Langenscheidt
Taschenwörterbuch

Englisch

Englisch – Deutsch
Deutsch – Englisch

Neubearbeitung

Herausgegeben von der
Langenscheidt-Redaktion

Langenscheidt
München · Wien

Projektleitung: Dr. Heike Pleisteiner

Lexikografische Arbeiten: Howard Atkinson, Dr. Helen Galloway, Dr. Heike Pleisteiner, Jany Milena Schneider, Veronika Schnorr, Dr. Wolfgang Walther

Neue deutsche Rechtschreibung nach den gültigen amtlichen Regeln und DUDEN-Empfehlungen

Dieses Wörterbuch wurde unter Verwendung von Datenbanken der HarperCollins Publishers Ltd erstellt.

Ergänzende Hinweise, für die wir jederzeit dankbar sind, bitten wir zu richten an:
Langenscheidt Verlag, Postfach 40 11 20, 80711 München
redaktion.wb@langenscheidt.de

© 2016 Langenscheidt GmbH & Co. KG, München
Typografisches Konzept: KOCHAN & PARTNER GmbH, München, und uteweber-grafikdesign, Geretsried
Satz: uteweber-grafikdesign, Geretsried, und preXtension GbR, Grafrath
Druck und Bindung: Druckerei C.H. Beck, Nördlingen
Printed in Germany
ISBN 978-3-468-11139-6

16010

Inhalt

Tipps für die Benutzung

Was steht wo im Wörterbuch?

1 Alphabetische Reihenfolge

Die deutschen Umlaute **ä**, **ö** und **ü** werden wie die Buchstaben **a**, **o** bzw. **u** eingeordnet. Das **ß** ist dem (in der Schweiz ausschließlich verwendeten) **ss** gleichgestellt:

Osterei N̄ Easter egg **Osterferien** P̄L̄ Easter holidays *pl* **Osterfest** N̄ Easter **Osterglocke** F̄ daffodil **Osterhase** M̄ Easter bunny **österlich** ADJ Easter **Ostermontag** M̄ Easter Monday **Ostern** N̄ Easter; **frohe** *od* **fröhliche ~!** Happy Easter!; **zu ~** at Easter **Österreich** N̄ Austria **Österreicher(in)** M(F) Austrian **österreichisch** ADJ Austrian; **Österreichische Volkspartei** Austrian People's Party **Ostersonntag** M̄ Easter Sunday

Muss N̄ **es ist ein/kein ~** it's/it's not a must **Muße** F̄ leisure **Mussehe** *umg* F̄ shotgun wedding *umg* **müssen** A̱ V̱/A̱U̱X̄ 1 *Zwang* to have to; *Notwendigkeit* to need to; **muss er?** does he have to?; **ich muss jetzt gehen** I must be going now; **du musst nicht auf mich warten** you don't have to wait for me; **muss das (denn) sein?** is that (really) necessary?; **das musste (ja so) kommen** that had to happen 2 (≈ *sol-*

Einige weibliche Formen sind mit der männlichen zusammengefasst:

Athlet(in) M(F) athlete **Athletik** F̄ athletics *sg* **athletisch** ADJ athletic

Einige britische Varianten sind mit der US-amerikanischen Variante zusammengefasst:

★**colour** [ˈkʌləʳ], **color** *US* A̱ S̱ 1 Farbe *f*; **what ~ is it?** welche Farbe hat es?;

Zudem durchbrechen die mit einer Raute gekennzeichneten englischen phrasal verbs die strikte alphabetische Anordnung.
Sie sind immer ihrem jeweiligen Grundverb zugeordnet:

★attend [ə'tend] **A** $\overline{V/t}$ besuchen; *Hochzeit* anwesend sein bei; **well ~ed** gut besucht **B** $\overline{V/i}$ anwesend sein; **are you going to ~?** gehen Sie hin? **♦attend to** $\overline{V/i}$ ⟨+obj⟩ sich kümmern um; *Arbeit etc* Aufmerksamkeit widmen (+dat); *Lehrer etc* zuhören (+dat); *Kunden etc* bedienen; **are you being attended to?** werden Sie schon bedient?; **that's being attended to** das wird (bereits) erledigt
attendance [ə'tendəns] $\overline{S}$ **1** Anwesenheit *f* (**at** bei); **to be in ~ at sth** bei etw anwesend sein **2** Teilnehmerzahl *f*

2 Rechtschreibung

Für die Schreibung der deutschen Wörter gelten die aktuellsten DUDEN-Empfehlungen.

Der Bindestrich wird am Zeilenanfang wiederholt, wenn das getrennte Wort ursprünglich bereits einen Bindestrich enthält:

world-
-famous

Aha-
-Erlebnis

3 Aussprache

Die Aussprache der englischen Stichwörter wird durch die Zeichen der *International Phonetic Association* in eckigen Klammern wiedergegeben (vgl. auch das Kapitel **Die Aussprache des Englischen**):

penguin ['peŋgwɪn] $\overline{S}$ Pinguin *m*

Wenn sich die Aussprache leicht aus den Wortelementen oder der Grundform herleiten lässt, steht keine Lautschrift: **pen friend**, **good-natured**, **hopefully** usw.

⚠ In der Wörterbuch-App kann man sich jedes englische Stichwort durch Tippen auf das Lautsprecher-Symbol vorsprechen lassen.

4 Grammatische Angaben und Hinweise

Verben

| V/AUX | Hilfsverb (Verb, mit dem zusammengesetzte Formen eines Verbs gebildet werden) | ★**can¹** [kæn] V/AUX ⟨*prät* could⟩ können; (≈ *Erlaubnis haben a.*) dürfen; **can you** |
| | | **wollen²** A V/AUX to want; **ich will gehen** I want to go; **etw haben ~** to want |

| V/I | intransitiver Gebrauch (ohne direktes Objekt) | **losmüssen** V/I *umg* **jetzt müssen wir aber los** we have to be off, we must be going |
| | | **skyrocket** V/I *umg Preis* in die Höhe schießen **skyscraper** S Wolkenkratzer |

| V/R | reflexiver (rückbezüglicher) Gebrauch des englischen bzw. deutschen Verbs | **surpass** [sɜːˈpɑːs] A V/T übertreffen B V/R sich selbst übertreffen |
| | | **abspielen** A V/T to play; SPORT *Ball* to pass B V/R (≈ *sich ereignen*) to happen; (≈ *stattfinden*) to take place |

| V/T | transitiver Gebrauch (mit direktem Objekt) | niederschlagen ♦**crush on** US *umg* V/T **to crush on sb** für j-n schwärmen, in j-n verliebt/verknallt sein; **she's** |
| | | **abchecken** V/T *sl* to check out |

| ⟨unpers⟩ | unpersönliches Verb (Verb, das nur mit „es" benutzt wird) | ★**rain** [reɪn] A S 1 Regen *m* 2 *fig von Schlägen etc* Hagel *m* V/I ⟨*unpers*⟩ regnen; **it is ~ing** es regnet; **it never ~s** |

| ⟨*prät* swam; *pperf* swum⟩ | Besonderheiten bei der Konjugation: unregelmäßige Formen | ★**swim** [swɪm] ⟨*v: prät* swam; *pperf* swum⟩ A V/T schwimmen; *Fluss* durch- |
| | | = *Präteritum* (simple past): swam und *Partizip Perfekt* (past participle): swum |

Weitere Informationen im Kapitel **Unregelmäßige englische Verben**.

⚠ In der Wörterbuch-App kann man sich jede Abkürzung ausgeschrieben anzeigen lassen, indem man sie antippt.

Adjektive und Substantive

Hinweise zur Formenbildung in spitzen Klammern:

⟨pl children⟩   Angaben zu unregelmäßiger Pluralform:

> ★**child** [tʃaɪld] S̲ ⟨pl children⟩ Kind n; **when I was a ~** in od zu meiner Kind-

⟨kein pl⟩   Das Substantiv bildet keinen Plural:

> ★**information** [ˌɪnfəˈmeɪʃən] S̲ ⟨kein pl⟩ Informationen pl; **a piece of ~** eine Auskunft od Information; **for your ~** zu Ihrer Information; ungehalten damit Sie

⟨komp better; sup best⟩   Angaben zu unregelmäßigen Steigerungsformen:

> ★**good** [gʊd]
>
> **A** Adjektiv   **B** Adverb
> **C** Substantiv
>
> — **A** Adjektiv —
> ⟨komp better; sup best⟩ 1 gut; **that's a ~ one!** das ist ein guter Witz; mst iron

= Komparativ (1. Steigerungsstufe): better und
Superlativ (2. Steigerungsstufe): best

5   Erläuternde Hinweise, Sachgebiete, Präpositionen

Kollokatoren   Wörter, die üblicherweise mit dem Stichwort in einem Satz oder einer Wendung kombiniert werden:

> Tür aufbrechen ◆**break into** VII ⟨+obj⟩ 1 Haus einbrechen in (+akk); Safe, Auto aufbrechen 2 Ersparnisse anbrechen 3

> **verhandlungssicher** ADJ Sprachkenntnisse business fluent; **sein Englisch ist ~** his English is business fluent

Oberbegriffe   Oberbegriffe oder allgemeine Erläuterungen:

> **ash cloud** S̲ nach Vulkanausbruch Aschewolke f

> **samstags** ADV on Saturdays **Samstagsziehung** F beim Lotto Saturday

Synonyme	Wörter oder Wendungen mit nahezu gleicher Bedeutung stehen mit doppelter Tilde in Klammern:	**cute** [kju:t] A̲D̲J̲ ⟨*komp* cuter⟩ **1** *umg* süß **2** *bes US umg* (≈ *schlau*) prima *umg*; (≈ *raffiniert*) schlau, clever *umg*
		sein lassen V̲/̲T̲ etw ~ (≈ *aufhören*) to stop sth/doing sth; (≈ *nicht tun*) to leave sth; **lass das sein!** stop that!
SACH-GEBIETE	Sachgebiete werden meistens abgekürzt und stehen in verkleinerten Großbuchstaben:	Kreditwürdigkeit überprüfen **credit crisis** S̲ WIRTSCH, FIN Kreditkrise *f*
		Update N̲ IT update **updaten** V̲/̲T̲ ̲&̲ ̲V̲/̲I̲ IT to update **Upgrade** N̲ IT, FLUG upgrade **upgraden** V̲/̲T̲ IT, FLUG to upgrade
Präposi-tionen	Zum Verb gehörende Präpositionen werden angeführt. Im Deutschen ist bei Präpositionen mit wechselndem Kasus dieser mit angegeben:	**cross-refer** V̲/̲T̲ verweisen (**to** auf +*akk*)
		entwischen *umg* V̲/̲I̲ to get away (+*dat od* **aus** from)

6 Lexikografische Zeichen

~	Die Tilde ~ steht für das Stichwort innerhalb des Artikels:	★**text** [tekst] A S̲ **1** Text *m* **2** Textnachricht *f*, SMS *f*; **to send sb a ~** j-m eine Textnachricht *od* eine SMS schicken B
		= to send somebody a text
≈	Die doppelte Tilde bedeutet „entspricht in etwa, ist vergleichbar mit":	**AA**¹ A̲B̲K̲ (= Automobile Association) *britischer Automobilklub* ≈ ADAC
¹, ²	Hochzahlen unterscheiden Wörter gleicher Schreibung, aber völlig verschiedener Bedeutung:	**seal**¹ [si:l] S̲ ZOOL Seehund *m* **seal**² A S̲ **1** Siegel *n*; **~ of approval** offizielle Zustimmung **2** Verschluss *m* B V̲/̲T̲ versiegeln; mit Wachs siegeln; *Bereich*

A, **B**, **C**	Grammatische Unterscheidungen werden mit Buchstaben gegliedert:	Seekrankheit *f* **seaside** **A** ṣ at the ~ am Meer; **to go to the ~** ans Meer fahren **B** ADJ ⟨*attr*⟩ See-; *Stadt* am Meer
1, **2**, **3**	Arabische Ziffern zur Bedeutungsdifferenzierung:	umg **Bio-** ZSSGN **1** (≈ *das Leben betreffend*) bio-, biological **2** *Bauer, Kost* organic **bio** umg ADJ *Nahrungsmittel, An-*
★	Ein Sternchen kennzeichnet englischen Grundwortschatz:	★**love** [lʌv] **A** ṣ **1** Liebe *f*; **to have a ~ for** *od* **of sth** etw sehr lieben; **~ of**
♦	Zeichen für englische phrasal verbs:	♦**mix in** V/T ⟨*trennb*⟩ *Ei* unterrühren ♦**mix up** V/T ⟨*trennb*⟩ **1** durcheinanderbringen, verwechseln **2** **to be mixed up in sth** in etw (*akk*) verwickelt
→	Der Pfeil bedeutet „siehe":	**Caesarian**, **Cesarian** [siːˈzɛəriən] *US* ṣ → Caesarean
		drin ADV **1** umg → darin **2** (≈ *innen drin*) in it; **er/es ist da ~** he/it is in there **3**

⚠ In der Wörterbuch-App sind alle Stichwörter und Wendungen sowie alle Wortformen ausgeschrieben.

Die Aussprache des Englischen

Phonetische Zeichen

einfache Vokale

[ʌ]	kurzes a wie in *Matsch*, *Kamm*, aber dunkler	**much** [mʌtʃ], **come** [kʌm]
[ɑː]	langes a, etwa wie in *Bahn*	**after** ['ɑːftəʳ], **park** [pɑːk]
[ã]	etwa wie En in *Ensemble*	**fiancé** [fɪ'ã:seɪ]
[æ]	mehr zum a hin als ä in *Wäsche*	**flat** [flæt], **madam** ['mædəm]
[ə]	wie das End-e in *Berge*, *mache*, *bitte*	**after** ['ɑːftəʳ], **arrival** [ə'raɪvəl]
[e]	e wie in *Brett*	**let** [let], **men** [men]
[ɜː]	etwa wie ir in *flirten*, aber offener	**first** [fɜːst], **learn** [lɜːn]
[ɪ]	kurzes i wie in *Mitte*, *billig*	**in** [ɪn], **city** ['sɪtɪ]
[iː]	langes i wie in *nie*, *lieben*	**see** [siː], **evening** ['iːvnɪŋ]
[ɒ]	wie o in *Gott*, aber offener	**shop** [ʃɒp], **job** [dʒɒb]
[ɔː]	wie o in *Lord*	**morning** [mɔːnɪŋ], **course** [kɔːs]
[ʊ]	kurzes u wie in *Mutter*	**good** [gʊd], **look** [lʊk]
[uː]	langes u wie in *Schuh*, aber offener	**too** [tuː], **shoot** [ʃuːt]

Diphthonge

[aɪ]	etwa wie in *Mai*, *weit*	**my** [maɪ], **night** [naɪt]
[aʊ]	etwa wie in *blau*, *Couch*	**now** [naʊ], **about** [ə'baʊt]
[əʊ]	von [ə] zu [ʊ] gleiten	**home** [həʊm], **know** [nəʊ]
[ɛə]	wie är in *Bär*, aber kein r sprechen	**air** [ɛəʳ], **square** [skwɛəʳ]
[eɪ]	klingt wie äi	**eight** [eɪt], **stay** [steɪ]

[ɪə]	von [ɪ] zu [ə] gleiten, etwa wie in *Bier*	**near** [nɪəʳ], **here** [hɪəʳ]
[ɔɪ]	etwa wie **eu** in *neu*	**join** [dʒɔɪn], **choice** [tʃɔɪs]
[ʊə]	wie **ur** in *nur*, aber kein richtiges **r** sprechen	**you're** [jʊəʳ], **tour** [tʊəʳ]

Halbvokale

[j]	wie **j** in *jetzt*	**yes** [jes], **tube** [tjuːb]
[w]	mit gerundeten Lippen ähnlich wie [uː] gebildet – kein deutsches **w**!	**way** [weɪ], **one** [wʌn], **quick** [kwɪk]

Konsonanten

[b]	wie **B** in *Ball*	**back** [bæk]
[d]	wie **d** in *dann*	**do** [duː]
[f]	wie **F** in *Farbe*	**father** ['fɑːðər]
[g]	wie **G** in *Geld*	**go** [gəʊ]
[h]	wie **h** in *haben*	**house** [haʊs]
[k]	wie **k** in *kalt*	**keep** [kiːp]
[l]	wie **l** in *leise*	**low** [ləʊ]
[m]	wie **M** in *Mann*	**man** [mæn]
[n]	wie **N** in *Nase*	**nose** [nəʊz]
[ŋ]	wie **ng** in *Ding*	**thing** [θɪŋ], **English** ['ɪŋglɪʃ]
[p]	wie **P** in *Park*	**happy** ['hæpɪ]
[r]	Zunge liegt zurückgebogen am Gaumen auf. Nicht gerollt und nicht im Rachen gebildet!	**room** [ruːm], **hurry** ['hʌrɪ]
[ʳ]	Bindungs-R – ‚**r**', das vor einem Vokal gesprochen wird	**near** [nɪəʳ], **air** [ɛəʳ]
[s]	stimmloses **s** wie in *lassen*, *Liste*	**see** [siː], **famous** ['feɪməs]
[t]	wie **T** in *Tisch*	**tall** [tɔːl]

[z]	stimmhaftes **s** wie in *lesen*, *Hase*	**zero** ['zɪərəʊ], **is** [ɪz], **runs** [rʌnz]
[ʃ]	wie **sch** in *Schuh*, *Fisch*	**shop** [ʃɒp], **fish** [fɪʃ]
[tʃ]	wie **tsch** in *tschüs*, *Matsch*	**cheap** [tʃiːp], **much** [mʌtʃ]
[ʒ]	stimmhaftes **sch** wie in *Genie*, *Garage*	**television** ['telɪˌvɪʒən]
[dʒ]	wie in *Job*, *Gin*	**just** [dʒʌst], **bridge** [brɪdʒ]
[θ]	wie **ss** in *Fluss*, aber mit der Zungenspitze hinten an den Schneidezähnen	**thanks** [θæŋks], **both** [bəʊθ]
[ð]	wie **s** in *Sonne*, aber mit der Zungenspitze hinten an den Schneidezähnen	**that** [ðæt], **with** [wɪð]
[v]	etwa wie deutsches **w** in *wer*, mit den Schneidezähnen auf der Oberkante der Unterlippe	**very** ['verɪ], **over** ['əʊvər]
[x]	wie **ch** in *ach*	**loch** [lɒx]

Sonstiges

[ː]	bedeutet, dass der vorhergehende Vokal lang zu sprechen ist
[']	Hauptton
[ˌ]	Nebenton

Vokale und Konsonaten, die häufig nicht ausgesprochen werden, sind kursiv dargestellt, z. B. **convention** [kən'ven*ʃ*ən], **attempt** [ə'tem*p*t].

Abkürzungen und Symbole

a.	auch
A̅B̅K̅	Abkürzung
A̅D̅J̅	Adjektiv, Eigenschaftswort
ADMIN	Administration, Verwaltung
A̅D̅V̅	Adverb, Umstandswort
AGR	Agrarwirtschaft, Landwirtschaft
akk	Akkusativ, 4. Fall
ANAT	Anatomie
ARCH	Architektur
A̅R̅T̅, *art*	Artikel, Geschlechtswort
ASTROL	Astrologie
ASTRON	Astronomie
attr	attributiv, beifügend
Aus	Australien, australisches Englisch
AUTO	Auto, Verkehr
BAHN	Eisenbahn
BAU	Bauwesen
BERGB	Bergbau
bes	besonders
B̅E̅S̅T̅ ̅A̅R̅T̅, *best art*	bestimmter Artikel
BIBEL	Bibel, biblisch
BIOL	Biologie
BÖRSE	Börse
BOT	Botanik, Pflanzenkunde
Br	(nur) britisches Englisch
Can	Canada/Kanada, kanadisches Englisch
CHEM	Chemie
COMPUT	Computer
D	Deutschland
dat	Dativ, 3. Fall

dat obj	Dativobjekt, Satzergänzung im 3. Fall
DEM ADJ	demonstratives Adjektiv
DEM ADV	demonstratives Adverb
DEM PR	Demonstrativpronomen
dial	Dialekt, dialektal
ELEK	Elektrotechnik und Elektrizität
emph	emphatisch, betont
etc	etc., und so weiter
etw	etwas
euph	euphemistisch, beschönigend
F̱, *f*	Femininum, weiblich
fachspr	fachsprachlich, Fachwortschatz
fig	figurativ, in übertragenem Sinn
FILM	Film, Kino
FIN	Finanzen, Bankwesen
FISCH	Fischerei, Fischkunde
FLUG	Luftfahrt
form	formell, förmlich
FOTO	Fotografie
FUSSB	Fußball
GARTEN	Gartenbau, Hortikultur
GASTR	Kochkunst und Gastronomie
geh	gehobener Sprachgebrauch, Schriftsprache
gen	Genitiv, 2. Fall
GEOG	Geografie
GEOL	Geologie
GRAM	Grammatik
HANDEL	Handel
HIST	historisch, Geschichte
hum	humorvoll, scherzhaft
INDEF PR	Indefinitpronomen, unbestimmtes Fürwort
IND	Industrie
inf	Infinitiv, Nennform

INT	Interjektion, Ausruf
INTERNET	Internet
INTERROG ADJ	interrogatives Adjektiv, Frageadjektiv
INTERROG ADV	interrogatives Adverb, Frageadverb
INT PR	Interrogativpronomen, Fragefürwort
inv	invariabel, unveränderlich
Ir	irisches Englisch
iron	ironisch
IT	Informatik, Computer und Informationstechnologie
JAGD	Jagd
j-d	jemand
j-m	jemandem
j-n	jemanden
j-s	jemandes
JUR	Rechtswesen
KART	Kartenspiel
kinderspr	Kindersprache, kindersprachlicher Gebrauch
KIRCHE	Kirche, kirchlich
komp	Komparativ, Höherstufe, erste Steigerungsstufe
KONJ	Konjunktion, Bindewort
KUNST	Kunst, Kunstgeschichte
LING	Linguistik, Sprachwissenschaft
LIT	Literatur
liter	literarisch
M̄, *m*	Maskulinum, männlich
MATH	Mathematik
MECH	Mechanik
MED	Medizin
METALL	Metallurgie
METEO	Meteorologie
M̄/F̄, *m/f*	Maskulinum und Femininum
M̄(F̄), *m(f)*	Maskulinum mit Femininendung in Klammern

$\overline{\text{M/F(M)}}$, *m/f(m)*	Maskulinum und Femininum mit zusätzlicher Maskulinendung in Klammern
MIL	Militär, militärisch
MODE	Mode
mst	meist, gewöhnlich
MUS	Musik
MYTH	Mythologie
$\overline{\text{N}}$, *n*	Neutrum, sächlich
NAT	Naturwissenschaften
neg!	wird oft als beleidigend empfunden
nordd	norddeutsch
$\overline{\text{NUM}}$	Numerale, Zahlwort
obj	Objekt, Satzergänzung
obs	obsolet, begrifflich veraltet
od	oder
OPT	Optik
ORN	Ornithologie, Vogelkunde
österr	österreichisch, österreichische Variante
PARL	Parlament, parlamentarischer Ausdruck
pej	pejorativ, abwertend
$\overline{\text{PERS PR}}$	Personalpronomen, persönliches Fürwort
PHARM	Pharmazie
PHIL	Philosophie
PHON	Phonetik
PHYS	Physik
PHYSIOL	Physiologie
$\overline{\text{PL}}$, *pl*	Plural
poet	poetisch, dichterisch
POL	Politik
$\overline{\text{POSS ADJ}}$	possessives Adjektiv, attributives Possessivpronomen
$\overline{\text{POSS PR}}$	Possessivpronomen, besitzanzeigendes Fürwort
$\overline{\text{PPERF}}$, *pperf*	Partizip Perfekt

P̄P̄R̄, *ppr*	Partizip Präsens
präd	prädikativ, aussagend
P̄R̄ǞF̄, *präf*	Präfix, Vorsilbe
P̄R̄ǞP̄, *präp*	Präposition, Verhältniswort
präs	Präsens, Gegenwart
prät	Präteritum, Vergangenheit
P̄R̄Ō̄N̄	Pronomen, Fürwort
PSYCH	Psychologie
®	eingetragene Marke
RADIO	Radio, Rundfunk
RAUMF	Raumfahrt
R̄Ē̄F̄L̄ P̄R̄	Reflexivpronomen, rückbezügliches Fürwort
REL	Religion
R̄Ē̄L̄ ĀD̄V̄	Relativadverb, bezügliches Adverb
R̄Ē̄L̄ P̄R̄	Relativpronomen, bezügliches Fürwort
S̄, *s*	Substantiv, Hauptwort
sb	somebody – jemand, jemandem, jemanden
SCHIFF	Nautik, Schifffahrt, Seefahrt
schott	schottisches Englisch
SCHULE	Schulwesen
schweiz	schweizerisch, schweizerische Variante
S̄Ḡ, *sg*	Singular, Einzahl
SKI	Skisport
sl	Slang, saloppe Umgangssprache, Jargon
SOZIOL	Soziologie
SPORT	Sport
sprichw	Sprichwort, sprichwörtlich
sth	something – etwas
südd	süddeutsch
S̄Ū̄F̄, *suf*	Suffix, Nachsilbe
sup	Superlativ, Höchststufe, zweite Steigerungsstufe
TECH	Technik

TEL	Telefon, Nachrichtentechnik, Telekommunikation
TEX	Textilindustrie
THEAT	Theater
trennb	trennbar, veränderbare Folge
TV	Fernsehen
TYPO	Typografie, Buchdruck
u.	und
umg	umgangssprachlich
U̅N̅B̅E̅S̅T̅ ̅A̅R̅T̅, *unbest art*	unbestimmter Artikel
U̅N̅B̅E̅S̅T̅ ̅P̅R̅O̅N̅	unbestimmtes Pronomen
UNIV	Universität, Hochschulwesen
unpers	unpersönlich
untrennb	untrennbar
US	amerikanisches Englisch, (nord)amerikanisch
V̅/̅A̅U̅X̅	Hilfsverb, Hilfszeitwort
V̅/̅I̅	intransitives Verb/Zeitwort
V̅/̅R̅	reflexives Verb, rückbezügliches Zeitwort
V̅/̅T̅	transitives Verb/Zeitwort
V̅/̅T̅ ̅&̅ ̅V̅/̅I̅	transitives und intransitives Verb/Zeitwort
V̅/̅T̅, V̅/̅I̅, V̅/̅R̅	transitives, intransitives und reflexives Verb/Zeitwort
V̅/̅T̅ ̅&̅ ̅V̅/̅R̅	transitives und reflexives Verb/Zeitwort
vulg	vulgär
WIRTSCH	Wirtschaft
wörtl	wörtlich
ZOOL	Zoologie
~	Tilde, Platzhalter für vorausgehendes Stichwort
≈	etwa, ist in etwa gleich
=	(ist) gleich
→	siehe
+	plus, und, mit
♦	phrasal verb – Verb + Adverb, Verb + Präposition
★	englischer Grundwortschatz

A¹, a [eɪ] S̲ A n, a n; SCHULE (≈ Note) Eins f; **A sharp** MUS Ais n, ais n; **A flat** MUS As n, as n

A² ABK (= answer) Antwort f

★**a** [eɪ, ə] UNBEST ART ⟨vor Vokallaut an⟩ **1** ein(e); **such a large school** so eine große od eine so große Schule; **a young man** ein junger Mann **2** in negativen Verbindungen **not a** kein(e); **he didn't want a present** er wollte kein Geschenk **3** he's a **doctor/Frenchman** er ist Arzt/Franzose; **he's a famous doctor/Frenchman** er ist ein berühmter Arzt/Franzose; **as a young girl** als junges Mädchen; **to be of an age** gleich alt sein **4** pro; **50p a kilo** 50 Pence das od pro Kilo; **once/twice a week** einmal/zweimal in der od pro Woche; **50 km an hour** 50 Kilometer pro Stunde

AA¹ ABK (= Automobile Association) britischer Automobilklub ≈ ADAC

AA² ABK (= Alcoholics Anonymous) AA, Anonyme Alkoholiker

A & E ABK (= accident and emergency) Notaufnahme f

AB US ABK UNIV → BA

aback [əˈbæk] ADV **to be taken ~** erstaunt sein

abandon [əˈbændən] V/T **1** verlassen, im Stich lassen; Auto (einfach) stehen lassen; **to ~ ship** das Schiff verlassen **2** Projekt, Hoffnung aufgeben

abandoned [əˈbændənd] ADJ Haus, Ehefrau, Auto verlassen; **the car was later found ~** das Auto wurde später verlassen vorgefunden

abandonment [əˈbændənmənt] S̲ **1** Verlassen n **2** von Projekt, Hoffnung Aufgabe f

abashed [əˈbæʃt] ADJ beschämt; **to feel ~** sich schämen

abate [əˈbeɪt] V/I nachlassen; Hochwasser zurückgehen

abattoir [ˈæbətwaːr] S̲ Schlachthof m

abbey [ˈæbɪ] S̲ Abtei f

abbot [ˈæbət] S̲ Abt m

abbr., abbrev. ABK (= abbreviation) Abk.

abbreviate [əˈbriːvɪeɪt] V/T abkürzen (**to** mit) **abbreviation** [əˌbriːvɪˈeɪʃən] S̲ Abkürzung f

 Der Gebrauch des unbestimmten Artikels a(n)

Im Gegensatz zum Deutschen wird der unbestimmte Artikel im Englischen verwendet bei Angaben zu Staatsangehörigkeit, Konfession, Beruf und ganz allgemein bei Gruppenzuordnungen:

I'm a Catholic.	Ich bin Katholik.
My brother is a dentist.	Mein Bruder ist Zahnarzt.

Nach **as** (= als) erscheint in der Regel ebenfalls der unbestimmte Artikel:

As an expert in this field I should know.	Als Experte auf diesem Gebiet müsste ich es wissen.

Das englische **a(n)** entspricht bei Angaben zu Preis, Geschwindigkeit, Häufigkeit o. Ä. dem deutschen "pro", "je" usw.:

The apples are only 99p a pound.	Die Äpfel kosten nur 99 Pence pro Pfund.
twice a week	zweimal in der Woche

ABC¹ 5̲ Abc *n*; **it's as easy as ABC** das ist doch kinderleicht

ABC² A̲B̲K̲ (= American Broadcasting Company) *amerikanische Rundfunkgesellschaft*

abdicate [ˈæbdɪkeɪt] A̲ V̲/T̲ verzichten auf (+*akk*); **to ~ the throne** auf den Thron verzichten B̲ V̲/I̲ abdanken **abdication** [ˌæbdɪˈkeɪʃən] 5̲ Abdankung *f*

abdomen [ˈæbdəmən] 5̲ Unterleib *m*; *von Insekten* Hinterleib *m* **abdominal** [æbˈdɒmɪnl] A̲D̲J̲ ~ **pain** Unterleibsschmerzen *pl*

abduct [æbˈdʌkt] V̲/T̲ entführen **abduction** [æbˈdʌkʃən] 5̲ Entführung *f* **abductor** [æbˈdʌktəʳ] 5̲ Entführer(in) *m(f)*

aberration [ˌæbəˈreɪʃən] 5̲ Anomalie *f*; *von Kurs* Abweichung *f*

abet [əˈbet] V̲/T̲ → aid

abhor [əbˈhɔːʳ] V̲/T̲ verabscheuen **abhorrence** [əbˈhɒrəns] 5̲ Abscheu *f* (**of** vor +*dat*)

abhorrent [əbˈhɒrənt] A̲D̲J̲ abscheulich; **the very idea is ~ to me** schon der Gedanke daran ist mir zuwider

abide [əˈbaɪd] V̲/T̲ (≈ *tolerieren*) ausstehen; **I cannot ~ living here** ich kann es nicht aushalten, hier zu leben ★ ◆**abide by** V̲/I̲ ⟨+*obj*⟩ sich halten an (+*akk*); **I abide by what I said** ich bleibe bei dem, was ich gesagt habe **abiding** [əˈbaɪdɪŋ] *liter* A̲D̲J̲ unvergänglich, bleibend

★**ability** [əˈbɪlɪtɪ] 5̲ Fähigkeit *f*; ~ **to pay/hear** Zahlungs-/Hörfähigkeit *f*; **to the best of my ~** nach (besten) Kräften

abject [ˈæbdʒekt] A̲D̲J̲ *Zustand* erbärmlich; *Armut* bitter

ablaze [əˈbleɪz] A̲D̲V̲ & A̲D̲J̲ ⟨*präd*⟩ 1̲ *wörtl* in Flammen; **to be ~ in Flammen stehen; to set sth ~** etw in Brand stecken 2̲ *fig* **to be ~ with light** hell erleuchtet sein

★**able** [ˈeɪbl] A̲D̲J̲ fähig; *Student* gut, begabt; **to be ~ to do sth** etw tun können; **if you're not ~ to understand that** wenn Sie nicht fähig sind, das zu verstehen; **I'm afraid I am not ~ to give you that information** ich bin leider nicht in der Lage, Ihnen diese Informationen zu geben **able-bodied** [ˌeɪblˈbɒdɪd] A̲D̲J̲ (gesund und) kräftig; nicht behindert; M̲I̲L̲ tauglich **able(-bodied) seaman** 5̲ Vollmatrose *m*

ablution [əˈbluːʃən] 5̲ **to perform one's ~s** *bes hum* seine Waschungen vornehmen

ably [ˈeɪblɪ] A̲D̲V̲ gekonnt, fähig

abnormal [æbˈnɔːməl] A̲D̲J̲ anormal; M̲E̲D̲ abnorm **abnormality** [ˌæbnɔːˈmælɪtɪ] 5̲ Anormale(s) *n*; M̲E̲D̲ Anomalität *f* **abnormally** [æbˈnɔːməlɪ] A̲D̲V̲ abnormal

aboard [əˈbɔːd] A̲ A̲D̲V̲ an Bord, im Zug, im Bus; **all ~!** alle an Bord!; *im Zug, Bus* alle einsteigen!; **to go ~** an Bord gehen B̲ P̲R̲Ä̲P̲ ~ **the ship/plane** an Bord des Schiffes/Flugzeugs; ~ **the train/bus** im Zug/Bus

abode [əˈbəʊd] 5̲ J̲U̲R̲ *a.* **place of ~** Wohnsitz *m*; **of no fixed ~** ohne festen Wohnsitz

abolish [əˈbɒlɪʃ] V̲/T̲ abschaffen **abolition** [ˌæbəʊˈlɪʃən] 5̲ Abschaffung *f*

abominable [əˈbɒmɪnəbl] A̲D̲J̲ grässlich; ~ **snowman** Schneemensch *m* **abominably** [əˈbɒmɪnəblɪ] A̲D̲V̲ grässlich; ~ **rude** furchtbar unhöflich **abomination** [əˌbɒmɪˈneɪʃən] 5̲ Scheußlichkeit *f*

Aboriginal [ˌæbəˈrɪdʒənl] A̲ A̲D̲J̲ der (australischen) Ureinwohner B̲ 5̲ → Aborigine **Aborigine** [ˌæbəˈrɪdʒɪnɪ] 5̲ Ureinwohner(in) *m(f)* (Australiens), Aborigine *m*

abort [əˈbɔːt] A̲ V̲/I̲ *von Tier* einen Abgang *od* eine Fehlgeburt haben; I̲T̲ abbrechen B̲ V̲/T̲ M̲E̲D̲ abtreiben; R̲A̲U̲M̲F̲, I̲T̲ abbrechen; **an ~ed attempt** ein abgebrochener Versuch **abortion** [əˈbɔːʃən] 5̲ Abtreibung *f*; **to get** *od* **have an ~** eine Abtreibung vornehmen lassen **abortion pill** 5̲ Abtreibungspille *f* **abortive** [əˈbɔːtɪv] A̲D̲J̲ *Plan* gescheitert

abound [əˈbaʊnd] V̲/I̲ im Überfluss vorhanden sein, reich sein (**in** *od* +*dat*)

★**about** [əˈbaʊt] A̲ A̲D̲V̲ 1̲ *bes Br* herum, umher, in der Nähe; **to run ~** umherrennen; **I looked (all) ~** ich sah ringsumher; **to leave things (lying) ~** Sachen herumliegen lassen; **to be up and ~** again wieder auf den Beinen sein; **there's a thief ~** ein Dieb geht um; **there was nobody ~ who could help** es war niemand in der Nähe, der hätte helfen können 2̲ **to be ~ to** im Begriff sein zu; (≈ *Absicht haben*) vorhaben, zu …; **I was ~ to go out** ich wollte gerade ausgehen; **it's ~ to rain** es regnet gleich; **he's ~ to start school** er kommt demnächst in die Schule **3** ungefähr; **he's ~ 40** er ist ungefähr 40; **he is ~ the same, doctor** sein Zustand hat sich kaum geändert, Herr Doktor; **that's ~ it** das ist so ziemlich alles; **that's ~ right** das stimmt (so) ungefähr; **I've had ~ enough of this** jetzt reicht es mir aber allmählich *umg* **B** *PRÄP* **1** *bes Br* in (+*dat*) (... herum); **scattered ~ the room** im ganzen Zimmer verstreut; **there's something ~ him** an ihr so etwas an sich; **while you're ~ it** wenn du gerade *od* schon dabei bist; **and be quick ~ it!** und beeil dich damit! **2** (≈ *betreffend*) über (+*akk*); **tell me all ~ it** erzähl doch mal; **he knows ~ it** er weiß davon; **what's it all ~?** worum geht es (eigentlich)?; **he's promised to do something ~ it** er hat versprochen, (in der Sache) etwas zu unternehmen; **how *od* what ~ me?** und ich, was ist mit mir? *umg*; **how *od* what ~ it/going to the cinema?** wie wär's damit/mit (dem) Kino?; **what ~ you?** und du? **about-face** [əˈbaʊtˈfeɪs], **about-turn** [əˈbaʊtˈtɜːn] **A** *S MIL, a. fig* Kehrtwendung *f*; **to do an ~** *fig* sich um hundertachtzig Grad drehen **B** *INT* about face *od* turn! (und) kehrt!

★**above** [əˈbʌv] **A** *ADV* oben; (≈ *höher*) darüber; **from ~** von oben; **the apartment ~** die Wohnung oben *od* darüber **B** *PRÄP* über (+*dat*); *mit Richtungsangabe* über (+*akk*); **~ all** vor allem; **I couldn't hear ~ the din** ich konnte bei dem Lärm nichts hören; **he valued money ~ his family** er schätzte Geld mehr als seine Familie; **he's ~ that sort of thing** er ist über so etwas erhaben; **it's ~ my head** *od* **me** das ist mir zu hoch; **children aged five and ~** Kinder im Alter von fünf und darüber; **to get ~ oneself** *umg* größenwahnsinnig werden *umg* **C** *ADJ* 〈*attr*〉 **the ~ persons** die oben genannten Personen; **the ~ paragraph** der vorangehende Abschnitt **D** *S* **the ~** (≈ *Gesagtes, Geschriebenes*) Obiges *n* form; (≈ *Person*) der/die Obengenannte **above-average** *ADJ* überdurchschnittlich **above board** *ADJ* 〈*präd*〉, **aboveboard** *ADJ* 〈*attr*〉 korrekt; **open and ~** offen und ehrlich **above-mentioned** *ADJ* oben erwähnt **above-**

-named *ADJ* oben genannt **abracadabra** [ˌæbrəkəˈdæbrə] *INT* Abrakadabra

abrasion [əˈbreɪʒən] *S* Abrieb *m*; MED (Haut)abschürfung *f* **abrasive** [əˈbreɪsɪv] *ADJ* Reinigungsmittel scharf; Oberfläche rau; *fig* Mensch aggressiv

abrasively [əˈbreɪsɪvlɪ] *ADV* etw sagen scharf; *kritisieren* harsch

abreast [əˈbrest] *ADV* Seite an Seite; **to march four ~** zu viert nebeneinander marschieren; **~ of sb/sth** neben j-m/etw; **to keep ~ of the news** mit den Nachrichten auf dem Laufenden bleiben

abridge [əˈbrɪdʒ] *V/T* Buch kürzen; **~d version** gekürzte Fassung **abridgement** [əˈbrɪdʒmənt] *S* Vorgang Kürzen *n*; (≈ *Buch*) gekürzte Ausgabe

★**abroad** [əˈbrɔːd] *ADV* **1** im Ausland; **to go ~** ins Ausland gehen/fahren; **from ~** aus dem Ausland **2** **there is a rumour ~ that ...** *Br*, **there is a rumor ~ that ...** *US* ein Gerücht geht um, dass ...

abrupt [əˈbrʌpt] *ADJ* **1** abrupt; **to come to an ~ end** ein abruptes Ende nehmen; **to bring sth to an ~** halt *wörtl* etw abrupt zum Stehen bringen; *fig* etw plötzlich stoppen **2** (≈ *brüsk*) schroff

abruptly [əˈbrʌptlɪ] *ADV* abrupt; *antworten* schroff

abs [æbz] *umg* *PL* Bauchmuskeln *pl* **ABS** *ABK* (= anti-lock braking system) ABS *n*; **ABS brakes** ABS-Bremsen *pl*

abscess [ˈæbsɪs] *S* Abszess *m*

abscond [æbˈskɒnd] *V/I* sich (heimlich) davonmachen

abseil [ˈæbseɪl] *V/I* sich abseilen

absence [ˈæbsəns] *S* **1** Abwesenheit *f*; *bes von Schule* Fehlen *n*, Absenz *f* österr, schweiz; **in the ~ of the chairman** in Abwesenheit des Vorsitzenden; **~ makes the heart grow fonder** *sprichw* die Liebe wächst mit der Entfernung *sprichw* **2** Fehlen *n*; **in the ~ of further evidence** in Ermangelung weiterer Beweise

★**absent** [ˈæbsənt] *ADJ* **1** abwesend; **to be ~ from school/work** in der Schule/am Arbeitsplatz fehlen; **~!** SCHULE fehlt!; **to go ~ without leave** MIL sich unerlaubt von der Truppe entfernen; **~ parent** nicht betreuender Elternteil; **to ~ friends!** auf unsere abwesenden

Freunde! **2** *geistig* (geistes)abwesend **3** (≈ *nicht vorhanden*) **to be ~** fehlen **B** [æb'sent] ⓋⓇ **to ~ oneself (from)** fernbleiben (+*dat* von); (≈ *zeitweise*) sich zurückziehen (von) **absentee** [ˌæbsən'tiː] Ⓢ Abwesende(r) *m/f(m)*; **there were a lot of ~s** es fehlten viele **absentee ballot** *bes US* ⓈⓈ ≈ Briefwahl *f* **absenteeism** [ˌæbsən'tiːɪzəm] Ⓢ häufige Abwesenheit; *pej* Krankfeiern *n*; SCHULE Schwänzen *n*; **the rate of ~ among workers** die Abwesenheitsquote bei Arbeitern **absently** [ˈæbsəntlɪ] ADV (geistes)abwesend **absent-minded** [ˌæbsənt'maɪndɪd] ADJ geistesabwesend, zerstreut **absent-mindedly** [ˌæbsənt'maɪndɪdlɪ] ADV *sich verhalten* zerstreut; *blicken* (geistes)abwesend **absent-mindedness** [ˌæbsənt'maɪndɪdnɪs] Ⓢ Geistesabwesenheit *f*, Zerstreutheit *f* **absolute** [ˈæbsəluːt] ADJ *Lüge, Idiot* ausgemacht; **you're an ~ genius!** du bist ein absolutes Genie!; **the divorce was made ~** die Scheidung wurde ausgesprochen **★absolutely** [ˌæbsə'luːtlɪ] ADV absolut; *wahr* völlig; *fantastisch* wirklich; *ablehnen* strikt; *verboten* streng; *notwendig* unbedingt; *beweisen* eindeutig; **~!** durchaus; (≈ *einverstanden*) genau!; **do you agree? — ~** sind Sie einverstanden? — vollkommen; **you're ~ right** Sie haben völlig recht **absolute majority** Ⓢ absolute Mehrheit **absolute zero** Ⓢ ⟨*kein pl*⟩ absoluter Nullpunkt **absolution** [ˌæbsə'luːʃən] Ⓢ KIRCHE Absolution *f* **absolve** [əb'zɒlv] ⓋⓉ *von Schuld, Sünde etc.* freisprechen (**from/of** von); *aus Verantwortung* entlassen (**from** aus) **absorb** [əb'sɔːb] ⓋⓉ absorbieren; *Wucht, Stoß* dämpfen; *Wissen, Neuigkeit* (in sich) aufnehmen; *Kosten* tragen; *Zeit* in Anspruch nehmen; **to be ~ed in a book** *etc* in ein Buch *etc* vertieft sein; **she was completely ~ed in her family** sie ging völlig in ihrer Familie auf **absorbent** ADJ absorbierend, saugfähig **absorbent cotton** *US* Ⓢ Watte *f* **absorbing** ADJ fesselnd **absorption** [əb'sɔːpʃən] Ⓢ Absorption *f*; *von Wucht, Stoß* Dämpfung *f*; *von Wissen* Aufnahme *f*; *von Kosten* Tragen *n*; *von Zeit* Inan-

spruchnahme *f*; **her total ~ in her studies** ihr vollkommenes Aufgehen in ihrem Studium **abstain** [əb'steɪn] ⓋⒾ **1** sich enthalten (**from** +*gen*); **to ~ from alcohol** sich des Alkohols enthalten **2** *bei Wahl* sich der Stimme enthalten **abstention** [əb'stenʃən] Ⓢ *bei Wahl* (Stimm)enthaltung *f*; **were you one of the ~s?** waren Sie einer von denen, die sich der Stimme enthalten haben? **abstinence** [ˈæbstɪnəns] Ⓢ Abstinenz *f*, Enthaltung *f* (**from** von) **abstract¹** [ˈæbstrækt] Ⓐ ADJ abstrakt; **~ noun** Abstraktum *n* Ⓑ Ⓢ (*kurze*) Zusammenfassung *f*; **in the ~** abstrakt **abstract²** [æb'strækt] ⓋⓉ abstrahieren; *Informationen* entnehmen (**from** aus) **abstraction** [æb'strækʃən] Ⓢ Abstraktion *f*; (≈ *Ausdruck a.*) Abstraktum *n* **absurd** [əb'sɜːd] ADJ absurd; **don't be ~!** sei nicht albern!; **what an ~ waste of time!** so eine blödsinnige Zeitverschwendung! **absurdity** [əb'sɜːdɪtɪ] Ⓢ Absurdität *f* **absurdly** [əb'sɜːdlɪ] ADV *sich verhalten* absurd; *teuer* unsinnig **abundance** [ə'bʌndəns] Ⓢ (*großer*) Reichtum, Überfluss *m* (**of an** +*dat*); **in ~** in Hülle und Fülle; **a country with an ~ of oil** ein Land mit reichem Ölvorkommen **abundant** [ə'bʌndənt] ADJ reich, üppig; *Zeit* reichlich; *Energie* ungeheuer; **apples are in ~ supply** es gibt Äpfel in Hülle und Fülle **abundantly** [ə'bʌndəntlɪ] ADV reichlich; **to make it ~ clear that …** mehr als deutlich zu verstehen geben, dass … **abuse** Ⓐ [ə'bjuːs] Ⓢ **1** ⟨*kein pl*⟩ Beschimpfungen *pl*; **a term of ~** ein Schimpfwort *n*; **to shout ~ at sb** j-m Beschimpfungen an den Kopf werfen **2** ⟨*kein pl*⟩ Missbrauch *m*; **~ of authority** Amtsmissbrauch *m*; **the system is open to ~** das System lässt sich leicht missbrauchen **3** *von Gefangene etc* Misshandlung *f* Ⓑ [ə'bjuːz] ⓋⓉ **1** beschimpfen **2** missbrauchen **3** *Gefangene etc* misshandeln **abuser** [ə'bjuːzəʳ] Ⓢ Missbraucher(in) *m(f)* **abusive** [əb'juːsɪv] ADJ beleidigend; *Beziehung* abusiv; *Ehemann* prügelnd; **~ language** Beleidigungen *pl* **abusively** [əb'juːsɪvlɪ] ADV beleidigend **abysmal** [ə'bɪzməl] *fig* ADJ entsetzlich;

Leistung etc miserabel **abysmally** [əˈbɪzməlɪ] ADV entsetzlich; *abschneiden* miserabel

abyss [əˈbɪs] S *wörtl, fig* Abgrund *m*
AC¹ ABK (= alternating current) Wechselstrom *m*
AC² ABK (= air conditioning) Klimaanlage *f*
A/C ABK (= account) FIN Kto.
acacia [əˈkeɪʃə] S Akazie *f*
academic [ˌækəˈdemɪk] A ADJ akademisch; *Vorgehensweise, Interesse* wissenschaftlich; *Diskussion, Fußballspiele etc* bedeutungslos, irrelevant; **~ year** akademisches Jahr; SCHULE Schuljahr *n* B S Akademiker(in) *m(f)* **academically** [ˌækəˈdemɪkəlɪ] ADV wissenschaftlich; **to be ~ inclined** geistige Interessen haben; **~ gifted** intellektuell begabt B **she is not doing well** – SCHULE sie ist in der Schule nicht gut; UNIV sie ist mit ihrem Studium nicht sehr erfolgreich **academy** [əˈkædəmɪ] S Akademie *f*; **Academy Award** Oscar *m*; **Academy Awards** Oscar-Verleihung *f*

acc. ABK (= account) FIN Kto.
accede [ækˈsiːd] VI 1 **to ~ to the throne** den Thron besteigen 2 zustimmen (*to +dat*)
accelerate [ækˈseləreɪt] A VT beschleunigen B VI beschleunigen; *Wandel sich* beschleunigen; *Wachstum etc* zunehmen; **he ~d away** er gab Gas und fuhr davon **acceleration** [ækˌseləˈreɪʃən] S Beschleunigung *f* **accelerator** [ækˈseləreɪtəʳ] Br S 1 (*a.* **~ pedal**) Gaspedal *n*; **to step on the ~** aufs Gas treten 2 PHYS Beschleuniger *m*
accent [ˈæksənt] S Akzent *m*; **to speak without/with an ~** akzentfrei/mit Akzent sprechen; **to put the ~ on sth** *fig* den Akzent auf etw (*akk*) legen; **the ~ is on the first syllable** die Betonung liegt auf der ersten Silbe **accentuate** [ækˈsentjʊeɪt] VT betonen; *beim Sprechen, a.* MUS akzentuieren

★**accept** [əkˈsept] A VT 1 akzeptieren; *Entschuldigung, Geschenk, Einladung* annehmen; *Verantwortung* übernehmen; *Darstellung* glauben 2 *Notwendigkeit* einsehen; *Mensch, Pflicht* akzeptieren; **it is generally** *od* **widely ~ed that ...** es ist allgemein anerkannt, dass ...; **we**

must ~ the fact that ... wir müssen uns damit abfinden, dass ...; **I ~ that it might take a little longer** ich sehe ein, dass es etwas länger dauern könnte; **to ~ that sth is one's responsibility/duty** etw als seine Verantwortung/Pflicht akzeptieren 3 *Schicksal, Konditionen* hinnehmen 4 HANDEL *Scheck* annehmen B VI annehmen **acceptability** [əkˌseptəˈbɪlɪt] S Annehmbarkeit *f* **acceptable** [əkˈseptəbl] ADJ akzeptabel (**to** für); *Verhalten* zulässig; *Geschenk* passend; **any job would be ~ to him** ihm wäre jede Stelle recht **acceptably** [əkˈseptəblɪ] ADV 1 *behandeln, sich verhalten* anständig, korrekt 2 **~ safe** ausreichend sicher **acceptance** [əkˈseptəns] S 1 Annahme *f*; *von Verantwortung* Übernahme *f*; *von Darstellung* Glauben *n*; **to find** *od* **win** *od* **gain ~** anerkannt werden 2 *von Fakten* Anerkennung *f* 3 (*= Tolerieren*) Hinnahme *f* 4 HANDEL *von Scheck* Annahme *f* **accepted** ADJ *Tatsache* (allgemein) anerkannt

access [ˈækses] A S 1 Zugang *m* (**to** zu); *bes zu Zimmer etc* Zutritt *m* (**to** zu); **to give sb ~** j-m Zugang gewähren (**to** zu); **to refuse sb ~** j-m den Zugang verwehren (**to** zu); **to have ~ to sb/sth** Zugang zu j-m/etw haben; **to gain ~ to sb/sth** sich (*dat*) Zugang zu j-m/etw verschaffen; **"access only"** „nur für Anlieger"; *österr* „nur für Anrainer"; **the father has ~ to the children** der Vater hat das Recht auf Umgang mit den Kindern 2 IT Zugriff *m* B VT IT zugreifen auf (+*akk*) **access code** S Zugangscode *m* **access course** S Brückenkurs *m* **accessibility** [ækˌsesɪˈbɪlɪtɪ] S Zugänglichkeit *f* **accessible** [ækˈsesɪbl] ADJ zugänglich (**to** +*dat*) **accession** [ækˈseʃən] S 1 (*a.* **~ to the throne**) Thronbesteigung *f* 2 Antritt *m*, Beitritt *m*; **the ~ of a country to the EU** der Beitritt eines Landes zur EU 3 *in Bücherei* (Neu)anschaffung *f* **accessory** [ækˈsesərɪ] S 1 Extra *n*; *modisch* Accessoire *n* 2 **accessories** *pl* Zubehör *n*; **toilet accessories** Toilettenartikel *pl* 3 JUR Helfershelfer(in) *m(f)* **access road** S Zufahrt(sstraße) *f* **access time** S Zugriffszeit *f*

★**accident** [ˈæksɪdənt] S Unfall *m*, Havarie *f österr*; BAHN, FLUG Unglück *n*;

(≈ *Peinlichkeit*) Missgeschick n; (≈ *Fügung*) Zufall m; **~ and emergency (department/unit)** Notaufnahme f; **she has had an ~** sie hat einen Unfall gehabt; *beim Kochen etc* ihr ist ein Missgeschick passiert; **by ~** zufällig; (≈ *unbeabsichtigt*) aus Versehen; **~s will happen** sprichw so was kann vorkommen; **it was an ~** es war ein Versehen **accidental** [ˌæksɪˈdentl] ADJ 1 *Zusammentreffen etc* zufällig; *Schlag* versehentlich 2 *Verletzung, Tod* durch Unfall **accidentally** [ˌæksɪˈdentəlɪ] ADV zufällig; (≈ *unbeabsichtigt*) versehentlich **accident insurance** S Unfallversicherung f **accident prevention** S Unfallverhütung f **accident-prone** ADJ vom Pech verfolgt

acclaim [əˈkleɪm] A V/T feiern (**as als**) B S Beifall m; *von Kritikern* Anerkennung f **acclimate** [ˈæklɪmeɪt] US V/T → acclimatize **acclimatization** [əˌklaɪmətaɪˈzeɪʃən] S, **acclimation** [ˌæklɪˈmeɪʃən] US S Akklimatisierung f (**to an** +akk); *an neue Umgebung etc* Gewöhnung f (**to an** +akk) **acclimatize** [əˈklaɪmətaɪz] A V/T **to become ~d** sich akklimatisieren, sich eingewöhnen B VI a. **~ oneself** sich akklimatisieren (**to an** +akk)

accolade [ˈækəʊleɪd] S Auszeichnung f, Lob n kein pl

accommodate [əˈkɒmədeɪt] VT 1 unterbringen 2 Platz haben für 3 form dienen (+dat); **I think we might be able to ~ you** ich glaube, wir können Ihnen entgegenkommen **accommodating** [əˈkɒmədeɪtɪŋ] ADJ entgegenkommend

★**accommodation** [əˌkɒməˈdeɪʃən] S 1 US a. **~s** Unterkunft f, Zimmer n, Wohnung f 2 US a. **~s** Platz m; **seating ~** Sitzplätze pl; **sleeping ~ for six** Schlafgelegenheit f für sechs Personen

accompaniment [əˈkʌmpənɪmənt] S a. MUS Begleitung f; **with piano ~** mit Klavierbegleitung **accompanist** [əˈkʌmpənɪst] S Begleiter(in) m(f)

★**accompany** [əˈkʌmpənɪ] VT a. MUS begleiten; **~ing letter** Begleitschreiben n **accomplice** [əˈkʌmplɪs] S Komplize m, Komplizin f; **to be an ~ to a crime** Komplize bei einem Verbrechen sein

accomplish [əˈkʌmplɪʃ] VT schaffen; **that didn't ~ anything** damit war nichts erreicht **accomplished** ADJ *Sportler* fähig; *Leistung* vollendet; *Lügner*

versiert **accomplishment** S 1 〈kein pl〉 von Aufgabe Bewältigung f 2 Fertigkeit f, Leistung f

accord [əˈkɔːd] A S Übereinstimmung f; POL Abkommen n; **of one's/its own ~** von selbst; (≈ *unbeabsichtigt*) aus Versehen; *singen, rufen etc* wie aus einem Mund(e) B VT gewähren; *Titel* verleihen (**sb** j-m etw) **accordance** [əˈkɔːdəns] S **in ~ with** entsprechend (+dat) **accordingly** [əˈkɔːdɪŋlɪ] ADV (dem)entsprechend

★**according to** [əˈkɔːdɪŋˈtuː] PRÄP zufolge (+dat), nach, entsprechend (+dat); **~ the map** der Karte nach; **~ Peter** laut Peter, Peter zufolge; **to go ~ plan** nach Plan verlaufen; **we did it ~ the rules** wir haben uns an die Regeln gehalten

accordion [əˈkɔːdɪən] S Akkordeon n **accost** [əˈkɒst] VT ansprechen, anpöbeln pej

★**account** [əˈkaʊnt] S 1 Darstellung f, Bericht m; **to keep an ~ of one's expenses** über seine Ausgaben Buch führen; **by od from all ~s** nach allem, was man hört; **to give an ~ of sth** über etw (akk) Bericht erstatten; **to give an ~ of oneself** Rede und Antwort stehen; **to give a good ~ of oneself** sich gut schlagen; **to be called od held to ~ for sth** über etw (akk) Rechenschaft ablegen müssen 2 **to take ~ of sb/sth, to take sb/sth into ~** j-n/etw in Betracht ziehen, j-n/etw berücksichtigen; **to take no ~ of sb/sth** j-n/etw außer Betracht lassen; **on no ~** auf (gar) keinen Fall; **on this/that ~** deshalb; **on ~ of the weather** wegen od aufgrund des Wetters; **on my ~** meinetwegen; **of no ~** ohne Bedeutung 3 FIN, HANDEL Konto n (**with** bei); **to buy sth on ~** etw auf (Kunden)kredit kaufen; **please charge it to my ~** stellen Sie es mir bitte in Rechnung; **to settle** od **square ~s** od **one's ~ with sb** fig mit j-m abrechnen 4 **~s** pl von Firma, Verein (Geschäfts)bücher pl; Abteilung Buchhaltung f; **to keep the ~s** die Bücher führen ♦**account for** VI 〈+obj〉 1 erklären; *Verhalten, Ausgaben* Rechenschaft ablegen über (+akk), verantwortlich sein für; **all the children were accounted for** der Verbleib aller Kinder war bekannt; **there's no accounting for taste** über Geschmack lässt sich (nicht) streiten **2** der Grund sein für; **this area accounts for most of the country's mineral wealth** aus dieser Gegend stammen die meisten Bodenschätze des Landes

accountability [ə͵kaʊntəˈbɪlɪtɪ] $\overline{S}$ Verantwortlichkeit f (**to sb** j-m gegenüber)

accountable [əˈkaʊntəbl] $\overline{ADJ}$ verantwortlich (**to sb** j-m); **to hold sb ~ (for sth)** j-n (für etw) verantwortlich machen

accountancy [əˈkaʊntənsɪ] $\overline{S}$ Buchführung f **accountant** [əˈkaʊntənt] $\overline{S}$ Buchhalter(in) m(f), Steuerberater(in) m(f) **account book** $\overline{S}$ Geschäftsbuch n **accounting** [əˈkaʊntɪŋ] $\overline{S}$ Buchhaltung f **accounting department** US $\overline{S}$ Buchhaltung f **account number** $\overline{S}$ Kontonummer f **accounts department** Br $\overline{S}$ Buchhaltung f

accreditation [əkredɪˈteɪʃən] $\overline{S}$ Beglaubigung f; (≈ Genehmigung) Zulassung f; POL Akkreditierung f

accrue [əˈkruː] $\overline{VI}$ sich ansammeln

acct $\overline{ABK}$ ⟨nur geschrieben⟩ (= account) Konto n

accumulate [əˈkjuːmjʊleɪt] $\overline{A}$ $\overline{VT}$ ansammeln $\overline{B}$ $\overline{VI}$ sich ansammeln **accumulation** [ə͵kjuːmjʊˈleɪʃən] $\overline{S}$ Ansammlung f **accumulative** [əˈkjuːmjʊlətɪv] $\overline{ADJ}$ sich anhäufend, zunehmend

accuracy [ˈækjʊrəsɪ] $\overline{S}$ Genauigkeit f; von Rakete Zielgenauigkeit f **accurate** [ˈækjʊrɪt] $\overline{ADJ}$ genau; Rakete zielgenau; **the clock is ~** die Uhr geht genau; **the test is 90 per cent ~** der Test ist 90%ig sicher **accurately** [ˈækjʊrɪtlɪ] $\overline{ADV}$ genau

accusation [͵ækjʊˈzeɪʃən] $\overline{S}$ Beschuldigung f; JUR Anklage f; (≈ Tadel) Vorwurf m

accusative [əˈkjuːzətɪv] $\overline{A}$ $\overline{S}$ Akkusativ m; **in the ~** im Akkusativ $\overline{B}$ $\overline{ADJ}$ Akkusativ-; **~ case** Akkusativ m

accusatory [əˈkjuːzətərɪ] $\overline{ADJ}$ anklagend

★**accuse** [əˈkjuːz] $\overline{VT}$ **1** JUR anklagen (**of** wegen od +gen); **he is ~d of murder** er ist des Mordes angeklagt **2** beschuldigen; **to ~ sb of doing** od **having done sth** j-n beschuldigen, etw getan zu haben; **are you accusing me of lying?** willst du (damit) vielleicht sagen, dass ich lüge? **accused** $\overline{S}$ **the ~** der/die Angeklagte **accusing** [əˈkjuːzɪŋ] $\overline{ADJ}$ anklagend; **he had an ~ look on his face** sein

Blick klagte an **accusingly** [əˈkjuːzɪŋlɪ] $\overline{ADV}$ anklagend

accustom [əˈkʌstəm] $\overline{VT}$ **to be ~ed to sth** an etw (akk) gewöhnt sein; **to be ~ed to doing sth** gewohnt sein, etw zu tun; **to become** od **get ~ed to sth** sich an etw (akk) gewöhnen; **to become** od **get ~ed to doing sth** sich daran gewöhnen, etw zu tun

▶ **accustomed to**

⚠ Nach **accustomed to** steht entweder ein Gerund oder ein Substantiv, aber nie ein Infinitiv!

to be / get accustomed to doing sth	gewohnt sein / sich daran gewöhnen, etw zu tun
to be / get accustomed to sth	etw gewohnt sein / sich an etw gewöhnen

◀

AC/DC [͵eɪsiːˈdiːsiː] $\overline{ABK}$ (= alternating current/direct current) WS/GS, Allstrom **ace** [eɪs] $\overline{A}$ $\overline{S}$ Ass n; **the ace of clubs** das Kreuzass; **to have an ace up one's sleeve** noch einen Trumpf in der Hand haben; **to hold all the aces** fig alle Trümpfe in der Hand halten; **to be an ace at sth** ein Ass in etw (dat) sein; **to serve an ace** Tennis ein Ass servieren $\overline{B}$ $\overline{ADJ}$ ⟨attr⟩ (≈ ausgezeichnet) Star- $\overline{C}$ US umg $\overline{VT}$ **to ace a test** in einer Prüfung hervorragend abschneiden

acerbic [əˈsɜːbɪk] $\overline{ADJ}$ Bemerkung, Stil bissig

acetate [ˈæsɪteɪt] $\overline{S}$ Azetat n **acetic acid** [ə͵siːtɪkˈæsɪd] $\overline{S}$ Essigsäure f

★**ache** [eɪk] $\overline{A}$ $\overline{S}$ (dumpfer) Schmerz m $\overline{B}$ $\overline{VI}$ **1** wehtun, schmerzen; **my head ~s** mir tut der Kopf weh; **it makes my head/arms ~** davon tut mir der Kopf/tun mir die Arme weh; **I'm aching all over** mir tut alles weh; **it makes my heart ~ to see him** fig es tut mir in der Seele weh, wenn ich ihn sehe **2** fig **to ~ to do sth** sich danach sehnen, etw zu tun

achieve [əˈtʃiːv] $\overline{VT}$ erreichen; Erfolg erzielen; **she ~d a great deal** sie hat eine Menge geleistet; (≈ erfolgreich) sie hat viel erreicht; **he will never ~ anything**

er wird es nie zu etwas bringen
achievement [əˈtʃiːvmənt] S Leistung
f; *von Gesellschaft, Technik* Errungen-
schaft f **achiever** [əˈtʃiːvəʳ] S Leis-
tungstyp m *umg;* **to be an ~** leistungs-
orientiert sein; **high** ~ SCHULE leis-
tungsstarkes Kind

Achilles [əˈkɪliːz] S **~ heel** *fig* Achilles-
ferse f

aching [ˈeɪkɪŋ] ADJ 〈attr〉 schmerzend
achy [ˈeɪki] *umg* ADJ schmerzend; **I feel
~ all over** mir tut alles weh

acid [ˈæsɪd] A ADJ 1 sauer 2 *fig* ätzend;
Bemerkung bissig, beißend B S 1 CHEM
Säure f 2 *umg* (≈LSD) Acid n *sl* **acidic**
[əˈsɪdɪk] ADJ sauer **acidity** [əˈsɪdɪti] S 1
Säure f 2 Magensäure f **acid rain** S
saurer Regen **acid test** S Feuerprobe f

acknowledge [əkˈnɒlɪdʒ] VT anerken-
nen; *Wahrheit, Niederlage* zugeben; *Brief*
den Empfang bestätigen von; *Gruß* erwi-
dern; *Hilfe* sich bedanken für; **to ~ sb's
presence** j-s Anwesenheit zur Kenntnis
nehmen **acknowledgement** S Aner-
kennung f; *von Wahrheit, Niederlage* Ein-
geständnis n; *von Brief* Empfangsbestäti-
gung f; **he waved in ~** er winkte zurück;
in ~ of in Anerkennung (+gen); **~s** in
Buch Danksagung f; **~s are due to ...**
ichhabe/wir haben ... zu danken; in
Buch mein/unser Dank gilt ...

acne [ˈækni] S Akne f

acorn [ˈeɪkɔːn] S BOT Eichel f

acoustic [əˈkuːstɪk] ADJ akustisch
acoustic guitar S Akustikgitarre f
acoustics S 1 (+sg v) *Fach* Akustik f
2 (pl) *von Zimmer* Akustik f

acquaint [əˈkweɪnt] VT 1 bekannt ma-
chen; **to be ~ed with sth** mit etw be-
kannt sein; **to become ~ed with sth**
etw kennenlernen; *Tatsachen, Wahrheit*
etw erfahren; **to ~ oneself** od **to make
oneself ~ed with sth** sich mit etw ver-
traut machen 2 **to be ~ed with sb**
mit j-m bekannt sein; **we're not ~ed**
wir kennen uns nicht; **to become** od
get ~ed sich (näher) kennenlernen **ac-
quaintance** S 1 Bekannte(r) m/f(m);
we're just ~s wir kennen uns bloß
flüchtig; **a wide circle of ~s** ein großer
Bekanntenkreis 2 *von Mensch* Bekannt-
schaft f; *von Thema, Sachgebiet* Kenntnis
f (**with** +gen); **to make sb's ~** j-s Be-
kanntschaft machen

acquiesce [ˌækwɪˈes] VI einwilligen (**in**
in +akk); **to ~ in sth** *ohne es zu wollen*
hinnehmen **acquiescence** [ˌæk-
wɪˈesns] S Einwilligung f (**in** in +akk)

acquire [əˈkwaɪəʳ] VT erwerben, sich
(dat) aneignen, annehmen; **where did
you ~ that?** woher hast du das?; **to ~
a taste/liking for sth** Geschmack/Gefal-
len an etw (dat) finden; **caviar is an
~d taste** Kaviar ist (nur) für Kenner **ac-
quisition** [ˌækwɪˈzɪʃən] S 1 Erwerb m,
Aneignung f 2 (≈Gegenstand) Anschaf-
fung f **acquisitive** [əˈkwɪzɪtɪv] ADJ hab-
gierig

acquit [əˈkwɪt] A VT freisprechen; **to be
~ted of a crime** von einem Verbrechen
freigesprochen werden B VR **he ~ted
himself well** er hat seine Sache gut ge-
macht **acquittal** [əˈkwɪtl] S Freispruch
m (**on** von)

acre [ˈeɪkəʳ] S Flächenmaß ≈ Morgen m

acrid [ˈækrɪd] ADJ *Geschmack* bitter; *Ge-
ruch* säuerlich; *Rauch* beißend

acrimonious [ˌækrɪˈməʊniəs] ADJ erbit-
tert; *Scheidung* verbittert ausgefochten
acrimony [ˈækrɪmənɪ] S Schärfe f, Ver-
bitterung f, Erbitterung f

acrobat [ˈækrəbæt] S Akrobat(in) m(f)
acrobatic [ˌækrəʊˈbætɪk] ADJ akroba-
tisch **acrobatics** PL Akrobatik f

acronym [ˈækrənɪm] S Akronym n

★**across** [əˈkrɒs] A ADV 1 hinüber, he-
rüber, (quer)durch, darüber; **shall I go
~ first?** soll ich zuerst hinüber(gehen)?;
~ from your house eurem Haus gegen-
über 2 *Maß* breit; *von Kreis etc* im
Durchmesser 3 *Kreuzworträtsel* waage-
recht B PRÄP 1 *Richtung* über (+akk);
(≈diagonal) quer durch (+akk); **to run ~
the road** über die Straße laufen; **to
wade ~ a river** durch einen Fluss wa-
ten; **a tree fell ~ the path** ein Baum fiel
quer über den Weg; **~ country** quer-
feldein 2 *Position* über (+dat); **a tree
lay ~ the path** ein Baum lag quer über
dem Weg; **he was sprawled ~ the bed**
er lag quer auf dem Bett; **from ~ the
sea** von der anderen Seite des Meeres;
he lives ~ the street from us er wohnt
uns gegenüber; **you could hear him
(from) ~ the hall** man konnte ihn von
der anderen Seite der Halle hören
across-the-board [əˈkrɒsðəˈbɔːd] ADJ
〈attr〉 allgemein; → board

acrylic [əˈkrɪlɪk] **A** $\overline{s}$ Acryl n **B** ADJ Acryl-; *Kleid aus Acryl*

★**act** [ækt] **A** $\overline{s}$ **1** Tat f; (≈ offizielle Handlung) Akt m; **an act of mercy** ein Gnadenakt m; **an act of God** höhere Gewalt kein pl; **an act of war** eine kriegerische Handlung; **an act of madness** ein Akt m des Wahnsinns; **to catch sb in the act of doing sth** j-n dabei ertappen, wie er etw tut **2** PARL Gesetz n **3** THEAT Akt m; (≈ Auftritt) Nummer f; **a one-act play** ein Einakter m; **to get in on the act** fig umg mit von der Partie sein; **he's really got his act together** umg bei Vorhaben etc er hat die Sache wirklich im Griff; *in seinem Dasein* m hat im Leben erreicht, was er wollte; **she'll be a hard** od **tough act to follow** man wird es ihr nur schwer gleichmachen **4** fig Theater n; **to put on an act** Theater spielen **B** V/T spielen; **to act the innocent** die gekränkte Unschuld spielen **C** V/I **1** THEAT spielen; THEAT schauspielern; fig Theater spielen; **he's only acting** er tut (doch) nur so; **to act innocent** etc sich unschuldig etc stellen **2** Droge wirken; **to act as ... wirken als ..., fungieren als ...; to act on behalf of sb** j-n vertreten **3** sich verhalten, sich benehmen; **she acted as if** od **though she was surprised** sie tat so, als ob sie überrascht wäre **4** handeln; **the police couldn't act** die Polizei konnte nichts unternehmen ♦**act on** V/I ‹+obj› **1** wirken auf (+akk) **2** Warnung handeln auf (+akk) ... hin; Rat folgen (+dat); **acting on an impulse** einer plötzlichen Eingebung folgend ♦**act out** V/T ‹trennb› durchspielen ♦**act up** V/I j-m Ärger machen; Mensch Theater machen umg, sich aufspielen; Maschine verrückt spielen umg; **my back is acting up** mein Rücken macht mir Ärger ♦**act upon** V/I ‹+obj› → act on

acting [ˈæktɪŋ] **A** ADJ **1** stellvertretend attr **2** ‹attr› THEAT schauspielerisch **B** $\overline{s}$ THEAT Darstellung f; (≈ Aktivität) Spielen n; (≈ als Beruf) Schauspielerei f; **he's done some ~** er hat schon Theater gespielt

★**action** [ˈækʃən] $\overline{s}$ **1** ‹kein pl› Handeln n; von Roman etc Handlung f; **a man of ~** ein Mann der Tat; **to take ~** etwas un-

ternehmen, handeln; **course of ~** Vorgehen n; **no further ~** keine weiteren Maßnahmen **2** Tat f **3** ‹in/out of ~› in/nicht in Aktion; Maschine in/außer Betrieb; **to go into ~** in Aktion treten; **to put a plan into ~** einen Plan in die Tat umsetzen; **he's been out of ~ since he broke his leg** er war nicht mehr einsatzfähig, seit er sich das Bein gebrochen hat **4** Action f; **there's no ~ in this movie** in dem Film passiert nichts; **~!** Kommando Action! **5** MIL Aktionen pl; **enemy ~** feindliche Handlungen pl; **killed in ~** gefallen; **the first time they went into ~** bei ihrem ersten Einsatz **6** von Maschine Arbeitsweise f; von Uhr, Gewehr Mechanismus m; von Sportler etc Bewegung f **7** Wirkung f (**on** auf +akk) **8** JUR Klage f; **to bring an ~ (against sb)** eine Klage (gegen j-n) anstrengen **action film** Br $\overline{s}$ Actionfilm m **action group** $\overline{s}$ Aktionsgruppe f **action movie** $\overline{s}$ Actionfilm m **action-packed** ADJ aktionsgeladen **action replay** $\overline{s}$ bes in Zeitlupe Wiederholung f **action shot** $\overline{s}$ FOTO Actionfoto n; FILM Actionszene f **action stations** PL Stellung f; **~!** Stellung!; fig an die Plätze!

activate [ˈæktɪveɪt] V/T Mechanismus betätigen; Schalter in Gang setzen; Alarm auslösen; Bombe zünden; CHEM, PHYS aktivieren

★**active** [ˈæktɪv] ADJ aktiv; Verstand, Leben rege; **to be politically/sexually ~** politisch/sexuell aktiv sein; **on ~ service** MIL im Einsatz; **to be on ~ duty** bes US MIL aktiven Wehrdienst leisten; **he played an ~ part in it** er war aktiv daran beteiligt; **~ ingredient** CHEM aktiver Bestandteil; **~ (voice)** LING Aktiv n **actively** [ˈæktɪvlɪ] ADV aktiv; Abneigung zeigen offen **activist** [ˈæktɪvɪst] $\overline{s}$ Aktivist(in) m(f) **activity** [ækˈtɪvɪtɪ] $\overline{s}$ **1** ‹kein pl› Aktivität f; in Stadt, Büro geschäftiges Treiben **2** (≈ Zeitvertreib) Betätigung f; **the church organizes many activities** die Kirche organisiert viele Veranstaltungen; **criminal activities** kriminelle Aktivitäten pl **activity holiday** Br $\overline{s}$ Aktivurlaub m

★**actor** [ˈæktəʳ] $\overline{s}$ Schauspieler(in) m(f)
★**actress** [ˈæktrɪs] $\overline{s}$ Schauspielerin f
★**actual** [ˈæktjʊəl] ADJ eigentlich; Resultat

tatsächlich; *Fall, Beispiel* konkret; **in ~ fact** eigentlich; **what were his ~ words?** was genau hat er gesagt?; **this is the ~ house** das ist hier das Haus; **~ size** Originalgröße f

★**actually** [ˈæktjʊəlɪ] ADV **1** *als Füllwort: meist nicht übersetzt* – **I haven't started yet** ich habe noch (gar) nicht damit angefangen **2** eigentlich, übrigens; **as you said before, and ~ you were quite right** wie Sie schon sagten, und eigentlich hatten Sie völlig recht; **~ you were quite right, it was a bad idea** Sie hatten übrigens völlig recht, es war eine schlechte Idee; **I'm going soon, tomorrow ~** ich gehe bald, nämlich morgen **3** tatsächlich, wirklich; **if you ~ own an apartment** wenn Sie tatsächlich eine Wohnung besitzen; **oh, you're ~ in/ready!** oh, du bist sogar da/fertig!; **I haven't ~ started yet** ich habe noch nicht angefangen; **as for ~ doing it** wenn es dann daran geht, es auch zu tun

actuary [ˈæktjʊərɪ] S̱ *Versicherungswesen* Aktuar(in) m(f)

acumen [ˈækjuːmen] S̱ **business ~** Geschäftssinn m

acupuncture [ˈækjʊˌpʌŋktʃəʳ] S̱ Akupunktur f

acute [əˈkjuːt] ADJ **1** akut; *Peinlichkeit* riesig; *Gefühl, Schmerz* heftig; *Angst, Verlegenheit* stark, groß **2** *Verstandsvermögen* scharf; *Gehör* fein **3** MATH *Winkel* spitz **4** LING **~ accent** Akut m **acutely** [əˈkjuːtlɪ] ADV *spüren* intensiv; *verlegen, sensibel* äußerst; **to be ~ aware of sth** sich (*dat*) einer Sache (*gen*) genau bewusst sein

AD A̱ḆḴ (= *Anno Domini*) n. Chr., A.D.

ad [æd] S̱ A̱ḆḴ (= *advertisement*) von Anzeige f, Inserat n

adage [ˈædɪdʒ] S̱ Sprichwort n

Adam [ˈædəm] S̱ **~'s apple** Adamsapfel m; **I don't know him from ~** *umg* ich habe keine Ahnung, wer er ist *umg*

adamant [ˈædəmənt] ADJ hart; *Weigerung* hartnäckig; **to be ~** unnachgiebig sein; **he was ~ about going** er bestand hartnäckig darauf zu gehen **adamantly** [ˈædəmæntlɪ] ADV hartnäckig; **to be ~ opposed to sth** etw scharf ablehnen

adapt [əˈdæpt] A̱ V̱Ṯ anpassen (**to** +*dat*); *Maschine* umstellen (**to, for** auf +*akk*);

Fahrzeug, Gebäude umbauen (**to, for** für); *Text* bearbeiten (**for** für); **~ed from the Spanish** aus dem Spanischen übertragen und bearbeitet Ḇ V̱I̱ sich anpassen (**to** +*dat*) **adaptability** [əˌdæptəˈbɪlɪtɪ] S̱ Anpassungsfähigkeit f **adaptable** [əˈdæptəbl] ADJ anpassungsfähig **adaptation** [ˌædæpˈteɪʃən] S̱ *von Buch etc* Bearbeitung f **adapter** [əˈdæptəʳ] S̱ ELEK Adapter m **adaptor** [əˈdæptəʳ] S̱ → adapter

ADD A̱ḆḴ (= Attention Deficit Disorder) ADS, Aufmerksamkeitsdefizit-Syndrom n

★**add** [æd] A̱ V̱Ṯ **1** MATH addieren, dazuzählen (**to** zu); **to add 8 to 5** 8 zu 5 hinzuzählen **2** *Zutaten, Bemerkung etc* hinzufügen (**to** zu); *Hoch- und Tiefbau* anbauen; **added to which … you** kommt, dass …; **transport adds 10% to the cost** es kommen 10% Transportkosten hinzu; **they add 10% for service** sie rechnen 10% für Bedienung dazu; **to add value to sth** den Wert einer Sache (*gen*) erhöhen Ḇ V̱I̱ **1** MATH addieren; **she just can't add** sie kann einfach nicht rechnen **2** **to add to sth** zu etw beitragen; **it will add to the time the job takes** es wird die Arbeitszeit verlängern ◆**add on** V̱Ṯ ⟨*trennb*⟩ *Betrag* dazurechnen; *Zimmer* anbauen; *Bemerkungen* anfügen ◆**add up** A̱ V̱Ṯ ⟨*trennb*⟩ zusammenzählen Ḇ V̱I̱ *Zahlen* stimmen; *fig* sich reimen; **it all adds up** *wörtl* es summiert sich; *fig* es passt alles zusammen; **to add up to** *Zahlen* ergeben; *Fakten* führen zu

added [ˈædɪd] ADJ ⟨*attr*⟩ zusätzlich; **~ value** Mehrwert m

adder [ˈædəʳ] S̱ Viper f, Natter f

addict [ˈædɪkt] S̱ Süchtige(r) m/f(m); **he's a television/heroin ~** er ist fernseh-/heroinsüchtig **addicted** [əˈdɪktɪd] ADJ süchtig (**to** nach); **to be/become ~ to heroin/drugs** heroin-/rauschgiftsüchtig sein/werden; **he is ~ to sport** Sport ist bei ihm zur Sucht geworden **addiction** [əˈdɪkʃən] S̱ Sucht f (**to** nach); **~ to drugs/alcohol** Rauschgift-/Trunksucht f **addictive** [əˈdɪktɪv] ADJ **to be ~** süchtig machen; **these drugs/watching TV can become ~** diese Drogen können/Fernsehen kann zur Sucht werden; **~ drug** Suchtdroge f

add-in [ˈædɪn] S̱ IT Add-in n (*Programm,*

das die Funktion eines anderen erweitert)

★**addition** [əˈdɪʃən] ⓢ **1** MATH Addition *f* **2** Zusatz *m* (**to** zu); *zu Liste* Ergänzung *f* (**to** zu); ★ **in** ~ außerdem; **in** ~ (**to this**) **he said** ... und außerdem sagte er ...; **in** ~ **to her other hobbies** zusätzlich zu ihren anderen Hobbys **additional** ADJ zusätzlich; ~ **charge** Aufpreis *m* **additive** [ˈædɪtɪv] ⓢ Zusatz *m*, Zusatzstoff *m* **add-on** [ˈædɒn] ⓢ Zusatz *m*; ~ **card** IT Erweiterungssteckkarte *f*

★**address** [əˈdres] Ⓐ ⓢ **1** Adresse *f*; **home** ~ Privatadresse *f*; *von Reisenden* Heimatanschrift *f*; **what's your** ~? wo wohnen Sie?; **I've come to the wrong** ~ ich bin hier falsch *od* an der falschen Adresse; **at this** ~ unter dieser Adresse; **"not known at this** ~**"** "Empfänger unbekannt" **2** Ansprache *f*; **form of** ~ (Form *f* der) Anrede *f* **3** IT Adresse *f* Ⓑ V/T **1** *Brief* adressieren (**to** an +*akk*) **2** *Beschwerde* richten (**to** an +*akk*) **3** *Versammlung* sprechen zu; *Mensch* anreden; **don't** ~ **me as "Colonel"** nennen Sie mich nicht „Colonel" **4** *Problem* angehen Ⓒ V/R **to** ~ **oneself to sb** j-n ansprechen **address book** ⓢ Adressbuch *n* **addressee** [ˌædreˈsiː] ⓢ Empfänger(in) *m(f)* **address label** ⓢ Adressenaufkleber *m*

adenoids [ˈædɪnɔɪdz] PL Rachenmandeln *pl*

adept [ˈædept] ADJ geschickt (**in, at** in +*dat*)

adequacy [ˈædɪkwəsɪ] ⓢ Adäquatheit *f* **adequate** [ˈædɪkwɪt] ADJ adäquat; *Zeit* genügend *inv*; **to be** ~ (aus)reichen; (≈ *gut genug*) zulänglich *od* adäquat sein; **this is just not** ~ das ist einfach unzureichend; **more than** ~ mehr als genug; *Beheizung etc* mehr als ausreichend **adequately** [ˈædɪkwɪtlɪ] ADV **1** ausreichend **2** angemessen

ADHD ABK (= **Attention Deficit Hyperactivity Disorder**) ADHS *n*

♦**adhere to** V/I ⟨+*obj*⟩ *Plan, Prinzip* festhalten an (+*dat*); *Regel* sich halten an (+*akk*) **adherence** [ədˈhɪərəns] ⓢ Festhalten *n* (**to** an +*dat*); *von Regel* Befolgung *f* (**to** +*gen*) **adherent** [ədˈhɪərənt] ⓢ Anhänger(in) *m(f)*

adhesion [ədˈhiːʒən] ⓢ *von Partikeln etc* Adhäsion *f*, Haftfähigkeit *f*; *von Leim*

Klebefestigkeit *f* **adhesive** [ədˈhiːzɪv] Ⓐ ⓢ Klebstoff *m*, Pick *m österr* Ⓑ ADJ haftend; *Oberfläche* klebend **adhesive tape** ⓢ Klebstreifen *m*

ad hoc [ˌædˈhɒk] ADJ & ADV ad hoc *inv*

ad infinitum [ˌædɪnfɪˈnaɪtəm] ADV für immer

adjacent [əˈdʒeɪsənt] ADJ angrenzend; **to be** ~ **to an etw** (*akk*) angrenzen; **the** ~ **room** das Nebenzimmer

adjectival ADJ, **adjectivally** [ˌædʒekˈtaɪvəl, -ɪ] ADV adjektivisch **adjective** [ˈædʒɪktɪv] ⓢ Adjektiv *n*

adjoin [əˈdʒɔɪn] Ⓐ V/T grenzen an (+*akk*) Ⓑ V/I aneinandergrenzen **adjoining** [əˈdʒɔɪnɪŋ] ADJ benachbart; *bes* ARCH anstoßend; *Feld* angrenzend; **the** ~ **room** das Nebenzimmer; **in the** ~ **office** im Büro nebenan

adjourn [əˈdʒɜːn] Ⓐ V/T **1** vertagen (**until** auf +*akk*); **he** ~**ed the meeting for three hours** er unterbrach die Konferenz für drei Stunden **2** US beenden Ⓑ V/I **1** sich vertagen (**until** auf +*akk*); **to** ~ **for lunch/one hour** zur Mittagspause/für eine Stunde unterbrechen **2** **to** ~ **to the living room** sich ins Wohnzimmer begeben **adjournment** ⓢ Vertagung *f* (**until** auf +*akk*); kurzzeitig Unterbrechung *f*

adjudicate [əˈdʒuːdɪkeɪt] Ⓐ V/T *Wettbewerb* Preisrichter(in) sein bei Ⓑ V/I *bei Wettbewerb etc* als Preisrichter(in) fungieren; *bei Streitigkeiten* die Entscheidung treffen **adjudication** [əˌdʒuːdɪˈkeɪʃən] ⓢ Entscheidung *f*; (≈ *Resultat a.*) Urteil *n* **adjudicator** [əˈdʒuːdɪkeɪtə²] ⓢ *bei Wettbewerb etc* Preisrichter(in) *m(f)*

adjust [əˈdʒʌst] Ⓐ V/T **1** einstellen; *Hebel* (richtig) stellen; (≈ *korrigieren*) nachstellen; *Höhe, Geschwindigkeit* regulieren; *Zahlen* korrigieren; *Bedingungen* ändern; *Hut, Krawatte* zurechtrücken; **do not** ~ **your set** ändern Sie nichts an der Einstellung Ihres Geräts **2** **to** ~ **oneself to sth** sich einer Sache (*dat*) anpassen **3** *Versicherungswesen: Schaden* regulieren Ⓑ V/I **1** sich anpassen (**to** +*dat*), sich einstellen (**to** auf +*akk*) **adjustable** [əˈdʒʌstəbl] ADJ verstellbar; *Geschwindigkeit, Temperatur* regulierbar **adjustment** [əˈdʒʌstmənt] ⓢ **1** Einstellung *f*; *von Hebel* (richtige) Stellung *f*; (≈ *Korrektur*) Nachstellung *f*; *von Höhe, Geschwindig-*

keit Regulierung *f*; **von Bedingungen** Änderung *f*; **to make ~s** Änderungen vornehmen; **to make ~s to one's plans** seine Pläne ändern **2** *gesellschaftlich etc* Anpassung *f* **3** *Versicherungswesen* Regulierung *f*

adjutant ['ædʒətənt] S̄ MIL Adjutant(in) *m(f)*

ad lib [æd'lɪb] ADV aus dem Stegreif **ad-lib** V̄T & V̄I improvisieren

admin ['ædmɪn] S̄ ABK (= administration) Verwaltung *f* **administer** [əd'mɪnɪstə˙] V̄T **1** *Institution, Fonds* verwalten; *Geschäfte* führen **2** *Strafe* verhängen (**to** über +*akk*); **to ~ justice** Recht sprechen **3** *Medikament* verabreichen (**to sb** j-m) **administrate** [æd'mɪnɪstreɪt] V̄T → **administer administration** [əd,mɪnɪ-'streɪʃən] S̄ **1** *‹kein pl›* Verwaltung *f*; *von Projekt etc* Organisation *f*; **to spend a lot of time on ~** viel Zeit auf Verwaltungsangelegenheiten verwenden **2** Regierung *f*; **the Merkel ~** die Regierung Merkel **3** *‹kein pl›* **the ~ of justice** die Rechtsprechung **4** WIRTSCH (gerichtlich angeordnete) Konkursverwaltung; (gerichtlich angeordnete) Insolvenzverwaltung; **to go into ~** unter (gerichtlich angeordnete) Insolvenzverwaltung gestellt werden, unter (gerichtlich angeordnete) Konkursverwaltung gestellt werden **administrative** [əd'mɪnɪstrətɪv] ADJ administrativ **administrative body** S̄ Verwaltungsbehörde *f* **administrative costs** PL Verwaltungskosten *pl* **administrator** [əd'mɪnɪstreɪtə˙] S̄ **1** Verwalter(in) *m(f)*; JUR Verwaltungsbeamte(r) *m*/-beamtin *f* **2** WIRTSCH Konkursverwalter(in) *m(f)*; Insolvenzverwalter(in) *m(f)*; **the company is in the hands of the ~s** die Firma steht unter Aufsicht der Konkursverwaltung

admirable ADJ, **admirably** ['ædmərəbl, -ɪ] ADV bewundernswert, ausgezeichnet

admiral ['ædmərəl] S̄ Admiral(in) *m(f)*

★**admire** [əd'maɪə˙] V̄T bewundern **admirer** [əd'maɪərə˙] S̄ Verehrer(in) *m(f)* **admiring** ADJ, **admiringly** [əd'maɪər-

ɪŋ, -lɪ] ADV bewundernd

admissible [əd'mɪsɪbl] ADJ zulässig **admission** [əd'mɪʃən] S̄ **1** Zutritt *m*; *zu Universität* Zulassung *f*; *in Krankenhaus* Einlieferung *f* (**to in** +*akk*); (≈ *Preis*) Eintritt *m*; **to gain ~ to a building** Zutritt zu einem Gebäude erhalten; **~ fee** Eintrittspreis *m* **2** JUR *von Beweismaterial* Zulassung *f* **3** Eingeständnis *n*; **on ~ by his own** nach eigenem Eingeständnis; **that would be an ~ of failure** das hieße, sein Versagen eingestehen **admission charge** S̄ Eintrittspreis *m*

★**admit** [əd'mɪt] V̄T **1** hereinlassen; *als Mitglied* aufnehmen (**to in** +*akk*); **children not ~ted** kein Zutritt für Kinder; **to be ~ted to hospital** ins Krankenhaus eingeliefert werden; **this ticket ~s two** die Karte ist für zwei (Personen) **2** zugeben; **do you ~ (to) stealing his hat?** gibst du, seinen Hut gestohlen zu haben? ★**admit to** V̄I *(+obj)* eingestehen; **I have to admit to a certain feeling of admiration** ich muss gestehen, dass mir das Bewundern abnötigt

admittance [əd'mɪtəns] S̄ *zu Gebäude* Zutritt *m* (**to zu**); *in Klub* Aufnahme *f* (**to in** +*akk*); **I gained ~ to the hall** mir wurde der Zutritt zum Saal gestattet; **no ~ except on business** Zutritt für Unbefugte verboten **admittedly** [əd'mɪtɪdlɪ] ADV zugegebenermaßen; **this is true** zugegeben, das stimmt

admonish [əd'mɒnɪʃ] V̄T **1** tadeln **2** ermahnen (**for wegen**) **admonishment** [əd'mɒnɪʃmənt] S̄, **admonition** [,ædməʊ'nɪʃən] *form* S̄ **1** Tadel *m* **2** Ermahnung *f*

ad nauseam [,æd'nɔːzɪæm] ADV bis zum Überdruss

ado [ə'duː] S̄ **much ado about nothing** viel Lärm um nichts; **without more** *od* **further ado** ohne Weiteres

adolescence [,ædəʊ'lesns] S̄ **1** Jugend *f* **2** Pubertät *f* **adolescent** [,ædəʊ-'lesnt] **A** S̄ Jugendliche(r) *m/f(m)* **B** ADJ **1** Jugend- **2** pubertär

adopt [ə'dɒpt] V̄T **1** *Kind* adoptieren; **your cat has ~ed me** *umg* deine Katze hat sich mir angeschlossen **2** *Idee, Methode* übernehmen; *Angewohnheiten* annehmen **adopted** ADJ Adoptiv-, adoptiert; **~ child** Adoptivkind *n*; **her ~ country** ihre Wahlheimat **adoption**

[ə'dɒpʃən] S̲ 1 von Kind Adoption f 2 von Idee, Methode Übernahme f; von Angewohnheiten Annahme f **adoption agency** S̲ Adoptionsagentur f **adoptive** [ə'dɒptɪv] ADJ Adoptiv-; ~ **parents** Adoptiveltern pl; ~ **home/country** Wahlheimat f

adorable [ə'dɔːrəbl] ADJ bezaubernd; **she is** ~ sie ist ein Schatz **adoration** [ˌædə'reɪʃən] S̲ 1 von Gott Anbetung f 2 von Familie, Ehefrau grenzenlose Liebe (**of** für) **adore** [ə'dɔː] VT 1 Gott anbeten, verehren 2 Familie, Ehefrau über alles lieben 3 umg Whisky etc (über alles) lieben **adoring** ADJ, **adoringly** [ə'dɔːrɪŋ, -lɪ] ADV bewundernd

adorn [ə'dɔːn] VT schmücken

adrenalin(e) [ə'drenəlɪn] S̲ MED Adrenalin n; **working under pressure gets the** ~ **going** Arbeiten unter Druck weckt ungeahnte Kräfte

Adriatic (Sea) [ˌeɪdrɪ'ætɪk('siː)] S̲ Adria f

adrift [ə'drɪft] ADV & ADJ ⟨präd⟩ 1 SCHIFF treibend; **to be** ~ **treiben** 2 fig **to come** ~ Draht etc sich lösen

adroit [ə'drɔɪt] ADJ geschickt **adroitly** [ə'drɔɪtlɪ] ADV geschickt

ADSL ABK (= asymmetric digital subscriber line) TEL ADSL n, asymmetrischer digitaler Teilnehmeranschluss

adulation [ˌædjʊ'leɪʃən] S̲ Verherrlichung f, Vergötterung f

★**adult** [ˈædʌlt, US ə'dʌlt] A̲ S̲ Erwachsene(r) m/f(m); ~s **only** nur für Erwachsene B̲ ADJ 1 erwachsen; Tier ausgewachsen; **his** ~ **life** sein Leben als Erwachsener 2 Film, Kurs für Erwachsene; ~ **education** Erwachsenenbildung f

adulterate [ə'dʌltəreɪt] VT Wein etc panschen; Lebensmittel abwandeln **adulteration** [əˌdʌltə'reɪʃən] S̲ von Wein Panschen n; von Lebensmitteln Abwandlung f

adulterer [ə'dʌltərə] S̲ Ehebrecher m **adulteress** [ə'dʌltərɪs] S̲ Ehebrecherin f **adulterous** [ə'dʌltərəs] ADJ ehebrecherisch **adultery** [ə'dʌltərɪ] S̲ Ehebruch m; **to commit** ~ Ehebruch begehen

adulthood [ˈædʌlthʊd, US ə'dʌlthʊd] S̲ Erwachsenenalter n; **to reach** ~ erwachsen werden

advance [əd'vɑːns] A̲ S̲ 1 Fortschritt m 2 MIL Vormarsch m 3 (≈ Zahlung) Vorschuss m (**on** auf +akk) 4 ~s pl fig Annä-

herungsversuche pl 5 **in** ~ im Voraus; **to send sb on in** ~ j-n vorausschicken; **£100 in** ~ £ 100 als Vorschuss; **to arrive in** ~ **of the others** vor den anderen ankommen; **to be (well) in** ~ **of sb** j-m (weit) voraus sein B̲ VT 1 Termin, Zeit vorverlegen 2 MIL Truppe vorrücken lassen 3 weiterbringen; Sache, Karriere fördern; Wissen vergrößern 4 Zahlung (als) Vorschuss geben C̲ VI 1 MIL vorrücken 2 vorankommen; **to** ~ **toward(s) sb/sth** auf j-n/etw zugehen 3 fig Fortschritte pl machen **advance booking** S̲ Reservierung f; THEAT Vorverkauf m **advance booking office** S̲ THEAT Vorverkaufsstelle f **advance copy** S̲ Vorausexemplar n **advanced** ADJ 1 Student, Stufe, Alter, Technologie fortgeschritten; Studium höher; Modell weiterentwickelt; Gesellschaft hoch entwickelt; ~ **English** Englisch für Fortgeschrittene; **he is very** ~ **for his age** er ist für sein Alter sehr weit 2 Plan ausgefeilt; **in the** ~ **stages of the disease** im fortgeschrittenen Stadium der Krankheit **advancement** S̲ 1 Förderung f 2 stellungsmäßig Aufstieg m **advance notice** S̲ frühzeitiger Bescheid, Vorwarnung f; **to be given** ~ frühzeitig Bescheid/eine Vorwarnung erhalten **advance payment** S̲ Vorauszahlung f **advance warning** S̲ → advance notice

★**advantage** [əd'vɑːntɪdʒ] S̲ Vorteil m; **to have an** ~ (**over sb**) (j-m gegenüber) im Vorteil sein; **that gives you an** ~ **over me** damit sind Sie mir gegenüber im Vorteil; **to have the** ~ **of sb** j-m überlegen sein; **to take** ~ **of sb** j-n (aus)nutzen; **to take** ~ **of sth** etw ausnutzen; **he turned it to his own** ~ er machte es sich (dat) zunutze; **to use sth to one's** ~ etw für sich nutzen **advantageous** [ˌædvən'teɪdʒəs] ADJ vorteilhaft; **to be** ~ **to sb** für j-n von Vorteil sein

advent [ˈædvənt] S̲ 1 von Ära etc Beginn m; von Düsenflugzeugen etc Aufkommen n 2 KIRCHE Advent Advent m **Advent calendar** S̲ Adventskalender m

★**adventure** [əd'ventʃə] A̲ S̲ Abenteuer n; **to have an** ~ ein Abenteuer erleben 2 ⟨kein pl⟩ **love/spirit of** ~ Abenteuerlust f; **to look for** ~ (das) Abenteuer suchen **B** ATTR Abenteuer- **adventure playground** 5 Abenteuerspielplatz *m* **adventurer** [əd'ventʃərə] 5 Abenteurer(in) *m(f)* **adventurous** [əd'ventʃərəs] ADJ *Mensch* abenteuerlustig; *Reise* abenteuerlich

adverb ['ædvɜːb] 5 Adverb *n* **adverbial** ADJ, **adverbially** [əd'vɜːbɪəl, -l] ADV adverbial

adversary ['ædvəsəri] 5 Widersacher(in) *m(f)*; *bei Wettbewerb* Gegner(in) *m(f)* **adverse** ['ædvɜːs] ADJ ungünstig; *Umstände* widrig; *Reaktion* negativ **adversely** [əd'vɜːslɪ] ADV negativ **adversity** [əd'vɜːsɪti] 5 ⟨*kein pl*⟩ Not *f*; in ~ im Unglück

advert ['ædvɜːt] *Br umg* 5 ABK (= advertisement) Anzeige *f*, Inserat *n*; TV, RADIO Werbespot *m*

★**advertise** ['ædvətaɪz] **A** V/T **1** werben für, Werbung machen für; I've seen that soap ~d on television ich habe die Werbung für diese Seife im Fernsehen gesehen **2** *in Zeitung: Wohnung etc* inserieren; *Stelle* ausschreiben; **to ~ sth in a shop window/on local radio** etw durch eine Schaufensteranzeige/im Regionalsender anbieten **B** V/I **1** HANDEL werben, Werbung machen; *in Zeitung* inserieren; **to ~ for sb/sth** j-n/etw (per Anzeige) suchen; **to ~ for sth on local radio/in a shop window** etw per Radio im Regionalsender/durch Anzeige im Schaufenster suchen

★**advertisement** [əd'vɜːtɪsmənt, *US* ˌædvə'taɪzmənt] 5 **1** HANDEL Werbung *f*; *bes in Zeitung* Anzeige *f*; TV Werbespot *m* **2** (= Bekanntgabe) Anzeige *f*; **to put** *od* **place an ~ in the paper** eine Anzeige in die Zeitung setzen

★**advertising** ['ædvətaɪzɪŋ] 5 Werbung *f*, Reklame *f*; he works in ~ er ist in der Werbung (tätig) **advertising agency** 5 Werbeagentur *f* **advertising campaign** 5 Werbekampagne *f*

★**advice** [əd'vaɪs] 5 ⟨*kein pl*⟩ Rat *m kein pl*; **a piece of ~** ein Rat(schlag) *m*; **let me give you a piece of ~** *od* **some ~** ich will Ihnen einen guten Rat geben; **to take sb's ~** j-s Rat (be)folgen; **take my ~** höre auf mich; **to seek (sb's) ~** (j-n) um Rat fragen; **to take legal ~** einen Rechtsanwalt zurate ziehen

advisability [əd.vaɪzə'bɪlɪti] 5 Ratsamkeit *f* **advisable** [əd'vaɪzəbl] ADJ ratsam

▶ **advice**

⚠ **advice** hat keine Pluralform und ist nicht zählbar, wird also ohne den Artikel **an** verwendet.

Can you give me some advice?	Kannst du mir einen Rat/ein paar Ratschläge geben?
a helpful piece of advice	ein hilfreicher Ratschlag

◀

★**advise** [əd'vaɪz] **A** V/T j-m raten (+dat); *professionell* beraten; **I would ~ you to do it/not to do it** ich würde dir zuraten/abraten; **to ~ sb against doing sth** j-m abraten, etw zu tun; **what would you ~ me to do?** wozu würden Sie mir raten? **B** V/I **1** raten; **I shall do as you ~** ich werde tun, was Sie mir raten **2** *US* **to ~ with sb** sich mit j-m beraten **advisedly** [əd'vaɪzɪdlɪ] ADV richtig; **and I use the word ~** ich verwende bewusst dieses Wort **adviser** [əd'vaɪzə] 5 Ratgeber(in) *m(f)*; *professionell* Berater(in) *m(f)*; **legal ~** Rechtsberater(in) *m(f)* **advisory** [əd'vaɪzəri] ADJ beratend; **to act in a purely ~ capacity** rein beratende Funktion haben

advocacy ['ædvəkəsi] 5 Eintreten *n* (of für); *von Plan* Befürwortung *f* **advocate** **A** ['ædvəkɪt] 5 **1** *von Sache* Befürworter(in) *m(f)* **2** *bes schott* JUR (Rechts)anwalt *m*/-anwältin *f* **B** ['ædvəkeɪt] V/T eintreten für; *Plan etc* befürworten

Aegean [iː'dʒiːən] ADJ **the ~ (Sea)** die Ägäis

aegis ['iːdʒɪs] 5 **under the ~ of** unter der Schirmherrschaft von

aeon ['iːən] 5 Ewigkeit *f*

aerate ['eəreɪt] V/T mit Kohlensäure anreichern; *Erde* auflockern

aerial ['eərɪəl] **A** 5 *Br* Antenne *f* **B** ADJ Luft-; ~ **photograph** Luftbild *n*

aerobatics [ˌeərəʊ'bætɪks] PL Kunstfliegen *n*

aerobic [eər'əʊbɪk] ADJ **1** BIOL aerob; ~ **exercise** atmungsintensive Bewegung **2** Aerobic-

aerobics [eər'əʊbɪks] 5 ⟨+sg v⟩ Aerobic *n*

aerodrome ['eərədrəʊm] *Br* 5 Flugplatz *m* **aerodynamic** ADJ, **aerodynami-**

cally [ˌɛərəʊdaɪˈnæmɪk, -lɪ] ADV aerodynamisch **aerodynamics** S ⟨+sg v⟩ Aerodynamik f **aeronautic(al)** [ˌɛərəˈnɔːtɪk(əl)] ADJ aeronautisch **aeronautics** S ⟨+sg v⟩ Luftfahrt f **aeroplane** [ˈɛərəpleɪn] Br S Flugzeug n **aerosol** [ˈɛərəsɒl] S Spraydose f; ~ **paint** Sprayfarbe f; ~ **spray** Aerosolspray n **aerospace** [ˈɛərəʊspeɪs] ZSSGN Luft- und Raumfahrt-

aesthetic(al) [iːsˈθetɪk(əl)] ADJ, **esthetic(al)** US ADJ ästhetisch **aesthetically** [iːsˈθetɪkəlɪ] ADV, **esthetically** US ADV in ästhetischer Hinsicht; ~ **pleasing** ästhetisch schön **aesthetics** [iːsˈθetɪks] S, **esthetics** US S ⟨+sg v⟩ Ästhetik f

afar [əˈfɑː] liter ADV from ~ aus der Ferne

affable ADJ, **affably** [ˈæfəbl, -ɪ] ADV umgänglich

★**affair** [əˈfeə] S 1 Sache f; **the Watergate** ~ die Watergate-Affäre; **this is a sorry state of** ~**s!** das sind ja schöne Zustände!; **your private** ~**s don't concern me** deine Privatangelegenheiten sind mir egal; **financial** ~**s have never interested me** Finanzfragen haben mich nie interessiert; **that's my** ~! das ist meine Sache! 2 Verhältnis n; **to have an** ~ **with sb** ein Verhältnis mit j-m haben

affect [əˈfekt] VT 1 sich auswirken auf (+akk), beeinflussen; negativ angreifen; Gesundheit schaden (+dat) 2 betreffen 3 berühren 4 Krankheiten befallen, infizieren **affectation** [ˌæfekˈteɪʃən] S Affektiertheit f kein pl; **an** ~ eine affektierte Angewohnheit **affected** ADJ, **affectedly** [əˈfektɪd, -lɪ] ADV affektiert **affecting** [əˈfektɪŋ] ADJ rührend **affection** [əˈfekʃən] S Zuneigung f kein pl (**for, towards** zu); **I have** od **feel a great** ~ **for her** ich mag sie sehr gerne; **you could show a little more** ~ **toward(s) me** du könntest mir gegenüber etwas mehr Gefühl zeigen; **he has a special place in her** ~**s** er nimmt einen besonderen Platz in ihrem Herzen ein **affectionate** [əˈfekʃənɪt] ADJ liebevoll **affectionately** ADV liebevoll; **yours** ~, **Wendy** am Briefende in Liebe, Deine Wendy **affidavit** [ˌæfɪˈdeɪvɪt] S JUR eidesstattliche Erklärung f **affiliate** [əˈfɪlɪeɪt] A VT angliedern (**to** +dat); **the two banks are** ~**d** die zwei

Banken sind aneinander angeschlossen; ~**d company** Schwestergesellschaft f B VI sich angliedern, sich anschließen (**with** an +akk) **affiliation** [əˌfɪlɪˈeɪʃən] S Angliederung f (**to, with** an +akk); **what are his political** ~**s?** was ist seine politische Zugehörigkeit?

affinity [əˈfɪnɪtɪ] S 1 Neigung f (**for, to** zu) 2 (≈ Ähnlichkeit) Verwandtschaft f

affirm [əˈfɜːm] VT versichern, beteuern **affirmation** [ˌæfəˈmeɪʃən] S Versicherung f, Beteuerung f **affirmative** [əˈfɜːmətɪv] A S **to answer in the** ~ mit Ja antworten B ADJ bejahend; **the answer is** ~ die Antwort ist bejahend od ja; ~ **action** US ≈ positive Diskriminierung (bei der Vergabe von Arbeits- und Studienplätzen etc) C INT richtig **affirmatively** [əˈfɜːmətɪvlɪ] ADV bejahend

affix [əˈfɪks] VT anbringen (**to** auf +dat) **afflict** [əˈflɪkt] VT plagen; Unruhen, Verletzungen heimsuchen; **to be** ~**ed by a disease** an einer Krankheit leiden **affliction** [əˈflɪkʃən] S Gebrechen n, Beschwerde f

affluence [ˈæflʊəns] S Wohlstand m **affluent** ADJ reich, wohlhabend

★**afford** [əˈfɔːd] VT 1 sich (dat) leisten; **I can't** ~ **to buy both of them/to make a mistake** ich kann es mir nicht leisten, beide zu kaufen/einen Fehler zu machen; **I can't** ~ **the time** ich habe einfach nicht die Zeit 2 liter gewähren (**sb sth** j-m etw); Vergnügen bereiten **affordable** [əˈfɔːdəbl] ADJ, **affordably** ADV erschwinglich, finanziell möglich od tragbar

afforestation [æˌfɒrɪsˈteɪʃən] S Aufforstung f

affray [əˈfreɪ] S bes JUR Schlägerei f **affront** [əˈfrʌnt] S Affront m (**to** gegen) **Afghan** [ˈæfgæn] A S 1 Afghane m, Afghanin f 2 (a. ~ **hound**) Afghane m B ADJ afghanisch **Afghanistan** [æfˈgænɪstæn] S Afghanistan n

aficionado [əˌfɪsjəˈnɑːdəʊ] S ⟨pl -s⟩ Liebhaber(in) m(f)

afield [əˈfiːld] ADV **countries further** ~ weiter entfernte Länder; **to venture further** ~ wörtl, fig sich etwas weiter (vor)wagen

aflame [əˈfleɪm] ADV & ADJ ⟨präd⟩ in Flammen

afloat [əˈfləʊt] ̲A̲D̲V̲ ̲&̲ ̲A̲D̲J̲ ⟨präd⟩ **1**
SCHIFF **to be ~** schwimmen; **to stay ~**
sich über Wasser halten; *Gegenstand*
schwimmen; **at last we were ~ again**
endlich waren wir wieder flott **2** *fig* **to
get/keep a business ~** ein Geschäft
auf die Beine stellen/über Wasser halten

afoot [əˈfʊt] ̲A̲D̲V̲ **there is something ~**
da ist etwas im Gange

aforementioned [əˌfɔːˈmenʃ(ə)nd],
aforesaid [əˈfɔːsed] *form* ̲A̲D̲J̲ ⟨attr⟩
oben genannt

★**afraid** [əˈfreɪd] ̲A̲D̲J̲ ⟨präd⟩ **1** ★**to be ~
(of sb/sth)** (vor j-m/etw) Angst haben,
sich (vor j-m/etw) fürchten; **don't be
~!** keine Angst!; **there's nothing to be
~ of** Sie brauchen keine Angst zu ha-
ben; **I am ~ of hurting him** ich fürchte,
ich könnte ihm wehtun; **to make sb ~**
j-m Angst machen; **I am ~ to leave
her alone** ich habe Angst davor, sie al-
lein zu lassen; **I was ~ of waking the
children** ich wollte die Kinder nicht we-
cken; **he's not ~ to say what he thinks**
er scheut sich nicht zu sagen, was er
denkt; **that's what I was ~ of, I was ~
that** would happen das habe ich be-
fürchtet; **to be ~ for sb/sth** Angst um
j-n/etw haben **2** **I'm ~ I can't do it** lei-
der kann ich es nicht machen; **are you
going? — I'm ~ not/I'm ~ so** gehst
du? — leider nicht/ja, leider

afresh [əˈfreʃ] ̲A̲D̲V̲ noch einmal von Neu-
em

★**Africa** [ˈæfrɪkə] ̲S̲ Afrika n

★**African** [ˈæfrɪkən] ̲A̲ ̲S̲ Afrikaner(in) m(f)
̲B̲ ̲A̲D̲J̲ afrikanisch **African-American**
[ˌæfrɪkənəˈmerɪkən] ̲A̲ ̲A̲D̲J̲ afroamerika-
nisch ̲B̲ ̲S̲ Afroamerikaner(in) m(f)

Afrikaans [ˌæfrɪˈkɑːns] ̲S̲ Afrikaans n

Afrikaner [ˌæfrɪˈkɑːnəʳ] ̲S̲ Afrika(a)n-
der(in) m(f)

Afro [ˈæfrəʊ] ̲S̲ Afrolook m

Afro-American ̲A̲ ̲A̲D̲J̲ afroamerika-
nisch ̲B̲ ̲S̲ Afroamerikaner(in) m(f) **Af-
ro-Caribbean** ̲A̲ ̲A̲D̲J̲ afrokaribisch
̲B̲ ̲S̲ Afrokaribe m, Afrokaribin f

aft [ɑːft] ̲A̲D̲V̲ SCHIFF *sitzen* achtern; *gehen*
nach achtern

★**after** [ˈɑːftəʳ] ̲A̲ ̲P̲R̲Ä̲P̲ nach (+dat); **~ din-
ner** nach dem Essen; **~ that** danach; **the
day ~ tomorrow** übermorgen; **the
week ~ next** übernächste Woche; **ten
~ eight** *US* zehn nach acht; **~ you** nach

Ihnen; **I was ~ him** *in Schlange etc* ich
war nach ihm dran; **he shut the door
~ him** er machte die Tür hinter ihm
zu; **about a mile ~ the village** etwa ei-
ne Meile nach dem Dorf; **to shout ~ sb**
hinter j-m herrufen; **~ what has hap-
pened** nach allem, was geschehen ist;
~ all schließlich; immerhin; **~ all I've
done for you!** und das nach allem,
was ich für dich getan habe!; **you tell
me lie ~ lie** du erzählst mir eine Lüge
nach der anderen; **it's just one thing
~ another** *od* **the other** es kommt eins
zum anderen; **one ~ the other** eine(r, s)
nach der/dem anderen; **day ~ day** Tag
für Tag; **before us lay mile ~ mile of
barren desert** vor uns erstreckte sich
meilenweit trostlose Wüste; **~ El Greco**
in der Art von El Greco; **she takes ~
her mother** sie kommt ganz nach ihrer
Mutter; **to be ~ sb/sth** hinter j-m/etw
her sein; **she asked ~ you** sie hat sich
nach dir erkundigt; **what are you ~?**
was willst du?; **he's just ~ a free meal**
er ist nur auf ein kostenloses Essen aus
̲B̲ ̲A̲D̲V̲ danach, nachher; hinterher; **the
week ~** die Woche darauf; **soon ~** kurz
danach ̲C̲ ̲K̲O̲N̲J̲ nachdem; **~ he had
closed the door he began to speak**
nachdem er die Tür geschlossen hatte,
begann er zu sprechen; **what will you
do ~ he's gone?** was machst du, wenn
er weg ist?; **~ finishing it will …** wenn
ich das fertig habe, werde ich … **after-
birth** ̲S̲ Nachgeburt f **aftercare** ̲S̲ für
Genesende Nachbehandlung f **after-
-dinner** ̲A̲D̲J̲ nach dem Essen; **~ nap**
Verdauungsschlaf m; **~ speech** Tischre-
de f **aftereffect** ̲S̲ Nachwirkung f **af-
terglow** *fig* ̲S̲ angenehme Erinnerung
after-hours ̲A̲D̲J̲ nach Geschäfts-
schluss **afterlife** ̲S̲ Leben n nach dem
Tode **aftermath** ̲S̲ Nachwirkungen pl;
in the ~ of sth nach etw

★**afternoon** [ˌɑːftəˈnuːn] ̲A̲ ̲S̲ Nachmit-
tag m; **in the ~, ~s** *US* nachmittags; **at
three o'clock in the ~** (um) drei Uhr
nachmittags; **on Sunday ~** am Sonn-
tagnachmittag; **on Sunday ~s** am Sonn-
tagnachmittag, sonntagnachmittags; **on
the ~ of December 2nd** am Nachmittag
des 2. Dezember; **this/tomorrow/yes-
terday ~** heute/morgen/gestern Nach-
mittag; ★**good ~!** guten Tag!; **~! Tag!**

umg, servus! *österr*, grüezi! *schweiz* **B** $\overline{ADJ}$ ⟨*attr*⟩ Nachmittags-; **~ performance** Nachmittagsvorstellung f **afternoon tea** *Br* $\overline{s}$ (Nachmittags)tee *m*

after-sales service $\overline{s}$ Kundendienst *m* **aftershave (lotion)** $\overline{s}$ Aftershave *n* **aftershock** $\overline{s}$ Nachbeben *n* **after--sun** $\overline{ADJ}$ **~ lotion** After-Sun-Lotion f **aftertaste** $\overline{s}$ Nachgeschmack *m*; **to leave an unpleasant ~** einen unangenehmen Nachgeschmack hinterlassen **afterthought** $\overline{s}$ nachträgliche Idee; **the window was added as an ~** das Fenster kam erst später dazu **afterward** ['ɑ:ftəwəd] *US* $\overline{ADV}$ → **afterwards**

★**afterwards** ['ɑ:ftəwədz] $\overline{ADV}$ nachher, danach, später; **this was added ~** das kam nachträglich dazu

★**again** [ə'gen] $\overline{ADV}$ **◼** wieder; **~ and ~, time and ~** immer wieder; **to do sth ~** etw noch (ein)mal tun; **never** *od* **not ever ~** nie wieder; **if that happens ~** wenn das noch einmal passiert; **all over ~** noch (ein)mal von vorne; **what's his name ~?** wie heißt er noch gleich?; **to begin ~** von Neuem anfangen; **not ~!** (nicht) schon wieder!; **it's me ~** da bin ich wieder; *am Telefon* ich bin's noch (ein)mal **◼** *bei Mengenangaben* **as much ~** noch (ein)mal so viel; **he's as old ~ as Mary** er ist doppelt so alt wie Mary **◼** (≈ *andererseits*) wiederum; (≈ *überdies*) außerdem; **but then** *od* **there ~, it may not be true** vielleicht ist es auch gar nicht wahr

★**against** [ə'genst] $\overline{PRÄP}$ **◼** gegen (+*akk*); **he's ~ her going** er ist dagegen, dass sie geht; **to have something/nothing ~ sb/sth** etwas/nichts gegen j-n/etw haben; **~ their wishes** entgegen ihrem Wunsch; **push all the chairs right back ~ the wall** stellen Sie alle Stühle direkt an die Wand; **to draw money ~ security** gegen Sicherheit Geld abheben **◼** (≈ *in Erwartung von Alter*) für (+*akk*); *Unheil* im Hinblick auf (+*akk*) **◼** (≈ *verglichen mit*) **(as) ~** gegenüber (+*dat*); **she had three prizes (as) ~ his six** sie hatte drei Preise, er hingegen sechs; **the advantages of flying (as) ~ going by boat** die Vorteile von Flugreisen gegenüber Schiffsreisen

★**age** [eɪdʒ] **A** $\overline{s}$ **◼** Alter *n*; **what is her age?, what age is she?** wie alt ist sie?;

he is ten years of age er ist zehn Jahre alt; **at the age of 15, at age 15** mit 15 Jahren, im Alter von 15 Jahren; **she's the same age as me** sie ist so alt wie ich; **at your age** in deinem Alter; **but he's twice your age** aber er ist ja doppelt so alt wie du; **she doesn't look her age** man sieht ihr Alter nicht an; **be** *od* **act your age!** sei nicht kindisch! **◼** *JUR* **to come of age** volljährig werden; *fig* den Kinderschuhen entwachsen; **under age** minderjährig; **age of consent** Ehemündigkeitsalter *n*; **intercourse with girls under the age of consent** Unzucht f mit Minderjährigen **◼** Zeit f, Zeitalter *n*; **the age of technology** das technologische Zeitalter; **the Stone age** die Steinzeit; **the Edwardian age** die Zeit *od* Ära Edwards VII; **down the ages** durch alle Zeiten **◼** *umg* **ages, an age** eine Ewigkeit *umg*; **for ages** ewig lange *umg*; **to take ages** eine Ewigkeit dauern *umg*; *Mensch* ewig brauchen *umg* **B** $\overline{V/I}$ altern; *Wein* reifen; **you have aged** du bist alt geworden

age bracket $\overline{s}$ Altersklasse f

aged[1] ['eɪdʒd] $\overline{ADJ}$ **~** Alter von; **a boy ~ ten** ein zehnjähriger Junge

aged[2] ['eɪdʒɪd] **A** $\overline{PL}$ **the ~** die Alten **B** $\overline{ADJ}$ *Mensch* betagt

age difference, age gap $\overline{s}$ Altersunterschied *m* **age group** $\overline{s}$ Altersgruppe f **ag(e)ing** ['eɪdʒɪŋ] $\overline{ADJ}$ *Mensch* alternd *attr*; *Bevölkerung* älter werdend *attr*; **the ~ process** das Altern **ageism** ['eɪdʒɪzəm] $\overline{s}$ Altersdiskriminierung f **ageless** $\overline{ADJ}$ zeitlos **age limit** $\overline{s}$ Altersgrenze f

agency ['eɪdʒənsɪ] $\overline{s}$ **◼** *HANDEL* Agentur f; **translation ~** Übersetzungsbüro *n* **◼** (≈ *ausführendes Organ*) Behörde f, Amt *n*

agenda [ə'dʒendə] $\overline{s}$ Tagesordnung f; **they have their own ~** sie haben ihre eigenen Vorstellungen; **on the ~** auf dem Programm

agent ['eɪdʒənt] $\overline{s}$ **◼** *HANDEL* Vertreter(in) *m(f)*; (≈ *Organisation*) Vertretung f **◼** Agent(in) *m(f)*; **business ~** Agent(in) *m(f)* **◼** *CHEM* **cleansing ~** Reinigungsmittel *n*

age-old $\overline{ADJ}$ uralt **age range** $\overline{s}$ Altersgruppe f **age-related** $\overline{ADJ}$ altersbedingt; **~ allowance** *FIN* Altersfreibetrag *m*

aggravate [ˈæɡrəveɪt] V/T **1** verschlimmern **2** aufregen, reizen **aggravating** [ˈæɡrəveɪtɪŋ] ADJ ärgerlich; *Kind* lästig **aggravation** [ˌæɡrəˈveɪʃən] S **1** Verschlimmerung *f* **2** Ärger *m*; **she was a constant ~ to him** sie reizte ihn ständig

aggregate [ˈæɡrɪɡɪt] **A** S Gesamtmenge *f*; **on ~** SPORT in der Gesamtwertung **B** ADJ gesamt, Gesamt-

aggression [əˈɡreʃən] S ⟨kein pl⟩ Aggression *f*, Aggressivität *f*; **an act of ~** ein Angriff *m* **aggressive** [əˈɡresɪv] ADJ aggressiv; *Vertreter* aufdringlich *pej* **aggressively** [əˈɡresɪvlɪ] ADV aggressiv, energisch **aggressiveness** [əˈɡresɪvnɪs] S Aggressivität *f*; *von Vertreter* Aufdringlichkeit *f pej* **aggressor** [əˈɡresəʳ] S Aggressor(in) *m(f)*

aggrieved [əˈɡriːvd] ADJ betrübt (**at, by** über *+akk*), verletzt (**at, by** durch)

aggro [ˈæɡrəʊ] *Br umg* S ⟨kein pl⟩ **1** don't give me any ~ mach keinen Ärger *umg*; **all the ~ of moving** das ganze Theater mit dem Umziehen *umg* **2** Schlägerei *f*

aghast [əˈɡɑːst] ADJ ⟨präd⟩ entgeistert (**at** über *+akk*)

agile [ˈædʒaɪl] ADJ wendig; *Bewegungen* gelenkig; *Tier* flink; **he has an ~ mind** er ist geistig sehr wendig **agility** [əˈdʒɪlɪtɪ] S Wendigkeit *f*; *von Tier* Flinkheit *f*

aging [ˈeɪdʒɪŋ] ADJ & S → ageing

agitate [ˈædʒɪteɪt] V/T **1** *Flüssigkeit* aufrühren; *Wasseroberfläche* aufwühlen **2** *fig* aufregen **agitated** ADJ, **agitatedly** [ˈædʒɪteɪtɪd, -lɪ] ADV aufgeregt **agitation** [ˌædʒɪˈteɪʃən] S **1** *fig* Erregung *f* **2** POL Agitation *f* **agitator** [ˈædʒɪteɪtəʳ] S Agitator(in) *m(f)*

aglow [əˈɡləʊ] ADJ ⟨präd⟩ **to be ~** glühen

AGM ABK (= annual general meeting) JHV *f*

agnostic [æɡˈnɒstɪk] **A** ADJ agnostisch **B** S Agnostiker(in) *m(f)* **agnosticism** [æɡˈnɒstɪsɪzəm] S Agnostizismus *m*

★**ago** [əˈɡəʊ] ADV vor; **years/a week ago** vor Jahren/einer Woche; **a little while ago** vor Kurzem; **that was years ago** das ist schon Jahre *her*; **how long ago is it since you last saw him?** wie lange haben Sie ihn schon nicht mehr gesehen?; **that was a long time** *od* **long**

ago das ist schon lange her; **as long ago as 1950** schon 1950

▶ **ago und past tense**

Bei Zeitangaben mit **ago** steht immer das past tense:

She passed her exam three years ago.	Sie hat ihre Prüfung vor drei Jahren bestanden.

◀

agog [əˈɡɒɡ] ADJ ⟨präd⟩ gespannt; **the whole village was ~ (with curiosity)** das ganze Dorf platzte fast vor Neugierde

agonize [ˈæɡənaɪz] V/I sich (*dat*) den Kopf zermartern (**over** über *+akk*) **agonized** ADJ gequält **agonizing** [ˈæɡənaɪzɪŋ] ADJ qualvoll **agonizingly** [ˈæɡənaɪzɪŋlɪ] ADV qualvoll; **~ slow** aufreizend langsam **agony** [ˈæɡənɪ] S Qual *f*; **that's ~** das ist eine Qual; **to be in ~** Qualen leiden **agony aunt** *Br umg* S Briefkastentante *f umg* **agony column** *Br umg* S Kummerkasten *m umg*

agoraphobia [ˌæɡərəˈfəʊbɪə] S MED Platzangst *f* **agoraphobic** [ˌæɡərəˈfəʊbɪk] **A** ADJ MED agoraphobisch *fachspr* **B** S MED an Platzangst Leidende(r) *m/f(m)*

agrarian [əˈɡreərɪən] ADJ Agrar-

★**agree** [əˈɡriː] ⟨*prät, pperf* agreed⟩ **A** V/T **1** *Preis etc* vereinbaren **2 to ~ to do sth** sich bereit erklären, etw zu tun **3** zustimmen (*+dat*); **we all ~ that ... wir sind alle der Meinung, dass ...; it was ~d that ...** man einigte sich darauf, dass ...; **we ~d to do it** wir haben beschlossen, das zu tun; **we ~ to differ** wir sind uns einig, dass wir uns uneinig sind **B** V/I **1** einer Meinung sein; (≈ *Vereinbarung erzielen*) sich einigen (**about** über *+akk*); **to ~ with sb** j-m zustimmen, mit j-m einer Meinung sein; **I ~** der Meinung bin ich auch; **I couldn't ~ more/less** ich bin völlig/überhaupt nicht dieser Meinung; **it's too late now, don't** *od* **wouldn't you ~?** meinen Sie nicht auch, dass es jetzt zu spät ist?; **to ~ with sth** mit etw einverstanden sein; **to ~ with a theory** *etc* eine Theorie *etc* akzeptieren **2** *Behauptungen, Zahlen,* *a.* GRAM übereinstimmen **3** **whisky** doesn't ~ **with me** ich vertrage Whisky nicht ◆**agree on** V̄Ī̄ *(+obj)* sich einigen auf *(+akk)* ◆**agree to** V̄Ī̄ *(+obj)* zustimmen *(+dat)*

agreeable [əˈɡriːəbl] ADJ **1** angenehm **2** *⟨präd⟩* **is that ~ to you?** sind Sie damit einverstanden? **agreeably** [əˈɡriːəbli] ADV angenehm **agreed** ADJ **1** *⟨präd⟩* einig; **to be ~ on sth** sich über etw *(akk)* einig sein; **to be ~ on doing sth** sich darüber einig sein, etw zu tun; **are we all ~?** sind wir uns da einig?, sind alle einverstanden? **2** vereinbart; **it's all ~** es ist alles abgesprochen; **~?** einverstanden?; **~!** abgemacht, stimmt

★**agreement** [əˈɡriːmənt] S̄ **1** Übereinkunft *f*, Abkommen *n*; **to enter into an ~** einen Vertrag (ab)schließen; **to reach (an) ~** zu einer Einigung kommen, sich einigen **2** Einigkeit *f*; **by mutual ~** in gegenseitigem Einvernehmen; **to be in ~ with sb** mit j-m einer Meinung sein; **to be in ~ with sth** mit etw übereinstimmen; **to be in ~ about sth** über etw *(akk)* einig sein **3** Einwilligung *f* **(to** zu)

agribusiness [ˈæɡrɪbɪznɪs] S̄ Agroindustrie *f* **agricultural** [ˌæɡrɪˈkʌltʃərəl] ADJ landwirtschaftlich; *Land, Reform* Agrar- **agricultural college** S̄ Landwirtschaftsschule *f* **agriculture** [ˈæɡrɪkʌltʃə^r] S̄ Landwirtschaft *f*; **Minister of Agriculture** *Br* Landwirtschaftsminister(in) *m(f)*

aground [əˈɡraʊnd] ADV **to go** *od* **run ~** auf Grund laufen

ah [ɑː] INT ah; *Schmerz* au; *Mitleid* o, ach **ahead** [əˈhed] ADV **1** **the mountains lay ~** vor uns *etc* lagen die Berge; **the German runner was/drew ~** der deutsche Läufer lag vorn/zog nach vorne; **he is ~ by about two minutes** er hat etwa zwei Minuten Vorsprung; **to stare straight ~** geradeaus starren; **keep straight ~** immer geradeaus; **full speed ~** SCHIFF, *a. fig* volle Kraft voraus; **we sent him on ~** wir schickten ihn voraus; **in the months ~** in den bevorstehenden Monaten; **we've a busy time ~** vor uns liegt eine Menge Arbeit; **to plan ~** vorausplanen **2** **~ of sb/sth** vor j-m/etw, j-m/etw voraus; **walk ~ of me** geh vor-

an; **we arrived ten minutes ~ of time** wir kamen zehn Minuten vorher an; **to be/get ~ of schedule** schneller als geplant vorankommen; **to be ~ of one's time** *fig* seiner Zeit voraus sein

ahold [əˈhəʊld] *bes US* S̄ für **to get ~ of sb** j-n erreichen; **to get ~ of sth** sich *(dat)* etw besorgen; **to get ~ of oneself** sich zusammenreißen

ahoy [əˈhɔɪ] INT ship **~!** Schiff ahoi!

AI ABK (= artificial intelligence) KI *f*

aid [eɪd] A̅ S̄ **1** Hilfe *f*; **(foreign) aid** Entwicklungshilfe *f*; **with the aid of a screwdriver** mithilfe eines Schraubenziehers; **to come** *od* **go to sb's aid** j-m zu Hilfe kommen; **in aid of the blind** zugunsten der Blinden; **what's all this in aid of?** *umg* wozu soll das gut sein? **2** Hilfsmittel *n* B̅ V̄T̄ unterstützen, helfen; **to aid sb's recovery** j-s Heilung fördern; **to aid and abet sb** JUR j-m Beihilfe leisten; *nach Verbrechen* j-n begünstigen **aid agency** S̄ Hilfsorganisation *f*

aide [eɪd] S̄ Helfer(in) *m(f)*, (persönlicher) Berater **aide-memoire** [ˈeɪdmemˈwɑː^r] S̄ Gedächtnisstütze *f*, Aide-Memoire *n*

aiding and abetting [ˈeɪdɪŋəndəˈbetɪŋ] S̄ JUR Beihilfe *f*; *nach Verbrechen* Begünstigung *f*

AIDS, Aids [eɪdz] S̄ ABK (= acquired immune deficiency syndrome) Aids *n* **AIDS-infected** ADJ Aids-infiziert **AIDS-related** ADJ aidsbedingt **AIDS sufferer** Aids-Kranke(r) *m(f)/m(f)* **AIDS test** S̄ Aidstest *m* **Aids victim** S̄ Aidskranke(r) *m(f)/m(f)*

aikido [aɪˈkiːdəʊ] S̄ SPORT Aikido *n*

ailing [ˈeɪlɪŋ] ADJ *wörtl* kränklich; *fig* Wirtschaft *etc* schwächelnd, krankend **ailment** [ˈeɪlmənt] S̄ Leiden *n*; **minor ~s** leichte Beschwerden *pl*

★**aim** [eɪm] A̅ S̄ **1** Zielen *n*; **to take aim** zielen (**at** auf *+akk*); **his aim was bad/good** er zielte schlecht/gut **2** Ziel *n*; **with the aim of doing sth** mit dem Ziel, etw zu tun; **what is your aim in life?** was ist Ihr Lebensziel?; **to achieve one's aim** sein Ziel erreichen B̅ V̄T̄ **1** *Rakete, Kamera* richten (**at** auf *+akk*); *Stein, Pistole etc* zielen mit (**at** auf *+akk*); **he aimed a punch at my stomach** sein Schlag zielte auf meinen Bauch **2** *fig* Bemerkung richten (**at** gegen); **this book is aimed at the general public** dieses Buch wendet sich an die Öffentlichkeit; **to be aimed at sth** *neue Gesetze etc* auf etw *(akk)* abgezielt sein **C** VII **1 to aim at sth** *mit Waffe etc* auf etw *(akk)* zielen; **isn't that aiming a bit high?** wollen Sie nicht etwas hoch hinaus?; **to aim at** *od* **for sth** *fig* auf etw *(akk)* abzielen; **with this TV series we're aiming at a much wider audience** mit dieser Fernsehserie wollen wir eine breitere Zielgruppe ansprechen; **we aim to please** bei uns ist der Kunde König **3** *umg* **to aim to do sth** vorhaben, etw zu tun **aimless** ['eɪmlɪs] ADJ, **-li** ADV ziellos; *handeln* planlos **aimlessness** ['eɪmlɪsnɪs] Ziellosigkeit *f*; *von Handlung* Planlosigkeit *f*

ain't [eɪnt] ABK (= am not, is not, are not, has not, have not) → are; ~ have

★**air** [ɛəʳ] **A** s̄ **1** Luft *f*; **a change of air** eine Luftveränderung; **to go out for a breath of (fresh) air** frische Luft schnappen (gehen); **to go by air** fliegen; *Güter* per Flugzeug transportiert werden **2** *fig* **there's something in the air** es liegt etwas in der Luft; **it's still all up in the air** *umg* es ist noch alles offen; **to clear the air** die Atmosphäre reinigen; **to be walking** *od* **floating on air** wie auf Wolken gehen; **to pull** *od* **pluck sth out of the air** *fig* etw auf gut Glück nennen; → thin **3** RADIO, TV **to be on the air** *Programm* gesendet werden; *Sender* senden; **to go off the air** *Moderator* die Sendung beenden; *Sender* das Programm beenden **4** Auftreten *n*; (≈ *Gesichtsausdruck*) Miene *f*; **with an air of bewilderment** mit bestürzter Miene; **she had an air of mystery about her** sie hatte etwas Geheimnisvolles an sich **B** VII **1** lüften **2** *Unmut* Luft machen (+*dat*); *Meinung* darlegen **3** RADIO, TV senden **C** VII **1** *Kleider* nachtrocknen, lüften **2** RADIO, TV gesendet werden, laufen *umg* **air ambulance** s̄ Rettungsflugzeug *n*, Rettungshubschrauber *m* **air bag** s̄ Airbag *m* **air base** s̄ Luftwaffenstützpunkt *m* **air bed** *Br* s̄ Luftmatratze *f* **airborne** ADJ **1 to be ~** sich in der Luft befinden **2** MIL ~ **troops** Luftlandetruppen *pl* **air brake** s̄ Druckluftbremse *f* **airbrush** VII

KUNST mit der Airbrush *od* dem Luftpinsel bearbeiten **air cargo** s̄ Luftfracht *f* **air-conditioned** ADJ klimatisiert **air conditioning** s̄ ⟨*kein pl*⟩ Klimatisierung *f*; (≈ *System*) Klimaanlage *f*

★**aircraft** s̄ ⟨*pl* aircraft⟩ Flugzeug *n* **aircraft carrier** s̄ Flugzeugträger *m* **air crash** s̄ Flugzeugabsturz *m* **aircrew** s̄ Flugpersonal *n* **airer** ['ɛərəʳ] s̄ Trockenständer *m* **airfare** s̄ Flugpreis *m* **airfield** s̄ Flugplatz *m* **air force** s̄ Luftwaffe *f* **air freight** s̄ Luftfracht *f* **air freshener** s̄ Lufterfrischer *m* **air frost** s̄ METEO Luftfrost *m* **air guitar** s̄ Luftgitarre *f* **air gun** s̄ Luftgewehr *n* **airhead** *pej umg* s̄ Hohlkopf *m* *umg* **air hole** s̄ Luftloch *n*

★**air hostess** s̄ Stewardess *f* **airily** ['ɛərɪlɪ] ADV *etw sagen etc* leichthin **airing** ['ɛərɪŋ] s̄ **1** *von Bettwäsche etc* Lüften *n*; **to give sth a good ~** etw gut durchlüften lassen **2** *von Fernsehsendung* Ausstrahlung *f* **airing cupboard** *Br* s̄ Trockenschrank *m* **air kiss** s̄ angedeuteter Wangenkuss **airless** ADJ *Zimmer* stickig **air letter** s̄ Luftpostbrief *m* **airlift A** s̄ Luftbrücke *f* **B** VII **to ~ sth in** etw über eine Luftbrücke hineinbringen

★**airline** s̄ Fluggesellschaft *f* **airliner** s̄ Verkehrsflugzeug *n* **airlock** s̄ **1** *in Raumschiff* Luftschleuse *f* **2** *in Rohr* Luftsack *m*

★**airmail** ['ɛəmeɪl] **A** s̄ Luftpost *f*; **to send sth (by) ~** etw per Luftpost schicken **B** VII **to ~** per Luftpost schicken **airmail letter** s̄ Luftpostbrief *m* **airman** s̄ ⟨*pl* -men⟩ Flieger *m*; *US in Luftwaffe* Gefreite(r) *m* **air mattress** s̄ Luftmatratze *f* **Air Miles®** PL Meilen *pl* **airplane** *US* s̄ Flugzeug *n* **air pocket** s̄ Luftloch *n* **air pollution** s̄ Luftverunreinigung *f*, Luftverschmutzung *f*

★**airport** ['ɛəpɔːt] s̄ Flughafen *m* **airport bus** s̄ Flughafenbus *m* **airport tax** s̄ Flughafengebühr *f*

air pressure s̄ Luftdruck *m* **air pump** s̄ Luftpumpe *f* **air rage** s̄ aggressives Verhalten von Flugpassagieren **air raid** s̄ Luftangriff *m* **air-raid shelter** s̄ Luftschutzkeller *m* **air-raid warning** s̄ Fliegeralarm *m* **air rifle** s̄ Luftgewehr *n* **air-sea rescue** s̄ Rettung *f* durch Seenotflugzeuge **airship** Ⓢ Luftschiff n **airshow** Ⓢ Luftfahrtausstellung f; *in der Luft* Flugschau f **airsick** ADJ luftkrank **airside** Ⓐ Ⓢ *Teil des Flughafens nach der Sicherheitskontrolle* Ⓑ ADV **to be located** ~ *Restaurant etc* sich nach *od* hinter der Sicherheitskontrolle befinden **airspace** Ⓢ Luftraum m **airspeed** Ⓢ Fluggeschwindigkeit f **airstrike** Ⓢ Luftangriff m **airstrip** Ⓢ Start-und-Lande-Bahn f **air terminal** Ⓢ Terminal m/n **airtight** ADJ *wörtl* ADJ luftdicht; *fig* Argument hieb- und stichfest **airtime** Ⓢ ⓵ RADIO, TV Sendezeit f ⓶ TEL Sprechzeit f **air-to-air** ADJ MIL Luft-Luft- **air traffic** Ⓢ Flugverkehr m, Luftverkehr m **air-traffic control** Ⓢ Flugleitung f **air-traffic controller** Ⓢ Fluglotse m, Fluglotsin f **air vent** Ⓢ ⓵ Ventilator m ⓶ Belüftungsschacht m **airwaves** PL Radiowellen pl **airway** Ⓢ MED Atemwege pl **airworthy** ADJ flugtüchtig **airy** ['ɛəri] ADJ ⟨komp airier⟩ Zimmer luftig **airy-fairy** ['ɛəri'fɛəri] Br umg ADJ versponnen; *Ausrede* windig **aisle** [aɪl] Ⓢ Gang m; *in Kirche* Seitenschiff n; *im Zentrum* Mittelgang m; ~ **seat** Sitz m am Gang; **to walk down the ~ with sb** j-n zum Altar führen; **he had them rolling in the ~s** umg er brachte sie so weit, dass sie sich vor Lachen kugelten umg **ajar** [ə'dʒɑːʳ] ADJ & ADV angelehnt **aka** ABK (= also known as) alias **akimbo** [ə'kɪmbəʊ] ADJ **with arms ~** die Arme in die Hüften gestemmt **akin** [ə'kɪn] ADJ ⟨präd⟩ ähnlich (**to** +dat) **à la** ['ɑːlɑː] PRÄP à la **à la carte** [ɑːlɑː'kɑːt] ADJ & ADV à la carte **alacrity** [ə'lækrɪtɪ] Ⓢ Eifer m; **to accept with ~** ohne zu zögern annehmen **à la mode** [ɑːlɑː'məʊd] US ADJ mit Eis **alarm** [ə'lɑːm] Ⓐ Ⓢ ⓵ ⟨kein pl⟩ Sorge f; **to be in a state of ~** besorgt sein, erschreckt sein; **to cause sb ~** j-n beunruhigen ⓶ Alarm m; **to raise** od **give** od **sound the ~** Alarm geben; *fig* Alarm schlagen ⓷ Alarmanlage f; ~ **(clock)** Wecker m; **car ~** Autoalarmanlage f Ⓑ ᵛᵀ beunruhigen, erschrecken; **don't be ~ed** erschrecken Sie nicht **alarm bell** Ⓢ Alarmglocke f; **to set ~s ringing** *fig* die Alarmglocken klingeln lassen **★alarm clock** Ⓢ Wecker m **alarming**

['ə'lɑːmɪŋ] ADJ beunruhigend, erschreckend; *Nachricht* alarmierend **alarmingly** [ə'lɑːmɪŋlɪ] ADV erschreckend **alarmist** [ə'lɑːmɪst] Ⓐ ADJ Panikmacher(in) m(f) Ⓑ ADJ *Rede* Unheil prophezeiend attr; *Politiker* Panik machend attr **alas** [ə'læs] obs INT leider **Alaska** [ə'læskə] Ⓢ Alaska n **Albania** [æl'beɪnɪə] Ⓢ Albanien n **Albanian** [æl'beɪnɪən] Ⓐ ADJ albanisch Ⓑ ⓵ Albaner(in) m(f) ⓶ (≈ Sprache) Albanisch n **albatross** ['ælbətrɒs] Ⓢ Albatros m **albeit** [ɔːl'biːɪt] bes liter KONJ obgleich **albino** [æl'biːnəʊ] Ⓐ Ⓢ ⟨pl -s⟩ Albino m Ⓑ ADJ Albino- **album** ['ælbəm] Ⓢ Album n **★alcohol** ['ælkəhɒl] Ⓢ Alkohol m **alcohol-free** [ˌælkəhɒl'friː] ADJ alkoholfrei **alcoholic** [ˌælkə'hɒlɪk] Ⓐ ADJ *Getränk* alkoholisch; *Mensch* alkoholsüchtig Ⓑ Ⓢ Alkoholiker(in) m(f); **to be an ~** Alkoholiker(in) sein; **Alcoholics Anonymous** Anonyme Alkoholiker pl **alcoholism** ['ælkəhɒlɪzəm] Ⓢ Alkoholismus m **alcopop** ['ælkəpɒp] Ⓢ Alcopop m

▶ **alcoholic**

In Anlehnung an **alcoholic** sind andere Wörter entstanden, die auch etwas mit Sucht zu tun haben:

chocoholic	Schokoladensüchtige(r)
shopaholic	Kaufsüchtige(r)
workaholic	Arbeitssüchtige(r)

◀

alcove ['ælkəʊv] Ⓢ Nische f **alder** ['ɔːldəʳ] Ⓢ Erle f **ale** [eɪl] Ⓢ Ale n **alert** [ə'lɜːt] Ⓐ ADJ aufmerksam; **to be ~ to sth** *vor etw* (dat) auf der Hut sein Ⓑ ᵛᵀ warnen (**to** *vor* +dat); *Truppen* in Gefechtsbereitschaft versetzen; *Feuerwehr etc* alarmieren Ⓒ Ⓢ Alarm m; **to be on (the) ~** einsatzbereit sein; (≈ *wachsam*) auf der Hut sein (**for** *vor* +dat) **alertness** Ⓢ Aufmerksamkeit f **A level** ['eɪˌlevl] Br Ⓢ Abschluss m der Sekundarstufe II (*qualifiziert zum Hochschulstudium*); **to take** od **do one's ~s** ≈ das Abitur machen, ≈ maturieren österr; **3 ~s** ≈ das Abitur in 3 Fächern, die Matura in 3 Fächern *österr, schweiz*

alfresco [ælˈfreskəʊ] ADV & ADJ ⟨präd⟩ im Freien

algae [ˈælgiː] PL Algen *pl*

algebra [ˈældʒɪbrə] S̶ Algebra *f*

Algeria [ælˈdʒɪərɪə] S̶ Algerien *n* **Algerian** A S̶ Algerier(in) *m(f)* B ADJ algerisch

algorithm [ˈælgə,rɪðəm] S̶ Algorithmus *m*

alias [ˈeɪlɪæs] A ADV alias B S̶ Deckname *m*

alibi [ˈælɪbaɪ] S̶ Alibi *n*

alien [ˈeɪlɪən] A S̶ ADMIN Ausländer(in) *m(f)*; *Science-Fiction* außerirdisches Wesen B ADJ 1 ausländisch; *Science-Fiction* außerirdisch 2 fremd; **to be ~ to sb/sth** j-m/einer Sache fremd sein **alienate** [ˈeɪlɪəneɪt] V̶T̶ Menschen befremden; *öffentliche Meinung* gegen sich aufbringen; **to ~ oneself from sb/sth** sich j-m/einer Sache entfremden **alienated** [ˈeɪlɪəneɪtɪd] ADJ **to feel ~** sich ausgeschlossen fühlen **alienation** [,eɪlɪəˈneɪʃən] S̶ Entfremdung *f* (**from** von)

alight[1] [əˈlaɪt] *form* V̶I̶ *Mensch* aussteigen (**from** aus); *Vogel* sich niederlassen (**on** auf +*dat*); **his eyes ~ed on the ring** sein Blick fiel auf den Ring

alight[2] ADJ ⟨präd⟩ **to be ~** brennen; **to keep the fire ~** das Feuer in Gang halten; **to set sth ~** etw in Brand setzen

align [əˈlaɪn] V̶T̶ **to ~ sth with sth** auf etw (*akk*) ausrichten; **they have ~ed themselves against him** sie haben sich gegen ihn zusammengeschlossen **alignment** S̶ Ausrichtung *f*; **to be out of ~** nicht richtig ausgerichtet sein (**with** nach)

alike [əˈlaɪk] ADV & ADJ ⟨präd⟩ gleich; **they're/they look very ~** sie sind/sehen sich (*dat*) sehr ähnlich; **they always think ~** sie sind immer einer Meinung; **winter and summer ~** Sommer wie Winter

alimentary [,ælɪˈmentərɪ] ADJ ANAT **~ canal** Verdauungskanal *m*

alimony [ˈælɪmənɪ] S̶ Unterhaltszahlung *f*; **to pay ~** Unterhalt zahlen

★**alive** [əˈlaɪv] ADJ ⟨präd⟩ 1 lebendig; **to be ~** leben, am Leben sein; **the greatest musician ~** der größte lebende Musiker; **to stay ~** am Leben bleiben; **to keep sb/sth ~** *wörtl, fig* j-n/etw am Le-

ben erhalten; **to be ~ and kicking** *hum umg* gesund und munter sein; **~ and well** gesund und munter; **to come ~** lebendig werden; **to bring sth ~** *Geschichte* etw lebendig werden lassen 2 **~ with** erfüllt von; **to be ~ with tourists/insects** *etc* von Touristen/Insekten *etc* wimmeln

alkali [ˈælkəlaɪ] S̶ ⟨*pl* -(e)s⟩ Base *f*; Metall, *a.* AGR Alkali *n* **alkaline** [ˈælkəlaɪn] ADJ alkalisch

★**all** [ɔːl]

A Adjektiv	**B** Pronomen
C Adverb	**D** Substantiv

— **A** Adjektiv —

pl alle; *sg* ganze(r, s), alle(r, s); **all the children** alle Kinder; **all kinds** *od* **sorts of people** alle möglichen Leute; **all the tobacco** der ganze Tabak; **all you boys can come with me** ihr Jungen könnt alle mit mir kommen; **all the time** die ganze Zeit; **all day (long)** den ganzen Tag (lang); **to dislike all sport** jeglichen Sport ablehnen; **in all respects** in jeder Hinsicht; **all my books** alle meine Bücher; **all my life** mein ganzes Leben (lang); **they all came** sie sind alle gekommen; **he took it all** er hat alles genommen; **he's seen/done it all** für ihn gibt es nichts Neues mehr; **I don't understand all that** ich verstehe das alles nicht; **what's all this/that?** was ist denn das?; *verärgert* was soll denn das!; **what's all this I hear about you leaving?** was höre ich da! Sie wollen gehen?; **with all possible speed** so schnell wie möglich; **with all due care** mit angemessener Sorgfalt

— **B** Pronomen —

1 alles; **I'm just curious, that's all** ich bin nur neugierig, das ist alles; **that's all that matters** darauf allein kommt es an; **that is all (that) I can tell you** mehr kann ich Ihnen nicht sagen; **it was all I could do not to laugh** ich musste an mich halten, um nicht zu lachen; **all of London/of the house** ganz London/das ganze Haus; **all of it** alles; **all of £5** ganze £ 5; **in all** insgesamt, im Ganzen; **all or nothing** alles oder nichts; **the whole family came, children and all**

die Familie kam mit Kind und Kegel **2 at all** überhaupt; **nothing at all** gar nichts; **I'm not angry at all** ich bin überhaupt nicht wütend; **it's not bad at all** das ist gar nicht schlecht; **if at all possible** wenn irgend möglich; **why me of all people?** warum ausgerechnet ich? **3 happiest** *etc* **of all** am glücklichsten *etc*; **I like him best of all** von allen mag ich ihn am liebsten; **most of all** am meisten; **all in all** alles in allem; **it's all one to me** das ist mir (ganz) egal; **for all I know she could be ill** was weiß ich, vielleicht ist sie krank **4** *adj pl*; **all of them** (sie) alle; **the score was two all** es stand zwei zu zwei

— **C** *Adverb* —

1 ganz; **all excited** *etc* ganz aufgeregt *etc*; **all by myself** ganz allein; **that's all very fine** *od* **well** das ist alles ganz schön und gut; ★ **all over** überall; **it was red all over** es war ganz rot; **he was all over her at the party** er hat sie bei der Party voll begrapscht; **all down the front of her dress** überall vorn auf ihrem Kleid; **all along the road** die ganze Straße entlang; **to know the answer all along** die Antwort die ganze Zeit wissen; **all around** überall; ringsumher; rundherum; **I'm all for it!** ich bin ganz dafür **2 all the happier** *etc* noch glücklicher *etc*; **all the funnier because ...** umso lustiger, weil ...; **all the same** trotzdem; **all the same, it's a pity** trotzdem ist es schade; **it's all the same to me** das ist mir (ganz) egal; **he's all there/not all there** er ist voll da/ nicht ganz da *umg*; **it's not all that bad** so schlimm ist es nun auch wieder nicht; **the party won all but six of the seats** die Partei hat alle bis auf sechs Sitze gewonnen

— **D** *Substantiv* —

one's all alles; **the horses were giving their all** die Pferde gaben ihr Letztes **Allah** [ˈælə] *S* Allah *m* **all-American** *ADJ* uramerikanisch; *Mannschaft, Sportler* Auswahl- (*der landesweiten Bestenauswahl*); **an ~ boy** ein durch und durch amerikanischer Junge **all-around** *US ADJ* → **all-round** **allay** [əˈleɪ] *VT* verringern; *Zweifel, Angst* zerstreuen **all clear** *S* Entwarnung *f*; **to give/**

sound the **~** Entwarnung geben; **the new project has been given the ~** für das neue Projekt gab es grünes Licht **all-consuming** *ADJ Leidenschaft* überwältigend **all-day** *ADJ* ganztägig; **it was an ~ meeting** die Sitzung dauerte den ganzen Tag **allegation** [ˌælɪˈgeɪʃən] *S* Behauptung *f* **allege** [əˈledʒ] *VT* behaupten; **he is ~d to have said that ...** er soll angeblich gesagt haben, dass ... **alleged** [əˈledʒd] *ADJ*, **allegedly** [əˈledʒɪdlɪ] *ADV* angeblich **allegiance** [əˈliːdʒəns] *S* Treue *f* (**to** +*dat*); **oath of ~** Treueeid *m* **allegoric(al)** [ˌælɪˈgɒrɪk(əl)] *ADJ*, **allegorically** [ˌælɪˈgɒrɪkəlɪ] *ADV* allegorisch **allegory** [ˈælɪgərɪ] *S* Allegorie *f* (*Bildliche Darstellung eines Gedankens oder eines abstrakten Begriffs (systematisierte Metapher); z. B. die Justitia als Frauengestalt mit verbundenen Augen und einer Waage in der Hand als Personifikation der Gerechtigkeit*). **alleluia** [ˌælɪˈluːjə] *A INT* (h)alleluja *B S* (H)alleluja *n* **all-embracing** [ˌɔːlɪmˈbreɪsɪŋ] *ADJ* (all)-umfassend **allergic** [əˈlɜːdʒɪk] *wörtl, fig ADJ* allergisch (**to gegen**) **allergy** [ˈælədʒɪ] *S* Allergie *f* (**to gegen**) **alleviate** [əˈliːvɪeɪt] *VT* lindern **alleviation** [əˌliːvɪˈeɪʃən] *S* Linderung *f* **alley** [ˈælɪ] *S* **1** (enge) Gasse **2** *zum Kegeln etc* Bahn *f* **alleyway** [ˈælɪweɪ] *S* Durchgang *m* **alliance** [əˈlaɪəns] *S* Verbindung *f*; *von Staaten* Bündnis *n*; *historisch* Allianz *f* **allied** [ˈælaɪd] *ADJ* verbunden; *bei Angriff etc* verbündet; **the Allied forces** die Alliierten **Allies** [ˈælaɪz] *PL HIST* **the ~** die Alliierten *pl* **alligator** [ˈælɪgeɪtər] *S* Alligator *m* **all-important** *ADJ* außerordentlich wichtig; **the ~ question** die Frage, auf die es ankommt **all-in** *ADJ* ⟨*attr*⟩, **all in** *ADJ* ⟨*präd*⟩ Inklusiv-; **~ price** Inklusivpreis *m* **all-inclusive** *ADJ* Pauschal-; **~ holiday** *Br*, **~ vacation** *US* Pauschalurlaub *m*, All-inclusive-Urlaub *m*; **the hotel was ~** es handelte sich um ein All-inclusive-Hotel **all-inclusive offer** *S* Pauschalangebot *n* **all-inclusive price** *S* Inklusivpreis *m*, Pauschalpreis *m* **all-in-one** [ADJ] *Taucheranzug etc* einteilig

alliteration [əˌlɪtəˈreɪʃən] [S] Alliteration *f* (*zwei benachbarte Wörter beginnen mit demselben Laut; z. B. long life*)

all-night [ˌɔːlˈnaɪt] [ADJ] ⟨*attr*⟩ *Café* (die ganze Nacht) durchgehend geöffnet; *Wache* die ganze Nacht andauernd *attr*; **we had an ~ party** wir haben die ganze Nacht durchgemacht; **there is an ~ bus service** die Busse verkehren die ganze Nacht über

all-nighter [ˌɔːlˈnaɪtəʳ] *umg* [S] **to pull an ~** *umg* eine Nachtschicht einlegen

allocate [ˈæləʊkeɪt] [V/T] zuteilen (**to** sb j-m), verteilen (**to** auf +*akk*); *Aufgaben* vergeben (**to** an +*akk*); **to ~ money to** od **for a project** Geld für ein Projekt bestimmen **allocation** [ˌæləʊˈkeɪʃən] [S] Zuteilung *f*, Verteilung *f*; (≈ *Summe*) Zuwendung *f*

allot [əˈlɒt] [V/T] zuteilen (**to** sb/sth j-m/etw); *Zeit* vorsehen (**to** für); *Geldmittel* bestimmen (**to** für) **allotment** [əˈlɒtmənt] *Br* [S] Schrebergarten *m*

all out [ADV] **to go ~ to do sth** alles daransetzen, etw zu tun **all-out** [ADJ] *Krieg* total; *Angriff* massiv; *Anstrengung* äußerste(r, s)

★**allow** [əˈlaʊ] [A] [V/T] **1** erlauben; *Verhalten etc* zulassen; **to ~ sb sth** j-m etw erlauben; **to ~ sb to do sth** j-m erlauben, etw zu tun; ★ **to be ~ed to do sth** etw tun dürfen; **smoking is not ~ed** Rauchen ist nicht gestattet; **"no dogs ~ed"** „Hunde müssen draußen bleiben"; **to ~ oneself sth** sich (*dat*) etw erlauben; **to ~ oneself to be waited on/persuaded** *etc* sich bedienen/überreden *etc* lassen; **~ me!** gestatten Sie *form*; **to ~ sth to happen** zulassen, dass etw geschieht; **to be ~ed in/out** hinein-/hinausdürfen **2** *Anspruch, Tor* anerkennen **3** *Rabatt, Summe* geben; *Raum* lassen; *Zeit* einplanen; **~ (yourself) an hour to cross the city** rechnen Sie mit einer Stunde, um durch die Stadt zu kommen; **~ing** od **if we ~ that ...** angenommen, (dass) ... [B] [V/I] **if time ~s** falls es zeitlich möglich ist ◆**allow for** [V/I] ⟨+*obj*⟩ berücksichtigen; **allowing for the fact that ...** unter Berücksichtigung der Tatsache, dass ...; **after allowing for** nach Berücksichti-

gung (+*gen*)

allowable [əˈlaʊəbl] [ADJ] zulässig; FIN *steuerlich* absetzbar **allowance** [əˈlaʊəns] [S] **1** finanzielle Unterstützung, Zuwendung *f*; *staatlich* Beihilfe *f*; *für Überstunden etc* Zulage *f*; *US für Kinder* Taschengeld *n*; **clothing ~** Kleidungsgeld *n*; **he gave her an ~ of £500 a month** er stellte ihr monatlich £ 500 zur Verfügung **2** FIN Freibetrag *m* **3** **to make ~(s) for sth** etw berücksichtigen; **to make ~s for sb** bei j-m Zugeständnisse machen

alloy [ˈælɔɪ] [S] Legierung *f*

all-party [ADJ] POL Allparteien- **all-powerful** [ADJ] allmächtig **all-purpose** [ADJ] Allzweck-

★**all right** [ˈɔːlˈraɪt] [A] [ADJ] ⟨*präd*⟩ in Ordnung, okay *umg*; **it's ~** es geht; (≈ *funktioniert*) es ist in Ordnung; **that's** od **it's ~** *als Antwort auf Dank, Entschuldigung* schon gut; **to taste ~** ganz gut schmecken; **is it ~ for me to leave early?** kann ich früher gehen?; **it's ~ by me** ich habe nichts dagegen; **it's ~ for you (to talk)** du hast gut reden; **he's ~** *umg* der ist in Ordnung *umg*; **are you ~?** ist alles in Ordnung?; (≈ *gesund*) geht es Ihnen gut?; (≈ *unverletzt*) ist Ihnen etwas passiert?; **are you feeling ~?** fehlt Ihnen was? [B] [ADV] **1** gut; **did I do it ~?** habe ich es recht gemacht?; **did you get home ~?** bist du gut nach Hause gekommen?; **did you find it ~?** haben Sie es denn gefunden? **2** (≈ *sicherlich*) schon; **that's the boy ~** das ist der Junge; **oh yes, we heard you ~** o ja, und ob wir dich gehört haben [C] [INT] gut, okay *umg*, in Ordnung; **may I leave early? — ~** kann ich früher gehen? — ja; ★ **that's enough! ~, ~!** komm, jetzt reicht's (aber)!; **~, ~! I'm coming** schon gut, ich komme ja!

all-round *bes Br* [ADJ] Allround-; **a good ~ performance** eine rundum gute Leistung **all-rounder** *Br* [S] Allroundmann *m*/-frau *f*; SPORT Allroundsportler(in) *m(f)* **All Saints' Day** [S] Allerheiligen *n* **all-seater** [ADJ] *Br* SPORT Stadion ohne Stehplätze **All Souls' Day** [S] Allerseelen *n* **allspice** [S] Piment *m*/*n* **all-star** [ADJ] Star-; **~ cast** Starbesetzung *f* **all-terrain bike** [S] Mountainbike *n* **all-terrain vehicle** [S] Geländefahrzeug *n* **all-time** **A** ADJ aller Zeiten; **the ~ record** der Rekord aller Zeiten; **an ~ high/low** der höchste/niedrigste Stand aller Zeiten **B** ADJ **~ best** beste(r, s) aller Zeiten

allude [əˈluːd] V/I ⟨+obj⟩ **to ~ to** anspielen auf (+akk)

allure [əˈljʊəʳ] S Reiz m **alluring** ADJ, **alluringly** ADV verführerisch

allusion [əˈluːʒən] S **1** Anspielung f (**to** auf +akk) **2** LIT Bezug auf etwas Bekanntes, z. B. auf ein geschichtliches Ereignis oder auf eine berühmte Person

all-weather [ˌɔːlˈweðəʳ] ADJ Allwetter-; **~ pitch** Allwetterplatz m **all-wheel drive** S Allradantrieb m

ally [ˈælaɪ] **A** S Verbündete(r) m/f(m); HIST Alliierte(r) m **B** [əˈlaɪ] V/T verbinden (**with, to** mit); *zum Angriff etc* verbünden (**with, to** mit); **to ~ oneself with** *od* **to sb** sich mit j-m verbünden

almighty [ɔːlˈmaɪtɪ] **A** ADJ **1** allmächtig; **Almighty God, God Almighty** KIRCHE der Allmächtige; *in Gebet* allmächtiger Gott; **God** *od* **Christ Almighty!** *umg* Allmächtiger! *umg* **2** *umg* Streit mordsmäßig *umg*; **there was an ~ bang and ...** es gab einen Mordsknall und ... *umg* **B** S **the Almighty** der Allmächtige

almond [ˈɑːmənd] S Mandel f

★**almost** [ˈɔːlməʊst] ADV fast, beinahe; **he ~ fell** er wäre fast gefallen; **she'll ~ certainly come** es ist ziemlich sicher, dass sie kommt

alms [ɑːmz] PL Almosen pl

aloe vera [ˈæləʊˈvɪərə] S Aloe Vera f

aloft [əˈlɒft] ADV empor, hoch droben

★**alone** [əˈləʊn] **A** ADJ ⟨präd⟩ allein(e) **B** ADV allein(e); **Simon ~ knew the truth** nur Simon kannte die Wahrheit; **to stand ~** *fig* einzig dastehen; **to go it ~** *umg* (≈ *unabhängig sein*) auf eigenen Beinen stehen, es allein schaffen

★**along** [əˈlɒŋ] **A** PRÄP *Richtung* entlang (+akk); *Position* entlang (+dat); **he walked ~ the river** er ging den Fluss entlang; **somewhere ~ the way** irgendwo auf dem Weg **B** ADV **1** weiter-; **to move ~** weitergehen; **run ~** nun geh halt!, nun geh endlich!; jetzt kannst du gehen; **he'll be ~ soon** er muss gleich da sein; **I'll be ~ in a minute** ich komme gleich **2** **~ with** zusammen mit; **to come ~ with sb** mit j-m mitkommen; **take an**

umbrella ~ nimm einen Schirm mit

alongside [əˈlɒŋˈsaɪd] **A** PRÄP neben (+dat); **he works ~ me** er ist ein Kollege von mir, er arbeitet neben mir **B** ADV daneben; **a police car drew up ~** ein Polizeiauto fuhr neben mich/ihn *etc* heran

aloof [əˈluːf] **A** ADV abseits; **to remain ~** sich abseitshalten **B** ADJ unnahbar

aloud [əˈlaʊd] ADV laut

alphabet [ˈælfəbet] S Alphabet n; **does he know the ~?** kann er schon das Abc? **alphabetic(al)** [ˌælfəˈbetɪk(əl)] ADJ alphabetisch; **in ~al order** in alphabetischer Reihenfolge **alphabetically** [ˌælfəˈbetɪkəlɪ] ADV alphabetisch **alphabetize** [ˈælfəbetaɪz] V/T alphabetisieren, alphabetisch ordnen

alpine [ˈælpaɪn] ADJ alpin; **~ flower** Alpenblume f; **~ scenery** Berglandschaft f **Alps** [ælps] PL Alpen pl

★**already** [ɔːlˈredɪ] ADV schon, bereits; **I've ~ seen it, I've seen it ~** ich habe es schon gesehen

alright [ˌɔːlˈraɪt] ADJ & ADV → **all right**

Alsace [ˈælsæs] S das Elsass **Alsace-Lorraine** [ˈælsæslɒˈreɪn] S Elsass-Lothringen n **alsatian** [ælˈseɪʃən] *a.* **alsatian dog** Br (Deutscher) Schäferhund

★**also** [ˈɔːlsəʊ] ADV auch, außerdem; **her cousin ~ came** *od* **came ~** ihre Cousine kam auch; **not only ... but ~** nicht nur ... sondern auch; **~, I must explain that ...** außerdem muss ich erklären, dass ...

altar [ˈɒltəʳ] S Altar m **altar boy** S Ministrant m **altar piece** S Altarbild n

alter [ˈɒltəʳ] **A** V/T ändern; **to ~ sth completely** etw vollkommen verändern; **it does not ~ the fact that ...** das ändert nichts an der Tatsache, dass ... **B** V/I sich ändern **alteration** [ˌɒltəˈreɪʃən] S Änderung f; *äußerlich* Veränderung f; **to make ~s to sth** Änderungen an etw (*dat*) vornehmen; **(this timetable is) subject to ~** Änderungen (im Fahrplan sind) vorbehalten; **closed for ~s** wegen Umbau geschlossen

altercation f [ˌɒltəˈkeɪʃən] S Auseinandersetzung f

alter ego [ˈæltərˈiːgəʊ] S Alter ego n

alternate **A** [ɒlˈtɜːnɪt] **1** **on ~ days** jeden zweiten Tag; **they put down ~ layers of brick and mortar** sie schichteten (immer) abwechselnd Ziegel und

Mörtel aufeinander **2** alternativ; **~ route** Ausweichstrecke f **B** ['ɔːltǝneɪt] V/T abwechseln lassen; **to ~ one thing with another** zwischen einer Sache und einer anderen (ab)wechseln **C** [ˌɔːltǝneɪt] V/i (sich) abwechseln; ELEK alternieren **alternately** [ɒl'tɜːnɪtlɪ] ADV **1** wechselweise **2** → alternatively **alternating** ['ɒltɜːneɪtɪŋ] ADJ wechselnd; **~ current** Wechselstrom m **alternation** [ˌɒltǝ'neɪʃǝn] S Wechsel m

★**alternative** [ɒl'tɜːnǝtɪv] **A** ADJ Alternativ-; **~ energy** Alternativenergie f; **~ route** Ausweichstrecke f **B** S a. MUS Alternative f; **I had no ~ (but ...)** ich hatte keine andere Wahl (als ...) **alternatively** [ɒl'tɜːnǝtɪvlɪ] ADV als Alternative; **or ~, he could come with us** oder aber, er kommt mit uns mit; **a prison sentence of three months or ~ a fine of £5000** eine Gefängnisstrafe von drei Monaten oder wahlweise eine Geldstrafe von £ 5000 **alternative medicine** S Alternativmedizin f **alternator** ['ɒltɜːneɪtǝ'] S ELEK Wechselstromgenerator m; AUTO Lichtmaschine f

★**although** [ɔːl'ðǝʊ] KONJ obwohl; **the house, ~ small ...** obwohl das Haus klein ist ...

altimeter ['æltɪmiːtǝ'] S Höhenmesser m

altitude ['æltɪtjuːd] S Höhe f; **what is our ~?** in welcher Höhe befinden wir uns?; **we are flying at an ~ of ...** wir fliegen in einer Höhe von ...

alt key ['ɒltkiː] S COMPUT Alt-Taste f

alto ['æltǝʊ] **A** S ⟨pl -s⟩ Alt m **B** ADJ Alt- **C** ADV **to sing ~** Alt singen

altogether [ˌɔːltǝ'geðǝ'] ADV **1** insgesamt; **~ it was very pleasant** alles in allem war es sehr nett **2** vollkommen, ganz und gar; **he wasn't ~ surprised** er war nicht übermäßig überrascht; **it was ~ a waste of time** es war vollkommene Zeitverschwendung; **that is another matter ~** das ist etwas ganz anderes

altruism ['æltrʊɪzǝm] S Altruismus m **altruistic** ADJ, **altruistically** [ˌæltrʊ-'ɪstɪk, -lɪ] ADV altruistisch

aluminium [ˌæljʊ'mɪnɪǝm] S, **aluminum** [ǝ'luːmɪnǝm] US S Aluminium n; **~ foil** Alufolie f

★**always** ['ɔːlweɪz] ADV immer; **we could ~ go by train** wir könnten doch auch den Zug nehmen **always-on** ADJ IT ständig online

Alzheimer's (disease) ['ælts,haɪmǝz(-dɪˌziːz)] S Alzheimerkrankheit f

AM¹ ABK (= amplitude modulation) RADIO AM

AM² ABK (= Assembly Member Br) POL Mitglied n der walisischen Versammlung

am¹ [æm] ⟨1. Person sg präs⟩ → be

am², **a. m.** ABK (= ante meridiem) **2 am** 2 Uhr morgens od vormittags; **12 am** 0 Uhr

amalgam [ǝ'mælgǝm] S Amalgam n; fig Mischung f **amalgamate** [ǝ'mælgǝmeɪt] **A** V/T fusionieren **B** V/i fusionieren **amalgamation** [ǝˌmælgǝ'meɪʃǝn] S Fusion f

amass [ǝ'mæs] V/T anhäufen

amateur ['æmǝtǝ'] **A** S **1** Amateur(in) m(f) **2** pej Dilettant(in) m(f) **B** ADJ **1** ⟨attr⟩ Amateur-; **~ painter** Hobbymaler(in) m(f) **2** pej → amateurish **amateur dramatics** [ˌæmǝtǝdrǝ'mætɪks] PL Laiendrama n **amateurish** ADJ, **amateurishly** pej ADV dilettantisch

amaze [ǝ'meɪz] V/T erstaunen; **I was ~d to learn that ...** ich war erstaunt zu hören, dass ...; **to be ~d at sth** über etw ⟨akk⟩ erstaunt sein; **it ~s me that ...** ich finde es erstaunlich, dass ... **amazement** S Erstaunen n; **much to my ~** zu meinem großen Erstaunen

★**amazing** [ǝ'meɪzɪŋ] ADJ erstaunlich; **that's ~!** das ist fantastisch! **amazingly** [ǝ'meɪzɪŋlɪ] ADV erstaunlich; **~ (enough), he got it right first time** erstaunlicherweise hat er es gleich beim ersten Mal richtig gemacht

Amazon ['æmǝzǝn] S Amazonas m; Mythologie, a. fig Amazone f

ambassador [æm'bæsǝdǝ'] S Botschafter(in) m(f)

amber ['æmbǝ'] **A** S Bernstein m; Farbe Bernsteingelb n; Br von Ampel Gelb n **B** ADJ aus Bernstein, bernsteinfarben; Br Ampel gelb

ambidextrous [ˌæmbɪ'dekstrǝs] ADJ beidhändig

ambience ['æmbɪǝns] S Atmosphäre f **ambient** ['æmbɪǝnt] ADJ **~ temperature** Umgebungstemperatur f; **~ music** Hintergrundmusik f

ambiguity [ˌæmbɪˈgjuːɪtɪ] $\overline{S}$ ◨ Zweideutigkeit f, Mehrdeutigkeit f ◩ LIT Formulierung, die verschiedene Interpretationen zulässt **ambiguous** ADJ, **ambiguously** [æmˈbɪgjʊəs, -lɪ] ADV zweideutig, mehrdeutig

ambition [æmˈbɪʃən] $\overline{S}$ ◨ Ambition f; **she has ~s in that direction/for her son** sie hat Ambitionen in dieser Richtung/ehrgeizige Pläne für ihren Sohn; **my ~ is to become prime minister** es ist mein Ehrgeiz, Premierminister zu werden ◩ Ehrgeiz m **ambitious** [æmˈbɪʃəs] ADJ ehrgeizig; Unterfangen kühn **ambitiously** [æmˈbɪʃəslɪ] ADV ehrgeizig; **rather ~, we set out to prove the following** wir hatten uns das ehrgeizige Ziel gesteckt, das Folgende zu beweisen

ambivalence [æmˈbɪvələns] $\overline{S}$ Ambivalenz f **ambivalent** [æmˈbɪvələnt] ADJ ambivalent

amble [ˈæmbl] V/I schlendern

★**ambulance** [ˈæmbjʊləns] $\overline{S}$ Krankenwagen m, Rettung f schweiz **ambulance driver** $\overline{S}$ Krankenwagenfahrer(in) m(f), Rettungsfahrer(in) m(f) schweiz **ambulanceman** $\overline{S}$ ⟨pl -men⟩ Sanitäter m **ambulance service** $\overline{S}$ Rettungsdienst m, Rettung f schweiz; System Rettungswesen n

ambush [ˈæmbʊʃ] A $\overline{S}$ Überfall m (aus dem Hinterhalt); **to lie in ~ for sb** MIL, a. fig j-m im Hinterhalt auflauern B V/T (aus dem Hinterhalt) überfallen

ameba US $\overline{S}$ → amoeba

amen [ˌɑːˈmen] INT amen; **~ to that!** fig umg ja, wahrlich od fürwahr! hum

amenable [əˈmiːnəbl] ADJ zugänglich (**to** +dat)

amend [əˈmend] V/T Gesetz, Text ändern, ergänzen; Gewohnheiten, Verhalten verbessern **amendment** $\overline{S}$ von Gesetz, Text Änderung f (**to** +gen); (≈Ergänzung) Zusatz m (**to** zu); **the First/Second etc Amendment** US POL Zusatz m 1/2 etc **amends** [əˈmendz] PL **to make ~ for sth** etw wiedergutmachen; **to make ~ to sb for sth** j-n für etw entschädigen

amenity [əˈmiːnɪtɪ] $\overline{S}$ (**public**) **~** öffentliche Einrichtung f; **close to all amenities** in günstiger Einkaufs- und Verkehrslage

Amerasian [æməˈreɪʒn] $\overline{S}$ Mensch amerikanisch-asiatischer Herkunft

★**America** [əˈmerɪkə] $\overline{S}$ Amerika n

★**American** [əˈmerɪkən] A ADJ amerikanisch; **~ English** amerikanisches Englisch; **the ~ Dream** der amerikanische Traum B $\overline{S}$ ◨ Amerikaner(in) m(f) ◩ LING Amerikanisch n

American Indian neg! $\overline{S}$ Indianer(in) m(f) neg! **Americanism** [əˈmerɪkənɪzəm] $\overline{S}$ LING Amerikanismus m **Americanization** [əˌmerɪkənaɪˈzeɪʃən] $\overline{S}$ Amerikanisierung f **Americanize** [əˈmerɪkənaɪz] V/T amerikanisieren **Americano** [əmerɪˈkɑːnəʊ] $\overline{S}$ ⟨pl -s⟩ GASTR Espresso mit heißem Wasser verlängert **American plan** $\overline{S}$ Vollpension f **Amerindian** [æməˈrɪndɪən] A $\overline{S}$ Indianer(in) m(f) B ADJ indianisch

amethyst [ˈæmɪθɪst] $\overline{S}$ Amethyst m

Amex [ˈæmeks] US $\overline{S}$ ABK (= **American Stock Exchange**) Amex f

amiable ADJ, **amiably** [ˈeɪmɪəbl, -lɪ] ADV liebenswürdig

amicable [ˈæmɪkəbl] ADJ Mensch freundlich; Beziehungen freundschaftlich; Diskussion friedlich; JUR Übereinkunft gütlich; **to be on ~ terms** freundschaftlich miteinander verkehren **amicably** [ˈæmɪkəblɪ] ADV freundlich; diskutieren friedlich; JUR sich einigen gütlich

amid(st) [əˈmɪd(st)] PRÄP inmitten (+gen)

amino acid [əˈmiːnəʊˈæsɪd] $\overline{S}$ Aminosäure f

amiss [əˈmɪs] A ADJ ⟨präd⟩ **there's something ~** da stimmt irgendetwas nicht B ADV **to take sth ~** Br (j-m) etw übel nehmen; **a drink would not go ~** etwas zu trinken wäre gar nicht verkehrt

ammo [ˈæməʊ] umg $\overline{S}$ ⟨kein pl⟩ Munition f

ammonia [əˈməʊnɪə] $\overline{S}$ Ammoniak n **ammunition** [ˌæmjʊˈnɪʃən] $\overline{S}$ Munition f **ammunition belt** $\overline{S}$ Patronengurt m **ammunition dump** $\overline{S}$ Munitionslager n

amnesia [æmˈniːzɪə] $\overline{S}$ Amnesie f **amnesty** [ˈæmnɪstɪ] $\overline{S}$ Amnestie f **amniocentesis** [ˌæmnɪəʊsenˈtiːsɪs] $\overline{S}$ MED Fruchtwasseruntersuchung f

amoeba [əˈmiːbə] $\overline{S}$, **ameba** US $\overline{S}$ Amöbe f

amok [əˈmɒk] ADV → amuck

★**among(st)** [əˈmʌŋ(st)] PRÄP unter (+akk od dat); **~ other things** unter anderem; **she had sung with Madonna ~ others** sie hatte unter anderem mit Madonna gesungen; **to stand ~ the crowd** (mitten) in der Menge stehen; **they shared it out ~ themselves** sie teilten es untereinander auf; **talk ~ yourselves** unterhaltet euch; **he's ~ our best players** er gehört zu unseren besten Spielern; **to count sb ~ one's friends** j-n zu seinen Freunden zählen; **this habit is widespread ~ the French** diese Sitte ist bei den Franzosen weitverbreitet

amoral [eɪˈmɒrəl] ADJ amoralisch

amorous [ˈæmərəs] ADJ amourös; *Blick* verliebt

amorphous [əˈmɔːfəs] ADJ amorph; *Stil, Ideen, Roman* strukturlos

★**amount** [əˈmaʊnt] A S ◱ Betrag *m*; **total ~** Gesamtsumme *f*; **debts to the ~ of £2000** *Br*, **debts in the ~ of £2000** *US* Schulden in Höhe von £ 2000; **in 12 equal ~s** in 12 gleichen Beträgen; **a small ~ of money** eine geringe Summe; **large ~s of money** Unsummen *pl* ◲ Menge *f*; *an Geschicklichkeit etc* Maß *n* (**of** an +*dat*); **an enormous ~ of work** sehr viel Arbeit; **any ~ of time/food** beliebig viel Zeit/Essen; **no ~ of talking would persuade him** kein Reden würde ihn überzeugen B V/I ◱ sich belaufen (**to** auf +*akk*) ◲ gleichkommen (**to** +*dat*); **it ~s to the same thing** kommt (doch) aufs Gleiche hinaus; **he will never ~ to much** aus ihm wird nie etwas werden

amp(ère) [ˈæmp(ɛəʳ)] S Ampere *n*

ampersand [ˈæmpəsænd] S Et-Zeichen *f*, Und-Zeichen *n*

amphetamine [æmˈfetəmiːn] S Amphetamin *n*

amphibian [æmˈfɪbɪən] S Amphibie *f*

amphibious [æmˈfɪbɪəs] ADJ amphibisch; **~ vehicle/aircraft** Amphibienfahrzeug *n*/-flugzeug *n*

amphitheatre [ˈæmfɪˌθɪətəʳ] S, **amphitheater** *US* S Amphitheater *n*

ample [ˈæmpl] ADJ ⟨*komp* **ampler**⟩ ◱ reichlich ◲ *Figur, Proportionen* üppig

amplification [ˌæmplɪfɪˈkeɪʃən] S RADIO Verstärkung *f* **amplifier** [ˈæmplɪfaɪəʳ] S RADIO Verstärker *m* **amplify** [ˈæmplɪfaɪ] V/T RADIO verstärken

amply [ˈæmplɪ] ADV reichlich

amputate [ˈæmpjʊteɪt] V/T & V/I amputieren **amputation** [ˌæmpjʊˈteɪʃən] S Amputation *f* **amputee** [ˌæmpjʊˈtiː] S

Amputierte(r) *m/f(m)*

amuck [əˈmʌk] ADV **to run ~** *wörtl, fig* Amok laufen

amuse [əˈmjuːz] A V/T amüsieren, unterhalten; **let the children do it if it ~s them** lass die Kinder doch, wenn es ihnen Spaß macht B V/R **the children can ~ themselves for a while** die Kinder können sich eine Zeit lang selbst beschäftigen; **to ~ oneself (by) doing sth** etw zu seinem Vergnügen tun; **how do you ~ yourself now you're retired?** wie vertreiben Sie sich (*dat*) die Zeit, wo Sie jetzt im Ruhestand sind?

amused ADJ amüsiert; **she seemed ~ at my suggestion** sie schien über meinen Vorschlag amüsiert (zu sein); **to keep sb/oneself ~** j-m/sich (*dat*) die Zeit vertreiben; **give him his toys, that'll keep him ~** gib ihm sein Spielzeug, dann ist er friedlich

★**amusement** [əˈmjuːzmənt] S ◱ Vergnügen *n*; **to do sth for one's own ~** etw zu seinem Vergnügen tun ◲ ~s *pl Br auf Jahrmarkt* Attraktionen *pl*; *in Seebad* Spielautomaten *pl* **amusement arcade** *Br* S Spielhalle *f* **amusement park** S Vergnügungspark *m* **amusing** [əˈmjuːzɪŋ] ADJ amüsant; **how ~** das ist aber lustig!; **I don't find that very ~** das finde ich gar nicht lustig **amusingly** [əˈmjuːzɪŋlɪ] ADV amüsant

★**an** [æn, ən, n] UNBEST ART → **a**

anabolic steroid [ˌænəˈbɒlɪkˈstɪərɔɪd] S Anabolikum *n*

anachronism [əˈnækrənɪzəm] S Anachronismus *m* **anachronistic** [əˌnækrəˈnɪstɪk] ADJ anachronistisch

anaemia [əˈniːmɪə] S, **anemia** *US* S Anämie *f*, Blutarmut *f* **anaemic** [əˈniːmɪk] ADJ, **anemic** *US* ADJ anämisch

anaesthesia [ˌænɪsˈθiːzɪə] S, **anesthesia** *US* S Anästhesie *f* **anaesthetic** [ˌænɪsˈθetɪk] S, **anesthetic** *US* S Narkose *f*, Narkosemittel *n*; **general ~** Vollnarkose *f*; **local ~** örtliche Betäubung; **the nurse gave him a local ~** die Schwester gab ihm eine Spritze zur örtlichen Betäubung **anaesthetist** [æˈniːsθɪtɪst] S, **anesthetist** *US* S Anästhesist(in) *m(f)* **anaesthetize** [æˈniːsθɪtaɪz] V/T, **anesthetize** *US* V/T betäuben

anagram [ˈænəgræm] S Anagramm *n*

anal [ˈeɪnəl] ADJ ◱ anal, Anal-; **~ inter-**

course Analverkehr m ② a. **~ retentive** pej pingelig

analgesic [,ænəl'dʒiːsɪk] s̲ Schmerzmittel n

analog(ue) ['ænəlɒg] ADJ TECH analog

analogy [ə'nælədʒɪ] s̲ ① Analogie f ② LIT Darstellung einer Idee durch eine andere mit ähnlichen oder parallelen Merkmalen

analyse ['ænəlaɪz] VT, **analyze** US VT analysieren **analysis** [ə'næləsɪs] s̲ ⟨pl analyses [ə'næləsiːz]⟩ Analyse f; **what's your ~ of the situation?** wie beurteilen Sie die Situation?; **on (closer) ~** bei genauerer Untersuchung **analyst** ['ænəlɪst] s̲ Analytiker(in) m(f) **analytical** ADJ, **analytically** [,ænə'lɪtɪkəl, -l] ADV analytisch **analyze** ['ænəlaɪz] US VT → analyse

anarchic(al) [æ'nɑːkɪk(əl)] ADJ anarchisch **anarchism** ['ænəkɪzəm] s̲ Anarchismus m **anarchist** ['ænəkɪst] s̲ Anarchist(in) m(f) **anarchy** ['ænəkɪ] s̲ Anarchie f

anathema [ə'næθɪmə] s̲ ein Gräuel m; **voting Labour was ~ to them** der Gedanke, Labour zu wählen, war ihnen ein Gräuel od widerstrebte ihnen zutiefst

anatomical ADJ, **anatomically** [,ænə'tɒmɪkəl, -l] ADV anatomisch **anatomy** [ə'nætəmɪ] s̲ Anatomie f

ANC ABK (= African National Congress) ANC m, Afrikanischer Nationalkongress

ancestor ['ænsɪstə'] s̲ Vorfahr m, Vorfahrin f **ancestral** [æn'sestrəl] ADJ seiner/ihrer Vorfahren; **~ home** Stammsitz m **ancestry** ['ænsɪstrɪ] s̲ Abstammung f; (= die Vorfahren) Ahnenreihe f; **to trace one's ~** seine Abstammung zurückverfolgen

anchor ['æŋkə'] A s̲ ① SCHIFF Anker m; **to drop ~** vor Anker gehen; **to weigh ~** den Anker lichten ② bes US TV Anchorman m, Anchorwoman f, Nachrichtenmoderator(in) m(f) B VT SCHIFF, a. fig verankern C VI SCHIFF vor Anker gehen **anchorage** ['æŋkərɪdʒ] s̲ SCHIFF Ankerplatz m **anchorman** ['æŋkəmæn] s̲ ⟨pl -men [-mən]⟩ bes US TV Anchorman m, Nachrichtenmoderator m **anchorwoman** ['æŋkəwumən] s̲ ⟨pl -women [-wɪmɪn]⟩ bes US TV Anchorwoman f, Nachrichtenmode-

ratorin f

anchovy ['æntʃəvɪ] s̲ Sardelle f

★**ancient** ['eɪnʃənt] A ADJ ① alt; **in ~ times** im Altertum; **in ~ Rome** im alten Rom; **the ~ Romans** die alten Römer; **~ monument** Br historisches Denkmal ② umg Mensch etc uralt B s̲ **the ~s** die Völker od Menschen des Altertums **ancient history** wörtl ① Alte Geschichte; **that's ~** fig das ist schon längst Geschichte

ancillary [æn'sɪlərɪ] ADJ Neben-, Hilfs-; **~ course** UNIV Begleitkurs m; **~ staff/workers** Hilfskräfte pl

★**and** [ænd, ənd, nd, ən] KONJ ① und; **nice and early** schön früh; **try and come** versuch zu kommen; **wait and see!** abwarten!; **don't go and spoil it!** nun verdirb nicht alles!; **one more and I'm finished** noch eins, dann bin ich fertig; **and so on and so forth** und so weiter und so fort ② bei Aufzählung und; **better and better** immer besser; **for days and days** tagelang; **for miles and miles** meilenweit ③ **three hundred and ten** dreihundert(und)zehn; **one and a half** anderthalb

Andes ['ændiːz] PL Anden pl

▶ **St Andrew's Day**

Der 30. November ist **St Andrew's Day** [snt'ændruːdeɪ], der Nationalfeiertag der Schotten und seit 2006 ein offizieller Feiertag. Traditionalisten tragen an diesem Tag eine Distel (**thistle** ['θɪsl]) im Knopfloch, das Symbol Schottlands. ◀

androgynous [æn'drɒdʒɪnəs] ADJ androgyn

android ['ændrɔɪd] s̲ Androide m

anecdotal [,ænɪk'dəʊtəl] ADJ anekdotisch **anecdote** ['ænɪkdəʊt] s̲ ① Anekdote f ② LIT kurze, meist unterhaltsame Geschichte über einen Vorfall oder eine Person

anemia [ə'niːmɪə] US s̲ → anaemia **anemic** [ə'niːmɪk] US ADJ → anaemic **anemone** [ə'nemənɪ] s̲ BOT Anemone f **anew** [ə'njuː] ADV ① aufs Neue; **let's start ~** fangen wir wieder von Neuem an ② auf eine neue Art und Weise

★**angel** ['eɪndʒəl] s̲ Engel m **angelic**

[æn'dʒelɪk] ADJ engelhaft

★**anger** ['æŋgəʳ] **A** S̲ Ärger m; Wut f; Zorn m; **a fit of ~** ein Wutanfall m; **public** ~ öffentliche Entrüstung; **to speak in** ~ im Zorn sprechen; **to be filled with** ~ wütend sein **B** V̲T̲ ärgern

angina (pectoris) [æn'dʒaɪnə('pektərɪs)] S̲ Angina Pectoris f

angle[1] ['æŋgl] **A** S̲ **1** Winkel m; **at an** ~ **of 40°** in einem Winkel von 40°; **at an** ~ schräg; **he was wearing his hat at an** ~ er hatte seinen Hut schief aufgesetzt **2** Ecke f **3** (≈ Aspekt) Seite f **4** (≈ Meinung) Standpunkt m **B** V̲T̲ Lampe etc ausrichten; Schuss im Winkel schießen/schneiden

angle[2] bes Br V̲I̲ angeln ◆**angle for** fig V̲I̲ ⟨+obj⟩ fischen nach; **to angle for sth** auf etw (akk) aus sein

Anglepoise (lamp)® ['æŋglpɔɪz ('læmp)] S̲ Gelenkleuchte f

angler ['æŋgləʳ] S̲ Angler(in) m(f)

Anglican ['æŋglɪkən] **A** S̲ Anglikaner(in) m(f) **B** ADJ anglikanisch **Anglicanism** ['æŋglɪkənɪzəm] S̲ Anglikanismus m

anglicism ['æŋglɪsɪzəm] S̲ Anglizismus m **anglicize** ['æŋglɪsaɪz] V̲T̲ anglisieren

angling ['æŋglɪŋ] bes Br S̲ Angeln n

Anglo-American **A** S̲ Angloamerikaner(in) m(f) **B** ADJ angloamerikanisch **Anglo-Indian** **A** S̲ in Indien lebender Engländer m/lebende Engländerin f; (≈ Eurasier) Angloinder(in) m(f) **B** ADJ angloindisch **Anglo-Irish** **A** PL **the** ~ die Angloiren pl **B** ADJ angloirisch **Anglophile** ['æŋgləʊfaɪl] S̲ Anglophile(r) m(f)n **Anglo-Saxon** ['æŋgləʊ'sæksən] **A** S̲ **1** (≈ Mensch) Angelsachse m, Angelsächsin f **2** LING Angelsächsisch n **B** ADJ angelsächsisch

angora [æŋ'gɔːrə] **A** ADJ Angora-; ~ **wool** Angorawolle f **B** S̲ Angorawolle f

angrily ['æŋgrɪlɪ] ADV wütend

★**angry** ['æŋgrɪ] ADJ ⟨komp angrier⟩ zornig; Brief, Blick wütend; **to be** ~ wütend sein; **to be** ~ **with** od **at sb** über j-n verärgert sein; **to be** ~ **at** od **about sth** sich über etw (akk) ärgern; **to get** ~ **(with** od **at sb/about sth)** (mit j-m/über etw akk) böse werden; **you're not** ~ **(with me), are you?** du bist (mir) doch nicht böse(, oder)?; **to be** ~ **with oneself** sich über sich (akk) selbst ärgern; **to make sb** ~ j-n ärgern

anguish ['æŋgwɪʃ] S̲ Qual f; **to be in** ~ Qualen leiden; **he wrung his hands in** ~ er rang die Hände in Verzweiflung; **the news caused her great** ~ die Nachricht bereitete ihr großen Schmerz; **the decision caused her great** ~ die Entscheidung bereitete ihr große Qual(en)

anguished ADJ qualvoll

angular ['æŋgjʊləʳ] ADJ Form eckig; Gesichtszüge, Stil kantig

★**animal** ['ænɪməl] **A** S̲ Tier n; (≈ brutaler Mensch) Bestie f; **man is a social** ~ der Mensch ist ein soziales Wesen **B** ADJ ⟨attr⟩ Tier-; Produkte tierisch; Bedürfnisse, Instinkte animalisch; ~ **experiments** Tierversuche pl; ~ **magnetism** rein körperliche Anziehungskraft **animal lover** S̲ Tierfreund(in) m(f) **animal rights** PL Tierrechte pl; ~ **activist** Tierschützer(in) m(f) **animal welfare** S̲ Tierschutz m

animate ['ænɪmɪt] ADJ belebt, lebend **animated** ADJ lebhaft; ~ **cartoon** Zeichentrickfilm m **animatedly** ADV rege; reden lebhaft **animation** [ˌænɪ'meɪʃən] S̲ Lebhaftigkeit f; FILM Animation f

animosity [ˌænɪ'mɒsɪtɪ] S̲ Feindseligkeit f **(towards** gegenüber)

aniseed ['ænɪsiːd] S̲ Anis m

★**ankle** ['æŋkl] S̲ (Fuß)knöchel m **anklebone** S̲ Sprungbein n **ankle bracelet** S̲ Fußkettchen n **ankle-deep** **A** ADJ knöcheltief **B** ADV **he was** ~ **in water** er stand bis an die Knöchel im Wasser **ankle sock** S̲ Söckchen n **anklet** ['æŋklət] S̲ Fußkettchen n **ankle weights** PL SPORT Gewichte für die Fußgelenke(, um den Trainingseffekt zu maximieren)

annals ['ænəlz] PL Annalen pl; von Verein etc Bericht m

annex [ə'neks] V̲T̲ annektieren **B** ['æneks] S̲ **1** von Dokument Anhang m **2** Nebengebäude n, Anbau m **annexation** [ˌænek'seɪʃən] S̲ Annexion f **annexe** ['æneks] Br S̲ → annex B 2

annihilate [ə'naɪəleɪt] V̲T̲ vernichten **annihilation** [əˌnaɪə'leɪʃən] S̲ Vernichtung f

anniversary [ˌænɪ'vɜːsərɪ] S̲ Jahrestag m; von Hochzeit Hochzeitstag m; ~ **gift** Geschenk n zum Jahrestag/Hochzeitstag; **the** ~ **of his death** sein Todestag m

annotate ['ænəʊteɪt] V̲T̲ mit Anmerkungen versehen

★**announce** [əˈnaʊns] V̲T̲ bekannt geben, ankündigen, verkünden; *Radiosendung* ansagen; *über Lautsprecher* durchsagen; *Heirat etc* anzeigen; **to ~ sb** j-n melden; **the arrival of flight BA 742 has just been ~d** soeben ist die Ankunft des Fluges BA 742 gemeldet worden **announcement** S̲ Bekanntmachung f; *von Sprecher* Ankündigung f; *über Lautsprecher etc* Durchsage f; *im Radio etc* Ansage f; *von Heirat etc* Anzeige f **announcer** [əˈnaʊnsəʳ] S̲ RADIO, TV Ansager(in) m(f)

annoy [əˈnɔɪ] V̲T̲ ärgern, aufregen, belästigen; **to be ~ed that ...** verärgert sein, weil ...; **to be ~ed with sb/about sth** sich über j-n/etw ärgern; **to get ~ed** sich aufregen **annoyance** [əˈnɔɪəns] S̲ ⟨kein pl⟩ Ärger m; **to his ~** zu seinem Ärger **annoying** [əˈnɔɪɪŋ] A̲D̲J̲ ärgerlich; *Gewohnheit* lästig; **the ~ thing (about it) is that ...** das Ärgerliche (daran) ist, dass ... **annoyingly** [əˈnɔɪɪŋlɪ] A̲D̲V̲ aufreizend; **~, the bus didn't turn up** ärgerlicherweise kam der Bus nicht

annual [ˈænjʊəl] A̲ S̲ 1 BOT einjährige Pflanze 2 (≈ *Buch*) Jahresalbum n B̲ A̲D̲J̲ jährlich, Jahres-, Jahres-; **~ accounts** Jahresbilanz f **annual general meeting** S̲ Jahreshauptversammlung f **annually** [ˈænjʊəlɪ] A̲D̲V̲ jährlich **annual report** S̲ Geschäftsbericht m **annuity** [əˈnjuːɪtɪ] S̲ (Leib)rente f

annul [əˈnʌl] V̲T̲ annullieren; *Vertrag* auflösen **annulment** [əˈnʌlmənt] S̲ Annullierung f; *von Vertrag* Auflösung f

Annunciation [əˌnʌnsɪˈeɪʃən] S̲ BIBEL Mariä Verkündigung f

anoint [əˈnɔɪnt] V̲T̲ salben; **to ~ sb king** j-n zum König salben

anomaly [əˈnɒmǝlɪ] S̲ Anomalie f

anon¹ [əˈnɒn] A̲D̲V̲ **see you ~** hum bis demnächst

anon² A̲D̲J̲ A̲B̲K̲ (= anonymous) anonym **anonymity** [ˌænəˈnɪmɪtɪ] S̲ Anonymität f **anonymous** [əˈnɒnɪməs] A̲D̲J̲, **anonymously** [əˈnɒnɪməs, -lɪ] A̲D̲V̲ anonym

anorak [ˈænəræk] *Br* S̲ Anorak m; *umg* (≈ *langweiliger Mensch*) Langweiler m, uncooler Typ

anorexia (nervosa) [ænəˈreksɪə(nɜːˈvəʊsə)] S̲ Magersucht f, Anorexie f **an-**

orexic [ænəˈreksɪk] A̲D̲J̲ magersüchtig

★**another** [əˈnʌðəʳ] A̲D̲J̲ 1 noch eine(r, s); **~ one** noch eine(r, s); **take ~ ten** nehmen Sie noch (weitere) zehn; **I don't want ~ drink!** ich möchte nichts mehr trinken; **without ~ word** ohne ein weiteres Wort 2 *fig* ein zweiter, eine zweite, ein zweites; **there is not ~ man like him** so einen Mann gibt es nur einmal 3 ein anderer, eine andere, ein anderes; **that's quite ~ matter** das ist etwas ganz anderes; **~ time** ein andermal B̲ P̲R̲O̲N̲ ein anderer, eine andere, ein anderes; **have ~!** nehmen Sie (doch) noch einen!; **they help one ~** sie helfen einander; **at one time or ~** irgendwann; **what with one thing and ~** bei all dem Trubel

Ansaphone® [ˈɑːnsəfəʊn] S̲ Anrufbeantworter m

ANSI A̲B̲K̲ (= American National Standards Institute) *amerikanischer Normenausschuss*

★**answer** [ˈɑːnsəʳ] A̲ S̲ 1 Antwort f (**to** auf +*akk*); **to get an/no ~** Antwort/keine Antwort bekommen; **there was no ~** *am Telefon, auf Klingelzeichen* es hat sich niemand gemeldet; **in ~ to my question** auf meine Frage hin 2 Lösung f (**to** +*gen*); **there's no easy ~** es gibt dafür keine Patentlösung B̲ V̲T̲ 1 antworten auf (+*akk*), antworten (+*dat*); *Prüfungsfragen, Kritik* beantworten; **to ~ the telephone** das Telefon abnehmen, ans Telefon gehen; **to ~ the bell** *od* **door** die Tür öffnen; **shall I ~ it?** *Telefon* soll ich rangehen?; *Tür* soll ich hingehen?; **to ~ the call of nature** hum dem Ruf der Natur folgen 2 *Hoffnung, Erwartung* erfüllen; *Bedürfnis* befriedigen; **people who ~ that description** Leute, auf die diese Beschreibung zutrifft C̲ V̲I̲ antworten; **if the phone rings, don't ~** wenn das Telefon läutet, geh nicht ran ◆**answer back** A̲ V̲I̲ widersprechen; **don't answer back!** keine Widerrede! B̲ V̲T̲ ⟨*trennb*⟩ to answer sb back j-m widersprechen ◆**answer for** V̲I̲ ⟨+*obj*⟩ verantwortlich sein für; **he has a lot to answer for** er hat eine Menge auf dem Gewissen ◆**answer to** V̲I̲ ⟨+*obj*⟩ 1 to answer to sb for sth j-m für etw Rechenschaft schuldig sein 2 to answer to a description einer

Beschreibung entsprechen ■ **to answer to the name of ...** auf den Namen ... hören

answerable ['ɑ:nsərəbl] ADJ verantwortlich; **to be ~ to sb (for sth)** j-m gegenüber (für etw) verantwortlich sein **answering machine** ['ɑ:nsərɪŋmə-ʃi:n] S̄ Anrufbeantworter m

★**answerphone** ['ɑ:nsəfəʊn] Br S̄ Anrufbeantworter m; **~ message** Ansage f auf dem Anrufbeantworter

ant [ænt] S̄ Ameise f

antacid [ænt'æsɪd] S̄ Mittel n gegen Sodbrennen

antagonism [æn'tægənɪzəm] S̄ Antagonismus m, Feindseligkeit f **(towards** gegenüber) **antagonist** [æn'tægənɪst] S̄ Gegner(in) m(f) **antagonistic** [æn-ˌtægə'nɪstɪk] ADJ feindselig; **to be ~ to** od **toward(s) sb/sth** j-m/gegen etw feindselig gesinnt sein **antagonize** [æn'tægənaɪz] V/T gegen sich aufbringen

Antarctic [ænt'ɑ:ktɪk] A ADJ antarktisch B S̄ **the ~** die Antarktis **Antarctica** [ænt'ɑ:ktɪkə] S̄ die Antarktis **Antarctic Circle** S̄ südlicher Polarkreis **Antarctic Ocean** S̄ Südpolarmeer n

ante ['æntɪ] S̄ **to up the ~** fig seinen Einsatz erhöhen

anteater ['ænt,i:tə] S̄ Ameisenbär m

antecedents [ˌæntɪ'si:dənts] PL von Ereignis Vorgeschichte f

antelope ['æntɪləʊp] S̄ Antilope f

antenatal [ˌæntɪ'neɪtl] ADJ vor der Geburt; **~ care** Schwangerschaftsfürsorge f; **~ clinic** Sprechstunde f für Schwangere

antenna [æn'tenə] S̄ ■ ⟨pl -e [æn'teni:]⟩ ZOOL Fühler m ■ ⟨pl -e od -s⟩ RADIO, TV Antenne f

anteroom ['æntɪru:m] S̄ Vorzimmer n

anthem ['ænθəm] S̄ Hymne f

ant hill S̄ Ameisenhaufen m

anthology [æn'θɒlədʒɪ] S̄ Anthologie f

anthrax ['ænθræks] S̄ Milzbrand m, Anthrax m fachspr

anthropological [ˌænθrəpə'lɒdʒɪkəl] ADJ anthropologisch **anthropologist** [ˌænθrə'pɒlədʒɪst] S̄ Anthropologe m, Anthropologin f **anthropology** [ˌænθrə'pɒlədʒɪ] S̄ Anthropologie f

anti ['æntɪ] umg A ADJ ⟨präd⟩ in Opposition umg B PRÄP gegen (+akk)

anti-abortionist S̄ Abtreibungsgeg-

ner(in) m(f) **anti-aircraft** ADJ Flugabwehr- **anti-American** ADJ antiamerikanisch **antibacterial** ADJ antibakteriell **antiballistic missile** [ˌæntɪbə'lɪs-tɪk-] S̄ Antiraketenrakete f **antibiotic** [ˌæntɪbaɪ'ɒtɪk] S̄ Antibiotikum n **antibody** S̄ Antikörper m

anticipate [æn'tɪsɪpeɪt] V/T erwarten, vorhersehen; **as ~d** wie erwartet **anticipation** [æn,tɪsɪ'peɪʃən] S̄ Erwartung f; **to wait in ~** gespannt warten

anticlimax S̄ Enttäuschung f; LIT Antiklimax f (Gegenteil von Klimax; "abfallende Steigerung": Wörter oder Phrasen sind so angeordnet, dass sie sich vom stärksten zum schwächsten Ausdruck "steigern") **anticlockwise** bes Br ADV gegen den Uhrzeigersinn

antics ['æntɪks] PL Eskapaden pl, Streiche pl; **he's up to his old ~ again** er macht wieder seine Mätzchen umg

anticyclone S̄ Hoch(druckgebiet) n **anti-dandruff** ADJ gegen Schuppen **antidepressant** S̄ Antidepressivum n **antidote** ['æntɪdəʊt] S̄ Gegenmittel n **(against, to, for** gegen); gegen Gift Gegengift n **anti-EU** [,æntɪ'ju:] ADJ EU--feindlich **anti-European** [,æntɪjʊərə-'pɪən] ADJ POL antieuropäisch **antifreeze** S̄ Frostschutz m, Frostschutzmittel n **anti-globalization** ADJ **~ protester** Globalisierungsgegner(in) m(f) **antihero** S̄ Antiheld m **antihistamine** S̄ Antihistamin(ikum) n **anti-lock** ADJ **~ braking system** ABS-Bremsen pl **antimatter** S̄ Antimaterie f **antinuclear** ADJ **~ protesters** Atomwaffengegner pl

antipathy [æn'tɪpəθɪ] S̄ Antipathie f **(towards** gegen)

antipersonnel ADJ **~ mine** Antipersonenmine f **antiperspirant** S̄ Antitranspirant n

antipodean [æn,tɪpə'di:ən] Br ADJ australisch und neuseeländisch **Antipodes** [æn'tɪpədi:z] Br PL Australien und Neuseeland

antiquarian [ˌæntɪ'kweərɪən] ADJ Bücher antiquarisch; **~ bookshop** Antiquariat n **antiquated** ['æntɪkweɪtɪd] ADJ antiquiert **antique** [æn'ti:k] A ADJ antik; **~ pine** Kiefer f antik B S̄ Antiquität f **antique dealer** S̄ Antiquitätenhändler(in) m(f) **antique shop** S̄ Antiquitä-

tengeschäft n **antiquity** [ænˈtɪkwɪtɪ] ⓢ
❶ das Altertum; römisch die Antike; **in
~** im Altertum/in der Antike ❷ **antiqui-
ties** pl (= alte Sachen) Altertümer pl
antiriot ADJ **~ police** Bereitschaftspoli-
zei f **anti-Semite** ⓢ Antisemit(in) m(f)
anti-Semitic ADJ antisemitisch **anti-
-Semitism** ⓢ Antisemitismus m **anti-
septic** A ⓢ Antiseptikum n B ADJ an-
tiseptisch **anti-smoking** ADJ Kampag-
ne Antiraucher- **antisocial** ADJ Beneh-
men asozial; Mensch ungesellig; **I work
~ hours** ich arbeite zu Zeiten, wo ande-
re freihaben **antiterrorist** ADJ zur Ter-
rorismusbekämpfung **antitheft de-
vice** ⓢ Diebstahlsicherung f
antithesis [ænˈtɪθɪsɪs] ⓢ ⟨pl **antitheses**
[ænˈtɪθɪsiːz]⟩ Antithese f (**to,** of zu) (Ge-
genüberstellung gegensätzlicher Begrif-
fe, meist im Zusammenspiel mit ähnli-
chen Satzmustern)
antitrust ADJ Maßnahmen gegen Mo-
nolpolbildung; **~ legislation** Kartellge-
setzgebung f **antiviral** [ˌæntɪˈvaɪrəl]
adj MED antiviral **anti-virus pro-
gram** ⓢ IT Virenschutzprogramm n **an-
ti-virus protection** ⓢ IT Virenschutz
m **anti-virus scanner** ⓢ IT Virenscan-
ner m **anti-virus software** ⓢ IT Anti-
virensoftware f **antivivisectionist** ⓢ
Gegner(in) m(f) der Vivisektion **anti-
-wrinkle** ADJ **~ cream** Antifaltencreme
f
antler [ˈæntləʳ] ⓢ Geweihstange f; (**set**
od **pair of**) **~s** Geweih n
antonym [ˈæntənɪm] ⓢ Antonym n
antsy [ˈæntsɪ] umg ADJ hibbelig, zappe-
lig
anus [ˈeɪnəs] ⓢ After m
anvil [ˈænvɪl] ⓢ a. ANAT Amboss m
anxiety [æŋˈzaɪətɪ] ⓢ Sorge f; (= Verlan-
gen) Bedürfnis n; **to cause sb ~** j-m Sor-
gen machen; **in his ~ to get away** weil
er unbedingt wegkommen wollte
★**anxious** [ˈæŋkʃəs] ADJ ❶ besorgt;
Mensch, Gedanken ängstlich; **to be ~
about sb/sth** um j-n/etw besorgt sein;
to be ~ about doing sth Angst haben,
etw zu tun ❷ Augenblick, Warten bang;
it's been an ~ time for us all wir alle
haben uns (in dieser Zeit) große Sorgen
gemacht ❸ **to be ~ to do sth** bestrebt
sein, etw zu tun; **I am ~ that he should
do it** od **for him to do it** mir liegt viel

daran, dass er es tut **anxiously** [ˈæŋk-
ʃəslɪ] ADV ❶ besorgt ❷ gespannt
★**any** [ˈenɪ] A ADJ ❶ interrogativ, konditio-
nal, verneinend: nicht übersetzt mit Singu-
lar Substantiv irgendein(e); mit Plural
Substantiv irgendwelche; mit unzählba-
ren Substantiven etwas; **not any** kein/
keine; **if I had any plan/money (at all)**
wenn ich irgendeinen Plan/etwas Geld
hätte; **if it's any help (at all)** wenn das
(irgendwie) hilft; **it won't do any good**
es wird nichts nützen; **without any dif-
ficulty** ohne jede Schwierigkeit; **are
there any problems?** gibt es Probleme?
❷ jede(r, s) (beliebige ...); mit Plural od
unzählbaren Substantiven alle; **any one
will do** es ist jede(r, s) recht; **any one
you like** was du willst; **at any time** je-
derzeit; **thank you — any time** danke!
— bitte!; **any old ...** umg jede(r, s) x-be-
liebige ... umg B PRON ❶ interrogativ,
konditional, verneinend: welche; **I want
to meet a psychologist, do you know
any?** ich würde gerne einen Psycholo-
gen kennenlernen, kennen Sie einen?;
**I need some butter/stamps, do you
have any?** ich brauche Butter/Briefmar-
ken, haben Sie welche?; **have you seen
any of my ties?** haben Sie eine von mei-
nen Krawatten gesehen?; **don't you
have any (at all)?** haben Sie (denn)
(überhaupt) keinen/keine/keines?; **he
wasn't having any (of it/that)** umg er
wollte nichts davon hören; **few, if any,
will come** wenn überhaupt, werden
nur wenige kommen; **if any of you
can sing** wenn (irgend)jemand von euch
singen kann ❷ alle; **any who do come
...** alle, die kommen ... C ADV kälter
etc noch; **not any better** etc nicht besser
etc; **we can't go any further** wir können
nicht mehr weiter gehen; **are you feel-
ing any better?** geht es dir etwas bes-
ser?; **do you want any more soup?**
willst du noch etwas Suppe?; **don't
you want any more tea?** willst du kei-
nen Tee mehr?; **any more offers?** noch
weitere Angebote?; **I don't want any
more (at all)** ich möchte (überhaupt)
nichts mehr → s. Info-Fenster nächste Sei-
te
★**anybody** [ˈenɪbɒdɪ] A PRON ❶ (irgend)-
jemand; **not ~** niemand, keine(r); **(does)
~ want my book?** will jemand mein

▶ **Die Verwendung von any**

any steht in verneinten Sätzen, besonders mit **never, rarely, hardly, without**:

| **I've never had any doubts about this.** | Daran hatte ich nie irgendwelche Zweifel. |

in Fragen:

| **Are there any problems?** | Gibt es Probleme? |

in der Bedeutung „irgendeine(r, s), irgendwelche(r, s)":

| **Choose any book you like.** | Such dir (irgend)ein Buch aus. | ◀ |

Buch?; **I can't see ~** ich kann niemand(en) sehen **2** jede(r); **it's ~'s game** das Spiel kann von jedem gewonnen werden; **is there ~ else I can talk to?** gibt es sonst jemand(en), mit dem ich sprechen kann?; **I don't want to see ~ else** ich möchte niemand anderen sehen **B** $\overline{S}$ jemand; **he's not just ~** er ist nicht einfach irgendjemand; **everybody who is ~ was there** alles, was Rang und Namen hat, war dort

anyhow ['enɪhaʊ] $\overline{ADV}$ → anyway
anymore [ˌenɪ'mɔː] $\overline{ADV}$ ⟨+Verb⟩ nicht mehr; → any
★**anyone** ['enɪwʌn] $\overline{PRON\ \&\ S}$ → anybody
anyplace ['enɪpleɪs] US umg $\overline{ADV}$ → anywhere
★**anything** ['enɪθɪŋ] **A** $\overline{PRON}$ **1** (irgend)etwas; **not ~** nichts; **is it/isn't it worth ~?** ist es etwas/gar nichts wert?; **did/didn't he say ~ else?** hat er (sonst) noch etwas/sonst (gar) nichts gesagt?; **did/didn't they give you ~ at all?** haben sie euch überhaupt etwas/überhaupt nichts gegeben?; **are you doing ~ tonight?** hast du heute Abend schon etwas vor?; **he's as smart as ~** er ist clever wie noch was umg **2** alles; **~ you like** (alles,) was du willst; **I wouldn't do it for ~** ich würde es um keinen Preis tun; **~ else is impossible** alles andere ist unmöglich; **~ but that!** alles, nur das nicht!; **~ but!** von wegen! **B** $\overline{ADV}$ umg **it isn't ~ like him** das sieht ihm überhaupt nicht ähnlich; **it didn't cost ~ like £100** es kostete bei Weitem keine

£ 100
anytime ['enɪtaɪm] $\overline{ADV}$ jederzeit; → any A 2
★**anyway** ['enɪweɪ] $\overline{ADV}$ jedenfalls; (≈ ungeachtet dessen) trotzdem, sowieso; **~, that's what I think** das ist jedenfalls meine Meinung; **~, it's time I was going** also od übrigens, ich muss jetzt gehen; **I told him not to, but he did it ~** ich habe es ihm verboten, aber er hat es trotzdem gemacht; **who cares ~?** wen kümmert es denn schon?
anyways ['enɪweɪz] US, dial $\overline{ADV}$ → anyway
★**anywhere** ['enɪweə^r] $\overline{ADV}$ **1** irgendwo; gehen irgendwohin; **not ~** nirgends/nirgendwohin; **he'll never get ~** er wird es zu nichts bringen; **I wasn't getting ~** ich kam (einfach) nicht weiter; **I haven't found ~ to live yet** ich habe noch nichts gefunden, wo ich wohnen kann; **the cottage was miles from ~** das Häuschen lag jwd umg; **there could be ~ between 50 and 100 people** es könnten (schätzungsweise) 50 bis 100 Leute sein **2** überall; gehen überallhin; **they could be ~** sie könnten überall sein; **~ you like** wo/wohin du willst
AOB $\overline{ABK}$ (= any other business) Sonstiges
apart [ə'pɑːt] $\overline{ADV}$ **1** auseinander; **I can't tell them ~** ich kann sie nicht auseinanderhalten; **to live ~** getrennt leben; **to come** od **fall ~** entzweigehen; **her marriage is falling ~** ihre Ehe geht in die Brüche; **to take sth ~** etw auseinandernehmen **2** beiseite, abseits (**from** +gen); **he stood ~ from the group** er stand abseits von der Gruppe **3** **~ from** abgesehen von; **~ from that**, the gearbox is also faulty außerdem ist (auch) das Getriebe schadhaft
apartheid [ə'pɑːteɪt] $\overline{S}$ Apartheid f
★**apartment** [ə'pɑːtmənt] bes US $\overline{S}$ Wohnung f; **~ house** od **block** od **building** Wohnblock m
apathetic [ˌæpə'θetɪk] $\overline{ADJ}$ apathisch
apathy ['æpəθɪ] $\overline{S}$ Apathie f, Teilnahmslosigkeit f
ape [eɪp] **A** $\overline{S}$ Affe m **B** $\overline{VT}$ nachäffen, nachmachen
apéritif [əˌperɪ'tiːf] $\overline{S}$ Aperitif m
aperture ['æpətjʊə^r] $\overline{S}$ Öffnung f; FOTO Blende f
apex ['eɪpeks] $\overline{S}$ ⟨pl -es od apices⟩ Spitze

f; fig Höhepunkt m
APEX (= advance purchase excursion fare) **A** ADJ ABK ⟨attr⟩ BAHN, FLUG Frühbucher- **B** S ABK Frühbucherticket n
aphrodisiac [ˌæfrəʊ'dɪzɪæk] S Aphrodisiakum n
apices ['eɪpɪsiːz] PL → apex
apiece [ə'piːs] ADV pro Stück, pro Person; **I gave them two ~** ich gab ihnen je zwei; **they had two cakes ~** sie hatten jeder zwei Kuchen
aplomb [ə'plɒm] S Gelassenheit f; **with ~** gelassen
Apocalypse [ə'pɒkəlɪps] S Apokalypse f
apocalyptic [əˌpɒkə'lɪptɪk] ADJ apokalyptisch
apolitical [ˌeɪpə'lɪtɪkəl] ADJ apolitisch
apologetic [əˌpɒlə'dʒetɪk] ADJ entschuldigend attr, bedauernd attr; **she wrote me an ~ letter** sie schrieb mir und entschuldigte sich vielmals; **he was most ~ (about it)** er entschuldigte sich vielmals (dafür) **apologetically** [əˌpɒlə'dʒetɪkəlɪ] ADV entschuldigend
★**apologize** [ə'pɒlədʒaɪz] V/i, **apologise** Br V/i sich entschuldigen (**to sb for sth** bei j-m für etw); **to ~ for sb/sth** sich für j-n/etw entschuldigen **apology** [ə'pɒlədʒɪ] S Entschuldigung f; **to make od offer sb an ~** j-n um Verzeihung bitten; **he owes her an ~ for …** er muss sich bei ihr dafür entschuldigen, dass …; **Mr Jones sends his apologies** Herr Jones lässt sich entschuldigen; **I owe you an ~** ich muss dich um Verzeihung bitten; **I make no ~ od apologies for the fact that …** ich entschuldige mich nicht dafür, dass …
apoplectic [ˌæpə'plektɪk] umg ADJ cholerisch; **~ fit** MED Schlaganfall m **apoplexy** ['æpəpleksɪ] S Schlaganfall m
apostle [ə'pɒsl] wörtl, fig S Apostel m
apostrophe [ə'pɒstrəfɪ] S GRAM Apostroph m
app [æp] S IT kurz für application App f, Anwendung f
appal [ə'pɔːl] V/T, **appall** US V/T entsetzen; **to be ~led (at od by sth)** (über etw akk) entsetzt sein **appalling** ADJ, **appallingly** [ə'pɔːlɪŋ, -lɪ] ADV entsetzlich
apparatus [ˌæpə'reɪtəs] S ⟨kein pl⟩ Apparat m; in Turnhalle Geräte pl; **a piece of ~** ein Gerät n
apparel [ə'pærəl] S ⟨kein pl⟩ liter od US

HANDEL Kleidung f
apparent [ə'pærənt] ADJ 1 offensichtlich; **to be ~ to sb** j-m klar sein; **to become ~** sich (deutlich) zeigen; **for no ~ reason** aus keinem ersichtlichen Grund 2 scheinbar **apparently** [ə'pærəntlɪ] ADV anscheinend
apparition [ˌæpə'rɪʃən] S Erscheinung f
appeal [ə'piːl] **A** S 1 Appell m (**for** um); **~ for funds** Spendenappell m; **to make an ~ to sb** an j-n appellieren, einen Appell an j-n richten; **to make an ~ to sb for sth** j-n um etw bitten, j-n zu etw aufrufen 2 gegen Entscheidung Einspruch m; JUR gegen Urteil Berufung f; Verhandlung Revision f; **he lost his ~** er verlor in der Berufung; **Court of Appeal** Berufungsgericht n 3 Reiz m (**of** für); **his music has ~ a wide ~** seine Musik spricht weite Kreise an **B** V/i 1 (dringend) bitten; **to ~ to sb for sth** j-n um etw bitten; **to ~ to the public to do sth** die Öffentlichkeit (dazu) aufrufen, etw zu tun 2 gegen Entscheidung Einspruch erheben (**to** bei); JUR Berufung einlegen (**to** bei) 3 appellieren (**to** an +akk); SPORT Beschwerde einlegen 4 (= attraktiv sein) reizen (**to sb** j-n); Bewerber, Idee zusagen (**to sb** j-m) **appealing** [ə'piːlɪŋ] ADJ 1 attraktiv 2 Blick, Stimme flehend
★**appear** [ə'pɪə'] V/i 1 erscheinen; **to ~ from behind sth** hinter etw (dat) auftauchen; **to ~ in public** sich in der Öffentlichkeit zeigen; **to ~ in court** vor Gericht erscheinen; **to ~ as a witness** als Zeuge/Zeugin auftreten; **to ~ in a play/movie** in einem Stück/Film auftreten od mitwirken 2 scheinen; **he ~ed (to be) drunk** er schien betrunken zu sein; **it ~s that …** es hat den Anschein, dass …; **it ~s not** anscheinend nicht; **there ~s to be a mistake** da scheint ein Irrtum vorzuliegen; **it ~s to me that …** mir scheint, dass …
★**appearance** [ə'pɪərəns] S 1 Erscheinen n; unerwartet Auftauchen n kein pl; THEAT Auftritt m; **to put in od make an ~** sich sehen lassen 2 Aussehen n; bes von Mensch Äußere(s) n; **for the sake of ~s** um den Schein zu wahren; **to keep up ~s** den (äußeren) Schein wahren
appease [ə'piːz] V/T beschwichtigen **ap-**

peasement [əˈpiːzmənt] S̲ Beschwichtigung f

appendage [əˈpendɪdʒ] fig S̲ Anhängsel n **appendectomy** [ˌæpənˈdektəmɪ] S̲ Blinddarmoperation f **appendicitis** [əˌpendɪˈsaɪtɪs] S̲ Blinddarmentzündung f **appendix** [əˈpendɪks] S̲ **1** ⟨pl appendixes⟩ ANAT Blinddarm m; **to have one's ~ out** sich (dat) den Blinddarm herausnehmen lassen **2** ⟨pl appendices [əˈpendɪsiːz]⟩ von Buch etc Anhang m

★**appetite** [ˈæpɪtaɪt] S̲ Appetit m; fig Verlangen n; **to have an/no ~ for sth** Appetit/keinen Appetit auf etw (akk) haben; fig Verlangen/kein Verlangen nach etw haben; **I hope you've got an ~** ich hoffe, ihr habt Appetit!; **to spoil one's ~** sich (dat) den Appetit verderben **appetizer** [ˈæpɪtaɪzəʳ] S̲ Appetitanreger m, Vorspeise f **appetizing** [ˈæpɪtaɪzɪŋ] ADJ appetitlich; Geruch lecker

applaud [əˈplɔːd] A̲ V̲T̲ applaudieren; Anstrengungen, Mut loben; Entscheidung begrüßen B̲ V̲I̲ applaudieren **applause** [əˈplɔːz] S̲ ⟨kein pl⟩ Applaus m

★**apple** [ˈæpl] S̲ Apfel m; **to be the ~ of sb's eye** j-s Liebling od ganzer Stolz sein **apple-green** ADJ apfelgrün **apple juice** S̲ Apfelsaft m **apple pie** S̲ ≈ gedeckter Apfelkuchen **apple sauce** S̲ GASTR Apfelmus n

applet [ˈæplɪt] S̲ COMPUT Applet n **appliance** [əˈplaɪəns] S̲ Vorrichtung f; im Haushalt Gerät n

applicable [əˈplɪkəbl] ADJ anwendbar (**to** auf +akk); auf Formular zutreffend (**to** für); **that isn't ~ to you** das trifft auf Sie nicht zu **applicant** [ˈæplɪkənt] S̲ für Stelle Bewerber(in) m(f) (**for** um, für); für Darlehen Antragsteller(in) m(f) (**for** für, auf +akk)

★**application** [ˌæplɪˈkeɪʃən] S̲ **1** für Stelle etc Bewerbung f (**for** um, für); für Darlehen Antrag m (**for** auf +akk) **2** von Farbe, Salbe Auftragen n; von Regeln, Wissen Anwendung f; **"for external ~ only"** MED „nur zur äußerlichen Anwendung" **3** Fleiß m **4** IT Anwendung f **application documents** P̲L̲ für Job Bewerbungsmappe f **application form** S̲ Antragsformular n; für Job Bewerbungsformular n **application program** S̲ IT Anwendungsprogramm n **application software** S̲ IT Anwendersoftware

f **applicator** [ˈæplɪkeɪtəʳ] S̲ Aufträger m; für Tampons Applikator m

applied [əˈplaɪd] ADJ ⟨attr⟩ Mathematik etc angewandt

★**apply** [əˈplaɪ] A̲ V̲T̲ Farbe, Salbe auftragen (**to** auf +akk); Verband anlegen; Druck, Regeln, Wissen anwenden (**to** auf +akk); Bremse betätigen; **to ~ oneself (to sth)** sich (bei etw) anstrengen; **that term can be applied to many things** dieser Begriff trifft auf viele Dinge zu B̲ V̲I̲ **1** sich bewerben (**for** um, für); **to ~ to sb for sth** für Job, Stipendium sich bei j-m für etw bewerben; **~ within** Anfragen im Laden; **she has applied to college** sie hat sich um einen Studienplatz beworben **2** gelten (**to** für)

★**appoint** [əˈpɔɪnt] V̲T̲ einstellen, ernennen; **to ~ sb to an office** j-n in ein Amt berufen; **to ~ sb sth** j-n zu etw ernennen; **to ~ sb to do sth** j-n dazu bestimmen, etw zu tun **appointed** [əˈpɔɪntɪd] ADJ Zeit, Ort festgesetzt; Aufgabe zugewiesen; Vertreter ernannt **appointee** [əpɔɪnˈtiː] S̲ Ernannte(r) m/f(m)

★**appointment** [əˈpɔɪntmənt] S̲ **1** Verabredung f; geschäftlich, bei Arzt etc Termin m (**with** bei); **a doctor's ~** ein Termin beim Arzt; **to make an ~ with sb** mit j-m eine Verabredung treffen/einen Termin vereinbaren; **I made an ~ to see the doctor** ich habe mir beim Arzt einen Termin geben lassen; **do you have an ~?** sind Sie angemeldet?; **to keep an ~** einen Termin einhalten; **by ~** auf Verabredung; geschäftlich, bei Arzt, Anwalt etc nach Vereinbarung **2** Einstellung f, Ernennung f **appointment(s) book** S̲ Terminkalender m **appointments diary** S̲ Terminkalender m

apportion [əˈpɔːʃən] V̲T̲ aufteilen; Aufgaben zuteilen; **to ~ sth to sb** j-m etw zuteilen

appraisal [əˈpreɪzl] S̲ von Wert, Schaden Abschätzung f; von Fähigkeiten Beurteilung f **appraise** [əˈpreɪz] V̲T̲ Wert, Schaden schätzen; Fähigkeiten einschätzen

appreciable ADJ, **appreciably** [əˈpriːʃəbl, -ɪ] ADV beträchtlich **appreciate** [əˈpriːʃɪeɪt] A̲ V̲T̲ **1** Gefahren, Probleme etc sich (dat) bewusst sein (+gen); j-s Wünsche etc Verständnis haben für; **I ~ that you cannot come** ich verstehe, dass ihr nicht kommen könnt **2** zu

schätzen wissen; **thank you, I ~ it** vielen Dank, sehr nett von Ihnen; **I would ~ it if you could do this by tomorrow** könnten Sie das bitte bis morgen erledigen? **3** *Kunst, Musik* schätzen **B** *V/I* **FIN to ~ (in value)** im Wert steigen **appreciation** [əˌpriːʃɪˈeɪʃən] *S* **1** *von Problemen, Gefahren* Erkennen *n* **2** Anerkennung *f*; *von Mensch* Wertschätzung *f*; **in ~ of sth** zum Dank für etw; **to show one's ~** seine Dankbarkeit (be)zeigen **3** Verständnis *n*; **to have an ~ of (für)**; **for Kunst Sinn *m* (für); to write an ~ of sb/sth** einen Bericht über j-n/etw schreiben **4** (Wert)steigerung *f* (in bei) **appreciative** [əˈpriːʃətɪv] *ADJ* anerkennend, dankbar
apprehend [ˌæprɪˈhend] *V/T* festnehmen **apprehension** [ˌæprɪˈhenʃən] *S* Besorgnis *f*; **a feeling of ~** eine dunkle Ahnung **apprehensive** [ˌæprɪˈhensɪv] *ADJ* ängstlich; **to be ~ of sth** etw befürchten; **he was ~ about the future** er schaute mit ängstlicher Sorge in die Zukunft **apprehensively** [ˌæprɪˈhensɪvlɪ] *ADV* ängstlich
★**apprentice** [əˈprentɪs] **A** *S* Lehrling *m*, Auszubildende(r) *m/f(m)*; **~ electrician** Elektrikerlehrling *m* **B** *V/T* **to be ~d to sb** bei j-m in die Lehre gehen **apprenticeship** [əˈprentɪʃɪp] *S* Lehre *f*, Ausbildung *f*; **to serve one's ~** seine Lehre absolvieren
★**approach** [əˈprəʊtʃ] **A** *V/I* sich nähern; *Termin etc* nahen **B** *V/T* **1** sich nähern (+*dat*); **FLUG** anfliegen; *fig* heranreichen an (+*akk*); **to ~ thirty** auf die dreißig zugehen; **the train is now ~ing platform 3** der Zug hat Einfahrt auf Gleis 3; **something ~ing a festive atmosphere** eine annähernd festliche Stimmung **2** *j-n, Organisation* herantreten an (+*akk* **about** wegen) **3** *Problem, Aufgabe* angehen **C** *S* **1** (Heran)nahen *n*; *von Truppen* Heranrücken *n*; **FLUG** Anflug *m* (**to** an +*akk*) **2** *an j-n, Organisation* Herantreten *n* **3** (≈*Haltung*) Ansatz *m* (**to** zu); **a positive ~ to teaching** eine positive Einstellung zum Unterrichten; **his ~ to the problem** seine Art, an das Problem heranzugehen; **try a different ~** versuchs doch mal anders **approachable** [əˈprəʊtʃəbl] *ADJ* Mensch leicht zugänglich **approach road** *S* Zufahrtsstraße *f*, (Autobahn)zubringer *m*, Auffahrt *f*

appropriate¹ [əˈprəʊprɪɪt] *ADJ* **1** passend, geeignet (**for, to** für); *für Situation, Gelegenheit* angemessen (**to** +*dat*); *Name, Bemerkung* treffend; **to be ~ for doing sth** geeignet sein, etw zu tun **2** entsprechend; *Behörde* zuständig; **put a tick where ~** Zutreffendes bitte ankreuzen; **delete as ~** Nichtzutreffendes streichen
appropriate² [əˈprəʊprɪeɪt] *V/T* sich (*dat*) aneignen
appropriately [əˈprəʊprɪɪtlɪ] *ADV* treffend; *gekleidet* passend (**for, to** für) **appropriateness** [əˈprəʊprɪɪtnɪs] *S* Eignung *f*; *von Kleidung, Bemerkung, Name* Angemessenheit *f*
appropriation [əˌprəʊprɪˈeɪʃən] *S* *von Land, Besitz* Beschlagnahme *f*; *von Ideen* Aneignung *f*
approval [əˈpruːvəl] *S* **1** Anerkennung *f*, Zustimmung *f* (**of** zu); **to win sb's ~ (for sth)** j-s Zustimmung (für etw) gewinnen; **to give one's ~ for sth** seine Zustimmung zu etw geben; **to meet with/have sb's ~** j-s Zustimmung finden/haben; **to show one's ~ of sth** zeigen, dass man einer Sache (*dat*) zustimmt **2** **HANDEL on ~** zur Probe, zur Ansicht
★**approve** [əˈpruːv] **A** *V/T* *Entscheidung* billigen; *Projekt* genehmigen **B** *V/I* **to ~ of sb/sth** von j-m/etw etwas halten; **I don't ~ of him/it** ich halte nichts von ihm/davon; **I don't ~ of children smoking** ich bin dagegen, dass Kinder rauchen **approved** [əˈpruːvd] *ADJ* anerkannt **approving** *ADJ* anerkennend, zustimmend **approvingly** *ADV* anerkennend
approx. *ABK* (= **approximately**) ca. **approximate** [əˈprɒksɪmɪt] **A** *ADJ* ungefähr; **these figures are only ~** dies sind nur ungefähre Werte; **three hours is the ~ time needed** man braucht ungefähr drei Stunden **B** [əˈprɒksɪmeɪt] *V/I* **to ~ to sth** einer Sache (*dat*) in etwa entsprechen **C** [əˈprɒksɪmeɪt] *V/T* **to ~ sth** einer Sache (*dat*) in etwa entsprechen **approximately** [əˈprɒksɪmɪtlɪ] *ADV* ungefähr **approximation** [əˌprɒksɪˈmeɪʃən] *S* Annäherung *f* (**to** an +*akk*); (≈ *Zahl*) (An)näherungswert *m*; **his story was an ~ of the truth** seine Geschichte entsprach in etwa der Wahrheit

Apr ABK (= April) Apr.

APR ABK (= annual percentage rate) Jahreszinssatz m

après-ski [ˌæpreˈskiː] A S Après-Ski n B ADJ ⟨attr⟩ Après-Ski-

apricot [ˈeɪprɪkɒt] A S Aprikose f, Marille f österr B ADJ (a. **apricot-coloured**) aprikosenfarben

★**April** [ˈeɪprəl] S April m; ~ **shower** Aprilschauer m; → September **April fool** S Aprilnarr m; ~! ≈ April, April!; **to play an ~ on sb** j-n in den April schicken **April Fools' Day** S der erste April

apron [ˈeɪprən] S Schürze f **apron strings** PL **to be tied to sb's ~** j-m am Rockzipfel hängen umg

apropos [ˌæprəˈpəʊ] PRÄP, (a. **apropos of**) apropos

apse [æps] S ARCH Apsis f

apt [æpt] ADJ ⟨+er⟩ 1 passend 2 **to be apt to do sth** dazu neigen, etw zu tun

Apt. ABK (= apartment) Z, Zi

aptitude [ˈæptɪtjuːd] S Begabung f **aptitude test** S Eignungsprüfung f

aptly [ˈæptlɪ] ADV passend

aquajogging [ˈækwədʒɒɡɪŋ] S Aquajogging n **aqualung** [ˈækwəlʌŋ] S Tauchgerät n **aquamarine** [ˌækwəməˈriːn] A S Aquamarin m; (≈ Farbe) Aquamarin n B ADJ aquamarin **aquaplane** [ˈækwəpleɪn] VI Auto etc (auf nasser Straße) ins Rutschen geraten **aquaplaning** [ˈækwəpleɪnɪŋ] S Aquaplaning n **aquarium** [əˈkweərɪəm] S Aquarium n **Aquarius** [əˈkweərɪəs] S ASTROL Wassermann m; **to be (an)** ~ (ein) Wassermann sein **aquarobics** [ˈækwərˈəʊbɪks] S ⟨+sg v⟩ Aquarobic n Wassergymnastik f **aquatic** [əˈkwætɪk] ADJ Wasser-; ~ **sports** Wassersport m **aqueduct** [ˈækwɪdʌkt] S Aquädukt m/n

AR [ˌeɪˈɑː] ABK (= augmented reality) IT AR f/n, erweiterte Realität

Arab [ˈærəb] A S Araber m, Araberin f; **the ~s** die Araber B ADJ ⟨attr⟩ arabisch; ~ **horse** Araber m **Arabia** [əˈreɪbɪə] S Arabien n **Arabian** ADJ arabisch **Arabic** [ˈærəbɪk] A S Arabisch n B ADJ arabisch

arable [ˈærəbl] ADJ Acker-; ~ **farming** Ackerbau m; ~ **land** Ackerland n

arbitrarily [ˈɑːbɪtrərɪlɪ] ADV willkürlich **arbitrary** PL [ˈɑːbɪtrərɪ] ADJ willkürlich **arbitrate** [ˈɑːbɪtreɪt] A VI/T schlichten B

VI vermitteln **arbitration** [ˌɑːbɪˈtreɪʃən] S Schlichtung f; **to go to** ~ vor eine Schlichtungskommission gehen **arbitrator** [ˈɑːbɪtreɪtər] S Vermittler(in) m(f); bes IND Schlichter(in) m(f)

arc [ɑːk] S Bogen m

arcade [ɑːˈkeɪd] S ARCH Arkade f; (≈ mit Geschäften) Passage f

arcane [ɑːˈkeɪn] ADJ obskur

★**arch¹** [ɑːtʃ] A S 1 Bogen m 2 von Fuß Wölbung f B VI/T Rücken krümmen; Augenbrauen hochziehen; **the cat ~ed its back** die Katze machte einen Buckel

arch² ADJ ⟨attr⟩ Erz-; ~ **enemy** Erzfeind(in) m(f)

archaeological [ˌɑːkɪəˈlɒdʒɪkəl] ADJ, **archeological** US ADJ archäologisch **archaeologist** [ˌɑːkɪˈɒlədʒɪst] S, **archeologist** US S Archäologe m, Archäologin f **archaeology** [ˌɑːkɪˈɒlədʒɪ] S, **archeology** US S Archäologie f

archaic [ɑːˈkeɪɪk] ADJ veraltet **archaism** [ˈɑːkeɪɪzəm] S veralteter Ausdruck **archangel** [ˈɑːkˌeɪndʒl] S Erzengel m **archbishop** S Erzbischof m **archdeacon** S Erzdiakon m

arched [ɑːtʃt] ADJ gewölbt; ~ **window** (Rund)bogenfenster n

archeological etc US → archaeological

archer [ˈɑːtʃər] S Bogenschütze m/-schützin f **archery** [ˈɑːtʃərɪ] S Bogenschießen n

archetypal [ˈɑːkɪtaɪpəl] ADJ archetypisch geh, typisch; **he is the ~ millionaire** er ist ein Millionär, wie er im Buche steht **archetype** [ˈɑːkɪtaɪp] S Archetyp(us) m form

archipelago [ˌɑːkɪˈpelɪgəʊ] S ⟨pl -(e)s⟩ Archipel m

architect [ˈɑːkɪtekt] S Architekt(in) m(f); **he was the ~ of his own downfall** er hat seinen Ruin selbst verursacht **architectural** [ˌɑːkɪˈtektʃərəl] ADJ, **architecturally** [ˌɑːkɪˈtektʃərəl, -ɪ] ADV architektonisch **architecture** [ˈɑːkɪtektʃər] S Architektur f

archive [ˈɑːkaɪv] S a. IT Archiv n; ~ **material** Archivmaterial n **archives** PL Archiv n **archivist** [ˈɑːkɪvɪst] S Archivar(in) m(f)

arch-rival [ˌɑːtʃˈraɪvəl] S Erzrivale m, Erzrivalin f

archway [ˈɑːtʃweɪ] S Torbogen m

arctic [ˈɑːktɪk] A ADJ arktisch; eiskalt B

$\overline{s}$ the Arctic die Arktis **Arctic Circle** $\overline{s}$ nördlicher Polarkreis **Arctic Ocean** $\overline{s}$ Nordpolarmeer *n*

ardent ['ɑːdənt] ADJ leidenschaftlich **ardently** ['ɑːdəntlɪ] ADV leidenschaftlich; *wünschen, bewundern* glühend

arduous ['ɑːdjʊəs] ADJ beschwerlich; *Arbeit* anstrengend; *Aufgabe* mühselig

are [ɑːʳ] ⟨2. Person sg, 1., 2., 3. Person pl präs⟩ → be

★**area** ['ɛərɪə] $\overline{s}$ 1 Fläche *f*; **20 sq miles in ~** *Br*, **20 sq meters in ~** *US* eine Fläche von 20 Quadratmetern 2 Gebiet *n*, Region *f*, Gegend *f*, Gelände *n*; *in Diagramm etc* Bereich *m*; **in the ~** in der Nähe; **do you live in the ~?** wohnen Sie hier (in der Gegend)?; **in the London ~** im Londoner Raum; **protected ~** Schutzgebiet *n*; **dining/sleeping ~** Ess-/Schlafbereich *m*; **no smoking ~** Nichtraucherzone *f*; **the (penalty) ~** *bes Br* FUSSB der Strafraum; **a mountainous ~** eine bergige Gegend; **a wooded ~** ein Waldstück *n*, ein Waldgebiet *n*; **the infected ~s of the lungs** die befallenen Teile *od* Stellen der Lunge 3 *fig* Bereich *m*; **his ~ of responsibility** sein Verantwortungsbereich *m*; **~ of interest** Interessengebiet *n* **area code** $\overline{s}$ TEL Vorwahl(nummer) *f* **area manager** $\overline{s}$ Gebietsleiter *m* **area office** $\overline{s}$ Bezirksbüro *n*

arena [əˈriːnə] $\overline{s}$ Arena *f*

aren't [ɑːnt] ABK (= are not, am not) → be

Argentina [ˌɑːdʒənˈtiːnə] $\overline{s}$ Argentinien *n* **Argentine**[1] ['ɑːdʒəntaɪn] $\overline{s}$ **the ~** Argentinien *n* **Argentine**[2] ['ɑːdʒəntaɪn], **Argentinian** [ˌɑːdʒənˈtɪnɪən] A $\overline{s}$ Argentinier(in) *m(f)* B ADJ argentinisch

arguable ['ɑːgjʊəbl] ADJ **it is ~ that ...** es lässt sich der Standpunkt vertreten, dass ...; **it is ~ whether ...** es ist (noch) die Frage, ob ... **arguably** ['ɑːgjʊəblɪ] ADV wohl; **this is ~ his best book** dies dürfte sein bestes Buch sein

★**argue** ['ɑːgjuː] A $\overline{VII}$ 1 streiten, sich streiten, sich zanken; **there's no arguing with him** mit ihm kann man nicht reden; **don't ~ with your mother!** du sollst deiner Mutter nicht widersprechen!; **there is no point in arguing** da erübrigt sich jede (weitere) Diskussion 2 **to ~ for** *od* **in favour of/against**

sth *Br*, **to ~ for** *od* **in favor of/against sth** *US* für/gegen etw sprechen *od* argumentieren; **this ~s in his favour** *Br*, **this ~s in his favor** *US* das spricht zu seinen Gunsten B $\overline{VII}$ 1 *Sache, Fall* diskutieren; **a well ~d case** ein gut begründeter Fall 2 behaupten; **he ~s that ...** er vertritt den Standpunkt, dass ... ◆**argue out** $\overline{VII}$ ⟨trennb⟩ *Problem* ausdiskutieren; **to argue sth out with sb** etw mit j-m durchsprechen

★**argument** ['ɑːgjʊmənt] $\overline{s}$ 1 Diskussion *f*; **for the sake of ~** rein theoretisch 2 Auseinandersetzung *f*, Streit *m*; **to have an ~** sich streiten, sich zanken 3 Argument *n*; **Professor Ayer's ~ is that ...** Professor Ayers These lautet, dass ... **argumentative** [ˌɑːgjuˈmentətɪv] ADJ streitsüchtig

aria ['ɑːrɪə] $\overline{s}$ Arie *f*

arid ['ærɪd] ADJ dürr

Aries ['ɛəriːz] $\overline{s}$ ASTROL Widder *m*; **to be (an) ~** (ein) Widder sein

arise [əˈraɪz] $\overline{VII}$ ⟨prät arose [əˈrəʊz]; pperf arisen [əˈrɪzn]⟩ 1 sich ergeben, entstehen; *Frage, Problem* aufkommen; **should the need ~** falls sich die Notwendigkeit ergibt 2 **to ~ out of** *od* **from sth** sich aus etw ergeben

aristocracy [ˌærɪsˈtɒkrəsɪ] $\overline{s}$ Aristokratie *f* **aristocrat** ['ærɪstəkræt] $\overline{s}$ Aristokrat(in) *m(f)* **aristocratic** [ˌærɪstəˈkrætɪk] ADJ aristokratisch

arithmetic [əˈrɪθmətɪk] $\overline{s}$ Rechnen *n*

ark [ɑːk] $\overline{s}$ **Noah's ark** die Arche Noah

★**arm**[1] [ɑːm] A $\overline{s}$ 1 ANAT Arm *m*; **in one's arms** im Arm; **to give sb one's arm** *Br* j-m den Arm geben; **to take sb in one's arms** j-n in die Arme nehmen; **to hold sb in one's arms** j-n umarmen; **to put** *od* **throw one's arms around sb** die Arme um j-n schlingen *geh*; **arm in arm** Arm in Arm; **to welcome sb with open arms** j-n mit offenen Armen empfangen; **within arm's reach** in Reichweite; **it cost him an arm and a leg** *umg* es kostete ihn ein Vermögen 2 Ärmel *m* 3 (Fluss)arm *m*; *von Sessel* (Arm)lehne *f*

★**arm**[2] A $\overline{VII}$ bewaffnen; **to arm sth with sth** etw mit etw ausrüsten; **to arm oneself with sth** sich mit etw bewaffnen B $\overline{VII}$ aufrüsten **armaments** ['ɑːməmənts] PL Ausrüstung *f*

armband ['ɑːmbænd] $\overline{s}$ Armbinde *f*; **~s**

Br Schwimmflügel *pl*

★**armchair** [ˈɑːmtʃeəʳ] $\overline{S}$ Sessel *m*, Fauteuil *n österr;* ~ **philosopher** Stubengelehrte(r) *m/f(m)*

armed [ɑːmd] ADJ bewaffnet **armed forces** PL Streitkräfte *pl* **armed robbery** $\overline{S}$ bewaffneter Raubüberfall

Armenia [ɑːˈmiːnɪə] $\overline{S}$ Armenien *n* **Armenian** [ɑːˈmiːnɪən] A ADJ armenisch B $\overline{S}$ 1 (=*Mensch*) Armenier(in) *m(f)* 2 LING Armenisch *n*

armful [ˈɑːmfʊl] $\overline{S}$ Arm *m* voll *kein pl* **armhole** $\overline{S}$ Armloch *n*

armistice [ˈɑːmɪstɪs] $\overline{S}$ Waffenstillstand *m* **Armistice Day** $\overline{S}$ 11.11. Tag des Waffenstillstands (1918)

armour [ˈɑːməʳ] $\overline{S}$, **armor** *US* $\overline{S}$ Rüstung *f;* **suit of** ~ Rüstung *f* **armoured** [ˈɑːməd] ADJ, **armored** *US* ADJ Panzer-; ~ **car** Panzerwagen *m;* ~ **personnel carrier** Schützenpanzer(wagen) *m* **armour-plated** ADJ, **armor-plated** *US* ADJ gepanzert **armoury** [ˈɑːmərɪ] $\overline{S}$, **armory** *US* $\overline{S}$ 1 Arsenal *n*, Waffenlager *n* 2 *US* Munitionsfabrik *f*

armpit $\overline{S}$ Achselhöhle *f* **armrest** $\overline{S}$ Armlehne *f*

arms [ɑːmz] PL 1 Waffen *pl;* **to take up** ~ **(against sb/sth)** (gegen j-n/etw) zu den Waffen greifen; *fig* (gegen j-n/etw) zum Angriff übergehen; **to be up in** ~ **(about sth)** *fig umg* (über etw *akk*) empört sein 2 *Wappenkunde* Wappen *n* **arms control** $\overline{S}$ Rüstungskontrolle *f* **arms race** $\overline{S}$ Wettrüsten *n*

★**army** [ˈɑːmɪ] A $\overline{S}$ 1 Armee *f;* ~ **of occupation** Besatzungsarmee *f;* **to be in the** ~ beim Militär sein; **to join the** ~ zum Militär gehen 2 *fig* Heer *n* B ATTR Militär-; ~ **life** Soldatenleben *n;* ~ **officer** Offizier(in) *m(f)* in der Armee

A-road [ˈeɪrəʊd] *Br* $\overline{S}$ ≈ Bundesstraße *f*

aroma [əˈrəʊmə] $\overline{S}$ Aroma *n* **aromatherapy** [ə,rəʊməˈθerəpɪ] $\overline{S}$ Aromatherapie *f* ★**aromatic** [,ærəʊˈmætɪk] ADJ aromatisch

arose [əˈrəʊz] PRÄT → arise

★**around** [əˈraʊnd] A ADV herum, umher, rum *umg;* **all** ~ überall; rundherum; rings umher; **I looked all** ~ ich sah mich nach allen Seiten um; **he turned** ~ er drehte sich um; **for miles** ~ meilenweit im Umkreis; **to travel** ~ herumreisen; **is he** ~? ist er da?; **see you** ~! *umg* bis

bald!; **that's been** ~ **for ages** das ist schon uralt, das gibt's schon ewig B PRÄP 1 um, um ... herum 2 **to wander** ~ **the town** durch die Stadt spazieren; **to travel** ~ **Scotland** durch Schottland reisen; **the church must be** ~ **here somewhere** die Kirche muss hier irgendwo sein; **is there a bank** ~ **here?** gibt es hier in der Nähe *od* irgendwo eine Bank? 3 *bei Datum* um; *bei Uhrzeit* gegen; *bei Gewicht, Preis* etwa, ungefähr; → round

arouse [əˈraʊz] VT erregen

arr ABK (= arrival, arrives) Ank.

★**arrange** [əˈreɪndʒ] VT 1 ordnen; *Gegenstände* aufstellen; *Bücher in Regal* anordnen; *Blumen* arrangieren 2 vereinbaren; *Party* arrangieren; **I'll** ~ **for you to meet him** ich arrangiere für Sie ein Treffen mit ihm; **I've** ~**d for her to pick us up** ich habe mit ihr abgemacht, dass sie uns abholt; **an** ~**d marriage** eine arrangierte Ehe; **if you could** ~ **to be there at five** wenn du es so einrichten kannst, dass du um fünf Uhr da bist; **a meeting has been** ~**d for next month** nächsten Monat ist ein Treffen angesetzt 3 MUS arrangieren **arrangement** A $\overline{S}$ 1 Anordnung *f;* **a flower** ~ ein Blumenarrangement *n* 2 Vereinbarung *f*, Verabredung *f;* **a special** ~ eine Sonderregelung; **to have/come to an** ~ **with sb** eine Regelung mit j-m getroffen haben/ treffen 3 〈*mst pl*〉 Pläne *pl*, Vorbereitungen *pl;* **to make** ~**s for sb/sth** für j-n/etw Vorbereitungen treffen; **to make** ~**s for sth to be done** veranlassen, dass etw getan wird; **to make one's own** ~**s** selber zusammen, wie ...); **seating** ~ Sitzordnung *f* 4 MUS *Version* Bearbeitung *f; Unterhaltungsmusik* Arrangement *n*

array [əˈreɪ] $\overline{S}$ 1 Ansammlung *f; von Gegenständen* stattliche Reihe 2 IT (Daten-) feld *n*

arrears [əˈrɪəz] PL Rückstände *pl;* **to get** *od* **fall into** ~ in Rückstand kommen; **to have** ~ **of £5000** mit £ 5000 im Rückstand sein; **to be paid in** ~ rückwirkend bezahlt werden

★**arrest** [əˈrest] A VT festnehmen, verhaften B $\overline{S}$ Festnahme *f*, Verhaftung *f;* **to be under** ~ festgenommen/verhaftet sein **arrest warrant** $\overline{S}$ Haftbefehl *m*

★**arrival** [ə'raɪvəl] S **1** Ankunft f kein pl; von Waren, Neuigkeiten Eintreffen n kein pl; **on** ~ bei Ankunft; **he was dead on** ~ bei seiner Einlieferung ins Krankenhaus wurde der Tod festgestellt; ~ **time** Ankunftszeit f; ~**s** BAHN, FLUG Ankunft f **2** (≈ Mensch) Ankömmling m; **new** ~ Neuankömmling m; Baby Familienzuwachs m, neuer Erdenbürger **arrivals lounge** [ə'raɪvəlz,laʊndʒ] S Ankunftshalle f

★**arrive** [ə'raɪv] VI ankommen; **to** ~ **home** nach Hause kommen; bes nach Reise zu Hause ankommen; **to** ~ **at a town/at the airport** in einer Stadt/am Flughafen ankommen; **the train will** ~ **at platform 10** der Zug fährt auf Gleis 10 ein; **to** ~ **at a decision/result** zu einer Entscheidung/einem Ergebnis kommen

arrogance ['ærəgəns] S Arroganz f **arrogant** ADJ, **arrogantly** ADV arrogant

★**arrow** ['ærəʊ] S Pfeil m **arrow key** S COMPUT Pfeiltaste f

arse [ɑːs] Br sl S Arsch m sl; **get your** ~ **in gear!** setz mal deinen Arsch in Bewegung! sl; **tell him to get his** ~ **into my office** sag ihm, er soll mal in meinem Büro antanzen umg; **my** ~**!** dass ich nicht lache! **B** VI **I can't be** ~**d** ich hab keinen Bock sl ◆**arse about**, **arse around** Br umg VI rumblödeln umg

arsehole ['ɑːshəʊl] Br vulg S Arschloch n vulg

arsenal ['ɑːsɪnl] S MIL Arsenal n; fig Waffenlager n

arsenic ['ɑːsnɪk] S Arsen n

arson ['ɑːsn] S Brandstiftung f **arsonist** S Brandstifter(in) m(f)

★**art** [ɑːt] **A** S **1** Kunst f; **the arts** die schönen Künste; **there's an art to it** das ist eine Kunst; **arts and crafts** Kunsthandwerk n **2 arts** UNIV Geisteswissenschaften pl; **arts minister** Kulturminister(in) m(f) **B** ADJ ⟨attr⟩ Kunst- **art college** S Kunsthochschule f

artefact Br, **artifact** ['ɑːtɪfækt] S Artefakt n

arterial [ɑː'tɪərɪəl] ADJ ~ **road** AUTO Hauptverkehrsstraße f **artery** ['ɑːtəri] S **1** ANAT Arterie f **2** (a. **traffic** ~) Verkehrsader f

art gallery S Kunstgalerie f **art-**

-house ADJ ⟨attr⟩ ~ **movie** Experimentalfilm m; ~ **cinema** Br, ~ **movie theater** US ≈ Programmkino n

arthritic [ɑː'θrɪtɪk] ADJ arthritisch; **she is** ~ sie hat Arthritis **arthritis** [ɑː'θraɪtɪs] S Arthritis f

artichoke ['ɑːtɪtʃəʊk] S Artischocke f

★**article** ['ɑːtɪkl] S **1** Gegenstand m; auf Liste Posten m; HANDEL Artikel m; ~ **of furniture** Möbelstück n; ~**s of clothing** Kleidungsstücke pl **2** in Zeitung, Verfassung, a. GRAM Artikel m; von Vertrag Paragraf m

articulate A [ɑː'tɪkjʊlɪt] ADJ klar; **to be** ~ sich gut od klar ausdrücken können **B** [ɑː'tɪkjʊleɪt] VI **1** artikulieren **2** darlegen **C** [ɑː'tɪkjʊleɪt] VI artikulieren **articulated lorry** Br, **articulated truck** [ɑː'tɪkjʊleɪtɪd-] S Sattelschlepper m **articulately** [ɑː'tɪkjʊlɪtli] ADV aussprechen artikuliert; sich ausdrücken klar

artifact S → artefact

artificial [,ɑːtɪ'fɪʃəl] ADJ künstlich; pej Lächeln etc gekünstelt; ~ **leather/silk** Kunstleder n/-seide f; ~ **limb** Prothese f; **you're so** ~ du bist nicht echt **artificial insemination** S künstliche Befruchtung **artificial intelligence** S künstliche Intelligenz **artificially** [,ɑːtɪ'fɪʃəli] ADV künstlich, gekünstelt **artificial respiration** S künstliche Beatmung f

artillery [ɑː'tɪləri] S Artillerie f

artisan ['ɑːtɪzæn] S Handwerker(in) m(f)

★**artist** ['ɑːtɪst] S Künstler(in) m(f); ~**'s impression** Zeichnung f **artiste** [ɑː'tiːst] S Künstler(in) m(f); (≈ im Zirkus) Artist(in) m(f) **artistic** [ɑː'tɪstɪk] ADJ künstlerisch, kunstvoll, kunstverständig; **she's very** ~ sie ist künstlerisch veranlagt od begabt/sehr kunstverständig **artistically** [ɑː'tɪstɪkəli] ADV künstlerisch, kunstvoll **artistic director** S künstlerischer Direktor, künstlerische Direktorin **artistry** ['ɑːtɪstri] S Kunst f **Art Nouveau** ['ɑːnuː'vəʊ] S Jugendstil m **art school** S Kunsthochschule f **arts degree** S Abschlussexamen n der philosophischen Fakultät **Arts Faculty**, **Faculty of Arts** S philosophische Fakultät **artwork** ['ɑːtwɜːk] S **1** in Buch Bildmaterial n **2** für Anzeige etc Druckvorlage f **3** (≈ Bild etc) Kunstwerk n **arty** ['ɑːti] ADJ ⟨komp **artier**⟩ umg Künstler-; Mensch auf Künstler machend *pej; Film* geschmäcklerisch **arty-farty** [ˈɑːtɪˈfɑːtɪ] *hum umg* ADJ → **arty**

★**as** [æz, əz] A KONJ **1** (≈ *zeitlich*) als, während **2** (≈ *kausal*) da, weil **3** (≈ *obwohl*) **rich as he is I won't marry him** obwohl er reich ist, werde ich ihn nicht heiraten; **much as I admire her, ...** sosehr ich sie auch bewundere, ...; **be that as it may** wie dem auch sei **4** *Art* wie; **do as you like** machen Sie, was Sie wollen; **leave it as it is** lass das so; **the first door as you go in** die erste Tür, wenn Sie hereinkommen; **knowing him as I do** so wie ich ihn kenne; **it is bad enough as it is** es ist schon schlimm genug; **as it were** sozusagen **5** *as if od though* als ob; **it isn't as if he didn't see me** schließlich hat er mich ja gesehen; **as for him** (und) was ihn angeht; **as from now** ab jetzt; **so as to** (≈ *Zweck*) um zu +inf; (≈ *Art*) so, dass; **he's not so silly as to do that** er ist nicht so dumm, das zu tun B ADV **as ... as** so ... wie; **twice as old** doppelt so alt; **just as nice as you** genauso nett wie du; **late as usual!** wie immer zu spät!; **as recently as yesterday** erst gestern; **she is very clever, as is her brother** sie ist sehr intelligent, genau(so) wie ihr Bruder; **as many/much as I could** so viele/so viel ich (nur) konnte; **there were as many as 100 people there** es waren bestimmt 100 Leute da; **the same man as was here yesterday** derselbe Mann, der gestern hier war C PRÄP **1** als; **to treat sb as a child** j-n wie ein Kind behandeln **2** wie (zum Beispiel)

asap [ˈeɪsæp] ABK (= *as soon as possible*) baldmöglichst

asbestos [æzˈbestəs] 5̱ Asbest *m*

ascend [əˈsend] A V̱I̱ aufsteigen; in ~ing order in aufsteigender Reihenfolge B V̱Ṯ *Treppe* hinaufsteigen; *Berg* erklimmen *geh* **ascendancy**, **ascendency** [əˈsendənsɪ] 5̱ Vormachtstellung *f*; **to gain (the) ~ over sb** die Vorherrschaft über j-n gewinnen **Ascension** [əˈsenʃən] 5̱ the ~ (*Christi*) Himmelfahrt *f* **Ascension Day** 5̱ Himmelfahrt *n*, Himmelfahrtstag *m* **ascent** [əˈsent] 5̱ Aufstieg *m*; **the ~ of Ben Nevis** der Aufstieg auf den Ben Nevis

ascertain [ˌæsəˈteɪn] V̱Ṯ ermitteln

ascetic [əˈsetɪk] A ADJ asketisch B 5̱ Asket *m*

ASCII [ˈæskɪ] ABK (= *American Standard Code for Information Interchange*) **~ file** ASCII-Datei *f*

ascorbic acid [əˈskɔːbɪkˈæsɪd] 5̱ Askorbinsäure *f*

ascribe [əˈskraɪb] V̱Ṯ zuschreiben (**sth to sb** j-m etw); *Bedeutung, Gewicht* beimessen (**to sth** einer Sache *dat*)

asexual [eɪˈseksjʊəl] ADJ *Fortpflanzung* ungeschlechtlich; *Mensch* asexuell

ash¹ [æʃ] 5̱, (*a.* **ash tree**) Esche *f*

ash² 5̱ Asche *f*; **ashes** Asche *f*; **to reduce sth to ashes** etw völlig niederbrennen; **to rise from the ashes** *fig* aus den Trümmern wiederaufstehen

ashamed [əˈʃeɪmd] ADJ beschämt; ★ **to be od feel ~ (of sb/sth)** sich schämen (für j-n/etw); **it's nothing to be ~ of** deswegen braucht man sich nicht zu schämen; ★ **you ought to be ~ (of yourself)** du solltest dich (was) schämen!

ash cloud 5̱ *nach Vulkanausbruch* Aschewolke *f*

ashen-faced [ˌæʃnˈfeɪst] ADJ kreidebleich

ashore [əˈʃɔːʳ] ADV an Land; **to run ~** stranden; **to put ~** an Land gehen

★**ashtray** 5̱ Aschenbecher *m* **Ash Wednesday** 5̱ Aschermittwoch *m*

★**Asia** [ˈeɪʃə] 5̱ Asien *n* **Asia Minor** 5̱ Kleinasien *n*

★**Asian** [ˈeɪʃn] A ADJ **1** asiatisch **2** *Br* indopakistanisch B 5̱ **1** Asiat(in) *m(f)* **2** *Br* Indopakistaner(in) *m(f)* **Asian-American** [ˌeɪʃnəˈmerɪkən] A ADJ asiatisch-amerikanisch B 5̱ Amerikaner(in) *m(f)* asiatischer Herkunft

★**aside** [əˈsaɪd] ADV **1** zur Seite; **to set sth ~ for sb** etw für j-n beiseitelegen; **to turn ~** sich abwenden **2** *bes US* **~ from** außer; **~ from being chairman of this committee he is ...** außer Vorsitzender dieses Ausschusses ist er auch ...

A-side [ˈeɪsaɪd] 5̱ A-Seite *f*

★**ask** [ɑːsk] A V̱Ṯ **1** fragen; *Frage* stellen; **to ask sb the way** j-n nach dem Weg fragen; **don't ask me!** *umg* frag mich nicht, was weiß ich! **2** einladen; *zum Tanz* auffordern **3** bitten (**sb for sth** j-n um etw), verlangen (**sth of sb** etw von j-m); **to ask sb to do sth** j-n darum bitten, etw zu tun; **that's asking too much** das ist zu viel verlangt 🄸 HANDEL *Preis* verlangen 🄱 V/I 🄵 fragen; **to ask about sb/sth** sich nach j-m/etw erkundigen, nach j-m/etw fragen 🄶 bitten (**for sth** um etw); **there's no harm in asking** Fragen kostet nichts!; **that's asking for trouble** das kann ja nicht gut gehen; **to ask for Mr X** Herrn X verlangen ◆**ask after** V/I ⟨+obj⟩ sich erkundigen nach; **tell her I was asking after her** grüß sie schön von mir ◆**ask around** V/I herumfragen ◆**ask back** V/T ⟨trennb⟩ 🄵 zu sich einladen 🄶 **they never asked me back again** sie haben mich nie wieder eingeladen ◆**ask in** V/T ⟨trennb⟩ hereinbitten ◆**ask out** V/T ⟨trennb⟩ einladen ◆**ask over** V/T ⟨trennb⟩ zu sich einladen ◆**ask round** *bes Br* V/T ⟨trennb⟩ → ask over

askance [əˈskɑːns] ADV **to look ~ at sb** j-n entsetzt ansehen; **to look ~ at a suggestion** *etc* über einen Vorschlag *etc* die Nase rümpfen

askew [əˈskjuː] ADJ & ADV schief

asking [ˈɑːskɪŋ] S̄ ⟨kein pl⟩ **to be had for the ~** umsonst *od* leicht *od* mühelos zu haben sein; **he could have had it for the ~** er hätte es leicht bekommen können **asking price** [ˈɑːskɪŋˌpraɪs] S̄ Verkaufspreis *m*

★**asleep** [əˈsliːp] ADJ ⟨präd⟩ 🄵 schlafend; **★ to be (fast od sound) ~** (fest) schlafen; **★ to fall ~** einschlafen 🄶 *umg* ⟨≈ gefühllos⟩ eingeschlafen

A/S level [ˈeɪˌes.levl] *Br* S̄ ABK (= Advanced Supplementary level) SCHULE ≈ Fachabitur *n*, ≈ Berufsmatura *f österr, schweiz*

asocial [eɪˈsəʊʃəl] ADJ ungesellig

asparagus [əˈspærəgəs] S̄ ⟨kein pl⟩ Spargel *m*

aspect [ˈæspekt] S̄ 🄵 Erscheinung *f*, Aussehen *n* 🄶 *von Thema* Aspekt *m*; **what about the security ~?** was ist mit der Sicherheit? 🄷 *von Haus* **to have a southerly ~** Südlage haben

asphalt [ˈæsfælt] S̄ Asphalt *m*

asphyxiate [æsˈfɪksieɪt] V/T & V/I ersticken; **to be ~d** erstickt asphyxia-

tion [æsˌfɪksiˈeɪʃən] S̄ Erstickung *f*

aspic [ˈæspɪk] S̄ GASTR Aspik *m/n*

aspirate [ˈæspəreɪt] V/T aspirieren **aspiration** [ˌæspəˈreɪʃən] S̄ Ambitionen *pl*,

Aspiration *f geh*; LING Aspiration *f*

aspire [əˈspaɪəʳ] V/I **to ~ to sth** nach etw streben; **to ~ to do sth** danach streben, etw zu tun

aspirin® [ˈæsprɪn] S̄ Aspirin® *n*; Kopfschmerztablette *f*

aspiring [əˈspaɪərɪŋ] ADJ aufstrebend

ass¹ [æs] *wörtl, fig umg* S̄ Esel *m*; **to make an ass of oneself** sich lächerlich machen

ass² *US sl* S̄ Arsch *m sl*; **to kick ass** mit der Faust auf den Tisch hauen *umg*; **to work one's ass off** sich zu Tode schuften *umg*; **kiss my ass!** du kannst mich mal am Arsch lecken! *vulg*

assail [əˈseɪl] V/T angreifen; **to be ~ed by doubts** von Zweifeln geplagt werden **assailant** [əˈseɪlənt] S̄ Angreifer(in) *m(f)*

assassin [əˈsæsɪn] S̄ Attentäter(in) *m(f)* **assassinate** [əˈsæsɪneɪt] V/T ein Attentat verüben auf ⟨+akk⟩; **Kennedy was ~d in Dallas** Kennedy wurde in Dallas ermordet **assassination** [əˌsæsɪˈneɪʃən] S̄ ⟨geglücktes⟩ Attentat (**of** auf +akk); **~ attempt** Attentat *n*

assault [əˈsɔːlt] 🄰 S̄ 🄵 MIL Sturm (-angriff) *m* (**on** auf +akk); *fig* Angriff *m* (**on** gegen) 🄶 JUR Körperverletzung *f*; **sexual ~** Notzucht *f* 🄱 V/T 🄵 JUR tätlich werden gegen; *sexuell* herfallen über ⟨+akk⟩, ⟨≈ vergewaltigen⟩ sich vergehen an ⟨+dat⟩ 🄶 MIL angreifen **assault course** S̄ Übungsgelände *n* **assault rifle** S̄ Maschinengewehr *n* **assault troops** PL Sturmtruppen *pl*

assemble [əˈsembl] 🄰 V/T zusammensetzen; *Fakten* zusammentragen; *Mannschaft* zusammenstellen 🄱 V/I sich versammeln **assembly** [əˈsembli] S̄ 🄵 Versammlung *f*; **the Welsh Assembly** die walisische Versammlung 🄶 SCHULE Morgenappell *m* 🄷 Zusammenbau *m*; *von Maschine* Montage *f* **assembly hall** S̄ SCHULE Aula *f* **assembly line** S̄ Montageband *n* **Assembly Member** S̄ Mitglied *n* des walisischen Parlaments **assembly point** S̄ Sammelplatz *m* **assembly worker** S̄ Montagearbeiter(in) *m(f)*

assent [əˈsent] 🄰 S̄ Zustimmung *f* 🄱 V/I zustimmen; **to ~ to sth** einer Sache ⟨dat⟩ zustimmen

assert [əˈsɜːt] V/T behaupten; *Unschuld*

beteuern; **to ~ one's authority** seine Autorität geltend machen; **to ~ one's rights** sein Recht behaupten; **to ~ one-self** sich durchsetzen (**over** gegenüber) **assertion** [əˈsɜːʃən] 🅢 **1** Behauptung f; **to make an ~** eine Behauptung aufstellen **assertive** ADJ, **assertively** [əˈsɜːtɪv, -lɪ] ADV bestimmt **assertiveness** 🅢 Bestimmtheit f

assess [əˈses] V/T **1** einschätzen, bewerten; *Vorschlag* abwägen; *Schaden* abschätzen **2** *Grundbesitz* schätzen **assessment** 🅢 **1** Einschätzung f; *von Schaden* Schätzung f; **what's your ~ of the situation?** wie sehen od beurteilen Sie die Lage? **2** *von Grundbesitz* Schätzung f **assessor** [əˈsesər] 🅢 Versicherungswesen (Schadens)gutachter(in) m(f); UNIV Prüfer(in)

asset [ˈæset] 🅢 **1** ⟨*mst pl*⟩ Vermögenswert m; *in Bilanz* Aktivposten m; **~s** Vermögen n; *in Bilanz* Aktiva pl; **personal ~s** persönlicher Besitz **2** *fig* **he is one of our great ~s** er ist einer unserer besten Leute

asshole [ˈæʃəʊl] US sl 🅢 Arschloch n vulg

assiduous ADJ, **assiduously** [əˈsɪdjʊəs, -lɪ] ADV gewissenhaft

assign [əˈsaɪn] V/T **1** zuweisen (**to sb** j-m) **2** berufen; *mit Aufgabe etc* beauftragen (**to** mit); **she was ~ed to this school** sie wurde an diese Schule berufen **assignment** 🅢 **1** Aufgabe f, Auftrag m; **to be on** (an) **~** einen Auftrag haben **2** *in der Schule* Referat n, Arbeit f; **to do one's history ~** an seinem Geschichtsreferat arbeiten **3** Berufung f; *mit Aufgabe etc* Beauftragung f (**to** mit) **4** Zuweisung f

assimilate [əˈsɪmɪleɪt] V/T aufnehmen **assimilation** [ə,sɪmɪˈleɪʃən] 🅢 Aufnahme f

★**assist** [əˈsɪst] 🅐 V/T helfen (+dat), assistieren (+dat); **to ~ sb with sth** j-m bei etw behilflich sein; **to ~ sb in doing sth** j-m helfen, etw zu tun 🅑 V/I helfen; **to ~ with sth** bei etw helfen; **to ~ in doing sth** helfen, etw zu tun 🅒 🅢 FUSSBALL Assist m **assistance** [əˈsɪstəns] 🅢 Hilfe f; **to come to sb's ~** j-m zu Hilfe kommen; **can I be of any ~?** kann ich irgendwie helfen? **assistance dog** 🅢 Assistenzhund m **assistant** [əˈsɪstənt] 🅐 🅢 Assistent(in) m(f); *in Geschäft* Ver-

käufer(in) m(f) 🅑 ADJ ⟨*attr*⟩ stellvertretend **assistant director** 🅢 *einer Organisation* stellvertretende Direktor, stellvertretende Direktorin **assistant manager** 🅢 stellvertretender Geschäftsführer, stellvertretende Geschäftsführerin **assistant professor** US 🅢 Assistenz-Professor(in) m(f) **assistant referee** 🅢 FUSSB Schiedsrichterassistent(in) m(f) **assisted dying** 🅢 aktive Sterbehilfe **assisted suicide** [ə,sɪsˈtɪdˈsuːɪsaɪd] 🅢 aktive Sterbehilfe **assistive technology** [əˈsɪstɪv] 🅢 Unterstützungstechnologie f, assistierende Technologie, Rehabilitationstechnologie f

associate 🅐 [əˈsəʊʃɪət] 🅢 Kollege m, Kollegin f; HANDEL Teilhaber(in) m(f) 🅑 [əˈsəʊʃɪeɪt] V/T assoziieren, in Verbindung bringen; **to ~ oneself with sb/ sth** sich j-m/einer Sache anschließen 🅒 [əˈsəʊʃɪeɪt] V/I **to ~ with** verkehren mit **associated company** [ə,səʊʃɪeɪtɪdˈkʌmpənɪ] Br 🅢 Schwestergesellschaft f **associate director** 🅢 Direktor einer Firma, der jedoch nicht offiziell als solcher ernannt wurde **associate member** 🅢 außerordentliches Mitglied **associate professor** US 🅢 außerordentlicher Professor, außerordentliche Professorin **association** [ə,səʊsɪˈeɪʃən] 🅢 **1** ⟨*kein pl*⟩ Umgang m, Zusammenarbeit f **2** Verband m **3** *geistig* Assoziation f (**with** an +akk)

assorted [əˈsɔːtɪd] ADJ gemischt **assortment** [əˈsɔːtmənt] 🅢 Mischung f; *von Waren* Auswahl f (**of** an +dat)

asst ABK (= **assistant**) Assistent(in) m(f)

assume [əˈsjuːm] V/T **1** annehmen, voraussetzen; **let us ~ that you are right** nehmen wir an, Sie hätten recht; **assuming (that)** ... angenommen(, dass) ...; **to ~ office** sein Amt antreten; **to ~ a look of innocence** eine unschuldige Miene aufsetzen **2** *Kontrolle* übernehmen **assumed** ADJ **~ name** angenommener Name **assumption** [əˈsʌmpʃən] 🅢 **1** Annahme f, Voraussetzung f; **to go on the ~ that** ... von der Voraussetzung ausgehen, dass ... **2** *von Macht* Übernahme f **3** KIRCHE **the Assumption** Mariä Himmelfahrt f

assurance [əˈʃʊərəns] 🅢 **1** Versicherung f, Zusicherung f **2** (≈ *Selbstvertrauen*) Sicherheit f **3** Br (Lebens)versicherung f

assure [əˈʃʊəʳ] VT **1** **to ~ sb of sth** j-n einer Sache (gen) versichern, j-m etw zusichern; **to ~ sb that …** j-m versichern/zusichern, dass … **2** Erfolg sichern; **he is ~d of a warm welcome wherever he goes** er kann sich überall eines herzlichen Empfanges sicher sein **3** Br Leben versichern **assured** [əˈʃʊəd] ADJ sicher; **to rest ~ that …** sicher sein, dass … **assuredly** [əˈʃʊərɪdlɪ] ADV mit Sicherheit

asterisk [ˈæstərɪsk] S̲ Sternchen n

astern [əˈstɜːn] ADV SCHIFF achtern

asteroid [ˈæstərɔɪd] S̲ Asteroid m

asthma [ˈæsmə] S̲ Asthma n **asthma attack** [ˈæsmə,tæk] S̲ Asthmaanfall m **asthmatic** [æsˈmætɪk] **A** S̲ Asthmatiker(in) m(f) **B** ADJ asthmatisch

★**astonish** [əˈstɒnɪʃ] VT erstaunen; **to be ~ed** erstaunt sein **astonishing** [əˈstɒnɪʃɪŋ] ADJ, **~ly** ADV erstaunlich; **~ly (enough)** erstaunlicherweise **astonishment** S̲ Erstaunen n (**at** über +akk); **she looked at me in ~** sie sah mich erstaunt an

astound [əˈstaʊnd] VT sehr erstaunen; **to be ~ed (at** od **by)** höchst erstaunt sein (über +akk) **astounding** ADJ, **astoundingly** [əˈstaʊndɪŋ, -lɪ] ADV erstaunlich

astray [əˈstreɪ] ADJ **to go ~** verloren gehen; **to lead sb ~** fig j-n vom rechten Weg abbringen

astride [əˈstraɪd] PRÄP rittlings auf (+dat)

astringent [əsˈtrɪndʒənt] ADJ **A** S̲ **1** MED adstringierend, blutstillend **2** Bemerkung, Humor beißend **B** S̲ MED Adstringens n

astrologer [əsˈtrɒlədʒəʳ] S̲ Astrologe m, Astrologin f **astrological** [,æstrə'lɒdʒɪkəl] ADJ astrologisch **astrology** [əsˈtrɒlədʒɪ] S̲ Astrologie f

★**astronaut** [ˈæstrənɔːt] S̲ Astronaut(in) m(f)

astronomer [əsˈtrɒnəməʳ] S̲ Astronom(in) m(f) **astronomical** ADJ, **astronomically** [,æstrə'nɒmɪkəl, -lɪ] ADV astronomisch **astronomy** [əsˈtrɒnəmɪ] S̲ Astronomie f

astrophysics [,æstrəʊˈfɪzɪks] S̲ ⟨+sg v⟩ Astrophysik f

astute [əˈstjuːt] ADJ schlau; Geist scharf **astutely** [əˈstjuːtlɪ] ADV scharfsinnig **as-**

tuteness S̲ Schlauheit f

asunder [əˈsʌndəʳ] liter ADV auseinander, entzwei

asylum [əˈsaɪləm] S̲ **1** Asyl n; **to ask for (political) ~** um (politisches) Asyl bitten **2** (Irren)anstalt f **asylum-seeker** [əˈsaɪləm,siːkəʳ] S̲ Asylbewerber(in) m(f)

asymmetric(al) [,eɪsɪ'metrɪk(əl)] ADJ asymmetrisch **asymmetry** [eɪˈsɪmɪtrɪ] S̲ Asymmetrie f

★**at** [æt] PRÄP **1** Position an (+dat), bei (+dat); mit Ortsangabe in (+dat); **at that table** an dem Tisch; **at the top** oben, an der Spitze; **at home** zu Hause; **at the university** US, **at university** an od auf der Universität; **at school** in der Schule; **at the hotel** im Hotel; **at the baker's** beim Bäcker; **at my brother's** bei meinem Bruder; **at a party** auf od bei einer Party; **at the station** am Bahnhof **2** Richtung **to point at sb/sth** auf j-n/etw zeigen; **to look at sb/sth** j-n/etw ansehen **3** zeitlich **at ten o'clock** um zehn Uhr; **at night** bei Nacht; nachts; **at Christmas/Easter** etc zu Weihnachten/Ostern etc; **at your age/16 (years of age)** in deinem Alter/mit 16 (Jahren); **three at a time** drei auf einmal; **at the start/end** am Anfang/Ende **4** Aktivität **at play** beim Spiel; **at work** bei der Arbeit; **good at sth** gut in etw (dat); **while we are at it** umg wenn wir schon mal dabei sind **5** Zustand **to be at an advantage** im Vorteil sein; **at a profit** mit Gewinn; **I'd leave it at that** ich würde es dabei belassen **6** auf (+akk) … (hin); **at his request** auf seine Bitte (hin); **at that he left the room** daraufhin verließ er das Zimmer **7** wütend etc über (+akk) **8** Tempo, Maß **at 50 km/h** mit 50 km/h; **at 50p a pound** für od zu 50 Pence pro Pfund; **at 5% interest** zu 5% Zinsen; **at a high price** zu einem hohen Preis; **when the temperature is at 90°** wenn die Temperatur auf 90° ist

ate [eɪt, et] PRÄT → eat

atheism [ˈeɪθɪɪzəm] S̲ Atheismus m **atheist** [ˈeɪθɪɪst] S̲ Atheist(in) m(f)

Athens [ˈæθɪnz] S̲ Athen n

★**athlete** [ˈæθliːt] S̲ Athlet(in) m(f); Leichtathlet(in) m(f) **athlete's foot** [,æθliːts'fʊt] S̲ Fußpilz m **athletic** [æθˈletɪk] ADJ sportlich; Körperbau athletisch **athlet-**

ics ⊠ Leichtathletik *f;* **~ meeting** Leichtathletikwettkampf *m*

Atlantic [ətˈlæntɪk] **A** ⊠ (*a.* **Atlantic Ocean**) Atlantik *m* **B** ADJ ⟨*attr*⟩ atlantisch

atlas [ˈætləs] ⊠ Atlas *m*

ATM [ˌeɪtiːˈem] ABK (= automated teller machine) Geldautomat *m*

atmosphere [ˈætməsfɪə] ⊠ Atmosphäre *f* **atmospheric** [ˌætməsˈferɪk] ADJ atmosphärisch **atmospheric pressure** ⊠ Luftdruck *m*

atom [ˈætəm] ⊠ Atom *m* **atom bomb** ⊠ Atombombe *f* **atomic** [əˈtɒmɪk] ADJ atomar **atomic bomb** ⊠ Atombombe *f* **atomic energy** ⊠ Kernenergie *f* **Atomic Energy Authority** *Br* ⊠, **Atomic Energy Commission** *US* ⊠ Atomkommission *f* **atomic power** ⊠ **1** Atomkraft *f* **2** Atomantrieb *m* **atomic structure** ⊠ Atombau *m*

atomizer [ˈætəmaɪzə] ⊠ Zerstäuber *m*

atone [əˈtəʊn] VII **to ~ for sth** (für) etw büßen **atonement** ⊠ Sühne *f;* **in ~ for sth** als Sühne für etw

A to Z® ⊠ Stadtplan *m* (*mit Straßenverzeichnis*)

atrocious ADJ, **atrociously** [əˈtrəʊʃəs, -lɪ] ADV grauenhaft **atrocity** [əˈtrɒsɪtɪ] ⊠ Grausamkeit *f*

atrophy [ˈætrəfɪ] **A** ⊠ Schwund *m* **B** VII verkümmern, schwinden

at sign ⊠ IT At-Zeichen *n*, Klammeraffe *m umg*

att ABK (= attorney) RA

attach [əˈtætʃ] VII **1** befestigen (**to** an +*dat*); *einem Brief* beiheften; *an eine E-Mail* anhängen; **please find ~ed ...** beigeheftet ...; angehängt ...; **to ~ conditions to sth** Bedingungen an etw (*akk*) knüpfen **2** **to be ~ed to sb/sth** an j-m/etw hängen **3** *Wichtigkeit* beimessen (**to** +*dat*)

attaché [əˈtæʃeɪ] ⊠ Attaché *m* **attaché case** ⊠ Aktenkoffer *m*

attachment [əˈtætʃmənt] ⊠ **1** *von Werkzeug etc* Zusatzteil *n* **2** Zuneigung *f* (**to** zu) **3** IT Anhang *m*, Attachment *n*

★**attack** [əˈtæk] **A** ⊠ **1** Angriff *m* (**on** auf +*akk*); **to be under ~** angegriffen werden; **to go on to the ~** zum Angriff übergehen **2** MED *etc* Anfall *m;* **to have an ~ of nerves** plötzlich Nerven bekommen **B** VII **1** angreifen; *bei Raub etc* überfallen **2** *Problem* in Angriff nehmen **C** VII angreifen; **an ~ing side** eine offensive Mannschaft **attack drone** ⊠ Angriffsdrohne *f* **attacker** [əˈtækə] ⊠ Angreifer(in) *m(f)*

attain [əˈteɪn] VII *Ziel, Rang* erreichen, erlangen; *Glück* gelangen zu **attainable** [əˈteɪnəbl] ADJ erreichbar; *Glück, Macht* zu erlangen **attainment** [əˈteɪnmənt] ⊠ *von Glück, Macht* Erlangen *n*

★**attempt** [əˈtempt] **A** VII versuchen; *Aufgabe* sich versuchen an (+*dat*); **~ed murder** Mordversuch *m* **B** ⊠ Versuch *m;* (≈ *Angriff*) (Mord)anschlag *m* (**on** auf +*akk*); **an ~ on the record** ein Versuch, den Rekord zu brechen; **to make an ~ at doing sth** *od* **to do sth** versuchen, etw zu tun; **at the first ~** beim ersten Versuch

★**attend** [əˈtend] **A** VII besuchen, teilnehmen an (+*dat*); *Hochzeit* anwesend sein bei; **well ~ed** gut besucht **B** VII anwesend sein; **are you going to ~?** gehen Sie hin? ♦**attend to** VI (+*obj*) sich kümmern um; *Arbeit etc* Aufmerksamkeit widmen (+*dat*); *Lehrer etc* zuhören (+*dat*); *Kunden etc* bedienen; **are you being attended to?** werden Sie schon bedient?; **that's being attended to** das wird (bereits) erledigt

attendance [əˈtendəns] ⊠ **1** Anwesenheit *f* (**at** bei), Teilnahme *f* (**at** an +*dat*); **to be in ~ at sth** bei etw anwesend sein **2** Teilnehmerzahl *f* **attendance record** ⊠ **he doesn't have a very good ~** er fehlt oft **attendant** [əˈtendənt] **A** ⊠ *in Museum* Aufseher(in) *m(f)* **B** ADJ *Probleme etc* (da)zugehörig

★**attention** [əˈtenʃən] ⊠ **1** ⟨*kein pl*⟩ Aufmerksamkeit *f;* **to call** *od* **draw sb's ~ to sth, to call** *od* **draw sth to sb's ~** j-n auf etw (*akk*) aufmerksam machen; **to turn one's ~ to sb/sth** seine Aufmerksamkeit auf j-n/etw richten; ★**to pay ~/no ~ to sb/sth** j-n/etw beachten/nicht beachten; **to pay ~ to the teacher** dem Lehrer zuhören; **to hold sb's ~** j-n fesseln; **~!** Achtung!; **your ~, please** ich bitte um Aufmerksamkeit; *bei offizieller Ankündigung* Achtung, Achtung!; **it has come to my ~ that ...** ich bin darauf aufmerksam geworden, dass ...; **for the ~ of Miss Smith** zu Händen von Frau Smith **2** MIL **to stand to ~**

stillstehen; ~! stillgestanden! **Attention Deficit Disorder** ̅s̅ MED Aufmerksamkeitsdefizit-Syndrom n **Attention-Deficit Hyperactivity Disorder** ̅s̅ MED Aufmerksamkeitsdefizit-Hyperaktivitätsstörung f **attention span** ̅s̅ Konzentrationsvermögen n **attentive** [ə'tentɪv] ADJ aufmerksam; **to be ~ to sb** sich j-m gegenüber aufmerksam verhalten; **to be ~ to sb's needs** sich um j-s Bedürfnisse kümmern **attentively** [ə'tentɪvlɪ] ADV aufmerksam

attenuate [ə'tenjʊeɪt] V/T abschwächen; **attenuating circumstances** mildernde Umstände

attest [ə'test] V/T bescheinigen; *eidlich* beschwören ♦**attest to** V/I ⟨+obj⟩ bezeugen

attestation [ˌætes'teɪʃən] ̅s̅ (≈ *Dokument*) Bescheinigung f

attic ['ætɪk] ̅s̅ Dachboden m, Estrich m *schweiz*; *bewohnt* Mansarde f; **in the ~** auf dem (Dach)boden

attire [ə'taɪə'] A V/T kleiden (**in** in +akk) B ̅s̅ ⟨*kein pl*⟩ Kleidung f; **ceremonial ~** Festtracht f

attitude ['ætɪtjuːd] ̅s̅ Einstellung f (**to**, **towards** zu), Haltung f (**to**, **towards** genüber zu); **women with ~** kämpferische Frauen

attn A̅B̅K̅ (= *attention*) z. Hd. von

attorney [ə'tɜːnɪ] ̅s̅ **1** Bevollmächtigte(r) m/f(m); **letter of ~** (*schriftliche*) Vollmacht f **2** US (*Rechts*)anwalt m/-anwältin f **Attorney General** ̅s̅ ⟨*pl* Attorneys General *od* Attorney Generals⟩ US ≈ Generalbundesanwalt m/-anwältin f; Br ≈ Justizminister(in) m(f)

attract [ə'trækt] V/T **1** anziehen; *Idee etc* ansprechen; **she feels ~ed to him** sie fühlt sich ihm angezogen **2** Aufmerksamkeit auf sich (akk) ziehen; *neue Mitglieder etc* anziehen; **to ~ publicity** (öffentliches) Aufsehen erregen **attraction** [ə'trækʃən] ̅s̅ **1** PHYS, *a. fig* Anziehungskraft f; *bes von Großstadt etc* Reiz m **2** Attraktion f, Sehenswürdigkeit f

★**attractive** [ə'træktɪv] ADJ attraktiv; *Lächeln* anziehend; *Haus*, *Kleid* reizvoll, fesch *österr* **attractively** [ə'træktɪvlɪ] ADV attraktiv; *gekleidet*, *möbliert* reizvoll; **~ priced** zum attraktiven Preis (**at** von) **attractiveness** [ə'træktɪvnɪs] ̅s̅ Attrak-

tivität f; *von Aussicht etc* Reiz m

attributable [ə'trɪbjʊtəbl] ADJ **to be ~ to sb/sth** j-m/einer Sache zuzuschreiben sein **attribute** [ə'trɪbjuːt] V/T **to ~ sth to sb** j-m etw zuschreiben; **to ~ sth to sth** etw auf etw (akk) zurückführen; *Bedeutung etc* einer Sache (dat) etw beimessen

attrition [ə'trɪʃən] *fig* ̅s̅ Zermürbung f

attune [ə'tjuːn] *fig* V/T abstimmen (**to** auf +akk); **to become ~d to sth** sich an etw (akk) gewöhnen

atypical [ˌeɪ'tɪpɪkəl] ADJ atypisch

aubergine ['əʊbəʒiːn] ̅s̅ Br Aubergine f, Melanzani f *österr*

auburn ['ɔːbən] ADJ *Haar* rot-braun

auction ['ɔːkʃən] A ̅s̅ Auktion f; **to sell sth by ~** etw versteigern; **to put sth up for ~** etw zur Versteigerung anbieten B V/T (*a.* **auction off**) versteigern **auctioneer** [ˌɔːkʃə'nɪə'] ̅s̅ Auktionator(in) m(f) **auction room(s)** S̅(̅P̅L̅) Auktionshalle f

audacious [ɔː'deɪʃəs] ADJ, **audaciously** [ɔː'deɪʃəs, -lɪ] ADV **1** dreist **2** kühn **audacity** [ɔː'dæsɪtɪ], **audaciousness** [ɔː'deɪʃəsnɪs] ̅s̅ **1** Dreistigkeit f; **to have the ~ to do sth** die Dreistigkeit besitzen, etw zu tun **2** Kühnheit f

audible [ɔː'dɪbl] ADJ, **audibly** [ɔː'dɪbl, -lɪ] ADV hörbar

★**audience** ['ɔːdɪəns] ̅s̅ **1** Publikum n *kein pl*, Zuschauer pl; RADIO Zuhörerschaft f **2** Audienz f (**with** bei)

audio book ̅s̅ Hörbuch n **audio card** ̅s̅ COMPUT Soundkarte f **audio cassette** ̅s̅ Audiokassette f **audio description** ̅s̅ *von Film, Fernsehsendung* Audiodeskription f **audio equipment** ̅s̅ *in Studio* Audiogeräte pl; (≈ *Hi-Fi*) Stereoanlage f **audio file** ̅s̅ Audiodatei f **audio guide** ̅s̅ *elektronischer Museumsführer* Audioguide m **audiotape** A ̅s̅ **1** (Ton)band m **2** US Kassette f B V/T *auf* (Ton)band/Kassette aufnehmen **audio typist** ̅s̅ Phonotypistin f **audiovisual** ADJ audiovisuell

audit ['ɔːdɪt] A ̅s̅ Buchprüfung f B V/T prüfen; US Kurs als Gasthörer belegen

audition [ɔː'dɪʃən] A ̅s̅ THEAT Vorsprechprobe f; *von Musiker* Probespiel n; *von Sänger* Vorsingen n; *von Tänzer* Vortanzen n B V/T vorsprechen/vorspielen/vorsingen/vortanzen lassen C V/I vorsprechen/vorspielen/vorsingen/vortanzen

auditor [ˈɔːdɪtə^r] S HANDEL Buchprüfer(in) m(f); FIN Auditor(in) m(f); US bei Kurs Gasthörer(in) m(f)

auditorium [ˌɔːdɪˈtɔːrɪəm] S Auditorium n

au fait [ˌəʊˈfeɪ] ADJ to be ~ with sth mit etw vertraut sein

Aug ABK (= August) Aug.

augment [ɔːɡˈment] A VT vermehren B VI zunehmen **augmentation** [ˌɔːɡmənˈteɪʃən] S Vermehrung f; zahlenmäßig Zunahme f; MUS Augmentation f; **breast** ~ Brustvergrößerung f **augmented reality** S IT erweiterte Realität

augur [ˈɔːɡə^r] VI to ~ well/ill etwas Gutes/nichts Gutes verheißen

★**August** [ˈɔːɡəst] S August m; → September

auld [ɔːld] schott ADJ ⟨+er⟩ alt; **for ~ lang syne** um der alten Zeiten willen

★**aunt** [ɑːnt] S Tante f **auntie, aunty** [ˈɑːntɪ] bes Br umg S Tante f; ~! Tantchen! umg

au pair [ˌəʊˈpeə] S ⟨pl -s⟩ a. ~ **girl** Au-pair(-Mädchen) n

aura [ˈɔːrə] S Aura f geh

aural [ˈɔːrəl] ADJ Gehör-; ~ **examination** Hörtest m

auspices [ˈɔːspɪsɪz] PL under the ~ of unter der Schirmherrschaft (+gen) **auspicious** [ɔːˈspɪʃəs] ADJ günstig; Beginn vielversprechend **auspiciously** [ɔːˈspɪʃəslɪ] ADV vielversprechend

Aussie [ˈɒzɪ] umg A S Australier(in) m(f) B ADJ australisch

austere [ɒsˈtɪə^r] ADJ streng; Zimmer karg; Lebensstil asketisch **austerely** [ɒsˈtɪəlɪ] ADV streng; möblieren karg; leben asketisch **austerity** [ɒsˈterɪtɪ] S 1 Strenge f, Schmucklosigkeit f 2 ~ **budget** Sparhaushalt m; ~ **measures** Sparmaßnahmen pl

Australasia [ˌɒstrəˈleɪsɪə] S Australien und Ozeanien n **Australasian** A S Ozeanier(in) m(f) B ADJ ozeanisch

★**Australia** [ɒsˈtreɪlɪə] S Australien n

★**Australian** [ɒsˈtreɪlɪən] A S Australier(in) m(f) B ADJ australisch

★**Austria** [ˈɒstrɪə] S Österreich n

★**Austrian** [ˈɒstrɪən] A S Österreicher(in) m(f) B ADJ österreichisch

authentic [ɔːˈθentɪk] ADJ authentisch; Antiquitäten, Tränen echt **authentically** [ɔːˈθentɪkəlɪ] ADV echt, authentisch **authenticate** [ɔːˈθentɪkeɪt] VT bestätigen; Dokument beglaubigen, visieren schweiz **authentication** [ɔːˌθentɪˈkeɪʃən] S Bestätigung f; von Dokument Beglaubigung f **authenticity** [ˌɔːθenˈtɪsɪtɪ] S Echtheit f; von Anspruch Berechtigung f

★**author** [ˈɔːθə^r] S Autor(in) m(f); von Bericht Verfasser(in) m(f)

authoritarian [ɔːˌθɒrɪˈteərɪən] A ADJ autoritär B S autoritärer Mensch; **to be an** ~ autoritär sein **authoritarianism** [ɔːˌθɒrɪˈteərɪənɪzəm] S Autoritarismus m **authoritative** [ɔːˈθɒrɪtətɪv] ADJ 1 bestimmt; Verhalten Respekt einflößend 2 zuverlässig **authoritatively** [ɔːˈθɒrɪtətɪvlɪ] ADV bestimmt, zuverlässig **authority** [ɔːˈθɒrɪtɪ] S 1 Autorität f, Befugnis f, Vollmacht f; **who's in here?** wer ist hier der Verantwortliche?; **parental** ~ Autorität der Eltern; JUR elterliche Gewalt; **to be in** od **have** ~ **over sb** Weisungsbefugnis gegenüber j-m haben form; **on one's own** ~ auf eigene Verantwortung; **to have the** ~ **to do sth** berechtigt sein, etw zu tun; **to give sb the** ~ **to do sth** j-m die Vollmacht erteilen, etw zu tun 2 a. pl Behörde f, Verwaltung f, Amt n; **the local** ~ od **authorities** die Gemeindeverwaltung; **you must have respect for** ~ du musst Achtung gegenüber Respektspersonen haben 3 (anerkannte) Autorität f; **to have sth on good** ~ etw aus zuverlässiger Quelle wissen **authorization** [ˌɔːθəraɪˈzeɪʃən] S Genehmigung f, Recht n **authorize** [ˈɔːθəraɪz] VT 1 ermächtigen; **to be** ~**d to do sth** das Recht haben, etw zu tun 2 genehmigen **authorized** ADJ Person, Bank bevollmächtigt; Biografie autorisiert; **"authorized personnel only"** „Zutritt nur für Befugte"; ~ **signature** Unterschrift f eines bevollmächtigten Vertreters

autism [ˈɔːtɪzəm] S Autismus m **autistic** [ɔːˈtɪstɪk] ADJ autistisch

auto [ˈɔːtəʊ] S ⟨pl -s⟩ US Auto n

autobiographical [ˈɔːtəʊˌbaɪəʊˈɡræfɪkəl] ADJ autobiografisch **autobiography** [ˌɔːtəʊbaɪˈɒɡrəfɪ] S Autobiografie f

autocomplete [ˌɔːtəʊkəmˈpliːt] S IT Autovervollständigen n

autocrat [ˈɔːtəʊkræt] ⟦S⟧ Autokrat(in) m(f) **autocratic** [ˌɔːtəʊˈkrætɪk] ⟦ADJ⟧ autokratisch

Autocue® [ˈɔːtəʊkjuː] ⟦S⟧ Br TV Teleprompter® m

autofocus [ˈɔːtəʊfəʊkəs] ⟦S⟧ FOTO Autofokus m

autogenic [ˌɔːtəʊˈdʒenɪk] ⟦ADJ⟧ ~ **training** autogenes Training

autograph [ˈɔːtəgrɑːf] ⟦A⟧ ⟦S⟧ Autogramm n ⟦B⟧ ⟦VT⟧ signieren

automat [ˈɔːtəmæt] US ⟦S⟧ Automatenrestaurant n **automate** [ˈɔːtəmeɪt] ⟦VT⟧ automatisieren **automated teller machine** [ˌɔːtəmeɪtɪdˈteləmɑːʃiːn] ⟦S⟧ Geldautomat m **automatic** [ˌɔːtəˈmætɪk] ⟦A⟧ ⟦ADJ⟧ automatisch; ~ **rifle** od **weapon** Schnellfeuergewehr n ⟦B⟧ ⟦1⟧ Automatikwagen m ⟦2⟧ automatische Waffe ⟦3⟧ Waschautomat m **automatically** [ˌɔːtəˈmætɪkəlɪ] ⟦ADV⟧ automatisch **automatic teller machine** ⟦S⟧ Geldautomat m **automation** [ˌɔːtəˈmeɪʃən] ⟦S⟧ Automatisierung f **automaton** [ɔːˈtɒmətən] ⟦S⟧ ⟨pl -s od automata [-ətə]⟩ Roboter m

automobile [ˈɔːtəməbiːl] ⟦S⟧ Auto(mobil) n

autonomous ⟦ADJ⟧, **autonomously** [ɔːˈtɒnəməs, -lɪ] ⟦ADV⟧ autonom **autonomy** [ɔːˈtɒnəmɪ] ⟦S⟧ Autonomie f

autopilot [ˈɔːtəʊpaɪlət] ⟦S⟧ Autopilot m; **on** ~ mit Autopilot; **he was on** ~ fig er funktionierte wie ferngesteuert

autopsy [ˈɔːtɒpsɪ] ⟦S⟧ Autopsie f

autostart [ˈɔːtəʊstɑːt] ⟦S⟧ IT Autostart m (automatisches Starten von Programmen)

autoteller ⟦S⟧ Geldautomat m

★**autumn** [ˈɔːtəm] bes Br ⟦A⟧ ⟦S⟧ Herbst m; **in (the)** ~ im Herbst ⟦B⟧ ⟦ADJ⟧ ⟨attr⟩ Herbst-, herbstlich; ~ **leaves** bunte (Herbst)blätter pl **autumnal** [ɔːˈtʌmnəl] ⟦ADJ⟧ herbstlich

auxiliary [ɔːgˈzɪlɪərɪ] ⟦A⟧ ⟦ADJ⟧ Hilfs-, zusätzlich; ~ **nurse** Hilfspfleger m, Schwesternhelferin f; ~ **verb** Hilfsverb n ⟦B⟧ ⟦S⟧ Hilfskraft f; **nursing** ~ Schwesternhelferin f

avail [əˈveɪl] ⟦A⟧ ⟦VR⟧ **to** ~ **oneself of sth** von etw Gebrauch machen ⟦B⟧ ⟦S⟧ **to no** ~ vergebens

availability [əˌveɪləˈbɪlɪtɪ] ⟦S⟧ Erhältlichkeit f, Vorrätigkeit f, Verfügbarkeit f; of-

fer subject to ~ nur solange der Vorrat reicht; **because of the limited ~ of seats** weil nur eine begrenzte Anzahl an Plätzen zur Verfügung steht

★**available** [əˈveɪləbl] ⟦ADJ⟧ erhältlich, vorrätig; Zeit, Sitzplätze frei; Ressourcen verfügbar; **to be ~** vorhanden sein, zur Verfügung stehen, frei sein; (≈ nicht in Beziehung) (wieder) zu haben sein, nicht vergeben sein; **to make sth ~ to sb** j-m etw zur Verfügung stellen; Informationen j-m etw zugänglich machen; **the best dictionary ~** das beste Wörterbuch, das es gibt; **when will you be ~ to start in the new job?** wann können Sie die Stelle antreten?

avalanche [ˈævəlɑːnʃ] wörtl, fig ⟦S⟧ Lawine f

avant-garde [ˈævɒŋˈgɑːd] ⟦A⟧ ⟦S⟧ Avantgarde f ⟦B⟧ ⟦ADJ⟧ avantgardistisch

avatar [ˈævətɑː] ⟦S⟧ IT Avatar m

Ave ⟦ABK⟧ (= avenue) Allee f

avenge [əˈvendʒ] ⟦VT⟧ rächen; **to ~ oneself on sb (for sth)** sich an j-m (für etw) rächen

avenue [ˈævənjuː] ⟦S⟧ Allee f; fig Weg m; ~**s of approach** Verfahrensweisen pl; **to explore every ~** alle sich bietenden Wege prüfen

★**average** [ˈævərɪdʒ] ⟦A⟧ ⟦S⟧ Durchschnitt m; **to do an ~ of 50 miles a day/3% a week** durchschnittlich 50 Meilen pro Tag fahren/3% pro Woche erledigen; **on ~** durchschnittlich; **above ~** überdurchschnittlich; **below ~** unterdurchschnittlich; **by the law of ~s** aller Wahrscheinlichkeit nach ⟦B⟧ ⟦ADJ⟧ durchschnittlich, mittelmäßig; **above/below ~** über-/unterdurchschnittlich; **the ~ man** der Durchschnittsbürger; **of ~ height** von mittlerer Größe ⟦C⟧ ⟦VT⟧ Geschwindigkeit etc auf einen Schnitt von … kommen; **we ~d 80 km/h** wir sind durchschnittlich 80 km/h gefahren ◆**average out** ⟦VT⟧ ⟨trennb⟩ **if you average it out** im Durchschnitt; **it'll average itself out** es wird sich ausgleichen ⟦B⟧ ⟦VI⟧ ⟦1⟧ durchschnittlich ausmachen (**at, to** +akk) ⟦2⟧ sich ausgleichen

averse [əˈvɜːs] ⟦ADJ⟧ ⟨präd⟩ abgeneigt; **I am not ~ to a glass of wine** einem Glas Wein bin ich nicht abgeneigt **aversion** [əˈvɜːʃən] ⟦S⟧ Abneigung f (**to** gegen); **he has an ~ to getting wet** er hat eine Abscheu davor, nass zu werden

avert [ə'vɜːt] V/T abwenden; *Unfall* verhüten

avian flu [ˌeɪviən'fluː] S Vogelgrippe f

aviary ['eɪviəri] S Vogelhaus n

aviation [ˌeɪvi'eɪʃən] S die Luftfahrt

avid ['ævɪd] ADJ begeistert; **I am an ~ reader** ich lese leidenschaftlich gern

avocado [ˌævə'kɑːdəʊ] S ⟨pl -s⟩ a. **~ pear** Avocado(birne) f

avoid [ə'vɔɪd] V/T vermeiden; *j-n* meiden; *Hindernis* ausweichen (+dat); *Pflicht* umgehen; **to ~ doing sth** es vermeiden, etw zu tun; **in order to ~ being seen** um nicht gesehen zu werden; **I'm not going if I can possibly ~ it** wenn es sich irgendwie vermeiden lässt, gehe ich nicht **avoidable** [ə'vɔɪdəbl] ADJ vermeidbar **avoidance** [ə'vɔɪdəns] S Vermeidung f, Umgehung f **avoidance strategy** S Vermeidungsstrategie f

await [ə'weɪt] V/T erwarten; *Entscheidung* entgegensehen (+dat); **the long ~ed day** der lang ersehnte Tag; **he is ~ing trial** sein Fall steht noch zur Verhandlung an

★**awake** [ə'weɪk] ⟨prät **awoke**; pperf **awoken** od **awaked** [ə'weɪkt]⟩ A V/I erwachen; **to be/lie/stay ~** wach sein/liegen/bleiben; **to keep sb ~** j-n wach halten; **wide ~** hellwach B V/T wecken C ADJ ⟨präd⟩ wach; **to be/lie/stay ~** wach sein/liegen/bleiben; **to keep sb ~** j-n wach halten; **wide ~** hellwach **awaken** [ə'weɪkən] V/T & V/I → awake **awakening** [ə'weɪkənɪŋ] S Erwachen n; **a rude ~** wörtl, fig ein böses Erwachen

award [ə'wɔːd] A V/T Preis, Strafe zuerkennen (**to sb** j-m); akademischen Grad etc verleihen (**to sb** j-m); **to be ~ed damages** Schadenersatz zugesprochen bekommen B S Preis m; für Tapferkeit etc Auszeichnung f; **to make an ~ (to sb)** einen Preis (an j-n) vergeben **award(s) ceremony** S FILM, THEAT, TV Preisverleihung f **award-winning** ADJ preisgekrönt

aware [ə'weə^r] ADJ ⟨bes präd⟩ bewusst; **to be ~ of sb/sth** sich (dat) j-s/einer Sache bewusst sein; **I was not ~ that ...** es war mir nicht bewusst, dass ...; **not that I am ~ (of)** nicht dass ich wüsste; **as far as I am ~** so viel ich weiß; **to make sb ~ of sth** j-m etw bewusst machen **awareness** S Bewusstsein n

★**away** [ə'weɪ] A ADV 1 weg; **three miles**

~ (from here) drei Meilen von hier; **lunch seemed a long time ~** es schien noch lange bis zum Mittagessen zu sein; **but he was ~ before I could say a word** aber er war fort od weg, bevor ich den Mund auftun konnte; **to look ~** wegsehen; **~ we go** los (geht's)!; **they're ~** Pferde, Läufer etc sie sind gestartet; **to give ~** weggeben; **to gamble ~** verspielen 2 fort, weg; **he's ~ in London** er ist in London 3 SPORT **to play ~** auswärts spielen; **they're ~ to Arsenal** sie spielen auswärts bei Arsenal 4 **to work ~** vor sich (akk) hin arbeiten 5 **ask ~** frag nur!; **right** od **straight ~** sofort B ADJ ⟨attr⟩ SPORT Auswärts-; **~ goal** Auswärtstor m; **~ match** Auswärtsspiel n; **~ team** Gastmannschaft f

awe [ɔː] S Ehrfurcht f; **to be in awe of sb** Ehrfurcht vor j-m haben **awe-inspiring** ['ɔːɪnˌspaɪərɪŋ] ADJ Ehrfurcht gebietend **awesome** ['ɔːsəm] ADJ beeindruckend; bes US umg (≈ ausgezeichnet) irre umg **awe-stricken** ['ɔːˌstrɪkən], **awe-struck** ['ɔːˌstrʌk] ADJ von Ehrfurcht ergriffen

awful ['ɔːfəl] umg ADJ schrecklich; **an ~ lot of money** furchtbar viel Geld umg **awfully** ['ɔːflɪ] umg ADV schrecklich umg **awfulness** ['ɔːfʊlnɪs] S Schrecklichkeit f

awhile [ə'waɪl] liter ADV ein Weilchen

awkward ['ɔːkwəd] ADJ 1 schwierig; Zeit, Winkel ungünstig; **to make things ~ for sb** j-m Schwierigkeiten machen; **~ customer** übler Bursche umg 2 peinlich, verlegen; Schweigen betreten; **I feel ~ about doing that** es ist mir unangenehm, das zu tun; **to feel ~ in sb's company** sich in j-s Gesellschaft (dat) nicht wohlfühlen 3 unbeholfen **awkwardly** ['ɔːkwədlɪ] ADV 1 ungeschickt; liegen unbequem 2 peinlich, verlegen **awkwardness** S 1 Schwierigkeit f; von Zeit, Winkel Ungünstigkeit f 2 Peinlichkeit f 3 Verlegenheit f 4 Unbeholfenheit f

awning ['ɔːnɪŋ] S Markise f; von Wohnwagen Vordach n

awoke [ə'wəʊk] PRÄT → awake **awoken** [ə'wəʊkən] PPERF → awake

AWOL ['eɪwɒl] ABK (≈ absent without leave) MIL **to go ~** sich unerlaubt von der Truppe entfernen

B

awry [əˈraɪ] ADV & ADJ ⟨präd⟩ **to go ~** schiefgehen

axe [æks], **ax** US A S Axt f; **to get** od **be given the axe** Angestellter abgesägt werden; Projekt eingestellt werden B VT streichen; j-n entlassen

axis [ˈæksɪs] S ⟨pl axes [ˈæksiːz]⟩ Achse f

axle [ˈæksl] S Achse f

aye [aɪ] bes schott, dial INT ja; **aye, aye, Sir** SCHIFF jawohl, Herr Admiral etc

A-Z [eɪtəˈzed] S Stadtplan m

azalea [əˈzeɪljə] S Azalee f

Azores [əˈzɔːz] PL Azoren pl

Aztec [ˈæztek] A S Azteke m, Aztekin f B ADJ aztekisch

azure [ˈæʒə] ADJ azurblau; **~ blue** azurblau

B, b [biː] S B n, b n; SCHULE zwei, gut; MUS H n, h n; **B flat** B n, b n; **B sharp** His n, his n

b ABK (= born) geb.

BA ABK (= Bachelor of Arts) B.A.

babble [ˈbæbl] A S Gemurmel n, Geplapper n; **~ (of voices)** Stimmengewirr n B VI plappern umg

babe [beɪb] S **1** bes US umg Baby n umg **2** umg (attraktive, junge Frau) Babe n umg; als Anrede Schätzchen n umg

baboon [bəˈbuːn] S Pavian m

★**baby** [ˈbeɪbɪ] A S **1** Baby n; von Tier Junge(s) n; **to have a ~** ein Baby bekommen; **since he/she was a ~** von klein auf; **don't be such a ~!** stell dich nicht so an! umg; **to be left holding the ~** Br umg der Dumme sein umg; **to throw out the ~ with the bathwater** das Kind mit dem Bade ausschütten **2** bes US umg als Anrede Schätzchen n umg B VT wie einen Säugling behandeln **baby blue** S Himmelblau n **baby-blue** umg ADJ himmelblau **baby boom** S Babyboom m **baby bouncer** S (Baby)wippe f **baby boy** S kleiner Junge **baby brother** S kleiner Bruder **baby buggy** S US Kinderwagen m

baby carriage US S Kinderwagen m **baby changing room** S Babywickelraum m, Wickelraum m **baby clothes** PL Babywäsche f **baby-faced** ADJ milchgesichtig **baby food** S Babynahrung f **baby girl** S kleines Mädchen **babyhood** S früheste Kindheit; Babyalter n **babyish** [ˈbeɪbɪɪʃ] ADJ kindisch **baby seat** S Baby(sicherheits)sitz m **baby sister** S kleine Schwester **baby-sit** VI ⟨prät, pperf baby-sat⟩ babysitten; **she ~s for them** sie geht bei ihnen babysitten **baby-sitter** S Babysitter(in) m(f) **baby-sitting** S Babysitting n **baby stroller** S US für Kinder Sportwagen m **baby-talk** S Kindersprache f **baby tooth** S Milchzahn m **baby-walker** S Laufstuhl m

bachelor [ˈbætʃələ] S **1** Junggeselle m; **he's a ~** er ist Junggeselle **2** UNIV **Bachelor of Arts/Science/Education** Bachelor m (der philosophischen/naturwissenschaftlichen Fakultät/der Erziehungswissenschaft); **Bachelor of Engineering/Medicine** Bachelor m der Ingenieurwissenschaften/Medizin; **~'s (degree)** Bachelorabschluss m; Bachelorstudiengang m **bachelorette** [ˌbætʃələˈret] US S Junggesellin f **bachelorette party** US S Junggesellinnenabschied m **bachelor flat** Br S Junggesellenwohnung f **bachelor party** US S Junggesellenabschied m

bacillus [bəˈsɪləs] S ⟨pl bacilli [bəˈsɪlaɪ]⟩ Bazillus m

★**back** [bæk] A S **1** von Mensch, Tier, Buch Rücken m; von Stuhl (Rücken)lehne f; **to break one's ~** wörtl sich (dat) das Rückgrat brechen; fig sich abrackern; **behind his ~** fig hinter seinem Rücken; **to put one's ~ into sth** fig sich bei etw anstrengen; **to put** od **get sb's ~ up** j-n gegen sich aufbringen; **to turn one's ~ on sb** wörtl j-m den Rücken zuwenden; fig sich von j-m abwenden; **get off my ~!** umg lass mich endlich in Ruhe!; **he's got the boss on his ~** er hat seinen Chef auf dem Hals; **to have one's ~ to the wall** fig in die Enge getrieben sein; **I was pleased to see the ~ of them** umg ich war froh, sie endlich los zu sein umg **2** Rückseite f; von Hand, Kleid Rücken m; von Stoff linke Seite; **I know London like the ~ of my**

hand ich kenne London wie meine Westentasche; **(right) at the ~ of the cupboard** (ganz) hinten im Schrank; **he drove into the ~ of me** er ist mir hinten reingefahren *umg*; **at/on the ~ of the bus** hinten im/am Bus; **in the ~ (of a car)** hinten (im Auto); **it's been at the ~ of my mind** es hat mich beschäftigt; **at the ~ of beyond** am Ende der Welt **B** ADJ Hinter- **C** ADV **1** zurück; **(stand) ~!** zurück(treten)!; **~ and forth** hin und her; **to pay sth ~** etw zurückzahlen; **to come ~** zurückkommen; **there and ~** hin und zurück **2** wieder; **I'll never go ~** da gehe ich nie wieder hin; **~ in London** zurück in London **3** (≈*zeitlich*) **a week ~** vor einer Woche; **as far ~ as the 18th century** bis ins 18. Jahrhundert zurück, schon im 18. Jahrhundert; **~ in March 1997** im März 1997 **D** V/T **1** unterstützen **2** wetten auf (+*akk*) **3** *Auto* zurücksetzen; **he ~ed his car into the tree/garage** er fuhr rückwärts gegen den Baum/in die Garage **E** V/I *Auto* zurücksetzen; **she ~ed into me** sie fuhr rückwärts in mein Auto ♦**back away** V/I zurückweichen (**from** *von* +*dat*) ♦**back down** *fig* V/I nachgeben ♦**back off** V/I **1** zurückweichen **2** zurückhalten; **back off!** verschwinde! ♦**back on to** V/I (+*obj*) hinten angrenzen an (+*akk*) ♦**back out** V/I **1** zurückziehen **2** *fig aus Geschäft etc* aussteigen *umg* (**of, from** *aus*) ♦**back up** A V/I **1** *Auto etc* zurücksetzen **2** *Verkehr* sich stauen **3** *US* **let me back up** ich muss etwas weiter ausholen **B** V/T ⟨*trennb*⟩ **1** unterstützen; *Darstellung* bestätigen; **he can back me up in this** er kann das bestätigen **2** *Auto etc* zurückfahren **3** IT sichern

▶ **back to front**

Beachte den Unterschied in der Bedeutung:

back to front, **the wrong way round**	verkehrt herum: mit dem hinteren Teil nach vorne, d. h. z. B. der V-Ausschnitt eines Pullovers ist hinten
inside out	verkehrt herum: mit dem inneren Teil nach außen ◀

backache S̄ Rückenschmerzen *pl* **back alley** S̄ Gasse *f* **back bench** *bes Br* S̄ **the ~es** das Plenum **backbencher** *bes Br* S̄ Hinterbänkler(in) *m(f)* **backbiting** S̄ Lästern *n* **backbone** S̄ Rückgrat *n* **backbreaking** ['bækbreɪkɪŋ] ADJ erschöpfend **back burner** S̄ **to put sth on the ~** *fig umg* etw zurückstellen **back catalogue** S̄ MUS ältere Aufnahmen *pl*, Back-Katalog *m* **backchat** *umg* S̄ ⟨*kein pl*⟩ Widerrede *f* **back copy** S̄ alte Ausgabe **back cover** S̄ Rückseite *f* **backdate** V/T (zu)rückdatieren; **salary increase ~d to May** Gehaltserhöhung rückwirkend ab Mai **back door** S̄ Hintertür *f*; **by the ~** *fig* durch die Hintertür **backdrop** S̄ Hintergrund *m* **back end** S̄ hinteres Ende; **at the ~ of the year** gegen Ende des Jahres **backer** ['bækə] S̄ **1** **his ~s** (diejenigen,) die ihn unterstützen **2** HANDEL Geldgeber(in) *m(f)*

backfire V/I **1** AUTO Fehlzündungen haben **2** *umg Plan etc* ins Auge gehen *umg*; **it ~d on us** der Schuss ging nach hinten los *umg* **backgammon** S̄ Backgammon *n* **back garden** S̄ Garten *m* (hinterm Haus)

background ['bækɡraʊnd] A S̄ **1** Hintergrund *m* **2** *bildungsmäßig* Werdegang *m*; *gesellschaftlich* Verhältnisse *pl*; (≈*familiär*) Herkunft *f kein pl*; **children from all ~s** Kinder aus allen Schichten **B** ADJ Hintergrund-; *Lektüre* vertiefend; **~ music** Hintergrundmusik *f*; **~ information** Hintergrundinformationen *pl* **backhand** A S̄ **1** SPORT Rückhand *f kein pl*, Rückhandschlag *m* **B** ADJ **~ stroke** Rückhandschlag *m* **C** ADV mit der Rückhand **backhanded** ADJ Kompliment zweifelhaft **backhander** S̄ **1** SPORT Rückhandschlag *m* **2** *umg* Schmiergeld *n*; **to give sb a ~** j-n schmieren *umg*

backing ['bækɪŋ] S̄ **1** Unterstützung *f* **2** MUS Begleitung *f*; **~ group** Begleitband *f*; **~ singer** Begleitsänger(in) *m(f)*; **~ vocals** Begleitung *f*

backlash *fig* S̄ Gegenreaktion *f* **backless** ADJ *Kleid* rückenfrei **backlog** S̄ Rückstände *pl*; **I have a ~ of work** ich bin mit der Arbeit im Rückstand **backpack** S̄ Rucksack *m* **backpacker** S̄ Rucksacktourist(in) *m(f)* **backpacking** S̄ Rucksacktourismus *m*; **to go ~** als

Rucksacktourist unterwegs sein **back pain** ⓢ Rückenschmerzen pl **back pay** ⓢ Nachzahlung f **back-pedal** wörtl Ⓥⓘ rückwärtstreten; fig umg einen Rückzieher machen (**on** bei) **back pocket** ⓢ Gesäßtasche f **back rest** ⓢ Rückenstütze f **back road** ⓢ kleine Landstraße **back seat** ⓢ Rücksitz m; **to take a ~** fig in den Hintergrund treten **back-seat driver** ⓢ **she is a terrible ~** sie redet beim Fahren immer rein **backside** Br umg ⓢ Hintern m umg **backslash** ⓢ IT Backslash m, umgekehrter Schrägstrich **backslide** Ⓥⓘ rückfällig werden **backspace** Ⓥⓣ & Ⓥⓘ TYPO zurücksetzen **backspace key** ⓢ Rücktaste f **backstabbing** ⓢ Intrigieren n **backstage** ADV & ADJ hinter der Bühne **backstreet** ⓢ Seitensträßchen n **backstreet abortion** ⓢ illegale Abtreibung **backstroke** ⓢ Rückenschwimmen n; **can you do the ~?** können Sie das Rückenschwimmen? **back to back** ADV Rücken an Rücken; Gegenstände mit den Rückseiten aneinander **back-to-back** ADJ direkt aufeinanderfolgend attr **back to front** ADV verkehrt herum **back tooth** ⓢ Backenzahn m, Stockzahn m österr **backtrack** Ⓥⓘ denselben Weg zurückgehen; fig einen Rückzieher machen (**on sth** bei etw) **backup** Ⓐ ⓢ ❶ für Menschen Unterstützung f ❷ Gegenstand Ersatz m; **I'll take this as a ~** ich nehme sicherheitshalber noch dies mit ❸ IT Sicherungskopie f ❹ TECH Ersatzgerät n Ⓑ ADJ ❶ zur Unterstützung; **~ plan** Ausweichplan m ❷ IT **~ copy** Sicherungskopie f ❸ Ersatz- **backward** ['bækwəd] Ⓐ ADJ ❶ a **~ glance** ein Blick m zurück; **a ~ step** fig ein Schritt m zurück ❷ fig rückständig; pej Kind zurückgeblieben Ⓑ ADV → backwards **backwardness** ['bækwədnıs] ⓢ ❶ geistig Zurückgebliebenheit f; von Gebiet Rückständigkeit f

★**backwards** ['bækwədz] ADV rückwärts; **to fall ~** nach hinten fallen; **to walk ~ and forwards** hin und her gehen; **to bend over ~ to do sth** umg sich (dat) ein Bein ausreißen, um etw zu tun umg; **I know it ~** Br, **I know it ~ and forwards** US das kenne ich in- und auswendig

back yard ⓢ Hinterhof m; **in one's own ~** fig vor der eigenen Haustür

★**bacon** ['beıkən] ⓢ Bacon m, Frühstücksspeck m; **~ and eggs** Eier mit Speck; **to bring home the ~** umg die Brötchen verdienen umg

bacteria [bæk'tıərıə] PL → bacterium **bacterial** [bæk'tıərıəl] ADJ bakteriell **bacterium** [bæk'tıərıəm] ⓢ ⟨pl bacteria [bæk'tıərıə]⟩ Bakterie f

★**bad¹** [bæd] Ⓐ ADJ ⟨komp worse; sup worst⟩ ❶ schlecht; Geruch übel, unanständig, böse, unartig; **it was a bad thing to do** das hättest du etc nicht tun sollen; **he went through a bad time** er hat eine schlimme Zeit durchgemacht; **I've had a really bad day** ich hatte einen furchtbaren Tag; **to go bad** schlecht werden; **to be bad at French** schlecht in Französisch sein; **that's not a bad idea** das ist keine schlechte Idee!; **too bad you couldn't make it** (es) ist wirklich schade, dass Sie nicht kommen konnten; **I feel really bad about not having told him** es tut mir wirklich leid, dass ich ihm das nicht gesagt habe; **don't feel bad about** it machen Sie sich (dat) keine Gedanken (darüber) ❷ schlimm; Unfall, Fehler, Kälte schwer; Kopfschmerzen, Erkältung stark; **he's got it bad** umg ihn hat's schwer erwischt umg; **you're just as bad as your brother** du bist genauso schlimm wie dein Bruder ❸ (≈ ungünstig) Zeit ungünstig ❹ Magen krank; Bein schlimm; **the economy is in a bad way** es steht schlecht mit der Wirtschaft; **I feel bad** gesundheitlich mir ist nicht gut, ich fühle mich schlecht; **how is he? — he's not so bad** wie geht es ihm? — nicht schlecht Ⓑ bes US umg ⓢ **my bad** mein Fehler! umg, ich bin dran schuld

bad² PRÄT → bid

bad blood ⓢ böses Blut; **there is ~ between them** sie haben ein gestörtes Verhältnis **bad cheque**, **bad check** US ⓢ ungedeckter Scheck **baddie** ['bædı] umg ⓢ Bösewicht m hum **bade** [beıd] PRÄT → bid **badge** [bædʒ] ⓢ Abzeichen n, Button m, Plakette f, Aufkleber m, Pickerl n österr **badger** ['bædʒə⁰] Ⓐ ⓢ Dachs m Ⓑ Ⓥⓣ zusetzen (+dat); **to ~ sb for sth** j-m mit etw in den Ohren liegen

bad hair day umg ⓢ Scheißtag m umg,

B

Tag, an dem alles schiefgeht

badly [ˈbædlɪ] ADV **1** schlecht; **to do ~** in Prüfung etc schlecht abschneiden; FIN schlecht stehen; HANDEL schlecht gehen; **to go ~** schlecht laufen; **to be ~ off** schlecht dran sein; **to think ~ of sb** schlecht von j-m denken **2** verletzt, im Irrtum schwer **3** sehr; **to want sth ~** etw unbedingt wollen; **I need it ~** ich brauche es dringend

bad-mannered [ˌbædˈmænəd] ADJ unhöflich

badminton [ˈbædmɪntən] S Federball n; SPORT Badminton n

bad-tempered [ˌbædˈtempəd] ADJ schlecht gelaunt; **to be ~** schlechte Laune haben; **ständig** ein übellauniger Mensch sein

baffle [ˈbæfl] VT verblüffen, vor ein Rätsel stellen; **it really ~s me how ... es ist** mir wirklich ein Rätsel, wie ... **baffling** [ˈbæflɪŋ] ADJ *Fall* rätselhaft; **I find it ~** es ist mir ein Rätsel

★**bag** [bæg] A S **1** Tasche f, Beutel m, Schultasche f, Tüte f, Sack m, Reisetasche f; **bags** (Reise)gepäck n; **to pack one's bags** seine Sachen packen; **it's in the bag** fig umg das ist gelaufen umg; **bags under the eyes** Ringe pl unter den Augen, Tränensäcke pl **2** umg **bags of** jede Menge umg **3** pej umg **(old) bag** Schachtel f pej umg; **ugly old bag** Schreckschraube f umg B VT in Tüten/Säcke verpacken

bag drop S am Flughafen Gepäckschalter m

bagel [ˈbeɪgəl] S Bagel m (kleines, rundes Brötchen)

bagful [ˈbæɡɪdʒ] S **a ~ of groceries** eine Tasche voll Lebensmittel

baggage [ˈbæɡɪdʒ] S (Reise)gepäck n; fig Ballast m **baggage allowance** S Freigepäck n **baggage car** US S Gepäckwagen m **baggage check** S Gepäckkontrolle f **baggage check-in** S Gepäckabfertigung f **baggage checkroom** S US Gepäckaufbewahrung f **baggage claim** S Gepäckausgabe f **baggage drop-off** S Gepäckabgabe f **baggage handler** S Gepäckmann m **baggage label** S Gepäckanhänger m **baggage locker** S Gepäckschließfach n **baggage reclaim** S Gepäckausgabe f **baggage**

room S US Gepäckaufbewahrung f **baggage tag** S Gepäckanhänger m **baggage trolley** S Kofferkuli m

baggy [ˈbæɡɪ] S 〈komp baggier〉 Kleidung zu weit; (≈unförmig) Hose ausgebeult; Pullover ausgeleiert

bag lady S Stadtstreicherin f

bagpipes [ˈbæɡpaɪps] PL Dudelsack m; **to play the ~** Dudelsack spielen

bag-snatcher [ˈbæɡˌsnætʃəʳ] S Handtaschendieb(in) m(f)

bag tag S Gepäckanhänger m

baguette [bæˈɡet] S Baguette f/n

Bahamas [bəˈhɑːməz] PL **the ~** die Bahamas pl

bail¹ [beɪl] S JUR Kaution f; **to stand ~ for sb** für j-n (die) Kaution stellen; **to be out on ~** auf Kaution entlassen sein, gegen Kaution freigelassen sein

bail² VT **1** SCHIFF schöpfen **bail out** A VT **1** FLUG abspringen (**of** aus) **2** SCHIFF schöpfen B VT 〈trennb〉 SCHIFF *Wasser* schöpfen; *Schiff* ausschöpfen; fig aus der Patsche helfen (+dat) umg

bailiff [ˈbeɪlɪf] S JUR Br a. sheriff's ~ Amtsdiener(in) m(f); Br Gerichtsvollzieher(in) m(f); US Gerichtsdiener(in) m(f)

bait [beɪt] A S **1** Köder m; **to take the ~** anbeißen B VT **1** *Haken* mit einem Köder versehen **2** j-n quälen

★**bake** [beɪk] A VT GASTR backen; **~d apples** pl Bratäpfel pl; **~d beans** pl weiße Bohnen pl in Tomatensoße; **~d potatoes** pl in der Schale gebackene Kartoffeln pl B VI GASTR backen; *Kuchen* im (Back)ofen sein

★**baker** [ˈbeɪkəʳ] S Bäcker(in) m(f); **~'s (shop)** Bäckerei f **baker's dozen** [ˌbeɪkəzˈdʌzn] S 13 (Stück) **bakery** [ˈbeɪkərɪ] S Bäckerei f **baking** [ˈbeɪkɪŋ] A S GASTR Backen n B ADJ umg **I'm ~** ich komme um vor Hitze; **it's ~ (hot) today** es ist eine Affenhitze heute umg **baking dish** S Backform f **baking mitt** US S Topfhandschuh m **baking pan** US S Backblech n **baking powder** S 〈kein pl〉 Backpulver n **baking sheet** S Backblech n **baking soda** S ≈ Backpulver n **baking tin** Br S Backform f **baking tray** Br S Kuchenblech n

Balaclava [ˌbæləˈklɑːvə] S Kapuzenmütze f

★**balance** [ˈbæləns] A S **1** Gleichgewicht n; **to keep/lose one's ~** das Gleichgewicht (be)halten/verlieren; **to throw sb off (his) ~** j-n aus dem Gleichgewicht bringen; **the right ~ of personalities in the team** eine ausgewogene Mischung verschiedener Charaktere in der Mannschaft; **the ~ of power** das Gleichgewicht der Kräfte; **on ~** *fig* alles in allem **2** Waage *f*; **to be** *od* **hang in the ~** *fig* in der Schwebe sein **3** Gegengewicht *n* (**to** zu); *fig* Ausgleich *m* (**to** für) **4** HANDEL, FIN Saldo *m*; *von Bankkonto* Kontostand *m*; *von Firma* Bilanz *f*; **~ in hand** HANDEL Kassen(be)stand *m*; **~ carried forward** Saldoübertrag *m*; **~ of payments/trade** Zahlungs-/Handelsbilanz *f*; **~ of trade surplus/deficit** Handelsbilanzüberschuss *m*/-defizit *n* **5** Rest *m*; **to pay off the ~** den Rest bezahlen; **my father has promised to make up the ~** mein Vater hat versprochen, die Differenz zu (be)zahlen **B** V̄T **1** im Gleichgewicht halten, ins Gleichgewicht bringen; **the seal ~s a ball on its nose** der Seehund balanciert einen Ball auf der Nase; **to ~ sth against sth** etw einer Sache (*dat*) gegenüberstellen **3** ausgleichen **4** HANDEL, FIN *Konto* abschließen, ausgleichen; *Budget* ausgleichen; **to ~ the books** die Bilanz ausgleichen; *die Endabrechnung machen* die Bilanz ziehen *od* machen **C** V̄I **1** Gleichgewicht halten; *Waage* sich ausbalancieren; **he ~d on one foot** er balancierte auf einem Bein **2** HANDEL, FIN ausgeglichen sein; **the books don't ~** die Abrechnung stimmt nicht; **to make the books ~** die Abrechnung ausgleichen ◆**balance out A** V̄T ⟨*trennb*⟩ **they balance each other out** sie halten sich die Waage **B** V̄I sich ausgleichen

balanced ADJ ausgewogen; **~ budget** ausgeglichener Haushalt **balance sheet** S̄ FIN Bilanz *f*, Bilanzaufstellung *f* **balancing act** ['bæləsɪŋækt] S̄ Balanceakt *m*

balcony ['bælkənɪ] S̄ **1** Balkon *m* **2** THEAT oberster Rang

bald [bɔːld] ADJ ⟨+*er*⟩ **1** kahl; **he is ~** er hat eine Glatze; **to go ~** kahl werden; **~ head** Kahlkopf *m*, Glatze *f*; **~ patch** Platte *f*, Glatze *f*, kahle Stelle **2** *Reifen* abgefahren **bald eagle** S̄ weißköpfiger Seeadler **bald-faced** US ADJ Lüge

unverfroren, unverschämt **baldheaded** ADJ kahl- *od* glatzköpfig **balding** ['bɔːldɪŋ] ADJ **he is ~** er bekommt langsam eine Glatze **baldly** ['bɔːldlɪ] *fig* ADV unverblümt, grob **baldness** ['bɔːldnɪs] S̄ Kahlheit *f* **baldy** ['bɔːldɪ] *umg* S̄ Glatzkopf *m umg*

bale¹ [beɪl] S̄ Heu *etc* Bündel *n*; *Watte* Ballen *m*

bale² V̄I *Br* SCHIFF → bail² ◆**bale out** *Br* V̄T & V̄I → bail out

Balearic [ˌbælɪˈærɪk] ADJ **the ~ Islands** die Balearen *pl*

baleful ['beɪlfʊl] ADJ böse

balk [bɔːk] V̄I zurückschrecken (**at** vor +*dat*)

Balkan ['bɔːlkən] **A** ADJ Balkan- **B** S̄ **the ~s** der Balkan

★**ball¹** [bɔːl] S̄ **1** Ball *m*, Kugel *f*; *aus Wolle* Knäuel *m*; *Billard* Kugel *f*; **to play ~** Ball/Baseball spielen; **the cat lay curled up in a ~** die Katze hatte sich zusammengerollt; **to keep the ~ rolling** das Gespräch in Gang halten; **to start the ~ rolling** den Stein ins Rollen bringen; **the ~ is in your court** Sie sind am Ball *umg*; **to be on the ~** *umg* am Ball sein *umg*; **to run with the ~** *US umg* die Sache mit Volldampf vorantreiben *umg* **2** ANAT **~ of the foot** Fußballen *m* **3** *sl* (≈*Hoden*) Ei *n mst pl sl*; *pl* Eier *pl sl*; **~s** *umg* (≈*Mut*) Schneid *m umg*

ball² [bɔːl] S̄ (≈*Tanz*) Ball *m* **2** *umg* **to have a ~** sich prima amüsieren

ballad ['bæləd] S̄ MUS, LIT Ballade *f*

ball-and-socket joint [ˌbɔːlənˈsɒkɪtdʒɔɪnt] S̄ Kugelgelenk *n*

ballast ['bæləst] S̄ SCHIFF, FLUG, *a. fig* Ballast *m*

ball bearing S̄ Kugellager *n*, Kugellagerkugel *f* **ball boy** S̄ Balljunge *m*

ballerina [ˌbæləˈriːnə] S̄ Ballerina *f*, Primaballerina *f*

ballet ['bæleɪ] S̄ Ballett *n*; **to do ~** Ballett tanzen **ballet dancer** S̄ Balletttänzer(in) *m(f)* **ballet shoe** S̄ Ballettschuh *m*

ball game S̄ Ballspiel *n*; **it's a whole new ~** *fig umg* das ist eine ganz andere Chose *umg* **ball girl** S̄ Ballmädchen *n*

ballistic [bəˈlɪstɪk] ADJ ballistisch; **to go ~** *umg* an die Decke gehen *umg* **ballistic missile** S̄ Raketengeschoss *n* **ballistics** [bəˈlɪstɪks] S̄ ⟨+*sg v*⟩ Ballistik *f*

B

balloon [bə'lu:n] [A] S FLUG (Frei)ballon *m*; *als Spielzeug* (Luft)ballon *m*; **that went down like a lead** ~ *umg* das kam überhaupt nicht an [B] VI sich blähen

ballot ['bælət] [A] S Abstimmung *f*, Wahl *f*; **first/second** ~ erster/zweiter Wahlgang; **to hold a** ~ abstimmen [B] VT *Mitglieder* abstimmen lassen **ballot box** S Wahlurne *f* **ballot paper** S Stimmzettel *m* **ballot rigging** S Wahlbetrug *m*

ballpark S [1] *US* Baseballstadion *n* [2] ~ **figure** Richtzahl *f*

★**ballpoint (pen)** S Kugelschreiber *m*; **to write in ballpoint** mit Kugelschreiber schreiben

ballroom S Ballsaal *m* **ballroom dancing** S Gesellschaftstänze *pl*

balls-up ['bɔ:lzʌp] S, **ball up** *bes US umg* S Durcheinander *n*; **he made a complete** ~ **of the job** er hat bei der Arbeit totale Scheiße gebaut *sl* ♦**balls up** VT, **ball up** *bes US umg* VT ⟨*trennb*⟩ verhunzen *umg*

balm [bɑ:m] S Balsam *m* **balmy** ['bɑ:mɪ] ADJ ⟨*komp* **balmier**⟩ sanft

baloney [bə'ləʊnɪ] S [1] *umg* Quatsch *m umg* [2] *US* (≈ *Wurst*) Mortadella *f*

balsamic vinegar [bɔ:l'sæmɪk 'vɪnɪgər] S Balsamico(essig) *m*

Baltic ['bɔ:ltɪk] [A] ADJ Ostsee-, baltisch; **the** ~ **States** die baltischen Staaten [B] S **the** ~ die Ostsee **Baltic Sea** S Ostsee *f*

balustrade [,bælə'streɪd] S Balustrade *f*

bamboo [bæm'bu:] [A] S ⟨*pl* -s⟩ Bambus *m* [B] ATTR ~ **shoots** *pl* Bambussprossen *pl*

bamboozle [bæm'bu:zl] *umg* VT übers Ohr hauen *umg*

ban [bæn] [A] S Verbot *n*; HANDEL Embargo *n*; **to put a ban on sth** etw verbieten; **a ban on smoking** Rauchverbot *n* [B] VT verbieten; *Sportler etc* sperren; **to ban sb from doing sth** j-m verbieten, etw zu tun; **she was banned from driving** ihr wurde Fahrverbot erteilt

banal [bə'nɑ:l] ADJ banal

★**banana** [bə'nɑ:nə] S Banane *f* **banana peel** S Bananenschale *f* **bananas** ADJ ⟨*präd*⟩ *umg* (≈ *verrückt*) bescheuert *umg*; **to go** ~ durchdrehen *umg* **banana skin** S Bananenschale *f*; **to slip on a** ~ *fig* über eine Kleinigkeit stolpern **banana split** S GASTR Bananensplit *n*

band¹ [bænd] S [1] *aus Stoff, Eisen, a.* RADIO Band *n*; *an Maschine* Riemen *m* [2] Streifen *m*

★**band**² S [1] Schar *f*; *von Dieben etc* Bande *f* [2] MUS Band *f*, Tanzkapelle *f*, (Musik)kapelle *f* ♦**band together** VI sich zusammenschließen

bandage ['bændɪdʒ] [A] S Verband *m* [B] VT (*a.* **bandage up**) verbinden

Band-Aid® ['bændeɪd] *US* S Heftpflaster *n*

bandan(n)a [bæn'dænə] S (buntes) Tuch *n*

B & B [,bi:ən'bi:] S ABK (= **bed and breakfast**) [1] Übernachtung *f* mit Frühstück [2] Frühstückspension *f*

bandit ['bændɪt] S Bandit(in) *m(f)*

band leader S Bandleader(in) *m(f)* **bandmaster** S Kapellmeister *m* **bandsman** ['bændzmən] S ⟨*pl* -men⟩ Musiker *m*; **military** ~ Mitglied *n* eines Musikkorps **bandstand** S Musikpavillon *m* **bandwagon** S **to jump** *od* **climb on the** ~ *fig umg* auf den fahrenden Zug aufspringen **bandwidth** S RADIO, IT Bandbreite *f*

bandy ['bændɪ] ADJ ~ **legs** O-Beine

♦**bandy about** *Br*, **bandy around** VT ⟨*trennb*⟩ *j-s Namen* immer wieder nennen; *Ideen* verbreiten; *Zahlen, Worte* um sich werfen mit

bane [beɪn] S Fluch *m*; **it's the** ~ **of my life** das ist noch mal mein Ende *umg*

bang¹ [bæŋ] [A] S [1] Knall *m*, Plumps *m*; **there was a** ~ **outside** draußen hat es geknallt [2] Schlag *m* [B] ADV [1] **to go** ~ knallen; *Ballon* zerplatzen [2] *umg* genau; **his answer was** ~ **on** seine Antwort war genau richtig; **she came** ~ **on time** sie war auf die Sekunde pünktlich; ~ **up to date** brandaktuell *umg* [C] INT peng; ~ **goes my chance of promotion** *umg* und das war's dann mit der Beförderung *umg* [D] VT [1] schlagen; **he** ~**ed his fist on the table** er schlug mit der Faust auf den Tisch [2] *Tür* zuschlagen [3] *Kopf, Schienbein* sich (*dat*) anschlagen (**on** an +*dat*); **to** ~ **one's head** *etc* **on sth** mit dem Kopf *etc* gegen etw knallen *umg* [4] *vulg* (≈ *schlafen mit*) bumsen *umg*, vögeln *vulg* [E] VI *Tür* zuschlagen; *Feuerwerk, Pistole* knallen; **to** ~ **on** *od* **at sth** gegen *od* an etw (*akk*) schlagen ♦**bang**

about *Br*, **bang around** A VI Krach machen B VT ⟨trennb⟩ Krach machen mit ♦**bang down** VT ⟨trennb⟩ (hin)-knallen *umg*, zuknallen *umg*; **to bang down the receiver** den Hörer aufknallen *umg* ♦**bang into** VI ⟨+obj⟩ prallen auf (+*akk*) ♦**bang on about** *Br umg* VI ⟨+obj⟩ schwafeln von *umg* ♦**bang out** VT ⟨trennb⟩ **to bang out a tune on the piano** eine Melodie auf dem Klavier hämmern *umg* ♦**bang up** *sl* VT ⟨trennb⟩ *Straftäter* einbuchten *umg*

bang[2] *US* S Pony *m*; **~s** Ponyfrisur *f*

banger ['bæŋəʳ] S 1 *Br umg* Wurst *f* 2 *umg* (≈ *altes Auto*) Klapperkiste *f umg* 3 *Br* (≈ *Feuerwerk*) Knallkörper *m*

Bangladesh [,bæŋglə'deʃ] S Bangladesh *n* **Bangladeshi** [,bæŋglə'deʃı] A S Bangladeshi *m/f* B ADJ aus Bangladesh

bangle ['bæŋgl] S Armreif(en) *m*

bangs PL *US* (≈ *Frisur*) Pony *m*

banish ['bænıʃ] VT *j-n* verbannen, vertreiben **banishment** S Verbannung *f*

banister, bannister ['bænıstəʳ] S *a.* **~s** Geländer *n*

banjo ['bændʒəʊ] S ⟨*pl* -es *od US* -s⟩ Banjo *n*; **to play the ~** Banjo spielen

★**bank**[1] [bæŋk] A S 1 *von Erde* Damm *m*; (≈ *Abhang*) Böschung *f*; **~ of snow** Schneeverwehung *f*; **~ of cloud** Wolkenwand *f* 2 *von Fluss, See* Ufer *n*; **we sat on the ~s of a river** wir saßen an einem Flussufer B VI FLUG in die Querlage gehen

★**bank**[2] [bæŋk] A S Bank *f*; **to keep** *od* **be the ~** die Bank halten B VT zur Bank bringen C VI **where do you ~?** bei welcher Bank haben Sie Ihr Konto? ♦**bank on** VI ⟨+obj⟩ sich verlassen auf (+*akk*); **I was banking on your coming** ich hatte fest damit gerechnet, dass du kommst

bank account S Bankkonto *n* **bank balance** S Kontostand *m* **bankbook** S Sparbuch *n* **bank card** S Scheckkarte *f*; *US* Kreditkarte *f* **bank charge** S Kontoführungsgebühr *f* **bank clerk** S Bankangestellte(r) *m/f(m)* **bank code** *Br* S Bankleitzahl *f* **bank draft** S Bankwechsel *m* **banker** ['bæŋkəʳ] S FIN Bankier *m*, Banker(in) *m(f) umg*; *beim Glücksspiel* Bankhalter(in) *m(f)* **banker's card** S Scheckkarte *f* **banker's cheque** *Br* S, **banker's draft** *US* S Bankscheck *m* **banker's order** S Dauerauftrag *m* **bank giro** S Banküberweisung *f* **bank holiday** *Br* S öffentlicher Feiertag **banking** ['bæŋkıŋ] A S Bankwesen *n*; **he wants to go into ~** er will ins Bankfach gehen B ADJ ⟨*attr*⟩ Bank- **bank loan** S Bankkredit *m* **bank manager** S Filialleiter(in) *m(f)*; **my ~** der Filialleiter/die Filialleiterin meiner Bank

★**banknote** S *Br* Geldschein *m* **bank raid** S Banküberfall *m* **bank rate** *Br* S Diskontsatz *m* **bank robber** S Bankräuber(in) *m(f)* **bank robbery** S Bankraub *m*

bankrupt ['bæŋkrʌpt] A S Bankrotteur(in) *m(f)* B ADJ bankrott; **to go ~** Bankrott machen C VT zugrunde richten **bankruptcy** ['bæŋkrəptsı] S Bankrott *m*, Konkurs *m* **bankruptcy proceedings** PL Konkursverfahren *n*

bank sort code S Bankleitzahl *f* **bank statement** S Kontoauszug *m* **bank transfer** S Banküberweisung *f*

banned substance S SPORT illegale *od* verbotene Substanz

banner ['bænəʳ] S Banner *n*, Transparent *n* **banner ad** S INTERNET Bannerwerbung *f*, Banner *n* **banner headlines** ['bænə'hedlaınz] PL Schlagzeilen *pl*

banning ['bænıŋ] S Verbot *n*; **the ~ of cars from city centres** *Br*, **the ~ of cars from downtown areas** *US* das Fahrverbot in den Innenstädten

bannister ['bænıstəʳ] S → banister

banns [bænz] PL KIRCHE Aufgebot *n*; **to read the ~** das Aufgebot verlesen

banquet ['bæŋkwıt] S Festessen *n*

banter ['bæntəʳ] S Geplänkel *n*

bap (bun) ['bæp(bʌn)] *Br* S weiches Brötchen

baptism ['bæptızəm] S Taufe *f*; **~ of fire** *fig* Feuertaufe *f* **Baptist** ['bæptıst] S Baptist(in) *m(f)*; **the ~ Church** die Baptistengemeinde; (≈ *Lehre*) der Baptismus

baptize [bæp'taız] VT taufen

★**bar**[1] [bɑːʳ] A S 1 Stange *f*; FUSSB *umg* Latte *f*, Querlatte *f*; (≈ *Süßigkeit*) Riegel *m*; **bar of gold** Goldbarren *m*; **a bar of chocolate, a chocolate bar** eine Tafel Schokolade, ein Schokoladenriegel *m*; **a bar of soap** ein Stück *n* Seife; **a two-bar electric fire** ein Heizgerät *n* mit zwei Heizstäben; **the window has bars** das Fenster ist vergittert; **to put sb be-**

hind bars j-n hinter Gitter bringen [2] von *Käfig* (Gitter)stab *m* [3] SPORT *horizontal* Reck *n*; *für Hochsprung etc* Latte *f*; **bars** *pl* Barren *m*; **(wall) bars** Sprossenwand *f* [4] *fig* **to be a bar to sth** einer Sache (*dat*) im Wege stehen [5] JUR **the Bar** die Anwaltschaft; **to be called to the Bar, to be admitted to the Bar** *US* als Verteidiger zugelassen werden [6] (≈ *Kneipe*) Lokal *n*, Bar *f*; *Teil der Gaststätte* Gaststube *f*; (≈ *Ausschank*) Theke *f* [7] MUS Takt *m*, Taktstrich *m* [8] $\overline{VT}$ Latte blockieren; **to bar sb's way** j-m den Weg versperren [2] *Fenster, Tür* versperren [3] *j-n* ausschließen; *Handlung etc* untersagen; **they've been barred from the club** sie haben Klubverbot

bar² $\overline{PRÄP}$ **bar none** ohne Ausnahme; **bar one** außer einem

barb [bɑːb] $\overline{S}$ Widerhaken *m*

Barbados [bɑːˈbeɪdɒs] $\overline{S}$ Barbados *n*

barbarian [bɑːˈbeərɪən] **A** $\overline{S}$ Barbar(in) *m(f)* **B** $\overline{ADJ}$ barbarisch **barbaric** [bɑːˈbærɪk] $\overline{ADJ}$ barbarisch, grausam; *fig umg Verhältnisse* grauenhaft **barbarism** [ˈbɑːbərɪzəm] $\overline{S}$ Barbarei *f* **barbarity** [bɑːˈbærɪtɪ] $\overline{S}$ Barbarei *f*; *fig* Primitivität *f*, Grausamkeit *f* **barbarous** [ˈbɑːbərəs] $\overline{ADJ}$ HIST, *a. fig* barbarisch, grausam; *Wache etc* roh; *Akzent* grauenhaft

barbecue [ˈbɑːbɪkjuː] **A** $\overline{S}$ GASTR Grill *m*; (≈ *Fest*) Grillparty *f*, Barbecue *n* **B** $\overline{VT}$ grillen

barbed [bɑːbd] *fig* $\overline{ADJ}$ *Bemerkung* bissig **barbed wire** $\overline{S}$ Stacheldraht *m* **barbed-wire fence** $\overline{S}$ Stacheldrahtzaun *m*

barbell [ˈbɑːbel] $\overline{S}$ Langhantel *f*

barber [ˈbɑːbə^r] $\overline{S}$ (Herren)friseur *m*; **at/to the ~'s** beim/zum Friseur **barbershop** [ˈbɑːbəʃɒp] **A** $\overline{S}$ *US* (Herren)friseurgeschäft *n* **B** $\overline{ADJ}$ **~ quartet** Barbershop-Quartett *n*

barbiturate [bɑːˈbɪtjʊrɪt] $\overline{S}$ Barbiturat *n* **bar chart** $\overline{S}$ Balkendiagramm *n*, Säulendiagramm *n* **bar code** $\overline{S}$ Strichcode *m*, Bar-Code *m* **bar code reader** $\overline{S}$ Strichcodeleser *m* **bar crawl** *US* $\overline{S}$ Kneipenbummel *m*

★**bare** [beə^r] **A** $\overline{ADJ}$ ⟨*komp* barer⟩ [1] nackt; *Zimmer* leer; **~ patch** kahle Stelle; **the ~ facts** die nackten Tatsachen; **with his ~ hands** mit bloßen Händen [2]

knapp; **the ~ minimum** das absolute Minimum **B** $\overline{VT}$ *Brust, Beine* entblößen; *beim Arzt* frei machen; *Zähne* fletschen; **to ~ one's soul** seine Seele entblößen **bareback** $\overline{ADV \& ADJ}$ ohne Sattel **barefaced** *fig* $\overline{ADJ}$ unverschämt **barefoot(ed)** **A** $\overline{ADV}$ barfuß **B** $\overline{ADJ}$ barfüßig **bareheaded** $\overline{ADJ \& ADV}$ ohne Kopfbedeckung **barelegged** $\overline{ADJ}$ mit bloßen Beinen **barely** [ˈbeəlɪ] $\overline{ADV}$ kaum; **it's ~ good enough** es ist gerade noch gut genug **bareness** $\overline{S}$ *von Baum* Kahlheit *f*; *von Zimmer* Leere *f*

barf [bɑːf] *US umg* $\overline{VI}$ kotzen *umg*

★**bargain** [ˈbɑːgɪn] **A** $\overline{S}$ [1] Handel *m*; **to make** *od* **strike a ~** sich einigen; **I'll make a ~ with you** ich mache Ihnen ein Angebot; **to keep one's side of the ~** sich an die Abmachung halten; **you drive a hard ~** Sie stellen ja harte Forderungen!; **into the ~** obendrein [2] *billig* Sonderangebot *n*; (≈ *Erworbenes*) Schnäppchen *n*, Occasion *f schweiz*; **what a ~!** das ist aber günstig! **B** $\overline{VI}$ handeln **(for** *um*), verhandeln ◆**bargain for** $\overline{VI}$ ⟨*+obj*⟩ **I got more than I bargained for** ich habe vielleicht mein blaues Wunder erlebt! *umg* ◆**bargain on** $\overline{VI}$ ⟨*+obj*⟩ zählen auf (*+akk*)

bargain hunter $\overline{S}$ Schnäppchenjäger(in) *m(f)* **bargain-hunting** $\overline{S}$ **to go ~** auf Schnäppchenjagd gehen **bargaining** [ˈbɑːgɪnɪŋ] $\overline{S}$ Handeln *n*, Verhandeln *n*; **~ position** Verhandlungsposition *f* **bargain offer** $\overline{S}$ Sonderangebot *n* **bargain price** $\overline{S}$ Sonderpreis *m*; **at a ~** zum Sonderpreis **bargain sale** $\overline{S}$ Ausverkauf *m*

barge [bɑːdʒ] **A** $\overline{S}$ Frachtkahn *m*, Schleppkahn *m*, Hausboot *n* **B** $\overline{VT}$ **he ~d his way into the room** er ist (ins Zimmer) hereingeplatzt *umg*; **he ~d his way through the crowd** er hat sich durch die Menge geboxt *umg* **C** $\overline{VI}$ **to ~ into a room** (in ein Zimmer) hereinplatzen *umg*; **to ~ out of a room** aus einem Zimmer hinausstürmen; **he ~d through the crowd** er drängte sich durch die Menge ◆**barge in** *umg* $\overline{VI}$ [1] *in Zimmer* hereinplatzen [2] (≈ *unterbrechen*) dazwischenplatzen *umg* (**on** *bei*) ◆**barge into** $\overline{VI}$ ⟨*+obj*⟩ j-n (hinein)rennen in (*+akk*) *umg*; *Objekt* rennen gegen *umg*

bargepole ['bɑːdʒpəʊl] ̱S̱ **I wouldn't touch him with a ~** Br umg den würde ich noch nicht mal mit der Kneifzange anfassen umg

bar graph ̱S̱ IT Balkendiagramm n

bar hop US umg ̱S̱ Kneipenbummel m

bar hopping US umg ̱S̱ **to go ~** eine Kneipentour machen umg

baritone ['bærɪtəʊn] Ⓐ ̱S̱ Bariton m Ⓑ ADJ Bariton-

bark¹ [bɑːk] ̱S̱ von Baum Rinde f, Borke f

★**bark**² Ⓐ ̱S̱ von Hund Bellen n; **his ~ is worse than his bite** sprichw Hunde, die bellen, beißen nicht sprichw Ⓑ V̱I̱ bellen; **to ~ at sb** j-n anbellen; Mensch j-n anfahren; **to be ~ing up the wrong tree** fig umg auf dem Holzweg sein umg

◆bark out V̱Ṯ ⟨trennb⟩ Befehle usw

barkeep(er) ['bɑːkiːp(ə²)] US ̱S̱ Gastwirt m, Barkeeper m

barking ['bɑːkɪŋ('mæd)] umg ADJ total verrückt umg

barley ['bɑːlɪ] ̱S̱ Gerste f **barley sugar** ̱S̱ Malzzucker m; ≈ hartes Zuckerbonbon **barley water** ̱S̱ Art Gerstenextrakt; **lemon ~** konzentriertes Zitronengetränk

barmaid Br ̱S̱ Bardame f **barman** Br ̱S̱ ⟨pl -men⟩ Barkeeper m

barmy ['bɑːmɪ] ADJ ⟨komp barmier⟩ Br umg bekloppt umg; Idee etc blödsinnig umg

barn [bɑːn] ̱S̱ **I** Scheune f, Stadel m österr, schweiz **2** US für Lkws Depot n **barn dance** ̱S̱ Bauerntanz m **barn owl** ̱S̱ Schleiereule f **barnyard** ̱S̱ (Bauern)hof m

barometer [bə'rɒmɪtə²] ̱S̱ Barometer n **barometric pressure** [ˌbærəʊmetrɪk'preʃə²] ̱S̱ Luftdruck m

baron ['bærən] ̱S̱ Baron m; **oil ~** Ölmagnat m; **press ~** Pressezar m **baroness** ['bærənɪs] ̱S̱ Baronin f; unverheiratet Baronesse f

baroque [bə'rɒk] Ⓐ ADJ barock, Barock- Ⓑ ̱S̱ Barock m/n

barracks ['bærəks] ̱S̱ ⟨oft mit sg v⟩ MIL Kaserne f; **to live in ~** in der Kaserne wohnen

▶ **barracks ≠ Baracken**

barracks pl	=	Kaserne
Baracke	**shack**	

barrage ['bærɑːʒ] ̱S̱ **I** über Fluss Staustufe f **2** MIL Sperrfeuer n **3** fig Hagel m; **he faced a ~ of questions** er wurde mit Fragen beschossen

barred [bɑːd] ADJ **~ window** Gitterfenster n

★**barrel** ['bærəl] ̱S̱ **I** Fass n; für Öl Tonne f; (≈ Maßeinheit) Barrel n; **they've got us over a ~** sie haben uns in der Zange umg; **it wasn't exactly a ~ of laughs** umg es war nicht gerade komisch; **he's a ~ of laughs** umg er ist eine echte Spaßkanone umg **2** von Pistole Lauf m

barrel organ ̱S̱ Leierkasten m

barren ['bærən] ADJ unfruchtbar; Land, Wüste öde; (≈ unattraktiv) öde, trostlos; (≈ ohne Erfolg) erfolglos **barrenness** ̱S̱ Unfruchtbarkeit f; von Land, Wüste Öde f; mangelnde Attraktivität Trostlosigkeit f; mangelnder Erfolg Erfolglosigkeit f

barrette [bæ'ret] US ̱S̱ (Haar)spange f

barricade [ˌbærɪ'keɪd] Ⓐ ̱S̱ Barrikade f Ⓑ V̱Ṯ verbarrikadieren

barrier ['bærɪə²] ̱S̱ **I** Barriere f, Schranke f, (Leit)planke f **2** fig Hindernis n; zwischen Menschen Schranke f; **trade ~s** Handelsschranken pl; **language ~** Sprachbarriere f; **a ~ to success** etc ein Hindernis n für den Erfolg etc; **to break down ~s** Zäune niederreißen **barrier contraceptive** ̱S̱ mechanisches Verhütungsmittel **barrier cream** ̱S̱ Haut(schutz)creme f **barrier method** ̱S̱ mechanische Verhütung

barring ['bɑːrɪŋ] PRÄP **~ accidents** falls nichts passiert; **~ one** außer einem

barrister ['bærɪstə²] Br ̱S̱ Rechtsanwalt m/-anwältin f

barrow ['bærəʊ] ̱S̱ Karren m

bar stool ̱S̱ Barhocker m **bartender** ['bɑːtendə²] US ̱S̱ Barkeeper m; **~!** hallo!

barter ['bɑːtə²] V̱Ṯ & V̱I̱ tauschen (**for** gegen)

base¹ [beɪs] Ⓐ ̱S̱ **I** Basis f; von Statue etc Sockel m; von Lampe, Berg Fuß m; **at the ~ (of)** unten (an +dat) **2** im Urlaub, a. MIL Stützpunkt m, Basis f; **to return to ~** zum Stützpunkt od zur Basis zurückkehren **3** Baseball Mal n, Base n; **at od on second ~** auf Mal od Base 2; **to touch ~** US umg sich melden (**with** bei); **to touch od cover all the ~s** US fig an alles denken Ⓑ V̱Ṯ **I** fig Hoffnungen, Theorie basieren, gründen (**on** auf +akk); Bezie-

hung bauen (**on** auf +*akk*); **to be ~d on sth** auf etw (*dat*) basieren *od* beruhen; **to ~ one's technique on sth** in seiner Technik von etw ausgehen **2** stationieren; **the company is ~d in London** die Firma hat ihren Sitz in London; **my job is ~d in Glasgow** ich arbeite in Glasgow

base² ADJ *‹komp baser› Metall* unedel; *Motive, Charakter* niedrig

baseball ['beɪsbɔːl] S Baseball *m/n*

baseball cap S Baseballmütze *f*

base camp S Basislager *m* **-based** [-beɪst] ADJ *‹suf›* **London-based** mit Sitz in London; **to be computer-based** auf Computerbasis arbeiten **base jumping** S Basejumping *n* **baseless** ADJ unbegründet **baseline** ['beɪslaɪn] S *Tennis* Grundlinie *f*

★**basement** ['beɪsmənt] S Untergeschoss *n*; **~ flat** *Br*, **~ apartment** Souterrainwohnung *f*

base rate S Leitzins *m*

bash [bæʃ] *umg* **A** S **1** Schlag *m* **2** **I'll have a ~ (at it)** ich probier's mal *umg* **B** V/T *Auto* eindellen *umg*; **to ~ one's head (against** *od* **on sth)** sich (*dat*) den Kopf (an etw (*dat*)) anschlagen; **to ~ sb on** *od* **over the head with sth** j-m mit etw auf den Kopf hauen ◆**bash in** *umg* V/T *‹trennb› Tür* eindrücken; *Hut, Auto* eindellen *umg*; **to bash sb's head in** j-m den Schädel einschlagen *umg* ◆**bash up** *bes Br umg* V/T *‹trennb› Auto* demolieren *umg*

bashful ['bæʃfʊl] ADJ, **bashfully** ['bæʃfəli] ADV schüchtern, *gschamig österr*

basic ['beɪsɪk] **A** ADJ **1** Grund-; *Grund, Thema* Haupt-; *Punkte* wesentlich; *Absicht* eigentlich; **there's no ~ difference** es besteht kein grundlegender Unterschied; **the ~ thing to remember is** ... woran man vor allem denken muss, ist ...; **his knowledge is rather ~** er hat nur ziemlich elementare Kenntnisse; **the furniture is rather ~** die Möbel sind ziemlich primitiv; **~ income** Grundeinkommen *n*; **~ salary** Grundgehalt *n*; **~ vocabulary** Grundwortschatz *m* **2** notwendig **B** PL **the ~s** das Wesentliche; **to get down to (the) ~s** zum Kern der Sache kommen; **to get back to ~s** auf das Wesentliche besinnen **basically** ['beɪsɪkəli] ADV im Grunde, hauptsäch-

lich; **is that correct? — ~ yes** stimmt das? — im Prinzip, ja; **that's ~ it** das wär's im Wesentlichen **basic English** S englischer Grundwortschatz **basic rate** S Eingangssteuersatz *m*; **the ~ of income tax** der Eingangssteuersatz bei Lohn- und Einkommensteuer

basil ['bæzl] S BOT Basilikum *n*

basin ['beɪsn] S **1** Schüssel *f*, (Wasch)becken *n* **2** GEOG Becken *n*

basis ['beɪsɪs] S *‹pl bases* ['beɪsiːz]*›* Basis *f*; **we're working on the ~ that ...** wir gehen von der Annahme aus, dass ...; **to be on a sound ~** auf festen Füßen stehen; **on the ~ of this evidence** aufgrund dieses Beweismaterials

bask [bɑːsk] V/I *in der Sonne* sich aalen (**in** in +*dat*); *in j-s Gunst etc* sich sonnen (**in** in +*dat*)

★**basket** ['bɑːskɪt] S Korb *m*, Körbchen *n* **basketball** S Basketball *m* **basket case** *sl* S Spinner(in) *m(f)* **basket chair** S Korbsessel *m*

Basle [bɑːl] S Basel *n*

Basque [bæsk] **A** S **1** Baske *m*, Baskin *f* **2** *(≈ Sprache)* Baskisch *n* **B** ADJ baskisch

bass¹ [beɪs] **A** S MUS Bass *m* **B** ADJ MUS Bass-

bass² [bæs] S *‹pl -es)›* ZOOL Barsch *m*

bass clef S Bassschlüssel *m* **bass drum** S große Trommel

bassoon [bə'suːn] S Fagott *n*; **to play the ~** Fagott spielen

bastard ['bɑːstəd] S **1** *wörtl* uneheliches Kind **2** *sl* Scheißkerl *m umg*; **poor ~** armes Schwein *umg*; **this question is a real ~** diese Frage ist wirklich hundsgemein *umg* **bastardize** ['bɑːstədaɪz] *fig* V/T verfälschen

baste [beɪst] V/T GASTR (mit Fett) begießen

bastion ['bæstɪən] S Bastion *f*

bat¹ [bæt] S ZOOL Fledermaus *f*; **he drove like a bat out of hell** er fuhr, wie wenn der Teufel hinter ihm her wäre; **(as) blind as a bat** stockblind *umg*

bat² **A** S SPORT *Baseball, Kricket* Schlagholz *n*; *Tischtennis* Schläger *m*; **off one's own bat** *Br umg* auf eigene Faust *umg*; **right off the bat** *US* prompt **B** V/T & V/I SPORT *Baseball, Kricket* schlagen

bat³ V/T **not to bat an eyelid** *Br*, **not to bat an eye** *US* nicht mal mit der Wimper zucken

batch [bætʃ] S̲ von Menschen Schwung m umg; (≈ Versandgut) Sendung f; von Briefen, Arbeit Stoß m **batch command** S̲ Batchbefehl m **batch file** S̲ IT Batchdatei f **batch job** S̲ Stapelverarbeitung f **batch processing** S̲ IT Stapelverarbeitung f

bated [ˈbeɪtɪd] ADJ with ~ breath mit angehaltenem Atem

★**bath** [bɑːθ] A̲ S̲ 1̲ Bad n; to have od take a ~ baden; to give sb a ~ j-n baden 2̲ (Bade)wanne f 3̲ (swimming) ~s pl (Schwimm)bad n; (public) ~s pl Badeanstalt f B̲ V̲T̲ baden C̲ V̲I̲ Br (sich) baden **bathe** [beɪð] A̲ V̲T̲ 1̲ baden, waschen; to ~ one's eyes ein Augenbad machen; ~d in tears tränenüberströmt; to be ~d in sweat schweißgebadet sein 2̲ US → bath B̲ V̲I̲ baden C̲ S̲ Bad n; to have od take a ~ baden **bather** [ˈbeɪðər] S̲ Badende(r) m/f(m) **bathing** [ˈbeɪðɪŋ] A̲ S̲ Baden n B̲ ADJ Bade- **bathing cap** Br S̲ Badekappe f **bathing costume** Br, **bathing suit** S̲ Badeanzug m **bathing trunks** Br PL Badehose f **bathmat** [ˈbɑːθmæt] S̲ Badematte f **bathrobe** [ˈbɑːθrəʊb] S̲ Bademantel m

★**bathroom** [ˈbɑːθruːm] S̲ Bad n, Badezimmer n; US Toilette f **bathroom cabinet** S̲ Toilettenschrank m **bathroom scales** PL Personenwaage f **bath salts** PL Badesalz n **bathtowel** S̲ Badetuch n **bathtub** S̲ Badewanne f

 bathroom

Bathroom bedeutet im amerikanischen Englisch außer Badezimmer auch Toilette.

baton [ˈbætən, US bæˈtɒn] S̲ 1̲ MUS Taktstock m 2̲ von Polizist Schlagstock m 3̲ in Staffellauf Stab m **baton charge** S̲ to make a ~ Schlagstöcke einsetzen **batsman** [ˈbætsmən] S̲ ⟨pl -men [-mən]⟩ SPORT Schlagmann m **battalion** [bəˈtæljən] S̲ MIL fig Bataillon n

batten [ˈbætn] S̲ Latte f ◆**batten down** V̲T̲ ⟨trennb⟩ to batten down the hatches fig (≈ Türen schließen) alles dicht machen; (≈ vorbereitet sein) sich auf etwas gefasst machen

batter¹ [ˈbætər] S̲ GASTR Teig m
batter² S̲ SPORT Schlagmann m
batter³ A̲ V̲T̲ einschlagen auf (+akk), prügeln; Kind, Frau misshandeln B̲ V̲I̲ schlagen; to ~ at the door an die Tür trommeln umg ◆**batter down** V̲T̲ ⟨trennb⟩ Tür einschlagen
battered [ˈbætəd] ADJ übel zugerichtet, misshandelt; Hut, Auto verbeult; Möbel, Ruf ramponiert umg **batterer** [ˈbætərər] S̲ wife-batterer prügelnder Ehemann; child-batterer prügelnder Vater, prügelnde Mutter **battering** [ˈbætərɪŋ] wörtl S̲ Prügel pl; he/it got od took a real ~ er/es hat ganz schön was abgekriegt umg
battery¹ [ˈbætərɪ] S̲ Batterie f
battery² [ˈbætərɪ] S̲ JUR Tätlichkeit f, Körperverletzung f; ~ and assault schwere Körperverletzung
battery charger S̲ Ladegerät n **battery farm** S̲ Legebatterie f **battery farming** S̲ Legebatterien pl **battery hen** S̲ AGR Batteriehuhn n **battery life** S̲ Akkulaufzeit f **battery-operated** ADJ batteriegespeist **battery-powered** ADJ batteriebetrieben

★**battle** [ˈbætl] A̲ S̲ wörtl Schlacht f; fig Kampf m; to fight a ~ eine Schlacht schlagen; fig einen Kampf führen; to do ~ for sb/sth sich für j-n/etw einsetzen; killed in ~ (im Kampf) gefallen; ~ of wits geistiger Wettstreit; ~ of words Wortgefecht n; ~ of wills Machtkampf m; that's half the ~ damit ist schon viel gewonnen; getting an interview is only half the ~ damit, dass man ein Interview bekommt, ist es noch nicht getan B̲ V̲I̲ sich schlagen; fig kämpfen C̲ V̲T̲ fig to ~ one's way through four qualifying matches sich durch vier Qualifikationsspiele durchschlagen ◆**battle out** V̲T̲ ⟨trennb⟩ to battle it out sich einen harten Kampf liefern

battle-axe, **battle-ax** US S̲ umg (≈ Frau) Drachen m umg **battle cry** S̲ Schlachtruf m **battlefield** S̲ Schlachtfeld n **battleground** S̲ Schlachtfeld n **battlements** [ˈbætlmənts] PL Zinnen pl **battleship** S̲ Schlachtschiff n
batty [ˈbætɪ] ADJ ⟨komp battier⟩ Br umg verrückt
bauble [ˈbɔːbl] S̲ 1̲ wertloses Schmuckstück 2̲ Br Christbaumkugel f

B

baud [bɔːd] $\underline{\text{S}}$ IT Baud n
baulk [bɔːk] $\overline{\text{VI}}$ → balk
Bavaria [bəˈvɛərɪə] $\underline{\text{S}}$ Bayern n **Bavarian** [bəˈvɛərɪən] $\boxed{\text{A}}$ $\underline{\text{S}}$ **1** Bayer(in) m(f) **2** (≈Dialekt) Bayrisch n $\boxed{\text{B}}$ $\overline{\text{ADJ}}$ bay(e)risch
bawdy [ˈbɔːdɪ] $\overline{\text{ADJ}}$ ⟨komp **bawdier**⟩ derb
bawl [bɔːl] $\boxed{\text{A}}$ $\overline{\text{VI}}$ brüllen; umg (≈weinen) heulen umg $\boxed{\text{B}}$ $\overline{\text{VT}}$ Befehl brüllen ♦**bawl out** $\overline{\text{VT}}$ ⟨trennb⟩ Befehl brüllen; Person anbrüllen
★**bay**¹ [beɪ] $\underline{\text{S}}$ Bucht f; **Hudson Bay** die Hudson Bay
bay² $\underline{\text{S}}$ **1** Ladeplatz m **2** Parkbucht f
bay³ $\underline{\text{S}}$ **to keep** od **hold sb/sth at bay** j-n/etw in Schach halten
bay⁴ $\overline{\text{ADJ}}$ Pferd (kastanien)braun $\boxed{\text{B}}$ $\underline{\text{S}}$ (≈Pferd) Braune(r) m
bay leaf $\underline{\text{S}}$ Lorbeerblatt n
bayonet [ˈbeɪənɪt] $\underline{\text{S}}$ Bajonett n **bayonet fitting** $\underline{\text{S}}$ ELEK Bajonettfassung f
bay window $\underline{\text{S}}$ Erkerfenster n
bazaar [bəˈzɑːr] $\underline{\text{S}}$ Basar m
BBC $\overline{\text{ABK}}$ (≈ British Broadcasting Corporation) BBC f

▶ **BBC**

Die **BBC (British Broadcasting Corporation)** ist eine staatlich finanzierte Rundfunk- und Fernsehanstalt, die über zahlreiche TV-Kanäle sowie überregionale und regionale Rundfunksender verfügt. Zu ihr gehört auch der **BBC World Service**, der über Rundfunk in 28 Sprachen sendet und auch über das Fernsehen (**BBC World Service TV**) zu empfangen ist.

BBQ $\overline{\text{ABK}}$ (≈ barbecue) Grillparty f
BC $\overline{\text{ABK}}$ (≈ before Christ) v. Chr., vor Christus

★**be** [biː]
⟨präs **am**; **is**; **are**; prät **was**; **were**; pperf **been**⟩

A Kopulativverb **B** Hilfsverb
C intransitives Verb **D** unpersönliches Verb

— **A** Kopulativverb —
⟨kopulativ⟩ **1** sein; **be sensible** sei vernünftig; **who's that? — it's me/ that's Mary** wer ist das? — ich bin's/ das ist Mary; **he is a soldier/a German** er ist Soldat/Deutscher; **he wants to be a doctor** er möchte Arzt werden; **he's a good student** er ist ein guter Student; **he's five** er ist fünf; **two times two is four** zwei mal zwei ist vier **2** **how are you?** wie geht's?; **she's not at all well** es geht ihr gar nicht gut; **to be hungry** Hunger haben; **I am hot** mir ist heiß **3** kosten; **how much is that?** wie viel kostet das? **4** gehören (+dat); **that book is his** das Buch gehört ihm **5** stehen; **the verb is in the present** das Verb steht in der Gegenwart

— **B** Hilfsverb —
1 in Verlaufsform **what are you doing?** was machst du da?; **they're coming tomorrow** sie kommen morgen; **I have been waiting for you for half an hour** ich warte schon seit einer halben Stunde auf Sie; **will you be seeing her tomorrow?** sehen od treffen Sie sie morgen?; **I was packing my case when … ** ich war gerade beim Kofferpacken, als … **2** im Passiv werden; **he was run over** er ist überfahren worden; **it is being repaired** es wird gerade repariert; **I will not be intimidated** ich lasse mich nicht einschüchtern; **they are to be married** sie werden heiraten; **the car is to be sold** das Auto soll verkauft werden; **what is to be done?** was soll geschehen? **3** Pflicht ausdrückend **I am to look after her** ich soll mich um sie kümmern; **I am not to be disturbed** ich möchte nicht gestört werden; **I wasn't to tell you his name** ich hätte Ihnen eigentlich nicht sagen sollen, wie er heißt **4** (≈Bestimmung ausdrückend) **she was never to return** sie sollte nie zurückkehren **5** Möglichkeit ausdrückend **he was not to be persuaded** er ließ sich nicht überreden; **if it were** od **was to snow** falls es schneien sollte; **and if I were to tell him?** und wenn ich es ihm sagen würde? **6** in Fragen und Antworten **he's always late, isn't he? — yes he is** er kommt doch immer zu spät, nicht? — ja, das stimmt; **he's never late, is he? — yes he is** er kommt nie zu spät, oder? — oh, doch; **it's all done, is it? — yes it is/no it isn't** es ist also alles erledigt? — ja/nein

— **C** intransitives Verb —

sein, bleiben; **we've been here a long time** wir sind schon lange hier; **let me be** lass mich; **be that as it may** wie dem auch sei; **I've been to Paris** ich war schon (ein)mal in Paris; **the milkman has already been** der Milchmann war schon da; **he has been and gone** er war da und ist wieder gegangen; **here is a book/are two books** hier ist ein Buch/ sind zwei Bücher; **here/there you are** bei Begrüßung sei Sie ja; (= *bitte schön*) hier/da, bitte; **there he was sitting at the table** da saß er nun am Tisch; **nearby there are two churches** in der Nähe sind zwei Kirchen

— **D** unpersönliches Verb —

⟨*unpers*⟩ sein; **it is dark** es ist dunkel; **tomorrow is Friday** morgen ist Freitag; **it is 5 km to the nearest town** es sind 5 km bis zur nächsten Stadt; **it was us who found it, it was we who found it** *form* WIR haben das gefunden; **were it not for the fact that I am a teacher, I would ...** wenn ich kein Lehrer wäre, dann würde ich ...; **were it not for him, if it weren't** *od* **wasn't for him** wenn er nicht wäre; **had it not been** *od* **if it hadn't been for him** wenn er nicht gewesen wäre

◆**be in for** V/T he's in for a big surprise auf ihn wartet e-e Überraschung; *drohend* er kann was erleben; **be in for trouble** Ärger bekommen

★**beach** [biːtʃ] S̲ Strand *m*; **on the ~** am Strand **beach ball** S̲ 🔢 Wasserball *m* 🔢 SPORT Beachball *m* **beach buggy** S̲ Strandbuggy *m* **beachfront** ADJ ⟨*attr*⟩ am Strand (gelegen); **~ café** Strandcafé *n* **beach holiday** *Br* S̲ Strandurlaub *m* **beach towel** S̲ Strandtuch *n* **beach vacation** *US* S̲ Strandurlaub *m* **beach volleyball** S̲ Beachvolleyball *m* **beachwear** S̲ Strandkleidung *f*

beacon [ˈbiːkən] S̲ Leuchtfeuer *n*, Funkfeuer *n*

bead [biːd] S̲ 🔢 Perle *f*; **(string of) ~s** Perlenschnur *f*, Perlenkette *f* 🔢 *von Schweiß* Tropfen *m* **beady** [ˈbiːdɪ] ADJ **~ eyes** wache Äuglein *pl*; Glotzerchen *pl umg*; **I've got my ~ eye on you** *umg* ich beobachte Sie genau!

beagle [ˈbiːgl] S̲ Beagle *m*

beak [biːk] S̲ Schnabel *m*

beaker [ˈbiːkə] S̲ 🔢 *Br* Becher *m* 🔢 CHEM *etc* Becherglas *n*

be-all and end-all [ˈbiːɔːlændˈendɔːl] S̲ **the ~** das A und O; **it's not the ~** das ist auch nicht alles

beam [biːm] A S̲ 🔢 *Hoch- und Tiefbau, von Waage* Balken *m* 🔢 *von Licht* Strahl *m*; **to be on full** *od* **high ~** das Fernlicht eingeschaltet haben B V/I strahlen; **to ~ down** *Sonne* niederstrahlen; **she was ~ing with joy** sie strahlte übers ganze Gesicht C V/T RADIO, TV ausstrahlen **beaming** [ˈbiːmɪŋ] ADJ strahlend

★**bean** [biːn] S̲ 🔢 Bohne *f*; **he hasn't (got) a ~** *Br umg* er hat keinen roten Heller *umg* 🔢 *fig* **to be full of ~s** *umg* putzmunter sein *umg* **beanbag** S̲ Sitzsack *m* **beanburger** S̲ vegetarischer Hamburger (*mit Bohnen*) **beanfeast** *umg* S̲ Schmaus *m umg* **beanpole** S̲ Bohnenstange *f* **bean sprout** S̲ Sojabohnensprosse *f*

★**bear**¹ [beə] ⟨*prät* bore; *pperf* borne⟩ A V/T 🔢 tragen; *Geschenk etc* mit sich führen; *Kennzeichen, Ähnlichkeit* aufweisen; **he was borne along by the crowd** die Menge trug ihn mit (sich); **it doesn't ~ thinking about** man darf gar nicht daran denken 🔢 *Liebe, Groll* empfinden 🔢 ertragen; *Schmerzen* aushalten; *Kritik, Geruch, Lärm etc* vertragen; **she can't ~ being laughed at** sie kann es nicht vertragen, wenn man über sie lacht 🔢 gebären; → **born** B V/I **to ~ left/north** sich links/nach Norden halten C V/R sich halten ◆**bear away** V/T ⟨*trennb*⟩ 🔢 forttragen 🔢 *Sieg etc* davontragen ◆**bear down** V/I sich nahen *geh* ◆**bear on** V/I ⟨+*obj*⟩ → **bear upon** ◆**bear out** V/T ⟨*trennb*⟩ bestätigen; **to bear sb out in sth** j-n in etw bestätigen ◆**bear up** V/I sich halten; **how are you? — bearing up!** wie gehts? — man lebt! ◆**bear (up)on** V/I ⟨+*obj*⟩ betreffen ◆**bear with** V/I ⟨+*obj*⟩ **if you would just bear with me for a couple of minutes** wenn Sie sich vielleicht zwei Minuten gedulden wollen

bear² S̲ 🔢 Bär *m*; **he is like a ~ with a sore head** er ist ein richtiger Brummbär *umg* 🔢 ASTRON **the Great/Little Bear** der Große/Kleine Bär *od* Wagen 🔢 BÖRSE Baissespekulant *m*

bearable ['beərəbl] ADJ erträglich
★**beard** [bɪəd] S̲ Bart m **bearded** ADJ
bärtig
bearer ['beərə'] S̲ Träger(in) m(f); von
Neuigkeiten, Scheck Überbringer m; von
Namen, Pass Inhaber(in) m(f)
bear hug S̲ kräftige Umarmung
bearing ['beərɪŋ] S̲ ◼ Haltung f ◼ Aus-
wirkung f (on auf +akk), Bezug m (on zu);
to have some/no ~ on sth von Belang/
belanglos für etw sein, einen gewissen/
keinen Bezug zu etw haben ◼ **to get** od
find one's ~s sich zurechtfinden; **to
lose one's ~s** die Orientierung verlieren
bear market S̲ BÖRSE Baisse f
beast [biːst] S̲ ◼ Tier n ◼ umg (≈ Mensch)
Biest n **beastly** ['biːstlɪ] umg ADJ
scheußlich
★**beat** [biːt] ⟨v: prät beat; pperf beaten⟩
A̲ V̲T̲ ◼ schlagen; **to ~ a/one's way
through sth** sich durch etw (dat) einen
Weg durch etw bahnen; **to ~ a/the
drum** trommeln; **~ it!** fig umg hau ab!
umg; **the bird ~s its wings** der Vogel
schlägt mit den Flügeln; **to ~ time** (**to
the music**) den Takt schlagen ◼ (≈ Nie-
derlage beibringen) schlagen, besiegen;
Rekord brechen; **to ~ sb into second
place** j-n auf den zweiten Platz verwei-
sen; **you can't ~ real wool** es geht doch
nichts über reine Wolle; **if you can't ~
them, join them** umg wenn dus nicht
besser machen kannst, dann mach es
genauso; **coffee ~s tea any day** Kaffee
ist allemal besser als Tee; **it ~s me
(how/why ...)** umg es ist mir ein Rätsel(,
wie/warum ...) umg ◼ Etat, Menschen-
massen zuvorkommen (+dat); **I'll ~ you
down to the beach** ich bin vor dir am
Strand; **to ~ the deadline** vor Ablauf
der Frist fertig sein; **to ~ sb to it** j-m zu-
vorkommen B̲ V̲I̲ schlagen; Regen trom-
meln; **to ~ on the door** (**with one's
fists**) (mit den Fäusten) gegen die Tür
schlagen C̲ S̲ ◼ Schlag m; wiederholt
Schlagen n; **to the ~ of the drum** zum
Schlag der Trommeln ◼ von Polizist Run-
de f; (≈ Bezirk) Revier n; **to be on the ~**
seine Runde machen ◼ Dichtung, a.
MUS Takt m; mit Taktstock Taktschlag m
D̲ ADJ ◼ umg (≈ erschöpft) **to be (dead)
~ total** kaputt sein umg ◼ umg (≈ be-
siegt) **to be ~(en)** aufgeben müssen
umg; **he doesn't know when he's**

~(**en**) er gibt nicht auf umg; **this prob-
lem's got me ~** mit dem Problem kom-
me ich nicht klar umg ◆**beat in** V̲T̲
⟨trennb⟩ zurückschlagen ◆**beat down**
A̲ V̲I̲ Regen herunterprasseln; Sonne her-
unterbrennen B̲ V̲T̲ ⟨trennb⟩ ◼ **I man-
aged to beat him down (on the price)**
ich konnte den Preis herunterhandeln
◼ Tür einrennen ◆**beat in** V̲T̲ ⟨trennb⟩
◼ Tür einschlagen ◼ GASTR Eier etc un-
terrühren ◆**beat off** V̲T̲ ⟨trennb⟩ ab-
wehren ◆**beat out** V̲T̲ ⟨trennb⟩ Feuer
ausschlagen; Rhythmus schlagen, trom-
meln; **to beat sb's brains out** umg j-m
den Schädel einschlagen umg ◆**beat
up** V̲T̲ ⟨trennb⟩ j-n zusammenschlagen,
verprügeln ◆**beat up on** V̲I̲ ⟨+obj⟩ US
(≈ schlagen) verhauen umg; (≈ schi-
kanieren) einschüchtern

beaten ['biːtn] A̲ PPERF → beat B̲ ADJ
Erde festgetreten; **to be off the ~ track**
fig abgelegen sein **beating** ['biːtɪŋ]
◼ Prügel pl; **to give sb a ~** j-n verprü-
geln; **to get a ~** verprügelt werden ◼
von Trommel, Herz, Flügeln Schlagen n
◼ Niederlage f; **to take a ~** (**at the
hands of sb**) (von j-m) nach allen Re-
geln der Kunst geschlagen werden ◼
to take some ~ nicht leicht zu übertref-
fen sein **beat-up** ['biːtʌp] umg ADJ
ramponiert umg

beautician [bjuːˈtɪʃən] S̲ Kosmetiker(in)
m(f)
★**beautiful** ['bjuːtɪfʊl] ADJ schön; Idee,
Mahlzeit wunderbar; Schwimmer, Arbeit
hervorragend **beautifully** ['bjuːtɪfʊlɪ]
ADV schön; zubereitet, einfach herrlich;
schwimmen sehr gut **beautify** ['bjuːtɪ-
faɪ] V̲T̲ verschönern
★**beauty** ['bjuːtɪ] S̲ ◼ Schönheit f; **~ is in
the eye of the beholder** sprichw schön
ist, was (einem) gefällt; **the ~ of it is
that ...** das Schöne od Schönste daran
ist, dass ... ◼ Prachtexemplar n **beau-
ty contest** S̲ Schönheitswettbewerb
m **beauty parlour** S̲, **beauty par-
lor** US S̲ Schönheitssalon m **beauty
queen** S̲ Schönheitskönigin f **beauty
salon**, **beauty shop** US S̲ Schönheitssa-
lon m **beauty sleep** hum S̲ Schön-
heitsschlaf m **beauty spot** S̲ ◼
Schönheitsfleck m ◼ (≈ Ort) schönes
Fleckchen **beauty treatment** S̲ kos-
metische Behandlung

beaver [ˈbiːvəʳ] ⒮ Biber m ◆**beaver away** umg Ⅵ schuften umg (**at** an +dat)

became [bɪˈkeɪm] PRÄT → become

★**because** [bɪˈkɔz] Ⓐ KONJ weil, da; **it was the more surprising ~ we were not expecting it** es war umso überraschender, als wir es nicht erwartet hatten; **why did you do it? — just ~** umg warum hast du das getan? — darum Ⓑ PRÄP **~ of** wegen (+gen od (umg) dat); **I only did it ~ of you** ich habe es nur deinetwegen getan

beck [bek] ⒮ **to be at sb's ~ and call** j-m voll und ganz zur Verfügung stehen

beckon [ˈbekən] Ⅵ & Ⅵ winken; **he ~ed to her to follow (him)** er gab ihr ein Zeichen, ihm zu folgen

★**become** [bɪˈkʌm] Ⅵ ⟨prät became; pperf become⟩ werden; **it has ~ a rule** es ist jetzt Vorschrift; **it has ~ a nuisance/habit** es ist lästig/zur Gewohnheit geworden; **to ~ interested in sb/sth** anfangen, sich für j-n/etw zu interessieren; **to ~ king/a doctor** König/Arzt werden; **what has ~ of him?** was ist aus ihm geworden?; **what's to ~ of him?** was soll aus ihm werden?

B Ed ABK (= Bachelor of Education) Bachelor m der Erziehungswissenschaft

★**bed** [bed] ⒮ Ⓘ Bett n; ★**to go to bed** od ins Bett gehen; **to put sb to bed** j-n ins od zu Bett bringen; **to get into bed** sich ins Bett legen; **to get into bed with sb** mit j-m ins Bett steigen umg; **he must have got out of bed on the wrong side** umg er ist wohl mit dem linken Fuß zuerst aufgestanden; **to be in bed** im Bett sein; **to make the bed** das Bett machen; **can I have a bed for the night?** kann ich hier/bei euch etc übernachten?; **bed and board** Kost und Logis ② von Erz, Kohle Lager n; **a bed of clay** Lehmboden m ③ von Meer Grund m; von Fluss Bett n ④ für Blumen Beet n ◆**bed down** Ⅵ sein Lager aufschlagen; **to bed down for the night** sein Nachtlager aufschlagen

★**bed and breakfast** ⒮ Übernachtung f mit Frühstück; (a. **~ place**) Frühstückspension f; **"bed and breakfast"** „Fremdenzimmer" ◆**bedbug** ⒮ Wanze f **bedclothes** Br PL Bettzeug n **bedcover** ⒮ Tagesdecke f; **~s** pl Bettzeug n **bedding** [ˈbedɪŋ] ⒮ Bettzeug n; für Kanin-

chen etc (Lager)streu f **bedding plant** ⒮ Setzling m

bedevil [bɪˈdevl] Ⅵ erschweren

bed head ⒮ Kopfteil n des Bettes; hum zerzauste Frisur am Morgen

bedlam [ˈbedləm] fig ⒮ Chaos n

bed linen ⒮ Bettwäsche f **bedpan** ⒮ Bettpfanne f **bedpost** ⒮ Bettpfosten m **bedraggled** [bɪˈdrægld] ADJ ① triefnass ② verdreckt ③ ungepflegt

bed rest ⒮ Bettruhe f; **to follow/keep ~** die Bettruhe befolgen/einhalten **bedridden** [ˈbedrɪdn] ADJ bettlägerig **bedrock** ⒮ Grundgestein n; fig Grundlage f, Fundament n

★**bedroom** [ˈbedruːm] ⒮ Schlafzimmer n **bedside** [ˈbedsaɪd] ⒮ **to be at sb's ~** an j-s Bett (dat) sein **bedside lamp** ⒮ Nachttischlampe f **bedside table** ⒮ Nachttisch m **bedsit(ter)** [ˈbedsɪt(əʳ)] umg, **bedsitting room** [ˌbedˈsɪtɪŋrʊm] Br ⒮ möbliertes Zimmer **bedsore** ⒮ wund gelegene Stelle; **to get ~s** sich wund liegen **bedspread** ⒮ Tagesdecke f **bedstead** ⒮ Bettgestell n **bedtime** ⒮ Schlafenszeit f; **it's ~** es ist Schlafenszeit; **his ~ is 10 o'clock** er geht um 10 Uhr schlafen; **it's past your ~** du müsstest schon lange im Bett sein **bedtime story** ⒮ Gutenachtgeschichte f **bed-wetting** ⒮ Bettnässen n

★**bee** [biː] ⒮ Biene f; **to have a bee in one's bonnet** umg einen Tick haben umg

beech [biːtʃ] ⒮ ① Buche f ② Buche f Buchenholz n

★**beef** [biːf] Ⓐ ⒮ Rindfleisch n Ⓑ Ⅵ umg meckern umg (**about** über +akk) ◆**beef up** Ⅵ ⟨trennb⟩ aufmotzen umg **beefburger** ⒮ Hamburger m **Beefeater** ⒮ Beefeater m **beefsteak** ⒮ Beefsteak n **beefy** [ˈbiːfi] ADJ ⟨komp beefier⟩ ① Person muskulös, bullig umg ② (= effizient) stark, leistungsstark ③ nach Rindfleisch schmeckend fleischig

beehive ⒮ Bienenstock m **beekeeper** ⒮ Imker(in) m(f) **beeline** ⒮ **to make a ~ for sb/sth** schnurstracks auf j-n/etw zugehen

been [biːn] PPERF → be

beep [biːp] umg Ⓐ ⒮ Tut(tut) n umg; **leave your name and number after the ~** hinterlassen Sie Ihren Namen und Ihre Nummer nach dem Signalton

B

🔢 $\overline{VI}$ to ~ the od one's horn hupen 🄲 $\overline{VI}$ tuten umg; ~ ~! tut, tut umg **beeper** ['biːpər] $\overline{S}$ akustischer Zeichengeber, Piepser m umg

★**beer** [biər] $\overline{S}$ Bier n; **two ~s, please** zwei Bier, bitte **beer belly** umg $\overline{S}$ Bierbauch m umg **beer bottle** $\overline{S}$ Bierflasche f **beer garden** Br $\overline{S}$ Biergarten m **beer glass** $\overline{S}$ Bierglas n **beer mat** Br $\overline{S}$ Bierdeckel m

bee sting $\overline{S}$ Bienenstich m **beeswax** ['biːzwæks] $\overline{S}$ Bienenwachs n

beet [biːt] $\overline{S}$ Rübe f

★**beetle** ['biːtl] $\overline{S}$ Käfer m

beetroot ['biːtruːt] $\overline{S}$ Rote Bete od Rübe

befit [bɪˈfɪt] form $\overline{VI}$ j-n sich ziemen für geh; Anlass angemessen sein (+dat)

★**before** [bɪˈfɔːʳ] 🄰 $\overline{PRAP}$ vor (+dat); mit Richtungsangabe vor (+akk); **the year ~ last** das vorletzte Jahr; **the day ~ yesterday** vorgestern; **the day ~ that** der Tag davor; **~ then** vorher; **you should have done it ~ now** das hättest du schon (eher) gemacht haben sollen; **~ long** bald; **~ everything else** zuallererst; **to come ~ sb/sth** vor j-m/etw kommen; **ladies ~ gentlemen** Damen haben den Vortritt; **~ my (very) eyes** vor meinen Augen; **the task ~ us** die Aufgabe, vor der wir stehen 🄱 $\overline{ADV}$ davor, vorher; **have you been to Scotland ~?** waren Sie schon einmal in Schottland?; **I have seen** etc **this ~** ich habe das schon einmal gesehen etc; **never ~** noch nie; **(on) the evening/day ~** am Abend/Tag vorher; **(in) the year ~** im Jahr davor; **two hours ~** zwei Stunden vorher; **two days ~** zwei Tage davor od zuvor; **things continued as ~** alles war wie gehabt; **life went on as ~** das Leben ging seinen gewohnten Gang; **that chapter and the one ~** dieses Kapitel und das davor 🄲 $\overline{KONJ}$ bevor; **~ doing sth** bevor man etw tut; **you can't go ~ this is done** du kannst erst gehen, wenn das gemacht ist; **it will be a long time ~ he comes back** es wird lange dauern, bis er zurückkommt **beforehand** [bɪˈfɔːhænd] $\overline{ADV}$ im Voraus; **you must tell me ~** Sie müssen mir vorher Bescheid sagen **before-tax** [bɪˈfɔːtæks] $\overline{ADJ}$ vor Steuern

befriend [bɪˈfrend] $\overline{VI}$ sich akk mit j-m anfreunden; auf Facebook® etc. Freund werden mit

★**beg** [beg] 🄰 $\overline{VI}$ 🔢 Geld betteln um 🔢 Vergebung bitten um; **to beg sth of sb** j-n um etw bitten; **he begged to be allowed to ...** er bat darum, ... zu dürfen; **I beg to differ** ich erlaube mir, anderer Meinung zu sein 🔢 j-n anflehen; **I beg you!** ich flehe dich an! 🔢 **to beg the question** an der eigentlichen Frage vorbeigehen 🄱 $\overline{VI}$ 🔢 betteln; Hund Männchen machen 🔢 um Hilfe etc bitten (for um); **I beg of you** ich bitte Sie 🔢 **to go begging** umg noch zu haben sein, keine Abnehmer finden

began [bɪˈgæn] $\overline{PRAT}$ → begin

★**beggar** ['begər] 🄰 $\overline{S}$ 🔢 Bettler(in) m(f); **~s can't be choosers** sprichw in der Not frisst der Teufel Fliegen sprichw 🔢 Br umg Kerl m umg; **poor ~!** armer Kerl! umg; **a lucky ~** ein Glückspilz m 🄱 $\overline{VI}$ fig **to ~ belief** nicht zu fassen sein

★**begin** [bɪˈgɪn] ⟨prät **began**; pperf **begun**⟩ 🄰 $\overline{VI}$ 🔢 beginnen, anfangen; Arbeit anfangen mit; Aufgabe in Angriff nehmen; **to ~ to do sth** od **doing sth** anfangen od beginnen, etw zu tun; **to ~ working on sth** mit der Arbeit an etw (dat) beginnen; **she ~s the job next week** sie fängt nächste Woche (bei der Stelle) an; **to ~ school** in die Schule kommen; **she began to feel tired** sie wurde langsam müde; **she's ~ning to understand** sie fängt langsam an zu verstehen; **I'd begun to think you weren't coming** ich habe schon gedacht, du kommst nicht mehr 🔢 anfangen; Brauch einführen; Firma, Bewegung gründen; Krieg auslösen 🄱 $\overline{VI}$ anfangen, beginnen; neues Stück etc anlaufen; **to ~ by doing sth** etw zuerst (einmal) tun; **he began by saying that ...** er sagte einleitend, dass ...; **~ning from Monday** ab Montag; **~ning from page 10** von Seite 10 an; **it all began when ...** es fing alles damit an, dass ...; **to ~ with there were only three** anfänglich waren es nur drei; **to ~ with, this is wrong, and ...** erstens einmal ist das falsch, dann ...; **to ~ on sth** mit etw anfangen od beginnen

★**beginner** [bɪˈgɪnər] $\overline{S}$ Anfänger(in) m(f); **~'s luck** Anfängerglück n

★**beginning** [bɪˈgɪnɪŋ] $\overline{S}$ Anfang m; von Brauch, Bewegung Entstehen n kein pl;

at the ~ zuerst; **at the ~ of sth** am Anfang einer Sache (gen); zeitlich a. zu Beginn einer Sache (gen); **at the ~ of July** Anfang Juli; **from the ~** von Anfang an; **from the ~ of the week/poem** seit Anfang der Woche/vom Anfang des Gedichtes an; **read the paragraph from the ~** lesen Sie den Paragrafen von (ganz) vorne; **from ~ to end** von vorn bis hinten, von Anfang bis Ende; **to start again at** od **from the ~** noch einmal von vorn anfangen; **to begin at the ~** ganz vorn anfangen; **it was the ~ of the end for him** das war der Anfang vom Ende für ihn; **his humble ~s** seine einfachen Anfänge

begonia [bɪˈgəʊnɪə] s̲ Begonie f

begrudge [bɪˈgrʌdʒ] V̲T̲ 1 to ~ doing sth etw widerwillig tun 2 missgönnen (**sb sth** j-m etw) **begrudgingly** [bɪˈgrʌdʒɪŋlɪ] A̲D̲V̲ widerwillig

beguiling [bɪˈgaɪlɪŋ] A̲D̲J̲ betörend

begun [bɪˈgʌn] P̲P̲E̲R̲F̲ → begin

behalf [bɪˈhɑːf] s̲ **on ~ of**, **in ~ of** US für, im Interesse von, im Namen von, im Auftrag von

★**behave** [bɪˈheɪv] A̲ V̲I̲ sich verhalten, sich benehmen; **to ~ well/badly** sich gut/schlecht benehmen; **what a way to ~!** was für ein Benehmen!; **to ~ badly/well toward(s) sb** j-n schlecht/gut behandeln; **~!** benimm dich! B̲ V̲R̲ **to ~ oneself** sich benehmen; **~ yourself!** benimm dich! **behaviour** [bɪˈheɪvjəʳ] s̲, **behavior** US s̲ 1 Benehmen n; **to be on one's best ~** sich von seiner besten Seite zeigen 2 Verhalten n (**towards** gegenüber)

behead [bɪˈhed] V̲T̲ enthaupten, köpfen

beheld [bɪˈheld] P̲R̲Ä̲T̲ & P̲P̲E̲R̲F̲ → behold

behind [bɪˈhaɪnd] A̲ P̲R̲Ä̲P̲ hinter (+dat); mit Richtungsangabe hinter (+akk); **come out from ~ the door** komm hinter der Tür (her)vor; **he came up ~ me** er trat von hinten an mich heran; **walk close ~ me** gehen Sie dicht hinter mir; **put it ~ the books** stellen Sie es hinter die Bücher; **what is ~ this incident?** was steckt hinter diesem Vorfall?; **to be ~ sb** hinter j-m zurück sein; **to be ~ schedule** im Verzug sein; **to be ~ the times** fig hinter seiner Zeit zurück (-geblieben) sein; **you must put the past ~ you** Sie müssen Vergangenes

vergangen sein lassen; **she has years of experience ~ her** sie hat viel Erfahrung vorzuweisen B̲ A̲D̲V̲ 1 hinten, dahinter; **from ~** von hinten; **to look ~** zurückblicken 2 **to be ~ with one's studies** mit seinen Studien im Rückstand sein C̲ s̲ umg Hinterteil n umg

behold [bɪˈhəʊld] V̲T̲ ⟨prät, pperf beheld⟩ liter erblicken liter

beige [beɪʒ] A̲ A̲D̲J̲ beige B̲ s̲ Beige n

being [ˈbiːɪŋ] s̲ 1 Dasein n; **to come into ~** entstehen; **to bring into ~** ins Leben rufen 2 (Lebe)wesen n; **~s from outer space** Wesen pl aus dem All

Belarus [ˈbelərʊs] s̲ G̲E̲O̲G̲ Belarus n, Weißrussland n

belated [bɪˈleɪtɪd] A̲D̲J̲, **belatedly** [bɪˈleɪtɪd, -lɪ] A̲D̲V̲ verspätet

belch [beltʃ] A̲ V̲I̲ rülpsen B̲ V̲T̲ (a. **belch forth** od **out**) Rauch ausstoßen C̲ s̲ Rülpser m umg

beleaguered [bɪˈliːgəd] fig A̲D̲J̲ unter Druck stehend

belfry [ˈbelfrɪ] s̲ Glockenstube f

Belgian [ˈbeldʒən] A̲ s̲ Belgier(in) m(f) B̲ A̲D̲J̲ belgisch **Belgium** [ˈbeldʒəm] s̲ Belgien n

Belgrade [belˈgreɪd] s̲ Belgrad n

belie [bɪˈlaɪ] V̲T̲ 1 widerlegen 2 hinwegtäuschen über (+akk)

★**belief** [bɪˈliːf] s̲ Glaube m (**in an** +akk), Lehre f; **beyond ~** unglaublich; **in the ~ that …** im Glauben, dass …; **it is my ~ that …** ich bin der Überzeugung, dass … **believable** [bɪˈliːvəbl] A̲D̲J̲ glaubwürdig

★**believe** [bɪˈliːv] A̲ V̲T̲ glauben; **I don't ~ you** das glaube ich (Ihnen) nicht; **don't you ~ it** wer's glaubt, wird selig umg; **~ you me!** umg das können Sie mir glauben!; **~ it or not** ob Sie's glauben oder nicht; **would you ~ it!** umg ist das (denn) die Möglichkeit umg; **I would never have ~d it of him** das hätte ich nie von ihm geglaubt; **he couldn't ~ his eyes** er traute seinen Augen nicht; **he is ~d to be ill** es heißt, dass er krank ist; **I ~ so/not** ich glaube schon/nicht B̲ V̲I̲ an Gott glauben ◆**believe in** V̲I̲ ⟨+obj⟩ 1 glauben an (+akk); **he doesn't believe in doctors** er hält nicht viel von Ärzten 2 **to believe in sth** (prinzipiell) für etw sein; **he believes in getting up early** er ist überzeugter Früh-

B

aufsteher; **he believes in giving people a second chance** er gibt prinzipiell jedem noch einmal eine Chance; **I don't believe in compromises** ich halte nichts von Kompromissen

believer [bɪˈliːvəʳ] ⒮ **1** REL Gläubige(r) m/f(m) **2** **to be a (firm) ~ in sth** (grundsätzlich) für etw sein

Belisha beacon [bɪˌliːʃəˈbiːkən] Br ⒮ gelbes Blinklicht an Zebrastreifen

belittle [bɪˈlɪtl] ⒱ᴛ herabsetzen; **to ~ oneself** sich schlechter machen, als man ist

⋆**bell** [bel] ⒮ **1** Glocke f, Glöckchen n; in Schule, an Tür, von Fahrrad Klingel f; **as clear as a ~** Stimme glasklar; hören, klingen laut und deutlich **2** **there's the ~** es klingelt od läutet **bellboy** bes US ⒮ Page m **bellhop** US ⒮ → bellboy

belligerence [bɪˈlɪdʒərəns] ⒮ Kriegslust f, Streitlust f **belligerent** ⒜ᴅᴶ Staat kriegslustig; Mensch streitlustig; Rede aggressiv **belligerently** ⒜ᴅᴠ streitlustig

bellow [ˈbeləʊ] ⒜ ⒱ᴛ & ⒱ɪ brüllen; **to ~ at sb** j-n anbrüllen ⒝ ⒮ Brüllen n

bellows [ˈbeləʊz] ᴘʟ Blasebalg m; **a pair of ~** ein Blasebalg

bell pepper US ⒮ Paprikaschote f **bell pull** ⒮ Klingelzug m **bell push** ⒮ Klingel f **bell-ringer** ⒮ Glöckner m **bell-ringing** ⒮ Glockenläuten n

belly [ˈbelɪ] ⒮ **1** Bauch m **bellyache** umg ⒜ ⒮ Bauchschmerzen pl ⒝ ⒱ɪ murren (**about** über +akk) **bellybutton** ⒮ Bauchnabel m **belly dance** ⒮ Bauchtanz m **belly dancer** ⒮ Bauchtänzerin f **bellyflop** ⒮ Bauchklatscher m umg; **to do a ~** einen Bauchklatscher machen umg **bellyful** [ˈbelɪfʊl] umg ⒮ **I've had a ~ of writing these letters** ich habe die Nase voll davon, immer diese Briefe zu schreiben umg **belly laugh** ⒮ dröhnendes Lachen; **he gave a great ~** er lachte lauthals los **belly up** ⒜ᴅᴠ **to go ~** umg Firma pleitegehen umg

⋆**belong** [bɪˈlɒŋ] ⒱ɪ gehören (**to sb** j-m od **to sth** zu etw); **who does it ~ to?** wem gehört es?; **to ~ together** zusammengehören; **to ~ to a club** einem Klub angehören; **to feel that one doesn't ~** das Gefühl haben, dass man nicht dazugehört; **it ~s under the heading of …** das fällt in die Rubrik der … **belong-**

ings [bɪˈlɒŋɪŋz] ᴘʟ Sachen pl, Besitz m; **personal ~** persönlicher Besitz; **all his ~** sein ganzes Hab und Gut

Belorussia [ˌbjeləʊˈrʌʃə] ⒮ GEOG Weißrussland n

beloved [bɪˈlʌvd] ⒜ ⒜ᴅᴶ geliebt ⒝ ⒮ dearly ~ REL liebe Brüder und Schwestern im Herrn

⋆**below** [bɪˈləʊ] ⒜ ᴘʀᴀᴘ unterhalb (+gen), unter (+dat od mit Richtungsangabe +akk); **her skirt comes well ~ her knees** od the knee ihr Rock geht bis weit unters Knie; **to be ~ sb** (rangmäßig) unter j-m stehen ⒝ ⒜ᴅᴠ **1** unten; **in the valley ~** drunten im Tal; **one floor ~** ein Stockwerk tiefer; **the apartment ~** die Wohnung darunter, die Wohnung unter uns; **down ~** unten; **see ~** siehe unten **2** **15 degrees ~** 15 Grad unter null

⋆**belt** [belt] ⒜ ⒮ **1** Gürtel m; zum Tragen, im Auto Gurt m; **that was below the ~** das war ein Schlag unter die Gürtellinie; **to tighten one's ~** fig den Gürtel enger schnallen; **to get sth under one's ~** etw in der Tasche haben; **industrial ~** Industriegürtel m **2** TECH (Treib)riemen m; zur Warenbeförderung Band n ⒝ ⒱ᴛ umg knallen umg; **she ~ed him one in the eye** sie knallte ihm eins aufs Auge umg ⒞ ⒱ɪ umg rasen umg ◆**belt out** ⒱ᴛ 〈trennb〉 Melodie schmettern umg; auf Klavier hämmern umg ◆**belt up** ⒱ɪ die Klappe halten umg

beltway US ⒮ Umgehungsstraße f, Ringstraße f

bemoan [bɪˈməʊn] ⒱ᴛ beklagen

bemused [bɪˈmjuːzd] ⒜ᴅᴶ ratlos; **to be ~ by sth** einer Sache (dat) ratlos gegenüberstehen

⋆**bench** [bentʃ] ⒮ **1** Bank f **2** Werkbank f **3** SPORT **on the ~** auf der Reservebank **benchmark** [ˈbentʃmɑːk] fig ⒮ Maßstab m **bench press** ⒮ SPORT Bankdrücken n

⋆**bend** [bend] 〈v: prät, pperf bent〉 ⒜ ⒱ᴛ **1** biegen; Kopf beugen; **to ~ sth out of shape** etw verbiegen **2** fig Regeln, Wahrheit es nicht so genau nehmen mit ⒝ ⒱ɪ **1** sich biegen; Mensch sich beugen; **this metal ~s easily** dieses Metall verbiegt sich leicht, dieses Metall lässt sich leicht biegen; **my arm won't ~** ich kann den Arm nicht biegen **2** Fluss eine Biegung machen; Straße eine Kurve machen **C** s̲ Biegung f; in Straße Kurve f; **there is a ~ in the road** die Straße macht (da) eine Kurve; **to go/be round the ~** Br umg verrückt werden/sein umg; **to drive sb round the ~** Br umg j-n verrückt machen umg ◆**bend back A** v/i sich zurückbiegen, sich nach hinten biegen **B** v/t ⟨trennb⟩ zurückbiegen ◆**bend down A** v/i sich bücken; **she bent down to look at the baby** sie beugte sich hinunter, um das Baby anzusehen **B** v/t ⟨trennb⟩ Kanten o.ä. nach unten biegen ◆**bend over A** v/i sich bücken; **to bend over to look at sth** sich nach vorn beugen, um etw anzusehen **B** v/t ⟨trennb⟩ umbiegen

bendy [ˈbendɪ] umg ADJ **1** (≈ elastisch) biegsam **2** Straße kurvenreich, kurvig **bendy bus** Br s̲ Gelenkbus m

beneath [bɪˈniːθ] **A** PRÄP **1** unter (+dat od mit Richtungsangabe +akk), unterhalb (+gen) **2** **it is ~ him** das ist unter seiner Würde **B** ADV unten

benefactor [ˈbenɪfæktər] s̲ Wohltäter m **beneficial** [ˌbenɪˈfɪʃl] ADJ gut (**to** für), günstig **beneficiary** [ˌbenɪˈfɪʃərɪ] s̲ Nutznießer(in) m(f); von Nachlass Begünstigte(r) m/f(m)

benefit [ˈbenɪfɪt] **A** s̲ **1** Vorteil m, Gewinn m; **to derive** od **get ~ from** etw aus etw Nutzen ziehen; **for the ~ of the poor** für das Wohl der Armen; **for your ~** Ihretwegen; **we should give him the ~ of the doubt** wir sollten das zu seinen Gunsten auslegen **2** Unterstützung f; **to be on ~(s)** staatliche Unterstützung erhalten; **~s tourism** Sozialtourismus m **B** v/t guttun (+dat) **C** v/i profitieren (**from, by** von); **he would ~ from a week off** eine Woche Urlaub würde ihm guttun; **I think you'll ~ from the experience** ich glaube, diese Erfahrung wird Ihnen nützlich sein **benefit concert** s̲ Benefizkonzert n

Benelux [ˈbenɪlʌks] s̲ **~ countries** Beneluxstaaten pl

benevolence [bɪˈnevələns] s̲ Wohlwollen n **benevolent** [bɪˈnevələnt] ADJ wohlwollend

BEng ABK (= Bachelor of Engineering) B.Eng.

Bengali [beŋˈɡɔːlɪ] **A** s̲ (≈ Sprache) Bengali n; (≈ Mensch) Bengale m, Bengalin f **B** ADJ bengalisch

benign [bɪˈnaɪn] ADJ **1** gütig **2** MED Tumor gutartig

Benin [beˈniːn] s̲ GEOG Benin n

bent [bent] **A** PRÄT & PERF → bend **B** ADJ **1** gebogen, verbogen **2** **to be ~ on sth/doing sth** etw unbedingt wollen/tun wollen **3** Br umg (≈ bestechlich) korrupt **4** Br umg (≈ homosexuell) schwul **C** s̲ Neigung f (**for** zu); **people with** od **of a musical ~** Menschen mit einer musikalischen Veranlagung

benzene [ˈbenziːn] s̲ Benzol n

bequeath [bɪˈkwiːð] v/t vermachen (**to sb** j-m) **bequest** [bɪˈkwest] s̲ (≈ Vorgang) Vermachen n (**to** an +akk); (≈ Erbe) Nachlass m

berate [bɪˈreɪt] liter v/t schelten

bereaved [bɪˈriːvd] ADJ leidtragend; **the ~** die Hinterbliebenen pl **bereavement** s̲ Trauerfall m

bereft [bɪˈreft] ADJ **1** **to be ~ of sth** einer Sache (gen) bar sein **2** nach Tod allein und verlassen

beret [ˈbereɪ] s̲ Baskenmütze f

Bering Sea [ˈberɪŋ-] s̲ Beringmeer n **Bering Strait** [ˈberɪŋ-] s̲ Beringstraße f

berk [bɜːk] Br umg s̲ Dussel m umg

Berlin [bɜːˈlɪn] s̲ Berlin n

Bermuda shorts [bɜːˈmjuːdə-] PL Bermudashorts pl

Berne [bɜːn] s̲ Bern n

berry [ˈberɪ] s̲ Beere f

berserk [bəˈsɜːk] ADJ wild; **to go ~** fuchsteufelswild werden; Publikum zu toben anfangen, überschnappen

berth [bɜːθ] **A** s̲ **1** auf Schiff Koje f; im Zug Schlafwagenplatz m **2** SCHIFF für Schiff Liegeplatz m **3** **to give sb/sth a wide ~** fig einen (weiten) Bogen um j-n/etw machen **B** v/i anlegen **C** v/t **where is she ~ed?** wo liegt es?

beseech [bɪˈsiːtʃ] v/t liter j-n anflehen

beset [bɪˈset] v/t ⟨prät, pperf beset⟩ **to be ~ with difficulties** voller Schwierigkeiten sein; **~ by doubts** von Zweifeln befallen

★**beside** [bɪˈsaɪd] PRÄP **1** neben (+dat od mit Richtungsangabe +akk); Straße, Fluss an (+dat od mit Richtungsangabe +akk); **~ the road** am Straßenrand **2** **to be ~ the point** damit nichts zu tun haben; **to be ~ oneself** außer sich sein (**with** vor +dat)

B

★besides [bɪˈsaɪdz] **A** ADV außerdem; **many more ~** noch viele mehr; **have you got any others ~?** haben Sie noch andere? **B** PRÄP außer; **others ~ ourselves** außer uns noch andere; **there were three of us ~** Mary Mary nicht mitgerechnet, waren wir zu dritt; **~ which he was unwell** außerdem fühlte er sich nicht wohl

besiege [bɪˈsiːdʒ] VT belagern

besotted [bɪˈsɒtɪd] ADJ völlig vernarrt (**with** in +akk)

bespoke [bɪˈspəʊk] ADJ **a ~ tailor** ein Maßschneider m

★best [best] **A** ADJ ⟨sup⟩ **1** beste(r, s) attr; **to be ~** am besten sein; **to be ~ of all** am allerbesten sein; **what was the ~ thing about her?** was war das Beste an ihr?; **it's ~ to wait** das Beste ist zu warten; **may the ~ man win!** dem Besten der Sieg!; **the ~ part of the year/my money** fast das ganze Jahr/all mein Geld **2** → good **B** ADV ⟨sup⟩ **1** am besten; **mögen am liebsten; the ~ fitting dress** das am besten passende Kleid; **her ~ known novel** ihr bekanntester Roman; **he was ~ known for …** er war vor allem bekannt für …; **~ of all** am allerbesten/-liebsten; **as ~ I could** so gut ich konnte; **I thought it ~ to go** ich hielt es für das Beste zu gehen; **do as you think ~** tun Sie, was Sie für richtig halten; **you know ~** Sie müssen es (am besten) wissen; **you had ~ go now** am besten gehen Sie jetzt **2** → well² **C** S **the ~** der/die/das Beste; **his last book was his ~** sein letztes Buch war sein bestes; **they are the ~ of friends** sie sind enge Freunde; **to do one's ~** sein Bestes tun; **do the ~ you can!** machen Sie es so gut Sie können!; **it's the ~ I can do** mehr kann ich nicht tun; **to get the ~ out of sb/sth** das Beste aus j-m/etw herausholen; **to play the ~ of three** nur so lange spielen, bis eine Partei zweimal gewonnen hat; **to make the ~ of it/a bad job** das Beste daraus machen; **to make the ~ of one's opportunities** seine Chancen voll nützen; **it's all for the ~** es ist nur zum Guten; **to do sth for the ~** etw in bester Absicht tun; **to the ~ of my ability** so gut ich kann/konnte; **to the ~ of my knowledge** meines Wissens; **to look one's ~** besonders

gut aussehen; **it's not enough (even) at the ~ of times** das ist schon normalerweise nicht genug; **at ~** bestenfalls; **all the ~** alles Gute!; in Brief viele Grüße

best-before date S Haltbarkeitsdatum n **best-dressed** ADJ bestgekleidet attr

bestial [ˈbestɪəl] ADJ bestialisch **bestiality** [ˌbestɪˈælɪtɪ] S **1** von Verhalten bestialität f; von Mensch Brutalität f **2** (≈ Handlung) Gräueltat f

best man S ⟨pl -men⟩ Trauzeuge m (des Bräutigams)

bestow [bɪˈstəʊ] VT Ehre erweisen; Titel, Medaille verleihen; **~ upon sb** j-m etw schenken

bestseller S Verkaufsschlager m; (≈ Buch) Bestseller m **bestselling** ADJ Artikel absatzstark; Autor Erfolgs-; **a ~ novel** ein Bestseller m

★bet [bet] **A** ⟨v: prät, pperf bet(ted)⟩ **A** VT/I wetten; **I bet him £5** ich habe mit ihm (um) £ 5 gewettet **2** umg wetten; **I bet he'll come!** wetten, dass er kommt! umg; **bet you I can!** umg wetten, dass ich das kann! umg **B** VI wetten; **to bet on a horse** auf ein Pferd setzen; **don't bet on it** darauf würde ich nicht wetten; **you bet!** umg und ob! umg; **want to bet?** umg Wette f (**on** auf +akk); **to make** od **have a bet with sb** mit j-m wetten

beta-blocker [ˈbiːtəˌblɒkəʳ] S Betablocker m

beta release, beta version [ˈbiːtə] S IT Betaversion f

betray [bɪˈtreɪ] VT verraten (**to an** +dat); Vertrauen enttäuschen **betrayal** [bɪˈtreɪəl] S Verrat m (**of an** +dat); **a ~ of trust** ein Vertrauensbruch m

★better [ˈbetəʳ] **A** ADJ ⟨komp⟩ **1** besser; **he's ~** es geht ihm besser, er fühlt sich besser; er ist wieder gesund; **his foot is getting ~** seinem Fuß geht es schon viel besser; **I hope you get ~ soon** hoffentlich sind Sie bald wieder gesund; **~ and ~** immer besser; **that's ~!** Zustimmung so ist es besser!; Erleichterung so!; **it couldn't be ~** es könnte gar nicht besser sein; **the ~ part of an hour/my money** fast eine Stunde/mein ganzes Geld; **it would be ~ to go early** es wäre besser, früh zu gehen; **you would be ~ to go early** Sie gehen besser früh; **to go one ~** einen

Schritt weiter gehen; *bei Angebot* höhergehen; **this hat has seen ~ days** dieser Hut hat auch schon bessere Tage gesehen *umg* **2** → **good B** ADV ⟨*komp*⟩ **1** besser; *mögen* lieber; **they are ~ off than we are** sie sind besser dran als wir; **he is ~ off where he is** er ist besser dran, wo er ist *umg*; **to be ~ off without sb/sth** ohne j-n/etw besser dran sein *umg*; **I had ~ go** ich gehe jetzt wohl besser; **you'd ~ do what he says** tun Sie lieber, was er sagt; **I won't touch it — you'd ~ not!** ich fasse es nicht an — das will ich dir auch geraten haben **2** → **well? C 3 all the ~, so much the ~** umso besser; **the sooner the ~** je eher, desto besser; **to get the ~ of sb** j-n unterkriegen *umg*; *Problem etc* j-m schwer zu schaffen machen; **I'll get the ~ of it** damit werde ich fertig, das schaffe ich; **nerves got the ~ of her** sie war mit den Nerven am Ende **D** V/R *sozial* sich verbessern **better-off** ADJ besser dran; *finanziell* wohlhabender

betting [ˈbetɪŋ] S Wetten *pl* **betting shop** S Wettannahme *f* **betting slip** S Wettschein *m*

★between [bɪˈtwiːn] **A** PRÄP **1** zwischen (+*dat*); *mit Richtungsangabe* zwischen (+*akk*); **I was sitting ~ them** ich saß zwischen ihnen; **sit down ~ those two boys** setzen Sie sich zwischen diese beiden Jungen; **in ~** zwischen (+*dat od akk*); **~ now and next week we must …** bis nächste Woche müssen wir …; **there's nothing ~ them** *keine Beziehung* zwischen ihnen ist nichts **2** unter (+*dat od akk*); **divide the sweets ~ the children** verteilen Sie die Süßigkeiten unter die Kinder; **we shared an apple ~ us** wir teilten uns (*dat*) einen Apfel; **that's just ~ ourselves** das bleibt aber unter uns **3** (*= gemeinsam*) **~ us/them** zusammen; **we have a car ~ the three of us** wir haben zu dritt ein Auto **B** ADV dazwischen; **in ~** dazwischen; **the space/time ~** der Raum/die Zeit dazwischen

beverage [ˈbevərɪdʒ] S Getränk *n*

bevvy [ˈbevɪ] *Br umg* S alkoholisches Getränk; **to have a few bevvies** ein paar zischen *umg*

beware [bɪˈweə^r] V/I ⟨*nur Imperativ u. inf*⟩ **to ~ of sb/sth** sich vor j-m/etw hüten *od* in Acht nehmen; **to ~ of doing** sth sich davor hüten, etw zu tun; **"beware of the dog"** "Vorsicht, bissiger Hund"; **"beware of pickpockets"** "vor Taschendieben wird gewarnt"

▶ **beware ≠ bewahren**

to beware	=	sich hüten, sich in Acht nehmen
bewahren		**to keep; to protect** ◁

bewilder [bɪˈwɪldə^r] V/T verwirren **bewildered** [bɪˈwɪldəd] ADJ verwirrt **bewildering** [bɪˈwɪldərɪŋ] ADJ verwirrend **bewilderment** [bɪˈwɪldəmənt] S Verwirrung *f*; **in ~** verwundert

bewitch [bɪˈwɪtʃ] V/T bezaubern **bewitching** [bɪˈwɪtʃɪŋ] ADJ bezaubernd

beyond [bɪˈjɒnd] **A** PRÄP **1** (*= auf der anderen Seite*) jenseits (+*gen*) *geh*; (*= weiter als*) über (+*akk*) … hinaus; **~ the Alps** jenseits der Alpen **2** *zeitlich* **~ 6 o'clock** nach 6 Uhr; **~ the middle of June** Mitte Juni hinaus **3** (*= übertreffend*) **a task ~ her abilities** eine Aufgabe, die über ihre Fähigkeiten geht; **that is ~ human understanding** das übersteigt menschliches Verständnis; **~ repair** nicht mehr zu reparieren; **that's ~ me** das geht über meinen Verstand **4** *verneinend, in Fragen* außer; **have you any money ~ what you have in the bank?** haben Sie außer dem, was Sie auf der Bank haben, noch Geld?; **~ this/that B** ADV (*= auf der anderen Seite*) jenseits davon *geh*; *zeitlich danach*; (*= weiter*) darüber hinaus; **India and the lands ~** Indien und die Gegenden jenseits davon; **… a river, and ~ is a small field** … ein Fluss, und danach kommt ein kleines Feld

Bhutan [buːˈtɑːn] S Bhutan *n*

biannual ADJ, **biannually** [baɪˈænjuəl, -lɪ] ADV **1** zweimal jährlich **2** halbjährlich

bias [ˈbaɪəs] S *von Zeitung etc* (einseitige) Ausrichtung *f* (**towards** auf +*akk*); *von Mensch* Vorliebe *f* (**towards** für); **to have a ~ against sth** *Zeitung etc* gegen etw eingestellt sein; *Mensch* eine Abneigung gegen etw haben; **to have a left-/right-wing** ~ nach links/rechts ausgerichtet sein **biased** [ˈbaɪəst] ADJ, **biassed** *US*

ADJ voreingenommen; **~ in favour of/ against** *Br*, biassed **in favor of/ against** *US* voreingenommen für/gegen

bib [bɪb] S̲ Lätzchen *n*

★**Bible** ['baɪbl] S̲ Bibel *f* **Bible-basher** *umg* S̲ aufdringlicher Bibelfritze *sl* **Bible story** S̲ biblische Geschichte **biblical** ['bɪblɪkəl] ADJ biblisch

bibliography [ˌbɪblɪ'ɒɡrəfɪ] S̲ Bibliografie *f*

BIC [bɪk] ABK (= Bank Identifier Code) BIC *m*

bicarbonate of soda [baɪˌkɑ:bənɪtəv-'səʊdə] S̲ GASTR ≈ Backpulver *n*

bicentenary [ˌbaɪsen'ti:nərɪ], **bicentennial** [ˌbaɪsen'tenɪəl] *US* A̲ S̲ zweihundertjähriges Jubiläum B̲ ADJ zweihundertjährig

biceps ['baɪseps] PL Bizeps *m*

bicker ['bɪkəʳ] V̲I̲ sich zanken; **they are always ~ing** sie liegen sich dauernd in den Haaren **bickering** ['bɪkərɪŋ] S̲ Gezänk *n*

★**bicycle** ['baɪsɪkl] S̲ Fahrrad *n*, Velo *n schweiz*; **to ride a ~** Fahrrad fahren; **→ cycle**

bid [bɪd] A̲ V̲T̲ **1** ⟨*prät, pperf* bid⟩ bei Auktion bieten (**for** auf +*akk*) **2** ⟨*prät, pperf* bid⟩ KART reizen **3** ⟨*prät* bade *od* bad; *pperf* bidden⟩ **to bid sb farewell** von j-m Abschied nehmen B̲ V̲I̲ **1** ⟨*prät, pperf* bid⟩ bei Auktion bieten **2** ⟨*prät, pperf* bid⟩ KART reizen C̲ S̲ **1** bei Auktion Gebot *n* (**for** auf +*akk*); HANDEL Angebot *n* (**for** für) **2** KART Gebot *n* **3** Versuch *m*; **to make a bid for freedom** versuchen, die Freiheit zu erlangen; **in a bid to stop smoking** um das Rauchen aufzugeben **bidden** ['bɪdn] PPERF → **bid bidder** ['bɪdəʳ] S̲ [bɪdn] **to sell to the highest ~** an den Meistbietenden verkaufen **bidding** ['bɪdɪŋ] S̲ **1** bei Auktion Bieten *n* **2** KART Reizen *n*

bide [baɪd] V̲T̲ **to ~ one's time** den rechten Augenblick abwarten

bidet ['bi:deɪ] S̲ Bidet *n*

biennial [baɪ'enɪəl] ADJ zweijährlich

bifocal [baɪ'fəʊkəl] A̲ ADJ Bifokal- B̲ S̲ **bifocals** PL Bifokalbrille *f*

★**big** [bɪɡ] A̲ ADJ ⟨*komp* bigger⟩ **1** groß; **a big man** ein großer, schwerer Mann; **my big brother** mein großer Bruder *f* (≈*wichtig*) groß; **to be big in publishing** eine Größe im Verlagswesen sein; **to be**

onto something **big** *umg* einer großen Sache auf der Spur sein **3** (≈*eingebildet*) **big talk** Angeberei *f umg*; **he's getting too big for his boots** *umg* Angestellter er wird immer größenwahnsinnig; **to have a big head** *umg* eingebildet sein **4** *iron* großzügig, großmütig; **he was big enough to admit he was wrong** er hatte die Größe zuzugeben, dass er unrecht hatte **5** *umg* (≈*modisch*) in *umg* **6** *fig* **to earn big money** das große Geld verdienen *umg*; **to have big ideas** große Pläne haben; **to have a big mouth** *umg* eine große Klappe haben *umg*; **to do things in a big way** alles im großen Stil tun; **it's no big deal** *umg* das ist nichts Besonderes, (das ist) schon in Ordnung; **big deal!** *iron* na und? *umg*; **what's the big idea?** *umg* was soll denn das? *umg*; **our company is big on service** unsere Firma ist ganz groß in puncto Kundendienst B̲ ADV **to talk big** groß daherreden *umg*; **to think big** im großen Maßstab planen; **to make it big (as a singer)** (als Sänger(in)) ganz groß rauskommen *umg*

bigamist ['bɪɡəmɪst] S̲ Bigamist *m* **bigamy** ['bɪɡəmɪ] S̲ Bigamie *f*

Big Apple S̲ **the ~** *umg* New York *n* **big bang** S̲ ASTRON Urknall *m* **big business** S̲ Großkapital *n*; **to be ~** das große Geschäft sein **big cat** S̲ Großkatze *f* **big data** PL Big Data *pl* (*Massendaten*) **big dipper** S̲ **1** *Br* Achterbahn *f* **2** *US* ASTRON **Big Dipper** Großer Bär *od* Wagen **big game** S̲ JAGD Großwild *n* **bighead** *umg* S̲ Angeber(in) *m(f) umg* **bigheaded** *umg* ADJ angeberisch *umg* **bigmouth** *umg* S̲ Angeber(in) *m(f)*, Schwätzer(in) *m(f) pej* **big name** S̲ *umg* (≈*Mensch*) Größe *f* (*in +gen*); **all the ~s were there** alles, was Rang und Namen hat, war da **bigoted** ['bɪɡətɪd] ADJ eifernd; REL bigott **bigotry** ['bɪɡətrɪ] S̲ eifernde Borniertheit; REL Bigotterie *f*

big screen S̲ Kino *n* **big shot** S̲ hohes Tier *umg* **big time** S̲ **to make no hit the ~** groß einsteigen *umg* **big-time** *umg* ADV **they lost ~** sie haben gewaltig verloren *umg* **big toe** S̲ große Zehe **big top** S̲ Hauptzelt *n* **big wheel** *Br* S̲ Riesenrad *n* **bigwig** *umg* s̲ hohes Tier *umg*; **the local ~s** die Honoratioren des Ortes

★**bike** [baɪk] **A** s̲ (Fahr)rad *n*, Velo *n schweiz*; Motorrad *n*, Töff *m schweiz*; **to go on a ~ ride** eine Radtour machen; **on your ~!** *Br* verschwinde! *umg* **B** v̲/i̲ radeln *umg* **bike helmet** s̲ (Fahr)radhelm *m* **bike path** *umg* s̲ Radweg *m* **biker** [ˈbaɪkə˞] s̲ Motorradfahrer(in) *m(f)*, Töfffahrer(in) *m(f) schweiz*

bikini [bɪˈkiːnɪ] s̲ Bikini *m* **bikini line** s̲ Bikinizone *f* **bikini top** s̲ Bikinioberteil *n*

bilateral ADJ, **bilaterally** [baɪˈlætərəl, -lɪ] ADV bilateral

bilberry [ˈbɪlbərɪ] s̲ Heidelbeere *f*

bile [baɪl] s̲ **1** MED Galle *f* **2** *fig* Übellaunigkeit *f*

bilingual ADJ, **bilingually** [baɪˈlɪŋwəl, -lɪ] ADV zweisprachig; **~ secretary** Fremdsprachensekretär(in) *m(f)*

bill¹ [bɪl] s̲ *von Vogel, Schildkröte* Schnabel *m*

★**bill²** **A** s̲ **1** *Br* Rechnung *f*; **could we have the ~ please?** zahlen bitte! **2** *US* Geldschein *m*; **five-dollar ~** Fünfdollarschein *m* **3** THEAT Programm *n*; **to head** *od* **top the ~,** **to be top of the ~** der Star *m* des Abends/der Saison sein **4** PARL (Gesetz)entwurf *m*; **the ~ was passed** das Gesetz wurde verabschiedet **5** *bes* HANDEL, FIN **~ of exchange** Wechsel *m*; **~ of sale** Verkaufsurkunde *f*; **to give sb a clean ~ of health** j-m (gute) Gesundheit bescheinigen; **to fit the ~** *fig* der/die/ das Richtige sein **B** v̲/t̲ eine Rechnung ausstellen (+*dat*); **we won't ~ you for that, sir** wir werden Ihnen das nicht berechnen

billboard [ˈbɪlbɔːd] s̲ Reklametafel *f*

billet [ˈbɪlɪt] v̲/t̲ MIL einquartieren (**on sb** bei j-m)

billfold [ˈbɪlfəʊld] s̲ *US* Brieftasche *f*

billiards [ˈbɪljədz] s̲ ⟨+*sg v*⟩ Billard *n*

★**billion** [ˈbɪljən] s̲ Milliarde *f*; **~s of ...** *umg* Tausende von ... **billionaire** [ˌbɪljəˈneə˞] s̲ Milliardär(in) *m(f)* **billionth** [ˈbɪljənθ] **A** ADJ milliardste(r, s) **B** s̲ Milliardstel *n*

Bill of Rights s̲ *Br* ≈ Verfassung *f*; *US* Zusatzartikel *pl* zur Verfassung

billow [ˈbɪləʊ] v̲/i̲ *Segel* sich blähen; *Kleid etc* sich bauschen; *Rauch* in Schwaden vorüberziehen

billposter [ˈbɪlpəʊstə˞], **billsticker** [ˈbɪlstɪkə˞] s̲ Plakatkleber *m*

billy goat [ˈbɪlɪɡəʊt] s̲ Ziegenbock *m*

bimbo [ˈbɪmbəʊ] s̲ ⟨*pl* -s⟩ *pej umg* Häschen *n umg*

bin [bɪn] *bes Br* s̲ Mülleimer *m*, Mistkübel *m österr*, Mülltonne *f*, Abfallbehälter *m*

binary [ˈbaɪnərɪ] ADJ binär **binary code** s̲ IT Binärcode *m* **binary number** s̲ MATH binäre Zahl **binary system** s̲ MATH Dualsystem *n*, binäres System

bin bag [ˈbɪnˌbæg] *Br* s̲ Müllsack *m*

bind [baɪnd] ⟨*v*: *prät, pperf* **bound**⟩ **A** v̲/t̲ **1** binden (**to an** +*akk*); *fig* fesseln; *fig* verbinden (**to** mit); **bound hand and foot** an Händen und Füßen gefesselt **2** *Wunde, Arm etc* verbinden **3** *vertraglich* **to ~ sb to sth** j-n zu etw verpflichten; **to ~ sb to do sth** j-n verpflichten, etw zu tun **B** s̲ *umg* **to be (a bit of) a ~** *Br* recht lästig sein **◆bind together** *wörtl* v̲/t̲ ⟨*trennb*⟩ zusammenbinden; *fig* verbinden **◆bind up** v̲/t̲ ⟨*trennb*⟩ **1** *Wunde* verbinden **2** *fig* **to be bound up with** *od* **in sth** eng mit etw verknüpft sein

binder [ˈbaɪndə˞] s̲ Hefter *m* **binding** [ˈbaɪndɪŋ] **A** s̲ **1** *von Buch* Einband *m*; (≈ *Vorgang*) Binden *n* **2** *von Skiern* Bindung *f* **B** ADJ bindend (**on** für)

binge [bɪndʒ] *umg* **A** s̲ **to go on a ~** auf eine Sauftour gehen *umg*; eine Fresstour machen *umg* **B** v̲/i̲ auf eine Sauf-/Fresstour gehen *umg*; **to ~ on sth** sich mit etw vollstopfen *umg* **binge drinking** [ˈbɪndʒˌdrɪŋkɪŋ] s̲ Kampftrinken *n*

bingo [ˈbɪŋgəʊ] s̲ ⟨*kein pl*⟩ Bingo *n*

bin liner *Br* s̲ Mülltüte *f* **binman** s̲ ⟨*pl* -men⟩ *Br* Müllmann *m*

binoculars [bɪˈnɒkjʊlaz] PL Fernglas *n*; **a pair of ~** ein Fernglas *n*

biochemical ADJ biochemisch **biochemist** s̲ Biochemiker(in) *m(f)* **biochemistry** s̲ Biochemie *f* **biodegradable** ADJ biologisch abbaubar **biodiesel** s̲ Biodiesel *m* **biodiversity** s̲ Artenvielfalt *f* **biodynamic** ADJ biodynamisch **bioenergy** [ˌbaɪəʊˈenədʒɪ] s̲ Bioenergie *f* **bioethanol** [ˌbaɪəʊˈeθənɒl] s̲ Bioethanol *n* **biofuel** s̲ Biokraftstoff *m*, Biosprit *m* **biogas** [ˈbaɪəʊɡæs] s̲ Biogas *n*

biographer [baɪ'ɒgrəfəʳ] [S] Biograf(in) *m(f)* **biographic(al)** [ˌbaɪəʊ'græfɪk(əl)] [ADJ] biografisch **biography** [baɪ'ɒgrəfɪ] [S] Biografie *f*

biological [ˌbaɪə'lɒdʒɪkəl] [ADJ] biologisch; **the ~ clock** die biologische Uhr; **~ defence** *Br*, **~ defense** *US* Biowaffenschutz *m*; **~ detergent** Biowaschmittel *n*; **~ waste** Bioabfall *m* **biologist** [baɪ'ɒlədʒɪst] [S] Biologe *m*, Biologin *f*

★**biology** [baɪ'ɒlədʒɪ] [S] Biologie *f*; **~ lesson** Biologiestunde *f*; **~ teacher** Biologielehrer(in) *m(f)*

biomarker ['baɪəʊˌmɑːkəʳ] [S] Biomarker *m* (*messbarer Parameter biologischer Prozesse*) **biomass** [S] Biomasse *f* **biomass plant** [S] Biomassekraftwerk *n* **biometric** [ADJ] biometrisch; **~ passport** biometrischer Pass; **~ scan** Erfassung *f* der biometrischen Daten

bionic [baɪ'ɒnɪk] [ADJ] bionisch

biopic ['baɪəʊpɪk] [S] (≈ *Filmbiografie*) Biopic *n*

biopsy ['baɪɒpsɪ] [S] Biopsie *f*

biosphere [S] Biosphäre *f* **biosynthesis** [ˌbaɪəʊ'sɪnθəsɪs] [S] Biosynthese *f* **biosynthetic** [ˌbaɪəʊsɪn'θetɪk] [ADJ] biosynthetisch **biotechnology** [ˌbaɪəʊtek'nɒlədʒɪ] [S] Biotechnologie *f* **bioterrorism** [S] Bioterrorismus *m* **bioweapon** [S] Biowaffe *f*

bipolar [baɪ'pəʊləʳ] [ADJ] bipolar, manisch-depressiv **bipolar disorder** [S] bipolare Störung, manisch-depressive Erkrankung

birch [bɜːtʃ] [S] [1] Birke *f* [2] *als Peitsche* Rute *f*

★**bird** [bɜːd] [S] [1] Vogel *m*; **to tell sb about the ~s and the bees** j-m erzählen, wo die kleinen Kinder herkommen [2] *Br umg* (≈ *Mädchen*) Tussi *f umg* **birdbath** [S] Vogelbad *n* **bird box** [S] Vogelhäuschen *n* **bird brain** *umg* [S] **to be a ~** ein Spatzenhirn haben *umg* **birdcage** [S] Vogelbauer **bird flu** [S] Vogelgrippe *f* **bird sanctuary** [S] Vogelschutzgebiet *n* **birdseed** [S] Vogelfutter *n* **bird's-eye view** [S] Vogelperspektive *f*; **to get a ~ of the town** die Stadt aus der Vogelperspektive sehen **bird's nest** [S] Vogelnest *n* **birdsong** [S] Vogelgesang *m* **bird table** [S] Futterplatz *m* (*für Vögel*) **bird-watcher** [S] Vogelbeobachter(in) *m(f)* **bird-watching** [S] *das Beobachten von frei lebenden Vögeln (als Hobby)*

Biro® ['baɪərəʊ] *Br* [S] Kugelschreiber *m*, Kuli *m umg*

★**birth** [bɜːθ] [S] Geburt *f*; *von Bewegung etc* Aufkommen *n*; *von neuem Zeitalter* Anbruch *m*; **the country of his ~** sein Geburtsland *n*; **blind from** *od* **since ~** von Geburt an blind; **to give ~ to** gebären; **to give ~** entbinden; *Tier* jungen; **Scottish by ~** gebürtiger Schotte; **of low** *od* **humble ~** von niedriger Geburt **birth certificate** [S] Geburtsurkunde *f* **birth control** [S] Geburtenkontrolle *f* **birthdate** [S] Geburtsdatum *n*

★**birthday** ['bɜːθdeɪ] [S] Geburtstag *m*; **what did you get for your ~?** was hast du zum Geburtstag bekommen? **birthday cake** [S] Geburtstagskuchen *m od* -torte *f* **birthday card** [S] Geburtstagskarte *f* **birthday party** [S] Geburtstagsfeier *f*, Kindergeburtstag *m* **birthday suit** *umg* [S] **in one's ~** im Adams-/Evaskostüm *umg* **birthmark** [S] Muttermal *n* **birth mother** [S] leibliche Mutter **birthplace** [S] Geburtsort *m* **birth plan** [S] Geburtsplan *m* **birthrate** [S] Geburtenrate *f* **birthright** [S] Geburtsrecht *n*

Biscay ['bɪskeɪ] [S] **the Bay of ~** der Golf von Biskaya

biscuit ['bɪskɪt] [S] [1] *Br* Keks *m*, Biscuit *n schweiz*; *für Hund* Hundekuchen *m*; **that takes the ~!** *Br umg* das übertrifft alles [2] *US* Brötchen *n*

bisect [baɪ'sekt] [V/T] in zwei Teile teilen; MATH halbieren

bisexual [ˌbaɪ'seksjʊəl] [A] [ADJ] bisexuell [B] [S] Bisexuelle(r) *m/f(m)*

bishop ['bɪʃəp] [S] [1] KIRCHE Bischof *m*, Bischöfin *f* [2] *Schach* Läufer *m* **bishopric** ['bɪʃəprɪk] [S] Bistum *n*

bison ['baɪsn] [S] *amerikanisch* Bison *m*; *europäisch* Wisent *m*

bistro ['biːstrəʊ] [S] ⟨*pl* -s⟩, **bistro bar** [S] Bistro *n*

bit[1] [bɪt] [S] [1] *für Pferd* Gebissstange *f* [2] *von Bohrer* (Bohr)einsatz *m*

★**bit**[2] [A] [S] [1] Stück *n*, Stückchen *n*; *von Glas* Scherbe *f*; *in Buch etc* Stelle *f*, Teil *m*; **a few bits of furniture** ein paar Möbelstücke; **a bit of bread** ein Stück *n* Brot; **I gave my bit to my sister** ich habe meiner Schwester meinen Teil gegeben; ★**a bit** ein bisschen; **a bit of advice** ein Rat m; **we had a bit of trouble** wir hatten ein wenig Ärger; **it wasn't a bit of help** das war überhaupt keine Hilfe; **there's quite a bit of bread left** es ist noch eine ganze Menge Brot da; **in bits and pieces** (≈ zerbrochen) in tausend Stücken; **bring all your bits and pieces** bring deine Siebensachen; **to pull** od **tear sth to bits** wörtl etw in Stücke reißen; fig keinen guten Faden an etw (dat) lassen; **bit by bit** Stück für Stück, nach und nach; **it/he is every bit as good as ...** er/sie ist genauso gut, wie ...; **to do one's bit** sein(en) Teil tun; **a bit of a bruise** ein kleiner Fleck; **he's a bit of a rogue** er ist ein ziemlicher Schlingel; **she's a bit of a connoisseur** sie versteht einiges davon; **it's a bit of a nuisance** das ist schon etwas ärgerlich ② zeitlich **a bit** ein Weilchen n; **he's gone out for a bit** er ist mal kurz weggegangen ③ mit Bezug auf Kosten **a bit** eine ganze Menge; **it cost quite a bit** das hat ganz schön (viel) gekostet umg **B** ADV **a bit** ein bisschen; **wasn't she a little bit surprised?** war sie nicht etwas erstaunt?; **I'm not a (little) bit surprised** das wundert mich überhaupt nicht; **quite a bit** ziemlich viel

bit³ S IT Bit n

bit⁴ PRÄT → bite

bitch [bɪtʃ] **A** S ① Hündin f ② sl (≈ Frau) Miststück n umg, Zicke f; **silly ~** blöde Kuh umg ③ umg **to have a ~ (about sb/sth)** (über j-n/etw) meckern umg **B** VI umg meckern umg **(about sth** +akk) **bitchiness** ['bɪtʃɪnɪs] S Gehässigkeit f **bitchy** ['bɪtʃɪ] ADJ ⟨komp bitchier⟩ umg gehässig

bitcoin ['bɪtkɔɪn] S IT digitale Geldeinheit Bitcoin f

★**bite** [baɪt] ⟨v: prät bit; pperf bitten⟩ **A** VI beißen; Insekt stechen; **to ~ one's nails** an den Nägeln kauen; **to ~ one's tongue/lip** sich (dat) auf die Zunge/Lippen beißen; **he won't ~ you** fig umg er wird dich schon nicht beißen umg; **to ~ the dust** umg dran glauben müssen umg; **he had been bitten by the travel bug** ihn hatte das Reisefieber erwischt umg; **once bitten twice shy** sprichw (ein) gebranntes Kind scheut das Feuer sprichw **B** VI beißen; Insekten stechen

② Fisch fig umg anbeißen **C** S ① Biss m; durch Insekt Stich m; **he took a ~ (out) of the apple** er biss in den Apfel ② Angeln **I've got a ~** es hat einer angebissen ③ zu essen Happen m; **do you fancy a ~ (to eat)?** möchtest Sie etwas essen? ♦**bite into** VI (+obj) (hinein)beißen in (+akk) ♦**bite off** VI ⟨trennb⟩ abbeißen; **he won't bite your head off** er wird dir schon nicht den Kopf abreißen; **to bite off more than one can chew** sprichw sich (dat) zu viel zumuten **bite-size(d)** ['baɪtsaɪz(d)] ADJ mundgerecht **biting** ['baɪtɪŋ] ADJ beißend; Wind schneidend

bitmap S ① ⟨kein pl⟩ IT Bitmap n ② IT (a. ~ped image) Bitmap-Abbildung f **bitmapped** ADJ IT Bitmap-; **~ graphics** Bitmapgrafik f **bit part** S kleine Nebenrolle

bitten ['bɪtn] PPERF → bite

★**bitter** ['bɪtəʳ] **A** ADJ ⟨+er⟩ bitter; Wind eisig; Gegner, Kampf erbittert; Mensch verbittert; **it's ~ today** es ist heute bitterkalt; **to the ~ end** bis zum bitteren Ende **B** ADV **~ cold** bitterkalt **C** S Br halbdunkles obergäriges Bier **bitterly** ['bɪtəlɪ] ADV ① enttäuscht, kalt bitter; weinen, sich beschweren bitterlich; bekämpfen erbittert ② verbittert **bitterness** S Bitterkeit f; von Wind bittere Kälte; von Kampf Erbittertheit f **bittersweet** ['bɪtə,swiːt] ADJ bittersüß

biweekly [,baɪ'wiːklɪ] **A** ADJ ① **~ meetings** Konferenzen, die zweimal wöchentlich stattfinden ② vierzehntäglich **B** ADV ① zweimal in der Woche ② vierzehntäglich

bizarre [bɪ'zɑːʳ] ADJ bizarr

blab [blæb] **A** VI quatschen umg; (≈ Geheimnis ausplaudern) plappern **B** VI (a. **blab out**) Geheimnis ausplaudern

★**black** [blæk] **A** ADJ ⟨+er⟩ ① schwarz; **~ man/woman** Schwarze(r) m/f(m); **~ and blue** grün und blau; **~ and white photography** Schwarz-Weiß-Fotografie f; **the situation isn't so ~ and white as that** die Situation ist nicht so eindeutig schwarz-weiß ② Aussichten, Stimmung düster; **maybe things aren't as ~ as they seem** vielleicht ist alles gar nicht so schlimm, wie es aussieht; **this was a ~ day for ...** das war ein schwarzer Tag für ... ③ fig böse **B** S ① Schwarz

B

n; **he is dressed in** ~ er trägt Schwarz; **it's written down in** ~ **and white** es steht schwarz auf weiß geschrieben; **in the** ~ FIN in den schwarzen Zahlen **2** *a.* **Black** (≈*Mensch*) Schwarze(r) *m/f(m)* ♦**black out** Ⓐ Ⓥ das Bewusstsein verlieren Ⓑ Ⓥ ⟨*trennb*⟩ *Fenster* verdunkeln **black-and-white** ADJ schwarz-weiß **blackberry** Ⓢ Brombeere *f* **black-bird** Ⓢ *a.* Amsel *f* **blackboard** Ⓢ Tafel *f*; **to write sth on the** ~ etw an die Tafel schreiben **black book** Ⓢ **to be in sb's** ~**s** bei j-m schlecht angeschrieben sein *umg* **black box** Ⓢ FLUG Flugschreiber *m* **black comedy** Ⓢ schwarze Komödie **blackcurrant** Ⓢ Schwarze Johannisbeere, Schwarze Ribisel *österr* **black economy** Ⓢ Schattenwirtschaft *f* **blacken** Ⓥ **1** schwarz machen; *US* GASTR schwärzen; **the walls were** ~**ed by the fire** die Wände waren vom Feuer schwarz **2** *fig* **to** ~ **sb's name** *od* **reputation** j-n schlechtmachen **black eye** Ⓢ blaues Auge; **to give sb a** ~ j-m ein blaues Auge schlagen **Black Forest** Ⓢ Schwarzwald *m* **Black Forest gateau** *bes Br* Ⓢ Schwarzwälder Kirschtorte *f* **Black Friday** Ⓢ schwarzer Freitag (*vierter Freitag im November, der den Start des Weihnachtsgeschäfts mit vielen Rabatten markiert*) **blackhead** Ⓢ Mitesser *m*, Bibeli *n schweiz* **black hole** Ⓢ ASTRON, *a. fig* schwarzes Loch **black humour** Ⓢ, **black humor** *US* Ⓢ schwarzer Humor **black ice** Ⓢ Glatteis *n* **black list** Ⓢ schwarze Liste **blacklist** Ⓥ auf die schwarze Liste setzen **black magic** Ⓢ Schwarze Magie **blackmail** Ⓐ Ⓢ Erpressung *f* Ⓑ Ⓥ erpressen; **to** ~ **sb into doing sth** j-n durch Erpressung dazu zwingen, etw zu tun **blackmailer** Ⓢ Erpresser(in) *m(f)* **black market** Ⓐ Ⓢ Schwarzmarkt *m* Ⓑ ADJ ⟨*attr*⟩ Schwarzmarkt- **black marketeer** Ⓢ Schwarzhändler(in) *m(f)* **blackout** Ⓢ **1** MED Ohnmachtsanfall *m*; **I must have had a** ~ ich muss wohl in Ohnmacht gefallen sein **2** Stromausfall *m* **3** Nachrichtensperre *f* **black pepper** Ⓢ schwarzer Pfeffer **black pudding** Ⓢ ≈ Blutwurst *f* **Black Sea** Ⓢ Schwarzes Meer **black sheep** Ⓢ schwarzes Schaf **blacksmith** Ⓢ Hufschmied *m* **black**

spot Ⓢ, (*a.* **accident black spot**) Gefahrenstelle *f* **black tie** Ⓐ Ⓢ *bei Einladung* Abendgarderobe *f* Ⓑ ADJ mit Smokingzwang, in Abendgarderobe **bladder** ['blædəʳ] Ⓢ ANAT, BOT Blase *f* **blade** [bleɪd] Ⓢ **1** *von Messer, Werkzeug* Klinge *f* **2** *von Propeller* Blatt *n* **3** *von Gras* Halm *m* **4** *von Schlittschuh* Kufe *f* ♦**blame** [bleɪm] Ⓐ Ⓥ die Schuld geben (+*dat*); **to** ~ **sb for sth, to** ~ **sth on sb** j-m die Schuld an etw (*dat*) geben; **to** ~ **sth on sth** die Schuld an etw (*dat*) auf etw (*akk*) schieben; **you only have yourself to** ~ das hast du dir selbst zuzuschreiben; **who/what is to** ~ **for this accident?** wer/was ist schuld an diesem Unfall?; **to** ~ **oneself for sth** sich für etw verantwortlich fühlen; **well, I don't** ~ **him** das kann ich ihm nicht verdenken Ⓑ Ⓢ Schuld *f*; **to put the** ~ **for sth on sb** j-m die Schuld an etw (*dat*) geben; **to take the** ~ die Schuld auf sich (*akk*) nehmen **blameless** ADJ schuldlos **blanch** [blɑːnʃ] Ⓐ Ⓥ GASTR *Gemüse* blanchieren; *Mandeln* brühen Ⓑ Ⓥ *Mensch* blass werden (**with** *vor* +*dat*) **blancmange** [bləˈmɒnʒ] Ⓢ Pudding *m* **bland** [blænd] ADJ ⟨+*er*⟩ *Essen* fad ♦**blank** [blæŋk] Ⓐ ADJ ⟨+*er*⟩ **1** *Seite, Wand* leer; ~ **CD** CD-Rohling *m*; ~ **DVD** DVD-Rohling *m*; **a** ~ **space** eine Lücke; *auf Formular* ein freies Feld; **please leave** ~ bitte frei lassen **2** ausdruckslos, verständnislos; **to look** ~ verständnislos dreinschauen; **my mind** *od* **I went** ~ ich hatte ein Brett vor dem Kopf *umg* Ⓑ Ⓢ **1** Leere *f*; **my mind was a complete** ~ ich hatte totale Mattscheibe *umg*; **to draw a** ~ *fig* kein Glück haben **2** Platzpatrone *f* ♦**blank out** Ⓥ ⟨*trennb*⟩ *Gedanken etc* ausschalten **blank cheque** Ⓢ, **blank check** *US* Ⓢ Blankoscheck *m*; **to give sb a** ~ *fig* j-m freie Hand geben ♦**blanket** ['blæŋkɪt] Ⓐ Ⓢ Decke *f*; **a** ~ **of snow** eine Schneedecke Ⓑ ADJ ⟨*attr*⟩ *Behauptung* pauschal; *Verbot* generell **blankly** ['blæŋklɪ] ADV ausdruckslos, verständnislos; **she just looked at me** ~ sie sah mich nur groß an *umg* **blare** [bleəʳ] Ⓐ Ⓥ Plärren *n*; *von Trompeten* Schmettern *n* Ⓑ Ⓥ plärren; *Trompeten* schmettern ♦**blare out** Ⓥ schallen; *Trompeten* schmettern

blasé ['blɑːzeɪ] ADJ gleichgültig

blaspheme [blæs'fiːm] V/I Gott lästern; **to ~ against sb/sth** wörtl, fig j-n/etw schmähen geh **blasphemous** ['blæsfɪməs] wörtl, fig ADJ blasphemisch **blasphemy** ['blæsfɪmi] S Blasphemie f

blast [blɑːst] A S **1** Windstoß m; von Warmluft Schwall m; **a ~ of wind** ein Windstoß; **an icy ~** ein eisiger Wind; **a ~ from the past** umg eine Erinnerung an vergangene Zeiten **2 the ship gave a long ~ on its foghorn** das Schiff ließ sein Nebelhorn ertönen **3** Explosion f; **with the heating on (at) full ~** mit der Heizung voll aufgedreht B V/T **1** sprengen **2** Rakete schießen; Luft blasen C INT umg **~ (it)!** verdammt! umg; **~ this car!** dieses verdammte Auto! umg ◆**blast off** V/I Rakete abheben ◆**blast out** V/I Musik dröhnen

blasted ['blɑːstɪd] ADJ & ADV verdammt umg

blast furnace S Hochofen m **blastoff** ['blɑːstɒf] S Abschuss m

blatant ['bleɪtənt] ADJ offensichtlich; Fehler krass; Lügner unverfroren; Verachtung offen **blatantly** ['bleɪtəntli] ADV offensichtlich, offen; **she ~ ignored it** sie hat das schlicht und einfach ignoriert

blaze[1] [bleɪz] A S **1** Feuer n; **six people died in the ~** sechs Menschen starben in den Flammen **2 a ~ of lights** ein Lichtermeer n; **a ~ of colour** Br, **a ~ of color** US ein Meer n von Farben B V/I **1** Sonne, Feuer brennen; **to ~ with anger** vor Zorn glühen **2** Waffen feuern; **with all guns blazing** aus allen Rohren feuernd

blaze[2] V/T **to ~ a trail** fig den Weg bahnen

blazer ['bleɪzə'] S a. SCHULE Blazer m

blazing ['bleɪzɪŋ] ADJ **1** brennend; Feuer lodernd; Sonne grell **2** fig Streit furchtbar

bleach [bliːtʃ] A S Bleichmittel n, Reinigungsmittel n B V/T bleichen

bleachers ['bliːtʃəz] US PL unüberdachte Zuschauertribüne

bleak [bliːk] ADJ **1** Ort, Landschaft öde **2** Wetter rau **3** fig trostlos **bleakness** ['bliːknɪs] S **1** von Landschaft Öde f **2** fig Trostlosigkeit f; von Aussichten Trübheit f

bleary ['blɪəri] ADJ ⟨komp blearier⟩ Augen trübe, verschlafen **bleary-eyed** ['blɪəri,aɪd] ADJ verschlafen

bleat [bliːt] V/I Schaf, Kalb blöken; Ziege meckern

★**bleed** [bliːd] ⟨prät, pperf bled [bled]⟩ A V/I bluten; **to ~ to death** verbluten B V/T **to ~ sb dry** j-n total ausnehmen umg **2** Heizkörper (ent)lüften **bleeding** ['bliːdɪŋ] A S Blutung f; **internal ~** innere Blutungen pl B ADJ **1** blutend **2** Br umg verdammt umg C ADV Br umg verdammt umg

bleep [bliːp] A S RADIO, TV Piepton m B V/I piepen C V/T Arzt rufen **bleeper** ['bliːpə'] S Piepser m umg

blemish ['blemɪʃ] A S Makel m B V/T Ruf beflecken; **~ed skin** unreine Haut

blend [blend] A S Mischung f; **a ~ of tea** eine Teemischung B V/T **1** (ver)mischen **2** GASTR einrühren; in Küchenmaschine mixen C V/I **1** Stimmen, Farben verschmelzen **2** (a. **~ in**) harmonieren ◆**blend in** A V/T ⟨trennb⟩ einrühren; Farbe darunter mischen B V/I → blend C

blender ['blendə'] S Mixer m

★**bless** [bles] V/T segnen; **God ~ (you)** behüt dich/euch Gott; **~ you!** bei Niesen Gesundheit!; **to be ~ed with** gesegnet sein mit **blessed** ['blesɪd] ADJ **1** REL heilig; **the Blessed X** der selige X **2** euph umg verflixt umg **Blessed Virgin** S Heilige Jungfrau (Maria) **blessing** ['blesɪŋ] S Segen m; **he can count his ~s** da kann er von Glück sagen; **it was a ~ in disguise** es war schließlich doch ein Segen

blew [bluː] PRÄT → blow[2]

blight [blaɪt] A S fig **these slums are a ~ upon the city** diese Slums sind ein Schandfleck für die Stadt B V/T fig Hoffnungen vereiteln; **to ~ sb's life** j-m das Leben verderben

blimey ['blaɪmi] Br umg INT verflucht umg

★**blind** [blaɪnd] A ADJ ⟨+er⟩ **1** blind; **to go ~** erblinden; **a ~ man/woman** ein Blinder/eine Blinde; **~ in one eye** auf einem Auge blind; **to be ~ to sth** fig für etw blind sein; **to turn a ~ eye to sth** bei etw ein Auge zudrücken; **~ faith (in sth)** blindes Vertrauen (in etw akk) **2** Ecke unübersichtlich B V/T **1** Licht, Sonne blenden; **the explosion ~ed him** er ist durch die Explosion blind geworden **2** *fig* Liebe *etc* blind machen (**to** für, gegen) **C** $\underline{S}$ Rollo **1** **the** ~ die Blinden *pl* **2** *an Fenster* Rollo *n*, Jalousie *f*; *außen* Rollladen *m* **D** $\overline{ADV}$ **1** FLUG fliegen blind **2** GASTR **to bake sth** ~ etw vorbacken **3** ~ **drunk** *umg* sinnlos betrunken **blind alley** $\underline{S}$ Sackgasse *f* **blind date** $\underline{S}$ Rendezvous *n* mit einem/einer Unbekannten **blinder** ['blaındə'] *US* $\underline{S}$ Scheuklappe *f* **blindfold** ['blaındfəʊld] **A** $\overline{VT}$ die Augen verbinden (+*dat*) **B** $\underline{S}$ Augenbinde *f* **C** $\overline{ADJ}$ **I could do it** ~(ed) *umg* das mach ich mit links *umg* **blinding** ['blaındıŋ] $\overline{ADJ}$ *Licht* blendend; *Kopfschmerzen* furchtbar **blindingly** ['blaındıŋlı] $\overline{ADV}$ **it is** ~ **obvious** das sieht doch ein Blinder *umg* **blindly** ['blaındlı] $\overline{ADV}$ blind(lings) **blind man's buff** $\underline{S}$ Blindekuh *ohne art* **blindness** $\underline{S}$ Blindheit *f* (**to** gegenüber) **blind spot** $\underline{S}$ AUTO, FLUG toter Winkel; **to have a** ~ **about sth** einen blinden Fleck in Bezug auf etw (*akk*) haben **blind summit** $\underline{S}$ AUTO unübersichtliche Kuppe

bling (**bling**) [blıŋ('blıŋ)] $\underline{S}$ *umg* (≈ *Schmuck*) Klunker *m umg*

blink [blıŋk] **A** $\underline{S}$ Blinzeln *n*; **in the** ~ **of an eye** im Nu; **to be on the** ~ *umg* kaputt sein *umg* **B** $\overline{VI}$ **1** *Mensch* blinzeln **2** *Licht* blinken **C** $\overline{VT}$ **to** ~ **one's eyes** mit den Augen zwinkern **blinker** ['blıŋkə'] $\underline{S}$ **1** *a*. ~**s** *pl* für *Pferde* Scheuklappen *pl* **2** *US* AUTO Blinker *m* **blinkered** $\overline{ADJ}$ **1** *fig* engstirnig **2** *Pferd* mit Scheuklappen **blinking** ['blıŋkıŋ] *Br umg* $\overline{ADJ}$ **&** $\overline{ADV}$ verflixt *umg*

blip [blıp] $\underline{S}$ leuchtender Punkt; *fig* kurzzeitiger Tiefpunkt

bliss [blıs] $\underline{S}$ Glück *n*; **this is** ~! das ist herrlich! **blissful** $\overline{ADJ}$ *Zeit, Gefühl* herrlich; *Lächeln* (glück)selig; **in** ~ **ignorance of the fact that …** *iron* in keinster Weise ahnend, dass … **blissfully** $\overline{ADV}$ herrlich; ~ **happy** überglücklich; **he remained** ~ **ignorant of what was going on** er ahnte in keinster Weise, was eigentlich vor sich ging

blister ['blıstə'] **A** $\underline{S}$ Blase *f* **B** $\overline{VI}$ *Haut* Blasen bekommen; *Lack* Blasen werfen **blistered** ['blıstəd] $\overline{ADJ}$ **to have** ~ **skin/hands** Blasen auf den Händen haben; **to be** ~ Blasen haben **blistering** ['blıstərıŋ] $\overline{ADJ}$ **1** *Hitze, Sonne* glühend; *Tempo* mörderisch **2** *Angriff*

vernichtend **blister pack** $\underline{S}$ (Klar)sichtpackung *f*

blithely ['blaıðlı] $\overline{ADV}$ *weitermachen* munter; *behaupten* unbekümmert

blitzed [blıtst] $\overline{ADJ}$ *umg* stockbesoffen *umg*; **get** ~ sich besaufen *umg*

blizzard ['blızəd] $\underline{S}$ Schneesturm *m*

bloated ['bləʊtıd] $\overline{ADJ}$ **1** aufgedunsen; **I feel absolutely** ~ *umg* ich bin zum Platzen voll *umg* **2** *fig* vor Stolz aufgeblasen (**with** vor +*dat*)

blob [blɒb] $\underline{S}$ *von Tinte* Klecks *m*; *von Lack* Tupfer *m*; *von Eiscreme* Klacks *m*

bloc [blɒk] $\underline{S}$ POL Block *m*

★**block** [blɒk] **A** $\underline{S}$ **1** Block *m*; *von Scharfrichter* Richtblock *m*; ~**s** (≈ *Spielzeug*) (Bau)klötze *pl*; **to put one's head on the** ~ *fig* Kopf und Kragen riskieren; ~ **of flats** *Br* Wohnblock *m*; **she lived in the next** ~ *bes US* sie wohnte im nächsten Block **2** *in Rohr* MED Verstopfung *f*; **I've a mental** ~ **about it** da habe ich totale Mattscheibe *umg* **3** *umg* (≈ *Kopf*) **to knock sb's** ~ **off** j-m eins überziehen *umg* **4** *a*. **starting** ~ *mst pl* Startblock *m* **B** $\overline{VT}$ **1** blockieren, verstellen; *Verkehr, Fortschritt* aufhalten; *Rohr* verstopfen; **to** ~ **sb's way** j-m den Weg versperren **2** IT blocken **♦block in** $\overline{VT}$ ⟨*trennb*⟩ einkeilen **♦block off** $\overline{VT}$ ⟨*trennb*⟩ *Straße* absperren **♦block out** $\overline{VT}$ ⟨*trennb*⟩ **1** *Licht* nicht durchlassen; **the trees are blocking out all the light** die Bäume nehmen das ganze Licht weg **2** *Schmerz, Vergangenheit* verdrängen; *Lärm* unterdrücken **♦block up** $\overline{VT}$ ⟨*trennb*⟩ **1** *Gang* blockieren; *Rohr* verstopfen; **my nose is** *od* **I'm all blocked up** meine Nase ist völlig verstopft **2** (≈ *füllen*) *Loch* zustopfen

blockade [blɒ'keıd] **A** $\underline{S}$ MIL Blockade *f* **B** $\overline{VT}$ blockieren **blockage** ['blɒkıdʒ] $\underline{S}$ Verstopfung *f* **blockbuster** *umg* $\underline{S}$ Knüller *m umg*; (≈ *Film*) Kinohit *m umg* **blockhead** *umg* $\underline{S}$ Dummkopf *m umg* **block letters** $\overline{PL}$ Blockschrift *f* **block vote** $\underline{S}$ Stimmenblock *m*

blog [blɒg] $\underline{S}$ INTERNET Blog *n/m*; ~ **entry** Blogeintrag *m*

blogger ['blɒgə'] $\underline{S}$ INTERNET Blog(er)in *m(f)*

blogosphere ['blɒgəsfıə'] $\underline{S}$ INTERNET Blogosphäre *f*

bloke [bləʊk] *Br umg* Ⓢ Typ *m umg*

★**blond** [blɒnd] Ⓐ ADJ blond **blonde** [blɒnd]
Ⓐ ADJ blond Ⓑ Ⓢ Blondine *f*

★**blood** [blʌd] Ⓐ Ⓢ Blut *n*; **to give** ~ Blut
spenden; **to shed** ~ Blut vergießen; **it
makes my** ~ **boil** das macht mich ra-
send; **his** ~ **ran cold** es lief ihm eiskalt
über den Rücken; **this firm needs new**
~ diese Firma braucht frisches Blut; **it
is like trying to get** ~ **from a stone**
sprichw das ist verlorene Liebesmüh Ⓑ
fig **it's in his** ~ das liegt ihm im Blut
blood alcohol level Ⓢ Alkoholspie-
gel *m* **blood bank** Ⓢ Blutbank *f*
blood bath Ⓢ Blutbad *n* **blood clot**
Ⓢ Blutgerinnsel *n* **bloodcurdling** ADJ
grauenerregend; **they heard a** ~ **cry**
sie hörten einen Schrei, der ihnen das
Blut in den Adern erstarren ließ *geh*
blood donor Ⓢ Blutspender(in) *m(f)*
blood group Ⓢ Blutgruppe *f* **blood-
less** ADJ unblutig **blood poisoning**
Ⓢ Blutvergiftung *f* **blood pressure** Ⓢ
Blutdruck *m*; **to have high** ~ hohen
Blutdruck haben **blood-red** ADJ blut-
rot **blood relation** Ⓢ Blutsverwand-
te(r) *m/f(m)* **blood sample** Ⓢ MED
Blutprobe *f* **bloodshed** Ⓢ Blutvergie-
ßen *n* **bloodshot** ADJ blutunterlaufen
blood sports PL *Jagdsport, Hahnen-
kampf etc* **bloodstain** Ⓢ Blutfleck *m*
bloodstained ADJ blutbefleckt
bloodstream Ⓢ Blutkreislauf *m*
blood sugar Ⓢ Blutzucker *m*; ~ **level**
Blutzuckerspiegel *m* **blood test** Ⓢ
Blutprobe *f* **bloodthirsty** ADJ blut-
rünstig **blood transfusion** Ⓢ (Blut)-
transfusion *f* **blood type** *US* Ⓢ Blut-
gruppe *f* **blood vessel** Ⓢ Blutgefäß *n*
bloody [blʌdi] Ⓐ ADJ ⟨komp bloodier⟩
Ⓘ *wörtl* blutig Ⓩ *Br umg* verdammt *umg*;
Genie, Wunder etc **hell!** verdammt! *umg*; *erstaunt* **Menschenskind!**
umg Ⓑ ADV *Br umg* verdammt *umg*;
blöd, dumm **sau-** *umg*; *toll etc* **mie**;
not ~ **likely** da ist überhaupt nichts drin
umg; **he can** ~ **well do it himself** das
soll er schön alleine machen, verdammt
noch mal! *umg* **bloody-minded** [blʌ-
di'maɪndɪd] *Br umg* ADJ stur *umg*

bloom [bluːm] Ⓐ Ⓢ Blüte *f*; **to be in
(full)** ~ in (voller) Blüte stehen; **to come
into** ~ aufblühen Ⓑ Ⓥ/Ⓘ blühen

blooming [bluːmɪŋ] *umg* ADJ verflixt

umg

blooper [bluːpə] *US umg* Ⓢ Schnitzer
m umg

★**blossom** [blɒsəm] Ⓐ Ⓢ Blüte *f*; **in** ~ in
Blüte Ⓑ Ⓥ/Ⓘ blühen

blot [blɒt] Ⓐ Ⓢ Ⓘ (Tinten)klecks *m* Ⓩ *fig
auf Ruf, Ansehen* Fleck *m* (**on** auf +*dat*); **a**
~ **on the landscape** ein Schandfleck *m*
in der Landschaft Ⓑ Ⓥ/Ⓣ Tinte ablöschen
◆**blot out** *fig* Ⓥ/Ⓣ ⟨trennb⟩ *Sonne, Land-
schaft* verdecken; *Erinnerungen* auslö-
schen

blotch [blɒtʃ] Ⓢ Fleck *m* **blotchy** ADJ
⟨komp blotchier⟩ *Haut* fleckig; *Farbe*
klecksig

blotting paper [blɒtɪŋ-] Ⓢ Löschpapier
n

★**blouse** [blaʊz] Ⓢ Bluse *f*

★**blow**[1] [bləʊ] Ⓢ *wörtl, fig* Schlag *m*; **to
come to** ~**s** handgreiflich werden; **at a
(single)** *od* **one** ~ *fig* mit einem Schlag
umg; **to deal sb/sth a** ~ *fig* j-m/einer Sa-
che einen Schlag versetzen; **to strike a**
~ **for sth** *fig* einer Sache (*dat*) einen gro-
ßen Dienst erweisen

★**blow**[2] ⟨v: prät blew; pperf blown⟩ Ⓐ Ⓥ/Ⓘ
Ⓘ *Wind* wehen; **there was a draught**
~**ing in from the window** *Br*, **there
was a draft** ~**ing in from the window**
US es zog vom Fenster her; **the door
blew open/shut** die Tür flog auf/zu Ⓩ
Mensch blasen (**on** auf +*akk*); **then the
whistle blew** SPORT da kam der Pfiff
Ⓧ *Sicherung* durchbrennen Ⓑ Ⓥ/Ⓣ Ⓘ *Luft-
zug* wehen; *starker Wind, Mensch* blasen;
Sturm treiben; **the wind blew the ship
off course** der Wind trieb das Schiff
vom Kurs ab; **to** ~ **sb a kiss** j-m eine
Kusshand zuwerfen Ⓩ **to** ~ **one's nose**
sich (*dat*) die Nase putzen Ⓧ *Trompete*
blasen; *Blasen* machen; **the referee
blew his whistle** der Schiedsrichter
pfiff; **to** ~ **one's own trumpet** *Br*, **to** ~
one's own horn *US fig* sein eigenes
Lob singen Ⓥ *Ventil, Dichtung* platzen
lassen; **I've** ~**n a fuse** mir ist eine Siche-
rung durchgebrannt; **to be** ~**n to pieces**
in die Luft gesprengt werden; *Mensch*
zerfetzt werden Ⓢ *umg Geld* verpulvern
umg Ⓥ *Br umg* ~**!** Mist! *umg*; ~ **the ex-
pense!** das ist doch wurscht, was es
kostet *umg*; **to** ~ **one's chances** of
doing sth es sich (*dat*) verscherzen,
etw zu tun; **I think I've** ~**n it** ich glaube,

ich hab's versaut *umg* ◆**blow away** **A**
V/I wegfliegen **B** V/T ⟨*trennb*⟩ wegblasen
◆**blow down** *wörtl* V/T ⟨*trennb*⟩ umwe-
hen ◆**blow in** V/T ⟨*trennb*⟩ *Fenster etc*
eindrücken ◆**blow off** **A** V/I wegflie-
gen **B** V/T ⟨*trennb*⟩ wegblasen; **to blow
sb's head off** j-m eine Kugel durch
den Kopf jagen *umg* ◆**blow out** **A**
V/T ⟨*trennb*⟩ **1** *Kerze* ausblasen **2** **to
blow one's/sb's brains out** sich/j-m ei-
ne Kugel durch den Kopf jagen *umg*
B V/R *Sturm* sich legen ◆**blow over**
A V/I sich legen **B** V/T ⟨*trennb*⟩ *Baum*
umstürzen ◆**blow up** **A** V/I **1** in die
Luft fliegen **2** *Bombe* explodieren **3**
Sturm, Streit ausbrechen **B** V/T ⟨*trennb*⟩
1 *Brücke, Mensch* in die Luft jagen **2**
Reifen, Ballon aufblasen **3** *Foto* vergrö-
ßern **4** *fig* (≈ *übertreiben*) aufbauschen
(**into** zu)

blow-dry ['bləʊdraɪ] **A** S̄ **to have a cut
and ~** sich (*dat*) die Haare schneiden
und föhnen lassen **B** V/T föhnen **blow
dryer** S̄ Haartrockner *m* **blow job**
vulg S̄ **to give sb a ~** j-m einen blasen
vulg **blowlamp** ['bləʊlæmp] S̄ Lötlam-
pe *f* **blown** PPERF *ev* → blow² **blow-
-out** S̄ *von Auto* geplatzter Reifen; *umg
Essen* Schlemmerei *f* **blowtorch** S̄ Löt-
lampe *f* **blow-up** S̄ *von Foto* Vergröße-
rung *f* **blowy** ['bləʊɪ] ADJ ⟨*komp* blow-
ier⟩ windig

BLT ABK (= bacon, lettuce and tomato)
*Sandwich mit Schinkenspeck, Salat und
Tomate*

blubber ['blʌbə'] **A** S̄ Walfischspeck *m*
B V/T & V/I *umg* heulen *umg*

bludgeon ['blʌdʒən] V/T **to ~ sb to
death** j-n zu Tode prügeln

★**blue** [bluː] **A** ADJ ⟨*komp* bluer⟩ **1** blau;
~ with cold blau vor Kälte; **until you're
~ in the face** *umg* bis zum Gehtnicht-
mehr *umg*; **once in a ~ moon** alle Ju-
beljahre (einmal) **2** *umg* melancholisch;
to feel ~ deprimiert *od* down sein *umg*
3 *umg Sprache* derb; *Witz* schlüpfrig,
Porno- **B** S̄ **1** Blau *n*; **out of the ~** *fig
umg* aus heiterem Himmel *umg* **2 to
have the ~s** *umg* deprimiert *od* down
sein *umg* **2** MUS **the ~s** der Blues **blue-
bell** S̄ Sternhyazinthe *f* **blue beret** S̄
Blauhelm *m* **blueberry** S̄ Blau- *od* Hei-
delbeere *f* **blue-blooded** ADJ blaublü-
tig **bluebottle** S̄ Schmeißfliege *f*

blue cheese S̄ Blauschimmelkäse *m*
blue-chip ADJ *Unternehmen* erstklas-
sig; *Aktien* Bluechip- **blue-collar** ADJ
~ worker Arbeiter *m* **blue-eyed** ADJ
blauäugig; **sb's ~ boy** *fig* j-s Lieb-
ling(sjunge) *m* **blue jeans** PL Bluejeans
pl **blue movie** S̄ Pornofilm *m* **blue-
print** S̄ Blaupause *f*; *fig* Plan *m* **blue-
-sky** [,bluː'skaɪ] ADJ **we need to do some
~ thinking** wir müssen außerhalb der
gewohnten Grenzen denken **bluetit** S̄
Blaumeise *f*

bluff **A** V/T & V/I bluffen; **he ~ed his way
through it** er hat sich durchgeschum-
melt *umg* **B** S̄ Bluff *m*; **to call sb's ~**
es darauf ankommen lassen ◆**bluff
out** V/T ⟨*trennb*⟩ **to bluff one's way
out of sth** sich aus etw rausreden *umg*

bluish ['bluːɪʃ] ADJ bläulich

blunder ['blʌndə'] **A** S̄ (dummer) Feh-
ler; **to make a ~** einen Bock schießen
umg, einen Fauxpas begehen **B** V/I **1** ei-
nen Bock schießen *umg*, sich blamieren
2 *beim Gehen* tappen (**into** gegen)

blunt [blʌnt] **A** ADJ ⟨*+er*⟩ **1** stumpf **2**
Mensch geradeheraus *präd*; *Botschaft* un-
verblümt; **he was very ~ about it** er hat
sich sehr deutlich ausgedrückt **B** V/T
stumpf machen **bluntly** ['blʌntlɪ] ADV
sprechen geradeheraus; **he told us quite
~ what he thought** er sagte uns ganz
unverblümt seine Meinung **bluntness**
S̄ Unverblümtheit *f*

blur [blɜː'] **A** S̄ verschwommener Fleck;
the trees became a ~ man konnte die
Bäume nur noch verschwommen erken-
nen; **a ~ of colours** *Br*, **a ~ of colors** *US*
ein buntes Durcheinander von Farben; **I
can't remember - it's all such a ~** ich
kann mich nicht erinnern, es ist alles
so vage **B** V/T **1** *Umrisse, Foto* unscharf
machen; **to have ~red vision** nur noch
verschwommen sehen; **to be/become
~red** undeutlich sein/werden **2** *fig
Sinne, Urteilsvermögen* trüben; *Bedeutung*
verwischen **C** V/I verschwimmen

Blu-ray disc [,bluːreɪ'dɪsk] S̄ Blu-ray
(Disc) *f*, BD *f*

blurb [blɜːb] S̄ Kurzinfo *f*; *von Buch* Klap-
pentext *m*

blurt (out) [blɜːt('aʊt)] V/T ⟨*trennb*⟩ her-
ausplatzen mit *umg*

blush [blʌʃ] **A** V/I erröten, rot werden
(**with** vor +*dat*) **B** S̄ Erröten *n kein pl*

blusher [ˈblʌʃər] S̲ Rouge n

bluster [ˈblʌstər] A̲ V̲i̲ ein großes Geschrei machen B̲ V̲t̲ **to ~ one's way out of sth** etw lautstark abstreiten

blustery [ˈblʌstəri] A̲D̲J̲ stürmisch

Blu-Tack® [ˈbluːtæk] S̲ blaue Klebmasse, mit der z. B. Papier auf Beton befestigt werden kann

Blvd. A̲B̲K̲ (= boulevard) Boulevard m

BMA A̲B̲K̲ (= British Medical Association) britischer Ärzteverband

BMI A̲B̲K̲ (= body mass index) BMI m

B-movie [ˈbiːˌmuːvi] S̲ B-Movie n

BMX A̲B̲K̲ (= bicycle motocross) BMX-Radsport m; (= Fahrzeug) BMX-Rad n

BO A̲B̲K̲ (= body odour) Körpergeruch m

boa [ˈbəʊə] S̲ Boa f; **boa constrictor** Boa constrictor f

boar [bɔːʳ] S̲ Eber m, Keiler m

★**board** [bɔːd] A̲ S̲ 1̲ Brett n, Tafel f, Schwarzes Brett, Schild n; von Fußboden Diele f 2̲ Verpflegung f; (full) **~ and lodging** Unterkunft und Verpflegung; **full/half ~** Voll-/Halbpension f 3̲ Ausschuss m, Beirat m, Behörde f; von Firma a. **~ of directors** Vorstand m; von britischer/amerikanischer Firma Verwaltungsrat m; einschließlich Aktionären etc Aufsichtsrat m; **to have a seat on the ~** im Vorstand/Aufsichtsrat sein; **~ of governors** Br S̲C̲H̲U̲L̲E̲ Verwaltungsrat m; **Board of Trade** Br Handelsministerium m; US Handelskammer f 4̲ S̲C̲H̲I̲F̲F̲, F̲L̲U̲G̲ ★**on ~** an Bord; **to go on ~** an Bord gehen; **on ~ the ship/plane** an Bord des Schiffes/Flugzeugs; **on ~ the bus** im Bus 5̲ fig **across the ~** allgemein; zustimmend, ablehnend pauschal; **to go by the ~** Vorschläge etc unter den Tisch fallen; **to take sth on ~** etw begreifen B̲ V̲t̲ Schiff, Flugzeug besteigen; Zug, Bus einsteigen in (+akk) C̲ V̲i̲ 1̲ in Pension sein (**with** bei) 2̲ F̲L̲U̲G̲ die Maschine besteigen; **flight ZA173 now ~ing at gate 13** Passagiere des Fluges ZA173, bitte zum Flugsteig 13 ♦**board up** V̲t̲ ⟨trennb⟩ Fenster mit Brettern vernageln

boarder [ˈbɔːdəʳ] S̲ 1̲ Pensionsgast m 2̲ S̲C̲H̲U̲L̲E̲ Internatsschüler(in) m(f)

board game S̲ Brettspiel n **boarding** [ˈbɔːdɪŋ] S̲ F̲L̲U̲G̲ Boarding n; **~ will commence at 5pm** das Boarden beginnt um 17 Uhr **boarding card** [ˈbɔːdɪŋ-] S̲ Bordkarte f **boarding house** S̲ Pension f **boarding kennel** S̲ Hundepension f **boarding pass** S̲ Bordkarte f **boarding school** S̲ Internat n; **to go to ~** ins Internat gehen **board meeting** S̲ Vorstandssitzung f **board member** S̲ Vorstandsmitglied n **boardroom** S̲ Vorstandsetage f **board shorts** P̲L̲ Boardshorts pl (Badehose, wie man sie zum Surfen trägt) **boardwalk** US S̲ Holzsteg m; am Strand hölzerne Uferpromenade

★**boast** [bəʊst] A̲ S̲ Prahlerei f B̲ V̲i̲ prahlen (**about**, of mit od to sb j-m gegenüber) C̲ V̲t̲ 1̲ sich rühmen (+gen) geh 2̲ prahlen **boastful** A̲D̲J̲, **boastfully** A̲D̲V̲ prahlerisch **boasting** [ˈbəʊstɪŋ] S̲ Prahlerei f (**about**, of mit)

★**boat** [bəʊt] S̲ Boot n, Schiff n; **by ~** mit dem Schiff; **to miss the ~** fig umg den Anschluss verpassen; **to push the ~ out** fig umg (= feiern) auf den Putz hauen umg; **we're all in the same ~** fig umg wir sitzen alle in einem od im gleichen Boot **boat hire** S̲ Bootsverleih m **boathouse** S̲ Bootshaus n **boating** [ˈbəʊtɪŋ] S̲ Bootfahren n; **to go ~** eine Bootsfahrt machen; **~ trip** Bootsfahrt f **boatload** S̲ Bootsladung f **boat race** S̲ Regatta f **boat train** S̲ Zug m mit Fährenanschluss **boatyard** S̲ Bootshandlung f; Trockendock Liegeplatz m

bob¹ [bɒb] A̲ V̲i̲ sich auf und ab bewegen; **to bob (up and down) in** od **on the water** auf dem Wasser schaukeln; Korken etc sich im Wasser auf und ab bewegen; **he bobbed out of sight** er duckte sich B̲ V̲t̲ Kopf nicken mit C̲ S̲ von Kopf Nicken n kein pl ♦**bob down** A̲ V̲i̲ sich ducken B̲ V̲t̲ ⟨trennb⟩ Kopf ducken ♦**bob up** A̲ V̲i̲ auftauchen B̲ V̲t̲ ⟨trennb⟩ **he bobbed his head up** sein Kopf schnellte hoch

bob² [bɒb] S̲ 1̲ (= Haarschnitt) Bubikopf m 2̲ a **few bits and bobs** so ein paar Dinge **bobbin** [ˈbɒbɪn] S̲ Spule f, Rolle f **bobble hat** Br S̲ Pudelmütze f **bobby pin** [ˈbɒbipɪn] S̲ US Haarklemme f

bobsleigh, bobsled US A̲ S̲ Bob m B̲ V̲i̲ Bob fahren

bode [bəʊd] V̲i̲ **to ~ well/ill** ein gutes/ schlechtes Zeichen sein

bodge [bɒdʒ] V/T → botch
bodice ['bɒdɪs] S Mieder n
bodily ['bɒdɪlɪ] A ADJ körperlich; ~ **needs** leibliche Bedürfnisse pl; ~ **functions** Körperfunktionen pl B ADV gewaltsam
★**body** ['bɒdɪ] S 1 Körper m; **the ~ of Christ** der Leib des Herrn; **just enough to keep ~ and soul together** gerade genug, um Leib und Seele zusammenzuhalten 2 Leiche f 3 von Kirche, Rede, Armee a. **main ~** Hauptteil m; **the main ~ of the students** das Gros der Studenten 4 von Menschen Gruppe f; **the student ~** die Studentenschaft; **a large ~ of people** eine große Menschenmenge; **in a ~** geschlossen 5 (≈ Organisation) Organ n, Gremium n, Körperschaft f 6 (≈ Menge) **a ~ of evidence** Beweismaterial n; **a ~ of water** ein Gewässer n 7 (a. ~ **stocking**) Body m **body armour** S, **body armor** US S Schutzkleidung f **body blow** fig S harter od schwerer Schlag (**to, for** für) **body builder** S Bodybuilder(in) m(f) **body building** S Bodybuilding n **body cam** ['bɒdɪkæm] S Körperkamera f **body clock** S innere Uhr **body fat** S Körperfett n **bodyguard** S Leibwächter m, Leibwächterin f; Gruppe Leibwache f **body language** S Körpersprache f **body lotion** S Körperlotion f **body mass index** S Body-Mass-Index m **body odour** S, **body odor** US S Körpergeruch m **body piercing** S Piercing n **body (repair) shop** S Karosseriewerkstatt f **body search** S Leibesvisitation f **body stocking** S Body (-stocking) m **body warmer** S Thermoweste f **bodywork** S AUTO Karosserie f
bog [bɒg] S 1 Sumpf m 2 Br umg Klo n umg, Häus(e)l n österr ◆**bog down** V/T 〈trennb〉 **to get bogged down** stecken bleiben; in Einzelheiten sich verzetteln
bogey, bogy ['bəʊgɪ] S 〈pl bogeys; bogies〉 1 fig Schreckgespenst n 2 Br umg Popel m umg **bogeyman** ['bəʊgɪmæn] S 〈pl -men [-mən]〉 Butzemann m; fig Bösewicht m
boggle ['bɒgl] V/I **the mind ~s** das ist kaum auszumalen umg
boggy ['bɒgɪ] ADJ 〈komp boggier〉 sumpfig

bog-standard [ˌbɒg'stændəd] Br umg ADJ stinknormal umg
bogus ['bəʊgəs] ADJ Name falsch; Papiere gefälscht; Firma Schwindel-; Behauptung erfunden
Bohemia [bəʊ'hiːmɪə] S 1 GEOG Böhmen n 2 fig Boheme f **bohemian** [bəʊ'hiːmɪən] A S Bohemien m B ADJ Lebensstil unkonventionell
boil¹ [bɔɪl] S MED Furunkel m
★**boil**² A V/I 1 wörtl kochen; **the kettle was ~ing** das Wasser im Kessel kochte 2 fig umg ~**ing hot water** kochend heißes Wasser; **it was ~ing (hot) in the office** es war eine Affenhitze im Büro umg; **I was ~ing (hot)** mir war fürchterlich heiß B V/T kochen; ~**ed/hard ~ed egg** weich/hart gekochtes Ei; ~**ed potatoes** Salzkartoffeln pl C S **to bring sth to the ~** Br, **to bring sth to a ~** US etw aufkochen lassen; **to come to/go off the ~** zu kochen anfangen/aufhören ◆**boil down** A V/I Soße dicker werden, eindicken; fig **to boil down to sth** auf etw (akk) hinauslaufen; **what it boils down to is that ...** das läuft darauf hinaus, dass ... B V/T Soße eindicken ◆**boil over** wörtl V/I überkochen
boiled sweet S Bonbon n, Zuckerl n österr **boiler** ['bɔɪlə‍ʳ] S im Haushalt Boiler m; von Schiff (Dampf)kessel m **boiler room** S Kesselraum m **boiler suit** S Overall m **boiling point** ['bɔɪlɪŋpɔɪnt] S Siedepunkt m; **at ~ auf dem Siedepunkt; to reach ~** den Siedepunkt erreichen; Mensch auf dem Siedepunkt anlangen
boisterous ['bɔɪstərəs] ADJ ausgelassen
bok choy [bɒk'tʃɔɪ] US S → pak-choi
bold [bəʊld] ADJ 〈+er〉 1 mutig 2 dreist 3 Farben etc kräftig; Stil kraftvoll 4 TYPO fett, halbfett; **in ~ (type)** im Fettdruck **boldly** ['bəʊldlɪ] ADV 1 mutig 2 dreist 3 auffallend **boldness** S 1 Mut m 2 Dreistigkeit f 3 von Farben etc Kräftigkeit f; von Stil Ausdruckskraft f
Bolivia [bə'lɪvɪə] S Bolivien n
bollard ['bɒləd] S Poller m
bollocking ['bɒləkɪŋ] Br sl S Schimpfkanonade f umg; **to give sb a ~** j-n zur Sau machen umg
bollocks ['bɒləks] sl PL 1 Eier pl sl 2 (≈ Unsinn) **(that's) ~!** Quatsch mit Soße! umg 3 ~! Scheiße! umg; **~ to you!** du

kannst mich mal! *umg*
Bolshevik ['bɒlʃəvɪk] **A** S̲ Bolschewik *m*
B ADJ bolschewistisch
bolster ['bəʊlstə^r] **A** S̲
V̲T̲ *fig a.* ~ **up** *Wirtschaft* Auftrieb geben
(+*dat*)
bolt [bəʊlt] **A** S̲ 1 *an Tür etc* Riegel *m*;
2 TECH Bolzen *m* 3 Blitzstrahl *m*; **it
was like a ~ from the blue** *fig* das
war wie ein Blitz aus heiterem Himmel
4 **he made a ~ for the door** er machte
einen Satz zur Tür; **to make a ~ for it**
losrennen **B** ADV ~ **upright** kerzengera-
de **C** V̲I̲ 1 *Pferd* durchgehen; *Mensch*
Reißaus nehmen *umg* 2 rasen **D** V̲T̲
1 *Tür* verriegeln 2 TECH verschrauben
(**to** mit); **to ~ together** verschrauben
3 (*a.* ~ **down**) *Essen* hinunterschlingen
★**bomb** [bɒm] **A** S̲ 1 Bombe *f* 2 *Br umg*
the car goes like a ~ das ist die reinste
Rakete von Wagen *umg*; **the car cost a
~** das Auto war schweineteuer *umg*; **to
make a ~** ein Bombengeld verdienen
umg; **to go down a ~** *Riesenanklang*
finden (**with** bei) *umg* **B** V̲T̲ bombardie-
ren **C** V̲I̲ 1 *umg* (≈ *rasen*) fegen *umg* 2
US umg (≈ *versagen*) durchfallen *umg*
◆**bomb along** *umg* V̲I̲ dahinrasen
umg
bombard [bɒm'bɑːd] V̲T̲ MIL, *a. fig* bom-
bardieren **bombardment** S̲ MIL, *a.
fig* Bombardierung *f*
bombastic [bɒm'bæstɪk] ADJ bombas-
tisch
bomb attack S̲ Bombenangriff *m*
bomb disposal S̲ Bombenräumung
f **bomb disposal squad** S̲ Bomben-
räumtrupp *m* **bomber** ['bɒmə^r] S̲ 1
(≈ *Flugzeug*) Bomber *m* 2 (≈ *Terrorist*)
Bombenattentäter(in) *m(f)* **bomber
jacket** S̲ Fliegerjacke *f* **bombing**
['bɒmɪŋ] **A** S̲ Bombenangriff *m* (**of** auf
+*akk*) **B** ADJ *Angriff* Bomben- **bomb
scare** S̲ Bombenalarm *m* **bombshell**
fig S̲ **this news was a ~** die Nachricht
schlug wie eine Bombe ein; **to drop a**
od **the ~, to drop a ~** die Bombe plat-
zen lassen **bomb shelter** S̲ Luft-
schutzkeller *m* **bomb site** S̲ Trümmer-
grundstück *n*; *größer* Trümmerfeld *n*
bomb threat S̲ Bombendrohung *f*
bona fide ['bəʊnə'faɪdɪ] ADJ bona fide,
echt; **it's a ~ offer** es ist ein Angebot
auf Treu und Glauben

bonanza [bə'nænzə] *fig* S̲ Goldgrube *f*;
the oil ~ der Ölboom
bond [bɒnd] **A** S̲ 1 *fig* Bindung *f* 2 ~**s**
pl wörtl Fesseln *pl*; *fig* Bande *pl geh* 3
HANDEL, FIN Pfandbrief *m*; **government
~** Staatsanleihe *f* **B** V̲I̲ 1 Klebstoff binden 2
to ~ with one's baby Liebe zu seinem
Kind entwickeln; **we ~ed immediately**
wir haben uns auf Anhieb gut verstan-
den
bondage ['bɒndɪdʒ] S̲ 1 *fig liter* **in ~ to
sth** einer Sache (*dat*) unterworfen 2 *se-
xuell* Fesseln *n*; ~ **gear** Sadomasoausrüs-
tung *f*
bonded warehouse S̲ Zolllager *n*
★**bone** [bəʊn] **A** S̲ Knochen *m*; *von Fisch*
Gräte *f*; ~**s** *pl von Toten* Gebeine *pl*;
chilled to the ~ völlig durchgefroren;
to work one's fingers to the ~ sich
(*dat*) die Finger abarbeiten; ~ **of con-
tention** Zankapfel *m*; **to have a ~ to
pick with sb** *umg* mit j-m ein Hühnchen
zu rupfen haben *umg*; **to make no ~s
about doing sth** *umg* kein(en) Hehl da-
raus machen, dass man etwas tut; **I can
feel it in my ~s** das spüre ich in den
Knochen **B** V̲T̲ die Knochen lösen aus;
Fisch entgräten ◆**bone up on** *umg*
V̲I̲ ⟨+*obj*⟩ pauken *umg* **bone china** S̲
feines Porzellan **bone dry** **B** ADJ ⟨*präd*⟩,
bone-dry *umg* ADJ ⟨*attr*⟩ knochentro-
cken *umg* **bone idle** *Br umg* ADJ stink-
faul *umg* **bone marrow** S̲ Knochen-
mark *n* **bone structure** S̲ Gesichtszü-
ge *pl*
bonfire ['bɒnfaɪə^r] S̲ Feuer *n*, Freuden-
feuer *n* **bonfire night** S̲ 5. November
(*Jahrestag der Pulververschwörung*)

▶ **Bonfire Night**

Eine andere Bezeichnung für **Guy Fawkes'
Night** am 5. November. An diesem Abend
feiern in Großbritannien vor allem Kinder
mit Freudenfeuern und Feuerwerk. Ge-
schichtlicher Hintergrund ist die Vereitelung
der katholischen Pulververschwörung
(„**Gunpowder Plot**") gegen die britische
Regierung im Jahr 1605, an der **Guy Fawkes**
beteiligt war. ◁

bonk [bɒŋk] *umg* V̲T̲ & V̲I̲ nicht sehr fest/
leicht schlagen; (≈ *Sex haben mit*) bumsen

umg

bonkers [ˈbɒŋkəz] *bes Br umg* A̅D̅J̅ me-
schugge *umg*; **to be ~** spinnen *umg*

bonnet [ˈbɒnɪt] S̅ 1 *von Frau* Haube *f*;
von Baby Häubchen *n* 2 *Br* AUTO Motor-
haube *f*

bonnie, bonny [ˈbɒnɪ] *bes schott* A̅D̅J̅
schön; *Baby* prächtig

bonsai [ˈbɒnsaɪ] S̅ ⟨*pl -*⟩ Bonsai *n*

bonus [ˈbəʊnəs] S̅ 1 Prämie *f*; *zu Weih-
nachten etc* Gratifikation *f*; **~ scheme**
Prämiensystem *n*; **~ point** Bonuspunkt
m 2 *umg* Zugabe *f*

bony [ˈbəʊnɪ] A̅D̅J̅ ⟨*komp bonier*⟩ kno-
chig

boo¹ [buː] A̅ I̅N̅T̅ buh; **he wouldn't say
boo to a goose** *umg* er ist ein schüch-
ternes Pflänzchen *umg* B̅ V̅/T̅ *Redner,
Schiedsrichter* auspfeifen C̅ V̅/I̅ buhen
D̅ S̅ ⟨*pl -s*⟩ Buhruf *m*

boo² *US umg* S̅ ⟨*pl -s*⟩ Freund(in) *m(f)*,
Partner(in) *m(f)*

boob [buːb] A̅ S̅ 1 *Br umg* (≈*Fehler*)
Schnitzer *m umg* 2 *umg* Brust *f*; **big
~s** große Titten *pl od* Möpse *pl sl* B̅ V̅/I̅
Br umg einen Schnitzer machen *umg*

booby prize S̅ *Scherzpreis für den
schlechtesten Teilnehmer* **booby trap**
A̅ S̅ MIL *etc* versteckte Bombe B̅ V̅/T̅
the suitcase was booby-trapped in
dem Koffer war eine Bombe versteckt

booing [ˈbuːɪŋ] S̅ Buhrufen *n*

★**book** [bʊk] A̅ S̅ 1 Buch *n*, Heft *n*; **the
Book of Genesis** die Genesis, das 1.
Buch Mose; **to bring sb to ~** j-n zur Re-
chenschaft ziehen; **to throw the ~ at sb**
umg j-n nach allen Regeln der Kunst fer-
tigmachen *umg*; **to go by the ~** sich an
die Vorschriften halten; **to be in sb's
good/bad ~s** bei j-m gut/schlecht ange-
schrieben sein *umg*; **I can read him like
a ~** ich kann in ihm lesen wie in einem
Buch; **he'll use every trick in the ~**
umg er wird alles und jedes versuchen;
that counts as cheating in my ~ *umg*
für mich ist das Betrug *umg* 2 Heft *n*; **~ of
stamps** Briefmarkenheftchen *n* 3 ~**s** *pl*
HANDEL, FIN Bücher *pl*; **to do the ~s
for sb** j-m die Bücher führen B̅ V̅/T̅ 1
bestellen; *Platz, Zimmer* buchen; *Künstler*
engagieren; **fully ~ed** *Vorstellung* aus-
verkauft; *Flug* ausgebucht; *Hotel* voll be-
legt; **to ~ sb through to Hull** BAHN j-n
bis Hull durchbuchen 2 *umg Fahrer* auf-

schreiben *umg*; *Fußballspieler* verwar-
nen; **to be ~ed for speeding** wegen
zu schnellen Fahrens aufgeschrieben
werden C̅ V̅/I̅ bestellen, buchen; **to ~
through to Hull** bis Hull durchlösen
◆**book in** A̅ V̅/I̅ *in Hotel etc* einchecken;
we booked in at *od* **into the Hilton** wir
sind im Hilton abgestiegen B̅ V̅/T̅
⟨*trennb*⟩ **to book sb into a hotel** j-m
ein Hotelzimmer reservieren lassen;
we're booked in at *od* **into the Hilton**
unsere Zimmer sind im Hilton reserviert
◆**book up** V̅/T̅ ⟨*trennb*⟩ **to be (fully)
booked up** (ganz) ausgebucht sein; *Vor-
stellung, Theater* ausverkauft sein

bookable [ˈbʊkəbl] A̅D̅J̅ 1 im Vorverkauf
erhältlich 2 SPORT **a ~ offence** *Br*, **a ~
offense** *US* ein Verstoß *m*, für den es ei-
ne Verwarnung gibt

bookcase S̅ Bücherregal *n*, Bücher-
schrank *m* **book club** S̅ Buchgemein-
schaft *f*, Buchklub *m* **bookcrossing**
S̅ Bookcrossing *n* (*Weitergeben von Bü-
chern an Bekannte und Unbekannte*)
book end S̅ Bücherstütze *f* **bookie**
[ˈbʊkɪ] *umg* S̅ Buchmacher(in) *m(f)*

booking [ˈbʊkɪŋ] S̅ Buchung *f*; *von
Künstler* Engagement *n*; **to make a ~** bu-
chen; **to cancel a ~** den Tisch/die Karte
etc abbestellen, die Reise/den Flug *etc*
stornieren **booking clerk** S̅ Fahrkar-
tenverkäufer(in) *m(f)* **booking fee** S̅
Buchungsgebühr *f* **booking office** S̅
BAHN Fahrkartenschalter *m*; THEAT Vor-
verkaufsstelle *f* **booking system** S̅
Buchungssystem *n* **book-keeper** S̅
Buchhalter(in) *m(f)* **book-keeping** S̅
Buchhaltung *f* **book launch** S̅
(≈*Markteinführung*) Buchvorstellung *f*
booklet S̅ Broschüre *f* **book lover**
S̅ Bücherfreund(in) *m(f)* **bookmaker**
S̅ Buchmacher(in) *m(f)* **bookmark** A̅
S̅ Lesezeichen *n*; IT Bookmark *n* B̅ V̅/T̅
IT ein Bookmark einrichten für **book-
seller** S̅ Buchhändler(in) *m(f)* **book-
shelf** S̅ Bücherbord *n* **bookshelves**
P̅L̅ Bücherregal *n* **bookshop** *bes Br* S̅,
bookstore *US* S̅ Buchhandlung *f*
bookstall S̅ Bücherstand *m* **book-
stand** *US* S̅ 1 Lesepult *n* 2 Bücherre-
gal *n* 3 *auf Bahnhof, Flughafen* Bücher-
stand *m* **book token** S̅ Buchgutschein
m **bookworm** *fig* S̅ Bücherwurm *m*

boom¹ [buːm] S̅ SCHIFF Baum *m*

boom² **A** 🔊 von Waffen Donnern n; von Stimme Dröhnen n **B** **Vi** Stimme a. **~ out** dröhnen; Waffen donnern **C** **INT** bum

boom³ **A** **Vi** Handel boomen umg; **business is ~ing** das Geschäft blüht **B** 🔊 geschäftlich, a. fig Boom m

boomerang ['buːməræŋ] 🔊 Bumerang m

booming¹ ['buːmɪŋ] **ADJ** Geräusch dröhnend

booming² **ADJ** Wirtschaft, Handel boomend

boon [buːn] 🔊 Segen m

boor [bʊəʳ] 🔊 Rüpel m **boorish** **ADJ**, **boorishly** ['bʊərɪʃ, -lɪ] **ADV** rüpelhaft

boost [buːst] **A** 🔊 Auftrieb m kein pl; ELEK, AUTO Verstärkung f; **to give sb/ sth a ~** j-m/einer Sache Auftrieb geben; **to give a ~ to sb's morale** j-m Auftrieb geben **B** **Vt** Produktion, Absatz, Wirtschaft ankurbeln; Gewinne, Einkommen erhöhen; Selbstvertrauen stärken; Moral heben **booster** ['buːstəʳ] 🔊 MED Wiederholungsimpfung f, Auffrischimpfung f **booster cushion** 🔊 Sitz ohne Rückenteil Kindersitz m, Sitzerhöhung f **booster seat** 🔊 Sitz für das Auto oder für einen Stuhl am Tisch Kindersitz m **booster shot** 🔊 → booster

★**boot** [buːt] **A** 🔊 **1** Stiefel m; **the ~ is on the other foot** fig es ist genau umgekehrt; **to give sb the ~** umg j-n rausschmeißen umg; **to get the ~** umg rausgeschmissen werden umg; **to put the ~ into sb/sth** Br fig umg j-n/etw niedermachen **2** Br von Auto Kofferraum m **B** **Vt** **1** umg (≈ treten) einen (Fuß)tritt geben (+dat) **2** IT laden, booten **C** **Vi** IT laden ◆**boot out** umg **Vt** ⟨trennb⟩ rausschmeißen umg ◆**boot up** **Vt & Vi** ⟨trennb⟩ IT booten

boot camp 🔊 US MIL Armee-Ausbildungslager n

bootee [buːˈtiː] 🔊 **1** gestrickt oder gehäkelt Babyschuh m **2** für Damen Stiefelette f

booth [buːð] 🔊 **1** (Markt)bude f, (Messe)stand m **2** zum Telefonieren Zelle f; bei Wahlen Kabine f; in Restaurant Nische f

bootlace 🔊 Schnürsenkel m **bootleg** **ADJ** Whisky etc schwarzgebrannt; Waren schwarz hergestellt; **~ copy** Raubkopie f **bootlicker** pej umg 🔊 Speichellecker m pej umg **boot polish** 🔊 Schuhcreme

f **bootstrap** 🔊 **to pull oneself up by one's (own) ~s** umg sich aus eigener Kraft hocharbeiten

booty ['buːtɪ] 🔊 Beute f **bootylicious** [buːtɪ'lɪʃəs] bes US umg **ADJ** sexy umg (im Sinne von üppiger/kurvenreicher Figur)

booze [buːz] umg **A** 🔊 Alkohol m; **keep off the ~** lass das Saufen sein umg; **bring some ~** bring was zu schlucken mit umg **B** **Vi** saufen umg; **to go out boozing** saufen gehen umg **boozer** ['buːzəʳ] 🔊 **1** pej umg Säufer(in) m(f) pej umg **2** Br umg Kneipe f umg **booze-up** ['buːzʌp] umg 🔊 Besäufnis n umg **boozy** ['buːzɪ] **A** ⟨komp boozier⟩ umg Blick, Gesicht versoffen umg; **~ party** Sauferei f umg; **~ lunch** Essen n mit reichlich zu trinken

bop [bop] **A** 🔊 **1** umg (≈ Tanz) Schwof m umg **2** umg **to give sb a bop on the nose** j-m eins auf die Nase geben **B** **Vi** umg (≈ tanzen) tanzen **C** **Vt** umg **to bop sb on the head** j-m eins auf den Kopf geben

★**border** ['bɔːdəʳ] **A** 🔊 **1** Rand m **2** Grenze f; **on the French ~** an der französischen Grenze; **north/south of the ~** Br in/nach Schottland/England **3** in Garten Rabatte f **4** an Kleid Bordüre f **B** **Vt** **1** Weg säumen; Grundstück begrenzen, umschließen **2** grenzen an (+akk) ◆**border on, border upon** **Vi** ⟨+obj⟩ grenzen an (+akk)

border check 🔊, **border control** 🔊 Grenzkontrolle f **border dispute** 🔊 Grenzstreitigkeit f **border guard** 🔊 Grenzsoldat m **bordering** **ADJ** angrenzend **borderline** **A** 🔊 Grenze f; **to be on the ~** an der Grenze liegen **B** **ADJ** fig **a ~ case** ein Grenzfall m; **it was a ~ pass** er etc ist ganz knapp durchgekommen **border security** 🔊 Grenzsicherung f **border town** 🔊 Grenzstadt f

bore¹ [bɔːʳ] **A** **Vt** Loch bohren **B** **Vi** bohren (**for** nach) **C** 🔊 Kaliber n; **a 12 ~ shotgun** eine Flinte vom Kaliber 12

bore² **A** 🔊 **1** (≈ Mensch) Langweiler(in) m(f) **2** (≈ Situation etc) **to be a ~** langweilig sein, fad sein österr; **it's such a ~ having to go** es ist wirklich zu dumm, dass ich etc gehen muss **B** **Vt** langweilen; **to ~ sb stiff** od to tears umg j-n zu Tode langweilen; **to be/get ~d** sich langweilen; **I'm ~d** mir ist langweilig;

he is ~d with his job seine Arbeit langweilt ihn

bore³ PRÄT → bear¹

boredom [ˈbɔːdəm] S̲ Lang(e)weile f

★**boring** [ˈbɔːrɪŋ] ADJ langweilig, fad österr

★**born** [bɔːn] A PPERF 1 → bear¹ 2 to be ~ geboren werden; I was ~ in 1988 ich bin od wurde 1988 geboren; when were you ~? wann sind Sie geboren?; he was ~ into a rich family er wurde in eine reiche Familie hineingeboren; to be ~ deaf von Geburt an taub sein; the baby was ~ dead das Baby war eine Totgeburt; I wasn't ~ yesterday umg ich bin nicht von gestern umg; there's one ~ every minute! fig umg die Dummen werden nicht alle! B ADJ ⟨suf⟩ he is Chicago-born er ist ein gebürtiger Chicagoer; his French-born wife seine Frau, die gebürtige Französin ist C ADJ geboren; he is a ~ teacher er ist der geborene Lehrer; an Englishman ~ and bred ein echter Engländer **born-again** [ˈbɔːnəˌgen] ADJ Christ etc evangelikal

borne [bɔːn] PPERF → bear¹

borough [ˈbʌrə] S̲, ⟨a. **municipal borough**⟩ (Verwaltungs)bezirk m

★**borrow** [ˈbɒrəʊ] A VT̲ (sich dat) leihen, (sich dat) borgen (**from** von); von Bank sich (dat) leihen; Buch ausleihen; fig Idee übernehmen (**from** von); **to ~ money from the bank** Kredit bei der Bank aufnehmen B VI̲ borgen; bei Bank Kredit m aufnehmen **borrower** [ˈbɒrəʊə] S̲ von Kapital etc Kreditnehmer(in) m(f) **borrowing** [ˈbɒrəʊɪŋ] S̲ **government** ~ staatliche Kreditaufnahme; **consumer** ~ Verbraucherkredit m; ~ **requirements** Kreditbedarf m

Bosnia [ˈbɒznɪə] S̲ Bosnien n **Bosnia-Herzegovina** [ˈbɒznɪəˌhɜːtsəgəʊˈviːnə] S̲ Bosnien und Herzegowina n **Bosnian** A ADJ S̲ Bosnier(in) m(f)

bosom [ˈbʊzəm] A S̲ 1 Busen m 2 fig **in the ~ of his family** im Schoß der Familie B ADJ ⟨attr⟩ Busen-

★**boss** [bɒs] S̲ Chef(in) m(f), Boss m umg; **his wife is the** ~ seine Frau hat das Sagen; **OK, you're the** ~ in Ordnung, du hast zu bestimmen ♦**boss about** Br, **boss around** umg VT̲ ⟨trennb⟩ rumkommandieren umg

bossy [ˈbɒsɪ] ADJ ⟨komp bossier⟩ herrisch

botanic(al) [bəˈtænɪk(əl)] ADJ botanisch **botanist** [ˈbɒtənɪst] S̲ Botaniker(in) m(f) **botany** [ˈbɒtənɪ] S̲ Botanik f

botch [bɒtʃ] VT̲ umg a. ~ **up** verpfuschen; Pläne vermasseln umg; **a ~ed job** ein Pfusch m umg **botch-up** [ˈbɒtʃʌp] umg S̲ Pfusch m umg

★**both** [bəʊθ] A ADJ beide; ~ **(the) boys** beide Jungen B PRON beide, beides; ~ **of them were there, they were** ~ **there** sie waren (alle) beide da; ~ **of these answers are wrong** beide Antworten sind falsch C ADV ★~ **... and ...** sowohl ... als auch ...; ~ **you and I** wir beide; **John and I** ~ **came** John und ich sind beide gekommen; **is it black or white?** — ~ ist es schwarz oder weiß? — beides; **you and me** ~ umg wir zwei beide umg

bother [ˈbɒðəʳ] A VT̲ 1 stören, belästigen; (≈beunruhigen) Sorgen machen (+dat); Problem, Frage keine Ruhe lassen (+dat); **I'm sorry to ~ you but ...** es tut mir leid, dass ich Sie damit belästigen muss, aber ...; **don't ~ your head about that** zerbrechen Sie sich (dat) darüber nicht den Kopf; **I shouldn't let it ~ you** machen Sie sich mal keine Sorgen 2 **I can't be ~ed** ich habe keine Lust; **I can't be ~ed with people like him** für solche Leute habe ich nichts übrig; **I can't be ~ed to do that** ich habe einfach keine Lust, das zu machen; **do you want to stay or go?** — **I'm not ~ed** willst du bleiben oder gehen? — das ist mir egal; **I'm not ~ed about him/the money** seinetwegen/wegen des Geldes mache ich mir keine Gedanken; **don't ~ to do it again** das brauchen Sie nicht nochmals zu tun; **she didn't even ~ to ask** sie hat gar nicht erst gefragt; **please don't ~ getting up** od **to get up** bitte, bleiben Sie doch sitzen B VI̲ sich kümmern (**about** um); (≈beunruhigt sein) sich (dat) Sorgen machen (**about** um); **don't ~ about me!** machen Sie sich meinetwegen keine Sorgen; sarkastisch ist ja egal, was ich will; **he/it is not worth ~ing about** über ihn/darüber brauchen wir gar nicht zu reden; **I'm not going to ~ with that** das lasse ich; **don't ~!** nicht nötig!; **you needn't have ~ed!** das wäre nicht nötig gewesen! `C` `s` **1** Plage f; **I know it's an awful ~ for you but ...** ich weiß, dass Ihnen das fürchterliche Umstände macht, aber ... **2** Ärger m, Schwierigkeiten pl; **we had a spot** od **bit of ~ with the car** wir hatten Ärger mit dem Auto; **I didn't have any ~ getting the visa** es war kein Problem, das Visum zu bekommen; **it wasn't any ~** (≈ nicht erwähnenswert) das ist gern geschehen; (≈ nicht schwierig) das war ganz einfach; **the children were no ~ at all** wir hatten mit den Kindern überhaupt keine Probleme; **to go to a lot of ~ to do sth** od **sth** mit etw viel Mühe geben

★**bottle** [ˈbɒtl] `A` `s` **1** Flasche f; **a ~ of wine** eine Flasche Wein; **to take to the ~** zur Flasche greifen **2** Br umg Mumm m umg `B` `v/t` in Flaschen abfüllen ♦**bottle out** Br umg v/i die Nerven verlieren ♦**bottle up** `v/t` ⟨trennb⟩ Emotionen in sich (dat) aufstauen

bottle bank `s` Altglascontainer m **bottled** `adj` Gas in Flaschen (abgefüllt); Bier Flaschen- **bottle-feed** `v/t` aus der Flasche ernähren **bottleneck** `s` Engpass m **bottle-opener** `s` Flaschenöffner m

★**bottom** [ˈbɒtəm] `A` `s` **1** von Kiste, Glas Boden m; von Berg, Säule Fuß m; von Seite, Bildschirm unteres Ende; von Liste, Straße Ende n; **which end is the ~?** wo ist unten?; **at the ~ of the page/league/hill** etc unten auf der Seite/in der Tabelle/am Berg etc; **at the ~ of the mountain** am Fuß des Berges; **to be (at the) ~ of the class** der/die Letzte in der Klasse sein; **at the ~ of the garden** hinten im Garten; **~s up!** hoch die Tassen umg; **from the ~ of my heart** aus tiefstem Herzen; **at ~** fig im Grunde; **the ~ dropped** od **fell out of the market** die Marktlage hat einen Tiefstand erreicht **2** Unterseite f; **on the ~ of the tin** unten an der Dose **3** von Meer, Fluss Grund m; **at the ~ of the sea** auf dem Meeresboden **4** von Mensch Hintern m umg **5** fig ★**to be at the ~ of sth** hinter etw (dat) stecken, einer Sache (dat) zugrunde liegen; **to get to the ~ of sth** einer Sache (dat) auf den Grund kommen **6** Br AUTO ~ (gear) erster Gang; **in ~ (gear)** im ersten Gang **7** tracksuit ~s Trainingsanzug-

hose f; **bikini ~(s)** Bikiniunterteil n `B` `adj` ⟨attr⟩ untere(r, s), unterste(r, s); ~ **half** von Kiste untere Hälfte; von Liste, Klasse zweite Hälfte **bottomless** `adj` **a ~ pit** fig ein Fass ohne Boden **bottom line** fig `s` **that's the ~** (≈ Faktor) das ist das Entscheidende (dabei); (≈ Resultat) darauf läuft es im Endeffekt hinaus

bough [baʊ] `s` Ast m

bought [bɔːt] `prät & pperf` → **buy**

bouillon [ˈbuːjɒn] `s` Bouillon f, Rindsuppe f österr **bouillon cube** US `s` Brühwürfel m

boulder [ˈbəʊldər] `s` Felsblock m

boulevard [ˈbuːləvɑːd] `s` Boulevard m

bounce [baʊns] `A` `v/i` **1** Ball springen; **the child ~d up and down on the bed** das Kind hüpfte auf dem Bett herum **2** umg Scheck platzen umg **3** it → **bounce back** `B` `v/t` **1** Ball aufprallen lassen; **he ~d the ball against the wall** er warf den Ball gegen die Wand; **he ~d the baby on his knee** er ließ das Kind auf den Knien reiten **2** it → **bounce back** ♦**bounce back** `A` `v/i` **1** it E-Mail als nicht zustellbar zurückkommen **2** fig umg sich nicht unterkriegen lassen **B** `v/t` it E-Mail als nicht zustellbar zurückschicken ♦**bounce off** `A` `v/t` ⟨immer getrennt⟩ **to bounce sth off sth** etw von etw abprallen lassen; **to bounce an idea off sb** fig umg eine Idee an j-m testen umg `B` `v/i` abprallen

bouncer [ˈbaʊnsər] `s` **1** umg Mensch Türsteher(in) m(f), Rausschmeißer(in) m(f) umg **2** für Babys (Baby)wippe f

bouncy [ˈbaʊnsɪ] `adj` ⟨komp bouncier⟩ Ball springend; Matratze federnd **bouncy castle®** `s` Hüpfburg f **bouncy chair** `s` Br (Baby)wippe f

bound¹ [baʊnd] `s` Grenze f; **within the ~s of probability** im Bereich des Wahrscheinlichen; **his ambition knows no ~s** sein Ehrgeiz kennt keine Grenzen; **the bar is out of ~s** das Betreten des Lokals ist verboten; **this part of town is out of ~s** dieser Stadtteil ist Sperrzone

bound² `A` `s` Sprung m `B` `v/i` springen; **the dog came ~ing up** der Hund kam angesprungen

bound³ `prät & pperf` → **bind** `B` `adj` **1** gebunden; ~ **hand and foot** an Händen

B

und Füßen gebunden **2** **to be ~ to do sth** etw bestimmt tun; **it's ~ to happen** das muss so kommen **3** **but I'm ~ to say** … *umg* aber ich muss schon sagen …

bound⁴ ADJ ⟨*präd*⟩ **to be ~ for London** auf dem Weg nach London sein; *vor dem Aufbruch* nach London gehen; **all passengers ~ for London will** … alle Passagiere nach London werden …

boundary ['baʊndərɪ] S̲ Grenze *f* **boundary line** S̲ Grenzlinie *f*; SPORT Spielfeldgrenze *f* ◆**boundless** ADJ grenzenlos

bountiful ['baʊntɪfʊl] ADJ großzügig; *Ernte, Geschenke* (über)reich

bouquet ['bʊkeɪ] S̲ **1** Strauß *m* **2** *von Wein* Bukett *n* **bouquet garni** ['bʊkeɪgɑːˈniː] S̲ GASTR Kräutermischung *f*

bourbon ['bɜːbən] S̲, (*a.* **bourbon whiskey**) Bourbon *m*

bourgeois ['bʊəʒwɑː] **A** ▯ Bürger(in) *m(f)*; *pej* Spießbürger(in) *m(f)* **B** ADJ bürgerlich; *pej* spießbürgerlich **bourgeoisie** [ˌbʊəʒwɑːˈziː] S̲ Bürgertum *n*

bout [baʊt] S̲ **1** *von Grippe etc* Anfall *m*; **a ~ of fever** ein Fieberanfall *m*; **a drinking ~** eine Zecherei **2** SPORT Kampf *m*

boutique [buːˈtiːk] S̲ Boutique *f*

★**bow¹** [baʊ] S̲ **1** *Waffe, für Geige* Bogen *m*; **a bow and arrow** Pfeil und Bogen *pl* **2** (≈ *Knoten*) Schleife *f*

★**bow²** [baʊ] S̲ **1** Verbeugung *f*; **to take a bow** sich verbeugen **B** V̲/I̲ **1** sich verbeugen (**to sb** *vor* j-m) **2** *fig* sich beugen (**before** *+dat od* **under** *unter +dat od* **to** *+dat*); **to bow to the inevitable** sich in das Unvermeidliche fügen **C** V̲/T̲ **to bow one's head** den Kopf senken; *bei Gebet* sich verneigen ◆**bow down** *wörtl* V̲/I̲ sich beugen; **to bow down to** *od* **before sb** *fig* sich j-m beugen ◆**bow out** *fig* V̲/I̲ sich verabschieden; **to bow out of sth** sich aus etw zurückziehen

bow³ [baʊ] S̲ ⟨*oft pl*⟩ *von Schiff* Bug *m*; **on the port bow** backbord(s) voraus

bowed¹ [baʊd] ADJ *Beine* krumm

bowed² [baʊd] ADJ *Mensch* gebeugt; *Schultern* hängend

bowel ['baʊəl] S̲ ⟨*mst pl*⟩ ANAT Eingeweide *n mst pl*; **a ~ movement** Stuhl (-gang) *m* **2** *fig* **the ~s of the earth** das Erdinnere

★**bowl¹** [baʊl] S̲ **1** Schüssel *f*, Schale *f*; *für Zucker etc* Schälchen *n*; **a ~ of milk** eine Schale Milch **2** *von WC* Becken *n*

bowl² [baʊl] **A** V̲/I̲ **1** Bowling spielen **2** *Kricket* werfen **B** V̲/T̲ **1** *Ball* rollen **2** *Kricket: Ball* werfen ◆**bowl over** *fig* V̲/T̲ ⟨*trennb*⟩ umwerfen; **he was bowled over by the news** die Nachricht hat ihn (ein-fach) überwältigt

bow-legged [ˌbaʊˈlegɪd] ADJ o-beinig

bowler¹ ['baʊlə'] S̲ *Kricket* Werfer *m*

bowler² S̲ *Br Hut a.* **~ hat** Melone *f*

bowling ['baʊlɪŋ] S̲ **1** *Kricket* Werfen *n* **2** Bowling *n*; **to go ~** bowlen gehen

bowling alley S̲ Bowlingbahn *f*

bowling green S̲ Rasenfläche *f* *für ein dem Boccia ähnliches Spiel* **bowls** [baʊlz] S̲ ⟨*+sg v*⟩ *ein dem Boccia ähnliches Spiel*

bow tie [baʊ-] S̲ Fliege *f*

box¹ [bɒks] S̲ V̲/I̲ & V̲/T̲ SPORT boxen; **to box sb's ears** j-n ohrfeigen, j-n watschen *österr* **B** S̲ **a box on the ears** eine Ohrfeige, eine Watsche *österr*

★**box²** [bɒks] S̲ **1** *aus Holz* Kiste *f*; *aus Pappe* Karton *m*; *für Streichhölzer etc* Schachtel *f*; *mit Pralinen etc* Packung *f* **2** *auf Formular* Kästchen *n* **3** THEAT Loge *f* **4** FUSSB Strafraum *m*, Torraum *m* **5** *bes Br umg* (≈ *Fernseher*) Glotze *f umg*; **what's on the box?** was gibts im Fernsehen?; **I was watching the box** ich habe geglotzt *umg* ◆**box in** ⟨*trennb*⟩ *geparktes Auto* einklemmen, zuparken

boxcar ['bɒkskɑː'] S̲ *US* BAHN (geschlossener) Güterwagen

boxer ['bɒksə'] S̲ **1** SPORT Boxer(in) *m(f)* **2** (≈ *Hund*) Boxer *m* **boxer briefs** PL Boxershorts *pl (eng anliegend)* **boxer shorts** PL Boxershorts *pl* **boxing** ['bɒksɪŋ] S̲ Boxen *n* **Boxing Day** *Br* S̲ zweiter Weihnachts(feier)tag **boxing gloves** PL Boxhandschuhe *pl* **boxing match** S̲ Boxkampf *m* **boxing ring** S̲ Boxring *m*

box junction S̲ *Verkehr* gelb schraffierte Kreuzung (*in die bei Stau nicht eingefahren werden darf*) **box number** S̲ Chiffre *f*; *in Postamt* Postfach *n* **box office** **A** S̲ (Theater-/Kino)kasse *f*, Kassa *f österr* **B** ADJ ⟨*attr*⟩ **~ success/hit** Kassenschlager *m* ◆**boxroom** *Br* S̲ Abstellraum *m* **box set** S̲ Zusammenstellung mehrerer CDs oder DVDs Boxset *n*

▶ **Boxing Day**

Es gibt unterschiedliche Erklärungen für den Namen **Boxing Day**. Vermutlich heißt er so, weil früher die Kirchen am 26. Dezember den Inhalt der **boxes** (Opferstöcke) als Almosen verteilten. Der Name kann aber auch auf die Päckchen mit Geschenken oder Resten vom Weihnachtsessen hindeuten, die Begüterte ihren Bediensteten an diesem Tag gaben. In Irland wird dieses Fest nach dem heiligen Stefan **St Stephen's Day** genannt. ◀

★**boy** [bɔɪ] S̲ ◆1◆ Junge m, Bub m österr, schweiz; **the Jones boy** der Junge von Jones; **boys will be boys** Jungen sind nun mal so ◆2◆ umg (≈ Kumpel) Knabe m umg; **the old boy** (≈ Chef) der Alte umg; (≈ Vater) mein etc alter Herr ◆3◆ (≈ Freund) **the boys** meine/seine Kumpels; **our boys** (≈ Mannschaft) unsere Jungs ◆4◆ **(oh) boy!** umg Junge, Junge! umg **boy band** S̲ MUS Boygroup f

boycott [ˈbɔɪkɒt] A̲ S̲ Boykott m B̲ V̲/T̲ boykottieren

★**boyfriend** S̲ Freund m **boyhood** S̲ Kindheit f, Jugend(zeit) f **boyish** [ˈbɔɪɪʃ] A̲D̲J̲ jungenhaft; Frau knabenhaft **boy scout** S̲ Pfadfinder m **Boy Scouts** ⟨+sg v⟩ Pfadfinder pl **boy toy** S̲ US umg jugendlicher Liebhaber

bpi, **BPI** A̲B̲K̲ (= bits per inch) I̲T̲ BPI **bps**, **BPS** A̲B̲K̲ (= bits per second) I̲T̲ BPS **bra** [brɑː] S̲ A̲B̲K̲ (= brassière) BH m **brace** [breɪs] A̲ S̲ MED Stützapparat m; Br für Zähne Klammer f B̲ V̲/R̲ sich bereithalten; **to ~ oneself for sth** sich auf etw (akk) gefasst machen; **~ yourself, I've got bad news for you** mach dich auf eine schlechte Nachricht gefasst

bracelet [ˈbreɪslɪt] S̲ Armband n, Armreif(en) m

braces [ˈbreɪsɪz] P̲L̲ ◆1◆ Br Hosenträger pl; **a pair of ~** (ein Paar) Hosenträger ◆2◆ US für Zähne Klammer f

bracing [ˈbreɪsɪŋ] A̲D̲J̲ anregend; Klima Reiz-

bracken [ˈbrækən] S̲ Adlerfarn m **bracket** [ˈbrækɪt] A̲ S̲ ◆1◆ Winkelträger m, (Regal)träger m, (Regal)träger m; ◆2◆ TYPO, MUS Klammer f; US TYPO eckige Klammer; **in ~s**

in Klammern ◆3◆ Gruppe f; **the lower income ~** die untere Einkommensgruppe B̲ V̲/T̲ (a. **bracket together**) fig zusammenfassen

brag [bræg] A̲ V̲/I̲ angeben (**about, of** mit) B̲ V̲/T̲ **to ~ that** damit angeben, dass **bragging** [ˈbrægɪŋ] S̲ Angeberei f **braid** [breɪd] A̲ S̲ ◆1◆ von Haar Zopf m ◆2◆ (≈ Besatz) Borte f B̲ V̲/T̲ Zopf flechten **Braille** [breɪl] A̲ S̲ Blindenschrift f B̲ A̲D̲J̲ Blindenschrift-

★**brain** [breɪn] S̲ ◆1◆ ANAT Gehirn n; **he's got sex on the ~** umg er hat nur Sex im Kopf ◆2◆ **~s** pl ANAT Gehirn n; GASTR Hirn n ◆3◆ Verstand m; (≈ Intelligenz f, Grips m umg; **he has ~s** er ist intelligent; **use your ~s** streng mal deinen Kopf an **brainbox** hum umg S̲ Schlauberger m umg **brainchild** S̲ Erfindung f; (≈ Idee) Geistesprodukt n **brain-damaged** A̲D̲J̲ hirngeschädigt **brain-dead** A̲D̲J̲ (ge)hirntot **brain drain** S̲ Abwanderung f von Wissenschaftlern, Braindrain m **brain haemorrhage** S̲, **brain hemorrhage** US S̲ (Ge)hirnblutung f **brainless** A̲D̲J̲ hirnlos, dumm **brain scan** S̲ Computertomografie f des Schädels **brainstorm** A̲ V̲/I̲ brainstormen (so viele Ideen wie möglich sammeln) B̲ S̲ Geistesblitz m **brainstorming** S̲ Brainstorming n; **to have a ~ session** ein Brainstorming veranstalten **brain surgeon** S̲ Hirnchirurg(in) m(f) **brain tumour** S̲, **brain tumor** US S̲ Gehirntumor m **brainwash** V̲/T̲ einer Gehirnwäsche (dat) unterziehen; **to ~ sb into believing that ...** j-m (ständig) einreden, dass ... **brainwashing** S̲ Gehirnwäsche f **brainwave** Br S̲ Geistesblitz m **brainy** [ˈbreɪnɪ] A̲D̲J̲ ⟨komp brainier⟩ umg gescheit

braise [breɪz] V̲/T̲ GASTR schmoren **brake** [breɪk] A̲ S̲ TECH Bremse f; **to put the ~s on** bremsen B̲ V̲/I̲ bremsen **brake disc** S̲ Bremsscheibe f **brake fluid** S̲ Bremsflüssigkeit f **brake light** S̲ Bremslicht n **brake lining** S̲ Bremsbelag m **brake pad** S̲ Bremsklotz m **brake pedal** S̲ Bremspedal n **brake shoe** S̲ Bremsbacke f **braking** S̲ Bremsen n **braking distance** S̲ Bremsweg m

bramble [ˈbræmbl] S̲ Brombeerstrauch

m
bran [bræn] [S] Kleie *f*
★**branch** [brɑːntʃ] [A] [S] [1] BOT Zweig *m*, Ast *m* [2] *von Fluss* Arm *m*; *von Straße* Abzweigung *f*; *von Familie* Zweig *m*; *von Gleis* Abzweig *m* [3] *in Fluss, Straße, Gleis* Gabelung *f* [4] HANDEL Zweigstelle *f*, Ablage *f schweiz*; **main ~** Haupt(geschäfts)-stelle *f*; *von Laden* Hauptgeschäft *n* [5] *von Fach* Zweig *m* [B] [V/I] *Fluss, Straße* sich gabeln, sich verzweigen ♦**branch off** [V/I] abzweigen ♦**branch out** *fig* [V/I] sein Geschäft ausdehnen (**into** auf *+akk*); **to branch out on one's own** sich selbstständig machen
branch line [S] BAHN Nebenlinie *f*
branch manager [S] Filialleiter *m*
branch office [S] Zweigstelle *f*, Ablage *f schweiz*
★**brand** [brænd] [A] [S] [1] Marke *f* [2] *fig* Sorte *f*, Art *f*; **his ~ of humour** seine Art von Humor [3] *von Vieh* Brandzeichen *n* [B] [V/T] [1] *Waren* mit seinem Warenzeichen versehen; **~ed goods** Markenartikel *pl* [2] *Vieh* mit einem Brandzeichen kennzeichnen [3] (≈ *denunzieren*) brandmarken **branding** [ˈbrændɪŋ] [S] Markenkennzeichnung *f*
brandish [ˈbrændɪʃ] [V/T] schwingen
brand leader [S] führende Marke
brand name [S] Markenname *m*
brand-new [ADJ] nagelneu
brandy [ˈbrændɪ] [S] Weinbrand *m*
brash [bræʃ] [ADJ] ⟨+er⟩ dreist; *Farbe etc* laut, aufdringlich
brass [brɑːs] [A] [S] [1] Messing *n* [2] **the ~** MUS die Blechbläser *pl* [3] *umg* **the top ~** die hohen Tiere *umg* [B] [ADJ] Messing-; MUS Blech-; **~ player** Blechbläser *m*; **~ section** Blechbläser *pl* **brass band** [S] Blaskapelle *f*
brassière [ˈbræsɪəʳ] *obs, form* [S] Büstenhalter *m*
brass plaque, **brass plate** [S] Messingschild *n*
brat [bræt] *pej umg* [S] [1] Balg *m/n umg*; *Mädchen* Göre *f umg* [2] *US* GASTR Bratwurst *f*
bravado [brəˈvɑːdəʊ] [S] ⟨*kein pl*⟩ [1] Draufgängertum *n* [2] gespielte Tapferkeit
★**brave** [breɪv] [A] [ADJ] ⟨*komp* **braver**⟩ mutig, tapfer, unerschrocken; **be ~!** nur Mut!; **~ new world** schöne neue Welt [B] [V/T] die Stirn bieten (*+dat*); *Wetter* trotzen (*+dat*) **bravely** [ˈbreɪvlɪ] [ADV] tapfer
bravery [ˈbreɪvərɪ] [S] Mut *m*
bravo [brɑːˈvəʊ] [INT] bravo!
brawl [brɔːl] [A] [V/I] sich schlagen [B] [S] Schlägerei *f* **brawling** [ˈbrɔːlɪŋ] [S] Schlägereien *pl*
brawn [brɔːn] [S] Muskelkraft *f*; **he's all ~ and no brains** er hat Muskeln, aber kein Gehirn **brawny** [ˈbrɔːnɪ] [ADJ] ⟨*komp* **brawnier**⟩ muskulös
bray [breɪ] [V/I] *Esel* schreien
brazen [ˈbreɪzn] [ADJ] dreist; *Lüge* schamlos ♦**brazen out** [V/T] ⟨*trennb*⟩ **to brazen it out** durchhalten; *durch Lügen* sich durchmogeln *umg*
brazenly [ˈbreɪznlɪ] [ADV] dreist; *lügen* schamlos
Brazil [brəˈzɪl] [S] Brasilien *n* **brazil** [S], (*a.* **brazil nut**) Paranuss *f* **Brazilian** [brəˈzɪlɪən] [A] [S] Brasilianer(in) *m(f)* [B] [ADJ] brasilianisch
breach [briːtʃ] [A] [S] [1] Verstoß *m* (**of** gegen); **a ~ of contract** ein Vertragsbruch; **~ of the peace** JUR öffentliche Ruhestörung; **a ~ of security** ein Verstoß *m* gegen die Sicherheitsbestimmungen; **~ of trust** FIN Untreue *f* [2] *in Mauer, Überwachungssystem* Lücke *f* [B] [V/T] [1] *Mauer* eine Bresche schlagen in (*+akk*); *Überwachungssystem, Verteidigungslinien* durchbrechen [2] *Vertrag* verletzen
★**bread** [bred] [S] ⟨*kein pl*⟩ [1] Brot *n*; **a piece of ~ and butter** ein Butterbrot *n*; **he knows which side his ~ is buttered (on)** er weiß, wo was zu holen ist [2] **writing is his ~ and butter** er verdient sich seinen Lebensunterhalt mit Schreiben [3] *umg* (≈ *Geld*) Kohle *f umg*
breadbin *Br* [S] Brotkasten *m* **breadboard** [S] Brot(schneide)brett *n* **breadbox** *US* [S] Brotkasten *m* **breadcrumbs** [PL] GASTR Paniermehl *n*; **in ~** paniert **breadknife** [S] Brotmesser *n*
breadline [S] **to be on the ~** *fig* nur das Allernotwendigste zum Leben haben **bread machine** [S], **breadmaker** [S] Brotbackautomat *m*, Brotbackmaschine *f* **bread roll** [S] Brötchen *n* **breadstick** [S] Knabberstange *f*
breadth [bretθ] [S] Breite *f*; **a hundred metres in ~** *Br*, **a hundred meters in ~** *US* hundert Meter breit
breadwinner [ˈbredwɪnəʳ] [S] Brotver-

dener(in) m(f)

★**break** [breɪk] ⟨v: prät **broke**; pperf **broken**⟩ Ⓐ $\overline{VTI}$ **1** *Knochen* sich (dat) brechen; *Stock* zerbrechen, kaputt schlagen; *Glas* zerbrechen; *Fenster* einschlagen; *Ei* aufbrechen; **to ~ one's leg** sich (dat) das Bein brechen **2** *Spielzeug, Stuhl* kaputt machen **3** *Versprechen, Rekord* brechen; *Gesetz, Regel* verletzen, verstoßen gegen **4** *Reise, Stille* unterbrechen; **to ~ a habit** eine schlechte Gewohnheit aufgeben, sich (dat) etwas abgewöhnen **5** *Haut* ritzen; *Oberfläche* durchbrechen **6** (≈ *zerstören*) *j-n* mürbemachen; *Streik* brechen; *Code* entziffern; **to ~ sb** (**financially**) *j-n* ruinieren; **37p, well that won't exactly ~ the bank** 37 Pence, na, davon gehe ich/gehen wir noch nicht bankrott **7** *Fall* dämpfen **8** *Neuigkeiten* mitteilen; **how can I ~ it to her?** wie soll ich es ihr sagen? Ⓑ $\overline{VI}$ **1** *Knochen, Stimme* brechen; *Seil* zerreißen; *Fenster* kaputtgehen; *Glas* zerbrechen; **his voice is beginning to ~** er kommt in den Stimmbruch **2** *Uhr, Stuhl* kaputtgehen **3** (eine) Pause machen; **to ~ for lunch** Mittagspause machen **4** *Wetter* umschlagen **5** *Welle* sich brechen (a. *Tag* anbrechen; *Sturm* losbrechen **7** *Neuigkeiten* bekannt werden **8** *Firma* **to ~ even** seine (Un)kosten decken Ⓒ $\overline{S}$ **1** *Bruch m* **2** *Lücke f*; **row upon row of houses without a ~** Häuserzeile auf Häuserzeile, ohne Lücke **3** *a. Br* SCHULE *Pause f*; **without a ~** ununterbrochen; **to take od have a ~** (eine) Pause machen; **at ~** SCHULE in der Pause; **give me a ~!** *umg* nun mach mal halblang! *umg* **4** *Abwechslung f*; **~ in the weather** Wetterumschwung m **5** *Erholung f* **6** *Urlaub m* **7** *at ~ of day* bei Tagesanbruch **8** *umg* **they made a ~ for it** sie versuchten zu entkommen; **we had a few lucky ~s** wir haben ein paarmal Glück gehabt **9** *im Beruf* Durchbruch m; **she had her first big ~ in a Broadway play** sie bekam ihre erste große Chance in einem Broadwaystück ◆**break away** $\overline{VI}$ **1** weglaufen; *Gefangener* sich losreißen; **he broke away from the rest of the field** er hängte das ganze Feld ab **2** sich trennen

★◆**break down** Ⓐ $\overline{VI}$ **1** zusammenbrechen; *Verhandlungen, Ehe* scheitern

2 *Fahrzeug* eine Panne haben; *Maschine* versagen, kaputtgehen *umg* **3** *Ausgabe* sich aufschlüsseln; CHEM *Substanz* sich aufspalten (**into** in +akk) Ⓑ $\overline{VT}$ ⟨trennb⟩ **1** *Tür* einrennen; *Mauer* niederreißen **2** *Ausgaben* aufschlüsseln; (≈ *Zusammensetzung ändern*) umsetzen ◆**break in** Ⓐ $\overline{VI}$ **1** unterbrechen (**on** sb/sth j-n/etw) **2** einbrechen Ⓑ $\overline{VT}$ *Tür* aufbrechen ◆**break into** $\overline{VI}$ ⟨+obj⟩ **1** *Haus* einbrechen in (+akk); *Safe, Auto* aufbrechen **2** *Ersparnisse* anbrechen **3** **to break into song** zu singen anfangen ◆**break off** Ⓐ $\overline{VI}$ abbrechen Ⓑ $\overline{VT}$ ⟨trennb⟩ abbrechen; *Verlobung* lösen ◆**break open** $\overline{VT}$ ⟨trennb⟩ aufbrechen ◆**break out** $\overline{VI}$ **1** *Feuer, Krieg* ausbrechen **2** **to break out in a rash** einen Ausschlag bekommen; **he broke out in a sweat** ihm brach der Schweiß aus **3** ausbrechen (**from**, **of** aus) ◆**break through** Ⓐ $\overline{VI}$ durchbrechen Ⓑ $\overline{VI}$ ⟨+obj⟩ durchbrechen ◆**break up** Ⓐ $\overline{VI}$ **1** *Straße, Eisdecke* aufbrechen **2** *Menge* auseinanderlaufen; *Versammlung, Partnerschaft* sich auflösen; *Ehe* in die Brüche gehen; *Freunde* sich trennen; **to break up with sb** sich von j-m trennen **3** *Br* SCHULE aufhören; **when do you break up?** wann hört bei euch die Schule auf? **4** TEL **you're breaking up** ich kann Sie nicht verstehen Ⓑ $\overline{VT}$ ⟨trennb⟩ **1** *Boden* aufbrechen **2** *Ehe, Gemeinschaft* zerstören; *Versammlung durch Polizei* auflösen; **he broke up the fight** er trennte die Kämpfer; **break it up!** auseinander!

breakable ['breɪkəbl] $\overline{ADJ}$ zerbrechlich **breakage** ['breɪkɪdʒ] $\overline{S}$ **to pay for ~s** für zerbrochene Ware bezahlen **breakaway** ['breɪkəˌweɪ] $\overline{ADJ}$ *Gruppe* Splitter- **break command** $\overline{S}$ IT Unterbrechungsbefehl m **break dance** $\overline{VI}$ Breakdance tanzen

★**breakdown** ['breɪkdaʊn] $\overline{S}$ **1** *von Maschine* Betriebsschaden m; *von Fahrzeug* Panne f **2** *von System, a.* MED Zusammenbruch m **3** *von Zahlen etc* Aufschlüsselung f **breakdown service** $\overline{S}$ Pannendienst m **breakdown truck** $\overline{S}$ Abschleppwagen m

breaker ['breɪkər] $\overline{S}$ **1** (≈ *Welle*) Brecher m **2** (a. **~'s** (**yard**)) **to send a vehicle to the ~'s** (**yard**) ein Fahrzeug abwra-

B

cken
breakeven point [breɪk'i:vən,pɔɪnt] [S] Gewinnschwelle *f*
★**breakfast** ['brekfəst] [A] [S] Frühstück *n*, Morgenessen *n schweiz*; **to have ~** frühstücken; **for ~** zum Frühstück [B] [V/I] frühstücken; **he ~ed on bacon and eggs** er frühstückte Eier mit Speck **breakfast cereal** [S] Frühstücksflocken *pl*, Zerealien *pl* **breakfast television** [S] Frühstücksfernsehen *n* **breakfast time** [S] Frühstückszeit *f*

▶ breakfast

Wer hat morgens noch die Zeit, Eier, Würstchen, Schinkenspeck, Tomaten, Pilze und anderes mehr in der Pfanne zu brutzeln – es sei denn am Wochenende?! Das zwar schmackhafte, aber fetttriefende **English** bzw. **cooked breakfast** [,kʊkt'brekfəst] wird natürlich noch in Hotels, Pensionen und Cafés angeboten, aber zu Hause gibt es meist **cornflakes** oder **muesli** ['mju:zlɪ], gefolgt von Toast mit Marmelade.

Übrigens: Ein **continental breakfast** in einem Hotel oder einer Pension besteht meist aus Brötchen bzw. Croissants mit Butter und Marmelade. ◀

break-in ['breɪkɪn] [S] Einbruch *m*; **we've had a ~** bei uns ist eingebrochen worden **breaking** ['breɪkɪŋ] [S] **~ and entering** JUR Einbruch *m* **breaking news** [S] TV Eilmeldung *f* **breaking point** *fig* [S] **she is at** *od* **has reached ~** sie ist nervlich völlig am Ende (ihrer Kräfte) **breakneck** [ADJ] **at ~ speed** *Br* mit halsbrecherischer Geschwindigkeit **break-out** [S] Ausbruch *m* **breakthrough** [S] MIL, *a. fig* Durchbruch *m* **break-up** [S] *von Freundschaft* Bruch *m*; *von Ehe* Zerrüttung *f*; *von Partnerschaft* Auflösung *f* **breakwater** [S] Wellenbrecher *m*
★**breast** [brest] [S] Brust *f* **breastbone** [S] Brustbein *n*; *von Vogel* Brustknochen *m* **breast cancer** [S] Brustkrebs *m* **-breasted** [-'brestɪd] [ADJ] ⟨*suf*⟩ **a double-/single-breasted jacket** ein Einreiher *m*/Zweireiher *m* **breast-fed** [ADJ] **to be ~** gestillt werden **breast-feed** [V/T & V/I] stillen **breast-feeding** [S] Stillen *n* **breast milk** [S] Muttermilch *f* **breast pocket** [S] Brusttasche *f* **breaststroke** [S] Brustschwimmen *n*; **to swim** *od* **do the ~** brustschwimmen
★**breath** [breθ] [S] [1] Atem *m*; **to take a deep ~** einmal tief Luft holen; **to have bad ~** Mundgeruch haben; **to be out of ~** außer Atem sein; **short of ~** kurzatmig; **to get one's ~ back** wieder zu Atem kommen; **in the same ~** im selben Atemzug; **to take sb's ~ away** j-m den Atem verschlagen; **to say sth under one's ~** etw vor sich (*akk*) hin murmeln; **you're wasting your ~** du redest umsonst [2] **~ of wind** Lüftchen *n* **breathable** ['bri:ðəbl] [ADJ] *Stoff, Kleidung* atmungsaktiv **breathalyze** ['breθəlaɪz] [V/T] blasen lassen **Breathalyzer®** ['breθəlaɪzə^r] [S] Alkomat *m*
★**breathe** [bri:ð] [A] [V/I] atmen; **now we can ~ again** jetzt können wir wieder frei atmen; **I don't want him breathing down my neck** ich will nicht, dass er mir die Hölle heiß macht *umg* [B] [V/T] [1] *Luft* einatmen; **to ~ one's last** seinen letzten Atemzug tun [2] atmen (**into** in +*akk*); **he was breathing garlic all over me** er verströmte einen solchen Knoblauchgeruch; **he ~d new life into the firm** er brachte neues Leben in die Firma [3] **to ~ a sigh of relief** erleichtert aufatmen; **don't ~ a word of it!** sag kein Sterbenswörtchen darüber!
♦**breathe in** [V/I & V/T] ⟨*trennb*⟩ einatmen ♦**breathe out** [V/I & V/T] ⟨*trennb*⟩ ausatmen
breather ['bri:ðə^r] [S] Atempause *f*; **to take** *od* **have a ~** sich verschnaufen **breathing** ['bri:ðɪŋ] [S] Atmung *f* **breathing apparatus** [S] Sauerstoffgerät *n* **breathing space** *fig* [S] Atempause *f* **breathless** ['breθlɪs] [ADJ] atemlos; **~ with excitement** ganz atemlos vor Aufregung **breathtaking** ['breθteɪkɪŋ] [ADJ] atemberaubend **breath test** [S] Atemalkoholtest *m*
bred [bred] [PRÄT & PPERF] → breed
-bred [ADJ] ⟨*suf*⟩ -erzogen
breech delivery [bri:tʃ] [S] MED Steißgeburt *f*
breeches ['brɪtʃɪz] [PL] Kniehose *f*, Reithose *f*
★**breed** [bri:d] ⟨*v: prät, pperf* **bred**⟩ [A] [V/T] *Tiere* züchten [B] [V/I] *Tiere* Junge haben;

Vögel brüten **C** ⟨S⟩ Art f **breeder** ['briːdər] ⟨S⟩ Züchter(in) m(f) **breeding** ['briːdɪŋ] ⟨S⟩ **1** Fortpflanzung und Aufzucht f der Jungen **2** Zucht f **3** (≈ *Erziehung*) a. **good ~** gute Erziehung

breeze [briːz] ⟨S⟩ *Br* Brise f ♦**breeze in** ⟨S⟩ **he breezed into the room** er kam fröhlich ins Zimmer geschneit

breeze block ⟨S⟩ *Br* Hoch- und Tiefbau Ytong® ⟨S⟩ **breezily** ['briːzɪlɪ] *fig* **ADV** frisch-fröhlich **breezy** ['briːzɪ] **ADJ** ⟨komp breezier⟩ **1** *Tag, Ort* windig **2** *Art und Weise* frisch-fröhlich

brevity ['brevɪtɪ] ⟨S⟩ Kürze f

brew [bruː] **A** ⟨S⟩ **1** (≈ *Bier*) Bräu n **2** Tee m **B** ⟨VlT⟩ Bier brauen; *Tee* aufbrühen **C** ⟨VlI⟩ **1** Bier gären; *Tee* ziehen **2** *fig* **there's trouble ~ing** da braut sich ein Konflikt zusammen **brewer** ['bruːər] ⟨S⟩ Brauer m **brewery** ['bruːərɪ] ⟨S⟩ Brauerei f

bribe [braɪb] **A** ⟨S⟩ Bestechung f **to take a ~** sich bestechen lassen; **to offer sb a ~** j-n bestechen wollen **B** ⟨VlT⟩ bestechen; **to ~ sb to do sth** j-n bestechen, damit er etw tut **bribery** ['braɪbərɪ] ⟨S⟩ Bestechung f

bric-a-brac ['brɪkəbræk] ⟨S⟩ Nippes m

★**brick** [brɪk] ⟨S⟩ **1** Hoch- und Tiefbau Backstein m, Ziegelstein m; **he came** *od* **was down on me like a ton of ~s** *umg* er hat mich unheimlich fertiggemacht *umg* **2** (≈ *Spielzeug*) (Bau)klotz m; **box of (building) ~s** Baukasten m ♦**brick up** ⟨VlT⟩ ⟨trennb⟩ Fenster zumauern

bricklayer ⟨S⟩ Maurer(in) m(f) **brick-red** **ADJ** ziegelrot **brick wall** *fig* *umg* ⟨S⟩ **I might as well be talking to a ~** ich könnte genauso gut gegen eine Wand reden; **it's like banging one's head against a ~** es ist, wie wenn man mit dem Kopf gegen die Wand rennt; **to come up against od hit a ~** plötzlich vor einer Mauer stehen **brickwork** ⟨S⟩ Backsteinmauerwerk n

BRICS countries ['brɪks] **PL** (= Brazil, Russia, India, China and South Africa) BRICS-Staaten *pl*

bridal ['braɪdl] **ADJ** Braut-; **~ gown** Hochzeitskleid n **bridal suite** ⟨S⟩ Hochzeitssuite f

★**bride** [braɪd] ⟨S⟩ Braut f

★**bridegroom** ['braɪdɡruːm] ⟨S⟩ Bräutigam m

bridesmaid ['braɪdzmeɪd] ⟨S⟩ Brautjung-

fer f

★**bridge¹** [brɪdʒ] ⟨S⟩ Brücke f; *von Nase* Sattel m; **to build ~s** *fig* Brücken schlagen **B** ⟨VlT⟩ *fig* überbrücken; **to ~ the gap** *fig* die Zeit überbrücken

bridge² ⟨S⟩ KART Bridge n

bridging loan ['brɪdʒɪŋləʊn] ⟨S⟩ Überbrückungskredit m

bridle ['braɪdl] **A** ⟨S⟩ *von Pferd* Zaum m **B** ⟨VlI⟩ sich entrüstet wehren (**at** gegen) **bridle path** ⟨S⟩ Reitweg m

brief [briːf] **A** **ADJ** ⟨+er⟩ kurz; **in ~** kurz; **the news in ~** Kurznachrichten *pl*; **to be ~, …** um es kurz zu machen, … **B** ⟨S⟩ **1** JUR Auftrag m (**an einen Anwalt**); *(≈ Dokumente)* Unterlagen *pl* zu dem/einem Fall **2** Auftrag m **C** ⟨VlT⟩ a. JUR instruieren **briefcase** ['briːfkeɪs] ⟨S⟩ (Akten)tasche f **briefing** ['briːfɪŋ] ⟨S⟩, (a. **briefing session**) Instruktionen *pl*; *von Polizei, Militär* Einsatzbesprechung f **briefly** ['briːflɪ] **ADV** kurz; **~, I suggest …** kurz gesagt, ich schlage vor …

★**briefs** [briːfs] **PL** Slip m; **a pair of ~** ein Slip

brigade [brɪ'ɡeɪd] ⟨S⟩ MIL Brigade f

★**bright** [braɪt] **ADJ** ⟨+er⟩ **1** hell; *Farbe* leuchtend; *Stern, Augen* strahlend; *Tag, Wetter* heiter; **~ red** knallrot; **it was really ~ outside** es war wirklich sehr hell draußen; **~ intervals** METEO Aufheiterungen *pl* **2** fröhlich; **I wasn't feeling too ~** es ging mir nicht besonders gut; **~ and early** in aller Frühe **3** gescheit; *Kind* aufgeweckt; *Idee* glänzend; *iron* intelligent **4** *Aussichten* glänzend; **things aren't looking too ~** es sieht nicht gerade rosig aus **brighten (up)** ['braɪtn(ʌp)] **A** ⟨VlT⟩ ⟨trennb⟩ **1** aufheitern **2** aufhellen **B** ⟨VlI⟩ **1** *Wetter* sich aufklären *od* aufheitern **2** *Mensch* fröhlicher werden **brightly** ['braɪtlɪ] **ADV** *scheinen, brennen* hell; **~ lit** hell erleuchtet **2** fröhlich **brightness** ⟨S⟩ Helligkeit f; *von Farbe* Leuchten n; *von Stern, Augen* Strahlen n

brill *Br umg* **ADJ** super *umg*, toll *umg* **brilliance** ['brɪljəns] ⟨S⟩ **1** Strahlen n **2** *fig* Großartigkeit f; *von Geist, Wissenschaftler* Brillanz f **brilliant** ['brɪljənt] **A** **ADJ** **1** *fig* großartig a. *iron*; *Geist, Wissenschaftler* brillant, genial; *Student* hervorragend; **he is ~ with my children** er versteht sich großartig mit meinen

Kindern; **to have a ~ time** sich blendend amüsieren; **to be ~ at sth/doing sth** etw hervorragend können/tun können **2** *Sonnenschein, Farbe* strahlend **3** INT *umg* toll, klasse *umg* **brilliantly** ['brɪljəntlɪ] ADV **1** *scheinen, beleuchtet* hell; **~ coloured** *Br*, **~ colored** *US* in kräftigen Farben **2** großartig; *etw leisten* brillant; *komisch, einfach* herrlich

brim [brɪm] **A** S̲ Rand *m*; **full to the ~ (with sth)** randvoll (mit etw) **B** V̲I̲ strotzen (**with** *vor, with* +*dat*); **her eyes were ~ming with tears** ihre Augen schwammen in Tränen ♦**brim over** V̲I̲ überfließen (**with** *vor* +*dat*)

brimful ['brɪm'fʊl] *wörtl* ADJ randvoll; *fig* voll (**of, with** *von*)

brine [braɪn] S̲ Sole *f*; *zum Einlegen* Lake *f*

★**bring** [brɪŋ] V̲T̲ ⟨*prät, pperf* brought⟩ bringen; (*a. ~* **with one**) mitbringen; **did you ~ the car?** *etc* haben Sie den Wagen *etc* mitgebracht?; **to ~ sb inside** j-n hereinbringen; **to ~ tears to sb's eyes** j-m die Tränen in die Augen treiben; **I cannot ~ myself to speak to him** ich kann es nicht über mich bringen, mit ihm zu sprechen; **to ~ sth to a close** *od* **an end** etw zu Ende bringen; **to ~ sth to sb's attention** j-n auf etw (*akk*) aufmerksam machen ♦**bring about** V̲T̲ ⟨*trennb*⟩ herbeiführen ♦**bring along** V̲T̲ ⟨*trennb*⟩ mitbringen ♦**bring back** V̲T̲ ⟨*trennb*⟩ **1** zurückbringen **2** *Brauch* wiedereinführen; **to bring sb back to life** j-n wieder lebendig machen ♦**bring down** V̲T̲ ⟨*trennb*⟩ **1** *durch Schüsse* herunterholen; (≈ *landen*) herunterbringen; **you'll bring the boss down on us** da werden wir es mit dem Chef zu tun bekommen **2** *Regierung* zu Fall bringen **3** *senken; Schwellung* reduzieren ♦**bring forward** V̲T̲ ⟨*trennb*⟩ **1** *j-n, Stuhl* nach vorne bringen **2** *Termin* vorverlegen **3** *Zeuge* vorführen; *Beweis* unterbreiten **4** HANDEL **amount brought forward** Übertrag *m* ♦**bring in** V̲T̲ ⟨*trennb*⟩ **1** *wörtl* hereinbringen; *Ernte, Einkünfte* einbringen **2** *fig Mode* einführen; PARL *Gesetz* einbringen; **to bring sth into fashion** etw in Mode bringen **3** *Polizei etc* einschalten (**on** *bei*); **don't bring him into it** lass ihn aus der Sache

raus; **why bring that in?** was hat das damit zu tun? ♦**bring off** V̲T̲ ⟨*trennb*⟩ zustande bringen; **he brought it off!** er hat es geschafft! *umg* ♦**bring on** V̲T̲ ⟨*trennb*⟩ **1** herbeiführen **2** SPORT *Spieler* einsetzen **3** **to bring sth (up)on oneself** sich (*dat*) etw selbst aufladen; **you brought it (up)on yourself** das hast du dir selbst zuzuschreiben ♦**bring out** V̲T̲ ⟨*trennb*⟩ **1** *wörtl* (heraus)bringen (**of** *aus*); *aus Tasche* herausholen (**of** *aus*) **2** *j-n* die Hemmungen nehmen (+*dat*) **3** **to bring out the best in sb** das Beste in j-m zum Vorschein bringen **4** (*a.* **bring out on strike**) auf die Straße schicken **5** *Produkt, Buch* herausbringen **6** hervorheben **7** **to bring sb out in a rash** bei j-m einen Ausschlag verursachen ♦**bring over** *wörtl* V̲T̲ ⟨*trennb*⟩ herüberbringen ♦**bring round** *bes Br* V̲T̲ ⟨*trennb*⟩ **1** *Gespräch* bringen (**to** *auf* +*akk*) **2** *Bewusstlosen* wieder zu Bewusstsein bringen **3** (≈ *überzeugen*) herumkriegen *umg* ♦**bring to** V̲T̲ ⟨*immer getrennt*⟩ **to bring sb to** j-n wieder zu Bewusstsein bringen ♦**bring together** V̲T̲ ⟨*trennb*⟩ zusammenbringen ★♦**bring up** V̲T̲ ⟨*trennb*⟩ **1** *nach oben* heraufbringen; *nach vorn* hinbringen **2** *Summe* erbrechen (**to** *auf* +*akk*); *Standard, Niveau* anheben; **to bring sb up to a certain standard** j-n auf ein gewisses Niveau bringen **3** *Kind* großziehen, erziehen, aufziehen; **to bring sb up to do sth** j-n dazu erziehen, etw zu tun **4** *Gegessenes* brechen **5** (≈ *erwähnen*) zur Sprache bringen **6** **to bring sb up short** j-n innehalten lassen ♦**bring upon** V̲T̲ ⟨*trennb*⟩ → bring on **3**

brink [brɪŋk] S̲ Rand *m*; **on the ~ of sth** am Rande von etw; **on the ~ of doing sth** nahe daran, etw zu tun

brisk [brɪsk] ADJ (+*er*) **1** *Mensch* forsch; *Tempo* flott; **to go for a ~ walk** einen ordentlichen Spaziergang machen **2** *fig Geschäft* lebhaft **briskly** ['brɪsklɪ] ADV *sprechen, handeln* forsch; *gehen* flott

bristle ['brɪsl] **A** S̲ Borste *f*; *von Bart* Stoppel *f* **B** V̲I̲ *fig* zornig werden; **to ~ with anger** vor Wut schnauben **bristly** ['brɪslɪ] ADJ ⟨*komp* bristlier⟩ *Kinn* stoppelig; *Haar, Bart* borstig

Brit [brɪt] *umg* S̲ Brite *m*, Britin *f*

★**Britain** ['brɪtən] S̲ Großbritannien n
★**British** ['brɪtɪʃ] A̲ ADJ britisch; **I'm ~** ich
bin Brite/Britin; ~ **English** britisches
Englisch B̲ S̲ **the ~** pl die Briten pl **British-Asian** [ˌbrɪtɪʃˈeɪʃn] A̲ ADJ britisch-asiatisch B̲ S̲ Brite m/Britin f asiatischer
Herkunft **British Council** S̲ British
Council m (Organisation zur Förderung
britischer Kultur im Ausland) **British
Isles** PL **the ~** die Britischen Inseln
Briton ['brɪtən] S̲ Brite m, Britin f
Brittany ['brɪtənɪ] S̲ die Bretagne
brittle ['brɪtl] ADJ spröde; ~ **bones**
schwache Knochen
broach [brəʊtʃ] V̲T̲ Thema anschneiden
B-road ['biːrəʊd] Br S̲ ≈ Landstraße f
★**broad** [brɔːd] A̲ ADJ ⟨+er⟩ ◼◼ breit; **to
make ~er** verbreitern ◼◼ Theorie umfassend, allgemein ◼◼ Unterscheidung, Umriss grob; Sinn weit ◼◼ Akzent stark B̲ S̲
US sl (≈Frau) Tussi f pej umg **broadband** A̲ ADJ IT Breitband- B̲ S̲ IT Breitband n **broad bean** S̲ Saubohne f
★**broadcast** ['brɔːdkɑːst] ⟨v: prät, pperf
broadcast(ed)⟩ A̲ V̲T̲ ◼◼ RADIO, TV senden; Veranstaltung übertragen ◼◼ fig Gerücht verbreiten B̲ V̲I̲ RADIO, TV senden
C̲ S̲ RADIO, TV Sendung f; von Fußballspiel etc Übertragung f **broadcaster**
['brɔːdkɑːstə'] S̲ RADIO, TV Rundfunk-/Fernsehsprecher(in) m(f), Rundfunk-/Fernsehpersönlichkeit f **broadcasting** ['brɔːdkɑːstɪŋ] S̲ RADIO, TV Sendung f; von Veranstaltung Übertragung
f; **to work in ~** beim Rundfunk/Fernsehen arbeiten B̲ ADJ ⟨attr⟩ RADIO Rundfunk-; TV Fernseh-
broaden (**out**) ['brɔːdn(aʊt)] A̲ V̲T̲

⟨trennb⟩ fig Haltung, Einstellung aufgeschlossener machen; **to ~one's horizons** fig seinen Horizont erweitern B̲
V̲I̲ sich verbreitern **broad jump** S̲ US
SPORT Weitsprung m **broadly** ['brɔːdlɪ]
ADV allgemein; beschreiben grob; zustimmen weitgehend; grinsen breit; ~ **speaking** ganz allgemein gesprochen **broad-minded** ADJ tolerant **broadsheet** S̲
Presse großformatige Zeitung **Broadway** S̲ Broadway m
brocade [brəˈkeɪd] A̲ S̲ Brokat m B̲
ADJ ⟨attr⟩ Brokat-
broccoli ['brɒkəlɪ] S̲ ⟨+sg v⟩ Brokkoli pl
brochure ['brəʊʃʊə'] S̲ Broschüre f
broil [brɔɪl] V̲T̲ & V̲I̲ GASTR grillen
broke [brəʊk] A̲ PRÄT → **break** B̲ ADJ
⟨präd⟩ umg pleite umg; **to go ~** Pleite
machen umg; **to go for ~** alles riskieren
★**broken** ['brəʊkən] A̲ PPERF → **break** B̲
ADJ ◼◼ kaputt; Knochen gebrochen; Glas
etc kaputt, zerbrochen ◼◼ fig Herz, Mann,
Versprechen, Englisch gebrochen; Ehe
zerrüttet; **from a ~ home** aus zerrütteten Familienverhältnissen **broken-down** ['brəʊkənˈdaʊn] ADJ kaputt umg
brokenhearted ['brəʊkən'hɑːtɪd] ADJ
untröstlich
broker ['brəʊkə'] A̲ S̲ BÖRSE, FIN Makler(in) m(f) B̲ V̲T̲ aushandeln
brolly ['brɒlɪ] Br umg S̲ (Regen)schirm m
bronchitis [brɒŋˈkaɪtɪs] S̲ Bronchitis f
bronze [brɒnz] A̲ S̲ Bronze f B̲ ADJ
Bronze- **Bronze Age** S̲ Bronzezeit f
bronzed ADJ Gesicht, Mensch braun
bronze medal S̲ Bronzemedaille f
bronze medallist S̲ Bronzemedaillengewinner(in) m(f) **bronzing** ADJ

▶ **Britain or the UK?**

Im Deutschen sagt man oft England, wenn man Großbritannien meint. Hier die genauen
Definitionen der einschlägigen Begriffe:

englische Bezeichnung	deutsche Entsprechung	deutsche Erklärung
England	England	größtes Land Großbritanniens
(Great) Britain	Großbritannien	das britische Festland, also England, Wales und Schottland
the United Kingdom, kurz: **the UK**	das Vereinigte Königreich	England, Wales, Schottland und Nordirland

Die gebräuchlichsten Ausdrücke der Alltagssprache für Großbritannien sind im Englischen
Britain und **the UK**. ◀

B

Bräunungs-
brooch [brəʊtʃ] ⌀ Brosche f
brood [bruːd] **A** ⌀ Brut f **B** ⌀Ti fig grübeln ◆**brood over, brood (up)on** ⌀Ti ⟨+obj⟩
broody ['bruːdɪ] ADJ **1** **to be feeling ~** hum umg den Wunsch nach einem Kind haben **2** grüblerisch, schwerblütig
brook [brʊk] ⌀ Bach m
★**broom** [bruːm] ⌀ Besen m **broom cupboard** ⌀ Besenschrank m **broomstick** ⌀ Besenstiel m; **a witch on her ~** eine Hexe auf ihrem Besen
Bros. PL ABK (= Brothers) HANDEL Gebr.
broth [brɒθ] ⌀ Fleischbrühe f, Rindsuppe f österr, Suppe f
brothel ['brɒθl] ⌀ Bordell n
★**brother** ['brʌðə²] ⌀ ⟨pl -s; obs KIRCHE brethren⟩ Bruder m; **they are ~ and sister** sie sind Geschwister; **my ~s and sisters** meine Geschwister; **the Clarke ~s** die Brüder Clarke; HANDEL die Gebrüder Clarke; **oh ~!** bes US umg Junge, Junge! umg; **his ~ officers** seine Offizierskameraden **brotherhood** ⌀ (≈ Vereinigung) Bruderschaft f
★**brother-in-law** ⌀ ⟨pl brothers-in-law⟩ Schwager m **brotherly** ['brʌðəlɪ] ADJ brüderlich
brought [brɔːt] PRÄT & PPERF → bring
brow [braʊ] ⌀ **1** von Auge Braue f **2** Stirn f **3** (Berg)kuppe f
browbeat ['braʊbiːt] ⌀Ti ⟨prät browbeat; pperf browbeaten⟩ unter (moralischen) Druck setzen; **to ~ sb into doing sth** j-n so unter Druck setzen, dass er etw tut
★**brown** [braʊn] **A** ADJ ⟨+er⟩ braun **B** ⌀ Braun n **C** ⌀Ti bräunen; Fleisch anbraten **D** ⌀Ti braun werden ◆**brown off** ⌀Ti **to be browned off with sb/sth** bes Br umg j-n/etw satthaben umg
brown ale ⌀ Malzbier n **brown bear** ⌀ Braunbär m **brown bread** ⌀ Grauod Mischbrot n, Vollkornbrot n **brownfield** ['braʊnfiːld] ⌀ Gelände Brachflächen- **brownie** ['braʊnɪ] ⌀ **1** kleiner Schokoladenkuchen **2** **Brownie** bei Pfadfindern Wichtel m **Brownie points** PL Pluspunkte pl; **to score ~ with sb** sich bei j-m beliebt machen **brownish** ADJ bräunlich **brown paper** ⌀ Packpapier n **brown rice** ⌀ brauner Reis, Vollkornreis m **brown**

sauce ⌀ Br GASTR braune Soße **brown sugar** ⌀ brauner Zucker
browse [braʊz] **A** ⌀Ti **1** INTERNET browsen, surfen **2** **to ~ through a book** in einem Buch blättern; **to ~ (around)** sich umsehen **B** ⌀Ti browsen **C** ⌀ **to have a ~ (around)** sich umsehen; **to have a ~ through the books** in den Büchern blättern **browser** ['braʊzə²] ⌀ IT Browser m
bruise [bruːz] **A** ⌀ blauer Fleck; auf Obst Druckstelle f **B** ⌀Ti einen blauen Fleck/blaue Flecke(n) schlagen ⟨+dat⟩; Obst beschädigen; **to ~ one's elbow** sich (dat) einen blauen Fleck am Ellbogen holen **bruised** ADJ **to be ~** einen blauen Fleck/blaue Flecke haben; Obst eine Druckstelle/Druckstellen haben; **she has a ~ shoulder, her shoulder is ~** sie hat einen blauen Fleck auf der Schulter **2** fig Ego verletzt **bruising** ['bruːzɪŋ] ⌀ Prellungen pl
brunch [brʌntʃ] ⌀ Brunch m
brunette [bruːˈnet] **A** ⌀ Brünette f **B** ADJ brünett
brunt [brʌnt] ⌀ **to bear the (main) ~ of the attack** die volle Wucht des Angriffs tragen; **to bear the (main) ~ of the costs** die Hauptlast der Kosten tragen; **to bear the ~** das meiste abkriegen
★**brush** [brʌʃ] **A** ⌀ **1** Bürste f; zum Malen, Rasieren, Backen Pinsel m; am Kamin Besen m; mit Schaufel Handbesen od -feger m; **to give sth a ~** etw bürsten; **to give one's hair a ~** sich die Haare bürsten **2** Unterholz n **3** (≈ Streit) **to have a ~ with sb** mit j-m aneinandergeraten; **to have a ~ with the law** mit dem Gesetz in Konflikt kommen **B** ⌀Ti **1** bürsten; **to ~ one's teeth** sich (dat) die Zähne putzen; **to ~ one's hair** sich (dat) das Haar bürsten **2** fegen, wischen schweiz **3** (≈ leicht berühren) streifen ◆**brush against** ⌀Ti ⟨+obj⟩ streifen ◆**brush aside** ⌀Ti ⟨trennb⟩ j-n, Hindernis zur Seite schieben ◆**brush away** ⌀Ti ⟨trennb⟩ verscheuchen ◆**brush off** ⌀Ti ⟨trennb⟩ **1** Schmutz abbürsten **2** umg j-n abblitzen lassen umg; Vorschlag, Kritik zurückweisen ◆**brush past** ⌀Ti streifen ⟨sth etw⟩ ◆**brush up** ⌀Ti ⟨trennb⟩ fig a. **brush up on** Thema auffrischen
brushoff umg ⌀ **to give sb the ~** j-n abblitzen lassen umg **brushstroke** ⌀ Pinselstrich m

brusque ADJ 〈komp brusquer〉, **brusquely** [bruːsk, -lɪ] ADV brüsk; Antwort schroff

Brussels [ˈbrʌslz] S Brüssel n **Brussels sprouts** PL Rosenkohl m, Kohlsprossen pl österr

brutal [ˈbruːtl] ADJ brutal **brutality** [bruːˈtælɪti] S Brutalität f **brutalize** [ˈbruːtəlaɪz] V/T **1** seelisch brutalisieren, verrohen lassen **2** körperlich brutal behandeln **brutally** [ˈbruːtəlɪ] ADV brutal **brute** [bruːt] A S brutaler Kerl B ADJ 〈attr〉 roh; **by ~ force** mit roher Gewalt **brutish** [ˈbruːtɪʃ] ADJ viehisch, brutal

BSc ABK (= Bachelor of Science) B.Sc.

BSE ABK (= bovine spongiform encephalopathy) BSE f

B-side [ˈbiːsaɪd] S B-Seite f

BST ABK (= British Summer Time) britische Sommerzeit

BT ABK (= British Telecom) britisches Telekommunikationsunternehmen

BTW ABK (= by the way) übrigens

bubble [ˈbʌbl] A S Blase f; **to blow ~s** Blasen machen; **the ~ has burst** fig alles ist wie eine Seifenblase zerplatzt B V/I **1** Flüssigkeit sprudeln; Wein perlen **2** mit Geräusch blubbern umg; Soße etc brodeln; Bach plätschern **3** fig **to ~ with enthusiasm** fast platzen vor Begeisterung ♦**bubble over** wörtl überschäumen; fig übersprudeln (**with** vor +dat)

bubble bath S Schaumbad n **bubble gum** S Bubblegum m **bubble-jet printer** S COMPUT Bubblejet-Drucker m **bubble memory** S IT Blasenspeicher m **bubble pack** S (Klar)sichtpackung f; (a. **bubble wrap**) Luftpolsterfolie f **bubbly** [ˈbʌblɪ] A ADJ 〈komp bubblier〉 **1** wörtl sprudelnd **2** fig umg Persönlichkeit temperamentvoll, quirlig B S umg Champus m umg

Bucharest [ˌbjuːkəˈrest] S Bukarest n

buck [bʌk] A S **1** (= Rotwild) Bock m; (= Kaninchen) Rammler m **2** US umg Dollar m; **20 ~s** 20 Dollar; **to make a ~** Geld verdienen; **to make a fast od quick ~** a. Br schnell Kohle machen umg **3** **to pass the ~** den schwarzen Peter weitergeben B V/I Pferd bocken C V/T **you can't ~ the market** gegen den Markt kommt man nicht an; **to ~ the trend** sich dem Trend widersetzen D ADJ US umg

völlig; **~ naked** splitternackt umg ♦**buck up** umg A V/I sich ranhalten **2** aufleben; **buck up!** Kopf hoch! B V/T 〈trennb〉 **1** aufmuntern **2** **to buck one's ideas up** sich zusammenreißen umg

bucket [ˈbʌkɪt] A S Eimer m; **a ~ of water** ein Eimer m Wasser **2** Br umg V/I **it's ~ing (down)** es gießt wie aus Kübeln umg **bucketful** S Eimer m; **by the ~** fig umg tonnenweise umg **bucket shop** S FIN Schwindelmakler m, Agentur f für Billigreisen

Buckingham Palace [ˈbʌkɪŋəmˈpælɪs] S der Buckingham-Palast

buckle [ˈbʌkl] A S Schnalle f B V/T **1** Gürtel, Schuhe zuschnallen **2** Rad etc verbiegen, verbeulen C V/I sich verbiegen ♦**buckle down** umg V/I sich dahinterklemmen umg; **to buckle down to a task** sich hinter eine Aufgabe klemmen umg

buckskin S Wildleder n

buckwheat [ˈbʌkwiːt] S BOT Buchweizen m **buckwheat flour** S Buchweizenmehl n

bud [bʌd] A S Knospe f; **to be in bud** Knospen treiben B V/I Knospen treiben; Baum a. ausschlagen

Budapest [ˌbjuːdəˈpest] S Budapest n

Buddha [ˈbudə] S Buddha m **Buddhism** [ˈbudɪzəm] S Buddhismus m **Buddhist** [ˈbudɪst] A S Buddhist(in) m(f) B ADJ buddhistisch

budding [ˈbʌdɪŋ] fig ADJ Dichter etc angehend

buddy [ˈbʌdɪ] US umg S Kumpel m umg, Freund(in) m(f), Spezi m österr umg

budge [bʌdʒ] A V/I **1** sich bewegen; **~ up od over!** mach Platz! **2** fig nachgeben; **I will not ~ an inch** ich werde keinen Fingerbreit nachgeben B V/T 〈von der Stelle〉 bewegen

budgerigar [ˈbʌdʒərɪɡɑː] S Wellensittich m

budget [ˈbʌdʒɪt] A S Etat m, Budget n B V/I haushalten C V/T Geld, Zeit verplanen; Kosten einplanen ♦**budget for** V/I 〈+obj〉 (im Etat) einplanen

-budget SUF low-budget mit bescheidenen Mitteln finanziert; **big-budget** aufwendig (finanziert) **budget account** S Kundenkonto n **budget airline** S Billigfluglinie f **budget day** S PARL ≈

Haushaltsdebatte f **budget deficit** s̱ Haushaltsdefizit n **budget holiday** Br s̱ Billigreise f **budgeting** [ˈbʌdʒɪtɪŋ] s̱ Budgetierung f **budget speech** s̱ PARL Etatrede f

budgie [ˈbʌdʒɪ] umg s̱ ABK (= budgerigar) Wellensittich m

buff¹ [bʌf] A s̱ 1 **in the ~** nackt 2 (≈ Farbe) Gelbbraun n B ADJ gelbbraun C V̱Ṯ Metall, Nägel polieren

buff² s̱ umg Kino-, Computer- etc Fan m umg

buffalo [ˈbʌfələʊ] s̱ ⟨pl -es; kollektiv: pl -⟩ Büffel m

buffer [ˈbʌfəʳ] s̱ a. IT Puffer m; BAHN Prellbock m **buffering** [ˈbʌfərɪŋ] s̱ IT Pufferung f **buffer state** s̱ POL Pufferstaat m **buffer zone** s̱ Pufferzone f

buffet¹ [ˈbʌfɪt] V̱Ṯ hin und her werfen; **~ed by the wind** vom Wind gerüttelt

buffet² [ˈbʊfeɪ] s̱ Büfett n; Br BAHN Speisewagen m; (≈ Mahlzeit) Stehimbiss m; kalt kaltes Büfett; **~ lunch** Stehimbiss m **buffet car** s̱ Br BAHN Speisewagen m

bug [bʌg] A s̱ 1 a. IT Wanze f; umg Käfer m; **bugs** pl Ungeziefer n 2 umg Bazillus f; **he picked up a bug** er hat sich (dat) eine Krankheit geholt; **there must be a bug going about** das geht zurzeit um 3 umg **she's got the travel bug** die Reiselust hat sie gepackt B V̱Ṯ 1 Zimmer Wanzen pl installieren in (+dat) umg; **this room is bugged** das Zimmer ist verwanzt umg 2 umg stören, nerven umg **bugbear** [ˈbʌgbeəʳ] s̱ Schreckgespenst n **bug-free** [bʌgˈfriː] ADJ IT fehlerfrei

bugger [ˈbʌgəʳ] A s̱ umg Scheißkerl m umg; **you lucky ~!** du hast vielleicht ein Schwein! umg B Br umg ̱IṈṮ ~ (it)! Scheiße! umg; **~ this car!** dieses Scheißauto! umg; **~ him** dieser Scheißkerl umg, der kann mich mal umg ◆**bugger about, bugger around** Br umg A V̱Ṯ rumgammeln umg; **to bugger about with sth** an etw (dat) rumpfuschen umg B V̱Ṯ ⟨trennb⟩ verarschen umg ◆**bugger off** Br umg V̱Ṯ abhauen umg ◆**bugger up** Br umg V̱Ṯ ⟨trennb⟩ versauen umg **bugger all** [ˌbʌgərˈɔːl] Br umg s̱ rein gar nichts umg **buggered** Br umg ADJ im Arsch sl; **I'm ~ if I'll do it** ich denke

nicht im Traum daran, es zu tun umg **bugging device** [ˈbʌgɪŋdɪˌvaɪs] s̱ Abhörgerät n

buggy [ˈbʌgɪ] s̱, (a. **baby buggy®**) Br Sportwagen m; US Kinderwagen m

bugle [ˈbjuːgl] s̱ Bügelhorn n

★**build** [bɪld] ⟨v: prät, pperf built⟩ A s̱ Körperbau m B V̱Ṯ 1 bauen; **the house is being built** das Haus ist im Bau 2 fig Karriere etc aufbauen; Zukunft schaffen C V̱I̱ bauen ◆**build in** wörtl, fig V̱Ṯ ⟨trennb⟩ einbauen ◆**build on** A V̱Ṯ ⟨trennb⟩ anbauen; **to build sth onto sth** etw an etw (akk) anbauen B V̱I̱ (+obj) bauen auf (+akk) ◆**build up** A V̱I̱ Geschäft wachsen; Rückstand sich ablagern; Druck zunehmen; Verkehr sich verdichten; Schlange sich bilden; **the music builds up to a huge crescendo** die Musik steigert sich zu einem gewaltigen Crescendo B V̱Ṯ ⟨trennb⟩ aufbauen; Druck steigern; j-s Selbstvertrauen stärken; **porridge builds you up** von Porridge wirst du groß und stark; **to build up sb's hopes** j-m Hoffnung(en) machen; **to build up a reputation** sich (dat) einen Namen machen **builder** [ˈbɪldəʳ] s̱ Bauarbeiter(in) m(f), Bauunternehmer(in) m(f); **~'s merchant** Baustoffhändler(in) m(f)

★**building** [ˈbɪldɪŋ] s̱ 1 Gebäude n; **it's the next ~ but one** das ist zwei Häuser weiter 2 Bauen n **building and loan association** s̱ US Bausparkasse f **building block** s̱ Bauklotz m; fig Baustein m **building contractor** s̱ Bauunternehmer m **building materials** P̱Ḻ Baumaterial n **building site** s̱ Baustelle f **building society** Br s̱ Bausparkasse f **building trade** s̱ Baugewerbe n **build-up** s̱ 1 Werbung f; **the chairman gave the speaker a tremendous ~** der Vorsitzende hat den Redner ganz groß angekündigt 2 von Druck Steigerung f; **a ~ of traffic** eine Verkehrsverdichtung **built** [bɪlt] P̱RÄ̱Ṯ & P̱PE̱RF → build B ADJ **heavily/slightly ~** kräftig/zierlich gebaut **built-in** ADJ Schrank etc Einbau- **built-up** ADJ **~ area** bebautes Gebiet; Verkehr geschlossene Ortschaft

★**bulb** [bʌlb] s̱ 1 Zwiebel f; von Knoblauch Knolle f 2 ELEK (Glüh)birne f **bulbous** [ˈbʌlbəs] ADJ Pflanze knollig; Triebe etc knotig; **~ nose** Knollennase *f*

Bulgaria [bʌl'geərɪə] ⓢ Bulgarien *n* **Bulgarian** Ⓐ ADJ bulgarisch Ⓑ ⓢ 1 Bulgare *m*, Bulgarin *f* 2 LING Bulgarisch *n*

bulge [bʌldʒ] Ⓐ ⓢ 1 Wölbung *f*, Unebenheit *f*; **what's that ~ in your pocket?** was steht denn in deiner Tasche so vor? Ⓑ Vi 1 (*a.* **~ out**) (an)schwellen, sich wölben, vorstehen; **his eyes were bulging** *fig* er bekam Stielaugen *umg* 2 prall gefüllt sein, voll sein **bulging** ['bʌldʒɪŋ] ADJ Magen prall; Taschen prall gefüllt

bulgur ['bʌlgər] ⓢ Bulgur *m* (*gekochter, getrockneter Weizen*)

bulimia [bə'lɪmɪə] ⓢ Bulimie *f* **bulimic** [bə'lɪmɪk] Ⓐ ADJ bulimisch Ⓑ ⓢ Bulimiker(in) *m(f)*

bulk [bʌlk] ⓢ 1 Größe *f*, massige Form; *von Mensch* massige Gestalt 2 (*a.* **great ~**) größter Teil 3 HANDEL **in ~** en gros **bulk buying** ⓢ Großeinkauf *m* **bulky** ['bʌlkɪ] ADJ ⟨*komp* bulkier⟩ 1 Gegenstand sperrig; **~ goods** Sperrgut *n* 2 *Mensch* massig

★ **bull** [bʊl] ⓢ 1 Stier *m*, Bulle *m*; **to take the ~ by the horns** *fig* den Stier bei den Hörnern packen; **like a ~ in a china shop** wie ein Elefant im Porzellanladen *umg* 2 (≈ *Elefant, Wal*) Bulle *m*; **a ~ elephant** ein Elefantenbulle *m* 3 BÖRSE Haussespekulant(in) *m(f)* 4 *umg* Quatsch *m umg* **bull bars** PL AUTO Kuhfänger *m* **bulldog** ['bʊldɒg] ⓢ Bulldogge *f* **bulldog clip** *Br* ⓢ Papierklammer *f* **bulldozer** ['bʊldəʊzəʳ] ⓢ Bulldozer *m*

bullet ['bʊlɪt] ⓢ Kugel *f*; **to bite the ~** in den sauren Apfel beißen *umg* **bullet hole** ⓢ Einschuss *m*, Einschussloch *n* **bulletin** ['bʊlɪtɪn] ⓢ Bulletin *n* **bulletin board** ⓢ *US* IT Schwarzes Brett **bullet point** ⓢ Aufzählungszeichen *n* **bulletproof** ADJ kugelsicher **bullet wound** ⓢ Schussverletzung *f*

bullfighting ⓢ Stierkampf *m*

bullion ['bʊljən] ⓢ ⟨*kein pl*⟩ Gold-/Silberbarren *pl*

bullish ['bʊlɪʃ] ADJ **to be ~ about sth** in Bezug auf etw (*akk*) zuversichtlich sein **bull market** ⓢ BÖRSE Haussemarkt *m* **bullock** ['bʊlək] ⓢ Ochse *m* **bullring** ⓢ Stierkampfarena *f* **bull's-eye** ⓢ Scheibenmittelpunkt *m*; (≈ *Treffer*) Schuss *m* ins Schwarze **bullshit** *sl* Ⓐ ⓢ

fig Scheiß *m umg* Ⓑ INT ach Quatsch *umg* Ⓒ Vi Scheiß erzählen *umg* Ⓓ VT **to ~ sb** j-m Scheiß erzählen *umg*

bully ['bʊlɪ] Ⓐ ⓢ Tyrann *m*, Rabauke *m*; **you great big ~** du Rüpel Ⓑ VT tyrannisieren, drangsalieren; **to ~ sb into doing sth** j-n so unter Druck setzen, dass er *etc* etw tut; **to ~ one's way into sth** sich gewaltsam Zutritt zu etw verschaffen **bully-boy** ['bʊlɪbɔɪ] ADJ ⟨*attr*⟩ **~ tactics** Einschüchterungstaktik *f* **bullying** ['bʊlɪɪŋ] ADJ tyrannisch Ⓑ ⓢ Tyrannisieren *n*, Drangsalieren *n*, Anwendung *f* von Druck (*of* auf +*akk*); *am Arbeitsplatz* Mobbing *n*

bulwark ['bʊlwək] *wörtl, fig* ⓢ Bollwerk *n*

bum[1] [bʌm] *Br umg* ⓢ Hintern *m umg*

bum[2] *umg* Ⓐ ⓢ *US* Rumtreiber *m umg*, Penner *m umg* Ⓑ ADJ beschissen *umg* Ⓒ VT *Geld, Nahrung* schnorren *umg* (**off sb** bei j-m); **could I bum a lift into town?** kannst du mich in die Stadt mitnehmen? ◆**bum about** *Br*, **bum around** *umg* Ⓐ Vi rumgammeln *umg* Ⓑ Vi ⟨*+obj*⟩ ziehen durch *umg*

bum bag ⓢ Gürteltasche *f*

bumblebee ['bʌmblbiː] ⓢ Hummel *f*

bumbling ['bʌmblɪŋ] ADJ schusselig *umg*; **some ~ idiot** irgend so ein Vollidiot *umg*

bumf [bʌmf] ⓢ → **bumph**

bummer ['bʌməʳ] *umg* ⓢ **what a ~** (≈ *Ärgernis etc*) so 'ne Scheiße *umg*

bump [bʌmp] Ⓐ ⓢ 1 Bums *m umg*; **to get a ~ on the head** sich (*dat*) den Kopf anschlagen; **the car has had a few ~s** mit dem Auto hat es ein paarmal gebumst *umg* 2 Unebenheit *f*; *am Kopf etc* Beule *f*; *am Auto* Delle *f* Ⓑ VT 1 stoßen (**sth** gegen etw); *eigenes Auto* eine Delle fahren in (+*akk*); *fremdes Auto* auffahren auf (+*akk*); **to ~ one's head** sich (*dat*) den Kopf anstoßen (**on, against** an +*dat*) 2 *umg* **to get ~ed (from a flight)** von der Passagierliste gestrichen werden, vom Flug ausgeschlossen werden (*weil der Flug überbucht war*) 3 *US umg im Job* **to ~ sb** j-n rausschmeißen, j-n absservieren ◆**bump into** Vi ⟨*+obj*⟩ 1 stoßen gegen; *Fahrer, Auto* fahren gegen; *fremdes Auto* fahren auf (+*akk*) 2 *umg* begegnen (+*dat*), treffen ◆**bump off** *umg* VT ⟨*trennb*⟩ abmurk-

sen *umg* ♦**bump up** VT *‹trennb› umg*
Preise, Betrag erhöhen (**to** auf *+akk*); *Ge-*
halt aufbessern (**to** auf *+akk*)
bumper ['bʌmpə'] **A** S *von Auto* Stoß-
stange f **B** ADJ ~ **crop** Rekordernte f;
a special ~ edition eine Riesensonder-
ausgabe **bumper car** S Autoskooter
m **bumper sticker** S AUTO Aufkleber
m, Pickerl n *österr*
bumph [bʌmf] *Br umg* S Papierkram m
umg
bumpkin ['bʌmpkɪn] S, (*a.* **country**
bumpkin) (Bauern)tölpel m
bumpy ['bʌmpɪ] ADJ *‹komp* bumpier›
Oberfläche uneben; *Straße, Fahrt* holp(e)-
rig; *Flug* unruhig
bun [bʌn] S **1** Brötchen n, süßes Teil-
chen; **to have a bun in the oven** *umg*
einen Braten in der Röhre haben *umg*
2 Knoten m **3** **buns** *US umg* Pobacken
pl umg
bunch [bʌntʃ] S **1** *von Blumen* Strauß m;
von Bananen Büschel n; **a ~ of roses** ein
Strauß m Rosen; **a ~ of flowers** ein Blu-
menstrauß m; **~ of grapes** Weintraube
f; **~ of keys** Schlüsselbund m; **the best**
of the ~ die Allerbesten, das Beste
vom Besten **2** *umg von Menschen* Hau-
fen m *umg*; **a small ~ of tourists** eine
kleine Gruppe Touristen **3** *umg* **thanks**
a ~ *bes iron* schönen Dank ♦**bunch to-**
gether, bunch up VT *Menschen*
Grüppchen bilden
bundle ['bʌndl] **A** S **1** Bündel n; **to tie**
sth in a ~ etw bündeln **2** *fig* **a ~ of** eine
ganze Menge; **he is a ~ of nerves** er ist
ein Nervenbündel; **it cost a ~** *umg* das
hat eine Stange Geld gekostet *umg* **B**
VT **1** bündeln; **~d software** IT Software-
paket n **2** *Sachen* stopfen; *Menschen*
verfrachten ♦**bundle off** VT *‹trennb›*
j-n schaffen, verfrachten; **he was**
bundled off to boarding school when
he was only seven er wurde schon
mit sieben in ein Internat gesteckt
♦**bundle up** VT *‹trennb›* bündeln
bung [bʌŋ] *Br* **A** S *von Fass* Spund
(-zapfen) m **B** VT *Br umg* schmeißen
umg ♦**bung up** *umg* VT *‹trennb› Rohr*
verstopfen; **I'm all bunged up** meine
Nase ist verstopft
bungalow ['bʌŋɡələʊ] S Bungalow m
bungee jumping ['bʌndʒiː'dʒʌmpɪŋ] S
Bungeespringen n

bungle ['bʌŋɡl] VT & VI verpfuschen
bunion ['bʌnjən] S entzündeter Fußbal-
len m
bunk¹ [bʌŋk] S **to do a ~** *Br umg* türmen
umg ♦**bunk off** VI *Br* SCHULE *umg*
schwänzen
bunk² S *auf Schiff* Koje f; *in Schlafsaal*
Bett n **bunk bed** S Etagenbett n
bunker ['bʌŋkə'] S *Golf, a.* MIL Bunker m
bunny ['bʌnɪ] S, (*a.* **bunny rabbit**)
Hase m
Bunsen (burner) ['bʌnsn('bɜːnə')] S
Bunsenbrenner m
bunting ['bʌntɪŋ] S Wimpel pl
buoy [bɔɪ] S Boje f ♦**buoy up** VT
‹trennb› fig, a. FIN Auftrieb geben
(*+dat*); *j-s Hoffnung* beleben
buoyancy ['bɔɪənsɪ] S **1** *von Schiff*
Schwimmfähigkeit f **2** FIN *von Markt*
Festigkeit f **buoyant** ['bɔɪənt] ADJ **1**
Schiff schwimmend **2** *fig Stimmung* hei-
ter **3** FIN *Markt* fest; *Geschäfte* rege
burble ['bɜːbl] VI **1** *Bach* plätschern **2**
fig plappern; *Baby* gurgeln; **what's he**
burbling (on) about? *umg* worüber
quasselt er eigentlich? *umg*
burden ['bɜːdn] **A** S **1** *wörtl* Last f **2** *fig*
Belastung f (**on,** to für); **I don't want to**
be a ~ to you ich möchte Ihnen nicht
zur Last fallen; **the ~ of proof is on**
him er muss den Beweis dafür liefern
B VT belasten
bureau ['bjʊə'rəʊ] S *‹Br pl* -x; *US* -s› **1**
Br (≈ Schreibtisch) Sekretär m **2** *US* Kom-
mode f **3** Büro n **4** Behörde f
bureaucracy [bjʊə'rɒkrəsɪ] S Bürokra-
tie f **bureaucrat** ['bjʊərəʊkræt] S Bü-
rokrat(in) m(f) **bureaucratic** [ˌbjʊə-
rəʊ'krætɪk] ADJ bürokratisch
bureau de change [ˌbjʊərəʊdiː'ʃɒndʒ]
S *‹pl bureaux de change›* Wechselstu-
be f
burgeoning ['bɜːdʒənɪŋ] ADJ *Industrie,*
Markt boomend; *Karriere* Erfolg verspre-
chend; *Nachfrage* wachsend
burger ['bɜːɡə'] *umg* S Hamburger m
burger bar S Imbissstube f
★**burglar** ['bɜːɡlə'] S Einbrecher(in) m(f)
burglar alarm S Alarmanlage f **bur-**
glarize ['bɜːɡlərɑɪz] *US* VT einbrechen
in (*+akk*); **the place/he was ~d** in dem
Gebäude/bei ihm wurde eingebrochen
burglarproof ['bɜːɡləpruːf] ADJ ein-
bruchsicher **burglary** ['bɜːɡlərɪ] S Ein-

B

bruch *m*, (Einbruchs)diebstahl *m* **bur-gle** ['bɜːgl] *Br* VT einbrechen in (+*akk*); **the place/he was ~d** in dem Gebäude/bei ihm wurde eingebrochen

burgundy ['bɜːgəndɪ] S (≈*Farbe*) Burgunderrot *n*

burial ['berɪəl] S Beerdigung *f*; **Christian ~** christliches Begräbnis **burial ground** S Begräbnisstätte *f*

Burkina Faso [bɜːˌkiːnəˈfæsəʊ] S Burkina Faso *n*

burkini [bɜːˈkiːnɪ] S Burkini *m* (*Ganzkörperbadeanzug*)

burly ['bɜːlɪ] ADJ ⟨*komp* burlier⟩ kräftig

Burma ['bɜːmə] S Birma *n*

★**burn** [bɜːn] ⟨*v: prät, pperf* burnt; burned⟩ A VT 1 verbrennen; *Gebäude* niederbrennen; **to ~ oneself** sich verbrennen; **to be ~ed to death** verbrannt werden; *bei Unfall* verbrennen; **to ~ a hole in sth** ein Loch in etw (*akk*) brennen; **to ~ one's fingers** sich (*dat*) die Finger verbrennen; **he's got money to ~** *fig* er hat Geld wie Heu; **to ~ one's bridges** *Br fig* alle Brücken hinter sich (*dat*) abbrechen 2 *Toast etc* verbrennen lassen, anbrennen lassen; *Sonne Haut* verbrennen 3 IT *CD, DVD* brennen B VI 1 brennen; **to ~ to death** verbrennen 2 *Gebäude* verbrennen, anbrennen; **she ~s easily** sie bekommt leicht einen Sonnenbrand C S 1 Brandwunde *f*, Brandfleck *m*; **severe ~s** schwere Verbrennungen *pl* ◆**burn down** A VI/I *Haus* abbrennen, niederbrennen; *Kerze* herunterbrennen B VI ⟨*trennb*⟩ abbrennen, niederbrennen ◆**burn out** A VI/I *Feuer, Kerze* ausgehen B VI/R I *Kerze* herunterbrennen; *Feuer* ausbrennen 2 *fig umg* **to burn oneself out** sich kaputtmachen *umg* C VT ⟨*trennb mst passiv*⟩ **burned out cars** ausgebrannte Autos; **he is burned out** *umg* er hat sich völlig verausgabt ◆**burn up** VT ⟨*trennb*⟩ *Kraftstoff, Energie* verbrauchen

burner ['bɜːnəʳ] S *von Gasherd, Lampe* Brenner *m* **burning** ['bɜːnɪŋ] A ADJ brennend; *Ehrgeiz* glühend B I **I can smell ~** es riecht verbrannt **burnout** S *umg* totale Erschöpfung **burnt** [bɜːnt] *Br* ADJ verbrannt

burp [bɜːp] *umg* A VI/I rülpsen *umg*; *Baby* aufstoßen B S Rülpser *m umg*

burqa ['bɜːkə] S *Ganzkörperschleier* Burka *f*

▶ **Burns' Night**

Am 25. Januar feiern die Schotten in aller Welt den Geburtstag ihres Nationaldichters **Robert ("Rabbie") Burns** (1759 – 96). Dazu wird **haggis** mit Kartoffelbrei und Steckrübenpüree gegessen, es werden eine Auswahl seiner Gedichte vorgetragen, und meist gibt es auch einen Dudelsackspieler. ◀

burrow ['bʌrəʊ] A S *von Kaninchen etc* Bau *m* B VI/I graben

bursary ['bɜːsərɪ] *Br* S Stipendium *n*

★**burst** [bɜːst] ⟨*v: prät, pperf* burst⟩ A VI/I 1 platzen; **to ~ open** aufspringen; **to be full to ~ing** zum Platzen voll sein; **to be ~ing with health** vor Gesundheit strotzen; **to be ~ing with pride** vor Stolz platzen; **if I eat any more, I'll ~** *umg* wenn ich noch mehr esse, platze ich *umg*; **I'm ~ing** *umg* ich muss ganz dringend *umg* 2 **to ~ into tears** in Tränen ausbrechen; **to ~ into flames** in Flammen aufgehen; **he ~ into the room** er platzte ins Zimmer; **to ~ into song** loslegen 3 *Br Ballon, Blase, Reifen* zum Platzen bringen; *j-n* kaputtmachen *umg*; *Rohr* sprengen; **the river has ~ its banks** der Fluss ist über die Ufer getreten C S 1 *von Granate etc* Explosion *f* 2 *in Rohr etc* Bruch *m* 3 *von Aktivität* Ausbruch *m*; **~ of laughter** Lachsalve *f*; **~ of applause** Beifallssturm *m*; **~ of speed** Spurt *m*; **a ~ of automatic gunfire** eine Maschinengewehrsalve ◆**burst in** VI hineinstürzen; **he burst in on us** er platzte bei uns herein ◆**burst out** VI/I 1 **to burst out of a room** aus einem Zimmer stürzen 2 **to burst out laughing** in Gelächter ausbrechen

Burundi [bʊˈrʊndɪ] S Burundi *n*

★**bury** ['berɪ] VT/I 1 begraben; *Schatz* vergraben; **where is he buried?** wo liegt *od* ist er begraben?; **that's all dead and buried** *fig* das ist schon lange passé *umg*; **buried by an avalanche** von einer Lawine verschüttet; **to ~ one's head in the sand** *fig* den Kopf in den Sand stecken 2 *Finger* vergraben (**in** +*dat*); *Klauen, Zähne* schlagen (**in** +*akk*); **to ~ one's face in one's hands** das Gesicht in den Händen vergraben

B

★**bus**[1] [bʌs] **A** S 〈pl -es; US -ses〉 Bus m;
to be on the bus im Bus sitzen; **by
bus** mit dem Bus **B** V/T bes US mit
dem Bus befördern

bus[2] S IT (Daten)bus m

bus boy US S Bedienungshilfe f

bus conductor S Busschaffner m **bus
driver** S Busfahrer(in) m(f)

★**bush** [buʃ] **1** Busch m; 〈a. ~es〉 Ge-
büsch n; **to beat about the ~** Br, **to
beat around the ~** US fig um den hei-
ßen Brei herumreden **2** in Afrika, Aust-
ralien Busch m, Wildnis f **bushfire** Br
Buschfeuer n **bushy** [buʃi] ADJ 〈komp
bushier〉 buschig

busily [bizili] ADV eifrig

★**business** [biznis] S **1** 〈kein pl〉 Geschäft
n, Branche f; **to go into/set up in ~
with sb** mit j-m ein Geschäft gründen;
what line of ~ is she in? was macht
sie beruflich?; **to be in the publishing/
insurance ~** im Verlagswesen/in der
Versicherungsbranche tätig sein; **to go
out of ~** zumachen; **to do ~ with sb** Ge-
schäfte pl mit j-m machen; **"business as
usual"** das Geschäft bleibt geöffnet; **it's
~ as usual** alles geht wie gewohnt wei-
ter; **how's ~?** wie gehen die Geschäfte?;
~ is good die Geschäfte gehen gut; **on
~** geschäftlich; **you shouldn't mix ~
with pleasure** man sollte Geschäftliches
und Vergnügen trennen **2** Geschäft n,
Laden m; Unternehmen n, Betrieb m; **a
small ~** ein kleines Unternehmen; **a
family ~** ein Familienunternehmen **3**
fig umg **to mean ~** es ernst meinen **4**
Sache f; **that's my ~** das ist meine Sa-
che; **that's no ~ of yours, that's none
of your ~** das geht dich nichts an; **to
know one's ~** seine Sache verstehen;
to get down to ~ zur Sache kommen;
to make it one's ~ to do sth es sich
(dat) zur Aufgabe machen, etw zu tun;
you've no ~ doing that du hast kein
Recht, das zu tun; **moving house can
be a stressful ~** ein Umzug kann ganz
schön stressig sein **business activity**
S Geschäftstätigkeit f **business ad-
dress** S Geschäftsadresse f **business
associate** S Geschäftspartner(in) m(f)
business card S (Visiten)karte f
business centre S, **business cen-
ter** US S Geschäftszentrum n **business
class** S Businessklasse f **business**

connections PL Geschäftsbeziehun-
gen pl 〈**zu** with〉 **business expenses**
PL Spesen pl **business-fluent** ADJ
Sprachkenntnisse verhandlungssicher
business hours PL Geschäftszeiten
pl **business letter** S Geschäftsbrief
m **businesslike** ADJ Art und Weise ge-
schäftsmäßig; Mensch nüchtern **busi-
ness lunch** S Geschäftsessen n

★**businessman** S 〈pl -men〉 Geschäfts-
mann m **business management** S
Betriebswirtschaft(slehre) f **business
meeting** S Geschäftstreffen n **busi-
ness park** S Gewerbegebiet n **busi-
ness people** PL Geschäftsleute pl
business practice S Geschäftspraxis
f **business proposition** S Geschäfts-
angebot n; (≈ Idee) Vorhaben n **business
school** S Wirtschaftsschule
f **business sector** S Geschäftsbereich
m **business sense** S Geschäftssinn m
business strategy S Unternehmens-
strategie f, Geschäftsstrategie f **busi-
ness studies** PL Wirtschaftslehre f
business suit S für Mann (Straßen)an-
zug m; für Frau (Damen)kostüm n,
Schneiderkostüm n; mit Hosen Hosenan-
zug m **business trip** S Geschäftsreise
f

★**businesswoman** S 〈pl -women〉 Ge-
schäftsfrau f

busk [bʌsk] V/I als Straßenmusikant vor
Kinos etc spielen **busker** [bʌskər] S
Straßenmusikant(in) m(f)

bus lane S Busspur f **busload** S **a ~
of children** eine Busladung Kinder
bus pass S **1** Seniorenkarte f für Bus-
se, Behindertenkarte f für Busse **2**
Bus-Monatskarte f **bus route** S Busli-
nie f; **we're not on a ~** wir haben keine
Busverbindungen **bus service** S Bus-
verbindung f; (≈ Netz) Busverbindungen
pl **bus shelter** S Wartehäuschen n
bus station S Busbahnhof m

★**bus stop** S Bushaltestelle f

bust[1] [bʌst] S Büste f; ANAT Busen m; ~
measurement Oberweite f

bust[2] 〈v: prät, pperf bust〉 **A** umg ADJ **1**
kaputt umg **2** pleite umg **B** ADV **to go
~** pleitegehen umg **C** V/T kaputt ma-
chen umg **D** V/I kaputtgehen umg
-buster umg SUF -brecher; **crime-bust-
er** Verbrechensbekämpfer(in) m(f)

bus ticket S Busfahrschein m

bustle [ˈbʌsl] **A** 🇸 Betrieb m ⟨of in +dat⟩ **B** 🇻🇮 to ~ about geschäftig hin und her eilen; **the marketplace was bustling with activity** auf dem Markt herrschte ein reges Treiben **bustling** [ˈbʌslɪŋ] ADJ 1 Straße belebt 2 Person geschäftig

bust-up [ˈbʌstʌp] umg 🇸 Krach m umg; **they had a ~** sie haben Krach gehabt umg

busway [ˈbʌsweɪ] US 🇸 Busspur f

★**busy** [ˈbɪzɪ] **A** ADJ ⟨komp busier⟩ 1 Mensch beschäftigt; **are you ~?** haben Sie gerade Zeit?; geschäftlich haben Sie viel zu tun?; **I'll come back when you're less ~** ich komme wieder, wenn Sie mehr Zeit haben; **to keep sb/oneself ~** j-n/sich selbst beschäftigen; **I was ~ studying** ich war gerade beim Lernen 2 Leben, Zeit bewegt; Ort belebt; Straße stark befahren; **it's been a ~ day/week** heute/diese Woche war viel los; **have you had a ~ day?** hast du heute viel zu tun gehabt?; **he leads a very ~ life** bei ihm ist immer etwas los 3 esp US Telefonleitung besetzt **B** 🇻🇷 to ~ oneself doing sth sich damit beschäftigen, etw zu tun; to ~ oneself with sich mit etw beschäftigen **busybody** [ˈbɪzɪˌbɒdɪ] 🇸 Wichtigtuer(in) m(f), Gschaftlhuber(in) m(f) österr; **she's such a ~** sie steckt ihre Nase in alles **busy signal** 🇸 bes US TEL Besetztzeichen n

★**but** [bʌt] **A** KONJ 1 aber; **but you must know that ...** Sie müssen aber wissen, dass ...; **they all went but I didn't** sie sind alle gegangen, nur ich nicht; **but then he couldn't have known that** aber er hat das ja gar nicht wissen können; **but then you must be my brother!** dann müssen Sie ja mein Bruder sein!; **but then it is well paid** aber dafür wird es gut bezahlt 2 not X but Y nicht X, sondern Y **B** ADV I cannot (help) but think that ... ich kann nicht umhin zu denken, dass ...; one cannot (help) but admire him man kann ihn nur bewundern; **you can but try** du kannst es immerhin versuchen; **I had no alternative but to leave** mir blieb keine andere Wahl als zu gehen **C** PRÄP no one but me could do it nur ich konnte es tun; **anything but that!** (alles,) nur das nicht!; **it was anything but simple** das war alles andere als einfach; **he was**

nothing but trouble er hat nur Schwierigkeiten gemacht; **the last house but one** das vorletzte Haus; **the next street but one** die übernächste Straße; **but for you I would be dead** ohne Sie nicht gewesen wären, wäre ich tot; **I could definitely live in Scotland, but for the weather** ich könnte ganz allein in Schottland leben, wenn das Wetter nicht wäre

butane [ˈbjuːteɪn] 🇸 Butan n

butch [bʊtʃ] ADJ maskulin

★**butcher** [ˈbʊtʃə⁁] **A** 🇸 Fleischer(in) m(f), Fleischhauer(in) m(f) österr, Metzger(in) m(f) österr, schweiz, südd; **~'s (shop)** Fleischerei f; **at the ~'s** beim Fleischer **B** 🇻🇮 schlachten; Menschen abschlachten

butler [ˈbʌtlə⁁] 🇸 Butler m

butt[1] [bʌt] 🇸, (a. butt end) dickes Ende, (Gewehr)kolben m; von Zigarette Stummel m

butt[2] 🇸 umg (≈ Zigarette) Kippe f umg

butt[3] fig 🇸 she's always the ~ of his jokes sie ist immer (die) Zielscheibe seines Spottes

butt[4] 🇻🇮 mit dem Kopf stoßen ◆**butt in** 🇻🇮 sich einmischen ⟨on in +akk⟩

butt[5] US umg 🇸 Arsch m vulg; **get up off your ~** setz mal deinen Arsch in Bewegung sl **butt call** US umg 🇸 unbeabsichtigter Anruf durch Sitzen auf dem Handy

★**butter** [ˈbʌtə⁁] **A** 🇸 Butter f; **she looks as if ~ wouldn't melt in her mouth** sie sieht aus, als ob sie kein Wässerchen trüben könnte **B** 🇻🇮 Brot buttern ◆**butter up** umg 🇻🇮 ⟨trennb⟩ um den Bart gehen (+dat) umg **butter bean** 🇸 Mondbohne f **buttercup** 🇸 Butterblume f **buttercup squash** [ˈbʌtəkʌp ˌskwɒʃ] 🇸 BOT, GASTR Buttercup Squash m (Sorte Winterkürbis) **butter dish** 🇸 Butterdose f **butterfingered** [ˈbʌtəˌfɪŋɡəd] umg ADJ tollpatschig umg

★**butterfly** [ˈbʌtəflaɪ] 🇸 1 Schmetterling m; **I've got/I get butterflies (in my stomach)** mir ist/wird ganz flau im Magen umg 2 Schwimmen Butterfly m **buttermilk** 🇸 Buttermilch f ◆**butternut squash** 🇸 Butternusskürbis m **butterscotch** ADJ Karamell-

buttock [ˈbʌtək] 🇸 Pobacke f umg; **~s** pl Hinterteil n umg, Gesäß n

★**button** [ˈbʌtn] **A** 🇸 1 Knopf m; **his an-**

swer was right on the ~ *umg* seine Antwort hat voll ins Schwarze getroffen *umg*; **to push sb's ~s** j-n provozieren, j-n auf die Palme bringen **2** *US* Anstecker *m* B *VT* zuknöpfen **C** *VI* *Kleidungsstück* geknöpft werden ◆**button up** *VT* ⟨*trennb*⟩ zuknöpfen

button-down [ˈbʌtndaʊn] *ADJ* ~ **collar** Button-down-Kragen *m* **buttonhole** **A** *S* **1** Knopfloch *n* **2** Blume *f* im Knopfloch **B** *VT* *fig* zu fassen bekommen **button mushroom** *S* junger Champignon

buxom [ˈbʌksəm] *ADJ* drall

★**buy** [baɪ] ⟨*v: prät, pperf* bought⟩ **A** *VT* **1** kaufen; **to buy and sell goods** Waren an- und verkaufen **2** *fig* Zeit gewinnen **3** **to buy sth** *umg* etw glauben; **she didn't buy it** *umg* sie hat es mir nicht abgekauft *umg* **B** *VI* kaufen **C** *S* *umg* Kauf *m*; **to be a good buy** ein guter Kauf sein ◆**buy back** *VT* ⟨*trennb*⟩ zurückkaufen ◆**buy in** *VT* ⟨*trennb*⟩ Waren einkaufen ◆**buy into** *VI* ⟨*+obj*⟩ HANDEL sich einkaufen in (*+akk*) ◆**buy off** *VT* ⟨*trennb*⟩ (*≈ bestechen*) kaufen *umg* ◆**buy out** *VT* ⟨*trennb*⟩ *Aktionäre* auszahlen; *Firma* aufkaufen ◆**buy up** *VT* ⟨*trennb*⟩ aufkaufen

buyer [ˈbaɪəʳ] *S* Käufer(in) *m(f)*; (*≈ Agent*) Einkäufer(in) *m(f)* **buyout** [ˈbaɪaʊt] *S* Aufkauf *m*

buzz [bʌz] **A** *VI* **1** summen **2** **my ears are ~ing** mir dröhnen die Ohren; **my head is ~ing** mir schwirrt der Kopf; **the city was ~ing with excitement** die Stadt war in heller Aufregung **B** *VT* (mit dem Summer) rufen **C** *S* **1** *von Insekt* Summen *n* **2** *von Stimmen* Gemurmel *n*; **~ of anticipation** erwartungsvolles Gemurmel **3** *umg* (*≈ Anruf*) **to give sb a ~** j-n anrufen **4** *umg* **I get a ~ from driving fast** ich verspüre einen Kitzel, wenn ich schnell fahre ◆**buzz around** *VI* *wörtl, fig* herumschwirren ◆**buzz off** *Br umg* *VI* abziehen *umg*

buzzard [ˈbʌzəd] *S* Bussard *m*
buzzer [ˈbʌzəʳ] *S* Summer *m*
buzz word *S* Modewort *n*
b/w *ABK* = black and white) S/W
★**by** [baɪ] **A** *PRÄP* **1** bei, an (*+dat*); *mit Richtungsangabe* an (*+akk*); (*≈ in direkter Nachbarschaft*) neben (*+dat*); *mit Rich-* tungsangabe neben (*+akk*); **by the window** *an od beim* Fenster; **by the sea** an der See; **come and sit by me** komm, setz dich neben mich **2** (*≈ via*) über (*+akk*) **3** *mit Richtungsangabe* **to rush** *etc* **by sb/sth** an j-m/etw vorbeieilen *etc* **4** **by day/night** bei Tag/Nacht **5** bis; **can you do it by tomorrow?** kannst du es bis morgen machen?; **by tomorrow I'll be in France** morgen werde ich in Frankreich sein; **by the time I got there, he had gone** bis ich dorthin kam, war er gegangen; **but by that time** *od* **by then it will be too late** aber dann ist es schon zu spät; **by now** inzwischen **6** **by the hour** stundenweise; **one by one** einer nach dem anderen; **two by two** paarweise; **letters came in by the hundred** Hunderte von Briefen kamen *etc* von; **killed by a bullet** von einer Kugel getötet **8** **by bus/car/bicycle** mit dem Bus/Auto/ Fahrrad; **to pay by cheque** *Br*, **to pay by check** *US* mit Scheck bezahlen; **made by hand** handgearbeitet; **to know sb by name/sight** j-n dem Namen nach/vom Sehen her kennen; **to lead sb by the hand** j-n an der Hand führen; **by myself/himself** *etc* allein **9** **by saving hard he managed to …** durch eisernes Sparen gelang es ihm …; **by turning this knob** wenn Sie an diesem Knopf drehen **10** nach; **by my watch** nach meiner Uhr; **to call sb/sth by his/its proper name** j-n/etw beim richtigen Namen nennen; **if it's OK by you** *etc* wenn es Ihnen *etc* recht ist; **it's all right by me** von mir aus gern **11** um; **broader by a foot** um einen Fuß breiter; **it missed me by inches** es verfehlte mich um Zentimeter **12** **to divide/multiply by** dividieren durch/multiplizieren mit; **20 feet by 30** 20 mal 30 Fuß; **I swear by Almighty God** ich schwöre beim allmächtigen Gott; **by the way** übrigens **B** *ADV* **1** **to pass by** *etc* vorbeikommen *etc* **2** **to put by** beiseitelegen **3** **by and large** im Großen und Ganzen

★**bye** [baɪ] *umg* *INT* tschüs(s) *umg*, servus! *österr*; **bye for now!** bis bald!
★**bye-bye** [ˈbaɪˈbaɪ] *umg* *INT* tschüs(s) *umg*, servus! *österr*
by(e)-election [baɪɪˈlekʃən] *S* Nachwahl *f*
Byelorussia [ˌbjeləʊˈrʌʃə] *S* Weißruss-

land *n*

bylaw, **bye-law** ['baɪlɔː] 5̄ Verordnung *f*; **~s** *pl US von Firma* Satzung *f* **bypass** ['baɪpɑːs] 🇦 5̄ Umgehungsstraße *f*, Umfahrung(sstraße) *f österr*; MED Bypass *m* 🇧 V/T umgehen **bypass operation** 5̄ Bypassoperation *f* **bypass surgery** 5̄ Bypasschirurgie *f* **by-product** ['baɪprɒdʌkt] *n* Nebenprodukt *n* **byroad** 5̄ Neben- *od* Seitenstraße *f* **bystander** ['baɪstændə'] 5̄ Zuschauer(in) *m(f)*; **inno-cent ~** unbeteiligter Zuschauer

byte [baɪt] 5̄ IT Byte *n*

byword ['baɪwɜːd] 5̄ **to become a ~ for sth** gleichbedeutend mit etw werden

C

C¹, **c** [siː] 5̄ C, c *n*; **C sharp** Cis *n*; **C flat** Ces *n*

C² ABK (= century) Jh

C³ ABK (= centigrade) C

c ABK (= cent) c, ct

CA¹ ABK (= chartered accountant) staatlich geprüfter Buchhalter, staatlich geprüfte Buchhalterin

CA² ABK (= Central Amerika) Mittelamerika *n*

c/a ABK (= current account) Girokonto *n*

cab [kæb] 5̄ 1 Taxi *n* 2 *von Lkw* Führerhaus *n*

cabaret ['kæbəreɪ] 5̄ Varieté *n*; *Lokal* Nachtklub *m* mit Varieteeaufführungen

★**cabbage** ['kæbɪdʒ] 5̄ Kohl *m*

cabbie, **cabby** ['kæbɪ] *umg* 5̄ Taxifahrer(in) *m(f)* **cab driver** 5̄ Taxifahrer(in) *m(f)*

cabin ['kæbɪn] 5̄ 1 Hütte *f* 2 SCHIFF Kajüte *f* 3 FLUG Passagierraum *m* **cabin attendant** *n* FLUG Flugbegleiter(in) *m(f)* **cabin baggage** 5̄ Handgepäck *n* **cabin crew** 5̄ FLUG Flugbegleitpersonal *n*

cabinet ['kæbɪnɪt] 5̄ 1 Schränkchen *n*, Vitrine *f* 2 PARL Kabinett *n* **cabinet minister** 5̄ Minister(in) *m(f)* **cabinet reshuffle** 5̄ *Br* POL Kabinettsumbildung *f*

★**cable** ['keɪbl] 5̄ 1 Tau *n*; *aus Draht* Kabel *n* 2 ELEK Kabel *n* 3 Telegramm *n* 4 TV Kabelfernsehen *n* **cable car** *Br* 5̄ Drahtseilbahn *f* **cable channel** 5̄ Kabelkanal *m* **cable railway** 5̄ Bergbahn *f* **cable television** 5̄ Kabelfernsehen *n* **cableway** ['keɪblweɪ] *US* 5̄ Drahtseilbahn *f*

caboodle [kə'buːdl] *umg* 5̄ **the whole (kit and) ~** das ganze Zeug(s) *umg*, der ganze Kram *umg*

cacao [kə'kɑːəʊ] ⟨*kein pl*⟩ Kakao *m*

cache [kæʃ] 5̄ 1 Versteck *n* 2 COMPUT *a.* **~ memory** Zwischenspeicher *m*

cackle ['kækl] 🇦 5̄ 1 *von Hühnern* Gackern *n* 2 (meckerndes) Lachen 🇧 V/I *Hühner* gackern; *Mensch* meckernd lachen

cactus ['kæktəs] ⟨*pl* -es *od* cacti ['kæktaɪ]⟩ Kaktus *m*

CAD [kæd] 5̄ ABK (= computer-aided design) CAD

cadaver [kə'dævə'] 5̄ Kadaver *m*, Leiche *f*

CAD/CAM ['kæd'kæm] 5̄ ABK (= computer-aided design/computer-aided manufacture) CAD/CAM

caddie ['kædɪ] 🇦 5̄ *Golf* Caddie *m* 🇧 V/I Caddie sein

caddy ['kædɪ] 5̄ 1 *für Tee* Büchse *f* 2 *US* Einkaufswagen *m* 3 → caddie A

cadence ['keɪdəns] 5̄ MUS Kadenz *f*

cadet [kə'det] 5̄ MIL *etc* Kadett *m*

cadge [kædʒ] V/T & V/I *Br umg* schnorren *umg* (**from sb** bei j-m, von j-m); **could I ~ a lift with you?** könnten Sie mich vielleicht (ein Stück) mitnehmen?

Caesar ['siːzə'] 5̄ Cäsar *m*

Caesarean [siː'zeərɪən] 5̄, **Cesarean** *US* 5̄, **Caesarean section** 5̄ MED Kaiserschnitt *m*; **she had a (baby by) ~** sie hatte einen Kaiserschnitt

Caesarian, **Cesarian** [siː'zeərɪən] *US* 5̄ → Caesarean

café ['kæfeɪ] 5̄ Café *n*, Kaffeehaus *n österr*

cafeteria [ˌkæfɪ'tɪərɪə] 5̄ Cafeteria *f*

cafetière [ˌkæfə'tjɛə'] 5̄ Kaffeebereiter *m*

caff [kæf] *Br umg* 5̄ Café *n*, Kaffeehaus *n österr*

caffein(e) ['kæfiːn] 5̄ Koffein *n*

caffè latte [ˌkæfeɪ'læteɪ] 5̄ Caffè Latte *m*, Milchkaffee *m*

C

caffè macchiato [ˌkæfeɪmækɪˈɑːtəʊ] ‾S‾
Caffè macchiato m, Espresso m mit
Milchschaum

cage [keɪdʒ] ‾S‾ Käfig m

cagey [ˈkeɪdʒɪ] umg ADJ vorsichtig, aus-
weichend

cagoule [kəˈguːl] ‾S‾ Regenjacke f

cahoots [kəˈhuːts] umg ‾S‾ to be in ~
with sb j-m unter einer Decke ste-
cken

cairn [keən] ‾S‾ Steinpyramide f

Cairo [ˈkaɪərəʊ] ‾S‾ Kairo n

cajole [kəˈdʒəʊl] VT gut zureden (+dat);
to ~ sb into doing sth j-n dazu bringen,
etw zu tun

★**cake** [keɪk] A ‾S‾ 1 Kuchen m, Torte f, Ge-
bäckstück n; a piece of ~ fig umg ein
Kinderspiel n; to sell like hot ~s wegge-
hen wie warme Semmeln umg; you
can't have your ~ and eat it sprichw
beides auf einmal geht nicht B VT my
shoes are ~d with od in mud meine
Schuhe sind völlig verdreckt **cake
mix** ‾S‾ Backmischung f **cake mixture**
‾S‾ Kuchenteig m **cake pan** US ‾S‾ Ku-
chenform f **cake shop** ‾S‾ Konditorei f
cake tin ‾S‾ Br zum Backen Kuchenform
f; zur Aufbewahrung Kuchenbüchse f

calamity [kəˈlæmɪtɪ] ‾S‾ Katastrophe f

calcium [ˈkælsɪəm] ‾S‾ Kalzium n

calculate [ˈkælkjʊleɪt] VT 1 berechnen
2 fig kalkulieren **calculated** ADJ (≈ ab-
sichtlich) berechnet; a ~ risk ein kalku-
liertes Risiko **calculating** ADJ berech-
nend **calculation** [ˌkælkjʊˈleɪʃən] ‾S‾ Be-
rechnung f, Schätzung f; you're out in
your ~s du hast dich verrechnet **cal-
culator** [ˈkælkjʊleɪtəʳ] ‾S‾ Taschenrech-
ner m **calculus** [ˈkælkjʊləs] ‾S‾ MATH In-
finitesimalrechnung f

Caledonia [ˌkæləˈdəʊnɪə] ‾S‾ Kaledonien
n

calendar [ˈkæləndəʳ] ‾S‾ 1 Kalender m 2
Terminkalender m; ~ of events Veran-
staltungskalender m **calendar
month** ‾S‾ Kalendermonat m

★**calf**¹ [kɑːf] ‾S‾ ⟨pl calves⟩ 1 Kalb n 2
(≈ Elefant, Robbe etc) Junge(s) n

calf² [kɑːf] ‾S‾ ⟨pl calves⟩ ANAT Wade f

calfskin [ˈkɑːfskɪn] ‾S‾ Kalb(s)leder n

calibre [ˈkælɪbəʳ] ‾S‾, **caliber** US wörtl,
fig ‾S‾ Kaliber n

California [ˌkælɪˈfɔːnɪə] ‾S‾ Kalifornien n

Californian [ˌkælɪˈfɔːnɪən] ADJ kalifor-

nisch

★**call** [kɔːl] A ‾S‾ 1 Ruf m; a ~ for help ein
Hilferuf m 2 TEL Gespräch n, Anruf m;
to give sb a ~ j-n anrufen; to take a
~ ein Gespräch entgegennehmen 3
Aufruf m; fig anlockend Ruf m; to be
on ~ Bereitschaftsdienst haben; he
acted above and beyond the ~ of duty
er handelte über die bloße Pflichterfül-
lung hinaus 4 Besuch m; I have several
~s to make ich muss noch einige Besu-
che machen 5 Inanspruchnahme f;
HANDEL Nachfrage f (for nach); to have
many ~s on one's time zeitlich sehr in
Anspruch genommen sein 6 Grund m;
there is no ~ for you to worry es be-
steht kein Grund zur Sorge 7 Entschei-
dung f; it's your ~ das ist deine Ent-
scheidung B VT 1 rufen; Versammlung
einberufen; Wahlen ausschreiben; Streik
ausrufen; JUR Zeugen aufrufen; the
landlord ~ed time der Wirt rief „Feier-
abend"; the ball was ~ed out der Ball
wurde für „aus" erklärt 2 nennen;
★to be ~ed heißen; what's he ~ed?
wie heißt er?; what do you ~ your
cat? wie heißt diese Katze?; she ~s
me lazy sie nennt mich faul; what's this
~ed in German? wie heißt das auf
Deutsch?; let's ~ it a day machen wir
Schluss für heute; ~ it £5 sagen wir £ 5
3 TEL anrufen; per Funkruf rufen; I ~ed
her on my mobile Br, I ~ed her on
my cell phone US ich habe sie von mei-
nem Handy aus angerufen C VI 1 ru-
fen; to help um Hilfe rufen; to
~ to sb j-m zurufen 2 vorbeikommen;
she ~ed to see her mother sie machte
einen Besuch bei ihrer Mutter; the gas-
man ~ed der Gasmann kam 3 TEL anru-
fen; per Funkruf rufen; who's ~ing,
please? wer spricht da, bitte?; thanks
for ~ing vielen Dank für den Anruf
♦**call (a)round** umg VI vorbeikommen
♦**call at** VI ⟨+obj⟩ vorbeigehen bei;
BAHN halten in (+dat); a train for Lis-
bon calling at ... ein Zug nach Lissabon
über ... ♦**call away** VI ⟨trennb⟩ weg-
rufen; I was called away on business
ich wurde geschäftlich abgerufen; he
was called away from the meeting er
wurde aus der Sitzung gerufen ♦**call
back** VT & VI ⟨trennb⟩ zurückrufen
♦**call for** VI ⟨+obj⟩ 1 rufen; Speisen

kommen lassen [2] verlangen (nach); *Mut* verlangen; **that calls for a drink!** darauf müssen wir einen trinken!; **that calls for a celebration!** das muss gefeiert werden! [3] abholen **♦call in** [A] VI vorbeigehen (**at, on** bei) [B] VI ⟨+obj⟩ *Arzt* zurate ziehen **♦call off** VT ⟨trennb⟩ *Termin, Streik* absagen; *Vereinbarung* rückgängig machen; (≈*beenden*) abbrechen; *Verlobung* lösen; *Hund* zurückrufen **♦call on** VI ⟨+obj⟩ [1] besuchen [2] → call upon **♦call out** [A] VI rufen [B] VT ⟨trennb⟩ [1] *Namen* aufrufen [2] *Arzt* rufen; *Feuerwehr* alarmieren **♦call out for** VI ⟨+obj⟩ *Nahrung* verlangen; *Hilfe* rufen um **♦call over** VT ⟨trennb⟩ herbeirufen, zu sich rufen **♦call up** [A] VT ⟨trennb⟩ [1] Br MIL *Reservist* einberufen; *Verstärkung* mobilisieren [2] SPORT berufen (**to** in +*akk*) [3] TEL anrufen [4] *fig Erinnerungen* (herauf)beschwören [B] VI TEL anrufen **♦call upon** VI ⟨+obj⟩ **to call upon sb to do sth** j-n bitten, etw zu tun; **to call upon sb's generosity** an j-s Großzügigkeit (*akk*) appellieren

call box Br S Telefonzelle *f* **call centre** Br S Callcenter *n* **caller** ['kɔːləʳ] S [1] Besucher(in) *m(f)* [2] TEL Anrufer(in) *m(f)* **caller display** S TEL Rufnummernanzeige *f*, Anruferkennung *f* **caller ID** S TEL Rufnummernanzeige *f*, Anruferkennung *f* **call forwarding** S TEL Anrufweiterschaltung *f* **callgirl** ['kɔːlgɜːl] S Callgirl *n*

calligraphy [kə'lɪgrəfɪ] S Kalligrafie *f*

calling ['kɔːlɪŋ] S Berufung *f* **calling card** S Visitenkarte *f*

callisthenics [ˌkælɪs'θenɪks] PL, **calisthenics** US PL Gymnastik *f*

callous ADJ, **callously** ['kæləs, -lɪ] ADV herzlos **callousness** S Herzlosigkeit *f*

call-out charge, **call-out fee** ['kɔːlaʊt-] S Anfahrtkosten *pl* **call screening** S TEL Call Screening *n* (*Sperrung bestimmter Rufnummern*) **call-up** Br S MIL Einberufung *f*; SPORT Berufung *f* (**to** in +*akk*) **call-up papers** PL Br MIL Einberufungsbescheid *m*

callus ['kæləs] S MED Schwiele *f*

call waiting S TEL Anklopffunktion *f*

calm [kɑːm] [A] ADJ ⟨+er⟩ ruhig; **keep ~!** bleib ruhig!; (**cool,**) **~ and collected** ruhig und gelassen [B] S Ruhe *f*; **the ~ before the storm** die Ruhe vor dem Sturm [C] VT beruhigen; **to ~ sb's fears** j-n beruhigen **♦calm down** [A] VT ⟨trennb⟩ beruhigen [B] VI sich beruhigen; *Wind* abflauen

calming ADJ beruhigend **calmly** ['kɑːmlɪ] ADV ruhig **calmness** S Ruhe *f*

calorie ['kælərɪ] S Kalorie *f*; **low on ~s** kalorienarm

calorie-conscious ADJ kalorienbewusst

calves [kɑːvz] PL → calf; → calf

CAM [kæm] S ABK (= computer-aided manufacture) CAM

camaraderie [ˌkæmə'rɑːdərɪ] S Kameradschaft *f*

Cambodia [kæm'bəʊdɪə] S Kambodscha *n*

camcorder ['kæmkɔːdəʳ] S Camcorder *m*

came [keɪm] PRÄT → come

camel ['kæməl] [A] S Kamel *n* [B] ADJ ⟨attr⟩ *Mantel* kamelhaarfarben

cameo ['kæmɪəʊ] S ⟨pl -s⟩ [1] (≈*Schmuck*) Kamee *f* [2] (*a.* **~ part**) Miniaturrolle *f*

★**camera** ['kæmərə] S Kamera *f*, Fotoapparat *m* **camera crew** S Kamerateam *n* **cameraman** S ⟨pl -men⟩ Kameramann *m* **cameraphone** S Fotohandy *n* **camera-shy** ADJ kamerascheu **camera trap** S Fotofalle *f* **camerawoman** S ⟨pl -women⟩ Kamerafrau *f* **camerawork** S Kameraführung *f*

camisole ['kæmɪsəʊl] S Mieder *n*

camomile ['kæməʊmaɪl] S Kamille *f*; **~ tea** Kamillentee *m*

camouflage ['kæməflɑːʒ] [A] S Tarnung *f*; **~ jacket** Tarnjacke *f* [B] VT tarnen

★**camp**[1] [kæmp] [A] S Lager *n*; **to pitch ~** Zelte *od* ein Lager aufschlagen; **to strike** *od* **break ~** das Lager *od* die Zelte abbrechen; **to have a foot in both ~s** mit beiden Seiten zu tun haben [B] VI zelten; MIL lagern; **to go ~ing** zelten (gehen) **♦camp out** VI zelten

camp[2] ADJ tuntenhaft *umg*

campaign [kæm'peɪn] [A] S [1] MIL Feldzug *m* [2] *fig* Kampagne *f*, Aktion *f* [B] VI *fig* sich einsetzen, sich engagieren (**for/against** für/gegen) **campaigner** [kæm'peɪnəʳ] S *für etw* Befürworter(in) *m(f)* (**for** +*gen*); *gegen etw* Gegner(in) *m(f)* (**against** +*gen*)

camp bed Br S Campingliege *f* **camp-**

C

er ['kæmpə] Ⓢ 🔢 Camper(in) m(f) 🔢 Wohnmobil n **camper van** Br Ⓢ Wohnmobil n **campfire** Ⓢ Lagerfeuer n **campground** US Ⓢ Campingplatz m

★**camping** ['kæmpɪŋ] Ⓢ Camping n **camping gas** Deutschs Ⓢ Campinggas n **camping site, campsite** Br Ⓢ Campingplatz m

campus ['kæmpəs] Ⓢ Campus m

★**can¹** [kæn] Ⓥ/AUX ⟨prät could⟩ können; (≈Erlaubnis haben a.) dürfen; **can you come tomorrow?** kannst du morgen kommen?; **I can't** od **cannot go to the theatre** ich kann nicht ins Theater (gehen); **he'll help you all he can** er wird tun, was in seinen Kräften steht; **as soon as it can be arranged** sobald es sich machen lässt; **could you tell me ...** können od könnten Sie mir sagen, ...; **can you speak German?** können od sprechen Sie Deutsch?; **can I come too?** kann ich mitkommen?; **can** od **could I take some more?** darf ich mir noch etwas nehmen?; **how can/could you say such a thing!** wie können/konnten Sie nur od bloß so etwas sagen!; **where can it be?** wo kann das bloß sein?; **you can't be serious** das kann doch wohl nicht dein Ernst sein; **it could be that he's got lost** vielleicht hat er sich verlaufen; **you could try telephoning him** Sie könnten ihn ja mal anrufen; **you could have told me** das hätten Sie mir auch sagen können; **we could do with some new furniture** wir könnten neue Möbel gebrauchen; **I could do with a drink now** ich könnte jetzt etwas zu trinken vertragen; **this room could do with a coat of paint** das Zimmer könnte mal wieder gestrichen werden; **he looks as though he could do with a haircut** ich glaube, er müsste (dat) mal wieder die Haare schneiden lassen

★**can²** Ⓢ 🔢 Kanister m; bes US für Abfall (Müll)eimer m 🔢 Dose f, Büchse f; **a can of beer** eine Dose Bier; **a beer can** eine Bierdose

★**Canada** ['kænədə] Ⓢ Kanada n

★**Canadian** [kə'neɪdɪən] Ⓐ ADJ kanadisch Ⓑ Ⓢ Kanadier(in) m(f)

★**canal** [kə'næl] Ⓢ Kanal m

canapé ['kænəpeɪ] Ⓢ Appetithappen m

Canaries [kə'neərɪz] PL → Canary Islands

canary [kə'neərɪ] Ⓢ Kanarienvogel m **Canary Islands** [kə'neərɪ,aɪlənz], **Canary Isles** [kə'neərɪ'aɪlz] PL Kanarische Inseln pl

cancel ['kænsəl] Ⓐ V/T 🔢 absagen; offiziell stornieren; Pläne aufgeben; Zug stornieren; **the train has been ~led** Br, **the train has been ~ed** US der Zug fällt aus 🔢 rückgängig machen; Auftrag stornieren; Abonnement kündigen 🔢 Fahrkarte entwerten Ⓑ V/I absagen ◆**cancel out** V/T ⟨trennb⟩ MATH aufheben; fig zunichtemachen; **to cancel each other out** MATH sich aufheben; fig sich gegenseitig aufheben

cancellation [,kænsə'leɪʃən] Ⓢ 🔢 Absage f; offiziell Stornierung f; von Plänen Aufgabe f; von Zug Streichung f 🔢 Rückgängigmachung f; von Auftrag Stornierung f; von Abonnement Kündigung f

cancer ['kænsə] Ⓢ 🔢 MED Krebs m; ~ **of the throat** Kehlkopfkrebs m 🔢 ASTROL **Cancer** Krebs m; **to be (a) Cancer** (ein) Krebs sein **cancerous** ['kænsərəs] ADJ krebsartig

candelabra [,kændɪ'lɑːbrə] Ⓢ Armleuchter m, Kandelaber m

candid ['kændɪd] ADJ offen, ehrlich

candidacy ['kændɪdəsɪ] Ⓢ Kandidatur f

candidate ['kændɪdeɪt] Ⓢ Kandidat(in) m(f); **to stand as (a) ~** kandidieren; **the obese are prime ~s for heart disease** Fettleibige stehen auf der Liste der Herzinfarktkandidaten ganz oben

candidly ['kændɪdlɪ] ADV offen; **to speak ~** offen od ehrlich sein

candied ['kændɪd] ADJ GASTR kandiert; ~ **peel** Zitronat n, Orangeat n

★**candle** ['kændl] Ⓢ Kerze f **candlelight** Ⓢ Kerzenlicht n; **by ~** im Kerzenschein; **a ~ dinner** ein Essen n bei Kerzenlicht **candlestick** Ⓢ Kerzenhalter m

candour ['kændə] Ⓢ, **candor** US Ⓢ Offenheit f

candy ['kændɪ] US Ⓢ Bonbon m/n, Zuckerl n österr; allg Süßigkeiten pl **candy bar** US Ⓢ Schokoladenriegel m **candyfloss** Br Ⓢ Zuckerwatte f **candy store** US Ⓢ Süßwarenhandlung f

cane [keɪn] Ⓐ Ⓢ 🔢 aus Bambus Rohr n; für Pflanzen Stock m 🔢 (Spazier)stock m, Stecken m bes österr, schweiz; zur Bestrafung (Rohr)stock m; **to get the ~** Prügel bekommen Ⓑ V/T mit dem Stock

schlagen **cane sugar** S̲ Rohrzucker m
canine ['keɪnaɪn] **A** S̲ (a. **canine tooth**) Eckzahn m **B** ADJ Hunde-
canister ['kænɪstə^r] S̲ Behälter m
cannabis ['kænəbɪs] S̲ Cannabis m
canned [kænd] ADJ **1** US Dosen-; ~ **beer** Dosenbier n; ~ **goods** Konserven pl **2** umg ~ **music** Musikberieselung f umg; ~ **laughter** Gelächter n vom Band
cannibal ['kænɪbəl] S̲ Kannibale m, Kannibalin f **cannibalism** ['kænɪbəlɪzəm] S̲ Kannibalismus m
cannibalization [ˌkænɪbəlaɪ'zeɪʃən] S̲ WIRTSCH Kannibalisierung f
cannon ['kænən] S̲ MIL Kanone f **cannonball** S̲ Kanonenkugel f
★**cannot** ['kænɒt] ⟨Verneinung⟩ → can¹
canny ['kænɪ] ADJ ⟨komp cannier⟩ vorsichtig
canoe [kə'nuː] **A** S̲ Kanu n **B** V/I Kanu fahren **canoeing** [kə'nuːɪŋ] S̲ Kanusport m; **to go** ~ Kanu fahren
canon S̲ (≈ Priester) Kanoniker m
canonize ['kænənaɪz] V/T KIRCHE heiligsprechen
canon law S̲ KIRCHE kanonisches Recht
can-opener ['kæn,əʊpnə^r] S̲ Dosenöffner m
canopy ['kænəpɪ] S̲ Markise f; von Bett Baldachin m
★**can't** [kɑːnt] ABK (= can not) → can¹
cantaloup(e) ['kæntəluːp] S̲ Honigmelone f
cantankerous [kæn'tæŋkərəs] ADJ mürrisch
canteen [kæn'tiːn] S̲ Kantine f; UNIV Mensa f
canter ['kæntə^r] V/I langsam galoppieren
canton ['kænton] S̲ Kanton m
Cantonese [ˌkæntə'niːz] **A** ADJ kantonesisch **B** S̲ ⟨pl -⟩ **1** Kantonese m, Kantonesin f **2** LING Kantonesisch n
canvas ['kænvəs] S̲ Leinwand f, Segeltuch n, Zeltbahn f; **under** ~ im Zelt; ~ **shoes** Segeltuchschuhe pl
canvass ['kænvəs] **A** V/T **1** POL Bezirk Wahlwerbung machen in (+dat); j-n für seine Partei zu gewinnen suchen **2** Kunden werben; Meinungen erforschen **B** V/I **1** POL um Stimmen werben **2** HANDEL werben **canvasser** ['kænvəsə^r] S̲ **1** POL Wahlhelfer(in) m(f) **2** HANDEL Vertreter(in) m(f) **canvassing** ['kænvəsɪŋ] S̲ **1** POL Wahlwerbung f **2** HANDEL Klinkenputzen n umg

canyon ['kænjən] S̲, **cañon** US S̲ Cañon m **canyoning** ['kænjənɪŋ] S̲ SPORT Canyoning n

CAP ABK (= Common Agricultural Policy) GAP f, Gemeinsame Agrarpolitik
★**cap** [kæp] **A** S̲ **1** Mütze f, Kappe f; **if the cap fits(, wear it)** Br sprichw wem die Jacke passt(, der soll sie sich (dat) anziehen) **2** Br SPORT **he has won 50 caps for Scotland** er ist 50 Mal mit der schottischen Mannschaft angetreten **3** Verschluss m; von Stift, Ventil Kappe f **4** Limit n; **cap on spending** Ausgabenlimit n **5** (≈ Verhütungsmittel) Pessar n **B** V/T **1** SPORT **capped player** Nationalspieler(in) m(f); **he was capped four times for England** er wurde viermal für die englische Nationalmannschaft aufgestellt **2** **and then to cap it all** ... und, um dem Ganzen die Krone aufzusetzen ...; **they capped spending at £50,000** die Ausgaben wurden bei £ 50.000 gedeckelt
capability [ˌkeɪpə'bɪlɪtɪ] S̲ **1** Fähigkeit f; **sth is within sb's capabilities** j-d ist zu etw fähig; **sth is beyond sb's capabilities** etw übersteigt j-s Fähigkeiten **2** MIL Potenzial n **capable** ['keɪpəbl] ADJ **1** kompetent **2** **to be** ~ **of doing sth** etw tun können; **to be** ~ **of sth** zu etw fähig sein; **it's** ~ **of speeds of up to** ... es erreicht Geschwindigkeiten bis zu ... **capably** ['keɪpəblɪ] ADV kompetent
capacity [kə'pæsɪtɪ] S̲ **1** Fassungsvermögen n, Kapazität f; **seating** ~ **of 400** 400 Sitzplätze; **working at full** ~ voll ausgelastet; **the Stones played to** ~ **audiences** die Stones spielten vor ausverkauften Sälen **2** Fähigkeit f; **his** ~ **for learning** seine Aufnahmefähigkeit **3** Eigenschaft f; **speaking in his official** ~ **as mayor, he said** ... er sagte in seiner Eigenschaft als Bürgermeister ...
cape¹ [keɪp] S̲ Cape n, Umhang m
cape² [keɪp] S̲ GEOG Kap n **Cape gooseberry** S̲ Kapstachelbeere f, Physalis f **Cape Horn** S̲ Kap n Hoorn **Cape of Good Hope** S̲ Kap n der Guten Hoffnung
caper¹ ['keɪpə^r] **A** V/I herumtollen **B** S̲ Eskapade f

caper² [S] BOT, GASTR Kaper *f*

Cape Town [S] Kapstadt *n*

Cape Verde Islands [ˌkeɪpˈvɜːdˈaɪləndz] [PL] Kapverden *pl*

capful [ˈkæpfʊl] [S] **one ~ to one litre of water** eine Verschlusskappe auf einen Liter Wasser

capillary [kəˈpɪlərɪ] [S] Kapillare *f*

★**capital** [ˈkæpɪtl] [A] [S] [1] (*a.* **~ city**) Hauptstadt *f*; *fig* Zentrum *n* [2] (*a.* **~ letter**) Großbuchstabe *m*; **small ~s** Kapitälchen *pl fachspr*; **please write in ~s** bitte in Blockschrift schreiben! [3] ⟨*kein pl*⟩ FIN, *a. fig* Kapital *n*; **to make ~ out of sth** *fig* aus etw Kapital schlagen [B] [ADJ] *Buchstabe* Groß-; **love with a ~ L** die große Liebe **capital assets** [PL] Kapitalvermögen *n* **capital expenditure** [S] Kapitalaufwendungen *pl* **capital gains tax** [S] Kapitalertragssteuer *f* **capital investment** [S] Kapitalanlage *f* **capitalism** [ˈkæpɪtəlɪzəm] [S] Kapitalismus *m* **capitalist** [ˈkæpɪtəlɪst] [A] [S] Kapitalist(in) *m(f)* [B] [ADJ] kapitalistisch **capitalize** [ˈkæpɪtəlaɪz] [VT] *Buchstabe, Wort* großschreiben ♦**capitalize on** *fig* [VI] ⟨+*präp*⟩ Kapital schlagen aus

capital offence [S] Kapitalverbrechen *n* **capital punishment** [S] die Todesstrafe

Capitol [ˈkæpɪtl] [S] Kapitol *n*

capitulate [kəˈpɪtjʊleɪt] [VI] kapitulieren (**to** vor +*dat*) **capitulation** [kəˌpɪtjʊˈleɪʃən] [S] Kapitulation *f*

cappuccino [ˌkæpʊˈtʃiːnəʊ] [S] ⟨*pl* -s⟩ Cappuccino *m*

caprice [kəˈpriːs] [S] Laune(nhaftigkeit) *f* **capricious** [kəˈprɪʃəs] [ADJ] launisch

Capricorn [ˈkæprɪkɔːn] [S] ASTROL Steinbock *m*; **to be (a) ~** (ein) Steinbock sein

capsicum [ˈkæpsɪkəm] [S] Pfefferschote *f*

capsize [kæpˈsaɪz] [A] [VI] kentern [B] [VT] zum Kentern bringen

capsule [ˈkæpsjuːl] [S] Kapsel *f*

★**captain** [ˈkæptɪn] [A] [S] MIL Hauptmann *m*; SCHIFF, FLUG, SPORT Kapitän(in) *m(f)*; **yes, ~!** jawohl, Frau/Herr Hauptmann/Kapitän!; **~ of industry** Industriekapitän(in) *m(f)* [B] [VT] *Mannschaft* anführen; *Schiff* befehligen **captaincy** [ˈkæptənsɪ] [S] Befehl *m*; SPORT Führung *f*; **under his ~** mit ihm als Kapitän

caption [ˈkæpʃən] [A] [S] Überschrift *f*, Bildunterschrift *f* [B] [VT] betiteln

captivate [ˈkæptɪveɪt] [VT] faszinieren **captivating** [ˈkæptɪveɪtɪŋ] [ADJ] bezaubernd **captive** [ˈkæptɪv] [A] [S] Gefangene(r) *m/f(m)*; **to take sb ~** j-n gefangen nehmen; **to hold sb ~** j-n gefangen halten [B] [ADJ] **a ~ audience** ein unfreiwilliges Publikum **captive market** [S] Monopol-Absatzmarkt *m* **captivity** [kæpˈtɪvɪtɪ] [S] Gefangenschaft *f*

captor [ˈkæptəʳ] [S] **his ~s treated him kindly** er wurde nach seiner Gefangennahme gut behandelt **capture** [ˈkæptʃəʳ] [A] [VT] [1] *Stadt* einnehmen; *Schatz* erobern; *j-n* gefangen nehmen; *Tier* (ein)fangen [2] *fig Aufmerksamkeit* erregen; *Stimmung* einfangen [3] IT *Daten* erfassen [B] [S] Eroberung *f*; *von entflohenem Häftling* Gefangennahme *f*; *von Tier* Einfangen *n*; IT *von Daten* Erfassung *f*

★**car** [kɑːʳ] [S] [1] Auto *n*; **to go by car** mit dem Auto fahren; **car ride** Autofahrt *f* [2] *von Zug* Waggon *m*; *von Straßenbahn* Wagen *m* **car accident** [S] Autounfall *m*, Havarie *f österr*

carafe [kəˈræf] [S] Karaffe *f*

car alarm [S] Auto-Alarmanlage *f*

caramel [ˈkærəməl] [S] Karamell *m*; (≈*Bonbon*) Karamelle *f*

carat [ˈkærət] [S] Karat *n*; **nine ~ gold** neunkarätiges Gold

★**caravan** [ˈkærəvæn] [S] [1] *Br* AUTO Wohnwagen *m*; **~ holiday** Ferien *pl* im Wohnwagen [2] Zirkuswagen *m* **caravan site** *Br* [S] Campingplatz *m* für Wohnwagen

caraway seeds [ˈkærəweɪsiːdz] [PL] Kümmel *m*, Kümmelkörner *pl*

carb [kɑːb] *umg* [S] → carbohydrate **carbohydrate** [ˈkɑːbəʊˈhaɪdreɪt] [S] [1] Kohle(n)hydrat *n* [2] kohle(n)hydratreiche Nahrung

car bomb [S] Autobombe *f*

carbon [ˈkɑːbən] [S] CHEM Kohlenstoff *m* **carbonated** [ˈkɑːbəˌneɪtəd] [ADJ] mit Kohlensäure (versetzt) **carbon copy** [S] Durchschlag *m*; **to be a ~ of sth** das genaue Ebenbild einer Sache (*gen*) sein **carbon credit** [S] Emissionsrechte *pl* **carbon dating** [S] Kohlenstoffdatierung *f* **carbon dioxide** [S] Kohlendioxid *n* **carbon emissions** [PL] Kohlendioxidemissionen *pl* **carbon footprint** [S] Kohlenstofffußabdruck *m*, CO_2-Bilanz *f* **carbon monoxide** [S]

Kohlenmonoxid n **carbon-neutral** ADJ klimaneutral, CO₂-neutral **carbon offsetting** ⓢ CO₂-Ausgleich m
car-boot sale ⓢ ≈ Flohmarkt m
carburettor [ˌkɑːbəˈretəʳ] ⓢ, **carburetor** US ⓢ Vergaser m
carcass [ˈkɑːkəs] ⓢ Leiche f, Kadaver m
car chase ⓢ Verfolgungsjagd f (mit dem Auto)
carcinogen [kɑːˈsɪnədʒən] ⓢ Karzinogen n **carcinogenic** [ˌkɑːsɪnəˈdʒenɪk] ADJ karzinogen
car crash ⓢ (Auto)unfall m, Havarie f österr
★**card** [kɑːd] ⓐ **1** ⟨kein pl⟩ Pappe f **2** (≈ Postkarte / Visitenkarte) Karte f **3** (Scheck-/Kredit)karte f **4** (Spiel)karte f; **to play ~s** Karten spielen; **to lose money at ~s** Geld beim Kartenspiel verlieren; **game of ~s** Kartenspiel n **5** fig to put od lay one's **~s on the table** seine Karten aufdecken; **to play one's ~s right** geschickt taktieren; **to hold all the ~s** alle Trümpfe in der Hand haben; **to play** od **keep one's ~s close to one's chest, to play** od **keep one's ~s close to the vest** sich (dat) nicht in die Karten sehen lassen; **it's on the ~s** das ist zu erwarten
cardamom [ˈkɑːdəməm] ⓢ Kardamom m/n
cardboard ⓐ ⓢ Pappe f, Karton m ⓑ ADJ ⟨attr⟩ Papp- **cardboard box** ⓢ (Papp)karton m **card game** ⓢ Kartenspiel n **cardholder** ⓢ Karteninhaber(in) m(f)
cardiac arrest ⓢ Herzstillstand m
cardigan [ˈkɑːdɪɡən] ⓢ Strickjacke f, Janker m österr
cardinal [ˈkɑːdɪnl] ⓐ ⓢ KIRCHE Kardinal m ⓑ ADJ Haupt- **cardinal number** ⓢ Kardinalzahl f **cardinal sin** ⓢ schwerer Fehler; Todsünde f
card index ⓢ Kartei f; in Bücherei Katalog m
cardio- [ˈkɑːdɪəʊ-] PRÄF Kardio-; **cardiogram** Kardiogramm n **cardiologist** [ˌkɑːdɪˈɒlədʒɪst] ⓢ Kardiologe m, Kardiologin f **cardiology** [ˌkɑːdɪˈɒlədʒɪ] ⓢ Kardiologie f **cardiovascular** [ˌkɑːdɪəʊˈvæskjʊləʳ] ADJ kardiovaskulär
card key ⓢ im Hotel Chipkarte f **card payment** ⓢ Kartenzahlung f **cardphone** ⓢ Kartentelefon n **card play-**

er ⓢ Kartenspieler(in) m(f) **card reader** ⓢ Kartenlesegerät n **card trick** ⓢ Kartenkunststück n
★**care** [keəʳ] ⓐ ⓢ **1** Sorge f (of um); **he hasn't a ~ in the world** er hat keinerlei Sorgen **2** Sorgfalt f; **this word should be used with ~** dieses Wort sollte sorgfältig od mit Sorgfalt gebraucht werden; **paint strippers need to be used with ~** Abbeizmittel müssen vorsichtig angewandt werden; **"handle with ~"** „Vorsicht, zerbrechlich"; **to take ~** aufpassen; **take ~ he doesn't cheat you** sehen Sie sich vor, dass er Sie nicht betrügt; **bye-bye, take ~** tschüs(s), mach's gut; **to take ~ to do sth** sich bemühen, etw zu tun; **to take ~ over** od **with sth/in doing sth** etw sorgfältig tun **3** Pflege f; ★ **to take ~ of sth** sein Äußeres, Auto etw pflegen, etw schonen; **to take ~ of oneself** sich um sich selbst kümmern; gesundheitlich sich schonen **4** von alten Menschen Versorgung f; **medical ~** ärztliche Versorgung, ärztliche Betreuung; **to take ~ of sb** sich um j-n kümmern; **seine Familie** für j-n sorgen **5** Obhut f; ~ **of Br, in ~ of US** bei; **in** od **under sb's ~** in j-s (dat) Obhut; **to take a child into ~** ein Kind in Pflege nehmen; **to be taken into ~** in Pflege gegeben werden; ★ **to take ~ of sth** Wertgegenstände etc. auf etw (akk) aufpassen; Tiere etc sich um etw kümmern; **that takes ~ of him/it** das wäre erledigt; **let me take ~ of that** überlassen Sie das mir; **that can take ~ of itself** das wird sich schon irgendwie geben ⓑ VII **1** I don't ~ das ist mir egal; **for all I ~** meinetwegen; **who ~s?** na und?; **to ~ about sth** Wert auf etw (akk) legen, sich (dat) etwas aus etw machen, sich um etw kümmern; **that's all he ~s about** alles andere ist ihm egal; **he ~s deeply about her/the environment** sie/die Umwelt liegt ihm sehr am Herzen; **he doesn't ~ about her** sie ist ihm gleichgültig ⓒ VIT **1** I don't ~ **what people say** es ist mir egal, was die Leute sagen; **what do I ~?** was geht mich das an?; **I couldn't ~ less** das ist mir doch völlig egal **2** to ~ **to do sth** etw gerne tun wollen; **I wouldn't ~ to meet him** ich würde keinen gesteigerten Wert darauf legen, ihn kennenzulernen

C

♦**care for** _VI (+obj)_ **1** sich kümmern um; _Möbel etc_ pflegen; **well cared-for** gepflegt **2** I **don't care that that suggestion/him** dieser Vorschlag/er sagt mir nicht zu; **would you care for a cup of tea?** hätten Sie gerne eine Tasse Tee?; **I've never much cared for his movies** ich habe mir noch nie viel aus seinen Filmen gemacht; **but you know I do care for you** aber du weißt doch, dass du mir viel bedeutest

career [kəˈrɪə] **A** _S_ Karriere _f_, Beruf _m_, Laufbahn _f_; **to make a ~ for oneself** Karriere machen **B** _ADJ ⟨attr⟩_ Karriere-; _Soldat_ Berufs-; **a good/bad ~ move** ein karrierefördernder/karriereschädlicher Schritt **C** _VI_ rasen **careers advice** _S_ Berufsberatung _f_ **careers adviser** _S_ Berufsberater(in) _m(f)_ **careers guidance** _S_ Berufsberatung _f_ **careers officer** _S_ Berufsberater(in) _m(f)_ **career woman** _S ⟨pl - women⟩_ Karrierefrau _f_

carefree [ˈkeəfriː] _ADJ_ sorglos

★**careful** [ˈkeəfʊl] _ADJ_ sorgfältig, vorsichtig; _mit Geld etc_ sparsam; **~!** Vorsicht!; **to be ~** aufpassen **(of** auf _+akk_**); be ~ with the glasses** sei mit den Gläsern vorsichtig; **she's very ~ about what she eats** sie achtet genau darauf, was sie isst; **to be ~ about doing sth** es sich _(dat)_ gut überlegen, ob man etw tun soll; **be ~ (that) they don't hear you** gib acht, damit od dass sie dich nicht hören; **be ~ not to drop it** pass auf, dass du das nicht fallen lässt; **he is very ~ with his money** er hält sein Geld gut zusammen **carefully** [ˈkeəfəli] _ADV_ sorgfältig, vorsichtig; _überlegen_ gründlich; _zuhören_ genau; _erläutern_ genau **carefulness** _S_ Sorgfalt _f_, Vorsicht _f_ **care giver** _US_ _S_ → carer **care home** _Br_ _S_ Pflegeheim _n_ **care label** _S_ Pflegeetikett _n_

★**careless** [ˈkeəlɪs] _ADJ_ nachlässig; _Fahrer_ leichtsinnig; _Bemerkung_ gedankenlos; **~ mistake** Flüchtigkeitsfehler _m_; **how ~ of me!** wie dumm von mir, wie ungeschickt von mir **carelessly** [ˈkeəlɪslɪ] _ADV_ **1** unvorsichtigerweise **2** _etw sagen_ gedankenlos; _wegwerfen_ achtlos **carelessness** _S_ Nachlässigkeit _f_

carer [ˈkeərə] _Br_ _S_ Pflegeperson _f_; **the elderly and their ~s** Senioren und ihre Fürsorgenden _od_ und die, die sie pflegen

caress [kəˈres] **A** _S_ Liebkosung _f_ **B** _VT_ streicheln, liebkosen

caretaker _S_ Hausmeister(in) _m(f)_, Abwart(in) _m(f) schweiz_; **~ government** geschäftsführende Regierung, Übergangsregierung _f_ **care worker** _Br_ _S_ Betreuer(in) _f_ **für** Kinder, Geisteskranke oder alte Menschen **careworn** _ADJ_ von Sorgen gezeichnet

car ferry _S_ Autofähre _f_

cargo [ˈkɑːgəʊ] _S ⟨pl -es⟩_ Fracht _f_ **cargo pants** _PL_ Cargohose _f_

car hire _Br_ _S_ Autovermietung _f_ **car hire company** _Br_ _S_ Leihwagenfirma _f_

Caribbean [ˌkærɪˈbiːən, _US_ kəˈrɪbɪən] _ADJ_ karibisch; **~ Sea** Karibisches Meer; **a ~ island** eine Insel in der Karibik **B** _S_ Karibik _f_

caricature [ˈkærɪkətjʊə] **A** _S_ Karikatur _f_ **B** _VT_ karikieren

caries [ˈkeəriːz] _S_ MED Karies _f_

caring [ˈkeərɪŋ] _ADJ Wesen_ mitfühlend; _Ehemann_ liebevoll; _Gesellschaft_ mitmenschlich; **~ profession** Sozialberuf _m_

car insurance _S_ Kfz-Versicherung _f_

Carinthia [kəˈrɪnθɪə] _S_ GEOG Kärnten _n_

car jack _S_ Wagenheber _m_ **carjacking** [ˈkɑːˌdʒækɪŋ] _S_ Carjacking _n_, Autoraub _m_ **car keys** _PL_ Autoschlüssel _pl_ **carload** _S_ **1** AUTO Wagenladung _f_ **2** _US_ BAHN Waggonladung _f_ **car mechanic** _S_ Automechaniker(in) _m(f)_

carnage [ˈkɑːnɪdʒ] _S_ Blutbad _n_

carnal [ˈkɑːnl] _ADJ_ fleischlich; **~ desires** sinnliche Begierden _pl_

carnation [kɑːˈneɪʃən] _S_ Nelke _f_

carnival [ˈkɑːnɪvəl] **A** _S_ Volksfest _n_, Karneval _m_ **B** _ADJ ⟨attr⟩_ Fest-, Karnevals-

carnivore [ˈkɑːnɪvɔː] _S_ Fleischfresser _m_ **carnivorous** [kɑːˈnɪvərəs] _ADJ_ fleischfressend

carol [ˈkærəl] _S_ Weihnachtslied _n_ **carol singers** _PL_ ≈ Sternsinger _pl_ **carol singing** _S_ Weihnachtssingen _n_

carousel [ˌkærʊˈsel] _S_ **1** Karussell _n_, Ringelspiel _n österr_ **2** _am Flughafen_ Gepäckausgabeband _n_

car owner _S_ Autohalter(in) _m(f)_

carp¹ [kɑːp] _S_ Karpfen _m_

carp² _VI_ nörgeln, raunzen _österr_, sempern _österr_

★**car park** _Br_ _S_ Parkplatz _m_, Parkhaus _n_;

C

~ **ticket** Parkschein m **car parking** $\overline{s}$
~ **facilities are available** Parkplatz vorhanden

carpenter ['kɑːpɪntəᵣ] $\overline{s}$ Zimmermann m, Zimmerfrau f, Tischler(in) m(f) **carpentry** ['kɑːpɪntrɪ] $\overline{s}$ Zimmerhandwerk n; *als Hobby* Tischlern $\overline{s}$

★**carpet** ['kɑːpɪt] **A** $\overline{s}$ Teppich m, Teppichboden m **B** $\overline{vt}$ (mit Teppichen) auslegen **carpet-sweeper** $\overline{s}$ Teppichkehrer m **carpet tile** $\overline{s}$ Teppichfliese f

car phone $\overline{s}$ Autotelefon n **carpool** $\overline{s}$ **1** Fahrgemeinschaft f **2** Fuhrpark m **carport** $\overline{s}$ Einstellplatz m **car radio** $\overline{s}$ Autoradio n **car rental** US $\overline{s}$ Autovermietung f

★**carriage** ['kærɪdʒ] $\overline{s}$ **1** Kutsche f **2** Br BAHN Wagen m **3** HANDEL Beförderung f; ~ **paid** frei Haus **carriageway** ['kærɪdʒweɪ] Br $\overline{s}$ Fahrbahn f

carrier ['kærɪəᵣ] $\overline{s}$ **1** Spediteur m **2** *von Krankheit* Überträger m **3** Flugzeugträger m **4** Br a. ~ **bag** Tragetasche f **carrier pigeon** $\overline{s}$ Brieftaube f

carrion ['kærɪən] $\overline{s}$ Aas n

★**carrot** ['kærət] $\overline{s}$ Mohrrübe f; *fig* Köder m **carrot-and-stick** $\overline{ADJ}$ ~ **policy** Politik f von Zuckerbrot und Peitsche **carrot cake** $\overline{s}$ Karottenkuchen m

★**carry** ['kærɪ] **A** $\overline{vt}$ **1** tragen; *Geld bei sich haben;* **to ~ sth about** *od* **around with one** etw mit sich herumtragen **2** *Fahrzeug* befördern; **this coach carries 30 people** dieser Bus kann 30 Personen befördern; **to ~ along** *von Fluss, Lawine* mitreißen, mitführen **3** *fig* **this job carries a lot of responsibility** dieser Posten bringt viel Verantwortung mit sich; **the offence carries a penalty of £50** darauf steht eine Geldstrafe von £ 50 **4** HANDEL *Waren* führen **5** TECH *Rohr* führen; *Draht* übertragen **6** *the motion was carried unanimously* der Antrag wurde einstimmig angenommen **7** **he carries himself well** er hat eine gute Haltung **8** MED **people ~ing the AIDS virus** Menschen, die das Aidsvirus in sich *(dat)* tragen; **to be ~ing a child** schwanger sein **9** MATH **... and ~ 2** ... übertrage *od* behalte 2 **B** $\overline{vi}$ *Ton* tragen; **the sound of the alphorn carried for miles** der Klang des Alphorns war meilenweit zu hören ◆**carry away**

$\overline{vt}$ ⟨trennb⟩ **1** *wörtl* wegtragen, hinwegtragen **2** *fig* **to get carried away** sich nicht mehr bremsen können *umg;* **don't get carried away!** übertreib's nicht!; **to be carried away by one's feelings** sich (in seine Gefühle) hineinsteigern ◆**carry forward** $\overline{vt}$ ⟨trennb⟩ FIN vortragen ◆**carry off** $\overline{vt}$ ⟨trennb⟩ **1** wegtragen **2** *Preise* gewinnen **3** **to carry it off** es hinkriegen *umg* ◆**carry on** **A** $\overline{vi}$ **1** weitermachen; *Leben* weitergehen **2** *umg* reden und reden; (≈ *Szene machen*) ein Theater machen *umg;* **to carry on about sth** sich über etw *(akk)* auslassen **3** (≈ *Affäre haben*) etwas haben *umg* **B** $\overline{vt}$ ⟨trennb⟩ **1** *Tradition, Geschäft* fortführen **2** *Gespräch* führen ◆**carry out** $\overline{vt}$ ⟨trennb⟩ **1** *wörtl* heraustragen **2** *fig Befehl, Arbeit* ausführen; *Versprechen* erfüllen; *Plan, Suche* durchführen; *Drohungen* wahr machen ◆**carry over** $\overline{vt}$ ⟨trennb⟩ FIN vortragen ◆**carry through** $\overline{vt}$ ⟨trennb⟩ zu Ende führen

carryall $\overline{s}$ US (Einkaufs-/Reise)tasche f **carrycot** Br $\overline{s}$ Babytragetasche f **carry-on** *umg* $\overline{s}$ Theater n *umg* **carry-on bag** $\overline{s}$ Handgepäck n **carry-on trolley case** $\overline{s}$, **carry-on roller** US $\overline{s}$ Kabinentrolley m **carry-out** US, *schott* $\overline{s}$ Speisen *pl*/Getränke *pl* zum Mitnehmen; **let's get a ~** kaufen wir uns etwas zum Mitnehmen

car seat $\overline{s}$ Sitz m *(im Auto)* **car sharing** $\overline{s}$ Carsharing n (organisierte Nutzung eines Autos von mehreren Personen) **carsick** ['kɑːsɪk] $\overline{ADJ}$ **I used to get ~** früher wurde mir beim Autofahren immer schlecht

cart [kɑːt] **A** $\overline{s}$ **1** Karren m **2** US Einkaufswagen m; Kofferkuli m **B** $\overline{vt}$ *fig umg* (mit sich) schleppen, herumschleppen ◆**cart away**, **cart off** $\overline{vt}$ ⟨trennb⟩ abtransportieren

carte blanche ['kɑːt'blɑːnʃ] $\overline{s}$ ⟨kein pl⟩ **to give sb ~** j-m eine Blankovollmacht geben

cartel [kɑːˈtel] $\overline{s}$ Kartell n **carthorse** ['kɑːthɔːs] $\overline{s}$ Zugpferd n **cartilage** ['kɑːtɪlɪdʒ] $\overline{s}$ Knorpel m **cartload** ['kɑːtləʊd] $\overline{s}$ Wagenladung f **carton** ['kɑːtən] $\overline{s}$ (Papp)karton m; *Zigaretten* Stange f; *Milch* Tüte f

cartoon [kɑːˈtuːn] $\overline{s}$ **1** Cartoon m/n, Karikatur f **2** FILM, TV (Zeichen)trickfilm m

cartoon character S Comicfigur *f*
cartoonist [ˌkɑːˈtuːnɪst] S [1] Karikaturist(in) *m(f)* [2] FILM, TV Trickzeichner(in) *m(f)* **cartoon strip** *bes Br* S Cartoon *m/n*
cartridge [ˈkɑːtrɪdʒ] S *für Gewehr, Stift* Patrone *f*; FOTO Kassette *f* **cartridge belt** S Patronengurt *m*
cartwheel [ˈkɑːtwiːl] *wörtl* S Wagenrad *n*; SPORT Rad *n*; **to turn** *od* **do ~s** Rad schlagen
carve [kɑːv] [A] VT [1] *Holz* schnitzen; *Stein etc* (be)hauen; **~d in(to) the wood** in das Holz geschnitzt; **~d in(to) the stone** in den Stein gehauen [2] GASTR tranchieren [B] VI GASTR tranchieren ♦**carve out** VT ⟨trennb⟩ **to carve out a career for oneself** sich (*dat*) eine Karriere aufbauen ♦**carve up** VT ⟨trennb⟩ [1] *Fleisch* aufschneiden [2] *fig Erbe* verteilen; *Land* aufteilen
carvery [ˈkɑːvərɪ] S Büfett *n* **carving** [ˈkɑːvɪŋ] S KUNST Skulptur *f*, Holzschnitt *m* **carving knife** S Tranchiermesser *n*
carwash [ˈkɑːwɒʃ] S Autowaschanlage *f*
cascade [kæsˈkeɪd] [A] S Kaskade *f*; Wasserfall *m* [B] VI *a.* **~ down** (in Kaskaden) herabfallen (**onto** auf *+akk*)
★**case¹** [keɪs] S [1] Fall *m*; **is that the ~ with you?** ist das bei Ihnen der Fall?; **as the ~ may be** je nachdem; **in most ~s** meist(ens); **in ~** falls; **(just) in ~** für alle Fälle; **in ~ of emergency** im Notfall; ★**in any ~** sowieso; **in this/that ~** in dem Fall; **to win one's ~** JUR seinen Prozess gewinnen; **the ~ for the defence** die Verteidigung; **in the ~ Higgins v Schwarz** in der Sache Higgins gegen Schwarz; **the ~ for/against capital punishment** die Argumente für/gegen die Todesstrafe; **to have a good ~** JUR gute Chancen haben durchzukommen; **there's a very good ~ for adopting this method** es spricht sehr viel dafür, diese Methode zu übernehmen; **to put one's ~** seinen Fall darlegen; **to put the ~ for sth** etw vertreten; **to be on the ~** am Ball sein [2] GRAM Fall *m*; **in the genitive ~** im Genitiv [3] *umg* (≈*Mensch*) Type *f umg*; **a hopeless ~** ein hoffnungsloser Fall
case² [keɪs] S [1] Koffer *m*; *aus Holz* Kiste *f*; *zum Ausstellen* Vitrine *f* [2] *für Brille* Etui *n*; *für CD* Hülle *f*; *für Musikinstrument* Kasten *m* [3] TYPO **upper/lower ~** groß-/kleingeschrieben
case history S MED Krankengeschichte *f*; SOZIOL, PSYCH Vorgeschichte *f*
casement [ˈkeɪsmənt] S Flügelfenster *n*
case study S Fallstudie *f*
★**cash** [kæʃ] [A] S [1] Bargeld *n*; **~ in hand** Barbestand *m*; **to pay (in) ~** bar bezahlen; **how much do you have in ready ~?** wie viel Geld haben Sie verfügbar?; **~ in advance** Vorauszahlung *f*; **~ on delivery** per Nachnahme [2] Geld *n*; **to be short of ~** knapp bei Kasse sein *umg*; **I'm out of ~** ich bin blank *umg* [B] VT *Scheck* einlösen ♦**cash in** [A] VT ⟨trennb⟩ einlösen [B] VI **to cash in on sth** aus etw Kapital schlagen
cash-and-carry S Cash and Carry *m*, Verbrauchermarkt *m* **cashback** S Barauszahlung *f* (*zusätzlich zu dem Preis der gekauften Ware, wenn man mit Bankkarte bezahlt*); **I'd like £50 ~, please** und ich hätte gern zusätzlich £ 50 in bar **cashbook** S Kassenbuch *n* **cash box** S (Geld)kassette *f* **cash card** S (Geld)automatenkarte *f* **cash desk** *Br* S Kasse *f*, Kassa *f österr* **cash discount** S Skonto *m/n* **cash dispenser** *Br* S Geldautomat *m*
cashew [kæˈʃuː] S Cashewnuss *f*
cash flow [A] S Cashflow *m* [B] ADJ ⟨attr⟩ **cash-flow problems** Liquiditätsprobleme *pl* **cashier** [kæˈʃɪəʳ] S Kassierer(in) *m(f)* **cashier's check** *US* S Bankscheck *m* **cashless** [ˈkæʃləs] ADJ bargeldlos **cash machine** *Br* S Geldautomat *m*
cashmere [ˈkæʃmɪəʳ] S Kaschmir *m*
cash payment S Barzahlung *f* **cash point** *Br* S Geldautomat *m* **cash price** S Bar(zahlungs)preis *m* **cash register** S Registrierkasse *f* **cash transaction** S Bargeldtransfer *m*
casing [ˈkeɪsɪŋ] S TECH Gehäuse *n*
casino [kəˈsiːnəʊ] S ⟨*pl* -s⟩ (Spiel)kasino *n*
cask [kɑːsk] S Fass *n*
casket [ˈkɑːskɪt] S [1] Schatulle *f* [2] *US* Sarg *m*
Caspian Sea [ˈkæspɪənˈsiː] S Kaspisches Meer
casserole [ˈkæsərəʊl] S GASTR Schmortopf *m*; **a lamb ~** eine Lammkasserolle
cassette [kæˈset] S Kassette *f* **cassette**

deck $\overline{s}$ Kassettendeck n
★cassette player, cassette record-er $\overline{s}$ Kassettenrekorder m **cassette radio** $\overline{s}$ Radiorekorder m
cassock ['kæsək] $\overline{s}$ Talar m
cast [kɑːst] ⟨v: prät, pperf cast⟩ **A** $\overline{VT}$ **1** werfen; Netz auswerfen; **to ~ one's vote** seine Stimme abgeben; **to ~ one's eyes over sth** einen Blick auf etw (akk) werfen; **to ~ a shadow** einen Schatten werfen **(on** auf +akk) **2** TECH, KUNST gießen **3** THEAT **they ~ him as the villain** sie haben ihm die Rolle des Schurken gegeben **B** $\overline{VI}$ Angeln die Angel auswerfen **C** $\overline{s}$ **1** Gipsverband m **2** THEAT Besetzung f ♦**cast about** Br, **cast around for** $\overline{VI}$ ⟨+obj⟩ zu finden versuchen; **he was casting about** od **around for something to say** er suchte nach Worten ♦**cast aside** $\overline{VT}$ ⟨trennb⟩ Sorgen ablegen; j-n fallen lassen ♦**cast back** $\overline{VT}$ ⟨trennb⟩ **to cast one's thoughts** od **mind back** seine Gedanken zurückschweifen lassen **(to** in +akk) ♦**cast off** $\overline{VT \ & \ VI}$ ⟨trennb⟩ **1** SCHIFF losmachen **2** Handarbeiten abketten ♦**cast on** $\overline{VT \ & \ VI}$ ⟨trennb⟩ Handarbeiten anschlagen ♦**cast out** liter $\overline{VT}$ ⟨trennb⟩ vertreiben; Dämonen austreiben
castaway ['kɑːstəweɪ] $\overline{s}$ Schiffbrüchige(r) m/f(m)
caste [kɑːst] **A** $\overline{s}$ Kaste f **B** $\overline{ADJ}$ ⟨attr⟩ Kasten-
caster ['kɑːstər] $\overline{s}$ → castor **caster sugar** Br $\overline{s}$ Sandzucker m
castigate ['kæstɪgeɪt] $\overline{VT}$ geißeln
casting vote $\overline{s}$ ausschlaggebende Stimme
cast iron $\overline{s}$ Gusseisen n
cast-iron $\overline{ADJ}$ **1** wörtl gusseisern **2** fig Konstitution eisern; Alibi hieb- und stichfest
★castle ['kɑːsl] $\overline{s}$ **1** Schloss n, Burg f **2** Schach Turm m
castoffs ['kɑːstɒfs] Br umg $\overline{PL}$ abgelegte Kleider pl; **she's one of his ~** fig umg sie ist eine seiner ausrangierten Freundinnen umg
castor ['kɑːstər] $\overline{s}$ Rad n **castor oil** $\overline{s}$ Rizinus(öl) n
castrate [kæs'treɪt] $\overline{VT}$ kastrieren **castration** [kæs'treɪʃən] $\overline{s}$ Kastration f
casual ['kæʒjʊl] $\overline{ADJ}$ **1** zufällig; Bekannter, Blick flüchtig **2** (≈ sorglos) lässig; Hal-

tung gleichgültig; Bemerkung beiläufig; **it was just a ~ remark** das habe ich/ hat er etc nur so gesagt; **he was very ~ about it** es war ihm offensichtlich gleichgültig, das hat ihn kaltgelassen umg; der ~ **observer** der oberflächliche Betrachter **3** zwanglos; Kleidung leger, Freizeit-; **a ~ shirt** ein Freizeithemd n; **he was wearing ~ clothes** er war leger gekleidet **4** Arbeit Gelegenheits-; Beziehung locker **casually** ['kæʒjʊlɪ] $\overline{ADV}$ **1** (≈ emotionslos) ungerührt **2** beiläufig, lässig; gekleidet leger
casualty ['kæʒjʊltɪ] $\overline{s}$ **1** Opfer n **2** Br (a. ~ **unit**) Notaufnahme f; **to go to ~** in die Notaufnahme gehen; **to be in ~** in der Notaufnahme sein **casualty ward** Br $\overline{s}$ Unfallstation f
★cat [kæt] $\overline{s}$ Katze f; **to let the cat out of the bag** die Katze aus dem Sack lassen; **to play a cat-and-mouse game with sb** mit j-m Katz und Maus spielen; **there isn't room to swing a cat** umg man kann sich kaum rühren(, so eng ist es); **to be like a cat on hot bricks** od **on a hot tin roof** wie auf glühenden Kohlen sitzen; **that's put the cat among the pigeons!** da hast du etc aber was (Schönes) angerichtet!; **he doesn't have a cat in hell's chance of winning** er hat nicht die geringste Chance zu gewinnen; **when** od **while the cat's away the mice will play** sprichw wenn die Katze aus dem Haus ist, tanzen die Mäuse sprichw; **has the cat got your tongue?** umg du hast wohl die Sprache verloren?
catacombs ['kætəkuːmz] $\overline{PL}$ Katakomben pl
catalogue ['kætəlɒg], **catalog** US **A** $\overline{s}$ **1** Katalog m **2** **a ~ of errors** eine Serie von Fehlern **B** $\overline{VT}$ katalogisieren
catalyst ['kætəlɪst] $\overline{s}$ Katalysator m
catalytic converter [ˌkætəlɪtɪkkən'vɜː-tər] $\overline{s}$ AUTO Katalysator m
catamaran [ˌkætəmə'ræn] $\overline{s}$ Katamaran m
catapult ['kætəpʌlt] **A** $\overline{s}$ Br Schleuder f **B** $\overline{VT}$ katapultieren
cataract ['kætərækt] $\overline{s}$ MED grauer Star
catarrh [kə'tɑːr] $\overline{s}$ Katarrh m
catastrophe [kə'tæstrəfɪ] $\overline{s}$ Katastrophe f; **to end in ~** in einer Katastrophe enden **catastrophic** [ˌkætə'strɒfɪk] $\overline{ADJ}$

katastrophal

catcall S̱ THEAT **~s** pl Pfiffe und Buhrufe pl

★**catch** [kætʃ] ⟨v: prät, pperf caught⟩ **A** V̱Ṯ **1** fangen; Dieb fassen; umg (≈erreichen) erwischen; umg **to ~ sb's arm, to ~ sb by the arm** j-n am Arm fassen; **glass which ~es the light** Glas, in dem sich das Licht spiegelt; **to ~ sight/a glimpse of sb/sth** j-n/etw erblicken; **to ~ sb's attention/eye** j-n auf sich (akk) aufmerksam machen **2** erwischen; **to ~ sb by surprise** j-n überraschen; **to be caught unprepared** nicht darauf vorbereitet sein; **to ~ sb at a bad time** j-m ungelegen kommen; **I caught him flirting with my wife** ich habe ihn (dabei) erwischt, wie er mit meiner Frau flirtete; **you won't ~ me signing any contract** umg ich unterschreibe doch keinen Vertrag; **caught in the act** auf frischer Tat ertappt; **we were caught in a storm** wir wurden von einem Unwetter überrascht; **to ~ sb on the wrong foot** od **off balance** fig j-n überrumpeln; **~ you later!** umg bis später! **3** Bus etc nehmen **4** (≈rechtzeitig eintreffen für Bus) erreichen; **if I hurry I'll ~ the end of the movie** wenn ich mich beeile kriege ich das Ende des Films noch am umg **5** **I caught my finger in the car door** ich habe mir den Finger in der Wagentür eingeklemmt; **he caught his foot in the grating** er ist mit dem Fuß im Gitter hängen geblieben **6** (≈hören) mitkriegen umg **7** **to ~ an illness** sich (dat) eine Krankheit zuziehen; **he's always ~ing cold(s)** er erkältet sich leicht; **you'll ~ your death (of cold)!** du holst dir den Tod! umg; **to ~ one's breath** Luft holen; **the blow caught him on the arm** der Schlag traf ihn am Arm; **you'll ~ it!** Br umg du kannst (aber) was erleben! umg **B** V̱I̱ klemmen, sich verfangen; **her dress caught in the door** sie blieb mit ihrem Kleid in der Tür hängen **C** S̱ **1** von Ball etc **to make a (good) ~** (gut) fangen; **he missed an easy ~** er hat einen leichten Ball nicht gefangen **2** Angeln Fang m **3** (≈Schwierigkeit) Haken m; **there's a ~!** die Sache hat einen Haken **4** Verschluss m ◆**catch on** umg V̱I̱ **1** (≈populär werden) ankommen **2** (≈verstehen) kapieren

umg ◆**catch out** fig V̱Ṯ ⟨trennb⟩ überraschen; mit Fangfrage etc hereinlegen umg ◆**catch up** **A** V̱I̱ aufholen; **to catch up on one's sleep** Schlaf nachholen; **to catch up on** od **with one's work** Arbeit nachholen; **to catch up with sb** j-n einholen **B** V̱Ṯ ⟨trennb⟩ **1** **to catch sb up** j-n einholen **2** **to get caught up in sth** sich in etw (dat) verfangen; im Straßenverkehr in etw (akk) verwickelt werden

catch-22 [ˌkætʃtwentɪˈtuː] S̱ **a ~ situation** umg eine Zwickmühle **catchall** [ˈkætʃɔːl] S̱ allgemeine Bezeichnung/ Klausel etc **catcher** [ˈkætʃə[r]] S̱ Fänger(in) m(f) **catching** ADJ MED, a. fig ansteckend **catchment area** [ˈkætʃmənt'eərɪə] S̱ Einzugsgebiet n **catch phrase** S̱ Slogan m **catch-up service** TV, RADIO, IT Mediathek f **catchword** [ˈkætʃwɜːd] S̱ Schlagwort n **catchy** [ˈkætʃɪ] ADJ ⟨komp catchier⟩ Melodie eingängig; Titel einprägsam

catechism [ˈkætɪkɪzəm] S̱ Katechismus m

categorical [ˌkætɪˈgɒrɪkəl] ADJ kategorisch; **he was quite ~ about it** er hat das mit Bestimmtheit gesagt **categorically** [ˌkætɪˈgɒrɪkəlɪ] ADV behaupten, abstreiten kategorisch; etw sagen mit Bestimmtheit **categorize** [ˈkætɪgəraɪz] V̱Ṯ kategorisieren **category** [ˈkætɪgərɪ] S̱ Kategorie f

◆**cater for** V̱I̱ ⟨+obj⟩ **1** mit Speisen und Getränken versorgen **2** ausgerichtet sein auf (+akk); (a. **cater to**) Bedürfnisse, Geschmack gerecht werden (+dat)

caterer [ˈkeɪtərə[r]] S̱ Lieferfirma f für Speisen und Getränke, Partyservice m **catering** S̱ Versorgung f mit Speisen und Getränken (for +gen); **who's doing the ~?** wer liefert das Essen und die Getränke?; **~ trade** (Hotel- und) Gaststättengewerbe n **catering service** [ˈkeɪtərɪŋˌsɜːvɪs] S̱ Partyservice m

caterpillar [ˈkætəpɪlə[r]] S̱ ZOOL Raupe f **catfish** S̱ Wels m, Katzenfisch m **cat flap** S̱ Katzenklappe f **cathartic** [kəˈθɑːtɪk] ADJ Philosophie, a. LIT kathartisch

★**cathedral** [kəˈθiːdrəl] S̱ Dom m, Kathedrale f; **~ town/city** Domstadt f **catheter** [ˈkæθɪtə[r]] S̱ Katheter m **cathode-ray tube** [ˌkæθəʊdˈreɪtjuːb] S̱

Kat(h)odenstrahlröhre f
Catholic [ˈkæθəlɪk] **A** ADJ KIRCHE katholisch; **the ~ Church** die katholische Kirche **B** S Katholik(in) m(f) **Catholicism** [kəˈθɒlɪsɪzəm] S Katholizismus m
catkin [ˈkætkɪn] PL S BOT Kätzchen n **cat litter** S Katzenstreu f **catnap** **A** S **to have a ~** ein Nickerchen n machen umg **B** VI dösen
CAT scan [ˈkæt͵skæn] S Computertomografie f
Catseye® [ˈkæts͵aɪ] S Br AUTO Katzenauge n
catsup [ˈkætsəp] US S → ketchup
★**cattle** [ˈkætl] PL Rindvieh n; **500 head of ~** 500 Rinder **cattle-grid** S, **cattle guard** US S Weidenrost m **cattle market** S Viehmarkt m **cattle shed** S Viehstall m **cattle truck** S BAHN Viehwagen m
catty [ˈkætɪ] ADJ (komp cattier) gehässig
catwalk [ˈkætwɔːk] S Laufsteg m
Caucasian [kɔːˈkeɪzɪən] **A** ADJ kaukasisch **B** S Kaukasier(in) m(f)
caucus [ˈkɔːkəs] US S Sitzung f
caught [kɔːt] PRÄT & PPERF → catch
cauldron [ˈkɔːldrən] S großer Kessel
cauliflower [ˈkɒlɪflaʊəʳ] S Blumenkohl m, Karfiol m österr
★**cause** [kɔːz] **A** S **1** Ursache f (of für); **~ and effect** Ursache und Wirkung; **what was the ~ of the fire?** wodurch ist das Feuer entstanden? **2** Grund m; **the ~ of his failure** der Grund für sein Versagen; **with (good) ~** mit (triftigem) Grund; **there's no ~ for alarm** es besteht kein Grund zur Aufregung; **you have every ~ to be worried** du hast allen Anlass zur Sorge **3** (=Zweck) Sache f; **to work for** od **in a good ~** sich für eine gute Sache einsetzen; **he died for the ~ of peace** er starb für den Frieden; **it's all in a good ~** es ist für eine gute Sache **B** VT verursachen; **to ~ sb grief** j-m Kummer machen; **to ~ sb to do sth** form j-n veranlassen, etw zu tun form
causeway [ˈkɔːzweɪ] S Damm m
caustic [ˈkɔːstɪk] ADJ CHEM, a. fig ätzend; Bemerkung bissig **caustic soda** S Ätznatron n
caution [ˈkɔːʃən] **A** S **1** Vorsicht f; **"caution!"** „Vorsicht!"; **to act with ~** Vorsicht walten lassen **2** Warnung f; of-

fiziell Verwarnung f **B** VT **to ~** sb j-n warnen (against vor +dat); offiziell j-n verwarnen; **to ~ sb against doing sth** j-n davor warnen, etw zu tun **cautious** [ˈkɔːʃəs] ADJ vorsichtig; **to give sth a ~ welcome** etw mit verhaltener Zustimmung aufnehmen **cautiously** [ˈkɔːʃəslɪ] ADV vorsichtig; **~ optimistic** verhalten optimistisch
cavalcade [͵kævəlˈkeɪd] S Kavalkade f
cavalier [͵kævəˈlɪəʳ] ADJ unbekümmert
cavalry [ˈkævəlrɪ] S Kavallerie f **cavalry officer** S Kavallerieoffizier m
★**cave** [keɪv] S Höhle f ◆**cave in** VI **1** einstürzen **2** umg nachgeben
caveman S ‹pl -men› Höhlenmensch m **cave painting** S Höhlenmalerei f
cavern [ˈkævən] S Höhle f **cavernous** [ˈkævənəs] ADJ tief
caviar(e) [ˈkævɪɑːʳ] S Kaviar m
cavity [ˈkævɪtɪ] S Hohlraum m; in Zahn Loch n; **nasal ~** Nasenhöhle f **cavity wall** S Hohlwand f; **~ insulation** Schaumisolierung f
cavort [kəˈvɔːt] VI tollen, toben
cayenne pepper [ˈkeɪenˈpepəʳ] S Cayennepfeffer m
CB ABK (= Citizens' Band) CB; **CB radio** CB-Funk m
CBE Br ABK (= Commander of the Order of the British Empire) britischer Verdienstorden
CBI Br ABK (= Confederation of British Industry) ≈ BDI m
CBS ABK (= Columbia Broadcasting) CBS
cc¹ ABK (= cubic centimetre) cc, cm³
cc² ABK (= carbon copy) Kopie f; **cc:** ... Kopie (an): ...
CCTV ABK (= closed-circuit television) Videoüberwachung f; Überwachungskamera f **CCTV image** S Bild/Foto der Videoüberwachung
CCU [͵siːsiːˈjuː] ABK (= coronary care unit) Herzklinik f
★**CD** S ABK (= compact disc) CD f; **CD burner** CD-Brenner m; ★**CD player** CD-Spieler m; **CD writer** CD-Brenner m
CD-R S ABK (= compact disk - recordable) COMPUT CD-R f, (einmal) beschreibbare CD
★**CD-ROM** [ˈsiːdiːˈrɒm] S ABK (= compact disk - read only memory) CD-ROM f; **~ drive** CD-ROM-Laufwerk n
CD-RW S ABK (= compact disk - rewrit-

C

able) COMPUT CD-RW f, wiederbe-
schreibbare CD

CDT US ABK (= Central Daylight Time)
minus sechs Stunden mitteleuropäi-
scher Zeit

cease [siːs] **A** V/I enden; Lärm verstum-
men **B** V/T beenden; Feuer, Geschäftstä-
tigkeit einstellen; **to ~ doing sth** aufhö-
ren, etw zu tun **cease-fire** [siːsˈfaɪəʳ] S
Feuerpause f, Waffenruhe f **ceaseless**
ADJ endlos **ceaselessly** ADV unaufhör-
lich

cedar [ˈsiːdəʳ] S **1** Zeder f **2** (a. **~wood**)
Zedernholz n

cede [siːd] V/T Territorium abtreten (**to an**
+akk)

Ceefax® [ˈsiːfæks] S Videotext der BBC

★**ceiling** [ˈsiːlɪŋ] S **1** (Zimmer)decke f **2**
fig Höchstgrenze f, Plafond m schweiz

celeb [səˈleb] S umg Promi m f ★ **cele-
brate** [ˈselɪbreɪt] **A** V/T **1** feiern **2** Messe
zelebrieren; Kommunion feiern **B** V/I fei-
ern **celebrated** ADJ gefeiert (**for** we-
gen) **celebration** [ˌselɪˈbreɪʃən] S **1**
Feier f, Feiern n; **in ~ of** zur Feier (+gen)
2 von Messe Zelebration f; von Kommu-
nion Feier f **celebratory** [ˌselɪˈbreɪtərɪ]
ADJ Mahlzeit, Drink zur Feier des Tages
celebrity [sɪˈlebrɪtɪ] S Berühmtheit f
celebrity chef S Starkoch m, Starkö-
chin f

celeriac [səˈlerɪæk] S (Knollen)sellerie f
celery [ˈselərɪ] S Stangensellerie m f;
three stalks of ~ drei Stangen Sellerie
celestial [sɪˈlestɪəl] ADJ ASTRON Him-
mels-

celibacy [ˈselɪbəsɪ] S Zölibat n m **celi-
bate** [ˈselɪbət] ADJ REL keusch

cell [sel] S **1** Zelle f; **~ wall** Zellwand f
2 US umg → cellphone

★**cellar** [ˈseləʳ] S Keller m

cellist [ˈtʃelɪst] S Cellist(in) m(f) **cello**
[ˈtʃeləʊ] S ‹pl -s› Cello n; **to play the ~**
Cello spielen

Cellophane® [ˈseləfeɪn] S Cellophan®

cell phone US S Handy n, Mobiltelefon
n **cell phone camera** US S Handyka-
mera f **cell phone case** US S Han-
dyhülle f **cell phone number** US S
Handynummer f **cell phone recep-
tion** US S Handyempfang m; **we
couldn't get ~** wir hatten kein Netz
cell phone user US S Handynut-

zer(in) m(f) **cellular** [ˈseljʊləʳ] ADJ zellu-
lar, Zell- **cellular phone** US S Mobil-
telefon n

cellulite [ˈseljuˌlaɪt] S Cellulitis f
celluloid [ˈseljʊlɔɪd] S Zelluloid n
cellulose [ˈseljʊləʊs] S Zellstoff m

Celsius [ˈselsɪəs] ADJ Celsius-; **30 degrees
~** 30 Grad Celsius

Celt [kelt, selt] S Kelte m, Keltin f **Celtic**
[ˈkeltɪk, ˈseltɪk] ADJ keltisch

cement [səˈment] **A** S Zement m **B** V/T
zementieren; fig festigen **cement
mixer** S Betonmischmaschine f

★**cemetery** [ˈsemɪtrɪ] S Friedhof m

cenotaph [ˈsenətɑːf] S Mahnmal n

censor [ˈsensəʳ] **A** S Zensor m **B** V/T
zensieren **censorship** S Zensur f;
press ~, ~ of the press Pressezensur f
census [ˈsensəs] S Volkszählung f

★**cent** [sent] S Cent m; **thirty ~s** dreißig
Cent; **I haven't a ~** US ich habe keinen
Cent

centenary [senˈtiːnərɪ] S hundertster
Jahrestag **centennial** [senˈtenɪəl] bes
US S Hundertjahrfeier f

★**center** US S → centre

centigrade [ˈsentɪgreɪd] ADJ Celsius-;
one degree ~ ein Grad Celsius **centili-
tre** [ˈsentɪˌliːtəʳ] S, **centiliter** US S
Zentiliter m n

★**centimetre** [ˈsentɪˌmiːtəʳ] S, **centime-
ter** US S Zentimeter m n **centipede**
[ˈsentɪpiːd] S Tausendfüßler m

★**central** [ˈsentrəl] ADJ **1** zentral, Zent-
ral-, Haupt-; **the ~ area of the city**
das Innenstadtgebiet; **~ London** das
Zentrum von London **2** fig wesentlich;
Bedeutung, Thema zentral; **to be ~ to
sth** das Wesentliche an etw (dat) sein
Central African Republic S Zen-
tralafrikanische Republik **Central
America** S Mittelamerika n **Central
American** ADJ mittelamerikanisch
central bank S FIN Zentral(noten)-
bank f **Central Europe** S Mitteleuro-
pa n **Central European** ADJ mitteleu-
ropäisch **Central European Time** S
mitteleuropäische Zeit **central gov-
ernment** S Zentralregierung f **cen-
tral heating** S Zentralheizung f **cen-
tralization** [ˌsentrəlaɪˈzeɪʃən] S Zentra-
lisierung f **centralize** [ˈsentrəlaɪz] V/T
zentralisieren **central locking** [ˌsen-
trəlˈlɒkɪŋ] S Zentralverriegelung f **cen-**

C

trally ['sentrəlɪ] ADV zentral; **~ heated** zentralbeheizt **central nervous system** S̲ Zentralnervensystem n **central processing unit** S̲ COMPUT Zentraleinheit f **central reservation** Br S̲ Mittelstreifen m **Central Standard Time** S̲ Central Standard Time f **central station** S̲ Hauptbahnhof m

★**centre** ['sentə] S̲, **center** US A S̲ 1 Zentrum n 2 a. POL Mitte f; von Kreis Mittelpunkt m; von Ort Stadtmitte f, Zentrum n; **~ of gravity** Schwerpunkt m; **she always wants to be the ~ of attention** sie will immer im Mittelpunkt stehen; **the man at the ~ of the controversy** der Mann im Mittelpunkt der Kontroverse; **left of ~** POL links der Mitte; **party of the ~** Partei f der Mitte B̲ V̲T̲ 1 zentrieren 2 **to be ~d on sth** sich auf etw (akk) konzentrieren ◆**centre around** V̲I̲ ⟨+obj⟩ Gedanken kreisen um; **village life centres around the pub** die Kneipe ist der Mittelpunkt des Dorflebens ◆**centre (up)on** V̲I̲ ⟨+obj⟩ sich konzentrieren auf (+akk)

centre back S̲, **center back** US S̲ SPORT Vorstopper(in) m(f) **centrefold** S̲, **centerfold** US S̲ doppelseitiges Bild in der Mitte einer Zeitschrift **centre forward** obs S̲, **center forward** US obs S̲ SPORT Mittelstürmer(in) m(f) **centre half** obs S̲, **center half** US obs S̲ SPORT Stopper(in) m(f) **centre party** S̲, **center party** US S̲ Partei f der Mitte **centrepiece** S̲, **centerpiece** US fig S̲ von Treffen, Rede Kernstück n; von Roman, Arbeit Herzstück n; von Konzert, Show Hauptattraktion f

centrifugal [ˌsentrɪˈfjuːgəl] ADJ **~ force** Fliehkraft f

★**century** ['sentjʊrɪ] S̲ Jahrhundert n; **in the twentieth ~** im zwanzigsten Jahrhundert, im 20. Jahrhundert

CEO ABK (= chief executive officer) Generaldirektor(in) m(f)

ceramic [sɪˈræmɪk] ADJ keramisch **ceramics** S̲ 1 ⟨+sg v⟩ (= Kunst) Keramik f 2 ⟨pl⟩ (= Artikel) Keramik f, Keramiken pl

★**cereal** ['sɪərɪəl] S̲ 1 Getreide n 2 Frühstücksflocken pl, Zerealien pl

cerebral ['serɪbrəl] ADJ **~ palsy** zerebrale Lähmung

ceremonial [ˌserɪˈməʊnɪəl] ADJ zeremoniell **ceremoniously** [ˌserɪˈməʊnɪəslɪ]

ADV mit großem Zeremoniell **ceremony** ['serɪmənɪ] S̲ 1 Zeremonie f 2 Förmlichkeit f, Förmlichkeiten pl; **to stand on ~** förmlich sein

cert¹ [sɜːt] ABK (= certificate) Bescheinigung f

cert² [sɜːt] Br umg S̲ **a (dead) ~** eine todsichere Sache umg

★**certain** ['sɜːtən] A ADJ 1 sicher, gewiss; **are you ~ about that?** sind Sie sich (dat) dessen sicher?; **is he ~?** weiß er das genau?; **I don't know for ~, but ...** ich bin mir nicht ganz sicher, aber ...; **I can't say for ~** ich kann das nicht genau sagen; **he is ~ to come** er wird ganz bestimmt kommen; **to make ~ of sth** sich einer Sache vergewissern; **be ~ to tell him** vergessen Sie bitte nicht, ihm das zu sagen 2 ⟨attr⟩ gewiss; Bedingungen bestimmt; **a ~ gentleman** ein gewisser Herr; **to a ~ extent** in gewisser Hinsicht; **of a ~ age** in einem gewissen Alter B PRON einige; **~ of you** einige von euch

★**certainly** ['sɜːtənlɪ] ADV sicher(lich), bestimmt; **~ not!** ganz bestimmt nicht; **I ~ will not!** ich denke nicht daran!; **~!** sicher! **certainty** ['sɜːtəntɪ] S̲ Gewissheit f; **his success is a ~** er wird mit Sicherheit Erfolg haben; **it's a ~ that ...** es ist absolut sicher, dass ...

certifiable [ˌsɜːtɪˈfaɪəbl] umg ADJ nicht zurechnungsfähig **certificate** [səˈtɪfɪkɪt] S̲ Bescheinigung f, Urkunde f, Zeugnis n; FILM Freigabe f **certified mail** US S̲ Einschreiben n **certify** ['sɜːtɪfaɪ] V̲T̲ bescheinigen; JUR beglaubigen; **this is to ~ that ...** hiermit wird bestätigt, dass ...; **she was certified dead** sie wurde für tot erklärt; **the painting has been certified (as) genuine** das Gemälde wurde als echt erklärt

cervical cancer ['sɜːvɪkəl, səˈvaɪkəl-] S̲ Gebärmutterhalskrebs m **cervical smear** S̲ Abstrich m

Cesarean, Cesarian [siːˈzeərɪən] US S̲ → Caesarean

cessation [seˈseɪʃən] S̲ Ende n; von Feindseligkeiten Einstellung f

cesspit ['sespɪt], **cesspool** ['sespuːl] S̲ Jauchegrube f, Güllengrube f schweiz

CET ABK (= Central European Time) MEZ

cf ABK (= confer) vgl.

CFC ABK (= chlorofluorocarbon) FCKW

C

m

CGI ABK (= computer-generated image-ry) computergenerierte Grafikeffekte *pl*

chafe [tʃeɪf] **A** VfT (auf)scheuern; **his shirt ~d his neck** sein (Hemd)kragen scheuerte (ihn) **B** VfT **1** sich aufscheuern **2** *fig* sich ärgern (**at, against** über +*akk*)

chaffinch [ˈtʃæfɪntʃ] S Buchfink *m*

★**chain** [tʃeɪn] **A** S Kette *f*, (Berg)kette *f*; **~ of shops** Ladenkette *f*; **~ of events** Kette von Ereignissen; **~ of command** MIL Befehlskette *f*; *in Firma* Weisungs-kette *f* **B** VfT anketten; **to ~ sb/sth to sth** j-n/etw an etw (*akk*) ketten ♦**chain up** VfT ‹*trennb*› *Gefangenen* in Ketten le-gen; *Hund* an die Kette legen

chain letter S Kettenbrief *m* **chain mail** S Kettenhemd *n* **chain reac-tion** S Kettenreaktion *f* **chain saw** S Kettensäge *f* **chain-smoke** VfT ketten-rauchen **chain smoker** S Kettenrau-cher(in) *m(f)* **chain store** S Kettenla-den *m*

★**chair** [tʃeər] **A** S **1** Stuhl *m*, Sessel *m österr*; Sessel *m*, Fauteuil *n österr*; **please take a ~** bitte nehmen Sie Platz! **2** *in Ausschuss etc* Vorsitz *m*; **to be in/take the ~** den Vorsitz führen **3** UNIV Lehr-stuhl *m* (**of** für) **4** *US umg* **the ~** der elektrische Stuhl **B** VfT den Vorsitz füh-ren bei **chairlift** S Sessellift *m*

★**chairman** S ‹*pl* -men› Vorsitzende(r) *m/f(m)*; **Mr/Madam Chairman** Herr Vor-sitzender/Frau Vorsitzende **chairman-ship** S Vorsitz *m*

★**chairperson** S Vorsitzende(r) *m/f(m)*

★**chairwoman** S ‹*pl* -women› Vorsit-zende *f*

chalet [ˈʃæleɪ] S Chalet *n*

chalk [tʃɔːk] S Kreide *f*; **not by a long ~** *Br umg* bei Weitem nicht; **they're as dif-ferent as ~ and cheese** *Br* sie sind (so verschieden) wie Tag und Nacht

challenge [ˈtʃælɪndʒ] **A** S **1** Herausfor-derung *f* (**to** an +*akk*); *fig* Anforderung *f*, Anforderungen *pl*; **to issue a ~ to sb** j-n herausfordern; **this job is a ~** bei dieser Arbeit ist man gefordert; **I see this task as a ~** ich sehe diese Aufgabe als Her-ausforderung; **those who rose to** *od* **met the ~** diejenigen, die sich der Her-ausforderung stellten **2** *nach Führungs-posten etc* Griff *m* (**for** nach); **a direct ~ to his authority** eine direkte Infrage-

stellung seiner Autorität **B** VfT **1** *zu Ren-nen etc* herausfordern; **to ~ sb to do sth** wetten, dass j-d etw nicht (tun) kann; **to ~ sb to a duel** j-n zum Duell fordern; **to ~ sb to a game** j-n zu einer Partie her-ausfordern **2** *fig* fordern **3** *fig* j-s Auto-rität infrage stellen **-challenged** [-ˈtʃælɪndʒd] *mst hum* ADJ ‹*suf*› **vertical-ly-challenged** zu kurz geraten *hum*; **in-tellectually-challenged** geistig minder-bemittelt *umg* **challenger** [ˈtʃælɪndʒər] S Herausforderer *m*, Herausforderin *f* **challenging** [ˈtʃælɪndʒɪŋ] ADJ **1** her-ausfordernd **2** anspruchsvoll

chamber [ˈtʃeɪmbər] S **1** *obs* Gemach *n obs* **2** Chamber of Commerce Handels-kammer *f*; **the Upper/Lower Chamber** PARL die Erste/Zweite Kammer **cham-bermaid** S Zimmermädchen *n* **chamber music** S Kammermusik *f* **chamber orchestra** S Kammeror-chester *n* **chamber pot** S Nachttopf *m*

chameleon [kəˈmiːliən] S ZOOL, *a. fig* Chamäleon *n*

champagne [ʃæmˈpeɪn] S Champagner *m*; **~ glass** Champagnerglas *n*

★**champion** [ˈtʃæmpjən] **A** S **1** SPORT Meister(in) *m(f)*; **~s** (≈ *Team*) Meister *m*; **world ~** Weltmeister(in) *m(f)*; **heavy-weight ~ of the world** Weltmeister *m*

chairman/chairperson

Aus Gründen der Gleichberechtigung haben etliche Begriffe, für die es früher nur die Form gab, die auf **-man** endete, eine neutrale, nicht geschlechtsspezifische Bezeichnung erhalten.

traditionelle Form	neutrale Form
chairman	chairperson, chair
spokesman	spokesperson
salesman	salesperson
fireman	firefighter
policeman	police officer

Die Bezeichnung **businessman** bzw. **businesswoman** sowie **sportsman** und **sportswoman** sind im Singular immer noch üblich. Im Plural hat man die Wahl zwischen **sportsmen and women** und **sportspeople** bzw. zwischen **businessmen and women** und **businesspeople**.

im Schwergewicht **2** *von Sache* Verfechter(in) *m/f(* **B** *VT* eintreten für **championship** ['tʃæmpjənʃɪp] *S* **1** SPORT Meisterschaft *f* **2** ~s *pl* Meisterschaftskämpfe *pl*

★**chance** [tʃɑːns] **A** *S* **1** Zufall *m*, Glück *n*; ★**by** ~ zufällig; **would you by any** ~ **be able to help?** könnten Sie mir vielleicht behilflich sein? **2** Chance *f*, Chancen *pl*; Möglichkeit *f*; **(the) ~s are that ... wahrscheinlich ...; what are the ~s of his coming?** wie groß ist die Wahrscheinlichkeit, dass er kommt? **is there any ~ of us meeting again?** könnten wir uns vielleicht wiedersehen? **he doesn't stand** *od* **hasn't got a ~** er hat keine(rlei) Chance(n); **he has a good ~ of winning** er hat gute Aussicht zu gewinnen; **to be in with a ~** eine Chance haben; **no ~!** *umg* nee! *umg*; **you won't get anywhere** ~ das ist eine einmalige Gelegenheit; **I had the ~ to go** *od* **of going** ich hatte (die) Gelegenheit, dahin zu gehen; **now's your ~!** das ist deine Chance! **3** Risiko *n*; **to take a ~** es darauf ankommen lassen; **he's not taking any ~s** er geht kein Risiko ein **B** *ADJ* ⟨*attr*⟩ zufällig; ~ **meeting** zufällige Begegnung **C** *VT* **I'll ~ it!** *umg* ich versuchs mal *umg* ★**chance (up)on** *VTI* ⟨+obj⟩ zufällig treffen, zufällig stoßen auf ⟨+akk⟩

chancel ['tʃɑːnsəl] *S* Altarraum *m*, (hoher) Chor

chancellor ['tʃɑːnsələr] *S* Kanzler(in) *m/f(*; **Chancellor (of the Exchequer)** *Br* Finanzminister(in) *m/f(*; *Br* Schatzkanzler(in) *m*

chandelier [ˌʃændə'lɪər] *S* Kronleuchter *m*

★**change** [tʃeɪndʒ] **A** *S* **1** Veränderung *f*, Änderung *f* (**to** +gen); **a ~ for the better/ worse** eine Verbesserung/Verschlechterung; ~ **of address** Adressenänderung *f*; **a ~ in the weather** eine Wetterveränderung; **no ~** unverändert; **I need a ~ of scene** ich brauche Tapetenwechsel; **to make ~s (to sth)** (an etw *dat*) (Ver)änderungen *pl* vornehmen; **I didn't have a ~ of clothes with me** ich hatte nichts zum Wechseln mit **2** Abwechslung *f*; **(just) for a ~** zur Abwechslung (mal); **that makes a ~** das ist mal was anderes **3** Wechsel *m*; **a ~ of government** ein

Regierungswechsel *m* **4** ⟨*kein pl*⟩ Wechselgeld *n*, Kleingeld *n*; **can you give me** ~ **for a pound?** können Sie mir ein Pfund wechseln? **I haven't any** ~ ich habe kein Kleingeld; **you won't get much ~ out of £5** von £ 5 wird wohl nicht viel übrig bleiben; **keep the** ~ der Rest ist für Sie **B** *VT* **1** wechseln; *Adresse, Namen* ändern; **to** ~ **trains** *etc* umsteigen; **to** ~ **one's clothes** sich umziehen; **to** ~ **a wheel/the oil** ein Rad/das Öl wechseln; **to** ~ **a baby's nappy** *Br*, **to** ~ **a baby's diaper** *US* (bei einem Baby) die Windeln wechseln; **to** ~ **the sheets** *od* **the bed** die Bettwäsche wechseln; **to** ~ **hands** den Besitzer wechseln; **she** ~**d places with him** er und sie tauschten die Plätze **2** *(ver)ändern*; *j-n, Ideen* ändern; (=transformieren) verwandeln; **to** ~ **sb/sth into sth** j-n/etw in etw *(akk)* verwandeln **3** umtauschen; **she** ~**d the dress for one of a different colour** sie tauschte das Kleid gegen ein andersfarbiges um **4** *Br* AUTO ~ **gear** schalten **C** *VI* **1** sich ändern; *Ampel* umspringen (**to** auf +*akk*); **to** ~ **from sth into** ... sich aus etw in ... *(akk)* verwandeln **2** sich umziehen; **she** ~**d into an old skirt** sie zog sich einen alten Rock an; **I'll** ~ **out of these old clothes** ich muss mir noch aus den alten Sachen ausziehen **3** umsteigen; **all** ~! alle aussteigen! **4** **to** ~ **to a different system** auf ein anderes System umstellen; **I** ~**d to philosophy from chemistry** ich habe von Chemie zu Philosophie gewechselt ◆**change around** *VTI* ⟨*trennb*⟩ → change round **B** ◆**change down** *VI Br* AUTO in einen niedrigeren Gang schalten ◆**change over A** *VI* **1** sich umstellen (**to** auf +*akk*); **we have just changed over from gas to electricity** hier *od* bei uns ist gerade von Gas auf Strom umgestellt worden **2** *zu anderer Tätigkeit etc* wechseln **B** *VT* ⟨*trennb*⟩ austauschen ◆**change round** *bes Br* **A** *VI* ⟨*trennb*⟩ → change over A **B** *VT* ⟨*trennb*⟩ *Zimmer* umstellen; *Möbel* umstellen ◆**change up** *VI Br* AUTO in einen höheren Gang schalten

changeable ['tʃeɪndʒəbl] *ADJ* *Charakter* unbeständig; *Wetter* wechselhaft; *Stimmung* wechselnd **change machine** *S* Geldwechsler *m* **changeover**

['tʃeɪndʒəʊvəʳ] S̱ Umstellung f (**to** auf +akk) **changing** ['tʃeɪndʒɪŋ] ADJ wechselnd **changing room** S̱ Ankleideraum m; SPORT Umkleideraum m

★**channel** ['tʃænl] A S̱ **1** Kanal m; TV, RADIO a. Sender m, Programm n; **the (English) Channel** der Ärmelkanal **2** ⟨mst pl⟩ fig von Bürokratie etc Dienstweg m; von Informationen etc Kanal m; **to go through the official ~s** den Dienstweg gehen **3** Furche f Ḇ V̱Ṯ **1** Wasser (hindurch)leiten **2** fig lenken (**into** auf +akk) **Channel ferry** Br S̱ Kanalfähre f **channel-hopping** S̱ Br TV umg Zappen n umg **Channel Islands** P̱Ḻ Kanalinseln pl **channel search** S̱ TV Sendersuchlauf m **channel-surfing** S̱ bes US TV umg → channel-hopping **Channel Tunnel** S̱ Kanaltunnel m

chant [tʃɑːnt] A S̱ Gesang m; von Fußballfans etc Sprechchor m Ḇ V̱Ṯ im (Sprech)chor rufen; KIRCHE singen C̱ V̱I̱ Sprechchöre anstimmen; KIRCHE singen

chaos ['keɪɒs] S̱ Chaos n; **complete ~** ein totales Durcheinander **chaotic** [keɪ'ɒtɪk] ADJ chaotisch

chap¹ [tʃæp] V̱Ṯ spröde machen; **~ped lips** aufgesprungene Lippen pl

chap² Br umg S̱ Typ m umg

chapel ['tʃæpəl] S̱ Kapelle f

chaperon(e) ['ʃæpərəʊn] A S̱ Anstandsdame f Ḇ V̱Ṯ Anstandsdame spielen bei

chaplain ['tʃæplɪn] S̱ Kaplan m **chaplaincy** ['tʃæplənsɪ] S̱ Diensträume pl eines Kaplans

chapter ['tʃæptəʳ] S̱ Kapitel n

char¹ [tʃɑː] V̱Ṯ verkohlen

char² Br umg S̱, a. **charwoman**, **charlady** Putzfrau f

★**character** ['kærɪktəʳ] S̱ **1** Charakter m; von Mensch Wesen n kein pl; **it's out of ~ for him to do that** es ist eigentlich nicht seine Art, so etwas zu tun; **to be of good/bad ~** ein guter/schlechter Mensch sein; **she has no ~** sie hat keine eigene Note **2** (Roman)figur f; THEAT Gestalt f **3** (≈ Mensch) Original n; umg Typ m umg **4** TYPO, IT Zeichen n **characteristic** [ˌkærɪktə'rɪstɪk] A ADJ charakteristisch (**of** für) Ḇ (typisches) Merkmal, Charaktereigenschaft f **characteristically** [kærəktə'rɪstɪklɪ] ADV in

charakteristischer Weise, typischerweise **characterization** [ˌkærɪktəraɪ'zeɪʃən] S̱ Personenbeschreibung f, Charakterisierung f **characterize** ['kærɪktəraɪz] V̱Ṯ charakterisieren **character set** S̱ IT Zeichensatz m **character space** S̱ IT Zeichenplatz m

charade [ʃə'rɑːd] S̱ Scharade f; fig Farce f

char-broiled ['tʃɑːˌbrɔɪld] US ADJ → char-grilled

charcoal ['tʃɑːkəʊl] A S̱ **1** Holzkohle f **2** KUNST Kohle f, Kohlestift m; Kohlezeichnung f

★**charge** [tʃɑːdʒ] A S̱ **1** JUR Anklage f (**of** wegen); **convicted on all three ~s** in allen drei Anklagepunkten für schuldig befunden; **on a ~ of murder** wegen Mordverdachts **2** Angriff m **3** Gebühr f; **what's the ~?** was kostet das?; **to make a ~ (of £5) for sth** (£ 5 für) etw berechnen; **there's an extra ~ for delivery** die Lieferung wird zusätzlich berechnet; **free of ~** kostenlos, gratis; **delivered free of ~** Lieferung frei Haus **4** (Spreng)ladung f; ELEK, PHYS Ladung f **5** **to be in ~** die Verantwortung haben; **who is in ~ here?** wer ist hier der/die Verantwortliche?; ★ **to be in ~ of sth** für etw die Verantwortung haben; Abteilung etw leiten; **to put sb in ~ of sth** j-m die Verantwortung für etw übertragen; von Abteilung j-m die Leitung von etw übertragen; **the children were placed in their aunt's ~** die Kinder wurden der Obhut der Tante anvertraut; **to take ~ of sth** etw übernehmen; **he took ~ of the situation** er nahm die Sache in die Hand Ḇ V̱Ṯ **1** JUR anklagen; fig beschuldigen; **to ~ sb with doing sth** j-m vorwerfen, etw getan zu haben **2** (≈ angreifen) stürmen **3** Gebühr berechnen; **I won't ~ you for that** ich berechne Ihnen nichts dafür **4** in Rechnung stellen; **please ~ all these purchases to my account** bitte setzen Sie diese Einkäufe auf meine Rechnung **5** Batterie (auf)laden **6** form **to ~ sb with sth** j-m mit etw beauftragen C̱ V̱I̱ stürmen, angreifen (**at sb** j-n); **~!** vorwärts! **2** umg rennen; **he ~d into the room** er stürmte ins Zimmer **chargeable** ['tʃɑːdʒəbl] ADJ **to be ~ to sb** auf j-s Kosten (akk) gehen **charge account** US S̱ Kunden-

(kredit)konto *n* **charge card** [S] Kundenkreditkarte *f* **charged** [tʃɑːdʒd] [ADJ] geladen **chargé d'affaires** [ˈʃɑːʒeɪdæˈfɛəʳ] [S] Chargé d'affaires *m* **charger** [ˈtʃɑːdʒəʳ] [S] *für Batterie, Handy etc* Ladegerät *n* **charging point** [S], **charging station** [S] *für Elektroautos etc* Ladestation *f* **charging time** [ˈtʃɑːdʒɪŋ] [S] *für Elektrofahrzeuge usw* Ladezeit *f*

char-grilled [ˈtʃɑːˌgrɪld] *Br* [ADJ] vom Holzkohlengrill

chariot [ˈtʃærɪət] [S] Streitwagen *m liter*

charisma [kæˈrɪzmə] [S] Charisma *n* **charismatic** [ˌkærɪzˈmætɪk] [ADJ] charismatisch

charitable [ˈtʃærɪtəbl] [ADJ] menschenfreundlich; *Organisation* karitativ; **to have ~ status** als gemeinnützig anerkannt sein **charity** [ˈtʃærɪtɪ] [S] [1] Menschenfreundlichkeit *f* [2] **to live on ~** von Almosen leben [3] karitative Organisation, Wohltätigkeitsorganisation *f*; **to work for ~** für wohltätige Zwecke arbeiten; **a collection for ~** eine Sammlung für wohltätige Zwecke

charlady [ˈtʃɑːˌleɪdɪ] *Br obs* [S] Reinemache- *od* Putzfrau *f*

charlatan [ˈʃɑːlətən] [S] Scharlatan *m*

charm [tʃɑːm] [A] [S] [1] Charme *m kein pl*; **feminine ~s** (weibliche) Reize *pl*; **to turn on the ~** seinen (ganzen) Charme spielen lassen [2] Bann *m* [3] Talisman *m* [B] [V/T] bezaubern; **to ~ one's way out of sth** sich mit Charme vor etw (*dat*) drücken

★**charming** [ˈtʃɑːmɪŋ] [ADJ] charmant; **~!** *iron* wie reizend! *iron*

chart [tʃɑːt] [A] [S] [1] Tabelle *f*, Diagramm *n*, Karte *f*; **on a ~** in einer Tabelle/einem Diagramm [2] **~s** *pl* (≈ *Top Twenty*) Charts *pl* [B] [V/T] *Fortschritt* auswerten

charter [ˈtʃɑːtəʳ] [A] [S] Charta *f*; *von Stadt* Gründungsurkunde *f* [B] [V/T] *Flugzeug* chartern **chartered accountant** [ˌtʃɑːtədəˈkaʊntənt] *Br* [S] staatlich geprüfter Bilanzbuchhalter, staatlich geprüfte Bilanzbuchhalterin **charter flight** [S] Charterflug *m* **charter plane** [S] Charterflugzeug *n*

charwoman [ˈtʃɑːˌwʊmən] *obs* [S] ⟨*pl* -women [-wɪmɪn]⟩ *Br* → charlady

chase [tʃeɪs] [A] [S] Verfolgungsjagd *f*; **a car ~** eine Verfolgungsjagd im Auto; **to give ~** die Verfolgung aufnehmen; **to cut to the ~** *bes US umg* zum Kern der Sache kommen [B] [V/T] jagen, verfolgen [C] [V/I] **to ~ after sb** hinter j-m herrennen, j-m nachlaufen; *in Auto* hinter j-m herrasen *umg*; **to ~ around** herumrasen *umg* ♦**chase away**, **chase off** [V/T] ⟨*trennb*⟩ wegjagen, verjagen ♦**chase down** *US* [V/T] ⟨*trennb*⟩ aufspüren ♦**chase up** [V/T] ⟨*trennb*⟩ *j-n umg* rankriegen; *Informationen etc* ranschaffen *umg*

chaser [ˈtʃeɪsəʳ] [S] **have a whisky ~** trinken Sie einen Whisky dazu

chasm [ˈkæzəm] [S] Kluft *f*

chassis [ˈʃæsɪ] [S] Chassis *n*, Fahrgestell *n*

chaste [tʃeɪst] [ADJ] ⟨*komp* chaster⟩ keusch **chasten** [ˈtʃeɪsn] [V/T] **~ed by …** durch … zur Einsicht gelangt

chastise [tʃæsˈtaɪz] [V/T] schelten

chastity [ˈtʃæstɪtɪ] [S] Keuschheit *f*

chat [tʃæt] [A] [S] Unterhaltung *f*; **could we have a ~ about it?** können wir uns mal darüber unterhalten? [B] [V/I] plaudern (**with/to** mit); **to ~ on the Internet** im Internet chatten ♦**chat up** *Br umg* [V/T] ⟨*trennb*⟩ *j-n* einreden auf (+*akk*); *um Beziehung anzuknüpfen* anquatschen *umg*

chat line [S] IT Chatline *f* **chat room** [S] IT Chatroom *m* **chat show** *Br* [S] Talkshow *f* **chat show host** [S] Talkmaster *m*, Talkshow-Moderator(in) *m(f)* **chatter** [ˈtʃætəʳ] [A] [S] Plauderei *f*; *pej* Geschwätz *n* [B] [V/I] schwatzen; *Zähne* klap-

▶ chatting on the Internet

Beim Chatten im Internet wird man oft mit Abkürzungen konfrontiert, deren Auflösungen folgendermaßen aussehen:

BFN	**bye for now**	tschüs (erst mal)!
BTW	**by the way**	übrigens
FYI	**for your information**	zu deiner Information
OIC	**oh I see**	aha, ich verstehe!

pern **chatterbox** [ˈtʃætəbɒks] $\overline{S}$ Quasselstrippe *f umg* **chattering** [ˈtʃætərɪŋ] **A** $\overline{S}$ Geschwätz *n* **B** $\overline{ADJ}$ **the ~ classes** *Br pej umg* das Bildungsbürgertum **chatty** [ˈtʃætɪ] $\overline{ADJ}$ <*komp* chattier> gesprächig; *pej* geschwätzig; **written in a ~ style** im Plauderton geschrieben **chat-up line** $\overline{S}$ *umg* Anmache *f* **chauffeur** [ˈʃəʊfəʳ] $\overline{S}$ Chauffeur *m* **chauvinism** [ˈʃəʊvɪnɪzəm] $\overline{S}$ Chauvinismus *m* **chauvinist** [ˈʃəʊvɪnɪst] $\overline{S}$ männlicher Chauvinist *m* $\overline{ADJ}$ **(male)**-**pig** Chauvi *m umg* **chauvinistic** [ˌʃəʊvɪˈnɪstɪk] $\overline{ADJ}$ chauvinistisch

⭑**cheap** [tʃiːp] **A** $\overline{ADJ \& ADV}$ <*er*> billig, preiswert; **to feel ~** sich (*dat*) schäbig vorkommen; **~ flight** Billigflug *m*; **it doesn't come ~** es ist nicht billig; **it's ~ at the price** es ist spottbillig **B** $\overline{S}$ **to buy sth on the ~** *umg* etw für einen Pappenstiel kaufen *umg*; **to make sth on the ~** *umg* etw ganz billig produzieren **cheapen** [ˈtʃiːpən] *fig* $\overline{VT}$ schlechtmachen **cheaply** [ˈtʃiːplɪ] $\overline{ADV}$ billig; *leben* günstig **cheapness** $\overline{S}$ billiger Preis **cheapskate** [ˈtʃiːpskeɪt] *umg* $\overline{S}$ Knauser *m umg*

⭑**cheat** [tʃiːt] **A** $\overline{VT}$ betrügen; **to ~ sb out of sth** j-n um etw betrügen **B** $\overline{VI}$ betrügen; *in Prüfung etc* mogeln *umg* **C** $\overline{S}$ Betrüger(in) *m(f)*; *in Prüfung etc* Mogler(in) *m(f) umg* ◆**cheat on** $\overline{VI}$ <*+obj*> betrügen **cheating** [ˈtʃiːtɪŋ] $\overline{S}$ Betrug *m*; *in Prüfung etc* Mogeln *n umg* **cheat sheet** $\overline{S}$ *umg* Spickzettel *m umg* **Chechenia** [tʃeˈtʃeniːə], **Chechnya** [ˈtʃetʃnɪə] $\overline{S}$ Tschetschenien *n*

⭑**check** [tʃek] **A** $\overline{S}$ **1** Überprüfung *f*, Kontrolle *f*; **to keep a ~ on sb/sth** j-n/etw überwachen **2** Eindämmung *f*; **a ~ on growing rates of unemployment** eine Eindämmung der zunehmenden Arbeitslosenzahlen; **to act as a ~ on sth** sich hemmend auswirken auf <*+akk*>; **to hold** *od* **keep sb in ~** j-n in Schach halten; **to keep one's temper in ~** sich beherrschen **3** Karo(muster) *n* **4** *US* Scheck *m* **5** *US* Rechnung *f* **6** *US* (≈ *Markierung*) Haken *m* **B** $\overline{VT}$ **1** überprüfen; **to ~ whether** *od* **if …** nachprüfen, ob … **2** kontrollieren **3** aufhalten **4** FLUG *Gepäck* einchecken; *US Mantel etc* abgeben **5** *US* (≈ *markieren*) abhaken

C $\overline{VI}$ nachfragen (**with** bei), nachsehen; **I was just ~ing** ich wollte nur nachprüfen ◆**check in** **A** $\overline{VI}$ *auf Flughafen* einchecken; *in Hotel* sich anmelden; **what time do you have to check in?** wann musst du am Flughafen sein? **B** $\overline{VT}$ <*trennb*> *auf Flughafen: Gepäck* einchecken; *in Hotel* anmelden ◆**check off** *US* $\overline{VT}$ <*trennb*> abhaken ◆**check on** $\overline{VI}$ <*+obj*> **1** **to check on sb/sth** (≈ *schauen, ob alles in Ordnung ist*) nach j-m/etw sehen **2** → check up on ◆**check out** **A** $\overline{VI}$ sich abmelden; *Hotel* abreisen, auschecken **B** $\overline{VT}$ <*trennb*> **1** *Fakten* überprüfen; **check it out with the boss** klären Sie das mit dem Chef ab **2** *US Buch* ausleihen ◆**check over** $\overline{VT}$ <*trennb*> überprüfen ◆**check through** $\overline{VT}$ <*trennb*> **1** *Rechnung* durchsehen **2** **they checked my bags through to Berlin** mein Gepäck wurde nach Berlin durchgecheckt ◆**check up** $\overline{VI}$ überprüfen ◆**check up on** $\overline{VI}$ <*+obj*> überprüfen; *j-n* kontrollieren

checkbook [ˈtʃekbʊk] *US* $\overline{S}$ Scheckbuch *n* **check card** *US* $\overline{S}$ Scheckkarte *f* **checked** [tʃekt] $\overline{ADJ}$ *Muster* kariert; **~ pattern** Karomuster *n* **checker** [ˈtʃekəʳ] $\overline{S}$ **1** *US in Supermarkt* Kassierer(in) *m(f)* **2** *US* Garderobenfrau *f*/-mann *m* **checkerboard** [ˈtʃekəbɔːd] $\overline{S}$ *US* Damebrett *n* **checkers** [ˈtʃekəz] *US* $\overline{S}$ <*+sg v*> Damespiel *n*; **to play ~** Dame spielen **check-in counter** $\overline{S}$ FLUG Abfertigungsschalter *m* **check-in (desk)** [ˈtʃekɪn(ˌdesk)] $\overline{S}$ FLUG Abflugschalter *m*, Abfertigungsschalter *m*; *US in Hotel* Rezeption *f* **checking** [ˈtʃekɪŋ] *US* $\overline{S}$ Kontrolle *f* **checking account** *US* $\overline{S}$ Girokonto *n* **check-in time** $\overline{S}$ Eincheckzeit *f* **check list** $\overline{S}$ Checkliste *f* **checkmate** **A** $\overline{S}$ Schachmatt *n*; **~!** matt! **B** $\overline{VT}$ matt setzen **checkout** $\overline{S}$ Kasse *f*, Kassa *f österr* **checkout time** $\overline{S}$ *im Hotel* Abreise(zeit) *f* **checkpoint** $\overline{S}$ Kontrollpunkt *m* **checkroom** $\overline{S}$ *US* THEAT Garderobe *f*; BAHN Gepäckaufbewahrung *f* **checkup** $\overline{S}$ MED Check-up *m*, Routineuntersuchung *f*; **to have a ~/go for a ~** sich routinemäßig untersuchen lassen, einen Check-up machen lassen **cheddar** [ˈtʃedəʳ] $\overline{S}$ Cheddar(käse) *m* ⭑**cheek** [tʃiːk] $\overline{S}$ **1** Backe *f*; **to turn the**

other ~ die andere Wange hinhalten B *Br* Frechheit *f*; **to have the ~ to do sth** die Frechheit haben, etw zu tun; **enough of your ~!** jetzt reicht's aber!

cheekbone ['tʃiːkbəʊn] S Wangenknochen *m* **cheekily** ['tʃiːkɪlɪ] *Br* ADV frech **cheeky** ['tʃiːkɪ] ADJ ⟨komp cheekier⟩ *Br* frech; **it's a bit ~ asking for another pay rise so soon** es ist etwas unverschämt, schon wieder eine Gehaltserhöhung zu verlangen

cheep [tʃiːp] A S ◤ Piep *m*, Piepser *m* B V◤ piepsen

cheer [tʃɪə] A S ◤ Beifallsruf *m*, Jubel *m*; **three ~s for Mike!** ein dreifaches Hurra für Mike!; **~s!** *umg* prost!; *Br* zum Abschied tschüss!; *Br* um sich zu bedanken danke! ◢ Aufmunterung *f* B V◤ *j-m* zujubeln (*+dat*); *Ereignis* bejubeln C V◤ jubeln ◆**cheer on** V◤ ⟨trennb⟩ anfeuern ◆**cheer up** A V◤ ⟨trennb⟩ aufmuntern; *Wohnung* aufheitern B V◤ *Mensch* vergnügter werden; *Verhältnisse* besser werden; **cheer up!** lass den Kopf nicht hängen!

cheerful ['tʃɪəfʊl] ADJ fröhlich; *Ort, Farbe etc* heiter; *Nachrichten* erfreulich, *schweiz*: gefreut; *Melodie* fröhlich; **to be ~ about sth** in Bezug auf etw optimistisch sein **cheerfully** ['tʃɪəfʊlɪ] ADV fröhlich **cheering** ['tʃɪərɪŋ] A S Jubel *m* B ADJ jubelnd **cheerio** ['tʃɪərɪ'əʊ] *bes Br umg* INT Wiedersehen *umg*, tschüs*umg*, servus! *österr* **cheerleader** ['tʃɪəliːdə'] S Cheerleader(in) *m(f)*; *fig* Anführer(in) *m(f)* **cheery** ['tʃɪərɪ] ADJ ⟨komp cheerier⟩ fröhlich, vergnügt

★**cheese** [tʃiːz] S Käse *m*; **say ~!** FOTO bitte recht freundlich **cheeseboard** S Käsebrett *n*; (≈ *Auswahl*) Käseplatte *f* **cheeseburger** S Cheeseburger *m* **cheesecake** S GASTR Käsekuchen *m* **cheesecloth** S Käseleinen *n* **cheesed off** [tʃiːzd'ɒf] *Br umg* ADJ angeödet *umg* **cheesy** ['tʃiːzɪ] ADJ ◤ käsig ◢ *Lied, Film* schmalzig

cheetah ['tʃiːtə] S Gepard *m* **chef** [ʃef] S Küchenchef *m*; Koch *m*, Köchin *f*

★**chemical** ['kemɪkəl] A ADJ chemisch B S Chemikalie *f* **chemical engineering** S Chemotechnik *f* **chemical toilet** S Chemietoilette *f*

★**chemist** ['kemɪst] S ◤ Chemiker(in) *m(f)* ◢ *Br* Drogist(in) *m(f)*, Apotheker(in) *m(f)*; **~'s (shop)** Drogerie *f*, Apotheke *f*

★**chemistry** ['kemɪstrɪ] S Chemie *f*; **the ~ between us was perfect** wir haben uns sofort vertragen

chemo ['kiːməʊ] ⟨kein pl⟩ *umg* Chemo *f umg* **chemotherapy** [ˌkiːməʊ'θerəpɪ] S Chemotherapie *f*

★**cheque** [tʃek] S, **check** *US* S Scheck *m*; **a ~ for £100** ein Scheck über £ 100; **to pay by ~** mit (einem) Scheck bezahlen **cheque account** S Girokonto *n* **chequebook** ['tʃekbʊk] S, **checkbook** *US* S Scheckbuch *n* **cheque card** S, **check card** *US* S Scheckkarte *f*

chequered ['tʃekəd] ADJ, **checkered** *US fig* ADJ *Geschichte* bewegt

★**cherry** ['tʃerɪ] A S ◤ Kirsche *f* ◢ *Farbe* kirschrot; GASTR Kirsch- **cherry blossom** S Kirschblüte *f* **cherry-pick** *fig umg* A V◤ die Rosinen herauspicken aus *umg* B V◤ sich (*dat*) die Rosinen herauspicken *umg* **cherry picker** S (≈ *Fahrzeug*) Bockkran *m* **cherry tomato** S Kirschtomate *f*

cherub ['tʃerəb] S ◤ ⟨pl -im ['tʃerəbɪm]⟩ KIRCHE Cherub *m* ◢ ⟨pl -s⟩ KUNST Putte *f*

chess [tʃes] S Schach(spiel) *n* **chessboard** S Schachbrett *n* **chessman** ⟨pl -men⟩, **chesspiece** S Schachfigur *f* **chess set** S Schachspiel *n*

★**chest**[1] [tʃest] S Kiste *f*, Truhe *f*; **~ of drawers** Kommode *f*

★**chest**[2] S ANAT Brust *f*; **to get sth off one's ~** *fig umg* sich (*dat*) etw von der Seele reden; **~ muscle** Brustmuskel *m*; **~ pains** Schmerzen *pl* in der Brust **chest infection** S Lungeninfekt *m*

chestnut ['tʃesnʌt] A S ◤ Kastanie *f* ◢ (≈ *Farbe*) Kastanienbraun *n* ◣ (≈ *Pferd*) Fuchs *m* B ADJ kastanienbraun

chesty ['tʃestɪ] *Br umg* ADJ ⟨komp chestier⟩ *Husten* rau

★**chew** [tʃuː] V◤ kauen; **don't ~ your fingernails** kaue nicht an den Nägeln

cherish ['tʃerɪʃ] V◤ *Gefühle, Hoffnung* hegen; *Idee* sich hingeben (*+dat*); **to ~ sb's memory** *j-s* Andenken in Ehren halten **cherished** ADJ *Überzeugung* lang gehegt; **her most ~ possessions** die Dinge, an denen sie am meisten hängt

C

♦**chew on** _VT_ ⟨+obj⟩ **1** wörtl (herum-)kauen auf (+dat) **2** umg a. **chew over** Problem sich (dat) durch den Kopf gehen lassen ♦**chew up** _VT_ ⟨trennb⟩ Essen, Bleistift zerkauen; Hund zerbeißen; Papier zerfressen

chewing gum [ˈtʃuːɪŋɡʌm] _S_ ⟨kein pl⟩ Kaugummi m/n; **two pieces of ~** zwei Kaugummis **chewy** [ˈtʃuːɪ] _ADJ_ Fleisch zäh; Bonbon weich

chic [ʃiːk] _ADJ_ ⟨+er⟩ chic

chick [tʃɪk] _S_ **1** Küken n; (≈ junger Vogel) Junge(s) n **2** umg (≈ attraktive, junge Frau) Babe n umg

★**chicken** [ˈtʃɪkɪn] **A** _S_ **1** Huhn n; GASTR Hähnchen n, Hendl n österr; **~ liver** Geflügelleber f; **to run around like a headless ~** wie ein kopfloses Huhn herumlaufen; **don't count your ~s (before they're hatched)** sprichw man soll den Tag nicht vor dem Abend loben sprichw **2** umg Feigling m **B** _ADJ_ umg feig; **he's ~** er ist ein Feigling ♦**chicken out** umg _VI_ kneifen umg

chicken farmer _S_ Hühnerzüchter(in) m(f) **chicken feed** _S_ umg (≈ geringer Betrag) Peanuts pl umg **chickenpox** _S_ Windpocken pl **chickenshit** US sl **A** _S_ (≈ Feigling) Memme f pej umg **2** ⟨kein pl⟩ **to be ~** Scheiße sein sl **B** _ADJ_ **1** feige **2** beschissen umg **chicken wing** _S_ Hähnchenflügel m **chicken wire** _S_ Hühnerdraht m

chickpea [ˈtʃɪkpiː] _S_ Kichererbse f **chicory** [ˈtʃɪkəri] _S_ Chicorée f/m

★**chief** [tʃiːf] **A** _S_ ⟨pl -s⟩ Leiter(in) m(f); von Stamm Häuptling m; umg (≈ Boss) Chef(in) m(f); **~ of police** Polizeipräsident(in) m(f) od -chef(in) m(f); **~ of staff** MIL Stabschef(in) m(f) **B** _ADJ_ **1** wichtigste(r, s) **2** Haupt-; **~ executive** leitender Direktor, leitende Direktorin; **~ executive officer** Generaldirektor(in) m(f), Geschäftsführer(in) m(f) **chief constable** Br _S_ Polizeipräsident(in) m(f) **chiefly** [ˈtʃiːflɪ] _ADV_ hauptsächlich

chiffon [ˈʃɪfɒn] **A** _S_ Chiffon m **B** _ADJ_ Chiffon-

★**child** [tʃaɪld] _S_ ⟨pl children⟩ Kind n; **when I was a ~** als ich noch ein Kind war; **in my ~hood** od zu meiner Kindheit **child abuse** _S_ Kindesmisshandlung f; sexuell Kindesmissbrauch m **child-bearing** **A** _S_ Mutterschaft f; Schwangerschaften pl **B** _ADJ_ **of ~ age**

im gebärfähigen Alter **child benefit** Br _S_ Kindergeld n **childbirth** _S_ Geburt f; **to die in ~** bei der Geburt sterben **childcare** _S_ Kinderbetreuung f

★**childhood** _S_ Kindheit f **childish** _ADJ_, **childishly** [ˈtʃaɪldɪʃ, -lɪ] pej _ADV_ kindisch **childishness** pej _S_ kindisches Gehabe **childless** _ADJ_ kinderlos **childlike** _ADJ_ kindlich **child lock** _S_ Kindersicherung f **childminder** Br _S_ Tagesmutter f **childminding** Br _S_ Beaufsichtigung f von Kindern **child molester** _S_ Kinderschänder(in) m(f) **child poverty** _S_ Kinderarmut f **child prodigy** _S_ Wunderkind n **childproof** _ADJ_ kindersicher **children** [ˈtʃɪldrən] _PL_ → child **child seat** _S_ Kindersitz m **child's play** _S_ ein Kinderspiel n **child support** _S_ Unterhaltszahlung f für Kinder

Chile [ˈtʃɪlɪ] _S_ Chile n **Chilean** [ˈtʃɪlɪən] **A** _ADJ_ chilenisch **B** _S_ Chilene m, Chilenin f

chill [tʃɪl] **A** _S_ **1** Frische f, Kälte f; **there's quite a ~ in the air** es ist ziemlich frisch **2** MED fieberhafte Erkältung; **to catch a ~** sich verkühlen **B** _ADJ_ frisch **C** _VT_ **1** kühlen; **I was ~ed to the bone** die Kälte ging mir bis auf die Knochen **2** fig Blut gefrieren lassen **D** _VI_ umg chillen sl, relaxen sl ♦**chill out** umg _VI_ relaxen sl, chillen sl

chilli [tʃɪlɪ] _S_, **chili** US _S_ Peperoni pl; (≈ Gewürz, Gericht) Chili m

chillin' [tʃɪlɪn] _ADJ_ sl chillig sl **chilling** [ˈtʃɪlɪŋ] _ADJ_ schreckenerregend **chill-out zone** _S_ Chill-out-Area f

chilly [ˈtʃɪlɪ] _ADJ_ ⟨komp chillier⟩ kühl; **I feel ~** mich fröstelts

chime [tʃaɪm] **A** _S_ Glockenspiel n; von Türklingel Läuten n kein pl **B** _VI_ läuten ♦**chime in** umg _VI_ sich einschalten

chimney [ˈtʃɪmnɪ] _S_ Schornstein m; von Fabrik a. Schlot m **chimneypot** _S_ Schornsteinkopf m **chimney sweep** _S_ Schornsteinfeger m

chimp [tʃɪmp] umg, **chimpanzee** [ˌtʃɪmpænˈziː] _S_ Schimpanse m

★**chin** [tʃɪn] _S_ Kinn n; **keep your ~ up!** Kopf hoch!; **he took it on the ~** fig umg er hat's mit Fassung getragen

★**China** [ˈtʃaɪnə] _S_ China n **china** [ˈtʃaɪnə] **A** _S_ Porzellan n **B** _ADJ_ Porzellan-

china clay _S_ Kaolin m

C

Chinatown S Chinesenviertel *n*
★**Chinese** [tʃaɪˈniːz] **A** S ‹*pl* -› **1** Chinese *m*, Chinesin *f* **2** (≈ *Sprache*) Chinesisch *n* **B** ADJ chinesisch; **~ restaurant** Chinarestaurant *n* **Chinese leaves** PL Chinakohl *m*
chink¹ [tʃɪŋk] S Ritze *f*, Spalt *m*; **a ~ of light** ein dünner Lichtstrahl
chink² V/I klirren; *Münzen* klimpern
chinos [ˈtʃiːnəʊz] PL *in der Mode* Chinos *pl*
chin strap S Kinnriemen *m*
★**chip** [tʃɪp] **A** S **1** Splitter *m*; *von Holz* Span *m*; **chocolate ~s** ≈ Schokoladenstreusel *pl*; **he's a ~ off the old block** er ist ganz der Vater; **to have a ~ on one's shoulder** einen Komplex haben (**about** wegen) **2** *Br* **~s** *pl* Pommes frites *pl* **3** *US* **~s** *pl* Chips *pl* **4** *in Porzellan etc* abgestoßene Ecke; **this cup has a ~** diese Tasse ist angeschlagen; **a ~ on your windscreen** ein Steinschlag (*auf der Windschutzscheibe*) **5** *Poker, a.* COMPUT Chip *m*; **when the ~s are down** wenn es drauf ankommt **B** V/T **1** *Tasse, Stein* anschlagen; *Lack* abstoßen; *Holz* beschädigen **2** SPORT *Ball* chippen ♦**chip away at** V/I ‹+*obj*› *Autorität, System* unterminieren; *Schulden* reduzieren, verringern ♦**chip in** *umg* V/I **1** (≈ *unterbrechen*) sich einschalten **2** **he chipped in with £3** er steuerte £ 3 bei ♦**chip off** V/T ‹*trennb*› *Lack etc* wegschlagen

▶ **chips**

Achte auf den Unterschied

Englisch	Deutsch
Br **chips**	Pommes frites
US (**potato**) **chips**	Kartoffelchips

Deutsch	Englisch
Kartoffelchips	*Br* **crisps**, *US* (**potato**) **chips**
Pommes frites	*Br* **chips**, *US* (**French**) **fries**

Übrigens: Auch in britischen Restaurants werden Pommes frites oft als (**French**) **fries** bezeichnet.

chipboard [ˈtʃɪpbɔːd] S Spanholz *n*
chipmunk [ˈtʃɪpmʌŋk] S Backenhörnchen *n*
chip pan *Br* S Fritteuse *f* **chipped** [tʃɪpt] ADJ **1** *Tasse* angeschlagen; *Lack* abgesplittert **2** *Br* GASTR **~ potatoes** Pommes frites *pl* **chippings** [ˈtʃɪpɪŋz] PL *auf Straße* Schotter *m*; *Br von Holz* Späne *pl*
chippy [ˈtʃɪpɪ] *Br umg* S Pommesbude *f umg* **chip shop** *Br* S Imbissbude *f*
chip shot S *Golf* Chip(shot) *m*; *Tennis* Chip *m*
chiropodist [kɪˈrɒpədɪst] S Fußpfleger(in) *m(f)* **chiropody** [kɪˈrɒpədɪ] S Fußpflege *f* **chiropractor** [ˈkaɪərəʊˌpræktəʳ] S Chiropraktiker(in) *m(f)*
chirp [tʃɜːp] V/I *Vögel* zwitschern; *Grillen* zirpen **chirpy** [ˈtʃɜːpɪ] ADJ ‹*komp* chirpier› *umg* munter
chisel [ˈtʃɪzl] **A** S Meißel *m*; *für Holz* Beitel *m* **B** V/T meißeln; *in Holz* stemmen
chit [tʃɪt] S, (*a.* **chit of paper**) Zettel *m*
chitchat [ˈtʃɪttʃæt] *umg* S Geschwätz *n*
chivalrous ADJ, **chivalrously** [ˈʃɪvəlrəs, -lɪ] ADV ritterlich **chivalry** [ˈʃɪvəlrɪ] S Ritterlichkeit *f*
chives [tʃaɪvz] PL Schnittlauch *m*
chlorine [ˈklɔːriːn] S Chlor *n*
chlorofluorocarbon [ˌklɒrəʊflʊərəˈkɑːbən] S Chlorfluorkohlenwasserstoff *m*
chloroform [ˈklɒrəfɔːm] S Chloroform *n*
chlorophyll [ˈklɒrəfɪl] S Chlorophyll *n*
chocaholic [tʃɒkəˈhɒlɪk] S **to be a ~** *umg* nach Schokolade süchtig sein
choccy sauce [ˈtʃɒkɪˌsɔːs] S *Br* Schokosoße *f*
choc-ice [ˈtʃɒkaɪs] *Br* S Eismohrle *n neg!* (*Eiscreme mit Schokoladenüberzug*)
chock-a-block [ˈtʃɒkəblɒk] *bes Br* ADJ, **chock-full** [ˈtʃɒkfʊl] *umg* ADJ knüppelvoll *umg*
chocoholic [ˌtʃɒkəˈhɒlɪk] *umg* S Schokoladensüchtige(r) *m/f(m)*, Schokosüchtige(r) *m/f(m) umg*; **to be a ~** nach Schokolade süchtig sein
★**chocolate** [ˈtʃɒklɪt] **A** S Schokolade *f*; **hot ~** heiße Schokolade; **a ~** eine Praline **B** ADJ Schokoladen- **chocolate bar** S Tafel *f* Schokolade, Schokoladenriegel *m* **chocolate biscuit** S Schokoladenkeks *m* **chocolate cake** S Schokoladenkuchen *m* **chocolate**

C

fondue [s] Schokoladenfondue n
chocolate fountain [s] Schokoladenbrunnen m, Schokobrunnen m
chocolate sauce [s] Schokosoße f
★**choice** [tʃɔɪs] [A] [s] [1] Wahl f; **it's your ~** du hast die Wahl; **to make a ~** eine Wahl treffen; **I didn't do it from ~** ich habe es mir nicht ausgesucht; **he had no od little ~ but to obey** er hatte keine (andere) Wahl als zu gehorchen; **it was your ~** du wolltest es ja so; **the drug/weapon of ~** die bevorzugte Droge/Waffe [2] Auswahl f (**of** an +dat od von) [B] [ADJ] HANDEL Qualitäts-
★**choir** [kwaɪəʳ] [s] Chor m **choirboy** [s] Chorknabe m **choir master** [s] Chorleiter m **choir stalls** [PL] Chorgestühl n
choke [tʃəʊk] [A] [VT] j-n ersticken, (er)würgen; **in a voice ~d with tears/emotion** mit tränenerstickter/tief bewegter Stimme [B] [VI] ersticken (**on** an +dat) [C] [s] AUTO Choke m ◆**choke back** [VT] ⟨trennb⟩ Tränen unterdrücken
choking [ˈtʃəʊkɪŋ] [ADJ] Rauch beißend
cholera [ˈkɒlərə] [s] Cholera f
cholesterol [kəˈlestərəl] [s] Cholesterin n
cholesterol-busting [ADJ] umg cholesterinsenkend
chomp [tʃɒmp] [VT] laut mahlen; beim Essen mampfen umg
★**choose** [tʃuːz] ⟨prät chose; pperf chosen⟩ [A] [VT] [1] (aus)wählen; **to ~ a team** eine Mannschaft auswählen od zusammenstellen; **they chose him as their leader** od **to be their leader** sie wählten ihn zu ihrem Anführer [2] **to ~ to do sth** es vorziehen, etw zu tun, sich dafür entscheiden, etw zu tun [B] [VI] **to ~ (between** od **among/from)** wählen (zwischen +dat/aus od unter +dat); **there is nothing** od **little to ~ between them** sie sind gleich gut, sie geben sich nicht viel **choosy** [ˈtʃuːzi] [ADJ] ⟨komp choosier⟩ wählerisch
★**chop**[1] [tʃɒp] [A] [s] [1] GASTR Kotelett n [2] umg **to get the ~** Arbeitsplätze etc dem Rotstift zum Opfer fallen; Arbeiter rausgeschmissen werden umg [B] [VT] hacken; Fleisch etc klein schneiden ◆**chop down** [VT] ⟨trennb⟩ Baum fällen ◆**chop off** [VT] ⟨trennb⟩ abschlagen ◆**chop up** [VT] ⟨trennb⟩ zerhacken
chop[2] [VI] **to ~ and change (one's mind)** ständig seine Meinung ändern

chopper [ˈtʃɒpəʳ] [s] [1] Hackbeil n [2] umg Hubschrauber m **chopping block** [ˈtʃɒpɪŋ-] [s] Hackklotz m; für Holz, bei Hinrichtung Block m **chopping board** Br [s] Hackbrett n **chopping knife** Br [s] Hackmesser n; für runder Klinge Wiegemesser n **choppy** [ˈtʃɒpi] [ADJ] ⟨komp choppier⟩ Meer kabbelig, unruhig
chopstick [s] (Ess)stäbchen n
choral [ˈkɔːrəl] [ADJ] Chor-; **~ society** Gesangverein m
chord [kɔːd] [s] MUS Akkord m; **to strike the right ~** fig den richtigen Ton treffen
chore [tʃɔːʳ] [s] lästige Pflicht; **~s** pl Hausarbeit f; **to do the ~s** die Hausarbeit erledigen
choreographer [ˌkɒrɪˈɒɡrəfəʳ] [s] Choreograf(in) m(f) **choreography** [ˌkɒrɪˈɒɡrəfi] [s] Choreografie f
chorister [ˈkɒrɪstəʳ] [s] (Kirchen)chormitglied m, Chorknabe m
chortle [ˈtʃɔːtl] [VI] glucksen
chorus [ˈkɔːrəs] [s] [1] Refrain m; **they spoke in ~** sie sprachen im Chor [2] (≈ Sänger) Chor m; (≈ Tänzer) Tanzgruppe f **chorus line** [s] Revue f
chose [tʃəʊz] [PRÄT] → choose **chosen** [ˈtʃəʊzn] [A] [PPERF] → choose [B] [ADJ] **the ~ few** die wenigen Auserwählten
choux pastry [ˈʃuːˈpeɪstrɪ] [s] Brandteig m
chowder [ˈtʃaʊdəʳ] [s] sämige Fischsuppe
Christ [kraɪst] [A] [s] Christus m [B] [INT] sl Herrgott umg **christen** [ˈkrɪsn] [VT] taufen; **to ~ sb after sb** j-n nach j-m (be)nennen **christening** [ˈkrɪsnɪŋ] [s] Taufe f
★**Christian** [ˈkrɪstɪən] [A] [s] Christ(in) m(f) [B] [ADJ] christlich **Christianity** [ˌkrɪstɪˈænɪtɪ] [s] Christentum n **Christian name** [s] Vorname m
★**Christmas** [ˈkrɪsməs] [s] Weihnachten n; **are you going home for ~?** fährst du (über) Weihnachten nach Hause?; **what did you get for ~?** was hast du zu Weihnachten bekommen?; **merry** od **happy ~!** frohe od fröhliche Weihnachten! **Christmas box** Br [s] Trinkgeld n zu Weihnachten **Christmas cake** [s] Früchtekuchen mit Zuckerguss zu Weihnachten **Christmas card** [s] Weihnachtskarte f **Christmas carol** [s]

Weihnachtslied n **Christmas Day** $\overline{S}$ der erste Weihnachtstag; **on ~** am ersten (Weihnachts)feiertag **Christmas Eve** $\overline{S}$ Heiligabend m; **on ~** Heiligabend **Christmas present** $\overline{S}$ Weihnachtsgeschenk n, Christkindl n österr **Christmas pudding** $\overline{S}$ Plumpudding m **Christmastide**, **Christmas time** $\overline{S}$ Weihnachtszeit f **Christmas tree** $\overline{S}$ Weihnachtsbaum m

▶ **Christmas Day**

Weihnachten wird in englischsprachigen Ländern am 25. Dezember gefeiert. Am 24., dem **Christmas Eve**, hängt man einen großen Strumpf ans Bettende oder über den Kamin, in der Erwartung, dass **Santa Claus** (der Weihnachtsmann) ihn über Nacht mit kleinen Geschenken füllt.
Am **Christmas Day** (25. Dezember) finden die Bescherung und das große Weihnachtsessen mit der Familie statt. ◀

chrome [krəʊm] $\overline{S}$ Chrom n
chromosome ['krəʊməsəʊm] $\overline{S}$ Chromosom n
chronic ['krɒnɪk] $\overline{ADJ}$ **1** chronisch; **Chronic Fatigue Syndrome** chronisches Erschöpfungssyndrom **2** umg miserabel umg **chronically** ['krɒnɪkli] $\overline{ADV}$ chronisch
chronicle ['krɒnɪkl] $\overline{A}$ $\overline{S}$ Chronik f $\overline{B}$ $\overline{VT}$ aufzeichnen
chronological [ˌkrɒnə'lɒdʒɪkəl] $\overline{ADJ}$ chronologisch; **in ~ order** in chronologischer Reihenfolge **chronologically** [ˌkrɒnə'lɒdʒɪkəli] $\overline{ADV}$ chronologisch; **~ arranged** in chronologischer Reihenfolge **chronology** [krə'nɒlədʒɪ] $\overline{S}$ Chronologie f
chrysanthemum [krɪ'sænθəməm] $\overline{S}$ Chrysantheme f
chubby ['tʃʌbɪ] $\overline{ADJ}$ ⟨komp chubbier⟩ rundlich; **~ cheeks** Pausbacken pl
chuck [tʃʌk] umg $\overline{VT}$ **1** schmeißen umg **2** umg wegschmeißen umg; Job hinschmeißen umg; **to ~ sb** Freundin etc Schluss machen mit ♦**chuck away** umg $\overline{VT}$ ⟨trennb⟩ wegschmeißen umg; Geld aus dem Fenster schmeißen umg ♦**chuck in** Br umg $\overline{VT}$ ⟨trennb⟩ Job hinschmeißen umg; **to chuck it (all) in** den

Laden hinschmeißen umg ♦**chuck out** umg $\overline{VT}$ ⟨trennb⟩ rausschmeißen umg; **to be chucked out** rausfliegen (of aus) umg ♦**chuck up** Br umg $\overline{VI}$ sich übergeben
chuckle ['tʃʌkl] $\overline{VI}$ leise in sich (akk) hineinlachen
chuffed [tʃʌft] Br umg $\overline{ADJ}$ vergnügt und zufrieden
chug [tʃʌg] $\overline{VI}$ tuckern ♦**chug along** $\overline{VI}$ entlangtuckern; fig umg gut vorankommen
chum [tʃʌm] umg $\overline{S}$ Kumpel m umg, Spezi m österr **chummy** ['tʃʌmɪ] $\overline{ADJ}$ ⟨komp chummier⟩ kameradschaftlich; **to be ~ with sb** mit j-m sehr dicke sein umg
chunk [tʃʌŋk] $\overline{S}$ (großes) Stück; (≈ Fleisch) Batzen m; (≈ Stein) Brocken m **chunky** ['tʃʌŋkɪ] $\overline{ADJ}$ ⟨komp chunkier⟩ umg stämmig; Wollsachen dick, klobig
Chunnel ['tʃʌnəl] umg $\overline{S}$ Kanaltunnel m
★**church** [tʃɜːtʃ] umg $\overline{S}$ Kirche f; **to go to ~** in die Kirche gehen; **the Church of England** die anglikanische Kirche **churchgoer** ['tʃɜːtʃɡəʊəʳ] $\overline{S}$ Kirchgänger(in) m(f) **church hall** $\overline{S}$ Gemeindesaal m **church service** $\overline{S}$ Gottesdienst m **church wedding** $\overline{S}$ kirchliche Trauung **churchyard** $\overline{S}$ Friedhof m
churlish, **churlishly** ['tʃɜːlɪʃ, -lɪ] $\overline{ADV}$ ungehobelt
churn [tʃɜːn] $\overline{A}$ $\overline{S}$ **1** Butterfass n **2** Br Milchkanne f **3** $\overline{VT}$ Schlamm etc aufwühlen $\overline{C}$ $\overline{VI}$ **his stomach was ~ing** sein Magen revoltierte ♦**churn out** $\overline{VT}$ ⟨trennb⟩ am laufenden Band produzieren ♦**churn up** $\overline{VT}$ ⟨trennb⟩ aufwühlen
chute [ʃuːt] $\overline{S}$ Rutsche f; für Abfall Müllschlucker m
chutney ['tʃʌtnɪ] $\overline{S}$ Chutney m
CIA $\overline{S \ ABK}$ (= Central Intelligence Agency) CIA m
CID Br $\overline{S \ ABK}$ (= Criminal Investigation Department) ≈ Kripo f
cider ['saɪdəʳ] $\overline{S}$ Cidre m
cig [sɪg] umg $\overline{S}$ Zigarette f
★**cigar** [sɪ'ɡɑːʳ] $\overline{S}$ Zigarre f
★**cigarette** [ˌsɪɡə'ret] $\overline{S}$ Zigarette f **cigarette case** $\overline{S}$ Zigarettenetui n **cigarette end** $\overline{S}$ Zigarettenstummel m **cigarette holder** $\overline{S}$ Zigarettenspitze f **cigarette lighter** $\overline{S}$ Feuerzeug n **cigarette machine** $\overline{S}$ Zigarettenau-

tomat m **cigarette paper** s̄ Zigarettenpapier n

cinch [sɪntʃ] umg s̄ **it's a ~** das ist ein Kinderspiel

cinder ['sɪndəʳ] s̄ **~s** pl Asche f; **burnt to a ~** Br fig verkohlt **cinder block** s̄ US Ytong® m

Cinderella [ˌsɪndə'relə] wörtl, fig s̄ Aschenputtel n

cine camera ['sɪnɪ-] Br s̄ (Schmal)filmkamera f **cine film** Br s̄ Schmalfilm m

★**cinema** ['sɪnəmə] s̄ **1** Film als Medium Kino n **2** Br Filmtheater Kino n; **at/to the ~** im/ins Kino; **to go to the ~** ins Kino gehen **cinemagoer** ['sɪnəməgəʊəʳ] Br s̄ Kinogänger(in) m(f)

cinnamon ['sɪnəmən] **A** s̄ Zimt m **B** ADJ ⟨attr⟩ Zimt-

cipher ['saɪfəʳ] s̄ Chiffre f; **in ~** chiffriert

circa ['sɜːkə] PRÄP zirka

★**circle** ['sɜːkl] **A** s̄ **1** Kreis m; **to stand in a ~** im Kreis stehen; **to have come full ~** fig wieder da sein, wo man angefangen hat; **we're just going round in ~s** fig wir bewegen uns nur im Kreise; **a close ~ of friends** ein enger Freundeskreis; **in political ~s** in politischen Kreisen; **he's moving in different ~s now** er verkehrt jetzt in anderen Kreisen **2** Br THEAT Rang m **B** VT̄ **1** kreisen um; **the enemy ~d the town** der Feind kreiste die Stadt ein **2** einen Kreis machen um; **~d in red** rot umkringelt **C** V/̄ kreisen **♦circle around** V/̄ Vögel Kreise ziehen; Flugzeug kreisen

circuit ['sɜːkɪt] s̄ **1** Rundgang m/-fahrt f/-reise f **(of** um); **to make a ~ of sth** um etw herumgehen/-fahren; **three ~s of the racetrack** drei Runden auf der Rennbahn **2** ELEK Stromkreis m, Schaltung f **circuit board** s̄ TECH Platine f **circuit breaker** s̄ Stromkreisunterbrecher m **circuit diagram** s̄ Schaltplan m **circuitous** [sɜː'kjʊɪtəs] ADJ umständlich; **~ path** Schlängelpfad m; **by a ~ route** auf Umwegen **circuitry** ['sɜːkɪtrɪ] s̄ Schaltkreise pl **circuit training** s̄ Zirkeltraining n

circular ['sɜːkjʊləʳ] **A** ADJ kreisförmig; **~ motion** Kreisbewegung f **B** s̄ in Firma Rundschreiben n; (≈ Werbung) Wurfsendung f **circulate** ['sɜːkjʊleɪt] **A** V/̄ **1** zirkulieren; Verkehr fließen; Gerücht kursieren **2** auf Party etc die Runde ma

chen **B** VT̄ Gerücht in Umlauf bringen; Memo etc zirkulieren lassen **circulation** [ˌsɜːkjʊ'leɪʃən] s̄ **1** MED Kreislauf m; **to have poor ~** Kreislaufstörungen haben; **this coin was withdrawn from od taken out of ~** diese Münze wurde aus dem Verkehr gezogen; **to be out of ~** umg Mensch von der Bildfläche verschwunden sein; Verbrecher, Politiker aus dem Verkehr gezogen worden sein **2** von Zeitung Auflage(nhöhe) f **circulatory** [sɜː'kjʊ'leɪtərɪ] ADJ Kreislauf-; **~ system** Blutkreislauf m

circumcise ['sɜːkəmsaɪz] VT̄ MED, REL beschneiden **circumcision** [ˌsɜːkəm'sɪʒən] s̄ MED, REL Beschneidung f

circumference [sə'kʌmfərəns] s̄ Umfang m; **the tree is 10 ft in ~** der Baum hat einen Umfang von 10 Fuß

circumnavigate [ˌsɜːkəm'nævɪgeɪt] VT̄ umfahren **circumnavigation** ['sɜːkəmˌnævɪ'geɪʃən] s̄ Fahrt f **(of** um) in Jacht a. Umsegelung f; **~ of the globe** Fahrt f um die Welt, Weltumseglung f

circumscribe ['sɜːkəmskraɪb] VT̄ eingrenzen

circumspect ['sɜːkəmspekt] ADJ umsichtig

circumstance ['sɜːkəmstəns] s̄ Umstand m; **in od under the ~s** unter diesen Umständen; **in od under no ~s** unter gar keinen Umständen; **in certain ~s** unter Umständen **circumstantial** [ˌsɜːkəm'stænʃəl] ADJ JUR **~ evidence** Indizienbeweis m; **the case against him is purely ~** sein Fall beruht allein auf Indizienbeweisen

circumvent [ˌsɜːkəm'vent] VT̄ umgehen

circus ['sɜːkəs] s̄ Zirkus m

cirrhosis [sɪ'rəʊsɪs] s̄ Zirrhose f

CIS ABK **(= Commonwealth of Independent States)** GUS f

cissy ['sɪsɪ] s̄ → sissy

cistern ['sɪstən] s̄ Zisterne f; von WC Spülkasten m

cite [saɪt] VT̄ zitieren

★**citizen** ['sɪtɪzn] s̄ **1** Bürger(in) m(f) **2** (Staats)bürger(in) m(f); **French ~** französischer Staatsbürger, französische Staatsbürgerin **Citizens' Advice Bureau** Br s̄ ≈ Bürgerberatungsstelle f **citizen science** s̄ Bürgerwissenschaft f, Citizen Science f **citizenship** s̄ Staatsbürgerschaft f **citizenship test**

Br [S] Einbürgerungstest *m*

citric acid ['sɪtrɪk'æsɪd] [S] Zitronensäure *f*

citrus ['sɪtrəs] [S] **~ fruits** Zitrusfrüchte *pl*

★**city** ['sɪtɪ] [S] [1] Stadt *f*, Großstadt *f*; **the ~ of Glasgow** die Stadt Glasgow [2] *in London* **the City** das Londoner Banken- und Börsenviertel **city break** [S] Städtereise *f* **city car** [S] Stadtauto *n* **city centre** *Br* [S] Stadtzentrum *n* **city dweller** [S] Stadtbewohner(in) *m(f)* **city father** [S] Stadtverordnete(r) *m*; **the ~s** die Stadtväter *pl*

★**city hall** [S] Rathaus *n*; *US* Stadtverwaltung *f* **city life** [S] (Groß)stadtleben *n*

cityscape [S] (Groß)stadtlandschaft *f*

civic ['sɪvɪk] [ADJ] Bürger-; *Pflichten* als Bürger; *Behörden* städtisch

★**civil** ['sɪvl] [ADJ] [1] bürgerlich [2] höflich; **to be ~ to sb** höflich zu j-m sein [3] JUR zivilrechtlich **civil defence** [S], **civil defense** *US* [S] Zivilschutz *m* **civil disobedience** [S] ziviler Ungehorsam **civil engineer** [S] Bauingenieur(in) *m(f)* **civil engineering** [S] Hoch- und Tiefbau *m* **civilian** [sɪ'vɪlɪən] [A] [S] Zivilist(in) *m(f)* [B] [ADJ] zivil, Zivil-; **in ~ clothes** in Zivil; **~ casualties** Verluste *pl* unter der Zivilbevölkerung **civilization** [ˌsɪvɪlaɪ'zeɪʃən] [S] [1] Zivilisation *f* [2] *der Griechen etc* Kultur *f* **civilize** ['sɪvɪlaɪz] [VT] zivilisieren **civilized** [ADJ] [1] zivilisiert; **all ~ nations** alle Kulturnationen [2] *Bedingungen, Uhrzeit* zivil **civil law** [S] bürgerliches Recht **civil liberty** [S] Bürgerrecht *n* **civil marriage** [S] standesamtliche Trauung **civil partnership** *Br* [S] eingetragene Lebenspartnerschaft **civil rights** [A] [PL] Bürgerrechte *pl* [B] [ADJ] ⟨*attr*⟩ Bürgerrechts-; **~ movement** Bürgerrechtsbewegung *f* **civil servant** [S] ≈ (Staats)beamte(r) *m*, (Staats)beamtin *f* **civil service** [S] ≈ Staatsdienst *m* (*ohne Richter und Lehrer*); Beamtenschaft *f* **civil society** [S] Bürgergesellschaft *f*, Zivilgesellschaft *f* **civil union** *US* [S] eingetragene Lebenspartnerschaft **civil war** [S] Bürgerkrieg *m*

CJD [ABK] (= Creutzfeldt-Jakob disease) CJK *f*

cl [ABK] (= centilitres) cl

clad [klæd] *liter* [ADJ] gekleidet

★**claim** [kleɪm] [A] [VT] [1] Anspruch *m* erheben auf (+*akk*); *Sozialhilfe etc* beantragen, beanspruchen; **to ~ sth as one's own** etw für sich beanspruchen; **the fighting ~ed many lives** die Kämpfe forderten viele Menschenleben [2] behaupten [B] [VI] [1] *Versicherungswesen* Ansprüche geltend machen [2] **to ~ for sth** sich (*dat*) etw zurückzahlen lassen; **you can ~ for your travelling expenses** Sie können sich (*dat*) Ihre Reisekosten zurückerstatten lassen [C] [S] [1] Anspruch *m*; *auf Lohn* Forderung *f*; **his ~ to the property** sein Anspruch auf das Grundstück; **to lay ~ to sth** Anspruch auf etw (*akk*) erheben; **to put in a ~ (for sth)** etw beantragen; **~ for damages** Schadensersatzanspruch *m* [2] Behauptung *f*; **to make a ~** eine Behauptung aufstellen; **I make no ~ to be a genius** ich erhebe nicht den Anspruch, ein Genie zu sein ♦**claim back** [VT] ⟨*trennb*⟩ zurückfordern; **to claim sth back (as expenses)** sich (*dat*) etw zurückzahlen lassen

claimant ['kleɪmənt] [S] *für Sozialhilfe etc* Antragsteller(in) *m(f)*; JUR Kläger(in) *m(f)*

clairvoyant [klɛə'vɔɪənt] [S] Hellseher(in) *m(f)*

clam [klæm] [S] (Klaff)muschel *f* ♦**clam up** *umg* [VI] keinen Piep (mehr) sagen *umg*

clamber ['klæmbəʳ] [VI] klettern; **to ~ up a hill** auf einen Berg klettern

clam chowder [S] *dicke Suppe aus Muscheln, Sellerie, Zwiebeln und verschiedenen Gemüsen*

clammy ['klæmɪ] [ADJ] ⟨*komp* **clammier**⟩ feucht

clamour ['klæməʳ], **clamor** *US* [A] [S] lautstark erhobene Forderung (**for** nach) [B] [VI] **to ~ for sth** nach etw schreien; **the men were ~ing to go home** die Männer forderten lautstark die Heimkehr

clamp [klæmp] [A] [S] Schraubzwinge *f*; MED, ELEK Klemme *f*; *für Auto* Parkkralle *f* [B] [VT] (ein)spannen; *Auto* eine Parkkralle befestigen an (+*dat*) ♦**clamp down** *fig* [VI] rigoros durchgreifen ♦**clamp down on** [VI] ⟨+*obj*⟩ *j-n* an die Kandare nehmen; *Aktivitäten* einen Riegel vorschieben (+*dat*)

clampdown ['klæmpdaʊn] [S] Schlag *m* (**on** gegen)

clamshell (phone) [klæmʃel('fəʊn)] [S]

Klapphandy n

clan [klæn] S 1 in Schottland Clan m, Stamm m 2 hum (≈ Familie) Sippe f

clandestine [klæn'destɪn] ADJ geheim; Treffen Geheim-

clang [klæŋ] A S Klirren n B Vɪ klirren; Glocke, Tor schlagen **clanger** ['klæŋəʳ] Br umg S Schnitzer m umg; **to drop a ~** ins Fettnäpfchen treten umg

clank [klæŋk] A S Klirren n; dumpfer Dröhnen n B Vᴛ klirren mit C Vᴵ klirren; dumpfer dröhnen

clap [klæp] A S Klatschen n kein pl; **a ~ of thunder** ein Donnerschlag m; **give him a ~!** klatscht ihm Beifall!; **a ~ on the back** ein Schlag m auf die Schulter B Vᴛ Beifall klatschen (+dat); **to ~ one's hands** in die Hände klatschen; **to ~ sb on the back** j-m auf die Schulter klopfen; **he ~ped his hand over my mouth** er hielt mir den Mund zu; **to ~ eyes on sb/sth** umg j-n/etw zu sehen kriegen umg C Vᴵ (Beifall) klatschen

clapped-out ['klæptaʊt] ADJ ⟨attr⟩, **clapped out** ['klæpt'aʊt] umg ADJ ⟨präd⟩ klapprig; **a ~ old car** eine alte Klapperkiste umg **clapper** ['klæpəʳ] S **to go/drive/work like the ~s** Br umg ein Mordstempo draufhaben umg **clapping** S Beifall m **claptrap** ['klæptræp] umg S Geschwafel n umg

claret ['klærət] S roter Bordeauxwein

clarification [ˌklærɪfɪ'keɪʃən] S Klarstellung f; **I'd like a little ~ on this point** ich hätte diesen Punkt gerne näher erläutert **clarify** ['klærɪfaɪ] Vᴛ klären; Text erklären; Behauptung näher erläutern

clarinet [ˌklærɪ'net] S Klarinette f; **to play the ~** Klarinette spielen **clarity** ['klærɪtɪ] S Klarheit f

clash [klæʃ] A Vᴵ 1 Demonstranten zusammenstoßen 2 Farben sich beißen; Sendungen sich überschneiden; **we ~ too much** wir passen einfach nicht zusammen B S 1 von Demonstranten Zusammenstoß m; zwischen Menschen Konflikt m 2 von Persönlichkeiten Unvereinbarkeit f; **a ~ of interests** eine Interessenkollision

clasp [klɑːsp] A S (Schnapp)verschluss m B Vᴛ ergreifen; **to ~ sb's hand** j-s Hand ergreifen; **to ~ one's hands (together)** die Hände falten; **to ~ sb in one's arms** j-n in die Arme nehmen

★**class** [klɑːs] A S 1 (≈ Gruppe), a. SCHUL Klasse f; **they're just not in the same ~** man kann sie einfach nicht vergleichen; **to be in a ~ of its own** eine Klasse für sich sein; **I don't like her ~es** ihr Unterricht gefällt mir nicht; **the French ~** (≈ Unterricht) die Französischstunde; (≈ Schüler) die Französischklasse; **the ~ of 1980** der Jahrgang 1980 (die Schul-/Universitätsabgänger etc des Jahres 1980) 2 gesellschaftliche Stellung; **the ruling ~** die herrschende Klasse 3 Br UNIV Prädikat n; **a first-class degree** ein Prädikatsexamen n; **second-class degree** ≈ Prädikat Gut 4 umg Stil m; **to have ~** Mensch Format haben B ADJ umg erstklassig C Vᴛ einordnen **class-conscious** ADJ standesbewusst, klassenbewusst **class distinction** S Klassenunterschied m

classic ['klæsɪk] A ADJ klassisch; **a ~ example of sth** ein klassisches Beispiel für etw B S Klassiker m

classical ['klæsɪkəl] ADJ klassisch; Architektur klassizistisch; Ausbildung humanistisch; **~ music** klassische Musik; **the ~ world** die antike Welt **classics** ['klæsɪks] S ⟨+sg v⟩ UNIV Altphilologie f

classification [ˌklæsɪfɪ'keɪʃən] S Klassifizierung f **classified** ['klæsɪfaɪd] ADJ in Klassen eingeteilt; **~ ad(vertisement)** Kleinanzeige f; **~ information** MIL Verschlusssache f; POL Geheimsache f **classify** ['klæsɪfaɪ] Vᴛ klassifizieren

classless ADJ Gesellschaft klassenlos **classmate** S Mitschüler(in) m(f), Klassenkamerad(in) m(f) **class reunion** S Klassentreffen n **classroom** S Klassenzimmer n **classroom assistant** S Assistenzlehrkraft f **class system** S Klassensystem n

classy ['klɑːsɪ] ADJ ⟨komp classier⟩ umg nobel umg

clatter ['klætəʳ] A S Geklapper n B Vᴵ klappern

clause [klɔːz] S 1 GRAM Satz m 2 JUR etc Klausel f

claustrophobia [ˌklɔːstrə'fəʊbɪə] S Klaustrophobie f **claustrophobic** [ˌklɔːstrə'fəʊbɪk] ADJ klaustrophob(isch); **it's so ~ in here** hier kriegt man Platzangst umg

claw [klɔː] A S Kralle f; von Hummer Schere f B Vᴛ kratzen; **they ~ed their**

way out from under the rubble sie wühlten sich aus dem Schutt hervor; he **~ed his way to the top** fig er hat sich an die Spitze durchgeboxt **C** V/i **to ~ at sth** sich an etw (akk) krallen

clay [kleɪ] **S** Lehm m **clay court** S Tennis Sandplatz m **clay pigeon shooting** S Tontaubenschießen n

★**clean** [kliːn] **A** ADJ ⟨+er⟩ **1** sauber; **to wash sth ~** etw abwaschen; **to make a ~ start** ganz von vorne anfangen, ein neues Leben anfangen; **he has a ~ record** gegen ihn liegt nichts vor; **a ~ driving licence** ein Führerschein m ohne Strafpunkte; **a ~ break** fig ein klares Ende **2** Witz stubenrein **3** **to make a ~ breast of sth** etw gestehen **4** ⟨attr⟩ Drogenabhängiger clean **B** ADV glatt; **I ~ forgot** das habe ich glatt(weg) vergessen umg; **he got ~ away** er verschwand spurlos; **to cut ~ through sth** etw ganz durchschneiden/durchschlagen etc; **to come ~** umg auspacken umg; **to come ~ about sth** etw gestehen **C** V/t sauber machen; Nägel, Pinsel reinigen; Fenster, Schuhe, Gemüse putzen; Fisch, Wunde säubern; **mit Wasser (ab)waschen; mit Tuch abwischen; to ~ one's hands** sich (dat) die Hände waschen; mit Tuch sich (dat) die Hände abwischen; **to ~ one's teeth** sich (dat) die Zähne putzen; **~ the dirt off your face** wisch dir den Schmutz vom Gesicht! **D** V/i reinigen **E** S **to give sth a ~** sauber machen; Nägel, Pinsel reinigen; Fenster, Gemüse putzen; Fisch, Wunde säubern; mit Wasser (ab)waschen; mit Tuch abwischen ♦**clean off** V/t ⟨trennb⟩ abwaschen; mit Tuch abwischen; Schmutz entfernen ♦**clean out** wörtl V/t ⟨trennb⟩ gründlich sauber machen; **that last holiday completely cleaned me out** Br, that last vacation completely cleaned me out US nach dem letzten Urlaub war ich pleite umg ♦**clean up A** V/t ⟨trennb⟩ **1** wörtl sauber machen; Gebäude reinigen; Durcheinander aufräumen **2** fig the new mayor cleaned up the city der neue Bürgermeister hat für Sauberkeit in der Stadt gesorgt; **to clean up television** den Bildschirm (von Gewalt, Sex etc) säubern **B** V/i wörtl aufräumen; US (≈ Profit machen) absahnen umg

clean-cut [ˈkliːnˈkʌt] ADJ Mensch gepflegt; **~ features** klare Gesichtszüge pl **cleaner** [ˈkliːnəʳ] S **1** Reinemachefrau f, Putzkraft f; **the ~s** das Reinigungspersonal **2** (≈ Geschäft) **~'s** Reinigung f **3** Reinigungsmittel n **cleaning** [ˈkliːnɪŋ] S **the ladies who do the ~** die Frauen, die (hier) sauber machen; **~ fluid** Reinigungsflüssigkeit f **cleaning lady** S Reinemachefrau f **cleanliness** [ˈklenlɪnɪs] S Reinlichkeit f **clean-living** [ˈkliːnˈlɪvɪŋ] ADJ anständig **cleanly** [ˈkliːnlɪ] ADV sauber; **the bone broke ~** es war ein glatter Knochenbruch **cleanness** S Sauberkeit f **clean-out** [ˈkliːnaʊt] S **to give sth a ~** etw sauber machen **cleanse** [klenz] V/t reinigen **cleanser** [ˈklenzəʳ] S Reinigungsmittel n; für Haut Reinigungsmilch f **clean-shaven** [ˈkliːnˈʃeɪvn] ADJ glatt rasiert **cleansing** [ˈklenzɪŋ] ADJ Reinigungs- **cleansing department** S Stadtreinigung f

★**clear** [klɪəʳ]

A Adjektiv	**B** Substantiv
C Adverb	**D** transitives Verb
E intransitives Verb	

— A Adjektiv —

⟨+er⟩ **1** klar; Teint rein; Foto scharf; **on a ~ day** bei klarem Wetter; **to be ~ to sb** j-m klar sein; **you weren't very ~** du hast dich nicht sehr klar ausgedrückt; **is that ~?** alles klar?; **let's get this ~, I'm the boss** eins wollen wir mal klarstellen, ich bin hier der Chef; **to be ~ on** od **about sth** (sich dat) über etw (akk) im Klaren sein; **to make oneself ~** sich klar ausdrücken, sich verständlich machen; **to make it ~ to sb that ...** es j-m (unmissverständlich) klarmachen, dass ...; **a ~ profit** ein Reingewinn m; **to have a ~ lead** klar führen **2** frei; **to be ~ of sth** frei von etw sein; **we're now ~ of debts** jetzt sind wir schuldenfrei; **the bottom of the door should be about 3 mm ~ of the floor** zwischen Tür und Fußboden müssen etwa 3 mm Luft sein; **at last we were/got ~ of the prison walls** endlich hatten wir die Gefängnismauern hinter uns **3** Br (≈ Vorsprung habend) **Rangers are now three points**

C

~ **of Celtic** Rangers liegt jetzt drei Punkte vor Celtic

— **B** Substantiv —

to be in the ~ frei von jedem Verdacht sein; **we're not in the ~ yet** wir sind noch nicht aus allem heraus

— **C** Adverb —

1 **loud and ~** laut und deutlich **2** (≈ *vollständig*) **he got ~ away** er verschwand spurlos **3** **he leapt ~ of the burning car** er rettete sich durch einen Sprung aus dem brennenden Auto; **to steer** *od* **keep ~ of sb** j-m aus dem Wege gehen; **to steer** *od* **keep ~ of sth** etw meiden; **to steer** *od* **keep ~ of a place** um einen Ort einen großen Bogen machen; **exit, keep ~** Ausfahrt frei halten!; **stand ~ of the doors!** bitte von den Türen zurücktreten!

— **D** transitives Verb —

1 *Rohr* reinigen; *Verstopfung* beseitigen; *Landstück, Straße* räumen; IT *Bildschirm* löschen; **to ~ the table** den Tisch abräumen; **to ~ a space for sth** für etw Platz schaffen; **to ~ the way for sb/ sth** den Weg für j-n/etw frei machen; **to ~ a way through the crowd** sich (*dat*) einen Weg durch die Menge bahnen; **to ~ a room** *von Menschen* ein Zimmer räumen; *von Sachen* ein Zimmer ausräumen; **to ~ one's head** (wieder) einen klaren Kopf bekommen **2** *Schnee, Unrat* räumen **3** JUR *j-n* freisprechen; *seinen Namen* rein waschen **4** **he ~ed the bar easily** er übersprang die Latte mit Leichtigkeit; **raise the car till the wheel ~s the ground** das Auto anheben, bis das Rad den Boden nicht mehr berührt **5** *Schuld* begleichen **6** *Warenlager* räumen **7** (≈ *amtlich genehmigen*) abfertigen; **to ~ a cheque** *Br*, **to ~ a check** *US* bestätigen, dass ein Scheck gedeckt ist; **you'll have to ~ that with management** Sie müssen das mit der Firmenleitung regeln; **~ed by security** von den Sicherheitsbehörden für unbedenklich erklärt

— **E** intransitives Verb —

Wetter aufklaren; *Nebel, Rauch* sich auflösen, sich verziehen

◆**clear away** A V̱T̲ ⟨*trennb*⟩ wegräumen B V̱I̲ **1** *Nebel etc* sich auflösen **2** den Tisch abräumen ◆**clear off** *Br umg* V̱I̲ abhauen *umg* ◆**clear out** A

V̱T̲ ⟨*trennb*⟩ ausräumen B V̱I̲ *umg* verschwinden *umg* ◆**clear up** A V̱T̲ ⟨*trennb*⟩ **1** *Angelegenheit* klären; *Geheimnis* aufklären **2** aufräumen; *Gerümpel* wegräumen B V̱I̲ **1** *Wetter* (sich) aufklären **2** aufräumen

clearance ['klɪərəns] S̲ **1** Beseitigung *f* **2** *durch Zoll* Abfertigung *f*; *durch Sicherheitsbehörden* Unbedenklichkeitserklärung *f* **clearance sale** S̲ HANDEL Räumungsverkauf *m* **clear-cut** ['klɪə'kʌt] ADJ klar; *Thema* klar umrissen **clear- -headed** ['klɪə'hedɪd] ADJ *Mensch, Entscheidung* besonnen **clearing** S̲ *im Wald* Lichtung *f* **clearing house** S̲ Clearingstelle *f* **clearly** ['klɪəlɪ] ADV **1** klar; **~ visible** klar zu sehen **2** eindeutig, offensichtlich; **~ we cannot allow ... wir können keinesfalls zulassen ...**; **this ~ can't be true** das kann auf keinen Fall stimmen **clearness** S̲ Klarheit *f*; *von Teint* Reinheit *f* **clear-out** S̲ *Br* **I'm having a big ~** ich muss mal wieder gründlich ausmisten **clear-sighted** ['klɪə'saɪtɪd] *fig* ADJ scharfsichtig

cleavage ['kliːvɪdʒ] S̲ Dekolleté *n* **cleaver** ['kliːvə'] S̲ Hackbeil *n* **clef** [klef] S̲ (Noten)schlüssel *m* **cleft** [kleft] A ADJ gespalten; **a ~ chin** ein Kinn *n* mit Grübchen B S̲ Spalte *f*; *in Kinn* Grübchen *n* **cleft palate** S̲ Gaumenspalte *f* **clematis** ['klemətɪs] S̲ Klematis *f* **clemency** ['klemənsɪ] S̲ Milde *f* (**towards sb** j-m gegenüber); **the prisoner was shown ~** dem Gefangenen wurde eine milde Behandlung zuteil **clementine** ['kleməntaɪn] S̲ Klementine *f* **clench** [klentʃ] V̱T̲ *Faust* ballen; *Zähne* zusammenbeißen; *mit Hand* packen **clergy** ['klɜːdʒɪ] PL Klerus *m* **clergyman** ['klɜːdʒɪmən] S̲ ⟨*pl* -men [-mən]⟩ Geistliche(r) *m* **clergywoman** ['klɜːdʒɪ‚wʊmən] S̲ ⟨*pl* -women [-wɪmɪn]⟩ Geistliche *f* **cleric** ['klerɪk] S̲ Geistliche(r) *m* **clerical** ['klerɪkəl] ADJ **1** **~ work/job** Schreib- *od* Büroarbeit *f*; **~ worker** Schreib- *od* Bürokraft *f*; **~ staff** Schreibkräfte *pl*; **~ error** Versehen *n*, Schreibfehler *m* **2** KIRCHE geistlich **clerk** [klɑːk, *US* klɜːrk] S̲ **1** (Büro)angestellte(r) *m/f(m)* **2** Schriftführer(in) *m(f)*

C

3 US Verkäufer(in) *m(f)* **4** US Rezeptionist(in) *m(f)*, Empfangschef(in) *m(f)*

★**clever** [ˈklevəʳ] ADJ **1** schlau **2** klug; *Gerät* raffiniert; **to be ~ at sth** in etw (*dat*) geschickt sein; **he is ~ at raising money** er ist geschickt, wenn es darum geht, Geld aufzubringen **cleverly** [ˈklevəlɪ] ADV geschickt, schlau **cleverness** S **1** Schlauheit *f* **2** Klugheit *f* **3** (≈ *Listigkeit*) Schläue *pl*

cliché [ˈkliːʃeɪ] S **1** Klischee *n* **2** LIT *häufig gebrauchte* (*und daher meist abgedroschen wirkende*) *Formulierung* **clichéd** ADJ klischeehaft

click [klɪk] A S Klicken *n*; *von Schalter* Knipsen *n*; *von Fingern* Schnipsen *n* B S **1** klicken; *Schalter* knipsen; *Finger* schnipsen **2** *umg* **suddenly it all ~ed** (**into place**) plötzlich ist der Groschen gefallen, plötzlich war alles glasklar; **to ~ (with sb)** sich (mit j-m) auf Anhieb verstehen C VT *Finger* schnippen mit; **to ~ sth into place** etw einschnappen lassen ◆**click on** VI IT **to click on the mouse** mit der Maus klicken; **to click on an icon** ein Icon anklicken

clickable [ˈklɪkəbl] ADJ IT anklickbar

client [ˈklaɪənt] S **1** Kunde *m*, Kundin *f*; *von Anwalt* Klient(in) *m(f)* **clientele** [ˌkliːɒnˈtel] S Kundschaft *f*

★**cliff** [klɪf] S Klippe *f* **cliffhanger** S Cliffhanger *m*; **the last episode ended on a real ~** die letzte Folge hatte ein spannendes offenes Ende **clifftop** S a **house on a ~** ein Haus oben auf einem Felsen

climactic [klaɪˈmæktɪk] ADJ **a ~ scene** ein Höhepunkt

★**climate** [ˈklaɪmɪt] S Klima *n*; **to move to a warmer ~** in eine wärmere Gegend ziehen; **~ conference**, **~ change conference** Klimakonferenz *f* **climate catastrophe** S Klimakatastrophe *f* **climate change** S Klimawandel *m*, Klimaveränderung *f* **climate change sceptic** [ˈskeptɪk] S Klimaskeptiker(in) *m(f)* **climate conference** S POL Klimakonferenz *f*, Klimagipfel *m* **climatic** [klaɪˈmætɪk] ADJ Klima-

climax [ˈklaɪmæks] S Höhepunkt *m*

★**climb** [klaɪm] A VI **1** (*a*. **~ up**) klettern auf (+*akk*); *Berg* steigen auf (+*akk*); *Leiter* hoch- od hinaufsteigen; *Klippe* hochklettern; **my car can't ~ that hill** mein Auto

schafft den Berg nicht; **to ~ a rope** an einem Seil hochklettern **2** (*a*. **~ over**) klettern über (+*akk*) B VI klettern, bergsteigen; *in Zug, Auto etc* steigen (**into** +*akk*); *Preise, Flugzeug* steigen C S **1** **we're going out for a ~** wir machen eine Bergtour, wir gehen bergsteigen **2** *von Flugzeug* Steigflug *m*; **the plane went into a steep ~** das Flugzeug zog steil nach oben ◆**climb down** A VI *von Baum* herunterklettern; *von Leiter* heruntersteigen B VI ⟨+*obj*⟩ *Baum* herunterklettern von; *Leiter* heruntersteigen ◆**climb in** VI einsteigen ◆**climb up** A VI → climb B B VI ⟨+*obj*⟩ *Leiter etc* hinaufsteigen; *Baum* hochklettern

climb-down [ˈklaɪmdaʊn] *fig* S Rückzieher *m* **climber** [ˈklaɪməʳ] S Bergsteiger(in) *m(f)*, Kletterer(in) *m(f)* **climbing** [ˈklaɪmɪŋ] A ADJ **1** Berg(steiger)-, Kletter-; *Unfall* beim Bergsteigen **2** *Pflanze* Kletter- B S Bergsteigen *n*, Klettern *n*; **to go ~** bergsteigen/klettern gehen

clinch [klɪntʃ] VT *Sache* zum Abschluss bringen; **to ~ the deal** den Handel perfekt machen; **that ~es it** damit ist der Fall erledigt **clincher** [ˈklɪntʃəʳ] *umg* S **that was the ~** das gab den Ausschlag

cling [klɪŋ] VI ⟨*prät, pperf* clung⟩ sich festklammern (**to** an +*akk*); *Kleidung* sich anschmiegen (**to** +*dat*); **to ~ together** sich aneinanderklammern; *Liebespaar* sich umschlingen; **she clung around her father's neck** sie hing ihrem Vater am Hals **clingfilm** [ˈklɪŋfɪlm] *Br* S Frischhaltefolie *f* **clinging** [ˈklɪŋɪŋ] ADJ *Kleidungsstück* sich anschmiegend **clingwrap** [ˈklɪŋræp] *US* S Frischhaltefolie *f* **clingy** [ˈklɪŋɪ] ADJ klammern(d); **she's the ~ sort** sie klammert furchtbar, sie ist wie eine Klette *umg*

clinic [ˈklɪnɪk] S Klinik *f* **clinical** [ˈklɪnɪkəl] ADJ **1** MED klinisch **2** *fig* nüchtern **clinical depression** S klinische Depression **clinically** [ˈklɪnɪkəlɪ] ADV klinisch; **~ depressed** klinisch depressiv

clink [klɪŋk] A VT klirren lassen; **to ~ glasses with sb** mit j-m anstoßen B VI klirren

clip¹ [klɪp] A S Klammer *f* B VT **to ~ sth onto sth** etw an etw (*akk*) anklemmen C VI **to ~ on** (**to sth**) (an etw *akk*) angeklemmt werden; **to ~ together**

[C]

zusammengeklemmt werden
clip² [A] [V/T] [1] scheren; *Hecke a., Fingernägel* schneiden [2] (*a.* ~ **out**) *Zeitungsartikel* ausschneiden; (*a.* ~ **off**) *Haar* abschneiden [3] *Auto, Kugel* streifen [B] [S] [1] **to give the hedge a ~** die Hecke (be)schneiden [2] **he gave him a ~ round the ear** er gab ihm eins hinter die Ohren *umg* [3] *von Film* Clip *m*
clip art [S] IT Clip-Art *f* **clipboard** [S] [1] Klemmbrett *n* [2] IT Zwischenablage *f* **clip-on** [ADJ] *Krawatte* zum Anstecken; ~ **earrings** Klips *pl*; ~ **sunglasses** Sonnenclip *m* **clippers** ['klɪpəz] [PL], (*a.* **pair of clippers**) Schere *f*, Haarschneidemaschine *f*, Nagelzange *f* **clipping** [S] *von Zeitungsartikel* Ausschnitt *m*
clique [kli:k] [S] Clique *f*
clitoris ['klɪtərɪs] [S] Klitoris *f*
cloak [kləʊk] [A] [S] *wörtl* Umhang *m*; *fig* Schleier *m*; **under the ~ of darkness** im Schutz der Dunkelheit [B] [V/T] *fig* verhüllen **cloak-and-dagger** [ADJ] geheimnisumwittert **cloakroom** [S] [1] *Br zur Kleiderabgabe* Garderobe *f* [2] *Br euph* Toilette *f*
clobber ['klɒbəʳ] *umg* [A] [S] *Br* (≈ *Habseligkeiten*) Zeug *n umg*; (≈ *Kleider*) Klamotten *pl umg* [B] [V/T] (≈ *besiegen*) **to get ~ed** eins übergebraten kriegen *umg*
★**clock** [klɒk] [S] [1] Uhr *f*; **round the ~** rund um die Uhr; **against the ~** SPORT nach *od* auf Zeit; **to work against the ~** gegen die Uhr arbeiten; **to beat the ~** schneller als vorgesehen fertig sein; **to put the ~ back/forward** die Uhr zurückstellen/vorstellen; **to turn the ~ back** *fig* die Zeit zurückdrehen; **to watch the ~** *umg* dauernd auf die Uhr sehen [2] *umg* **it's got 100,000 miles on the ~** es hat einen Tachostand von 100.000 Meilen ♦**clock in, clock on** [V/I] (den Arbeitsbeginn) stempeln *od* stechen ♦**clock off, clock out** [V/I] (das Arbeitsende) stempeln *od* stechen ♦**clock up** [V/T] ⟨*trennb*⟩ *Geschwindigkeit, Zeit* erzielen
clock face [S] Zifferblatt *n* **clockmaker** [S] Uhrmacher(in) *m(f)* **clock radio** [S] Radiouhr *f* **clock tower** [S] Uhrenturm *m* **clock-watching** [S] Auf-die-Uhr-Schauen *n* **clockwise** [ADJ] & [ADV] im Uhrzeigersinn **clockwork** [A] [S] *von Spielzeug* Aufziehmechanismus *m*; **like ~** wie am Schnürchen [B] [ADJ] ⟨*attr*⟩ [1] *Spielzeugauto etc* aufziehbar [2] **with ~ regularity** mit der Regelmäßigkeit eines Uhrwerks
clod [klɒd] [S] Klumpen *m*
clog [klɒg] [A] [S] Holzschuh *m*; **~s** *pl* Clogs *pl* [B] [V/T] *Rohr etc a.* ~ **up** verstopfen; **~ged with traffic** verstopft [C] [V/I] *Rohr etc a.* ~ **up** verstopfen
cloister ['klɔɪstəʳ] [S] [1] Kreuzgang *m* [2] Kloster *n* **cloistered** *fig* [ADJ] weltabgeschieden
clone [kləʊn] [A] [S] Klon *m* [B] [V/T] klonen
★**close¹** [kləʊs] [A] [ADJ] ⟨*komp* **closer**⟩ [1] in der Nähe (**to** *+gen od* von); **is Glasgow ~ to Edinburgh?** liegt Glasgow in der Nähe von Edinburgh?; **you're very ~** *bei Ratespiel etc* du bist dicht dran; **at ~ quarters** aus unmittelbarer Nähe; **we use this pub because it's the ~st** wir gehen in dieses Lokal, weil es am nächsten ist [2] *zeitlich* nahe (bevorstehend) [3] *fig Freund, Beziehung* eng; *Verwandter* nahe; *Ähnlichkeit* groß; **they were very ~ (to each other)** sie standen sich sehr nahe [4] *Prüfung* genau; **now pay ~ attention to me** jetzt hör mir gut zu; **you have to pay very ~ attention to the traffic signs** du musst genau auf die Verkehrszeichen achten [5] schwül; *in Zimmer* stickig [6] *Kampf, Ergebnis* knapp; **a ~(-fought) match** ein (ganz) knappes Spiel; **a ~ finish** ein Kopf-an--Kopf-Rennen *n*; **it was a ~ thing** *od* **call** das war knapp!; **the vote was too ~ to call** der Ausgang der Abstimmung war völlig offen [B] [ADV] ⟨*komp* **closer**⟩ nahe; ~ **by** in der Nähe; **stay ~ to me** bleib dicht bei mir; ~ **to the ground** nahe am Boden; **he followed ~ behind me** er ging dicht hinter mir; **don't stand too ~ to the fire** stell dich nicht zu nahe ans Feuer; **to be ~ to tears** den Tränen nahe sein; ~ **together** nahe zusammen; **this pattern comes ~st to the sort of thing we wanted** dieses Muster kommt dem, was wir uns vorgestellt haben, am nächsten; (**from**) ~ **up** von Nahem
★**close²** [kləʊz] [A] [V/T] [1] schließen; *Fabrik* stilllegen; *Straße* sperren; **to ~ one's eyes/ears to sth** sich einer Sache gegenüber blind/taub stellen; **to ~ ranks** MIL, *a. fig* die Reihen schließen [2] *Ver-*

C

sammlung beenden; *Konto etc* auflösen;
the matter is ~d der Fall ist abgeschlossen **B** V/I **1** sich schließen, zugehen; *Laden, Fabrik* schließen, zumachen; *auf Dauer* stillgelegt werden; **his eyes ~d** die Augen fielen ihm zu **2** BÖRSE schließen **C** S̲ Ende *n*; **to come to a ~** enden; **to draw to a ~** sich dem Ende nähern; **to bring sth to a ~** etw beenden ♦**close down** **A** V/I *Firma etc* schließen, zumachen *umg*; *Fabrik: auf Dauer* stillgelegt werden **B** V/T ⟨*trennb*⟩ *Firma* schließen; *Fabrik auf Dauer* stilllegen ♦**close in** V/I *Nacht* hereinbrechen; *Tage* kürzer werden; *Feind etc* bedrohlich nahe kommen; **to close in on sb** j-m auf den Leib rücken; **the police are closing in on him** die Polizei zieht das Netz um ihn zu, die Polizisten umzingeln ihn ♦**close off** V/T ⟨*trennb*⟩ (ab)sperren ♦**close on** V/I ⟨+*obj*⟩ einholen ♦**close up** V/T ⟨*trennb*⟩ *Haus, Laden* zumachen

closed ADJ geschlossen; *Straße* gesperrt; **behind ~ doors** hinter verschlossenen Türen; **"closed"** „geschlossen"; **sorry, we're ~** tut uns leid, wir haben geschlossen; **~ circuit** ELEK geschlossener Stromkreis
closed-circuit television [ˌkləʊzd͵sɜːkɪtˈtelɪvɪʒən] S̲ Videoüberwachung *f*, Überwachungskamera *f* **closedown** [ˈkləʊzdaʊn] S̲ *eines Geschäfts* Schließung *f*; *einer Fabrik* Stilllegung *f* **closed shop** S̲ **we have a ~** wir haben Gewerkschaftszwang
close-fitting [kləʊs-] ADJ eng anliegend **close-knit** [kləʊs-] ADJ ⟨*komp* closer-knit⟩ *Gemeinschaft* eng *od* fest zusammengewachsen **closely** [ˈkləʊslɪ] ADV **1** eng; *verwandt* nah(e); *folgen, zeitlich* dicht; **he was ~ followed by a policeman** ein Polizist ging dicht hinter ihm; **the match was ~ contested** der Spielausgang war hart umkämpft **2** *zuhören* genau, sorgfältig; **a ~-guarded secret** ein streng gehütetes Geheimnis **closeness** [ˈkləʊsnɪs] S̲ **1** Nähe *f* **2** *fig von Freundschaft* Innigkeit *f* **close-run** ADJ ⟨*komp* closer-run⟩ **it was a ~ thing** es war eine knappe Sache **close season** S̲ **1** FUSSB Saisonpause *f* **2** *Angeln, a.* JAGD Schonzeit *f* **close-set** ADJ ⟨*komp* closer-set⟩ *Augen* eng zusammenste-

hend
★**closet** [ˈklɒzɪt] S̲ Wandschrank *m*, Wandkasten *m österr, schweiz*; US Kleiderschrank *m*; **to come out of the ~** *fig* sich outen

closet ≠ Klossett		
closet US	=	Kleiderschrank
Klosett	=	**toilet**

close-up [ˈkləʊsʌp] S̲ Nahaufnahme *f*; **in ~** in Nahaufnahme; *Gesicht* in Großaufnahme
closing [ˈkləʊzɪŋ] **A** S̲ Schließung *f*; *von Fabrik: auf Dauer* Stilllegung *f* **B** ADJ **1** *Bemerkungen* abschließend; **~ arguments** JUR Schlussplädoyers *pl* **2** BÖRSE **~ prices** Schlusskurse *pl* **closing date** S̲ *bei Preisausschreiben, Bewerbungen* Einsendeschluss *m*; *für Kurs etc* Anmeldeschluss *m* **closing-down sale** [ˌkləʊzɪŋˈdaʊnseɪl] S̲ HANDEL Räumungsverkauf *m* **closing time** S̲ Ladenschluss *m*; *Br von Kneipe* Sperrstunde *f*
closure [ˈkləʊʒəʳ] S̲ Schließung *f*; *von Straße* Sperrung *f*
clot [klɒt] **A** S̲ (Blut)gerinnsel *n* **B** V/I *Blut* gerinnen
★**cloth** [klɒθ] S̲ **1** Stoff *m* **2** Tuch *n*, Lappen *m* **3** Tischdecke *f*
clothe [kləʊð] V/T ⟨*prät, pperf* clothed, clad⟩ bekleiden
★**clothes** [kləʊðz] PL Kleider *pl*; Kleidung *f*; **his mother still washes his ~** seine Mutter macht ihm immer noch die Wäsche; **with one's ~ on/off** an-/ausgezogen; **to put on/take off one's ~** sich an-/ausziehen **clothes basket** S̲ Wäschekorb *m* **clothes brush** S̲ Kleiderbürste *f* **clothes hanger** S̲ Kleiderbügel *m* **clothes horse** *Br* S̲ Wäscheständer *m* **clothes line** S̲ Wäscheleine *f* **clothes peg** S̲, **clothes pin** *US* S̲ Wäscheklammer *f* **clothes shop** S̲ Bekleidungsgeschäft *n* **clothing** [ˈkləʊðɪŋ] S̲ Kleidung *f*, Gewand *n österr*
clotted cream [ˈklɒtɪdˈkriːm] S̲ dicke Sahne (*aus erhitzter Milch*)
★**cloud** [klaʊd] **A** S̲ Wolke *f*; *von Rauch* Schwaden *m*; IT Cloud *f*; **to have one's head in the ~s** in höheren Regionen schweben; **to be on ~ nine** *umg* im

siebten Himmel schweben *umg*; **every ~ has a silver lining** *sprichw* kein Unglück ist so groß, es hat sein Glück im Schoß *sprichw* **B** *V/T fig* trüben; **to ~ the issue** die Angelegenheit verschleiern ♦**cloud over** *V/I* Himmel sich bewölken

cloudburst *S* Wolkenbruch *m* **cloud computing** *S* IT Zugriff *m* auf IT-Infrastrukturen über ein nicht lokales Netzwerk Cloud-Computing *n* **cloud-cuckoo-land** *S* **you're living in ~** du lebst auf dem Mond *umg* **cloudless** *ADJ* wolkenlos **cloudy** ['klaʊdɪ] *ADJ* ⟨*komp* cloudier⟩ **1** Himmel bewölkt; **it's getting ~** es bewölkt sich **2** Flüssigkeit etc trüb

clout [klaʊt] **A** *S* **1** *umg* Schlag *m*; **to give sb a ~** jm eine runterhauen *umg* **2** *politisch* Schlagkraft *f* **B** *V/T umg* hauen *umg*

clove [kləʊv] *S* **1** Gewürznelke *f* **2** **~ of garlic** Knoblauchzehe *f*

clover ['kləʊvəʳ] *S* Klee *m*

clown [klaʊn] **A** *S* Clown *m*; *pej umg* Trottel *m*; **to act the ~** den Clown spielen **B** *V/I* (*a.* **clown about** *or* **around**) herumblödeln *umg*

★**club** [klʌb] **A** *S* **1** (≈ *Waffe*) Knüppel *m* **2** Golfschläger *m* **3** **~s** *pl* KART Kreuz *n*; **the nine of ~s** die Kreuzneun *f* **4** Klub *m*, Verein *m*; (≈ *Nachtklub*) Klub *m*; FUSSB Verein *m*; **join the ~!** *umg* willkommen im Klub!; **the London ~ scene** das Nachtleben *n* von London **B** *V/T* einknüppeln auf (+*akk*) **C** *V/I* **to go ~bing** clubben gehen, in die Disco/in einen Klub gehen ♦**club together** *Br V/I* zusammenlegen

clubhouse *S* Klubhaus *n* **club member** *S* Vereins- *od* Klubmitglied *n*

cluck [klʌk] *V/I* gackern

clue [kluː] *S* Anhaltspunkt *m*; *in Kreuzworträtsel* Frage *f*; **to find a/the ~ to sth** den Schlüssel zu etw finden; **I'll give you a ~** ich gebe dir einen Tipp; **I haven't a ~!** (ich hab) keine Ahnung! ♦**clue up** *umg V/T* ⟨*trennb*⟩ **to be clued up on** *od* **about sth** über etw (*akk*) im Bilde sein, mit etw vertraut sein **clueless** *umg ADJ* ahnungslos

clump [klʌmp] *S* *von Bäumen* Gruppe *f*; *von Erde* Klumpen *m* **B** *V/I* trampeln **clumsily** ['klʌmzɪlɪ] *ADV* ungeschickt, schwerfällig **clumsiness** *S* Unge-

schicklichkeit *f*, Schwerfälligkeit *f* **clumsy** ['klʌmzɪ] *ADJ* ⟨*komp* clumsier⟩ **1** ungeschickt, schwerfällig **2** Fehler dumm

clung [klʌŋ] *PRÄT & PPERF* → cling

clunk [klʌŋk] *S* dumpfes Geräusch

cluster ['klʌstəʳ] **A** *S* Gruppe *f* **B** *V/I* Menschen sich drängen *od* scharen

clutch [klʌtʃ] **A** *S* **1** AUTO Kupplung *f*; **to let in/out the ~** die ein-/auskuppeln **2** *fig* **to fall into sb's ~es** jm in die Hände fallen **B** *V/T* umklammern, umklammert halten ♦**clutch at** *wörtl V/I* ⟨+*obj*⟩ schnappen nach (+*dat*); *fig* sich klammern an (+*akk*)

clutter ['klʌtəʳ] **A** *S* Durcheinander *n* **B** *V/T* (*a.* **clutter up**) zu voll machen *umg*, zu voll stellen; **to be ~ed with sth** Kopf, Zimmer, Schublade mit etw vollgestopft sein; *Boden, Schreibtisch* mit etw übersät sein

cm *ABK* (= centimetres) cm

CMS *ABK* (= content management system) IT Content-Management-System *n*

CO *ABK* (= Commanding Officer) befehlshabender Offizier

Co *ABK* (= county) *Br* Grafschaft *f*

co- [kəʊ-] *PRÄF* mit-, mit-

c/o *ABK* (= care of) bei, c/o

★**coach** [kəʊtʃ] **A** *S* **1** Kutsche *f* **2** BAHN (Eisenbahn)wagen *m* **3** *Br* (Reise)bus *m*; **by ~** mit dem Bus; **~ travel/journeys** Busreisen *pl*; **~ driver** Busfahrer *m* **4** SPORT Trainer *m* **B** *V/T* SPORT trainieren **2** **to ~ sb for an exam** jn aufs Examen vorbereiten **coaching** ['kəʊtʃɪŋ] *S* SPORT Training *n*; SCHULE Nachhilfe *f* **coachload** *Br S* → busload **coach party** *Br S* Busreisegruppe *f* **coach station** *Br S* Busbahnhof *m* **coach tour** *Br S* Busreise *f* (**of** durch) **coach trip** *Br S* Busfahrt *f*

coagulate [kəʊ'æɡjʊleɪt] *V/I* Blut gerinnen; *Milch* dick werden

★**coal** [kəʊl] *S* Kohle *f*

coalesce [ˌkəʊə'les] *fig V/I* sich vereinigen

coalface *Br S* Streb *m* **coal fire** *S* Kamin *m* **coal-fired** *ADJ* Kohle(n)-; **~ power station** Kohlekraftwerk *n*

coalition [ˌkəʊə'lɪʃən] *S* Koalition *f*; **~ agreement** Koalitionsvereinbarung *f*; **~ government** Koalitionsregierung *f*

coal mine *S* Zeche *f* **coal miner** *S*

Bergmann m **coal-mining** ⸤ Kohle(n)-bergbau m
coarse [kɔːs] ADJ ⟨komp coarser⟩ **1** grob **2** (≈ ordinär) gewöhnlich; Witz derb **coarsen** ['kɔːsn] V/T Haut gerben **coarseness** ['kɔːsnɪs] ⸤ **1** Grobheit f **2** fig (≈ Vulgarität) Gewöhnlichkeit f; von Benehmen Grobheit f; von Witz Unanständigkeit f; von Ausdrucksweise Derbheit f
★**coast** [kəʊst] A ⸤ Küste f; on the ~ am Meer; **we're going to the ~** wir fahren ans Meer; **the ~ is clear** fig die Luft ist rein B V/I **1** Auto, Radfahrer (im Leerlauf) fahren **2** fig to be ~ing along mühelos vorankommen **coastal** ['kəʊstəl] ADJ Küsten-; ~ **traffic** Küstenschifffahrt f
coaster ['kəʊstə'] ⸤ Untersetzer m
coastguard ⸤ Küstenwache f **coastline** ⸤ Küste f
★**coat** [kəʊt] A ⸤ **1** Mantel m **2** Wappenkunde ~ **of arms** Wappen n **3** von Tier Fell n **4** von Lack etc Anstrich m; to give sth a second ~ etw noch einmal streichen B V/T mit Lack etc streichen; to be ~ed with mud mit einer Schmutzschicht überzogen sein **coat hanger** ⸤ Kleiderbügel m **coat hook** ⸤ Kleiderhaken m **coating** ['kəʊtɪŋ] ⸤ Überzug m **coat rack** ⸤ (Wand)garderobe f **coat stand** ⸤ Garderobenständer m
co-author ['kəʊ,ɔːθə'] ⸤ Mitautor(in) m(f)
coax [kəʊks] V/T überreden; to ~ sb into doing sth j-n beschwatzen, etw zu tun umg; to ~ sth out of sb j-m etw entlocken
cob [kɒb] ⸤ corn on the cob Maiskolben m
cobble ['kɒbl] A ⸤ (a. cobblestone) Kopfstein m B V/T a ~d street eine Straße mit Kopfsteinpflaster ◆**cobble together** umg V/T ⟨trennb⟩ zusammenschustern umg
cobbler ['kɒblə'] ⸤ Schuster m
cobblestone ['kɒblstəʊn] ⸤ Kopfstein m
COBOL ['kəʊbɒl] ABK (= common business oriented language) COBOL
cobweb ['kɒbwɛb] ⸤ Spinnennetz n; a brisk walk will blow away the ~s fig ein ordentlicher Spaziergang und man hat wieder einen klaren Kopf
cocaine [kə'keɪn] ⸤ Kokain n

cochineal ['kɒtʃɪniːl] ⸤ Koschenille f
★**cock** [kɒk] A ⸤ **1** Hahn m **2** (≈ Vogel) allg. Männchen n **3** sl (≈ Penis) Schwanz m sl B V/T Ohren spitzen ◆**cock up** Br umg V/T ⟨trennb⟩ versauen umg
cock-a-doodle-doo ⸤ ⟨pl -s⟩ Kikeriki n **cock-a-hoop** ADJ ganz aus dem Häuschen **cock-a-leekie (soup)** ⸤ Lauchsuppe f mit Huhn
cockatiel [,kɒkə'tiːl] ⸤ Nymphensittich m
cockatoo [,kɒkə'tuː] ⸤ ⟨pl -s⟩ Kakadu m
cockerel ['kɒkərəl] ⸤ junger Hahn **cockeyed** ['kɒkaɪd] umg ADJ schief **cockily** ['kɒkɪlɪ] umg ADV großspurig **cockle** ['kɒkl] ⸤ Herzmuschel f
cockney ['kɒknɪ] A ⸤ **1** (≈ Dialekt) Cockney n **2** (≈ Mensch) Cockney m B ADJ Cockney-
cockpit ['kɒkpɪt] ⸤ Cockpit n
cockroach ['kɒkrəʊtʃ] ⸤ Kakerlak m
cocktail ['kɒkteɪl] ⸤ Cocktail m **cocktail bar** ⸤ Cocktailbar f **cocktail cabinet** ⸤ Hausbar f **cocktail lounge** ⸤ Cocktailbar f **cocktail stick** ⸤ Cocktailspieß m **cocktail waiter** bes US ⸤ Getränkekellner m **cocktail waitress** bes US ⸤ Getränkekellnerin f
cockup ['kɒkʌp] Br umg ⸤ to be a ~ in die Hose gehen umg; to make a ~ of sth bei od mit etw Scheiße bauen umg **cocky** ['kɒkɪ] ADJ ⟨komp cockier⟩ großspurig
cocoa ['kəʊkəʊ] ⸤ Kakao m
coconut ['kəʊkənʌt] A ⸤ Kokosnuss f B ADJ ⟨attr⟩ Kokos- **coconut oil** ⸤ Kokosöl n
cocoon [kə'kuːn] A ⸤ Kokon m B V/T einhüllen
COD ABK (= cash on delivery Br, collect on delivery US) per Nachnahme
cod [kɒd] ⸤ ⟨pl -⟩ Kabeljau m
code [kəʊd] A ⸤ **1** a. IT Code m; **in ~** verschlüsselt; to put into ~ verschlüsseln **2** (≈ Regeln) Kodex m; ~ **of conduct** Verhaltenskodex m; ~ **of practice** Verfahrensregeln pl **3** TEL Vorwahl f **4** post ~ Br, zip ~ US Postleitzahl f B V/T verschlüsseln; IT codieren **coded** ['kəʊdɪd] ADJ **1** codiert **2** Hinweis versteckt; **in ~ language** in verschlüsselter od codierter Sprache
codeine ['kəʊdiːn] ⸤ Codein n

code name 5̲ Deckname m **code number** 5̲ Kennziffer f **co-determination** [ˌkəʊdɪtɜ:mɪˈneɪʃən] 5̲ IND Mitbestimmung f **code word** 5̲ Codewort n **coding** [ˈkəʊdɪŋ] 5̲ **1** Chiffrieren n; a **new ~ system** ein neues Chiffriersystem **2** IT Codierung f, Codierungen pl

cod-liver oil [ˈkɒdlɪvərˌɔɪl] 5̲ Lebertran m

co-ed, coed [ˈkəʊˈed] **A** 5̲ Br umg gemischte Schule **B** ADJ gemischt, für Mädchen und Jungen **coeducational** [ˈkəʊˌedjʊˈkeɪʃənl] ADJ Schule gemischt, für Mädchen und Jungen, Koedukations-

coerce [kəʊˈɜ:s] VT zwingen; **to ~ sb into doing sth** j-n dazu zwingen, etw zu tun **coercion** [kəʊˈɜ:ʃən] 5̲ Zwang m

coexist [ˌkəʊɪgˈzɪst] VI nebeneinander bestehen; **to ~ with** od **alongside sb/sth** neben j-m/etw bestehen **coexistence** [ˌkəʊɪgˈzɪstəns] 5̲ Koexistenz f

C of E ABK (= Church of England) anglikanische Kirche

★**coffee** [ˈkɒfɪ] 5̲ Kaffee m; **two ~s, please** zwei Kaffee, bitte **coffee bar** 5̲ Café n, Kaffeehaus n österr **coffee bean** 5̲ Kaffeebohne f **coffee break** 5̲ Kaffeepause f **coffee capsule** 5̲ Kaffeekapsel f **coffee capsule machine** 5̲ Kaffeekapselmaschine f **coffee cup** 5̲ Kaffeetasse f **coffee filter** 5̲ Kaffeefilter m **coffee grinder** 5̲ Kaffeemühle f **coffee grounds** PL Kaffeesatz m **coffee machine** 5̲ **1** Br Kaffeemaschine f **2** gegen Geldeinwurf Kaffeeautomat m **coffee maker** 5̲ Kaffeemaschine f **coffee mill** 5̲ Kaffeemühle f **coffee pad** 5̲ Kaffeepad n **coffee pad machine** 5̲ Kaffeepadmaschine f **coffee pod** 5̲ aus Papier Kaffeepad n; aus Plastik Kaffeekapsel f **coffee pod machine** 5̲ Kaffeeautomat m **coffeepot** 5̲ Kaffeekanne f **coffee shop** 5̲ Café n, Kaffeehaus n österr; Imbissstube f **coffee table** 5̲ Couchtisch m **coffee-table** ADJ ~ **book** Bildband m

coffer [ˈkɒfər] fig 5̲ the **~s** pl das Geldsäckel

coffin [ˈkɒfɪn] 5̲ Sarg m

cog [kɒg] 5̲ TECH Zahn m, Zahnrad n; **he's only a cog in the machine** fig er ist nur ein Rädchen im Getriebe

cognac [ˈkɒnjæk] 5̲ Kognak m; französisch Cognac® m

cognate [ˈkɒgneɪt] ADJ verwandt

cognitive [ˈkɒgnɪtɪv] ADJ kognitiv

cognoscenti [ˌkɒgnəʊˈʃenti:] PL Kenner pl

cogwheel 5̲ Zahnrad n

cohabit [kəʊˈhæbɪt] VI zusammenleben

cohere [kəʊˈhɪər] VI **1** wörtl zusammenhängen **2** fig Gemeinschaft eine Einheit bilden; **Argumente etc** kohärent sein **coherence** [kəʊˈhɪərəns] 5̲ von Argumenten Kohärenz f; **his speech lacked ~** seiner Rede (dat) fehlte der Zusammenhang **coherent** [kəʊˈhɪərənt] ADJ **1** zusammenhängend **2** Logik, Argumente schlüssig, kohärent **coherently** [kəʊˈhɪərəntlɪ] ADV **1** zusammenhängend **2** kohärent **cohesion** [kəʊˈhi:ʒən] 5̲ von Gruppe Zusammenhalt m

coiffure [kwɒˈfjʊər] 5̲ Haartracht f

coil [kɔɪl] **A** 5̲ von Seil etc Rolle f; von Rauch Kringel m; von Haaren Kranz m **2** ELEK Spule f **3** (≈ Verhütungsmittel) Spirale f **B** VT aufwickeln; **to ~ sth round sth** etw um etw wickeln

★**coin** [kɔɪn] **A** 5̲ Münze f, Geldstück n; **the other side of the ~** fig die Kehrseite der Medaille; **they are two sides of the same ~** das sind zwei Seiten derselben Sache **B** VT Ausdruck prägen; **..., to coin a phrase ...**, um mich ganz originell auszudrücken **coinage** [ˈkɔɪnɪdʒ] 5̲ Währung f **coin box** 5̲ Münzfernsprecher m

coincide [ˌkəʊɪnˈsaɪd] VI **1** örtlich, zeitlich zusammenfallen **2** übereinstimmen; **the two concerts ~** die beiden Konzerte finden zur gleichen Zeit statt **coincidence** [kəʊˈɪnsɪdəns] 5̲ Zufall m; **what a ~!** welch ein Zufall! **coincidental** ADJ, **coincidentally** [kəʊˌɪnsɪˈdentl, -təlɪ] ADV zufällig

coin-operated [ˈkɔɪnˈɒpəreɪtɪd] ADJ Münz-; **~ machine** Münzautomat m

Coke® [kəʊk] umg 5̲ (≈ Coca-)Cola® f

coke 5̲ umg (≈ Kokain) Koks m umg

Col ABK (= Colonel) Oberst m

col ABK (= column) Sp.

colander [ˈkʌləndər] 5̲ Sieb n

★**cold** [kəʊld] **A** ADJ (+er) **1** kalt; **I am ~** mir ist kalt; **my hands are ~** ich habe kalte Hände; **if you get ~** wenn es dir zu kalt wird; **in ~ blood** kaltblütig; **to get ~ feet** fig umg kalte Füße kriegen *umg;* **that brought him out in a ~ sweat** dabei brach ihm der kalte Schweiß aus; **to throw ~ water on sb's plans** *umg* j-m eine kalte Dusche geben **2** *fig* kalt; *Empfang betont* kühl; (≈ *leidenschaftslos*) kühl; **to be ~ to sb** j-n kühl behandeln; **that leaves me ~** das lässt mich kalt **3** *umg* **to be out ~** bewusstlos sein, k. o. sein **B** $\overline{\underline{S}}$ **1** Kälte *f;* **to feel the ~** kälteempfindlich sein; **to be left out in the ~** *fig* ausgeschlossen werden **2** MED Erkältung *f,* Schnupfen *m;* **to have a ~** erkältet sein, einen Schnupfen haben; **to catch (a) ~** sich erkälten **cold-blooded** ADJ ZOOL, *a. fig* kaltblütig **cold calling** $\overline{\underline{S}}$ HANDEL unaufgeforderte Telefonwerbung **cold cuts** *US* $\overline{\underline{PL}}$ Aufschnitt *m* **cold-hearted** ADJ kaltherzig **coldly** ADV kalt; *Antwort, Empfang betont* kühl **coldness** $\overline{\underline{S}}$ Kälte *f; von Antwort, Empfang* betonte Kühle **cold remedy** $\overline{\underline{S}}$ Erkältungsmittel *n* **cold room** $\overline{\underline{S}}$ Kühlraum *m* **cold shoulder** *umg* $\overline{\underline{S}}$ **to give sb the ~** j-m die kalte Schulter zeigen **cold sore** $\overline{\underline{S}}$ MED Herpes *m;* Bläschenausschlag *m* **cold start** $\overline{\underline{S}}$ AUTO, IT Kaltstart *m* **cold storage** $\overline{\underline{S}}$ Kühllagerung *f* **cold turkey** *umg* **A** ADJ **a ~ cure** ein kalter Entzug *sl* **B** ADV **to come off drugs** ~ einen kalten Entzug machen *sl* **cold war** $\overline{\underline{S}}$ Kalter Krieg **coleslaw** [ˈkəʊlslɔː] $\overline{\underline{S}}$ Krautsalat *m* **colic** [ˈkɒlɪk] $\overline{\underline{S}}$ Kolik *f* **collaborate** [kəˈlæbəreɪt] $\overline{VI}$ **1** **to ~ with sb on** *sth* in *sth* mit j-m bei etw zusammenarbeiten **2** *mit Feind* kollaborieren **collaboration** [kə͵læbəˈreɪʃən] $\overline{\underline{S}}$ **1** Zusammenarbeit *f,* Mitarbeit *f* **2** *mit Feind* Kollaboration *f* **collaborative** [kəˈlæbərətɪv] ADJ gemeinschaftlich **collaborator** [kəˈlæbəreɪtə] $\overline{\underline{S}}$ **1** Mitarbeiter(in) *m(f)* **2** *mit Feind* Kollaborateur(in) *m(f)* **collage** [kɒˈlɑːʒ] $\overline{\underline{S}}$ Collage *f* **collagen** [ˈkɒlədʒən] $\overline{\underline{S}}$ MED Kollagen *n* **collapse** [kəˈlæps] **A** $\overline{VI}$ **1** zusammenbrechen; *Verhandlungen* scheitern; *Preise, Regierung* stürzen; **they all ~d with laughter** sie konnten sich alle vor Lachen nicht mehr halten; **she ~d onto her bed, exhausted** sie plumpste erschöpft aufs Bett **2** *Tisch* sich zusammenklappen lassen **B** $\overline{\underline{S}}$ Zusammen-

bruch *m; von Verhandlungen* Scheitern *n; von Regierung* Sturz *m* **collapsible** [kəˈlæpsəbl] ADJ *Tisch* zusammenklappbar; **~ umbrella** Taschenschirm *m*

★**collar** [ˈkɒlə] **A** $\overline{\underline{S}}$ **1** Kragen *m;* **he got hold of him by the ~** er packte ihn am Kragen **2** *für Hund* Halsband *n* **B** $\overline{VT}$ fassen **collarbone** [ˈkɒləˈbəʊn] $\overline{\underline{S}}$ Schlüsselbein *n* **collar size** $\overline{\underline{S}}$ Kragenweite *f*

collate [kɒˈleɪt] $\overline{VT}$ zusammentragen **collateral** [kɒˈlætərəl] $\overline{\underline{S}}$ FIN (zusätzliche) Sicherheit **collateral damage** $\overline{\underline{S}}$ MIL, POL Kollateralschaden *m*

★**colleague** [ˈkɒliːg] $\overline{\underline{S}}$ Kollege *m,* Kollegin *f,* Mitarbeiter(in) *m(f)*

★**collect** [kəˈlekt] **A** $\overline{VT}$ **1** sammeln; *leere Gläser* einsammeln; *Abfall* aufsammeln; *Preis* bekommen; *Hab und Gut* zusammenpacken; *Steuern* einziehen; *Fahrgeld* kassieren; (≈ *akkumulieren*) ansammeln; *Staub* anziehen; *abholen* (**from** bei) **B** $\overline{VI}$ **1** sich ansammeln; *Staub* sich absetzen **2** kassieren; *für Wohlfahrt* sammeln **C** ADV *US* **to pay ~** bei Empfang bezahlen; **to call ~** ein R-Gespräch führen ★**collect up** ADV *〈trennb〉* einsammeln; *Abfall* aufsammeln; *Hab und Gut* zusammenpacken

collect call *US* $\overline{\underline{S}}$ R-Gespräch *n* **collected** ADJ **1** **the ~ works of Oscar Wilde** Oscar Wildes gesammelte Werke **2** ruhig

★**collection** [kəˈlekʃən] $\overline{\underline{S}}$ **1** *von Menschen, Dingen* Ansammlung *f; von Briefmarken, Kunstwerken* Sammlung *f* **2** *von Briefkasten* Leerung *f; für Wohlfahrt* Sammlung *f; in Kirche* Kollekte *f;* **to hold a ~ for sb/sth** für j-n/etw eine Sammlung durchführen **collective** [kəˈlektɪv] ADJ kollektiv **collective bargaining** $\overline{\underline{S}}$ Tarifverhandlungen *pl* **collectively** [kəˈlektɪvlɪ] ADV gemeinsam **collective noun** $\overline{\underline{S}}$ GRAM Kollektivum *n* **collector** [kəˈlektə] $\overline{\underline{S}}$ Sammler(in) *m(f);* **~'s** Stück Sammler-

★**college** [ˈkɒlɪdʒ] $\overline{\underline{S}}$ **1** College *n;* **to go to ~, to be at ~** studieren; **to start ~** sein Studium beginnen; **we met at ~** wir haben uns im Studium kennengelernt **2** *für Musik etc* Fachhochschule *f;* **College of Art** Kunstakademie *f* **collegiate** [kəˈliːdʒɪɪt] ADJ College-; **~ life** das Collegeleben

collide [kə'laɪd] *wörtl* Vʃ zusammenstoßen; SCHIFF kollidieren; **to ~ with sb** mit j-m zusammenstoßen; **to ~ with sth** gegen etw prallen

colliery ['kɒljəri] S̱ Zeche f

collision [kə'lɪʒən] *wörtl* S̱ Zusammenstoß m; *fig* Konflikt m; SCHIFF Kollision f; **on a ~ course** auf Kollisionskurs

colloquial [kə'ləukwiəl] ADJ umgangssprachlich **colloquialism** [kə'ləukwiəlɪzəm] S̱ umgangssprachlicher Ausdruck

collude [kə'luːd] Vʃ gemeinsame Sache machen **collusion** [kə'luːʒən] S̱ (geheime) Absprache; **they're acting in ~** sie haben sich abgesprochen

Cologne [kə'ləun] S̱ Köln n

cologne [kə'ləun] S̱ Kölnischwasser n

colon¹ ['kəulən] S̱ ANAT Dickdarm m

colon² S̱ GRAM Doppelpunkt m

colonel ['kɜːnl] S̱ Oberst m; *als Anrede* Herr Oberst

colonial [kə'ləuniəl] ADJ Kolonial-, kolonial **colonialism** [kə'ləuniəlɪzəm] S̱ Kolonialismus m **colonialist** [kə'ləuniəlɪst] A ADJ kolonialistisch B S̱ Kolonialist(in) m(f)

colonist ['kɒlənɪst] S̱ Siedler(in) m(f) **colonization** [ˌkɒlənaɪ'zeɪʃən] S̱ Kolonisation f **colonize** ['kɒlənaɪz] Vʃ kolonisieren

colonnade [ˌkɒlə'neɪd] S̱ Säulengang m

★colony ['kɒləni] S̱ Kolonie f

★color *etc* US → colour

colossal [kə'lɒsl] ADJ gewaltig, *Fehler* ungeheuer; *Mann, Stadt* riesig

colostomy [kə'lɒstəmi] S̱ MED Kolostomie f **~ bag** Kolostomiebeutel m

★colour ['kʌlər], color US A S̱ 1 Farbe f; **what ~ is it?** welche Farbe hat es?; **red in ~** rot; **the movie was in ~** der Film war in Farbe; **~ illustration** farbige Illustration; **to add ~ to a story** einer Geschichte (dat) Farbe geben 2 (Gesichts)farbe f; **to bring the ~ back to sb's cheeks** j-m wieder Farbe geben; **he had gone a funny ~** er nahm eine komische Farbe an 3 Hautfarbe f; **people of ~** Farbige pl 4 **~s** pl SPORT (Sport)abzeichen n; **to show one's true ~s** *fig* sein wahres Gesicht zeigen B Vʃ 1 anmalen; KUNST kolorieren; *mit Farbstoff* färben 2 *fig* beeinflussen C Vʃ *Mensch a.* **~ up** erröten ◆colour in Vʃ ⟨trennb⟩ anmalen; KUNST kolorieren

colourant ['kʌlərənt] S̱, colorant US S̱ Farbstoff m **colour-blind** ADJ, **color-blind** US ADJ farbenblind **colour--code** Vʃ, **color-code** US Vʃ farbig kennzeichnen *od* codieren **coloured** ['kʌləd], **colored** US 1 **bunt** 2 *pej Mensch* farbig **-coloured** ADJ ⟨suf⟩, **-colored** US **yellow-coloured** gelb; **straw-coloured** strohfarben **colourfast** ['kʌləfɑːst] ADJ, **colorfast** US ADJ farbecht **colourful** ADJ, **colorful** US 1 *wörtl* bunt; *Anblick* farbenprächtig, farbenfroh 2 *fig Darstellung etc* farbig; *Leben* (bunt) bewegt; *Persönlichkeit* (bunt) schillernd; **his ~ past** seine bewegte Vergangenheit 3 *euph Sprache* derb **colourfully** ADV, **colorfully** US ADV bunt **colouring** ['kʌlərɪŋ] S̱, **coloring** US S̱ 1 Farbstoff m 2 Farben pl **colouring book** S̱, **coloring book** US S̱ Malbuch n ◆colourless ['kʌləlɪs] ADJ, **colorless** US ADJ farblos **colour photograph** S̱, **color photograph** US S̱ Farbfoto n **colour printer** S̱, **color printer** US S̱ Farbdrucker m **colour scheme** S̱, **color scheme** US S̱ Farbzusammenstellung f **colour supplement** S̱, **color supplement** US S̱ Magazin n **colour television** S̱, **color television** US S̱ Farbfernsehen n, Farbfernseher m

colt [kəult] S̱ Hengstfohlen n

Co Ltd ABK (= company limited) GmBH f

Columbus Day US S̱ amerikanischer Feiertag am zweiten Montag im Oktober, an dem die Entdeckung Amerikas durch Kolumbus gefeiert wird

column ['kɒləm] S̱ 1 ARCH, *a. von Rauch* Säule f 2 *von Fahrzeugen* Kolonne f; *auf gedruckter Seite* Spalte f; (≈ *Zeitungsartikel*) Kolumne f **columnist** ['kɒləmnɪst] S̱ Kolumnist(in) m(f)

coma ['kəumə] S̱ Koma n; **to be in a ~** im Koma liegen; **to fall** *od* **go into a ~** ins Koma fallen

★comb [kəum] A S̱ 1 Kamm m 2 **to give one's hair a ~** sich kämmen B Vʃ 1 *Haare* kämmen; **to ~ one's hair** sich kämmen 2 durchkämmen; *Zeitungen* durchforsten ◆comb out Vʃ ⟨trennb⟩ *Haare* auskämmen ◆comb through Vʃ ⟨+obj⟩ *Dateien etc* durchgehen; *Läden* durchstöbern

combat ['kɒmbæt] **A** $\overline{S}$ Kampf *m* **B** $\overline{V/T}$ bekämpfen **combatant** ['kɒmbətənt] $\overline{S}$ Kombattant *m* **combative** ['kɒmbətɪv] **ADJ** kämpferisch, aggressiv **combat jacket** $\overline{S}$ Feldjacke *f* **combats** *Br* **PL** Armeehose *f* **combat troops** **PL** Kampftruppen *pl* **combat trousers** *Br* **PL** Armeehose *f*

combination [ˌkɒmbɪ'neɪʃən] $\overline{S}$ Kombination *f*, Vereinigung *f*; *von Ereignissen* Verkettung *f*; **in ~** zusammen, gemeinsam; **an unusual colour ~** eine ungewöhnliche Farbzusammenstellung **combination lock** $\overline{S}$ Kombinationsschloss *n* **combination sandwich** *US* $\overline{S}$ gemischt belegtes Sandwich

★**combine** **A** [kəm'baɪn] $\overline{V/T}$ kombinieren, verbinden; *Zutaten* vermischen **B** [kəm-'baɪn] $\overline{V/I}$ sich zusammenschließen **C** ['kɒmbaɪn] $\overline{S}$ **1** WIRTSCH Konzern *m* **2** AGR *a.* **~ harvester** Mähdrescher *m*

combined [kəm'baɪnd] **ADJ** gemeinsam; *Anstrengungen* vereint; *Kräfte* vereinigt; **~ with** in Kombination mit

combustible [kəm'bʌstɪbl] **ADJ** brennbar **combustion** [kəm'bʌstʃən] $\overline{S}$ Verbrennung *f*

★**come** [kʌm] ⟨*prät* came; *pperf* come⟩ **A** $\overline{V/I}$ **1** kommen, reichen (**to** an/bis *+akk*); **they came to a town/castle** sie kamen in eine Stadt/zu einem Schloss; **would you like to ~?** möchtest du mitkommen?; **~ and get it!** (das) Essen ist fertig!; **I don't know whether I'm coming or going** ich weiß nicht (mehr), wo mir der Kopf steht *umg*; **~ and see me soon** besuchen Sie mich bald einmal; **he has ~ a long way** er hat einen weiten Weg hinter sich; *fig* er ist weit gekommen; **he came running into the room** er kam ins Zimmer gerannt; **he came hurrying/laughing into the room** er eilte/kam lachend ins Zimmer; **coming!** ich komme (gleich)!!; **Christmas is coming** bald ist Weihnachten; **May ~s before June** Mai kommt vor Juni; **the adjective must ~ before the noun** das Adjektiv muss vor dem Substantiv stehen; **the weeks to ~** die nächsten Wochen; **that must ~ first** das muss an erster Stelle kommen **2** geschehen; **~ what may** ganz gleich, was geschieht; **you could see it coming** das konnte man ja kommen sehen; **she had it com-**

ing (**to her**) *umg* sie hat es verdient **3** **how ~?** *umg* wieso?; **how ~ you're so late?** wieso kommst du so spät? **4** werden; **his dreams came true** seine Träume wurden wahr; **the handle has ~ loose** der Griff hat sich gelockert **5** HANDEL erhältlich sein; **milk now ~s in plastic bottles** es gibt jetzt Milch in Plastikflaschen **6** ⟨*+inf*⟩ **I have ~ to believe him** mittlerweile glaube ich ihm; **(now I) ~ to think of it** wenn ich es mir recht überlege **7** *umg* **I've known him for three years > January** im Januar kenne ich ihn drei Jahre; **~ again?** wie bitte?; **don't ~ the innocent with me** spielen Sie hier bloß nicht den Unschuldigen! ◆**come about** $\overline{V/I}$ ⟨*unpers*⟩ passieren; **this is why it came about** das ist so gekommen ◆**come across** **A** $\overline{V/I}$ **1** herüberkommen **2** verstanden werden **3** wirken; **he wants to come across as a tough guy** er mimt gerne den starken Mann *umg* **B** $\overline{V/T}$ ⟨*+obj*⟩ treffen auf (*+akk*); **you come across my watch** … wenn du zufällig meine Uhr siehst ◆**come after** **A** $\overline{V/I}$ ⟨*+obj*⟩ **1** **the noun comes after the verb** das Substantiv steht nach dem Verb **2** herkommen hinter (*+dat*) **3** nachkommen **B** $\overline{V/T}$ nachkommen ◆**come along** $\overline{V/I}$ **1** (≈ *sich beeilen*) *a.* **come on** kommen **2** mitkommen; **come along with me** kommen Sie mal (bitte) mit **3** **to be coming along, to be coming on** sich (gut) machen; **how is your broken arm? — it's coming along nicely** was macht dein gebrochener Arm? — dem geht's ganz gut **4** (≈ *erscheinen*) kommen, sich ergeben ◆**come apart** $\overline{V/I}$ auseinanderfallen, zerlegbar sein ◆**come (a)round** $\overline{V/I}$ **1** **the road was blocked and we had to come (a)round by the farm** die Straße war blockiert, sodass wir einen Umweg über den Bauernhof machen mussten **2** vorbeikommen **3** es sich (*dat*) anders überlegen, einlenken; **eventually he came (a)round to our way of thinking** schließlich machte er sich (*dat*) unsere Denkungsart zu eigen **4** wieder zu sich (*dat*) kommen ◆**come at** $\overline{V/I}$ ⟨*+obj*⟩

(≈*angreifen*) *j-n* losgehen auf (+*akk*) ◆**come away** ▼/i **1** (weg)gehen; **come away with me for a few days** fahr doch ein paar Tage mit mir weg!; **come away from there!** komm da weg! **2** (≈*sich lösen*) abgehen ◆**come back** ▼/i **1** zurückkommen, zurückfahren; **to come back to sth** auf etw (*akk*) zurückkommen; **can I come back to you on that one?** kann ich später darauf zurückkommen?; **the colour is coming back to her cheeks** langsam bekommt sie wieder Farbe **2** **his name is coming back to me** langsam erinnere ich mich wieder an seinen Namen; **ah yes, it's all coming back** ach ja, jetzt fällt mir alles wieder ein; **they came back into the game with a superb goal** sie fanden mit einem wunderbaren Tor ins Spielgeschehen zurück ◆**come before** ▼/t JUR gebracht werden vor (+*akk*) ◆**come between** ▼/i (+*obj*) *Liebespaar* treten zwischen (+*akk*) ◆**come by** Ⓐ ▼/i (+*obj*) kriegen Ⓑ ▼/i (≈*besuchen*) vorbeikommen ◆**come close to** ▼/i (+*obj*) → come near to ◆**come down** ▼/i **1** herunterkommen; *Regen* fallen; **come down from there at once!** komm da sofort runter! **2** *Preise* sinken **3** (≈*abhängen von*) ankommen (**to** auf +*akk*); **when it comes down to it** letzten Endes **1** you've come down in the world a bit du bist aber ganz schön tief gesunken **5** reichen (**to** bis auf +*akk od* **zu**); **her hair comes down to her shoulders** die Haare gehen ihr bis auf die Schultern **6** *Tradition, Erzählung* überliefert werden ◆**come down on** ▼/i (+*obj*) **you've got to come down on one side or the other** du musst dich so oder so entscheiden ◆**come down with** ▼/i (+*obj*) *Krankheit* kriegen ◆**come for** ▼/i (+*obj*) **1** kommen wegen **2** abholen ◆**come forward** ▼/i **1** sich melden **2** **to come forward with help** Hilfe anbieten; **to come forward with a good suggestion** mit einem guten Vorschlag kommen ◆**come from** ▼/i **1** stammen aus; **where does he/it come from?** wo kommt er/das her?; **I know where you're coming from** umg ich weiß, was du meinst ◆**come in** ▼/i **1** (he)reinkommen; **come in!** herein! **2** ankommen **3** *Flut* kommen **4** *Meldung* *etc* hereinkommen; **a report has just come in of …** uns ist gerade eine Meldung über … zugegangen **5** **he came in fourth** er wurde Vierter **6** **he has £15,000 coming in every year** er hat £ 15.000 im Jahr **7** **where do I come in?** welche Rolle spiele ich dabei?; **that will come in handy** *umg*, **that will come in useful** das kann ich/man noch gut gebrauchen ◆**come in for** ▼/i (+*obj*) *Aufmerksamkeit* erregen; *Kritik* einstecken müssen ◆**come in on** ▼/i (+*obj*) *Vorhaben* sich beteiligen (**on** an +*dat*) ◆**come into** ▼/i (+*obj*) **1** erben **2** **I don't see where I come into all this** ich verstehe nicht, was ich mit der ganzen Sache zu tun habe; **to come into one's own** zeigen, was in einem steckt; **to come into being** entstehen; **to come into sb's possession** in *j-s* Besitz (*akk*) gelangen ◆**come near to** ▼/i (+*obj*) nahe kommen (+*dat*); **to come near to doing sth** drauf und dran sein, etw zu tun; **he came near to committing suicide** er war *od* stand kurz vor dem Selbstmord ◆**come of** ▼/i (+*obj*) **nothing came of it** es ist nichts daraus geworden; **that's what comes of disobeying!** das kommt davon, wenn man nicht hören will! ◆**come off** Ⓐ ▼/i *von Fahrrad etc* runterfallen **2** *Knopf, Lack* abgehen **3** *Flecken* weg- *od* rausgehen **4** stattfinden **5** *Versuch* klappen *umg* **6** *in Bezug auf Leistung* abschneiden; **he came off well in comparison to his brother** im Vergleich zu seinem Bruder ist er gut weggekommen Ⓑ ▼/i (+*obj*) **1** *Fahrrad etc* fallen von **2** *Knopf, Lack, Fleck* abgehen von **3** *Drogen, Medikamente* aufhören mit **4** *umg* **come off it!** nun mach mal halblang! *umg* ◆**come on** Ⓐ ▼/i **1** *Brit* → come on to **2** **come on!** komm schon!, na los! **3** **I've a cold coming on** ich kriege eine Erkältung **4** *Sendung* anfangen **5** SPORT ins Spiel kommen; THEAT auftreten Ⓑ ▼/i (+*obj*) → come upon ◆**come on to** *bes US umg* **1** anmachen *umg* ◆**come out** ▼/i **1** (he)rauskommen; *Haare* ausgehen; **to come out of a room** *etc* aus einem Zimmer *etc* kommen; **to come out fighting** *fig* sich kämpferisch geben; **he came out in a rash** er bekam einen Ausschlag; **to**

come out against/in favour of sth sich gegen/für etw aussprechen; **to come out of sth badly/well** bei etw schlecht/nicht schlecht wegkommen; **to come out on top** sich durchsetzen **2** *Buch* erscheinen; *Produkt* auf den Markt kommen; *Film* (in den Kinos) anlaufen; (≈ *Popularität erlangen*) bekannt werden **3** IND **to come out** (**on strike**) in den Streik treten **4** FOTO **the photo of the hills hasn't come out very well** das Foto von den Bergen ist nicht sehr gut geworden **5** *Splitter, Flecken etc* (he)rausgehen **6** (≈ *Summe*) betragen; **the total comes out at £500** das Ganze beläuft sich auf (+akk) £ 500, das Ganze macht £ 500 umg **7** sich outen ◆**come out with** umg VII ‹+obj› *Bemerkungen* loslassen umg ◆**come over** A VII **1** wörtl herüberkommen; **he came over to England** er kam nach England **2** vorbeikommen **3** **he came over to our side** er trat auf unsere Seite über **4** umg **I came over** (**all**) **queer** mir wurde ganz komisch umg B VII ‹+obj› *Gefühle* überkommen; **what's come over you?** was ist denn (auf einmal) mit dir los? ◆**come round** VII **1** vorbeikommen od -schauen **2** **Christmas has come round again** nun ist wieder Weihnachten **3** sich (dat) anders überlegen, wieder vernünftig werden umg **4** wieder zu sich kommen ◆**come through** A VII durchkommen; **your papers haven't come through yet** Ihre Papiere sind noch nicht fertig; **his divorce has come through** seine Scheidung ist durch umg B VII ‹+obj› *Krankheit, Gefahr* überstehen ◆**come to** A VII (a. **come to oneself**) wieder zu sich kommen B VII ‹+obj› **1** **that didn't come to anything** daraus ist nichts geworden **2** ‹unpers› **when it comes to mathematics ...** wenn es um Mathematik geht, ...; **let's hope it never comes to a court case** wollen wir hoffen, es nie zum Prozess kommt; **it comes to the same thing** das läuft auf dasselbe hinaus **3** *Preis, Rechnung* **how much does it come?** wie viel macht das?; **it comes to £20** es kommt auf £ 20 **4** **to come to a decision** zu einer Entscheidung kommen; **what is the world coming to!** wohin soll das noch

führen! ◆**come together** VII zusammenkommen ◆**come under** VII ‹+obj› *Kategorie* kommen unter (+akk) ◆**come up** VII **1** wörtl hochkommen; *Sonne, Mond* aufgehen; **do you come up to town often?** kommen Sie oft in die Stadt?; **he came up to me with a smile** er kam lächelnd auf mich zu **2** *Pflanzen* herauskommen **3** *zum Thema werden* aufkommen; *Name* erwähnt werden; **I'm afraid something has come up** ich bin leider verhindert **4** *Lottozahl etc* gewinnen; **to come up for sale** zum Verkauf kommen; **my contract will soon come up for renewal** mein Vertrag muss bald verlängert werden **5** *Position, Job* frei werden **6** *Prüfung, Wahlen* bevorstehen ◆**come up against** VII ‹+obj› stoßen auf (+akk); *gegnerische Mannschaft* treffen auf (+akk) ◆**come (up)on** VII ‹+obj› stoßen auf (+akk) ◆**come up to** VII ‹+obj› **1** reichen bis zu od an (+akk) **2** *Erwartungen* entsprechen (+dat) **3** umg (≈ *sich nähern*) **she's coming up to twenty** sie wird bald zwanzig; **it's just coming up to 10 o'clock** es ist gleich 10 Uhr ◆**come up with** VII ‹+obj› *Antwort, Idee* haben; *Plan* sich (dat) ausdenken; *Vorschlag* machen; **let me know if you come up with anything** sagen Sie mir Bescheid, falls Ihnen etwas einfällt

comeback [ˈkʌmbæk] S THEAT etc, a. fig Comeback n; **to make** od **stage a ~** ein Comeback machen

comedian [kəˈmiːdiən] S Komiker(in) m(f) **comedienne** [kəˌmiːdɪˈen] S Komikerin f

comedown [ˈkʌmdaʊn] umg S Abstieg m

★**comedy** [ˈkɒmɪdɪ] S Komödie f

come-on [ˈkʌmɒn] S (≈ *Verlockung*) Köder m fig; **to give sb the ~** j-n anmachen umg

comer [ˈkʌmər] S **this competition is open to all ~s** an diesem Wettbewerb kann sich jeder beteiligen

comet [ˈkɒmɪt] S Komet m

comeuppance [ˌkʌmˈʌpəns] umg S **to get one's ~** die Quittung kriegen umg

comfort [ˈkʌmfət] A S **1** Komfort m; **to live in ~** komfortabel leben; **with all modern ~s** mit allem Komfort **2** Trost m; **to take ~ from the fact that ...** sich

C

damit trösten, dass …; **you are a great ~ to me** es beruhigt mich sehr, dass Sie da sind; **it is no ~** *od* **of little ~ to know that …** es ist nicht sehr tröstlich zu wissen, dass …; **too close for ~** bedrohlich nahe ▼ v/t trösten

★**comfortable** [ˈkʌmfətəbl] ADJ ◻1 bequem; *Zimmer* komfortabel; *Temperatur* angenehm; **to make sb/oneself ~** es j-m/sich bequem machen; **the patient is ~** der Patient ist wohlauf ◻2 *fig Leben* angenehm; *Führung* sicher; *Sieger* überlegen; **to feel ~ with sb/sth** sich bei j-m/etw wohlfühlen; **I'm not very ~ about it** mir ist nicht ganz wohl bei der Sache **comfortably** [ˈkʌmfətəbli] ADV ◻1 bequem; *eingerichtet* komfortabel ◻2 *fig siegen* sicher; *leben* angenehm; *sich leisten können* gut und gern; **they are ~ off** es geht ihnen gut **comfort eating** S̲ Frustessen *n* **comforter** [ˈkʌmfətəᵈ] *US* S̲ Deckbett *n* **comforting** [ˈkʌmfətɪŋ] ADJ tröstlich **comfort station** *US* S̲ öffentliche Toilette **comfort zone** S̲ Komfortzone *f*; **to be in/out of one's ~** in seiner Komfortzone sein/seine Komfortzone verlassen haben **comfy** [ˈkʌmfi] ADJ ⟨*komp* comfier⟩ *umg Sessel* bequem; *Zimmer* gemütlich; **are you ~?** sitzt/liegst du bequem?

comic [ˈkʌmɪk] A̲ ADJ komisch; **~ actor** Komödiendarsteller(in) *m(f)*; **~ verse** humoristische Gedichte *pl* B̲ S̲ ◻1 Komiker(in) *m(f)* ◻2 Comicheft(chen) *n* ◻3 *US* **~s** Comics *pl* **comical** ADJ, **comically** [ˈkʌmɪkəl, -li] ADV komisch **comic book** S̲ Comicbuch *n* **comic strip** S̲ Comicstrip *m*

coming [ˈkʌmɪŋ] A̲ S̲ Kommen *n*; **~(s) and going(s)** Kommen und Gehen *n*; **~ of age** Erreichung *f* der Volljährigkeit B̲ ADJ *wörtl, fig* kommend; **the ~ election** die bevorstehende Wahl **coming-out** [ˌkʌmɪŋˈaʊt] S̲ Coming-out *n*, Outing *n* (*Bekenntnis zur Homosexualität*)

comma [ˈkʌmə] S̲ Komma *n*, Beistrich *m österr*

★**command** [kəˈmɑːnd] A̲ v/t ◻1 befehlen ◻2 *Armee, Schiff* kommandieren ◻3 **to ~ sb's respect** j-m Respekt abnötigen B̲ S̲ ◻1 *a.* IT Befehl *m*; **at/by the ~ of** auf Befehl *+gen*; **on ~** auf Befehl ◻2 MIL Kommando *n*; **to be in ~** das Komman-

do haben (**of** über *+akk*); **to take ~** das Kommando übernehmen (**of** *+gen*); **under his ~** unter seinem Kommando; **to be second in ~** zweiter Befehlshaber sein ◻3 *fig* Beherrschung *f*; **his ~ of English is excellent** er beherrscht das Englische ausgezeichnet; **I am at your ~** ich stehe zu Ihrer Verfügung **commandant** [ˌkɒmənˈdænt] S̲ MIL Kommandant(in) *m(f)* **commandeer** [ˌkɒmənˈdɪəᵈ] v/t MIL, *a. fig* beschlagnahmen **commander** [kəˈmɑːndəᵈ] S̲ MIL, FLUG Kommandant(in) *m(f)*; SCHIFF Fregattenkapitän(in) *m(f)* **commander in chief** ⟨*pl* commanders in chief⟩ Oberbefehlshaber(in) *m(f)* **commanding** [kəˈmɑːndɪŋ] ADJ *Stelle* führend; *Stimme* Kommando- *pej*; **to have a ~ lead** überlegen führen **commanding officer** S̲ MIL befehlshabender Offizier **commandment** [kəˈmɑːndmənt] S̲ BIBEL Gebot *n* **commando** [kəˈmɑːndəʊ] S̲ ⟨*pl* -s⟩ MIL Angehörige(r) *m* eines Kommando(trupps); (*= Einheit*) Kommando *n*, Kommandotrupp *m*

commemorate [kəˈmeməreɪt] v/t gedenken (*+gen*) **commemoration** [kəˌmeməˈreɪʃən] S̲ Gedenken *n*; **in ~ of** zum Gedenken an (*+akk*) **commemorative** [kəˈmemərətɪv] ADJ Gedenk-

commence [kəˈmens] *form* A̲ v/i beginnen B̲ v/t beginnen (*+obj* mit); **to ~ doing sth** mit etw anfangen **commencement** [kəˈmensmənt] S̲ ◻1 *form* Beginn *m* ◻2 *US* Graduierungsfeier *f* (*von Highschool etc*)

commend [kəˈmend] v/t loben **commendable** [kəˈmendəbl] ADJ lobenswert **commendation** [ˌkɒmenˈdeɪʃən] S̲ Auszeichnung *f*

commensurate [kəˈmenʃərət] ADJ entsprechend (**with** *+dat*); **to be ~ with sth** einer Sache (*dat*) entsprechen

comment [ˈkɒment] A̲ S̲ Bemerkung *f* (**on, about** über *+akk od* zu); *offiziell* Kommentar *m* (**on** zu); *in Text etc* Anmerkung *f*; **no ~** kein Kommentar!; **to make a ~** eine Bemerkung machen B̲ v/i sich äußern (**on** über *+akk od* zu) C̲ v/t bemerken **commentary** [ˈkɒmentəri] S̲ Kommentar *m* (**on** zu) **commentate** [ˈkɒmenteɪt] v/t RADIO, TV Reporter(in) *m(f)* sein (**on** bei) **commentator** [ˈkɒmenteɪtəᵈ] S̲ RADIO, TV Reporter(in) *m(f)*

C

commerce ['kɒmɜːs] S̲ Handel m
★**commercial** [kə'mɜːʃəl] A̲ ADJ Handels-; *Räume, Fahrzeug* Geschäfts-; *Produktion, Radio, Erfolg* kommerziell; *pej Musik etc* kommerziell; **of no ~ value** ohne Verkaufswert; **it makes good ~ sense** das lässt sich kaufmännisch durchaus vertreten B̲ S̲ RADIO, TV Werbespot m; **during the ~s** während der (Fernseh)werbung **commercial at** S̲ IT At-Zeichen n, Klammeraffe m umg **commercial bank** S̲ Handelsbank f **commercial break** S̲ Werbepause f **commercialism** [kə'mɜːʃəlɪzəm] S̲ Kommerzialisierung f **commercialization** [kə,mɜːʃəlaɪ'zeɪʃən] S̲ Kommerzialisierung f **commercialize** [kə'mɜːʃəlaɪz] V̲T̲ kommerzialisieren **commercially** [kə'mɜːʃəlɪ] ADV geschäftlich; *herstellen* kommerziell

commiserate [kə'mɪzəreɪt] V̲I̲ mitfühlen **(with me)** **commiseration** [kə,mɪzə'reɪʃən] S̲ **my ~s** herzliches Beileid **(on zu)**

commission [kə'mɪʃən] A̲ S̲ ◼1 *für Gemälde etc* Auftrag m ◼2 HANDEL Provision f; **on ~** auf Provision(sbasis); **to charge ~** eine Kommission berechnen ◼3 Kommission f; **the (EU) Commission** die EU-Kommission B̲ V̲T̲ *Gemälde* in Auftrag geben; **to ~ sb to do sth** j-n damit beauftragen, etw zu tun **commissioned officer** S̲ Offizier m **commissioner** [kə'mɪʃənəʳ] S̲ Polizeipräsident(in) m(f)

commit [kə'mɪt] A̲ V̲T̲ ◼1 begehen ◼2 **to ~ sb (to prison)** j-n ins Gefängnis einweisen; **to have sb ~ted (to an asylum)** j-n in eine Anstalt einweisen lassen; **to ~ sb for trial** j-n einem Gericht überstellen; **to ~ sb/sth to sb's care** j-n/etw j-s Obhut *(dat)* anvertrauen ◼3 festlegen **(to auf +akk)**; **to ~ resources to a project** Mittel für ein Projekt einsetzen; **that doesn't ~ you to buying the book** das verpflichtet Sie nicht zum Kauf des Buches B̲ V̲I̲ **to ~ to sth** sich zu etw verpflichten C̲ V̲R̲ sich festlegen **(to auf +akk)**; **you have to ~ yourself totally to the cause** man muss sich voll und ganz für die Sache engagieren; **the government has ~ted itself to reforms** die Regierung hat sich zu Reformen verpflichtet **commitment** S̲ Verpflichtung f, Engagement n; **his family ~s** seine familiären Verpflichtungen pl; **his teaching ~s** seine Lehrverpflichtungen pl; **to make a ~ to do sth** *form* sich verpflichten, etw zu tun; **he is frightened of ~** er hat Angst davor, sich festzulegen **committed** ADJ engagiert; **he is so ~ to his work that ...** er geht so in seiner Arbeit auf, dass ...; **all his life he has been ~ to this cause** er hat sich sein Leben lang für diese Sache eingesetzt

committee [kə'mɪtɪ] S̲ Ausschuss m; **to be** *od* **sit on a ~** in einem Ausschuss sitzen; **~ meeting** Ausschusssitzung f; **~ member** Ausschussmitglied n

commode [kə'məʊd] S̲ ◼1 Kommode f ◼2 (Nacht)stuhl m

commodity [kə'mɒdɪtɪ] S̲ Ware f; *landwirtschaftlich* Erzeugnis n

★**common** ['kɒmən] A̲ ADJ ⟨+er⟩ ◼1 gemeinsam; **~ land** Allmende f; **it is ~ knowledge that ...** es ist allgemein bekannt, dass ...; **to find ~ ground** eine gemeinsame Basis finden; **sth is ~ to everyone/sth** alle haben/etw hat etw gemein; **I have nothing in ~ with him** ich habe mit ihm nichts gemein ◼2 häufig; *Vogel* (weit)verbreitet; *Glauben, Brauch* (weit)verbreitet ◼3 normal; **it's quite a ~ sight** das sieht man ziemlich häufig; **it's ~ for visitors to feel ill here** Besucher fühlen sich hier häufig krank ◼4 gewöhnlich, üblich; **the ~ man** der Normalbürger; **the ~ people** die einfachen Leute B̲ S̲ ◼1 (≈ *Landstück*) Anger m ◼2 **to have sth in ~ (with sb/sth)** etw (mit j-m/etw) gemein haben; **to have a lot/nothing in ~** viele/keine Gemeinsamkeiten haben; **in ~ with many other people ...** (genauso) wie viele andere ... **Common Agricultural Policy** S̲ gemeinsame Agrarpolitik **common cold** S̲ Erkältung f **common denominator** S̲ lowest ~ MATH, *a. fig* kleinster gemeinsamer Nenner **commoner** ['kɒmənəʳ] S̲ Bürgerliche(r) m/f(m) **common factor** S̲ gemeinsamer Teiler **common law** S̲ Gewohnheitsrecht n **common-law** ADJ **she is his ~ wife** sie lebt mit ihm in eheähnlicher Gemeinschaft **commonly** ['kɒmənlɪ] ADV häufig, gemeinhin; **a ~ held belief** eine weitverbreitete

C

Ansicht; **(more) ~ known as ...** besser bekannt als ... **Common Market** S̄ Gemeinsamer Markt **common-or-garden** Br ADJ Feld-, Wald- und Wiesen- umg **commonplace** A ADJ alltäglich B S̄ Gemeinplatz m **common room** S̄ Aufenthaltsraum m **Commons** ['komənz] PL **the ~** PARL das Unterhaus **common sense** S̄ gesunder Menschenverstand **common-sense** ADJ vernünftig **commonwealth** ['komənwelθ] S̄ ★ **the (British) Commonwealth** das Commonwealth

commotion [kə'məʊʃən] S̄ Aufregung f mst kein unbest art, Lärm m; **to cause a ~** Aufsehen erregen

communal ['komjuːnl] ADJ 1 Gemeinde-; **~ life** Gemeinschaftsleben n 2 gemeinsam **communally** ['komjuːnəli] ADV gemeinsam; **to be ~ owned** Gemein- od Gemeinschaftseigentum sein

commune ['komjuːn] S̄ Kommune f

communicate [kə'mjuːnɪkeɪt] A VfI übermitteln; Ideen, Gefühle vermitteln, kommunizieren; **to ~ sth to sb** etw auf j-n übertragen B VfI 1 in Verbindung stehen 2 sich verständigen **communication** [kə‚mjuːnɪ'keɪʃən] S̄ 1 Kommunikation f; von Ideen, Informationen Vermittlung f; **means of ~** Kommunikationsmittel n; **to be in ~ with sb** mit j-m in Verbindung stehen **(about** wegen**); ~s breakdown** gestörte Kommunikation 2 Verständigung f 3 Mitteilung f 4 **~s** (≈ Straßen etc) Kommunikationsnetz n; **they're trying to restore ~s** man versucht, die Verbindung wiederherzustellen 5 **~s** TEL Telekommunikation f **communication cord** S̄ Br BAHN ≈ Notbremse f **communication skills** PL Kommunikationsfähigkeit f **communications satellite** S̄ Nachrichtensatellit m **communications software** S̄ Kommunikationssoftware f **communicative** [kə'mjuːnɪkətɪv] ADJ mitteilsam

communion [kə'mjuːnɪən] S̄ 1 Zwiesprache f 2 a. **Communion** KIRCHE protestantisch Abendmahl n; katholisch Kommunion f; **to take ~** die Kommunion/das Abendmahl empfangen

communiqué [kə'mjuːnɪkeɪ] S̄ Kommuniqué n

communism ['komjʊnɪzəm] S̄ Kommu-

nismus m **communist** ['komjʊnɪst] A S̄ Kommunist(in) m(f) B ADJ kommunistisch **Communist Party** S̄ kommunistische Partei

★ **community** [kə'mjuːnɪti] S̄ 1 Gemeinschaft f, Gemeinde f; **the ~ at large** das ganze Volk; **a sense of ~** (ein) Gemeinschaftsgefühl n; **to work in the ~** im Sozialbereich tätig sein **community centre** S̄, **community center** US S̄ Gemeindezentrum n **community chest** US S̄ Wohltätigkeitsfonds m **community college** US S̄ College zur Berufsausbildung und Vorbereitung auf ein Hochschulstudium **community service** S̄ JUR Sozialdienst m

commute [kə'mjuːt] A VfT umwandeln B VfI pendeln C S̄ Pendelfahrt f **commuter** [kə'mjuːtəʳ] S̄ Pendler(in) m(f); **the ~ belt** das Einzugsgebiet; **~ train** Pendlerzug m **commuter traffic** S̄ Pendlerverkehr m **commuting** S̄ Pendeln n; **within ~ distance** nahe genug, um zu pendeln

Comoros ['komərəʊz] PL GEOG Komoren pl

compact¹ [kəm'pækt] A ADJ **(+er)** kompakt; Boden, Schnee fest B VfT Schnee, Erde festtreten/-fahren etc

compact² ['kompækt] S̄ Puderdose f **compact disc** S̄ Compact Disc f; **~ player** CD-Spieler m

★ **companion** [kəm'pænjən] S̄ Begleiter(in) m(f); **travelling ~** Reisebegleiter(in) m(f); **drinking ~** Zechgenosse m, -genossin f 2 Freund(in) m(f) **companionship** S̄ Gesellschaft f

★ **company** ['kʌmpəni] A S̄ 1 Gesellschaft f; **to keep sb ~** j-m Gesellschaft leisten; **I enjoy his ~** ich bin gern mit ihm zusammen; **he's good ~** seine Gesellschaft ist angenehm; **she has a cat, it's ~ for her** sie hält sich eine Katze, da hat sie (wenigstens) Gesellschaft; **you'll be in good ~ if ...** wenn du ..., bist du in guter Gesellschaft 2 Besuch m 3 HANDEL Firma f, Unternehmen n; **Smith & Company, Smith & Co.** Smith & Co.; **publishing ~** Verlag m; **a clothes ~** ein Textilbetrieb m 4 THEAT (Schauspiel)truppe f 5 MIL Kompanie f B ADJ ⟨attr⟩ Firmen- **company car** S̄ Firmenwagen m **company director** S̄ Direktor(in) m(f) **company law** S̄ Gesellschaftsrecht n **company pension** s Betriebsrente f **company policy** s Geschäftspolitik f

comparable ['kɒmpərəbl] ADJ vergleichbar (**with, to** mit) **comparably** ['kɒmpərəblɪ] ADV ähnlich **comparative** [kəm'pærətɪv] A ADJ 1 Religion etc vergleichend 2 relativ; **to live in ~ luxury** relativ luxuriös leben B s GRAM Komparativ m **comparatively** [kəm'pærətɪvlɪ] ADV vergleichsweise, relativ

★**compare** [kəm'peəʳ] A VT vergleichen (**with, to** mit); **~d with** od **to** im Vergleich zu; **to ~ notes** Eindrücke/Erfahrungen austauschen B VI sich vergleichen lassen (**with** mit); **it ~s badly/well** es schneidet vergleichsweise schlecht/gut ab; **how do the two cars ~ in terms of speed?** wie sieht ein Geschwindigkeitsvergleich der beiden Wagen aus?

comparison [kəm'pærɪsn] s Vergleich m (**to** mit); **in** od **by** vergleichsweise; **in** od **by ~ with** im Vergleich zu; **to make** od **draw a ~** einen Vergleich anstellen; **there's no ~** das ist gar nicht Vergleich

★**compartment** [kəm'pɑːtmənt] s in Schreibtisch etc Fach n; BAHN Abteil n **compartmentalize** [ˌkɒmpɑːt'mentəlaɪz] VT aufsplittern; in verschiedene Gruppen aufgliedern; **to ~ one's life** die unterschiedlichen Bereiche seines Lebens voneinander trennen

compass ['kʌmpəs] s 1 Kompass m 2 **~es** pl (a. **pair of ~es**) Zirkel m **compass bearing** s Kompasspeilung f

compassion [kəm'pæʃən] s Mitleid n (**for** mit) **compassionate** [kəm'pæʃnɪt] ADJ mitfühlend; **on ~ grounds** aus familiären Gründen **compassionate leave** s Beurlaubung f wegen einer dringenden Familienangelegenheit

compatibility [kəmˌpætə'bɪlɪtɪ] s Vereinbarkeit f; MED Verträglichkeit f; IT Kompatibilität f **compatible** [kəm'pætɪbl] ADJ vereinbar; MED verträglich; IT kompatibel; **to be ~** zueinanderpassen; **an IBM-compatible computer** ein IBM-kompatibler Computer

compatriot [kəm'pætrɪət] s Landsmann m, Landsmännin f

compel [kəm'pel] VT zwingen **compelling** [kəm'pelɪŋ] ADJ zwingend; Leistung bezwingend; **to make a ~ case for sth**

schlagende Beweise für etw liefern **compendium** [kəm'pendɪəm] s Handbuch n; **~ of games** Spielemagazin n

compensate ['kɒmpenseɪt] VT entschädigen; MECH ausgleichen ◆**compensate for** VI (+obj) mit Geld ersetzen; anderweitig wieder wettmachen **compensation** [ˌkɒmpen'seɪʃən] s Entschädigung f; **in ~** als Entschädigung **compensatory** [kəm'pensətərɪ] ADJ kompensierend

compère ['kɒmpeəʳ] Br A s Conférencier m, Moderator(in) m(f) B VT **to ~ a show** bei einer Show der Conférencier od Moderator/die Moderatorin sein

★**compete** [kəm'piːt] VI konkurrieren; **to ~ with each other** sich (gegenseitig) Konkurrenz machen, miteinander wetteifern; **to ~ for sth** um etw kämpfen; **his poetry can't ~ with Eliot's** seine Gedichte können sich nicht mit denen Eliots messen 2 SPORT teilnehmen; **to ~ with/against sb** gegen j-n kämpfen

competence ['kɒmpɪtəns], **competency** ['kɒmpɪtənsɪ] s Fähigkeit f; **his ~ in handling money** sein Geschick im Umgang mit Geld **competent** ['kɒmpɪtənt] ADJ fähig, kompetent; **to be ~ to do sth** kompetent od fähig sein, etw zu tun **competently** ['kɒmpɪtəntlɪ] ADV kompetent

★**competition** [ˌkɒmpɪ'tɪʃən] s 1 ⟨kein pl⟩ Konkurrenz f (**for** um); **unfair ~** unlauterer Wettbewerb; **to be in ~ with sb** mit j-m konkurrieren 2 Wettbewerb m, Preisausschreiben n **competitive** [kəm'petɪtɪv] ADJ Haltung vom Konkurrenzdenken geprägt; Sport (Wett)kampf-; **~ spirit** Konkurrenzgeist m; von Mannschaft Kampfgeist m; **he's very ~** beruflich etc er ist sehr ehrgeizig 2 HANDEL wettbewerbsfähig; **a highly ~ market** ein Markt mit starker Konkurrenz **competitively** [kəm'petɪtɪvlɪ] ADV 1 **to be ~ priced** im Preis konkurrenzfähig sein 2 in Wettkämpfen **competitiveness** [kəm'petɪtɪvnɪs] s 1 Konkurrenzgeist m 2 HANDEL Wettbewerbsfähigkeit f

★**competitor** [kəm'petɪtəʳ] s 1 SPORT Teilnehmer(in) m(f); **to be a ~** teilnehmen 2 HANDEL Konkurrent(in) m(f); **our ~s** unsere Konkurrenz

compilation [ˌkɒmpɪ'leɪʃən] s Zusammenstellung f; von Materialien Sammlung f **compile** [kəmˈpaɪl] _VT_ zusammenstellen; _Materialien_ sammeln; _IT_ kompilieren **compiler** [kəmˈpaɪlə] _S_ _von Wörterbuch_ Verfasser(in) m(f); _IT_ Compiler m

complacency [kəmˈpleɪnsɪ] _S_ Selbstzufriedenheit f **complacent** _ADJ_, **complacently** [kəmˈpleɪsənt, -lɪ] _ADV_ selbstzufrieden

★**complain** [kəmˈpleɪn] _VI_ sich beklagen (**about** über +_akk_), sich beschweren (**about** über +_akk_ od to bei); (**I**) **can't ~** _umg_ ich kann nicht klagen _umg_; **to ~ of sth** über etw (_akk_) klagen; **she's always ~ing** sie muss sich immer beklagen

★**complaint** [kəmˈpleɪnt] _S_ **1** Klage f, Beschwerde f (**to** bei); **I have no cause for ~** ich kann mich nicht beklagen; **~s department** _HANDEL_ Reklamationsabteilung f **2** (≈_Krankheit_) Beschwerden pl; **a very rare ~** eine sehr seltene Krankheit

complement _A_ [ˈkɒmplɪmənt] _S_ volle Stärke; **we've got our full ~ in the office now** unser Büro ist jetzt voll besetzt _B_ [ˈkɒmplɪment] _VT_ ergänzen, vervollkommnen; **to ~ each other** sich ergänzen **complementary** [ˌkɒmplɪˈmentərɪ] _ADJ_ Farbe Komplementär-; _Winkel_ Ergänzungs-; **~ medicine** Alternativ- od Komplementärmedizin f; **they are ~ to one another** sie ergänzen einander

complete [kəmˈpliːt] _A_ _ADJ_ **1** ganz attr, vollzählig; **my happiness was ~** mein Glück war vollständig; **the ~ works of Shakespeare** die gesammelten Werke Shakespeares; **~ with** komplett mit **2** ⟨attr⟩ völlig; _Anfänger, Katastrophe_ total; _Überraschung_ voll; **we were ~ strangers** wir waren uns völlig fremd **3** (≈_zu Ende gebracht_) fertig _B_ _VT_ **1** vervollständigen; _Mannschaft_ vollzählig machen; _Ausbildung_ abrunden; **that ~s my collection** damit ist meine Sammlung vollständig **2** beenden; _Bauwerk, Arbeit_ fertigstellen; _Haftstrafe_ verbüßen; **~ this phrase** ergänzen Sie diese Wendung; **it's not ~d yet** es ist noch nicht fertig **3** _Formular_ ausfüllen

★**completely** [kəmˈpliːtlɪ] _ADV_ vollkommen, ganz; **he's ~ wrong** er hat völlig unrecht **completeness** [kəmˈpliːtnɪs] _S_ Vollständigkeit f **completion** [kəm-

'pliːʃən] _S_ Fertigstellung f; _von Projekt, Kurs_ Abschluss m; **to be near ~** kurz vor dem Abschluss stehen; **to bring sth to ~** etw zum Abschluss bringen; **on ~ of the course** nach Abschluss des Kurses

complex [ˈkɒmpleks] _A_ _ADJ_ komplex, kompliziert _B_ _S_ Komplex m; **industrial ~** Industriekomplex m; **he has a ~ about his ears** er hat Komplexe wegen seiner Ohren

complexion [kəmˈplekʃən] _S_ **1** Teint m, Gesichtsfarbe f **2** fig Anstrich m, Aspekt m; **to put a new** etc **~ on sth** etw in einem neuen etc Licht erscheinen lassen

complexity [kəmˈpleksɪtɪ] _S_ Komplexität f

compliance [kəmˈplaɪəns] _S_ Einverständnis n; _von Regeln_ etc Einhalten n (**with** +_gen_); **in ~ with the law** dem Gesetz gemäß **compliant** _ADJ_ entgegenkommend, nachgiebig

complicate [ˈkɒmplɪkeɪt] _VT_ komplizieren **complicated** _ADJ_ kompliziert **complication** [ˌkɒmplɪˈkeɪʃən] _S_ Komplikation f

complicity [kəmˈplɪsɪtɪ] _S_ Mittäterschaft f (**in** bei)

compliment _A_ [ˈkɒmplɪmənt] _S_ **1** Kompliment n (**on** zu, wegen); **to pay sb a ~** j-m ein Kompliment machen; **my ~s to the chef** mein Kompliment dem Koch/der Köchin **2** **~s** pl form Grüße pl; **"with the ~s of Mr X/the management"** „mit den besten Empfehlungen von Herrn X/der Geschäftsleitung" _B_ [ˈkɒmplɪment] _VT_ ein Kompliment/ Komplimente machen (+_dat_) (**on** wegen, zu) **complimentary** [ˌkɒmplɪˈmentərɪ] _ADJ_ **1** schmeichelhaft; **to be ~ about sb/sth** sich schmeichelhaft über j-n/etw äußern **2** (≈_gratis_) Frei-; **~ copy** Freiexemplar n; _von Magazin_ Werbenummer f

compliments slip _S_ _HANDEL_ Empfehlungszettel m

comply [kəmˈplaɪ] _VI_ einwilligen; _System_ etc die Bedingungen erfüllen; **to ~ with sth** einer Sache (_dat_) entsprechen; _System_ in Einklang mit etw stehen; **to ~ with a request** einer Bitte nachkommen; **to ~ with the rules** sich an die Regeln halten

component [kəmˈpəʊnənt] _A_ _S_ (Bestand)teil m _B_ _ADJ_ **a ~ part** ein (Bestand)-

teil m; **the ~ parts of a machine** die einzelnen Maschinenteile pl

compose [kəmˈpəʊz] V/T **1** Musik komponieren; *Brief* abfassen; *Gedicht* verfassen **2** bilden; **to be ~d of** sich zusammensetzen aus; **water is ~d of ...** Wasser besteht aus ... **3** **to ~ oneself** sich sammeln; **to ~ one's thoughts** Ordnung in seine Gedanken bringen **composed** ADJ gelassen

★composer [kəmˈpəʊzəʳ] S MUS Komponist(in) m(f)

composite [ˈkɒmpəzɪt] ADJ zusammengesetzt **composition** [ˌkɒmpəˈzɪʃən] S **1** MUS, KUNST Komposition f **2** SCHULE Aufsatz m **3** Zusammensetzung f

compost [ˈkɒmpɒst] S Kompost m; **~ bin** Komposttonne f; **~ heap** Komposthaufen m

composure [kəmˈpəʊzəʳ] S Beherrschung f; **to lose one's ~** die Beherrschung verlieren; **to regain one's ~** seine Selbstbeherrschung wiederfinden

compound¹ [ˈkɒmpaʊnd] **A** S CHEM Verbindung f **B** ADJ GRAM zusammengesetzt; **~ noun** Kompositum n **C** [kəmˈpaʊnd] V/T verschlimmern; *Problem* vergrößern

compound² [ˈkɒmpaʊnd] S Lager n; (≈ *Unterkünfte*) Siedlung f; *in Zoo* Gehege n

compound fracture S MED offener od komplizierter Bruch **compound interest** S FIN Zinseszins m

comprehend [ˌkɒmprɪˈhend] V/T verstehen **comprehensible** [ˌkɒmprɪˈhensəbl] ADJ verständlich **comprehension** [ˌkɒmprɪˈhenʃən] S **1** Verständnis n, Begriffsvermögen n; **that is beyond my ~** das übersteigt mein Begriffsvermögen; *Verhalten* das ist mir unbegreiflich **2** SCHULE Fragen pl zum Textverständnis **comprehensive** [ˌkɒmprɪˈhensɪv] **A** ADJ umfassend; **(fully) ~ insurance** Vollkasko n, Vollkaskoversicherung f **B** S Br Gesamtschule f **comprehensively** [ˌkɒmprɪˈhensɪvli] ADV umfassend **comprehensive school** Br S Gesamtschule f

compress [kəmˈpres] V/T komprimieren (**into** auf +akk); *Materialien* zusammenpressen (**into** zu) **compressed air** [kəmˌprestˈeəʳ] S Druck- od Pressluft f **compression sock** S Kompressions-

strumpf m

comprise [kəmˈpraɪz] V/T bestehen aus

compromise [ˈkɒmprəmaɪz] **A** S Kompromiss m; **to reach a ~** einen Kompromiss schließen **B** ADJ ⟨attr⟩ Kompromiss- **C** V/I Kompromisse schließen (**about** in +dat); **we agreed to ~** wir einigten uns auf einen Kompromiss **D** V/T j-n kompromittieren; **to ~ oneself** sich kompromittieren; **to ~ one's reputation** seinem guten Ruf schaden; **to ~ one's principles** seinen Prinzipien untreu werden **compromising** ADJ kompromittierend

compulsion [kəmˈpʌlʃən] S Zwang m; PSYCH innerer Zwang; **you are under no ~** niemand zwingt Sie **compulsive** [kəmˈpʌlsɪv] ADJ zwanghaft; **he is a ~ eater** er hat die Esssucht; **he is a ~ liar** er hat einen krankhaften Trieb zu lügen; **it makes ~ reading** das muss man einfach lesen **compulsively** [kəmˈpʌlsɪvli] ADV zwanghaft **compulsory** [kəmˈpʌlsəri] ADJ obligatorisch; *Maßnahmen* Zwangs-; *Fach* Pflicht-

computation [ˌkɒmpjʊˈteɪʃən] S Berechnung f **computational** ADJ Computer- **compute** [kəmˈpjuːt] V/T berechnen (**at** auf +akk), errechnen

★computer [kəmˈpjuːtəʳ] S Computer m; **to put/have sth on ~** etw im Computer speichern/(gespeichert) haben; **it's all done by ~** das geht alles per Computer; **~ skills** Computerkenntnisse pl **computer-aided** ADJ computergestützt **computer-aided design** S rechnergestützter Entwurf, computerunterstütztes Design **computer-aided manufacturing** S computerunterstützte Fertigung **computer-based** ADJ computergestützt **computer-controlled** ADJ rechnergesteuert **computer dating** S Partnervermittlung f per Computer **computer-designed** ADJ mit Computerunterstützung entworfen **computer error** S Computerfehler m **computer fraud** S Computerbetrug m, Computerkriminalität f **computer freak** umg S Computerfreak m umg **computer game** S Computerspiel n **computer-generated** ADJ computergeneriert; **~ imagery** FILM computergenerierte Grafikeffekte pl **computer graphics** PL Computergrafik *f* **computer hacker** [S] Computerhacker(in) *m(f)* **computerization** [kəmˌpjuːtəraɪˈzeɪʃən] [S] Computerisierung *f*; **the ~ of the factory** die Umstellung der Fabrik auf Computer **computerize** [kəmˈpjuːtəraɪz] [V/T] computerisieren; *Firma, Arbeitsweise* auf Computer umstellen **computer language** [S] Computersprache *f* **computer literate** [ADJ] **to be ~** sich mit Computern auskennen **computer model** [S] Computermodell *n* **computer network** [S] Computernetzwerk *n* **computer-operated** [ADJ] computergesteuert **computer operator** [S] Operator(in) *m(f)* **computer printout** [S] (Computer)ausdruck *m* **computer program** [S] (Computer)programm *n* **computer programmer** [S] Programmierer(in) *m(f)* **computer-readable** [ADJ] computerlesbar **computer science** [S] Informatik *f* **computer scientist** [S] Informatiker(in) *m(f)* **computer studies** [PL] Informatik *f* **computer virus** [S] Computervirus *m* **computing** [kəmˈpjuːtɪŋ] [S] (≈ *Fach*) Computerwissenschaft *f*; **her husband's in ~** ihr Mann ist in der Computerbranche

comrade [ˈkɒmrɪd] [S] Kamerad *m*; POL Genosse *m*, Genossin *f* **comradeship** [S] Kameradschaft(lichkeit) *f*

con[1] [kɒn] [ADV & S] → pro[2]

con[2] *umg* [A] [S] Schwindel *m*, Pflanz *m österr*; **it's a con!** das ist alles Schwindel [B] [V/T] hereinlegen *umg*; **to con sb out of sth** j-n um etw bringen; **to con sb into doing sth** j-n durch einen faulen Trick dazu bringen, dass er etw tut *umg* **con artist** *umg* [S] Trickbetrüger(in) *m(f)*

concave [ˈkɒnkeɪv] [ADJ] konkav; *Spiegel* Konkav-

conceal [kənˈsiːl] [V/T] verbergen; **why did they ~ this information from us?** warum hat man uns diese Informationen vorenthalten? **concealed** [ADJ] verborgen; *Eingang* verdeckt **concealer stick** [S] Abdeckstift *m* **concealment** [kənˈsiːlmənt] [S] *von Tatsachen* Verheimlichung *f*; *von Beweismitteln* Unterschlagung *f*

concede [kənˈsiːd] [V/T] [1] *Land* abtreten (**to** an *+akk*); **to ~ victory to sb** vor j-m kapitulieren; **to ~ a match** aufgeben; (≈ *verlieren*) ein Match abgeben; **to ~ a penalty** einen Elfmeter verursachen; **to ~ a point to sb** SPORT einen Punkt an j-n abgeben [2] zugeben; *Rechte* zugestehen (**to sb** j-m); **to ~ defeat** sich geschlagen geben

conceit [kənˈsiːt] [S] Einbildung *f* **conceited** [ADJ] eingebildet

conceivable [kənˈsiːvəbl] [ADJ] denkbar; **it is hardly ~ that ...** es ist kaum denkbar, dass ... **conceivably** [kənˈsiːvəblɪ] [ADV] **she may ~ be right** es ist durchaus denkbar, dass sie recht hat **conceive** [kənˈsiːv] [A] [V/T] [1] *Kind* empfangen [2] sich (*dat*) vorstellen; *Idee* haben [B] [V/I] *Frau* empfangen

♦**conceive of** [V/I] ⟨+obj⟩ sich (*dat*) vorstellen

concentrate [ˈkɒnsəntreɪt] [A] [V/T] konzentrieren (**on** auf *+akk*); **to ~ all one's energies on sth** sich (voll und) ganz auf etw (*akk*) konzentrieren; **to ~ one's mind on sth** sich auf etw (*akk*) konzentrieren [B] [V/I] sich konzentrieren; **to ~ on doing sth** sich darauf konzentrieren, etw zu tun **concentrated** [ADJ] konzentriert; **~ orange juice** Orangensaftkonzentrat *n* **concentration** [ˌkɒnsənˈtreɪʃən] [S] [1] Konzentration *f*; **powers of ~** Konzentrationsfähigkeit *f* [2] Ansammlung *f* **concentration camp** [S] Konzentrationslager *n*, KZ *n*

concentric [kənˈsentrɪk] [ADJ] konzentrisch

concept [ˈkɒnsept] [S] Begriff *m*, Vorstellung *f*; **our ~ of the world** unser Weltbild *n*; **his ~ of marriage** seine Vorstellungen von der Ehe **conception** [kənˈsepʃən] [S] [1] Vorstellung *f*, Konzeption *f*; **he has no ~ of how difficult it is** er hat keine Vorstellung, wie schwer das ist [2] *von Kind* die Empfängnis **conceptual** [kənˈseptjʊəl] [ADJ] *Denkweise* begrifflich **conceptualize** [kənˈseptjʊəlaɪz] [V/T] in Begriffe fassen

★**concern** [kənˈsɜːn] [A] [S] [1] Angelegenheit *f*, Angelegenheiten *pl*; (≈ *wichtige Sache*) Anliegen *n*; **the day-to-day ~s of government** die täglichen Regierungsgeschäfte; **it's no ~ of his** das geht ihn nichts an [2] HANDEL Konzern *m* [3] Sorge *f*; **the situation is causing ~** die Lage ist besorgniserregend; **there's some/no cause for ~** es besteht

Grund/kein Grund zur Sorge; **to do sth out of ~ for sb** etw aus Sorge um j-n tun; **he showed great ~ for your safety** er war sehr um Ihre Sicherheit besorgt **4** Bedeutung *f*; **issues of national ~** Fragen *pl* von nationalem Interesse; **to be of little/great ~ to sb** j-m nicht/sehr wichtig sein **B** V/T **1** handeln von; **it ~s the following issue** es geht um die folgende Frage; **the last chapter is ~ed with …** das letzte Kapitel behandelt … **2** betreffen; **that doesn't ~ you** das betrifft Sie nicht; *brüskierend* das geht Sie nichts an; **where money is ~ed** wenn es um Geld geht; **as far as the money is ~ed** was das Geld betrifft *od* angeht; **as far as he is ~ed it's just another job, but …** für ihn ist es nur ein anderer Job, aber …; **as far as I'm ~ed you can do what you like** von mir aus kannst du tun und lassen, was du willst; **the department ~ed** die betreffende Abteilung; **the persons ~ed** die Betroffenen **3** **he is only ~ed with facts** ihn interessieren nur die Fakten; **we should be ~ed more with** *od* **about quality** Qualität sollte uns ein größeres Anliegen sein; **there's no need for you to ~ yourself about that** darum brauchen Sie sich nicht zu kümmern **4** **to be ~ed about sb/sth** sich (*dat*) um j-n/etw Sorgen machen; **I was very ~ed to hear about your illness** ich habe mir Sorgen gemacht, als ich von Ihrer Krankheit hörte; **I am ~ed to hear that …** es beunruhigt mich, dass …; **~ed parents** besorgte Eltern **concerning** PRÄP bezüglich (+*gen*)

★**concert** ['kɒnsət] S̲ MUS Konzert *n*; **were you at the ~?** waren Sie in dem Konzert?; **Madonna in ~** Madonna live **concerted** [kən'sɜːtɪd] ADJ konzertiert **concertgoer** S̲ Konzertbesucher(in) *m(f)* **concert hall** S̲ Konzerthalle *f* **concertina** [ˌkɒnsə'tiːnə] S̲ Konzertina *f*; **to play the ~** Konzertina spielen **concerto** [kən'tʃɜːtəʊ] S̲ (*pl* -s) Konzert *n* **concert pianist** S̲ Pianist(in) *m(f)* **concession** [kən'seʃən] S̲ **1** Zugeständnis *n* (**to** an +*akk*); HANDEL Konzession *f*; **to make ~s to sb** j-m Zugeständnisse machen **2** *Br preislich* Preisermäßigung *f*; ermäßigter Preis; ermäßigter Eintritt; **£3 ~s** 3 £ ermäßigter Eintritt **conces-**

sionary [kən'seʃənərɪ] ADJ Tarif, Fahrpreis ermäßigt
conciliation [kənˌsɪlɪ'eɪʃən] S̲ Schlichtung *f* **conciliatory** [kən'sɪlɪətərɪ] ADJ versöhnlich
concise ADJ, **concisely** [kən'saɪs, -lɪ] ADV präzis(e)
conclude [kən'kluːd] **A** V/T **1** beenden, schließen **2** *Vertrag* abschließen **3** folgern (**from** aus) **4** zu dem Schluss kommen **B** V/I enden; **I would like to ~ by saying …** abschließend möchte ich sagen … **concluding** [kən'kluːdɪŋ] ADJ Bemerkungen abschließend **conclusion** [kən'kluːʒən] S̲ **1** Abschluss *m*; *von Aufsatz etc* Schluss *m*; **in ~** abschließend, zum Abschluss **2** Schluss *m*, Schlussfolgerung *f*; **what ~ do you draw** *od* **reach from all this?** welchen Schluss ziehen Sie daraus? **conclusive** [kən'kluːsɪv] ADJ überzeugend; JUR *Beweise* einschlägig, eindeutig **conclusively** [kən'kluːsɪvlɪ] ADV beweisen eindeutig
concoct [kən'kɒkt] V/T **1** GASTR *etc* (zu)bereiten, kreieren *hum* **2** *fig* sich (*dat*) ausdenken **concoction** [kən'kɒkʃən] S̲ (≈ *Speise*) Kreation *f*; (≈ *Getränk*) Gebräu *n*
concourse ['kɒŋkɔːs] S̲ Eingangshalle *f*; *US in Park* freier Platz
★**concrete¹** ['kɒŋkriːt] ADJ *Maßnahmen* konkret
★**concrete²** **A** S̲ Beton *m* **B** ADJ Beton- **concrete mixer** S̲ Betonmischmaschine *f*
concur [kən'kɜːr] V/I übereinstimmen **concurrent** [kən'kʌrənt] ADJ gleichzeitig; **to be ~ with sth** mit etw zusammentreffen **concurrently** [kən'kʌrəntlɪ] ADV gleichzeitig
concuss [kən'kʌs] V/T **to be ~ed** eine Gehirnerschütterung haben **concussion** [kən'kʌʃən] S̲ Gehirnerschütterung *f*
condemn [kən'dem] V/T **1** verurteilen; **to ~ sb to death** j-n zum Tode verurteilen **2** *fig* verdammen (**to** zu) **3** *Gebäude* für abbruchreif erklären **condemnation** [ˌkɒndem'neɪʃən] S̲ Verurteilung *f*
condensation [ˌkɒnden'seɪʃən] S̲ *an Fensterscheibe etc* Kondenswasser *n*; **the windows are covered with ~** die Fenster sind beschlagen **condense** [kən'dens] **A** V/T **1** kondensieren **2** (≈ *kürzen*) zusammenfassen **B** V/I *Gas* konden-

sieren **condensed milk** [kən,denst-'mɪlk] s̄ Kondensmilch f

condescend [,kɒndɪ'send] v/i **to ~ to do sth** herablassen, etw zu tun **condescending** pej ADJ herablassend; **to be ~ to od toward(s) sb** j-n herablassend behandeln **condescendingly** pej ADV herablassend **condescension** [,kɒndɪ'senʃən] pej s̄ Herablassung f, herablassende Haltung

condiment ['kɒndɪmənt] s̄ Würze f

★**condition** [kən'dɪʃən] A s̄ **1** Bedingung f, Voraussetzung f; **on ~ that ...** unter der Bedingung, dass ...; **on no ~** auf keinen Fall; **he made it a ~ that ...** er machte es zur Bedingung, dass ... **2** **~s** pl Verhältnisse pl, Bedingungen pl; **working ~s** Arbeitsbedingungen pl; **living ~s** Wohnverhältnisse pl; **weather ~s** die Wetterlage **3** ⟨kein pl⟩ Zustand m; **it is in bad** ~ es ist in schlechtem Zustand; **he is in a critical ~** sein Zustand ist kritisch; **you're in no ~ to drive** du bist nicht mehr fahrtüchtig; **to be out of ~** keine Kondition haben; **to keep in/get into ~** in Form bleiben/kommen **4** MED Beschwerden pl; **heart ~** Herzleiden n; **he has a heart ~** er ist herzkrank **B** v/t **1** bedingen; **to be ~ed by** bedingt sein durch **2** PSYCH etc konditionieren **conditional** [kən'dɪʃənl] **A** ADJ **1** bedingt **2** GRAM konditional, Konditional-; **the ~ tense** der Konditional **B** s̄ GRAM Konditional m **conditioner** [kən'dɪʃənə^r] s̄ **1** für Haare Pflegespülung f **2** Br für Waschgang Weichspüler m **conditioning shampoo** [kən'dɪ-ʃənɪŋʃæm'puː] s̄ Pflegeshampoo n

condo ['kɒndəʊ] s̄ ⟨pl -s⟩ umg → condominium

condolence [kən'dəʊləns] s̄ **please accept my ~s on the death of your mother** (meine) aufrichtige Anteilnahme zum Tode Ihrer Mutter

condom ['kɒndɒm] s̄ Kondom n/m

condominium [,kɒndə'mɪnɪəm] US s̄ **1** ≈ Haus n mit Eigentumswohnungen **2** ≈ Eigentumswohnung f

condone [kən'dəʊn] v/t (stillschweigend) hinwegsehen über (+akk)

conducive [kən'djuːsɪv] ADJ förderlich (**to** +dat)

conduct A ['kɒndʌkt] s̄ **1** Benehmen n (**towards** gegenüber) **B** [kən'dʌkt] v/t **1**

führen; Untersuchung durchführen; **~ed tour (of)** Führung f (durch); **he ~ed his own defence** er übernahm seine eigene Verteidigung **2** MUS dirigieren **3** PHYS leiten; Blitz ableiten **C** [kən'dʌkt] v/i MUS dirigieren **D** [kən'dʌkt] v/r sich benehmen

★**conductor** [kən'dʌktə^r] s̄ **1** MUS Dirigent(in) m(f) **2** in Bus Schaffner(in) m(f), Kondukteur(in) m(f) schweiz; US BAHN Zugführer(in) m(f) **3** PHYS Leiter m, Blitzableiter m **conductress** [kən-'dʌktrɪs] s̄ in Bus Schaffnerin f, Kondukteurin f schweiz

conduit ['kɒndɪt] s̄ Leitungsrohr n; ELEK Rohrkabel n

cone [kəʊn] s̄ **1** Kegel m; zur Verkehrsführung Leitkegel m **2** BOT Zapfen m **3** (Eis)tüte f

confectioners' sugar [kən'fekʃənəz] s̄ US Puderzucker m **confectionery** [kən'fekʃənəri] s̄ Süßwaren pl

confederacy [kən'fedərəsɪ] s̄ POL Bündnis n; von Nationen Konföderation f **confederate** [kən'fedərɪt] ADJ konföderiert **confederation** [kən,fedə'reɪʃən] s̄ Bund m; **the Swiss Confederation** die Schweizerische Eidgenossenschaft

confer [kən'fɜː^r] **A** v/t verleihen (**on, upon** sb j-m) **B** v/i sich beraten **conference** ['kɒnfərəns] s̄ Konferenz f, Tagung f; informell Besprechung f **conference call** s̄ Telefonkonferenz f **conference hall** s̄ Sitzungssaal m **conference room** s̄ Konferenzzimmer n **conference venue** s̄ Tagungsort m

★**confess** [kən'fes] **A** v/t **1** zugeben **2** KIRCHE bekennen; dem Priester beichten **B** v/i **1** gestehen (**to** +akk); **to ~ to sth** etw gestehen **2** KIRCHE beichten **confession** [kən'feʃən] s̄ **1** Eingeständnis n; von Schuld, Verbrechen Geständnis n; **I have a ~ to make** ich muss dir etwas gestehen **2** KIRCHE Beichte f; **to hear ~** (die) Beichte hören **confessional** [kən'feʃənl] s̄ Beichtstuhl m

confetti [kən'fetiː] s̄ ⟨kein pl⟩ Konfetti n

confidant ['kɒnfɪdænt] s̄ Vertraute(r) f **confidante** [,kɒnfɪ'dænt] s̄ Vertraute f **confide** [kən'faɪd] v/t anvertrauen (**to** sb j-m) ◆**confide in** v/i ⟨+obj⟩ sich anvertrauen (+dat); **to confide in sb about sth** j-m etw anvertrauen

★**confidence** ['kɒnfɪdəns] [S] [1] Vertrauen *n* (**in** zu), Zuversicht *f*; **to have (every/no) ~ in sb/sth** (volles/kein) Vertrauen zu j-m/etw haben; **I have every ~ that …** ich bin ganz zuversichtlich, dass …; **to put one's ~ in sb/sth** auf j-n/etw bauen; **motion/vote of no ~** Misstrauensantrag *m*/-votum *n* [2] (Selbst)vertrauen *n* [3] **in (strict) ~** (streng) vertraulich; **to take sb into one's ~** j-n ins Vertrauen ziehen **confidence trick** [S] Trickbetrug *m*, Pflanz *m österr* **confidence trickster** [S] → con man **confident** ['kɒnfɪdənt] [ADJ] [1] überzeugt; *Blick* zuversichtlich; **to be ~ of success** vom Erfolg überzeugt sein; **to be/feel ~ about sth** in Bezug auf etw zuversichtlich sein [2] (selbst)sicher, selbstbewusst **confidential** [,kɒnfɪ'denʃəl] [ADJ] vertraulich; **to treat sth as ~** etw vertraulich behandeln **confidentiality** [,kɒnfɪ,denʃɪ'ælɪtɪ] [S] Vertraulichkeit *f* **confidentially** [,kɒnfɪ'denʃəlɪ] [ADV] vertraulich, im Vertrauen **confidently** ['kɒnfɪdəntlɪ] [ADV] [1] zuversichtlich [2] selbstsicher

configure [kən'fɪgəʳ] [VT] IT konfigurieren

confine [A] [kən'faɪn] [VT] [1] (ein)sperren; **to be ~d to the house** nicht aus dem Haus können; **to be ~d to barracks** Kasernenarrest haben [2] *Bemerkungen* beschränken (**to** auf *+akk*); **to ~ oneself to doing sth** sich darauf beschränken, etw zu tun [B] ['kɒnfaɪnz] [S] **~s** *pl* Grenzen *pl* **confined** [ADJ] *Raum* begrenzt **confinement** [kən'faɪnmənt] [S] (≈*Handlung*) Einsperren *n*; (≈*Zustand*) Eingesperrtsein *n*

confirm [kən'fɜːm] [VT] [1] bestätigen [2] KIRCHE konfirmieren; *Katholik* firmen **confirmation** [,kɒnfə'meɪʃən] [S] [1] Bestätigung *f* [2] KIRCHE Konfirmation *f*; *von Katholiken* Firmung *f* **confirmed** [ADJ] [1] erklärt; *Atheist* überzeugt; *Junggeselle* eingefleischt [2] *Buchung* bestätigt

confiscate ['kɒnfɪskeɪt] [VT] beschlagnahmen; **to ~ sth from sb** j-m etw abnehmen **confiscation** [,kɒnfɪs'keɪʃən] [S] Beschlagnahme *f*

conflate [kən'fleɪt] [VT] zusammenfassen

conflict [A] ['kɒnflɪkt] [S] Konflikt *m*, Zusammenstoß *m*; **to be in ~ with sb/sth** mit j-m/etw im Konflikt liegen; **to come into ~ with sb/sth** mit j-m/etw in Konflikt geraten; **~ of interests** Interessenkonflikt *m* [B] [kən'flɪkt] [VI] im Widerspruch stehen (**with** zu) **conflicting** [kən'flɪktɪŋ] [ADJ] widersprüchlich

conform [kən'fɔːm] [VI] entsprechen (**to** *+dat*); *Menschen* sich anpassen (**to** an *+akk*) **conformist** [kən'fɔːmɪst] [A] [ADJ] konformistisch [B] [S] Konformist *m* **conformity** [kən'fɔːmɪtɪ] [S] [1] Konformismus *m* [2] Übereinstimmung *f*; *sozial* Anpassung *f* (**with** an *+akk*)

confound [kən'faʊnd] [VT] verblüffen **confounded** *umg* [ADJ] verflixt *umg*

confront [kən'frʌnt] [VT] [1] gegenübertreten (*+dat*); *Probleme, Entscheidungen* sich stellen (*+dat*) [2] **to ~ sb with sb/sth** j-n mit j-m/etw konfrontieren; **to be ~ed with sth** mit etw konfrontiert sein **confrontation** [,kɒnfrən'teɪʃən] [S] Konfrontation *f*, Auseinandersetzung *f* **confrontational** [kɒnfrən'teɪʃnl] [ADJ] konfrontativ

★**confuse** [kən'fjuːz] [VT] [1] *j-n* verwirren; *Situation* verworren machen; **don't ~ the issue!** bring (jetzt) nicht alles durcheinander! [2] verwechseln **confused** [ADJ] konfus; *Mensch a.* verwirrt, durcheinander **confusing** [kən'fjuːzɪŋ] [ADJ] verwirrend **confusion** [kən'fjuːʒən] [S] [1] Durcheinander *n*; **to be in ~** durcheinander sein; **to throw everything into ~** alles durcheinanderbringen [2] *geistig* Verwirrung *f* [3] (≈*Irrtum*) Verwechslung *f*

congeal [kən'dʒiːl] [VI] erstarren; *Blut* gerinnen

congenial [kən'dʒiːnɪəl] [ADJ] ansprechend; *Atmosphäre* angenehm

congenital [kən'dʒenɪtl] [ADJ] angeboren

congested [kən'dʒestɪd] [ADJ] überfüllt; *mit Verkehr* verstopft **congestion** [kən'dʒestʃən] [S] Stau *m*; **the ~ in the city centre is getting so bad …** die Verstopfung in der Innenstadt nimmt derartige Ausmaße an … **congestion charge** [S] City-Maut *f*

conglomerate [kən'glɒmərɪt] [S] Konglomerat *n*

★**congratulate** [kən'grætjʊleɪt] [VT] gratulieren (*+dat*), beglückwünschen

★**congratulations** [kən,grætjʊ'leɪʃənz] [A] [PL] Glückwünsche *pl*; **to offer one's ~** j-m gratulieren [B] [INT] herzlichen Glück-

C

wunsch!; **~ on** ...! herzlichen Glückwunsch zu ...! **congratulatory** [kənˈɡrætjʊlətərɪ] ADJ Glückwunsch-

congregate [ˈkɒŋɡrɪɡeɪt] V/I sich sammeln **congregation** [ˌkɒŋɡrɪˈɡeɪʃən] S̲ KIRCHE Gemeinde f

congress [ˈkɒŋɡres] S̲ **1** Kongress m; von Partei Parteitag m **2 Congress** US etc POL der Kongress **congressional** [kɒŋˈɡreʃənl] ADJ Kongress- **Congressman** [ˈkɒŋɡresmən] S̲ ⟨pl -men⟩ Kongressabgeordnete(r) m **Congresswoman** [ˈkɒŋɡres‚wʊmən] S̲ ⟨pl -women [-wɪmɪn]⟩ Kongressabgeordnete f

▶ **Congress**

Der **Congress**, die Legislative der USA, besteht aus zwei Kammern: dem **House of Representatives** und dem **Senate**. Das Repräsentantenhaus hat 435 Mitglieder, die für eine Amtszeit von zwei Jahren gewählt werden. Die Anzahl der Mitglieder pro Staat ist abhängig von der jeweiligen Bevölkerungsdichte. In den Senat entsendet jeder Staat zwei Repräsentanten; seine Mitglieder sind auf 6 Jahre gewählt (alle 2 Jahre wird 1/3 neu gewählt). Die Hauptaufgabe des **Congress** besteht in der Gesetzgebung. ◀

conical [ˈkɒnɪkl] ADJ kegelförmig
conifer [ˈkɒnɪfə(ʳ)] S̲ Nadelbaum m; **~s** Nadelhölzer pl **coniferous** [kəˈnɪfərəs] ADJ Nadel-
conjecture [kənˈdʒektʃə(ʳ)] A V/I vermuten B V/I Vermutungen anstellen C S̲ Vermutung f
conjugal [ˈkɒndʒʊɡəl] ADJ ehelich; Stand Ehe-
conjugate [ˈkɒndʒʊɡeɪt] V/I GRAM konjugieren **conjugation** [ˌkɒndʒʊˈɡeɪʃən] S̲ GRAM Konjugation f
conjunction [kənˈdʒʌŋkʃən] S̲ **1** GRAM Konjunktion f, Bindewort n **2 in ~ with the new evidence** in Verbindung mit dem neuen Beweismaterial; **the series was produced in ~ with NBC** die Serie wurde in Zusammenarbeit mit NBC aufgezeichnet
conjunctivitis [kən‚dʒʌŋktɪˈvaɪtɪs] S̲ MED Bindehautentzündung f
conjure [ˈkʌndʒə(ʳ)] V/I & V/I zaubern; **to ~ something out of nothing** etwas

aus dem Nichts herbeizaubern ◆**conjure up** V/I ⟨trennb⟩ Erinnerungen etc heraufbeschwören

conjurer [ˈkʌndʒərə(ʳ)] S̲ Zauberkünstler(in) m(f) **conjuring** [ˈkʌndʒərɪŋ] S̲ Zaubern n; **~ trick** Zaubertrick m **conjuror** [ˈkʌndʒərə(ʳ)] S̲ → conjurer
conk [kɒŋk] S̲ Br umg (≈ Nase) Riecher m
◆**conk out** umg V/I den Geist aufgeben umg
conker [ˈkɒŋkə(ʳ)] Br umg S̲ (Ross)kastanie f
con man ⟨pl - men⟩ umg Trickbetrüger m
★**connect** [kəˈnekt] A V/I **1** a. IT verbinden (**to, with** mit); a. **~ up** ELEK etc anschließen (**to an** +akk); **I'll ~ you** TEL ich verbinde (Sie); **to be ~ed** miteinander verbunden sein; **to be ~ed with** Ideen in Verbindung stehen zu; **to be well ~ed** gute Beziehungen haben; **he's ~ed with the university** er hat mit der Universität zu tun **2** fig in Verbindung bringen; **I always ~ Paris with springtime** ich verbinde Paris immer mit Frühling B V/I **1** Kontakt haben; **~ing rooms** angrenzende Zimmer pl (mit Verbindungstür) **2** BAHN, FLUG etc Anschluss haben (**with an** +akk); **~ing flight** Anschlussflug m ◆**connect up** V/I ⟨trennb⟩ ELEK etc anschließen (**to, with an** +akk)
connected device S̲ IT angeschlossenes Gerät **connected TV** S̲ Smart-TV n, Hybrid-TV n ★**connection** [kəˈnekʃən] S̲ **1** Verbindung f (**to, with** zu, mit); an Stromnetz Anschluss m (**to an** +akk); **~ charge** TEL Anschlussgebühr f **2** fig Zusammenhang m; **in ~ with** in Zusammenhang mit **3** (≈ geschäftlich) Beziehung f (**with** zu); **to have ~s** Beziehungen haben **4** BAHN etc Anschluss m **connector** [kəˈnektə(ʳ)] S̲ Verbindungsstück n; ELEK Lüsterklemme f
connive [kəˈnaɪv] V/I sich verschwören **connoisseur** [‚kɒnəˈsɜː(ʳ)] S̲ Kenner(in) m(f)
connotation [‚kɒnəʊˈteɪʃən] S̲ Assoziation f
conquer [ˈkɒŋkə(ʳ)] V/I **1** wörtl Land erobern; Feind besiegen **2** fig bezwingen **conqueror** [ˈkɒŋkərə(ʳ)] S̲ Eroberer m, Eroberin f **conquest** [ˈkɒŋkwest] S̲ Er-

C

oberung f; *über Feind* Sieg m (**of** über +akk)

★conscience ['kɒnʃəns] ‾S̱ Gewissen n; **to have a clear/guilty ~** ein reines/ schlechtes Gewissen haben (**about** wegen); **with an easy ~** mit ruhigem Gewissen; **she/it is on my ~** ich habe ihretwegen/deswegen Gewissensbisse

conscientious [ˌkɒnʃɪ'enʃəs] ADJ gewissenhaft **conscientiously** [ˌkɒnʃɪ'enʃəslɪ] ADV gewissenhaft **conscientiousness** [ˌkɒnʃɪ'enʃəsnəs] ‾S̱ Gewissenhaftigkeit f **conscientious objector** ‾S̱ MIL Kriegsdienstverweigerer m, Kriegsdienstverweigerin f (*aus Gewissensgründen*)

conscious ['kɒnʃəs] ADJ 🄵 MED bei Bewusstsein 🄶 bewusst; **to be ~ of sth** sich (*dat*) einer Sache (*gen*) bewusst sein; **I was ~ that** es war mir bewusst, dass; **environmentally ~** umweltbewusst **-conscious** ADJ ⟨suf⟩ -bewusst **consciously** ['kɒnʃəslɪ] ADV bewusst **consciousness** ‾S̱ Bewusstsein n; **to lose ~** das Bewusstsein verlieren

conscript [kən'skrɪpt] Ⓐ V̅T̅ einberufen Ⓑ ['kɒnskrɪpt] ‾S̱ Br Einberufene(r) m/f(m) **conscripted** [kən'skrɪptɪd] ADJ *Soldat* einberufen; *Truppe* aus Wehrpflichtigen bestehend **conscription** [kən'skrɪpʃən] ‾S̱ Wehrpflicht f; (≈ *das Einberufen*) Einberufung f

consecrate ['kɒnsɪkreɪt] V̅T̅ weihen **consecration** [ˌkɒnsɪ'kreɪʃən] ‾S̱ Weihe f; *in Messe* Wandlung f

consecutive [kən'sekjʊtɪv] ADJ aufeinanderfolgend; *Zahlen* fortlaufend; **on four ~ days** vier Tage hintereinander **consecutively** [kən'sekjʊtɪvlɪ] ADV nacheinander; *nummeriert* fortlaufend

consensus [kən'sensəs] ‾S̱ Übereinstimmung f; **what's the ~?** was ist die allgemeine Meinung?; **the ~ is that** ... man ist allgemein der Meinung, dass ...; **there was no ~ (among them)** sie waren sich nicht einig

consent [kən'sent] Ⓐ V̅I̅ zustimmen (**to** +dat); **to ~ to do sth** sich bereit erklären, etw zu tun; **to ~ to sb doing sth** damit einverstanden sein, dass j-d etw tut Ⓑ ‾S̱ Zustimmung f (**to** zu); **he is by general ~** ... man hält ihn allgemein für ...

★consequence ['kɒnsɪkwəns] ‾S̱ 🄵 Folge

f, Konsequenz f; **in ~** folglich; **as a ~ of** ... als Folge (+gen); **to face the ~s of** die Folgen tragen 🄶 Wichtigkeit f; **it's of no ~** das spielt keine Rolle **consequent** ['kɒnsɪkwənt] ADJ ⟨attr⟩ daraus folgend **consequently** ['kɒnsɪkwəntlɪ] ADV folglich, infolgedessen

conservation [ˌkɒnsə'veɪʃən] ‾S̱ 🄵 Erhaltung f 🄶 Naturschutz m **conservation area** ‾S̱ Naturschutzgebiet n; *in Stadt* unter Denkmalschutz stehendes Gebiet **conservationist** [ˌkɒnsə'veɪʃənɪst] ‾S̱ Umweltschützer(in) m(f), Denkmalpfleger(in) m(f)

conservatism [kən'sɜːvətɪzəm] ‾S̱ Konservatismus m **conservative** [kən'sɜːvətɪv] Ⓐ ADJ konservativ, vorsichtig; **the Conservative Party** Br die Konservative Partei Ⓑ ‾S̱ POL a. **Conservative** Konservative(r) m/f(m) **conservatively** [kən'sɜːvətɪvlɪ] ADV konservativ; *schätzen, investieren* vorsichtig

conservatory [kən'sɜːvətrɪ] ‾S̱ Wintergarten m **conserve** [kən'sɜːv] V̅T̅ erhalten; *Kräfte* schonen; *Energie* sparen

★consider [kən'sɪdəʳ] V̅T̅ 🄵 *Idee, Angebot* nachdenken über (+akk); *Möglichkeiten* sich (*dat*) überlegen 🄶 in Erwägung ziehen; **to ~ doing sth** überlegen od erwägen, etw zu tun; **I'm ~ing going abroad** ich spiele mit dem Gedanken, ins Ausland zu gehen 🄷 in Betracht ziehen; **I won't even ~ it!** ich denke nicht daran!; **I'm sure he would never ~ doing anything criminal** ich bin überzeugt, es käme ihm nie in den Sinn, etwas Kriminelles zu tun 🄸 denken an (+akk); *Kosten, Schwierigkeiten, Fakten* berücksichtigen; **when one ~s that** ... wenn man bedenkt, dass ...; **all things ~ed** alles in allem; **~ my position** überlegen Sie sich meine Lage; **~ this case, for example** nehmen Sie zum Beispiel diesen Fall; **have you ~ed going by train?** haben Sie daran gedacht, mit dem Zug zu fahren? 🄵 betrachten als; *j-n* halten für; **to ~ sb to be sth** j-n für etw halten; **to ~ oneself lucky** sich glücklich schätzen; **~ it done!** schon so gut wie geschehen! 🄶 (*eingehend*) betrachten

★considerable [kən'sɪdərəbl] ADJ beträchtlich; *Interesse, Einkommen* groß; *Anzahl, Leistung* beachtlich; **to a ~ extent** od **degree** weitgehend; **for some**

~ **time** für eine ganze Zeit **considerably** [kənˈsɪdərəblɪ] ADV beträchtlich **considerate** [kənˈsɪdərɪt] ADJ rücksichtsvoll **(towards** gegenüber), aufmerksam **considerately** [kənˈsɪdərɪtlɪ] ADV rücksichtsvoll **consideration** [kənˌsɪdəˈreɪʃən] S **1** ⟨kein pl⟩ Überlegung f; **I'll give it my ~** ich werde es mir überlegen **2** ⟨kein pl⟩ **to take sth into ~** etw berücksichtigen; **taking everything into ~** alles in allem; **the matter is under ~** die Sache wird zurzeit geprüft form; **in ~ of** mit Rücksicht auf (+akk) **3** ⟨kein pl⟩ Rücksicht f **(for** auf +akk); **to show** od **have ~ for sb** Rücksicht auf j-n nehmen; **his lack of ~ (for others)** seine Rücksichtslosigkeit (anderen gegenüber) **4** Faktor m; **money is not a ~** Geld spielt keine Rolle **considered** ADJ Ansicht ernsthaft **considering A** PRÄP wenn man ... (akk) bedenkt **B** KONJ wenn man bedenkt **C** ADV **it's not too bad ~** es ist eigentlich gar nicht so schlecht

consign [kənˈsaɪn] V/T übergeben **(to** +dat); **it was ~ed to the rubbish heap** Br es landete auf dem Abfallhaufen **consignment** [kənˈsaɪnmənt] S Sendung f **consignment note** S HANDEL Frachtbrief m

★**consist** [kənˈsɪst] V/I ★ **to ~ of** bestehen aus; **his happiness ~s in helping others** sein Glück besteht darin, anderen zu helfen

consistency [kənˈsɪstənsɪ] S **1** ⟨kein pl⟩ Konsequenz f; **his statements lack ~** seine Aussagen widersprechen sich **2** ⟨kein pl⟩ von Leistung Stetigkeit f; von Stil Einheitlichkeit f **3** Konsistenz f **consistent** [kənˈsɪstənt] ADJ **1** konsequent **2** Leistung stetig; Stil einheitlich **3** **to be ~ with sth** einer Sache (dat) entsprechen **consistently** [kənˈsɪstəntlɪ] ADV **1** sich verhalten konsequent; versagen ständig; ablehnen hartnäckig **2** einheitlich **consolation** [ˌkənsəˈleɪʃən] S Trost m kein pl; **it is some ~ to know that ...** es ist tröstlich zu wissen, dass ...; **old age has its ~s** das Alter hat auch seine guten Seiten **consolation prize** S Trostpreis m

console[1] [kənˈsəʊl] V/T trösten **console**[2] [ˈkənsəʊl] S (Kontroll)pult m **consolidate** [kənˈsɒlɪdeɪt] V/T **1** festigen **2** zusammenlegen; Unternehmen zusammenschließen **consolidation** [kənˌsɒlɪˈdeɪʃən] S Festigung f

consommé [kənˈsɒmeɪ] S Kraftbrühe f **consonant** [ˈkɒnsənənt] S Konsonant m **consortium** [kənˈsɔːtɪəm] S Konsortium n

conspicuous [kənˈspɪkjʊəs] ADJ auffällig, offensichtlich; **to be/make oneself ~** auffallen; **he was ~ by his absence** er glänzte durch Abwesenheit **conspicuously** [kənˈspɪkjʊəslɪ] ADV auffällig **conspiracy** [kənˈspɪrəsɪ] S Verschwörung f; **a ~ of silence** ein verabredetes Schweigen **conspirator** [kənˈspɪrətə[r]] S Verschwörer(in) m(f) **conspiratorial** [kənˌspɪrəˈtɔːrɪəl] ADJ verschwörerisch **conspire** [kənˈspaɪə[r]] V/I sich verschwören **(against** gegen); **to ~ (together) to do sth** sich verabreden, etw zu tun **constable** [ˈkʌnstəbl] Br S Polizist(in) m(f) **constabulary** [kənˈstæbjʊlərɪ] Br S Polizei f kein pl

Constance [ˈkɒnstəns] S Stadt Konstanz n; **Lake ~** der Bodensee

constancy [ˈkɒnstənsɪ] S Beständigkeit f; von Freund, Liebhaber Treue f **constant** [ˈkɒnstənt] A ADJ **1** Unterbrechungen ständig **2** Temperatur konstant **3** Zuneigung beständig **B** S Konstante f **constantly** [ˈkɒnstəntlɪ] ADV (an)dauernd

constellation [ˌkɒnstəˈleɪʃən] S Konstellation f

consternation [ˌkɒnstəˈneɪʃən] S Bestürzung f, Sorge f; **in ~** bestürzt; **to cause ~** Grund zur Sorge geben; Nachricht Bestürzung auslösen

constipated [ˈkɒnstɪpeɪtɪd] ADJ **he is ~** er hat Verstopfung **constipation** [ˌkɒnstɪˈpeɪʃən] S ⟨kein pl⟩ Verstopfung f

constituency [kənˈstɪtjʊənsɪ] S POL Wahlkreis m **constituent** [kənˈstɪtjʊənt] A ADJ **~ part** Bestandteil m B S **1** POL Wähler(in) m(f) **2** Bestandteil m **constitute** [ˈkɒnstɪtjuːt] V/T **1** bilden **2** darstellen; **that ~s a lie** das ist eine glatte Lüge

constitution [ˌkɒnstɪˈtjuːʃən] S **1** POL Verfassung f; von Verein etc Satzung f **2** von Mensch Konstitution f; **to have a strong ~** eine starke Konstitution haben **constitutional** [ˌkɒnstɪˈtjuːʃənl] ADJ POL Verfassungs-; **~ monarchy** kon-

stitutionelle Monarchie
constrained [kənˈstreɪnd] ADJ gezwungen; **to feel ~ by sth** sich durch etw eingeengt sehen **constraint** ⓢ 1 Zwang m 2 Beschränkung f
constrict [kənˈstrɪkt] V/T 1 einzwängen 2 behindern **constriction** [kənˈstrɪkʃən] ⓢ von Bewegungsfreiheit Behinderung f
construct [kənˈstrʌkt] V/T bauen, konstruieren; Satz bilden; Roman etc aufbauen; Theorie entwickeln **construction** [kənˈstrʌkʃən] ⓢ 1 von Gebäude, Straße Bau m; **under ~** in od im Bau; sentence ~ Satzbau m 2 (≈ Werk) Bau m; (≈ Brücke), a. GRAM Konstruktion f **construction industry** ⓢ Bauindustrie f **construction site** ⓢ Baustelle f **construction worker** ⓢ Bauarbeiter(in) m(f) **constructive** ADJ, **constructively** [kənˈstrʌktɪv, -lɪ] ADV konstruktiv
consul [ˈkɒnsəl] ⓢ Konsul m **consulate** [ˈkɒnsjʊlɪt] ⓢ Konsulat n
consult [kənˈsʌlt] A V/T konsultieren; Wörterbuch nachschlagen in (+dat); Landkarte nachsehen auf (+dat); **to do it without ~ing anyone** er hat das getan, ohne jemanden zu fragen B V/I sich beraten **consultancy** [kənˈsʌltənsɪ] ⓢ Beratung f; (≈ Firma) Beratungsbüro n **consultant** [kənˈsʌltənt] A ⓢ 1 Br MED Facharzt m/-ärztin f (im Krankenhaus) 2 Berater(in) m(f); ~s (≈ Firma) Beratungsbüro n B ADJ ⟨attr⟩ beratend **consultation** [ˌkɒnsəlˈteɪʃən] ⓢ Besprechung f; durch Arzt, Anwalt Konsultation f (of +gen); **in ~ with** in gemeinsamer Beratung mit **consulting hours** PL MED Sprechstunde f, Ordination f österr **consulting room** ⓢ MED Sprechzimmer n, Ordination f österr
consumable [kənˈsjuːməbl] ⓢ Konsumgut n; ~s COMPUT Verbrauchsmaterial n **consume** [kənˈsjuːm] V/T 1 Speisen, Getränke zu sich nehmen; WIRTSCH konsumieren 2 Feuer vernichten; Kraftstoff verbrauchen; Energie aufbrauchen **consumer** [kənˈsjuːməʳ] ⓢ Verbraucher(in) m(f), Konsument(in) m(f) **consumer borrowing** ⓢ Kreditaufnahme f durch Verbraucher **consumer demand** ⓢ Nachfrage f **consumer goods** PL Konsumgüter pl **consumer group** ⓢ Verbrauchergruppe f **consumerism**

[kənˈsjuːmərɪzəm] ⓢ Konsumdenken n **consumer profile** ⓢ Verbraucherprofil n **consumer protection** ⓢ Verbraucherschutz m **consumer society** ⓢ Konsumgesellschaft f **consumer spending** ⓢ Verbraucherausgaben pl **consuming** [kənˈsjuːmɪŋ] ADJ Ehrgeiz, Interesse glühend; Sehnsucht, Verlangen verzehrend; **football is his ~ passion** Fußball ist sein ein und alles
consummate A [kənˈsʌmɪt] ADJ Können vollendet B [ˈkɒnsəmeɪt] V/T Ehe vollziehen
consumption [kənˈsʌmpʃən] ⓢ Konsum m, Verbrauch m; **not fit for human ~** zum Verzehr ungeeignet; **world ~ of oil** Weltölverbrauch m
★**contact** [ˈkɒntækt] A ⓢ 1 Kontakt m; **to be in ~ with sb/sth** mit j-m/etw in Kontakt stehen; **to keep in ~ with sb** mit j-m in Kontakt bleiben; **to come into ~ with sb/sth** mit j-m/etw in Berührung kommen; **he has no ~ with his family** er hat keinen Kontakt zu seiner Familie; **I'll get in ~** ich werde von mir hören lassen; **how can we get in(to) ~ with him?** wie können wir ihn erreichen?; **to make ~** sich miteinander in Verbindung setzen; **to lose ~ (with sb/sth)** den Kontakt (zu j-m/etw) verlieren 2 (≈ Mensch) Kontaktperson f; **~s** pl Kontakte pl 3 umg Kontaktlinse f B V/T j-n sich in Verbindung setzen mit, kontaktieren; Polizei sich wenden an (+akk) **I've been trying to ~ you for hours** ich versuche schon seit Stunden, Sie zu erreichen **contact lens** ⓢ Kontaktlinse f **contact lens solution** ⓢ Kontaktlinsenmittel n **contactless** [ˈkɒntæktlɪs] ADJ PHYS, TECH Sensor, Schalter, Bezahlung berührungslos; **to pay using ~ payment** berührungslos bezahlen **contact number** ⓢ Telefonnummer f **contagious** [kənˈteɪdʒəs] ADJ MED, a. fig ansteckend
★**contain** [kənˈteɪn] V/T 1 enthalten 2 Behälter, Zimmer fassen 3 sich, Emotionen beherrschen; Krankheit, Inflation in Grenzen halten; **he could hardly ~ himself** er konnte kaum an sich (akk) halten
★**container** [kənˈteɪnəʳ] A ⓢ 1 Behälter m 2 HANDEL Container m B ADJ ⟨attr⟩ Container-; **~ ship** Containerschiff n
contaminate [kənˈtæmɪneɪt] V/T ver-

schmutzen, vergiften; *durch Radioaktivität* verseuchen **contamination** [kən‚tæmɪˈneɪʃən] *s̄* ⟨*kein pl*⟩ Verschmutzung f, Vergiftung f; *durch Radioaktivität* Verseuchung f

contd A͞B͞K (= continued) Forts., Fortsetzung f

contemplate [ˈkɒntempleɪt] v͞t **1** betrachten **2** nachdenken über (+*akk*), in Erwägung ziehen; **he would never ~ violence** der Gedanke an Gewalttätigkeit würde ihm nie kommen; **to ~ doing sth** daran denken, etw zu tun **contemplation** [‚kɒntemˈpleɪʃən] *s̄* ⟨*kein pl*⟩ Besinnung f

contemporary [kənˈtempərərɪ] A ADJ **1** *Ereignisse* gleichzeitig; *Literatur* zeitgenössisch **2** *Leben* heutig; *Kunst* zeitgenössisch B *s̄* Altersgenosse m/-genossin f; *geschichtlich* Zeitgenosse m/-genossin f

contempt [kənˈtempt] *s̄* **1** Verachtung f; **to hold in ~** verachten; **beneath ~** unter aller Kritik **2** JUR **to be in ~ (of court)** das Gericht missachten **contemptible** ADJ verachtenswert **contemptuous** [kənˈtemptjʊəs] ADJ verächtlich; *Mensch* herablassend

contend [kənˈtend] A v͞i **1** kämpfen; **then you'll have me to ~ with** dann bekommst du es mit mir zu tun **2** **to ~ with sb/sth** mit j-m/etw fertig werden B v͞t behaupten **contender** [kənˈtendəʳ] *s̄* Kandidat(in) m(f); SPORT Wettkämpfer(in) m(f) **(for** um)

content[1] [kənˈtent] A ADJ ⟨*präd*⟩ zufrieden; **to be/feel ~** zufrieden sein; **she's quite ~ to stay at home** sie bleibt ganz gern zu Hause B v͞t **to ~ oneself with** sich zufriedengeben mit; **to ~ oneself with doing sth** sich damit zufriedengeben, etw zu tun

⋆**content**[2] [ˈkɒntent] *s̄* **1** ⟨*mst pl*⟩ Inhalt m; **(table of) ~s** Inhaltsverzeichnis n **2** ⟨*kein pl*⟩ Gehalt m

contented ADJ, **contentedly** [kənˈtentɪd, -lɪ] ADV zufrieden

contention [kənˈtenʃən] *s̄* **1** **that is no longer in ~** das steht nicht mehr zur Debatte **2** Behauptung f **3** *bei Wettbewerb* **to be in ~ (for sth)** Chancen (auf etw *akk*) haben **contentious** [kənˈtenʃəs] ADJ umstritten

content management system *s̄* IT

Content-Management-System n

contentment [kənˈtentmənt] *s̄* Zufriedenheit f

contest A [ˈkɒntest] *s̄* Kampf m **(for** um**),** Wettbewerb m **(for** um**); it's no ~** das ist ein ungleicher Kampf B [kənˈtest] v͞t **1** kämpfen um **2** *Aussage* bestreiten; JUR *Testament* anfechten **contestant** [kənˈtestənt] *s̄* (Wettbewerbs)teilnehmer(in) m(f); *in Quiz* Kandidat(in) m(f)

context [ˈkɒntekst] *s̄* Zusammenhang m; **(taken) out of ~** aus dem Zusammenhang gerissen

⋆**continent** [ˈkɒntɪnənt] *s̄* GEOG Kontinent m, Erdteil m; (≈ *Landmasse*) Festland n; **the Continent (of Europe)** *Br* Kontinentaleuropa n; **on the Continent** in Europa **continental** [‚kɒntɪˈnentl] ADJ **1** GEOG kontinental **2** *Br* europäisch; *Urlaub* in Europa **continental breakfast** *s̄* kleines Frühstück **continental Europe** *s̄* Kontinentaleuropa n **continental quilt** *s̄* Steppdecke f

contingency [kənˈtɪndʒənsɪ] *s̄* Eventualität f **contingency plan** *s̄* Notfallplan m

contingent [kənˈtɪndʒənt] *s̄* Kontingent n; MIL Trupp m

continual ADJ, **continually** [kənˈtɪnjʊəl, -ɪ] ADV ständig, ununterbrochen **continuation** [kən‚tɪnjʊˈeɪʃən] *s̄* **1** Fortsetzung f **2** Wiederaufnahme f

⋆**continue** [kənˈtɪnjuː] v͞t fortsetzen; **to ~ doing** *od* **to do sth** etw weiter tun; **to ~ to read, to ~ reading** weiterlesen; **to be ~d** Fortsetzung folgt; **~d on p 10** Fortsetzung auf Seite 10 B v͞i weitermachen; *Krise* (an)dauern; *Wetter* anhalten; *Straße, Konzert etc* weitergehen; **to ~ on one's way** weiterfahren, weitergehen; **he ~d after a short pause** er redete/schrieb/las *etc* nach einer kurzen Pause weiter; **to ~ with one's work** mit seiner Arbeit weitermachen; **please ~** bitte machen Sie weiter, fahren Sie fort; **he ~s to be optimistic** er ist nach wie vor optimistisch; **to ~ at university/with a company/as sb's secretary** auf der Universität/bei einer Firma/j-s Sekretärin bleiben **continuity** [‚kɒntɪˈnjuːɪtɪ] *s̄* Kontinuität f **continuous** [kənˈtɪnjʊəs] ADJ dauernd; *Linie* durchgezogen; *Anstieg, Bewegung* stetig; **to be in ~ use** ständig in Benutzung sein; **~ tense**

GRAM Verlaufsform f **continuously**
[kənˈtɪnjʊəslɪ] ADV dauernd, ununterbrochen; *ansteigen, sich bewegen* stetig

contort [kənˈtɔːt] V/T verziehen (**into** zu);
a face ~ed with pain ein schmerzverzerrtes Gesicht **contortion**
[kənˈtɔːʃən]
S *von Akrobat etc* Verrenkung f; *von Gesicht* Verzerrung f **contortionist** [kənˈtɔːʃənɪst] S Schlangenmensch m

contour [ˈkɒntʊəʳ] S **1** Kontur f **2**
GEOG Höhenlinie f **contour line** S
Höhenlinie f **contour map** S Höhenlinienkarte f

contra- [ˈkɒntrə-] PRÄF Gegen-, Kontra-
contraband [ˈkɒntrəbænd] S ⟨kein pl⟩
Schmuggelware f

contraception [ˌkɒntrəˈsepʃən] S Empfängnisverhütung f **contraceptive**
[ˌkɒntrəˈseptɪv] A S empfängnisverhütendes Mittel B ADJ empfängnisverhütend; *the contraceptive pill* die Antibaby-

contract¹ A [ˈkɒntrækt] S Vertrag m;
HANDEL Auftrag m; **to enter into** *od*
make a ~ einen Vertrag eingehen; **to
be under ~** unter Vertrag stehen (**to**
bei, **with** mit) B [kənˈtrækt] V/T *Schulden* machen; *Grippe etc* erkranken an (+*dat*) C
[kənˈtrækt] V/I HANDEL **to ~ to sth** sich vertraglich verpflichten, etw zu
tun ◆**contract out** A V/I sich nicht anschließen (**of** +*dat*) B V/T ⟨trennb⟩
HANDEL außer Haus machen lassen (**to**
von)

contract² [kənˈtrækt] V/I *Muskel, Metall*
sich zusammenziehen

contract bridge [ˈkɒntrækt-] S Kontrakt-Bridge n

contraction [kənˈtrækʃən] S **1** *von Muskel, Metall* Zusammenziehen n **2** *bei Geburt* ~**s** Wehen pl

contractor [kənˈtræktəʳ] S Auftragnehmer(in) m(f); *im Baugewerbe* Bauunternehmer(in) m(f); **that is done by outside ~s** damit ist eine andere Firma beauftragt

contractual [kənˈtræktʃʊəl] ADJ vertraglich

contradict [ˌkɒntrəˈdɪkt] V/T *j-m* widersprechen (+*dat*); **to ~ oneself** sich (*dat*)
widersprechen **contradiction**
[ˌkɒntrəˈdɪkʃən] S Widerspruch m (**of**
zu); **full of ~s** voller Widersprüchlichkeiten; **a ~ in terms** ein Widerspruch m in
sich **contradictory** [ˌkɒntrəˈdɪktərɪ]

ADJ widersprüchlich

contraflow [ˈkɒntrəfləʊ] S *Verkehr* Gegenverkehr m **contraindication**
[kɒntraɪndɪˈkeɪʃən] S MED Gegenanzeige f

contralto [kənˈtræltəʊ] A S ⟨pl -s⟩ Alt
m B ADJ *Stimme* Alt-

contraption [kənˈtræpʃən] umg S Apparat m umg

★**contrary** [ˈkɒntrərɪ] A ADJ entgegengesetzt, gegensätzlich; **sth is ~ to sth**
etw steht im Gegensatz zu etw; **~ to
what I expected** entgegen meinen Erwartungen B S Gegenteil n; **on the ~**
im Gegenteil; **unless you hear to the
~** sofern Sie nichts Gegenteiliges hören;
quite the ~ ganz im Gegenteil

contrast A [ˈkɒntrɑːst] S Gegensatz m
(**with**, **to** zu *od* **between** zwischen);
(≈ *deutlicher Unterschied*), a. TV Kontrast
m (**with**, **to** zu); **by** *od* **in ~** im Gegensatz
dazu; **to be in ~ with** *od* **to sth** im Gegensatz/in Kontrast zu etw stehen B
[kənˈtrɑːst] V/T gegenüberstellen (**with**
+*dat*) C [kənˈtrɑːst] V/I im Gegensatz *od*
in Kontrast stehen (**with** zu) **contrasting** [kənˈtrɑːstɪŋ] ADJ *Meinungen* gegensätzlich; *Farben* kontrastierend

contravene [ˌkɒntrəˈviːn] V/T verstoßen
gegen **contravention** [ˌkɒntrəˈvenʃən]
S Verstoß m (**of** gegen); **to be in ~ of ...**
gegen ... verstoßen

contribute [kənˈtrɪbjuːt] A V/T beitragen (**to** zu); *Geld, Mittel* beisteuern (**to**
zu); *für Wohlfahrt* spenden (**to** für) B V/I
beitragen (**to** zu); *zu Rentenkasse, Zeitung, Gesellschaft* einen Beitrag leisten
(**to** zu); *zu Geschenk* beisteuern (**to** zu);
zu Wohlfahrt spenden (**to** für) **contribution** [ˌkɒntrɪˈbjuːʃən] S Beitrag m (**to**
zu); **to make a ~ to sth** einen Beitrag
zu etw leisten **contributor** [kənˈtrɪbjʊtəʳ] S *an Magazin etc* Mitarbeiter(in)
m(f) (**to** an +*dat*); *von Waren, Geld* Spender(in) m(f) **contributory** [kənˈtrɪbjʊtərɪ] ADJ **1** **it's certainly a ~ factor** es
ist sicherlich ein Faktor, der mit eine
Rolle spielt **2** *Rentenkasse* beitragspflichtig

con trick umg S Trickbetrug m, Pflanz
m österr

contrive [kənˈtraɪv] V/T **1** entwickeln, fabrizieren; **to ~ a means of doing sth** einen Weg finden, etw zu tun **2** bewerkstelligen; **to ~ to do sth** es fertigbringen, etw zu tun **contrived** ADJ gekünstelt

★**control** [kənˈtrəʊl] **A** S **1** ‹kein pl› Aufsicht f (**of** über +akk); von Geldmitteln Verwaltung f (**of** +gen); von Situation, Emotionen Beherrschung f (**of** +gen); (≈ Selbstkontrolle) (Selbst)beherrschung f; über Territorium Gewalt f (**over** über +akk); von Preisen, Seuche Kontrolle f (**of** +gen); **his ~ of the ball** seine Ballführung; **to be in ~ of sth, to have ~ of sth** Firma, Büro etw leiten; Geldmittel etw verwalten; **to be in ~ of sth, to have ~ of sth** Auto, Umweltverschmutzung etw unter Kontrolle haben; **to have no ~ over sb/sth** keinen Einfluss auf j-n/etw haben; **to lose ~ (of sth)** (etw) nicht mehr in der Hand haben; über Auto die Kontrolle (über etw akk) verlieren; **to lose ~ of oneself** die Beherrschung verlieren; **to be/get out of ~** Kind, Schulklasse außer Rand und Band sein/geraten; Situation, Auto außer Kontrolle sein/geraten; Preise, Seuche, Umweltverschmutzung sich jeglicher Kontrolle (dat) entziehen; **to be under ~** unter Kontrolle sein; Kinder, Schulklasse sich benehmen; **everything is under ~** wir/sie etc haben die Sache im Griff umg; **circumstances beyond our ~** nicht in unserer Hand liegende Umstände **2** Regler m; von Fahrzeug, Maschine Schalter m; **to be at the ~s** von Flugzeug am Kontrollpult sitzen **B** VT kontrollieren; Firma leiten; Organisation in der Hand haben; Tier, Kind fertig werden mit; Verkehr regeln; Emotionen, Bewegungen beherrschen; Temperatur, Geschwindigkeit regulieren; **to ~ oneself** sich beherrschen **control centre** S, **control center** US S Kontrollzentrum n **control desk** S Steuer- od Schaltpult n; TV, RADIO Regiepult n **control freak** umg S **most men are total ~s** die meisten Männer müssen immer alles unter Kontrolle haben **control key** S COMPUT Control-Taste f **controlled** [kənˈtrəʊld] ADJ **~ drugs** od **substances** verschreibungspflichtige Medikamente pl **controller** [kənˈtrəʊlər] S **1** RADIO (≈ Direktor) Intendant(in) m(f) **2** Leiter(in) m(f) des Rechnungswesens **controlling** ADJ ‹attr› Behörde Aufsichts- **control panel** S Schalttafel f; in Flugzeug,

an Fernsehgerät Bedienungsfeld n **control room** S Kontrollraum m; MIL (Operations)zentrale f; von Polizei Zentrale f **control stick** S FLUG, COMPUT Steuerknüppel m **control tower** S FLUG Kontrollturm m

controversial [ˌkɒntrəˈvɜːʃəl] ADJ umstritten **controversy** [ˈkɒntrəvɜːsɪ, kənˈtrɒvəsɪ] S Kontroverse f

conundrum [kəˈnʌndrəm] S Rätsel n **conurbation** [ˌkɒnɜːˈbeɪʃən] S Ballungsgebiet n

convalesce [ˌkɒnvəˈles] VI genesen (**from, after** von) **convalescence** [ˌkɒnvəˈlesəns] S Genesung(szeit) f

convection oven US S Umluftofen m **convene** [kənˈviːn] **A** VT Versammlung einberufen **B** VI zusammenkommen; Parlament etc zusammentreten

convenience [kənˈviːnɪəns] S **1** ‹kein pl› Annehmlichkeit f; **for the sake of ~** aus praktischen Gründen; **with all modern ~s** mit allem modernen Komfort **2** ‹kein pl› **at your own ~** wann es Ihnen passt umg; **at your earliest ~** HANDEL möglichst bald **convenience foods** PL Fertiggerichte pl **convenience store** S kleiner Laden, häufig mit verlängerten Öffnungszeiten Minimarkt m

★**convenient** [kənˈviːnɪənt] ADJ praktisch; Gebiet günstig gelegen; Zeit günstig; **if it is ~** wenn es Ihnen (so) passt; **is tomorrow ~ (for you)?** passt (es) Ihnen morgen?; **the trams are very ~** (≈ in der Nähe) die Straßenbahnhaltestellen liegen sehr günstig; (≈ nützlich) die Straßenbahn ist sehr praktisch **conveniently** [kənˈviːnɪəntlɪ] ADV günstigerweise; gelegen günstig

convent [ˈkɒnvənt] S (Frauen)kloster n **convention** [kənˈvenʃən] S **1** Brauch m; (≈ Regel) Konvention f **2** Abkommen n **3** Konferenz f; POL Versammlung f **conventional** [kənˈvenʃənl] ADJ konventionell, herkömmlich; Stil traditionell; **~ medicine** konventionelle Medizin **conventionally** [kənˈvenʃnəlɪ] ADV konventionell

converge [kənˈvɜːdʒ] VI Linien zusammenlaufen (**at in, an** +dat); MATH, PHYS konvergieren (**at in** +dat); **to ~ on sb/ sth/New York** von überallher zu j-m/etw/nach New York strömen **con-**

vergence [kən'vɜːdʒəns] ⓢ *fig von Ansichten* Annäherung *f;* **~ criteria** *in EU* Konvergenzkriterien *pl*

★**conversation** [ˌkɒnvə'seɪʃən] ⓢ Unterhaltung *f;* SCHULE Konversation *f;* **to make ~** Konversation machen; **to get into/be in ~ with sb** mit j-m ins Gespräch kommen/im Gespräch sein; **to have a ~ with sb (about sth)** sich mit j-m (über etw *akk*) unterhalten **conversational** [ˌkɒnvə'seɪʃənl] ADJ Unterhaltungs-; **~ German** gesprochenes Deutsch **conversationalist** [ˌkɒnvə'seɪʃnəlɪst] ⓢ guter Gesprächspartner, gute Gesprächspartnerin; **not much of a ~** nicht gerade ein Konversationsgenie **conversationally** [ˌkɒnvə'seɪʃnəli] ADV schreiben im Plauderton

converse¹ [kən'vɜːs] *form* Ⓥ/ᵢ sich unterhalten

converse² ['kɒnvɜːs] ⓢ Gegenteil *n* **conversely** [kɒn'vɜːsli] ADV umgekehrt

conversion [kən'vɜːʃən] ⓢ ❶ Konversion *f (into n +akk); von Fahrzeug* Umbau *m; von Haus* Umbau *m (into zu);* **~ table** Umrechnungstabelle *f* ❷ REL, *a. fig* Bekehrung *f* **convert** Ⓐ ['kɒnvɜːt] ⓢ Bekehrte(r) *m/f(m); zu anderem Glauben* Konvertit *m;* **to become a ~ to sth** *wörtl, fig* sich zu etw bekehren Ⓑ [kən'vɜːt] Ⓥ/ₜ ❶ konvertieren (into *in +akk*); *Fahrzeug* umrüsten; *Dachboden* ausbauen (into zu); *Haus* umbauen (into zu) ❷ REL, *a. fig* bekehren (to zu); *zu anderem Glauben* konvertieren Ⓒ [kən'vɜːt] Ⓥ/ᵢ sich verwandeln lassen (into *in +akk*) **converted** ADJ umgebaut; *Dachboden* ausgebaut **convertible** [kən'vɜːtəbl] Ⓐ ADJ verwandelbar Ⓑ ⓢ (≈ *Auto*) Cabrio *n*

convex [kɒn'veks] ADJ konvex, Konvex-

convey [kən'veɪ] Ⓥ/ₜ ❶ befördern ❷ *Meinung, Idee* vermitteln, ausdrücken; *Bedeutung* klarmachen; *Nachricht, Grüße* übermitteln **conveyancing** [kən'veɪənsɪŋ] ⓢ JUR (Eigentums)übertragung

conveyor belt [kən'veɪəbelt] ⓢ Fließband *n,* Förderband *n*

convict Ⓐ ['kɒnvɪkt] ⓢ Sträfling *m* Ⓑ [kən'vɪkt] Ⓥ/ₜ JUR verurteilen (of wegen); **a ~ed criminal** ein verurteilter Verbrecher, eine verurteilte Verbrecherin **conviction** [kən'vɪkʃən] ⓢ ❶ JUR Verurteilung *f;* **previous ~s** Vorstrafen *pl* ❷ Überzeugung *f;* **his speech lacked ~** seine Rede klang wenig überzeugend; **his fundamental political ~s** seine politische Gesinnung

★**convince** [kən'vɪns] Ⓥ/ₜ überzeugen; **I'm trying to ~ him that ...** ich versuche, ihn davon zu überzeugen, dass ... **convinced** ADJ überzeugt **convincing** ADJ, **convincingly** [kən'vɪnsɪŋ, -li] ADV überzeugend

convivial [kən'vɪvɪəl] ADJ ❶ heiter und unbeschwert ❷ gesellig

convoluted [ˌkɒnvə'luːtɪd] ADJ verwickelt

convoy ['kɒnvɔɪ] *fig* ⓢ Konvoi *m;* **in ~** im Konvoi

convulsion [kən'vʌlʃən] ⓢ MED Schüttelkrampf *m kein pl*

coo [kuː] Ⓥ/ᵢ gurren

★**cook** [kʊk] Ⓐ ⓢ Koch *m,* Köchin *f;* **she's a good ~** sie kocht gut; **too many ~s (spoil the broth)** *sprichw* viele Köche verderben den Brei *sprichw* Ⓑ Ⓥ/ₜ Speisen zubereiten, kochen, braten; **a ~ed meal** eine warme Mahlzeit; **a ~ed breakfast** ein Frühstück *n* mit warmen Gerichten Ⓒ Ⓥ/ᵢ kochen, braten; **the pie takes half an hour to ~** die Pastete ist in einer halben Stunde fertig ♦**cook up** *umg* Ⓥ/ₜ ⟨*trennb*⟩ *Geschichte etc* erfinden, sich (*dat*) ausdenken

cookbook ['kʊkbʊk] ⓢ Kochbuch *n* ★**cooker** ['kʊkə*r*] *Br* ⓢ Herd *m* **cooker hood** *Br* ⓢ Abzugshaube *f* **cookery** ['kʊkəri] ⓢ Kochen *n;* **French ~** französische Küche **cookery book** *Br* ⓢ Kochbuch *n*

 showing conviction – Überzeugung ausdrücken

I'm absolutely certain.	Ich bin mir ganz sicher.
I'm sure this is the right direction.	Ich bin mir sicher, dass das die richtige Richtung ist.
There's no doubt in my mind.	Es besteht für mich kein Zweifel.
I'm positive this is where I left it.	Ich bin ganz sicher, dass ich es hier hingetan habe.

cookie ['kʊkɪ] [S] [1] *US* Keks *m*, Biscuit *n schweiz*; **Christmas ~** Weihnachtsplätzchen *n* [2] IT Cookie *n*

cooking ['kʊkɪŋ] [S] Kochen *n*; (≈*Zubereitetes*) Essen *n*; **French ~** französisches Essen; **his ~ is atrocious** er kocht miserabel **cooking apple** [S] Kochapfel *m* **cooking sauce** [S] Fertigsauce *f*

★**cool** [ku:l] [A] [ADJ] ⟨+*er*⟩ [1] kühl; **serve ~** kalt *od* (gut) gekühlt servieren; **"keep in a ~ place"** „kühl aufbewahren" [2] besonnen; **to keep** *od* **stay ~** einen kühlen Kopf behalten, ruhig bleiben; **keep** *od* **stay ~!** reg dich nicht auf! [3] kaltblütig; **a ~ customer** *umg* ein cooler Typ *umg* [4] *umg* (≈*toll*) cool *sl*; **to act ~** sich cool geben *sl* [B] [S] [1] Kühle *f* [2] *umg* **keep your ~!** reg dich nicht auf!; **to lose one's ~** durchdrehen *umg* [C] [VT] [1] kühlen, abkühlen [2] *umg* **~ it!** reg dich ab! *umg* [D] [VI] abkühlen ♦**cool down** [A] [VI] [1] *wörtl* abkühlen; *Mensch* sich abkühlen [2] sich beruhigen; **to let things cool down** die Sache etwas ruhen lassen [B] [VT] ⟨*trennb*⟩ abkühlen ♦**cool off** [VI] sich abkühlen

cool bag [S] Kühltasche *f* **cool box** *Br* [S] Kühlbox *f* **cooler** ['ku:ləʳ] [S] [1] *für Wein* Kühler *m* [2] *US* Kühlbox *f* **cool-headed** [ˌku:l'hedɪd] [ADJ] besonnen **cooling** ['ku:lɪŋ] [ADJ] *Getränk, Dusche* kühlend; *Effekt* (ab)kühlend; *Zuneigung* abnehmend; *Begeisterung, Interesse* nachlassend **coolly** ['ku:lɪ] [ADV] [1] ruhig [2] (≈*unfreundlich*) kühl [3] kaltblütig **coolness** [S] [1] Kühle *f* [2] Besonnenheit *f* [3] Kaltblütigkeit *f*

coop [ku:p] [S], (*a.* **hen coop**) Hühnerstall *m* ♦**coop up** [VT] ⟨*trennb*⟩ *j-n* einsperren; *Gruppe* zusammenpferchen *umg*

co-op ['kəʊ'ɒp] [S] (≈*Laden*) Konsum *m*, Coop-Markt *m*

cooper ['ku:pəʳ] [S] Böttcher *m*

cooperate [kəʊ'ɒpəreɪt] [VI] zusammenarbeiten, kooperieren **cooperation** [kəʊˌɒpə'reɪʃən] [S] Zusammenarbeit *f* **cooperative** [kəʊ'ɒpərətɪv] [A] [ADJ] [1] kooperativ [2] *Firma* auf Genossenschaftsbasis; **~ farm** Bauernhof *m* auf Genossenschaftsbasis [B] [S] Genossenschaft *f* **cooperative bank** *US* [S] Genossenschaftsbank *f*

coopt [kəʊ'ɒpt] [VT] selbst (hinzu)wählen; **he was ~ed onto the committee** er wurde vom Komitee selbst dazugewählt

coordinate [kəʊ'ɔ:dnɪt] [A] [S] Koordinate *f*; **~s** Kleidung *f* zum Kombinieren [B] [kəʊ'ɔ:dɪneɪt] [VT] koordinieren; **to ~ one thing with another** eine Sache auf eine andere abstimmen **coordinated** [ADJ] koordiniert **coordination** [kəʊˌɔ:dɪ'neɪʃən] [S] Koordination *f* **coordinator** [kəʊ'ɔ:dɪneɪtəʳ] [S] Koordinator(in) *m(f)*

cop [kɒp] [A] [S] *umg* Polizist(in) *m(f)*, Bulle *m pej umg* [B] [VT] *umg* **you're going to cop it** *Br* du wirst Ärger kriegen *umg* ♦**cop out** *umg* [VI] aussteigen *umg* (**of** aus)

cope [kəʊp] [VI] zurechtkommen; *arbeitsmäßig* es schaffen; **to ~ with** fertig werden mit, bewältigen; **I can't ~ with all this work** ich bin mit all der Arbeit überfordert

Copenhagen [ˌkəʊpn'heɪgən] [S] Kopenhagen *n*

copier ['kɒpɪəʳ] [S] Kopierer *m*

co-pilot ['kəʊpaɪlət] [S] Kopilot(in) *m(f)*

copious ['kəʊpɪəs] [ADJ] reichlich; **~ amounts of sth** reichliche Mengen von etw

cop-out ['kɒpaʊt] *umg* [S] Rückzieher *m umg*; **this solution is just a ~** diese Lösung weicht dem Problem nur aus

★**copper** ['kɒpəʳ] [S] [1] Kupfer *n* [2] (≈*Farbe*) Kupferrot *n* [3] *bes Br umg* (≈*Münze*) **~s** Kleingeld *n* [4] *Br umg* Polizist(in) *m(f)*, Bulle *m pej umg*

co-produce [ˌkəʊprə'dju:s] [VT] koproduzieren

copse [kɒps] [S] Wäldchen *n*

copulate ['kɒpjʊleɪt] [VI] kopulieren **copulation** [ˌkɒpjʊ'leɪʃən] [S] Kopulation *f*

★**copy** ['kɒpɪ] [A] [S] [1] Kopie *f*; FOTO Abzug *m*; **to take** *od* **make a ~ of sth** eine Kopie von etw machen; **to write out a fair ~** etw ins Reine schreiben [2] *von Buch etc* Exemplar *n*; **a ~ of today's "Times"** die „Times" von heute [3] *Presse* Text *m* [B] [VI] nachahmen; SCHULE *etc* abschreiben [C] [VT] [1] kopieren, abschreiben; **to ~ sth onto a stick** etw auf (einen) Stick kopieren [2] nachmachen [3] SCHULE *etc von j-m* abschreiben; **to ~ Brecht** (von) Brecht abschreiben **copycat** [A] [S] *umg* Nachahmer(in) *m(f)* [B] [ADJ] ⟨*attr*⟩

his was a ~ crime er war ein Nachahmungstäter **copy editor** S *Presse* Redakteur(in) *m(f)* **copying machine** ['kɒpɪɪŋ-] S Kopiergerät *n* **copy-protected** ADJ IT kopiergeschützt **copyright** ['kɒpɪraɪt] S Urheberrecht *n* **copywriter** ['kɒpɪraɪtəʳ] S Werbetexter(in) *m(f)*

coral ['kɒrəl] S Koralle *f* **coral reef** S Korallenriff *n*

★**cord** [kɔːd] A S 1 Schnur *f*, Kordel *f* 2 **~s** *pl* (*a.* **a pair of ~s**) Cordhose *f*, Schnürlsamthose *f österr* B ADJ ⟨*attr*⟩ *Br* Cord-, Schnürlsamt- *österr*

cordial ['kɔːdɪəl] A ADJ freundlich B S Fruchtsaftkonzentrat *n*

cordless ['kɔːdlɪs] ADJ schnurlos; **~ phone** schnurloses Telefon

cordon ['kɔːdn] S Kordon *m* ♦**cordon off** VT ⟨*trennb*⟩ absperren

cordon bleu [ˌkɔːdɒn'blɜː] ADJ *Koch* vorzüglich; *Rezept, Gericht* exquisit

corduroy ['kɔːdərɔɪ] S Kordsamt *m*, Schnürlsamt *m österr*

core [kɔːʳ] A S Kern *m*; *von Apfel* Kerngehäuse *n*; *von Fels* Innere(s) *n*; **rotten to the ~** *fig* durch und durch schlecht; **shaken to the ~** zutiefst erschüttert B ADJ ⟨*attr*⟩ *Thema* Kern-; *Fach* Haupt-; **~ activity** *od* **business** HANDEL Kerngeschäft *n* C VT *Obst* entkernen; *Apfel* das Kerngehäuse (*+gen*) entfernen **corer** ['kɔːrəʳ] S GASTR Apfelstecher *m*

Corfu [kɔː'fuː] S Korfu *n*

coriander [ˌkɒrɪ'ændəʳ] S Koriander *m*

★**cork** [kɔːk] A S 1 ⟨*kein pl*⟩ Kork *m* 2 Korken *m* B VT zu- *od* verkorken C ADJ Kork- **corked** ADJ **the wine is ~** der Wein schmeckt nach Kork **corkscrew** ['kɔːkskruː] S Korkenzieher *m*

★**corn**¹ [kɔːn] S 1 ⟨*kein pl*⟩ *Br* Getreide *n* 2 Korn *n* 3 ⟨*kein pl*⟩ *bes US* Mais *m*; **~ on the cob** Maiskolben *m*

corn² S Hühnerauge *n*; **~ plaster** Hühneraugenpflaster *n*

corn bread *US* S Maisbrot *n* **corncob** S Maiskolben *m*

cornea ['kɔːnɪə] S *von Auge* Hornhaut *f*

corned beef ['kɔːnd'biːf] S Corned Beef *n*

★**corner** ['kɔːnəʳ] A S Ecke *f*; FUSSB *a.* Corner *m österr, schweiz*; *von Mund, Ort* Winkel *m*; *in Straße* Kurve *f*; **at** *od* **on the ~** an der Ecke; **it's just round the ~** *örtlich* es ist gleich um die Ecke; *umg zeitlich* das steht kurz bevor; **to turn the ~** *wörtl* um die Ecke biegen; **we've turned the ~ now** *fig* wir sind jetzt über den Berg; **out of the ~ of one's eye** aus dem Augenwinkel (heraus); **to cut ~s** *fig* das Verfahren abkürzen; **to drive** *od* **force sb into a ~** *fig* j-n in die Enge treiben; **to fight one's ~** *bes Br fig* für seine Sache kämpfen; **in every ~ of Europe/the globe** in allen (Ecken und) Winkeln Europas/der Erde; **an attractive ~ of Britain** eine reizvolle Gegend Großbritanniens; **to take a ~** FUSSB eine Ecke ausführen B VT 1 in die Enge treiben 2 HANDEL *Markt* monopolisieren C VI **this car ~s well** dieses Auto hat eine gute Kurvenlage

-cornered ADJ ⟨*suf*⟩ -eckig; **three-cornered** dreieckig **corner kick** S FUSSB Eckstoß *m*, Corner *m österr, schweiz* **corner seat** S BAHN Eckplatz *m* **corner shop** S Laden *m* an der Ecke **cornerstone** *US* S Grundstein *m* **corner store** *US* S → corner shop

cornet ['kɔːnɪt] S 1 MUS Kornett *n*; **to play the ~** Kornett spielen 2 *Br* (Eis)tüte *f*

cornfield *Br* S Kornfeld *n*; *US* Maisfeld *n* **cornflakes** PL Cornflakes *pl* **cornflour** *Br* S Stärkemehl *n* **cornflower** S Kornblume *f*

cornice ['kɔːnɪs] S ARCH (Ge)sims *n*

Cornish ['kɔːnɪʃ] ADJ aus Cornwall **Cornish pasty** *Br* S *Gebäckstück aus Blätterteig mit Fleischfüllung*

cornmeal *US* S Maismehl *n* **cornstarch** *US* S Stärkemehl *n*

cornucopia [kɔːnjʊ'kəʊpɪə] *fig* S Fülle *f*

corny ['kɔːnɪ] ADJ ⟨*komp* cornier⟩ 1 *umg Witz* blöd *umg* 2 kitschig

coronary ['kɒrənərɪ] A ADJ MED Koronar- *fachspr*; **~ failure** Herzversagen *n umg* B S Herzinfarkt *m* **coronary care unit** S Herzklinik *f*

coronation [ˌkɒrə'neɪʃən] S Krönung *f*

coroner ['kɒrənəʳ] S *Beamter, der Todesfälle untersucht, die nicht eindeutig eine natürliche Ursache haben*

coronet ['kɒrənɪt] S Krone *f*

corp. ABK → corporation

corporal ['kɔːpərəl] S MIL Stabsunteroffizier(in) *m(f)*

corporal punishment S Prügelstrafe

f

corporate [ˈkɔːpərɪt] ADJ **1** gemeinsam **2** korporativ, Firmen-; JUR Korporations-; **~ finance** Unternehmensfinanzen *pl*; **~ identity** Corporate Identity *f*; **~ image** Firmenimage *n*; **~ strategy** Unternehmensstrategie *f*; **to move up the ~ ladder** in der Firma aufsteigen **corporate hospitality** S *Unterhaltung und Bewirtung von Firmenkunden* **corporate law** S Gesellschaftsrecht *n* **corporation** [ˌkɔːpəˈreɪʃən] S **1** Gemeinde *f* **2** Br HANDEL Handelsgesellschaft *f*; US HANDEL Gesellschaft *f* mit beschränkter Haftung; **joint-stock ~** US Aktiengesellschaft *f*; **private ~** Privatunternehmen *n*; **public ~** staatliches Unternehmen **corporation tax** S Körperschaftssteuer *f*

corps [kɔːʳ] S ⟨*pl* -s⟩ MIL Korps *n* **corps de ballet** S Corps de Ballet *n*

corpse [kɔːps] S Leiche *f*

corpulent [ˈkɔːpjʊlənt] ADJ korpulent

corpus [ˈkɔːpəs] S **1** (≈ Sammlung) Korpus *m* **2** Großteil *m*; **the main ~ of his work** der Hauptteil seiner Arbeit **Corpus Christi** [ˈkɔːpəsˈkrɪstɪ] S KIRCHE Fronleichnam *m*

corpuscle [ˈkɔːpʌsl] S **blood ~** Blutkörperchen *n*

corral [kəˈrɑːl] S Korral *m*

★**correct** [kəˈrekt] A ADJ **1** richtig; **to be ~** Mensch recht haben; **am I ~ in thinking that …?** gehe ich recht in der Annahme, dass …?; **~ change only** nur abgezähltes Geld **2** korrekt; **it's the ~ thing to do** das gehört sich so; **she was ~ to reject the offer** es war richtig, dass sie das Angebot abgelehnt hat B VT korrigieren; **~ me if I'm wrong** Sie können mich gern berichtigen; **I stand ~ed** ich nehme alles zurück

★**correction** [kəˈrekʃən] S Korrektur *f*; **to do one's ~s** SCHULE die Verbesserung machen **correctional** US ADJ **the ~ system** das Justizvollzugssystem; **~ facility** Justizvollzugsanstalt *f* **correction fluid** S Korrekturflüssigkeit *f* **correction pen** S Tintenkiller *m* **corrective** [kəˈrektɪv] A ADJ korrigierend; **to take ~ action** korrigierend eingreifen; **to have ~ surgery** sich einem korrigierenden Eingriff unterziehen B S Korrektiv *n* **correctly** [kəˈrektlɪ] ADV **1**

richtig; **if I remember ~** wenn ich mich recht entsinne **2** *sich verhalten* korrekt **correctness** S *von Verhalten* Korrektheit *f*

correlate [ˈkɒrɪleɪt] A VT zueinander in Beziehung setzen B VI sich entsprechen; **to ~ with sth** mit etw in Beziehung stehen **correlation** [ˌkɒrɪˈleɪʃən] S Beziehung *f*, enger Zusammenhang

correspond [ˌkɒrɪˈspɒnd] VI **1** entsprechen (**to, with** +*dat*); *gegenseitig* sich entsprechen **2** *brieflich* korrespondieren (**with** mit) **correspondence** [ˌkɒrɪˈspɒndəns] S **1** Übereinstimmung *f* **2** *brieflich* Korrespondenz *f*; *in Zeitung* Leserbriefe *pl*; **to be in ~ with sb** mit j-m korrespondieren; *privat* mit j-m in Briefwechsel stehen **correspondence course** S Fernkurs *m* **correspondent** S *Presse* Korrespondent(in) *m(f)* **corresponding** [ˌkɒrɪˈspɒndɪŋ] ADJ entsprechend **correspondingly** [ˌkɒrɪˈspɒndɪŋlɪ] ADV (dem)entsprechend

corridor [ˈkɒrɪdɔːʳ] S Korridor *m*; *in Zug, Bus* Gang *m*; **in the ~s of power** an den Schalthebeln der Macht

corroborate [kəˈrɒbəreɪt] VT bestätigen **corroboration** [kəˌrɒbəˈreɪʃən] S Bestätigung *f*; **in ~ of** zur Unterstützung (+*gen*) **corroborative** [kəˈrɒbərətɪv] ADJ erhärtend *attr*

corrode [kəˈrəʊd] A VT zerfressen B VI korrodieren **corroded** ADJ korrodiert **corrosion** [kəˈrəʊʒən] S Korrosion *f* **corrosive** [kəˈrəʊzɪv] ADJ korrosiv

corrugated [ˈkɒrəgeɪtɪd] ADJ gewellt; **~ cardboard** dicke Wellpappe **corrugated iron** S Wellblech *n*

corrupt [kəˈrʌpt] A ADJ verdorben, korrupt B VT verderben; *form* bestechen; IT *Daten* zerstören; **to become ~ed** *Text* korrumpiert werden **corruptible** [kəˈrʌptəbl] ADJ korrumpierbar **corruption** [kəˈrʌpʃən] S **1** Korruption *f*; IT *von Daten* Zerstörung *f* **2** Verdorbenheit *f* **corruptly** [kəˈrʌptlɪ] ADV korrupt

corset [ˈkɔːsɪt] S, **corsets** PL Korsett *n*

Corsica [ˈkɔːsɪkə] S Korsika *n*

cortège [kɔːˈteɪʒ] S Prozession *f*, Leichenzug *m*

cortisone [ˈkɔːtɪzəʊn] S Kortison *n*

cos¹ [kɒz] ABK (= *cosine*) cos

cos² [kɒs] S, (*a.* **cos lettuce**) Romanasalat *m*

(')**cos** [kəz] *umg* KONJ → because

cosily ['kəʊzɪlɪ] ADV, **cozily** *US* ADV behaglich

cosine ['kəʊsaɪn] $\overline{s}$ Kosinus *m*

cosiness ['kəʊzɪnɪs] $\overline{s}$, **coziness** *US* $\overline{s}$ Gemütlichkeit *f*, mollige Wärme

cosmetic [kɒz'metɪk] A ADJ kosmetisch B $\overline{s}$ Kosmetikum *n*; **~s** *pl* Kosmetik *f* **cosmetic case** *US* $\overline{s}$ Waschbeutel *m*, Kulturbeutel *m* **cosmetic surgery** $\overline{s}$ kosmetische Chirurgie; **she's had ~** sie hat eine Schönheitsoperation gehabt

cosmic ['kɒzmɪk] ADJ kosmisch **cosmology** [kɒz'mɒlədʒɪ] $\overline{s}$ Kosmologie *f*

cosmopolitan [ˌkɒzmə'pɒlɪtən] ADJ kosmopolitisch

cosmos ['kɒzmɒs] $\overline{s}$ Kosmos *m*

cosset ['kɒsɪt] $\overline{vt}$ verwöhnen

★**cost** [kɒst] ⟨*v: prät, pperf* cost⟩ A $\overline{vti}$ 1 kosten; **how much does it ~?** wie viel kostet es?; **how much will it ~ to have it repaired?** wie viel kostet die Reparatur?; **it ~ him a lot of time** es kostete ihn viel Zeit; **that mistake could ~ you your life** der Fehler könnte dich das Leben kosten; **it'll ~ you** *umg* das kostet dich was *umg* 2 ⟨*prät, pperf* costed⟩ (= *berechnen*) veranschlagen B $\overline{s}$ 1 *wörtl* Kosten *pl* (**of** für); **to bear the ~ of sth** die Kosten für sth tragen; **the ~ of petrol these days** die Benzinpreise heutzutage; **at little ~ to oneself** ohne große eigene Kosten; **to buy/sell at ~** zum Selbstkostenpreis kaufen/verkaufen 2 *fig* Preis *m*; **at all ~s, at any ~** um jeden Preis; **at the ~ of one's health** *etc* auf Kosten seiner Gesundheit *etc*; **at great personal ~** unter großen eigenen Kosten; **he found out to his ~ that …** er machte die bittere Erfahrung, dass … 3 **~s** *pl* JUR Kosten *pl*; **to be ordered to pay ~s** zur Übernahme der Kosten verurteilt werden

co-star ['kəʊstɑːʳ] A $\overline{s}$ einer der Hauptdarsteller; **Burton and Taylor were ~s** Burton und Taylor spielten die Hauptrollen B $\overline{vti}$ **the movie ~s R. Burton** der Film zeigt R. Burton in einer der Hauptrollen C $\overline{vi}$ als Hauptdarsteller auftreten

Costa Rica ['kɒstə'riːkə] $\overline{s}$ Costa Rica *n*

cost-conscious ADJ kostenbewusst

cost-cutting A $\overline{s}$ Kostenverringerung *f* B $\overline{s}$ ADJ ⟨*attr*⟩ **~ exercise** kosten-

dämpfende Maßnahmen *pl* **cost driver** $\overline{s}$ WIRTSCH, FIN Kostentreiber *m* **cost-effective** ADJ rentabel **cost-effectiveness** $\overline{s}$ Rentabilität *f* **costing** ['kɒstɪŋ] $\overline{s}$ Kalkulation *f* **costly** ['kɒstlɪ] ADJ teuer **cost of living** $\overline{s}$ Lebenshaltungskosten *pl* **cost price** $\overline{s}$ Selbstkostenpreis *m* **cost-saving** ADJ kostensparend

costume ['kɒstjuːm] $\overline{s}$ Kostüm *n*; *Br* zum Baden Badeanzug *m* **costume drama** $\overline{s}$ Kostümfilm *m*; TV Serie *f* in historischen Kostümen **costume jewellery** $\overline{s}$ Modeschmuck *m*

cosy ['kəʊzɪ], **cozy** *US* A ADJ ⟨*komp* cosier⟩ gemütlich, mollig warm; *fig* Plausch gemütlich B $\overline{s}$ *für Teekanne* Wärmer *m*

cot [kɒt] *bes Br* $\overline{s}$ Kinderbett *n*; *US* Feldbett *n* **cot death** *Br* $\overline{s}$ plötzlicher Kindstod

cottage ['kɒtɪdʒ] $\overline{s}$ (Land)häuschen *n* **cottage cheese** $\overline{s}$ Hüttenkäse *m* **cottage industry** $\overline{s}$ Manufaktur *f* **cottage pie** $\overline{s}$ Hackfleisch mit Kartoffelbrei überbacken

★**cotton** ['kɒtn] A $\overline{s}$ Baumwolle *f*, Baumwollstoff *m*, (Baumwoll)garn *n*; absorbent **~** *US* Watte *f* B ADJ Baumwoll-

♦**cotton on** *Br umg* $\overline{vi}$ es kapieren *umg*; **to cotton on to sth** etw checken *umg*

cotton bud *Br* $\overline{s}$ Wattestäbchen *n* **cotton candy** *US* $\overline{s}$ Zuckerwatte *f* **cotton pad** $\overline{s}$ Wattepad *n* **cotton-picking** *US umg* ADJ verflucht *umg* **cotton wool** *Br* $\overline{s}$ Watte *f*

★**couch** [kaʊtʃ] $\overline{s}$ Sofa *n*; *in Arztpraxis* Liege *f*; *in psychiatrischer Praxis* Couch *f* **couchette** [kuː'ʃet] $\overline{s}$ *Br* BAHN Liegewagen(platz) *m* **couch potato** *umg* $\overline{s}$ Stubenhocker *m umg*, Couchpotato *f umg* **couchsurfing** C Couchsurfen *n*

cougar ['kuːgəʳ] $\overline{s}$ Puma *m*

★**cough** [kɒf] A $\overline{s}$ Husten *m*; **he has a bit of a ~** er hat etwas Husten; **a smoker's ~** Raucherhusten *m* B $\overline{vt}$ & $\overline{vi}$ husten

♦**cough up** A $\overline{vt}$ ⟨*trennb*⟩ *wörtl* aushusten B $\overline{vt}$ ⟨*untrennb*⟩ *fig umg* Geld rausrücken *umg* C $\overline{vi}$ *fig umg* blechen *umg*

cough drop *Br* $\overline{s}$ → cough sweet **cough mixture** $\overline{s}$ Hustensaft *m*

C

cough sweet Br s̅ Hustenbonbon n, Hustenzuckerl n österr **cough syrup** s̅ Hustensaft m

★**could** [kʊd] PRÄT → can¹

★**couldn't** ['kʊdnt] ABK (= could not) → can¹

could've ['kʊdəv] ABK (= could have) → can¹

★**council** ['kaʊnsl] A s̅ Rat m; **city/town ~** Stadtrat m; **to be on the ~** Ratsmitglied sein; **Council of Europe** Europarat m; **Council of Ministers** POL Ministerrat m B ADJ ⟨attr⟩ **~ meeting** Ratssitzung f **council estate** s̅ Sozialwohnungssiedlung f **council flat** Br s̅ Sozialwohnung f; **~s** Sozialwohnungen pl **council house** Br s̅ Sozialwohnung f **council housing** s̅ sozialer Wohnungsbau **councillor** ['kaʊnsələ^r] s̅, **councilor** US s̅ Ratsmitglied n, ≈ Stadtrat m/Stadträtin f; **~ Smith** Herr Stadtrat/Frau Stadträtin Smith **council tax** Br s̅ Kommunalsteuer f

▶ **British Council**

1934 gegründet, fördert das von der Regierung unterstützte **British Council** kulturelle Beziehungen zum Ausland und bietet weltweit Englischkurse an. Es entspricht etwa dem deutschen Goethe-Institut. ◀

counsel ['kaʊnsəl] A s̅ 1 form Rat (-schlag) m; **to keep one's own ~** seine Meinung für sich behalten 2 ⟨pl -⟩ JUR Rechtsanwalt m; **~ for the defence/ prosecution** Verteidiger(in) m(f)/Vertreter(in) m(f) der Anklage B V̅T̅ j-n beraten; Vorgehensweise empfehlen; **to ~ sb to do sth** j-m raten, etw zu tun **counselling** ['kaʊnsəlɪŋ] s̅, **counseling** US s̅ Beratung f; ärztlich etc Therapie f; **to need ~** professionelle Hilfe brauchen; **to go for** od **have ~** zur Beratung/Therapie gehen **counsellor** ['kaʊnsələ^r] s̅, **counselor** US s̅ 1 Berater(in) m(f) 2 US, Ir Rechtsanwalt m/-anwältin f

count¹ [kaʊnt] A s̅ 1 Zählung f; **she lost ~ when she was interrupted** sie kam mit dem Zählen durcheinander, als sie unterbrochen wurde; **I've lost all ~ of her boyfriends** ich habe die Übersicht über ihre Freunde vollkom-

men verloren; **to keep ~ (of sth)** (etw) mitzählen; **at the last ~** bei der letzten Zählung; **on the ~ of three** bei drei geht's los 2 JUR Anklagepunkt m; **you're wrong on both ~s** fig Sie haben in beiden Punkten unrecht B V̅T̅ 1 (ab)zählen; Wahlstimmen (aus)zählen; **I only ~ed ten people** ich habe nur zehn Leute gezählt 2 (≈ betrachten) ansehen; (≈ einschließen) mitrechnen; **to ~ sb (as) a friend** j-n als Freund ansehen; **you should ~ yourself lucky to be alive** Sie können von Glück sagen, dass Sie noch leben; **not ~ing the children** die Kinder nicht mitgerechnet C V̅I̅ 1 zählen; **to ~ to ten** bis zehn zählen; **~ing from today** von heute an (gerechnet) 2 angesehen werden, mitgerechnet werden, wichtig sein; **the children don't ~** die Kinder zählen nicht; **that doesn't ~** das zählt nicht; **every minute/it all ~s** jede Minute ist/das ist alles wichtig; **to ~ against sb** gegen j-n sprechen ♦**count among** V̅I̅ ⟨+obj⟩ zählen zu ♦**count down** V̅I̅ den Countdown durchführen ♦**count for** V̅I̅ ⟨+obj⟩ **to count for a lot** sehr viel bedeuten; **to count for nothing** nichts gelten ♦**count in** V̅T̅ ⟨trennb⟩ mitzählen; **to count sb in on sth** davon ausgehen od damit rechnen, dass j-d bei etw mitmacht; **you can count me in!** Sie können mit mir rechnen ♦**count on** V̅I̅ ⟨+obj⟩ rechnen mit; **to count on doing sth** die Absicht haben, etw zu tun; **you can count on him to help you** du kannst auf seine Hilfe zählen ♦**count out** V̅T̅ ⟨trennb⟩ 1 Geld abzählen 2 umg **(you can) count me out!** ohne mich! ♦**count up** V̅T̅ ⟨trennb⟩ zusammenzählen

count² s̅ Graf m

countable ['kaʊntəbl] ADJ GRAM zählbar **countdown** ['kaʊntdaʊn] s̅ Countdown m

countenance ['kaʊntɪnəns] s̅ Gesichtsausdruck m

counter ['kaʊntə^r] A s̅ 1 Ladentisch m, Theke f; in Bank etc Schalter m; **medicines which can be bought over the ~** Medikamente, die man rezeptfrei bekommt 2 Spielmarke f 3 TECH Zähler m B V̅T̅ & V̅I̅ a. SPORT kontern C ADV **~ to** gegen (+akk); **the results are ~ to ex-**

pectations die Ergebnisse widersprechen den Erwartungen **counteract** V/T entgegenwirken (+dat) **counterargument** S Gegenargument n **counterattack** A S Gegenangriff m B V/T & V/I zurückschlagen **counterbalance** A S Gegengewicht n B V/T ausgleichen **counterclaim** S JUR Gegenanspruch m **counter clerk** S in Bank etc Angestellte(r) m/f(m) im Schalterdienst; in Postamt etc Schalterbeamte(r) m/-beamtin f **counterclockwise** US ADJ & ADV → anticlockwise **counterespionage** S Spionageabwehr f **counterfeit** [ˈkaʊntəfɪt] A ADJ gefälscht; ~ money Falschgeld n B S Fälschung f C V/T fälschen **counterfoil** [ˈkaʊntəfɔɪl] S Kontrollabschnitt m **counterintelligence** S → counterespionage **countermand** [kaʊntəˈmɑːnd] V/T aufheben **countermeasure** S Gegenmaßnahme f **counteroffensive** S MIL Gegenoffensive f **counterpart** S Gegenstück n **counterpoint** S MUS, a. fig Kontrapunkt m **counterproductive** ADJ widersinnig; Kritik, Maßnahmen kontraproduktiv **counter-revolution** f Konterrevolution f **counter-revolutionary** ADJ konterrevolutionär **countersign** V/T gegenzeichnen **counter staff** PL in Laden Verkäufer pl **counterweight** S Gegengewicht n

countess [ˈkaʊntɪs] S Gräfin f
countless [ˈkaʊntlɪs] ADJ unzählig attr
★**country** [ˈkʌntrɪ] S Land n; his own ~ seine Heimat; to go to the ~ POL Neuwahlen ausschreiben; ~ of origin HANDEL Ursprungsland n (in Gegensatz zu Stadt Land n; (≈ Gegend) Landschaft f; in/to the ~ auf dem/aufs Land; this is good fishing ~ das ist eine gute Fischgegend; this is mining ~ dies ist ein Bergbaugebiet **country and western** S Country-und-Western-Musik f **country-and-western** ADJ Country- und Western- **country club** S Sport- und Gesellschaftsklub m (auf dem Lande) **country code** S TEL internationale Vorwahl f; Br Verhaltenskodex m für Besucher auf dem Lande **country dancing** S Volkstanz m **country dweller** S Landbewohner(in) m(f) **country house** S Land

haus n **country life** S das Landleben **countryman** S pl -men Landsmann m; his fellow countrymen seine Landsleute (≈ Dorfbewohner etc) Landmann m **country music** S Countrymusik f **country people** PL Leute pl vom Land(e) **country road** S Landstraße f **countryside** S Landschaft f, Land n (≈ Gegend) **country-wide** ADJ landesweit **countrywoman** S pl -women [-wɪmɪn] Landsmännin f (≈ Dorfbewohnerin etc) Landfrau f

county [ˈkaʊntɪ] S Grafschaft f; US (Verwaltungs)bezirk m **county council** Br S Grafschaftsrat m **county seat** US S Hauptstadt eines Verwaltungsbezirkes **county town** Br S Hauptstadt einer Grafschaft

coup [kuː] S Coup m, Staatsstreich m **coup de grâce** [ˌkuːdəˈɡrɑːs] S Gnadenstoß m **coup d'état** [ˈkuːdeɪˈtɑː] S Staatsstreich m

★**couple** [ˈkʌpl] A S Paar n, Ehepaar n; in ~s paarweise umg a ~ (of) ein paar, einige; a ~ of letters etc ein paar Briefe etc; a ~ of times ein paarmal; a ~ of hours ungefähr zwei Stunden B V/T verbinden, koppeln; smoking ~d with poor diet ... Rauchen in Verbindung mit schlechter Ernährung ... **coupler** [ˈkʌplə] S COMPUT Koppler m **couplet** [ˈkʌplɪt] S Verspaar n **coupling** S Verbindung f, Kopplung f Kupplung f

coupon [ˈkuːpɒn] S Gutschein m Bestellschein m, Formular n

★**courage** [ˈkʌrɪdʒ] S Mut m, Tapferkeit f; to have the ~ of one's convictions Zivilcourage haben; to take one's ~ in both hands sein Herz in beide Hände nehmen **courageous** [kəˈreɪdʒəs] ADJ mutig, couragiert **courageously** [kəˈreɪdʒəslɪ] ADV kämpfen mutig; kritisieren couragiert

courgette [kʊəˈʒet] Br S Zucchini f **courier** [ˈkʊrɪə] S Kurier m; by ~ per Kurier Reiseleiter(in) m(f)
★**course** [kɔːs] S von Flugzeug, Rennbahn Kurs m; von Fluss, Geschichte Lauf m; für Golf Platz m; fig von Beziehung Verlauf m; bei Aktion etc Vorgehensweise f; to change od alter ~ den Kurs ändern; to be on/off ~ auf Kurs sein/ vom Kurs abgekommen sein; to be on ~ for sth fig gute Aussichten auf etw

(akk) haben; **to let sth take** *od* **run its ~** einer Sache *(dat)* ihren Lauf lassen; **the affair has run its ~** die Angelegenheit ist zu einem Ende gekommen; **which – of action did you take?** wie sind Sie vorgegangen?; **the best ~** das Beste wäre ...; **in the ~ of the meeting** während der Versammlung; **in the ~ of time** im Laufe der Zeit **2** ★ **of ~** natürlich; **of ~!** natürlich!; **don't you like me? — of ~ I do** magst du mich nicht? — doch, natürlich; **he's rather young, of ~, but ...** er ist natürlich ziemlich jung, aber ... **3** SCHULE, UNIV Studium *n*, Kurs(us) *m*; *beruflich* Lehrgang *m*; **to go on a French ~** einen Französischkurs(us) besuchen; **a ~ in first aid** ein Erste-Hilfe-Kurs; **a ~ of lectures, a lecture ~** eine Vorlesungsreihe **4** GASTR Gang *m*; **a three-course meal** ein Essen *n* mit drei Gängen

★ **court** [kɔːt] A S 1 JUR Gericht *n*, Gerichtssaal *m*; **to appear in ~** vor Gericht erscheinen; **to take sb to ~** j-n verklagen; **to go to ~ over a matter** eine Sache vor Gericht bringen **2** *königlich* Hof *m* **3** SPORT Platz *m*; *für Squash* Halle *f* B V/T werben um; *Gefahr* herausfordern C V/I obs **they were ~ing at the time** zu der Zeit gingen sie zusammen **court appearance** S Erscheinen *n* vor Gericht **court case** S JUR Gerichtsverfahren *n*, Prozess *m*

courteous ADJ, **courteously** [ˈkɜːtɪəs, -lɪ] ADV höflich **courtesy** [ˈkɜːtɪsɪ] S Höflichkeit *f*; **~ of** freundlicherweise zur Verfügung gestellt von **courtesy bus** S gebührenfreier Bus, Gratis-Shuttle *m od n*

court fine S JUR Ordnungsgeld *n* **court hearing** S JUR Gerichtsverhandlung *f* **courthouse** S JUR Gerichtsgebäude *n* **court martial** S ⟨*pl* court martials *od* courts martial⟩ MIL Militärgericht *n* **court-martial** V/T vor das/ein Militärgericht stellen **(for** wegen**) court order** S JUR gerichtliche Verfügung **courtroom** S JUR Gerichtssaal *m* **courtship** [ˈkɔːtʃɪp] obs S (Braut)werbung *f* **(of** um**)** obs; **during their ~** während er um sie warb **court shoes** Br PL Pumps *m* **courtyard** S Hof *m*

couscous [ˈkuːskuːs] S Couscous *m*
★ **cousin** [ˈkʌzn] S Cousin *m*, Cousine *f*; **Kevin and Susan are ~s** Kevin und Susan sind Cousin und Cousine

cove [kəʊv] S GEOG (kleine) Bucht

covenant [ˈkʌvɪnənt] S Schwur *m*; BIBEL Bund *m*; JUR Verpflichtung *f* zu regelmäßigen Spenden

Coventry [ˈkɒvəntrɪ] S **to send sb to ~** Br umg j-n schneiden umg

★ **cover** [ˈkʌvəʳ] A S 1 Deckel *m*; *aus Stoff* Bezug *m*; *für Schreibmaschine etc* Hülle *f*; *von Lkw* Plane *f*; (≈ Betttuch) (Bett)decke *f*; **he put a ~ over it** er deckte es zu; **she pulled the ~s up to her chin** sie zog die Decke bis ans Kinn (hoch) **2** *von Buch* Einband *m*; *von Magazin* Titelseite *f*; *dünner* (Schutz)umschlag *m*; **to read a book from ~ to ~** ein Buch von der ersten bis zur letzten Seite lesen; **on the ~** auf dem Einband/Umschlag; *von Magazin* auf der Titelseite **3** ⟨*kein pl*⟩ Schutz *m* **(from** vor +*dat od* gegen**)**, MIL Deckung *f* **(from** vor +*dat od* gegen**)**; **to take ~** *bei Regen* sich unterstellen; MIL in Deckung gehen **(from** vor +*dat*); **the car should be kept under ~** das Auto sollte abgedeckt sein; **under ~ of darkness** im Schutz(e) der Dunkelheit **4** Br HANDEL, FIN Deckung *f*, Versicherung *f*; **to take out ~ for a car** ein Auto versichern; **to take out ~ against fire** eine Feuerversicherung abschließen; **to get ~ for sth** etw versichern (lassen); **do you have adequate ~?** sind Sie ausreichend versichert? **5** Tarnung *f*; **to operate under ~** als Agent tätig sein **6** *bei der Arbeit* Vertretung *f* B V/T **1** bedecken, zudecken, überziehen; *Sessel* beziehen; **a ~ed path** ein überdachter Weg; **the mountain was ~ed with** *od* **in snow** der Berg war schneebedeckt; **you're all ~ed with dog hairs** du bist voller Hundehaare **2** *Fehler, Spuren* verdecken; **to ~ one's face with one's hands** sein Gesicht in den Händen verbergen **3** (≈ *schützen*), *a.* FIN decken; *Versicherungswesen* versichern; **will £30 ~ the drinks?** reichen £ 30 für die Getränke?; **he gave me £30 to ~ the drinks** er gab mir £ 30 für Getränke; **he only said that to ~ himself** er hat das nur gesagt, um sich abzusichern **4** *mit Waffe* sichern; **to** keep sb **~ed** j-n in Schach halten **5** behandeln; *Eventualitäten* vorsehen; **what does your travel insurance ~ you for?** was deckt deine Reiseversicherung ab? **6** *Presse* berichten über (+*akk*) **7** *Strecke* zurücklegen **8** MUS *Lied* neu interpretieren ◆**cover for** V̲T̲ 〈+*obj*〉 **1** *Mitarbeiter* vertreten **2** *durch Lügen* to ◆**cover for sb** j-n decken ◆**cover over** V̲T̲ 〈*trennb*〉 zudecken; *zum Schutz* abdecken ◆**cover up** A̲ V̲T̲ to cover up for sb j-n decken B̲ V̲T̲ 〈*trennb*〉 **1** zudecken ◆**cover up** A̲ V̲T̲ to cover up for sb j-n decken B̲ V̲T̲ 〈*trennb*〉 **1** zudecken **2** *Wahrheit* vertuschen

coverage ['kʌvərɪdʒ] S̲ 〈*kein pl*〉 in *Medien* Berichterstattung *f* (*über* +*akk*); **the games got excellent TV ~** die Spiele wurden ausführlich im Fernsehen gebracht **covered** US S̲ 〈*mst pl*〉 Overall *m* **cover charge** S̲ Kosten *pl* für ein Gedeck **covered market** [ˌkʌvəd 'maːkɪt] S̲ überdachter Markt **cover girl** S̲ Titelmädchen *n*, Covergirl *n* **covering** ['kʌvərɪŋ] S̲ Decke *f*; **a ~ of snow** eine Schneedecke **covering letter**, **cover letter** US S̲ Begleitbrief *m* **cover note** S̲ Deckungszusage *f* **cover page** S̲ Titelseite *f*; *von Buch* Umschlagseite *f*; *von Seminararbeit etc* Deckblatt *n* **cover price** S̲ Einzel(exemplar)preis *m* **cover story** S̲ Titelgeschichte *f*

covert A̲D̲J̲, **covertly** ['kʌvət, -lɪ] A̲D̲V̲ heimlich

cover-up ['kʌvərʌp] S̲ Vertuschung *f* **cover version** S̲ MUS Coverversion *f* **covet** ['kʌvɪt] V̲T̲ begehren

★**cow¹** [kaʊ] S̲ **1** Kuh *f*; **till the cows come home** *fig umg* bis in alle Ewigkeit *umg* **2** *pej umg* dumm Kuh *f umg*; *boshaft* gemeine Ziege *umg*; **cheeky cow!** freches Stück! *umg*

cow² V̲T̲ einschüchtern

★**coward** ['kaʊəd] S̲ Feigling *m* **cowardice** ['kaʊədɪs], **cowardliness** ['kaʊədlɪnɪs] S̲ Feigheit *f* **cowardly** ['kaʊədlɪ] A̲D̲J̲ feig(e)

cowbell S̲ Kuhglocke *f* **cowboy** S̲ **1** Cowboy *m*; **to play ~s and Indians** Indianer spielen **2** *fig umg* Gauner *m umg* **cowboy hat** S̲ Cowboyhut *m*

cower ['kaʊə'] V̲I̲ sich ducken, kauern; **he stood ~ing in a corner** er stand geduckt in einer Ecke

cowgirl S̲ Cowgirl *n* **cowhand** S̲ Hilfs-

cowboy *m*; *auf Bauernhof* Stallknecht *m* **cowhide** S̲ **1** Kuhhaut *f* **2** 〈*kein pl*〉 Rindsleder *n* **3** US Lederpeitsche *f* **cowl** [kaʊl] S̲ Kapuze *f*

coworker ['kaʊwɜːkə(r)] S̲ Kollege *m*, Kollegin *f*

cowpat S̲ Kuhfladen *m* **cowshed** S̲ Kuhstall *m*

cox [kɒks] S̲ Steuermann *m*

coy [kɔɪ] A̲D̲J̲ 〈+*er*〉 verschämt; (≈ *kokett*) neckisch; **to be coy about sth** in Bezug auf etw (*akk*) verschämt tun **coyly** ['kɔɪlɪ] A̲D̲V̲ schüchtern, *gschamig österr*

coyote [kɔɪˈəʊtɪ] S̲ Kojote *m*

cozy US A̲D̲J̲ → **cosy**

C/P A̲B̲K̲ (= carriage paid) HANDEL frachtfrei

CPU A̲B̲K̲ (= central processing unit) CPU *f*, Zentraleinheit *f*

crab [kræb] S̲ Krabbe *f* **crab apple** S̲ **1** Holzapfel *m* **2** Holzapfelbaum *m* **crabby** ['kræbɪ] A̲D̲J̲ 〈*komp* crabbier〉 griesgrämig **crabmeat** ['kræbmiːt] S̲ Krabbenfleisch *n*

★**crack** [kræk] A̲ S̲ **1** Riss *m*, Ritze *f*, Spalte *f*; *in Keramik* Sprung *m*; **leave the window open a ~** lass das Fenster einen Spalt offen; **at the ~ of dawn** in aller Frühe; **to fall** *od* **slip through the ~s** US *fig* durch die Maschen schlüpfen **2** (≈ *Geräusch*) Knacks *m*; *von Pistole, Peitsche* Knall *m*, Knallen *n kein pl* **3** Schlag *m*; **to give oneself a ~ on the head** sich (*dat*) den Kopf anschlagen **4** *umg* Witz *m*; **to make a ~ about sb/sth** einen Witz über j-n/etw machen **5** *umg* to have a **~ at sth** etw mal probieren *umg* (≈ *Droge*) Crack *n* **6** A̲D̲J̲ 〈*attr*〉 erstklassig; MIL Elite-; **~ shot** Meisterschütze *m*, Meisterschützin *f* C̲ V̲T̲ **1** *Tasse etc* einen Sprung machen in (+*akk*); *Eis* einen Riss/Risse machen in (+*akk*) **2** *Nüsse, Safe* knacken; *fig umg Code* knacken; *Fall, Problem* lösen; **I've ~ed it** ich hab's! **3** *Witz* reißen **4** *Peitsche* knallen mit; *Finger* knacken mit; **to ~ the whip** *fig* die Peitsche schwingen **5** **he ~ed his head against the pavement** er krachte mit dem Kopf aufs Pflaster D̲ V̲I̲ **1** *Tasse etc* einen Sprung/Sprünge bekommen; *Eis* einen Riss/Risse bekommen; *Lippen* rissig werden **2** brechen **3** knacken; *Peitsche, Pistole* knallen **4** *umg* to get **~ing** loslegen *umg*; **to get ~ing with**

od **on sth** mit etw loslegen *umg*; **get ~ing!** los jetzt! [5] **he ~ed under the strain** er ist unter der Belastung zusammengebrochen [6] → crack up [A]
♦crack down VI hart durchgreifen (**on** bei) **♦crack on** *Br umg* VI weitermachen **♦crack open** VT *⟨trennb⟩* aufbrechen; **to crack open the champagne** die Sektkorken knallen lassen **♦crack up** [A] *fig umg* VI [1] durchdrehen *umg*; *unter Druck* zusammenbrechen; **I/he must be cracking up** *hum* so fängts an *umg* [2] laut lachen [B] VT *⟨trennb⟩ umg* **it's not all it's cracked up to be** so toll ist es dann auch wieder nicht

crackdown ['krækdaʊn] *umg* S scharfes Durchgreifen **cracked** ADJ *Tasse, Eis* gesprungen; *Knochen* angebrochen, gebrochen; *Oberfläche* rissig; *Lippen* aufgesprungen **cracker** ['krækəʳ] S [1] Cracker *m* [2] Knallbonbon *n* **crackers** ['krækəz] *Br umg* ADJ *⟨präd⟩* übergeschnappt *umg* **cracking** ['krækɪŋ] *umg* ADJ *Tempo* scharf; *Roman, Film etc* toll *umg*

crackle ['krækl] [A] VI *Feuer* knistern; *Telefonleitung* knacken [B] S Knacken *n*
crackling ['kræklɪŋ] S *⟨kein pl⟩* [1] → crackle [2] GASTR Kruste *f* (*des Schweinebratens*)

crackpot ['krækpɒt] *umg* [A] S Spinner(in) *m(f) umg* [B] ADJ verrückt

cradle ['kreɪdl] [A] S Wiege *f*; *von Telefon* Gabel *f*; **from the ~ to the grave** von der Wiege bis zur Bahre [B] VT an sich (*akk*) drücken; **he was cradling his injured arm** er hielt sich (*dat*) seinen verletzten Arm; **to ~ sb/sth in one's arms** j-n/etw fest in den Armen halten

craft [krɑːft] S [1] Kunsthandwerk *n* [2] *⟨kein pl⟩* Kunst *f* [3] *⟨pl craft⟩* Boot *n*
craft fair S Kunstgewerbemarkt *m*
craftily ['krɑːftɪlɪ] ADV clever **craftiness** ['krɑːftɪnɪs] S Cleverness *f* **craftsman** ['krɑːftsmən] S *⟨pl -men⟩* Kunsthandwerker *m* **craftsmanship** ['krɑːftsmənʃɪp] S Handwerkskunst *f*
craftswoman ['krɑːftswʊmən] S *⟨pl -women [-wɪmɪn]⟩* Kunsthandwerkerin *f*
crafty ['krɑːftɪ] ADJ *⟨komp craftier⟩* clever; **he's a ~ one** *umg* er ist ein ganz Schlauer *umg*

crag [kræg] S Fels *m* **craggy** ['krægɪ] ADJ *⟨komp craggier⟩* zerklüftet; *Gesicht* kantig

cram [kræm] [A] VT vollstopfen, hineinstopfen (**into** in *+akk*); *Menschen* hineinzwängen (**into** in *+akk*); **the room was ~med (with furniture)** der Raum war (mit Möbeln) vollgestopft; **we were all ~med into one room** wir waren alle in einem Zimmer zusammengepfercht [B] VI pauken *umg* **♦cram in** [A] VI sich hineinquetschen (**-to** in *+akk*) [B] VT *⟨trennb⟩ Besuch* unterbringen, einschieben; *in Koffer etc* hineinquetschen

cram-full [ˌkræm'fʊl] *umg* ADJ vollgestopft (**of** mit)

cramp [kræmp] [A] S MED Krampf *m*; **stomach ~s** *pl* Magenkrämpfe *pl*; **to have ~ in one's leg** einen Krampf im Bein haben [B] VT *fig* **to ~ sb's style** j-m im Weg sein **cramped** ADJ *Platz* beschränkt; *Zimmer* beengt; **we are very ~ (for space)** wir sind räumlich sehr beschränkt

crampon ['kræmpən] S Steigeisen *n*
cranberry ['krænbərɪ] S Preiselbeere *f*; **~ juice** Cranberrysaft *m*; **~ sauce** Preiselbeersoße *f*

crane [kreɪn] [A] S [1] Kran *m*; **~ driver** Kranführer(in) *m(f)* [2] ORN Kranich *m* [B] VT **to ~ one's neck** sich (*dat*) fast den Hals verrenken *umg* [C] VI (*a.* **crane forward**) den Hals recken

cranefly ['kreɪnflaɪ] S Schnake *f*
cranium ['kreɪnɪəm] S *⟨pl* **crania** ['kreɪnɪə]*⟩* ANAT Schädel *m*
crank[1] [kræŋk] S Spinner(in) *m(f) umg*; *US* Griesgram *m*
crank[2] [A] S MECH Kurbel *f* [B] VT (*a.* **crank up**) ankurbeln **crankshaft** ['kræŋkʃɑːft] S AUTO Kurbelwelle *f*
cranky ['kræŋkɪ] ADJ *⟨komp* **crankier***⟩* [1] verrückt [2] *bes US* griesgrämig
cranny ['krænɪ] S Ritze *f*
crap [kræp] [A] S [1] *sl* Scheiße *f vulg* [2] *umg* (≈*Unsinn*) Scheiße *f umg*; *umg* (≈*Zeug*) Scheiß *m umg*; **a load of ~** große Scheiße *umg* [B] VI *sl* scheißen *vulg* [C] ADJ *⟨attr⟩ umg* Scheiß- *umg*
crap game *US* S Würfelspiel *n* (*mit zwei Würfeln*)
crappy ['kræpɪ] ADJ *⟨komp* **crappier***⟩ umg* beschissen *umg*

★crash [kræʃ] [A] S [1] Krach *m kein pl*, Krachen *n kein pl*; **there was a ~ upstairs** es

hat oben gekracht; **with a ~ krachend** ❷ Unfall m, Havarie f österr, Karambolage f; (Flugzeug)unglück n; **to be in a (car) ~** in einen (Auto)unfall verwickelt sein; **to have a ~** einen (Auto)unfall haben, einen Unfall verursachen ❸ FIN Zusammenbruch m; BÖRSE Börsenkrach m ❹ IT Absturz m **B** ADV krach; **he went ~ into a tree** er krachte gegen einen Baum **C** VIT ❶ Auto einen Unfall haben mit; Flugzeug abstürzen mit; **to ~ one's car into sth** mit dem Auto gegen etw krachen ❷ IT Programm, System zum Absturz bringen ❸ umg **to ~ a party** uneingeladen zu einer Party gehen **D** VI ❶ einen Unfall haben; Flugzeug, a. IT abstürzen; **to ~ into sth** gegen etw (akk) krachen ❷ krachen; **to ~ to the ground** zu Boden krachen; **the whole roof came ~ing down (on him)** das ganze Dach krachte auf ihn herunter ❸ FIN Pleite machen umg ❹ a. **~ out** umg (≈ schlafen) knacken sl; bei jemandem übernachten **crash barrier** S̅ Leitplanke f **crash course** S̅ Intensivkurs m **crash diet** S̅ Radikalkur f
★**crash helmet** S̅ Sturzhelm m **crash-land** A VIT bruchlanden **B** VIT bruchlanden **crash-landing** S̅ Bruchlandung f **crash test** S̅ AUTO Crashtest m
crass [kras] ADJ ⟨+er⟩ krass; (≈ grob) unfein **crassly** ['krasli] ADV krass; sich benehmen unfein **crassness** ['krasnıs] S̅ Krassheit f, Derbheit f
crate [kreıt] S̅ Kiste f; mit Bier Kasten m
crater ['kreıtə] S̅ Krater m
cravat(te) [krə'væt] S̅ Halstuch n
crave [kreıv] VIT sich sehnen nach
◆**crave for** VIT ⟨+obj⟩ sich sehnen nach
craving ['kreıvıŋ] S̅ Verlangen n; **to have a ~ for sth** Verlangen nach etw haben
crawfish ['krɔːfıʃ] S̅ ⟨pl -⟩ US → crayfish
crawl [krɔːl] A S̅ ❶ **we could only go at a ~** wir kamen nur im Schneckentempo voran ❷ beim Schwimmen Kraul(stil) m; **to do the ~** kraulen **B** VI ❶ Mensch, Verkehr kriechen; Baby krabbeln; **he tried to ~ away** er versuchte wegzukriechen ❷ wimmeln (with von); **the street was ~ing with police** auf der Straße wimmelte es von Polizisten ❸ **he makes my skin ~** wenn ich ihn sehe,

kriege ich eine Gänsehaut ❹ umg kriechen (**to** vor +dat); **he went ~ing to teacher** er ist gleich zum Lehrer gerannt **crawler lane** ['krɔːleın] S̅ Br AUTO Kriechspur f
crayfish ['kreıfıʃ] Br, **crawfish** ['krɔːfıʃ] US S̅ ⟨pl -⟩ ❶ Flusskrebs m ❷ im Meer Languste f
crayon ['kreıən] A S̅ Buntstift m, Wachs(mal)stift m, Pastellstift m **B** VIT & VI (mit Bunt-/Wachsstiften) malen
craze [kreız] A S̅ Fimmel m umg; **there's a ~ for collecting old things just now** es ist zurzeit große Mode, alte Sachen zu sammeln **B** VIT ⟨+obj⟩ **a ~d gunman** ein Amokschütze m; **he had a ~d look on his face** er hatte den Gesichtsausdruck eines Wahnsinnigen **crazily** ['kreızılı] ADV herumwirbeln etc wie verrückt ❷ (≈ irre) verrückt **craziness** ['kreızınıs] S̅ Verrücktheit f **crazy** ['kreızı] ADJ ⟨komp crazier⟩ verrückt, wahnsinnig (**with** vor +dat); **to drive sb ~** j-n verrückt machen; **to go ~** verrückt werden; (≈ sich aufregen) durchdrehen, ausflippen umg; **like ~** umg wie verrückt umg; **to be ~ about sb/sth** ganz verrückt auf j-n/etw sein **football-crazy** fußballverrückt umg **crazy golf** Br S̅ Minigolf m **crazy paving** S̅ Mosaikpflaster n
creak [kriːk] A S̅ Knarren n kein pl; von Scharnier, Bettfeder Quietschen n kein pl **B** VI knarren; Scharnier, Bettfeder quietschen **creaky** ['kriːkı] ADJ ⟨komp creakier⟩ wörtl knarrend; Scharnier, Bettfeder quietschend
★**cream** [kriːm] A S̅ ❶ Sahne f, Obers n österr, Nidel m/f schweiz; (≈ Lotion) Creme f; **~ of asparagus/chicken soup** Spargel-/Hühnercremesuppe f ❷ (≈ Farbe) Creme n, Cremefarbe f ❸ fig die Besten; **the ~ of the crop** (≈ Menschen) die Elite; (≈ Dinge) das Nonplusultra **B** ADJ ❶ Farbe creme inv, cremefarben ❷ Torte Sahne-, Creme- **C** VIT Butter cremig rühren
◆**cream off** fig VIT ⟨trennb⟩ absahnen **cream cake** S̅ Sahnetorte f, Sahnetörtchen n **cream cheese** S̅ (Doppelrahm)frischkäse m **creamer** ['kriːmə] S̅ ❶ US Sahnekännchen n ❷ (≈ Milchpulver) Kaffeeweißer m **cream puff** S̅ Windbeutel m **cream tea** S̅ Nachmittagstee m **creamy** ['kriːmı] ADJ ⟨komp

creamier⟩ sahnig, cremig
crease [kriːs] **A** S̲ Falte f; *in Stoff* Kniff
m; *in Hose* (Bügel)falte f **B** V̲T̲ *Kleidungs-
stück* Falten/eine Falte machen in (+akk)
Stoff, Papier Kniffe/einen Kniff machen in
(+akk); *unabsichtlich* zerknittern **crease-
-proof** [ˈkriːspruːf], **crease-resistant**
[ˈkriːsrɪzɪstənt] A̲D̲J̲ knitterfrei
★**create** [kriːˈeɪt] V̲T̲ schaffen; *die Welt* er-
schaffen; *Durchzug, Lärm* verursachen;
Eindruck machen; *Probleme* schaffen;
durch Ereignis hervorgerufen verursa-
chen; IT *Datei* anlegen **creation** [kriː-
ˈeɪʃən] S̲ **1** ⟨kein pl⟩ Schaffung f; *von
Welt* Erschaffung f **2** ⟨kein pl⟩ *the* **Crea-
tion** die Schöpfung; *the whole of ~* die
Schöpfung **3** KUNST Werk n **creative**
[kriːˈeɪtɪv] A̲D̲J̲ Kraft schöpferisch; *Vorge-
hensweise, Mensch* kreativ; *the ~ use of
language* kreativer Sprachgebrauch
creative accounting S̲ kreative
Buchführung f (*um einen falschen Ein-
druck vom erzielten Gewinn zu erwe-
cken*) **creatively** [kriːˈeɪtɪvlɪ] A̲D̲V̲ kreativ
creative writing S̲ dichterisches
Schreiben **creativity** [ˌkriːeɪˈtɪvɪtɪ] S̲
schöpferische Begabung, schöpferi-
sche Kreativität f **creator** [kriːˈeɪtəʳ] S̲
Schöpfer(in) m(f)
★**creature** [ˈkriːtʃəʳ] S̲ Geschöpf n, Lebe-
wesen n, Kreatur f **creature com-
forts** P̲L̲ leibliches Wohl
crèche [kreʃ] *Br* S̲ (Kinder)krippe f; *US*
Weihnachtskrippe f
credence [ˈkriːdəns] S̲ ⟨kein pl⟩ *to lend
~ to sth* etw glaubwürdig machen; *to
give od attach ~ to sth* einer Sache
(*dat*) Glauben schenken **credentials**
[krɪˈdenʃəlz] P̲L̲ Referenzen pl, (Ausweis)-
papiere pl; *to present one's ~* seine Pa-
piere vorlegen
credibility [ˌkredəˈbɪlɪtɪ] S̲ Glaubwürdig-
keit f **credible** [ˈkredɪbl] A̲D̲J̲ glaubwür-
dig **credibly** [ˈkredɪblɪ] A̲D̲V̲ glaubhaft
★**credit** [ˈkredɪt] **A** S̲ **1** ⟨kein pl⟩ FIN Kre-
dit m; *in Kneipe etc* Stundung f; *the bank
will let me have £5,000 ~* die Bank
räumt mir einen Kredit von £ 5.000
ein; *to buy on ~* auf Kredit kaufen; *his
~ is good* er ist kreditwürdig; *bei kleine-
ren Beträgen* er ist vertrauenswürdig; *to
give sb (unlimited) ~* j-m (unbegrenzt)
Kredit geben **2** FIN (Gut)haben n; HAN-
DEL Kreditposten m; *to be in ~* Geld n

auf dem Konto haben; *to keep one's
account in ~* sein Konto nicht überzie-
hen; *the ~s and debits* Soll und Haben
n; *how much have we got to our ~?*
wie viel haben wir auf dem Konto? **3**
⟨kein pl⟩ Ehre f, Anerkennung f; *he's a
~ to his family* er macht seiner Familie
Ehre; *that's to his ~* das ehrt ihn; *her
generosity does her ~* ihre Großzügig-
keit macht ihr alle Ehre; *to come out
of sth with ~* ehrenvoll aus etw hervor-
gehen; *to get all the ~* die ganze Aner-
kennung einstecken; *to take the ~ for
sth* das Verdienst für etw in Anspruch
nehmen; *~ where ~ is due* sprichw Eh-
re, wem Ehre gebührt sprichw **4** ⟨kein
pl⟩ Glaube m; *to give ~ to sth* etw glau-
ben **5** *bes US* UNIV Schein m **6** ⟨kein pl⟩
FILM *etc* Vor-/Nachspann m **B** V̲T̲ **1**
glauben; *would you ~ it!* ist das denn
die Möglichkeit! **2** zuschreiben (+dat);
I ~ed him with more sense ich habe
ihn für vernünftiger gehalten; *he was
~ed with having invented it* die Erfin-
dung wurde ihm zugeschrieben **3** FIN
gutschreiben; *to ~ a sum to sb's ac-
count* j-s Konto (*dat*) einen Betrag gut-
schreiben (lassen) **creditable** [ˈkredɪ-
təbl] A̲D̲J̲ lobenswert **creditably** [ˈkredɪ-
təblɪ] A̲D̲V̲ löblich **credit account** S̲
Kreditkonto n **credit balance** S̲ Kon-
tostand m **credit card** S̲ Kreditkarte f
credit check S̲ Überprüfung f der
Kreditwürdigkeit; *to run a ~ on sb* j-s
Kreditwürdigkeit überprüfen **credit
crisis** S̲ WIRTSCH, FIN Kreditkrise f
credit crunch S̲, **credit squeeze**
S̲ WIRTSCH, FIN Kreditknappheit f, Kre-
ditklemme f **credit facilities** P̲L̲ Kre-
ditmöglichkeiten pl **credit limit** S̲
Kreditrahmen m **credit note** S̲ Gut-
schrift f **creditor** [ˈkredɪtəʳ] S̲ Gläubi-
ger(in) m(f) **credit rating** S̲ Kreditwür-
digkeit f **credit risk** S̲ *to be a good/
poor ~* ein geringes/großes Kreditrisiko
darstellen **credit side** S̲ Habenseite f;
on the ~ he's young für ihn spricht,
dass er jung ist **credit status** S̲ Kre-
ditstatus m **credit union** S̲ Kredite-
nossenschaft f **creditworthiness** S̲
Kreditwürdigkeit f **creditworthy** A̲D̲J̲
kreditwürdig
credo [ˈkreɪdəʊ] S̲ ⟨pl -s⟩ Glaubensbe-
kenntnis n **credulity** [krɪˈdjuːlɪtɪ] S̲

C

⟨kein pl⟩ Leichtgläubigkeit f **credulous** ['kredjʊləs] ADJ leichtgläubig **creed** [kri:d] *fig* $\overline{s}$ Credo n

creek [kri:k] *bes Br* $\overline{s}$ (kleine) Bucht; *US* Bach m; **to be up the ~ (without a paddle)** *umg* in der Tinte sitzen *umg*

★**creep** [kri:p] ⟨*v: prät, pperf* **crept**⟩ A $\overline{VI}$ schleichen, kriechen; **the water level crept higher** der Wasserspiegel kletterte höher; **the story made my flesh ~** bei der Geschichte bekam ich eine Gänsehaut B $\overline{s}$ $\blacksquare$ *umg* (≈ *Mensch*) Widerling m $\overline{s}$ $\blacksquare$ *umg* **he gives me the ~s** er ist mir nicht geheuer; **this old house gives me the ~s** in dem alten Haus ist es mir nicht geheuer ♦**creep in** $\overline{VI}$ Fehler, Zweifel sich einschleichen (**-to** in +*akk*) ♦**creep up** $\overline{VI}$ sich heranschleichen (**on an** +*akk*); *Preise* (in die Höhe) klettern

creepy ['kri:pi] ADJ ⟨*komp* **creepier**⟩ unheimlich, gruselig **creepy-crawly** ['kri:pɪ'krɔ:lɪ] *umg* $\overline{s}$ Krabbeltier n

cremate [krɪ'meɪt] $\overline{VT}$ einäschern **cremation** [krɪ'meɪʃən] $\overline{s}$ Einäscherung f **crematorium** [ˌkremə'tɔ:rɪəm] $\overline{s}$, **crematory** ['kremə,tɔ:rɪ] *bes US* $\overline{s}$ Krematorium n

crème de la crème ['kremdælæ'krem] $\overline{s}$ Crème de la Crème f

Creole ['kri:əʊl] A $\overline{s}$ LING Kreolisch n B ADJ kreolisch; **he is ~** er ist Kreole

creosote ['krɪəsəʊt] A $\overline{s}$ Kreosot n B $\overline{VT}$ mit Kreosot streichen

crêpe [kreɪp] A $\overline{s}$ $\blacksquare$ *Textilien* Krepp m $\blacksquare$ GASTR Crêpe m B ADJ Krepp- **crêpe paper** $\overline{s}$ Krepppapier n

crept [krept] PRÄT & PPERF → creep

crescendo [krɪ'ʃendəʊ] $\overline{s}$ ⟨*pl* **-s**⟩ MUS Crescendo n; *fig* Zunahme f

crescent ['kresnt] $\overline{s}$ Halbmond m; *in Straßennamen* Weg m (*halbmondförmig verlaufende Straße*)

cress [kres] $\overline{s}$ (Garten)kresse f

crest [krest] $\overline{s}$ $\blacksquare$ *von Vogel* Haube f; *von Hahn, Berg, Welle* Kamm m; **he's riding on the ~ of a wave** *fig* er schwimmt im Augenblick oben $\blacksquare$ *Wappenkunde* Helmzierde f; (≈ *Abzeichen*) Wappen n **crestfallen** ['krest,fɔ:lən] ADJ niedergeschlagen

Crete [kri:t] $\overline{s}$ Kreta n

cretin ['kretɪn] *umg* $\overline{s}$ Schwachkopf m *umg* **cretinous** ['kretɪnəs] *umg* ADJ

schwachsinnig

Creutzfeldt-Jakob disease [ˌkrɔɪtsfelt'jækɒbdɪˌziːz] $\overline{s}$ ⟨*kein pl*⟩ Creutzfeldt--Jakob-Krankheit f

crevasse [krɪ'væs] $\overline{s}$ (Gletscher)spalte f **crevice** ['krevɪs] $\overline{s}$ Spalte f

crew [kru:] $\overline{s}$ $\blacksquare$ Besatzung f; **50 passengers and 20 ~** 50 Passagiere und 20 Mann Besatzung $\blacksquare$ *Br umg* Bande f, Freundeskreis m **crew cut** $\overline{s}$ Bürstenschnitt m **crew member** $\overline{s}$ Besatzungsmitglied n **crew neck** $\overline{s}$ runder Halsausschnitt; (*a.* **crew-neck pullover** *od* **sweater**) Pullover m mit rundem Halsausschnitt

crib [krɪb] $\overline{s}$ $\blacksquare$ *US* Kinderbett n $\blacksquare$ Krippe f **crib death** *US* $\overline{s}$ plötzlicher Kindstod

crick [krɪk] A $\overline{s}$ **~ in one's neck** ein steifes Genick B $\overline{VT}$ **to ~ one's back** sich (*dat*) einen steifen Rücken zuziehen

cricket[1] ['krɪkɪt] $\overline{s}$ Grille f

cricket[2] $\overline{s}$ SPORT Kricket n; **that's not ~** *fig umg* das ist nicht fair **cricket bat** $\overline{s}$ (Kricket)schlagholz n **cricketer** ['krɪkɪtəʳ] $\overline{s}$ Kricketspieler(in) m(f) **cricket match** $\overline{s}$ Kricketspiel n **cricket pitch** $\overline{s}$ Kricketfeld n

★**crime** [kraɪm] $\overline{s}$ Straftat f; (≈ *schweres Vergehen*), *a. fig* Verbrechen n; (≈ *Verbrechertum*) Kriminalität f; **it's a ~ to throw away all that good food** es ist eine Schande, all das gute Essen wegzuwerfen; **~ is on the increase** die Zahl der Verbrechen nimmt zu

Crimea [kraɪ'mɪə] $\overline{s}$ GEOG Krim f **Crimean** [kraɪ'mɪən] ADJ Krim-

crime prevention $\overline{s}$ Verbrechensverhütung f **crime rate** $\overline{s}$ Verbrechensrate f **crime scene** $\overline{s}$ Tatort m **crime wave** $\overline{s}$ Verbrechenswelle f

★**criminal** ['krɪmɪnl] A $\overline{s}$ Straftäter(in) m(f) form, Kriminelle(r) m/f(m); *fig* Verbrecher(in) m(f) B ADJ $\blacksquare$ kriminell; **~ law** Strafrecht n; **to have a ~ record** vorbestraft sein $\blacksquare$ *fig* kriminell **criminal charge** $\overline{s}$ **she faces ~s** sie wird eines Verbrechens angeklagt **criminal code** $\overline{s}$ Strafgesetzbuch n **criminal court** $\overline{s}$ Strafkammer f **criminality** [ˌkrɪmɪ'nælɪt] $\overline{s}$ Kriminalität f **criminalize** ['krɪmɪnəlaɪz] $\overline{VT}$ kriminalisieren **criminal lawyer** $\overline{s}$ Anwalt m/Anwältin f für Strafsachen, Strafverteidiger(in) m(f) **criminally** ['krɪmɪnəlɪ] ADV krimi-

C

nell, verbrecherisch **criminal offence** $\overline{S}$, **criminal offense** US $\overline{S}$ strafbare Handlung **criminologist** [ˌkrɪmɪˈnɒlədʒɪst] $\overline{S}$ Kriminologe m, Kriminologin f **criminology** [ˌkrɪmɪˈnɒlədʒɪ] $\overline{S}$ Kriminologie f

crimp [krɪmp] $\overline{VT}$ (mit der Brennschere) wellen

crimson [ˈkrɪmzn] $\blacksquare$ $\overline{ADJ}$ purpurrot; **to turn** od **go ~** knallrot werden umg $\blacksquare$ $\overline{S}$ Purpurrot n

cringe [krɪndʒ] $\overline{VI}$ zurückschrecken (**at** vor +dat); fig schaudern; **he ~d at the thought** er od ihn schauderte bei dem Gedanken; **he ~d when she mispronounced his name** er zuckte zusammen, als sie seinen Namen falsch aussprach

crinkle [ˈkrɪŋkl] $\blacksquare$ $\overline{S}$ (Knitter)falte f $\blacksquare$ $\overline{VT}$ (zer)knittern $\blacksquare$ $\overline{VI}$ knittern **crinkled** $\overline{ADJ}$ zerknittert **crinkly** [ˈkrɪŋkli] $\overline{ADJ}$ ⟨komp crinklier⟩ Papier zerknittert; Ecken wellig

cripple [ˈkrɪpl] $\blacksquare$ $\overline{S}$ Krüppel m $\blacksquare$ $\overline{VT}$ j-n zum Krüppel machen; Schiff, Flugzeug aktionsunfähig machen; fig lähmen; **~d with rheumatism** von Rheuma praktisch gelähmt **crippling** [ˈkrɪplɪŋ] $\overline{ADJ}$ lähmend; Steuern erdrückend; **a ~ disease** ein Leiden, das einen bewegungsunfähig macht; **a ~ blow** ein schwerer Schlag

★**crisis** [ˈkraɪsɪs] $\overline{S}$ ⟨pl crises [ˈkraɪsiːz]⟩ Krise f; **to reach ~ point** den Höhepunkt erreichen; **in times of ~** in Krisenzeiten **crisis centre** $\overline{S}$ Einsatzzentrum n (für Krisenfälle) **crisis management** $\overline{S}$ Krisenmanagement n **crisis-proof** $\overline{ADJ}$ krisensicher

crisp [krɪsp] $\blacksquare$ $\overline{ADJ}$ ⟨+er⟩ Apfel knackig; Keks knusprig, resch österr; Schnee verharscht; Art knapp; Luft frisch; Geldschein brandneu $\blacksquare$ $\overline{S}$ Br **~s** Chips pl; **burned to a ~** völlig verbrutzelt **crispbread** [ˈkrɪspbred] $\overline{S}$ Knäckebrot n **crisply** [ˈkrɪspli] $\overline{ADV}$ knackig, knusprig, resch österr; schreiben, sich ausdrücken knapp **crispy** [ˈkrɪspi] $\overline{ADJ}$ ⟨komp crispier⟩ umg knusprig, resch österr

crisscross [ˈkrɪskrɒs] $\overline{ADJ}$ Muster Kreuz- **criterion** [kraɪˈtɪərɪən] $\overline{S}$ ⟨pl criteria [kraɪˈtɪərɪə]⟩ Kriterium n

★**critic** [ˈkrɪtɪk] $\overline{S}$ Kritiker(in) m(f); literary **~** Literaturkritiker(in) m(f); **he's his**

own worst **~** er kritisiert sich selbst am meisten; **she is a constant ~ of the government** sie kritisiert die Regierung ständig **critical** [ˈkrɪtɪkəl] $\overline{ADJ}$ kritisch; MED Patient in kritischem Zustand; **the book was a ~ success** das Buch kam bei den Kritikern an; **to cast a ~ eye over sth** sich (dat) etw kritisch ansehen; **to be ~ of sb/sth** j-n/etw kritisieren; **it is ~ (for us) to understand what is happening** es ist (für uns) von entscheidender Bedeutung zu wissen, was vorgeht; **of ~ importance** von entscheidender Bedeutung **critically** [ˈkrɪtɪkəli] $\overline{ADV}$ $\blacksquare$ kritisch $\blacksquare$ krank schwer $\blacksquare$ **to be ~ important** von entscheidender Bedeutung sein $\blacksquare$ **~ acclaimed** in den Kritiken gelobt

★**criticism** [ˈkrɪtɪsɪzəm] $\overline{S}$ Kritik f; literary **~** Literaturkritik f; **to come in for a lot of ~** schwer kritisiert werden

★**criticize** [ˈkrɪtɪsaɪz] $\overline{VT \& VI}$ kritisieren; **to ~ sb for sth** j-n für etw kritisieren; **I ~d her for always being late** ich kritisiere sie dafür, dass sie immer zu spät kommt **critique** [krɪˈtiːk] $\overline{S}$ Kritik f

critter [ˈkrɪtər] US, dial $\overline{S}$ → creature **croak** [krəʊk] $\overline{VT \& VI}$ Frosch quaken; Rabe, Mensch krächzen

Croat [ˈkrəʊæt] $\overline{S}$ Kroate m, Kroatin f; LING Kroatisch n **Croatia** [krəʊˈeɪʃə] $\overline{S}$ Kroatien n **Croatian** [krəʊˈeɪʃən] $\blacksquare$ $\overline{S}$ → Croat $\blacksquare$ $\overline{ADJ}$ kroatisch; **she is ~** sie ist Kroatin

crochet [ˈkrəʊʃeɪ] $\blacksquare$ $\overline{S}$ (a. **crochet work**) Häkelei f; **~ hook** Häkelnadel f $\blacksquare$ $\overline{VT \& VI}$ häkeln

crockery [ˈkrɒkəri] Br $\overline{S}$ Geschirr n **crocodile** [ˈkrɒkədaɪl] $\overline{S}$ Krokodil n **crocodile tears** $\overline{PL}$ Krokodilstränen pl; **to shed ~** Krokodilstränen vergießen **crocus** [ˈkrəʊkəs] $\overline{S}$ Krokus m **croissant** [ˈkrwɑːsɒŋ] $\overline{S}$ Hörnchen n, Kipferl n österr

crony [ˈkrəʊni] $\overline{S}$ Kumpan(in) m(f); in der Politik Amigo m

crook [krʊk] $\blacksquare$ $\overline{S}$ $\blacksquare$ Gauner(in) m(f) umg $\blacksquare$ Hirtenstab m $\blacksquare$ $\overline{VT}$ Finger krümmen; Arm beugen **crooked** [ˈkrʊkɪd] $\overline{ADJ}$ krumm; Lächeln schief; Mensch unehrlich **crookedly** [ˈkrʊkɪdli] $\overline{ADV}$ schief **croon** [kruːn] $\overline{VT}$ leise singen $\blacksquare$ $\overline{VI}$ leise singen **crooner** [ˈkruːnər] $\overline{S}$ Sänger m (sentimentaler Lieder)

★**crop** [krɒp] $\blacksquare$ $\overline{S}$ $\blacksquare$ Ernte f, (Feld)frucht f; fig (≈ große Zahl) Schwung m; **a good ~ of potatoes** eine gute Kartoffelernte; **to bring the ~s in** die Ernte einbringen; **a ~ of problems** umg eine Reihe von Problemen **2** von Vogel Kropf m **3** Reitpeitsche f **B** VT stutzen; **the goat ~ped the grass** die Ziege fraß das Gras ab; **~ped hair** kurz geschnittenes Haar ◆**crop up** VI aufkommen; **something's cropped up** es ist etwas dazwischengekommen

cropper ['krɒpə'] Br umg **to come a ~** wörtl hinfliegen umg; fig (≈ versagen) auf die Nase fallen

crop top S bauchfreies Shirt od Top
croquet ['krəʊkeɪ] S Krocket(spiel) n
croquette [krəʊ'ket] S Krokette f
★**cross**¹ [krɒs] **A** S **1** Kreuz n; **to make the sign of the Cross** das Kreuzzeichen machen; **we all have our ~ to bear** wir haben alle unser Kreuz zu tragen **2** Kreuzung f; fig Mitteldig n; **a ~ between a laugh and a bark** eine Mischung aus Lachen und Bellen **3** FUSSB Flanke f **B** ADJ 〈attr〉 Straße, Linie Quer- **C** VT **1** Straße, Fluss, Berge überqueren; Streikpostenkette überschreiten; Land, Zimmer durchqueren; **to ~ sb's path** fig j-m über den Weg laufen; **it ~ed my mind that ...** es fiel mir ein, dass ...; **we'll ~ that bridge when we come to it** lassen wir das Problem mal auf uns zukommen **2** kreuzen; **to ~ one's legs** die Beine übereinanderschlagen; **to ~ one's arms** die Arme verschränken; **I'll keep my fingers ~ed (for you)** ich drücke (dir) die Daumen **3** Buchstabe, t einen Querstrich machen durch; **a ~ed cheque** ein Verrechnungsscheck m; **to ~ sth through** etw durchstreichen **4** **to ~ oneself** sich bekreuzigen **5** **to ~ sb** j-n verärgern **D** VI **1** die Straße überqueren; über Ärmelkanal etc hinüberfahren **2** Wege, Briefe sich kreuzen; **our paths have ~ed several times** fig unsere Wege haben sich öfters gekreuzt ◆**cross off** VT 〈trennb〉 streichen (obj aus, von) ◆**cross out** VT 〈trennb〉 durchstreichen ◆**cross over** VI **1** die Straße überqueren **2** überwechseln (**to** zu)

cross² ADJ 〈+er〉 böse, verärgert; **to be ~ with sb** mit j-m od auf j-n böse sein
crossbar S von Fahrrad Stange f; SPORT

Querlatte f **cross-border** ADJ HANDEL grenzüberschreitend **crossbow** S (Stand)armbrust f **crossbreed** **A** S Kreuzung f **B** VT kreuzen **cross-Channel** ADJ 〈attr〉 Kanal- **crosscheck** VT überprüfen **cross-country** **A** ADJ Querfeldein-; **~ skiing** Langlauf m **B** ADV querfeldein **C** S Querfeldeinrennen n **cross-dress** VI sich als Transvestit kleiden **cross-dresser** S Transvestit m **cross-dressing** S Transvestismus m **cross-examination** S Kreuzverhör n (**of** über +akk) **cross-examine** VT ins Kreuzverhör nehmen **cross-eyed** ADJ schielend; **to be ~** schielen **cross-fertilization** S 〈kein pl〉 BOT Kreuzbefruchtung f **cross-fertilize** VT BOT kreuzbefruchten **crossfire** S Kreuzfeuer n; **to be caught in the ~** ins Kreuzfeuer geraten
★**crossing** ['krɒsɪŋ] S **1** Überquerung f; von Meer Überfahrt f **2** Übergang m, Kreuzung f
cross-legged [,krɒs'leg(ɪ)d] ADJ & ADV auf dem Boden im Schneidersitz **crossly** ['krɒslɪ] ADV böse **cross-media** ADJ medienübergreifend **cross-party** ADJ POL parteienübergreifend, überparteilich **cross-purposes** PL **to be** od **talk at ~** aneinander vorbeireden **cross-refer** VT verweisen (**to** auf +akk) **cross-reference** S (Quer)verweis m (**to** auf +akk)
★**crossroads** Br wörtl S 〈+sg od pl v〉 Kreuzung f; fig Scheideweg m **cross section** S Querschnitt m; **a ~ of the population** ein Querschnitt durch die Bevölkerung **cross-stitch** S Handarbeiten Kreuzstich m **cross-town** US ADJ quer durch die Stadt **cross trainer** S Crosstrainer m **crosswalk** US S Fußgängerüberweg m **crossways**, **crosswise** ADV quer **crossword (puzzle)** S Kreuzworträtsel n; **to do crosswords** Kreuzworträtsel lösen
crotch [krɒtʃ] S von Hose Schritt m; ANAT Unterleib m
crotchet ['krɒtʃɪt] S Br MUS Viertelnote f; **~ rest** Viertelpause f
crotchety ['krɒtʃɪtɪ] umg ADJ miesepetrig umg
crouch [kraʊtʃ] VI sich zusammenkauern; **to ~ down** sich niederkauern
croupier ['kru:pɪeɪ] S Croupier m

C

crouton ['kruːtɒn] S Croûton m

crow¹ [krəʊ] S ORN Krähe f; **as the ~ flies** (in der) Luftlinie

crow² A S von Hahn Krähen n kein pl B VII **1** Hahn krähen **2** fig angeben, hämisch frohlocken (over über +akk)

crowbar ['krəʊbɑːʳ] S Brecheisen n

crowd [kraʊd] A S **1** Menschenmenge f; SPORT, THEAT Zuschauermenge f; **to get lost in the ~(s)** in der Menge verloren gehen; **~s of people** Menschenmassen pl; **there was quite a ~** es waren eine ganze Menge Leute da; **a whole ~ of us** ein ganzer Haufen von uns umg **2** Clique f; **the university ~** die Uni-Clique; **the usual ~** die üblichen Leute **3** ⟨kein pl⟩ **to follow the ~** mit der Herde laufen; **she hates to be just one of the ~** sie geht nicht gern in der Masse unter B VII (sich) drängen; **to ~ (a)round** herumdrängen; **to ~ (a)round sb/sth** (sich) um j-n/etw herumdrängen C VIT **to ~ the streets** die Straßen bevölkern

✦crowd out VIT ⟨trennb⟩ **the pub was crowded out** das Lokal war gerammelt voll umg

★crowded ['kraʊdɪd] ADJ **1** Zug etc überfüllt; **the streets/shops are ~** es ist voll auf den Straßen/in den Geschäften; **~ with people** voller Menschen **2** Stadt überbevölkert **crowdfunding** ['kraʊd-ˌfʌndɪŋ] S (≈ Schwarmfinanzierung) Crowdfunding n **crowd pleaser** ['kraʊdpliːzəʳ] S Publikumsliebling m; (≈ Veranstaltung) Publikumserfolg m **crowd puller** ['kraʊdpʊləʳ] S Kassenmagnet m **crowdsourcing** ['kraʊd-ˌsɔːsɪŋ] S Auslagerung von Teilaufgaben an Mitarbeiter im Internet Crowdsourcing n

★crown [kraʊn] A S **1** Krone f; **to be heir to the ~** Thronfolger(in) m(f) sein **2** von Kopf Wirbel m; von Berg Kuppe f B VIT krönen; **he was ~ed king** er ist zum König gekrönt worden **crown court** S Bezirksgericht für Strafsachen **crowning** ['kraʊnɪŋ] ADJ **that symphony was his ~ glory** diese Sinfonie war die Krönung seines Werkes **crown jewels** PL Kronjuwelen pl **crown prince** S Kronprinz m **crown princess** S Kronprinzessin f

crow's feet PL Krähenfüße pl **crow's nest** S SCHIFF Mastkorb m

crucial ['kruːʃəl] ADJ **1** entscheidend (**to** für) **2** äußerst wichtig **crucially** ['kruː-ʃəlɪ] ADV ausschlaggebend; **~ important** von entscheidender Bedeutung

crucible ['kruːsɪbl] S (Schmelz)tiegel m

crucifix ['kruːsɪfɪks] S Kruzifix n **crucifixion** [ˌkruːsɪ'fɪkʃən] S Kreuzigung f **crucify** ['kruːsɪfaɪ] VIT **1** wörtl kreuzigen **2** fig umg j-n in der Luft zerreißen umg

crude [kruːd] A ADJ ⟨komp cruder⟩ **1** Roh-, roh **2** primitiv; Zeichnung grob; Versuch unbeholfen B S Rohöl n **crudely** ['kruːdlɪ] ADV **1** derb **2** primitiv; sich benehmen ungehobelt; **to put it ~** um es ganz grob auszudrücken **crudeness** ['kruːdnɪs], **crudity** ['kruː-dɪtɪ] S **1** Derbheit f **2** Primitivität f **crude oil** S Rohöl n

crudités ['kruːdɪteɪz] PL Rohkost f (rohes Gemüse, serviert mit Dips)

★cruel ['kruəl] ADJ grausam (**to** zu); **to be ~ to animals** ein Tierquäler sein; **to be ~ to one's dog** seinen Hund quälen; **don't be ~!** sei nicht so gemein! **cruelly** ['kruəlɪ] ADV grausam **cruelty** ['kruəltɪ] S Grausamkeit f (**to** gegenüber); **~ to children** Kindesmisshandlung f; **~ to animals** Tierquälerei f **cruelty-free** ADJ Kosmetika nicht an Tieren getestet

cruet ['kruːɪt] S Gewürzständer m

★cruise [kruːz] A S **1** Auto Dauergeschwindigkeit fahren; **we were cruising along the road** wir fuhren (gemächlich) die Straße entlang; **we are now cruising at a height of …** wir fliegen nun in einer Flughöhe von … **2** fig **to ~ to victory** einen leichten Sieg erringen B S Schiff befahren; Auto: Straßen fahren auf (+dat); Gebiet abfahren C S Kreuzfahrt f; **to go on a ~** eine Kreuzfahrt machen **cruise control** S AUTO Tempomat m, Tempostat m **cruise missile** S Marschflugkörper m **cruiser** ['kruːzəʳ] S SCHIFF Kreuzer m, Vergnügungsjacht f

crumb [krʌm] S Krümel m; **that's one ~ of comfort** das ist (wenigstens) ein winziger Trost **crumble** ['krʌmbl] A VIT zerkrümeln; **to ~ sth into/onto sth** etw in/auf etw (akk) krümeln B VII **1** Ziegelstein bröckeln; Kuchen krümeln; Erde, Gebäude zerbröckeln; fig Widerstand sich auflösen C S Br GASTR Obst n mit Streusel; auf Kuchen Streusel pl; **rhubarb ~** mit Streuseln bestreutes, überbackenes

Rhabarberdessert **crumbly** [ˈkrʌmblɪ] ADJ ⟨komp crumblier⟩ *Stein, Erde* bröckelig; *Kuchen* krümelig

crummy [ˈkrʌmɪ] ADJ ⟨komp crummier⟩ *umg* mies *umg*

crumpet [ˈkrʌmpɪt] S̄ GASTR *kleines Hefegebäck zum Toasten*

crumple [ˈkrʌmpl] A VT (a. **crumple up**) zerknittern, zusammenknüllen; *Metall* eindrücken B VI zusammenbrechen; *Metall* zusammengedrückt werden

crunch [krʌntʃ] A VT 1 *Keks etc* mampfen *umg*; **he ~ed the ice underfoot** das Eis zersplitterte unter seinen Füßen; **to ~ the gears** AUTO die Gänge reinwürgen *umg* 2 IT verarbeiten B VI Kies knirschen; **he ~ed across the gravel** er ging mit knirschenden Schritten über den Kies; **he was ~ing on a carrot** er mampfte eine Möhre *umg* C S̄ 1 (≈ *Geräusch*) Krachen *n*; *von Kies etc* Knirschen *n* 2 *umg* **the ~** der große Krach; **when it comes to the ~** wenn der entscheidende Moment kommt; **it's ~ time** jetzt ist der kritische Moment, jetzt geht's um die Wurst *umg* 3 SPORT **~ machine** Bauchmuskelmaschine *f*; **~es** *pl* Bauchpressen *pl* **crunchy** [ˈkrʌntʃɪ] ADJ ⟨komp crunchier⟩ *Apfel* knackig; *Keks* knusprig, resch *österr*

crusade [kruːˈseɪd] A S̄ 1 Kreuzzug *m* B VI einen Kreuzzug/Kreuzzüge führen **crusader** [kruːˈseɪdər] S̄ HIST Kreuzfahrer *m*; *fig* Apostel *m*

crush [krʌʃ] A S̄ 1 Gedränge *n*; **it'll be a bit of a ~** es wird ein bisschen eng werden 2 *umg* **to have a ~ on sb** in j-n verschossen sein *umg*; **schoolgirl ~** Schulmädchenschwärmerei *f* 3 *Saftgetränk* ≈ B VT 1 quetschen; *Obst* zerdrücken, zerquetschen; (≈ *töten*) zu Tode quetschen; *Knoblauchzehe* (zer)stoßen; *Eis* stoßen; *Metall* zusammenpressen; *Kleidung, Papier* zerknittern; **I was ~ed between two enormous men in the plane** ich war im Flugzeug zwischen zwei fetten Männern eingequetscht; **to ~ sth into sth** j-n in etw (*akk*) quetschen; **to ~ sth into sth** etw in etw (*akk*) stopfen 2 *fig Feind* vernichten; *Opposition* niederschlagen **♦crush on** US *umg* VT **to crush on sb** für j-n schwärmen, in j-n verliebt/verknallt sein; **she's crushing on Steve** sie schwärmt total

für Steve, sie ist in Steve verliebt/verknallt **crushing** [ˈkrʌʃɪŋ] ADJ *Niederlage* zerschmetternd; *Schlag* vernichtend

crust [krʌst] S̄ Kruste *f*; **the earth's ~** die Erdkruste; **to earn a ~** *umg* seinen Lebensunterhalt verdienen

crustacean [krʌsˈteɪʃən] S̄ Schalentier *n*

crusty [ˈkrʌstɪ] ADJ ⟨komp crustier⟩ knusprig, resch *österr*

crutch [krʌtʃ] S̄ 1 Krücke *f* 2 → crotch

crux [krʌks] S̄ Kern *m*

★**cry** [kraɪ] A S̄ 1 Schrei *m*, Ruf *m*; **to give a cry** (auf)schreien; **a cry of pain** ein Schmerzensschrei *m*; **a cry for help** ein Hilferuf *m*; **he gave a cry for help** er rief um Hilfe 2 **to have a good cry** sich einmal richtig ausweinen B VI 1 weinen; *Baby* schreien; **she was crying for her teddy bear** sie weinte nach ihrem Teddy 2 rufen, schreien; **to cry for help** um Hilfe rufen/schreien C VT 1 rufen, schreien 2 weinen; **to cry one's eyes out** sich (*dat*) die Augen ausweinen; **to cry oneself to sleep** sich in den Schlaf weinen **♦cry off** *Br* VI einen Rückzieher machen **♦cry out** VI 1 aufschreien 2 **to cry out to sb** j-m etwas zuschreien; **well, for crying out loud!** *umg* na, das darf doch wohl nicht wahr sein! *umg* 2 *fig* **to be crying out for** nach etw schreien

crybaby [ˈkraɪbeɪbɪ] *umg* S̄ Heulsuse *f* **crying** [ˈkraɪɪŋ] A ADJ *fig* **it is a ~ shame** es ist jammerschade B S̄ Weinen *n*; *von Baby* Schreien *n*

crypt [krɪpt] S̄ Krypta *f*; (≈ *Grab*) Gruft *f*

cryptic [ˈkrɪptɪk] ADJ *Bemerkung* kryptisch; *Hinweis etc* verschlüsselt, rätselhaft **cryptically** [ˈkrɪptɪkəlɪ] ADV hintergründig

crystal [ˈkrɪstl] A S̄ Kristall *m* B ADJ Kristall- **crystal ball** S̄ Glaskugel *f* **crystal-clear** ADJ glasklar **crystallize** [ˈkrɪstəlaɪz] *wörtl* VI kristallisieren; *fig* feste Form annehmen **crystallized** ADJ kristallisiert; *Früchte* kandiert

CS gas S̄ ≈ Tränengas *n*

CST ABK (= Central Standard Time) *minus sieben Stunden mitteleuropäischer Zeit*

ct[1] ABK (= cent) ct
ct[2] ABK (= carat) Karat
CT scan S̄ (= computer tomography scan) CT *n od f*

C

cu ['siːjuː] `ABK` (= see you) *in SMS bis dann, bis später*

cub [kʌb] `S` **1** *von Tier* Junge(s) *n* **2** Cub *bei Pfadfindern* Wölfling *m*

Cuba ['kjuːbə] `S` Kuba *n* **Cuban** `A` `ADJ` kubanisch `B` `S` Kubaner(in) *m(f)*

cubbyhole ['kʌbɪhəʊl] `S` Kabuff *n*

cube [kjuːb] `S` **1** Würfel *m* **2** `MATH` dritte Potenz `B` `VT` `MATH` hoch 3 nehmen; **four ~d** vier hoch drei **cube root** `S` Kubikwurzel *f* **cube sugar** `S` Würfelzucker *m* **cubic** ['kjuːbɪk] Kubik-; **~ metre** Kubikmeter **cubic capacity** `S` Fassungsvermögen *n; von Motor* Hubraum *m*

cubicle ['kjuːbɪkəl] `S` Kabine *f; in WC* (Einzel)toilette *f*

cubism ['kjuːbɪzəm] `S` Kubismus *m* **cubist** ['kjuːbɪst] `A` `S` Kubist(in) *m(f)* `B` `ADJ` kubistisch

Cub Scout `S` Wölfling *m*

cuckoo ['kʊkuː] `S` ⟨*pl* -s⟩ Kuckuck *m* **cuckoo clock** `S` Kuckucksuhr *f*

cucumber ['kjuːkʌmbər] `S` (Salat)gurke *f;* **as cool as a ~** seelenruhig

cud [kʌd] `S` **to chew the cud** *wörtl* wiederkäuen

cuddle ['kʌdl] `A` `S` Liebkosung *f;* **to give sb a ~** j-n in den Arm nehmen; **to have a ~** schmusen `B` `VT` in den Arm nehmen `C` `VI` schmusen ♦**cuddle up** `VI` sich kuscheln (**to, against** *an +akk*); **to cuddle up in bed** sich im Bett zusammenkuscheln

cuddly ['kʌdlɪ] `ADJ` ⟨*komp* cuddlier⟩ knuddelig *umg* **cuddly toy** `S` Schmusetier *n umg*

cudgel ['kʌdʒəl] *Br* `S` Knüppel *m*

cue [kjuː] `S` **1** `THEAT, a. fig` Stichwort *n;* `FILM, TV` Zeichen *n* **zum** Aufnahmebeginn; `MUS` Einsatz *m;* **to take one's cue from sb** sich nach j-m richten **2** *Billard* Queue *n* **cue ball** `S` Spielball *m*

cuff[1] [kʌf] `S` **1** Manschette *f;* **off the ~** aus dem Stegreif **2** *US* (Hosen)aufschlag *m*

cuff[2] `VT` einen Klaps geben (*+dat*)

cuff link `S` Manschettenknopf *m*

cuisine [kwɪˈziːn] `S` Küche *f*

cul-de-sac ['kʌldəsæk] `S` Sackgasse *f*

culinary ['kʌlɪnərɪ] `ADJ` kulinarisch; *Geschick* im Kochen

cull [kʌl] `A` `S` *Erlegen überschüssiger Tierbestände; von kranken Tieren* Keu-

lung *f* `B` `VT` (*als überschüssig*) erlegen; *kranke Tiere* keulen

culminate ['kʌlmɪneɪt] *fig* `VI` gipfeln (**in** *in +dat*), herauslaufen (**in auf** *+akk*) **culmination** [ˌkʌlmɪˈneɪʃən] *fig* `S` Höhepunkt *m,* Ende *n*

culottes [kjuːˈlɒts] `PL` Hosenrock *m;* **a pair of ~** ein Hosenrock

culpability [ˌkʌlpəˈbɪlɪtɪ] *form* `S` Schuld *f* **culpable** ['kʌlpəbl] *form* `ADJ` schuldig **culprit** ['kʌlprɪt] `S` Schuldige(r) *m/f(m)*; `JUR` Täter(in) *m(f); umg* Übeltäter(in) *m(f)*

cult [kʌlt] `A` `S` `REL`, *a. fig* Kult *m* `B` `ADJ` ⟨*attr*⟩ Kult-

cultivate ['kʌltɪveɪt] `VT` **1** *wörtl* kultivieren; *Getreide etc* anbauen **2** *fig Beziehungen* pflegen **cultivated** `ADJ` `AGR`, *a. fig* kultiviert **cultivation** [ˌkʌltɪˈveɪʃən] `S` **1** *wörtl* Kultivieren *n; von Getreide etc* Anbau *m* **2** *fig von Beziehungen* Pflege *f* (**of** *von*) **cultivator** ['kʌltɪveɪtər] `S` (= *Maschine*) Grubber *m*

cult movie `S` Kultfilm *m*

cultural ['kʌltʃərəl] `ADJ` Kultur-, kulturell; **~ differences** kulturelle Unterschiede *pl* **culturally** ['kʌltʃərəlɪ] `ADV` kulturell

★**culture** ['kʌltʃər] `S` **1** Kultur *f; von Tieren* Zucht *f;* **a man of ~/of no ~** ein Mann mit/ohne Kultur; **to study German ~** die deutsche Kultur studieren **cultured** `ADJ` kultiviert **culture shock** `S` Kulturschock *m*

cum [kʌm] `PRÄP` **a sort of sofa-cum-bed** eine Art von Sofa und Bett in einem

cumbersome ['kʌmbəsəm] `ADJ` *Kleidung* (be)hinderlich; *Stil* schwerfällig; *Prozedur* beschwerlich

cumin ['kʌmɪn] `S` Kreuzkümmel *m*

cumulative ['kjuːmjʊlətɪv] `ADJ` kumulativ, gesamt **cumulative interest** `S` `FIN` Zins und Zinseszins **cumulatively** ['kjuːmjʊlətɪvlɪ] `ADV` kumulativ

cunnilingus [ˌkʌnɪˈlɪŋgəs] `S` Cunnilingus *m*

cunning ['kʌnɪŋ] `A` `S` Schlauheit *f* `B` `ADJ` *Plan, Mensch* schlau, gerissen; *Miene* verschmitzt **cunningly** ['kʌnɪŋlɪ] `ADV` schlau; **a ~ designed little gadget** ein clever ausgedachtes Ding

cunt [kʌnt] *vulg* `S` Fotze *f vulg; als Schimpfwort* Arsch *m vulg*

★**cup** [kʌp] `S` **1** Tasse *f;* (= *Trophäe*) Pokal *m; mit Henkel* Becher *m;* `GASTR` Maßeinheit 8 fl oz = 0,22 l; **a cup of tea** eine

C

Tasse Tee; **that's not my cup of tea** *fig umg* das ist nicht mein Fall; **they're out of the Cup** sie sind aus dem Pokal (-wettbewerb) ausgeschieden **B** VI/T Hände hohl machen; **to cup one's hand to one's ear** die Hand ans Ohr halten

★**cupboard** [ˈkʌbəd] 5 Schrank *m*, Kasten *m österr*, *schweiz* **cupcake** 5 *kleiner, runder Kuchen* **Cup Final** 5 Pokalendspiel *n* **cupful** 5 ⟨*pl* cupsful; cupfuls⟩ Tasse(voll) *f*

cupid [ˈkjuːpɪd] 5 Amorette *f*; **Cupid** Amor *m*

cupola [ˈkjuːpələ] 5 ARCH Kuppel *f*

cuppa [ˈkʌpə] *Br umg* Tasse Tee *f*

cup size 5 *von BH* Körbchengröße *f*

cup tie 5 Pokalspiel *n* **Cup Winners' Cup** 5 FUSSB Europapokal *m* der Pokalsieger

curable [ˈkjʊərəbl] ADJ heilbar

curate [ˈkjʊərɪt] 5 *katholisch* Kurat *m*; *protestantisch* Vikar(in) *m(f)*

curator [kjʊəˈreɪtə⁽ʳ⁾] 5 *von Museum etc* Kurator(in) *m(f)*

curb [kɜːb] **A** 5 **1** *fig* Behinderung *f*; **to put a ~ on sth** etw einschränken **2** *US* Bordsteinkante *f* **B** VI/T *fig* zügeln; *Ausgaben* dämpfen; *Immigration* bremsen *umg*

curbside [ˈkɜːbsaɪd] ADJ Straßenrand *m*; **~ parking** Kurzparken *n*

curd [kɜːd] 5 *oft pl* Quark *m*, Topfen *m österr* **curd cheese** 5 Weißkäse *m*

curdle [ˈkɜːdl] **A** VI/T gerinnen lassen **B** VI/T gerinnen; **his blood ~d** das Blut gerann ihm in den Adern

★**cure** [kjʊə⁽ʳ⁾] **A** VI/T **1** MED heilen; **to be ~d (of sth)** (von etw) geheilt sein **2** *fig* Inflation *etc* abhelfen (+*dat*); **to ~ sb of sth** j-m etw austreiben **3** *Speisen* haltbar machen; *mit Salz* pökeln; *mit Rauch* räuchern, selchen *österr*; *mit Wärme* trocknen **B** VI/T it is left to ~ es wird zum Pökeln eingelegt, es wird zum Räuchern aufgehängt, es wird zum Trocknen ausgebreitet **C** 5 MED (Heil)mittel *n* (**for** gegen); (≈ *Behandlung*) Heilverfahren *n* (**for** sb für j-n *od* **for sth** gegen etw); *in Heilbad etc* Kur *f*; *fig* Mittel *n* (**for** gegen); **there's no ~ for that** *wörtl* das ist unheilbar; *fig* dagegen kann man nichts machen **cure-all** [ˈkjʊərɔːl] 5 Allheilmittel *n*

curfew [ˈkɜːfjuː] 5 Ausgangssperre *f*; **to be under ~** unter Ausgangssperre stehen

curio [ˈkjʊərɪəʊ] 5 ⟨*pl* -s⟩ Kuriosität *f* **curiosity** [ˌkjʊərɪˈɒsɪtɪ] 5 ⟨*kein pl*⟩ Neugier *f*, Wissbegier(de) *f*; **out of** *od* **from ~** aus Neugier

★**curious** [ˈkjʊərɪəs] ADJ **1** neugierig; **I'm ~ to know** what he'll do ich bin mal gespannt, was er macht; **I'm ~ to know how he did it** ich bin neugierig zu erfahren, wie er das gemacht hat; **why do you ask? — I'm just ~** warum fragst du? — nur so **2** sonderbar; **how ~!** wie seltsam! **curiously** [ˈkjʊərɪəslɪ] ADV **1** neugierig **2** seltsam; **~ (enough), he didn't object** merkwürdigerweise hatte er nichts dagegen

★**curl** [kɜːl] **A** 5 *von Haar* Locke *f* **B** VI/T *Haare* locken, in Locken legen, kräuseln; *Ecken* umbiegen **C** VI/T *Haar* sich locken, sich kräuseln; *Papier* sich wellen ◆**curl up** VI/T sich zusammenrollen; *Papier* sich wellen; **to curl up in bed** sich ins Bett kuscheln; **to curl up with a good book** es sich (*dat*) mit einem guten Buch gemütlich machen **B** VI/T (*trennb*) wellen; *Ecken* hochbiegen; **to curl oneself/itself up** sich zusammenkugeln

curler [ˈkɜːlə⁽ʳ⁾] 5 Lockenwickler *m*; **to put one's ~s in** sich (*dat*) die Haare eindrehen; **my hair was in ~s** ich hatte Lockenwickler drin

curlew [ˈkɜːljuː] 5 Brachvogel *m*

curling [ˈkɜːlɪŋ] 5 SPORT Curling *n* **curling tongs** PL, **curling iron** *US* 5 Lockenschere *f*, Lockenstab *m* **curly** [ˈkɜːlɪ] ADJ ⟨*komp* curlier⟩ *Haar* lockig, kraus; *Schwanz* geringelt; *Muster* verschnörkelt **curly-haired** [ˈkɜːlɪˈheəd] ADJ lockig, krausköpfig

currant [ˈkʌrənt] 5 **1** Korinthe *f* **2** BOT Johannisbeere *f*, Ribisel *f österr*; **~ bush** Johannisbeerstrauch *m*, Ribiselstrauch *m österr* **currant bun** 5 Rosinenbrötchen *n*

★**currency** [ˈkʌrənsɪ] 5 **1** FIN Währung *f*; **foreign ~** Devisen *pl* **2** **to gain ~** sich verbreiten **currency market** 5 Devisenmarkt *m*

★**current** [ˈkʌrənt] **A** ADJ gegenwärtig; *Politik, Preis* aktuell; *Forschung, Monat* laufend; *Ausgabe* letzte(r, s); *Meinung* verbreitet; **~ affairs** aktuelle Fragen *pl*, Tagesgeschehen *n*; **in ~ use** allgemein

C

gebräuchlich **B** 〒 **1** Strömung f, Luftströmung f; **with/against the** ~, **up/down** ~ mit dem/gegen den Strom **2** ELEK Strom m **3** fig von Ereignissen etc Trend m **current account** 〒 Girokonto n **current assets** PL Umlaufvermögen n **current capital** US 〒 Betriebskapital n **current expenses** PL laufende Ausgaben pl **currently** ['kʌrəntlɪ] ADV gegenwärtig, zurzeit, momentan **curricula** [kəˈrɪkjʊlə] PL → curriculum **curricular** [kəˈrɪkjʊləʳ] ADJ lehrplanmäßig **curriculum** [kəˈrɪkjʊləm] 〒 〈pl curricula〉 Lehrplan m; **to be on the** ~ auf dem Lehrplan stehen **curriculum vitae** [kəˈrɪkjʊləmˈviːtaɪ] Br 〒 Lebenslauf m **curry¹** ['kʌrɪ] 〒 GASTR Curry m/n; 〈≈Gericht〉 Curry n; ~ **sauce** Currysoße f **curry²** V/T **to** ~ **favour (with sb)** sich (bei j-m) einschmeicheln **curry powder** 〒 Currypulver n
★**curse** [kɜːs] **A** 〒 Fluch m; umg Plage f umg; **the** ~ **of drunkenness** der Fluch des Alkohols; **to be under a** ~ unter einem Fluch stehen; **to put sb under a** ~ j-n mit einem Fluch belegen **B** V/T **1** verfluchen; ~ **you/it!** umg verflucht! umg; **where is he now,** ~ **him!** wo steckt er jetzt, der verfluchte Kerl! umg **2** fluchen über (+akk) **3** fig **to be** ~**d with sb/sth** mit j-m/etw geschlagen sein **C** V/I fluchen **cursed** ['kɜːsɪd] umg ADJ verflucht umg **cursor** ['kɜːsəʳ] 〒 IT Cursor m **cursorily** ['kɜːsərɪlɪ] ADV flüchtig **cursory** ['kɜːsərɪ] ADJ flüchtig **curt** [kɜːt] ADJ 〈~er〉 Mensch kurz angebunden; Brief, Ablehnung knapp; **to be** ~ **with sb** zu j-m kurz angebunden sein **curtail** [kɜːˈteɪl] VT kürzen
★**curtain** ['kɜːtn] 〒 **1** Br aus dichtem Material Vorhang m, Gardine f; **to draw** od **pull the** ~**s** 〈≈öffnen〉 den Vorhang/die Vorhänge aufziehen; 〈≈schließen〉 den Vorhang/die Vorhänge zuziehen **2** US aus durchsichtigem Material Store m, Tüllgardine f **3** THEAT Vorhang m; **the** ~ **rises/falls** der Vorhang hebt sich/fällt ◆**curtain off** VT 〈trennb〉 durch einen Vorhang/Vorhänge abtrennen **curtain call** 〒 THEAT Vorhang m; **to take a** ~ vor den Vorhang treten **curtain hook** 〒 Gardinengleithaken m **curtain pole** 〒 Vorhangstange f **cur-**

tain rail 〒 Vorhangschiene f **curtain ring** 〒 Gardinenring m **curtly** ['kɜːtlɪ] ADV antworten knapp; sich weigern kurzerhand **curtsey** ['kɜːtsɪ], **curtsy** US **A** 〒 Knicks m **B** V/I knicksen (**to** vor +dat) **curvaceous** [kɜːˈveɪʃəs] ADJ üppig **curvature** ['kɜːvətʃəʳ] 〒 Krümmung f, Verkrümmung f; ~ **of the spine** Rückgratkrümmung f; abnormal Rückgratverkrümmung f **curve** [kɜːv] **A** 〒 Kurve f; von Körper, Vase Rundung f; von Fluss Biegung f; **there's a** ~ **in the road** die Straße macht einen Bogen **B** V/I biegen **C** V/I **1** Linie, Straße einen Bogen machen; Fluss eine Biegung machen **2** sich wölben; Metallstreifen sich biegen **curved** [kɜːvd] ADJ Linie gebogen; Oberfläche gewölbt
★**cushion** ['kʊʃən] **A** 〒 Kissen n; a. fig Polster n; ~ **cover** Kissenbezug m **B** VT Fall, Schlag dämpfen **cushy** ['kʊʃɪ] ADJ 〈komp cushier〉 umg bequem; **a** ~ **job** ein ruhiger Job **cusp** [kʌsp] 〒 **on the** ~ **of** fig an der Schwelle zu **cussword** ['kʌswɜːd] US umg 〒 Kraftausdruck m **custard** ['kʌstəd] 〒 ≈ Vanillesoße f, ≈ Vanillepudding m **custodial** [kʌsˈtəʊdɪəl] form ADJ ~ **sentence** Br Gefängnisstrafe f **custodian** [kʌsˈtəʊdɪən] 〒 von Museum Aufseher(in) m(f); von Schatz Hüter(in) m(f) **custody** ['kʌstədɪ] 〒 **1** Obhut f; JUR für Kinder Sorgerecht n (**of** für, über +akk), Vormundschaft f (**of** für, über +akk); **to put** od **place sth in sb's** ~ etw j-m zur Aufbewahrung anvertrauen; **the mother was awarded** ~ **of the children after the divorce** der Mutter wurde bei der Scheidung das Sorgerecht über die Kinder zugesprochen **2** (polizeilicher) Gewahrsam; **to take sb into** ~ j-n verhaften
★**custom** ['kʌstəm] **A** 〒 **1** Brauch m, Sitte f **2** (An)gewohnheit f; **it was his** ~ **to rest each afternoon** er pflegte am Nachmittag zu ruhen geh **3** 〈kein pl〉 HANDEL Kundschaft f; **to take one's** ~ **elsewhere** woanders Kunde werden **4** ~**s** pl Zoll m; **to go through** ~**s** durch den Zoll gehen **B** ADJ US Anzug maßgefertigt; Schreiner auf Bestellung arbeitend **customarily** ['kʌstəmərəlɪ] ADV

üblicherweise **customary** [ˈkʌstəmərɪ] <u>ADJ</u> üblich, gewohnt; **it's ~ to wear a tie** man trägt normalerweise *od* gewöhnlich eine Krawatte **custom-built** [ˈkʌstəmˈbɪlt] <u>ADJ</u> speziell angefertigt

★**customer** [ˈkʌstəmə^r] <u>S</u> **1** HANDEL Kunde *m*, Kundin *f*; **our ~s** unsere Kundschaft **2** *umg* (≈*Mensch*) Zeitgenosse *m*, Zeitgenossin *f umg* **customer portal** <u>S</u> IT Kundenportal *n* **customer rating** <u>S</u> Kundenbewertung *f* **customer relationship management** <u>S</u> WIRTSCH Kundenpflege *f* **customer service(s)** <u>S</u> Kundendienst *m*; **~ department** Kundendienstabteilung *f* **customize** [ˈkʌstəmaɪz] <u>V/T</u> auf Bestellung fertigen **custom-made** [ˈkʌstəmmeɪd] <u>ADJ</u> *Kleidung* maßgefertigt; *Möbel, Auto* speziell angefertigt

customs authorities <u>PL</u> Zollbehörden *pl* **customs declaration** <u>S</u> Zollerklärung *f* **customs officer** <u>S</u> Zollbeamte(r) *m*, Zollbeamtin *f*

★**cut** [kʌt]

⟨*v: prät, pperf* cut⟩

| **A** transitives Verb | **B** intransitives Verb |
| **C** Substantiv | **D** Adjektiv |

— **A** transitives Verb —

1 schneiden; *Kuchen* anschneiden; *Seil* durchschneiden; **to cut one's finger** sich *(dat)* am Finger schneiden; **to cut one's nails** sich *(dat)* die Nägel schneiden; **to cut oneself (shaving)** sich (beim Rasieren) schneiden; **to cut sth in half/ three** etw halbieren/dritteln; **to cut a hole in sth** ein Loch in etw *(akk)* schneiden; **to cut to pieces** zerstückeln; **to cut open** aufschneiden; **he cut his head open** er hat sich *(dat)* den Kopf aufgeschlagen; **to have** *od* **get one's hair cut** sich *(dat)* die Haare schneiden lassen; **to cut the grass** den Rasen mähen; **to cut sb loose** j-n losschneiden **2** *Glas, Diamant* schleifen; *Stoff* zuschneiden; *Schlüssel* anfertigen **3** *Verbindungen* abbrechen **4** *Preise* herabsetzen; *Arbeitszeit, Gehalt, Film* kürzen; *Produktion* verringern **5** *Teile von Text, Film* streichen; **to cut and paste text** IT Text ausschneiden und einfügen **6** KART **to cut the cards/the**

pack abheben **7** *Motor* abstellen **8** to **cut sb short** j-m das Wort abschneiden; **to cut sth short** etw vorzeitig abbrechen; **to cut a long story short** den langen Rede kurzer Sinn; **to cut sb dead** *Br* j-n wie Luft behandeln; **to cut a tooth** zahnen; **aren't you cutting it a bit fine?** *Br* ist das nicht ein bisschen knapp?; **to cut one's losses** eine Sache abschließen, ehe der Schaden (noch) größer wird

— **B** intransitives Verb —

1 *Messer, Schere* schneiden; **to cut loose** *fig* sich losmachen; **to cut both ways** *fig* ein zweischneidiges Schwert sein; **to cut and run** abhauen *umg* **2** FILM überblenden (**to** zu), abbrechen; **cut!** Schnitt!

— **C** Substantiv —

1 Schnitt *m*, Schnittwunde *f*; **to make a cut in sth** in etw *(akk)* einen Einschnitt machen; **his hair could do with a cut** seine Haare könnten mal wieder geschnitten werden; **it's a cut above the rest** es ist den anderen um einiges überlegen; **the cut and thrust of politics** das Spannungsfeld der Politik; **the cut and thrust of the debate** die Hitze der Debatte **2** *von Preis* Senkung *f*; *von Gehältern, Ausgaben, Text, Film etc* Kürzung *f*; *von Arbeitszeit* (Ver)kürzung *f*; *von Produktion* Einschränkung *f*; **a cut in taxes** eine Steuersenkung; **a 1% cut in interest rates** eine 1%ige Senkung des Zinssatzes; **he had to take a cut in salary** er musste eine Gehaltskürzung hinnehmen **3** *von Fleisch* Stück *n* **4** *umg* (An)teil *m*; **to take one's cut** sich *(dat)* seinen Teil *od* Anteil nehmen **5** *Br* ELEK **power/electricity cut** Stromausfall *m*

— **D** Adjektiv —

1 geschnitten; *Rasen* gemäht; **to have a cut lip** eine Schnittwunde an der Lippe haben; **cut flowers** Schnittblumen *pl* **2** MED, REL *Mann* beschnitten

◆**cut across** <u>V/I</u> (**+***obj*) **1** *wörtl* hinübergehen/-fahren *etc* (*obj* über +*akk*); **if you cut across the fields** wenn Sie über die Felder gehen **2** *fig* **this problem cuts across all ages** dieses Problem betrifft alle Altersgruppe ◆**cut back** <u>A</u> <u>V/I</u> **1** zurückgehen/-fahren; FILM zurückblenden **2** sich einschränken; **to cut back on expenses** *etc* die Ausgaben

C

etc einschränken; **to cut back on smok-ing/sweets** weniger rauchen/Süßigkeiten essen **B** *V/I* ‹*trennb*› **1** *Pflanzen* zurückschneiden **2** *Produktion* zurückschrauben; *Ausgaben* einschränken **♦cut down A** *V/t* ‹*trennb*› **1** *Baum* fällen **2** *Zahl, Ausgaben* einschränken; *Text* zusammenstreichen (**to** auf +*akk*); **to cut sb down to size** j-n auf seinen Platz verweisen **B** *V/i* sich einschränken; **to cut down on sth** etw einschränken; **to cut down on sweets** weniger Süßigkeiten essen **♦cut in** *V/i* **1** sich einschalten (**on** in +*akk*); **to cut in on sb** j-n unterbrechen **2** AUTO sich direkt vor ein anderes/das andere Auto hineindrängen; **to cut in in front of sb** j-n schneiden **♦cut into** *V/t* ‹+*obj*› **1** *Kuchen* anschneiden **2** *fig Ersparnisse* ein Loch reißen in (+*akk*); *Urlaub* verkürzen **♦cut off** *V/t* ‹*trennb*› **1** abschneiden; **we're very cut off out here** wir leben hier draußen sehr abgeschieden; **to cut sb off in the middle of a sentence** j-n mitten im Satz unterbrechen **2** *enterben* **3** *Gas etc* abstellen; **we've been cut off** TEL wir sind unterbrochen worden **♦cut out A** *V/i* *Motor* aussetzen **B** *V/t* ‹*trennb*› **1** ausschneiden; *Kleid* zuschneiden **2** *(heraus)*streichen; *Rauchen* aufhören mit; **double glazing cuts out the noise** Doppelfenster verhindern, dass der Lärm hereindringt; **cut it out!** *umg* lass das (sein)! *umg*; **and you can cut out the self-pity for a start!** und mit Selbstmitleid brauchst du gar nicht erst zu kommen! **3** *fig* **to be cut out for sth** zu etw geeignet sein; **he's not cut out to be a doctor** er ist nicht zum Arzt geeignet **4** **to have one's work cut out** alle Hände voll zu tun haben **♦cut through** *V/t* ‹*trennb*› **we cut through the housing estate** wir gingen/fuhren durch die Siedlung **♦cut up[1]** *V/t* ‹*trennb*› **1** *Fleisch* aufschneiden; *Holz* spalten **2** AUTO **to cut sb up** j-n schneiden

cut-and-dried [ˌkʌtənˈdraɪd] *fig* ‾A̲D̲J̲ festgelegt; **as far as he's concerned the whole issue is now ~** für ihn ist die ganze Angelegenheit erledigt **cut--and-paste** [ˌkʌtənˈpeɪst] *US* A̲D̲J̲ **a ~ job** eine zusammengestückelte Arbeit *mst pej* **cutback** [ˈkʌtbæk] S̲ Kürzung *f*

cute [kjuːt] A̲D̲J̲ ‹*komp* cuter› **1** *umg* süß, niedlich **2** *bes US umg* (≈ *schlau*) prima *umg*; (≈ *raffiniert*) schlau, clever *umg*

cut glass S̲ geschliffenes Glas **cut--glass** [ˈkʌtɡlɑːs] *wörtl* A̲D̲J̲ aus geschliffenem Glas

cuticle [ˈkjuːtɪkl] S̲ Nagelhaut *f*

cutlery [ˈkʌtlərɪ] *bes Br* S̲ ‹*kein pl*› Besteck *n*

cutlet [ˈkʌtlɪt] S̲ Schnitzel *m*; *mit Knochen* Kotelett *n*

cut loaf S̲ aufgeschnittenes Brot **cut-off** S̲ **1** TECH Ausschaltmechanismus *m* **2** (*a.* **~ point**) Trennlinie *f* **cut-off date** S̲ Stichtag *m* **cutout** A̲ S̲ **1** Ausschneidemodell *n* **2** ELEK Sperre *f* **B** A̲D̲J̲ **1** *Model etc* zum Ausschneiden **2** ELEK Abschalt- **cut-price** A̲D̲J̲ zu Schleuderpreisen; ~ **offer** Billigangebot *n* **cut-rate** A̲D̲J̲ zu verbilligtem Tarif **cutter** [ˈkʌtə] S̲ a pair of (wire) ~s eine Drahtschere **cut-throat** [ˈkʌtθrəʊt] A̲D̲J̲ *Wettbewerb* mörderisch **cutting** [ˈkʌtɪŋ] A̲ S̲ **1** Schneiden *n*; *von Rasen* Mähen *n*; *von Kuchen* Anschneiden *n* **2** *von Glas, Edelstein* Schliff *m*; *von Schlüssel* Anfertigung *f* **3** *von Preisen* Herabsetzung *f*; *von Arbeitszeit* Verkürzung *f*; *von Ausgaben, Gehalt* Kürzung *f* **4** FILM Schnitt *m*; *teilweise* Streichung *f* **5** *Br* BAHN Durchstich *m* **6** *Br aus Zeitung* Ausschnitt *m* **7** *Gartenbau* Ableger *m*; **to take a ~** einen Ableger nehmen **B** A̲D̲J̲ **1** scharf; **to be at the ~ edge of sth** in etw (*dat*) führend sein **2** *fig Bemerkung* spitz **cutting board** *US* S̲ → chopping board **cutting edge** S̲ **1** Schneide *f*, Schnittkante *f* **2** ‹*kein pl*› *fig* neuester Stand (**of** *gen*) **cutting room** S̲ FILM Schneideraum *m*; **to end up on the ~ floor** *fig* im Papierkorb enden

cuttlefish [ˈkʌtlfɪʃ] S̲ Sepie *f*

cut up[2] *umg* A̲D̲J̲ **he was very ~ about it** das hat ihn schwer getroffen

CV A̲B̲K̲ (= curriculum vitae) Lebenslauf *m*

cwt A̲B̲K̲ (= hundredweight) Zentner *m*

cyanide [ˈsaɪənaɪd] S̲ Zyanid *n*

cyber attack [ˈsaɪbə] S̲ Cyberangriff *m* **cyberbullying** [ˈsaɪbə-] S̲ Cybermobbing *n* **cybercafé** [ˈsaɪbə-] S̲ Internetcafé *n* **cyberchondria** [saɪbəˈkɒndrɪə]

S̅ Cyberchondrie f (*Selbstdiagnose im Internet und dadurch Überängstlichkeit*) **cybercrime** S̅ Computerkriminalität f **cyber espionage** ['saɪbə-] S̅ IT Cyberspionage f **Cyber Monday** S̅ Cyber-Montag m (*Montag nach Thanksgiving, an dem die meisten Onlinekäufe abgewickelt werden*) **cybernetics** S̅ ⟨+sg v⟩ Kybernetik f **cyber security** ['saɪbə-] S̅ IT Cybersicherheit f **cyberspace** S̅ Cyberspace m **cybersquatter** ['saɪbə,skwɒtə, US 'saɪbər,skwɑːtər] S̅ IT Cybersquatter(in) m(f) (*j-d, der bekannte Firmen- oder Eigennamen als Webadressen registriert, um sie dann an die betreffende Firma oder Person zu verkaufen*) **cybersquatting** ['saɪbə,skwɒtɪŋ, US 'saɪbər-,skwɑːtɪŋ] S̅ IT Cybersquatting n (*das Registrieren von bekannten Firmen- oder Eigennamen als Webadresse, um diese dann an die betreffende Firma oder Person weiterzuverkaufen*) **cyberstalking** ['saɪbə,stɔːkɪŋ] S̅ Cybermobbing n, Cyberstalking n **cyberterrorism** ['saɪbə,terərɪzm] S̅ Cyberterrorismus m **cyberwar** ['saɪbəwɔː] S̅ Cyberkrieg m **cyberwarfare** [,saɪbə'wɔːfeə] S̅ Cyberkriegsführung f

cycle ['saɪkl] A S̅ 1 Zyklus m; *von Ereignissen* Gang m 2 (Fahr)rad n B V̅/I mit dem (Fahr)rad fahren; Rad fahren **cycle courier** S̅ Fahrradkurier(in) m(f) **cycle helmet** S̅ (Fahr)radhelm m **cycle lane** *Br* S̅ (Fahr)radweg m **cycle path** *Br* S̅ (Fahr)radweg m **cycler** ['saɪklə²] S̅ → cyclist **cycle race** S̅ Radrennen n **cycle rack** S̅ Fahrradständer m **cycle shed** S̅ Fahrradstand m **cycle track** S̅ (Fahr)radweg m; SPORT Radrennbahn f **cyclic(al)** ['saɪklɪk(əl)] ADJ zyklisch; WIRTSCH konjunkturbedingt **cycling** ['saɪklɪŋ] S̅ Radfahren n; **I enjoy ~** ich fahre gern Rad **cycling holiday** *Br* S̅ Urlaub m mit dem Fahrrad **cycling shorts** P̅L̅ Radlerhose f **cycling tour** S̅ Radtour f **cyclist** ['saɪklɪst] S̅ (Fahr)radfahrer(in) m(f)

cyclone ['saɪkləʊn] S̅ Zyklon m; **~ cellar** US tiefer Keller zum Schutz vor Zyklonen **cygnet** ['sɪɡnɪt] S̅ Schwanjunge(s) n **cylinder** ['sɪlɪndə²] S̅ MATH, AUTO Zylinder m; **a four-cylinder car** ein vierzylindriges Auto; **to be firing on all ~s**

fig in Fahrt sein **cylinder capacity** S̅ AUTO Hubraum m **cylinder head** S̅ AUTO Zylinderkopf m **cylindrical** [sɪ'lɪndrɪkəl] ADJ zylindrisch

cymbal ['sɪmbəl] S̅ Beckenteller m; **~s** Becken n

cynic ['sɪnɪk] S̅ Zyniker(in) m(f) **cynical** ADJ, **cynically** ['sɪnɪkəl, -klɪ] ADV zynisch; **he was very ~ about it** er äußerte sich sehr zynisch dazu **cynicism** ['sɪnɪsɪzəm] S̅ Zynismus m

cypher ['saɪfə] → cipher **Cypriot** ['sɪprɪət] A ADJ zypriotisch B S̅ Zypriot(in) m(f) **Cyprus** ['saɪprəs] S̅ Zypern n

Cyrillic ['sɪrɪlɪk] ADJ kyrillisch

cyst [sɪst] S̅ Zyste f **cystic fibrosis** [,sɪstɪkfaɪ'brəʊsɪs] S̅ zystische Fibrose **cystitis** [sɪ'staɪtɪs] S̅ Blasenentzündung f

czar [zɑː²] S̅ Zar m **Czech** [tʃek] A ADJ tschechisch B S̅ 1 Tscheche m, Tschechin f 2 LING Tschechisch n **Czechoslovakia** [tʃekəʊsləʊ'vækɪə] S̅ HIST die Tschechoslowakei **Czech Republic** S̅ Tschechien n, Tschechische Republik

D

D, d [diː] S̅ D n, d n; SCHULE ausreichend; **D sharp** Dis n, dis n; **D flat** Des n, des n **d¹** *Br obs* A̅B̅K̅ (= penny) Penny m, (= pence) Pence **d²** A̅B̅K̅ (= died) gest. **'d** A̅B̅K̅ (= had, would) → have; → would **DA** US A̅B̅K̅ (= District Attorney) Bezirksstaatsanwalt m, Bezirksstaatsanwältin f **DAB** A̅B̅K̅ (= Digital Audio Broadcasting) DAB n, Digitalradio n **dab¹** [dæb] A S̅ Klecks m; *von Creme, Puder etc* Tupfer m; *von Flüssigkeit, Leim* Tropfen m; **a dab of ointment** *etc* ein bisschen Salbe *etc*; **to give sth a dab of paint** etw überstreichen B V̅/I mit (*von Puder etc* bestäuben); mit (*Handtuch* tupfen); **to dab one's eyes** sich (*dat*) die Augen tupfen; **she dabbed ointment on the wound** sie betupfte sich (*dat*) die Wunde mit Salbe

dab² *umg* **ADJ** to be a dab hand at sth *Br* gut in etw (*dat*) sein; **to be a dab hand at doing sth** *Br* sich darauf verstehen, etw zu tun

dabble ['dæbl] *fig* **VII** **to ~ in/at sth** sich (nebenbei) mit etw beschäftigen; **he ~s in stocks and shares** er versucht sich an der Börse

dacha ['dætʃə] **S** Datsche *f*

dachshund ['dækshʊnd] **S** Dackel *m*

dad [dæd], **daddy** ['dædɪ] *umg* **S** Papa *m umg*, Vati *m umg* **daddy-longlegs** [ˌdædɪ'lɒŋleɡz] **S** ‹*pl* -› *Br* Schnake *f*; *US* Weberknecht *m*

daffodil ['dæfədɪl] **S** Narzisse *f*

daft [dɑːft] **ADJ** ‹*er*› *droof umg*; **what a ~ thing to do** so was Doofes *umg*; **he's ~ about football** *umg* er ist verrückt nach Fußball *umg*

dagger ['dæɡə'] **S** Dolch *m*; **to be at ~s drawn with sb** *fig* mit j-m auf (dem) Kriegsfuß stehen; **to look ~s at sb** *Br* j-n mit Blicken durchbohren

dahlia ['deɪlɪə] **S** Dahlie *f*

★**daily** ['deɪlɪ] **A** **ADJ & ADV** täglich; **~ newspaper** Tageszeitung *f*; **~ wage** Tageslohn *m*; **~ grind** täglicher Trott; **he is employed on a ~ basis** er ist tageweise angestellt **B** **S** Tageszeitung *f* **daily bread** *fig* **S** **to earn one's ~** sich (*dat*) sein Brot verdienen

daintily ['deɪntɪlɪ] **ADV** zierlich; *sich bewegen* anmutig **dainty** ['deɪntɪ] **ADJ** ‹*komp daintier*› **1** zierlich; *Bewegung* anmutig **2** geziert

dairy ['deərɪ] **S** Molkerei *f* **dairy cattle** **PL** Milchvieh *n* **dairy cow** **S** Milchkuh *f* **dairy farm** **S** auf Milchviehhaltung spezialisierter Bauernhof **dairy farming** **S** Milchviehhaltung *f* **dairy-free** **ADJ** milchfrei, laktosefrei **dairy produce** **S**, **dairy products** **PL** Milchprodukte *pl*

dais ['deɪs] **S** Podium *n*

daisy ['deɪzɪ] **S** Gänseblümchen *n*; **to be pushing up the daisies** *umg* sich (*dat*) die Radieschen von unten besehen *hum* **daisywheel** ['deɪzɪwiːl] **S** TYPO, COMPUT Typenrad *m* **daisywheel printer** **S** Typenraddrucker *m*

dale [deɪl] *nordenglisch liter* **S** Tal *n*

Dalmatian [dæl'meɪʃən] **S** (≈ *Hund*) Dalmatiner *m*

dam [dæm] **A** **S** Damm *m* **B** **VIT** (*a.* **dam up**) (auf)stauen; *Tal* eindämmen

★**damage** ['dæmɪdʒ] **A** **S** **1** Schaden *m* (**to** an +*dat*); **to do a lot of ~** großen Schaden anrichten; **to do sb/sth a lot of ~** j-m/einer Sache (*dat*) großen Schaden zufügen; **it did no ~ to his reputation** das hat seinem Ruf nicht geschadet; **the ~ is done** *fig* es ist passiert **2** **~s** *pl* JUR Schadenersatz *m* **3** *umg* (≈ *Kosten*) **what's the ~?** was kostet der Spaß? *umg* **B** **VIT** schaden (+*dat*); *Maschine, Möbel, Baum* beschädigen; **to ~ one's eyesight** sich (*dat*) die Augen verderben; **to ~s one's chances** sich (*dat*) die Chancen verderben **damage limitation** **S** Schadensbegrenzung *f* **damaging** ['dæmɪdʒɪŋ] **ADJ** schädlich; *Bemerkungen* abträglich; **to be ~ to sb/ sth** schädlich sein für j-n/etw sein

dame [deɪm] **S** **1** *Dame Br Titel der weiblichen Träger des „Order of the British Empire"* **2** THEAT (komische) Alte

dammit ['dæmɪt] *umg* **INT** verdammt *umg*; **it weighs 2 kilos as near as ~** es wiegt so gut wie 2 Kilo

★**damn** [dæm] **A** **INT** verdammt *umg* **B** **S** *umg* **he doesn't give a ~** er schert sich einen Dreck (darum) *umg*; **I don't give a ~** das ist mir piepegal *umg* **C** **ADJ** ‹*attr*› *umg* verdammt; **it's a ~ nuisance** das ist ein verdammter Mist *umg*; **a ~ sight better** verdammt viel besser *umg*; **I can't see a ~ thing** verdammt (noch mal), ich kann überhaupt nichts sehen *umg* **D** **ADV** *umg* verdammt; **I should ~ well think so** das will ich doch stark annehmen; **pretty ~ good/quick** verdammt gut/schnell *umg*; **you're ~ right** du hast völlig recht *umg* **E** **VIT** **1** REL verdammen **2** verurteilen; *Buch etc* verreißen **3** *umg* **~ him/you!** verdammt! *umg*; **~ it!** verdammt (noch mal)! *umg*; **well, I'll be ~ed!** Donnerwetter! *umg*; **I'll be ~ed if I'll go there** ich denk nicht (im Schlaf) dran, da hinzugehen *umg*; **I'll be ~ed if I know** weiß der Teufel *umg* **damnation** [dæm'neɪʃən] **A** **S** KIRCHE Verdammung *f*, Verdammnis *f* **B** **INT** *obs umg* verdammt *umg*

★**damned** [dæmd] **A** **ADJ** **1** verdammt **2** *umg* → **damn C B** **ADV** → **damn D C** **S** KIRCHE *liter* **the ~** *pl* die Verdammten

D

pl **damnedest** ['dæmdɪst] 𝕊 **to do** *od* **try one's ~** *umg* verdammt noch mal sein Möglichstes tun *umg*

damning ['dæmɪŋ] ADJ vernichtend; *Beweise* belastend

damp [dæmp] **A** ADJ ‹+er› feucht **B** 𝕊 Feuchtigkeit *f* **C** V/T **1** anfeuchten **2** *Geräusche, Begeisterung* dämpfen; (*a.* **~ down**) *Feuer* ersticken **dampen** ['dæmpən] V/T → damp C **damper** ['dæmpə] 𝕊 **to put a ~ on sth** einer Sache (*dat*) einen Dämpfer aufsetzen **dampness** 𝕊 Feuchtigkeit *f* **damp-proof** ['dæmppru:f] ADJ **~ course** Dämmschicht *f*

damson ['dæmzən] 𝕊 Damaszenerpflaume *f*

★**dance** [dɑːns] **A** 𝕊 Tanz *m*; **~ class** Tanzstunde *f*; **may I have the next ~?** darf ich um den nächsten Tanz bitten?; **to go to a ~** tanzen gehen **B** V/T tanzen **C** V/I **1** tanzen; **would you like to ~?** möchten Sie tanzen? **2** (≈ *sich bewegen*) **to ~ about** (herum)tänzeln; **to ~ up and down** auf- und abhüpfen; **to ~ for joy** einen Freudentanz aufführen **dance band** 𝕊 Tanzkapelle *f* **dance floor** 𝕊 Tanzfläche *f* **dance hall** 𝕊 Tanzhalle *f* **dance music** 𝕊 Tanzmusik *f* **dancer** ['dɑːnsə] 𝕊 Tänzer(in) *m(f)* **dance theatre** 𝕊, **dance theater** *US* 𝕊 Tanztheater *n* **dancing** ['dɑːnsɪŋ] **A** 𝕊 Tanzen *n* **B** ADJ ‹*attr*› Tanz- **dancing girl** 𝕊 Tänzerin *f*

dandelion ['dændɪlaɪən] 𝕊 Löwenzahn *m*

dandruff ['dændrəf] 𝕊 Schuppen *pl*

Dane [deɪn] 𝕊 Däne *m*, Dänin *f*

★**danger** ['deɪndʒə] 𝕊 **1** Gefahr *f*; **the ~s of smoking** die mit dem Rauchen verbundenen Gefahren; **to put sb/sth in ~** j-n/etw gefährden; **to be in ~ of doing sth** Gefahr laufen, etw zu tun; **the species is in ~ of extinction** die Art ist vom Aussterben bedroht; **out of ~** außer Gefahr; **there is a ~ of fire** es besteht Feuergefahr; **there is a ~ of his getting lost** es besteht die Gefahr, dass er sich verirrt; **to be a ~ to sb/sth** für j-n/etw eine Gefahr bedeuten; **he's a ~ to himself** er bringt sich selbst in Gefahr **2** "**danger**" „Achtung, Lebensgefahr!"; *Verkehr* „Gefahrenstelle"; "**danger, keep out**" „Zutritt verboten, Le-

bensgefahr!" **danger money** 𝕊 Gefahrenzulage *f*

★**dangerous** ['deɪndʒrəs] ADJ gefährlich; *Fahrweise* rücksichtslos; **the Bronx can be a ~ place** die Bronx kann gefährlich sein; **this is a ~ game we're playing** wir spielen hier gefährlich **dangerously** ['deɪndʒrəslɪ] ADV gefährlich; *niedrig, hoch* bedenklich; *fahren* rücksichtslos; **the deadline is getting ~ close** der Termin rückt bedenklich nahe; **she was ~ ill** sie war todkrank; **let's live ~ for once** lass uns einmal etwas riskieren **danger signal** 𝕊 Warnsignal *n*

dangle ['dæŋgl] **A** V/T baumeln lassen **B** V/I baumeln

★**Danish** ['deɪnɪʃ] **A** ADJ dänisch **B** 𝕊 **1** (≈ *Sprache*) Dänisch *n* **2** → Danish pastry **Danish blue (cheese)** 𝕊 Blauschimmelkäse *m* **Danish pastry** 𝕊 Plundergebäck *n*

dank [dæŋk] ADJ (unangenehm) feucht

Danube ['dænjuːb] 𝕊 Donau *f*

dappled ['dæpld] ADJ **1** gefleckt **2** *Pferd* scheckig

★**dare** [deə] **A** V/I es wagen, sich trauen; **he wouldn't ~!** er wird sich schwer hüten; **you ~!** untersteh dich!; **how ~ you!** was fällt dir ein! **B** V/T **1** **to ~ (to) do sth** (es) wagen, etw zu tun, sich trauen, etw zu tun; **he wouldn't ~ say anything bad about his boss** er wird sich hüten, etwas Schlechtes über seinen Chef zu sagen; **how ~ you say such things?** wie kannst du es wagen, so etwas zu sagen? **2** (≈ *herausfordern*) **go on, I ~ you!** trau dich doch, du Feigling!; **are you daring me?** wetten, dass? *umg*; **(I) ~ you to jump off** spring doch, du Feigling! **C** 𝕊 Mutprobe *f*; **to do sth for a ~** etw als Mutprobe tun **daredevil** ['deədevl] **A** 𝕊 Draufgänger(in) *m(f)* **B** ADJ waghalsig **daring** ['deərɪŋ] **A** ADJ **1** mutig; *Versuch* kühn; *Flucht* waghalsig **2** (≈ *dreist*) wagemutig; *Buch* gewagt **B** 𝕊 Wagemut *m* **daringly** ['deərɪŋlɪ] ADV mutig, kühn *geh*

★**dark** [dɑːk] **A** ADJ ‹+er› dunkel; **it's getting ~** es wird dunkel; **a ~ blue** ein dunkles Blau **B** 𝕊 **1** **the ~** die Dunkelheit; **they aren't afraid of the ~** sie haben keine Angst vor der Dunkelheit; **after/before ~** nach/vor Einbruch der Dunkelheit; **we'll be back after ~** wir kommen wieder, wenn es dunkel ist **2** *fig* to be in the ~ (about sth) keine Ahnung (von etw) haben; **to keep sb in the ~ (about sth)** j-n (über etw *akk*) im Dunkeln lassen **dark age** $\overline{S}$ the Dark Ages das frühe Mittelalter; **to be living in the ~s** *pej* im finstersten Mittelalter leben **dark chocolate** $\overline{S}$ Zartbitterschokolade *f* **darken** ['dɑːkən] **A** $\overline{VT}$ *wörtl* dunkel machen **B** $\overline{VI}$ *wörtl* dunkel werden; *Himmel* sich verdunkeln; *vor Sturm* sich verfinstern **dark energy** $\overline{S}$ PHYS Dunkle Energie **dark-eyed** $\overline{ADJ}$ dunkeläugig **dark glasses** $\overline{PL}$ Sonnenbrille *f*; *von Blinden* dunkle Brille **dark horse** *fig* $\overline{S}$ stilles Wasser **dark matter** $\overline{S}$ PHYS Dunkle Materie **darkness** *wörtl* $\overline{S}$ Dunkelheit *f*; **in total ~** in völliger Dunkelheit; **the house was in ~** das Haus lag im Dunkeln **darkroom** $\overline{S}$ FOTO Dunkelkammer *f* **dark-skinned** $\overline{ADJ}$ dunkelhäutig **dark web** $\overline{S}$ IT schwarzes Internet

darling ['dɑːlɪŋ] $\overline{S}$ **1** Schatz *m*, Schätzchen *n*; **he is the ~ of the crowds** er ist der Publikumsliebling; **be a ~ and ... sei ein Schatz und ... 2** *als Anrede* Liebling *m*

darn[1] $\overline{VT}$ *Handarbeiten* stopfen

darn[2], (*a.* **darned**) *umg* **A** $\overline{ADJ}$ verdammt *umg*; **a ~ sight better** ein ganzes Ende besser *umg* **B** $\overline{ADV}$ verdammt *umg*; **we'll do as we ~ well please** wir machen genau das, was wir wollen; **~ near impossible** so gut wie unmöglich **C** $\overline{VT}$ **~ it!** verflixt noch mal! *umg*

darned [dɑːnd] *umg* $\overline{ADJ\ \&\ ADV}$ → darn[2]

dart [dɑːt] **A** $\overline{S}$ **1** *Bewegung* Satz *m* **2** SPORT (Wurf)pfeil *m* **B** $\overline{VI}$ flitzen; *Fisch* schnellen; **to ~ out** hinausflitzen; *Fisch, Zunge* herausschnellen; **to ~ in** hereinstürzen; **he ~ed behind a bush** er hechtete hinter einen Busch **C** $\overline{VT}$ *Blick* werfen; **to ~ a glance at sb** j-m einen Blick zuwerfen **dart board** $\overline{S}$ Dartscheibe *f* **darts** [dɑːts] $\overline{S}$ (*+sg v*) Darts *n*

dash [dæʃ] **A** $\overline{S}$ **1** Jagd *f*; **he made a ~ for the door** er stürzte auf die Tür zu; **she made a ~ for it** sie rannte, so schnell sie konnte; **to make a ~ for freedom** versuchen, in die Freiheit zu entkommen; **it was a mad ~ to the hospital** wir/sie *etc* eilten Hals über Kopf

zum Krankenhaus **2** a ~ of etwas; a ~ of colour *Br*, a ~ of color *US* ein Farbtupfer *m* **3** TYPO Gedankenstrich *m* **B** $\overline{VT}$ **1** schleudern; **to ~ sth to pieces** etw in tausend Stücke zerschlagen **2** *j-s Hoffnungen* zunichtemachen **3** *umg* → darn[2] **C** **C** $\overline{VI}$ **1** sausen *umg*; **to ~ into a room** in ein Zimmer stürmen; **to ~ away/back/up** fort-/zurück-/hinaufstürzen **2** schlagen; *Wellen* peitschen

◆**dash off** $\overline{VI}$ **1** losstürzen; **sorry to have to dash off like this** es tut mir leid, dass ich so forthetzen muss **B** $\overline{VT}$ ⟨*trennb*⟩ *Brief, Aufsatz* hinwerfen

dashboard ['dæʃbɔːd] $\overline{S}$ Armaturenbrett *n* **dashboard camera** $\overline{S}$ Armaturenbrettkamera *f*, Dashcam *f* **dash-cam** ['dæʃkæm] $\overline{ABK}$ (= dashboard camera) Armaturenbrettkamera *f*, Dashcam *f* **dashing** ['dæʃɪŋ] *obs* $\overline{ADJ}$ **1** schneidig, flott, fesch *bes österr* **2** temperamentvoll, dynamisch; **a ~ young officer** ein zackiger junger Offizier

DAT $\overline{ABK}$ (= digital audio tape) DAT *n*

★**data** ['deɪtə] $\overline{PL}$ Daten *pl* **data analysis** $\overline{S}$ Datenanalyse *f* **data bank** $\overline{S}$ Datenbank *f* **database** $\overline{S}$ Datenbank *f*; **~ manager** Datenbankmanager(in) *m(f)* **data breach** $\overline{S}$ beabsichtigt Datenleck *n*; *unbeabsichtigt* Datenpanne *f* **data capture** $\overline{S}$ Datenerfassung *f* **data carrier** $\overline{S}$ Datenträger *m* **data file** $\overline{S}$ Datei *f* **data format** $\overline{S}$ Dateiformat *n* **data gathering** $\overline{S}$ Datenerhebung *f* **data processing** $\overline{S}$ Datenverarbeitung *f* **data projector** $\overline{S}$ Beamer *m* **data protection** $\overline{S}$ Datenschutz *m* **data retrieval** $\overline{S}$ Datenabruf *m* **data transfer** $\overline{S}$ Datentransfer *m* **data transmission** $\overline{S}$ Datenübertragung *f* **dataveillance** ['deɪtəveɪləns] $\overline{S}$ Datenüberwachung *f*, Überwachung *f* von Kunden- und Personendaten

date[1] [deɪt] $\overline{S}$ Dattel *f*

★**date**[2] [deɪt] **A** $\overline{S}$ **1** Datum *n*; *historisch* Jahreszahl *f*; *geschäftlich etc* Termin *m*; **~ of birth** Geburtsdatum *n*; **what's the ~ today?** welches Datum haben wir heute?; **to ~** bis heute **2** Verabredung *f*; *mit Freund, Freundin* Rendezvous *n*; **who's his ~?** mit wem trifft er sich?; **his ~ didn't show up** diejenige, mit der er ausgehen wollte, hat ihn versetzt *umg*; **to go on a ~ with sb** mit j-m ausgehen; **to make a ~ with sb** sich mit j-m verabreden; **I've got a lunch ~ today** ich habe mich heute zum Mittagessen verabredet **B** $\overline{VT}$ **1** mit dem Datum versehen; *Brief* datieren; **a letter ~d the seventh of August** ein vom siebten August datierter Brief **2** (≈ *Alter ermitteln*) *Kunstwerk etc* datieren **3** *Freund, Freundin* ausgehen mit; *regelmäßig* gehen mit *umg* **C** $\overline{VI}$ **1 to ~ back to** zurückdatieren auf (+*akk*); **to ~ from** zurückgehen auf (+*akk*); *Antiquität etc* stammen aus **2** *Paar* miteinander gehen **datebook** $\overline{S}$ *US* Terminkalender *m* **dated** ['deɪtɪd] $\overline{ADJ}$ altmodisch **date rape** $\overline{S}$ Vergewaltigung nach einem Rendezvous **date-rape drug** $\overline{S}$ Vergewaltigungsdroge *f* **dating agency** ['deɪtɪŋ-] $\overline{S}$ Partnervermittlung *f* **dating site** $\overline{S}$ INTERNET Partnerbörse *f*

dative ['deɪtɪv] **A** $\overline{S}$ Dativ *m*; **in the ~** im Dativ **B** $\overline{ADJ}$ **~ object** Dativobjekt *n*; **the ~ case** der Dativ

daub [dɔ:b] $\overline{VT}$ *Wände* beschmieren; *Farbe* schmieren; *Fett, Schlamm* streichen

★**daughter** ['dɔ:tə^r] $\overline{S}$ Tochter *f*

★**daughter-in-law** ['dɔ:tərɪnlɔ:] $\overline{S}$ ⟨*pl* **daughters-in-law**⟩ Schwiegertochter *f*

daunt [dɔ:nt] $\overline{VT}$ **to be ~ed by sth** sich von etw entmutigen lassen **daunting** ['dɔ:ntɪŋ] $\overline{ADJ}$ entmutigend

▶ **St David's Day**

Der 1. März ist der Nationalfeiertag der Waliser: Am **St David's Day** [snt'deɪvɪdzdeɪ] trägt man traditionell Lauch (**leek**) oder eine Osterglocke (**daffodil** ['dæfədɪl]) im Knopfloch. ◁

dawdle ['dɔ:dl] $\overline{VI}$ trödeln **dawdler** ['dɔ:dlə^r] $\overline{S}$ Trödler(in) *m(f)*, Tandler(in) *m(f) österr*

dawn [dɔ:n] **A** $\overline{S}$ (Morgen)dämmerung *f*, Tagesanbruch *m*; **at ~** bei Tagesanbruch; **it's almost ~** es ist fast Morgen; **from ~ to dusk** von morgens bis abends **B** $\overline{VI}$ **1 day was already ~ing** es dämmerte schon **2** *fig neues Zeitalter etc* anbrechen **3** *umg* **to ~ (up)on sb** j-m zum Bewusstsein kommen; **it ~ed on him that ...** es wurde ihm langsam klar, dass ... **dawn chorus** $\overline{S}$ Morgenkonzert *n*

der Vögel **dawn raid** $\overline{S}$ *durch Polizei* Razzia *f* (*in den frühen Morgenstunden*)

★**day** [deɪ] $\overline{S}$ **1** Tag *m*; **any day (now)** jeden Tag; **what day is it today?** welcher Tag ist heute?; **twice a day** zweimal täglich; **the day before yesterday** vorgestern; **the day after/before, the following/previous day** am Tag danach/zuvor; ★ **the day after tomorrow** übermorgen; **from that day on(wards)** von dem Tag an; **two years ago to the day** auf den Tag genau vor zwei Jahren; **one day** eines Tages; **one of these days** irgendwann (einmal); **every day** jeden Tag; **day in, day out** tagein, tagaus; **they went to London for the day** sie machten einen Tagesausflug nach London; **for days** tagelang; **day after day** Tag für Tag; **day by day** jeden Tag; **the other day** neulich; **at the end of the day** *fig* letzten Endes; **to live from day to day** von einem Tag auf den andern leben; **today of all days** ausgerechnet heute; **some day soon** demnächst; **I remember it to this day** daran erinnere ich mich noch heute; **all day (long)** den ganzen Tag; **to travel during the day** *od* **by day** tagsüber reisen; **at that time of day** zu der Tageszeit; **to be paid by the day** tageweise bezahlt werden; **let's call it a day** machen wir Schluss; **to have a nice day** einen schönen Tag verbringen; **to have a lazy day** einen Tag faulenzen; **have a nice day!** viel Spaß!; *bes US* schönen Tag noch!; **did you have a nice day?** war's schön?; **did you have a good day at the office?** wie war's im Büro?; **what a day!** *schrecklich* so ein fürchterlicher Tag!; **that'll be the day** das möcht ich sehen **2** **these days** heutzutage; **what are you doing these days?** was machst du denn so?; **in this day and age** heutzutage; **in days to come** künftig; **in his younger days** als er noch jünger war; **the happiest days of my life** die glücklichste Zeit meines Lebens; **those were the days** das waren noch Zeiten; **in the old days** früher; **in the good old days** in der guten alten Zeit; **it's early days yet** es ist noch zu früh; **this material has seen better days** dieser Stoff hat (auch) schon bessere Tage gesehen; **famous in her day** in ihrer Zeit berühmt **3** ⟨*kein* pl⟩ (≈ *Kampf, Wettbewerb*) **to win** *od* **carry the day** den Sieg bringen; **to save the day** den Kampf retten **daybreak** S̄ Tagesanbruch *m;* **at ~** bei Tagesanbruch **daycare** S̄ **to be in ~** in einer Tagesstätte untergebracht sein **day(care) centre** S̄, **day(care) center** *US* S̄ Tagesstätte *f,* Altentagesstätte *f* **daycation** [deɪˈkeɪʃən] S̄ *US* Tagesausflug *m,* Tagestrip *m;* **to take a few ~s** ein paar Tage freinehmen **daydream** A S̄ Tagtraum *m* B V̄/Ī (mit offenen Augen) träumen **daydreamer** S̄ Träumer(in) *m(f)* **day labourer** S̄, **day laborer** *US* S̄ Tagelöhner(in) *m(f)* **daylight** [ˈdeɪlaɪt] S̄ Tageslicht *n;* **in broad ~** am helllichten Tage; **to scare the living ~s out of sb** *umg* j-m einen fürchterlichen Schreck einjagen *umg* **daylight robbery** *Br umg* S̄ Halsabschneiderei *f umg* **daylight saving time** *bes US* S̄ Sommerzeit *f* **day nursery** S̄ Kindertagesstätte *f* **day-old** A̱D̲J̲ Streik, Waffenstillstand seit einem Tag andauernd; *Essen, Zeitung* vom Vortag **day out** S̄ Ausflug *m,* Tagesausflug *m* **day pupil** S̄ SCHULE Externe(r) *m/f(m)* **day release** *Br* S̄ tageweise Freistellung von Angestellten zur Weiterbildung **day return (ticket)** S̄ *Br* BAHN Tagesrückfahrkarte *f* **day ticket** S̄ *Br* BAHN Tagesrückfahrkarte *f* **daytime** [ˈdeɪtaɪm] A S̄ Tag *m;* **in the ~** tagsüber B A̱D̲J̲ ⟨*attr*⟩ am Tage; **what's your ~ phone number?** unter welcher Nummer sind Sie tagsüber erreichbar?; **~ television** Vor- und Nachmittagsprogramm *n* **day-to-day** A̱D̲J̲ täglich, alltäglich; **on a ~ basis** tageweise **day trader** S̄ BÖRSE Day-Trader(in) *m(f)* **day trading** S̄ BÖRSE Day-Trading *n,* Tagesspekulation *f* **day trip** S̄ Tagesausflug *m* **day-tripper** S̄ Tagesausflügler(in) *m(f)* **daze** [deɪz] S̄ Benommenheit *f;* **in a ~** ganz benommen **dazed** A̱D̲J̲ benommen

dazzle [ˈdæzl] V̄/Ī blenden **dazzle-free** A̱D̲J̲ *Br* blendfrei **dazzling** [ˈdæzlɪŋ] *wörtl, fig* A̱D̲J̲ blendend

DC¹ A̱B̲K̲ (= *direct current*) Gleichstrom *m*

DC² A̱B̲K̲ (= *District of Columbia*) *Bundesdistrikt von Washington*

D/D A̱B̲K̲ (= *direct debit*) Einzugsauftrag

m

D-day [ˈdiːdeɪ] S̄ HIST, *a. fig* der Tag X **deactivate** [diːˈæktɪˌveɪt] V̄/Ī entschärfen

★**dead** [ded] A A̱D̲J̲ ◨ tot; **he has been ~ for two years** er ist seit zwei Jahren tot; **to shoot sb ~** j-n erschießen; **over my ~ body** *umg* nur über meine Leiche *umg;* **I wouldn't be seen ~ in that dress** *umg* das Kleid würde ich mir ums Verrecken nicht tragen *umg* ◩ *Glieder* abgestorben; **my hand's gone ~** ich habe kein Gefühl in meiner Hand; **to be ~ to the world** tief und fest schlafen ◪ *Batterie* leer ◫ TEL tot; **to go ~** ausfallen ◬ völlig; **~ silence** Totenstille *f;* **to come to a ~ stop** völlig zum Stillstand kommen ◭ *umg* (≈ *erschöpft*) völlig kaputt *umg;* **she looked half ~** sie sah völlig kaputt aus *umg;* **I'm ~ on my feet** ich bin zum Umfallen kaputt *umg* B A̱D̲V̲ ◨ genau; **~ straight** schnurgerade; **to be ~ on time** auf die Minute pünktlich sein ◩ *Br* *umg* (≈ *sehr*) total *umg;* **~ tired** totmüde; **you're ~ right** Sie haben völlig recht; **he was ~ lucky** er hat irrsinnig Glück gehabt; **~ slow** ganz langsam; **to be ~ certain about sth** *umg* bei etw todsicher sein; **he's ~ against it** er ist total dagegen ◪ **to stop ~** abrupt stehen bleiben C S̄ ◨ **the ~** *pl* die Toten *pl;* **to rise from the ~** von den Toten auferstehen ◩ **in the** *od* **at ~ of night** mitten in der Nacht **dead centre** S̄, **dead center** *US* S̄ genaue Mitte; **to hit sth ~** etw genau in die Mitte treffen **deaden** [ˈdedn] V̄/Ī *Schmerz* mildern; *Geräusch* dämpfen; *Gefühle* abstumpfen **dead end** S̄ Sackgasse *f;* **to come to a ~** *wörtl* Straße in einer Sackgasse enden; *Fahrer* an eine Sackgasse kommen; *fig* in eine Sackgasse geraten **dead-end** A̱D̲J̲ ⟨*attr*⟩ **~ street** *bes US* Sackgasse *f;* **~ job** ein Job *m* ohne Aufstiegsmöglichkeiten **dead heat** S̄ totes Rennen **deadline** S̄ (letzter) Termin; **to fix** *od* **set a ~** eine Frist setzen; **to work to a ~** auf einen Termin hinarbeiten **deadlock** S̄ **to reach (a) ~** in eine Sackgasse geraten; **to end in ~** sich festfahren **deadlocked** [ˈdedlɒkt] A̱D̲J̲ *Verhandlungen etc* festgefahren **deadly** [ˈdedlɪ] A A̱D̲J̲ ⟨*komp* **deadlier**⟩ tödlich; **their ~ enemy** ihr Todfeind *m* B A̱D̲V̲ **~ dull** todlangweilig *umg*; **he was ~ serious** er meinte es todernst; **~ poisonous** tödlich **deadpan** ADJ *Gesicht* unbewegt; *Stil, Humor* trocken; **with a ~ expression** mit unbeweglicher Miene **Dead Sea** S Totes Meer **dead weight** S **1** schwere Last **2** (≈*Behinderung*) Belastung *f* **3** TECH Eigengewicht *n*

★**deaf** [def] A ADJ ‹+er› taub; **as ~ as a (door)post** stocktaub B S **the ~** *pl* die Tauben *pl* **deaf aid** S Hörgerät *n* **deaf-and-dumb** [ˌdefən'dʌm] ADJ taubstumm **deafen** *wörtl* VT taub machen **deafening** ['defnɪŋ] ADJ *Lärm* ohrenbetäubend; **a ~ silence** Totenstille *f* **deaf-mute** ['def'mjuːt] S Taubstumme(r) *m/f(m)* **deafness** S Taubheit *f* **(to** gegenüber)

deal¹ [diːl] A S Menge *f*; **a good** *od* **great ~ of** eine Menge; **not a great ~ of** nicht (besonders) viel; **and that's saying a great ~** und damit ist schon viel gesagt; **to mean a great ~ to sb** j-m viel bedeuten B ADV **a good** *od* **great ~** viel

★**deal²** ‹*v: prät, pperf* dealt› A VT **1** (*a. ~ out*) *Karten* geben **2** *Drogen* dealen *umg* B VI **1** KART geben **2** *mit Drogen* dealen *umg* C S **1** (*a. business ~*) Geschäft *n*, Handel *m*; **to do** *od* **make a ~ with sb** mit j-m ein Geschäft machen; mit j-m eine Abmachung treffen; **it's a ~** abgemacht! **2** *umg* **to give sb a fair ~** j-n anständig behandeln; **a better ~ for the workers** bessere Bedingungen für die Arbeiter; **the boss offered them a new ~** der Chef hat ihnen ein neues Angebot gemacht ♦**deal in** VI ‹+obj› HANDEL handeln mit ♦**deal out** VT ‹*trennb*› verteilen (**to** an +*akk*); *Karten* (aus)geben (**to** +*dat*); **to deal out punishment** Strafen verhängen ♦**deal with** VI ‹+obj› **1** (≈*geschäftlich*) verhandeln mit **2** sich kümmern um; *Gefühle* umgehen mit; HANDEL *Aufträge* erledigen; **let's deal with the adjectives first** behandeln wir zuerst die Adjektive; **you bad boy, I'll deal with you later** *umg* dich nehm ich mir später vor, du Lausebengel! *umg* **3** *Buch etc* handeln von; sich befassen mit

★**dealer** ['diːlə'] S **1** HANDEL Händler(in) *m(f)*, Großhändler(in) *m(f)* **2** *mit Drogen* Dealer(in) *m(f)* *umg* **3** KART Kartengeber

m **dealing** ['diːlɪŋ] S **1** Handel *m*; **mit Drogen** Dealen *n* **2** **~s** *pl* HANDEL Geschäfte *pl*; *allg* Umgang *m*; **to have ~s with sb** mit j-m zu tun haben **dealt** [delt] PRÄT & PPERF → deal²

dean [diːn] S KIRCHE, UNIV Dekan(in) *m(f)*

★**dear** [dɪə'] A ADJ ‹+er› **1** lieb; **she is a ~ friend of mine** sie ist eine sehr gute Freundin von mir; **that is my ~est wish** das ist mein sehnlichster Wunsch; **these memories are very ~ to him** diese Erinnerungen sind ihm teuer **2** (≈*reizend*) süß **3** *in Brief* **Dear John** Lieber John!; **Dear Sir** Sehr geehrter Herr X!; **Dear Madam** Sehr geehrte Frau X!; **Dear Sir or Madam** Sehr geehrte Damen und Herren!; **Dear Mr Kemp** Sehr geehrter Herr Kemp!; **Lieber Herr Kemp! 4** teuer B INT **oh ~!** oje!, du meine Güte! C S **hello/thank you ~** hallo/vielen Dank; **Robert ~** (mein lieber) Robert; **yes, ~** *zwischen Mann und Frau* ja, Liebling D ADV teuer; **this will cost them ~** das wird sie teuer zu stehen kommen **dearly** ['dɪəlɪ] ADV **1** *lieben* von ganzem Herzen; **I would ~ love to marry** ich würde liebend gern heiraten **2** *fig* **he paid ~ (for it)** er hat es teuer bezahlt

★**death** [deθ] S **1** Tod *m*; **~ by drowning** Tod durch Ertrinken; **to be burned to ~** verbrennen; *auf dem Scheiterhaufen* verbrannt werden; **to starve to ~** verhungern; **to bleed to ~** verbluten; **to freeze to ~** erfrieren; **a fight to the ~** ein Kampf auf Leben und Tod; **to put sb to ~** j-n hinrichten; **to drink oneself to ~** sich zu Tode trinken; **to be at ~'s door** an der Schwelle des Todes stehen; **it will be the ~ of you** *umg* das wird dein Tod sein; **he will be the ~ of me** *umg* er bringt mich noch ins Grab; **to catch one's ~ (of cold)** *umg* sich (*dat*) den Tod holen; **I am sick to ~ of all this** *umg* ich bin das alles gründlich satt; **he looked like ~ warmed up** *Br umg*, **he looked like ~ warmed over** *US umg* er sah wie der Tod auf Urlaub aus *umg* **deathbed** S Sterbebett *n*; **to be on one's ~** auf dem Sterbebett liegen **deathblow** S Todesstoß *m* **death camp** S Vernichtungslager *n* **death certificate** S Totenschein *m* **death duties** *Br* PL Erbschaftssteuern *pl*

deathly [ˈdeθlɪ] **A** ADJ ~ **hush** od **silence** Totenstille f **B** ADV ~ **pale** totenblass; ~ **quiet** totenstill **death penalty** S̱ Todesstrafe f **death row** S̱ Todestrakt m **death sentence** S̱ Todesurteil n **death threat** S̱ Morddrohung f **death toll** S̱ Zahl f der (Todes)opfer

deathtrap S̱ Todesfalle f **death warrant** S̱ **to sign one's own** ~ fig sein eigenes Todesurteil unterschreiben

débâcle [deˈbɑːkl] S̱ Debakel n (**over bei**)

debase [dɪˈbeɪs] V̱Ṯ **1** j-n entwürdigen **2** Fähigkeiten herabsetzen

debatable [dɪˈbeɪtəbl] ADJ fraglich **debate** [dɪˈbeɪt] **A** S̱ & V̱I̱ debattieren, diskutieren (**with** mit,, **about** über +akk); **he was debating whether or not to go** er überlegte hin und her, ob er gehen sollte **B** S̱ Debatte f, Diskussion f

debauchery [dɪˈbɔːtʃərɪ] S̱ Ausschweifung f; **a life of** ~ ein ausschweifendes Leben

debilitate [dɪˈbɪlɪteɪt] V̱Ṯ schwächen **debilitating** [dɪˈbɪlɪteɪtɪŋ] ADJ schwächend; Geldmangel etc lähmend

debit [ˈdebɪt] **A** S̱ Debet n; bei Bank Sollsaldo n; ~ **account** Debetkonto n **B** V̱Ṯ **to** ~ **sb/sb's account (with a sum)** j-n/ j-s Konto (mit einer Summe) belasten

debit card S̱ Debitkarte f (Zahlungskarte, bei deren Nutzung das Konto sofort belastet wird)

debrief [ˌdiːˈbriːf] V̱Ṯ befragen; **to be** ~**ed** Bericht erstatten

debris [ˈdebriː] S̱ Trümmer pl; GEOL Geröll n

★**debt** [det] S̱ Schuld f; (≈ Geld) Schulden pl; **to be in** ~ verschuldet sein (**to** gegenüber); **to be £5 in** ~ £ 5 Schulden haben (**to** bei); **he is in my** ~ finanziell er hat Schulden bei mir; wegen Hilfeleistung etc er steht in meiner Schuld; **to run** od **get into** ~ sich verschulden, Schulden machen; **to get out of** ~ aus den Schulden herauskommen; **to repay a** ~ eine Schuld begleichen **debtor** [ˈdetər] S̱ Schuldner(in) m(f) **debt relief** f̱ Schuldenerleichterung m

debug [ˌdiːˈbʌɡ] V̱Ṯ IT entwanzen; ~**ging program** Fehlerkorrekturprogramm n **debugger** [ˌdiːˈbʌɡər] S̱ IT Debugger m **début** [ˈdeɪbjuː] S̱ Debüt n; **to make**

one's ~ THEAT debütieren; ~ **album** Debütalbum n **débutant** n **débutant** [ˈdebjuːtɑːnt] S̱, **debutant** US S̱ Debütant m **débutante** [ˈdebjuːtɑːnt] S̱, **debutante** US S̱ Debütantin f

Dec ABK (= December) Dez.

decade [ˈdekeɪd] S̱ Jahrzehnt n

decadence [ˈdekədəns] S̱ Dekadenz f **decadent** ADJ dekadent

decaf(f) [ˈdiːkæf] umg S̱ABK (= decaffeinated) Koffeinfreie(r) m umg **decaffeinated** [ˌdiːˈkæfɪneɪtɪd] ADJ koffeinfrei

decal [ˈdiːkæl] US S̱ Abziehbild n

decanter [dɪˈkæntər] S̱ Karaffe f

decapitate [dɪˈkæpɪteɪt] V̱Ṯ enthaupten geh

decathlete [dɪˈkæθliːt] S̱ Zehnkämpfer m **decathlon** [dɪˈkæθlən] S̱ Zehnkampf m

decay [dɪˈkeɪ] V̱I̱ verfallen; Fleisch, Gemüse verwesen; Zahn faulen **B** S̱ Verfall m; von Fleisch, Gemüse Verwesung f; **tooth** ~ Zahnfäule f; **to fall into** ~ verfallen **decayed** [dɪˈkeɪd] ADJ Zahn faul; Körper, Gemüse verwest

deceased [dɪˈsiːst] **A** ADJ JUR form verstorben **B** S̱ **the** ~ sg der/die Tote od Verstorbene; pl die Verstorbenen pl

deceit [dɪˈsiːt] S̱ Täuschung f **deceitful** ADJ betrügerisch **deceitfully** [dɪˈsiːtfəlɪ] ADV betrügerischerweise; sich verhalten betrügerisch **deceitfulness** f̱ Falschheit f **deceive** [dɪˈsiːv] V̱Ṯ täuschen; Ehepartner betrügen; **to** ~ **oneself** sich (dat) selbst etwas vormachen

decelerate [diːˈseləreɪt] V̱I̱ Auto, Zug langsamer werden; Fahrer die Geschwindigkeit herabsetzen

★**December** [dɪˈsembər] S̱ Dezember m; → September

decency [ˈdiːsənsɪ] S̱ Anstand m; **it's only common** ~ **to** ... es gehört sich einfach, zu ...; **he could have had the** ~ **to tell me** er hätte es mir anständigerweise auch sagen können **decent** [ˈdiːsənt] ADJ **1** anständig; **are you** ~? umg bist du schon salonfähig? umg; **to do the** ~ **thing** das einzig Anständige tun **2** passabel, annehmbar **decently** [ˈdiːsəntlɪ] ADV anständig

decentralization [ˌdiːˌsentrəlaɪˈzeɪʃən] S̱ Dezentralisierung f **decentralize** [diːˈsentrəlaɪz] V̱Ṯ & V̱I̱ dezentralisieren **decentralized** ADJ dezentral

deception [dɪ'sepʃən] [S] Täuschung *f*; *von Ehepartner* Betrug *m* **deceptive** [dɪ'septɪv] [ADJ] irreführend; **to be ~** täuschen; **appearances can be ~** der Schein trügt **deceptively** [dɪ'septɪvlɪ] [ADV] *einfach* täuschend; *stark* überraschend; *mild* trügerisch; **to look ~ like sb/sth** j-m/einer Sache täuschend ähnlich sehen

★**decide** [dɪ'saɪd] [A] [V/T] (sich) entscheiden, beschließen; **what did you ~?** wie habt ihr euch entschieden?, was habt ihr beschlossen?; **did you ~ anything?** habt ihr irgendwelche Entscheidungen getroffen?; **I have ~d we are making a mistake** ich bin zu der Ansicht gekommen, dass wir einen Fehler machen; **I'll ~ what we do!** ich bestimme, was wir tun! [B] [V/I] (sich) entscheiden; **to ~ for/against sth** (sich) für/gegen etw entscheiden ♦**decide on** [V/I] ⟨+obj⟩ sich entscheiden für

decided [dɪ'saɪdɪd] [ADJ] *Verbesserung* entschieden; *Vorteil* deutlich **decidedly** [dɪ'saɪdɪdlɪ] [ADV] entschieden; **he's ~ uncomfortable about it** es ist ihm gar nicht wohl dabei; **~ dangerous** ausgesprochen gefährlich **decider** [dɪ'saɪdəʳ] *Br* [S] Entscheidungsspiel *n*; (≈*Tor*) Entscheidungstreffer *m* **deciding** [dɪ'saɪdɪŋ] [ADJ] entscheidend

deciduous [dɪ'sɪdjʊəs] [ADJ] **~ tree/forest** Laubbaum *m*/-wald *m*

decimal ['desɪməl] [A] [ADJ] Dezimal- [B] [S] Dezimalzahl *f* **decimal point** [S] Komma *n*

decimate ['desɪmeɪt] [V/T] dezimieren

decipher [dɪ'saɪfəʳ] [V/T] entziffern

★**decision** [dɪ'sɪʒən] [S] Entscheidung *f* (**on** über *+akk*), Entschluss *m*; *bes von Gremium etc* Beschluss *m*; **to make a ~** eine Entscheidung treffen; **it's your ~** das musst du entscheiden; **to come to a ~** zu einer Entscheidung kommen; **I've come to the ~ that it's a waste of time** ich bin zu dem Schluss gekommen, dass es Zeitverschwendung ist; **~s, ~s!** immer diese Entscheidungen! **decision-maker** [S] Entscheidungsträger(in) *m(f)* **decision-making** [ADJ] ⟨*attr*⟩ **~ skills** Entschlusskraft *f*; **the ~ process** der Entscheidungsprozess **decision-making body** [S] Entscheidungsinstanz *f* **decisive** [dɪ'saɪsɪv] [ADJ] [1] entscheidend [2] *Vorgehensweise* entschlossen; *Mensch* entschlussfreudig **decisively** [dɪ'saɪsɪvlɪ] [ADV] *ändern* entscheidend; *besiegen* deutlich **decisiveness** [S] Entschlossenheit *f*

deck [dek] [S] [1] *von Bus, Schiff* Deck *n*; **on ~** auf Deck; **to go up on ~** an Deck gehen; **top** *od* **upper ~** Oberdeck *n* [2] **a ~ of cards** ein Kartenspiel *n* [3] (≈*Holzboden*) Holzterrasse *f*; *nicht ebenerdig* Veranda *f* **deck chair** [S] Liegestuhl *m*

-decker [-'dekəʳ] [S] ⟨*suf*⟩ -decker *m*

decking ['dekɪŋ] [S] (≈*Holzboden*) Holzterrasse *f*

declaration [,deklə'reɪʃən] [S] Erklärung *f*; *beim Zoll* Deklaration *f form*; **~ of love** Liebeserklärung *f*; **~ of bankruptcy** Konkursanmeldung *f*; **to make a ~** eine Erklärung abgeben; **~ of war** Kriegserklärung *f*

★**declare** [dɪ'klɛəʳ] [V/T] *Absicht* erklären; *Ergebnis* bekannt geben; *Waren* angeben; **have you anything to ~?** haben Sie etwas zu verzollen?; **to ~ one's support** seine Unterstützung zum Ausdruck bringen; **to ~ war (on sb)** (j-m) den Krieg erklären; **to ~ a state of emergency** den Notstand ausrufen; **to ~ independence** sich für unabhängig erklären; **to ~ sb bankrupt** j-n für bankrott erklären; **to ~ sb the winner** j-n zum Sieger erklären

declared [ADJ] erklärt

declension [dɪ'klenʃən] [S] GRAM Deklination *f* **decline** [dɪ'klaɪn] [A] [S] Rückgang *m*; *von Reich* Niedergang *m*; **to be on the** *od* **in ~, to go** *od* **fall into ~** *Geschäfte* zurückgehen; *Reich* verfallen [B] [V/T] [1] *Einladung* ablehnen [2] GRAM deklinieren [C] [V/I] [1] *Geschäfte* zurückgehen; *Wert* geringer werden; *Beliebtheit, Einfluss* abnehmen [2] GRAM dekliniert werden

decode [,diː'kəʊd] [V/T] decodieren, entschlüsseln **decoder** [,diː'kəʊdəʳ] [S] Decoder *m*

décolletage [deɪ'kɒltɑːʒ] [S] Dekolleté *n*

decompose [,diːkəm'pəʊz] [V/I] sich zersetzen **decomposition** [,diːkɒmpə'zɪʃən] [S] Zersetzung *f*

decongestant [,diːkən'dʒestənt] [S] abschwellendes Mittel

decontaminate [,diːkən'tæmɪneɪt] [V/T] entgiften; *radioaktiven Bereich* entseuchen **decontamination** [,diːkəntæmɪ-

'neɪʃn] ⨍ Entgiftung f; *eines radioaktiven Bereichs* Entseuchung f

décor ['deɪkɔːʳ] ⨍ Ausstattung f

★**decorate** ['dekəreɪt] V̲T̲ **1** *Kuchen* verzieren; *Straße, Weihnachtsbaum* schmücken; *Zimmer* tapezieren, (an)streichen; *für besonderen Anlass* dekorieren **2** *Soldat* auszeichnen **decorating** ['dekəreɪtɪŋ] ⨍ Tapezieren n, Streichen n **decoration** [ˌdekə'reɪʃən] ⨍ Verzierung f, Schmuck m *kein pl*; **Christmas ~s** Weihnachtsschmuck m; **interior ~** Innenausstattung f **decorative** ['dekərətɪv] A̲D̲J̲ dekorativ **decorator** ['dekəreɪtəʳ] *bes Br* ⨍ Maler(in) m(f), Tapezierer(in) m(f)

decorum [dɪ'kɔːrəm] ⨍ Anstand m

decoy [dɪ'kɔɪ] ⨍ Köder m; *Mensch* Lockvogel m; **police ~** Lockvogel m der Polizei; **~ manoeuvre** *Br*, **~ maneuver** *US* Falle f

decrease A̲ [diː'kriːs] V̲I̲ abnehmen; *Kräfte* nachlassen B̲ [diː'kriːs] V̲T̲ reduzieren, vermindern C̲ ['diːkriːs] ⨍ Abnahme f, Verminderung f; *von Produktion etc* Rückgang m; *von Kräften* Nachlassen n **decreasingly** [diː'kriːsɪŋlɪ] A̲D̲V̲ immer weniger

decree [dɪ'kriː] A̲ ⨍ Anordnung f; *POL von König etc* Erlass m; *JUR* Verfügung f; *von Gericht* Entscheid m B̲ V̲T̲ verordnen; **he ~d an annual holiday on 1st April** er erklärte den 1. April zum Feiertag **decree absolute** ⨍ *Br JUR* endgültiges Scheidungsurteil **decree nisi** [dɪˌkriː'naɪsaɪ] ⨍ *Br JUR* vorläufiges Scheidungsurteil

decrepit [dɪ'krepɪt] A̲D̲J̲ altersschwach; *Haus* baufällig

dedicate ['dedɪkeɪt] V̲T̲ widmen (**to sb** j-m); **to ~ oneself** *od* **one's life to sb/ sth** sich *od* sein Leben j-m/einer Sache widmen **dedicated** A̲D̲J̲ **1** Haltung hingebungsvoll; *Dienste, Fans* treu; *beruflich* engagiert; **a ~ nurse** eine Krankenschwester, die mit Leib und Seele bei der Sache ist; **she's ~ to her students** sie engagiert sich sehr für ihre Studenten **2** *~* **word processor** dediziertes Textverarbeitungssystem **dedication** [ˌdedɪ'keɪʃən] ⨍ **1** Hingabe f (**to** an +*akk*) **2** *in Buch* Widmung f

deduce [dɪ'djuːs] V̲T̲ schließen (**from** aus)

deduct [dɪ'dʌkt] V̲T̲ abziehen (**from von**);

to ~ sth from the price etw vom Preis ablassen; **after ~ing 5%** nach Abzug von 5% **deductible** [dɪ'dʌktəbl] A̲D̲J̲ abziehbar; *steuerlich* absetzbar **deduction** [dɪ'dʌkʃən] ⨍ **1** Abzug m; *von Preis* Nachlass m *von* für, *auf +akk*) **2** **by a process of ~** durch Folgern

deed [diːd] ⨍ **1** Tat f; **good ~** gute Tat; **evil ~** Übeltat f **2** *JUR* Übertragungsurkunde f; **~ of covenant** Vertragsurkunde f

deem [diːm] V̲T̲ **to ~ sb/sth (to be)** sth j-n/etw für etw erachten *geh*, j-n/etw für etw halten; **it was ~ed necessary** man hielt es für nötig

★**deep** [diːp] A̲ A̲D̲J̲ ⟨*+er*⟩ tief, breit; (≈ *profund*) tiefsinnig; *Sorge* groß; *Farbe* dunkel; **the pond/snow was 4 feet ~** der Teich war/der Schnee lag 4 Fuß tief; **two feet ~ in snow** mit zwei Fuß Schnee bedeckt; **two feet ~ in water** zwei Fuß tief unter Wasser; **the ~ end** *von Schwimmbad* das Tiefe; **to go off (at) the ~ end** *fig umg* auf die Palme gehen *umg*; **to be thrown in at the ~ end** *fig* gleich zu Anfang richtig ranmüssen *umg*; **the spectators stood ten ~** die Zuschauer standen zu zehnt hintereinander; **~est sympathy** aufrichtiges Beileid; **~ down**, *she knew he was right* im Innersten wusste sie, dass er recht hatte; **~ in conversation** ins Gespräch vertieft; **to be in ~ trouble** in großen Schwierigkeiten sein B̲ A̲D̲V̲ ⟨*+er*⟩ tief; **~ into the night** bis tief in die Nacht hinein **deepen** ['diːpən] A̲ V̲T̲ vertiefen; *Rätsel* vergrößern; *Krise* verschärfen B̲ V̲I̲ tiefer werden; *Kummer* zunehmen; *Rätsel* größer werden; *Streit* sich vertiefen; *Krise* sich verschärfen **deepening** ['diːpənɪŋ] A̲D̲J̲ *Sorge* zunehmend; *Krise* sich verschärfend; *Rätsel* sich vertiefend

deep-fat fryer ['diːp] ⨍ Fritteuse f **deep-freeze** ⨍ Tiefkühltruhe f, Gefrierschrank m **deep-fry** V̲T̲ frittieren **deep fryer** ⨍ Fritteuse f **deeply** ['diːplɪ] A̲D̲V̲ tief; *besorgt, unglücklich, misstrauisch* äußerst; *schockiert, dankbar* zutiefst; *lieben* sehr; **~ committed** stark engagiert; **they are ~ embarrassed by** it es ist ihnen äußerst peinlich; **to fall ~ in love** sich sehr verlieben **deep--pan pizza** ⨍ Pfannenpizza f **deep--rooted** A̲D̲J̲ ⟨*komp* deeper-rooted⟩ *fig*

D

tief verwurzelt **deep-sea** ADJ Tiefsee-
deep-seated ADJ ⟨komp deeper-seat-
ed⟩ tief sitzend **deep-set** ADJ ⟨komp
deeper-set⟩ tief liegend **deep space**
S̄ der äußere Weltraum **deep vein
thrombosis** S̄ MED tiefe Venenthrom-
bose

★**deer** [dɪəʳ] S̄ ⟨pl -⟩ Reh n, Hirsch m; kol-
lektiv Rotwild n

de-escalate [ˌdiːˈeskəleɪt] V̄T̄ deeskalie-
ren

deface [dɪˈfeɪs] V̄T̄ verunstalten

defamatory [dɪˈfæmətərɪ] ADJ diffamie-
rend

default¹ [dɪˈfɔːlt] A S̄ **to win by ∼**
kampflos gewinnen B V̄ī̄ **in Bezug auf**
Pflichten etc säumig sein; **to ∼ on one's
payments** seinen Zahlungsverpflichtun-
gen nicht nachkommen

default² [ˈdiːfɔːlt] A S̄ IT Default m,
Voreinstellung f B ADJ ⟨attr⟩ vorein-
gestellt; **∼ drive** Standardlaufwerk n

★**defeat** [dɪˈfiːt] A S̄ Niederlage f; von Ge-
setzesvorlage Ablehnung f; **their ∼ of
the enemy** ihr Sieg über den Feind; **to
admit ∼** sich geschlagen geben; **to suf-
fer a ∼** eine Niederlage erleiden B V̄T̄
Armee, Mannschaft besiegen, schlagen;
Gesetzesvorlage ablehnen; **that would
be ∼ing the purpose of the exercise**
dann verliert die Übung ihren Sinn

defect¹ [ˈdiːfekt] S̄ Fehler m, Defekt m

defect² [dɪˈfekt] V̄ī̄ POL sich absetzen; **to
∼ to the enemy** zum Feind überlaufen
defection [dɪˈfekʃən] S̄ POL Überlaufen
n

defective [dɪˈfektɪv] ADJ fehlerhaft; Ma-
schine: allg defekt

★**defence** [dɪˈfens] S̄, ★**defense** US S̄
❶ ⟨kein pl⟩ Verteidigung f kein pl; **in
his ∼** zu seiner Verteidigung; **to come
to sb's ∼** j-n verteidigen; **his only ∼
was …** seine einzige Rechtfertigung
war … ❷ Abwehrmaßnahme f; MIL Be-
festigung f; **as a ∼ against** als Schutz
gegen; **his ∼s were down** er war wehr-
los **defence counsel** S̄, **defense
counsel** US S̄ Verteidiger(in) m/f(m) **de-
fenceless** [dɪˈfensləs], **defenseless** US
S̄ schutzlos, wehrlos **defence mecha-
nism** S̄, **defense mechanism** US
S̄ PHYSIOL, PSYCH Abwehrmechanismus
m **defence minister** S̄, **defense
minister** US S̄ Verteidigungsminis-

ter(in) m(f)

★**defend** [dɪˈfend] V̄T̄ verteidigen (**against**
gegen) **defendant** S̄ Angeklagte(r)
m/f(m), Beklagte(r) m/f(m) **defender**
[dɪˈfendəʳ] S̄ Verteidiger(in) m(f) **de-
fending** [dɪˈfendɪŋ] **the ∼ champions** die Ti-
telverteidiger pl

★**defensive** etc US → defence **defensive**
A ADJ defensiv B S̄ **to be on
the ∼** MIL, a. fig in der Defensive sein
defensively [dɪˈfensɪvlɪ] ADV a. SPORT
defensiv

defer [dɪˈfɜːʳ] V̄T̄ verschieben; **to ∼ do-
ing sth** es verschieben, etw zu tun
deference [ˈdefərəns] S̄ Achtung f; **out
of ∼** od **in ∼ to** aus Achtung (dat) vor **def-
erential** [ˌdefəˈrenʃəl] ADJ respektvoll
deferred payment S̄ Zahlungsauf-
schub m; US Ratenzahlung f

defiance [dɪˈfaɪəns] S̄ Trotz m (**of sb** j-m
gegenüber); von Befehl, Gesetz Missach-
tung f (**of** +gen); **an act of ∼** eine Trotz-
handlung; **in ∼ of sb/sth** j-m/etw zum
Trotz **defiant** ADJ trotzig, aufsässig,
herausfordernd **defiantly** ADV trotzig;
sich weigern standhaft

defibrillator [dɪˈfɪbrəˌleɪtəʳ] S̄ MED Defi-
brillator m

deficiency [dɪˈfɪʃənsɪ] S̄ Mangel m; FIN
Defizit n; von Character, System Schwä-
che f; **iron ∼** Eisenmangel m **deficient**
ADJ unzulänglich; **sb/sth is ∼ in sth** j-m/
einer Sache fehlt es an etw (dat) **defi-
cit** [ˈdefɪsɪt] S̄ Defizit n

definable [dɪˈfaɪnəbl] ADJ definierbar;
Grenzen, Pflichten bestimmbar **define**
[dɪˈfaɪn] V̄T̄ definieren; Pflichten etc fest-
legen

definite [ˈdefɪnɪt] ADJ ❶ definitiv; Ant-
wort, Entscheidung klar; Abkommen, Ter-
min, Plan fest; **is that ∼?** ist das sicher?;
for ∼ mit Bestimmtheit ❷ Zeichen deut-
lich; Vorteil, Verbesserung eindeutig;
Möglichkeit echt ❸ Auftreten bestimmt;
she was very ∼ about it sie war sich
(dat) sehr sicher **definite article** S̄
GRAM bestimmter Artikel **definitely**
[ˈdefɪnɪtlɪ] ADV ❶ entscheiden, bestimmen
endgültig; **it's not ∼ arranged/agreed
yet** es steht noch nicht fest ❷ (≈ klar)
eindeutig, bestimmt, auf jeden Fall; **∼
not** auf keinen Fall; **he ∼ wanted to
come** er wollte bestimmt kommen **def-
inition** [ˌdefɪˈnɪʃən] S̄ ❶ Definition f, Er-

klärung f; **by ~** definitionsgemäß **2** von Aufgaben, Grenzen Festlegung f **3** FOTO, TV Bildschärfe f **definitive** [dɪˈfɪnɪtɪv] ADJ Sieg, Antwort entscheiden; Buch maßgeblich (**on** für)

deflate [ˌdiːˈfleɪt] VT die Luft ablassen aus; **he felt a bit ~d when ...** es war ein ziemlicher Dämpfer für ihn, dass ... **deflation** [diːˈfleɪʃən] S FIN Deflation f

deflect [dɪˈflekt] VT ablenken; Ball abfälschen; PHYS Licht beugen **deflection** [dɪˈflekʃən] S Ablenkung f; von Ball Abfälschung f; PHYS von Licht Beugung f

defogger [ˌdiːˈfɒɡəʳ] US S Gebläse n

deforestation [diːˌfɒrɪˈsteɪʃən] S Entwaldung f

deformed [dɪˈfɔːmd] ADJ deformiert; TECH verformt **deformity** [dɪˈfɔːmɪti] S Deformität f

defraud [dɪˈfrɔːd] VT **to ~ sb of sth** j-n um etw betrügen

defrost [ˌdiːˈfrɒst] **A** VT Kühlschrank abtauen; Lebensmittel auftauen **B** VI Kühlschrank abtauen; Lebensmittel auftauen

deft ADJ ⟨~er⟩, **deftly** [ˈdeft, -lɪ] ADV geschickt

defunct [dɪˈfʌŋkt] fig ADJ Institution etc eingegangen; Gesetz außer Kraft

defuse [ˌdiːˈfjuːz] VT entschärfen

defy [dɪˈfaɪ] VT **1** j-m sich widersetzen (+dat); Befehlen, Gesetz, Gefahr trotzen (+dat) **2** fig widerstehen (+dat); **to ~ description** jeder Beschreibung spotten; **that defies belief!** das ist ja unglaublich!; **to ~ gravity** den Gesetzen der Schwerkraft widersprechen

degenerate [dɪˈdʒenəreɪt] VI degenerieren; Menschen, Moral entarten; **the demonstration ~d into violence** die Demonstration artete in Gewalttätigkeiten aus **degeneration** [dɪˌdʒenəˈreɪʃən] S Degeneration f

degradable [dɪˈɡreɪdəbl] ADJ Müll etc abbaubar **degradation** [ˌdeɡrəˈdeɪʃən] S Erniedrigung f; GEOL Erosion f; CHEM Abbau m **degrade** [dɪˈɡreɪd] **A** VT erniedrigen; CHEM abbauen; **to ~ oneself** sich erniedrigen **B** VI CHEM sich abbauen **degrading** [dɪˈɡreɪdɪŋ] ADJ erniedrigend

★**degree** [dɪˈɡriː] S **1** Grad m kein pl; **an angle of 90 ~s** ein Winkel m von 90 Grad; **first ~ murder** Mord m; **second**

~ **murder** Totschlag m **2** von Risiko etc Maß n; **some** od **a certain ~ of** ein gewisses Maß an (+dat); **to some ~, to a** (**certain**) **~** in gewissem Maße; **to such a ~ that ...** in solchem Maße, dass ... **3** UNIV akademischer Grad; **to get one's ~** seinen akademischen Grad erhalten; **to do a ~** studieren; **when did you do your ~?** wann haben Sie das Examen gemacht?; **I'm doing a ~ in languages** ich studiere Sprachwissenschaften; **I've got a ~ in Business Studies** ich habe einen Hochschulabschluss in Wirtschaftslehre **degree course** S Universitätskurs, der mit dem ersten akademischen Grad abschließt

dehumanize [ˌdiːˈhjuːmənaɪz] VT entmenschlichen

dehydrated [ˌdiːhaɪˈdreɪtɪd] ADJ dehydriert; Lebensmittel getrocknet; Mensch, Haut ausgetrocknet **dehydration** [ˌdiːhaɪˈdreɪʃən] S Austrocknung f

de-ice [diːˈaɪs] VT enteisen **de-icer** [ˌdiːˈaɪsəʳ] S Enteiser m; für Auto Defroster m

deign [deɪn] VT **to ~ to do sth** sich herablassen, etw zu tun

deity [ˈdiːɪti] S Gottheit f

déjà vu [ˈdeɪʒɑːˈvuː] S Déjà-vu-Erlebnis n; **a feeling** od **sense of ~** das Gefühl, das schon einmal gesehen zu haben

dejected ADJ, **dejectedly** [dɪˈdʒektɪd, -lɪ] ADV entmutigt **dejection** [dɪˈdʒekʃən] S Niedergeschlagenheit f

★**delay** [dɪˈleɪ] **A** VT **1** verschieben, aufschieben; **to ~ doing sth** es verschieben, etw zu tun; **he ~ed paying until ...** er wartete so lange mit dem Zahlen, bis ...; **rain ~ed play** der Beginn des Spiels verzögerte sich wegen Regens **2** j-n, Verkehr aufhalten; **the bus was ~ed** der Bus hatte Verspätung **B** VI warten; **to ~ in doing sth** es verschieben, etw zu tun; **he ~ed in paying the bill** er schob die Zahlung der Rechnung hinaus **C** S in Verkehrsfluss Stockung f; von Zug, Flug Verspätung f; (≈ Zeitverzug) Verzögerung f; **roadworks are causing ~s of up to 1 hour** Straßenbauarbeiten verursachen Staus bis zu 1 Stunde; "**delays possible until ...**" "Staugefahr! (bis ...)"; **there are ~s to all flights** alle Flüge haben Verspätung; **without ~** unverzüglich; **without further ~** ohne weitere Verzögerung **delaying** [dɪˈleɪɪŋ] ADJ verzögernd; ~ **tactics** Verzögerungstaktik f

delegate [ˈdelɪɡeɪt] A VT delegieren; Befugnisse übertragen (**to** sb j-m); **to ~ sb to do sth** j-n damit beauftragen, etw zu tun B VI delegieren C [ˈdelɪɡət] S Delegierte(r) m/f(m) **delegation** [ˌdelɪˈɡeɪʃən] S Delegation f

delete [dɪˈliːt] VT streichen; IT löschen, entfernen; **"delete where applicable"** „Nichtzutreffendes (bitte) streichen" **delete key** S COMPUT Löschtaste f, Entfernungstaste f **deletion** [dɪˈliːʃən] S Streichung f; IT Löschung f; **to make a ~** etwas streichen →

deli [ˈdelɪ] umg S → delicatessen

deliberate A [dɪˈlɪbərɪt] ADJ 1 absichtlich; Versuch, Beleidigung, Lüge bewusst 2 besonnen; Bewegung bedächtig B [dɪˈlɪbəreɪt] VI nachdenken (**on, upon** über +akk); mit anderen sich beraten (**on, upon** über +akk od wegen) C [dɪˈlɪbəreɪt] VT bedenken; (≈ diskutieren) beraten **deliberately** [dɪˈlɪbərɪtlɪ] ADV 1 absichtlich; **the blaze was started ~** der Brand wurde vorsätzlich gelegt 2 überlegt; sich bewegen bedächtig **deliberation** [dɪˌlɪbəˈreɪʃən] S 1 Überlegung f (**on** zu) 2 **~s** pl (Diskussionen) Beratungen pl (**of, on** über +akk)

delicacy [ˈdelɪkəsɪ] S 1 → delicatessen 2 (≈ Speise) Delikatesse f **delicate** [ˈdelɪkɪt] A ADJ 1 fein; Gesundheit zart; Mensch, Porzellan zerbrechlich; Magen empfindlich; **she's feeling a bit ~ after the party** nach der Party fühlt sie sich etwas angeschlagen 2 Unternehmen, Thema, Situation heikel; Problem delikat B PL **~s** Feinwäsche f **delicately** [ˈdelɪkɪtlɪ] ADV 1 sich bewegen zart 2 parfümiert fein; **~ flavoured** Br, **delivately flavored** US mit einem delikaten Geschmack 3 taktvoll **delicateness** S 1 Zartheit f 2 Feinheit f 3 von Unternehmen, Thema, Situation heikle Natur **delicatessen** [ˌdelɪkəˈtesn] S Feinkostgeschäft n

delicious [dɪˈlɪfəs] ADJ 1 Speise etc köstlich, lecker 2 (≈ wunderbar) herrlich **deliciously** [dɪˈlɪfəslɪ] ADV 1 zart köstlich 2 warm, duftend herrlich

delight [dɪˈlaɪt] A S Freude f; **to my ~** zu meiner Freude; **he takes great ~ in**

doing that es bereitet ihm große Freude, das zu tun; **he's a ~ to watch** es ist eine Freude, ihm zuzusehen B VI sich erfreuen (**in an** +dat)

★**delighted** [dɪˈlaɪtɪd] ADJ erfreut (**with** über +akk); **to be ~** sich sehr freuen (**at** über +akk od **that** dass); **absolutely ~** hocherfreut; **to meet you!** sehr angenehm!; **I'd be ~ to help you** ich würde Ihnen sehr gern helfen

★**delightful** [dɪˈlaɪtfʊl] ADJ reizend; Wetter, Party wunderbar **delightfully** [dɪˈlaɪtfəlɪ] ADV wunderbar

delinquency [dɪˈlɪŋkwənsɪ] S Kriminalität f **delinquent** [dɪˈlɪŋkwənt] A ADJ straffällig B S Straftäter(in) m/f(m)

delirious [dɪˈlɪrɪəs] ADJ MED im Delirium; fig im Taumel; **to be ~ with joy** im Freudentaumel sein **deliriously** [dɪˈlɪrɪəslɪ] ADV ~ **happy** euphorisch; MED im Delirium **delirium** [dɪˈlɪrɪəm] S 1 MED Delirium n; fig Taumel m

deliver [dɪˈlɪvər] A VT 1 Waren liefern, ausliefern; Nachricht überbringen; regelmäßig zustellen; **to ~ sth to sb** j-m etw liefern/überbringen/zustellen; **he ~ed the goods to the door** er lieferte die Waren ins Haus; **~ed free of charge** frei Haus (geliefert); **to ~ the goods** fig umg es bringen sl 2 Rede halten; Ultimatum stellen; Urteil verkünden 3 MED Kind zur Welt bringen B VI liefern **delivery** [dɪˈlɪvərɪ] S 1 von Waren (Aus)lieferung f; von Post Zustellung f; **please allow 28 days for ~** die Lieferzeit kann bis zu 28 Tage betragen 2 MED Entbindung f 3 von Sprecher Vortragsweise f **delivery boy** S Bote m **delivery charge** S Lieferkosten pl; für Post Zustellgebühr f **delivery costs** PL Versandkosten pl **delivery date** S Liefertermin m **delivery man** S ⟨pl - men⟩ Lieferant m **delivery note** S Lieferschein m **delivery room** S Kreißsaal m **delivery service** S Zustelldienst m, Lieferservice m **delivery van** S Lieferwagen m

delta [ˈdeltə] S Delta n

delude [dɪˈluːd] VT täuschen; **to ~ oneself** sich (dat) etwas vormachen; **stop deluding yourself that ...** hör auf, dir vorzumachen, dass ... **deluded** ADJ voller Illusionen

deluge [ˈdeljuːdʒ] wörtl S Überschwemmung f; *von Regen* Guss m; *fig* Flut f

delusion [dɪˈluːʒən] $\fbox{S}$ Illusion f, PSYCH Wahnvorstellung f; **to be under a ~** in einem Wahn leben; **to have ~s of grandeur** den Größenwahn haben

de luxe [dɪˈlʌks] $\fbox{ADJ}$ Luxus-; **~ model** Luxusmodell n; **~ version** De-Luxe-Ausführung f

delve [delv] $\fbox{V/I}$ *in Buch* sich vertiefen (**into** in +*akk*); **to ~ in(to) one's pocket** tief in die Tasche greifen; **to ~ into the past** die Vergangenheit erforschen

★**demand** [dɪˈmɑːnd] $\fbox{A}$ $\fbox{V/T}$ verlangen, fordern; *Zeit* beanspruchen; **he ~ed money** er wollte Geld haben; **he ~ed to know what had happened** er verlangte zu wissen, was passiert war; **he ~ed to see my passport** er wollte meinen Pass sehen $\fbox{B}$ $\fbox{S}$ $\fbox{1}$ Forderung f, Verlangen n (**for** nach); **by popular ~** auf allgemeinen Wunsch; **to be available on ~** auf Wunsch erhältlich sein; **to make ~s on sb** Forderungen an jn stellen $\fbox{2}$ *⟨kein pl⟩* HANDEL Nachfrage f, Bedarf m; **there's no ~ for it** es besteht keine Nachfrage danach; **to be in (great) ~** sehr gefragt sein **demanding** [dɪˈmɑːndɪŋ] $\fbox{ADJ}$ *Kind, Job* anstrengend; *Lehrer, Vorgesetzter* anspruchsvoll

demarcate [ˈdiːmɑːkeɪt] $\fbox{V/T}$ abgrenzen, demarkieren

demean [dɪˈmiːn] $\fbox{A}$ $\fbox{V/R}$ sich erniedrigen; **I will not ~ myself by doing that** ich werde mich nicht dazu hergeben, das zu tun $\fbox{B}$ $\fbox{V/T}$ erniedrigen **demeaning** [dɪˈmiːnɪŋ] $\fbox{ADJ}$ erniedrigend

demeanour [dɪˈmiːnər] $\fbox{S}$, **demeanor** *US* $\fbox{S}$ Benehmen n, Haltung f

demented [dɪˈmentɪd] $\fbox{ADJ}$ verrückt, wahnsinnig **dementia** [dɪˈmenʃə] $\fbox{S}$ Demenz f

demerara (sugar) [ˌdeməˈreərə(ˈʃugər)] $\fbox{S}$ brauner Rohrzucker

demerge [ˌdiːˈmɜːdʒ] $\fbox{V/T}$ *Unternehmen* entflechten **demerger** $\fbox{S}$ Entflechtung f; Ausgliederung f; Spaltung f

demi [ˈdemɪ] $\fbox{PRÄF}$ Halb-, halb- **demigod** [ˈdemɪgɒd] $\fbox{S}$ Halbgott m, Halbgöttin f

demilitarization [ˈdiːˌmɪlɪtəraɪˈzeɪʃən] $\fbox{S}$ Entmilitarisierung f **demilitarize** [ˌdiːˈmɪlɪtəraɪz] $\fbox{V/T}$ entmilitarisieren; **~d zone** entmilitarisierte Zone

demise [dɪˈmaɪz] $\fbox{S}$ Tod m; *fig* Ende n

demister [ˌdiːˈmɪstər] *Br* $\fbox{S}$ Gebläse n

demo [ˈdeməʊ] (= **demonstration**) $\fbox{A}$ $\fbox{S}$ $\fbox{ABK}$ ⟨*pl* -**s**⟩ Demo(nstration) f $\fbox{B}$ $\fbox{ADJ ABK}$ ⟨*attr*⟩ **~ tape** Demoband n

demobilize [diːˈməʊbɪlaɪz] $\fbox{V/T}$ demobilisieren

★**democracy** [dɪˈmɒkrəsɪ] $\fbox{S}$ Demokratie f **democrat** [ˈdeməkræt] $\fbox{S}$ Demokrat(in) m(f); **Democrat** *US* POL Demokrat(in) m(f) *(Mitglied bzw. Anhänger der demokratischen Partei)* **democratic** [ˌdeməˈkrætɪk] $\fbox{ADJ}$ $\fbox{1}$ demokratisch; **the Social Democratic Party** die Sozialdemokratische Partei; **the Christian Democratic Party** die Christlich-Demokratische Partei $\fbox{2}$ **Democratic** *US* POL der Demokratischen Partei; **the Democratic Party** die Demokratische Partei **democratically** [ˌdeməˈkrætɪkəlɪ] $\fbox{ADV}$ demokratisch **demographic** [deməˈgræfɪk] $\fbox{ADJ}$ demografisch

demolish [dɪˈmɒlɪʃ] $\fbox{V/T}$ *Haus* abbrechen; *fig Gegner* vernichten; *Kuchen etc* vertilgen **demolition** [ˌdeməˈlɪʃən] $\fbox{S}$ Abbruch m **demolition squad** $\fbox{S}$ Abbruchkolonne f

demon [ˈdiːmən] $\fbox{S}$ Dämon m; *umg (≈ Kind)* Teufel m **demonic** [dɪˈmɒnɪk] $\fbox{ADJ}$ dämonisch **demonize** [ˈdiːmənaɪz] $\fbox{V/T}$ dämonisieren

demonstrate [ˈdemənstreɪt] $\fbox{A}$ $\fbox{V/T}$ beweisen, demonstrieren; *Gerät etc* vorführen $\fbox{B}$ $\fbox{V/I}$ demonstrieren **demonstration** [ˌdemənˈstreɪʃən] $\fbox{S}$ Beweis m, Demonstration f; POL Demonstration f; *von Gerät etc* Vorführung f; **he gave us a ~** er zeigte es uns **demonstration model** $\fbox{S}$ Vorführmodell m **demonstrative** [dɪˈmɒnstrətɪv] $\fbox{ADJ}$ $\fbox{1}$ demonstrativ $\fbox{2}$ **to be ~** seine Gefühle (offen) zeigen **demonstrator** [ˈdemənstreɪtər] $\fbox{S}$ $\fbox{1}$ HANDEL Vorführer(in) m(f) *(von technischen Geräten)* $\fbox{2}$ POL Demonstrant(in) m(f)

demoralize [dɪˈmɒrəlaɪz] $\fbox{V/T}$ entmutigen; *Truppen etc* demoralisieren **demoralizing** $\fbox{ADJ}$ entmutigend; *für Truppen etc* demoralisierend

demote [dɪˈməʊt] $\fbox{V/T}$ MIL degradieren (**to** zu); *in Job* zurückstufen **demotion** [dɪˈməʊʃən] $\fbox{S}$ MIL Degradierung f; *in Job* Zurückstufung f; SPORT Abstieg m

demotivate [ˌdiːˈməʊtɪveɪt] $\fbox{V/T}$ demotivieren

D

den [den] ſ̱ **1** *von Löwe etc* Höhle *f*; *von Fuchs* Bau *m* **2** (≈ *Zimmer*) Bude *f umg*

denationalize [ˌdiːˈnæʃnəlaɪz] V/T entstaatlichen

denial [dɪˈnaɪəl] ſ̱ **1** Leugnen *n* **2** Ablehnung *f*; *von Rechten* Verweigerung *f* **3 to be in** ≈ PSYCH sich der Realität verschließen

denim [ˈdenɪm] **A** ſ̱ **1** Jeansstoff *m* **2** **~s** *pl* Jeans *pl* **B** ADJ ⟨*attr*⟩ Jeans-

★**Denmark** [ˈdenmɑːk] ſ̱ Dänemark *n*

denomination [dɪˌnɒmɪˈneɪʃən] ſ̱ **1** KIRCHE Konfession *f* **2** Bezeichnung *f* **3** *von Geld* Nennbetrag *m*

denote [dɪˈnəʊt] V/T bedeuten; *Symbol, Wort* bezeichnen

denounce [dɪˈnaʊns] V/T **1** anprangern, denunzieren (**sb to sb** j-n bei j-m) **2** *Alkoholkonsum etc* verurteilen

dense [dens] ADJ ⟨*komp* denser⟩ **1** dicht; *Menge* dicht gedrängt **2** *umg* begriffsstutzig *umg* **densely** [ˈdensli] ADV bevölkert, bewaldet dicht **density** [ˈdensɪti] ſ̱ Dichte *f*; **population ~** Bevölkerungsdichte *f*

dent [dent] **A** ſ̱ *in Metal* Beule *f*; *in Holz* Kerbe *f*; **that made a ~ in his savings** *umg* das hat ein Loch in seine Ersparnisse gerissen *umg* **B** V/T *Auto* verbeulen; *Holz* eine Delle machen in (+*akk*); *umg Stolz* anknacksen *umg*

dental [ˈdentl] ADJ Zahn-; *Behandlung* zahnärztlich **dental floss** ſ̱ Zahnseide *f* **dental flosser** ſ̱, **dental floss pick** ſ̱ Zahnseidestick *m* **dental hygiene** ſ̱ Zahnpflege *f* **dental nurse** ſ̱ Zahnarzthelfer(in) *m(f)* **dental surgeon** ſ̱ Zahnarzt *m/*-ärztin *f* **dental surgery** ſ̱ **1** Zahnheilkunde *f* **2** zahnärztliche Praxis, Zahnarztpraxis *f*

★**dentist** [ˈdentɪst] ſ̱ Zahnarzt *m*, Zahnärztin *f*; **at the ~('s)** beim Zahnarzt **dentistry** [ˈdentɪstri] ſ̱ Zahnmedizin *f* **dentures** [ˈdentʃəz] PL Zahnprothese *f*, Gebiss *n*

denunciation [dɪˌnʌnsɪˈeɪʃən] ſ̱ Anprangerung *f*, Denunziation *f*, Verurteilung *f* **Denver boot** [ˈdenvəbuːt] ſ̱ *US* Parkkralle *f*

★**deny** [dɪˈnaɪ] V/T **1** bestreiten, leugnen; *offiziell* dementieren; **do you ~ having said that?** bestreiten *od* leugnen Sie, das gesagt zu haben?; **there's no ~ing it** das lässt sich nicht bestreiten **2 to**

~ sb's request j-m seine Bitte abschlagen; **to ~ sb his rights** j-m seine Rechte vorenthalten; **to ~ sb access (to sth)** j-m den Zugang (zu etw) verwehren; **to ~ sb credit** j-m den Kredit verweigern; **I can't ~ her anything** ich kann ihr nichts abschlagen; **why should I ~ myself these little comforts?** warum sollte ich mir das bisschen Komfort nicht gönnen?

deodorant [diːˈəʊdərənt] ſ̱ Deodorant *n*

deoxyribonucleic acid [diːˌɒksɪˌraɪbəʊnjuːkleɪkˌæsɪd] ſ̱ Desoxyribonukleinsäure *f*

dep. ABK (= departs, departure) Abf.

★**depart** [dɪˈpɑːt] V/I weggehen, abreisen; *Zug* abfahren; **the train at platform 6 ~ing for …** der Zug auf Bahnsteig 6 nach …; **to be ready to ~** startbereit sein; **the visitors were about to ~** die Gäste waren im Begriff aufzubrechen **departed** [dɪˈpɑːtɪd] **A** ADJ (≈ *tot*) verstorben **B** ſ̱ **the (dear) ~** der/die (liebe) Verstorbene

★**department** [dɪˈpɑːtmənt] ſ̱ **1** Abteilung *f*; *von Behörde* Ressort *n*; **Department of Transport** *Br*, **Department of Transportation** *US* Verkehrsministerium *n* **2** SCHULE, UNIV Fachbereich *m* **departmental** [ˌdiːpɑːtˈmentl] ADJ Abteilungs-; SCHULE, UNIV Fachbereichs-; *in Behörde* des Ressorts

★**department store** ſ̱ Kaufhaus *n*

★**departure** [dɪˈpɑːtʃə] ſ̱ **1** Weggang *m*, Abreise *f* (**from** aus), Abfahrt *f*; FLUG Abflug *m*; **"departures"** "Abfahrt", FLUG "Abflug" **2** *fig* (≈ *Veränderung*) neue Richtung **departure board** ſ̱ BAHN Abfahrtstafel *f*; FLUG Abfluganzeige *f* **departure gate** ſ̱ Ausgang *m* **departure lounge** ſ̱ Abflughalle *f*, Warteraum *m* **departure time** ſ̱ FLUG Abflugzeit *f*; BAHN, *a. von Bus* Abfahrtzeit *f*

★**depend** [dɪˈpend] V/I **1** abhängen (**on sb/sth** von j-m/etw); **it ~s on what you mean by reasonable** es kommt darauf an, was Sie unter vernünftig verstehen; **how long are you staying? — it ~s** wie lange bleiben Sie? — das kommt darauf an; **it all ~s on …** das kommt ganz auf … an; **~ing on his mood** je nach seiner Laune; **~ing on how late**

we arrive je nachdem, wie spät wir ankommen **2** sich verlassen (**on, upon** auf +*akk*); **you can ~** (up)on **it!** darauf können Sie sich verlassen! **3** *Mensch* **to ~ on** angewiesen sein auf (+*akk*) **dependable** [dɪˈpendəbl] *ADJ* **dependant, dependent** [dɪˈpendənt] S̲ Abhängige(r) *m/f(m)*; **do you have ~s?** haben Sie Angehörige? **dependence** [dɪˈpendəns] S̲ Abhängigkeit *f* (**on, upon** von); **drug/alcohol ~** Drogen-/Alkoholabhängigkeit *f* **dependency** [dɪˈpendənsɪ] S̲ → dependence **dependent** A̲ *ADJ* abhängig; **~ on insulin** insulinabhängig; **to be ~ on od upon sb/sth** von j-m/etw abhängig sein; **to be ~ on charity/sb's goodwill** auf Almosen/j-s Wohlwollen angewiesen sein; **to be ~ on od upon sb/sth for sth** für etw auf j-n/etw angewiesen sein B̲ S̲ → dependant

depict [dɪˈpɪkt] V̲T̲ darstellen **depiction** [dɪˈpɪkʃən] S̲ Darstellung *f*

depilatory [dɪˈpɪlətərɪ] A̲ *ADJ* enthaarend; **~ cream** Enthaarungscreme *f* B̲ S̲ Enthaarungsmittel *n*

deplete [dɪˈpliːt] V̲T̲ **1** erschöpfen **2** verringern **depletion** [dɪˈpliːʃən] S̲ **1** Erschöpfung *f* **2** Verringerung *f; von Vorräten, Mitgliedern* Abnahme *f*

deplorable [dɪˈplɔːrəbl] *ADJ* schrecklich, schändlich; **it is ~ that ...** es ist eine Schande, dass ... **deplore** [dɪˈplɔːr] V̲T̲ **1** bedauern **2** missbilligen

deploy [dɪˈplɔɪ] V̲T̲ MIL *fig* einsetzen; **the number of troops ~ed in Germany** die Zahl der in Deutschland stationierten Streitkräfte **deployment** [dɪˈplɔɪmənt] S̲ MIL *fig* Einsatz *m*, Stationierung *f*

deport [dɪˈpɔːt] V̲T̲ *Gefangenen* deportieren; *Ausländer* abschieben **deportation** [ˌdiːpɔːˈteɪʃən] S̲ *von Ausländer* Abschiebung *f; von Häftling* Deportation *f*

depose [dɪˈpəʊz] V̲T̲ absetzen

deposit [dɪˈpɒzɪt] A̲ V̲T̲ **1** hinlegen, hinstellen **2** *Geld* deponieren (**in, with** bei); **I ~ed £500 in my account** ich zahlte £ 500 auf mein Konto ein B̲ S̲ **1** HANDEL Anzahlung *f; als Sicherheit* Kaution *f; auf Flasche etc* Pfand *n*, Depot *n schweiz;* **to put down a ~ of £1000 on a car** eine Anzahlung von £1000 für ein Auto leisten **2** *in Wein, a.* GEOL Ablagerung *f; von Erz* (Lager)stätte *f* **deposit account** S̲ Sparkonto *n* **deposit slip** S̲ *US* Einzah-

lungsschein *m*

depot [ˈdepəʊ] S̲ **1** Depot *n*, Lager (-haus) *n* **2** *US* BAHN Bahnhof *m*

depraved [dɪˈpreɪvd] *ADJ* verworfen **depravity** [dɪˈprævɪt] S̲ Verworfenheit *f*

deprecating [ˈdeprɪkeɪtɪŋ] *ADJ*, **deprecatingly** [ˈdeprɪkeɪtɪŋlɪ] *ADV* missbilligend

depreciate [dɪˈpriːʃɪeɪt] V̲I̲ an Wert verlieren

depress [dɪˈpres] V̲T̲ j-n deprimieren; *Markt* schwächen **depressed** *ADJ* **1** deprimiert (**about** über +*akk*); MED depressiv; **to look ~** niedergeschlagen aussehen **2** WIRTSCH *Markt* flau; *Wirtschaft* geschwächt; **~ area** Notstandsgebiet *n* **depressing** *ADJ* deprimierend; **these figures make ~ reading** es ist deprimierend, diese Zahlen zu lesen **depressingly** *ADV* deprimierend; **it all sounded ~ familiar** es hörte sich alles so vertraut an **depression** [dɪˈpreʃən] S̲ **1** ⟨*kein pl*⟩ Depression *f*; MED Depressionen *pl* **2** METEO Tief(druckgebiet) *n* **3** WIRTSCH Flaute *f*; **the Depression** die Weltwirtschaftskrise

deprivation [ˌdeprɪˈveɪʃən] S̲ **1** Entzug *m*, Verlust *m; von Rechten* Beraubung *f* **2** (≈*Zustand*) Entbehrung *f* **deprive** [dɪˈpraɪv] V̲T̲ **to ~ sb of sth** j-n einer Sache (*gen*) berauben; *seiner Rechte* j-m etw vorenthalten; **the team was ~d of the injured Owen** die Mannschaft musste ohne den verletzten Owen auskommen; **she was ~d of sleep** sie litt an Schlafmangel **deprived** *ADJ Mensch, Familie, Gegend* benachteiligt; *Kindheit* arm; **the ~ areas of the city** die Armenviertel der Stadt

dept [dɪˈpʌt] (≈ **department**) Abt.

*depth [depθ] S̲ **1** Tiefe *f;* **at a ~ of 3 feet** in 3 Fuß Tiefe; **to be out of one's ~** *wörtl, fig* den Boden unter den Füßen verlieren; **in ~** eingehend; *Interview* ausführlich **2** ~(**s**) Tiefen *pl;* **in the ~s of despair** in tiefster Verzweiflung; **in the ~s of winter/the forest** im tiefsten Winter/Wald; **in the ~s of the countryside** auf dem flachen Land; **to sink to new ~s** so tief wie nie zuvor sinken

deputize [ˈdepjʊtaɪz] V̲I̲ vertreten (**for sb** j-n) **deputy** [ˈdepjʊtɪ] A̲ S̲ **1** Stellvertreter(in) *m(f)* **2** (*a.* ~ **sheriff**) Hilfssheriff *m* B̲ *ADJ* ⟨*attr*⟩ stellvertretend **deputy head** [ˌdepjʊtˈhed] *Br* S̲ Konrektor(in) *m(f)*

derail [dɪˈreɪl] *VT* entgleisen lassen; *fig* scheitern lassen; **to be ~ed** entgleisen

derailment [s̱] Entgleisung *f*

deranged [dɪˈreɪndʒd] *ADJ* Verstand verwirrt; *Mensch* geistesgestört

derby [ˈdɑːbɪ] [s̱] *US* (≈ *Hut*) Melone *f*

deregulate [diːˈrɛɡjʊleɪt] *VT* deregulieren, dem freien Wettbewerb überlassen

deregulation [ˌdiːrɛɡjʊˈleɪʃən] [s̱] Deregulierung *f*, Wettbewerbsfreiheit *f* (of für)

derelict [ˈderɪlɪkt] *ADJ* verfallen

deride [dɪˈraɪd] *VT* verspotten **derision** [dɪˈrɪʒən] [s̱] Spott *m*; **to be greeted with ~** mit Spott aufgenommen werden **derisive** [dɪˈraɪsɪv] *ADJ* spöttisch **derisory** [dɪˈraɪsərɪ] *ADJ* **1** *Betrag* lächerlich **2** → derisive

derivation [ˌderɪˈveɪʃən] [s̱] Ableitung *f*; CHEM Derivation *f* **derivative** [dɪˈrɪvətɪv] **A** *ADJ* abgeleitet; *fig* nachgeahmt **B** [s̱] Ableitung *f* **derive** [dɪˈraɪv] **A** *VT* *Idee, Name* ableiten (**from** von); *Gewinn* ziehen (**from** aus); *Genugtuung* gewinnen (**from** aus) **B** *VI* **to ~ from** sich ableiten von; *Macht, Reichtum* beruhen auf (+*dat*); *Ideen* stammen von

dermatitis [ˌdɜːməˈtaɪtɪs] [s̱] Hautentzündung *f* **dermatologist** [ˌdɜːməˈtɒlədʒɪst] [s̱] Hautarzt *m*, Hautärztin *f* **dermatology** [ˌdɜːməˈtɒlədʒɪ] [s̱] Dermatologie *f*

derogatory [dɪˈrɒɡətrɪ] *ADJ* abfällig

descale [ˈdiːskeɪl] *VT* entkalken

descend [dɪˈsend] **A** *VI* **1** hinuntergehen, hinunterfahren; *Straße* hinunterführen; *Berg* abfallen **2** abstammen (**from** von) **3** (≈ *angreifen*) herfallen (**on, upon** über +*akk*); *Trauer* befallen (**on, upon sb** j-n); *Stille* sich senken (**on, upon** über +*akk*) **4** *umg* (≈ *besuchen*) **to ~ (up)on sb** j-n überfallen *umg*; **thousands of fans are expected to ~ on the city** man erwartet, dass Tausende von Fans die Stadt überlaufen **5** **to ~ to sth** sich zu etw herablassen; **to ~ into chaos** in Chaos versinken **B** *VT* **1** *Treppe* hinuntergehen **2** **to be ~ed from** abstammen von **descendant** [s̱] Nachkomme *m* **descent** [dɪˈsent] [s̱] **1** Hinuntergehen *n*, Abstieg *m*; **by parachute** Fallschirmabsprung *m* **2** Abstammung *f*, Herkunft *f*; **of noble ~**

von adliger Abstammung **3** *fig* in Verbrechen etc Absinken *n* (**into** in +*akk*); in Chaos, Irrsinn Versinken *n* (**into** in +*akk*)

descramble [diːˈskræmbl] *VT* TEL entschlüsseln

★**describe** [dɪˈskraɪb] *VT* beschreiben; **~ him for us** beschreiben Sie ihn uns (*dat*); **to ~ oneself as ...** sich/j-n als ... bezeichnen; **the police ~ him as dangerous** die Polizei bezeichnet ihn als gefährlich; **he is ~d as being tall with short fair hair** er wird als groß mit kurzen blonden Haaren beschrieben

★**description** [dɪˈskrɪpʃən] [s̱] **1** Beschreibung *f*; **she gave a detailed ~ of what had happened** sie beschrieb ausführlich, was vorgefallen war; **to answer (to)** *od* **fit the ~ of ...** der Beschreibung als ... entsprechen; **do you know anyone of this ~?** kennen Sie jemanden, auf den diese Beschreibung zutrifft? **2** Art *f*; **vehicles of every ~** *od* **of all ~s** Fahrzeuge aller Art **descriptive** [dɪˈskrɪptɪv] *ADJ* beschreibend; *Schilderung* anschaulich

desecrate [ˈdesɪkreɪt] *VT* schänden **desecration** [ˌdesɪˈkreɪʃən] [s̱] Schändung *f*

desegregation [ˈdiːˌsegrɪˈɡeɪʃən] [s̱] Aufhebung *f* der Rassentrennung (**of** in +*dat*), Desegregation *f*

desensitize [ˌdiːˈsensɪtaɪz] *VT* MED desensibilisieren; **to become ~d to sth** *fig* einer Sache (*dat*) gegenüber abstumpfen

★**desert**[1] [ˈdezət] **A** [s̱] Wüste *f* **B** *ADJ* ⟨*attr*⟩ Wüsten-

desert[2] [dɪˈzɜːt] **A** *VT* verlassen, im Stich lassen; **by the time the police arrived the place was ~ed** als die Polizei eintraf, war niemand mehr da; **in winter the place is ~ed** im Winter ist der Ort verlassen **B** *VI* MIL, *a. fig* desertieren **deserted** [dɪˈzɜːtɪd] *ADJ* verlassen; *Ort* unbewohnt; *Straße* menschenleer **deserter** [dɪˈzɜːtəʳ] [s̱] MIL *fig* Deserteur(in) *m(f)* **desertion** [dɪˈzɜːʃən] [s̱] Verlassen *n*; MIL Desertion *f*; *fig* Fahnenflucht *f*

desert island [ˈdezət-] [s̱] einsame Insel **deserts** [dɪˈzɜːts] *PL* **to get one's just ~** seine verdiente Strafe bekommen

★**deserve** [dɪˈzɜːv] *VT* verdienen; **he ~s to win** er verdient den Sieg; **he ~s to be**

D

punished er verdient es, bestraft zu werden; **she ~s better** sie hat etwas Besseres verdient **deservedly** [dɪˈzɜːvɪdlɪ] ADV verdientermaßen; **and ~ so** und das zu Recht **deserving** [dɪˈzɜːvɪŋ] ADJ verdienstvoll; *Sieger* verdient

desiccated [ˈdesɪkeɪtɪd] ADJ getrocknet

design [dɪˈzaɪn] A ⟨S⟩ **1** *von Haus, Bild, Kleid* Entwurf *m*; *von Auto, Maschine* Konstruktion *f*; **it was a good/faulty ~** es war gut/schlecht konstruiert **2** ⟨*kein pl*⟩ Design *n*, Gestaltung *f* **3** Muster *n* **4** Absicht *f*; **by ~** absichtlich; **to have ~s on sb/sth** es auf j-n/etw abgesehen haben **B** VT **1** (*=zeichnen*) entwerfen; *Maschine* konstruieren; **a well ~ed machine** eine gut durchkonstruierte Maschine **2** **to be ~ed for sb/sth** für j-n/etw bestimmt sein; **this magazine is ~ed to appeal to young people** diese Zeitschrift soll junge Leute ansprechen

designate [ˈdezɪɡneɪt] VT **1** ernennen; **to ~ sb as sth** j-n zu etw ernennen **2** bestimmen; **smoking is permitted in ~d areas** Rauchen ist in den dafür bestimmten Bereichen erlaubt; **to be the ~d driver** als Fahrer bestimmt sein

designer [dɪˈzaɪnə] A ⟨S⟩ **1** Designer(in) *m(f)* **2** Modeschöpfer(in) *m(f)* **3** *von Maschinen* Konstrukteur(in) *m(f)* **B** ADJ ⟨*attr*⟩ Designer-; **~ clothes** Designerkleider *pl*; **~ stubble** Dreitagebart *m* **design fault** ⟨S⟩ Designfehler *m* **design hotel** ⟨S⟩ Designhotel *n* (*individuell geführtes Hotel*)

desirability [dɪˌzaɪərəˈbɪlɪtɪ] ⟨S⟩ Wünschbarkeit *f* **desirable** [dɪˈzaɪərəbl] ADJ **1** wünschenswert, erwünscht; *Ziel* erstrebenswert **2** *Position, Angebot* reizvoll **3** *Person* begehrenswert **desire** [dɪˈzaɪə] A ⟨S⟩ **1** Wunsch *m* (**for** nach), Sehnsucht *f* (**for** nach); *sexuell* Verlangen *n* (**for** nach); **a ~ for peace** ein Verlangen *n* nach Frieden; **heart's ~** Herzenswunsch *m*; **I have no ~ to see him** ich habe kein Verlangen, ihn zu sehen; **I have no ~ to cause you any trouble** ich möchte Ihnen keine Unannehmlichkeiten bereiten **B** VT wünschen; *etw* sich (*dat*) wünschen; *Person* begehren; *Frieden* verlangen nach; **if ~d** auf Wunsch; **to have the ~d effect** die gewünschte Wirkung haben; **it leaves**

much *od* **a lot to be ~d** das lässt viel zu wünschen übrig; **it leaves something to be ~d** es lässt zu wünschen übrig

⭐**desk** [desk] ⟨S⟩ Schreibtisch *m*; SCHULE Pult *n*; *in Laden* Kasse *f*, Kassa *f österr*; *in Hotel* Empfang *m* **desk calendar** *US* ⟨S⟩ Tischkalender *m* **desk clerk** *US* ⟨S⟩ Rezeptionist(in) *m(f)*, Empfangschef(in) *m(f)* **desk diary** ⟨S⟩ Tischkalender *m* **desk job** ⟨S⟩ Bürojob *m* **desk lamp** ⟨S⟩ Schreibtischlampe *f* **desktop computer** ⟨S⟩ Desktop-PC *m* **desktop publishing** ⟨S⟩ Desktop-Publishing *n*

desolate [ˈdesəlɪt] ADJ trostlos; *Ort* verwüstet; *Gefühl, Schrei* verzweifelt **desolation** [ˌdesəˈleɪʃən] ⟨S⟩ **1** *durch Krieg* Verwüstung *f* **2** *von Landschaft* (*≈Kummer*) Trostlosigkeit *f*

desoxyribonucleic acid [dɪsˈɒksɪˌraɪbəʊnjuːˈkleɪɪkˌæsɪd] ⟨S⟩ Desoxyribonukleinsäure *f*

⭐**despair** [dɪˈspeə] A ⟨S⟩ Verzweiflung *f* (**about, at** über *+akk*); **he was filled with ~** Verzweiflung überkam ihn; **to be in ~** verzweifelt sein **B** VI verzweifeln; **to ~ of doing sth** alle Hoffnung aufgeben, etw zu tun **despairing** ADJ, **despairingly** [dɪsˈpeərɪŋ, -lɪ] ADV verzweifelt

despatch [dɪˈspætʃ] *bes Br* VT & ⟨S⟩ → dispatch

⭐**desperate** [ˈdespərɪt] ADJ **1** verzweifelt; *Verbrecher* zum Äußersten entschlossen; *Lösung* extrem; **to get** *od* **grow ~** verzweifeln; **things are ~** die Lage ist extrem; **the ~ plight of the refugees** die schreckliche Not der Flüchtlinge; **to be ~ to be/do sth** etw unbedingt sein/tun wollen; **to be ~ for sth** etw unbedingt brauchen; **are you going out with Jim? you must be ~!** *umg hum* du gehst mit Jim aus? dir muss es ja wirklich schlecht gehen!; **I'm not that ~!** so schlimm ist es auch wieder nicht! **2** *Not, Bedarf* dringend; **to be in ~ need of sth** etw dringend brauchen; **a building in ~ need of repair** ein Gebäude, das dringend repariert werden muss **desperately** [ˈdespərɪtlɪ] ADV **1** *kämpfen, suchen, probieren* verzweifelt **2** *benötigen* dringend; *wollen* unbedingt **3** *wichtig, traurig* äußerst; **~ ill** schwer krank; **to be ~ worried (about sth)** sich (*dat*) (über etw *akk*) schreckliche Sorgen machen; **I'm not ~ worried** ich mache mir keine allzu großen Sorgen; **to be ~ keen to do sth** etw unbedingt tun wollen; **I'm not ~ keen on ...** ich bin nicht besonders scharf auf (akk) ...; ~ **unhappy** todunglücklich; **to try ~ hard to do sth** verzweifelt versuchen, etw zu tun **desperation** [ˌdespəˈreɪʃən] S̲ Verzweiflung f

despicable [dɪˈspɪkəbl] ADJ verabscheuungswürdig; Mensch verachtenswert **despicably** [dɪˈspɪkəblɪ] ADV ⟨+v⟩ abscheulich

despise [dɪˈspaɪz] V̲T̲ verachten; **to ~ oneself (for sth)** sich selbst (wegen etw) verachten

despite [dɪˈspaɪt] PRÄP trotz (+gen); ~ **his warnings** seinen Warnungen zum Trotz; ~ **what he says** trotz allem, was sie sagt

despondent [dɪˈspɒndənt] ADJ niedergeschlagen

despot [ˈdespɒt] S̲ Despot(in) m(f)

★**dessert** [dɪˈzɜːt] S̲ Nachtisch m; **for ~** zum Nachtisch **dessertspoon** [dɪˈzɜːtspuːn] S̲ Dessertlöffel m

destabilization [ˌdiːsteɪbɪlaɪˈzeɪʃən] S̲ Destabilisierung f **destabilize** [diːˈsteɪbɪlaɪz] V̲T̲ destabilisieren

destination [ˌdestɪˈneɪʃən] S̲ Reiseziel n; von Waren Bestimmungsort m **destination airport** S̲ Zielflughafen m **destine** [ˈdestɪn] V̲T̲ bestimmen; **to be ~d to do sth** dazu bestimmt sein, etw zu tun; **we were ~d to meet** das Schicksal hat es so gewollt, dass wir uns begegnen; **I was ~d never to see them again** ich sollte sie nie (mehr) wiedersehen **destined** ADJ ~ **for** unterwegs nach; Waren für **destiny** [ˈdestɪnɪ] S̲ Schicksal n; **to control one's own ~** sein Schicksal selbst in die Hand nehmen

destitute [ˈdestɪtjuːt] ADJ mittellos **destitution** [ˌdestɪˈtjuːʃn] S̲ (völlige) Armut

★**destroy** [dɪˈstrɔɪ] V̲T̲ zerstören, kaputt machen; Dokumente, Spuren, j-n vernichten; Tier einschläfern; Hoffnung, Chancen zunichtemachen; **to be ~ed by fire** durch Brand vernichtet werden **destroyer** [dɪˈstrɔɪəʳ] S̲ SCHIFF Zerstörer m

★**destruction** [dɪˈstrʌkʃən] S̲ 1 (≈ Vorgang) Zerstörung f; von Menschen, Dokumenten Vernichtung f 2 (≈ Schaden) Verwüstung f **destructive** [dɪˈstrʌktɪv] ADJ destruktiv; Kraft, Natur zerstörerisch **destructiveness** [dɪˈstrʌktɪvnɪs] S̲ Destruktivität f; von Feuer, Krieg zerstörende Wirkung; von Waffe Zerstörungskraft f

detach [dɪˈtætʃ] V̲T̲ loslösen; Formular abtrennen; Maschinenteil, Abdeckung abnehmen (**from** von) **detachable** [dɪˈtætʃəbl] ADJ Maschinenteil, Kragen abnehmbar; Formular abtrennbar (**from** von) **detached** ADJ 1 Art und Weise distanziert 2 Br ~ **house** Einzelhaus n

★**detail** [ˈdiːteɪl] S̲ Detail n, Einzelheit f; **in ~** im Detail; **please send me further ~s** bitte schicken Sie mir weitere Einzelheiten; **to go into ~s** ins Detail gehen; **his attention to ~** seine Aufmerksamkeit für das Detail **detailed** ADJ ausführlich; Analyse eingehend; Wissen, Arbeit, Ergebnisse, Bild detailliert

detain [dɪˈteɪn] V̲T̲ in Haft nehmen; **to be ~ed** Vorgang verhaftet werden; Zustand sich in Haft befinden; **to ~ sb for questioning** j-n zur Vernehmung festhalten 2 aufhalten

detect [dɪˈtekt] V̲T̲ entdecken, ausfindig machen; Verbrechen aufdecken; Bewegung, Geräusche wahrnehmen **detection** [dɪˈtekʃən] S̲ 1 von Verbrechen, Fehler Entdeckung f; **to avoid ~** od **escape ~** nicht entdeckt werden 2 von Gas, Minen Aufspürung f **detective** [dɪˈtektɪv] S̲ Detektiv(in) m(f); Kriminalbeamte(r) m/-beamtin f **detective agency** S̲ Detektivbüro n **detective constable** Br S̲ Kriminalbeamte(r) m/-beamtin f **detective inspector** S̲ Kriminalinspektor(in) m(f) **detective novel** S̲ Kriminalroman m **detective sergeant** S̲ Kriminalmeister(in) m(f) **detective story** S̲ Kriminalgeschichte f, Krimi m umg **detective work** S̲ kriminalistische Arbeit **detector** [dɪˈtektəʳ] S̲ TECH Detektor m

detention [dɪˈtenʃən] S̲ Haft f; Vorgang Festnahme f; SCHULE Nachsitzen n; **to get ~** SCHULE nachsitzen müssen; **he's in ~** SCHULE er sitzt nach **detention centre** S̲, **detention center** US S̲ Jugendstrafanstalt f; für Flüchtlinge Auffanglager n

deter [dɪˈtɜːʳ] V̲T̲ abhalten, abschrecken; **to ~ sb from sth** j-n von etw abhalten; **to ~ sb from doing sth** j-n davon abhalten, etw zu tun

detergent [dɪ'tɜːdʒənt] [S] Reinigungsmittel *n*, Waschmittel *n*

deteriorate [dɪ'tɪərɪəreɪt] [V/I] sich verschlechtern; *Materialien* verderben; *Gewinne* zurückgehen **deterioration** [dɪ,tɪərɪə'reɪʃən] [S] Verschlechterung *f*; *von Materialien* Verderben *n*

determinate [dɪ'tɜːmɪnɪt] [ADJ] *Anzahl, Richtung* bestimmt; *Vorstellung* festgelegt **determination** [dɪ,tɜːmɪ'neɪʃən] [S] Entschlossenheit *f*; **he has great ~** er ist ein Mensch von großer Entschlusskraft **determine** [dɪ'tɜːmɪn] [V/T] bestimmen; *Bedingungen, Preis* festlegen, feststellen

★**determined** [dɪ'tɜːmɪnd] [ADJ] entschlossen; **to make a ~ effort** *od* **attempt to do sth** sein Möglichstes tun, um etw zu tun; **he is ~ that …** er hat (fest) beschlossen, dass …; **to be ~ to do sth** fest entschlossen sein, etw zu tun; **he's ~ to make me lose my temper** er legt es darauf an, dass ich wütend werde

deterrent [dɪ'terənt] [A] [S] Abschreckungsmittel *n*; **to be a ~** abschrecken [B] [ADJ] abschreckend

detest [dɪ'test] [V/T] hassen; **I ~ having to get up early** ich hasse es, früh aufstehen zu müssen **detestable** [dɪ'testəbl] [ADJ] widerwärtig, abscheulich

detonate ['detəneɪt] [A] [V/I] zünden; *Bombe* detonieren [B] [V/T] zur Explosion bringen **detonator** ['detəneɪtə^r] [S] Zündkapsel *f*

detour ['diːtʊə^r] [S] [1] Umweg *m*; **to make a ~** einen Umweg machen [2] *US, von Verkehr* Umleitung *f*

detox ['diːtɒks] *umg* [S] Entzug *m umg* **detoxification** [,diːtɒksɪfɪ'keɪʃən] [S] Entgiftung *f* **detoxify** [,diː'tɒksɪfaɪ] [V/T] entgiften

detract [dɪ'trækt] [V/I] **to ~ from sth** einer Sache (*dat*) Abbruch tun

detriment ['detrɪmənt] [S] Schaden *m*; **to the ~ of sth** zum Schaden von etw **detrimental** [,detrɪ'mentl] [ADJ] schädlich; *einer Sache* abträglich (**to** *+dat*); **to be ~ to sb/sth** j-m/einer Sache (*dat*) schaden

deuce [djuːs] [S] *Tennis* Einstand *m*

Deutschmark ['dɔɪtʃmɑːk] [S] HIST D-Mark *f*

devaluation [,dɪvæljʊ'eɪʃən] [S] Abwertung *f* **devalue** [diː'væljuː] [V/T] abwerten

devastate ['devəsteɪt] [V/T] [1] *Stadt, Land* verwüsten; *Wirtschaft* zugrunde richten [2] *umg* umhauen *umg*; **to be ~d** am Boden zerstört sein; **they were ~d by the news** die Nachricht hat sie tief erschüttert **devastating** ['devəsteɪtɪŋ] [ADJ] [1] verheerend; **to be ~ to** *od* **for sth, to have a ~ effect on sth** verheerende Folgen für etw haben [2] *fig Effekt* schrecklich; *Nachricht* niederschmetternd; *Angriff, Leistung* unschlagbar; *Niederlage, Schlag* vernichtend; **a ~ loss** ein vernichtender Verlust; **to be ~ for sb** j-n niederschmettern **devastation** [,devə'steɪʃən] [S] Verwüstung *f*

★**develop** [dɪ'veləp] [A] [V/T] [1] entwickeln [2] *Gebiet* erschließen; *Altstadt* sanieren; *Erkältung* sich (*dat*) zuziehen [B] [V/I] sich entwickeln (**from** aus); *Talent, Handlung etc* sich entfalten; **to ~ into sth** sich zu etw entwickeln **developer** [dɪ'veləpə^r] [S] [1] → property developer [2] **late ~** Spätentwickler(in) *m(f)* **developing** [dɪ'veləpɪŋ] [ADJ] *Krise* aufkommend; *Wirtschaft* sich entwickelnd; **the ~ world** die Entwicklungsländer *pl* **developing country** [S] Entwicklungsland *n*

★**development** [dɪ'veləpmənt] [S] [1] Entwicklung *f*; **to await (further) ~s** neue Entwicklungen abwarten [2] *von Gebiet* Erschließung *f*; *von Altstadt* Sanierung *f*; **industrial ~** Gewerbegebiet *n*; **office ~** Bürokomplex *m*; **we live in a new ~** wir leben in einer neuen Siedlung **developmental** [dɪveləp'mentl] [ADJ] Entwicklungs-; **~ aid** *od* **assistance** POL Entwicklungshilfe *f*; **~ stage** Entwicklungsphase *f* **development grant** [S] Entwicklungsförderung *f*

deviate ['diːvɪeɪt] [V/I] abweichen (**from** von) **deviation** [,diːvɪ'eɪʃən] [S] Abweichung *f*

device [dɪ'vaɪs] [S] [1] Gerät *n*; **(explosive) ~** Sprengkörper *m* [2] **to leave sb to his own ~s** j-n sich (*dat*) selbst überlassen

★**devil** ['devl] [S] [1] Teufel *m*; (≈ *Sache*) Plage *f*; **you little ~!** du kleiner Satansbraten!; **go on, be a ~** los, nur zu, riskiers! *umg* [2] *umg* **I had a ~ of a job getting here** es war verdammt schwierig, hierherzukommen *umg*; **who the ~ …?** wer zum Teufel …? [3] **to be between the Devil and the deep blue sea** sich in einer Zwickmühle befinden; **go to the ~!** *umg* scher dich zum Teufel! *umg*; **talk of the ~!** wenn man vom Teufel spricht!; **better the ~ you know (than the ~ you don't)** *sprichw* von zwei Übeln wählt man besser das, was man schon kennt **devilish** ['devlɪʃ] ADJ teuflisch **devil's advocate** 5 **to play ~** den Advocatus Diaboli spielen

devious ['diːvɪəs] ADJ *Mensch* verschlagen; *Mittel* hinterhältig; *Plan, Spiel* trickreich; **by ~ means** auf die krumme Tour *umg*; **to have a ~ mind** ganz schön schlau sein **deviously** ['diːvɪəslɪ] ADV ⟨+v⟩ mit List und Tücke **deviousness** ['diːvɪəsnɪs] 5 Verschlagenheit *f*

devise [dɪ'vaɪz] VT sich (*dat*) ausdenken; *Mittel* finden; *Plan* schmieden; *Strategie* ausarbeiten

devoid [dɪ'vɔɪd] ADJ **~ of** ohne

devolution [ˌdiːvə'luːʃən] 5 von Macht Übertragung *f* (**from … to** von … auf *+akk*); POL Dezentralisierung *f* **devolve** [dɪ'vɒlv] VT übertragen (**on, upon** auf *+akk*); **a ~d government** eine dezentralisierte Regierung

devote [dɪ'vəʊt] VT widmen (**to** *+dat*); *Kräfte* konzentrieren (**to** auf *+akk*); *Gebäude* verwenden (**to** für) **devoted** ADJ *Ehefrau, Vater* liebend; *Diener, Fan* treu; *Bewunderer* eifrig, begeistert; **to be ~ to sb** j-n innig lieben; *Diener, Fan* j-m treu ergeben sein; **to be ~ to one's family** in seiner Familie völlig aufgehen **devotedly** [dɪ'vəʊtɪdlɪ] ADV hingebungsvoll; *dienen, folgen* treu; *unterstützen* eifrig **devotion** [dɪ'vəʊʃən] 5 gegenüber *Freund, Ehefrau etc* Ergebenheit *f* (**to** gegenüber); *an Arbeit* Hingabe *f* (**to an** *+akk*); **~ to duty** Pflichteifer *m*

devour [dɪ'vaʊəʳ] VT verschlingen

devout [dɪ'vaʊt] ADJ *Mensch, Muslim* fromm; *Marxist, Anhänger* überzeugt **devoutly** [dɪ'vaʊtlɪ] ADV REL mit Adjektiv tief; *mit Verb* fromm

dew [djuː] 5 Tau *m*

dexterity [deks'terɪtɪ] 5 Geschick *n*

DfEE *Br* ABK (= Department for Education and Employment) Ministerium *n* für Bildung und Arbeit

diabesity [ˌdaɪə'biːsɪtɪ] 5 Diabetes *m* wegen Fettleibigkeit **diabetes** [ˌdaɪə'biːtiːz] 5 Diabetes *m* **diabetic** [ˌdaɪə'betɪk] A ADJ 1 zuckerkrank 2 *Schokolade, Me-*

dikamente für Diabetiker B 5 Diabetiker(in) *m(f)*

diabolic [ˌdaɪə'bɒlɪk], **diabolical** [ˌdaɪə'bɒlɪkəl] *umg* ADJ entsetzlich; **~al weather** Sauwetter *n umg*

diagnose ['daɪəgnəʊz] VT diagnostizieren **diagnosis** [ˌdaɪəg'nəʊsɪs] 5 ⟨*pl* diagnoses [ˌdaɪəg'nəʊsiːz]⟩ Diagnose *f*; **to make a ~** eine Diagnose stellen **diagnostic** [ˌdaɪəg'nɒstɪk] ADJ diagnostisch **diagnostics** ⟨*sg od pl*⟩ Diagnostik *f*

diagonal [daɪ'ægənl] A ADJ diagonal B 5 Diagonale *f* **diagonally** [daɪ'ægənəlɪ] ADV diagonal, schräg; **he crossed the street ~** er ging schräg über die Straße; **~ opposite sb/sth** j-m/einer Sache (*dat*) schräg gegenüber

diagram ['daɪəgræm] 5 Diagramm *n*; (≈ *Tabelle*) grafische Darstellung; **as shown in the ~** wie das Diagramm/die grafische Darstellung zeigt

★**dial** ['daɪəl] A 5 von *Uhr* Zifferblatt *n*; von *Messgerät* Skala *f*; *an Radio etc* Einstellskala *f* B VT & VI TEL wählen; **to ~ direct** durchwählen; **you can ~ London direct** man kann nach London durchwählen; **to ~ 999** *Br*, **to ~ 911** *US* den Notruf wählen

dialect ['daɪəlekt] A 5 Dialekt *m*, Mundart *f*; **the country people spoke in ~** die Landbevölkerung sprach Dialekt B ADJ ⟨*attr*⟩ Dialekt-

dialling code ['daɪəlɪŋ-] 5 *Br* TEL Vorwahl(nummer) *f* **dialling tone** 5 *Br* TEL Amtszeichen *n*

dialogue ['daɪəlɒg] 5, **dialog** *US* 5 Dialog *m*; **~ box** IT Dialogfeld *n*

dial tone 5 *US* TEL Amtszeichen *n* **dial-up** ['daɪəl'ʌp] ADJ ⟨*attr*⟩ IT Wähl-; **~ link** Wählverbindung *f*; **~ modem** (Wähl)modem *n*

dialysis [daɪ'ælɪsɪs] 5 Dialyse *f*

diameter [daɪ'æmɪtəʳ] 5 Durchmesser *m*; **to be one foot in ~** einen Durchmesser von einem Fuß haben

★**diamond** ['daɪəmənd] A 1 Diamant *m* 2 **~s** *pl* KART Karo *n*; **the seven of ~s** die Karosieben; **~ bracelet** Diamantarmband *n* **diamond jubilee** 5 60-jähriges Jubiläum **diamond-shaped** ADJ rautenförmig **diamond wedding** 5 diamantene Hochzeit

diaper ['daɪəpəʳ] *US* 5 Windel *f*

diaphragm ['daɪəfræm] 5 ANAT, PHYS

Diaphragma *n*; FOTO Blende *f*; (≈ *Verhütungsmittel*) Pessar *n*

diarrhoea [ˌdaɪəˈriːə] **S̲**, **diarrhea** US **S̲** Durchfall *m*

diary [ˈdaɪərɪ] **S̲** Tagebuch *n*; *im Büro* (Termin)kalender *m*; **to keep a ~** ein Tagebuch/einen Terminkalender führen; **desk/pocket ~** Schreibtisch-/Taschenkalender *m*; **I've got it in my ~** es steht in meinem (Termin)kalender

dice [daɪs] **A̲** **S̲** ⟨*pl* -⟩ Würfel *m*; **to roll** *od* **throw the ~** würfeln **B̲** V̲T̲ GASTR in Würfel schneiden

dick [dɪk] **1** *sl* (≈ *Penis*) Schwanz *m sl* **2** *Br pej umg* Arsch *m vulg* **dickhead** [ˈdɪkhed] *pej umg* **S̲** Arsch *m vulg*

dicky bow [ˈdɪkɪˌbəʊ] **S̲** *Br* (≈ *Krawatte*) Fliege *f*

dictate [dɪkˈteɪt] V̲T̲ & V̲I̲ diktieren **♦dictate to** V̲I̲ ⟨+*obj*⟩ diktieren (+*dat*); **I won't be dictated to** ich lasse mir keine Vorschriften machen

dictation [dɪkˈteɪʃən] **S̲** Diktat *n*

dictator [dɪkˈteɪtəʳ] **S̲** Diktator(in) *m(f)* **dictatorial** [ˌdɪktəˈtɔːrɪəl] A̲D̲J̲, **dictatorially** [ˌdɪktəˈtɔːrɪəl, -ɪ] A̲D̲V̲ diktatorisch **dictatorship** [dɪkˈteɪtəʃɪp] **S̲** POL, *a. fig* Diktatur *f*

diction [ˈdɪkʃən] **S̲** (≈ *Art des Sprechens*) Diktion *f*

★**dictionary** [ˈdɪkʃənrɪ] **S̲** Wörterbuch *n*

did [dɪd] PR̲A̲T̲ → do

didactic [dɪˈdæktɪk] A̲D̲J̲ didaktisch

diddle [ˈdɪdl] *umg* V̲T̲ bescheißen *umg*

didn't [ˈdɪdənt] A̲B̲K̲ (= did not) → do

★**die** [daɪ] **A̲** V̲I̲ **1** *wörtl* sterben; **to die** *od* **from hunger/pneumonia** vor Hunger/an Lungenentzündung sterben; **he died from his injuries** er erlag seinen Verletzungen; **he died a hero** er starb als Held; **to be dying** im Sterben liegen; **never say die!** nur nicht aufgeben!; **to die laughing** *umg* sich totlachen *umg*; **I'd rather die!** *umg* lieber würde ich sterben! **2** *fig umg* **to be dying to do sth** darauf brennen, etw zu tun; **I'm dying to know what happened** ich bin schrecklich gespannt zu hören, was passiert ist; **I'm dying for a cigarette** ich brauche jetzt unbedingt eine Zigarette; **I'm dying of thirst** ich verdurste fast; **I'm dying from/to visit** ich kann seinen Besuch kaum noch abwarten **3** *Motor* absterben **B̲** V̲T̲ **to die a hero's/a vi-**

olent death den Heldentod/eines gewaltsamen Todes sterben **♦die away** V̲I̲ Ton, Geräusch schwächer werden; *Wind* sich legen **♦die down** V̲I̲ nachlassen; *Feuer* herunterbrennen; *Ton, Geräusch* schwächer werden **♦die off** V̲I̲ (hin)wegsterben **♦die out** V̲I̲ aussterben

die-hard [ˈdaɪhɑːd] A̲D̲J̲ zäh; *pej* reaktionär

diesel [ˈdiːzəl] **S̲** Diesel *m* **diesel oil** **S̲** Dieselöl *n*

diet [ˈdaɪət] **A̲** **S̲** Nahrung *f*, Ernährung *f*; *für Diabetiker etc* Diät *f*; *zum Abnehmen* Schlankheitskur *f*; **to put sb on a ~** j-m eine Schlankheitskur verordnen; **to be/go on a ~** eine Schlankheitskur machen **B̲** V̲I̲ eine Schlankheitskur machen **C̲** A̲D̲J̲ *Getränk* Diät-, light; **~ cola** Cola light **dietary fibre** [ˈdaɪətrɪ] **S̲**, **dietary fiber** US **S̲** Ballaststoff *m* **dietary supplement** [ˈdaɪətrɪ] **S̲** Nahrungsergänzungsmittel *n* **dietician** [ˌdaɪəˈtɪʃən] **S̲**, **dietitian** **S̲** Ernährungsberater(in) *m(f)*, Ernährungswissenschaftler(in) *m(f)*, Diätist(in) *m(f)*

differ [ˈdɪfəʳ] V̲I̲ **1** sich unterscheiden (**from** von) **2** **to ~ with sb over sth** über etw (*akk*) anderer Meinung sein als j-d

★**difference** [ˈdɪfrəns] **S̲** **1** Unterschied *m* (**in, between** zwischen +*dat*); **that makes a big ~ to me** das ist für mich ein großer Unterschied; **to make a ~ to sth** einen Unterschied bei etw machen; **that makes a big** *od* **a lot of ~,** **that makes all the ~** das ändert die Sache völlig; **what ~ does it make if …?** was macht es schon, wenn …?; **it makes no ~,** **it doesn't make any ~** es ist egal; **it makes no ~ to me** das ist mir egal; **for all the ~ it makes** obwohl es ja eigentlich egal ist; **I can't tell the ~** ich kann keinen Unterschied erkennen; **a job with a ~** *umg* ein Job, der mal was anderes ist **2** *zwischen Beträgen, Summen* Differenz *f* **3** Auseinandersetzung *f*; **a ~ of opinion** eine Meinungsverschiedenheit; **to settle one's ~s** die Differenzen beilegen

★**different** [ˈdɪfrənt] **A̲** A̲D̲J̲ andere(r, s), anders *präd* (**from, to** als), verschieden, unterschiedlich; **completely ~** völlig verschieden, völlig verändert; **that's ~!**

D

das ist was anderes!; **in what way are they ~?** wie unterscheiden sie sich?; **to feel (like) a ~ person** ein ganz anderer Mensch sein; **to do something ~** etwas anderes tun; **that's quite a ~ matter** das ist etwas völlig anderes; **he wants to be ~** er will unbedingt anders sein **B** ADV anders; **he doesn't know any ~** er weiß es nicht besser **differential** [ˌdɪfəˈrenʃəl] S̲ Unterschied *m* **(between** zwischen *+dat*) **differentiate** [ˌdɪfəˈrenʃieɪt] V̲T̲ & V̲I̲ unterscheiden **differently** [ˈdɪfrəntli] ADV anders **(from** als), unterschiedlich; **~ abled person** Behinderte(r) *m/f(m)*

★**difficult** [ˈdɪfɪkəlt] ADJ schwer; *Mensch, Situation, Buch* schwierig; **the ~ thing is that ...** die Schwierigkeit liegt darin, dass ...; **it was a ~ decision to make** es war eine schwere Entscheidung; **it was ~ for him to leave her** es fiel ihm schwer, sie zu verlassen; **it's ~ for youngsters** *od* **youngsters find it ~ to get a job** junge Leute haben Schwierigkeiten, eine Stelle zu finden; **he's ~ to get on with** es ist schwer, mit ihm auszukommen; **to make it ~ for sb** es j-m nicht leicht machen; **to have a ~ time (doing sth)** Schwierigkeiten haben(, etw zu tun); **to put sb in a ~ position** j-n in eine schwierige Lage bringen; **to be ~ (about sth)** (wegen etw) Schwierigkeiten machen

★**difficulty** [ˈdɪfɪkəlti] S̲ Schwierigkeit *f*; **with/without ~** mit/ohne Schwierigkeiten; **he had ~ (in) setting up in business** es fiel ihm nicht leicht, sich selbstständig zu machen; **she had great ~ (in) breathing** sie konnte kaum atmen; **in ~** *od* **difficulties** in Schwierigkeiten; **to get into difficulties** in Schwierigkeiten geraten

diffident [ˈdɪfɪdənt] ADJ zurückhaltend, bescheiden; *Lächeln* zaghaft

diffuse [dɪˈfjuːz] V̲T̲ *Spannung* abbauen

★**dig** [dɪg] ⟨*v: prät, pperf* dug⟩ **A** V̲T̲ 1 graben; *Garten* umgraben; *Grab* ausheben 2 bohren **(sth into sth** etw in etw *+akk*); **to dig sb in the ribs** j-n in die Rippen stoßen 3 **I dig her a lot** *umg* ich finde sie total cool *umg*, ich stehe total auf sie *umg* **B** V̲I̲ graben; TECH schürfen; **to dig for minerals** Erz schürfen; **to dig deep** *finanziell* auf seine letzten

Reserven zurückgreifen; *fig* seine letzten Kräfte mobilisieren **C** S̲ *Br* Stoß *m*; **to give sb a dig in the ribs** j-m einen Rippenstoß geben; **to have a dig at sb/sth** über j-n/etw eine spitze Bemerkung machen ◆**dig around** *umg* V̲I̲ herumsuchen *umg* ◆**dig in A** V̲I̲ *umg* beim Essen reinhauen *umg* **B** V̲T̲ ⟨*trennb*⟩ **to dig one's heels in** *fig* sich auf die Hinterbeine stellen *umg* ◆**dig into** V̲I̲ ⟨*+obj*⟩ **to dig (deep) into one's pockets** *fig* tief in die Tasche greifen ◆**dig out** V̲T̲ ⟨*trennb*⟩ ausgraben **(of** aus) ◆**dig up** V̲T̲ ⟨*trennb*⟩ ausgraben; *Erde* aufwühlen; *Garten* umgraben; **where did you dig her up?** *umg* wo hast du die denn aufgegabelt? *umg*

digest [daɪˈdʒest] V̲T̲ & V̲I̲ verdauen **digestible** [dɪˈdʒestɪbl] ADJ verdaulich **digestion** [dɪˈdʒestʃən] S̲ Verdauung *f* **digestive** [dɪˈdʒestɪv] **A** ADJ Verdauungs- **B** S̲ 1 *US* Aperitif *m* 2 *Br a.* **~ biscuit** *Keks aus Weizenmehl* **digestive system** [dɪˈdʒestɪvsɪstəm] S̲ Verdauungssystem *n*

digger [ˈdɪgə*r*] S̲ TECH Bagger *m*
digicam [ˈdɪdʒɪkæm] S̲ Digitalkamera *f*
digit [ˈdɪdʒɪt] S̲ 1 Finger *m* 2 Zehe *f* 3 MATH Ziffer *f*; **a four-digit number** eine vierstellige Zahl

digital [ˈdɪdʒɪtəl] ADJ Digital-; **~ display** Digitalanzeige *f*; **~ signal** *n* Digitalsignal *n*; **~ signature** digitale Signatur, elektronische Signatur; **~ technology** Digitaltechnik *f* **digital audio broadcasting** S̲ DAB *n*, Digitalradio *n* **digital audio tape** S̲ DAT-Band *n* **digital camera** S̲ Digitalkamera *f* **digitally** [ˈdɪdʒɪtəli] ADV digital; **~ remastered** digital aufbereitet; **~ recorded** im Digitalverfahren aufgenommen **digital media** [ˌmiːst mɪt sg v] digitale Medien *pl* **digital media streamer** S̲ IT, TV Mediastreamer *m* **digital projector** S̲ Beamer *m* **digital radio** S̲ digitales Radio **digital receiver** S̲ TV Digitalempfänger *m*, Digitalreceiver *m* **digital recording** S̲ Digitalaufnahme *f* **digital technology** S̲ Digitaltechnik *f* **digital television**, **digital TV** S̲ digitales Fernsehen **digital (video) recorder** S̲ Festplattenrekorder *m*, digitaler Videorekorder

digitize [ˈdɪdʒɪtaɪz] V̲T̲ IT digitalisieren

dignified ['dɪgnɪfaɪd] ADJ Mensch (ehr)-würdig; Art, Gesicht würdevoll **dignitary** ['dɪgnɪtəri] S Würdenträger(in) m(f) **dignity** ['dɪgnɪti] S Würde f; **to die with ~** in Würde sterben; **to lose one's ~** sich blamieren

digress [daɪ'gres] V/I abschweifen

dike [daɪk] S → dyke

dilapidated [dɪ'læpɪdeɪtɪd] ADJ verfallen

dilate [daɪ'leɪt] VI Pupillen sich erweitern

dildo ['dɪldəʊ] S ⟨pl -s⟩ Dildo m

dilemma [dɪ'lemə] S Dilemma n; **to be in a ~** sich in einem Dilemma befinden; **to place sb in a ~** j-n ein Dilemma bringen

diligence ['dɪlɪdʒəns] S Fleiß m **diligent** ['dɪlɪdʒənt] ADJ fleißig; Suche, Arbeit sorgfältig **diligently** ['dɪlɪdʒəntli] ADV fleißig; suchen, arbeiten sorgfältig

dill [dɪl] S Dill m **dill pickle** S saure Gurke (mit Dill eingelegt)

dilute [daɪ'luːt] A VT verdünnen; **~ to taste** nach Geschmack verdünnen B ADJ verdünnt

dim [dɪm] A ADJ ⟨komp dimmer⟩ 1 Licht schwach; Zimmer dunkel; **the room grew dim** im Zimmer wurde es dunkel 2 undeutlich; Erinnerung dunkel; **I have a dim recollection of it** ich erinnere mich nur (noch) dunkel daran 3 umg (≈ dumm) beschränkt umg B VT Licht dämpfen; **dimmed headlights** pl US Abblendlicht n; **to dim the lights** THEAT das Licht langsam ausgehen lassen C VI Licht schwach werden

dime [daɪm] US S Zehncentstück n B VT umg **to ~ sb off** jdn verpfeifen umg

dimension [daɪ'menʃən] S Dimension f; (≈ Abmessung) Maß n **-dimensional** [-daɪ'menʃənl] ADJ ⟨suf⟩ -dimensional

diminish [dɪ'mɪnɪʃ] A VT verringern B VI sich verringern; **to ~ in size** kleiner werden; **to ~ in value** im Wert sinken

diminutive [dɪ'mɪnjʊtɪv] A ADJ winzig, klein; GRAM diminutiv B S GRAM Verkleinerungsform f

dimly ['dɪmli] ADV 1 scheinen schwach 2 undeutlich; sehen verschwommen; **I was ~ aware that ...** es war mir undeutlich bewusst, dass ... **dimmer** ['dɪmər] S ELEK Dimmer m; (GRAM AUTO Abblendlicht n, Begrenzungsleuchten pl **dimmer switch** S Dimmer m **dimness** S 1 von Licht Schwäche f; **the ~**

of the room das Halbdunkel im Zimmer 2 von Umriss Undeutlichkeit f

dimple ['dɪmpl] S an Backe, Kinn Grübchen n

dimwit ['dɪmwɪt] S Schwachkopf m umg **dimwitted** [ˌdɪm'wɪtɪd] umg ADJ beschränkt umg, schwachsinnig

din [dɪn] S Lärm m; **an infernal din** ein Höllenlärm m

dine [daɪn] VI speisen (on etw); **they ~d on caviare every night** sie aßen jeden Abend Kaviar **diner** ['daɪnər] S 1 Speisende(r) m/f(m); in Restaurant Gast m 2 US Esslokal n 3 US Speisewagen m

dinghy ['dɪŋgi] S Dingi n, Schlauchboot n

dinginess ['dɪndʒɪnɪs] S Unansehnlichkeit f **dingy** ['dɪndʒi] ADJ ⟨komp dingier⟩ düster

★**dining car** S Speisewagen m **dining hall** S Speisesaal m

★**dining room** S Esszimmer n, Speiseraum m **dining table** S Esstisch m

dinky ['dɪŋki] ADJ 1 Br umg (≈ niedlich) schnuckelig umg 2 US umg (≈ klein) winzig

★**dinner** ['dɪnər] S 1 Abendessen n, Nachtmahl n österr, Nachtessen n schweiz; formell Essen n; (≈ Lunch) Mittagessen n; **to eat** od **have (one's) ~** zu Abend/Mittag essen; **we're having people to ~** wir haben Gäste zum Essen; **~'s ready** das Essen ist fertig; **to finish one's ~** zu Ende essen; **to go out to ~** auswärts essen (gehen) **dinner-dance** S Abendessen mit Tanz **dinner jacket** S Smoking (-jacke) m(f) **dinner money** S Br SCHULE Essensgeld n **dinner party** S Abendgesellschaft f (mit Essen); **to have** od **give a small ~** ein kleines Essen geben **dinner plate** S Tafelteller m **dinner service** S Tafelservice n **dinner table** S Esstisch m; **be at the ~** bei Tisch sitzen **dinnertime** S Essenszeit f

dinosaur ['daɪnəsɔːr] S Dinosaurier m **diocese** ['daɪəsɪs] S Diözese f **diode** ['daɪəʊd] S Diode f **dioxide** [daɪ'ɒksaɪd] S Dioxid n

Dip ABK (= diploma) Diplom n

dip [dɪp] A VT 1 in Flüssigkeit tauchen (into in +akk); Brot (ein)tunken (into in +akk); **to dip sth in flour/egg** etw in Mehl/Ei wälzen 2 in Tasche etc: Hand

D

stecken 🖪 *Br* AUTO *Scheinwerfer* abblenden; **dipped headlights** Abblendlicht *n* 🖪 *US* **dip your credit card** führen Sie Ihre Kreditkarte ein, bitte Kreditkarte einführen 🖪 🔽 *Boden* sich senken; *Temperatur, Preise* fallen 🖪 🔟 **to go for a dip** kurz mal schwimmen gehen 🖪 *Bodensenke f;* (≈*Abhang*) Abfall *m* 🖪 *von Preisen* Fallen *n* 🖪 GASTR Dip *m* ♦**dip into** 🔽 ⟨+*obj*⟩ 🔟 *fig* **to dip into one's pocket** tief in die Tasche greifen; **to dip into one's savings** an seine Ersparnisse gehen 🖪 *Buch* einen kurzen Blick werfen in (+*akk*)

diphtheria [dɪfˈθɪərɪə] 🔁 Diphtherie *f*
diphthong [ˈdɪfθɒŋ] 🔁 Diphthong *m*
diploma [dɪˈpləʊmə] 🔁 Diplom *n*
diplomacy [dɪˈpləʊməsɪ] 🔁 Diplomatie *f;* **to use** ~ diplomatisch vorgehen **diplomat** [ˈdɪpləmæt] 🔁 Diplomat(in) *m(f)*
diplomatic [ˌdɪpləˈmætɪk] ADJ diplomatisch **diplomatic bag** *Br* 🔁 Diplomatenpost *f* **diplomatic immunity** 🔁 Immunität *f* **diplomatic pouch** *US* 🔁 Diplomatenpost *f* **diplomatic service** 🔁 diplomatischer Dienst

dipper [ˈdɪpə*r*] 🔁 *US* ASTRON **the Big** *od* **Great/Little Dipper** der Große/Kleine Wagen *od* Bär

dippy [ˈdɪpɪ] *umg* ADJ meschugge *umg*
dip rod *US* 🔁 → **dipstick dipstick** [ˈdɪpstɪk] 🔁 Ölmessstab *m*

DIP switch [ˈdɪpswɪtʃ] 🔁 COMPUT DIP-Schalter *m*

dip switch 🔁 AUTO Abblendschalter *m*
dire [daɪə*r*] ADJ 🔟 *Folgen* verheerend; *Warnung, Drohung* unheilvoll; *Effekt* katastrophal; *Situation* miserabel; **in ~ poverty** in äußerster Armut; **to be in ~ need of sth** etw dringend brauchen; **to be in ~ straits** in einer ernsten Notlage sein 🖪 *umg* (≈*schrecklich*) mies *umg*

★**direct** [daɪˈrekt] 🅰 ADJ direkt; *Verantwortung, Ursache* unmittelbar; *Zug* durchgehend; *entgegengesetzt* genau; **to be a ~ descendant of sb** ein direkter Nachkomme von j-m sein; **avoid ~ sunlight** direkte Sonneneinstrahlung meiden; **to take a ~ hit** einen Volltreffer einstecken 🖪 🔽 🔟 *Bemerkung, Brief* richten (**to an** +*akk*); *Bemühungen, Blick* richten (**towards** auf +*akk*); *Wut* auslassen (**towards** an +*akk*); **the violence was ~ed against the police** die Gewalttätigkeiten richte-

ten sich gegen die Polizei; **to ~ sb's attention to sb/sth** j-s Aufmerksamkeit auf j-n/etw lenken; **can you ~ me to the town hall?** können Sie mir den Weg zum Rathaus sagen? 🖪 *leiten; Verkehr* regeln 🖪 (≈*befehlen*) anweisen (**sb to do sth** j-n, etw tun) 🖪 *Film, Stück* Regie führen bei; *Sendung* leiten 🅲 ADV direkt **direct access** 🔁 IT Direktzugriff *m* **direct action** 🔁 direkte Aktion; **to take ~** direkt handeln **direct current** 🔁 ELEK Gleichstrom *m* **direct debit** 🔁 Einzugsermächtigung *f;* **to pay by ~** per Einzugsermächtigung bezahlen **direct flight** 🔁 Direktflug *m*

★**direction** [dɪˈrekʃən] 🔁 🔟 Richtung *f;* **in the wrong/right ~** in die falsche/richtige Richtung; **in the ~ of Hamburg/the hotel** in Richtung Hamburg/des Hotels; **a sense of ~** Orientierungssinn *m* 🖪 *von Firma* Leitung *f* 🖪 *von Film, Stück* Regie *f; von Sendung* Leitung *f* 🖪 ~**s** *pl* Anweisungen *pl,* Angaben *pl; für Gebrauch* (Gebrauchs)anweisung *f; für Weg* Wegbeschreibung *f;* **to ask for** ~**s** nach dem Weg fragen; **to give sb** ~**s** j-m den Weg beschreiben **directive** [dɪˈrektɪv] 🔁 Anweisung *f,* Direktive *f* **direct line** 🔁 TEL Durchwahl *f* **directly** [dɪˈrektlɪ] ADV direkt, sofort; (≈*in Kürze*) gleich; **he is ~ descended from X** er stammt in direkter Linie von X ab; ~ **responsible** unmittelbar verantwortlich **direct object** 🔁 GRAM direktes Objekt **director** [dɪˈrektə*r*] 🔁 Direktor(in) *m(f);* FILM, THEAT Regisseur(in) *m(f)* **director's chair** 🔁 FILM Regiestuhl *m* **director's cut** 🔁 FILM vom Regisseur geschnittene Fassung, Director's Cut *m* **directory** [dɪˈrektərɪ] 🔁 🔟 Adressbuch *n;* TEL Telefonbuch *n;* (≈*Gelbe Seiten*) Branchenverzeichnis *n;* TEL ~ **inquiries** *Br,* ~ **assistance** *US* (Fernsprech)auskunft *f* 🖪 IT Verzeichnis *n,* Directory *n*

★**dirt** [dɜːt] 🔁 Schmutz *m,* Erde *f;* (≈*Kot*) Dreck *m;* **to be covered in ~** völlig verschmutzt sein; **to treat sb like ~** j-n wie (den letzten) Dreck behandeln **dirt-cheap** *umg* ADJ & ADV spottbillig *umg* **dirt track** 🔁 Feldweg *m;* SPORT Aschenbahn *f*

★**dirty** [ˈdɜːtɪ] 🅰 ADJ ⟨*komp* **dirtier**⟩ schmutzig, dreckig; *Spieler* unfair; *Buch, Film, Ausdruck* unanständig; **to get sth**

~ etw schmutzig machen; **to do the ~ deed** *Br mst hum* die Übeltat vollbringen; **a ~ mind** eine schmutzige Fantasie; **~ old man** *pej, hum* alter Lustmolch *umg*; **to give sb a ~ look** *umg* j-m einen giftigen Blick zuwerfen *umg* **B** *VT* beschmutzen **dirty bomb** *S* MIL *sl* schmutzige Bombe **dirty trick** *S* gemeiner Trick **dirty weekend** *hum umg* *S* Liebeswochenende *n* **dirty work** *S* **to do sb's ~** *fig* sich (*dat*) für j-n die Finger schmutzig machen
disability [ˌdɪsəˈbɪlɪtɪ] *S* Behinderung *f*; Unvermögen *n* **disable** [dɪsˈeɪbl] *VT* **1** *j-n* zum/zur Behinderten machen **2** *Waffe* unbrauchbar machen **disabled** **A** *ADJ* behindert; **severely/partially ~** schwer/leicht behindert; **physically ~** körperbehindert; **mentally ~** geistig behindert; **~ toilet** Behindertentoilette *f* **B** *PL* **the ~** die Behinderten *pl*
disadvantage [ˌdɪsədˈvɑːntɪdʒ] *S* Nachteil *m*; **to be at a ~** im Nachteil sein; **to put sb at a ~** j-n benachteiligen **disadvantaged** *ADJ* benachteiligt **disadvantageous** [ˌdɪsædvənˈteɪdʒəs, -lɪ] *ADV* nachteilig
disaffected [ˌdɪsəˈfektɪd] *ADJ* enttäuscht; *Jugendliche, Schüler* demotiviert; *Wähler* politikverdrossen
disagree [ˌdɪsəˈɡriː] *VI* **1** *mit j-m, Ansicht* nicht übereinstimmen (**on** zu); *mit Vorschlag* nicht einverstanden sein; **zwei Menschen sich** (*dat*) nicht einig sein **2** eine Meinungsverschiedenheit haben **3** *Klima, Essen* **to ~ with sb** j-m nicht bekommen; **garlic ~s with me** ich vertrage keinen Knoblauch **disagreeable** [ˌdɪsəˈɡriːəbl] *ADJ* unangenehm; *Mensch* unsympathisch **disagreement** *S* **1** *in Bezug auf Ansichten* Uneinigkeit *f* **2** Meinungsverschiedenheit *f* **disallow** [ˌdɪsəˈlaʊ] *VT* nicht anerkennen
★**disappear** [ˌdɪsəˈpɪə] *VI* verschwinden; **he ~ed from sight** er verschwand; **to ~ into thin air** sich in Luft auflösen **disappearance** [ˌdɪsəˈpɪərəns] *S* Verschwinden *n*
★**disappoint** [ˌdɪsəˈpɔɪnt] *VT* enttäuschen **disappointed** *ADJ* enttäuscht; **she was ~ to learn that ...** sie war enttäuscht, als sie erfuhr, dass ...; **to be**

~ **that ...** enttäuscht (darüber) sein, dass ...; **to be ~ in** *od* **with** *od* **by sb/sth** von j-m/etw enttäuscht sein **disappointing** [ˌdɪsəˈpɔɪntɪŋ] *ADJ* enttäuschend; **how ~!** so eine Enttäuschung! **disappointment** *S* Enttäuschung *f*
disapproval [ˌdɪsəˈpruːvl] *S* Missbilligung *f* **disapprove** [ˌdɪsəˈpruːv] *VI* dagegen sein; **to ~ of sb** j-n ablehnen; **to ~ of sth** etw missbilligen **disapproving** *ADJ*, **disapprovingly** [ˌdɪsəˈpruːvɪŋ, -lɪ] *ADV* missbilligend
disarm [dɪsˈɑːm] **A** *VT* entwaffnen **B** *VI* MIL abrüsten **disarmament** [dɪsˈɑːməmənt] *S* Abrüstung *f* **disarming** [dɪsˈɑːmɪŋ] *ADJ* Offenheit entwaffnend
disarray [ˌdɪsəˈreɪ] *S* Unordnung *f*; **to be in ~** *Gedanken, Organisation* durcheinander sein
disassemble [ˈdɪsəˈsembl] *VT* auseinandernehmen
disassociate [ˈdɪsəˈsəʊʃɪeɪt] *VT* → dissociate
disaster [dɪˈzɑːstə] *S* Katastrophe *f*, Unheil *n*; Fiasko *n* **disaster area** *S* Katastrophengebiet *n* **disaster movie** *S* Katastrophenfilm *m* **disastrous** [dɪˈzɑːstrəs] *ADJ* katastrophal; **to be ~ for sb/sth** katastrophale Folgen für j-n/etw haben **disastrously** [dɪˈzɑːstrəslɪ] *ADV* katastrophal; **it all went ~ wrong** es was eine Katastrophe
disband [dɪsˈbænd] **A** *VT* auflösen **B** *VI* *Armee, Verein* sich auflösen
disbelief [ˈdɪsbəˈliːf] *S* Ungläubigkeit *f*; **in ~** ungläubig **disbelieve** [ˈdɪsbəˈliːv] *VT* nicht glauben
disc [dɪsk] *S*, **disk** *bes US* *S* **1** Scheibe *f*; ANAT Bandscheibe *f* **2** (≈*LP*), *a.* COMPUT Platte *f*; (≈*Compact Disc*) CD *f*; (≈*Digital Versatile Disc*) DVD *f*
discard [dɪsˈkɑːd] *VT* ausrangieren; *Idee, Plan* verwerfen
discern [dɪˈsɜːn] *VT* *mit den Sinnen* wahrnehmen; *geistig* erkennen **discernible** [dɪˈsɜːnəbl] *ADJ* erkennbar **discerning** [dɪˈsɜːnɪŋ] *ADJ* *Publikum, Leser* anspruchsvoll, kritisch; *Auge, Ohr* fein
discharge **A** [dɪsˈtʃɑːdʒ] *VT* **1** *Gefangenen, Patient* entlassen; **he ~d himself (from hospital)** er hat das Krankenhaus auf eigene Verantwortung verlassen **2** ELEK entladen; *Flüssigkeit, Gas* aussto-

D

ßen; **the factory was discharging toxic gas into the atmosphere** aus der Fabrik strömten giftige Gase in die Atmosphäre; **to ~ effluents into a river** Abwässer in einen Fluss einleiten **B** [ˈdɪstʃaːdʒ] S̲ **1** *von Soldat* Abschied *m* **2** ELEK Entladung *f; von Gas* Ausströmen *n; von Flüssigkeit* Ausfluss *m; von Eiter* Absonderung *f*

disciple [dɪˈsaɪpl] *wörtl* S̲ Jünger(in) *m(f); fig* Schüler(in) *m(f)*

disciplinary [ˌdɪsɪˈplɪnərɪ] ADJ Disziplinar-, disziplinarisch; **~ proceedings** *od* **procedures** Disziplinarverfahren *n* **discipline** [ˈdɪsɪplɪn] **A** S̲ Disziplin *f;* **to maintain ~** die Disziplin aufrechterhalten **B** V̲T̲ disziplinieren **disciplined** ADJ diszipliniert

disc jockey S̲ Diskjockey *m*

disclaim [dɪsˈkleɪm] V̲T̲ abstreiten; widerrufen **disclaimer** [dɪsˈkleɪməʳ] S̲ Dementi *n;* **to issue a ~** eine Gegenerklärung abgeben

disclose [dɪsˈkləʊz] V̲T̲ *Geheimnis* enthüllen; *Nachricht, Identität* bekannt geben; *Einkommen* angeben **disclosure** [dɪsˈkləʊʒəʳ] S̲ **1** *von Geheimnis* Enthüllung *f; von Nachricht, Identität* Bekanntgabe *f* **2** Mitteilung *f*

disco [ˈdɪskəʊ] S̲ ⟨*pl* -s⟩ Disco *f*

discolour [dɪsˈkʌləʳ], **discolor** *US* **A** V̲T̲ verfärben **B** V̲i̲ sich verfärben **discoloured** [dɪsˈkʌləd] ADJ, **discolored** *US* ADJ verfärbt

discomfort [dɪsˈkʌmfət] *wörtl* S̲ Beschwerden *pl; fig* (≈ *Beklommenheit*) Unbehagen *n*

disconcert [ˌdɪskənˈsɜːt] V̲T̲ beunruhigen **disconcerting** ADJ beunruhigend

disconnect [ˈdɪskəˈnekt] V̲T̲ *Rohr etc* trennen; *Fernseher, Bügeleisen* den Stecker ziehen; *Gas, Strom* abstellen

discontent [ˈdɪskənˈtent] S̲ Unzufriedenheit *f* **discontented** ADJ, **discontentedly** [ˌdɪskənˈtentɪd, -lɪ] ADV unzufrieden

discontinue [ˈdɪskənˈtɪnjuː] V̲T̲ aufgeben; *Gespräch, Behandlung, Projekt* abbrechen; *Gebrauch* beenden; HANDEL *Modell, Serie* auslaufen lassen; *Produktion* einstellen; **a ~d line** HANDEL eine ausgelaufene Serie

discord [ˈdɪskɔːd] S̲ **1** Uneinigkeit *f* **2** MUS Dissonanz *f,* Missklang *m*

discotheque [ˈdɪskəʊtek] S̲ Diskothek *f*

discount [ˈdɪskaʊnt] S̲ Rabatt *m,* Skonto *n/m;* **to give a ~ on sth** Rabatt auf etw *(akk)* geben; **to give sb a 5% ~** j-m 5% Rabatt/Skonto geben; **at a ~** auf Rabatt/Skonto **discount rate** S̲ FIN Diskontsatz *m* **discount store** S̲ Discountgeschäft *n*

discourage [dɪsˈkʌrɪdʒ] V̲T̲ **1** entmutigen **2** **to ~ sb from doing sth** j-m abraten, etw zu tun; *mit Erfolg* j-n davon abbringen, etw zu tun **3** abhalten; *Annäherungsversuche, Spekulationen* zu verhindern suchen; *Rauchen* unterbinden **discouraging** [dɪsˈkʌrɪdʒɪŋ], **discouragingly** [dɪsˈkʌrɪdʒɪŋ, -lɪ] ADV entmutigend

discourse [ˈdɪskɔːs] S̲ **1** *form* Diskurs *m* **2** LING Rede *f;* **direct/indirect ~** *US* direkte/indirekte Rede

★**discover** [dɪsˈkʌvəʳ] V̲T̲ entdecken; *Schuldigen* finden; *Geheimnis, Wahrheit* herausfinden; *Ursache* feststellen; *Fehler* bemerken **discoverer** [dɪsˈkʌvərəʳ] S̲ Entdecker(in) *m(f)*

★**discovery** [dɪsˈkʌvərɪ] S̲ Entdeckung *f*

discredit [dɪsˈkredɪt] **A** V̲T̲ diskreditieren **B** S̲ ⟨*kein pl*⟩ Misskredit *m* **discredited** ADJ diskreditiert

discreet [dɪˈskriːt] ADJ diskret; *Krawatte* dezent; **at a ~ distance** in einer diskreten Entfernung; **to maintain a ~ presence** eine unauffällige Präsenz aufrechterhalten; **to be ~ about sth** etw diskret behandeln **discreetly** [dɪˈskriːtlɪ] ADV diskret; *gekleidet, geschmückt* dezent

discrepancy [dɪˈskrepənsɪ] S̲ Diskrepanz *f* (**between** zwischen +*dat*)

discretion [dɪˈskreʃən] S̲ **1** Diskretion *f* **2** Ermessen *n;* **to leave sth to sb's ~** etw in j-s Ermessen *(akk)* stellen; **use your own ~** Sie müssen nach eigenem Ermessen handeln

discriminate [dɪˈskrɪmɪneɪt] V̲i̲ **1** unterscheiden (**between** zwischen +*dat*) **2** Unterschiede machen (**between** zwischen +*dat*); **to ~ in favour of sb** *Br,* **to ~ in favor of sb** *US* j-n bevorzugen; **to ~ against sb** j-n benachteiligen, j-n diskriminieren ◆**discriminate against** V̲i̲ ⟨+*obj*⟩ diskriminieren; **they were discriminated against** sie wurden diskriminiert

discriminating [dɪˈskrɪmɪneɪtɪŋ] ADJ

Mensch anspruchsvoll; *Auge* kritisch

discrimination [dɪˌskrɪmɪ'neɪʃən] $\overline{S}$ **1** Diskriminierung f; **racial ~** Rassendiskriminierung f; **sex(ual) ~** Diskriminierung f aufgrund des Geschlechts **2** Unterscheidung f (**between** zwischen +*dat*)

discriminatory [dɪ'skrɪmɪnətərɪ] $\overline{ADJ}$ diskriminierend

discus ['dɪskəs] $\overline{S}$ Diskus m; **in the ~** SPORT im Diskuswerfen

★**discuss** [dɪ'skʌs] $\overline{V/T}$ besprechen, diskutieren

★**discussion** [dɪ'skʌʃən] $\overline{S}$ Diskussion f (**of, about** über +*akk*); (≈ *Treffen*) Besprechung f; **after much** *od* **a lot of ~** nach langen Diskussionen; **to be under ~** zur Diskussion stehen; **that is still under ~** das ist noch in der Diskussion; **open to ~** zur Diskussion gestellt; **a subject for ~** ein Diskussionsthema n; **to come up for ~** zur Diskussion gestellt werden

disdain [dɪs'deɪn] $\overline{A}$ $\overline{V/T}$ verachten $\overline{B}$ $\overline{S}$ Verachtung f **disdainful** [dɪs'deɪnfʊl] $\overline{ADJ}$, **disdainfully** [dɪs'deɪnfəlɪ] $\overline{ADV}$ herablassend; *Blick* verächtlich

★**disease** [dɪ'ziːz] $\overline{S}$ Krankheit f **diseased** $\overline{ADJ}$ krank; *Gewebe* befallen

disembark [ˌdɪsɪm'bɑːk] $\overline{VI}$ von Bord gehen **disembarkation** [ˌdɪsembɑː'keɪʃən] $\overline{S}$ Landung f

disenchanted [dɪsɪn'tʃɑːntɪd] $\overline{ADJ}$ ernüchtert, desillusioniert (**with** von)

disenfranchise [ˈdɪsɪn'fræntʃaɪz] $\overline{VT}$ die bürgerlichen Ehrenrechte aberkennen (+*dat*)

disengage [ˌdɪsɪn'ɡeɪdʒ] $\overline{VT}$ **1** lösen (**from** aus) **2** **to ~ the clutch** AUTO auskuppeln

disentangle ['dɪsɪn'tæŋɡl] $\overline{VT}$ entwirren; **to ~ oneself (from sth)** *wörtl* sich (aus etw) lösen; *fig* sich (von etw) lösen

disfavour [dɪs'feɪvə'] $\overline{S}$, **disfavor** US $\overline{S}$ Ungnade f; (≈ *Abneigung*) Missfallen n; **to fall into ~ (with)** in Ungnade fallen (bei)

disfigure [dɪs'fɪɡə'] $\overline{VT}$ verunstalten; *Landschaft* verschandeln

disgrace [dɪs'ɡreɪs] $\overline{A}$ $\overline{S}$ Schande f (**to** für); *Mensch* Schandfleck m (**to** +*gen*); **you're a complete ~!** mit dir kann man sich wirklich nur blamieren!; **the cost of rented accommodation is a ~** es ist eine Schande, wie teuer Mietwohnungen sind; **in ~** mit Schimpf und Schande; **to bring ~ (up)on sb** j-m

Schande machen; **to be in ~** in Ungnade (gefallen) sein (**with** bei) $\overline{B}$ $\overline{VT}$ Schande machen (+*dat*); *Familie* Schande bringen über (+*akk*); **to ~ oneself** sich blamieren **disgraceful** $\overline{ADJ}$ erbärmlich (schlecht); *Benehmen, Szenen* skandalös; **it's quite ~ how ...** es ist wirklich eine Schande, wie ... **disgracefully** $\overline{ADV}$ schändlich

disgruntled [dɪs'ɡrʌntld] $\overline{ADJ}$ verstimmt

disguise [dɪs'ɡaɪz] $\overline{A}$ $\overline{VT}$ unkenntlich machen; *Stimme* verstellen; *Missfallen* verbergen; *Geschmack* kaschieren; *Tatsachen* verschleiern; **to ~ oneself/sb as** sich/j-n verkleiden als $\overline{B}$ $\overline{S}$ Verkleidung f; **in ~** verkleidet

disgust [dɪs'ɡʌst] $\overline{A}$ $\overline{S}$ Ekel m; *über j-s Benehmen* Empörung f; **in ~** voller Ekel/Empörung; **much to his ~ they left** sehr zu seiner Empörung gingen sie $\overline{B}$ $\overline{VT}$ *Mensch, Anblick* ekeln; *Handlungen* empören **disgusted** $\overline{ADJ}$ angeekelt; *über j-s Benehmen* empört; **to be ~ with sb** empört über j-n sein; **to be ~ with sth** angewidert von etw sein; **I was ~ with myself** ich war mir selbst zuwider **disgusting** [dɪs'ɡʌstɪŋ] $\overline{ADJ}$ **1** ekelhaft, ekelhaft **2** *Buch, Film* anstößig, obszön; **don't be ~** sei nicht so ordinär **3** unerhört **disgustingly** [dɪs'ɡʌstɪŋlɪ] $\overline{ADV}$ ekelhaft

★**dish** [dɪʃ] $\overline{S}$ **1** Schale f, Schüssel f **2** **~es** *pl* Geschirr n; **to do the ~es** abwaschen **3** Gericht n; **pasta ~es** Nudelgerichte *pl* **4** **~ aerial** *Br*, **~ antenna** Parabolantenne f, Schüssel f *umg* ◆**dish out** *umg* $\overline{VT}$ ⟨*trennb*⟩ austeilen ◆**dish up** $\overline{A}$ $\overline{VT}$ ⟨*trennb*⟩ *wörtl* auf dem Teller anrichten $\overline{B}$ $\overline{VI}$ anrichten

disharmony ['dɪs'hɑːmənɪ] $\overline{S}$ Disharmonie f

dishcloth ['dɪʃklɒθ] $\overline{S}$ Geschirrtuch n, Spültuch n

dishearten [dɪs'hɑːtn] $\overline{VT}$ entmutigen **disheartened** [dɪs'hɑːtnd] $\overline{ADJ}$ entmutigt **disheartening** $\overline{ADJ}$, **dishearteningly** [dɪs'hɑːtnɪŋ, -lɪ] $\overline{ADV}$ entmutigend

dishevelled [dɪ'ʃevəld] $\overline{ADJ}$, **disheveled** US $\overline{ADJ}$ *Haare* zerzaust; *Mensch* ungepflegt

dishonest [dɪs'ɒnɪst] $\overline{ADJ}$ unehrlich, verlogen; *Plan* unlauter **dishonestly** [dɪs'ɒnɪstlɪ] $\overline{ADV}$ **1** unehrlich; *behaupten* unehrlicherweise [2] betrügerisch, in betrügerischer Absicht **dishonesty** [dɪs'ɒnɪstɪ] [S] Unehrlichkeit *f*, Verlogenheit *f*; *von Plan* Unlauterkeit *f*

dishonour [dɪs'ɒnəʳ], **dishonor** *US* [A] [S] Schande *f*; **to bring ~ (up)on sb** Schande über j-n bringen [B] [V/T] schänden; *seiner Familie* Schande machen (+*dat*) **dishonourable** [ADJ], **dishonorable** *US* [ADJ], **dishonourably** [dɪs'ɒnərəbl, -ɪ] [ADV], **dishonorably** *US* [ADV] unehrenhaft

dishtowel *US, schott* [S] Geschirrtuch *n*

★**dishwasher** [S] (Geschirr)spülmaschine *f* **dishwasher-proof** [ADJ] spülmaschinenfest **dishwashing liquid** [S] *US* Spülmittel *n* **dishwater** [S] Spülwasser *n*

dishy ['dɪʃɪ] [ADJ] ⟨*komp* **dishier**⟩ *umg Frau, Mann* toll *umg*

disillusion [,dɪsɪ'lu:ʒən] [V/T] desillusionieren

disincentive [,dɪsɪn'sentɪv] [S] Entmutigung *f*

disinclination [,dɪsɪnklɪ'neɪʃən] [S] Abneigung *f* **disinclined** ['dɪsɪn'klaɪnd] [ADJ] abgeneigt

disinfect [,dɪsɪn'fekt] [V/T] desinfizieren **disinfectant** [,dɪsɪn'fektənt] [S] Desinfektionsmittel *n*

disinformation [,dɪsɪnfə'meɪʃn] [S] ⟨*kein pl*⟩ Desinformation *f*, gezielte Falschinformation

disinherit ['dɪsɪn'herɪt] [V/T] enterben

disintegrate [dɪs'ɪntɪgreɪt] [V/I] zerfallen; *Gestein* auseinanderbröckeln; *Gruppe* sich auflösen; *Ehe, Gesellschaft* zusammenbrechen **disintegration** [dɪs,ɪntɪ'greɪʃən] [S] Zerfall *m*; *von Gestein* Auseinanderbröckeln *n*; *von Gruppe* Auflösung *f*; *von Ehe, Gesellschaft* Zusammenbruch *m*

disinterest [dɪs'ɪntrəst] [S] Desinteresse *n* (**in** an +*dat*) **disinterested** [dɪs'ɪntrɪstɪd] [ADJ] [1] unvoreingenommen, unparteiisch [2] desinteressiert

disjointed [dɪs'dʒɔɪntɪd] [ADJ] unzusammenhängend

disk [dɪsk] [S] COMPUT Platte *f*; (≈*Floppy Disk*) Diskette *f*; **on ~** auf Platte/Diskette **disk drive** [S] Diskettenlaufwerk *n*, Festplattenlaufwerk *n* **diskette** [dɪs'ket] [S] Diskette *f* **disk operating system** [S] Betriebssystem *n* **disk space** [S] Speicherkapazität *f*

dislike [dɪs'laɪk] [A] [V/T] nicht mögen; **to ~ doing sth** etw ungern tun; **I ~ him/it intensely** ich mag ihn/es überhaupt nicht; **I don't ~ it** ich habe nichts dagegen [B] [S] Abneigung *f* (**of** gegen); **to take a ~ to sb/sth** eine Abneigung gegen j-n/etw entwickeln

dislocate ['dɪsləʊkeɪt] [V/T] MED verrenken; **to ~ one's shoulder** sich (*dat*) den Arm auskugeln **dislocation** [,dɪsləʊ'keɪʃn] [S] Verrenkung *f*

dislodge [dɪs'lɒdʒ] [V/T] *Blockierung* lösen, herausstochern

disloyal [dɪs'lɔɪəl] [ADJ] illoyal; **to be ~ to sb** j-m gegenüber nicht loyal sein **disloyalty** [dɪs'lɔɪəltɪ] [S] Illoyalität *f* (**to** gegenüber)

dismal ['dɪzməl] [ADJ] *Ort, Aussichten, Wetter* trostlos; *Leistung* miserabel **dismally** ['dɪzməlɪ] [ADV] *versagen* kläglich

dismantle [dɪs'mæntl] [V/T] auseinandernehmen; *Gerüst* abbauen

dismay [dɪs'meɪ] [A] [S] Bestürzung *f*; **in ~** bestürzt [B] [V/T] bestürzen

dismember [dɪs'membəʳ] [V/T] zerstückeln

dismiss [dɪs'mɪs] [V/T] [1] *aus Job etc* entlassen; *Versammlung* auflösen; **~!** wegtreten!; **"class ~ed"** „ihr dürft gehen" [2] *Spekulationen, Behauptungen* abtun; **to ~ sth from one's mind** etw verwerfen [3] JUR *Berufung* abweisen **dismissal** [dɪs'mɪsəl] [S] [1] Entlassung *f* [2] JUR Abweisung *f* **dismissive** [dɪs'mɪsɪv] [ADJ] *Bemerkung* wegwerfend; *Geste* abweisend **dismissively** [dɪs'mɪsɪvlɪ] [ADV] abweisend

dismount [dɪs'maʊnt] [V/I] absteigen

disobedience [,dɪsə'bi:dɪəns] [S] Ungehorsam *m* (**to** gegenüber) **disobedient** [,dɪsə'bi:dɪənt] [ADJ] ungehorsam **disobey** [,dɪsə'beɪ] [V/T] nicht gehorchen (+*dat*); *Gesetz* übertreten

disorder [dɪs'ɔ:dəʳ] [S] [1] Durcheinander *n*; **in ~** durcheinander [2] POL Unruhen *pl* [3] MED Funktionsstörung *f*; **eating ~** Essstörung *f* **disorderly** [dɪs'ɔ:dəlɪ] [ADJ] [1] unordentlich; *Warteschlange* ungeordnet [2] (≈*ungebärdig*) wild; *Menge* undiszipliniert; *Benehmen* ungehörig

disorganized [dɪs'ɔ:gənaɪzd] [ADJ] systemlos, chaotisch; **he is completely ~** bei ihm geht alles drunter und drüber

disorient [dɪsˈɔːrɪənt], **disorientate** [dɪsˈɔːrɪənteɪt] _VT_ desorientieren; _fig_ verwirren **disoriented** [dɪsˈɔːrɪntɪd] _ADJ_ desorientiert, verwirrt

disown [dɪsˈəʊn] _VT_ verleugnen

disparaging _ADJ_, **disparagingly** [dɪˈspærɪdʒɪŋ, -lɪ] _ADV_ geringschätzig

dispatch _A_ [dɪˈspætʃ] _VT_ Brief, Waren senden; _j-n, Truppen etc_ (ent)senden _B_ [dɪˈspætʃ, ˈdɪspætʃ] _S_ (= Bericht) Depesche _f_ **dispatch note** _S_ von Waren Begleitschein _m_ **dispatch rider** _S_ Motorradkurier(in) _m(f)_; MIL Kradmelder(in) _m(f)_

dispel [dɪˈspel] _VT_ Zweifel, Ängste zerstreuen; Mythos zerstören

dispensable [dɪˈspensəbl] _ADJ_ entbehrlich **dispense** [dɪˈspens] _VT_ verteilen (**to** an +akk); Automat ausgeben; **to ~ justice** Recht sprechen ◆**dispense with** _VI_ ⟨+obj⟩ verzichten auf (+akk) **dispenser** [dɪˈspensəʳ] _S_ (= Behälter) Spender _m_; mit Münzeinwurf Automat _m_ **dispensing** [dɪˈspensɪŋ] _ADJ_ ~ **chemist** Br Apotheker(in) _m(f)_

dispersal [dɪˈspɜːsəl] _S_ Verstreuen _n_; von Menge Auflösung _f_ **disperse** [dɪˈspɜːs] _A_ _VT_ verstreuen; BOT Samen verteilen; Menge auflösen; _fig_ Wissen verbreiten _B_ _VI_ sich auflösen

dispirited [dɪˈspɪrɪtɪd] _ADJ_ entmutigt

displace [dɪsˈpleɪs] _VT_ verschieben; Menschen vertreiben **displaced person** [dɪs‚pleɪstˈpɜːsn] _S_ Vertriebene(r) _m(f)_ **displacement** _S_ Verschiebung _f_; von Menschen Vertreibung _f_; von Wasser, Luft Verdrängung _f_; (= Ersatz) Ablösung _f_

display [dɪsˈpleɪ] _A_ _VT_ _1_ etw zeigen; Gefühle zur Schau stellen; Macht demonstrieren; Bekanntmachung aushängen; auf Bildschirm anzeigen _2_ Waren ausstellen _B_ _S_ _1_ Zeigen _n_; von Gefühlen a. Zurschaustellung _f_; von Macht Demonstration _f_; **to make a great ~ of sth** etw groß zur Schau stellen; **to make a great ~ of doing sth** etw betont auffällig tun; **to be/go on ~** ausgestellt sein/werden; **these are only for ~** die sind nur zur Ansicht _2_ von Gemälden etc Ausstellung _f_; von Tänzen Vorführung _f_; MIL Schau _f_; **firework ~** (öffentliches) Feuerwerk _3_ HANDEL Auslage _f_ _4_ an Geräten Anzeige _f_, Display _n_ **display cabinet** _S_ Schaukasten _m_ **display case** _S_ Vitrine _f_ **display unit** _S_ COMPUT Bildschirmgerät _n_

displease [dɪsˈpliːz] _VT_ missfallen (+dat) **displeasure** [dɪsˈpleʒəʳ] _S_ Missfallen _n_ (**at** über +akk)

disposable [dɪˈspəʊzəbl] _ADJ_ _1_ Wegwerf-; **~ razor** Wegwerfrasierer _m_; **~ nappy** Br Wegwerfwindel _f_; **~ needle** Einwegnadel _f_; **~ contact lenses** Kontaktlinsen _pl_ zum Wegwerfen _2_ Einkommen verfügbar **disposal** [dɪˈspəʊzl] _S_ _1_ Loswerden _n_; von Müll, Leiche Beseitigung _f_ _2_ **the means at sb's ~** die j-m zur Verfügung stehenden Mittel; **to put sth at sb's ~** j-m etw zur Verfügung stellen; **to be at sb's ~** j-m zur Verfügung stehen ◆**dispose of** _VI_ ⟨+obj⟩ loswerden; Müll, Leiche beseitigen; (= töten) eliminieren

disposed [dɪˈspəʊzd] _form_ _ADJ_ **to be ~ to do sth** bereit sein, etw zu tun, etw tun wollen; **to be well ~ to(wards) sth** einer Sache (dat) wohlwollend gegenüberstehen **disposition** [ˌdɪspəˈzɪʃən] _S_ Veranlagung _f_; **her cheerful ~** ihre fröhliche Art

dispossess [ˌdɪspəˈzes] _VT_ enteignen

disproportionate [ˌdɪsprəˈpɔːʃnɪt] _ADJ_ **to be ~ (to sth)** in keinem Verhältnis (zu etw) stehen; **a ~ amount of money** ein unverhältnismäßig hoher Geldbetrag **disproportionately** [ˌdɪsprəˈpɔːʃnɪtlɪ] _ADV_ ⟨+adj⟩ unverhältnismäßig; **~ large numbers of …** unverhältnismäßig viele …

disprove [dɪsˈpruːv] _VT_ widerlegen

dispute _A_ [dɪˈspjuːt] _VT_ _1_ Behauptung bestreiten; Anspruch, Testament anfechten _2_ Thema sich streiten über (+akk); **the issue was hotly ~d** das Thema wurde hitzig diskutiert _3_ kämpfen um; Gebiet beanspruchen _B_ [dɪˈspjuːt, ˈdɪspjuːt] _S_ ⟨kein pl⟩ Disput _m_; **to be beyond ~** außer Frage stehen; **there is some ~ about which horse won** es ist umstritten, welches Pferd gewonnen hat _2_ Streit _m_ _3_ IND Auseinandersetzung _f_

disqualification [dɪsˌkwɒlɪfɪˈkeɪʃən] _S_ Ausschluss _m_; SPORT Disqualifikation _f_; **~ (from driving)** Führerscheinentzug _m_ **disqualify** [dɪsˈkwɒlɪfaɪ] _VT_ ausschließen (**from** von); SPORT etc disqualifizieren; **to ~ sb from driving** j-m den Führerschein entziehen

disquiet [dɪsˈkwaɪət] _A_ _VT_ beunruhigen _B_ _S_ Unruhe _f_

disregard ['dɪsrɪ'gɑːd] **A** VT ignorieren **B** S Missachtung f **(for** +gen**); to show complete ~ for sth** etw völlig außer Acht lassen

disrepair ['dɪsrɪ'peəʳ] S Baufälligkeit f **in a state of ~** baufällig; **to fall into ~** verfallen

disreputable [dɪs'repjʊtəbl] ADJ Mensch, Hotel, Kneipe verrufen; Benehmen unehrenhaft **disrepute** ['dɪsrɪ'pjuːt] S schlechter Ruf; **to bring sth into ~** etw in Verruf bringen

disrespect [,dɪsrɪs'pekt] S Respektlosigkeit f **(for** gegenüber**); to show ~ for sth** keinen Respekt vor etw (dat) haben **disrespectful** ADJ, **disrespectfully** ADV respektlos

disrupt [dɪs'rʌpt] VT stören **disruption** [dɪs'rʌpʃən] S Störung f **disruptive** [dɪs'rʌptɪv] ADJ störend; Effekt zerstörerisch

dissatisfaction [',dɪs,sætɪsˈfækʃən] S Unzufriedenheit f **dissatisfactory** [,dɪssætɪsˈfæktərɪ] ADJ unbefriedigend **(to** für**) dissatisfied** [dɪs'sætɪsfaɪd] ADJ unzufrieden

dissect [dɪ'sekt] VT Tier sezieren; fig Bericht, Theorie zergliedern

dissent [dɪ'sent] S Nichtübereinstimmung f **dissenting** [dɪ'sentɪŋ] ADJ ⟨attr⟩ abweichend

dissertation [,dɪsə'teɪʃən] S wissenschaftliche Arbeit; für Doktorprüfung Dissertation f

disservice [dɪs'sɜːvɪs] S **to do oneself/ sb a ~** sich/j-m einen schlechten Dienst erweisen

dissident ['dɪsɪdənt] **A** S Dissident(in) m(f), Regimekritiker(in) m(f) **B** ADJ andersdenkend; Meinung abweichend; POL regimekritisch

dissimilar [dɪ'sɪmɪləʳ] ADJ unterschiedlich (**to** von), verschieden; **not ~ (to sb/sth)** (j-m/einer Sache) nicht ungleich od nicht unähnlich

dissipate ['dɪsɪpeɪt] VT Nebel auflösen; Wärme ableiten; Zweifel, Ängste zerstreuen; Spannungen lösen

dissociate [dɪ'səʊʃɪeɪt] VT trennen **(from** von**); to ~ oneself from sb/sth** sich von j-m/etw distanzieren

dissolute ['dɪsəluːt] ADJ Mensch, Lebensstil zügellos

dissolve [dɪ'zɒlv] **A** VT auflösen **B** VI sich (auf)lösen; **it ~s in water** es ist was-

serlöslich, es löst sich in Wasser

dissuade [dɪ'sweɪd] VT **to ~ sb from doing sth** j-n davon abbringen, etw zu tun

★**distance** ['dɪstəns] **A** S Entfernung f, Abstand m; zurückgelegt Strecke f; **at a ~ of two feet** in zwei Fuß Entfernung; **the ~ between the tracks** der Abstand zwischen den Eisenbahnschienen; **what's the ~ between London and Glasgow?** wie weit ist es von London nach Glasgow?; **in the ~** in der Ferne; **to gaze into the ~** in die Ferne starren; **he admired her from a ~** fig er bewunderte sie aus der Ferne; **it's within walking ~** es ist zu Fuß erreichbar; **a short ~ away** ganz in der Nähe; **it's quite a ~ (away)** es ist ziemlich weit (entfernt); **the race is over a ~ of 3 miles** das Rennen geht über eine Distanz von 3 Meilen; **to keep one's ~** Abstand halten **B** VT **to ~ oneself/sb from sb/sth** sich/j-n von j-m/etw distanzieren

★**distant** ['dɪstənt] **A** ADJ örtlich, zeitlich fern; Klang, Verwandter, Erinnerung entfernt; **the ~ mountains** die Berge in der Ferne; **in the not too ~ future** in nicht allzu ferner Zukunft **B** ADJ zeitlich, örtlich entfernt **distantly** ['dɪstəntlɪ] ADV **~ related (to sb)** entfernt (mit j-m) verwandt

distaste [dɪs'teɪst] S Widerwille m **(for** gegen**) distasteful** [dɪs'teɪstfʊl] ADJ unangenehm

distil [dɪ'stɪl] VT, **distill** US VT CHEM destillieren; Whisky etc brennen **distillery** [dɪ'stɪlərɪ] S Destillerie f, Brennerei f

distinct [dɪ'stɪŋkt] **1** verschieden; **as ~ from** im Unterschied zu **2** deutlich; Geschmack bestimmt; **to have ~ memories of sb/sth** sich deutlich an j-n/etw erinnern; **to get the ~ idea** od **impression that ...** den deutlichen Eindruck bekommen, dass ...; **to have the ~ feeling that ...** das bestimmte Gefühl haben, dass ...; **to have a ~ advantage (over sb)** (j-m gegenüber) deutlich im Vorteil sein; **there is a ~ possibility that ...** es besteht eindeutig die Möglichkeit, dass ... **distinction** [dɪ'stɪŋkʃən] S **1** Unterschied m; **to make** od **draw a ~ (between two things)** (zwischen zwei Dingen) unterscheiden **2** SCHULE, UNIV Auszeichnung f; **he got a ~ in French** er hat das Französisch-

examen mit Auszeichnung bestanden
distinctive [dɪˈstɪŋktɪv] ADJ unverwechselbar; *Merkmal, Klang* unverkennbar; *Stimme, Kleidung* charakteristisch; (≈ *bemerkenswert*) auffällig; **~ features** *von Mensch* besondere Kennzeichen **distinctly** [dɪˈstɪŋktlɪ] ADV **1** deutlich **2** eindeutig; *seltsam* ausgesprochen

distinguish [dɪˈstɪŋgwɪʃ] **A** V/T **1** unterscheiden **2** *Gestalt* erkennen **B** V/I **to ~ between** unterscheiden zwischen (+*dat*) **C** V/R sich auszeichnen **distinguishable** [dɪˈstɪŋgwɪʃəbl] ADJ unterscheidbar; **to be (barely) ~ from sth** (kaum) von etw zu unterscheiden sein; **to be ~ by sth** an etw (*dat*) erkennbar sein **distinguished** ADJ *Gast, Schriftsteller* angesehen; *Karriere* glänzend **distinguishing** ADJ kennzeichnend; **he has no ~ features** er hat keine besonderen Kennzeichen

distort [dɪˈstɔːt] V/T verzerren; *Tatsachen* verdrehen **distorted** ADJ verzerrt; *Gesicht* entstellt **distortion** [dɪˈstɔːʃən] S Verzerrung f; *von Tatsachen* Verdrehung f

distract [dɪˈstrækt] V/T ablenken (**from** von); **to ~ sb's attention** j-n ablenken **distracted** ADJ zerstreut **2** beunruhigt **distraction** [dɪˈstrækʃən] S **1** ⟨*kein pl*⟩ Unaufmerksamkeit f **2** Ablenkung f **3** **to drive sb to ~** j-n zur Verzweiflung treiben

distraught [dɪˈstrɔːt] ADJ verzweifelt **distress** [dɪˈstres] **A** S **1** Verzweiflung f, Leiden n, Kummer m **2** (≈ *Gefahr*) Not f; **to be in ~** *Schiff* in Seenot sein; *Flugzeug* in Not sein; **~ call** Notsignal n **B** V/T Kummer machen (+*dat*); **don't ~ yourself!** machen Sie sich (*dat*) keine Sorgen! **distressed** ADJ bekümmert, erschüttert (**about** von) **distressing** [dɪˈstresɪŋ] ADJ erschreckend **distress signal** S Notsignal n

★**distribute** [dɪˈstrɪbjuːt] V/T verteilen (**to an** +*akk*); HANDEL *von Waren* vertreiben (**to, among an** +*akk*) **distribution** [ˌdɪstrɪˈbjuːʃən] S Verteilung f, Verbreitung f; HANDEL Vertrieb m; **~ network** Vertriebsnetz n; **~ system** Vertriebssystem n **distributor** [dɪˈstrɪbjʊtər] S Verteiler(in) m(f); HANDEL Großhändler m, Händler(in) m(f)

district [ˈdɪstrɪkt] S Gebiet n; *von Stadt*

Viertel n; *geografisch* Gegend f; ADMIN (Verwaltungs)bezirk m; **shopping/business ~** Geschäftsviertel n **district attorney** US S Bezirksstaatsanwalt m/-anwältin f **district council** Br S Bezirksregierung f **district court** S US JUR Bezirksgericht n

distrust [dɪsˈtrʌst] **A** V/T misstrauen (+*dat*) **B** S Misstrauen n (**of** gegenüber) **distrustful** [dɪsˈtrʌstfʊl] ADJ misstrauisch (**of** gegenüber)

★**disturb** [dɪˈstɜːb] **A** V/T stören, beunruhigen; **sorry to ~ you** entschuldigen Sie bitte die Störung; **to ~ the peace** die Ruhe stören **B** V/I stören; **"please do not ~"** „bitte nicht stören" **disturbance** [dɪˈstɜːbəns] S **1** Unruhe f; *in Straße* (Ruhe)störung f; **to cause** *od* **create a ~** Unruhe/eine Ruhestörung verursachen **2** (≈ *Unterbrechung*) Störung f **disturbed** ADJ **1** PSYCH gestört **2** beunruhigt (**about, at, by** über +*akk*) **disturbing** [dɪˈstɜːbɪŋ] ADJ beunruhigend; **some viewers may find these scenes ~** einige Zuschauer könnten an diesen Szenen Anstoß nehmen

disunite [ˈdɪsjuːˈnaɪt] V/T spalten, entzweien **disunity** [ˌdɪsˈjuːnɪti] S Uneinigkeit f

disuse [ˈdɪsˈjuːs] S **to fall into ~** nicht mehr benutzt werden **disused** [ˈdɪsˈjuːzd] ADJ *Gebäude* leer stehend; *Zeche* stillgelegt

★**ditch** [dɪtʃ] **A** S Graben m **B** V/T *umg* j-n abhängen *umg*; *Freundin* abservieren *umg*; *Plan* verwerfen

dither [ˈdɪðər] V/I zaudern; **to ~ over sth** mit etw zaudern; **to ~ over how/whether ... schwanken, wie/ob ...**

ditto [ˈdɪtəʊ] S **I'd like coffee — ~ (for me)** *umg* ich möchte Kaffee — dito *od* ich auch

divan [dɪˈvæn] S Diwan m; **~ bed** Liege f **dive** [daɪv] ⟨*v: prät* dived; *US* dove; *pperf* dived⟩ **A** V/I **1** einen Kopfsprung machen; *unter Wasser* tauchen; *U-Boot* untertauchen; *Flugzeug* einen Sturzflug machen; **the goalkeeper ~d for the ball** der Torwart hechtete nach dem Ball **2** *umg* **he ~d under the table** er verschwand blitzschnell unter dem Tisch; **to ~ for cover** eilig in Deckung gehen; **he ~d into a taxi** er stürzte (sich) in ein Taxi **B** S **1** Kopfsprung m; *von Flugzeug*

Sturzflug *m*; **to make a ~ for sth** *fig umg* sich auf etw (*akk*) stürzen [2] *pej umg* (≈*Nachtklub etc*) Spelunke *f umg* **♦dive in** [VI] [1] *Schwimmer* hineinspringen [2] *umg beim Essen* **dive in!** hau(t) rein! *umg*

diver [ˈdaɪvəʳ] [S] Taucher(in) *m(f)*, Turmspringer(in) *m(f)*, Kunstspringer(in) *m(f)*

diverge [daɪˈvɜːdʒ] [VI] abweichen (**from** von); *zwei Dinge* voneinander abweichen

diverse [daɪˈvɜːs] [ADJ] [1] *mit Singular* gemischt; *Auswahl* breit [2] *mit Plural* unterschiedlich; *Interessen* vielfältig **diversification** [daɪˌvɜːsɪfɪˈkeɪʃən] [S] Abwechslung *f*; *von Unternehmen etc* Diversifikation *f* **diversify** [daɪˈvɜːsɪfaɪ] [A] [VT] abwechslungsreich(er) gestalten; *Unternehmen etc* diversifizieren [B] [VI] HANDEL diversifizieren

diversion [daɪˈvɜːʃən] [S] [1] *Br von Verkehr etc* Umleitung *f* [2] (≈*Entspannung*) Unterhaltung *f* [3] MIL, *a. fig* Ablenkung *f*; **to create a ~** ablenken; **as a ~** um abzulenken

diversity [daɪˈvɜːsɪtɪ] [S] Vielfalt *f*

divert [daɪˈvɜːt] [VT] *Verkehr etc* umleiten; *Aufmerksamkeit* ablenken; *Schlag* abwenden; *Ressourcen* umlenken

★**divide** [dɪˈvaɪd] [A] [VT] [1] trennen [2] *a.* MATH teilen (**into** in *+akk*); *zwischen mehreren* aufteilen; **the river ~s the city into two** der Fluss teilt die Stadt; **to ~ 6 into 36, to ~ 36 by 6** 36 durch 6 teilen [3] verteilen [4] *bei Streit* entzweien [B] [VI] sich teilen; **to ~ into groups** sich in Gruppen aufteilen [C] [S] **the cultural ~** die Kluft zwischen den Kulturen **♦divide off** [A] [VI] sich (ab)trennen [B] [VT] ⟨*trennb*⟩ (ab)trennen **♦divide out** [VT] ⟨*trennb*⟩ aufteilen (**among** unter *+akk od dat*) **♦divide up** [A] [VI] → divide B [B] [VT] ⟨*trennb*⟩ → divide

divided [dɪˈvaɪdɪd] [ADJ] geteilt; *Regierung* zerstritten; **to have ~ loyalties** nicht zu vereinbarende Pflichten haben; **to be ~ on** *od* **over sth** sich in etw (*dat*) nicht einig sein **divided highway** *US* [S] ≈ Schnellstraße *f*

dividend [ˈdɪvɪdend] [S] FIN Dividende *f*; **to pay ~s** *fig* sich bezahlt machen

dividing [dɪˈvaɪdɪŋ] [ADJ] (ab)trennend **dividing line** [S] Trennlinie *f*

divine [dɪˈvaɪn] [ADJ] REL, *a. fig umg* göttlich

diving [ˈdaɪvɪŋ] [S] Tauchen *n*, Springen *n*; SPORT Wasserspringen *n* **diving board** [S] (Sprung)brett *n* **diving suit** [S] Taucheranzug *m*

divinity [dɪˈvɪnɪtɪ] [S] [1] Göttlichkeit *f* [2] Theologie *f*

divisible [dɪˈvɪzəbl] [ADJ] teilbar (**by** durch)

division [dɪˈvɪʒən] [S] [1] Teilung *f*; MATH Teilen *n* [2] ADMIN Abteilung *f*; *in Firma* Geschäftsbereich *m* [3] *fig zwischen sozialen Schichten* Schranke *f* [4] *fig* Uneinigkeit *f* [5] SPORT Liga *f*

★**divorce** [dɪˈvɔːs] [A] [S] JUR Scheidung *f* (**from** von); **he wants a ~** er will sich scheiden lassen; **to get a ~ (from sb)** sich (von j-m) scheiden lassen [B] [VT] sich scheiden lassen von; **to get ~d** sich scheiden lassen [C] [VI] sich scheiden lassen

★**divorced** [dɪˈvɔːst] [ADJ] JUR geschieden (**from** von) **divorcee** [dɪˌvɔːˈsiː] [S] Geschiedene(r) *m/f(m)*; **she is a ~** sie ist geschieden **divorce lawyer** [S] Scheidungsanwalt *m*, Scheidungsanwältin *f*

divulge [daɪˈvʌldʒ] [VT] preisgeben

DIY [diːaɪˈwaɪ] *Br* [S ABK] (= do-it-yourself) Heimwerken *n*; **she was doing some DIY** sie machte einige Heimwerkerarbeiten **DIY shop**, **DIY store** [S] Baumarkt *m*

dizziness [ˈdɪzɪnɪs] [S] Schwindel *m* **dizzy** [ˈdɪzɪ] [ADJ] ⟨*komp* dizzier⟩ schwind(e)lig; **I'm (feeling) ~** mir ist schwind(e)lig (**from** von); **~ spell** Schwindelanfall *m*

DJ [ABK S] (= disc jockey) DJ *m*

DNA [ABK] (= desoxyribonucleic acid) DNS *f* **DNA profiling** [S] genetischer Fingerabdruck **DNA sample** [S] MED DNA-Probe *f* **DNA test** [S] Gentest *m*

★**do** [duː]

⟨*v: prät* did; *pperf* done⟩

A Hilfsverb	**B** transitives Verb
C intransitives Verb	**D** Substantiv

— **A** Hilfsverb —

[1] *fragend, verneinend* **do you understand?** verstehen Sie?; **I don't** *od* **do not understand** ich verstehe nicht; **what did he say?** was hat er gesagt?; **didn't you** *od* **did you not know?** haben Sie das nicht gewusst?; **don't be silly!** sei nicht albern! [2] *zur Bestätigung* oder;

you know him, don't you? Sie kennen ihn (doch), oder?; **you don't know him, do you?** Sie kennen ihn also nicht, oder?; **so you know them, do you?** *erstaunt* Sie kennen sie also wirklich!; **he does understand, doesn't he?** das versteht er doch, oder? [3] *als Verbersatz* **you speak better German than I do** Sie sprechen besser Deutsch als ich; **so do I** ich auch; **neither do I** ich auch nicht; **I don't like cheese but he does** ich mag keinen Käse, aber er schon; **they said he would go and he did** sie sagten, er würde gehen und das tat er (dann) auch [4] *bei Antwort* **do you see them often? — yes, I do/no, I don't** sehen Sie sie oft? — ja/nein; **you didn't go, did you? — yes, I did** Sie sind nicht gegangen, oder? — doch; **they speak French — oh, do they?** sie sprechen Französisch — ja?, ach, wirklich?; **they speak German — do they really?** sie sprechen Deutsch — wirklich?; **may I come in? — do!** darf ich hereinkommen? — ja, bitte; **shall I open the window? — no, don't!** soll ich das Fenster öffnen? — nein, bitte nicht!; **who broke the window? — I did** wer hat das Fenster eingeschlagen? — ich [5] *zur Betonung* **DO come!** *bes Br* kommen Sie doch (bitte)!; **DO shut up!** *bes Br* sei doch (endlich) ruhig!; **it's very expensive, but I DO like it** es ist zwar sehr teuer, aber es gefällt mir nun mal; **so you DO know them!** Sie kennen sie also doch!

— B transitives Verb —

[1] tun, machen; **I've done a stupid thing** ich habe da was Dummes gemacht; **it can't be done** es lässt sich nicht machen; **can you do it by yourself?** schaffst du das allein?; **to do the housework/one's homework** die Hausarbeit/seine Hausaufgaben machen; **could you do this letter please** tippen Sie bitte diesen Brief; **you do the painting and I'll do the papering** du streichst an und ich tapeziere; **to do one's make-up** sich schminken; **to do one's hair** sich frisieren; **to do one's teeth** *Br* sich (*dat*) die Zähne putzen; **to do the dishes** spülen; **to do the washing** Wäsche waschen; **to do the ironing** bügeln, glätten *schweiz*; **he can't do anything about it** er kann nichts daran ändern; **are you doing anything this evening?** haben Sie heute Abend schon etwas vor?; **we'll have to do something about this** wir müssen da etwas unternehmen; **does that do anything for you?** macht dich das an? *umg*; **Brecht doesn't do anything for me** Brecht sagt mir nichts; **I've done everything I can** ich habe alles getan, was ich kann; **I've got nothing to do** ich habe nichts zu tun; **I shall do nothing of the sort** ich werde nichts dergleichen tun; **he does nothing but complain** er nörgelt immer nur; **what's to be done?** was ist da zu tun?; **but what can you do?** aber was kann man da machen?; **what do you want me to do (about it)?** und was soll ich da machen?; **well, do what you can** mach, was du kannst; **what have you done to him?** was haben Sie mit ihm gemacht?; **now what have you done!** was hast du jetzt bloß wieder angestellt *od* gemacht?; **what are you doing on Saturday?** was machen Sie am Sonnabend?; **how do you do it?** *erstaunt* wie machen Sie das bloß?; **what does your father do?** was macht Ihr Vater (beruflich)?; **that's done it** *umg* da haben wir die Bescherung! *umg*; **that does it!** jetzt reicht's mir! [2] (*≈ bereitstellen*) **what can I do for you?** was kann ich für Sie tun?; **sorry, we don't do lunches** wir haben leider keinen Mittagstisch; **we do a wide range of herbal teas** wir führen eine große Auswahl an Kräutertees; **who did the food for your reception?** wer hat bei Ihrem Empfang für das Essen gesorgt? [3] *nur Prät, Part Perf* **the work's done now** die Arbeit ist gemacht *od* fertig; **I haven't done telling you what I think of you** *Br*, **I'm not done telling you what I think of you** mit dir bin ich noch lange nicht fertig; **done!** abgemacht!; **are you done?** *umg* bist du endlich fertig?; **it's all over and done with** das ist alles erledigt; *Geschehenes* das ist alles vorbei [4] SCHULE *etc* durchnehmen; **I've never done any German** ich habe nie Deutsch gelernt [5] GASTR machen *umg*; **to do the cooking** kochen; **well done** durch (gebraten); **is the meat done?** ist das Fleisch durch? [6] **to do a play** ein Stück

aufführen; **to do a film** einen Film machen **7** (≈*imitieren*) nachmachen **8** *Stadt, Sehenswürdigkeiten* besuchen **9** AUTO *etc* fahren; **this car can do 200** das Auto fährt 200 **10** *umg* passen (**sb** j-m); (≈*genügen*) reichen (**sb** j-m); **that will do me nicely** das reicht allemal **11** *umg* **in** *Gefängnis* absitzen

— **C** intransitives Verb —

1 **do as I do** mach es wie ich; **he did well to take advice** er tat gut daran, sich beraten zu lassen; **he did right** es war richtig mit ihm; **he did right/well to go** es ∼war richtig/gut, dass er gegangen ist **2** **how are you doing?** wie geht's (Ihnen)?; **I'm not doing so badly** es geht mir gar nicht so schlecht; **he's doing well at school** er ist gut in der Schule; **to do well/badly in a test** bei einer Klassenarbeit gut/schlecht abschneiden; **his business is doing well** sein Geschäft geht gut; **how do you do?** guten Tag! **3** (≈*sich eignen*) gehen; **that will never do!** das geht nicht!; **this room will do** das Zimmer ist in Ordnung **4** reichen; **will £10 do?** reichen £ 10?; **you'll have to make do with £10** £ 10 müssen Ihnen reichen; **that'll do!** jetzt reicht's aber!

— **D** Substantiv —

⟨*pl* -s⟩ **1** *Br umg* Veranstaltung *f*, Fete *f* **2** **the dos** *od* **do's and don'ts** was man tut und nicht tun sollte

♦**do away with** V/I ⟨+obj⟩ abschaffen ♦**do down** V/T ⟨trennb⟩ *Br umg* (≈*kritisieren*) runtermachen *umg* ♦**do for** *umg* V/I ⟨+obj⟩ j-n fertigmachen *umg*; *Projekt* zunichtemachen; **to be done for** *Mensch* erledigt sein *umg*; *Projekt* gestorben sein *umg* ♦**do in** *umg* V/T ⟨trennb⟩ **1** (≈*töten*) um die Ecke bringen *umg* **2** **to be done in** fertig sein *umg* ♦**do up** V/T ⟨trennb⟩ **1** *Kleid etc* zumachen **2** *Haus* (neu) herrichten ♦**do with** V/I ⟨+obj⟩ **1** **I could do with a cup of tea** ich könnte eine Tasse Tee vertragen *umg*; **it could do with a clean** es müsste mal sauber gemacht werden **2** **what has that got to do with it?** was hat das damit zu tun?; **that has** *od* **is nothing to do with you!** das geht Sie gar nichts an!; **it has something to do with her being adopted** es hat etwas damit zu tun,

dass sie adoptiert wurde; **it has to do with ... dabei geht es um ...**; **money has a lot to do with it** Geld spielt eine große Rolle dabei **3** **what have you done with my gloves/your hair?** was hast du mit meinen Handschuhen/deinem Haar gemacht?; **he doesn't know what to do with himself** er weiß nicht, was er mit sich anfangen soll **4** **to be done with sb/sth** mit j-m/etw fertig sein ♦**do without** V/I ⟨+obj⟩ auskommen ohne; **I can do without your advice** Sie können sich Ihren Rat sparen; **I could have done without that!** das hätte mir (wirklich) erspart bleiben können

doable ['duːəbl] *umg* ADJ machbar

d.o.b. ABK (= date of birth) geb.

doc [dɒk] *umg* S̲ ABK (= doctor) Doktor

docile ['dəʊsaɪl] ADJ sanftmütig

dock¹ [dɒk] **A** S̲ Dock *n*; ∼**s** *pl* Hafen *m* **B** V/I *Schiff* anlegen; *Raumschiff* andocken

dock² S̲ JUR Anklagebank *f*; **to stand in the ∼** auf der Anklagebank sitzen

dock³ V/T *Lohn* kürzen; *Punkte* abziehen; **to ∼ £10 off sb's wages** j-s Lohn um £ 100 kürzen

dockland S̲ Hafenviertel *n* **dockyard** S̲ Werft *f*

★**doctor** ['dɒktə^r] **A** S̲ **1** MED Arzt *m*, Ärztin *f*; **at/to the ∼'s** (≈*Praxis*) beim/zum Arzt; **to go to the ∼** zum Arzt gehen; **to send for the ∼** den Arzt holen; **he is a ∼** er ist Arzt; **a woman ∼** eine Ärztin; **to be under ∼'s orders** in ärztlicher Behandlung sein; **it's just what the ∼ ordered** *fig umg* das ist genau das Richtige **2** UNIV Doktor(in) *m(f)*; **to get one's ∼'s degree** promovieren, seinen Doktor machen; **Dear Doctor Smith** Sehr geehrter Herr Dr./Sehr geehrte Frau Dr. Smith **doctorate** ['dɒktərɪt] S̲ Doktorwürde *f*; **he's still doing his ∼** er sitzt immer noch an seiner Doktorarbeit

doctrine ['dɒktrɪn] S̲ Doktrin *f*, Lehre *f*

docudrama ['dɒkjʊˌdrɑːmə] S̲ Dokudrama *n*

★**document** ['dɒkjʊmənt] **A** S̲ Dokument *n* **B** V/T dokumentieren; *Fall* beurkunden **documentary** [ˌdɒkjʊˈmentərɪ] **A** ADJ dokumentarisch **B** S̲ FILM, TV Dokumentarfilm *m* **documentation** [ˌdɒkjʊmenˈteɪʃən] S̲ Dokumentation *f*

docusoap [ˈdɒkjuːsəʊp] $\overline{S}$ TV Dokusoap f
doddle [ˈdɒdl] Br umg $\overline{S}$ **it was a ~** es war ein Kinderspiel umg
dodge [dɒdʒ] **A** $\overline{VT}$ ausweichen (+dat); Wehrdienst sich drücken vor (+dat) **B** $\overline{VI}$ ausweichen; **to ~ out of the way** zur Seite springen; **to ~ behind a tree** hinter einen Baum springen **dodgem®** [ˈdɒdʒəm] $\overline{S}$ (Auto)skooter m
dodgy [ˈdɒdʒɪ] Br umg ADJ **1** Mensch, Firma zwielichtig; Gegend zweifelhaft; Plan unsicher; Situation verzwickt umg; **there's something ~ about him** er ist nicht ganz koscher umg; **he's on ~ ground** er befindet sich auf unsicherem Boden **2** Rücken, Herz schwach; Maschinenteil etc defekt
doe [dəʊ] $\overline{S}$ Reh n, Hirschkuh f
doer [ˈduːəʳ] $\overline{S}$ Tatmensch m, Macher(in) m(f) **does** [dʌz] ‹3. Person sg› → do
doesn't [ˈdʌznt] ABK (= does not) → do
★**dog** [dɒg] **A** $\overline{S}$ **1** Hund m **2** fig **it's dog eat dog** es ist ein Kampf aller gegen alle; **to work like a dog** umg wie ein Pferd arbeiten umg **B** $\overline{VT}$ verfolgen; **dogged by controversy** von Kontroversen verfolgt **dog biscuit** $\overline{S}$ Hundekuchen m
dog collar wörtl $\overline{S}$ Hundehalsband n; von Pfarrer Kollar n **dog-eared** [ˈdɒgɪəd] ADJ mit Eselsohren **dog food** $\overline{S}$ Hundefutter n
dogged [ˈdɒgɪd] ADJ zäh; Widerstand, Verfolgung hartnäckig **doggedly** [ˈdɒgɪdlɪ] ADV beharrlich
doggie, doggy [ˈdɒgɪ] umg $\overline{S}$ Hündchen n **doggie bag, doggy bag** $\overline{S}$ Tüte oder Box, in der Essensreste aus dem Restaurant mit nach Hause genommen werden können; **could you put it in a ~ for me, please?** könnten Sie das für mich bitte einpacken? **doggy paddle** $\overline{S}$ umg beim Schwimmen Paddeln n
dogma [ˈdɒgmə] $\overline{S}$ Dogma n **dogmatic** [dɒgˈmætɪk] ADJ dogmatisch; **to be very ~ about sth** in etw (dat) sehr dogmatisch sein
do-gooder [ˈduːˈgʊdəʳ] pej $\overline{S}$ Weltverbesserer m, Weltverbesserin f
dog paddle $\overline{S}$ umg → doggy paddle
dogsbody [ˈdɒgzbɒdɪ] Br $\overline{S}$ **she's/he's the general ~** sie/er ist (das) Mädchen für alles **dog show** $\overline{S}$ Hundeausstel-

lung f **dog sitter** $\overline{S}$, **dog-sitter** $\overline{S}$ Hundesitter(in) m(f) **dog-tired** ADJ hundemüde
doily [ˈdɔɪlɪ] $\overline{S}$ (Zier)deckchen n
doing [ˈduːɪŋ] $\overline{S}$ **1** Tun n; **this is your ~** das ist dein Werk; ich hatte nichts damit zu tun; **that takes some ~** da gehört (schon) etwas dazu **2** **~s** pl umg Taten pl **do-it-yourself** [ˈduːɪtjəˈself] ADJ & $\overline{S}$ → DIY
dojo [dəʊˈdʒəʊ] $\overline{S}$ ‹pl -s› SPORT Dojo n
doldrums [ˈdɒldrəmz] PL **to be in the ~** Trübsal blasen; Firma in einer Flaute stecken
dole [dəʊl] Br umg $\overline{S}$ Arbeitslosenunterstützung f, Alu f umg; **to go/be on the ~** stempeln (gehen) umg ◆**dole out** $\overline{VT}$ ‹trennb› austeilen
dole money Br umg $\overline{S}$ Arbeitslosenunterstützung f
★**doll** [dɒl] $\overline{S}$ Puppe f ◆**doll up** $\overline{VT}$ **to get dolled up** umg sich aufdonnern
★**dollar** [ˈdɒləʳ] $\overline{S}$ Dollar m; **5 ~s** 5 Dollar **dollar bill** $\overline{S}$ Dollarnote f **dollarisation, dollarization** Br $\overline{S}$, US $\overline{S}$ FIN Dollarisierung f (Einführung des Dollars als Währung) **dollarise** Br $\overline{VT}$ & $\overline{VI}$, **dollarize** US $\overline{VT}$ & $\overline{VI}$ dollarisieren (den Dollar als Währung einführen) **dollars-and-cents** ADJ ‹attr› finanziell; profitorientiert; **from a ~ point of view** aus rein finanzieller Sicht **dollar sign** $\overline{S}$ Dollarzeichen n
dollop [ˈdɒləp] umg $\overline{S}$ Schlag m umg **doll's house** $\overline{S}$, **doll house** US $\overline{S}$ Puppenhaus n **dolly** [ˈdɒlɪ] umg $\overline{S}$ Püppchen n
dolomite [ˈdɒləmaɪt] $\overline{S}$ Dolomit m; **the Dolomites** die Dolomiten pl
dolphin [ˈdɒlfɪn] $\overline{S}$ Delfin m
domain [dəʊˈmeɪn] fig $\overline{S}$ Domäne f; IT Domain f **domain name** $\overline{S}$ IT Domainname m
dome [dəʊm] $\overline{S}$ ARCH Kuppel f
domestic [dəˈmestɪk] ADJ **1** häuslich; **~ quarrel** Ehekrach m; **~ appliances** Haushaltsgeräte pl; **for ~ use** für den Hausgebrauch **2** bes POL, HANDEL inländisch; Angelegenheiten innenpolitisch; **~ trade** Binnenhandel m **domestic animal** $\overline{S}$ Haustier n **domesticated** [dəˈmestɪkeɪtɪd] ADJ domestiziert; Mensch häuslich **domestic economy** $\overline{S}$ POL Binnenwirtschaft f **domestic flight**

D

ⓢ Inlandflug *m* **domestic market** ⓢ POL, HANDEL Binnenmarkt *m* **domestic partner** ⓢ *US* Lebenspartner(in) *m(f)* **domestic policy**, **domestic politics** ⓢ Innenpolitik *f* **domestic servant** ⓢ Hausangestellte(r) *m/f(m)*, Diener(in) *m(f)* **domestic violence** ⓢ Gewalt *f* in der Familie

dominance ['dɒmɪnəns] ⓢ Vorherrschaft *f* (**over** über +*akk*) **dominant** ['dɒmɪnənt] ADJ dominierend; *Gen* dominant; **to be ~** *od* the **~ force** in sth etw dominieren **dominate** ['dɒmɪneɪt] VT & VI dominieren **domination** [ˌdɒmɪ'neɪʃən] ⓢ (Vor)herrschaft *f* **domineering** [ˌdɒmɪ'nɪərɪŋ] ADJ herrisch

Dominican Republic ⓢ Dominikanische Republik

dominion [də'mɪnɪən] ⓢ **1** (*kein pl*) Herrschaft *f* (**over** über +*akk*) **2** Herrschaftsgebiet *n*

domino ['dɒmɪnəʊ] ⓢ (*pl* -es) Domino (-stein) *m*; **~es** Domino *n*; **a game of ~es** ein Dominospiel *n*

don [dɒn] *Br* UNIV Universitätsdozent(in) *besonders in Oxford und Cambridge*

donate [dəʊ'neɪt] VT & VI spenden **donation** [dəʊ'neɪʃən] ⓢ (≈ *Vorgang*) Spenden *n*; (≈ *Geschenk*) Spende *f*; **to make a ~ of £10,000** £ 10.000 spenden

★**done** [dʌn] A PPERF → do B ADJ **1** Arbeit erledigt; *Gemüse* gar; *Fleisch* durch; *Kuchen* durchgebacken; **to get sth ~** etw fertig kriegen; **is it ~ yet?** ist es schon erledigt?; **the butter is (all) ~** *umg* die Butter ist alle **2** **it's not the ~ thing** das tut man nicht

dongle ['dɒŋgl] ⓢ IT Surfstick *m*; Dongle *m*

★**donkey** ['dɒŋkɪ] ⓢ Esel *m* **donkey's years** *Br umg* PL **she's been here for ~** sie ist schon eine Ewigkeit hier **donkey-work** ['dɒŋkɪwɜːk] *Br* ⓢ Routinearbeit *f*, Dreckarbeit *f umg*

donor ['dəʊnə*] ⓢ Spender(in) *m(f)* **donor card** ⓢ Organspendeausweis *m*

don't [dəʊnt] ABK (= do not) → do

donut ['dəʊnʌt] *bes US* ⓢ → doughnut

doodah ['duːdɑː] ⓢ, **doodad** ['duːdæd] *US umg* ⓢ Dingsda *n umg*

doodle ['duːdl] A VI Männchen malen B VT kritzeln C ⓢ Gekritzel *n*

doom [duːm] A ⓢ **1** Schicksal *n* **2** Verhängnis *n*; **it's not all gloom and ~** so schlimm ist es ja alles gar nicht B VT verdammen; **to be ~ed** verloren sein; **~ed to failure** zum Scheitern verurteilt **doomsday** ['duːmzdeɪ] ⓢ der Jüngste Tag

★**door** [dɔː*] ⓢ **1** Tür *f*; *von Kino etc* Eingang *m*; **there's someone at the ~** da ist jemand an der Tür; **was that the ~?** hat es geklingelt/geklopft?; **to answer the ~** die Tür aufmachen; *on the* **~** am Eingang; *für Ticketverkauf* an der Abendkasse; **to see sb to the ~** j-n zur Tür bringen; **to pay at the ~** an der (Abend)kasse zahlen; **three ~s away** drei Häuser weiter **2** **by** *od* **through the back ~** durch ein Hintertürchen; **to have a foot** *od* **toe in the ~** mit einem Fuß drin sein; **to be at death's ~** an der Schwelle des Todes stehen *geh*; **to show sb the ~** j-m die Tür weisen; **to shut** *od* **slam the ~ in sb's face** j-m die Tür vor der Nase zumachen; **out of ~s** im Freien; **behind closed ~s** hinter verschlossenen Türen **doorbell** ⓢ Türklingel *f*; **there's the ~** es hat geklingelt **door chain** ⓢ Sicherheitskette *f* **doorframe** ⓢ Türrahmen *m* **doorhandle** ⓢ Türklinke *f*, Türfalle *f schweiz*, Türknauf *m* **doorknob** ⓢ Türknauf *m* **doorknocker** ⓢ Türklopfer *m* **doorman** ⓢ (*pl* -men) *von Hotel* Portier *m*; *von Nachtklub etc* Rausschmeißer *m* **doormat** ⓢ Fußmatte *f*; *fig* Fußabtreter *m* **doorstep** ⓢ Eingangsstufe *f*, Türstufe *f*; **the bus stop is just on my ~** *fig* die Bushaltestelle ist direkt vor meiner Tür **doorstop** ⓢ, **doorstopper** ⓢ Türstopper *m* **door-to-door** ADJ ⟨*attr*⟩, **door to door** ADV ⟨*präd*⟩ **1** **~ salesman** Vertreter *m* **2** *Lieferung* von Haus zu Haus; **police are carrying out ~ inquiries** die Polizei befragt alle Anwohner **doorway** ⓢ *von Zimmer* Tür *f*; *von Gebäude* Eingang *m*

dope [dəʊp] A *umg* ⓢ (*kein pl*) **1** SPORT Aufputschmittel *n* **2** (≈ *Drogen, Marihuana*) Stoff *m umg* **3** (≈ *Idiot*) Trottel *m*, Dussel *m umg* B VT dopen **dope test** ⓢ SPORT *umg* Dopingkontrolle *f* **dopey**, **dopy** ['dəʊpɪ] ADJ ⟨+*er*⟩ **1** (≈ *dumm*) bekloppt *umg*; (≈ *nicht bei Sinnen*) benebelt *umg* **doping** ['dəʊpɪŋ] ⓢ Doping *n*; **~ ban** Dopingsperre *f*

dorm [dɔːm] *umg* $\overline{S}$ ABK (= dormitory) Schlafsaal *m*; *US* Wohnheim *n*

dormant ['dɔːmənt] ADJ *Vulkan* untätig; *Konto* ruhend; **~ state** Ruhezustand *m*; **to remain ~** ruhen; *Virus* schlummern

dormer (window) ['dɔːmə('wɪndəʊ)] $\overline{S}$ Mansardenfenster *n*

dormitory ['dɔːmɪtrɪ] $\overline{S}$ Schlafsaal *m*; *US* Wohnheim *n*; **~ suburb** *od* **town** Schlafstadt *f*

DOS [dɒs] ABK (= disk operating system) IT DOS *n*

dosage ['dəʊsɪdʒ] $\overline{S}$ Dosis *f* **dose** [dəʊs] A $\overline{S}$ 1 MED Dosis *f*; *fig* Ration *f*; **he needs a ~ of his own medicine** *fig* man sollte es ihm mit gleicher Münze heimzahlen; **in small/large ~s** *fig* in kleinen/großen Mengen; **she's all right in small ~s** sie ist nur (für) kurze Zeit zu ertragen 2 *umg von Krankheit* Anfall *m*; **she's just had a ~ of the flu** sie hat gerade Grippe gehabt B $\overline{V/T}$ *j-n* Arznei geben (+*dat*)

doss [dɒs] *Br umg* A $\overline{S}$ Schlafplatz *m* B $\overline{V/I}$ (*a.* **doss down**) sich hinhauen *umg*

dosser ['dɒsə'] $\overline{S}$ *Br umg* (≈ *Obdachloser*) Penner(in) *m(f)* **doss-house** ['dɒshaʊs] $\overline{S}$ *Br umg* (≈ *Obdachlosenheim*) Penne *f*

dossier ['dɒsɪeɪ] $\overline{S}$ Dossier *n/m*

dot [dɒt] A $\overline{S}$ 1 Punkt *m* 2 **to arrive on the dot** auf die Minute pünktlich (an)kommen; **at 3 o'clock on the dot** Punkt 3 Uhr B $\overline{V/T}$ 1 **dotted line** punktierte Linie; **to tear along the dotted line** entlang der punktierten Linie abtrennen; **to sign on the dotted line** *fig* formell zustimmen 2 verstreuen; **pictures dotted around the room** im Zimmer verteilte Bilder

dotcom, dot.com [dɒt'kɒm] $\overline{S}$ ABK, **dot-com company** $\overline{S}$ Internetfirma *f*

dote on ['dəʊtɒn] $\overline{V/I}$ ⟨+*obj*⟩ abgöttisch lieben **doting** ['dəʊtɪŋ] ADJ *her* **~ parents** ihre so abgöttisch liebenden Eltern

dot matrix (printer) $\overline{S}$ Matrixdrucker *m*

dotty ['dɒtɪ] ADJ ⟨*komp* dottier⟩ *Br umg* kauzig

★**double** ['dʌbl] A ADV 1 doppelt so viel; *zählen* doppelt; **~ the size (of)** doppelt so groß (wie); **~ the amount** doppelt so viel; **we paid her ~ what she was getting before** wir zahlten ihr das Dop-

pelte von dem, was sie vorher bekam 2 **to bend ~** sich krümmen; **to fold sth ~** etw einmal falten B ADJ 1 doppelt 2 Doppel-; **it is spelled with a ~ p** es wird mit zwei p geschrieben; **my phone number is 9, 3, 2, 4 meine Telefonnummer ist neun drei drei zwei vier C** $\overline{S}$ 1 das Doppelte 2 (≈ *Mensch*) Doppelgänger(in) *m(f)*; FILM, THEAT Double *n* 3 *Schnaps etc* Doppelte(r) *m* 4 (≈ *Zimmer für zwei*) Doppelzimmer *n* 5 **at the ~** *a.* MIL im Laufschritt; *fig* im Eiltempo; **on the ~** *fig* auf der Stelle D $\overline{V/T}$ verdoppeln E $\overline{V/I}$ 1 sich verdoppeln 2 **this bedroom ~s as a study** dieses Schlafzimmer dient auch als Arbeitszimmer ◆**double back** $\overline{V/I}$ kehrtmachen ◆**double over** $\overline{V/I}$ → **double up** ◆**double up** $\overline{V/I}$ sich krümmen

double act $\overline{S}$ *bes* THEAT Zweigespann *n* **double agent** $\overline{S}$ Doppelagent(in) *m(f)* **double-barrelled name** *Br* $\overline{S}$ Doppelname *m* **double-barrelled shotgun** $\overline{S}$, **double-barreled shotgun** *US* $\overline{S}$ doppelläufiges Gewehr **double bass** $\overline{S}$ Kontrabass *m*; **to play the ~** Kontrabass spielen **double bed** $\overline{S}$ Doppelbett *n* **double-book** $\overline{V/T}$ *Zimmer, Platz* doppelt reserviert; *Flug* doppelt buchen **double-breasted** ADJ zweireihig **double-check** $\overline{S}$ & $\overline{V/I}$ noch einmal (über)prüfen **double chin** $\overline{S}$ Doppelkinn *n* **double-click** $\overline{V/T}$ & $\overline{V/I}$ IT doppelklicken (**on** auf +*akk*) **double cream** *Br* $\overline{S}$ Schlagsahne *f*, Schlag *m österr*, Schlagobers *m österr*, Nidel *m/f schweiz* **double-cross** *umg* $\overline{V/T}$ ein Doppelspiel *od* falsches Spiel treiben mit **double-dealing** A $\overline{S}$ Betrügerei(en) *f(pl)* B ADJ betrügerisch **double-decker** $\overline{S}$ Doppeldecker *m* **double doors** $\overline{PL}$ Flügeltür *f* **double Dutch** *bes Br* $\overline{S}$ Kauderwelsch *n*; **it was ~ to me** das waren für mich böhmische Dörfer **double entendre** ['duːblɒn'tɒndrə] *bes Br* $\overline{S}$ Zweideutigkeit *f* **double figures** $\overline{PL}$ zweistellige Zahlen *pl* **double glazing** $\overline{S}$ Doppelfenster *pl* **double knot** $\overline{S}$ Doppelknoten *m* **double life** $\overline{S}$ Doppelleben *n* **double meaning** $\overline{S}$ **it has a ~** es ist doppeldeutig **double name** *US* $\overline{S}$ Doppelname *m* **double-park** $\overline{V/I}$ in der zweiten Reihe parken **double-quick** *umg* A

ADV im Nu B ADJ in ~ time im Nu
★**double room** S̅ Doppelzimmer n
doubles ['dʌblz] S̅ (+sg od pl v) SPORT
Doppel n; **to play ~** im Doppel spielen
double-sided ADJ IT zweiseitig **dou-**
ble-space V/T TYPO mit doppeltem Zei-
lenabstand drucken **double spacing**
S̅ doppelter Zeilenabstand **double**
take S̅ he did a ~ er musste zweimal
hingucken **double vision** S̅ MED he
suffered from ~ er sah doppelt **dou-**
ble whammy S̅ Doppelschlag m
double yellow lines PL gelbe Dop-
pellinie an Fahrbahnrand zur Kenn-
zeichnung des absoluten Halteverbots
doubly ['dʌblɪ] ADV doppelt; **to make**
~ **sure (that …)** ganz sichergehen(, dass
…)

★**doubt** [daʊt] A S̅ Zweifel m; **to have**
one's ~s about sth (so) seine Bedenken
hinsichtlich einer Sache (gen) haben; **I**
have my ~s about her ich habe bei
ihr (so) meine Bedenken; **I have no ~s**
about taking the job ich habe keine Be-
denken, die Stelle anzunehmen; **there's**
no ~ about it daran gibt es keinen
Zweifel; **I have no ~ about it** ich be-
zweifle das nicht; **to cast ~ on sth** etw
in Zweifel ziehen; **I am in no ~ as to**
what od about what he means ich bin
mir völlig im Klaren darüber, was er
meint; **the outcome is still in ~** das Er-
gebnis ist noch ungewiss; **when in ~** im
Zweifelsfall; **no ~ he will come tomor-**
row höchstwahrscheinlich kommt er
morgen; **no ~, without (a)** ohne Zwei-
fel, zweifellos B V/T bezweifeln; Ehrlich-
keit, Wahrheit anzweifeln; **I'm sorry I**
~ed you es tut mir leid, dass ich an
dir gezweifelt habe; **I don't ~ it** das be-
zweifle ich (auch gar) nicht; **I ~ whether**
he will come ich bezweifle, dass er
kommen wird **doubtful** ['daʊtfʊl] ADJ
1 unsicher; **I'm still ~** ich habe noch
Bedenken; **to be ~ about sth** an etw
(dat) zweifeln; **to be ~ about doing**
sth Bedenken haben, ob man etw tun
soll; **I was ~ whether I could manage**
it ich bezweifelte, ob ich es schaffen
könnte 2 unwahrscheinlich; **it is ~**
that… es ist zweifelhaft, ob … 3 Ruf
fragwürdig; Ergebnis ungewiss; Ge-
schmack, Qualität zweifelhaft; **it is ~**
whether … es ist fraglich, ob …

doubtless ['daʊtləs] ADV zweifellos, si-
cherlich
dough [daʊ] S̅ 1 Teig m 2 umg (≈ Geld)
Kohle f umg **doughnut** ['daʊnʌt] Br S̅,
donut US S̅ Donut m **dough scrap-**
er S̅ Teigschaber m
dour ['dʊər] ADJ verdrießlich
douse [daʊs] V/T Wasser schütten über
(+akk); **to ~ sb/sth in** od **with petrol**
Br, **to ~ sb/sth in** od **with gasolene** US
j-n/etw mit Benzin übergießen
dove[1] [dʌv] S̅ Taube f
dove[2] [daʊv] US PRÄT → dive
dowdy ['daʊdɪ] ADJ ‹komp dowdier› oh-
ne jeden Schick

★**down**[1] [daʊn]

A Adverb	**B** Präposition
C Adjektiv	**D** transitives Verb

— **A** Adverb —

1 bei Richtungsangabe herunter, hinun-
ter, nach unten; **to jump ~** herunter-/
hinunterspringen; **on his way ~ from**
the summit auf seinem Weg vom Gipfel
herab/hinab; **on the way ~ to London**
auf dem Weg nach London runter umg;
all the way ~ to the bottom bis ganz
nach unten; ~ **with …!** nieder mit …!
2 Position unten; ~ **there** da unten; ~
here hier unten; head ~ mit dem Kopf
nach unten; **I'll be ~ in a minute** ich
komme sofort runter; **I've been ~ with**
flu ich habe mit Grippe (im Bett)
gelegen 3 he came ~ **from London**
yesterday er kam gestern aus London;
he's ~ at his brother's er ist bei seinem
Bruder; he lives ~ **South** er wohnt im
Süden; **his temperature is ~** sein Fieber
ist zurückgegangen; **interest rates are**
~ **to/by 3%** der Zinssatz ist auf/um 3%
gefallen; **he's ~ to his last £10** er hat
nur noch £ 10; **they're still three goals**
~ sie liegen immer noch mit drei Toren
zurück; **I've got it ~ in my diary** ich
habe es in meinem Kalender notiert;
let's get it ~ **on paper** halten wir es
schriftlich fest; **to be ~ for the next**
race für das nächste Rennen gemeldet
sein; **from the biggest ~** vom Größten
angefangen; ~ **through the ages** von
jeher; ~ **to** bis zu; **from 1700 ~ to the**
present von 1700 bis zur Gegenwart; **to**

D

be **~** to sb/sth an j-m/etw liegen; **it's ~ to you to decide** die Entscheidung liegt bei Ihnen; **I've put a ~ deposit on a new bike** ich habe eine Anzahlung für ein neues Fahrrad gemacht

— B Präposition —

1 to go ~ the hill *etc* den Berg *etc* hinuntergehen; **he ran his finger ~ the list** er ging (mit dem Finger) die Liste durch; **he's already halfway ~ the hill** er ist schon auf halbem Wege nach unten; **the other skiers were further ~ the slope** die anderen Skifahrer waren weiter unten; **she lives ~ the street** sie wohnt weiter die Straße entlang; **he was walking ~ the street** er ging die Straße entlang; **if you look ~ this road** wenn Sie diese Straße hinunterblicken **2** *Br umg* **he's gone ~ the pub** er ist in die Kneipe gegangen; **she's ~ the shops** sie ist einkaufen gegangen

— C Adjektiv —

umg **1 he was (feeling) a bit ~** er fühlte sich ein wenig down *umg* **2** (≈ *defekt*) **to be ~** außer Betrieb sein; IT abgestürzt sein

— D transitives Verb —

Bier etc runterkippen *umg*; **to ~ tools** die Arbeit niederlegen

down² [daʊn] ‾S̲ (≈ *Federn*) Daunen *pl*, Flaumfedern *pl*; *auf Gesicht* Flaum *m*

down-and-out ‾S̲ Penner(in) *m(f) umg*

down arrow ‾S̲ IT Abwärtspfeil *m*

downcast A̲D̲J̲ entmutigt **downer** [ˈdaʊnə] ‾S̲ **1** Beruhigungsmittel *n* **2** *umg* **to be on a ~** down sein *umg*

downfall A̲ **1** Sturz *m* **2** Ruin *m*

downgrade V̲/̲T̲ *Hotel, Job* herunterstufen; *j-n* degradieren **down-hearted** A̲D̲J̲ entmutigt **downhill** A̲ A̲D̲V̲ bergab; **to go ~** heruntergehen/-fahren; *Straße* bergab gehen; **the economy is going ~** mit der Wirtschaft geht es bergab; **things just went steadily ~** es ging immer mehr bergab B̲ A̲D̲J̲ **1** **~ slope** Abhang *m*; **the path is ~ for two miles** der Weg führt zwei Meilen bergab; **it was ~ all the way after that** danach wurde alles viel einfacher **2** SKI **~ skiing** Abfahrtslauf *m* ‾S̲ **~ skiing** Abfahrtslauf *m* **down-home** C̲ A̲D̲J̲ US bodenständig

Downing Street [ˈdaʊnɪŋˌstriːt] ‾S̲ die Downing Street; *als Regierungssitz* die britische Regierung

download A̲ V̲/̲T̲ IT (herunter)laden B̲ V̲/̲I̲ IT **it won't ~** Runterladen ist nicht möglich C̲ ‾S̲ IT Download *m* D̲ A̲D̲J̲ ⟨*attr*⟩ IT ladbar **downloadable** A̲D̲J̲ IT herunterladbar **download store** ‾S̲ IT Downloadshop *m* **down-market** A̲ A̲D̲J̲ Produkt für den Massenmarkt; **this restaurant is more ~** dieses Restaurant ist weniger exklusiv B̲ A̲D̲V̲ **to go ~** sich auf den Massenmarkt ausrichten **down payment** ‾S̲ FIN Anzahlung *f* **downplay** V̲/̲T̲ herunterspielen *umg* **down-pour** ‾S̲ Wolkenbruch *m* **downright** A̲ A̲D̲V̲ ausgesprochen; *ekelhaft* geradezu B̲ A̲D̲J̲ **a ~ lie** eine glatte Lüge **downriver** A̲D̲V̲ flussabwärts (from von); **~ from Bonn** unterhalb von Bonn **downscale** US A̲D̲J̲ Ware, Produkt minderwertig; *Hotel, Restaurant* der unteren Preisklasse **downshift** V̲/̲I̲ *in eine schlechter bezahlte Stelle überwechseln* runterschalten *umg* **downside** Kehrseite *f* **downsize** [ˈdaʊnsaɪz] A̲ V̲/̲T̲ *Firma* verschlanken, verkleinern; *Arbeitsplätze* abbauen B̲ V̲/̲I̲ *Firma* sich verkleinern **downsizing** ‾S̲ HANDEL, IT Downsizing *n*

Down's syndrome [ˈdaʊnzˌsɪndrəʊm] A̲ ‾S̲ MED Downsyndrom *n* B̲ A̲D̲J̲ ⟨*attr*⟩ MED **a ~ baby** ein an Downsyndrom leidendes Kind

★**downstairs** A̲ [ˌdaʊnˈstɛəz] A̲D̲V̲ gehen nach unten; *sich befinden, schlafen* unten B̲ [ˈdaʊnˈstɛəz] A̲D̲J̲ **the ~ phone** das Telefon unten; **~ apartment** Parterrewohnung *f*; **our ~ neighbours** *Br*, **our ~ neighbors** *US* die Nachbarn unten *pl*; **the woman ~** die Frau von unten C̲ [ˈdaʊnˈstɛəz] ‾S̲ **the ~** das Erdgeschoss **downstate** US A̲D̲J̲ **in ~ Illinois** im Süden von Illinois **downstream** A̲D̲V̲ flussabwärts **down-to-earth** A̲D̲J̲ nüchtern, sachlich; **he's very ~** er steht mit beiden Füßen auf der Erde **down-town** US A̲ A̲D̲V̲ **fahren** in die (Innen)stadt; *wohnen* in der (Innen)stadt B̲ A̲D̲J̲ **~ Chicago** die Innenstadt von Chicago **downtrodden** A̲D̲J̲ unterdrückt **downturn** ‾S̲ *geschäftlich* Rückgang *m*; **to take a ~** zurückgehen; **his fortunes took a ~** sein Glücksstern sank **down under** *umg* A̲ ‾S̲ Australien *n*, Neuseeland *n* B̲ A̲D̲V̲ leben in Australien/Neuseeland; *fliegen nach Australien/ Neuseeland* **downward** ['daʊnwəd] **A** ADV (*a.* **downwards**) nach unten; **to work ~(s)** sich nach unten vorarbeiten; **to slope ~(s)** abfallen; **face ~(s)** Mensch mit dem Gesicht nach unten; *Buch* mit der aufgeschlagenen Seite nach unten; **everyone from the Queen ~(s)** jeder, bei der Königin angefangen **B** ADJ nach unten; **~ movement** Abwärtsbewegung *f;* **~ slope** Abhang *m;* **~ trend** Abwärtstrend *m;* **to take a ~ turn** sich zum Schlechteren wenden **downwind** ['daʊnwɪnd] ADV in Windrichtung (**of, from** +*gen*)

dowry ['daʊrɪ] S Mitgift *f*

dowse [daʊs] V/T → **douse**

doz ABK (= **dozen**) Dtzd.

doze [dəʊz] **A** S Nickerchen *n;* **to have a ~** dösen **B** V/I (*vor sich hin*) dösen ◆**doze off** V/I einnicken

★**dozen** ['dʌzn] S Dutzend *n;* **80p a ~** 80 Pence das Dutzend; **two ~ eggs** zwei Dutzend Eier; **half a ~** ein halbes Dutzend; **~s** jede Menge; *fig umg* eine ganze Menge; **~s of times** *umg* x-mal *umg;* **there were ~s of incidents like this one** *umg* es gab Dutzende solcher Vorfälle; **~s of people came** *umg* Dutzende von Leuten kamen

Plural bei Zahlenangaben

Nach einer Zahl wird an Wörter wie **dozen, hundred, thousand, million** usw. kein Plural-**s** angehängt:

I'll take three dozen   Ich nehme drei
of these.   Dutzend davon.

Aber: **There were dozen<u>s</u> of apples on the tree.**

Bei Maßangaben aus Zahl + Substantiv steht das Substantiv im Singular, wenn ein weiteres Substantiv folgt:

There was a 50-mile   Auf der Autobahn M1
tailback on the M1.   gab es einen Rückstau
   von 50 Meilen.

Aber: **The tailback stretched for 50 mile<u>s</u>.**

dozy ['dəʊzɪ] ADJ ⟨*komp* **dozier**⟩ **1** schläfrig, verschlafen **2** *Br umg* schwer

von Begriff umg
dpi ABK (= **dots per inch**) IT dpi
dpt ABK (= **department**) Abt.
Dr ABK (= **doctor**) Dr.

drab [dræb] ADJ ⟨*komp* **drabber**⟩ trist; *Leben etc* eintönig **drably** ['dræblɪ] ADV *gekleidet* trist; *gemalt* in tristen Farben

draft [drɑːft] **A** S **1** MIL Einberufung *f* (zum Wehrdienst) **3** US → **draught 4** IT Konzeptausdruck *m* **B** V/T **1** entwerfen **2** US MIL einziehen; **he was ~ed into the England squad** er wurde für die englische Nationalmannschaft aufgestellt **C** ATTR IT **~ mode** Konzeptmodus *m* **draft letter** S Entwurf *m* eines/des Briefes **draft version** S Entwurf *m* eines/des Briefes **drafty** ['drɑːftɪ] ADJ US → **draughty**

★**drag** [dræɡ] **A** S **1** **it was a long ~ up to the top of the hill** es war ein langer, mühseliger Aufstieg zum Gipfel *umg* **what a ~!** *langweilig* Mann, ist der/die/ das langweilig! *umg; ärgerlich* so'n Mist *umg* **3** *umg* an Zigarette Zug *m* (**on, at** an +*dat*); **give me a ~** lass mich mal ziehen *umg* **in ~** in Frauenkleidung **B** V/T **1** schleppen; **he ~ged her out of/into the car** er zerrte sie aus dem/in das Auto; **she ~ged me to the library every Friday** sie schleppte mich jeden Freitag in die Bücherei; **to ~ one's feet** *od* **heels** *fig* die Sache schleifen lassen **2** IT *mit Maus* ziehen **C** V/I **1** schleifen; *Füße* schlurfen **2** *fig Zeit, Arbeit* sich hinziehen; *Buch* sich in die Länge ziehen; *Gespräch* sich (mühsam) hinschleppen ◆**drag along** V/T ⟨*trennb*⟩ mitschleppen ◆**drag apart** V/T ⟨*trennb*⟩ auseinanderzerren ◆**drag away** V/T ⟨*trennb*⟩ wegschleppen; **if you can drag yourself away from the television for a second …** wenn du dich vielleicht mal für eine Sekunde vom Fernsehen losreißen könntest … ◆**drag behind** **A** V/T ⟨+*obj*⟩ **to drag sb/sth behind one** j-n/etw hinter sich (*dat*) herschleppen **B** V/I *fig* zurückbleiben ◆**drag down** *wörtl* V/T ⟨*trennb*⟩ herunterziehen; *fig* mit sich ziehen ◆**drag in** *wörtl* V/T ⟨*trennb*⟩ hineinziehen; **look what the cat's dragged in** *fig umg* sieh mal, wer da kommt ◆**drag off** *wörtl* V/T ⟨*trennb*⟩ wegzerren; *fig* wegschleppen; **to drag sb off to a concert** j-n in ein

Konzert schleppen **♦drag on** V̅I̅ sich in die Länge ziehen; *Gespräch* sich hinschleppen **♦drag out** V̅I̅T̅ *‹trennb›* **1** *Gespräch* in die Länge ziehen **2** **eventually I had to drag it out of him** schließlich musste ich es ihm aus der Nase ziehen *umg*

drag and drop S̅ IT Drag-and-Drop *n*

drag lift S̅ SKI Schlepplift *m*

dragon ['drægən] S̅ Drache *m* **dragonfly** ['drægən,flaɪ] S̅ Libelle *f* **dragon fruit** S̅ Drachenfrucht *f*

drag queen S̅ *umg* Travestiekünstler *m*

drain [dreɪn] A̅ S̅ **1** Rohr *n*, Abfluss *m*, Kanalisationsrohr *n*; *(≈ Abdeckung)* Rost *m*; **to pour money down the ~** *fig umg* das Geld zum Fenster hinauswerfen; **I had to watch all our efforts go down the ~** ich musste zusehen, wie alle unsere Bemühungen zunichte (-gemacht) wurden **2** *von Ressourcen etc* Belastung *f* (**on** +*gen*) B̅ V̅I̅T̅ **1** *wörtl* drainieren; *Land* entwässern; *Gemüse* abgießen, abtropfen lassen **2** *fig* **to feel ~ed** sich ausgelaugt fühlen **3** *Glas* leeren C̅ V̅I̅ **1** *Gemüse, Geschirr* abtropfen **2** *fig* **the blood ~ed from his face** das Blut wich aus seinem Gesicht **♦drain away** V̅I̅ *Flüssigkeit* abfließen; *Kräfte* dahinschwinden **♦drain off** V̅I̅T̅ *‹trennb›* abgießen, abtropfen lassen

drainage ['dreɪnɪdʒ] S̅ **1** Dränage *f*; *von Land* Entwässerung *f* **2** Entwässerungssystem *n*; *von Haus, Stadt* Kanalisation *f*

draining board S̅, **drain board** US S̅ Abtropffläche *f* **drainpipe** S̅ Abflussrohr *n*

drake [dreɪk] S̅ Enterich *m*, Erpel *m*

dram [dræm] *Br* S̅ Schluck *m* (Whisky)

drama ['drɑːmə] S̅ Drama *n*; TV Fernsehspiel *n*; **to make a ~ out of a crisis** eine Krise dramatisieren **drama queen** *pej umg* S̅ Hysterikerin *f pej umg*; **don't be such a ~** *pej umg* nun mach mal kein Drama draus *pej umg* **dramatic** [drə'mætɪk] A̅D̅J̅ dramatisch **dramatist** ['dræmətɪst] S̅ Dramatiker(in) *m(f)* **dramatize** ['dræmətaɪz] V̅I̅T̅ dramatisieren

drank [dræŋk] P̅R̅Ä̅T̅ → drink

drape [dreɪp] A̅ V̅I̅T̅ **to ~ sth over sth** etw über etw *(akk)* drapieren B̅ S̅ **drapes** US P̅L̅ Gardinen *pl*

drastic ['dræstɪk] A̅D̅J̅ drastisch; *Verände-*

rungen a. einschneidend; **to take ~ action** drastische Maßnahmen ergreifen **drastically** ['dræstɪkəlɪ] A̅D̅V̅ drastisch, radikal

draught [drɑːft] S̅, **draft** US S̅ **1** (Luft)zug *m*; **there's a terrible ~ in here** hier zieht es fürchterlich **2** Fassbier *n*; **on ~** vom Fass **3** **~s** *Br* +*sg v* Damespiel *n*; *pl* Damesteine *pl* **4** *(≈ Skizze)* → draft

draught beer S̅, **draft beer** US S̅ Fassbier *n* **draughtboard** ['drɑːftbɔːd] *Br* S̅ Damebrett *n* **draughtsman** ['drɑːftsmən] S̅, **draftsman** US S̅ *‹pl -men›* Zeichner *m*; *von Dokumenten* Verfasser *m* **draughty** ['drɑːftɪ] A̅D̅J̅ *‹komp draughtier›*, **drafty** ['drɑːftɪ] US A̅D̅J̅ *‹komp draftier›* zugig; **it's ~ in here** hier zieht es

★**draw¹** [drɔː] *‹prät drew; pperf drawn›* A̅ V̅I̅T̅ zeichnen; *Linie* ziehen; **we must ~ the line somewhere** *fig* irgendwo muss Schluss sein; **I ~ the line at cheating** Mogeln kommt für mich nicht infrage B̅ V̅I̅ zeichnen

★**draw²** [drɔː] *‹v: prät drew; pperf drawn›* A̅ V̅I̅T̅ **1** ziehen; *Vorhänge* aufziehen, zuziehen; **he drew his chair nearer the fire** er rückte seinen Stuhl näher an den Kamin heran **2** *holen*; **to ~ inspiration from sb/sth** sich von j-m/etw inspirieren lassen; **to ~ strength from sth** Kraft aus etw schöpfen; **to ~ comfort from sth** sich mit etw trösten; **to ~ money from the bank** Geld (vom Konto) abheben; **to ~ dole** Arbeitslosenunterstützung beziehen; **to ~ one's pension** seine Rente bekommen **3** **the play has ~n a lot of criticism** das Theaterstück hat viel Kritik auf sich *(akk)* gezogen; **he refuses to be ~n** er geht nicht darauf ein **4** *Interesse* erregen; *Kunden* anlocken; **to feel ~n toward(s) sb** sich zu j-m hingezogen fühlen **5** *Schlussfolgerung, Vergleich* ziehen; *Unterscheidung* treffen **6** SPORT **to ~ a match** unentschieden spielen **7** *bei Auslosung etc* ziehen; **we've been ~n (to play) away** wir sind für ein Auswärtsspiel gezogen worden B̅ V̅I̅ **1** kommen; **he drew to one side** er ging/fuhr zur Seite; **to ~ to an end** *od* **to a close** zu Ende gehen; **the two horses drew level** die beiden Pferde zogen gleich; **to ~ near** herankommen **(to an** +*akk)*; **he drew nearer** *od* closer **(to it)** er kam (immer) näher (heran); **Christmas is ~ing nearer** Weihnachten rückt näher **2** SPORT unentschieden spielen; **they drew 2-2** sie trennten sich 2:2 unentschieden **C** **S** **1** (≈*Lotterie*) Ziehung *f*; SPORT Auslosung *f* **2** SPORT Unentschieden *n*; **the match ended in a ~** das Spiel endete unentschieden ◆**draw alongside** VII heranfahren/-kommen (+*obj* an +*akk*) ◆**draw apart** VII sich lösen ◆**draw aside** VIT ⟨*trennb*⟩ *j-n* beiseitenehmen ◆**draw away** VII **1** *Auto* losfahren **2** *Läufer etc* davonziehen **(from sb** *j-m*) **3** sich entfernen; **she drew away from him when he put his arm around her** sie rückte von ihm ab, als er den Arm um sie legte ◆**draw back** **A** VII zurückweichen **B** VIT ⟨*trennb*⟩ zurückziehen; *Vorhänge* aufziehen ◆**draw in** VII Zug einfahren; *Auto* anhalten **B** VIT ⟨*trennb*⟩ *Publikum* anziehen ◆**draw into** VIT ⟨*trennb*⟩ hineinziehen ◆**draw off** VII *Auto* losfahren ◆**draw on A** VII **as the night drew on** mit fortschreitender Nacht **B** VII (+*obj*) *a.* **draw upon** sich stützen auf (+*akk*); **the author draws on his experiences in the desert** der Autor schöpft aus seinen Erfahrungen in der Wüste ◆**draw out A** VII Zug ausfahren; *Auto* herausfahren (**of** aus) **B** VIT ⟨*trennb*⟩ **1** herausziehen; *Geld* abheben **2** in die Länge ziehen ◆**draw together** *wörtl, fig* VIT ⟨*trennb*⟩ miteinander verknüpfen ◆**draw up A** VII an)halten **B** VIT ⟨*trennb*⟩ **1** (≈*formulieren*) entwerfen, abfassen; *Testament* aufsetzen; *Liste* aufstellen **2** *Stuhl* heranziehen ◆**draw upon** VII (+*obj*) → draw on B

drawback [ˈdrɔːbæk] **S** Nachteil *m*
drawbridge [ˈdrɔːbrɪdʒ] **S** Zugbrücke *f*
⋆**drawer** [drɔːr] **S** Schublade *f*
⋆**drawing** [ˈdrɔːɪŋ] **S** Zeichnung *f*; **I'm no good at ~** ich kann nicht gut zeichnen **drawing board S** Reißbrett *n*; **it's back to the ~** *fig* das muss noch einmal ganz neu überdacht werden **drawing paper S** Zeichenpapier *n* **drawing pin** *Br* **S** Reißzwecke *f* **drawing room S** Wohnzimmer *n*; *in Villa* Salon *m*

drawl [drɔːl] **A** VIT schleppend aussprechen **B** **S** schleppende Sprache; a

southern ~ ein schleppender südlicher Dialekt

drawn [drɔːn] **A** PPERF → draw; → draw **B** ADJ **1** *Vorhänge* zugezogen; *Rollos* heruntergezogen **2** *von Sorgen* abgehärmt **3** *Spiel* unentschieden **drawstring** [ˈdrɔːstrɪŋ] **S** Kordel *f* zum Zuziehen

dread [dred] **A** VIT sich fürchten vor (+*dat*); **I'm ~ing Christmas this year** dieses Jahr graut es mir vor Weihnachten; **I ~ to think what may happen** ich wage nicht daran zu denken, was passieren könnte; **I'm ~ing seeing her again** ich denke mit Schrecken an ein Wiedersehen mit ihr; **he ~s going to the dentist** er hat schreckliche Angst davor, zum Zahnarzt zu gehen **B** **S** *a* **sense of ~** ein Angstgefühl *n*; **the thought filled me with ~** bei dem Gedanken wurde mir angst und bange; **to live in ~ of being found out** in ständiger Angst davor leben, entdeckt zu werden **dreadful** ADJ schrecklich; *Wetter a.* furchtbar; **what a ~ thing to happen** wie furchtbar, dass das passieren musste; **to feel ~** sich elend fühlen; **I feel ~ about it** (≈*beschämt*) es ist mir schrecklich peinlich **dreadfully** ADV schrecklich

dreadlocks [ˈdredlɒks] PL Rastalocken *pl*, Dreadlocks *pl*

⋆**dream** [driːm] ⟨*v: prät, pperf* dreamed; *Br* dreamt⟩ **A** VII träumen **(about, of** von); **~ on!** *umg* träum (du nur) weiter! **B** VIT träumen; **he ~s of being free one day** er träumt davon, eines Tages frei zu sein; **I would never have ~ed of doing such a thing** ich hätte nicht im Traum daran gedacht, so etwas zu tun; **I wouldn't ~ of it** das würde mir nicht im Traum einfallen; **I never ~ed (that) ...** ich hätte mir nie träumen lassen, dass ... **C** **S** Traum *m*; **to have a bad ~** schlecht träumen; **the whole business was like a bad ~** die ganze Angelegenheit war wie ein böser Traum; **sweet ~s!** träume süß!; **to have a ~ about sb/sth** von *j-m/etw* träumen; **it worked like a ~** *umg* das ging wie im Traum; **she goes round in a ~** sie lebt wie im Traum; **the woman of his ~s** die Frau seiner Träume; **never in my wildest ~s did I think I'd win** ich hätte in meinen kühnsten Träumen nicht gedacht, dass ich gewinnen würde; **all his ~s came true** alle seine Träume gingen in Erfüllung; **it was a ~ come true** es war ein Traum, der wahr geworden war **D** ADJ ⟨attr⟩ Traum- **♦dream up** umg VT ⟨trennb⟩ sich (dat) ausdenken; **where did you dream that up?** wie bist du denn bloß darauf gekommen?

dreamer ['dri:mə²] S̱ Träumer(in) m(f)

dreamily ['dri:mɪlɪ] ADV verträumt

dreamt [dremt] Br PRÄT & PPERF → dream

dreamy ['dri:mɪ] ADJ ⟨komp dreamier⟩ verträumt

dreariness ['drɪərɪnɪs] S̱ Trostlosigkeit f; von Job, Leben Eintönigkeit f **dreary** ['drɪərɪ] ADJ ⟨komp drearier⟩ trostlos; Job eintönig; Buch langweilig, fad österr

dredge [dredʒ] VT Fluss, Kanal ausbaggern, schlämmen

drench [drentʃ] VT durchnässen; **I'm absolutely ~ed** ich bin durch und durch nass; **to be ~ed in sweat** schweißgebadet sein

★**dress** [dres] **A** S̱ Kleid n **B** VT 1 anziehen; **to ~ sb in** j-m etw anziehen; **~ed in black** schwarz gekleidet; **he was ~ed in a suit** er trug einen Anzug 2 GASTR Salat anmachen; Hähnchen bratfertig machen; **~ed crab** farcierter Krebs 3 Wunde verbinden **C** VI sich anziehen; **to get ~ed** sich anziehen; **to ~ in black** sich schwarz kleiden; **to ~ for dinner** sich zum Essen umziehen **♦dress down A** VT ⟨trennb⟩ **to dress sb down** j-n herunterputzen umg **B** VI sich betont lässig kleiden **♦dress up** VI 1 sich fein machen, sich herausputzen 2 sich verkleiden; **he came dressed up as Santa Claus** er kam als Weihnachtsmann (verkleidet)

dress circle S̱ erster Rang **dresser** ['dresə²] S̱ 1 Anrichte f 2 US Frisierkommode f **dressing** ['dresɪŋ] S̱ 1 MED Verband m 2 GASTR Dressing n **dressing-down** umg S̱ Standpauke f umg; **to give sb a ~** j-n herunterputzen umg **dressing gown** S̱ Morgenmantel m, Bademantel m **dressing room** S̱ THEAT (Künstler)garderobe f; SPORT Umkleidekabine f **dressing table** S̱ Frisierkommode f **dressmaker** S̱ (Damen)schneider(in) m(f) **dress rehearsal** S̱ Generalprobe f **dress**

sense S̱ her ~ **is appalling** sie zieht sich fürchterlich an

drew [dru:] PRÄT → draw; → draw

dribble ['drɪbl] **A** VI 1 Flüssigkeit tropfen 2 Mensch sabbern 3 SPORT dribbeln **B** VT 1 SPORT **to ~ the ball** mit dem Ball dribbeln 2 Baby kleckern; **he ~d milk down his chin** er kleckerte sich (dat) Milch übers Kinn **C** S̱ 1 von Wasser ein paar Tropfen 2 von Speichel Tropfen m

dribs and drabs [,drɪbzən'dræbz] PL **in ~** umg kleckerweise umg

dried [draɪd] **A** PRÄT & PPERF → dry **B** ADJ getrocknet; Blut eingetrocknet; **~ yeast** Trockenhefe f **dried flowers** PL Trockenblumen pl **dried fruit** S̱ Dörrobst n **drier** S̱ → dryer

drift [drɪft] **A** VI 1 treiben; Sand wehen 2 fig Mensch sich treiben lassen; **to let things ~** die Dinge treiben lassen; **he was ~ing aimlessly along** in Leben etc er lebte planlos in den Tag hinein; **young people are ~ing away from the villages** junge Leute wandern aus den Dörfern ab; **the audience started ~ing away** das Publikum begann wegzugehen **B** S̱ 1 von Sand, Schnee Verwehung f 2 (≈Bedeutung) Tendenz f; **I caught the ~ of what he said** ich verstand, worauf er hinauswollte; **if you get my ~** wenn Sie mich richtig verstehen **♦drift apart** VI sich fremd werden; von Eheleuten etc sich auseinanderleben **♦drift off** VI **to drift off (to sleep)** einschlafen

drifter ['drɪftə²] S̱ Gammler(in) m(f); **he's a bit of a ~** ihn hälts nirgends lange **driftwood** S̱ Treibholz n

drill¹ [drɪl] **A** S̱ Bohrer m **B** VT bohren; Zahn anbohren **C** VI bohren; **to ~ for oil** nach Öl bohren

drill² [drɪl] S̱ für Notfall Übung f

★**drink** [drɪŋk] ⟨v: prät drank⟩ ⟨pperf drunk⟩ **A** VI trinken; **is the water fit to ~?** ist das Trinkwasser? **B** VI trinken; **he doesn't ~** er trinkt nicht; **his father drank** sein Vater war Trinker; **to go out ~ing** einen trinken gehen; **to ~ to sb/sth** auf j-n/etw trinken; **I'll ~ to that** darauf trinke ich **C** S̱ 1 Getränk n; **food and ~** Essen und Getränke; **may I have a ~?** kann ich etwas zu trinken haben?; **would you like a ~ of water?** möchten

D

Sie etwas Wasser? **2** *alkoholisch* Drink *m*; **have a ~!** trink doch was!; **can I get you a ~?** kann ich Ihnen etwas zu trinken holen?; **I need a ~!** ich brauche was zu trinken!; **he likes a ~** er trinkt gern (einen); **the ~s are on me** die Getränke zahle ich; **the ~s are on the house** die Getränke gehen auf Kosten des Hauses **3** ⟨*kein pl*⟩ Alkohol *m*; **he has a ~ problem** er trinkt; **to be the worse for ~** betrunken sein; **to take to ~** zu trinken anfangen; **his worries drove him to ~** vor lauter Sorgen fing er an zu trinken ◆**drink up** VI & VIT ⟨*trennb*⟩ austrinken; **drink up!** trink aus!

drinkable [ˈdrɪŋkəbl] ADJ trinkbar

drink-driver Br S angetrunkener Autofahrer, angetrunkene Autofahrerin

drink-driving Br S Trunkenheit *f* am Steuer

drinker [ˈdrɪŋkəʳ] S Trinker(in) *m(f)*; **he's a heavy ~** er ist ein starker Trinker

drinking [ˈdrɪŋkɪŋ] A S Trinken *n*; **his ~ caused his marriage to break up** an seiner Trunksucht ging seine Ehe in die Brüche; **underage ~** der Alkoholkonsum von Minderjährigen **B** ADJ Trink-; **~ spree** Sauftour *f umg*

drinking chocolate S Trinkschokolade *f* **drinking fountain** S Trinkwasserbrunnen *m* **drinking problem** S Alkoholproblem *n* **drinking water** S Trinkwasser *n* **drinks machine** S Getränkeautomat *m* **drinks reception** S Stehempfang *m* (*bei dem Getränke gereicht werden*)

drip [drɪp] A VI tropfen; **to be ~ping with sweat** schweißgebadet sein; **to be ~ping with blood** vor Blut triefen **B** VIT tropfen **C** S **1** (≈ *Geräusch*) Tropfen *n* **2** Tropfen *m* **3** MED Tropf *m*; **to be on a ~** am Tropf hängen **4** *umg Mensch* Waschlappen *m umg* **drip-dry** A ADJ *Hemd* bügelfrei **B** VIT tropfnass aufhängen **dripping** [ˈdrɪpɪŋ] A ADJ **1** ≈ (**wet**) tropfnass **2** *Wasserhahn* tropfend **B** S Tropfen *n*

★**drive** [draɪv] A VIT ⟨*v*: *prät* drove; *pperf* driven⟩ VIT **1** treiben; **to ~ sb out of the country** j-n aus dem Land (ver)treiben; **to ~ sb mad** j-n verrückt machen; **to ~ sb to murder** j-n zum Mord treiben **2** *Auto, Passagier* fahren; **I'll ~ you home** ich fahre Sie nach Hause **3** *Motor* antreiben, betreiben **4** *bei Arbeit*

etc hart herannehmen **B** VIT **1** fahren; **can you od do you ~?** fahren Sie Auto?; **he's learning to ~** er lernt Auto fahren; **did you come by train? — no, we drove** sind Sie mit der Bahn gekommen? — nein, wir sind mit dem Auto gefahren; **it's cheaper to ~** mit dem Auto ist es billiger **2** *Regen* schlagen **C** S **1** AUTO (Auto)fahrt *f*; **to go for a ~** ein bisschen (raus)fahren; **he took her for a ~** er machte mit ihr eine Spazierfahrt; **it's about one hour's ~** es ist etwa eine Stunde Fahrt (entfernt) **2** (*a.* **~way**) Einfahrt *f*, Auffahrt *f* **3** PSYCH *etc* Trieb *m*; **sex ~** Sexualtrieb *m* **4** (≈ *Energie*) Schwung *m* **5** HANDEL, POL *etc* Aktion *f* **6** MECH **front-wheel/rear-wheel ~** Vorderrad/Hinterradantrieb *m*; **left-hand ~** Linkssteuerung *f* **7** COMPUT Laufwerk *n* ◆**drive along** VII dahinfahren ◆**drive at** VII ⟨*+obj*⟩ *fig* (≈ *meinen*) hinauswollen auf ⟨*+akk*⟩ ◆**drive away** VII wegfahren **B** VIT ⟨*trennb*⟩ *j-n, Sorgen* vertreiben ◆**drive back** A VII zurückfahren **B** VIT ⟨*trennb*⟩ **1** zurückdrängen **2** zurückfahren ◆**drive home** VIT ⟨*trennb*⟩ *Nagel* einschlagen; *Argument* einhämmern ◆**drive in** A VII (hinein)fahren; **he drove into the garage** er fuhr in die Garage **B** VIT ⟨*trennb*⟩ *Nagel* (hin)einschlagen ◆**drive off** A VII abfahren, wegfahren **B** VIT ⟨*trennb*⟩ **1** *Feind* vertreiben **2** **he was driven off in an ambulance** er wurde in einem Krankenwagen weggebracht *od* abtransportiert ◆**drive on** VII weiterfahren ◆**drive out** VIT ⟨*trennb*⟩ hinaustreiben ◆**drive over** A VII hinüberfahren **B** VIT ⟨*immer getrennt*⟩ hinüberfahren ◆**drive up** A VII vorfahren **B** VIT *Preise* in die Höhe treiben

drive-by ADJ *Schießerei* aus dem fahrenden Auto heraus **drive-in** A ADJ **~ movie theater** *US* Autokino *n*; **~ restaurant** Drive-in-Restaurant *n* **B** S (≈ *Restaurant*) Drive-in *n*

drivel [ˈdrɪvl] *pej* S Blödsinn *m*

driven [ˈdrɪvn] PPERF → drive **-driven** [ˈdrɪvn] ADJ ⟨*suf*⟩ -betrieben; **battery-driven** batteriebetrieben

★**driver** [ˈdraɪvəʳ] S **1** Fahrer(in) *m(f)*; **~'s seat** *wörtl* Fahrersitz *m* **2** COMPUT Treiber *m*

driver awareness course [S] AUTO *bei Verkehrsvergehen* Nachschulung *f*, Aufbauseminar *n* **driverless car** ['draɪvəlɪs] [S] fahrerloses Auto ★**driver's license** *US* [S] Führerschein *m* **drive-through**, **drive-thru** *bes US* [A] [S] Drive-in *m* [B] [ADJ] *Restaurant* Drive-in- **driveway** [S] Auffahrt *f*, Zufahrtsstraße *f* **driving** ['draɪvɪŋ] [A] [S] Fahren *n*; **I don't like ~** ich fahre nicht gern (Auto) [B] [ADJ] [1] **the ~ force behind sth** die treibende Kraft bei etw [2] **~ rain** peitschender Regen; **~ snow** Schneetreiben *n* **driving assistant** [S] AUTO Fahrassistent *m* **driving conditions** [PL] Straßenverhältnisse *pl* **driving instructor** [S] Fahrlehrer(in) *m(f)* **driving lesson** [S] Fahrstunde *f*

★**driving licence** *Br* [S] Führerschein *m* **driving mirror** [S] Rückspiegel *m* **driving offence** [S], **driving offense** *US* [S] Verkehrsdelikt *n* **driving school** [S] Fahrschule *f* **driving seat** [S] Fahrersitz *m*; **to be in the ~** *fig* die Zügel in der Hand haben **driving test** [S] Fahrprüfung *f*

drizzle ['drɪzl] [A] [S] Nieselregen *m* [B] [V/I] nieseln [C] [V/T] träufeln **drizzly** ['drɪzlɪ] [ADJ] **it's ~** es nieselt

drone [drəʊn] [A] [S] [1] *von Bienen* Summen *n*; *von Motor* Brummen *n* [2] AVIAT, MIL Drohne *f* [B] [V/I] [1] *Biene* summen; *Motor* brummen [2] (*a.* **~ on**) eintönig sprechen; **he ~d on and on for hours** er redete stundenlang in seinem monotonen Tonfall **drone attack** [S] Drohnenangriff *m*

drool [dru:l] [V/I] sabbern; *Tier* geifern ♦**drool over** [V/I] ⟨+*obj*⟩ ins Schwärmen geraten für; **he sat there drooling over a copy of Playboy** er geilte sich an einem Playboyheft auf *sl*

droop [dru:p] [V/I] [1] *wörtl Schultern* hängen; *Kopf* herunterfallen; *Lider* herunterhängen; *vor Müdigkeit* zufallen; *Blumen* die Köpfe hängen lassen [2] *fig* erlahmen **droopy** ['dru:pɪ] [ADJ] schlaff; *Schwanz* herabhängend; *Schnurrbart* nach unten hängend; *Lider* herunterhängend

★**drop** [drɒp] [A] [S] [1] Tropfen *m*; **a ~ of blood** ein Tropfen *m* Blut; **a ~ of wine?** ein Schlückchen *n* Wein? [2] *von Temperatur, Preisen* Rückgang *m* (**in** +*gen*); *plötzlich* Sturz *m* (**in** +*gen*); **a ~ in prices** ein Preisrückgang *m*/-sturz *m* [3] Höhenunterschied *m*; **there's a ~ of ten feet down to the ledge** bis zu dem Felsvorsprung geht es zehn Fuß hinunter; **it was a sheer ~ from the top of the cliff into the sea** die Klippen fielen schroff zum Meer ab [B] [V/T] [1] fallen lassen; *Bombe* abwerfen; **I ~ped my watch** meine Uhr ist runtergefallen; **don't ~ it!** lass es nicht fallen!; **he ~ped his heavy cases on the floor** er setzte *od* stellte seine schweren Koffer auf dem Boden ab [2] *mit Auto:* *j-n* absetzen; *Waren etc* abliefern [3] *Bemerkung, Namen* fallen lassen; *Andeutung* machen [4] **to ~ sb a note** *od* **a line** j-m ein paar Zeilen schreiben [5] auslassen, weglassen (**from** in +*dat*); **the paper refused to ~ the story** die Zeitung weigerte sich, die Geschichte fallen zu lassen [6] aufgeben; *Idee, Freund* fallen lassen; *Gespräch* abbrechen; JUR *Fall* niederschlagen; **you'd better ~ the idea** schlagen Sie sich (*dat*) das aus dem Kopf; **to ~ sb from a team** j-n aus einer Mannschaft nehmen; **to ~ geography** Geografie abwählen; **let's ~ the subject** lassen wir das Thema; **~ it!** *umg* hör auf (damit)!; **~ everything!** *umg* lass alles stehen und liegen! [C] [V/I] [1] (herunter)fallen; *Temperatur etc* sinken; *Wind* sich legen [2] fallen; **to ~ to the ground** sich zu Boden fallen lassen; **I'm ready to ~** *umg* ich bin zum Umfallen müde *umg*; **she danced till she ~ped** *umg* sie tanzte bis zum Umfallen *umg*; **to ~ dead** tot umfallen; **~ dead!** *umg* geh zum Teufel! *umg* [3] (≈ *aufhören*) *Gespräch etc* aufhören; **to let sth ~** etw auf sich beruhen lassen; **shall we let it ~?** sollen wir es darauf beruhen lassen? ♦**drop back** [V/I] zurückfallen ♦**drop behind** [V/I] zurückfallen; **to drop behind sb** hinter j-n zurückfallen ♦**drop by** *umg* [V/I] vorbeikommen ♦**drop down** [A] [V/I] herunterfallen; **he dropped down behind the hedge** er duckte sich hinter die Hecke; **to drop down dead** tot umfallen; **he has dropped down to eighth** er ist auf den achten Platz zurückgefallen [B] [V/T] ⟨*trennb*⟩ fallen lassen ♦**drop in** *umg* [V/I] vorbeikommen; **I've just dropped in for a minute** ich wollte nur mal kurz hereinschauen ♦**drop off** [A] [V/I] [1] abfallen;

D

Griff etc abgehen **2** einschlafen **B** V/T ⟨*trennb*⟩ *j-n* absetzen; *Paket* abliefern

♦**drop out** V/I **1** herausfallen (**of** *aus*) **2** *aus Wettbewerb etc* ausscheiden (**of** *aus*); **to drop out of a race** *vor dem Start* an einem Rennen nicht teilnehmen; *nach dem Start aus dem Rennen ausscheiden*; **he dropped out of the course** er gab den Kurs auf; **to drop out of society** aus der Gesellschaft aussteigen *umg*; **to drop out of school** *Br* die Schule vorzeitig verlassen; *US* die Universität vorzeitig verlassen

drop-down menu S IT Dropdown-Menü *n*, Aufklappmenü *n* **drop-in centre** *Br* S Tagesstätte *f* **droplet** ['drɒplɪt] S Tröpfchen *n* **dropout** S *aus Gesellschaft* Aussteiger(in) *m(f) umg*; UNIV Studienabbrecher(in) *m(f)* **droppings** ['drɒpɪŋz] PL Kot *m*

drought [draʊt] S Dürre *f*

drove[1] [drəʊv] S Schar *f*; **they came in ~s** sie kamen in hellen Scharen

drove[2] [drəʊv] PRÄT → drive

★**drown** [draʊn] **A** V/I ertrinken **B** V/T **1** ertränken; **to be ~ed** ertrinken; **to ~ one's sorrows** seine Sorgen ertränken **2** (*a.* **~ out**) *Lärm, Stimmen* übertönen

drowse [draʊz] V/I (*vor sich (akk) hin*) dösen **drowsiness** ['draʊzɪnɪs] S Schläfrigkeit *f*, Verschlafenheit *f*; **to cause** ~ schläfrig machen **drowsy** ['draʊzɪ] ADJ ⟨*komp* drowsier⟩ schläfrig, verschlafen

drudgery ['drʌdʒərɪ] S stumpfsinnige Plackerei

★**drug** [drʌg] **A** S **1** MED Medikament *n*; *für Narkose* Betäubungsmittel *n*; SPORT Dopingmittel *n*; **he's on ~s** MED *er muss* Medikamente nehmen **2** Droge *f*; **to be on ~s** drogensüchtig sein; **to take** *od do* **~s** Drogen nehmen **B** V/T *für Narkose* betäuben **drug abuse** S Drogenmissbrauch *m*; **~ prevention** Drogenprävention *f* **drug addict** S Drogensüchtige(r) *m(f)n* **drug addiction** S Drogensucht *f* **drug dealer** S Drogenhändler(in) *m(f)* **drug-driving** S JUR Fahren *n* unter Drogeneinfluss **drugged** [drʌgd] ADJ **to be** ~ unter Beruhigungsmitteln stehen; **he seemed** ~ er schien wie betäubt **druggist** ['drʌgɪst] *US* S Drogist(in) *m(f)* **drug pusher** S Dealer(in) *m(f) umg* **drug squad** S Rauschgiftdezernat *n* **drugs raid** S

Drogenrazzia *f* **drugs test** S Dopingtest *m*

★**drugstore** *US* S Drogerie *f*, Drugstore *m* **drug taking** S Einnehmen *n* von Drogen **drug traffic, drug trafficking** S Drogenhandel *m* **drug trafficker** S Drogenschieber(in) *m(f)* **drug user** S Drogenbenutzer(in) *m(f)* **drug victim** S Drogenopfer *n*

drum [drʌm] **A** S **1** MUS Trommel *f*; **the ~s** *Pop, Jazz* das Schlagzeug; **to play the ~s** Schlagzeug spielen **2** *für Öl* Tonne *f* **B** V/I *a. fig* trommeln **C** V/T **to ~ one's fingers on the table** mit den Fingern auf den Tisch trommeln

♦**drum into** V/T ⟨*immer getrennt*⟩ **to drum sth into sb** *j-m etw* eintrichtern *umg* ♦**drum up** S ⟨*trennb*⟩ *Begeisterung* wecken; *Unterstützung* auftreiben

drumbeat S Trommelschlag *m* **drummer** ['drʌmə[r]] S Schlagzeuger(in) *m(f)* **drumstick** ['drʌmstɪk] S **1** MUS Trommelschlägel *od* -stock *m* **2** *von Hähnchen* Keule *f*

★**drunk** [drʌŋk] **A** PPERF → drink **B** ADJ ⟨*(+er) präd*⟩ betrunken; **he was slightly ~** er war leicht betrunken; **to get ~** betrunken werden (**on** *von*), sich betrinken (**on** *mit*); **to be as ~ as a lord** *od* **skunk** *umg* blau wie ein Veilchen sein *umg* **2** *fig* **to be ~ with** *od* **on success** vom Erfolg berauscht sein; **to be ~ with** *od* **on power** im Machtrausch sein **C** S Betrunkene(r) *m(f)m*, Trinker(in) *m(f)* **drunkard** ['drʌŋkəd] S Trinker(in) *m(f)* **drunk driver** *bes US* S angetrunkener Autofahrer, angetrunkene Autofahrerin **drunk driving, drunken driving** *bes US* S Trunkenheit *f* am Steuer **drunken** ADJ ⟨*attr*⟩ betrunken; *Abend* feuchtfröhlich; **in a ~ rage** in einem Wutanfall im Vollrausch; **in a ~ stupor** im Vollrausch **drunkenly** ['drʌŋkənlɪ] ADV betrunken; *sich benehmen* wie ein Betrunkener/eine Betrunkene **drunkenness** S Betrunkenheit *f*; *gewohnheitsmäßig* Trunksucht *f* **drunkometer** [drʌŋ'kɒmɪtə[r]] *US* → Breathalyzer

★**dry** [draɪ] ⟨*prät, pperf* dried⟩ **A** V/T trocknen; **to dry oneself** sich abtrocknen; **he dried his hands** er trocknete sich (*dat*) die Hände ab; **to dry the dishes** das Geschirr abtrocknen; **to dry one's eyes** sich (*dat*) die Tränen abwischen **B** V/I

[1] trocknen [2] *beim Spülen* abtrocknen [C] ADJ trocken; **to run dry** *Fluss* austrocknen; **dry spell** Trockenperiode *f*; **the dry season** die Trockenzeit; **to rub oneself dry** sich abrubbeln; **dry bread** trocken Brot [D] S **to give sth a dry** etw trocknen ♦**dry off** [A] V/I trocknen [B] V/T *⟨trennb⟩* abtrocknen ♦**dry out** [A] V/I *Kleider* trocknen; *Erde, Haut* austrocknen [B] V/T *⟨trennb⟩ Kleider* trocknen; *Erde, Haut* austrocknen ♦**dry up** [A] V/I [1] *Bach* austrocknen; *Feuchtigkeit* trocknen; *Inspiration, Einkommen* versiegen [2] *beim Spülen* abtrocknen [B] V/T *⟨trennb⟩ Geschirr* abtrocknen; *Flussbett* austrocknen

dry-clean V/T chemisch reinigen; **to have a dress ~ed** ein Kleid chemisch reinigen lassen **dry-cleaner's** S chemische Reinigung **dry-cleaning** S chemische Reinigung **dryer** ['draɪəʳ] S [1] Wäschetrockner *m* [2] Händetrockner *m* [3] Trockenhaube *f* **dry ice** S Trockeneis *n* **drying-up** S Abtrocknen *n*; **to do the ~** abtrocknen **dryness** S Trockenheit *f* **dry-roasted** ADJ trocken geröstet **dry rot** S (Haus)schwamm *m* **dry run** S Probe *f*

DSL ABK (= digital subscriber line) DSL; **DSL connection** DSL-Anschluss *m*

DST *bes US* ABK (= daylight saving time) Sommerzeit

DTI *Br* ABK (= Department of Trade and Industry) ≈ Handelsministerium *n*

DTP ABK (= desktop publishing) DTP *n*

dual ['djʊəl] ADJ [1] doppelt [2] zweierlei **dual carriageway** *Br* S ≈ Schnellstraße *f* **dual nationality** S doppelte Staatsangehörigkeit **dual-purpose** ADJ zweifach verwendbar

dub [dʌb] V/T *Film* synchronisieren; **the movie was dubbed into French** der Film war französisch synchronisiert; **dubbed version** Synchronfassung *f* **dubbing** ['dʌbɪŋ] S FILM Synchronisation *f*

dubious ['djuːbɪəs] ADJ [1] zweifelhaft; *Idee, Behauptung, Basis* fragwürdig; **it sounds ~ to me** ich habe da meine Zweifel [2] unsicher; **I was ~ at first, but he convinced me** ich hatte zuerst Bedenken, aber er überzeugte mich; **to be ~ about sth** etw anzweifeln

duchess ['dʌtʃɪs] S Herzogin *f* **duchy** ['dʌtʃɪ] S Herzogtum *n*

★**duck** [dʌk] [A] S Ente *f*; **to take to sth like a ~ to water** bei etw gleich in seinem Element sein; **it's (like) water off a ~'s back to him** das prallt alles an ihm ab [B] V/I [1] (*a.* **~ down**) sich ducken [2] **he ~ed out of the room** er verschwand aus dem Zimmer [C] V/T [1] untertauchen [2] ausweichen (*+dat*) **duckling** ['dʌklɪŋ] S Entenküken *n*

duct [dʌkt] S [1] ANAT Röhre *f* [2] *für Flüssigkeit, Gas* (Rohr)leitung *f*; ELEK Rohr *n*

dud [dʌd] *umg* [A] ADJ [1] nutzlos, mies; **dud batteries** Batterien, die nichts taugen [2] gefälscht [B] S (≈*Bombe*) Blindgänger *m*; (≈*Münze*) Fälschung *f*; (≈*Mensch*) Niete *f umg*; **this battery is a dud** diese Batterie taugt nichts

dude [duːd] *US umg* S Typ *m umg*, Kumpel *m umg*

★**due** [djuː] [A] ADJ [1] fällig; **to be due** *Flugzeug, Zug, Bus* ankommen sollen; *Wahlen etc* anstehen; **the train was due ten minutes ago** der Zug sollte vor 10 Minuten ankommen; **when is the baby due?** wann soll das Baby kommen?; **the results are due at the end of the month** die Ergebnisse sind Ende des Monats fällig; **he is due back tomorrow** er soll morgen zurückkommen; **to be due out** herauskommen sollen; **he is due to speak about now** er müsste jetzt gerade seine Rede halten; **the building is due to be demolished** das Gebäude soll demnächst abgerissen werden; **he is due for a rise** *Br*, **he is due for a raise** *US* ihm steht eine Gehaltserhöhung zu; **she is due for promotion** sie ist mit einer Beförderung an der Reihe; **the prisoner is due for release** *od* **due to be released** der Gefangene soll jetzt entlassen werden; **the car is due for a service** das Auto muss zur Inspektion; **due date** FIN Fälligkeitstermin *m* [2] *Aufmerksamkeit* gebührend; *Pflege* nötig; **in due course** zu gegebener Zeit; **with (all) due respect** bei allem Respekt (**to** für) [3] **to be due** *Geld* ausstehen; **to be due to sb** *Geld, Urlaub* j-m zustehen; **to be due a couple of days off** ein paar freie Tage verdient haben [4] ★ **due to** aufgrund *+gen*; (≈*verursacht von*) durch; **his death was due to natural causes** er ist eines natürlichen Todes gestorben

D

B _s̱_ **1** **dues** pl an Verein etc (Mitglieds)beitrag m **2** _s̱_ **to give him his due, he did at least try** eins muss man ihm lassen, er hat es wenigstens versucht **C** ADV **due north** direkt nach Norden; **due east of the village** in Richtung Tosten des Dorfes

duel ['dju:əl] **A** _s̱_ Duell n **B** _V/I_ sich duellieren

duet [dju:'et] _s̱_ Duo n, Duett n

duffel bag _s̱_ Matchsack m; MIL Seesack m **duffel coat** _s̱_ Dufflecoat m

dug PRÄT & PPERF → dig

duke [dju:k] _s̱_ Herzog m **dukedom** ['dju:kdəm] _s̱_ Herzogtum n; (≈ Titel) Herzogswürde f

★**dull** [dʌl] **A** ADJ ⟨+er⟩ **1** Licht, Wetter trüb; Leuchten schwach; Farbe, Augen, Metall matt; **it will be ~ at first** in Wetterbericht es wird anfangs bewölkt **2** langweilig, fad österr; **there's never a ~ moment** man langweilt sich keinen Augenblick **3** Geräusch, Schmerz dumpf **B** _V/T_ **1** Schmerz betäuben; Sinne abstumpfen **2** Geräusch dämpfen **dullness** _s̱_ **1** von Licht Trübheit f; von Farbe, Augen, Metall Mattheit f; von Wetter Trübheit f; von Himmel Bedecktheit f **2** Langweiligkeit f **3** BÖRSE, HANDEL von Markt Flauheit f **dully** ['dʌlli] ADV **1** matt, schwach **2** pochen, schmerzen dumpf

duly ['dju:li] ADV **1** wählen, unterzeichnen ordnungsgemäß; **to be ~ impressed** gebührend beeindruckt sein **2** wie erwartet; **he ~ obliged** er tat es dann auch

dumb [dʌm] ADJ ⟨+er⟩ **1** stumm, sprachlos; **she was struck ~ with fear** die Angst verschlug ihr die Sprache **2** bes US umg doof umg; **that was a ~ thing to do** wie kann man nur so etwas Dummes machen!; **to play ~** sich dumm stellen ◆**dumb down** _V/T_ ⟨trennb⟩ anspruchsloser machen

dumbass ['dʌmæs] US umg _s̱_ Nullchecker m umg **dumbbell** ['dʌmbel] _s̱_ SPORT Hantel f **dumbfound** ['dʌmfaʊnd] _V/T_ verblüffen **dumbfounded** [dʌm'faʊndɪd] ADJ verblüfft, sprachlos **dumbing down** [,dʌmɪŋ'daʊn] _s̱_ Verdummung f **dumb waiter** _s̱_ Speiseaufzug m

dummy ['dʌmɪ] **A** _s̱_ **1** Attrappe f, Schaufensterpuppe f **2** Br für Baby

Schnuller m **3** umg Idiot m umg **B** ADJ ⟨attr⟩ unecht; **a ~ bomb** eine Bombenattrappe **dummy run** _s̱_ Probe f, Übung f

★**dump** [dʌmp] **A** _s̱_ **1** Br Müllkippe f **2** MIL Depot n **3** pej umg (≈ Ort) Kaff n umg; (≈ Gebäude) Drecksloch n pej umg **4** umg **to be down in the ~s** down sein umg **B** _V/T_ **1** (≈ loswerden) abladen; Koffer etc fallen lassen, lassen; umg Freundin abschieben, Schluss machen mit; Auto abstellen; **to ~ sb/sth on sb** j-n/etw bei j-m abladen **2** IT dumpen **dumper truck** ['dʌmpə'] Br _s̱_ (≈ Lkw) Kipper m **dumping** ['dʌmpɪŋ] _s̱_ Abladen n; **"no ~"** Br „Schuttabladen verboten!" **dumping ground** fig _s̱_ Abladeplatz m **dumpling** ['dʌmplɪŋ] _s̱_ GASTR Kloß m, Knödel m österr **Dumpster®** ['dʌmpstə'] US _s̱_ (Müll)container m **dump truck** US _s̱_ Kipper m **dumpy** ['dʌmpɪ] ADJ pummelig **dunce** [dʌns] _s̱_ Dummkopf m **dune** [dju:n] _s̱_ Düne f **dung** [dʌŋ] _s̱_ Dung m; AGR Mist m **dungarees** [,dʌŋgə'ri:z] _PL_ bes Br Latzhose f; **a pair of ~** eine Latzhose **dungeon** ['dʌndʒən] _s̱_ Verlies n **dunk** [dʌŋk] _V/T_ (ein)tunken **dunno** ['dʌnəʊ] ABK (= I don't know) (ich) weiß nicht

duo ['dju:əʊ] _s̱_ ⟨pl -s⟩ Duo n

dupe [dju:p] _V/T_ überlisten; **he was ~d into believing it** er fiel darauf rein

duplex ['dju:pleks] bes US _s̱_ → duplex apartment; → duplex house **duplex apartment** bes US _s̱_ zweistöckige Wohnung **duplex house** US _s̱_ Zweifamilienhaus n

duplicate **A** ['dju:plɪkeɪt] _V/T_ **1** maschinell kopieren **2** Erfolg wiederholen; unnötigerweise zweimal machen **B** ['dju:plɪkɪt] _s̱_ Kopie f; von Schlüssel Zweitschlüssel m; **in ~** in doppelter Ausfertigung **C** ['dju:plɪkɪt] ADJ zweifach; **a ~ copy** eine Kopie; **a ~ key** ein Zweitschlüssel m **duplication** [,dju:plɪ'keɪʃən] _s̱_ von Dokumenten Vervielfältigung f; von Arbeit, Bemühung Wiederholung f

duplicity [dju:'plɪsɪtɪ] _s̱_ Doppelspiel n

durability [,djʊərə'bɪlɪtɪ] _s̱_ **1** von Material Strapazierfähigkeit f **2** von Frieden, Beziehung Dauerhaftigkeit f **durable** ['djʊərəbl] ADJ **1** Material strapazierfähig

D

[2] *Frieden, Beziehung* dauerhaft **duration** [djʊəˈreɪʃən] [S] Dauer *f*; **for the ~ of** für die Dauer (*+gen*)

duress [djʊəˈres] [S] **under ~** unter Zwang

Durex® [ˈdjʊəreks] [S] Gummi *m umg*

★**during** [ˈdjʊərɪŋ] [PRÄP] während (*+gen*)

dusk [dʌsk] [S] (Abend)dämmerung *f*; **at ~** bei Einbruch der Dunkelheit **dusky** [ˈdʌskɪ] [ADJ] ⟨*komp* **duskier**⟩ *liter Haut, Farbe* dunkel; *Mensch* dunkelhäutig; **~ pink** altrosa

★**dust** [dʌst] [A] [S] ⟨*kein pl*⟩ Staub *m*; **covered in ~** staubbedeckt; **to gather ~** verstauben; **to give sth a ~** etw abstauben [B] [V/T] [1] *Möbel* abstauben; *Zimmer* Staub wischen in (*+dat*); **it's (all) done and ~ed** *Br fig umg* das ist (alles) unter Dach und Fach [2] GASTR bestäuben [C] [V/I] Staub wischen ♦**dust down** [V/T] ⟨*trennb*⟩ abbürsten; *mit Hand* abklopfen; **to dust oneself down** *fig* sich reinwaschen ♦**dust off** [V/T] ⟨*trennb*⟩ *Schmutz* wegwischen; **to dust oneself off** *fig* sich reinwaschen

dustbin *Br* [S] Mülltonne *f* **dustbin man** *Br* [S] → dustman **dust cover** [S] *für Buch* (Schutz)umschlag *m*; *für Möbel* Schonbezug *m* **duster** [ˈdʌstəʳ] [S] Staubtuch *n*; SCHULE (Tafel)schwamm *m* **dusting** [ˈdʌstɪŋ] [S] [1] Staubwischen *n*; **to do the ~** Staub wischen [2] **a ~ of snow** eine dünne Schneedecke **dust jacket** [S] (Schutz)umschlag *m* **dustman** [S] ⟨*pl* **-men**⟩ *Br* Müllmann *m* **dustpan** [S] Kehrschaufel *f* **dusty** [ˈdʌstɪ] [ADJ] ⟨*komp* **dustier**⟩ staubig; *Möbel, Buch* verstaubt

★**Dutch** [dʌtʃ] [A] [ADJ] holländisch; **a ~ man** ein Holländer *m*; **a ~ woman** eine Holländerin; **he is ~** er ist Holländer [B] [S] [1] **the ~** die Holländer *pl* [2] LING Niederländisch *n* [C] [ADV] **to go ~ (with sb)** *umg* (mit j-m) getrennte Kasse machen **Dutch cap** [S] Pessar *n* **Dutch courage** *umg* [S] **to give oneself ~** sich (*dat*) Mut antrinken (**from** mit)

★**Dutchman** [S] ⟨*pl* **-men**⟩ Holländer *m*

★**Dutchwoman** [S] ⟨*pl* **-women** [-wɪmɪn]⟩ Holländerin *f*

dutiful [ˈdju:tɪfʊl] [ADJ] pflichtbewusst

★**duty** [ˈdju:tɪ] [S] [1] Pflicht *f*; **to do one's ~ (by sb)** seine Pflicht (gegenüber j-m) tun; **to report for ~** sich zum Dienst melden; **to be on ~** *Arzt etc* im Dienst sein; SCHULE *etc* Aufsicht haben; **who's on ~ tomorrow?** wer hat morgen Dienst/Aufsicht?; **he went on ~ at 9** sein Dienst fing um 9 an; **to be off ~** nicht im Dienst sein; **he comes off ~ at 9** sein Dienst endet um 9 [2] FIN Zoll *m*; **to pay ~ on sth** Zoll auf etw (*akk*) zahlen **duty-free** [dju:tɪˈfri:] [ADJ & ADV] zollfrei **duty-free allowance** [S] Zollkontingent *n*, Freimenge *f* **duty-free shop** [S] Duty-free-Shop *m* **duty officer** [S] Offizier *m* vom Dienst **duty roster** [S] Dienstplan *m*

duvet [ˈdu:veɪ] [S] Steppdecke *f* **duvet day** *Br* [S] *bezahlter Sonderurlaub von 1 bis 2 Tagen im Jahr*

DV cam [di:ˈvi:kæm] [S] digitale Videokamera, DV-Cam *f*

DVD [S ABK] (= digital versatile *od* video disc) DVD *f*; **the movie is out on DVD** den Film gibt es auch als DVD **DVD drive** [S] DVD-Laufwerk *n* **DVD player** [S] DVD-Player *m* **DVD-Rom** [S] DVD-Rom *f* **DVD writer** [S] DVD-Brenner *m*

DVR [ABK] (= digital video recorder) DVR *m*

DVT [ABK] (= deep vein thrombosis) tiefe Venenthrombose, TVT *f*

dwarf [dwɔ:f] [A] [S] ⟨*pl* **dwarves** *od* **-s** [dwɔ:vz]⟩ Zwerg *m* [B] [ADJ] **~ shrubs** Zwergsträucher *pl* [C] [V/T] **to be ~ed by sb/sth** neben j-m/etw klein erscheinen

dwell [dwel] *liter* [V/I] ⟨*prät, pperf* **dwelt**⟩ weilen *geh* ♦**dwell (up)on** [V/I] ⟨*+obj*⟩ verweilen bei; **to dwell (up)on the past** sich ständig mit der Vergangenheit befassen; **let's not dwell (up)on it** wir wollen uns nicht (länger) damit aufhalten

dweller [ˈdweləʳ] [S] **cave ~** Höhlenbewohner(in) *m(f)* **dwelling** [ˈdwelɪŋ] *form* [S] Wohnung *f*; **~ house** Wohnhaus *n* **dwelt** [dwelt] [PRÄT & PPERF] → dwell

dwindle [ˈdwɪndl] [V/I] *Zahlen* zurückgehen; *Vorräte* schrumpfen **dwindling** [ˈdwɪndlɪŋ] [ADJ] *Zahlen* zurückgehend; *Vorräte* schwindend

dye [daɪ] [A] [S] Farbstoff *m*; **hair dye** Haarfärbemittel *n*; **food dye** Lebensmittelfarbe *f* [B] [V/T] färben; **dyed blonde hair** blond gefärbtes Haar

dying [ˈdaɪɪŋ] [A] [PPR] → die [B] [ADJ] [1] *wörtl* sterbend; *Pflanze* eingehend; *Worte* letzte(r, s) [2] *fig Industrie, Kunst* ausster-

bend; *Minuten* letzte(r, s) **C** $\overline{S}$ **the ~**
die Sterbenden

dyke [daɪk] $\overline{S}$, **dike** *US* $\overline{S}$ **1** Deich *m* **2**
sl Lesbe *f umg*

dynamic [daɪˈnæmɪk] **A** $\overline{ADJ}$ dynamisch
B $\overline{S}$ Dynamik *f* **dynamics** $\overline{S}$ ⟨+sg *od*
pl v⟩ *Fach, a.* TECH Dynamik *f*; *pl* fig Dy-
namik *f* **dynamism** [ˈdaɪnəmɪzəm] $\overline{S}$
Dynamismus *m*; *von Mensch* Dynamik *f*

dynamite [ˈdaɪnəmaɪt] *wörtl* $\overline{S}$ Dynamit
n; *fig* Sprengstoff *m*

dynamo [ˈdaɪnəməʊ] $\overline{S}$ ⟨*pl* -s⟩ Dynamo
m; AUTO Lichtmaschine *f*

dynasty [ˈdɪnəstɪ] $\overline{S}$ Dynastie *f*

dysentery [ˈdɪsɪntrɪ] $\overline{S}$ Ruhr *f*

dysfunctional [dɪsˈfʌŋkʃənəl] $\overline{ADJ}$ dys-
funktional

dyslexia [dɪsˈleksɪə] $\overline{S}$ Legasthenie *f*
dyslexic [dɪsˈleksɪk] **A** $\overline{ADJ}$ legasthe-
nisch; **she is ~** sie ist Legasthenikerin
B $\overline{S}$ Legastheniker(in) *m(f)*

E¹, e [iː] $\overline{S}$ E *n*, e *n*; **E flat** Es *n*, es *n*; **E**
sharp Eis *n*, eis *n*

E² $\overline{ABK}$ (= east) O

e- [iː] $\overline{PRÄF}$ E-, elektronisch

★**each** [iːtʃ] **A** $\overline{ADJ}$ jede(r, s); **~ one of us**
jeder von uns; **~ and every one of us**
jeder Einzelne von uns **B** $\overline{PRON}$ **1** jede(r,
s); **~ of them gave their** *od* **his opinion**
jeder sagte seine Meinung **2 ~ other**
sich; einander; **they haven't seen ~**
other for a long time sie haben sich
lange nicht gesehen; **you must help ~**
other ihr müsst euch gegenseitig hel-
fen; **on top of ~ other** aufeinander;
next to ~ other nebeneinander; **they**
went to ~ other's house(s) sie besuch-
ten einander zu Hause **C** $\overline{ADV}$ je; **we**
gave them one apple ~ wir haben ih-
nen je einen Apfel gegeben; **the books**
are £10 ~ die Bücher kosten je £ 10; **car-**
nations at 50p ~ Nelken zu 50 Pence
das Stück

eager [ˈiːgəʳ] $\overline{ADJ}$ eifrig; *Antwort* begeis-
tert; **to be ~ to do sth** etw unbedingt

tun wollen **eagerly** [ˈiːgəlɪ] $\overline{ADV}$ eifrig;
erwarten gespannt; *akzeptieren* bereitwil-
lig; **~ awaited** mit Spannung erwartet
eagerness [ˈiːgənɪs] $\overline{S}$ Eifer *m*

eagle [ˈiːgl] $\overline{S}$ Adler *m*

★**ear¹** [ɪəʳ] $\overline{S}$ **1** Ohr *n*; **to keep one's ears**
open die Ohren offen halten; **to be all**
ears ganz Ohr sein; **to lend an ear** zu-
hören; **it goes in one ear and out the**
other das geht zum einen Ohr hinein
und zum anderen wieder hinaus; **to be**
up to one's ears in work bis über beide
Ohren in Arbeit stecken; **he's got mon-**
ey *etc* **coming out of his ears** *umg* er
hat Geld *etc* ohne Ende *umg* **2** **to have**
a good ear for music ein feines Gehör
für Musik haben; **to play by ear** nach
dem Gehör spielen; **to play it by ear**
fig improvisieren

ear² $\overline{S}$ *von Korn* Ähre *f*

earache $\overline{S}$ Ohrenschmerzen *pl* **ear-**
buds $\overline{PL}$ Ohrhörer *pl*, Ohrstöpsel *pl*
umg **eardrum** $\overline{S}$ Trommelfell *n* **ear-**
ful *umg* $\overline{S}$ **to get an ~** mit einer Flut
von Beschimpfungen überschüttet wer-
den; **to give sb an ~** j-n zusammenstau-
chen *umg* **earhole** *Br umg* $\overline{S}$ Ohr *n*,
Löffel *m umg*

earl [ɜːl] $\overline{S}$ Graf *m*

★**earlier** [ˈɜːlɪəʳ] **A** $\overline{ADJ}$ ⟨komp⟩ **1** früher;
at an ~ date früher **2** → **early B** $\overline{ADV}$
~ (on) früher; **~ (on) in the novel** an ei-
ner früheren Stelle in dem Roman; **~**
(on) today heute (vor einigen Stunden);
~ (on) this year früher in diesem Jahr; **I**
cannot do it ~ than Thursday ich kann
es nicht eher als Donnerstag machen

ear lobe $\overline{S}$ Ohrläppchen *n*

★**early** [ˈɜːlɪ] **A** $\overline{ADV}$ ⟨komp **earlier**⟩ **1 ~**
(on) früh; **~ in 1915/in February** Anfang
1915/Februar; **~ (on) in the year** Anfang
des Jahres; **~ (on) in his/her/their** *etc*
life in jungen Jahren; **~ (on) in the race**
zu Anfang des Rennens; **~ (on) in the**
evening am frühen Abend; **as ~ as**
schon; **~ this month/year** Anfang des
Monats/Jahres; **~ today/this morning**
heute früh; **the earliest he can come**
is tomorrow er kann frühestens morgen
kommen **2** früher (als erwartet), zu
früh; **she left ten minutes ~** sie ist zehn
Minuten früher gegangen; **to be five**
minutes ~ fünf Minuten zu früh kom-
men; **he left school ~** er ging früher

von der Schule nach Hause; *endgültig* er ging vorzeitig von der Schule ab; **to get up/go to bed** ~ früh aufstehen/ins Bett gehen B ADJ ⟨komp **earlier**⟩ **1** früh; *Tod* vorzeitig; **an ~ morning drive** eine Spritztour am frühen Morgen; **we had an ~ lunch** wir aßen früh zu Mittag; **in ~ winter** zu Winteranfang; **the ~ days** die ersten Tage; ~ **January** Anfang Januar; **in the ~ 1980s** Anfang der Achtzigerjahre; **to have an ~ night** früh ins Bett gehen; **until** *od* **into the ~ hours** bis in die frühen Morgenstunden; **her ~ life** ihre jungen Jahre; **at an ~ age** in jungen Jahren; **from an ~ age** von klein auf; **to be in one's ~ thirties** Anfang dreißig sein; **it's ~ days (yet)** *bes Br* wir *etc* sind noch im Anfangsstadium **2** *Mensch* frühgeschichtlich; ~ **baroque** Frühbarock **3** bald; **at the earliest possible moment** so bald wie irgend möglich **early bird** S̲ Frühaufsteher(in) *m(f)* **early closing** S̲ **it's ~ today** die Geschäfte sind heute Nachmittag geschlossen **early retirement** S̲ **to take ~** vorzeitig in den Ruhestand gehen **early riser** S̲ Frühaufsteher(in) *m(f)* **early warning system** S̲ Frühwarnsystem *n*

earmark *fig* V̲T̲ vorsehen **earmuffs** P̲L̲ Ohrenschützer *pl*

★**earn** [ɜːn] V̲T̲ verdienen; FIN *Zinsen* bringen; **to ~ one's keep/a living** Kost und Logis/seinen Lebensunterhalt verdienen; **this ~ed him a lot of respect** das trug ihm große Achtung ein; **he's ~ed it** das hat er sich *(dat)* verdient

earnest [ˈɜːnɪst] A̲ ADJ ernst; *Diskussion* ernsthaft B̲ S̲ **in ~** richtig; **to be in ~ about sth** etw ernst meinen **earnestly** [ˈɜːnɪstlɪ] ADV ernst; *diskutieren, versuchen, erklären* ernsthaft; *hoffen* innig

earnings [ˈɜːnɪŋz] P̲L̲ Verdienst *m*, Einkommen *n*; *von Firma* Einkünfte *pl* **earphones** P̲L̲ Kopfhörer *pl*, Ohrhörer *pl* **earpiece** S̲ Hörer *m* **ear piercing** S̲ Durchstechen *n* der Ohrläppchen **earplug** S̲ Ohropax® *n* **earring** S̲ Ohrring *m* **earset** S̲ Earset *n*, Ohrring *m* **earshot** S̲ **out of/within ~** außer/in Hörweite **ear-splitting** ADJ ohrenbetäubend

★**earth** [ɜːθ] A̲ S̲ **1** Erde *f*; **the ~, the Earth** die Erde; **on** ~ auf der Erde; **to**

the ends of the ~ bis ans Ende der Welt; **where/who** *etc* **on** ~ ...? *umg* wo/wer *etc* ... bloß?; **what on** ~ ...? *umg* was in aller Welt ...? *umg*; **nothing on** ~ **will stop me now** keine Macht der Welt hält mich jetzt noch auf; **there's no reason on** ~ **why** ... es gibt keinen erdenklichen Grund, warum ...; **it cost the** ~ *Br umg* das hat eine schöne Stange Geld gekostet *umg*; **to come back down to** ~ *fig* wieder auf den Boden der Tatsachen (zurück)kommen; **to bring sb down to** ~ **(with a bump)** *fig* j-n (unsanft) wieder auf den Boden der Tatsachen zurückholen **2** *von Fuchs etc* Bau *m* B̲ V̲T̲ *Br* ELEK erden **earthenware** [ˈɜːθənweə] A̲ S̲ **1** Ton *m* **2** Tongeschirr *n* B̲ ADJ aus Ton, Ton- **earthly** [ˈɜːθlɪ] ADJ **1** irdisch **2 there's no ~ reason why** ... es gibt nicht den geringsten Grund, warum ... **earthquake** *fig* S̲ Erdbeben *n* **earth-shattering** ADJ welterschütternd **earth tremor** S̲ Erdstoß *m* **earthworm** S̲ Regenwurm *m* **earthy** [ˈɜːθɪ] ADJ **1** *Geruch* erdig **2** *fig Mensch* urtümlich, urchig *schweiz*; *Humor, Sprache* derb

earwax S̲ Ohrenschmalz *n* **earwig** S̲ Ohrwurm *m*

★**ease** [iːz] A̲ S̲ **1 I am never at ~ in his company** in seiner Gesellschaft fühle ich mich immer befangen; **to be** *od* **feel at ~ with oneself** sich (in seiner Haut) wohlfühlen; **to put sb at (his/her)** ~ j-m die Befangenheit nehmen; **to put** *od* **set sb's mind at** ~ j-n beruhigen; **(stand) at ~!** MIL rührt euch! **2** Leichtigkeit *f*; **with (the greatest of)** ~ mit (größter) Leichtigkeit; **for ~ of use** um die Benutzung zu erleichtern B̲ V̲T̲ *Schmerz* lindern; **to ~ the burden on sb** j-m eine Last abnehmen **2** *Seil* lockern; *Druck, Spannung* verringern; *Situation* entspannen; **he ~d the lid off** er löste den Deckel behutsam ab; **he ~d his way through the hole** er schob sich vorsichtig durch das Loch C̲ V̲I̲ nachlassen **◆ease off, ease up 1** langsamer werden; **the doctor told him to ease up a bit at work** der Arzt riet ihm, bei der Arbeit etwas kürzerzutreten **2** *Schmerz, Regen* nachlassen

easel [ˈiːzl] S̲ Staffelei *f* **easily** [ˈiːzɪlɪ] ADV **1** leicht; ~ **accessible**

Ort leicht zu erreichen; **he learnt to swim** ~ er lernte mühelos schwimmen; **it could just as ~ happen here** es könnte genauso gut hier passieren **2 it's ~ 25 miles** es sind gut und gerne 25 Meilen; **they are ~ the best** sie sind mit Abstand die Besten **3** *sprechen, atmen* ganz entspannt

★**east** [iːst] **A** S̄ **the ~** der Osten; **in the ~** im Osten; **to the ~** nach Osten; **to the ~ of** östlich von; **the wind is coming from the ~** der Wind kommt von Ost(en); **the ~ of France** der Osten Frankreichs; **East-West relations** Ost-West-Beziehungen *pl* **B** ADV nach Osten, ostwärts; **the kitchen faces ~** die Küche liegt nach Osten; **~ of Paris/the river** östlich von Paris/des Flusses **C** ADJ Ost-; **~ coast** Ostküste *f* **East Berlin** S̄ Ostberlin *n* **eastbound** ADJ (in) Richtung Osten; **the ~ carriageway of the M4** *Br* die M4 in Richtung Osten

★**Easter** [ˈiːstəʳ] **A** S̄ Ostern *n*; **at ~** an od zu Ostern **B** ADJ ⟨*attr*⟩ Oster- **Easter bunny** S̄ Osterhase *m* **Easter Day** S̄ Ostersonntag *m* **Easter egg** S̄ Osterei *n*

easterly [ˈiːstəlɪ] ADJ östlich, Ost-; **an ~ wind** ein Ostwind *m*; **in an ~ direction** in östlicher Richtung

Easter Monday S̄ Ostermontag *m*

★**eastern** [ˈiːstən] ADJ Ost-, östlich; **Eastern Europe** Osteuropa *n* **easterner** [ˈiːstənəʳ] *bes US* S̄ Oststaatler(in) *m(f)*; **he's an ~** er kommt aus dem Osten **easternmost** [ˈiːstənməʊst] ADJ östlichste(r, s)

Easter Sunday S̄ Ostersonntag *m* **East European A** ADJ osteuropäisch **B** S̄ Osteuropäer(in) *m(f)* **East German A** ADJ ostdeutsch **B** S̄ Ostdeutsche(r) *m(f)/m(f)* **East Germany** S̄ Ostdeutschland *n*; HIST die DDR **eastward A** ADV (*a.* **eastwards**) nach Osten **B** ADJ Richtung östlich **eastwardly** ADV & ADJ → **eastward**

★**easy** [ˈiːzɪ] **A** ADJ ⟨*komp* **easier**⟩ leicht; *Lösung* einfach; **it's ~ to forget that ... man** vergisst leicht, dass ...; **it's ~ for her** sie hat es leicht; **that's ~ for you to say** du hast gut reden; **he was an ~ winner** er hat mühelos gewonnen; **that's the ~ part** das ist das Einfache; **it's an ~ mistake to make** den Fehler

kann man leicht machen; **to be within ~ reach of sth** etw leicht erreichen können; **as ~ as pie** kinderleicht; **easier said than done** leichter gesagt als getan; **to take the ~ way out** es sich (*dat*) leicht machen; **she is ~ to get on with** mit ihr kann man gut auskommen; **to have it ~, to have an ~ time (of it)** es leicht haben; **~ prey** eine leichte Beute; **to be ~ on the eye/ear** angenehm anzusehen/anzuhören sein; **at an ~ pace** in gemütlichem Tempo; **I don't feel ~ about it** es ist mir nicht recht **B** ADV *umg* **to go ~ on sb** nicht so streng mit j-m sein; **to go ~ on sth** mit etw sparsam umgehen; **to take it ~, to take things ~** sich schonen; **take it ~!** immer mit der Ruhe!; **~ does it** immer sachte **easy chair** S̄ Sessel *m*, Fauteuil *n* österr **easy-going** ADJ gelassen **easy listening** S̄ leichte Musik, Unterhaltungsmusik *f* **easy money** S̄ leicht verdientes Geld; **you can make ~** Sie können leicht Geld machen **easy touch** S̄ **to be an ~** *umg* nicht Nein sagen können

★**eat** [iːt] VͪT & VͪI ⟨*v: prät* **ate**; *pperf* **eaten**⟩ essen; *Tier* fressen; **to eat one's breakfast** frühstücken; **to eat one's lunch/dinner** zu Mittag/Abend essen; **he was forced to eat his words** er musste alles zurücknehmen; **he won't eat you** *umg* er wird dich schon leicht fressen *umg*; **what's eating you?** *umg* was hast du denn? ◆**eat away** VͪI ⟨+*obj*⟩ **1** *Rost etc* anfressen **2** *fig* Rücklagen angreifen ◆**eat into** VͪI ⟨+*obj*⟩ *Metall* anfressen; *Kapital* angreifen; *Zeit* verkürzen ◆**eat out A** VͪI zum Essen ausgehen, essen gehen **B** VͪT ⟨*trennb*⟩ **Elvis Presley, eat your heart out** Elvis Presley, da kannst du vor Neid erblassen ◆**eat up A** VͪT ⟨*trennb*⟩ **1** *wörtl* aufessen; *Tier* auffressen **2** *fig* verbrauchen **B** VͪI aufessen

eatable [ˈiːtəbl] ADJ *die Qualität einer Mahlzeit betreffend* essbar, genießbar **eat-by date** [ˈiːtbaɪdeɪt] S̄ *von Lebensmitteln* Haltbarkeitsdatum *n* **eaten** [ˈiːtn] PPERF → **eat eater** [ˈiːtəʳ] S̄ Esser(in) *m(f)* **eating** [ˈiːtɪŋ] S̄ Essen *n* **eating disorder** S̄ Essstörung *f* **eating habits** PL **1** Essgewohnheiten *pl* **2** *bei Tisch* Tischmanieren *pl*

eau de Cologne [ˌəʊdəkəˈləʊn] ⟨s⟩ Kölnischwasser *n*

eaves [ˈiːvz] ⟨PL⟩ Dachvorsprung *m*

eavesdrop [ˈiːvzdrɒp] ⟨V/I⟩ (heimlich) lauschen; **to ~ on a conversation** ein Gespräch belauschen

ebb [eb] **A** ⟨s⟩ Ebbe *f*; **ebb and flow** *fig* Auf und Ab *n*; **at a low ebb** *fig* auf einem Tiefstand **B** ⟨V/I⟩ **1** *Flut* zurückgehen **2** *a.* **ebb away** *fig Begeisterung* vereben; *Leben* zu Ende gehen **ebb tide** ⟨s⟩ Ebbe *f*

e-bike ⟨s⟩ E-Bike *n*, Elektrofahrrad *n*, Elektrorad *n*

ebola [ɪˈbəʊlə] ⟨s⟩ MED Ebola *n*

e-book [ˈiːbʊk] ⟨s⟩ E-Book *n* (*Buchinhalt, der in elektronischer Form vorliegt*) **e--book reader** ⟨s⟩ E-Book-Reader *m* (*tragbares digitales Lesegerät für E--Books*)

ebullient [ɪˈbʌliənt] ⟨ADJ⟩ *Mensch* überschwänglich; *Stimmung* übersprudelnd

e-business [ˌiːˈbɪznɪs] ⟨s⟩ **1** Internetfirma *f* **2** E-Business *n*

EC¹ ⟨ABK⟩ (= European Community) HIST EG *f*

EC² ⟨ABK⟩ (= European Commission) EuK

e-card [ˈiːkɑːd] ⟨s⟩ E-Card *f*, elektronische Grußkarte

e-cash [ˈiːkæʃ] ⟨s⟩ E-Cash *n*, elektronische Geldüberweisung

ECB ⟨ABK⟩ (= European Central Bank) EZB *f*

eccentric [ɪkˈsentrɪk] **A** ⟨ADJ⟩ exzentrisch **B** ⟨s⟩ Exzentriker(in) *m(f)* **eccentricity** [ˌeksənˈtrɪsɪti] ⟨s⟩ Exzentrizität *f*

ecclesiastical [ɪˌkliːziˈæstɪkəl] ⟨ADJ⟩ kirchlich

ECG ⟨ABK⟩ (= electrocardiogram) EKG *n*

echo [ˈekəʊ] **A** ⟨s⟩ ⟨*pl* -es⟩ Echo *n*; *fig* Anklang *m* (**of** an +*akk*) **B** ⟨V/T⟩ *fig* wiedergeben **C** ⟨V/I⟩ *Klang* widerhallen; *Zimmer, Schritte* hallen; **her words ~ed in his ears** ihre Worte hallten ihm in den Ohren

e-cigarette [ˈiːsɪɡəˌret] ⟨s⟩ E-Zigarette *f*, elektrische Zigarette, elektronische Zigarette

éclair [eɪˈkleəʳ] ⟨s⟩ Liebesknochen *m*

eclectic [ɪˈklektɪk] ⟨ADJ⟩ eklektisch

eclipse [ɪˈklɪps] **A** ⟨s⟩ ASTRON Finsternis *f*; **~ of the sun/moon** Sonnen-/Mondfinsternis *f* **B** ⟨V/T⟩ *fig* in den Schatten stellen

eco- [ˈiːkəʊ-] ⟨PRÄF⟩ Öko-, öko- **eco--friendly** [ˌiːkəʊˈfrendlɪ] *Br* ⟨ADJ⟩ umweltfreundlich **ecological** [ˌiːkəʊˈlɒdʒɪkəl] ⟨ADJ⟩ ökologisch; **~ disaster** Umweltkatastrophe *f*; **~ damage** Umweltschäden *pl* **ecologist** [ɪˈkɒlədʒɪst] ⟨s⟩ Ökologe *m*, Ökologin *f* **ecology** [ɪˈkɒlədʒɪ] ⟨s⟩ Ökologie *f*

e-commerce [ˈiːˈkɒmɜːs] ⟨s⟩ E-Commerce *m*

★**economic** [ˌiːkəˈnɒmɪk] ⟨ADJ⟩ **1** Wirtschafts-; **~ growth** Wirtschaftswachstum *n* **2** *Preis, Miete* wirtschaftlich **economical** [ˌiːkəˈnɒmɪkəl] ⟨ADJ⟩ sparsam; **to be ~ with sth** mit etw haushalten; **they were ~ with the truth** sie haben es mit der Wahrheit nicht so genau genommen; **an ~ style** LIT ein prägnanter Stil **economically** [ˌiːkəˈnɒmɪkəlɪ] ⟨ADV⟩ **1** wirtschaftlich; **after the war, the country suffered ~** nach dem Krieg litt die Wirtschaft des Landes **2** sparsam; **to use sth ~** mit etw sparsam umgehen **economic crisis** ⟨s⟩ Wirtschaftskrise *f* **economic downturn** ⟨s⟩ Wirtschaftsabschwung *m* **economic growth** ⟨s⟩ Wirtschaftswachstum *n* **economic migrant**, **economic refugee** ⟨s⟩ Arbeitsmigrant(in) *m(f)*, Armutsmigrant(in) *m(f)*, Wirtschaftsmigrant(in) *m(f)* **economics** ⟨s⟩ **1** ⟨+*sg v*⟩ Wirtschaftswissenschaften *pl* **2** ⟨*pl*⟩ **the ~ of the situation** die wirtschaftliche Seite der Situation **economist** [ɪˈkɒnəmɪst] ⟨s⟩ Wirtschaftswissenschaftler(in) *m(f)* **economize** [ɪˈkɒnəmaɪz] ⟨V/I⟩ sparen ◆**economize on** ⟨V/I⟩ ⟨+*obj*⟩ sparen bei

★**economy** [ɪˈkɒnəmɪ] ⟨s⟩ **1** Wirtschaft *f* *kein pl* **2** Einsparung *f*; **a false ~** falsche Sparsamkeit **economy class** ⟨s⟩ Touristenklasse *f* **economy drive** ⟨s⟩ Sparmaßnahmen *pl* **economy size** ⟨s⟩ Sparpackung *f*

ecosystem ⟨s⟩ Ökosystem *n* **ecotourism** ⟨s⟩ Ökotourismus *m* **eco-warrior** *umg* ⟨s⟩ Ökokämpfer(in) *m(f)*, militante(r) Umweltschützer(in) *m(f)*

ecstasy [ˈekstəsɪ] ⟨s⟩ Ekstase *f*; **to be in ~** ekstatisch sein **2** (≈ *Droge*) Ecstasy *n* **ecstatic** [eksˈtætɪk] ⟨ADJ⟩ ekstatisch

ecumenical [ˌiːkjʊˈmenɪkəl] *form* ⟨ADJ⟩ ökumenisch

eczema [ˈeksɪmə] ⟨s⟩ Ekzem *n*

ed¹ ⟨ABK⟩ (= editor) Hrsg.

ed² $\overline{ABK}$ (= edition) Ausg.

eddy ['edɪ] $\overline{S}$ Wirbel m

Eden ['i:dn] a. fig $\overline{S}$ **Garden of ~** Garten m Eden

★**edge** [edʒ] $\overline{A}$ $\overline{S}$ **1** von Messer Schneide f; **to take the ~ off sth** fig etw der Wirkung (gen) berauben; Schmerz etw lindern; **the noise sets my teeth on ~** das Geräusch geht mir durch und durch; **to be on ~** nervös sein; **there was an ~ to his voice** seine Stimme klang ärgerlich; **to have the ~ on sb/sth** j-m/etw überlegen sein; **it gives her/it that extra ~** darin besteht eben der kleine Unterschied **2** Rand m; von Backstein Kante f; von See, Fluss, Meer Ufer n; **at the ~ of the road** am Straßenrand; **the movie had us on the ~ of our seats** der Film war unheimlich spannend $\overline{B}$ $\overline{VT}$ **1** einfassen; **~d in black** mit einem schwarzen Rand **2** **to ~ one's way toward(s) sth** sich allmählich auf etw (akk) zubewegen; **she ~d her way through the crowd** sie schlängelte sich durch die Menge $\overline{C}$ $\overline{VI}$ sich schieben; **to ~ toward(s)** the door sich zur Tür schieben; **he ~d past me** er schob sich an mir vorbei ◆**edge out** $\overline{VT}$ 〈trennb〉 beiseitedrängen; **Germany edged England out of the final** Deutschland verdrängte England aus dem Endspiel

edgeways ['edʒweɪz] $\overline{ADV}$, **edgewise** ['edʒwaɪz] US $\overline{ADV}$ hochkant; **I couldn't get a word in ~** ich bin überhaupt nicht zu Wort gekommen

edgy ['edʒɪ] $\overline{ADJ}$ 〈komp edgier〉 **1** nervös **2** Film provokativ, spannungsgeladen

EDI $\overline{ABK}$ (= electronic data interchange) elektronischer Datenaustausch

edible ['edɪbl] $\overline{ADJ}$ essbar

edict ['i:dɪkt] $\overline{S}$ Erlass m

edifice ['edɪfɪs] $\overline{S}$ Gebäude n

Edinburgh ['edɪnbərə] $\overline{S}$ Edinburg(h) n

edit ['edɪt] $\overline{VT}$ Zeitung, Magazin herausgeben; Buch, Text redigieren; Film schneiden; IT editieren ◆**edit out** $\overline{VT}$ 〈trennb〉 herausnehmen; aus Film, Band herausschneiden; Figur aus Geschichte herausstreichen

editable ['edɪtəbl] IT Datei editierbar

editing ['edɪtɪŋ] $\overline{S}$ von Zeitung, Magazin Herausgabe f; von Buch, Text Redaktion f; von Film Schnitt m; IT Editieren n **edition** [ɪ'dɪʃən] $\overline{S}$ Ausgabe f, Auflage f

editor ['edɪtər] $\overline{S}$ **1** Herausgeber(in) m(f), Redakteur(in) m(f), (Verlags)lektor(in) m(f); FILM Cutter(in) m(f); **sports ~** Sportredakteur(in) m(f) **2** IT Editor m

editorial [,edɪ'tɔ:riəl] $\overline{A}$ $\overline{ADJ}$ redaktionell $\overline{B}$ $\overline{S}$ Leitartikel m

EDP $\overline{ABK}$ (= electronic data processing) EDV f

★**educate** ['edjukeɪt] $\overline{VT}$ **1** SCHULE, UNIV erziehen, ausbilden; **he was ~d at Eton** er ist in Eton zur Schule gegangen **2** Öffentlichkeit informieren, aufklären; **we need to ~ our children about drugs** wir müssen dafür sorgen, dass unsere Kinder über Drogen Bescheid wissen

educated $\overline{ADJ}$ gebildet; **to make an ~ guess** eine fundierte od wohlbegründete Vermutung anstellen

★**education** [,edju'keɪʃən] $\overline{S}$ Erziehung f, Ausbildung f; (≈ Wissen) Bildung f; **College of Education** pädagogische Hochschule; **(local) ~ authority** Schulbehörde f; **to get an ~** eine Ausbildung bekommen; **she had a university ~** sie hatte eine Universitätsausbildung; **she had little ~** sie war ziemlich ungebildet

educational $\overline{ADJ}$ **1** erzieherisch, schulisch; **~ system** Bildungswesen n, Bildungssystem n **2** Thema pädagogisch **3** Erfahrung lehrreich; **~ film** Lehrfilm m; **~ toy** pädagogisch wertvolles Spielzeug **educationally** [,edju'keɪʃnəlɪ] $\overline{ADV}$ die Bildung betreffend pädagogisch; die Schule betreffend schulisch; **~ disadvantaged** bildungsfern; **~ subnormal** lernbehindert

edutainment [,edju'teɪnmənt] $\overline{S}$ Edutainment n

Edwardian [ed'wɔ:dɪən] $\overline{ADJ}$ Edwardianisch; **~ England** England in der Zeit Eduards VII.

EEC obs $\overline{ABK}$ (= European Economic Community) EG f, EWG f

EEG $\overline{ABK}$ (= electroencephalogram) EEG n

eel [i:l] $\overline{S}$ Aal m

eerie, **eery** ['ɪərɪ] $\overline{ADJ}$ unheimlich **eerily** ['ɪərɪlɪ] $\overline{ADV}$ mit Verb unheimlich; mit Adjektiv auf unheimliche Weise; **the whole town was ~ quiet** in der ganzen Stadt herrschte eine unheimliche Stille

★**effect** [ɪ'fekt] $\overline{S}$ **1** Wirkung f, Auswirkung f; **alcohol has the ~ of dulling**

your senses Alkohol bewirkt eine Abstumpfung der Sinne; **the ~ of this is that …** das hat zur Folge, dass …; **to feel the ~s of the drugs** die Wirkung der Drogen spüren; **to no ~** erfolglos; **to have an ~ on sb/sth** eine Wirkung auf j-n/etw haben; **to have no ~** keine Wirkung haben; **to take ~** *Medikament* wirken; **with immediate ~** mit sofortiger Wirkung; **with ~ from 3 March** mit Wirkung vom 3. März; **to create an ~** einen Effekt erzielen; **only for ~** nur zum Effekt; **we received a letter to the ~ that …** wir erhielten ein Schreiben des Inhalts, dass …; **… or words to that ~** … oder etwas in diesem Sinne **2** **in ~** in Wirklichkeit **3** *Gesetz* **to come into** *od* **take ~** in Kraft treten **effective** [ɪ-ˈfektɪv] ADJ **1** *Maßnahmen* effektiv; *Behandlung, Abschreckung* wirksam; *Kombination* wirkungsvoll; **to be ~ in doing sth** bewirken, dass etw geschieht; **to be ~ against sth** *Medikament* gegen etw wirken **2** (≈*geltend*) in Kraft; **a new law, ~ from** *od* **becoming ~ on 1 August** ein neues Gesetz, das am 1. August in Kraft tritt **effectively** [ɪˈfektɪvlɪ] ADV **1** wirksam; *funktionieren, arbeiten* effektiv **2** effektiv **effectiveness** [ɪ-] 5 Wirksamkeit f; *von Strategie* Effektivität f **effeminate** [ɪˈfemɪnɪt] ADJ verweichlicht, unmännlich

effervescent [ˌefəˈvesnt] ADJ sprudelnd **efficacy** [ˈefɪkəsɪ] 5 Wirksamkeit f **efficiency** [ɪˈfɪʃənsɪ] 5 Fähigkeit f; *von Maschine, Organisation* Leistungsfähigkeit f; *von Methode* Wirksamkeit f; *von Motor* Sparsamkeit f **efficient** [ɪˈfɪʃənt] ADJ *Mensch* fähig; *Maschine, Organisation* leistungsfähig; *Motor* sparsam; *Service* gut, effizient; *Methode* wirksam; *Art und Weise* rationell; **to be ~ at (doing) sth** etw gut können **efficiently** [ɪˈfɪʃəntlɪ] ADV effektiv; **to work more ~** rationeller arbeiten **effigy** [ˈefɪdʒɪ] 5 Bildnis n **effluent** [ˈefluənt] 5 Abwasser n ★**effort** [ˈefət] 5 **1** Versuch m; (≈*Arbeit*) Anstrengung f; **to make an ~ to do sth** sich bemühen, etw zu tun; **to make the ~ to do sth** (*dat*) die Mühe machen, etw zu tun; **to make every ~** *od* **a great ~ to do sth** sich sehr bemühen, etw zu tun; **he made no ~ to be polite** er machte sich (*dat*) nicht die Mühe,

höflich zu sein; **it's an ~** es kostet einige Mühe; **come on, make an ~** komm, streng dich an; **it's worth the ~** die Mühe lohnt sich **2** *Aktion f* **3** *umg* Unternehmen *n*; **it was a pretty poor ~** das war eine ziemlich schwache Leistung; **it's not bad for a first ~** das ist nicht schlecht für den Anfang **effortless** [ˈefətlɪs] ADJ mühelos **effortlessly** ADV mühelos **effusive** [ɪˈfjuːsɪv] ADJ überschwänglich, exaltiert **E-fit** [ˈiːfɪt] 5 elektronisch erstelltes Fahndungsfoto **EFL** ABK (= English as a Foreign Language) Englisch als Fremdsprache **e.g.** ABK (= exempli gratia) z. B. **EGA** ABK (= enhanced graphics adapter) IT EGA *m* **egalitarian** [ɪˌɡælɪˈteərɪən] ADJ egalitär **egalitarianism** [ɪˌɡælɪˈteərɪənɪzəm] 5 Egalitarismus *m* ★**egg** [eɡ] 5 Ei *n*; **to put all one's eggs in one basket** *sprichw* alles auf eine Karte setzen ◆**egg on** VT ⟨*trennb*⟩ anstacheln

egg cup 5 Eierbecher *m* **eggplant** US 5 Aubergine f, Melanzani f *österr* **eggshell** 5 Eierschale f **egg timer** 5 Eieruhr f **egg whisk** 5 Schneebesen *m* **egg white** 5 Eiweiß *n* **egg yolk** 5 Eigelb *n* **ego** [ˈiːɡəʊ] 5 ⟨*pl* -s⟩ PSYCH Ego *n*; (≈*Stolz*) Selbstbewusstsein *n*; (≈*Dünkel*) Einbildung f; **his ego won't allow him to admit he is wrong** sein Stolz lässt ihn nie zugeben, dass er unrecht hat **egocentric** [ˌeɡəʊˈsentrɪk] ADJ egozentrisch **egoism** [ˈeɡəʊɪzəm] 5 Egoismus *m* **egoist** [ˈiːɡəʊɪst] 5 Egoist(in) *m(f)* **egoistic(al)** [ˌeɡəʊˈɪstɪk(əl)] ADJ egoistisch **egotism** [ˈeɡəʊtɪzəm] 5 Ichbezogenheit f **egotist** [ˈeɡəʊtɪst] 5 ichbezogener Mensch **egotistic(al)** [ˌeɡəʊˈtɪstɪk(əl)] ADJ ichbezogen **ego trip** *umg* 5 Egotrip *m umg* **Egypt** [ˈiːdʒɪpt] 5 Ägypten *n* **Egyptian** [ɪˈdʒɪpʃən] **A** ADJ ägyptisch **B** 5 Ägypter(in) *m(f)* **EIB** ABK (= European Investment Bank) EIB f **eiderdown** [ˈaɪdədaʊn] 5 Federbett *n* ★**eight** [eɪt] **A** ADJ acht **B** 5 Acht f; → **six** ★**eighteen** [ˈeɪˈtiːn] **A** ADJ achtzehn **B** 5

Achtzehn f

★eighteenth [ˈeɪˈtiːnθ] **A** ADJ achtzehnte(r, s) **B** S̱ **1** Achtzehntel n **2** Achtzehnte(r, s); → sixteenth

★eighth [eɪtθ] **A** ADJ achte(r, s) **B** S̱ **1** Achtel n **2** Achte(r, s); → sixth **eighth note** S̱ US MUS Achtelnote f; **~ rest** Achtelpause f

★eightieth [ˈeɪtiəθ] **A** ADJ achtzigste(r, s) **B** S̱ **1** Achtzigstel n **2** Achtzigste(r, s); → sixtieth

★eighty [ˈeɪti] **A** ADJ achtzig **B** S̱ Achtzig f; → sixty

Eire [ˈeərə] S̱ Irland n

★either [ˈaɪðəʳ, ˈiːðəʳ] **A** ADJ & PRON **1** einer, s) (von beiden); **there are two boxes on the table, take ~ (of them)** auf dem Tisch liegen zwei Schachteln, nimm eine davon **2** jede(r, s), beide pl; **~ day would suit me** beide Tage passen mir; **which bus will you take? — ~ (will do)** welchen Bus wollen Sie nehmen? — das ist egal; **on ~ side of the street** auf beiden Seiten der Straße; **it wasn't in ~ (box)** es war in keiner der beiden (Kisten) **B** ADV & KONJ **1** nach Verneinung auch nicht; **I haven't ~** ich auch nicht **2** **~ ... or** entweder ... oder; bei Verneinung weder ... noch; **he must be ~ lazy or stupid** er muss entweder faul oder dumm sein; **I have not been to ~ Paris or Rome** ich bin weder in Paris noch in Rom gewesen **3** **she inherited some money and not an insignificant amount ~** sie hat Geld geerbt, und (zwar) gar nicht so wenig

ejaculate [ɪˈdʒækjʊleɪt] V/I PHYSIOL ejakulieren **ejaculation** [ɪˌdʒækjʊˈleɪʃən] S̱ PHYSIOL Ejakulation f

eject [ɪˈdʒekt] **A** V/T **1** Angestellten hinauswerfen **2** CD, DVD auswerfen **B** V/I Pilot den Schleudersitz betätigen **ejector seat** [ɪˈdʒektəsiːt] S̱, **ejection seat** US S̱ FLUG Schleudersitz m

e-juice [ˈiːdʒuːs] S̱ Liquid n (für E-Zigarette)

eke out [iːkaʊt] V/T ⟨trennb⟩ Vorräte strecken; Geld aufbessern; **to ~ a living** sich mehr schlecht als recht durchschlagen

EKG US S̱ → ECG

elaborate **A** [ɪˈlæbərɪt] ADJ kompliziert, ausgeklügelt; Schema groß angelegt; Pläne, Vorsichtsmaßnahmen um

fangreich; Vorbereitungen ausführlich; Gestaltung aufwendig **2** [ɪˈlæbəreɪt] V/I **would you care to** od **could you ~ on that?** könnten Sie darauf näher eingehen? **elaborately** [ɪˈlæbərɪtli] ADV **1** ausführlich, kompliziert; **an ~ staged press conference** eine mit großem Aufwand veranstaltete Pressekonferenz **2** kunstvoll

élan [eɪˈlæn] S̱ Elan m

elapse [ɪˈlæps] V/I vergehen

elastic [ɪˈlæstɪk] ADJ elastisch; **~ waist** Taille f mit Gummizug **B** S̱ ⟨kein pl⟩ Gummi m, Gummiband n; **a piece of ~** ein Gummiband n **elasticated** [ɪˈlæstɪkeɪtɪd] ADJ elastisch; **~ waist** Taille f mit Gummizug **elastic band** S̱ Gummiband n **elasticity** [iːlæsˈtɪsɪti] S̱ Elastizität f **Elastoplast®** [ɪˈlæstəʊˌplɑːst] Br S̱ Heftpflaster n

elated [ɪˈleɪtɪd] ADJ begeistert **elation** [ɪˈleɪʃən] S̱ Begeisterung (at über +akk)

★elbow [ˈelbəʊ] **A** S̱ Ellbogen m **B** V/T **he ~ed his way through the crowd** er boxte sich durch die Menge; **to ~ sb aside** j-n beiseitestoßen; **he ~ed me in the stomach** er stieß mir od mich mit dem Ellbogen in den Magen **elbow grease** umg S̱ Muskelkraft f **elbowroom** umg S̱ Ellbogenfreiheit f umg

elder¹ [ˈeldəʳ] **A** ADJ ⟨attr komp⟩ **1** Bruder etc ältere(r, s) **2** Pliny **the ~** Plinius der Ältere **3** → old **B** S̱ **1** respect **your ~s** du musst Respekt vor Älteren haben **2** von Stamm, in Kirche Älteste(r)

elder² S̱ Holunder m, Holler m österr **elderberry** [ˈeldəˌberi] S̱ Holunderbeere f, Hollerbeere f österr; **~ wine** Holunderwein m, Hollerwein m österr

elderly [ˈeldəli] ADJ ältlich, ältere(r, s) attr; **the ~** pl ältere Menschen pl **elder statesman** S̱ (alt)erfahrener Staatsmann **eldest** [ˈeldɪst] **A** ADJ ⟨attr sup⟩ **1** älteste(r, s) **2** → old **B** S̱ **the ~** der/die/das Älteste; pl die Ältesten pl; **the ~ of four children** das älteste von vier Kindern; **my ~** umg mein Ältester, meine Älteste

★elect [ɪˈlekt] **A** V/T **1** wählen; **to ~ sb sth** j-n zu etw wählen; **to ~ sb to the Senate** j-n in den Senat wählen **2** sich entscheiden für; **to ~ to do sth** sich dafür entscheiden, etw zu tun **B** ADJ **the**

president ~ der designierte Präsident
★**election** [ɪ'lekʃən] 𝑆 Wahl *f* **election campaign** 𝑆 Wahlkampf *m* **election day** 𝑆 Wahltag *m* **electioneering** [ɪ,lekʃə'nɪərɪŋ] 𝑆 Wahlkampf *m*, Wahlpropaganda *f* **election observer** 𝑆 Wahlbeobachter(in) *m(f)* **elective** [ɪ'lektɪv] 𝑆 *US* SCHULE, UNIV Wahlfach *n* **electoral** [ɪ'lektərəl] ADJ Wahl-; ~ **college** Wahlausschuss *m*; *US* Wahlmännergremium *n*; ~ **process** Wahlverfahren *n*; ~ **system** Wahlsystem *n* **electoral register**, **electoral roll** 𝑆 Wählerverzeichnis *n* **electorate** [ɪ'lektərɪt] 𝑆 Wählerschaft *f*
★**electric** [ɪ'lektrɪk] 🅰 ADJ 🔟 elektrisch, Strom-; ~ **car** Elektroauto *n*; ~ **razor** Elektrorasierer *m*; ~ **kettle** elektrischer Wasserkocher; ~ **power** elektrischer Strom; ~ **vehicle** E-Mobil *n*, Elektromobil *n* 🔟 *fig* wie elektrisiert 🅱 🔟 *umg* Elektrizität *f* 🔟 ~**s** *pl* Strom *m*; AUTO Elektrik *f*
★**electrical** [ɪ'lektrɪkəl] ADJ elektrisch, Elektro-; ~ **appliance** Elektrogerät *n* **electrical engineer** 𝑆 Elektrotechniker(in) *m(f)*, Elektroingenieur(in) *m(f)* **electrical engineering** 𝑆 Elektrotechnik *f* **electrically** [ɪ'lektrɪkəli] ADV elektrisch; **an ~ powered car** ein Wagen *m* mit Elektroantrieb **electric bike** 𝑆 Elektrofahrrad *n*, Elektrorad *n* **electric bill** *umg* 𝑆 Stromrechnung *f* **electric blanket** 𝑆 Heizdecke *f* **electric car** 𝑆 Elektroauto *n* **electric chair** 𝑆 elektrischer Stuhl **electric cooker** 𝑆 Elektroherd *m* **electric fence** 𝑆 Elektrozaun *m* **electric fire** 𝑆 elektrisches Heizgerät **electric guitar** 𝑆 E-Gitarre *f* **electric heater** 𝑆 elektrisches Heizgerät
★**electrician** [ɪlek'trɪʃən] 𝑆 Elektriker(in) *m(f)*
★**electricity** [ɪlek'trɪsɪti] 𝑆 Elektrizität *f*, (elektrischer) Strom; ~ **price** Strompreis *m*; ~ **production** Stromerzeugung *f* **electricity meter** 𝑆 Stromzähler *m* **electric light** 𝑆 elektrisches Licht **electric organ** 𝑆 elektrische Orgel **electric shock** 𝑆 Stromschlag *m*; MED Elektroschock *m* **electric toothbrush** 𝑆 elektrische Zahnbürste **electrify** [ɪ'lektrɪfaɪ] VT 🔟 BAHN elektrifizieren 🔟 *fig* elektrisieren **electrocardio-**

gram [ɪ,lektrəʊ'kɑːdɪəʊɡræm] 𝑆 Elektrokardiogramm *n* **electrocute** [ɪ'lektrəkjuːt] VT durch einen (Strom)schlag töten; *bei Todesurteil* auf dem elektrischen Stuhl hinrichten **electrode** [ɪ'lektrəʊd] 𝑆 Elektrode *f* **electrolysis** [ɪlek'trɒlɪsɪs] 𝑆 Elektrolyse *f* **electromagnetic** [ɪ,lektrəʊmæɡ'netɪk] ADJ elektromagnetisch **electron** [ɪ'lektrɒn] 𝑆 Elektron *n*
★**electronic** ADJ, **electronically** [ɪlek'trɒnɪk, -əli] ADV elektronisch; ~ **signature** elektronische Signatur, digitale Signatur **electronic banking** 𝑆 elektronischer Zahlungsverkehr **electronic cigarette** 𝑆 elektrische *od* elektronische Zigarette **electronic data interchange** 𝑆 IT elektronischer Datenaustausch **electronic data processing** 𝑆 IT elektronische Datenverarbeitung **electronic engineering** 𝑆 Elektronik *f* **electronic mail** 𝑆 E-Mail *f* **electronics** 𝑆 🔟 *Fach* Elektronik *f* 🔟 *von Maschine etc* Elektronik *f* **electronic surveillance** 𝑆 elektronische Überwachung **electronic tagging** 𝑆 elektronische Fußfesseln *pl* **electroplated** [ɪ'lektrəʊpleɪtɪd] ADJ (galvanisch) versilbert/verchromt *etc* **electroshock therapy** [ɪ'lektrəʊʃɒk'θerəpi] 𝑆 Elektroschocktherapie *f*
elegance ['elɪgəns] 𝑆 Eleganz *f* **elegant** ADJ, **elegantly** ADV elegant
elegy ['elɪdʒi] 𝑆 Elegie *f*
element ['elɪmənt] 𝑆 Element *n*; **one of the key ~s of the peace plan** einer der grundlegenden Bestandteile des Friedensplans; **an ~ of danger** ein Gefahrenelement *n*; **an ~ of truth** eine Spur von Wahrheit; **a criminal ~** ein paar Kriminelle; **to be in one's ~** in seinem Element sein **elemental** [,elɪ'mentl] *liter* ADJ elementar; ~ **force** Naturgewalt *f*
elementary [,elɪ'mentərɪ] ADJ 🔟 *Tatsache* grundlegend; ~ **mistake** Grundfehler *m* 🔟 SCHULE *Stufe* Elementar-; ~ **skills/knowledge** Grundkenntnisse *pl*; ~ **maths** Elementarmathematik *f* **elementary school** *US* 𝑆 Grundschule *f*
★**elephant** ['elɪfənt] 𝑆 Elefant *m*
elevate ['elɪveɪt] VT 🔟 heben; *Blutdruck etc* erhöhen 🔟 *fig geistig* erheben 🔟 **to ~ sb to the peerage** j-n in den Adelsstand erheben **elevated** ADJ erhöht; ~ **railway** *Br*, ~ **railroad** *US* Hochbahn *f*;

the ~ section of the M4 die als Hochstraße gebaute Strecke der M4 [2] *Status, Stil, Sprache* gehoben **elevation** [ˌelɪˈveɪʃən] [S] Höhe *f* über dem Meeresspiegel **elevator** [ˈelɪveɪtəʳ] *US* [S] Fahrstuhl *m*

★**eleven** [ɪˈlevn] [A] [S] Elf *f*; **the second ~** FUSSB die zweite Mannschaft [B] [ADJ] elf; → six **elevenses** [ɪˈlevnzɪz] *Br* [S] ⟨*+sg od pl v*⟩ zweites Frühstück, Znüni *n schweiz*

★**eleventh** [ɪˈlevnθ] [A] [ADJ] elfte(r, s); **at the ~ hour** *fig* fünf Minuten vor zwölf [B] [S] [1] Elftel *n* [2] Elfte(r, s); → sixth

elf [elf] [S] ⟨*pl* elves⟩ Kobold *m*

elicit [ɪˈlɪsɪt] [VT] entlocken (**from sb** j-m); *Unterstützung* gewinnen (**from sb** j-s)

eligibility [ˌelɪdʒəˈbɪlɪtɪ] [S] Berechtigung *f* **eligible** [ˈelɪdʒəbl] [ADJ] infrage kommend; *für Wettbewerb etc* teilnahmeberechtigt; *für Stipendium etc* berechtigt; *für Mitgliedschaft* aufnahmeberechtigt; **to be ~ for a job** für einen Posten infrage kommen; **to be ~ for a pension** pensionsberechtigt sein; **an ~ bachelor** ein begehrter Junggeselle

eliminate [ɪˈlɪmɪneɪt] [VT] [1] ausschließen; *Konkurrent* ausschalten; *Armut, Verschwendung* ein Ende machen (*+dat*); *Problem* beseitigen; **our team was ~d** unsere Mannschaft ist ausgeschieden [2] (≈ *töten*) eliminieren **elimination** [ɪˌlɪmɪˈneɪʃən] [S] [1] Ausschluss *m*; *von Konkurrent* Ausschaltung *f*; *von Armut, Verschwendung* Beendung *f*; *von Problem* Beseitigung *f*; **by (a) process of ~** durch negative Auslese [2] (≈ *Tötung*) Eliminierung *f*

e-liquid [ˈiːˌlɪkwɪd] [S] Liquid *n* (*für E-Zigarette*)

elite [eɪˈliːt] [A] [S] *oft pej* Elite *f* [B] [ADJ] Elite-; **~ group** Elitegruppe *f* **elitism** [eɪˈliːtɪzəm] [S] Elitedenken *n* **elitist** [eɪˈliːtɪst] [A] [ADJ] elitär [B] [S] elitär Denkende(r) *m/f(m)*; **he's an ~** er denkt elitär

Elizabethan [ɪˌlɪzəˈbiːθən] [A] [ADJ] elisabethanisch [B] [S] Elisabethaner(in) *m(f)*

elk [elk] [S] Elch *m*

elliptic(al) [ɪˈlɪptɪk(əl)] [ADJ] MATH *etc* elliptisch

elm [elm] [S] Ulme *f*

elocution [ˌeləˈkjuːʃən] [S] Sprechtechnik *f*; **~ lessons** Sprechunterricht *m*

elongate [ˈiːlɒŋgeɪt] [VT] verlängern, strecken **elongated** [ADJ] verlängert, ausgestreckt; *Form* länglich

elope [ɪˈləʊp] [VI] durchbrennen, um zu heiraten *umg*

eloquence [ˈeləkwəns] [S] Redegewandtheit *f*; *von Worten* Gewandtheit *f* **eloquent** [ADJ] *Rede, Worte* gewandt; *Sprecher* redegewandt **eloquently** [ADV] *ausdrücken* mit beredten Worten; *zeigen* deutlich

★**else** [els] [ADV] [1] andere(r, s); **anybody ~ would have done it** jeder andere hätte es gemacht; **is there anybody ~ there?** ist sonst (noch) jemand da?; **does anybody ~ want it?** will jemand anders es haben?; **somebody** *od* **someone ~** sonst jemand, jemand ander(e)s; **something ~** sonst etwas, etwas anderes; **I'd prefer something ~** ich möchte lieber etwas anderes; **have you anything ~ to say?** haben Sie sonst noch etwas zu sagen?; **do you find this species anywhere ~?** findet man die Gattung auch anderswo?; **they haven't got anywhere ~ to go** sie können sonst nirgends anders hingehen; **this is somebody ~'s umbrella** dieser Schirm gehört jemand anders; **that car is something ~** *umg* das Auto ist einfach spitze *umg*; **if all ~ fails** wenn alle Stricke reißen; **above all ~** vor allen Dingen; **anything ~?** *in Laden* sonst noch etwas?; **everyone/everything ~** alle anderen/alles andere; **everywhere ~** überall sonst; **somewhere ~, someplace ~** *bes US* woanders; *mit Richtungsangabe* woandershin; **from somewhere ~** woandersher [2] *bei Verneinung* **nobody ~, no one ~** sonst niemand, niemand anderes; **nothing ~** sonst nichts; **what do you want? — nothing ~, thank you** was möchten Sie? — danke, nichts weiter; **if nothing ~, you'll enjoy it** auf jeden Fall wird es dir Spaß machen; **there's nothing ~ for it but to …** da gibt es keinen anderen Ausweg, als zu …; **nowhere ~** sonst nirgends *od* nirgendwo; *mit Richtungsangabe* sonst nirgendwohin; **there's not much ~ we can do** wir können kaum etwas anderes tun [3] *in Fragen* **where/who/what/why ~?** wo/wer/was/warum sonst?; **who ~ but John?** wer anders als John?; **how ~ can I do it?** wie kann ich es denn sonst machen?; **what ~ could I have done?** was hätte ich sonst

E

tun können? 🄸 sonst; **do it now (or) ~ you'll be punished** tu es jetzt, sonst setzt es Strafe; **do it or ~ ...!** mach das, sonst ...!; **he's either a genius or ~ he's mad** er ist entweder ein Genie oder aber verrückt **elsewhere** [ˌels-ˈweəʳ] *ADV* woanders; **to go ~** woandershin gehen; **her thoughts were ~** sie war mit ihren Gedanken woanders

ELT *ABK* (= English Language Teaching) Englischunterricht *m* für Ausländer

elucidate [ɪˈluːsɪdeɪt] *VT Text* erklären; *Situation* erhellen

elude [ɪˈluːd] *VT Polizei, Feind* entkommen (+*dat*); **to ~ capture** entkommen; **sleep ~d her** sie konnte keinen Schlaf finden; **the name ~s me** der Name ist mir entfallen **elusive** [ɪˈluːsɪv] *ADJ* 🄸 *Ziel, Erfolg* schwer erreichbar, unerreichbar; **financial success proved ~** der finanzielle Erfolg wollte sich nicht einstellen 🄱 schwer zu erreichen; *Beute* schwer zu fangen

elves [elvz] *PL* → elf

emaciated [ɪˈmeɪsɪeɪtɪd] *ADJ* ausgezehrt

★**email, e-mail** [ˈiːmeɪl] 🄰 *S* E-Mail *f*; **to check one's ~s** (seine) Mails checken 🄱 *VT* **to ~ sb** j-m eine E-Mail schicken, j-m mailen; **to ~ sth** etw per E-Mail schicken, etw mailen **email address, e--mail address** *S* E-Mail-Adresse *f*

emanate [ˈemaneɪt] *VI* ausgehen (**from** von); *Geruch* ausströmen (**from** von)

emancipate [ɪˈmænsɪpeɪt] *VT Frauen* emanzipieren; *Sklaven* freilassen; *Land* befreien **emancipated** [ɪˈmænsɪpeɪtɪd] *ADJ* emanzipiert **emancipation** [ɪˌmænsɪˈpeɪʃən] *S* Emanzipation *f*; *von Sklaven* Freilassung *f*; *von Land* Befreiung *f*

emasculate [ɪˈmæskjʊleɪt] *VT* entkräften

embalm [ɪmˈbɑːm] *VT* einbalsamieren

embankment [ɪmˈbæŋkmənt] *S* (Ufer-) böschung *f*; BAHN Bahndamm *m*; (≈ Deich) (Ufer)damm *m*

embargo [ɪmˈbɑːgəʊ] *S* ⟨*pl* -es⟩ Embargo *n*; **trade ~** Handelsembargo *n*; **to place/lift an ~ on sth** ein Embargo über etw (*akk*) verhängen/aufheben

embark [ɪmˈbɑːk] *VI* 🄸 SCHIFF sich einschiffen 🄱 *fig* **to ~ up(on) sth** etw beginnen **embarkation** [ˌembɑːˈkeɪʃən] *S* Einschiffung *f* **embarkation pa-**

pers *PL* Bordpapiere *pl*

embarrass [ɪmˈbærəs] *VT* in Verlegenheit bringen; *Großzügigkeit etc* beschämen; **she was ~ed by the question** die Frage war ihr peinlich **embarrassed** *ADJ* verlegen; **I am/feel so ~ (about it)** es ist mir so peinlich; **she was ~ to be seen with him** *od* **about being seen with him** es war ihr peinlich, mit ihm gesehen zu werden **embarrassing** *ADJ* peinlich **embarrassingly** *ADV* auf peinliche Weise, peinlicherweise; **it was ~ bad** es war so schlecht, dass es schon peinlich war **embarrassment** *S* Verlegenheit *f*; **to cause ~ to sb** j-n in Verlegenheit bringen; **to my great ~ she ... die ...,** was mir sehr peinlich war; **she's an ~ to her family** sie blamiert die ganze Familie *umg*

embassy [ˈembəsɪ] *S* Botschaft *f*

embattled [ɪmˈbætld] *fig ADJ Regierung* bedrängt

embed [ɪmˈbed] *VT* 🄸 einlassen; **the car was firmly ~ded in the mud** das Auto steckte im Schlamm fest; **the bullet ~ded itself in the wall** die Kugel bohrte sich in die Wand 🄱 IT **~ded commands** eingebettete Befehle

embellish [ɪmˈbelɪʃ] *VT* schmücken; *fig Bericht* ausschmücken; *Wahrheit* beschönigen

embers [ˈembəz] *PL* Glut *f*

embezzle [ɪmˈbezl] *VT* unterschlagen **embezzlement** *S* Unterschlagung *f*

embitter [ɪmˈbɪtəʳ] *VT* verbittern

emblazon [ɪmˈbleɪzən] *VT* **the name "Jones" was ~ed on the cover** der Name "Jones" prangte auf dem Umschlag

emblem [ˈembləm] *S* Emblem *n* **emblematic** [ˌembləˈmætɪk] *ADJ* emblematisch (**of** für)

embodiment [ɪmˈbɒdɪmənt] *S* Verkörperung *f*; **to be the ~ of evil** das Böse in Person sein **embody** [ɪmˈbɒdɪ] *VT* 🄸 *Ideal etc* verkörpern 🄱 enthalten

embossed [ɪmˈbɒst] *ADJ* geprägt; *Muster* erhaben

embrace [ɪmˈbreɪs] 🄰 *VT* 🄸 umarmen; **they ~d each other** sie umarmten sich 🄱 *Religion* annehmen; *Sache* sich annehmen (+*gen*) 🄲 umfassen 🄱 *VI* sich umarmen 🄲 *S* Umarmung *f*

embroider [ɪmˈbrɔɪdəʳ] 🄰 *VT Stoff* besticken; *Muster* sticken 🅱 *V/i* sticken **embroidered** ADJ *Stoff* bestickt; *Muster* (auf)gestickt (**on** auf +*akk*) **embroidery** [ɪmˈbrɔɪdərɪ] ⒮ Stickerei *f*

embroil [ɪmˈbrɔɪl] *V/t* **to become ~ed in a dispute** in einen Streit verwickelt werden

embryo [ˈembrɪəʊ] ⒮ ⟨*pl* -s⟩ Embryo *m* **embryonic** [ˌembrɪˈɒnɪk] *bes fig* ADJ keimhaft

emcee [ˈemˈsiː] ⒮ Conférencier *m*, Zeremonienmeister(in) *m(f)*

emerald [ˈemərəld] 🅰 ⒮ 🚹 Smaragd *m* ② (*=Farbe*) Smaragdgrün *n* 🅱 ADJ smaragden; **~ ring** Smaragdring *m* **Emerald Isle** ⒮ **the ~** die Grüne Insel

emerge [ɪˈmɜːdʒ] *V/i* 🚹 auftauchen; **one arm ~d from beneath the blanket** ein Arm tauchte unter der Decke hervor; **he ~d from the house** er kam aus dem Haus; **he ~d (as) the winner** er ging als Sieger hervor ② *Leben, Nation* entstehen ③ *Wahrheit etc* sich herausstellen **emergence** [ɪˈmɜːdʒəns] ⒮ Auftauchen *n*; *von Nation* Entstehung *f*; *von Theorie* Aufkommen *n*

★emergency [ɪˈmɜːdʒənsɪ] 🅰 ⒮ Notfall *m*, Notlage *f*; **in an ~, in case of ~** im Notfall; **to declare a state of ~** den Notstand erklären; **the doctor's been called out on an ~** der Arzt ist zu einem Notfall gerufen worden 🅱 ADJ 🚹 Not-; *Hauptsammlung* außerordentlich; *Reparatur* notdürftig; **~ regulations** Notverordnung *f*; **to undergo ~ surgery** sich einer Notoperation unterziehen; **~ plan/procedure** Plan *m*/Maßnahmen *pl* für den Notfall; **for ~ use only** nur für den Notfall ② Katastrophen-; **~ relief** Katastrophenhilfe *f* ③ Notstands-; **~ powers** Notstandsvollmachten *pl* **emergency brake** ⒮ Notbremse *f* **emergency call** ⒮ Notruf *m* **emergency contraception** ⒮ Notfallverhütung *f* (*z. B. die Pille danach*) **emergency cord** ⒮ BAHN Notbremse *f* **emergency exit** ⒮ Notausgang *m* **emergency landing** ⒮ Notlandung *f* **emergency number** ⒮ Notruf *m*, Notrufnummer *f* **emergency room** *US* ⒮ Unfallstation *f* **emergency services** PL Notdienst *m* **emergency stop** ⒮ AUTO Vollbremsung *f* **emergency telephone** ⒮ Notrufsäule *f*

emergency ward ⒮ Unfallstation *f* **emergent** [ɪˈmɜːdʒənt] *form* ADJ *Nation etc* aufstrebend

emeritus [ɪˈmerɪtəs] ADJ emeritiert; **~ professor, professor ~** Professor emeritus *m*

emigrant [ˈemɪgrənt] ⒮ Auswanderer *m*, Auswanderin *f*, Emigrant(in) *m(f)* **emigrate** [ˈemɪgreɪt] *V/i* auswandern, emigrieren **emigration** [ˌemɪˈgreɪʃən] ⒮ Auswanderung *f*, Emigration *f* **émigré** [ˈemɪgreɪ] ⒮ Emigrant(in) *m(f)*

eminence [ˈemɪnəns] ⒮ hohes Ansehen **eminent** ADJ angesehen **eminently** ADV vernünftig ausgesprochen; *wünschenswert* überaus; **~ suitable** vorzüglich geeignet; **to be ~ capable of sth** eindeutig zu etw fähig sein

emir [eˈmɪəʳ] ⒮ Emir *m* **emirate** [ˈemɪrɪt] ⒮ Emirat *n*

emissary [ˈemɪsərɪ] ⒮ Abgesandte(r) *m/f(m)*

emission [ɪˈmɪʃən] ⒮ Ausstrahlung *f*; *von Abgasen etc* Emission *f fachspr*; *von Gas* Ausströmen *n*; *von Rauch, Dampf* Abgabe *f* **emission-free** ADJ AUTO schadstofffrei **emission levels** PL Emissionswerte *pl* **emission standards** PL Schadstoffnormen *pl*, Emissionsrichtlinien *pl* **emissions trading** ⒮ Emissionshandel *m* **emit** [ɪˈmɪt] *V/t* *Licht* ausstrahlen; *Strahlung* emittieren *fachspr*; *Geräusche* abgeben; *Gas* ausströmen; *Rauch, Dampf* abgeben

emoticon [ɪˈməʊtɪkɒn] ⒮ IT Emoticon *n* (*Zeichenkombination, die eine Gefühlsäußerung wiedergibt*) **emotion** [ɪˈməʊʃən] ⒮ 🚹 Gefühl *n* ② *〈kein pl〉* (Gemüts)bewegung *f*; **to show no ~** unbewegt bleiben **emotional** ADJ emotional; *Problem, Trauma* seelisch; *Unterstützung* psychologisch; *Abschied* gefühlvoll; **to become** *od* **get ~** sich aufregen; **~ outburst** Gefühlsausbruch *m*; **~ state** Gemütszustand *m* **emotional blackmail** ⒮ psychologische Erpressung **emotionally** [ɪˈməʊʃnəlɪ] ADV 🚹 seelisch; **I don't want to get ~ involved** ich will mich emotional nicht darauf einlassen; **~ disturbed** seelisch gestört ② emotional; **~ charged** spannungsgeladen **emotionless** ADJ *Stimme* ausdruckslos **emotive** [ɪˈməʊtɪv] ADJ *Thema* emotional; *Ausdruck* emotional gefärbt

empathize [ˈempəθaɪz] *v/i* sich hineinversetzen (**with** in +*akk*) **empathy** [ˈempəθɪ] *s* Einfühlungsvermögen *n*

emperor [ˈempərə] *s* Kaiser *m*

emphasis [ˈemfəsɪs] *s* Betonung *f*; **to put ~ on a word** ein Wort betonen; **to say sth with ~** etw nachdrücklich betonen; **to put the ~ on sth** etw betonen; **to put the ~ on doing sth** Wert darauf legen, etw zu tun; **there is too much ~ on research** die Forschung steht zu sehr im Vordergrund **emphasize** [ˈemfəsaɪz] *v/t* betonen, hervorheben **emphatic** [ɪmˈfætɪk] *adj* **1** entschieden; *Leugnen* energisch; **to be ~ (that ...)** darauf bestehen(, dass ...); **to be ~ about sth** auf etw (*dat*) bestehen **2** *Sieg* klar; *Niederlage* schwer **emphatically** [ɪmˈfætɪkəlɪ] *adv* **1** nachdrücklich; *ablehnen, abstreiten* entschieden **2** eindeutig

empire [ˈempaɪə] *s* **1** Reich *n*, Weltreich *n*; **the Holy Roman Empire** das Heilige Römische Reich (deutscher Nation); **the British Empire** das Britische Weltreich **2** *fig, a. des* HANDEL Imperium *n*; **his business ~** sein Geschäftsimperium *n*

empirical [emˈpɪrɪkəl] *adj* empirisch

★**employ** [ɪmˈplɔɪ] *v/t* **1** j-n beschäftigen, einstellen; *Privatdetektiv* beauftragen; **he has been ~ed with us for 15 years** er ist schon seit 15 Jahren bei uns; **to be ~ed in doing sth** damit beschäftigt sein, etw zu tun **2** *Methode, Können* anwenden; **they ~ed the services of a chemist to help them** sie zogen einen Chemiker heran, um ihnen zu helfen **employable** [ɪmˈplɔɪəbl] *adj* *Arbeiter* anstellbar

★**employee** [ˌɪmplɔɪˈiː] *s* Angestellte(r) *m/f(m)*; **~s and employers** Arbeitnehmer und Arbeitgeber; **the ~s** *von Firma* die Belegschaft

employer [ɪmˈplɔɪə] *s* Arbeitgeber(in) *m(f)*; **~s' federation** Arbeitgeberverband *m*

★**employment** [ɪmˈplɔɪmənt] *s* **1** Arbeit *f*; **to seek ~** Arbeit suchen; **how long is it since you were last in ~?** wann hatten Sie Ihre letzte Stellung?; **conditions/contract of ~** Arbeitsbedingungen *pl*/-vertrag *m* **2** Beschäftigung *f*, Einstellen *n* **3** *von Methode, Können* Anwendung *f* **employment ad** *s* Stel-

lenanzeige *f* **employment agency** *s* Stellenvermittlung *f*

emporium [emˈpɔːrɪəm] *s* Warenhaus *n*

empower [ɪmˈpaʊə] *v/t* **1 to ~ sb to do sth** j-n ermächtigen, etw zu tun **2** *Minderheiten* stärken

empress [ˈemprɪs] *s* Kaiserin *f*

emptiness [ˈemptɪnɪs] *s* Leere *f*

★**empty** [ˈemptɪ] **A** *adj* ⟨*komp* emptier⟩ leer; *Haus* leer stehend *attr*; *Platz* frei; *Worte* ausdrucklos; **to feel ~** *fig* ein Gefühl der Leere haben; **there were no ~ seats** es waren keine Plätze frei; **on an ~ stomach** mit leerem Magen; *Alkoholkonsum etc* auf leeren Magen **B** *s* ⟨*mst pl*⟩ **empties** Leergut *n*; *im Flugzeug* **any rubbish or empties?** *Br* noch Abfall oder leere Dosen/Flaschen? **C** *v/t* **1** leeren; *Kiste, Zimmer* ausräumen; *Tank* ablassen; *Lkw* abladen **2** *Flüssigkeit* ausgießen **D** *v/i* *Fluss* münden (**into** in +*akk*)

♦**empty out** *v/t* ⟨*trennb*⟩ ausleeren

empty-handed *adj* **to return ~** mit leeren Händen zurückkehren **empty-headed** *adj* strohdumm **empty nesters** *pl* Eltern, deren Kinder erwachsen und aus dem Haus sind

EMS *abk* (= European Monetary System) EWS *n*

EMU *abk* (= European Monetary Union) EWU *f*

emulate [ˈemjʊleɪt] *v/t* **1** nacheifern (+*dat*); **I tried to ~ his success** ich versuchte, es ihm gleichzutun **2** IT emulieren **emulator** [ˈemjʊleɪtə] *s* IT Emulator *m*

emulsion [ɪˈmʌlʃən] *s*, ⟨*a.* **emulsion paint**⟩ Emulsionsfarbe *f*

enable [ɪˈneɪbl] *v/t* **to ~ sb to do sth** es j-m ermöglichen, etw zu tun

enact [ɪˈnækt] *v/t* POL *Gesetz* erlassen

enamel [ɪˈnæməl] **A** *s* **1** Email *n*, Emaillack *m*; *von Zähnen* Zahnschmelz *m* **B** *adj* Email-; **~ paint** Emaillack *m*

enamour [ɪˈnæmə] *v/t*, **enamor** *US v/t* **to be ~ed of sth** von etw angetan sein; **she was not exactly ~ed of the idea** sie war von der Idee nicht gerade begeistert

encapsulate [ɪnˈkæpsjʊleɪt] *fig v/t* zusammenfassen

encase [ɪnˈkeɪs] *v/t* verkleiden (**in** mit); *Drähte* umgeben (**in** mit)

enchant [ɪnˈtʃɑːnt] *v/t* entzücken; **to be**

~ed by sth von etw *od* über etw (*akk*) entzückt sein **enchanting** [ɪnˈtʃɑːntɪŋ] ADJ entzückend

encircle [ɪnˈsɜːkl] VT umgeben; *Truppen* einkreisen; *Gebäude* umstellen

enc(l) ABK (= *enclosures*) Anl.

enclave [ˈenkleɪv] S̱ Enklave f

enclose [ɪnˈkləʊz] VT **1** umgeben, einzäunen **2** *in Post* beilegen (**in, with** +*dat*); **I am enclosing the original with the translation** anbei die Übersetzung sowie der Originaltext **enclosed** ADJ **1** *Bereich* geschlossen **2** *in Post* beiliegend; **a photo was ~ in the letter** dem Brief lag ein Foto bei; **please find ~ ...** in der Anlage *od* beiliegend finden Sie ... **enclosure** [ɪnˈkləʊʒə*ʳ*] S̱ **1** eingezäuntes Grundstück; *für Tiere* Gehege n **2** (≈ *Dokumente*) Anlage f

encode [ɪnˈkəʊd] VT *a.* IT codieren

encompass [ɪnˈkʌmpəs] VT umfassen

encore [ˈɒŋkɔː*ʳ*] INT Zugabe **B** S̱ Zugabe f

encounter [ɪnˈkaʊntə*ʳ*] **A** VT treffen auf (+*akk*); *Schwierigkeiten, Widerstand* stoßen auf (+*akk*); *liter* j-n begegnen (+*dat*) **B** S̱ Begegnung f; **sexual ~** sexuelle Erfahrung

★**encourage** [ɪnˈkʌrɪdʒ] VT j-n ermutigen, anregen; *Projekt, Investition* fördern; *Mannschaft* anfeuern; **to be ~d by sth** durch etw neuen Mut schöpfen; **to ~ sb to do sth** j-n ermutigen, etw zu tun **encouragement** S̱ Ermutigung f, Anregung f, Unterstützung f; **to give sb (a lot of) ~** j-n (sehr) ermuntern **encouraging** [ɪnˈkʌrɪdʒɪŋ] ADJ ermutigend; **I found him very ~** er hat mir sehr viel Mut gemacht **encouragingly** [ɪnˈkʌrɪdʒɪŋlɪ] ADV ermutigend; *mit Adjektiv* erfreulich; *Satz einleitend* erfreulicherweise

encroach [ɪnˈkrəʊtʃ] VI **to ~ (up)on** *Land* vordringen in (+*akk*); *Rechte* eingreifen in (+*akk*); *Zeit* in Anspruch nehmen **encroachment** [ɪnˈkrəʊtʃmənt] S̱ *in Land* Vordringen n; *in Rechte* Eingriff m; *von Zeit* Beanspruchung f

encrust [ɪnˈkrʌst] VT **~ed with earth** erdverkrustet; **a jewel-encrusted brooch** eine juwelenbesetzte Brosche

encryption [ɪnˈkrɪpʃən] S̱ IT, TEL, TV Verschlüsselung f; **~ program** IT Verschlüsselungsprogramm n

encumbrance [ɪnˈkʌmbrəns] S̱ Belastung f, Last f

encyclop(a)edia [ɪnˌsaɪkləʊˈpiːdɪə] S̱ Lexikon n **encyclop(a)edic** [ɪnˌsaɪkləʊˈpiːdɪk] ADJ enzyklopädisch

★**end** [end]

A Substantiv	**B** Adjektiv
C transitives Verb	**D** intransitives Verb

— **A** Substantiv —

1 Ende n; *von Finger* Spitze f; **our house is the fourth from the end** unser Haus ist das viertletzte; **to the ends of the earth** bis ans Ende der Welt; **from end to end** von einem Ende zum anderen; **who'll meet you at the other end?** wer holt dich ab, wenn du ankommst?; **Lisa's on the other end (of the phone)** Lisa ist am Telefon; **for hours on end** stundenlang ununterbrochen; **end to end** mit den Enden aneinander; **to change ends** SPORT die Seiten wechseln; **to make ends meet** *fig* zurechtkommen *umg*; **to see no further than the end of one's nose** nicht weiter sehen als seine Nase (reicht); **at our/your end** bei uns/Ihnen; **how are things at your end?** wie sieht es bei Ihnen aus?; **at the end** schließlich; **at/toward(s) the end of December** Ende/gegen Ende Dezember; **at the end of the war** am Ende des Krieges; **at the end of the book** am Schluss des Buches; **at the end of the day** *fig* letzten Endes; **as far as I'm concerned, that's the end of the matter!** für mich ist die Sache erledigt; **we shall never hear the end of it** das werden wir noch lange zu hören kriegen; **to be at an end** zu Ende sein; **to be at the end of one's patience/strength** mit seiner Geduld/seinen Kräften am Ende sein; **to watch a movie to the end** einen Film bis zu Ende ansehen; **that's the end of him** er ist erledigt; **that's the end of that** das ist damit erledigt; **to bring to an end** zu Ende bringen; **to come to an end** zu Ende gehen; **to get to the end of the road/book** ans Ende der Straße/zum Schluss des Buches kommen; **in the end** schließlich, letzten Endes; **to put an end to sth** einer Sache (*dat*) ein Ende setzen; **he met a violent end** er starb einen gewaltsamen Tod **2** *von Kerze, Zigarette* Stummel m **3** **no end of trouble** *bes Br* reichlich Ärger; **it pleased her he no end** *bes Br* das hat ihr irrsinnig gefallen *umg* **4** Zweck m; **to what end?** *form* zu welchem Zweck?; **an end in itself** Selbstzweck *ohne art*

— B *Adjektiv* —

⟨attr⟩ letzte(r, s); **the end house** das letzte Haus

— C *transitives Verb* —

beenden; **to end it all** (≈ *Selbstmord begehen*) Schluss machen

— D *intransitives Verb* —

enden; **we ended with a song** zum Schluss sangen wir ein Lied; **to be ending** zu Ende gehen; **to end by doing sth** schließlich etw tun; **to end in an "s"** auf „s" enden; **an argument which ended in a fight** ein Streit, der mit einer Schlägerei endete

♦**end up** [VI] enden; **to end up doing sth** schließlich etw tun; **to end up (as) a lawyer** schließlich Rechtsanwalt werden; **to end up (as) an alcoholic** als Alkoholiker enden; **we ended up at Joe's** wir landeten schließlich bei Joe *umg*; **you'll end up in trouble** Sie werden noch Ärger bekommen

endanger [ɪnˈdeɪndʒəʳ] [VT] gefährden **endangered** [ADJ] vom Aussterben bedroht

endear [ɪnˈdɪəʳ] [VT] beliebt machen (**to** bei); **to ~ oneself to sb** sich bei j-m beliebt machen **endearing** [ɪnˈdɪərɪŋ] [ADJ] liebenswert **endearment** [S] **term of ~** Kosename m

endeavour [ɪnˈdevəʳ], **endeavor** *US* [A] [S] Anstrengung f; **in an ~ to please her** um ihr eine Freude zu machen [B] [VT] sich anstrengen

endemic [enˈdemɪk] [ADJ] endemisch; **~ to** endemisch in (*dat*)

endgame [ˈendgeɪm] [S] Endspiel n **ending** [ˈendɪŋ] [S] Ende n, Schluss m; *von Geschichte* Ausgang m, Ende n; *von Wort* Endung f; **a happy ~** ein Happy End **endive** [ˈendaɪv] [S] Endiviensalat m **endless** [ˈendlɪs] [ADJ] **1** endlos; **Vielfalt** unendlich; *Vorrat* unbegrenzt; **the list is ~** die Liste nimmt kein Ende **2** unzählig; **the possibilities are ~** es gibt unendlich viele Möglichkeiten **3** *Straße*

endlos (*lang*); *Warteschlange* endlos lang **endlessly** [ADV] endlos

endorse [ɪnˈdɔːs] [VT] **1** *Scheck* indossieren **2** *Br* JUR **I had my licence ~d** ich bekam einen Strafvermerk auf meinem Führerschein **3** billigen; *Produkt, Firma* empfehlen **endorsement** [S] *von Ansicht* Billigung f; *von Produkt, Firma* Empfehlung f

endow [ɪnˈdaʊ] [VT] **1** eine Stiftung machen an (+*akk*) **2** *fig* **to be ~ed with a natural talent for singing** ein sängerisches Naturtalent sein; **she's well ~ed** *hum* sie ist von der Natur reichlich ausgestattet (worden) **endowment** [S] Stiftung f **endowment mortgage** [S] Hypothek f mit Lebensversicherung **endowment policy** [S] Kapitallebensversicherung f

end product [S] Endprodukt n; *fig* Produkt n **end result** [S] Endergebnis n **endurance** [ɪnˈdjʊərəns] [S] Durchhaltevermögen n, Ausdauer f; *von Mensch* **endurance test** [S] Belastungsprobe f **endurance training** [S] SPORT Ausdauertraining n **endure** [ɪnˈdjʊəʳ] [A] [VT] *Schmerz* erleiden **2** ertragen, aushalten; **she can't ~ being laughed at** sie kann es nicht vertragen, wenn man über sie lacht [B] [VI] bestehen **enduring** [ɪnˈdjʊərɪŋ] [ADJ] dauerhaft; *Liebe, Glaube* beständig; *Popularität* bleibend

end user [S] Endverbraucher(in) m(f) **endways** [ˈendweɪz], **endwise** [ˈendwaɪz] [ADV] mit dem Ende zuerst, mit den Enden aneinander

enema [ˈenɪmə] [S] Einlauf m

★**enemy** [ˈenəmɪ] [A] [S] *wörtl, fig* Feind(in) m(f); **to make enemies** sich (*dat*) Feinde machen; **he is his own worst ~** er schadet sich (*dat*) selbst am meisten [B] [ADJ] ⟨attr⟩ feindlich; *Position* des Feindes

energetic [ˌenəˈdʒetɪk] [ADJ] energiegeladen, aktiv; (≈ *mühevoll*) anstrengend; **to be very ~** viel Energie haben **energetically** [ˌenəˈdʒetɪkəlɪ] [ADV] energisch; *tanzen* voller Energie **energize** [ˈenədʒaɪz] *fig* [VT] neue Energie geben (+*dat*)

★**energy** [ˈenədʒɪ] [S] ⟨kein pl⟩ Energie f; **chocolate gives you ~** Schokolade gibt neue Energie; **to save one's ~ for sth** seine Kräfte für etw aufsparen **energy conservation** [S] Energieeinsparung f **energy drink** [S] Energy-Drink m **en-**

ergy-efficient ADJ energiesparend
energy-saving ADJ energiesparend;
~ light bulb Energiesparlampe f;
~ measures Energiesparmaßnahmen pl
energy tax S Energiesteuer f
e-newsletter [ˌiːˈnjuːzletə'] S Newsletter m **e-newspaper** [ˌiːˈnjuːzpeɪpə'] S E-Paper n, elektronische Zeitung, E-Zeitung f
enforce [ɪnˈfɔːs] VT durchführen; Disziplin sorgen für; Entscheidung, Verbot durchsetzen; **the police ~ the law** die Polizei sorgt für die Einhaltung der Gesetze **enforcement** S Durchführung f
Eng.¹ ABK (= England) England
Eng.² ABK (= English) engl.
engage [ɪnˈgeɪdʒ] VT 1 Arbeiter anstellen; Künstler engagieren; Anwalt sich (dat) nehmen; **to ~ the services of sb** j-n anstellen/engagieren; Anwalt sich (dat) j-n nehmen 2 Aufmerksamkeit in Anspruch nehmen; **to ~ sb in conversation** j-n in ein Gespräch verwickeln 3 AUTO **to ~ the clutch** (ein)kuppeln B VI **to ~ in sth** sich an etw (dat) beteiligen; **to ~ in conversation** sich unterhalten; **to ~ with the enemy** MIL den Feind angreifen
★**engaged** [ɪnˈgeɪdʒd] ADJ 1 **~ (to be married)** (to mit); **to get** od **become ~ (to sb)** sich (mit j-m) verloben 2 Toilette, Telefonleitung besetzt 3 form **to be otherwise ~** derzeitig anderweitig beschäftigt sein; **to be ~ in sth** mit etw beschäftigt sein; **to be ~ in doing sth** dabei sein, etw zu tun **engaged tone** S TEL Besetztzeichen n **engagement** S 1 Verabredung f; **a dinner ~** eine Verabredung zum Essen 2 Verlobung f **engagement ring** S Verlobungsring m **engaging** [ɪnˈgeɪdʒɪŋ] ADJ Mensch angenehm; Charakter einnehmend
engender [ɪnˈdʒendə'] fig VT erzeugen
★**engine** [ˈendʒɪn] S 1 Maschine f; von Auto, Flugzeug Motor m 2 BAHN Lokomotive f **-engined** [-ˈendʒɪnd] ADJ ⟨suf⟩ -motorig; **twin-engined** zweimotorig **engine driver** Br S Lok(omotiv)-führer(in) m(f)
★**engineer** [ˌendʒɪˈnɪə'] A S 1 TECH Techniker(in) m(f), Ingenieur(in) m(f) 2 US BAHN Lokführer(in) m(f) B VT 1 TECH konstruieren 2 fig Kampagne organisieren; Niedergang einfädeln

★**engineering** [ˌendʒɪˈnɪərɪŋ] S TECH Technik f, Maschinenbau m, Ingenieurwesen n; **a brilliant piece of ~** eine Meisterkonstruktion
★**England** [ˈɪŋglənd] A S England n B ADJ ⟨attr⟩ **the ~ team** die englische Mannschaft
★**English** [ˈɪŋglɪʃ] A ADJ englisch; **he is ~** er ist Engländer; **he's an ~ teacher** er ist Englischlehrer; **(full) ~ breakfast** englisches Frühstück B S 1 **the ~** pl die Engländer pl 2 LING Englisch n; UNIV Anglistik f; **can you speak ~?** können Sie Englisch? **he doesn't speak ~** er spricht kein Englisch; **"English spoken"** „hier wird Englisch gesprochen"; **they were speaking ~** sie unterhielten sich auf Englisch; **he speaks very good ~** er spricht ein sehr gutes Englisch; **in ~** auf Englisch; **to translate sth into/from ~** etw ins Englische/aus dem Englischen übersetzen **English Channel** S Ärmelkanal m
★**Englishman** S ⟨pl -men⟩ Engländer m **English muffin** US S GASTR flaches Milchbrötchen, das meist getoastet gegessen wird **English speaker** S Englischsprachige(r) m/f(m) **English-speaking** ADJ englischsprachig
★**Englishwoman** S ⟨pl -women [-wɪmɪn]⟩ Engländerin f
engrave [ɪnˈgreɪv] VT Metall gravieren; Muster eingravieren **engraved** ADJ Glas, Metall graviert; Muster, Buchstabe eingraviert **engraving** [ɪnˈgreɪvɪŋ] S (Kupfer-/Stahl)stich m, Holzschnitt m; (≈ Muster) Gravierung f
engross [ɪnˈgrəʊs] VT **to become ~ed in one's work** sich in seine Arbeit vertiefen; **to be ~ed in conversation** ins Gespräch vertieft sein **engrossing** [ɪnˈgrəʊsɪŋ] ADJ fesselnd
engulf [ɪnˈgʌlf] VT verschlingen; **to be ~ed by flames** in Flammen stehen
enhance [ɪnˈhɑːns] VT verbessern; Preis, Wert erhöhen
enigma [ɪˈnɪgmə] S Rätsel n **enigmatic** ADJ, **enigmatically** [ˌenɪgˈmætɪk, -əlɪ] ADV rätselhaft
★**enjoy** [ɪnˈdʒɔɪ] A VT genießen; Erfolg haben; gute Gesundheit sich erfreuen (+gen) geh; **he ~s swimming** er schwimmt gern; **he ~ed writing the book** es hat ihm Freude gemacht, das

Buch zu schreiben; **I ~ed the concert** das Konzert hat mir gefallen; **he ~ed the meal** das Essen hat ihm gut geschmeckt; **I didn't ~ it at all** es hat mir überhaupt keinen Spaß gemacht; **to ~ life** das Leben genießen; **~ your meal!** guten Appetit!; **did you ~ your meal?** hat Ihnen das Essen geschmeckt? **B** V/R **★ to ~ oneself** sich amüsieren; **~ yourself!** viel Spaß! **enjoyable** [ɪn-ˈdʒɔɪəbl] ADJ nett; _Film, Buch_ unterhaltsam; _Abend_ angenehm **enjoyment** S̱ Vergnügen _n_; **she gets a lot of ~ from reading** Lesen macht ihr großen Spaß

enlarge [ɪnˈlɑːdʒ] **A** V/T vergrößern; _Öffnung a._ erweitern **B** V/I **to ~ (up)on sth** auf etw (_akk_) näher eingehen **enlargement** S̱ FOTO Vergrößerung _f_

enlighten [ɪnˈlaɪtn] V/T aufklären (**on, as to, about** über +_akk_) **enlightened** ADJ aufgeklärt **enlightening** ADJ aufschlussreich **enlightenment** S̱ the Enlightenment die Aufklärung

enlist [ɪnˈlɪst] **A** V/I sich melden (**in zu**) **B** V/T Rekruten einziehen; _Unterstützung_ gewinnen; **I had to ~ his help** ich musste seine Hilfe in Anspruch nehmen

enliven [ɪnˈlaɪvn] V/T beleben

en masse [ˌɑ̃ːˈmæs] ADV alle zusammen

enmity [ˈenmɪtɪ] S̱ Feindschaft _f_

enormity [ɪˈnɔːmɪtɪ] S̱ **1** ⟨_kein pl_⟩ ungeheures Ausmaß **2** _von Verbrechen_ Ungeheuerlichkeit _f_ **enormous** [ɪˈnɔːməs] ADJ riesig; _Mensch_ ungeheuer dick, riesig groß; _Menge, Anstrengung, Erleichterung_ ungeheuer; **he has ~ talent** er hat enorm viel Talent; **~ amounts of money** Unsummen _pl_; **an ~ amount of work** eine Unmenge Arbeit **enormously** [ɪˈnɔːməslɪ] ADV _mit Verb_ enorm; _mit Adjektiv_ ungeheuer

★enough [ɪˈnʌf] **A** ADJ genug; **~ sugar/ apples** genug _od_ genügend Zucker/Äpfel; **~ trouble/problems** genug Ärger/ Probleme; **proof ~** Beweis genug **B** PRON genug (**of** von); **I had not seen ~ of his work** ich hatte noch nicht genug von seiner Arbeit gesehen; **I hope it's ~** ich hoffe, es reicht; **two years was ~** zwei Jahre reichten; **this noise is ~ to drive me mad** dieser Lärm macht mich noch ganz verrückt; **one song was ~ to show he couldn't sing** ein Lied genügte, um zu zeigen, dass er nicht sin-

gen konnte; **I've got ~ to worry about** ich habe genug Sorgen; **~ is ~** was zu viel ist, ist zu viel; **~ said** mehr braucht man nicht zu sagen; **I've had ~** ich habe genug, jetzt reicht's mir aber _umg_; **that's ~!** jetzt reicht es aber! **C** ADV **1** genug; **to be punished ~** genug bestraft sein; **he knows well ~ what I said** er weiß ganz genau, was ich gesagt habe **2** **to be happy ~** einigermaßen zufrieden sein; **to be happy ~ to do sth** etw so weit ganz gern tun; **she sounded sincere ~** sie schien so weit ganz ehrlich; **it is easy ~ to make them yourself** man kann sie ohne Weiteres selbst machen; **easily ~** ohne größere Schwierigkeiten **3** **oddly** _od_ **funnily ~** komischerweise

enquire _etc_ [ɪnˈkwaɪəʳ] → inquire

enrage [ɪnˈreɪdʒ] V/T wütend machen

enrapture [ɪnˈræptʃəʳ] V/T entzücken, bezaubern

enrich [ɪnˈrɪtʃ] V/T bereichern; _Boden, Nahrung_ anreichern **enriched** [ɪnˈrɪtʃt] ADJ **~ with vitamins** mit Vitaminen angereichert

enrol [ɪnˈrəʊl], **enroll** _US_ **A** V/T einschreiben; _Mitglieder_ aufnehmen; _Schüler_ anmelden **B** V/I sich einschreiben (**for, on** für); SCHULE _etc_ sich anmelden (**for, on** für) **enrolment** [ɪnˈrəʊlmənt] S̱, **enrollment** _US_ S̱ Einschreibung _f_; SCHULE _etc_ Anmeldung _f_; UNIV Immatrikulation _f_

en route [ɒŋˈruːt] ADV unterwegs; **~ to/ for/from** auf dem Weg zu/nach/von

ensemble [ɑ̃ːnˈsɑ̃ːmbl] S̱ **1** Ensemble _n_ **2** Ansammlung _f_

enshrine [ɪnˈʃraɪn] _fig_ V/T bewahren

ensign [ˈensaɪn] S̱ **1** Nationalflagge _f_ **2** _US_ SCHIFF Fähnrich _m_ zur See

enslave [ɪnˈsleɪv] V/T zum Sklaven machen

ensnare [ɪnˈsneəʳ] _wörtl_ V/T fangen; _fig_ umgarnen

ensue [ɪnˈsjuː] V/I folgen (**from** aus) **ensuing** [ɪnˈsjuːɪŋ] ADJ darauf folgend _attr_

en suite [ˈɒnˈswiːt] ADV **~ room** Zimmer _n_ mit eigenem Bad

ensure [ɪnˈʃʊəʳ] V/T sicherstellen, sichern; **will you ~ that I get a seat?** sorgen Sie dafür, dass ich einen Platz bekomme?

ENT ABK (= ear, nose and throat) HNO;

ENT department HNO-Abteilung *f*

entail [ɪn'teɪl] $\overline{VT}$ mit sich bringen; *Arbeit* erforderlich machen; **what is ~ed in buying a house?** was ist zum Hauskauf alles erforderlich?; **this will ~ (my) buying a new car** das bringt mit sich *od* macht es erforderlich, dass ich mir ein neues Auto kaufen muss

entangle [ɪn'tæŋgl] $\overline{VT}$ **1** **to become ~d in sth** sich in etw *(dat)* verfangen **2** **to become ~d** sich verwirren **3** *fig* in Affäre *etc* verwickeln (**in** +*akk*)

★**enter** ['entə] **A** $\overline{VT}$ **1** hereinkommen in *(+akk)*, hineingehen in *(+akk)*; *Haus a.* betreten; *Parkplatz* einfahren in *(+akk)*; **to ~ a country** in ein Land einreisen; **the dispute is ~ing its fifth year** die Auseinandersetzung zieht sich jetzt schon ins fünfte Jahr hin; **the thought never ~ed my head** *od* **mind** so etwas wäre mir nie eingefallen **2** *Organisation etc* eintreten in *(+akk)*; **to ~ the Church** Geistlicher werden; **to ~ a profession** einen Beruf ergreifen **3** eintragen (**in** in +*akk*); IT eingeben; **to ~ sb's/one's name** j-n/sich eintragen **4** *für Prüfung etc* anmelden **5** *Rennen* sich beteiligen an *(+dat)* **B** $\overline{VI}$ **1** hereinkommen, hineingehen, eintreten; *mit Auto* einfahren **2** THEAT auftreten **3** *zu Rennen, Prüfung* sich melden (**for** zu) **C** $\overline{S}$ IT **hit ~** Enter drücken ◆**enter into** $\overline{VI}$ ⟨+*obj*⟩ **1** *Beziehungen, Verhandlungen* aufnehmen; *Bündnis* schließen; **to enter into conversation with sb** ein Gespräch mit j-m anknüpfen; **to enter into correspondence with sb** mit j-m in Briefwechsel treten **2** eine Rolle spielen bei

enter key $\overline{S}$ COMPUT Enter-Taste *f*

enterprise ['entəpraɪz] $\overline{S}$ **1** ⟨*kein pl*⟩ Initiative *f* **2** (≈ *Firma*) Unternehmen *n*; **private ~** privates Unternehmertum **enterprising** ['entəpraɪzɪŋ] $\overline{ADJ}$ *Mensch* einfallsreich

entertain [ˌentə'teɪn] **A** $\overline{VT}$ **1** bewirten **2** unterhalten, belustigen **3** *Gedanken* sich tragen mit; *Verdacht* hegen; *Hoffnung* nähren **B** $\overline{VI}$ Gäste haben **entertainer** [ˌentə'teɪnə] $\overline{S}$ Entertainer(in) *m(f)*

★**entertaining** [ˌentə'teɪnɪŋ] **A** $\overline{ADJ}$ unterhaltsam, amüsant **B** $\overline{S}$ die Bewirtung von Gästen; **she does a lot of ~** sie hat oft Gäste

★**entertainment** [ˌentə'teɪnmənt] $\overline{S}$ Unterhaltung *f*, Entertainment *n* **entertainment industry** $\overline{S}$ Unterhaltungsindustrie *f*

enthral [ɪn'θrɔːl] $\overline{VT}$, **enthrall** *US* $\overline{VT}$ begeistern **enthralling** $\overline{ADJ}$ spannend **enthuse** [ɪn'θjuːz] $\overline{VI}$ schwärmen (**over** von) **enthusiasm** [ɪn'θjuːzɪæzəm] $\overline{S}$ Begeisterung *f*, Enthusiasmus *m*; **she showed little ~ for the scheme** sie zeigte sich von dem Plan nicht sehr begeistert; **I can't work up any ~ for the idea** ich kann mich für die Idee nicht begeistern **2** Leidenschaft *f* **enthusiast** [ɪn'θjuːzɪæst] $\overline{S}$ Enthusiast(in) *m(f)*; **he's a rock-and-roll ~** er ist begeisterter Rock 'n' Roll-Anhänger **enthusiastic** [ɪnˌθjuːzɪ'æstɪk] $\overline{ADJ}$ begeistert, enthusiastisch; **to be ~ about sth** von etw begeistert sein; **to be ~ about doing sth** etw mit Begeisterung tun **enthusiastically** [ɪnˌθjuːzɪ'æstɪkəlɪ] $\overline{ADV}$ begeistert **entice** [ɪn'taɪs] $\overline{VT}$ locken; **to ~ sb to do sth** *od* **into doing sth** j-n dazu verleiten, etw zu tun; **to ~ sb away** j-n weglocken **enticing** [ɪn'taɪsɪŋ] $\overline{ADJ}$ verlockend **entire** [ɪn'taɪə] $\overline{ADJ}$ ganz; *Kosten, Karriere* gesamt **entirely** [ɪn'taɪəlɪ] $\overline{ADV}$ **1** ganz; **the accident was ~ the fault of the other driver** der andere Fahrer hatte die ganze Schuld an dem Unfall **2** *emph* völlig; **I agree ~** ich stimme voll und ganz zu; **to be another matter** *od* **an ~ different matter** etwas ganz *od* völlig anderes sein **entirety** [ɪn'taɪərətɪ] $\overline{S}$ **in its ~** in seiner Gesamtheit

entitle [ɪn'taɪtl] $\overline{VT}$ **1** **it is ~d …** es hat den Titel …; **2** **to ~ sb to sth** j-n zu etw berechtigen; *zu Entschädigung etc* j-m den Anspruch auf etw *(akk)* geben; **to ~ sb to do sth** j-n dazu berechtigen, etw zu tun; **to be ~d to sth** das Recht auf etw *(akk)* haben; *auf Entschädigung etc* Anspruch auf etw *(akk)* haben; **to be ~d to do sth** das Recht haben, etw zu tun; **I'm ~d to my own opinion** ich kann mir meine eigene Meinung bilden **entitlement** $\overline{S}$ Berechtigung *f* (**to** zu); *auf Entschädigung etc* Anspruch *m* (**to** auf +*akk*); **what is your holiday ~?** *Br* wie viel Urlaub steht Ihnen zu?

entity ['entɪtɪ] $\overline{S}$ Wesen *n*

entourage [ˌɒntʊ'rɑːʒ] $\overline{S}$ Entourage *f*

entrails ['entreɪlz] *wörtl* $\overline{PL}$ Eingeweide *pl*

E

entrance[1] [ɪnˈtrɑːns] _VT_ in Entzücken versetzen; **to be ~d** verzückt sein; **to be ~d by/with sth** von etw entzückt sein

★**entrance**[2] [ˈentrəns] _S_ **1** Eingang _m_, Einfahrt _f_ **2** Eintritt _m_ (**to** in +_akk_); THEAT Auftritt _m_; _zu Klub etc_ Zutritt _m_ (**to** zu); **to make one's ~** THEAT auftreten; _fig_ erscheinen; **to gain ~ to a university** die Zulassung zu einer Universität erhalten **entrance examination** _S_ Aufnahmeprüfung _f_ **entrance fee** _S_ _für Museum etc_ Eintrittsgeld _n_ **entrance hall** _S_ Eingangshalle _f_ **entrance qualifications** _PL_ Zulassungsanforderungen _pl_ **entrant** _S_ _bei Wettkampf_ Teilnehmer(in) _m(f)_; SCHULE _etc_ Prüfling _m_

entreat [ɪnˈtriːt] _VT_ anflehen **entreaty** [ɪnˈtriːtɪ] _S_ dringende Bitte

entrée [ˈɒntreɪ] _Br_ _S_ Vorspeise _f_; _bes US_ Hauptgericht _n_

entrenched [ɪnˈtrentʃd] _ADJ_ _Position_ unbeugsam; _Überzeugung_ fest verwurzelt

entrepreneur [ˌɒntrəprəˈnɜːʳ] _S_ Unternehmer(in) _m(f)_ **entrepreneurial** [ˌɒntrəprəˈnɜːrɪəl] _ADJ_ unternehmerisch

entrust [ɪnˈtrʌst] _VT_ anvertrauen (**to sb** j-m); **to ~ a child to sb's care** ein Kind _akk_ j-s Obhut _dat_ anvertrauen; **to ~ sb with a task** j-n mit einer Aufgabe betrauen; **to ~ sb with a secret** j-m ein Geheimnis anvertrauen

entry [ˈentrɪ] _S_ **1** Eintritt _m_ (**into** in +_akk_), Eingang _m_ (**into** in +_akk_); _in Land_ Einreise _f_; **"no ~"** „Zutritt verboten"; _Verkehr_ „keine Einfahrt" **2** Eingang _m_, Einfahrt _f_ **3** _in Kalender, Wörterbuch_ Eintrag _m_; **the dictionary has 30,000 entries** das Wörterbuch enthält 30.000 Stichwörter **4** _für Wettkampf_ Meldung _f_; **the closing date for entries is Friday** der Einsendeschluss ist Freitag **entry form** _S_ Anmeldeformular _n_ **entry-level test** _S_ SCHULE Einstufungstest _m_ **entry permit** _S_ Passierschein _m_; _für Land_ Einreiseerlaubnis _f_ **entry phone** _S_ Türsprechanlage _f_ **entry visa** _S_ Einreisevisum _n_ **entryway** _US_ _S_ Eingang _m_, Einfahrt _f_

entwine [ɪnˈtwaɪn] _VT_ ineinanderschlingen

E number _S_ E-Nummer _f_

enumerate [ɪˈnjuːməreɪt] _VT_ aufzählen

envelop [ɪnˈveləp] _VT_ einhüllen; **flames ~ed the house** das Haus war von Flammen eingehüllt

★**envelope** [ˈenvələʊp] _S_ (Brief)umschlag _m_

enviable [ˈenvɪəbl] _ADJ_ beneidenswert **envious** [ˈenvɪəs] _ADJ_ neidisch; **to be ~ of sb/sth** auf j-n/etw neidisch sein **enviously** [ˈenvɪəslɪ] _ADV_ neidisch

★**environment** [ɪnˈvaɪərənmənt] _S_ Umwelt _f_, Umgebung _f_; _kulturell_ Milieu _n_ **Environment Agency** _Br_ _S_ Umweltbehörde _f_ **environmental** [ɪnˌvaɪərənˈmentl] _ADJ_ **1** Umwelt-, die Umwelt betreffend; **~ disaster** Umweltkatastrophe _f_; **~ expert** Umweltexperte _m_/-expertin _f_; **~ impact** Auswirkung _f_ auf die Umwelt **2** Umweltschutz-; **~ group** Umweltschutzorganisation _f_ **3** umgebungsbedingt **environmentalism** [ɪnˌvaɪərənˈmentəlɪzəm] _S_ Umweltbewusstsein _n_ **environmentalist** [ɪnˌvaɪərənˈmentəlɪst] _S_ Umweltschützer(in) _m(f)_ **environmentally** [ɪnˌvaɪərənˈmentəlɪ] _ADV_ umwelt-; **~ compatible** umweltverträglich; **~ correct** umweltgerecht; **~ conscious** _od_ **aware** umweltbewusst; **~ friendly/unfriendly** umweltfreundlich/-feindlich **Environmental Protection Agency** _US_ ADMIN ≈ Umweltministerium _n_ **environs** [ɪnˈvaɪərənz] _PL_ Umgebung _f_

envisage [ɪnˈvɪzɪdʒ] _VT_ sich (_dat_) vorstellen

envoy [ˈenvɔɪ] _S_ Bote _m_, Botin _f_; (≈ _Diplomat_) Gesandte(r) _m_, Gesandtin _f_

envy [ˈenvɪ] **A** _S_ Neid _m_ **B** _VT_ beneiden; **to ~ sb sth** j-n um etw beneiden

enzyme [ˈenzaɪm] _S_ Enzym _n_

ephemeral [ɪˈfemərəl] _ADJ_ kurzlebig

epic [ˈepɪk] **A** _ADJ_ _episch_; _Roman_ monumental; _Leistung, Kampf_ gewaltig; _Reise_ lang und abenteuerlich; **~ movie** Monumentalfilm _m_ **B** _S_ Epos _n_

epicentre [ˈepɪsentəʳ] _S_, **epicenter** _US_ _S_ Epizentrum _n_

epidemic [ˌepɪˈdemɪk] _S_ _a. fig_ Epidemie _f_

epidural [ˌepɪˈdjʊərəl] _S_ Epiduralanästhesie _f_

epilepsy [ˈepɪlepsɪ] _S_ Epilepsie _f_ **epileptic** [ˌepɪˈleptɪk] **A** _ADJ_ epileptisch; **~ fit** epileptischer Anfall; **he is ~** er ist Epileptiker **B** _S_ Epileptiker(in) _m(f)_

E

epilogue [ˈepɪlɒg] S̲, **epilog** US S̲ Epilog m

Epiphany [ɪˈpɪfənɪ] S̲ das Dreikönigsfest

episcopal [ɪˈpɪskəpəl] A̲D̲J̲ bischöflich

episode [ˈepɪsəʊd] S̲ **1** Episode f; von Geschichte, a. TV, RADIO Fortsetzung f, Folge f **2** (≈ Ereignis) Vorfall m **episodic** [ˌepɪˈsɒdɪk] A̲D̲J̲ episodenhaft

epistle [ɪˈpɪsl̩] S̲ BIBEL Brief m (**to** an +akk)

epitaph [ˈepɪtɑːf] S̲ Epitaph n

epithet [ˈepɪθet] S̲ Beiname m

epitome [ɪˈpɪtəmɪ] S̲ Inbegriff m (**of** +gen od an +dat) **epitomize** [ɪˈpɪtəmaɪz] V̲/̲T̲ verkörpern

epoch [ˈiːpɒk] S̲ Epoche f

★**equal** [ˈiːkwəl] A̲ A̲D̲J̲ gleich; **an ~ amount of land** gleich viel Land; **~ numbers of men and women** gleich viele Männer und Frauen; **to be ~ in size** (**to**) gleich groß sein (wie); **a is ~ to b** a ist gleich b; **an amount ~ to the purchase price** eine dem Kaufpreis entsprechende Summe; **other things being ~** wenn nichts dazwischenkommt; **~ opportunities** Chancengleichheit f; **~ rights for women** die Gleichberechtigung der Frau; **to be on ~ terms** (**with sb**) (mit j-m) gleichgestellt sein; **to be ~ to the task** der Aufgabe gewachsen sein; **to feel ~ to sth** sich zu etw imstande fühlen B̲ S̲ Gleichgestellte(r) m/f(m); **she is his ~** sie ist ihm ebenbürtig; **to treat sb as an ~** j-n als ebenbürtig behandeln; **to have no ~** nicht seinesgleichen haben, unübertroffen sein C̲ V̲/̲I̲ **two plus three ~s five** zwei plus drei (ist) gleich fünf; **let x ~ 3** x sei (gleich) 3 D̲ V̲/̲T̲ gleichkommen (+dat) **equality** [ɪˈkwɒlɪtɪ] S̲ Gleichheit f **equalize** [ˈiːkwəlaɪz] V̲/̲I̲ SPORT ausgleichen **equalizer** [ˈiːkwəlaɪzə͏ʳ] S̲ **1** Br SPORT Ausgleich m; FUSSB etc Ausgleichstreffer m; **to score od get the ~** den Ausgleich erzielen **2** US hum umg (≈ Waffe) Kanone f sl **equally** [ˈiːkwəlɪ] A̲D̲V̲ **1** verteilen gleichmäßig; **~ spaced** in gleichmäßigen Abständen; zeitlich in regelmäßigen Abständen **2** (+adj) ebenso, gleich; **all foreigners should be treated ~** alle Ausländer sollten gleich behandelt werden **equals sign** [ˈiːkwəlzsaɪn] S̲ Gleichheitszeichen n

equate [ɪˈkweɪt] V̲/̲T̲ **1** gleichsetzen **2** auf die gleiche Stufe stellen **equation** [ɪˈkweɪʒən] S̲ MATH, a. fig Gleichung f; **that doesn't even enter the ~** das steht doch überhaupt nicht zur Debatte

equator [ɪˈkweɪtə͏ʳ] S̲ Äquator m; **at the ~** am Äquator **equatorial** [ˌekwəˈtɔːrɪəl] A̲D̲J̲ äquatorial, Äquatorial-

equestrian [ɪˈkwestrɪən] A̲D̲J̲ Reit-, Reiter-; **~ events** Reitveranstaltung f, Reitturnier n

equidistant [ˈiːkwɪˈdɪstənt] A̲D̲J̲ gleich weit entfernt (**from** von)

equilateral [ˈiːkwɪˈlætərəl] A̲D̲J̲ gleichseitig

equilibrium [ˌiːkwɪˈlɪbrɪəm] S̲ Gleichgewicht n; **to keep/lose one's ~** das Gleichgewicht halten/verlieren

equinox [ˈiːkwɪnɒks] S̲ Tagundnachtgleiche f; **the spring ~** die Frühjahrs-Tagundnachtgleiche

equip [ɪˈkwɪp] V̲/̲T̲ j-n, Armee ausrüsten; Küche ausstatten; **he is well ~ped for the job** fig er hat das nötige Rüstzeug für die Stelle **equipment** S̲ ⟨kein pl⟩ Ausrüstung f; laboratory ~ Laborausstattung f; **office ~** Büroeinrichtung f; **electrical ~** Elektrogeräte pl; **kitchen ~** Küchengeräte pl

equitable A̲D̲J̲, **equitably** [ˈekwɪtəbl̩, -lɪ] A̲D̲V̲ gerecht **equities** [ˈekwɪtɪz] P̲L̲ FIN Stammaktien pl

equivalent [ɪˈkwɪvələnt] A̲ A̲D̲J̲ **1** gleichwertig; **that's ~ to saying ...** das ist gleichbedeutend damit, zu sagen ... **2** entsprechend; **it is ~ to £30** das entspricht £ 30 B̲ S̲ **1** Äquivalent n; (≈ Gegenstück) Pendant n; **that is the ~ of ...** das entspricht ... (dat); **what is the ~ in euros?** was ist der Gegenwert in Euro?; **the American ~ of ...** das amerikanische Pendant zu ...

equivocal [ɪˈkwɪvəkəl] form A̲D̲J̲ **1** Antwort zweideutig; Position, Resultat unklar **2** Haltung zwiespältig; Mensch ambivalent **equivocate** [ɪˈkwɪvəkeɪt] V̲/̲I̲ ausweichen

ER US A̲B̲K̲ (= emergency room) Unfallstation f

era [ˈɪərə] S̲ Ära f, Epoche f; GEOL Erdzeitalter n; **the Christian era** (die) christliche Zeitrechnung

eradicate [ɪˈrædɪkeɪt] V̲/̲T̲ ausrotten **eradication** [ɪˌrædɪˈkeɪʃən] S̲ Ausrottung f

erase [ɪˈreɪz] *v/t* ausradieren; *Band, a.* IT löschen **eraser** [ɪˈreɪzər] *s* Radiergummi *m/n*

erect [ɪˈrekt] **A** *v/t Haus* bauen; *Statue, Denkmal* errichten (**to sb** j-m); *Gerüst* aufstellen; *Zelt* aufschlagen; *fig Barriere* errichten **B** *ADJ* **1** aufrecht; **to stand ~** gerade stehen; **to walk ~** aufrecht gehen **2** PHYSIOL *Penis, Nippel* steif **erection** [ɪˈrekʃən] *s* **1** *von Haus* (Er)bauen *n; von Statue, Denkmal, Barriere* Errichten *n* **2** PHYSIOL Erektion f

ergonomic [ˌɜːɡəʊˈnɒmɪk] *ADJ* ergonomisch

Eritrea [ˌerɪˈtreɪə] *s* Eritrea *n*

ERM ABK (= Exchange Rate Mechanism) Wechselkursmechanismus *m*

ermine [ˈɜːmɪn] *s* Hermelin *m*

erode [ɪˈrəʊd] *v/t* auswaschen; *fig Vertrauen etc* untergraben; *Autorität* unterminieren

erogenous [ɪˈrɒdʒənəs] *ADJ* erogen

erosion [ɪˈrəʊʒən] *s* Erosion f; *fig von Autorität* Unterminierung f

erotic *ADJ*, **erotically** [ɪˈrɒtɪk, -əlɪ] *ADV* erotisch **eroticism** [ɪˈrɒtɪsɪzəm] *s* Erotik f

err [ɜːr] *v/i* sich irren; **to err in one's judgement** sich in seinem Urteil irren; **it is better to err on the side of caution** man sollte im Zweifelsfall lieber zu vorsichtig sein

errand [ˈerənd] *s* (≈ *Einkauf*) Besorgung f; *für Nachricht* Botengang *m*; **to send sb on an ~** j-n auf Besorgungen/einen Botengang schicken

errant [ˈerənt] *ADJ Lebenswandel* sündig; *Ehemann etc* untreu

erratic [ɪˈrætɪk] *ADJ* unberechenbar; *Fortschritt, Rhythmus* ungleichmäßig; *Leistung* variabel; *Bewegung* unkontrolliert; **to be (very) ~** *Verkaufszahlen* (stark) schwanken; **~ mood swings** starke Stimmungsschwankungen *pl;* **his ~ driving** sein unberechenbarer Fahrstil

erroneous [ɪˈrəʊnɪəs] *ADJ* falsch; *Annahme* irrig **erroneously** [ɪˈrəʊnɪəslɪ] *ADV* fälschlicherweise

error [ˈerər] *s* **1** Fehler *m* **2** Irrtum *m*; **in ~** irrtümlicherweise; **to see the ~ of one's ways** seine Fehler einsehen **error message** *s* IT Fehlermeldung f

erudite [ˈerʊdaɪt] *ADJ* gelehrt **erudi-**

tion [ˌerʊˈdɪʃən] *s* Gelehrsamkeit f

erupt [ɪˈrʌpt] *v/i* ausbrechen; *fig* explodieren; **her face had ~ed in spots** sie hatte im ganzen Gesicht Pickel bekommen **eruption** [ɪˈrʌpʃən] *s* Ausbruch *m*

escalate [ˈeskəleɪt] **A** *v/t Krieg* ausweiten **B** *v/i* eskalieren; *Kosten* in die Höhe schnellen **escalation** [ˌeskəˈleɪʃən] *s* Eskalation f **escalator** [ˈeskəleɪtər] *s* Rolltreppe f

escalope [ɪˈskæləp] *s* Schnitzel *n*

escapade [ˌeskəˈpeɪd] *s* Eskapade f

★**escape** [ɪˈskeɪp] **A** *v/i* **1** fliehen (**from** aus), entkommen (**from** +*dat*); *aus Gefängnis etc* ausbrechen (**from** aus); *Wasser* auslaufen (**from** aus); *Gas* ausströmen (**from** aus); **an ~d prisoner/tiger** ein entflohener Häftling/entsprungener Tiger; **he ~d from the fire** er ist dem Feuer entkommen; **to ~ from poverty** der Armut entkommen **2** davonkommen **B** *v/t* **1** entkommen (+*dat*) **2** entgehen (+*dat*), entkommen (+*dat*); **no department will ~ these cuts** keine Abteilung wird von diesen Kürzungen verschont bleiben; **he narrowly ~d injury** er ist gerade noch unverletzt davongekommen; **he narrowly ~d being run over** er wäre um ein Haar überfahren worden; **but you can't ~ the fact that** ... aber du kannst nicht abstreiten, dass ... **3** *his name ~s me* sein Name ist mir entfallen; *nothing ~s him* ihm entgeht nichts **C** *s* **1** *aus Gefängnis etc* Ausbruch *m; aus Land* Flucht f (**from** aus); *fig* Flucht f (**from** vor +*dat*); **to make one's ~** ausbrechen; *fig* verschwinden; **to have a miraculous ~** auf wundersame Weise davonkommen; **there's no ~** *fig* es gibt keinen Ausweg **2** *von Gas* Ausströmen *n*; **due to an ~ of gas** aufgrund ausströmenden Gases **3** IT *hit ~* Escape drücken **escape attempt**, **escape bid** *s* Fluchtversuch *m* **escape chute** *s* Notrutsche f **escape clause** *s* JUR Rücktrittsklausel f **escape key** *s* COMPUT Escape-Taste f **escape route** *s* Fluchtweg *m* **escapism** [ɪˈskeɪpɪzəm] *s* Wirklichkeitsflucht f **escapist** [ɪˈskeɪpɪst] *ADJ* eskapistisch **escapologist** [ˌeskəˈpɒlədʒɪst] *s* Entfesselungskünstler(in) *m(f)*

eschew [ɪsˈtʃuː] *obs, liter v/t* scheuen, (ver)meiden

escort A ['eskɔːt] S 1 Geleitschutz m; Fahrzeuge Eskorte f; **under ~** unter Bewachung; **motorcycle ~** Motorradeskorte f 2 Begleiter m, Hostess f B [ɪ'skɔːt] V/T begleiten **escort agency** S Hostessenagentur f

e-signature ['iː,sɪɡnətʃə'] S elektronische Signatur

Eskimo ['eskɪməʊ] pej A ADJ Eskimo-, eskimoisch B S ⟨pl -s⟩ Eskimo m, Eskimofrau f

ESL ABK (= English as a Second Language) Englisch n als Zweit- oder Fremdsprache

ESL milk S ABK (= extended shelf life) ESL-Milch f

esophagus es US S → oesophagus

esoteric [,esəʊ'terɪk] ADJ esoterisch

esp. ABK (= especially) bes.

especial [ɪ'speʃəl] ADJ besondere(r, s)

★**especially** [ɪ'speʃəlɪ] ADV besonders; **not ~** nicht besonders; **(more) ~ as ...** vor allem, weil ...; **~ in summer** vor allem im Sommer; **why Jim ~?** warum gerade Jim? 2 eigens; **I came ~ to see you** ich bin eigens gekommen, um dich zu sehen; **to do sth ~ for sb/sth** etw speziell für j-n/etw tun

espionage [,espɪə'nɑːʒ] S Spionage f

esplanade [,esplə'neɪd] S (Strand)promenade f

espresso [e'spresəʊ] S ⟨pl -s⟩ (coffee) Espresso m

esquire [ɪ'skwaɪə'] Br S James Jones, Esq Herrn James Jones

essay ['eseɪ] S Essay m/n; bes SCHULE Aufsatz m

essence ['esəns] S 1 Wesen n; **in ~** im Wesentlichen; **time is of the ~** Zeit ist von entscheidender Bedeutung; **the novel captures the ~ of life in the city** der Roman fängt das Leben in der Stadt perfekt ein 2 CHEM, GASTR Essenz f **essential** [ɪ'senʃəl] A ADJ 1 unbedingt notwendig; Versorgungsgüter lebenswichtig; **it is ~ to act quickly** schnelles Handeln ist unbedingt erforderlich; **it is ~ that you understand this** du musst das unbedingt verstehen; **~ for good health** für die Gesundheit unerlässlich 2 wesentlich; Frage, Rolle entscheidend; **I don't doubt his ~ goodness** ich zweifle nicht an, dass er im Grunde ein guter Mensch ist B S **just bring**

the ~s bring nur das Allernotwendigste mit; **with only the bare ~s** nur mit dem Allernotwendigsten ausgestattet; **the ~s of German grammar** die Grundlagen pl der deutschen Grammatik **essentially** [ɪ'senʃəlɪ] ADV im Wesentlichen, im Grunde genommen

est.¹ ABK (= established) gegr.

est.² ABK (= estimated) geschätzt; Ankunftszeit voraussichtlich

★**establish** [ɪ'stæblɪʃ] A V/T 1 gründen; Beziehungen aufnehmen; Verbindungen anknüpfen; Frieden stiften; Ordnung (wieder) herstellen; Ruf sich (dat) verschaffen 2 beweisen; **we have ~ed that ...** wir haben bewiesen od gezeigt, dass ... 3 Identität, Fakten ermitteln B V/R sich etablieren; **he has now firmly ~ed himself in the company** er ist jetzt in der Firma fest etabliert **established** ADJ etabliert; **it's an ~ practice** od **custom** es ist allgemein üblich; **well ~ as sth** allgemein als etw anerkannt; **it's an ~ fact that ...** es steht fest, dass ...; **~ 1850** HANDEL etc gegründet 1850 **establishment** S 1 von Beziehungen etc Aufnahme f; von Firma Gründung f 2 Institution f; **commercial ~** kommerzielles Unternehmen 3 **the Establishment** das Establishment

estate [ɪ'steɪt] S 1 Gut n; **country ~** Landgut n; **family ~** Familienbesitz m 2 JUR Nachlass m; **to leave one's ~ to sb** j-m seinen ganzen Besitz vermachen od hinterlassen 3 bes Br Siedlung f **estate agency** S Immobilienbüro n **estate agent** Br S Immobilienmakler(in) m(f) **estate car** Br S Kombi (-wagen) m

esteem [ɪ'stiːm] A V/T j-n hoch schätzen B S Wertschätzung f; **to hold sb/sth in (high) ~** j-n/etw (hoch) schätzen; **to be held in great ~** sehr geschätzt werden; **he went down in my ~** er ist in meiner Achtung gesunken

estimable ['estɪməbl] ADJ schätzenswert

★**estimate** A ['estɪmɪt] S 1 Schätzung f; **it is just an ~** das ist nur geschätzt; **at a rough ~** grob geschätzt 2 HANDEL (Kosten)voranschlag m; **to get an ~** einen (Kosten)voranschlag einholen B ['estɪmeɪt] V/T schätzen; **~d price** Schätzpreis m; **~d value** Schätzwert m; **his wealth is ~d at ...** sein Vermögen wird auf ... geschätzt; **I ~ she must be 40** ich schätze sie auf 40 **estimation** [ˌestɪ-ˈmeɪʃən] $\underline{S}$ **1** Einschätzung *f* Achtung *f*; **he went up/down in my ~** er ist in meiner Achtung gestiegen/gesunken

Estonia [eˈstəʊnɪə] $\underline{S}$ Estland *n* **Estoni-an** $\boxed{A}$ $\underline{ADJ}$ estnisch $\boxed{B}$ $\underline{S}$ **1** Este *m*, Estin *f* **2** LING Estnisch *n*

estrange [ɪˈstreɪndʒ] $\underline{VT}$ **they are ~d** *Ehepaar* sie haben sich auseinandergelebt; **his ~d wife** seine von ihm getrennt lebende Frau

estrogen [ˈiːstrəʊdʒən] *US* $\underline{S}$ → oestrogen

estuary [ˈestjʊərɪ] $\underline{S}$ Mündung *f*

ET *US* $\underline{ABK}$ (= Eastern Time) Ostküstenzeit *f* (*minus sechs Stunden mitteleuropäischer Zeit*)

ETA $\underline{ABK}$ (= estimated time of arrival) voraussichtliche Ankunft

e-tailer [ˈiːteɪləʳ] $\underline{S}$ E-Tailer *m*, elektronischer Einzelhändler

etc. $\underline{ABK}$ (= et cetera) etc., usw. **et cet-era** [ɪtˈsetərə] $\underline{ADV}$ und so weiter, et cetera

etch [etʃ] $\boxed{A}$ $\underline{VI}$ ätzen, in Kupfer stechen; *in anderen Metallen* radieren $\boxed{B}$ $\underline{VT}$ ätzen, in Kupfer stechen; *in andere Metalle* radieren; **the event was ~ed on her mind** das Ereignis hatte sich ihr ins Gedächtnis eingegraben **etching** [ˈetʃɪŋ] $\underline{S}$ Ätzung *f*, Kupferstich *m*; *in anderen Metallen* Radierung *f*

eternal [ɪˈtɜːnl] $\underline{ADJ}$ **1** ewig **2** endlos **eternally** [ɪˈtɜːnəlɪ] $\underline{ADV}$ ewig; *optimistisch immer*; **to be ~ grateful (to sb/ for sth)** (j-m/für etw) ewig dankbar sein **eternity** [ɪˈtɜːnɪtɪ] $\underline{S}$ Ewigkeit *f*; REL das ewige Leben

ether [ˈiːθəʳ] $\underline{S}$ *poetisch, a.* CHEM Äther *m* **ethereal** [ɪˈθɪərɪəl] $\underline{ADJ}$ ätherisch

ethic [ˈeθɪk] $\underline{S}$ Ethik *f* **ethical** [ˈeθɪkəl] $\underline{ADJ}$ ethisch *attr*; *Philosophie* Moral-; **it is not ~ to ...** es ist unethisch, zu ... **ethically** [ˈeθɪkəlɪ] $\underline{ADV}$ ethisch, ethisch einwandfrei **ethics** [ˈeθɪks] $\underline{S}$ **1** Ethik *f* **2** Moral *f*

Ethiopia [ˌiːθɪˈəʊpɪə] $\underline{S}$ Äthiopien *n*

ethnic [ˈeθnɪk] $\underline{ADJ}$ **1** ethnisch; **~ group** Volksgruppe *f*; **~ minorities** ethnische Minderheiten *pl*; **~ violence** Rassenkrawalle *pl*; **~ Germans** Volksdeutsche *pl* **2** *Kleidung* folkloristisch; **~ music** Folklore *f* **ethnically** [ˈeθnɪklɪ] $\underline{ADV}$ ethnisch

ethnic cleansing *euph* $\underline{S}$ ethnische Säuberung

ethos [ˈiːθɒs] $\underline{S}$ Ethos *n*

e-ticket [ˈetɪket] $\underline{S}$ E-Ticket *n*

etiquette [ˈetɪket] $\underline{S}$ Etikette *f*

etymological $\underline{ADJ}$, **etymologically** [ˌetɪməˈlɒdʒɪkəl, -ɪ] $\underline{ADV}$ etymologisch **etymology** [ˌetɪˈmɒlədʒɪ] $\underline{S}$ Etymologie *f*

EU $\underline{ABK}$ (= European Union) EU *f* **EU accession** $\underline{S}$ EU-Beitritt *m*

eucalyptus [ˌjuːkəˈlɪptəs] $\underline{S}$ Eukalyptus *m*

Eucharist [ˈjuːkərɪst] $\underline{S}$ KIRCHE Abendmahlsgottesdienst *m*; **the ~** das (heilige) Abendmahl

EU citizenship $\underline{S}$ Unionsbürgerschaft *f*, EU-Bürgerschaft *f*

eulogy [ˈjuːlədʒɪ] $\underline{S}$ Lobesrede *f*

eunuch [ˈjuːnək] $\underline{S}$ Eunuch *m*

euphemism [ˈjuːfəmɪzəm] $\underline{S}$ **1** Euphemismus *m* **2** LIT *Beschönigung: Umschreibung eines tabuisierten oder anstößigen Wortes* **euphemistic** [ˌjuːfə-ˈmɪstɪk] $\underline{ADJ}$ euphemistisch **euphemistically** [ˌjuːfəˈmɪstɪkəlɪ] $\underline{ADV}$ euphemistisch, verhüllend; **to be ~ described/ known as ...** beschönigend als ... bezeichnet werden/bekannt sein

euphoria [juːˈfɔːrɪə] $\underline{S}$ Euphorie *f* **euphoric** [juːˈfɒrɪk] $\underline{ADJ}$ euphorisch

Eurasian [jʊəˈreɪʃn] $\boxed{A}$ $\underline{ADJ}$ eurasisch $\boxed{B}$ $\underline{S}$ Eurasier(in) *m(f)*

euro [ˈjʊərəʊ] $\underline{S}$ ⟨*pl* -s⟩ Euro *m*; **5 ~s** 5 Euro **eurocentric** $\underline{ADJ}$ eurozentrisch **Eurocheque** [ˈjʊərəʊtʃek] $\underline{S}$, **Euro-check** *US* $\underline{S}$ Eurocheque *m* **Eurocrat** [ˈjʊərəʊkræt] $\underline{S}$ Eurokrat(in) *m(f)* **Euro MP** *umg* $\underline{S}$ Europaabgeordnete(r) *m(f)*

★**Europe** [ˈjʊərəp] $\underline{S}$ Europa *n*

★**European** [ˌjʊərəˈpiːən] $\boxed{A}$ $\underline{ADJ}$ europäisch $\boxed{B}$ $\underline{S}$ Europäer(in) *m(f)* **European Central Bank** $\underline{S}$ Europäische Zentralbank **European Commission** $\underline{S}$ Europäische Kommission **European Community** $\underline{S}$ Europäische Gemeinschaft **European Convention** $\underline{S}$ EU-Konvent *m* **European Council** $\underline{S}$ Europäischer Rat **European Court of Justice** $\underline{S}$ Europäischer Gerichtshof **European Economic Community** $\underline{S}$ Europäische Wirtschaftsgemeinschaft **European elections** $\underline{PL}$ Europawahlen *pl* **European Investment Bank**

S̲ Europäische Investitionsbank **European Monetary System** S̲ Europäisches Währungssystem **European Monetary Union** S̲ Europäische Währungsunion **European Parliament** S̲ Europäisches Parlament ★**European Union** S̲ Europäische Union

Euro-sceptic [ˈjʊərəʊˌskɛptɪk] S̲ Euroskeptiker(in) m/f(x) **euro zone** S̲ Eurozone f

euthanasia [ˌjuːθəˈneɪzɪə] S̲ Euthanasie f

EU-wide ADJ, ADV EU-weit

evacuate [ɪˈvækjʊeɪt] V̲T̲ räumen; *Bevölkerung* evakuieren (**from** aus *od* **to** nach) **evacuation** [ɪˌvækjʊˈeɪʃən] S̲ Räumung f; *von Bevölkerung* Evakuierung f **evacuee** [ɪˌvækjʊˈiː] S̲ Evakuierte(r) m/f(x)

evade [ɪˈveɪd] V̲T̲ ausweichen (+dat); *Verfolgern* entkommen (+dat); *Festnahme* sich entziehen (+dat); **to ~ taxes** Steuern hinterziehen

evaluate [ɪˈvæljʊeɪt] V̲T̲ *Immobilie, Wert* schätzen (**at** auf +akk); *Schaden* festsetzen (**at** auf +akk); *Chancen, Leistung* beurteilen; *Beweise, Resultate* auswerten **evaluation** [ɪˌvæljʊˈeɪʃən] S̲ *von Immobilie, Wert* Schätzung f; *von Chancen, Leistung* Beurteilung f; *von Beweisen, Resultaten* Auswertung f

evangelic(al) [ˌiːvænˈdʒɛlɪk(əl)] ADJ evangelikal **evangelist** [ɪˈvændʒəlɪst] S̲ Prediger(in) m/f(x)

evaporate [ɪˈvæpəreɪt] V̲I̲ **1** *Flüssigkeit* verdunsten **2** *fig* sich in Luft auflösen; *Hoffnungen* sich zerschlagen **evaporated milk** [ɪˈvæpəreɪtɪdˈmɪlk] S̲ Kondensmilch f

evasion [ɪˈveɪʒən] S̲ Ausweichen n (**of** vor +dat); *von Steuern* Hinterziehung f **evasive** [ɪˈveɪsɪv] ADJ ausweichend; **they were ~ about it** sie redeten drum herum; **to take ~ action** ein Ausweichmanöver machen **evasively** [ɪˈveɪsɪvlɪ] ADV ausweichend

eve [iːv] S̲ Vorabend m; **on the eve of** am Vorabend von *od +gen*

★**even** [ˈiːvən] **A** ADJ **1** *Oberfläche* eben **2** gleichmäßig **3** *Mengen, Werte* gleich; **they are an ~ match** sie sind einander ebenbürtig; **I will get ~ with you for that** das werde ich dir heimzahlen; **that makes us ~** *fig* damit sind wir quitt; **he**

has an ~ chance of winning seine Gewinnchancen stehen fifty-fifty *umg*; **to break ~** die Kosten decken **4** *Zahl* gerade **B** ADV **1** sogar, selbst; **it'll be difficult, impossible ~** das wird schwierig sein, wenn nicht (so)gar unmöglich **2** *mit Komparativ* sogar noch; **that's ~ better** das ist sogar (noch) besser **3** **not ~** nicht einmal; **without ~ a smile** ohne auch nur zu lächeln **4** **~ if** selbst wenn; **~ though** obwohl; **but ~ then** aber sogar dann; **~ so** (aber) trotzdem ♦**even out A** V̲I̲ *Preise* sich einpendeln **B** V̲T̲ ⟨*trennb*⟩ **that should even things up a bit** dadurch müsste ein gewisser Ausgleich erzielt werden ♦**even up A** V̲T̲ ⟨*trennb*⟩ **that will even things up** das wird die Sache etwas ausgleichen **B** V̲I̲ **can we even up later?** können wir später abrechnen?

even-handed ADJ, **even-handedly** [ˌiːvnˈhændɪd, -lɪ] ADV gerecht, fair

★**evening** [ˈiːvnɪŋ] S̲ Abend m; **in the ~** abends, am Abend; **good ~** guten Abend!; **this/tomorrow/yesterday ~** heute/morgen/gestern Abend; **that ~** an jenem Abend; **on the ~ of the twenty-ninth** am Abend des 29.; **one ~ as I ...** eines Abends, als ich ...; **every Monday ~** jeden Montagabend; **all ~** den ganzen Abend (lang) **evening class** S̲ Abendkurs m; **to go to** *od* **take ~es** *od* **an ~ in French** einen Abendkurs in Französisch besuchen **evening dress** S̲ Abendanzug m, Abendkleid n **evening gown** S̲ Abendkleid n **evening paper** S̲ Abendzeitung f **evening wear** S̲ Abendkleidung f

evenly [ˈiːvənlɪ] ADV gleichmäßig; *teilen* in gleiche Teile; **the contestants were ~ matched** die Gegner waren einander ebenbürtig; **your weight should be ~ balanced (between your two feet)** Sie sollten Ihr Gewicht gleichmäßig (auf beide Füße) verteilen; **public opinion seems to be ~ divided** die öffentliche Meinung scheint zu zwei gleich große Lager gespalten zu sein **evenness** S̲ *von Boden* Ebenheit f

evensong [ˈiːvənsɒŋ] S̲ Abendgottesdienst m

★**event** [ɪˈvɛnt] S̲ **1** Ereignis n; **in the normal course of ~s** normalerweise **2** Veranstaltung f; SPORT Wettkampf m **3** in

the ~ of her death im Falle ihres Todes; in the ~ of fire im Brandfall; in the unlikely ~ that … falls, was sehr unwahrscheinlich ist, …; in any ~ I can't give you my permission ich kann dir jedenfalls nicht meine Erlaubnis geben; at all ~s auf jeden Fall **eventful** [ɪ'ventfʊl] ADJ ereignisreich **event management** 𝑆̅ Eventmanagement *n*
eventual [ɪ'ventʃʊəl] ADJ he predicted the ~ fall of the government er hat vorausgesagt, dass die Regierung am Ende *od* schließlich zu Fall kommen würde; the ~ success of the project is not in doubt es besteht kein Zweifel, dass das Vorhaben letzten Endes Erfolg haben wird; he lost to the ~ winner er verlor gegen den späteren Gewinner **eventuality** [ɪˌventʃʊ'ælɪtɪ] 𝑆̅ Eventualität *f*; be ready for any ~ sei auf alle Eventualitäten gefasst **eventually** [ɪ'ventʃʊəlɪ] ADV schließlich; (≈ *irgendwann*) eines Tages; (≈ *längerfristig*) auf lange Sicht
ever ['evə'] ADV 🔢 je(mals); not ~ nie; nothing ~ happens es passiert nie etwas; it hardly ~ snows here hier schneit es kaum (jemals); if I ~ catch you doing that again wenn ich dich noch einmal dabei erwische; seldom, if ~ selten, wenn überhaupt; he's a rascal if ~ there was one er ist ein richtig gehender kleiner Halunke; don't you ~ say that again! sag das ja nie mehr!; have you ~ been to Glasgow? bist du schon einmal in Glasgow gewesen?; did you ~ see *od* have you ~ seen anything so strange? hast du schon jemals so etwas Merkwürdiges gesehen?; more beautiful than ~ (before) schöner denn je (zuvor); the first … ~ der *etc* allererste …; I'll never, ~ forgive myself das werde ich mir nie im Leben verzeihen 🔢 ~ since I was a boy seit ich ein Junge war; ~ since I have lived here … seitdem ich hier lebe …; ~ since (then) seitdem; for ~ für immer; it seemed to go on for ~ es schien ewig zu dauern; ~ increasing power ständig wachsende Macht; an ~ present feeling ein ständiges Gefühl; all she ~ does is complain sie tut nichts anderes als sich ständig zu beschweren 🔢 she's the best grandmother ~ sie ist die bes-

te Großmutter, die es gibt; why ~ not? warum denn bloß nicht? 🔢 *umg* ~ so/ such unheimlich; ~ so slightly drunk ein ganz klein wenig betrunken; he's ~ such a nice man er ist ein ungemein netter Mensch; I am ~ so sorry es tut mir schrecklich leid; thank you ~ so much ganz herzlichen Dank
Everest ['evərest] 𝑆̅ (Mount) ~ der (Mount) Everest
evergreen ['evəgriːn] 🄰 ADJ immergrün 🄱 𝑆̅ Nadelbaum *m* **everlasting** [ˌevə'lɑːstɪŋ] ADJ ewig; to his ~ shame zu seiner ewigen Schande **evermore** [ˌevə'mɔːʳ] *liter* ADV auf immer und ewig; for ~ in alle Ewigkeit
★**every** ['evrɪ] ADJ 🔢 jede(r, s); you must examine ~ one Sie müssen jeden (Einzelnen) untersuchen; ~ man for himself jeder für sich; in ~ way in jeder Hinsicht; he is ~ bit as clever as his brother er ist ganz genauso schlau wie sein Bruder; ~ single time I … immer wenn ich …; ~ fifth day, ~ five days alle fünf Tage; ~ other jede(r, s) zweite; one in ~ twenty people jeder zwanzigste Mensch; ~ so often, ~ once in a while, ~ now and then *od* again ab und zu; his ~ word jedes Wort, das er sagte 🔢 I have ~ confidence in him ich habe volles Vertrauen zu ihm; I have/there is ~ hope that … ich habe allen Grund/es besteht aller Grund zu der Hoffnung, dass …; there was ~ prospect of success es bestand alle Aussicht auf Erfolg
★**everybody** ['evrɪbɒdɪ] PRON jeder (-mann), alle *pl*; ~ has finished alle sind fertig; it's not ~ who can afford a big house nicht jeder kann sich (*dat*) ein großes Haus leisten

Das Possessivpronomen nach somebody und everybody

Steht nach **somebody** oder **everybody** ein Possessivpronomen, dann meist das geschlechtsneutrale **their**, um das umständliche **his or her** zu vermeiden:

Everybody is entitled to their own opinion.

Everybody should do their best to conserve energy.

everyday ['evrɪdeɪ] ADJ (all)täglich; ~ clothes Alltagskleidung f; to be an ~ occurrence (all)täglich vorkommen; for ~ use für den täglichen Gebrauch; ~ life der Alltag, das Alltagsleben

★everyone ['evrɪwʌn] PRON → everybody

★everything ['evrɪθɪŋ] S alles; ~ possible alles Mögliche; ~ you have alles, was du hast; is ~ all right? ist alles in Ordnung?; money isn't ~ Geld ist nicht alles

★everywhere ['evrɪweəʳ] ADV überall, überallhin; from ~ von überallher; ~ you look there's a mistake wo man auch hinsieht, findet man Fehler

evict [ɪ'vɪkt] VT zur Räumung zwingen (from +gen); they were ~ed sie wurden zum Verlassen ihrer Wohnung / ihres Hauses gezwungen eviction [ɪ'vɪkʃən] S Ausweisung f eviction order S Räumungsbefehl m

evidence ['evɪdəns] S ⟨kein pl⟩ ◫ Beweis m, Beweise pl; there is no ~ that ... es deutet nichts darauf hin, dass ... ◩ JUR Beweismaterial n, Beweisstück n; von Zeuge Aussage f; we haven't got any ~ wir haben keinerlei Beweise; for lack of ~ aus Mangel an Beweisen; all the ~ was against him alles was sprach gegen ihn; to give ~ aussagen ◪ to be in ~ sichtbar sein evident ADJ, evidently ['evɪdənt, -lɪ] ADV offensichtlich

evil ['iːvl] A S ◫ Böse(s) n ◩ Übel n; the lesser/greater of two ~s das kleinere/ größere Übel B ADJ böse; Einfluss, Ruf schlecht; Ort verhext; ~ deed Übeltat f; with ~ intent mit od aus böser Absicht

evocative [ɪ'vɒkətɪv] ADJ atmosphärisch; to be ~ of sth etw heraufbeschwören evoke [ɪ'vəʊk] VT heraufbeschwören; Reaktion hervorrufen

evolution [,iːvə'luːʃən] S Evolution f evolutionary [,iːvə'luːʃnərɪ] ADJ evolutionär; ~ theory Evolutionstheorie f evolve [ɪ'vɒlv] A VT entwickeln B VI sich entwickeln

ewe [juː] S Mutterschaf n

ex [eks] umg S Verflossene(r) m/f(m) umg ex- [eks-] PRÄF ehemalig, Ex-; ex-wife Exfrau f

exacerbate ['ek'sæsəbeɪt] VT verschlimmern; Situation a. verschärfen

exact [ɪg'zækt] A ADJ genau; to be ~ about sth etw darlegen; do you have the ~ amount? haben Sie es passend?; until this ~ moment bis genau zu diesem Augenblick; the ~ same thing genau das Gleiche; he's 47 to be ~ er ist 47, um genau zu sein B VT form Geld, Rache fordern; Zahlung eintreiben exacting [ɪg'zæktɪŋ] ADJ Mensch, Arbeit anspruchsvoll; Niveau hoch exactly [ɪg'zæktlɪ] ADV genau; I wanted to know ~ where my mother was buried ich wollte genau wissen, wo meine Mutter begraben war; that's ~ what I was thinking genau das habe ich auch gedacht; at ~ five o'clock um Punkt fünf Uhr; at ~ 9.43 a. m./the right time genau um 9.43 Uhr/zur richtigen Zeit; I want to get things ~ right ich will es ganz richtig machen; that's not ~ true das stimmt nicht ganz; who ~ will be in charge? wer wird eigentlich die Verantwortung haben?; you mean we are stuck? — ~ wir sitzen also fest? — stimmt genau; is she sick? — not ~ ist sie krank? — eigentlich nicht; not ~ iron nicht gerade exactness [ɪg'zæktnɪs] S Genauigkeit f

exaggerate [ɪg'zædʒəreɪt] A VT ◫ übertreiben; he ~d what really happened er hat das, was wirklich geschehen war, übertrieben dargestellt ◩ Wirkung verstärken B VI übertreiben exaggerated ADJ übertrieben exaggeration [ɪg,zædʒə'reɪʃən] S Übertreibung f; a bit of an ~ leicht übertrieben

exaltation [,egzɔːl'teɪʃən] S Begeisterung f exalted [ɪg'zɔːltɪd] ADJ Position hoch

★exam [ɪg'zæm] S Prüfung f examination [ɪg,zæmɪ'neɪʃən] S ◫ SCHULE, UNIV etc Prüfung f; geography ~ Geografieprüfung f ◩ Untersuchung f; von Maschine, Örtlichkeit, Pass Kontrolle f; the matter is still under ~ die Angelegenheit wird noch geprüft od untersucht; she underwent a thorough ~ sie wurde gründlich untersucht ◪ JUR von Zeuge Verhör n; von Fall, Papieren Untersuchung f examine [ɪg'zæmɪn] VT ◫ untersuchen (for auf +akk); Papiere etc prüfen (for auf +akk); Maschine, Pass, Gepäck kontrollieren; you need (to have) your head ~d umg du solltest dich mal auf

E.

deinen Geisteszustand untersuchen lassen [2] *Schüler, Kandidat* prüfen (**in** in *+dat od* **on** über *+akk*) [3] JUR *Zeuge* verhören **examinee** [ɪɡˌzæmɪˈniː] [S] Prüfling *m*, (Examens)kandidat(in) *m(f)* **examiner** [ɪɡˈzæmɪnəʳ] [S] SCHULE, UNIV Prüfer(in) *m(f)*

E

★**example** [ɪɡˈzɑːmpl] [S] Beispiel *n*; **for ~** zum Beispiel; **to set a good ~** ein gutes Beispiel geben; **to follow sb's ~** j-s Beispiel *dat* folgen; **to take sth as an ~** sich (*dat*) an etw ein Beispiel nehmen; **to make an ~ of sb** an j-m ein Exempel statuieren

exasperate [ɪɡˈzɑːspəreɪt] [V/T] zur Verzweiflung bringen; **to become** *od* **get ~d** verzweifeln (**with** an *+dat*) **exasperating** [ɪɡˈzɑːspəreɪtɪŋ] [ADJ] ärgerlich; *Verzögerung, Arbeit* leidig *attr*; *Mensch* nervig *umg*; **it's so ~ not to be able to buy a newspaper** es ist wirklich zum Verzweifeln, dass man keine Zeitung bekommen kann **exasperation** [ɪɡˌzɑːspəˈreɪʃən] [S] Verzweiflung *f* (**with** über *+akk*)

excavate [ˈekskəveɪt] [V/T] *Erdreich* ausschachten, ausbaggern; *Archäologie*: *Gelände* Ausgrabungen machen auf (*+dat*) **excavation** [ˌekskəˈveɪʃən] [S] [1] *Archäologie* (Aus)grabung *f*; **~s** (≈ *Gelände*) Ausgrabungsstätte *f* [2] *von Tunnel etc* Graben *n* **excavator** [ˈekskəveɪtəʳ] [S] Bagger *m*

exceed [ɪkˈsiːd] [V/T] [1] übersteigen (**by** um); **to ~ 5 kilos in weight** das Gewicht von 5 kg übersteigen; **a fine not ~ing £500** eine Geldstrafe bis zu £ 500 [2] hinausgehen über (*+akk*); *Erwartungen* übertreffen; *Grenzen, Befugnisse* überschreiten **exceedingly** [ɪkˈsiːdɪŋlɪ] [ADV] ⟨*+adj, adv*⟩ äußerst

excel [ɪkˈsel] [A] [V/I] sich auszeichnen [B] [V/T] **to ~ oneself** *oft iron* sich selbst übertreffen **excellence** [ˈeksələns] [S] hervorragende Qualität; **academic ~** höchste wissenschaftliche Qualität **Excellency** [ˈeksələnsɪ] [S] **Your/His ~** Eure/Seine Exzellenz

★**excellent** [ADJ], **excellently** [ˈeksələnt, -lɪ] [ADV] hervorragend, ausgezeichnet

★**except** [ɪkˈsept] [A] [PRÄP] **~ (for)** (≈ *ausgenommen*) außer (*+dat*); **what can they do ~ wait?** was können sie (anders) tun als warten?; **~ for** (≈ *ungeachtet dessen*) abgesehen von; **~ that ...** außer dass ...; **~ for the fact that** abgesehen davon, dass ...; **~ if** es sei denn(, dass); **~ when** außer wenn [B] [KONJ] doch [C] [V/T] ausnehmen **excepting** [ɪkˈseptɪŋ] [PRÄP] außer; **not ~ X** X nicht ausgenommen

★**exception** [ɪkˈsepʃən] [S] [1] Ausnahme *f*; **to make an ~** eine Ausnahme machen; **with the ~ of** mit Ausnahme von; **this case is an ~ to the rule** dieser Fall ist eine Ausnahme; **the ~ proves the rule** *sprichw* Ausnahmen bestätigen die Regel *sprichw*; **sb/sth is no ~** j-d/etw ist keine Ausnahme [2] **to take ~ to sth** Anstoß *m* an etw (*dat*) nehmen **exceptional** [ɪkˈsepʃənl] [ADJ] außergewöhnlich; **of ~ quality** außergewöhnlich gut; **~ case** Ausnahmefall *m*; **in ~ cases, in** *od* **under ~ circumstances** in Ausnahmefällen **exceptionally** [ɪkˈsepʃənəlɪ] [ADV] außergewöhnlich

excerpt [ˈeksɜːp] [S] Auszug *m*

excess [ɪkˈses] [A] [S] [1] Übermaß *n* (**of** an *+dat*); **to drink to ~** übermäßig trinken; **he does everything to ~** er übertreibt bei allem; **to be in ~ of** hinausgehen über (*+akk*); **a figure in ~ of ...** eine Zahl über (*+dat*) ... [2] **~es** *pl* Exzesse *pl*, Ausschweifungen *pl* [3] Überschuss *m* [B] [ADJ] überschüssig; **~ fat** Fettpolster *n* **excess baggage** [S] Übergewicht *n* **excess fare** [S] Nachlösegebühr *f* **excessive** [ɪkˈsesɪv] [ADJ] übermäßig; *Preise, Geschwindigkeit* überhöht; *Forderungen* übertrieben; **~ amounts of** übermäßig viel; **~ drinking** übermäßiger Alkoholgenuss **excessively** [ɪkˈsesɪvlɪ] [ADV] *mit Verb* übermäßig; *trinken a.* zu viel; *mit Adjektiv* allzu **excess weight** [S] Übergewicht *n*

★**exchange** [ɪksˈtʃeɪndʒ] [A] [V/T] tauschen; *Geld* wechseln (**for** in *+akk*); *Informationen, Meinungen, Telefonnummern* austauschen; **to ~ words** einen Wortwechsel haben; **to ~ letters** einen Briefwechsel führen; **to ~ greetings** sich grüßen; **to ~ insults** sich gegenseitig beleidigen; **to ~ one thing for another** eine Sache gegen eine andere austauschen; *in Laden* eine Sache gegen eine andere umtauschen [B] [S] [1] *von Gefangenen, Meinungen* Austausch *m*; *von Gekauftem* Umtausch *m*; **in ~** dafür; **in ~ for mon-**

ey gegen Geld; **in ~ for lending me your car** dafür, dass Sie mir Ihr Auto geliehen haben **2** BÖRSE Börse f **3** (**telephone**) **~ Fernamt** n **exchange rate** $\overline{S}$ Wechselkurs m **exchange student** $\overline{S}$ Austauschstudent(in) m(f); *bes US* SCHULE Austauschschüler(in) m(f)

exchequer [ɪksˈtʃekəʳ] $\overline{S}$ Finanzministerium n; **Chancellor of the Exchequer** Finanzminister(in) m(f)

excise duties [ˈeksaɪz-] *Br* $\overline{PL}$, **excise tax** *US* $\overline{S}$ Verbrauchssteuern pl

excitable [ɪkˈsaɪtəbl] $\overline{ADJ}$ leicht erregbar

excite [ɪkˈsaɪt] $\overline{VT}$ **1** aufregen, begeistern; **the whole village was ~d by the news** das ganze Dorf war über die Nachricht in Aufregung **2** *Leidenschaft etc* erregen; *Interesse, Neugier* wecken

★**excited** [ɪkˈsaɪtɪd] $\overline{ADJ}$ aufgeregt, erregt, begeistert; **to be ~ that...** begeistert darüber sein, dass ...; **to be ~ about sth** von etw begeistert sein; *bei Zukünftigem* sich auf etw *(akk)* freuen; **to become** *od* **get ~ (about sth)** sich (über etw *akk*) aufregen; **to get ~ sexuell** erregt werden; **it was nothing to get ~ about** es war nichts Besonderes **excitedly** [ɪkˈsaɪtɪdli] $\overline{ADV}$ aufgeregt **excitement** $\overline{S}$ Aufregung f; **there was great ~ when ...** es herrschte große Aufregung, als ...; **what's all the ~ about?** wozu die ganze Aufregung?; **his novel has caused great ~** sein Roman hat große Begeisterung ausgelöst

★**exciting** [ɪkˈsaɪtɪŋ] $\overline{ADJ}$ aufregend; *Spieler* sensationell; *Aussicht* reizvoll; *Krimi* spannend

excl $\overline{ABK}$ (= excluding) ohne
excl² $\overline{ABK}$ (= exclusive) exkl.

exclaim [ɪksˈkleɪm] **A** $\overline{VI}$ **he ~ed in surprise when he saw it** er schaute überrascht auf, als er es sah **B** $\overline{VT}$ ausrufen

exclamation [ˌekskləˈmeɪʃən] $\overline{S}$ Ausruf m **exclamation mark** $\overline{S}$, **exclamation point** *US* $\overline{S}$ Ausrufezeichen n, Rufzeichen n österr

exclude [ɪksˈkluːd] $\overline{VT}$ ausschließen; **to ~ sb from the team/an occupation** j-n aus der Mannschaft/von einer Beschäftigung ausschließen; **to ~ a child from school** ein Kind vom Schulunterricht ausschließen; **to ~ sb from doing sth** j-n davon ausschließen, etw zu tun **excluding** [ɪksˈkluːdɪŋ] $\overline{PREP}$ außer;

there are six of us ~ the children wir sind sechs ohne die Kinder; **£200 ~ VAT** *Br* £ 200 ohne Mehrwertsteuer; **everything ~ the house** alles ausgenommen das Haus **exclusion** [ɪksˈkluːʒən] $\overline{S}$ Ausschluss m (**from** von); **she thought about her job to the ~ of everything else** sie dachte ausschließlich an ihre Arbeit **exclusive** [ɪksˈkluːsɪv] **A** $\overline{ADJ}$ **1** exklusiv; *Gebrauch a.* alleinig; **~ interview** Exklusivinterview n; **~ offer** Exklusivangebot n; **~ rights to sth** Alleinrechte pl an etw *(dat)*; *Presse* Exklusivrechte pl an etw *(dat)* **2** *exklusive inv*; **they are mutually ~** sie schließen einander aus **B** $\overline{S}$ *Presse* Exklusivbericht m, Exklusivinterview n **exclusively** [ɪksˈkluːsɪvli] $\overline{ADV}$ ausschließlich; *Presse* exklusiv

excommunicate [ˌekskəˈmjuːnɪkeɪt] $\overline{VT}$ exkommunizieren

excrement [ˈekskrɪmənt] $\overline{S}$ Kot m **excrete** [ɪksˈkriːt] $\overline{VT}$ ausscheiden

excruciating [ɪksˈkruːʃieɪtɪŋ] $\overline{ADJ}$ unerträglich; *Anblick, Erfahrung* fürchterlich; **I was in ~ pain** ich hatte unerträgliche Schmerzen

excursion [ɪksˈkɜːʃən] $\overline{S}$ Ausflug m; **to go on an ~** einen Ausflug machen

excusable [ɪksˈkjuːzəbl] $\overline{ADJ}$ verzeihlich

★**excuse** **A** [ɪksˈkjuːz] $\overline{VT}$ **1** entschuldigen; **he ~d himself for being late** er entschuldigte sich, dass er zu spät kam **2** **to ~ sb** j-m verzeihen; **to ~ sb for having done sth** j-m verzeihen, dass er etw getan hat; **~ me for interrupting** entschuldigen Sie bitte die Störung; **★ ~ me!** Entschuldigung!, entschuldigen Sie bitte!; *empört* erlauben Sie mal! **3** **to ~ sb from (doing) sth** j-m etw erlassen; **you are ~d** *zu Kindern* ihr könnt gehen; **can I be ~d?** darf ich mal raus/verschwinden? *umg*; **and now if you will ~ me I have work to do** und nun entschuldigen Sie mich bitte, ich habe zu arbeiten **B** [ɪksˈkjuːs] $\overline{S}$ **1** Entschuldigung f; **they had no ~ for attacking him** sie hatten keinen Grund, ihn anzugreifen; **to give sth as an ~** etw zu seiner Entschuldigung vorbringen **2** Ausrede f; **to make ~s for sb/sth** j-n/etw entschuldigen; **I have a good ~ for not going** ich habe eine gute Ausrede, warum ich nicht hingehen kann; **he's only making ~s** er sucht nur nach einer Ausrede; **a good**

~ for a party ein guter Grund, eine Party zu feiern
ex-directory [ˌeksdaɪ'rektərɪ] *Br* ADJ **to be ~** nicht im Telefonbuch stehen
executable ['eksɪkjuːtəbl] ADJ **~ file** IT Programmdatei *f* **execute** ['eksɪkjuːt] VT [1] *Befehl, Bewegung* ausführen [2] *Verbrecher* hinrichten **execution** [ˌeksɪ'kjuːʃən] S [1] *von Pflichten* Erfüllung *f*; **in the ~ of his duties** bei der Ausübung seines Amtes [2] *als Strafe* Hinrichtung *f* **executioner** [ˌeksɪ'kjuːʃnəʳ] S Henker(in) *m(f)*
executive [ɪg'zekjʊtɪv] [A] S [1] Manager(in) *m(f)*; **senior ~** Geschäftsführer(in) *m(f)* [2] HANDEL, POL Vorstand *m*; **to be on the ~** Vorstandsmitglied sein [3] **the ~** POL *von Regierung* die Exekutive [B] ADJ [1] *Position* leitend; **~ power** Exekutivgewalt *f*; **~ decision** Managemententscheidung *f* [2] (≈ *Luxus*) für gehobene Ansprüche **executive board** S Vorstand *m* **executive committee** S Vorstand *m* **executor** [ɪg'zekjʊtəʳ] S Testamentsvollstrecker(in) *m(f)*
exemplary [ɪg'zemplərɪ] ADJ beispielhaft (**in sth** in etw *dat*) **exemplify** [ɪg'zemplɪfaɪ] VT veranschaulichen
exempt [ɪg'zem*p*t] [A] ADJ befreit (**from** von); **diplomats are ~** Diplomaten sind ausgenommen [B] VT befreien; **to ~ sb from doing sth** j-n davon befreien, etw zu tun; **to ~ sth from a ban** etw von einem Verbot ausnehmen **exemption** [ɪg'zem*p*ʃən] S Befreiung *f*; **~ from taxes** Steuerfreiheit *f*
★**exercise** ['eksəsaɪz] [A] S [1] Übung *f*; **to do one's ~s in the morning** Morgengymnastik machen; **to go on ~s** MIL eine Übung machen [2] ⟨*kein pl*⟩ Bewegung *f*; **physical ~** (körperliche) Bewegung [3] **it was a pointless ~** es war völlig sinnlos; **it was a useful ~ in public relations** für die Public Relations war es nützlich [B] VT *Körper, Geist* trainieren; *Macht, Rechte* ausüben [C] VI **if you ~ regularly ...** wenn Sie regelmäßig Sport treiben ...; **you don't ~ enough** du hast zu wenig Bewegung **exercise bike** S Heimtrainer *m* **exercise book** S (Übungs)heft *n*
exert [ɪg'zɜːt] [A] VT *Druck, Macht* ausüben (**on** auf *+akk*); *Gewalt* anwenden [B] VR sich anstrengen **exertion** [ɪg'zɜːʃən] S Anstrengung *f*; **rugby requires strenuous physical ~** Rugby fordert unermüdlichen körperlichen Einsatz; **after the day's ~s** nach des Tages Mühen
exhale [eks'heɪl] VI ausatmen
exhaust [ɪg'zɔːst] [A] VT erschöpfen; **we have ~ed the subject** wir haben das Thema erschöpfend behandelt [B] S *bes Br* AUTO *etc* Auspuff *m* **exhausted** ADJ erschöpft; *Ersparnisse* aufgebraucht; **she was ~ from digging the garden** sie war erschöpft, weil sie den Garten umgegraben hatte; **his patience was ~** er war mit seiner Geduld am Ende **exhaust fumes** PL Auspuffgase *pl* **exhausting** [ɪg'zɔːstɪŋ] ADJ anstrengend **exhaustion** [ɪg'zɔːstʃən] S Erschöpfung *f* **exhaustive** [ɪg'zɔːstɪv] ADJ *Liste* vollständig; *Suche* gründlich **exhaust pipe** *bes Br* S Auspuffrohr *n*
exhibit [ɪg'zɪbɪt] [A] VT [1] *Gemälde etc* ausstellen [2] *Können* zeigen [B] VI ausstellen [C] S [1] Ausstellungsstück *n* [2] JUR Beweisstück *n*
★**exhibition** [ˌeksɪ'bɪʃən] S [1] *von Gemälden etc* Ausstellung *f* [2] **to make an ~ of oneself** ein Theater machen *umg* **exhibition centre** S, **exhibition center** *US* S Ausstellungszentrum *n*, Messegelände *n* **exhibition hall** S Ausstellungshalle *f*; *bei Messe* Messehalle *f* **exhibitionist** [ˌeksɪ'bɪʃənɪst] S Exhibitionist(in) *m(f)* **exhibition room** S Ausstellungsraum *m* **exhibition site** S Ausstellungsgelände *n*; *bei Messe* Messegelände *n* **exhibitor** [ɪg'zɪbɪtəʳ] S Aussteller(in) *m(f)*
exhilarated [ɪg'zɪləreɪtɪd] ADJ **to feel ~** in Hochstimmung sein **exhilarating** ADJ *Erlebnis* aufregend; *Gefühl* berauschend **exhilaration** [ɪgˌzɪlə'reɪʃən] S Hochgefühl *n*
exhort [ɪg'zɔːt] VT ermahnen
exhume [eks'hjuːm] VT exhumieren
exile ['eksaɪl] [A] S [1] Verbannte(r) *m/f(m)* [2] Verbannung *f*; **to go into ~** ins Exil gehen; **in ~** im Exil [B] VT verbannen (**from** aus)
★**exist** [ɪg'zɪst] VI existieren; **it doesn't ~** das gibt es nicht; **doubts still ~** noch bestehen Zweifel; **the understanding which ~s between the two countries** das Einvernehmen zwischen den beiden

Ländern; **the possibility ~s that ...** es besteht die Möglichkeit, dass ...; **she ~s on very little** sie kommt mit sehr wenig aus

★**existence** [ɪg'zɪstəns] [S] [1] Existenz *f*; **to be in ~** existieren, bestehen; **to come into ~** entstehen; **the only one in ~** der / die / das Einzige, den / die / das es gibt [2] Leben *n*; **means of ~** Lebensunterhalt *m* **existent** [ADJ] existent **existentialism** [,egzɪs'tenʃəlɪzəm] [S] Existenzialismus *m* **existing** [ɪg'zɪstɪŋ] [ADJ] bestehend; *Bedingungen* gegenwärtig

★**exit** ['eksɪt] [A] [S] [1] *von Bühne* Abgang *m*; *von Wettbewerb* Ausscheiden *n*; **to make an/one's ~** *von Bühne* abgehen; *aus Zimmer* hinausgehen [2] Ausgang *m*, Ausfahrt *f* [B] [V/I] hinausgehen; *von Bühne* abgehen; IT das Programm *etc* verlassen [C] [V/T] IT verlassen **exit permit** [S] Ausreiseerlaubnis *f*, Ausreisegenehmigung *f* **exit poll** [S] *bei Wahlen unmittelbar nach Verlassen der Wahllokale durchgeführte Umfrage* **exit visa** [S] Ausreisevisum *n*

exodus ['eksədəs] [S] *aus Land* Abwanderung *f*; BIBEL, *a. fig* Exodus *m*; **general ~** allgemeiner Aufbruch

exonerate [ɪg'zɒnəreɪt] [V/T] entlasten (**from** von)

exorbitant [ɪg'zɔːbɪtənt] [ADJ] überhöht **exorbitantly** [ɪg'zɔːbɪtəntlɪ] [ADV] **~ priced** *od* **expensive** maßlos teuer

exorcism ['eksɔːsɪzəm] [S] Exorzismus *m* **exorcize** ['eksɔːsaɪz] [V/T] exorzieren

exotic [ɪg'zɒtɪk] [ADJ] exotisch; **~ dancer** exotischer Tänzer, exotische Tänzerin; **~ holiday** *Br*, **~ vacation** *US* Urlaub *m* in exotischen Ländern

expand [ɪk'spænd] [A] [V/T] ausdehnen, erweitern [B] [V/I] CHEM, PHYS sich ausdehnen; *Wirtschaft* wachsen; *Produktion* zunehmen; *Horizonte* sich erweitern; **we want to ~** wir wollen expandieren *od* (uns) vergrößern; **the market is ~ing** der Markt wächst ♦**expand (up)on** [V/T] *Thema* weiter ausführen

expanse [ɪk'spæns] [S] Fläche *f*; *von Meer etc* Weite *f kein pl*; **a vast ~ of grass** eine riesige Grasfläche; **an ~ of woodland** ein Waldgebiet *n* **expansion** [ɪk'spænʃən] [S] Ausdehnung *f*; *von Produktion a.* Erweiterung *f*; *von Wirtschaft* Expansion *f* **expansion board** [S] COMPUT Erweiterungsplatine *f* **expansion card** [S] COMPUT Erweiterungskarte *f* **expansion slot** [S] COMPUT Erweiterungssteckplatz *m* **expansive** [ɪk'spænsɪv] [ADJ] *Mensch* mitteilsam; **to be in an ~ mood** in gesprächiger Stimmung sein

expat ['eks,pæt] [S & ADJ] → expatriate **expatriate** [eks'pætrɪət] [A] [S] im Ausland Lebende(r) *m/f(m)*; **British ~s** im Ausland lebende Briten [B] [ADJ] im Ausland lebend; **~ community** Ausländergemeinde *f*

★**expect** [ɪk'spekt] [A] [V/T] [1] erwarten, rechnen mit; **that was to be ~ed** das war zu erwarten; **I know what to ~** ich weiß, was mich erwartet; **I ~ed as much** das habe ich erwartet; **he failed as (we had) ~ed** er fiel, wie erwartet, durch; **to ~ to do sth** erwarten *od* damit rechnen, etw zu tun; **it is hardly to be ~ed that ...** es ist kaum zu erwarten *od* damit zu rechnen, dass ...; **the talks are ~ed to last two days** die Gespräche sollen zwei Tage dauern; **she is ~ed to resign tomorrow** es wird erwartet, dass sie morgen zurücktritt; **you can't ~ me to agree to that!** Sie erwarten doch wohl nicht, dass ich dem zustimme!; **to ~ sth of** *od* **from sb** etw von j-m erwarten; **to ~ sb to do sth** erwarten, dass j-d etw tut; **what do you ~ me to do about it?** was soll ich da tun?; **are we ~ed to tip the waiter?** müssen wir dem Kellner Trinkgeld geben?; **I will be ~ing you tomorrow** ich erwarte dich morgen; **we'll ~ you when we see you** *umg* wenn ihr kommt, dann kommt ihr *umg* [2] glauben; **yes, I ~ so** ja, ich glaube schon; **no, I ~ not** nein, ich glaube nicht; **I ~ it will rain** es wird wohl regnen; **I ~ you're tired** Sie werden sicher müde sein; **I ~ he turned it down** ich nehme an, er hat abgelehnt [B] [V/I] **she's ~ing** sie erwartet ein Kind **expectancy** [ɪk'spektənsɪ] [S] Erwartung *f* **expectant** [ɪk'spektənt] [ADJ] erwartungsvoll; **~ mother** werdende Mutter **expectantly** [ɪk'spektəntlɪ] [ADV] erwartungsvoll; *warten* gespannt **expectation** [,ekspek'teɪʃən] [S] Erwartung *f*; **against all ~(s)** wider Erwarten; **to exceed all ~(s)** alle Erwartungen übertreffen **expected** [ADJ] erwartet

expedient [ɪk'spiːdɪənt] [ADJ] zweckdienlich, ratsam

expedite [ˈekspɪdaɪt] _V/T_ beschleunigen

expedition [ˌekspɪˈdɪʃən] _S_ Expedition f; **shopping ~** Einkaufstour f; **to go on an ~ auf (eine)** Expedition gehen; **to go on a shopping ~** eine Einkaufstour machen

expel [ɪkˈspel] _V/T_ **1** _aus Land_ ausweisen, ausschaffen _schweiz_; _von Schule_ verweisen (**from** von _od +gen_) **2** _Gas, Flüssigkeit_ ausstoßen

expend [ɪkˈspend] _V/T_ verwenden (**on** _auf +akk od_ **on doing sth** darauf, etw zu tun)

expendable [ɪkˈspendəbl] _form_ _ADJ_ entbehrlich **expenditure** [ɪkˈspendɪtʃər] _S_ Ausgaben _pl_ **expense** [ɪkˈspens] _S_ **1** Kosten _pl_; **at my ~** auf meine Kosten; **at great ~** mit hohen Kosten; **they went to the ~ of installing a lift** sie gaben viel Geld dafür aus, einen Lift einzubauen; **at sb's ~**, **at the ~ of sb** auf js Kosten (_akk_) **2** _Geschäftsreise_ **~s** Spesen _pl_ **expense account** _S_ Spesenkonto _n_ **expenses-paid** _ADJ_ **expenses-paid holiday** _Br_ ein Gratisurlaub _m_

★**expensive** [ɪkˈspensɪv] _ADJ_ teuer; **they were too ~ for most people** die meisten Leute konnten sich sie nicht leisten **expensively** [ɪkˈspensɪvlɪ] _ADV_ teuer

★**experience** [ɪkˈspɪərɪəns] _A_ _S_ **1** Erfahrung f; **to know sth from ~** etw aus Erfahrung wissen; **to speak from ~** aus eigener Erfahrung sprechen; **he has no ~ of living in the country** er kennt das Landleben nicht; **I gained a lot of useful ~** ich habe viele nützliche Erfahrungen gemacht; **have you had any ~ of driving a bus?** haben Sie Erfahrung im Busfahren?; **~ in a job/in business** Berufs-/Geschäftserfahrung f; **to have a lot of teaching ~** große Erfahrung als Lehrer(in) haben; **he is working in a factory to gain ~** er arbeitet in einer Fabrik, um praktische Erfahrungen zu sammeln **2** Erlebnis _n_; **I had a nasty ~** mir ist etwas Unangenehmes passiert; **it was a new ~ for me** es war völlig neu für mich _B_ _V/T_ **1** _Schmerz, Hunger_ erfahren, erleben; _schwere Zeiten_ durchmachen; _Probleme_ haben **2** fühlen **experienced** _ADJ_ erfahren; **we need someone more ~** wir brauchen jemanden, der mehr Erfahrung hat; **to be ~ in sth** in etw (_dat_) Erfahrung haben

★**experiment** [ɪkˈsperɪmənt] _A_ _S_ Versuch

_m_; **to do an ~** einen Versuch machen; **as an ~** versuchsweise _B_ _V/I_ experimentieren (**on, with** mit) **experimental** [ɪkˌsperɪˈmentl] _ADJ_ experimentell; **to be at an od in the ~ stage** sich im Versuchsstadium befinden **experimentation** [ɪkˌsperɪmenˈteɪʃən] _S_ Experimentieren _n_

★**expert** [ˈekspɜːt] _A_ _S_ Experte _m_, Expertin f, Fachmann _m_, Fachfrau f; _JUR_ Sachverständige(r) _m/f(m)_; **he is an ~ on the subject** er ist Fachmann auf diesem Gebiet _B_ _ADJ_ **1** _Fahrer etc_ meisterhaft; **to be ~ at doing sth** es hervorragend verstehen, etw zu tun **2** _Rat, Hilfe_ fachmännisch; **an ~ opinion** ein Gutachten _n_ **expertise** [ˌekspɜːˈtiːz] _S_ Sachverstand _m_ (**in** _in +dat od auf dem Gebiet +gen_) **expertly** [ˈekspɜːtlɪ] _ADV_ meisterhaft; _fahren_ geschickt **expert witness** _S_ Sachverständige(r) _m/f(m)_

expiration date [ˌekspəˈreɪʃndeɪt] _US_ _S_ Verfallsdatum _n_ **expire** [ɪkˈspaɪər] _V/I_ _Pacht, Pass_ ablaufen **expiry** [ɪkˈspaɪərɪ] _S_ Ablauf _m_; **~ date** _Br_ Verfallsdatum _m_

★**explain** [ɪkˈspleɪn] _A_ _V/T_ erklären (**to sb** j-m); **that is easy to ~, that is easily ~ed** das lässt sich leicht erklären; **he wanted to see me but wouldn't ~ why** er wollte mich sehen, sagte aber nicht, warum _B_ _V/R_ sich rechtfertigen; **~ yourself!** was soll das? _C_ _V/I_ es erklären; **please ~** bitte erklären Sie das ◆**explain away** _V/T_ _‹trennb›_ eine Erklärung finden für

★**explanation** [ˌekspləˈneɪʃən] _S_ Erklärung f; **it needs some ~** es bedarf einer Erklärung **explanatory** [ɪkˈsplænətərɪ] _ADJ_ erklärend

expletive [ɪkˈspliːtɪv] _S_ Kraftausdruck _m_ **explicit** [ɪkˈsplɪsɪt] _ADJ_ _Beschreibung_ (klar und) deutlich; _Anweisung_ ausdrücklich; _bes sexuell_ eindeutig; **sexually ~** sexuell explizit **explicitly** [ɪkˈsplɪsɪtlɪ] _ADV_ **1** _beschreiben_ deutlich **2** _verbieten, erwähnen_ ausdrücklich; _mit Adjektiv_ eindeutig

★**explode** [ɪkˈspləud] _A_ _V/I_ explodieren; **to ~ with anger** vor Wut platzen um _B_ _V/T_ **1** sprengen **2** _fig Theorie_ zu Fall bringen

exploit [ˈeksplɔɪt] _A_ _S_ Heldentat f; **~s** Abenteuer _pl_ _B_ [ɪksˈplɔɪt] _V/T_ _Arbeiter_ ausbeuten; _Freund, Schwäche_ ausnutzen; _Ressourcen_ nutzen **exploitation** [ˌeksplɔɪˈteɪʃən] s̄ von Arbeitern Ausbeutung f; von Freund, Schwäche Ausnutzung f

exploration [ˌeksplɔːˈreɪʃən] s̄ Erforschung f; von Stadt Erkundung f **exploratory** [ɪkˈsplɒrətərɪ] ADJ exploratorisch; ~ **talks** Sondierungsgespräche pl; ~ **trip/expedition** Erkundungsfahrt f/-expedition f; **an ~ operation** eine Explorationsoperation **explore** [ɪkˈsplɔːʳ] A VⁱT erforschen; Frage, Aussichten, a. MED untersuchen; Möglichkeiten prüfen B VⁱI **to go exploring** auf Entdeckungsreise gehen; **he went off into the village to ~** er ging auf Entdeckungsreise ins Dorf **explorer** [ɪkˈsplɔːrəʳ] s̄ Forscher(in) m(f)

★**explosion** [ɪkˈspləʊʒən] s̄ Explosion f **explosive** [ɪkˈspləʊzɪv] A s̄ Sprengstoff m B ADJ explosiv; Laune aufbrausend; ~ **device** Sprengsatz m; ~ **charge** Sprengladung f

exponent [ɪkˈspəʊnənt] s̄ von Theorie Vertreter(in) m(f)

exponential [ˌekspəˈnenʃəl] ADJ exponentiell; ~ **growth** exponentielles Wachstum **exponentially** [ˌekspəˈnenʃəlɪ] ADV exponentiell

★**export** A [ɪkˈspɔːt] VⁱT & VⁱI exportieren B [ˈekspɔːt] s̄ Export m C [ˈekspɔːt] ADJ ⟨attr⟩ Export- **export duty** [ˈekspɔːt-] s̄ Export- od Ausfuhrzoll m **exporter** [ɪkˈspɔːtəʳ] s̄ 1 Exporteur m (**of** von) 2 Exportland n (**of** für) **export licence** s̄, **export license** US s̄ Exportgenehmigung f **export trade** s̄ Exporthandel m

expose [ɪkˈspəʊz] VⁱT 1 Felsen, Draht freilegen 2 einer Gefahr etc aussetzen (**to** dat) 3 Unkenntnis offenbaren; **to ~ oneself** sich entblößen 4 Unrecht aufdecken; Skandal enthüllen; j-n entlarven 5 FOTO belichten **exposed** ADJ 1 Position ungeschützt; fig exponiert; **to feel ~** sich verletzlich fühlen; **to be ~ to sth** einer Sache (dat) ausgesetzt sein 2 Körperteil unbedeckt; Drähte frei liegend; **to feel ~** fig sich allen Blicken ausgesetzt fühlen **exposure** [ɪkˈspəʊʒəʳ] s̄ 1 an Sonne, Luft Aussetzung f (**to** +dat); **to be suffering from ~** MED an Unterkühlung leiden; **to die of ~** MED erfrieren 2 von Mensch Entlarvung f; von Verbrechen Aufdeckung f 3 FOTO Belichtung(szeit) f 4 in Medien Publicity f

expound [ɪkˈspaʊnd] VⁱT Theorie darlegen

★**express** [ɪkˈspres] A VⁱT ausdrücken; **to ~ oneself** sich ausdrücken; **if I may ~ my opinion** wenn ich meine Meinung äußern darf; **the feeling which is ~ed here** das Gefühl, das hier zum Ausdruck kommt B ADJ 1 Befehl, Erlaubnis ausdrücklich; Zweck bestimmt 2 **by ~ mail** per Eilzustellung; ~ **service** Expressdienst m C ADV **to send a letter ~** einen Brief per Express schicken D s̄ Schnellzug m, Schnellbus m **express delivery** s̄ Eilzustellung f

★**expression** [ɪkˈspreʃən] s̄ 1 (Gesichts)ausdruck m; **as an ~ of our gratitude** zum Ausdruck unserer Dankbarkeit; **to give ~ to sth** etw zum Ausdruck bringen **expressionism** [ɪkˈspreʃənɪzəm] s̄ Expressionismus m **expressionist** [ɪkˈspreʃənɪst] A s̄ Expressionist(in) m(f) B ADJ expressionistisch **expressionless** ADJ ausdruckslos **expressive** [ɪkˈspresɪv] ADJ ausdrucksvoll **expressly** [ɪkˈspreslɪ] ADV 1 verbieten, erklären ausdrücklich 2 **he did it ~ to annoy me** er hat es absichtlich getan, um mich zu ärgern

★**express train** s̄ Schnellzug m **expressway** s̄ Schnellstraße f **expropriate** [eksˈprəʊprɪeɪt] VⁱT enteignen

expulsion [ɪkˈspʌlʃən] s̄ aus Land Ausweisung f (**from** aus); von Schule Verweisung f

exquisite [ɪkˈskwɪzɪt] ADJ erlesen; Speisen köstlich; Aussicht, Anblick bezaubernd **exquisitely** [ɪkˈskwɪzɪtlɪ] ADV sich kleiden erlesen; gestaltet aufs kunstvollste

ex-serviceman [eksˈsɜːvɪsmən] s̄ ⟨pl -men⟩ Exsoldat m **ex-servicewoman** [eksˈsɜːvɪswʊmən] s̄ ⟨pl -women [-wɪmɪn]⟩ Exsoldatin f

ext. ABK (= extension) App.

extend [ɪkˈstend] A VⁱT 1 Arme ausstrecken 2 Besuch, Frist verlängern 3 Macht ausdehnen; Haus anbauen an (+akk); Besitz vergrößern; **to ~ one's lead** seine Führung ausbauen 4 Gastfreundschaft erweisen (**to sb** j-m); Einladung, Dank aussprechen; **to ~ a welcome to sb** j-n willkommen heißen B VⁱI Mauer, Garten sich erstrecken (**to, as far as** bis); Leiter sich ausziehen lassen; Gesprä-

che etc sich hinziehen **extended family** [ɪkˈstendɪd-] $\boxed{S}$ Großfamilie f **extended memory** $\boxed{S}$ IT erweiterter Arbeitsspeicher **extension** [ɪkˈstenʃən] $\boxed{S}$ **1** Verlängerung f; *von Haus* Anbau m $\boxed{2}$ TEL (Neben)anschluss m, Nebenstelle f; **~ 3714** Apparat 3714 **extension cable** $\boxed{S}$ Verlängerungskabel n **extension lead** $\boxed{S}$ Verlängerungsschnur f **extensive** [ɪkˈstensɪv] $\boxed{ADJ}$ *Gebiet, Tour* ausgedehnt; *Pläne, Gewalt* weitreichend; *Forschung, Sammlung, Reparatur, Wissen* umfangreich; *Verbrennungen* großflächig; *Schaden* beträchtlich; *Erfahrung* reich; *Netz* weitverzweigt; **the facilities available are very ~** es steht eine Vielzahl von Einrichtungen zur Verfügung; **we had fairly ~ discussions** wir haben es ziemlich ausführlich diskutiert; **~ pat down** *bes US beim Einchecken am Flughafen* ausführliches Abtasten des Körpers nach Waffen etc **extensively** [ɪkˈstensɪvlɪ] $\boxed{ADV}$ *reisen, schreiben* viel; *benutzen* häufig; *erforschen, diskutieren* ausführlich; *verändern* beträchtlich; **the clubhouse was ~ damaged** an dem Klubhaus entstand ein beträchtlicher Schaden; **this edition has been ~ revised** diese Ausgabe ist grundlegend überarbeitet worden
★**extent** [ɪkˈstent] $\boxed{S}$ **1** Länge f, Ausdehnung f $\boxed{2}$ *von Wissen, Änderungen, Macht* Umfang m; *von Schaden* Ausmaß n $\boxed{3}$ Grad m; **to some ~** bis zu einem gewissen Grade; **to what ~** inwieweit; **to a certain ~** in gewissem Maße; **to a large/lesser ~** in hohem/geringerem Maße; **to such an ~ that ...** dermaßen, dass ...
extenuate [ɪkˈstenjʊeɪt] $\boxed{VT}$ **extenuating circumstances** mildernde Umstände
exterior [ɪkˈstɪərɪəʳ] $\boxed{A}$ $\boxed{S}$ Äußere(s) n; **on the ~** außen $\boxed{B}$ $\boxed{ADJ}$ Außen-; **~ wall** Außenwand f; **~ decoration/paintwork** Außenanstrich m
exterminate [ɪkˈstɜːmɪneɪt] $\boxed{VT}$ ausrotten **extermination** [ɪk,stɜːmɪˈneɪʃən] $\boxed{S}$ Ausrottung f
external [ekˈstɜːnl] $\boxed{ADJ}$ **1** äußere(r, s); *Maße* Außen-; **the ~ walls of the house** die Außenwände des Hauses; **~ appearance** Aussehen n; **for ~ use** MED zur äußerlichen Anwendung; **~ call** TEL externes Gespräch $\boxed{2}$ *Angelegenheiten, Politik*

auswärtig $\boxed{3}$ *Prüfer* extern **external borders** $\boxed{PL}$ Landesgrenzen pl **externalize** [ekˈstɜːnəlaɪz] $\boxed{VT}$ externalisieren **externally** [ekˈstɜːnəlɪ] $\boxed{ADV}$ **1** anwenden äußerlich; **he remained ~ calm** er blieb äußerlich ruhig $\boxed{2}$ POL außenpolitisch **external trade** $\boxed{S}$ Außenhandel m
extinct [ɪkˈstɪŋkt] $\boxed{ADJ}$ ausgestorben; *Vulkan* erloschen; *fig Reich* untergegangen; **to become ~** aussterben **extinction** [ɪkˈstɪŋkʃən] $\boxed{S}$ Aussterben n; **this animal was hunted to ~** diese Tierart wurde durch Jagen ausgerottet
extinguish [ɪkˈstɪŋgwɪʃ] $\boxed{VT}$ *Feuer, Kerze* (aus)löschen; *Zigarette* ausmachen; *Licht* löschen **extinguisher** [ɪkˈstɪŋgwɪʃəʳ] $\boxed{S}$ Feuerlöscher m
extol [ɪkˈstəʊl] $\boxed{VT}$ rühmen
extort [ɪkˈstɔːt] $\boxed{VT}$ *Geld* erpressen (**from** von) **extortion** [ɪkˈstɔːʃən] $\boxed{S}$ *von Geld* Erpressung f; **this is sheer ~!** umg das ist ja Wucher! **extortionate** [ɪkˈstɔːʃənɪt] $\boxed{ADJ}$ *Betrag* horrend; *Miete, Rechnung a.* maßlos hoch; **~ prices** Wucherpreise pl **extortionist** [ɪkˈstɔːʃənɪst] $\boxed{S}$ Erpresser(in) m(f), Wucherer m, Wucherin f
★**extra** [ˈekstrə] $\boxed{A}$ $\boxed{ADJ}$ zusätzlich; **we need an ~ chair** wir brauchen noch einen Stuhl; **to work ~ hours** Überstunden machen; **to make an ~ effort** sich besonders anstrengen; **~ troops were called in** es wurde Verstärkung gerufen; **take ~ care!** sei besonders vorsichtig!; **an ~ £30 a week** £ 30 mehr pro Woche; **send 75p ~ for postage and packing** schicken Sie zusätzlich 75 Pence für Porto und Verpackung; **~ charge** Zuschlag m; **there is no ~ charge for breakfast** das Frühstück wird nicht zusätzlich berechnet; **available at no ~ cost** ohne Aufschlag $\boxed{B}$ $\boxed{ADV}$ *zahlen, kosten* mehr; **breakfast costs ~** das Frühstück wird zusätzlich berechnet; **post and packing ~** zuzüglich Porto und Verpackung $\boxed{C}$ $\boxed{S}$ **1** **~s** pl zusätzliche Kosten pl; *von Maschine* Zubehör n; *von Auto* Extras pl $\boxed{2}$ FILM, THEAT Statist(in) m(f) **extra-** $\boxed{PRÄF}$ **1** außer-; extra; **~large** extra groß; *Kleidung* übergroß
extract $\boxed{A}$ [ɪkˈstrækt] $\boxed{VT}$ **1** herausnehmen; *Korken etc* (heraus)ziehen (**from** aus); *Saft, Öl, DNS* gewinnen (**from** aus);

Zahn ziehen; *Kugel* entfernen **2** *fig Informationen* entlocken (**from** +*dat*) **B** ['ekstrækt] **5** ◨ *aus Buch etc* Auszug *m* **2** MED, GASTR Extrakt *m* **extraction** [ik'strækʃən] **5** ◨ *von Öl, DNS* Gewinnung *f* **2** *bei Zahnarzt* **he had to have an ~** ihm musste ein Zahn gezogen werden **3** Herkunft *f* **extractor** [ik'stræktər] **5** Entsafter *m* **extractor fan** **5** Sauglüfter *m*

extracurricular ['ekstrəkə'rikjələr] ADJ außerhalb des Stundenplans; **~ activities** *schulische Angebote außerhalb des regulären Unterrichts; bes hum* Freizeitaktivitäten *pl hum*

extradite ['ekstrədait] VT ausliefern **extradition** [,ekstrə'diʃən] **5** Auslieferung *f*

extramarital ['ekstrə'mæritl] ADJ außerehelich

extraneous [ik'streiniəs] *form* ADJ unwesentlich

extraordinarily [ik'strɔːdnrili] ADV außerordentlich; *hoch, gut etc* ungemein

★**extraordinary** [ik'strɔːdnri] ADJ ◨ außergewöhnlich; *Erfolg, Mut a.* außerordentlich; *Verhalten, Erscheinung* eigenartig; *Geschichte, Abenteuer* seltsam; **it's ~ to think that ...** es ist (schon) eigenartig, wenn man denkt, dass ...; **what an ~ thing to say!** wie kann man nur so etwas sagen!; **it's ~ how much he resembles his brother** es ist erstaunlich, wie sehr er seinem Bruder ähnelt **2** *Br form Maßnahme* außerordentlich; **~ meeting** Sondersitzung *f* **extraordinary general meeting** *f* außerordentliche Hauptversammlung

extra pay **5** Zulage *f*

extrapolate [ek'stræpəleit] VT & VI extrapolieren (**from** aus)

extrasensory ['ekstrə'sensəri] ADJ außersinnlich; **~ perception** außersinnliche Wahrnehmung

extra-special ['ekstrə'speʃəl] ADJ ganz besondere(r, s); **to take ~ care over sth** sich (*dat*) besonders viel Mühe mit etw geben

extraterrestrial ['ekstrətɪ'restriəl] **A** ADJ außerirdisch **B** **5** außerirdisches Lebewesen

extra time **5** SPORT Verlängerung *f*; **we had to play ~** der Schiedsrichter ließ nachspielen

extravagance [ik'strævəgəns] **5** Luxus *m kein pl*, Verschwendung *f*; **if you can't forgive her little ~s** wenn Sie es ihr nicht verzeihen können, dass sie sich ab und zu einen kleinen Luxus leistet **extravagant** [ik'strævəgənt] ADJ ◨ *Mensch* verschwenderisch; *Geschmack, Hobby* teuer; **your ~ spending habits** deine Angewohnheit, das Geld mit vollen Händen auszugeben **2** *Geschenk* extravagant; *Lebensstil* extravagant **3** *Verhalten, Lob, Anspruch* übertrieben **extravaganza** [ik-,strævə'gænzə] **5** Ausstattungsstück *n*

extra work **5** Mehrarbeit *f*

★**extreme** [ik'striːm] **A** ADJ äußerste(r, s); *Unbehagen, Gefahr* größte(r, s); *Beispiel, Bedingungen, Verhalten* extrem; *Maßnahmen* drastisch; *Schwierigkeit, Druck* ungeheuer; *Armut* bitterste(r, s); **of ~ importance** äußerst wichtig; **~ case** Extremfall *m*; **fascists of the ~ right** extrem rechts stehende Faschisten; **at the ~ left of the picture** ganz links im Bild **B** **5** Extrem *n*; **~s of temperature** extreme Temperaturen *pl*; **in the ~** im höchsten Grade; **to go from one ~ to the other** von einem Extrem ins andere fallen; **to go to ~s** es übertreiben; **to take od carry sth to ~s** etw bis zum Extrem treiben **extremely** [ik'striːmli] ADV äußerst, höchst; *wichtig, hoch a.* extrem; **was it difficult? — ~!** war es schwierig? — sehr! **extremism** [ik'striːmizəm] **5** Extremismus *m* **extremist** [ik'striːmist] **A** **5** Extremist(in) *m(f)* **B** ADJ extremistisch; **~ group** Extremistengruppe *f* **extremity** [ik'stremiti] **5** ◨ äußerstes Ende **2** **extremities** *pl* (≈ *Hände und Füße*) Extremitäten *pl*

extricate ['ekstrikeit] VT befreien; *fig* retten; **to ~ oneself from sth** sich aus etw befreien

extrovert ['ekstrəʊvɜːt] **A** ADJ extrovertiert **B** **5** extrovertierter Mensch **extroverted** ['ekstrəʊ,vɜːtid] *bes US* ADJ extrovertiert

exuberance [ig'zuːbərəns] **5** *von Mensch* Überschwänglichkeit *f*; *von Stil* Vitalität *f* **exuberant** [ig'zuːbərənt] ADJ *Mensch* überschwänglich; *Stimmung* überschäumend; *Stil* übersprudelnd **exuberantly** [ig'zjuːbərəntli] ADV überschwänglich; *bes Kind* übermütig

exude [ig'zjuːd] VT ◨ *Flüssigkeit* ausscheiden; *Geruch* ausströmen **2** *fig* Selbstvertrauen ausstrahlen

exult [ɪɡˈzʌlt] *V/i* frohlocken; **~ing in his freedom** seine Freiheit genießend **exultant** *ADJ* Ausdruck, Schrei triumphierend; **he was ~** er jubelte; **~ mood** Jubelstimmung *f*

★eye [aɪ]

A Substantiv   **B** transitives Verb

— **A** Substantiv —

Auge *n*; *von Nadel* Öhr *n*; **with tears in her eyes** mit Tränen in den Augen; **with one's eyes closed** mit geschlossenen Augen; **as far as the eye can see** so weit das Auge reicht; **that's one in the eye for him** *umg* da hat er eins aufs Dach gekriegt *umg*; **to cast od run one's eye over sth** etw überfliegen; **to look sb (straight) in the eye** j-m in die Augen sehen; **to set eyes on sb/sth** j-n/etw zu Gesicht bekommen; **a strange sight met our eyes** ein seltsamer Anblick bot sich uns; **use your eyes!** hast du keine Augen im Kopf?; **with one's own eyes** mit eigenen Augen; **before my very eyes** (direkt) vor meinen Augen; **it was there all the time right in front of my eyes** es lag schon die ganze Zeit da, direkt vor meiner Nase; **I don't have eyes in the back of my head** ich hab doch hinten keine Augen; **to keep an eye on sb/sth** auf j-n/etw aufpassen; **the police are keeping an eye on him** die Polizei beobachtet ihn; **to take one's eyes off sb/sth** die Augen *od* den Blick von j-m/etw abwenden; **to keep one's eyes open** *od* **peeled** *umg* die Augen offen halten; **to keep an eye open** *od* **out for sb/sth** nach j-m/etw Ausschau halten; **to keep an eye on expenditure** auf die Ausgaben achten *od* aufpassen; **to open sb's eyes to sb/sth** j-m die Augen über j-n/etw öffnen; **to close** *od* **shut one's eyes to sth** die Augen vor etw *(dat)* verschließen; **to see eye to eye with sb** mit j-m einer Meinung sein; **to make eyes at sb** j-m schöne Augen machen; **to catch sb's eye** j-s Aufmerksamkeit erregen; **the dress caught my eye** das Kleid fiel mir ins Auge; **in the eyes of the law** in den Augen des

Gesetzes; **with a critical eye** mit kritischem Blick; **with an eye to the future** im Hinblick auf die Zukunft; **with an eye to buying sth** in der Absicht, etw zu kaufen; **I've got my eye on you** ich beobachte dich genau; **to have one's eye on sth** auf etw *(akk)* ein Auge geworfen haben; **to have a keen eye for sth** einen scharfen Blick für etw haben; **he has a good eye for colour** er hat ein Auge für Farbe; **an eye for detail** ein Blick fürs Detail; **to be up to one's eyes in work** *Br umg* in Arbeit ersticken *umg*; **to be up to one's eyes in debt** *Br umg* bis über beide Ohren verschuldet sein *umg*

— **B** transitives Verb —

anstarren

♦eye up *V/t* ⟨*trennb*⟩ mustern

eyeball *S* Augapfel *m*; **to be ~ to ~** sich Auge in Auge gegenüberstehen; **drugged up to the ~s** *bes Br umg* total zugedröhnt *umg* **eyebath** *S* Augenbadewanne *f* **eyebrow** *S* Augenbraue *f*; **that will raise a few ~s** da werden sich einige wundern **eyebrow pencil** *S* Augenbrauenstift *m* **eye candy** *umg* *S* Augenschmaus *m*, was fürs Auge *umg* **eye-catching** *ADJ* auffallend; *Plakat* auffällig **eye contact** *S* to make ~ with sb Blickkontakt mit j-m aufnehmen **eyecup** *US S* Augenbadewanne *f* **-eyed** [-aɪd] *ADJ* ⟨*suf*⟩ -äugig; **green-eyed** grünäugig **eyedrops** [ˈaɪdrɒps] *PL* Augentropfen *pl* **eyeful** [ˈaɪfʊl] *S* **he got an ~ of soda water** er bekam Selterswasser ins Auge; **I opened the bathroom door and got quite an ~** ich öffnete die Badezimmertür und sah allerhand *umg* **eyeglasses** *US PL* Brille *f* **eyelash** *S* Augenwimper *f* **eyelash curlers, eyelash tongs** *PL* Wimpernzange *f* **eyelet** [ˈaɪlɪt] *S* Öse *f* **eyelevel** *ADJ* ⟨*attr*⟩ in Augenhöhe

★eyelid [ˈaɪlɪd] *S* Augenlid *n* **eyeliner** [ˈaɪlaɪnə] *S* Eyeliner *m* **eye make-up remover** *S* Augen-Make-up-Entferner *m* **eye mask** *S* Schlafmaske *f* **eye-opener** *S* **that was a real ~ to me** das hat mir die Augen geöffnet **eye patch** *S* Augenklappe *f* **eyepiece** *S* Okular *n* **eye shadow** *S* Lidschatten *m* **eyesight** *S* Sehkraft *f*; **to have good/poor ~** gute/schlechte Augen haben; **his ~ is failing** seine Augen lassen nach **eyesore** S̱ Schandfleck m **eye specialist** S̱ Augenarzt m, -ärztin f **eyestrain** S̱ Überanstrengung f der Augen **eye test** S̱ Augentest m **eyewash** fig umg S̱ Gewäsch n umg; (≈ Täuschung) Augenwischerei f **eyewear** etc S̱ Eyewear f (Brillen, Kontaktlinsen etc) **eyewitness** S̱ Augenzeuge m/-zeugin f

e-zine [ˈiːziːn] S̱ IT Internetmagazin n

F

F¹, f [ef] S̱ F n, f n; SCHULE Note Sechs f; **F sharp** Fis n, fis n; **F flat** Fes n, fes n
F² ABK (= Fahrenheit) F
f ABK (= feminine) f
FA ABK (= Football Association) Britischer Fußballbund
fab [fæb] umg ADJ ABK (= fabulous) toll umg
fable [ˈfeɪbl] S̱ Fabel f
fabric [ˈfæbrɪk] S̱ **1** Textilien Stoff m **2** fig von Gesellschaft etc Gefüge n
fabricate [ˈfæbrɪkeɪt] V/T Geschichte erfinden; Beweismaterial fälschen **fabrication** [ˌfæbrɪˈkeɪʃən] S̱ Erfindung f; **it's (a) pure ~** das ist ein reines Märchen od (eine) reine Erfindung
fabulous [ˈfæbjʊləs] ADJ sagenhaft umg **fabulously** [ˈfæbjʊləslɪ] ADV reich, teuer sagenhaft umg; umg (≈ herrlich) fantastisch umg
façade [fəˈsɑːd] S̱ Fassade f

★face [feɪs]

A Substantiv	**B** transitives Verb
C intransitives Verb	

— **A** Substantiv —

1 Gesicht n; von Uhr Zifferblatt n; von Fels (Steil)wand f; **~ to ~ with** Auge in Auge mit, gegenüber; **to come ~ to ~ with sb** direkt mit j-m konfrontiert werden; **he told him so to his ~** er sagte ihm das (offen) ins Gesicht; **he**

shut the door in my ~ er schlug mir die Tür vor die Nase zu; **he laughed in my ~** er lachte mir ins Gesicht; **to be able to look sb in the ~** j-m in die Augen sehen können; **to throw sth back in sb's ~** j-m etw wieder vorhalten; **in the ~ of great difficulties** etc angesichts od trotz größter Schwierigkeiten etc; **to save/lose ~** das Gesicht wahren/verlieren; **to put sth ~ up(wards)/down(wards)** etw mit der Vorderseite nach oben/unten legen; **to be ~ up(wards)/down(wards)** Mensch mit dem Gesicht nach oben/unten liegen; Objekt mit der Vorderseite nach oben/unten liegen; **the changing ~ of politics** das sich wandelnde Gesicht der Politik; **he/it vanished off the ~ of the earth** umg er/es war wie vom Erdboden verschwunden; **on the ~ of it** so, wie es aussieht **2** Gesicht n, Gesichtsausdruck m; **to make** od **pull a ~** das Gesicht verziehen; **to make** od **pull ~s/a funny ~** Grimassen/eine Grimasse schneiden (**at sb** j-m); **to put a brave ~ on it** sich (dat) nichts anmerken lassen

— **B** transitives Verb —

1 gegenüber sein (+dat), gegenüberstehen/-liegen etc (+dat); Fenster: Norden etc gehen nach; Garten liegen zu; Haus, Zimmer: Norden etc liegen nach; **to ~ the light** mit dem Gesicht zum Licht sitzen etc; **~ the front!** sieh nach vorn!; **~ this way!** bitte sehen Sie hierher!; **the wall facing you** die Wand Ihnen gegenüber **2** fig Möglichkeit rechnen müssen mit; **to ~ death** dem Tod ins Auge sehen; **to ~ financial ruin** vor dem finanziellen Ruin stehen; **to be ~d with sth** sich einer Sache (dat) gegenübersehen; **the problem facing us** das Problem, mit dem wir konfrontiert sind; **to be ~d with a bill for £100** eine Rechnung über £ 100 präsentiert bekommen **3** Situation, Gefahr, Kritik sich stellen (+dat); Feind gegenübertreten (+dat); **to ~ (the) facts** den Tatsachen ins Auge sehen; **let's ~ it** machen wir uns doch nichts vor **4** umg verkraften umg; Stück Kuchen etc runterkriegen umg; **I can't ~ doing it** ich kann es einfach nicht tun; **I can't ~ it** umg ich bringe es einfach nicht über mich

— **C** intransitives Verb —

Haus, Zimmer liegen (**towards, onto** zu); *Fenster* gehen (**onto, towards** auf +*akk* *od* zu); **he was facing away from me** er saß mit dem Rücken zu mir; **they were all facing toward(s) the window** sie saßen alle mit dem Gesicht zum Fenster (hin); **the house ~s south/toward(s) the sea** das Haus liegt nach Süden/zum Meer hin

◆**face up to** V̄ī ‹+*obj*› *Tatsachen* ins Gesicht sehen (+*dat*); *Realität, Probleme* sich auseinandersetzen mit; **he won't face up to the fact that ...** er will es nicht wahrhaben, dass ...

facebook® ['feɪsbʊk] V̄ī **to ~®** sb j-n auf/durch Facebook® kontaktieren; *Infos über j-n auf* Facebook® **suchen** **face cloth** S̄ Waschlappen *m* **face cream** S̄ Gesichtscreme *f* **faceless** *fig* ADJ anonym **face-lift** *wörtl* S̄ Facelift(ing) *n*; **to have a ~** sich (*dat*) das Gesicht liften lassen **face mask** S̄ *Kosmetik* Gesichtsmaske *f* **face pack** S̄ Gesichtspackung *f* **face powder** S̄ Gesichtspuder *m* **face recognition** S̄ Gesichtserkennung *f* **face-saving** ADJ **a ~ measure** eine Maßnahme, die dazu dient, das Gesicht zu wahren **facet** ['fæsɪt] *wörtl* S̄ Facette *f; fig* Seite *f* **facetious** [fə'siːʃəs] ADJ spöttisch **face-to-face** ADJ persönlich; *Kontakt* direkt **face value** S̄ **to take sth at ~** *fig* etw für bare Münze nehmen **facial** ['feɪʃəl] A S̄ kosmetische Gesichtsbehandlung *f*; **to get a ~** sich einer (kosmetischen) Gesichtsbehandlung unterziehen B ADJ Gesichts-; **~ expression** Gesichtsausdruck *m*; **~ recognition** Gesichtserkennung *f* **facile** ['fæsaɪl] *pej* ADJ *Lösung* simpel; *Bemerkung* nichtssagend **facilitate** [fə'sɪlɪteɪt] V̄ī erleichtern **facility** [fə'sɪlɪtɪ] S̄ Einrichtung *f*; **we have no facilities for disposing of toxic waste** wir haben keine Möglichkeit zur Entsorgung von Giftmüll; **a hotel with all facilities** ein Hotel mit allem Komfort; **facilities for the disabled** Einrichtungen *pl* für Behinderte; **cooking facilities** Kochgelegenheit *f*; **toilet facilities** Toiletten *pl*; **credit ~** Kredit *m* **facing** ['feɪsɪŋ] ADJ **on the ~ page** auf der gegenüberliegenden Seite **facsimile** [fæk'sɪmɪlɪ] S̄ Faksimile *n*

★**fact** [fækt] S̄ **1** Tatsache *f; historisch etc* Faktum *n;* **hard ~s** nackte Tatsachen *pl;* **~s and figures** Fakten und Zahlen; **despite the ~ that ...** der Tatsache zum Trotz, dass ...; **to know for a ~ that ...** ganz sicher wissen, dass; **the ~ (of the matter) is that ...** die Sache ist die, dass ...; ... **and that's a ~** ... darüber besteht kein Zweifel!; **is that a ~?** tatsächlich? **2** ‹*kein pl*› Wirklichkeit *f;* **~ and fiction** Dichtung und Wahrheit; **based on ~** auf Tatsachen beruhend **3** **in (actual) ~** eigentlich, tatsächlich, genau genommen; **in ~, as a matter of ~** eigentlich; *verstärkend* sogar; **I don't suppose you know him? — in (actual) ~** *od* **as a matter of ~ I do** Sie kennen ihn nicht zufällig? – doch, eigentlich schon; **do you know him? — in (actual) ~** *od* **as a matter of ~ I do** kennen Sie ihn? – jawohl; **it won't be easy, in ~** *od* **as a matter of ~ it'll be very difficult** es wird nicht einfach sein, es wird sogar sehr schwierig sein; **as a matter of ~ we were just talking about you** wir haben (nämlich) eben von Ihnen geredet **fact-finding** ['fæktfaɪndɪŋ] ADJ **~ mission** Erkundungsmission *f*

faction ['fækʃən] S̄ (Partei)gruppe *f;* POL Fraktion *f*, Splittergruppe *f* **fact of life** S̄ **1 that's just a ~** so ist es nun mal im Leben **2** *sexuell* **to tell sb the facts of life** j-n aufklären; **to know the facts of life** aufgeklärt sein **factor** ['fæktəʳ] S̄ Faktor *m;* **to be a ~ in determining sth** etw mitbestimmen; **by a ~ of three** *etc* mit einem Faktor von drei *etc*

★**factory** ['fæktərɪ] S̄ Fabrik *f*, Werk *n* **factory farming** S̄ industriell betriebene Viehzucht, automatisierte Viehhaltung **factory floor** S̄ Produktionsstätte *f* **factsheet** ['fæktʃiːt] S̄ Informationsblatt *n* **factual** ['fæktjʊəl] ADJ *Beweise* auf Tatsachen beruhend; *Bericht* sachlich; **~ information** Sachinformationen *pl;* **~ error** Sachfehler *m;* **the book is largely ~** das Buch beruht zum größten Teil auf Tatsachen

faculty ['fækəltɪ] S̄ **1** Fähigkeit *f;* **mental faculties** geistige Fähigkeiten *pl;* **~ of hearing/sight** Hör-/Sehvermögen *n;* **to be in (full) possession of (all) one's**

faculties im Vollbesitz seiner Kräfte sein ▪2 UNIV Fakultät *f*; **the medical ~, the ~ of medicine** die medizinische Fakultät

fad [fæd] ▪S̅ Tick *m* umg, Masche *f* umg; **it's just a fad** (≈*Mode*) das ist nur ein momentaner Tick umg

fade [feɪd] ▪A̅ V̅I̅ ▪1 verblassen; *Blume, Schönheit* verblühen; *Gefühl* schwinden geh; *Hoffnung* zerrinnen; *Musik etc* verklingen; *Signal* schwächer werden; **hopes are fading of finding any more survivors** die Hoffnung, noch weitere Überlebende zu finden, wird immer geringer; **to ~ into the background** sich im Hintergrund halten ▪2 RADIO, TV, FILM **to ~ to another scene** (allmählich) zu einer anderen Szene überblenden ▪B̅ V̅T̅ ausbleichen ♦**fade away** V̅I̅ *Musik etc* verklingen ♦**fade in** V̅T̅ ⟨trennb⟩ RADIO, TV, FILM allmählich einblenden ♦**fade out** V̅T̅ ⟨trennb⟩ RADIO, TV, FILM abblenden

faded [ˈfeɪdɪd] A̅D̅J̅ verblasst; *Blume, Schönheit* verblüht; **a pair of ~ jeans** verblichene Jeans *pl*

faeces [ˈfiːsiːz] P̅L̅, **feces** US P̅L̅ Kot *m*

fag [fæg] ▪S̅ ▪1 *Br* umg (≈*Zigarette*) Kippe *f* umg ▪2 *bes US* sl neg! Schwule(r) *m* umg

fag end ▪1 *Br* umg *von Zigarette* Kippe *f* umg **fag hag** *bes US* sl neg! ▪S̅ beste Freundin (*eines Homosexuellen*); Schwulenmutti *f* umg neg! **fagot** [ˈfæɡət] *bes US* sl neg! ▪S̅ Schwule(r) *m* umg

Fahrenheit [ˈfærənhaɪt] ▪S̅ Fahrenheit *n*

★**fail** [feɪl] ▪A̅ V̅I̅ ▪1 keinen Erfolg haben, versagen; *Plan, Experiment, Ehe* scheitern; *Versuch* fehlschlagen; *Kandidat* durchfallen; *Firma* eingehen; **he ~ed in his attempt to take control of the company** sein Versuch, die Leitung der Firma zu übernehmen, schlug fehl; **to ~ in one's duty** seine Pflicht nicht tun; **if all else ~s** wenn alle Stricke reißen; **to ~ miserably** kläglich scheitern ▪2 *Gesundheit* sich verschlechtern; *Sehfähigkeit* nachlassen ▪3 *Batterie, Motor* ausfallen; *Bremsen, Herz* versagen; **the crops ~ed** die Ernte fiel aus ▪B̅ V̅T̅ ▪1 *Kandidaten* durchfallen lassen; *Fach* durchfallen in (+*dat*); **to ~ an exam** eine Prüfung nicht bestehen ▪2 im Stich lassen; **words ~ me** mir fehlen die Worte ▪3 **to ~ to do sth** etw nicht tun; versagen (beim Versuch, etw zu tun); **she**

~ed to lose weight es gelang ihr nicht abzunehmen; **she never ~s to amaze me** sie versetzt mich immer wieder in Erstaunen; **I ~ to see why** es ist mir völlig unklar, warum; **empört** ich sehe gar nicht ein, warum ▪C̅ ▪S̅ **without ~** auf jeden Fall, garantiert **failed** A̅D̅J̅ gescheitert; *Firma* bankrott; *Schriftsteller* verhindert **failing** [ˈfeɪlɪŋ] ▪A̅ ▪S̅ Fehler *m* ▪B̅ P̅R̅Ä̅P̅ **~ this/that** (oder) sonst, und wenn das nicht möglich ist; **~ which** ansonsten

★**failure** [ˈfeɪljə^r] ▪S̅ ▪1 Misserfolg *m*; *von Plan, Experiment, Ehe* Scheitern *n*; *von Versuch* Fehlschlag *m*; *von Firma* Eingehen *n*; (≈*Mensch*) Versager(in) *m*(*f*) (**at** in +*dat*); **because of his ~ to act** weil er nicht gehandelt hat ▪2 *von Generator* Ausfall *m*; *von Bremsen* Versagen *n*; **liver ~** Leberversagen *n*

★**faint** [feɪnt] ▪A̅ A̅D̅J̅ ⟨+er⟩ ▪1 schwach; *Spuren, Linie* undeutlich; *Zeichen* blass; *Farbe* verblasst; *Klang, Hoffnung, Lächeln* leise; **your voice is very ~** am Telefon man hört dich kaum; **I have a ~ memory of that day** ich kann mich schwach an den Tag erinnern; **I haven't the ~est idea** emph ich habe nicht die geringste Ahnung ▪2 ⟨präd⟩ MED **she was** *od* **felt ~** sie war einer Ohnmacht nahe ▪B̅ V̅I̅ MED in Ohnmacht fallen, ohnmächtig werden (**with, from** vor +*dat*) ▪C̅ ▪S̅ MED **she fell to the ground in a ~** sie fiel ohnmächtig zu Boden **faint-hearted** [feɪntˈhɑːtɪd] A̅D̅J̅ zaghaft; **it's not for the ~** es ist nichts für ängstliche Gemüter **faintly** [ˈfeɪntlɪ] A̅D̅V̅ scheinen schwach; *riechen, lächeln* leicht; **the words are just ~ visible** die Worte sind gerade noch sichtbar; **I could hear the siren ~** ich konnte die Sirene gerade noch hören

★**fair**¹ [fɛə^r] ▪A̅ A̅D̅J̅ ⟨+er⟩ ▪1 gerecht, fair (**to** *od* **on sb** j-m gegenüber, gegen j-n); **he tried to be ~ to everybody** er versuchte, allen gegenüber gerecht zu sein; **~ point** *od* **comment** das lässt sich (natürlich) nicht abstreiten; **it is ~ to say that ...** man kann wohl sagen, dass ...; **to be ~, ...** man muss (fairerweise) dazusagen, dass ...; **it's only ~ to ask him** man sollte ihn fairerweise fragen;

~ enough! na gut, schön und gut **2** *Summe* ziemlich groß; **a ~ amount of money** ziemlich viel Geld; **it's a ~ way** es ist ziemlich weit; **a ~ number of students** ziemlich viele Studenten; **a ~ chance of success** ziemlich gute Erfolgsaussichten **3** *Schätzung, Idee* ziemlich gut; **I've a ~ idea that he's going to resign** ich bin mir ziemlich sicher, dass er zurücktreten wird **4** (≈ *Note*) befriedigend; **to mark an essay 'fair'** einen Aufsatz mit "befriedigend" benoten **5** *Mensch, Haare* blond **6** *Mensch* hellhäutig; *Haut* hell **7** *Wetter* heiter **8** <u>ADV</u> **to play ~** fair sein; SPORT fair spielen; **they beat us ~ and square** sie haben uns deutlich geschlagen

fair² <u>S</u> (Jahr)markt *m*, Volksfest *n*; HANDEL Messe *f*

fair copy <u>S</u> Reinschrift *f*; **to write out a ~ of sth** etw ins Reine schreiben **fair game** *fig* <u>S</u> Freiwild *n* **fairground** <u>S</u> Festplatz *m* **fair-haired** <u>ADJ</u> blond **fairly** ['fɛəlɪ] <u>ADV</u> **1** ziemlich; **~ recently** erst kürzlich **2** *behandeln* gerecht **3** *geradezu*; **we ~ flew along** wir sausten nur so dahin **fair-minded** ['fɛə-maɪndɪd] <u>ADJ</u> gerecht **fairness** ['fɛənɪs] <u>S</u> Gerechtigkeit *f*; **in all ~** gerechterweise **fair play** <u>S</u> SPORT, *a. fig* Fairplay *n* **fair trade** <u>S</u> Fairer Handel (*mit Entwicklungsländern*); US Preisbindung *f* **fairway** <u>S</u> Golf Fairway *n* **fair-weather** <u>ADV</u> **a ~ friend** ein Freund, der nur in guten Zeiten ein Freund ist

fairy ['fɛərɪ] <u>S</u> Fee *f* **fairy godmother** <u>S</u> gute Fee **fairy lights** <u>PL</u> bunte Lichter *pl* **fairy story**, **fairy tale** <u>S</u> Märchen *n* **fairy-tale** *fig* <u>ADJ</u> märchenhaft

fait accompli [ˌfeɪtə'kɒmpliː] <u>S</u> vollendete Tatsache

★**faith** [feɪθ] <u>S</u> **1** Vertrauen *n* (**in** zu), Glaube *m* (**in an** +*akk*); **to have ~ in sb** j-m (ver)trauen; **to have ~ in sth** Vertrauen in etw (*akk*) haben; **to act in good/bad ~ in** gutem Glauben/böser Absicht handeln **2** (≈ *Religion*) Glaube *m* kein *pl* **3 to keep ~ with sb** j-m treu bleiben, j-m die Treue halten *geh*

★**faithful** ['feɪθfʊl] <u>ADJ</u> **1** treu; **to be ~ to sb/sth** j-m/einer Sache treu sein **2** *Kopie* originalgetreu **faithfully** ['feɪθfəlɪ] <u>ADV</u> **1 Yours ~** *Br in Brief* Hochachtungsvoll; Mit freundlichen Grüßen **2** *wiederher-*

stellen originalgetreu; *reproduzieren* genau **faith healer** <u>S</u> Gesundbeter(in) *m(f)*

▶ **faithfully**

Der Briefschluss **Yours faithfully** bzw. im amerikanischen Englisch **Sincerely yours** oder **Yours truly** wird verwendet, wenn der Name des Adressaten nicht bekannt ist und der Brief demzufolge anonym" mit **Dear Sir**, **Dear Madam** oder **Dear Sir or Madam** beginnt. Bei einer Anrede wie **Dear Mr Smith** oder **Dear Mrs Martin** würde man den Brief mit **Yours sincerely**, im amerikanischen Englisch unverändert mit **Sincerely yours** oder **Yours truly** schließen. ◀

fake [feɪk] <u>A</u> <u>ADJ</u> unecht; *Geldschein, Gemälde* gefälscht; **~ fur** Pelzimitation *f*; **a ~ suntan** Bräune *f* aus der Flasche **B** <u>S</u> Fälschung *f*; *von Schmuck* Imitation *f*; (≈ *Mensch*) Schwindler(in) *m(f)*; **the painting was a ~** das Gemälde war gefälscht **C** <u>V/T</u> vortäuschen; *Gemälde, Resultat* fälschen; *Einbruch, Unfall* fingieren **falcon** ['fɔːlkən] <u>S</u> Falke *m* **Falkland Islands** ['fɔːkləndˌaɪ ləndz], **Falklands** ['fɔːkləndz] <u>PL</u> Falklandinseln *pl*

★**fall** [fɔːl] ⟨*v: prät* fell; *pperf* fallen⟩ **A** <u>V/I</u> **1** fallen; SPORT *aus großer Höhe* stürzen; *Objekt* herunterfallen; *Mitgliedschaft etc* abnehmen; **to ~ to one's death** tödlich abstürzen; **to ~ into a trap** in die Falle gehen; **his face fell** er machte ein langes Gesicht; **to ~ in battle** fallen; **her eyes fell on a strange object** *fig* ihr Blick fiel auf einen merkwürdigen Gegenstand **2** *Stadt* eingenommen werden; *Regierung* gestürzt werden **3** *Nacht* hereinbrechen **4** *Ostern etc* fallen (**on** auf +*akk*); *bei Klassifizierung* fallen (**under** unter +*akk*); **that ~s within/outside the scope of …** das fällt in/nicht in den Bereich … **5** sich gliedern (**into** in +*akk*); **to ~ into categories** sich in Kategorien gliedern lassen **6** werden; **to ~ asleep** einschlafen; **to ~ ill** krank werden; **to ~ in love with sb** sich in j-n verlieben; **to ~ out of love** sich entlieben; **to ~ out of love with sb** aufhören, jdn zu lieben **7** **to ~ into decline** *Gebäude* verkommen; **to ~ into a deep sleep** in tiefen Schlaf fallen; **to ~ into bad habits** in schlechte Gewohnheiten verfallen; **to ~ apart** od **to pieces** aus dem Leim gehen umg; Firma, Leben aus den Fugen geraten; **I fell apart when he left me** meine Welt brach zusammen, als er mich verließ **B** 5 **1** Fall m kein pl; **to break sb's ~** j-s Fall auffangen; **she had a bad ~** sie ist schwer gestürzt; **~ of rain** Regenfall m; **there was another heavy ~ (of snow)** es hat wieder viel geschneit **2** von Stadt etc Einnahme f; von Regierung Sturz m **3** Sinken n; plötzlich Sturz m; von Temperatur Abfall m; von Mitgliedschaft Abnahme f **4** (a. **~s**) Wasserfall m; **Niagara Falls** die Niagarafälle **5** US Herbst m; **in the ~** im Herbst ◆**fall about**, (a. **fall about laughing**) Br umg VI sich kranklachen umg ◆**fall away** VI **1** Boden abfallen **2** → fall off ◆**fall back** VI a. MIL zurückweichen ◆**fall back (up)on** VI ⟨+obj⟩ zurückgreifen auf ⟨+akk⟩ ◆**fall behind** VI **1** SPORT, SCHULE zurückfallen (obj hinter +akk) **2** mit Miete, Arbeit in Rückstand geraten ◆**fall down** VI **1** Mensch hinfallen; Objekt herunterfallen; Haus einstürzen **2** hinunterfallen (obj +akk) ◆**fall for** VI ⟨+obj⟩ **1** I really fell for him er hatte es mir angetan **2** Produktwerbung etc hereinfallen auf ⟨+akk⟩ ◆**fall in** VI **1** hineinfallen **2** einstürzen **3** MIL fall in! antreten! ◆**fall in with** VI ⟨+obj⟩ sich anschließen ⟨+dat⟩; schlechte Gesellschaft geraten in ⟨+akk⟩ ◆**fall off** VI **1** wörtl herunterfallen (obj von) **2** abnehmen ◆**fall on** VI ⟨+obj⟩ **1** (≈ stolpern) fallen über ⟨+akk⟩ **2** Entscheidung, Aufgabe zufallen ⟨+dat⟩; Schuld treffen ⟨+akk⟩; **the responsibility falls on your shoulders** Sie tragen od haben die Verantwortung **3** (≈ angreifen) herfallen über ⟨+akk⟩ ◆**fall out** VI **1** herausfallen; **to fall out of sth** aus etw fallen **2** sich (zer-) streiten **3** MIL wegtreten ◆**fall over** **A** VI Mensch hinfallen; Objekt umfallen **B** VI ⟨+obj⟩ **1** (≈ stolpern) fallen über ⟨+akk⟩; **they were falling over each other to get the book** sie drängelten sich, um das Buch zu bekommen **2** **to fall over oneself to do sth** sich (dat) die größte Mühe geben, etw zu tun ◆**fall through** VI Plan ins Wasser fallen

◆**fall to** VI Verantwortung etc zufallen ⟨+dat⟩
fallacy [ˈfæləsɪ] 5 Irrtum m
fallen [ˈfɔːlən] PPERF → fall **fall guy** bes US umg 5 Sündenbock m
fallibility [ˌfælɪˈbɪlɪtɪ] 5 Fehlbarkeit f
fallible [ˈfæləbl] ADJ fehlbar
falling [ˈfɔːlɪŋ] ADJ fallend; Mitgliederzahl abnehmend **falling-off** 5 → fall-off
falling-out 5 Streit m **falling star** 5 Sternschnuppe f **fall-off** 5 Abnahme f **fallout** [ˈfɔːlaʊt] 5 radioaktiver Niederschlag
fallow [ˈfæləʊ] ADJ AGR brachliegend; **most of the fields are (lying) ~** die meisten Felder liegen brach
★**false** [fɔːls] ADJ ⟨komp falser⟩ falsch; Wimpern künstlich; Papiere gefälscht; **that's a ~ economy** das ist am falschen Ort gespart; **~ imprisonment** willkürliche Inhaftierung; **under** od **by ~ pretences** Br, **under** od **by ~ pretenses** US unter Vorspiegelung falscher Tatsachen; **to ring ~** nicht echt klingen **false alarm** 5 falscher Alarm **false friend** 5 LING falscher Freund **falsehood** [ˈfɔːlshʊd] 5 Unwahrheit f **falsely** [ˈfɔːlslɪ] ADV angeklagt, verurteilt zu Unrecht; berichten fälschlicherweise **false move** 5 **one ~, and ... fig** ein kleiner Fehler und ... **false start** 5 Fehlstart m **false teeth** PL (künstliches) Gebiss **falsification** [ˌfɔːlsɪfɪˈkeɪʃən] 5 (Ver)fälschung f **falsify** [ˈfɔːlsɪfaɪ] VI fälschen; Resultat verfälschen
falter [ˈfɔːltəʳ] VI Sprecher stocken; beim Gehen zögern **faltering** ADJ Stimme stockend; Schritte zögernd; Wirtschaft geschwächt
fame [feɪm] 5 Ruhm m; **~ and fortune** Ruhm und Reichtum
familial [fəˈmɪlɪəl] ADJ familiär
★**familiar** [fəˈmɪljəʳ] ADJ **1** Umgebung, Anblick gewohnt; Gestalt, Stimme vertraut; Mensch bekannt; Titel, Melodie geläufig; Beschwerde häufig; **his face is ~** das Gesicht ist mir bekannt; **to be ~ to sb** j-m bekannt sein; **it looks very ~** es kommt mir sehr bekannt vor; **that sounds ~** das habe ich doch schon mal gehört; **I am ~ with the word** das Wort ist mir bekannt od vertraut; **are you ~ with these modern techniques?** wissen Sie über diese modernen Techniken Bescheid? **2** Ton

F

familiär; (≈ *zu freundlich*) plumpvertraulich; **to be on ~ terms with sb** mit j-m auf vertrautem Fuß stehen **familiarity** [fəˌmɪlɪˈærɪtɪ] S̲ ⟨*kein pl*⟩ Vertrautheit f **familiarize** [fəˈmɪlɪəraɪz] V̲T̲ **to ~ sb/ oneself with sth** j-n/sich mit etw vertraut machen

★**family** [ˈfæmɪlɪ] A̲ S̲ Familie f; *im weiteren Sinne* Verwandtschaft f; **to start a ~** eine Familie gründen; **has he any ~?** hat er Familie?; **it runs in the ~** das liegt in der Familie; **he's one of the ~** er gehört zur Familie B̲ A̲D̲J̲ ⟨*attr*⟩ Familien-; **~ business** Familienunternehmen n; **a ~ friend** ein Freund/eine Freundin der Familie **family business** S̲ Familienbetrieb m **family circle** S̲ Familienkreis m **family company** S̲ Familienbetrieb m **family doctor** S̲ Hausarzt m/-ärztin f **family getaway** S̲, **family outing** S̲ Familienausflug m **family man** S̲ ⟨*pl -* men⟩ Familienvater m

★**family name** S̲ Familienname m **family planning** S̲ Familienplanung f **family planning clinic** S̲ Familienberatungsstelle f **family room** S̲ **1** *bes US* Wohnzimmer n **2** *Br für Kinder zugelassener Raum in einem Lokal* **family-size** A̲D̲J̲ in Haushaltsgröße; *Packung* Familien- **family tree** S̲ (Familien)stammbaum m **family values** P̲L̲ traditionelle (Familien)werte pl **famine** [ˈfæmɪn] S̲ Hungersnot f **famished** [ˈfæmɪʃt] *umg* A̲D̲J̲ ausgehungert; **I'm ~** ich sterbe vor Hunger *umg*

★**famous** [ˈfeɪməs] A̲D̲J̲ berühmt (**for** durch, für) **famously** [ˈfeɪməslɪ] A̲D̲V̲ bekanntermaßen

fan¹ [fæn] A̲ S̲ **1** Fächer m **2** Ventilator m B̲ V̲T̲ **to fan sb/oneself** j-m/sich (Luft) zufächeln; **to fan the flames** *fig* Öl ins Feuer gießen ♦**fan out** V̲I̲ *bei Suche etc* ausschwärmen

fan² S̲ Fan m; **I'm quite a fan of yours** ich bin ein richtiger Verehrer von Ihnen **fan-assisted** [ˈfænəˌsɪstɪd] A̲D̲J̲ **~ oven** Umluftherd m **fanatic** [fəˈnætɪk] S̲ Fanatiker(in) m(f) **fanatical** A̲D̲J̲ fanatisch; **he is ~ about it** es geht ihm über alles; **I'm ~ about fitness** ich bin ein Fitnessfanatiker **fanaticism** [fəˈnætɪsɪzəm] S̲ Fanatismus m

fan belt S̲ Keilriemen m **fanciful** [ˈfænsɪfʊl] A̲D̲J̲ **1** *Idee* fantastisch **2** unrealistisch; **I think you're being somewhat ~** ich glaube, das ist etwas weit hergeholt **fan club** S̲ Fanklub m **fancy** [ˈfænsɪ] A̲ V̲T̲ **1** (≈ *mögen*) **I ~ that car** das Auto gefällt mir; **he fancies a house on Crete** er hätte gern ein Haus auf Kreta; **I didn't ~ that job** die Stelle hat mich nicht gereizt; **I ~ a walk/beer** ich habe Lust zu einem Spaziergang/auf ein Bier; **she fancies doing that** sie würde das gern tun, sie hätte Lust, das zu tun; **to ~ sb** j-n attraktiv finden; **I don't ~ my chances of getting that job** ich rechne mir keine großen Chancen aus, die Stelle zu bekommen **2** (*auch dat*) einbilden, glauben **3** **~ doing that!** so was(, das) zu tun!; **~ that!** *umg* (nein) so was!; **~ him winning!** wer hätte gedacht, dass er gewinnt! B̲ V̲R̲ von sich eingenommen sein; **he fancies himself as an expert** er hält sich für einen Experten C̲ S̲ **a passing ~** nur so eine Laune; **he's taken a ~ to her** sie hat es ihm angetan; **to take** *auch* **catch sb's ~** j-m gefallen D̲ A̲D̲J̲ ⟨*komp fancier*⟩ **1** *umg Auto* schick; *Frisur, Bewegung* kunstvoll; *Speisen* raffiniert; **nothing ~** nichts Ausgefallenes **2** *oft pej umg Haus, Auto* chic *umg*; *Restaurant* nobel **fancy dress** S̲ (Masken)kostüm n, Verkleidung f; **is it ~?** geht man da verkleidet hin?; **they came in ~** sie kamen verkleidet; **fancy-dress party** Kostümfest n **fancy goods** P̲L̲ Geschenkartikel pl **fanfare** [ˈfænfɑːʳ] S̲ Fanfare f; **trumpet ~** Trompetenstoß m **fang** [fæŋ] S̲ *von Schlange* Giftzahn m; *von Wolf* Fang m **fan heater** S̲ Heizlüfter m **fan mail** S̲ Verehrerpost f **fanny** [ˈfænɪ] S̲ **1** *bes US umg* Po m *umg* **2** *Br sl* Möse f *vulg* **fanny pack** S̲ Gürteltasche f **fan oven** S̲ *Br* Umluftherd m **fantasize** [ˈfæntəsaɪz] V̲I̲ fantasieren; *im Traum* Fantasievorstellungen haben (**about** von) **fantastic** [fænˈtæstɪk] A̲ I̲N̲T̲ *umg* fantastisch! B̲ A̲D̲J̲ *umg* fantastisch; **a ~ amount of**, **~ amounts of** wahnsinnig viel *umg* **fantastically** [fænˈtæstɪkəlɪ] *umg* A̲D̲V̲ wahnsinnig *umg*

fantasy ['fæntəsɪ] [S] Fantasie *f*

fanzine ['fænziːn] [S] Fanmagazin *n*

FAQ [S] [ABK] (= frequently asked questions) IT häufig gestellte Fragen *pl*

★**far** [fɑːʳ] ⟨*komp* further; farther; *sup* furthest; farthest⟩ [A] [ADJ] hintere(r, s); **the far end of the room** das andere Ende des Zimmers; **the far door** die Tür am anderen Ende des Zimmers; **on the far side of** auf der anderen Seite von; **in the far distance** in weiter Ferne; **it's a far cry from ...** *fig* das ist etwas ganz anderes als ... [B] [ADV] [1] weit; **we don't live far** *od* **we live not far from here** wir wohnen nicht weit von hier; **I'll go with you as far as the gate** ich begleite dich bis zum Tor; **far and wide** weit und breit; **from far and near** *od* **wide** von nah und fern; **far away** weit weg, weit entfernt; **I won't be far off** *od* **away** ich bin ganz in der Nähe; **have you come far?** kommen Sie von weit her?; **how far have you got with your plans?** wie weit sind Sie mit Ihren Plänen (gekommen)?; **far better** weit besser [2] *zeitlich* **as far back as 1945** schon (im Jahr) 1945; **far into the night** bis spät in die Nacht [3] **as** *od* **so far as I'm concerned** was mich betrifft; **it's all right as far as it goes** das ist so weit ganz gut; **by far the best, the best by far** bei Weitem der/die/das Beste; **far from satisfactory** alles andere als befriedigend; **far from liking him I find him quite unpleasant** ich mag ihn nicht, ich finde ihn (im Gegenteil) sogar ausgesprochen unsympathisch; **far from it!** (ganz) im Gegenteil; **far be it from me to ...** es sei mir fern, zu ...; **so far** bisher, so weit; **so far so good** so weit, so gut; **to go far** *Vorräte etc* weit reichen; *Mensch* es weit bringen; **I would go so far as to say ...** ich würde so weit gehen zu sagen ...; **that's going too far** das geht zu weit; **not far off** *räumlich* nicht weit; *bei Vermutung, Wurf etc* fast (getroffen); **the weekend isn't far off now** es ist nicht mehr lang bis zum Wochenende **faraway, far-away** ['fɑːrəweɪ] [ADJ] [1] *Ort* entlegen; *Land* fern; *Geräusch* weit entfernt [2] *Blick* verträumt

farce [fɑːs] [S] Farce *f* **farcical** ['fɑːsɪkl] *fig* [ADJ] absurd

★**fare** [fɛəʳ] [A] [S] [1] Fahrpreis *m*; FLUG Flugpreis *m*; *auf Fähre* Preis *m* für die Überfahrt; (≈*Münzen etc*) Fahrgeld *n* [2] *obs, form* (≈*Nahrung*) Kost *f*; **traditional Christmas ~** ein traditionelles Weihnachtsessen [B] [VI] **he ~d well** es ging ihm gut; **how did you ~?** wie ist es dir ergangen?; **the dollar ~d well on the stock exchange** der Dollar schnitt an der Börse gut ab

Far East [S] **the ~** der Ferne Osten

fare-dodger [S] Schwarzfahrer(in) *m(f)*

fare stage [S] Tarifgrenze *f*

farewell [fɛə'wel] [S] Abschied *m*; **to say** *od* **make one's ~s** sich verabschieden, Abschied nehmen; **to bid sb ~** j-m Auf Wiedersehen sagen; **~ speech** Abschiedsrede *f*

far-fetched [ADJ] weit hergeholt **far-flung** [ADJ] abgelegen

★**farm** [fɑːm] [A] [S] Bauernhof *m*, Gutshof *m*; *in USA, Australien* Farm *f*; **chicken ~** Hühnerfarm *f* [B] [ADJ] ⟨*attr*⟩ landwirtschaftlich; **~ labourer** *Br*, **~ laborer** *US* Landarbeiter(in) *m(f)*; **~ animals** Tiere *pl* auf dem Bauernhof [C] [VT] *Land* bebauen; *Vieh* halten; *Pelztiere etc* züchten [D] [VI] Landwirtschaft betreiben ♦**farm out** [VT] ⟨*trennb*⟩ *Arbeit* vergeben (**on, to** an +*akk*)

★**farmer** ['fɑːməʳ] [S] Bauer *m*, Bäuerin *f*; *in USA, Australien* Farmer(in) *m(f)*; **~'s wife** Bäuerin *f* **farmers' market** [S] Bauernmarkt *m* **farmhand** [S] Landarbeiter(in) *m(f)* **farmhouse** [S] Bauernhaus *n* **farmhouse holiday** [S], **farmhouse vacation** *US* [S] Ferien *pl* auf dem Bauernhof, Urlaub *m* auf dem Bauernhof **farming** ['fɑːmɪŋ] [S] Landwirtschaft *f* **farmland** [S] Ackerland *n* **farm produce** [S] landwirtschaftliches Erzeugnis **farmstay** [S] Ferien *pl* auf dem Bauernhof, Urlaub *m* auf dem Bauernhof **farmyard** [S] Hof *m*

far-off ['fɑːrɒf] [ADJ] [1] *vergangen* weit zurückliegend; *zukünftig* weit entfernt [2] *Ort* fern **far-reaching** [ADJ] weitreichend **far-sighted** *fig* [ADJ] weitblickend

fart [fɑːt] *umg* [A] [S] [1] Furz *m umg* [2] **he's a boring old ~** er ist ein langweiliger alter Knacker *umg* [B] [VI] furzen *umg*

★**farther** ['fɑːðəʳ] ⟨*komp* → far⟩ [A] [ADJ] weiter entfernt; **at the ~ end** am anderen Ende [B] [ADV] → further A **farthest** ['fɑːðɪst] A̲D̲J̲ ̲&̲ ̲A̲D̲V̲ ⟨sup⟩ **1 the ~ point of the island** der am weitesten entfernte Punkt der Insel **2** → **far**

fascia ['feɪʃə] S̲ **1** für Handy Oberschale f **2** Br im Auto Armaturenbrett n

fascinate ['fæsɪneɪt] V̲/̲T̲ faszinieren **fascinating** ['fæsɪneɪtɪŋ] A̲D̲J̲ faszinierend **fascination** [ˌfæsɪ'neɪʃən] S̲ Faszination f; **to watch in ~** gebannt zusehen; **his ~ with the cinema** die Faszination, die das Kino auf ihn ausübt

fascism ['fæʃɪzəm] S̲ Faschismus m **fascist** ['fæʃɪst] A̲ S̲ Faschist(in) m(f) B̲ A̲D̲J̲ faschistisch

★**fashion** ['fæʃən] A̲ S̲ **1** ⟨kein pl⟩ Art (und Weise) f; **(in the) Indian ~** auf Indianerart; **in the usual ~** wie üblich; **in a similar ~** auf ähnliche Weise; **to do sth after a ~** etw recht und schlecht machen **2** Mode f; **(back)** in ~ (wieder) modern; **it's all the ~** es ist große Mode; **to come into/go out of ~** in Mode/aus der Mode kommen; **she always wears the latest ~s** sie ist immer nach der neuesten Mode gekleidet B̲ V̲/̲T̲ formen **fashionable** ['fæʃnəbl] A̲D̲J̲ modisch; Restaurant, Gegend chic; **to become ~** in Mode kommen **fashionably** ['fæʃnəblɪ] A̲D̲V̲ modisch **fashion-conscious** A̲D̲J̲ modebewusst **fashion designer** S̲ Modedesigner(in) m(f) **fashion magazine** S̲ Modezeitschrift f **fashion parade** S̲ Modenschau f **fashion show** S̲ Modenschau f **fashion trend** S̲ Modetrend m **fashion victim** pej umg S̲ Opfer n der Mode, Fashion Victim n

★**fast¹** [fɑːst] A̲D̲J̲ ̲&̲ ̲A̲D̲V̲ ⟨+er⟩ schnell; **she's a ~ runner** sie kann schnell laufen; **to pull a ~ one (on sb)** umg j-n übers Ohr hauen umg; **to be ~** Uhr vorgehen; **to be five minutes ~** fünf Minuten vorgehen

fast² A̲ A̲D̲J̲ **1** fest z̲ Farbstoff farbecht B̲ A̲D̲V̲ **1** fest **2** **to stick ~** festsitzen; **mit Klebstoff** festkleben **2** **to be ~ asleep** fest schlafen

fast³ A̲ V̲/̲I̲ fasten B̲ S̲ Fasten n, Fastenzeit f

fast-breeder reactor S̲ Schneller Brüter

fasten ['fɑːsn] A̲ V̲/̲T̲ befestigen **(to, on-to** an +dat); Knopf, Kleid etc zumachen; Tür (ab)schließen; **to ~ one's seat belt** sich anschnallen; **to ~ two things together** zwei Dinge aneinander befestigen B̲ V̲/̲I̲ sich schließen lassen; **the dress ~s at the back** das Kleid wird hinten zugemacht; **these two pieces ~ together** diese zwei Teile werden miteinander verbunden ♦**fasten on** V̲/̲T̲ ⟨trennb⟩ festmachen (obj, -to an +dat) ♦**fasten up** V̲/̲T̲ ⟨trennb⟩ Kleid zumachen; **could you fasten me up?** umg kannst du mir zumachen? umg

fastener ['fɑːsnə], **fastening** ['fɑːsnɪŋ] S̲ Verschluss m

fast food S̲ Fast Food n **fast-food restaurant** S̲ Fast-Food-Restaurant n, Schnellrestaurant n **fast-forward** V̲/̲T̲ ̲&̲ ̲V̲/̲I̲ vorspulen

fastidious [fæs'tɪdɪəs] A̲D̲J̲ penibel **(about** in Bezug auf +akk)

fast lane S̲ Überholspur f; **life in the ~** fig das hektische Leben **fast-track** V̲/̲T̲ im Schnellverfahren durchführen

★**fat** [fæt] A̲ A̲D̲J̲ ⟨komp fatter⟩ **1** dick, fett; umg Gewinn üppig; **to get or become fat** dick werden **2** iron umg **that's a fat lot of good** das bringt doch überhaupt nichts; **fat lot of help she was** sie war 'ne schöne Hilfe! iron umg; **fat chance!** schön wärs! B̲ S̲ ANAT, GASTR, CHEM Fett n; **reduce the fat in your diet** reduzieren Sie den Fettgehalt Ihrer Ernährung

★**fatal** ['feɪtl] A̲D̲J̲ **1** tödlich **(to, for** für**)**; **he had a ~ accident** er ist tödlich verunglückt **2** Fehler verhängnisvoll; **to be prove ~ to or od for sb/sth** das Ende für j-n/etw bedeuten; **it would be ~ to do that** es wäre verhängnisvoll, das zu tun **fatalistic** [ˌfeɪtə'lɪstɪk] A̲D̲J̲ fatalistisch **fatality** [fə'tælɪtɪ] S̲ Todesfall m; bei Unfall, in Krieg (Todes)opfer n; **there were no fatalities** es gab keine Todesopfer **fatally** ['feɪtlɪ] A̲D̲V̲ **1** verletzt tödlich **2** beschädigen, schwächen auf Dauer; **to be ~ flawed** fatale Mängel aufweisen

★**fate** [feɪt] S̲ Schicksal n; **to leave sth to ~** etw dem Schicksal überlassen **fated** A̲D̲J̲ **to be ~ to be unsuccessful** zum Scheitern verurteilt sein; **they were ~ never to meet again** es war ihnen bestimmt, sich nie wiederzusehen **fateful** ['feɪtfʊl] A̲D̲J̲ Tag schicksalhaft; Entscheidung verhängnisvoll

F

fat-free [fætfriː] ADJ fettfrei

★**father** [ˈfɑːðər] A 1 Vater m **(to be** j-m; (≈ Geistlicher) Pater m; **like ~ like son** der Apfel fällt nicht weit vom Stamm; **(our)** Father Vater m (unser) 2 **~s** pl (≈ Vorfahren) Väter pl B VT Kind zeugen **Father Christmas** Br ≈ der Weihnachtsmann **father figure** S Vaterfigur f **fatherhood** S Vaterschaft f

★**father-in-law** S ⟨pl fathers-in-law⟩ Schwiegervater m **fatherland** S Vaterland n **fatherly** [ˈfɑːðəlɪ] ADJ väterlich **Father's Day** S Vatertag m

fathom [ˈfæðəm] A S Faden m B VT umg a. ~ **out** verstehen; **I just can't ~ him (out)** er ist mir ein Rätsel; **I couldn't ~ it (out)** ich kam der Sache nicht auf den Grund

fatigue [fəˈtiːg] A 1 Erschöpfung f 2 TECH von Metall etc Ermüdung f 3 **~s** pl MIL Arbeitsanzug m

fatso [ˈfætsəʊ] S ⟨pl -es⟩ umg Dickerchen n umg **fatten** [ˈfætn] VT, (a. **fatten up**) Tiere mästen; Menschen herausfüttern umg **fattening** [ˈfætnɪŋ] ADJ dick machend; **chocolate is ~** Schokolade macht dick **fatty** [ˈfætɪ] A ADJ ⟨komp **fattier**⟩ fett, fettig B S umg Dickerchen n umg

fatuous [ˈfætjʊəs] ADJ albern

faucet [ˈfɔːsɪt] US S Hahn m

★**fault** [fɔːlt] A S 1 Fehler m; TECH Defekt m; **to find ~ with sb/sth** etwas an j-m/etw auszusetzen haben; **he was at ~** er war im Unrecht 2 ⟨kein pl⟩ **it won't be my ~ if ...** es ist nicht meine Schuld, wenn ...; **whose ~ is it?** wer ist schuld (daran)? 3 GEOL Verwerfung f B VT Fehler an j-m/ihm nichts daran/an ihm auszusetzen **fault-finding** [ˈfɔːltˌfaɪndɪŋ] A ADJ krittelig B S Krittelei f **faultless** ADJ fehlerlos; Englisch etc fehlerfrei **fault line** S GEOL Verwerfungslinie f **faulty** [ˈfɔːltɪ] ADJ ⟨komp **faultier**⟩ TECH defekt; HANDEL fehlerhaft; Logik falsch

fauna [ˈfɔːnə] S Fauna f

faux pas [fəʊˈpɑː] S ⟨pl - -⟩ Fauxpas m

fava bean [ˈfɑːvəbiːn] US S dicke Bohne

★**favour** [ˈfeɪvər], **favor** US A S 1 ⟨kein pl⟩ Gunst f; **to find ~ with sb** bei j-m Anklang finden; **to be in ~ with sb** bei j-m gut angeschrieben sein; Mode, Autor etc bei j-m beliebt sein; **to be/fall out of**

~ in Ungnade (gefallen) sein/fallen 2 ★**to be in ~ of sth** für etw sein; ★**to be in ~ of doing sth** dafür sein, etw zu tun; **a point in his ~** ein Punkt zu seinen Gunsten; **the judge ruled in his ~** der Richter entschied zu seinen Gunsten; **all those in ~ raise their hands** alle, die dafür sind, Hand hoch; **he rejected socialism in ~ of the market economy** er lehnte den Sozialismus ab und bevorzugte stattdessen die Marktwirtschaft 3 Vergünstigung f; **to show ~ to sb** j-n bevorzugen 4 Gefallen m; **to ask a ~ of sb** j-n um einen Gefallen bitten; **to do sb a ~** j-m einen Gefallen tun; **would you do me the ~ of returning my library books?** wären Sie bitte so freundlich und würden meine Bücher in die Bücherei zurückbringen?; **as a ~ to him** ihm zuliebe B VT Idee für gut halten, bevorzugen 2 US ähneln (+dat) **favourable** [ˈfeɪvərəbl] ADJ, **favorable** US ADJ 1 positiv; **her request met with a ~ response** ihre Bitte stieß auf Zustimmung 2 günstig **(to** für), vorteilhaft; **to show sth in a ~ light** etw in einem günstigen Licht zeigen; **on ~ terms** zu günstigen Bedingungen; **conditions are ~ for development** für die Entwicklung herrschen günstige Bedingungen **favourably** [ˈfeɪvərəblɪ] ADV, **favorably** US ADV 1 reagieren positiv; **betrachten** wohlwollend; **he was ~ impressed by it** er war davon sehr angetan; **to be ~ disposed** od inclined **to** (-wards) **sb/sth** j-m/einer Sache gewogen sein geh 2 günstig; **to compare ~** im Vergleich gut abschneiden

favourite [ˈfeɪvərɪt], **favorite** US A S 1 (≈ Mensch) Liebling m; HIST, a. pej Günstling m 2 **this one is my ~** das gefällt mir am besten; **this book is my ~** das ist mein Lieblingsbuch 3 SPORT Favorit(in) m(f); **Chelsea are the ~s** Chelsea ist (der) Favorit B ADJ ⟨attr⟩ Lieblings-; **my ~ movie** mein Lieblingsfilm m **favouritism** [ˈfeɪvərɪtɪzəm] S, **favoritism** US S Vetternwirtschaft f umg

fawn[1] [fɔːn] A S 1 Hirschkalb n, Rehkitz n 2 (≈ Farbe) Beige n B ADJ beige **fawn**[2] fig VI katzbuckeln **(on, upon** od **over** vor +dat)

★**fax** [fæks] A S Fax n; **to send sth by fax** etw faxen B VT faxen **fax machine** S

→ fax **fax number** $\boxed{5}$ (Tele)faxnummer f

faze [feɪz] *umg* $\overline{VIT}$ verdattern *umg*; **the question didn't ~ me at all** die Frage brachte mich keineswegs aus der Fassung

FBI *US* $\overline{ABK}$ (= Federal Bureau of Investigation) FBI n

★**fear** [fɪəʳ] $\boxed{A}$ $\boxed{5}$ $\boxed{1}$ Angst f (**of** vor +dat), Furcht f (**of** vor +dat); **~ of failure/flying** Versagens-/Flugangst f; **there are ~s that** ... es wird befürchtet, dass ...; **to be in ~ of sb/sth** Angst vor j-m/etw haben; **for ~ of doing sth** aus Angst davor, etw zu tun; **she talked quietly for ~ of waking the baby** sie sprach leise, um das Baby nicht aufzuwecken ⟨*kein pl*⟩ **no ~!** *umg* nie im Leben! *umg*; **there's no ~ of that happening again** keine Angst, das passiert so leicht nicht wieder $\boxed{B}$ $\overline{VIT}$ (be)fürchten; **he's a man to be ~ed** er ist ein Mann, den man fürchten muss; **many women ~ to go out at night** viele Frauen haben Angst davor, abends auszugehen $\boxed{C}$ $\overline{VII}$ **to ~ for** fürchten für *od* um; **never ~!** keine Angst! **fearful** $\overline{ADJ}$ $\boxed{1}$ ängstlich; **to be ~ of sb/sth** Angst vor j-m/etw haben; **I was ~ of waking her** ich befürchtete, dass ich sie aufwecken würde $\boxed{2}$ furchtbar **fearless** $\overline{ADJ}$, **fearlessly** $\overline{ADV}$ furchtlos **fearsome** [ˈfɪəsəm] $\overline{ADJ}$ furchterregend

feasibility [ˌfiːzəˈbɪlɪtɪ] $\boxed{5}$ *von Plan etc* Durchführbarkeit f **feasibility study** $\boxed{5}$ Machbarkeitsstudie f **feasible** [ˈfiːzəbl] $\overline{ADJ}$ $\boxed{1}$ möglich; *Plan* durchführbar $\boxed{2}$ plausibel

feast [fiːst] $\boxed{A}$ $\boxed{5}$ $\boxed{1}$ Festessen n; **a ~ for the eyes** eine Augenweide $\boxed{2}$ KIRCHE, REL Fest n; **~ day** Feiertag m $\boxed{B}$ $\overline{VII}$ *wörtl* Festgelage *pl*/ein Festgelage halten; **to ~ on sth** sich an etw (*dat*) gütlich tun $\boxed{C}$ $\overline{VIT}$ **to ~ one's eyes on sb/sth** seine Augen an j-m/etw weiden

feat [fiːt] $\boxed{5}$ Leistung f; *heroisch* Heldentat f

★**feather** [ˈfeðəʳ] $\boxed{5}$ Feder f; **~s** Gefieder n; **as light as a ~** federleicht; **they are birds of a ~** sie sind vom gleichen Schlag **feather bed** $\boxed{5}$ mit Federn gefüllte Matratze **featherbrained** $\overline{ADJ}$ dümmlich **feather duster** $\boxed{5}$ Staubwedel m

★**feature** [ˈfiːtʃəʳ] $\boxed{A}$ $\boxed{5}$ $\boxed{1}$ (Gesichts)zug m $\boxed{2}$ Merkmal n, Kennzeichen n; **special ~** Besonderheit f $\boxed{3}$ *von Zimmer etc* herausragendes Merkmal; **to make a ~ of sth** etw besonders betonen; **the main ~** die Hauptattraktion $\boxed{4}$ *Presse, a.* RADIO, TV Feature n $\boxed{B}$ $\overline{VIT}$ $\boxed{1}$ *Presse:* Meldung bringen $\boxed{2}$ **this movie ~s an English actress** in diesem Film spielt eine englische Schauspielerin mit; **the album ~s their latest hit single** auf dem Album ist ihre neueste Hitsingle $\boxed{C}$ $\overline{VII}$ vorkommen; **the story ~d on all today's front pages** die Geschichte war heute auf allen Titelseiten **feature film** *Br* $\boxed{5}$ Spielfilm m **feature-length** $\overline{ADJ}$ *Film* mit Spielfilmlänge

Feb $\overline{ABK}$ (= February) Febr.

★**February** [ˈfebruəri] $\boxed{5}$ Februar m, Feber m *österr*; → September

feces [ˈfiːsiːz] *US* $\overline{PL}$ → faeces

Fed *US* $\boxed{5}$ Zentralbank f der USA

fed[1] [fed] $\overline{PRÄT \& PPERF}$ → feed

fed[2] *US umg* $\boxed{5}$ FBI-Agent(in) m(f)

★**federal** [ˈfedərəl] $\overline{ADJ}$ Bundes-; *System etc, a.* US HIST föderalistisch; **~ state** Bundesstaat m; ★**the Federal Republic of Germany** die Bundesrepublik Deutschland; **Federal Reserve (Bank)** *US* Zentralbank f **federalism** [ˈfedərəlɪzəm] $\boxed{5}$ Föderalismus m **federation** [ˌfedəˈreɪʃən] $\boxed{5}$ Föderation f

fed up *umg* $\overline{ADJ}$ **to be ~ (with sth)** (von etw) die Nase voll haben *umg*; **I'm ~ with him** ich habe ihn satt; **I'm ~ waiting for him** ich habe es satt, auf ihn zu warten

fee [fiː] $\boxed{5}$ Gebühr f; *von Arzt, Anwalt* Honorar n; *für Mitgliedschaft* Beitrag m; **(school) fees** Schulgeld n

feeble [ˈfiːbl] $\overline{ADJ}$ ⟨*komp* feebler⟩ schwach; *Versuch* kläglich; *Ausrede* faul *umg* **feeble-minded** [ˌfiːblˈmaɪndɪd] $\overline{ADJ}$ dümmlich **feebly** [ˈfiːblɪ] $\overline{ADV}$ schwach; *lächeln* kläglich; *etw sagen* wenig überzeugend

★**feed** [fiːd] $\overline{v: prät, pperf fed}$ $\boxed{A}$ $\overline{VIT}$ $\boxed{1}$ (≈ versorgen) j-n, Armee versorgen; *Familie* ernähren $\boxed{2}$ (≈ zu essen geben) *Baby, Tier* füttern; *Pflanze* düngen; **to ~ sth to sb** j-m etw zu essen geben $\boxed{3}$ *Maschine* versorgen; *Feuer* etwas legen auf (+akk); *fig Fantasie* nähren; **he steals to ~ his heroin habit** er stiehlt, um sich mit Heroin zu versorgen; **to ~ sth into a machine** etw in eine Maschine geben; **to ~ information (in)to a computer** Informationen in einen Computer eingeben 4 TECH führen B V/I Tier fressen; Baby gefüttert werden C S 1 von Tieren Fütterung f; von Baby Mahlzeit f 2 Futter n; **when is the baby's next ~?** wann wird das Baby wieder gefüttert? 3 TECH an Computer Eingabe f (**into** in +akk)

◆**feed in** V/T ‹trennb› Draht etc einführen (obj in +akk); Informationen eingeben (obj in +akk) ◆**feed on** A V/I ‹+obj› sich (er)nähren von; fig sich nähren von B V/T ‹trennb +obj› **to feed sb on sth** Tier, Baby j-n mit etw füttern; Erwachsenen j-n mit etw ernähren

feedback fig S Feedback n, Rückmeldung f; **to provide more ~ on sth** ausführlicher über etw (akk) berichten

feeder ['fiːdə] A S 1 für Vögel Futterhalter m 2 Zubringer m, Zubringerstraße f; von öffentlichen Verkehrsmitteln Zubringerlinie f B ADJ ‹attr› Zubringer-

feeding bottle S Flasche f **feeding time** S für Tier Fütterungszeit f; für Baby Zeit f für die Mahlzeit

★**feel** [fiːl] ‹v: prät, pperf felt› A V/T 1 fühlen, befühlen; **to ~ one's way** sich vortasten; **I'm still ~ing my way (in my new job)** ich versuche noch, mich (in meiner neuen Stelle) zurechtzufinden 2 Stich, Sonne spüren; **I can't ~ anything in my left leg** ich habe kein Gefühl im linken Bein; **I felt it move** ich spürte, wie es sich bewegte 3 Freude, Angst empfinden; Auswirkungen spüren 4 (≈ betroffen sein) Hitze, Verlust leiden unter (+dat); **I felt that!** Schmerz das hat wehgetan! 5 glauben; **what do you ~ about him/it?** was halten Sie von ihm/davon?; **it was felt that ...** man war der Meinung, dass ...; **he felt it necessary** er hielt es für notwendig B V/I 1 sich fühlen; **I ~ sick** mir ist schlecht; **to ~ certain/hungry** sicher/hungrig sein; **I ~ cold** mir ist kalt; **I felt sad** mir war traurig zumute; **I felt as though I'd never been away** mir war, als ob ich nie weg gewesen wäre; **I felt as if I was going to be sick** ich dachte, mir würde schlecht werden; **how do you ~ about him?** emotionell was empfinden Sie für ihn?; **you can imagine**

what I felt like od **how I felt** Sie können sich (dat) vorstellen, wie mir zumute war; **what does it ~ like** od **how does it ~ to be all alone?** wie fühlt man sich so ganz allein?; **what does it ~ like** od **how does it ~ to be the boss?** wie fühlt man sich als Chef? 2 sich anfühlen; **the room ~s warm** das Zimmer kommt einem warm vor 3 meinen; **how do you ~ about him/going for a walk?** was halten Sie von ihm/von einem Spaziergang?; **that's just how I ~** das meine ich auch 4 **to ~ like** Lust haben auf (+akk); **I ~ like something to eat** ich möchte jetzt gern etwas essen; **I ~ like going for a walk** ich habe Lust spazieren zu gehen; **I felt like screaming** ich hätte am liebsten geschrien; **I don't ~ like it** ich habe keine Lust dazu C S ‹kein obj› **let me have a ~** lass (mich!) mal fühlen!; **it has a papery ~** es fühlt sich wie Papier an; **the room has a cosy ~** das Zimmer hat eine gemütliche Atmosphäre; **to get a ~ for sth** fig ein Gefühl n für etw bekommen ◆**feel for** V/I ‹+obj› 1 Mitgefühl haben mit; **I feel for you** Sie tun mir leid 2 (≈ suchend) tasten nach; in Tasche etc kramen nach ◆**feel up to** VI ‹+obj› sich gewachsen fühlen (+dat); **I don't feel up to it** mir ist nicht so wohl, ich gehe da nicht hin

feel-bad ['fiːlbæd] ADJ ~ **factor** Frustfaktor m **feeler** ['fiːlə] S 1 ZOOL Fühler m 2 fig **to put out ~s** seine Fühler ausstrecken **feel-good** ['fiːlɡʊd] ADJ Wohlfühl-; ~ **factor** Wohlfühlfaktor m

★**feeling** ['fiːlɪŋ] S 1 Gefühl n; **I've lost all ~ in my right arm** ich habe kein Gefühl mehr im rechten Arm; **I know the ~** ich weiß, wie das ist 2 (Vor)gefühl n; **I've a funny ~ she won't come** ich hab so das Gefühl, dass sie nicht kommt 3 (a. ~s) Meinung f (on zu); **there was a general ~ that ...** man war allgemein der Ansicht, dass ...; **there's been a lot of bad ~ about this decision** wegen dieser Entscheidung hat es viel böses Blut gegeben 4 ~s Gefühle pl; **to have ~s for sb** Gefühle für j-n haben; **you've hurt his ~s** Sie haben ihn verletzt; **no hard ~s?** nimm es mir nicht übel

fee-paying ['fiːpeɪɪŋ] ADJ Schule gebührenpflichtig; Student Gebühren zahlend

★**feet** [fiːt] PL → foot

feign [feɪn] VT vortäuschen; **to ~ illness** sich krank stellen **feigned** [feɪnd] ADJ vorgeblich attr

feint [feɪnt] A S SPORT Finte f B VI SPORT, a. fig eine Finte anwenden

feisty ['faɪstɪ] ADJ ‹komp feistier› robust

feline ['fiːlaɪn] wörtl ADJ Katzen-; fig katzenhaft

fell¹ [fel] PRÄT → **fall**

fell² [fel] S (≈ Haut) Fell n

fell³ VT fällen; j-n niederstrecken

fellatio [fɪ'leɪʃɪəʊ] S ‹kein pl› Fellatio f

★**fellow¹** ['feləʊ] S ❶ Mann m, Typ m umg; **poor ~!** der Arme!; **this journalist ~** dieser komische Journalist ❷ Kumpel m umg, Spezi m österr ❸ UNIV Fellow m ❹ von Verein Mitglied n

★**fellow²** PRÄF **our ~ bankers/doctors** unsere Berufskollegen pl; **~ student** Kommilitone m, Kommilitonin f; bes US SCHULE Mitschüler(in) m(f); **~ member** in Verein etc Klubkamerad(in) m(f); POL Parteigenosse m/-genossin f; **~ sufferer** Leidensgenosse m/-genossin f; **~ worker** Kollege m, Kollegin f; **he is a ~ lexicographer** er ist auch Lexikograf; **"my ~ Americans..."** „meine lieben amerikanischen Mitbürger..." **fellow citizens** S Mitbürger(in) m(f) **fellow countrymen** PL Landsleute pl **fellow men** PL Mitmenschen pl **fellowship** ['feləʊʃɪp] S ❶ ‹kein pl› Kameradschaft f ❷ UNIV Forschungsstipendium n; (≈ Stellung) Position eines Fellow **fellow traveller** S, **fellow traveler** US S Mitreisende(r) m/f(m)

felon ['felən] S (Schwer)verbrecher(in) m(f) **felony** ['felənɪ] S (schweres) Verbrechen

felt¹ [felt] PRÄT & PPERF → **feel**

felt² [felt] A S Filz m B ADJ ‹attr› Filz- **felt-tip (pen)** ['felttɪp'pen] S Filzstift m

★**female** ['fiːmeɪl] A ADJ weiblich; Rechte Frauen-; **a ~ doctor** eine Ärztin; **a ~ companion** eine Gesellschafterin; **a ~ football team** eine Damenfußballmannschaft B S ❶ (≈ Tier) Weibchen n ❷ umg Frau f; pej Weib n pej

feminine ['femɪnɪn] A ADJ feminin; Schönheit, Eigenschaften weiblich B S GRAM Femininum n **feminine hygiene** S Monatshygiene f; **~ products** Monatshygieneartikel pl **femininity** [femɪ'nɪnɪtɪ] S Weiblichkeit f **feminism**

['femɪnɪzəm] S Feminismus m **feminist** ['femɪnɪst] A S Feminist(in) m(f) B ADJ feministisch; **the ~ movement** die Frauenbewegung

femur ['fiːmər] S Oberschenkelknochen m

fen [fen] S Moorland n; **the Fens** die Niederungen in East Anglia

★**fence** [fens] A S Zaun m; SPORT Hindernis n; **to sit on the ~** fig neutral bleiben B VI SPORT fechten ♦**fence in** VT ‹trennb› einzäunen ♦**fence off** VT ‹trennb› abzäunen

fencer ['fensər] S SPORT Fechter(in) m(f) **fencing** ['fensɪŋ] S ❶ SPORT Fechten n ❷ Zaun m

fend [fend] VT **to ~ for oneself** für sich (selbst) sorgen, alleine auskommen ♦**fend off** VT ‹trennb› abwehren

fender ['fendər] S ❶ Kamingitter n ❷ US an Auto Kotflügel m; an Fahrrad Schutzblech n

fennel ['fenl] S BOT Fenchel m

feral ['ferəl] ADJ ‹attr› verwildert; **~ cat** Wildkatze f

ferment [fɜː'ment] A S fig Unruhe f; **the city was in ~** es brodelte in der Stadt B [fə'ment] VI gären C [fə'ment] VT wörtl fermentieren **fermentation** [ˌfɜːmen'teɪʃən] S Gärung f

fern [fɜːn] S Farn m, Farnkraut n

ferocious [fə'rəʊʃəs] ADJ wild; Hund äußerst bissig; Blick grimmig; Schlacht erbittert; Streit heftig; Angriff brutal **ferociously** [fə'rəʊʃəslɪ] ADV kämpfen, sich streiten heftig; angreifen aufs Schärfste; anstarren grimmig; bellen wütend **ferocity** [fə'rɒsɪtɪ] S von Tier Wildheit f; von Hund Bissigkeit f; von Schlacht, Streit Heftigkeit f; von Angriff Brutalität f

ferret ['ferɪt] A S Frettchen n B VI (a. **ferret about** od **around**) herumstöbern ♦**ferret out** Br umg VT ‹trennb› aufstöbern

Ferris wheel ['ferɪsˌwiːl] S Riesenrad n **ferrous** ['ferəs] ADJ Eisen-

★**ferry** ['ferɪ] A S Fähre f B VT ‹a. **ferry across** od **over**) übersetzen; mit Auto transportieren; **to ~ sb across a river** j-n über einen Fluss setzen; **to ~ sb/ sth back and forth** j-n/etw hin- und herbringen **ferryboat** S Fähre f **ferryman** S ‹pl -men› Fährmann m **ferry service** S Fährdienst m

fertile ['fɜ:taɪl] [ADJ] fruchtbar; **this is ~ ground for racists** das ist fruchtbarer Boden für Rassisten **fertility** [fə'tɪlɪtɪ] [S] Fruchtbarkeit *f* **fertilization** [ˌfɜ:tɪlaɪ'zeɪʃən] [S] Befruchtung *f* **fertilize** ['fɜ:tɪlaɪz] [V/T] befruchten; *Boden* düngen **fertilizer** ['fɜ:tɪlaɪzəʳ] [S] Dünger *m*

fervent ['fɜ:vənt] [ADJ] leidenschaftlich; *Hoffnung* inbrünstig *geh* **fervently** ['fɜ:vəntlɪ] [ADV] leidenschaftlich; *hoffen, wünschen, beten* inbrünstig *geh* **fervour** ['fɜ:vəʳ] [S], **fervor** *US* [S] Leidenschaftlichkeit *f*

fester ['festəʳ] [V/I] eitern; *fig Ärger* nagen

festival ['festɪvəl] [S] [1] KIRCHE *etc* Fest *n* [2] Festival *n* **festive** ['festɪv] [ADJ] festlich; **the ~ season** die Weihnachtszeit **festivity** [fe'stɪvɪtɪ] [S] Feier *f*; **festivities** *pl* Feierlichkeiten *pl*

festoon [fe'stu:n] [V/T] **to ~ sth with sth** etw mit etw schmücken; **to be ~ed with sth** mit etw behängt sein

feta (cheese) ['fetə('tʃi:z)] [S] Feta(käse) *m*

fetal ['fi:tl] *bes US* [ADJ] → foetal

fetch [fetʃ] [A] [V/T] [1] holen, abholen; **would you ~ a handkerchief for me** *od* **~ me a handkerchief?** kannst du mir ein Taschentuch holen (gehen)?; **she ~ed in the washing** sie holte die Wäsche herein [2] *bestimmten Preis etc* (ein)bringen [B] [V/I] **to ~ and carry for sb** bei j-m Mädchen für alles sein **fetching** ['fetʃɪŋ] [ADJ] attraktiv

fête [feɪt] [A] [S] Fest *n* [B] [V/T] feiern

fetid ['fetɪd] [ADJ] übel riechend

fetish ['fetɪʃ] [S] Fetisch *m*; **to have a ~ for leather/cleanliness** einen Leder-/Sauberkeitstick haben *umg*

fetters ['fetəz] [PL] Fesseln *pl*

fettle ['fetl] [S] **to be in fine ~** in bester Form sein; *bes gesundheitsmäßig* in bester Verfassung sein *umg*

fetus ['fi:təs] *US* [S] → foetus

feud [fju:d] *wörtl, fig* [A] [S] Fehde *f* [B] [V/I] sich befehden

feudal ['fju:dl] [ADJ] Feudal-, feudal; **~ system** Feudalsystem *n* **feudalism** ['fju:dəlɪzəm] [S] Feudalismus *m*

★**fever** ['fi:vəʳ] [S] [1] Fieber *n kein pl*; **to have a ~** Fieber haben [2] *fig* Aufregung *f*; **election ~** Wahlfieber *n*; **in a ~ of excitement** in fieberhafter Erregung **feverish** ['fi:vərɪʃ] [ADJ] [1] fieberhaft [2] MED **to be ~** Fieber haben **feverishly** ['fi:vərɪʃlɪ] [ADV] fieberhaft **fever pitch** [S] **to reach ~** den Siedepunkt erreichen

★**few** [fju:] [ADJ & PRON] ⟨*+er*⟩ [1] wenige; **few people come to see him** nur wenige Leute besuchen ihn; **few and far between** dünn gesät; **as few as ten cigarettes a day** schon zehn Zigaretten am Tag; **there were 3 too few** es waren 3 zu wenig da; **he is one of the few people who …** er ist einer der wenigen, die …; **few of them came** wenige von ihnen kamen; **there are too few of you** ihr seid zu wenige [2] ★ **a few** ein paar, einige; **a few more days** noch ein paar Tage; **a few times** ein paar Male; **there were quite a few waiting** ziemlich viele warteten; **he's had a few (too many)** er hat einen über den Durst getrunken; **quite a few books** ziemlich viele Bücher; **in the next few days** in den nächsten paar Tagen; **every few days** alle paar Tage; **a few more** ein paar mehr; **quite a few** eine ganze Menge; **the few who knew him** die wenigen, die ihn kannten **fewer** ['fju:əʳ] [ADJ & PRON] ⟨*komp*⟩ [1] weniger; **no ~ than** nicht weniger als [2] → few **fewest** ['fju:ɪst] ⟨*sup* → few⟩ [A] [ADJ] die wenigsten [B] [PRON] die wenigsten, am wenigsten

fiancé [fɪ'ɑ̃:ŋseɪ] [S] Verlobte(r) *m* **fiancée** [fɪ'ɑ̃:ŋseɪ] [S] Verlobte *f*

fiasco [fɪ'æskəʊ] [S] ⟨*pl* -s; *US a.* -es⟩ Fiasko *n*

fib [fɪb] *umg* [A] [S] Flunkerei *f umg*; **don't tell fibs** flunker nicht! *umg* [B] [V/I] flunkern *umg* **fibber** ['fɪbəʳ] *umg* [S] Flunkerer *m*, Flunkerin *f umg*, Schwindler(in) *m(f)*

★**fibre** ['faɪbəʳ] [S], **fiber** *US* [S] [1] Faser *f* [2] Ballaststoffe *pl* [3] *fig* **moral ~** Charakterstärke *f* **fibreglass**, **fiberglass** *US* [A] [S] Glasfaser *f* [B] [ADJ] aus Glasfaser **fibre optics** [S], **fiber optics** *US* [S] ⟨*+sg v*⟩ Faseroptik *f*

fickle ['fɪkl] [ADJ] launenhaft

fiction ['fɪkʃən] [S] [1] ⟨*kein pl*⟩ LIT Prosaliteratur *f*; **you'll find that under ~** das finden Sie unter Belletristik; **work of ~** Erzählung *f*; *länger* Roman *m* [2] (freie) Erfindung; **that's pure ~** das ist frei erfunden **fictional** ['fɪkʃənl] [ADJ] [1] erfunden; *Drama* fiktional; **~ character** Romanfigur *f* [2] erzählerisch; **his ~ writing**

seine erzählenden Schriften **fictitious** [fɪkˈtɪʃəs] ADJ 1 *Name* falsch 2 LIT *Romanfigur etc* erfunden

fiddle [ˈfɪdl] A S 1 MUS *umg* Fiedel f *umg*; **to play second ~ to sb** fig in j-s Schatten (dat) stehen; **as fit as a ~** kerngesund 2 Br *umg* (≈ *Schwindel*) Schiebung f; *mit Geld* faule Geschäfte pl *umg*; **tax ~** Steuermanipulation f; **to be on the ~** krumme Dinger machen *umg* B V/T *Br umg Geschäftsbücher* frisieren *umg*; **he ~d it so that ...** er hat es so hingebogen, dass ... ◆**fiddle about** Br, **fiddle around** V/I **to fiddle about** *od* **around with sth** an etw (dat) herumspielen, mit etw herumspielen

fiddler [ˈfɪdlə(r)] S MUS *umg* Geiger(in) m(f) **fiddly** [ˈfɪdlɪ] ADJ ⟨komp **fiddlier**⟩ *Br Arbeit* knifflig *umg*; *Schaltung etc* umständlich

fidelity [fɪˈdelɪtɪ] S Treue f (**to** zu)

fidget [ˈfɪdʒɪt] A V/I (a. **fidget about** *od* **around**) zappeln B S (≈ *Mensch*) Zappelphilipp m *umg* **fidgety** [ˈfɪdʒɪtɪ] ADJ zappelig; *Publikum* unruhig

★**field** [fiːld] A S 1 Feld n, Wiese f, Weide f; **corn ~** Getreidefeld n; **potato ~** Kartoffelacker m; **in the ~s** auf dem Feld; **~ of battle** Schlachtfeld n; **~ of vision** Blickfeld n 2 *für Fußball etc* Platz m; **sports ~** Sportplatz m 3 *von Arbeit, Forschung etc* Gebiet n; **what ~ are you in?** auf welchem Gebiet arbeiten Sie? *Praxis f*; **work in the ~** Feldforschung f 5 IT Datenfeld n B V/T 1 *Ball* auffangen und zurückwerfen; fig *Frage etc* abblocken; **he had to ~ calls from customers** er musste Kunden am Telefon abwimmeln *umg* 2 *Mannschaft* auf den Platz schicken 3 POL *Kandidaten* aufstellen C V/I *Baseball etc* als Fänger spielen **field day** fig S **I had a ~** ich hatte meinen großen Tag **fielder** [ˈfiːldə(r)] S *Baseball etc* Fänger(in) m(f) **field event** S SPORT *Disziplin, die nicht auf der Aschenbahn ausgetragen wird* **field hockey** US S Hockey n **field sports** PL Sport m *im Freien* (*Jagen und Fischen*) **field study** S Feldstudie f **field test** S Feldversuch m **field-test** V/T *in einem Feldversuch/in Feldversuchen testen* **field trip** S Exkursion f **field work** S Arbeit f im Gelände; *soziologisch etc* Feldforschung f

fiend [fiːnd] S 1 Dämon m; (≈ *Mensch*) Teufel m *umg* Fanatiker(in) m(f); **tennis ~** Tennisnarr m **fiendish** [ˈfiːndɪʃ] ADJ 1 teuflisch; **he took a ~ delight in doing it** es machte ihm eine höllische Freude, es zu tun 2 *umg Plan* höllisch raffiniert *umg* 3 *umg Problem* verzwickt *umg* **fiendishly** *umg* ADV *schwer* höllisch *umg*

fierce [fɪəs] ADJ ⟨komp **fiercer**⟩ *Tier* aggressiv; *Mensch, Blick* grimmig; *Kampf, Widerstand* erbittert; *Debatte* heftig; *Angriff, Wettbewerb* scharf; *Hitze* glühend; **he has a ~ temper** er braust schnell auf **fiercely** [ˈfɪəslɪ] ADV *bekämpfen* heftig; *kritisieren* scharf; *verteidigen, argumentieren* leidenschaftlich; *kämpferisch, loyal* äußerst; **the fire was burning ~** es brannte lichterloh

fiery [ˈfaɪərɪ] ADJ ⟨komp **fierier**⟩ *Hitze* glühend; *Temperament* hitzig; *Rede* feurig; **to have a ~ temper** ein Hitzkopf m sein

FIFA [ˈfiːfə] ABK (= Federation of International Football Associations) FIFA f

★**fifteen** [ˈfɪfˈtiːn] ADJ fünfzehn S Fünfzehn f

★**fifteenth** [ˈfɪfˈtiːnθ] A ADJ fünfzehnte(r, s) B S 1 Fünfzehnte(r, s) 2 Fünfzehntel n; → **sixteenth**

fifth [fɪfθ] A ADJ fünfte(r, s) B S 1 Fünfte(r, s) 2 Fünftel n 3 MUS Quinte f 4 **to take the ~** US *umg* die Aussage verweigern; → **sixth**

★**fiftieth** [ˈfɪftɪɪθ] A ADJ fünfzigste(r, s) B S 1 Fünfzigste(r, s) 2 Fünfzigstel n; → **sixth**

★**fifty** [ˈfɪftɪ] A ADJ fünfzig B S Fünfzig f; → **sixty** **fifty-fifty** [ˈfɪftɪˈfɪftɪ] A ADV fifty-fifty *umg*; **to go ~ (with sb)** (mit j-m) fifty-fifty machen *umg* B S **he has a ~ chance of survival** er hat eine fünfzigprozentige Überlebenschance

fig [fɪg] S Feige f

fig. ABK (= figures) Abb.

★**fight** [faɪt] ⟨v: prät, pperf **fought**⟩ A V/I kämpfen, sich schlagen; *mit Worten* sich streiten; **to ~ against disease** Krankheiten bekämpfen; **to ~ for sb/sth** um j-n/etw kämpfen; **to ~ for breath** nach Atem ringen B V/T kämpfen mit *od* gegen, sich schlagen mit; *Brand, Krankheit, Verbrechen, Inflation* bekämpfen; **to ~ a duel** sich duellieren; **to ~ one's way through the crowd** sich durch die Men-

F

ge kämpfen **C** $\overline{S}$ **1** Kampf *m*, Schlägerei *f*, Streit *m*; **to have a ~ with sb** sich mit j-m schlagen; *mit Worten* sich mit j-m streiten; **to put up a good ~** sich tapfer schlagen; **do you want a ~?** du willst dich wohl mit mir anlegen?; **he won't give in without a ~** er ergibt sich nicht kampflos; **the ~ for survival der Kampf** ums Überleben **2** Kampfgeist *m*; **there was no ~ left in him** sein Kampfgeist war erloschen ◆**fight back** **A** $\overline{Vii}$ zurückschlagen; MIL Widerstand leisten; SPORT zurückkämpfen **B** $\overline{VIt}$ *‹trennb›* *Tränen* unterdrücken ◆**fight off** $\overline{VIt}$ *‹trennb›* abwehren; **I'm still trying to fight off this cold** ich kämpfe immer noch mit dieser Erkältung ◆**fight out** $\overline{VIt}$ *‹trennb›* **to fight it out** es untereinander ausfechten

fighter [ˈfaɪtəʳ] $\overline{S}$ **1** Kämpfer(in) *m(f)*; *Boxen* Fighter *m*; **he's a ~** *fig* er ist eine Kämpfernatur **2** FLUG Jagdflugzeug *n*; **~ jet** Kampfjet *m* **fighter pilot** $\overline{S}$ Jagdflieger *m* **fighting** [ˈfaɪtɪŋ] $\overline{S}$ MIL Gefecht *n*, Prügeleien *pl*; **~ broke out** Kämpfe brachen aus **fighting chance** $\overline{S}$ **he's in with a ~** er hat eine Chance, wenn er sich anstrengt **fighting fit** *Br umg* $\overline{ADJ}$ topfit *umg* **fighting spirit** $\overline{S}$ Kampfgeist *m*

fig leaf $\overline{S}$ Feigenblatt *n*

figment [ˈfɪgmənt] $\overline{S}$ **it's all a ~ of his imagination** das ist alles eine Ausgeburt seiner Fantasie

figurative [ˈfɪgjʊrətɪv] $\overline{ADJ}$ *Sprache* bildlich; *Bedeutung* übertragen **figuratively** [ˈfɪgjʊrətɪvlɪ] $\overline{ADV}$ im übertragenen Sinn

★**figure** [ˈfɪgəʳ] **A** $\overline{S}$ **1** Zahl *f*, Ziffer *f*; *(= Betrag)* Summe *f*; **he didn't want to put a ~ on it** er wollte keine Zahlen nennen; **he's good at ~s** er ist gut im Rechnen; **to reach double ~s** in die zweistelligen Zahlen gehen; **a three-figure sum** eine dreistellige Summe **2** *geometrisch* Figur *f*; **~ (of) eight** Acht *f*; **to lose one's ~** seine Figur verlieren; **she's a fine ~ of a woman** sie ist eine stattliche Frau; **he's a fine ~ of a man** er ist ein Bild von einem Mann **3** *(= menschlich)* Gestalt *f* **4** Persönlichkeit *f*; **the great ~s of history** die Großen der Geschichte; **a key public ~** eine Schlüsselfigur des öffentlichen Lebens;

~ of fun Witzfigur *f* **5** LIT **~ of speech** Redensart *f*; **it's just a ~ of speech** das sagt man doch nur so **B** $\overline{VIt}$ **1** *bes US umg* glauben **2** *US umg* begreifen **C** $\overline{VIi}$ **1** erscheinen; **he ~d prominently in my plans** er spielte eine bedeutende Rolle in meinen Plänen **2** *umg* **that ~s** das hätte ich mir denken können ◆**figure on** *bes US* $\overline{VIi}$ *‹+obj›* rechnen mit ◆**figure out** $\overline{VIt}$ *‹trennb›* **1** begreifen, verstehen **2** ausrechnen; *Antwort* herausbekommen

figurehead $\overline{S}$ SCHIFF, *a. fig* Galionsfigur *f* **figure skating** $\overline{S}$ Eiskunstlaufen *n* **figurine** [ˈfɪgəˈriːn] $\overline{S}$ Figurine *f*

Fiji [ˈfiːdʒiː] $\overline{S}$ Fidschiinseln *pl*

filament [ˈfɪləmənt] $\overline{S}$ ELEK (Glüh)faden *m*

filch [fɪltʃ] *umg* $\overline{VIt}$ klauen *umg*, stibitzen *umg*

file[1] [faɪl] **A** $\overline{S}$ Feile *f* **B** $\overline{VIt}$ feilen; **to ~ one's nails** sich *(dat)* die Fingernägel feilen

★**file**[2] **A** $\overline{S}$ **1** Aktenordner *m*; **it's in the ~s somewhere** das muss irgendwo bei den Akten sein **2** Akte *f* **(on sb** über j-n *od* **on sth** zu etw*)*; **have we got that on ~?** haben wir das bei den Akten? **to open** *od* **start a ~ on sb/sth** eine Akte über j-n/zu etw anlegen; **to keep sb/sth on ~** j-s Unterlagen/die Unterlagen über etw *(akk)* zurückbehalten; **the Kowalski ~** die Akte Kowalski **3** IT Datei *f*; **to have sth on ~** etw im Computer gespeichert haben **B** $\overline{VIt}$ **1** *Akten* ablegen **2** *Presse:* Bericht einsenden **3** JUR *Klage* erheben; *Prozess* anstrengen **C** $\overline{VIi}$ **to ~ for divorce** die Scheidung einreichen; **to ~ for bankruptcy** Konkurs anmelden

◆**file away** $\overline{VIt}$ *Dokument* zu den Akten legen

file[3] **A** $\overline{S}$ Reihe *f*; **in single ~** im Gänsemarsch; MIL in Reihe **B** $\overline{VIi}$ **to ~ in** hereinmarschieren; **they ~d out of the classroom** sie gingen hintereinander aus dem Klassenzimmer; **the troops ~d past the general** die Truppen marschierten am General vorbei

file cabinet *US* $\overline{S}$ Aktenschrank *m* **file management** $\overline{S}$ IT Dateiverwaltung *f* **file manager** $\overline{S}$ IT Dateimanager *m* **filename** $\overline{S}$ IT Dateiname *m*

filet [fɪˈleɪ] *US* $\overline{S}$ → **fillet**

filial [ˈfɪlɪəl] ADJ *Pflichten* Kindes-

filing [ˈfaɪlɪŋ] $\overline{S}$ *von Akten* Ablage *f*; **have you done the ~?** haben Sie die Akten schon abgelegt? **filing cabinet** $\overline{S}$ Aktenschrank *m* **filings** [ˈfaɪlɪŋz] $\overline{PL}$ Späne *pl* **filing system** $\overline{S}$ Ablagesystem *n* **filing tray** $\overline{S}$ Ablagekorb *m*

★**fill** A $\overline{VT}$ **1** *Zähne* plombieren; *fig* (aus)füllen; **I had three teeth ~ed** ich bekam drei Zähne plombiert *od* gefüllt **2** *erfüllen;* **~ed with admiration** voller Bewunderung; **~ed with emotion** gefühlsgeladen **3** *Stellung* besetzen; *Rolle* übernehmen; **the position is already ~ed** die Stelle ist schon besetzt B $\overline{VI}$ sich füllen C $\overline{S}$ **to drink one's ~** seinen Durst löschen; **to eat one's ~** sich satt essen; **I've had my ~ of him** *umg* ich habe von ihm die Nase voll *umg* ★**fill in** A $\overline{VT}$ **to fill in for sb** für j-n einspringen B $\overline{VT}$ ⟨*trennb*⟩ **1** *Loch* auffüllen; **he's just filling in time** er überbrückt nur die Zeit **2** *Formular* ausfüllen; *Namen, Wort* eintragen **3** **to fill sb in (on sth)** j-n (über etw *akk*) aufklären ★**fill out** A $\overline{VI}$ *Mensch* fülliger werden; *Gesicht* voller werden B $\overline{VT}$ ⟨*trennb*⟩ *Formular* ausfüllen ★**fill up** A $\overline{VI}$ **1** AUTO (auf)tanken, volltanken **2** *Saal etc* sich füllen B $\overline{VT}$ ⟨*trennb*⟩ *Tank, Tasse* vollfüllen; *Loch* füllen; **that pie has really filled me up** ich fühle mich wirklich voll nach dieser Pastete; **you need something to fill you up** du brauchst was Sättigendes

filler [ˈfɪləʳ] $\overline{S}$ **1** *Hoch- und Tiefbau* Spachtelmasse *f* **2** *Presse, a. TV* (Lücken)füller *m*

fillet [ˈfɪlɪt] A $\overline{S}$ GASTR Filet *n*; **~ of beef** Rinderfilet *n* B $\overline{VT}$ GASTR filetieren **fillet steak** $\overline{S}$ Filetsteak *n*

filling [ˈfɪlɪŋ] A $\overline{S}$ Füllung *f*; **I had to have three ~s** ich musste mir drei Zähne plombieren lassen B $\overline{ADJ}$ *Mahlzeit* sättigend, *während schweiz* **★filling station** $\overline{S}$ Tankstelle *f*

filly [ˈfɪlɪ] $\overline{S}$ Stutfohlen *n*

★**film** [fɪlm] A $\overline{S}$ *in Kamera* Film *m*; *Br* (≈ *Spielfilm*) Film *m*; *von Staub* Schicht *f*; **to make** *od* **shoot a ~** einen Film drehen *od* machen; **to make a ~** einen Film machen; **to go to (see) a ~** ins Kino gehen B $\overline{VT}$ *Stück* verfilmen; *Szene* filmen, drehen; *j-n* einen Film machen von C

$\overline{VI}$ filmen; **we start ~ing** *od* **~ing starts tomorrow** die Dreharbeiten fangen morgen an **film clip** *Br* $\overline{S}$ Filmausschnitt *m* **film festival** *Br* $\overline{S}$ Filmfestspiele *pl* **film industry** *Br* $\overline{S}$ Filmindustrie *f* **film maker** $\overline{S}$ Filmemacher(in) *m(f)* **film script** *Br* $\overline{S}$ Drehbuch *n* **film star** *Br* $\overline{S}$ Filmstar *m* **film studio** *Br* $\overline{S}$ Filmstudio *n* **film version** $\overline{S}$ Verfilmung *f*

Filofax® [ˈfaɪləʊfæks] $\overline{S}$ Filofax® *m*

filter [ˈfɪltəʳ] A $\overline{S}$ Filter *m*; FOTO, MECH Filter *m/n* B $\overline{VT}$ filtern C $\overline{VI}$ *Licht* durchscheinen; *Flüssigkeit, Geräusch* durchsickern ◆**filter in** $\overline{VI}$ *Menschen* allmählich eindringen ◆**filter out** A $\overline{VI}$ *Menschen* einer nach dem anderen herausgehen B $\overline{VT}$ *heraus* ⟨*trennb*⟩ *wörtl* herausfiltern ◆**filter through** $\overline{VI}$ *Nachricht, Information* durchsickern

filter coffee $\overline{S}$ Filterkaffee *m* **filter lane** *Br* $\overline{S}$ Abbiegespur *f* **filter paper** $\overline{S}$ Filterpapier *n* **filter tip** $\overline{S}$ Filter *m* **filter-tipped** $\overline{ADJ}$ **~ cigarette** Filterzigarette *f*

filth [fɪlθ] *wörtl* $\overline{S}$ Schmutz *m*; *fig* Schweinerei *f umg* **filthy** [ˈfɪlθɪ] $\overline{ADJ}$ ⟨*komp* filthier⟩ dreckig; *Angewohnheit* ekelhaft; *Magazin* obszön; **to live in ~ conditions** im Dreck leben; **you've got a ~ mind!** du hast eine schmutzige Fantasie!

fin [fɪn] $\overline{S}$ **1** Flosse *f* **2** FLUG Seitenleitwerk *n*

★**final** [ˈfaɪnl] A $\overline{ADJ}$ **1** letzte(r, s), Schluss-; **~ round** letzte Runde, Endrunde *f*; **~ stage(s)** Endstadium *n*; **~ chapter** Schlusskapitel *n* **2** *Resultat, Version* endgültig; **~ score** Endergebnis *n*, Endstand *m*; **that's my ~ offer** das ist mein letztes Angebot; **the judges' decision is ~** der Rechtsweg ist ausgeschlossen; **... and that's ~!** ... und damit basta! B $\overline{S}$ **1** *bes* SPORT Finale *n*; *von Quiz* Endrunde *f*; *von Turnier* Endspiel *n*, Endlauf *m*; **to get to the ~** ins Finale kommen; **World Cup Final** FUSSB Endspiel *n* der Fußballweltmeisterschaft; **the ~s** das Finale, die Endrunde **2** *a. pl Br* UNIV Abschlussprüfung *f* **final demand** $\overline{S}$ letzte Mahnung *od* Zahlungsaufforderung *f* **finale** [fɪˈnɑːlɪ] $\overline{S}$ Finale *n* **finalist** [ˈfaɪnəlɪst] $\overline{S}$ SPORT Finalist(in) *m(f)* **finality** [faɪˈnælɪtɪ] $\overline{S}$ *von Entscheidung etc* Endgültigkeit *f* **finalize** [ˈfaɪnəlaɪz] $\overline{VT}$ Pläne, Einzelheiten endgültig festlegen; *Handel* zum Abschluss bringen

★**finally** [ˈfaɪnəli] ADV **1** schließlich, endlich **2** zum Schluss **3** *entscheiden* endgültig **final whistle** S̲ FUSSB Schlusspfiff *m*; **to blow the ~** das Spiel abpfeifen

finance [faɪˈnæns] A S̲ **1** Finanzen *pl*; **high ~** Hochfinanz *f* **2** Geld *n*; **it's a question of ~** das ist eine Geldfrage; **~s** Finanzen *pl* B̲ V̲T̲ finanzieren **finance director** S̲ Leiter(in) *m(f)* der Finanzabteilung **financial** [faɪˈnænʃəl] ADJ **1** finanziell; **~ aid** Kapitalhilfe *f*; **~ assistance** Finanzhilfe *f*; **~ crisis** Finanzkrise *f*; **~ investor** Finanzinvestor(in) *m(f)*; **~ resources** Geldmittel *pl* 2 BÖRSE, WIRTSCH Finanz-; **on the ~ markets** auf den Finanzmärkten; **~ investment** Geldanlage *f* **financial adviser**, **financial consultant** S̲ Finanzberater(in) *m(f)* **financial director** S̲ HANDEL Leiter(in) *m(f)* der Finanzabteilung **financially** [faɪˈnænʃəli] ADV finanziell; **the company is ~ sound** die Finanzlage der Firma ist gesund; **~ viable** rentabel **financial services** P̲L̲ Finanzdienstleistungen *pl* **financial year** *Br* S̲ Geschäftsjahr *n* **financier** [faɪˈnænsɪə] S̲ Finanzier(in) *m(f)*

finch [fɪntʃ] S̲ Fink *m*

★**find** [faɪnd] ⟨*v: prät, pperf* found⟩ A V̲T̲ **1** finden; **it's nowhere to be found** es lässt sich nirgendwo finden; **to ~ pleasure in sth** Freude an etw *(dat)* haben; **he was found dead in bed** er wurde tot im Bett aufgefunden; **where am I going to ~ the time?** wo nehme ich nur die Zeit her? **I don't ~ it easy to tell you this** es fällt mir nicht leicht, Ihnen das zu sagen; **he always found languages easy** ihm fielen Sprachen immer leicht; **I ~ it impossible to understand him** ich kann ihn einfach nicht verstehen; **I found myself smiling** ich musste unwillkürlich lächeln; **I ~ myself in an impossible situation** ich befinde mich in einer unmöglichen Situation; **one day he suddenly found himself out of a job** eines Tages war er plötzlich arbeitslos; **this flower is found all over England** diese Blume findet man in ganz England **2** besorgen ⟨**sb sth** j-m etw⟩; **go and ~ me a needle** hol mir

doch mal eine Nadel; **we'll have to ~ him a desk** wir müssen einen Schreibtisch für ihn finden **3** feststellen; *Ursache* herausfinden; **we found the car wouldn't start** es stellte sich heraus, dass das Auto nicht ansprang; **you will ~ that I am right** Sie werden sehen, dass ich recht habe **4** JUR **to ~ sb guilty/not guilty** j-n schuldig sprechen/freisprechen; **how do you ~ the accused?** wie lautet Ihr Urteil? **5** JUR suchen; **~ and replace** suchen und ersetzen B̲ V̲I̲ JUR **to ~ for/against the accused** den Angeklagten freisprechen/verurteilen C̲ S̲ Fund *m* ★◆**find out** A V̲I̲ ⟨*trennb*⟩ herausfinden; *bei Missetaten* erwischen, auf die Schliche kommen (+*dat*) *umg*; **you've been found out** du bist ertappt *umg* B̲ V̲I̲ es herausfinden; **to find out about sb/ sth** j-n/etw entdecken; (≈ *sich unterrichten*) sich über j-n/etw informieren; **to help children find out about other countries** Kindern dabei helfen, etwas über andere Länder herauszufinden

finder [ˈfaɪndə] S̲ Finder(in) *m(f)* **finding** [ˈfaɪndɪŋ] S̲ **~s** *pl* Ergebnis(se) *n(pl)*; MED Befund *m*

fine¹ [faɪn] A S̲ JUR Geldstrafe *f*, Bußgeld *n* B̲ V̲T̲ JUR **to ~ sb** zu einer Geldstrafe verurteilen; **he was ~d £100** er musste £ 100 Strafe bezahlen; **he was ~d for speeding** er hat einen Strafzettel für zu schnelles Fahren bekommen

★**fine²** A ADJ ⟨*komp* finer⟩ **1** ausgezeichnet; *Gebäude, Aussicht* herrlich; *Leistung, Spieler* großartig; **you're doing a ~ job** Sie machen Ihre Sache ganz ausgezeichnet; **she's a ~ woman** sie ist eine bewundernswerte Frau; *in Bezug auf Statur* sie ist eine stattliche Frau **2** in Ordnung; **any more? — no, that's ~** noch etwas? — nein, danke; **everything's going to be just ~** es wird schon alles gut gehen; **these apples are ~ for cooking** diese Äpfel eignen sich (gut) zum Kochen; **the doctor said it was ~ for me to play** der Arzt sagte, ich dürfte ohne Weiteres spielen; **you look ~ (to me)** (ich finde,)du siehst gut aus; **your idea sounds ~** Ihre Idee hört sich gut an; **I'm ~** *gesundheitlich* es geht mir gut; **she is ~** *allgemein* mit ihr ist alles in Ordnung; **how are you? — ~, thanks** wie geht es

Ihnen? — danke, gut; **a glass of water and I'll be** ≈ nach einem Glas Wasser wird es mir wieder gut gehen; **that's** ≈ **with** *od* **by me** ich habe nichts dagegen **3** *fein; Wein, Porzellan* erlesen; *Kleidung* ausgesucht; *Stoff* dünn; *Haus* vornehm; *Gesichtszüge* zart; **the** ≈**st ingredients** die erlesensten Zutaten; **a** ≈ **rain** Nieselregen *m;* **to read the** ≈ **print** das Kleingedruckte lesen; **not to put too** ≈ **a point on it** um ganz offen zu sein **4** *Wetter, Tag* schön; **when it is/was** ≈ bei schönem Wetter; **one** ≈ **day** eines schönen Tages **5** *iron Freund etc* schön *iron;* **you're a** ≈ **one to talk!** du kannst gerade reden! **B** ADV **1** tadellos; **you're doing** ≈ Sie machen Ihre Sache gut; *gesundheitlich* Sie machen gute Fortschritte; **we get on** ≈ wir kommen ausgezeichnet miteinander aus **2** *schneiden* dünn **fine art** S **1** *‹mst pl›* schöne Künste *pl* **2** **he's got it down to a** ≈ er hat den Bogen heraus *umg* **finely** [ˈfaɪnlɪ] ADV **1** *fein; schneiden* dünn; **the case is** ≈ **balanced** der Fall kann sich so oder so entscheiden; ≈ **tuned** *Motor* genau eingestellt **finery** [ˈfaɪnərɪ] S **1** **wedding guests in all their** ≈ Hochzeitsgäste in vollem Staat **finesse** [fɪˈnes] S Gewandtheit *f* **fine-tooth comb** S **to go over sth with a** ≈ etw genau unter die Lupe nehmen **fine-tune** *wörtl, fig* VT fein abstimmen **fine-tuning** S Feinabstimmung *f*

★**finger** [ˈfɪŋɡər] **A** S Finger *m;* **she can twist him round her little** ≈ sie kann ihn um den (kleinen) Finger wickeln; **I didn't lay a** ≈ **on her** ich habe sie nicht angerührt; **he wouldn't lift a** ≈ **to help me** er würde keinen Finger rühren, um mir zu helfen; **I can't put my** ≈ **on it, but ...** ich kann es nicht genau ausmachen, aber ...; **you've put your** ≈ **on it there** da haben Sie den kritischen Punkt berührt; **pull your** ≈ **out!** *Br umg* es wird Zeit, dass du Nägel mit Köpfen machst! *umg;* **to give sb the** ≈ *bes US umg* j-m den Stinkefinger zeigen *umg* **B** VT anfassen **finger buffet** S Büfett *n* mit Appetithappen **fingermark** S Fingerabdruck *m* **fingernail** S Fingernagel *m* **finger-pointing** S Fingerzeigen *n,* Beschuldigen *n* **finger-**

print S Fingerabdruck *m;* **to take sb's** ≈**s** j-m Fingerabdrücke abnehmen **finger puppet** S Fingerpuppe *f* **fingertip** S Fingerspitze *f;* **to have sth at one's** ≈**s** etw parat haben *umg*

finicky [ˈfɪnɪkɪ] ADJ pingelig *umg;* in Bezug auf Essen wählerisch

★**finish** [ˈfɪnɪʃ] **A** S **1** Ende *n; von Rennen* Finish *n;* (= *Linie*) Ziel *n;* **from start to** ≈ von Anfang bis Ende **2** *von Industrieprodukt* Finish *n; von Keramik* Oberfläche *f* **B** VT **1** beenden; *Ausbildung, Kurs* abschließen; *Arbeit* erledigen; **he's** ≈**ed the painting** er ist mit dem Bild fertig; **to have** ≈**ed doing sth** damit fertig sein, etw zu tun; **when I** ≈ **eating ...** wenn ich mit dem Essen fertig bin, ...; **to** ≈ **writing sth** etw zu Ende schreiben; **when do you** ≈ **work?** wann machen Sie Feierabend?; **she never lets him** ≈ **(what he's saying)** sie lässt ihn nie ausreden; **give me time to** ≈ **my drink** lass mich austrinken; ≈ **what you're doing** mach fertig, was du angefangen hast **2** ruinieren; (= *töten*), *a. umg* (= *erschöpfen*) den Rest geben (+*dat*) *umg;* **another strike could** ≈ **the firm** ein Streik könnte das Ende für die Firma bedeuten **3** *Oberfläche, Produkt* fertig bearbeiten **C** VI **1** aus sein; *Mensch: mit Arbeit etc* fertig sein; (= *Schluss machen*) aufhören; *Musikstück etc* enden; **my course** ≈**es this week** mein Kurs geht diese Woche zu Ende; **we'll** ≈ **by singing a song** wir wollen mit einem Lied schließen; **I'd like to** ≈ **by referring to ...** zuletzt möchte ich auf ... (*akk*) verweisen; **I've** ≈**ed** ich bin fertig **2** SPORT das Ziel erreichen; **to** ≈ **first** als Erster durchs Ziel gehen ◆**finish off** VT ‹*trennb*› **1** *Arbeit* fertig machen; *Job* erledigen; **to finish off a letter** einen Brief zu Ende schreiben **2** *Suppe etc* aufessen; *Flasche* austrinken **3** (≈ *töten*) den Gnadenstoß geben (+*dat*) **2** j-m den Rest geben (+*dat*) *umg* ◆**finish up** VI *an einem Ort* landen *umg;* **he finished up a nervous wreck** er war zum Schluss ein Nervenbündel; **you'll finish up wishing you'd never started** du wünschst dir bestimmt noch, du hättest gar nicht erst angefangen ◆**finish with** VI ‹+*obj*› **1** nicht mehr brauchen; **I've finished with the paper** ich bin mit der Zeitung fertig **2** I've finished with him *mit Freund* ich habe mit ihm Schluss gemacht

★**finished** [ˈfɪnɪʃt] ADJ 1 fertig; **to be ~** fertig sein; **to be ~ doing sth** damit fertig sein, etw zu tun; **to be ~ with sth** mit j-m/etw fertig sein, von j-m/etw nichts mehr wissen wollen; **I'm ~ with politics** mit der Politik ist es für mich vorbei; **~ goods** Fertigprodukte *pl*; **the ~ article** das fertige Produkt, die endgültige Version 2 aufgebraucht, zu Ende; **the wine is ~** es ist kein Wein mehr da 3 *umg* **to be ~** *Politiker etc* erledigt sein *umg* (as als); **we're ~, it's ~ between us** es ist aus zwischen uns 4 *Produkt* fertig bearbeitet **finishing line** [ˈfɪnɪʃɪŋ] 5 Ziellinie *f*

finite [ˈfaɪnaɪt] ADJ begrenzt; **a ~ number** eine begrenzte Zahl; MATH eine endliche Zahl; **coal and oil are ~ resources** Kohle und Öl sind nicht erneuerbare Ressourcen

Finland [ˈfɪnlənd] 5 Finnland *n* **Finn** [fɪn] 5 Finne *m*, Finnin *f* **Finnish** [ˈfɪnɪʃ] A ADJ finnisch; **he is ~** er ist Finne; **she is ~** sie ist Finnin B 5 LING Finnisch *n*

fiord [fjɔːd] 5 Fjord *m*

fir [fɜːʳ] 5 Tanne *f* **fir cone** 5 Tannenzapfen *m*

★**fire** [faɪəʳ] A 5 1 Feuer *n*; **to be on ~** brennen, in Flammen stehen; **to set ~ to sth, to set sth on ~** etw anzünden, etw in Brand stecken; **to catch ~** Feuer fangen; **you're playing with ~** *fig* du spielst mit dem Feuer; **to open ~ on sb** das Feuer auf j-n eröffnen; **cannon ~** Kanonenschüsse *pl*; **to come under ~** unter Beschuss geraten 2 *im Haus* Brand *m*; **there was a ~ next door** nebenan hat es gebrannt; **~!** Feuer! 3 (Kamin)feuer *n*, Ofen *m* B V/T 1 *Keramik* brennen 2 *fig Fantasie* beflügeln; **to ~ sb with enthusiasm** j-n begeistern 3 *Waffe, Pfeil* abschießen; *Schuss* abgeben; *Rakete* zünden; **to ~ a gun at sb** auf j-n schießen; **to ~ questions at sb** Fragen auf j-n abfeuern 4 **to ~ sb** *umg* (≈*entlassen*) j-n feuern *umg* C V/I 1 schießen (**at** auf +*akk*); **~!** (gebt) Feuer! 2 *Motor* zünden; **the engine is only firing on three cylinders** der Motor läuft nur auf drei Zylindern ◆**fire away** *umg* VI losschießen *umg* ◆**fire off** VT ⟨*trennb*⟩ abfeuern; *Brief* loslassen ◆**fire up** *fig*

VT ⟨*trennb*⟩ anfeuern

fire alarm 5 Feueralarm *m*, Feuermelder *m* **firearm** 5 Feuerwaffe *f* **fireball** 5 1 Feuerball *m* 2 *fig umg* (≈*Mensch*) Energiebündel *n* **fire brigade** *Br* 5 Feuerwehr *f* **firecracker** 5 Knallkörper *m* **fire department** *US* 5 Feuerwehr *f* **fire door** 5 Feuertür *f* **fire drill** 5 Probealarm *m* **fire-eater** 5 Feuerschlucker *m* **fire engine** 5 Feuerwehrauto *n* **fire escape** 5 Feuertreppe *f*, Feuerleiter *f* **fire exit** 5 Notausgang *m* **fire-extinguisher** 5 Feuerlöscher *m* **firefighter** 5 Feuerwehrmann *m*/-frau *f* **firefighting** ADJ ⟨*attr*⟩ *Maßnahmen, Team* zur Feuerbekämpfung; **~ equipment** Feuerlöschgeräte *pl* **fire hazard** 5 **to be a ~** feuergefährlich sein **firehouse** *US* 5 Feuerwache *f* **fire hydrant** 5 Hydrant *m* **firelight** 5 Schein *m* des Feuers **firelighter** 5 Feueranzünder *m* **fireman** 5 ⟨*pl* -men⟩ Feuerwehrmann *m* **fireplace** 5 Kamin *m* **firepower** 5 Feuerkraft *f* **fire prevention** 5 Brandschutz *m* **fireproof** ADJ feuerfest **fire raising** *bes Br* 5 Brandstiftung *f* **fire regulations** PL Brandschutzbestimmungen *pl* **fire retardant** ADJ feuer hemmend **fire service** 5 *Br* Feuerwehr *f* **fireside** 5 **to sit by the ~** am Kamin sitzen **fire station** 5 Feuerwache *f* **fire truck** *US* 5 → fire engine **firewall** 5 IT Firewall *f* **firewoman** 5 ⟨*pl* -women [-wɪmɪn]⟩ Feuerwehrfrau *f* **firewood** 5 Brennholz *n* **fireworks** PL 1 Feuerwerkskörper *pl* 2 Feuerwerk *n* **firing** [ˈfaɪrɪŋ] 5 MIL Feuer *n*; *von Waffe* Abfeuern *n* **firing line** 5 MIL *a fig* Schusslinie *f*; **to be in the ~** in der Schusslinie stehen **firing squad** 5 Exekutionskommando *n*

★**firm**¹ [fɜːm] 5 Firma *f*, Unternehmen *n*; **~ of lawyers** Rechtsanwaltsbüro *n*

firm² A ADJ (+*er*) fest; *Bauch* straff; *Griff* sicher, stabil; *Entscheidung* endgültig; *Aktion* entschlossen; *Maßnahme* durchgreifend; **to get** *od* **take a ~ hold of sth** etw festhalten; **to have a ~ understanding of sth** etw gut verstehen; **to set a ~ date for sth** einen festen Termin für etw vereinbaren; **to be ~ about sth** auf etw (*dat*) bestehen; **to be ~ with sb** j-m gegenüber bestimmt auftreten;

she's ~ with the children sie ist streng mit den Kindern; to take a ~ stand od line against sth energisch gegen etw vorgehen; they are ~ friends sie sind eng befreundet; to be a ~ favourite (with sb) Br, to be a ~ favorite (with sb) US (bei j-m) sehr beliebt sein **B** ADV to hold sth ~ etw festhalten; to stand od hold ~ standhaft bleiben

♦firm up VT/I ‹trennb› Muskeln kräftigen; Schenkel straffen

firmly ['fɜːmlɪ] ADV **1** fest, sicher; it was held ~ in place with a pin es wurde von einer Nadel festgehalten; to be ~ committed to sth sich voll für etw einsetzen **2** etw sagen bestimmt; I shall tell her quite ~ that ... ich werde ihr klipp und klar sagen, dass ... **firmness** S von Mensch, Aktion Entschlossenheit f; (≈ Striktheit) Strenge f

★first [fɜːst] **A** ADJ erste(r, s); his ~ novel sein Erstlingsroman m; he was ~ in the queue Br, he was ~ in line US er war der Erste in der Schlange; he was ~ in Latin er war der Beste in Latein; who's ~? wer ist der Erste?; the ~ time I saw her ... als ich sie zum ersten Mal sah, ...; in ~ place SPORT etc an erster Stelle; in the ~ place zunächst einmal; why didn't you say so in the ~ place? warum hast du denn das nicht gleich gesagt? **B** ADV **1** zuerst; kommen, gehen als Erste(r, s); ~ come ~ served sprichw wer zuerst kommt, mahlt zuerst sprichw; she came ~ in the race sie wurde Erste in dem Rennen; you (go) ~ nach Ihnen; he says ~ one thing then another er sagt mal so, mal so; he always puts his job ~ seine Arbeit kommt bei ihm immer vor allen anderen Dingen **2** zunächst, erstens; ~ of all zuerst; vor allem; ~ and foremost zuallererst **3** zum ersten Mal; when this model was ~ introduced zu Anfang, als das Modell herauskam; when it ~ became known that ... als erstmals bekannt wurde, dass ...; this work was ~ performed in 1997 dieses Werk wurde 1997 uraufgeführt **4** (zu)erst; I must finish this ~ ich muss das erst fertig machen **5** I'd die ~! lieber würde ich sterben! **C** S **1** the ~ der/die/das Erste, der/die/das Erstere; he was the ~ to finish er war als Erster fertig; in Rennen er ging als Erster

durchs Ziel; this is the ~ I've heard of it das ist mir ja ganz neu; the ~ he knew about it was when he saw it in the paper er hat erst davon erfahren, als er es in der Zeitung las; **★ at** ~ zuerst, zunächst; from the ~ von Anfang an **2** Br UNIV Eins f; he got a ~ er bestand (sein Examen) mit „Eins" od „sehr gut" **3** AUTO ~ gear der erste Gang; in ~ im ersten Gang **first aid** S Erste Hilfe **first-aid kit** S Verband(s)kasten m **first-born** **A** ADJ erstgeboren **B** S Erstgeborene(r) m/f(m)

★first class **A** S erste Klasse **B** ADJ ‹präd› that's absolutely ~! das ist einfach spitze! umg **first-class** **A** ADJ ‹attr› **1** erstklassig; he's a ~ cook er ist ein erstklassiger Koch **2** Fahrkarte erster Klasse; a ~ compartment ein Erste-Klasse-Abteil n; ~ passengers Reisende pl in der ersten Klasse **3** Post ~ stamp Briefmarke für die bevorzugt beförderte Post; ~ letter bevorzugt beförderter Brief **4** Br UNIV ~ (honours) degree Examen n mit „Eins" od „sehr gut"; he graduated with ~ honours er machte sein Examen mit „Eins" od „sehr gut" **B** ADV **1** reisen erster Klasse **2** Post to send sth ~ etw mit der bevorzugt beförderten Post schicken **first cousin** S Cousin m/Cousine f ersten Grades **first-degree** ADJ Verbrennungen etc ersten Grades präd **first edition** S Erstausgabe f **first floor** S **1** Br erster Stock **2** US Erdgeschoss n, Erdgeschoß n österr **first form** S Br SCHULE erste Klasse **first-former** S Br SCHULE Erstklässler(in) m(f) **first-hand** **A** ADJ aus erster Hand; to have ~ knowledge of sth etw aus eigener Erfahrung kennen; they have ~ experience of charitable organizations sie haben persönlich Erfahrungen mit Wohlfahrtsverbänden gemacht **B** ADV hören, erfahren persönlich **First Lady** S First Lady f **first language** S Muttersprache f **firstly** ['fɜːstlɪ] ADV zuerst; ~ it's not yours and secondly ... erstens einmal gehört es nicht dir und zweitens ... **First Minister** S Br POL Erster Minister, Erste Ministerin

★first name S Vorname m; they're on ~ terms sie reden sich mit Vornamen an **first night** S THEAT Premiere f **first**

offender S̲ Ersttäter(in) m(f) **first-past-the-post system** S̲ POL (absolutes) Mehrheitswahlrecht **first person** S̲ the ~ **plural** die erste Person Plural; **the story is in the ~** die Geschichte wird von einem Icherzähler/einer Icherzählerin erzählt **first-rate** ADJ erstklassig **first thing** A̲ S̲ she **just says the ~** that comes into her head sie sagt einfach das, was ihr zuerst einfällt; **the ~ (to do) is to ...** als Erstes muss man ...; **the ~ to remember is that she hates formality** man muss vor allem daran denken, dass sie Förmlichkeit nicht mag; **~s first** eins nach dem anderen; (≈ nach Bedeutung) das Wichtigste zuerst; **he doesn't know the ~ about cars** von Autos hat er nicht die geringste Ahnung B̲ ADV gleich; **I'll go ~ in the morning** ich gehe gleich morgen früh; **I'm not at my best ~ (in the morning)** früh am Morgen bin ich nicht gerade in Hochform **first-time buyer** S̲ j-d, der zum ersten Mal ein Haus/eine Wohnung kauft Erstkäufer(in) m(f) **First World War** S̲ the ~ der Erste Weltkrieg

firth [fɜːθ] schott S̲ Förde f, Meeresarm m

fir tree S̲ Tannenbaum m

fiscal ['fɪskəl] ADJ finanziell; ~ **pact** Fiskalpakt m; ~ **policy** Finanzpolitik f; ~ **union** Fiskalunion f

★**fish** [fɪʃ] A̲ S̲ ⟨pl -⟩ od verschiedene Arten -es Fisch m; **to drink like a ~** umg wie ein Loch saufen umg; **like a ~ out of water** wie ein Fisch auf dem Trockenen; **there are plenty more ~ in the sea** fig umg es gibt noch mehr (davon) auf der Welt B̲ V/I fischen, angeln; **to go ~ing** fischen/angeln gehen ◆**fish for** V/I ⟨+obj⟩ 1̲ wörtl fischen, angeln 2̲ fig Komplimente fischen nach; **they were fishing for information** sie waren auf Informationen aus ◆**fish out** V/T ⟨trennb⟩ herausfischen (**of** od **from sth** aus etw)

fish and chips Br PL Fish and Chips n, Fisch m mit Pommes frites **fishbone** S̲ (Fisch)gräte f **fish cake** S̲ Fischfrikadelle f **fisherman** ['fɪʃəmən] S̲ ⟨pl -men⟩ Fischer m, Angler m **fish farm** S̲ Fischzucht(anlage) f **fishfinger** S̲ Fischstäbchen n **fish-hook** S̲ Angelha-

ken m **fishing** ['fɪʃɪŋ] S̲ Fischen n, Angeln n; IND Fischerei f **fishing boat** S̲ Fischerboot n **fishing line** S̲ Angelschnur f **fishing net** S̲ Fischnetz n **fishing rod** S̲ Angelrute f **fishing tackle** S̲ Angelgeräte pl **fishing village** S̲ Fischerdorf n **fishmonger** ['fɪʃˌmʌŋɡəʳ] Br S̲ Fischhändler(in) m(f) **fishmonger's** Br S̲ Fischgeschäft n **fish pond** S̲ Fischteich m **fish slice** S̲ Bratenwender m US S̲ US Fischstäbchen n **fish tank** S̲ Aquarium n **fishy** ['fɪʃɪ] ADJ ⟨komp fishier⟩ 1̲ ~ **smell** Fischgeruch m 2̲ umg verdächtig; **something ~ is going on** hier ist was faul umg

fissure ['fɪʃəʳ] S̲ Riss m; tief Kluft f; eng Spalt m

★**fist** [fɪst] S̲ Faust f **fistful** ['fɪstfʊl] S̲ Handvoll f; **a ~ of pound coins** eine Handvoll Pfundmünzen

★**fit¹** [fɪt] A̲ ADJ ⟨komp fitter⟩ 1̲ geeignet; **fit to eat** essbar; **fit to drink** trinkbar; **she's not fit to be a mother** sie ist als Mutter völlig ungeeignet 2̲ richtig; **I'll do as I think** od **see fit** ich halte, wie ich es für richtig halte; **to see fit to do sth** es für richtig od angebracht halten, etw zu tun 3̲ gesund; Sportler fit; **she is not yet fit to travel** sie ist noch nicht reisefähig 4̲ **to be fit to drop** Br zum Umfallen müde sein B̲ S̲ von Kleidung Passform f; **it is a very good/bad fit** es sitzt wie angegossen/nicht gut; **it's a bit of a tight fit** Kleidungsstück es ist etwas eng; **beim Einparken** es geht so gerade (noch) C̲ V/T 1̲ Abdeckung etc passen auf (+akk); Schlüssel passen in (+akk); Kleidung passen (+dat); **"one size fits all"** „Einheitsgröße"; **that part won't fit this machine** das Teil passt nicht für diese Maschine; **she was fitted for her wedding dress** ihr Hochzeitskleid wurde ihr angepasst 2̲ anbringen (**to** an +dat), einbauen (**in** in +akk), ausstatten; **to fit a car with an alarm** eine Alarmanlage in ein Auto einbauen; **to have a new kitchen fitted** eine neue Küche einbauen lassen 3̲ den Tatsachen entsprechen (+dat) D̲ V/I 1̲ Kleid, Schlüssel passen 2̲ (≈ übereinstimmen) zusammenpassen; **the facts don't fit** die Fakten sind widersprüchlich; **it all fits** es passt alles zusammen ◆**fit in**

A V̅T̅ ⟨trennb⟩ **1** unterbringen; **you can fit five people into this car** in diesem Auto haben fünf Personen Platz **2** j-n einen Termin geben (+dat); Verabredung unterbringen, einschieben; **Sir Charles could fit you in at 3 o'clock** um 3 Uhr hätte Sir Charles Zeit für Sie B V̅i̅ hineinpassen; **the clothes won't fit in(to) the case** die Sachen passen nicht in den Koffer; **how does this fit in?** wie passt das ins Ganze?; **to fit in with sth** Pläne in etw (akk) passen; **he doesn't fit in here** er passt nicht hierhin ♦**fit on** A V̅i̅ **1** passen **2** angebracht sein B V̅T̅ ⟨trennb⟩ anbringen ♦**fit out** V̅T̅ ⟨trennb⟩ Schiff, j-n ausstatten; **they've fitted one room out as an office** sie haben eines der Zimmer als Büro eingerichtet ♦**fit up** V̅T̅ ⟨trennb⟩ **to fit sb/ sth up with sth** j-n/etw mit etw ausstatten

fit² S̅ MED, a. fig Anfall m; **fit of coughing** Hustenanfall m; **in a fit of anger** in einem Anfall von Wut; **in fits and starts** stoßweise; **to be in fits (of laughter)** sich vor Lachen biegen umg; **to have a fit** fig umg einen Anfall kriegen

fitful [ˈfɪtfʊl] A̅D̅J̅ unbeständig; Fortschritt stoßweise; Schlaf unruhig **fitfully** [ˈfɪt-fəlɪ] A̅D̅V̅ schlafen unruhig; arbeiten sporadisch

fitness [ˈfɪtnɪs] S̅ Fitness f **fitness instructor** S̅ Fitnesstrainer(in) m(f) **fitness tracker** S̅ Fitnessarmband n

fitted [ˈfɪtɪd] A̅D̅J̅ **1** **to be ~ with sth** mit etw ausgestattet sein **2** Einbau-; Schlafzimmer mit Einbauelementen; **~ wardrobe** Einbauschrank m; **~ units** Einbauelemente pl; **~ kitchen** Einbauküche f **3** Jackett tailliert; **~ carpet** Br Teppichboden m; **~ sheet** Spannbetttuch n **4** form (≈geeignet) **to be ~ to do sth** sich dazu eignen, etw zu tun **fitter** [ˈfɪtə*] S̅ TECH (Maschinen)schlosser(in) m(f) **fitting** [ˈfɪtɪŋ] A̅ A̅D̅J̅ passend; Strafe angemessen B̅ S̅ **1** von Kleidung Anprobe f **2** Zubehörteil n; **~s** Ausstattung f; **bathroom ~s** Badezimmereinrichtung f; **electrical ~s** Elektroinstallationen pl **fittingly** [ˈfɪtɪŋlɪ] A̅D̅V̅ ⟨+adj⟩ angemessen **fitting room** S̅ Anproberaum m, Anprobekabine f

★**five** [faɪv] A̅ A̅D̅J̅ fünf B̅ S̅ Fünf f; → six **five-a-side** A̅D̅J̅ mit fünf Spielern pro Mannschaft **fivefold** A̅ A̅D̅J̅ fünffach B̅ A̅D̅V̅ um das Fünffache **fiver** [ˈfaɪvə*] umg S̅ Fünfpfund-/Fünfdollarschein m **five-star hotel** S̅ Fünf-Sterne-Hotel n

★**fix** [fɪks] A̅ V̅T̅ **1** festmachen, befestigen (**sth to sth** etw an/auf etw dat); fig Ideen verankern; **to fix sth in one's mind** sich (dat) etw fest einprägen **2** Augen, Aufmerksamkeit richten (**on, upon** auf +akk); Kamera richten (**on** auf +akk); **everybody's attention was fixed on her** alle sahen sie wie gebannt an **3** Datum, Preis festlegen; (≈ sich einigen auf) ausmachen; **nothing has been fixed yet** es ist noch nichts fest (ausgemacht od beschlossen worden) **4** arrangieren; Tickets etc besorgen, organisieren umg; **have you got anything fixed for tonight?** haben Sie (für) heute Abend schon etwas vor? **5** umg **I'll fix him** dem werd ichs besorgen umg **6** (≈reparieren) in Ordnung bringen **7** etwas zu essen/trinken machen; **to fix one's hair** sich frisieren **8** umg Rennen, Kampf manipulieren; Preise absprechen; **the whole thing was fixed** das war eine abgekartete Sache umg B̅ S̅ **1** umg **to be in a fix** in der Klemme sitzen umg **2** umg von Drogen Druck m sl; **I need my daily fix of chocolate** umg ich brauche meine tägliche Schokoladenration **3** umg **the fight was a fix** der Kampf war eine abgekartete Sache umg ♦**fix on** V̅T̅ ⟨trennb⟩ festmachen (obj auf +dat), anbringen ♦**fix together** V̅T̅ ⟨trennb⟩ zusammenmachen umg ♦**fix up** V̅T̅ ⟨trennb⟩ **1** arrangieren; Urlaub etc festmachen; **have you got anything fixed up for this evening?** haben Sie (für) heute Abend schon etwas vor? **2** **to fix sb up with sth** j-m etw verschaffen **3** Haus einrichten

fixation [fɪkˈseɪʃən] S̅ PSYCH Fixierung f; **she has a ~ about** od **on cleanliness** sie hat einen Sauberkeitsfimmel umg **fixative** [ˈfɪksətɪv] S̅ Fixativ n **fixed** [fɪkst] A̅D̅J̅ **1** Zeit, Betrag fest(gesetzt); Position unveränderlich; **there's no ~ agenda** es gibt keine feste Tagesordnung; **of no ~ abode** od **address** JUR ohne festen Wohnsitz; **~ assets** WIRTSCH Anlagevermögen n; **~ price** Festpreis m; **~ rate** FIN fester Zinssatz; **~ mortgage rate** festverzinslicher Hypothekendarlehen; **~ penalty** pauschale Geldbuße **2** *Idee* fest; *Lächeln* starr **3** *Wahlen, Spiel* manipuliert; **the whole thing was ~** das war eine abgekartete Sache *umg* **4** *umg* **how are we ~ for time?** wie siehts mit der Zeit aus?; **how are you ~ for money?** *etc* wie sieht's bei dir mit Geld *etc* aus? **fixed assets** PL HANDEL feste Anlagen pl

fixed-interest ADJ **~ loan** Festzinsanleihe f **fixedly** ['fɪksɪdlɪ] ADV starr **fixed-rate** ['fɪkstreɪt] ADJ Festzins-; **~ mortgage** Festzinshypothek f **fixed--term contract** 5 Zeitvertrag m, befristeter Vertrag **fixings** ['fɪksɪŋz] PL US GASTR Beilagen pl **fixture** ['fɪkstʃər] 5 **1** = Ausstattung f; **~s and fittings** Anschlüsse und unbewegliches Inventar form **2** Br SPORT Spiel n, Match n bes österr

fizz [fɪz] V/I perlen

fizzle ['fɪzl] V/I zischen **♦fizzle out** V/I *Feuerwerk, Begeisterung* verpuffen; *Plan* im Sande verlaufen

fizzy ['fɪzɪ] ADJ ⟨komp fizzier⟩ sprudelnd; **to be ~** sprudeln; **a ~ drink** eine Brause

fjord [fjɔːd] 5 Fjord m

F key 5 COMPUT Funktionstaste f

fl. ABK (= floor) St.

flab [flæb] *umg* 5 Speck m; **to fight the ~** *hum* etwas für die schlanke Linie tun **flabbergast** ['flæbəgɑːst] *umg* V/T verblüffen; **I was ~ing to see him** ich war platt, als ich ihn sah *umg*

flabby ['flæbɪ] ADJ ⟨komp flabbier⟩ schlaff; **he's getting ~** er setzt Speck an **flaccid** ['flæksɪd] *liter* ADJ schlaff; *Prosa* kraftlos

★flag¹ [flæg] 5 Fahne f, Fähnchen n; SCHIFF Flagge f; **to fly the ~ (for)** *fig* die Fahne hochhalten (für) **♦flag down** V/T ⟨trennb⟩ *j-n, Taxi* anhalten

flag² V/I erlahmen; **he's ~ging** er wird müde

flag³ 5, (a. **flagstone**) Steinplatte f

flag day 5 **1** Br Tag, an dem eine Straßensammlung für einen wohltätigen Zweck durchgeführt wird **2** Flag Day US 14. Juni, Gedenktag der Einführung der amerikanischen Nationalflagge **flagged** [flægd] ADJ Fußboden gefliest **flagon** ['flægən] 5 Flasche f, Krug m **flagpole** ['flægpəʊl] 5 Fahnenstange f **flagrant** ['fleɪgrənt] ADJ eklatant; *miss-*

achten unverhohlen

flagship 5 **1** Flaggschiff n **2** ADJ ⟨attr⟩ Vorzeige-; **~ store** Vorzeigeladen m **flagstone** 5 (Stein)platte f, Fliese f, Plättli n *schweiz*

flail [fleɪl] **A** V/T he **~ed** his arms about *od* **around** wildly er schlug wild (mit den Armen) um sich **B** V/I **to ~ (about)** herumfuchteln

flair [fleər] 5 Talent n, Flair n

flak [flæk] *fig* 5 **he's been getting a lot of ~ (for it)** er ist (dafür) mächtig unter Beschuss geraten *umg*

flake [fleɪk] **A** 5 *von Schnee, Seife* Flocke f; *von Lack* Splitter m; *von Haut* Schuppe f; *von Schokolade* Raspel m **B** V/I *Mauerwerk etc* abbröckeln; *Lack* abblättern **♦flake off** V/I *Mauerwerk* abbröckeln; *Lack* abblättern; *Haut* sich schälen **♦flake out** V/I *umg vor Erschöpfung* abschlaffen *umg; vor Müdigkeit* einpennen *umg*

flak jacket 5 kugelsichere Weste **flaky** ['fleɪkɪ] ADJ ⟨komp flakier⟩ **1** *Lack* brüchig; *Kruste* blättrig; *Haut* schuppig **2** *bes US* verrückt **flaky pastry** 5 Blätterteig m

flamboyance [flæm'bɔɪəns] 5 Extravaganz f **flamboyant** [flæm'bɔɪənt] ADJ extravagant; *Geste* großartig

★flame [fleɪm] **A** 5 **1** Flamme f; **the house was in ~s** das Haus stand in Flammen **2** IT Flame f; (persönlicher) Angriff **B** V/T IT **to ~ sb** j-m eine Flamme schicken **flame retardant** ['fleɪmrɪ'tɑːdənt] ADJ Feuer hemmend **flaming** ['fleɪmɪŋ] ADJ **1** lodernd; **~ red hair** feuerrotes Haar; **to have a ~ row (with sb)** sich (mit j-m) streiten, dass die Fetzen fliegen *umg* **2** Br *umg* verdammt *umg*; **it's a ~ nuisance** Mensch, das ist vielleicht ein Mist *umg*

flamingo [fləˈmɪŋgəʊ] 5 ⟨pl -(e)s⟩ Flamingo m

flammable ['flæməbl] ADJ feuergefährlich

flan [flæn] 5 Kuchen m; **fruit ~** Obstkuchen m **flan case** 5 Tortenboden m **flank** [flæŋk] **A** 5 *von Tier, a.* MIL Flanke f **B** V/T flankieren

flannel ['flænl] **A** 5 **1** Flanell m **2** Br Waschlappen m **B** ADJ Flanell- **flannelette** [ˌflænə'let] Br 5 Baumwollflanell m; **~ sheet** Biberbetttuch n

F

flap [flæp] **A** ⓢ 🔲 *von Tasche* Klappe *f*; *von Zelt* Eingang *m* 🔁 *Br umg* **to get in(to) a ~** in helle Aufregung geraten **B** V/I 🔲 *Flügel* schlagen; *Segel etc* flattern; **his coat ~ped about his legs** der Mantel schlackerte ihm um die Beine *umg* 🔁 *Br umg* in heller Aufregung sein; **don't ~** reg dich nicht auf **C** V/T 🔲 **to ~ its wings** mit den Flügeln schlagen; **to ~ one's arms** mit den Armen rudern

flapjack [ˈflæpdʒæk] *US* ⓢ 🔲 Pfannkuchen *m; Br* Haferkeks *m,* Haferbiscuit *m schweiz*

flare [fleəʳ] **A** ⓢ 🔲 Leuchtsignal *n* 🔁 *Hose* **(a pair of) ~s** *Br umg* eine Schlaghose 🔳 *Streichholz* aufleuchten 🔲 *Hose* ausgestellt sein 🔳 *fig* Unruhen aufflammen; **tempers ~d** die Gemüter erhitzten sich ♦**flare up** V/I *Situation* aufflackern; **his acne flared up** seine Akne trat wieder auf; **she flared up at me** sie fuhr mich an

flared [fleəd] ADJ *Hose* ausgestellt

★**flash** [flæʃ] **A** ⓢ 🔲 Aufblinken *n kein pl,* Aufblitzen *n kein pl; von Metall, Schmuck* Blitzen *n kein pl;* **there was a sudden ~ of light** plötzlich blitzte es hell auf; **~ of lightning** Blitz *m* 🔁 *fig* **~ of colour** *Br,* **~ of color** *US* Farbtupfer *m;* **~ of inspiration** Geistesblitz *m;* **in a ~** wie der Blitz; **as quick as a ~** blitzschnell 🔳 FOTO Blitz *m,* Blitzlicht *n;* **to use a ~** Blitzlicht benutzen **B** V/I 🔲 aufblinken, aufblitzen, blinken; *Metall, Schmuck* blitzen; **to ~ on and off** immer wieder aufblinken 🔁 **to ~ past** *od* **by** vorbeisausen *etc; Urlaubszeit etc* vorbeifliegen; **the thought ~ed through my mind that …** mir kam plötzlich der Gedanke, dass … **C** V/T 🔲 aufleuchten lassen; **to ~ one's headlights at sb** j-n mit der Lichthupe anblinken; **she ~ed him a look of contempt/gratitude** sie blitzte ihn verächtlich/dankbar an 🔁 *umg a.* **~ around** protzen mit; *Ausweis* kurz vorzeigen; **don't ~ all that money around** wedel nicht so mit dem vielen Geld herum *umg* **D** ADJ *umg* protzig *pej,* chic ♦**flash back** V/I FILM zurückblenden (**to** auf +*akk*); **his mind flashed back to the events of the last year** er erinnerte sich plötzlich an die Ereignisse des letzten Jahres

flashback ⓢ FILM Rückblende *f* **flash**

card ⓢ SCHULE Leselernkarte *f* **flasher** [ˈflæʃəʳ] *umg* ⓢ Exhibitionist(in) *m(f)*

flash flood ⓢ flutartige Überschwemmung **flashlight** *US* ⓢ Taschenlampe *f*

flashmob [ˈflæʃmɒb] ⓢ Flashmob *m* (*spontaner Menschenauflauf*) **flashy** [ˈflæʃɪ] ADJ ⟨komp flashier⟩ auffällig

flask [flɑːsk] ⓢ 🔲 Flakon *m;* CHEM Glaskolben *m* 🔁 Flachmann *m umg* 🔳 Thermosflasche® *f*

★**flat**[1] [flæt] **A** ⓢ 🔲 ADJ ⟨komp flatter⟩ 🔲 flach; *Reifen, Füße* platt; *Oberfläche* eben; **he stood ~ against the wall** er stand platt gegen die Wand gedrückt; **as ~ as a pancake** *umg* total platt; *Landschaft* total flach; **to fall ~ on one's face** auf die Nase fallen; **to lie ~** flach liegen 🔁 *fig* fade; *Geschäfte* lustlos; *Batterie* leer; *Bier* schal; **to fall ~** *Witz* nicht ankommen 🔳 *Weigerung* deutlich 🔳 MUS *Instrument* zu tief (gestimmt); *Stimme* zu tief 🔳 HANDEL Pauschal- **B** ADV 🔲 ablehnen kategorisch; **he told me ~ (out) that …** er sagte mir klipp und klar, dass …; **in ten seconds ~** in sage und schreibe (nur) zehn Sekunden; **~ broke** *umg* total pleite *umg;* **to go ~ out** voll aufdrehen *umg;* **to work ~ out** auf Hochtouren arbeiten 🔁 MUS **to sing/ play ~** zu tief singen/spielen **C** ⓢ 🔲 *von Hand* Fläche *f; von Klinge* flache Seite *f* 🔁 MUS Erniedrigungszeichen *n* 🔳 AUTO Platte(r) *m umg*

★**flat**[2] *Br* ⓢ Wohnung *f*

flat bench ⓢ SPORT Flachbank *f* **flat-chested** ADJ flachbrüstig **flat feet** PL Plattfüße *pl* **flat-hunting** *Br* ⓢ Wohnungssuche *f;* **to go/be ~ auf** Wohnungssuche gehen/sein **flatly** [ˈflætlɪ] ADV ablehnen, abstreiten kategorisch; widersprechen aufs Schärfste; **to be ~ opposed to sth** etw rundweg ablehnen **flatmate** [ˈflætmeɪt] *Br* ⓢ Mitbewohner(in) *m(f)* **flatness** ⓢ *von Fläche* Ebenheit *f* **flat-pack** ADJ **~ furniture** Möbel *pl* zur Selbstmontage **flat peach** ⓢ Flachpfirsich *m* **flat racing** ⓢ Flachrennen *n* **flat rate** ⓢ *f;* TEL Flatrate *f,* Flat *f* **flat screen** ⓢ, **flat-screen monitor** ⓢ COMPUT Flachbildschirm *m* **flat-screen TV** ⓢ Flachbildfernseher *m*

flatten [ˈflætn] **A** V/T 🔲 *Weg etc* ebnen; *Sturm: Getreide* niederdrücken; *Stadt*

dem Erdboden gleichmachen **2** *fig* niederschlagen **B** $\overline{V/R}$ **to ~ oneself against sth** sich platt gegen *od* an etw drücken
♦**flatten out** **A** $\overline{V/i}$ *Landschaft* flach(er) werden **B** $\overline{V/T}$ *⟨trennb⟩ Weg* ebnen; *Papier* glätten

flatter ['flætə] $\overline{V/T}$ schmeicheln (+*dat*); **to be/feel ~ed by sth** sich von etw geschmeichelt fühlen; **don't ~ yourself!** bilde dir ja nichts ein! **flatterer** ['flætərə] $\overline{S}$ Schmeichler(in) *m(f)* **flattering** ['flætərɪŋ] $\overline{ADJ}$ schmeichelhaft; *Farbe* vorteilhaft **flattery** ['flætərɪ] $\overline{S}$ Schmeicheleien *pl*

flattop $\overline{S}$ (≈ *Frisur*) Bürstenschnitt *m*

flatulence ['flætjʊlʌns] $\overline{S}$ Blähung(en) *f(pl)*

flatware ['flætwɛə] *US* $\overline{S}$ Besteck *n*

flaunt [flɔːnt] $\overline{V/T}$ zur Schau stellen; **to ~ oneself** sich großtun

flautist ['flɔːtɪst] $\overline{S}$ Flötist(in) *m(f)*

★**flavour** ['fleɪvə], **flavor** *US* **A** $\overline{S}$ Geschmack *m*, Aroma *n*; *fig* Beigeschmack *m*; **strawberry-flavour ice cream** Eis *n* mit Erdbeergeschmack; **he is ~ of the month** *umg*, *umg* er ist diesen Monat in **B** $\overline{V/T}$ Geschmack verleihen (+*dat*); **pineapple-flavoured** mit Ananasgeschmack

flavouring ['fleɪvərɪŋ] $\overline{S}$, **flavoring** *US* $\overline{S}$ GASTR Aroma *n*, Aromastoff *m*; **rum ~** Rumaroma *n* **flavourless** ['fleɪvəlɪs] $\overline{ADJ}$, **flavorless** *US* $\overline{ADJ}$ geschmacklos

flaw [flɔː] *wörtl* $\overline{S}$ Fehler *m* **flawed** $\overline{ADJ}$ fehlerhaft; **his logic was ~** seine Logik enthielt Fehler **flawless** $\overline{ADJ}$ *Leistung* fehlerlos; *Teint* makellos; **~ English** fehlerloses Englisch

flax [flæks] $\overline{S}$ BOT Flachs *m*

flay [fleɪ] $\overline{V/T}$ häuten

flea [fliː] $\overline{S}$ Floh *m* **flea market** $\overline{S}$ Flohmarkt *m*

fleck [flek] **A** $\overline{S}$ Tupfen *m*, Fleck(en) *m*, Spritzer *m*; *von Staub* Teilchen *n* **B** $\overline{V/T}$ **~ed wool** melierte Wolle; **blue ~ed with white** blau mit weißen Tupfen

fled [fled] $\overline{\text{PRÄT \& PPERF}}$ → flee

fledg(e)ling ['fledʒlɪŋ] **A** $\overline{S}$ ORN Jungvogel *m* **B** $\overline{ADJ}$ *Demokratie* jung

★**flee** [fliː] ⟨*prät, pperf* fled⟩ **A** $\overline{V/i}$ fliehen, flüchten (**from** *vor* +*dat*) **B** $\overline{V/T}$ *Stadt, Land* fliehen aus; *Gefahr* entfliehen (+*dat*)

fleece [fliːs] **A** $\overline{S}$ Vlies *n*; (≈ *Stoff*) Web-

---

pelz *m*, Fleece *n*, Faserpelz *m*; (≈ *Jacke*) Fleecejacke *f* **B** $\overline{V/T}$ *fig umg* **to ~ sb** j-n schröpfen **fleecy** ['fliːsɪ] $\overline{ADJ}$ flauschig

fleet [fliːt] **A** $\overline{S}$ SCHIFF Geschwader *n*, Flotte *f* **2** (≈ *Autos*) (Fuhr)park *m*; **he owns a ~ of trucks** er hat einen Lastwagenpark

fleeting ['fliːtɪŋ] $\overline{ADJ}$ flüchtig; **a ~ visit** eine Stippvisite *umg*; **to catch a ~ glimpse of sb/sth** einen flüchtigen Blick auf j-n/etw werfen können

Flemish ['flemɪʃ] **A** $\overline{ADJ}$ flämisch **B** $\overline{S}$ LING Flämisch *n*

★**flesh** [fleʃ] $\overline{S}$ Fleisch *n*, (Frucht)fleisch *n*; *von Gemüse* Mark *n*; **one's own ~ and blood** sein eigen(es) Fleisch und Blut; **I'm only ~ and blood** ich bin auch nur aus Fleisch und Blut; **in the ~** in Person ♦**flesh out** $\overline{V/T}$ *⟨trennb⟩* ausgestalten; *Einzelheiten* eingehen auf (+*akk*)

flesh-coloured $\overline{ADJ}$, **flesh-colored** *US* $\overline{ADJ}$ fleischfarben **flesh wound** $\overline{S}$ Fleischwunde *f* **fleshy** ['fleʃɪ] $\overline{ADJ}$ ⟨*komp* fleshier⟩ fleischig

flew [fluː] $\overline{\text{PRÄT}}$ → fly[2]

flex [fleks] **A** $\overline{S}$ *Br* Schnur *f*, Kabel *n* **B** $\overline{V/T}$ *Arm etc* beugen; **to ~ one's muscles** seine Muskeln spielen lassen **flexibility** [ˌfleksɪ'bɪlɪtɪ] $\overline{S}$ **1** *wörtl* Biegsamkeit *f* **2** *fig* Flexibilität *f* **flexible** ['fleksəbl] $\overline{ADJ}$ **1** *wörtl* biegsam **2** *fig* flexibel; **to work ~ hours** Gleitzeit arbeiten; **to be ~ about sth** in Bezug auf etw (*akk*) flexibel sein **flex(i)time** ['fleks(ɪ)taɪm] $\overline{S}$ Gleitzeit *f*

flick [flɪk] **A** $\overline{S}$ **1** *mit Fingern* Schnipsen *n kein pl*; **with a ~ of the whip** mit einem Peitschenschnalzen; **a ~ of the wrist** eine schnelle Drehung des Handgelenks **B** $\overline{V/T}$ *Peitsche* knallen mit; *Finger* schnalzen mit; *Schalter* anknipsen; *Staub* wegschnipsen; **she ~ed her hair out of her eyes** sie strich sich (*dat*) die Haare aus den Augen; **he ~ed the piece of paper onto the floor** er schnipste das Papier auf den Fußboden ♦**flick through** $\overline{V/T}$ *⟨+obj⟩ Buch* (schnell) durchblättern; *Seiten* (schnell) umblättern; *TV-Kanäle* (schnell) wechseln

flicker ['flɪkə] **A** $\overline{V/i}$ *Flamme, Licht* flackern; *Bildschirm* flimmern; **a smile ~ed across his face** ein Lächeln huschte über sein Gesicht **B** $\overline{S}$ *von Flamme, Licht* Flackern *n*; *von Bildschirm*

F

Flimmern n **flicker-free** ADJ Bildschirm flimmerfrei

flick knife Br S̲ Klappmesser n

flicks [flɪks] umg PL Kintopp n umg; **to/at the ~** in den/im Kintopp umg

flier [ˈflaɪə^r] S̲ 1 FLUG Flieger(in) m(f); **to be a good/bad ~** Fliegen gut/nicht vertragen 2 Flugblatt n, Flyer m

flies [flaɪz] Br PL Hosenschlitz m

★**flight**¹ [flaɪt] S̲ 1 Flug m; **in ~** Vogel im Flug; FLUG in der Luft 2 **to be in the top ~** fig zur Spitze gehören 3 ~ **of fancy** geistiger Höhenflug 4 ~ **(of stairs)** Treppe f, Stiege f österr

★**flight**² S̲ Flucht f; **to put the enemy to ~** den Feind in die Flucht schlagen; **to take ~** die Flucht ergreifen

flight attendant S̲ Flugbegleiter(in) m(f) **flight bag** S̲ Schultertasche f

flight crew S̲ Crew f, Besatzung f

flight deck S̲ 1 SCHIFF Flugdeck n 2 FLUG Cockpit n **flight number** S̲ Flugnummer f **flight path** S̲ Flugbahn f **flight recorder** S̲ Flugschreiber m **flight-safe mode** S̲ IT Flugmodus m **flight simulator** S̲ Simulator m **flight sock** S̲ Flugsocke f **flight time** S̲ Abflug Abflugzeit f; Dauer Flugdauer f **flighty** [ˈflaɪtɪ] ADJ ⟨komp flightier⟩ unbeständig, gedankenlos

flimsy [ˈflɪmzɪ] ADJ ⟨komp flimsier⟩ 1 Konstruktion leicht gebaut; Stoff dünn; Kiste instabil 2 fig Beweise dürftig; Ausrede fadenscheinig

flinch [flɪntʃ] V/I 1 zurückzucken; **without ~ing** ohne mit der Wimper zu zucken 2 fig **to ~ from sth** vor etw (dat) zurückschrecken

fling [flɪŋ] A S̲ 1 fig umg **to have a final ~** sich noch einmal richtig austoben 2 umg **to have a ~ (with sb)** eine Affäre (mit j-m) haben B V/T ⟨v: prät, pperf flung⟩ schleudern; **to ~ the window open** das Fenster aufstoßen; **the door was flung open** die Tür flog auf; **to ~ one's arms round sb's neck** j-m die Arme um den Hals werfen; **to ~ oneself into a chair/to the ground** sich in einen Sessel/auf den Boden werfen ♦**fling off** wörtl V/T ⟨trennb⟩ Mantel abwerfen ♦**fling out** V/T ⟨trennb⟩ Objekt wegwerfen; j-n hinauswerfen ♦**fling up** V/T ⟨trennb⟩ **to fling one's arms up in horror** entsetzt die Hände über dem Kopf zusammenschlagen

flint [flɪnt] S̲ Feuerstein m

flip [flɪp] A S̲ **by the ~ of a coin** durch Hochwerfen einer Münze B V/T schnippen; Schalter knipsen; **to ~ a coin** eine Münze werfen C V/I umg durchdrehen umg ♦**flip over** A V/T ⟨trennb⟩ umdrehen B VI Flugzeug sich in der Luft (um-)drehen ♦**flip through** VT ⟨+obj⟩ Buch durchblättern; Seiten umblättern

flip chart S̲ Flipchart f

flippant [ˈflɪpənt] ADJ leichtfertig

flipper [ˈflɪpə^r] S̲ Flosse f

flipping [ˈflɪpɪŋ] Br emph umg ADJ & ADV verdammt umg

flip side S̲ von Schallplatte B-Seite f

flirt [flɜːt] A VI flirten; **to ~ with an idea** mit einem Gedanken spielen; **to ~ with danger** die Gefahr herausfordern B S̲ **he is just a ~** er will nur flirten **flirtation** [flɜːˈteɪʃən] S̲ Flirt m, Flirten n **flirtatious** [flɜːˈteɪʃəs] ADJ kokett **flirty** [ˈflɜːtɪ] ADJ kokett

flit [flɪt] A VI flattern; Mensch huschen; **to ~ in and out** rein- und rausflitzen B S̲ Br **to do a (moonlight) ~** bei Nacht und Nebel umziehen

★**float** [fləʊt] A S̲ 1 an Angel, in Spülkasten Schwimmer m 2 (≈ Fahrzeug) Festwagen m B VI 1 schwimmen, treiben; in der Luft schweben; **the body ~ed (up) to the surface** die Leiche kam an die Wasseroberfläche C VT HANDEL, FIN Firma gründen; fig Ideen in den Raum stellen **floating voter** [ˌfləʊtɪŋˈvəʊtə^r] S̲ Wechselwähler(in) m(f)

flock [flɒk] A S̲ 1 von Schafen, a. KIRCHE Herde f; von Vögeln Schwarm m 2 von Menschen Haufen m umg B VI in Scharen kommen; **to ~ around sb** sich um j-n scharen

flog [flɒg] VT 1 auspeitschen; **you're ~ging a dead horse** bes Br umg Sie verschwenden Ihre Zeit 2 Br umg verscherbeln umg **flogging** [ˈflɒgɪŋ] S̲ 1 Tracht f Prügel; JUR Prügelstrafe f; von Dieb, Meuterer Auspeitschen n

★**flood** [flʌd] A S̲ Flut f; **~s** Überschwemmung f; **the river is in ~** der Fluss führt Hochwasser; **she was in ~s of tears** sie war in Tränen gebadet B VT überschwemmen; **to be ~ed** Keller überschwemmt od überflutet sein, unter Wasser stehen; **to ~ the engine** den

Motor absaufen lassen *umg*; **~ed with complaints** mit Beschwerden überhäuft; **~ed with light** lichtdurchflutet **C** *V/i* **1** *Fluss* über die Ufer treten, überborden *schweiz*; *Badewanne* überlaufen; *Keller* unter Wasser stehen; *Land* überschwemmt werden **2** *Menschen* strömen ♦**flood back** *V/i* *Erinnerungen* wieder aufwallen ♦**flood in** *V/i* **the letters just flooded in** wir/sie *etc* hatten eine Flut von Briefen

floodgate [ˈflʌdgeɪt] $\overline{S}$ Schleusentor *n*; **to open the ~s** *fig* Tür und Tor öffnen (**to** *+dat*) **flooding** [ˈflʌdɪŋ] $\overline{S}$ Überschwemmung *f* **floodlight** $\overline{S}$ Scheinwerfer *m* **floodlighting** $\overline{S}$ Flutlicht *n*, Flutlichtanlage *f* **floodlit** $\overline{ADJ}$ **~ football match** Fußballspiel *n* unter Flutlicht **flood protection** $\overline{S}$ Hochwasserschutz *m* **flood tide** $\overline{S}$ Flut *f*

★**floor** [flɔːʳ] **A** $\overline{S}$ **1** (Fuß)boden *m*; *von Tanzlokal* Tanzfläche *f*; **ocean ~** Meeresgrund *m*; **stone/tiled ~** Stein-/Fliesenboden *m*; **to take to the ~** (≈ *tanzen*) aufs Parkett gehen; **to hold** *od* **have the ~** *Redner* das Wort haben **2** *Stock m*, *Stockwerk n*; **first** = *Br* erster Stock; *US* Erdgeschoss *n*, Erdgeschoß *n österr*; **on the second ~** *Br* im zweiten Stock; *US* im ersten Stock **3** *Plenarsaal m*; *von Börse* Parkett *n* **B** $\overline{V/t}$ **1** zu Boden schlagen **2** verblüffen **floor area** $\overline{S}$ Bodenfläche *f* **floorboard** $\overline{S}$ Diele *f* **floor cloth** $\overline{S}$ Scheuer- *od* Putzlappen *m* **floor exercise** $\overline{S}$ Bodenübung *f* **flooring** [ˈflɔːrɪŋ] $\overline{S}$ **1** (Fuß)boden *m* **2** Fußbodenbelag *m* **floor leader** $\overline{S}$ *US* POL Fraktionsführer(in) *m(f)* **floor plan** $\overline{S}$ Grundriss *m* (eines Stockwerkes) **floor polish** $\overline{S}$ Bohnerwachs *n* **floor space** $\overline{S}$ Stellraum *m*; **if you've got a sleeping bag we have plenty of ~** wenn du einen Schlafsack hast, wir haben viel Platz auf dem Fußboden **floor trading** $\overline{S}$ BÖRSE Parketthandel *m* **floorwalker** $\overline{S}$ *US* HANDEL Ladenaufsicht *f*

floozie, floozy [ˈfluːzɪ] *umg* $\overline{S}$ Flittchen *n umg*

flop [flɒp] **A** $\overline{V/i}$ **1** *Mensch* sich fallen lassen **2** *Objekt* fallen **3** *umg Plan* ein Reinfall *m* sein *umg*; *Stück, Buch* durchfallen **B** $\overline{S}$ *umg* Flop *m umg* **floppy** [ˈflɒpɪ] **A** $\overline{ADJ}$ ⟨*komp* floppier⟩ schlaff;

~ hat Schlapphut *m* **B** $\overline{S}$ Diskette *f*
★**floppy disk** $\overline{S}$ COMPUT Diskette *f*; **~ drive** Diskettenlaufwerk *n*

flora [ˈflɔːrə] $\overline{S}$ Flora *f* **floral** [ˈflɔːrəl] $\overline{ADJ}$ **1** *Tapete* geblümt; **~ design** *od* **pattern** Blumenmuster *n* **2** Blumen- **florid** [ˈflɒrɪd] *mst pej* $\overline{ADJ}$ *Sprache* schwülstig *pej* **florist** [ˈflɒrɪst] $\overline{S}$ Florist(in) *m(f)*; **~'s (shop)** Blumengeschäft *n*

floss [flɒs] **A** $\overline{S}$ Zahnseide *f* **B** $\overline{V/t}$ mit Zahnseide reinigen **C** $\overline{V/i}$ sich (*dat*) die Zähne mit Zahnseide reinigen

flotation [fləʊˈteɪʃən] $\overline{S}$ HANDEL *von Firma* Gründung *f*; BÖRSE Börseneinführung *f*

flotilla [fləʊˈtɪlə] $\overline{S}$ Flotille *f*

flotsam [ˈflɒtsəm] $\overline{S}$ **~ and jetsam** Treibgut *n*, Strandgut *n*

flounce [flaʊns] $\overline{V/i}$ stolzieren; **to ~ out** herausstolzieren

flounder¹ [ˈflaʊndəʳ] $\overline{S}$ Flunder *f*

flounder² $\overline{V/i}$ sich abstrampeln; **we ~ed about in the mud** wir quälten uns mühselig im Schlamm; **the economy was ~ing** der Wirtschaft ging es schlecht

★**flour** [ˈflaʊəʳ] $\overline{S}$ Mehl *n*

flourish [ˈflʌrɪʃ] **A** $\overline{V/i}$ (prächtig) gedeihen; *Geschäfte* florieren; **crime ~ed in poor areas** in den armen Gegenden gedieh das Verbrechen **B** $\overline{V/t}$ *Stock etc* herumwedeln mit **C** $\overline{S}$ **1** (≈ *Dekoration*) Schnörkel *m* **2** (≈ *Bewegung*) eleganter Schwung **flourishing** [ˈflʌrɪʃɪŋ] $\overline{ADJ}$ florierend *attr*; *Karriere* erfolgreich; *Pflanze* prächtig gedeihend *attr*

floury [ˈflaʊərɪ] $\overline{ADJ}$ mehlig

flout [flaʊt] $\overline{V/t}$ sich hinwegsetzen über (*+akk*)

★**flow** [fləʊ] **A** $\overline{V/i}$ **1** fließen; **where the river ~s into the sea** wo der Fluss ins Meer mündet; **to keep the traffic ~ing** den Verkehr nicht ins Stocken kommen lassen **2** *Haare* wallen **B** $\overline{S}$ Fluss *m*; **the ~ of traffic** der Verkehrsfluss; **to go with the ~** *fig* mit dem Strom schwimmen; **he was in full ~** er war richtig in Fahrt **flow chart, flow diagram** $\overline{S}$ Flussdiagramm *n*

★**flower** [ˈflaʊəʳ] **A** $\overline{S}$ *Pflanze* Blume *f*; *Teil einer Pflanze* Blüte *f*; **to be in ~** in Blüte stehen **B** $\overline{V/i}$ blühen **flower arrangement** $\overline{S}$ Blumengesteck *n* **flower arranging** $\overline{S}$ Blumenstecken *n* **flowerbed** $\overline{S}$ Blumenbeet *n* **flowering** ['flauǝr] ADJ Blüten-; **~ plant** Blütenpflanze f; **~ shrub** Zierstrauch m **flowerpot** S̲ Blumentopf m **flower shop** S̲ Blumenladen m **flowery** ['flauǝrı] ADJ 1 Tapete geblümt 2 fig blumig

flowing ['flauıŋ] ADJ fließend; Gewand wallend; Stil flüssig

flown [flaun] PPERF → fly²

fl. oz. ABK (= fluid ounces) Flüssigkeitsmaß

★**flu** [fluː] S̲ Grippe f; **to get** od **catch/have (the) flu** (die od eine) Grippe bekommen/haben

fluctuate ['flʌktjueıt] VI̲ schwanken **fluctuation** [ˌflʌktju'eıʃən] S̲ Schwankung f

flue [fluː] S̲ Rauchfang m

fluency ['fluːǝnsı] S̲ 1 in Fremdsprache fließendes Sprechen; **this job requires ~ in German** für diese Stelle ist fließendes Deutsch Voraussetzung; **~ in two foreign languages is a requirement** die Beherrschung von zwei Fremdsprachen ist Voraussetzung 2 in Muttersprache Gewandtheit f **fluent** ['fluːǝnt] ADJ 1 **to be ~** die Sprache fließend sprechen; **to be ~ in German, to speak ~ German** fließend Deutsch sprechen; **she is ~ in six languages** sie beherrscht sechs Sprachen fließend 2 in Muttersprache gewandt 3 Bewegung flüssig **fluently** ['fluːǝntlı] ADV sprechen, schreiben in Fremdsprache fließend; in Muttersprache flüssig

fluff [flʌf] A S̲ ⟨kein pl⟩ von Tieren Flaum m; von Stoff Fusseln pl; **a bit of ~** eine Fussel B VI̲ 1 Kissen aufschütteln 2 Gelegenheit vermasseln umg ◆**fluff up** VI̲ ⟨trennb⟩ Kissen aufschütteln

fluffy ['flʌfı] ADJ ⟨komp fluffier⟩ 1 Hausschuhe flauschig; Kaninchen flaumweich; **~ white clouds** weiße Schäfchenwolken; **~ toy** Kuscheltier n 2 Reis locker; Backmischung schaumig

fluid ['fluːıd] A S̲ Flüssigkeit f B ADJ 1 flüssig; Umrisse fließend **fluid ounce** S̲ Flüssigkeitsmaß (Brit: =28,4 ml, US: =29,6 ml)

fluke [fluːk] umg S̲ **it was a (pure) ~** das war (einfach) Dusel umg

flummox ['flʌmǝks] umg VT̲ durcheinanderbringen; **to be ~ed by sth** durch etw aus dem Konzept gebracht werden umg

flung [flʌŋ] PRÄT & PPERF → fling

flunk [flʌŋk] umg VT̲ Prüfung verhauen umg; **to ~ German/an exam** in Deutsch/bei einer Prüfung durchfallen umg

fluorescent [fluǝ'resǝnt] ADJ Farbe leuchtend; Anstrich fluoreszierend **fluorescent light** S̲ Neonlampe f **fluorescent lighting** S̲ Neonbeleuchtung f

fluoride ['fluǝraıd] S̲ Fluorid n; **~ toothpaste** Fluorzahnpasta f

flurry ['flʌrı] S̲ 1 von Schnee Gestöber n 2 fig **a ~ of activity** hektische Betriebsamkeit; **a ~ of excitement** hektische Aufregung

flush¹ [flʌʃ] A S̲ 1 in WC (Wasser)spülung f 2 vor Scham etc Röte f B VI̲ 1 Gesicht rot werden (**with** vor +dat) 2 WC spülen C VT̲ spülen; **to ~ the lavatory** od **toilet** spülen; **to ~ sth down the toilet** etw die Toilette hinunterspülen ◆**flush away** VT̲ ⟨trennb⟩ wegspülen ◆**flush out** VT̲ ⟨trennb⟩ 1 Becken ausspülen 2 Spione aufspüren

flush² [flʌʃ] ADJ ⟨präd⟩ bündig; **cupboards ~ with the wall** Schränke, die mit der Wand abschließen

flushed ['flʌʃt] ADJ **to be ~ with success/happiness** über seinen Erfolg/vor Glück strahlen

fluster ['flʌstǝr] VT̲ nervös machen, durcheinanderbringen; **to be ~ed** nervös od aufgeregt sein, durcheinander sein

flute [fluːt] S̲ MUS Querflöte f; **to play the ~** Querflöte spielen **flutist** ['fluːtıst] US S̲ → flautist

flutter ['flʌtǝr] A VI̲ flattern B VT̲ Fächer wedeln mit; Flügel flattern mit; **to ~ one's eyelashes** mit den Wimpern klimpern hum C S̲ 1 **all of a ~** in heller Aufregung 2 Br umg **to have a ~** sein Glück (beim Wetten) versuchen

flux [flʌks] S̲ Fluss m; **in a state of ~** im Fluss

fly¹ [flaı] S̲ Fliege f; **he wouldn't hurt a fly** er könnte keiner Fliege etwas zuleide tun; **that's the only fly in the ointment** umg das ist das einzige Haar in der Suppe

★**fly²** ⟨v: prät flew; pperf flown⟩ A VI̲ fliegen; Zeit (ver)fliegen; Fahne wehen; **time flies!** wie die Zeit vergeht!; **the door** flew open die Tür flog auf; **to fly into a rage** einen Wutanfall bekommen; **to fly at sb** umg auf j-n losgehen; **he really let fly** er legte kräftig los; **to send sb/sth flying** j-n/etw umwerfen umg; **to go flying** Mensch hinfallen; **to fly in the face of authority/tradition** sich über jede Autorität/alle Traditionen hinwegsetzen **B** V/T fliegen; Drachen steigen lassen; Fahne wehen lassen ◆**fly away** V/I wegfliegen ◆**fly in** V/T & V/I einfliegen; **she flew in this morning** sie ist heute Morgen mit dem Flugzeug angekommen ◆**fly off** V/I **1** abfliegen; Vogel wegfliegen; **to fly off to the south** nach Süden fliegen **2** Hut, Deckel wegfliegen ◆**fly out** V/I ausfliegen; **I fly out tomorrow** ich fliege morgen hin **B** V/T ⟨trennb⟩ hinfliegen, ausfliegen ◆**fly past** V/I **1** vorbeifliegen **2** Zeit verfliegen **B** V/I ⟨+obj⟩ **to fly past sth** an etw (dat) vorbeifliegen

★**fly³** US S (Hosen)schlitz m

fly-by-night ADJ FIN, HANDEL Aktion windig umg **fly-fishing** S Fliegenfischen n

flying ['flaɪɪŋ] **A** ADJ Splitter herumfliegend **B** S Fliegen n; **he likes ~** er fliegt gerne; **he's afraid of ~** er hat Flugangst **flying boat** S Flugboot n **flying colours**, **flying colors** US PL **to pass with ~** glänzend bestehen **flying leap** S **to take a ~** einen großen Satz machen **flying saucer** S fliegende Untertasse **flying start** S **to get off to a ~** SPORT hervorragend wegkommen umg; fig einen glänzenden Start haben **flying visit** S Stippvisite f

flyleaf S Vorsatzblatt n **flyover** S **1** Überführung f **2** US Luftparade f **flypaper** S Fliegenfänger m **fly-past** Br S Luftparade f **fly sheet** S Überzelt n **fly spray** S Fliegenspray n **fly swat (-ter)** S Fliegenklatsche f **fly-tipping** S illegales Müllablagen **flyweight** S SPORT Fliegengewichtler(in) m(f) **flywheel** S Schwungrad n

FM ABK (= frequency modulation) FM **foal** [fəʊl] **A** S Fohlen n **B** V/I fohlen **foam** [fəʊm] **A** S Schaum m **B** V/I schäumen; **to ~ at the mouth** wörtl Schaum vorm Mund haben; Tier Schaum vorm Maul haben; fig schäumen **foam rubber** S Schaumgummi m **foamy**

['fəʊmɪ] ADJ ⟨komp foamier⟩ schäumend **fob** [fɒb] bes Br V/T **to fob sb off** j-n abspeisen; **to fob sth off on sb** j-m etw andrehen

focal point ['fəʊkəlpɔɪnt] S Brennpunkt m; **his family is the ~ of his life** seine Familie ist der Mittelpunkt seines Lebens **focus** ['fəʊkəs] **A** S ⟨pl foci ['fəʊkɪ]⟩ Brennpunkt m; **in ~** Kamera (scharf) eingestellt; Foto scharf; **out of ~** Kamera unscharf eingestellt; Foto unscharf; **to keep sth in ~** fig etw im Blickfeld behalten; **he was the ~ of attention** er stand im Mittelpunkt **B** V/T Instrument einstellen (**on** auf +akk); Licht bündeln; fig Anstrengungen konzentrieren (**on** auf +akk); **to ~ one's mind** sich konzentrieren; **I should like to ~ your attention on a new problem** ich möchte Ihre Aufmerksamkeit auf ein neues Problem lenken **C** V/I **to ~ on sth** sich auf etw (akk) konzentrieren; **I can't ~ properly** ich kann nicht mehr klar sehen **focus(s)ed** ['fəʊkəst] fig ADJ zielstrebig; Aufmerksamkeit konzentriert

fodder ['fɒdə'] S Futter n **foe** [fəʊ] liter S Widersacher(in) m(f) geh **foetal** ['fiːtl] ADJ, **fetal** bes US ADJ fötal **foetus** ['fiːtəs] S, **fetus** bes US S Fötus m

★**fog** [fɒg] **A** S Nebel m **B** V/T & V/I (a. **fog up** od **over**) beschlagen **fogbound** ['fɒgbaʊnd] ADJ Schiff, Flugzeug durch Nebel festgehalten; Flughafen wegen Nebel(s) geschlossen; **the main road to Edinburgh is ~** auf der Hauptstraße nach Edinburgh herrscht dichter Nebel

fogey ['fəʊgɪ] umg S **old ~** alter Kauz umg

foggy ['fɒgɪ] ADJ ⟨komp foggier⟩ **1** neb(e)lig **2** fig **I haven't the foggiest (idea)** umg ich habe keinen blassen Schimmer umg **foghorn** S SCHIFF Nebelhorn n **fog lamp**, **fog light** S AUTO Nebelscheinwerfer m

fogy S → fogey **foible** ['fɔɪbl] S Eigenheit f **foil¹** [fɔɪl] S Folie f **foil²** V/T Pläne durchkreuzen; Bemühungen vereiteln **foist** [fɔɪst] V/T **to ~ sth (off) on sb** j-m etw andrehen; Aufgabe etw auf j-n abschieben

★**fold** [fəʊld] **A** S̲ Falte f; **~s of skin** Hautfalten pl; **~s of fat** Fettwülste pl **B** V̲T̲ **1** Papier, Tuch zusammenfalten; **to ~ a newspaper in two** eine Zeitung falten; **to ~ one's arms** die Arme verschränken; **she ~ed her hands in her lap** sie faltete die Hände im Schoß zusammen **2** einwickeln (**in** in +akk) **3** GASTR **to ~ sth into sth** etw unter etw (akk) heben **C** V̲I̲ **1** Tisch sich zusammenklappen lassen **2** Firma eingehen ◆**fold away** V̲I̲ Tisch zusammenklappbar sein ◆**fold back** V̲T̲ ⟨trennb⟩ Bettdecke zurückschlagen ◆**fold down** V̲T̲ ⟨trennb⟩ Ecke kniffen ◆**fold up** V̲T̲ ⟨trennb⟩ Papier zusammenfalten

folder [ˈfəʊldər] S̲ **1** Aktendeckel m, Ordner m, Mappe f **2** IT Ordner m **folding** [ˈfəʊldɪŋ] A̲D̲J̲ ⟨attr⟩ Klapp-; **~ bed** Klappbett n; **~ chair** Klappstuhl m **folding doors** P̲L̲ Falttür f

foliage [ˈfəʊlɪɪdʒ] S̲ Blätter pl

folk [fəʊk] **A** S̲ **1** umg a. **~s** Leute pl; **a lot of ~(s) believe ...** viele (Leute) glauben ...; **old ~** alte Menschen; **my ~s** meine Leute umg **2** → folks **B** S̲ folk **dance** S̲ Volkstanz m **folklore** S̲ Folklore f **folk music** S̲ traditionelles Liedgut n; Folk m **folk singer** S̲ Sänger(in) m(f) von Volksliedern, Folksänger(in) m(f) **folk song** S̲ Folksong m **folksy** [ˈfəʊksɪ] US A̲D̲J̲ Wesensart herzlich **folk tale** S̲ Volksmärchen n

follicle [ˈfɒlɪkl] S̲ Follikel n

★**follow** [ˈfɒləʊ] **A** V̲T̲ folgen (+dat); Kurs, Karriere, Nachrichten verfolgen; Mode mitmachen; Rat, Anweisung befolgen; Sport etc sich interessieren für; Rede (genau) verfolgen; auf Twitter® folgen (**sb** jdm); **he ~ed me about** er folgte mir überallhin; **he ~ed me out** er folgte mir nach draußen; **we're being ~ed** wir werden verfolgt; **he arrived first, ~ed by the ambassador** er kam als Erster, gefolgt vom Botschafter; **the dinner will be ~ed by a concert** im Anschluss an das Essen findet ein Konzert statt; **how do you ~ that?** das ist kaum zu überbieten; **I love lasagne ~ed by ice cream** besonders gern mag ich Lasagne und danach Eis; **do you ~ me?** können Sie mir folgen?; **to ~ one's heart** auf die Stimme seines Herzens hören; **which team do you ~?** für welche Mannschaft sind Sie? **B** V̲I̲ folgen; **his argument was as ~s** er argumentierte folgendermaßen; **to ~ in sb's footsteps** fig in j-s Fußstapfen (akk) treten; **it doesn't ~ that ...** daraus folgt nicht, dass ...; **that doesn't ~** nicht unbedingt!; **I don't ~** das verstehe ich nicht ◆**follow on** V̲I̲ nachkommen ◆**follow through** V̲I̲ **to follow through with sth**, **to follow sth through** Plan etw zu Ende verfolgen; Drohung etw wahr machen ◆**follow up** V̲T̲ ⟨trennb⟩ **1** Anfrage nachgehen (+dat); Angebot aufgreifen **2** sich näher beschäftigen mit; Sache weiterverfolgen **3** Erfolg ausbauen

follower [ˈfɒləʊər] S̲ Anhänger(in) m(f); auf Twitter® etc Follower(in) m(f); **to be a ~ of fashion** sehr modebewusst sein; **he's a ~ of Blair** er ist Blair-Anhänger **following** [ˈfɒləʊɪŋ] **A** A̲D̲J̲ folgend; **the ~ day** der nächste od (darauf) folgende Tag **2** **~ wind** Rückenwind m **B** S̲ **1** Anhängerschaft f **2** **he said the ~** er sagte Folgendes **C** P̲R̲Ä̲P̲ nach **follow-up** [ˈfɒləʊˌʌp] S̲ Fortsetzung f (**to** +gen) **follow-up meeting** S̲ Nachbesprechung f **follow-up visit** S̲ beim Arzt Nachuntersuchung f

folly [ˈfɒlɪ] S̲ Dummheit f; **it is sheer ~** es ist der reinste Wahnsinn

fond [fɒnd] A̲D̲J̲ (**+er**) **1** **to be ~ of sb/sth** j-n/etw mögen; **she is very ~ of animals** sie ist sehr tierlieb(end); **to become** od **grow ~ of sb/sth** j-n/etw lieb gewinnen; **to be ~ of doing sth** etw gern machen **2** Eltern, Blick liebevoll; **to have ~ memories of sth** schöne Erinnerungen an etw (akk) haben **3** (≈ naiv) **in the ~ hope/belief that ...** in der vergeblichen Hoffnung, dass ...

fondant [ˈfɒndənt] S̲ Fondant m

fondle [ˈfɒndl] V̲T̲ (zärtlich) spielen mit, streicheln **fondly** [ˈfɒndlɪ] A̲D̲V̲ **1** liebevoll; **to remember sb ~** j-n in bester Erinnerung behalten; **to remember sth ~** sich gern an etw (akk) erinnern **2** naiverweise **fondness** S̲ zu Menschen Zuneigung f (**for** zu); für Speisen, Gegenden etc Vorliebe f (**for** für)

fondue [ˈfɒnduː] S̲ Fondue n; **~ set** Fondueset n

font [fɒnt] S̲ **1** TYPO Schrift(art) f **2** ARCH, REL Taufbecken n

★**food** [fuːd] S̲ ⟨kein pl⟩ Essen n; für Tiere

Futter *n; allg* Nahrung *f*, Nahrungsmittel *n*, Lebensmittel *pl;* **dog and cat ~** Hunde- und Katzenfutter; **~ and drink** Essen und Trinken; **I haven't any ~** ich habe nichts zu essen; **~ for thought** Stoff *m* zum Nachdenken **food additives** PL chemische Zusätze *pl* **food bank** S̄ Tafelladen *m* **food chain** S̄ Nahrungskette *f* **food combining** S̄ Trennkost *f* **food industry** S̄ Lebensmittelindustrie *f* **food miles** PL Transportwege *pl* für Nahrung **food parcel** S̄ Lebensmittelpaket *n* **food poisoning** S̄ Lebensmittelvergiftung *f* **food processor** S̄ Küchenmaschine *f* **food stamp** *US* S̄ Lebensmittelmarke *f* **foodstuff** S̄ Nahrungsmittel *n* **food supplement** S̄ Nahrungsergänzung *f*, Nahrungsergänzungsmittel *n* **food technology** S̄ Lebensmitteltechnologie *f*

★**fool** [fuːl] A S̄ Dummkopf *m;* **don't be a ~!** sei nicht (so) dumm!; **he was a ~ not to accept** es war dumm von ihm, nicht anzunehmen; **to be ~ enough to ...** so dumm sein, zu ..., so blöd sein, zu ... *umg;* **to play** *od* **act the ~** herumalbern; **to make a ~ of sb** j-n lächerlich machen; **he made a ~ of himself** er hat sich blamiert B V/I herumalbern; **to ~ with sb/sth** mit j-m/etw spielen; **stop ~ing (around)!** lass den Blödsinn! C V/T zum Narren halten, hereinlegen *umg; durch Verkleidung etc* täuschen; **I was completely ~ed** ich bin vollkommen darauf hereingefallen; **you had me ~ed** ich habe das tatsächlich geglaubt; **they ~ed him into believing that ...** sie haben ihm weisgemacht, dass ... ◆**fool about** *Br*, **fool around** V/I **1** herumtrödeln **2** herumalbern; **to fool about** *od* **around with sth** mit etw Blödsinn machen **3** *sexuell* **he's fooling around with my wife** er treibt seine Spielchen mit meiner Frau **foolhardy** [ˈfuːlˌhaːdi] ADJ tollkühn **foolish** [ˈfuːlɪʃ] ADJ dumm; **don't do anything ~** mach keinen Unsinn; **what a ~ thing to do** wie kann man nur so dumm sein; **it made him look ~** dadurch hat er sich blamiert **foolishly** [ˈfuːlɪʃli] ADV *handeln* unklug; *etw sagen* dummerweise **foolishness** S̄ Dummheit *f* **foolproof** [ˈfuːlpruːf] ADJ *Methode* unfehlbar;

Rezept idiotensicher *umg*

★**foot** [fut] A S̄ ‹*pl* **feet**› Fuß *m; von Bett* Fußende *n;* **to be on one's feet** auf den Beinen sein; **to get back on one's feet** wieder auf die Beine kommen; **on ~** zu Fuß; **I'll never set ~ here again!** hier kriegen mich keine zehn Pferde mehr her! *umg;* **the first time he set ~ in the office** als er das erste Mal das Büro betrat; **to get to one's feet** aufstehen; **to jump to one's feet** aufspringen; **to put one's feet up** *wörtl* die Füße hochlegen; *fig* es sich (*dat*) bequem machen; **he never puts a ~ wrong** *fig* er macht nie einen Fehler; **3 ~** *od* **feet long** 3 Fuß lang; **he's 6 ~ 3 ≈** er ist 1,90 m; **to put one's ~ down** *sein im* Machtwort sprechen; AUTO Gas geben; **to put one's ~ in it** ins Fettnäpfchen treten; **to find one's feet** sich eingewöhnen; **to get/be under sb's feet** j-m im Wege stehen *od* sein; **to get off on the wrong ~** einen schlechten Start haben; **to stand on one's own two feet** auf eigenen Füßen stehen; **a nice area, my ~!** *umg* und das soll eine schöne Gegend sein! B V/T *Rechnung* bezahlen **footage** [ˈfutɪdʒ] S̄ **1** Filmmaterial *n* **2** Filmmeter *pl* **foot-and-mouth (disease)** [ˈfutənˈmauθ(dɪˌziːz)] *Br* S̄ Maul- und Klauenseuche *f* **football** [ˈfutbeil] V/I *US umg* abhauen *umg*, wegrennen

★**football** [ˈfutbɔːl] S̄ **1** *Br* Fußball *m* **2** *US* (American) Football *m;* **to play ~** Fußball/Football spielen **football boot** *Br* S̄ Fußballschuh *m* **footballer** [ˈfutbɔːlaʳ] S̄ **1** *Br* Fußball(spiel)er(in) *m(f)* **2** *im American Football* Footballspieler *m* **football hooligan** *Br* S̄ Fußballrowdy *od* -hooligan *m* **football player** S̄ **1** *Br* Fußballspieler(in) *m(f)* **2** *im American Football* Footballspieler *m* **football pools** *Br* PL Fußballtoto *n/m* **footbridge** S̄ Fußgängerbrücke *f* **-footed** [-futɪd] ADJ ‹*suf*› -füßig; **four-footed** vierfüßig **footer** [ˈfutaʳ] S̄ IT Fußzeile *f* **foothills** PL (Gebirgs)ausläufer *pl* **foothold** S̄ Halt *m;* **to gain a ~** *fig* Fuß fassen **footing** [ˈfutɪŋ] S̄ **1** *wörtl* **to lose one's ~** den Halt verlieren **2** *fig* Basis *f*, Beziehung *f;* **on an equal ~** auf gleicher Basis **footlights** PL THEAT Rampenlicht *n* **footman** S̄ ‹*pl* **-men**› Lakai *m* **footnote** S̄ Fußnote *f; fig* Anmerkung *f* **foot passenger** [S] Fußgänger(in) *m(f)*, Fußpassagier(in) *m(f)* **footpath** [S] Fußweg *m* **footprint** [S] Fußabdruck *m* **footprints** [PL] Fußspuren *pl* **footrest** [S] Fußstütze *f* **footsore** [ADJ] **to be ~** wunde Füße haben **footstep** [S] Schritt *m* **footstool** [S] Fußbank *f* **footwear** [S] Schuhe *pl* **footwork** [S] ⟨*kein pl*⟩ SPORT Beinarbeit *f*

F

★**for** [fɔːʳ] [A] [PRÄP] [1] für; *Zweck* zu, für; *Ziel* nach; **a letter for me** ein Brief für mich; **destined for greatness** zu Höherem bestimmt; **what for?** wofür?, wozu?; **what is this knife for?** wozu dient dieses Messer?; **he does it for pleasure** er macht es zum *od* aus Vergnügen; **what did you do that for?** warum *od* wozu haben Sie das getan?; **what's the English for 'Handy'?** wie sagt man „Handy" auf Englisch?; **a bag for carrying books (in)** eine Tasche, um Bücher zu tragen; **to go to Spain for one's holidays** *Br*, **to go to Spain for one's vacation** *US* nach Spanien in Urlaub fahren; **the train for Stuttgart** der Zug nach Stuttgart; **to leave for the USA** in die USA *od* nach Amerika abreisen; **it's not for me to say** es steht mir nicht zu, mich dazu zu äußern; **I'll speak to her for you if you like** wenn Sie wollen, rede ich an Ihrer Stelle *od* für Sie mit ihr; **D for Daniel** D wie Daniel; **are you for or against it?** sind Sie dafür oder dagegen?; **I'm all for helping him** ich bin sehr dafür, ihm zu helfen; **for my part** was mich betrifft; **as for him** was ihn betrifft; **what do you want for your birthday?** was wünschst du dir zum Geburtstag?; **it's all very well for you to talk** Sie haben gut reden; **for further information see page 77** weitere Informationen finden Sie auf Seite 77; **his knack for saying the wrong thing** sein Talent, das Falsche zu sagen [2] (≈*wegen*) aus; **for this reason** aus diesem Grund; **to be in prison for murder** wegen Mordes im Gefängnis sein; **to choose sb for his ability** j-n wegen seiner Fähigkeiten wählen; **if it were not for him** wenn er nicht wäre [3] trotz (*+gen od* (*umg*) *dat*) [4] *zeitlich* seit; *mit Futur* für; **I have not seen her for years** ich habe sie seit Jahren nicht gesehen; **for an hour** eine Stunde lang; **I am going away for a few days** ich werde (für *od* auf) ein paar Tage wegfahren; **I shall be away for a month** ich werde einen Monat (lang) weg sein; **he won't be back for a week** er wird erst in einer Woche zurück sein; **can you get it done for Monday?** können Sie es bis *od* für Montag fertig haben?; **for a while/time** (für) eine Weile/einige Zeit; **the meeting was scheduled for 9 o'clock** die Besprechung sollte um 9 Uhr stattfinden [5] *Strecke* **we walked for two miles** wir sind zwei Meilen weit gelaufen; **there are roadworks on the M8 for two miles** auf der M8 gibt es eine zwei Meilen lange Baustelle; **for miles** meilenweit [6] **it's easy for him to do it** er kann das leicht tun; **I brought it for you to see** ich habe es mitgebracht, damit Sie es sich (*dat*) ansehen können; **the best thing would be for you to leave** das Beste wäre, wenn Sie weggingen; **there's still time for him to come** er kann immer noch kommen; **you're (in) for it!** *umg* jetzt bist du dran! *umg* [B] [KONJ] denn [C] [ADJ] ⟨*präd*⟩ dafür

forage [ˈfɒrɪdʒ] [VI] nach Futter suchen; *fig* herumstöbern (**for** nach)

foray [ˈfɒreɪ] [S] (Raub)überfall *m*; *fig* Ausflug *m* (**into** in *+akk*)

forbad(e) [fəˈbæd] [PRÄT] → forbid

★**forbid** [fəˈbɪd] [VT] ⟨*prät* **forbad(e)**; *pperf* **forbidden**⟩ verbieten; **to ~ sb to do sth** j-m verbieten, etw zu tun; **God** *od* **Heaven ~!** Gott behüte *od* bewahre! **forbidden** [ADJ] verboten; **they are ~ to enter** sie dürfen nicht hereinkommen; **smoking is (strictly) ~** Rauchen ist (streng) verboten; **~ subject** Tabuthema *n* **forbidding** [fəˈbɪdɪŋ] [ADJ] *Mensch* Furcht einflößend; *Ort* unwirtlich; *Aussichten* düster

★**force** [fɔːs] [A] [S] [1] ⟨*kein pl*⟩ Kraft *f*; *von Stoß* Wucht *f*; (≈*Zwang*) Gewalt *f*; **by** *od* **through sheer ~ of numbers** aufgrund zahlenmäßiger Überlegenheit; **there is a ~ 5 wind blowing** es herrscht Windstärke 5; **they were there in ~** sie waren in großer Zahl da; **to come into/be in ~** in Kraft treten/sein [2] ⟨*kein pl*⟩ *fig von Argument* Überzeugungskraft *f*; **by ~ of habit** aus Gewohnheit; **the ~ of circumstances** der Druck der Verhältnisse [3] (≈*Autorität*) Macht *f*; **there are various**

F

~s at work here hier sind verschiedene Kräfte am Werk; **he is a powerful ~ in the reform movement** er ist ein einflussreicher Mann in der Reformbewegung **4** **the ~s** MIL die Streitkräfte *pl*; **the (police)** ~ die Polizei; **to join ~s** sich zusammentun **B** $\overline{VrT}$ **1** zwingen; **to ~ sb/oneself to do sth** j-n/sich zwingen, etw zu tun; **he was ~d to conclude that ...** er sah sich zu der Folgerung gezwungen od gedrängt, dass ...; **to ~ sth (up)on sb** j-m etw aufdrängen; **he ~d himself on her** *sexuell* er tat ihr Gewalt an; **to ~ a smile** gezwungen lächeln **2** erzwingen; **he ~d a confession out of me** er erzwang ein Geständnis von mir; **to ~ an error** SPORT einen Fehler erzwingen **3** aufbrechen **4** **to ~ books into a box** Bücher in eine Kiste zwängen; **if it won't open/go in, don't ~ it** wenn es nicht aufgeht/passt, wende keine Gewalt an; **to ~ one's way into sth** sich (*dat*) gewaltsam Zugang zu etw verschaffen; **to ~ a car off the road** ein Auto von der Fahrbahn drängen ◆**force back** $\overline{VrT}$ ⟨*trennb*⟩ unterdrücken ◆**force down** $\overline{VrT}$ ⟨*trennb*⟩ Essen hinunterquälen ◆**force off** $\overline{VrT}$ ⟨*trennb*⟩ Deckel *etc* mit Gewalt abmachen ◆**force up** $\overline{VrT}$ ⟨*trennb*⟩ Preise hochtreiben

forced [fɔːst] $\overline{ADJ}$ **1** Zwangs-; *Repatriierung a.* gewaltsam; **~ marriage** Zwangsehe *f* **2** *Lächeln, Unterhaltung* gezwungen **forced labour** $\overline{S}$, **forced labor** *US* $\overline{S}$ Zwangsarbeit *f* **forced landing** $\overline{S}$ Notlandung *f* **forced marriage** $\overline{S}$ Zwangsheirat *f* **force-feed** [ˈfɔːsfiːd] $\overline{VrT}$ ⟨*v: prät, pperf* force-fed⟩ zwangsernähren **forceful** $\overline{ADJ}$ **1** *Schlag* kräftig **2** *Wesensart* energisch; *Charakter* stark; *Stil, Erinnerung* eindringlich; *Argument* überzeugend **forcefully** $\overline{ADV}$ **1** *entfernen* gewaltsam **2** *handeln* entschlossen; *argumentieren* eindringlich **forcefulness** [ˈfɔːsfʊlnɪs] $\overline{S}$ energische *od* entschlossene Art; *von Charakter, Persönlichkeit* Stärke *f*; *von Argument* Eindringlichkeit *f*, Überzeugungskraft *f*

forceps [ˈfɔːseps] $\overline{PL}$, (*a.* **pair of forceps**) Zange *f*

forcible $\overline{ADJ}$, **forcibly** [ˈfɔːsəbl, -ɪ] $\overline{ADV}$ gewaltsam

ford [fɔːd] **A** $\overline{S}$ Furt *f* **B** $\overline{VrT}$ durchqueren

fore [fɔːʳ] **A** $\overline{S}$ **to come to the ~** ins Blickfeld geraten **B** $\overline{ADJ}$ ⟨*attr*⟩ vordere(r, s) **forearm** [ˈfɔːrɑːm] $\overline{S}$ Unterarm *m* **forebear** [ˈfɔːbɛəʳ] *form* $\overline{S}$ Vorfahr(in) *m(f)* **foreboding** [fɔːˈbəʊdɪŋ] $\overline{S}$ (Vor)ahnung *f*, ungutes Gefühl **forecast** [ˈfɔːkɑːst] **A** $\overline{VrT}$ voraussagen, vorhersagen **B** $\overline{S}$ Vorhersage *f* **forecaster** [ˈfɔːkɑːstəʳ] $\overline{S}$ METEO Meteorologe *m*, Meteorologin *f* **forecourt** [ˈfɔːkɔːt] $\overline{S}$ Vorhof *m* **forefather** [ˈfɔːˌfɑːðəʳ] $\overline{S}$ Ahn *m*, Vorfahr *m* **forefinger** [ˈfɔːˌfɪŋɡəʳ] $\overline{S}$ Zeigefinger *m* **forefront** [ˈfɔːfrʌnt] $\overline{S}$ **at the ~** of an der Spitze (+*gen*) **forego** [fɔːˈɡəʊ] $\overline{VrT}$ ⟨*prät* forewent; *pperf* foregone⟩ verzichten auf (+*akk*) **foregone** [fɔːˈɡɒn] **A** $\overline{PPERF}$ → forego **B** [ˈfɔːɡɒn] $\overline{ADJ}$ **it was a ~ conclusion** es stand von vornherein fest **foreground** [ˈfɔːɡraʊnd] $\overline{S}$ Vordergrund *m*; **in the ~** im Vordergrund **forehand** [ˈfɔːhænd] **A** $\overline{S}$ SPORT Vorhand *f* **B** $\overline{ADJ}$ ⟨*attr*⟩ SPORT Vorhand-

★**forehead** [ˈfɔːhed, ˈfɒrɪd] $\overline{S}$ Stirn *f*

★**foreign** [ˈfɒrən] $\overline{ADJ}$ **1** *Mensch* ausländisch; *Essen, Sitten* fremdländisch; **to be ~** Ausländer(in) *m(f)* sein; **~ countries** das Ausland; **~ travel** Auslandsreisen *pl*; **~ news** Auslandsnachrichten *pl* **2** Fremd-; **~ body** Fremdkörper *m*; **to be ~ to sb** j-m fremd sein **foreign affairs** $\overline{PL}$ Außenpolitik *f* **foreign aid** $\overline{S}$ Entwicklungshilfe *f* **foreign correspondent** $\overline{S}$ Auslandskorrespondent(in) *m(f)* **foreign currency** $\overline{S}$ Devisen *pl*

★**foreigner** [ˈfɒrənəʳ] $\overline{S}$ Ausländer(in) *m(f)* **foreign exchange** $\overline{S}$ **on the ~s** an den Devisenbörsen **foreign language** **A** $\overline{S}$ Fremdsprache *f* **B** $\overline{ADJ}$ ⟨*attr*⟩ *Film* fremdsprachig; **~ assistant** Fremdsprachenassistent(in) *m(f)* **Foreign Minister** $\overline{S}$ Außenminister(in) *m(f)* **Foreign Office** *Br* $\overline{S}$ Auswärtiges Amt **foreign policy** $\overline{S}$ POL Außenpolitik *f* **Foreign Secretary** *Br* $\overline{S}$ Außenminister(in) *m(f)* **foreign trade** $\overline{S}$ Außenhandel *m*

foreleg [ˈfɔːleg] $\overline{S}$ Vorderbein *n* **foreman** [ˈfɔːmən] $\overline{S}$ ⟨*pl* -men⟩ Vorarbeiter *m*; *am Bau* Polier *m* **foremost** [ˈfɔːməʊst] **A** $\overline{ADJ}$ führend; **~ among them was John** John führte mit ihnen **B** $\overline{ADV}$ vor allem **forename** [ˈfɔːneɪm] s̲ Vorname m

forensic [fəˈrensɪk] ADJ forensisch; MED gerichtsmedizinisch **forensic medicine** s̲ Gerichtsmedizin f **forensic science** s̲ Kriminaltechnik f

foreplay [ˈfɔːpleɪ] s̲ Vorspiel n **forerunner** [ˈfɔːˌrʌnəʳ] s̲ Vorläufer m **foresee** [fɔːˈsiː] V/T ⟨prät foresaw [...]; pperf foreseen [fɔːˈsiːn]⟩ vorhersehen **foreseeable** [fɔːˈsiːəbl] ADJ voraussehbar; **in the ~ future** in absehbarer Zeit **foreshadow** [fɔːˈʃædəʊ] V/T ahnen lassen **foresight** [ˈfɔːsaɪt] s̲ Weitblick m **foreskin** [ˈfɔːskɪn] s̲ Vorhaut f

★**forest** [ˈfɒrɪst] s̲ Wald m, Forst m **forestall** [fɔːˈstɔːl] V/T j-n zuvorkommen (+dat)

forester [ˈfɒrɪstəʳ] s̲ Förster(in) m(f) **forest ranger** US s̲ Förster(in) m(f) **forestry** [ˈfɒrɪstrɪ] s̲ Forstwirtschaft f

foretaste [ˈfɔːteɪst] s̲ Vorgeschmack m; **to give sb a ~ of sth** j-m einen Vorgeschmack von etw geben **foretell** [fɔːˈtel] V/T ⟨prät, pperf foretold [fɔːˈtəʊld]⟩ vorhersagen

★**forever** [fərˈevəʳ] ADV 1 ewig; weitermachen immer; **Scotland ~!** ein Hoch auf Schottland!; **it takes ~** umg es dauert ewig umg; **these slate roofs last ~** umg diese Schieferdächer halten ewig 2 sich verändern unwiderruflich; **the old social order was gone** ~ das alte Gesellschaftssystem war für immer verschwunden; **to be ~ doing sth** umg (an)dauernd od ständig etw tun

forewarn [fɔːˈwɔːn] V/T vorher warnen **forewent** [fɔːˈwent] PRÄT → forego **foreword** [ˈfɔːwɜːd] s̲ Vorwort n

forfeit [ˈfɔːfɪt] A V/T 1 bes JUR verwirken 2 fig sein Leben einbüßen; Recht, Platz verlieren B s̲ bes JUR Strafe f; fig Einbuße f; im Spiel Pfand n **forfeiture** [ˈfɔːfɪtʃəʳ] s̲ Verlust m, Einbuße f; von Anspruch Verwirkung f

forgave [fəˈgeɪv] PRÄT → forgive **forge** [fɔːdʒ] A s̲ Schmiede f B V/T 1 Metall, Plan schmieden; Bündnis schließen 2 Unterschrift fälschen C V/I **to ~ ahead** vorwärtskommen **forger** [ˈfɔːdʒəʳ] s̲ Fälscher(in) m(f) **forgery** [ˈfɔːdʒərɪ] s̲ Fälschung f; **the signature was a ~** die Unterschrift war gefälscht

★**forget** [fəˈget] ⟨prät forgot; pperf forgotten⟩ A V/T vergessen; Fähigkeit,

Sprache verlernen; **and don't you ~ it!** und dass du das ja nicht vergisst!; **to ~ to do sth** vergessen, etw zu tun; **I ~ his name** sein Name ist mir entfallen; **not ~ting …** nicht zu vergessen …; ~ **it!** schon gut!; **you might as well ~ it** umg das kannst du vergessen umg B V/I es vergessen; **don't ~!** vergiss (es) nicht!; **I never ~** ich vergesse nie etwas C V/R sich vergessen ◆**forget about** V/I (+obj) vergessen

forgetful [fəˈgetfʊl] ADJ vergesslich **forgetfulness** [fəˈgetfʊlnɪs] s̲ Vergesslichkeit f **forget-me-not** [fəˈgetmɪnɒt] s̲ BOT Vergissmeinnicht n **forgettable** [fəˈgetəbl] ADJ **it was an instantly ~ game** es war ein Spiel, das man sofort vergessen konnte

forgivable [fəˈgɪvəbl] ADJ verzeihbar ★**forgive** [fəˈgɪv] ⟨prät forgave; pperf forgiven [fəˈgɪvn]⟩ verzeihen; Sünde vergeben; **to ~ sb for sth** j-m etw verzeihen; **to ~ sb for doing sth** j-m verzeihen, dass er/sie etw getan hat **forgiveness** s̲ ⟨kein pl⟩ **to ask/beg (sb's) ~** (j-n) um Verzeihung bitten; bes KIRCHE j-n um Vergebung bitten **forgiving** [fəˈgɪvɪŋ] ADJ versöhnlich

forgo [fɔːˈgəʊ] V/T ⟨prät forwent; pperf forgone⟩ → forego

forgot [fəˈgɒt] PRÄT → forget **forgotten** [fəˈgɒtn] PPERF → forget

★**fork** [fɔːk] A s̲ 1 Gabel f 2 in Straße Gabelung f; **take the left ~** nehmen Sie die linke Abzweigung B V/I Straße, Ast sich gabeln; **to ~ (to the) right** Straße nach rechts abzweigen ◆**fork out** umg V/I & V/T ⟨trennb⟩ blechen umg

forked [fɔːkt] ADJ gegabelt; Zunge gespalten **fork-lift (truck)** [ˈfɔːklɪft(ˈtrʌk)] umg s̲ Gabelstapler m

forlorn [fəˈlɔːn] ADJ 1 verlassen, trostlos 2 Versuch verzweifelt; **in the ~ hope of finding a better life** in der verzweifelten Hoffnung auf ein besseres Leben **forlornly** [fəˈlɔːnlɪ] ADV 1 stehen, warten einsam und verlassen; starren verloren 2 hoffen, versuchen verzweifelt; (≈umsonst) vergeblich

★**form** [fɔːm] A s̲ 1 Form f, Gestalt f; ~ **of address** Anrede f; **a ~ of apology** eine Art der Entschuldigung; **in the ~ of** in Form von od +gen; **in tablet ~** in Tablettenform; **to be in fine ~** in guter

Form sein; **to be on/off ~** in/außer Form sein; **he was in great ~ that evening** er war an dem Abend in Hochform; **on past ~** auf dem Papier ☑ Formular n ☑ *Br* SCHULE Klasse f ☑ ☑ ☑ Objekt, *Charakter* formen (**into** zu) ☑ *Vorliebe* entwickeln; *Freundschaft* schließen; *Meinung* sich (*dat*) bilden; *Plan* entwerfen ☑ *Regierung, Teil, Reihe* bilden; *Firma* gründen; **to ~ a queue** *Br*, **to ~ a line** *US* eine Schlange bilden ☑ ☑ Gestalt annehmen

★**formal** ['fɔːməl] ADJ ☑ *Mensch, Ausdrucksweise* förmlich; *Gespräche, Ankündigung* formell; *Anlass* feierlich; **to make a ~ apology** sich in aller Form entschuldigen; **~ dress** Gesellschaftskleidung f ☑ *Stil* formal ☑ *Ausbildung* ordentlich **formality** [fɔː'mælɪtɪ] ☑ ☑ *‹kein pl›* *von Mensch, Zeremonie* Förmlichkeit f ☑ *Formalität f* **formalize** ['fɔːməlaɪz] VIT *Regeln* formalisieren; *Abkommen* formell bekräftigen **formally** ['fɔːməlɪ] ADV *sich benehmen, kleiden* förmlich; *ankündigen* offiziell; *sich entschuldigen* in aller Form; **~ charged** JUR offiziell angeklagt

format ['fɔːmæt] ☑ ☑ Format n; *in Bezug auf Inhalt* Aufmachung f; RADIO, TV Struktur f ☑ VIT formatieren **formation** [fɔː'meɪʃən] ☑ ☑ Formung f; *von Regierung, Ausschuss* Bildung f; *von Firma* Gründung f ☑ *von Flugzeugen* Formation f; **battle ~** Gefechtsaufstellung f **formative** ['fɔːmətɪv] ADJ prägend; **her ~ years** die charakterbildenden Jahre in ihrem Leben

★**former** ['fɔːmə'] ☑ ADJ ☑ ehemalig, früher; **his ~ wife** seine Exfrau; **in ~ times** *od* **days** in früheren Zeiten ☑ **the ~ alternative** die erstere Alternative ☑ ☑ **the ~** der/die/das Erstere, die Ersteren pl

-**former** [-,fɔːmə'] ☑ *‹suf› Br* SCHULE -klässler(in) m(f); **fifth-former** Fünftklässler(in) m(f)

formerly ['fɔːməlɪ] ADV früher; **the ~ communist countries** die ehemals kommunistischen Länder; **we had ~ agreed that …** wir hatten uns seinerzeit darauf geeinigt, dass …

form feed ☑ IT Papiervorschub m **Formica®** [fɔː'maɪkə] ☑ Schichtstoff m, Schichtstoffplatte f

formidable ['fɔːmɪdəbl] ADJ *Herausforderung, Leistung, Kraft* gewaltig; *Mensch, Ruf* beeindruckend; *Gegner* mächtig; *Talent* außerordentlich **formidably** ['fɔːmɪdəblɪ] ADV hervorragend; **~ gifted** *od* **talented** außerordentlich begabt *od* talentiert

form letter ☑ IT Formbrief m **formula** ['fɔːmjələ] ☑ *‹pl -s od -e* ['fɔːmjuliː]›› ☑ Formel f; *von Salbe etc* Rezeptur f; **there's no sure ~ for success** es gibt kein Patentrezept für Erfolg; **all his books follow the same ~** alle seine Bücher sind nach demselben Rezept geschrieben ☑ *‹kein pl›* a. **~ milk** Säuglingsmilch f **Formula One** ☑ SPORT Formel 1 **formulate** ['fɔːmjuleɪt] VIT formulieren **formulation** [,fɔːmjuˈleɪʃən] ☑ Formulierung f

forsake [fə'seɪk] VIT *‹prät* forsook [fə-'suk]; *pperf* forsaken [fə'seɪkn]› verlassen **forswear** [fɔː'sweə'] VIT *‹prät* forswore [fɔː'swɔː']; *pperf* forsworn [fɔː'swɔːn]› abschwören (+*dat*)

fort [fɔːt] ☑ MIL Fort n; **to hold the ~** *fig* die Stellung halten **forte** ['fɔːteɪ] ☑ Stärke f **forth** [fɔːθ] *obs, form* ADV ☑ heraus-, hervor-; **to come ~** herauskommen ☑ **and so ~** und so weiter **forthcoming** [fɔːθ'kʌmɪŋ] *form* ADJ ☑ *‹attr›* Ereignis bevorstehend; *Buch* in Kürze erscheinend; *Film* in Kürze anlaufend ☑ **to be ~** *Geld* zur Verfügung gestellt werden; *Hilfe* geleistet werden ☑ **to be ~ about sth** offen über etw (*akk*) reden; **not to be ~ on** *od* **about sth** sich über etw (*akk*) zurückhalten **forthright** [fɔː'θraɪt] ADJ direkt; (= *ehrlich*) offen

★**fortieth** ['fɔːtɪəθ] ☑ ADJ vierzigste(r, s) ☑ ☑ ☑ Vierzigstel n ☑ Vierzigste(r, s); → **sixth**

fortifications [,fɔːtɪfɪ'keɪʃənz] PL MIL Befestigungen pl **fortified wine** [,fɔːtɪ-faɪd'waɪn] ☑ weinhaltiges Getränk **fortify** ['fɔːtɪfaɪ] VIT MIL *Stadt* befestigen; *j-n* bestärken **fortitude** ['fɔːtɪtjuːd] ☑ (innere) Kraft ★**fortnight** ['fɔːtnaɪt] *bes Br* ☑ vierzehn Tage **fortnightly** ['fɔːtnaɪtlɪ] *bes Br* ☑ ADJ vierzehntäglich; **~ visits** Besuche pl alle vierzehn Tage ☑ ADV alle vierzehn Tage **fortress** ['fɔːtrɪs] ☑ Festung f **fortuitous** [fɔː-] ADJ, **fortuitously** [fɔː-

'tju:ɪtəs, -lɪ] [ADV] zufällig
fortunate ['fɔ:tʃənɪt] [ADJ] glücklich; **we are ~ that …** wir können von Glück reden, dass …; **it is ~ that …** es ist ein Glück, dass …; **it was ~ for him/Mr Fox that…** es war sein Glück/ein Glück für Mr Fox, dass …
★**fortunately** ['fɔ:tʃənɪtlɪ] [ADV] zum Glück; **~ for me, my friend noticed it** zu meinem Glück hat mein Freund es bemerkt
fortune ['fɔ:tʃu:n] [S] [1] Schicksal *n*; **she followed his ~s with interest** sie verfolgte sein Geschick mit Interesse; **he had the good ~ to have rich parents** er hatte das Glück, reiche Eltern zu haben; **to tell sb's ~** j-m wahrsagen [2] Vermögen *n*; **to make a ~** ein Vermögen machen; **to make one's ~** sein Glück machen; **it costs a ~** es kostet ein Vermögen **fortune-teller** ['fɔ:tʃu:ntelə^r] [S] Wahrsager(in) *m(f)*
★**forty** ['fɔ:tɪ] [A] [ADJ] vierzig; **to have ~ winks** *umg* ein Nickerchen machen *umg* [B] [S] Vierzig *f*; → sixty
forum ['fɔ:rəm] [S] Forum *n*
★**forward** ['fɔ:wəd] [A] [ADV] [1] (*a.* **~s**) vorwärts, nach vorn; **to take two steps ~** zwei Schritte vortreten; **to rush ~** sich vorstürzen; **to go straight ~** geradeaus gehen; **he drove backward(s) and ~(s) between the station and the house** er fuhr zwischen Haus und Bahnhof hin und her [2] *zeitlich* **from this time ~** seitdem; (≈*zukünftig*) von jetzt an; **going ~** von jetzt an, von nun an, in Zukunft [3] **to come ~** sich melden; **to bring ~ new evidence** neue Beweise *pl* vorlegen [B] [ADJ] [1] vordere(r, s); *mit Richtungsangabe* Vorwärts-; **this seat is too far ~** dieser Sitz ist zu weit vorn [2] *Planung* Voraus- [3] dreist [C] [S] SPORT Stürmer(in) *m(f)* [D] [V/T] [1] *Karriere* voranbringen [2] *Brief* nachsenden; *Gepäck, Dokument* weiterleiten; *bei Spedition* übersenden, transportieren **forwarding address** [ˌfɔ:wədɪŋə'dres] [S] Nachsendeadresse *f* **forward-looking** ['fɔ:wədlʊkɪŋ] [ADJ] fortschrittlich **forwards** ['fɔ:wədz] [ADV] → forward A 1 **forward slash** [S] TYPO Slash *m*, Schrägstrich *m*
forwent [fɔ:'went] [PRÄT] → forgo
fossil ['fɒsl] *wörtl* [S] Fossil *n* **fossil fuel** [S] fossiler Brennstoff **fossil fuel-free** [ADJ] ÖKOL unabhängig von fossilen Brennstoffen **fossilized** ['fɒsɪlaɪzd] [ADJ] versteinert
foster ['fɒstə^r] [A] [ADJ] ⟨*attr*⟩ ADMIN Pflege-; **their children are in ~ care** ihre Kinder sind in Pflege [B] [V/T] [1] *Kind* in Pflege nehmen [2] *Entwicklung* fördern **foster child** [S] Pflegekind *n* **foster family** [S] Pflegefamilie *f* **foster home** [S] Pflegestelle *f* **foster parents** [PL] Pflegeeltern *pl*
fought [fɔ:t] [PRÄT & PPERF] → fight
foul [faʊl] [A] [ADJ] [1] *Geschmack* widerlich; *Wasser* faulig; *Luft* stickig; *Geruch* ekelhaft [2] *Benehmen* abscheulich; *Tag* scheußlich *umg*; **he was really ~ to her** er war wirklich gemein zu ihr, er war wirklich fies zu ihr *umg*; **she has a ~ temper** sie ist ein ganz übellauniger Mensch; **to be in a ~ mood** *od* **temper** eine ganz miese Laune haben *umg*; **~ weather** scheußliches Wetter [3] anstößig; **~ language** Schimpfwörter *pl* [4] **to fall ~ of the law** mit dem Gesetz in Konflikt geraten; **to fall ~ of sb** es sich (*dat*) mit j-m verderben [B] [V/T] [1] *Luft* verpesten; *Bürgersteig* verunreinigen [2] SPORT foulen [C] [S] SPORT Foul *n* **foul-mouthed** [ADJ] unflätig **foul play** [S] [1] SPORT unfaires Spiel [2] *fig* **the police do not suspect ~** die Polizei hat keinen Verdacht auf einen unnatürlichen Tod
found[1] [faʊnd] [PRÄT & PPERF] → find
found[2] [V/T] gründen; **to ~ sth (up)on sth** *Meinung* etw auf etw (*dat*) gründen; **our society is ~ed on this** das ist die Grundlage unserer Gesellschaft; **the novel is ~ed on fact** der Roman basiert auf Tatsachen **foundation** [faʊn'deɪʃən] [S] [1] Stiftung *f*; **research ~** Forschungsstiftung *f* [2] **~s** *pl von Haus* Fundament *n* [3] *fig* Grundlage *f*; **to be without ~** *Gerüchte* jeder Grundlage entbehren [4] (≈*Make-up*) Grundierungscreme *f* **foundation stone** [S] Grundstein *m*
founder[1] ['faʊndə^r] [S] Gründer(in) *m(f)*; *von Wohlfahrtsorganisation* Stifter(in) *m(f)*
founder[2] [V/I] [1] *Schiff* sinken [2] *fig Projekt* scheitern
founder member [S] Gründungsmitglied *n* **Founding Fathers** ['faʊndɪŋ'fɑ:ðəz] *US* [PL] Väter *pl*
foundry ['faʊndrɪ] [S] Gießerei *f*
fount [faʊnt] [S] [1] *fig* Quelle *f* [2] TYPO

Schrift f

★**fountain** ['fauntɪn] S Brunnen m **fountain pen** S Füllfederhalter m

★**four** [fɔːr] A ADJ vier B S Vier f; **on all ~s** auf allen vieren; → **six four-door** ADJ ⟨attr⟩ viertürig **four-figure** ADJ ⟨attr⟩ vierstellig **fourfold** A ADJ vierfach B ADV um das Vierfache **four-leaf clover** S vierblättriges Kleeblatt **four-legged** ADJ vierbeinig **four-letter word** S Vulgärausdruck m **four-part** ADJ ⟨attr⟩ Serie, Programm vierteilig; Plan aus vier Teilen bestehend; MUS für vier Stimmen; Harmonie, Chor vierstimmig **four-poster (bed)** S Himmelbett n **four-seater** A ADJ viersitzig B S Viersitzer m **foursome** S Quartett n **four-star** ADJ Vier-Sterne-; **~ hotel/restaurant** Vier-Sterne-Hotel/-Restaurant n

★**fourteen** ['fɔː'tiːn] A ADJ vierzehn B S Vierzehn f

★**fourteenth** ['fɔː'tiːnθ] A ADJ vierzehnte(r, s) B S 1 Vierzehntel n 2 Vierzehnte(r, s); → **sixteenth**

★**fourth** [fɔːθ] A ADJ vierte(r, s) B S 1 Viertel n 2 Vierte(r, s); **in ~** um in vierten Gang; → **sixth fourthly** ['fɔːθlɪ] ADV viertens **four-wheel drive** S Vierradantrieb m **four-wheeler** US S Quad n (vierrädriges Motorrad)

The Fourth of July

Am 4. Juli 1776 wurde die Unabhängigkeitserklärung der Vereinigten Staaten unterzeichnet. Die Amerikaner feiern ihren Nationalfeiertag, auch **Independence Day** genannt, mit Picknicks, Paraden, feierlichen Reden und Feuerwerk.

fowl [faʊl] S kollektiv Geflügel n; einzelnes Tier Huhn n etc

★**fox** [fɒks] A S Fuchs m B V/T verblüffen **foxglove** S BOT Fingerhut m **fox-hunting** S Fuchsjagd f; **to go ~** auf die od zur Fuchsjagd gehen

foyer ['fɔɪeɪ] S Foyer n; bes US in Wohnhaus Diele f

Fr¹ ABK (= Father) Vater m

Fr² ABK (= Friar) Mönch m; Bruder m

fracas ['frækɑː] S Tumult m

fracking S GEOL Fracking n (Verpressung von Wasser und Chemikalien zum Herauslösen von Erdgas oder Erdöl)

fraction ['frækʃən] S 1 MATH Bruch m; **to do ~s** bruchrechnen 2 fig Bruchteil m; **move it just a ~** verrücke es (um) eine Spur; **for a ~ of a second** einen Augenblick lang **fractional** ['frækʃənl] ADJ MATH Bruch-; fig geringfügig; **~ part** Bruchteil m **fractionally** ['frækʃənəlɪ] ADV weniger, langsamer geringfügig; steigen um einen Bruchteil

fractious ['frækʃəs] ADJ verdrießlich; Kind aufsässig

fracture ['fræktʃər] A S Bruch m B V/T & V/I brechen; **he ~d his shoulder** er hat sich (dat) die Schulter gebrochen; **~d skull** Schädelbruch m

fragile ['frædʒaɪl] ADJ Objekt zerbrechlich; Struktur fragil; **"fragile (handle) with care"** "Vorsicht, zerbrechlich!"; **to feel ~** umg sich angeschlagen fühlen **fragility** [frə'dʒɪlɪtɪ] S von Glas, Porzellan Zerbrechlichkeit f; von Stoff Feinheit f; von Gesundheit Zartheit f; von Frieden, Waffenstillstand Brüchigkeit f; von Geisteszustand, Wirtschaft Labilität f

fragment ['frægmənt] A S Bruchstück n; von Glas Scherbe f; von Programm etc Bruchteil m B [fræg'ment] V/I fig Gesellschaft zerfallen **fragmentary** ['frægməntərɪ] wörtl, fig ADJ fragmentarisch, bruchstückhaft **fragmentation** [ˌfrægmən'teɪʃən] S von Gesellschaft Zerfall m **fragmented** [fræg'mentɪd] ADJ bruchstückhaft, unzusammenhängend

fragrance ['freɪɡrəns] S Duft m **fragrance-free** ADJ unparfümiert; geruchsneutral **fragrant** ['freɪɡrənt] ADJ duftend; **~ smell** Duft m

frail [freɪl] ADJ ⟨-er⟩ Mensch gebrechlich; Gesundheit zart; Struktur fragil; **to look ~** Mensch schwach aussehen **frailty** ['freɪltɪ] S von Mensch Gebrechlichkeit f

frame [freɪm] A S 1 Rahmen m; von Bauwerk, Schiff Gerippe n 2 a. **~s** Gestell n 3 **~ of mind** (≈ geistig) Verfassung f; (≈ Laune) Stimmung f; **in a cheerful ~ of mind** in fröhlicher Stimmung 4 FILM, FOTO (Einzel)bild n B V/T 1 Bild rahmen; fig Gesicht etc ein- od umrahmen 2 Antwort, Frage formulieren 3 umg **he said he had been ~d** er sagte, man habe ihm die Sache angehängt

umg **framework** *wörtl* $\overline{s}$ Grundgerüst *n*; *fig von Essay etc* Gerippe *n*; *von Gesellschaft* grundlegende Struktur; **within the ~ of ...** im Rahmen (+*gen*) ...

★**France** [frɑːns] $\overline{s}$ Frankreich *n*

franchise [ˈfræntʃaɪz] $\overline{s}$ **1** POL Wahlrecht *n* **2** HANDEL Franchise *f*

Franco- [ˈfræŋkəʊ-] ZSSGN Französisch-, Franko-

frank¹ [fræŋk] $\overline{ADJ}$ ⟨+*er*⟩ offen; **to be ~ with sb** offen mit *od* zu j-m sein; **to be (perfectly) ~ (with you)** um (ganz) ehrlich zu sein

frank² $\overline{V/T}$ *Brief* frankieren, stempeln

frankfurter [ˈfræŋk,fɜːtəʳ] $\overline{s}$ (Frankfurter) Würstchen *n*

frankincense [ˈfræŋkɪnsens] $\overline{s}$ Weihrauch *m*

franking machine [ˈfræŋkɪŋmə,ʃiːn] $\overline{s}$ Frankiermaschine *f*

frankly [ˈfræŋkli] $\overline{ADV}$ **1** *sich unterhalten* offen **2** *ehrlich gesagt*; **quite ~, I don't care** um ganz ehrlich zu sein, es ist mir egal **frankness** [ˈfræŋknɪs] $\overline{s}$ Offenheit *f*

frantic [ˈfræntɪk] $\overline{ADJ}$ **1** *Mensch, Suche* verzweifelt; **I was ~** ich war außer mir; **to drive sb ~** j-n zur Verzweiflung treiben **2** *Tag* hektisch; **~ activity** hektisches Treiben, fieberhafte Tätigkeit **frantically** [ˈfræntɪkəli] $\overline{ADV}$ **1** *suchen, versuchen* verzweifelt **2** *arbeiten, herumlaufen* hektisch; *winken, kritzeln* wie wild **frappuccino®** [,fræpəˈtʃiːnəʊ] $\overline{s}$ ⟨*pl* -s⟩ Frapuccino® *m* (*Kaltgetränk aus gestoßenem Eis, Kaffee und Milch*)

fraternal [frəˈtɜːnl] $\overline{ADJ}$ brüderlich **fraternity** [frəˈtɜːnɪti] $\overline{s}$ Vereinigung *f*; *US UNIV* Verbindung *f*; **the legal ~** die Juristen *pl*; **the criminal ~** die Kriminellen *pl* **fraternize** [ˈfrætənaɪz] $\overline{V/I}$ (freundschaftlichen) Umgang haben (**with** mit)

fraud [frɔːd] $\overline{s}$ **1** ⟨*kein pl*⟩ Betrug *m*, Schwindel *m* **2** Betrüger(in) *m(f)*; *Krankheit* vorgäuschend Simulant(in) *m(f)* **fraudulent** [ˈfrɔːdjʊlənt] $\overline{ADJ}$ betrügerisch **fraudulently** [ˈfrɔːdjʊləntli] $\overline{ADV}$ *sich verhalten* betrügerisch; *sich verschaffen* auf betrügerische Weise

fraught [frɔːt] $\overline{ADJ}$ **1** **~ with difficulty** voller Schwierigkeiten; **~ with danger** gefahrvoll **2** *Stimmung* gespannt; *Mensch* angespannt

fray¹ [freɪ] $\overline{s}$ **to enter the ~** *fig* sich in

den Kampf *od* Streit einschalten

fray² $\overline{V/I}$ *Tuch* (aus)fransen; *Seil* sich durchscheuern; **tempers began to ~** die Gemüter begannen sich zu erhitzen **frayed** $\overline{ADJ}$ *Jeans* ausgefranst; **tempers were ~** die Gemüter waren erhitzt

frazzle [ˈfræzl] $\overline{A}$ $\overline{s}$ *umg* **burnt to a ~** *Br* völlig verkohlt; **worn to a ~** (≈ *erschöpft*) total kaputt *umg* $\overline{B}$ $\overline{V/T}$ *US umg* ausfransen

freak [friːk] $\overline{A}$ $\overline{s}$ **1** (≈ *Mensch, Tier*) Missgeburt *f*; **~ of nature** Laune *f* der Natur **2** *umg* **health ~** ≈ Gesundheitsfreak *m umg* **3** *umg* (≈ *seltsamer Mensch*) Irre(r) *m/f(m)* $\overline{B}$ $\overline{ADJ}$ *Wetter, Bedingungen* anormal; *Sturm* ungewöhnlich stark; *Unfall* verrückt ♦**freak out** *umg* $\overline{A}$ $\overline{V/I}$ ausflippen *umg* $\overline{B}$ $\overline{V/T}$ ⟨*trennb*⟩ **it freaked me out** dabei bin ich ausgeflippt *umg*

freakish [ˈfriːkɪʃ] $\overline{ADJ}$ *Wetter* launisch

freckle [ˈfrekl] $\overline{s}$ Sommersprosse *f* **freckled** [ˈfrekld], **freckly** [ˈfrekli] $\overline{ADJ}$ sommersprossig

★**free** [friː] $\overline{A}$ $\overline{ADJ}$ ⟨*komp freer*⟩ **1** frei; **as ~ as a bird** frei wie ein Vogel; **to go ~** freigelassen werden; **you're ~ to choose** die Wahl steht Ihnen frei; **you're ~ to go now** Sie können jetzt gehen(, wenn Sie wollen); **(do) feel ~ to ask questions** fragen Sie ruhig; **feel ~!** *umg* bitte, gern(e)!; **his arms were left ~** seine Arme waren frei (gelassen); **~ elections** freie Wahlen *pl*; **~ from worry** sorgenfrei; **~ from blame** frei von Schuld; **~ of sth** frei von etw; **~ of fear** ohne Angst; **at last I was ~ of her** endlich war ich sie los; **to be ~** (≈ *unbeschäftigt sein*) Zeit haben **2** kostenlos; HANDEL gratis, umsonst; **it's ~** das kostet nichts; **admission ~** Eintritt frei; **to get sth ~** etw umsonst bekommen; **we got in ~** *od* **for ~** *umg* wir kamen umsonst rein; **~ delivery** (porto)freier Versand **3** **to be ~ with one's money** großzügig mit seinem Geld umgehen; **to be ~ with one's advice** Ratschläge erteilen $\overline{B}$ $\overline{V/T}$ freilassen, befreien, losbinden ♦**free up** $\overline{V/T}$ j-n frei machen; *Zeit* freimachen; *Geld* verfügbar machen

-free $\overline{ADJ}$ ⟨*suf*⟩ -frei **free-and-easy** [ˈfriːənˈiːzi] $\overline{ADJ}$ ⟨*attr*⟩, **free and easy** $\overline{ADJ}$ ⟨*präd*⟩ ungezwungen; *moralisch* locker **freebie, freebee** [ˈfriːbiː] *umg* $\overline{s}$ Werbegeschenk *n*

free church S̲ Freikirche f
★**freedom** ['fri:dəm] S̲ Freiheit f; **to give sb (the) ~ to do sth** j-m (die) Freiheit lassen, etw zu tun; **~ of speech** Redefreiheit f **freedom fighter** S̲ Freiheitskämpfer(in) m(f) **free enterprise** S̲ freies Unternehmertum **Freefone®** ['fri:fəʊn] Br ⓐ **call** ~® 0800 rufen Sie gebührenfrei unter 0800 an; ~® **number** gebührenfreie Telefonnummer **free-for-all** S̲ (≈ Kampf) allgemeine Schlägerei **freegan** ['fri:gən] S̲ Freeganer(in) m(f) (Boykotteur der Überfluss- und Wegwerfgesellschaft) **free gift** S̲ (Gratis)geschenk n **freehand** ADV aus freier Hand **freehold** ⓐ S̲ Besitzrecht n ⓑ ADJ ~ **property** freier Grundbesitz **free house** Br S̲ Wirtshaus, das nicht an eine bestimmte Brauerei gebunden ist **free kick** S̲ SPORT Freistoß m **freelance** ⓐ ADJ Journalist freischaffend; Arbeit freiberuflich ⓑ ADV freiberuflich ⓒ S̲ (a. **freelancer**) Freiberufler(in) m(f), freier Mitarbeiter, freie Mitarbeiterin **freeloader** umg S̲ Schmarotzer(in) m(f) **freely** ['fri:lɪ] ADV ❶ großzügig; **to use sth** ~ reichlich von etw Gebrauch machen; **I** ~ **admit that** ... ich gebe gern zu, dass ... ❷ reden, sich bewegen frei; fließen ungehindert; **to be** ~ **available** ohne Schwierigkeiten zu haben sein **free-market economy** S̲ freie Marktwirtschaft **Freemason** S̲ Freimaurer m **freemasonry** S̲ Freimaurerei f **Freepost®** S̲ "Freepost" ≈ „Gebühr zahlt Empfänger" **free-range** Br S̲ Huhn frei laufend; Schwein aus Freilandhaltung; ~ **eggs** Freilandier pl **free sample** S̲ Gratisprobe f **free speech** S̲ Redefreiheit f **freestanding** ADJ freistehend **freestyle** S̲ Schwimmen Freistil m **free time** S̲ freie Zeit, Freizeit f **free-to-air** ADJ Br TV Programm, Kanal frei empfangbar **free trade** S̲ Freihandel m **freeware** S̲ IT Freeware f
★**freeway** US S̲ Autobahn f **freewheel** V̲I̲ im Freilauf fahren **free will** S̲ he **did it of his own** ~ er hat es aus freien Stücken getan
★**freeze** [fri:z] ⟨v: prät froze; pperf frozen⟩ ⓐ V̲I̲ ❶ METEO frieren, gefrieren; See zufrieren; Rohre einfrieren; **to ~ to death** wörtl erfrieren; **meat ~s well** Fleisch lässt sich gut einfrieren ❷ fig Lächeln er-

starren ❸ in der Bewegung verharren; ~! keine Bewegung! ⓑ V̲T̲ ❶ Wasser gefrieren; GASTR einfrieren ❷ WIRTSCH Vermögenswerte festlegen; Kredit, Konto einfrieren; Film anhalten S̲ ❶ METEO Frost m ❷ WIRTSCH Stopp m; **a wage(s)** ~, **a** ~ **on wages** ein Lohnstopp m
◆**freeze over** V̲I̲ See, Fluss überfrieren
◆**freeze up** V̲I̲ zufrieren; Rohre einfrieren
freeze-dry ['fri:zdraɪ] V̲T̲ gefriertrocknen
★**freezer** ['fri:zə̬ʳ] S̲ Tiefkühltruhe f, Gefrierschrank m; Br von Kühlschrank Gefrierfach n **freezer compartment** S̲ Gefrierfach n **freezing** ['fri:zɪŋ] ⓐ ADJ ❶ wörtl Temperatur unter null; ~ **weather** Frostwetter n ❷ eiskalt; Wind eisig; **in the ~ cold** bei klirrender Kälte; **it's ~ (cold)** ist es eiskalt; **I'm ~** mir ist eiskalt; **my hands/feet are** ~ meine Hände/Füße sind eiskalt ⓑ S̲ ❶ GASTR Einfrieren n ❷ der Gefrierpunkt; **above/below** ~ über/unter null **freezing point** S̲ Gefrierpunkt m; **below** ~ unter null
freight [freɪt] S̲ Fracht f **freight car** S̲ US Waggon m, Güterwagen m **freight depot** US S̲ Güterbahnhof m **freighter** ['freɪtə̬ʳ] S̲ SCHIFF Frachter m **freight train** S̲ Güterzug m
★**French** [frentʃ] ⓐ ADJ französisch; **he is** ~ **and she is** ~ er ist Franzose und sie ist Französin ⓑ S̲ ❶ LING Französisch n; **in** ~ auf Französisch ❷ ★ **the** ~ pl die Franzosen pl **French bean** S̲ grüne Bohne, Fisole f österr **French bread** S̲ Baguette n **French doors** PL Verandatür f **French dressing** S̲ ❶ GASTR Br Vinaigrette f ❷ GASTR US French Dressing n **French fries** PL bes US Pommes frites pl **French horn** S̲ MUS (Wald)horn n; **to play the** ~ Waldhorn spielen **French kiss** S̲ Zungenkuss m **French loaf** S̲ Baguette f
★**Frenchman** S̲ ⟨pl -men⟩ Franzose m **French stick** S̲ Baguette f **French toast** S̲ in Ei getunktes gebratenes Brot **French windows** PL Verandatür f
★**Frenchwoman** S̲ ⟨pl -women [-wɪmɪn]⟩ Französin f
frenetic [frə'netɪk] ADJ hektisch; Tanzen wild **frenetically** [frə'netɪklɪ] ADV ⟨+v⟩ wie wild; arbeiten fieberhaft; tanzen fre-

netisch

★**frenzied** ['frenzɪd] ADJ fieberhaft; *Angriff* wild **frenzy** ['frenzɪ] S̲ Raserei *f*; **in a ~** in wilder Aufregung; **he worked himself up into a ~** er steigerte sich in eine Raserei (hinein); **~ of activity** hektische Betriebsamkeit; **~ of excitement** helle Aufregung

frequency ['fri:kwənsɪ] S̲ Häufigkeit *f*; PHYS Frequenz *f*; **high/low ~** Hoch-/Niederfrequenz *f*

★**frequent** A ['fri:kwənt] ADJ häufig; *Berichte* zahlreich; **there are ~ trains** es verkehren viele Züge; **violent clashes were a ~ occurrence** es kam oft zu gewalttätigen Zusammenstößen B [fri'kwent] V̲T̲ (oft) besuchen **frequently** ['fri:kwəntlɪ] ADV oft, häufig

fresco ['freskəʊ] S̲ ⟨*pl* -(e)s⟩ Fresko (-gemälde) *n*

★**fresh** [freʃ] A ADJ frisch; *Anweisungen* neu; *Anschuldigungen, Berichte* weitere(r, s); *Angriff* erneut; *Herangehensweise* erfrischend; **~ supplies** Nachschub *m*; **to make a ~ start** neu anfangen; **as ~ as a daisy** taufrisch B ADV 1 (≈direkt) **young men ~ out of university** junge Männer, die frisch von der Universität kommen; **cakes ~ from the oven** ofenfrische Kuchen 2 umg **we're ~ out of cheese** uns ist gerade der Käse ausgegangen; **they are ~ out of ideas** ihnen sind die Ideen ausgegangen **fresh air** S̲ frische Luft; **to go out into the ~** an die frische Luft gehen; **to go for a breath of ~** frische Luft schnappen gehen; **to be (like) a breath of ~** *fig* wirklich erfrischend sein **freshen** ['freʃn] A V̲I̲ *Wind* auffrischen; *Luft* frisch werden B V̲T̲ **chewing gum to ~ the breath** Kaugummi, um den Atem zu erfrischen

♦**freshen up** A V̲I̲ & V̲T̲ sich frisch machen B V̲T̲ ⟨*trennb*⟩ *Zimmer* frischer aussehen lassen; *Image* aufmöbeln umg

fresher ['freʃə'] S̲ Br UNIV umg Erstsemester *n* umg **freshly** ['freʃlɪ] ADV frisch; **a ~ baked cake** ein frisch gebackener Kuchen **freshman** ['freʃmən] S̲ ⟨*pl* -men⟩ US UNIV Erstsemester *n* umg

freshness ['freʃnəs] S̲ Frische *f* **freshwater** ['freʃwɔ:tə'] ADJ ⟨*attr*⟩ **~ fish** Süßwasserfisch *m*

fret[1] [fret] V̲I̲ sich (*dat*) Sorgen machen (**about** um); **don't ~** beruhige dich

fret[2] S̲ *auf Gitarre etc* Bund *m*

fretful ['fretfʊl] ADJ *Kind* quengelig; *Erwachsener* wehleidig

fret saw S̲ Laubsäge *f*

Freudian slip S̲ freudscher Versprecher

FRG ABK (= Federal Republic of Germany) BRD *f*

Fri ABK (= Friday) Fr.

friar ['fraɪə'] S̲ Mönch *m*; **Friar John** Bruder John

fricassee ['frɪkəsi:] A S̲ Frikassee *n* B V̲T̲ frikassieren

friction ['frɪkʃən] S̲ 1 Reibung *f* 2 *fig* Reibereien *pl*; **there is constant ~ between them** sie reiben sich ständig aneinander

★**Friday** ['fraɪdɪ] S̲ Freitag *m*; → Tuesday

★**fridge** [frɪdʒ] S̲ Kühlschrank *m* **fridge-freezer** ['frɪdʒ'fri:zə'] S̲ Kühl-Gefrierkombination *f* **fridge magnet** S̲ Br Kühlschrankmagnet *m*

fried [fraɪd] A PRÄT & PPERF → fry B ADJ gebraten; **~ egg** Spiegelei *n*; **~ potatoes** Bratkartoffeln *pl*

★**friend** [frend] S̲ Freund(in) *m(f)*, Bekannte(r) *m/f(m)*; **to make ~s (with sb)** (mit j-m) Freundschaft schließen, sich (mit j-m) anfreunden; **he makes ~s easily** er findet leicht Freunde; **he's no ~ of mine** er ist nicht mein Freund; **to be ~s with sb** mit j-m befreundet sein; **we're just (good) ~s** da ist nichts, wir sind nur gut befreundet **friendliness** ['frendlɪnɪs] S̲ Freundlichkeit *f*; *von Beziehung* Freundschaftlichkeit *f*

★**friendly** ['frendlɪ] A ADJ ⟨*komp* friendlier⟩ 1 freundlich; *Auseinandersetzung, Rat* freundschaftlich; *Hund* zutraulich; **to be ~ to sb** freundlich zu j-m sein; **to be ~ (with sb)** (mit j-m) befreundet sein; **~ relations** freundschaftliche Beziehungen *pl*; **to be on ~ terms with sb** mit j-m auf freundschaftlichem Fuße stehen; **to become ~** *od* **get ~ with sb** sich mit j-m anfreunden 2 POL *Staat* befreundet; *Regierung* freundlich gesinnt (**to** +*dat*) B S̲ (*a.* **friendly match**) SPORT Freundschaftsspiel *n*

★**friendship** ['frendʃɪp] S̲ Freundschaft *f*

frier ['fraɪə'] S̲ GASTR Fritteuse *f* **fries** [fraɪz] *bes US* umg PL Pommes *pl* umg

Friesian ['fri:ʒən] S̲ (≈Kuhrasse) Deutsche Schwarzbunte *f*

frieze [friːz] $\overline{S}$ ARCH Fries *m*, Zierstreifen *m*

frigate [ˈfrɪgɪt] $\overline{S}$ SCHIFF Fregatte *f*

fright [fraɪt] $\overline{S}$ Schreck(en) *m*; **to get a ~** sich erschrecken; **to give sb a ~** j-m einen Schreck(en) einjagen

★frighten [ˈfraɪtn] $\overline{V/T}$ erschrecken, Angst machen (+*dat*); **to be ~ed by sth** vor etw (*dat*) erschrecken; **to ~ the life out of sb** j-n zu Tode erschrecken **◆frighten away, frighten off** $\overline{V/T}$ ⟨*trennb*⟩ abschrecken; *mit Absicht* verscheuchen

frightened [ˈfraɪtnd] $\overline{ADJ}$ ängstlich, verängstigt; *Blick a.* angsterfüllt; **to be ~ (of sb/sth)** (vor j-m/etw) Angst haben, sich (vor j-m/etw) fürchten; **don't be ~** hab keine Angst; **they were ~ (that) there would be another earthquake** sie hatten Angst (davor), dass es noch ein Erdbeben geben könnte **frightening** [ˈfraɪtnɪŋ] $\overline{ADJ}$ *Erlebnis* furchterregend; *Situation, Anblick, Gedanke* erschreckend; **to look ~** zum Fürchten aussehen; **it is ~ to think what could happen** es ist beängstigend, wenn man denkt, was alles passieren könnte **frightful** [ˈfraɪtfʊl] *umg* $\overline{ADJ}$ furchtbar

frigid [ˈfrɪdʒɪd] $\overline{ADJ}$ frigide

frill [frɪl] $\overline{S}$ **1** *an Oberhemd* Rüsche *f* **2** *fig* **with all the ~s** mit allem Drum und Dran *umg*; **a simple meal without ~s** ein schlichtes Essen **frilly** [ˈfrɪlɪ] $\overline{ADJ}$ ⟨*komp* frillier⟩ *Kleidung* mit Rüschen; **to be ~** Rüschen haben; **~ dress** Rüschenkleid *n*

fringe [frɪndʒ] $\overline{S}$ **1** *an Schal* Fransen *pl* **2** *Br* (≈ *Frisur*) Pony *m* **3** *fig* Rand *m*; **on the ~ of the forest** am Waldrand; **the ~s of a city** die Randbezirke *pl* einer Stadt **fringe benefits** $\overline{PL}$ zusätzliche Leistungen *pl* **fringed** [frɪndʒd] $\overline{ADJ}$ *Rock, Schal* mit Fransen; *Lampenschirm* mit Fransenkante **fringe group** $\overline{S}$ Randgruppe *f* **fringe theatre** $\overline{S}$, **fringe theater** *US* $\overline{S}$ avantgardistisches Theater

Frisbee® [ˈfrɪzbɪ] $\overline{S}$ Frisbee® *n*

frisk [frɪsk] $\overline{V/T}$ *Verdächtigen etc* filzen *umg*

frisky [ˈfrɪskɪ] $\overline{ADJ}$ ⟨*komp* friskier⟩ verspielt

fritter¹ [ˈfrɪtə*r*] $\overline{V/T}$, **fritter away** *Br* vergeuden

fritter² $\overline{S}$ GASTR Beignet *m*

frivolity [frɪˈvɒlɪtɪ] $\overline{S}$ Frivolität *f* **frivolous** [ˈfrɪvələs] $\overline{ADJ}$ *Haltung, Bemerkung* frivol; *Handlung* albern

frizzy [ˈfrɪzɪ] $\overline{ADJ}$ ⟨*komp* frizzier⟩ *Haar* kraus

fro [frəʊ] $\overline{ADV}$ → to; → to-ing and fro-ing

frock [frɒk] $\overline{S}$ Kleid *n*

frog [frɒg] $\overline{S}$ Frosch *m*; **to have a ~ in one's throat** einen Frosch im Hals haben **frogman** $\overline{S}$ ⟨*pl* -men⟩ Froschmann *m* **frogmarch** *Br* $\overline{V/T}$ (weg)schleifen **frogspawn** $\overline{S}$ Froschlaich *m* **frog suit** $\overline{S}$ Taucheranzug *m*

frolic [ˈfrɒlɪk] $\overline{V/I}$ ⟨*v: prät, pperf* frolicked⟩, **frolic about** *od* **around** herumtoben

★from [frɒm] $\overline{PRÄP}$ **1** von (+*dat*), aus (+*dat*); **he has come ~ London** er ist von London gekommen; **I come to and am ~ Germany** ich komme aus Deutschland; **where do you come ~?, where are you ~?** woher kommst du?; **the train ~ Manchester** der Zug aus Manchester; **the train ~ Manchester to London** der Zug von Manchester nach London; **~ house to house** von Haus zu Haus; **a representative ~ the company** ein Vertreter der Firma; **to take sth ~ sb** j-m etw wegnehmen; **to steal sth ~ sb** j-m etw stehlen; **where did you get that ~?** wo hast du das her?; **I got it ~ the supermarket/Kathy** ich habe es aus dem Supermarkt/von Kathy; **quotation ~ "Hamlet"/the Bible/Shakespeare** Zitat *n* aus „Hamlet"/aus der Bibel/nach Shakespeare; **translated ~ the English** aus dem Englischen übersetzt; **made ~ ...** aus ... hergestellt; **he ran away ~ home** er rannte von zu Hause weg; **he escaped ~ prison** er entkam aus dem Gefängnis; **~ inside** von innen; **~ experience** aus Erfahrung; **to stop sb ~ doing sth** j-n davon zurückhalten, etw zu tun **2** *zeitlich* seit (+*dat*); *in der Zukunft* ab (+*dat*); **~ now on** von jetzt an, ab jetzt; **~ then on** von da an; **~ time to time** von Zeit zu Zeit; **as ~ the 6th May** vom 6. Mai an, ab (dem) 6. Mai; **5 years ~ now** in 5 Jahren **3**

von (+*dat*) (… weg); *von Stadt etc* von (+*dat*) … (entfernt); **to work away ~ home** außer Haus arbeiten [4] ab (+*dat*); **~ £2 (upwards)** ab £ 2 (aufwärts); **dresses (ranging) ~ £60 to £80** Kleider *pl* zwischen £ 60 und £ 80 [5] *Veränderung* **things went ~ bad to worse** es wurde immer schlimmer; **he went ~ office boy to director** er stieg vom Laufjungen zum Direktor auf; **a price increase ~ £1 to £1.50** eine Preiserhöhung von £ 1 auf £ 1,50 [6] *Unterschied* **he is quite different ~ the others** er ist ganz anders als die andern; **to tell black ~ white** Schwarz und Weiß auseinanderhalten [7] (≈ *aufgrund von*) **weak ~ hunger** schwach vor Hunger; **to suffer ~ sth** an etw (*dat*) leiden; **to shelter ~ the rain** sich vor dem Regen unterstellen; **to protect sb ~ sth** j-n vor etw (*dat*) schützen; **to judge ~ recent reports …** nach neueren Berichten zu urteilen …; **~ the look of things …** (so) wie die Sache aussieht … [8] MATH **3 ~ 8 leaves 5** 8 weniger 3 ist 5; **take 12 ~ 18** nimm 12 von 18 weg; **£10 will be deducted ~ your account** £ 10 werden von Ihrem Konto abgebucht [9] ⟨+*präp*⟩ **~ over/across sth** über etw (*akk*) hinweg; **~ beneath sth** unter etw (*dat*) hervor; **~ among the trees** zwischen den Bäumen hervor; **~ inside the house** von drinnen

fromage frais [ˌfrɒmɑːʒˈfreɪ] [S] ≈ Quark *m*, ≈ Topfen *m österr*

frond [frɒnd] [S] [1] Farnwedel *m* [2] Palmwedel *m*

★**front** [frʌnt] [A] [S] [1] Vorderseite *f*, Vorderteil *n*; *von Gebäude* Vorderfront *f*; **in ~** vorne; ★**in ~ of sb/sth** vor j-m/etw; **at the ~ of** *in etw* vorne in (+*dat*); *außen* vor (+*dat*); (≈ *führend*) an der Spitze (+*gen*); **look in ~ of you** blicken Sie nach vorne; **the ~ of the queue** *Br*, **the ~ of the line** *US* die Spitze der Schlange; **she spilled tea down the ~ of her dress** sie verschüttete Tee vorn über ihr Kleid [2] MIL, POL, METEO Front *f*; **on the wages ~** was die Löhne betrifft [3] *Br* Strandpromenade *f* [4] Fassade *f*; **to put on a bold ~** eine tapfere Miene zur Schau stellen; **it's just a ~** das ist nur Fassade [B] [ADV] **up ~** vorne; **50% up ~** 50% Vorschuss [C] [V/T] *Organisation* leiten [D] [ADJ] vorderste(r, s), Vorder-; *Seite* erste(r, s); **~ tooth/wheel** Vorderzahn *m*/-rad *n*; **~ row** erste *od* vorderste Reihe **frontal** [ˈfrʌntl] [ADJ] ⟨*attr*⟩ **~ attack** Frontalangriff *m* **front bench** [S] PARL vorderste Reihe (*wo die führenden Politiker sitzen*) **frontbencher** [S] PARL führendes Fraktionsmitglied **front door** [S] Haustür *f* **front garden** [S] Vorgarten *m*

frontier [frʌnˈtɪəʳ] [S] Grenze *f*

front line [S] Front(linie) *f* **frontline** [ADJ] MIL Front- **front man** [S] ⟨*pl* -men⟩ *pej* Strohmann *m* **front page** [S] Titelseite *f* **front-page** [ADJ] ⟨*attr*⟩ auf der ersten Seite; **to be** *od* **make ~ news** Schlagzeilen machen **frontrunner** *fig* [S] Spitzenreiter(in) *m(f)* **front seat** [S] Platz *m* in der ersten Reihe; AUTO Vordersitz *m* **front-seat passenger** [S] AUTO Beifahrer(in) *m(f)* **front-wheel drive** [S] Vorderradantrieb *m*

★**frost** [frɒst] [A] [S] Frost *m*; *auf Blättern etc* Raureif *m* [B] [V/T] *bes US Kuchen* mit Zuckerguss überziehen ♦**frost over**, *od* **up** [V/I] *Fenster etc* zufrieren **frostbite** [S] Frostbeulen *pl*; *schwerer* Erfrierungen *pl* **frosted** [ˈfrɒstɪd] [ADJ] *bes US Kuchen* mit Zuckerguss überzogen **frosted glass** [S] Milchglas *n* **frosting** [ˈfrɒstɪŋ] *bes US* [S] Zuckerguss *m* **frosty** [ˈfrɒstɪ] [ADJ] ⟨*komp* **frostier**⟩ frostig; *Boden* von Raureif bedeckt; *Blick* eisig; **~ weather** Frostwetter *n*

froth [frɒθ] [A] [S] *a.* MED Schaum *m* [B] [V/I] schäumen; **the dog was ~ing at the mouth** der Hund hatte Schaum vor dem Maul; **he was ~ing at the mouth (with rage)** er schäumte vor Wut **frother** [ˈfrɒθəʳ] [S] Milchschäumer *m* **frothy** [ˈfrɒθɪ] [ADJ] ⟨*komp* **frothier**⟩ schäumend; *Mischung* schaumig

frown [fraʊn] [A] [S] Stirnrunzeln *n kein pl*; **to give a ~** die Stirn(e) runzeln [B] [V/I] die Stirn(e) runzeln (**at** über +*akk*) ♦**frown (up)on** *fig* [V/I] ⟨+*obj*⟩ missbilligen; **this practice is frowned (up)on** diese Gewohnheit ist verpönt

froze [frəʊz] [PRÄT] → freeze **frozen** [ˈfrəʊzn] [A] [PPERF] → **freeze** [B] [ADJ] [1] *Boden* gefroren; *Rohr* eingefroren; **~ hard** hart gefroren; **~ (over)** *See* zugefroren; **~ solid** ganz zugefroren [2] *Fleisch* tiefgekühlt; **~ peas** gefrorene Erbsen 🔢 *umg Mensch* eiskalt; **I'm ~** mir ist eiskalt; **to be ~ stiff** steif gefroren sein 🔢 *starr;* **~ in horror** starr vor Schreck **frozen food** 🔲 Tiefkühlkost *f*

fructose [ˈfrʌktəʊs] 🔲 Fruktose *f*

frugal [ˈfruːɡəl] ADJ genügsam; *Mahlzeit* karg

★**fruit** [fruːt] 🔲 *kollektiv* Obst *n*; BOT, a. *fig* Frucht *f*; **would you like some** *od a* **piece of ~?** möchten Sie etwas Obst? **fruitcake** 🔲 *englischer Kuchen* **fruit cocktail** 🔲 Obstsalat *m* **fruitful** ADJ *Verhandlungen* fruchtbar; *Versuch* erfolgreich **fruition** [fruːˈɪʃən] 🔲 **to come to ~** sich verwirklichen **fruit juice** 🔲 Fruchtsaft *m* **fruitless** ADJ fruchtlos; *Versuch* vergeblich **fruit machine** *Br* 🔲 Spielautomat *m* **fruit salad** 🔲 Obstsalat *m* **fruit tree** 🔲 Obstbaum *m* **fruity** [ˈfruːtɪ] ADJ ⟨*komp* fruitier⟩ 🔢 *Geschmack* fruchtig 🔢 *Stimme* volltönend

frump [frʌmp] *pej* 🔲 Vogelscheuche *f umg* **frumpy** [ˈfrʌmpɪ] *pej* ADJ ohne jeden Schick, unattraktiv

frustrate [frʌˈstreɪt] V/T *j-n* frustrieren; *Pläne* durchkreuzen; **he was ~d in his efforts** seine Anstrengungen waren vergebens **frustrated** ADJ frustriert; **I get ~ when …** es frustriert mich, wenn …; **he's a ~ poet** er wäre gern ein Dichter **frustrating** [frʌˈstreɪtɪŋ] ADJ frustrierend **frustration** [frʌˈstreɪʃən] 🔲 Frustration *f kein pl*

★**fry** [fraɪ] 🅰 V/T (in der Pfanne) braten; **to fry an egg** ein Ei in die Pfanne schlagen 🅱 V/I braten 🅲 🔲 *US* Barbecue *n* **fryer** [fraɪəʳ] 🔲 GASTR Fritteuse *f* **frying pan** [ˈfraɪɪŋˌpæn] 🔲 Bratpfanne *f*; **to jump out of the ~ into the fire** *sprichw* vom Regen in die Traufe kommen *sprichw* **fry-up** [ˈfraɪʌp] 🔲 *Br* Pfannengericht *n*

FT ABK (= Financial Times) *britische Wirtschaftszeitung*

ft ABK (= foot/feet) ft

fuchsia [ˈfjuːʃə] 🔲 Fuchsie *f*

fuck [fʌk] *vulg* 🅰 V/T 🔢 *wörtl* ficken *vulg* 🔢 **~ you!** leck mich am Arsch *vulg;* **~ him!** der kann mich doch am Arsch lecken *vulg* 🅱 V/I 🔲 🔢 *wörtl* Fick *m vulg* 🔢 **I don't give a ~** ich kümmere mich einen Scheiß darum *umg;* **who the ~ is that?** wer ist denn das,

verdammt noch mal? *umg* 🔲 INT (verdammte) Scheiße *umg* ♦**fuck off** *vulg* VI sich verpissen *sl;* ♦**fuck off!** verpiss dich! *sl* ♦**fuck up** *vulg* 🅰 VT ⟨*trennb*⟩ versauen *umg; Arbeit* verpfuschen *umg;* **she is really fucked up** sie ist total verkorkst *umg;* **heroin will really fuck you up** Heroin macht dich echt kaputt *umg* 🅱 VI Scheiß machen *umg*

fuck all [ˈfʌkɔːl] *vulg* 🔲 einen Scheiß *sl;* **he knows ~ about it** er hat null Ahnung *umg;* **I've done ~ all day** ich hab den ganzen Tag nichts auf die Reihe gekriegt *umg* **fucker** [ˈfʌkəʳ] *vulg* 🔲 Arsch *m vulg,* Arschloch *n vulg* **fucking** [ˈfʌkɪŋ] *vulg* 🅰 ADJ Scheiß- *umg;* **this ~ machine** diese Scheißmaschine *umg;* **~ hell!** verdammte Scheiße! *umg* 🅱 ADV **it's ~ cold** es ist arschkalt *umg;* **a ~ awful movie** ein total beschissener Film *umg*

fuddy-duddy [ˈfʌdɪˌdʌdɪ] *umg* 🔲 **an old ~** ein alter Kauz

fudge [fʌdʒ] 🅰 🔲 GASTR Fondant *m* 🅱 VT *Frage* ausweichen (+dat)

★**fuel** [fjʊəl] 🅰 🔲 Brennstoff *m;* für *Auto* Kraftstoff *m,* Benzin *n;* FLUG Treibstoff *m;* **to add ~ to the flames** *od* **fire** *fig* Öl in die Flammen *od* ins Feuer gießen 🅱 VT antreiben; *fig* Konflikt schüren; *Spekulationen* Nahrung geben (+dat); **power stations ~led by oil** *Br,* **power stations ~ed by oil** *US* mit Öl befeuerte Kraftwerke **fuel cell** 🔲 Brennstoffzelle *f* **fuel efficiency** 🔲 Kraftstoffeffizienz *f* **fuel gauge** 🔲 Benzinuhr *f* **fueling station** [ˈfjuːəlɪŋˌsteɪʃən] *US* 🔲 Tankstelle *f* **fuel-injected** ADJ **~ engine** Einspritzmotor *m* **fuel injection** 🔲 (Benzin)einspritzung *f* **fuel poverty** 🔲 Energiearmut *f* **fuel pump** 🔲 Benzinpumpe *f* **fuel tank** 🔲 Öltank *m* **fuel tanker** 🔲 *US* (Benzin)tankwagen *m* **fuel tax** 🔲 *Br* Mineralölsteuer *f*

fug [fʌɡ] *Br umg* 🔲 Mief *m umg*

fugitive [ˈfjuːdʒɪtɪv] 🅰 🔲 Flüchtling *m* (**from** vor +dat) 🅱 ADJ flüchtig

fulfil [fʊlˈfɪl] VT, **fulfill** *US* VT erfüllen; *Aufgabe* ausführen; *Ambition* verwirklichen; **to be** *od* **feel ~led** Erfüllung finden **fulfilling** [fʊlˈfɪlɪŋ] ADJ **a ~ job** ein Beruf, in dem man Erfüllung findet **fulfilment** 🔲, **fulfillment** *US* 🔲 Erfüllung *f*

F

F

★**full** [fʊl] **A** ADJ ‹+er› voll; *Figur* füllig; *Bericht* vollständig; **to be ~ of ...** voller (+gen) *od* voll von ~ sein; **don't talk with your mouth ~** sprich nicht mit vollem Mund; **with his arms ~** mit vollgeladenen Armen; **I have a ~ day ahead of me** ich habe einen ausgefüllten Tag vor mir; **I am ~ (up)** umg ich bin voll (bis obenhin) umg; **we are ~ up for July** wir sind für Juli völlig ausgebucht; **at ~ speed** in voller Fahrt; **to make ~ use of sth** etw voll ausnutzen; **that's a ~ day's work** damit habe ich *etc* den ganzen Tag zu tun; **I waited two ~ hours** ich habe zwei ganze Stunden gewartet; **the ~ details** die genauen Einzelheiten; **to be ~ of oneself** von sich (selbst) eingenommen sein; **she was ~ of it** sie hat gar nicht mehr aufgehört, davon zu reden **B** ADV **it is a ~ five miles from here** es sind gute fünf Meilen von hier; **I know ~ well that ...** ich weiß sehr wohl, dass ... **C** S̲ **in ~** ganz, vollständig; **to write one's name in ~** seinen Namen ausschreiben; **to pay in ~** den vollen Betrag bezahlen
fullback S̲ SPORT Verteidiger(in) m(f)
full beam S̲ Br AUTO Fernlicht n; **to drive (with one's headlights) on ~** mit Fernlicht fahren **full-blooded** [fʊlˈblʌdɪd] ADJ kräftig; **he's a ~ Scot** er ist Vollblutschotte **full-blown** ADJ *Krise, Krieg* richtiggehend; *Herzinfarkt* richtig; **~ Aids** Vollbild-Aids n **full-bodied** [ˈfʊlˈbɒdɪd] ADJ *Wein* vollmundig **full-body scanner** S̲ am Flughafen Ganzkörperscanner m **full-cream milk** S̲ Vollmilch f **full employment** S̲ Vollbeschäftigung f **full-face** ADJ *Porträt* mit zugewandtem Gesicht; **~ photograph** En-Face-Foto n fachspr **full-fledged** US ADJ → **fully fledged full-frontal** ADJ Nackt-; *fig Angriff* direkt; **the ~ nudity in this play** die völlig nackten Schauspieler in diesem Stück **full-grown** ADJ ausgewachsen **full house** S̲ *bei Konzert etc* volles Haus; **they played to a ~** sie spielten vor vollem Haus **full-length** ADJ **1** *Film* abendfüllend; *Roman* vollständig **2** *Kleid* (boden)lang; *Stiefel* hoch; *Vorhang* bodenlang; **~ mirror** großer Spiegel(, in dem man sich ganz sehen kann); **~ portrait** Ganzporträt n **full member** S̲

Vollmitglied n **full moon** S̲ Vollmond m **full name** S̲ Vor- und Zuname m **full-page** ADJ ganzseitig **full professor** S̲ UNIV Ordinarius m **full-scale** ADJ **1** *Krieg, Aufstand* richtiggehend; *Untersuchung* gründlich; *Suche* groß angelegt **2** *Zeichnung* in Originalgröße **full-size(d)** ADJ *Fahrrad etc* richtig (groß) **full-sized** ADJ *Modell* lebensgroß **full stop** S̲ *bes Br* GRAM Punkt m; **to come to a ~** zum völligen Stillstand kommen; **I'm not going, ~!** umg ich gehe nicht und damit basta umg **full time** S̲ **A** ADJ SPORT reguläre Spielzeit; **at ~** nach Ablauf der regulären Spielzeit; **the whistle blew for ~** das Spiel wurde abgepfiffen **B** ADV arbeiten ganztags **full-time** ADJ **1** *Arbeiter* ganztags angestellt; **~ job** Ganztagsstelle f; **it's a ~ job** fig umg es hält einen ganz schön in Trab **2** **~ work** Ganztagsarbeit f; **~ student** Vollstudent(in) m(f) **2** SPORT **the ~ score** der Schlussstand **fully** [ˈfʊlɪ] ADV gesund, bewusst völlig; *in Betrieb, qualifiziert* voll; *verstehen, sich erholen* voll und ganz; **~ automatic** vollautomatisch; **~ booked** ausgebucht; **~ clothed** (ganz) angezogen; **a ~-equipped kitchen** eine komplett ausgestattete Küche **fully fledged** ADJ *Mitglied* richtig; *Arzt etc* voll qualifiziert **fully qualified** ADJ voll qualifiziert

fumble [ˈfʌmbl] **A** VI (a. **fumble about** *od* **around**) herumtasten; **to ~ (about) for sth** nach etw tasten; *in Tasche, Schublade* nach etw wühlen **B** VT vermasseln umg; **to ~ the ball** den Ball nicht sicher fangen
fume [fjuːm] fig umg VI wütend sein **fumes** [fjuːmz] PL Dämpfe pl; *von Auto* Abgase pl; **petrol ~** Br, **gas ~** US Benzindämpfe pl **fumigate** [ˈfjuːmɪgeɪt] VT ausräuchern

★**fun** [fʌn] **A** S̲ Spaß m, Hetz f österr; **to have great fun doing sth** viel Spaß daran haben, etw zu tun; **this is fun!** das macht Spaß!; **we just did it for fun** wir haben das nur aus Spaß gemacht; **to spoil the fun** den Spaß verderben; **it's fun doing this** es macht Spaß, das zu tun; **it's no fun living on your own** es macht nicht gerade Spaß, allein zu leben; **he is great fun** man kriegt mit ihm viel Spaß *umg*; **the party was good fun** die Party hat viel Spaß gemacht; **that sounds like fun** das klingt gut; **I was just having a bit of fun** ich hab doch nur Spaß gemacht; **to make fun of sb/sth** sich über j-n/etw lustig machen B̲ ADJ ⟨*attr*⟩ lustig; *umg* **squash is a fun game** Squash macht Spaß

function [ˈfʌŋkʃən] A̲ S̲ 1̲ *a.* MATH Funktion *f* 2̲ Veranstaltung *f*; offiziell Feier *f* B̲ V̲I̲ funktionieren; **to ~** as fungieren als **functional** ADJ 1̲ funktionsfähig 2̲ zweckmäßig; **~ food** Functional Food *n* **functionary** [ˈfʌŋkʃənəri] S̲ Funktionär(in) *m(f)* **function key** S̲ COMPUT Funktionstaste *f*

fund [fʌnd] A̲ S̲ 1̲ FIN Fonds *m* 2̲ ~s *pl* Mittel *pl*; **public ~s** öffentliche Mittel *pl*; **to be short of ~s** knapp bei Kasse sein *umg* B̲ V̲T̲ finanzieren

fundamental [ˌfʌndəˈmentl] A̲ ADJ 1̲ *Thema* grundlegend; *Grund* eigentlich; *Punkt* zentral; *Teil* wesentlich; **~ principle** Grundprinzip *n*; **of ~ importance** von grundlegender Bedeutung 2̲ *Problem, Unterschied* grundsätzlich; *Veränderung* grundlegend; *Fehler* fundamental; **~ structure** Grundstruktur *f* B̲ P̲L̲ **~s** von Fachgebiet Grundbegriffe *pl* **fundamentalism** [ˌfʌndəˈmentəlɪzəm] S̲ Fundamentalismus *m* **fundamentalist** [ˌfʌndəˈmentəlɪst] A̲ ADJ fundamentalistisch B̲ S̲ Fundamentalist(in) *m(f)* **fundamentally** [ˌfʌndəˈmentəli] ADV im Grunde (genommen); anders, falsch grundlegend; anderer Meinung sein grundsätzlich; **the treaty is ~ flawed** der Vertrag enthält grundlegende Fehler

funding [ˈfʌndɪŋ] S̲ Finanzierung *f* **fund manager** S̲ FIN Fondsmanager(in) *m(f)* **fundraiser** S̲ Spendensammler(in) *m(f)* **fundraising** S̲ A̲ S̲ Geldbeschaffung *f* B̲ ADJ Wohltätigkeits-, Spenden-; **~ campaign** Aktion *f* zur Geldbeschaffung, Spendenaktion *f*

★**funeral** [ˈfjuːnərəl] S̲ Beerdigung *f*, Begräbnis *n*; **were you at his ~?** waren Sie auf seiner Beerdigung? **funeral director** S̲ Beerdigungsunternehmer(in) *m(f)* **funeral home** US S̲ Leichenhalle *f* **funeral parlour** Br S̲ Leichenhalle *f* **funeral service** S̲ Trauergottesdienst *m*

funfair [ˈfʌnfeər] S̲ Kirmes *f* **fungal** [ˈfʌŋgl] ADJ Pilz-; **~ infection** Pilzinfektion *f* **fungi** [ˈfʌŋgaɪ] P̲L̲ → **fungus fungicide** [ˈfʌŋgɪsaɪd] S̲ Fungizid *n* **fungus** [ˈfʌŋgəs] S̲ ⟨*pl* fungi⟩ BOT, MED Pilz *m*

funky [ˈfʌŋki] ADJ ⟨-ier; -iest⟩ *sl* abgefahren

fun-loving [ˈfʌnlʌvɪŋ] ADJ lebenslustig **funnel** [ˈfʌnl] A̲ S̲ 1̲ Trichter *m* 2̲ SCHIFF, BAHN Schornstein *m* B̲ V̲T̲ *fig* schleusen

funnily [ˈfʌnɪli] ADV 1̲ komisch 2̲ amüsant

★**funny** [ˈfʌni] A̲ ADJ ⟨*komp* funnier⟩ 1̲ komisch, witzig, lustig; **don't try to be ~** *umg* mach keine Witze!; **to see the ~ side of sth** das Lustige an etw ⟨*dat*⟩ sehen; **it's not ~!** das ist überhaupt nicht komisch!; **there's something ~ about that place** der Ort ist irgendwie merkwürdig; **(it's) ~ (that) you should say that** komisch, dass Sie das sagen; **I just feel a bit ~** *umg* mir ist ein bisschen komisch; **I feel ~ about seeing her again** *umg* mir ist komisch dabei zumute, sie wiederzusehen; **she's a bit ~ (in the head)** sie spinnt ein bisschen *umg* 2̲ *umg* **~ business** faule Sachen *pl umg*; **there's something ~ going on here** hier ist doch was faul *umg*; **don't try anything ~** keine faulen Tricks! B̲ P̲L̲ **the funnies** US *umg* Presse die Comicstrips *pl* **funny bone** S̲ Musikantenknochen *m* **fun run** S̲ Volkslauf *m* (oft für wohltätige Zwecke durchgeführt)

★**fur** [fɜːr] A̲ S̲ 1̲ Fell *n*; für Kleidung Pelz *m*; **the cat has beautiful fur** die Katze hat ein wunderschönes Fell; **a fur-lined coat** ein pelzgefütterter Mantel 2̲ furs *pl* Pelze *pl* B̲ ADJ ⟨*attr*⟩ Pelz-; **fur coat/collar** Pelzmantel *m*/-kragen *m* ◆**fur up** V̲I̲ *Kessel* verkalken

furious [ˈfjʊəriəs] ADJ 1̲ wütend; *Debatte, Angriff* heftig; **he was ~ that they had ignored him** er war wütend darüber, dass sie ihn ignoriert hatten; **to be ~ about sth** wütend über etw ⟨*akk*⟩ sein; **to be ~ at** *od* **with sb (for doing sth)** wütend auf j-n sein, (weil er/sie etw getan hat) 2̲ *Geschwindigkeit* rasend; **at a ~ pace** in rasendem Tempo; **the jokes came fast and ~** die Witze kamen Schlag auf Schlag **furiously** ['fjʊərɪəslɪ] _ADV_ **1** reagieren wütend **2** kritzeln, suchen wie wild

furl [fɜːl] _VrT_ Segel, Flagge einrollen; Schirm zusammenrollen

furlong ['fɜːlɒŋ] _S_ Achtelmeile f

furnace ['fɜːnɪs] _S_ Hochofen m; Metallurgie Schmelzofen m

★**furnish** ['fɜːnɪʃ] _VrT_ **1** Haus einrichten; **~ed room** möbliertes Zimmer **2 to ~ sb with sth** j-m etw liefern **furnishings** ['fɜːnɪʃɪŋz] _PL_ Mobiliar n, Einrichtung f; **with ~ and fittings** voll eingerichtet

★**furniture** ['fɜːnɪtʃə'] _S_ Möbel pl; **a piece of ~** ein Möbelstück n; **I must buy some** ~ ich muss Möbel kaufen

furore [fjʊə'rɔːrɪ] _S_, **furor** ['fjʊrɔː'] _US S_ Protest(e) m(pl); **to cause a ~** einen Skandal verursachen

furred [fɜːd] _ADJ_ Zunge belegt

furrow ['fʌrəʊ] **A** _S_ AGR Furche f; an Stirn Runzel f **B** _VrT_ Stirn runzeln

furry ['fɜːrɪ] _ADJ_ 〈komp furrier〉 **1** Körper haarig; Schwanz buschig; **~ animal** Tier n mit Pelz; **the kitten is so soft and ~** das Kätzchen ist so weich und kuschelig **2** Stoff flauschig; **~ toy** Plüschtier n

★**further** ['fɜːðə'] **A** _ADV_ 〈komp〉 **1** weiter; **~ on** weiter entfernt; **~ back** örtlich weiter zurück; (=zeitlich) früher; **is it much ~ to the airport?** ist es noch weit bis zum Flughafen?; **nothing could be ~ from the truth** nichts könnte weiter von der Wahrheit entfernt sein; **he has decided not to take the matter any ~** er hat beschlossen, die Angelegenheit auf sich beruhen zu lassen; **in order to make the soup go ~** um die Suppe zu strecken; **~, I would like to say that** ... darüber hinaus möchte ich sagen, dass ... **2** → far **B** _ADJ_ **1** → farther **2** weiter; **will there be anything ~?** kann ich sonst noch etwas für Sie tun?; **~ details** nähere od weitere Einzelheiten pl **C** _VrT_ Interessen, Sache fördern; **to ~ one's education** sich weiterbilden; **to ~ one's career** beruflich vorankommen **further education** _S_ Weiterbildung f; Erwachsenenbildung f **furthermore** [fɜːðə'mɔː'] _ADV_ außerdem, weiters österr **furthermost** ['fɜː-ðəməʊst] _ADJ_ äußerste(r, s) **furthest** ['fɜːðɪst] **A** _ADV_ am weitesten; **these**

fields are ~ (away) from his farm diese Felder liegen am weitesten von seinem Hof entfernt; **this is the ~ north you can go** dies ist der nördlichste Punkt, den man erreichen kann; **it was the ~ the Irish team had ever got** so weit war die irische Mannschaft noch nie gekommen **B** _ADJ_ am weitesten entfernt; **the ~ of the three villages** das entfernteste von den drei Dörfern; **5 km at the ~** höchstens 5 km

furtive ['fɜːtɪv] _ADJ_ verdächtig; Blick verstohlen

fury ['fjʊərɪ] _S_ Wut f; **in a ~** wütend

fuse [fjuːz], **fuze** US **A** _VrT_ **1** Metalle verschmelzen **2** Br ELEK **to ~ the lights** die Sicherung durchbrennen lassen **3** fig vereinigen **B** _Vrl_ **1** Metalle sich verbinden; Knochen zusammenwachsen **2** Br ELEK durchbrennen; **the lights ~d** die Sicherung war durchgebrannt **3** fig a. **~ together** sich vereinigen **C** _S_ **1** ELEK Sicherung f; **to blow the ~s** die Sicherung durchbrennen lassen **2** von Bombe etc Zündschnur f; **to light the ~** die Zündschnur anzünden; **she has got a short ~** fig umg sie explodiert schnell **fuse box** _S_ Sicherungskasten m **fused** _ADJ_ Stecker gesichert

fuselage ['fjuːzəlɑːʒ] _S_ (Flugzeug)rumpf m

fusillade [ˌfjuːzɪ'leɪd] _S_ Salve f

fusion ['fjuːʒən] _S_ fig Verschmelzung f; PHYS (Kern)fusion f

fuss [fʌs] **A** _S_ Theater n umg; **I don't know what all the ~ is about** ich weiß wirklich nicht, was der ganze Wirbel soll umg; **without (any) ~** ohne großes Theater umg; **to cause a ~** Theater machen umg; **to kick up a ~** Krach schlagen umg; **to make a ~ about sth** viel Wirbel um etw machen umg; **to make a ~ of sb** um j-n viel Wirbel machen umg **B** _Vrl_ sich (unnötig) aufregen; **don't ~, mother!** ist ja gut, Mutter! ★**fuss over** _Vrl_ 〈+obj〉 Theater machen um; Gäste a. sich (dat) große Umstände machen mit

fussed [fʌst] Br umg _ADJ_ **I'm not ~ (about it)** es ist mir egal **fusspot** ['fʌs-pɒt] Br umg _S_ Umstandskrämer(in) m(f) umg **fussy** ['fʌsɪ] _ADJ_ 〈komp fussier〉 wählerisch, kleinlich; genau; **to be ~ about one's appearance** großen Wert auf sein Äußeres legen; **she is not ~**

about her food sie ist beim Essen nicht wählerisch; **the child is a ~ eater** das Kind ist beim Essen wählerisch; **I'm not ~** umg das ist mir egal

fusty ['fʌstɪ] ADJ ⟨komp fustier⟩ muffig

futile ['fjuːtaɪl] ADJ sinnlos **futility** [fjuː-'tɪlɪtɪ] 𝕊 Sinnlosigkeit f

futon ['fuːtɔn] 𝕊 Futon m

★**future** ['fjuːtʃə] 🅰 𝕊 ❶ Zukunft f; **in ~** in Zukunft; **in the foreseeable ~** in absehbarer Zeit; **what plans do you have for the ~?** was für Zukunftspläne haben Sie?; **the ~** GRAM das Futur ❷ BÖRSE **~s** pl Termingeschäfte pl 🅱 ADJ ⟨attr⟩ ❶ (zu)künftig; **at a** od **some ~ date** zu einem späteren Zeitpunkt; **his ~ plans** seine Zukunftspläne; **in ~ years** in den kommenden Jahren; **you can keep it for ~ reference** Sie können es behalten, um später darauf Bezug zu nehmen ❷ GRAM **the ~ tense** das Futur **futuristic** [,fjuːtʃə'rɪstɪk] ADJ futuristisch

fuze US 𝕊 & V/T & V/I → **fuse**

fuzz [fʌz] 𝕊 Flaum m **fuzzy** ['fʌzɪ] ADJ ⟨komp fuzzier⟩ ❶ Stoff flauschig ❷ Bild, Erinnerung verschwommen

fwd ABK (= forward) Brief nachsenden; Gepäck, Dokument weiterleiten; bei Spedition übersenden, transportieren

f-word ['ef,wɜːd] umg 𝕊 **I try not to use the ~ in front of the children** ich versuche, vor den Kindern möglichst keine schlimmen Flüche zu gebrauchen

FYI ABK (= for your information) zu Ihrer Information

G

G¹, g [dʒiː] 𝕊 G n, g n; **G sharp** Gis n, gis n; **G flat** Ges n, ges n

G² US ABK (= general audience) FILM jugendfrei

g ABK (= grams, grammes) g

gab [gæb] umg 🅰 𝕊 **to have the gift of the gab** nicht auf den Mund gefallen sein 🅱 V/I quasseln umg

gabble ['gæbl] Br 🅰 V/I brabbeln umg 🅱 V/T Gebet herunterrasseln umg; Entschuldigung brabbeln umg

gable ['geɪbl] 𝕊 Giebel m **gabled** ['geɪbld] ADJ **~ house/roof** Giebelhaus/--dach n

gadget ['gædʒɪt] 𝕊 Gerät n; **the latest electronic ~** die neueste elektronische Spielerei **gadgetry** ['gædʒɪtrɪ] 𝕊 Geräte pl

Gaelic ['geɪlɪk] 🅰 ADJ gälisch 🅱 𝕊 LING Gälisch n

gaffe [gæf] 𝕊 Fauxpas m, taktlose Bemerkung; **to make a ~** einen Fauxpas begehen, ins Fettnäpfchen treten umg

gag [gæg] 🅰 𝕊 ❶ Knebel m ❷ (= Witz) Gag m 🅱 V/T knebeln 🅲 V/I ❶ würgen (on an +dat) ❷ **to be gagging for sth** umg scharf auf etw (akk) sein

gaga ['gɑːgɑː] Br umg ADJ plemplem umg, gaga umg; Greis verkalkt umg

gage US 𝕊 & V/T → **gauge**

gaggle ['gægl] 𝕊 **von Gänsen** Herde f

gaily ['geɪlɪ] ADV fröhlich; bemalt farbenfroh

gain [geɪn] 🅰 𝕊 ❶ ⟨kein pl⟩ Vorteil m, Profit m; **his loss is our ~** sein Verlust ist unser Gewinn ❷ **~s** pl Gewinn m, Gewinne pl ❸ Zunahme f; **~ in weight, weight ~** Gewichtszunahme f 🅱 V/T gewinnen; Wissen erwerben; Vorteil, Respekt, Zugang sich (dat) verschaffen; Kontrolle, Führung übernehmen; Punkte etc erzielen, erreichen; **what does he hope to ~ by it?** was verspricht er sich (dat) davon?; **to ~ independence** unabhängig werden; **to ~ sb's confidence** j-s Vertrauen erlangen; **to ~ experience** Erfahrungen sammeln; **to ~ ground** (an) Boden gewinnen; Gerüchte sich verbreiten; **to ~ time** Zeit gewinnen; **he ~ed a reputation as …** er hat sich (dat) einen Namen als … gemacht; **to ~ speed** schneller werden; **to ~ weight** zunehmen; **to ~ popularity** an Beliebtheit (dat) gewinnen; **my watch ~s five minutes each day** meine Uhr geht fünf Minuten pro Tag vor 🅲 V/I ❶ Uhr vorgehen ❷ aufholen ❸ profitieren (by von); **society would ~** from that das wäre für die Gesellschaft von Vorteil; **we stood to ~ from the decision** die Entscheidung war für uns von Vorteil ❹ **to ~ in confidence** mehr Selbstvertrauen bekommen; **to ~ in popularity** an Beliebtheit (dat) gewinnen ◆**gain on** V/I ⟨+obj⟩ einholen

gainful [ˈɡeɪnfʊl] <u>ADJ</u> einträglich; **to be in ~ employment** erwerbstätig sein **gainfully** [ˈɡeɪnfʊlɪ] <u>ADV</u> **~ employed** erwerbstätig

gait [ɡeɪt] <u>S</u> Gang m; *von Pferd* Gangart f

gala [ˈɡɑːlə] <u>S</u> großes Fest; THEAT, FILM Galaveranstaltung f; **swimming/sports ~** großes Schwimm-/Sportfest

galaxy [ˈɡæləksɪ] <u>S</u> ASTRON Sternsystem n; **the Galaxy** die Milchstraße

gale [ɡeɪl] <u>S</u> **1** Sturm m; **it was blowing a ~** ein Sturm tobte; **~ force 8** Sturmstärke 8 **2** *fig* **~s of laughter** Lachsalven *pl* **gale-force winds** <u>PL</u> orkanartige Winde **gale warning** <u>S</u> Sturmwarnung f

gall [ɡɔːl] <u>A</u> <u>S</u> *umg* **to have the ~ to do sth** die Frechheit besitzen, etw zu tun **B** *VIT fig* maßlos ärgern

gallant [ˈɡælənt] <u>ADJ</u> **1** tapfer **2** ritterlich **gallantly** [ˈɡæləntlɪ] <u>ADV</u> **1** tapfer **2** ritterlich **gallantry** [ˈɡæləntrɪ] <u>S</u> **1** Tapferkeit f **2** *in Bezug auf Frauen* Galanterie f

gall bladder <u>S</u> Gallenblase f **galleon** [ˈɡælɪən] <u>S</u> Galeone f

★**gallery** [ˈɡælərɪ] <u>S</u> **1** Galerie f; THEAT Balkon m; *von Kirche* Empore f **2** KUNST (Kunst)galerie f

galley [ˈɡælɪ] <u>S</u> SCHIFF Galeere f; (≈ Küche) Kombüse f

Gallic [ˈɡælɪk] <u>ADJ</u> gallisch

galling [ˈɡɔːlɪŋ] <u>ADJ</u> äußerst ärgerlich

gallivant [ˌɡælɪˈvænt] *VIT* **to ~ about** *od* **around** sich herumtreiben, strawanzen *österr*

★**gallon** [ˈɡælən] <u>S</u> Gallone f

gallop [ˈɡæləp] <u>A</u> <u>S</u> Galopp m; **at a ~** im Galopp; **at full ~** im gestreckten Galopp **B** *VIT* galoppieren

gallows [ˈɡæləʊz] <u>PL</u> Galgen m; **to send/bring sb to the ~** j-n an den Galgen bringen

gallstone [ˈɡɔːlstəʊn] <u>S</u> Gallenstein m

galore [ɡəˈlɔːr] <u>ADV</u> in Hülle und Fülle

galvanize [ˈɡælvənaɪz] *fig VIT* elektrisieren; **to ~ sb into doing** *od* **to do sth** j-m einen Stoß geben, etw sofort zu tun **galvanized** <u>ADJ</u> Stahl galvanisiert

Gambia [ˈɡæmbɪə] <u>S</u> Gambia n

gamble [ˈɡæmbl] <u>A</u> <u>S</u> *fig* Risiko n; **it's a ~** es ist riskant; **I'll take a ~ on it/him** ich riskiere es/es mit ihm **B** *VIT* **1** *wörtl*

(um Geld) spielen (**with** mit); *auf Pferde etc* wetten **2** *fig* **to ~ on sth** sich auf etw (*akk*) verlassen **C** *VIT* **1** Geld einsetzen; **to ~ sth on sth** etw auf etw (*akk*) setzen **2** *fig* aufs Spiel setzen ♦**gamble away** <u>VIT</u> ⟨*trennb*⟩ verspielen

gambler [ˈɡæmblər] <u>S</u> Spieler(in) m(f)

gambling <u>S</u> Spielen n (um Geld); *auf Pferde etc* Wetten n

gambol [ˈɡæmbəl] *VII* herumtollen, herumspringen

★**game**[1] [ɡeɪm] <u>S</u> **1** Spiel n, Sport m, Sportart f; (≈ *Plan*) Vorhaben n; *von Billard, Brettspiel etc* Partie f; **to have** *od* **play a ~ of football/chess** *etc* Fußball/Schach *etc* spielen; **do you fancy a quick ~ of chess?** hättest du Lust, ein bisschen Schach zu spielen?; **he had a good ~** er spielte gut; **~ of chance** Glücksspiel n; **~ set and match to X** Satz und Spiel (geht an) X; **one ~ all** eins beide; **to play ~s with sb** *fig* mit j-m spielen; **the ~ is up** das Spiel ist aus; **two can play at that ~** wie du mir, so ich dir *umg*; **to beat sb at his own ~** j-n mit den eigenen Waffen schlagen; **to give the ~ away** alles verderben; **I wonder what his ~ is?** ich frage mich, was er im Schilde führt; **to be ahead of the ~** *fig* um eine Nasenlänge voraus sein **2** **~s** *pl* SPORT Spiele *pl* **3** **~s** +*sg* v SCHULE Sport m **4** *umg* Branche f; **how long have you been in this ~?** wie lange machen Sie das schon? **5** ⟨*kein pl*⟩ JAGD, GASTR Wild n

game[2] <u>ADJ</u> mutig; **to be ~** mitmachen; **to be ~ for anything** für alles zu haben sein; **to be ~ for a laugh** jeden Spaß mitmachen

game bird <u>S</u> Federwild n *kein pl* **game changer** [ˈtʃeɪndʒər] <u>S</u> bahnbrechende Neuerung; **this is a real ~** das ist wirklich bahnbrechend **gamekeeper** [ˈɡeɪmkiːpər] <u>S</u> Wildhüter(in) m(f)

gamely [ˈɡeɪmlɪ] <u>ADV</u> mutig **game reserve** <u>S</u> Wildschutzgebiet n **game show** <u>S</u> TV Spielshow f **gamesmanship** [ˈɡeɪmzmənʃɪp] <u>S</u> Trickmanöver *pl* **games software** <u>S</u> Software f für Computerspiele **game warden** <u>S</u> Jagdaufseher m **gaming** [ˈɡeɪmɪŋ] <u>S</u> → gambling

gammon [ˈɡæmən] <u>S</u> leicht geräucherter Vorderschinken, (gekochter) Schinken, leicht geselchter Vorderschinken österr; **~ steak** *dicke Scheibe Vorderschinken zum Braten oder Grillen*

gammy ['gæmɪ] *Br umg* ADJ lahm

gamut ['gæmət] *fig* S̅ Skala *f*

gander ['gændəʳ] S̅ Gänserich *m*

gang [gæŋ] S̅ Haufen *m; von Kriminellen, Jugendlichen* Bande *f; von Freunden etc* Clique *f;* **there was a whole ~ of them** es war ein ganzer Haufen ♦**gang up** V̅I̅ sich zusammentun; **to gang up against** *on sb* sich gegen j-n verbünden

gangland ['gæŋlænd] ADJ Unterwelt-

gangling ['gæŋglɪŋ] ADJ schlaksig

gangplank ['gæŋplæŋk] S̅ Laufplanke *f*

gang rape S̅ Gruppenvergewaltigung *f*

gangrene ['gæŋgriːn] S̅ Brand *m*

gangster ['gæŋstəʳ] S̅ Gangster(in) *m(f)*

gangway ['gæŋweɪ] S̅ **1** SCHIFF Landungsbrücke *f* **2** Gang *m*

gantry ['gæntrɪ] S̅ *für Kran* Portal *n; auf Autobahn* Schilderbrücke *f;* BAHN Signalbrücke *f*

gaol [dʒeɪl] S̅ & V̅T̅ → **jail**

gap [gæp] S̅ Lücke *f,* Spalt *m,* Riss *m; fig in Unterhaltung* Pause *f; (≈ Abgrund)* Kluft *f;* **to close the gap** *in Rennen* (den Abstand) aufholen; **a gap in one's knowledge** eine Bildungslücke; **a four-year gap** ein Abstand *m* von vier Jahren

gape [geɪp] V̅I̅ **1** *Abgrund* klaffen **2** gaffen; **to ~ at** *sb/sth* j-n/etw (mit offenem Mund) anstarren **gaping** ['geɪpɪŋ] ADJ *Loch* riesig; *Abgrund* klaffend

gap year S̅ *Br* SCHULE Überbrückungsjahr *n*

★**garage** ['gærɑːʒ, *US* gə'rɑːʒ] S̅ **1** Garage *f* **2** *Br* Tankstelle *f,* (Reparatur)werkstatt *f* **garage sale** S̅ Garagenverkauf *m*

garbage ['gɑːbɪdʒ] *US wörtl* Müll *m,* Abfall *m; fig* Schund *m; (≈ Unsinn)* Quatsch *m umg;* IT Garbage *m,* Müll *m* **garbage bag** *US* S̅ Mülleimerbeutel *m* **garbage can** *US* S̅ Mülleimer *m,* Mistkübel österr, Mülltonne *f* **garbage collection** *US* S̅ Müllabfuhr *f* **garbage collector** *US* S̅ Müllarbeiter *m;* **the ~s** die Müllabfuhr **garbage disposal unit** *US* S̅ Müllschlucker *m* **garbage dump** *US* S̅ Mülldeponie *f* **garbage man** S̅ *⟨pl - men⟩ US →* garbage collector **garbage truck** *US* S̅ Müllwagen *m*

garble ['gɑːbl] V̅T̅ **to ~ one's words** sich beim Sprechen überschlagen **garbled** ['gɑːbld] ADJ *Nachricht etc* konfus; *Darstellung* wirr

★**garden** ['gɑːdn] A S̅ Garten *m;* **the Garden of Eden** der Garten Eden B V̅I̅ im Garten arbeiten **garden apartment** *US* S̅ Souterrainwohnung *f* **garden centre** S̅, **garden center** *US* S̅ Gartencenter *n* **gardener** ['gɑːdnəʳ] S̅ Gärtner(in) *m(f)* **garden flat** *Br* S̅ Souterrainwohnung *f* **gardening** ['gɑːdnɪŋ] S̅ Gartenarbeit *f;* **she loves ~** sie arbeitet gerne im Garten; **~ tools** Gartengeräte *pl* **garden party** S̅ Gartenparty *f* **garden path** S̅ **to lead sb up the ~** *bes Br,* **to lead sb down the ~** *bes US fig* j-n an der Nase herumführen *umg*

gargantuan [gɑː'gæntjʊən] ADJ gewaltig

gargle ['gɑːgl] A V̅I̅ gurgeln B S̅ Gurgelwasser *n*

gargoyle ['gɑːgɔɪl] S̅ Wasserspeier *m*

garish ['geərɪʃ] *pej* ADJ *Farben* grell; *Kleidung* knallbunt

garland ['gɑːlənd] S̅ Girlande *f*

garlic ['gɑːlɪk] S̅ Knoblauch *m* **garlic bread** S̅ Knoblauchbrot *n* **garlic crusher** S̅ Knoblauchpresse *f* **garlic mushrooms** P̅L̅ frittierte Pilze mit Knoblauch **garlic press** S̅ Knoblauchpresse *f*

garment ['gɑːmənt] S̅ Kleidungsstück *n*

garner ['gɑːnəʳ] V̅T̅ sammeln; *Unterstützung* gewinnen

garnet ['gɑːnɪt] S̅ Granat *m*

garnish ['gɑːnɪʃ] A V̅T̅ garnieren B S̅ Garnierung *f*

garret ['gærət] S̅ Mansarde *f*

garrison ['gærɪsən] A S̅ Garnison *f* B V̅T̅ Truppen in Garnison legen; **to be ~ed** in Garnison liegen

garrulous ['gærʊləs] ADJ geschwätzig

garter ['gɑːtəʳ] S̅ Strumpfband *n; US* Strumpfhalter *m* **garter belt** *US* S̅ Strumpfgürtel *m*

★**gas** [gæs] A S̅ **1** Gas *n;* **to cook with gas mit Gas kochen** **2** *⟨kein pl⟩ US* Benzin *n;* **to step on the gas** Gas geben **3** *für Narkose* Lachgas *n* **4** MIL (Gift)gas *n* B V̅T̅ vergasen; **to gas oneself** sich mit Gas vergiften **gasbag** *umg* S̅ Quasselstrippe *f umg* **gas can** S̅ *US* Reservekanister *m* **gas cap** S̅ *US* Tankdeckel *m*

gas chamber S̄ Gaskammer f **gas cooker** B V̄T Gaskammer f **gaseous** ['gæsɪəs] ADJ gasförmig **gas fire** S̄ Gasofen m **gas-fired power station** [ˌgæs'faɪəd] S̄ Gaskraftwerk n **gas gauge** S̄ US Benzinuhr f

gash [gæʃ] A S̄ klaffende Wunde, tiefe Kerbe B V̄T aufschlitzen; **he fell and ~ed his knee** er ist gestürzt und hat sich (dat) dabei das Knie aufgeschlagen **gas heater** S̄ Gasofen m **gas heating** S̄ Gasheizung f **gas jet** S̄ Gasdüse f

gasket ['gæskɪt] S̄ TECH Dichtung f

gas main S̄ Gasleitung f **gasman** S̄ ⟨pl -men⟩ Gasmann m umg **gas mask** S̄ Gasmaske f **gas meter** S̄ Gasuhr f

gasolene, gasoline ['gæsəʊliːn] US S̄ Benzin n **gas oven** S̄ Gasherd m

gasp [gɑːsp] A S̄ tiefer Atemzug; **to give a ~** (of surprise/fear etc) (vor Überraschung/Angst etc) nach Luft schnappen umg B V̄I keuchen, tief einatmen; überrascht etc nach Luft schnappen umg; **to ~ for breath** od **air** nach Atem ringen; **he ~ed with astonishment** er war so erstaunt, dass es ihm den Atem verschlug; **I'm ~ing for a cup of tea** umg ich lechze nach einer Tasse Tee umg

gas pedal S̄ US Gaspedal n **gas pipe** S̄ Gasleitung f **gas pipeline** S̄ Gasleitung f **gas pump** S̄ US Zapfsäule f **gas ring** S̄ Gasbrenner m, Gaskocher m **gas station** US S̄ Tankstelle f **gas stove** S̄ Gasherd m, Gaskocher m **gas tank** US S̄ Benzintank m **gas tanker** S̄ US (Benzin)tankwagen m **gas tap** S̄ Gashahn m **gas tax** S̄ US Mineralölsteuer f

gastric ['gæstrɪk] ADJ Magen-, gastrisch fachspr **gastric band** S̄ MED Magenband n **gastric flu** S̄ Darmgrippe f **gastric juices** PL Magensäfte pl **gastric ulcer** S̄ Magengeschwür n **gastroenteritis** [ˌgæstrəʊˌentə'raɪtɪs] S̄ Magen-Darm-Entzündung f **gastronomic** [ˌgæstrə'nɒmɪk] ADJ gastronomisch **gastronomy** [gæs'trɒnəmɪ] S̄ Gastronomie f **gastropub** ['gæstrəʊpʌb] S̄ Gastrokneipe f

gasworks ['gæswɜːks] S̄ ⟨+sg od pl v⟩ Gaswerk n

★**gate** [geɪt] S̄ Tor n; von Garten Pforte f;

gateau ['gætəʊ] S̄ ⟨pl gateaux ['gætəʊz]⟩ bes Br Torte f

gate-crash umg V̄T **to ~ a party** in eine Party reinplatzen umg **gate-crasher** S̄ ungeladener Gast **gatehouse** S̄ Pförtnerhaus n **gate money** S̄ SPORT Einnahmen pl **gatepost** S̄ Torpfosten m **gateway** S̄ Tor n (**to** zu)

gather ['gæðər] A V̄T **1** sammeln; Menschen versammeln; Blumen pflücken; Ernte einbringen; Unterstützung gewinnen; Glasscherben etc aufsammeln; Hab und Gut (zusammen)packen; **to ~ one's strength** Kräfte sammeln; **to ~ one's thoughts** seine Gedanken ordnen; **it just sat there ~ing dust** es stand nur da und verstaubte **2** to ~ **speed** schneller werden; **to ~ strength** stärker werden **3** schließen (**from** aus); **I ~ed that** she dachte sich mir; **from what** od as **far as I can ~** (so) wie ich es sehe; **I ~ she won't be coming** ich nehme an, dass sie nicht kommt; **as you might have ~ed … wie Sie vielleicht bemerkt haben …** **4** Handarbeiten raffen; an Saum fassen B V̄I Menschen sich versammeln; Objekte, Staub etc sich (an)sammeln; Wolken sich zusammenziehen ♦**gather (a)round** V̄I zusammenkommen; **come on, children, gather (a)round!** kommt alle her, Kinder! ♦**gather together** V̄T ⟨trennb⟩ einsammeln; Hab und Gut zusammenpacken; Menschen versammeln ♦**gather up** V̄T ⟨trennb⟩ aufsammeln; Hab und Gut zusammenpacken; Rock (hoch)raffen

gathering ['gæðərɪŋ] A S̄ Versammlung f; **family ~** Familientreffen n; **a social ~** ein geselliges Beisammensein B ADJ Sturm aufziehend

GATT [gæt] ABK (= General Agreement on Tariffs and Trade) HIST GATT n

gauche [gəʊʃ] ADJ unbeholfen

gaudily ['gɔːdɪlɪ] ADV knallig umg **gaudy** ['gɔːdɪ] ADJ ⟨komp gaudier⟩ knallig umg

gauge [geɪdʒ] A S̄ **1** Messgerät n; **pressure ~** Druckmesser m **2** BAHN Spurweite f **3** fig Maßstab m (**of** für) B V̄T fig Charakter, Fortschritt beurteilen; Reaktion abschätzen; Stimmung einschätzen; (≈ raten) schätzen; **I tried to ~ whether she was pleased or not** ich versuchte zu beurteilen, ob sie sich freute oder nicht

gaunt [gɔːnt] ADJ hager, abgezehrt

gauntlet¹ [ˈgɔːntlɪt] S̲ to throw down the ~ fig den Fehdehandschuh hinwerfen

gauntlet² S̲ to (have to) run the ~ of sth einer Sache (dat) ausgesetzt sein

gauze [gɔːz] S̲ Gaze f

gave [geɪv] PRÄT → give

gawk [gɔːk] V/I umg → gawp

gawky [ˈgɔːkɪ] ADJ schlaksig

gawp [gɔːp] Br umg V/I glotzen umg; to ~ at sb/sth j-n/etw anglotzen umg

⭑**gay** [geɪ] A̲ ADJ (+er) Mensch schwul umg; **gay bar** Schwulenkneipe f; **the gay community** die Schwulen pl; **gay couple** Homopaar n B̲ S̲ Schwule(r) m umg **gaydar** [ˈgeɪˌdɑːʳ] S̲ Gaydar n/m (Fähigkeit bestimmter Leute, Schwule zu erkennen) **gay-friendly** ADJ schwulenfreundlich; schwulen- und lesbenfreundlich **gay marriage** S̲ gleichgeschlechtliche Ehe; umg Homoehe f

gaze [geɪz] A̲ S̲ Blick m; **in the public ~** im Blickpunkt der Öffentlichkeit B̲ V/I starren; **to ~ at sb/sth** j-n/etw anstarren; **they ~d into each other's eyes** sie blickten sich tief in die Augen

gazebo [gəˈziːbəʊ] S̲ ⟨pl -s⟩ Gartenlaube f

gazelle [gəˈzel] S̲ Gazelle f

gazette [gəˈzet] S̲ Zeitung f; regierungsamtlich Amtsblatt n

GB ABK (= Great Britain) GB n, Großbritannien n

gbh ABK (= grievous bodily harm) schwere Körperverletzung f

GCSE (exam) Br ABK (= General Certificate of Secondary Education) ≈ mittlere Reife

GDP ABK (= gross domestic product) BIP n

GDR ABK (= German Democratic Republic) HIST DDR f

gear [gɪəʳ] A̲ S̲ 1̲ AUTO etc Gang m; ~s pl Getriebe n; von Fahrrad Gangschaltung f; **a bicycle with three ~s** ein Fahrrad n mit Dreigangschaltung; **the car is in ~** der Gang ist eingelegt; **the car is/you're not in ~** das Auto ist im Leerlauf; **to change ~** bes Br, **to shift ~** US schalten; **to change into third ~** bes Br, **to shift into third ~** US in den dritten Gang schalten; **to get one's brain in(to) ~** umg seine Gehirnwindun-

gen in Gang setzen 2̲ ⟨kein pl⟩ umg Zeug n umg, Ausrüstung f; (≈ Kleidung etc) Sachen pl umg B̲ V/I fig ausrichten (**to** auf +akk); **to be ~ed to(wards)** sb/sth auf j-n/etw abgestellt sein; Bedürfnisse auf j-n/etw ausgerichtet sein

◆**gear up** V/I ⟨trennb⟩ to gear oneself up for sth fig sich auf etw (akk) einstellen

gearbox S̲ Getriebe n **gear lever** S̲, **gear shift** US, **gear stick** S̲ Schaltknüppel m

gee [dʒiː] INT 1̲ bes US umg Mensch umg 2̲ **gee up!** hü!

geek [giːk] bes US umg S̲ Waschlappen m umg **geek-speak** [ˈgiːkspiːk] bes US umg S̲ Fachchinesisch n umg

⭑**geese** [giːs] PL → goose

geezer [ˈgiːzəʳ] umg S̲ Kerl m umg; **old ~** Opa m umg

Geiger counter [ˈgaɪgəˌkaʊntəʳ] S̲ Geigerzähler m

gel [dʒel] A̲ S̲ Gel n B̲ V/I gelieren; fig Menschen sich verstehen

gelatin(e) [ˈdʒelətiːn] S̲ Gelatine f **gelatinous** [dʒɪˈlætɪnəs] ADJ gelatineartig

gelignite [ˈdʒelɪgnaɪt] S̲ Plastiksprengstoff m

gem [dʒem] S̲ Edelstein m; fig (≈ Mensch) Juwel n; von Sammlung etc Prachtstück n; **thanks Pat, you're a gem** danke, Pat, du bist ein Schatz

Gemini [ˈdʒemɪnaɪ] S̲ ASTROL Zwillinge pl; **to be (a) ~** (ein) Zwilling sein

gemstone [ˈdʒemstəʊn] S̲ Edelstein m

gen [dʒen] Br umg S̲ Informationen pl

◆**gen up** Br umg V/I to gen up on sth sich über etw (akk) informieren

gen. ABK (= generally) allg.

gender [ˈdʒendəʳ] S̲ Geschlecht n; **what ~ is this word?** welches Geschlecht hat dieses Wort?; **the feminine/masculine/neuter ~** das Femininum/Maskulinum/Neutrum

gene [dʒiːn] S̲ Gen n

genealogy [ˌdʒiːnɪˈælədʒɪ] S̲ Genealogie f

genera [ˈdʒenərə] PL → genus

⭑**general** [ˈdʒenərəl] A̲ ADJ allgemein; **to be ~** Formulierung allgemein gehalten sein; (≈ vague) unbestimmt sein; **his ~ appearance** sein Aussehen im Allgemeinen; **there was ~ agreement among the two groups** die beiden Gruppen waren sich grundsätzlich einig; **I've got the ~ idea** ich habe eine Vorstellung, worum es geht; **in ~ terms** generell; **in the ~ direction of the village** ungefähr in Richtung des Dorfes; **as a ~ rule** im Allgemeinen B S̅ **1 in ~** im Allgemeinen **2** MIL General(in) m(f) **general anaesthetic** S̅, **general anesthetic** US S̅ Vollnarkose f **General Certificate of Secondary Education** Br S̅ Abschluss m der Sekundarstufe, ≈ mittlere Reife **general conditions** P̅L̅ von Vertrag Rahmenbedingungen pl **general dealer** US S̅ → **general store general delivery** US, Can A̅D̅V̅ postlagernd **general election** S̅ Parlamentswahlen pl **general headquarters** S̅ ⟨+sg od pl v⟩ MIL Generalkommando n **generality** [ˌdʒenəˈrælɪti] S̅ **to talk in generalities** ganz allgemein sprechen **generalization** [ˌdʒenərəlaɪˈzeɪʃən] S̅ Verallgemeinerung f **generalize** [ˈdʒenərəlaɪz] V̅/̅T̅ & V̅/̅I̅ verallgemeinern; **to ~ about sth** etw verallgemeinern **general knowledge** S̅ Allgemeinwissen n

★**generally** [ˈdʒenərəli] A̅D̅V̅ **1** im Großen und Ganzen **2** im Allgemeinen; **they are ~ cheapest** sie sind in der Regel am billigsten; **~ speaking** im Allgemeinen **3** akzeptiert allgemein; zu haben überall **general manager** S̅ Hauptgeschäftsführer(in) m(f) **general meeting** S̅ Vollversammlung f; von Aktionären etc Hauptversammlung f **general practice** S̅ Br MED Allgemeinmedizin f; **to be in ~** praktischer Arzt/praktische Ärztin sein **general practitioner** S̅ Arzt m/Ärztin f für Allgemeinmedizin **general public** S̅ (breite) Öffentlichkeit f **general-purpose** A̅D̅V̅ Universal-; **~ cleaner** Universalreiniger m **General Secretary** S̅ Generalsekretär(in) m(f) **general store** S̅ Gemischtwarenhandlung f **general strike** S̅ Generalstreik m

generate [ˈdʒenəreɪt] V̅/̅T̅ erzeugen; Einkommen einbringen; Aufregung hervorrufen **generation** [ˌdʒenəˈreɪʃən] S̅ **1** Generation f **2** Erzeugung f **generation gap** S̅ **the ~** Generationsunterschied m **generator** [ˈdʒenəreɪtə*] S̅ Generator m

generic [dʒɪˈnerɪk] A̅D̅J̅ artmäßig; **~**

name od **term** Oberbegriff m; **~ brand** US Hausmarke f **generic drug** S̅ Generikum n

generosity [ˌdʒenəˈrɒsɪti] S̅ Großzügigkeit f

★**generous** [ˈdʒenərəs] A̅D̅J̅ **1** großzügig; Bedingungen a. günstig; Portion reichlich; **to be ~ in one's praise** mit Lob nicht geizen; **with the ~ support of ...** mit großzügiger Unterstützung von ... **2** großmütig **generously** [ˈdʒenərəsli] A̅D̅V̅ **1** spenden großzügigerweise; belohnen großzügig; **please give ~ (to ...)** wir bitten um großzügige Spenden (für ...) **2** zustimmen, anbieten großmütigerweise

genesis [ˈdʒenɪsɪs] S̅ ⟨pl geneses [ˈdʒenɪsiːz]⟩ Entstehung f

gene therapy S̅ MED Gentherapie f **genetic** [dʒɪˈnetɪk] A̅D̅J̅ genetisch **genetically** [dʒɪˈnetɪkli] A̅D̅V̅ genetisch; **~ engineered** genmanipuliert; **~ modified** gentechnisch verändert **genetic code** S̅ Erbanlage f **genetic engineering** S̅ Gentechnologie f, Gentechnik f **genetic fingerprint** S̅ genetischer Fingerabdruck **geneticist** [dʒɪˈnetɪsɪst] S̅ Genetiker(in) m(f) **genetic marker** S̅ Markergen n, molekularer Marker **genetics** [dʒɪˈnetɪks] S̅ ⟨+sg v⟩ **Geneva** [dʒɪˈniːvə] S̅ Genf n; **Lake ~** der Genfer See

genial [ˈdʒiːnɪəl] A̅D̅J̅ Mensch herzlich; Atmosphäre angenehm; **a ~ host** ein warmherziger Gastgeber **geniality** [dʒiːnɪˈælɪti] S̅ Herzlichkeit f

genie [ˈdʒiːni] S̅ dienstbarer Geist **genii** [ˈdʒiːnɪaɪ] P̅L̅ → **genius genital** [ˈdʒenɪtl] A̅D̅J̅ Geschlechts-, Genital-; **~ organs** Geschlechtsorgane pl **genitals** [ˈdʒenɪtlz] P̅L̅ Geschlechtsteile pl

genitive [ˈdʒenɪtɪv] A̅ S̅ GRAM Genitiv m; **in the ~** im Genitiv B A̅D̅J̅ Genitiv-; **~ case** Genitiv m

genius [ˈdʒiːnɪəs] S̅ ⟨pl -es od genii⟩ Genie n; (≈ geistige Fähigkeit) Schöpferkraft f; **a man of ~** ein Genie n; **to have a ~ for sth/doing sth** eine besondere Gabe für etw haben/dafür haben, etw zu tun

genocide [ˈdʒenəʊsaɪd] S̅ Völkermord m

genome [ˈdʒiːnəʊm] S̅ Genom n

genre ['ʒɑ̃:ŋrə] S̲ Genre n geh

gent [dʒent] umg S̲ ABK (= gentleman) Herr m; **where is the ~s?** Br (≈ WC) wo ist die Herrentoilette?

genteel [dʒen'ti:l] ADJ vornehm **gentility** [dʒen'tɪlɪtɪ] S̲ Vornehmheit f

gentle ['dʒentl] ADJ ⟨komp gentler⟩ **1** sanft; Druck, Windhauch leicht; Schritt, Spaziergang gemächlich; **cook over a ~ heat** bei geringer Hitze kochen; **to be ~ with sb** sanft mit j-m umgehen; **to be ~ with sth** vorsichtig mit etw umgehen **2** mild; Überredung freundlich; **a ~ hint** eine zarte Andeutung; **a ~ reminder** ein zarter Wink

★**gentleman** ['dʒentlmən] S̲ ⟨pl -men⟩ **1** Gentleman m **2** Herr m; **gentlemen!** meine Herren! **gentlemanly** ['dʒentlmənlɪ] ADJ ritterlich, gentlemanlike präd; **that is hardly ~ conduct** dieses Verhalten gehört sich nicht für einen Gentleman **gentlemen's agreement** ['dʒentlmənzə'griːmənt] S̲ Gentlemen's Agreement n; bes HANDEL Vereinbarung f auf Treu und Glauben **gentleness** S̲ Sanftheit f **gently** ['dʒentlɪ] ADV sanft; kochen langsam; behandeln schonend; **she needs to be handled ~** mit ihr muss man behutsam umgehen; **~ does it!** sachte, sachte!

gentry ['dʒentrɪ] PL niederer Adel

genuine ['dʒenjʊɪn] ADJ **1** echt; **the picture is ~** od **the ~ article** das Bild ist echt **2** aufrichtig; Anteilnahme, Interesse ernsthaft; Angebot ernst gemeint; Fehler wirklich; **she looked at me in ~ astonishment** sie sah mich aufrichtig erstaunt an **3** Mensch natürlich **genuinely** ['dʒenjʊɪnlɪ] ADV wirklich; **they are ~ concerned** sie machen sich ernsthafte Sorgen **genuineness** ['dʒenjʊɪnnɪs] S̲ **1** Echtheit f **2** Aufrichtigkeit f

genus ['dʒenəs] S̲ ⟨pl genera⟩ BIOL Gattung f

geocaching ['dʒiːəʊ,kæʃɪŋ] S̲ (≈ GPS--Schnitzeljagd) Geocaching n

geographic(al) [dʒɪə'græfɪk(əl)] ADJ geografisch

★**geography** [dʒɪ'ɒgrəfɪ] S̲ Geografie f, Erdkunde f

geological [dʒɪəʊ'lɒdʒɪkəl] ADJ geologisch **geologist** [dʒɪ'ɒlədʒɪst] S̲ Geologe m, Geologin f **geology** [dʒɪ'ɒlədʒɪ] S̲ Geologie f

geometric(al) [dʒɪəʊ'metrɪk(əl)] ADJ geometrisch **geometry** [dʒɪ'ɒmɪtrɪ] S̲ MATH Geometrie f; **~ set** (Zirkelkasten m mit) Zeichengarnitur f

▶ **St George's Day**

Der 23. April ist **St George's Day** [snt'dʒɔːdʒɪzdeɪ], der Nationalfeiertag der Engländer. Viele Leute hissen an diesem Tag die Flagge des Heiligen Georg (rotes Kreuz auf weißem Grund). Es gibt Bestrebungen, den Tag zu einem englischen Feiertag zu machen. ◀

Georgia ['dʒɔːdʒə] S̲ Land Georgien n **Georgian** ['dʒɔːdʒɪən] Br ADJ georgianisch

geothermal [,dʒiːəʊ'θɜːməl] ADJ geothermisch

geranium [dʒɪ'reɪnɪəm] S̲ Geranie f

gerbil ['dʒɜːbɪl] S̲ Wüstenspringmaus f

geriatric [,dʒerɪ'ætrɪk] ADJ **1** MED geriatrisch **2** pej umg altersschwach **geriatric care** S̲ Altenpflege f **geriatrics** [,dʒerɪ'ætrɪks] S̲ ⟨+sg v⟩ Geriatrie f

germ [dʒɜːm] S̲ Keim m

★**German** ['dʒɜːmən] **A** ADJ deutsch; **he is ~** er ist Deutscher; **she is ~** sie ist Deutsche **B** S̲ **1** Deutsche(r) m/f(m); **the ~s** die Deutschen **2** LING Deutsch n; **~ lessons** Deutschunterricht m; **in ~** auf Deutsch **German Democratic Republic** S̲ HIST Deutsche Demokratische Republik **Germanic** [dʒɜː'mænɪk] ADJ HIST, LING germanisch **German measles** S̲ ⟨+sg v⟩ Röteln pl **German shepherd (dog)** S̲, **German sheep dog** US S̲ Deutscher Schäferhund **German-speaking** ADJ deutschsprachig; **~ Switzerland** die Deutschschweiz

★**Germany** ['dʒɜːmənɪ] S̲ Deutschland n

germ-free ADJ keimfrei

germinate ['dʒɜːmɪneɪt] V/I keimen; fig aufkeimen geh **germination** [,dʒɜːmɪ'neɪʃən] wörtl S̲ Keimung f

germ warfare S̲ bakteriologische Kriegsführung

gerund ['dʒerənd] S̲ Gerundium n, Gerund n

gestation [dʒe'steɪʃən] S̲ wörtl von Tieren Trächtigkeit f; von Menschen Schwangerschaft f; fig Reifwerden n

G

gesticulate [dʒeˈstɪkjʊleɪt] [VI] gestikulieren; **to ~ at sb/sth** auf j-n/etw deuten

gesture [ˈdʒestʃəʳ] [A] [S] Geste *f*; **to make a ~** eine Geste machen; **a ~ of defiance** eine herausfordernde Geste; **as a ~ of goodwill** als Zeichen des guten Willens [B] [VI] gestikulieren; **to ~ at sb/sth** auf j-n/etw deuten; **he ~d with his head toward(s) the safe** er deutete mit dem Kopf auf den Safe **gesture control** [S] IT Gestensteuerung *f*

G

★**get** [get]
⟨*prät* got; *pperf* got; *US* gotten⟩

A transitives Verb **B** intransitives Verb
C reflexives Verb

— **A** transitives Verb —

[1] bekommen, erhalten, kriegen *umg*; *Sonne* abbekommen; *Verletzung* sich (*dat*) zuziehen; *Merkmale* haben (**from** von); (≈*nehmen*) *Bus* fahren mit; **where did you get it (from)?** woher hast du das?; **he got the idea for his book while he was abroad** die Idee zu dem Buch kam ihm, als er im Ausland war; **I got quite a surprise** ich war ziemlich überrascht; **I get the feeling that …** ich habe das Gefühl, dass …; **to get sb by the leg** j-n am Bein packen; **(I've) got him!** *umg* ich hab ihn! *umg*; **(I've) got it!** *umg* ich habs! *umg*; **I'll get you for that!** *umg* das wirst du mir büßen!; **you've got me there!** *umg* da bin ich überfragt; **what do you get from it?** was hast du davon? [2] *etw* sich (*dat*) besorgen; *Finanzen, Job* finden; *mit Geld* kaufen; *Auto, Katze* sich (*dat*) anschaffen; **to get sb/oneself sth, to get sth for sb/oneself** j-m/sich etw besorgen; **to need to get sth** etw brauchen; **to get a glimpse of sb/sth** j-n/etw kurz zu sehen bekommen; **we could get a taxi** wir könnten (uns *dat*) ein Taxi nehmen; **could you get me a taxi?** könnten Sie mir ein Taxi rufen?; **get a load of that!** *umg* hat man Töne! *umg* [3] holen; **to get sb from the station** j-n vom Bahnhof abholen; **can I get you a drink?** möchten Sie etwas zu trinken?; **I got him a drink** ich habe ihm etwas zu trinken geholt [4] *Ziel* treffen [5] TEL erreichen; **you've got the wrong number** Sie sind falsch verbunden [6] *Essen* machen; **I'll get you some breakfast** ich mache dir etwas zum Frühstück [7] essen; **to get breakfast** frühstücken; **to get lunch** zu Mittag essen; **to get a snack** eine Kleinigkeit essen [8] bringen; **to get sb to hospital** j-n ins Krankenhaus bringen; **they managed to get him home** sie schafften ihn nach Hause; **where does that get us?** *umg* was bringt uns (*dat*) das? *umg*; **this discussion isn't getting us anywhere** diese Diskussion führt zu nichts; **to get sth to sb** j-m etw zukommen lassen, j-m etw bringen [9] kapieren *umg*; *schriftlich* notieren; **I don't get it** *umg* da komme ich nicht mit *umg*; **I don't get you** ich verstehe nicht, was du meinst; **get it?** *umg* kapiert? *umg* [10] *mit Passiv* werden; **when did it last get painted?** wann ist es zuletzt gestrichen worden?; **I got paid** ich wurde bezahlt [11] **to get sb to do sth** etw von j-m machen lassen; (≈*überreden*) j-n dazu bringen, etw zu tun; **I'll get him to phone you back** ich sage ihm, er soll zurückrufen; **you'll never get him to understand** du wirst es nie schaffen, dass er das versteht; **you'll get yourself thrown out** du bringst es so weit, dass du hinausgeworfen wirst; **has she got the baby dressed yet?** hat sie das Baby schon angezogen?; **to get the washing done** die Wäsche waschen; **to get some work done** Arbeit erledigen; **to get things done** was fertig kriegen *umg*; **to get sth made for sb/oneself** j-m/sich etw machen lassen; **I'll get the house painted soon** ich lasse bald das Haus streichen; **did you get your expenses paid?** haben Sie Ihre Spesen erstattet bekommen?; **to get sb/sth ready** j-n/etw fertig machen; **to get sth clean/open** etw sauber kriegen/aufkriegen *umg*; **to get sb drunk** j-n betrunken machen; **to get one's hands dirty** *wörtl, fig* sich (*dat*) die Hände schmutzig machen; **he can't get the lid to stay open** er kriegt es nicht hin, dass der Deckel aufbleibt *umg*; **can you get these two pieces to fit together?** kriegen Sie die beiden Teile zusammen?; **to get sth going** *Maschine* etw in Gang bringen; *Party* etw in Fahrt bringen; **to**

get sb talking j-n zum Sprechen bringen; ★ **to have got sth** *Br* etw haben

— **B intransitives Verb** —

1 kommen; **to get home** nach Hause kommen; **to get here** hier ankommen; **can you get to work by bus?** kannst du mit dem Bus zur Arbeit fahren?; **I've got as far as page 16** ich bin auf Seite 16; **to get there** hinkommen; *fig umg* es schaffen *umg*; **how's the work going? — we're getting there!** wie geht die Arbeit voran? — langsam wirds was! *umg*; **to get somewhere/nowhere** bei Bemühung etc weiterkommen/nicht weiterkommen; **to get somewhere/nowhere (with sb)** (bei j-m) etwas/nichts erreichen; **you won't get far on £10 at £ 10 kommst du nicht weit** **2** werden; **I'm getting cold** mir wird es kalt; **to get dressed** etc sich anziehen etc; **to get married** heiraten; **I'm getting bored** ich langweile mich langsam; **how stupid can you get?** wie kann man nur so dumm sein?; **to get started** anfangen, beginnen; **to get to know sb/sth** j-n/etw kennenlernen; **how did you get to know about that?** wie hast du davon erfahren?; **to get to like sb** j-n sympathisch finden; **to get to like sth** an etw *(dat)* Gefallen finden; **to get to do sth** die Möglichkeit haben, etw zu tun; **to get to see sb/sth** j-n/etw zu sehen bekommen; **to get to work** sich an die Arbeit machen; **to get working** etc anfangen zu arbeiten etc; **I got talking to him** ich kam mit ihm ins Gespräch; **to get going** Mensch aufbrechen; Party etc in Schwung kommen; **to have got to do sth** etw tun müssen; **I've got to** ich muss

— **C reflexives Verb** —

gehen, kommen; **I had to get myself to the hospital** ich musste ins Krankenhaus (gehen); **to get oneself pregnant** schwanger werden; **to get oneself washed** sich waschen; **you'll get yourself killed if you go on driving like that** du bringst dich noch um, wenn du weiter so fährst

◆**get about** *Br* VI **1** sich bewegen können, herumkommen **(sth** in etw *dat)* **2** Neuigkeiten sich herumsprechen **(sth** in etw *dat)*; Gerücht a. sich verbreiten **(sth** in etw *dat)* ◆**get across** A VI **1** hinü-

berkommen; *mit Objekt:* Straße, Fluss kommen über **(+akk) 2** Bedeutung klar werden **(to** +*dat)* B VT ‹immer getrennt› **1** herüberbringen; *mit Objekt (herüber)*bringen/-bekommen über **(+akk) 2** Ideen verständlich machen **(to sb** j-m) ◆**get ahead** VI vorankommen **(in** in +*dat)*; **to get ahead of sb** *in Rennen* j-n überholen ★ ◆**get along** VI **1** gehen; **I must be getting along** ich muss jetzt gehen **2** zurechtkommen **3** vorankommen **4 to get along (with sb)** sich (mit j-m) verstehen; **they get along quite well** sie kommen ganz gut miteinander aus ◆**get around** A VI → get about B VT & VI **(+obj)** → get round ◆**get around to** VI **(+obj)** → get round to ◆**get at** VI **(+obj) 1** herankommen an **(+akk);** Lebensmittel, Geld gehen an **(+akk); don't let him get at the whisky** lass ihn nicht an den Whisky (ran) **2** *Wahrheit* herausbekommen **3** *umg* hinauswollen auf **(+akk); what are you getting at?** worauf willst du hinaus? **4 to get at sb** *umg* an j-m etwas auszusetzen haben *umg* ◆**get away** A VI wegkommen **(from** von); *Gefangener* entkommen **(from sb** j-m); **I'd like to get away early today** ich würde heute gern früher gehen; **you can't get away** od **there's no getting away from the fact that ...** man kommt nicht um die Tatsache herum, dass ...; **to get away from it all** sich von allem frei machen B VT ‹immer getrennt› **get her away from here** sehen Sie zu, dass sie hier wegkommt; **get him/that dog away from me** schaff ihn mir/schaff mir den Hund vom Leib ◆**get away with** *umg* VI ‹+obj› **he'll never get away with that** damit wird er keinesfalls durchkommen; **he got away with it** er ist ungeschoren davongekommen *umg* ◆**get back** A VI **1** zurückkommen, zurückgehen; **to get back (home)** nach Hause kommen; **to get back to bed** wieder ins Bett gehen; **to get back to work** *nach Krankheit etc* wieder arbeiten können; *nach Urlaub* wieder arbeiten gehen; **get back!** zurück(treten)! **2** **thanks for getting back to me** danke für die Rückmeldung B VT ‹trennb› **1** zurückkommen **2** zurückbringen **3** I'll get you back for that** das werde ich dir heimzahlen

G

◆**get back at** umg *vi* ⟨+*obj*⟩ sich rächen an (+*dat*); **to get back at sb for sth** j-m etw heimzahlen umg ◆**get back to** *vi* ⟨+*obj*⟩ sich wieder in Verbindung setzen mit; **I'll get back to you on that** ich werde darauf zurückkommen ◆**get behind** *vi* **1** ⟨+*obj*⟩ *Baum* sich stellen hinter (+*akk*); **to get behind the wheel** sich ans *od* hinter das Steuer setzen **2** *fig mit Zeitplan* in Rückstand kommen ◆**get by** *vi* **1** to **let sb get by** j-n vorbeilassen **2** **she could just about get by in German** mit ihren Deutschkenntnissen könnte sie gerade so durchkommen umg **3** umg durchkommen umg; **she gets by on very little money** sie kommt mit sehr wenig Geld aus ◆**get down** **A** *vi* **1** heruntersteigen (*obj*, **from** von), herunterkommen (*obj*, **from** +*akk*); **to get down the stairs** die Treppe hinuntergehen **2** sich bücken, sich ducken; **to get down on all fours** sich auf alle viere begeben **B** *vt* ⟨*trennb*⟩ **1** herunternehmen, herunterbringen **2** (≈*schlucken*) *Essen* hinunterbringen **3** **to get sb down** umg (≈*deprimieren*) j-n fertigmachen umg ◆**get down to** *vi* ⟨+*obj*⟩ sich machen an (+*akk*); **to get down to business** zur Sache kommen ◆**get in** **A** *vi* **1** hereinkommen (*obj*, **-to** in +*akk*); *in Auto* etc einsteigen (*obj*, **-to** in +*akk*); **the smoke got in(to) my eyes** ich habe Rauch in die Augen bekommen **2** *Zug*, *Bus* ankommen (**-to** in +*dat*); *Flugzeug* landen **3** nach Hause kommen **B** *vt* ⟨*trennb*⟩ **1** hereinbringen (*obj*, **-to** in +*akk*) **2** hineinbekommen (**-to** in +*akk*); *fig Bitte* anbringen **3** *Lebensmittel* holen; **to get in supplies** sich (*dat*) Vorräte zulegen **4** *Handwerker* kommen lassen ◆**get in on** umg *vi* ⟨+*obj*⟩ mitmachen bei umg; **to get in on the act** mitmischen umg ◆**get into** **A** *vi* ⟨+*obj*⟩ **1** → get in **A 1 2** *Schulden*, *Schwierigkeiten* geraten in (+*akk*); *Schlägerei* verwickelt werden in (+*akk*); **to get into bed** sich ins Bett legen; **what's got into him?** umg was ist bloß in ihn gefahren? umg **3** *Buch* sich einlesen bei; *Aufgabe* sich einarbeiten in (+*akk*) **4** *Kleider* anziehen; *mit Mühe* hineinkommen in (+*akk*) **B** *vt* ⟨+*obj immer getrennt*⟩ *Schulden* etc bringen in (+*akk*);

to get oneself into trouble sich in Schwierigkeiten (*akk*) bringen ◆**get in with** *vi* ⟨+*obj*⟩ **1** Anschluss finden an (+*akk*) **2** sich gut stellen mit ◆**get off** **A** *vi* **1** *aus Bus* etc aussteigen (*obj* aus); *von Fahrrad*, *Pferd* absteigen (*obj* von); **to tell sb where to get off** umg j-m gründlich die Meinung sagen umg **2** *von Leiter* etc heruntersteigen (*obj* von); **get off!** lass (mich) los! **3** (≈*verlassen*) loskommen; **it's time you got off to school** es ist Zeit, dass ihr in die Schule geht; **I'll see if I can get off (work)** early ich werde mal sehen, ob ich früher (von der Arbeit) wegkann umg; **what time do you get off work?** wann hören Sie mit der Arbeit auf? **4** ⟨+*obj*⟩ *Hausaufgabe* etc nicht machen müssen; **he got off tidying up his room** er kam darum herum, sein Zimmer aufräumen zu müssen umg **5** *fig* davonkommen umg **B** *vt* ⟨*trennb*⟩ wegbekommen (**sth** von etw); *Kleider* ausziehen; *Abdeckung* heruntertun (**sth** von etw), abnehmen (**sth** von etw); **get your dirty hands off my clean shirt** nimm deine schmutzigen Hände von meinem sauberen Hemd; **get him off my property!** schaffen Sie ihn von meinem Grundstück! **2** ⟨+*obj immer getrennt*⟩ kriegen umg (**sb** von j-m); **I got that idea off John** ich habe die Idee von John **3** ⟨*trennb*⟩ *Post* losschicken; **to get sb off to school** j-n für die Schule fertig machen **4** ⟨*trennb*⟩ *Tag* freibekommen ◆**get off with** umg *vi* ⟨+*obj*⟩ **1** aufreißen umg; **to get off with sth** mit etw davonkommen ◆**get on** **A** *vi* **1** hinaufsteigen; *mit Objekt* (hinauf)steigen auf (+*akk*); *in Zug* etc einsteigen (**sth**, **-to sth** in etw *akk*); *auf Fahrrad*, *Pferd* aufsteigen (**sth**, **-to sth** auf etw *akk*) **2** weitermachen **3** **time is getting on** es wird langsam spät; **he is getting on** er wird langsam alt **4** vorankommen; *Patient*, *Schüler* Fortschritte machen; **to get on in the world** es zu etwas bringen **5** zurechtkommen; **how did you get on in the exam?** wie gings (dir) in der Prüfung?; **how are you getting on?** wie gehts? **6** *Freunde* etc sich verstehen **B** *vt* ⟨*trennb*⟩ *Kleider* anziehen; *Abdeckung* drauftun (**sth** auf etw *akk*) ◆**get on for** *vi* ⟨+*obj*⟩ zeitlich, al-

tersmäßig zugehen auf (+*akk*); **he's getting on for 40** er geht auf die 40 zu; **there were getting on for 60 people there** es waren fast 60 Leute da ◆**get on to** *umg* **VI** ⟨+*obj*⟩ sich in Verbindung setzen mit; **I'll get on to him about it** ich werde ihn daraufhin ansprechen ◆**get onto** **VI** ⟨+*obj*⟩ → get on A 1 ◆**get on with** **VI** ⟨+*obj*⟩ **1** weitermachen mit, weiterkommen mit; **get on with it!** nun mach schon! *umg*; **to let sb get on with sth** j-n etw machen lassen; **this will do to be getting on with** das tut's wohl für den Anfang *umg* **2 to get on with sb** sich mit j-m verstehen ★◆**get out** **A** **VI** **1** herauskommen (*of* aus), herausklettern (*of* aus); *aus Bus, Auto* aussteigen (*of* aus) **2** weggehen (*of* aus); *Tier, Häftling* entkommen; *Neuigkeiten* an die Öffentlichkeit dringen; **he has to get out of the country** er muss das Land verlassen; **get out!** raus! *umg*; **get out of my house!** raus aus meinem Haus! *umg*; **to get out of bed** aufstehen **3** weggehen; **you ought to get out more** Sie müssten mehr rauskommen *umg*; **to get out and about** herumkommen **B** **VT** ⟨*trennb*⟩ **1** herausmachen (*of* aus); *Menschen* hausbringen; *mit Mühe* hinausbekommen; **I couldn't get it out of my head** *od* **mind** ich konnte es nicht vergessen **2** herausholen (*of* aus) **3** *Geld* abheben (*of* von) ◆**get out of** **A** **VI** ⟨+*obj*⟩ **1** → get out A **2** *Verpflichtung, Strafe* herumkommen um; **you can't get out of it now** jetzt kannst du nicht mehr anders; **I'll get out of practice** ich verlerne es; **to get out of the habit of doing sth** sich (*dat*) abgewöhnen, etw zu tun **B** **VT** ⟨+*obj immer getrennt*⟩ *Geständnis, Wahrheit* herausbekommen aus; *Geld* herausholen aus; *Vergnügen* haben an (+*dat*); **to get the best/most out of sb/sth** das Beste aus j-m herausholen/etw machen ◆**get over** **A** **VI** **1** hinübergehen (*obj über* +*akk*), hinüberklettern; *mit Objekt* klettern über (+*akk*) **2** ⟨+*obj*⟩ *Enttäuschung, Erlebnis* (hin)wegkommen über (+*akk*); *Schock, Krankheit* sich erholen von; **I can't get over it** *umg* da komm ich nicht drüber weg *umg* **B** **VT** ⟨*trennb*⟩ *Ideen etc* verständlich machen (**to** +*dat*) ◆**get over with** **VT** ⟨*im-*

mer getrennt⟩ hinter sich (*akk*) bringen; **let's get it over with** bringen wirs hinter uns ◆**get past** **VI** → get by 1 ◆**get round** *bes Br* **A** **VI** herumkommen (*um*); *Schwierigkeit, Gesetz* umgehen **B** **VT** ⟨*immer getrennt* +*obj*⟩ **I still can't get my head round it** *umg* ich kann es immer noch nicht begreifen ◆**get round to** *bes Br umg* **VI** ⟨+*obj*⟩ **to get round to sth** zu etw kommen; **to get round to doing sth** dazu kommen, etw zu tun ◆**get through** **A** **VI** **1** durchkommen (**sth** durch etw) **2** **to get through to the final** in die Endrunde kommen **3** TEL durchkommen *umg* (**to sb** zu j-m *od* **to Germany** nach Deutschland) **4** ⟨≈ *sich verständlich machen*⟩ **he has finally got through to her** endlich hat er es geschafft, dass sie es begreift **5** ⟨+*obj*⟩ *Arbeit* erledigen; *Flasche* leer machen; *Zeit* herumbekommen; ⟨≈ *konsumieren*⟩ verbrauchen; *Teller* aufessen **B** **VT** ⟨*immer getrennt*⟩ **1** *Vorschlag* durchbringen (*obj durch*); **to get sb through an exam** j-n durchs Examen bringen **2** *Nachricht* durchgeben (**to** +*dat*); *Versorgungsgüter* durchbringen **3** **to get sth through (to sb)** (j-m) etw klarmachen ◆**get to** **VI** ⟨+*obj*⟩ **1** kommen zu; *Hotel, Stadt* ankommen in (+*dat*); **where did you get to last night?** wo bist du gestern Abend abgeblieben? *umg* **2** *umg* **I got to thinking/wondering** ich hab mir überlegt/mich gefragt **3** *umg* aufregen; **don't let them get to you** ärgere dich nicht über sie ◆**get together** **A** **VI** zusammenkommen, sich zusammenschließen; **why don't we get together later?** warum treffen wir uns nicht später? **B** **VT** ⟨*trennb*⟩ zusammenbringen; *Geld* zusammenbekommen; **to get one's things together** seine Sachen zusammenpacken ◆**get under** **VI** darunter kriechen; *unter Schirm etc* darunter kommen; *mit Objekt* kriechen/kommen unter (+*akk*) ★◆**get up** **A** **VI** **1** aufstehen **2** *Fahrzeug* hinaufsteigen (*obj auf* +*akk*); *Fahrzeug* hinaufkommen (*obj auf* +*akk*); **he couldn't get up the stairs** er kam nicht die Treppe hinauf **B** **VT** ⟨*immer getrennt*⟩ **1** aus dem Bett holen, aufhelfen (+*dat*) **2** ⟨*trennb*⟩ **to get up speed** sich beschleunigen; **to get one's strength up** wieder neue Kräfte sammeln; **to get up an appetite** umg Hunger bekommen ♦**get up to** V/I *‹+obj›* **1** erreichen; *Seite in Buch* kommen bis; **as soon as he got up to me** sobald er neben mir stand **2** anstellen umg; **what have you been getting up to?** was hast du getrieben? umg

getaway **A** 5̱ **1** (≈ Urlaub) Trip m; **a family ~** ein Familienausflug; **we had four days at our mountain ~** wir haben vier Tage in unserem Refugium in den Bergen verbracht; **I'm looking forward to a great ~** ich freue mich schon, von allem so richtig auszuspannen **2** Flucht f; **to make one's ~** sich davonmachen umg **B** ADJ *‹attr›* **~ car** Fluchtauto n **get-together** umg 5̱ Treffen n; **family ~** Familientreffen n **get-up** umg 5̱ Aufmachung f umg **get-well card** 5̱ Genesungskarte f

geyser ['ɡiːzəʳ] 5̱ GEOL Geysir m

ghastly ['ɡɑːstlɪ] ADJ *‹komp ghastlier›* **1** schrecklich **2** *Verbrechen* grausig

gherkin ['ɡɜːkɪn] 5̱ Gewürzgurke f

ghetto ['ɡetəʊ] 5̱ *‹pl -s(e)s›* Getto n **ghetto blaster** ['ɡetəʊblɑːstəʳ] 5̱ Gettoblaster m umg

★**ghost** [ɡəʊst] 5̱ **1** Gespenst n, Geist m **2** fig **I don't have** *od* **stand the ~ of a chance** ich habe nicht die geringste Chance; **to give up the ~** obs umg sterben *od* den Geist aufgeben **ghostly** ['ɡəʊstlɪ] ADJ *‹komp ghostlier›* gespenstisch **ghost story** 5̱ Geister- *od* Gespenstergeschichte f **ghost town** 5̱ Geisterstadt f **ghost train** 5̱ Br auf Jahrmarkt Geisterbahn f

ghoul [ɡuːl] 5̱ Ghul m

GHQ ABK (= General Headquarters) Generalkommando n

GHz ABK (= gigahertz) GHz

GI US 5̱ ABK (= government issue) GI m

giant ['dʒaɪənt] **A** 5̱ Riese m; fig (führende) Größe; (≈ Unternehmen) Gigant m; **a ~ of a man** ein Riese (von einem Mann); **publishing ~** Großverlag m **B** ADJ riesig; **~ panda** 5̱ Riesenpanda m **giant slalom** 5̱ SPORT Riesenslalom m

gibber ['dʒɪbəʳ] V/I schnattern; **a ~ing idiot** ein daherplappernder Idiot **gibberish** ['dʒɪbərɪʃ] 5̱ Quatsch m umg; unverständliches Kauderwelsch n

gibe [dʒaɪb] 5̱ Spötttelei f

giblets ['dʒɪblɪts] PL Geflügelinnereien pl **Gibraltar** [dʒɪ'brɔːltəʳ] 5̱ Gibraltar n

giddiness ['ɡɪdɪnɪs] 5̱ Schwindelgefühl n **giddy** ['ɡɪdɪ] ADJ *‹komp giddier›* **1** wörtl schwind(e)lig; **I feel ~** mir ist schwind(e)lig **2** *Höhe* schwindelnd **3** fig ausgelassen

★**gift** [ɡɪft] 5̱ **1** Geschenk n; **that question was a ~** umg die Frage war ja geschenkt umg **2** Gabe f; **to have a ~ for sth** ein Talent n für etw haben; **she has a ~ for teaching** sie hat eine Begabung zur Lehrerin; **he has a ~ for music** er ist musikalisch begabt **gift card** 5̱ Geschenkkarte f **gift certificate** US 5̱ Geschenkgutschein m **gifted** ['ɡɪftɪd] ADJ begabt (in für) **gift token**, **gift voucher** 5̱ Geschenkgutschein m **giftwrap** **A** VT in Geschenkpapier einwickeln **B** 5̱ Geschenkpapier n

gig [ɡɪɡ] umg 5̱ Konzert n, Gig m umg; **to do a gig** ein Konzert geben, auftreten

gigabyte ['dʒɪɡəbaɪt] 5̱ IT Gigabyte n

gigantic [dʒaɪ'ɡæntɪk] ADJ riesig

giggle ['ɡɪɡl] **A** 5̱ Gekicher n *kein pl*; **to get the ~s** anfangen herumzukichern **B** VI kichern **giggly** ['ɡɪɡlɪ] ADJ *‹komp gigglier›* albern

gill [ɡɪl] 5̱ *von Fisch* Kieme f

gilt [ɡɪlt] **A** 5̱ Vergoldung f **B** ADJ vergoldet

gimmick ['ɡɪmɪk] 5̱ effekthaschender Gag; (≈ Gerät etc) Spielerei f; HANDEL verkaufsfördernde Maßnahme **gimmickry** ['ɡɪmɪkrɪ] 5̱ Effekthascherei f; in Werbung Gags pl; (≈ Geräte etc) Spielereien pl **gimmicky** ['ɡɪmɪkɪ] ADJ effekthascherisch

gin [dʒɪn] 5̱ Gin m; **gin and tonic** Gin Tonic m

ginger ['dʒɪndʒəʳ] **A** 5̱ Ingwer m **B** ADJ **1** GASTR Ingwer- **2** *Haar* kupferrot; *Katze* rötlich gelb **ginger ale** 5̱ Gingerale n **ginger beer** 5̱ Ingwerlimonade f **gingerbread** **A** 5̱ Lebkuchen m (*mit Ingwergeschmack*) **B** ADJ *‹attr›* Lebkuchen- **gingerly** ['dʒɪndʒəlɪ] ADV vorsichtig

gingham ['ɡɪŋəm] 5̱ Gingan m

gipsy ['dʒɪpsɪ] 5̱ & ADJ → gypsy

giraffe [dʒɪ'rɑːf] 5̱ Giraffe f

girder ['ɡɜːdəʳ] 5̱ Träger m

girdle ['ɡɜːdl] 5̱ Hüfthalter m

★**girl** [ɡɜːl] 5̱ Mädchen n, Dirndl n österr;

Tochter f; (≈ *Partnerin*) Freundin f; **an English ~** eine Engländerin; **I'm going out with the ~s tonight** ich gehe heute Abend mit meinen Freundinnen aus **girl Friday** S Allroundsekretärin f

★**girlfriend** S Freundin f **Girl Guide** Br S Pfadfinderin f **girlhood** S Mädchenzeit f, Jugend f; **in her ~** in ihrer Jugend **girlie, girly** [ˈgɜːlɪ] umg ADJ ⟨attr⟩ girliehaft; *Magazin* Girlie-, Herren- **girlish** [ˈgɜːlɪʃ] ADJ mädchenhaft **Girl Scout** US S Pfadfinderin f

giro [ˈdʒaɪrəʊ] S ⟨Br pl -s⟩ von Bank Giro n, Giroverkehr m; von Post Postscheckverkehr m; ~ (**cheque**) Sozialhilfeüberweisung f; **to pay a bill by ~** eine Rechnung durch Überweisung bezahlen

girth [gɜːθ] S Umfang m

gismo umg S → gizmo

gist [dʒɪst] S ⟨kein pl⟩ Wesentliche(s) n; **to get the ~ (of sth)** das Wesentliche verstehen; **the ~ of it was that they can't afford it** kurz: Sie können es sich nicht leisten

git [gɪt] umg S Schwachkopf m umg

★**give** [gɪv]
⟨v: prät **gave**; pperf **given**⟩

A transitives Verb   **B** intransitives Verb
C Substantiv

— **A** transitives Verb —

1 geben; **to ~ sb sth** od **sth to sb** j-m etw geben; **the teacher gave us three exercises** der Lehrer hat uns drei Übungen gegeben; **to ~ sb one's cold** umg j-n mit seiner Erkältung anstecken; **to ~ sth for sth** Geld etw für etw ausgeben; Güter etw gegen etw tauschen; **what will you ~ me for it?** was gibst du mir dafür?; **how much did you ~ for it?** wie viel hast du dafür bezahlt?; **six foot, ~ or take a few inches** ungefähr sechs Fuß **2** schenken, spenden; **to ~ sb sth** od **sth to sb** j-m etw schenken; **it was ~n to me by my uncle** ich habe es von meinem Onkel geschenkt bekommen **3** Ärger, Freude machen; **to ~ sb support** j-n unterstützen; **to be ~n a choice** die Wahl haben; **to ~ sb a smile** j-n anlächeln; **to ~ sb a push** j-m einen Stoß geben; **to ~ one's hair a brush** sich (dat) die Haare

bürsten; **who gave you that idea?** wer hat dich denn auf die Idee gebracht?; **what ~s you that idea?** wie kommst du denn auf die Idee?; **it ~s me great pleasure to ...** es ist mir eine große Freude ...; **to ~ sb a shock** j-m einen Schock versetzen; **to ~ a cry** aufschreien; **to ~ way** nachgeben (**to** +dat); **~ way to oncoming traffic** Br der Gegenverkehr hat Vorfahrt; **"give way"** Br Verkehr „Vorfahrt beachten!", „Vortritt beachten!" schweiz **4** als Strafe erteilen; **he gave the child a smack** er gab dem Kind einen Klaps; **to ~ sb five years** j-n zu fünf Jahren verurteilen; **~ yourself time to recover** lassen Sie sich Zeit, um sich zu erholen; **it's an improvement, I'll ~ you that** es ist eine Verbesserung, das gestehe ich (dir) ein; **he's a good worker, I'll ~ him that** eines muss man ihm lassen, er arbeitet gut **5** Informationen, Beschreibung geben; seinen Namen angeben; Entscheidung, Meinung, Ergebnis mitteilen; **~ him my regards** richten Sie ihm (schöne) Grüße von mir aus; **to ~ sb a warning** j-n warnen **6** Party geben; Rede halten; Trinkspruch ausbringen (**to sb** auf j-n); **~ us a song** sing uns was vor; **the child gave a little jump of excitement** das Kind machte vor Aufregung einen kleinen Luftsprung; **he gave a shrug** er zuckte mit den Schultern

— **B** intransitives Verb —

1 nachgeben; Seil, Kabel reißen **2** Geld spenden; **you have to be prepared to ~ and take** fig man muss zu Kompromissen bereit sein

— **C** Substantiv —

Nachgiebigkeit f; von Bett Federung f
♦**give away** VT ⟨trennb⟩ **1** weggeben, verschenken **2** Braut zum Altar führen **3** Preise vergeben **4** fig verraten (**to sb** an j-n); **to give the game away** umg alles verraten ♦**give back** VT ⟨trennb⟩ zurückgeben ★ ♦**give in** A VI sich ergeben (**to sb** j-m); bei Spiel aufgeben; (≈zurückstecken) nachgeben (**to** +dat); **to give in to temptation** der Versuchung erliegen **B** VT ⟨trennb⟩ Aufsatz einreichen ♦**give off** VT ⟨untrennb⟩ Wärme abgeben; Geruch verbreiten ♦**give out** A VI Vorräte, Kräfte zu Ende gehen; Motor versagen; **my voice gave**

G

out mir versagte die Stimme **B** $\overline{V/T}$ 〈*trennb*〉 **1** austeilen **2** bekannt geben **C** $\overline{V/T}$ 〈*untrennb*〉 → give off ♦**give over A** $\overline{V/T}$ 〈*trennb*〉 übergeben (*to +dat*) **B** $\overline{V/i}$ *dial umg* aufhören **C** $\overline{V/i}$ 〈*+obj*〉 aufhören; **give over tickling me!** hör auf, mich zu kitzeln! ♦**give up A** $\overline{V/i}$ aufgeben **B** $\overline{V/T}$ 〈*trennb*〉 **1** aufgeben; **to give up doing sth** es aufgeben, etw zu tun; **I'm trying to give up smoking** ich versuche, das Rauchen aufzugeben; **to give sb/sth up as lost** j-n/etw verloren geben **2** *Platz* frei machen (*to* für); **to give oneself up** sich ergeben ♦**give up on** $\overline{V/i}$ 〈*+obj*〉 abschreiben
give-and-take $\overline{S}$ (gegenseitiges) Geben und Nehmen **giveaway** $\overline{S}$ **it was a real ~ when he said ...** er verriet sich, als er sagte ... **given A** $\overline{PPERF}$ → give **B** $\overline{ADJ}$ **1** *mit unbestimmtem Artikel* bestimmt; *mit bestimmtem Artikel* angegeben; **in a ~ period** in einem bestimmten Zeitraum; **within the ~ period** im angegebenen Zeitraum **2** ~ **name** *bes US* Vorname m **3** **to be ~ to sth** zu etw neigen; **I'm not ~ to drinking on my own** ich habe nicht die Angewohnheit, allein zu trinken **C** $\overline{KONJ}$ **~ that he is rich** angesichts der Tatsache, dass er reich ist; **~ time, we can do it** wenn wir genug Zeit haben, können wir es schaffen; **~ the chance, I would ...** wenn ich die Gelegenheit hätte, würde ich ... **giver** ['gɪvəʳ] $\overline{S}$ Spender(in) m(f)
gizmo ['gɪzməʊ] $\overline{S}$ 〈*pl* **-s**〉 *umg* Ding n *umg*
glacé ['glæseɪ] $\overline{ADJ}$ kandiert
glacier ['glæsɪəʳ] $\overline{S}$ Gletscher m
★**glad** [glæd] $\overline{ADJ}$ 〈*komp* **gladder**; *präd*〉 froh, glücklich; **to be ~ about sth** sich über etw (*akk*) freuen; **I'm ~ (about that)** das freut mich; **to be ~ of sth** über etw (*akk*) sein; **we'd be ~ of your help** wir wären froh, wenn Sie uns helfen könnten; **I'd be ~ of your opinion on this** ich würde gerne Ihre Meinung dazu hören; **I'm ~ you like it** ich freue mich, dass es Ihnen gefällt; **I'll be ~ to show you everything** ich zeige Ihnen gerne alles **gladden** $\overline{V/T}$ erfreuen
glade [gleɪd] $\overline{S}$ Lichtung f
gladiator ['glædɪeɪtəʳ] $\overline{S}$ Gladiator m
gladly ['glædlɪ] $\overline{ADV}$ gern(e) **gladness** ['glædnəs] $\overline{S}$ Freude f

glamor *US* $\overline{S}$ → glamour **glamorize** ['glæməraɪz] $\overline{V/T}$ idealisieren; *Gewalt* verherrlichen **glamorous** ['glæmərəs] $\overline{ADJ}$ glamourös; *Anlass* glanzvoll **glamour** ['glæməʳ], **glamor** *US* $\overline{S}$ Glamour m; *von Anlass* Glanz m
glance [glɑːns] **A** $\overline{S}$ Blick m; **at first ~** auf den ersten Blick; **to take a quick ~ at sth** einen kurzen Blick auf etw (*akk*) werfen; **we exchanged ~s** wir sahen uns kurz an **B** $\overline{V/i}$ blicken; **to ~ at sb/sth** j-n/etw kurz ansehen; **to ~ at** *od* **through a report** einen kurzen Blick in einen Bericht werfen ♦**glance off** $\overline{V/i}$ *Kugel etc* abprallen (*sth* von etw)
gland [glænd] $\overline{S}$ Drüse f **glandular** ['glændjʊləʳ] $\overline{ADJ}$ ~ **fever** Drüsenfieber n
glare [gleəʳ] **A** $\overline{S}$ **1** greller Schein; **the ~ of the sun** das grelle Sonnenlicht **2** stechender Blick **B** $\overline{V/i}$ **1** *Licht, Sonne* grell scheinen **2** (*zornig*) starren; **to ~ at sb/sth** j-n/etw zornig anstarren **glaring** ['gleərɪŋ] $\overline{ADJ}$ **1** *Sonne, Licht* grell **2** *Beispiel, Unterlassung* eklatant **glaringly** ['gleərɪŋlɪ] $\overline{ADV}$ ~ **obvious** *Tatsache etc* überdeutlich; **it was ~ obvious that he had no idea** es war nur zu ersichtlich, dass er keine Ahnung hatte
★**glass** [glɑːs] **A** $\overline{S}$ **1** Glas n; **a pane of ~** eine Glasscheibe; **a ~ of water** ein Glas Wasser **2** ~**es** *pl*, **pair of ~es** Brille f **B** $\overline{ADJ}$ 〈*attr*〉 Glas- **glass ceiling** *fig* $\overline{S}$ gläserne Decke; **she hit the ~** sie kam als Frau beruflich nicht mehr weiter **glass fibre** $\overline{S}$, **glass fiber** *US* $\overline{S}$ Glasfaser f **glassful** $\overline{S}$ Glas n **glasshouse** *Br* $\overline{S}$ Gewächshaus n **glassy** ['glɑːsɪ] $\overline{ADJ}$ 〈*komp* **glassier**〉 *Fläche, Meer* spiegelglatt; ~**-eyed** *Blick* glasig
glaucoma [glɔːˈkəʊmə] $\overline{S}$ grüner Star
glaze [gleɪz] **A** $\overline{S}$ Glasur f **B** $\overline{V/T}$ **1** *Fenster* verglasen **2** *Keramik, Kuchen* glasieren **C** $\overline{V/i}$ *a.* ~ **over** *Augen* glasig werden; **she had a ~d look in her eyes** sie hatte einen glasigen Blick **glazier** ['gleɪzɪəʳ] $\overline{S}$ Glaser(in) m(f) **glazing** ['gleɪzɪŋ] $\overline{S}$ Glasur f
gleam [gliːm] **A** $\overline{S}$ Schimmer m, Schimmern n; **a ~ of light** ein Lichtschimmer m; **he had a ~ in his eye** seine Augen funkelten **B** $\overline{V/i}$ schimmern; *Augen* funkeln **gleaming** ['gliːmɪŋ] $\overline{ADJ}$ schimmernd; *Augen* funkelnd; ~ **white** strahlend weiß

glean [gli:n] *fig* __VT__ herausbekommen; **to ~ sth from sb/sth** etw von j-m erfahren/einer Sache (*dat*) entnehmen

glee [gli:] __S__ Freude *f*; *boshaft* Schadenfreude *f*; **he shouted with ~** er stieß einen Freudenschrei aus **gleeful** __ADJ__ vergnügt; *boshaft* schadenfroh

glen [glen] __S__ Tal *n*

glib [glɪb] __ADJ__ ⟨*komp* glibber⟩ zungenfertig; *Antwort* leichtzügig

glide [glaɪd] __VI__ gleiten, schweben; *Flugzeug* im Gleitflug fliegen **glider** ['glaɪdəʳ] __S__ FLUG Segelflugzeug *n* **gliding** ['glaɪdɪŋ] __S__ FLUG Segelfliegen *n*

glimmer ['glɪməʳ] __A__ __S__ __1__ *von Licht* Schimmer *m* __2__ *fig* → gleam A __B__ __VI__ *Licht* schimmern; *Feuer* glimmen

glimpse [glɪmps] __A__ __S__ Blick *m*; **to catch a ~ of sb/sth** einen flüchtigen Blick auf j-n/etw werfen können __B__ __VT__ einen Blick erhaschen von

glint [glɪnt] __A__ __S__ Glitzern *n kein pl*; **a ~ of light** ein glitzernder Lichtstrahl; **he has a wicked ~ in his eyes** seine Augen funkeln böse __B__ __VI__ glitzern; *Augen* funkeln

glisten ['glɪsn̩] __VI__ glänzen; *Tautropfen* glitzern

glitch [glɪtʃ] __S__ IT Funktionsstörung *f*; **a technical ~** eine technische Panne

glitter ['glɪtəʳ] __A__ __S__ Glitzern *n*; *zur Dekoration* Glitzerstaub *m* __B__ __VI__ glitzern; *Augen, Diamanten* funkeln **glittering** ['glɪtərɪŋ] __ADJ__ glitzernd; *Augen, Diamanten* funkelnd; *Anlass* glanzvoll

glitzy ['glɪtsi] __ADJ__ ⟨*komp* glitzier⟩ *umg* glanzvoll; *pej Auto, Party etc* protzig

gloat [gləʊt] __VI__ sich großtun (**over, about** mit); *über j-s Unglück* sich hämisch freuen (**over, about** über +*akk*); **there's no need to ~ (over me)!** das ist kein Grund zur Schadenfreude!

global ['gləʊbl] __ADJ__ global; *Rezession a.* weltweit; **~ peace** Weltfrieden *m* **global economy** __S__ Weltwirtschaft *f* **globalization** [ˌgləʊbəlaɪ'zeɪʃən] __S__, **globalisation** *Br* __S__ Globalisierung *f* **globalize** ['gləʊbəlaɪz] __VT & VI__, **globalise** *Br* __VT & VI__ globalisieren **globally** ['gləʊbəli] __ADV__ __1__ global __2__ allgemein **global market** __S__ Weltmarkt *m* **global player** __S__ ECON Weltfirma *f*, Global Player *m* **global trade** __S__ Welthandel *m* **global village** __S__ Weltdorf *n* **global warm-**

ing __S__ Erwärmung *f* der Erdatmosphäre **globe** [gləʊb] __S__ Kugel *f*, Globus *m*; **all over the ~** auf der ganzen Erde *od* Welt **globe artichoke** __S__ Artischocke *f* **globetrotter** __S__ Globetrotter(in) *m(f)* **globetrotting** __A__ __S__ Globetrotten *n* __B__ __ADJ__ ⟨*attr*⟩ globetrottend

globule ['glɒbjuːl] __S__ Kügelchen *n*; *von Öl, Wasser* Tröpfchen *n*

gloom [gluːm] __S__ __1__ Düsterkeit *f* __2__ düstere Stimmung **gloomily** ['gluːmɪli] __ADV__ niedergeschlagen, pessimistisch **gloomy** ['gluːmi] __ADJ__ ⟨*komp* gloomier⟩ düster; *Wetter, Licht* trüb; *Mensch* niedergeschlagen, pessimistisch (**about** über +*akk*); *Aussichten* trübe; **he is very ~ about his chances of success** er beurteilt seine Erfolgschancen sehr pessimistisch

glorification [ˌglɔːrɪfɪ'keɪʃən] __S__ Verherrlichung *f* **glorified** __ADJ__ **I'm just a ~ secretary** ich bin nur eine bessere Sekretärin **glorify** ['glɔːrɪfaɪ] __VT__ verherrlichen **glorious** ['glɔːriəs] __ADJ__ __1__ herrlich __2__ *Karriere* glanzvoll; *Sieg* ruhmreich **gloriously** ['glɔːriəsli] __ADV__ herrlich; **happy ~** überglücklich **glory** ['glɔːri] __A__ __S__ __1__ Ruhm *m*; **moment of ~** Ruhmesstunde *f* __2__ Herrlichkeit *f*; **they restored the car to its former ~** sie restaurierten das Auto, bis es seine frühere Schönheit wiedererlangt hatte __B__ __VI__ **to ~ in one's/sb's success** sich in seinem/j-s Erfolg sonnen

gloss[1] [glɒs] __S__ Glanz *m*; **~ finish** FOTO Glanz *m*, Glanzbeschichtung *f*; *von Farbe* Lackanstrich *m* ♦**gloss over** __VT__ ⟨*trennb*⟩ __1__ vertuschen __2__ beschönigen

gloss[2] __S__ Erläuterung *f*; **to put a ~ on sth** etw interpretieren

glossary ['glɒsəri] __S__ Glossar *n*

gloss (paint) __S__ Glanzlack *m*, Glanzlackfarbe *f* **glossy** ['glɒsi] __ADJ__ ⟨*komp* glossier⟩ glänzend; **~ magazine** (Hochglanz)magazin *n*; **~ paper/paint** Glanzpapier *n*/-lack *m*; **~ print** FOTO Hochglanzbild *n*

★**glove** [glʌv] __S__ (Finger)handschuh *m*; **to fit (sb) like a ~** (j-m) wie angegossen passen **glove compartment** __S__ AUTO Handschuhfach *n* **glove puppet** *Br* __S__ Handpuppe *f*

glow [gləʊ] __A__ __VI__ glühen; *Uhrzeiger* leuchten; *Lampe* scheinen; **she/her cheeks ~ed with health** sie hatte ein blühendes Aussehen; **to ~ with pride** vor Stolz glühen **B** S Glühen *n*; *von Lampe* Schein *m*; *von Feuer* Glut *f*; **her face had a healthy ~** ihr Gesicht hatte eine blühende Farbe

glower [ˈɡlaʊəʳ] Vi **to ~ at sb** j-n finster ansehen

glowing [ˈɡləʊɪŋ] ADJ *Schilderung* begeistert; **to speak of sb/sth in ~ terms** voller Begeisterung von j-m/etw sprechen **glow-worm** [ˈɡləʊˌwɜːm] S Glühwürmchen *n*

glucose [ˈɡluːkəʊs] S Traubenzucker *m*

glue [ɡluː] **A** S Leim *m*, Klebstoff *m*, Pick *m österr* **B** Vit kleben, picken *österr*; **to ~ sth down/on** etw fest-/ankleben; **to ~ sth to sth** etw an etw (*dat*) festkleben; **to keep one's eyes ~d to sb/sth** j-n/etw nicht aus den Augen lassen; **he's been ~d to the TV all evening** er hängt schon den ganzen Abend vorm Fernseher *umg*; **we were ~d to our seats** wir saßen wie gebannt auf unseren Plätzen **glue-sniffing** [ˈɡluːˌsnɪfɪŋ] S (Klebstoff-)schnüffeln *n*, Pickschnüffeln *m österr*

glum [ɡlʌm] ADJ ⟨*komp* **glummer**⟩ niedergeschlagen **glumly** [ˈɡlʌmlɪ] ADV niedergeschlagen

glut [ɡlʌt] S Schwemme *f*

glute [ɡluːt] *umg* S ⟨*mst pl*⟩ Hintern *m umg*

gluten [ˈɡluːtən] S Gluten *n* **gluten-free** ADJ glutenfrei

glutinous [ˈɡluːtɪnəs] ADJ klebrig

glutton [ˈɡlʌtn] S Vielfraß *m*; **she's a ~ for punishment** sie ist die reinste Masochistin *umg* **gluttonous** [ˈɡlʌtənəs] *wörtl, fig* ADJ unersättlich; *Mensch* gefräßig **gluttony** [ˈɡlʌtənɪ] S Völlerei *f*

glycerin(e) [ˈɡlɪsərɪːn] S Glyzerin *n*

GM ABK (= genetically modified) **GM foods** *pl* gentechnisch veränderte Lebensmittel *pl*

gm ABK (= grams, grammes) g

GMO ABK (= genetically modified organism) genetisch veränderter Organismus, GVO *m*

GMT ABK (= Greenwich Mean Time) WEZ

gnarled [nɑːld] ADJ *Baum* knorrig; *Finger* knotig

gnash [næʃ] Vit **to ~ one's teeth** mit den Zähnen knirschen

gnat [næt] S (Stech)mücke *f*

gnaw [nɔː] **A** Vit nagen an (+*dat*); *Loch* nagen **B** Vi nagen; **to ~ at od on sth** an etw (*dat*) nagen; **to ~ at sb** *fig* quälen **gnawing** [ˈnɔːɪŋ] ADJ *Zweifel, Schmerz* nagend; *Angst* quälend

gnome [nəʊm] S Gnom *m*, Gartenzwerg *m*

GNP ABK (= gross national product) BSP

★**go** [ɡəʊ]
⟨*v: prät* **went**; *pperf* **gone**⟩

| **A** intransitives Verb | **B** Hilfsverb |
| **C** transitives Verb | **D** Substantiv |

— **A** intransitives Verb —

1 gehen, fahren, fliegen, reisen; *Straße* führen (**to** nach); **the doll goes everywhere with her** sie nimmt die Puppe überallhin mit; **you go first** geh du zuerst!; **you go next** du bist der Nächste; **there you go** bitte; (≈ *rechthaberisch*) na bitte; **here we go again!** *umg* jetzt geht das schon wieder los! *umg*; **where do we go from here?** *wörtl* wo gehen wir anschließend hin?; *fig* und was (wird) jetzt?; **to go to church/school** in die Kirche/Schule gehen; **to go to school in Oxford** die Schule in Oxford besuchen; **to go to evening classes** Abendkurse besuchen; **to go to work** zur Arbeit gehen; **what shall I go in?** was soll ich anziehen?; **the garden goes down to the river** der Garten geht bis zum Fluss hinunter; **to go to France** nach Frankreich fahren; **I have to go to the doctor** ich muss zum Arzt (gehen); **to go to war** Krieg führen (**over** wegen); **to go to sb for sth** j-n wegen etw fragen, bei j-m etw holen; **to go on a journey** eine Reise machen; **to go on a course** einen Kurs machen; **to go on holiday** *Br*, **to go on vacation** *US* in Urlaub gehen; **to go for a walk** spazieren gehen; **to go for a newspaper** eine Zeitung holen gehen; **go and shut the door** mach mal die Tür zu; **he's gone and lost his new watch** *umg* er hat seine neue Uhr verloren; **now you've gone and done it!** *umg* na, jetzt hast du es geschafft!; **to go shopping** einkaufen gehen; **to go looking for sb/sth** nach j-m/etw suchen **2** gehen, (ab)fahren, (ab)fliegen; **has he**

alles gut geht **9** (≈ *nicht mehr funktionieren*) kaputtgehen; *Kräfte, Augenlicht* nachlassen; *Bremsen* versagen; **his mind is going** er lässt geistig sehr nach **10** werden; **to go red (in the face)** rot werden; **to go hungry** hungern; **to go cold** mir wurde kalt; **to go to sleep** einschlafen **11** gehen, passen, hingehören; (≈ *in Schublade etc* (hin)kommen; (≈ *harmonieren*) dazu passen; **4 into 12 goes 3** 4 geht in 12 dreimal; **4 into 3 won't go** 3 durch 4 geht nicht **12** (≈ *Geräusch verursachen*) machen; **to go bang** peng machen; **there goes the bell** es klingelt **13** anything goes! alles ist erlaubt; **that goes for me too** das meine ich auch; **there are several jobs going** es sind mehrere Stellen zu haben; **coffee to go** *US* Kaffee *m* zum Mitnehmen; **the money goes to help the poor** das Geld soll den Armen helfen; **the money will go toward(s) a new car** das ist Geld für ein neues Auto; **he's not bad as bosses go** verglichen mit anderen Chefs ist er nicht übel

— B Hilfsverb —

I'm/I was going to do it ich werde/wollte es tun; **I had been going to do it** ich habe es tun wollen; **it's going to rain** es wird wohl regnen

— C transitives Verb —

1 *Strecke* gehen; *Auto* fahren; **to go it alone** sich selbstständig machen; **my mind went a complete blank** ich hatte ein Brett vor dem Kopf *umg* **2** *umg* sagen

— D Substantiv —

⟨*pl* **goes**⟩ **1** *umg* Schwung *m*; **to be on the go** auf Trab sein *umg*; **he's got two women on the go** er hat zwei Frauen gleichzeitig; **it's all go** es ist immer was los *umg* **2** Versuch *m*; **at the first go** auf Anhieb *umg*; **at the second go** beim zweiten Versuch; **to have a go** *Br* es probieren; **to have a go at doing sth** versuchen, etw zu tun; **have a go!** versuch's *od* probier's doch mal!; **to have a go at sb** j-n runterputzen *umg* **3** **it's your go** du bist an der Reihe; **miss one go** *Br* einmal aussetzen; **can I have a go?** darf ich mal? **4** **to make a go of sth** in etw (*dat*) Erfolg haben; **from the word go** von Anfang an

gone yet? ist er schon weg?; **we must go od be going** *umg* wir müssen gehen; **go!** *SPORT* los!; **here goes!** jetzt geht's los! *umg* **3** verschwinden, aufgebraucht werden; *Zeit* vergehen; **it is od has gone** es ist weg, es ist verschwunden; **where has it gone?** wo ist es geblieben?; **all his money goes on computer games** er gibt sein ganzes Geld für Computerspiele aus; **£75 a week goes on rent** £ 75 die Woche sind für die Miete (weg); **it's just gone three** es ist kurz nach drei; **two days to go till …** noch zwei Tage bis …; **two exams down and one to go** zwei Prüfungen geschafft und eine kommt noch **4** verschwinden, abgeschafft werden; **that settee will have to go** das Sofa muss weg; **hundreds of jobs will go** Hunderte von Stellen werden verloren gehen **5** (≈ *sich verkaufen*) **the hats aren't going very well** die Hüte gehen nicht sehr gut (weg); **it went for £5** es ging für £ 5 weg; **how much did the house go for?** für wie viel wurde das Haus verkauft?; **going, going, gone!** zum Ersten, zum Zweiten, und zum Dritten!; **he has gone so far as to accuse me** er ist so weit gegangen, mich zu beschuldigen **6** *Preis etc* gehen (**to** an +*akk*) **7** *Uhr* gehen; *Auto, Maschine* laufen; **to make sth go** etw in Gang bringen; **to get going** in Schwung kommen; **to get sth going** etw in Gang bringen, etw in Fahrt bringen; **to keep going** weitermachen; *Maschine* weiterlaufen; *Auto* weiterfahren; **keep going!** weiter!; **to keep the fire going** das Feuer anbehalten; **this prospect kept her going** diese Aussicht hat sie durchhalten lassen; **here's £50 to keep you going** hier hast du erst mal £ 50 **8** *Veranstaltung, Abend* verlaufen; **how does the story go?** wie war die Geschichte noch mal?; **we'll see how things go** *umg* wir werden sehen, wie es läuft *umg*; **the way things are going I'll … so wie es aussieht, wird die …; she has a lot going for her** sie ist gut dran; **how's it going?** *umg* wie geht's (denn so)? *umg*; **how did it go?** wie war's?; **how's the essay going?** was macht der Aufsatz?; **everything is going well** alles läuft gut; **if everything goes well** wenn

G

♦**go about** **A** Ⅵ **1** *Br* herumlaufen; **to go about with sb** mit j-m zusammen sein **2** *Br* Grippe *etc* umgehen **B** Ⅵ ⟨+*obj*⟩ **1** *Aufgabe* anpacken; **how does one go about finding a job?** wie bekommt man eine Stelle? **2** *Arbeit* erledigen; **to go about one's business** sich um seine eigenen Geschäfte kümmern ♦**go across** **A** Ⅵ ⟨+*obj*⟩ überqueren **B** Ⅵ hinübergehen, hinüberfahren ♦**go after** Ⅵ ⟨+*obj*⟩ **1** nachgehen (+*dat*), nachfahren (+*dat*); **the police went after the escaped criminal** die Polizei hat den entkommenen Verbrecher gejagt **2** anstreben ♦**go against** Ⅵ ⟨+*obj*⟩ **1** *Glück* sein gegen; *Ereignisse* ungünstig verlaufen für; **the verdict went against her** das Urteil fiel zu ihren Ungunsten aus; **the vote went against her** sie verlor die Abstimmung **2** im Widerspruch stehen zu; *Prinzipien* gehen gegen; j-m sich widersetzen (+*dat*); *j-s Wünschen* zuwiderhandeln (+*dat*) ♦**go ahead** Ⅵ **1** vorangehen, in Rennen sich an die Spitze setzen; (≈ *früher*) vorausgehen, vorausfahren; **to go ahead of sb** vor j-m gehen, sich vor j-n setzen, j-m vorausgehen/-fahren **2** es machen; *Projekt* vorangehen; *Veranstaltung* stattfinden; **go ahead!** nur zu!; **to go ahead with sth** etw durchführen ♦**go along** Ⅵ **1** entlanggehen; *zu Konzert etc* hingehen; **to go along to sth** zu etw gehen; **as one goes along** nach und nach, nebenbei; **I made the story up as I went along** ich habe mir die Geschichte beim Erzählen ausgedacht **2** mitgehen, mitziehen (**with** mit) **3** zustimmen (**with** +*dat*), mitmachen (**with** mit) ♦**go around** → go about A; → go round A; → **go away** Ⅵ (weg)gehen; *auf Urlaub* wegfahren ♦**go back** Ⅵ **1** zurückgehen, zurückkehren (**to** zu); **they have to go back to Germany/school** sie müssen wieder nach Deutschland zurück/zur Schule; **when do the schools go back?** wann fängt die Schule wieder an?; **to go back to the beginning** wieder von vorn anfangen; **there's no going back** es gibt kein Zurück mehr **2** zeitlich zurückreichen (**to** bis zu); **we go back a long way** wir kennen uns schon ewig **3** *Uhr* zurückgestellt werden ♦**go back on** Ⅵ ⟨+*obj*⟩ zurücknehmen; *Ent-*

scheidung a. rückgängig machen; **I never go back on my word** was ich versprochen habe, halte ich auch ♦**go before** **A** Ⅵ vorangehen; **everything that had gone before** alles Vorhergehende **B** Ⅵ ⟨+*obj*⟩ **to go before the court** vor Gericht erscheinen ♦**go beyond** Ⅵ ⟨+*obj*⟩ hinausgehen über (+*akk*) ♦**go by** **A** Ⅵ vorbeigehen (*obj* an +*dat*), vorbeifahren (*obj* an +*dat*); *Zeit* vergehen; **as time went by** mit der Zeit; **in days gone by** in längst vergangenen Tagen **B** Ⅵ ⟨+*obj*⟩ **1** *bei Entscheidung etc* gehen nach; *Uhr* sich richten nach; *Regeln* sich halten an (+*akk*); **if that's anything to go by** wenn man danach gehen kann; **going by what he said** nach dem, was er sagte **2** **to go by the name of Smith** Smith heißen ♦**go down** **1** hinuntergehen (*obj* +*akk*), hinunterfahren (*obj* +*akk*); *Sonne, Schiff* untergehen; *Flugzeug* abstürzen; **to go down on one's knees** sich hinknien; *um sich zu entschuldigen* auf die Knie fallen **2** (≈ *akzeptiert werden*) ankommen (**with** bei); **that won't go down well with him** das wird er nicht gut finden **3** *Flut, Schwellung* zurückgehen; *Preise* sinken; **he has gone down in my estimation** er ist in meiner Achtung gesunken; **to go down in history** in die Geschichte eingehen; **to go down with a cold** eine Erkältung bekommen **4** gehen (**to** bis); **I'll go down to the bottom of the page** ich werde die Seite noch fertig machen **5** *Tiere* ausfallen **6** SPORT absteigen; *in Spiel* verlieren; **they went down 2-1 to Rangers** sie verloren 2:1 gegen Rangers ♦**go for** Ⅵ ⟨+*obj*⟩ **1** *umg* (≈ *angreifen*) losgehen auf (+*akk*) *umg*, angehen **2** *umg* gut finden; (≈ *auswählen*) nehmen; **go for it!** nichts wie ran! *umg* ♦**go in** Ⅵ **1** hineingehen **2** *Sonne* verschwinden **3** hineinpassen ♦**go in for** Ⅵ ⟨+*obj*⟩ **1** *Wettbewerb* teilnehmen an (+*dat*) **2** **to go in for sports** sich für Sport interessieren ♦**go into** Ⅵ ⟨+*obj*⟩ **1** *Haus, Politik* gehen in (+*akk*); *Militär etc* gehen zu; **to go into teaching** Lehrer(in) werden **2** *Auto* (hinein)fahren in (+*akk*); *Mauer* fahren gegen **3** *Koma* fallen in (+*akk*); **to go into hysterics** hysterisch werden **4** sich befassen mit, abhandeln; **to go into detail** auf Einzelheiten eingehen; **a lot of effort has gone into it** da steckt viel Mühe drin ♦**go off** **A** V/i **1** weggehen, wegfahren (on mit); **he went off to the States** er fuhr in die Staaten; **to go off with sb/sth** mit j-m/etw auf und davon gehen umg **2** Licht ausgehen; Strom wegbleiben **3** Waffe etc losgehen; Handy, Wecker klingeln **4** Br Lebensmittel schlecht werden; Milch sauer werden **5** verlaufen; **to go off well/badly** gut/schlecht gehen **B** V/t (+obj) Br nicht mehr mögen; **I've gone off him** ich mache mir nichts mehr aus ihm ★♦**go on** **A** V/i **1** passen (obj auf +akk) **2** Licht angehen **3** weitergehen, weiterfahren; **to go on with sth** mit etw weitermachen; **to go on trying** es weiter(hin) versuchen; **go on with your work** arbeite weiter; **to go on speaking** weitersprechen; **go on, tell me!** na, sag schon!; **to have enough to be going on with** fürs Erste genug haben; **he went on to say that ...** dann sagte er, dass ...; **I can't go on** ich kann nicht mehr **4** unaufhörlich reden; **don't go on (about it)** nun hör aber (damit) auf; **to go on about sb/sth** stundenlang von j-m/etw erzählen **5** passieren; Party etc im Gange sein; **this has been going on for a long time** das geht schon lange so; **what's going on here?** was ist denn hier los? **6** Zeit vergehen; **as time goes on** im Laufe der Zeit **7** THEAT auftreten **B** V/t (+obj) **1** Bus, Fahrrad fahren mit; Fahrt machen; **to go on the swings** auf die Schaukel gehen **2** gehen nach; **we've got nothing to go on** wir haben keine Anhaltspunkte **3** **to go on the dole** Br stempeln gehen umg; **to go on a diet** eine Schlankheitskur machen; **to go on the pill** die Pille nehmen; **to go on television** im Fernsehen auftreten **4** (≈ sich nähern) Alter zugehen auf (+akk) ♦**go on for** V/t (+obj) Alter zugehen auf (+akk); **there were going on for twenty people there** es waren fast zwanzig Leute da ♦**go out** V/i **1** hinausgehen; **to go out of a room** aus einem Zimmer gehen **2** weggehen; ins Theater etc, a. Feuer ausgehen; mit Freundin gehen; **to go out for a meal** essen gehen; **to go out to work** arbeiten gehen; **to go out on strike** in den Streik treten

3 Flut zurückgehen **4** **my heart went out to him** ich fühlte mit ihm mit; **the fun had gone out of it** es machte keinen Spaß mehr **5** SPORT ausscheiden **6** **to go all out** sich ins Zeug legen (for für) **7** RADIO, TV Sendung ausgestrahlt werden ♦**go over** **A** V/i **1** hinübergehen, hinüberfahren **2** zu anderer Ansicht, Diät übergehen (to zu) **3** TV, RADIO in anderes Studio etc umschalten **B** V/t (+obj) durchgehen; **to go over sth in one's mind** etw überdenken ♦**go past** V/i vorbeigehen (obj an +dat); Auto vorbeifahren (obj an +dat); Zeit vergehen ♦**go round** bes Br **1** sich drehen **2** (≈ Umweg machen) **to go round sth** um etw herumgehen/-fahren; **to go round the long way** ganz außen herumgehen/-fahren **3** (≈ besuchen) vorbeigehen (to bei) **4** in Museum etc herumgehen (obj in +dat) **5** (aus)reichen; **there's enough food to go round** es ist genügend zu essen da **6** (+obj) (≈ einkreisen) herumgehen um → **go about A** ♦**go through** **A** V/i durchgehen; Geschäft abgeschlossen werden; Scheidung, Gesetz durchkommen; SPORT sich qualifizieren (to für) **B** V/t (+obj) **1** Loch, Zoll gehen durch **2** Formalitäten durchmachen **3** Liste durchgehen **4** Tasche durchsuchen **5** aufbrauchen; Geld ausgeben ♦**go through with** V/t (+obj) Verbrechen ausführen; **she couldn't go through with it** sie brachte es nicht fertig ♦**go together** V/i zusammenpassen ♦**go under** **A** V/i untergehen; Firma eingehen umg **B** V/t (+obj) **1** durchgehen unter (+dat); größenmäßig passen unter (+akk) **2** **to go under the name of Jones** als Jones bekannt sein ♦**go up** V/i **1** Preis steigen **2** hinaufsteigen (obj +akk); **to go up to bed** nach oben gehen und schlafen **3** Aufzug (≈ nach Norden reisen) hochfahren; THEAT Vorhang hochgehen; Häuser gebaut werden **4** **to go up in flames** in Flammen aufgehen **5** Jubel ertönen ♦**go with** V/t (+obj) **1** j-m gehen mit **2** passen zu ♦**go without** **A** V/t (+obj) nicht haben; **to go without food** nichts essen; **to go without breakfast** nicht frühstücken; **to have to go without sth** auf etw (akk) verzichten müssen **B** V/i darauf verzichten

G

goad [gəʊd] *VlT* aufreizen; **to ~ sb into sth** j-n zu etw anstacheln

go-ahead ['gəʊəhed] **A** *ADJ* fortschrittlich **B** *S* **to give sb/sth the ~** j-m/für etw grünes Licht geben

★**goal** [gəʊl] *S* **1** SPORT Tor *n*; **to score a ~** ein Tor erzielen **2** Ziel *n*; **to set (one-self) a ~** (sich *dat*) ein Ziel setzen **goal area** *S* Torraum *m* **goal difference** *S* Tordifferenz *f* **goalie** ['gəʊli] *umg S* Tormann *m*/-frau *f* **goalkeeper** *S* Torhüter(in) *m(f)* **goal kick** *S* Abstoß *m* (vom Tor) **goal line** *S* Torlinie *f* **goal-line technology** *S* SPORT Torlinientechnik *f* **goalmouth** *S* unmittelbarer Torbereich **goalpost** *S* Torpfosten *m*; **to move the ~s** *fig umg* die Spielregeln (ver)ändern

★**goat** [gəʊt] *S* Ziege *f*; **to get sb's ~** j-n auf die Palme bringen *umg* **goatee (beard)** [gəʊ'tiː(ˌbɪəd)] *S* Spitzbart *m* **goat's cheese** *S* Ziegenkäse *m*

gob¹ [gɒb] *Br umg VlI* spucken; **to gob at sb** j-n anspucken

gob² *S Br umg* (≈Mund) Schnauze *f umg*; **shut your gob!** halt die Schnauze! *umg*

gobble ['gɒbl] *VlT* verschlingen ◆**gobble down** *VlT* ⟨*trennb*⟩ hinunterschlingen ◆**gobble up** *VlT* ⟨*trennb*⟩ verschlingen

gobbledegook, gobbledygook ['gɒbldɪˌguːk] *umg S* Kauderwelsch *n*

go-between ['gəʊbɪˌtwiːn] *S* ⟨*pl -s*⟩ Vermittler(in) *m(f)*

goblet ['gɒblɪt] *S* Pokal *m*

goblin ['gɒblɪn] *S* Kobold *m*

gobsmacked ['gɒbsmækt] *umg ADJ* platt *umg*

go-cart ['gəʊkɑːt] *S für Kinder* Seifenkiste *f*; SPORT Gokart *m*

★**god** [gɒd] *S* Gott *m*; **God willing** so Gott will; **God (only) knows** *umg* wer weiß; **for God's sake!** *umg* um Himmels willen; **what/why in God's name ...?** um Himmels willen, was/warum ...? **god-awful** *umg ADJ* beschissen *umg* **godchild** *S* Patenkind *n* **goddammit** [ˌgɒd'dæmɪt] *INT* verdammt noch mal! *umg* **goddamn** *ADJ*, **goddam** *bes US umg ADJ* gottverdammt *umg*; **it's no ~ use!** es hat überhaupt keinen Zweck, verdammt noch mal! *umg* **goddamned** *ADJ* → **goddamn god-daughter** *S* Patentochter *f* **goddess**

['gɒdɪs] *S* Göttin *f* **godfather** *S* Pate *m*; **my ~** mein Patenonkel *m* **godforsaken** *umg ADJ* gottverlassen **godless** *ADJ* gottlos **godmother** *S* Patin *f*; **my ~** meine Patentante *f* **godparent** *S* Pate *m*, Patin *f* **godsend** *S* Geschenk *n* des Himmels **godson** *S* Patensohn *m* **-goer** *S* ⟨*suf*⟩ -gänger(in) *m(f)*; **cinema-goer** *Br* Kinogänger(in) *m(f)*

goes [gəʊz] ⟨*3. Person sg präs*⟩ → **go**

go-getter ['gəʊgetər] *umg S* Ellbogentyp *m peg umg*

goggle ['gɒgl] *VlI* starren; **to ~ at sb/sth** j-n/etw anstarren **goggles** ['gɒglz] *PL* Schutzbrille *f*

going ['gəʊɪŋ] **A** *PPR* → **go B** *S* **1** Weggang *m* **2** **it's slow ~** es geht nur langsam voran; **that's good ~** das ist ein flottes Tempo; **it's heavy ~ talking to him** es ist sehr mühsam, sich mit ihm zu unterhalten; **while the ~ is good** (noch) rechtzeitig **C** *ADJ* **1** *Satz, Rate* üblich **2** *nach sup umg* **the best thing ~** das Beste überhaupt **3** **to sell a business as a ~ concern** ein bestehendes Unternehmen verkaufen **going-over** [ˌgəʊɪŋ'əʊvər] *S* Untersuchung *f*; **to give sth a good ~** *Vertrag etc* etw gründlich prüfen; *beim Putzen etc.* etw gründlich reinigen **goings-on** [ˌgəʊɪŋ'zɒn] *umg PL* Dinge *pl*

goji berry ['gəʊdʒi] *S* Gojibeere *f*

★**go-kart** ['gəʊˌkɑːt] *S* Gokart *m*

★**gold** [gəʊld] **A** *S* **1** Gold *n* **2** *umg* Goldmedaille *f* **B** *ADJ* golden; **~ jewellery** *Br*, **~ jewelry** *US* Goldschmuck *m*; **~ coin** Goldmünze *f* **gold disc** *S* goldene Schallplatte **gold dust** *S* **to be (like) ~** *fig* sehr schwer zu finden sein **golden** ['gəʊldən] *ADJ* golden; *Haare* goldblond; **fry until ~** anbräunen; **a ~ opportunity** eine einmalige Gelegenheit **golden age** *fig S* Blütezeit *f* **golden eagle** *S* Steinadler *m* **golden goal** FUSSB Golden Goal *n* **golden handshake** *S* großzügige Abfindung **golden jubilee** *S* goldenes Jubiläum **golden rule** *S* goldene Regel; **my ~ is never to ...** ich mache es mir zur Regel, niemals zu ... **golden syrup** *Br S* (gelber) Sirup **golden wedding (anniversary)** *S* goldene Hochzeit **goldfish** *S* ⟨*pl -*⟩ Goldfisch *m* **goldfish bowl** *S* Goldfischglas *n* **gold leaf** *S*

Blattgold n **gold medal** S̲ Goldmedaille f **gold medallist** S̲ Goldmedaillengewinner(in) m(f) **gold mine** S̲ Goldgrube f **gold-plate** V̲/T̲ vergolden **gold rush** S̲ Goldrausch m **goldsmith** S̲ Goldschmied(in) m(f)

golf [gɒlf] S̲ Golf n **golf bag** S̲ Golftasche f **golf ball** S̲ Golfball m **golf buggy** S̲ Golfwagen m **golf club** S̲ **1** Golfschläger m **2** Golfklub m **golf course** S̲ Golfplatz m **golfer** ['gɒlfə'] S̲ Golfer(in) m(f)

gondola ['gɒndələ] S̲ Gondel f

gone [gɒn] A̲ P̲PERF → go B̲ ADJ̲ ⟨präd⟩ umg (≈ schwanger) **she was 6 months** ~ sie war im 7. Monat C̲ PRÄP̲ it's just ~ **three** es ist gerade drei Uhr vorbei

gong [gɒŋ] S̲ **1** Gong m **2** Br umg (≈ Medaille) Blech n umg

gonna ['gɒnə] A̲BK̲ (= going to) werde; wirst; wird; werden; werdet; werden

gonorrhoea [ˌgɒnə'rɪə] S̲, **gonorrhea** US̲ Gonorrhö f, Tripper m

goo [guː] umg S̲ ⟨kein pl⟩ Schmiere f umg

★**good** [gʊd]

| A̲ Adjektiv | B̲ Adverb |
| C̲ Substantiv | |

— A̲ Adjektiv —

⟨komp better; sup best⟩ **1** gut; **that's a** ~ **one!** das ist ein guter Witz, der ist gut umg; mst iron bei Ausrede wer's glaubt, wird selig! umg; **you've done a** ~ **day's work** du hast gute Arbeit (für einen Tag) geleistet; **a** ~ **meal** eine ordentliche Mahlzeit; **to be** ~ **with people** gut mit Menschen umgehen können; **it's too** ~ **to be true** es ist zu schön, um wahr zu sein; **to be** ~ **for sb** gut für j-n sein; **it's a** ~ **thing** od **job I was there** (nur) gut, dass ich dort war; ~ **nature** Gutmütigkeit f; **to be** ~ **to sb** gut zu j-m sein; **that's very** ~ **of you** das ist sehr nett von Ihnen; **(it was)** ~ **of you to come** nett, dass Sie gekommen sind; **would you be** ~ **enough to tell me …** wären Sie so nett, mir zu sagen … a. iron; ~ **old Charles!** der gute alte Charles!; **the car is** ~ **for another few years** das Auto hält noch ein paar Jahre; **she's** ~ **for nothing** sie ist ein Nichtsnutz; **that's**

always ~ **for a laugh** darüber kann man immer lachen; **to have a** ~ **cry** sich ausweinen; **to have a** ~ **laugh** so richtig lachen umg; **to take a** ~ **look at sth** sich (dat) etw gut ansehen; **it's a** ~ **8 km** es sind gute 8 km; **a** ~ **many people** ziemlich viele Leute; ~ **morning** guten Morgen; **to be** ~ **at sth** gut in etw (dat) sein, etw gut können; **to be** ~ **at sport/ languages** gut im Sport/in Sprachen sein; **to be** ~ **at sewing** gut nähen können; **I'm not very** ~ **at it** ich kann es nicht besonders gut; **that's** ~ **enough** das reicht; **if he gives his word, that's** ~ **enough for me** wenn er sein Wort gibt, reicht mir das; **it's just not** ~ **enough!** so geht das nicht!; **to feel** ~ sich wohlfühlen; **I don't feel too** ~ **about it** mir ist es nicht ganz wohl dabei; **to make** ~ Fehler wiedergutmachen; Drohung wahr machen; **to make** ~ **one's losses** seine Verluste wettmachen; **as** ~ **as new** so gut wie neu; **he as** ~ **as called me a liar** er nannte mich praktisch einen Lügner **2** Urlaub, Abend schön; **did you have a** ~ **day?** wie war's heute?; **to have a** ~ **time** sich gut amüsieren; **have a** ~ **time!** viel Spaß!; **3** artig; **(as)** ~ **as gold** mustergültig; **be a** ~ **girl/boy and … sei so lieb und …;** ~ **girl/boy!** gut!; **that's a** ~ **dog!** guter Hund! **4** Auge, Bein gesund **5** gut, prima; **it's a** ~ **job** es ist schön, dich zu sehen; ~ **grief** od **gracious!** umg ach du liebe Güte! umg; ~ **for you!** etc gut!, prima! **6** schön; **a** ~ **strong stick** ein schön(er) starker Stock; ~ **and hard** ganz schön fest umg; ~ **and proper** umg ganz anständig umg

— B̲ Adverb —

gut; **how are you? —** ~**!** wie geht's? — gut!

— C̲ Substantiv —

1 Gute(s) n; ~ **and evil** Gut und Böse; **to do** ~ Gutes tun; **to be up to no** ~ umg nichts Gutes im Schilde führen umg **2** Wohl n; **for the** ~ **of the nation** zum Wohl(e) der Nation; **I did it for your own** ~ ich habe es nur gut mit dir gemeint; **for the** ~ **of one's health** etc seiner Gesundheit etc zuliebe; **he'll come to no** ~ mit ihm wird es noch ein böses Ende nehmen; **what's the** ~ **of hurrying?** wozu eigentlich die Eile?; **if**

G

that is any ~ to you wenn es dir hilft; **to do (some)** ~ (etwas) helfen od nützen; **to do sb** ~ j-m helfen; *Ruhe, Arznei* j-m guttun; **what ~ will that do you?** was hast du davon?; **that's no** ~ das ist nichts; **he's no** ~ **to us** er nützt uns *(dat)* nichts; **it's no** ~ **doing it like that** es hat keinen Sinn, das so zu machen; **he's no ~ at it** er kann es nicht **B for** ~ für immer

★**goodbye** [gʊdˈbaɪ] **A** ⟨S⟩ Abschied *m*; **to say** ~ sich verabschieden; **to wish sb** ~, **to say** ~ **to sb** sich von j-m verabschieden; **to say** ~ **to sth** einer Sache *(dat)* Lebewohl sagen **B** INT bei Sie-Anrede auf Wiedersehen!; *bei du-Anrede* tschüs(s)!, servus! *österr* **C** ⟨attr⟩ Abschieds- **good-for-nothing** ⟨S⟩ Nichtsnutz *m*, Fink *m schweiz* **Good Friday** ⟨S⟩ Karfreitag *m* **good-humoured** ⟨ADJ⟩, **good-humored** *US* ADJ gutmütig, gut gelaunt; *Veranstaltung* friedlich

★**good-looking** ADJ gut aussehend **good-natured** ADJ gutmütig; *Demonstration* friedlich; *Spaß* harmlos **goodness** [ˈgʊdnɪs] ⟨S⟩ Güte *f*; **out of the** ~ **of his/her heart** aus reiner Herzensgüte; ~ **knows** weiß der Himmel *umg*; **for** ~' **sake** um Himmels willen *umg*; **(my)** ~! meine Güte! *umg* **good-night** [gʊdˈnaɪt] ADJ ⟨attr⟩ ~ **kiss** Gutenachtkuss *m* **goods** [gʊdz] PL Güter *pl*; **leather** ~ Lederwaren *pl*; **stolen** ~ Diebesgut *n*; ~ **train** Güterzug *m*; **if we don't come up with the** ~ *umg* wenn wir es nicht rechtzeitig schaffen **goods depot** ⟨S⟩ *Br* Güterbahnhof *m* **good-sized** ADJ ziemlich groß **goods train** ⟨S⟩ *Br* Güterzug *m* **goods truck** ⟨S⟩ *Br* Güterwagen *m* **good-tempered** ADJ gutartig; *Verhalten* gutmütig **goodwill** ⟨S⟩ Wohlwollen *n*; *zwischen Nationen* Goodwill *m*; **a gesture of** ~ ein Zeichen seines/ihres *etc* guten Willens **goody** [ˈgʊdɪ] *umg* ⟨S⟩ Leckerbissen *m*, Süßigkeit *f* **goody-goody** ⟨S⟩ Musterkind *n umg*

gooey [ˈguːɪ] *umg* ADJ ⟨+er⟩ klebrig **goof** [guːf] *umg* **A** Vi **1** danebenhauen *umg* **2** *US a.* ~ **around** (herum)trödeln; **to** ~ **off** abzwitschern *umg* **goofy** [ˈguː-fɪ] ADJ ⟨komp goofier⟩ *US* doof *umg*

google® [ˈguːgl] Vt IT googeln® nach; mit Google® im Internet suchen
★**goose** [guːs] ⟨S⟩ ⟨pl geese⟩ Gans *f* **gooseberry** [ˈgʊzbərɪ] ⟨S⟩ Stachelbeere *f* **goose bumps** PL, **goose flesh** ⟨S⟩ Gänsehaut *f* **goose pimples** *Br* PL Gänsehaut *f* **goose-step** Vi im Stechschritt marschieren
gopher [ˈgəʊfər] ⟨S⟩ Taschenratte *f*
gore¹ [gɔːʳ] *liter* ⟨S⟩ Blut *n*
gore² Vt durchbohren
gorge [gɔːdʒ] ⟨S⟩ GEOG Schlucht *f* **B** Vt schlemmen; **to** ~ **(oneself) on sth** etw verschlingen
gorgeous [ˈgɔːdʒəs] ADJ **1** herrlich **2** *umg* hinreißend; *Geschenk* toll *umg*; **his new girlfriend is** ~ seine neue Freundin sieht klasse aus *umg*
gorilla [gəˈrɪlə] ⟨S⟩ Gorilla *m*
gormless [ˈgɔːmlɪs] *Br umg* ADJ doof *umg*
gory [ˈgɔːrɪ] ADJ blutrünstig; *Mord, Tat* blutig
gosh [gɒʃ] INT Mensch *umg*, Mann *umg*
gospel [ˈgɒspəl] ⟨S⟩ BIBEL Evangelium *n*; **the Gospels** die Evangelien *pl* **gospel truth** *umg* reine Wahrheit
★**gossip** [ˈgɒsɪp] **A** ⟨S⟩ ⟨kein pl⟩ Klatsch *m*, Schwatz *m*; **to have a** ~ **with sb** mit j-m schwatzen **2** Klatschbase *f* **B** Vi schwatzen, klatschen **gossip column** ⟨S⟩ Klatschkolumne *od* -spalte *f* **gossipy** [ˈgɒsɪpɪ] ADJ *Mensch* schwatzhaft; *Stil* plaudernd
got [gɒt] PRÄT & PPERF → get
Gothic [ˈgɒθɪk] ADJ gotisch
gotta [ˈgɒtə] ABK (= got to) I ~ **go** ich muss gehen
gotten [ˈgɒtn] *bes US* PPERF → get
gouge [gaʊdʒ] Vt bohren; **the river** ~d **a channel in the mountainside** der Fluss grub sich *(dat)* sein Bett in den Berg ◆**gouge out** Vt ⟨trennb⟩ herausbohren; **to gouge sb's eyes out** j-m die Augen ausstechen
goulash [ˈguːlæʃ] ⟨S⟩ Gulasch *n*
gourd [gʊəd] ⟨S⟩ Flaschenkürbis *m*; *getrocknet* Kürbisflasche *f*
gourmet [ˈgʊəmeɪ] ⟨S⟩ Feinschmecker(in) *m(f)*
gout [gaʊt] ⟨S⟩ MED Gicht *f*
Gov ABK → governor
★**govern** [ˈgʌvən] **A** Vt **1** regieren; *Provinz, Schule* verwalten **2** *Gesetze* bestim-

men; *Entscheidung, Handlung* beeinflussen **B** $\overline{VII}$ POL regieren **governess** [ˈɡʌvənɪs] $\overline{S}$ Gouvernante f **governing body** $\overline{S}$ leitendes Gremium

★**government** [ˈɡʌvənmənt] **A** $\overline{S}$ **1** Regierung f; **the Government is** od **are planning new taxes** die Regierung plant neue Steuern **2** Regierungsform f **B** $\overline{ATTR}$ Regierungs-, der Regierung -; **~ official** Regierungsbeamter m/-beamtin f; **~ backing** staatliche Unterstützung; **~ intervention** staatlicher Eingriff **governmental** [ˌɡʌvənˈmentl] $\overline{ADJ}$ Regierungs-; **~ responsibility** Regierungsverantwortung f **government department** $\overline{S}$ Ministerium n **government-funded** $\overline{ADJ}$ mit staatlichen Mitteln finanziert **government spending** $\overline{S}$ öffentliche Ausgaben pl **governor** [ˈɡʌvənə] $\overline{S}$ **1** Gouverneur(in) m(f) **2** bes Br von *Gefängnis* Direktor(in) m(f); von *Schule* ≈ Mitglied n des Schulbeirats; **the (board of) ~s** der Vorstand; von *Schule* ≈ der Schulbeirat **governor general** $\overline{S}$ Generalgouverneur(in) m(f)

govt $\overline{ABK}$ (= government) Reg.

gown [ɡaʊn] $\overline{S}$ Kleid n; (≈ *Abendkleid*) Robe f; in *Krankenhaus* Kittel m; von *Richter* Talar m; **wedding ~** Hochzeitskleid n

GP $\overline{ABK}$ (= general practitioner) **to go to one's GP** zu seinem Hausarzt/seiner Hausärztin gehen

GPS $\overline{ABK}$ (= global positioning system) GPS n **GPS-enabled** $\overline{ADJ}$ *Handy, Handheld, Kamera* mit Navi, mit GPS

grab [ɡræb] **A** $\overline{S}$ **to make a ~ at** od *for* **sth** nach etw greifen; **to be up for ~s** umg, umg zu haben sein **B** $\overline{VII}$ **1** packen, wegschnappen umg; umg (≈ *fangen*) schnappen umg; *Gelegenheit* beim Schopf ergreifen umg; **he ~bed (hold of) my sleeve** er packte mich am Ärmel; **I'll just ~ a sandwich** umg ich esse nur schnell ein Sandwich **2** umg **how does that ~ you?** wie findest du das? **C** $\overline{VII}$ **to ~ at** greifen nach; **he ~bed at the chance of promotion** er ließ sich die Chance, befördert zu werden, nicht entgehen

grace [ɡreɪs] **A** $\overline{S}$ **1** ⟨kein pl⟩ Anmut f; **to do sth with (a) good/bad ~** etw anstandslos/widerwillig od unwillig tun **2** Zahlungsfrist f; **to give sb a few days' ~** j-m ein paar Tage Zeit lassen **3** **to**

say ~ das Tischgebet sprechen **4** Gnade f; **by the ~ of God** durch die Gnade Gottes; **to fall from ~** in Ungnade fallen **B** $\overline{VII}$ beehren (**with** mit); *Empfang etc* sich (dat) die Ehre geben bei (+dat) **graceful** $\overline{ADJ}$ anmutig; *Verbeugung, Benehmen* elegant **gracefully** $\overline{ADV}$ **1** anmutig **2** *akzeptieren etc* anstandslos; **to grow old ~** in Würde alt werden **gracious** [ˈɡreɪʃəs] **A** $\overline{ADJ}$ form (≈ *höflich*) liebenswürdig **B** $\overline{INT}$ obs **good** od **goodness ~ (me)!** ach du meine Güte!

gradation [ɡrəˈdeɪʃən] $\overline{S}$ Abstufung f **grade** [ɡreɪd] **A** $\overline{S}$ **1** Niveau n; von *Waren* (Güte)klasse f; **to make the ~** fig umg es schaffen umg; (≈ *beruflich*) Position f, Rang m, Gehaltsstufe f **3** SCHULE Note f; bes US Klasse f; **to get good/poor ~s** gute/schlechte Noten bekommen **4** US Neigung f **B** $\overline{VII}$ **1** *Waren* klassifizieren; *Schüler* einstufen **2** US SCHULE benoten **grade crossing** US $\overline{S}$ Bahnübergang m **-grader** [-ɡreɪdə] $\overline{S}$ (suf) US SCHULE -klässler(in) m(f); **sixth-grader** Sechstklässler(in) m(f)

grade school US $\overline{S}$ ≈ Grundschule f **gradient** [ˈɡreɪdɪənt] bes Br $\overline{S}$ Neigung f; **a ~ of 1 in 10** eine Steigung/ein Gefälle von 10%

gradual [ˈɡrædjʊəl] $\overline{ADJ}$ allmählich; *Fortschritt* langsam; *Abhang* sanft **gradually** [ˈɡrædjʊəlɪ] $\overline{ADV}$ allmählich; *abfallen* sanft

graduate¹ **A** [ˈɡrædjʊɪt] $\overline{S}$ Br UNIV (Hochschul)absolvent(in) m(f), Akademiker(in) m(f); US SCHULE Schulabgänger(in) m(f); **high-school ~** US ≈ Abiturient(in) m(f), ≈ Maturant(in) m(f) österr, schweiz **B** [ˈɡrædjʊeɪt] $\overline{VII}$ UNIV graduieren; US SCHULE die Abschlussprüfung bestehen (**from** an +dat); **to ~ in English** einen Hochschulabschluss in Englisch machen; **she ~d to television from radio** sie arbeitete sich vom Radio zum Fernsehen hoch **graduate²** [ˈɡrædjʊɪt-] Br $\overline{ZSSGN}$ für Akademiker; *Arbeitslosigkeit* unter den Akademikern **graduate school** [ˈɡrædjʊɪt] US $\overline{S}$ Hochschulabteilung für Studenten mit abgeschlossenem Studium **graduate student** [ˈɡrædjʊɪt] $\overline{S}$ Student(in) mit abgeschlossenem Studium **graduation** [ˌɡrædjʊˈeɪʃən] $\overline{S}$ **1** UNIV US SCHULE Abschlussfeier f **2** US SCHULE Schulab-

schluss *m*; UNIV Studienabschluss *m*
graffiti [grəˈfiːti] PL ⟨*mst mit sg v*⟩ Graffiti *pl* **graffiti artist** S̲ Graffitikünstler(in) *m(f)*

graft [grɑːft] A S̲ ▮ MED Transplantat *n* ▮ *bes US umg* Mauschelei *f umg* ▮ *Br umg* Schufterei *f umg* B S̲ VT MED übertragen (**on** auf +*akk*)

grail [greɪl] S̲ Gral *m*

★**grain** [greɪn] S̲ ▮ ⟨*kein pl*⟩ Getreide *n* ▮ Korn *n*; *fig von Wahrheit* Körnchen *n* ▮ *von Holz* Maserung *f*; **it goes against the ~** *Br*, **it goes against my ~** *US fig* es geht einem gegen den Strich **grainy** [ˈɡreɪni] ADJ ⟨*komp* grainier⟩ *Foto* unscharf

★**gram, gramme** [ɡræm] S̲ Gramm *n*

grammar [ˈɡræmə] S̲ Grammatik *f*; **English ~** die englische Grammatik; **that is bad ~** das ist grammat(ikal)isch falsch **grammar school** *Br* S̲ = Gymnasium *n*; *US* = Mittelschule *f* (*Stufe zwischen Grundschule und höherer Schule*) **grammatical** [ɡrəˈmætɪkəl] ADJ ▮ grammatisch; **~ error** Grammatikfehler *m* ▮ grammat(ikal)isch richtig; **his English is not ~** sein Englisch ist grammat(ikal)isch falsch **grammatically** [ɡrəˈmætɪkəli] ADV **~ correct** grammat(ikal)isch richtig

gramme [ɡræm] → gram

gramophone [ˈɡræməfəʊn] *Br obs* S̲ Grammofon *n*; **~ record** Schallplatte *f*

gran [ɡræn] *umg* S̲ Oma *f umg*

granary [ˈɡrænəri] S̲ Kornkammer *f*

grand [ɡrænd] A ADJ ⟨+*er*⟩ grandios; *Bauwerk* prachtvoll; *Geste* großartig; *Ideen* hochfliegend; *Getue* vornehm; **on a ~ scale** im großen Rahmen; **~ occasion** feierlicher Anlass; **the ~ opening** die große Eröffnung B S̲ FIN *umg* Riese *m umg*; **ten ~** zehn Riesen *umg*

grandad [ˈɡrændæd] S̲ *umg* Opa *m umg*

★**grandchild** [ˈɡræntʃaɪld] S̲ ⟨*pl* —children⟩ Enkel *m*, Enkelkind *n*

★**grand(d)ad** *umg* S̲ Opa *m umg*

★**granddaughter** S̲ Enkelin *f*

★**grandfather** [ˈɡræn(d)fɑːðə*r*] S̲ Großvater *m* **grandfather clock** S̲ Standuhr *f* **grand finale** S̲ großes Finale **grandiose** [ˈɡrændiəʊz] *pej* ADJ *Stil* schwülstig; *Idee* hochfliegend **grand jury** *US* S̲ JUR Großes Geschworenengericht **grandly** [ˈɡrændli] ADV ▮ eindrucksvoll,

grandios; **it is ~ described as/called/titled ...** es trägt die grandiose Bezeichnung ... ▮ großspurig, hochtrabend

★**grandma** *umg* S̲ Oma *f umg*
★**grandmother** S̲ Großmutter *f*
★**grandpa** *umg* S̲ Opa *m umg*
★**grandparent** S̲ Großvater *m*/-mutter *f*
★**grandparents** PL Großeltern *pl* **grand piano** S̲ Flügel *m* **grand slam** S̲ **to win the ~** SPORT alle Wettbewerbe gewinnen

★**grandson** S̲ Enkel(sohn) *m* **grandstand** S̲ Haupttribüne *f* **grand total** S̲ Gesamtsumme *f*; **a ~ of £50** insgesamt £ 50

granite [ˈɡrænɪt] S̲ Granit *m*

granny, grannie [ˈɡræni] *umg* S̲ Oma *f umg*

grant [ɡrɑːnt] A VT ▮ gewähren (**sb** j-m); *Erlaubnis, Visum* erteilen (**sb** j-m); *Antrag* stattgeben (+*dat*) *form*; *Wunsch* erfüllen; **to ~ an amnesty to sb** j-n amnestieren ▮ zugestehen; **to take sb/sth for ~ed** j-n/etw als selbstverständlich hinnehmen; **to take it for ~ed that ...** es selbstverständlich finden, dass ... B S̲ Subvention *f*; UNIV *etc* Stipendium *n*

granulated sugar [ˈɡrænjʊleɪtɪdˈʃʊɡə*r*] S̲ Zuckerraffinade *f* **granule** [ˈɡrænjuːl] S̲ Körnchen *n*

★**grape** [ɡreɪp] S̲ (Wein)traube *f*; **a bunch of ~s** eine (ganze) Weintraube **grapefruit** S̲ Grapefruit *f* **grapevine** S̲ Weinstock *m*; **I heard it on** *od* **through the ~** es ist mir zu Ohren gekommen

graph [ɡrɑːf] S̲ Diagramm *n* **graphic** [ˈɡræfɪk] ADJ ▮ *Schilderung* anschaulich; *krass* drastisch; **to describe sth in ~ detail** etw in allen Einzelheiten anschaulich darstellen ▮ KUNST grafisch **graphically** [ˈɡræfɪkəli] ADV anschaulich; *krass* auf drastische Art **graphical user interface** S̲ IT grafische Benutzeroberfläche **graphic artist** S̲ Grafiker(in) *m(f)* **graphic arts** PL, *sing konstr* Grafik *f* **graphic design** S̲ Grafik *f*, Grafikdesign *n* **graphic designer** S̲ Grafiker(in) *m(f)* **graphic equalizer** S̲ (Graphic) Equalizer *m* **graphics** [ˈɡræfɪks] A S̲ ▮ ⟨*pl*⟩ Zeichnungen *pl* ▮ ⟨+*sg v*⟩ Tätigkeit, *a.* IT Grafik *f* B ADJ ⟨*attr*⟩ IT Grafik- **graphics card** S̲ COMPUT Grafikkarte *f* **graphics software** S̲ Grafiksoftware *f*

G

graphite ['græfaɪt] [S] Grafit *m*
graph paper [S] Millimeterpapier *n*
grapple ['græpl] [V/I] kämpfen; **to ~ with a problem** sich mit einem Problem herumschlagen
grasp [grɑːsp] [A] [S] [1] Griff *m*; **the knife slipped from her ~** das Messer rutschte ihr aus der Hand; **when fame was within their ~** als Ruhm in greifbare Nähe gerückt war [2] *fig* Verständnis *n*; **to have a good ~ of sth** etw gut beherrschen [B] [V/T] [1] ergreifen, festhalten; **he ~ed the bundle in his arms** er hielt das Bündel in den Armen [2] *fig* begreifen [C] [V/I] **to ~ at sth** *wörtl* nach etw greifen; *fig* sich auf etw (*akk*) stürzen
grasping *fig* [ADJ] habgierig
★**grass** [grɑːs] [A] [S] [1] Gras *n*; **blade of ~** Grashalm *m* [2] ⟨*kein pl*⟩ Rasen *m*; AGR Weide *f*, Weideland *n* [3] *umg* (≈ *Marihuana*) Gras *n umg* [B] [V/I] *Br umg* singen *umg* (**to** bei); **to ~ on sb** j-n verpfeifen *umg* **grasshopper** [S] Heuschrecke *f* **grassland** [S] Grasland *n* **grass roots** [PL] Basis *f* **grass-roots** [ADJ] ⟨*attr*⟩ Basis-, an der Basis; **at ~ level** an der Basis; **a ~ movement** eine Bürgerinitiative **grass snake** [S] Ringelnatter *f* **grassy** ['grɑːsɪ] [ADJ] ⟨*komp* **grassier**⟩ grasig; **~ slope** Grashang *m*
grate¹ [greɪt] [S] Gitter *n*; *von Kamin* (Feuer)rost *m*
grate² [A] [V/T] GASTR reiben; **~d cheese** geriebener Käse, Reibkäse *m* [B] [V/I] *fig* wehtun (**on sb** j-m); **to ~ on sb's nerves** j-m auf die Nerven gehen
grateful ['greɪtfʊl] [ADJ] dankbar; **I'm ~ to you for buying the tickets** ich bin dir dankbar (dafür), dass du die Karten gekauft hast **gratefully** ['greɪtfəlɪ] [ADV] dankbar
grater ['greɪtəʳ] [S] Reibe *f*
gratification [ˌgrætɪfɪ'keɪʃən] [S] Genugtuung *f* **gratify** ['grætɪfaɪ] [V/T] [1] erfreuen; **I was gratified to hear that …** ich habe mit Genugtuung gehört, dass … [2] zufriedenstellen **gratifying** ['grætɪfaɪɪŋ] [ADJ] (sehr) erfreulich; **it is ~ to learn that …** es ist erfreulich zu erfahren, dass …
grating¹ ['greɪtɪŋ] [S] Gitter *n*
grating² [ADJ] kratzend; *Geräusch* quietschend; *Stimme* schrill
gratitude ['grætɪtjuːd] [S] Dankbarkeit *f* (**to** gegenüber)
gratuitous [grə'tjuːɪtəs] [ADJ] überflüssig
gratuity [grə'tjuːɪtɪ] [S] Gratifikation *f*; *form* Trinkgeld *n*
★**grave¹** [greɪv] [S] Grab *n*; **to turn in one's ~** sich im Grabe herumdrehen; **to dig one's own ~** *fig* sein eigenes Grab graben *od* schaufeln
grave² [ADJ] ⟨*komp* **graver**⟩ *Gefahr, Schwierigkeit* groß; *Situation, Mensch* ernst; *Fehler, Krankheit* schwer; *Zweifel* stark
grave digger [S] Totengräber(in) *m(f)*
gravel ['grævəl] [A] [S] Kies *m*, Schotter *m* [B] [ADJ] ⟨*attr*⟩ Kies-; *Auffahrt* mit Kies bedeckt
gravely ['greɪvlɪ] [ADV] [1] *krank, verletzt* schwer; **~ concerned** ernstlich besorgt [2] *nicken* ernst
gravestone [S] Grabstein *m* **graveyard** [S] Friedhof *m* **graveyard shift** *bes US umg* [S] Nachtschicht *f*
gravitate ['grævɪteɪt] *wörtl* [V/I] angezogen werden (**towards** von); *fig* hingezogen werden (**towards** zu) **gravitational** [ˌgrævɪ'teɪʃənl] [ADJ] Gravitations-
gravity ['grævɪtɪ] [S] [1] PHYS Schwerkraft *f*; **centre of ~** *Br*, **center of ~** *US* Schwerpunkt *m* [2] *von Mensch, Situation* Ernst *m*; *von Fehler, Verbrechen* Schwere *f*; **the ~ of the news** die schlimmen Nachrichten
gravy ['greɪvɪ] [S] ⟨*kein pl*⟩ GASTR Bratensaft *m*, Soße *f* **gravy boat** [S] Sauciere *f*
★**gray** *US* [ADJ] → grey
graze¹ [greɪz] [A] [V/I] *Rinder etc* weiden [B] [V/T] *Rinder* weiden lassen
graze² [A] [V/T] streifen; **to ~ one's knees** sich (*dat*) die Knie aufschürfen; **to ~ oneself** sich (*dat*) die Haut aufschürfen [B] [S] Abschürfung *f*
GRE *US* [ABK] (= Graduate Record Examination) UNIV *Zulassungsprüfung für ein weiterführendes Studium*
grease [griːs] [A] [S] Fett *n*, Schmiere *f* [B] [V/T] fetten; AUTO, TECH schmieren
greasepaint [S] THEAT (Fett)schminke *f* **greaseproof** [ADJ] **~ paper** Pergamentpapier *n* **greasy** ['griːsɪ] [ADJ] ⟨*komp* **greasier**⟩ *Essen* fett; *Haar, Haut* fettig; *Fläche* rutschig
★**great** [greɪt] [A] [ADJ] ⟨+er⟩ [1] groß, riesig; **there is a ~ need for economic development** wirtschaftliche Entwicklung ist

G

G

dringend nötig; **of no ~ importance** ziemlich unwichtig; **in ~ detail** ganz ausführlich; **to take a ~ interest in sth** sich sehr für etw interessieren; **he did not live to a ~ age** er erreichte kein hohes Alter; **with ~ difficulty** mit großen Schwierigkeiten; **to a ~ extent** in hohem Maße; **it was ~ fun** es hat großen Spaß gemacht; **a ~ many, a ~ number of** sehr viele; **his ~est work** sein Hauptwerk *n*; **he was a ~ friend of my father** er war mit meinem Vater sehr gut befreundet; **to be a ~ believer in sth** sehr viel von etw halten; **to be a ~ believer in doing sth** grundsätzlich dafür sein, etw zu tun **2** *umg* großartig, toll *umg*, prima *umg*; **this whisk is ~ for sauces** dieser Schneebesen eignet sich besonders gut für Soßen; **to be ~ at football** ein großer Fußballspieler sein; **to feel ~** sich toll *od* prima fühlen *umg*; **my wife isn't feeling so ~** meiner Frau geht es nicht besonders gut **3** ausgezeichnet; **one of the ~ footballers of our generation** einer der großen Fußballspieler unserer Generation **B** INT *umg* toll *umg*; **oh ~** iron na wunderbar **C** ADV **1** *umg* **she's doing ~** in Job sie macht sich hervorragend; *gesundheitlich* sie macht große Fortschritte; **everything's going ~** alles läuft nach Plan **2** **~ big** *emph umg* riesengroß **D** S *‹mst pl›* *(≈Mensch)* Größe f **great ape** S Menschenaffe m **great-aunt** S Großtante f

★**Great Britain** S Großbritannien n **Great Dane** S Deutsche Dogge **greater** ['greɪtəʳ] ADJ *‹komp›* **1** → great **2** größer; **of ~ importance is …** noch wichtiger ist … **Greater London** S Groß-London n **greatest** ['greɪtɪst] **A** ADJ *‹sup›* **1** → great **2** größte(r, s); **with the ~ (of) pleasure** mit dem größten Vergnügen **B** S **he's the ~** *umg* er ist der Größte

★**great-grandchild** S Urenkel(in) m(f) **great-granddaughter** S Urenkelin f **great-grandfather** S Urgroßvater m **great-grandmother** S Urgroßmutter f

★**great-grandparents** PL Urgroßeltern pl **great-grandson** S Urenkel m **Great Lakes** PL **the ~** die Großen Seen pl **greatly** ['greɪtlɪ] ADV steigern, übertreiben stark; *bewundern, überraschen* sehr; **he was not ~ surprised** er war nicht besonders überrascht **great-nephew** ['greɪt,nefjuː] S Großneffe m **greatness** ['greɪtnəs] S Größe f, Bedeutung f **great-niece** S Großnichte f **great-uncle** S Großonkel m

★**Greece** [griːs] S Griechenland n **greed** [griːd] S Gier f **(for** nach**)** *(≈Völlerei)* Gefräßigkeit f; **~ for money/power** Geld-/Machtgier f **greedily** ['griːdɪlɪ] ADV gierig **greediness** ['griːdɪnɪs] S Gierigkeit f; *(≈Völlerei)* Gefräßigkeit f **greedy** ['griːdɪ] ADJ *‹komp* greedier*›* gierig **(for** +*akk* nach **)**; *in Bezug auf Essen* gefräßig; **~ for power** machtgierig; **don't be so ~!** sei nicht so unbescheiden

★**Greek** [griːk] **A** ADJ griechisch; **he is ~** er ist Grieche; **~ salad** (griechischer) Bauernsalat **B** S **1** LING Griechisch n; **Ancient ~** Altgriechisch n; **it's all ~ to me** *umg* das sind böhmische Dörfer für mich *umg* **2** Grieche m, Griechin f

★**green** [griːn] **A** ADJ *‹+er›* grün; *Verbraucher* umweltbewusst; *Produkt, Technologie* umweltfreundlich; **to be ~ with envy** blass vor Neid sein **B** S **1** *(≈Farbe)* auf Golfplatz Grün n **2** Grünfläche f; **(village)** ~ Dorfwiese f **3** **~s** pl Grüngemüse n **4** POL **the Greens** die Grünen pl **C** ADV POL grün **greenback** US *umg* S Lappen m *sl*, Geldschein m **green bean** S grüne Bohne, Fisole f *österr* **green belt** S Grüngürtel m **green card** S **1** US Aufenthaltsgenehmigung f **2** Br *Versicherungswesen* grüne Versicherungskarte **greenery** ['griːnərɪ] S Grün n; *von Baum* grünes Laub **greenfield** ADJ **~ site** Bauplatz m im Grünen **green fingers** Br PL **to have ~** eine Hand für Pflanzen haben **greenfly** S Blattlaus f **greengrocer** *bes* Br S (Obst- und) Gemüsehändler(in) m(f); **at the ~'s (shop)** im Gemüseladen **greenhorn** S Greenhorn n, Einfaltspinsel m **greenhouse** S Gewächshaus n **greenhouse effect** S Treibhauseffekt m **greenhouse gas** S Treibhausgas n **greenish** ['griːnɪʃ] ADJ grünlich **Greenland** ['griːnlənd] S Grönland n **green light** S grünes Licht; **to give sb/sth the ~** j-m/einer Sache grünes Licht geben **green man** S *‹pl* -men*›* an Ampel grünes Licht; *kinderspr* grünes Männchen **green onion** *US* S Frühlingszwiebel *f* **Green Party** S **the ~** die Grünen *pl* **green pepper** S (grüne) Paprikaschote **greenroom** S THEAT ≈ Garderobe *f* **green thumb** *US* S → green fingers

Greenwich (Mean) Time ['grenɪtʃ('miːn),taɪm] S westeuropäische Zeit *f*

★**greet** [griːt] V/T begrüßen, empfangen, grüßen; *Nachricht* aufnehmen **greeting** ['griːtɪŋ] S Gruß *m*; **~s** Grüße *pl*; **to send ~s to sb** Grüße an j-n senden, j-n grüßen lassen **greetings card** S Grußkarte *f*

gregarious [grɪ'gɛərɪəs] ADJ gesellig

Grenada [grə'neɪdə] S GEOG Grenada *n*

grenade [grɪ'neɪd] S Granate *f*

grew [gruː] PRÄT → grow

★**grey** [greɪ], **gray** *US* [A] ADJ ⟨+er⟩ [1] grau; *Himmel* trüb; **to go** *od* **turn ~** *Mensch, Haare* grau werden [2] *Markt, Wählerstimme* Senioren- [B] S Grau *n* **grey area** *fig* S Grauzone *f* **grey-haired** ADJ grauhaarig **greyhound** ['greɪhaʊnd] S Windhund *m* **greyish** ['greɪɪʃ] ADJ, **grayish** *US* ADJ gräulich **grey matter** S MED *umg* graue Zellen *pl* **grey squirrel** S Grauhörnchen *n*

grid [grɪd] S [1] Gitter *n* [2] **the (national) ~** ELEK das Überland(leitungs)netz

griddle ['grɪdl] S GASTR *gusseiserne Platte zum Pfannkuchenbacken*

gridiron ['grɪd,aɪən] S [1] GASTR (Brat)rost *m* [2] *US* FUSSB Spielfeld *n*

gridlock ['grɪdlɒk] S *Verkehr* totaler Stau; **total ~** Verkehrsinfarkt *m* **gridlocked** ADJ *Straße* völlig verstopft **grid reference** S Planquadratangabe *f*

grief [griːf] S Leid *n*, große Trauer; **to come to ~** Schaden erleiden; (≈ *versagen*) scheitern **grief-stricken** ['griːf-,strɪkən] ADJ tieftraurig **grievance** ['griːvəns] S Klage *f*; (≈ *Ärger*) Groll *m*; **to have a ~ against sb for sth** j-m etw übel nehmen **grieve** [griːv] [A] V/T Kummer bereiten (+*dat*); **it ~s me to see that …** ich sehe mit Schmerz *od* Kummer, dass … [B] V/I trauern (**at, about** über +*akk*); **to ~ for sb/sth** um j-n/etw trauern **grievous** ['griːvəs] *form* ADJ schwer; *Fehler a.* schwerwiegend; **~ bodily harm** JUR schwere Körperverletzung

grill [grɪl] [A] S [1] GASTR Grill *m*, (Brat)rost *m*; (≈ *Speise*) Grillgericht *n* [2] → grille [B] V/T [1] GASTR grillen [2] *umg* **to ~ sb about sth** j-n über etw (*akk*) ausquetschen *umg*

grille [grɪl] S Gitter *n*, Fenstergitter *n*; *an Tür etc* Sprechgitter *n*

grilling ['grɪlɪŋ] S [1] GASTR Grillen *n* [2] strenges Verhör **grill pan** *Br* S Grillpfanne *f*

grim [grɪm] ADJ ⟨*komp* **grimmer**⟩ [1] grauenvoll; *Erinnerung* grauenhaft; *Situation* ernst, schlimm; (≈ *deprimierend*) trostlos; (≈ *ernst*) grimmig; **to look ~** *Lage, Zukunft* trostlos aussehen; *Mensch* ein grimmiges Gesicht machen; **the Grim Reaper** der Sensenmann [2] *umg* fürchterlich *umg*; **to feel ~** sich elend fühlen, sich mies fühlen *umg*

grimace ['grɪməs] [A] S Grimasse *f* [B] V/I Grimassen schneiden

grime [graɪm] S Dreck *m*

grimly ['grɪmlɪ] ADV [1] *an etw festhalten* verbissen [2] mit grimmiger Miene

grimy ['graɪmɪ] ADJ dreckig

grin [grɪn] [A] S Lächeln *n*, Grinsen *n* [B] V/I lächeln, grinsen; **to ~ and bear it** gute Miene zum bösen Spiel machen; **to ~ at sb** j-n anlächeln/angrinsen

grind [graɪnd] ⟨*v: prät, pperf* **ground**⟩ [A] V/T [1] zermahlen; *Kaffee, Mehl* mahlen; **to ~ one's teeth** mit den Zähnen knirschen [2] *Linse, Messer* schleifen [B] V/I **to ~ to a halt** *od* **standstill** *wörtl* quietschend zum Stehen kommen; *fig* stocken; *Produktion etc* zum Erliegen kommen [C] S *fig umg* Schufterei *f umg*; *US umg* Streber(in) *m(f) umg*; **the daily ~** der tägliche Trott; **it's a real ~** das ist ganz schön mühsam *umg* ♦**grind down** *fig* V/T ⟨*trennb*⟩ zermürben ♦**grind up** V/T ⟨*trennb*⟩ zermahlen

grinder ['graɪndəʳ] S [1] Fleischwolf *m* [2] Kaffeemühle *f* **grinding** ['graɪndɪŋ] ADJ [1] **to come to a ~ halt** völlig zum Stillstand kommen [2] *Armut* (er)drückend

grindstone ['graɪndstəʊn] S **to keep one's nose to the ~** hart arbeiten; **back to the ~** wieder in die Tretmühle *hum*

grip [grɪp] [A] S [1] Griff *m*; *an Seil, auf Straße* Halt *m*; **to get a ~ on the rope** am Seil Halt finden; **these shoes have got a good ~** diese Schuhe greifen gut; **to get a ~ on sth** *Situation etc*

G

etw in den Griff bekommen; **to get a ~ on oneself** umg sich zusammenreißen umg; **to let go** od **release one's** loslassen (**on sth** etw); **to lose one's** wörtl den Halt verlieren; fig nachlassen; **to lose one's ~ on reality** den Bezug zur Wirklichkeit verlieren; **the country is in the ~ of a general strike** das Land ist von einem Generalstreik lahmgelegt; **to get** od **come to ~s with sth** etw in den Griff bekommen 🔁 bes Br in Haar Klemmchen n 🄱 ‾V̅T̅ packen; **the tyre ~s the road well** Br, **the tire ~s the road well** US der Reifen greift gut 🄲 ‾V̅I̅ greifen

gripe [graɪp] 🄰 ‾V̅I̅ umg meckern umg 🄱 ‾S̅ umg Meckerei f umg

gripping [ˈɡrɪpɪŋ] ‾A̅D̅J̅ packend

grisly [ˈɡrɪzlɪ] ‾A̅D̅J̅ ⟨komp grislier⟩ grausig

grist [ɡrɪst] ‾S̅ **it's all ~ to his/the mill** das kann er/man alles verwerten; Genugtuung das ist Wasser auf seine Mühle

gristle [ˈɡrɪsl] ‾S̅ Knorpel m **gristly** [ˈɡrɪslɪ] ‾A̅D̅J̅ ⟨komp gristlier⟩ knorpelig

grit [ɡrɪt] 🄰 ‾S̅ Staub m; (≈ Steine) Splitt m; für Straßen im Winter Streusand m 🄱 ‾V̅T̅ 🄺 Straße streuen 🄼 **to ~ one's teeth** die Zähne zusammenbeißen **gritter** Br 🄼 Winterdienst Streufahrzeug n

gritty [ˈɡrɪtɪ] ‾A̅D̅J̅ ⟨komp grittier⟩ 🄺 fig Entschlossenheit zäh 🄼 fig Drama wirklichkeitsnah; Porträt ungeschminkt

grizzle [ˈɡrɪzl] ‾V̅I̅ Br umg Kind quengeln umg

grizzly [ˈɡrɪzlɪ] ‾S̅, (a. **grizzly bear**) Grizzly(bär) m

groan [ɡrəʊn] 🄰 ‾S̅ Stöhnen n kein pl; **to let out** od **give a ~** (auf)stöhnen 🄱 ‾V̅I̅ stöhnen (**with** vor +dat); Bretter ächzen (**with** vor +dat); **the table ~ed under the weight** der Tisch ächzte unter der Last

★**grocer** [ˈɡrəʊsəʳ] ‾S̅ Lebensmittelhändler(in) m/f(m); **at the ~'s** im Lebensmittelladen **grocery** [ˈɡrəʊsərɪ] ‾S̅ 🄺 Br Lebensmittelgeschäft n 🄼 **groceries** pl Lebensmittel pl

groggy [ˈɡrɒɡɪ] ‾A̅D̅J̅ ⟨komp groggier⟩ umg groggy präd umg

groin [ɡrɔɪn] ‾S̅ ANAT Leiste f; **to kick sb in the ~** j-n in den Unterleib treten

★**groom** [ɡruːm] 🄰 ‾S̅ 🄺 Stallbursche m 🄼 Bräutigam m 🄱 ‾V̅T̅ 🄺 Pferd striegeln;

to ~ oneself sich putzen; **well ~ed** gepflegt 🄼 **he's being ~ed for the Presidency** er wird als zukünftiger Präsidentschaftskandidat aufgebaut

groove [ɡruːv] ‾S̅ Rille f

groovy [ˈɡruːvɪ] ‾A̅D̅J̅ ⟨komp groovier⟩ umg irre sl

grope [ɡrəʊp] 🄰 ‾V̅I̅ (a. **grope around** od **about**) (herum)tasten (**for** nach); nach Worten suchen (**for** nach); **to be groping in the dark** im Dunkeln tappen; (≈ziellos arbeiten) vor sich (akk) hin wursteln umg 🄱 ‾V̅T̅ umg Freundin befummeln umg; **to ~ one's way** sich vorwärtstasten 🄲 ‾S̅ umg **to have a ~** fummeln umg

gross¹ [ɡrəʊs] ‾S̅ ⟨kein pl⟩ Gros n

gross² [ɡrəʊs] ‾A̅D̅J̅ ⟨+er⟩ 🄺 Übertreibung, Fehler grob; **that is a ~ understatement** das ist stark untertrieben 🄼 fett 🄽 umg abstoßend 🄳 Gesamt-; (≈ vor Abzügen) Brutto-; **~ amount** Gesamtbetrag m; **~ income** Bruttoeinkommen n 🄱 ‾V̅T̅ brutto verdienen **gross domestic product** ‾S̅ WIRTSCH Bruttoinlandsprodukt n **grossly** [ˈɡrəʊslɪ] ‾A̅D̅V̅ ungerecht, unverantwortlich äußerst; übertrieben stark **gross national product** ‾S̅ WIRTSCH Bruttosozialprodukt n

grotesque [ɡrəʊˈtesk] ‾A̅D̅J̅ grotesk; Idee absurd **grotesquely** [ɡrəʊˈtesklɪ] ‾A̅D̅V̅ auf groteske Art; geschwollen grauenhaft

grotto [ˈɡrɒtəʊ] ‾S̅ ⟨pl -(e)s⟩ Grotte f

grotty [ˈɡrɒtɪ] umg ‾A̅D̅J̅ ⟨komp grottier⟩ 🄺 grausig umg, verdreckt umg 🄼 mies umg

grouch [ɡraʊtʃ] ‾S̅ 🄺 Klage f; **to have a ~** schimpfen (**about** über +akk) 🄼 umg (≈Mensch) Muffel m umg **grouchy** [ˈɡraʊtʃɪ] ‾A̅D̅J̅ ⟨komp grouchier⟩ griesgrämig

★**ground¹** [ɡraʊnd] 🄰 ‾S̅ 🄺 Boden m; hilly ~ hügeliges Gelände; **there is common ~ between us** uns verbindet einiges; **to be on dangerous ~** fig sich auf gefährlichem Boden bewegen; **on familiar ~** auf vertrautem Boden; **to gain/lose ~** Boden gewinnen/verlieren; **to lose ~ to sb/sth** gegenüber j-m/etw an Boden verlieren; **to give ~ to sb/sth** vor j-m/etw zurückweichen; **to break new ~** neue Gebiete erschließen; **to prepare the ~ for sth** den Boden für etw vorbereiten; **to cover a lot of ~** fig eine Menge Dinge behandeln; **to stand one's ~** *wörtl* nicht von der Stelle weichen; *fig* seinen Mann stehen; **above/below ~** über/unter der Erde; **to fall to the ~** *wörtl* zu Boden fallen; **to burn sth to the ~** etw niederbrennen; **it suits me down to the ~** das ist ideal für mich; **to get off the ~** *Flugzeug etc* abheben; *fig Pläne etc* sich realisieren; **to go to ~** untertauchen *umg* **2** Platz *m* **3** ~s *pl* Gelände *n*, Anlagen *pl* **4** ~s *pl* (≈ *Ablagerung*) Satz *m* **5** *US* ELEK Erde *f* **6** Grund *m*; **to have ~(s) for sth** Grund zu etw haben; **~s for dismissal** Entlassungsgrund *m/*-gründe *pl*; **on the ~s of...** aufgrund ... *(gen)*; **on the ~s that ...** mit der Begründung, dass ...; **on health ~s** aus gesundheitlichen Gründen **B** V/T **1** FLUG *Maschine* aus dem Verkehr ziehen; **to be ~ed by bad weather** wegen schlechten Wetters nicht starten können **2** *Kind* Hausarrest erteilen *(+dat)*; **to be ~ed for a week** eine Woche Hausarrest haben **3** *US* ELEK erden **4** **to be ~ed on sth** sich auf etw *(akk)* gründen

ground² A PRÄT & PPERF → **grind B** ADJ *Kaffee* gemahlen; **freshly ~ black pepper** frisch gemahlener schwarzer Pfeffer; **~ meat** *US* Hackfleisch *n*, Faschierte(s) *n österr*

ground-breaking ADJ umwälzend; *Forschung* bahnbrechend **ground control** S FLUG Bodenkontrolle *f* **ground crew** S Bodenpersonal *n* **ground floor** S *Br* Erdgeschoss *n*, Erdgeschoß *n österr* **ground frost** S Bodenfrost *m* **grounding** S Grundwissen *n*; **to give sb a ~ in English** j-m die Grundlagen *pl* des Englischen beibringen **groundkeeper** *US* S → groundsman **groundless** ADJ grundlos **ground level** S Boden *m*; **below ~** unter dem Boden **groundnut** S Erdnuss *f* **ground plan** S Grundriss *m* **ground rules** PL Grundregeln *pl* **groundsheet** S Zeltboden *m*, Zeltbodenplane *f* **groundsman** ['graʊndzmən] S ⟨pl -men⟩ *bes Br* Platzwart *m* **ground staff** S FLUG Bodenpersonal *n*; SPORT Platzwarte *pl* **ground water** S Grundwasser *n* **groundwork** S Vorarbeit *f*; **to do the ~ for sth** die Vorarbeit für etw leisten **ground zero** S

1 *von Explosion* Bodennullpunkt *m* **2** ⟨*kein pl*⟩ HIST **Ground Zero** HIST Ground Zero *m* (*Gelände in New York, auf dem das World Trade Center stand*)

★**group** [gruːp] **A** S Gruppe *f*; **a ~ of people** eine Gruppe Menschen; **a ~ of trees** eine Baumgruppe **B** ADJ ⟨*attr*⟩ Gruppen-; *Aktivitäten a.* in der Gruppe; **~ photo** Gruppenfoto *n*; **~ selfie** (≈ *Eigenfoto*) Gruppenselfie *n* **C** V/T gruppieren; **to ~ together** zusammentun **group booking** S Gruppenbuchung *f* **group hug** S Gruppenumarmung *f* **groupie** ['gruːpɪ] *umg* S Groupie *m* **grouping** ['gruːpɪŋ] S Gruppierung *f* **grouse¹** [graʊs] S ⟨*pl -*⟩ Waldhuhn *n*, Schottisches Moor(schnee)huhn **grouse²** *Br umg* S meckern *umg* (**about** über +*akk*) **grove** [graʊv] S Hain *m* **grovel** ['grɒvl] V/I kriechen; **to ~ to** *od* **before sb** *fig* vor j-m kriechen **grovelling** ['grɒvəlɪŋ] S, **groveling** *US* S Kriecherei *f umg*

★**grow** [graʊ] ⟨*prät* grew; *pperf* grown⟩ **A** V/T **1** *Pflanzen* ziehen, anbauen, züchten **2** **to ~ a beard** sich *(dat)* einen Bart wachsen lassen **B** V/I **1** wachsen, zunehmen, sich vergrößern; **to ~ in popularity** immer beliebter werden; **fears were ~ing for her safety** man machte sich zunehmend Sorgen um ihre Sicherheit; **the economy is ~ing by 2% a year** die Wirtschaft wächst um 2% pro Jahr; **pressure is ~ing for him to resign** er gerät zunehmend unter Druck zurückzutreten **2** werden; **to ~ to be sth** allmählich etw sein; **to ~ to hate sb** j-n hassen lernen; **I've ~n to like him** ich habe ihn mit der Zeit lieb gewonnen; **to ~ used to sth** sich an etw *(akk)* gewöhnen ♦**grow apart** *fig* sich auseinanderentwickeln ♦**grow from** V/I ⟨+obj⟩ entstehen aus ♦**grow into** V/I ⟨+obj⟩ **1** *Kleider, Job* hineinwachsen in (+*akk*) **2** sich entwickeln zu; **to grow into a man/woman** zum Mann/zur Frau heranwachsen ♦**grow on** V/I ⟨+obj⟩ **it'll grow on you** das wird dir mit der Zeit gefallen ♦**grow out** V/I herauswachsen ♦**grow out of** V/I ⟨+obj⟩ **1** *Kleider* herauswachsen aus; **to grow out of a habit** eine Angewohnheit ablegen **2** entstehen aus ♦**grow up** V/I aufwachsen, erwachsen werden; *fig Stadt* entstehen; **what are you going to do when you grow up?** was willst du mal werden, wenn du groß bist?; **grow up!**, **when are you going to grow up?** werde endlich erwachsen!

grower ['ɡrəʊəʳ] $\underline{S}$ *von Obst, Gemüse* Anbauer(in) *m(f)*; *von Blumen* Züchter(in) *m(f)* **growing** ['ɡrəʊɪŋ] $\overline{ADJ}$ wachsend; *Kind* heranwachsend; *Bedeutung, Zahl* zunehmend

growl [ɡraʊl] $\underline{A}$ $\underline{S}$ Knurren *n kein pl* $\underline{B}$ $\overline{VI}$ knurren; **to ~ at sb** j-n anknurren $\underline{C}$ $\overline{VT}$ knurren

grown [ɡrəʊn] $\underline{A}$ $\overline{PPERF}$ → grow $\underline{B}$ $\overline{ADJ}$ erwachsen; **fully ~** ausgewachsen **grown-up** ['ɡrəʊnʌp] $\underline{A}$ $\overline{ADJ}$ erwachsen; **they have a ~ family** sie haben schon erwachsene Kinder $\underline{B}$ $\underline{S}$ Erwachsene(r) *m(f)*

★**growth** [ɡrəʊθ] $\underline{S}$ **1** Wachstum *n*, Zunahme *f*, Vergrößerung *f*; *von Kapital* Zuwachs *m*; ~ **industry** Wachstumsindustrie *f*; ~ **rate** WIRTSCH Wachstumsrate *f* **2** (≈ *Pflanzen*) Vegetation *f*; *von einzelner Pflanze* Triebe *pl* **3** MED Wucherung *f*

grub [ɡrʌb] $\underline{A}$ $\underline{S}$ **1** Larve *f* **2** *umg* (≈ *Essen*) Fressalien *pl umg* **3** *umg* (*a.* **grub about** *od* **around**) wühlen (**in** *in +dat od* **for** *nach*)

grubby ['ɡrʌbɪ] $\overline{ADJ}$ ⟨*komp* **grubbier**⟩ dreckig; *Mensch, Kleidung* schmuddelig *umg*

grudge [ɡrʌdʒ] $\underline{A}$ $\underline{S}$ Groll *m* (**against** *gegen*); **to bear sb a ~**, **to have a ~ against sb** j-m grollen; **I bear him no ~** ich trage ihm das nicht nach $\underline{B}$ $\overline{VT}$ **to ~ sb sth** j-m etw gönnen; **I don't ~ you your success** ich gönne Ihnen Ihren Erfolg **grudging** ['ɡrʌdʒɪŋ] $\overline{ADJ}$ widerwillig **grudgingly** ['ɡrʌdʒɪŋlɪ] $\overline{ADV}$ widerwillig

gruelling ['ɡruːəlɪŋ] $\overline{ADJ}$, **grueling** *US* $\overline{ADJ}$ *Arbeit, Reise* (äußerst) anstrengend; *Tempo* mörderisch *umg*; *Rennen* (äußerst) strapaziös

gruesome ['ɡruːsəm] $\overline{ADJ}$ grausig **gruff** $\overline{ADJ}$, **gruffly** ['ɡrʌf, -lɪ] $\overline{ADV}$ barsch **grumble** ['ɡrʌmbl] $\overline{VI}$ murren, sempern *österr* (**about, over** *über +akk*)

grumpily ['ɡrʌmpɪlɪ] *umg* $\overline{ADV}$ mürrisch **grumpy** ['ɡrʌmpɪ] $\overline{ADJ}$ ⟨*komp* **grumpier**⟩ *umg* mürrisch

grunge [ɡrʌndʒ] $\underline{S}$ MUS Grunge *n* **grungy** ['ɡrʌndʒɪ] $\overline{ADJ}$ ⟨*komp* **grungier**⟩ *umg* mies *umg*

grunt [ɡrʌnt] $\underline{A}$ $\underline{S}$ Grunzen *n kein pl*; *schmerzhaft etc* Ächzen *n kein pl* $\overline{VI}$ grunzen; *vor Schmerz, Anstrengung* ächzen $\underline{C}$ $\overline{VT}$ knurren

G-string ['dʒiːstrɪŋ] $\underline{S}$ Tangahöschen *n* **guarantee** [ˌɡærən'tiː] $\underline{A}$ $\underline{S}$ Garantie *f* (**of** *für*); **to have** *od* **carry a 6-month ~** 6 Monate Garantie haben; **there is a year's ~ on this watch** auf der Uhr ist ein Jahr Garantie; **while it is still under ~** solange noch Garantie darauf ist; **that's no ~ that ...** das heißt noch lange nicht, dass ... $\underline{B}$ $\overline{VT}$ garantieren (**sb sth** j-m etw); **I can't ~ (that) he will be any good** ich kann nicht dafür garantieren, dass er gut ist **guaranteed** $\overline{ADJ}$ garantiert; **to be ~ for three months** *Waren* drei Monate Garantie haben **guarantor** [ˌɡærən'tɔːʳ] $\underline{S}$ Garant(in) *m(f)*; JUR *a.* Bürge *m*, Bürgin *f*

★**guard** [ɡɑːd] $\underline{A}$ $\underline{S}$ **1** Wache *f*; **to change ~** Wachablösung machen; **to be under ~** bewacht werden; **to keep sb/sth under ~** j-n/etw bewachen; **to be on ~, to stand ~** Wache stehen; **to stand ~ over sth** etw bewachen **2** Sicherheitsbeamte(r) *m/*-beamtin *f*; *in Park etc* Wächter(in) *m(f)*; *bes US* Gefängniswärter(in) *m(f)*; *Br* BAHN Zugbegleiter(in) *m(f)*, Kondukteur(in) *m(f) schweiz* **3** **to drop** *od* **lower one's ~** *wörtl* seine Deckung vernachlässigen; *fig* seine Reserve aufgeben; **the invitation caught me off ~** ich war auf die Einladung nicht vorbereitet; **to be on one's ~ (against sth)** *fig* (vor etw *dat*) auf der Hut sein; **to put sb on his ~ (against sth)** j-n (vor etw *dat*) warnen **4** *Schutz m* (**against** *gegen*); *an Geräten* Schutz *m*, Schutzvorrichtung *f* $\underline{B}$ $\overline{VT}$ *Gefangenen, Wertgegenstände* bewachen; *Schatz* hüten; *Gepäck* aufpassen auf (*+akk*); *j-n, Haus* schützen (**from, against** *vor +dat*); **a closely ~ed secret** ein streng gehütetes Geheimnis ♦**guard against** $\overline{VI}$ (*+obj*) *Betrug etc* sich in Acht nehmen vor (*+dat*); *Krankheit, Angriff* vorbeugen (*+dat*); **you must guard against catching cold** Sie müssen aufpassen, dass Sie sich nicht erkälten

guard dog $\underline{S}$ Wachhund *m* **guard du-**

ty ⎯S **to be on ~** auf Wache sein **guarded** ⎯ADJ Antwort etc vorsichtig **guardian** ['ɡɑːdiən] ⎯S Hüter(in); JUR Vormund m **guardrail** ['ɡɑːdreɪl] ⎯S Schutzgeländer n **guardsman** ['ɡɑːdzmən] ⟨pl -men⟩ Gardist m **guard's van** ['ɡɑːdzvæn] ⎯S Br BAHN Dienstwagen m

Guatemala [ˌɡwɑːtəˈmɑːlə] ⎯S Guatemala n

Guernsey ['ɡɜːnzɪ] ⎯S Guernsey n

guer(r)illa [ɡəˈrɪlə] ⎯A ⎯S Guerillero m, Guerillera f ⎯B ⎯ADJ ⟨attr⟩ Guerilla- **guer(r)illa war, guer(r)illa warfare** ⎯S Guerillakrieg m

★**guess** [ɡes] ⎯A ⎯S Vermutung f, Schätzung f; **to have** od **make a ~ (at sth)** (etw) raten, (etw) schätzen; **it's a good ~** gut geschätzt; **it was just a lucky ~** das war ein Zufallstreffer m; **I'll give you three ~es** dreimal darfst du raten; **at a rough ~** grob geschätzt; **your ~ is as good as mine!** umg da kann ich auch nur raten!; **it's anybody's ~** umg das wissen die Götter umg ⎯B ⎯V/I 1 raten; **to keep sb ~ing** j-n im Ungewissen lassen; **you'll never ~!** das wirst du nie erraten 2 bes US I **~ not** wohl nicht; **he's right, I ~** er hat wohl recht; **I think he's right — I ~ so** ich glaube, er hat recht — ja, das hat er wohl ⎯C ⎯V/T 1 raten; richtig erraten; Wert etc schätzen; I **~ed as much** das habe ich mir schon gedacht; **you'll never ~ who … das errätst du nie, wer …; ~ what!** umg stell dir vor! umg 2 bes US I **~ we'll just have to wait and see** wir werden wohl abwarten müssen **guesswork** ['ɡesˌwɜːk] ⎯S (reine) Vermutung

★**guest** [ɡest] ⎯S Gast m; **~ of honour** Br, **~ of honor** US Ehrengast m; **be my ~** umg nur zu! umg **guest appearance** ⎯S Gastauftritt m; **to make a ~** als Gast auftreten **guesthouse** ⎯S (Fremden)pension f **guest list** ⎯S **guest room** ⎯S Gästezimmer n **guest speaker** ⎯S Gastredner(in) m(f)

guffaw [ɡʌˈfɔː] ⎯A ⎯S schallendes Lachen kein pl ⎯B ⎯V/I schallend (los)lachen

GUI ⎯ABK (= graphical user interface) GUI n

guidance ['ɡaɪdəns] ⎯S Leitung f, Beratung f (**on** über +akk); durch Vorgesetzte etc Anleitung f; **to give sb ~ on sth**

j-n bei etw beraten **guidance counselor** US ⎯S Berufsberater(in) m(f)

★**guide** [ɡaɪd] ⎯A ⎯S 1 Führer(in) m(f); fig (≈ Hinweis) Anhaltspunkt m (**to** für); (≈ Modell) Leitbild n 2 Br **Guide** Pfadfinderin f 3 Anleitung f, Handbuch n (**to** +gen); für Reise Führer m; **as a rough ~** als Faustregel ⎯B ⎯V/T j-n führen; **to be ~d by sb/sth** sich von j-m/etw leiten lassen **guidebook** ['ɡaɪdbʊk] ⎯S (Reise)führer m (**to** von) **guided missile** [ˌɡaɪdɪdˈmɪsaɪl] ⎯S ferngelenktes Geschoss **guide dog** ⎯S Blindenhund m **guided tour** ⎯S Führung f (**of** durch) **guideline** ['ɡaɪdlaɪn] ⎯S Richtlinie f; **safety ~s** Sicherheitshinweise pl; **I gave her a few ~s on looking after a kitten** ich gab ihr ein paar Hinweise, wie man eine junge Katze versorgt **guiding** ⎯ADJ ⟨attr⟩ **~ force** leitende Kraft; **~ principle** Leitmotiv n; **~ star** Leitstern m

guild [ɡɪld] ⎯S HIST Zunft f; (≈ Klub etc) Verein m

guile [ɡaɪl] ⎯S (Arg)list f

guillotine [ˌɡɪləˈtiːn] ⎯A ⎯S 1 Guillotine f 2 (Papier)schneidemaschine f ⎯B ⎯V/T mit der Guillotine hinrichten

guilt [ɡɪlt] ⎯S Schuld f (**for, of an** +dat); **feelings of ~** Schuldgefühle pl; **~ complex** Schuldkomplex m **guiltily** ['ɡɪltɪlɪ] ⎯ADV schuldbewusst

★**guilty** ['ɡɪltɪ] ⎯ADJ ⟨komp guiltier⟩ 1 Lächeln, Schweigen schuldbewusst; Geheimnis mit Schuldgefühlen verbunden; **~ conscience** schlechtes Gewissen; **~ feelings** Schuldgefühle pl; **to feel ~ (about doing sth)** ein schlechtes Gewissen haben(, weil man etw tut/getan hat); **to make sb feel ~** j-m ein schlechtes Gewissen einreden 2 schuldig (**of sth** einer Sache gen); **the ~ person** der/die Schuldige; **the ~ party** die schuldige Partei; **to find sb ~/not ~ (of sth)** j-n (einer Sache gen) für schuldig/nicht schuldig befinden; **to plead (not) ~ to a crime** sich eines Verbrechens (nicht) schuldig bekennen; **a ~ verdict, a verdict of ~** ein Schuldspruch m; **a not ~ verdict, a verdict of not ~** ein Freispruch m; **their parents are ~ of gross neglect** ihre Eltern haben sich grobe Fahrlässigkeit zuschulden kommen lassen; **we're all ~ of ne-**

G

G

glecting the problem uns trifft alle die Schuld, dass das Problem vernachlässigt wurde

guinea pig S̲ Meerschweinchen *n*; *fig* Versuchskaninchen *n*

guise [gaɪz] S̲ (≈ Verkleidung) Gestalt *f*; (≈ Ausrede) Vorwand *m*; **in the ~ of a clown** als Clown verkleidet; **under the ~ of doing sth** unter dem Vorwand, etw zu tun

★**guitar** [gɪˈtɑː] S̲ Gitarre *f*; **to play the ~** Gitarre spielen **guitarist** [gɪˈtɑːrɪst] S̲ Gitarrist(in) *m(f)*

gulch [gʌltʃ] *US* S̲ Schlucht *f*

gulf [gʌlf] S̲ **1** Golf *m*; **the Gulf of Mexico** der Golf von Mexiko **2** tiefe Kluft **Gulf States** PL̲ **the ~** die Golfstaaten *pl* **Gulf Stream** S̲ Golfstrom *m* **Gulf War** S̲ Golfkrieg *m*

gull [gʌl] S̲ Möwe *f*

gullet [ˈgʌlɪt] S̲ ANAT Speiseröhre *f*

gullible [ˈgʌlɪbl] ADJ̲ leichtgläubig

gully [ˈgʌlɪ] S̲ **1** Schlucht *f*, Tobel *m* österr **2** Rinne *f*

gulp [gʌlp] A̲ S̲ Schluck *m*; **in one ~** auf einen Schluck B̲ V/T̲ (*a.* **gulp down**) *Getränk* runterstürzen; *Essen* runterschlingen C̲ V/I̲ *beim Schlucken* würgen

gum¹ [gʌm] S̲ ANAT Zahnfleisch *n kein pl*

gum² [gʌm] A̲ S̲ **1** Gummi *n* **2** Klebstoff *m*, Pick *m* österr **3** Kaugummi *m* B̲ V/T̲ kleben, picken österr **gummy** [ˈgʌmɪ] ADJ̲ <*komp* **gummier**> klebrig; *Augen* verklebt

gumption [ˈgʌmpʃən] *umg* S̲ Grips *m umg*

gumshield S̲ Zahnschutz *m*

★**gun** [gʌn] A̲ S̲ Kanone *f*, Gewehr *n*, Pistole *f*; **to carry a gun** (mit einer Schusswaffe) bewaffnet sein; **to draw a gun on sb** j-n mit einer Schusswaffe bedrohen; **big gun** hohes *od* großes Tier *umg* (*in +dat*) *fig umg*; **to stick to one's guns** nicht nachgeben; **to jump the gun** *fig* voreilig handeln; **to be going great guns** Br *umg* toll in Schwung *od* Fahrt sein *umg*; *Auto* wie geschmiert laufen *umg*; *Firma* gut in Schuss sein *umg* B̲ V/T̲ *a.* **gun down** *j-n* erschießen C̲ V/I̲ *umg* **to be gunning for sb** *fig* j-n auf dem Kieker haben *umg* **gunboat** S̲ Kanonenboot *n* **gunfight** S̲ Schießerei *f* **gunfighter** S̲ Revolverheld *m* **gunfire** S̲ Schießerei *f*; MIL Geschützfeuer *n*

gunge [gʌndʒ] Br *umg* S̲ klebriges Zeug *n*

gunk [gʌŋk] *bes US umg* S̲ → gunge

gun licence S̲, **gun license** *US* S̲ Waffenschein *m* **gunman** [ˈgʌnmən] S̲ <*pl* **-men**> (mit einer Schusswaffe) Bewaffnete(r) *m*; **they saw the ~** sie haben den Schützen gesehen **gunner** [ˈgʌnə] S̲ MIL Artillerist *m* **gunpoint** S̲ **to hold sb at ~** j-n mit einer Schusswaffe bedrohen **gunpowder** S̲ Schießpulver *n* **gunrunner** S̲ Waffenschmuggler(in) *od* -schieber(in) *m(f)* **gunrunning** S̲ Waffenschmuggel *m* **gunshot** S̲ Schuss *m*; **~ wound** Schusswunde *f*

▶ **The Gunpowder Plot**

The Gunpowder Plot (1605) war eine Verschwörung englischer Katholiken unter der Führung von **Guy Fawkes** [ˌgaɪˈfɔːks] gegen König **James I.**, der samt dem Parlament mit Schießpulver (**gunpowder**) in die Luft gesprengt werden sollte. Der Plan misslang. Diese Vereitelung feiern die Briten mit Feuerwerk und **bonfires** (Freudenfeuern) jedes Jahr am 5. November (**Guy Fawkes' Night** oder **Bonfire Night**). ◀

gurgle [ˈgɜːgl] A̲ S̲ *von Flüssigkeit* Gluckern *n kein pl*; *von Baby* Glucksen *n kein pl* B̲ V/I̲ *Flüssigkeit* gluckern; *Baby* glucksen (**with** vor *+dat*)

gurney [ˈgɜːnɪ] *US* S̲ (Trag)bahre *f*

gush [gʌʃ] A̲ S̲ *von Wasser etc* Strahl *m*; *von Worten* Schwall *m*; *von Gefühlen* Ausbruch *m* B̲ V/I̲ **1** (*a.* **~ out**) herausschießen **2** *umg* schwärmen *umg* (**about, over** von) **gushing** ADJ̲ **1** *Wasser* (her-aus)schießend **2** *fig* überschwänglich

gusset [ˈgʌsɪt] S̲ Zwickel *m*

gust [gʌst] A̲ S̲ **1** Bö(e) *f*; **a ~ of cold air** ein Schwall *m* kalte Luft; **~s of up to 100 km/h** Böen von bis zu 100 km/h B̲ V/I̲ böig wehen

gusto [ˈgʌstəʊ] S̲ <*kein pl*> Begeisterung *f*; **to do sth with ~** etw mit Genuss tun

gusty [ˈgʌstɪ] ADJ̲ <*komp* **gustier**> böig

gut [gʌt] A̲ S̲ **1** Darm *m* **2** Bauch *m* **3** <*mst pl*> *Eingeweide n* **4** *fig* **to slog** *od* **work one's guts out** *umg* wie blöd schuften *umg*; **to hate sb's guts** *umg* j-n auf den Tod nicht ausstehen können *umg*; **gut reaction** rein gefühlsmäßige Reaktion, Bauchentscheidung *f*; **my gut feeling is that ...** rein gefühlsmäßig würde ich sagen, dass ... **4 guts** *pl umg* Mumm *m umg* **B** V/T **1** *Tier* ausnehmen **2** *Feuer* ausbrennen; (≈ *leeren*) ausräumen; **it was completely gutted by the fire** es war völlig ausgebrannt **gutless** *fig umg* ADJ feige **gutsy** ['gʌtsɪ] *umg* ADJ *Mensch* mutig; *Vorgehen* kämpferisch

gutted *bes Br umg* ADJ **I was ~** ich war total am Boden *umg*; **he was ~ by the news** die Nachricht machte ihn völlig fertig *umg*

gutter ['gʌtər] **A** 5 Dachrinne *f*; *in Straße* Gosse *f* **B** V/I Flamme flackern **guttering** ['gʌtərɪŋ] 5 Regenrinnen *pl* **gutter press** *Br pej* 5 Boulevardpresse *f* **guttural** ['gʌtərəl] ADJ guttural

★**guy**[1] [gaɪ] *umg* 5 Typ *m umg*, Kerl *m umg*; **hey, you guys** he Leute *umg*; **are you guys ready?** seid ihr fertig?

guy[2] 5, (*a.* **guy-rope**) Halteseil *n*, Zeltschnur *f*

Guyana [gaɪˈænə] 5 Guyana *n*

Guy Fawkes' Night [ˌgaɪˈfɔːksnaɪt] *Br* 5 Feierlichkeiten, Feuerwerk usw. zum Gedenken an die Pulververschwörung vom 5. November 1605

guzzle ['gʌzl] *umg* **A** V/I (≈ *essen*) futtern *umg*; (≈ *trinken*) schlürfen **B** V/T futtern *umg*; schlürfen; *Benzin* saufen *umg*

gym [dʒɪm] 5 **1** Turnhalle *f* **2** Fitnesscenter *n* **3** Turnen *n* **gym kit** 5, **gym gear** *US* 5 Turnzeug *n* **gymnasium** [dʒɪmˈneɪzɪəm] 5 ⟨*pl* -s; *form* **gymnasia** [dʒɪmˈneɪzɪə]⟩ Turnhalle *f* **gymnast** ['dʒɪmnæst] 5 Turner(in) *m(f)* **gymnastic** [dʒɪmˈnæstɪk] ADJ turnerisch; **~ exercises** Turnübungen *pl* **gymnastics** [dʒɪmˈnæstɪks] 5 **1** ⟨+*sg v*⟩ Gymnastik *f kein pl*, Turnen *n kein pl*; **to do ~** Gymnastik machen **2** ⟨*pl*⟩ Übungen *pl* **gym shoe** *Br* 5 Turnschuh *m* **gym teacher** 5 Turnlehrer(in) *m(f)* **gym trainer** 5 Fitnesstrainer(in) *m(f)*

gynaecological [ˌgaɪnɪkəˈlɒdʒɪkəl] ADJ, **gynecological** *US* ADJ gynäkologisch **gynaecologist** [ˌgaɪnɪˈkɒlədʒɪst] 5, **gynecologist** *US* 5 Gynäkologe *m*, Gynäkologin *f* **gynaecology** [ˌgaɪnɪˈkɒlədʒɪ] 5, **gynecology** *US* 5 Gynäkologie *f*

gypsy ['dʒɪpsɪ] **A** 5 Zigeuner(in) *m(f)*

neg!; **gypsies** Sinti und Roma *pl* **B** ADJ Zigeuner- *neg!*

gyrate [ˌdʒaɪəˈreɪt] V/I (herum)wirbeln, sich drehen; *Tänzer* sich drehen und winden

gyroscope ['dʒaɪərəˌskəʊp] 5 Gyroskop *n*

H

H, h [eɪtʃ] 5 H *n*, h *n*
h ABK (= *hours*) h
haberdashery [ˌhæbəˈdæʃərɪ] *Br* 5 Kurzwaren *pl*; *US* Herrenbekleidung *f*

★**habit** ['hæbɪt] 5 **1** Gewohnheit *f*; *unerwünscht* (An)gewohnheit *f*; **to be in the ~ of doing sth** die Angewohnheit haben, etw zu tun; **it became a ~** es wurde zur Gewohnheit; **from (force of) ~** aus Gewohnheit; **I don't make a ~ of inviting strangers in** (für) gewöhnlich bitte ich Fremde nicht herein; **to get into/to get sb into the ~ of doing sth** sich/j-m angewöhnen, etw zu tun; **to get into bad ~s** in schlechte Gewohnheiten verfallen; **to get out of/to get sb out of the ~ of doing sth** sich/j-m abgewöhnen, etw zu tun; **to have a ~ of doing sth** die Angewohnheit haben, etw zu tun **2** Sucht *f*; **to have a cocaine ~** kokainsüchtig sein **3** (≈ *Gewand*) von *Mönch etc* Habit *n/m*

habitable ['hæbɪtəbl] ADJ bewohnbar
habitat ['hæbɪtæt] 5 Heimat *f* **habitation** [ˌhæbɪˈteɪʃən] 5 **unfit for human ~** menschenunwürdig
habitual [həˈbɪtjʊəl] ADJ **1** gewohnt **2** gewohnheitsmäßig; **~ criminal** Gewohnheitsverbrecher(in) *m(f)* **habitually** [həˈbɪtjʊəl] ADV ständig, regelmäßig

hack[1] [hæk] **A** V/T **1** hacken; **to ~ sb/ sth to pieces** *wörtl* j-n/etw zerstückeln **2** *umg* **to ~ it** es bringen *sl* **B** V/I *a.* IT hacken; **he ~ed at the branch** er schlug auf den Ast; **to ~ into the system** in das System eindringen

hack[2] 5 **1** *pej* (≈ *Autor*) Schreiberling *m*

2 US Taxi n

hacker ['hækəʳ] **A** IT Hacker(in) m(f)
hacking ['hækɪŋ] **A** ADJ **~ cough** trockener Husten **B** IT Hacken n
hackles ['hæklz] PL **to get sb's ~ up** j-n auf die Palme bringen umg
hackneyed ['hæknɪd] Br ADJ abgedroschen umg
hacksaw ['hæksɔː] S Metallsäge f
had [hæd] PRÄT & PPERF → **have**
haddock ['hædək] S ⟨pl -s⟩ Schellfisch m
hadn't ['hædnt] ABK (= had not) → **have**
haemoglobin [ˌhiːməʊ'gləʊbɪn] S, **hemoglobin** US S Hämoglobin n **haemophilia** [ˌhiːməʊ'fɪliə] S, **hemophilia** US S Bluterkrankheit f **haemophiliac** [ˌhiːməʊ'fɪliæk] S, **hemophiliac** US S Bluter m **haemorrhage** ['heməridʒ], **hemorrhage** US S **A** Blutung f **B** VI bluten **haemorrhoids** ['heməridz] PL, **hemorrhoids** US PL Hämor(rho)iden pl
hag [hæg] S Hexe f
haggard ['hægəd] ADJ ausgezehrt, abgespannt
haggis ['hægɪs] S schottisches Gericht aus gehackten Schafsinnereien und Hafer im Schafsmagen
haggle ['hægl] VI feilschen (**about** od **over um**) **haggling** S Gefeilsche n
Hague [heɪg] S **the ~** Den Haag n
hail¹ [heɪl] **A** S Hagel m; **a ~ of blows** ein Hagel von Schlägen; **in a ~ of bullets** im Kugelhagel **B** VI hageln
hail² [heɪl] **A** VT **1 to ~ sb/sth as sth** j-n/etw als etw feiern **2** zurufen (+dat); Taxi anhalten; **within ~ing distance** in Rufweite **B** VI **they ~ from ...** sie kommen aus ... **C** INT **the Hail Mary** das Ave Maria
hailstone ['heɪlstəʊn] S Hagelkorn n **hailstorm** S Hagel(schauer) m
★**hair** [heəʳ] **A** S **1** ⟨kein pl⟩ kollektiv Haare pl, Haar n, Behaarung f; **body ~** Körperbehaarung f; **to do one's ~** sich frisieren; **to have one's ~ cut** sich (dat) die Haare schneiden lassen; **to let one's ~ down** fig aus sich (dat) herausgehen; **keep your ~ on!** Br umg ruhig Blut! **2** einzelnes Haar n; **not a ~ out of place** fig wie aus dem Ei gepellt; **I'm allergic to cat ~** ich bin gegen Katzenhaare allergisch **B** ADJ ⟨attr⟩ Haar- **hairband** S Haarband n **hairbrush** S Haarbürste

f **haircare** S Haarpflege f ★**hair clip** S Clip m
★**haircut** S Haarschnitt m; **to have** od **get a ~** sich (dat) die Haare schneiden lassen
★**hairdo** S ⟨pl -s⟩ umg Frisur f
★**hairdresser** S Friseur m, Friseuse f; **at the ~'s** beim Frisieren **hairdressing** S Frisieren n **hairdressing salon** S Friseursalon m **hairdrier** S, **hairdryer** S Haartrockner m, Föhn m **hair dye** S Haarfärbemittel n **-haired** ['heəd] ADJ ⟨suf⟩ -haarig; **long-haired** langhaarig **hair gel** S (Haar)gel n **hairgrip** Br S Haarklemme f **hairline** S Haaransatz m **hairline crack** S Haarriss m **hairline fracture** S Haarriss m **hairnet** S Haarnetz n **hairpiece** S Haarteil n, Toupet n **hairpin¹** S Haarnadel f **hairpin²** S, **hairpin bend** S Haarnadelkurve f **hair-raising** ADJ haarsträubend **hair remover** S Haarentferner m **hair restorer** S Haarwuchsmittel n **hair's breadth** S Haaresbreite f; **he was within a ~ of winning** er hätte um ein Haar gewonnen **hair slide** Br S Haarspange f **hairsplitting** S Haarspalterei f **hairspray** S Haarspray m/n **hair straighteners** ['streɪtnəz] PL Haarglätter m **hairstyle** S Frisur f **hair stylist** S Friseur m, Friseuse f **hairy** ['heərɪ] ADJ ⟨komp hairier⟩ Mensch, Spinne behaart; Brust haarig
hake [heɪk] S See- od Meerhecht m
halal [hɑːˈlɑːl] ADJ vom Islam erlaubt halal; **~ meat** Halal-Fleisch n
★**half** [hɑːf] **A** S ⟨pl halves⟩ **1** Hälfte f; **the first ~ of the year** die erste Jahreshälfte; **to cut sth in ~** etw halbieren; **to tear sth in ~** etw durchreißen; **~ of it/them** die Hälfte davon/von ihnen; **~ the money** die Hälfte des Geldes; **a million dollars** eine halbe Million Dollar; **he gave me ~** er gab mir die Hälfte; **~ an hour** eine halbe Stunde; **he's not ~ the man he used to be** er ist längst nicht mehr das, was er einmal war; **to go halves (with sb on sth)** (mit j-m mit etw) halbe-halbe machen umg; **bigger by ~** anderthalbmal so groß; **to increase sth by ~** etw um die Hälfte vergrößern; **he is too clever by ~** Br umg das ist ein richtiger Schlaumeier; **one and a ~** eineinhalb, anderthalb; **an**

hour and a ~ eineinhalb *od* anderthalb Stunden; **he's two and a ~** er ist zweieinhalb; **he doesn't do things by halves** er macht keine halben Sachen; **~ and ~** halb *od* halb; **my better ~** *hum*, **my other ~** meine bessere Hälfte **2** SPORT Halbzeit *f* **3** (≈ *Fahr-, Eintritts-karte*) *für Kind* halbe Karte *umg*; **two and a ~ (to London)** zweieinhalb(mal London) **4** kleines Bier **B** ADJ halb; **at** *od* **for ~ price** zum halben Preis; **~ man ~ beast** halb Mensch, halb Tier **C** ADV **1** halb; **I ~ thought ...** ich hätte fast gedacht ...; **the work is only ~ done** die Arbeit ist erst zur Hälfte erledigt; **to be ~ asleep** schon fast schlafen; **~ laughing, ~ crying** halb lachend, halb weinend; **he only ~ understands** er begreift *od* versteht nur die Hälfte; **she's ~ German** sie ist zur Hälfte Deutsche; **it's ~ past three** es ist halb vier; **he is ~ as big as his sister** er ist halb so groß wie seine Schwester; **~ as big again** anderthalbmal so groß; **he earns ~ as much as you** er verdient halb so viel wie Sie **2** *Br umg* **he's not ~ stupid** er ist unheimlich dumm; **it didn't ~ rain** es HAT vielleicht geregnet; **not ~!** und wie! **half-a-dozen** S halbes Dutzend **halfback** S SPORT Mittelfeldspieler(in) *m(f)* **half-baked** ADJ unausgegoren **half board** S Halbpension *f* **half bottle** S *a* **~ of wine** eine kleine Flasche Wein **half-breed** S **1** *obs* Mischling *m* **2** (≈ *Pferd*) Halbblüter *m* **half-brother** S Halbbruder *m* **half-caste** *obs pej* S Mischling *m* **half-circle** S Halbkreis *m* **half-day** ★ S (≈ *Urlaub*) halber freier Tag; **we've got a ~** wir haben einen halben Tag frei **half-dead** *wörtl, fig* ADJ halb tot (**with** *vor +dat*) **half-dozen** S halbes Dutzend **half-dressed** ADJ halb bekleidet **half-empty** ADJ halb leer **half-fare** S halber Fahrpreis **half-full** ADJ halb voll **half-hearted** ADJ halbherzig, lustlos; **he was rather ~ about accepting** er nahm ohne rechte Lust an **half-heartedly** ADV halben Herzens; **to do sth ~** etw ohne rechte Überzeugung *od* Lust tun **half-hour** S halbe Stunde **half-hourly** **A** ADV alle halbe Stunde **B** ADJ halbstündlich **half-mast** S **at ~** (auf) halbmast **half measure** S

halbe Maßnahme **half-moon** S Halbmond *m* **half-note** S US MUS halbe Note **half-pay** S halber Lohn, halbes Gehalt **half-pint** S **1** ≈ Viertelliter *m/n* **2** kleines Bier **half-pipe** S SPORT Halfpipe *f* **half-price** ADJ & ADV zum halben Preis; **to be ~** die Hälfte kosten **half-sister** S Halbschwester *f* **half term** *Br* S Ferien *pl* in der Mitte des Trimesters; **we get three days at ~** wir haben drei Tage Ferien in der Mitte des Trimesters **half-time** **A** S SPORT Halbzeit *f*; **at ~** zur Halbzeit **B** ADJ ⟨attr⟩ Halbzeit-, zur Halbzeit; **~ score** Halbzeitstand *m* **half-truth** S Halbwahrheit *f* **half volley** S *Tennis* Halfvolley *m* **halfway** [ˈhɑːf,weɪ] **A** ADJ ⟨attr⟩ halb; **when we reached the ~ stage** *od* **point on our journey** als wir die Hälfte der Reise hinter uns (*dat*) hatten; **we're past the ~ stage** wir haben die Hälfte geschafft **B** ADV **~ to** auf halbem Weg nach; **we drove ~ to London** wir fuhren die halbe Strecke nach London; **~ between ... (genau) zwischen ...; **I live ~ up the hill** ich wohne auf halber Höhe des Berges; **~ through a book** halb durch ein Buch (durch); **she dropped out ~ through the race** nach der Hälfte des Rennens gab sie auf; **to meet sb ~** j-m (auf halbem Weg) entgegenkommen **halfway house** *fig* S Zwischending *n* **halfwit** *fig* S Schwachkopf *m* **half-yearly** ADV halbjährlich **halibut** [ˈhælɪbət] S Heilbutt *m* **halitosis** [ˌhælɪˈtəʊsɪs] S schlechter Mundgeruch **hall** [hɔːl] S **1** Diele *f*, Flur *m* **2** Halle *f*, Saal *m*; *von Dorf* Gemeindehaus *n*; *von Schule* Aula *f* **3** Herrenhaus *n* **4** *Br a*. **~ of residence** Studenten(wohn)heim *n* **5** *US* Gang *m*, Flur *m* **hallelujah** [ˌhælɪˈluːjə] **A** INT halleluja **B** S Halleluja *n* **hallmark** [ˈhɔːlmɑːk] S **1** (Feingehalts)-stempel *m* **2** *fig* Kennzeichen *n* (**of** +*gen od* für) **hallo** [həˈləʊ] INT & S → hello **hallowed** [ˈhæləʊd] ADJ geheiligt; **on ~ ground** auf heiligem Boden **Halloween, Hallowe'en** [ˌhæləʊˈiːn] S Halloween *n* **hallucinate** [həˈluːsɪneɪt] V/I halluzinieren **hallucination** [həˌluːsɪˈneɪʃən] S

H

Halluzination f **hallucinatory** [həˈluː-sɪnətərɪ] ADJ Droge Halluzinationen hervorrufend attr fachspr, halluzinogen; Wirkung halluzinatorisch

hallway [ˈhɔːlweɪ] S̲ Flur m

halo [ˈheɪləʊ] S̲ ‹pl -(e)s› Heiligenschein m

halt [hɔːlt] **A** S̲ Pause f; **to come to a ~** zum Stillstand kommen; **to bring sth to a ~** etw zum Stillstand bringen; **to call a ~ to sth** einer Sache (dat) ein Ende machen; **the government called for a ~ to the fighting** die Regierung verlangte die Einstellung der Kämpfe **B** V̲/I̲ zum Stillstand kommen, stehen bleiben; MIL haltmachen **C** V̲/T̲ zum Stillstand bringen; Kämpfe einstellen **D** INT halt

halter [ˈhɔːltəʳ] S̲ von Pferd Halfter n

halterneck [ˈhɒltənek] ADJ rückenfrei mit Nackenverschluss

halting [ˈhɔːltɪŋ] ADJ Stimme zögernd; Rede stockend; Englisch holprig

halt sign S̲ Stoppschild n

halve [hɑːv] V̲/T̲ **1** halbieren **2** auf die Hälfte reduzieren **halves** [hɑːvz] PL → half

★**ham** [hæm] S̲ GASTR Schinken m; **ham sandwich** Schinkenbrot n ◆**ham up** umg V̲/T̲ ‹trennb› **to ham it up** zu dick auftragen

hamburger [ˈhæm.bɜːɡəʳ] S̲ Hamburger m **ham-fisted** [ˌhæmˈfɪstɪd] ADJ ungeschickt

hamlet [ˈhæmlɪt] S̲ kleines Dorf

★**hammer** [ˈhæməʳ] **A** S̲ Hammer m; **to go at it ~ and tongs** umg sich ins Zeug legen umg; **bei Streit** sich in die Wolle kriegen umg; **to go/come under the ~** unter den Hammer kommen **B** V̲/T̲ **1** hämmern; **to ~ a nail into a wall** einen Nagel in die Wand schlagen **2** umg (≈besiegen) eine Schlappe beibringen +dat umg **C** V̲/I̲ hämmern; **to ~ on the door** an die Tür hämmern ◆**hammer home** V̲/T̲ ‹trennb› Nachdruck verleihen (+dat); **he tried to hammer it home to the pupils that ...** er versuchte, den Schülern einzubläuen od einzuhämmern, dass... ◆**hammer out** fig V̲/T̲ ‹trennb› Abkommen ausarbeiten; Melodie hämmern

hammering [ˈhæmərɪŋ] bes Br umg S̲ Schlappe f umg; **our team took a ~** unsere Mannschaft musste eine Schlappe

einstecken umg

hammock [ˈhæmək] S̲ Hängematte f

hamper¹ [ˈhæmpəʳ] bes Br S̲ Korb m, Geschenkkorb m

hamper² V̲/T̲ behindern; **to be ~ed (by sth)** (durch etw) gehandicapt sein; **the police were ~ed in their search by the shortage of clues** der Mangel an Hinweisen erschwerte der Polizei die Suche

hamster [ˈhæmstəʳ] S̲ Hamster m

hamstring [ˈhæmstrɪŋ] S̲ ANAT Kniesehne f

★**hand** [hænd]

A Substantiv   **B transitives Verb**

— **A Substantiv** —

1 Hand f; von Uhr Zeiger m; **on (one's) ~s and knees** auf allen vieren; **to take sb by the ~** j-n an die Hand nehmen; **~ in ~** Hand in Hand; **to go ~ in ~ with sth** mit etw einhergehen od Hand in Hand gehen; **~s up!** Hände hoch!; **~s up who knows the answer** Hand hoch, wer es weiß; **~s off!** umg Finger weg!; **keep your ~s off my wife** lass die Finger von meiner Frau!; **made by ~** handgearbeitet; **to deliver a letter by ~** einen Brief persönlich überbringen; **to live (from) ~ to mouth** von der Hand in den Mund leben; **with a heavy/firm ~** fig mit harter/fester Hand; **to get one's ~s dirty** fig sich (dat) die Hände schmutzig machen **2** Seite f; **on my right ~** rechts von mir; **on the one ~ ... on the other ~ ...** einerseits ..., andererseits ... **3** your future is in your own ~s Sie haben Ihre Zukunft (selbst) in der Hand; **he put the matter in the ~s of his lawyer** er übergab die Sache seinem Anwalt; **to put oneself in (to) sb's ~s** sich j-m anvertrauen; **to fall into the ~s of sb** j-m in die Hände fallen; **to fall into the wrong ~s** in die falschen Hände geraten; **to be in good ~s** in guten Händen sein; **to change ~s** den Besitzer wechseln; **he suffered terribly at the ~s of the enemy** er machte in den Händen des Feindes Schreckliches durch; **he has too much time on his ~s** er hat zu viel Zeit zur Verfügung; **he has five children on his**

~s er hat fünf Kinder am Hals *umg*; **everything she could get her ~s on** alles, was sie in die Finger bekommen konnte; **just wait till I get my ~s on him!** warte nur, bis ich ihn zwischen die Finger kriege! *umg*; **to take sb/sth off sb's ~s** j-m j-n/etw abnehmen **4** Arbeiter(in) *m(f)*; **all ~s on deck!** alle Mann an Deck! **5** Handschrift *f* **6** (≈ *Längenmaß*) ≈ 10 cm **7** KART Blatt *n*; (≈ *Spiel*) Runde *f* **8** to ask for a lady's ~ **(in marriage)** um die Hand einer Dame anhalten; **to have one's ~s full with sb/ sth** mit j-m/etw alle Hände voll zu tun haben; **to wait on sb ~ and foot** j-n von vorne und hinten bedienen; **to have a ~ in sth** an etw *(dat)* beteiligt sein; **I had no ~ in it** ich hatte damit nichts zu tun; **to keep one's ~ in** in Übung bleiben; **to lend** *od* **give sb a ~** j-m behilflich sein; **give me a ~!** hilf mir mal!; **to force sb's ~** j-n zwingen; **to be ~ in glove with sb** mit j-m unter einer Decke stecken; **to win ~s down** mühelos *od* spielend gewinnen; **to have the upper ~** die Oberhand behalten; **to get** *od* **gain the upper ~ (of sb)** (über j-n) die Oberhand gewinnen; **they gave him a big ~** sie gaben ihm großen Applaus; **let's give our guest a big ~** und nun großen Beifall für unseren Gast; **to be an old ~ (at sth)** ein alter Hase in etw *dat* sein; **to keep sth at a ~** etw in Reichweite haben; **at first ~** aus erster Hand; **he had the situation well in ~** er hatte die Situation im Griff; **to take sb in ~** (≈ *disziplinieren*) j-n in die Hand nehmen; (≈ *betreuen*) j-n in Obhut nehmen; **he still had £600 in ~** er hatte £ 600 übrig; **the matter in ~** die vorliegende Angelegenheit; **we still have a game in ~** wir haben noch ein Spiel ausstehen; **there were no experts on ~** es standen keine Experten zur Verfügung; **to eat out of sb's ~** j-m aus der Hand fressen; **to get out of ~** außer Kontrolle geraten; **I dismissed the idea out of ~** ich verwarf die Idee sofort; **I don't have the letter to ~** ich habe den Brief gerade nicht zur Hand

— **B** *transitives Verb* —

geben **(sth to sb, sb sth** j-m etw**); you've got to ~ it to him** *fig umg* das muss man ihm lassen *umg*

♦**hand (a)round** V/T ⟨*trennb*⟩ herumreichen, austeilen ♦**hand back** V/T ⟨*trennb*⟩ zurückgeben ♦**hand down** V/T ⟨*trennb*⟩ **1** *fig* weitergeben; *Tradition* überliefern; *Wertgegenstand etc* vererben **(to** +*dat*)**; the farm's been handed down from generation to generation** der Hof ist durch die Generationen weitervererbt worden **2** JUR *Urteil* fällen ♦**hand in** V/T ⟨*trennb*⟩ abgeben; *Rücktritt* einreichen ♦**hand on** V/T ⟨*trennb*⟩ weitergeben **(to an** +*akk*) ♦**hand out** V/T ⟨*trennb*⟩ verteilen, austeilen **(to sb an** j-n)**;** *Rat* erteilen, geben **(to sb** j-m) ♦**hand over** V/T ⟨*trennb*⟩ (herüber)reichen **(to** *dat*), weitergeben **(to an** +*akk*)**,** (her)geben **(to** *dat*)**;** *Gefangenen* übergeben **(to** *dat*)**,** ausliefern; *Macht* abgeben **(to an** +*akk*)**;** *Kontrolle, Besitz* übergeben **(to** *dat od an* +*akk*)**; I now hand you over to our correspondent** ich übergebe nun an unseren Korrespondenten ♦**hand up** V/T ⟨*trennb*⟩ hinaufreichen

★**handbag** S *Br* Handtasche *f* **hand baggage** S Handgepäck *n* **handball** **A** S **1** Handball *m* **2** FUSSB (≈ *Regelverstoß*) Handspiel *n* **B** INT FUSSB Hand **hand basin** S Handwaschbecken *m* **handbill** S Handzettel *m* **handbook** S Handbuch *n* **handbrake** *bes Br* S Handbremse *f* **hand-carved** ADJ handgeschnitzt **hand cream** S Handcreme *f* ♦**handcuff** V/T Handschellen anlegen (+*dat*) **handcuffs** PL Handschellen *pl* **handdrier** S Händetrockner *m* **handful** ['hændfʊl] S **1** Handvoll *f*; *von Haar* Büschel *n* **2** *fig* **those children are a ~** die Kinder können einen ganz schön in Trab halten **hand grenade** S Handgranate *f* **handgun** S Handfeuerwaffe *f* **hand-held** ADJ *Computer* Handheld-**handicap** ['hændɪkæp] **A** S **1** SPORT Handicap *n* **2** Handicap *n*, Behinderung *f* **B** V/T **to be (physically/mentally) ~ped** (körperlich/geistig) behindert sein; **~ped children** behinderte Kinder *pl*

handicraft ['hændɪkrɑːft] S Kunsthandwerk *n*; **~s** Kunstgewerbe *n*

handily ['hændɪlɪ] ADV *gelegen* günstig **handiwork** ['hændɪwɜːk] S ⟨*kein pl*⟩ **1** Arbeit *f*; *Bastelei* Handarbeit *f*; **examples of the children's ~** Werkarbeiten/Handarbeiten *pl* der Kinder **2** *fig* Werk *n*; *pej* Machwerk *n*

★**handkerchief** ['hæŋkətʃɪf] S̱ Taschentuch *n*, Nastuch *n schweiz*

★**handle** ['hændl] **A** S̱ Griff *m*; *von Tür* Klinke *f*, (Tür)falle *f schweiz*; *bes von Besen, Kochtopf* Stiel *m*; *von Korb, Tasse* Henkel *m*; **to fly off the ~** *umg* an die Decke gehen *umg*; **to have/get a ~ on sth** *umg* etw im Griff haben/in den Griff bekommen **B** V̱/Ṯ berühren; **be careful how you ~ that** gehen Sie vorsichtig damit um; **"handle with care"** „Vorsicht - zerbrechlich" **2** *umgehen mit*; *Sache, Problem* sich befassen mit, fertig werden mit, erledigen; *Fahrzeug* steuern; **how would you ~ the situation?** wie würden Sie sich in der Situation verhalten?; **I can't ~ pressure** ich komme unter Druck nicht zurecht; **you keep quiet, I'll ~ this** sei still, lass mich mal machen **3** HANDEL *Waren* handeln mit *od* in (+*dat*); *Aufträge* bearbeiten **C** V̱/I̱ *Schiff, Flugzeug* sich steuern lassen; *Auto* sich fahren lassen **handlebar(s)** ['hændlbɑː^r, -bɑːz] S̱PḺ Lenkstange *f* **handler** ['hændlə^r] S̱ Hundeführer(in) *m(f)*; **baggage ~** Gepäckmann *m* **handling** ['hændlɪŋ] S̱ Umgang *m* (**of** mit); *von Sache, Problem* Behandlung *f* (**of** +*gen*); *von offizieller Seite* Bearbeitung *f*; **her adroit ~ of the economy** ihre geschickte Handhabung der Wirtschaft; **his ~ of the matter** die Art, wie er die Angelegenheit angefasst hat; **his successful ~ of the crisis** seine Bewältigung der Krise **handling charge** S̱ Bearbeitungsgebühr *f*; *von Bank* Kontoführungsgebühren *pl*

hand lotion S̱ Handlotion *f* **hand luggage** S̱ Handgepäck *n* **handmade** ADJ̱ handgearbeitet; **this is ~** das ist Handarbeit **hand mirror** S̱ Handspiegel *m* **hand-operated** ADJ̱ handbedient, handbetrieben **hand-out** S̱ **1** (Geld)zuwendung *f* **2** Essensspende *f* **3** Infoblatt *n* **handover** S̱ *POL* Übergabe *f*; **~ of power** Machtübergabe *f* **hand-picked** *fig* ADJ̱ sorgfältig ausgewählt, handverlesen **hand puppet** *US* S̱ Handpuppe *f* **handrail** S̱ Geländer *n*; *von Schiff* Reling *f* **hand sanitizer** ['sænɪˌtaɪzə^r] S̱, **hand sanitiser** *Br* S̱

Händedesinfektionsmittel *n* **handset** S̱ TEL Hörer *m* **hands-free** ['hændz'friː] ADJ̱ Freisprech-; **~ kit** Freisprechset *n od* -anlage *f* **handshake** ['hændʃeɪk] S̱ Händedruck *m* **hands-off** ['hændz'ɒf] ADJ̱ passiv

▶ **handshake**

Anders als in Deutschland gibt man sich in den englischsprachigen Ländern nicht so oft die Hand. Begegnet man einer Person zum ersten Mal oder bei förmlichen Anlässen, so reicht man sich die Hand. Später jedoch ist es im Alltag nur unter Männern üblich. Kinder schütteln in Großbritannien und den USA in der Regel niemandem die Hand.◀

★**handsome** ['hænsəm] ADJ̱ **1** gut aussehend; *Gesicht, Äußeres* attraktiv, elegant; **he is ~** er sieht gut aus **2** *Gewinn* ansehnlich; *Belohnung* großzügig; *Sieg* deutlich **handsomely** ['hænsəmlɪ] ADV̱ *bezahlen* großzügig; *belohnen* reichlich; *siegen* überlegen **hands-on** ['hændz'ɒn] ADJ̱ aktiv, engagiert **handstand** S̱ Handstand *m* **hand-to-hand** ADJ̱ **~ fighting** Nahkampf *m* **hand-to-mouth** ADJ̱ kümmerlich **hand towel** S̱ Händehandtuch *n*

★**handwriting** S̱ Handschrift *f* **handwritten** ADJ̱ handgeschrieben **handy** ['hændɪ] ⟨*komp* handier⟩ **1** *Gerät* praktisch; *Tipp* nützlich; *Größe* handlich; **to come in ~** sich als nützlich erweisen; **my experience as a teacher comes in ~** meine Lehrerfahrung kommt mir zugute **2** geschickt; **to be ~ with a tool** mit einem Werkzeug gut umgehen können **3** in der Nähe; **the house is (very) ~ for the shops** das Haus liegt (ganz) in der Nähe der Geschäfte; **to keep** *od* **have sth ~** etw griffbereit haben **handyman** ['hændɪmæn] S̱ ⟨*pl* -men [-mən]⟩ Heimwerker *m*; *als Job* Hilfskraft *f*

★**hang** [hæŋ] ⟨*v: prät, pperf* hung⟩ **A** V̱/Ṯ **1** hängen; *Bild, Vorhang, Kleider* aufhängen; **to ~ wallpaper** tapezieren; **to ~ sth from sth** etw an etw (*dat*) aufhängen; **to ~ one's head** den Kopf hängen lassen **2** ⟨*prät, pperf* hanged⟩ *Verbre-*

cher hängen; **to ~ oneself** sich erhängen **3** *umg* ◆**hang about the ~ the cost!** ist doch piepegal, was es kostet *umg* **B** V/i **1** *Bild, Vorhang* hängen (**on** an +*dat od* **from** von); *Haar* fallen **2** *düstere Stimmung etc* hängen (**over** über +*dat*) **3** *Verbrecher* gehängt werden; **to be sentenced to ~** zum Tod durch Erhängen verurteilt werden **C** S 〈*kein pl*〉 *umg* **to get the ~ of sth** den (richtigen) Dreh bei etw herauskriegen *umg* ◆**hang about** *Br*, **hang around** **A** V/i *umg* warten; *Jugendliche* sich herumtreiben *umg*, strawanzen *österr*; **to keep sb hanging around** j-n warten lassen; **to hang around with sb** sich mit j-m herumtreiben *umg*; **hang about, I'm just coming** wart mal, ich komm ja schon; **he doesn't hang around** *umg* er ist einer von der schnellen Truppe **B** V/i 〈+*obj*〉 **to hang around a place** sich an einem Ort herumtreiben *umg* ◆**hang back** *wörtl* V/i sich zurückhalten ◆**hang down** V/i herunterhängen ◆**hang in** *umg* V/i **just hang in there!** bleib am Ball *umg* ◆**hang on** V/i **1** sich festhalten (**to** sth an etw *dat*) durchhalten; *umg* warten; **hang on (a minute)** einen Augenblick (mal) **B** V/i 〈+*obj*〉 **he hangs on her every word** er hängt an ihren Lippen; **everything hangs on his decision** alles hängt von seiner Entscheidung ab ◆**hang on to** V/i 〈+*obj*〉 **1** festhalten; *fig Hoffnung* sich klammern an (+*akk*) **2** behalten; **to hang on to power** sich an die Macht klammern ◆**hang out** **A** V/i **1** *Zunge* heraushängen **2** *umg* sich herumtreiben *umg*, rumhängen *umg* **B** V/t 〈*trennb*〉 hinaushängen ◆**hang together** V/i *Argumenation, Ideen* folgerichtig *od* zusammenhängend sein; *Alibi* keinen Widerspruch enthalten; *Geschichte etc* zusammenhängen ★◆**hang up** **A** V/i TEL auflegen; **he hung up on me** er legte einfach auf **B** V/t 〈*trennb*〉 *Bild* aufhängen; *Hörer* auflegen ◆**hang up-on** V/i 〈+*obj*〉 → **hang on B**

hangar ['hæŋəʳ] S Hangar *m*

hanger ['hæŋəʳ] S (Kleider)bügel *m*

hanger-on [ˌhæŋər'ɒn] S 〈*pl* **hangers-on**〉 Satellit *m* **hang-glider** S Drachen *m* **hang-gliding** S Drachenfliegen *n* **hanging** ['hæŋɪŋ] S **1** *von Ver-*

brecher Hinrichtung *f* (durch den Strang) **2** ~**s** *pl* Wandbehang *pl* **hanging basket** S Blumenampel *f* **hangman** S 〈*pl* -**men**〉 Henker *m*; (≈ *Spiel*) Galgen *m* **hang-out** *umg* S Stammlokal *n*; *von Jugendlichen etc* Treff *m* *umg* **hangover** S Kater *m* *umg* **hang-up** *umg* S Komplex *m* (**about** wegen)

hanker ['hæŋkəʳ] V/i sich sehnen (**for** *od* **after** sth nach etw) **hankering** ['hæŋkərɪŋ] S Sehnsucht *f*; **to have a ~ for sth** Sehnsucht nach etw haben

hankie, hanky ['hæŋkɪ] *umg* S Taschentuch *n*, Nastuch *n schweiz*

hanky-panky ['hæŋkɪ'pæŋkɪ] *bes Br umg* S Gefummel *n umg*

Hanover ['hænəʊvəʳ] S Hannover *n*

haphazard [ˌhæp'hæzəd] ADJ willkürlich; **in a ~ way** planlos

★**happen** ['hæpən] V/i **1** geschehen, sich ereignen, passieren; **it ~ed like this ...** es war so ...; **what's ~ing?** was ist los?; **it just ~ed** es ist (ganz) von allein passiert *od* gekommen; **as if nothing had ~ed** als ob nichts geschehen *od* gewesen wäre; **don't let it ~ again** dass das nicht noch mal passiert!; **what has ~ed to him?** was ist ihm passiert?, was ist aus ihm geworden?; **if anything should ~ to me** wenn mir etwas zustoßen *od* passieren sollte; **it all ~ed so quickly** es ging alles so schnell **2** **to ~ to do sth** zufällig(erweise) etw tun; **do you ~ to know whether ...?** wissen Sie zufällig, ob ...?; **I picked up the nearest paper, which ~ed to be the Daily Mail** ich nahm die erstbeste Zeitung zur Hand, es war zufällig die Daily Mail; **as it ~s I don't like that kind of thing** so etwas mag ich nun einmal nicht **happening** ['hæpnɪŋ] S Ereignis *n*, Vorfall *m*; **there have been some strange ~s in that house** in dem Haus sind sonderbare Dinge vorgegangen

happily ['hæpɪlɪ] ADV **1** glücklich; *spielen* vergnügt; **it all ended ~** es ging alles gut aus; **they lived ~ ever after** *im Märchen* und wenn sie nicht gestorben sind, dann leben sie noch heute **2** *zusammen leben* harmonisch **3** gern; **I would ~ have lent her the money** ich hätte ihr das Geld ohne Weiteres geliehen **4** glücklicherweise **happiness** ['hæpɪnɪs] S Glück *n*, Zufriedenheit *f*

★**happy** [ˈhæpɪ] ADJ ⟨komp happier⟩ **1** glücklich; the **~ couple** das Brautpaar; **a ~ ending** ein Happy End n; **~ birthday (to you)** herzlichen Glückwunsch zum Geburtstag; **Happy Easter/Christmas** frohe Ostern/Weihnachten **2** (**not**) **to be ~ about** od **with sth** mit etw (nicht) zufrieden sein; **to be ~ to do sth** etw gern tun; (≈erleichtert) froh sein, etw zu tun; **I was ~ to hear that you passed your exam** es hat mich gefreut zu hören, dass du die Prüfung bestanden hast

happy-go-lucky ADJ unbekümmert

happy hour s Happy Hour f

harangue [həˈræŋ] VT eine (Straf)predigt halten (+dat)

harass [ˈhærəs] VT belästigen; **don't ~ me** dräng mich doch nicht so! **harassed** ADJ abgespannt; **a ~ father** ein (viel) geplagter Vater **harassment** s Belästigung f; **racial ~** rassistisch motivierte Schikanierung; **sexual ~** sexuelle Belästigung

★**harbour** [ˈhɑːbəʳ], **harbor** US A s Hafen m B VT **1** Verbrecher etc Unterschlupf gewähren (+dat) **2** Zweifel etc hegen

★**hard** [hɑːd] A ADJ ⟨+er⟩ **1** hart; Winter, Frost streng; **as ~ as rocks** od **iron** steinhart; **he leaves all the ~ work to me** die ganze Schwerarbeit überlässt er mir; **to be a ~ worker** sehr fleißig sein; **it was ~ going** man kam nur mühsam voran; **to be ~ on sb** streng mit j-m sein; **to be ~ on sth** etw strapazieren; **to have a ~ time** es nicht leicht haben; **I had a ~ time finding a job** ich hatte Schwierigkeiten, eine Stelle zu finden; **to give sb a ~ time** j-dm das Leben schwer machen; **there are no ~ feelings between them** sie sind einander nicht böse; **no ~ feelings?** nimm es mir nicht übel; **to be as ~ as nails** knallhart sein umg **2** schwer, schwierig; **~ to understand** schwer verständlich; **that is a very ~ question to answer** diese Frage lässt sich nur schwer beantworten; **she is ~ to please** man kann ihr kaum etwas recht machen; **it's ~ to tell** es ist schwer zu sagen; **I find it ~ to believe** ich kann es kaum glauben; **she found it ~ to make friends** es fiel ihr schwer, Freunde zu finden; **to play ~ to get** so tun, als sei man nicht interes-

siert **3** ziehen, treten kräftig; schlagen heftig; **to give sb/sth a ~ push** j-m/etw einen harten Stoß versetzen; **it was a ~ blow (for them)** fig es war ein schwerer Schlag (für sie) **4** Fakten gesichert; **~ evidence** sichere Beweise pl B ADV arbeiten hart; laufen sehr schnell; atmen schwer; studieren eifrig; zuhören genau; nachdenken scharf; ziehen, drücken kräftig; regnen stark; **I've been ~ at work since this morning** ich bin seit heute Morgen schwer am Werk; **she works ~ at keeping herself fit** sie gibt sich viel Mühe, sich fit zu halten; **to try ~** sich sehr bemühen; **no matter how ~ I try ... wie sehr ich mich auch anstrenge, ...**; **to be ~ pushed** od **put to do sth** es sehr schwer finden, etw zu tun; **to be ~ done by** übel dran sein; **they are ~ hit by the cuts** sie sind von den Kürzungen schwer getroffen; **~ left** scharf links; **to follow ~ upon sth** unmittelbar auf etw (akk) folgen **hardback** s ADJ (a. **hardbacked**) Buch gebunden s gebundene Ausgabe **hardboard** s Hartfaserplatte f **hard-boiled** ADJ Ei hart gekocht **hard cash** s Bargeld n **hard copy** s Ausdruck m **hard core** fig s harter Kern **hard-core** ADJ **1** Porno hart; **~ movie** harter Pornofilm **2** Bandenmitglieder zum harten Kern gehörend **hardcover** US ADJ & s → hardback **hard currency** s harte Währung

★**hard disk** s COMPUT Festplatte f **hard disk drive** s Festplattenlaufwerk n **hard drug** s harte Droge **hard-earned** ADJ Geld sauer verdient; Sieg hart erkämpft **hard-edged** fig ADJ hart, kompromisslos; Realität hart **harden** [ˈhɑːdn] A VT Stahl härten; **this ~ed his attitude** dadurch hat sich seine Haltung verhärtet; **to ~ oneself to sth** sich gegen etw abhärten; gefühlsmäßig a. gegen etw unempfindlich werden B VI hart werden; fig Haltung sich verhärten; **his face ~ed** sein Gesicht bekam einen harten Ausdruck **hardened** ADJ Stahl gehärtet; Truppen abgehärtet; Arterien verkalkt; **~ criminal** Gewohnheitsverbrecher(in) m(f); **you become ~ to it after a while** daran gewöhnt man sich mit der Zeit **hard-fought** ADJ Kampf erbittert; Sieg hart erkämpft;

Spiel hart **hard hat** S̲ Schutzhelm *m* **hardhearted** A̲D̲J̲ hartherzig **hard-hitting** A̲D̲J̲ *Reportage* äußerst kritisch **hard labour** S̲, **hard labor** US S̲ Zwangsarbeit *f* **hard left** S̲ POL **the ~** die extreme Linke **hard line** S̲ **to take a ~** eine harte Linie verfolgen **hard-line** A̲D̲J̲ kompromisslos **hardliner** S̲ *bes* POL Hardliner(in) *m(f)* **hard luck** *umg* S̲ Pech *n* **(on** für**); ~!** Pech gehabt!

★**hardly** [ˈhɑːdlɪ] A̲D̲V̲ **1** kaum; **~ ever** fast nie; **~ any money** fast kein Geld; **it's worth ~ anything** es ist fast nichts wert; **you've ~ eaten anything** du hast (ja) kaum etwas gegessen; **there was ~ anywhere to go** man konnte fast nirgends hingehen **2** (≈ *sicherlich nicht*) wohl kaum

▶ **hard und hardly**

⚠ Achten Sie auf den Bedeutungsunterschied:

hard (Adjektiv + Adverb)	hart; schwer
hardly (Adverb)	kaum, fast nicht

◀

hardness [ˈhɑːdnɪs] S̲ **1** Härte *f* **2** Schwierigkeit *f* **hard-nosed** *umg* A̲D̲J̲ *Mensch* abgebrüht *umg*; *Haltung* rücksichtlos **hard-on** *sl* S̲ Erektion Ständer *m umg*; **to have a ~** einen stehen haben *umg* **hard-pressed** A̲D̲J̲ hart bedrängt; **to be ~ to do sth** es sehr schwer finden, etw zu tun **hard right** S̲ POL **the ~** die extreme Rechte **hard sell** S̲ aggressive Verkaufstaktik **hardship** [ˈhɑːdʃɪp] S̲ Not *f*, Entbehrung *f* **hard shoulder** *Br* S̲ Seitenstreifen *m*

★**hardware** [ˈhɑːdwɛəʳ] A̲ S̲ **1** ⟨*kein pl*⟩ Eisenwaren *pl*, Haushaltswaren *pl* **2** COMPUT Hardware *f* B̲ A̲D̲J̲ ⟨*attr*⟩ **1** ~ **shop** *od* **store** Eisenwarenhandlung *f* **2** COMPUT Hardware- **hard-wearing** A̲D̲J̲ widerstandsfähig; *Kleider* strapazierfähig **hardwire** V̲T̲ IT fest verdrahten **hard-won** A̲D̲J̲ schwer erkämpft **hardwood** S̲ Hartholz *n* **hard-working** A̲D̲J̲ fleißig

hardy [ˈhɑːdɪ] A̲D̲J̲ ⟨*komp* hardier⟩ robust; *Pflanze* winterhart

hare [hɛəʳ] A̲ S̲ (Feld)hase *m* B̲ V̲I̲ *Br*

umg flitzen *umg* **harebrained** [ˈhɛəbreɪnd] A̲D̲J̲ verrückt **harelip** S̲ Hasenscharte *f*

harem [ˈhɑːriːm] S̲ Harem *m*

haricot [ˈhærɪkəʊ] S̲ ~ **(bean)** Gartenbohne *f*

♦**hark back to** [hɑːk] V̲I̲ ⟨+*obj*⟩ **this custom harks back to the days when ...** dieser Brauch geht auf die Zeit zurück, als ...

♦**harm** [hɑːm] A̲ S̲ ⟨*kein pl*⟩ Verletzung *f*; *materiell, seelisch* Schaden *m*; **to do ~ to sb** j-m eine Verletzung/j-m Schaden zufügen; **to do ~ to sth** einer Sache (*dat*) schaden; **you could do somebody/yourself ~ with that knife** mit dem Messer können Sie jemanden/sich verletzen; **he never did anyone any ~** er hat keiner Fliege jemals etwas zuleide getan; **you will come to no ~** es wird Ihnen nichts geschehen; **it will do more ~ than good** es wird mehr schaden als nützen; **it won't do you any ~** es wird dir nicht schaden; **to mean no ~** es nicht böse meinen; **no ~ done** es ist nichts Schlimmes passiert; **there's no ~ in asking** es kann nicht schaden, zu fragen; **where's** *od* **what's the ~ in that?** was kann denn das schaden?; **to keep** *od* **stay out of ~'s way** der Gefahr (*dat*) aus dem Weg gehen; **I've put those tablets in the cupboard out of ~'s way** ich habe die Tabletten im Schrank in Sicherheit gebracht B̲ V̲T̲ verletzen; *Umwelt etc* schaden (+*dat*) **harmful** A̲D̲J̲ schädlich (**to** für) **harmless** A̲D̲J̲ harmlos **harmlessly** [ˈhɑːmlɪslɪ] A̲D̲V̲ harmlos; **the missile exploded ~ outside the town** die Rakete explodierte außerhalb der Stadt, ohne Schaden anzurichten

harmonic [hɑːˈmɒnɪk] A̲D̲J̲ harmonisch **harmonica** [hɑːˈmɒnɪkə] S̲ Harmonika *f*; **to play the ~** Harmonika spielen **harmonious** A̲D̲J̲, **harmoniously** [hɑːˈməʊnɪəs, -lɪ] A̲D̲V̲ harmonisch **harmonize** [ˈhɑːmənaɪz] A̲ V̲T̲ harmonisieren; *Ideen* aufeinander abstimmen, miteinander in Einklang bringen B̲ V̲I̲ **1** *Farben* harmonieren **2** MUS mehrstimmig singen **harmony** [ˈhɑːmənɪ] S̲ Harmonie *f*; *fig* Eintracht *f*; **to live in perfect ~ with sb** in Eintracht mit j-m leben

harness [ˈhɑːnɪs] A̲ S̲ **1** Geschirr *n*; **to**

work in ~ *fig* zusammenarbeiten 2 *von Fallschirm* Gurtwerk *n*; *für Kleinkind* Laufgurt *m* B VT 1 *Pferd* anschirren; **to** ~ **a horse to a carriage** ein Pferd vor einen Wagen spannen 2 nutzen

harp [hɑːp] S Harfe *f*; **to play the** ~ Harfe spielen ◆**harp on** *umg* VI **to harp on (about) sth** auf etw (*dat*) herumreiten; **he's always harping on about** ... er spricht ständig von ...

harpoon [hɑːˈpuːn] A S Harpune *f* B VT harpunieren

harpsichord [ˈhɑːpsɪkɔːd] S Cembalo *n*; **to play the** ~ Cembalo spielen

harrowing [ˈhærəʊɪŋ] ADJ *Geschichte* erschütternd; *Erlebnis* grauenhaft

harry [ˈhærɪ] VT bedrängen

harsh [hɑːʃ] ADJ ‹*er*› *Winter* streng; *Klima, Umwelt, Klang* rau; *Bedingungen, Behandlung* hart; *Kritik* scharf; *Licht* grell; *Wirklichkeit* bitter; **to be** ~ **with sb** j-n hart anfassen; **don't be too** ~ **with him** sei nicht zu streng mit *od* hart zu ihm **harshly** [ˈhɑːʃlɪ] ADV 1 bewerten, behandeln streng; *kritisieren* scharf 2 *etw sagen* schroff; **he never once spoke** ~ **to her** er sprach sie nie in einem scharfen Ton an **harshness** [ˈhɑːʃnɪs] S Härte *f*; *von Klima, Umwelt* Rauheit *f*; *von Kritik* Schärfe *f*

★**harvest** [ˈhɑːvɪst] A S Ernte *f*; **a bumper potato** ~ eine Rekordkartoffelernte B VT ernten **harvest festival** S Erntedankfest *n*

has [hæz] ‹3. *Person sg präs*› → **have has-been** [ˈhæzbiːn] *pej* S vergangene Größe

hash [hæʃ] S 1 *fig* **to make a** ~ **of sth** etw vermasseln *umg* 2 TEL Doppelkreuz *n*, Rautenzeichen *n* 3 *umg* (≈ *Droge*) Hasch *n umg* **hash browns** [hæʃˈbraʊnz] PL ≈ Kartoffelpuffer *pl*, Erdäpfelpuffer *pl* österr

hashish [ˈhæʃɪʃ] S Haschisch *n*

hashtag [ˈhæʃtæg] S IT Hashtag *n* (*mit vorangestelltem Rautenzeichen markiertes Schlagwort*)

hasn't [ˈhæznt] ABK (= **has not**) → **have**

hassle [ˈhæsl] *umg* A S 1 Auseinandersetzung *f* 2 Mühe *f*; **we had a real** ~ **getting these tickets** es hat uns (*dat*) viel Mühe gemacht, diese Karten zu bekommen; **getting there is such a** ~ es ist so umständlich, dorthin zu kommen

B VT bedrängen; **stop hassling me** lass mich in Ruhe!; **I'm feeling a bit** ~**d** ich fühle mich etwas im Stress *umg*

haste [heɪst] S Eile *f*, Hast *f*; **to do sth in** ~ etw in Eile tun; **to make** ~ **to do sth** sich beeilen, etw zu tun **hasten** [ˈheɪsn] A VI sich beeilen; **I** ~ **to add that** ... ich muss allerdings hinzufügen, dass ... B VT beschleunigen **hastily** [ˈheɪstɪlɪ] ADV 1 eilig; *essen, sich anziehen* hastig; *hinzufügen* schnell 2 übereilt **hasty** [ˈheɪstɪ] ADJ ‹*komp* **hastier**› 1 hastig; *Abreise* plötzlich; **to beat a** ~ **retreat** sich schnellstens aus dem Staub machen *umg* 2 übereilt; **don't be** ~! nicht so schnell!; **I had been too** ~ ich hatte voreilig gehandelt

★**hat** [hæt] S 1 Hut *m*; **to put on one's hat** den *od* seinen Hut aufsetzen; **to take one's hat off** den Hut abnehmen 2 *fig* **I'll eat my hat if** ... ich fresse einen Besen, wenn ... *umg*; **I take my hat off to him** Hut ab vor ihm!; **to keep sth under one's hat** *umg* etw für sich behalten; **at the drop of a hat** auf der Stelle; **that's old hat** *umg* das ist ein alter Hut *umg* **hatbox** S Hutschachtel *f*

hatch¹ [hætʃ] A VT (*a.* **hatch out**) ausbrüten B VI *Vogel a.* ~ **out** ausschlüpfen; **when will the eggs** ~? wann schlüpfen die Jungen aus?

hatch² [hætʃ] S 1 SCHIFF Luke *f*; *in Fußboden, Decke* Bodenluke *f* 2 (**service**) ~ Durchreiche *f* 3 **down the** ~! *umg* hoch die Tassen! *umg* **hatchback** [ˈhætʃbæk] S Hecktürmodell *n*

hatchet [ˈhætʃɪt] S Beil *n*; **to bury the** ~ *fig* das Kriegsbeil begraben **hatchet job** *umg* S **to do a** ~ **on sb** j-n fertigmachen *umg*

hatchway [ˈhætʃweɪ] S → **hatch²** 1

★**hate** [heɪt] VT hassen; **to** ~ **to do sth** *od* **doing sth** etw äußerst ungern tun; **I** ~ **seeing** *od* **to see her in pain** ich kann es nicht ertragen, sie leiden zu sehen; **I** ~ **it when** ... ich kann es nicht ausstehen, wenn ...; **I** ~ **to bother you** es ist mir sehr unangenehm, dass ich Sie belästigen muss; **I** ~ **to admit it but** ... es fällt mir sehr schwer, das zugeben zu müssen, aber ...; **she** ~**s me having any fun** sie kann es nicht haben, wenn ich Spaß habe; **I'd** ~ **to think I'd never see him again** ich könnte den Gedanken, ihn nie wiederzusehen, nicht ertragen **B** 5̲ Hass m **(for, of auf** +akk**); one of his pet ~s is plastic cutlery/having to wait** Plastikbesteck/Warten ist ihm ein Gräuel **hate campaign** 5̲ Hasskampagne f **hated** ['heɪtɪd] ADJ verhasst **hateful** ADJ abscheulich; Mensch unausstehlich **hate mail** 5̲ beleidigende Briefe pl

hatpin ['hætpɪn] 5̲ Hutnadel f

hatred ['heɪtrɪd] 5̲ Hass m **(for, of auf** +akk**); racial ~** Rassenhass m

hat stand 5̲, **hat tree** US 5̲ Garderobenständer m **hat trick** 5̲ Hattrick m; **to score a ~** einen Hattrick erzielen

haughty ['hɔːtɪ] ADJ ⟨komp haughtier⟩ überheblich; Blick geringschätzig

haul [hɔːl] **A** 5̲ **1** **it's a long ~** es ist ein weiter Weg; **short/long/medium ~ aircraft** Kurz-/Lang-/Mittelstreckenflugzeug n; **over the long ~** bes US langfristig **2** fig Beute f; von Drogen etc Fund m **B** VT **1** ziehen; **he ~ed himself to his feet** er wuchtete sich wieder auf die Beine **2** befördern ◆**haul in** VT ⟨trennb⟩ einholen; Seil einziehen

haulage ['hɔːlɪdʒ] Br 5̲ Transport m **haulage business** bes Br 5̲ Transportunternehmen n, Spedition(sfirma) f; (≈ Sparte) Speditionsbranche f **haulier** ['hɔːlɪə] 5̲, **hauler** ['hɔːlə] US 5̲ (≈ Firma) Spedition f; Transportunternehmer(in) m(f)

haunch [hɔːntʃ] 5̲ ~es Gesäß n; von Tier Hinterbacken pl; **to squat on one's ~es** in der Hocke sitzen

haunt [hɔːnt] **A** VT **1** Gespenst spuken in (+dat) **2** j-n verfolgen; Erinnerung nicht loslassen **B** 5̲ Stammlokal n; für Urlaub etc Lieblingsort m; **her usual childhood ~s** Stätten, die sie in ihrer Kindheit aufsuchte **haunted** ADJ **1** Spuk-; **~ castle** Spukschloss n; **this place is ~** hier spukt es; **is it ~?** spukt es da? **2** Blick gequält **haunting** ['hɔːntɪŋ] ADJ eindringlich; Musik schwermütig

★**have** [hæv]
⟨prät, pperf had; 3. Person sg präs has⟩

A Hilfsverb **B** Hilfsverb
C transitives Verb

— A Hilfsverb —

1 haben; **I ~/had seen** ich habe/hatte gesehen; **had I seen him, if I had seen him** wenn ich ihn gesehen hätte; **having seen him** als ich ihn gesehen hatte; **having realized this** nachdem ich das erkannt hatte; **I ~ lived** od **~ been living here for 10 years** ich wohne od lebe schon 10 Jahre hier **2** sein; **to ~ gone** gegangen sein; **you HAVE grown!** du bist aber gewachsen!; **to ~ been gewesen sein 3 you've seen her, ~n't you?** du hast sie gesehen, oder nicht?; **you ~n't seen her, ~ you?** du hast sie nicht gesehen, oder?; **you ~n't seen her — yes, I ~** du hast sie nicht gesehen — doch; **you've made a mistake — no, I ~n't** du hast einen Fehler gemacht — nein(, hab ich nicht); **I ~ seen a ghost — ~ you?** ich habe ein Gespenst gesehen — tatsächlich?

— B Hilfsverb —

to ~ to do sth etw tun müssen; **I ~ to do it, I ~ got to do it** bes Br ich muss es tun od machen; **she was having to get up at 5 o'clock** sie musste um 5 Uhr aufstehen; **you didn't ~ to tell her** das hätten Sie ihr nicht unbedingt sagen müssen od brauchen

— C transitives Verb —

(a. **have got**) bes Br **1** haben; bes Br **~ you got a car?, do you ~ a car?** hast du ein Auto?; **I ~n't a pen, I ~n't got a pen** bes Br, **I don't ~ a pen** ich habe keinen Kugelschreiber; **I ~ work/a translation to do, I ~ got work/a translation to do** bes Br ich habe zu arbeiten/eine Übersetzung zu erledigen; **I must ~ more time** ich brauche mehr Zeit; **I must ~ something to eat** ich muss dringend etwas zu essen haben; **thanks for having me** vielen Dank für Ihre Gastfreundschaft; **he has diabetes** er ist zuckerkrank; **to ~ a heart attack** einen Herzinfarkt bekommen; **I've a headache, I've got a headache** bes Br ich habe Kopfschmerzen; **to ~ a pleasant evening** einen schönen Abend verbringen; **to ~ a good time** Spaß haben, sich amüsieren; **~ a good time!** viel Spaß!; **to ~ a walk** einen Spaziergang machen; **to ~ a swim** schwimmen gehen; **to ~ a baby** ein Baby bekommen; **to ~ a (bit of a) thing for sb** umg auf jdn stehen *umg*; **he had the audience in hysterics** das Publikum kugelte sich vor Lachen; **he had the police baffled** die Polizei stand vor einem Rätsel; **as rumour has it** *Br*, **as rumor has it** *US* Gerüchten zufolge; **I won't ~ this sort of rudeness!** diese Unhöflichkeit lasse ich mir ganz einfach nicht bieten; **I won't ~ him insulted** ich lasse es nicht zu *od* dulde es nicht, dass man ihn beleidigt; **to let sb ~ sth** j-m etw geben **2 to ~ breakfast** frühstücken; **to ~ lunch** zu Mittag essen; **to ~ tea with sb mit** j-m (zusammen) Tee trinken; **will you ~ tea or coffee?** möchten Sie lieber Tee oder Kaffee?; **will you ~ a drink/cigarette?** möchten Sie etwas zu trinken/eine Zigarette?; **what will you ~?** was möchten Sie gern(e)?; **I'll ~ the steak** ich nehme *od* hätte gern das Steak; **he had a cigarette** er rauchte eine Zigarette **3** (gepackt) haben; **he had me by the throat**, **had got me by the throat** *bes Br* er hatte mich am Hals gepackt; **you ~ me there** da bin ich überfragt **4** *Party* geben; *Versammlung* abhalten **5** mögen; **which one will you ~?** welche(n, s) möchten Sie haben *od* hätten Sie gern? **6 to ~ sth done** etw tun lassen; **to ~ one's hair cut** sich (*dat*) die Haare schneiden lassen; **he had his car stolen** man hat ihm sein Auto gestohlen; **I've had three windows broken** (bei) mir sind drei Fenster eingeworfen worden; **to ~ sb do sth** j-n etw tun lassen; **I had my friends turn against me** ich musste es erleben, wie *od* dass sich meine Freunde gegen mich wandten; **that coat has had it** *umg* der Mantel ist im Eimer *umg*; **if I miss the bus, I've had it** *umg* wenn ich den Bus verpasse, bin ich geliefert *umg*; **let him ~ it!** *umg* gibs ihm! *umg*; **~ it your own way** halten Sie es, wie Sie wollen; **you've been had!** *umg* da hat man dich übers Ohr gehauen *umg*

◆**have around** V͟T͟ ⟨immer getrennt⟩ **he's a useful man to have around** es ist ganz praktisch, ihn zur Hand zu haben ◆**have back** V͟T͟ ⟨trennb⟩ zurückhaben ◆**have in** V͟T͟ **1** im Haus haben **2 to have it in for sb** j-n auf dem Kieker haben *umg*

3 I didn't know he had it in him ich hätte ihm das nicht zugetraut ◆**have off** V͟T͟ ⟨immer getrennt⟩ **to have it off with sb** *Br umg* es mit j-m treiben *umg* ◆**have on** V͟T͟ A͟ ⟨trennb⟩ Kleidung, Radio anhaben B͟ ⟨immer getrennt⟩ **1** vorhaben; (≈ beschäftigt sein) zu tun haben **2** *umg* (≈ betrügen) übers Ohr hauen *umg*; (≈ veralbern) auf den Arm nehmen *umg*, pflanzen *österr* ◆**have out** V͟T͟ ⟨immer getrennt⟩ **1** herausgenommen bekommen; **he had his tonsils out** ihm wurden die Mandeln herausgenommen **2 I'll have it out with him** ich werde mit ihm reden ◆**have over**, ◆**have round** *Br* V͟T͟ ⟨immer getrennt⟩ (bei sich) zu Besuch haben, (zu sich) einladen

haven [ˈheɪvən] *fig* S͟ Zufluchtsstätte *f*

haven't [ˈhævnt] A͟B͟K͟ (= have not) → **have**

haves [hævz] *umg* P͟L͟ **the ~ and the have-nots** die Betuchten und die Habenichtse

havoc [ˈhævək] S͟ verheerender Schaden, Chaos *n*; **to cause** *od* **create ~** ein Chaos verursachen; **to wreak ~ in/on/with sth**, **to play ~ with sth** bei etw verheerenden Schaden anrichten; **this wreaked ~ with their plans** das brachte ihre Pläne völlig durcheinander

Hawaii [həˈwaɪiː] S͟ Hawaii *n*

hawk¹ [hɔːk] S͟ **1** ORN Habicht *m*; **to watch sb like a ~** j-n ganz genau beobachten **2** *fig* (≈ Politiker) Falke *m*

hawk² [hɔːk] V͟T͟ hausieren (gehen) mit, verkaufen **hawker** [ˈhɔːkə^r] S͟ Hausierer(in) *m(f)*, Straßenhändler(in) *m(f)*

hawk-eyed [ˈhɔːkaɪd] A͟D͟J͟ scharfsichtig

hawthorn [ˈhɔːθɔːn] S͟, (a. **hawthorn bush/tree**) Weißdorn *m*

★**hay** [heɪ] S͟ Heu *n*; **to make hay while the sun shines** *sprichw* das Eisen schmieden, solange es heiß ist *sprichw*

hay fever S͟ Heuschnupfen *m* **hayrick**, **haystack** S͟ Heuhaufen *m* **haywire** [ˈheɪwaɪə^r] *umg* A͟D͟J͟ (*präd*) **to go ~** durchdrehen; *Pläne* über den Haufen geworfen werden *umg*; *Maschine* verrückt spielen *umg*

hazard [ˈhæzəd] A͟ S͟ **1** Gefahr *f*, Risiko *n*; **it's a fire ~** es stellt eine Feuergefahr dar; **to pose a ~ (to sb/sth)** eine Gefahr (für j-n/etw) darstellen **2 ~s** *pl*, **~ warning lights** AUTO Warnblinklicht *n* B͟ V͟T͟ riskieren; **if I might ~s a suggestion** wenn ich mir einen Vorschlag erlauben darf; **to ~s a guess** (es) wagen, eine Vermutung anzustellen **hazard lights** PL AUTO Warnblinkanlage f **hazardous** ['hæzədəs] ADJ gefährlich, riskant; **such jobs are ~ to one's health** solche Arbeiten gefährden die Gesundheit **hazardous waste** ⎡S⎤ Sondermüll m

haze [heɪz] ⎡S⎤ **1** Dunst m **2** fig **he was in a ~** er war vollkommen verwirrt

hazel ['heɪzl] ADJ Farbe haselnussbraun

hazelnut ['heɪzlnʌt] ⎡S⎤ Haselnuss f

hazy ['heɪzɪ] ADJ ⟨komp hazier⟩ Wetter diesig; Sonnenschein trübe; Umriss verschwommen; Details unklar; **I'm a bit ~ about that** ich bin mir nicht ganz im Klaren darüber

H-bomb ['eɪtʃbɒm] ⎡S⎤ H-Bombe f

HD ABK (= high definition) HD, hochauflösend

★**he** [hiː] **A** PERS PR er; **Harry Rigg? who's he?** Harry Rigg? wer ist das denn? **B** ⎡S⎤ **it's a he** umg es ist ein Er **C** PRÄF männlich

★**head** [hed]

A Substantiv   **B** transitives Verb
C intransitives Verb

— **A** Substantiv —

1 Kopf m; von Pfeil Spitze f; von Bett Kopf m, Kopfende n; von Bier Blume f; **from ~ to foot** von Kopf bis Fuß; **he can hold his ~ high** er kann sich sehen lassen; **~s or tails?** Kopf oder Zahl?; **~s you win** bei Kopf gewinnst du; **to keep one's ~ above water** fig sich über Wasser halten; **to go to one's ~** einem zu Kopf steigen; **I can't make ~ (n)or tail of it** daraus werde ich nicht schlau; **use your ~** streng deinen Kopf an; **it never entered his ~ that ...** es kam ihm nie in den Sinn, dass ...; **we put our ~s together** wir haben unsere Köpfe zusammengesteckt; **the joke went over his ~** er verstand den Witz nicht; **to keep one's ~** den Kopf nicht verlieren; **to lose one's ~** den Kopf verlieren; **~ of steam** Dampfdruck m; **at the ~ of the page/stairs** oben auf der Seite/an der Treppe; **at the ~ of the table** am Kopf(ende) des Tisches; **at the ~ of the**

queue Br an der Spitze der Schlange; **a ~ od per ~** pro Kopf; **to be ~ and shoulders above sb** fig j-m haushoch überlegen sein; **to fall ~ over heels in love with sb** sich bis über beide Ohren in j-n verlieben; **to fall ~ over heels down the stairs** kopfüber die Treppe herunterfallen; **to stand on one's ~** auf dem Kopf stehen; **to turn sth on its ~** fig etw umkehren; **to laugh one's ~ off** umg sich fast totlachen umg; **to shout one's ~ off** umg (dat) die Lunge aus dem Leib schreien umg; **to scream one's ~ off** umg aus vollem Halse schreien; **he can't get it into his ~ that ...** es will ihm nicht in den Kopf, dass ...; **I can't get it into his ~ that ...** ich kann es ihm nicht begreiflich machen, dass ...; **to take it into one's ~ to do sth** sich (dat) in den Kopf setzen, etw zu tun; **don't put ideas into his ~** bring ihn bloß nicht auf dumme Gedanken!; **to get sb/sth out of one's ~** sich (dat) j-n/etw aus dem Kopf schlagen; **he is off his ~** Br umg er ist (ja) nicht (ganz) bei Trost umg; **he has a good ~ for figures** er ist ein guter Rechner; **you need a good ~ for heights** Sie müssen schwindelfrei sein; **to come to a ~** sich zuspitzen; **to bring matters to a ~** die Sache auf die Spitze treiben **2** twenty ~ of cattle zwanzig Stück Vieh **3** von Familie Oberhaupt n; von Organisation Chef(in) m(f); von Abteilung Leiter(in) m(f); Br SCHULE Schulleiter(in) m(f); **~ of department** Abteilungsleiter(in) m(f); SCHULE, UNIV Fachbereichsleiter(in) m(f); **~ of state** Staatsoberhaupt n

— **B** transitives Verb —

1 anführen, führen; Team leiten; **a coalition government ~ed by Mrs Merkel** eine Koalitionsregierung unter der Führung von Frau Merkel **2** **in the chapter ~ed ...** in dem Kapitel mit der Überschrift ... **3** FUSSB köpfen

— **C** intransitives Verb —

gehen, fahren; **the tornado was ~ing our way** der Tornado kam auf uns zu ◆**head back** V/I zurückgehen/-fahren; **it's time we were heading back home** es ist Zeit, sich auf den Rückweg zu machen ◆**head for** V/I ⟨+obj⟩ **1** zugehen/ zufahren auf (+akk); Stadt etc gehen/fah-

H

ren in Richtung (+gen); Tür, Kneipe zusteuern auf (+akk) umg; **where are you heading** od **headed for?** wo gehen/fahren Sie hin? **2** fig zusteuern auf (+akk); **you're heading for trouble** du bist auf dem besten Weg, Ärger zu bekommen; **to head for victory/defeat** auf einen Sieg/eine Niederlage zusteuern ◆**head off** **A** V/T ‹trennb› **1** umdirigieren **2** Krieg, Streik abwenden **B** V/I sich aufmachen

★**headache** S̲ Kopfschmerzen pl; umg Problem n; **to have a ~** Kopfschmerzen haben; **this is a bit of a ~ (for us)** das macht od bereitet uns ziemliches Kopfzerbrechen **headband** S̲ Stirnband n **headboard** S̲ Kopfteil n **head boy** S̲ vom Schulleiter bestimmter Schulsprecher **headbutt** V/T mit dem Kopf stoßen **head cold** S̲ Schnupfen m **headcount** S̲ **to have** od **take a ~** abzählen **headdress** S̲ Kopfschmuck m **headed notepaper** S̲ Schreibpapier n mit Briefkopf **header** ['hedə'] S̲ FUSSB Kopfball m, Köpfler m österr, schweiz **headfirst** ADV kopfüber **headgear** S̲ Kopfbedeckung f **head girl** S̲ vom Schulleiter bestimmte Schulsprecherin **head-hunt** V/T anwerben **head-hunter** fig S̲ Headhunter(in) m(f) **heading** S̲ Überschrift f **headlamp, headlight** S̲ Scheinwerfer m **headland** S̲ Landspitze f **headlight** S̲ → headlamp

★**headline** S̲ Presse Schlagzeile f; **he is always in the ~s** er macht immer Schlagzeilen; **to hit** od **make the ~s** Schlagzeilen machen; **the news ~s** Kurznachrichten pl **headline news** S̲ ‹+sg v, kein pl› **to be ~** in den Schlagzeilen sein **headlong** ADV Hals über Kopf umg; fallen vornüber; **he ran ~ down the stairs** er rannte in Windeseile die Treppe hinunter

★**headmaster** Br S̲ Schulleiter m

★**headmistress** Br S̲ Schulleiterin f **head-mounted display** ['hed,maun-tɪd] S̲ IT, TECH Head-mounted Display n, HMD n, Helmdisplay n **head office** S̲ Zentrale f **head-on** **A** ADV **1** zusammenstoßen frontal **2** fig angehen direkt; **to confront sb/sth ~** j-m/einer Sache ohne Umschweife entgegentreten **B** ADV ~ **collision** Frontalzusammenstoß

m **headphones** S̲ PL Kopfhörer pl **headquarters** S̲ ‹+sg od pl v› MIL Hauptquartier n; von Firma Zentrale f **headrest** S̲ Kopfstütze f **headroom** S̲ lichte Höhe; in Auto Kopfraum m **headscarf** S̲ Kopftuch n **headset** S̲ Kopfhörer pl **head start** S̲ Vorsprung m (**on sb** j-m gegenüber) **headstone** S̲ Grabstein m **headstrong** ADJ dickköpfig **head teacher** Br S̲ Schulleiter(in) m(f) **head waiter** S̲ Oberkellner m **headway** S̲ **to make ~** vorankommen **headwind** S̲ Gegenwind m **headword** S̲ in Wörterbuch Stichwort n **heady** ['hedɪ] ADJ ‹komp headier› berauschend

★**heal** [hiːl] **A** V/I heilen **B** V/T **1** MED heilen **2** fig Differenzen beilegen ◆**heal up** V/I zuheilen

healer ['hiːlə'] S̲ Heiler(in) m(f) geh **healing** ['hiːlɪŋ] **A** S̲ Heilung f; von Wunde (Zu)heilen n **B** ADJ MED Heil-, heilend; ~ **process** Heilprozess m

★**health** [helθ] S̲ Gesundheit f; **in good ~** bei guter Gesundheit; **to suffer from poor** od **bad ~** kränklich sein; **to be good/bad for one's ~** gesund/ungesund sein; **~ and safety regulations** Arbeitsschutzvorschriften pl; **to drink (to) sb's ~** auf j-s Wohl (akk) trinken; **your ~!** zum Wohl! **health authority** S̲ Gesundheitsbehörde f **health care** S̲ Gesundheitsfürsorge f **health centre** Br S̲, **health center** US S̲ Ärztezentrum n **health club** S̲ Fitnesscenter n **health-conscious** ADJ gesundheitsbewusst **health farm** S̲ Gesundheitsfarm f **health food** S̲ Reformkost f **health food shop** S̲ Br, **health food store** bes US S̲ Bioladen m **healthily** ['helθɪlɪ] ADV gesund; wachsen kräftig **health insurance** S̲ Krankenversicherung f **health problem** S̲ **to have ~s** gesundheitliche Probleme haben **health professional** S̲ medizinische Fachkraft; ~s medizinisches Fachpersonal **health resort** S̲ Kurort m **Health Service** S̲ the ~ das Gesundheitswesen **health tourism** S̲ Gesundheitstourismus m **health warning** S̲ (gesundheitlicher) Warnhinweis

★**healthy** ['helθɪ] ADJ ‹komp healthier› gesund; **to earn a ~ profit** einen ansehnlichen Gewinn machen

★**heap** [hiːp] **A** ⓢ Haufen *m*; **he fell in a ~ on the floor** er sackte zu Boden; **at the bottom/top of the ~** *fig* ganz unten/oben; **~ of** *umg* ein(en) Haufen *umg*; **~s of times** zigmal *umg*; **~s of enthusiasm** jede Menge Enthusiasmus *umg* **B** ⓥⓣ häufen; **to ~ praise on sb/sth** j-n/etw mit Lob überschütten; **a ~ed spoonful** ein gehäufter Löffel **♦heap up** ⓥⓣ *‹trennb›* aufhäufen

★**hear** [hɪəʳ] *‹prät, pperf heard›* **A** ⓥⓣ hören; **I ~d him say that …** ich habe ihn sagen hören, dass …; **there wasn't a sound to be ~d** es war kein Laut zu hören; **to make oneself ~d** sich *(dat)* Gehör verschaffen; **you're not going, do you ~ me!** du gehst nicht, hörst du (mich)!; **I ~ you play chess** ich höre, Sie spielen Schach; **I've ~d it all before** ich habe das schon hundertmal gehört; **I must be ~ing things** ich glaube, ich höre nicht richtig; **to ~ a case** JUR einen Fall verhandeln; **to ~ evidence** JUR Zeugen vernehmen **B** ⓥⓘ hören; **he cannot ~ very well** er hört nicht sehr gut; **~, ~!** (sehr) richtig!; PARL hört!, hört!; **he's left his wife — yes, so I ~** er hat seine Frau verlassen — ja, ich habe es gehört; **to ~ about sth** von etw erfahren; **never ~d of him/it** nie (von ihm/davon) gehört; **he was never ~d of again** man hat nie wieder etwas von ihm gehört; **I've never ~d of such a thing!** das ist ja unerhört! **♦hear of** *fig* ⓥⓘ *‹+obj›* **I won't hear of it** ich will davon (gar) nichts hören **♦hear out** ⓥⓣ *‹trennb›* j-n ausreden lassen

heard [hɜːd] PRÄT & PPERF → hear **hearing** [ˈhɪərɪŋ] ⓢ **1** Gehör *n*; **to have a keen sense of ~** ein gutes Gehör haben **2** **within/out of ~** in/außer Hörweite **3** POL Anhörung *f*; JUR Verhandlung *f*; **disciplinary ~** Disziplinarverfahren *n* **hearing aid** ⓢ Hörgerät *n* **hearsay** [ˈhɪəseɪ] ⓢ Gerüchte *pl*; **to know sth from** *od* **by ~** etw vom Hörensagen wissen **hearse** [hɜːs] ⓢ Leichenwagen *m*

★**heart** [hɑːt] ⓢ **1** Herz *n*; **to break sb's ~** j-m das Herz brechen; **to have a change of ~** sich anders besinnen; **to be close** *od* **dear to one's ~** j-m am Herzen liegen; **to learn sth (off) by ~** etw auswendig lernen; **he knew in his ~ she was**

right er wusste im Grunde seines Herzens, dass sie recht hatte; **with all my ~** von ganzem Herzen; **from the bottom of one's ~** aus tiefstem Herzen; **to put (one's) ~ and soul into sth** sich mit Leib und Seele einer Sache *(dat)* widmen; **to take sth to ~** sich *(dat)* etw zu Herzen nehmen; **we (only) have your interests at ~** uns liegen doch nur Ihre Interessen am Herzen; **to set one's ~ on sth** sein Herz an etw *(akk)* hängen *geh*; **to one's ~'s content** nach Herzenslust; **most men are boys at ~** die meisten Männer sind im Grunde (ihres Herzens) noch richtige Kinder; **his ~ isn't in it** er ist nicht mit dem Herzen dabei; **to give up ~** j-m Mut machen; **to lose ~** den Mut verlieren; **to take ~** Mut fassen; **her ~ is in the right place** *umg* sie hat das Herz auf dem rechten Fleck *umg*; **to have a ~ of stone** ein Herz aus Stein haben; **my ~ was in my mouth** *umg* mir schlug das Herz bis zum Hals; **I didn't have the ~ to say no** ich brachte es nicht übers Herz, Nein zu sagen; **she has a ~ of gold** sie hat ein goldenes Herz; **my ~ sank** mein Mut sank; *besorgt* mir wurde bang ums Herz; **in the ~ of the forest** mitten im Wald; **the ~ of the matter** der Kern der Sache **2** **~s** *pl* KART Herz *n*; *Bridge* Coeur *n*; **queen of ~s** Herz-/Coeurdame *f* **heartache** ⓢ Kummer *m* **heart attack** ⓢ Herzanfall *m*, Herzinfarkt *m*; **I nearly had a ~** *fig umg* ich habe fast einen Herzschlag gekriegt *umg* **heartbeat** ⓢ Herzschlag *m* **heartbreak** ⓢ großer Kummer **heartbreaking** ADJ herzzerreißend **heartbroken** ADJ todunglücklich **heartburn** ⓢ Sodbrennen *n* **heart condition** ⓢ Herzleiden *n*; **he has a ~** er ist herzleidend **heart disease** ⓢ Herzkrankheit *f* **hearten** [ˈhɑːtn] ⓥⓣ ermutigen **heartening** [ˈhɑːtnɪŋ] ADJ ermutigend **heart failure** ⓢ Herzversagen *n*; **he suffered ~** sein Herz hat versagt **heartfelt** ADJ *Dank, Entschuldigung* aufrichtig; *Tribut, Bitte* tief empfunden

hearth [hɑːθ] ⓢ Feuerstelle *f*, Kamin *m* **heartily** [ˈhɑːtɪlɪ] ADV **1** herzlich; *essen* tüchtig **2** *empfehlen* uneingeschränkt; *zustimmen* voll und ganz; *willkommen heißen* von Herzen; **to be ~ sick of sth**

H

etw herzlich leid sein **heartless** A͟D͟J͟
herzlos, grausam **heartlessly** A͟D͟V͟
grausam **heart-rending** A͟D͟J͟ herzzer-
reißend **heartstrings** P͟L͟ **to pull** *od*
tug at sb's ~ j-n zu Tränen rühren
heart-throb *umg* S͟ Schwarm *m umg*
heart-to-heart A͟ A͟D͟J͟ ganz offen; **to
have a ~ talk with sb** sich mit j-m ganz
offen aussprechen B͟ S͟ offene Ausspra-
che; **it's time we had a ~** es ist Zeit,
dass wir uns einmal offen aussprechen
heart transplant S͟ Herztransplanta-
tion *f* **heart trouble** S͟ Herzbeschwer-
den *pl* **heart-warming** A͟D͟J͟ herzer-
freuend **hearty** [ˈhɑːtɪ] A͟ A͟D͟J͟ ⟨k͟o͟m͟p͟
heartier⟩ 1͟ herzlich; *Art und Weise* rau-
beinig 2͟ *Empfindung* uneingeschränkt;
Abneigung tief; **~ welcome** herzlicher
Empfang 3͟ *Mahlzeit* herzhaft, wäh-
rend *schweiz*; *Appetit* gesund; **to be a
~ eater** einen gesunden Appetit haben
★**heat** [hiːt] A͟ S͟ 1͟ Hitze *f*; P͟H͟Y͟S͟ Wärme
f; **on** *od* **over (a) low ~** bei schwacher
Hitze; **in the ~ of the moment** in der
Hitze des Gefechts, in der Erregung 2͟
S͟P͟O͟R͟T͟ Vorlauf *m*; *Boxen etc* Vorkampf *m*
3͟ **on ~** *Br*, **in ~** *bes US* brünstig; *Hund,
Katze* läufig B͟ V͟/T͟ erhitzen; *Zimmer hei-
zen*; *Haus, Schwimmbad* beheizen C͟ V͟/I͟
warm werden ◆**heat up** A͟ V͟/I͟ sich er-
wärmen B͟ V͟/T͟ ⟨t͟r͟e͟n͟n͟b͟⟩ erwärmen; *Essen*
aufwärmen

heated [ˈhiːtɪd] A͟D͟J͟ 1͟ *wörtl Schwimmbad*
beheizt; *Zimmer geheizt*; *Handtuchhalter*
heizbar 2͟ *fig Debatte* hitzig; *Meinungs-
austausch* heftig **heatedly** [ˈhiːtɪdlɪ]
A͟D͟V͟ hitzig; *argumentieren* heftig **heater**
[ˈhiːtəʳ] S͟ Ofen *m*; *in Auto* Heizung *f*
heath [hiːθ] S͟ Heide *f*
heathen [ˈhiːðən] A͟ A͟D͟J͟ heidnisch B͟
S͟ Heide *m*, Heidin *f*
heather [ˈheðəʳ] S͟ Heidekraut *n*
★**heating** [ˈhiːtɪŋ] S͟ Heizung *f* **heating
engineer** S͟ Heizungsinstallateur(in)
m(f) **heatproof** A͟D͟J͟ hitzebeständig
heat rash S͟ Hitzeausschlag *m* **heat
recovery** S͟ Wärmerückgewinnung *f*
heat-resistant A͟D͟J͟ hitzebeständig
heatstroke S͟ Hitzschlag *m* **heat
wave** S͟ Hitzewelle *f*
heave [hiːv] A͟ V͟/T͟ 1͟ *nach oben*
(hoch)hieven (**onto** auf +*akk*; (≈*ziehen*)
schleppen 2͟ werfen 3͟ *Seufzer* aussto-
ßen B͟ V͟/I͟ 1͟ hieven 2͟ *Wellen, Busen wo-*

gen *geh*; *Magen* sich umdrehen
★**heaven** [ˈhevn] S͟ Himmel *m*; **the ~s** *liter*
der Himmel; **in ~** im Himmel; **to go to ~**
in den Himmel kommen; **he is in (sev-
enth) ~** er ist im siebten Himmel; **it
was ~** es war einfach himmlisch; **(good)
~s!** (du) lieber Himmel! *umg*; **would
you like to? — (good) ~s no!** möchten
Sie? — um Himmels willen, bloß nicht!;
~ knows what ... weiß der Himmel, was
... *umg*; **~ forbid!** bloß nicht, um Him-
mels willen! *umg*; **for ~'s sake!** um
Himmels willen!; **what in ~'s name
...?** was um Himmels willen ...? **heav-
enly** [ˈhevnlɪ] A͟D͟J͟ 1͟ himmlisch, Him-
mels-; **~ body** Himmelskörper *m* 2͟
umg himmlisch
heavily [ˈhevɪlɪ] A͟D͟V͟ stark; *bevölkert*
dicht; *bewaffnen, atmen* schwer; *bewacht*
streng; *sich bewegen* schwerfällig; **~ dis-
guised** völlig unkenntlich gemacht; **to
lose ~** hoch verlieren; **to be ~ involved
in** *od* **with sth** sehr viel mit etw zu tun
haben; **to be ~ into sth** *umg* voll auf
etw (*akk*) abfahren *umg*; **to be ~ out-
numbered** zahlenmäßig stark unterle-
gen sein; **to be ~ defeated** eine schwe-
re Niederlage erleiden; **~ laden** schwer
beladen; **~ built** kräftig gebaut
★**heavy** [ˈhevɪ] A͟D͟J͟ ⟨k͟o͟m͟p͟ **heavier**⟩ 1͟
schwer; *Regen, Verkehr, Trinker* stark;
Sturz hart; **with a ~ heart** schweren
Herzens; **~ breathing** schweres Atmen;
the conversation was ~ going die Un-
terhaltung war mühsam; **this book is
very ~ going** das Buch liest sich schwer
2͟ *Stille* bedrückend; *Himmel* bedeckt
heavy cream *US* S͟ Schlagsahne *f*,
Schlag *m österr*, Schlagobers *n österr*, Ni-
del *m/f schweiz* **heavy-duty** A͟D͟J͟ stra-
pazierfähig **heavy goods vehicle** S͟
Lastkraftwagen *m* **heavy-handed**
A͟D͟J͟ schwerfällig **heavy industry** S͟
Schwerindustrie *f* **heavy metal** S͟
M͟U͟S͟ Heavymetal *m* **heavyweight**
[ˈhevweɪt] A͟ S͟ 1͟ S͟P͟O͟R͟T͟ Schwergewicht-
ler(in) *m(f)* 2͟ *fig umg* großes Tier *umg*;
the literary ~s die literarischen Größen
pl
Hebrew [ˈhiːbruː] A͟ A͟D͟J͟ hebräisch B͟ S͟
1͟ Hebräer(in) *m(f)* 2͟ L͟I͟N͟G͟ Hebräisch *n*
Hebrides [ˈhebrɪdiːz] P͟L͟ Hebriden *pl*; **the
Inner/Outer ~** die Inneren/Äußeren He-
briden

heck [hek] *umg* INT **oh ~! zum Kuckuck!** *umg*; **ah, what the ~!** ach, was solls! *umg*; **what the ~ do you mean?** was zum Kuckuck soll das heißen? *umg*; **I've a ~ of a lot to do** ich habe irrsinnig viel zu tun *umg*

heckle [ˈhekl] A VT (durch Zwischenrufe) stören B VI heckler [ˈheklə^r] S Zwischenrufer(in) *m(f)* **heckling** [ˈheklɪŋ] S Zwischenrufe *pl*

hectare [ˈhektɑːr] S Hektar *m/n*

hectic [ˈhektɪk] ADJ hektisch

he'd [hiːd] ABK (= he would, he had) → have; → would

★**hedge** [hedʒ] A S Hecke *f* B VI ausweichen C VT **to ~ one's bets** auf Nummer sicher gehen *umg* **hedge fund** S FIN Hedgefonds *m* **hedgehog** S Igel *m* **hedgerow** S Hecke *f* **hedge trimmer** S Elektroheckenschere *f*

hedonism [ˈhiːdənɪzəm] S Hedonismus *m*

heed [hiːd] A S **to pay ~ to sb/sth, to take ~ of sb/sth** j-m/einer Sache Beachtung schenken B VT beachten; **he never ~s my advice** er hört nie auf meinen Rat **heedless** ADJ **to be ~ of sth** etw nicht beachten

★**heel** [hiːl] A S Ferse *f*; *von Schuh* Absatz *m*; **to be right on sb's ~s** j-m auf den Fersen folgen; **the police were hot on our ~s** die Polizei war uns dicht auf den Fersen; **to be down at ~** heruntergekommen sein; **to take to one's ~s** sich aus dem Staub(e) machen; **~!** *zu Hund* (bei) Fuß!; **to bring sb to ~** j-n an die Kandare nehmen *umg* B VT **these shoes need ~ing** diese Schuhe brauchen neue Absätze

hefty [ˈheftɪ] *umg* ADJ ⟨*komp* heftier⟩ *Mensch* kräftig (gebaut); *Objekt* massiv; *Geldstrafe, Kinnhaken* saftig *umg*

heifer [ˈhefə^r] S Färse *f*

★**height** [haɪt] A S **1** Höhe *f*; *von Mensch* Größe *f*; **to be six feet in ~** sechs Fuß hoch sein; **what ~ are you?** wie groß sind Sie?; **you can raise the ~ of the saddle** du kannst den Sattel höherstellen; **at shoulder ~** in Schulterhöhe; **at the ~ of his power** auf der Höhe seiner Macht; **the ~ of luxury** das Nonplusultra an Luxus; **at the ~ of the season** in der Hauptsaison; **at the ~ of summer**

im Hochsommer; **at its ~ the company employed 12,000 people** in ihrer Glanzzeit hatte die Firma 12.000 Angestellte; **during the war emigration was at its ~** im Krieg erreichte die Auswanderungswelle ihren Höhepunkt; **to be the ~ of fashion** der letzte Schrei sein **2** **~s** *pl* Höhen *pl*; **to be afraid of ~s** nicht schwindelfrei sein **heighten** [ˈhaɪtn] A VT höher machen; (≈ *betonen*) hervorheben; *Gefühle, Spannung* verstärken; **~ed awareness** erhöhte Aufmerksamkeit B VI *fig* wachsen

heinous [ˈheɪnəs] ADJ abscheulich

★**heir** [ɛə^r] S Erbe *m*, Erbin *f* **(to** +*gen*); **~ to the throne** Thronfolger(in) *m(f)* **heiress** [ˈɛəres] S Erbin *f* **heirloom** [ˈɛəluːm] S Erbstück *n*

heist [haɪst] *bes US umg* S Raubüberfall *m*

held [held] PRÄT & PERF → hold

helicopter [ˈhelɪkɒptə^r] S Hubschrauber *m* **helipad** [ˈhelɪpæd] S Hubschrauberlandeplatz *m* **heliport** [ˈhelɪpɔːt] S Heliport *m* **heliskiing** [ˈheliˌskiːɪŋ] S Heliskiing *n* (*Skifahren mit einem Hubschrauber, der den Skifahrer auf den Gipfel fliegt*)

helium [ˈhiːlɪəm] S Helium *n*

★**hell** [hel] A S **1** Hölle *f*; **to go to ~** zur Hölle fahren; **all ~ broke loose** auf einmal war die Hölle los; **it's ~ working there** es ist die reine Hölle, dort zu arbeiten; **a living ~** die Hölle auf Erden; **to go through ~** Höllenqualen ausstehen; **she made his life ~** sie machte ihm das Leben zur Hölle; **to give sb ~** *umg* j-m die Hölle heiß machen; **there'll be ~ to pay when he finds out** wenn er das erfährt, ist der Teufel los *umg*; **to play ~ with sth** etw total durcheinanderbringen; **I did it (just) for the ~ of it** *umg* ich habe es nur zum Spaß gemacht; **~ for leather** was das Zeug hält; **the mother-in-law from ~** die böse Schwiegermutter, wie sie im Buche steht; **the holiday from ~** *Br*, **the vacation from ~** *US* der absolut katastrophale Urlaub **2** *umg* **a ~ of a noise** Höllenlärm *m umg*; **I was angry as ~** ich war stinksauer *umg*; **to work like ~** arbeiten, was das Zeug hält; **to run like ~** laufen, was die Beine hergeben; **it hurts like ~** es tut wahnsinnig weh *umg;* **we had a** *od* **one ~ of a time** (≈ *negativ*) es war grauenhaft; (≈ *positiv*) wir haben uns prima amüsiert *umg;* **a ~ of a lot** verdammt viel *umg;* **she's a** *od* **one ~ of a girl** die ist schwer in Ordnung *umg;* **that's one** *od* **a ~ of a climb** das ist eine wahnsinnige Kletterei *umg;* **to ~ with you** hol dich der Teufel *umg;* **to ~ with it!** verdammt noch mal *umg;* **go to ~!** scher dich zum Teufel *umg;* **where the ~ is it?** wo ist es denn, verdammt noch mal? *umg;* **you scared the ~ out of me** du hast mich zu Tode erschreckt; **like ~ he will!** den Teufel wird er tun *umg;* **what the ~ was soll's** *umg*

he'll [hiːl] ABK (= **he will, he shall**) → **will**¹; ~ **shall**

hellbent [ˌhel'bent] ADJ versessen (**on** auf +*akk*); **be hell-bent on doing sth** etw um jeden Preis *or* unbedingt tun wollen **hellish** ['helɪʃ] *fig umg* ADJ höllisch *umg;* *Verkehr, Erklärung* mörderisch *umg;* **it's ~** es ist die reinste Hölle *umg* **hellishly** ['helɪʃlɪ] *umg* ADV heiß höllisch *umg;* *schwierig* verteufelt *umg*

★**hello** [həˈləʊ] A INT hallo, servus *österr,* grüezi *schweiz;* **say ~ to your aunt** sag deiner Tante mal schön „Guten Tag!"; **say ~ to your parents (from me)** grüß deine Eltern (von mir) B S̄ ⟨*pl* **-s**⟩ Hallo *n*

hell-raiser ['helreɪzəʳ] *umg* S̄ ausschweifender Mensch

helm [helm] S̄ SCHIFF Steuer *n*

helmet ['helmɪt] S̄ Helm *m*

★**help** [help] A S̄ ⟨*kein pl*⟩ Hilfe *f;* **with his brother's ~** mithilfe seines Bruders; **his ~ with the project** seine Mithilfe an dem Projekt; **to ask sb for ~** j-n um Hilfe bitten; **to be of ~ to sb** j-m helfen; **he isn't much ~ to me** er ist mir keine große Hilfe B V̄T̄ **1** helfen (+*dat*); **to ~ sb (to) do sth** j-m (dabei) helfen, etw zu tun; **to ~ sb with the cooking/his bags** j-m beim Kochen/mit seinen Taschen helfen; **~!** Hilfe!; **can I ~ you?** kann ich (Ihnen) behilflich sein?; *im Geschäft* werden Sie schon bedient?; **that won't ~ you** das wird Ihnen nichts nützen; **to ~ sb on/off with his/her** *etc* **coat** j-m in den/aus den Mantel helfen; **to ~ sb up** j-m aufhelfen **2 to ~ oneself to sth** sich (*dat*) etw nehmen, sich mit

etw bedienen; *umg* (≈ *stehlen*) etw mitgehen lassen; **~ yourself!** nehmen Sie sich doch!, bedienen Sie sich! **3 he can't ~ it** er kann nichts dafür; **not if I can ~ it** nicht, wenn es nach mir geht; **I can't ~ laughing** ich kann mir nicht helfen, ich muss (einfach) lachen; **I couldn't ~ thinking …** ich konnte nicht umhin zu denken …; **it can't be ~ed** das lässt sich nicht ändern C V̄I̅ helfen; **and your attitude didn't ~ either** und Ihre Einstellung war auch nicht gerade hilfreich ♦**help out** A V̄I̅ aushelfen (**with** bei) B V̄T̄ ⟨*trennb*⟩ helfen (+*dat*) (**with** mit)

help desk S̄ Hotline *f* **helper** ['helpəʳ] S̄ Helfer(in) *m(f),* Gehilfe *m,* Gehilfin *f* **helpful** ADJ **1** hilfsbereit, hilfreich *Rat, Werkzeug* nützlich **helpfully** ADV **1** hilfsbereit, hilfreich **2** liebenswürdigerweise **helping** ['helpɪŋ] A S̄ Portion *f;* **to take a second ~ of sth** sich (*dat*) noch einmal von etw nehmen B ADJ ⟨*attr*⟩ **to give** *od* **lend a ~ hand to sb** j-m behilflich sein **helpless** ADJ hilflos; **he was ~ to prevent it** er konnte es nicht verhindern; **she was ~ with laughter** sie konnte sich vor Lachen kaum halten **helplessly** ADV hilflos; *zusehen a.* machtlos **helplessness** ['helplɪsnɪs] S̄ Hilflosigkeit *f,* Machtlosigkeit *f* **helpline** S̄ Informationsdienst *m;* *telefonischer* Beratungsdienst **help screen** S̄ IT Hilfsbildschirm *m*

helter-skelter [ˌheltəˈskeltəʳ] ADV Hals über Kopf *umg*

hem [hem] A S̄ Saum *m* B V̄T̄ säumen ♦**hem in** V̄T̄ ⟨*trennb*⟩ einschließen; *fig* einengen

he-man ['hiːmæn] S̄ ⟨*pl* **-men** [-mən]⟩ *umg* sehr männlicher Typ

hemisphere ['hemɪsfɪəʳ] S̄ Hemisphäre *f;* **in the northern ~** auf der nördlichen Halbkugel

hemline ['hemlaɪn] S̄ Saum *m*

hemo- *US* ZSSGN → **haemoglobin**

hemp [hemp] S̄ BOT Hanf *m*

★**hen** [hen] S̄ **1** Henne *f* **2** Weibchen *n*

hence [hens] ADV **1** also; **~ the name** daher der Name **2 two years ~** in zwei Jahren **henceforth** [ˌhensˈfɔːθ] ADV von nun an

henchman ['hentʃmən] S̄ ⟨*pl* **-men**⟩ *pej* Spießgeselle *m*

henna ['henə] Ⓐ s̲ Henna f Ⓑ v̲t̲ mit Henna färben

hen night Br umg s̲ Junggesellinnenabschied m **hen party** Br umg s̲ Damenkränzchen n; vor Hochzeit Junggesellinnenabschied m **henpeck** v̲t̲ **he is ~ed** er steht unter dem Pantoffel umg **hepatitis** [ˌhepə'taɪtɪs] s̲ Hepatitis f **heptathlon** [hep'tæθlɒn] s̲ Siebenkampf m

★her [hɜːʳ] Ⓐ pers pr akk obj, mit präp +akk sie; dat obj, mit präp +dat ihr; **it's her** sie ist's Ⓑ poss adj ihr; → **my**

herald ['herəld] Ⓐ s̲ fig (Vor)bote m geh Ⓑ v̲t̲ ankündigen; **tonight's game is being ~ed as the match of the season** das Spiel heute Abend wird als die Begegnung der Saison groß herausgebracht **heraldry** ['herəldrɪ] s̲ Wappenkunde f

★herb [hɜːb] s̲ Kraut n **herbaceous** [hɜː-'beɪʃəs] adj krautig **herbaceous border** s̲ Staudenrabatte f **herbal** ['hɜːbəl] adj Kräuter-; **~ tea** Kräutertee m **herb garden** s̲ Kräutergarten m **herbicide** ['hɜːbɪsaɪd] s̲ Herbizid n **herbivorous** [hɜː'bɪvərəs] form adj pflanzenfressend

herd [hɜːd] Ⓐ s̲ Herde f; von Rotwild Rudel n Ⓑ v̲t̲ treiben **herdsman** ['hɜːdzmən] s̲ ⟨pl -men⟩ Hirte m

★here [hɪəʳ] adv hier; mit Richtungsangabe hierher, hierhin; **come ~!** komm her!; ~ **I am** da od hier bin ich; **~'s the taxi** das Taxi da; **~ he comes** da kommt od ist er ja; **this one** ~ der/die/das hier od da; **~ and now** auf der Stelle; **I won't be ~ for lunch** ich bin zum Mittagessen nicht da; **~ and there** hier und da; **near ~** (hier) in der Nähe; **I've read down to ~** ich habe bis hierher od hierhin gelesen; **it's in/over ~** es ist hier (drin)/hier drüben; **put it in ~** stellen Sie es hierherein; **~ you are** bitte sehr hier(, bitte); **endlich gefunden an du ja!; ~ we are, home again** so, da wären wir also wieder zu Hause; **~ we go again, another crisis** da hätten wir also wieder eine Krise; **~ goes!** dann mal los; **~, let me do that** komm, lass mich das mal machen; **~'s to you!** auf Ihr Wohl!; **it's neither ~ nor there** es spielt keine Rolle; **I've had it up to ~ (with him/it)** umg ich habe die Nase voll (von ihm/da-

von) umg **hereabouts** ['hɪərəbaʊts] adv hier (in der Gegend) **hereafter** adv künftig; jur im Folgenden **hereby** form adv hiermit

hereditary [hɪ'redɪtərɪ] adj erblich; **~ disease** Erbkrankheit f; **~ peer** Peer, der seine Peerswürde geerbt hat **heredity** [hɪ'redɪtɪ] s̲ Vererbung f **heresy** ['herəsɪ] s̲ Ketzerei f **heretic** ['herətɪk] s̲ Ketzer(in) m(f)

herewith [ˌhɪə'wɪð] form adv hiermit **heritage** ['herɪtɪdʒ] s̲ Erbe n **hermaphrodite** [hɜː'mæfrədaɪt] s̲ Zwitter m

hermetically [hɜː'metɪkəlɪ] adv **~ sealed** hermetisch verschlossen **hermit** ['hɜːmɪt] s̲ Einsiedler(in) m(f) **hernia** ['hɜːnɪə] s̲ (Eingeweide)bruch m

★hero ['hɪərəʊ] s̲ ⟨pl -es⟩ Held m **heroic** [hɪ'rəʊɪk] Ⓐ adj heldenhaft, mutig; Handlung a. heroisch; **~ action** od **deed** Heldentat f; **~ attempt** tapferer Versuch Ⓩ lit Helden- Ⓑ s̲ **heroics** pl Heldentaten pl

heroin ['herəʊɪn] s̲ Heroin n; **~ addict** Heroinsüchtige(r) m/f(m) **heroine** ['herəʊɪn] s̲ Heldin f **heroism** ['herəʊɪzəm] s̲ Heldentum n, Kühnheit f **heron** ['herən] s̲ Reiher m **hero worship** s̲ Verehrung f (**of** +gen); von Popstar etc Schwärmerei f (**of** für)

herpes ['hɜːpiːz] s̲ med Herpes m **herring** ['herɪŋ] s̲ Hering m **herringbone** ['herɪŋbəʊn] adj ⟨attr⟩ **~ pattern** Fischgrät(el)muster n

★hers [hɜːz] poss pr ihre(r, s); → **mine¹** **★herself** [hɜː'self] pers pr Ⓘ akk u. dat obj, mit präp sich; → **myself** Ⓩ emph (sie) selbst

he's [hiːz] abk (= he is, he has) → **be**; → **have**

hesitancy ['hezɪtənsɪ] s̲ Zögern n, Unschlüssigkeit f **hesitant** ['hezɪtənt] adj zögernd, unschlüssig

★hesitate ['hezɪteɪt] v̲i̲ zögern; beim Sprechen stocken; **I am still hesitating about what I should do** ich bin mir immer noch unschlüssig, was ich tun soll; **don't ~ to contact me** zögern Sie nicht, sich an mich zu wenden **hesitation** [ˌhezɪ'teɪʃən] s̲ Zögern n; **after some/a moment's ~** nach einigem/kurzem Zögern

heterogeneous [ˌhetərəʊ'dʒiːnɪəs] adj

H

heterogen
heterosexual [ˌhetərəʊˈseksjʊəl] **A** ADJ
heterosexuell **B** S̲ Heterosexuelle(r)
m/f(m) **heterosexuality** [ˌhetərəʊ-
ˌseksjʊˈælɪtɪ] S̲ Heterosexualität f
het up [ˌhetˈʌp] Br umg ADJ aufgeregt;
to get ~ about/over sth sich über etw
(akk)/wegen einer Sache (gen) aufregen
hew [hjuː] V̲T̲ ⟨prät hewed; pperf hewn
od hewed⟩ hauen
hexagon [ˈheksəgən] S̲ Sechseck n **hex-
agonal** [hekˈsægənəl] ADJ sechseckig
heyday [ˈheɪdeɪ] S̲ Glanzzeit f
HGV Br ABK (= heavy goods vehicle)
Lkw m
★**hi** [haɪ] INT, **hi there** INT hallo, servus
österr, grüezi schweiz
hiatus [haɪˈeɪtəs] S̲ Lücke f
hibernate [ˈhaɪbəneɪt] V̲I̲ Winterschlaf
halten **hibernation** [ˌhaɪbəˈneɪʃən]
wörtl, fig S̲ Winterschlaf m
hiccough, hiccup [ˈhɪkʌp] **A** S̲
Schluckauf m; fig umg Problemchen n
umg; **to have (the) ~s** od **hiccups**
(den) Schluckauf haben; **to get (the)
~s** od **hiccups** (den) Schluckauf bekom-
men od kriegen; **without any ~s** ohne
Störungen **B** V̲I̲ hicksen dial; **he started
~ing** er bekam den Schluckauf
hick [hɪk] US umg S̲ Hinterwäldler(in)
m(f) umg
hickey [ˈhɪkɪ] S̲ US umg Knutschfleck m
umg
★**hide**[1] [haɪd] ⟨v: prät hid [hɪd] pperf hid od
hidden [ˈhɪdn]⟩ V̲T̲ verstecken (**from**
vor +dat); Wahrheit, Gefühle verbergen
(**from** vor +dat); Mond, Rost verdecken
(**from** vor +dat); **hidden from view** nicht zu sehen; **there
is a hidden agenda** da steckt noch et-
was anderes dahinter **B** V̲I̲ sich verste-
cken (**from sb** vor j-m); **he was hiding
in the cupboard** er hielt sich im
Schrank versteckt **C** S̲ Versteck n
◆**hide away** **A** V̲I̲ sich verstecken **B**
V̲T̲ ⟨trennb⟩ verstecken ◆**hide out** V̲I̲
sich verstecken
hide[2] S̲ Haut f, Fell n
hide-and-seek S̲, **hide-and-go-
-seek** US S̲ Versteckspiel n; **to play ~**
Verstecken spielen **hideaway** S̲ Ver-
steck n, Zufluchtsort m
hideous [ˈhɪdɪəs] ADJ grauenhaft **hide-
ously** [ˈhɪdɪəslɪ] ADV grauenhaft; emph
teuer schrecklich; **~ ugly** potthässlich

umg
hideout [ˈhaɪdaʊt] S̲ Versteck n
hiding[1] [ˈhaɪdɪŋ] S̲ **to be in ~** sich ver-
steckt halten; **to go into ~** untertau-
chen
hiding[2] [ˈhaɪdɪŋ] S̲ **1** Tracht f Prügel; **to give sb
a good ~** j-m eine Tracht Prügel geben
2 umg **the team got a real ~** die Mann-
schaft musste eine schwere Schlappe
einstecken umg
hiding place S̲ Versteck n
hierarchic(al) [ˌhaɪəˈrɑːkɪk(əl)] ADJ hier-
archisch **hierarchy** [ˈhaɪərɑːkɪ] S̲ Hier-
archie f
hieroglyphics [ˌhaɪərəˈglɪfɪks] P̲L̲ Hiero-
glyphen pl
higgledy-piggledy [ˈhɪgldɪˈpɪgldɪ] ADJ
& ADV durcheinander
★**high** [haɪ] **A** ADJ ⟨+er⟩ **1** hoch präd, ho-
he(r, s) attr; Höhe groß; Wind stark; **a
building 80 metres ~** Br, **a building
80 meters ~** US, an 80-metre ~ build-
ing Br, **an 80–metre ~ building** US ein
80 Meter hohes Gebäude; **on one of
the ~er floors** in einem der oberen
Stockwerke; **the river is quite ~** der
Fluss führt ziemlich viel Wasser; **to be
left ~ and dry** auf dem Trockenen sit-
zen umg; **on the ~est authority** von
höchster Stelle; **to be ~ and mighty** er-
haben tun; **of the ~est calibre** Br, **of
the ~est caliber** US,/**quality** von bestem
Format/bester Qualität; **casualties were
~** es gab viele Opfer; MIL es gab hohe
Verluste; **the temperature was in the
~ twenties** die Temperatur lag bei fast
30 Grad; **to pay a ~ price for sth** etw
teuer bezahlen; **to the ~est degree** im
höchsten Grad od Maß; **in ~ spirits** in
Hochstimmung; **~ in fat** fettreich; **it's
~ time you went home** es wird höchste
Zeit, dass du nach Hause gehst **2** umg
mit Drogen high umg; **to get ~ on co-
caine** sich mit Kokain anturnen sl **B**
ADV ⟨+er⟩ hoch; ~ up hoch oben; Bewe-
gung hoch hinauf; **~er up the hill was a
small farm** etwas weiter oben am Berg
lag ein kleiner Bauernhof; **~ up in the
organization** weit oben in der Organi-
sationsstruktur; **one floor ~er** ein Stock-
werk höher; **to go as ~ as £200** bis zu £
200 (hoch) gehen; **feelings ran ~** die
Gemüter erhitzten sich; **to search ~
and low** überall suchen **C** S̲ **1** the

pound has reached a new ~ das Pfund hat einen neuen Höchststand erreicht; **sales have reached an all-time ~** die Verkaufszahlen sind so hoch wie nie zuvor; **the ~s and lows of my career** die Höhen und Tiefen *pl* meiner Laufbahn **2** METEO Hoch *n* **high altar** $\overline{s}$ Hochaltar *m* **high beam** $\overline{s}$ AUTO Fernlicht *n*; **to drive on ~** mit Fernlicht fahren **highbrow** ADJ intellektuell; *Geschmack, Musik* anspruchsvoll **high-chair** $\overline{s}$ Hochstuhl *m* **High Church** $\overline{s}$ Hochkirche *f* **high-class** ADJ erstklassig **high court** $\overline{s}$ oberstes Gericht **high-definition** ADJ Fernsehen hochauflösend **high-density** ADJ IT Diskette mit hoher Schreibdichte **high-energy** ADJ energiereich **higher** [ˈhaɪə*ʳ*] ADJ **A** ADJ ⟨komp⟩ → high **B** $\overline{s}$ **Higher** *schott* ≈ Abiturabschluss *m*, ≈ Matura *f österr, schweiz;* **to take one's Highers** ≈ das Abitur machen; **three Highers** ≈ das Abitur in drei Fächern **higher education** $\overline{s}$ Hochschulbildung *f* **Higher National Certificate** *Br* $\overline{s}$ ≈ Berufsschulabschluss *m* **Higher National Diploma** *Br* $\overline{s}$ ≈ Qualifikationsnachweis *in technischen Fächern* **high explosive** $\overline{s}$ hochexplosiver Sprengstoff **high-fibre** ADJ, **high-fiber** US ADJ ballaststoffreich **high-flier, high-flyer** *umg* $\overline{s}$ Senkrechtstarter(in) *m(f)* **high-flying** *fig* ADJ Geschäftsmann erfolgreich; *Lebensstil* exklusiv **high ground** $\overline{s}$ **1** hoch liegendes Land **2** *fig* **to claim the moral ~** die moralische Überlegenheit für sich beanspruchen **high-handed** ADJ selbstherrlich; *Behandlung* arrogant **high-heeled** ADJ hochhackig **high heels** PL hohe Absätze *pl* **high-interest** ADJ FIN hochverzinslich **high jinks** *umg* PL ausgelassene Späße *pl* **high jump** $\overline{s}$ SPORT Hochsprung *m* **high jumper** $\overline{s}$ SPORT Hochspringer(in) *m(f)* **highland** ADJ hochländisch **Highlands** PL (schottische) Highlands *pl* **high-level** ADJ Gespräche auf höchster Ebene; IT Sprache höher **highlight** **A** $\overline{s}$ **1** ~s in Haar Strähnchen *pl* **2** *fig* Höhepunkt *m* **B** $\overline{vt}$ **1** *Problem* ein Schlaglicht werfen auf (+akk) **2** *mit Textmarker* hervorheben; IT markieren **highlighter** $\overline{s}$ Textmarker *m,* Leuchtstift *m* **highly** [ˈhaɪlɪ] ADV **1**

äußerst; *brennbar* leicht; *ungewöhnlich* höchst; **to be ~ critical of sb/sth** j-n/etw scharf kritisieren; **~ trained** äußerst gut ausgebildet; *Facharbeiter* hoch qualifiziert; **~ skilled** äußerst geschickt; *Arbeiter, Belegschaft* hoch qualifiziert; **~ respected** hochgeachtet; **~ intelligent** hochintelligent; **~ unlikely** *od* **improbable** äußerst *od* höchst unwahrscheinlich **2** *angesehen* hoch; **to speak ~ of sb/sth** sich sehr positiv über j-n/etw äußern; **to think ~ of sb/sth** eine hohe Meinung von j-m/etw haben; **~ recommended** sehr empfehlenswert **highly strung** *Br* ADJ nervös **High Mass** $\overline{s}$ Hochamt *n* **high-minded** ADJ Ideale hoch **highness** $\overline{s}$ **Her/Your Highness** Ihre/Eure Hoheit **high-performance** ADJ Hochleistungs- **high-pitched** ADJ hoch; *Schrei* schrill **high point** $\overline{s}$ Höhepunkt *m* **high-powered** ADJ **1** *Maschine, Computer* leistungsfähig; *Waffe* leistungsstark **2** *Job* anspruchsvoll **high-pressure** ADJ **1** METEO **~ area** Hochdruckgebiet *n* **2** *Vertreter* aufdringlich **high priest** $\overline{s}$ Hohepriester *m* **high priestess** $\overline{s}$ Hohepriesterin *f* **high-profile** ADJ profiliert **high-quality** ADJ hochwertig **high-ranking** ADJ hoch(rangig) **high-resolution** ADJ hochauflösend **high-rise** ADJ **~ building** Hochhaus *n;* **~ office (block)** Bürohochhaus *n;* **~ flats** *Br* (Wohn)hochhaus *n* **high-risk** ADJ risikoreich; **~ group** Risikogruppe *f* ★**high school** *Br* $\overline{s}$ ≈ Oberschule *f* (für 11 bis 18-Jährige); *US* ≈ Oberschule *f* (für 15 bis 18-Jährige) **high-school diploma** *US* $\overline{s}$ ≈ Abiturzeugnis *n* **high-scoring** ADJ Fußballspiel *etc* torreich **high seas** PL **the ~** die Meere *pl;* **on the ~** auf hoher See **high season** $\overline{s}$ Hochsaison *f* **high-security** ADJ **~ prison** Hochsicherheitsgefängnis *n* **high-sided** ADJ **~ vehicle** hohes Fahrzeug **high society** $\overline{s}$ Highsociety *f* **high-speed** ADJ schnell; **~ car chase** wilde Verfolgungsjagd im Auto; **~ train** Hochgeschwindigkeitszug *m;* **~ film** hochempfindlicher Film **high spirits** PL Hochstimmung *f;* *youthful* ~ jugendlicher Übermut *m* ★**high street** *Br* $\overline{s}$ Hauptstraße *f;* **~ banks** Geschäftsbanken *pl;* **~ shops** *bes Br,* **~ stores** *US* Geschäfte *pl* in der Innenstadt **high-strung** US ADJ nervös **high tea** S (frühes) Abendessen od Nachtmahl österr, (frühes) Nachtessen schweiz **hightech** S & ADJ → hi tech; → hi-tech **high technology** S Hochtechnologie f

★**high tide** S Flut f, Hochwasser n **high treason** S Hochverrat m **high-up** ADJ Persönlichkeit f hochgestellt **high--visibility jacket** S im Straßenverkehr Sicherheitsjacke f, Warnjacke f, Warnschutzjacke f **highway** S 1 US Highway m, ≈ Bundesstraße f 2 Br Landstraße f; **public ~** öffentliche Straße **Highway Code** Br S Straßenverkehrsordnung f **high wire** S Drahtseil n

hijab [hiˈdʒɑːb] S Kopfschleier Hidschab m

hijack [ˈhaɪdʒæk] A VT entführen; fig für sich beanspruchen B S Entführung f **hijacker** [ˈhaɪdʒækəʳ] S Entführer(in) m(f) **hijacking** [ˈhaɪdʒækɪŋ] S Entführung f

★**hike** [haɪk] A VI wandern B S 1 wörtl Wanderung f 2 fig von Zinssatz etc Erhöhung f ♦**hike up** VT ‹trennb› Preise erhöhen

hiker [ˈhaɪkəʳ] S Wanderer m, Wanderin f **hiking** [ˈhaɪkɪŋ] S Wandern n **hiking boots** PL Wanderstiefel pl

hilarious [hɪˈlɛərɪəs] ADJ urkomisch umg **hilariously** [hɪˈlɛərɪəslɪ] ADV sehr amüsant **hilarity** [hɪˈlærɪtɪ] S Heiterkeit f, Fröhlichkeit f, Gelächter n

★**hill** [hɪl] S Hügel m, Berg m; (≈ Neigung) Hang m; **to park on a ~** am Berg parken; **to be over the ~** fig umg die besten Jahre hinter sich (dat) haben **hillbilly** [ˈhɪlbɪlɪ] US umg S Hinterwäldler(in) m(f) pej **hillock** [ˈhɪlək] S Hügel m **hillside** S Hang m **hilltop** S Gipfel m **hill-walker** S Bergwanderer m, Bergwanderin f **hill-walking** S Bergwandern n **hilly** [ˈhɪlɪ] ADJ ‹komp hillier› hüg(e)lig

hilt [hɪlt] S Heft n; (**up**) **to the ~** fig voll und ganz

★**him** [hɪm] PERS PR 1 akk obj, mit präp +akk ihn; dat obj, mit präp +dat ihm 2 emph er; **it's him** er ist's

★**himself** [hɪmˈself] PERS PR 1 akk u. dat obj, mit präp sich; → **myself** 2 emph (er) selbst

hind[1] [haɪnd] S ZOOL Hirschkuh f

hind[2] ADJ Hinter-; **~ legs** Hinterbeine pl **hinder** [ˈhɪndəʳ] VT behindern; **to ~ sb from doing sth** j-n daran hindern, etw zu tun

Hindi [ˈhɪndiː] S Hindi n

hindquarters [ˈhaɪndkwɔːtəz] PL Hinterteil n; von Pferd Hinterhand f

hindrance [ˈhɪndrəns] S Behinderung f, Hindernis n (**to** für); **the children are a ~** die Kinder sind hinderlich

hindsight [ˈhaɪndsaɪt] S **with ~ it's easy to criticize** im Nachhinein fällt es leicht zu kritisieren; **it was, in ~, a mistaken judgement** es war, rückblickend betrachtet, ein Fehlurteil

Hindu [ˈhɪnduː] ADJ hinduistisch B S Hindu m **Hinduism** [ˈhɪnduːɪzəm] S Hinduismus m

hinge [hɪndʒ] A S von Tür Angel f; von Kiste etc Scharnier n B VI fig abhängen (**on** von)

hint [hɪnt] A S 1 Andeutung f; **to give a/no ~ of sth** etw ahnen lassen/nicht ahnen lassen; **to drop sb a ~** j-m einen Wink geben; **OK, I can take a ~** schon recht, ich verstehe 2 Spur f; **a ~ of garlic** eine Spur Knoblauch; **a ~ of irony** ein Hauch m von Spott; **with just a ~ of sadness in his smile** mit einem leichten Anflug von Traurigkeit in seinem Lächeln; **at the first ~ of trouble** beim ersten Zeichen von Ärger 3 Tipp m B VT andeuten (**to** gegenüber) ♦**hint at** VI ‹+obj› **he hinted at changes in the cabinet** er deutete an, dass es Umbesetzungen im Kabinett geben würde; **he hinted at my involvement in the affair** er spielte auf meine Rolle in der Affäre an

hinterland [ˈhɪntəlænd] S Hinterland n **hip**[1] [hɪp] S Hüfte f; **with one's hands on one's hips** die Arme in die Hüften gestemmt

hip[2] INT hip! hip!, hurrah! hipp hipp, hurra!

hip[3] umg ADJ hip umg

hipbone S ANAT Hüftbein n **hip flask** S Flachmann m umg **hip hop** S MUS Hip-Hop n

hippie S → hippy

hippo [ˈhɪpəʊ] S ‹pl -s› umg Nilpferd n **hip pocket** S Gesäßtasche f

hippopotamus [ˌhɪpəˈpɒtəməs] S ‹pl -es od hippopotami [ˌhɪpəˈpɒtəmaɪ]› Nilpferd *n*

hippy, hippie ['hɪpɪ] [S] Hippie *m*

hip replacement [S] Hüftoperation *f*

hipsters ['hɪpstəz] [PL] Hipsters *pl*, Hüfthose *f*

★**hire** [haɪəʳ] [A] [S] *bes Br* Mieten *n; von Anzug* Leihen *n; durch Arbeitgeber* Einstellen *n;* **the hall is available for ~** man kann den Saal mieten; **for ~** *Taxi* frei [B] [V/T] [1] *bes Br* mieten; *Anzug* leihen; **~d car** Mietwagen *m* [2] *Arbeitskraft* einstellen ♦**hire out** *bes Br* [V/T] ⟨*trennb*⟩ vermieten

hire-purchase [,haɪə'pɜːtʃəs] *Br* [S] Ratenkauf *m;* **on ~** auf Teilzahlung; **~ agreement** Teilzahlungs(kauf)vertrag *m*

★**his** [hɪz] [A] [POSS ADJ] sein; → my [B] [POSS PR] seine(r, s); → mine¹

Hispanic [hɪs'pænɪk] [A] [ADJ] hispanisch [B] [S] Hispanoamerikaner(in) *m(f)*

hiss [hɪs] [A] [V/I] zischen; *Katze* fauchen [B] [V/T] zischen [C] [S] Zischen *n; von Katze* Fauchen *n*

hissy fit ['hɪsɪ,fɪt] *US umg* [S] Wutanfall *m;* **to throw a ~** einen Wutanfall bekommen

historian [hɪs'tɔːrɪən] [S] Historiker(in) *m(f)* **historic** [hɪs'tɒrɪk] [ADJ] historisch **historical** [hɪs'tɒrɪkəl] [ADJ] historisch; **~ research** Geschichtsforschung *f* **historically** [hɪs'tɒrɪkəlɪ] [ADV] [1] traditionellerweise [2] *von Bedeutung* historisch

★**history** ['hɪstərɪ] [S] Geschichte *f;* **that's all ~ now** *fig* das gehört jetzt alles der Vergangenheit an; **he's ~** er ist schon lange vergessen; **he has a ~ of violence** er hat eine Vorgeschichte als Gewalttäter; **he has a ~ of heart disease** er hat schon lange ein Herzleiden

histrionics [,hɪstrɪ'ɒnɪks] [PL] theatralisches Getue

★**hit** [hɪt] ⟨*v: prät, pperf* **hit**⟩ [A] [V/T] [1] schlagen; IT *Taste* drücken; **to hit one's head against sth** sich (*dat*) den Kopf an etw (*dat*) stoßen; **he hit his head on the table** er schlug mit dem Kopf auf dem Tisch auf; **the car hit a tree** das Auto fuhr gegen einen Baum; **he was hit by a stone** er wurde von einem Stein getroffen; **the tree was hit by lightning** der Baum wurde vom Blitz getroffen; **you won't know what has hit you** *umg* du wirst dein blaues Wunder erleben *umg* [2] *Ziel* treffen; *Tempo, Niveau* erreichen; **you've hit it (on the head)** *fig* du hast es (genau) getroffen; **he's been hit in the leg** er ist am Bein getroffen worden [3] betreffen; **to be hard hit by sth** von etw schwer getroffen werden [4] (≈*gelangen zu*) erreichen; **to hit the rush hour** in den Stoßverkehr kommen; **to hit a problem** auf ein Problem stoßen [5] *fig umg* **to hit the bottle** zur Flasche greifen; **to hit the roof** in die Luft gehen *umg;* **to hit the road** sich auf die Socken machen *umg* [B] [V/I] schlagen [C] [S] [1] Schlag *m; auf Ziel* Treffer *m* [2] Erfolg *m;* (≈*Lied*) Hit *m;* **to be a hit with sb** bei j-m gut ankommen [3] IT *auf Webseite* Hit *m* ♦**hit back** [V/I & V/T] ⟨*trennb*⟩ zurückschlagen; **he hit back at his critics** er gab seinen Kritikern Kontra ♦**hit off** [V/T] ⟨*trennb*⟩ **to hit it off with sb** *umg* prima mit j-m auskommen *umg* ♦**hit on** [V/I] ⟨+*obj*⟩ [1] stoßen auf (+*akk*) [2] *bes US umg* (≈*beschwatzen*) anmachen *umg* ♦**hit out** [V/I] [1] *wörtl* einschlagen (**at sb** auf j-n) [2] *fig* **to hit out at sb/sth** j-n/etw attackieren ♦**hit upon** [V/I] ⟨+*obj*⟩ → hit on 1

hit-and-miss [ADJ] → hit-or-miss **hit-and-run** [ADJ] **~ accident** Unfall *m* mit Fahrerflucht; **~ driver** unfallflüchtiger Fahrer, unfallflüchtige Fahrerin

hitch [hɪtʃ] [A] [S] Haken *m; in Plan etc a.* Problem *n;* **a technical ~** eine technische Panne; **without a ~** reibungslos; **there's been a ~** da ist ein Problem aufgetaucht [B] [V/T] [1] festmachen (**sth to sth** etw an etw *dat*) [2] *umg* **to get ~ed** heiraten [3] **to ~ a lift** *od* **ride** trampen; **she ~ed a lift** *od* **ride with a truck driver** ein Lastwagenfahrer nahm sie mit [C] [V/I] *bes Br* trampen ♦**hitch up** [V/T] ⟨*trennb*⟩ [1] *Wohnwagen* anhängen [2] *Rock* hochziehen

hitcher ['hɪtʃəʳ] *bes Br umg* [S] Anhalter(in) *m(f)*

★**hitchhike** [V/I] per Anhalter fahren, trampen **hitchhiker** [S] Anhalter(in) *m(f)* **hitchhiking** [S] Trampen *n*

hi tech ['haɪ,tek] [S] Spitzentechnologie *f* **hi-tech** ['haɪ,tek] [ADJ] Hightech-

hither ['hɪðəʳ] [ADV] **~ and thither** *liter* hierhin und dorthin **hitherto** [,hɪðə'tuː] [ADV] bisher

hit list [S] Abschussliste *f* **hitman** [S] ⟨*pl* **-men**⟩ *umg* Killer *m umg* **hit-or-miss**

H

ADJ auf gut Glück *präd* **hit parade** ‾S Hitparade *f* **hit record** ‾S Hit *m* **hits counter** ‾S INTERNET Besucherzähler *m*, Counter *m* **hit squad** ‾S Killerkommando *n*

HIV ABK (= human immunodeficiency virus) HIV *n*; **HIV positive** HIV-positiv

hive [haɪv] ‾S **1** Bienenstock *m*; (*≈ Insekten*) (Bienen)schwarm *m* **2** *fig* **the office was a ~ of activity** das Büro glich einem Bienenhaus

hiya [ˈhaɪə] *Br umg* INT hallo, hi

HM ABK (= His/Her Majesty) S. M./I. M.

HMD ABK (= head-mounted display) IT, TECH HMD *n*, Helmdisplay *n*

HMS *Br* ABK (= His/Her Majesty's Ship) HMS *f*

HNC *Br* ABK (= Higher National Certificate) ≈ Berufsschulabschluss *m*

HND *Br* ABK (= Higher National Diploma) *Qualifikationsnachweis in technischen Fächern*

hoard [hɔːd] A ‾S Vorrat *m*; **a ~ of weapons** ein Waffenlager *n*; **~ of money** gehortetes Geld B V/T (*a.* **hoard up**) *Lebensmittel etc* hamstern; *Vorräte, Waffen* horten **hoarder** [ˈhɔːdə] ‾S Hamsterer *m*, Hamsterin *f*

hoarding[1] [ˈhɔːdɪŋ] ‾S *von Lebensmitteln etc* Hamstern *n*

hoarding[2] *Br* ‾S (**advertising**) ~ Plakatwand *f*

hoarfrost [ˈhɔːˈfrɒst] ‾S (Rau)reif *m*

hoarse [hɔːs] ADJ ⟨*komp* hoarser⟩ heiser; **you sound rather ~** deine Stimme klingt heiser

hoax [həʊks] ‾S (*≈ Ulk*) Streich *m*, blinder Alarm **hoax call** ‾S **a ~** ein blinder Alarm

hob [hɒb] ‾S *auf Kochherd* Kochfeld *n*

hobble [ˈhɒbl] A V/I humpeln B V/T *fig* behindern

★**hobby** [ˈhɒbɪ] ‾S Hobby *n* **hobbyhorse** [ˈhɒbɪhɔːs] ‾S Steckenpferd *n*

hobnob [ˈhɒbnɒb] V/I **she's been seen ~bing with the chairman** sie ist viel mit dem Vorsitzenden zusammen gesehen worden

hobo [ˈhəʊbəʊ] ‾S ⟨*pl* **-(e)s**⟩ *US* (*≈ Landstreicher*) Penner *m umg*

Hobson's choice [ˈhɒbsənsˈtʃɔɪs] ‾S **it's ~** da habe ich (wohl) keine andere Wahl

hockey [ˈhɒkɪ] ‾S Hockey *n*; *US* Eishockey *n* **hockey player** ‾S Hockeyspieler(in)

m(f); *US* Eishockeyspieler(in) *m(f)* **hockey stick** ‾S Hockeyschläger *m*

hodgepodge [ˈhɒdʒpɒdʒ] *US* ‾S → hotchpotch

hoe [həʊ] A ‾S Hacke *f* B VT & VI hacken

hog [hɒg] A ‾S (Mast)schwein *n*; *US* Schwein *n* B VT *umg* in Beschlag nehmen; **a lot of drivers hog the middle of the road** viele Fahrer meinen, sie hätten die Straßenmitte gepachtet *umg*; **to hog the limelight** alle Aufmerksamkeit für sich beanspruchen

Hogmanay [ˌhɒgməˈneɪ] *schott* ‾S Silvester *n*

▶ ■ **Hogmanay**

Der Silvesterabend heißt in Schottland **Hogmanay** [ˈhɒgməneɪ]. Die Schotten sind dafür bekannt, besonders ausgelassen zu feiern. Tradition ist zu Silvester das sogenannte **first-footing**. Der **first-footer** setzt als erste Person im neuen Jahr seinen Fuß über die Schwelle der Nachbarn. Traditionell bringt er ein Stück Kohle mit, heute in der Regel eher **whisky** oder **shortbread**, was den Nachbarn Glück bringen soll. Eine riesige Silvesterparty mit Live-Bands und Feuerwerk wird in den Straßen von **Edinburgh** gefeiert. ◀

hogwash *umg* ‾S Quatsch *m umg*

hoist [hɔɪst] A VT hochheben, hochziehen; *Flagge* hissen; *Segel* aufziehen B ‾S Hebevorrichtung *f*

★**hold** [həʊld]
⟨*v: prät, pperf* held⟩

A transitives Verb	B intransitives Verb
C Substantiv	

— A transitives Verb —

1 halten; **to ~ sb/sth tight** j-n/etw (ganz) festhalten; **this car ~s the road well** dieses Auto hat einen gute Straßenlage; **to ~ sth in place** etw (fest)halten; **to ~ hands** sich an der Hand halten; *Liebespaar, Kinder* Händchen halten **2** enthalten; *Flasche etc* fassen; *Bus, Saal* Platz haben für; **this room ~s twenty people** in diesem Raum haben zwanzig

Personen Platz; **what does the future ~?** was bringt die Zukunft? **3** meinen, behaupten; **I have always held that ...** ich habe schon immer behauptet, dass ...; **to ~ the view** *od* **opinion that ...** die Meinung vertreten, dass ...; **to ~ sb responsible (for sth)** j-n (für etw) verantwortlich machen **4** *Geiseln etc* festhalten; **to ~ sb (prisoner)** j-n gefangen halten; **to ~ sb hostage** j-n als Geisel festhalten; **there's no ~ing him** er ist nicht zu bremsen *umg*; **hold the line** bleiben Sie am Apparat!; **she can/can't ~ her drink** *bes Br* sie verträgt was/nichts; **to ~ one's fire** nicht schießen; **to ~ one's breath** *wörtl* den Atem anhalten; **don't ~ your breath!** *iron* erwarte nicht zu viel!; **~ it!** *umg* Moment mal *umg*; **~ it there!** so ist gut **5** *Posten* innehaben; *Pass, Genehmigung* haben; *Macht, Aktien besitzen*; *SPORT Rekord* halten; *MIL Stellung* halten; **to ~ office** im Amt sein; **to ~ one's own** sich behaupten (können); **to ~ sb's attention** j-s Aufmerksamkeit fesseln; **I'll ~ you to that!** ich werde Sie beim Wort nehmen **6** *Versammlung, Wahlen* abhalten; *Gespräche* führen; *Party* geben; *KIRCHE Gottesdienst* (ab)halten; **to ~ a conversation** eine Unterhaltung führen

— **B** *intransitives Verb* —

1 *Seil, Nagel* halten; **to ~ firm** *od* **fast** halten; **to ~ still** still halten; **to ~ tight** festhalten; **will the weather ~?** wird sich das Wetter wohl halten?; **if his luck ~s** wenn ihm das Glück treu bleibt **2** *TEL* **please ~!** bitte bleiben Sie am Apparat! **3** gelten; **to ~ good** *Regel, Zusage etc* gelten

— **C** *Substantiv* —

1 Griff *m*; **to have/catch ~ of sth** *wörtl* etw festhalten/packen; **to keep ~ of sth** etw nicht loslassen, etw behalten; **to grab ~ of sb/sth** j-n/etw packen; **grab ~ of my hand** fass mich bei der Hand; **to get ~ of sth** sich an etw *(dat)* festhalten, etw ergreifen; *fig* etw finden *od* auftreiben *umg*; *Drogen etc* in die Finger bekommen; *Tatsachen* etw in Erfahrung bringen; **to get ~ of sb** *fig* j-n auftreiben *umg*; *am Telefon etc* j-n erreichen; **to lose one's ~** den Halt verlieren; **to take ~** *Idee* sich durchsetzen; *Feuer* sich ausbreiten; **to be on ~** warten; *fig* auf

Eis liegen; **to put sb on ~** *TEL* j-n auf Wartestellung schalten; **to put sth on ~** *fig* etw auf Eis legen; **when those two have a row, there are no ~s barred** *fig* wenn die beiden sich streiten, dann kennen sie nichts mehr *umg* **2** Einfluss *m* (**over** auf *+akk*); **to have a ~ over** *od* **on sb** (großen) Einfluss auf j-n ausüben; **he hasn't got any ~ on** *od* **over me** er kann mir nichts anhaben; **the president has consolidated his ~ on power** der Präsident hat seine Macht gefestigt **3** *SCHIFF, FLUG* Frachtraum *m*

♦**hold against** V̅/T̅ 〈*immer getrennt*〉 **to hold sth against sb** j-m etw übel nehmen ♦**hold back A** V̅/I̅ sich zurückhalten, zögern **B** V̅/T̅ 〈*trennb*〉 **1** *Menschenmenge* zurückhalten; *Flutwasser* (auf)stauen; *Gefühle* unterdrücken; **to hold sb back from doing sth** j-n daran hindern, etw zu tun **2** daran hindern, voranzukommen **3** verheimlichen ♦**hold down** V̅/T̅ 〈*trennb*〉 **1** niederhalten; *an einem Ort* (fest)halten **2** *Arbeitsstelle* haben; **he can't hold any job down for long** er kann sich in keiner Stellung lange halten ♦**hold in** V̅/T̅ 〈*trennb*〉 *Bauch* einziehen ♦**hold off A** V̅/I̅ **1** warten; *Feind* nicht angreifen; **they held off eating until she arrived** sie warteten mit dem Essen, bis sie kam **2** *Regen* ausbleiben; **I hope the rain holds off** ich hoffe, dass es nicht regnet **B** V̅/T̅ 〈*trennb*〉 *Angriff* abwehren ♦**hold on A** V̅/I̅ **1** *wörtl* sich festhalten **2** (≈*ertragen*) aushalten **3** warten; **hold on (a minute)!** Moment!; **now hold on a minute!** Moment mal! **B** V̅/T̅ 〈*trennb*〉 (fest)halten; **to be held on by sth** mit etw befestigt sein ♦**hold on to** V̅/T̅ 〈*+obj*〉 *wörtl* festhalten; **they held on to each other** sie hielten sich aneinander fest; *fig Hoffnung* nicht aufgeben **2** behalten; *Position* beibehalten; **to hold on to the lead** in Führung bleiben; **to hold on to power** er sich an der Macht halten ♦**hold out A** V̅/I̅ **1** *Vorräte etc* reichen **2** (≈*ertragen*) aushalten, nicht nachgeben **3** **to hold out for sth** auf etw *(dat)* bestehen **B** V̅/T̅ 〈*trennb*〉 **1** ausstrecken; **to hold out sth to sb** j-m etw hinhalten; **hold your hand out** halt die Hand auf!; **she held out her arms** sie breitete die Arme aus **2** *fig* **I held out little hope of see-**

ing him again ich machte mir nur wenig Hoffnung, ihn wiederzugraunehmen **◆hold to** V/I *(+obj)* festhalten an *(+dat)*; **I hold to my belief that …** ich bleibe dabei, dass … **◆hold together** V/I & V/T *‹trennb›* zusammenhalten **◆hold up** A V/I Theorie sich halten lassen B V/T *‹trennb›* **1** hochheben, hochhalten; **hold up your hand** heb die Hand; **to hold sth up to the light** etw gegen das Licht halten **2** stützen, tragen **3** **to hold sb up as an example** j-n als Beispiel hinstellen **4** anhalten; *(≈ verzögern)* j-n aufhalten; *Verkehr, Produktion* ins Stocken bringen **5** *Bank* überfallen **◆hold with** *umg* V/I *(+obj)* **I don't hold with that** ich bin gegen so was *umg*

holdall [ˈhəʊldɔːl] S Reisetasche f **holder** [ˈhəʊldə ʳ] S **1** Besitzer(in) *m(f)*; *von Titel, Pass* Inhaber(in) *m(f)* **2** Halter *m*; *für Zigarette* Spitze f **holding** [ˈhəʊldɪŋ] S **1** FIN *von Aktien* Anteil *m* (**in** an *+dat*) **2** Landgut *n* **holding company** S Holding(gesellschaft) f **hold-up** V/I **1** Verzögerung f; *von Verkehr* Stockung f; **what's the ~?** warum dauert das so lange? **2** bewaffneter Raubüberfall

★**hole** [həʊl] S **1** Loch *n*; *von Fuchs* Bau *m*; **to be full of ~s** *fig* *Handlung, Darstellung* viele Schwächen aufweisen; *Argument, Theorie* unhaltbar sein **2** *umg* **to be in a ~** in der Patsche sitzen *umg*; **to get sb out of a ~** j-m aus der Patsche *od* Klemme helfen *umg* **3** *pej umg* Loch *n umg*; *(≈ Stadt)* Kaff *n umg* **◆hole up** *umg* V/I sich verkriechen *umg* **hole puncher** S Locher *m*

★**holiday** [ˈhɒlɪdɪ] A S **1** freier Tag, Feiertag *m*; **to take a ~** einen Tag frei nehmen **2** *‹oft pl›* *Br* Urlaub *m*; *bes* SCHULE Ferien *pl*; **the Christmas ~s** die Weihnachtsferien *pl*; **on ~** in den Ferien, auf *od* im Urlaub; **to go on ~** Ferien/Urlaub machen, in Urlaub fahren; **to take a month's ~** einen Monat Urlaub nehmen **3** *Br* Urlaub machen **holiday apartment** *Br* S Ferienwohnung f **holiday camp** *Br* S Feriendorf n **holiday entitlement** *Br* S Urlaubsanspruch *m* **holiday home** *Br* S Ferienhaus *n*/-wohnung f **holiday-maker** *Br* S Urlauber(in) *m(f)* **holiday pay** *Br* S

Urlaubsgeld *n* **holiday resort** *Br* S Ferienort *m* **holiday season** *Br* S Urlaubszeit f

holiness [ˈhəʊlɪnɪs] S Heiligkeit f; **His/ Your Holiness** KIRCHE Seine/Eure Heiligkeit

holistic [həʊˈlɪstɪk] ADJ holistisch **Holland** [ˈhɒlənd] S Holland *n* **holler** [ˈhɒlə ʳ] V/T & V/I *umg a.* **~ out** brüllen

★**hollow** [ˈhɒləʊ] A ADJ **1** hohl; *(≈ bedeutungslos)* leer; *Sieg* geschenkt; *(≈ nicht ehrlich)* unaufrichtig B S **1** Höhlung f **2** Vertiefung f; *(≈ Tal)* (Boden)senke f **◆hollow out** V/T *‹trennb›* aushöhlen

holly [ˈhɒlɪ] S Stechpalme f **holocaust** [ˈhɒləkɔːst] S **1** Inferno *n* **2** *im Dritten Reich* Holocaust *m* **hologram** [ˈhɒləɡræm] S Hologramm *n* **hols** [hɒlz] *Br umg* PL ABK *(= holidays)* Ferien *pl* **holster** [ˈhəʊlstə ʳ] S (Pistolen)halfter *n/f* ★**holy** [ˈhəʊlɪ] ADJ REL heilig; *Boden* geweiht **Holy Bible** S **the ~** die Heilige Schrift **Holy Communion** S das heilige Abendmahl **Holy Father** S **the ~** der Heilige Vater **Holy Ghost** S **→** Holy Spirit **Holy Land** S **the ~** das Heilige Land **Holy Spirit** S **the ~** der Heilige Geist **holy water** S Weihwasser *n* **Holy Week** S Karwoche f **homage** [ˈhɒmɪdʒ] S Huldigung f; **to pay ~ to sb** j-m huldigen

★**home** [həʊm] A S **1** Zuhause *n*; *(≈ Gebäude)* Haus *n*; *(≈ Land, Gegend)* Heimat f; **his ~ is in Brussels** er ist in Brüssel zu Hause; **Bournemouth is his second ~** Bournemouth ist seine zweite Heimat (geworden); **he invited us round to his ~** er hat uns zu sich (nach Hause) eingeladen; **away from ~** von zu Hause weg; **he worked away from ~** er hat auswärts gearbeitet; ★**at ~** zu Hause; SPORT auf eigenem Platz; **to feel at ~ with sb** sich in j-s Gegenwart *(dat)* wohlfühlen; **he doesn't feel at ~ with English** er fühlt sich im Englischen nicht sicher *od* zu Hause; **to make oneself at ~** es sich *(dat)* gemütlich machen; **to make sb feel at ~** j-n gemütlich machen; **to leave ~** von zu Hause weggehen; **Scotland is the ~ of the haggis** Schottland ist die Heimat des Haggis; **the city is ~ to some 1,500 students** in dieser Stadt wohnen etwa 1.500 Studenten **2** Heim n, Waisenhaus n **B** ADV **1** zu Hause; *mit Richtungsangabe* nach Hause; **to come ~** nach Hause kommen, heimkommen; **to go ~** nach Hause gehen/fahren; *in Heimatland* heimfahren; **to get ~** nach Hause kommen; **I have to get ~ before ten** ich muss vor zehn zu Hause sein; **to return ~ from abroad** aus dem Ausland zurückkommen **2** **to bring sth ~ to sb** j-m etw klarmachen; **sth comes ~ to sb** etw wird j-m schmerzlich bewusst ◆**home in** VII Raketen sich ausrichten **(on sth** *auf etw akk*); **to home in on a target** ein Ziel finden *od* selbstständig ansteuern; **he homed in on the essential point** er hat den wichtigsten Punkt herausgegriffen

home address S Privatanschrift f
home-baked ADJ selbst gebacken
home banking S Homebanking n
home-brew S selbst gebrautes Bier
home cinema Br S Heimkino n
homecoming S Heimkehr f **home computer** S Heimcomputer m **home cooking** S Hausmannskost f **Home Counties** PL Grafschaften, die an London angrenzen **home delivery** S Lieferung f nach Hause; *Pizzaservice etc* Heimservice m, Lieferservice m **home economics** S ⟨+sg v⟩ Hauswirtschaft(slehre) f **home entertainment system** S Home-Entertainment-System n **home game** S SPORT Heimspiel n **home ground** S SPORT eigener Platz; **to be on ~** *fig* sich auf vertrautem Terrain bewegen **home-grown** ADJ Gemüse selbst gezogen; *fig Talent* heimisch **home help** S Haushaltshilfe f **home key** S COMPUT Hometaste f **homeland** S Heimat (-land) f(n) **homeless** **A** ADJ obdachlos **B** PL **the ~** die Obdachlosen pl **homelessness** S Obdachlosigkeit f **home life** S Familienleben n **homely** ['həʊmlɪ] ADJ ⟨komp homelier⟩ **1** Atmosphäre behaglich **2** Essen bürgerlich **3** US Mensch unscheinbar **home-made** ADJ selbst gemacht **homemaker** S US Hausfrau f **home match** S Heimspiel n **home movie** S Amateurfilm m **home news** S ⟨+sg v, kein pl⟩ Mel-

dungen pl aus dem Inland **Home Office** Br S Innenministerium n
homeopath etc US → homeopath
homeowner S Hauseigentümer(in) m(f), Wohnungseigentümer(in) m(f) **home page** S IT Homepage f **home rule** S Selbstverwaltung f **home run** S Baseball Homerun m; **to hit a ~** um alle vier Male laufen **Home Secretary** Br S Innenminister(in) m(f) **home shopping** S Homeshopping n **homesick** ADJ **to be** od **feel ~** Heimweh haben **(for** *nach*) **homesickness** S Heimweh n **homestead** S **1** Heimstätte f **2** US Heimstätte f für Siedler **home straight**, **home stretch** S SPORT Zielgerade f; **we're in the ~ now** *fig* uns das Ende ist in Sicht **home team** S SPORT Gastgeber pl **home theater** US S Heimkino n **home town**, **hometown** US S Heimatstadt f **home truth** Br S bittere Wahrheit; **to tell sb a few ~s** j-m die Augen öffnen **home video** S Amateurvideo n **homeward** ['həʊmwəd] ADJ **~ journey** Heimreise f; **we are ~ bound** es geht Richtung Heimat **homeward(s)** ['həʊmwəd(z)] ADV nach Hause

⋆**homework** S ⟨kein pl⟩ SCHULE Hausaufgaben pl; **to give sb sth as ~** j-m etw aufgeben **homeworker** S Heimarbeiter(in) m(f) **homeworking** S Heimarbeit f **homey** ['həʊmɪ] US umg ADJ ⟨+er⟩ gemütlich
homicidal [ˌhɒmɪˈsaɪdl] ADJ gemeingefährlich; **that man is a ~ maniac** dieser Mann ist ein mordgieriger Verrückter
homicide ['hɒmɪsaɪd] S Totschlag m
homily ['hɒmɪlɪ] S Predigt f
homing pigeon S Brieftaube f
homoeopath ['həʊmɪəʊpæθ] S, **homeopath** S Homöopath(in) m(f)
homoeopathic [ˌhəʊmɪəʊˈpæθɪk] ADJ, **homeopathic** US ADJ homöopathisch **homoeopathy** [ˌhəʊmɪˈɒpəθɪ] S, **homeopathy** US S Homöopathie f
homogeneous [ˌhɒməˈdʒiːnɪəs] ADJ homogen **homogenize** [həˈmɒdʒənaɪz] VII homogenisieren **homogenous** [həˈmɒdʒɪnəs] ADJ homogen
homophobia [ˌhəʊməʊˈfəʊbɪə] S Homophobie f **homophobic** [ˌhəʊməʊˈfəʊbɪk] ADJ homophob

H

homosexual [ˌhɔmǝʊˈseksjʊəl] **A** ADJ homosexuell **B** S̲ Homosexuelle(r) m/f(m) **homosexuality** [ˌhɔmǝʊseksju̇ˈælɪtɪ] S̲ Homosexualität f

Hon¹ ABK (= honorary) ehrenhalber

Hon² ABK (= Honourable) Abgeordnete(r) m/f(m)

hone [hǝʊn] V̲T̲ Klinge schleifen; fig Fähigkeiten vervollkommnen

★**honest** [ˈɔnɪst] **A** ADJ **1** ehrlich; **to be ~ with sb** j-m die Wahrheit sagen; **to be ~ about sth** etw ehrlich darstellen; **to be perfectly ~ (with you)** ... um (ganz) ehrlich zu sein ...; **the ~ truth** die reine Wahrheit **2** (≈ anständig) Mensch redlich; **to make an ~ living** sein Geld redlich verdienen **3** Fehler echt **B** ADV umg it's true, ~ it is es stimmt, ganz ehrlich **honestly** [ˈɔnɪstlɪ] ADV ehrlich; erwarten wirklich; **I don't mind,** ~ es ist mir wirklich egal; **quite** ~ **I don't remember it** ehrlich gesagt od um ehrlich zu sein, ich kann mich daran nicht erinnern; ~**!** verzweifelt also wirklich! **honesty** [ˈɔnɪstɪ] S̲ Ehrlichkeit f, Redlichkeit f; **in all ~** ganz ehrlich

★**honey** [ˈhʌnɪ] S̲ **1** Honig m **2** umg als Anrede Schätzchen n **honeybee** S̲ (Honig)biene f **honeycomb** S̲ (Bienen)wabe f **honeydew melon** S̲ Honigmelone f **honeymoon** [ˈhʌnɪmuːn] **A** S̲ Flitterwochen pl, Hochzeitsreise f; **to be on one's ~** in den Flitterwochen/auf Hochzeitsreise sein **B** V̲I̲ seine Hochzeitsreise machen; **they are ~ing in Spain** sie sind in Spanien auf Hochzeitsreise **honeysuckle** [ˈhʌnɪsʌkl] S̲ Geißblatt n

honk [hɔŋk] **A** V̲I̲ **1** Auto hupen **2** Gänse schreien **B** V̲T̲ Hupe drücken auf (+akk)

honor etc US → honour **honorary** [ˈɔnərǝrɪ] ADJ Ehren- **honorary degree** S̲ ehrenhalber verliehener akademischer Grad

★**honour** [ˈɔnǝʳ], **honor** US **A** S̲ **1** Ehre f; **sense of ~** Ehrgefühl n; **man of ~** Ehrenmann m; **in ~ of sb/sth** zu Ehren von j-m/etw; **if you would do me the ~ of accepting** form wenn Sie mir die Ehre erweisen würden anzunehmen geh **2** **Your Honour** Hohes Gericht; **His Honour** das Gericht **3** (≈ Ehrung) ~**s** Auszeichnung(en) f(pl) **4** **to do the** ~**s**

umg den Gastgeber spielen **5** UNIV ~**s** +sg v, a. ~**s degree** akademischer Grad mit Prüfung im Spezialfach; **to get first-class** ~**s** das Examen mit Auszeichnung od „sehr gut" bestehen **B** V̲T̲ **1** j-n ehren; **I would be** ~**ed** es wäre mir eine Ehre; **I should be** ~**ed if you** ... ich würde mich geehrt fühlen, wenn Sie ... **2** Scheck annehmen; Schulden begleichen; Versprechen halten; Vertrag erfüllen **honourable** [ˈɔnǝrǝbl] ADJ, **honorable** US ADJ **1** ehrenhaft; Entlassung ehrenvoll **2** Br PARL **the Honourable member for X** der (Herr)/die (Frau) Abgeordnete für X **honourably** [ˈɔnǝrǝblɪ] ADV, **honorably** US ADV in Ehren; sich verhalten ehrenhaft **honour killing** S̲, **honor killing** US S̲ Ehrenmord m **honours degree** [ˈɔnǝz-] S̲ → honour A 5 **honours list** Br S̲ Liste f der Titel- und Rangverleihungen (die zweimal im Jahr veröffentlicht wird)

hooch [huːtʃ] bes US umg S̲ ⟨kein pl⟩ Stoff m sl

hood [hʊd] S̲ **1** Kapuze f **2** AUTO Verdeck n; US (Motor)haube f; von Herd Abzugshaube f **hooded** [ˈhʊdɪd] ADJ Kleidungsstück mit Kapuze

hoodie [ˈhʊdɪ] S̲, **hoody** umg S̲ **1** (≈ Kleidungsstück) Kapuzenpulli m, Kapuzenshirt n, Kapuzi n umg **2** (≈ Jugendlicher) Kapuzentyp m umg, Kapuzenpulliträger m, Kapuzenshirtträger m

hoodlum [ˈhuːdlǝm] S̲ Rowdy m, Gangster m umg

hoodwink [ˈhʊdwɪŋk] umg V̲T̲ (he)reinlegen umg; **to ~ sb into doing sth** j-n dazu verleiten, etw zu tun

hoof [huːf] S̲ ⟨pl -s od hooves⟩ Huf m

★**hook** [hʊk] **A** S̲ Haken m; **he fell for it** ~**, line and sinker** er ging auf den Leim; **by ~ or by crook** auf Biegen und Brechen; **that lets me off the** ~ umg damit bin ich aus dem Schneider umg; **to leave the phone off the** ~ den Hörer neben das Telefon legen, nicht auflegen; **the phone was ringing off the** ~ US umg das Telefon klingelte pausenlos **B** V̲T̲ **1** **to** ~ **a trailer to a car** einen Anhänger an ein Auto hängen; **to** ~ **one's arm around sth** seinen Arm um etw schlingen **2** **to be/get** ~**ed on sth** umg Drogen von etw abhängig sein/werden; *Film, Essen* auf etw *(akk)* stehen *umg*; **he's ~ed on the idea** er ist von der Idee besessen ◆**hook on** Ⓐ VII *(an)gehakt werden **(to an +akk)** Ⓑ VIT *(trennb)* anhaken **(to an +akk)** ◆**hook up** Ⓐ VII **to hook up with sb** sich j-m anschließen Ⓑ VIT *(trennb)* **1** *Kleid* zuhaken **2** *Wohnwagen* ankoppeln **3** *Computer* anschließen **(to an +akk)**; RADIO, TV anschließen **(with an +akk)**

hook and eye Ⓢ Haken und Öse *ohne art* **hooked** [hʊkt] ADJ **~ nose** Hakennase *f*

hooker [ˈhʊkə*ʳ*] *bes US umg* Ⓢ Nutte *f umg*

hooky [ˈhʊki] *US umg* Ⓢ **to play ~** (die) Schule schwänzen *umg*

hooligan [ˈhuːlɪgən] Ⓢ Rowdy *m* **hooliganism** [ˈhuːlɪgənɪzəm] Ⓢ Rowdytum *n*

hoop [huːp] Ⓢ Reifen *m*; *Basketball* Korb *m*

hooray [huːˈreɪ] INT → hurrah

hoot [huːt] Ⓐ Ⓢ **1** *von Eule* Schrei *m*; **~s of laughter** johlendes Gelächter; **I don't care** *od* **give a ~** *od* **two ~s** *umg* das ist mir piepegal *umg*, *od* völlig schnuppe *umg*; **to be a ~** *umg* zum Schreien (komisch) sein Ⓑ AUTO Hupen *n kein pl* Ⓑ VII **1** *Eule* schreien; **to ~ with laughter** in johlendes Gelächter ausbrechen Ⓑ AUTO hupen Ⓒ VIT *bes Br* AUTO **to ~ one's/the horn** hupen **hooter** [ˈhuːtə*ʳ*] *Br* Ⓢ **1** AUTO Hupe *f*; *in Fabrik* Sirene *f* **2** *umg* (≈*Nase*) Zinken *m umg*

Hoover® [ˈhuːvə*ʳ*] *Br* Ⓢ Staubsauger *m* **hoover** [ˈhuːvə*ʳ*] *Br* VIT & VII (staub)saugen ◆**hoover up** VII *(+obj)* (staub)saugen

hoovering [ˈhuːvərɪŋ] Ⓢ **to do the ~** (staub)saugen

hooves [huːvz] PL → hoof

hop¹ [hɒp] Ⓐ Ⓢ **1** (kleiner) Sprung, Satz *m*; **to catch sb on the hop** *fig umg* j-n überraschen *od* überrumpeln **2** FLUG *umg* **a short hop** ein Katzensprung *m umg* Ⓑ VII *Tier* hüpfen; *Kaninchen* hoppeln; *Mensch* (auf einem Bein) hüpfen; **to hop on** aufspringen; **to hop on a train** in einen Zug einsteigen; **he hopped on his bicycle** er schwang sich auf sein Fahrrad; **he hopped over the wall** er sprang über die Mauer Ⓒ *Br* VIT **hop it!** zieh Leine! *umg*

hop² Ⓢ BOT Hopfen *m*

★**hope** [həʊp] Ⓐ Ⓢ Hoffnung *f* **(of auf +akk)**; **beyond ~** hoffnungslos; **in the ~ of doing sth** in der Hoffnung, etw zu tun; **to have (high** *od* **great) ~s of doing sth** hoffen, etw zu tun; **don't get your ~s up** mach dir keine großen Hoffnungen; **there's no ~ of that** da braucht man sich gar keine Hoffnungen zu machen; **to give up ~ of doing sth** die Hoffnung aufgeben, etw zu tun; **some ~!** *umg* schön wärs! *umg*; **she hasn't got a ~ in hell of passing her exams** *umg* es besteht nicht die geringste Chance, dass sie ihre Prüfung besteht Ⓑ VII hoffen **(for auf +akk)**; **to ~ for the best** das Beste hoffen; **a pay rise would be too much to ~ for** auf eine Gehaltserhöhung braucht man sich *(dat)* gar keine Hoffnungen zu machen; **I ~ so** hoffentlich; **I ~ not** hoffentlich nicht Ⓒ VIT hoffen; **I ~ to see you** hoffentlich sehe ich Sie; **the party cannot ~ to win** für die Partei besteht keine Hoffnung zu gewinnen; **to ~ against that …** trotz allem die Hoffnung nicht aufgeben, dass … **hopeful** Ⓐ ADJ **1** hoffnungsvoll; **he was still ~ (that …)** er machte sich *(dat)* immer noch Hoffnungen(, dass …); **they weren't very ~** sie hatten keine große Hoffnung; **he was feeling more ~** er war optimistischer **2** **it is not a ~ sign** es ist kein gutes Zeichen Ⓑ Ⓢ **presidential ~s** Anwärter *pl* auf die Präsidentschaft **hopefully** ADV **1** hoffnungsvoll **2** *umg* hoffentlich

★**hopeless** [ˈhəʊplɪs] ADJ hoffnungslos; *Versuch, Aufgabe* aussichtslos; *Säufer, Romantiker* unverbesserlich; **she's a ~ manager** als Managerin ist sie ein hoffnungsloser Fall; **I'm ~ at maths** in Mathe bin ich ein hoffnungsloser Fall; **to be ~ at doing sth** etw überhaupt nicht können **hopelessly** [ˈhəʊplɪsli] ADV **~ confused** völlig verwirrt; **I feel ~ inadequate** ich komme mir völlig minderwertig vor; **he got ~ lost** er hat sich hoffnungslos verirrt **hopelessness** Ⓢ Hoffnungslosigkeit *f*

hopping mad [ˈhɒpɪŋˈmæd] *umg* ADJ fuchsteufelswild *umg* **hopscotch** Ⓢ Hopse *f umg* **hop, skip and jump** Ⓢ, **hop, step and jump** Ⓢ Dreisprung *m*; **it's a ~ from here** es ist nur ein Katzensprung von hier

horde [hɔːd] *umg* [S] Masse *f*; *von Kindern etc* Horde *f pej*

horizon [həˈraɪzn] [S] Horizont *m*; **on the ~** am Horizont; *fig* in Sicht; **below the ~** hinter dem Horizont **horizontal** [ˌhɒrɪˈzɒntl] [ADJ] horizontal; **~ line** Waag(e)rechte *f* **horizontal bar** [S] Reck *n* **horizontally** [ˌhɒrɪˈzɒntəlɪ] [ADV] horizontal

hormone [ˈhɔːməʊn] [S] Hormon *n* **hormone replacement therapy** [S] Hormonersatztherapie *f*

★**horn** [hɔːn] [S] [1] Horn *n*; **to lock ~s** *fig* die Klingen kreuzen [2] AUTO Hupe *f*; SCHIFF (Signal)horn *n*; **to sound** *od* **blow the ~** AUTO hupen; SCHIFF tuten

hornet [ˈhɔːnɪt] [S] Hornisse *f*

horn-rimmed [ˈhɔːnrɪmd] [ADJ] **~ glasses** Hornbrille *f* **horny** [ˈhɔːnɪ] [ADJ] ⟨*komp* hornier⟩ [1] *wörtl* hornartig; *Hände* schwielig [2] *umg* (≈ *sexuell erregt*) geil *umg*

horoscope [ˈhɒrəskəʊp] [S] Horoskop *n*

horrendous [hɒˈrendəs] [ADJ] [1] *Unfall, Erlebnis* grauenhaft; *Verbrechen, Überfall* abscheulich [2] *umg Bedingungen* fürchterlich *umg*; *Verlust, Preis* horrend; **children's shoes are a ~ price** Kinderschuhe sind horrend teuer **horrendously** [hɒˈrendəslɪ] *umg* [ADV] *teuer* horrend

horrible [ˈhɒrɪbl] [ADJ] [1] *umg* schrecklich *umg*; *Essen* grauenhaft *umg*; *Kleidung, Farbe, Geschmack* scheußlich; *Mensch* gemein; **to be ~ to sb** gemein zu j-m sein [2] *Tod, Unfall* grauenhaft **horribly** [ˈhɒrɪblɪ] [ADV] [1] grauenhaft; **they died ~** sie starben einen grauenhaften Tod [2] *umg betrunken, teuer* schrecklich *umg* **horrid** [ˈhɒrɪd] [ADJ] schrecklich; **don't be so ~** sei nicht so gemein *umg* **horrific** [hɒˈrɪfɪk] [ADJ] entsetzlich **horrifically** [hɒˈrɪfɪkəlɪ] [ADV] grauenhaft **horrify** [ˈhɒrɪfaɪ] [VT] entsetzen; **it horrifies me to think what ...** ich denke (nur) mit Entsetzen daran, was ... **horrifying** [ˈhɒrɪfaɪɪŋ] [ADJ] schrecklich **horror** [ˈhɒrəʳ] [A] [S] [1] Entsetzen *n*; (≈ *Abneigung*) Horror *m* (**of** vor *+dat*); **to have a ~ of sth** einen Horror vor etw (*dat*) haben; **to have a ~ of doing sth** einen Horror davor haben, etw zu tun; **they watched in ~** sie sahen entsetzt zu [2] ⟨*mst pl*⟩ *des Krieges etc* Schrecken *m* [3] *umg* **you little ~!** du kleines Ungeheuer! *umg* [B] [ADJ] ⟨*attr*⟩ Horror-; **~ movie/story** Horrorfilm *m*/-geschichte *f* **horror-stricken** [ˈhɒrəˌstrɪkən], **horror-struck** [ˈhɒrəˌstrʌk] [ADJ] von Entsetzen gepackt

hors d'oeuvre [ɔːˈdɜːv] [S] Vorspeise *f*

★**horse** [hɔːs] [S] Pferd *n*; **to eat like a ~** wie ein Scheunendrescher *m* essen *od* fressen *umg*; **I could eat a ~** ich könnte ein ganzes Pferd essen; **straight from the ~'s mouth** aus erster Hand ♦**horse about** *Br*, **horse around** *umg* [VI] herumalbern *umg*

horseback [S] **on ~** zu Pferd **horsebox** [S] Pferdetransporter *m*, Pferdetransportwagen *m* **horse chestnut** [S] Rosskastanie *f* **horse-drawn** [ADJ] **~ cart** Pferdewagen *m*; **~ carriage** Kutsche *f* **horseman** [S] ⟨*pl* -men⟩ Reiter *m* **horseplay** [S] Alberei *f* **horsepower** [S] Pferdestärke *f*; **a 200 ~ engine** ein Motor mit 200 PS **horse race** [S] Pferderennen *n* **horse racing** [S] Pferderennsport *m*; (≈ *Veranstaltungen*) Pferderennen *pl* **horseradish** [S] Meerrettich *m*, Kren *m österr* **horse-riding** [S] Reiten *n*; **to go ~** reiten gehen **horseshoe** [S] Hufeisen *n* **horse trading** *fig* [S] Kuhhandel *m* **horsewoman** [S] ⟨*pl* -women [-wɪmɪn]⟩ Reiterin *f*

horticultural [ˌhɔːtɪˈkʌltʃərəl] [ADJ] Garten(bau)-; **~ show** Gartenbauausstellung *f* **horticulture** [ˈhɔːtɪkʌltʃəʳ] [S] Gartenbau *m*, Gartenbaukunst *f*

★**hose** [həʊz] [A] [S] Schlauch *m* [B] [VT] (*a.* **hose down**) abspritzen **hosepipe** [ˈhəʊzpaɪp] *bes Br* [S] Schlauch *m*

hosiery [ˈhəʊʒərɪ] [S] Strumpfwaren *pl*

hospice [ˈhɒspɪs] [S] Hospiz *n*

hospitable [hɒsˈpɪtəbl] [ADJ] [1] gastfreundlich; **to be ~ to sb** j-n gastfreundlich *od* gastlich aufnehmen [2] *Ort, Klima* gastlich

★**hospital** [ˈhɒspɪtl] [S] Krankenhaus *n*, Spital *n österr, schweiz*; **to be in ~, to be in the ~** *US* im Krankenhaus sein; **he was taken to ~** er wurde ins Krankenhaus eingeliefert

hospitality [ˌhɒspɪˈtælɪtɪ] [S] Gastfreundschaft *f*

hospitalize [ˈhɒspɪtəlaɪz] [VT] ins Krankenhaus einweisen, ins Spital einweisen *österr, schweiz*; **he was ~d for three**

months er lag drei Monate lang im Krankenhaus

Host [haʊst] $\overline{s}$ KIRCHE Hostie f

★**host¹** [haʊst] **A** $\overline{s}$ Gastgeber(in) m(f); TV *bei Diskussion* Moderator(in) m(f); *in Talkshow* Talkmaster(in) m(f); *in Unterhaltungsshow* Showmaster(in) m(f); **to be** *od* **play → to sb** j-s Gastgeber(in) m(f) sein **B** $\overline{v/t}$ *Fernsehsendung* Gastgeber(in) sein bei, moderieren; *Veranstaltung* ausrichten

host² $\overline{s}$ Menge f; **he has a → of friends** er hat eine Menge Freunde

hostage [ˈhɒstɪdʒ] $\overline{s}$ Geisel f; **to take/hold sb →** j-n als Geisel nehmen/halten **hostage-taker** $\overline{s}$ Geiselnehmer(in) m(f)

hostel [ˈhɒstəl] $\overline{s}$ (Wohn)heim n

★**hostess** [ˈhəʊstes] $\overline{s}$ **1** Gastgeberin f; **to be** *od* **play → to sb** j-s Gastgeberin sein **2** *in Nachtklub* Hostess f

host family $\overline{s}$ Gastfamilie f

hostile [ˈhɒstaɪl] $\overline{ADJ}$ feindselig; *Gesellschaft, Presse* feindlich (gesinnt); *Kräfte, Übernahmeangebot* feindlich, unwirtlich; **to be → sb** sich j-m gegenüber feindselig verhalten; **to be → to** *od* **toward(s) sth** einer Sache *(dat)* feindlich gegenüberstehen **hostility** [hɒsˈtɪlɪti] $\overline{s}$ **1** Feindseligkeit f; *zwischen Menschen* Feindschaft f; **he feels no → toward(s) anybody** er ist niemandem feindlich gesinnt; **→ to foreigners** Ausländerfeindlichkeit f **2** **hostilities** pl Feindseligkeiten pl

hosting [ˈhəʊstɪŋ] $\overline{s}$ IT *Betrieb von IT-Diensten* Hosting n

★**hot** [hɒt] **A** $\overline{ADJ}$ ⟨komp **hotter**⟩ **1** heiß; *Mahlzeit, Wasser, Getränk* warm; **I am** *od* **feel hot** mir ist (es) heiß; **with hot and cold water** mit warm und kalt Wasser; **the room was hot** in dem Zimmer war es heiß; **I'm getting hot** mir wird (es) warm **2** *Currygericht etc* scharf **3** umg (= gut) stark umg; **he's pretty hot at maths** in Mathe ist er ganz schön stark umg **4** fig **to be (a) hot favourite** Br, **to be a hot favorite** US der große Favorit sein; **hot tip** heißer Tipp; **hot news** das Neuste vom Neuen; **hot off the press** gerade eben erschienen; **to be in hot water** in Schwulitäten kommen umg; **to get (all) hot and bothered** umg ganz aufgeregt werden (**about** we-

gen); **to get hot under the collar about sth** wegen etw in Rage geraten **B** $\overline{ADV}$ ⟨komp **hotter**⟩ **he keeps blowing hot and cold** er sagt einmal hü und einmal hott **C** $\overline{s}$ **to have the hots for sb** umg ◆**hot up** umg $\overline{v/i}$ **things are hotting up in the Middle East** die Lage im Nahen Osten verschärft sich; **things are hotting up** es geht langsam los

hot air fig $\overline{s}$ leeres Gerede **hot-air balloon** $\overline{s}$ Heißluftballon m **hotbed** fig $\overline{s}$ Nährboden m (**of** für) **hot-blooded** $\overline{ADJ}$ heißblütig

hotchpotch [ˈhɒtʃpɒtʃ] Br $\overline{s}$ Mischmasch m

hot dog $\overline{s}$ Hot dog m/n

★**hotel** [həʊˈtel] $\overline{s}$ Hotel n **hotelier** [həʊˈteliəʳ] $\overline{s}$ Hotelier m **hotel manager** $\overline{s}$ Hoteldirektor(in) m(f) **hotel reservation** $\overline{s}$ Hotelbuchung f **hotel room** $\overline{s}$ Hotelzimmer n

hot flashes US $\overline{PL}$, **hot flushes** Br $\overline{PL}$ MED fliegende Hitze, Hitzewallungen pl **hotfoot** $\overline{v/t}$ **→ to it** umg sich davonmachen **hothead** $\overline{s}$ Hitzkopf m **hotheaded** $\overline{ADJ}$ hitzköpfig **hothouse** **A** $\overline{s}$ Treibhaus n **B** $\overline{ADJ}$ ⟨attr⟩ wörtl Treibhaus- **hot key** $\overline{s}$ IT Tastenkombination f, Shortcut m **hotline** $\overline{s}$ POL heißer Draht; TV etc Hotline f **hotly** [ˈhɒtli] $\overline{ADV}$ **1** debattieren, abstreiten heftig; umstritten heiß **2** **he was → pursued by two policemen** zwei Polizisten waren ihm dicht auf den Fersen umg **hotplate** $\overline{s}$ von Herd Kochplatte f **hot potato** fig umg $\overline{s}$ heißes Eisen **hot seat** $\overline{s}$ **to be in the →** auf dem Schleudersitz sein **hotshot** $\overline{s}$ umg Ass n umg **hot spot** $\overline{s}$ POL Krisenherd m; umg (= Klub) heißer Schuppen umg **hot spring** $\overline{s}$ heiße Quelle umg **hot stuff** umg $\overline{s}$ **this is →** das ist große Klasse umg; (= provokant) das ist Zündstoff; **she's/he's →** sie/er ist große Klasse umg; (= sexy) das ist eine scharfe Braut sl, das ist ein scharfer Typ umg **hot-tempered** $\overline{ADJ}$ leicht aufbrausend **hot-water** $\overline{ADJ}$ ⟨attr⟩ Heißwasser- **hot-water bottle** $\overline{s}$ Wärmflasche f, Bettflasche f schweiz

houmous, houm(o)us [ˈhuːməs] $\overline{s}$ Houmos m

hound [haʊnd] **A** $\overline{s}$ JAGD (Jagd)hund m **B** $\overline{v/t}$ hetzen; **to be →ed by the press**

von der Presse verfolgt werden
♦**hound out** <u>VIT</u> ⟨*trennb*⟩ verjagen
★**hour** [ˈaʊəʳ] <u>S</u> **1** Stunde *f*; **half an ~, a half ~** eine halbe Stunde; **three-quarters of an ~** eine Dreiviertelstunde; **a quarter of an ~** eine Viertelstunde; **an ~ and a half** anderthalb *od* eineinhalb Stunden; **it's a two-hour walk** es sind zwei Stunden zu Fuß; **at fifteen hundred ~s** *gesprochen* um fünfzehn Uhr; **~ after ~** Stunde um Stunde; **on the ~** zur vollen Stunde; **every ~ on the ~** jede volle Stunde; **20 minutes past the ~** 20 Minuten nach; **at all ~s (of the day and night)** zu jeder (Tages- und Nacht-) zeit; **what! at this ~ of the night!** was! zu dieser nachtschlafenden Zeit!; **to drive at 50 kilometres an ~** 50 Kilometer in der Stunde fahren; **to be paid by the ~** stundenweise bezahlt werden; **for ~s** stundenlang; **he took ~s to do it** er brauchte stundenlang dazu; **the man/ hero of the ~** der Mann/Held der Stunde **2** **~s** *pl von Laden* Geschäftszeiten *f(pl)*; *von Gaststätte etc* Öffnungszeiten *pl*; *von Büro* Dienststunden *pl*; *von Angestellten* Arbeitszeit *f*; *von Arzt* Sprechstunde *f*, Ordination *f österr*; **out of/after ~s** *von Kneipe* außerhalb der gesetzlich erlaubten Zeit; *von Büro/Angestellten* außerhalb der Arbeitszeit/nach Dienstschluss; **to work long ~s** einen langen Arbeitstag haben **hourglass** <u>S</u> Sanduhr *f* **hour hand** <u>S</u> kleiner Zeiger **hourly** [ˈaʊəlɪ] <u>A</u> <u>ADJ</u> **1** stündlich; **an ~ bus service** ein stündlich verkehrender Bus; **at ~ intervals** stündlich; **at two-hourly intervals** alle zwei Stunden **2** *Lohn* pro Stunde; **~ pay** Stundenlohn *m*; **~ rate** Stundensatz *m*; **on an ~ basis** stundenweise **B** <u>ADV</u> **1** *wörtl* jede Stunde **2** *bezahlen* stundenweise
★**house** <u>A</u> [haʊs] <u>S</u> ⟨*pl* **houses** [ˈhaʊzɪz]⟩ **1** Haus *n*; (= *Hausstand*) Haushalt *m*; **at my ~** bei mir zu Hause; **to my ~** zu mir nach Hause; **to keep ~ (for sb)** (j-m) den Haushalt führen; **they set up ~ together** sie gründeten einen gemeinsamen Hausstand; **to put** *od* **set one's ~ in order** *fig* seine Angelegenheiten in Ordnung bringen; **they get on like a ~ on fire** *umg* sie kommen ausgezeichnet miteinander aus; **as safe**

as ~s *Br* bombensicher *umg*; **the upper/lower ~** POL das Ober-/Unterhaus; **House of Commons/Lords** *Br* (britsches) Unter-/Oberhaus; **House of Representatives** *US* Repräsentantenhaus *n*; **the Houses of Parliament** das Parlament(sgebäude); **on the ~** auf Kosten des Hauses; **we ordered a bottle of ~ red** wir bestellen eine Flasche von dem roten Hauswein; **to bring the ~ down** *umg* ein Bombenerfolg (beim Publikum) sein *umg* **2** *in Internat* Gruppenhaus *n* **3** **full ~** KART Full House *n*; *beim Bingo* volle Karte **B** [haʊz] <u>VIT</u> unterbringen; **this building ~s ten families** in diesem Gebäude sind zehn Familien untergebracht **house arrest** <u>S</u> Hausarrest *m* **housebound** <u>ADJ</u> ans Haus gefesselt **housebreaking** <u>S</u> Einbruch(sdiebstahl) *m* **house-broken** *US* <u>ADJ</u> stubenrein **housecoat** <u>S</u> Morgenmantel *m* **houseguest** <u>S</u> (Haus)gast *m*

▶ **House of Commons**

House of Commons wird das Unterhaus des britischen Parlaments genannt, in dem 650 gewählte Volksvertreter (533 aus England, 59 aus Schottland, 40 aus Wales und 18 aus Nordirland), sog. **Members of Parliament**, den Großteil der parlamentarischen Aufgaben erledigen. Den Vorsitz im **House of Commons** führt der **Speaker**, der die parlamentarischen Diskussionen leitet. ◀

▶ **House of Lords**

House of Lords wird das Oberhaus des britischen Parlaments genannt, dessen Vorsitz der **Lord Chancellor** hat. Es besteht aus über 700 nicht gewählten Mitgliedern, darunter **Lords Spiritual** (höhere Bischöfe der **Church of England**) und **Lords Temporal** (Lords auf Lebenszeit). Letztere bestehen aus den **Law Lords** (höhere Richter, **highest court of appeal**), den **hereditary peers** (ererbter Adelstitel) und den **life peers** (Ehrentitel auf Lebenszeit verliehen). ◀

★**household** [ˈhaʊshəʊld] <u>A</u> <u>S</u> Haushalt *m* **B** <u>ADJ</u> ⟨*attr*⟩ Haushalts-; **~ appliance** Haushaltsgerät *n*; **~ chores** Hausarbeit *f*

householder [ˈhaʊsˌhəʊldəʳ] ̱s̱ Haus-/Wohnungsinhaber(in) m(f) **household name** ̱s̱ **to be a ~** ein Begriff sein; **to become a ~** zu einem Begriff werden **household waste** ̱s̱ Hausmüll m **house-hunt** ̱Vͯiͯ auf Haussuche sein; **they have started ~ing** sie haben angefangen, nach einem Haus zu suchen **househusband** ̱s̱ Hausmann m **housekeeper** ̱s̱ Haushälterin f **housekeeping** ̱s̱ ⁕ Haushalten m ☒ Br a. **~ money** Haushaltsgeld n **housemate** ̱s̱ **my ~s** meine Mitbewohner **House music** ̱s̱ Hausmusik f **house plant** ̱s̱ Zimmerpflanze f **house-proud** ADJ **she is ~** sie ist eine penible Hausfrau **house rules** Pͩ Hausordnung f **house swap** ̱s̱ **während der Ferien** Haustausch m, Häusertausch m; Wohnungstausch m **house-to-house** ADJ **to conduct ~ inquiries** von Haus zu Haus gehen und fragen **house-trained** ADJ stubenrein f **house-warming (party)** ̱s̱ Einzugsparty f; **to have a house-warming** Einzug feiern

★**housewife** ̱s̱ Hausfrau f **house wine** ̱s̱ Hauswein m **housework** ̱s̱ Hausarbeit f **housing** [ˈhaʊzɪŋ] ̱s̱ ⁕ Unterbringung f ☒ Wohnungen pl ☐ TECH Gehäuse n **housing association** ̱s̱ Wohnungsbaugesellschaft f **housing benefit** Br ̱s̱ Wohngeld n **housing development** ̱s̱, **housing estate** Br ̱s̱ Wohnsiedlung f

hovel [ˈhɒvəl] ̱s̱ armselige Hütte; fig pej Bruchbude f

hover [ˈhɒvəʳ] ̱Vͯiͯ ⁕ schweben; **he was ~ing between life and death** er schwebte zwischen Leben und Tod; **the exchange rate is ~ing around 110 yen to the dollar** der Wechselkurs bewegt sich um die 110 Yen für den Dollar ☒ fig herumstehen; **don't ~ over me** geh endlich weg ◆**hover about** Br, **hover around** ̱Vͯiͯ herumlungern; **he was hovering around, waiting to speak to us** er strich um uns herum und wartete auf eine Gelegenheit, mit uns zu sprechen

hoverboard ̱s̱ E-Board n (Rollbrett ohne Lenkstange) **hovercraft** ̱s̱ ⟨pl -⟩ Luftkissenboot n

★**how** [haʊ] ADV ⁕ wie; **how come?** umg wieso (denn das)?; **how do you mean?**

umg wie meinst du das?; **how is it that we earn less?, how come we earn less?** umg wieso od warum verdienen wir denn weniger?; **how do you know that/him?** woher wissen Sie das/kennen Sie ihn?; **I'd like to learn how to swim** ich würde gerne schwimmen lernen; **how nice!** wie nett!; ★**how much** mit Verb wie sehr; mit Substantiv, Adjektiv, Adverb oder Aktionsverben wie viel; **how much is/are ...?** wie viel kostet/kosten ...?; **how many** wie viel, wie viele; **how would you like to ...?** hätten Sie Lust, ... zu ...?; **how do you do?** guten Tag/Abend!; ★**how are you (doing)?, how are things?** wie geht es dir/euch/Ihnen?; **how's work?** was macht die Arbeit? umg; **how are things at school?** wie geht's in der Schule?; **how did the job interview go?** wie ist das Bewerbungsgespräch gelaufen?; **how old are you?** wie alt bist du/seid ihr/sind Sie?; **how about ...?** wie wäre es mit ...?; **how about it?** wie wäre es damit?; **how about going for a walk?** wie wär's mit einem Spaziergang?; **I've had enough, how about you?** mir reicht's, wie sieht's bei dir aus?; **and how!** und ob od wie!; **how he's grown!** er ist aber groß geworden ☒ past how **how'd** [haʊd] A̱ͩKͩ (= how did, how had, how would) → do; → have; → would

★**however** [haʊˈevəʳ] Aͩ KONJ jedoch, aber ☒ ADV ⁕ wie ... auch, (egal) wie; **~ you do it** wie immer du es machst; **~ much you cry** und wenn du noch so weinst; **wait 30 minutes or ~ long it takes** warte eine halbe Stunde oder so lange, wie es dauert ☒ wie ... bloß; **~ did you manage it?** wie hast du das bloß geschafft?

howl [haʊl] Aͩ ̱s̱ Schrei m; von Tier, Wind Heulen n kein pl; **~s of laughter** brüllendes Gelächter; **~s (of protest)** Protestgeschrei n ☒ ̱Vͯiͯ Mensch brüllen; Tier jaulen; Wind (≈weinen) heulen; Baby schreien; **to ~ with laughter** in brüllendes Gelächter ausbrechen ☐ ̱Vͯtͯ hinausbrüllen **howler** [ˈhaʊləʳ] ̱s̱ Br umg ☒ Schnitzer m umg; **he made a real ~** da hat er sich (dat) einen Hammer geleistet umg **how'll** [haʊl] A̱ͩKͩ (= how shall, how will) → shall; → will[1] **how's** [haʊz] A̱ͩKͩ (= how has, how is) → have;

→ be **how've** [haʊv] <u>ABK</u> (= how have)
→ have

HP[1], **hp** <u>ABK</u> (= hire-purchase) Raten-
kauf *m*

HP[2], **hp** <u>ABK</u> (= horse power) PS

HQ <u>ABK</u> (= headquarters) Hauptquartier
n; Zentrale *f*

hr <u>ABK</u> (= hour) Std.

HRH <u>ABK</u> (= His/Her Royal Highness) S.
M./I. M.

HRT <u>ABK</u> (= hormone replacement
therapy) Hormonersatztherapie *f*

HST *US* <u>ABK</u> (= Hawaiian Standard Time)
hawaiische Zeit (*minus elf Stunden mit-
teleuropäischer Zeit*)

ht <u>ABK</u> → height

HTML <u>ABK</u> (= hypertext mark-up lan-
guage) IT HTML

hub [hʌb] <u>S</u> **1** (Rad)nabe *f* **2** *fig* Mittel-
punkt *m*

hubbub [ˈhʌbʌb] <u>S</u> Tumult *m*; **a ~ of
voices** ein Stimmengewirr *n*

hubcap [ˈhʌbkæp] <u>S</u> Radkappe *f*

huddle [ˈhʌdl] <u>A</u> <u>S</u> (wirrer) Haufen *m*;
von Menschen Gruppe *f*; **in a ~** dicht zu-
sammengedrängt <u>B</u> <u>Vi</u> (*a.* **to be
huddled**) (sich) kauern; **they ~d un-
der the umbrella** sie drängten sich un-
ter dem Schirm zusammen; **we ~d
around the fire** wir saßen eng zusam-
mengedrängt um das Feuer herum
♦**huddle together** <u>Vi</u> sich aneinan-
derkauern; **to be huddled together** an-
einanderkauern ♦**huddle up** <u>Vi</u> sich
zusammenkauern

hue [hjuː] <u>S</u> Farbe *f*, Schattierung *f*

huff [hʌf] <u>S</u> **to be/go off in a ~** beleidigt
sein/abziehen *umg* **huffy** [ˈhʌfɪ] <u>ADJ</u>
⟨*komp* **huffier**⟩ beleidigt, empfindlich;
to get/be ~ about sth wegen etw ein-
geschnappt sein *umg*, wegen etw belei-
digt sein

hug [hʌɡ] <u>A</u> <u>S</u> Umarmung *f*; **to give sb
a hug** j-n umarmen <u>B</u> <u>Vt</u> **1** umarmen
2 sich dicht halten an (+*akk*) <u>C</u> <u>Vi</u> sich
umarmen

★**huge** [hjuːdʒ] <u>ADJ</u> ⟨*komp* **huger**⟩ riesig;
Appetit, Defizit a. Riesen-; *umg: Anstren-
gung* gewaltig; **a ~ job** eine Riesenar-
beit *umg*; **~ numbers of these children**
ungeheuer viele von diesen Kindern
hugely [ˈhjuːdʒlɪ] *emph* <u>ADV</u> außeror-
dentlich; **the whole thing is ~ enjoya-
ble** das Ganze macht ungeheuer viel

Spaß **hugeness** [ˈhjuːdʒnɪs] <u>S</u> riesiges
Ausmaß

hulk [hʌlk] <u>S</u> **1** SCHIFF (Schiffs)rumpf *m*
2 *umg* (≈ *Mensch*) Hüne *m umg* **hulk-
ing** [ˈhʌlkɪŋ] <u>ADJ</u> **~ great, great ~** mas-
sig

hull[1] [hʌl] <u>S</u> SCHIFF Schiffskörper *m*,
Rumpf *m*

hull[2] <u>A</u> <u>S</u> Hülse *f* <u>B</u> <u>Vt</u> schälen

hullabaloo [ˌhʌləbəˈluː] *Br umg* <u>S</u> ⟨*kein
pl*⟩ Spektakel *m*

hullo [hʌˈləʊ] *Br* <u>INT</u> → hello

hum [hʌm] <u>A</u> <u>S</u> Summen *n*; *von Motor*
Brummen *n*; *von Apparat* Surren *n*; *von
Stimmen* Gemurmel *n* <u>B</u> <u>Vi</u> **1** summen;
Motor brummen; *Apparat* surren **2** *fig
umg* in Schwung kommen; **the head-
quarters was humming with activity**
im Hauptquartier ging es zu wie in ei-
nem Bienenstock **3** **to hum and haw**
umg herumdrucksen *umg* (**over, about**
um) <u>C</u> <u>Vt</u> summen

★**human** [ˈhjuːmən] <u>A</u> <u>ADJ</u> menschlich;
Gesundheit des Menschen; **~ error**
menschliches Versagen; **~ shield**
menschlicher Schutzschild; **I'm only ~**
ich bin auch nur ein Mensch <u>B</u> <u>S</u>
Mensch *m* **human being** <u>S</u> Mensch
m **humane** [hjuːˈmeɪn] <u>ADJ</u> human **hu-
manely** [hjuːˈmeɪnlɪ] <u>ADV</u> human; *töten*
(möglichst) schmerzlos **human inter-
est** <u>S</u> *in Zeitungsartikel etc* Emotionalität
f; **a ~ story** eine ergreifende Story **hu-
manism** [ˈhjuːmənɪzəm] <u>S</u> Humanismus
m **humanitarian** [hjuːˌmænɪˈtɛərɪən]
<u>A</u> <u>S</u> Vertreter(in) *m(f)* des Humanitäts-
gedankens <u>B</u> <u>ADJ</u> humanitär **humani-
tarianism** [ˌhjuːmænɪˈtɛərɪənɪzəm] <u>S</u>
Humanitarismus *m* **humanity** [hjuː-
ˈmænɪtɪ] <u>S</u> **1** die Menschheit **2** Humani-
tät *f*, Menschlichkeit *f* **3** **humanities** *pl*
Geisteswissenschaften *pl* **humanize**
[ˈhjuːmənaɪz] <u>Vt</u> humanisieren **human-
kind** [ˌhjuːmənˈkaɪnd] <u>S</u> die Menschheit
humanly [ˈhjuːmənlɪ] <u>ADV</u> menschlich;
as far as ~ possible soweit überhaupt
möglich; **to do all that is ~ possible** al-
les Menschenmögliche tun **human
nature** <u>S</u> die menschliche Natur; **it's
~ to do that** es liegt (nun einmal) in
der Natur des Menschen, das zu tun
human race <u>S</u> **the ~** die Menschheit
human resources <u>PL</u> WIRTSCH Ar-
beitskräfte *pl* **human resources de-**

partment [S] Personalabteilung *f* **human rights** [PL] Menschenrechte *pl*; ~ **organization** Menschenrechtsorganisation *f* **human trafficker** [S] Menschenhändler(in) *m(f)* **human trafficking** [S] Menschenhandel *m*

humble ['hʌmbl] [A] [ADJ] ⟨*komp* humbler⟩ bescheiden; *Angestellter* einfach; *Ursprünge* niedrig; **my ~ apologies!** ich bitte inständig um Verzeihung! [B] [V/T] demütigen; **to be/feel ~d** sich *(dat)* klein vorkommen

humbug ['hʌmbʌg] [S] [1] *Br* Pfefferminzbonbon *m/n* [2] *umg* (≈*Gerede*) Humbug *m*

humdrum ['hʌmdrʌm] [ADJ] stumpfsinnig

humid ['hju:mɪd] [ADJ] feucht; **it's ~ today** es ist schwül heute **humidifier** [hju:'mɪdɪfaɪəʳ] [S] Luftbefeuchter *m* **humidity** [hju:'mɪdɪtɪ] [S] (Luft)feuchtigkeit *f*

humiliate [hju:'mɪlɪeɪt] [V/T] demütigen **humiliating** [hju:'mɪlɪeɪtɪŋ] [ADJ] *Niederlage* demütigend **humiliation** [hju:ˌmɪlɪ'eɪʃən] [S] Demütigung *f* **humility** [hju:'mɪlɪtɪ] [S] Demut *f*, Bescheidenheit *f*

humming ['hʌmɪŋ] [S] Summen *n* **hummingbird** ['hʌmɪŋbɜ:d] [S] Kolibri *m*

hummus ['hʊməs] [S] → hoummos

★**humor** *etc US* → humour **humorous** ['hju:mərəs] [ADJ] humorvoll; *Situation* komisch; *Idee* witzig **humorously** ['hju:mərəslɪ] [ADV] humorvoll, heiter

★**humour** ['hju:məʳ], **humor** *US* [A] [S] [1] Humor *m*; **a sense of ~** (Sinn *m* für) Humor *m* [2] Stimmung *f*; **to be in a good ~** gute Laune haben; **with good ~** gut gelaunt [B] [V/T] **to ~ sb** j-m seinen Willen lassen; **do it just to ~ him** tu's doch, damit er seinen Willen hat **humourless** [ADJ], **humorless** *US* [ADJ] humorlos

hump [hʌmp] [A] [S] [1] ANAT Buckel *m*; *von Kamel* Höcker *m* [2] (≈*Anhöhe*) Hügel *m* [3] *Br umg* **he's got the ~** er ist sauer *umg* [B] [V/T] *umg* schleppen **humpbacked** ['hʌmpbækt] [ADJ] *Brücke* gewölbt

hunch [hʌntʃ] [A] [S] Gefühl *n*; **to act on a ~** einem inneren Gefühl zufolge handeln; **your ~ paid off** du hattest die richtige Ahnung, es hat sich gelohnt [B] [V/T] (*a.* **hunch up**) **to ~ one's shoulders** die Schultern hochziehen; **he was ~ed over his desk** er saß über seinen Schreibtisch gebeugt **hunchback** [S] Buck(e)lige(r) *m/f(m)* **hunchbacked** [ADJ] buck(e)lig

★**hundred** ['hʌndrɪd] [A] [ADJ] hundert; **a** *od* **one ~ years** (ein)hundert Jahre; **two/several ~ years** zweihundert/mehrere hundert Jahre; **a** *od* **one ~ and one** *wörtl* (ein)hundert(und)eins; *fig* tausend; **(one) ~ and first** hundert(und)erste(r, s); **a** *od* **one ~ thousand** (ein)hunderttausend; **a** *od* **one ~ per cent** hundert Prozent; **a (one) ~ per cent increase** eine Erhöhung von *od* um hundert Prozent; **I'm not a** *od* **one ~ per cent sure** ich bin nicht hundertprozentig sicher [B] [S] hundert; *geschriebene Zahl* Hundert *f*; **~s** Hunderte *pl*; **one in a ~** einer unter hundert; **eighty out of a ~** achtzig von hundert; **~s of times** hundertmal; **~s and ~s** Hunderte und Aberhunderte; **~s of** *od* **and thousands** Hunderttausende *pl*; **he earns nine ~ a month** er verdient neunhundert im Monat; **to live to be a ~** hundert Jahre alt werden; **they came in their ~s** *od* **by the ~** sie kamen zu hunderten **hundredfold** ['hʌndrɪdfəʊld] [ADJ & ADV] hundertfach; **to increase a ~** um das Hundertfache steigern

★**hundredth** ['hʌndrɪdθ] [A] [ADJ] [1] hundertste(r, s) [2] hundertstel [B] [S] [1] Hundertste(r, s) [2] Hundertstel *n*; → sixth **hundredweight** ['hʌndrɪdweɪt] [S] Zentner *m*; *Br* 50,8 kg; *US* 45,4 kg

hung [hʌŋ] [PRÄT & PPERF] → hang

★**Hungarian** [hʌŋ'gɛərɪən] [A] [ADJ] ungarisch [B] [S] [1] Ungar(in) *m(f)* [2] LING Ungarisch *n*

★**Hungary** ['hʌŋgərɪ] [S] Ungarn *n*

★**hunger** ['hʌŋgəʳ] [S] Hunger *m* (**for** nach); **to die of ~** verhungern ♦**hunger after**, **hunger for** *liter* [V/I] ⟨+*obj*⟩ hungern nach

hunger strike [S] **to be on (a) ~** sich im Hungerstreik befinden; **to go on (a) ~** in (den) Hungerstreik treten

hung over [ADJ] **to be ~** einen Kater haben *umg* **hung parliament** [S] Parlament *n* ohne klare Mehrheitsverhältnisse; **the election resulted in a ~** die Wahl führte zu einem parlamentarischen Patt

hungrily ['hʌŋgrɪlɪ] *wörtl, fig* [ADV] hungrig

H

★**hungry** [ˈhʌŋgrɪ] ADJ ⟨komp hungrier⟩ hungrig; **to be** od **feel ~** Hunger haben/bekommen; **to go ~** hungern; ⟨= **for power** machthungrig; **to be ~ for news** sehnsüchtig auf Nachricht warten

hung up umg ADJ **to be ~ about sth** wegen etw einen Knacks weghaben umg; **to get ~ about sth** wegen etw durchdrehen umg; **he's ~ on her** er steht auf sie sl

hunk [hʌŋk] S **1** Stück n **2** fig umg (= Mann) **a gorgeous ~** ein ganz toller Mann

hunky-dory [ˈhʌŋkɪˈdɔːrɪ] umg ADJ **that's ~** das ist in Ordnung

★**hunt** [hʌnt] **A** S Jagd f; fig Suche f; **the ~ is on** die Suche hat begonnen; **to have a ~ for sth** nach etw fahnden umg **B** VT JAGD jagen; Verbrecher fahnden nach; Vermissten, Artikel suchen **C** VI **1** JAGD jagen; **to go ~ing** auf die Jagd gehen **2** suchen (**for, after** nach); **he is ~ing for a job** er sucht eine Stelle ◆**hunt down** VT ⟨trennb⟩ (unerbittlich) Jagd machen auf (+akk); (= fangen) zur Strecke bringen ◆**hunt out** VT ⟨trennb⟩ heraussuchen

★**hunter** [ˈhʌntəʳ] S Jäger(in) m(f) **hunting** [ˈhʌntɪŋ] S die Jagd

hurdle [ˈhɜːdl] S SPORT, a. fig Hürde f; **~s** +sg v Hürdenlauf m; **the 100m ~s** (die) 100 m Hürden; **to fall at the first ~** fig (schon) über die erste od bei der ersten Hürde stolpern **hurdler** [ˈhɜːd-ləʳ] S SPORT Hürdenläufer(in) m(f)

hurl [hɜːl] VT schleudern; **to ~ insults at sb** j-m Beleidigungen entgegenschleudern

hurly-burly [ˈhɜːlɪˈbɜːlɪ] S Rummel m umg; **the ~ of politics** der Rummel der Politik

hurrah [həˈrɑː], **hurray** [həˈreɪ] INT hurra; **~ for the king!** ein Hoch dem König!

hurricane [ˈhʌrɪkən] S Orkan m, Hurrikan m

hurried [ˈhʌrɪd] ADJ eilig; Zeremonie hastig durchgeführt; Abreise überstürzt **hurriedly** [ˈhʌrɪdlɪ] ADV eilig; etw sagen hastig; abreisen in großer Eile

★**hurry** [ˈhʌrɪ] **A** S Eile f; **in my ~ to get it finished …** vor lauter Eile, damit fertig zu werden …; **to do sth in a ~** etw schnell od hastig tun; **I need it in a ~** ich brauche es eilig; **★to be in a ~** es

eilig haben; **I won't do that again in a ~!** umg das mache ich so schnell nicht wieder!; **what's the ~?** was soll die Eile?; **there's no ~** es eilt nicht **B** VI sich beeilen, laufen; **there's no need to ~** kein Grund zur Eile; **don't ~!** lass dir Zeit! **C** VT j-n (zur Eile) antreiben, scheuchen umg; Arbeit beschleunigen; (≈ übertreiben) überstürzen; **don't ~ me** hetz mich nicht so! ◆**hurry along** VI sich beeilen; **hurry along there, please!** schnell weitergehen, bitte! **B** VT ⟨trennb⟩ j-n weiterdrängen; mit Arbeit zur Eile antreiben; Arbeit etc vorantreiben ◆**hurry up** VI sich beeilen; **hurry up! beeil dich!**; **hurry up and put your coat on!** mach schon und zieh dir deinen Mantel an! **B** VT ⟨trennb⟩ j-n zur Eile antreiben; Arbeit vorantreiben

★**hurt** [hɜːt] ⟨v: prät, pperf hurt⟩ **A** VT **1** wehtun (+dat), verletzen; **to ~ oneself** sich (dat) wehtun; **to ~ one's arm** sich (dat) am Arm wehtun, sich (dat) den Arm verletzen; **my arm is ~ing me** mir tut der Arm weh; **if you go on like that someone is bound to get ~** wenn ihr so weitermacht, verletzt sich bestimmt noch jemand **2** schaden (+dat); **it won't ~ him to wait** es schadet ihm gar nicht(s), wenn er etwas warten muss **B** VI **1** fig wehtun; **that ~s!** das tut weh **2** schaden **C** S Schmerz m; von Gefühlen Verletzung f (**to** +gen) **D** ADJ Arm, Gefühle verletzt; Blick gekränkt **hurtful** [ˈhɜːtfʊl] ADJ verletzend

hurtle [ˈhɜːtl] VI rasen; **the car was hurtling along** das Auto sauste dahin; **he came hurtling round the corner** er kam um die Ecke gerast

★**husband** [ˈhʌzbənd] **A** S Ehemann m; **my ~** mein Mann; **they are ~ and wife** sie sind Eheleute od verheiratet **B** VT Ressourcen sparsam umgehen mit **husbandry** [ˈhʌzbəndrɪ] S Landwirtschaft f

hush [hʌʃ] **A** VT zum Schweigen bringen **B** VI still sein **C** S Stille f; **a ~ fell over the crowd** die Menge verstummte plötzlich **D** INT pst; **~, ~, it's all right** sch, sch, es ist ja gut ◆**hush up** VT ⟨trennb⟩ vertuschen

hushed [hʌʃt] ADJ Stimmen gedämpft; Menschenmenge schweigend; Gerichtssaal still; **in ~ tones** mit gedämpfter

Stimme **hush-hush** [ˈhʌʃˈhʌʃ] *umg* ADJ streng geheim

husk [hʌsk] Ⓢ Schale *f; von Weizen* Spelze *f*

husky[1] [ˈhʌski] ADJ ⟨*komp* huskier⟩ rau; *Stimme* heiser

husky[2] Ⓢ Schlittenhund *m*

hussy [ˈhʌsi] Ⓢ 🄰 (≈ *Mädchen*) Fratz *m umg* 🄱 Flittchen *n pej*

hustings [ˈhʌstɪŋz] *Br* PL Wahlkampf *m*; (≈ *Versammlung*) Wahlveranstaltung *f*

hustle [ˈhʌsl] 🄰 Ⓢ **~ and bustle** geschäftiges Treiben 🄱 VIT **to ~ sb out of a building** j-n schnell aus einem Gebäude befördern *umg*

★**hut** [hʌt] Ⓢ Hütte *f*

hutch [hʌtʃ] Ⓢ *für Kaninchen* Verschlag *m*

hyacinth [ˈhaɪəsɪnθ] Ⓢ Hyazinthe *f*

hyaena, hyena [haɪˈiːnə] Ⓢ Hyäne *f*

hybrid [ˈhaɪbrɪd] 🄰 ADJ BOT, ZOOL Kreuzung *f; fig* Mischform *f* 🄱 ADJ BOT, ZOOL Misch-; **~ engine** Hybridmotor *m;* **~ powertrain** Hybridantrieb *m;* **~ TV** Hybrid-TV *n;* **~ vehicle** Hybridfahrzeug *n*

hydrant [ˈhaɪdrənt] Ⓢ Hydrant *m*

hydrate [haɪˈdreɪt] VIT hydratisieren

hydraulic [haɪˈdrɒlɪk] ADJ hydraulisch

hydraulics [haɪˈdrɒlɪks] Ⓢ ⟨+*sg v*⟩ Hydraulik *f*

hydrocarbon [ˌhaɪdrəʊˈkɑːbən] Ⓢ Kohlenwasserstoff *m*

hydrochloric acid Ⓢ Salzsäure *f* **hydroelectric power** Ⓢ durch Wasserkraft erzeugte Energie **hydroelectric power station** Ⓢ Wasserkraftwerk *n*

hydrofoil Ⓢ Tragflächenboot *n* **hydrogen** [ˈhaɪdrɪdʒən] Ⓢ Wasserstoff *m* **hydrogen bomb** Ⓢ Wasserstoffbombe *f* **hydrotherapy** Ⓢ Wasserbehandlung *f*

hyena [haɪˈiːnə] Ⓢ → hyaena

hygiene [ˈhaɪdʒiːn] Ⓢ Hygiene *f*; **personal ~** Körperpflege *f* **hygienic** [haɪˈdʒiːnɪk] ADJ hygienisch

hymn [hɪm] Ⓢ Kirchenlied *n* **hymn book** Ⓢ Gesangbuch *n*

hype [haɪp] *umg* 🄰 Ⓢ Hype *m*; **media ~** Medienrummel *m umg*; **all this ~ about … dieser** ganze Rummel um … *umg* 🄱 VIT (*a.* **hype up**) Publicity machen für; **the movie was ~d up too much um** den Film wurde zu viel Rummel gemacht *umg* **hyped up** [ˈhaɪptʌp] *umg* ADJ aufgeputscht, aufgedreht *umg*

hyper [ˈhaɪpə(r)] ADJ *sl* aufgedreht **hyperactive** ADJ überaktiv; **a ~ thyroid** eine Überfunktion der Schilddrüse hy-

percritical [ˈhaɪpəˈkrɪtɪkəl] ADJ übertrieben kritisch **hyperlink** 🄰 Ⓢ IT Hyperlink *m* 🄱 VIT IT per Hyperlink verbinden **hypermarket** *Br* Ⓢ Verbrauchermarkt *m* **hypersensitive** ADJ überempfindlich **hypertension** Ⓢ Hypertonie *f*, erhöhter Blutdruck **hypertext** Ⓢ IT Hypertext *m* **hyperventilate** [ˌhaɪpəˈventɪleɪt] VII hyperventilieren

hyphen [ˈhaɪfən] Ⓢ Bindestrich *m*, Trenn(ungs)strich *m* **hyphenate** [ˈhaɪfəneɪt] VIT mit Bindestrich schreiben; **~d word** Bindestrichwort *n* **hyphenation** [ˌhaɪfəˈneɪʃən] Ⓢ Silbentrennung *f*

hypnosis [hɪpˈnəʊsɪs] Ⓢ Hypnose *f*; **under ~** unter Hypnose **hypnotherapy** [ˌhɪpnəʊˈθerəpɪ] Ⓢ Hypnotherapie *f* **hypnotic** [hɪpˈnɒtɪk] ADJ 🄰 *Trance* hypnotisch; **~ state** Hypnosezustand *m* 🄱 *Musik, Augen* hypnotisierend **hypnotism** [ˈhɪpnətɪzəm] Ⓢ Hypnotismus *m* **hypnotist** [ˈhɪpnətɪst] Ⓢ Hypnotiseur(in) *m(f)* **hypnotize** [ˈhɪpnətaɪz] VIT hypnotisieren; **to be ~d by sb/sth** *fig* von j-m/etw wie hypnotisiert sein

hypo- [haɪpəʊ-] PRÄF hypo-; **hypoallergenic** hypoallergen

hypochondria [ˌhaɪpəʊˈkɒndrɪə] Ⓢ Hypochondrie *f* **hypochondriac** [ˌhaɪpəʊˈkɒndrɪæk] Ⓢ Hypochonder(in) *m(f)*

hypocrisy [hɪˈpɒkrɪsɪ] Ⓢ Heuchelei *f* **hypocrite** [ˈhɪpəkrɪt] Ⓢ Heuchler(in) *m(f)* **hypocritical** [ˌhɪpəˈkrɪtɪkəl] ADJ heuchlerisch

hypodermic needle Ⓢ (Injektions)nadel *f* **hypodermic syringe** Ⓢ (Injektions)spritze *f*

hypothermia [ˌhaɪpəʊˈθɜːmɪə] Ⓢ Unterkühlung *f*

hypothesis [haɪˈpɒθɪsɪs] Ⓢ ⟨*pl* hypotheses [haɪˈpɒθɪsiːz]⟩ Hypothese *f* **hypothetical** [ˌhaɪpəʊˈθetɪkəl] ADJ hypothetisch **hypothetically** [ˌhaɪpəʊˈθetɪkəlɪ] ADV theoretisch

hysterectomy [ˌhɪstəˈrektəmɪ] Ⓢ Totaloperation *f*

hysteria [hɪˈstɪərɪə] Ⓢ Hysterie *f* **hysterical** [hɪˈsterɪkəl] ADJ 🄰 wahnsinnig komisch *umg* **hysterically** [hɪˈsterɪkəlɪ] ADV 🄰 hysterisch 🄱 *umg* **~ funny** wahnsinnig komisch *umg* **hysterics** [hɪˈsterɪks] PL Hysterie *f*; **to have ~** hysterisch werden; *fig umg* sich totlachen

Hz ABK (≈ *hertz*) Hz

I¹, i [aɪ] ⓢ I n, i n
★**I²** PERS PR ich
IBAN [ˈiːbæn] ABK (= International Bank Account Number) IBAN f
ibid ABK (= ibidem) ib., ibd.
★**ice** [aɪs] A ⓢ 1 Eis n; auf Straße (Glatt)eis n; **to be as cold as ice** eiskalt sein; **my hands are like ice** ich habe eiskalte Hände; **to put sth on ice** fig etw auf Eis legen; **to break the ice** fig das Eis brechen; **to be skating on thin ice** fig sich aufs Glatteis begeben/begeben haben; **that cuts no ice with me** umg das kommt bei mir nicht an 2 Br (Speise)eis n B VⁱT Kuchen mit Zuckerguss überziehen ◆**ice over** VⁱI zufrieren; Windschutzscheibe vereisen ◆**ice up** VⁱI Windschutzscheibe vereisen; Rohre einfrieren
ice age ⓢ Eiszeit f **ice axe** ⓢ, **ice ax** US ⓢ Eispickel m **iceberg** ⓢ Eisberg m **iceberg lettuce** ⓢ Eisbergsalat m **icebound** ADJ Hafen, See eingeschlossen; Schiff, Ort vom Eis eingeschlossen **icebox** ⓢ Br in Kühlschrank Eisfach n; US Eisschrank m **icebreaker** ⓢ Eisbrecher m **ice bucket** ⓢ Eiskühler m **icecap** ⓢ polar Eiskappe f ◆**ice-cold** ADJ eiskalt **ice-cool** fig ADJ Mensch supercool umg
★**ice cream** ⓢ Eis n, Eiskrem f ◆**ice-cream cone**, **ice-cream cornet** ⓢ Eistüte f ◆**ice-cream parlour** ⓢ, **ice-cream parlor** US ⓢ Eisdiele f **ice cube** ⓢ Eiswürfel m **iced** [aɪst] ADJ 1 Getränk eisgekühlt; **~ tea** Eistee m 2 Teilchen mit Zuckerguss überzogen **ice dancing** ⓢ Eistanz m **ice floe** ⓢ Eisscholle f **ice hockey** ⓢ Eishockey n **Iceland** [ˈaɪslənd] ⓢ Island n **Icelandic** [aɪsˈlændɪk] A ADJ isländisch B ⓢ LING Isländisch n **ice lolly** Br ⓢ Eis n am Stiel **ice pack** ⓢ Eisbeutel m **ice pick** ⓢ Eispickel m **ice rink** ⓢ Eisbahn f, Schlittschuhbahn f **ice-skate** VⁱI Schlittschuh laufen **ice skate** ⓢ Schlittschuh m **ice-skater** ⓢ Schlittschuhläufer(in) m(f), Eiskunstläufer(in) m(f) **ice-**

-skating ⓢ Schlittschuhlaufen n, Eislaufen n **ice storm** US ⓢ Eissturm m **ice water** ⓢ Eiswasser n **icicle** [ˈaɪsɪkl] ⓢ Eiszapfen m **icily** [ˈaɪsɪlɪ] fig ADV eisig; lächeln kalt **icing** [ˈaɪsɪŋ] ⓢ ⟨kein pl⟩ GASTR Zuckerguss m; **this is the ~ on the cake** fig das ist die Krönung des Ganzen **icing sugar** Br ⓢ Puderzucker m
icon [ˈaɪkɒn] ⓢ 1 Ikone f 2 IT Icon n **iconic** [aɪˈkɒnɪk] ADJ **an ~ figure** eine Ikone
ICT ABK (= information and communication technology) Informatik f
ICU ABK (= intensive care unit) Intensivstation f
icy [ˈaɪsɪ] ADJ ⟨komp icier⟩ 1 Straße vereist; **the icy conditions on the roads** das Glatteis auf den Straßen; **when it's icy** bei Glatteis 2 Wind, Hände eiskalt; **icy cold** eiskalt 3 fig Blick eisig; Empfang frostig
ID ⓢ ABK (= identification, identity) I **don't have any ID on me** ich habe keinen Ausweis dabei; **the man didn't have any ID** der Mann konnte sich nicht ausweisen
I'd [aɪd] ABK (= I would, I had) → have; → would
ID card [aɪˈdiːkɑːd] ⓢ Ausweis m, Personalausweis m
★**idea** [aɪˈdɪə] ⓢ 1 Idee f; plötzlich Einfall m; **good ~!** gute Idee!; **that's not a bad ~** das ist keine schlechte Idee; **the very ~!** (nein,) so was!; **the very ~ of eating horse meat revolts me** der bloße Gedanke an Pferdefleisch ekelt mich; **he is full of (bright) ~s** ihm fehlt es nie an (guten) Ideen; **to hit upon the ~ of doing sth** den plötzlichen Einfall haben, etw zu tun; **that gives me an ~, we could ...** da fällt mir ein, wir könnten ...; **he got the ~ for his novel while having a bath** die Idee zu seinem Roman kam ihm in der Badewanne; **he's got the ~ into his head that ...** er bildet sich (dat) ein, dass ...; **where did you get the ~ that I was ill?** wie kommst du auf den Gedanken, dass ich krank war?; **don't you go getting ~s about promotion** machen Sie sich (dat) nur keine falschen Hoffnungen auf eine Beförderung; **to put ~s into sb's head** j-m einen Floh ins Ohr setzen;

the ~ **was to meet at 6** wir wollten uns um 6 treffen; **what's the big ~?** _umg_ was soll das denn?; **the ~ is to reduce expenditure** es geht darum, die Ausgaben zu senken; **that's the ~** genau (das ist's)!; **you're getting the ~** ≈ Sie verstehen langsam, worum es geht **2** Meinung _f_; (≈ _Konzept_) Vorstellung _f_; **if that's your ~ of fun** wenn Sie das lustig finden; **this isn't my ~ of a holiday** _Br_, **this isn't my ~ of a vacation** _US_ so stelle ich mir den Urlaub nicht vor **3** Ahnung _f_; **you've no ~ how worried I've been** du kannst dir nicht vorstellen, welche Sorgen ich mir gemacht habe; **(I've) no ~** (ich habe) keine Ahnung; **I've got some ~ (of)** what this is all about ich weiß so ungefähr, worum es hier geht; **I have an ~ that ...** ich habe so das Gefühl, dass ...; **could you give me an ~ of how long ...?** könnten Sie mir ungefähr sagen, wie lange ...?; **to give you an ~ of how difficult it is** um Ihnen eine Vorstellung davon zu vermitteln, wie schwierig es ist

★**ideal** [aɪˈdɪəl] **A** △ Ideal _n_ (**of** +_gen_) **B** ADJ ideal; **~ solution** Ideallösung _f_; **he is ~** _od_ **the ~ person for the job** er ist für den Job ideal geeignet; **in an ~ world** im Idealfall **idealism** [aɪˈdɪəlɪzəm] △ Idealismus _m_ **idealist** [aɪˈdɪəlɪst] △ Idealist(in) _m(f)_ **idealistic** [ˌaɪˌdɪəˈlɪstɪk] ADJ idealistisch **idealize** [aɪˈdɪəlaɪz] V/T idealisieren **ideally** [aɪˈdɪəlɪ] ADV **1** idealerweise **2** passend ideal

identical [aɪˈdentɪkəl] ADJ identisch, der-/die-/dasselbe; **~ twins** eineiige Zwillinge _pl_; **we have ~ views** wir haben die gleichen Ansichten
identifiable [aɪˈdentɪˌfaɪəbl] ADJ identifizierbar; **he is ~ by his red hair** er ist an seinem roten Haar zu erkennen **identification** [aɪˌdentɪfɪˈkeɪʃən] △ **1** Identifizierung _f_; _fig von Problemen_ Erkennen _n_ **2** Ausweispapiere _pl_, Ausweis _m_ **3** (≈ _Unterstützung_) Identifikation _f_ **identifier** [aɪˈdentɪfaɪə⁽ʳ⁾] △ IT Kennzeichnung _f_ **identify** [aɪˈdentɪfaɪ] **A** V/T identifizieren; _Pflanze etc_ bestimmen; **an ~ Merkmal** erkennen; **to ~ one's goals** sich (_dat_) Ziele setzen; **to ~ sb/sth by sth** j-n/etw an etw (_dat_) erkennen **B** V/R **1** **to ~ oneself** sich ausweisen **2** **to ~ oneself**

with sb/sth sich mit j-m/etw identifizieren **C** V/I _mit Filmheld etc_ sich identifizieren **Identikit®** [aɪˈdentɪkɪt] △ ~® **(picture)** Phantombild _n_ **identity** [aɪˈdentɪtɪ] △ Identität _f_; **to prove one's ~** sich ausweisen; **proof of ~** Legitimation _f_ **identity card** △ Ausweis _m_, Personalausweis _m_ **identity crisis** △ Identitätskrise _f_ **identity papers** PL Ausweispapiere _pl_ **identity parade** △ Gegenüberstellung _f_ **identity theft** △ Identitätsraub _m_, Identitätsklau _m umg_
ideological [ˌaɪdɪəˈlɒdʒɪkəl] ADJ ideologisch **ideology** [ˌaɪdɪˈɒlədʒɪ] △ Ideologie _f_
idiocy [ˈɪdɪəsɪ] △ Blödheit _f_
idiom [ˈɪdɪəm] △ **1** Redewendung _f_ **2** Sprache _f_, Idiom _n_ **idiomatic** [ˌɪdɪəˈmætɪk] ADJ idiomatisch; **to speak ~ German** idiomatisch richtiges Deutsch sprechen; **an ~ expression** eine Redensart
idiosyncrasy [ˌɪdɪəˈsɪŋkrəsɪ] △ Eigenart _f_ **idiosyncratic** [ˌɪdɪəsɪŋˈkrætɪk] ADJ eigenartig
idiot [ˈɪdɪət] △ Idiot(in) _m(f)_; **what an ~!** so ein Idiot _od_ Dummkopf!; **what an ~ I am/was!** ich Idiot!; **to feel like an ~** sich dumm vorkommen **idiotic** [ˌɪdɪˈɒtɪk] ADJ idiotisch
idle [ˈaɪdl] **A** ADJ **1** _Person_ müßig; _Augenblick_ ruhig; **his car was lying ~** sein Auto stand unbenutzt herum **2** _faul_ **3** IND _Arbeiter_ unbeschäftigt; _Maschine_ stillstehend _attr_, außer Betrieb; **the machine stood ~** die Maschine stand still **4** _Versprechen, Drohung_ leer; _Spekulation_ müßig; **~ curiosity** pure Neugier **B** V/I faulenzen; **a day spent idling on the river** ein Tag, den man untätig auf dem Wasser verbringt ◆**idle away** V/T ⟨_trennb_⟩ _seine Zeit etc_ vertrödeln
idleness [ˈaɪdlnɪs] △ **1** Untätigkeit _f_, Müßiggang _m liter_ **2** Faulheit _f_ **idler** [ˈaɪdlə⁽ʳ⁾] △ Faulenzer(in) _m(f)_ **idly** [ˈaɪdlɪ] ADV **1** untätig, müßig; **to stand ~ by** untätig herumstehen **2** faul **3** _blicken_ gedankenverloren
idol [ˈaɪdl] _wörtl_ △ Götze _m_; _fig, a._ FILM, TV _etc_ Idol _n_ **idolatry** [aɪˈdɒlətrɪ] _wörtl_ △ Götzendienst _m_; _fig_ Vergötterung _f_ **idolize** [ˈaɪdəlaɪz] V/T abgöttisch verehren; **to ~ sth** etw anbeten
I'd've [ˈaɪdəv] ABK (= **I would have**)

→ would

idyll [ˈɪdɪl] [S] [1] LIT Idylle *f* [2] *fig* Idyll *n* **idyllic** [ɪˈdɪlɪk] [ADJ] idyllisch

i.e. [ABK] (= id est) d. h.

★**if** [ɪf] [A] [KONJ] wenn, falls, ob; **I would be really pleased if you could do it** wenn Sie das tun könnten, wäre ich sehr froh; **I wonder if he'll come** ich bin gespannt, ob er kommt; **what if …?** was ist, wenn …?; **I'll let you know if and when I come to a decision** ich werde Ihnen mitteilen, ob und wenn ich mich entschieden habe; **(even) if** auch wenn; **even if they are poor, at least they are happy** sie sind zwar arm, aber wenigstens glücklich; **if only I had known!** wenn ich das nur gewusst hätte!; **if I knew her number I'd tell you** wenn ich ihre Nummer wüsste, würde ich sie dir sagen; **he acts as if he were rich, he acts as if he was rich** *umg* er tut so, als ob er reich wäre; **it's not as if I meant to hurt her** es ist nicht so, dass ich ihr hätte wehtun wollen; **if necessary** falls nötig; **if so** wenn ja; **if not** falls nicht; **this is difficult, if not impossible** das ist schwer, wenn nicht sogar unmöglich; **if I were you** an Ihrer Stelle; **if anything this one is bigger** wenn überhaupt, dann ist dieses hier größer; **if I know Pete, he'll …** so wie ich Pete kenne, wird er …; **well, if it isn't old Jim!** *umg* ich werd verrückt, das ist doch der Jim *umg* [B] [S] **ifs and buts** Wenn und Aber *n*

igloo [ˈɪgluː] [S] ⟨*pl* -s⟩ Iglu *m/n*

ignite [ɪgˈnaɪt] [A] [V/T] entzünden; *fig* erwecken [B] [V/I] sich entzünden **ignition** [ɪgˈnɪʃən] [S] AUTO Zündung *f* **ignition key** [S] Zündschlüssel *m*

ignominious [ˌɪgnəˈmɪnɪəs] [ADJ] schmachvoll

ignoramus [ˌɪgnəˈreɪməs] [S] Ignorant(in) *m(f)* **ignorance** [ˈɪgnərəns] [S] Unwissenheit *f*; *in Bezug auf Fachgebiet* Unkenntnis *f*; **to keep sb in ~ of sth** j-n in Unkenntnis über etw (*akk*) lassen **ignorant** [ˈɪgnərənt] [ADJ] [1] unwissend, ignorant; *in Bezug auf Plan* nicht informiert (**of** über *+akk*); **to be ~ of the facts** die Tatsachen nicht kennen [2] ungehobelt

ignore [ɪgˈnɔːʳ] [V/T] ignorieren, nicht beachten; *Bemerkung* übergehen; **I'll ~ that** *Bemerkung* ich habe nichts gehört

ikon [ˈaɪkɒn] [S] → icon

ilk [ɪlk] [S] **people of that ilk** solche Leute

★**ill** [ɪl] [A] [ADJ] [1] ⟨*präd*⟩ krank; **to fall** *od* **be taken ill** krank werden; **I feel ill** mir ist nicht gut; **he is ill with fever** er hat Fieber; **to be ill with chicken pox** an Windpocken erkrankt sein [2] ⟨*komp* worse; *sup* worst⟩ *Auswirkungen* unerwünscht; **ill will** böses Blut; **I don't bear them any ill will** ich trage ihnen nichts nach; **to suffer ill health** gesundheitlich angeschlagen sein; **due to ill health** aus Gesundheitsgründen [B] [S] [1] *liter* **to bode ill** Böses ahnen lassen; **to speak ill of sb** schlecht über j-n reden [2] **ills** *pl* Missstände *pl* [C] [ADV] schlecht

ill. [ABK] (= illustrated, illustration) Abb., Abbildung *f*

I'll [aɪl] [ABK] (= I will, I shall) → will¹; → shall

ill-advised [ADJ] unklug; **you would be ~ to trust her** Sie wären schlecht beraten, wenn Sie ihr trauten **ill-at-ease** [ADJ] unbehaglich **ill-conceived** [ADJ] *Plan* schlecht durchdacht **ill-disposed** [ADJ] **to be ~ to(wards) sb** j-m übel gesinnt sein

★**illegal** [ɪˈliːgəl] [ADJ] unrechtmäßig, gesetzwidrig; *Handel, Einwanderung, Drogen* illegal; *Partei* verboten **illegality** [ˌɪliːˈgælɪtɪ] [S] Unrechtmäßigkeit *f*, Gesetzwidrigkeit *f*; *von Handel, Drogen, Organisation* Illegalität *f* **illegally** [ɪˈliːgəlɪ] [ADV] unrechtmäßig, gesetzwidrig; **~ imported** illegal eingeführt; **they were convicted of ~ possessing a handgun** sie wurden wegen unerlaubten Besitzes einer Handfeuerwaffe verurteilt

illegible [ADJ], **illegibly** [ɪˈledʒəbl, -ɪ] [ADV] unleserlich

illegitimacy [ˌɪlɪˈdʒɪtɪməsɪ] [S] *von Kind* Unehelichkeit *f* **illegitimate** [ˌɪlɪˈdʒɪtɪmɪt] [ADJ] [1] *Kind* unehelich [2] *Argument* unzulässig

ill-fated [ADJ] verhängnisvoll **ill-fitting** [ADJ] *Kleider, Gebiss* schlecht sitzend; *Schuhe* schlecht passend **ill-gotten gains** [PL] unrechtmäßiger Gewinn

illicit [ɪˈlɪsɪt] [ADJ] illegal; *Affäre* verboten; **~ trade** Schwarzhandel *m*

ill-informed [ˈɪlɪnˌfɔːmd] [ADJ] schlecht informiert (**about** über *+akk*)

illiteracy [ɪˈlɪtərəsɪ] [S] Analphabetentum

n **illiterate** [ɪˈlɪtərət] **A** ADJ des Schreibens und Lesens unkundig; *Bevölkerung* analphabetisch; **he's ~** er ist Analphabet; **many people are computer-illiterate** viele Menschen kennen sich nicht mit Computern aus **B** S Analphabet(in) *m(f)*

ill-judged ADJ unklug **ill-mannered** ADJ unhöflich **ill-matched** ADJ nicht zusammenpassend; **they're ~** sie passen nicht zueinander **ill-natured** ADJ bösartig

★**illness** [ˈɪlnɪs] S Krankheit *f*

illogical [ɪˈlɒdʒɪkəl] ADJ unlogisch **ill-tempered** ADJ missmutig, übellaunig, schlecht gelaunt *präd* **ill-timed** ADJ unpassend **ill-treat** VT misshandeln **ill-treatment** S Misshandlung *f*

illuminate [ɪˈluːmɪneɪt] VT **1** beleuchten; **~d sign** Leuchtzeichen *n* **2** *fig Thema* erläutern **illuminating** [ɪˈluːmɪneɪtɪŋ] ADJ aufschlussreich **illumination** [ɪˌluːmɪˈneɪʃən] S Beleuchtung *f* **illuminations** PL festliche Beleuchtung

illusion [ɪˈluːʒən] S Illusion *f*, Täuschung *f*; **to be under the ~ that ...** sich *(dat)* einbilden, dass ...; **to be under** *od* **have no ~s** sich *(dat)* keine Illusionen machen; **it gives the ~ of space** es vermittelt die Illusion von räumlicher Weite **illusionist** [ɪˈluːʒənɪst] S Illusionist(in) *m(f)* **illusory** [ɪˈluːsərɪ] ADJ illusorisch

illustrate [ˈɪləstreɪt] VT illustrieren; **his lecture was ~d by coloured slides** er veranschaulichte seinen Vortrag mit Farbdias; **~d (magazine)** Illustrierte *f* **illustration** [ˌɪləsˈtreɪʃən] S **1** Illustration *f*, Abbildung *f* **2** *fig* Beispiel *n* **illustrative** [ˈɪləstrətɪv] ADJ veranschaulichend; **~ of** beispielhaft für **illustrator** [ˈɪləstreɪtə*r*] S Illustrator(in) *m(f)*

illustrious [ɪˈlʌstrɪəs] ADJ glanzvoll; *Mensch* berühmt

ill-will S **I don't bear him any ~** ich trage es ihm nicht nach

I'm [aɪm] ABK (= I am) → be

image [ˈɪmɪdʒ] S **1** Bild *n*, Vorstellung *f* **2** Abbild *n*; **he is the ~ of his father** er ist seinem Vater wie aus dem Gesicht geschnitten **3** Image *n*; **brand ~** Markenimage *n* **imagery** [ˈɪmɪdʒərɪ] S Metaphorik *f*; **visual ~** Bildersymbolik *f*

imaginable [ɪˈmædʒɪnəbl] ADJ vorstellbar; **the easiest/fastest way ~** der denkbar einfachste/schnellste Weg **imaginary** [ɪˈmædʒɪnərɪ] ADJ *Gefahr* eingebildet; *Charakters* erfunden; **~ world** Fantasiewelt *f*

★**imagination** [ɪˌmædʒɪˈneɪʃən] S Fantasie *f*, Einbildung *f*, Vorstellungskraft *f*; **to have (a lively** *od* **vivid) ~** (eine lebhafte *od* rege) Fantasie haben; **use your ~** lassen Sie Ihre Fantasie spielen; **to lack ~** fantasielos *od* einfallslos sein; **it's just your ~!** das ist (dat) nur ein!; **to capture sb's ~** j-n in seinen Bann ziehen **imaginative** ADJ, **imaginatively** [ɪˈmædʒɪnətɪv, -lɪ] ADV fantasievoll

★**imagine** [ɪˈmædʒɪn] VT **1** sich *(dat)* vorstellen; **~ you're rich** stellen Sie sich mal vor, Sie wären reich; **you can ~ how I felt** Sie können sich vorstellen, wie mir zumute war; **I can't ~ living there** ich kann mir nicht vorstellen, dort zu leben **2** sich *(dat)* einbilden; **don't ~ that ...** bilden Sie sich nur nicht ein, dass ...; **you're (just) imagining things** *umg* Sie bilden sich das alles nur ein **3** annehmen; **is that her father? — I would ~ so** ist das ihr Vater? — ich denke schon; **I would never have ~d he could have done that** ich hätte nie gedacht, dass er das tun würde

imbalance [ɪmˈbæləns] S Unausgeglichenheit *f*

imbecile [ˈɪmbəsiːl] S Schwachkopf *m*

imbue [ɪmˈbjuː] *fig* VT durchdringen

IMF ABK (= International Monetary Fund) IWF *m*

★**imitate** [ˈɪmɪteɪt] VT imitieren, nachahmen **imitation** [ˌɪmɪˈteɪʃən] **A** S Imitation *f*, Nachahmung *f*; **to do an ~ of sb** j-n imitieren *od* nachahmen **B** ADJ unecht, künstlich; **~ leather** Kunstleder *n*; **~ jewellery** unechter Schmuck **imitative** [ˈɪmɪtətɪv] ADJ nachahmend, imitierend **imitator** [ˈɪmɪteɪtə*r*] S Nachahmer(in) *m(f)*, Imitator(in) *m(f)*

immaculate [ɪˈmækjʊlɪt] ADJ untadelig **immaterial** [ˌɪməˈtɪərɪəl] ADJ unwesentlich; **that's (quite) ~** das spielt keine Rolle, das ist egal

immature [ˌɪməˈtjʊə*r*] ADJ unreif **immaturity** [ˌɪməˈtjʊərɪtɪ] S Unreife *f*

immeasurable [ɪˈmeʒərəbl] ADJ unermesslich

immediacy [ɪˈmiːdɪəsɪ] S **1** Unmittel-

I

barkeit f **2** Dringlichkeit f **immediate** [ɪˈmiːdɪət] ADJ **1** unmittelbar; *Wirkung, Nachlage* direkt; *Reaktion* sofortig; **the ~ family** die engste Familie; **our ~ plan is to go to France** wir fahren zuerst einmal nach Frankreich; **to take ~ action** sofort handeln; **with ~ effect** mit sofortiger Wirkung; **the matter requires your ~ attention** die Sache bedarf sofort Ihrer Aufmerksamkeit **2** *Problem, Sorge* dringendste(r, s); **my ~ concern was for the children** mein erster Gedanke galt den Kindern

★**immediately** [ɪˈmiːdɪətlɪ] **A** ADV **1** sofort, gleich; *abreisen* umgehend; **~ before that** unmittelbar davor **2** unmittelbar **B** KONJ *Br* sobald

immemorial [ˌɪmɪˈmɔːrɪəl] ADJ uralt; **from time ~** seit undenklichen Zeiten

immense [ɪˈmens] ADJ enorm; *Ozean* gewaltig; *Leistung* großartig **immensely** [ɪˈmenslɪ] ADV enorm

immerse [ɪˈmɜːs] V/T **1** *wörtl* eintauchen (**in** in +*akk*); **to ~ sth in water** etw in Wasser tauchen; **to be ~d in water** unter Wasser sein **2** *fig* **to ~ oneself in one's work** sich in seine Arbeit vertiefen **immersion heater** *Br* S̱ Boiler m

★**immigrant** [ˈɪmɪgrənt] **A** S̱ Einwanderer m, Einwanderin f, Immigrant(in) m(f) **B** ADJ ⟨attr⟩ **the ~ community** die Einwanderer pl **immigrant workers** PL ausländische Arbeitnehmer pl **immigrate** [ˈɪmɪgreɪt] V/I einwandern (**to** in +*dat*)

★**immigration** [ˌɪmɪˈgreɪʃən] S̱ Einwanderung f, Immigration f; (a. **~ control**) Einwanderungsstelle f **immigration authorities** PL, **immigration department** S̱ Einwanderungsbehörde f **immigration officer** S̱ beim Zoll Grenzbeamte(r) m/-beamtin f

imminent [ˈɪmɪnənt] ADJ nahe bevorstehend; **to be ~** nahe bevorstehen

immobile [ɪˈməʊbaɪl] ADJ unbeweglich, bewegungslos **immobilize** [ɪˈməʊbɪlaɪz] V/T *Auto, gebrochenes Bein* stilllegen; *Armee* bewegungsunfähig machen; **to be ~d by fear/pain** sich vor Angst/Schmerzen nicht bewegen können **immobilizer** [ɪˈməʊbɪlaɪzə] S̱ AUTO Wegfahrsperre f

immoderate [ɪˈmɒdərɪt] ADJ *Verlangen* übermäßig; *Ansichten* übertrieben, ext-

rem

immodest [ɪˈmɒdɪst] ADJ **1** unbescheiden **2** unanständig

immoral [ɪˈmɒrəl] ADJ unmoralisch **immorality** [ˌɪməˈrælɪtɪ] S̱ Unmoral f **immorally** [ɪˈmɒrəlɪ] ADV unmoralisch

immortal [ɪˈmɔːtl] **A** ADJ unsterblich; *Leben* ewig **B** S̱ Unsterbliche(r) m/f(m) **immortality** [ˌɪmɔːˈtælɪtɪ] S̱ Unsterblichkeit f **immortalize** [ɪˈmɔːtəlaɪz] V/T verewigen

immovable [ɪˈmuːvəbl] *wörtl* ADJ unbeweglich; *fig Hindernis* unüberwindlich

immune [ɪˈmjuːn] ADJ **1** MED immun (**from, to** gegen) **2** *fig* sicher (**from, to** vor +*dat*; *gegenüber Kritik etc* immun (**to** gegen); **~ from prosecution** vor Strafverfolgung geschützt **immune system** S̱ Immunsystem n **immunity** [ɪˈmjuːnɪtɪ] S̱ Immunität f (**to, against** gegen); **~ from prosecution** Schutz m vor Strafverfolgung **immunization** [ˌɪmjunaɪˈzeɪʃən] S̱ Immunisierung f **immunize** [ˈɪmjunaɪz] V/T immunisieren **immunotherapy** [ˌɪmjuːnəʊˈθerəpɪ] S̱ MED Immuntherapie f

imp [ɪmp] S̱ Kobold m; *umg* (≈ *Kind*) Racker m *umg*

impact [ˈɪmpækt] S̱ Aufprall m (**on, against** auf +*akk*), Zusammenprall m; (≈ *Kraft*) Wucht f; *fig* (Aus)wirkung f (**on** auf +*akk*); **on ~** (**with**) beim Aufprall (auf +*akk*) / Zusammenprall (mit) *etc*; **his speech had a great ~ on his audience** seine Rede machte großen Eindruck auf seine Zuhörer

impair [ɪmˈpeər] V/T beeinträchtigen; *Gesundheit* schaden (+*dat*) **impairment** S̱ Schaden m; **visual ~** Sehschaden m

impale [ɪmˈpeɪl] V/T aufspießen (**on** auf +*dat*)

impart [ɪmˈpɑːt] V/T **1** *Informationen* übermitteln; *Wissen* vermitteln **2** verleihen

impartial [ɪmˈpɑːʃəl] ADJ unparteiisch **impartiality** [ɪmˌpɑːʃɪˈælɪtɪ] S̱ Unparteilichkeit f **impartially** [ɪmˈpɑːʃəlɪ] ADV *handeln* unparteiisch; *beurteilen* unvoreingenommen

impassable [ɪmˈpɑːsəbl] ADJ unpassierbar

impasse [ɪmˈpɑːs] *fig* S̱ Sackgasse f; **to have reached an ~** sich festgefahren haben

impassioned [ɪmˈpæʃnd] ADJ leidenschaftlich

impassive ADJ, **impassively** [ɪmˈpæsɪv, -lɪ] ADV gelassen

impatience [ɪmˈpeɪʃəns] S Ungeduld f

impatient [ɪmˈpeɪʃənt] ADJ ungeduldig; **to be ~ to do sth** unbedingt etw tun wollen **impatiently** [ɪmˈpeɪʃntlɪ] ADV ungeduldig

impeach [ɪmˈpiːtʃ] VT JUR (eines Amtsvergehens) anklagen; US Präsident ein Amtsenthebungsverfahren einleiten gegen **impeachment** [ɪmˈpiːtʃmənt] S JUR Anklage f (wegen eines Amtsvergehens); US von Präsident Amtsenthebungsverfahren n

impeccable ADJ, **impeccably** [ɪmˈpekəbl, -lɪ] ADV tadellos

impede [ɪmˈpiːd] VT j-n hindern; Verkehr, Entwicklung behindern **impediment** [ɪmˈpedɪmənt] S **1** Hindernis n **2** MED Behinderung f; **speech ~** Sprachfehler m

impel [ɪmˈpel] VT **to ~ sb to do sth** j-n (dazu) nötigen, etw zu tun

impending [ɪmˈpendɪŋ] ADJ bevorstehend; **a sense of ~ doom** eine Ahnung von unmittelbar drohendem Unheil

impenetrable [ɪmˈpenɪtrəbl] ADJ undurchdringlich; Festung uneinnehmbar; Geheimnis unergründlich

imperative [ɪmˈperətɪv] **A** ADJ Wunsch dringend **B** S GRAM Imperativ m, Befehlsform f; **in the ~** im Imperativ

imperceptible [ˌɪmpəˈseptəbl] ADJ nicht wahrnehmbar; **to sb** für j-n) **imperceptibly** [ˌɪmpəˈseptəbl] ADV kaum wahrnehmbar

imperfect [ɪmˈpɜːfɪkt] **A** ADJ unvollkommen; Waren fehlerhaft **B** S GRAM Imperfekt n **imperfection** [ˌɪmpəˈfekʃən] S Mangel m **imperfectly** [ɪmˈpɜːfɪktlɪ] ADV unvollkommen, unvollständig

imperial [ɪmˈpɪərɪəl] ADJ **1** Reichs- **2** kaiserlich, Kaiser- **3** Gewichtsmaße englisch **imperialism** [ɪmˈpɪərɪəlɪzəm] S Imperialismus m oft pej

imperil [ɪmˈperɪl] VT gefährden

impermanent [ɪmˈpɜːmənənt] ADJ unbeständig

impermeable [ɪmˈpɜːmɪəbl] ADJ undurchlässig

impersonal [ɪmˈpɜːsənl] ADJ a. GRAM unpersönlich **impersonally** [ɪmˈpɜːsənəlɪ] ADV unpersönlich

impersonate [ɪmˈpɜːsəneɪt] VT **1** sich ausgeben als **2** imitieren, nachahmen **impersonation** [ɪmˌpɜːsəˈneɪʃən] S Imitation f, Nachahmung f; **he does ~s of politicians** er imitiert Politiker; **his Elvis ~** seine Elvis-Imitation **impersonator** [ɪmˈpɜːsəneɪtəʳ] S Imitator(in) m(f)

impertinence [ɪmˈpɜːtɪnəns] S Unverschämtheit f **impertinent** ADJ unverschämt (**to** zu, gegenüber)

imperturbable [ˌɪmpəˈtɜːbəbl] ADJ unerschütterlich; **he is completely ~** er ist durch nichts zu erschüttern

impervious [ɪmˈpɜːvɪəs] ADJ **1** undurchlässig; **~ to water** wasserundurchlässig **2** fig unzugänglich (**to** für); von Kritik unberührt (**to** von)

impetuous [ɪmˈpetjʊəs] ADJ ungestüm

impetus [ˈɪmpɪtəs] S Impuls m, Schwung m

impinge [ɪmˈpɪndʒ] VI j-s Leben beeinflussen (**on** +akk); j-s Rechte etc einschränken (**on** +akk)

impish [ˈɪmpɪʃ] ADJ schelmisch

implacable ADJ, **implacably** [ɪmˈplækəbl, -lɪ] ADV unerbittlich

implant [ɪmˈplɑːnt] **A** VT **1** fig einimpfen (**in sb** j-m) **2** MED implantieren **B** [ˈɪmplɑːnt] S MED Implantat n

implausible [ɪmˈplɔːzəbl] ADJ nicht plausibel

implement **A** [ˈɪmplɪmənt] S Gerät n, Werkzeug n **B** [ˈɪmplɪment] VT Gesetz vollziehen; Maßnahmen durchführen **implementation** [ˌɪmplɪmenˈteɪʃən] S von Gesetz Vollzug m; von Plan Durchführung f

implicate [ˈɪmplɪkeɪt] VT **to ~ sb in sth** j-n in etw verwickeln **implication** [ˌɪmplɪˈkeɪʃən] S Implikation f; **by ~** implizit **implicit** [ɪmˈplɪsɪt] ADJ **1** implizit; Drohung indirekt; **to be ~ in sth** durch etw impliziert werden; **in Abkommen etc** in etw (dat) impliziert sein **2** Überzeugung absolut **implicitly** [ɪmˈplɪsɪtlɪ] ADV **1** implizit **2** **to trust sb ~** j-m blind vertrauen **implied** [ɪmˈplaɪd] ADJ impliziert

implode [ɪmˈpləʊd] VI implodieren

implore [ɪmˈplɔːʳ] VT anflehen **imploring** ADJ, **imploringly** [ɪmˈplɔːrɪŋ, -lɪ] ADV flehentlich

imply [ɪmˈplaɪ] _VT_ **1** andeuten, implizieren; **are you ~ing** _od_ **do you mean to ~ that …?** wollen Sie damit vielleicht sagen _od_ andeuten, dass …? **2** schließen lassen auf (+_akk_) **3** bedeuten

impolite [ˌɪmpəˈlaɪt] _ADJ_ unhöflich (**to sb** j-m gegenüber)

★**import** _A_ [ˈɪmpɔːt] _S_ **1** HANDEL Import _m_ **2** _von Rede etc_ Bedeutung _f_ _B_ [ɪmˈpɔːt] _VT_ importieren

★**importance** [ɪmˈpɔːtəns] _S_ Wichtigkeit _f_, Bedeutung _f_; **to be of great ~** äußerst wichtig sein; **to attach the greatest ~ to sth** einer Sache (_dat_) größten Wert _od_ größte Wichtigkeit beimessen

★**important** [ɪmˈpɔːtənt] _ADJ_ wichtig, einflussreich; **that's not ~** das ist unwichtig; **it's not ~** das macht nichts; **the (most) ~ thing is to stay fit** das Wichtigste _od_ die Hauptsache ist, fit zu bleiben; **he's trying to sound ~** er spielt sich auf; **to make sb feel ~** j-m das Gefühl geben, er/sie sei wichtig **importantly** [ɪmˈpɔːtəntli] _ADV_ **1** _mst pej_ wichtigtuerisch _pej_ **2** … **and, more ~,** … … und, was noch wichtiger ist, …

importation [ˌɪmpɔːˈteɪʃən] _S_ Import _m_ **import duty** _S_ Importzoll _m_ **imported** [ɪmˈpɔːtɪd] _ADJ_ importiert, Import-; **~ goods/cars** Importwaren/-autos _pl_ **importer** [ɪmˈpɔːtəʳ] _S_ Importeur(in) _m(f)_ (**of** von)

impose [ɪmˈpəʊz] _A_ _VT_ **1** Bedingungen, Meinungen aufzwingen (**on sb** j-m); Geldstrafe, Urteil verhängen (**on** gegen); **to ~ a tax on sth** etw mit einer Steuer belegen **2** **to ~ oneself on sb** sich j-m aufdrängen; **he ~d himself on them for three months** er ließ sich einfach drei Monate bei ihnen nieder _B_ _VI_ zur Last fallen (**on sb** j-m) **imposing** [ɪmˈpəʊzɪŋ] _ADJ_ beeindruckend **imposition** [ˌɪmpəˈzɪʃən] _S_ Zumutung _f_ (**on** für); **I'd love to stay if it's not too much of a ~** (**on you**) ich würde liebend gern bleiben, wenn ich Ihnen nicht zur Last falle

impossibility [ɪmˌpɒsəˈbɪlɪti] _S_ Unmöglichkeit _f_

★**impossible** [ɪmˈpɒsəbl] _A_ _ADJ_ **1** unmöglich; **~!** ausgeschlossen!; **it is ~ for him to leave** er kann unmöglich gehen; **this cooker is ~ to clean** es ist unmöglich, diesen Herd sauber zu kriegen;

to make it ~ for sb to do sth es j-m unmöglich machen, etw zu tun **2** _Lage_ aussichtslos; **an ~ choice** eine unmögliche Wahl; **you put me in an ~ position** du bringst mich in eine unmögliche Lage **3** _umg Mensch_ unmöglich _umg_ _B_ _S_ Unmögliche(s) _n_; **to do the ~** Unmögliches tun, das Unmögliche tun **impossibly** [ɪmˈpɒsəbli] _ADV_ unmöglich; **an ~ high standard** ein unerreichbar hohes Niveau

imposter, impostor [ɪmˈpɒstəʳ] _S_ Betrüger(in) _m(f)_

impotence [ˈɪmpətəns] _S_ **1** Impotenz _f_ **2** _fig_ Machtlosigkeit _f_ **impotent** [ˈɪmpətənt] _ADJ_ **1** impotent **2** _fig_ machtlos

impound [ɪmˈpaʊnd] _VT_ **1** Besitz beschlagnahmen **2** _Auto_ abschleppen (lassen)

impoverish [ɪmˈpɒvərɪʃ] _VT_ in Armut bringen **impoverished** [ɪmˈpɒvərɪʃt] _ADJ_ verarmt

impracticable [ɪmˈpræktɪkəbl] _ADJ_ impraktikabel **impractical** [ɪmˈpræktɪkəl] _ADJ_ unpraktisch **impracticality** [ɪmˌpræktɪˈkælɪti] _S_ Unbrauchbarkeit _f_

imprecise _ADJ_, **imprecisely** [ˌɪmprɪˈsaɪs, -li] _ADV_ ungenau **imprecision** [ˌɪmprɪˈsɪʒən] _S_ Ungenauigkeit _f_

impregnable [ɪmˈpregnəbl] _ADJ_ MIL Festung uneinnehmbar; _fig_ Position unerschütterlich

impregnate [ˈɪmpregneɪt] _VT_ BIOL befruchten

★**impress** [ɪmˈpres] _A_ _VT_ **1** j-n beeindrucken, imponieren (+_dat_); **he doesn't ~ me as a politician** als Politiker macht er keinen Eindruck auf mich **2** einschärfen (**on sb** j-m); _Idee_ (deutlich) klarmachen (**on sb** j-m) _B_ _VI_ Eindruck machen, Eindruck schinden _umg_

★**impression** [ɪmˈpreʃən] _S_ **1** Eindruck _m_, Gefühl _n_; **the theatre made a lasting ~ on me** das Theater beeindruckte mich tief; **his words made an ~** seine Worte machten Eindruck; **to give sb the ~ that …** j-m den Eindruck vermitteln, dass …; **he gave the ~ of being unhappy** er wirkte unglücklich; **I was under the ~ that …** ich hatte den Eindruck, dass … **2** Nachahmung _f_, Imitation _f_; **to do an ~ of sb** j-n nachahmen **impressionable** [ɪmˈpreʃnəbl] _ADJ_ für

Eindrücke empfänglich; **at an ~ age** in einem Alter, in dem man für Eindrücke besonders empfänglich ist **impression** [ɪmˈpreʃənɪzəm] S̲ Impressionismus m **impressionist** [ɪmˈpreʃənɪst] S̲ 1 Impressionist(in) m(f) 2 Imitator(in) m(f) **impressive** [ɪmˈpresɪv] A̲D̲J̲ beeindruckend **impressively** [ɪmˈpresɪvlɪ] A̲D̲V̲ eindrucksvoll

imprint [ɪmˈprɪnt] fig V̲T̲ einprägen (**on sb** j-m); **to be ~ed on sb's mind** sich j-m eingeprägt haben

imprison [ɪmˈprɪzn] V̲T̲ inhaftieren; **to be ~ed** gefangen sein **imprisonment** S̲ Inhaftierung f; (≈ Zustand) Gefangenschaft f; **to sentence sb to life ~** j-n zu lebenslänglicher Freiheitsstrafe verurteilen

improbability [ɪmˌprɒbəˈbɪlɪtɪ] S̲ Unwahrscheinlichkeit f **improbable** [ɪmˈprɒbəbl] A̲D̲J̲ unwahrscheinlich

impromptu [ɪmˈprɒmptjuː] A̲D̲J̲ improvisiert; **an ~ speech** eine Stegreifrede

improper [ɪmˈprɒpər] A̲D̲J̲ unpassend; (≈ anstößig) unanständig; benutzen unsachgemäß; **~ use of drugs/one's position** Drogen-/Amtsmissbrauch m **improperly** [ɪmˈprɒpəlɪ] A̲D̲V̲ handeln unpassend; gebrauchen unsachgemäß; (≈ anstößig) unanständig **impropriety** [ˌɪmprəˈpraɪətɪ] S̲ Unschicklichkeit f; **financial ~** finanzielles Fehlverhalten

★**improve** [ɪmˈpruːv] A̲ V̲T̲ verbessern; Wissen erweitern; äußere Erscheinung verschönern; Produktion steigern; **to ~ one's mind** sich weiterbilden B̲ V̲I̲ sich verbessern; äußere Erscheinung schöner werden; Produktion steigen; **the invalid is improving** dem Kranken geht es besser; **things are improving** es sieht schon besser aus C̲ V̲R̲ **to ~ oneself** an sich (dat) arbeiten ◆**improve (up)- on** V̲I̲ +obj 1 besser machen; Leistung verbessern 2 Angebot überbieten

improved A̲D̲J̲ verbessert **improvement** S̲ Verbesserung f; von äußerer Erscheinung Verschönerung f; von Produktion Steigerung f; gesundheitlich Besserung f; **an ~ on the previous one** eine Verbesserung gegenüber dem Früheren; **there's certainly room for ~** das könnte man auf alle Fälle verbessern; **to carry out ~s to a house** Ausbesserungs-/ Verschönerungsarbeiten an einem Haus

vornehmen

improvisation [ˌɪmprəvaɪˈzeɪʃən] S̲ Improvisation f **improvise** [ˈɪmprəvaɪz] V̲T̲ & V̲I̲ improvisieren

imprudent A̲D̲J̲, **imprudently** [ɪmˈpruːdənt, -lɪ] A̲D̲V̲ unklug

impudence [ˈɪmpjʊdəns] S̲ Unverschämtheit f **impudent** A̲D̲J̲, **impudently** [ˈɪmpjʊdənt, -lɪ] A̲D̲V̲ unverschämt

impulse [ˈɪmpʌls] S̲ Impuls m, (Stoß)kraft f; **on ~** spontan; **an ~ buy** ein Impulskauf m **impulse buying** S̲ impulsives od spontanes Kaufen **impulsive** [ɪmˈpʌlsɪv] A̲D̲J̲ impulsiv

impunity [ɪmˈpjuːnɪtɪ] S̲ Straflosigkeit f; **with ~** ungestraft

impure [ɪmˈpjʊər] A̲D̲J̲ unrein; Motive unsauber **impurity** [ɪmˈpjʊərɪtɪ] S̲ Unreinheit f

I

★**in** [ɪn]

A Präposition	B Adverb
C Adjektiv	D Substantiv

— A Präposition —

1 in (+dat); mit Richtungsangabe in (+akk); **it was in the bag** es war in der Tasche; **he put it in the bag** er steckte es in die Tasche; **in here/there** hier/da drin umg; mit Richtungsangabe hier/da hinein; **in the street** auf der/die Straße; **in Hill Street** auf der Hillstraße; **in (the) church** in der Kirche; **in Germany/ Switzerland/the United States** in Deutschland/der Schweiz/den Vereinigten Staaten; **the highest mountain in Scotland** der höchste Berg Schottlands od in Schottland; **the best in the class** der Klassenbeste; **he doesn't have it in him to ...** er bringt es nicht fertig, ... zu ... 2 bei Jahres-, Zeitangaben in (+dat); **in 2011** (im Jahre) 2011; **in May 2011** im Mai 2011; **in the sixties** in den Sechzigerjahren; **in (the) spring** im Frühling; **in the morning(s)** morgens, am Vormittag; **in the afternoon** nachmittags, am Nachmittag; **in the daytime** tagsüber; **in those days** damals; **she is in her thirties** sie ist in den Dreißigern; **in old age** im Alter; **in my childhood** in meiner Kindheit; **she did it in three hours** sie machte es in drei Stunden; **in a week('s**

time) in einer Woche; **I haven't seen him in years** ich habe ihn jahrelang nicht mehr gesehen; **in a moment** *od* **minute** sofort **3** *bei Mengenangaben* zu; **to walk in twos** zu zweit gehen; **in small quantities** in kleinen Mengen **4** *Verhältnis* **he has a one in 500 chance of winning** er hat eine Gewinnchance von eins zu 500; **one (man) in ten** jeder Zehnte; **one book in ten** jedes zehnte Buch; **one in five children** ein Kind von fünf; **a tax of twenty pence in the pound** ein Steuersatz von zwanzig Prozent; **there are 12 inches in a foot** ein Fuß hat 12 Zoll **5** *Art und Weise* **to speak in a loud voice** mit lauter Stimme sprechen; **in English** auf Englisch; **to speak in German** Deutsch reden; **to pay in dollars** mit *od* in Dollar bezahlen; **to stand in a row/in groups** in einer Reihe/ in Gruppen stehen; **in this way** so, auf diese Weise; **she squealed in delight** sie quietschte vor Vergnügen; **in surprise** überrascht; **to live in luxury** im Luxus leben; **in his shirt** im Hemd; **dressed in white** weiß gekleidet; **to write in ink** mit Tinte schreiben; **in marble** in Marmor, marmorn; **a rise in prices** ein Preisanstieg *m*; **ten feet in height** zehn Fuß hoch; **the latest thing in hats** der letzte Schrei bei Hüten **6** *bei Berufsangaben* **he is in the army** er ist beim Militär; **he is in banking** er ist im Bankwesen (tätig) **7** **in saying this, I ...** wenn ich das sage, ... ich; **in trying to save him she fell into the water herself** beim Versuch, ihn zu retten, fiel sie selbst ins Wasser; **in that** insofern als; **the plan was unrealistic in that it didn't take account of the fact that ...** der Plan war unrealistisch, da *od* weil er nicht berücksichtigte, dass ...

— B Adverb —

da; **there is nobody in** es ist niemand da/zu Hause; **the tide is in** es ist Flut; **he's in for a surprise** er kann sich auf eine Überraschung gefasst machen; **we are in for rain** uns (*dat*) steht Regen bevor; **to have it in for sb** *umg* es auf j-n abgesehen haben *umg*; **to be in on sth** an einer Sache beteiligt sein; *Geheimnis etc* über etw (*akk*) Bescheid wissen; **to be (well) in with sb** sich gut mit j-m verstehen

— C Adjektiv —

umg in *inv umg*; **long skirts are in** lange Röcke sind in *umg*; **the in thing is to ...** es ist zurzeit in, zu ... *umg*, es ist zurzeit Mode, zu ...

— D Substantiv —

1 **the ins and outs** die Einzelheiten *pl*; **to know the ins and outs of sth** bei einer Sache genau Bescheid wissen **2** *US* POL **the ins** die Regierungspartei

inability [ˌɪnəˈbɪlɪti] *S* Unfähigkeit *f*; **~ to pay** Zahlungsunfähigkeit *f*

inaccessible [ˌɪnækˈsesəbl] ADJ **1** unzugänglich (**to sb/sth** für j-n/etw); **to be ~ by land/sea** auf dem Landweg/Seeweg nicht erreichbar sein **2** *fig Musik, Roman* unverständlich

inaccuracy [ɪnˈækjʊrəsɪ] *S* Ungenauigkeit *f*, Unrichtigkeit *f* **inaccurate** [ɪnˈækjʊrɪt] ADJ ungenau, unrichtig; **she was ~ in her judgement of the situation** ihre Beurteilung der Lage traf nicht zu; **it is ~ to say that ...** es ist nicht richtig zu sagen, dass ... **inaccurately** [ɪnˈækjʊrɪtlɪ] ADV ungenau, unrichtig

inaction [ɪnˈækʃən] *S* Untätigkeit *f* **inactive** [ɪnˈæktɪv] ADJ untätig; *Verstand* träge **inactivity** [ˌɪnækˈtɪvɪtɪ] *S* Untätigkeit *f*

inadequacy [ɪnˈædɪkwəsɪ] *S* Unzulänglichkeit *f*; *von Maßnahme* Unangemessenheit *f* **inadequate** [ɪnˈædɪkwɪt] ADJ unzulänglich; **she makes him feel ~** sie gibt ihm das Gefühl der Unzulänglichkeit

inadmissible [ˌɪnədˈmɪsəbl] ADJ unzulässig

inadvertently [ˌɪnədˈvɜːtəntlɪ] ADV versehentlich

inadvisable [ˌɪnədˈvaɪzəbl] ADJ unratsam

inalienable [ɪnˈeɪlɪənəbl] ADJ *Rechte* unveräußerlich

inane [ɪˈneɪn] ADJ dumm

inanimate [ɪnˈænɪmɪt] ADJ leblos

inapplicable [ɪnˈæplɪkəbl] ADJ *Antwort* unzutreffend; *Regeln* nicht anwendbar (**to sb** auf j-n)

inappropriate [ˌɪnəˈprəʊprɪɪt] ADJ unpassend; *Zeit* ungünstig; **you have come at a most ~ time** Sie kommen sehr ungelegen **inappropriately** [ˌɪnəˈprəʊprɪɪtlɪ] ADV unpassend

inapt [ɪnˈæpt] ADJ ungeschickt

inarticulate [ˌɪnɑːˈtɪkjʊlɪt] ADJ unklar ausgedrückt; **she's very ~** sie kann sich nur schlecht ausdrücken

inasmuch [ɪnəzˈmʌtʃ] ADV **~ as** da, weil, insofern als

inattention [ˌɪnəˈtenʃən] S Unaufmerksamkeit f; **~ to detail** Ungenauigkeit f im Detail **inattentive** [ˌɪnəˈtentɪv] ADJ unaufmerksam

inaudible ADJ, **inaudibly** [ɪnˈɔːdəbl, -lɪ] ADV unhörbar (**to** für)

inaugural [ɪˈnɔːgjʊrəl] ADJ Vorlesung Antritts-; Treffen, Rede Eröffnungs- **inaugurate** [ɪˈnɔːgjʊreɪt] VT **1** Präsident etc in sein/ihr Amt einführen **2** Gebäude einweihen **inauguration** [ɪˌnɔːgjʊˈreɪʃən] S **1** von Präsident etc Amtseinführung f **2** von Gebäude Einweihung f

inauspicious [ˌɪnɔːˈspɪʃəs] ADJ Unheil verheißend; **to get off to an ~ start** Aktion sich nicht gerade vielversprechend anlassen

in-between [ɪnbɪˈtwiːn] umg ADJ Mittel-; **it is sort of ~** es ist so ein Mittelding; **~ stage** Zwischenstadium n

inborn [ˈɪnbɔːn] ADJ angeboren

inbound [ˈɪnbaʊnd] ADJ Flug, Passagier ankommend

inbox [ˈɪnbɒks] S E-Mail Posteingang m

inbred [ˈɪnbred] ADJ angeboren (to sb j-m) **inbreeding** [ˈɪnbriːdɪŋ] S Inzucht f

inbuilt [ˈɪnbɪlt] ADJ Sicherheitsvorrichtung etc integriert; Abneigung instinktiv

Inc US ABK (= Incorporated) AG

incalculable [ɪnˈkælkjʊləbl] ADJ unermesslich

incandescent [ˌɪnkænˈdesnt] wörtl ADJ (weiß) glühend

incantation [ˌɪnkænˈteɪʃən] S Zauber (-spruch) m

incapability [ɪnˌkeɪpəˈbɪlɪtɪ] S Unfähigkeit f **incapable** [ɪnˈkeɪpəbl] ADJ unfähig; **to be ~ of doing sth** nicht imstande sein, etw zu tun; **she is physically ~ of lifting it** sie ist körperlich nicht in der Lage, es zu heben; **~ of working** arbeitsunfähig

incapacitate [ˌɪnkəˈpæsɪteɪt] VT unfähig machen (**from doing sth** etw zu tun); **~d by his broken ankle** durch seinen gebrochenen Knöchel behindert **incapacity** [ˌɪnkəˈpæsɪtɪ] S Unfähigkeit f (**for** für) **incapacity benefit** Br S In-

validenunterstützung f

in-car [ˈɪnkɑː] ADJ ⟨attr⟩ Auto-; Radio etc im Auto; **~ computer** Autocomputer m

incarcerate [ɪnˈkɑːsəreɪt] VT einkerkern **incarceration** [ɪnˌkɑːsəˈreɪʃən] S Vorgang Einkerkerung f; Zustand Kerkerhaft f

incarnate [ɪnˈkɑːnɪt] ADJ **he's the devil ~** er ist der Teufel in Person

incautious, incautiously [ɪnˈkɔːʃəs, -lɪ] ADV unvorsichtig

incendiary [ɪnˈsendɪərɪ] ADJ Brand- **incendiary device** S Brandsatz m

incense[1] [ɪnˈsens] VT wütend machen; **~d** wütend (**at, by** über +akk)

incense[2] [ˈɪnsens] S KIRCHE Weihrauch m

incentive [ɪnˈsentɪv] S Anreiz m; **~ scheme** IND Anreizsystem n

inception [ɪnˈsepʃən] S Beginn m

incessant [ɪnˈsesnt] ADJ unaufhörlich

incest [ˈɪnsest] S Inzest m **incestuous** [ɪnˈsestjʊəs] ADJ blutschänderisch

★**inch** [ɪntʃ] **A** S Zoll m; **3.5 ~ disk** 3,5-Zoll-Diskette f; **he came within an ~ of being killed** er ist dem Tod um Haaresbreite entgangen; **they beat him (to) within an ~ of his life** sie haben ihn so geschlagen, dass er fast gestorben wäre; **the truck missed me by ~es** der Lastwagen hat mich um Haaresbreite verfehlt; **he knows every ~ of the area** er kennt die Gegend wie seine Westentasche; **he is every ~ a soldier** er ist jeder Zoll ein Soldat; **they searched every ~ of the room** sie durchsuchten das Zimmer Zentimeter für Zentimeter **B** VI **to ~ forward** sich millimeterweise vorwärtsschieben **C** VT langsam manövrieren; **he ~ed his way through** er schob sich langsam durch

incidence [ˈɪnsɪdəns] S Häufigkeit f; **a high ~ of crime** eine hohe Verbrechensquote **incident** [ˈɪnsɪdənt] S **1** Ereignis n, Vorfall m; **a day full of ~** ein ereignisreicher Tag; **an ~ from his childhood** ein Kindheitserlebnis n **2** diplomatisch etc Zwischenfall m; (= Krawall etc) Vorfall m; **without ~** ohne Zwischenfälle **incidental** [ˌɪnsɪˈdentl] ADJ nebensächlich; Bemerkung beiläufig **incidentally** [ˌɪnsɪˈdentlɪ] ADV übrigens **incidental music** S Begleitmusik f

incinerate [ɪnˈsɪnəreɪt] VT verbrennen

incineration [ɪnsɪnəˈreɪʃən] S̅ Verbrennung f **incinerator** [ɪnˈsɪnəreɪtə] S̅ (Müll)verbrennungsanlage f

incision [ɪnˈsɪʒən] S̅ Schnitt m; MED Einschnitt m **incisive** [ɪnˈsaɪsɪv] ADJ Stil, Ton prägnant; Mensch scharfsinnig **incisively** [ɪnˈsaɪsɪvlɪ] ADV reden prägnant; argumentieren scharfsinnig **incisor** [ɪnˈsaɪzə] S̅ Schneidezahn m

incite [ɪnˈsaɪt] V̅T̅ aufhetzen; Gewalt aufhetzen zu **incitement** S̅ ⟨kein pl⟩ Aufhetzung f

incl A̅B̅K̅ (= inclusive, including) incl., inkl.

inclement [ɪnˈklemənt] ADJ Wetter rau

inclination [ɪnklɪˈneɪʃən] S̅ Neigung f; **my (natural) ~ is to carry on** ich neige dazu, weiterzumachen; **I have no ~ to see him again** ich habe keinerlei Bedürfnis, ihn wiederzusehen; **he showed no ~ to leave** er schien kein Bedürfnis zu wollen **incline** [ɪnˈklaɪn] A̅ V̅T̅ 1 Kopf neigen 2 veranlassen; **I'm ~d to agree** ich neige dazu zuzustimmen; **this ~s me to think that he must be lying** das lässt mich vermuten, dass er lügt B̅ V̅I̅ 1 Abhang sich neigen; Boden abfallen 2 (≈ tendieren) neigen C̅ [ˈɪnklaɪn] S̅ Neigung f; von Berg Abhang m **incline bench** [ɪnˈklaɪn] S̅ SPORT Schrägbank f **inclined** [ɪnˈklaɪnd] ADJ **to be ~ to do sth** Lust haben, etw zu tun; (≈ tendieren) dazu neigen, etw zu tun; **I am ~ to think that ...** ich neige zu der Ansicht, dass ...; **I'm ~ to disagree** ich möchte da doch widersprechen; **it's ~ to break** das bricht leicht; **if you feel ~** wenn Sie Lust haben od dazu aufgelegt sind; **if you're that way ~** wenn Ihnen so etwas liegt; **artistically ~** künstlerisch veranlagt

★**include** [ɪnˈkluːd] V̅T̅ einschließen, beinhalten; auf Liste, in Gruppe aufnehmen; **your name is not ~d on the list** Ihr Name ist nicht auf der Liste; **service not ~d** Bedienung nicht inbegriffen; **everyone, children ~d** alle einschließlich der Kinder; **does that ~ me?** gilt das auch für mich? **including** P̅R̅A̅P̅ einschließlich, inklusive; **that makes seven ~ you** mit Ihnen sind das sieben; **many people, ~ my father, had been invited** viele Leute, darunter mein Vater, waren eingeladen; **~ the service charge, ~**

service Bedienung (mit) inbegriffen; **up to and ~ March 4th** bis einschließlich 4. März **inclusion** [ɪnˈkluːʒən] S̅ Aufnahme f **inclusive** [ɪnˈkluːsɪv] ADJ inklusive; **~ price** Inklusivpreis m; **from 1st to 6th May ~** vom 1. bis einschließlich 6. Mai

incognito [ɪnkɒgˈniːtəʊ] ADV inkognito **incoherent** [ɪnkəʊˈhɪərənt] ADJ Stil, Rede zusammenhanglos; Mensch sich undeutlich ausdrückend; Betrunkener etc schwer verständlich **incoherently** [ɪnkəʊˈhɪərəntlɪ] ADV zusammenhanglos

★**income** [ˈɪnkʌm] S̅ Einkommen n; **low--income families** einkommensschwache Familien pl **income bracket** S̅ Einkommensklasse f **income support** Br S̅ ≈ Sozialhilfe f **income tax** S̅ Lohnsteuer f, Einkommensteuer f

incoming [ˈɪnˌkʌmɪŋ] ADJ 1 ankommend; Post eingehend; **~ tide** Flut f; **to receive ~ (phone) calls** (Telefon)anrufe entgegennehmen 2 Präsident neu

incommunicado [ɪnkəmjuːnɪˈkɑːdəʊ] ADJ ⟨präd⟩ ohne jede Verbindung zur Außenwelt; **to be ~** fig für niemanden zu sprechen sein

incomparable [ɪnˈkɒmpərəbl] ADJ nicht vergleichbar; Schönheit, Geschick unvergleichlich

incompatibility [ˈɪnkəmˌpætəˈbɪlɪtɪ] S̅ Unvereinbarkeit f; von Medikament, Farben Unverträglichkeit f; TECH Inkompatibilität f; **divorce on grounds of ~** Scheidung aufgrund der Unvereinbarkeit der Charaktere der Ehepartner **incompatible** [ɪnkəmˈpætəbl] ADJ unvereinbar; TECH nicht kompatibel; Medikament, Farben nicht miteinander verträglich; **we are ~, she said** wir passen überhaupt nicht zusammen od zueinander, sagte sie; **to be ~ with sb/sth** nicht zu j-m/etw passen

incompetence [ɪnˈkɒmpɪtəns] S̅ Unfähigkeit f **incompetent** ADJ unfähig; Management inkompetent; Arbeitsleistung unzulänglich **incompetently** ADV schlecht

incomplete [ɪnkəmˈpliːt] ADJ Sammlung unvollständig; Information lückenhaft

incomprehensible [ɪnˌkɒmprɪˈhensəbl] ADJ unverständlich **(to sb** j-m)

incomprehension [ɪnkɒmprɪˈhenʃən] S̅ Unverständnis n

inconceivable [ˌɪnkən'siːvəbl] ADJ unvorstellbar

inconclusive [ˌɪnkən'kluːsɪv] ADJ Resultat unbestimmt; Diskussion, Untersuchung ergebnislos; Beweise nicht überzeugend

inconclusively [ˌɪnkən'kluːsɪvlɪ] ADV ergebnislos

incongruity [ˌɪnkɒŋ'gruːɪtɪ] S ‹kein pl› von Bemerkung Unpassende(s); von Situation Absurdität f; von Verhalten Unangebrachtheit f **incongruous** [ɪn'kɒŋgrʊəs] ADJ Paar, Mischung wenig zusammenpassend attr; Bemerkung unpassend; Verhalten unangebracht

inconsequential [ɪnˌkɒnsɪ'kwenʃəl] ADJ unbedeutend

inconsiderable [ˌɪnkən'sɪdərəbl] ADJ unerheblich

inconsiderate ADJ, **inconsiderately** [ˌɪnkən'sɪdərət, -lɪ] ADV rücksichtslos

inconsistency [ˌɪnkən'sɪstənsɪ] S 1 Widersprüchlichkeit f 2 von Arbeit Unbeständigkeit f **inconsistent** ADJ 1 widersprüchlich; **to be ~ with sth** zu etw im Widerspruch stehen 2 Arbeit unbeständig; Mensch inkonsequent **inconsistently** ADV 1 widersprüchlich 2 arbeiten ungleichmäßig

inconsolable [ˌɪnkən'səʊləbl] ADJ untröstlich

inconspicuous [ˌɪnkən'spɪkjʊəs] ADJ unauffällig; **to make oneself ~** so wenig Aufsehen wie möglich erregen

incontestable [ˌɪnkən'testəbl] ADJ unbestreitbar

incontinence [ɪn'kɒntɪnəns] S MED Inkontinenz f **incontinent** [ɪn'kɒntɪnənt] ADJ MED inkontinent

incontrovertible [ɪnˌkɒntrə'vɜːtəbl] ADJ unbestreitbar; Beweise unwiderlegbar

inconvenience [ˌɪnkən'viːnɪəns] A S Unannehmlichkeit f (**to sb** für j-n); **it was something of an ~ not having a car** es war eine ziemlich lästige od leidige Angelegenheit, kein Auto zu haben; **I don't want to cause you any ~** ich möchte Ihnen keine Umstände machen B VT Unannehmlichkeiten bereiten (+dat); **don't ~ yourself** machen Sie keine Umstände **inconvenient** ADJ ungünstig; **if it's ~, I can come later** wenn es Ihnen ungelegen ist, kann ich später kommen; **it is ~ to have to wait** es ist lästig, warten zu müssen **inconven-**

-iently ADV ungünstig

incorporate [ɪn'kɔːpəreɪt] VT 1 aufnehmen (**into** in +akk) 2 enthalten 3 **~d company** US Aktiengesellschaft f **incorporation** [ɪnˌkɔːpə'reɪʃən] S Aufnahme f (**into, in** in +akk)

incorrect [ˌɪnkə'rekt] ADJ 1 falsch; **that is ~** das stimmt nicht; **you are ~** Sie haben unrecht 2 Verhalten inkorrekt **incorrectly** [ˌɪnkə'rektlɪ] ADV falsch, inkorrekt; **I had ~ assumed that ...** ich hatte fälschlich(erweise) angenommen, dass ...

incorrigible [ɪn'kɒrɪdʒəbl] ADJ unverbesserlich

incorruptible [ˌɪnkə'rʌptəbl] ADJ Mensch charakterstark, unbestechlich

★**increase** A [ɪn'kriːs] VI zunehmen; Steuern erhöht werden; Kraft wachsen; Preis, Verkaufszahlen, Nachfrage steigen; **to ~ in breadth/size/number** breiter/größer/mehr werden; **to ~ in size/number** größer/mehr werden; **industrial output ~d by 2% last year** die Industrieproduktion wuchs im letzten Jahr um 2% B [ɪn'kriːs] VT vergrößern; Lärm, Anstrengungen verstärken; Handel erweitern; Steuern, Preis, Nachfrage, Tempo erhöhen; Chancen verbessern; **he ~d his efforts** er strengte sich mehr an; **they ~d her salary by £2,000** sie erhöhten ihr Jahresgehalt um £ 2.000 C ['ɪnkriːs] S Zunahme f, Vergrößerung f; von Tempo Erhöhung f (**in** +gen); von Verkaufszahlen Zuwachs m; von Nachfrage Verstärkung f; einkommensmäßig Gehaltserhöhung f; **to get an ~ of £120 per week** £ 120 pro Woche mehr bekommen; **to be on the ~** ständig zunehmen; **~ in value** Wertsteigerung f; **rent ~** Mieterhöhung f **increasing** [ɪn'kriːsɪŋ] ADJ zunehmend; **an ~ number of people** mehr und mehr Leute; **there are ~ signs that ...** es gibt immer mehr Anzeichen dafür, dass ... **increasingly** [ɪn'kriːsɪŋlɪ] ADV zunehmend; **~, people are finding that ...** man findet in zunehmendem Maße, dass ...

incredible [ɪn'kredəbl] ADJ unglaublich; Landschaft, Musik sagenhaft; **it seems ~ to me that ...** ich kann es nicht fassen, dass ...; **you're ~** umg du bist wirklich unschlagbar **incredibly** [ɪn'kredəblɪ] ADV unglaublich, unwahrscheinlich;

~, he wasn't there unglaublicherweise war er nicht da

incredulity [ˌɪnkrɪ'djuːlɪtɪ] $\underline{S}$ Ungläubigkeit f **incredulous** [ɪn'kredjʊləs, -lɪ] $\underline{ADJ}$, **incredulously** [ɪn'kredjʊləs, -lɪ] $\underline{ADV}$ ungläubig

increment ['ɪnkrɪmənt] $\underline{S}$ Zuwachs m **incremental** [ˌɪnkrɪ'mentl] Br $\underline{ADJ}$ zunehmend; **~ costs** Grenzkosten pl

incriminate [ɪn'krɪmɪneɪt] $\underline{V/T}$ belasten **incriminating** [ɪn'krɪmɪneɪtɪŋ], **incriminatory** [ɪn'krɪmɪnətərɪ] $\underline{ADJ}$ belastend

in-crowd ['ɪnkraʊd] umg $\underline{S}$ Schickeria f umg

incubate ['ɪnkjʊbeɪt] $\boxed{A}$ $\underline{V/T}$ Ei ausbrüten; Bakterien züchten $\boxed{B}$ $\underline{V/I}$ ausgebrütet werden **incubation** [ˌɪnkjʊ'beɪʃən] $\underline{S}$ von Ei Ausbrüten n; von Bakterien Züchten n **incubator** ['ɪnkjʊbeɪtə'] $\underline{S}$ Brutkasten m

incumbent [ɪn'kʌmbənt] form $\boxed{A}$ $\underline{ADJ}$ **to be ~ upon sb** j-m obliegen form $\boxed{B}$ $\underline{S}$ Amtsinhaber(in) m(f)

incur [ɪn'kɜː'] $\underline{V/T}$ $\boxed{1}$ **to ~ the wrath of sb** j-s Zorn auf sich (akk) ziehen $\boxed{2}$ FIN Verlust erleiden; Ausgaben machen

incurable [ɪn'kjʊərəbl] $\underline{ADJ}$ MED unheilbar; fig unverbesserlich

incursion [ɪn'kɜːʃən] $\underline{S}$ Einfall m (**into** in +akk)

indebted [ɪn'detɪd] $\underline{ADJ}$ $\boxed{1}$ fig verpflichtet; **to be ~ to sb for sth** j-m für etw (zu Dank) verpflichtet sein $\boxed{2}$ FIN verschuldet (**to sb** bei j-m) **indebtedness** fig $\underline{S}$ Verpflichtung f (**to** gegenüber); FIN Verschuldung f

indecency [ɪn'diːsnsɪ] $\underline{S}$ Unanständigkeit f **indecent** [ɪn'diːsnt] $\underline{ADJ}$ unanständig; Witz schmutzig; Betrag unerhört; **with ~ haste** mit ungebührlicher Eile od Hast **indecent assault** $\underline{S}$ Notzucht f **indecently** [ɪn'diːsntlɪ] $\underline{ADV}$ unanständig; **to be ~ assaulted** sexuell missbraucht werden

indecipherable [ˌɪndɪ'saɪfərəbl] $\underline{ADJ}$ nicht zu entziffernd attr

indecision [ˌɪndɪ'sɪʒən] $\underline{S}$ Unentschlossenheit f **indecisive** [ˌɪndɪ'saɪsɪv] $\underline{ADJ}$ $\boxed{1}$ Mensch unentschlossen (**in** od **about** od **over sth** in Bezug auf etw akk) $\boxed{2}$ Wahl ergebnislos; Resultat nicht eindeutig

indeed [ɪn'diːd] $\underline{ADV}$ $\boxed{1}$ tatsächlich; **I feel, ~ I know he is right** ich habe

das Gefühl, ja ich weiß (sogar), dass er recht hat; **isn't that strange?** — **~ (it is)** ist das nicht seltsam? — allerdings; **are you coming?** — **~ I am!** kommst du? — aber natürlich; **are you pleased?** — **yes, ~!** bist du zufrieden? — oh ja, das kann man wohl sagen!; **did you/is it/has she** etc **~?** tatsächlich?; **~?** ach wirklich?; **where ~?** ja, wo?; **if ~ ...** falls ... wirklich $\boxed{2}$ zur Verstärkung wirklich; **very ... ~** wirklich sehr ...; **thank you very much ~** vielen herzlichen Dank

indefatigable $\underline{ADJ}$, **indefatigably** [ˌɪndɪ'fætɪgəbl, -ɪ] $\underline{ADV}$ unermüdlich

indefensible [ˌɪndɪ'fensəbl] $\underline{ADJ}$ Verhalten unentschuldbar; Politik unhaltbar; **morally ~** moralisch nicht vertretbar

indefinable [ˌɪndɪ'faɪnəbl] $\underline{ADJ}$ Farbe undefinierbar; Gefühl unbestimmt

indefinite [ɪn'defɪnɪt] $\underline{ADJ}$ unbestimmt **indefinite article** $\underline{S}$ GRAM unbestimmter Artikel **indefinitely** [ɪn'defɪnɪtlɪ] $\underline{ADV}$ warten endlos; verschieben, schließen auf unbestimmte Zeit; **we can't go on like this ~** wir können nicht endlos so weitermachen

indelible [ɪn'deləbl] fig $\underline{ADJ}$ Eindruck unauslöschlich

indelicate [ɪn'delɪkət] $\underline{ADJ}$ Mensch taktlos

indent [ɪn'dent] $\underline{V/T}$ TYPO einrücken **indentation** [ˌɪnden'teɪʃən] $\underline{S}$ Kerbe f; TYPO Einrückung f

independence [ˌɪndɪ'pendəns] $\underline{S}$ Unabhängigkeit f (**of** von); **to gain** od **achieve/declare ~** die Unabhängigkeit erlangen/erklären **Independence Day** US $\underline{S}$ der Unabhängigkeitstag

★**independent** [ˌɪndɪ'pendənt] $\boxed{A}$ $\underline{ADJ}$ unabhängig (**of sb/sth** von j-m/etw); **a man of ~ means** eine Person mit Privateinkommen; **to become ~** Land die Unabhängigkeit erlangen; **~ retailer** US selbstständiger Einzelhändler, selbstständige Einzelhändlerin $\boxed{B}$ $\underline{S}$ POL Unabhängige(r) m/f(m) **independently** [ˌɪndɪ'pendəntlɪ] $\underline{ADV}$ unabhängig (**of sb/sth** von j-m/etw); leben ohne fremde Hilfe; arbeiten selbstständig; **they each came ~ to the same conclusion** sie kamen unabhängig voneinander zur gleichen Schlussfolgerung **independent school** $\underline{S}$ unabhängige Schule **in-depth** ['ɪndepθ] $\underline{ADJ}$ gründlich; Inter-

view ausführlich

indescribable [ˌɪndɪˈskraɪbəbl] ADJ unbeschreiblich; *umg* schrecklich

indestructible [ˌɪndɪˈstrʌktəbl] ADJ unzerstörbar

indeterminate [ˌɪndɪˈtɜːmɪnɪt] ADJ unbestimmt; **of ~ sex** von unbestimmbarem Geschlecht

index [ˈɪndeks] S 1 ⟨*pl* -es⟩ *in Buch* Index *m*; *in Bücherei* Katalog *m*; *aus Karten* Kartei *f* 2 ⟨*pl* -es *od* indices [ˈɪndɪsiːz]⟩ Index *m*; **cost-of-living ~** Lebenshaltungskostenindex *m* **index card** S Karteikarte *f* **index finger** S Zeigefinger *m* **index-linked** ADJ *Zinssatz* indexgebunden; *Rente* dynamisch

★**India** [ˈɪndɪə] S Indien *n* **India ink** US S Tusche *f*

★**Indian** [ˈɪndɪən] A ADJ 1 indisch 2 indianisch, Indianer- B S 1 Inder(in) *m(f)* 2 Indianer(in) *m(f)* **Indian ink** S Tusche *f* **Indian Ocean** S Indischer Ozean **Indian summer** S Altweibersommer *m*

indicate [ˈɪndɪkeɪt] A VT 1 zeigen, zeigen auf (+*akk*); **large towns are ~d in red** Großstädte sind rot gekennzeichnet; **to ~ one's intention to do sth** seine Absicht anzeigen, etw zu tun 2 erkennen lassen; **opinion polls ~ that ...** die Meinungsumfragen deuten darauf hin, dass ... 3 *Temperatur* (an)zeigen B VI *bes Br* AUTO blinken **indication** [ˌɪndɪˈkeɪʃən] S (An)zeichen *n* (**of** für); **he gave a clear ~ of his intentions** er ließ seine Absicht deutlich erkennen; **he gave no ~ that he was ready** nichts wies darauf hin, dass er bereit war; **that is some ~ of what we can expect** das gibt uns einen Vorgeschmack auf das, was wir zu erwarten haben **indicative** [ɪnˈdɪkətɪv] A ADJ 1 bezeichnend (**of** für); **to be ~ of sth** auf etw *(akk)* hindeuten 2 GRAM **~ mood** Indikativ *m* B S GRAM Indikativ *m*; **in the ~** im Indikativ, in der Wirklichkeitsform **indicator** [ˈɪndɪkeɪtər] S Anzeiger *m*; (≈ *Nadel etc*) Zeiger *m*; *bes Br* AUTO Blinker *m*; *fig* Messlatte *f*; **pressure ~** Druckmesser *m*; **this is an ~ of economic recovery** dies ist ein Indikator für den Aufschwung

indices [ˈɪndɪsiːz] PL → index

indict [ɪnˈdaɪt] VT anklagen (**on a charge of sth** einer Sache *gen*); *US* JUR Anklage

erheben gegen (**for wegen** +*gen*) **indictment** [ɪnˈdaɪtmənt] S Anschuldigung *f*; **to be an ~ of sth** *fig* ein Armutszeugnis *n* für etw sein

indifference [ɪnˈdɪfrəns] S Gleichgültigkeit *f* (**to, towards** gegenüber); **it's a matter of complete ~ to me** das ist mir völlig egal *od* gleichgültig **indifferent** [ɪnˈdɪfrənt] ADJ 1 gleichgültig (**to, towards** gegenüber); **he is quite ~ about it/to her** es/sie ist ihm ziemlich gleichgültig 2 mittelmäßig

indigenous [ɪnˈdɪdʒɪnəs] ADJ einheimisch (**to** in +*dat*); **plants ~ to Canada** in Kanada heimische Pflanzen

indigestible [ˌɪndɪˈdʒestəbl] ADJ MED unverdaulich **indigestion** [ˌɪndɪˈdʒestʃən] S Verdauungsbeschwerden *pl*

indignant [ɪnˈdɪɡnənt] ADJ, **indignantly** [ɪnˈdɪɡnənt, -lɪ] ADV entrüstet (**at, about, with** über +*akk*) **indignation** [ˌɪndɪɡˈneɪʃən] S Entrüstung *f* (**at, about, with** über +*akk*)

indignity [ɪnˈdɪɡnɪtɪ] S Demütigung *f*

indigo [ˈɪndɪɡəʊ] ADJ indigofarben

indirect [ˌɪndɪˈrekt] ADJ indirekt; **by an ~ route** auf Umwegen; **to make an ~ reference to sb/sth** auf j-n/etw anspielen *od* indirekt Bezug nehmen **indirectly** [ˌɪndɪˈrektlɪ] ADV indirekt **indirect object** S GRAM Dativobjekt *n* **indirect speech** S GRAM indirekte Rede

indiscernible [ˌɪndɪˈsɜːnəbl] ADJ nicht erkennbar; *Geräusch* nicht wahrnehmbar

indiscipline [ɪnˈdɪsɪplɪn] S Disziplinlosigkeit *f*

indiscreet [ˌɪndɪˈskriːt] ADJ indiskret, taktlos; **to be ~ about sth** in Bezug auf etw *(akk)* indiskret sein **indiscreetly** [ˌɪndɪˈskriːtlɪ] ADV indiskret, taktlos **indiscretion** [ˌɪndɪˈskreʃən] S 1 Indiskretion *f*, Taktlosigkeit *f* 2 Affäre *f*

indiscriminate [ˌɪndɪˈskrɪmɪnɪt] ADJ wahllos; *Auswahl* willkürlich **indiscriminately** [ˌɪndɪˈskrɪmɪnɪtlɪ] ADV wahllos; *auswählen* willkürlich

indispensable [ˌɪndɪˈspensəbl] ADJ unentbehrlich

indisposed [ˌɪndɪˈspəʊzd] ADJ indisponiert *geh*

indisputable [ˌɪndɪˈspjuːtəbl] ADJ unbestreitbar; *Beweise* unanfechtbar

indistinct [ˌɪndɪˈstɪŋkt] ADJ unklar; *Geräusch* schwach **indistinctly** [ˌɪndɪ-

'stɪŋktl] ADV wahrnehmen verschwommen; *sprechen* undeutlich; *sich erinnern* dunkel

indistinguishable [ˌɪndɪ'stɪŋgwɪʃəbl] ADJ nicht unterscheidbar; **the twins are ~ (from one another)** man kann die Zwillinge nicht (voneinander) unterscheiden

individual [ˌɪndɪ'vɪdjuəl] A ADJ **1** einzeln; **~ cases** Einzelfälle *pl* **2** eigen; **~ portion** Einzelportion *f* **3** individuell B S Individuum *n*, Einzelperson *f* **individualism** [ˌɪndɪ'vɪdjuəlɪzm] S Individualismus *m* **individualist** [ˌɪndɪ'vɪdjuəlɪst] S Individualist(in) *m(f)* **individualistic** [ˌɪndɪ'vɪdjuəlɪstɪk] ADJ individualistisch **individuality** [ˌɪndɪ,vɪdju'ælɪti] S Individualität *f* **individually** [ˌɪndɪ'vɪdjuəlɪ] ADV individuell, einzeln

indivisible [ˌɪndɪ'vɪzəbl] ADJ unteilbar

Indo- ['ɪndəʊ-] PRÄF Indo-

indoctrinate [ɪn'dɒktrɪneɪt] VT indoktrinieren **indoctrination** [ɪn,dɒktrɪ'neɪʃən] S Indoktrination *f*

indolence ['ɪndələns] S Trägheit *f* **indolent** ['ɪndələnt] ADJ träge

indomitable [ɪn'dɒmɪtəbl] ADJ *Mensch, Mut* unbezwingbar; *Wille* eisern

Indonesia [ˌɪndəʊ'niːzɪə] S Indonesien *n* **Indonesian** [ˌɪndəʊ'niːzɪən] A ADJ indonesisch B S Indonesier(in) *m(f)*

indoor ['ɪndɔːʳ] ADJ Innen-; **~ market** überdachter Markt; **~ plant** Zimmerpflanze *f*; **~ swimming pool** Hallenbad *n*

⋆**indoors** [ɪn'dɔːz] ADV drin(nen) *umg*, innen, zu Hause; *Richtungsangabe* ins Haus; **to stay ~** im Haus bleiben; **go and play ~** geh ins Haus *od* nach drinnen spielen

indorse *etc* → endorse

induce [ɪn'djuːs] VT **1 to ~ sb to do sth** j-n dazu bringen, etw zu tun **2** *Reaktion, Schlaf* herbeiführen; *Erbrechen* verursachen; *Wehen* einleiten; **a stress-/drug--induced condition** ein durch Stress/ Drogen ausgelöstes Leiden

inducement [ɪn'djuːsmənt] S Anreiz *m*

induction [ɪn'dʌkʃən] S **1** *von Bischof etc* Amtseinführung *f*; *von Angestellten* Einarbeitung *f*; *US* MIL Einberufung *f* **2** *von Wehen* Einleitung *f* **induction course** S Einführungskurs *m* **induction hob** S, **induction stove top** S

US S Induktionsherd *m*

indulge [ɪn'dʌldʒ] A VT nachgeben (+*dat*); *Kinder* verwöhnen; **he ~s her every whim** er erfüllt ihr jeden Wunsch; **she ~d herself with a glass of wine** sie gönnte sich (*dat*) ein Glas Wein B VI **to ~ in sth** sich (*dat*) etw gönnen; *einem Laster, Träumen* sich einer Sache (*dat*) hingeben; **dessert came, but I didn't ~** *umg* der Nachtisch kam, aber ich konnte mich beherrschen **indulgence** [ɪn'dʌldʒəns] S **1** Nachsicht *f*, Verwöhnung *f* **2** Luxus *m*; (≈ *Essen, Vergnügen*) Genuss *m* **indulgent** ADJ, **indulgently** [ɪn'dʌldʒənt, -lɪ] ADV nachsichtig (**to** gegenüber)

⋆**industrial** [ɪn'dʌstrɪəl] ADJ industriell, Industrie-; **~ nation** Industriestaat *m*; **the Industrial Revolution** die industrielle Revolution **industrial action** S Arbeitskampfmaßnahmen *pl*; **to take ~** in den Ausstand treten **industrial dispute** S Tarifkonflikt *m*, Streik *m* **industrial estate** *Br* S Industriegebiet *n* **industrialist** [ɪn'dʌstrɪəlɪst] S Industrielle(r) *m/f(m)* **industrialization** [ɪn,dʌstrɪəlaɪ'zeɪʃən] S Industrialisierung *f* **industrialize** [ɪn'dʌstrɪəlaɪz] VT & VI industrialisieren; **~d nation** Industrienation *f* **industrial park** *US* S Industriegelände *n* **industrial relations** PL Beziehungen *pl* zwischen Arbeitgebern und Gewerkschaften **industrial site** S Industriegelände *n* **industrial tribunal** S Arbeitsgericht *n* **industrial unrest** S Arbeitsunruhen *pl* **industrial waste** S Industriemüll *m* **industrious** ADJ, **industriously** [ɪn'dʌstrɪəs, -lɪ] ADV fleißig

⋆**industry** ['ɪndəstrɪ] S Industrie *f*; **heavy ~** Schwerindustrie *f*

inebriated [ɪ'niːbrɪeɪtɪd] *form* ADJ betrunken

inedible [ɪn'edɪbl] ADJ nicht essbar, ungenießbar

ineffable [ɪn'efəbl] *form* ADJ unsäglich *geh*

ineffective [ˌɪnɪ'fektɪv] ADJ ineffektiv; *Manager etc* unfähig; **to be ~ against sth** nicht wirksam gegen etw sein **ineffectively** [ˌɪnɪ'fektɪvlɪ] ADV ineffektiv **ineffectiveness** S Ineffektivität *f*; *von Manager etc* Unfähigkeit *f* **ineffectual** [ˌɪnɪ'fektjuəl] ADJ ineffektiv

inefficiency [,ɪnɪˈfɪʃənsɪ] $\overline{S}$ *von Mensch* Unfähigkeit *f*; *von Maschine* geringe Leistung; *von Unternehmen* Unproduktivität *f* **inefficient** [,ɪnɪˈfɪʃənt] ADJ *Mensch* unfähig; *Maschine* leistungsschwach; *Methode* unrationell; *Unternehmen* unproduktiv; **to be ~ at doing sth** etw schlecht machen **inefficiently** [,ɪnɪˈfɪʃəntlɪ] ADV schlecht; **to work ~** *Mensch* unrationell arbeiten; *Maschine* unwirtschaftlich arbeiten

inelegant [ɪnˈelɪgənt], **inelegantly** [ɪnˈelɪgəntlɪ] ADV unelegant

ineligible [ɪnˈelɪdʒəbl] ADJ *zu Beihilfe etc* nicht berechtigt (**for** zu Leistungen +gen); *für Job, Amt* ungeeignet; **~ for military service** wehruntauglich; **to be ~ for a pension** nicht pensionsberechtigt sein

inept [ɪˈnept] ADJ ungeschickt **ineptitude** [ɪˈneptɪtjuːd], **ineptness** [ɪˈneptnɪs] $\overline{S}$ Ungeschick *n*

inequality [,ɪnɪˈkwɒlɪtɪ] $\overline{S}$ Ungleichheit *f*

inert [ɪˈnɜːt] ADJ unbeweglich **inert gas** $\overline{S}$ CHEM Edelgas *n* **inertia** [ɪˈnɜːʃə] $\overline{S}$ Trägheit *f*

inescapable [,ɪnɪsˈkeɪpəbl] ADJ unvermeidlich; *Tatsache* unausweichlich

inessential [,ɪnɪˈsenʃəl] ADJ unwesentlich

inestimable [ɪnˈestɪməbl] ADJ unschätzbar

inevitability [ɪn,evɪtəˈbɪlɪtɪ] $\overline{S}$ Unvermeidlichkeit *f* **inevitable** [ɪnˈevɪtəbl] **A** ADJ unvermeidlich; **defeat seemed ~** die Niederlage schien unabwendbar **B** $\overline{S}$ **the ~** das Unvermeidliche **inevitably** [ɪnˈevɪtəblɪ] ADV zwangsläufig; **one question ~ leads to another** eine Frage zieht unweigerlich weitere nach sich; **~, he got drunk** es konnte ja nicht ausbleiben, dass er sich betrank; **as ~ happens on these occasions** wie es bei solchen Anlässen immer ist

inexact [,ɪnɪgˈzækt] ADJ ungenau

inexcusable [,ɪnɪksˈkjuːzəbl] ADJ unverzeihlich

inexhaustible [,ɪnɪgˈzɔːstəbl] ADJ unerschöpflich

inexorable [ɪnˈeksərəbl] ADJ unaufhaltsam

inexpensive ADJ, **inexpensively** [,ɪnɪkˈspensɪv, -lɪ] ADV billig

inexperience [,ɪnɪkˈspɪərɪəns] $\overline{S}$ Unerfahrenheit *f* **inexperienced** ADJ unerfahren; *Skifahrer etc* ungeübt; **to be ~ in doing sth** wenig Erfahrung darin haben, etw zu tun

inexpertly [ɪnˈekspɜːtlɪ] ADV unfachmännisch

inexplicable [,ɪnɪkˈsplɪkəbl] ADJ unerklärlich **inexplicably** [,ɪnɪkˈsplɪkəblɪ] ADV *mit Adjektiv* unerklärlich; *mit Verb* unerklärlicherweise

inexpressible [,ɪnɪkˈspresəbl] ADJ unbeschreiblich

inextricable [,ɪnɪkˈstrɪkəbl] ADJ *Verwicklung* unentwirrbar; *Verbindung* untrennbar **inextricably** [,ɪnɪkˈstrɪkəblɪ] ADV *verwickelt* unentwirrbar; *verbunden* untrennbar

infallibility [ɪn,fæləˈbɪlɪtɪ] $\overline{S}$ Unfehlbarkeit *f* **infallible** [ɪnˈfæləbl] ADJ unfehlbar

infamous [ˈɪnfəməs] ADJ berüchtigt (**for** wegen) **infamy** [ˈɪnfəmɪ] $\overline{S}$ Verrufenheit *f*

infancy [ˈɪnfənsɪ] $\overline{S}$ frühe Kindheit; *fig* Anfangsstadium *n*; **in early ~** in frühester Kindheit; **when radio was still in its ~** als das Radio noch in den Kinderschuhen steckte **infant** [ˈɪnfənt] $\overline{S}$ Säugling *m*, Kleinkind *n*; **she teaches ~s** sie unterrichtet Grundschulkinder; **~ class** *Br* erste und zweite Grundschulklasse **infantile** [ˈɪnfəntaɪl] ADJ kindisch **infant mortality** $\overline{S}$ Säuglingssterblichkeit *f* **infantry** [ˈɪnfəntrɪ] $\overline{S}$ MIL Infanterie *f* **infant school** *Br* $\overline{S}$ Grundschule für die ersten beiden Jahrgänge

infatuated [ɪnˈfætjʊeɪtɪd] ADJ vernarrt (**with** in +akk); **to become ~ with sb** sich in j-n vernarren **infatuation** [ɪn,fætjʊˈeɪʃən] $\overline{S}$ Vernarrtheit *f* (**with** in +akk)

infect [ɪnˈfekt] V/T *Wunde, Blut* infizieren; *j-n* anstecken; **to be ~ed with sth** sich mit etw angesteckt haben; **his wound became ~ed** seine Wunde entzündete sich **infected** [ɪnˈfektɪd] ADJ infiziert

★**infection** [ɪnˈfekʃən] $\overline{S}$ Infektion *f*

★**infectious** [ɪnˈfekʃəs] ADJ ansteckend

infer [ɪnˈfɜːr] V/T **1** (≈ *folgern*) schließen (**from** aus) **2** andeuten **inference** [ˈɪnfərəns] $\overline{S}$ Schluss *m*, Schlussfolgerung *f*

inferior [ɪnˈfɪərɪər] **A** ADJ *Qualität* minderwertig; *Mensch* unterlegen; *rangmäßig* untergeordnet; **an ~ workman** ein weniger guter Handwerker; **to be ~ to sth** von minderer Qualität sein als etw; **to be ~ to sb** j-m unterlegen sein; rangmäßig j-m untergeordnet sein; **he feels ~** er kommt sich (dat) unterlegen od minderwertig vor B **one's ~s** rangmäßig seine Untergebenen pl **inferiority** [ɪnˌfɪərɪˈɒrɪtɪ] S̲ Minderwertigkeit f; von Mensch Unterlegenheit f (to gegenüber); rangmäßig untergeordnete Stellung **inferiority complex** S̲ Minderwertigkeitskomplex m

infernal [ɪnˈfɜːnl] umg ADJ Ärgernis verteufelt umg; Lärm höllisch umg **inferno** [ɪnˈfɜːnəʊ] S̲ <pl ~s> Flammenmeer n; **a blazing ~** ein flammendes Inferno

infertile [ɪnˈfɜːtaɪl] ADJ unfruchtbar; Tier fortpflanzungsunfähig **infertility** [ˌɪnfɜːˈtɪlɪtɪ] S̲ Unfruchtbarkeit f **infertility treatment** S̲ Sterilitätsbehandlung f

infest [ɪnˈfest] V̲T̲ Ungeziefer befallen über (+akk); **to be ~ed with rats** mit Ratten verseucht sein

infidel [ˈɪnfɪdəl] S̲ HIST, REL Ungläubige(r) m/f(m) **infidelity** [ˌɪnfɪˈdelɪtɪ] S̲ Untreue f

in-fighting [ˈɪnfaɪtɪŋ] fig S̲ interner Machtkampf

infiltrate [ˈɪnfɪltreɪt] V̲T̲ POL Organisation unterwandern; Spione einschleusen in **infiltration** [ˌɪnfɪlˈtreɪʃən] S̲ POL Unterwanderung f **infiltrator** [ˈɪnfɪlˌtreɪtər] S̲ POL Unterwanderer m

infinite [ˈɪnfɪnɪt] wörtl ADJ unendlich; Möglichkeiten unendlich viele **infinitely** [ˈɪnfɪnɪtlɪ] ADV unendlich; besser unendlich viel **infinitesimal** [ˌɪnfɪnɪˈtesɪməl] ADJ unendlich klein

infinitive [ɪnˈfɪnɪtɪv] S̲ GRAM Infinitiv m; **in the ~** im Infinitiv

infinity [ɪnˈfɪnɪtɪ] wörtl S̲ Unendlichkeit f; MATH das Unendliche; **to ~** (bis) ins Unendliche

infirm [ɪnˈfɜːm] ADJ gebrechlich **infirmary** [ɪnˈfɜːmərɪ] S̲ Krankenhaus n, Spital n österr, schweiz; in Schule etc Krankenzimmer n; in Gefängnis Krankenstation f **infirmity** [ɪnˈfɜːmɪtɪ] S̲ Gebrechlichkeit f; **the infirmities of (old) age** die Altersgebrechen pl

inflame [ɪnˈfleɪm] V̲T̲ **1** MED entzünden; **to become ~d** sich entzünden **2** Situation anheizen **inflammable** [ɪnˈflæməbl] wörtl ADJ feuergefährlich; Stoff leicht entflammbar; "**highly ~**" „feuergefährlich" **inflammation** [ˌɪnfləˈmeɪʃən] S̲ MED Entzündung f **inflammatory** [ɪnˈflæmətərɪ] ADJ Rede aufrührerisch; **~ speech/pamphlet** Hetzrede/-schrift f

inflatable [ɪnˈfleɪtəbl] A̲D̲J̲ aufblasbar; **~ dinghy** Schlauchboot n B S̲ Gummiboot n **inflate** [ɪnˈfleɪt] A̲ V̲T̲ **1** wörtl aufpumpen, aufblasen **2** WIRTSCH Preise hochtreiben B V̲i̲ wörtl sich mit Luft füllen **inflated** ADJ Preis überhöht; Selbstbewusstsein übersteigert **inflation** [ɪnˈfleɪʃən] S̲ WIRTSCH Inflation f; **~ rate** Inflationsrate f **inflationary** [ɪnˈfleɪʃənərɪ] ADJ inflationär; **~ pressures/politics** Inflationsdruck m/-politik f

inflected [ɪnˈflektɪd] ADJ GRAM Form, Endung flektiert, gebeugt; Sprache flektierend **inflection** [ɪnˈflekʃən] S̲ → inflexion

inflexibility [ɪnˌfleksɪˈbɪlɪtɪ] fig S̲ Unbeugsamkeit f **inflexible** [ɪnˈfleksəbl] wörtl ADJ starr; fig unbeugsam

inflexion [ɪnˈflekʃən] S̲ **1** GRAM von Wort Flexion f **2** von Stimme Tonfall m

inflict [ɪnˈflɪkt] V̲T̲ Strafe verhängen (on, upon gegen); Schaden zufügen (on od upon sb j-m); Niederlage beibringen (on od upon sb j-m) **infliction** [ɪnˈflɪkʃən] S̲ von Schaden Zufügen n

in-flight [ˈɪnflaɪt] ADJ während des Fluges; Service an Bord; **~ magazine** Bordmagazin n

inflow [ˈɪnfləʊ] S̲ **1** von Wasser, Luft Zustrom m, Zufließen n; **~ pipe** Zuflussrohr n **2** fig von Menschen, Waren Zustrom m; von Ideen Eindringen n

★**influence** [ˈɪnfluəns] A̲ S̲ Einfluss m (over od +akk); **to have an ~ on sb/sth** Einfluss auf j-n/etw haben; **the book had od was a great ~ on him** das Buch hat ihn stark beeinflusst; **he was a great ~ in …** er war ein bedeutender Faktor bei …; **to use one's ~** seinen Einfluss einsetzen; **a man of ~** eine einflussreiche Person; **under the ~ of sb/sth** unter j-s Einfluss/dem Einfluss einer Sache; **under the ~ of drink** unter Alkoholeinfluss; **under the ~** umg betrunken; **one of my early ~s was Beckett** einer der Schriftsteller, die mich schon früh beeinflusst haben, war Beckett B V̲T̲ beeinflussen; **to be easily ~d** leicht beeinflussbar od zu beeinflussen sein **influ-**

ential [ˌɪnfluˈenʃəl] ADJ einflussreich

★influenza [ˌɪnfluˈenzə] S̄ Grippe f

influx [ˈɪnflʌks] S̄ von Kapital, Waren Zufuhr f; von Menschen Zustrom m

info [ˈɪnfəʊ] umg S̄ ⟨kein pl⟩ → information

★inform [ɪnˈfɔːm] A VT informieren, benachrichtigen (**about** über +akk); **to ~ sb of/about sth** j-n über etw informieren; **I am pleased to ~ you that ...** ich freue mich, Ihnen mitteilen zu können, dass ...; **to ~ the police** die Polizei verständigen; **to keep sb ~ed** j-n auf dem Laufenden halten (**of** über +akk) B VI **to ~ against** od **on sb** j-n denunzieren

informal [ɪnˈfɔːməl] ADJ 1 bes POL Treffen nicht formell; Besuch inoffiziell 2 Atmosphäre zwanglos; Ausdrucksweise ungezwungen informality [ˌɪnfɔːˈmælɪti] S̄ 1 bes POL von Treffen nicht formeller Charakter; von Besuch inoffizieller Charakter 2 von Atmosphäre Zwanglosigkeit f; von Ausdrucksweise informeller Charakter informally [ɪnˈfɔːməlɪ] ADV 1 inoffiziell 2 zwanglos

informant [ɪnˈfɔːmənt] S̄ 1 Informant(in) m(f); **according to my ~ the book is out of print** wie man mir mitteilt, ist das Buch vergriffen 2 (**police**) ~ Polizeispitzel m

★information [ˌɪnfəˈmeɪʃən] S̄ ⟨kein pl⟩ Informationen pl; **a piece of ~** eine Auskunft od Information; **for your ~** zu Ihrer Information; ungehalten damit Sie es wissen; **to give sb ~ about** od **on sb/sth** j-m Auskunft od Informationen über j-n/etw geben; **to get ~ about** od **on sb/sth** sich über j-n informieren; "**information**" „Auskunft"; **we have no ~ about that** wir wissen darüber nicht Bescheid; **for further ~ please contact this number ...** Näheres erfahren Sie unter Telefonnummer ... **information age** S̄ Informationszeitalter n **information and communication technology** S̄ Informations- und Kommunikationstechnologie f **information centre** S̄, **information center** US S̄ Auskunftsbüro n, Informationszentrum n **information desk** S̄ Auskunft f, Informationsschalter m **information overload** S̄ Informationsflut f **information pack** S̄ Infor-

mationsmaterial n **information science** S̄ Informatik f **information scientist** S̄ Informatiker(in) m(f) **information society** S̄ Informationsgesellschaft f **information superhighway** S̄ Datenautobahn f **information technology** S̄ Informationstechnik f, Informationstechnologie f **informative** [ɪnˈfɔːmətɪv] ADJ aufschlussreich, informativ **informed** [ɪnˈfɔːmd] ADJ Beobachter informiert; Vermutung fundiert **informer** [ɪnˈfɔːmə¹] S̄ Informant(in) m(f); **police ~** Polizeispitzel m

infotainment [ˌɪnfəʊˈteɪnmənt] S̄ TV Infotainment n

infrared [ˈɪnfrəˈred] ADJ infrarot

infrastructure [ˈɪnfrəˌstrʌktʃə¹] S̄ Infrastruktur f

infrequency [ɪnˈfriːkwənsi] S̄ Seltenheit f **infrequent** [ɪnˈfriːkwənt] ADJ selten; **at ~ intervals** in großen Abständen **infrequently** [ɪnˈfriːkwəntli] ADV selten

infringe [ɪnˈfrɪndʒ] A VT verstoßen gegen; Rechte verletzen B VI **to ~ (up)on sb's rights** j-s Rechte verletzen **infringement** S̄ an **~ (of a rule)** ein Regelverstoß m; **the ~ of sb's rights** die Verletzung von j-s Rechten

infuriate [ɪnˈfjʊərɪeɪt] VT zur Raserei bringen **infuriating** [ɪnˈfjʊərɪeɪtɪŋ] ADJ (äußerst) ärgerlich; **an ~ person** ein Mensch, der einen rasend machen kann

infuse [ɪnˈfjuːz] A VT Mut einflößen (**into sb** j-m) B VI ziehen **infusion** [ɪnˈfjuːʒən] S̄ 1 Einbringen n 2 Tee m; Aufguss m

ingenious [ɪnˈdʒiːnɪəs], **ingeniously** [ɪnˈdʒiː-nɪəs, -lɪ] ADV genial **ingenuity** [ˌɪndʒɪ-ˈnjuːɪtɪ] S̄ Genialität f

ingenuous [ɪnˈdʒenjuəs] ADJ 1 aufrichtig 2 naiv

ingot [ˈɪŋɡət] S̄ Barren m

ingrained [ˌɪnˈɡreɪnd] ADJ 1 fig Angewohnheit eingefleischt; Vorurteil tief verwurzelt; **to be (deeply) ~** fest verwurzelt sein 2 Schmutz tief eingedrungen

ingratiate [ɪnˈɡreɪʃɪeɪt] VR **to ~ oneself with sb** sich bei j-m einschmeicheln

ingratitude [ɪnˈɡrætɪtjuːd] S̄ Undank m; **sb's ~** j-s Undankbarkeit f

ingredient [ɪnˈɡriːdɪənt] S̄ Bestandteil m; in Kochrezept Zutat f; **all the ~s for success** alles, was man zum Erfolg braucht

ingrowing [ˈɪŋɡrəʊɪŋ] ADJ MED eingewachsen

inhabit [ɪnˈhæbɪt] VT bewohnen; *Tiere leben in (+dat)* **inhabitable** [ɪnˈhæbɪtəbl] ADJ bewohnbar **inhabitant** [ɪnˈhæbɪtənt] S Bewohner(in) m(f)

inhale [ɪnˈheɪl] A VT einatmen; MED inhalieren B VI *Raucher* inhalieren; **do you ~?** rauchen Sie auf Lunge? **inhaler** [ɪnˈheɪləʳ] S Inhalationsapparat m

inherent [ɪnˈhɪərənt] ADJ innewohnend, eigen (**to**, **in** +dat) **inherently** [ɪnˈhɪərəntli] ADV von Natur aus

inherit [ɪnˈhɛrɪt] VT & VI erben; **the problems which we ~ed from the last government** die Probleme, die uns die letzte Regierung hinterlassen *od* vererbt hat **inheritance** [ɪnˈhɛrɪtəns] S Erbe n **inherited** [ɪnˈhɛrɪtɪd] ADJ ererbt

inhibit [ɪnˈhɪbɪt] VT hemmen; *Fähigkeit* beeinträchtigen **inhibited** ADJ gehemmt **inhibition** [ˌɪnhɪˈbɪʃən] S Hemmung f; **he has no ~s about speaking French** er hat keine Hemmungen, Französisch zu sprechen

inhospitable [ˌɪnhɒˈspɪtəbl] ADJ ungastlich; *Klima, Gegend* unwirtlich

in-house A [ˈɪnhaʊs] ADJ hausintern; *Personal* im Haus B [ɪnˈhaʊs] ADV hausintern

inhuman [ɪnˈhjuːmən] ADJ unmenschlich **inhumane** [ˌɪnhjuːˈmeɪn] ADJ inhuman; *Behandlung a.* menschenunwürdig **inhumanity** [ˌɪnhjuːˈmænɪti] S Unmenschlichkeit f

inimitable [ɪˈnɪmɪtəbl] ADJ unnachahmlich

iniquitous [ɪˈnɪkwɪtəs] ADJ ungeheuerlich

initial [ɪˈnɪʃəl] A ADJ anfänglich, Anfangs-; **my ~ reaction** meine anfängliche Reaktion; **in the ~ stages** im Anfangsstadium B [ɪ] Initiale f C [ɪ] ADJ *Dokument* mit seinen Initialen unterzeichnen **initially** [ɪˈnɪʃəli] ADV anfangs **initiate** [ɪˈnɪʃɪeɪt] VT & VI 1 den Anstoß geben zu, initiieren *geh; Diskussion* eröffnen 2 *in Verein etc* feierlich aufnehmen 3 einweihen; **to ~ sb into sth** j-n in etw (*akk*) einführen **initiation** [ɪˌnɪʃɪˈeɪʃən] S *in Gesellschaft* Aufnahme f **initiation ceremony** S Aufnahmezeremonie f **initiative** [ɪˈnɪʃətɪv] S Initiative f; **to take the ~** die Initiative ergreifen; **on**

one's own ~ aus eigener Initiative; **to have the ~** überlegen sein; **to lose the ~** seine Überlegenheit verlieren **initiator** [ɪˈnɪʃɪeɪtəʳ] S Initiator(in) m(f)

inject [ɪnˈdʒɛkt] VT (ein)spritzen; *Drogen* spritzen; **to ~ sb with sth** j-m etw spritzen; **he ~ed new life into the team** er brachte neues Leben in das Team **injection** [ɪnˈdʒɛkʃən] S Injektion f; **to give sb an ~** j-m eine Injektion geben; **to have an ~** eine Spritze bekommen; **a £250 million cash ~** eine Finanzspritze von 250 Millionen Pfund

in-joke S **it's an ~** das ist ein Witz für Insider

injudicious ADJ, **injudiciously** [ˌɪndʒuːˈdɪʃəs, -li] ADV unklug

injunction [ɪnˈdʒʌŋkʃən] S JUR gerichtliche Verfügung; **to take out a court ~** eine gerichtliche Verfügung erwirken

★**injure** [ˈɪndʒəʳ] VT verletzen; *j-s Ruf* schaden (+dat); **to ~ one's leg** sich (*dat*) das Bein verletzen; **how many were ~d?**, **how many ~d were there?** wie viele Verletzte gab es?; **the ~d** die Verletzten *pl*; **the ~d party** JUR der/die Geschädigte **injurious** [ɪnˈdʒʊərɪəs] ADJ schädlich

★**injury** [ˈɪndʒəri] S Verletzung f (**to** +gen); **to do sb/oneself an ~** j-n/sich verletzen; SPORT **to play ~ time** Br nachspielen

injustice [ɪnˈdʒʌstɪs] S Ungerechtigkeit f; **to do sb an ~** j-m unrecht tun

★**ink** [ɪŋk] S Tinte f; KUNST Tusche f; TYPO Druckfarbe f; **to write in red ink** mit roter Tinte schreiben **ink drawing** S Tuschzeichnung f **ink-jet (printer)** S Tintenstrahldrucker m

inkling [ˈɪŋklɪŋ] S dunkle Ahnung; **he didn't have an ~** er hatte nicht die leiseste Ahnung

ink pad S Stempelkissen n **inkstain** S Tintenfleck m **inky** [ˈɪŋki] ADJ ⟨*komp* inkier⟩ *wörtl* tintenbeschmiert; **~ fingers** Tintenfinger *pl*

inlaid [ɪnˈleɪd] ADJ eingelegt

inland [ˈɪnlænd] A ADJ binnenländisch; **~ town** Stadt f im Landesinneren; **~ waterway** Binnenwasserstraße f B ADV landeinwärts **inland lake** S Binnensee m **Inland Revenue** Br S ≈ Finanzamt n **inland sea** S Binnenmeer n

inlaw [ˈɪnlɔː] S angeheirateter Verwandter, angeheiratete Verwandte; **~s** Schwiegereltern pl

inlay [ˈɪnleɪ] S̲ Einlegearbeit f, Intarsien pl

inlet [ˈɪnlet] S̲ **1** Meeresarm m, Flussarm m **2** TECH Zuleitung f

in-line skates [ˈɪnlaɪnˌskeɪts] P̲L̲ Inlineskates pl

inmate [ˈɪnmeɪt] S̲ Insasse m, Insassin f

inmost [ˈɪnməʊst] ADJ → innermost

★**inn** [ɪn] S̲ Gasthaus n

innards [ˈɪnədz] P̲L̲ Innereien pl

innate [ɪˈneɪt] ADJ angeboren **innately** [ɪˈneɪtlɪ] ADV von Natur aus

★**inner** [ˈɪnəʳ] ADJ innere(r, s); **~ city** Innenstadt f (meistens innerstädtische Bezirke mit vielen sozialen Problemen) **inner-city** ADJ ⟨attr⟩ Innenstadt-, in den Innenstädten; Probleme der Innenstadt/ der Innenstädte **innermost** ADJ innerste(r, s) **inner tube** S̲ Schlauch m

innings [ˈɪnɪŋz] S̲ ⟨pl -⟩ Kricket Innenrunde f; **he has had a good ~** er hatte ein langes, ausgefülltes Leben

innkeeper [ˈɪnˌkiːpəʳ] S̲ (Gast)wirt(in) m(f)

innocence [ˈɪnəsəns] S̲ Unschuld f **innocent** [ˈɪnəsənt] ADJ **1** unschuldig; **she is ~ of the crime** sie ist an dem Verbrechen unschuldig **2** Frage naiv; Bemerkung arglos B̲ S̲ Unschuld f **innocently** [ˈɪnəsəntlɪ] ADV unschuldig; **the quarrel began ~ enough** der Streit begann ganz harmlos

innocuous ADJ, **innocuously** [ɪˈnɒkjʊəs, -lɪ] ADV harmlos

innovate [ˈɪnəʊveɪt] V̲I̲ Neuerungen einführen **innovation** [ˌɪnəʊˈveɪʃən] S̲ Innovation f **innovative** [ˈɪnəʊˌveɪtɪv] ADJ innovativ; Idee originell **innovator** [ˈɪnəʊˌveɪtəʳ] S̲ Neuerer m, Neuerin f

innuendo [ˌɪnjuˈendəʊ] S̲ ⟨pl -es⟩ versteckte Andeutung f; **sexual ~** sexuelle Anspielung

innumerable [ɪˈnjuːmərəbl] ADJ unzählig

inoculate [ɪˈnɒkjʊleɪt] V̲T̲ impfen (against gegen) **inoculation** [ɪˌnɒkjʊˈleɪʃən] S̲ Impfung f

inoffensive [ˌɪnəˈfensɪv] ADJ harmlos

inoperable [ɪnˈɒpərəbl] ADJ inoperabel

inoperative [ɪnˈɒpərətɪv] ADJ **1** Gesetz außer Kraft **2** **to be ~** Maschine nicht funktionieren

inopportune [ɪnˈɒpətjuːn] ADJ inopportun; **to be ~** ungelegen kommen

inordinate [ɪˈnɔːdɪnɪt] ADJ unmäßig; Zahl, Summe übermäßig; Nachfrage übertrieben **inordinately** [ɪˈnɔːdɪnɪtlɪ] ADV unmäßig; groß übermäßig

inorganic [ˌɪnɔːˈgænɪk] ADJ anorganisch

inpatient [ˈɪnpeɪʃnt] S̲ stationär behandelter Patient/behandelte Patientin

input [ˈɪnpʊt] A̲ S̲ **1** in Computer Eingabe f; von Kapital Investition f; zu Projekt etc Beitrag m **2** IT (=Terminal) Eingang m B̲ V̲T̲ IT eingeben

inquest [ˈɪnkwest] S̲ JUR gerichtliche Untersuchung der Todesursache; fig Manöverkritik f

★**inquire** [ɪnˈkwaɪəʳ] A̲ V̲T̲ sich erkundigen nach; **he ~d whether ...** er erkundigte sich, ob ... B̲ V̲I̲ sich erkundigen (about nach); **"inquire within"** „Näheres im Geschäft" **inquire about, inquire after** V̲I̲ ⟨+obj⟩ sich erkundigen nach ♦**inquire into** V̲I̲ ⟨+obj⟩ untersuchen .

inquiring [ɪnˈkwaɪərɪŋ] ADJ fragend; Geist forschend

★**inquiry** [ɪnˈkwaɪərɪ, US ˈɪnkwɪrɪ] S̲ **1** Anfrage f (about über +akk); nach dem Weg etc Erkundigung f (about über +akk od nach); **to make inquiries** Erkundigungen einziehen; Polizei Nachforschungen anstellen (about sb über j-n od about sth nach etw); **he is helping the police with their inquiries** euph er wird von der Polizei vernommen **2** Untersuchung f; **to hold an ~ into the cause of the accident** eine Untersuchung der Unfallursache durchführen

inquisitive [ɪnˈkwɪzɪtɪv] ADJ neugierig

inroad [ˈɪnrəʊd] fig **the Chinese are making ~s into the British market** die Chinesen dringen in den britischen Markt ein

insane [ɪnˈseɪn] A̲ ADJ wörtl geisteskrank; fig umg wahnsinnig; **to drive sb ~** wörtl j-n um den Verstand bringen; fig umg j-n wahnsinnig machen B̲ P̲L̲ **the ~** die Geisteskranken pl **insanely** [ɪnˈseɪnlɪ] ADV irrsinnig

insanitary [ɪnˈsænɪtərɪ] ADJ unhygienisch

insanity [ɪnˈsænɪtɪ] S̲ Wahnsinn m

insatiable [ɪnˈseɪʃəbl] ADJ unersättlich

inscribe [ɪnˈskraɪb] V̲T̲ **1** auf Ring etc eingravieren (etw in etw, **sth on sth** *akk*); *in Stein, Holz* einmeißeln (etw in etw, **sth on sth** *akk*) **2** *Buch* eine Widmung schreiben in (+*akk*); **a watch, ~d ...** eine Uhr mit der Widmung ... **inscription** [ɪnˈskrɪpʃən] S **1** Inschrift f **2** *auf Münze* Aufschrift f **3** *in Buch* Widmung f

inscrutable [ɪnˈskruːtəbl] ADJ ergründlich (**to für**)

★**insect** [ˈɪnsekt] S Insekt *n* **insect bite** S Insektenstich *m* **insecticide** [ɪnˈsektɪsaɪd] S Insektengift *n*, Insektizid *n* *form* **insect repellent** S Insektenschutzmittel *n*

insecure [ˌɪnsɪˈkjʊəʳ] ADJ **1** unsicher; **if they feel ~ in their jobs** wenn sie sich in ihrem Arbeitsplatz nicht sicher fühlen **2** *Leiter etc* ungesichert **insecurity** [ˌɪnsɪˈkjʊərɪtɪ] S Unsicherheit f

inseminate [ɪnˈsemɪneɪt] VT befruchten; *Vieh* besamen **insemination** [ɪnˌsemɪˈneɪʃən] S **1** Befruchtung f; *von Vieh* Besamung f

insensitive [ɪnˈsensɪtɪv] ADJ **1** gefühllos; *Bemerkung* taktlos; **to be ~ to** *od* **about sb's feelings** auf j-s Gefühle keine Rücksicht nehmen **2** unempfänglich **3** unempfindlich (**to gegen**); **~ to pain** schmerzunempfindlich **insensitivity** [ɪnˌsensɪˈtɪvɪtɪ] S Gefühllosigkeit f (**towards** gegenüber); *von Bemerkung* Taktlosigkeit f

inseparable [ɪnˈsepərəbl] ADJ untrennbar; *Freunde* unzertrennlich; **these two issues are ~** diese beiden Fragen sind untrennbar miteinander verbunden **inseparably** [ɪnˈsepərəblɪ] ADV untrennbar

insert [ɪnˈsɜːt] **A** VT hineinstecken, hineinlegen, einfügen; *Münze* einwerfen; IT *CD* einlegen; **to ~ sth in(to) sth** etw in etw (*akk*) stecken, etw in etw (*akk*) hineinlegen, etw in etw (*akk*) einfügen **B** [ˈɪnsɜːt] S *in Buch* Einlage f; (≈ *Werbung*) Inserat *n* **insertion** [ɪnˈsɜːʃən] S **1** Hineinstecken *n*, Hineinlegen *n*, Einfügen *n* **insert key** S COMPUT Einfügetaste f

in-service [ɪnˈsɜːvɪs] ADJ ⟨*attr*⟩ **~ training** (berufsbegleitende) Fortbildung

inset [ˈɪnset] S, (*a.* **inset map**) Nebenkarte f; *in Diagramm* Nebenbild n

inshore [ˈɪnˈʃɔː] **A** ADJ Küsten- **B** ADV in Küstennähe

★**inside** [ˈɪnˈsaɪd] **A** S **1** Innere(s) *n*, In-

nenseite f; **you'll have to ask someone on the ~** Sie müssen einen Insider *od* Eingeweihten fragen; **locked from** *od* **on the ~** von innen verschlossen; **the wind blew the umbrella ~ out** der Wind hat den Schirm umgestülpt; **your sweater's ~ out** du hast deinen Pullover links herum an; **to turn sth ~ out** etw umdrehen; **to know sth ~ out** etw in- und auswendig kennen **2** *umg a.* **~s** Eingeweide *n* **B** ADJ Innen-, innere(r, s); **~ leg measurement** innere Beinlänge; **~ pocket** Innentasche f **C** ADV **1** innen, drin(nen); *Richtungsangabe* nach innen, hinein, herein; **look ~** sehen Sie hinein, sehen Sie innen nach; **come ~!** kommen Sie herein!; **let's go ~** gehen wir hinein; **I heard music coming from ~** ich hörte von innen Musik; **to be ~** *umg in Gefängnis* sitzen *umg* **D** PRÄP **1** *bes US a.* **~ of** innen in (+*dat*); *Richtungsangabe* in (+*akk*) ... (hinein); **don't let him come ~ the house** lassen Sie ihn nicht ins Haus (herein); **he was waiting ~ the house** er wartete im Haus **2** *zeitlich* innerhalb **inside information** S Insiderinformationen *pl* **inside lane** S SPORT Innenbahn f; AUTO Innenspur f **insider** [ɪnˈsaɪdəʳ] S Insider(in) m(f) **insider deal** S ECON Insidergeschäft *n* **insider dealing**, **insider trading** S FIN Insiderhandel *m*

insidious [ɪnˈsɪdɪəs] ADJ, **insidiously** [ɪnˈsɪdɪəs, -lɪ] ADV heimtückisch

insight [ˈɪnsaɪt] S **1** ⟨*kein pl*⟩ Verständnis *n*; **his ~ into my problems** sein Verständnis für meine Probleme **2** Einblick *m* (**into** in +*akk*); **to gain (an) ~ into sth** (einen) Einblick in etw gewinnen

insignia [ɪnˈsɪɡnɪə] PL Insignien *pl*

insignificance [ˌɪnsɪɡˈnɪfɪkəns] S Bedeutungslosigkeit f **insignificant** ADJ unbedeutend

insincere [ˌɪnsɪnˈsɪəʳ] ADJ unaufrichtig **insincerity** [ˌɪnsɪnˈserɪtɪ] S Unaufrichtigkeit f

insinuate [ɪnˈsɪnjʊeɪt] VT andeuten (**sth to sb** etw j-m gegenüber); **what are you insinuating?** was wollen Sie damit sagen? **insinuation** [ɪnˌsɪnjʊˈeɪʃən] S Anspielung f (**about** auf +*akk*); **he objected strongly to any ~ that ...** er wehrte sich heftig gegen jede Andeutung, dass ...

insipid [ɪnˈsɪpɪd] ADJ fade; *Farbe* langweilig, fad österr

★**insist** [ɪnˈsɪst] A V/I I ~! ich bestehe darauf!; **if you** ~ wenn Sie darauf bestehen; **he** ~**s on his innocence** er behauptet beharrlich, unschuldig zu sein; **to** ~ **on a point** auf einem Punkt beharren; ★**to** ~ **on doing sth** darauf bestehen, etw zu tun; **he will** ~ **on calling her by the wrong name** er redet sie beharrlich beim falschen Namen an B VT **to** ~ **that ...** darauf beharren od bestehen, dass ...; **he** ~**s that he is innocent** er behauptet beharrlich, unschuldig zu sein **insistence** [ɪnˈsɪstəns] S Bestehen n (**on** auf +*dat*); **I did it at his** ~ ich tat es auf sein Drängen **insistent** [ɪnˈsɪstənt] ADJ I *Mensch* hartnäckig; *Vertreter* aufdringlich; **he was most** ~ **about it** er bestand hartnäckig darauf 2 *Forderung* nachdrücklich **insistently** [ɪnˈsɪstəntlɪ] ADV mit Nachdruck

insofar [ˌɪnsəʊˈfɑːʳ] ADV ~ **as** soweit
insole [ˈɪnsəʊl] S Einlegesohle f
insolence [ˈɪnsələns] S Unverschämtheit f **insolent** ADJ, **insolently** [ˈɪnsələnt, -lɪ] ADV unverschämt
insoluble [ɪnˈsɒljʊbl] ADJ I *Substanz* unlöslich 2 *Problem* unlösbar
insolvency [ɪnˈsɒlvənsɪ] S Zahlungsunfähigkeit f **insolvency proceedings** PL ECON Insolvenzverfahren n **insolvent** [ɪnˈsɒlvənt] ADJ zahlungsunfähig
insomnia [ɪnˈsɒmnɪə] S Schlaflosigkeit f
insomniac [ɪnˈsɒmnɪæk] S **to be an** ~ an Schlaflosigkeit leiden
insomuch [ˌɪnsəʊˈmʌtʃ] ADV → **insomuch**

inspect [ɪnˈspekt] VT prüfen; *Schule etc* inspizieren; **to** ~ **sth for sth** etw auf etw (*akk*) (hin) prüfen od kontrollieren **inspection** [ɪnˈspekʃən] S Prüfung f; *von Schule etc* Inspektion f; **to make an** ~ **of sth** etw kontrollieren od prüfen; *Schule etc* inspizieren; **on** ~ bei näherer Betrachtung **inspector** [ɪnˈspektəʳ] S *im Bus* Kontrolleur(in) m(f), Kondukteur(in) m(f) *schweiz*; *von Schulen* Schulrat m, Schulrätin f; *von Polizei* Polizeiinspektor(in) m(f); *höher* Kommissar(in) m(f)

inspiration [ˌɪnspəˈreɪʃən] S Inspiration f (**for** zu, für); **he gets his** ~ **from ...** er lässt sich von ... inspirieren; **his cour-**age has been an ~ **to us all** sein Mut hat uns alle inspiriert **inspirational** [ˌɪnspəˈreɪʃənl] ADJ inspirativ **inspire** [ɪnˈspaɪəʳ] VT I *Respekt* einflößen (**in** sb j-m); *Hoffnungen* (er)wecken (**in** in +*dat*); *Hass* hervorrufen (**in** bei) 2 *j-n* inspirieren; **the book was** ~**d by a real person** die Inspiration zu dem Buch kommt von einer wirklichen Person **inspired** [ɪnˈspaɪəd] ADJ genial; *Vortragskünstler* inspiriert; **it was an** ~ **choice** das war genial gewählt **inspiring** [ɪnˈspaɪərɪŋ] ADJ inspirierend

instability [ˌɪnstəˈbɪlɪtɪ] S Instabilität f
install [ɪnˈstɔːl] VT I *Badezimmer* einbauen; *j-n* (in einem Amt) einführen; **to have electricity** ~**ed** ans Elektrizitätsnetz angeschlossen werden **installation** [ˌɪnstəˈleɪʃən] S I Installation f; *von Telefon* Anschluss m; *von Küche etc* Einbau m; IT Installationsprogramm n 2 (≈ *Maschinen*) Anlage f **installation assistant**, **installation wizard** S IT Installationsassistent m **installment plan** US S Ratenzahlung f; **to buy on the** ~ auf Raten kaufen **instalment** [ɪnˈstɔːlmənt], **instalment** US S I Fortsetzung f; RADIO, TV (Sende)folge f 2 FIN, HANDEL Rate f; **monthly** ~ Monatsrate f; **to pay in** od **by** ~**s** in Raten od ratenweise bezahlen

instance [ˈɪnstəns] S Beispiel n, Fall m; **for** ~ zum Beispiel; **in the first** ~ zunächst (einmal)

instant [ˈɪnstənt] A ADJ I unmittelbar 2 GASTR Instant-; ~ **mashed potatoes** fertiger Kartoffelbrei B S Augenblick m; **this** ~ auf der Stelle; **it was all over in an** ~ in einem Augenblick war alles vorbei; **he left the** ~ **he heard the news** er ging sofort, als er die Nachricht hörte **instant access** S FIN, IT sofortiger Zugriff (**to** auf +*akk*) **instantaneous** [ˌɪnstənˈteɪnɪəs] ADJ unmittelbar; **death was** ~ der Tod trat sofort ein **instantaneously** [ˌɪnstənˈteɪnɪəslɪ] ADV sofort **instant camera** S Sofortbildkamera f **instant coffee** S Pulverkaffee m **instantly** [ˈɪnstəntlɪ] ADV sofort **instant messaging** S INTERNET Instant Messaging n **instant replay** S TV Wiederholung f

★**instead** [ɪnˈsted] A PRÄP ★ ~ **of** statt

(+*gen* od (*umg*) *dat*), anstelle von; **~ of going to school** (an)statt zur Schule zu gehen; **~ of that** stattdessen; **his brother came ~ of him** sein Bruder kam an seiner Stelle **B** ADV stattdessen; **if he doesn't want to go, I'll go ~** wenn er nicht gehen will, gehe ich (stattdessen)

instep ['ɪnstep] S̲ ANAT Spann *m*

instigate ['ɪnstɪgeɪt] V̲T̲ anstiften; *Gewalt* aufrufen zu; *Reform etc* initiieren **instigation** [ˌɪnstɪ'geɪʃən] S̲ **at sb's ~** auf j-s Veranlassung **instigator** ['ɪnstɪgeɪtə^r] S̲ *zu Verbrechen* Anstifter(in) *m(f)*; *von Reform* Initiator(in) *m(f)*

instil, US **instill** [ɪn'stɪl] V̲T̲ einflößen (**into sb** j-m); *Wissen, Disziplin* beibringen (**into sb** j-m)

instinct ['ɪnstɪŋkt] S̲ Instinkt *m*; **the survival ~** der Überlebenstrieb; **by** od **from ~** instinktiv; **to follow one's ~s** sich auf seinen Instinkt verlassen **instinctive** ADV, **instinctively** [ɪn'stɪŋktɪv, -lɪ] ADV instinktiv

institute ['ɪnstɪtjuːt] **A** V̲T̲ **1** *Reformen* einführen; *Suche* einleiten **2** JUR *Untersuchung* anstrengen; *Verfahren* anstrengen (**against** gegen) **B** S̲ Institut *n*; **Institute of Technology** technische Hochschule; **women's ~** Frauenverein *m* **institution** [ˌɪnstɪ'tjuːʃən] S̲ Institution *f*, Anstalt *f* **institutional** [ˌɪnstɪ'tjuːʃənl] ADJ institutionell; **~ care** Anstaltspflege *f* **institutionalized** [ˌɪnstɪ'tjuːʃənəlaɪzd] ADJ institutionalisiert

in-store ['ɪnstɔː^r] ADJ ⟨*attr*⟩ im Laden; **an ~ bakery** eine Bäckerei innerhalb der Anlage

instruct [ɪn'strʌkt] V̲T̲ **1** unterrichten **2** anweisen, die Anweisung erteilen (+*dat*) **instruction** [ɪn'strʌkʃən] S̲ **1** Unterricht *m* **2** Anweisung *f* (**on, for** zu); **what were your ~s?** welche Instruktionen *od* Anweisungen hatten Sie?; **~s for use** Gebrauchsanweisung *f*; **~ manual** TECH Bedienungsanleitung *f* **instructive** [ɪn'strʌktɪv] ADJ instruktiv **instructor** [ɪn'strʌktə^r] S̲ Lehrer(in) *m(f)*; US Dozent(in) *m(f)* **instructress** [ɪn'strʌktrɪs] S̲ Lehrerin *f*; US Dozentin *f*

★**instrument** ['ɪnstrəmənt] S̲ **1** Instrument *n* **2** *fig* Werkzeug *n* **instrumental** [ˌɪnstrə'mentl] ADJ **1** *Rolle* entscheidend; **to be ~ in sth** bei etw eine entscheidende Rolle spielen **2** MUS Instru-

mental-; **~ music/version** Instrumentalmusik *f*/-version *f* **instrumentalist** [ˌɪnstrə'mentəlɪst] S̲ Instrumentalist(in) *m(f)* **instrumentation** [ˌɪnstrʊmen'teɪʃən] S̲ Instrumentation *f* **instrument panel** S̲ FLUG Instrumententafel *f*; AUTO Armaturenbrett *n*

insubordinate [ˌɪnsə'bɔːdɪnət] ADJ aufsässig **insubordination** [ˈɪnsəˌbɔːdɪˈneɪʃən] S̲ Aufsässigkeit *f*

insubstantial [ˌɪnsəb'stænʃəl] ADJ wenig substanziell; *Anschuldigung* gegenstandslos; *Summe* gering(fügig); *Mahlzeit* dürftig

insufferable ADJ, **insufferably** [ɪn'sʌfərəbl, -lɪ] ADV unerträglich

insufficient [ˌɪnsə'fɪʃənt] ADJ nicht genügend; **~ evidence** Mangel *m* an Beweisen; **~ funds** FIN mangelnde Deckung **insufficiently** [ˌɪnsə'fɪʃəntlɪ] ADV unzulänglich

insular ['ɪnsjələ^r] ADJ engstirnig

insulate ['ɪnsjʊleɪt] *wörtl* V̲T̲ isolieren **insulating material** ['ɪnsjʊleɪtɪŋ] S̲ Isoliermaterial *n* **insulating tape** S̲ Isolierband *n* **insulation** [ˌɪnsjʊ'leɪʃən] *wörtl* S̲ Isolierung *f*, Isoliermaterial *n*

insulin ['ɪnsjʊlɪn] S̲ Insulin® *n*

★**insult** **A** [ɪn'sʌlt] V̲T̲ beleidigen **B** ['ɪnsʌlt] S̲ Beleidigung *f*; **an ~ to my intelligence** eine Beleidigung meiner Intelligenz; **to add ~ to injury** das Ganze noch schlimmer machen **insulting** [ɪn'sʌltɪŋ] ADJ beleidigend; *Frage* unverschämt; **he was very ~ to her** er hat sich ihr gegenüber sehr beleidigend geäußert **insultingly** [ɪn'sʌltɪŋlɪ] ADV beleidigend; *sich verhalten* in beleidigender Weise

insuperable [ɪn'suːpərəbl] ADJ unüberwindlich

★**insurance** [ɪn'ʃʊərəns] S̲ ⟨*kein pl*⟩ Versicherung *f*; **to take out ~** eine Versicherung abschließen (**against** gegen) **insurance broker** S̲ Versicherungsmakler(in) *m(f)* **insurance company** S̲ Versicherungsgesellschaft *f* **insurance policy** S̲ Versicherungspolice *f*; **to take out an ~** eine Versicherung abschließen

★**insure** [ɪn'ʃʊə^r] V̲T̲ versichern (lassen) (**against** gegen); **he ~d his house contents for £10,000** er schloss eine Hausratsversicherung über £ 10.000 ab; **to**

~ one's life eine Lebensversicherung abschließen **insured** ADJ versichert **(by, with** bei**); ~ against** thre feuerversichert **insurer** [ɪnˈʃʊərər] S̅ Versicherer *m*

insurmountable [ˌɪnsəˈmaʊntəbl] ADJ unüberwindlich

insurrection [ˌɪnsəˈrekʃən] S̅ Aufstand *m*

intact [ɪnˈtækt] ADJ intakt; **not one window was left ~** kein einziges Fenster blieb ganz *od* heil; **his confidence remained ~** sein Vertrauen blieb ungebrochen *od* unerschüttert

intake [ˈɪnteɪk] S̅ **1** food ~ Nahrungsaufnahme *f*; **(sharp) ~ of breath** (plötzlicher) Atemzug **2** SCHULE von Asylbewerbern *etc* Aufnahme *f*

intangible [ɪnˈtændʒəbl] ADJ unbestimmbar

integer [ˈɪntɪdʒər] S̅ ganze Zahl

integral [ˈɪntɪɡrəl] ADJ wesentlich; **to be ~ to sth** ein wesentlicher Bestandteil einer Sache (*gen*) sein

integrate [ˈɪntɪɡreɪt] V̅T̅ integrieren; **to ~ sb/sth into** *od* **with sth** j-n/etw in etw (*akk*) integrieren; **to ~ sth with sth** etw auf etw (*akk*) abstimmen **integrated** ADJ integriert; *Plan* einheitlich; *Schule* ohne Rassentrennung **integration** [ˌɪntɪˈɡreɪʃən] S̅ Integration *f* (**into** in *+akk*); **(racial) ~** Rassenintegration *f*

integrity [ɪnˈteɡrɪti] S̅ **1** Integrität *f* **2** Einheit *f*

intellect [ˈɪntɪlekt] S̅ Intellekt *m* **intellectual** [ˌɪntɪˈlektjuəl] A̅ ADJ intellektuell; *Freiheit, Eigentum* geistig B̅ S̅ Intellektuelle(r) *m/f(m)*

★**intelligence** [ɪnˈtelɪdʒəns] S̅ **1** Intelligenz *f* **2** Informationen *pl* **3** MIL *etc* Nachrichtendienst *m* **intelligence service** S̅ POL Nachrichtendienst *m*

★**intelligent** ADJ, **intelligently** [ɪnˈtelɪdʒənt, -li] ADV intelligent **intelligentsia** [ɪnˌtelɪˈdʒentsɪə] S̅ Intelligenz *f* **intelligible** [ɪnˈtelɪdʒəbl] ADJ verständlich (**to** sb für j-n)

★**intend** [ɪnˈtend] V̅T̅ beabsichtigen; **I ~ed no harm** es war (von mir) nicht böse gemeint, ich hatte nichts Böses beabsichtigt; **it was ~ed as a compliment** das sollte ein Kompliment sein; **I wondered what he ~ed by that remark** ich fragte mich, was er mit dieser Bemerkung be-

absichtigte; **this park is ~ed for the general public** dieser Park ist für die Öffentlichkeit bestimmt; **I ~ to leave next year** ich beabsichtige *od* habe vor, nächstes Jahr zu gehen; **what do you ~ to do about it?** was beabsichtigen Sie, dagegen zu tun?; **this is ~ed to help me** das soll mir helfen; **did you ~ that to happen?** hatten Sie das beabsichtigt? **intended** A̅ ADJ *Wirkung* beabsichtigt; *Opfer* ausgeguckt; *Ziel* anvisiert B̅ S̅ **my ~** *umg* mein Zukünftiger *umg*, meine Zukünftige *umg*

intense [ɪnˈtens] ADJ intensiv; *Enttäuschung* bitter; *Druck* enorm; *Freude* riesig; *Hitze* ungeheuer; *Verlangen* brennend; *Wettstreit, Kämpfe, Spekulation* heftig; *Hass* rasend; *Mensch* ernsthaft **intensely** [ɪnˈtensli] ADV **1** äußerst; **I dislike it ~** ich kann es absolut nicht ausstehen **2** *starren, studieren* intensiv **intensification** [ɪnˌtensɪfɪˈkeɪʃən] S̅ Intensivierung *f* **intensify** [ɪnˈtensɪfaɪ] A̅ V̅T̅ intensivieren; *Ängste* verstärken; *Konflikt* verschärfen B̅ V̅I̅ zunehmen **intensity** [ɪnˈtensɪti] S̅ Intensität *f* **intensive** [ɪnˈtensɪv] ADJ intensiv; **to be in ~ care** MED auf der Intensivstation sein; **~ care medicine** Intensivmedizin *f*; **~ care unit** Intensivstation *f*; **~ farming** intensive Landwirtschaft **intensively** [ɪnˈtensɪvli] ADV intensiv

intent [ɪnˈtent] A̅ S̅ Absicht *f*; **to all ~s and purposes** im Grunde B̅ ADJ **1** *Blick* durchdringend **2** **to be ~ on achieving sth** fest entschlossen sein, etw zu erreichen; **they were ~ on winning** sie wollten unbedingt gewinnen **intention** [ɪnˈtenʃən] S̅ Absicht *f*; **what was your ~ in publishing the article?** mit welcher Absicht haben Sie den Artikel veröffentlicht?; **it is my ~ to punish you severely** ich beabsichtige, Sie streng zu bestrafen; **I have every ~ of doing it** ich habe die feste Absicht, das zu tun; **to have no ~ of doing sth** nicht die Absicht haben, etw zu tun; **with the best of ~s** in der besten Absicht; **with the ~ of ...** in der Absicht zu ... **intentional** [ɪnˈtenʃənl] ADJ absichtlich **intentionally** [ɪnˈtenʃnəli] ADV absichtlich

intently [ɪnˈtentli] ADV konzentriert **inter** [ɪnˈtɜːr] *form* V̅T̅ bestatten

inter- [ˈɪntəʳ-] P̲R̲Ä̲F̲ zwischen-, Zwischen-, inter-, Inter-; **interpersonal** zwischenmenschlich

interact [ˌɪntərˈækt] V̲/̲I̲ aufeinanderwirken; PSYCH, SOZIOL interagieren **interaction** [ˌɪntərˈækʃən] S̲ gegenseitige Einwirkung; PSYCH, SOZIOL Interaktion f

interactive [ˌɪntərˈæktɪv] A̲D̲J̲ interaktiv

interbreed [ˈɪntəˈbriːd] V̲/̲I̲ sich untereinander vermehren, sich kreuzen

intercede [ˌɪntəˈsiːd] V̲/̲I̲ sich einsetzen (**with** bei od **for, on behalf of** für); bei Streit vermitteln

intercept [ˌɪntəˈsept] V̲/̲T̲ abfangen; **they ~ed the enemy** sie schnitten dem Feind den Weg ab

intercession [ˌɪntəˈseʃən] S̲ Fürsprache f; bei Streit Vermittlung f

interchange [ˈɪntəˌtʃeɪndʒ] S̲ **1** von Straßen Kreuzung f, (Autobahn)kreuz n **2** Austausch m **interchangeable** [ˌɪntəˈtʃeɪndʒəbl] A̲D̲J̲ austauschbar **interchangeably** [ˌɪntəˈtʃeɪndʒəbli] A̲D̲V̲ **they are used ~** sie können ausgetauscht werden

intercity [ˌɪntəˈsɪti] A̲D̲J̲ Intercity-

intercom [ˈɪntəkɒm] S̲ (Gegen)sprechanlage f; SCHIFF, FLUG Bordverständigungsanlage f

interconnect [ˌɪntəkəˈnekt] A̲ V̲/̲T̲ **~ed events** zusammenhängende Ereignisse B̲ V̲/̲I̲ in Zusammenhang stehen

intercontinental [ˈɪntəˌkɒntɪˈnentl] A̲D̲J̲ interkontinental, Interkontinental-

intercourse [ˈɪntəkɔːs] S̲ Verkehr m; (**sexual**) ~ (Geschlechts)verkehr m

intercultural [ˌɪntəˈkʌltʃərəl] A̲D̲J̲ interkulturell

interdental [ˌɪntəˈdentl, US ˌɪntərˈdentl] A̲D̲J̲ MED, LING interdental; ~ **brush**, ~ **toothbrush** zur Zahnpflege Interdentalbürste f, Interdentalzahnbürste f

interdepartmental [ˈɪntəˌdiːpɑːt-ˈmentl] A̲D̲J̲ Beziehungen zwischen den Abteilungen; Ausschuss abteilungsübergreifend

interdependent [ˌɪntədɪˈpendənt] A̲D̲J̲ wechselseitig voneinander abhängig

interdisciplinary [ˈɪntəˌdɪsɪˈplɪnəri] A̲D̲J̲ fächerübergreifend

★**interest** [ˈɪntrɪst] A̲ S̲ **1** Interesse n (in für); **do you have any ~ in chess?** interessieren Sie sich für Schach?; **to take an ~ in sb/sth** sich für j-n/etw interes-

sieren; **to show (an) ~ in sb/sth** Interesse für j-n/etw zeigen; **is it of any ~ to you?** sind Sie daran interessiert?; **he has lost ~** er hat das Interesse verloren; **his ~s are …** er interessiert sich für …; **in the ~(s) of sth** im Interesse einer Sache (gen) **2** ⟨kein pl⟩ FIN Zinsen pl **3** HANDEL Anteil m; **German ~s in Africa** deutsche Interessen pl in Afrika B̲ V̲/̲T̲ interessieren (**in** für, an +dat); **to ~ sb in doing sth** j-n dafür interessieren, etw zu tun; **can I ~ you in a drink?** kann ich Sie zu etwas Alkoholischem überreden?

★**interested** [ˈɪntrɪstɪd] A̲D̲J̲ **1** interessiert (**in** an +dat); **I'm not ~** das interessiert mich nicht; ★**to be ~ in sb/sth** sich für j-n/etw interessieren, an j-m/etw interessiert sein; **I'm going to the movies, are you ~ (in coming)?** ich gehe ins Kino, haben Sie Lust mitzukommen?; **I'm selling my car, are you ~?** ich verkaufe meinen Wagen, sind Sie interessiert?; **the company is ~ in expanding its sales** die Firma hat Interesse daran od ist daran interessiert, ihren Absatz zu vergrößern; **to get sb ~ (in sth)** j-n (für etw) interessieren **2** he is an ~ **party** er ist befangen, er ist daran beteiligt

interest-free A̲D̲J̲ & A̲D̲V̲ zinslos

interest group S̲ Interessengruppe f

★**interesting** [ˈɪntrɪstɪŋ] A̲D̲J̲ interessant; **the ~ thing about it is that …** das Interessante daran ist, dass … **interestingly** [ˈɪntrɪstɪŋli] A̲D̲V̲ ~ **enough, I saw him yesterday** interessanterweise habe ich ihn gestern gesehen

interest rate S̲ FIN Zinssatz m

interface [ˈɪntəfeɪs] S̲ **1** Grenzfläche f **2** IT Schnittstelle f; **USB** ~ USB-Schnittstelle

interfere [ˌɪntəˈfɪəʳ] V̲/̲I̲ sich einmischen (**in** in +akk); an Maschinen, Eigentum sich zu schaffen machen (**with** an +dat); euph sexuell sich vergehen (**with** an +dat); **don't ~ with the machine** lass die Finger von der Maschine; **to ~ with sth** etw stören; j-s Arbeit a. etw beeinträchtigen; **to ~ with sb's plans** j-s Pläne durchkreuzen **interference** [ˌɪntəˈfɪərəns] S̲ **1** Einmischung f **2** RADIO, TV Störung f (**with** +gen) **interfering** [ˌɪntəˈfɪərɪŋ] A̲D̲J̲ sich ständig einmischend

intergovernmental [ˌɪntəɡʌvənˈmentl]

A̲D̲J̲ zwischenstaatlich

interim [ˈɪntərɪm] **A** S̲ Zwischenzeit *f*; **in the ~** in der Zwischenzeit **B** A̲D̲J̲ vorläufig; **~ agreement** Übergangsabkommen *n*; **~ phase** Übergangsphase *f*; **~ report** Zwischenbericht *m*; **~ government** Übergangsregierung *f*

interior [ɪnˈtɪərɪəʳ] **A** A̲D̲J̲ Innen-; **~ minister** Innenminister(in) *m(f)*; **~ ministry** Innenministerium *n* **B** S̲ von Land Innere(s) *n*; von Haus Innenausstattung *f*; **Department of the Interior** US Innenministerium *n*; **the ~ of the house has been newly decorated** das Haus ist innen neu gestaltet **interior decoration** S̲ Innenausstattung *f* **interior decorator** S̲ Innenausstatter(in) *m(f)* **interior design** S̲ Innenarchitektur *f* **interior designer** S̲ Innenarchitekt(in) *m(f)*

interject [ˌɪntəˈdʒekt] V̲/T̲ einwerfen **interjection** [ˌɪntəˈdʒekʃən] S̲ Ausruf *m*; *(≈Bemerkung)* Einwurf *m*

interlink [ˌɪntəˈlɪŋk] V̲/I̲ ineinanderhängen; *fig* Theorien etc zusammenhängen

interlock [ˌɪntəˈlɒk] V̲/I̲ ineinandergreifen

interlocutor [ˌɪntəˈlɒkjutəʳ] S̲ Gesprächspartner(in) *m(f)*

interloper [ˈɪntələupəʳ] S̲ Eindringling *m*

interlude [ˈɪntəluːd] S̲ Periode *f*; THEAT Pause *f*, Zwischenspiel *n*; MUS Interludium *n*

intermarry [ˌɪntəˈmærɪ] V̲/I̲ untereinander heiraten

intermediary [ˌɪntəˈmiːdɪərɪ] **A** S̲ (Ver)mittler(in) *m(f)* **B** A̲D̲J̲ **1** mittlere(r, s) **2** vermittelnd

intermediate [ˌɪntəˈmiːdɪət] A̲D̲J̲ Zwischen-; *Sprachkurs etc* für fortgeschrittene Anfänger; **~ stage** Zwischenstadium *n*; **the ~ stations** die dazwischenliegenden Bahnhöfe; **an ~ student** ein fortgeschrittener Anfänger, eine fortgeschrittene Anfängerin

interment [ɪnˈtɜːmənt] S̲ Beerdigung *f*, Bestattung *f*

interminable [ɪnˈtɜːmɪnəbl] A̲D̲J̲ endlos **intermingle** [ˌɪntəˈmɪŋgl] V̲/I̲ sich mischen (**with** unter +*akk*)

intermission [ˌɪntəˈmɪʃən] S̲ THEAT, FILM Pause *f*

intermittent [ˌɪntəˈmɪtənt] A̲D̲J̲ periodisch auftretend **intermittently** [ˌɪntəˈmɪtntlɪ] A̲D̲V̲ periodisch

intern¹ [ɪnˈtɜːn] V̲/T̲ *j-n* internieren

intern² [ˈɪntɜːn] US S̲ **1** Assistenzarzt *m/*-ärztin *f* **2** Praktikant(in) *m(f)*

internal [ɪnˈtɜːnl] A̲D̲J̲ innere(r, s); *(≈in Land)* Binnen-; *(≈in Organisation)* intern; **~ call** internes od innerbetriebliches Gespräch; **~ flight** Inlandsflug *m*; **Internal Revenue Service** US Finanzamt *n*; **~ wall** Innenwand *f* **internal affairs** P̲L̲ innere Angelegenheiten *pl* **internal bleeding** S̲ innere Blutungen *pl* **internal combustion engine** S̲ Verbrennungsmotor *m* **internalize** [ɪnˈtɜːnəlaɪz] V̲/T̲ verinnerlichen **internally** [ɪnˈtɜːnəlɪ] A̲D̲V̲ innen, im Inneren; *(≈in Körper)* innerlich; *(≈in Land)* landesintern; *(≈in Organisation)* intern; **"not to be taken ~"** „nicht zum Einnehmen"

internal market S̲ WIRTSCH Binnenmarkt *m*; *von Organisation* marktwirtschaftliche Struktur

★**international** [ˌɪntəˈnæʃnəl] **A** A̲D̲J̲ international; **~ code** TEL internationale Vorwahl; **~ money order** Auslandsanweisung *f* **B** S̲ **1** SPORT Länderspiel *n* **2** Nationalspieler(in) *m(f)* **International Court of Justice** S̲ Internationaler Gerichtshof **International Date Line** S̲ Datumsgrenze *f* **internationalize** [ˌɪntəˈnæʃnəlaɪz] V̲/T̲ internationalisieren **international law** S̲ internationales Recht **internationally** [ˌɪntəˈnæʃnəlɪ] A̲D̲V̲ international; *konkurrieren* auf internationaler Ebene **International Monetary Fund** S̲ WIRTSCH Internationaler Währungsfonds **International Phonetic Alphabet** S̲ internationale Lautschrift

internee [ˌɪntɜːˈniː] S̲ Internierte(r) *m/f(m)*

★**Internet** [ˈɪntəˌnet] S̲ **the ~** das Internet; **on the ~** im Internet; **to connect to the ~** sich ins Internet einwählen; **to surf the ~** im Internet surfen **Internet access** S̲ Internetzugang *m* **Internet access provider** S̲ Internetprovider *m* **Internet activist** S̲ IT, POL Netzaktivist(in) *m(f)* **Internet addiction** S̲ Internetsucht *f* **Internet advertising** S̲ Internetwerbung *f* **Internet auction** S̲ Internetauktion *f* **Internet bank** S̲ FIN Onlinebank *f* **Internet** banking $\overline{s}$ Internetbanking n **Internet business** $\overline{s}$ Internetgeschäft n **Internet café** $\overline{s}$ Internetcafé n **Internet connection** $\overline{s}$ Internet-Anschluss m **Internet dating** $\overline{s}$ Internetdating n **Internet-enabled** [ɪntənetənˈeɪbld] $\overline{ADJ}$ internetfähig **Internet forum** $\overline{s}$ Internetforum n, Webforum n **Internet fraud** $\overline{s}$ Internetbetrug m **Internet of Things** $\overline{s}$ IT, TECH Internet n der Dinge, IoT n **Internet platform** $\overline{s}$ Internetplattform f **Internet portal** $\overline{s}$ Internetportal n **Internet presence** $\overline{s}$ Internetpräsenz f **Internet protocol** $\overline{s}$ Internetprotokoll n **Internet-ready** $\overline{ADJ}$ IT Handy etc internetfähig **Internet research** $\overline{s}$ Onlinesuche f, Internetsuche f **Internet security** $\overline{s}$ Internetsicherheit f **Internet service provider** $\overline{s}$ Internet-Anbieter m **Internet surveillance** $\overline{s}$ Internetüberwachung f **Internet telephony** $\overline{s}$ Internettelefonie f

internment [ɪnˈtɜːnmənt] $\overline{s}$ Internierung f

internship [ˈɪntɜːnʃɪp] US $\overline{s}$ **1** MED Medizinalpraktikum n **2** Praktikum n

interplay [ˈɪntəpleɪ] $\overline{s}$ Zusammenspiel n

interpose [ˌɪntəˈpəʊz] $\overline{VT}$ **1** dazwischenstellen/-legen; **to ~ oneself between ...** sich zwischen ... (akk) stellen **2** Bemerkung einwerfen

interpret [ɪnˈtɜːprɪt] $\overline{A}$ $\overline{VT}$ **1** dolmetschen **2** interpretieren; Traum deuten; **how would you ~ what he said?** wie würden Sie seine Worte verstehen od auffassen? $\overline{B}$ $\overline{VI}$ dolmetschen **interpretation** [ɪnˌtɜːprɪˈteɪʃən] $\overline{s}$ Interpretation f; von Traum Deutung f

★**interpreter** [ɪnˈtɜːprɪtəʳ] $\overline{s}$ **1** Dolmetscher(in) m(f) **2** IT Interpreter m **interpreting** [ɪnˈtɜːprɪtɪŋ] $\overline{s}$ Dolmetschen n

interrelate [ˌɪntərɪˈleɪt] $\overline{A}$ $\overline{VI}$ **to be ~d** zueinander in Beziehung stehen $\overline{B}$ $\overline{VI}$ zueinander in Beziehung stehen **interrelated** [ɪntərɪˈleɪtɪd] $\overline{ADJ}$ Fakten zusammenhängend

interrogate [ɪnˈterəgeɪt] $\overline{VT}$ verhören **interrogation** [ɪnˌterəˈgeɪʃən] $\overline{s}$ Verhör n **interrogative** [ˌɪntəˈrɒgətɪv] $\overline{A}$ $\overline{ADJ}$ GRAM Interrogativ-; **~ pronoun/clause** Interrogativpronomen n/-satz m $\overline{B}$ $\overline{s}$ GRAM Interrogativpronomen n; (≈ Modus) Interrogativ m; **in the ~** in der Fra-

geform **interrogator** [ɪnˈterəgeɪtəʳ] $\overline{s}$ Vernehmungsbeamte(r)/ m -beamtin f form; **my ~s** die, die mich verhören

★**interrupt** [ˌɪntəˈrʌpt] $\overline{A}$ $\overline{VT}$ unterbrechen $\overline{B}$ $\overline{VI}$ unterbrechen; bei Arbeit etc stören; **stop ~ing!** fall mir/ihm etc dauernd ins Wort! **interruption** [ˌɪntəˈrʌpʃən] $\overline{s}$ Unterbrechung f

intersect [ˌɪntəˈsekt] $\overline{VI}$ sich kreuzen; Geometrie sich schneiden **intersection** [ˌɪntəˈsekʃən] $\overline{s}$ von Straßen Kreuzung f; von Linien Schnittpunkt m; **point of ~** Schnittpunkt m

intersperse [ˌɪntəˈspɜːs] $\overline{VT}$ verteilen; **~d with sth** mit etw dazwischen; **a speech ~d with quotations** eine mit Zitaten gespickte Rede; **periods of sunshine ~d with showers** von Schauern unterbrochener Sonnenschein

interstate [ˌɪntəˈsteɪt] $\overline{A}$ $\overline{ADJ}$ US zwischen den (US-Bundes)staaten; **~ highway** Interstate Highway m $\overline{B}$ $\overline{s}$ US Interstate (Highway) m

intertwine [ˌɪntəˈtwaɪn] $\overline{VI}$ sich ineinander verschlingen

interval [ˈɪntəvəl] $\overline{s}$ **1** räumlich, zeitlich Abstand m; **at ~s** in Abständen; **at two-weekly ~s** in Abständen von zwei Wochen; **sunny ~s** METEO Aufheiterungen f pl **2** THEAT etc Pause f

intervene [ˌɪntəˈviːn] $\overline{VI}$ intervenieren; Ereignis dazwischenkommen **intervening** [ˌɪntəˈviːnɪŋ] $\overline{ADJ}$ dazwischenliegend; **in the ~ period** in der Zwischenzeit **intervention** [ˌɪntəˈvenʃən] $\overline{s}$ Intervention f

★**interview** [ˈɪntəvjuː] $\overline{A}$ $\overline{s}$ **1** Vorstellungsgespräch n; bei Behörde etc Gespräch n **2** Presse etc, a. TV Interview n $\overline{B}$ $\overline{VT}$ **1** Bewerber ein/das Vorstellungsgespräch führen mit **2** Presse etc, a. TV interviewen, befragen **interviewee** [ˌɪntəvjuˈiː] $\overline{s}$ Kandidat(in) m(f) (für die Stelle); Presse etc, a. TV Interviewte(r) m/f(m) **interviewer** [ˈɪntəvjuːəʳ] $\overline{s}$ Leiter(in) m(f) des Vorstellungsgesprächs; Presse etc, a. TV Interviewer(in) m(f)

interwar [ˈɪntəˈwɔːʳ] $\overline{ADJ}$ zwischen den Weltkriegen

interweave [ˌɪntəˈwiːv] $\overline{VT}$ verweben $\overline{B}$ $\overline{VI}$ sich verweben

intestate [ɪnˈtestɪt] $\overline{ADJ}$ JUR **to die ~** ohne Testament sterben

intestinal [ɪnˈtestɪnl] $\overline{ADJ}$ Darm- **intes-**

tine [ɪnˈtestɪn] s̲ Darm m; **small/large ~** Dünn-/Dickdarm m

intimacy [ˈɪntɪməsɪ] s̲ Vertrautheit f

intimate¹ [ˈɪntɪmɪt] ADJ eng; *sexuell, a. fig* intim; **to be on ~ terms with sb** mit j-m auf vertraulichem Fuß stehen; **to be/become ~ with sb** mit j-m vertraut sein/werden; *sexuell* mit j-m intim sein/werden; **to have an ~ knowledge of sth** über etw *(akk)* in allen Einzelheiten Bescheid wissen

intimate² [ˈɪntɪmeɪt] VT andeuten; **he ~d to them that they should stop** er gab ihnen zu verstehen, dass sie aufhören sollten

intimately [ˈɪntɪmɪtlɪ] ADV vertraut bestens; *verwandt* eng; *wissen* genau

intimidate [ɪnˈtɪmɪdeɪt] VT einschüchtern; **they ~d him into not telling the police** sie schüchterten ihn so ein, dass er der Polizei nichts erzählte **intimidation** [ɪn͵tɪmɪˈdeɪʃən] s̲ Einschüchterung f

★**into** [ˈɪntʊ] PRÄP ◪ in (+akk); *fahren* gegen; **to translate sth ~ French** etw ins Französische übersetzen; **to change euros ~ pounds** Euro in Pfund umtauschen; **to divide 3 ~ 9** 9 durch 3 teilen *od* dividieren; **3 ~ 9 goes 3** 3 geht dreimal in 9; **he's well ~ his sixties** er ist in den späten Sechzigern; **research ~ cancer** Krebsforschung f ◪ *umg* **to be ~ sb/ sth** auf j-n/etw (*akk*) stehen *umg*, j-n/etw mögen; **to be ~ sth** Drogen etc etw nehmen; **he's ~ wine** er ist Weinliebhaber; *(≈ Experte)* er ist Weinkenner; **he's ~ computers** er ist Computerfan *umg*

intolerable ADJ, **intolerably** [ɪnˈtɒlər- əbl, -lɪ] ADV unerträglich **intolerance** [ɪnˈtɒlərəns] s̲ Intoleranz f **(of** gegenüber) **intolerant** [ɪnˈtɒlərənt] ADJ intolerant **(of** gegenüber)

intonation [͵ɪntəˈneɪʃən] s̲ Intonation f

intoxicant [ɪnˈtɒksɪkənt] s̲ Rauschmittel n **intoxicated** [ɪnˈtɒksɪkeɪtɪd] ADJ berauscht; **to become ~** sich berauschen **(by, with** an +*dat od* von); **~ by** *od* **with success** vom Erfolg berauscht **intoxication** [ɪn͵tɒksɪˈkeɪʃən] s̲ Rausch m; **in a state of ~** *form* im Rausch

intractable [ɪnˈtræktəbl] ADJ *Problem* hartnäckig

intranet [ˈɪntrənet] s̲ IT Intranet n

intransigence [ɪnˈtrænsɪdʒəns] s̲ Un-

nachgiebigkeit f **intransigent** [ɪn- ˈtrænsɪdʒənt] ADJ unnachgiebig

intransitive [ɪnˈtrænsɪtɪv] ADJ intransitiv

intrastate [͵ɪntrəˈsteɪt] *US* ADJ innerhalb des (Bundes)staates

intrauterine device [͵ɪntrəˈjuːtəraɪndɪ- ͵vaɪs] s̲ Intrauterinpessar n

intravenous [͵ɪntrəˈviːnəs] ADJ intravenös; **~ drug user** Drogenabhängige(r) m/f(m), der/die intravenös spritzt

in-tray [ˈɪntreɪ] s̲ Ablage f für Eingänge

intrepid [ɪnˈtrepɪd] ADJ kühn

intricacy [ˈɪntrɪkəsɪ] s̲ Kompliziertheit f; *von Schach etc* Feinheit f **intricate** ADJ, **intricately** [ˈɪntrɪkɪt, -lɪ] ADV kompliziert

intrigue [ɪnˈtriːɡ] ◪ VI intrigieren ◪ VT faszinieren, neugierig machen; **to be ~d with** *od* **by sth** von etw fasziniert sein; **I would be ~d to know why ...** es würde mich schon interessieren, warum ... ◪ [ˈɪntriːɡ] s̲ Intrige f **intriguing** [ɪnˈtriːɡɪŋ] ADJ faszinierend

intrinsic [ɪnˈtrɪnsɪk] ADJ *Wert, Verdienst* immanent, wesentlich **intrinsically** [ɪnˈtrɪnsɪkəlɪ] ADV an sich

intro [ˈɪntrəʊ] *umg* s̲ ABK ⟨*pl* -s⟩ (= intro- duction) Intro n *umg*

★**introduce** [͵ɪntrəˈdjuːs] VT ◪ vorstellen **(to sb** j-m); *in Thema* einführen **(to** in +*akk*); **I don't think we've been ~d** ich glaube nicht, dass wir uns kennen; **al- low me to** *od* **let me ~ myself** darf ich mich vorstellen? ◪ *Praktik, Reform* einführen; PARL *Gesetz* einbringen; *Thema* einführen; *Sprecher* ankündigen; **to ~ sth onto the market** etw auf dem Markt einführen

★**introduction** [͵ɪntrəˈdʌkʃən] s̲ ◪ Vorstellung f; **to make the ~s** die Vorstellung übernehmen; **letter of ~** Einführungsschreiben n ◪ *zu Buch, Musik* Einleitung f **(to** zu) ◪ *von Praktik, Reform* Einführung f; *von Gesetz* Einbringen n; **an ~ to French** eine Einführung ins Französische **introductory** [͵ɪntrəˈdʌk- tərɪ] ADJ *Abschnitt* einleitend; *Bemerkun- gen* einführend; *Kurs* Einführungs-

introspection [͵ɪntrəˈspekʃən] s̲ Selbstbeobachtung f, Introspektion f **introspective** [͵ɪntrəˈspektɪv] ADJ introspektiv

introvert [ˈɪntrəʊvɜːt] s̲ PSYCH Introvertierte(r) m/f(m); **to be an ~** introvertiert sein **introverted** [ˈɪntrəʊvɜːtɪd] ADJ introvertiert

intrude [ɪnˈtruːd] V/I stören; **to ~ on sb** j-n stören; **to ~ on sb's privacy** j-s Privatsphäre verletzen **intruder** [ɪnˈtruːdəʳ] S Eindringling m **intrusion** [ɪnˈtruːʒən] S Störung f; **forgive the ~, I just wanted to ask …** entschuldigen Sie, wenn ich hier so eindringe, ich wollte nur fragen … **intrusive** [ɪnˈtruːsɪv] ADJ aufdringlich; *Anwesenheit* störend

intuition [ˌɪntjuːˈɪʃən] S Intuition f **intuitive** [ɪnˈtjuːɪtɪv] ADJ intuitiv

inundate [ˈɪnʌndeɪt] V/T überschwemmen; *mit Arbeit* überhäufen; **have you a lot of work on? — I'm ~d** haben Sie viel Arbeit? — ich ersticke darin

invade [ɪnˈveɪd] V/T MIL einmarschieren in (+*akk*); *fig* überfallen **invader** [ɪnˈveɪdəʳ] S MIL Invasor m **invading** [ɪnˈveɪdɪŋ] ADJ einmarschierend; **~ army** Invasionsarmee f

invalid¹ [ˈɪnvəlɪd] A ADJ **1** krank, körperbehindert **2** Kranken-, Invaliden- B S Kranke(r) m/f(m), Körperbehinderte(r) m/f(m)

invalid² [ɪnˈvælɪd] ADJ *bes* JUR ungültig; **to declare sth ~** etw für ungültig erklären **invalidate** [ɪnˈvælɪdeɪt] V/T ungültig machen

invaluable [ɪnˈvæljʊəbl] ADJ unbezahlbar; *Hilfe, Beitrag* unschätzbar; *zur* unschätzbarem Wert; **to be ~ (to sb)** (für j-n) von unschätzbarem Wert sein

invariable [ɪnˈvɛərɪəbl] ADJ unveränderlich **invariably** [ɪnˈvɛərɪəblɪ] ADV ausnahmslos

invasion [ɪnˈveɪʒən] S Invasion f; *in Privatsphäre etc* Eingriff m (**of** in +*akk*); **the German ~ of Poland** der Einmarsch *od* Einfall der Deutschen in Polen **invasive** [ɪnˈveɪsɪv] ADJ MED invasiv

invective [ɪnˈvektɪv] S Beschimpfungen *pl* (**against** +*gen*)

★**invent** [ɪnˈvent] V/T erfinden

★**invention** [ɪnˈvenʃən] S **1** Erfindung f **2** Fantasie f **inventive** [ɪnˈventɪv] ADJ **1** *Kräfte* schöpferisch; *Design, Speiseplan* einfallsreich **2** erfinderisch **inventiveness** [ɪnˈventɪvnɪs] S Einfallsreichtum m **inventor** [ɪnˈventəʳ] S Erfinder(in) m(f)

inventory [ˈɪnvəntrɪ] S Bestandsaufnah-

me f; **to make** *od* **take an ~ of sth** Inventar von etw *od* den Bestand einer Sache (*gen*) aufnehmen

inverse [ˈɪnvɜːs] A ADJ umgekehrt B S Gegenteil n **inversion** [ɪnˈvɜːʃən] *fig* S Umkehrung f **invert** [ɪnˈvɜːt] V/T umkehren

invertebrate [ɪnˈvɜːtɪbrɪt] S Wirbellose(r) m

inverted commas *Br* PL Anführungszeichen *pl*, Anführungsstriche *pl*; **his new job, in ~** sein sogenannter neuer Job

invest [ɪnˈvest] A V/T **1** FIN investieren (**in in** +*akk od dat*) **2** *form* **to ~ sb/sth with sth** j-m/einer Sache etw verleihen B V/I investieren (**in in** +*akk od dat od* **with bei**); **to ~ in a new car** sich (*dat*) ein neues Auto anschaffen

investigate [ɪnˈvestɪgeɪt] A V/T untersuchen; **to ~ a case** in einem Fall ermitteln B V/I nachforschen, ermitteln **investigation** [ɪnˌvestɪˈgeɪʃən] S **1** Untersuchung f (**into** +*gen*); **to order an ~ into** *od* **of sth** anordnen, dass in einer Sache (*dat*) ermittelt wird; **on ~ it turned out that …** bei näherer Untersuchung stellte (es) sich heraus, dass …; **to be under ~** überprüft werden; **he is under ~** *durch Polizei* gegen ihn wird ermittelt **2** Forschung f **investigative** [ɪnˈvestɪgətɪv] ADJ investigativ; **~ journalism** Enthüllungsjournalismus m; **~ journalist** Enthüllungsjournalist(in) m(f) **investigator** [ɪnˈvestɪgeɪtəʳ] S Ermittler(in) m(f), (Privat)detektiv(in) m(f)

investiture [ɪnˈvestɪtʃəʳ] S *von Präsident* Amtseinführung f; *von Monarch* Investitur f

investment [ɪnˈvestmənt] S FIN Investition f; **we need more ~ in industry** in die Industrie muss mehr investiert werden; **foreign ~** Auslandsinvestition(en) f(pl); **this company is a good ~** diese Firma ist eine gute (Kapital)anlage; **a portable TV is a good ~** ein tragbarer Fernseher macht sich bezahlt **investment bank** S Investmentbank f **investment banking** S Anlagengeschäft n **investment consultant** S Anlageberater(in) m(f) **investment grant** S WIRTSCH Investitionszulage f **investment trust** S Investmenttrust m **investor** [ɪnˈvestəʳ] S Investor(in) *m(f)*

inveterate [ɪnˈvetərɪt] ADJ *Hass* tief verwurzelt; *Lügner* unverbesserlich; **~ criminal** Gewohnheitsverbrecher(in) *m(f)*

invigilate [ɪnˈvɪdʒɪleɪt] *Br* A VT Aufsicht führen bei B VI Aufsicht führen **invigilator** [ɪnˈvɪdʒɪleɪtəʳ] *Br* S Aufsichtsperson *f*

invigorate [ɪnˈvɪgəreɪt] VT beleben, kräftigen **invigorating** [ɪnˈvɪgəreɪtɪŋ] ADJ *Klima* gesund; *Dusche* belebend; *Seeluft* erfrischend

invincible [ɪnˈvɪnsəbl] ADJ unbesiegbar

inviolable [ɪnˈvaɪələbl] ADJ unantastbar; *Gesetz, Eid* heilig

invisible [ɪnˈvɪzəbl] ADJ unsichtbar; **~ to the naked eye** mit dem bloßen Auge nicht erkennbar

★**invitation** [ˌɪnvɪˈteɪʃən] S Einladung *f* (**zu** to); **by ~** (**only**) nur auf Einladung; **at sb's ~** auf j-s Aufforderung *(akk)* (hin); **~ to tender** Ausschreibung *f*

★**invite** [ɪnˈvaɪt] A VT 1 einladen (**zu** to); **to ~ sb to do sth** j-n auffordern, etw zu tun 2 *Vorschläge* bitten um; *Spott* auslösen B [ˈɪnvaɪt] S *umg* Einladung *f* ◆**invite (a)round** VT ⟨trennb⟩ (zu sich) einladen ◆**invite in** VT ⟨trennb⟩ hereinbitten; **could I invite you in for (a) coffee?** möchten Sie auf eine Tasse Kaffee hereinkommen? ◆**invite out** VT ⟨trennb⟩ einladen; **I invited her out** ich habe sie gefragt, ob sie mit mir ausgehen möchte; **to invite sb out for a meal** j-n in ein Restaurant einladen

inviting [ɪnˈvaɪtɪŋ] ADJ einladend; *Aussicht, Speise* verlockend

in vitro [ɪnˈviːtrəʊ] ADJ BIOL **~ fertilization** In-vitro-Fertilisation, künstliche Befruchtung

invoice [ˈɪnvɔɪs] A S (Waren)rechnung *f* B VT *Waren* berechnen; **to ~ sb for sth** j-m für etw eine Rechnung ausstellen; **we'll ~ you** wir senden Ihnen die Rechnung

invoke [ɪnˈvəʊk] VT 1 *Gott, Gesetz* anrufen 2 *Vertrag etc* sich berufen auf *(+akk)*

involuntarily [ɪnˈvɒləntərɪli] ADV unabsichtlich, unwillkürlich **involuntary** [ɪnˈvɒləntərɪ] ADJ unbeabsichtigt; *Repatriierung* unfreiwillig; *Zucken etc* unwillkürlich

involve [ɪnˈvɒlv] VT 1 verwickeln (**sb in sth** j-n in etw *akk*); beteiligen (**sb in sth**

j-n an etw *dat*); betreffen; **the book doesn't ~ the reader** das Buch fesselt od packt den Leser nicht; **it wouldn't ~ you at all** du hättest damit gar nichts zu tun; **to be ~d in sth** etwas mit etw zu tun haben; **to get ~d in sth** in *unangenehme Sache* in etw *(akk)* verwickelt werden; *als Teilnehmer* sich an etw *(dat)* beteiligen; **to ~ oneself in sth** sich in etw *(dat)* engagieren; **I didn't want to get ~d** ich wollte damit/mit ihm *etc* nichts zu tun haben; **the person ~d** die betreffende Person; **to be/get ~d with sth** etwas mit etw zu tun haben; an etw *(dat)* beteiligt sein; **to be ~d with sb** *sexuell* mit j-m ein Verhältnis haben; **to get ~d with sb** sich mit j-m einlassen *pej*; **he got ~d with a girl** er hat eine Beziehung mit einem Mädchen angefangen 2 mit sich bringen, umfassen, bedeuten, beinhalten; **what does the job ~?** worin besteht die Arbeit?; **will the post ~ much foreign travel?** ist der Posten mit vielen Auslandsreisen verbunden?; **he doesn't understand what's ~d** er weiß nicht, worum es geht; **about £1,000 was ~d** es ging dabei um etwa £ 1.000; **it would ~ moving to Germany** das würde bedeuten, nach Deutschland umzuziehen **involved** ADJ *Situation* kompliziert **involvement** [ɪnˈvɒlvmənt] S Beteiligung *f* (**in** an +*dat*); *in Verbrechen etc* Verwicklung *f* (**in** in +*akk*); **she denied any ~ in od with drugs** sie leugnete, dass sie etwas mit Drogen zu tun hatte

invulnerable [ɪnˈvʌlnərəbl] ADJ unverwundbar; *Festung* uneinnehmbar; *Position* unangreifbar

inward [ˈɪnwəd] A ADJ 1 innere(r, s) 2 *Richtungsangabe* nach innen B ADV → inwards **inward-looking** [ˈɪnwədˌlʊkɪŋ] ADJ in sich gekehrt **inwardly** [ˈɪnwədli] ADV innerlich **inwards** [ˈɪnwədz] ADV nach innen

in-your-face, in-yer-face [ˌɪnjəˈfeɪs] *umg* ADJ *Haltung* provokativ

iodine [ˈaɪədiːn] S Jod *n*

ion [ˈaɪən] S Ion *n*

iota [aɪˈəʊtə] S **not one ~** nicht ein Jota

IOU ABK (= **I owe you**) Schuldschein *m*

IPA ABK (= **International Phonetic Alphabet**) internationale Lautschrift

IP address [aɪˈpiː əˌdres] S *im Internet,*

LAN IP-Adresse *f* **IP telephony** [S] IP--Telefonie *f*, Internettelefonie *f*

IQ [ABK] (= intelligence quotient) IQ *m*, Intelligenzquotient *m*; **IQ test** Intelligenztest *m*

IRA [ABK] (= Irish Republican Army) IRA *f*

Iran [ɪ'rɑ:n] [S] (der) Iran **Iranian** [ɪ'reɪnɪən] [A] [ADJ] iranisch [B] [S] Iraner(in) *m(f)*

Iraq [ɪ'rɑ:k] [S] (der) Irak **Iraqi** [ɪ'rɑ:kɪ] [A] [ADJ] irakisch [B] [S] Iraker(in) *m(f)*

irascible [ɪ'ræsɪbl] [ADJ] reizbar

irate [aɪ'reɪt] [ADJ] zornig; *Menge* wütend

★**Ireland** ['aɪələnd] [S] Irland *n*; **Northern ~** Nordirland *n*; **Republic of ~** Republik *f* Irland

iris ['aɪərɪs] [S] Iris *f*

★**Irish** ['aɪərɪʃ] [A] [ADJ] irisch; ★ **~man** Ire *m*; ★ **~woman** Irin *f* [B] [S] [1] ⟨*pl*⟩ **the ~** die Iren *pl* [2] LING Irisch *n* **Irish Sea** [S] Irische See

iris scanner [S] Iris-Scanner *m*

irksome ['ɜ:ksəm] [ADJ] lästig

★**iron** ['aɪən] [A] [S] [1] Eisen *n*; **to pump ~** *umg* Krafttraining machen [2] Bügeleisen *n*; **he has too many ~s in the fire** er macht zu viel auf einmal; **to strike while the ~ is hot** *sprichw* das Eisen schmieden, solange es heiß ist *sprichw* [B] [ADJ] [1] Eisen-, eisern [2] *fig* eisern [C] [V/T & V/I] bügeln, glätten *schweiz* ♦**iron out** [V/T] ⟨*trennb*⟩ ausbügeln

Iron Age [S] Eisenzeit *f* **Iron Curtain** [S] Eiserner Vorhang

ironic(al) [aɪ'rɒnɪk(əl)] [ADJ] ironisch; **it's really ~** das ist wirklich witzig *umg* **ironically** [aɪ'rɒnɪkəlɪ] [ADV] ironisch; **and then, ~, it was he himself who had to do it** und dann hat ausgerechnet er es tun müssen

ironing ['aɪənɪŋ] [S] [1] Bügeln *n*, Glätten *n schweiz* [2] Bügelwäsche *f*; **to do the ~** (die Wäsche) bügeln *od* glätten *schweiz* **ironing board** [S] Bügelbrett *n*

ironmonger's (shop) *Br* [S] Eisen- und Haushaltswarenhandlung *f*

irony ['aɪrənɪ] [S] [1] Ironie *f kein pl*; **the ~ of it is that …** das Ironische daran ist, dass … [2] LIT *Bezeichnung eines Sachverhalts durch sein Gegenteil, häufig als Kritik oder als Mittel des Spotts*

irrational [ɪ'ræʃənl] [ADJ] irrational

irreconcilable [ɪ,rekən'saɪləbl] [ADJ] unvereinbar

irredeemable [,ɪrɪ'di:məbl] [ADJ] *Verlust* unwiederbringlich **irredeemably** [,ɪrɪ'di:məblɪ] [ADV] *verloren* rettungslos; **democracy was ~ damaged** die Demokratie hatte irreparablen Schaden genommen

irrefutable [,ɪrɪ'fju:təbl] [ADJ] unbestreitbar

★**irregular** [ɪ'regjʊlə^r] [ADJ] [1] *a.* GRAM unregelmäßig; *Form* ungleichmäßig; *Oberfläche* uneben; **he's been a bit ~ recently** *umg* er hat in letzter Zeit ziemlich unregelmäßigen Stuhlgang [2] unvorschriftsmäßig; **well, it's a bit ~, but I'll …** eigentlich dürfte ich das nicht tun, aber ich … **irregularity** [ɪ,regjʊ'lærɪtɪ] [S] [1] Unregelmäßigkeit *f*; *von Form* Ungleichmäßigkeit *f*; *von Oberfläche* Unebenheit *f* [2] Unvorschriftsmäßigkeit *f* **irregularly** [ɪ'regjʊləlɪ] [ADV] unregelmäßig; *geformt* ungleichmäßig; *stattfinden* in unregelmäßigen Abständen

irrelevance [ɪ'reləvəns] [S] Irrelevanz *f kein pl*; **it's become something of an ~** es ist ziemlich irrelevant geworden **irrelevant** [ɪ'reləvənt] [ADJ] irrelevant; *Informationen a.* unwesentlich; **these issues are ~ to the younger generation** diese Fragen sind für die jüngere Generation irrelevant

irreparable [ɪ'repərəbl] [ADJ] irreparabel **irreparably** [ɪ'repərəblɪ] [ADV] irreparabel; **his reputation was ~ damaged** sein Ruf war unwiderruflich geschädigt

irreplaceable [,ɪrɪ'pleɪsəbl] [ADJ] unersetzlich

irrepressible [,ɪrɪ'presəbl] [ADJ] *Bedürfnis, Energie* unbezähmbar; *Mensch* nicht kleinzukriegen

irreproachable [,ɪrɪ'prəʊtʃəbl] [ADJ] tadellos

irresistible [,ɪrɪ'zɪstəbl] [ADJ] unwiderstehlich (**to** für)

irresolute [ɪ'rezəlu:t] [ADJ] unentschlossen

irrespective [,ɪrɪ'spektɪv] [ADJ] **~ of** ungeachtet (+*gen*); **~ of whether they want to or not** egal, ob sie wollen oder nicht

irresponsibility ['ɪrɪ,spɒnsə'bɪlɪtɪ] [S] Unverantwortlichkeit *f*, Verantwortungslosigkeit *f* **irresponsible** [,ɪrɪ'spɒnsəbl] [ADJ] unverantwortlich, verantwortungslos **irresponsibly** [,ɪrɪ'spɒnsəblɪ] [ADV] unverantwortlich

irretrievable [ˌɪrɪˈtriːvəbl] ADJ nicht mehr wiederzubekommen; *Verlust* unersetzlich; **the information is ~** die Information kann nicht mehr abgerufen werden **irretrievably** [ˌɪrɪˈtriːvəblɪ] ADV ~ **lost** für immer verloren; ~ **damaged** irreparabel

irreverent [ɪˈrevərənt] ADJ *Verhalten, Bemerkung* respektlos

irreversible [ˌɪrɪˈvɜːsəbl] ADJ nicht rückgängig zu machen; *Entscheidung* unwiderruflich; *Schaden* bleibend **irreversibly** [ˌɪrɪˈvɜːsəblɪ] ADV für immer; **the peace process has been ~ damaged** der Friedensprozess hat einen nicht wiedergutzumachenden Schaden davongetragen

irrevocable ADJ, **irrevocably** [ɪˈrevəkəbl, -lɪ] ADV unwiderruflich

irrigate [ˈɪrɪgeɪt] VT bewässern **irrigation** [ˌɪrɪˈgeɪʃən] S AGR Bewässerung f

irritable [ˈɪrɪtəbl] ADJ reizbar, gereizt **irritant** [ˈɪrɪtənt] S MED Reizerreger m; (≈ *Lärm etc*) Ärgernis n **irritate** [ˈɪrɪteɪt] VT ärgern; *absichtlich, a.* MED reizen; *nervlich* irritieren; **to get ~d** ärgerlich werden; **I get ~d with him** er ärgert mich **irritating** [ˈɪrɪteɪtɪŋ] ADJ ärgerlich; *Husten* lästig; **I find his jokes ~** seine Witze regen mich auf; **the ~ thing is that ...** das Ärgerliche ist, dass ... **irritation** [ˌɪrɪˈteɪʃən] S **1** Ärger m, Ärgernis n **2** MED Reizung f

IRS ABK (= Internal Revenue Service US) Finanzamt n

is [ɪz] ⟨3. *Person sg präs*⟩ → be

IS [ˌaɪˈes] ABK (= Islamic State) IS m

ISA [ˈaɪsə] *Br* S ABK (= Individual Savings Account) FIN *von Zinsabschlagsteuer befreites Sparkonto*

ISDN ABK (= Integrated Services Digital Network) ISDN n

ISIS [ˈaɪsɪs] ABK (= Islamic State of Iraq and Syria) ISIS m

Islam [ˈɪzlɑːm] S der Islam **Islamic** [ɪzˈlæmɪk] ADJ islamisch **Islamic State** S Islamischer Staat **islamize** [ˈɪzləmaɪz] VT islamisieren **islamophobia** [ɪzləməʊˈfəʊbɪə] S Islamfeindlichkeit f **islamophobic** [ɪzləməʊˈfəʊbɪk] ADJ islamfeindlich

★**island** [ˈaɪlənd] S Insel f **islander** [ˈaɪləndəʳ] S Inselbewohner(in) m(f) **isle** [aɪl] S **the Isle of Man/Wight** die Insel

Man/Wight

isn't [ˈɪznt] ABK (= is not) → be

isobar [ˈaɪsəʊbɑːʳ] S Isobare f

isolate [ˈaɪsəʊleɪt] VT **1** isolieren, absondern; **to ~ oneself from other people** sich (von anderen) abkapseln **2** (≈ *aufzeigen*) herausfinden **isolated** ADJ **1** isoliert, abgelegen; *Leben* zurückgezogen; **the islanders feel ~** die Inselbewohner fühlen sich von der Außenwelt abgeschnitten **2** einzeln **isolation** [ˌaɪsəʊˈleɪʃən] S Isoliertheit f, Abgelegenheit f; **he was in ~ for three months** *in Krankenhaus* er war drei Monate auf der Isolierstation; **to live in ~** zurückgezogen leben; **to consider sth in ~** etw gesondert *od* isoliert betrachten **isolation ward** S Isolierstation f

isosceles [aɪˈsɒsɪliːz] ADJ ~ **triangle** gleichschenkliges Dreieck

ISP ABK (= Internet service provider) IT Internet-Anbieter m

Israel [ˈɪzreɪl] S Israel n **Israeli** [ɪzˈreɪlɪ] **A** ADJ israelisch **B** S Israeli m/f

★**issue** [ˈɪʃuː] **A** VT Papiere ausstellen; *Tickets, Banknoten, Munition* ausgeben; *Briefmarken* herausgeben; *Befehl* erteilen (**to** +*dat*); *Warnung, Erklärung* abgeben, aussprechen; *Ultimatum* stellen; **to ~ sth to sb/sb with sth** etw an j-n ausgeben; **all troops are ~d with ...** alle Truppen sind mit ... ausgerüstet **B** VI *Flüssigkeit, Gas* austreten (**from** aus) **C** S **1** Frage f, Angelegenheit f, Problem n; **she raised the ~ of human rights** sie brachte die Frage der Menschenrechte zur Sprache; **the whole future of the country is at ~** es geht um die Zukunft des Landes; **this matter is not at ~** diese Angelegenheit steht nicht zur Debatte; **to take ~ with sb over sth** j-m in etw (*dat*) widersprechen; **to make an ~ of sth** etw aufbauschen; **to avoid the ~** ausweichen **2** force the ~ eine Entscheidung erzwingen **3** *von Banknoten* Ausgabe f **4** (≈ *Magazin etc*) Ausgabe f

IT ABK (= information technology) IT

★**it** [ɪt] **A** PRON **1** *Subj* er/sie/es; *akk obj* ihn/sie/es; *dat obj* ihm/ihr/ihm; **of it** davon; **under** *etc* **it** darunter *etc*; **who is it?** wer ist da? — ich (bin's); **what is it?** was ist das?, was ist los?; **that's not it** das ist es (gar) nicht, darum geht's gar nicht; **the cheek of it!** so eine Frechheit!; **I like it here** mir gefällt es hier **2** *unbest Subj* es; **it's raining** es regnet; **yes, it is a problem** ja, das ist ein Problem; **it seems simple to me** mir scheint das ganz einfach; **if it hadn't been for her, we would have come** wenn sie nicht gewesen wäre, wären wir gekommen; **it wasn't me** ICH war's nicht; **I don't think it (is) wise of you** … ich halte es für unklug, wenn du …; **it is said that** … man sagt, dass …; **it was him who asked her, it was he who asked her** *form* ER hat sie gefragt; **it's his appearance I object to** ich habe nur etwas gegen sein Äußeres **3** *umg* **that's it!** ja, genau!; *verärgert* jetzt reicht's mir!; **this is it!** jetzt geht's los! **B** *umg* **5 1** *im Spiel* **you're it!** du bist! **2 he thinks he's it** er bildet sich (*dat*) ein, er sei sonst wer

★**Italian** [ɪˈtæljən] **A** ADJ italienisch **B** S̅ **1** Italiener(in) *m(f)* **2** LING Italienisch *n*

italic [ɪˈtælɪk] **A** ADJ kursiv **B** S̅ **italics** P̅L̅ Kursivschrift *f*; **in ~s** kursiv (gedruckt)

★**Italy** [ˈɪtəlɪ] S̅ Italien *n*

itch [ɪtʃ] **A** S̅ Jucken *n*; **I have an ~** mich juckt es; **I have the ~ to do sth** es reizt mich, etw zu tun, es juckt mich, etw zu tun *umg* **B** V̅I̅ **1** jucken; **my back is ~ing** mir *od* mich juckt der Rücken **2** *fig umg* **he is ~ing to** … es reizt ihn, zu … **itchy** [ˈɪtʃɪ] ADJ ⟨*komp* **itchier**⟩ **1** juckend; **my back is ~** mein Rücken juckt; **I've got an ~ leg** mir juckt das Bein; **I've got ~ feet** *umg* ich will hier weg *umg* **2** *Stoff* kratzig

it'd [ˈɪtəd] ABK (= **it would, it had**) → would; → have

item [ˈaɪtəm] S̅ **1** *auf Tagesordnung* Punkt *m*; HANDEL *in Geschäftsbuch* (Rechnungs)posten *m*; (= *Artikel*) Gegenstand *m*; **~s of clothing** Kleidungsstücke *pl* **2** *in Nachrichten* Bericht *m*; RADIO, TV Meldung *f* **3** *umg* **Lynn and Craig are an ~** zwischen Lynn und Craig spielt sich was ab *umg* **itemize** [ˈaɪtəmaɪz] V̅T̅ einzeln aufführen

itinerant [ɪˈtɪnərənt] ADJ umherziehend; **an ~ lifestyle** ein Wanderleben *n*; **~ worker** Wanderarbeiter(in) *m(f)* **itinerary** [aɪˈtɪnərərɪ] S̅ **1** (Reise)route *f* **2** Straßenkarte *f*

it'll [ˈɪtl] ABK (= **it will, it shall**) → will¹

→ shall

its [ɪts] POSS ADJ sein(e)/ihr(e)/sein(e)

it's [ɪts] ABK (= **it is, it has**) → be; → have

itself [ɪtˈself] PRON **1** *reflexiv* sich **2** *emph* selbst; **and now we come to the text ~** und jetzt kommen wir zum Text selbst; **the frame ~ is worth £1,000** der Rahmen allein ist £ 1.000 wert; **she has been kindness ~** sie war die Freundlichkeit in Person; **in ~, the amount is not important** der Betrag an sich ist unwichtig **3** **by ~** allein; (≈ *automatisch*) von selbst; **seen by ~** einzeln betrachtet; **the bomb went off by ~** die Bombe ging von selbst los

ITV *Br* ABK (= **Independent Television**) *britische Fernsehanstalt*

IUD ABK (= **intrauterine device**) Intra-uterinpessar *n*

I've [aɪv] ABK (= **I have**) → have

IVF ABK (= **in vitro fertilization**) In-vitro--Fertilisation *f*

ivory [ˈaɪvərɪ] **A** S̅ Elfenbein *n* **B** ADJ **1** elfenbeinern **2** elfenbeinfarben **ivory tower** *fig* S̅ Elfenbeinturm *m*

ivy [ˈaɪvɪ] S̅ Efeu *m* **Ivy League** *US* S̅ Eliteuniversitäten *pl* der USA

J

J, j [dʒeɪ] S̅ J *n*, j *n*

jab [dʒæb] **A** V̅T̅ *mit Ellbogen* stoßen; *mit Messer* stechen; **she jabbed the jellyfish with a stick** sie pik(s)te mit einem Stock in die Qualle (hinein) *umg*; **he jabbed his finger at the map** er tippte mit dem Finger auf die Karte **B** V̅I̅ stoßen (**at sb** nach j-m) **C** S̅ **1** *mit Ellbogen* Stoß *m*; *mit Nadel* Stich *m* **2** *Br umg* (≈ *Injektion*) Spritze *f*

jabber [ˈdʒæbə'] V̅I̅, (*a.* **jabber away**) plappern

jack [dʒæk] S̅ **1** AUTO Wagenheber *m* **2** KART Bube *m* ♦**jack up** V̅T̅ ⟨*trennb*⟩ *Auto* aufbocken

jackdaw [ˈdʒækdɔː] S̅ Dohle *f*

★**jacket** [ˈdʒækɪt] S̅ **1** Jacke *f*, Janker *m*

österr, Jackett *n* [2] *von Buch* Schutzumschlag *m*; *US von LP* Plattenhülle *f* [3] **~ potatoes** (in der Schale) gebackene Kartoffeln *pl*

jack-in-the-box [S] Schachtel- *od* Kastenteufel *m* **jackknife** ['dʒæknaɪf] [V/I] **the truck ~d** der Lastwagenanhänger hat sich quer gestellt **jack of all trades** [ˌdʒækəvɔːl'treɪdz] [S] **to be (a) ~** *sprichw* ein Hansdampf *m* in allen Gassen sein **jackpot** ['dʒækpɒt] [S] Jackpot *m*; *in Lotterie* Hauptgewinn *m*; **to hit the ~** den Hauptgewinn bekommen; *fig* das große Los ziehen

Jacuzzi® [dʒə'kuːzɪ] [S] Jacuzzi® *m*, Sprudelbad *n*

jade [dʒeɪd] [A] [S] (≈ *Stein*) Jade *m/f*; (≈ *Farbe*) Jadegrün *n* [B] [ADJ] Jade-; *Farbe* jadegrün

jaded ['dʒeɪdɪd] [ADJ] stumpfsinnig, übersättigt; *Erscheinung* verbraucht

jagged ['dʒægɪd] [ADJ] zackig; *Riss* ausgefranst; *Felsen* zerklüftet; *Berge* spitz

jail [dʒeɪl] [A] [S] Gefängnis *n*; **in ~** im Gefängnis; **to go to ~** ins Gefängnis kommen [B] [V/T] ins Gefängnis sperren **jailbreak** [A] [S] Ausbruch *m* (*aus dem Gefängnis*) [B] [V/I] aus dem Gefängnis ausbrechen [C] [V/T] IT *umg Software* knacken **jailhouse** *US* [S] Gefängnis *n* **jail sentence** [S] Gefängnisstrafe *f*

★**jam¹** [dʒæm] *Br* [S] Marmelade *f*

jam² [A] [S] [1] (Verkehrs)stau *m* [2] Stauung *f* [3] *umg* **to be in a jam** in der Klemme sitzen *umg*; **to get sb/oneself out of a jam** j-n/sich aus der Patsche ziehen *umg* [B] [V/T] [1] festklemmen, einklemmen; **they had him jammed up against the wall** sie hatten ihn gegen die Wand gedrängt; **it's jammed** es klemmt; **he jammed his finger in the door** er hat sich (*dat*) den Finger in der Tür eingeklemmt [2] *Dinge* stopfen (**into** in +*akk*); *Menschen* quetschen (**into** in +*akk*); **to be jammed together** zusammengezwängt sein, zusammengedrängt sein [3] *Straße etc* verstopfen; *Telefonleitungen* blockieren [4] **to jam one's foot on the brake** eine Vollbremsung machen [C] [V/I] *Bremse* sich verklemmen; *Waffe* Ladehemmung haben; *Fenster* klemmen; **the key jammed in the lock** der Schlüssel blieb im Schloss stecken ♦**jam in** [V/T] ⟨*trennb*⟩ einkeilen; **he was jammed in by the crowd** er war in der Menge eingekeilt ♦**jam on** [V/T] ⟨*trennb*⟩ [1] **to jam on the brakes** eine Vollbremsung machen [2] **to jam on one's hat** sich (*dat*) den Hut aufstülpen

Jamaica [dʒə'meɪkə] [S] Jamaika *n*

jamb [dʒæm] [S] (Tür-/Fenster)pfosten *m*

jam jar *Br* [S] Marmeladenglas *n*

jammy ['dʒæmɪ] *Br umg* [ADJ] ⟨*komp* jammier⟩ Glücks-; **a ~ shot** ein Glückstreffer *m*

jam-packed [ADJ] gerammelt voll *umg*; **~ with tourists** voller Touristen **jam tart** [S] Marmeladenkuchen *m*, Marmeladentörtchen *n*

Jan [ABK] (= January) Jan.

jangle ['dʒæŋgl] [A] [V/I] *Glocken* bimmeln *umg* [B] [V/T] *Münzen* klimpern mit; *Schlüssel* rasseln mit

janitor ['dʒænɪtəʳ] [S] Hausmeister(in) *m(f)*, Abwart(in) *m(f) schweiz*, Hauswart(in) *m(f) österr*; *in Schulen* Schulwart(in) *m(f) österr*

★**January** ['dʒænjʊərɪ] [S] Januar *m*, Jänner *m österr*; → September

★**Japan** [dʒə'pæn] [S] Japan *n*

★**Japanese** [ˌdʒæpə'niːz] [A] [ADJ] japanisch [B] [S] ⟨*pl* —⟩ [1] Japaner(in) *m(f)* [2] LING Japanisch *n*

jar¹ [dʒɑːʳ] [S] *für Marmelade etc* Glas *n*

jar² [A] [S] Ruck *m* [B] [V/I] *Ton* schauerlich klingen; *Farben* sich beißen *umg* [C] [V/T] *Knie* sich (*dat*) stauchen; (≈ *schütteln*) durchrütteln ♦**jar on** [V/I] ⟨+*obj*⟩ Schauer über den Rücken jagen (+*dat*)

jargon ['dʒɑːgən] [S] Jargon *m*

jasmin(e) ['dʒæzmɪn] [S] Jasmin *m*

jaundice ['dʒɔːndɪs] [S] Gelbsucht *f*

jaunt [dʒɔːnt] [S] Spritztour *f*; **to go for a ~** eine Spritztour machen

jauntily ['dʒɔːntɪlɪ] [ADV] munter, fröhlich; **with his hat perched ~ over one ear** den Hut keck auf einem Ohr **jaunty** ['dʒɔːntɪ] [ADJ] ⟨*komp* jauntier⟩ munter

javelin ['dʒævlɪn] [S] Speer *m*; **in the ~** SPORT im Speerwurf

jaw [dʒɔː] [S] Kiefer *m*, Kinnlade *f*; **the lion opened its jaws** der Löwe riss seinen Rachen auf; **his jaw dropped** sein Unterkiefer klappte herunter **jawbone** ['dʒɔːbəʊn] [S] Kieferknochen *m*

jay [dʒeɪ] [S] Eichelhäher *m*

jaywalking [S] Unachtsamkeit *f* (eines Fußgängers) im Straßenverkehr

J

jazz [dʒæz] **A** s̲ MUS Jazz m **B** ATTR Jazz-
♦jazz up VT ⟨trennb⟩ aufmöbeln umg

jazzy ['dʒæzɪ] ADJ ⟨komp jazzier⟩ **1** Far-
be, Kleid, Schlips knallig umg; Muster auf-
fallend **2** Musik verjazzt

JCB® s̲ Erdräummaschine f

★**jealous** ['dʒeləs] ADJ Ehemann eifersüch-
tig; auf j-s Erfolg etc neidisch; **to be ~ of
sb** auf j-n eifersüchtig sein, j-n beneiden

jealously ['dʒeləslɪ] ADV **1** eifersüchtig
2 neidisch **jealousy** s̲ **1** Eifersucht f
⟨of auf +akk⟩ **2** Neid m

★**jeans** [dʒiːnz] PL Jeans pl; **a pair of ~** (ein
Paar) Jeans pl

Jeep® ['dʒiːp] s̲ Jeep® m

jeer [dʒɪə'] **A** s̲ **~s** Johlen n kein pl **B** VI
höhnische Bemerkungen machen; durch
Zwischenrufe buhen; **to ~ at sb** j-n (laut)
verhöhnen **C** VT verhöhnen **jeering**
['dʒɪərɪŋ] s̲ höhnische Bemerkungen pl;
(≈ Buhen) Gejohle n

Jehovah's Witness s̲ Zeuge m/Zeu-
gin f Jehovas

Jell-O® ['dʒeləʊ] US s̲ Wackelpudding m
umg **jelly** ['dʒelɪ] s̲ Gelee n; Br (≈ Nach-
tisch) Wackelpeter m umg; US Marmela-
de f; zu Fleisch Aspik m/n; **my legs were
like ~** ich hatte Pudding in den Beinen
umg **jellyfish** s̲ Qualle f **jelly jar** US
s̲ → jam jar

jeopardize ['dʒepədaɪz] VT gefährden
jeopardy ['dʒepədɪ] s̲ Gefahr f; **in ~**
gefährdet; **to put sb/sth in ~** j-n/etw
gefährden

jerk [dʒɜːk] **A** s̲ **1** Ruck m, Zucken n
kein pl; **to give sth a ~** einer Sache
(dat) einen Ruck geben; Seil an etw
(dat) ruckartig ziehen; **the train
stopped with a ~** der Zug hielt mit ei-
nem Ruck an **2** umg Trottel m umg, Kof-
fer m österr **B** VT rucken an (+dat); **the
impact ~ed his head forward/back**
beim Aufprall wurde sein Kopf nach
vorn/hinten geschleudert; **he ~ed his
head back** er riss den Kopf zurück **C**
VI **the car ~ed forward** der Wagen
machte einen Ruck nach vorn; **the car
~ed to a stop** das Auto hielt ruckweise
an **♦jerk off** VI sich (dat) einen run-
terholen umg

jerky ['dʒɜːkɪ] ADJ ⟨komp jerkier⟩ ruckar-
tig

Jersey ['dʒɜːzɪ] s̲ **1** Jersey n **2** (≈ Kuh)
Jersey(rind) n

jersey ['dʒɜːzɪ] s̲ Pullover m; FUSSB etc
Trikot n, Leiberl n österr, Leibchen n
österr, schweiz

Jerusalem [dʒə'ruːsələm] s̲ Jerusalem n
Jerusalem artichoke s̲ Erdartischo-
cke f

jest [dʒest] s̲ Scherz m, Witz m; **in ~** im
Spaß **jester** ['dʒestə'] s̲ HIST Narr m

Jesuit ['dʒezjʊɪt] s̲ Jesuit m

Jesus ['dʒiːzəs] **A** s̲ Jesus m; **~ Christ** Je-
sus Christus **B** INT sl Mensch umg; **~
Christ!** Menschenskind! umg

★**jet** [dʒet] **A** s̲ **1** von Wasser Strahl m; **a
thin jet of water** ein dünner Wasser-
strahl **2** Düse f **3** (a. jet plane) Düsen-
flugzeug n, Jet m **B** ATTR FLUG Düsen-,
Jet- **♦jet off** VI düsen umg ⟨to nach⟩

jet-black [ˌdʒet'blæk] ADJ kohlraben-
schwarz

jet engine s̲ Düsentriebwerk n **jet
fighter** s̲ Düsenjäger m **jet foil** s̲
Tragflügelboot n **jet lag** s̲ Jetlag n;
he's suffering from ~ er hat Jetlag **jet-
lagged** ADJ **to be ~** an Jetlag leiden
jet plane s̲ Düsenflugzeug n **jet-pro-
pelled** ADJ mit Düsenantrieb **jet pro-
pulsion** s̲ Düsenantrieb m **jet set** s̲
Jetset m **jet-setter** s̲ Jetsetter(in) m(f)
jet ski® s̲ Wasserbob m

jettison ['dʒetɪsn] VT **1** SCHIFF, FLUG
(als Ballast) abwerfen **2** fig Plan über
Bord werfen; Gegenstände wegwerfen

jetty ['dʒetɪ] s̲ Pier m

Jew [dʒuː] s̲ Jude m, Jüdin f

jewel ['dʒuːəl] s̲ Edelstein m, Schmuck-
stück n **jeweller** ['dʒuːələ'] s̲, **jeweler**
US s̲ Juwelier(in) m(f); (≈ Handwerker)
Goldschmied(in) m(f); **at the ~'s (shop)**
beim Juwelier

★**jewellery** ['dʒuːəlrɪ] s̲, **jewelry** US s̲
Schmuck m kein pl; **a piece of ~** ein
Schmuckstück n

Jewish ['dʒuːɪʃ] ADJ jüdisch

jibe [dʒaɪb] s̲ → gibe

jiffy ['dʒɪfɪ], **jiff** [dʒɪf] umg s̲ Minütchen
n umg; **I won't be a ~** ich komme sofort
od gleich, ich bin sofort od gleich wie-
der da; **in a ~** sofort **Jiffy bag®** Br s̲
(gepolsterte) Versandtasche

jig [dʒɪg] **A** s̲ lebhafter Volkstanz **B** VI
fig a. jig about herumhüpfen; **to jig
up and down** herumspringen

jiggle ['dʒɪgl] **A** VT wackeln mit; Türklin-
ke rütteln an (+dat) **B** VI (a. jiggle

about) herumzappeln

jigsaw ['dʒɪgsɔː] [S] [1] TECH Tischlerbandsäge *f* [2] (*a.* ~ **puzzle**) Puzzle(spiel) *n*

jilt [dʒɪlt] [VT] *Freundin* den Laufpass geben (+*dat*); **~ed** verschmäht

jingle ['dʒɪŋgl] [A] [S] (**advertising**) ~ Jingle *m* [B] [VI] *Schlüssel* klimpern; *Glocken* bimmeln [C] [VT] *Schlüssel* klimpern mit; *Glocken* bimmeln lassen

jingoism ['dʒɪŋgəʊɪzəm] [S] Hurrapatriotismus *m*

jinx [dʒɪŋks] [S] **there must be** *od* **there's a ~ on it** das ist verhext; **to put a ~ on sth** etw verhexen **jinxed** [dʒɪŋkst] [ADJ] verhext

jitters ['dʒɪtəz] *umg* [PL] **he had the ~** er hatte das große Zittern *umg*; **to give sb the ~** j-n ganz rappelig machen *umg* **jittery** ['dʒɪtərɪ] *umg* [ADJ] rappelig *umg*

jive [dʒaɪv] [VI] swingen

Jnr [ABK] (= **junior**) jun., jr.

★**job** [dʒɒb] [S] [1] Arbeit *f*; **I have a job to do** ich habe zu tun; **I have a little job for you** ich habe da eine kleine Arbeit *od* Aufgabe für Sie; **to make a good job of sth** bei etw gute Arbeit leisten; **we could do a better job of running the company** wir könnten die Firma besser leiten; **I had a job convincing him** es war gar nicht so einfach, ihn zu überzeugen [2] Stelle *f*, Job *m umg*; **to look for/get/have a job** eine Stelle suchen/bekommen/haben; **to lose one's job** seine Stelle verlieren; **500 jobs lost** 500 Arbeitsplätze verloren gegangen [3] Aufgabe *f*; **that's not my job** dafür bin ich nicht zuständig; **it's not my job to tell him** es ist nicht meine Aufgabe, ihm das zu sagen; **I had the job of breaking the news to her** es fiel mir zu, ihr die Nachricht beizubringen; **he's not doing his job** er erfüllt seine Aufgabe(n) nicht; **I'm only doing my job** ich tue nur meine Pflicht [4] **that's a good job!** so ein Glück; **it's a good job I brought my cheque book** nur gut, dass ich mein Scheckbuch mitgenommen habe; **to give sb/sth up as a bad job** j-n/etw aufgeben; **to make the best of a bad job** das Beste daraus machen; **that should do the job** das müsste hinhauen *umg*; **this is just the job** das ist genau das Richtige [5] *umg* (≈ *Schönheitsoperation*) Korrektur *f*; **to have a nose job** eine Nasenkorrektur machen lassen **job advertisement** [S] Stellenanzeige *f* **job agency** [S] Arbeitsvermittlung *f*; *für Zeitarbeit* Zeitarbeitsfirma *f* **job application** [S] Stellenbewerbung *f*; *Dokumente* Bewerbungsunterlagen *pl* **jobbing** ['dʒɒbɪŋ] [ADJ] Gelegenheits- **job centre** *Br* [S] Arbeitsagentur *f* **job creation** [S] Arbeitsbeschaffung *f*; **~ scheme** Arbeitsbeschaffungsmaßnahme *f* **job cuts** [PL] Arbeitsplatzabbau *m* **job description** [S] Tätigkeitsbeschreibung *f* **job exchange** [S] Jobbörse *f* **job-hunting** [S] Jobsuche *f*; **to be ~** auf Jobsuche sein **job interview** [S] Vorstellungsgespräch *n* **jobless** [ADJ] arbeitslos **job loss** [S] **there were 1,000 ~es** 1 000 Arbeitsplätze gingen verloren **job lot** [S] HANDEL (Waren)posten *m* **job satisfaction** [S] Zufriedenheit *f* am Arbeitsplatz **job security** [S] Arbeitsplatzsicherheit *f* **jobseeker** [S] Arbeitssuchende(r) *m/f(m)*; **~'s allowance** *Br* Arbeitslosengeld *n* **job sharing** [S] Jobsharing *n*

jockey ['dʒɒkɪ] [A] [S] Jockey *m* [B] [VI] **to ~ for position** *fig* rangeln **jockey shorts** [PL] Jockeyshorts *pl*

jockstrap ['dʒɒkstræp] [S] Suspensorium *n*

jocular ['dʒɒkjʊlə[r]] [ADJ] lustig

jodhpurs ['dʒɒdpəz] [PL] Reithose(n) *f(pl)*

jog [dʒɒg] [A] [VT] stoßen an (+*akk*) *od* gegen; *j-n* anstoßen; **to jog sb's memory** j-s Gedächtnis (*dat*) nachhelfen [B] [VI] trotten; SPORT joggen [C] [S] SPORT Dauerlauf *m*; **to go for a jog** SPORT joggen (gehen) ♦**jog along** [VI] [1] *Mensch, Fahrzeug* entlangzuckeln [2] *fig* vor sich (*akk*) hin wursteln *umg*

jogger ['dʒɒgə[r]] [S] [1] Jogger(in) *m(f)* [2] **~s** *pl* Jogginghose *f* **jogging** ['dʒɒgɪŋ] [S] Jogging *n*, Joggen *n* **jogging pants** [PL] Jogginghose *f*

john [dʒɒn] *US umg* [S] [1] Klo *n umg*, Häus(e)l *n österr* [2] *von Prostituierter* Freier *m*

John Bull [S] die Engländer *pl*

John Doe *US* [S] Otto Normalverbraucher *m umg*

John Hancock [ˌdʒɒn'hæŋkɒk] [S] *umg* (≈ *Unterschrift*) Friedrich Wilhelm *m umg*

★**join** [dʒɔɪn] [A] [VT] [1] verbinden (**to** mit);

J

J

to ~ two things together zwei Dinge (miteinander) verbinden; to ~ hands sich (dat) od einander die Hände reichen **2** Militär gehen zu; EU beitreten (+dat); Partei, Verein eintreten in (+akk); Firma anfangen bei; Gruppe sich anschließen (+dat); to ~ the queue sich in die Schlange stellen; he ~ed us in France er stieß in Frankreich zu uns; I'll ~ you in five minutes ich bin in fünf Minuten bei Ihnen; may I ~ you? kann ich mich Ihnen anschließen?; auf Parkbank etc darf ich mich zu Ihnen setzen?; bei Spiel kann ich mitmachen?; will you ~ us? machen Sie mit?; auf Parkbank etc wollen Sie sich (nicht) zu uns setzen?; auf Spaziergang kommen Sie mit?; will you ~ me in a drink? trinken Sie ein Glas mit mir? **3** Fluss, Straße einmünden in (+akk) **B** VII **1** (a. ~ together) (miteinander) verbunden sein, sich (miteinander) verbinden lassen; Flüsse zusammenfließen; Straßen sich treffen; to ~ together in doing sth etw gemeinsam tun **2** als Klubmitglied beitreten **C** S̲ Naht(stelle) f ◆join in VII mitmachen (obj bei); bei Protestmarsch sich anschließen (obj +dat); bei Gespräch sich beteiligen (obj an +dat); everybody joined in the chorus sie sangen alle zusammen den Refrain; he didn't want to join in the fun er wollte nicht mitmachen ◆join up **A** VII **1** MIL Soldat werden **2** Straßen sich treffen **B** VT̲ ⟨trennb⟩ (miteinander) verbinden

joiner ['dʒɔɪnə'] S̲ Schreiner(in) m(f)
★**joint** [dʒɔɪnt] **A** S̲ **1** ANAT Gelenk n; ~ pain Gelenkschmerzen pl; ankle ~ Knöchel m **2** in Holz Fuge f; in Rohr Verbindung(sstelle) f **3** Br GASTR Braten m; a ~ of beef ein Rinderbraten m **4** umg (≈ Gaststätte etc) Laden m umg **5** umg (≈ Marihuana) Joint m umg **B** ADJ̲ ⟨attr⟩ gemeinsam; Stärke vereint; he finished ~ second od in ~ second place Br er belegte gemeinsam mit einem anderen den zweiten Platz; it was a ~ effort das ist in Gemeinschaftsarbeit entstanden **joint account** S̲ gemeinsames Konto **jointed** ADJ̲ mit Gelenken versehen **jointly** ['dʒɔɪntlɪ] ADV̲ gemeinsam; to be ~ owned by ... im gemeinsamen Besitz von ... sein **joint owner** S̲ Mitbesitzer(in) m(f) **joint ownership** S̲

Mitbesitz m **joint stock** S̲ Aktienkapital n **joint stock company** S̲ ≈ Kapitalgesellschaft f **joint venture** S̲ HANDEL Jointventure n

joist [dʒɔɪst] S̲ Balken m; aus Metall, Beton Träger m
★**joke** [dʒəʊk] **A** S̲ Witz m, Scherz m, Streich m; for a ~ zum Spaß; I don't see the ~ ich möchte wissen, was daran so lustig ist od sein soll; he can't take a ~ er versteht keinen Spaß; what a ~! zum Totlachen! umg; it's no ~ das ist nicht witzig; this is getting beyond a ~ Br das geht (langsam) zu weit; to play a ~ on sb j-m einen Streich spielen; to make a ~ of sth Witze über etw (akk) machen; to make ~s about sb/sth sich über j-n/etw lustig machen **B** VII Witze machen (about über +akk), Spaß machen, scherzen; I'm not joking ich meine das ernst; you must be joking! das soll wohl ein Witz sein; you're joking! mach keine Witze! **joker** ['dʒəʊkə'] S̲ **1** Witzbold m **2** KART Joker m **joking** ['dʒəʊkɪŋ] **A** ADJ̲ Ton scherzhaft; it's no ~ matter darüber macht man keine Witze **B** S̲ Witze pl; ~ apart od aside Spaß beiseite **jokingly** ['dʒəʊkɪŋlɪ] ADV̲ im Spaß **joky** ['dʒəʊkɪ] ADJ̲ lustig
jolly ['dʒɒlɪ] **A** ADJ̲ ⟨komp jollier⟩ bes Br vergnügt **B** ADV̲ obs Br umg ganz schön umg; zufrieden mächtig umg; ~ good prima umg; I should ~ well hope/think so! das will ich auch hoffen/gemeint haben!
jolt [dʒəʊlt] **A** VII Fahrzeug holpern, einen Ruck machen **B** VT̲ durchschütteln, einen Ruck geben (+dat); fig aufrütteln; she was ~ed awake sie wurde wach gerüttelt **C** S̲ **1** Ruck m **2** fig umg Schock m
jostle ['dʒɒsl] **A** VII drängeln **B** VT̲ anrempeln
jot [dʒɒt] umg S̲ Körnchen n; it won't do a jot of good das ist nicht gar nichts; this won't affect my decision one jot das wird meine Entscheidung nicht im Geringsten beeinflussen ◆jot down VT̲ ⟨trennb⟩ sich (dat) notieren; to jot down notes Notizen machen
jotter ['dʒɒtə'] Br S̲ Notizheft(chen) n
joule [dʒuːl] S̲ (≈ physikalische Einheit) Joule n
journal ['dʒɜːnl] S̲ **1** Zeitschrift f **2** Ta-

gebuch *n*; **to keep a ~** Tagebuch führen **journalese** [ˌdʒɜːnəˈliːz] [S] Pressejargon *m* **journalism** [ˈdʒɜːnəlɪzəm] [S] Journalismus *m* **journalist** [ˈdʒɜːnəlɪst] [S] Journalist(in) *m(f)*

★**journey** [ˈdʒɜːnɪ] [A] [S] Reise *f*; **to go on a ~** verreisen; **it's a ~ of 50 miles** es liegt 50 Meilen entfernt; **it's a two-day ~ to get to … from here** man braucht zwei Tage, um von hier nach … zu kommen; **a train ~** eine Zugfahrt; **the ~ home** die Heimreise; **he has quite a ~ to get to work** er muss ziemlich weit fahren, um zur Arbeit zu kommen; **a ~ of discovery** eine Entdeckungsreise [B] [V/I] reisen

jovial [ˈdʒəʊvɪəl] [ADJ] fröhlich

jowl [dʒaʊl] [S] ‹*oft pl*› Hängebacke *f*

★**joy** [dʒɔɪ] [S] [1] Freude *f*; **to my great joy** zu meiner großen Freude; **this car is a joy to drive** es ist eine Freude, dieses Auto zu fahren; **one of the joys of this job is …** eine der erfreulichen Seiten dieses Berufs ist … [2] ‹*kein pl*› *Br umg* Erfolg *m*; **any joy?** hat es geklappt? *umg*; **you won't get any joy out of him** bei ihm werden Sie keinen Erfolg haben **joyful** [ˈdʒɔɪfʊl] [ADJ] freudig **joyous** [ˈdʒɔɪəs] *liter* [ADJ] freudig **joyrider** [S] Joyrider(in) *m(f)*, Strolchenfahrer(in) *m(f) schweiz* **joyriding** [S] Joyriding *n*, Strolchenfahrten *pl schweiz* **joystick** [S] FLUG Steuerknüppel *m*; COMPUT Joystick *m*

JPEG [ˈdʒeɪpeg] [ABK] (= Joint Photographic Experts Group) JPEG *n*

Jr [ABK] (= junior) jr., jun.

jubilant [ˈdʒuːbɪlənt] [ADJ] überglücklich

jubilation [ˌdʒuːbɪˈleɪʃən] [S] Jubel *m*

jubilee [ˈdʒuːbɪliː] [S] Jubiläum *n*

Judaism [ˈdʒuːdeɪɪzəm] [S] Judentum *n*

judder [ˈdʒʌdəʳ] *Br* [V/I] erzittern; *Auto* ruckeln; **the train ~ed to a halt** der Zug kam ruckartig zum Stehen

★**judge** [dʒʌdʒ] [A] [S] [1] JUR Richter(in) *m(f)*; *bei Wettbewerb* Preisrichter(in) *m(f)*; SPORT Kampfrichter(in) *m(f)* [2] *fig* Kenner(in) *m(f)*; **a good ~ of character** ein guter Menschenkenner; **I'll be the ~ of that** das müssen Sie mich schon selbst beurteilen lassen [B] [V/T] [1] JUR *Fall* verhandeln [2] *Wettbewerb* bewerten; SPORT Kampfrichter sein bei [3] *fig* ein Urteil fällen über (+*akk*); **you shouldn't ~ people by appearances** Sie sollten Menschen nicht nach ihrem Äußeren beurteilen; **you can ~ for yourself** Sie können es selbst beurteilen; **how would you ~ him?** wie würden Sie ihn beurteilen *od* einschätzen? [4] *Geschwindigkeit* einschätzen [C] [V/I] [1] *bei Wettbewerb* Preisrichter sein [2] *fig* ein Urteil fällen, (be)urteilen; **as** *od* **so far as one can ~** soweit man (es) beurteilen kann; **judging by sth** nach etw zu urteilen; **to ~ by appearances** nach dem Äußeren urteilen; **he let me ~ for myself** er überließ es meinem Urteil

★**judg(e)ment** [ˈdʒʌdʒmənt] [S] [1] JUR (Gerichts)urteil *n*; **to pass** *od* **give ~** das Urteil sprechen (**on** über +*akk*) [2] Meinung *f*; *von Geschwindigkeit* Einschätzung *f*; **in my ~** meiner Meinung nach; **against one's better ~** wider besseres Wissen [3] Urteilsvermögen *n* **judg(e)mental** [dʒʌdʒˈmentl] [ADJ] wertend **Judg(e)ment Day** [S] Tag *m* des Jüngsten Gerichts

judicial [dʒuːˈdɪʃəl] [ADJ] JUR gerichtlich; **~ system** Justizsystem *n* **judiciary** [dʒuːˈdɪʃɪərɪ] [S] Gerichtsbehörden *pl*

judo [ˈdʒuːdəʊ] [S] ‹*kein pl*› Judo *n*

jug [dʒʌg] [S] Kanne *f*, Krug *m*

juggernaut [ˈdʒʌgənɔːt] *Br* [S] Schwerlaster *m*

juggle [ˈdʒʌgl] [A] [V/I] jonglieren [B] [V/T] *Bälle* jonglieren (mit); *Zahlen* so hindrehen, dass sie passen; **many women have to ~ (the demands of) family and career** viele Frauen müssen (die Anforderungen von) Familie und Beruf miteinander vereinbaren **juggler** [ˈdʒʌgləʳ] *wörtl* [S] Jongleur(in) *m(f)*

jugular [ˈdʒʌgjʊləʳ] [S] **~ (vein)** Drosselvene *f*

★**juice** [dʒuːs] *wörtl, fig umg* [S] Saft *m* **juicy** [ˈdʒuːsɪ] [ADJ] ‹*komp* juicier› saftig

jukebox [ˈdʒuːkbɒks] [S] Musikbox *f*

Jul [ABK] (= July) Jul.

★**July** [dʒuːˈlaɪ] [S] Juli *m*; → September

jumble [ˈdʒʌmbl] [A] [V/T] (*a.* **jumble up**) [1] *wörtl* durcheinanderbringen; **~d up** durcheinander; **a ~d mass of wires** ein Wirrwarr *m* von Kabeln; **his clothes are ~d together on the bed** seine Kleider liegen in einem unordentlichen Haufen auf dem Bett [2] *fig Tatsachen* durcheinanderbringen [B] [S] [1] Durchein-

J

ander n; von Worten Wirrwarr m ② ⟨kein pl⟩ für Trödelmarkt gebrauchte Sachen pl
jumble sale Br ⓢ ≈ Flohmarkt m, Wohltätigkeitsbasar m
jumbo [ˈdʒʌmbəʊ] ⓢ ⟨pl -s⟩ Jumbo(jet) m **jumbo pack** ⓢ Großpackung f
jumbo-sized [ˈdʒʌmbəʊˌsaɪzd] ADJ riesig, Riesen-

★**jump** [dʒʌmp] A ⓢ ① Sprung m; auf Parcours Hindernis n; von Preisen (sprunghafter) Anstieg ② **to give a ~** zusammenfahren B ᵛⁱ ① springen; Preise sprunghaft ansteigen; **to ~ for joy** einen Freudensprung machen; **to ~ to one's feet** aufspringen; **to ~ to conclusions** vorschnelle Schlüsse ziehen; **to ~ to it!** mach schon!; **the movie suddenly ~s from the 18th into the 20th century** der Film macht plötzlich einen Sprung vom 18. ins 20. Jahrhundert; **if you keep ~ing from one thing to another** wenn Sie nie an einer Sache bleiben ② zusammenzucken; **you made me ~** du hast mich (aber) erschreckt C ᵛₜ Zaun, Hindernis überspringen; **to ~ the lights** bei Rot über die Kreuzung fahren; **to ~ the queue** Br sich vordrängeln
♦**jump about** Br, **jump around** ᵛⁱ herumspringen, herumhüpfen ♦**jump at** ᵛⁱ ⟨+obj⟩ Gelegenheit sofort beim Schopf ergreifen ♦**jump down** ᵛⁱ herunterspringen (**from** von); **to jump down sb's throat** j-n anfahren ♦**jump in** ᵛⁱ hineinspringen; **jump in!** in Auto steig ein! ♦**jump off** ᵛⁱ herunterspringen (obj von); aus Zug etc aussteigen (obj aus); von fahrendem Zug etc abspringen (obj von) ♦**jump on** ᵛⁱ wörtl in Fahrzeug einsteigen (obj, -to in +akk); springen on(to) sb/sth auf j-n/etw springen ♦**jump out** ᵛⁱ hinausspringen; aus Bus etc aussteigen (**of** aus); aus fahrendem Bus etc abspringen (**of** von); **to jump out of the window** aus dem Fenster springen ♦**jump up** ᵛⁱ hochspringen, hinaufspringen (**onto** auf +akk)
jumper [ˈdʒʌmpəᵣ] ⓢ ① Br Pullover m ② US Trägerkleid n **jumper cables** US ᵖˡ AUTO →jump leads **jump leads** Br ᵖˡ AUTO Starthilfekabel n **jump rope** US ⓢ Hüpf- od Sprungseil n **jump suit** US ⓢ Overall m **jumpy** [ˈdʒʌmpɪ] ADJ ⟨komp jumpier⟩ umg nervös
Jun ABK (= June) Jun.

junction [ˈdʒʌŋkʃən] ⓢ BAHN Gleisanschluss m; von Straßen Kreuzung f **junction box** ⓢ ELEK Verteilerkasten m
juncture [ˈdʒʌŋktʃəᵣ] ⓢ **at this ~** zu diesem Zeitpunkt
June [dʒuːn] ⓢ Juni m; → September
jungle [ˈdʒʌŋgl] ⓢ Dschungel m
junior [ˈdʒuːnɪəᵣ] A ADJ ① jünger; **Hiram Schwarz, ~** Hiram Schwarz junior ② Angestellter untergeordnet; Offizier rangniedriger; **to be ~ to sb** unter j-m stehen B SPORT Junioren- B ⓢ ① **he is two years my ~** er ist zwei Jahre jünger als ich ② Br SCHULE Grundschüler(in) m(f) ③ US UNIV Student(in) im vorletzten Studienjahr **junior college** US ⓢ ≈ Kollegstufe f, Oberstufe f **junior high (school)** US ⓢ ≈ Mittelschule f **junior minister** ⓢ Staatssekretär(in) m(f) **junior partner** ⓢ jüngerer Teilhaber; POL kleinerer (Koalitions)partner **junior school** Br ⓢ Grundschule f
junk [dʒʌŋk] ⓢ ① Trödel m ② umg Ramsch m **junk food** ⓢ Junkfood n umg, ungesundes Essen **junkie** [ˈdʒʌŋkɪ] umg ⓢ Junkie m umg **junk mail** ⓢ (Post)wurfsendungen pl **junk shop** ⓢ Trödelladen m **junk yard** ⓢ US Schrottplatz m
Jupiter [ˈdʒuːpɪtəᵣ] ⓢ Jupiter m
jurisdiction [ˌdʒʊərɪsˈdɪkʃən] ⓢ Gerichtsbarkeit f, Zuständigkeit f, Zuständigkeitsbereich m
juror [ˈdʒʊərəᵣ] ⓢ Schöffe m, Schöffin f, Geschworene(r) m/f(m) **jury** [ˈdʒʊərɪ] ⓢ ① JUR die Schöffen pl, die Geschworenen pl; **to sit od be on the ~** Schöffe/Geschworener sein ② bei Wettbewerb Jury f **jury service** ⓢ Schöffenamt n, Amt n des Geschworenen
just¹ [dʒʌst] ADV ① zeitlich gerade; **they have ~ left** sie sind gerade gegangen; **she left ~ before I came** sie war, kurz bevor ich kam, weggegangen; **~ after lunch** gleich nach dem Mittagessen; **he's ~ coming** er kommt gerade; **I'm ~ coming** ich komme ja schon; **I was ~ going to …** ich wollte gerade …; **~ as I was going** gerade, als ich gehen wollte; **~ now** gerade erst; **not ~ now** im Moment nicht; **~ now?** jetzt gleich?; **~ then** genau in dem Moment ② gerade noch; **it ~ missed** es hat beinahe getroffen; **I've got only ~ enough to live

on mir reicht es gerade so noch zum Leben; **I arrived ~ in time** ich bin gerade (noch) rechtzeitig gekommen **3** genau; **that's ~ like you** das sieht dir ähnlich; **that's ~ it!** das ist es ja gerade!; **that's ~ what I was going to say** genau das wollte ich (auch) sagen **4** nur, bloß; **~ you and me** nur wir beide; **he's ~ a boy** er ist doch noch ein Junge; **I don't like it** ich mag es eben nicht; **~ like that** (ganz) einfach so; **you can't ~ assume ...** Sie können doch nicht ohne Weiteres annehmen ...; **it's ~ not good enough as** ist einfach nicht gut genug **5** örtlich gleich; **~ above the trees** direkt über den Bäumen; **put it ~ over there** stells mal da drüben hin; **~ here** (genau) hier **6** wirklich; **it's ~ terrible** das ist ja schrecklich! **7** **~ as ... as ...** genauso ... wie ...; **the blue hat is ~ as nice as the red one** der blaue Hut ist genauso hübsch wie der rote; **it's ~ as well ...** nur gut, dass ...; **~ as I thought!** ich habe es mir doch gedacht!; **~ about** in etwa; **I am ~ about ready** ich bin so gut wie fertig; **did he make it in time?** — **~ about** hat ers (rechtzeitig) geschafft? — **so gerade**; **I am ~ about fed up with it!** *umg* so langsam aber sicher hängt es mir zum Hals raus *umg*; **~ listen** hör mal; **~ shut up!** sei bloß still!; **~ wait here a moment** warten Sie hier mal (für) einen Augenblick; **~ a moment!** Moment mal!; **I can ~ see him as a soldier** ich kann ihn mir gut als Soldat vorstellen; **can I ~ finish this?** kann ich das eben noch fertig machen?

just² ▭ADV ⟨+er⟩ gerecht **(to** gegenüber); **I had ~ cause to be alarmed** ich hatte guten Grund, beunruhigt zu sein

★**justice** [ˈdʒʌstɪs] ▭S̲ **1** Gerechtigkeit *f*; *System* Justiz *f*; **to bring sb to ~** j-n vor Gericht bringen; **to do him ~** um ihm gegenüber gerecht zu sein; **this photograph doesn't do her ~** auf diesem Foto ist sie nicht gut getroffen; **you didn't do yourself ~ in the exams** Sie haben im Examen nicht gezeigt, was Sie können; **ministry of ~** *Br*, **Department of Justice** *US* Justizministerium *n* **2** Richter(in) *m(f)*; **Justice of the Peace** Friedensrichter(in) *m(f)*

justifiable [ˌdʒʌstɪˈfaɪəbl] ▭ADJ gerecht-

fertigt **justifiably** [ˌdʒʌstɪˈfaɪəblɪ] ▭ADV mit *od* zu Recht **justification** [ˌdʒʌstɪfɪˈkeɪʃən] S̲ Rechtfertigung *f* (**of** +gen *od* **for** für); **as** (**a**) **~ for his action** zur Rechtfertigung seiner Handlungsweise **justify** [ˈdʒʌstɪfaɪ] ▭V̲T̲ **1** rechtfertigen (**sth to sb** etw vor j-m, j-m gegenüber); **he was justified in doing that** es war gerechtfertigt, dass er das tat **2** TYPO justieren; IT ausrichten **justly** [ˈdʒʌstlɪ] ▭ADV zu Recht; *behandeln* gerecht

jut [dʒʌt] ▭V̲I̲, ⟨*a.* **jut out**⟩ hervorstehen; **the peninsula juts out into the sea** die Halbinsel ragt ins Meer hinaus; **to jut out over the street** über die Straße hinausragen

juvenile [ˈdʒuːvənaɪl] ▭A̲ S̲ ADMIN Jugendliche(r) *m/f(m)* ▭B̲ ▭ADJ für Jugendliche; **~ crime** Jugendkriminalität *f* **juvenile delinquency** S̲ Jugendkriminalität *f* **juvenile delinquent** S̲ jugendlicher Straftäter, jugendliche Straftäterin

juxtapose [ˈdʒʌkstəˌpəʊz] ▭V̲T̲ nebeneinanderstellen

K¹, k [keɪ] S̲ K *n*, k *n*
K² ▭ABK -tausend; **15 K** 15.000
k ▭ABK (= kilobyte) IT KB
kaleidoscope [kəˈlaɪdəskəʊp] S̲ Kaleidoskop *n*
kangaroo [ˌkæŋgəˈruː] S̲ ⟨*pl* -s⟩ Känguru *n*
karaoke [ˌkærəˈəʊkɪ] S̲ Karaoke *n*
karate [kəˈrɑːtɪ] S̲ Karate *n*
kayak [ˈkaɪæk] S̲ Kajak *m/n*
kcal [ˈkeɪkæl] ▭ABK (= kilocalorie) kcal
kebab [kəˈbæb] S̲ Kebab *m*
keel [kiːl] S̲ SCHIFF Kiel *m*; **he put the business back on an even ~** er brachte das Geschäft wieder auf die Beine *umg* ◆**keel over** *fig umg* ▭V̲I̲ umkippen
★**keen** [kiːn] ▭ADJ ⟨+er⟩ **1** *Interesse* stark; *Intelligenz* scharf; *Gehör etc* gut **2** begeistert, stark interessiert; **~ to learn** lern-

begierig; **to be ~ on sb** von j-m sehr angetan sein; *sexuell stark* auf j-n sein *umg*; *auf Popgruppe etc* von j-m begeistert sein; **to be ~ on sth** etw sehr gern mögen; **to be ~ on doing sth** etw mit Begeisterung tun; **to be ~ to do sth** scharf darauf sein, etw zu tun *umg*; **to be ~ on dancing** leidenschaftlicher Tänzer sein; **he is very ~ on golf** er ist ein Golffan *m*; **I'm not very ~ on him** ich bin von ihm/nicht gerade begeistert; **he's not ~ on her coming** er legt keinen (gesteigerten) Wert darauf, dass sie kommt; **he's very ~ for us to go** er legt sehr großen Wert darauf, dass wir gehen ☒ *Klinge, Wind* scharf **keenly** [ˈkiːnlɪ] *ADV* 🛈 *fühlen* leidenschaftlich; *interessiert* stark ☒ mit Begeisterung; **awaited** mit Ungeduld erwartet **keenness** [ˈkiːnnɪs] ⚥ Begeisterung *f*; *von Bewerber, Student* starkes Interesse

---

★keep [kiːp]
⟨*v: prät, pperf* **kept**⟩

A transitives Verb   **B** intransitives Verb
C Substantiv

— A transitives Verb **—**

🛈 behalten; **you can ~ this book** du kannst dieses Buch behalten; **to ~ a place for sb** einen Platz für j-n frei halten; **to ~ a note of sth** sich (*dat*) etw notieren ☒ halten; **he kept his hands in his pockets** er hat die Hände in der Tasche gelassen; **the garden was well kept** der Garten war (gut) gepflegt; **to ~ sb waiting** j-n warten lassen; **can't you ~ him talking?** können Sie ihn nicht in ein Gespräch verwickeln?; **to ~ the traffic moving** den Verkehr am Fließen halten; **to ~ the conversation going** das Gespräch in Gang halten; **to ~ one's dress clean** sein Kleid nicht schmutzig machen; **to ~ sb quiet** dafür sorgen, dass j-d still ist; **just to ~ her happy** damit sie zufrieden ist; **to ~ sb alive** j-n am Leben halten; **to ~ oneself busy** sich selbst beschäftigen; **to ~ oneself warm** sich warm halten ☒ aufbewahren; **where do you ~ your spoons?** wo sind die Löffel? ☒ aufheben; **I've been ~ing it for you** ich habe es für Sie aufgehoben ☒ aufhalten; **I mustn't ~ you** ich

will Sie nicht aufhalten; **what kept you?** wo waren Sie denn so lang?; **what's ~ing him?** wo bleibt er denn?; **to ~ sb prisoner** j-n gefangen halten; **they kept him in hospital** sie haben ihn im Krankenhaus behalten ☒ *Geschäft* führen; *Nutztiere* halten ☒ versorgen; **I earn enough to ~ myself** ich verdiene genug für mich (selbst) zum Leben; **I have six children to ~** ich habe sechs Kinder zu unterhalten ☒ *Versprechen* halten; *Regel* befolgen; *Termin* einhalten ☒ *Tagebuch* führen (**of** über +*akk*)

— B intransitives Verb **—**

🛈 **to ~ to the left** sich links halten; AUTO links fahren ☒ bleiben; **how are you ~ing?** wie geht es Ihnen so?; **to ~ fit** fit bleiben; **to ~ quiet** still sein; **to ~ silent** schweigen; **to ~ calm** ruhig bleiben; **to ~ doing sth** etw weiter tun; etw dauernd tun; **to ~ walking** weitergehen; **~ going** machen Sie weiter; **I ~ hoping she's still alive** ich hoffe immer noch, dass sie noch lebt; **I ~ thinking …** ich denke immer … ☒ *Lebensmittel etc* sich halten

— C Substantiv **—**

Unterhalt *m*; **I got £300 a week and my ~** ich bekam £ 300 pro Woche und freie Kost und Logis; **to earn one's ~** seinen Lebensunterhalt verdienen; **for ~s** *umg* für immer

keep at A ⱽᴵ ⟨+*obj*⟩ weitermachen mit; **keep at it** machen Sie weiter so **B** ⱽᵀ ⟨+*obj*⟩ **to keep sb (hard) at it** j-n hart rannehmen *umg* **◆keep away A** ⱽᴵ *wörtl* wegbleiben; **keep away!** nicht näher kommen!; **keep away from that place** gehen Sie da nicht hin; **I just can't keep away** es zieht mich immer wieder hin; **keep away from him** lassen Sie die Finger von ihm **B** ⱽᵀ ⟨*immer getrennt*⟩ fernhalten (**from** von); **to keep sth away from sth** etw nicht an etw (*akk*) kommen lassen; **to keep sb away from school** j-n nicht in die Schule (gehen) lassen **◆keep back A** ⱽᴵ zurückbleiben; **keep back!** bleiben Sie, wo Sie sind!; **please keep back from the edge** bitte gehen Sie nicht zu nahe an den Rand **B** ⱽᵀ ⟨*trennb*⟩ 🛈 *j-n, Haare* zurückhalten; *Tränen* unterdrücken; **to keep sb/sth back from sb** j-n/etw von j-m abhalten ☒ *Geld* einbehalten; *Infor-*

mationen verschweigen (**from sb** j-m) ♦**keep down** Ⓐ *Vi* unten bleiben Ⓑ *Vt ⟨trennb⟩* 1 *Kopf* ducken; **keep your voices down** reden Sie nicht so laut 2 *Unkraut* unter Kontrolle halten; *Steuern, Preise* niedrig halten; *Kosten* drücken; **to keep numbers down** die Zahlen gering halten; **to keep one's weight down** nicht zunehmen 3 *Gegessenes* bei sich behalten ♦**keep from** *Vt ⟨+obj⟩* 1 j-n hindern an (+*dat*); **I couldn't keep him from doing it** ich konnte ihn nicht daran hindern *od* davon abhalten, das zu tun; **the bells keep me from sleeping** die Glocken lassen mich nicht schlafen; **keep them from getting wet** verhindern Sie es, dass sie nass werden; **to keep sb from harm** j-n vor Schaden (*dat*) bewahren 2 **to keep sth from sb** j-m etw verschweigen; **can you keep this from your mother?** können Sie das vor Ihrer Mutter geheim halten *od* verbergen? ♦**keep in** *Vt ⟨trennb⟩* *Schüler* nachsitzen lassen; **his parents have kept him in** seine Eltern haben ihn nicht gehen lassen ♦**keep in with** *Vi ⟨+obj⟩* sich gut stellen mit; **he's just trying to keep in with her** er will sich nur bei ihr lieb Kind machen ♦**keep off** Ⓐ *Vi* wegbleiben; **if the rain keeps off** wenn es nicht regnet; **"keep off!"** „Betreten verboten!" Ⓑ *Vt ⟨trennb⟩* fernhalten (*obj* von); *seine Hände* wegnehmen (*obj* von); **to keep one's mind off sth** nicht an etw (*akk*) denken; **keep your hands off** Hände weg! Ⓒ *Vi ⟨+obj⟩* vermeiden; **"keep off the grass"** „Betreten des Rasens verboten" ♦**keep on** *Vi* weitermachen; **to keep on doing sth** etw weiter tun; etw dauernd tun; **I keep on telling you** ich sage dir ja immer; **to keep on at sb** *umg* dauernd an j-m herummeckern *umg*; **they kept on at him until he agreed** sie haben ihn so lange keine Ruhe gelassen, bis er zustimmte; **to keep on about sth** *umg* unaufhörlich von etw reden; **there's no need to keep on about it** *umg* es ist wirklich nicht nötig, ewig darauf herumzuhacken *umg* 2 weitergehen/-fahren; **keep straight on** immer geradeaus Ⓑ *Vt ⟨trennb⟩* 1 *Angestellten* weiterbeschäftigen 2 *Mantel* anbehalten; *Hut* aufbehalten ♦**keep out** Ⓐ

Vi aus Gebäude draußen bleiben; *aus Gebiet* es nicht betreten; **"keep out"** „Zutritt verboten"; **to keep out of the sun** nicht in die Sonne gehen; **to keep out of sight** sich nicht zeigen; **you keep out of this!** halten Sie sich da raus! Ⓑ *Vt ⟨trennb⟩* j-n nicht hereinlassen (**of** in +*akk*); *Licht, Regen* abhalten; **this screen keeps the sun out of your eyes** diese Blende schützt Ihre Augen vor Sonne ♦**keep to** Ⓐ *Vi ⟨+obj⟩* **keep to the main road** bleiben Sie auf der Hauptstraße; **to keep to the schedule/plan** den Zeitplan einhalten; **to keep to the speed limit** sich an die Geschwindigkeitsbegrenzung halten; **to keep to the subject** beim Thema bleiben; **to keep (oneself) to oneself** nicht sehr gesellig sein; **they keep (themselves) to themselves** sie bleiben unter sich Ⓑ *Vt ⟨+obj⟩* **to keep sb to his word/promise** j-n beim Wort nehmen; **to keep sth to a minimum** etw auf ein Minimum beschränken; **to keep sth to oneself** etw für sich behalten; **keep your hands to yourself!** nehmen Sie Ihre Hände weg! ♦**keep together** *Vt ⟨trennb⟩* zusammen aufbewahren; (≈ *vereinigen*) *Menschen, Dinge* zusammenhalten ♦**keep up** Ⓐ *Vi* 1 *Regen* (an)dauern; *Kräfte* nicht nachlassen 2 **to keep up (with sb/sth)** (mit j-m/etw) Schritt halten; *verstandesmäßig* (j-m/einer Sache) folgen können; **to keep up with the news** sich auf dem Laufenden halten Ⓑ *Vt ⟨trennb⟩* 1 *Zelt* aufrecht halten; **to keep his trousers up** damit die Hose nicht herunterrutscht 2 nicht aufhören mit; *Studium* fortsetzen; *Qualität, Preise* aufrechterhalten; *Geschwindigkeit* halten; **I try to keep up my Spanish** ich versuche, mit meinem Spanisch nicht aus der Übung zu kommen; **to keep one's morale up** den Mut nicht verlieren; **keep it up!** (machen Sie) weiter so!; **he couldn't keep it up** er hat schlappgemacht *umg* 3 am Schlafengehen hindern; **that child kept me up all night** das Kind hat mich die ganze Nacht nicht schlafen lassen

keeper [ˈkiːpə⁂] *s* Wächter(in) *m(f)*; *in Zoo* Wärter(in) *m(f)*; *umg* Torhüter(in) *m(f)* **keep fit** *s* Fitnessübungen *pl* **keepie-uppie** [ˌkiːpɪˈʌpɪ] *s* **to play ~**

jonglieren (*den Ball so lange in der Luft halten, wie man kann*) **keeping** ['kiːpɪŋ] S **in ~ with** in Einklang mit **keepsake** ['kiːpseɪk] S Andenken *n*

keg [keg] S [1] kleines Fass [2] (*a.* **keg beer**) Bier *n* vom Fass **keg party**, **kegger** S *US umg Party im Freien mit Bier vom Fass*

kendo ['kendəʊ] S ⟨*kein pl*⟩ SPORT Kendo *n*

kennel ['kenl] S [1] Hundehütte *f* [2] **~s** (Hunde)heim *n*; **to put a dog in ~s** einen Hund in Pflege geben

Kenya ['kenjə] S Kenia *n*

kept [kept] PRÄT & PPERF → keep

kerb [kɜːb] *Br* S Bordstein *m* **kerb crawler** S Freier *m* im Autostrich *umg* **kerb crawling** S Autostrich *m*

kernel ['kɜːnl] S Kern *m*

kerosene ['kerəsiːn] S Kerosin *n*

kestrel ['kestrəl] S Turmfalke *m*

ketchup ['ketʃəp] S Ketchup *n/m*

★**kettle** ['ketl] S Wasserkocher *m*, Wasserkessel *m*; **I'll put the ~ on** ich stelle mal eben (Kaffee-/Tee)wasser auf; **the ~'s boiling** das Wasser kocht

★**key** [kiː] [A] S [1] Schlüssel *m* [2] Lösungen *pl*; SCHULE Schlüssel *m*; *auf Landkarte etc* Zeichenerklärung *f* [3] *von Klavier, a.* COMPUT Taste *f* [4] MUS Tonart *f*; **to sing off key** falsch singen [B] ADJ ⟨*attr*⟩ Schlüssel-; *Zeuge* wichtigste(r, s) [C] VT IT *Text* eingeben ♦**key in** VT ⟨*trennb*⟩ IT eingeben ♦**key up** VT ⟨*trennb*⟩ **to be keyed up about sth** wegen etw ganz aufgedreht sein *umg*

★**keyboard** ['kiːbɔːd] S *von Klavier* Klaviatur *f*; COMPUT Tastatur *f*; **~(s)** *Instrument* Keyboard *n*; **to play the ~(s)** Keyboard spielen; **~ skills** IT Fertigkeiten *pl* in der Texterfassung **key card** S Schlüsselkarte *f* **keyhole** S Schlüsselloch *n* **keynote** ADJ ⟨*attr*⟩ **~ speech** programmatische Rede **keypad** S COMPUT Tastenfeld *n* **key player** S SPORT, POL, *a. im Beruf* Leistungsträger(in) *m(f)*. **keyring** S Schlüsselring *m* **keyword** S Schlüsselwort *n*, Stichwort *n*; *in Register* Schlagwort *n*

kg ABK (= kilogrammes, kilograms) kg

khaki ['kɑːkɪ] [A] S Khaki *n* [B] ADJ khaki (-braun *od* -farben)

★**kick** [kɪk] [A] S [1] Tritt *m*; **to give sth a ~** einer Sache (*dat*) einen Tritt versetzen; **what he needs is a good ~ up the backside** *od* **in the pants** *umg* er braucht mal einen kräftigen Tritt in den Hintern *umg* [2] (≈*Nervenkitzel*) Kick *m*; *umg* **she gets a ~ out of it** es macht ihr einen Riesenspaß *umg*; **to do sth for ~s** etw zum Spaß tun; **how do you get your ~s?** was machen Sie zu ihrem Vergnügen? [B] VI treten; *Tier a.* ausschlagen [C] VT [1] einen Tritt versetzen (+*dat*); *Fußball* kicken *umg*; **to ~ sb in the stomach** j-m in den Bauch treten; **to ~ the bucket** *umg* ins Gras beißen *umg*; **I could have ~ed myself** *umg* ich hätte mir in den Hintern beißen können *umg* [2] *umg* **to ~ the habit** es sich (*dat*) abgewöhnen ♦**kick about** *Br*, **kick around** [A] VI *umg Mensch* rumhängen *umg* (**sth** in +*dat*); *Objekt* rumliegen *umg* (**sth** in +*dat*) [B] VT ⟨*trennb*⟩ **to kick a ball about** *od* **around** (herum)bolzen *umg* ♦**kick down** VT ⟨*trennb*⟩ *Tür* eintreten ♦**kick in** [A] VT ⟨*trennb*⟩ *Tür* eintreten; **to kick sb's teeth in** j-m die Zähne einschlagen [B] VI *Droge* wirken ♦**kick off** [A] VI FUSSB anstoßen; *fig umg* losgehen *umg*; **who's going to kick off?** wer fängt an? [B] VT ⟨*trennb*⟩ wegtreten; *Schuhe* von sich schleudern; **to kick sb off the team** *umg* j-n aus dem Team werfen ♦**kick out** VT ⟨*trennb*⟩ hinauswerfen (**of** aus) ♦**kick up** *fig umg* VT ⟨*trennb*⟩ **to kick up a fuss** Krach schlagen *umg*

kickboxing S Kickboxen *n* **kickoff** S SPORT Anstoß *m*

kid [kɪd] [A] S [1] (≈*junge Ziege*) Kitz *n* [2] *umg* Kind *n*; **when I was a kid** als ich klein war; **to get the kids to bed** die Kleinen ins Bett bringen; **it's kid's stuff** das ist was für kleine Kinder *umg*; (≈*leicht*) das ist doch ein Kinderspiel [B] ADJ ⟨*attr*⟩ *umg* **kid sister** kleine Schwester [C] VT *umg* **to kid sb** j-n aufziehen *umg*; j-n an der Nase rumführen *umg*; **don't kid yourself!** machen Sie sich doch nichts vor!; **who is she trying to kid?, who is she kidding?** wem will sie was weismachen? [D] VI *umg* Jux machen *umg*; **no kidding** im Ernst; **you've got to be kidding!** das ist doch wohl nicht dein Ernst! **kid gloves** [kɪd'glʌvz] PL Glacéhandschuhe *pl*; **to handle** *od* **treat sb with ~** *fig* j-n mit Samthandschuhen anfassen

kidnap ['kɪdnæp] _VT_ entführen, kidnappen **kidnapper** ['kɪdnæpə'] _S_ Entführer(in) m(f), Kidnapper(in) m(f) **kidnapping** ['kɪdnæpɪŋ] _S_ Entführung f

kidney ['kɪdnɪ] _S_ Niere f **kidney bean** _S_ Kidneybohne f **kidney stone** _S_ MED Nierenstein m

★**kill** [kɪl] **A** _VT_ **1** töten, umbringen; _Schmerz_ beseitigen; _Unkraut_ vernichten; **to be ~ed in action** fallen; **to be ~ed in battle/in the war** im Kampf/Krieg fallen; **to be ~ed in a car accident** bei einem Autounfall ums Leben kommen; **she ~ed herself** sie brachte sich um; **many people were ~ed by the plague** viele Menschen sind der Pest zum Opfer gefallen; **to ~ time** die Zeit totschlagen; **we have two hours to ~** wir haben noch zwei Stunden übrig; **to ~ two birds with one stone** _sprichw_ zwei Fliegen mit einer Klappe schlagen _sprichw_; **she was ~ing herself (laughing)** _umg_ sie hat sich totgelacht _umg_; **a few more weeks won't ~ you** _umg_ noch ein paar Wochen bringen dich nicht um _umg_; **my feet are ~ing me** _umg_ mir brennen die Füße; **I'll do it (even) if it ~s me** _umg_ ich mache es, und wenn es mich umbringt _umg_ **2** TECH _Motor_ abschalten **B** _VI_ töten; **cigarettes can ~** Zigaretten können tödlich sein **C** _S_ **to move in for the ~** _fig_ zum entscheidenden Schlag ausholen ◆**kill off** _VT_ ⟨_trennb_⟩ **1** vernichten, töten **2** _fig_ Gerüchten ein Ende machen (+dat)

killer ['kɪlə'] _S_ Killer(in) m(f) _umg_; **this disease is a ~** diese Krankheit ist tödlich; **it's a ~** _umg Rennen, Job etc_ das ist der glatte Mord _umg_ **killer whale** _S_ Schwertwal m **killing** ['kɪlɪŋ] _S_ **1** Töten n; **three more ~s in Belfast** drei weitere Morde in Belfast **2** _fig_ **to make a ~** einen Riesengewinn machen **killjoy** ['kɪldʒɔɪ] _S_ Spielverderber(in) m(f)

kiln [kɪln] _S_ (Brenn)ofen m

★**kilo** ['kiːləʊ] _S_ ⟨_pl_ -s⟩ Kilo n **kilobyte** ['kɪləʊbaɪt] _S_ Kilobyte n

★**kilogramme** ['kɪləʊɡræm] _S_, **kilogram** US _S_ Kilogramm n **kilohertz** ['kɪləʊhɜːts] _S_ Kilohertz n

★**kilometre** [kɪ'lɒmɪtə'] _S_, **kilometer** US _S_ Kilometer m **kilowatt** ['kɪləʊwɒt] _S_ Kilowatt n; **~-hour** Kilowattstunde f

kilt [kɪlt] _S_ Kilt m, Schottenrock m

kin [kɪn] _S_ Familie f

★**kind**[1] [kaɪnd] _S_ Art f; _von Kaffee, Lack etc_ Sorte f; **several ~s of flour** mehrere Mehlsorten; **this ~ of book** diese Art Buch; **all ~s of ...** alle möglichen ...; **what ~ of ...?** was für ein(e) ...?; **the only one of its ~** das Einzige seiner Art; **a funny ~ of name** ein komischer Name; **he's not that ~ of person** so ist er nicht; **they're two of a ~** die beiden sind vom gleichen Typ, sie sind vom gleichen Schlag; **this ~ of thing** so etwas; **you know the ~ of thing I mean** Sie wissen, was ich meine; **... of all ~s** alle möglichen ...; **something of the ~** so etwas Ähnliches; **you'll do nothing of the ~** du wirst das schön bleiben lassen!; **it's not my ~ of holiday** solche Ferien sind nicht mein Fall _umg_; **a ~ of ...** eine Art ..., so ein(e) ...; **he was ~ of worried-looking** _umg_ er sah irgendwie bedrückt aus; **are you nervous?** — **~ of** _umg_ bist du nervös? — ja, schon _umg_; **payment in ~** Bezahlung f in Naturalien

★**kind**[2] _ADJ_ ⟨+er⟩ _Mensch_ nett (to zu); _Gesicht, Worte_ freundlich; **he's ~ to animals** er ist gut zu Tieren; **would you be ~ enough to open the door** wären Sie so nett, die Tür zu öffnen; **it was very ~ of you** das war wirklich nett von Ihnen

kindergarten ['kɪndə,ɡɑːtn] _S_ Kindergarten m

kind-hearted [,kaɪnd'hɑːtɪd] _ADJ_ gütig

kindle ['kɪndl] _VT_ entfachen

kindliness ['kaɪndlɪnɪs] _S_ Freundlichkeit f **kindly** ['kaɪndlɪ] **A** _ADV_ **1** behandeln, sich verhalten freundlich; spenden großzügig; **I don't take ~ to not being asked** es ärgert mich, wenn ich nicht gefragt werde **2** **~ shut the door** machen Sie doch bitte die Tür zu **B** _ADJ_ ⟨_komp_ kindlier⟩ freundlich **kindness** ['kaɪndnɪs] _S_ **1** ⟨_kein pl_⟩ Freundlichkeit f (towards gegenüber); **out of the ~ of one's heart** aus reiner Nächstenliebe **2** Gefälligkeit f

kindred ['kɪndrɪd] **A** _S_ ⟨_kein pl_⟩ Verwandtschaft f **B** _ADJ_ verwandt; **~ spirit** Gleichgesinnte(r) m/f(m)

kinetic [kɪ'netɪk] _ADJ_ kinetisch

★**king** [kɪŋ] _S_ König m; **to live like a ~** le-

K

ben wie ein Fürst

★**kingdom** ['kɪŋdəm] [S] [1] *wörtl* Königreich *n* [2] REL **~ of heaven** Himmelreich *n*; **to blow sth to ~ come** *umg* etw in die Luft jagen *umg*; **you can go on doing that till ~ come** *umg* Sie können (so) bis in alle Ewigkeit weitermachen [3] **the animal ~** das Tierreich **kingpin** *fig* [S] Stütze *f* **king prawn** [S] Königskrabbe *f* **king-size(d)** *umg* [ADJ] großformatig; *Zigaretten* Kingsize; *Bett* extra groß

kink [kɪŋk] [S] *in Seil etc* Knick *m*; *in Haaren* Welle *f* **kinky** ['kɪŋkɪ] [ADJ] ⟨*komp* **kinkier**⟩ *andersartig* spleenig; *umg Sex etc.* frech, frivol, pervers; *Unterwäsche etc* sexy *inv*

kinship ['kɪnʃɪp] [S] Verwandtschaft *f*

kiosk ['ki:ɒsk] [S] [1] Kiosk *m* [2] *Br* TEL (Telefon)zelle *f*

kip [kɪp] *Br umg* [A] [S] Schläfchen *n*; **I've got to get some kip** ich muss mal 'ne Runde pennen *umg* [B] [VI] (*a.* **kip down**) pennen *umg*

kipper ['kɪpəʳ] [S] Räucherhering *m*

kirk [kɜ:k] *schott* [S] Kirche *f*

★**kiss** [kɪs] [A] [S] Kuss *m*, Busserl *n österr*; **~ of life** Mund-zu-Mund-Beatmung *f*; **that will be the ~ of death for them** das wird ihnen den Todesstoß versetzen [B] [VT] küssen, busseln *österr*; **to ~ sb's cheek** j-n auf die Wange küssen; **to ~ sb good night** j-m einen Gutenachtkuss geben; **to ~ sth goodbye** *fig umg* sich (*dat*) etw abschminken *umg* [C] [VI] küssen, busseln *österr*, sich küssen; **to ~ and make up** sich mit einem Kuss versöhnen

kit [kɪt] [S] [1] Ausrüstung *f*; **gym** *od* **PE kit** Sportzeug *n*; **get your kit off!** *umg* zieh dich aus! [2] Sachen *pl* [3] *zum Zusammenbauen* Bastelsatz *m* ♦**kit out**, **kit up** *Br* [VT] ⟨*trennb*⟩ ausrüsten, einkleiden

kitbag ['kitbæg] [S] Seesack *m*

★**kitchen** ['kɪtʃɪn] [S] Küche *f* **kitchenette** [,kɪtʃɪ'net] [S] Kochnische *f* **kitchen foil** [S] Alufolie *f* **kitchen garden** [S] Gemüsegarten *m* **kitchen knife** [S] Küchenmesser *n* **kitchen roll** [S] Küchenrolle *f* **kitchen scales** [PL] Küchenwaage *f* **kitchen sink** [S] **I've packed everything but the ~** *umg* ich habe den ganzen Hausrat eingepackt **kitchen unit** [S] Küchenschrank *m*

kite [kaɪt] [S] Drachen *m*; **to fly a ~** *wörtl* einen Drachen steigen lassen **kiteboarding** ['kaɪt,bɔ:dɪŋ] [S] SPORT *auf Schnee* Snowkiten *n*, Snowkiting *n*; *auf Wasser* Kiteboarden *n*, Kiteboarding *n*

Kite mark *Br* [S] *dreieckiges Gütezeichen*

kitesurfing ['kaɪt,sɜ:fɪŋ] [S] SPORT *auf Wasser* Kiteboarding *n*, Kiteboarden *n*, Kitesurfing *n*, Kitesurfen *n*

kitschy ['kɪtʃɪ] [ADJ] ⟨*komp* **kitschier**⟩ kitschig

kitten ['kɪtn] [S] Kätzchen *n*; **to have ~s** *fig umg* Zustände kriegen *umg*

kitty ['kɪtɪ] [S] (gemeinsame) Kasse

kiwi ['ki:wi:] [S] [1] ORN Kiwi *m* [2] (*a.* **~ fruit**) Kiwi(frucht) *f* [3] *umg* Neuseeländer(in) *m(f)*, Kiwi *m umg*

Kleenex® ['kli:neks] [S] Papiertaschentuch *n*

km [ABK] (= **kilometres**) km

km/h, **kmph** [ABK] (= **kilometres per hour**) km/h

knack [næk] [S] Trick *m*; (≈ *Begabung*) Talent *n*; **there's a (special) ~ to opening it** da ist ein Trick dabei, wie man das aufbekommt; **you'll soon get the ~ of it** Sie werden den Dreh bald rausbekommen

knackered ['nækəd] *Br umg* [ADJ] [1] geschafft *umg* [2] kaputt *umg*

knapsack ['næpsæk] [S] Proviantbeutel *m*

knead [ni:d] [VT] *Teig* kneten; *Muskeln* massieren

★**knee** [ni:] [A] [S] Knie *n*; **to be on one's ~s** auf den Knien liegen; **to go (down) on one's ~s** *wörtl* niederknien [B] [VT] **to ~ sb in the groin** j-m das Knie zwischen die Beine stoßen **kneecap** [S] Kniescheibe *f* **knee-deep** [ADJ] knietief **knee-high** [ADJ] kniehoch

★**kneel** [ni:l] [VI] ⟨*prät, pperf* **knelt** *od* **kneeled**⟩ knien (**before** vor +*dat*); (*a.* **~ down**) niederknien **knee-length** ['ni:leŋθ] [ADJ] *Rock* knielang; *Stiefel* kniehoch; **~ socks** Kniestrümpfe *pl* **kneepad** [S] Knieschützer *m* **knelt** [nelt] [PRÄT & PPERF] → kneel

knew [nju:] [PRÄT] → know

knickers ['nɪkəz] *Br* [PL] Schlüpfer *m*; **don't get your ~ in a twist!** *umg* dreh nicht gleich durch! *umg*

knick-knack ['nɪknæk] [S] **~s** Krimskrams *m*

★**knife** [naɪf] **A** $\overline{s}$ ⟨pl **knives**⟩ Messer n; ~, **fork and spoon** Besteck n; **you could have cut the atmosphere with a** ~ die Stimmung war zum Zerreißen gespannt **B** $\overline{vt}$ einstechen auf (+akk) **knife edge** $\overline{s}$ **to be balanced on a** ~ fig auf Messers Schneide stehen **knife- -point** $\overline{s}$ **to hold sb at** ~ j-n mit einem Messer bedrohen

★**knight** [naɪt] **A** $\overline{s}$ Ritter m; Schach Springer m, Pferd n **B** $\overline{vt}$ zum Ritter schlagen **knighthood** ['naɪthʊd] $\overline{s}$ Ritterstand m; **to receive a** ~ in den Adelsstand erhoben werden

knit [nɪt] ⟨prät, pperf **knitted** od **knit**⟩ **A** $\overline{vt}$ stricken; ~ **three, purl two** drei rechts, zwei links **B** $\overline{vi}$ **1** stricken **2** a. ~ **together** Knochen zusammenwachsen **knitted** $\overline{adj}$ gestrickt; Kleid etc Strick- **knitting** $\overline{s}$ Stricken n; (≈Material) Strickzeug n Strickmaschine f **knitting needle** $\overline{s}$ Stricknadel f **knitwear** ['nɪtweə^r] $\overline{s}$ Strickwaren pl

knives [naɪvz] $\overline{PL}$ → knife

knob [nɒb] $\overline{s}$ **1** an Tür Knauf m; an Instrument etc Knopf m **2** a ~ **of butter** ein Stich m Butter **3** sl (≈Penis) Lanze f sl **knobbly** ['nɒblɪ] $\overline{adj}$ ⟨komp **knobblier**⟩ Oberfläche uneben; ~ **knees** Knubbelknie pl umg

★**knock** [nɒk] **A** $\overline{s}$ **1** bes Br Stoß m; **I got a** ~ **on the head** ich habe einen Schlag auf den Kopf bekommen; **the car took a few** ~**s mit dem Auto hat es ein paarmal gebumst umg **2 there was a** ~ **at the door** es hat (an der Tür) geklopft; **I heard a** ~ ich habe es klopfen hören **3** bes Br fig (Rück)schlag m **B** $\overline{vt}$ **1** stoßen, schlagen; Kopf etc anstoßen (on an +dat), stoßen gegen; **to** ~ **one's head** etc sich (dat) den Kopf etc anstoßen; **he hit his foot against the table** er stieß mit dem Fuß gegen den Tisch; **to** ~ **sb to the ground** j-n zu Boden werfen; **to** ~ **sb unconscious** j-n bewusstlos machen, j-n bewusstlos schlagen; **he** ~**ed some holes in the side of the box** er machte ein paar Löcher in die Seite der Kiste; **she** ~**ed the glass to the ground** sie stieß gegen das Glas und es fiel zu Boden **2** umg (≈kritisieren) (he)runtermachen umg **C** $\overline{vi}$ **1** klopfen; **to** ~ **at** od **on the door** anklopfen; **to** ~ **at** od **on the window** gegen das Fenster klopfen **2** stoßen (**into, against** gegen); **he** ~**ed into the gatepost** er rammte den Türpfosten; **his knees were** ~**ing** ihm zitterten die Knie ♦**knock about** Br, **knock around** **A** umg $\overline{vt}$ **1** Mensch herumziehen (obj in +dat) **2** Objekt herumliegen (obj in +dat) **B** $\overline{vt}$ ⟨trennb⟩ **1** verprügeln **2** beschädigen **3 to knock a ball about** od **around** ein paar Bälle schlagen ♦**knock back** umg $\overline{vt}$ **1** he knocked back his whisky er kippte sich (dat) den Whisky hinter die Binde umg ♦**knock down** $\overline{vt}$ ⟨trennb⟩ **1** umwerfen; Gegner niederschlagen; Gebäude abreißen; Auto anfahren; **she was knocked down and killed** sie wurde überfahren **2** Preis heruntterhandeln **3** to auf +akk) ♦**knock off** **A** $\overline{vi}$ umg Feierabend machen umg **B** $\overline{vt}$ ⟨trennb⟩ **1** wörtl j-n, Vase hinunterstoßen **2** umg vom Preis nachlassen (**for sb** j-m) **3** umg Aufsatz hinhauen umg **4** umg to knock off work Feierabend machen; **knock it off!** nun hör schon auf! ♦**knock on** Br umg $\overline{vi}$ he's knocking on for fifty er geht auf die fünfzig zu ♦**knock out** $\overline{vt}$ ⟨trennb⟩ **1** Zahn ausschlagen, herausschlagen (**of** aus) **2** bewusstlos werden lassen, bewusstlos schlagen **3** beim Boxen k. o. schlagen; besiegen (**of** in +dat); **to be knocked out** ausscheiden (**of** aus) ♦**knock over** $\overline{vt}$ ⟨trennb⟩ umwerfen; Auto anfahren ♦**knock up** $\overline{vt}$ ⟨trennb⟩ Abendessen auf die Beine stellen umg; Unterkunft zusammenzimmern

knockdown ['nɒkdaʊn] $\overline{adj}$ ⟨attr⟩ ~ **price** Schleuderpreis m **knocker** ['nɒkə^r] $\overline{s}$ **1** (Tür)klopfer m **2** umg ~**s** Titten pl sl **knock-kneed** $\overline{adj}$ x-beinig; **to be** ~ X-Beine haben **knock-on effect** Br $\overline{s}$ Folgewirkungen pl (**on** auf +akk) **knockout** ['nɒkaʊt] **A** $\overline{s}$ **1** Boxen K. o. m **2** umg (≈Mensch) Wucht f umg **B** $\overline{adj}$ ⟨attr⟩ ~ **competition** Ausscheidungskampf m

★**knot** [nɒt] **A** $\overline{s}$ **1** Knoten m; **to tie/untie a** ~ einen Knoten machen/aufmachen; **to tie the** ~ fig den Bund fürs Leben schließen, heiraten **2** in Holz Verwachsung f **B** $\overline{vt}$ einen Knoten machen in (+akk), verknoten **C** $\overline{vi}$ Muskeln sich verspannen

★**know** [nəʊ]

⟨v: prät knew; pperf known⟩

A transitives Verb   **B** intransitives Verb
C Substantiv

— A transitives Verb —

1 wissen; *Antwort, Tatsachen* kennen; **to ~ what one is talking about** wissen, wovon man redet; **he might even be dead for all I ~** vielleicht ist er sogar tot, was weiß ich; **that's worth ~ing** das ist ja interessant; **before you ~ where you are** ehe man sichs versieht; **she's angry! — don't I ~ it!** *umg* sie ist wütend! — wem sagst du das! *umg* **2** kennen; **if I ~ John, he'll already be there** wie ich John kenne, ist er schon da; **he didn't want to ~ me** er wollte nichts mit mir zu tun haben **3** erkennen; **to ~ sb by his voice** j-n an der Stimme erkennen; **the welfare system as we ~ it** das uns bekannte Wohlfahrtssystem **4** unterscheiden können; **do you ~ the difference between...?** wissen Sie, was der Unterschied zwischen ... ist? **5** erleben; **I've never ~n it to rain so heavily** so einen starken Regen habe ich noch nie erlebt; **to ~ that ...** wissen, dass ...; **to ~ how to do sth** etw tun können; **I don't ~ how you can say that!** wie kannst du das nur sagen!; **to get to ~ sb** j-n kennenlernen; **to get to ~ sth** etw lernen, etw herausfinden; **to get to ~ a place** einen Ort kennenlernen; **to let sb ~ sth** j-m von etw Bescheid geben; **(if you) ~ what I mean** du weißt schon; **there's no ~ing what he'll do** man weiß nie, was er noch tut; **what do you ~!** *umg* sieh mal einer an!; **to be ~n (to sb)** (j-m) bekannt sein; **it is (well) ~n that ...** es ist (allgemein) bekannt, dass ...; **to be ~n for sth** für etw bekannt sein; **he is ~n as Mr Smith** man kennt ihn als Herrn Smith; **she wishes to be ~n as Mrs White** sie möchte Frau White genannt werden; **to make sth ~n** etw bekannt machen; **to make oneself ~n** sich melden (**to sb** bei j-m); **to become ~n** bekannt werden; **to let it be ~n that ...** bekannt geben, dass ...

— B intransitives Verb —

wissen; **who ~s?** wer weiß?; **I ~!** ich

weiß!; *gute Idee* ich weiß was!; **I don't ~ (das)** weiß ich nicht; **as far as I ~** soviel ich weiß; **he just didn't want to ~** er wollte einfach nicht hören; **I wouldn't ~** *umg* weiß ich (doch) nicht *umg*; **how should I ~?** wie soll ich das wissen?; **I ~ better than that** ich bin ja nicht ganz dumm; **I ~ better than to say something like that** ich werde mich hüten, so etwas zu sagen; **he/you ought to have ~n better** das war dumm (von ihm/dir); **they don't ~ any better** sie kennens nicht anders; **OK, you ~ best** o.k., Sie müssens wissen; **you ~, we could ...** weißt du, wir könnten ...; **it's raining, you ~** es regnet; **wear the black dress, you ~, the one with the red belt** zieh das schwarze Kleid an, du weißt schon, das mit dem roten Gürtel; **you never ~** man kann nie wissen

— C Substantiv —

to be in the ~ *umg* Bescheid wissen *umg*

♦**know about A** ⟨+obj⟩ *Fach* sich auskennen in (+dat); *Frauen, Pferde* sich auskennen mit; (≈*informiert sein*) wissen von; **I know about that** das weiß ich; **did you know about Maggie?** weißt du über Maggie Bescheid?; **to get to know about sb/sth** von j-m/etw hören; **I don't know about that** davon weiß ich nichts; (≈*nicht einverstanden*) da bin ich aber nicht so sicher; **I don't know about you, but I'm hungry** ich weiß nicht, wie es Ihnen geht, aber ich habe Hunger **B** ⟨trennb +obj⟩ **to know a lot about sth** viel über etw (akk) wissen; *in Fachgebiet a.* in etw (dat) gut Bescheid wissen; *von Autos, Pferden etc a.* viel von etw verstehen; **I know all about that** da kenne ich mich aus; (≈*bin informiert*) das weiß ich, ich weiß Bescheid ♦**know of** ⟨+obj⟩ *Lokal, Methode* kennen; j-n gehört haben von; **not that I know of** nicht, dass ich wüsste

know-all *Br umg* s̄ Alleswisser(in) *m(f)*
know-how s̄ Know-how *n* **knowing** [ˈnəʊɪŋ] ADJ *Lächeln* wissend **knowingly** [ˈnəʊɪŋlɪ] ADV **1** absichtlich **2** lächeln wissend **know-it-all** [ˈnəʊɪts:l] *US umg* s̄ → know-all

★**knowledge** [ˈnɒlɪdʒ] s̄ ⟨kein pl⟩ **1** Wissen *n*; **to have ~ of** wissen von; **to have no ~ of** nichts wissen von; **to my ~** soviel ich weiß; **not to my ~** nicht, dass ich wüsste **2** Kenntnisse pl; **my ~ of English** meine Englischkenntnisse pl; **my ~ of D.H. Lawrence** was ich von D. H. Lawrence kenne; **the police have no ~ of him** die Polizei weiß nichts über ihn **knowledgeable** [ˈnɒlɪdʒəbl] ADJ kenntnisreich; **to be ~** viel wissen (**about** über +akk) **knowledge management** S̲ Wissensmanagement n **known** [kəʊn] A PPERF → know B ADJ bekannt

knuckle [ˈnʌkl] S̲ (Finger)knöchel m; von Fleisch Hachse f ◆**knuckle down** umg V̲I̲ sich dahinterklemmen umg ◆**knuckle under** umg V̲I̲ spuren umg; gegenüber Forderungen sich beugen (**to** +dat)

kohl [kəʊl] S̲ Kosmetikum Kajal n

kooky [ˈkuːkɪ] US umg ADJ ⟨komp kookier⟩ verrückt umg

Koran [kɒˈrɑːn] S̲ Koran m

Korea [kəˈrɪə] S̲ Korea n **Korean** [kəˈrɪən] A ADJ koreanisch; **~ war** Koreakrieg m B S̲ **1** Koreaner(in) m(f) **2** LING Koreanisch n

kosher [ˈkəʊʃəʳ] ADJ **1** koscher **2** umg in Ordnung

Kosovo [ˈkɒsəvəʊ] S̲ Kosovo m/n

kowtow [kaʊˈtaʊ] V̲I̲ umg kriechen (**to** vor +dat)

kph ABK (= kilometres per hour) km/h

Kraut [kraʊt] S̲ & ADJ als Schimpfwort gebrauchte Bezeichnung für Deutsche und Deutsches Piefke m österr

Kremlin [ˈkremlɪn] S̲ **the ~** der Kreml

kumquat [ˈkʌmkwɒt] S̲ Kumquat f (kleine Orange)

kw ABK (= kilowatts) kW

L

L¹, l [el] S̲ L n, l n

L² ABK (= Learner Br) AUTO Fahrschüler(in) m(f)

L³ ABK (= large) L

l¹ ABK (= litres Br) l

l² ABK (= left) l.

lab [læb] S̲ ABK (= laboratory) Labor n

label [ˈleɪbl] A S̲ **1** wörtl Etikett n, Anhänger m, Aufkleber m, Pickerl n österr **2** von Plattenfirma Label n B V̲/T̲ **1** wörtl etikettieren, beschriften; **the bottle was ~led "poison"** Br, **the bottle was ~ed "poison"** US die Flasche trug die Aufschrift „Gift" **2** fig pej abstempeln als

★**labor** etc US → labour

laboratory [ləˈbɒrətərɪ, US ˈlæbrə,tɔːrɪ] S̲ Labor(atorium) n; **~ assistant** Laborant(in) m(f)

laborious [ləˈbɔːrɪəs] ADJ mühsam

★**labor union** S̲ US Gewerkschaft f **labor unionist** S̲ US Gewerkschaft(l)er(in) m(f)

★**labour** [ˈleɪbəʳ], **labor** US A S̲ **1** Arbeit f; **it was a ~ of love** ich/er etc tat es aus Liebe zur Sache **2** Arbeitskräfte pl **3** Br POL **Labour** die Labour Party **4** MED Wehen pl; **to be in ~** in den Wehen liegen; **to go into ~** die Wehen bekommen B V̲/T̲ Thema auswalzen C V̲I̲ **1** auf Feld etc arbeiten **2** (≈ mit Mühe) sich quälen; **to ~ up a hill** sich einen Hügel hinaufquälen **labour camp** S̲ Arbeitslager n **Labour Day** S̲ der Tag der Arbeit **laboured** ADJ schwerfällig; Atmung schwer **labourer** [ˈleɪbərəʳ] S̲ (Hilfs)arbeiter(in) m(f), Landarbeiter(in) m(f) **labour force** S̲ Arbeiterschaft f **labour-intensive** ADJ arbeitsintensiv **labour market** S̲ Arbeitsmarkt m **labour pains** S̲ pl Wehen pl **Labour Party** Br S̲ Labour Party f **labour-saving** [ˈleɪbəseɪvɪŋ] ADJ arbeitssparend **labour ward** S̲ MED Kreißsaal m

Labrador [ˈlæbrədɔːʳ] S̲ Labradorhund m

labyrinth [ˈlæbɪrɪnθ] S̲ Labyrinth n

lace [leɪs] A S̲ **1** ⟨kein pl⟩ (≈ Stoff) Spitze f **2** an Schuh Schnürsenkel m B V̲/T̲ **1** Schuh zubinden **2** **to ~ a drink with drugs/poison** Drogen/Gift in ein Getränk mischen; **~d with brandy** mit einem Schuss Weinbrand ◆**lace up** V̲/T̲ ⟨trennb⟩ (zu)schnüren

laceration [ˌlæsəˈreɪʃən] S̲ Fleischwunde f, Risswunde f

lace-up (shoe) [ˈleɪsʌp(ʃuː)] S̲ Schnürschuh m

★**lack** [læk] A S̲ Mangel m; **for od through ~ of sth** aus Mangel an etw (dat); **though it wasn't for ~ of trying** nicht, dass er sich etc nicht bemüht hätte; **there was a complete ~ of interest** es bestand überhaupt kein Interesse; **~ of time** Zeitmangel *m*; **there was no ~ of applicants** es fehlte nicht an Bewerbern **B** **VT they ~ talent** es fehlt ihnen an Talent **C** **VI to be ~ing** fehlen; **he is ~ing in confidence** ihm fehlt es an Selbstvertrauen; **he is completely ~ing in any sort of decency** er besitzt überhaupt keinen Anstand

lackadaisical [ˌlækəˈdeɪzɪkəl] ADJ lustlos

lackey [ˈlækɪ] *wörtl, fig* S̅ Lakai *m*

lacking [ˈlækɪŋ] ADJ **to be found ~** sich nicht bewähren **lacklustre** [ˈlækˌlʌstəʳ] ADJ, **lackluster** US ADJ langweilig, fad *österr*

lacquer [ˈlækəʳ] **A** S̅ **1** Lack *m* **2** Haarspray *n* **B** VT lackieren; *Haare* sprayen

lactose [ˈlæktəʊs] S̅ Laktose *f* **lactose-free** ADJ laktosefrei **lactose intolerance** S̅ MED Laktoseunverträglichkeit *f*

lacy [ˈleɪsɪ] ADJ ‹komp lacier› Spitzen-; **~ underwear** Spitzenunterwäsche

lad [læd] S̅ Junge *m*, Bub *m österr, schweiz*; (= *Stallarbeiter*) Bursche *m*; **young lad** junger Mann; **he's a bit of a lad** *umg* er ist ein ziemlicher Draufgänger; **he likes a night out with the lads** *Br umg* er geht gern mal mit seinen Kumpels weg *umg*

⋆**ladder** [ˈlædəʳ] **A** S̅ **1** Leiter *f*; **to be at the top of the ~** ganz oben auf der Leiter stehen; **to move up the social/career ~** gesellschaftlich/beruflich aufsteigen **2** *Br in Strumpf* Laufmasche *f* **B** VT *Br* **I've ~ed my tights** ich habe mir eine Laufmasche geholt **C** VI *Br Strumpf* Laufmaschen bekommen

laddish [ˈlædɪʃ] ADJ *Br umg* junger Mann machohaft

laden [ˈleɪdn] ADJ beladen (**with** mit)

ladette [læˈdet] *Br umg* S̅ prollige Tussi *umg*

ladle [ˈleɪdl] **A** S̅ (Schöpf)kelle *f* **B** VT schöpfen ♦**ladle out** VT ‹trennb› austeilen

⋆**lady** [ˈleɪdɪ] S̅ **1** Dame *f*, Frau *f*; **"Ladies"** „Damen", **ladies' room** Damentoilette *f*; **where is the ladies?** wo ist die Damentoilette?; **ladies and gentlemen!** meine Damen und Herren!; **ladies' bicycle** Damen(fahr)rad *n* **2** Adlige *f*; **Lady** *als Titel* Lady *f* **ladybird** S̅, **ladybug** US S̅ Marienkäfer *m* **lady doctor** S̅ Ärztin

f **lady-in-waiting** S̅ Ehren- *od* Hofdame *f* **lady-killer** *umg* S̅ Herzensbrecher *m* **ladylike** ADJ damenhaft

lag[1] [læg] **A** S̅ Zeitabstand *m* **B** VI zurückbleiben ♦**lag behind** VI zurückbleiben; **the government is lagging behind in the polls** die Regierung liegt in den Meinungsumfragen zurück

lag[2] VT Rohr isolieren

lager [ˈlɑːgəʳ] S̅ helles Bier; **a glass of ~** ein (Glas) Helles

lagging [ˈlægɪŋ] S̅ Isolierschicht *f*, Isoliermaterial *n*

lagoon [ləˈguːn] S̅ Lagune *f*

laid [leɪd] PRÄT & PPERF → lay[3] **laid-back** [ˌleɪdˈbæk] *umg* ADJ cool *umg*

lain [leɪn] PPERF → lie[2]

lair [lɛəʳ] S̅ Lager *n*; *von Tier* Bau *m*

laity [ˈleɪɪtɪ] S̅ Laien *pl*

⋆**lake** [leɪk] S̅ See *m*; **Lake Constance** der Bodensee **Lake Balaton** [ˌleɪkbəˈlætən] S̅ der Plattensee **Lake District** S̅ Lake District *m* (*Seengebiet im NW England*) **Lake Garda** [ˌleɪkˈgɑːdə] S̅ der Gardasee **Lake Lucerne** [ˌleɪkluːˈsɜːn] S̅ der Vierwaldstätersee **lakeside** **A** S̅ **at the ~** an See **B** ADJ **~ cottage** Häuschen *n* am See **Lake Zurich** [ˌleɪkˈzjʊərɪk] S̅ der Zürichsee

⋆**lamb** [læm] S̅ **1** Lamm *n* **2** Lamm (-fleisch) *n* **3** **you poor ~!** du armes Lämmchen!; **like a ~ to the slaughter** wie das Lamm zur Schlachtbank **lamb chop** S̅ Lammkotelett *n* **lambswool** S̅ Lammwolle *f*

lame [leɪm] ADJ ‹komp lamer› **1** lahm; **to be ~ in one leg** auf einem Bein lahm sein; **the animal was ~** das Tier lahmte **2** *fig Ausrede* faul

lament [ləˈment] **A** S̅ **1** (Weh)klage *f* **2** LIT, MUS Klagelied *n* **B** VT **to ~ the fact that …** die Tatsache bedauern, dass … **lamentable** [ˈlæməntəbl] ADJ beklagenswert

laminated [ˈlæmɪneɪtɪd] ADJ geschichtet; *Umschlag* laminiert; **~ glass** Verbundglas *n*; **~ plastic** Resopal® *n*

⋆**lamp** [læmp] S̅ Lampe *f*, Laterne *f* **lamplight** [ˈlæmplaɪt] S̅ **by ~** bei Lampenlicht; **in the ~** im Schein der Lampe

lampoon [læmˈpuːn] VT verspotten

lamppost S̅ Laternenpfahl *m* **lampshade** S̅ Lampenschirm *m*

L

LAN [læn] `ABK` (= local area network) IT LAN *n*

lance [lɑːns] `A` `S` Lanze *f* `B` `VT` MED öffnen **lance corporal** `S` Obergefreite(r) *m/f(m)*

★**land** [lænd] `A` `S` **1** Land *n*, Boden *m*; **by ~** auf dem Landweg; **to see how the ~ lies** *fig* die Lage peilen; **to work on the ~** das Land bebauen; **to live off the ~** sich vom Lande ernähren **2** (≈ *Grundbesitz*) Grund und Boden *m*, Ländereien *pl*; **to own ~** Land besitzen; **a piece of ~** ein Stück *n* Land; *zur Bebauung* ein Grundstück *n* `B` `VT` **1** *Passagiere* absetzen; *Truppen* landen; *Waren von Schiff* an Land bringen; *Fisch* an Land ziehen; **to ~ a plane** (mit einem Flugzeug) landen **2** *umg* kriegen *umg*; *Job* an Land ziehen *umg* **3** *Br umg* Schlag landen *umg*; **he ~ed him one, he ~ed him a punch on the jaw** er versetzte ihm einen Kinnhaken **4** *umg* bringen; **behaviour like that will ~ you in jail** *Br*, **behavior like that will ~ you in jail** *US* bei einem solchen Betragen wirst du noch mal im Gefängnis landen; **it ~ed me in a mess** dadurch bin ich in einen ganz schönen Schlamassel geraten *umg*; **I've ~ed myself in a real mess** ich bin (ganz schön) in die Klemme geraten *umg* **5** *umg* **to ~ sb with sth** j-m etw andrehen *umg*; **I got ~ed with him for two hours** ich hatte ihn zwei Stunden lang auf dem Hals `C` `VI` landen; *von Schiff* an Land gehen; **we're coming in to ~** wir setzen zur Landung an; **the bomb ~ed on the building** die Bombe fiel auf das Gebäude; **to ~ on one's feet** *wörtl* auf den Füßen landen; *fig* auf die Füße fallen; **to ~ on one's head** auf den Kopf fallen ◆**land up** *umg* `VI` landen *umg*; **you'll land up in trouble** du wirst noch mal Ärger bekommen; **I landed up with nothing** ich hatte schließlich nichts mehr

landed ['lændɪd] `ADJ` **~ gentry** Landadel *m* **landfill site** `S` Mülldeponie *f* **landing** ['lændɪŋ] `S` **1** FLUG Landung *f* **2** Treppenabsatz *m*, Stiegenabsatz *m österr* **landing card** `S` Einreisekarte *f* **landing gear** `S` Fahrgestell *n* **landing strip** `S` Landebahn *f* **landlady** `S` *von Wohnung* Vermieterin *f*; *Br von Gaststätte* Wirtin *f* **landline** `S` TEL Festnetz *n*; Festnetzanschluss *m*; **I'll call you later on the ~** ich ruf dich später auf dem Festnetz an **landline connection** `S` TEL Festnetzanschluss *m* **landline network** `S` TEL Festnetz *n* **landline number** `S` Festnetznummer *f* **landlocked** `ADJ` von Land eingeschlossen **landlord** `S` *von Wohnung* Vermieter *m*; *Br von Gaststätte* Wirt *m* **landmark** `A` `S` **1** SCHIFF Landmarke *f* **2** Wahrzeichen *n*; *fig* Meilenstein *m* `B` `ADJ` *Urteil* historisch **land mine** `S` Landmine *f* **landowner** `S` Grundbesitzer(in) *m(f)* **land register** *Br* `S` Grundbuch *n* **landscape** ['lændskeɪp] `A` `S` Landschaft *f* `B` `VT` *Grundstück* gärtnerisch gestalten **landscape gardening** `S` Landschaftsgärtnerei *f* **landslide** `S` Erdrutsch *m* **landslide victory** `S` überwältigender Sieg, Erdrutschsieg *m*

lane [leɪn] `S` Sträßchen *n*, Gasse *f*; SPORT Bahn *f*; (≈ *Fahrbahn*) Spur *f*; SCHIFF Schifffahrtsweg *m*; **"get in ~"** „einordnen"

★**language** ['læŋgwɪdʒ] `S` Sprache *f*; **your ~ is appalling** deine Ausdrucksweise ist entsetzlich; **bad ~** Kraftausdrücke *pl*, Schimpfwörter *pl*; **strong ~** Schimpfwörter *pl* **language barrier** `S` Sprachbarriere *f* **language course** `S` Sprachkurs(us) *m* **language lab(oratory)** `S` Sprachlabor *n* **language school** `S` Sprachschule *f*

languid ['læŋgwɪd] `ADJ` träge **languish** ['læŋgwɪʃ] `VI` schmachten **lank** [læŋk] `ADJ` *Haare* strähnig **lanky** ['læŋkɪ] `ADJ` ‹*komp* lankier› schlaksig

lantern ['læntən] `S` Laterne *f*

lap¹ [læp] `S` Schoß *m*; **in** *od* **on her lap** auf dem/ihrem Schoß; **to live in the lap of luxury** ein Luxusleben führen **lap²** `A` `S` SPORT Runde *f*; *fig* Etappe *f* `B` `VT` SPORT überrunden **lap³** `VI` *Wellen* plätschern (**against** an +*akk*) ◆**lap up** `VT` ‹*trennb*› **1** *Wasser* auflecken **2** *Lob* genießen **lapel** [lə'pel] `S` Revers *n/m*

lapse [læps] `A` `S` **1** Fehler *m*; *moralisch* Fehltritt *m*; **he had a ~ of concentration** seine Konzentration ließ nach; **memory ~s** Gedächtnisschwäche *f*; **a serious security ~** ein schwerer Verstoß gegen die Sicherheitsvorkehrungen **2**

Zeitraum *m*; **time ~** Zeitraum *m*; **a ~ in the conversation** eine Gesprächspause **B** V/i **1** verfallen (**into** in +*akk*); **he ~d into silence** er versank in Schweigen; **he ~d into a coma** er sank in ein Koma **2** ablaufen; **after two months have ~d** nach (Ablauf von) zwei Monaten
lapsed [læpst] ADJ *Katholik* abtrünnig
laptop [ˈlæptɒp] **A** ⓢ COMPUT Laptop *m od n* **B** ADJ ‹*attr*› COMPUT Laptop- **laptop bag** ⓢ Laptoptasche *f*
larch [lɑːtʃ] ⓢ, (a. **larch tree**) Lärche *f*
lard [lɑːd] ⓢ Schweineschmalz *n*
larder [ˈlɑːdəʳ] *bes Br* ⓢ Speisekammer *f*, Speiseschrank *m*
★**large** [lɑːdʒ] **A** ADJ ‹*komp larger*› groß; *Mensch* korpulent; *Mahlzeit* reichlich; **~print** Großdruck *m*; **a ~r size** eine größere Größe; **as ~ as life** in voller Lebensgröße **B** ⓢ **1 the world at ~** die Allgemeinheit **2 to be at ~** frei herumlaufen
★**largely** [ˈlɑːdʒlɪ] ADV zum größten Teil
largeness [ˈlɑːdʒnəs] ⓢ Größe *f*
large-print ADJ *Buch* in Großdruck
large-scale ADJ groß angelegt; *Änderungen* in großem Rahmen; *Landkarte* in großem Maßstab **largesse** [lɑːˈʒes] ⓢ Großzügigkeit *f*
lark[1] [lɑːk] ⓢ ORN Lerche *f*
lark[2] *bes Br umg* ⓢ Spaß *m*, Hetz *f österr*; **to do sth for a ~** etw (nur) zum Spaß machen ◆**lark about, lark around** *Br umg* V/i herumblödeln *umg*
larva [ˈlɑːvə] ⓢ ‹*pl* -e [ˈlɑːvɪ]› Larve *f*
laryngitis [ˌlærɪnˈdʒaɪtɪs] ⓢ Kehlkopfentzündung *f* **larynx** [ˈlærɪŋks] ⓢ Kehlkopf *m*
lascivious [ləˈsɪvɪəs] ADJ lasziv *geh*
laser [ˈleɪzəʳ] ⓢ Laser *m* **laser disc** ⓢ Laserdisc *f* **laser printer** ⓢ Laserdrucker *m* **laser sensor** ⓢ TECH Lasersensor *m* **laser surgery** ⓢ Laserchirurgie *f*
lash[1] [læʃ] ⓢ Wimper *f*
lash[2] **A** ⓢ (Peitschen)schlag *m* **B** V/t **1** peitschen; *Regen* peitschen gegen **2** festbinden (**to an** +*dat*); **to ~ sth together** etw zusammenbinden **C** V/i **to ~ against** peitschen gegen ◆**lash out** V/i **1** (wild) um sich schlagen; **to lash out at sb** auf j-n losgehen **2** *mit Worten* vom Leder ziehen *umg*; **to lash out at sb** gegen j-n wettern

lass [læs] ⓢ (junges) Mädchen
lasso [læˈsuː] **A** ⓢ ‹*pl* -(e)s› Lasso *m/n* **B** V/t mit dem Lasso einfangen
★**last**[1] [lɑːst] **A** ADJ letzte(r, s); **he was ~ to arrive** er kam als Letzter an; **the ~ person** der Letzte; **the ~ but one, the second ~** der/die/das Vorletzte; **~ Monday** letzten Montag; **~ year** letztes Jahr; **~ but not least** nicht zuletzt, last not least; **the ~ thing** das Letzte; **that was the ~ thing I expected** damit hatte ich am wenigsten gerechnet **B** ⓢ der/die/das Letzte; **he was the ~ to leave** er ging als Letzter; **I'm always the ~ to know** ich erfahre immer alles als Letzter; **the ~ of his money** sein letztes Geld; **the ~ of the cake** der Rest des Kuchens; **that was the ~ we saw of him** danach haben wir ihn nicht mehr gesehen; **the ~ I heard, they were getting married** das Letzte, was ich gehört habe, war, dass sie heiraten; **we shall never hear the ~ of it** das werden wir noch lange zu hören kriegen; ★**at ~** endlich, schließlich; **at long ~** schließlich und endlich **C** ADV **when did you ~ have a bath?** wann hast du das letzte Mal gebadet?; **he spoke ~** er sprach als Letzter; **the horse came in ~** das Pferd ging als letztes durchs Ziel

Signalwörter für das past tense

In Sätzen mit Ausdrücken, die einen eindeutigen Bezug zur Vergangenheit haben, muss das **simple past** stehen:

When did you last see her?	Wann haben Sie sie zum letzten Mal gesehen?

Weitere Signalwörter:

two minutes / days ago, yesterday, last week / Friday, on 1 January 2015, in 1989, just then ◀

last[2] **A** V/i **the car has ~ed me eight years** das Auto hat acht Jahre (lang) gehalten; **these cigarettes will ~ me a week** diese Zigaretten reichen mir eine Woche; **he won't ~ the week** er hält die Woche nicht durch **B** V/i dauern; *Blumen, Ehe* halten; **it can't ~** es hält nicht an; **it won't ~** es wird nicht lange so bleiben; **it's too good to ~** das ist zu schön, um wahr zu sein; **he won't ~ long in this job** er wird in dieser Stelle nicht alt werden *umg*; **the boss only ~ed a week** der Chef blieb nur eine Woche

last-ditch ['lɑːstdɪtʃ] ADJ allerletzte(r, s); *Versuch* in letzter Minute

lasting ['lɑːstɪŋ] ADJ *Beziehung* dauerhaft; *Schande* ständig anhaltend

lastly ['lɑːstlɪ] ADV schließlich **last-minute** ADJ in letzter Minute **last rites** PL Letzte Ölung

latch [lætʃ] S Riegel *m*; **to be on the ~** nicht verschlossen sein; **to leave the door on the ~** die Tür nur einklinken ◆**latch on** *umg* V/I 1 sich anschließen (**to** +*dat*) 2 kapieren *umg*

★**late** [leɪt] A ADJ ⟨*komp* later⟩ 1 spät; **to be ~ (for sth)** (zu etw) zu spät kommen; **the bus is (five minutes) ~** der Bus hat (fünf Minuten) Verspätung; **he is ~ with his rent** er hat seine Miete noch nicht bezahlt; **that made me ~ for work** dadurch bin ich zu spät zur Arbeit gekommen; **due to the ~ arrival of ...** wegen der verspäteten Ankunft ... (+*gen*); **it's too ~ in the day (for you) to do that** es ist zu spät (für dich), das noch zu tun; **it's getting ~** es ist schon spät; **~ train** Spätzug *m*; **they work ~ hours** sie arbeiten bis spät (am Abend); **they had a ~ dinner yesterday** sie haben gestern spät zu Abend gegessen; **"late opening until 7pm"** „verlängerte Öffnungszeiten bis 19 Uhr"; **he's a ~ developer** er ist ein Spätentwickler; **they scored two ~ goals** sie erzielten zwei Tore in den letzten Spielminuten; **in the ~ eighties** Ende der Achtzigerjahre; **a man in his ~ eighties** ein Mann hoch in den Achtzigern; **in the ~ morning** am späten Vormittag; **in ~ June** Ende Juni 2 verstorben; **the ~ John F. Kennedy** John F. Kennedy B ADV ⟨*komp* later⟩ spät; **to arrive ~** *Mensch* zu spät kommen; *Zug* Verspätung haben; **I'll be home ~ today** ich komme heute spät nach Hause; **the train was running ~** der Zug hatte Verspätung; **the baby was born two weeks ~** das Baby kam zwei Wochen nach dem Termin; **we're running ~** wir sind spät dran; **better ~**

than never besser spät als gar nicht; **to stay up ~** lange aufbleiben; **the chemist is open ~** die Apotheke hat länger geöffnet; **to work ~ at the office** länger im Büro arbeiten; **~ at night** spät abends; **~ last night** spät gestern Abend; **~ into the night** bis spät in die Nacht; **~ in the afternoon** am späten Nachmittag; **~ in the year** (gegen) Ende des Jahres; **they scored ~ in the second half** gegen Ende der zweiten Halbzeit gelang ihnen ein Treffer; **we decided rather ~ in the day to come too** wir haben uns ziemlich spät entschlossen, auch zu kommen; **of ~** in letzter Zeit; **it was as ~ as 1900 before child labour was abolished** *Br*, **it was as ~ as 1900 before child labor was abolished** *US* erst 1900 wurde die Kinderarbeit abgeschafft **latecomer** ['leɪtkʌmə*r*] S Nachzügler(in) *m(f) umg*

★**lately** ['leɪtlɪ] ADV in letzter Zeit **late-night** ['leɪtˌnaɪt] ADJ *movie* Spätfilm *m*; **~ opening** lange Öffnungszeiten *pl*; **~ shopping** Einkauf *m* am (späten) Abend

latent ['leɪtənt] ADJ latent; *Energie* ungenutzt

★**later** ['leɪtə*r*] ADJ & ADV später; **at a ~ time** später; **the weather cleared up ~ (on) in the day** das Wetter klärte sich im Laufe des Tages auf; **~ (on) in the play** im weiteren Verlauf des Stückes; **I'll tell you ~ (on)** ich erzähle es dir später; **see you ~!** bis später; **no ~ than Monday** bis spätestens Montag

lateral ADJ, **laterally** ['lætərəl, -ɪ] ADV seitlich

★**latest** ['leɪtɪst] A ADJ 1 *Mode* neu(e)ste(r, s); *Technik* modernste(r, s); **the ~ news** das Neu(e)ste; **the ~ attempt** der jüngste Versuch 2 späteste(r, s); **what is the ~ date you can come?** wann kannst du spätestens kommen? B S **the ~** in a series der jüngste in einer Reihe; **what's the ~ (about John)?** was gibts Neues (über John)?; **wait till you hear the ~!** warte, bis du das Neueste gehört hast!; **at the ~** spätestens

latex ['leɪteks] S Latex *m*

lathe [leɪð] S Drehbank *f*

lather ['lɑːðə*r*] S (Seifen)schaum *m*; **to work oneself up into a ~ (about sth)** *umg* sich (über etw *akk*) aufregen

L

Latin ['lætɪn] **A** ADJ *Charme* südländisch **B** LING Latein(isch) **n** **Latins** [læ'tiːnə] **S** Latina *f (weibliche Person mittel- oder südamerikanischer Abstammung)* **Latin America** **S** Lateinamerika *n* **Latin American A** ADJ lateinamerikanisch **B** **S** Lateinamerikaner(in) *m(f)*

latitude ['lætɪtjuːd] **S** Breite *f; fig* Spielraum *m*

latrine [lə'triːn] **S** Latrine *f*

latte ['lɑːteɪ] **S** Caffè latte *m*, Milchkaffee *m*, Latte *m/f*, Latte macchiato *m/f*

latter ['lætə'] **A** ADJ **1** letztere(r, s) **2** **the ~ part of the book/story is better** gegen Ende wird das Buch/die Geschichte besser; **the ~ half of the week** die zweite Hälfte der Woche **B** **S** **the ~** der/die/das Letztere **latter-day** ['lætə-'deɪ] ADJ modern **latterly** ['lætəlɪ] ADV in letzter Zeit

lattice ['lætɪs] **S** Gitter *n*

Latvia ['lætvɪə] **S** Lettland *n* **Latvian** ['lætvɪən] **A** ADJ lettisch; **he is ~** er ist Lette **B** **S** Lette *m*, Lettin *f*; LING Lettisch *n*

laudable ['lɔːdəbl] ADJ lobenswert

★**laugh** [lɑːf] **A** **S** **1** Lachen *n*; **with a ~** lachend; **she gave a loud ~** sie lachte laut auf; **to have a good ~ about sth** sich köstlich über etw *(akk)* amüsieren; **it'll give us a ~** *umg* das wird lustig; **to have the last ~** es j-m zeigen *umg*; **to get a ~** einen Lacherfolg verbuchen **2** *umg (≈ Spaß)* **what a ~** (das ist ja) zum Totlachen! *umg*; **for a ~** aus Spaß; **it'll be a ~** es wird bestimmt lustig; **he's a (good) ~** er ist urkomisch *umg* **B** **VI** lachen **(about, at** über *+akk)*; **to ~ at sb** sich über j-n lustig machen; **you'll be ~ing on the other side of your face soon** *Br*, **you'll be ~ing on the other side of your mouth soon** *US* dir wird das Lachen noch vergehen; **to ~ out loud** laut auflachen; **to ~ in sb's face** j-m ins Gesicht lachen; **don't make me ~!** *iron umg* dass ich nicht lache! *umg* ♦**laugh off** **VT** **1** *‹immer getrennt›* **to laugh one's head off** sich totlachen *umg* **2** *‹trennb›* mit einem Lachen abtun

laughable ['lɑːfəbl] ADJ lachhaft **laughing** ['lɑːfɪŋ] **A** ADJ **it's no ~ matter** das ist nicht zum Lachen **B** **S** Lachen *n* **laughing gas** **S** Lachgas *n*

laughing stock **S** Witzfigur *f* ★**laughter** [lɑːftə'] **S** Gelächter *n* ★**launch** [lɔːntʃ] **A** **S** **1** Barkasse *f; von Schiff* Stapellauf *m; von Rakete* Abschuss *m* **3** *von Raumschiff, Kampagne etc.* Start *m* **4** *von Firma* Gründung *f; von Produkt* Einführung *f; von Film, Buch* Lancierung *f* **B** **VT** **1** *Schiff* vom Stapel lassen; *Rettungsboot* aussetzen; *Rakete* abschießen **2** *Firma* gründen; *Produkt* einführen; *Film, Buch* lancieren; *Untersuchung* in die Wege leiten; *Karriere* starten; **the attack was ~ed at 15.00 hours** der Angriff fand um 15.00 Uhr statt; **to ~ a takeover bid** HANDEL ein Übernahmeangebot machen ♦**launch into** **VI** *‹+obj›* angreifen; **he launched into a description of his house** er legte mit einer Beschreibung seines Hauses los *umg*

launch(ing) pad **S** Abschussrampe *f* **launder** ['lɔːndə'] **VT** waschen und bügeln *od* glätten *schweiz; fig Geld* waschen **Launderette®** [ˌlɔːndə'ret], **laundrette** [ˌlɔːn'dret] *Br* **S** Waschsalon *m* **Laundromat®** ['lɔːndrəʊmæt] *US* **S** Waschsalon *m*

★**laundry** ['lɔːndrɪ] **S** **1** Wäscherei *f* **2** Wäsche *f*; **to do the ~** (Wäsche) waschen **laundry basket** **S** Wäschekorb *m*

laurel ['lɔrəl] **S** Lorbeer *m*; **to rest on one's ~s** sich auf seinen Lorbeeren ausruhen

lava ['lɑːvə] **S** Lava *f*

lavatory ['lævətrɪ] **S** Toilette *f* **lavatory attendant** **S** Toilettenfrau *f*/-mann *m* **lavatory paper** **S** Toilettenpapier *n* **lavatory seat** **S** Toilettensitz *m*

lavender ['lævɪndə'] **S** Lavendel *m*

lavish ['lævɪʃ] **A** ADJ *Geschenke* großzügig; *Lob* überschwänglich; *Bankett* üppig; **to be ~ with sth** mit etw verschwenderisch umgehen **B** **VT** **to ~ sth on sb** j-n mit etw überhäufen **lavishly** ['lævɪʃlɪ] ADV *ausgestattet* großzügig; *loben* überschwänglich; *bewirten* reichlich; **~ furnished** luxuriös eingerichtet

★**law** [lɔː] **S** **1** Gesetz *n*, Recht *n*; **it's the law** das ist Gesetz; **to become law** rechtskräftig werden; **is there a law against it?** ist das verboten?; **under French law** nach französischem Recht; **he is above the law** er steht über dem Gesetz; **to keep within the law** sich im Rahmen des Gesetzes bewegen; **in law** vor dem Gesetz; **civil/criminal law** Zivil-/Strafrecht n; **to practise law** Br, **to practice law** US eine Anwaltspraxis haben; **to take the law into one's own hands** das Recht selbst in die Hand nehmen; **law and order** Recht und Ordnung 2 UNIV Jura ohne art, Rechtswissenschaft f 3 **the law** umg die Bullen sl **law-abiding** ADJ gesetzestreu **lawbreaker** S̄ Gesetzesbrecher(in) m(f) **law court** S̄ Gerichtshof m **lawful** ['lɔːfʊl] ADJ rechtmäßig **lawfully** ['lɔːfə-lɪ] ADV rechtmäßig; **he is ~ entitled to compensation** er hat einen Rechtsanspruch auf Entschädigung **lawless** ['lɔːlɪs] ADJ Handlung gesetzwidrig; Gesellschaft gesetzlos **lawlessness** ['lɔːlɪsnɪs] S̄ Gesetzlosigkeit f

lawn [lɔːn] S̄ Rasen m kein pl **lawn mower** S̄ Rasenmäher m **lawn tennis** S̄ Rasentennis n

law school US S̄ juristische Fakultät f **lawsuit** S̄ Prozess m; **to bring a ~ against sb** gegen j-n einen Prozess anstrengen

★**lawyer** ['lɔːjəʳ] S̄ (Rechts)anwalt m, (Rechts)anwältin f

lax [læks] ADJ ⟨+er⟩ lax; Moral locker; **to be lax about sth** etw vernachlässigen **laxative** ['læksətɪv] A ADJ abführend B S̄ Abführmittel n

laxity ['læksɪtɪ] S̄ Laxheit f

lay[1] [leɪ] ADJ Laien-

lay[2] PRÄT → lie[2]

★**lay**[3] ⟨v: prät, pperf laid⟩ A V̄T̄ 1 legen (sth on sth etw auf etw akk); Kranz niederlegen; Kabel verlegen; Teppich (ver)legen; **to lay (one's) hands on** erwischen, finden 2 Pläne schmieden; **to lay the table** Br den Tisch decken; **to lay a trap for sb** j-m eine Falle stellen; **to lay the blame for sth on sb/sth** j-m/einer Sache die Schuld an etw (dat) geben; **to lay waste** verwüsten 3 Huhn: Eier legen; Fisch, Insekt ablegen; **to lay bets on sth** auf etw (akk) wetten B V̄Ī Huhn legen ◆**lay about** A V̄Ī vt sich schlagen B V̄T̄ ⟨trennb⟩ losschlagen gegen ◆**lay aside** V̄T̄ ⟨trennb⟩ Arbeit weglegen; (≈ sparen) auf die Seite legen ◆**lay down** V̄T̄ ⟨trennb⟩ 1 Buch etc hinlegen; **he laid his bag down on the table** er legte seine Tasche auf den Tisch 2 **to**

lay down one's arms die Waffen niederlegen; **to lay down one's life** sein Leben geben 3 Regeln aufstellen; **to lay down the law** umg Vorschriften machen ⟨to sb j-m⟩ ◆**lay into** umg V̄Ī ⟨+obj⟩ 1 **to lay into sb** auf j-n losgehen; mit Worten j-n fertigmachen umg ◆**lay off** A V̄Ī eingehen ⟨obj mit⟩; **you'll have to lay off smoking** du wirst das Rauchen aufgeben müssen umg; **lay off my little brother, will you!** lass bloß meinen kleinen Bruder in Ruhe! B V̄T̄ ⟨trennb⟩ Arbeiter entlassen; **to be laid off** Feierschichten einlegen müssen; Kündigung entlassen werden ◆**lay on** V̄T̄ ⟨trennb⟩ Unterhaltung sorgen für; Busse einsetzen ◆**lay out** V̄T̄ ⟨trennb⟩ 1 ausbreiten (≈ präsentieren) darlegen 3 Kleidungsstücke zurechtlegen; Leiche (waschen und) aufbahren 4 (≈ arrangieren) anlegen ◆**lay over** US V̄Ī Aufenthalt haben ◆**lay up** V̄T̄ ⟨trennb⟩ **to be laid up (in bed)** auf der Nase liegen umg, im Bett liegen

layabout Br S̄ Arbeitsscheue(r) m/f(m) **lay-by** Br S̄ Parkbucht f, Parkplatz m **layer** ['leɪəʳ] S̄ Schicht f, Lage f; **to arrange sth in ~s** etw schichten; **several ~s of clothing** mehrere Kleidungsstücke übereinander B V̄T̄ 1 Haare abstufen 2 Gemüse etc schichten

layman S̄ ⟨pl -men⟩ Laie m **lay-off** S̄ **further ~s were unavoidable** weitere Arbeiter mussten entlassen werden **layout** S̄ Anordnung f; TYPO Layout n; **we have changed the ~ of this office** wir haben dieses Büro anders aufgeteilt **layover** US S̄ Aufenthalt m **layperson** S̄ Laie m

laze [leɪz] V̄Ī, **laze about**, **laze around** faulenzen **lazily** ['leɪzɪlɪ] ADV faul, träge **laziness** ['leɪzɪnɪs] S̄ Faulheit f

★**lazy** ['leɪzɪ] ADJ ⟨komp lazier⟩ 1 faul; **to be ~ about doing sth** zu faul sein, etw zu tun 2 träge; Abend gemütlich **lazybones** ['leɪzɪ,bəʊnz] umg S̄ ⟨+sg v⟩ Faulpelz m

lb S̄ Gewicht ≈ Pfd.

LCD ABK (≈ liquid crystal display) LCD n **lead**[1] [led] S̄ 1 Blei n 2 in Bleistift Mine f ★**lead**[2] [liːd] ⟨v: prät, pperf led⟩ A V̄T̄ 1 führen; **to ~ sb in** j-n hineinführen; **that road will ~ you back to the station** auf dieser Straße kommen Sie zum Bahnhof zurück; **to ~ the way** vorangehen; **all this talk is ~ing us nowhere** dieses ganze Gerede bringt uns nicht weiter; **to ~ sb to do sth** j-n dazu bringen, etw zu tun; **what led him to change his mind?** wie kam er dazu, seine Meinung zu ändern?; **I am led to believe that** ... ich habe Grund zu der Annahme, dass ...; **to ~ sb into trouble** j-n in Schwierigkeiten bringen **2** (an)führen; *Team* leiten; **to ~ a party** den Parteivorsitz führen **3** (≈ *Erster sein*) anführen; **they led us by 30 seconds** sie lagen mit 30 Sekunden vor uns (*dat*); **Britain ~s the world in textiles** Großbritannien ist auf dem Gebiet der Textilproduktion führend in der Welt **B** V/I **1** führen; **it ~s to that room** es führt zu diesem Raum; **all this talk is ~ing nowhere** dieses ganze Gerede führt zu nichts; **remarks like that could ~ to trouble** solche Bemerkungen können unangenehme Folgen haben **2** vorangehen; *in Rennen* in Führung liegen **C** S **1** Führung *f*; **to be in the ~ in Führung liegen; to take the ~, to move into the ~** in Führung gehen; *in Liga* Tabellenführer werden **2** *zeitlich* Vorsprung *m*; **to have two minutes' ~ over sb** zwei Minuten Vorsprung vor j-m haben **3** (≈ *Beispiel*) **to take the ~** mit gutem Beispiel vorangehen **4** Anhaltspunkt *m*; **the police have a ~** die Polizei hat eine Spur **5** THEAT Hauptrolle *f*; (≈ *Schauspieler*) Hauptdarsteller(in) *m(f)* **6** *für Hund* Leine *f*; **on a ~** an der Leine **7** ELEK Kabel *n* ♦**lead away** V/T ⟨*trennb*⟩ wegführen; *Gefangenen* abführen ♦**lead off** V/I *Straße* abgehen; **several streets led off the square** mehrere Straßen gingen von dem Platz ab ♦**lead on** V/T ⟨*trennb*⟩ (≈ *täuschen*) anführen *umg* ♦**lead on to** V/I ⟨*+obj*⟩ führen zu ♦**lead up** V/T ⟨*trennb*⟩ führen (**to** zu); **to lead sb up the garden path** *fig* j-n an der Nase herumführen **B** V/I **the events that led up to the war** die Ereignisse, die dem Krieg vorausgingen; **what are you leading up to?** worauf willst du hinaus?; **what's all this leading up to?** was soll das Ganze?

leaded ['lɛdɪd] ADJ *Benzin* verbleit **leaden** ['lɛdn] ADJ bleiern; *Schritte* blei-

schwer

★**leader** ['liːdə] S **1** Führer(in) *m(f)*; *von Partei* Vorsitzende(r) *m/f(m)*; MIL Befehlshaber(in) *m(f)*; *von Bande* Anführer(in) *m(f)*; *von Projekt* Leiter(in) *m(f)*; SPORT *in Liga* Tabellenführer *m*; *in Rennen* der/die Erste; *von Orchester* Konzertmeister(in) *m(f)*; **to be the ~ in Rennen** in Führung liegen; **the ~s** *in Rennen* die Spitzengruppe; **~ of the opposition** Oppositionsführer(in) *m(f)* **2** *Br Presse* Leitartikel *m* **leadership** ['liːdəʃɪp] S Führung *f*, Vorsitz *m*; **under the ~ of** unter (der) Führung von

lead-free ['lɛdfriː] **A** ADJ bleifrei **B** S bleifreies Benzin

leading ['liːdɪŋ] ADJ **1** vorderste(r, s) *Firma, Schriftsteller* führend; **~ product/sportsman** Spitzenprodukt *n*/-sportler *m*; **~ role** THEAT Spitzen-, *fig* führende Rolle (**in** bei) **leading article** S Leitartikel *m* **leading-edge** ADJ *Firma; Technologie* Spitzen- **leading lady** S Hauptdarstellerin *f* **leading light** S Nummer eins *f* **leading man** ⟨*pl* -men⟩ Hauptdarsteller *m* **leading question** S Suggestivfrage *f* **lead singer** ['liːd-] S Leadsänger(in) *m(f)* **lead story** ['liːd-] S Hauptartikel *m*

★**leaf** [liːf] **A** S ⟨*pl* leaves⟩ **1** Blatt *n*; **he swept the leaves into a pile** er fegte das Laub auf einen Haufen **2** (≈ *Papier*) Blatt *n*; **to take a ~ out** *od* **from sb's book** (*dat*) von j-m eine Scheibe abschneiden; **to turn over a new ~** einen neuen Anfang machen **B** V/I **to ~ through a book** ein Buch durchblättern **leaflet** ['liːflɪt] S Prospekt *m*, Handzettel *m*, Flugblatt *n* **leafy** ['liːfɪ] ADJ *Baum* belaubt; *Allee* grün

★**league** [liːg] S Liga *f*; **League of Nations** Völkerbund *m*; **to be in ~ with sb** mit j-m gemeinsame Sache machen; **the club is top of the ~** der Klub ist Tabellenführer; **he was not in the same ~** *fig* er hatte nicht das gleiche Format; **this is way out of your ~!** das ist einige Nummern zu groß für dich! **league table** S Tabelle *f*; *bes Br von Schulen etc* Leistungstabelle *f*

leak [liːk] **A** S undichte Stelle; *in Behälter* Loch *n*, Leck *n*; **to have a ~** undicht sein; *Eimer etc* lecken **B** V/T **1** durchlassen; *Brennstoff* verlieren; **that tank is ~ing acid** aus diesem Tank läuft Säure aus **2** *fig Informationen etc* zuspielen **(to sb** j-m) **C** V/I *Schiff, Behälter* lecken; *Dach* undicht sein; *Stift, Flüssigkeit* auslaufen; *Gas* ausströmen; **water is ~ing (in) through the roof** es regnet durch (das Dach durch) ◆**leak out** V/I **1** *Flüssigkeit* auslaufen **2** *Informationen* durchsickern

leakage ['li:kɪdʒ] *S* Auslaufen *n* **leaky** ['li:kɪ] ADJ ⟨*komp* leakier⟩ undicht; *Boot a.* leck

★**lean**[1] [li:n] ADJ ⟨+er⟩ mager; *Mensch* hager; **to go through a ~ patch** eine Durststrecke durchlaufen

★**lean**[2] ⟨*prät, pperf* leaned; *bes Br* leant⟩ **A** V/I **1** lehnen **(against** gegen, an +*akk*); **to ~ one's head on sb's shoulder** seinen Kopf an j-s Schulter (*akk*) lehnen **2** aufstützen **(on** auf +*dat od akk*); **to ~ one's elbow on sth** sich mit dem Ellbogen auf etw (*akk*) stützen **B** V/I **1** sich neigen **(to** nach); **he ~ed across the counter** er beugte sich über den Ladentisch **2** sich lehnen; **she ~ed on my arm** sie stützte sich auf meinen Arm; **to ~ on one's elbow** sich mit dem Ellbogen aufstützen **3** **to ~ toward(s) socialism** zum Sozialismus tendieren ◆**lean back** V/I sich zurücklehnen ◆**lean forward** V/I sich vorbeugen ◆**lean on** V/I **to lean on sb** sich auf j-n verlassen; *umg* (≈ *Druck ausüben*) j-n bearbeiten *umg* ◆**lean out** V/I sich hinauslehnen **(of** aus)

leaning ['li:nɪŋ] **A** ADJ schräg, schief **B** *S* Neigung *f* **leant** [lent] *bes Br* PRÄT & PPERF → lean

leap [li:p] **A** *S* Sprung *m*; *fig von Gewinnen etc* sprunghafter Anstieg; **a great ~ forward** *fig* ein großer Sprung nach vorn; **a ~ into the unknown, a ~ in the dark** *fig* ein Sprung ins Ungewisse; **by ~s and bounds** *fig* sprunghaft **B** V/I ⟨*v: prät, pperf* leaped; *bes Br* leapt⟩ springen; **to ~ to one's feet** aufspringen; **the shares ~t by 21p** die Aktien stiegen mit einem Sprung um 21 Pence ◆**leap at** V/I ⟨+*obj*⟩ **to leap at a chance** eine Gelegenheit beim Schopf packen ◆**leap out** V/I hinausspringen **(of** aus); **he leapt out of the car** er sprang aus dem Auto ◆**leap up** V/I *Preise* sprung-

haft ansteigen

leapfrog ['li:pfrɒg] **A** *S* Bockspringen *n*; **to play ~** Bockspringen spielen **B** V/I ⟨*prät, pperf* leapt; *bes Br* PRÄT & PPERF⟩ → leap **leap year** *S* Schaltjahr *n*

★**learn** [lɜːn] ⟨*prät, pperf* learned; *Br* learnt⟩ **A** V/I **1** lernen; *Gedicht etc* auswendig lernen; **I ~ed (how) to swim** ich habe schwimmen gelernt **2** erfahren **B** V/I **1** lernen; **to ~ from experience** aus der Erfahrung *od* durch Erfahrung lernen **2** erfahren **(about, of** von) **learned** ['lɜːnɪd] ADJ gelehrt; **a ~ man** ein Gelehrter *m* **learner** ['lɜːnə(r)] *S* **1** Lerner(in) *m(f)* **2** Fahrschüler(in) *m(f)* **learner's permit** *S* US provisorischer Führerschein und damit einhergehende offizielle Fahrerlaubnis noch vor Erwerb des eigentlichen Führerscheins **learning** ['lɜːnɪŋ] *S* Lernen *n*; **a man of ~** ein Gelehrter *m* **learning curve** *S* **to be on a steep ~** viel dazulernen **learnt** [lɜːnt] *Br* PRÄT & PPERF → learn

lease [li:s] **A** *S* Pacht *f*, Pachtvertrag *m*; *für Wohnung* Miete *f*, Mietvertrag *m*; *von Gerät* Leasing *n*, Leasingvertrag *m*; **a new ~ of/on life** ein neuer Aufschwung **B** V/I **1** pachten **(from** von); *Gerät* leasen **(from** von); *Wohnung* vermieten; **to ~ out** verpachten **(to** an +*akk*); *Wohnung* mieten **(from** von); *Gerät* leasen **(from** *a. von* +*akk*) **2** *a.* ~ **out** verpachten **(to** an +*akk*); *Wohnung* mieten **(from** von); *Gerät* leasen **(from** *a. von* +*akk*) **leasehold** **A** *S* Pachtbesitz *m*, Pachtvertrag *m* **B** ADJ gepachtet; **~ property** Pachtbesitz *m* **leaseholder** *S* Pächter(in) *m(f)*

leash [li:ʃ] *S* Leine *f*; **on a ~** an der Leine

leasing ['li:sɪŋ] *S* Leasing *n*

★**least** [li:st] **A** ADJ **1** geringste(r, s) **2** wenigste; **he has the ~ money** er hat am wenigsten Geld **B** ADV **1** ⟨+*v*⟩ am wenigsten; **~ of all would I wish to offend him** auf gar keinen Fall möchte ich ihn beleidigen **2** ⟨+*adj*⟩ **the ~ expensive car** das billigste Auto; **the ~ talented player** der am wenigsten talentierte Spieler; **the ~ known** der/die/das Unbekannteste; **not the ~ bit** kein bisschen **C** *S* **the ~** der/die/das Geringste; **that's the ~ of my worries** darüber mache ich mir die wenigsten Sorgen; **it's the ~ I can do** das ist das wenigste, was ich tun kann; ★ **at ~** wenigstens, mindestens; **there were at ~ eight** es waren mindestens acht da; **we need** three at the very ~ allermindestens brauchen wir drei; **all nations love football, not ~ the British** alle Völker lieben Fußball, nicht zuletzt die Briten; **he was not in the ~ upset** er war kein bisschen verärgert; **to say the ~** um es milde zu sagen

★**leather** [ˈleðəʳ] Ⓐ Ⓢ Leder n Ⓑ ADJ Leder-, ledern; **~ jacket/shoes** Lederjacke f/-schuhe pl **leathery** [ˈleðərɪ] ADJ Haut ledern

★**leave** [liːv]
⟨v: prät, pperf **left**⟩

A transitives Verb ▪ **B** intransitives Verb
C Substantiv

— **A** transitives Verb —

❶ verlassen; **the train left the station** der Zug fuhr aus dem Bahnhof; **when the plane left Rome** als das Flugzeug von Rom abflog; **when he left Rome** als er von Rom wegging/wegfuhr etc; **to ~ the country** das Land verlassen; für immer auswandern; **to ~ home** von zu Hause weggehen; **to ~ school** die Schule verlassen; **to ~ the table** vom Tisch aufstehen; **to ~ one's job** seine Stelle aufgeben; **to ~ the road** bei Unfall von der Straße abkommen; (≈ Richtung ändern) von der Straße abbiegen; **I'll ~ you at the station** ich setze dich am Bahnhof ab ❷ lassen; Nachricht, Narbe hinterlassen; **I'll ~ my address with you** ich lasse Ihnen meine Adresse da; **to ~ one's supper** sein Abendessen stehen lassen; **this ~s me free for the afternoon** dadurch habe ich den Nachmittag frei; **to ~ sb alone** j/n in Ruhe lassen; **to ~ sb to do sth** es j-m überlassen, etw zu tun; **I'll ~ you to it** ich lasse Sie jetzt allein weitermachen; **let's ~ it at that** lassen wir es dabei (bewenden); **to ~ sth to the last minute** mit etw bis zur letzten Minute warten; **let's ~ this now** lassen wir das jetzt mal ❸ (≈ vergessen) liegen lassen, stehen lassen ❹ nach Tod: Geld hinterlassen ❺ **to be left** übrig bleiben; **all I have left** alles, was ich noch habe; **I've (got) £6 left** ich habe noch 6 Pfund (übrig); **how many are there left?** wie viele sind noch übrig?; **3 from 10 ~s 7** 10 minus 3

ist 7; **there was nothing left for me to do but to sell it** mir blieb nichts anderes übrig, als es zu verkaufen ❻ überlassen (**up to sb** j-m); **~ it to me** lass mich nur machen; **to ~ sth to chance** etw dem Zufall überlassen

— **B** intransitives Verb —

(weg)gehen, abfahren, abfliegen; **we ~ for Sweden tomorrow** wir fahren morgen nach Schweden

— **C** Substantiv —

❶ Erlaubnis f; **to ask sb's ~ to do sth** j-n um Erlaubnis bitten, etw zu tun ❷ Urlaub m; **to be on ~** auf Urlaub sein; **I've got ~ to attend the conference** ich habe freibekommen, um an der Konferenz teilzunehmen; **~ of absence** Beurlaubung f ❸ **to take ~ of sb** sich von j-m verabschieden; **to take ~ of one's senses** den Verstand verlieren

◆**leave behind** VTI ⟨trennb⟩ ❶ Auto zurücklassen; Durcheinander hinterlassen; Vergangenheit hinter sich (dat) lassen; **we've left all that behind us** das alles liegt hinter uns; **he left all his fellow students behind** er ließ seine Kommilitonen in den Schatten ❷ (≈ vergessen) liegen lassen ◆**leave off** Ⓐ VTI ⟨trennb⟩ Deckel nicht darauftun; Licht auslassen; **you left her name the list** Sie haben ihren Namen nicht in die Liste aufgenommen Ⓑ VI ⟨+obj⟩ umg aufhören; **leave off!** lass das!; **he picked up where he left off** er machte weiter, wo er aufgehört hatte ◆**leave on** VTI ⟨trennb⟩ Mantel anbehalten; Licht anlassen ◆**leave out** VTI ⟨trennb⟩ ❶ draußen lassen ❷ auslassen; j-n ausschließen (**of** von); **you leave my wife out of this** lassen Sie meine Frau aus dem Spiel; **he got left out of things** er wurde nicht mit einbezogen ❸ liegen lassen ◆**leave over** VTI ⟨trennb⟩ **to be left over** übrig (geblieben) sein

leaves [liːvz] PL → leaf
leaving party [ˈliːvɪŋ] Ⓢ Abschiedsfeier od -party f
Lebanon [ˈlebənɒn] Ⓢ (the) ~ der Libanon
lecher [ˈletʃəʳ] Ⓢ Lüstling m; hum Lustmolch m **lecherous** [ˈletʃərəs] ADJ lüstern
lectern [ˈlektɜːn] Ⓢ Pult n
lecture [ˈlektʃəʳ] Ⓐ Ⓢ ❶ Vortrag m; UNIV

Vorlesung f; **to give a ~** einen Vortrag/ eine Vorlesung halten (**to** für od on sth über etw akk) **2** (Straf)predigt f **B** V⁄T **1** **to ~ sb on sth** j-m einen Vortrag/eine Vorlesung über etw (akk) halten; **he ~s us in French** wir hören bei ihm (Vorlesungen in) Französisch **2 to ~ sb on sth** j-m eine Strafpredigt halten (**on wegen**) **C** V⁄I einen Vortrag halten; UNIV eine Vorlesung halten; **he ~s in English** er ist Dozent für Anglistik; **he ~s at Princeton** er lehrt in Princeton **lecture hall** S̄ Hörsaal m **lecture notes** PL von Professor Manuskript n; von Student Aufzeichnungen pl; (≈ Arbeitsblätter) Vorlesungsskript n **lecturer** ['lektʃərəʳ] S̄ Dozent(in) m(f), Redner(in) m(f); **assistant ~ ≈** Assistent(in) m(f); **senior ~** Dozent(in) in höherer Position **lectureship** ['lektʃəʃɪp] S̄ Dozentenstelle f **lecture theatre** S̄, **lecture theater** US S̄ Hörsaal m

led [led] PRÄT & PPERF → **lead²**

LED [eliː'diː] ᴀʙᴋ (= light-emitting diode) LED, Leuchtdiode f

ledge [ledʒ] S̄ Leiste f; von Fenster: innen Fensterbrett n; außen (Fenster)sims n/m; von Berg (Fels)vorsprung m

ledger ['ledʒəʳ] S̄ Hauptbuch n

LED light S̄ LED-Leuchte f **LED light bulb** S̄ LED-Lampe f **LED TV** S̄, **LED television** S̄ LED-TV n, LED-Fernseher m

leech [liːtʃ] S̄ Blutegel m

leek [liːk] S̄ Porree m

leer [lɪəʳ] **A** S̄ anzügliches Grinsen **B** V⁄I **to ~ at sb** j-m anzügliche Blicke zuwerfen

leeway ['liːweɪ] fig S̄ Spielraum m; bei Entscheidung Freiheit f; **he has given them too much ~** er hat ihnen zu viel Freiheit od Spielraum gelassen

left¹ [left] PRÄT & PPERF → **leave**

★**left²** **A** ᴀᴅᴊ linke(r, s); **no ~ turn** Linksabbiegen verboten; **he's got two ~ feet** umg er ist sehr ungelenk **B** ᴀᴅᴠ links (**of** von); **keep ~** links fahren **C** S̄ **1** Linke(r, s); **on the ~** links (**of** von), auf der linken Seite; **on** od **to sb's ~** links von j-m; **take the first (on the) ~ after the church** biegen Sie hinter der Kirche die erste (Straße) links ab; **the third** etc **... from the ~** der/die/das dritte etc ... von links; **to keep to the ~** sich links halten **2** POL

Linke f; **to move to the ~** nach links rücken **left back** S̄ linker Verteidiger **left-click** **A** V⁄I IT links klicken **B** V⁄T IT links klicken auf (+akk) **left-hand** ᴀᴅᴊ ~ **drive** Linkssteuerung f; ~ **side** linke Seite; **he stood on the ~ side of the king** er stand zur Linken des Königs; **take the ~ turn** bieg links ab **left-handed** **A** ᴀᴅᴊ linkshändig; Vorrichtung für Linkshänder; **both the children are ~** beide Kinder sind Linkshänder **B** ᴀᴅᴠ mit links **left-hander** S̄ Linkshänder(in) m(f) **leftist** ['leftɪst] ᴀᴅᴊ linksgerichtet

left-luggage locker Br S̄ Gepäckschließfach n **left-luggage (office)** Br S̄ Gepäckaufbewahrung f

left-of-centre ᴀᴅᴊ, **left-of-center** US ᴀᴅᴊ Politiker links von der Mitte stehend; ~ **party** Mitte-Links-Partei f

leftover **A** ᴀᴅᴊ übrig geblieben **B** S̄ **1** ~**s** (Über)reste pl **2** fig **to be a ~ from the past** ein Überbleibsel n aus der Vergangenheit sein

left wing S̄ linker Flügel; **on the ~** POL, SPORT auf dem linken Flügel **left-wing** ᴀᴅᴊ linke(r, s) **left-winger** S̄ POL Linke(r) m/f(m); SPORT Linksaußen m

★**leg** [leg] S̄ **1** Bein n; **to be on one's last legs** auf dem letzten Loch pfeifen umg; **he hasn't (got) a leg to stand on** fig er kann sich nicht herausreden, das kann er nicht belegen **2** GASTR Keule f, Schlögel m österr; **leg of lamb** Lammkeule f, Lammschlögel m österr **3** SPORT Etappe f

legacy ['legəsɪ] S̄ Vermächtnis n; fig pej Hinterlassenschaft f

★**legal** ['liːgl] ᴀᴅᴊ **1** legal; Verpflichtung, Grenzwert gesetzlich; **to make sth ~** etw legalisieren; **it is not ~ to sell drink to children** es ist gesetzlich verboten, Alkohol an Kinder zu verkaufen; ~ **limit** Promillegrenze f; **women had no ~ status** Frauen waren nicht rechtsfähig **2** Rechts-; Angelegenheit, Rat juristisch; Untersuchung gerichtlich; **for ~ reasons** aus rechtlichen Gründen; ~ **charges** od **fees** od **costs** Anwaltskosten pl, Gerichtskosten pl; **the British ~ system** das britische Rechtssystem; **the ~ profession** die Juristenschaft **legal action** S̄ Klage f; **to take ~ against sb** gegen j-n Klage erheben **legal adviser**

L

<u>S</u> Rechtsberater(in) m(f) **legal aid** <u>S</u>
Rechtshilfe f **legal high** <u>S</u> Legal High
n (*legale psychoaktive Substanz in
Kräutermischungen u. Ä.*) **legality** [liː-
ˈgælɪtɪ] <u>S</u> Legalität f; *von Anspruch* Recht-
mäßigkeit f; *von Vertrag, Entscheidung*
Rechtsgültigkeit f **legalize** [ˈliːgəlaɪz]
<u>VT</u> legalisieren **legally** [ˈliːgəlɪ] <u>ADV</u> *er-
werben* legal; *verheiratet* rechtmäßig; *ver-
pflichtet* gesetzlich; **~ responsible** vor
dem Gesetz verantwortlich; **to be ~ en-
titled to sth** einen Rechtsanspruch auf
etw (*akk*) haben; **~ binding** rechtsver-
bindlich **legal tender** <u>S</u> gesetzliches
Zahlungsmittel
legend [ˈledʒənd] <u>S</u> Legende f, Sage f;
to become a ~ in one's lifetime schon
zu Lebzeiten zur Legende werden **leg-
endary** [ˈledʒəndərɪ] <u>ADJ</u> **1** legendär
2 berühmt
-legged [-ˈlegd, -ˈlegɪd] <u>ADJ</u> ⟨*suf*⟩ -beinig;
bare-legged ohne Strümpfe **leggings**
[ˈlegɪŋz] <u>PL</u> Leggings pl
legible [ˈledʒɪbl] <u>ADJ</u> lesbar **legibly**
[ˈledʒɪblɪ] <u>ADV</u> lesbar; *schreiben* leserlich
legion [ˈliːdʒən] <u>S</u> Legion f **legionary**
[ˈliːdʒənərɪ] <u>S</u> Legionär m
legislate [ˈledʒɪsleɪt] <u>VI</u> Gesetze/ein Ge-
setz erlassen **legislation** [ˌledʒɪsˈleɪʃən]
<u>S</u> Gesetze pl **legislative** [ˈledʒɪslətɪv]
<u>ADJ</u> gesetzgebend **legitimacy** [lɪˈdʒɪtɪ-
məsɪ] <u>S</u> Rechtmäßigkeit f **legitimate**
[lɪˈdʒɪtɪmət] <u>ADJ</u> **1** legitim; *Rechtfertigung*
begründet **2** *Kind* ehelich **legiti-
mately** [lɪˈdʒɪtɪmətlɪ] <u>ADV</u> legitim, be-
rechtigterweise **legitimize** [lɪˈdʒɪtɪ-
maɪz] <u>VT</u> legitimieren
legless *Br umg* <u>S</u> sternhagelvoll *umg*
leg press <u>S</u> *SPORT* Beinpresse f **leg-
room** <u>S</u> Beinfreiheit f **leg-up** <u>S</u> **to
give sb a ~** j-m hochhelfen
★**leisure** [ˈleʒəʳ] <u>S</u> Freizeit f; **do it at your
~ tun** Sie es, wenn Sie Zeit dazu haben
leisure activities <u>PL</u> Freizeitbeschäf-
tigungen pl **leisure centre** *Br* <u>S</u> Frei-
zeitzentrum n **leisure hours** <u>PL</u> Frei-
zeit f **leisurely** [ˈleʒəlɪ] <u>ADJ</u> geruhsam;
to go at a ~ pace gemächlich gehen;
to have a ~ breakfast in aller Ruhe
frühstücken **leisure time** <u>S</u> Freizeit f
leisurewear <u>S</u> Freizeitbekleidung f
lemma [ˈlemə] <u>S</u> ⟨*pl* -s *od* -ta [ˈlemətə]⟩
LING Lemma n
★**lemon** [ˈlemən] <u>A</u> <u>S</u> Zitrone f <u>B</u> <u>ADJ</u> Zi-

tronen- **lemonade** [ˌleməˈneɪd] <u>S</u> Li-
monade f, Kracherl n *österr*, Zitronenli-
monade f **lemon grass** <u>S</u> BOT, GASTR
Zitronengras n **lemon juice** <u>S</u> Zitro-
nensaft m **lemon sole** <u>S</u> Rotzunge f
lemon squeezer <u>S</u> Zitronenpresse f
★**lend** [lend] ⟨*prät, pperf* lent⟩ <u>A</u> <u>VT</u> **1** lei-
hen (**to sb** j-m); *Geld* verleihen (**to** an
+*akk*) **2** *fig* verleihen (**to** +*dat*); **to ~
(one's) support to sb/sth** j-n/etw unter-
stützen; **to ~ a hand** helfen <u>B</u> <u>VR</u> **to ~
oneself to sth** sich für etw eignen
♦**lend out** <u>VT</u> ⟨*trennb*⟩ verleihen
lender [ˈlendəʳ] <u>S</u> Geldverleiher(in) m(f)
lending library <u>S</u> Leihbücherei f
lending rate <u>S</u> (Darlehens)zinssatz m
★**length** [leŋθ] <u>S</u> **1** Länge f; **to be 4 feet
in ~** 4 Fuß lang sein; **what ~ is it?** wie
lang ist es?; **along the whole ~ of the
river** den ganzen Fluss entlang **2** *von
Seil* Stück n; *von Schwimmbecken* Bahn f
3 *zeitlich* Dauer f; **for any ~ of time**
für längere Zeit; **at ~** ausführlich **4** **to
go to any ~s to do sth** vor nichts zu-
rückschrecken, um etw zu tun; **to go
to great ~s to do sth** sich (*dat*) sehr viel
Mühe geben, um etw zu tun **lengthen**
[ˈleŋθən] <u>A</u> <u>VT</u> verlängern; *Kleidung* län-
ger machen; **to ~ one's stride** größere
Schritte machen <u>B</u> <u>VI</u> länger werden
lengthways [ˈleŋθweɪz], **lengthwise**
[ˈleŋθwaɪz] <u>A</u> <u>ADJ</u> Längen-, Längs- <u>B</u>
<u>ADV</u> der Länge nach **lengthy** [ˈleŋθɪ]
<u>ADJ</u> ⟨*komp* lengthier⟩ sehr lang, lang-
wierig; *Rede* ausführlich, langatmig *pej*;
Konferenz lang andauernd
lenience [ˈliːnɪəns], **leniency** [ˈliːnɪənsɪ]
<u>S</u> Nachsicht f (**towards** gegenüber); *von
Richter, Urteil* Milde f **lenient** [ˈliːnɪənt]
<u>ADJ</u> nachsichtig (**towards** gegenüber);
Richter, Urteil milde; **to be ~ with sb**
mit j-m milde umgehen **leniently** [ˈliː-
nɪəntlɪ] <u>ADV</u> nachsichtig; *urteilen* milde
lens [lenz] <u>S</u> Linse f; *in Brille* Glas n; *von
Kamera* Objektiv n; (= *Vergrößerungsglas*)
Lupe f **lens cap** <u>S</u> Schutzkappe f
Lent [lent] <u>S</u> Fastenzeit f
lent [lent] <u>PRÄT & PPERF</u> → lend
lentil [ˈlentɪl] <u>S</u> Linse f
Leo [ˈliːəʊ] <u>S</u> ⟨*pl* -s⟩ ASTROL Löwe m; **to
be (a) Leo** (ein) Löwe sein
leopard [ˈlepəd] <u>S</u> Leopard m
leotard [ˈliːətɑːd] <u>S</u> Trikot n, Leiberl n
österr, Leibchen n *österr, schweiz*, Gym-

L

nastikanzug *m*

leper ['lepə'] $\overline{S}$ Leprakranke(r) *m/f(m)*

leprosy ['leprəsi] $\overline{S}$ Lepra *f*

lesbian ['lezbiən] **A** $\underline{ADJ}$ lesbisch; **~ and gay rights** Rechte *pl* der Lesben und Schwulen **B** $\overline{S}$ Lesbe *f umg*

lesion ['li:ʒən] $\overline{S}$ Verletzung *f*

Lesotho [ləˈsuːtuː] $\overline{S}$ GEOG Lesotho *n*

★**less** [les] **A** $\underline{ADJ \& ADV \& S}$ weniger; **~ noise, please!** nicht so laut, bitte!; **to grow ~** weniger werden, abnehmen; **~ and ~** immer weniger; **she saw him ~ and ~ (often)** sie sah ihn immer seltener; **a sum ~ than £ 1** eine Summe unter £ 1; **it's nothing ~ than disgraceful** es ist wirklich eine Schande; **~ beautiful** nicht so schön; **~ quickly** nicht so schnell; **none the ~** nichtsdestoweniger; **can't you let me have it for ~?** können Sie es mir nicht etwas billiger lassen?; **~ of that!** komm mir nicht so! **B** $\underline{PRÄP}$ weniger; HANDEL abzüglich; **6 – 4 is 2** 6 weniger 4 ist 2 **lessen** ['lesn] **A** $\overline{V/T}$ verringern; *Wirkung* abschwächen; *Schmerz* lindern **B** $\overline{V/I}$ nachlassen **lesser** ['lesə'] $\underline{ADJ}$ geringer; **to a ~ extent** in geringerem Maße; **a ~ amount** ein kleinerer Betrag

★**lesson** ['lesn] $\overline{S}$ **1** SCHULE *etc* Stunde *f*, Lektion *f*; **~s** Unterricht *m*; **a French ~** eine Französischstunde; **to give** *od* **teach a ~** eine Stunde geben **2** *fig* Lehre *f*; **he has learned his ~** er hat seine Lektion gelernt; **to teach sb a ~** j-m eine Lektion erteilen

lest [lest] *form* $\underline{KONJ}$ damit … nicht

★**let** [let] $\overline{V/T}$ ⟨*prät, pperf* let⟩ **1** lassen; **to let sb do sth** j-n etw tun lassen; **she let me borrow the car** sie lieh mir das Auto; **we can't let that happen** wir dürfen das nicht zulassen; **he wants to but I won't let him** er möchte gern, aber ich lasse ihn nicht *od* erlaube es ihm nicht; **let me know what you think** sagen Sie mir (Bescheid), was Sie davon halten; **to let sb be** j-n (in Ruhe) lassen; **to let sb/sth go, to let go of sb/sth** j-n/etw loslassen; **to let oneself go** sich gehen lassen; **we'll let it pass** *od* **go this once** wir wollen es mal durchgehen lassen **2** let geschwiege denn **3** let's go! gehen wir!, los geht's!; **yes, let's** oh ja!; **let's not** lieber nicht; **don't let's** *od* **let's not fight** wir wollen uns

doch nicht streiten; **let's be friends** wir wollen Freunde sein; **let him try (it)!** das soll er nur versuchen!; **let me think** *od* **see, where did I put it?** warte mal, wo habe ich das nur hingetan?; **let us pray** lasst uns beten; **let us suppose … nehmen** wir (mal) an, dass … ◆**let down** $\overline{V/T}$ ⟨*trennb*⟩ **1** herunterlassen; **I tried to let him down gently** *fig* ich versuchte, ihm das schonend beizubringen **2** *Kleid* länger machen; *Saum* auslassen **3** **to let a tyre down** *Br*, **to let a tire down** *US* die Luft aus einem Reifen lassen **4** **to let sb down** j-n im Stich lassen (over mit); **the weather let us down** das Wetter machte uns einen Strich durch die Rechnung **5** enttäuschen; **to feel let down** enttäuscht sein; **to let oneself down** sich blamieren ◆**let in** $\overline{V/T}$ ⟨*trennb*⟩ **1** *Wasser* durchlassen **2** *Luft, Besucher* hereinlassen; *zu Klub etc* zulassen (**to** zu); **he let himself in (with his key)** er schloss die Tür auf und ging hinein; **to let oneself in for sth** sich auf etw (*akk*) einlassen; **to let sb in on sth** j-n in etw (*akk*) einweihen ◆**let off** **A** $\overline{V/T}$ ⟨*trennb*⟩ **1** *Waffe* abfeuern **2** *Feuerwerk* hochgehen lassen **3** *Gase* absondern; *Geruch* verbreiten; **to let off steam** Dampf ablassen **B** $\overline{V/T}$ ⟨*immer getrennt*⟩ **1** **to let sb off** j-m etw durchgehen lassen; **I'll let you off this time** diesmal drücke ich noch ein Auge zu; **to let sb off with a warning** j-n mit einer Verwarnung davonkommen lassen **2** gehen lassen; **we were let off early** wir durften früher gehen ◆**let on** *umg* $\overline{V/I}$ verraten; **don't let on you know** lass dir bloß nicht anmerken, dass du das weißt ◆**let out** $\overline{V/T}$ ⟨*trennb*⟩ **1** herauslassen; **I'll let myself out** ich finde alleine hinaus; **to let out a groan** (auf)stöhnen **2** *Häftling* entlassen ◆**let through** $\overline{V/T}$ ⟨*trennb*⟩ durchlassen ◆**let up** $\overline{V/I}$ nachlassen

letdown ['letdaʊn] *umg* $\overline{S}$ Enttäuschung *f*

lethal ['li:θəl] $\underline{ADJ}$ **1** tödlich; **~ injection** Todesspritze *f* **2** *fig Gegner* äußerst gefährlich

lethargic [lɪˈθɑːdʒɪk] $\underline{ADJ}$ träge **lethargy** ['leθədʒɪ] $\overline{S}$ Trägheit *f*

let's [lets] $\underline{ABK}$ (= let us) → let

★**letter** ['letə'] $\overline{S}$ **1** Buchstabe *m*; **to the ~**

buchstabengetreu 🔲 Brief m; HANDEL etc Schreiben n form (**to** an +akk); **by ~** schriftlich; **to write a ~ of complaint/ apology** sich schriftlich beschweren/ entschuldigen; **~ of application** Bewerbungsschreiben n; **~ of recommendation** US Arbeitszeugnis n, Empfehlungsschreiben n; **~ of resignation** Entlassungsgesuch n 🔳 LIT **~s** Literatur f **letter bomb** 🔲 Briefbombe f

★**letterbox** Br 🔲 Briefkasten m **letterhead** 🔲 Briefkopf m **lettering** ['letərɪŋ] 🔲 Beschriftung f **letters page** ['letəz'peɪdʒ] 🔲 Presse Leserbriefseite f

★**lettuce** ['letɪs] 🔲 Kopfsalat m

let-up ['letʌp] umg 🔲 Pause f; von Regen etc Nachlassen n

leukaemia [luːˈkiːmɪə] 🔲, **leukemia** US 🔲 Leukämie f

★**level** ['levl] 🅰 ADJ 🔲 Fläche eben; Löffel gestrichen 🔳 auf gleicher Höhe (**with** mit), parallel (**with** zu); **the bedroom is ~ with the ground** das Schlafzimmer liegt ebenerdig 🔳 gleichauf; fig diesem gut; **Jones was almost ~ with the winner** Jones kam fast auf gleiche Höhe mit dem Sieger 🔲 ruhig, ausgeglichen; **to have a ~ head** einen kühlen Kopf haben 🅱 ADV **~ with** (+akk); **it should lie ~ with ...** es sollte gleich hoch sein wie ...; **to draw ~ with sb** mit j-m gleichziehen 🅲 🔲 🔲 Höhe f; on a **~ (with)** auf gleicher Höhe (mit); **at eye ~** in Augenhöhe; **the trees were very tall, almost at roof ~** die Bäume waren sehr hoch, sie reichten fast bis zum Dach 🔳 Etage f 🔳 Ebene f; sozial etc Niveau n; **to raise the ~ of the conversation** der Unterhaltung etwas mehr Niveau geben; **if profit stays at the same ~** wenn sich der Gewinn auf dem gleichen Stand hält; **the ~ of inflation** die Inflationsrate; **a high ~ of interest** sehr großes Interesse; **a high ~ of support** sehr viel Unterstützung; **the talks were held at a very high ~** die Gespräche fanden auf hoher Ebene statt; **on a purely personal ~** rein persönlich 🔲 (≈Menge) **a high ~ of hydrogen** ein hoher Wasserstoffgehalt; **the ~ of alcohol in the blood** der Alkoholspiegel im Blut; **cholesterol ~** Cholesterinspiegel m; **the ~ of violence** das Ausmaß der Gewalttätigkeit 🔲 VT 🔲 Boden einebnen; Stadt

dem Erdboden gleichmachen 🔲 Waffe richten (**at** auf +akk); Anklage erheben (**at** gegen) 🔳 SPORT **to ~ the match** den Ausgleich erzielen; **to ~ the score** gleichziehen ◆**level out** VT eben werden; fig sich einpendeln; a. **level off** Boden eben werden

level crossing Br 🔲 (beschrankter) Bahnübergang m **level-headed** ADJ ausgeglichen

lever ['liːvə, US 'levə] 🅰 🔲 Hebel m; fig Druckmittel n 🅱 VT (hoch)stemmen; **he ~ed the machine part into place** er hob das Maschinenteil durch Hebelwirkung an seinen Platz; **he ~ed the box open** er stemmte die Kiste auf **leverage** ['liːvərɪdʒ, US 'levərɪdʒ] 🔲 Hebelkraft f; fig Einfluss m; **to use sth as ~** fig etw als Druckmittel benutzen

levy ['levɪ] 🅰 🔲 (Steuer)einziehung f, Steuer f 🅱 VT Steuern erheben

lewd [luːd] ADJ (+er) unanständig; Bemerkung anzüglich

lexicon ['leksɪkən] 🔲 Wörterbuch n; LING Lexikon n

liability [ˌlaɪəˈbɪlɪtɪ] 🔲 🔲 Belastung f 🔳 Haftung f; **we accept no ~ for ...** wir übernehmen keine Haftung für ... 🔳 FIN **liabilities** Verbindlichkeiten pl **liable** ['laɪəbl] ADJ 🔲 **to be ~ for** od **to sth** einer Sache (dat) unterliegen; **to be ~ for tax** steuerpflichtig sein; **to be ~ to prosecution** der Strafverfolgung unterliegen 🔳 anfällig 🔳 (≈verantwortlich) **to be ~ for sth** für etw haftbar sein 🔲 **to be ~ to do sth** zukünftig wahrscheinlich etw tun (werden); gewohnheitsmäßig dazu neigen, etw zu tun; **we are ~ to get shot here** wir können hier leicht beschossen werden; **if you don't write it down I'm ~ to forget it** wenn Sie das nicht aufschreiben, kann es durchaus sein, dass ich es vergesse; **the car is ~ to run out of petrol any minute** Br dem Auto kann jede Minute das Benzin ausgehen

liaise [liːˈeɪz] VT als Verbindungsperson fungieren, in Verbindung stehen; **social services and health workers ~ closely** das Sozialamt und der Gesundheitsdienst arbeiten eng zusammen ◆**liaise with** [lɪˈeɪzwɪð] VT sich in Verbindung setzen mit; Abteilung, Ministerium in Verbindung stehen mit

liaison [liˈeɪzn] ⒮ ❶ Verbindung f ❷ (≈ Affäre) Liaison f

liar [ˈlaɪə] ⒮ Lügner(in) m(f)

lib [lɪb] ⒮ ABK (= liberation) Befreiung f

Lib Dem [ˌlɪbˈdem] Br ⒮ POL → Liberal Democrat

libel [ˈlaɪbl] Ⓐ ⒮ (schriftlich geäußerte) Verleumdung f (on +gen) Ⓑ ⒱⒯ verleumden **libellous** [ˈlaɪbələs] ADJ, **libelous** US ADJ verleumderisch

liberal [ˈlɪbərəl] Ⓐ ADJ ❶ Angebot großzügig; Portion reichlich; **to be ~ with one's praise/comments** mit Lob/seinen Kommentaren freigebig sein ❷ POL liberal Ⓑ ⒮ POL Liberale(r) m/f(m) **liberal arts** PL the ~ bes US die geisteswissenschaftlichen Fächer **Liberal Democrat** Br Ⓐ ⒮ POL Liberaldemokrat(in) m(f) Ⓑ ADJ liberaldemokratisch; Politik der Liberaldemokraten **liberalism** [ˈlɪbərəlɪzəm] ⒮ Liberalität f; Liberalism POL der Liberalismus **liberalization** [ˌlɪbərəlaɪˈzeɪʃən] ⒮ Liberalisierung f **liberalize** [ˈlɪbərəlaɪz] ⒱⒯ liberalisieren **liberally** [ˈlɪbərəlɪ] ADV großzügig, reichlich **liberal-minded** [ˌlɪbərəlˈmaɪndɪd] ADJ liberal

liberate [ˈlɪbəreɪt] ⒱⒯ befreien **liberated** [ˈlɪbəreɪtɪd] ADJ Frauen emanzipiert **liberation** [ˌlɪbəˈreɪʃən] ⒮ Befreiung f

liberty [ˈlɪbətɪ] ⒮ ❶ Freiheit f; **to be at ~ to do sth** etw tun dürfen ❷ **I have taken the ~ of giving your name** ich habe mir erlaubt, Ihren Namen anzugeben

libido [lɪˈbiːdəʊ] ⒮ ⟨pl -s⟩ Libido f

Libra [ˈliːbrə] ⒮ ASTROL Waage f; **to be (a) ~** (eine) Waage sein

librarian [laɪˈbreərɪən] ⒮ Bibliothekar(in) m(f)

★**library** [ˈlaɪbrərɪ] ⒮ ❶ Bibliothek f, Bücherei f ❷ (Bücher)sammlung f **library book** ⒮ Leihbuch n **library ticket** ⒮ Leseausweis m

lice [laɪs] PL → louse

licence [ˈlaɪsəns] ⒮, **license** US ⒮ ❶ Genehmigung f, Erlaubnis f; HANDEL Lizenz f; AUTO Führerschein m; JAGD Jagdschein m; **you have to have a (television) ~** man muss Fernsehgebühren bezahlen; **a ~ to practise medicine** Br, **a license to practice medicine** US die Approbation; **the restaurant has lost its ~** das Restaurant hat seine Schank-

erlaubnis verloren ❷ Freiheit f **licence fee** ⒮ Br TV ≈ Fernsehgebühr f **licence number** ⒮, **license number** US ⒮ AUTO Kraftfahrzeug- od Kfz-Kennzeichen n **licence plate** ⒮, **license plate** US ⒮ AUTO Nummernschild n **license** [ˈlaɪsəns] Ⓐ US ⒮ → licence Ⓑ ⒱⒯ eine Lizenz/Konzession vergeben an (+akk); **to be ~d to do sth** die Genehmigung haben, etw zu tun; **we are not ~d to sell alcohol** wir haben keine Schankerlaubnis **licensed** ADJ ❶ Pilot mit Pilotenschein; Arzt approbiert ❷ **~ bar** Lokal n mit Schankerlaubnis; **fully ~** mit voller Schankerlaubnis **licensee** [ˌlaɪsənˈsiː] ⒮ von Lokal Inhaber(in) m(f) einer Schankerlaubnis **license plate number** ⒮ US Kraftfahrzeugkennzeichen n **licensing** [ˈlaɪsənsɪŋ] ADJ **~ hours** Ausschankzeiten pl; **~ laws** Gesetz n über den Ausschank und Verkauf alkoholischer Getränke

lichen [ˈlaɪkən] ⒮ Flechte f

lick [lɪk] Ⓐ ⒮ ❶ **to give sth a ~** an etw (dat) lecken ❷ umg **a ~ of paint** etwas Farbe Ⓑ ⒱⒯ ❶ lecken; **he ~ed the ice cream** er leckte am Eis; **to ~ one's lips** sich (dat) die Lippen lecken; fig sich (dat) die Finger lecken; **to ~ sb's boots** fig vor j-m kriechen umg ❷ Flammen züngeln an (+dat) ❸ umg (≈ besiegen) in die Pfanne hauen umg; **I think we've got it ~ed** ich glaube, wir haben die Sache jetzt im Griff

licorice [ˈlɪkərɪs] ⒮ → liquorice

★**lid** [lɪd] ⒮ Deckel m; **to keep a lid on sth** etw unter Kontrolle halten; Informationen etw geheim halten

★**lie**¹ [laɪ] Ⓐ ⒮ Lüge f; **to tell a lie** lügen; **I tell a lie, it's tomorrow** ich hab mich vertan, es ist morgen Ⓑ ⒱⒤ lügen; **to lie to sb** j-n belügen

★**lie**² ⟨v: prät lay; pperf lain⟩ Ⓐ ⒮ Lage f Ⓑ ⒱⒤ liegen, sich legen; **lie on your back** leg dich auf den Rücken; **the runner lying third** bes Br der Läufer auf dem dritten Platz; **our road lay along the river** unsere Straße führte am Fluss entlang; **to lie asleep** (daliegen und) schlafen; **to lie dying** im Sterben liegen; **to lie low** untertauchen; **that responsibility lies with your department** dafür ist Ihre Abteilung verantwortlich ◆**lie about** Br, **lie around** ⒱⒤ herumliegen

◆**lie ahead** $\overline{VI}$ what lies ahead of us was vor uns (dat) liegt, was uns (dat) bevorsteht ◆**lie back** $\overline{VI}$ sich zurücklehnen ◆**lie behind** $\overline{VI}$ ‹+obj› Entscheidung stehen hinter (+dat) ◆**lie down** $\overline{VI}$ **1** wörtl sich hinlegen; **he lay down on the bed** er legte sich aufs Bett **2** fig **he won't take that lying down!** das lässt er sich nicht bieten! ◆**lie in** $\overline{VI}$ im Bett bleiben

lie detector $\overline{S}$ Lügendetektor m
lie-down [ˌlaɪ'daʊn] umg $\overline{S}$ **to have a ~** ein Nickerchen machen umg **lie-in** [ˌlaɪˈɪn] Br umg $\overline{S}$ **to have a ~** (sich) ausschlafen

lieu [luː] form $\overline{S}$ **money in ~** stattdessen Geld; **in ~ of X** anstelle von X; **I work weekends and get time off in ~** bes Br ich arbeite an Wochenenden und kann mir dafür (an anderen Tagen) freinehmen

lieutenant [lefˈtenənt, US luːˈtenənt] $\overline{S}$ Leutnant m; Br Oberleutnant m

★**life** [laɪf] $\overline{S}$ ‹pl lives› **1** Leben n; **plant ~** die Pflanzenwelt; **this is a matter of ~ and death** hier geht es um Leben und Tod; **to bring sb back to ~** j-n wiederbeleben; **his book brings history to ~** sein Buch lässt die Geschichte lebendig werden; **to come to ~** fig lebendig werden; **at my time of ~** in meinem Alter; **a job for ~** eine Stelle auf Lebenszeit; **he's doing ~ (for murder)** umg er sitzt lebenslänglich (wegen Mord) umg; **he got ~** umg er hat lebenslänglich gekriegt umg; **how many lives were lost?** wie viele (Menschen) sind ums Leben gekommen?; **to take one's own ~** sich (dat) das Leben nehmen; **to save sb's ~** wörtl j-m das Leben retten; fig j-n retten; **I couldn't do it to save my ~** ich kann es beim besten Willen nicht; **the church is my ~** die Kirche ist mein ganzes Leben; **early in ~, in early ~** in frühen Jahren; **later in ~, in later ~** in späteren Jahren; **she leads a busy ~** bei ihr ist immer etwas los; **all his ~** sein ganzes Leben lang; **I've never been to London in my ~** ich war in meinem ganzen Leben noch nicht in London; **to fight for one's ~** um sein Leben kämpfen; **run for your lives!** rennt um euer Leben!; **I can't for the ~ of me ...** umg ich kann es beim besten Willen nicht ...;

never in my ~ have I heard such nonsense ich habe noch nie im Leben so einen Unsinn gehört; **not on your ~!** umg ich bin doch nicht verrückt! umg; **get a ~!** umg sonst hast du keine Probleme? umg; **it seemed to have a ~ of its own** es scheint seinen eigenen Willen zu haben; **full of ~** lebhaft; **the city centre was full of ~** Br, **the downtown area was full of ~** US im Stadtzentrum ging es sehr lebhaft zu; **he is the ~ and soul of every party** Br, **he is the ~ of every party** US er bringt Leben in jede Party; **village ~** das Leben auf dem Dorf; **this is the ~!** ja, ist das ein Leben!; **that's ~** so ist das Leben; **the good ~** das süße Leben **2** Lebensdauer f **3** Biografie f **life assurance** Br $\overline{S}$ Lebensversicherung f **lifebelt** $\overline{S}$ Rettungsgürtel m **lifeboat** $\overline{S}$ Rettungsboot n **lifebuoy** $\overline{S}$ Rettungsring m **life cycle** $\overline{S}$ Lebenszyklus m **life expectancy** $\overline{S}$ Lebenserwartung f **lifeguard** $\overline{S}$ am Strand Rettungsschwimmer(in) m(f); in Schwimmbad Bademeister(in) m(f) **life imprisonment** $\overline{S}$ lebenslängliche Freiheitsstrafe **life insurance** $\overline{S}$ → life assurance **life jacket** $\overline{S}$ Schwimmweste f **lifeless** [ˈlaɪflɪs] $\overline{ADJ}$ leblos **lifelike** $\overline{ADJ}$ lebensecht **lifeline** fig $\overline{S}$ Rettungsanker m; **the telephone is a ~ for many old people** das Telefon ist für viele alte Leute lebenswichtig **lifelong** $\overline{ADJ}$ lebenslang; **they are ~ friends** sie sind schon ihr Leben lang Freunde; **his ~ devotion to the cause** die Sache, in deren Dienst er sein Leben gestellt hat **life membership** $\overline{S}$ Mitgliedschaft f auf Lebenszeit **life-or-death** $\overline{ADJ}$ **~ struggle** Kampf m auf Leben und Tod **life peer** $\overline{S}$ Peer m auf Lebenszeit **life preserver** US $\overline{S}$ Schwimmweste f **life raft** $\overline{S}$ Rettungsfloß n **life-saver** fig $\overline{S}$ Retter m in der Not; **it was a real ~!** das hat mich gerettet **life-saving** **A** $\overline{S}$ Rettungsschwimmen n **B** $\overline{ADJ}$ Gerät zur Lebensrettung; Medikament lebensrettend **life sentence** $\overline{S}$ lebenslängliche Freiheitsstrafe **life-size(d)** $\overline{ADJ}$ lebensgroß **life-span** $\overline{S}$ Lebenserwartung f **life story** $\overline{S}$ Lebensgeschichte f **lifestyle** $\overline{S}$ Lebensstil m **life support machine** $\overline{S}$ Herz-Lungen-Maschine f **life support**

L

system [S] Lebenserhaltungssystem *n* **life-threatening** [ADJ] lebensbedrohend **lifetime** [S] [1] Lebenszeit *f*; *von Batterie, Tier* Lebensdauer *f*; **once in a ~** einmal im Leben; **during** *od* **in my ~** während meines Lebens; **the chance of a ~** eine einmalige Chance [2] *fig* Ewigkeit *f*

★**lift** [lɪft] [A] [S] [1] **give me a ~ up** heb mich mal hoch [2] *emotionell* **to give sb a ~** j-n aufmuntern [3] *in Auto etc* Mitfahrgelegenheit *f*; **to give sb a ~** j-n mitnehmen; **want a ~?** möchten Sie mitkommen?, soll ich dich fahren? [4] *Br* Fahrstuhl *m*, Aufzug *m*; **he took the ~** er fuhr mit dem Fahrstuhl [B] [V/T] [1] (*a.* **~ up**) hochheben; *Kopf* heben [2] *fig a.* **~ up** heben; **to ~ the spirits** die Stimmung heben; **the news ~ed him out of his depression** durch die Nachricht verflog seine Niedergeschlagenheit [3] *Beschränkungen etc* aufheben [4] *umg* klauen *umg*; (≈*plagiieren*) abkupfern *umg* [C] [V/I] *Nebel* sich lichten; *Stimmung* sich heben **liftoff** ['lɪftɒf] [S] RAUMF Start *m*; **we have ~** der Start ist erfolgt

ligament ['lɪgəmənt] [S] Band *n*; **he's torn a ~ in his shoulder** er hat einen Bänderriss in der Schulter

★**light**[1] [laɪt] [A] [S] [1] Licht *n*, Lampe *f*; **by the ~ of a candle** im Schein einer Kerze; **at first ~** bei Tagesanbruch; **to shed ~ on sth** *fig* Licht in etw (*akk*) bringen; **to see sb/sth in a different ~** j-n/etw in einem anderen Licht sehen; **to see sth in a new ~** etw mit anderen Augen betrachten; **in (the) ~ of** angesichts (*+gen*); **to bring sth to ~** etw ans Tageslicht bringen; **to come to ~** ans Tageslicht kommen; **finally I saw the ~** *umg* endlich ging mir ein Licht auf *umg*; **to see the ~ of day** *Bericht* veröffentlicht werden; *Projekt* verwirklicht werden; **put out the ~s** mach das Licht aus; **(traffic) ~s** Ampel *f*; **the ~s** die Beleuchtung; **~s out!** Licht aus(machen)! [2] **have you (got) a ~?** haben Sie Feuer?; **to set ~ to sth** etw anzünden [B] [ADJ] ⟨*+er*⟩ hell; **~ green** hellgrün; **it's getting ~** es wird hell [C] [V/T] ⟨*v: prät, pperf* **lit** *od* **lighted**⟩ [1] beleuchten, erhellen; *Lampe* anmachen [2] *Feuer* anzünden; **to ~ a candle** eine Kerze anzünden [D] [V/I] **this fire won't ~** das Feuer geht nicht an

♦**light up** [A] [V/I] [1] *Augen* aufleuchten; *Gesicht* sich erhellen [2] **the men took out their pipes and lit up** die Männer holten ihre Pfeifen hervor und zündeten sie an [B] [V/T] ⟨*trennb*⟩ [1] beleuchten; **a smile lit up his face** ein Lächeln erhellte sein Gesicht; **Piccadilly Circus was all lit up** der Piccadilly Circus war hell erleuchtet; **flames lit up the night sky** Flammen erleuchteten den Nachthimmel [2] *Zigarette* anzünden ♦**light (up)-on** *umg* [V/I] ⟨*+obj*⟩ entdecken

★**light**[2] [A] [ADJ] ⟨*+er*⟩ leicht; **~ industry** Leichtindustrie *f*; **~ opera** Operette *f*; **~ reading** Unterhaltungslektüre *f*; **with a ~ heart** leichten Herzens; **as ~ as a feather** federleicht; **to make ~ of one's difficulties** seine Schwierigkeiten auf die leichte Schulter nehmen; **you shouldn't make ~ of her problems** du solltest dich über ihre Probleme nicht lustig machen; **to make ~ work of** spielend fertig werden mit [B] [ADV] **to travel ~** mit leichtem Gepäck reisen

★**light bulb** [S] Glühlampe *od* -birne *f*

light-coloured [ADJ] ⟨*komp* lighter-colo(u)red; *sup* lightest-colo(u)red⟩, **light-colored** *US* [ADJ] hell **light cream** *US* [S] Sahne *f*, Obers *n österr*, Nidel *m/f schweiz* (*mit geringem Fettgehalt*)

lighten[1] ['laɪtn] [A] [V/T] erhellen; *Farbe* aufhellen [B] [V/I] hell werden; *Stimmung* sich heben

lighten[2] [V/T] leichter machen; **to ~ sb's workload** j-m etwas Arbeit abnehmen

♦**lighten up** *umg* [V/I] die Dinge leichter nehmen; **lighten up!** nicht so ernst!

★**lighter** ['laɪtəʳ] [S] Feuerzeug *n* **lighter fuel** [S] Feuerzeugbenzin *n*

light-fingered [,laɪt'fɪŋgəd] [ADJ] ⟨*komp* lighter-fingered; *sup* lightest-fingered⟩ langfingerig **light fitting**, **light fixture** [S] Fassung *f*, (Lampen)halterung *f* **light-headed** [ADJ] ⟨*komp* lighter-headed; *sup* lightest-headed⟩ benebelt *umg* **light-hearted** [ADJ] unbeschwert, heiter; *Komödie* leicht **light-heartedly** [ADV] unbekümmert, scherzhaft **lighthouse** [S] Leuchtturm *m* **lighting** ['laɪtɪŋ] [S] Beleuchtung *f* **lightish** ['laɪtɪʃ] [ADJ] *Farbton* hell **lightly** ['laɪtlɪ] [ADV] [1] leicht; *gehen* leise; **to sleep ~** einen leichten Schlaf haben; **to get off ~**

L

glimpflich davonkommen; **to touch ~ on a subject** ein Thema nur berühren *od* streifen **2 to speak ~ of sb/sth** sich abfällig über j-n/etw äußern; **to treat sth too ~** etw nicht ernst genug nehmen; **a responsibility not to be ~ undertaken** eine Verantwortung, die man nicht unüberlegt auf sich nehmen sollte **light meter** S̲ Belichtungsmesser *m* **lightness** ['laɪtnɪs] S̲ Helligkeit *f*

★**lightning** ['laɪtnɪŋ] **A** S̲ Blitz *m*; **a flash of ~** ein Blitz *m*, ein Blitzschlag *m*; **struck by ~** vom Blitz getroffen; **there was thunder and ~** es hat geblitzt und gedonnert; **we had some ~ an hour ago** vor einer Stunde hat es geblitzt; **like (greased) ~** wie der Blitz **B** ADJ ⟨*attr*⟩ blitzschnell, Blitz-; **~ strike** spontaner Streik; **with ~ speed** blitzschnell; **~ visit** Blitzbesuch *m* **lightning conductor** S̲, **lightning rod** *US* S̲ Blitzableiter *m*

light pen S̲ COMPUT Lichtgriffel *m* **light show** S̲ Lightshow *f* **light switch** S̲ Lichtschalter *m* **lightweight A** ADJ leicht; *fig* schwach **B** S̲ Leichtgewicht *n* **light year** S̲ Lichtjahr *n*

likable ADJ → likeable

★**like¹** [laɪk] **A** ADJ ähnlich **B** PRÄP wie; **to be ~ sb** j-m ähnlich sein; **they are very ~ each other** sie sind sich (*dat*) sehr ähnlich; **to look ~ sb** j-m ähnlich sehen; **what's he ~?** wie ist er?; **he's bought a car – what is it ~?** er hat sich ein Auto gekauft – wie sieht es aus?; **she was ~ a sister to me** sie war wie eine Schwester zu mir; **that's just ~ him!** das sieht ihm ähnlich!; **it's not ~ him** es ist nicht seine Art; **I never saw anything ~ it** so (et)was habe ich noch nie gesehen; **that's more ~ it!** so ist es schon besser!; **that hat's nothing ~ as nice as this one** der Hut ist bei Weitem nicht so hübsch wie dieser; **there's nothing ~ a nice cup of tea!** es geht nichts über eine schöne Tasse Tee!; **is this what you had in mind? — it's something/nothing ~ it** hattest du dir so etwas vorgestellt? — ja, so ähnlich/nein, überhaupt nicht; **Americans are ~ that** so sind die Amerikaner; **language ~ that** solche Sprache; **a car ~ that** so ein Auto; **I found one ~ it** ich habe ein Ähnliches

gefunden; **it will cost something ~ £10** es wird so ungefähr £ 10 kosten; **that sounds ~ a good idea** das hört sich gut an; **~ mad** *Br umg*, **~ anything** *umg* wie verrückt *umg*; **it wasn't ~ that at all** so war's doch gar nicht **C** KONJ **~ I said** wie gesagt **D** S̲ **we shall not see his ~ again** so etwas wie ihn bekommen wir nicht wieder *umg*; **and the ~, and such ~** und dergleichen; **I've no time for the ~s of him** *umg* mit solchen Leuten gebe ich mich nicht ab *umg*

★**like²** **A** V/T **1** mögen, gernhaben; **how do you ~ him?** wie gefällt er dir?; **I don't ~ him** ich kann ihn nicht leiden; **he is well ~d here** er ist hier sehr beliebt **2 I ~ black shoes** ich mag schwarze Schuhe, mir gefallen schwarze Schuhe; **I ~ it** das gefällt mir; **I ~ football** ich spiele gerne Fußball; *als Zuschauer* ich finde Fußball gut; **I ~ dancing** ich tanze gern; **we ~ it here** es gefällt uns hier; **that's one of the things I ~ about you** das ist eines der Dinge, die ich an dir mag; **how do you ~ London?** wie gefällt Ihnen London?; **how would you ~ to go for a walk?** was hältst du von einem Spaziergang? **3 I'd ~ an explanation** ich hätte gerne eine Erklärung; **I should ~ more time** ich würde mir gerne noch etwas Zeit lassen; **they would have ~d to come** sie wären gern gekommen; ★**I should ~ you to do it** ich möchte, dass du es tust; **whether he ~s it or not** ob es ihm passt oder nicht; **I didn't ~ to disturb him** ich wollte ihn nicht stören; **what would you ~?** was hätten *od* möchten Sie gern?; **would you ~ a drink?** möchten Sie etwas trinken? **4** *auf Facebook®* liken **B** VI **as you ~** wie Sie wollen; **if you ~** wenn Sie wollen **C** S̲ *auf Facebook®* Like *n/m*, Gefällt-mir *n* **-like** ADJ ⟨*suf*⟩ -ähnlich, -artig **likeable** *Br*, **likable** **A** ADJ sympathisch, gefreut *schweiz*

likelihood ['laɪklɪhʊd] S̲ Wahrscheinlichkeit *f*; **the ~ is that ...** es ist wahrscheinlich, dass ...; **is there any ~ of him coming?** besteht die Möglichkeit, dass er kommt? **likely** ['laɪklɪ] **A** ADJ ⟨*komp* likelier⟩ **1** wahrscheinlich; **he is not ~ to come** es ist unwahrscheinlich, dass er kommt; **they are ~ to refuse** sie werden wahrscheinlich ablehnen; **a ~ story!** *iron* das soll mal einer glauben! **2** *umg* geeignet; **he is a ~ person for the job** er kommt für die Stelle infrage; **~ candidates** aussichtsreiche Kandidaten **B** ADV wahrscheinlich; **it's more to be early than late** es wird eher früh als spät werden; **not ~!** *iron umg* wohl kaum *umg*

like-minded [ˈlaɪkˈmaɪndɪd] ADJ gleich gesinnt; **~ people** Gleichgesinnte *pl* **liken** [ˈlaɪkən] V/T vergleichen (**to** mit) **likeness** [ˈlaɪknɪs] S̄ Ähnlichkeit *f*; **the painting is a good ~ of him** er ist auf dem Gemälde gut getroffen **likewise** [ˈlaɪkwaɪz] ADV ebenso; **he did ~** er tat das Gleiche; **have a nice weekend – ~** schönes Wochenende! – danke gleichfalls! **liking** [ˈlaɪkɪŋ] S̄ **to have a ~ for sb** j-n gernhaben; **she took a ~ to him** er war ihr sympathisch; **to have a ~ for sth** eine Vorliebe für etw haben; **to be to sb's ~** nach j-s Geschmack sein **lilac** [ˈlaɪlək] **A** S̄ **1** BOT Flieder *m* **2** (≈ *Farbe*) (Zart)lila *n* **B** ADJ (zart)lila **Lilo®** [ˈlaɪ,ləʊ] *Br* S̄ Luftmatratze *f* **lilt** [lɪlt] S̄ singender Tonfall **lilting** [ˈlɪltɪŋ] ADJ Akzent singend; *Melodie* beschwingt **lily** [ˈlɪlɪ] S̄ Lilie *f*

★**limb** [lɪm] S̄ **1** ANAT Glied *n*; **~s** *pl* Gliedmaßen *pl*; **to tear sb ~ from ~** j-n in Stücke reißen; **to risk life and ~** Leib und Leben riskieren **2** **to be out on a ~** *fig* exponiert sein; **to go out on a ~** *fig* sich exponieren ◆**limber up** V/I Lockerungsübungen machen **limbo** [ˈlɪmbəʊ] *fig* S̄ ⟨*kein pl*⟩ Übergangsstadium *n*; **our plans are in a sort of ~** ich hänge in der Luft *umg* **lime¹** [laɪm] S̄ GEOL Kalk *m* **lime²** S̄ BOT **a. ~ tree** Linde *f*, Lindenbaum *m* **lime³** S̄ BOT (≈ *Frucht*) Limone(lle) *f* **lime green** ADJ hellgrün **limelight** [ˈlaɪmlaɪt] S̄ Rampenlicht *n*; **to be in the ~** im Licht der Öffentlichkeit stehen **limerick** [ˈlɪmərɪk] S̄ Limerick *m* **limestone** [ˈlaɪmstəʊn] S̄ Kalkstein *m*

★**limit** [ˈlɪmɪt] **A** S̄ **1** Grenze *f*, Begrenzung *f*; *Verkehr* Geschwindigkeitsbegrenzung *f*; HANDEL Limit *n*; **the city ~s** die

Stadtgrenzen *pl*; **a 40-mile ~** eine Vierzigmeilengrenze; **the 50 km/h ~** die Geschwindigkeitsbegrenzung von 50 Stundenkilometern; **is there any ~ on the size?** ist die Größe beschränkt?; **to put a ~ on sth** etw begrenzen; **there is a ~ to what one person can do** ein Mensch kann nur so viel tun und nicht mehr; **off ~s to military personnel** Zutritt für Militär verboten; **over the ~** zu viel; **your baggage is over the ~** Ihr Gepäck hat Übergewicht; **you shouldn't drive, you're over the ~** du solltest dich nicht ans Steuer setzen, du hast zu viel getrunken; **he was three times over the ~** er hatte dreimal so viel Promille wie gesetzlich erlaubt; **50 pages is my ~** 50 Seiten sind mein Limit **2** *umg* **that's the ~!** das ist (ja) die Höhe! *umg*; **that child is the ~!** dieses Kind ist eine Zumutung! *umg* **B** V/T begrenzen; *Freiheit, Ausgaben* einschränken; **to ~ sb/sth to sth** j-n/etw auf etw (*akk*) beschränken **limitation** [,lɪmɪˈteɪʃən] S̄ Beschränkung *f*; *von Freiheit, Ausgaben* Einschränkung *f*; **damage ~** Schadensbegrenzung *f*; **there is no ~ on exports of coal** es gibt keine Beschränkungen für den Kohleexport; **to have one's/its ~s** seine Grenzen haben **limited** [ˈlɪmɪtɪd] ADJ **1** begrenzt; **this offer is for a ~ period only** dieses Angebot ist (zeitlich) befristet; **this is only true to a ~ extent** dies ist nur in gewissem Maße wahr **2** *bes Br* HANDEL Haftung beschränkt; **ABC Travel Limited** ≈ ABC-Reisen GmbH **limited company** ≈ S̄ *bes Br* HANDEL ≈ Gesellschaft *f* mit beschränkter Haftung **limited edition** S̄ limitierte Auflage **limited liability company** S̄ *bes Br* HANDEL → limited company **limitless** ADJ grenzenlos **limo** [ˈlɪməʊ] S̄ ⟨*pl -s*⟩ *umg* Limousine *f* **limousine** [ˈlɪməziːn] S̄ Limousine *f*; *US* Kleinbus *m* von zum Flughafen **limp¹** [lɪmp] **A** S̄ Hinken *n*, Hatschen *n* *österr*; **to walk with a ~** hinken, hatschen *österr* **B** V/I hinken, hatschen *österr* **limp²** ADJ ⟨*+er*⟩ schlapp; *Blumen* welk **limpet** [ˈlɪmpɪt] S̄ Napfschnecke *f*; **to stick to sb like a ~** *umg* wie eine Klette an j-m hängen **limply** [ˈlɪmplɪ] ADV schlapp

L

linchpin ['lɪntʃpɪn] *fig* [S] Stütze *f*
linden ['lɪndən] [S], (*a.* **linden tree**) Linde *f*
★**line**[1] [laɪn] [A] [S] [1] *für Wäsche, zum Angeln* Leine *f* [2] *auf Papier etc* Linie *f* [3] *auf Haut* Falte *f* [4] Grenze *f*; **the (fine** *od* **thin) ~ between right and wrong** der (feine) Unterschied zwischen Recht und Unrecht; **to draw a ~ between** *fig* einen Unterschied machen zwischen; **to cross a** *od* **the ~** *fig* die *od* eine rote Linie überschreiten [5] *von Menschen, Autos* Reihe *f*; *US* Schlange *f*; SPORT Linie *f*; **in (a) ~** in einer Reihe; **in a straight ~** geradlinig; **a ~ of traffic** eine Autoschlange; **to stand in ~** Schlange stehen, anstehen; **to be in ~** *Häuser etc* geradlinig sein; **to be in ~ (with)** *fig* in Einklang stehen (mit); **to keep sb in ~** *fig* dafür sorgen, dass j-d nicht aus der Reihe tanzt; **to bring sth into ~ (with sth)** *fig* etw auf die gleiche Linie (wie etw) bringen; **to fall** *od* **get into ~** sich in Reih und Glied aufstellen, sich in einer Reihe aufstellen; **to be out of ~** nicht geradlinig sein; **to step out of ~** *fig* aus der Reihe tanzen; **he was descended from a long ~ of farmers** er stammte aus einem alten Bauerngeschlecht; **it's the latest in a long ~ of tragedies** es ist die neueste Tragödie in einer ganzen Serie; **to be next in ~** als Nächste(r) an der Reihe sein; **to draw up the battle ~s** *od* **the ~s of battle** *fig* (Kampf)stellung beziehen; **enemy ~s** feindliche Stellungen *pl*; **~s of communication** Verbindungswege *pl* [6] (≈ *Firma*) FLUG Linie *f*; SCHIFF Reederei *f* [7] BAHN Strecke *f*; **~s** *pl* Gleise *pl*; **to reach the end of the ~** *fig* am Ende sein [8] TEL Leitung *f*; **this is a very bad ~** die Verbindung ist sehr schlecht; **to be on the ~ to sb** mit j-m telefonieren; **hold the ~** bleiben Sie am Apparat! [9] *geschrieben* Zeile *f*; **the teacher gave me 200 ~s** der Lehrer ließ mich 200 mal … schreiben; **to learn one's ~s** seinen Text auswendig lernen; **to drop sb a ~** j-m ein paar Zeilen schreiben [10] (≈ *Richtung*) **~ of attack** *fig* Taktik *f*; **~ of thought** Denkrichtung *f*; **to be on the right ~s** *fig* auf dem richtigen Weg sein; **he took the ~ that …** er vertrat den Standpunkt, dass … [11] Branche *f*; **what's his ~ (of work)?** was macht er beruflich?; **it's all in the ~ of duty** das gehört zu meinen/seinen *etc* Pflichten [12] *von Waren* Kollektion *f* [13] **somewhere along the ~** irgendwann; **all along the ~** *fig* auf der ganzen Linie; **to be along the ~s of …** ungefähr so etwas wie … sein; **something along these ~s** etwas in dieser Art; **I was thinking along the same ~s** ich hatte etwas Ähnliches gedacht; **to put one's life** *etc* **on the ~** *umg* sein Leben *etc* riskieren [B] [V/T] *Straße, Rabatte* säumen; **the streets were ~d with cheering crowds** eine jubelnde Menge säumte die Straßen; **portraits ~d the walls** an den Wänden hing ein Porträt neben dem andern ♦**line up** [A] [V/I] sich aufstellen; *in Schlange* sich anstellen [B] [V/T] ⟨trennb⟩ [1] *Häftlinge* antreten lassen; *Bücher* in einer Reihe aufstellen [2] *Unterhaltung* sorgen für; **what have you got lined up for me today?** was haben Sie heute für mich geplant?; **I've lined up a meeting with the directors** ich habe ein Treffen mit den Direktoren arrangiert
line[2] [V/T] *Kleidungsstück* füttern; *Rohr* auskleiden; **~ the box with paper** den Karton mit Papier auskleiden; **the membranes which ~ the stomach** die Schleimhäute, die den Magen auskleiden; **to ~ one's pockets** *fig* in die eigene Tasche wirtschaften *umg*
lineage ['lɪnɪɪdʒ] [S] Abstammung *f*
linear ['lɪnɪəʳ] [ADJ] linear
lined [laɪnd] [ADJ] *Gesicht* faltig; *Papier* liniert **line dancing** [S] Line-Country-Dance *m* **line drawing** [S] Zeichnung *f* **line manager** [S] Vorgesetzte(r) *m/f(m)*
linen ['lɪnɪn] [A] [S] Leinen *n*; (≈ *Laken, Kleidung etc*) Wäsche *f* [B] [ADJ] Leinen- **linen basket** *bes Br* [S] Wäschekorb *m* **linen closet**, **linen cupboard** [S] Wäscheschrank *m*
line printer [S] COMPUT Zeilendrucker *m*
liner ['laɪnəʳ] [S] SCHIFF Liniendampfer *m*
linesman ['laɪnzmən] [S] ⟨*pl* -men⟩ SPORT Linienrichter *m* **line spacing** [S] Zeilenabstand *m* **line-up** [S] SPORT Aufstellung *f*; **she picked the thief out of the ~** sie erkannte den Dieb bei der

Gegenüberstellung

linger ['lɪŋɡəʳ] Vil 1 (a. ~ **on**) (zurück)-bleiben, verweilen liter; Zweifel zurück-bleiben; Duft sich halten; **many of the guests ~ed in the hall** viele Gäste standen noch im Flur herum; **to ~ over a meal** sich (dat) bei einer Mahlzeit Zeit lassen 2 bei Verzögerung sich aufhalten
lingerie ['lænʒəri] S̅ (Damen)unterwäsche f
lingering ['lɪŋɡərɪŋ] ADJ ausgedehnt; Zweifel zurückbleibend; Kuss innig
lingo ['lɪŋɡəʊ] ⟨pl -s⟩ umg Sprache f, Jargon m
linguist ['lɪŋɡwɪst] S̅ 1 Sprachkundige(r) m/f(m) 2 Linguist(in) m(f)
linguistic [lɪŋ'ɡwɪstɪk] ADJ 1 sprachlich; ~ **competence** od **ability** Sprachfähigkeit f 2 linguistisch **linguistics** [lɪŋ'ɡwɪstɪks] S̅ ⟨+sg v⟩ Linguistik f
lining ['laɪnɪŋ] S̅ 1 von Kleidung etc Futter n 2 (Brems)belag m 3 **the ~ of the stomach** die Magenschleimhaut
link [lɪŋk] A S̅ 1 von Kette, a. fig Glied n; Mensch Verbindungsmann m/-frau f 2 Verbindung f; **a rail ~** eine Bahnverbindung; **cultural ~s** kulturelle Beziehungen pl; **the strong ~s between Britain and Australia** die engen Beziehungen zwischen Großbritannien und Australien 3 IT Link m B Vil 1 verbinden; **to ~ arms** sich unterhaken (with bei); **do you think these murders are ~ed?** glauben Sie, dass zwischen den Morden eine Verbindung besteht?; **his name has been ~ed with several famous women** sein Name ist mit mehreren berühmten Frauen in Verbindung gebracht worden 2 IT verlinken, einen Link setzen C Vil 1 **to ~ (together)** Teile einer Geschichte sich zusammenfügen lassen; Maschinenteile verbunden werden 2 **to ~ to a site** mit einer Website verlinken, einen Link zu einer Website haben ◆**link up** A Vil zusammenkommen B Vil ⟨trennb⟩ miteinander verbinden
link road Br S̅ Verbindungsstraße f
linkup S̅ Verbindung f
lino ['laɪnəʊ] bes Br, **linoleum** [lɪ'nəʊlɪəm] S̅ ⟨kein pl⟩ Linoleum n
linseed ['lɪnsiːd] S̅ Leinsamen m **linseed oil** S̅ Leinöl n
lintel ['lɪntl] S̅ ARCH Sturz m
★**lion** ['laɪən] S̅ Löwe m; **the ~'s share** der Löwenanteil **lioness** ['laɪənɪs] S̅ Löwin f
★**lip** [lɪp] S̅ 1 ANAT Lippe f; **to keep a stiff upper lip** Haltung bewahren; **to lick one's lips** sich (dat) die Lippen lecken; **the question on everyone's lips** die Frage, die sich (dat) jeder stellt 2 von Tasse Rand m 3 umg Frechheit f; **none of your lip!** sei nicht so frech! **lip gloss** S̅ Lipgloss m
liposuction ['lɪpəʊˌsʌkʃən] S̅ Fettabsaugung f
lip-read Vil von den Lippen ablesen **lip ring** S̅ Lippenring m **lip salve** S̅ Lippenpflegestift m **lip service** S̅ **to pay ~ to an idea** ein Lippenbekenntnis zu einer Idee ablegen **lipstick** S̅ Lippenstift m
liquefy ['lɪkwɪfaɪ] A Vil verflüssigen B Vil sich verflüssigen
liqueur [lɪ'kjʊəʳ] S̅ Likör m
★**liquid** ['lɪkwɪd] A ADJ flüssig B S̅ Flüssigkeit f **liquidate** ['lɪkwɪdeɪt] Vil liquidieren **liquidation** [ˌlɪkwɪ'deɪʃən] S̅ HANDEL Liquidation f; **to go into ~** in Liquidation gehen **liquid-crystal** ['lɪkwɪd'krɪstəl] ADJ ~ **display** Flüssigkristallanzeige f **liquidize** ['lɪkwɪdaɪz] Vil (im Mixer) pürieren **liquidizer** ['lɪkwɪdaɪzəʳ] S̅ Mixgerät n **liquid(s) bag** S̅ FLUG Plastiktüte für Flüssigkeiten
liquor ['lɪkəʳ] S̅ Spirituosen pl; allg Alkohol m

▶ **liqueur ≠ liquor**

Achten Sie auf den Unterschied:

liqueur [lɪ'kjʊə]	=	Likör
liquor ['lɪkə]	=	Spirituosen

liquorice, licorice ['lɪkərɪs] S̅ Lakritze f
liquor store US S̅ ≈ Wein- und Spirituosengeschäft n
Lisbon ['lɪzbən] S̅ Lissabon f
lisp [lɪsp] A S̅ Lispeln n; **to speak with a ~** lispeln B Vil & Vil lispeln
list[1] [lɪst] A S̅ Liste f, Einkaufszettel m; **it's not on the ~** es steht nicht auf der Liste; **~ of names** Namensliste f, Namensverzeichnis n B Vil notieren, auflisten; mit Worten aufzählen; **it is not ~ed** es ist nicht aufgeführt
list[2] Vil SCHIFF Schlagseite haben
listed ['lɪstɪd] Br ADJ Bauwerk unter Denk-

L

malschutz (stehend *attr*); **it's a ~ building** es steht unter Denkmalschutz

★**listen** ['lɪsn] *VTI* **1** hören (**to sth** etw *akk*); **to ~ to the radio** Radio hören; **if you ~ hard, you can hear the sea** wenn du genau hinhörst, kannst du das Meer hören; **she ~ed carefully to everything he said** sie hörte ihm genau zu; **to ~ for sth** auf etw (*akk*) horchen; **to ~ for sb** horchen *od* hören, ob j-d kommt **2** zuhören; **~ to me!** hör mir zu!; **~, I know what we'll do** pass auf, ich weiß, was wir machen; **don't ~ to him** hör nicht auf ihn ◆**listen in** *VI* mithören (**on sth** etw *akk*); **I'd like to listen in on** *od* **to your discussion** ich möchte mir Ihre Diskussion mit anhören

listener ['lɪsnər] *S* Zuhörer(in) *m(f)*; RADIO Hörer(in) *m(f)*; **to be a good ~** gut zuhören können

listing ['lɪstɪŋ] *S* **1** Verzeichnis *n* **2** **~s** *pl* TV, RADIO, FILM Programm *n*

listless ['lɪstlɪs] *ADJ* lustlos

lit [lɪt] *PRÄT & PPERF* → **light**[1]

litany ['lɪtənɪ] *S* Litanei *f*

★**liter** *US* *S* = **litre**

literacy ['lɪtərəsɪ] *S* Fähigkeit *f* lesen und schreiben zu können; **~ test** Lese- und Schreibtest *m*

literal ['lɪtərəl] *ADJ* **1** *Bedeutung* wörtlich; **in the ~ sense (of the word)** im wörtlichen Sinne **2** **that is the ~ truth** das ist die reine Wahrheit **literally** ['lɪtərəlɪ] *ADV* **1** (wort)wörtlich; **to take sb/sth ~** j-n/etw wörtlich nehmen **2** buchstäblich; **I was ~ shaking with fear** ich zitterte regelrecht vor Angst

literary ['lɪtərərɪ] *ADJ* literarisch; **the ~ scene** die Literaturszene **literary critic** *S* Literaturkritiker(in) *m(f)* **literary criticism** *S* Literaturwissenschaft *f* **literate** ['lɪtərɪt] *ADJ* **1** **to be ~** lesen und schreiben können **2** gebildet

★**literature** ['lɪtərɪtʃər] *S* Literatur *f*; *umg* Informationsmaterial *n*

lithe [laɪð] *ADJ* ‹*komp* lither› geschmeidig

lithium-ion battery *S* Lithium-Ionen--Batterie *f*

lithograph ['lɪθəʊɡrɑːf] *S* Lithografie *f*

Lithuania [ˌlɪθjʊ'eɪnɪə] *S* Litauen *n*

Lithuanian [ˌlɪθjʊ'eɪnɪən] *A* *ADJ* litauisch; **he is ~** er ist Litauer *B* *S* Litauer(in) *m(f)*; LING Litauisch *n*

litigation [ˌlɪtɪ'ɡeɪʃən] *S* Prozess *m*

litmus paper *S* Lackmuspapier *n* **litmus test** *fig* *S* entscheidender Test

★**litre** ['liːtər] *S*, **liter** *US* *S* Liter *m/n*

litter ['lɪtər] *A* *S* **1** Abfall *m*; (≈ *Verpackung etc*) Papier *n*; **the park was strewn with ~** der Park war mit Papier und Abfall übersät **2** ZOOL Wurf *m* **3** *Katzenstreu f* *B* *VTI* **to be ~ed with sth** mit etw übersät sein; **glass ~ed the streets** Glasscherben lagen überall auf den Straßen herum **litter bin** *Br* *S* Abfalleimer *m*, Mistkübel *m österr*, Abfalltonne *f* **litterbug** *S*, **litter lout** *umg* *S* Umweltschmutzer(in) *m(f)*, Dreckspatz *m umg*

★**little** ['lɪtl] *A* *ADJ* klein; **a ~ house** ein Häuschen *n*; **the ~ ones** die Kleinen *pl*; **a nice ~ profit** ein hübscher Gewinn; **he will have his ~ joke** er will auch einmal ein Witzchen machen; **a ~ while ago** vor Kurzem; **in a ~ while** bald *B* *ADV & S* **1** wenig; **of ~ importance** von geringer Bedeutung; **~ better than** kaum besser als; **~ more than a month ago** vor kaum einem Monat; **~ did I think that ...** ich hätte kaum gedacht, dass ...; **~ does he know that ...** er hat keine Ahnung, dass ...; **as ~ as possible** so wenig wie möglich; **to spend ~ or nothing** so gut wie (gar) nichts ausgeben; **every ~ helps** Kleinvieh macht auch Mist *sprichw*; **he had ~ to say** er hatte nicht viel zu sagen; **I see very ~ of her nowadays** ich sehe sie in letzter Zeit sehr selten; **there was ~ we could do** wir konnten nicht viel tun; **~ by ~** nach und nach **2** **a ~** ein wenig, ein bisschen; **a ~ (bit) hot** ein bisschen heiß; **with a ~ effort** mit etwas Anstrengung; **I'll give you a ~ advice** ich gebe dir einen kleinen Tipp; **a ~ after five** kurz nach fünf; **we walked on for a ~** wir liefen noch ein bisschen weiter; **for a ~** für ein Weilchen

liturgy ['lɪtədʒɪ] *S* Liturgie *f*

★**live**[1] [lɪv] *A* *VTI* *Leben* leben; **to ~ one's own life** sein eigenes Leben leben *B* *VI* **1** leben; **long ~ Queen Anne!** lang lebe Königin Anne!; **to ~ and let ~** leben und leben lassen; **to ~ like a king** wie Gott in Frankreich leben; **not many people ~ to be a hundred** nicht viele Menschen werden hundert (Jahre alt);

to ~ to a ripe old age ein hohes Alter erreichen; **his name will ~ for ever** sein Ruhm wird nie vergehen; **his music will ~ for ever** seine Musik ist unvergänglich; **he ~d through two wars** er hat zwei Kriege miterlebt; **to ~ through an experience** eine Erfahrung durchmachen; **you'll ~ to regret it** das wirst du noch bereuen **2** wohnen; *Tier* leben; **he ~s at 19 Marktstraße** er wohnt in der Marktstraße Nr. 19; **he ~s with his parents** er wohnt bei seinen Eltern; **a house not fit to ~ in** ein unbewohnbares Haus ◆**live down** VⅠT ⟨trennb⟩ **he'll never live it down** das wird man ihm nie vergessen ◆**live in** VⅠ im Haus etc wohnen ◆**live off** VⅠ ⟨+obj⟩ **1** to live off one's relations auf Kosten seiner Verwandten leben **2** → live on B ◆**live on** A VⅠ weiterleben B VⅠT ⟨+obj⟩ **to live on eggs** sich von Eiern ernähren; **to earn enough to live on** genug verdienen, um davon zu leben ◆**live out** VⅠT ⟨trennb⟩ *Leben* verbringen ◆**live together** VⅠ zusammenleben ◆**live up** VⅠT ⟨immer getrennt⟩ **to live it up** umg die Puppen tanzen lassen umg ◆**live up to** VⅠ ⟨+obj⟩ **to live up to expectations** den Vorstellungen entsprechen; **to live up to one's reputation** seinem Ruf gerecht werden; **he's got a lot to live up to** in ihn werden große Erwartungen gesetzt ◆**live with** VⅠT zusammenwohnen mit; **I can live with that** damit kann ich leben

★**live²** [laɪv] A ADJ **1** ⟨attr⟩ lebend; **a real ~ duke** ein waschechter Herzog **2** *Munition* scharf; ELEK geladen; RADIO, TV live; **a ~ concert** ein Livekonzert n **4** *Frage* aktuell B ADV RADIO, TV live

live-in [ˈlɪvɪn] ADJ *Haushälterin* im Haus wohnend

livelihood [ˈlaɪvlɪhʊd] s̱ Lebensunterhalt m; **fishing is their ~** sie verdienen ihren Lebensunterhalt mit Fischfang; **to earn a ~** sich (dat) seinen Lebensunterhalt verdienen **liveliness** [ˈlaɪvlɪnɪs] s̱ Lebhaftigkeit f **lively** [ˈlaɪvlɪ] ADJ ⟨komp livelier⟩ lebhaft; *Schilderung, Fantasie* lebendig; *Melodie* schwungvoll; **things are getting ~** es geht hoch her umg; **look ~!** mach schnell! **liven up** [ˈlaɪvən ˈʌp] A VⅠT ⟨trennb⟩ beleben B VⅠ in Schwung kommen; *Mensch* aufleben

ben
liver [ˈlɪvə] s̱ Leber f **liver pâté** s̱ Leberpastete f **liver sausage** s̱, **liverwurst** [ˈlɪvəwɜːst] bes US s̱ Leberwurst f
lives [laɪvz] PL → life
livestock [ˈlaɪvstɒk] s̱ Vieh n **livestream** s̱ IT (≈ Echtzeitübertragung) Livestream m
livid [ˈlɪvɪd] umg ADJ wütend (**about, at** über +akk)
★**living** [ˈlɪvɪŋ] A ADJ lebend; *Beispiel* lebendig; **the greatest ~ playwright** der bedeutendste noch lebende Dramatiker; **I have no ~ relatives** ich habe keine Verwandten mehr; **a ~ creature** ein Lebewesen n; **(with)in ~ memory** seit Menschengedenken B s̱ **1 the ~** pl die Lebenden pl **2 healthy ~** gesundes Leben **3** Lebensunterhalt m; **to earn od make a ~** sich (dat) seinen Lebensunterhalt verdienen; **what does he do for a ~?** womit verdient er sich (dat) seinen Lebensunterhalt?; **to work for one's ~** arbeiten, um sich (dat) seinen Lebensunterhalt zu verdienen **living conditions** PL Wohnverhältnisse pl, Lebensbedingungen pl **living expenses** PL Spesen pl **living quarters** PL Wohnräume pl; MIL etc Quartier n
★**living room** s̱ Wohnzimmer n
lizard [ˈlɪzəd] s̱ Eidechse f
llama [ˈlɑːmə] s̱ Lama n
★**load** [ləʊd] A s̱ **1** Last f; auf Achse etc Belastung f; von Frachter Ladung f; **(work) ~** (Arbeits)pensum n; **I put a ~ in the washing machine** ich habe die Maschine mit Wäsche gefüllt; **that's a ~ off my mind!** da fällt mir ein Stein vom Herzen! **2** ELEK Leistung f, Spannung f **3** umg **~s of, a ~ of** jede od eine Menge umg; **we have ~s** wir haben jede Menge umg; **it's a ~ of old rubbish** Br das ist alles Blödsinn umg; **get a ~ of this!** hör dir das mal an!, guck dir das mal an! umg B VⅠT laden; Lkw etc beladen; **the ship was ~ed with bananas** das Schiff hatte Bananen geladen; **to ~ a camera** einen Film (in einen Fotoapparat) einlegen C VⅠ laden ◆**load up** A VⅠ aufladen B VⅠT **1** Lkw beladen; *Waren* aufladen **2** IT laden
loaded [ˈləʊdɪd] ADJ beladen; *Würfel* präpariert; *Waffe, Software* geladen; **a ~ question** eine Fangfrage; **he's ~** umg

er ist stinkreich *umg* **loading bay** [ˈləʊdɪŋbeɪ] S̲ Ladeplatz *m*

loaf [ləʊf] S̲ ⟨*pl* loaves⟩ Brot *n*, (Brot)laib *m*; **a ~ of bread** ein (Laib) Brot; **a small white ~** ein kleines Weißbrot ♦**loaf about** *Br*, **loaf around** *umg* V̲I̲ faulenzen

loafer [ˈləʊfəʳ] S̲ Halbschuh *m*

★**loan** [ləʊn] A̲ S̲ ■ Leihgabe *f*; *von Bank etc* Darlehen *n*; **my friend let me have the money as a ~** mein Freund hat mir das Geld geliehen; **he let me have the money as a ~** er hat mir das Geld geliehen ■ **he gave me the ~ of his bicycle** er hat mir sein Fahrrad geliehen; **it's on ~** es ist geliehen, es ist ausgeliehen; **to have sth on ~** etw geliehen haben (**from** von) B̲ V̲T̲ leihen (**to sb** j-m)

loan shark *umg* S̲ Kredithai *m umg*

loanword S̲ Lehnwort *n*

loath, loth [ləʊθ] A̲D̲J̲ **to be ~ to do sth** etw ungern tun; **he was ~ for us to go** er ließ uns ungern gehen

loathe [ləʊð] V̲T̲ verabscheuen, nicht ausstehen können; **I ~ doing it** ich hasse es, das zu tun **loathing** [ˈləʊðɪŋ] S̲ Abscheu *m*

loaves [ləʊvz] P̲L̲ → loaf

lob [lɒb] A̲ S̲ *Tennis* Lob *m* B̲ V̲T̲ *Ball* lobben, in hohem Bogen werfen; **he lobbed the grenade over the wall** er warf die Granate im hohen Bogen über die Mauer

lobby [ˈlɒbɪ] A̲ S̲ Eingangshalle *f*; *von Hotel, Theater* Foyer *n*; *POL* Lobby *f* B̲ V̲T̲ **to ~ one's Member of Parliament** auf seinen Abgeordneten Einfluss nehmen C̲ V̲I̲ **the farmers are ~ing for higher subsidies** die Bauernlobby will höhere Subventionen durchsetzen

lobe [ləʊb] S̲ *ANAT* Ohrläppchen *n*

lobster [ˈlɒbstəʳ] S̲ Hummer *m*

★**local** [ˈləʊkəl] A̲ A̲D̲J̲ örtlich, hiesig, dortig; **~ radio station** Regionalsender *m*; **~ newspaper** Lokalzeitung *f*; **the ~ residents** die Ortsansässigen; **~ community** Kommune *f*; **at ~ level** auf lokaler Ebene; **~ train** Nahverkehrszug *m*; **~ time** Ortszeit *f*; **go into your ~ branch** gehen Sie zu Ihrer Zweigstelle; **~ anaesthetic** *od* anesthetic *US* örtliche Betäubung B̲ S̲ ■ *Br umg* (≈ Kneipe) **the ~** das Stammlokal ■ Einheimische(r) *m/f(m)*, Einwohner(in) *m(f)* **local area**

network S̲ *IT* lokales Rechnernetz, LAN *n* **local authority** S̲ Kommunalbehörde *f*

★**local call** S̲ *TEL* Ortsgespräch *n*

local education authority S̲ örtliche Schulbehörde **local elections** P̲L̲ Kommunalwahlen *pl* **local government** S̲ Kommunalverwaltung *f*; **~ elections** Kommunalwahlen *pl* **locality** [ləʊˈkælɪtɪ] S̲ Gegend *f* **localize** [ˈləʊkəlaɪz] V̲T̲ **this custom is very ~d** die Sitte ist auf wenige Orte begrenzt **locally** [ˈləʊkəlɪ] A̲D̲V̲ am Ort; **I prefer to shop ~** ich kaufe lieber im Ort ein; **was she well-known ~?** war sie in dieser Gegend sehr bekannt?; **~ grown** in der Region angebaut **local produce** S̲ Obst und Gemüse *n* aus der Region **lo-carb** [ləʊˈkɑːb] A̲D̲J̲ → low-carb **locate** [ləʊˈkeɪt] V̲T̲ **to be ~d at** *od* in sich befinden in (+*dat*), gelegen sein in (+*dat*); **the hotel is centrally ~d** das Hotel liegt zentral ■ ausfindig machen **location** [ləʊˈkeɪʃən] S̲ ■ Lage *f*, (Stand)ort *m*; **this would be an ideal ~ for the airport** das wäre ein ideales Gelände für den Flughafen ■ **they discussed the ~ of the proposed airport** sie diskutierten, wo der geplante Flughafen gebaut werden sollte ■ *FILM* Drehort *m*; **to be on ~ in Mexico** bei Außenaufnahmen in Mexiko sein; **part of the movie was shot on ~ in Mexico** ein Teil der Außenaufnahmen für den Film wurde in Mexiko gedreht **location-based** [ləʊˈkeɪʃənbeɪst] A̲D̲J̲ *TEL, INTERNET, IT* standortbezogen; **~ search** standortbezogene Suche; **~ services** standortbezogene Dienste *od* Dienstleistungen **locavore** [ˈləʊkəvɔː] S̲ jemand, der bei der Ernährung darauf achtet, lokale Produkte zu kaufen

loch [lɒx] *schott* S̲ See *m*

lock[1] [lɒk] S̲ *von Haar* Locke *f*

★**lock**[2] A̲ S̲ ■ *an Tür* Schloss *n*; **to put sth under ~ and key** etw wegschließen ■ *von Kanal* Schleuse *f* B̲ V̲T̲ ■ *Tür etc od* zuschließen; **to ~ sb in a room** j-n in einem Zimmer einschließen; **~ed in combat** in Kämpfe verstrickt; **they were ~ed in each other's arms** sie hielten sich fest umschlungen; **this bar ~s the wheel in position** diese Stange hält das Rad fest C̲ V̲I̲ schließen; *Rad* blo-

ckieren ◆**lock away** V̄T̄ ⟨trennb⟩ weg-
schließen; j-n einsperren ◆**lock in** V̄T̄
⟨trennb⟩ einschließen; **to be locked in**
eingesperrt sein ◆**lock on** V̄Ī **the mis-
sile locks onto its target** das Geschoss
richtet sich auf das Ziel ◆**lock out**
V̄T̄ ⟨trennb⟩ Arbeiter aussperren; **I've
locked myself out** ich habe mich aus-
gesperrt ◆**lock up** A V̄T̄ ⟨trennb⟩ ab-
schließen; j-n einsperren; **to lock sth
up in sth** etw in etw (dat) einschließen
B V̄Ī abschließen

locker ['lɒkə'] S̄ Schließfach n; SCHIFF,
MIL Spind m **locker room** S̄ Umklei-
deraum m

locket ['lɒkɪt] S̄ Medaillon n

lockout S̄ Aussperrung f **locksmith**
S̄ Schlosser(in) m(f)

locomotive [ˌləʊkə'məʊtɪv] S̄ Lokomoti-
ve f

locum (tenens) ['ləʊkəm('tenenz)] Br S̄
Vertreter(in) m(f)

locust ['ləʊkəst] S̄ Heuschrecke f

lodge [lɒdʒ] A S̄ Pförtnerhaus n; für Jä-
ger, Skifahrer Hütte f B V̄T̄ 1 Br j-n un-
terbringen 2 Beschwerde einlegen (**with**
bei); **to ~ an appeal** Einspruch erheben;
JUR Berufung einlegen 3 **to be ~d**
(fest)stecken C V̄Ī 1 Br (zur od in Unter-
miete) wohnen (**with sb, at sb's** bei j-m)
2 Objekt stecken bleiben **lodger**
['lɒdʒə'] S̄ Untermieter(in) m(f) **lodg-
ing** ['lɒdʒɪŋ] S̄ 1 Unterkunft f 2 ~**s** pl
ein möbliertes Zimmer

loft [lɒft] S̄ Speicher m, Boden m, Estrich
m schweiz; zum Wohnen Loft m od n; **in
the ~** auf dem Boden **loft conver-
sion** S̄ Dachausbau m

loftily ['lɒftɪlɪ] ADV hochmütig **lofty**
['lɒftɪ] ADJ ⟨komp loftier⟩ 1 Ambitionen
hochfliegend 2 hochmütig

log¹ [lɒg] S̄ Baumstamm m; für offenes
Feuer Scheit n; **to sleep like a log** wie
ein Stein schlafen

log² [lɒg] A S̄ Aufzeichnungen pl; SCHIFF
Logbuch n; **to keep a log of sth** über
etw (akk) Buch führen B V̄T̄ Buch füh-
ren über (+akk); SCHIFF (ins Logbuch)
eintragen; **details are logged in the
computer** Einzelheiten sind im Compu-
ter gespeichert ◆**log off** V̄Ī IT ausloggen
◆**log off** V̄Ī IT ausloggen ◆**log on** V̄Ī IT
einloggen ◆**log out** V̄Ī IT ausloggen

logarithm ['lɒgərɪðəm] S̄ Logarithmus

m

logbook S̄ SCHIFF Logbuch n; FLUG
Bordbuch n; von Lkw Fahrtenbuch n
log cabin S̄ Blockhaus n

loggerheads ['lɒgəhedz] PL **to be at ~
(with sb)** bes Br sich (dat) (mit j-m) in
den Haaren liegen umg

logic ['lɒdʒɪk] S̄ Logik f; **there's no ~ in
that** das ist völlig unlogisch **logical**
['lɒdʒɪkəl] ADJ logisch

logistic [lə'dʒɪstɪk] ADJ logistisch **logis-
tics** S̄ ⟨+sg v⟩ Logistik f

logo ['ləʊgəʊ] S̄ ⟨pl -s⟩ Logo n

loin [lɔɪn] S̄ von Tier Lende f, Lenden-
stück n

loiter ['lɔɪtə'] V̄Ī herumlungern

loll [lɒl] V̄Ī 1 sich lümmeln 2 Kopf hän-
gen; Zunge heraushängen ◆**loll about**
Br, **loll around** V̄Ī herumlümmeln

lollipop ['lɒlɪpɒp] S̄ Lutscher m **lolli-
pop lady** Br umg S̄ ≈ Schülerlotsin f
lollipop man Br umg S̄ ⟨pl - men⟩
≈ Schülerlotse m **lolly** ['lɒlɪ] bes Br
umg S̄ Lutscher m; **an ice ~** ein Eis n
am Stiel

London ['lʌndən] A S̄ London n B ADJ
Londoner **Londoner** ['lʌndənə'] S̄ Lon-
doner(in) m(f)

lone [ləʊn] ADJ einzeln, einsam; **~ par-
ent** Alleinerziehende(r) m(f); **~ parent
family** Einelternfamilie f **loneliness**
['ləʊnlɪnɪs] S̄ Einsamkeit f

★**lonely** ['ləʊnlɪ] ADJ ⟨komp lonelier⟩ ein-
sam; **~ hearts column** Kontaktanzeigen
pl; **~ hearts club** Singletreff m **loner**
['ləʊnə'] S̄ Einzelgänger(in) m(f) **lone-
some** ['ləʊnsəm] bes US ADJ einsam

★**long¹** [lɒŋ] A ADJ ⟨+er⟩ lang; Reise a.
weit; **it is 6 feet ~** es ist 6 Fuß lang;
to pull a ~ face ein langes Gesicht ma-
chen; **it's a ~ way** das ist weit; **a ~
memory** ein gutes Gedächtnis; **a ~
time since I saw her** ich habe sie schon
lange nicht mehr gesehen; **he's been
here (for) a ~ time** er ist schon lange
hier; **she was abroad for a ~ time** sie
war (eine) lange Zeit im Ausland; **to
take a ~ look at sth** etw lange od aus-
giebig betrachten; **how ~ is the movie?**
wie lange dauert der Film? B ADV
lang(e); **don't be ~!** beeil dich!; **don't
be too ~ about it** lass dir nicht zu viel
Zeit; **I shan't be ~** bei Arbeit etc ich
bin gleich fertig; bei Abwesenheit ich

bin gleich wieder da; **all night ~** die ganze Nacht; **~ ago** vor langer Zeit; **not ~ ago** vor Kurzem; **not ~ before I met you** kurz bevor ich dich kennenlernte; **as ~ as, so ~ as** (≈ *unter der Voraussetzung, dass*) solange; **I can't wait any ~er** ich kann nicht mehr länger warten; **if that noise goes on any ~er** wenn der Lärm weitergeht; **no ~er** nicht mehr; **so ~!** *umg* tschüs(s)! *umg, servus!* *österr* **C** `S` **before ~** bald; **are you going for ~?** werden Sie länger weg sein?; **it won't take ~** das dauert nicht lange; **I won't take ~** ich brauche nicht lange (dazu)

★**long²** `V/I` sich sehnen (**for** nach); **he ~ed for his wife to return** er wartete sehnsüchtig auf die Rückkehr seiner Frau; **he is ~ing for me to make a mistake** er möchte zu gern, dass ich einen Fehler mache; **I am ~ing to go abroad** ich brenne darauf, ins Ausland zu gehen; **I'm ~ing to see that movie** ich will den Film unbedingt sehen

★**long-distance** **A** `ADJ` **★ ~ call** Ferngespräch *n*; **~ lorry driver** *Br* Fernfahrer(in) *m(f)*; **~ flight** Langstreckenflug *m*; **~ runner** Langstreckenläufer(in) *m(f)*; **~ journey** Fernreise *f*; **~ relationship** Fernbeziehung *f* **B** `ADV` **to call ~** ein Ferngespräch führen **long division** `S` schriftliche Division **long--drawn-out** `ADJ` *Rede* langatmig; *Prozess* langwierig

longed-for [ˈlɒŋdfɔːr] `ADJ` ersehnt **long-grain** `ADJ` **~ rice** Langkornreis *m* **long-haired** `ADJ` langhaarig **longhand** `ADV` in Langschrift **long-haul** `ADJ` **~ truck driver** Fernfahrer(in) *m(f)* **longing** [ˈlɒŋɪŋ] **A** `ADJ` sehnsüchtig **B** `S` Sehnsucht *f* (**for** nach) **longingly** [ˈlɒŋɪŋlɪ] `ADV` sehnsüchtig **longish** [ˈlɒŋɪʃ] `ADJ` ziemlich lang **longitude** [ˈlɒŋɪtjuːd] `S` Länge *f* **long johns** *umg* `PL` lange Unterhosen *pl* **long jump** `S` Weitsprung *m* **long--life** `ADJ` *Batterie* mit langer Lebensdauer **long-life milk** `S` H-Milch *f* **long--lived** [ˈlɒŋlɪvd] `ADJ` langlebig; *Erfolg* dauerhaft **long-lost** `ADJ` verloren geglaubt **long-playing** **~ record** Langspielplatte *f* **long-range** `ADJ` *Waffe* Langstrecken-; *Vorhersage* langfristig; **~ missile** Langstreckenrakete *f* **long-run-**

ning `ADJ` *Serie* lange laufend; *Streit* langandauernd **longshoreman** `S` ⟨*pl* -men⟩ *US* Hafenarbeiter *m* **long shot** *umg* `S` **it's a ~, but ...** es ist gewagt, aber ...; **not by a ~** bei Weitem nicht **long-sighted** `ADJ` weitsichtig **long--standing** `ADJ` alt; *Freundschaft* langjährig **long-stay** *Br* `ADJ` *Parkplatz* Dauer-, Langzeit- **long-stay car park** *Br* `S` Langzeitparkplatz *m* **long-suffering** `ADJ` schwer geprüft **long term** `S` **in the ~** langfristig gesehen **long-term** `ADJ` langfristig; **~ relationship** Lebenspartnerschaft *f*, langjährige Beziehung; **~ memory** Langzeitgedächtnis *n*; **the ~ unemployed** die Langzeitarbeitslosen *pl* **long-term parking lot** *US* `S` Langzeitparkplatz *m* **long vacation** `S` *UNIV* (Sommer)semesterferien *pl*; *SCHULE* große Ferien *pl* **long wave** `S` Langwelle *f* **long-winded** `ADJ` umständlich; *Rede* langatmig

loo [luː] *Br umg* `S` ⟨*pl* -s⟩ Klo *n umg*, Häus(e)l *n österr*; **to go to the loo** aufs Klo gehen *umg*; **in the loo** auf dem Klo

★**look** [lʊk] **A** `S` **1** Blick *m*; **to give sb a dirty ~** j-m einen vernichtenden Blick zuwerfen; **she gave me a ~ of disbelief** sie sah mich ungläubig an; **to have od take a ~ at sth** sich (*dat*) etw ansehen; **can I have a ~?** darf ich mal sehen?; **to have od take a good ~ at sth** sich (*dat*) etw genau ansehen; **to have a ~ for sth** sich nach etw umsehen; **to have a ~ (a)round** sich umsehen; **shall we have a ~ (a)round the town?** sollen wir uns (*dat*) die Stadt ansehen? **2** Aussehen *n*; **there was a ~ of despair in his eyes** ein verzweifelter Blick war in seinen Augen; **I don't like the ~ of him** er gefällt mir gar nicht; **by the ~ of him** so, wie er aussieht **3** Gesichtsausdruck *m*; **I don't like the ~ on his face** mir gefällt sein Gesichtsausdruck nicht **4** **~s** *pl* Aussehen *n*; **good ~s** gutes Aussehen **B** `V/T` **he ~s his age** man sieht ihm sein Alter an; **he's not ~ing himself these days** er sieht in letzter Zeit ganz verändert aus; **I want to ~ my best tonight** ich möchte heute Abend besonders gut aussehen; **~ what you've done!** sieh dir mal an, was du da angestellt hast!; **~ where you're going!** pass auf, wo du hintrittst!; **~**

English

who's here! guck mal, wer da ist! *umg* **C** *vi/* **1** gucken *umg;* **to ~ sad/angry** traurig/verärgert aussehen; **to ~ (a)round** sich umsehen; **to ~ carefully** genau hinsehen; **to ~ and see** nachsehen; **~ here!** hör (mal) zu!; **~, I know you're tired, but …** ich weiß ja, dass du müde bist, aber …; **~, there's a better solution** da gibt es doch eine bessere Lösung; **~ before you leap** *sprichw* erst wägen, dann wagen *sprichw* **2** suchen **3** (≈ *scheinen*) aussehen; **it ~s all right to me** es scheint mir in Ordnung zu sein; **how does it ~ to you?** was meinst du dazu?; **the car ~s about 10 years old** das Auto sieht so aus, als ob es 10 Jahre alt wäre; **to ~ like** aussehen wie; **the picture doesn't ~ like him** das Bild sieht ihm nicht ähnlich; **it ~s like rain** es sieht nach Regen aus; **it ~s as if we'll be late** es sieht (so) aus, als würden wir zu spät kommen ★ ◆**look after** *vi/* ⟨+*obj*⟩ **1** sich kümmern um; **to look after oneself** auf sich *(akk)* aufpassen **2** sehen nach; *Kinder* aufpassen auf *(+akk)* ◆**look ahead** *fig vi* vorausschauen ◆**look around** *vi* sich umsehen **(for sth** nach etw) ★ ◆**look at** *vi/* ⟨+*obj*⟩ **1** ansehen; **look at him!** sieh dir den an!; **look at the time** so spät ist es schon; **he looked at his watch** er sah auf die Uhr **2** (≈ *untersuchen*) sich *(dat)* ansehen **3** betrachten **4** *Möglichkeiten* sich *(dat)* überlegen ◆**look away** *vi* wegsehen ◆**look back** *vi* sich umsehen; *fig* zurückblicken **(on sth, to sth** auf etw *akk*); **he's never looked back** *fig umg* es ist ständig mit ihm bergauf gegangen ◆**look down** *vi* hinuntersehen ◆**look down on** *vi* ⟨+*obj*⟩ herabsehen auf *(+akk)* ★ ◆**look for** *vi* ⟨+*obj*⟩ suchen (nach); **he's looking for trouble** er wird sich *(dat)* Ärger einhandeln, er sucht Streit ◆**look forward to** *vi* ⟨+*obj*⟩ sich freuen auf *(+akk)* ◆**look in** *vi* (≈ *besuchen*) vorbeikommen **(on sb** bei j-m) ◆**look into** *vi* ⟨+*obj*⟩ **1 to look into sb's face** j-m ins Gesicht sehen; **to look into the future** in die Zukunft sehen *od* blicken **2** untersuchen, prüfen ◆**look on** *vi* **1** zusehen; **to look onto** *Fenster* (hinaus)gehen auf *(+akk); Haus* liegen an *(+dat)* **3** ⟨+*obj*⟩ *a.* **look upon** betrachten

◆**look out** *vi* **1** hinaussehen; **to look out (of)** *the window* zum Fenster hinaussehen **2** aufpassen; **look out!** Vorsicht! ◆**look out for** *vi* ⟨+*obj*⟩ **1** Ausschau halten nach **2** sich vor für pickpockets nimm dich vor Taschendieben in Acht ◆**look over** *vi/* ⟨*trennb*⟩ *Notizen* durchsehen ◆**look round** *bes Br vi* → look around ◆**look through** **A** *vi/* ⟨+*obj*⟩ **he looked through the window** er sah zum Fenster herein/hinaus **B** *vi/* ⟨*trennb*⟩ durchsehen, durchlesen ◆**look to** *vi* ⟨+*obj*⟩ **1** sich verlassen auf *(+akk)*; **they looked to him to solve the problem** sie verließen sich darauf, dass er das Problem lösen würde; **we look to you for support** wir rechnen auf Ihre *od* mit Ihrer Hilfe **2 to look to the future** in die Zukunft blicken ◆**look toward(s)** *vi* ⟨+*obj*⟩ blicken auf *(+akk); Zimmer* liegen *od* hinausgehen nach ◆**look up** **A** *vi* **1** *wörtl* aufblicken **2** besser werden; **things are looking up** es geht bergauf **B** *vi/* ⟨*trennb*⟩ **1 to look sb up** bei j-m vorbeischauen **2** *Wort* nachschlagen; *Telefonnummer* heraussuchen ◆**look upon** *vi* ⟨+*obj*⟩ → look on ◆**look up to** *vi* ⟨+*obj*⟩ **to look up to sb** zu j-m aufsehen **lookalike** *s* Doppelgänger(in) *m(f)*; **a Rupert Murdoch ~** ein Doppelgänger von Rupert Murdoch **looker-on** [ˌlʊkərˈɒn] *s* ⟨*pl* lookers-on⟩ Zuschauer(in) *m(f)* **look-in** [ˈlʊkɪn] *umg s* Chance *f* **lookout** *s* **1** **~ tower** Beobachtungsturm *m* **2** MIL Wachtposten *m* **3 to be on the ~ for, to keep a ~ for** → look out for

loom¹ [luːm] *s* Webstuhl *m*
loom² *vi/* (*a.* **loom ahead** *od* **up**) sich abzeichnen; *Prüfung* bedrohlich näher rücken; **to ~ up out of the mist** bedrohlich aus dem Nebel auftauchen; **to ~ large** eine große Rolle spielen
loony [ˈluːnɪ] *umg* **A** *adj* ⟨*komp* loonier⟩ bekloppt *umg* **B** *s* Verrückte(r) *m/f(m) umg* **loony bin** *umg s* Klapsmühle *f*
loop [luːp] **A** *s* **1** Schlaufe *f*, Schlinge *f* **2** FLUG **to ~ the ~** einen Looping machen **3** IT Schleife *f* **B** *vi/* Seil *etc* schlingen **loophole** [ˈluːphəʊl] *fig s* Hintertürchen *n*; **a ~ in the law** eine Lücke im Gesetz

⋆**loose** [luːs] **A** ADJ ⟨komp **looser**⟩ **1** lose; Moral, Vereinbarung locker; Kleid weit; Übersetzung frei; **a ~ connection** ELEK ein Wackelkontakt m; **to come ~** Schraube etc sich lockern; Abdeckung etc sich (los)lösen; Knopf abgehen; **~ talk** leichtfertiges Gerede **2 to break** od **get ~** sich losreißen (**from** von), ausbrechen; **to turn ~** Tier frei herumlaufen lassen; Gefangenen freilassen; **to be at a ~ end** fig nichts mit sich anzufangen wissen; **to tie up the ~ ends** fig ein paar offene Probleme lösen **B** $\overline{S}$ umg **to be on the ~** frei herumlaufen **C** $\overline{VT}$ lösen; losmachen **2** lockern **loose change** $\overline{S}$ Kleingeld n **loose-fitting** ADJ weit **loose-leaf** $\overline{S}$ **~ binder** Ringbuch n; **~ pad** Ringbucheinlage f **loosely** ['luːslɪ] ADV **1** lose, locker **2** **~ based on Shakespeare** frei nach Shakespeare

loosen ['luːsn] **A** $\overline{VT}$ **1** lösen **2** lockern; Gürtel weiter machen; Kragen aufmachen; **to ~ one's grip on sth** wörtl seinen Griff um etw lockern; fig in Bezug auf Partei, Macht etw nicht mehr so fest im Griff haben **B** $\overline{VI}$ sich lösen; lockern

♦**loosen up** **A** $\overline{VT}$ ⟨trennb⟩ Muskeln lockern; Erde auflockern **B** $\overline{VI}$ Muskeln locker werden; Sportler sich (auf)lockern

loot [luːt] **A** $\overline{S}$ Beute f **B** $\overline{VT \& VI}$ plündern **looter** ['luːtəʳ] $\overline{S}$ Plünderer m, Plünderin f

lop [lɒp] $\overline{VT}$, (a. **lop off**) abhacken **lopsided** ['lɒp'saɪdɪd] ADJ schief **lord** [lɔːd] **A** $\overline{S}$ **1** Herr m **2** Br Lord m; **the (House of) Lords** das Oberhaus **3** REL Lord Herr m; **the Lord (our) God** Gott, der Herr; **(good) Lord!** umg ach, du lieber Himmel! umg; **Lord knows** umg wer weiß **B** $\overline{VT}$ **to ~ it over sb** j-n herumkommandieren **Lord Chancellor** Br $\overline{S}$ Lordkanzler m **Lord Mayor** Br $\overline{S}$ ≈ Oberbürgermeister m **Lordship** ['lɔːdʃɪp] $\overline{S}$ **His/Your ~** Seine/Eure Lordschaft **Lord's Prayer** ['lɔːdz'preəʳ] $\overline{S}$ REL **the ~** das Vaterunser

lore [lɔːʳ] $\overline{S}$ Überlieferungen pl **Lorraine** [lɒ'reɪn] $\overline{S}$ GEOG Lothringen n

⋆**lorry** ['lɒrɪ] Br $\overline{S}$ Last(kraft)wagen m, Lkw m **lorry driver** Br $\overline{S}$ Lkw-Fahrer(in) m(f)

⋆**lose** [luːz] ⟨prät, pperf **lost**⟩ **A** $\overline{VT}$ **1** verlieren; Verfolger abschütteln; **to ~ one's job** die Stelle verlieren; **many men ~**

their hair vielen Männern gehen die Haare aus; **to ~ one's way** wörtl sich verirren; fig die Richtung verlieren; **that mistake lost him the game** dieser Fehler kostete ihn den Sieg; **she lost her brother in the war** sie hat ihren Bruder im Krieg verloren; **he lost the use of his legs in the accident** seit dem Unfall kann er seine Beine nicht mehr bewegen; **to ~ no time in doing sth** etw sofort tun; **my watch lost three hours** meine Uhr ist drei Stunden nachgegangen **2** Gelegenheit verpassen **3 to be lost** Objekt verschwunden sein; Mensch sich verlaufen haben; **I can't follow the reasoning, I'm lost** ich kann der Argumentation nicht folgen, ich verstehe nichts mehr; **he was soon lost in the crowd** er hatte sich bald in der Menge verloren; **to be lost at sea** auf See geblieben sein; **all is (not) lost!** (nun ist nicht) alles verloren!; **to get lost** sich verirren; Objekte verloren gehen; ⋆**get lost!** umg verschwinde! umg; **to give sth up for lost** etw abschreiben; **I'm lost without my watch** ohne meine Uhr bin ich verloren od aufgeschmissen umg; **classical music is lost on him** er hat keinen Sinn für klassische Musik; **the joke was lost on her** der Witz kam bei ihr nicht an; **to be lost for words** sprachlos sein; **to be lost in thought** in Gedanken versunken sein **B** $\overline{VI}$ verlieren; Uhr nachgehen; **you can't ~** du kannst nichts verlieren

♦**lose out** umg $\overline{VI}$ schlecht wegkommen umg; **to lose out to sb/sth** von j-m/etw verdrängt werden

loser ['luːzəʳ] $\overline{S}$ Verlierer(in) m(f); **what a ~!** umg was für eine Null! umg **losing** ['luːzɪŋ] ADJ **the ~ team** die unterlegene Mannschaft; **to fight a ~ battle** einen aussichtslosen Kampf führen; **to be on the ~ side** verlieren

⋆**loss** [lɒs] $\overline{S}$ **1** Verlust m; **hair ~** Haarausfall m; **weight ~** Gewichtsverlust m; **memory ~** Gedächtnisverlust m; **the factory closed with the ~ of 300 jobs** bei der Schließung der Fabrik gingen 300 Stellen verloren; **he felt her ~ very deeply** ihr Tod war ein schwerer Verlust für ihn; **there was a heavy ~ of life** viele kamen ums Leben; **job ~es** Stellenkürzungen pl; **his business is running**

at a ~ er arbeitet mit Verlust; **to sell sth
at a ~** etw mit Verlust verkaufen; **it's
your** ~ es ist deine Sache; **a dead** ~
Br umg ein böser Reinfall *umg;*
(≈*Mensch*) ein hoffnungsloser Fall *umg;*
to cut one's ~es *fig* Schluss machen,
ehe der Schaden (noch) größer wird **2**
to be at a ~ nicht mehr weiterwissen;
we are at a ~ **for what to do** wir wissen
nicht mehr aus noch ein; **to be at a ~ to
explain sth** etw nicht erklären können;
to be at a ~ for words nicht wissen,
was man sagen soll

★**lost** [lɒst] **A** PRÄT & PPERF → **lose B** ADJ
⟨*attr*⟩ verloren; *Sache* aussichtslos;
Mensch vermisst, abgängig *aus österr;
Hund* entlaufen; *Brille etc* verlegt **lost-
-and-found (department)** *US* 5
Fundbüro *n* **lost property** *Br* 5 **1**
Fundstücke *pl* **2** → lost property office
lost property office *Br* 5 Fundbüro
n

★**lot**[1] [lɒt] 5 **1 to draw lots** losen, Lose
ziehen; **they drew lots to see who
would begin** sie losten aus, wer anfan-
gen sollte **2** (≈*Schicksal*) *bei Auktion*
Los *n;* **to throw in one's lot with sb** sich
mit j-m zusammentun; **to improve
one's lot** seine Lage verbessern **3**
(≈*Grundstück*) Parzelle *f;* **building lot**
Bauplatz *m;* **parking lot** *US* Parkplatz *m*
4 *bes Br* **where shall I put this lot?** wo
soll ich das Zeug hintun? *umg;* **can you
carry that lot by yourself?** kannst du
das (alles) alleine tragen?; **divide the
books up into three lots** teile die Bü-
cher in drei Stapel ein; **he is a bad lot**
umg er taugt nichts **5** *bes Br umg*
(≈*Gruppe*) Haufen *m;* **are you lot com-
ing to the pub?** kommt ihr (alle) in
die Kneipe? **6 the lot** *umg* alle, alles;
that's the lot das ist alles

★**lot**[2] 5 & ADV ★ **a lot, lots** viel; ★ **a lot of,
lots of** viel(e); **a lot of money** eine Men-
ge Geld; **a lot of books, lots of books**
viele Bücher; **such a lot** so viel; **what
a lot!** was für eine Menge!; **such a lot
of books** so viele Bücher; **lots and lots
of mistakes** eine Unmenge Fehler; **we
see a lot of John** wir sehen John sehr
oft; **things have changed a lot** es hat
sich Vieles geändert; **he likes her a lot**
er mag sie sehr; **lots more** viel mehr; **I
feel lots** *od* **a lot better** es geht mir

sehr viel besser
lotion [ˈləʊʃən] 5 Lotion *f*
lottery [ˈlɒtəri] 5 Lotterie *f*
★**loud** [laʊd] **A** ADJ ⟨+er⟩ **1** laut; *Proteste*
lautstark **2** *Krawatte* knallbunt **B** ADV
laut; ~ **and clear** laut und deutlich; **to
say sth out** ~ etw laut sagen **loud-
-hailer** [ˌlaʊdˈheɪləʳ] 5 Megafon *n*
loudly [ˈlaʊdlɪ] ADV laut; *kritisieren* laut-
stark **loudmouth** *umg* 5 Großmaul *n
umg* **loudness** 5 Lautstärke *f* **loud-
speaker** [ˌlaʊdˈspiːkəʳ] 5 Lautsprecher
m

lounge [laʊndʒ] **A** 5 **1** Wohnzimmer *n;* in
Hotel Lounge *f; auf Flughafen* Warte-
raum *m,* Lounge *f* **B** V/I faulenzen; **to
~ about** *Br,* **to ~ around** herumlie-
gen/-sitzen; **to ~ against a wall** sich läs-
sig gegen eine Mauer lehnen **lounge
bar** 5 Salon *m* (*vornehmerer Teil einer
Gaststätte*)

louse [laʊs] 5 ⟨*pl* **lice**⟩ ZOOL Laus *f*
lousy [ˈlaʊzɪ] *umg* ADJ mies *umg; Streich
etc* fies *umg;* **I'm ~ at arithmetic** in Ma-
the bin ich miserabel *umg;* **he is a ~
golfer** er spielt miserabel Golf *umg;* **to
feel ~** sich mies fühlen *umg;* **a ~ £3** lau-
sige drei Pfund *umg*

lout [laʊt] 5 Rüpel *m* **loutish** [ˈlaʊtɪʃ]
ADJ rüpelhaft
louvre [ˈluːvəʳ] 5, **louver** *US* 5 Jalousie
f

lovable, loveable [ˈlʌvəbl] ADJ liebens-
wert

★**love** [lʌv] **A** 5 **1** Liebe *f;* **to have a ~
for** *od of* sth etw sehr lieben; ~ **of
learning** Freude *f* am Lernen; ~ **of ad-
venture** Abenteuerlust *f;* ~ **of books**
Liebe *f* zu Büchern; **for the ~ of** aus Lie-
be zu; ★ **to be in ~ (with sb)** (in j-n) ver-
liebt sein; ★ **to fall in ~ (with sb)** sich (in
j-n) verlieben; ★ **to make ~** miteinander
schlafen; ★ **to make ~ to sb** mit j-m
schlafen; **yes, (my) ~** ja, Liebling; **the
~ of my life** die große Liebe meines Le-
bens **2** *in Grüßen* **lots of ~** mit herzli-
chen Grüßen; ~ **(from) Anna** herzliche
Grüße von Anna; **give him my** ~ grüß
ihn von mir; **he sends his ~** er lässt grü-
ßen **3** *umg als Anrede* mein Lieber/mei-
ne Liebe **4** TENNIS null **B** V/T lieben,
gern mögen; **they ~ each other** sie lie-
ben sich; **I ~ tennis** ich mag Tennis sehr
gern; **I'd ~ a cup of tea** ich hätte (lie-

bend) gern(e) eine Tasse Tee; **I'd ~ to come** ich würde sehr gern kommen; **we'd ~ you to come** wir würden uns sehr freuen, wenn du kommen würdest; **I ~ the way she smiles** ich mag es, wie sie lächelt **⊂** Vl̄ lieben **loveable** ADJ → lovable **love affair** S̲ Verhältnis n **lovebite** S̲ Knutschfleck m umg **loved one** S̲ j-d, der einem sehr nahesteht, oft ein Familienmitglied **loved-up** [lʌvdˈʌp] sl̄ ADJ high (insbesondere nach der Einnahme von Drogen wie z. B. Ecstasy); umg total verliebt **love-hate relationship** S̲ Hassliebe f; **they have a ~** zwischen ihnen besteht eine Hassliebe **love-in** [ˈlʌvɪn] umg S̲ gegenseitige Beweihräucherung; **as usual the meeting was a ~** das Meeting war wie immer nichts weiter als eine gegenseitige Beweihräucherung **loveless** ADJ Ehe ohne Liebe **love letter** S̲ Liebesbrief m **love life** S̲ Liebesleben n

★**lovely** [ˈlʌvlɪ] ADJ ⟨komp lovelier⟩ wunderschön, schön; Baby niedlich; (=charmant) liebenswürdig; Lächeln gewinnend; **that dress looks ~ on you** dieses Kleid steht dir sehr gut; **we had a ~ time** es war sehr schön; **it's ~ and warm** es ist schön warm; **have a ~ holiday!** Br, **have a ~ vacation!** US schöne Ferien!; **it's been ~ to see you** es war schön, dich zu sehen **lovemaking** [ˈlʌvmeɪkɪŋ] S̲ Liebe f **lover** [ˈlʌvə] S̲ **1** Liebhaber(in) m(f); **the ~s** das Liebespaar **2** a ~ **of books** ein(e) Bücherfreund(in) m(f); **a ~ of good food** ein(e) Liebhaber(in) m(f) von gutem Essen; **music-lover** Musikliebhaber(in) m(f) od -freund(in) m(f) **lovesick** ADJ liebeskrank; **to be ~** Liebeskummer m haben **love song** S̲ Liebeslied n **love story** S̲ Liebesgeschichte f **love-struck** ADJ schmachtend, total verknallt umg; **to behave like a ~ teenager** sich aufführen wie ein total verknallter/bis über beide Ohren verliebter Teenager **loving** [ˈlʌvɪŋ] ADJ liebend; Beziehung liebevoll; **your ~ son** ... in Liebe Euer Sohn ... **lovingly** [ˈlʌvɪŋlɪ] ADV liebevoll

★**low** [ləʊ] **A** ADJ ⟨+er⟩ niedrig; Verbeugung, Ton tief; Dichte, Qualität gering; Vorräte knapp; **the sun was low in the sky** die Sonne stand tief am Himmel;

the river is low der Fluss führt wenig Wasser; **a ridge of low pressure** ein Tiefdruckkeil m; **to speak in a low voice** leise sprechen; **how low can you get!** wie kann man nur so tief sinken!; **to feel low** niedergeschlagen sein **B** ADV zielen nach unten; sprechen leise; fliegen, sich verbeugen tief; **he's been laid low with the flu** Br er liegt mit Grippe im Bett; **to run** od **get low** knapp werden; **we're getting low on petrol** Br, **we're getting low on gas** US (dat) geht das Benzin aus **⊂** S̲ METEO fig Tief n; **to reach a new low** einen neuen Tiefstand erreichen **low-alcohol** ADJ alkoholarm **lowbrow** ADJ (geistig) anspruchslos **low-cal** umg ADJ, **low-calorie** ADJ kalorienarm **low-carb** [ləʊˈkɑːb] umg ADJ kohlenhydratarm **Low Church** S̲ reformierter, puritanischer Teil der anglikanischen Kirche **low-cost** ADJ preiswert **Low Countries** PL̄ the ~ die Niederlande pl **low-cut** ADJ Kleid tief ausgeschnitten **lowdown** umg S̲ Informationen pl; **what's the ~ on Kowalski?** was wissen wir über Kowalski?, was haben wir über Kowalski?; umg; **he gave me the ~ on it** er hat mich darüber aufgeklärt **low-emission** ADJ Auto schadstoffarm, abgasarm

★**lower** [ˈləʊə] **A** ADJ **1** niedriger; Körperteil untere(r, s); Ton tiefer; GEOG Nieder-; **the Lower Rhine** der Niederrhein; **~ leg** Unterschenkel m; **the ~ of the two holes** das untere der beiden Löcher; **the ~ deck** von Bus das untere Deck; von Schiff das Unterdeck **2** Rang, Niveau, Tiere niedere(r, s); **the ~ classes** SOZIOL die unteren Schichten; **a ~ middle-class family** eine Familie aus der unteren Mittelschicht; **the ~ school** die unteren Klassen **B** ADV tiefer; **~ down the mountain** weiter unten am Berg; **~ down the list** weiter unten auf der Liste **⊂** VT̄ **1** Boot, Last herunterlassen; Augen, Waffe senken; Fahne einholen; **he ~ed himself into an armchair** er ließ sich in einen Sessel nieder **2** Druck, Risiko verringern; Preis, Temperatur senken; **~ your voice** sprich leiser; **to ~ oneself** sich hinunterlassen **lower case A** S̲ Kleinbuchstaben pl **B** ADJ klein **Lower Chamber** S̲ Unterhaus n **lower-class** ADJ der Unterschicht **lower ground floor** S Br Untergeschoss n, Untergeschoß n österr **lower-income** ADJ mit niedrigem Einkommen **lower sixth (form)** Br S SCHULE vorletztes Schuljahr **low-fat** ADJ Milch, Käse fettarm, Mager- **low-flying** ADJ ~ **plane** Tiefflieger m **low-heeled** ADJ mit flachem Absatz **low-income** ADJ einkommensschwach **low-key** ADJ zurückhaltend; Einstellung gelassen; Empfang reserviert **lowland** A S the Lowlands of Scotland das schottische Tiefland; the ~s of Central Europe die Tiefebenen pl Mitteleuropas B ADJ des Flachlands; in Bezug auf Schottland des Tieflands **low-level** ADJ Strahlung niedrig **lowlife** S niederes Milieu; US Person Kriminelle(r) m/f(m) **lowly** ['ləʊlɪ] ADJ ⟨komp lowlier⟩ bescheiden **low-lying** ADJ tief gelegen **low-necked** ADJ tief ausgeschnitten **low-pitched** ADJ tief **low-pressure** ADJ ~ **area** Tiefdruckgebiet n **low-profile** ADJ wenig profiliert **low-rise** ADJ ⟨attr⟩ niedrig (gebaut) **low season** S Nebensaison f **low-tar** ADJ teerarm **low-tech** ADJ nicht mit Hightech ausgestattet; it's pretty ~ es ist nicht gerade Hightech

★**low tide** S, **low water** S Niedrigwasser n; at ~ bei Niedrigwasser **low-wage** ADJ ⟨attr⟩ Niedriglohn- **low-wage country** S Billiglohnland n **low-wage earner** [ləʊ'weɪdʒ:nə(r)] S Geringverdiener(in) m(f) **low-wage sector** S Niedriglohnsektor m

loyal ['lɔɪəl] ADJ 1 treu; he was very ~ to his friends er hielt (treu) zu seinen Freunden; he remained ~ to his wife/the king er blieb seiner Frau/dem König treu 2 gegenüber Partei loyal (to gegenüber) **loyalist** A S Loyalist(in) m(f) B ADJ loyal; Truppen regierungstreu **loyally** ['lɔɪəlɪ] ADV 1 treu 2 loyal **loyalty** ['lɔɪəltɪ] S 1 Treue f 2 gegenüber Partei Loyalität f **loyalty card** S Br HANDEL Paybackkarte f

lozenge ['lɒzɪndʒ] S 1 MED Pastille f 2 Raute f

LP ABK (= long player, long-playing record) LP f

LPG ABK (= liquefied petroleum gas) Autogas n

L-plate ['elpleɪt] S Schild mit der Aufschrift „L" (learner = Fahrschüler(in))

LSD ABK (= lysergic acid diethylamide) LSD n

Ltd ABK (= Limited) GmBH

lubricant ['luːbrɪkənt] S 1 TECH Schmiermittel n 2 für Sex Gleitcreme f, Gleitgel n **lubricate** ['luːbrɪkeɪt] V/T schmieren

lucid ['luːsɪd] ADJ 1 klar 2 he was ~ for a few minutes ein paar Minuten lang war er bei klarem Verstand **lucidly** ['luːsɪdlɪ] ADV klar; erklären einleuchtend; schreiben verständlich

★**luck** [lʌk] S Glück n; by ~ durch einen glücklichen Zufall; bad ~ Pech n; ★ bad ~! so ein Pech!; good ~ Glück n; good ~! viel Glück!; no such ~! schön wär's! umg; just my ~! Pech (gehabt), wie immer!; with any ~ mit etwas Glück; any ~? mit Versuch hat's geklappt?; bei Verlust hast du es gefunden?; worse ~! wie schade!; to be in ~ Glück haben; to be out of ~ kein Glück haben; he was a bit down on his ~ er hatte eine Pechsträhne; to bring sb good/bad ~ j-m Glück/Unglück bringen; as ~ would have it wie es der Zufall wollte; Bernstein kisses his cuff links for ~ Bernstein küsst seine Manschettenknöpfe, damit sie ihm Glück bringen; to try one's ~ sein Glück versuchen **luckily** ['lʌkɪlɪ] ADV glücklicherweise; ~ for me zu meinem Glück

★**lucky** ['lʌkɪ] ADJ ⟨komp luckier⟩ Glücks-; Zufall, Sieger glücklich; you ~ thing!, ~ you! du Glückliche(r) m/f(m); the ~ winner der glückliche Gewinner, die glückliche Gewinnerin; ★ to be ~ Glück haben; I was ~ enough to meet him ich hatte das (große) Glück, ihn kennenzulernen; you are ~ to be alive du kannst von Glück sagen, dass du noch lebst; you were ~ to catch him du hast Glück gehabt, dass du ihn erwischt hast; you'll be ~ to make it in time wenn du das noch schaffst, hast du (aber) Glück; I want another £500 — you'll be ~! ich will noch mal £ 500 haben — viel Glück!; to be ~ that ... Glück haben, dass ...; ~ charm Glücksbringer m; it must be my ~ day ich habe wohl heute meinen Glückstag; to be ~ Zahl etc Glück bringen; it was ~ I stopped him ein Glück, dass ich ihn aufgehalten habe; **that was ~** das war aber ein Glück; **that was a ~ escape** da habe ich/hast du *etc* noch mal Glück gehabt

lucky dip S ≈ Glückstopf *m*

lucrative ['luːkrətɪv] ADJ lukrativ

ludicrous ['luːdɪkrəs] ADJ lächerlich; *Idee, Preise* haarsträubend **ludicrously** ['luːdɪkrəslɪ] ADV grotesk; *klein* lächerlich; *hoch* haarsträubend; **~ expensive** absurd teuer

lug [lʌɡ] VT schleppen

★**luggage** ['lʌɡɪdʒ] S Gepäck *n* **luggage allowance** S FLUG Freigepäck *n* **luggage carrier** S *am Fahrrad* Gepäckträger *m* **luggage drop-off** S Gepäckabgabe *f* **luggage label** S Gepäckanhänger *m* **luggage locker** S Gepäckschließfach *n* **luggage rack** S BAHN *etc* Gepäckablage *f* **luggage scales** PL Gepäckwaage *f* **luggage space** S Gepäckraum *m* **luggage tag** S Gepäckanhänger *m* **luggage trolley** S Kofferkuli *m* **luggage van** S *Br* BAHN Gepäckwagen *m*

lukewarm ['luːkwɔːm] ADJ lauwarm; **he's ~ about** *od* **on the idea/about her** er ist von der Idee/von ihr nur mäßig begeistert

lull [lʌl] A S Pause *f*; **a ~ in the fighting** eine Gefechtspause B VT **to ~ a baby to sleep** ein Baby in den Schlaf wiegen; **he ~ed them into a false sense of security** er wiegte sie in trügerische Sicherheit

lullaby ['lʌləbaɪ] S Schlaflied *n*

lumbago [lʌm'beɪɡəʊ] S ⟨kein pl⟩ Hexenschuss *m*

lumber¹ ['lʌmbəʳ] A S *bes US* (Bau)holz *n* B *Br umg* VT **to ~ sb with sth** j-m etw aufhalsen *umg*; **I got ~ed with her for the evening** ich hatte sie den ganzen Abend auf dem Hals *umg*

lumber² VI *Karren* rumpeln; *Elefant, Mensch* trampeln

lumberjack S Holzfäller *m* **lumber room** S Rumpelkammer *f* **lumberyard** *US* S Holzlager *n*

luminary ['luːmɪnərɪ] *fig* S Koryphäe *f* **luminous** ['luːmɪnəs] ADJ leuchtend; **~ paint** Leuchtfarbe *f*

lump [lʌmp] A S **1** Klumpen *m*; *von Zucker* Stück *n* **2** Beule *f*; *im Körper* Geschwulst *f*; **with a ~ in one's throat** *fig* mit einem Kloß im Hals; **it brings a**

~ to my throat dabei schnürt sich mir die Kehle zu B *bes Br umg* VT **if he doesn't like it he can ~ it** wenns ihm nicht passt, hat er eben Pech gehabt *umg* ↓**lump together** VT ⟨trennb⟩ **1** zusammentun **2** *bei Beurteilung etc* in einen Topf werfen

lump sum S Pauschalbetrag *m*; **to pay sth in a ~** etw pauschal bezahlen

lumpy ['lʌmpɪ] ADJ ⟨komp lumpier⟩ *Flüssigkeit* klumpig; **to go ~** *Soße, Reis* klumpen

lunacy ['luːnəsɪ] S Wahnsinn *m*

lunar ['luːnəʳ] ADJ Mond- **lunar eclipse** S Mondfinsternis *f*

lunatic ['luːnətɪk] A ADJ wahnsinnig B S Wahnsinnige(r) *m/f(m)* **lunatic asylum** S Irrenanstalt *f*

★**lunch** [lʌntʃ] A S Mittagessen *n*; **to have ~ (zu) Mittag essen; to have soup for ~** eine Suppe zum Mittagessen essen; **let's do ~** *umg* wir sollten uns zum Mittagessen treffen; **how long do you get for ~?** wie lange haben Sie Mittagspause?; **he's at ~** er ist beim Mittagessen B VI **(zu) Mittag essen lunchbox** S Lunchbox *f* **lunch break** S Mittagspause *f* **luncheon** ['lʌntʃən] *form* S Mittagessen *n* **luncheon meat** S Frühstücksfleisch *n* **luncheon voucher** S Essen(s)marke *f* **lunch hour** S Mittagsstunde *f*, Mittagspause *f* **lunch menu** S Mittagsmenü *n* **lunchpail** *US* S Lunchbox *f* **lunchtime** S Mittagspause *f*; Mittagszeit *f*; **they arrived at ~** sie kamen gegen Mittag an

★**lung** [lʌŋ] S Lunge *f* **lung cancer** S Lungenkrebs *m*

lunge [lʌndʒ] A S Satz *m* nach vorn B VI (sich) stürzen; **to ~ at sb** sich auf j-n stürzen

lurch¹ [lɜːtʃ] S **to leave sb in the ~** *umg* j-n hängen lassen *umg*, j-n im Stich lassen

lurch² A S **to give a ~** einen Ruck machen B VI **1** einen Ruck machen **2** sich ruckartig bewegen; **the train ~ed to a standstill** der Zug kam mit einem Ruck zum Stehen

lure [ljʊəʳ] A S Lockmittel *n*; *fig von Großstadt, Meer etc* Verlockungen *pl* B VT anlocken; **to ~ sb away from sth** j-n von etw weglocken; **to ~ sb into a trap** j-n in eine Falle locken

M

lurid ['ljʊərɪd] ADJ **1** *Farbe* grell **2** *fig Beschreibung* reißerisch; *Details* widerlich

lurk [lɜːk] V/I lauern; **a nasty suspicion ~ed at the back of his mind** er hegte einen fürchterlichen Verdacht **♦lurk about** *Br*, **lurk around** V/I herumschleichen

lurking ['lɜːkɪŋ] ADJ heimlich; *Zweifel* nagend

luscious ['lʌʃəs] ADJ **1** köstlich **2** *Mädchen zum Anbeißen umg*; *Figur* üppig

lush [lʌʃ] ADJ **1** *Gras* saftig; *Vegetation* üppig **2** *umg Hotel* feudal

lust [lʌst] **A** Ŝ Wollust f, Gier f (**for** nach); **~ for power** Machtgier f **B** V/I **to ~ after** *sexuell* begehren (+*akk*); *unersättlich* gieren nach **lustful** ADJ lüstern

lustily ['lʌstɪlɪ] ADV *essen* herzhaft; *singen* aus voller Kehle; *schreien* aus vollem Hals(e)

lustre ['lʌstə] Ŝ, **luster** *US* Ŝ **1** Schimmer m **2** *fig* Glanz m

lute [luːt] Ŝ Laute f

Luxembourg ['lʌksəmbɜːg] Ŝ Luxemburg n

luxuriant [lʌgˈzjʊərɪənt] ADJ üppig **luxuriate** [lʌgˈzjʊərɪeɪt] V/I **to ~ in sth** sich in etw (*dat*) aalen **luxurious** [lʌgˈzjʊərɪəs] ADJ luxuriös; **a ~ hotel** ein Luxushotel n **luxury** ['lʌkʃərɪ] **A** Ŝ Luxus m; **to live a life of ~** ein Luxusleben führen **B** ⟨*attr*⟩ Luxus-

LW ABK (= long wave) LW

lychee ['laɪtʃiː] Ŝ Litschi f

Lycra® ['laɪkrə] Ŝ Lycra® n

lying ['laɪɪŋ] **A** ADJ verlogen **B** Ŝ Lügen n; **that would be ~** das wäre gelogen

lymph gland [lɪmf] Ŝ Lymphknoten m

lynch [lɪntʃ] V/T lynchen

lyric ['lɪrɪk] **A** ADJ lyrisch **B** Ŝ *von Popsong* **~s** pl Text m **lyrical** ['lɪrɪkəl] ADJ lyrisch; **to wax ~ about sth** über etw (*akk*) ins Schwärmen geraten **lyricist** ['lɪrɪsɪst] Ŝ MUS Texter(in) m(f)

M¹, m [em] Ŝ M n, m n

M² ABK (= medium) M, mittelgroß

m¹ ABK (= millions) Mio.

m² ABK (= metres) m

m³ ABK (= miles) Meile(n)

m⁴ ABK (= masculine) m.

MA ABK (= Master of Arts) M. A.

ma [mɑː] *umg* Ŝ Mama f *umg*

ma'am [mæm] Ŝ *gnä'* Frau f *form*; → madam

mac [mæk] *Br umg* Ŝ Regenmantel m

macabre [məˈkɑːbrə] ADJ makaber

macaroni [ˌmækəˈrəʊnɪ] Ŝ Makkaroni pl

macaroon [ˌmækəˈruːn] Ŝ Makrone f

mace [meɪs] Ŝ *von Bürgermeister etc* Amtsstab m

Macedonia [ˌmæsɪˈdəʊnɪə] Ŝ Mazedonien n

machete [məˈtʃeɪtɪ] Ŝ Buschmesser n

machination [ˌmækɪˈneɪʃən] ⟨*mst pl*⟩ Machenschaften pl

★**machine** [məˈʃiːn] **A** Ŝ Maschine f, Automat m **B** V/T TECH maschinell herstellen **machine gun** Ŝ Maschinengewehr n **machine language** Ŝ IT Maschinensprache f **machine operator** Ŝ Maschinenarbeiter(in) m(f) **machine-readable** ADJ IT maschinenlesbar **machinery** [məˈʃiːnərɪ] Ŝ Maschinerie f; **the ~ of government** der Regierungsapparat **machine tool** Ŝ Werkzeugmaschine f **machine-washable** ADJ waschmaschinenfest **machinist** [məˈʃiːnɪst] Ŝ TECH Maschinist(in) m(f); *Handarbeiten* Näherin f

macho ['mætʃəʊ] ADJ macho *präd*, Macho-

mackerel ['mækrəl] Ŝ Makrele f

mackintosh ['mækɪntɒʃ] Ŝ Regenmantel m

macro ['mækrəʊ] Ŝ ⟨*pl* -s⟩ IT Makro n **macro-** PRÄF makro-, Makro- **macrobiotic** ['mækrəʊbaɪˈɒtɪk] ADJ makrobiotisch **macrocosm** ['mækrəʊˌkɒzəm] Ŝ Makrokosmos m

★**mad** [mæd] **A** ADJ ⟨*komp* madder⟩ **1** wahnsinnig (**with** vor +*dat*), geisteskrank,

M

verrückt *umg*; **to go mad** wahnsinnig werden; *wörtl* den Verstand verlieren; **to drive sb mad** j-n wahnsinnig machen; *wörtl* j-n um den Verstand bringen; **it's enough to drive you mad** es ist zum Verrücktwerden; **you must be mad!** du bist wohl wahnsinnig!; **I must have been mad to believe him** ich war wohl von Sinnen, ihm zu glauben; **they made a mad rush** *od* **dash for the door** sie stürzten wie wild zur Tür; **why the mad rush?** warum diese Hektik? **2** *umg* (≈ *wütend*) sauer *umg*; **to be mad at sb** auf j-n sauer sein *umg*; **to be mad about sth** über etw *(akk)* sauer sein *umg*; **this makes me mad** das bringt mich auf die Palme *umg* **3** *bes Br umg* **to be mad about** *od* **on sth** auf etw *(akk)* verrückt sein; **I'm not exactly mad about this job** ich bin nicht gerade versessen auf diesen Job; **I'm (just) mad about you** ich bin (ganz) verrückt nach dir!; **don't go mad!** übertreib es nicht **B** ADV *umg* **like mad** wie verrückt; **he ran like mad** er rannte wie wild

Madagascar [ˌmædəˈɡæskəʳ] S̱ Madagaskar *n*

★**madam** [ˈmædəm] S̱ gnädige Frau *obs, form*; **can I help you, ~?** kann ich Ihnen behilflich sein?; **Dear Madam** *bes Br* sehr geehrte gnädige Frau

madcap [ˈmædkæp] ADJ *Idee* versponnen **mad cow disease** S̱ Rinderwahn (-sinn) *m* **madden** [ˈmædn] V/T ärgern **maddening** [ˈmædnɪŋ] ADJ unerträglich; *Angewohnheit* aufreizend **maddeningly** [ˈmædnɪŋlɪ] ADV unerträglich; **the train ride was ~ slow** es war zum Verrücktwerden, wie langsam der Zug fuhr

made [meɪd] PRÄT & PPERF → make **made-to-measure** [ˌmeɪdtəˈmeʒəʳ] *Br* ADJ maßgeschneidert; *Vorhänge* nach Maß; **~ suit** Maßanzug *m* **made-up** [ˈmeɪdˈʌp] ADJ **1** erfunden **2** geschminkt

madhouse [ˈmædhaʊs] S̱ Irrenhaus *n* **madly** [ˈmædlɪ] ADV **1** wie verrückt **2** *umg* (≈ *sehr*) wahnsinnig; **to be ~ in love (with sb)** bis über beide Ohren (in j-n) verliebt sein **madman** [ˈmædmən] S̱ ⟨*pl* -men⟩ Verrückte(r) *m* **madness** S̱ Wahnsinn *m* **madwoman** [ˈmædwʊ-

mən] S̱ ⟨*pl* -women [-wɪmɪn]⟩ Verrückte *f*

Mafia [ˈmæfɪə] S̱ Mafia *f* **mag** [mæɡ] *umg* S̱ Magazin *n*; **porn mag** Pornoheft *n*

★**magazine** [ˌmæɡəˈziːn] S̱ **1** Zeitschrift *f*, Magazin *n* **2** MIL Depot *n* **magazine rack** S̱ Zeitungsständer *m* **maggot** [ˈmæɡət] S̱ Made *f* **Magi** [ˈmeɪdʒaɪ] PL **the ~** die Heiligen Drei Könige

magic [ˈmædʒɪk] **A** S̱ **1** Magie *f*; **a display of ~** ein paar Zauberkunststücke; **he made the spoon disappear by ~** er zauberte den Löffel weg; **as if by ~** wie durch Zauberei; **it worked like ~** *umg* es klappte wie am Schnürchen *umg* **2** Zauber *m* **B** ADJ **1** Zauber-; *Kräfte* magisch; **he hasn't lost his ~ touch** er hat nichts von seiner Genialität verloren **2** *umg* toll *umg* **magical** [ˈmædʒɪkl] ADJ *Kräfte* magisch; *Atmosphäre* unwirklich **magically** ADV wunderbar; **~ transformed** auf wunderbare Weise verwandelt **magic carpet** S̱ fliegender Teppich **magician** [məˈdʒɪʃən] S̱ Magier *m*, Zauberer(in) *m(f)*; Zauberkünstler(in) *m(f)*; **I'm not a ~!** ich kann doch nicht hexen! **magic spell** S̱ Zauber *m*, Zauberspruch *m*; **to cast a ~ on sb** j-n verzaubern **magic wand** S̱ Zauberstab *m*; **to wave a ~** den Zauberstab schwingen **magistrate** [ˈmædʒɪstreɪt] S̱ Schiedsmann *m*/-frau *f* **magistrates' court** *Br* S̱ Schiedsgericht *n* **magnanimity** [ˌmæɡnəˈnɪmɪtɪ] S̱ Großmut *f* **magnanimous** [mæɡˈnænɪməs] ADJ großmütig

magnate [ˈmæɡneɪt] S̱ Magnat *m* **magnesium** [mæɡˈniːzɪəm] S̱ Magnesium *n*

magnet [ˈmæɡnɪt] S̱ Magnet *m* **magnetic** [mæɡˈnetɪk] *wörtl* ADJ magnetisch; **he has a ~ personality** er hat ein sehr anziehendes Wesen **magnetic disk** S̱ COMPUT Magnetplatte *f* **magnetic field** S̱ Magnetfeld *n* **magnetic strip, magnetic stripe** S̱ Magnetstreifen *m* **magnetism** [ˈmæɡnɪtɪzəm] S̱ Magnetismus *m*; *fig* Anziehungskraft *f* **magnification** [ˌmæɡnɪfɪˈkeɪʃən] S̱ Vergrößerung *f*; **high/low ~** starke/geringe Vergrößerung

magnificence [mæɡˈnɪfɪsəns] S̱ **1**

M

Großartigkeit f ② Pracht f **magnificent** [mægˈnɪfɪsənt] ADJ ① großartig; **he has done a ~ job** er hat das ganz hervorragend gemacht ② prächtig

magnificently [mægˈnɪfɪsəntlɪ] ADV großartig

magnify [ˈmægnɪfaɪ] V/T ① vergrößern ② aufbauschen **magnifying glass** [ˈmægnɪfaɪɪŋˈglɑːs] ⓢ Vergrößerungsglas n

magnitude [ˈmægnɪtjuːd] ⓢ Ausmaß n, Bedeutung f; **operations of this ~** Vorhaben dieser Größenordnung

magnolia [mægˈnəʊlɪə] ⓢ Magnolie f

magpie [ˈmægpaɪ] ⓢ Elster f

mahogany [məˈhɒgənɪ] Ⓐ ⓢ Mahagoni n Ⓑ ADJ Mahagoni-

maid [meɪd] ⓢ Dienstmädchen n; Zimmermädchen n

maiden [ˈmeɪdn] Ⓐ ⓢ liter Mädchen n, Dirndl n österr Ⓑ ADJ ⟨attr⟩ Jungfern- **maiden name** ⓢ Mädchenname m **maiden voyage** ⓢ Jungfernfahrt f **maid of honour** ⓢ, **maid of honor** US ⓢ Brautjungfer f **maidservant** ⓢ Hausmädchen n

★**mail** [meɪl] Ⓐ ⓢ Post f; INTERNET a. Mail f; **to send sth by ~** etw mit der Post schicken; **is there any ~ for me?** ist Post für mich da? Ⓑ V/T ① aufgeben; in Briefkasten einwerfen; (≈ senden) mit der Post schicken ② per E-Mail senden, mailen umg; **to ~ sb** jdm eine E-Mail senden **mailbag** ⓢ Postsack m **mailbox** ⓢ ① US Briefkasten m ② IT Mailbox f **mailing address** US ⓢ Postanschrift f **mailing list** ⓢ Adressenliste f; IT Verteiler m; **to add sb to the ~** jdn in die Adressenliste aufnehmen; jdn zum Verteiler hinzufügen

★**mailman** ⓢ ⟨pl -men⟩ US Briefträger m **mail merge** ⓢ IT Mailmerge n **mail order** ⓢ Postversand m **mail-order** ADJ **~ catalogue** Br, **mail order catalog** US Versandhauskatalog m; **~ firm** Versandhaus n **mailroom** ⓢ Poststelle f **mailshot** ⓢ Mailshot m **mail van** ⓢ Postauto n; Br BAHN Postwagen m **mailwoman** ⓢ ⟨pl -women [-wɪmən]⟩ US Briefträgerin f

maim [meɪm] V/T verstümmeln, zum Krüppel machen; **to be ~ed for life** sein Leben lang ein Krüppel bleiben

★**main** [meɪn] Ⓐ ADJ ⟨attr⟩ Haupt-; **the ~**

thing is to ... die Hauptsache ist, dass ...; **the ~ thing is you're still alive** Hauptsache, du lebst noch Ⓑ ⓢ ① Hauptleitung f; **the ~s** von Stadt das öffentliche Versorgungsnetz; ELEK das Stromnetz; von Haus der Haupthahn; ELEK der Hauptschalter; **to run off the ~s** Netzanschluss haben; **the water/electricity was switched off at the ~s** der Haupthahn/Hauptschalter für Wasser/Elektrizität wurde abgeschaltet ② **in the ~** im Großen und Ganzen **main clause** ⓢ GRAM Hauptsatz m **main course** ⓢ Hauptgericht n **main entrance** ⓢ Haupteingang m **mainframe (computer)** ⓢ Großrechner m **mainframe network** ⓢ COMPUT vernetzte Großanlage **mainland** Ⓐ ⓢ Festland n; **on the ~ of Europe** auf dem europäischen Festland; **the US ~** das Festland der USA Ⓑ ADJ ⟨attr⟩ ~ **China** das chinesische Festland **main line** ⓢ BAHN Hauptstrecke f **mainly** [ˈmeɪnlɪ] ADV hauptsächlich, in erster Linie **main office** ⓢ Zentrale f **main road** ⓢ Hauptstraße f **mains-operated** [ˈmeɪnzˌɒpəreɪtɪd], **mains-powered** [ˈmeɪnzˌpaʊəd] ADJ für Netzbetrieb **mainstay** fig ⓢ Stütze f **mainstream** [ˈmeɪnstriːm] Ⓐ ⓢ Hauptrichtung f Ⓑ ADJ ① Politiker der Mitte; Meinung vorherrschend; Ausbildung regulär; ~ **society** die Mitte der Gesellschaft ② ~ **cinema** Mainstreamkino n **main street** ⓢ bes US Hauptstraße f

maintain [meɪnˈteɪn] V/T ① aufrechterhalten; Ruhe und Ordnung wahren; Geschwindigkeit beibehalten; **to ~ sth at a constant temperature** etw bei gleichbleibender Temperatur halten ② Familie unterhalten ③ Maschine warten; Straßen instand halten; **products which help to ~ healthy skin** Produkte, die die Haut gesund erhalten ④ behaupten; **he still ~ed his innocence** er beteuerte immer noch seine Unschuld **maintenance** [ˈmeɪntɪnəns] ⓢ ① Aufrechterhaltung f; von Ruhe und Ordnung Wahrung f ② Br von Familie Unterhalt m; (≈ Sozialhilfe etc) Unterstützung f; **he has to pay ~** er ist unterhaltspflichtig ③ von Maschine Wartung f; von Straßen Instandhaltung f; von Garten Pflege f; (≈ Kosten) Unterhalt m **maintenance costs** PL Unterhalts-

M

kosten *pl* **maintenance payments**
P̲L̲ Unterhaltszahlungen *pl*

maisonette [ˌmeɪzəˈnet] S̲ Appartement *n*

maître d' [ˌmetrəˈdiː] *US* S̲ Oberkellner *m*

maize [meɪz] S̲ Mais *m*

majestic [məˈdʒestɪk] A̲D̲J̲ majestätisch

majesty [ˈmædʒɪstɪ] S̲ Majestät *f*; **His/Her Majesty** Seine/Ihre Majestät; **Your Majesty** Eure Majestät

major [ˈmeɪdʒəʳ] A̲ A̲D̲J̲ 1 Haupt-; (=*wichtig*) bedeutend; (=*weitreichend*) groß; *Grund* wesentlich; *Vorfall* schwerwiegend; *Rolle* führend; **a ~ road** eine Hauptverkehrsstraße; **a ~ operation** eine größere Operation 2 MUS Dur-; **key** Durtonart *f*; **A ~** A-Dur *n* B̲ S̲ 1 MIL Major(in) *m(f)* 2 *US* UNIV Hauptfach *n*; **he's a psychology ~** Psychologie ist/war sein Hauptfach C̲ V̲I̲ *US* **to ~ in French** Französisch als Hauptfach studieren

Majorca [məˈjɔːkə] S̲ Mallorca *n*

majorette [ˌmeɪdʒəˈret] S̲ Majorette *f*

★**majority** [məˈdʒɒrɪtɪ] S̲ 1 ⟨+*sg od pl v*⟩ Mehrheit *f*; **to be in a** *od* **the ~** in der Mehrzahl sein; **to have a ~ of 3** eine Mehrheit von 3 Stimmen haben; **to have/get a ~** die Mehrheit haben/bekommen; **the ~ of people** die meisten Menschen 2 JUR Volljährigkeit *f* **majority decision** S̲ Mehrheitsbeschluss *m* **majority holding** S̲ Mehrheitsbeteiligung *f*; *an Aktien* Aktienmehrheit *f* **majority voting system** S̲ Mehrheitswahlrecht *n*

★**make** [meɪk]
⟨*v*: *prät, pperf* made⟩

A transitives Verb   **B** intransitives Verb
C reflexives Verb   **D** Substantiv

— **A** transitives Verb —

1 machen; *Brot* backen; *Autos* herstellen; *Kleid* nähen; *Kaffee* kochen; *Frieden* stiften; *Rede* halten; *Entscheidung, Wahl* treffen; **she made it into a suit** sie machte einen Anzug daraus; **to ~ a guess** raten; **made in Britain** in Großbritannien hergestellt; **it's made of gold** es ist aus Gold; **to show what one is made of** zeigen, was in einem steckt;

the job is made for him die Arbeit ist wie für ihn geschaffen; **they're made for each other** sie sind wie geschaffen füreinander; **to ~ sb happy** j-n glücklich machen; **he was made a judge** man ernannte ihn zum Richter; **Shearer made it 1-0** Shearer erzielte das 1:0; **we decided to ~ a day/night of it** wir beschlossen, den ganzen Tag dafür zu nehmen/(die Nacht) durchzumachen; **to ~ something of oneself** etwas aus sich machen; **he's got it made** *umg* er hat ausgesorgt; **you've made my day** ich könnte dir um den Hals fallen! *umg* 2 **to ~ sb do sth** j-n dazu bringen, etw zu tun, j-n zwingen, etw zu tun; **what made you come to this town?** was hat Sie dazu veranlasst, in diese Stadt zu kommen?; **what ~s you say that?** warum sagst du das?; **what ~s you think you can do it?** was macht Sie glauben, dass Sie es schaffen können?; **you can't ~ me!** mich kann keiner zwingen!; **what made it explode?** was hat die Explosion bewirkt?; **it ~s the room look smaller** es lässt den Raum kleiner wirken; **the chemical ~s the plant grow faster** die Chemikalie bewirkt, dass die Pflanze schneller wächst; **that made the cloth shrink** dadurch ging der Stoff ein; **to ~ do with sth** sich mit etw begnügen; **to ~ do with less money** mit weniger Geld auskommen 3 *Geld* verdienen; *Gewinn, Vermögen* machen (**on** bei) 4 schaffen; **we made good time** wir kamen schnell voran; **sorry I couldn't ~ your party** tut mir leid, ich habe es einfach nicht zu deiner Party geschafft; **we'll never ~ the airport in time** wir kommen garantiert nicht rechtzeitig zum Flughafen; **to ~ it** es schaffen; **he just made it** er hat es gerade noch geschafft; **he'll never ~ it through the winter** er wird den Winter nie überstehen 5 (≈*sein*) **he made a good father** er gab einen guten Vater ab; **he'll never ~ a soldier** aus dem wird nie ein Soldat; **he'd ~ a good teacher** er wäre ein guter Lehrer; **they ~ a good couple** sie sind ein gutes Paar 6 (er)geben; **2 plus 2 ~s 4** 2 und 2 ist 4; **that ~s £55 you owe me** Sie schulden mir damit (nun) £ 55; **how much does that ~ altogether?** was macht das insgesamt? **7** schätzen auf (+akk); **I ~ the total 107** ich komme auf 107; **what time do you ~ it?** wie spät hast du es?; **I ~ it 3.15** ich habe 3.15 Uhr; **I ~ it 3 miles** ich schätze 3 Meilen; **shall we ~ it 7 o'clock?** sagen wir 7 Uhr?

— **B** intransitives Verb —

to ~ as if to do sth Anstalten machen, etw zu tun; *als Täuschung* so tun, als wolle man etw tun; **to ~ like...** umg so tun, als ob...

— **C** reflexives Verb —

to ~ oneself comfortable es sich (dat) bequem machen; **you'll ~ yourself ill!** du machst dich damit krank!; **to ~ oneself heard** sich (dat) Gehör verschaffen; **to ~ oneself understood** sich verständlich machen; **to ~ oneself sth** sich (dat) etw machen; **she made herself a lot of money on the deal** sie hat bei dem Geschäft eine Menge Geld verdient; **to ~ oneself do sth** sich dazu zwingen, etw zu tun; **he's just made himself look ridiculous** er hat sich nur lächerlich gemacht

— **D** Substantiv —

Marke f; **what ~ of car do you have?** welche (Auto)marke fahren Sie?

♦**make for** Vii (+obj) **1** zuhalten auf (+akk); Auto losfahren auf (+akk); **we are making for London** wir wollen nach London; im Auto wir fahren Richtung London; **2** führen zu ♦**make of** Vii (+obj) halten von; **don't make too much of it** überbewerten Sie es nicht ♦**make off** Vii sich davonmachen ♦**make out** Vit (trennb) **1** Scheck ausstellen (**to** auf +akk; Liste aufstellen **2** ausmachen, entziffern, verstehen; **I can't make out what he wants** ich komme nicht dahinter, was er will **3** behaupten **4** to make out that ... as so hinstellen, als ob ...; **he made out that he was hurt** er tat, als sei er verletzt; **to make sb out to be clever/a genius** j-n als klug/Genie hinstellen; **to make out with sb** bes US sexuell mit j-m rummachen ♦**make up** Vit (trennb) **1** bilden; **to be made up of** bestehen aus **2** Essen, Bett zurechtmachen; Paket packen; Liste, Mannschaft zusammenstellen **3** to make it up (with sb) sich (mit j-m) aussöhnen **4** Gesicht schminken; **to make sb/oneself up** j-n/

sich schminken **5** to make up one's mind (to do sth) sich (dazu) entschließen(, etw zu tun); **my mind is made up** mein Entschluss steht fest; **to make up one's mind about sb/sth** sich (dat) eine Meinung über j-n/etw bilden; **I can't make up my mind about him** ich weiß nicht, was ich von ihm halten soll **6** erfinden, sich (dat) ausdenken; **you're making that up!** jetzt schwindelst du aber! umg **7** vollständig machen; **I'll make up the other £20** ich komme für die restlichen £ 20 auf **8** Verlust ausgleichen; Zeit aufholen; **to make it up to sb (for sth)** j-m etw wiedergutmachen **B** Vii nach Streit sich wieder vertragen ♦**make up for** Vii (+obj) to make up for sth etw ausgleichen; **to make up for lost time** verlorene Zeit aufholen; **that still doesn't make up for the fact that you were very rude** das macht noch lange nicht ungeschehen, dass du sehr unhöflich warst

make-believe A ADJ (attr) Fantasie- **B** S Fantasie f **make-or-break** umg ADJ (attr) entscheidend **makeover** S Schönheitskur f; von Haus Verschönerung f **maker** ['meɪkə] S Hersteller(in) m(f) **makeshift** ['meɪkʃɪft] ADJ provisorisch; Werkzeug behelfsmäßig; **~ accommodation** Notunterkunft f

★**make-up** ['meɪkʌp] S **1** Make-up n; THEAT Maske f; **she spends hours on her ~** sie braucht Stunden zum Schminken **2** von Mannschaft Zusammenstellung f; (=Charakter) Veranlagung f **make-up bag** S Kosmetiktasche f **making** ['meɪkɪŋ] S Herstellung f; **the movie was three months in the ~** der Film wurde in drei Monaten gedreht; **a star in the ~** ein werdender Star; **it's a disaster in the ~** es bahnt sich eine Katastrophe an; **her problems are of her own ~** an ihren Problemen ist sie selbst schuld; **it was the ~ of him** das hat ihn zu dem gemacht, was er (heute) ist **2** ~s pl Voraussetzungen pl (**of** zu); **he has the ~s of an actor** er hat das Zeug zu einem Schauspieler; **the situation has all the ~s of a strike** die Situation bietet alle Voraussetzungen für einen Streik

maladjusted [ˌmælə'dʒʌstɪd] ADJ verhaltensgestört

malady ['mælədɪ] [S] Leiden *n*

malaise [mæ'leɪz] *fig* [S] Unbehagen *n*

malaria [mə'lɛərɪə] [S] Malaria *f*

Malawi [mə'lɑ:wi] [S] GEOG Malawi *n*

malcontent ['mælkən,tent] [S] Unzufriedene(r) *m/f(m)*

★**male** [meɪl] [A] [ADJ] männlich; *Chor, Stimme* Männer-; **a ~ doctor** ein Arzt *m*; ★ **~ nurse** Krankenpfleger *m*; **~ crocodile** Krokodilmännchen *n* [B] [S] (≈ *Tier*) Männchen *n*; *umg* (≈ *Mensch*) Mann *m* **male chauvinism** [S] Chauvinismus *m* **male chauvinist** [S] Chauvi *m umg*

malevolence [mə'levələns] [S] Boshaftigkeit *f* **malevolent** [ADJ] boshaft

malformed [mæl'fɔ:md] [ADJ] missgebildet

malfunction [,mæl'fʌŋkʃən] [A] [S] *von Körperorgan* Funktionsstörung *f*; *von Maschine* Defekt *m* [B] [V/I] *Körperorgan* nicht richtig arbeiten; *Maschine* nicht richtig funktionieren

Mali ['mɑ:li] [S] GEOG Mali *n*

malice ['mælɪs] [S] Bosheit *f* **malicious** [mə'lɪʃəs] [ADJ] boshaft; *Handlung* böswillig; *Anruf* bedrohend **maliciously** [mə'lɪʃəslɪ] [ADV] *handeln* böswillig; *etw sagen* boshaft

malign [mə'laɪn] [A] [ADJ] *liter Einfluss* unheilvoll [B] [V/T] verleumden, schlechtmachen

malignant [mə'lɪgnənt] [ADJ] bösartig

malingerer [mə'lɪŋgərəʳ] [S] Simulant(in) *m(f)*

mall [mɔ:l, mæl] [S] *US a.* **shopping ~** Einkaufszentrum *n*

mallard ['mælɑ:d] [S] Stockente *f*

malleable ['mælɪəbl] [ADJ] formbar

mallet ['mælɪt] [S] Holzhammer *m*

malnourished [,mæl'nʌrɪʃt] *form* [ADJ] unterernährt **malnutrition** [,mælnjʊ'trɪʃən] [S] Unterernährung *f*

malpractice [,mæl'præktɪs] [S] Berufsvergehen *n*

malt [mɔ:lt] [S] Malz *n*

Malta ['mɔ:ltə] [S] Malta *n* **Maltese** [,mɔ:l'ti:z] [A] [ADJ] maltesisch; **he is ~** er ist Malteser [B] [S] Malteser(in) *m(f)*; LING Maltesisch *n*

maltreat [,mæl'tri:t] [V/T] schlecht behandeln, misshandeln **maltreatment** [S] schlechte Behandlung, Misshandlung *f*

malt whisky [S] Malt Whisky *m*

mam(m)a [mə'mɑ:] *umg* [S] Mama *f umg*

mammal ['mæməl] [S] Säugetier *n*

mammary ['mæmərɪ] [ADJ] Brust-; **~ gland** Brustdrüse *f*

mammoth ['mæməθ] [A] [S] Mammut *n* [B] [ADJ] Mammut-; *Proportionen* riesig

★**man** [mæn] [A] [S] ⟨*pl* **men** [men]⟩ [1] Mann *m*; **to make a man out of sb** j-n zum Mann machen; **he took it like a man** er hat es wie ein Mann ertragen; **man and wife** Mann und Frau; **the man in the street** der Mann auf der Straße; **man of God** Mann *m* Gottes; **man of letters** Literat *m*, Gelehrte(r) *m*; **man of property** vermögender Mann; **a man of the world** ein Mann *m* von Welt; **to be man enough** Manns genug sein; **man's bicycle** Herrenfahrrad *n*; **the right man** der Richtige; **you've come to the right man** da sind Sie bei mir richtig; **he's not the man for the job** er ist nicht der Richtige für diese Aufgabe; **he's not a man to …** er ist nicht der Typ, der …; **he's a family man** er ist sehr häuslich; **it's got to be a local man** es muss jemand aus dieser Gegend sein; **follow me, men!** mir nach, Leute! [2] (*a.* **Man**) der Mensch, die Menschen [3] man; **no man** niemand; **any man** jeder; **that man!** dieser Mensch!; **they are communists to a man** sie sind allesamt Kommunisten [B] [V/T] *Schiff* bemannen; *Barrikaden* besetzen; *Pumpe, Telefon* bedienen; **the ship is manned by a crew of 30** das Schiff hat 30 Mann Besatzung

manacle ['mænəkl] [S] ⟨*mst pl*⟩ Ketten *pl*

★**manage** ['mænɪdʒ] [A] [V/T] [1] *Firma* leiten; *Angelegenheiten* regeln; *Ressourcen* einteilen; *Popband* managen [2] (≈ *unter Kontrolle halten*) *j-n, Tier* zurechtkommen mit [3] *Aufgabe* bewältigen; **two hours is the most I can ~** ich kann mir höchstens zwei Stunden erlauben; **I'll ~ it** das werde ich schon schaffen; **he ~d it very well** er hat das sehr gut gemacht; **can you ~ the cases?** kannst du die Koffer (allein) tragen?; **thanks, I can ~ them** danke, das geht schon; **she can't ~ the stairs** sie schafft die Treppe nicht; **can you ~ two more in the car?** kriegst du noch zwei Leute in dein Auto? *umg*; **can you ~ 8 o'clock?** 8 Uhr, ginge *od* geht das?; **can you ~**

another cup? darfs noch eine Tasse sein?; **I could ~ another piece of cake** ich könnte noch ein Stück Kuchen vertragen; **she ~d a weak smile** sie brachte ein schwaches Lächeln über sich (*akk*); **to ~ to do sth** es schaffen, etw zu tun; **we have ~d to reduce our costs** es ist uns gelungen, die Kosten zu senken; **he ~d to control himself** es gelang ihm, sich zu beherrschen **B** *V/I* zurechtkommen, es schaffen; **can you ~?** geht es?; **thanks, I can ~** danke, es geht schon; **how do you ~?** wie schaffen Sie das bloß?; **to ~ without sth** ohne etw auskommen; **I can ~ by myself** ich komme (schon) allein zurecht; **how do you ~ on £100 a week?** wie kommen Sie mit £ 100 pro Woche aus? **manageable** ['mænɪdʒəbl] *ADJ Aufgabe* zu bewältigen; *Haare* leicht frisierbar; *Zahl* überschaubar; **the situation is ~** die Situation lässt sich in den Griff bekommen; **pieces of a more ~ size** Stücke, die leichter zu handhaben sind

★**management** ['mænɪdʒmənt] *S* **1** Leitung *f*, Management *n*; *von Geld* Verwaltung *f*; *von Angelegenheiten* Regelung *f*; **time ~** Zeitmanagement *n* **2** Unternehmensleitung *f*, Betriebsleitung *f*; *allg* Leitung *f*; "**under new ~**" "neuer Inhaber"; *Laden* "neu eröffnet" **management consultant** *S* Unternehmensberater(in) *m(f)* **management speak** *S* Unternehmensjargon *m*, Managersprech *m umg* **management team** *S* Führungsriege *f*

★**manager** ['mænɪdʒə*r*] *S HANDEL etc* Geschäftsführer(in) *m(f)*, Manager(in) *m(f)*, Betriebsleiter(in) *m(f)*; *von Bank etc* Filialleiter(in) *m(f)*; *von Teilbereich* Abteilungsleiter(in) *m(f)*; *von Hotel* Direktor(in) *m(f)*; *von Popband etc* Manager(in) *m(f)*; *von Fußballmannschaft etc* Trainer(in) *m(f)*; **sales ~** Verkaufsleiter(in) *m(f)* **manageress** [ˌmænɪdʒə'res] *S HANDEL etc* Geschäftsführerin *f*; *von Bank etc* Filialleiterin *f*; *von Hotel* Direktorin *f* **managerial** [ˌmænə'dʒɪərɪəl] *ADJ* geschäftlich, Management-; *Mitarbeiter* leitend; **at ~ level** auf der Führungsebene; **proven ~ skills** nachgewiesene Leitungsfähigkeit *f* **managing** ['mænɪdʒɪŋ] *ADJ HANDEL etc* geschäftsführend, leitend **managing director** ['mænɪdʒɪŋdɪ'rektə*r*] *S* Geschäftsführer(in) *m(f)*

mandarin ['mændərɪn] *S* **1** hoher Funktionär **2** *LING* **Mandarin** Hochchinesisch *n* **3** (≈ *Obst*) Mandarine *f* **mandate** ['mændeɪt] *S* **1** Auftrag *m*; *POL* Mandat *n* **mandatory** ['mændətərɪ] *ADJ* **1** obligatorisch **2** *JUR Strafe* vorgeschrieben

mandolin(e) ['mændəlɪn] *S* Mandoline *f*; **to play the ~(e)** Mandoline spielen **mane** [meɪn] *S* Mähne *f* **man-eating** ['mæn,i:tɪŋ] *ADJ* menschenfressend

maneuver *US* *S & V/T & V/I* → **manoeuvre**

manfully ['mænfəlɪ] *ADV* mutig **manger** ['meɪndʒə*r*] *S* Krippe *f* **mangetout** ['mã:ʒ'tu:] *S Br a.* **~ pea** Zuckererbse *f* **mangle** *V/T*, (*a.* **mangle up**) (übel) zurichten

mango ['mæŋɡəʊ] *S* 〈*pl* -(e)s〉 **1** (≈ *Frucht*) Mango *f* **2** Mangobaum *m* **mangy** ['meɪndʒɪ] *ADJ* 〈*komp* mangier〉 *Hund* räudig

manhandle ['mænhændl] *V/T* **1** *j-n* grob behandeln; **he was ~d into the back of the van** er wurde recht unsanft in den Laderaum des Wagens verfrachtet **2** *Klavier etc* hieven **manhole** ['mænhəʊl] *S* Kanalschacht *m* **manhood** ['mænhʊd] *S* **1** Mannesalter *n* **2** Männlichkeit *f* **man-hour** *S* Arbeitsstunde *f* **manhunt** *S nach Verbrecher* (Groß)fahndung *f*, Verbrecherjagd *f*

mania ['meɪnɪə] *S* Manie *f*; **he has a ~ for collecting things** er hat einen Sammeltick *umg* **maniac** ['meɪnɪæk] *S* **1** Wahnsinnige(r) *m/f(m)* **2** *fig* **sports ~s** Sportfanatiker *pl*; **you ~** du bist ja wahnsinnig!

manic ['mænɪk] *ADJ* **1** *Aktivitäten* fieberhaft; *Mensch* rasend **2** *PSYCH* manisch **manic-depressive** ['mænɪkdɪ'presɪv] **A** *ADJ politisch nicht korrekt* manisch-depressiv **B** *S* Manisch-Depressive(r) *m/f(m)*

manicure ['mænɪ,kjʊə*r*] **A** *S* Maniküre *f*; **to have a ~** sich (*dat*) (die Hände) maniküren lassen **B** *V/T* maniküren **manicured** *ADJ Fingernägel* manikürt; *Rasen* gepflegt

manifest ['mænɪfest] **A** *ADJ* offenbar **B** *V/T* bekunden **C** *V/R* sich zeigen; *Natur-*

wissenschaft etc, a. PSYCH sich manifestieren **manifestation** [ˌmænɪfeˈsteɪʃən] S̅ Anzeichen *n* **manifestly** [ˈmænɪfestli] A̅D̅V̅ offensichtlich **manifesto** [ˌmænɪˈfestəʊ] S̅ ⟨pl -(e)s⟩ Manifest *n*

manifold [ˈmænɪfəʊld] A̅D̅J̅ vielfältig

manila, manilla [məˈnɪlə] S̅ ~ **envelopes** braune Umschläge

manipulate [məˈnɪpjʊleɪt] V̅/̅T̅ **1** manipulieren; **to ~ sb into doing sth** j-n so manipulieren, dass er/sie etw tut **2** *Maschine etc* handhaben **manipulation** [məˌnɪpjʊˈleɪʃən] S̅ Manipulation *f* **manipulative** [məˈnɪpjʊlətɪv] A̅D̅J̅ *pej* manipulativ; **he was very ~** er konnte andere sehr gut manipulieren

mankind [mænˈkaɪnd] S̅ die Menschheit **manly** [ˈmænlɪ] A̅D̅J̅ ⟨komp manlier⟩ männlich **man-made** [ˈmænˈmeɪd] A̅D̅J̅ **1** künstlich; ~ **fibres** S̅v̅, ~ **fibers** US Kunstfasern *pl* **2** Katastrophe vom Menschen verursacht **manned** A̅D̅J̅ *Raumkapsel etc* bemannt

★manner [ˈmænər] S̅ **1** Art *f*; **in this ~** auf diese Art und Weise; **in the Spanish ~** im spanischen Stil; **in such a ~ that ... so ..., dass ...**; **in a ~ of speaking** sozusagen; **all ~ of birds** die verschiedensten Arten von Vögeln; **we saw all ~ of interesting things** wir sahen so manches Interessante **2** ~**s** *pl* Benehmen *n*, Manieren *pl*, Umgangsformen *pl*; **good/bad ~s** *pl* gute/schlechte Manieren *pl*; **it's bad ~s to ... es** gehört sich nicht, zu ...; **he has no ~s** er kann sich nicht benehmen **mannerism** [ˈmænərɪzəm] S̅ *in j-s Verhalten* Eigenheit *f*

mannish [ˈmænɪʃ] A̅D̅J̅ männlich wirkend

manoeuvrable [məˈnuːvrəbl] A̅D̅J̅, **maneuverable** US A̅D̅J̅ manövrierfähig; **easily ~** leicht zu manövrieren **manoeuvre** [məˈnuːvər], **maneuver** US A̅ S̅ **1** ~**s** *pl* MIL Manöver *n/pl* (≈ *Plan*) Manöver *n* **B** V̅/̅T̅ & V̅/̅I̅ manövrieren; **to ~ a gun into position** ein Geschütz in Stellung bringen; **to ~ for position** sich in eine günstige Position manövrieren; **room to ~** Spielraum *m*

manor [ˈmænər] S̅ (Land)gut *n* **manor house** S̅ Herrenhaus *n*

manpower [ˈmænˌpaʊər] S̅ Arbeitskräfte *pl*, Personal *n*; MIL Stärke *f* **man-**

servant [ˈmænsɜːvənt] S̅ ⟨pl **menservants**⟩ Diener *m*

mansion [ˈmænʃən] S̅ Villa *f*, Herrenhaus *n*

manslaughter [ˈmænslɔːtər] S̅ Totschlag *m*

mantelpiece [ˈmæntlpiːs] S̅ Kaminsims *n/m*

man-to-man [ˌmæntəˈmæn] A̅D̅J̅ & A̅D̅V̅ von Mann zu Mann

manual [ˈmænjʊəl] A̅ A̅D̅J̅ manuell; *Arbeit a.* körperlich; ~ **labourer** Br, ~ **laborer** US Schwerarbeiter(in) *m(f)*; ~ **worker** Handarbeiter(in) *m(f)* **B** S̅ Handbuch *n* **manual gearbox** Br S̅, **manual gearshift** US S̅ Schaltgetriebe *n* **manually** [ˈmænjʊəlɪ] A̅D̅V̅ manuell; ~ **operated** handbetrieben **manual transmission** S̅ Schaltgetriebe *n*

manufacture [ˌmænjʊˈfæktʃər] A̅ S̅ Herstellung *f* **B** V̅/̅T̅ herstellen; ~**d goods** Industriegüter *pl* **manufacturer** [ˌmænjʊˈfæktʃərər] S̅ Hersteller(in) *m(f)*; ~**'s suggested retail price** US unverbindlicher Verkaufspreis **manufacturing** [ˌmænjʊˈfæktʃərɪŋ] A̅ A̅D̅J̅ Herstellungs-; *Industrie* verarbeitend; ~ **company** Herstellerfirma *f* **B** S̅ Herstellung *f*

manure [məˈnjʊər] S̅ Mist *m*, Dünger *m* **manuscript** [ˈmænjʊskrɪpt] S̅ Manuskript *n*

Manx [mæŋks] A̅D̅J̅ die Insel Man

★many [ˈmenɪ] A̅D̅J̅ & P̅R̅O̅N̅ viele; **she has ~ sie** hat viele (davon); **as ~ again** noch einmal so viele; **there's one too ~** einer ist zu viel; **he's had one too ~** *umg* er hat einen zu viel getrunken *umg*; **a good/great ~ houses** eine (ganze) Anzahl Häuser; ~ **a time** so manches Mal **many-coloured** A̅D̅J̅, **many-coloured** US A̅D̅J̅ vielfarbig **many-sided** A̅D̅J̅ vielseitig

★map [mæp] S̅ (Land)karte *f*, Stadtplan *m*; **this will put Cheam on the map** *fig* das wird Cheam zu einem Namen verhelfen ◆**map out** *fig* V̅/̅T̅ ⟨trennb⟩ Plan entwerfen

maple [ˈmeɪpl] S̅ Ahorn *m* **maple syrup** S̅ Ahornsirup *m*

Mar A̅B̅K̅ (= March) Mrz.

mar [mɑːr] V̅/̅T̅ verderben; *Schönheit* mindern

marathon [ˈmærəθən] A̅ S̅ Marathon

many

Das Adjektiv **many** steht bei zählbaren Mengen in Fragen und verneinten Sätzen. In positiven Sätzen steht dafür meist **a lot of**.

How many subjects do we have tomorrow?	Wie viele Fächer haben wir morgen?
We had a lot of subjects yesterday.	Gestern hatten wir viele Fächer.

(lauf) *m*; **~ runner** Marathonläufer(in) *m(f)* [B] [ADJ] Marathon-

marauder [mə'rɔːdəʳ] [S] Plünderer *m*, Plünderin *f*

marble ['mɑːbl] [A] [S] [1] Marmor *m* [2] Murmel *f*; **he's lost his ~s** *umg* er hat nicht mehr alle Tassen im Schrank *umg* [B] [ADJ] Marmor- **marbled** ['mɑːbld] [ADJ] marmoriert; **~ effect** Marmoreffekt *m*

★**March** [mɑːtʃ] [S] März *m*; → September

★**march** [mɑːtʃ] [A] [S] [1] MIL, MUS Marsch *m*; (≈*Protestaktion etc*) Demonstration *f* [2] *von Zeit* Lauf *m* [B] [V/T & V/I] marschieren; **to ~ sb off** j-n abführen; **forward ~!** vorwärts(, marsch)!; **quick ~!** im Laufschritt, marsch!; **she ~ed straight up to him** sie marschierte schnurstracks auf ihn zu **marcher** ['mɑːtʃə] [S] *bei Protestaktion etc* Demonstrant(in) *m(f)* **marching orders** ['mɑːtʃɪŋɔːdəz] *Br* [PL] **the new manager got his ~** der neue Manager ist gegangen worden *umg*; **she gave him his ~** sie hat ihm den Laufpass gegeben

marchioness ['mɑːʃənɪs] [S] Marquise *f*

Mardi Gras ['mɑːdɪ'grɑː] [S] Karneval *m*

mare [mɛəʳ] [S] Stute *f*

margarine [ˌmɑːdʒə'riːn], **marge** [mɑːdʒ] *umg* [S] Margarine *f*

margin ['mɑːdʒɪn] [S] [1] *von Seite* Rand *m*; **to write sth in the ~** etw an den Rand schreiben; **a note (written) in the ~** eine Randbemerkung [2] Spielraum *m*; **to allow for a ~ of error** etwaige Fehler mit einkalkulieren; **by a narrow ~** knapp [3] HANDEL *a.* **profit ~** Gewinnspanne *f* **marginal** ['mɑːdʒɪnl] [ADJ] [1] *Unterschied* geringfügig [2] SOZIOL *Gruppen* randständig [3] *Br* PARL *Wahlkreis* mit knapper Mehrheit **marginalize** ['mɑːdʒɪnəlaɪz] [V/T] marginalisieren *geh* **marginally** ['mɑːdʒɪnəlɪ] [ADV] geringfügig; *schneller etc* etwas

marigold ['mærɪgəʊld] [S] Tagetes *f*

marihuana, **marijuana** [ˌmærɪ'hwɑːnə] [S] Marihuana *n*

marina [mə'riːnə] [S] Jachthafen *m*

marinade [ˌmærɪ'neɪd] [S] Marinade *f*

marinate ['mærɪneɪt] [V/T] marinieren

marine [mə'riːn] [A] [ADJ] Meeres- [B] [S] Marineinfanterist(in) *m(f)*; **the ~s** die Marinetruppen *pl* **mariner** ['mærɪnəʳ] [S] Seemann *m*

marionette [ˌmærɪə'net] [S] Marionette *f*

marital ['mærɪtl] [ADJ] ehelich **marital status** [S] Familienstand *m*

maritime ['mærɪtaɪm] [ADJ] See-; **~ regions** Küstenregionen *pl*

marjoram ['mɑːdʒərəm] [S] Majoran *m*

mark[1] [mɑːk] [S] HIST (≈*Währung*) Mark *f*

★**mark**[2] [A] [S] [1] Fleck *m*, Kratzer *m*; *auf Haut* Mal *n*; **to make a ~ on sth** einen Fleck/Kratzer auf etw (*akk*) machen; **dirty ~s** Schmutzflecken *pl* [2] SCHULE *etc* Note *f*; **high** *od* **good ~s** gute Noten *pl*; **there are no ~s for guessing** *fig* das ist ja wohl nicht schwer zu erraten; **he gets full ~s for punctuality** *fig* in Pünktlichkeit verdient er eine Eins [3] Zeichen *n*, Markierung *f*; **the ~s of genius** geniale Züge [4] **the temperature reached the 35° ~** die Temperatur stieg bis auf 35° an [5] **Cooper Mark II** Cooper, II [6] **to be quick off the ~** SPORT einen guten Start haben; *fig* blitzschnell handeln; **to be slow off the ~** SPORT einen schlechten Start haben; *fig* nicht schnell genug reagieren; **to be up to the ~** den Anforderungen entsprechen; **to leave one's ~ (on sth)** seine Spuren (an etw *dat*) hinterlassen; **to make one's ~** sich (*dat*) einen Namen machen; **on your ~s!** auf die Plätze!; **to be wide of the ~** *fig* danebentippen; **to hit the ~** ins Schwarze treffen [B] [V/T] [1] beschädigen, schmutzig machen, zerkratzen [2] *zur Identifikation* markieren; **the bottle was ~ed "poison"** die Flasche trug die Aufschrift „Gift"; **~ where you have stopped in your reading** mach dir ein Zeichen, bis wohin du gelesen hast; **to ~ sth with an asterisk** etw mit einem Sternchen versehen; **the teacher ~ed him absent** der Lehrer trug ihn als fehlend ein; **it's not ~ed on the map** ist

M

nicht auf der Karte eingezeichnet; **it's ~ed with a** blue dot es ist mit einem blauen Punkt gekennzeichnet **3** kennzeichnen; **a decade ~ed by violence** ein Jahrzehnt, das im Zeichen der Gewalt stand; **to ~ a change of policy** auf einen politischen Kurswechsel hindeuten; **it ~ed the end of an era** damit ging eine Ära zu Ende **4** Prüfungsarbeit korrigieren (und benoten); **to ~ sth wrong** etw anstreichen **5** ~ **my words** das kann ich dir sagen **6** SPORT Gegner decken ◆**mark down** V/T ⟨trennb⟩ Preis heruntersetzen ◆**mark off** V/T ⟨trennb⟩ kennzeichnen; Gefahrenbereich absperren ◆**mark out** V/T ⟨trennb⟩ **1** Tennisplatz etc abstecken **2** bestimmen (**for** für); **he's been marked out for promotion** er ist zur Beförderung vorgesehen ◆**mark up** ⟨trennb⟩ Preis erhöhen

marked [maːkt] ADJ **1** Kontrast deutlich; Verbesserung spürbar; **in ~ contrast (to sb/sth)** in scharfem Gegensatz (zu j-m/etw) **2** **he's a ~ man** er steht auf der schwarzen Liste **markedly** [maːkɪdlɪ] ADV sich verbessern merklich; schneller, mehr wesentlich **marker** [maːkəʳ] S **1** Marke f **2** Prüfung Korrektor(in) m(f) **3** FUSSB Bewachter(in) m(f) **4** Filzstift m; Marker m

market [maːkɪt] S **1** Markt m; **at the ~ auf dem Markt** to go to ~ auf den Markt gehen; **to be in the ~ for sth** an etw (dat) interessiert sein; **to be on the ~** auf dem Markt sein; **to come on(to) the ~** auf den Markt kommen; **to put on the ~** zum Verkauf anbieten **2** FIN Börse f **II** V/T vertreiben; **to ~ a product** ein Produkt auf den Markt bringen **marketable** [maːkɪtəbl] ADJ marktfähig **market day** S Markttag m **market economy** S Marktwirtschaft f **market forces** PL Marktkräfte pl **market garden** S Gemüseanbaubetrieb m **marketing** [maːkɪtɪŋ] S Marketing n **market leader** S Marktführer m **marketplace** S **1** weiter Markt m **2** Marktplatz m **market player** S WIRTSCH Marktteilnehmer(in) m(f) **market price** S Marktpreis m; **at ~s** zu Marktpreisen **market research** S Marktforschung f **market sector** S Marktsegment n od -sektor m **market share** S Marktanteil m **mar-**

ket town S Marktstädtchen n **market trader** Br S Markthändler(in) m(f) **market value** S Marktwert m

marking [maːkɪŋ] S **1** Markierung f; von Fell Zeichnung f **2** SCHULE etc Korrektur f, Benotung f **3** SPORT Deckung f

marksman [maːksmən] S ⟨pl -men⟩ Schütze m; (≈ Polizist) Scharfschütze m

mark-up [maːkʌp] S Handelsspanne f, (≈ Erhöhung) Preisaufschlag m; ~ **price** Verkaufspreis m

marmalade [maːməleɪd] S Marmelade f aus Zitrusfrüchten; (**orange**) ~ Orangenmarmelade f

maroon¹ [məˈruːn] ADJ kastanienbraun **maroon²** V/T ~ed von der Außenwelt abgeschnitten; ~**ed by floods** vom Hochwasser eingeschlossen

marquee [maːˈkiː] S Festzelt n

marquess, marquis [maːkwɪs] S Marquis m

★**marriage** [mærɪdʒ] S **1** Ehe f; (≈ Feier) Hochzeit f, Heirat f; (≈ Zeremonie) Trauung f; ~ **of convenience** Vernunftehe f; **to be related by ~** miteinander verschwägert sein; **an offer of ~** ein Heiratsantrag m **marriage ceremony** S Trauzeremonie f **marriage certificate** S Heiratsurkunde f **marriage (guidance) counsellor** S, **marriage (guidance) counselor** US S Eheberater(in) m(f) **marriage licence** S, **marriage license** US S Eheerlaubnis f **marriage vow** S Ehegelübde n

★**married** [mærɪd] ADJ verheiratet (**to sb** mit j-m); **just** od **newly ~** frisch vermählt; ~ **couple** Ehepaar n; ~ **couple's allowance** Steuerfreibetrag m für Verheiratete; ~ **life** das Eheleben; **he is a ~ man** er ist verheiratet **married name** S Ehename m

marrow [mærəʊ] S **1** ANAT (Knochen)mark n; **to be frozen to the ~** völlig durchgefroren sein **2** Br BOT Gartenkürbis m **marrowbone** [mærəʊbəʊn] S Markknochen m

★**marry** [mærɪ] **A** V/T **1** heiraten; **will you ~ me?** willst du mich heiraten? **2** Zeremonie vollziehen trauen **B** V/I (a. **get married**) heiraten; **to ~ into a rich family** in eine reiche Familie einheiraten ◆**marry off** V/T ⟨trennb⟩ an den Mann/die Frau bringen umg; **he has married his daughter off to a rich**

young lawyer er hat dafür gesorgt, dass seine Tochter einen reichen jungen Anwalt heiratet

Mars [mɑːz] ⟦Z⟧ Mars m

marsh [mɑːʃ] ⟦Z⟧ Sumpf m

marshal ['mɑːʃəl] ⟦A⟧ ⟦Z⟧ bei Veranstaltung Ordner(in) m(f) ⟦B⟧ ⟦VT⟧ geleiten, führen

marshland ⟦Z⟧ Marschland n **marshmallow** ⟦Z⟧ Süßigkeit Marshmallow m

marshy ['mɑːʃɪ] ⟦ADJ⟧ ⟨komp marshier⟩ sumpfig

marsupial [mɑːˈsuːpɪəl] ⟦Z⟧ Beuteltier n

martial ['mɑːʃəl] ⟦ADJ⟧ kriegerisch **martial art** ⟦Z⟧ the ∼s die Kampfkunst, die Kampfsportarten **martial law** ⟦Z⟧ Kriegsrecht n

Martian ['mɑːʃɪən] ⟦Z⟧ Marsmensch m

martyr ['mɑːtə'] ⟦A⟧ ⟦Z⟧ Märtyrer(in) m(f) ⟦B⟧ ⟦VT⟧ **thousands of Christians were ∼ed** Tausende von Christen starben den Märtyrertod **martyrdom** ['mɑːtədəm] ⟦Z⟧ Martyrium n, Märtyrertod m

marvel ['mɑːvəl] ⟦A⟧ ⟦Z⟧ Wunder n; **it's a ∼ to me how he does it** umg es ist mir einfach unerklärlich, wie er das macht ⟦B⟧ ⟦VI⟧ staunen ⟨at über +akk⟩ **marvellous** ['mɑːvələs] ⟦ADJ⟧, **marvelous** US ⟦ADJ⟧ wunderbar; **isn't it ∼?** ist das nicht herrlich?; **they've done a ∼ job** das haben sie hervorragend gemacht **marvellously** ['mɑːvələslɪ] ⟦ADV⟧, **marvelously** US ⟦ADV⟧ mit Adjektiv herrlich; mit Verb großartig

Marxism ['mɑːksɪzəm] ⟦Z⟧ der Marxismus **Marxist** ['mɑːksɪst] ⟦A⟧ ⟦ADJ⟧ marxistisch ⟦B⟧ ⟦Z⟧ Marxist(in) m(f)

marzipan [ˌmɑːzɪˈpæn] ⟦Z⟧ Marzipan n/m

mascara [mæˈskɑːrə] ⟦Z⟧ Wimperntusche f

mascarpone [ˌmæskɑːˈpəʊneɪ] ⟦Z⟧ GASTR Mascarpone m

mascot ['mæskət] ⟦Z⟧ Maskottchen n

masculine ['mæskjʊlɪn] ⟦A⟧ ⟦ADJ⟧ männlich; Frau maskulin; GRAM maskulin ⟦B⟧ ⟦Z⟧ GRAM Maskulinum n **masculinity** [ˌmæskjʊˈlɪnɪtɪ] ⟦Z⟧ Männlichkeit f

mash [mæʃ] ⟦A⟧ ⟦Z⟧ Brei m; (≈ Kartoffeln) Püree n ⟦B⟧ ⟦VT⟧ zerstampfen **mashed** ⟦ADJ⟧ ∼ **potatoes** Kartoffelbrei m, Kartoffelstock m schweiz, Erdäpfelpüree n österr **masher** ['mæʃə'] ⟦Z⟧ Kartoffelstampfer m

mask [mɑːsk] ⟦A⟧ ⟦Z⟧ Maske f; **surgeon's ∼** Mundschutz m ⟦B⟧ ⟦VT⟧ maskieren

masked ⟦ADJ⟧ maskiert **masked ball** ⟦Z⟧ Maskenball m

masochism ['mæsəʊkɪzəm] ⟦Z⟧ Masochismus m **masochist** ['mæsəʊkɪst] ⟦Z⟧ Masochist(in) m(f) **masochistic** [ˌmæsəʊˈkɪstɪk] ⟦ADJ⟧ masochistisch

mason ['meɪsn] ⟦Z⟧ ⟦1⟧ Steinmetz(in) m(f) ⟦2⟧ Freimaurer m **masonic** [məˈsɒnɪk] ⟦ADJ⟧ Freimaurer- **masonry** ['meɪsnrɪ] ⟦Z⟧ Mauerwerk n

masquerade [ˌmæskəˈreɪd] ⟦A⟧ ⟦Z⟧ Maskerade f ⟦B⟧ ⟦VI⟧ **to ∼ as ...** fig sich ausgeben als ...

mass¹ [mæs] ⟦Z⟧ KIRCHE Messe f; **to go to ∼** zur Messe gehen

★**mass²** [mæs] ⟦Z⟧ ⟦1⟧ Masse f, Menge f; **a ∼ of snow** eine Schneemasse; **a ∼ of rubble** ein Schutthaufen m; **the ∼es** die Masse(n) (pl); **the great ∼ of the population** der (breite) Masse der Bevölkerung ⟦2⟧ ∼**es** pl umg massenhaft; **he has ∼es of money** er hat massenhaft Geld; **the factory is producing ∼es of cars** die Fabrik produziert Unmengen von Autos; **I've got ∼es to do** ich habe noch massig zu tun umg ⟦B⟧ ⟦VI⟧ MIL sich massieren; Demonstranten etc sich versammeln; **they're ∼ing for an attack** sie sammeln sich zum Angriff

massacre ['mæsəkə'] ⟦A⟧ ⟦Z⟧ Massaker n ⟦B⟧ ⟦VT⟧ massakrieren

massage ['mæsɑːʒ] ⟦A⟧ ⟦Z⟧ Massage f ⟦B⟧ ⟦VT⟧ massieren **massage parlour** ⟦Z⟧, **massage parlor** US ⟦Z⟧ Massagesalon m

mass destruction ⟦Z⟧ **weapons of ∼** Massenvernichtungswaffen pl **massed** ⟦ADJ⟧ Truppen zusammengezogen; Menschen dicht gedrängt; ∼ **ranks** dicht gedrängte Reihen

masseur [mæˈsɜː'] ⟦Z⟧ Masseur m **masseuse** [mæˈsɜːz] ⟦Z⟧ Masseuse f

mass grave ⟦Z⟧ Massengrab n **mass hysteria** ⟦Z⟧ Massenhysterie f

massive ['mæsɪv] ⟦ADJ⟧ riesig; Aufgabe gewaltig; Angriff, Herzinfarkt, Unterstützung massiv; **on a ∼ scale** in riesigem Umfang **massively** ['mæsɪvlɪ] ⟦ADV⟧ enorm

mass market ⟦Z⟧ Massenmarkt m **mass media** ⟦PL⟧ Massenmedien pl **mass meeting** ⟦Z⟧ Massenveranstaltung f **mass murderer** ⟦Z⟧ Massenmörder(in) m(f) **mass-produce** ⟦VT⟧ in Massenproduktion herstellen **mass production**

M

S̲ Massenproduktion f **mass protests**
P̲L̲ Massenproteste pl **mass tourism**
S̲ Massentourismus m **mass unem-
ployment** S̲ Massenarbeitslosigkeit f
mast [mɑːst] S̲ SCHIFF Mast(baum) m;
RADIO etc Sendeturm m
mastectomy [mæˈstektəmɪ] S̲ Brustam-
putation f
★**master** [ˈmɑːstə] A S̲ 1 Herr m; **to be
~ of the situation** Herr m der Lage sein
2 SCHIFF Kapitän m 3 (≈ Musiker, Maler)
Meister(in) m(f) 4 Lehrer m B V̲/T̲ meis-
tern; Gefühle unter Kontrolle bringen;
Technik beherrschen **master bed-
room** S̲ großes Schlafzimmer **master
copy** S̲ Original n **master crafts-
man** S̲ Handwerksmeister m **master
disk** S̲ Hauptplatte f **master file** S̲
IT Stammdatei f **masterful** A̲D̲J̲ gebie-
terisch **master key** S̲ Generalschlüssel
m **masterly** [ˈmɑːstəlɪ] A̲D̲J̲ meisterhaft
mastermind A S̲ (führender) Kopf
B V̲/T̲ who ~ed the robbery? wer steckt
hinter dem Raubüberfall? **Master of
Arts/Science** S̲ ≈ Magister m (der phi-
losophischen/naturwissenschaftlichen
Fakultät); ≈ Master m (der philosophi-
schen/naturwissenschaftlichen Fakultät)
master of ceremonies S̲ Zeremoni-
enmeister(in) m(f); Conférencier m
masterpiece S̲ Meisterwerk n **mas-
ter plan** S̲ Gesamtplan m **master's
(degree)** S̲ Master(abschluss) m;
Magister(abschluss) m **master's the-
sis** S̲ Masterarbeit f **masterstroke** S̲
Meisterstück n **master tape** S̲ Origi-
nalband n; IT Stammband n **master-
work** S̲ Meisterwerk n **mastery**
[ˈmɑːstərɪ] S̲ von Sprache Beherrschung
f; (≈ Geschick) Können n
masturbate [ˈmæstəbeɪt] V̲/I̲ masturbie-
ren **masturbation** [ˌmæstəˈbeɪʃən] S̲
Masturbation f
mat [mæt] S̲ Matte f, Fußmatte f; für
Trinkglas Untersetzer m
★**match¹** [mætʃ] S̲ Streichholz n
★**match²** [mætʃ] A S̲ 1 to be od make a good
~ gut zusammenpassen; **I want a ~ for
this yellow paint** ich möchte Farbe in
diesem Gelbton; **to be a/no ~ for sb**
j-m gewachsen/nicht gewachsen sein;
to meet one's ~ seinen Meister finden
2 (≈ Heirat) **she made a good ~** sie
hat eine gute Partie gemacht 3 SPORT

Wettkampf m, Spiel n, Match n bes
österr; Tennis Match n; Boxen Kampf m;
athletics ~ Leichtathletikkampf m; **we
must have another ~ some time** wir
müssen wieder einmal gegeneinander
spielen B V̲/T̲ 1 (einander) anpassen 2
gleichkommen (+dat) (in an +dat); **a
quality that has never been ~ed since**
eine Qualität, die bislang unerreicht ist
3 entsprechen (+dat) 4 Kleidung, Farbe
passen zu; **to ~ textures and fabrics
so that ...** Strukturen und Stoffe so auf-
einander abstimmen, dass ... 5 **to be
~ed against sb** gegen j-n antreten; **to
~ one's strength against sb** seine
Kräfte mit j-m messen C V̲/I̲ zusammen-
passen; **with a skirt to ~** mit (dazu) pas-
sendem Rock ◆**match up** A V̲/I̲ zusam-
menpassen B V̲/T̲ ⟨trennb⟩ Farben aufei-
nander abstimmen; **I matched the
lampshade up with the wallpaper** ich
fand den passenden Lampenschirm zu
der Tapete
matchbook bes US S̲ Streichholzheft-
chen n **matchbox** S̲ Streichholz-
schachtel f
matched A̲D̲J̲ zusammenpassend;
they're well ~ die beiden passen gut
zusammen; **the boxers were well ~**
die Boxer waren einander ebenbürtig
matching [ˈmætʃɪŋ] A̲D̲J̲ (dazu) pas-
send; **they form a ~ pair** sie passen zu-
sammen; **a ~ set of wine glasses** ein
Satz m Weingläser **matchmaker** S̲
Ehestifter(in) m(f), Kuppler(in) m(f) pej
match point S̲ Tennis Matchball m
matchstick S̲ Streichholz n
mate [meɪt] A S̲ 1 Gehilfe m, Gehilfin f 2
SCHIFF Maat m 3 von Tier Männchen
n, Weibchen n; **his ~** das Weibchen 4
umg Freund(in) m(f), Kumpel m umg; **lis-
ten, ~** hör mal, Freundchen! umg B V̲/I̲
ZOOL sich paaren
★**material** [məˈtɪərɪəl] A A̲D̲J̲ 1 materiell;
~ damage Sachschaden m 2 bes JUR
Zeuge wesentlich B S̲ (a. **materials**)
P̲L̲ Material n; für Reportage etc (≈ Gewebe)
Stoff m; **raw ~s** Rohstoffe pl; **writing ~s**
Schreibzeug n **materialism** [məˈtɪərɪə-
lɪzəm] S̲ Materialismus m **materialis-
tic** [məˌtɪərɪəˈlɪstɪk] A̲D̲J̲ materialistisch
materialize [məˈtɪərɪəlaɪz] V̲/I̲ sich ver-
wirklichen; **the meeting never ~d** das
Treffen kam nie zustande; **the money**

never ~d von dem Geld habe ich *etc* nie etwas gesehen

maternal [mə'tɜ:nl] ADJ mütterlich; **~ grandfather** Großvater *m* mütterlicherseits; **~ affection** *od* **love** Mutterliebe *f*

maternity [mə'tɜ:nəti] S̲ Mutterschaft *f* **maternity allowance, maternity benefit** [mə'tɜ:nɪti] *Br* S̲ Mutterschaftshilfe *f* **maternity dress** S̲ Umstandskleid *n* **maternity leave** S̲ Mutterschaftsurlaub *m* **maternity pay** *Br* S̲ Mutterschaftsgeld *n* (*als Lohnfortzahlung*) **maternity rights** PL Anspruchsberechtigung *f* von Müttern **maternity ward** S̲ Entbindungsstation *f*

math [mæθ] *US umg* S̲ Mathe *f umg*

mathematical [ˌmæθə'mætɪkəl] ADJ mathematisch **mathematician** [ˌmæθəmə'tɪʃən] S̲ Mathematiker(in) *f* ★**mathematics** [ˌmæθə'mætɪks] S̲ ⟨+*sg v*⟩ Mathematik *f* **maths** [mæθs] *Br umg* S̲ ⟨+*sg v*⟩ Mathe *f umg*

matinée ['mætɪneɪ] S̲ Matinee *f*; *nachmittags* Frühvorstellung *f*

mating ['meɪtɪŋ] S̲ Paarung *f* **mating call** S̲ Lockruf *m* **mating season** S̲ Paarungszeit *f*

matriarch ['meɪtrɪɑ:k] S̲ Matriarchin *f* **matriarchal** [ˌmeɪtrɪ'ɑ:kl] ADJ matriarchalisch **matriarchy** ['meɪtrɪɑ:kɪ] S̲ Matriarchat *n*

matriculate [mə'trɪkjʊleɪt] V/I sich immatrikulieren **matriculation** [məˌtrɪkjʊ'leɪʃən] S̲ Immatrikulation *f*

matrimonial [ˌmætrɪ'məʊnɪəl] ADJ ehelich **matrimony** ['mætrɪmənɪ] *form* S̲ Ehe *f*

matron ['meɪtrən] S̲ *in Krankenhaus* Oberin *f*; *in Schule* Schwester *f* **matronly** ['meɪtrənlɪ] ADJ matronenhaft

matt [mæt] ADJ matt; **a paint with a ~ finish** ein Mattlack *m*

matted ['mætɪd] ADJ verfilzt; **hair ~ with blood/mud** mit Blut/Schlamm verkrustetes Haar

★**matter** ['mætə^r] A S̲ 1 (≈ *Substanz*) die Materie 2 Stoff *m*; **vegetable ~** pflanzliche Stoffe *pl* 3 Sache *f*, Thema *n*; **a ~ of great urgency** eine äußerst dringende Angelegenheit; **there's the ~ of my expenses** da ist (noch) die Sache mit meinen Ausgaben; **that's quite another ~** das ist etwas (ganz) anderes; **it will be**

no easy ~ (to) ... es wird nicht einfach sein, zu ...; **the ~ is closed** der Fall ist erledigt; **for that ~** wenn wir schon dabei sind; **it's a ~ of time** das ist eine Frage der Zeit; **it's a ~ of opinion** das ist Ansichtssache; **it's a ~ of adjusting this part exactly** es geht darum, dieses Teil genau einzustellen; **it's a ~ of life and death** es geht um Leben und Tod; **it will be a ~ of a few weeks** es wird ein paar Wochen dauern; **in a ~ of minutes** innerhalb von Minuten; **it's not just a ~ of increasing the money supply** es ist nicht damit getan, die Geldzufuhr zu erhöhen; **as a ~ of course** selbstverständlich; **no ~!** macht nichts; **no ~ how** *etc* ... egal, wie *etc* ...; **no ~ how you do it** wie du es auch machst; **no ~ how hard he tried** so sehr er sich auch anstrengte; **sth is the ~ with sb/sth** etw ist mit j-m/etw los; *krank* etw fehlt j-m; ★ **what's the ~?** was ist (denn) los?; **what's the ~ with you this morning? — nothing's the ~** was hast du denn heute Morgen? — gar nichts; **something's the ~ with the lights** mit dem Licht ist irgendetwas nicht in Ordnung 4 **~s** *pl* Angelegenheiten *pl*; **to make ~s worse** zu allem Unglück (noch) B V/I **it doesn't ~** macht nichts; **I forgot it, does it ~? — yes, it does ~** ich hab's vergessen, ist das schlimm? — ja, das ist schlimm; **why should it ~ to me?** warum sollte mir das etwas ausmachen?; **it doesn't ~ to me what you do** es ist mir (ganz) egal, was du machst; **the things which ~ in life** was im Leben wichtig ist **matter-of-fact** [ˌmætərəv'fækt] ADJ sachlich; **he was very ~ about it** er blieb sehr sachlich

matting ['mætɪŋ] S̲ Matten *pl*

mattress ['mætrɪs] S̲ Matratze *f*

mature [mə'tjʊə^r] A ADJ ⟨*komp* maturer⟩ reif; *Wein* ausgereift B V/I 1 *Mensch* reifer werden 2 *Wein, Käse* reifen 3 HANDEL fällig werden **maturely** [mə'tjʊəlɪ] ADV *sich verhalten* vernünftig **mature student** S̲ Spätstudierende(r) *m/f(m)* **maturity** [mə'tjʊərɪtɪ] S̲ 1 Reife *f*; **to reach ~** *Mensch* erwachsen werden, volljährig werden 2 HANDEL Fälligkeit *f*

maudlin ['mɔ:dlɪn] ADJ sentimental

maul [mɔ:l] V/T übel zurichten

M

Maundy Thursday [ˌmɔːndɪˈθɜːzdɪ] S Gründonnerstag *m*

Mauritania [mɒrɪˈteɪnɪə] S Mauretanien *n*

Mauritius [məˈrɪʃəs] S GEOG Mauritius

mausoleum [ˌmɔːsəˈlɪəm] S Mausoleum *n*

mauve [məʊv] **A** ADJ mauve **B** S Mauvein *n*

maverick [ˈmævərɪk] S Einzelgänger(in) *m(f)*

mawkish [ˈmɔːkɪʃ] ADJ sentimental

max ABK (= maximum) max.

maxim [ˈmæksɪm] S Maxime *f*

maximize [ˈmæksɪmaɪz] V/T maximieren

maximum [ˈmæksɪməm] **A** ADJ ⟨*attr*⟩ Höchst-; *Länge* maximal; **~ penalty** Höchststrafe *f*; **~ fine** maximale Geldstrafe; **for ~ effect** um die größte Wirkung zu erzielen; **he scored ~ points** er hat die höchste Punktzahl erreicht; **~ security prison** Hochsicherheitsgefängnis *n* **B** S ⟨*pl* -s *od* maxima⟩ Maximum *n*; **up to a ~ of £8** bis zu maximal £ 8; **temperatures reached a ~ of 34°** die Höchsttemperatur betrug 34° **C** ADV maximal; **drink two cups of coffee a day ~** trinken Sie maximal zwei Tassen Kaffee pro Tag

★**May** [meɪ] S Mai *m*

★**may** [meɪ] V/I ⟨*prät* might⟩ **1** → might[1] **2** (*a.* **might**) können; **it may rain** es könnte regnen; **it may be that ...** es könnte sein, dass ...; **although it may have been useful** obwohl es hätte nützlich sein können; **he may not be hungry** vielleicht hat er keinen Hunger; **they may be brothers** es könnte sein, dass sie Brüder sind; **that's as may be** das mag ja sein(, aber ...); **you may well ask** das kann man wohl fragen **3** dürfen; **may I go now?** darf ich jetzt gehen? **4** **I had hoped he might succeed this time** ich hatte gehofft, es würde ihm diesmal gelingen; **we may** *od* **might as well go** ich glaube, wir können (ruhig) gehen; **may you be very happy together** ich wünsche euch, dass ihr sehr glücklich miteinander werdet; **may the Lord have mercy on your soul** der Herr sei deiner Seele gnädig; **who may** *od* **might you be?** und wer sind Sie?

★**maybe** [ˈmeɪbiː] ADV vielleicht; **that's as ~** kann schon sein; **~, ~ not** vielleicht, vielleicht auch nicht

May Day S der 1. Mai **Mayday** S Maydaysignal *n*; *gesprochen* Mayday

mayhem [ˈmeɪhem] S Chaos *n*

mayo [ˈmeɪəʊ] *US umg* S ⟨*kein pl*⟩ Majo *f umg* **mayonnaise** [ˌmeɪəˈneɪz] S ⟨*kein pl*⟩ Mayonnaise *f*

mayor [mɛəʳ] S Bürgermeister(in) *m(f)*

mayoress [ˈmɛəres] S Frau *f* Bürgermeister, Bürgermeisterin *f*

maypole S Maibaum *m*

maze [meɪz] S Irrgarten *m*, Labyrinth *n*; *fig* Gewirr *n*

MB[1] ABK (= Bachelor of Medicine) Bachelor der Medizin

MB[2] ABK (= megabyte) MB, Mbyte

MBA ABK (= Master of Business Administration) **he's doing an MBA** er studiert Betriebswirtschaft

MBE ABK (= Member of the Order of the British Empire) *britischer Verdienstorden*

MC ABK (= Master of Ceremonies) Conférencier *m*

MD[1] [emˈdiː] ABK (= Doctor of Medicine) Dr. med

MD[2] ABK (= managing director) Geschäftsführer *m*

★**me** [miː] PRON **1** *akk obj, mit präp +akk* mich; *dat obj, mit präp +dat* mir; **he's older than me** er ist älter als ich **2** *emph* ich; **it's me** ich bin's; **me too** ich auch

★**meadow** [ˈmedəʊ] S Wiese *f*; **in the ~** auf der Wiese

meagre [ˈmiːgəʳ] ADJ, **meager** *US* ADJ spärlich; *Summe* kläglich; **he earns a ~ £500 a month** er verdient magere £500 im Monat

meal[1] [miːl] S Schrot *m*, Schrotmehl *n*

★**meal**[2] S Mahlzeit *f*, Essen *n*; **come round for a ~** komm zum Essen (zu uns); **to go for a ~** essen gehen; **to have a (good) ~** (gut) essen; **to make a ~ of sth** *umg* etw auf sehr umständliche Art machen **mealtime** S Essenszeit *f*; **at ~s** während des Essens

mean[1] [miːn] ADJ ⟨+er⟩ **1** *bes Br* geizig; **you ~ thing!** du Geizhals! **2** gemein; **you ~ thing!** du Miststück! *umg* **3** *Geburt* niedrig **4** bösartig **5** **he is no ~ player** er ist ein beachtlicher Spieler; **he plays a ~ game of poker** er ist ein

M

ausgefuchster Pokerspieler *umg*; **that's no ~ feat** diese Aufgabe ist nicht zu unterschätzen

★**mean²** S̲ MATH Mittelwert *m*

★**mean³** V̲T̲ ⟨*prät, pperf* meant [ment]⟩ ∎ bedeuten, meinen; **what do you ~ by that?** was willst du damit sagen?; **the name ~s nothing to me** der Name sagt mir nichts; **it ~s starting all over again** das bedeutet, dass wir wieder ganz von vorne anfangen müssen; **he ~s a lot to me** er bedeutet mir viel ∎ beabsichtigen; (≈ *bewusst*) etw beabsichtigen; **to be ~t for sb/sth** für j-n/etw bestimmt sein; **sth is ~t to be sth** etw soll etw sein; **of course it hurt, I ~t it** *od* it was ~t to natürlich tat das weh, das war Absicht; **I ~t it as a joke** das sollte ein Witz sein; **I was ~t to do that** ich hätte das tun sollen; **I thought it was ~t to be hot in the south** ich dachte immer, dass es im Süden so heiß sei; **this pad is ~t for drawing** dieser Block ist zum Zeichnen gedacht; **he ~s well/no harm** er meint es gut/nicht böse; **to ~ sb no harm** es gut mit j-m meinen, j-m nichts tun wollen; **I ~t no harm by what I said** was ich da gesagt habe, war nicht böse gemeint ∎ ernst meinen; **I ~ it!** das ist mein Ernst!; **do you ~ to say you're not coming?** willst du damit sagen, dass du nicht kommst?; **I ~ what I say** ich sage das im Ernst

meander [mɪˈændə*r*] V̲I̲ *Fluss* sich (dahin)schlängeln; *Mensch* schlendern

★**meaning** [ˈmiːnɪŋ] S̲ Bedeutung *f*; **what's the ~ of (the word) "hick"?** was soll das Wort "hick" bedeuten?; **you don't know the ~ of love** du weißt ja gar nicht, was Liebe ist; **what's the ~ of this?** was hat denn das zu bedeuten?

meaningful A̲D̲J̲ ∎ mit Bedeutung; *Gedicht, Blick* bedeutungsvoll; **to be ~** eine Bedeutung haben ∎ sinnvoll; *Beziehung* tiefer gehend **meaningfully** [ˈmiːnɪŋfəlɪ] A̲D̲V̲ ∎ bedeutungsvoll; *bemerken, hinzufügen* vielsagend ∎ *teilnehmen, Zeit verbringen* sinnvoll **meaningless** A̲D̲J̲ bedeutungslos; **my life is ~** mein Leben hat keinen Sinn

meanly [ˈmiːnlɪ] A̲D̲V̲ *sich benehmen* gemein **meanness** [ˈmiːnnɪs] S̲ ∎ *bes Br* Geiz *m* ∎ Gemeinheit *f* ∎ Bösartigkeit *f*

means [miːnz] S̲ ∎ ⟨+*sg v*⟩ Möglichkeit *f*, Mittel *n*; ~ **of transport** Verkehrsmittel *n*; **a ~ of escape** eine Fluchtmöglichkeit; **a ~ to an end** ein Mittel *n* zum Zweck; **there is no ~ of doing it** es ist unmöglich, das zu tun; **is there any ~ of doing it?** ist es irgendwie möglich, das zu tun?; **we've no ~ of knowing** wir können nicht wissen; **by ~ of sth** durch etw; **by ~ of doing sth** dadurch, dass man etw tut ∎ ⟨+*sg v*⟩ **by all ~!** (aber) selbstverständlich!; **by no ~!** keineswegs ∎ ⟨*pl*⟩ (≈ *Vermögen*) Mittel *pl*; **a man of ~** ein vermögender Mann; **to live beyond one's ~** über seine Verhältnisse leben **means test** S̲ Vermögensveranlagung *f*

meant [ment] P̲R̲Ä̲T̲ & P̲P̲E̲R̲F̲ → mean³

meantime [ˈmiːntaɪm] A̲ A̲D̲V̲ inzwischen B̲ **in the ~** in der Zwischenzeit

★**meanwhile** [ˈmiːnwaɪl] A̲D̲V̲ inzwischen, mittlerweile

measles [ˈmiːzlz] S̲ ⟨+*sg v*⟩ Masern *pl*

measly [ˈmiːzlɪ] A̲D̲J̲ ⟨*komp* measlier⟩ *umg* mick(e)rig *umg*

measurably [ˈmeʒərəblɪ] A̲D̲V̲ deutlich

★**measure** [ˈmeʒə*r*] A̲ S̲ ∎ Maß *n*; *fig* Maßstab *m* (**of** für); **a ~ of length** ein Längenmaß *n*; **to have sth made to ~** etw nach Maß anfertigen lassen; **the furniture has been made to ~** die Möbel sind Maßarbeit; **beyond ~** grenzenlos; **some ~ of** ein gewisses Maß an ∎ Menge *f*; **a small ~ of flour** ein wenig Mehl; **for good ~** sicherheitshalber; **to get the ~ of sb/sth** j-n/etw (richtig) einschätzen ∎ Maßnahme *f*; **to take ~s to do sth** Maßnahmen ergreifen, um etw zu tun B̲ V̲T̲ messen; *fig* beurteilen C̲ V̲I̲ messen; **what does it ~?** wie groß ist es? ♦**measure out** V̲T̲ ⟨*trennb*⟩ abmessen; *Mehl etc* abwiegen ♦**measure up** V̲I̲ **he didn't measure up** er hat enttäuscht; **to measure up to sth** an etw *(akk)* herankommen

measured [ˈmeʒəd] A̲D̲J̲ *Ton* bedächtig; *Erwiderung* maßvoll; **at a ~ pace** in gemäßigtem Tempo **measurement** [ˈmeʒəmənt] S̲ ∎ Messung *f* ∎ Maß *n*; (≈ *Zahl*) Messwert *m*; *fig* Maßstab *m*; **to take sb's ~s** an j-m *od* bei j-m Maß nehmen **measuring jug** S̲ Messbecher *m*

★**meat** [miːt] S̲ Fleisch *n*; **assorted cold ~s** Aufschnitt *m* **meatball** S̲ Fleisch-

kloß *m* **meat loaf** S̲ ≈ Hackbraten *m*
meaty ['miːtɪ] A̲D̲J̲ ⟨*komp* meatier⟩ 1 mit viel Fleisch; **~ chunks** Fleischbrocken *pl* 2 Hände fleischig 3 *fig* Rolle anspruchsvoll
Mecca ['mekə] S̲ Mekka *n*
★**mechanic** [mɪ'kænɪk] S̲ Mechaniker(in) *m(f)*
★**mechanical** [mɪ'kænɪkəl] A̲D̲J̲ mechanisch; *Spielzeug* technisch; **a ~ device** ein Mechanismus *m* **mechanical engineer** S̲ Maschinenbauer(in) *m(f)* **mechanical engineering** S̲ Maschinenbau *m* **mechanics** [mɪ'kænɪks] S̲ 1 ⟨*+sg v*⟩ Mechanik *f* 2 ⟨*pl*⟩ *fig des Schreibens etc* Technik *f* **mechanism** ['mekənɪzm] S̲ Mechanismus *m* **mechanization** [ˌmekənaɪ'zeɪʃən] S̲ Mechanisierung *f* **mechanize** ['mekənaɪz] V̲/̲T̲ mechanisieren
mechatronics [ˌmekə'trɒnɪks] S̲ ⟨*+sg v*⟩ Mechatronik *f*
★**medal** ['medl] S̲ Medaille *f*, Orden *m* **medallion** [mɪ'dæljən] S̲ Medaillon *n*, Medaille *f* **medallist** ['medəlɪst] S̲, **medalist** *US* S̲ Medaillengewinner(in) *m(f)*
meddle ['medl] V̲/̲I̲ sich einmischen (**in** *+akk*), sich zu schaffen machen (**with** an *+dat*); **to ~ with sb** sich mit j-m einlassen **meddlesome** ['medlsəm] A̲D̲J̲, **meddling** ['medlɪŋ] A̲D̲J̲ ⟨*attr*⟩ **she's a ~ old busybody** sie mischt sich dauernd in alles ein
media ['miːdɪə] P̲L̲ ⟨*mst mit sg v*⟩ 1 → medium 2 Medien *pl*; **he works in the ~** er ist im Mediensektor tätig; **to get ~ coverage** Publicity bekommen

Singularbedeutung trotz Pluralform

Einige englische Fremdwörter werden mit einem Verb im Singular verwendet, obwohl sie eigentlich Pluralformen sind, z. B. **data**, **media**, **graffiti**, **spaghetti**

The media has played a key role in this story.	In dieser Geschichte haben die Medien eine Schlüsselrolle gespielt.
The data is not very convincing.	Die Daten sind nicht sehr überzeugend. ◀

mediaeval A̲D̲J̲ → medieval
media event S̲ Medienereignis *n*
median ['miːdɪən] A̲D̲J̲ mittlere(r, s) **median strip** *US* S̲ Mittelstreifen *m*
media streamer S̲ IT, TV Mediastreamer *m* (*Bibliothek, die es ermöglicht, Audio- und Videoströme zu erzeugen*)
media studies P̲L̲ Medienwissenschaft *f*
mediate ['miːdɪeɪt] A̲ V̲/̲I̲ in Konflikt etc vermitteln B̲ V̲/̲T̲ *Einigung, Übereinkunft* aushandeln **mediation** [ˌmiːdɪ'eɪʃən] S̲ Vermittlung *f* **mediator** ['miːdɪeɪtəʳ] S̲ Vermittler(in) *m(f)*
medic ['medɪk] *umg* S̲ Mediziner(in) *m(f)* *umg* **Medicaid** ['medɪˌkeɪd] *US* S̲ staatliche Krankenversicherung und Gesundheitsfürsorge für Einkommensschwache unter 65 in den USA
★**medical** ['medɪkəl] A̲ A̲D̲J̲ medizinisch; *Behandlung, Personal* ärztlich; **the ~ profession** die Ärzteschaft; **~ condition** Erkrankung *f* B̲ S̲ (ärztliche) Untersuchung **medical assistant** S̲ medizinischer Assistent, medizinische Assistentin **medical certificate** S̲ ärztliches Attest **medical history** S̲ **her ~** ihre Krankengeschichte **medical insurance** S̲ Krankenversicherung *f* **medical officer** S̲ 1 MIL Stabsarzt *m* 2 Amtsarzt *m* **medical practice** S̲ Arztpraxis *f*, Ordination *f* *österr* **medical practitioner** S̲ Arzt *m*, Ärztin *f* **medical record** S̲ Krankenblatt *n* **medical school** S̲ ≈ medizinische Fakultät **medical science** S̲ die ärztliche Wissenschaft **medical student** S̲ Medizinstudent(in) *m(f)* **medical tourism** S̲ Medizintourismus *m* **Medicare** ['medɪˌkeəʳ] *US* S̲ staatliche Krankenversicherung und Gesundheitsfürsorge für ältere Bürger in den USA **medicated** ['medɪkeɪtɪd] A̲D̲J̲ medizinisch **medication** [ˌmedɪ'keɪʃən] S̲ Medikamente *pl* **medicinal** [me'dɪsɪnl] A̲D̲J̲ Heil-, heilend; **for ~ purposes** zu medizinischen Zwecken; **the ~ properties of various herbs** die Heilkraft verschiedener Kräuter
★**medicine** ['medsɪn, 'medɪsɪn] S̲ 1 Medizin *f umg*, Medikament *n*; **to take one's ~** seine Arznei einnehmen; **to give sb a taste of his own ~** *fig* es j-m mit gleicher Münze heimzahlen 2 (≈ *Wissen-*

schaft) Medizin *f*; **to practise ~** *Br*, **to practice ~** *US* den Arztberuf ausüben
medicine cabinet s̅ Arzneischrank *m*, Hausapotheke *f*
medieval [ˌmedɪˈiːvəl] ADJ mittelalterlich; **in ~ times** im Mittelalter
mediocre [ˌmiːdɪˈəʊkəʳ] ADJ mittelmäßig **mediocrity** [ˌmiːdɪˈɒkrɪtɪ] s̅ Mittelmäßigkeit *f*
meditate [ˈmedɪteɪt] V/I nachdenken (**upon, on** über *+akk*); *Philosophie, a.* REL meditieren **meditation** [ˌmedɪˈteɪʃən] s̅ Nachdenken *n*; *Philosophie, a.* REL Meditation *f*
Mediterranean [ˌmedɪtəˈreɪnɪən] A s̅ Mittelmeer *n*; **in the ~** (≈ *Gebiet)* am Mittelmeer B ADJ Mittelmeer-; *Typ* südländisch; **~ cruise** Kreuzfahrt *f* im Mittelmeer **Mediterranean Sea** s̅ **the ~** das Mittelmeer
medium [ˈmiːdɪəm] A ADJ mittlere(r, s); *Steak* medium; *Unternehmen* mittelständisch; **of ~ height/size** mittelgroß; **cook over a ~ heat** bei mittlerer Hitze kochen; **in/over the ~ term** mittelfristig B s̅ ⟨*pl* **media** *od* -**s**⟩ [1] Mittel *n*; *Presse, a.* TV, RADIO Medium *n*; KUNST Ausdrucksmittel *n*; **advertising ~** Werbeträger *m* [2] **to strike a happy ~** den goldenen Mittelweg finden [3] *im Spiritualismus* Medium *n* **medium-dry** ADJ halbtrocken **medium-range** ADJ **~ aircraft** Mittelstreckenflugzeug *n* **medium-rare** ADJ rosa **medium-sized** ADJ mittelgroß **medium wave** s̅ Mittelwelle *f*
medley [ˈmedlɪ] s̅ Gemisch *n*; MUS Medley *n*
meek [miːk] ADJ sanft(mütig); *pej* duckmäuserisch **meekly** [ˈmiːklɪ] ADV sanft; *pej* duckmäuserisch; *zustimmen* widerspruchslos; *akzeptieren* widerstandslos
★**meet** [miːt] ⟨*v: prät, pperf* **met**⟩ A V/T [1] treffen; **to arrange to ~ sb** sich mit j-m verabreden; **to ~ a challenge** sich einer Herausforderung (*dat*) stellen; **there's more to it than ~s the eye** da steckt mehr dahinter, als man auf den ersten Blick meint [2] kennenlernen, bekannt gemacht werden mit; **pleased** *od* **nice to ~ you!** guten Tag/Abend [3] *am Bahnhof etc* abholen (**at an** *+dat od* von) [4] *Ziel, Erwartung* erfüllen; *Erfordernis* ge-

recht werden (*+dat*); *Bedarf* decken B V/I [1] *Menschen* sich begegnen, sich treffen; *Komitee etc* zusammenkommen; SPORT aufeinandertreffen; **to ~ halfway** einen Kompromiss schließen [2] sich kennenlernen, bekannt gemacht werden; **we've met before** wir kennen uns bereits; **haven't we met before?** sind wir uns nicht schon mal begegnet? [3] sich treffen, sich vereinigen; *Linien* sich schneiden, sich berühren; **our eyes met** unsere Blicke trafen sich C s̅ *US* SPORT Sportfest *n* ♦**meet up** V/I sich treffen ♦**meet with** V/I ⟨*+obj*⟩ *Widerstand* stoßen auf (*+akk*); *Erfolg, Unfall* haben; *Zustimmung* finden; **I was met with a blank stare** man sah mir entgeistert *od* starrte mich unwissend an [2] *j-n* treffen
★**meeting** [ˈmiːtɪŋ] s̅ [1] Begegnung *f*, Treffen *n*; *geschäftlich* Besprechung *f*; **the minister had a ~ with the ambassador** der Minister traf zu Gesprächen mit dem Botschafter zusammen [2] *von Ausschuss* Sitzung *f*; *von Mitgliedern, Belegschaft* Versammlung *f*; **the committee has three ~s a year** der Ausschuss tagt dreimal im Jahr [3] SPORT Veranstaltung *f*; *zwischen Mannschaften* Begegnung *f* **meeting place** s̅ Treffpunkt *m* **meeting room** s̅ Besprechungsraum *m*; *für Schulungen* Seminarraum *m*
mega- [ˈmegə-] PRÄF Mega- **megabyte** [ˈmegəˌbaɪt] s̅ IT Megabyte *n*; **a 40-megabyte memory** ein 40-Megabyte-Speicher *m*
megalomania [ˌmegələʊˈmeɪnɪə] s̅ Größenwahn *m* **megalomaniac** [ˌmegələʊˈmeɪnɪæk] s̅ Größenwahnsinnige(r) *m/f(m)*
megaphone s̅ Megafon *n* **megapixel** s̅ IT Megapixel *n* **megastar** s̅ Megastar *m* **megastore** s̅ Großmarkt *m*
melancholic [ˌmelənˈkɒlɪk] ADJ melancholisch **melancholy** [ˈmelənkəlɪ] A ADJ melancholisch; *Ort* trist B s̅ Melancholie *f*
mellow [ˈmeləʊ] A ADJ ⟨*+er*⟩ [1] *Wein* ausgereift; *Aroma* mild; *Farbe, Licht* warm; *Stimme* sanft [2] *Mensch* abgeklärt B V/I *Mensch* abgeklärter werden
melodic ADJ, **melodically** [mɪˈlɒdɪk, -əlɪ] ADV melodisch **melodious** [mɪˈləʊdɪəs] ADJ melodiös, melodisch
melodrama [ˈmeləʊˌdrɑːmə] s̅ Melo-

drama n **melodramatic** ADJ, **melo-
dramatically** [ˌmeləʊdrə'mætɪk, -əli]
ADV melodramatisch

melody ['melədɪ] S̄ Melodie f

melon ['melən] S̄ Melone f

★**melt** [melt] A VT 1 wörtl schmelzen;
Butter zerlassen 2 fig Herz etc erweichen
B VI 1 schmelzen 2 fig dahinschmel-
zen ◆**melt away** VI 1 wörtl (weg)-
schmelzen 2 fig sich auflösen, dahin-
schmelzen; Wut verfliegen ◆**melt
down** VT ⟨trennb⟩ einschmelzen

meltdown ['meltdaʊn] S̄ Kernschmelze
f; (=Unglück) Katastrophe f **melting
pot** ['meltɪŋpɒt] fig S̄ Schmelztiegel m

★**member** ['membə'] S̄ 1 Mitglied n; ~
of the family Familienmitglied n; **if
any ~ of the audience ...** falls einer
der Zuschauer/Zuhörer ... 2 PARL Ab-
geordnete(r) m/f(m), Mandatar(in) m/f(m)
österr; **~ of parliament** Parlamentsmit-
glied n, Abgeordnete(r) m/f(m) **mem-
ber country** S̄ POL Mitgliedsland n
membership ['membəʃɪp] S̄ 1 Mit-
gliedschaft f (**of** in +dat) 2 Mitglieder-
zahl f **membership card** S̄ Mit-
gliedsausweis m **membership fee** S̄
Mitgliedsbeitrag m **member state** S̄
POL Mitgliedsstaat m

membrane ['membreɪn] S̄ Membran f

memento [mə'mentəʊ] S̄ ⟨pl -(e)s⟩ An-
denken n (**of** an +akk)

memo ['meməʊ] S̄ ABK ⟨pl -s⟩ (= memo-
randum) Memo n **memoir** ['memwɑː']
S̄ 1 Kurzbiografie f 2 ~**s** pl Memoiren
pl **memo pad** S̄ Notizblock m **mem-
orable** ['memərəbl] ADJ unvergesslich;
denkwürdig **memorandum** [ˌmemə-
'rændəm] S̄ ⟨pl memoranda [ˌmemə-
'rændə]⟩ Mitteilung f **memorial**
[mɪ'mɔːrɪəl] A ADJ Gedenk- B S̄ Denkmal
n (**to** für) **Memorial Day** US S̄ ≈ Volks-
trauertag m **memorial service** S̄
Gedenkgottesdienst m **memorize**
['meməraɪz] VT sich (dat) einprägen

★**memory** ['memərɪ] S̄ 1 Gedächtnis n;
from ~ aus dem Kopf; **to lose one's ~**
sein Gedächtnis verlieren; **to commit
sth to ~** sich (dat) etw einprägen; **~
for faces** Personengedächtnis n; **if my
~ serves me right** wenn ich mich recht
entsinne 2 Erinnerung f (**of** an +akk); **I
have no ~ of it** ich kann mich nicht da-
ran erinnern; **he had happy memories**

of his father er verband angenehme Er-
innerungen mit seinem Vater; **in ~ of**
zur Erinnerung an (+akk) 3 COMPUT
Speicher m **memory bank** S̄ IT Da-
tenbank f **memory expansion card**
S̄ COMPUT Speichererweiterungskarte f
memory stick S̄ COMPUT Memory
Stick m

men [men] PL → man

menace ['menɪs] A S̄ 1 Bedrohung f
(**to** +gen) 2 umg (Land)plage f; **she's a
~ on the roads** sie gefährdet den gan-
zen Verkehr B VT bedrohen **menac-
ing** ['menɪsɪŋ] ADJ drohend; **to look ~**
bedrohlich aussehen **menacingly**
['menɪsɪŋlɪ] ADV drohend; **..., he said ~**
..., sagte er mit drohender Stimme

★**mend** [mend] A S̄ **to be on the ~** sich
(langsam) erholen B VT 1 reparieren;
Kleidung 2 **to ~ one's ways** sich
bessern; **you'd better ~ your ways** das
muss aber anders werden mit dir! C VI
Knochen ~heilen

menial ['miːnɪəl] ADJ niedrig

meningitis [ˌmenɪn'dʒaɪtɪs] S̄ Hirnhaut-
entzündung f

menopause ['menəʊpɔːz] S̄ Wechsel-
jahre pl; **male ~** Wechseljahre pl des
Mannes

menorah [mɪ'nɔːrə] S̄ REL Menora f

men's room ['menzruːm] bes US S̄ Her-
rentoilette f

menstrual cycle S̄ Menstruationszyk-
lus m **menstruate** ['menstrʊeɪt] VI
menstruieren **menstruation** [ˌmen-
strʊ'eɪʃən] S̄ Menstruation f

menswear ['menzwεə'] S̄ Herrenbeklei-
dung f

★**mental** ['mentl] ADJ 1 geistig; Belastung
psychisch; **person with a ~ disability**
geistig Behinderte(r) m/f(m); **to make a
~ note of sth** sich (dat) etw merken; **~
process** Denkvorgang m 2 umg überge-
schnappt umg **mental arithmetic** S̄
Kopfrechnen n **mental block** S̄ **to
have a ~** ein Brett vor dem Kopf haben
umg **mental breakdown** S̄ Nerven-
zusammenbruch m **mental health** S̄
Geisteszustand m **mental hospital**
S̄ Nervenklinik f **mental illness** S̄
Geisteskrankheit f **mentality** [men'tæ-
lɪtɪ] S̄ Mentalität f **mentally** ['mentlɪ]
ADV geistig; **~ challenged** politisch kor-
rekt geistig behindert; **~ handicapped**

geistig behindert; **he is ~ ill** er ist geisteskrank

menthol [ˈmenθɒl] $\overline{S}$ Menthol n

★**mention** [ˈmenʃən] **A** $\overline{S}$ Erwähnung f; **to get** od **receive a ~** erwähnt werden; **to give sb/sth a ~** j-n/etw erwähnen; **there is no ~ of it** es wird nicht erwähnt; **his contribution deserves special ~** sein Beitrag verdient es, besonders hervorgehoben zu werden **B** $\overline{VT}$ erwähnen (**to sb** j-m gegenüber); **not to ~ ...** nicht zu vergessen ...; **France and Spain, not to ~ Holland** Frankreich und Spanien, von Holland ganz zu schweigen; **don't ~ it!** (bitte), gern geschehen!; **to ~ sb in one's will** j-n in seinem Testament berücksichtigen

mentor [ˈmentɔːʳ] $\overline{S}$ Mentor(in) m(f)

★**menu** [ˈmenjuː] $\overline{S}$ **1** Speisekarte f; (= Gerichte) Menü n; **may we see the ~?** können Sie uns bitte die Karte bringen?; **what's on the ~?** was gibt es heute (zu essen)? **2** IT Menü n **menu bar** $\overline{S}$ IT Menüleiste f **menu-driven** $\overline{ADJ}$ IT menügesteuert

MEP $\overline{ABK}$ (= Member of the European Parliament) Europaabgeordnete(r) m/f(m)

mercenary [ˈmɜːsɪnərɪ] **A** $\overline{ADJ}$ geldgierig; **don't be so ~** sei doch nicht so hinter dem Geld her umg **B** $\overline{S}$ Söldner(in) m(f)

merchandise [ˈmɜːtʃəndaɪz] $\overline{S}$ (Handels)ware f **merchant** [ˈmɜːtʃənt] $\overline{S}$ Kaufmann m/-frau f; **corn ~** Getreidehändler(in) m(f) **merchant bank** Br $\overline{S}$ Handelsbank f **merchant marine** US $\overline{S}$ Handelsmarine f **merchant navy** Br $\overline{S}$ Handelsmarine f

merciful [ˈmɜːsɪfʊl] $\overline{ADJ}$ gnädig (**to sb** j-m gegenüber) **mercifully** [ˈmɜːsɪfəlɪ] $\overline{ADV}$ **1** barmherzig; j-n behandeln gnädig **2** glücklicherweise **merciless** $\overline{ADJ}$ unbarmherzig **mercilessly** $\overline{ADV}$ erbarmungslos

Mercury [ˈmɜːkjʊrɪ] $\overline{S}$ Merkur m **mercury** [ˈmɜːkjʊrɪ] $\overline{S}$ Quecksilber n **mercy** [ˈmɜːsɪ] $\overline{S}$ **1** ⟨kein pl⟩ Erbarmen n, Gnade f; **to beg for ~** um Gnade bitten; **to have ~/no ~ on sb** mit j-m Erbarmen/kein Erbarmen haben; **to show sb ~/no ~** Erbarmen/kein Erbarmen mit j-m haben; **to be at the ~ of sb/ sth** j-m/einer Sache (dat) ausgeliefert

sein; **we're at your ~** wir sind in Ihrer Hand **2** umg Segen m

mere [mɪəʳ] $\overline{ADJ}$ **1** bloß; **he's a ~ clerk** er ist bloß ein kleiner Angestellter; **a ~ 3%/two hours** bloß 3 % / zwei Stunden; **the ~ thought of food made me hungry** schon beim Gedanken an Essen bekam ich Hunger **2** the **~st ...** der/die/ das kleinste ...

★**merely** [ˈmɪəlɪ] $\overline{ADV}$ lediglich, bloß

merge [mɜːdʒ] **A** $\overline{VI}$ **1** zusammenkommen; Farben ineinander übergehen; Straßen zusammenführen; US AUTO sich einordnen; **to ~ with** sich mit etw vereinen; **to ~ (in) with/into the crowd** in der Menge untergehen/untertauchen; **to ~ into sth** in etw (akk) übergehen **2** HANDEL fusionieren **B** $\overline{VT}$ **1** miteinander vereinen; IT Dateien mischen **2** HANDEL fusionieren **merger** [ˈmɜːdʒəʳ] $\overline{S}$ HANDEL Fusion f

meringue [məˈræŋ] $\overline{S}$ Baiser n

merit [ˈmerɪt] **A** $\overline{S}$ Verdienst n; Vorzug m; **a work of great literary ~** ein Werk von großem literarischem Wert; **she was elected on ~** sie gewann die Wahl aufgrund persönlicher Fähigkeiten; **to judge a case on its ~s** einen Fall gesondert behandeln; **to pass an exam with ~** ein Examen mit Auszeichnung bestehen **B** $\overline{VT}$ verdienen

mermaid [ˈmɜːmeɪd] $\overline{S}$ Meerjungfrau f

merrily [ˈmerɪlɪ] $\overline{ADV}$ vergnügt **merriment** [ˈmerɪmənt] $\overline{S}$ Heiterkeit f, Gelächter n **merry** [ˈmerɪ] $\overline{ADJ}$ ⟨komp merrier⟩ **1** fröhlich; **Merry Christmas!** frohe Weihnachten! **2** Br umg beschwipst umg **merry-go-round** [ˈmerɪɡəraʊnd] $\overline{S}$ Karussell n, Ringelspiel n österr

mesh [meʃ] **A** $\overline{S}$ **1** Masche f **2** Maschendraht m **B** $\overline{VI}$ **1** MECH eingreifen (**with** in +akk) **2** fig Ansichten sich vereinen lassen

mesmerize [ˈmezməraɪz] $\overline{VT}$ hypnotisieren; fig fesseln; **the audience sat ~d** die Zuschauer saßen wie gebannt **mesmerizing** [ˈmezməraɪzɪŋ] $\overline{ADJ}$ Wirkung hypnotisch; Lächeln faszinierend

★**mess¹** [mes] **A** $\overline{S}$ **1** ⟨kein pl⟩ Durcheinander n; schmutzig Schweinerei f; **to be (in) a ~** in einem fürchterlichen Zustand sein, ein einziges Durcheinander sein; fig j-s Leben, Karriere verkorkst sein umg; **to be a ~** Arbeit eine Schweinerei

M

sein *umg; Mensch* unordentlich aussehen; *seelisch* verkorkst sein *umg;* **to make a ~** Unordnung machen, alles durcheinanderbringen; (≈ *schmutzig*) eine Schweinerei machen *umg;* **to make a ~ of sth** etw verpfuschen; *j-s Leben* etw verkorksen *umg; Angelegenheit* etw vermasseln *umg;* **you've really made a ~ of things** du hast alles total vermasselt *umg;* **what a ~!** das sieht ja vielleicht aus!; *fig* ein schöner Schlamassel! *umg;* **I'm not tidying up your ~** ich räume nicht für dich auf ◻2 ⟨*kein pl*⟩ Schwierigkeiten *pl* ◻3 ⟨*kein pl*⟩ *euph* (≈ *Exkremente*) Dreck *m;* **the cat has made a ~ on the carpet** die Katze hat auf den Teppich gemacht ◻B Vₜᵢ → mess **about** B ◆**mess about** *Br,* **mess around** *umg* ◻A Vₜᵢ ⟨*trennb*⟩ *j-n* an der Nase herumführen *umg* ◻B Vₜᵢ ◻1 herumalbern *umg* ◻2 herumgammeln *umg* ◻3 herumfummeln *umg* (**with an** +*dat*); *als Hobby etc* herumbasteln *umg* (**with an** +*dat*) ◻4 **he was messing about** *od* **around with my wife** er trieb es mit meiner Frau *umg* ◆**mess up** Vₜᵢ ⟨*trennb*⟩ durcheinanderbringen; (≈ *schmutzig machen*) verdrecken; *Arbeit* verpfuschen; *j-s Leben* verkorksen *umg;* **that's really messed things up** das hat wirklich alles verdorben

mess² S̲ MIL Kasino *n;* SCHIFF Messe *f*

★**message** ['mesɪdʒ] S̲ ◻1 Nachricht *f,* Meldung *f;* **to give sb a ~** j-m etwas ausrichten, j-m eine Nachricht geben; **would you give John a ~ (for me)?** könnten Sie John etwas (von mir) ausrichten?; **to send sb a ~** j-n benachrichtigen; **to leave a ~ for sb** j-m eine Nachricht hinterlassen, j-m etwas ausrichten lassen; **can I take a ~ (for him)?** *am Telefon* kann ich (ihm) etwas ausrichten? ◻2 (≈ *Moral*) Botschaft *f;* **to get one's ~ across to sb** es j-m verständlich machen ◻3 *fig umg* **to get the ~** kapieren *umg* **message board** S̲ INTERNET Forum *n* Message Board *n*

messenger ['mesɪndʒəʳ] S̲ Bote *m,* Botin *f*

Messiah [mɪ'saɪə] S̲ Messias *m*

messily ['mesɪlɪ] A̲D̲V̲ unordentlich

mess kit *US,* **mess tin** *Br* S̲ Essgeschirr *n*

messy ['mesɪ] A̲D̲J̲ ⟨*komp* messier⟩ ◻1

schmutzig ◻2 unordentlich; **he's a ~ eater** er kann nicht ordentlich essen ◻3 *fig Lage* verfahren; *Beziehung* schwierig

met [met] P̲R̲Ä̲T̲ & P̲P̲E̲R̲F̲ → meet

meta- ['metə-] P̲R̲Ä̲F̲ meta-, Meta- **metabolic** [,metə'bɒlɪk] A̲D̲J̲ Stoffwechsel-, metabolisch **metabolism** [me'tæbəlɪzəm] S̲ Stoffwechsel *m* **metadata** ['metə,deɪtə] P̲L̲ IT Metadaten *pl*

★**metal** ['metl] S̲ Metall *n* **metal detector** S̲ Metallsuchgerät *n* **metallic** [mɪ'tælɪk] A̲D̲J̲ metallisch; **~ paint** Metalliclack *m;* **~ blue** blaumetallic; **a ~ blue car** ein Auto *n* in Blaumetallic **metallurgy** [me'tælədʒɪ] S̲ Metallurgie *f* **metalwork** S̲ Metall *n;* **we did ~ at school** wir haben in der Schule Metallarbeiten gemacht

metamorphosis [,metə'mɔ:fəsɪs] S̲ ⟨*pl* metamorphoses [,metə'mɔ:fəsi:z]⟩ Metamorphose *f; fig* Verwandlung *f*

metaphor ['metəfəʳ] S̲ ◻1 Metapher *f* ◻2 LIT *indirekter, bildlicher Vergleich unter Verzicht auf Vergleichswörter wie like u. Ä.* **metaphorical** [,metə'fɒrɪkəl] A̲D̲J̲ metaphorisch **metaphorically** [,metə'fɒrɪkəlɪ] A̲D̲V̲ metaphorisch; **~ speaking** bildlich gesprochen

metaphysical [,metə'fɪzɪkəl] A̲D̲J̲ metaphysisch

mete [mi:t] Vₜᵢ **to ~ out punishment to sb** j-n bestrafen

meteor ['mi:tɪəʳ] S̲ Meteor *m* **meteoric** [,mi:tɪ'ɒrɪk] *fig* A̲D̲J̲ kometenhaft **meteorite** ['mi:tɪəraɪt] S̲ Meteorit *m* **meteorological** [,mi:tɪərə'lɒdʒɪkəl] A̲D̲J̲ meteorologisch **meteorologist** [,mi:tɪə'rɒlədʒɪst] S̲ Meteorologe *m,* Meteorologin *f* **meteorology** [,mi:tɪə'rɒlədʒɪ] S̲ Meteorologie *f*

meter¹ ['mi:təʳ] ◻A S̲ Zähler *m; für Wasserverbrauch* Wasseruhr *f; Verkehr* Parkuhr *f;* **to turn the water off at the ~** das Wasser am Hauptschalter abstellen ◻B Vₜᵢ messen

★**meter²** *US* S̲ → metre

methane ['mi:θeɪn] S̲ Methan *n*

method ['meθəd] S̲ Methode *f,* Verfahren *n;* **~ of payment** Zahlungsweise *f* **methodical** A̲D̲J̲, **methodically** [mɪ'θɒdɪkəl, -lɪ] A̲D̲V̲ methodisch

Methodist ['meθədɪst] ◻A A̲D̲J̲ methodistisch ◻B S̲ Methodist(in) *m(f)*

meths [meθs] $\overline{s}$ ABK ⟨+sg v⟩ → methylated spirits **methylated spirits** ['meθɪleɪtɪd'spɪrɪts] $\overline{s}$ ⟨+sg v⟩ Äthylalkohol m

meticulous [mɪ'tɪkjʊləs] ADJ genau; **to be ~ about sth** es mit etw sehr genau nehmen **meticulously** [mɪ'tɪkjʊləslɪ] ADV sorgfältig

me time ['miːtaɪm] $\overline{s}$ Ichzeit f

met office ['met,ɒfɪs] Br $\overline{s}$ Wetteramt n

★**metre** ['miːtə] $\overline{s}$, **meter** US $\overline{s}$ **1** Meter m/n **2** Dichtung Metrum n, Versmaß n (Abfolge betonter Silben im Vers, die mehr oder weniger einem regelmäßigen Muster folgen) **metric** ['metrɪk] ADJ metrisch; **to go ~** auf das metrische Maßsystem umstellen

metronome ['metrənəʊm] $\overline{s}$ Metronom n

metropolis [mɪ'trɒpəlɪs] $\overline{s}$ Metropole f **metropolitan** [,metrə'pɒlɪtən] ADJ weltstädtisch **metrosexual** [,metrə-'sekʃʊəl] ADJ metrosexuell

mettle ['metl] $\overline{s}$ Courage f

mew [mjuː] **A** $\overline{s}$ Miau(en) n **B** V/i miauen

Mexican ['meksɪkən] **A** ADJ mexikanisch **B** $\overline{s}$ Mexikaner(in) m(f) **Mexico** ['meksɪkəʊ] $\overline{s}$ Mexiko n

mezzanine ['mezəniːn] $\overline{s}$, **mezzanine floor** $\overline{s}$ Mezzanin n, (niedriges) Zwischengeschoss n, (niedriges) Zwischengeschoß n österr

mg ABK (= milligrams, milligrammes) mg

MI5 Br ABK (= Military Intelligence, section 5) MI5 m (Spionageabwehrdienst der britischen Regierung)

MI6 Br ABK (= Military Intelligence, section 6) MI6 m (britischer Auslandsgeheimdienst)

miaow [miː'aʊ] Br **A** $\overline{s}$ Miau(en) n **B** V/i miauen

★**mice** [maɪs] PL → mouse

★**mickey** ['mɪkɪ] Br umg $\overline{s}$ **to take the ~ out of sb** j-n auf den Arm nehmen umg, j-n pflanzen österr; **are you taking the ~?** du willst mich/ihn etc wohl auf den Arm nehmen umg **mickey mouse** ADJ sl Kurs, Qualifikation lachhaft

micro- PRÄF mikro-, Mikro- **microbe** ['maɪkrəʊb] $\overline{s}$ Mikrobe f **microbiology** $\overline{s}$ Mikrobiologie f **microchip** $\overline{s}$ Mikrochip n **microcomputer** $\overline{s}$ Mikrocomputer m **microcosm** $\overline{s}$ Mikrokosmos m **microfibre** $\overline{s}$, **microfiber** US $\overline{s}$ Mikrofaser f **microfiche** $\overline{s}$ Mikrofiche m/n **microfilm** $\overline{s}$ Mikrofilm m **microfleece** ['maɪkrəʊfliːs] $\overline{s}$ **1** Stoff Microfleece n **2** Kleidungsstück Microfleece-Jacke f **microlight** $\overline{s}$ Ultraleichtflugzeug n **microorganism** $\overline{s}$ Mikroorganismus m **microphone** $\overline{s}$ Mikrofon n **microprocessor** $\overline{s}$ Mikroprozessor m **micro scooter** $\overline{s}$ Mini-Roller m, City-Roller m **microscope** $\overline{s}$ Mikroskop n **microscopic** [,maɪkrə'skɒpɪk] ADJ mikroskopisch (klein); **in ~ detail** bis ins kleinste Detail **microsecond** ['maɪkrə,sekənd] $\overline{s}$ Mikrosekunde f **microsurgery** $\overline{s}$ Mikrochirurgie f **microwavable** ['maɪkrəʊweɪvəbl] ADJ mikrowellengeeignet **microwave** $\overline{s}$ Mikrowelle f **microwave oven** $\overline{s}$ Mikrowellenherd m **microwave-safe** ADJ mikrowellengeeignet

mid [mɪd] ADJ **in June** Mitte Juni; **in the mid 1950s** Mitte der Fünfzigerjahre; **temperatures in the mid eighties** Temperaturen um 85° Fahrenheit; **to be in one's mid forties** Mitte vierzig sein; **in mid morning/afternoon** am Vormittag/Nachmittag; **a mid-morning break** eine Frühstückspause; **a mid-morning snack** ein zweites Frühstück; **in mid air** in der Luft; **in mid flight** während des Flugs **midday** ['mɪd'deɪ] **A** $\overline{s}$ Mittag m; **at ~** mittags **B** ADJ ⟨attr⟩ mittäglich; **~ meal** Mittagessen n; **~ sun** Mittagssonne f

★**middle** ['mɪdl] **A** $\overline{s}$ Mitte f; von Buch, Film Mittelteil m; von Frucht etc Innere(s) n; **in the ~ of the table** mitten auf dem Tisch; **in the ~ of the night/day** mitten in der Nacht/am Tag; **in the ~ of nowhere** am Ende der Welt; **in the ~ of summer** mitten im Sommer, im Hochsommer; **in the ~ of May** Mitte Mai; **we were in the ~ of lunch** wir waren mitten beim Essen; **to be in the ~ of doing sth** mitten dabei sein, etw zu tun; **down the ~** in der Mitte **B** ADJ mittlere(r, s); **to be in one's ~ twenties** Mitte zwanzig sein **middle age** $\overline{s}$ mittleres Lebensalter **middle-aged** ADJ in den mittleren Jahren **Middle Ages** PL Mittelalter n **Middle America** $\overline{s}$ SOZIOL die amerikanische Mittelschicht **middle-class** ADJ bürgerlich **middle class(es)** S[PL] Mittelstand m **middle-distance runner** S Mittelstreckenläufer(in) m(f) **Middle East** S Naher Osten **Middle England** S SOZIOL die englische Mittelschicht **middle finger** S Mittelfinger m **middle-income** ADJ Familie mit mittlerem Einkommen **middleman** S ‹pl -men› Mittelsmann m; HANDEL Zwischenhändler m **middle management** S mittleres Management **middle name** S zweiter (Vor)name; **modesty is my ~** fig ich bin die Bescheidenheit in Person **middle-of-the-road** ADJ **1** gemäßigt **2** konventionell **middle school** S **1** Br Schule für 9-12-Jährige **2** US Schule für 11-14-Jährige Mittelschule f **middleweight** S SPORT Mittelgewichtler(in) m(f) **middling** ['mɪdlɪŋ] ADJ mittelmäßig; **how are you? — ~** wie geht es dir? — einigermaßen umg **midfield** [ˌmɪd'fiːld] **A** S Mittelfeld n **B** ADJ Mittelfeld-; **~ player** Mittelfeldspieler(in) m(f)

midge [mɪdʒ] Br S Mücke f

midget ['mɪdʒɪt] **A** S Liliputaner(in) m(f) **B** ADJ winzig

Midlands PL the **~** die Midlands **midlife crisis** S Midlife-Crisis f

★**midnight** **A** S Mitternacht f; **at ~** um Mitternacht **B** ADJ ‹attr› mitternächtlich, Mitternachts-; **~ mass** Mitternachtsmesse f; **the ~ hour** die Mitternachtsstunde **midpoint** S mittlerer Punkt **midriff** ['mɪdrɪf] S Taille f **midst** [mɪdst] S Mitte f; **in the ~ of** mitten in; **in our ~** unter uns **midstream** S fig a wörtl in der Mitte des Flusses; fig auf halber Strecke **midsummer** **A** S Hochsommer m **B** ADJ im Hochsommer **Midsummer's Day** S Sommersonnenwende f **midterm** ADJ **~ elections** POL Zwischenwahlen pl **midway** **A** ADV auf halbem Weg; **Düsseldorf is ~ between Krefeld and Cologne** Düsseldorf liegt auf halber Strecke zwischen Krefeld und Köln; **~ through** sth mitten in etw (dat) **B** ADJ **we've now reached the ~ point** od **stage in the project** das Projekt ist jetzt zur Hälfte fertig **midweek** **A** ADV mitten in der Woche **B** ADJ ‹attr› he booked a **~ flight** er buchte einen Flug für Mitte der Woche

Midwest S Mittelwesten m **Midwestern** ADJ mittelwestlich

midwife ['mɪdwaɪf] S ‹pl -wives [-waɪvz]› Hebamme f

midwinter [ˌmɪd'wɪntəʳ] **A** S Wintermitte f **B** ADJ mitwinterlich

miff [mɪf] umg VT **to be ~ed about sth** über etw (akk) verärgert sein

★**might**[1] [maɪt] PRÄT **1** → may **2** they **~ be brothers** sie könnten Brüder sein; **as you ~ expect** wie zu erwarten war; **you ~ try Smith's** Sie könnten es ja mal bei Smiths versuchen; **he ~ at least have apologized** er hätte sich wenigstens entschuldigen können; **I ~ have known** das hätte ich mir denken können; **she was thinking of what ~ have been** sie dachte an das, was hätte sein können

might[2] S Macht f; **with all one's ~** mit aller Kraft **mightily** ['maɪtɪli] umg ADV **~ impressive** höchst beeindruckend; **I was ~ relieved** ich war überaus erleichtert

mightn't ['maɪtnt] ABK (= might not) → might[1] **might've** ['maɪtəv] ABK (= might have) → might[1]

mighty ['maɪti] **A** ADJ Armee mächtig **2** gewaltig; Jubel lautstark **B** ADV bes US umg mächtig umg

migraine ['miːɡreɪn] S Migräne f

migrant ['maɪɡrənt] **A** ADJ **~ bird** Zugvogel m; **~ crisis** Flüchtlingskrise f; **~ worker** Migrant(in) m(f) **B** S **1** Zugvogel m **2** Migrant(in) m(f) **migrate** [maɪˈɡreɪt] VI (ab)wandern; Vögel nach Süden ziehen **migration** [maɪˈɡreɪʃən] S Wanderung f, Migration f; von Vögeln (Vogel)zug m **migratory** [maɪˈɡreɪtəri] ADJ **~ worker** Wanderarbeiter(in) m(f); **~ birds** Zugvögel pl

mike [maɪk] S Mikro n umg

Milan [mɪˈlæn] S Mailand n

★**mild** [maɪld] **A** ADJ ‹+er› mild; Brise, Zigarette leicht; Mensch sanft **B** S Br leichtes dunkles Bier

mildew ['mɪldjuː] S Schimmel m; auf Pflanzen Mehltau m

mildly ['maɪldli] ADV leicht; etw sagen sanft; **to put it ~** gelinde gesagt **mildness** ['maɪldnɪs] S Milde f; von Brise Sanftheit f; von Mensch Sanftmütigkeit f

★**mile** [maɪl] S Meile f; **nautical ~** Seemeile; **how many ~s per gallon does your** car do? wie viel verbraucht Ihr Auto?; **a fifty-mile journey** eine Fahrt von fünfzig Meilen; **for ~s** meilenweit; **~s (and ~s)** umg meilenweit; **they live ~s away** sie wohnen meilenweit weg; **sorry, I was ~s away** umg tut mir leid, ich war mit meinen Gedanken ganz woanders umg; **to go the extra ~** die Erwartungen übertreffen; **it stands out a ~** das sieht ja ein Blinder (mit Krückstock) umg; **he's ~s better at tennis** er spielt hundertmal besser Tennis umg **mileage** ['maɪlɪdʒ] S̲ Meilen pl; Anzeige auf Gerät Meilenstand m **mileometer** [maɪ'lɒmɪtə'] Br S̲ ≈ Kilometerzähler m **milestone** ['maɪlstəʊn] S̲ Meilenstein m

militant ['mɪlɪtənt] A̲ ADJ militant B̲ S̲ militantes Element

militarism ['mɪlɪtərɪzm] S̲ Militarismus m **militaristic** [ˌmɪlɪtə'rɪstɪk] ADJ militaristisch

★**military** ['mɪlɪtərɪ] A̲ ADJ militärisch; **~ personnel** Militärangehörige pl B̲ S̲ **the ~** das Militär **military base** S̲ Militärstützpunkt m **military police** S̲ Militärpolizei f **military policeman** S̲ Militärpolizist m **military service** S̲ Militärdienst m, Präsenzdienst m österr; **to do (one's) ~** seinen Militärdienst ableisten; **he's doing (his) ~** er ist gerade beim Militär

militia [mɪ'lɪʃə] S̲ Miliz f **militiaman** [mɪ'lɪʃəmən] S̲ ⟨pl -men⟩ Milizsoldat m

★**milk** [mɪlk] A̲ S̲ Milch f; **it's no use crying over spilled ~** sprichw was passiert ist, ist passiert B̲ V/T melken **milk bar** S̲ Milchbar f **milk chocolate** S̲ Vollmilchschokolade f **milk float** S̲ Milchauto n **milk frother** S̲ Milchaufschäumer m **milking** ['mɪlkɪŋ] S̲ Melken n **milk jug** S̲ Milchkännchen n **milkman** S̲ ⟨pl -men⟩ Milchmann m **milkshake** S̲ Milchshake m **milk tooth** S̲ Milchzahn m **milky** ['mɪlkɪ] ADJ ⟨komp milkier⟩ milchig; **~ coffee** Milchkaffee m **Milky Way** [ˌmɪlkɪ'weɪ] S̲ Milchstraße f

★**mill** [mɪl] S̲ 1 Mühle f; **in training you're really put through the ~** umg im Training wird man ganz schön hart rangenommen umg 2 IND Fabrik f; für Stoffe Weberei f ♦**mill about** Br, **mill around** V/I umherlaufen

millennium [mɪ'lenɪəm] S̲ ⟨pl -s od millennia [mɪ'lenɪə]⟩ Jahrtausend n **miller** ['mɪlə'] S̲ Müller(in) m(f) **millet** ['mɪlɪt] S̲ Hirse f **milli-** [mɪlɪ-] PRÄF Milli-; **millisecond** Millisekunde f **milligram(me)** S̲ Milligramm n **millilitre** S̲, **milliliter** US S̲ Milliliter m/n **millimetre** S̲, **millimeter** US S̲ Millimeter m/n

★**million** ['mɪljən] S̲ Million f; **4 ~ people** 4 Millionen Menschen; **for ~s and ~s of years** für Millionen und Abermillionen von Jahren; **she's one in a ~** umg sie ist einsame Klasse umg; **~s of times** umg tausendmal **millionaire** [ˌmɪljə-'neə'] S̲ Millionär(in) m(f) **millionairess** [ˌmɪljə'neəres] S̲ Millionärin f

★**millionth** ['mɪljənθ] A̲ ADJ millionstel 2 millionste(r, s) B̲ S̲ Millionstel n **millipede** ['mɪlɪpiːd] S̲ Tausendfüß(l)er m

millpond S̲ Mühlteich m **millstone** ['mɪlstəʊn] S̲ Mahlstein m; **she's a ~ around his neck** sie ist für ihn ein Klotz am Bein **mime** [maɪm] A̲ S̲ Pantomime f B̲ V/T pantomimisch darstellen C̲ V/I Pantomimen spielen **mime artist** S̲ Pantomime m, Pantomimin f

mimic ['mɪmɪk] A̲ S̲ Imitator(in) m(f); **he's a very good ~** er kann sehr gut Geräusche/andere Leute nachahmen B̲ V/T nachahmen **mimicry** ['mɪmɪkrɪ] S̲ Nachahmung f

min¹ ABK (= minutes) min **min²** ABK (= minimum) min.

mince [mɪns] A̲ S̲ bes Br Hackfleisch n, Faschierte(s) n österr B̲ V/T bes Br durch den Fleischwolf drehen, faschieren österr; **he doesn't ~ his words** er nimmt kein Blatt vor den Mund C̲ V/I Br tänzeln **mincemeat** S̲ süße Gebäckfüllung aus Dörrobst und Sirup; **to make ~ of sb** umg Hackfleisch aus j-m machen umg; mit Worten j-n zur Schnecke machen umg **mince pie** S̲ mit Mincemeat gefülltes Gebäck **mincer** ['mɪnsə'] bes Br S̲ Fleischwolf m

★**mind** [maɪnd]

A Substantiv	B transitives Verb
C intransitives Verb	

M

— **A** Substantiv —

1 Geist m, Verstand m, Gedanken pl; **it's all in the ~** das ist alles Einbildung; **to blow sb's ~** umg j-n umwerfen umg; **to have a logical ~** logisch veranlagt sein; **state** od **frame of ~** Geisteszustand m; **to put** od **set one's ~ to sth** sich anstrengen, etw zu tun; **he had something on his ~** ihn beschäftigte etwas; **I've a lot on my ~** ich muss mich um (so) viele Dinge kümmern; **you are always on my ~** ich denke ständig an dich; **keep your ~ on the job** bleib mit den Gedanken bei der Arbeit; **she couldn't get the song out of her ~** das Lied ging ihr nicht aus dem Kopf; **to take sb's ~ off sth** j-n etw vergessen lassen; **my ~ isn't on my work** ich kann mich nicht auf meine Arbeit konzentrieren; **the idea never entered my ~** daran hatte ich überhaupt nicht gedacht; **nothing was further from my ~** nichts lag mir ferner; **in my ~'s eye** vor meinem inneren Auge; **to bring sth to ~** an etw (akk) erinnern; **it's a question of ~ over matter** es ist eine Willensfrage **2** Lust f, Absicht f; **I've a good ~ to …** ich hätte große Lust, zu … **3** Meinung f; **to make up one's ~** sich entscheiden; **to change one's ~** seine Meinung ändern (**about** über +akk); **to be in two ~s about sth** sich (dat) über etw (akk) nicht im Klaren sein; **to have a ~ of one's own** Mensch eine eigene Meinung haben; hum Maschine etc seine Mucken haben umg **4** (≈ Zurechnungsfähigkeit) Verstand m; **to lose one's ~** den Verstand verlieren; **nobody in his right ~** kein normaler Mensch **5** **to bear sth in ~** etw nicht vergessen; **to bear sb in ~** an j-n denken; **with this in ~** … mit diesem Gedanken im Hinterkopf …; **to have sb/sth in ~** an j-n/etw denken, j-n/etw im Sinn haben; **it puts me in ~ of sb/sth** es weckt in mir Erinnerungen an j-n/etw; **to go out of one's ~** den Verstand verlieren; **I'm bored out of my ~** ich langweile mich zu Tode

— **B** transitives Verb —

1 aufpassen auf (+akk), achten auf (+akk); ~ **what you're doing!** pass (doch) auf!; ~ **your language!** drück dich anständig aus!; ~ **the step!** Br Vorsicht Stufe!; ~ **your head!** Br Kopf

einziehen! umg; ~ **your own business** kümmern Sie sich um Ihre eigenen Angelegenheiten **2** sich kümmern um; (≈ Anstoß nehmen) etwas haben gegen; **I don't ~ the cold** die Kälte macht mir nichts aus; **I don't ~ what he does** es ist mir egal, was er macht; **do you ~ coming with me?** würde es dir etwas ausmachen mitzukommen?; ★ **would you ~ opening the door?** würden Sie bitte die Tür aufmachen?; ★ **do you ~ my smoking?** macht es Ihnen etwas aus, wenn ich rauche?; **don't ~ me** lass dich (durch mich) nicht stören; **I wouldn't ~ a cup of tea** ich hätte nichts gegen eine Tasse Tee; **never ~ that now** das ist jetzt nicht wichtig; **never ~ him** kümmere dich nicht um ihn

— **C** intransitives Verb —

1 sich (dat) etwas daraus machen; (≈ Anstoß nehmen) etwas dagegen haben; **nobody seemed to ~** niemand schien etwas dagegen zu haben; **if you don't ~** wenn es Ihnen recht ist; **would you ~ waiting a moment?** würde es Ihnen etwas ausmachen, kurz zu warten?; **do you ~?** macht es Ihnen etwas aus?, stört es Sie?; **do you ~!** iron ich möchte doch sehr bitten!; **I don't ~ if I do** ich hätte nichts dagegen; ★ **never ~** macht nichts; verzweifelt schon gut; **never ~, you'll find another** mach dir nichts draus, du findest bestimmt einen anderen; **oh, never ~, I'll do it myself** ach, schon gut, ich mache es selbst; **never ~ about that now!** das ist doch jetzt nicht wichtig; **I'm not going to finish school, never ~ go to university** ich werde die Schule nicht beenden und schon gar nicht zur Universität gehen **2** ~ **you get that done** sieh zu, dass du das fertig bekommst; ~ **you allerdings**; ~ **you, he did try** er hat es immerhin versucht; **he's quite good, ~ you** er ist eigentlich ganz gut

♦**mind out** Br v/i aufpassen (**for** auf +akk)

mind-blowing umg ADJ Wahnsinns- umg **mind-boggling** umg ADJ irrsinnig umg **-minded** [-'maɪndɪd] ADJ ⟨suf⟩ **she's very politically-minded** sie interessiert sich sehr für Politik **minder** ['maɪndəʳ] umg S Aufpasser(in) m(f)

mindful ['maɪndfʊl] ADJ **to be ~ of sth** etw bedenken **mindless** ADJ Zerstörung sinnlos; Routine stumpfsinnig **mind-reader** S Gedankenleser(in) m(f) **mindset** S Mentalität f

★**mine**[1] [maɪn] POSS PR meine(r, s); **this car is ~** dieses Auto gehört mir; **his friends and ~** seine und meine Freunde; **a friend of ~** ein Freund von mir; **a favourite expression of ~** Br, **a favorite expression of ~** US einer meiner Lieblingsausdrücke

mine[2] A S 1 Bergbau Bergwerk n; **to work down the ~s** unter Tage arbeiten 2 fig **he is a ~ of information** er ist ein wandelndes Lexikon B VT Kohle fördern C VI **to ~ for sth** nach etw graben **minefield** ['maɪnfiːld] S Minenfeld n; **to enter a (political) ~** sich auf (politisch) gefährliches Terrain begeben **miner** ['maɪnə^r] S Bergarbeiter(in) m(f)

mineral ['mɪnərəl] A S Mineral n B ADJ mineralisch, Mineral-; **~ deposits** Mineralbestände pl **mineral water** S Mineralwasser n

minesweeper ['maɪnswiːpə^r] S Minensucher m

ming [mɪŋ] Br umg VI 1 (≈ stinken) miefen umg 2 (≈ hässlich sein) potthässlich sein umg **minger** ['mɪŋə^r] Br umg S 1 (≈ sehr hässliche Person) hässlicher Vogel umg, Vogelscheuche f umg **minging** ['mɪŋɪŋ] Br umg ADJ 1 (≈ widerwärtig, hässlich) potthässlich umg 2 (≈ stinkend) miefig umg

mingle ['mɪŋgl] VI sich vermischen; Menschen sich untereinander vermischen; bei Party sich unter die Gäste mischen

mini- ['mɪnɪ-] PRÄF Mini- **miniature** ['mɪnɪtʃə^r] A S 1 KUNST Miniatur f; (≈ Behälter) Miniflasche f; **in ~** im Kleinen B ADJ ⟨attr⟩ Miniatur- **miniature golf** S Minigolf n **minibar** S Minibar f **mini-break** S Kurzurlaub m **minibus** S Kleinbus m **minicab** S nur telefonisch bestellbar Kleintaxi n **minicam** S Minicam f

minim ['mɪnɪm] S Br MUS halbe Note **minimal** ['mɪnɪml] ADJ minimal; **at ~ cost** zu minimalen Kosten; **with ~ effort** mit minimalem Aufwand **minimalism** ['mɪnɪməlɪzəm] S Minimalismus m **minimize** ['mɪnɪmaɪz] VT minimieren form

minimum ['mɪnɪməm] A S Minimum n; **what is the ~ you will accept?** was ist für Sie das Minimum od der Mindestbetrag?; **a ~ of 2 hours/10 people** mindestens 2 Stunden/10 Leute; **to keep sth to a ~** etw auf ein Minimum beschränken B ADJ ⟨attr⟩ Mindest-; **~ age** Mindestalter n; **~ temperature** Tiefsttemperatur f **minimum wage** S Mindestlohn m

mining ['maɪnɪŋ] S Bergbau m **mining industry** S Bergbau m **mining town** S Bergarbeiterstadt f

minion ['mɪnɪən] fig S Trabant m

miniskirt ['mɪnɪskɜːt] S Minirock m, Minijupe m schweiz

★**minister** ['mɪnɪstə^r] A S 1 POL Minister(in) m(f) 2 KIRCHE Pfarrer(in) m(f) B VI **to ~ to sb** sich um j-n kümmern; **to ~ to sb's needs** j-s Bedürfnisse (akk) befriedigen **ministerial** [ˌmɪnɪˈstɪərɪəl] ADJ POL ministeriell; **~ post** Ministerposten m; **his ~ duties** seine Pflichten als Minister **ministry** ['mɪnɪstrɪ] S 1 POL Ministerium n; **~ of education** Bildungsministerium n 2 KIRCHE **to go into the ~ Geistliche(r)** werden

minivan ['mɪnɪvæn] S Kleinbus m, Van m

mink [mɪŋk] S Nerz m; **~ coat** Nerzmantel m

minor ['maɪnə^r] A ADJ 1 kleiner(e, -er, -es); (≈ weniger wichtig) unbedeutend; Vergehen, Operation leicht; **~ road** Nebenstraße f 2 MUS Moll-; **~ key** Molltonart f; **G ~** g-Moll n B S 1 JUR Minderjährige(r) m/f(m) 2 US UNIV Nebenfach n C VI US UNIV im Nebenfach studieren (**in** +akk)

Minorca [mɪˈnɔːkə] S Menorca n

★**minority** [maɪˈnɒrɪtɪ] A S Minderheit f; **to be in a od the ~** in der Minderheit sein B ADJ ⟨attr⟩ Minderheits-; **~ group** Minderheit f; (ethnic) **~ students** Studenten pl, die einer (ethnischen) Minderheit angehören **minority government** S Minderheitsregierung f

minor league ADJ **~ baseball** US Baseball m od n in den unteren Ligen

minster ['mɪnstə^r] S Münster m

minstrel ['mɪnstrəl] S Spielmann m

mint[1] [mɪnt] A S Münzanstalt f; **to be worth a ~** umg unbezahlbar sein B ADJ **in ~ condition** in tadellosem Zu-

M

stand **C** VT/ prägen

mint² S **1** BOT Minze f **2** Pfefferminz n

mint sauce S Minzsoße f **mint tea** S Pfefferminztee m

minus ['maɪnəs] **A** PRÄP **1** minus; **£100 ~ taxes** £ 100 abzüglich (der) Steuern **2** ohne **B** ADJ Minus-; **~ point** Minuspunkt m; **~ three degrees** drei Grad minus; **an A ~** eine Eins minus **C** S Minus (-zeichen) n

minuscule ['mɪnɪskjuːl] ADJ winzig

minus sign S Minuszeichen n

★**minute¹** ['mɪnɪt] S **1** Minute f; **it's 23 ~s past 3** es ist 3 Uhr und 23 Minuten; **in a ~** gleich; **this ~!** auf der Stelle!; **I shan't be a ~** es dauert nicht lang; **just a ~!** einen Moment mal!, Moment mal!; **any ~ (now)** jeden Augenblick; **tell me the ~ he comes** sag mir sofort Bescheid, wenn er kommt; **have you got a ~?** hast du mal eine Minute Zeit?; **I don't believe for** od **one ~ that ...** ich glaube nicht einen Augenblick, dass...; **at the last ~** in letzter Minute **2** ~s Protokoll n; **to take the ~s** das Protokoll führen

minute² [maɪˈnjuːt] ADJ winzig; Einzelheit kleinste(r, s)

minute hand ['mɪnɪthænd] S Minutenzeiger m

minutely [maɪˈnjuːtlɪ] ADV detailliert genauestens; in kleiner Menge ganz geringfügig

minutiae [mɪˈnjuːʃiː] PL genaue Einzelheiten pl

miracle ['mɪrəkəl] S Wunder n; **to work** od **perform ~s** wörtl Wunder vollbringen; **I can't work ~s** ich kann nicht hexen; **by some ~** fig wie durch ein Wunder; **it'll take a ~ for us** od **we'll need a ~ to** be finished on time da müsste schon ein Wunder geschehen, wenn wir noch rechtzeitig fertig werden sollen **miracle drug** S Wunderdroge f

miraculous [mɪˈrækjʊləs] ADJ **1** Flucht wundersam; **that is nothing/little short of ~** das grenzt an ein Wunder **2** wunderbar **miraculously** [mɪˈrækjʊləslɪ] ADV ~ **the baby was unhurt** es war wie ein Wunder, dass das Baby unverletzt blieb

mirage ['mɪrɑːʒ] S Fata Morgana f; fig Trugbild n

mire ['maɪəʳ] S Morast m

★**mirror** ['mɪrəʳ] **A** S Spiegel m **B** VT/ (wider)spiegeln **mirror image** S Spiegelbild n

mirth [mɜːθ] S Heiterkeit f

misadventure [ˌmɪsədˈventʃəʳ] S Missgeschick n

misanthrope ['mɪzənθrəʊp] S Misanthrop(in) m(f)

misapply ['mɪsəˈplaɪ] VT/ falsch anwenden

misapprehension ['mɪsˌæprɪˈhenʃən] S Missverständnis n; **he was under the ~ that ...** er hatte fälschlicherweise angenommen, dass ...

misappropriate ['mɪsəˈprəʊprɪeɪt] VT/ entwenden; Geld veruntreuen

misbehave ['mɪsbɪˈheɪv] VI sich schlecht benehmen **misbehaviour** [ˌmɪsbɪˈheɪvɪəʳ] S, **misbehavior** US S schlechtes Benehmen, Ungezogenheit f

miscalculate ['mɪsˈkælkjʊleɪt] **A** VT/ falsch berechnen, falsch einschätzen **B** VI sich verrechnen, sich einschätzen **miscalculation** ['mɪsˌkælkjʊˈleɪʃən] S Rechenfehler m, Fehlkalkulation f, Fehleinschätzung f

miscarriage ['mɪsˌkærɪdʒ] S **1** MED Fehlgeburt f **2** ~ **of justice** Justizirrtum m **miscarry** [ˌmɪsˈkærɪ] VI MED eine Fehlgeburt haben

miscellaneous [ˌmɪsɪˈleɪnɪəs] ADJ verschieden; **~ expenses/income** sonstige Aufwendungen/Erträge

mischief ['mɪstʃɪf] S **1** Schalk m, Unfug m; **he's always getting into ~** er stellt dauernd etwas an; **to keep out of ~** keinen Unfug machen **2** **to cause ~** Unfrieden stiften **3** Schaden m; **to do sb/oneself a ~** j-m/sich Schaden zufügen; verletzen j-m/sich etwas (an)tun **mischievous** ['mɪstʃɪvəs] ADJ verschmitzt; **her son is really ~** ihr Sohn ist ein Schlingel **mischievously** ['mɪstʃɪvəslɪ] ADV lächeln verschmitzt

misconceived ['mɪskən'siːvd] ADJ Idee falsch **misconception** [ˌmɪskən'sepʃən] S fälschliche Annahme

misconduct [ˌmɪs'kɒndʌkt] S schlechtes Benehmen; **gross ~** grobes Fehlverhalten

misconstrue [ˌmɪskən'struː] VT/ missdeuten, falsch auslegen; **you have ~d my meaning** Sie haben mich falsch verstanden

M

miscount [ˌmɪsˈkaʊnt] **A** V/T falsch zählen; *Stimmen* falsch auszählen **B** V/I sich verzählen

misdemeanour [ˌmɪsdɪˈmiːnəʳ] S̲, **misdemeanor** US S̲ JUR Vergehen n

misdiagnose [ˈmɪsdaɪəgnəʊz] V/T MED falsch diagnostizieren

misdirect [ˈmɪsdɪˈrekt] V/T *Brief* fehlleiten; *j-n* in die falsche Richtung schicken

miser [ˈmaɪzəʳ] S̲ Geizhals m

miserable [ˈmɪzərəbl] ADJ **1** unglücklich; (≈ *schlecht gelaunt*) griesgrämig; **to make life ~ for sb, to make sb's life ~** j-m das Leben zur Qual machen **2** *Wetter* grässlich; *Dasein* erbärmlich; *Ort* trostlos **3** jämmerlich; *Summe* kläglich; **to be a ~ failure** kläglich versagen

miserably [ˈmɪzərəbli] ADV **1** unglücklich **2** *versagen* kläglich

miserly [ˈmaɪzəli] ADJ geizig; *Angebot* knauserig; **a ~ £8** mickrige £ 8 umg; **to be ~ with sth** mit etw geizen

misery [ˈmɪzəri] S̲ **1** Trauer f **2** Qualen pl, Elend n; **to make sb's life a ~** j-m das Leben zur Hölle machen; **to put an animal out of its ~** ein Tier von seinen Qualen erlösen; **to put sb out of his ~** fig j-n nicht länger auf die Folter spannen

misfire [ˈmɪsˈfaɪəʳ] V/I *Motor* fehlzünden; *Plan* fehlschlagen

misfit [ˈmɪsfɪt] S̲ Außenseiter(in) m(f)

misfortune [ˈmɪsˈfɔːtʃuːn] S̲ **1** (schweres) Schicksal n **2** Pech n kein pl; **it was my ~ od I had the ~ to …** ich hatte das Pech, zu …

misgiving [ˈmɪsˈgɪvɪŋ] S̲ Bedenken pl; **I had ~s about the scheme** bei dem Vorhaben war mir nicht ganz wohl

misguided [ˈmɪsˈgaɪdɪd] ADJ töricht; *Ansichten* irrig

mishandle [ˈmɪsˈhændl] V/T *Fall* falsch handhaben

mishap [ˈmɪshæp] S̲ Missgeschick n; **he's had a slight ~** ihm ist ein kleines Missgeschick passiert

mishear [ˈmɪsˈhɪəʳ] ⟨prät, pperf **misheard** [ˈmɪsˈhɜːd]⟩ **A** V/T falsch hören **B** V/I sich verhören

mishmash [ˈmɪʃmæʃ] S̲ Mischmasch m

misinform [ˈmɪsɪnˈfɔːm] V/T falsch informieren; **you've been ~ed** Sie sind falsch informiert **misinformation** [ˈmɪsɪnfəˈmeɪʃən] S̲ ⟨kein pl⟩ Fehlinformation(en) f(pl)

misinterpret [ˈmɪsɪnˈtɜːprɪt] V/T falsch auslegen; **he ~ed her silence as agreement** er deutete ihr Schweigen fälschlich als Zustimmung **misinterpretation** [ˈmɪsɪnˌtɜːprɪˈteɪʃən] S̲ falsche Auslegung

misjudge [ˈmɪsˈdʒʌdʒ] V/T falsch einschätzen **misjudgement** [ˌmɪsˈdʒʌdʒmənt] S̲ Fehleinschätzung f

mislay [ˌmɪsˈleɪ] ⟨prät, pperf **mislaid** [ˌmɪsˈleɪd]⟩ verlegen

mislead [ˌmɪsˈliːd] V/T ⟨prät, pperf **misled**⟩ irreführen; **you have been misled** Sie irren od täuschen sich **misleading** [ˌmɪsˈliːdɪŋ] ADJ irreführend **misled** [ˌmɪsˈled] PRÄT & PPERF → mislead

mismanage [ˈmɪsˈmænɪdʒ] V/T *Firma* schlecht führen, herunterwirtschaften; *Angelegenheit* schlecht handhaben **mismanagement** [ˈmɪsˈmænɪdʒmənt] S̲ Misswirtschaft f

mismatch [ˈmɪsˈmætʃ] S̲ **to be a ~** nicht zusammenpassen

misogynist [mɪˈsɒdʒɪnɪst] S̲ Frauenfeind m

misplace [ˈmɪsˈpleɪs] V/T verlegen **misplaced** [ˈmɪsˈpleɪst] ADJ *Treue, Begeisterung* unangebracht

misprint [ˈmɪsprɪnt] S̲ Druckfehler m

mispronounce [ˈmɪsprəˈnaʊns] V/T falsch aussprechen **mispronunciation** [ˈmɪsprəˌnʌnsɪˈeɪʃn] S̲ falsche Aussprache

misquote [ˈmɪsˈkwəʊt] V/T falsch zitieren

misread [ˈmɪsˈriːd] V/T ⟨prät, pperf **misread** [ˈmɪsˈred]⟩ falsch lesen, falsch verstehen

misrepresent [ˈmɪsˌreprɪˈzent] V/T falsch darstellen

★**miss¹** [mɪs] **A** S̲ **1** Fehlschuss m; **his first shot was a ~** sein erster Schuss ging daneben; **it was a near ~** fig das war eine knappe Sache; **we had a near ~ with that car** wir wären fast mit diesem Auto zusammengestoßen **2** **to give sth a ~** umg sich (dat) etw schenken **B** V/T **1** verpassen; *akustisch etc* nicht mitbekommen; **to ~ breakfast** nicht frühstücken; *wegen Verspätung* das Frühstück verpassen; **they ~ed each other in the crowd** sie verpassten sich in der Menge; **to ~ the boat** od **bus** fig den Anschluss verpassen; **he ~ed**

M

school for a week er hat eine Woche lang die Schule versäumt; **~ a turn** einmal aussetzen; **he doesn't ~ much** *umg* ihm entgeht so schnell nichts **2** *Preis* nicht bekommen; **he narrowly ~ed being first/becoming president** er wäre beinahe auf den ersten Platz gekommen/Präsident geworden **3** *Hindernis* (noch) ausweichen können (+*dat*); *Unfall etc* entgehen (+*dat*); **the car just ~ed the tree** das Auto wäre um ein Haar gegen den Baum gefahren **4** übersehen **5** vermissen; **I ~ him** er fehlt mir; **he won't be ~ed** keiner wird ihn vermissen; **to ~ doing sth** (es) vermissen, etw zu tun **C** *V/i* nicht treffen, danebenschießen, danebengreifen ♦**miss out** **A** *V/t* ⟨*trennb*⟩ auslassen, weglassen **B** *V/i umg* zu kurz kommen; **to miss out on sth** etw verpassen

★**miss²** **S** Miss White Fräulein White *n*, Frau White

misshapen ['mɪs'ʃeɪpən] *ADJ* missgebildet

missile ['mɪsaɪl] **S 1** (Wurf)geschoss *n* **2** Rakete *f*

missing ['mɪsɪŋ] *ADJ* vermisst, abgängig *bes österr*; *Objekt* verschwunden, fehlend; **to be ~/have gone ~** fehlen; *Mensch* vermisst werden; **to go ~** vermisst werden; *Objekt* verloren gehen; **~ in action** vermisst **missing person** **S** Vermisste(r) *m/f(m)*

mission ['mɪʃən] **S 1** Auftrag *m*, Mission *f*; (*≈ innere Bestimmung*) Berufung *f*; MIL Einsatz *m*; **~ accomplished** MIL, *a. fig* Befehl ausgeführt **2** (*≈ Abordnung*) Delegation *f*

missionary ['mɪʃənrɪ] **A** **S** Missionar(in) *m(f)* **B** *ADJ* missionarisch

misspell ['mɪs'spel] *V/t* ⟨*prät, pperf* misspelled *od* misspelt⟩ falsch schreiben **misspelling** [ˌmɪs'spelɪŋ] **S 1** Rechtschreibfehler *m* **2** falsche Schreibung

misspent [ˌmɪs'spent] *ADJ* **I regret my ~ youth** ich bedaure es, meine Jugend so vergeudet zu haben

★**mist** [mɪst] **S** Nebel *m* ♦**mist over** *V/i*, (*a.* **mist up**) (sich) beschlagen

★**mistake** [mɪ'steɪk] **A** **S** Fehler *m*; **to make a ~** einen Fehler machen, sich irren; **to make the ~ of asking too much** den Fehler machen, zu viel zu verlangen; **by ~** aus Versehen, versehentlich;

there must be some **~** da muss ein Fehler vorliegen **B** *V/t* ⟨*prät* mistook; *pperf* mistaken⟩ falsch verstehen; **there's no mistaking her writing** ihre Schrift ist unverkennbar; **there's no mistaking what he meant** er hat sich unmissverständlich ausgedrückt; **there was no mistaking his anger** er war eindeutig wütend; **to ~ A for B** A mit B verwechseln; **to be ~n about sth/sb** sich in etw/ j-m irren; **to be ~n in thinking that ...** fälschlicherweise annehmen, dass ...; **if I am not ~n ...** wenn mich nicht alles täuscht ... **mistaken** [mɪ'steɪkən] *ADJ Vorstellung* falsch; **a case of ~ identity** eine Verwechslung **mistakenly** [mɪ'steɪkənlɪ] *ADV* irrtümlicherweise

mister ['mɪstə*r*] **S** Herr *m*

mistime ['mɪs'taɪm] *V/t* einen ungünstigen Zeitpunkt wählen für

mistletoe ['mɪsltəʊ] **S** ⟨*kein pl*⟩ Mistel *f*, Mistelzweig *m*

mistook [mɪ'stʊk] *PRÄT* → mistake

mistranslate ['mɪstrænz'leɪt] *V/t* falsch übersetzen

mistreat [mɪs'triːt] *V/t* schlecht behandeln, misshandeln **mistreatment** **S** schlechte Behandlung, Misshandlung *f*

mistress ['mɪstrɪs] **S 1** Herrin *f* **2** Geliebte *f*

mistrust ['mɪs'trʌst] **A** **S** Misstrauen *n* (**of** gegenüber) **B** *V/t* misstrauen (+*dat*) **mistrustful** *ADJ* misstrauisch; **to be ~ of sb/sth** j-m/einer Sache misstrauen

misty ['mɪstɪ] *ADJ* ⟨*komp* mistier⟩ neblig

misunderstand [ˌmɪsʌndə'stænd] *V/t* ⟨*prät, pperf* misunderstood⟩ **A** *V/t* missverstehen; **don't ~ me ...** verstehen Sie mich nicht falsch ... **B** *V/i* **I think you've misunderstood** ich glaube, Sie haben das missverstanden **misunderstanding** [ˈmɪsʌndəˈstændɪŋ] **S** Missverständnis *n*; **there must be some ~** da muss ein Missverständnis vorliegen **misunderstood** [ˈmɪsʌndəˈstʊd] **A** *PRÄT & PPERF* → misunderstand **B** *ADJ* unverstanden; *Künstler* verkannt

misuse [ˈmɪsˈjuːs] **S** Missbrauch *m*; **~ of power/authority** Macht-/Amtsmissbrauch *m* **B** [ˈmɪsˈjuːz] *V/t* missbrauchen

mite¹ [maɪt] **S** ZOOL Milbe *f*

mite² *umg* *ADV* **a ~ surprised** etwas überrascht

mitigate ['mɪtɪgeɪt] *V/t* **mitigating cir-**

cumstances mildernde Umstände *pl*
mitt [mɪt] **A** 1 → mitten 2 Baseballhandschuh *m* **mitten** ['mɪtn] 5 Fausthandschuh *m*

★**mix** [mɪks] **A** 5 Mischung *f*; **a real mix of people** eine bunte Mischung von Menschen; **a broad racial mix** ein breites Spektrum verschiedener Rassen **B** *V/T* (ver)mischen; *Drink* mixen; *Zutaten* verrühren; *Teig* zubereiten; *Salat* wenden; **you shouldn't mix your drinks** man sollte nicht mehrere Sachen durcheinandertrinken; **to mix sth into sth** etw unter etw (*akk*) mengen; **I never mix business with** *od* **and pleasure** ich vermische nie Geschäftliches und Privates **C** *V/I* 1 sich mischen lassen 2 zusammenpassen 3 *Menschen* sich vermischen, miteinander verkehren; **he finds it hard to mix** er ist nicht sehr gesellig
◆**mix in** *V/T* ⟨*trennb*⟩ *Ei* unterrühren
◆**mix up** *V/T* ⟨*trennb*⟩ 1 durcheinanderbringen, verwechseln 2 **to be mixed up in sth** in etw (*akk*) verwickelt sein; **he's got himself mixed up with that gang** er hat sich mit dieser Bande eingelassen

mixed [mɪkst] *ADJ* gemischt, unterschiedlich; **~ nuts** Nussmischung *f*; **of ~ race** *od* **parentage** gemischtrassig; **a class of ~ ability** eine Klasse mit Schülern unterschiedlicher Leistungsstärke; **to have ~ feelings about sth** etw mit gemischten Gefühlen betrachten **mixed-ability** *ADJ* *Gruppe* mit unterschiedlicher Leistungsstärke **mixed bag** 5 bunte Mischung **mixed blessing** 5 **it's a ~** das ist ein zweischneidiges Schwert **mixed doubles** 5 ⟨*+sg od pl v*⟩ SPORT gemischtes Doppel **mixed grill** 5 Grillteller *m* **mixed-race** *ADJ* gemischtrassig **mixed-up** *ADJ* ⟨*attr*⟩, **mixed up** *ADJ* ⟨*präd*⟩ durcheinander *präd*; *Ideen* konfus; **I'm all mixed up** ich bin völlig durcheinander; **he got all mixed up** er hat alles durcheinandergebracht **mixer** ['mɪksər] 5 1 Mixer *m*; *für Zement* Mischmaschine *f* 2 *Tonic etc* zum Auffüllen von alkoholischen Mixgetränken

★**mixture** ['mɪkstʃər] 5 Mischung *f*; GASTR Gemisch *n*; *für Kuchen* Teig *m*; **fold the eggs into the cheese ~** heben Sie die Eier in die Käsemischung unter **mix**-

-up ['mɪksʌp] 5 Durcheinander *n*, Verwechslung *f*; **there seemed to be some ~ about which train ...** es schien nicht ganz klar, welchen Zug ...; **there must have been a ~** da muss irgendetwas schiefgelaufen sein *umg*
ml¹ *ABK* (= millilitre) ml
ml² *ABK* (= mile) Meile
mm *ABK* (= millimetres) mm
MMR *ABK* (= measles, mumps and rubella) MED MMR (*Abkürzung für Masern, Mumps und Röteln*) **MMR vaccination** 5 MED MMR-Impfung *f* (*Schutzimpfung gegen Masern, Mumps und Röteln*)
mo [məʊ] *umg* 5 *ABK* (= moment) Moment *m*
moan [məʊn] **A** 5 1 Stöhnen *n* 2 **to have a ~ about sth** über etw (*akk*) jammern **B** *V/I* 1 stöhnen 2 jammern, sempern *österr* *abwert* über (*+akk*) **C** *V/T*, **he ~ed ...** stöhnte er **moaning** ['məʊnɪŋ] 5 1 Stöhnen *n* 2 Gestöhn(e) (*n*)
moat [məʊt] 5 Wassergraben *m*, Burggraben *m*
mob [mɒb] **A** 5 1 Horde *f*, Mob *m kein pl* ⟨*+akk*⟩; *Popstar* belagern

★**mobile** ['məʊbaɪl] **A** *ADJ* 1 beweglich 2 *Röntgeneinheit* fahrbar; *Labor* mobil **B** 5 1 *Br* TEL Handy *n*, Mobiltelefon *n* 2 (≈ *Zimmerschmuck*) Mobile *n* **mobile device** 5 IT Mobilgerät *n* **mobile home** *Br* 5 Wohnmobil *n* **mobile network** *Br* 5 Handynetz *n*, Mobilfunknetz *n* **mobile number** *Br* 5 Handynummer *f* **mobile payment** 5 Bezahlen *n* per Handy, Handyzahlung *f*; **~ app** Handyzahlungsapp *f* ★**mobile phone** *Br* 5 Handy *n*, Mobiltelefon *n* **mobile phone camera** *Br* 5 Handykamera *f* **mobile phone case** *Br* 5 Handyhülle *f*, Handytasche *f* **mobile phone network** *Br* 5 Handynetz *n*, Mobilfunknetz *n* **mobile phone reception** *Br* 5 Handyempfang *m*; **we couldn't get ~** wir hatten kein Netz **mobile phone user** *Br* 5 Handynutzer(in) *m(f)* **mobile reception** *Br* 5 Handyempfang *m*; **we couldn't get ~** wir hatten kein Netz **mobile wallet** 5 IT Mobile Wallet *f*, Handy-Geldbörse *f* **mobility** [məʊˈbɪlɪtɪ] 5 Beweglichkeit *f*, Mobilität *f*; **a car gives you ~** ein Auto macht Sie beweg-

M

licher **mobility scooter** S̅ Elektromobil *n*, E-Mobil *n* **mobilization** [ˌməubɪlaɪˈzeɪʃən] A̅ V̅/T̅ Mobilisierung *f* **mobilize** [ˈməubɪlaɪz] A̅ V̅/T̅ mobilisieren B̅ V̅/I̅ mobil machen

moccasin [ˈmɒkəsɪn] S̅ Mokassin *m*

mocha [ˈmɒkə] S̅ Mokka *m*

mock [mɒk] A̅ S̅ *Br* SCHULE *umg* ~**s** Probeprüfungen *pl* B̅ A̅D̅J̅ ⟨*attr*⟩ *Prüfung* simuliert; *Hinrichtung* gestellt; ~ **leather** Kunstleder *n* C̅ V̅/T̅ sich lustig machen über (+*akk*) V̅/I̅ **don't** ~ mokier dich nicht! **mockery** [ˈmɒkərɪ] S̅ 1̅ Spott *m* 2̅ **to make a** ~ **of sth** etw lächerlich machen **mocking** A̅D̅J̅, **mockingly** [ˈmɒkɪŋ, -lɪ] A̅D̅V̅ spöttisch

MOD *Br* A̅B̅K̅ (= Ministry of Defence) *britisches Verteidigungsministerium*

modal [ˈməudl] A̅D̅J̅ modal; ~ **verb** Modalverb *n*

mod cons [ˈmɒdˈkɒnz] *Br umg* P̅L̅ A̅B̅K̅ (= modern conveniences) mod. Komf.

mode [məud] S̅ 1̅ Art *f* (und Weise), Form *f*; ~ **of transport** Transportmittel *n* 2̅ IT Modus *m*, Mode *m*

model [ˈmɒdl] A̅ S̅ 1̅ Modell *n*; *für Mode etc* Mannequin *n*, Dressman *m* 2̅ Muster *n* (of an +*dat*); **to hold sb up as a** ~ j-n als Vorbild hinstellen B̅ A̅D̅J̅ 1̅ Modell-; ~ **railway** *Br*, ~ **railroad** US Modelleisenbahn *f* 2̅ vorbildlich; ~ **pupil** Musterschüler(in) *m(f)* C̅ V̅/T̅ 1̅ **to** ~ **X on Y** Y als Muster für X benutzen; **X is** ~**led on Y** *Br*, **X is** ~**ed on Y** US Y dient als Muster für X; **the system was** ~**led on the American one** *Br*, **the system was** ~**ed on the American one** US das System war nach amerikanischem Muster aufgebaut; **to** ~ **oneself on sb** sich (*dat*) j-n zum Vorbild nehmen 2̅ *Kleid etc* vorführen D̅ V̅/I̅ als Mannequin/Dressman arbeiten **modelling** [ˈmɒdlɪŋ] S̅, **modeling** US S̅ **to do some** ~ *bei Modenschau etc* als Mannequin/Dressman arbeiten

★**modem** [ˈməudem] S̅ Modem *n*

moderate A̅ [ˈmɒdərɪt] A̅D̅J̅ gemäßigt; *Erhöhung* mäßig; *Verbesserung* leicht; *Forderungen* vernünftig; *Trinker* maßvoll; *Erfolg* bescheiden; **a** ~ **amount** einigermaßen viel B̅ [ˈmɒdərɪt] S̅ POL Gemäßigte(r) *m(f/m)* C̅ [ˈmɒdəreɪt] V̅/T̅ mäßigen **moderately** [ˈmɒdərɪtlɪ] A̅D̅V̅ 1̅ *mit Adjektiv/Adverb* einigermaßen; *Steigerung,*

Rückgang mäßig; **a** ~ **priced suit** ein nicht allzu teurer Anzug 2̅ *essen etc in Maßen* **moderation** [ˌmɒdəˈreɪʃən] S̅ Mäßigung *f*; **in** ~ mit Maß(en)

★**modern** [ˈmɒdən] A̅D̅J̅ modern; *Geschichte neuere und neueste;* **Modern Greek** *etc* Neugriechisch *n etc* **modern-day** [ˌmɒdənˈdeɪ] A̅D̅J̅ modern; ~ **America** das heutige Amerika **modernism** [ˈmɒdənɪzəm] S̅ Modernismus *m* **modernist** [ˈmɒdənɪst] A̅ A̅D̅J̅ modernistisch B̅ S̅ Modernist(in) *m(f)* **modernization** [ˌmɒdənaɪˈzeɪʃən] S̅ Modernisierung *f* **modernize** [ˈmɒdənaɪz] V̅/T̅ modernisieren **modern languages** P̅L̅ neuere Sprachen *pl*; UNIV Neuphilologie *f*

modest [ˈmɒdɪst] A̅D̅J̅ bescheiden; *Preis* mäßig; **to be** ~ **about one's successes** nicht mit seinen Erfolgen prahlen; **on a** ~ **scale** in bescheidenem Rahmen **modesty** [ˈmɒdɪstɪ] S̅ Bescheidenheit *f* **modicum** [ˈmɒdɪkəm] S̅ **a** ~ **(of)** ein weenig

modification [ˌmɒdɪfɪˈkeɪʃən] S̅ (Ver)änderung *f*; *von Wortlaut* Modifizierung *f*; **to make** ~**s to sth** (Ver)änderungen an etw (*dat*) vornehmen, etw modifizieren **modifier** [ˈmɒdɪfaɪə] S̅ GRAM Bestimmungswort *n* **modify** [ˈmɒdɪfaɪ] V̅/T̅ (ver)ändern; *Wortlaut* modifizieren **modular** [ˈmɒdjʊlə] A̅D̅J̅ aus Elementen zusammengesetzt; IT modular; *bes Br* SCHULE, UNIV modular aufgebaut **modulate** [ˈmɒdjʊleɪt] V̅/T̅ & V̅/I̅ MUS, RADIO modulieren **modulation** [ˌmɒdjʊˈleɪʃən] S̅ MUS, RADIO Modulation *f*

module [ˈmɒdjuːl] S̅ (Bau)element *n*; SCHULE *etc* Kurs *m*; COMPUT Modul *n*; RAUMF Raumkapsel *f*

mohair [ˈməuheə] S̅ Mohair *m*

Mohican [məuˈhiːkən] S̅ 1̅ Mohikaner(in) *m(f)* 2̅ *Frisur* Irokesenschnitt *m*

moist [mɔɪst] A̅D̅J̅ ⟨+*er*⟩ feucht (**from, with** vor +*dat*) **moisten** [ˈmɔɪsn] V̅/T̅ anfeuchten **moisture** [ˈmɔɪstʃə] S̅ Feuchtigkeit *f* **moisturize** [ˈmɔɪstʃəˌraɪz] A̅ V̅/T̅ *Feuchtigkeit spenden* B̅ V̅/I̅ eine Feuchtigkeitscreme benutzen **moisturizer** [ˈmɔɪstʃəˌraɪzə] S̅ Feuchtigkeitscreme *f*

molar (tooth) [ˈməulə(ˌtuː)θ] S̅ Backenzahn *m*, Stockzahn *m* österr

molasses [məuˈlæsɪz] S̅ Melasse *f*

M

mold etc US → **mould**[1]

Moldova [mɒlˈdəʊvə] S̲ Moldau f

moldy US ADJ → **mouldy**

mole[1] [məʊl] S̲ ANAT Leberfleck m

mole[2] S̲ ZOOL Maulwurf m, Schermaus f schweiz; umg (≈Agent) Maulwurf m umg

molecular [məʊˈlekjʊlə*] ADJ Molekular-
molecule [ˈmɒlɪkjuːl] S̲ Molekül n

molehill S̲ Maulwurfshaufen m

molest [məʊˈlest] V/T belästigen

mollusc [ˈmɒləsk] S̲ Weichtier n

mollycoddle [ˈmɒlɪˌkɒdl] V/T verhätscheln

molotow cocktail [ˈmɒlətəv ˈkɒkteɪl] S̲ US Molotowcocktail m

molt US V/I → **moult**

molten [ˈməʊltən] ADJ geschmolzen; Lava flüssig

mom [mɒm] US umg S̲ → **mum**[2]

★**moment** [ˈməʊmənt] S̲ Augenblick m, Moment m; **any ~ now**, **(at) any ~** jeden Augenblick; **at the ~** im Augenblick, momentan; **not at the ~** im Augenblick nicht; **at this (particular) ~** in time augenblicklich; **for the ~** vorläufig; **not for a od one ~ ...** nie(mals) ...; **I didn't hesitate for a ~** ich habe keinen Augenblick gezögert; **in a ~** gleich; **to leave things until the last ~** alles erst im letzten Moment erledigen; **just a ~!**, **wait a ~!** Moment mal!; **I shan't be a ~** ich bin gleich wieder da, ich bin gleich so weit; **I have just this ~ heard about it** ich habe es eben od gerade erst erfahren; **we haven't a ~ to lose** wir haben keine Minute zu verlieren; **not a ~'s peace** keine ruhige Minute; **one ~ she was laughing, the next she was crying** zuerst lachte sie, einen Moment später weinte sie; **the ~ I saw him I knew ...** als ich ihn sah, wusste ich sofort ...; **tell me the ~ he comes** sagen Sie mir sofort Bescheid, wenn er kommt; **the ~ of truth** die Stunde der Wahrheit; **the movie has its ~s** streckenweise hat der Film was umg **momentarily** [ˈməʊməntərɪlɪ] ADV (für) einen Augenblick **momentary** [ˈməʊməntərɪ] ADJ kurz, momentan; **there was a ~ silence** einen Augenblick lang herrschte Stille

momentous [məʊˈmentəs] ADJ bedeutungsvoll

momentum [məʊˈmentəm] S̲ Schwung

m; **to gather** od **gain ~** wörtl sich beschleunigen; fig in Gang kommen; **to lose ~** Schwung verlieren

Mon ABK (= Monday) Mo.

Monaco [ˈmɒnəkəʊ] S̲ Monaco n

monarch [ˈmɒnək] S̲ Monarch(in) m(f)
monarchist [ˈmɒnəkɪst] S̲ Monarchist(in) m(f) **monarchy** [ˈmɒnəkɪ] S̲ Monarchie f

monastery [ˈmɒnəstərɪ] S̲ (Mönchs)kloster n **monastic** [məˈnæstɪk] ADJ klösterlich; **~ order** Mönchsorden m

★**Monday** [ˈmʌndɪ] S̲ Montag m; → **Tuesday**

monetary [ˈmʌnɪtərɪ] ADJ währungspolitisch; **~ policy** Währungspolitik f; **~ union** Währungsunion f **monetary unit** S̲ Währungseinheit f

★**money** [ˈmʌnɪ] S̲ Geld n; **to make ~** (viel) Geld verdienen; Geschäft etwas einbringen; **to lose ~** Geld verlieren; Geschäft Verluste haben; **to be in the ~** umg Geld wie Heu haben; **what's the ~ like in this job?** wie wird der Job bezahlt?; **to earn good ~** gut verdienen; **to get one's ~'s worth** etwas für sein Geld bekommen; **to put one's ~ where one's mouth is** umg (nicht nur reden, sondern) Taten sprechen lassen **money belt** S̲ Geldgürtel m **moneybox** S̲ Sparbüchse f **money laundering** S̲ Geldwäsche f **moneylender** S̲ Geldverleiher(in) m(f) **money market** S̲ Geldmarkt m **money order** S̲ Zahlungsanweisung f; US Postanweisung f **money-spinner** umg S̲ Verkaufsschlager m **money supply** S̲ Geldvolumen n **money transfer** S̲ Geldtransfer m

mongrel [ˈmʌŋɡrəl] S̲ Promenadenmischung f; pej Köter m

monitor [ˈmɒnɪtə*] A S̲ 1 SCHULE book ~ Bücherwart(in) m(f) 2 TV, TECH Monitor m; COMPUT a. Bildschirm m 3 Überwacher(in) m(f) B V/T 1 Telefongespräch abhören; Fernsehprogramm mithören 2 überwachen; Ausgaben etc kontrollieren **monitoring software** [ˈmɒnɪtrɪŋ] S̲ Überwachungssoftware f

★**monk** [mʌŋk] S̲ Mönch m

★**monkey** [ˈmʌŋkɪ] A S̲ Affe m; fig (≈Kind) Schlingel m; **I don't give a ~'s** Br umg das ist mir scheißegal umg B V/I **to ~ around** umg herumalbern; **to**

~ around with sth an etw (*dat*) herumfummeln *umg* **monkey business** *umg* [S] **no ~!** mach(t) mir keine Sachen! *umg* **monkey wrench** [S] Engländer *m*
mono ['mɒnəʊ] [A] [S] ⟨*kein pl*⟩ Mono *n* [B] [ADJ] Mono-, mono-
monochrome ['mɒnəkrəʊm] [ADJ] monochrom
monocle ['mɒnəkəl] [S] Monokel *n*
monogamous [mɒ'nɒgəməs] [ADJ] monogam **monogamy** [mɒ'nɒgəmɪ] [S] Monogamie *f*
monolingual [,mɒnə'lɪŋgwəl] [ADJ] einsprachig
monolithic [,mɒnəʊ'lɪθɪk] *fig* [ADJ] gigantisch
monologue ['mɒnəlɒg] [S], **monolog** *US* [S] Monolog *m*
monopolization [mə,nɒpəlaɪ'zeɪʃən] *wörtl* [S] Monopolisierung *f* **monopolize** [mə'nɒpəlaɪz] *wörtl* [V/T] *Markt* monopolisieren; *fig j-n* mit Beschlag belegen; *Diskussion* beherrschen **monopoly** [mə'nɒpəlɪ] *wörtl* [S] Monopol *n*
monorail ['mɒnəreɪl] [S] Einschienenbahn *f*
monosyllabic [,mɒnəʊsɪ'læbɪk] *fig* [ADJ] einsilbig
monotone ['mɒnətəʊn] [S] monotoner Klang, monotone Stimme **monotonous** [mə'nɒtənəs] [ADJ] monoton; **it's getting ~** es wird allmählich langweilig **monotony** [mə'nɒtənɪ] [S] Monotonie *f*
monoxide [mɒ'nɒksaɪd] [S] Monoxid *n*
monsoon [mɒn'suːn] [S] Monsun *m*; **the ~s, the ~ season** die Monsunzeit
monster ['mɒnstəʳ] [A] [S] [1] Ungetüm *n*; (≈ *Tier*) Ungeheuer *n* [2] Monster *n* [3] Unmensch *m* [B] [ADJ] ⟨*attr*⟩ riesenhaft **monstrosity** [mɒn'strɒsɪtɪ] [S] Monstrosität *f* **monstrous** ['mɒnstrəs] [ADJ] [1] riesig [2] abscheulich; *Verbrechen* grässlich
montage [mɒn'tɑːʒ] [S] Montage *f*
Montenegrin [,mɒntɪ'niːgrɪn] [A] [S] Montenegriner(in) *m(f)* [B] [ADJ] montenegrinisch **Montenegro** [,mɒntɪ'niːgrəʊ] [S] Montenegro *n*
★**month** [mʌnθ] [S] Monat *m*; **in** *od* **for ~s** seit Langem; **it went on for ~s** es hat sich monatelang hingezogen; **one ~'s salary** ein Monatsgehalt; **by the ~** monatlich
★**monthly** ['mʌnθlɪ] [A] [ADJ & ADV] monatlich; **~ magazine** Monats(zeit)schrift *f*; **~ salary** Monatsgehalt *n*; **~ instalment ~ installment** *US* Monatsrate *f*; **they have ~ meetings** sie treffen sich einmal im Monat; **to pay on a ~ basis** monatlich zahlen; **twice ~** zweimal pro Monat [B] [S] Monats(zeit)schrift *f*
monty ['mɒntɪ] *umg* [S] **the full ~** absolut alles
★**monument** ['mɒnjʊmənt] [S] Denkmal *n*; *fig* Zeugnis *n* (**to** *+gen*) **monumental** [,mɒnjʊ'mentl] [ADJ] enorm; **on a ~ scale** *Katastrophe* von riesigem Ausmaß; *Bauwerk* monumental
moo [muː] [V/I] muhen
mooch [muːtʃ] *umg* [V/I] tigern *umg*; **I spent all day just ~ing about the house** *Br*, **I spent all day just ~ing around the house** ich habe den ganzen Tag zu Hause herumgegammelt *umg*
★**mood**[1] [muːd] [S] Stimmung *f*, Laune *f*; **he's in one of his ~s** er hat mal wieder eine seiner Launen; **to be in a good/bad ~** gute/schlechte Laune haben; **to be in a cheerful ~** gut aufgelegt sein; **to be in a festive/forgiving ~** feierlich/versöhnlich gestimmt sein; **I'm in no ~ for laughing** mir ist nicht nach *od* zum Lachen zumute; **to be in the ~ for sth** zu etw aufgelegt sein; **to be in the ~ to do sth** dazu aufgelegt sein, etw zu tun; **to be in no ~ to do sth** nicht in der Stimmung sein, etw zu tun; **I'm not in the ~ to work** ich habe keine Lust zum Arbeiten; **I'm not in the ~** ich bin nicht dazu aufgelegt
mood[2] [S] GRAM Modus *m*; **indicative ~** Indikativ *m*
moodiness ['muːdɪnɪs] [S] Launenhaftigkeit *f* **moody** ['muːdɪ] [ADJ] ⟨*komp* moodier⟩ launisch, schlecht gelaunt
★**moon** [muːn] [S] Mond *m*; **is there a ~ tonight?** scheint heute der Mond?; **when the ~ is full** bei Vollmond; **to promise sb the ~** j-m das Blaue vom Himmel versprechen; **to be over the ~** *umg* überglücklich sein ♦**moon about** *Br*, **moon around** [V/I] (vor sich *akk* hin) träumen; **to moon about** *od* **around (in) the house** zu Hause hocken
moonbeam [S] Mondstrahl *m* **moonless** [ADJ] mondlos **moonlight** [A] [S] Mondlicht *n*; **it was ~** der Mond schien [B] [V/I] *umg* schwarzarbeiten, pfuschen

österr **moonlighting** *umg* [S] Schwarzarbeit *f*, Pfusch *m österr* **moonlit** [ADJ] mondbeschienen; *Landschaft* mondhell **moonshine** [S] Mondschein *m*

moor[1] [mʊəʳ] [S] (Hoch)moor *n*

moor[2] [V/T & V/I] festmachen **mooring** [ˈmʊərɪŋ] [S] Anlegeplatz *m*; **~s** Verankerung *f*

moose [muːs] [S] ⟨*pl* -⟩ Elch *m*

moot [muːt] [ADJ] **a ~ point** eine fragliche Sache

mop [mɒp] [A] [S] Mopp *m*; **her mop of curls** ihr Wuschelkopf *m* [B] [V/T] *Boden* wischen; **to mop one's brow** sich (*dat*) den Schweiß von der Stirn wischen ♦**mop up** [A] [V/T] ⟨*trennb*⟩ aufwischen; **she mopped up the sauce with a piece of bread** sie tunkte die Soße mit einem Stück Brot auf [B] [V/I] (auf)wischen

mope [məʊp] [V/I] Trübsal blasen *umg* ♦**mope about** *Br*, **mope around** [V/I] mit einer Jammermiene herumlaufen; **to mope about** *od* **around the house** zu Hause hocken und Trübsal blasen *umg*

moped [ˈməʊped] [S] Moped *n*

moral [ˈmɒrəl] [A] [ADJ] moralisch; **~ values** sittliche Werte *pl*; **to give sb ~ support** j-n moralisch unterstützen [B] [S] [1] Moral *f* [2] **~s** *pl* (≈*Prinzipien*) Moral *f*

morale [mɒˈrɑːl] [S] Moral *f*; **to boost sb's ~** j-m (moralischen) Auftrieb geben

moralistic [ˌmɒrəˈlɪstɪk] [ADJ] moralisierend **morality** [məˈrælɪtɪ] [S] Moralität *f*; (≈*System*) Ethik *f* **moralize** [ˈmɒrəlaɪz] [V/I] moralisieren **morally** [ˈmɒrəlɪ] [ADV] moralisch

morass [məˈræs] [S] **a ~ of problems** ein Wust *m* von Problemen

moratorium [ˌmɒrəˈtɔːrɪəm] [S] Stopp *m*, Moratorium *n*

morbid [ˈmɔːbɪd] [ADJ] krankhaft; *Sinn für Humor etc* makaber; *Gedanken* düster; *Mensch* trübsinnig; **don't be so ~!** sieh doch nicht alles so schwarz!

★**more** [mɔːʳ]

A Pronomen B Adjektiv
C Adverb

— A Pronomen —

mehr, noch welche; **~ and ~** immer mehr; **one/three ~** noch ein(e)/drei; **many/much ~** viel mehr; **not many/much ~** nicht mehr viele/viel; **no ~** nichts mehr, keine mehr; **some ~** noch etwas, noch welche; **there isn't/aren't any ~** mehr gibt es nicht, es ist nichts/es sind keine mehr da; **is/are there any ~?** gibt es noch mehr?, ist noch etwas/sind noch welche da?; **even ~** noch mehr; **let's say no ~ about it** reden wir nicht mehr darüber; **there's ~ to come** das ist noch nicht alles; **what ~ do you want?** was willst du denn noch?; **there's ~ to it** da steckt (noch) mehr dahinter; **there's ~ to bringing up children than ...** zum Kindererziehen gehört mehr als ...; **and what's ~, ...** und außerdem ...; **(all) the ~** umso mehr; **the ~ ..., the ~ ...** je mehr ..., desto mehr ...; **the ~ the merrier** je mehr, desto besser

— B Adjektiv —

mehr, noch mehr; **two ~ bottles** noch zwei Flaschen; **a lot/a little ~ money** viel/etwas mehr Geld; **a few ~ weeks** noch ein paar Wochen; **no ~ music** keine Musik mehr; **no ~ squabbling!** Schluss mit dem Zanken!; **do you want some ~ tea/books?** möchten Sie noch etwas Tee/noch ein paar Bücher?; **there isn't any ~ wine** es ist kein Wein mehr da; **there aren't any ~ books** mehr Bücher gibt es nicht, es sind keine Bücher mehr da

— C Adverb —

[1] mehr; **~ and ~** immer mehr; **it will weigh/grow a bit ~** es wird etwas mehr wiegen/noch etwas wachsen; **to like sth ~** etw lieber mögen; **~ than** mehr als; **it will ~ than meet the demand** das wird die Nachfrage mehr als genügend befriedigen; **he's ~ lazy than stupid** er ist eher faul als dumm; **no ~ than** nicht mehr als; **he's ~ like a brother to me** er ist eher wie ein Bruder (für mich); **once ~** noch einmal; **no ~, not any ~** nicht mehr; **to be no ~** nicht mehr existieren; **if he comes here any ~ ...** wenn er noch länger hierherkommt ...; **~ or less** mehr oder weniger; **neither ~ nor less, no ~, no less** nicht mehr und nicht weniger [2] *bei Komparativ* -er (**than** als); **~ beautiful/boring/quickly** schöner/langweiliger/schneller; **~ and ~ beautiful** immer schöner; **~ seriously** ernster; **no ~ stupid than I am** (auch) nicht

dümmer als ich

moreover [mɔːˈrəʊvəʳ] _ADV_ zudem, überdies

morgue [mɔːg] $\overline{S}$ Leichenschauhaus _n_

Mormon [ˈmɔːmən] _A_ _ADJ_ mormonisch; ~ **church** Mormonenkirche _f_ _B_ $\overline{S}$ Mormone _m_, Mormonin _f_

★**morning** [ˈmɔːnɪŋ] _A_ $\overline{S}$ Morgen _m_, Vormittag _m_; **in the** ~ am Morgen; morgens, vormittags; **early in the** ~ _am Tag darauf_ morgen früh; _an eingdeinem Tag_ am frühen Morgen; **(at) 7 in the** ~ (um) 7 Uhr morgens; **at 2 in the** ~ um 2 Uhr früh; ★**this/yesterday** ~ heute/ gestern Morgen; **tomorrow** ~ morgen früh; **it was the** ~ **after** es war am nächsten Morgen _B_ _ADJ_ _‹attr›_ am Morgen, morgendlich; ~ **flight** Vormittagsflug _m_ **morning paper** $\overline{S}$ Morgenzeitung _f_ **morning sickness** $\overline{S}$ (Schwanger-schafts)übelkeit _f_

Morocco [məˈrɒkəʊ] $\overline{S}$ Marokko _n_

moron [ˈmɔːrɒn] _umg_ $\overline{S}$ Trottel _m umg_ **moronic** [məˈrɒnɪk] _umg_ _ADJ_ idiotisch _umg_

morose [məˈrəʊs] _ADJ_, **morosely** [məˈrəʊs, -lɪ] _ADV_ missmutig

morphine [ˈmɔːfiːn] $\overline{S}$ Morphium _n_

morphology [mɔːˈfɒlədʒɪ] $\overline{S}$ Morphologie _f_

morse [mɔːs] $\overline{S}$, (_a._ **Morse code**) Morseschrift _f_

morsel [ˈmɔːsl] $\overline{S}$ Bissen _m_

mortal [ˈmɔːtl] _A_ _ADJ_ ■ sterblich ☑ tödlich; **to deal (sb/sth) a** ~ **blow** (j-m/ einer Sache) einen tödlichen Schlag versetzen; ~ **enemy** Todfeind(in) _m/f_ _B_ $\overline{S}$ Sterbliche(r) _m/f(m)_ **mortality** [mɔːˈtælɪtɪ] $\overline{S}$ Sterblichkeit _f_; ~ **rate** Sterblichkeitsziffer _f_ **mortally** [ˈmɔːtəlɪ] _ADV_ tödlich; ~ **ill** todkrank **mortal sin** $\overline{S}$ Todsünde _f_

mortar [ˈmɔːtəʳ] $\overline{S}$ Mörtel _m_ **mortarboard** [ˈmɔːtə,bɔːd] $\overline{S}$ _UNIV_ Doktorhut _m_

mortgage [ˈmɔːgɪdʒ] _A_ $\overline{S}$ Hypothek _f_ (**on auf** +_akk od dat_); **a** ~ **for £50,000** eine Hypothek über £ 50.000 _B_ $\overline{VT}$ hypothekarisch belasten **mortgage rate** $\overline{S}$ Hypothekenzinssatz _m_

mortician [ˌmɔːˈtɪʃən] _US_ $\overline{S}$ Bestattungs-unternehmer(in) _m/f(f)_

mortify [ˈmɔːtɪfaɪ] $\overline{VT}$ **he was mortified** es war ihm äußerst peinlich

mortuary [ˈmɔːtjʊərɪ] $\overline{S}$ Leichenhalle _f_

mosaic [məʊˈzeɪɪk] $\overline{S}$ Mosaik _n_

Moscow [ˈmɒskəʊ] $\overline{S}$ Moskau _n_

Moselle [məʊˈzel] $\overline{S}$ Mosel _f_

Moslem [ˈmɒzləm] _A_ _ADJ_ muslimisch _B_ $\overline{S}$ Muslim(in) _m(f)_

mosque [mɒsk] $\overline{S}$ Moschee _f_

★**mosquito** [mɒsˈkiːtəʊ] $\overline{S}$ _‹pl_ **-(e)s** _›_ Stechmücke _f_, Moskito _m_

moss [mɒs] $\overline{S}$ Moos _n_ **mossy** [ˈmɒsɪ] _ADJ_ _‹komp_ **mossier** _›_ moosbedeckt

★**most** [məʊst] _A_ _ADJ_ _‹sup›_ ■ meiste(r, s); _Vergnügen_ größte(r, s); **who has (the)** ~ **money?** wer hat am meisten Geld?; **for the** ~ **part** größtenteils, im Großen und Ganzen ☑ die meisten; ~ **people** die meisten (Leute) _B_ $\overline{S}$ _& PRON_ das meiste, die meisten; ~ **of it** das meiste; ~ **of them** die meisten (von ihnen); ~ **of the money** das meiste Geld; ~ **of his friends** die meisten seiner Freunde; ~ **of the day** fast den ganzen Tag über; ~ **of the time** die meiste Zeit, meist(ens); **at** ~ höchstens; **to make the** ~ **of sth** etw voll ausnützen; _Urlaub etc_ etw in vollen Zügen genießen _C_ _ADV_ ■ _‹sup›_ **mit Verb** am meisten; _mit Adjektiv_ -ste(r, s); _mit Adverb_ am -sten; **the** ~ **beautiful …** der/die/das schönste …; **what** ~ **displeased him …, what displeased him** ~ **…** was ihm am meisten missfiel …; ~ **of all** am meisten ☑ äußerst; ~ **likely** höchstwahrscheinlich

★**mostly** [ˈməʊstlɪ] _ADV_ hauptsächlich, meistens, zum größten Teil; **they are** ~ **women** die meisten sind Frauen

MOT [ˌeməʊˈtiː] _Br_ _A_ $\overline{S}$ MOT (**test**) ≈ TÜV _m_; **it failed its MOT** ≈ es ist nicht durch den TÜV gekommen _B_ $\overline{VT}$ **to get one's car MOT'd** ≈ sein Auto zum TÜV bringen; **I got my car MOT'd** _mit Erfolg_ ≈ mein Auto ist durch den TÜV gekommen

motel [məʊˈtel] $\overline{S}$ Motel _n_

moth [mɒθ] $\overline{S}$ ■ Nachtfalter _m_ ☑ Motte _f_ **mothball** $\overline{S}$ Mottenkugel _f_

★**mother** [ˈmʌðəʳ] _A_ $\overline{S}$ Mutter _f_; **she's a** ~ **of three** sie hat drei Kinder _B_ _ADJ_ _‹attr›_ Mutter- _C_ $\overline{VT}$ bemuttern **motherboard** $\overline{S}$ _COMPUT_ Mutterplatine _f_ **mother country** $\overline{S}$ Heimat _f_, Mutterland _n_ **mother figure** $\overline{S}$ Mutterfigur _f_ **motherhood** $\overline{S}$ Mutterschaft _f_

★**mother-in-law** $\overline{S}$ _‹pl_ **mothers-in-law** _›_

M

Schwiegermutter f **motherland** ⓢ Heimat f **motherly** ['mʌðəlɪ] ADJ mütterlich **mother-of-pearl** [ˌmʌðərəv-'pɜːl] A ⓢ Perlmutt n B ADJ Perlmutt-**Mother's Day** ⓢ Muttertag m **mother-to-be** ⓢ ‹pl mothers-to-be› werdende Mutter **mother tongue** ⓢ Muttersprache f

motif [məʊˈtiːf] ⓢ KUNST, MUS Motiv n; Handarbeiten Muster n

motion ['məʊʃən] A ⓢ 1 Bewegung f; **to be in ~** sich bewegen; Zug etc fahren; **to set** od **put sth in ~** etw in Gang setzen; **to go through the ~s of doing sth** etw der Form halber tun 2 Antrag m B VT **to ~ sb to do sth** j-m ein Zeichen geben, dass er etw tun solle; **he ~ed me to a chair** er wies mir einen Stuhl an C VI **to ~ to sb to do sth** j-m ein Zeichen geben, dass er etw tun solle **motion detector** ⓢ Bewegungsmelder m **motionless** ADJ reg(ungs)los; **to stand ~** bewegungslos dastehen **motion picture** bes US ⓢ Film m **motion sensor** ⓢ Bewegungsmelder m **motion sickness** ⓢ MED Kinetose f fachspr, Seekrankheit f; FLUG Luftkrankheit f; Verkehr Autokrankheit f

motivate ['məʊtɪveɪt] VT motivieren **motivated** ADJ motiviert; **he's not ~ enough** es fehlt ihm die nötige Motivation **motivation** [ˌməʊtɪˈveɪʃən] ⓢ Motivation f **motivation letter** ⓢ Motivationsschreiben n **motive** ['məʊtɪv] ⓢ Motiv n **motiveless** ['məʊtɪvlɪs] ADJ unmotiviert

motley ['mɒtlɪ] ADJ kunterbunt

★**motor** ['məʊtər] A ⓢ 1 Motor m 2 Br umg Auto n B ADJ ‹attr› 1 PHYSIOL motorisch 2 Kraftfahrzeug- **motorbike** ⓢ Motorrad n, Töff m schweiz **motorboat** ⓢ Motorboot n **motorcade** ['məʊtəkeɪd] ⓢ Fahrzeugkolonne f **motorcar** form ⓢ Auto n

★**motorcycle** ⓢ Motorrad n, Töff m schweiz **motorcycling** ⓢ Motorradfahren n, Töfffahren n schweiz; SPORT Motorradsport m **motorcyclist** ⓢ Motorradfahrer(in) m(f), Töfffahrer(in) m(f) schweiz **motor home** ⓢ Wohnmobil n **motor industry** ⓢ Kraftfahrzeugindustrie f **motoring** bes Br A ADJ ‹attr› Auto-; **~ offence** Verkehrsdelikt n B ⓢ **school of ~** Fahrschule f **motorist** ⓢ

Autofahrer(in) m(f) **motorize** ['məʊtəraɪz] VT motorisiert ein **motor lodge** US ⓢ Motel n **motor mechanic** ⓢ Kraftfahrzeugmechaniker(in) m(f) **motor racing** ⓢ Rennsport m **motor scooter** ⓢ Motorroller m **motor sport** ⓢ Motorsport m **motor vehicle** form ⓢ Kraftfahrzeug n

★**motorway** Br ⓢ Autobahn f; **~ driving** das Fahren auf der Autobahn

mottled ['mɒtld] ADJ gesprenkelt **motto** ['mɒtəʊ] ⓢ ‹pl -(e)s› Motto n **mould**[1] [məʊld], **mold** US A ⓢ 1 Form f 2 fig **to be cast in** od **from the same/ a different ~** Menschen vom gleichen/ von einem anderen Schlag sein; **to break the ~** fig mit der Tradition brechen B VT formen (**into** zu)

mould[2] ⓢ, **mold** US ⓢ (= Fäulnis) Schimmel m **mouldy** ['məʊldɪ] ADJ ‹komp mouldier›, **moldy** US ADJ ‹moldier› verschimmelt; **to go ~** verschimmeln

moult [məʊlt] VI, **molt** US VI Vogel sich mausern; Säugetier sich haaren

mound [maʊnd] ⓢ 1 Hügel m, Wall m; Baseball Wurfmal m 2 Haufen m; von Büchern Stapel m

Mount [maʊnt] ⓢ **~ Etna** etc der Ätna etc; **~ Everest** Mount Everest m; **on ~ Sinai** auf dem Berg(e) Sinai

mount [maʊnt] A ⓢ 1 Reittier n 2 von Maschine Sockel m; von Edelstein Fassung f; von Bild Passepartout n B VT 1 besteigen 2 montieren; Bild aufziehen; Edelstein (ein)fassen 3 Angriff, Expedition organisieren; **to ~ a guard** eine Wache aufstellen 4 zur Begattung bespringen C VI 1 aufsteigen; auf Pferd aufsitzen 2 (a. **~ up**) zunehmen; Beweise sich häufen; **the death toll has ~ed to 800** die Todesziffer ist auf 800 gestiegen; **pressure is ~ing on him to resign** er sieht sich wachsendem Druck ausgesetzt, zurückzutreten

★**mountain** ['maʊntɪn] ⓢ Berg m; **in the ~s** in den Bergen; **to make a ~ out of a molehill** aus einer Mücke einen Elefanten machen umg **mountain bike** ⓢ Mountainbike n **mountain chain** ⓢ Bergkette f **mountaineer** [ˌmaʊntɪˈnɪər] ⓢ Bergsteiger(in) m(f) **mountaineering** [ˌmaʊntɪˈnɪərɪŋ] ⓢ Bergsteigen n **mountain hike** ⓢ Bergtour f, Bergwanderung f **moun-**

M

tainous [ˈmaʊntɪnəs] ADJ gebirgig; fig riesig **mountain range** ⟨s⟩ Gebirgszug m **mountain rescue (service)** ⟨s⟩ Bergwacht f **mountainside** ⟨s⟩ (Berg)hang m

mounted [ˈmaʊntɪd] ADJ Truppen etc beritten **Mountie** [ˈmaʊntɪ] umg ⟨s⟩ berittener kanadischer Polizist

mounting [ˈmaʊntɪŋ] ADJ wachsend; **there is ~ evidence that …** es häufen sich die Beweise dafür, dass …

mourn [mɔːn] A VⁱT betrauern; fig nachtrauern (+dat) B VⁱI trauern; **to ~ for** od **over sb** um j-n trauern **mourner** [ˈmɔːnəⁱ] ⟨s⟩ Trauernde(r) m/f(m) **mournful** ADJ traurig; Ruf klagend **mourning** [ˈmɔːnɪŋ] ⟨s⟩ Trauerzeit f; (≈ Anzug etc) Trauer(kleidung) f; **to be in ~ for sb** um j-n trauern; **next Tuesday has been declared a day of national ~** für den kommenden Dienstag wurde Staatstrauer angeordnet

★**mouse** [maʊs] ⟨s⟩ ⟨pl **mice**; COMPUT a. **mouses**⟩ a. COMPUT Maus f **mouse button** ⟨s⟩ COMPUT Maustaste f **mouse click** ⟨s⟩ IT Mausklick m **mousehole** ⟨s⟩ Mauseloch n **mouse mat**, **mouse pad** ⟨s⟩ Mauspad n, Mausmatte f **mouse pointer** ⟨s⟩ IT Mauszeiger m **mouse potato** ⟨s⟩ ⟨pl **-es**⟩ umg (abgestumpfter) Computerfreak umg **mousetrap** ⟨s⟩ Mausefalle f **mousey** ADJ → **mousy**

mousse [muːs] ⟨s⟩ **1** Creme(speise) f **2** (a. **styling ~**) Schaumfestiger m

moustache [məˈstɑːʃ] ⟨s⟩, **mustache** US ⟨s⟩ Schnurrbart m, Schnauz m schweiz

mousy, **mousey** [ˈmaʊsɪ] ADJ ⟨komp **mousier**; **mousey**⟩ mausgrau

★**mouth** [maʊθ] A ⟨s⟩ Mund m; von Tier Maul n; von Vogel Rachen m; von Flasche Öffnung f; von Fluss Mündung f; **to keep one's (big) ~ shut (about sth)** umg (über etw akk) die Klappe halten umg; **me and my big ~!** umg ich konnte wieder nicht die Klappe halten umg; **he has three ~s to feed** er hat drei Mäuler zu stopfen umg B [maʊð] VⁱT geräuschlos mit Lippensprache sagen **mouthful** [ˈmaʊθfʊl] ⟨s⟩ Schluck m, Bissen m; fig (≈ schwieriges Wort) Zungenbrecher m **mouth organ** ⟨s⟩ Mundharmonika f; **to play the ~** Mundharmonika spielen **mouthpiece** ⟨s⟩ Mundstück n; fig

Sprachrohr n **mouth-to-mouth** ADJ **~ resuscitation** Mund-zu-Mund-Beatmung f **mouthwash** ⟨s⟩ Mundwasser n **mouthwatering** ADJ lecker; fig verlockend

movable [ˈmuːvəbl] ADJ beweglich

★**move** [muːv]

A transitives Verb   B intransitives Verb
C Substantiv

— A transitives Verb —

1 bewegen; Rad (an)treiben; Möbel etc woanders hinstellen, wegstellen, umräumen; Stuhl rücken; Fahrzeug wegfahren; Hindernis aus dem Weg räumen; Schachfigur ziehen mit; Arm wegnehmen; Hand wegziehen; Patienten verlegen; Mitarbeiter versetzen; **to ~ sth to a different place** etw an einen anderen Platz stellen; **I can't ~ this handle** der Griff lässt sich nicht bewegen; **you'll have to ~ these books** Sie müssen diese Bücher wegräumen; **his parents ~d him to another school** seine Eltern haben ihn in eine andere Schule getan **2** verlegen; IT verschieben; **we've been ~d to a new office** wir mussten in ein anderes Büro umziehen; **to ~ house** Br umziehen, zügeln schweiz **3** emotional rühren, erschüttern; **to be ~d** gerührt/ erschüttert sein; **to ~ sb to tears** j-n zu Tränen rühren; **to ~ sb to do sth** j-n dazu bringen, etw zu tun

— B intransitives Verb —

1 sich bewegen; Fahrzeug fahren; Verkehr vorankommen; **the wheel began to ~** das Rad setzte sich in Bewegung; **nothing ~d** nichts rührte sich; **don't ~!** stillhalten!; **to keep moving** nicht stehen bleiben; **to keep sb/sth moving** j-n/etw in Gang halten; **to ~ away from sth** sich von etw entfernen; **to ~ closer to sth** sich einer Sache (dat) nähern; **things are moving at last** endlich kommen die Dinge in Gang; **to ~ with the times** mit der Zeit gehen; **to ~ in royal circles** in königlichen Kreisen verkehren **2** umziehen, zügeln schweiz; **we ~d to London/to a bigger house** wir sind nach London/in ein größeres Haus umgezogen; **they ~d to Germany** sie sind nach Deutschland gezogen **3**

(≈ *Standort wechseln*) gehen, fahren; **he has ~d to room 52** er ist jetzt in Zimmer 52; **she has ~d to a different company** sie hat die Firma gewechselt; **~!** weitergehen!; (≈ *Drohung*) verschwinden Sie!; **don't ~** gehen Sie nicht weg **4** *umg* ein Tempo draufhaben *umg*; **he can really ~** der ist unheimlich schnell *umg* **5** *fig* etwas unternehmen; **we'll have to ~ quickly** wir müssen schnell handeln

— **C** *Substantiv* —

1 *in Spiel* Zug *m*; *fig* Schritt *m*, Maßnahme *f*; **it's my ~** ich bin am Zug; **to make a ~** einen Zug machen; **to make the first ~** *fig* den ersten Zug machen **2** Bewegung *f*; **to watch sb's every ~** j-n nicht aus den Augen lassen; **it's time we made a ~** es wird Zeit, dass wir gehen; **to make a ~ to do sth** *fig* Anstalten machen, etw zu tun; **to be on the ~** unterwegs sein; **to get a ~ on** *umg* sich beeilen; **get a ~ on!** nun mach schon! *umg* **3** Umzug *m*; *beruflich* Stellenwechsel *m*

♦**move about** *Br* **A** *V/T* ⟨*trennb*⟩ umarrangieren; *Möbel* umräumen **B** *V/I* sich (hin und her) bewegen; (≈ *reisen*) unterwegs sein; **I can hear him moving about** ich höre ihn herumlaufen ♦**move along A** *V/T* ⟨*trennb*⟩ weiterrücken; **they are trying to move things along** sie versuchen, die Dinge voranzutreiben **B** *V/I* in Sitzreihe aufrücken; Fußgänger weitergehen ♦**move around** *V/T & V/I* ⟨*trennb*⟩ → **move about** ♦**move aside** **A** *V/T* ⟨*trennb*⟩ zur Seite schieben **B** *V/I* zur Seite gehen ♦**move away A** *V/T* ⟨*trennb*⟩ wegräumen; **to move sb away from sb/sth** j-n von j-m/etw entfernen **B** *V/I* **1** weggehen; *Auto* losfahren; (≈ *Wohnung wechseln*) wegziehen (**from** aus, von) **2** *fig* sich entfernen (**from** von) ♦**move back A** *V/T* ⟨*trennb*⟩ **1** *Objekt* zurückstellen; j-n wieder unterbringen (**into** in +*dat*) **2** *nach hinten: Objekte* zurückschieben; *Auto* zurückfahren **B** *V/I* **1** zurückkommen; *in Haus, Wohnung* wieder einziehen (**into** in +*akk*) **2** zurückweichen; **move back, please!** bitte zurücktreten! ♦**move down A** *V/T* ⟨*trennb*⟩ **1** (weiter) nach unten stellen, (weiter) nach hinten stellen **B** *V/I* nach unten rücken, weiter-

rücken; *in Bus etc* nach hinten aufrücken; **he had to move down a year** *SCHULE* er musste eine Klasse zurück ♦**move forward A** *V/T* ⟨*trennb*⟩ **1** j-n vorgehen lassen; *Stuhl* vorziehen, *Auto* vorfahren **2** *fig Veranstaltung* vorverlegen **B** *V/I* vorrücken; *Auto* vorwärtsfahren ♦**move in A** *V/I* **1** einziehen (**-to** in +*akk*) **2** sich nähern (**on** +*dat*); *Truppen etc* anrücken; *Arbeiter* (an)kommen ♦**move off** **A** *V/T* ⟨*trennb*⟩ wegschicken **B** *V/I* weggehen ♦**move on A** *V/I* ⟨*trennb*⟩ **the policeman moved them on** der Polizist forderte sie auf weiterzugehen **B** *V/I* weitergehen; *Autos* weiterfahren; **it's about time I was moving on** *fig* beruflich *etc* es wird Zeit, dass ich (mal) etwas anderes mache; **time is moving on** die Zeit vergeht ♦**move out A** *V/I* ⟨*trennb*⟩ **1** aus Zimmer hinausräumen **2** *Truppen* abziehen; **they moved everybody out of the danger zone** alle mussten die Gefahrenzone räumen **B** *V/I* aus Haus, Wohnung ausziehen; *Truppen* abziehen ♦**move over A** *V/I* ⟨*trennb*⟩ herüberschieben; **he moved the car over to the side** er fuhr an die Seite heran **B** *V/I* zur Seite rücken; **move over!** rück mal ein Stück! *umg*; **to move over to a new system** ein neues System einführen ♦**move up A** *V/I* ⟨*trennb*⟩ (weiter) oben stellen, befördern; *Schüler* versetzen; **they moved him up two places** sie haben ihn zwei Plätze vorgerückt **B** *V/I fig* aufsteigen

moveable *ADJ* → **movable**
★**movement** ['muːvmənt] *S* **1** Bewegung *f*; *fig* Trend *m* (**towards** zu); **the ~ of traffic** der Verkehrsfluss **2** Beförderung *f* **3** *MUS* Satz *m* **mover** ['muːvə] *S* **1** (≈ *Tänzer etc*) **he is a good/poor** *etc* ~ seine Bewegungen sind schön/plump *etc* **2** **to be a fast ~** *umg* von der schnellen Truppe sein *umg*
★**movie** ['muːvɪ] *S* Film *m*; **the ~s** der Film; das Kino; **to go to the ~s** ins Kino gehen **moviegoer** *S* Kinogänger(in) *m(f)* **movie star** *S* Filmstar *m* **movie theater** *S US* Kino *n*
moving ['muːvɪŋ] *ADJ* **1** beweglich **2** ergreifend **moving company** *US S* Umzugsunternehmen *n*
mow [məʊ] *V/T & V/I* ⟨*prät* **mowed**; *pperf*

mown *od* **mowed**〉 mähen ◆**mow down** *fig* V̲T̲ 〈*trennb*〉 niedermähen

mower ['məʊəʳ] S̲ Rasenmäher *m*

mown [məʊn] P̲P̲E̲R̲F̲ → mow

Mozambique [ˌməʊzæm'biːk] S̲ Mosambik *n*

MP *Br* A̲B̲K̲ (= Member of Parliament) P̲O̲L̲ Parlamentsmitglied *n*, Abgeordnete(r) *m/f(m)*

MP3® A̲B̲K̲ S̲ MP3®; **MP3® player** MP3-Player *m*

MPEG ['empeg] A̲B̲K̲ (= Moving Pictures Experts Group) MPEG *n*

mpg A̲B̲K̲ (= miles per gallon) Benzinverbrauch in Meilen pro Gallone

mph A̲B̲K̲ (= miles per hour) Meilen pro Stunde

MPV A̲B̲K̲ (= multi-purpose vehicle) Minivan *m*

★**Mr** ['mɪstəʳ] A̲B̲K̲ (= Mister) Herr *m*

MRI A̲B̲K̲ (= magnetic resonance imaging) M̲E̲D̲ Kernspintomografie *f*

Mrs ['mɪsɪz] A̲B̲K̲ (= Mistress) Frau *f*

MS A̲B̲K̲ (= multiple sclerosis) MS

★**Ms** [mɪz] S̲ Frau *f* (*a. für Unverheiratete*)

MSc A̲B̲K̲ (= Master of Science) Magister *m*, der naturwissenschaftlichen Fakultät

MSP *Br* A̲B̲K̲ (= Member of the Scottish Parliament) P̲O̲L̲ Abgeordnete(r) *m/f(m)* des schottischen Parlaments, Mandatar(in) *m(f)* des schottischen Parlaments *österr*

Mt A̲B̲K̲ → Mount

mth A̲B̲K̲ (= month) Monat *m*

★**much** [mʌtʃ] A̲ A̲D̲J̲ & S̲ viel *inv*; **how ~** wie viel *inv*; **not ~** nicht viel; **that ~** so viel; **but that ~ I do know** aber DAS weiß ich; **we don't see ~ of each other** wir sehen uns nur selten; **it's not up to ~** *umg* es ist nicht gerade berühmt *umg*; **I'm not ~ of a cook** ich bin keine große Köchin; **that wasn't ~ of a party** die Party war nicht gerade besonders; **I find that a bit (too) ~ after all I've done for him** nach allem was ich für ihn getan habe, finde ich das ein ziemlich starkes Stück *umg*; **that insult was too ~ for me** die Beleidigung ging mir zu weit; **this job is too ~ for me** ich bin der Arbeit nicht gewachsen; **far too ~** viel zu viel; **(just) as ~** genauso viel *inv*; **not as ~** nicht so viel; **as ~ as you want** so viel du willst; **as ~ as £2m** zwei Millionen Pfund; **as ~ again** noch einmal

so viel; **I thought as ~** das habe ich mir gedacht; **so ~** so viel *inv*; **it's not so ~ a problem of modernization as … es** ist nicht so sehr ein Problem der Modernisierung, als …; **I couldn't make ~ of that chapter** mit dem Kapitel konnte ich nicht viel anfangen *umg* B̲ A̲D̲V̲ 1̲ viel, sehr; **a ~-admired woman** eine viel bewunderte Frau; **so ~** so viel, so sehr; **too ~** zu viel, zu sehr; **I like it very ~** es gefällt mir sehr gut; **I don't like him ~** ich kann ihn nicht besonders leiden; **thank you very ~** vielen Dank; **I don't ~ care** *od* **care ~** es ist mir ziemlich egal; **however ~ he tries** wie sehr er sich auch bemüht; **~ as I like him** so sehr ich ihn mag 2̲ weitaus; **I would ~ rather stay** ich würde viel lieber bleiben 3̲ beinahe; **they are produced in ~ the same way** sie werden auf sehr ähnliche Art hergestellt

---

▶ **much**

Das Adjektiv **much** steht bei nicht zählbaren Mengen in Fragen und verneinten Sätzen. In positiven Sätzen steht dafür meist **a lot of**.

He is still young and hasn't got much experience.	Er ist noch jung und hat nicht viel Erfahrung.
For this job you need a lot of experience.	Für diese Stelle braucht man viel Erfahrung.

◀

---

muck [mʌk] S̲ Dreck *m*; *zum Düngen* Mist *m* ◆**muck about**, **muck around** *Br umg* A̲ V̲T̲ 〈*trennb*〉 **to muck sb about** j-n verarschen *umg* B̲ V̲I̲ 1̲ herumalbern *umg* 2̲ herumfummeln *umg* (**with** an +*dat*) ◆**muck in** *Br umg* V̲I̲ mit anpacken *umg* ◆**muck out** *Br* A̲ V̲T̲ 〈*trennb*〉 (aus)misten B̲ V̲I̲ ausmisten ◆**muck up** *Br umg* V̲T̲ 〈*trennb*〉 vermasseln *umg*

mucky ['mʌkɪ] A̲D̲J̲ 〈*komp* **muckier**〉 schmutzig; **you ~ pup!** *Br umg* du Ferkel! *umg*

mucous ['mjuːkəs] A̲D̲J̲ schleimig, Schleim-

mucus ['mjuːkəs] S̲ Schleim *m*

★**mud** [mʌd] S̲ 1̲ Schlamm *m*; *auf Straße* Matsch *m* 2̲ *fig* **his name is mud** *umg*

M

er ist unten durch *umg*

muddle ['mʌdl] **A** $\overline{S}$ Durcheinander *n*; **to get in(to) a ~** *Dinge* durcheinandergeraten; *Mensch* konfus werden; **to get oneself in(to) a ~** über etw nicht klarkommen *umg*; **to be in a ~** völlig durcheinander sein **B** $\overline{VT}$ durcheinanderbringen; *zwei Dinge* verwechseln; *j-n* verwirren ◆**muddle along** $\overline{VI}$ vor sich (*akk*) hinwursteln *umg* ◆**muddle through** $\overline{VI}$ sich (irgendwie) durchschlagen ◆**muddle up** $\overline{VT}$ *‹trennb›* → muddle B

muddled ['mʌdld] **ADJ** konfus; *Gedanken* wirr; **to get ~ (up)** *Dinge* durcheinandergeraten; *Mensch* konfus werden

muddy ['mʌdɪ] **ADJ** *‹komp* muddier*›* schmutzig; *Boden* matschig; **I'm all ~** ich bin ganz voll Schlamm **mudflap** $\overline{S}$ Schmutzfänger *m* **mudguard** $\overline{S}$ *Br* an *Fahrrad* Schutzblech *n*; AUTO Kotflügel *m* **mudpack** $\overline{S}$ Schlammpackung *f*

muesli ['mjuːzlɪ] $\overline{S}$ Müsli *n*

muff[1] [mʌf] $\overline{S}$ Muff *m*

muff[2] *umg* $\overline{VT}$ vermasseln *umg*; *Schuss* danebensetzen *umg*

muffin ['mʌfɪn] $\overline{S}$ **1** Muffin *m* (*kleiner Kuchen*) **2** *Br* weiches, flaches Milchbrötchen, meist warm gegessen

muffle ['mʌfl] $\overline{VT}$ dämpfen **muffled** ['mʌfld] **ADJ** gedämpft **muffler** ['mʌflə'] $\overline{S}$ *US* AUTO Auspuff(topf) *m*

mug [mʌg] **A** $\overline{S}$ **1** Becher *m*, Haferl *n österr*; *für Bier* Krug *m* **2** *bes Br umg* Trottel *m umg* **B** $\overline{VT}$ überfallen ◆**mug up** $\overline{VT}$, **mug up on** *Br umg* *‹trennb›* **to mug sth/one's French up, to mug up on sth/one's French** etw/Französisch pauken *umg*

mugger ['mʌgə'] $\overline{S}$ Straßenräuber(in) *m(f)* **mugging** ['mʌgɪŋ] $\overline{S}$ Straßenraub *m kein pl*

muggy ['mʌgɪ] **ADJ** *‹komp* muggier*›* schwül; *Hitze* drückend

mulch [mʌltʃ] **A** $\overline{S}$ Gartenbau Krümelschicht *f* **B** $\overline{VT}$ abdecken

mule[1] [mjuːl] $\overline{S}$ Maultier *n*; (**as**) **stubborn as a ~** (so) störrisch wie ein Maulesel

mule[2] $\overline{S}$ Pantoffel *m*

◆**mull over** $\overline{VT}$ *‹trennb›* sich (*dat*) durch den Kopf gehen lassen

mulled wine [,mʌld'waɪn] $\overline{S}$ Glühwein *m*

multicoloured **ADJ**, **multicolored**

US **ADJ** mehrfarbig; *Stoff* bunt **multicultural** **ADJ** multikulturell **multifocals** ['mʌltɪ,fəʊkəlz] *PL* Brille Gleitsichtbrille *f*; *verwendetes Glas* Gleitsichtgläser *pl* **multilateral** **ADJ** POL multilateral **multilingual** **ADJ** mehrsprachig **multimedia** **ADJ** multimedial; IT Multimedia- **multimillionaire** $\overline{S}$ Multimillionär(in) *m(f)* **multinational** **A** $\overline{S}$ Multi *m umg* **B** **ADJ** multinational **multiparty** **ADJ** POL Mehrparteien-

multiple ['mʌltɪpl] **A** **ADJ** **1** *(+sg)* mehrfach; **~ collision** Massenkarambolage *f* **2** *(+pl)* mehrere; **he died of ~ injuries** er erlag seinen zahlreichen Verletzungen **B** $\overline{S}$ MATH Vielfache(s) *n*; **eggs are usually sold in ~s of six** Eier werden gewöhnlich in Einheiten zu je sechs verkauft **multiple choice** $\overline{S}$ Multiple--Choice-Verfahren *n* **multiple sclerosis** $\overline{S}$ multiple Sklerose **multiplex** ['mʌltɪpleks] **A** $\overline{S}$ Multiplexkino *n* **B** **ADJ** TECH Mehrfach-, Vielfach- **multiplication** [,mʌltɪplɪ'keɪʃən] $\overline{S}$ MATH Multiplikation *f* **multiplication sign** $\overline{S}$ MATH Multiplikationszeichen *n* **multiplication table** $\overline{S}$ MATH Multiplikationstabelle *f*; **he knows his ~s** er kann das Einmaleins **multiplicity** [,mʌltɪ'plɪsɪtɪ] $\overline{S}$ Vielzahl *f*

★**multiply** ['mʌltɪplaɪ] **A** $\overline{VT}$ MATH multiplizieren; **4 multiplied by 6 is 24** 4 mal 6 ist 24 **B** $\overline{VI}$ **1** *fig* sich vervielfachen **2** sich vermehren

multipurpose **ADJ** Mehrzweck- **multiracial** **ADJ** gemischtrassig **multistorey** **ADJ**, **multistory** *US* **ADJ** mehrstöckig; **~ flats** *Br*, **multistory apartments** *US* (Wohn)hochhäuser *pl*; **~ car park** *Br*, **multistory parking** *US* Park(hoch)haus *n* **multitalented** [,mʌltɪ'tæləntɪd] **ADJ** **to be ~** ein Multitalent sein **multitasking** $\overline{S}$ IT Multitasking *n*

multitude ['mʌltɪtjuːd] $\overline{S}$ Menge *f*; **a ~ of** eine Vielzahl von, eine Menge

multivitamin **A** $\overline{S}$ Multivitaminpräparat *n* **B** **ADJ** Multivitamin-

mum[1] [mʌm] *umg* **ADJ** **to keep mum** den Mund halten (**about** über *+akk*) *umg*

mum[2] *Br umg* $\overline{S}$ Mutter *f*; *als Anrede* Mama *f umg*, Mutti *f umg*

mumble ['mʌmbl] **A** $\overline{VT}$ murmeln **B** $\overline{VI}$ vor sich hin murmeln

mumbo jumbo ['mʌmbəʊ'dʒʌmbəʊ] $\overline{S}$

M

⟨*kein pl*⟩ Hokuspokus *m*; (≈ *Unsinn*) Kauderwelsch *n*

mummy[1] [ˈmʌmɪ] 𝑠̲ Mumie *f*

mummy[2] *Br umg* 𝑠̲ Mama *f umg*

mumps [mʌmps] 𝑠̲ (+*sg v*) Mumps *m/f ohne art umg*

mum-to-be [ˌmʌmtəˈbiː] 𝑠̲ ⟨*pl* mums-to-be⟩ werdende Mutter

munch [mʌntʃ] 𝑉𝑇̲ & 𝑉𝐼̲ mampfen *umg*

mundane [ˈmʌnˈdeɪn] *fig* 𝐴𝐷𝐽̲ alltäglich

Munich [ˈmjuːnɪk] 𝑠̲ München *n*

municipal [mjuːˈnɪsɪpəl] 𝐴𝐷𝐽̲ städtisch; ~ **elections** Gemeinderatswahl *f* **municipality** [mjuːˌnɪsɪˈpælɪtɪ] 𝑠̲ Gemeinde *f*

munition [mjuːˈnɪʃən] 𝑠̲ ⟨*mst pl*⟩ Waffen *pl* und Munition *f*

mural [ˈmjʊərəl] 𝑠̲ Wandgemälde *n*

★**murder** [ˈmɜːdə[r]] 𝐀 𝑠̲ 𝟭 *wörtl* Mord *m*; **the ~ of John F. Kennedy** der Mord an John F. Kennedy 𝟮 *fig umg* **it was ~** es war mörderisch; **it'll be ~** es wird schrecklich werden; **to get away with ~** sich (*dat*) alles erlauben können 𝐁 𝑉𝑇̲ ermorden **murderer** [ˈmɜːdərə[r]] 𝑠̲ Mörder(in) *m(f)* **murderess** [ˈmɜːdərɪs] 𝑠̲ Mörderin *f* **murderous** [ˈmɜːdərəs] 𝐴𝐷𝐽̲ blutrünstig; **~ attack** Mordanschlag *m* **murder victim** 𝑠̲ Mordopfer *n*

murk [mɜːk] 𝑠̲ 𝟭 Düsternis *f* 𝟮 trübes Wasser **murky** [ˈmɜːkɪ] 𝐴𝐷𝐽̲ ⟨*komp* murkier⟩ trüb; *Straße* düster; *Vergangenheit* dunkel; **it's really ~ outside** draußen ist es so düster

murmur [ˈmɜːmə[r]] 𝐀 𝑠̲ Murmeln *n*; **there was a ~ of** discontent ein unzufriedenes Murmeln erhob sich; **without a ~** ohne zu murren 𝐁 𝑉𝑇̲ murmeln; *unzufrieden* murren 𝐂 𝑉𝐼̲ murmeln; *unzufrieden* murren (**about, against** über +*akk*); *fig* rauschen **murmuring** [ˈmɜːmərɪŋ] **~s (of discontent)** Unmutsäußerungen *pl* (**from** +*gen*)

★**muscle** [ˈmʌsl] 𝑠̲ Muskel *m*; *fig* Macht *f*; **he never moved a ~** er rührte sich nicht ◆**muscle in** *umg* 𝑉𝐼̲ mitmischen *umg* (**on** bei)

muscle building 𝑠̲ Muskelaufbau *m* **muscl(e)y** [ˈmʌsəlɪ] *umg* 𝐴𝐷𝐽̲ muskelbepackt *umg* **muscular** [ˈmʌskjʊlə[r]] 𝐴𝐷𝐽̲ 𝟭 Muskel-; **~ cramp** *od* **spasm** Muskelkrampf *m* 𝟮 *Körper* muskulös **muscular dystrophy** 𝑠̲ Muskelschwund *m*

muse [mjuːz] 𝑉𝐼̲ nachgrübeln (**about, on** über +*akk*) 𝐁 𝑠̲ Muse *f*

★**museum** [mjuːˈzɪəm] 𝑠̲ Museum *n*

mush [mʌʃ] 𝑠̲ Brei *m*

★**mushroom** [ˈmʌʃrʊm] 𝐀 𝑠̲ (essbarer) Pilz, Schwammerl *n österr*; Champignon *m* 𝐁 𝐴𝐷𝐽̲ ⟨*attr*⟩ Pilz-; **~ cloud** Atompilz *m* 𝐂 𝑉𝐼̲ wie die Pilze aus dem Boden schießen; **unemployment has ~ed** die Arbeitslosigkeit ist explosionsartig angestiegen

mushy [ˈmʌʃɪ] 𝐴𝐷𝐽̲ ⟨*komp* mushier⟩ matschig; *Flüssigkeit* breiig; **to go ~** zu Brei werden **mushy peas** 𝑃𝐿̲ Erbsenmus *n*

★**music** [ˈmjuːzɪk] 𝑠̲ Musik *f*; (≈ *Partitur*) Noten *pl*; **to set** *od* **put sth to ~** etw vertonen; **it was (like) ~ to my ears** das war Musik in meinen Ohren; **to face the ~** *fig* dafür gradestehen

★**musical** [ˈmjuːzɪkəl] 𝐀 𝐴𝐷𝐽̲ 𝟭 musikalisch; **~ note** Note *f* 𝟮 melodisch 𝐁 𝑠̲ Musical *n* **musical box** 𝑠̲ = **musical chairs** 𝑠̲ (+*sg v*) Reise *f* nach Jerusalem **musical instrument** 𝑠̲ Musikinstrument *n* **musically** [ˈmjuːzɪkəlɪ] 𝐴𝐷𝐕̲ musikalisch **musical score** 𝑠̲ Partitur *f*; für Film *etc* Musik *f* **music box** 𝑠̲ Spieldose *f* **music hall** 𝑠̲ Varieté *n*

★**musician** [mjuːˈzɪʃən] 𝑠̲ Musiker(in) *m(f)* **music stand** 𝑠̲ Notenständer *m*

musk [mʌsk] 𝑠̲ Moschus *m* **musky** [ˈmʌskɪ] 𝐴𝐷𝐽̲ ⟨*komp* muskier⟩ **~ smell** *od* **scent** Moschusduft *m*

Muslim [ˈmʊzlɪm] 𝐴𝐷𝐽̲ & 𝑠̲ → Moslem

muslin [ˈmʌzlɪn] 𝑠̲ Musselin *m*

muss [mʌs] *US umg* 𝑉𝑇̲, (a. **muss up**) in Unordnung bringen

mussel [ˈmʌsl] 𝑠̲ (Mies)muschel *f*

★**must** [mʌst] 𝐀 𝑉𝐴𝑈𝑋̲ 𝟭 müssen; **you ~ (go) see this church** Sie müssen sich (*dat*) diese Kirche unbedingt ansehen; **if you ~ know** wenn du es unbedingt wissen willst; **~ I?** muss das sein?; **I ~ have lost it** ich muss es wohl verloren haben; **he ~ be older than that** er muss älter sein; **I ~ have been dreaming** da habe ich wohl geträumt; **you ~ be crazy!** du bist ja wahnsinnig! 𝟮 *bei Verneinung* dürfen; **I ~n't forget that** ich darf das nicht vergessen 𝐁 *umg* Muss *n*; **a sense of humour is a ~** *Br*, **a sense of humor is a ~** *US* man braucht unbedingt Humor

mustache *US* 𝑠̲ → moustache

mustard [ˈmʌstəd] 𝐀 𝑠̲ Senf *m* 𝐁 𝐴𝐷𝐽̲

⟨attr⟩ Senf-

muster ['mʌstər] V̄T̄ fig a. ~ **up** Mut aufbringen

must-have S̄ this computer game is a ~ dieses Computerspiel muss man einfach haben **mustn't** ['mʌsnt] ĀB̄K̄ (= must not) → must **must-see** S̄ this movie is a ~ diesen Film muss man einfach gesehen haben **must've** ['mʌstəv] ĀB̄K̄ (= must have) → must

musty ['mʌsti] ADJ ⟨komp mustier⟩ moderig

mutant ['mjuːtənt] S̄ Mutation f **mutation** [mjuː'teiʃən] S̄ Variante f; BIOL Mutation f

mute [mjuːt] ADJ stumm **muted** ['mjuːtɪd] gedämpft; fig leise

mutilate ['mjuːtɪleɪt] V̄T̄ verstümmeln **mutilation** [ˌmjuːtɪ'leɪʃən] S̄ Verstümmelung f

mutinous ['mjuːtɪnəs] ADJ SCHIFF meuterisch; fig rebellisch **mutiny** ['mjuːtɪni] A S̄ Meuterei f B V̄Ī meutern

mutter ['mʌtər] A S̄ Murmeln n B V̄T̄ murmeln C V̄Ī murmeln; unzufrieden murren **muttering** ['mʌtərɪŋ] S̄ Gemurmel n kein pl

mutton ['mʌtn] S̄ Hammel m, Hammelfleisch n

mutual ['mjuːtʃʊəl] ADJ Vertrauen gegenseitig; Bemühungen beiderseitig; Interesse gemeinsam; the feeling is ~ das beruht (ganz) auf Gegenseitigkeit **mutually** ['mjuːtʃʊəli] ADV beide; vorteilhaft für beide Seiten

Muzak® ['mjuːzæk] S̄ Berieselungsmusik f umg

muzzle ['mʌzl] A S̄ 1 Maul n 2 für Hund etc Maulkorb m 3 von Gewehr Mündung f B V̄T̄ Tier einen Maulkorb umlegen (+dat)

MW ĀB̄K̄ (= medium wave) MW

⋆**my** [maɪ] P̄Ō̄S̄S̄ ĀD̄J̄ mein; I've hurt my leg ich habe mir das Bein verletzt; in my country bei uns

Myanmar ['mjænmɑːʳ] S̄ Myanmar n

myriad ['mɪrɪəd] A S̄ a ~ of Myriaden von B ADJ unzählige

myrrh [mɜːʳ] S̄ Myrrhe f

⋆**myself** [maɪ'self] P̄Ē̄R̄S̄ P̄R̄ 1 akk obj, mit präp +akk mich; dat obj, mit präp +dat mir; I said to ~ ich sagte mir; singing to ~ vor mich hin singend; I wanted to see (it) for ~ ich wollte es selbst se-

hen 2 emph (ich) selbst; my wife and ~ meine Frau und ich; I thought so ~ das habe ich auch gedacht; ... if I say so od it ~ ... auch wenn ich es selbst sage; (all) by ~ (ganz) allein(e) 3 I'm not (feeling) ~ today mit mir ist heute etwas nicht in Ordnung; I just tried to be ~ ich versuchte, mich ganz natürlich zu benehmen

mysterious [mɪ'stɪərɪəs] ADJ mysteriös; Fremder geheimnisvoll; for some ~ reason aus unerfindlichen Gründen **mysteriously** [mɪ'stɪərɪəsli] ADV sich verändern, verschwinden auf rätselhafte/geheimnisvolle Weise; geschehen unerklärlicherweise; sagen, lächeln geheimnisvoll

⋆**mystery** ['mɪstəri] S̄ Rätsel n, Geheimnis n; to be shrouded od surrounded in ~ von einem Geheimnis umgeben sein **mystery story** S̄ Kriminalgeschichte f **mystery tour** S̄ Fahrt f ins Blaue

mystic ['mɪstɪk] S̄ Mystiker(in) m(f) **mystical** ['mɪstɪkəl] ADJ mystisch **mysticism** ['mɪstɪsɪzəm] S̄ Mystizismus m

mystified ['mɪstɪfaɪd] ADJ verblüfft; I am ~ as to how this could happen es ist mir ein Rätsel, wie das passieren konnte **mystify** ['mɪstɪfaɪ] V̄T̄ vor ein Rätsel stellen **mystifying** ['mɪstɪfaɪɪŋ] ADJ rätselhaft

mystique [mɪ'stiːk] S̄ geheimnisvoller Nimbus

myth [mɪθ] S̄ Mythos m; fig Märchen n **mythical** ['mɪθɪkəl] ADJ 1 mythisch; the ~ figure/character of Arthur die Sagengestalt des Artus 2 Figur legendär 3 (≈irreal) fantastisch **mythological** [ˌmɪθə'lɒdʒɪkəl] ADJ mythologisch **mythology** [mɪ'θɒlədʒi] S̄ Mythologie f

M

N¹, n [en] S̲ N *n*, n *n*

N² A̲B̲K̲ (= **north**) N

n/a A̲B̲K̲ (= **not applicable**) entf.

nab [næb] *umg* V̲T̲ 1 erwischen *umg* 2 sich (*dat*) grapschen *umg*; **somebody had nabbed my seat** mir hatte jemand den Platz geklaut *umg*

nachos ['nɑ:tʃəʊz, 'nætʃəʊz] P̲L̲ Nachos *pl*

nadir ['neɪdɪə'] S̲ 1 ASTRON Nadir *m* 2 *fig* Tiefstpunkt *m*

naff [næf] *Br umg* A̲D̲J̲ 1 blöd *umg* 2 *Farbe, Auto* ordinär

nag¹ [næg] A̲ V̲T̲ herumnörgeln an (+*dat*); *mit Fragen etc* keine Ruhe lassen (+*dat*) (**for** wegen); **don't nag me** nun lass mich doch in Ruhe!; **to nag sb about sth** j-m wegen etw keine Ruhe lassen; **to nag sb to do sth** j-m schwer zusetzen, damit er etw tut B̲ V̲I̲ herumnörgeln; *mit Fragen etc* keine Ruhe geben; **stop nagging** hör auf zu meckern *umg* C̲ S̲ Nörgler(in) *m(f)*; *mit Fragen etc* Quälgeist *m*

nag² S̲ Mähre *f*

nagging ['nægɪŋ] A̲D̲J̲ *Schmerz* dumpf; *Zweifel* quälend

★**nail** [neɪl] A̲ S̲ Nagel *m*; **as hard as ~s** knallhart *umg*; **to hit the ~ on the head** *fig* den Nagel auf den Kopf treffen; **to be a ~ in sb's coffin** *fig* ein Nagel zu j-s Sarg sein B̲ V̲T̲ 1 nageln; **to ~ sth to the floor** etw an den Boden nageln 2 *umg* **to ~ sb** sich (*dat*) j-n schnappen *umg*; (≈*anklagen*) j-n drankriegen *umg*
♦**nail down** V̲T̲ ⟨*trennb*⟩ festnageln

nail bar S̲ Nagelstudio *n* **nailbiter** ['neɪlbaɪtə'] S̲ spannendes Buch/ spannender Film *etc* **nail-biting** *umg* A̲D̲J̲ *Fußballspiel* spannungsgeladen **nailbrush** S̲ Nagelbürste *f* **nail clippers** P̲L̲ Nagelzwicker *m* **nailfile** S̲ Nagelfeile *f* **nail polish** S̲ Nagellack *m* **nail polish remover** S̲ Nagellackentferner *m* **nail scissors** P̲L̲ Nagelschere *f* **nail varnish** *Br* S̲ Nagellack *m*

naïve [naɪ'i:v] A̲D̲J̲ ⟨+*er*⟩ naiv **naïvety**

[naɪ'i:vətɪ] S̲ Naivität *f*

naked ['neɪkɪd] A̲D̲J̲ nackt; *Flamme* ungeschützt; **invisible to the ~ eye** mit bloßem Auge nicht erkennbar

★**name** [neɪm] A̲ S̲ 1 Name *m*; **what's your ~?** wie heißen Sie?; **my ~ is ...** ich heiße ..., mein Name ist ...; **what's the ~ of this street?** wie heißt diese Straße?; **a man by the ~ of Gunn** ein Mann namens Gunn; **to know sb by ~** j-n mit Namen kennen; **to refer to sb/ sth by ~** j-n/etw namentlich *od* mit Namen nennen; **what ~ shall I say?** wie ist Ihr Name, bitte?; TEL wer ist am Apparat?; *Butler* wen darf ich melden?; **in the ~ of** im Namen (+*gen*); **I'll put your ~ down** in *Liste etc* ich trage dich ein; *für Kurs, Unterricht etc* ich melde dich an (**for** zu *od* **for a school** in eine Schule); **to call sb ~s** j-n beschimpfen; **not to have a penny/cent to one's ~** völlig pleite sein *umg* 2 Ruf *m*; **to have a good/bad ~** einen guten/schlechten Ruf haben; **to get a bad ~** in Verruf kommen; **to give sb a bad ~** j-n in Verruf bringen; **to make a ~ for oneself** as sich (*dat*) einen Namen machen als B̲ V̲T̲ 1 j-n nennen; *Schiff etc* einen Namen geben (+*dat*); **I ~ this child/ship X** ich taufe dieses Kind/Schiff auf den Namen X; **the child is ~d Peter** das Kind hat den Namen Peter; **they refused to ~ the victim** sie hielten den Namen des Opfers geheim; **to ~ ~s** Namen nennen; **~ three US states** nennen Sie drei US--Staaten; **you ~ it, he's done it** es gibt nichts, was er noch nicht gemacht hat 2 ernennen; **to ~ sb as leader** j-n zum Führer ernennen; **they ~d her as the winner of the award** sie haben ihr den Preis verliehen; **to ~ sb as one's heir** j-n zu seinem Erben bestimmen

name-dropping *umg* S̲ Angeberei *f* mit berühmten Bekannten **nameless** A̲D̲J̲ **a person who shall remain ~** jemand, der ungenannt bleiben soll **namely** ['neɪmlɪ] A̲D̲V̲ nämlich **nameplate** S̲ Namensschild *n* **namesake** S̲ Namensvetter(in) *m(f)* **name tag** S̲ Namensschild *n*

nan(a) ['næn(ə)] S̲ Oma *f umg*

nan bread ['nɑ:n'bred] S̲ warm serviertes, fladenförmiges Weißbrot als Beilage zu indischen Fleischgerichten

nanny ['nænı] S Kindermädchen n
nanotechnology [,nænəʊtek'nɒlədʒı] S Nanotechnologie f
nap [næp] A S Nickerchen n; **afternoon nap** Nachmittagsschläfchen n; **to have** od **take a nap** ein Nickerchen machen B Vi **to catch sb napping** fig j-n überrumpeln
nape [neɪp] S ~ **of the/one's neck** Genick n
napkin ['næpkın] S Serviette f
Naples ['neɪplz] S Neapel n
nappy ['næpı] Br S Windel f **nappy rash** Br S Jonathan's got ~ Jonathan ist wund
narcissism [nɑː'sɪsɪzəm] S Narzissmus m **narcissistic** [,nɑːsɪ'sɪstɪk] ADJ narzisstisch
narcotic [nɑː'kɒtık] S ◼ ~(s) Rauschgift n ◾ MED Narkotikum n
narrate [nə'reɪt] Vt erzählen **narration** [nə'reɪʃən] S Erzählung f **narrative** ['nærətıv] A S Erzählung f, Schilderung f B ADJ erzählend **narrator** [nə-'reɪtər] S ◼ Erzähler(in) m(f) ◾ LIT derjenige, aus dessen Perspektive erzählt wird (*Die Erzählperspektive ist insofern von Bedeutung, als sie den Leser entscheidend beeinflusst: Meist identifiziert sich der Leser mit der Person, aus deren Sicht er die Geschichte erlebt. Der Erzähler darf nicht mit dem Autor gleichgesetzt werden.*)
★**narrow** ['nærəʊ] A ADJ ‹er› eng; *Hüfte* schmal; *Ansichten* engstirnig; *Führung, Niederlage* knapp; **to have a ~ escape** mit knapper Not davonkommen B Vt *Straße* verengen; **they decided to ~ the focus of their investigation** sie beschlossen, ihre Untersuchung einzuengen C Vi sich verengen ◆**narrow down** Vt ‹trennb› beschränken (**to** auf +akk); **that narrows it down a bit** dadurch wird die Auswahl kleiner
narrowly ['nærəʊlı] ADV ◼ *besiegen, verfehlen* knapp; *entkommen* mit knapper Not; **he ~ escaped being knocked down** er wäre beinahe überfahren / angefahren worden ◾ *definieren* eng; **to focus too ~ on sth** sich zu sehr auf etw (akk) beschränken **narrow-minded** ADJ, **narrow-mindedly** ADV engstirnig **narrow-mindedness** S Engstirnigkeit f

nasal ['neɪzəl] ADJ ◼ ANAT, MED Nasen- ◾ LING nasal; *Stimme* näselnd **nasal spray** S Nasenspray n
nastily ['nɑːstılı] ADV gemein; **to speak ~ to sb** zu j-m gehässig sein **nasty** ['nɑːstı] ADJ ‹komp nastier› ◼ scheußlich; *Angewohnheit, Benehmen* abscheulich; *Erscheinung, Sturz* böse; *Situation, Unfall* schlimm; *Virus, Kurve* gefährlich; **that's a ~-looking cut** der Schnitt sieht böse aus; **to turn ~** *Mensch* unangenehm werden; *Wetter* schlecht umschlagen ◾ gemein; **he has a ~ temper** mit ihm ist nicht gut Kirschen essen; **to be ~ about sb** gemein über j-n reden; **that was a ~ thing to say/do** das war gemein; **what a ~ man** was für ein ekelhafter Mensch
★**nation** ['neɪʃən] S Nation f; **to address the ~** zum Volk sprechen; **the whole ~ watched him do it** das ganze Land sah ihm dabei zu
★**national** ['næʃənəl] A ADJ national; *Streik, Skandal* landesweit; *Presse* überregional; **the ~ average** der Landesdurchschnitt; **~ character** Nationalcharakter m; **~ language** Landessprache f B S Staatsbürger(in) m(f); **foreign ~** Ausländer(in) m(f) **national anthem** S Nationalhymne f **national costume**, **national dress** S Nationaltracht f **national debt** S Staatsverschuldung f **national flag** S Nationalflagge f **National Front** Br S rechtsradikale Partei **National Guard** bes US S Nationalgarde f **National Health (Service)** Br S staatlicher Gesundheitsdienst; **I got it on the National Health** ≈ das hat die Krankenkasse bezahlt **national holiday** S gesetzlicher Feiertag **national insurance** Br S Sozialversicherung f; **~ contributions** Sozialversicherungsbeiträge pl **nationalism** ['næʃnəlızəm] S Nationalismus m **nationalist** ['næʃnəlıst] A ADJ nationalistisch B S Nationalist(in) m(f) **nationalistic** [,næʃnə'lıstık] ADJ nationalistisch
★**nationality** [,næʃə'nælıtı] S Staatsangehörigkeit f, Nationalität f; **what ~ is he?** welche Staatsangehörigkeit hat er?; **she is of German ~** sie hat die deutsche Staatsangehörigkeit **nationalize** ['næʃnəlaız] Vt verstaatlichen **National Lottery** Br S ≈ Lotto n **nationally**

N

['næ∫nəli] ADV landesweit **national park** S Nationalpark m **national security** S Staatssicherheit f **national service** S Wehrdienst m, Präsenzdienst m österr **National Trust** Br S National Trust m (Natur- und Denkmalschutzverein in Großbritannien) **nationwide** ['neɪ∫ən,waɪd] ADJ & ADV landesweit; **we have 300 branches** ~ wir haben 300 Niederlassungen im ganzen Land

★**native** ['neɪtɪv] A ADJ einheimisch; Bevölkerung eingeboren; ~ **town** Heimatstadt f; ~ **language** Muttersprache f; a ~ **German** ein gebürtiger Deutscher, eine gebürtige Deutsche; **an animal ~ to India** ein in Indien beheimatetes Tier B S 1 Einheimische(r) m/f(m); in Kolonie Eingeborene(r) m/f(m); **a ~ of Britain** ein gebürtiger Brite, eine gebürtige Britin 2 **to be a ~ of …** Pflanze, Tier in … beheimatet sein

★**Native American** A ADJ indianisch, der amerikanischen Ureinwohner B S Indianer(in) m/f(n) neg!, Ureinwohner(in) Amerikas m/f(n) **native country** S Heimatland n **native speaker** S Muttersprachler(in) m/f(n); **I'm not a ~ of English** Englisch ist nicht meine Muttersprache

nativity [nə'tɪvɪti] S **the Nativity** Christi Geburt f; ~ **play** Krippenspiel n

NATO ['neɪtəʊ] S ABK (= North Atlantic Treaty Organization) NATO f

natter ['nætə'] Br umg A VII schwatzen umg B S **to have a ~** einen Schwatz halten umg

natty ['næti] ADJ ‹komp nattier› umg chic

★**natural** ['næt∫rəl] A ADJ 1 natürlich; Gesetze, Seide Natur-; Fehler verständlich; ~ **resources** Bodenschätze pl; **it is (only) ~ for him to think …** es ist nur natürlich, dass er denkt …; **the ~ world** die Natur; **to die of** ~ **causes** eines natürlichen Todes sterben; ~ **remedy** Naturheilmittel n; **she is a ~ blonde** sie ist von Natur aus blond; ~ **language understanding** die Fähigkeit eines Systems, normalsprachliche Äußerungen zu verarbeiten und mehrere Informationen aus Einzelsätzen zu extrahieren 2 Fähigkeit angeboren; **a ~ talent** eine natürliche Begabung; **he is a ~ comedian** er ist der geborene Komiker 3 Eltern leiblich B S 1 MUS Auflösungszeichen n; **D ~ D, d** 2 umg (= Mensch) Naturtalent n **natural childbirth** S natürliche Geburt **natural disaster** S Naturkatastrophe f **natural gas** S Erdgas n **natural history** S Naturkunde f **naturalist** ['næt∫rəlɪst] S Naturforscher(in) m(f) **naturalistic** [,næt∫rə'lɪstɪk] ADJ naturalistisch **naturalization** [,næt∫rəlaɪ-'zeɪ∫ən] S Einbürgerung f; ~ **papers** Einbürgerungsurkunde f; ~ **test** US Einbürgerungstest m **naturalize** ['næt∫rəlaɪz] VIT j-n einbürgern; **to become** ~**d** eingebürgert werden **naturally** ['næt∫rəli] ADV 1 natürlich, verständlicherweise 2 von Natur aus; **he is** ~ **artistic/lazy** er ist künstlerisch veranlagt/von Natur aus faul; **to do what comes** ~ seiner Natur folgen; **it comes** ~ **to him** das fällt ihm leicht **natural science** S Naturwissenschaft f

★**nature** ['neɪt∫ə'] S 1 Natur f; **Nature** die Natur; **laws of** ~ Naturgesetze pl; **it is not in my** ~ **to say that** es entspricht nicht meiner Art, das zu sagen; **it is in the** ~ **of young people to want to travel** es liegt im Wesen junger Menschen, reisen zu wollen 2 von Objekt Beschaffenheit f; **the** ~ **of the case is such …** der Fall liegt so … 3 Art f; **things of this** ~ derartiges; … **or something of that** ~ … oder etwas in der Art **nature reserve** S Naturschutzgebiet n **nature study** S Naturkunde f **nature trail** S Naturlehrpfad m

naturism ['neɪt∫ərɪzəm] S Freikörperkultur f, FKK ohne art **naturist** ['neɪt∫ərɪst] A S FKK-Anhänger(in) m(f) B ADJ FKK-; ~ **beach** FKK-Strand m

naughtily ['nɔːtɪli] ADV frech; sich benehmen unartig **naughty** ['nɔːti] ADJ ‹komp naughtier› 1 frech; Kind, Hund unartig; **it was** ~ **of him to break it** das war aber gar nicht lieb von ihm, dass er das kaputt gemacht hat 2 Witz, Worte unanständig

Nauru [naːˈuːruː] S GEOG Nauru n

nausea ['nɔːsɪə] S MED Übelkeit f **nauseating** ['nɔːsɪeɪtɪŋ] ADJ ekelerregend **nauseous** ['nɔːsɪəs] ADJ MED **that made me (feel)** ~ dabei wurde mir übel

nautical ['nɔːtɪkəl] ADJ nautisch **nautical mile** S Seemeile f

nav [næv] *umg* [S] Navi *n umg*
naval ['neɪvəl] [ADJ] der Marine **naval base** [S] Flottenbasis *f* **naval battle** [S] Seeschlacht *f* **naval officer** [S] Marineoffizier(in) *m(f)*
nave [neɪv] [S] *von Kirche* Hauptschiff *n*
navel ['neɪvəl] [S] ANAT Nabel *m* **navel piercing** [S] Nabelpiercing *n*
navigable ['nævɪgəbl] [ADJ] schiffbar
navigate ['nævɪgeɪt] [A] [VI] SCHIFF, FLUG navigieren; AUTO den Fahrer dirigieren; **I don't know the route, you'll have to ~** ich kenne die Strecke nicht, du musst mich dirigieren [B] [VT] [1] *Schiff, Flugzeug* navigieren [2] durchfahren; *Flugzeug* durchfliegen; *Meer* durchqueren **navigation** [ˌnævɪ'geɪʃən] [S] Navigation *f* **navigator** ['nævɪgeɪtəʳ] [S] SCHIFF Navigationsoffizier(in) *m(f)*; FLUG Navigator(in) *m(f)*; AUTO Beifahrer(in) *m(f)*
★**navy** ['neɪvɪ] [A] [S] [1] (Kriegs)marine *f*; **to serve in the ~** in der Marine dienen [2] (*a.* **~ blue**) Marineblau *n* [B] [ADJ] [1] ⟨*attr*⟩ Marine- [2] (*a.* **~-blue**) marineblau
nay [neɪ] [S] POL Nein *n*, Neinstimme *f*
naysayer ['neɪˌseɪəʳ] [S] Neinsager(in) *m(f)*; **stop being such a ~** hör doch auf, ständig alles abzulehnen!
NB [ABK] (= nota bene) NB
NBC¹ [ABK] (= National Broadcasting Company *US*) NBC *f*
NBC² [ABK] (= nuclear, biological and chemical) MIL ABC-
NE [ABK] (= north-east) NO

★**near** [nɪəʳ]

A Adverb
B Präposition
C Adjektiv
D transitives Verb
E intransitives Verb

— A Adverb —

[1] nahe; **he lives quite ~** er wohnt ganz in der Nähe; **you live ~er/nearest** du wohnst näher/am nächsten; **could you move ~er together?** könnten Sie enger zusammenrücken?; **that was the ~est I ever got to seeing him** da hätte ich ihn fast gesehen; **to be ~ at hand** zur Hand sein; *Läden* in der Nähe sein; *Hilfe* ganz nahe sein [2] genau; **as ~ as I can tell** soweit ich es beurteilen kann; **(that's) ~ enough** das haut so ungefähr hin *umg* [3] fast; **he very ~ succeeded** fast wäre es ihm gelungen [4] *negativ* **it's nowhere ~ enough** das ist bei Weitem nicht genug; **we're not ~er (to) solving the problem** wir sind der Lösung des Problems kein bisschen näher gekommen; **he is nowhere** *od* **not anywhere ~ as clever as you** er ist bei Weitem nicht so klug wie du

— B Präposition —

(*a.* **near to**) [1] nahe an (*+dat*); *mit Richtungsangabe* nahe an (*+akk*); (≈ *benachbart*) in der Nähe von *od +gen*; **the hotel is very ~ (to) the station** das Hotel liegt ganz in der Nähe des Bahnhofs; **move the chair ~er (to) the table** rücken Sie den Stuhl näher an den Tisch; **to get ~er (to) sb/sth** nahe/näher an j-n/etw herankommen; **keep ~ me** bleib in meiner Nähe; **~ here/there** hier/dort in der Nähe; **don't come ~ me** komm mir nicht zu nahe; **~ (to) where** ... nahe der Stelle, wo ...; **to be ~est to sth** einer Sache (*dat*) am nächsten sein; **take the chair ~est (to) you** nehmen Sie den Stuhl direkt neben Ihnen; **to be ~ (to) tears** den Tränen nahe sein; **the project is ~ (to) completion** das Projekt steht vor seinem Abschluss [2] *zeitlich* gegen; **~ death** dem Tode nahe; **come back ~er (to) 3 o'clock** kommen Sie gegen 3 Uhr wieder; **~ the end of the play** gegen Ende des Stücks; **I'm ~ the end of the book** ich habe das Buch fast zu Ende gelesen; **her birthday is ~ (to) mine** ihr und mein Geburtstag liegen nahe beieinander [3] ähnlich (*+dat*); **German is ~er (to) Dutch than English is** Deutsch ist dem Holländischen ähnlicher als Englisch

— C Adjektiv —

⟨*+er*⟩ [1] nahe; **to be ~** in der Nähe sein; *Gefahr, das Ende* nahe sein; *Ereignis* bevorstehen; **to be ~est** näher/am nächsten sein; **it looks very ~** es sieht so aus, als ob es ganz nah wäre; **his answer was ~est** seine Antwort traf eher zu als meine/traf die Sachlage am ehesten [2] *fig Entkommen* knapp; **a ~ disaster** fast ein Unglück *n*; **his ~est rival** sein schärfster Rivale, seine schärfste Rivalin; **round up the figure to the ~est pound** runden Sie die Zahl auf das nächste Pfund auf; **£50 or ~est**

N

offer HANDEL Verhandlungsbasis £ 50; **that's the ~est thing you'll get to an answer** eine bessere Antwort kannst du kaum erwarten; **my ~est and dearest** meine Lieben *pl*

— **D** transitives Verb —

sich nähern (+*dat*); **to be ~ing sth** *fig* auf etw (*akk*) zugehen; **she was ~ing fifty** sie ging auf die Fünfzig zu; **to ~ completion** kurz vor dem Abschluss stehen

— **E** intransitives Verb —

näher rücken

nearby [nɪəˈbaɪ] **A** ADV (*a.* **near by**) in der Nähe **B** ADJ nahe gelegen **Near East** S Naher Osten; **in the ~** im Nahen Osten

★**nearly** [ˈnɪəlɪ] ADV fast, beinahe; **I ~ laughed** ich hätte fast gelacht; **we are ~ there** wir sind fast da; *mit Arbeit* wir sind fast so weit; **he very ~ drowned** er wäre um ein Haar ertrunken; **not ~** bei Weitem nicht **nearly-new** [ˌnɪəlɪ-ˈnjuː] ADJ **~ shop** Second-Hand-Laden *m* **near miss** S FLUG Beinahezusammenstoß *m* **nearside** **A** ADJ AUTO auf der Beifahrerseite **B** S AUTO Beifahrerseite *f* **near-sighted** ADJ kurzsichtig **near thing** S that was a **~** das war knapp

neat [niːt] ADJ <*er*> **1** ordentlich; *Äußeres* gepflegt; **~ and tidy** hübsch ordentlich **2** *passen* genau **3** *Lösung* elegant; *Trick* schlau **4** *bes Br* **to drink one's whisky ~** Whisky pur trinken **5** *US* *umg* prima *umg* **neatly** [ˈniːtlɪ] ADV **1** ordentlich **2** gewandt **neatness** S Ordentlichkeit *f*

necessarily [ˈnesɪsərɪlɪ] ADV notwendigerweise; **not ~** nicht unbedingt

★**necessary** [ˈnesɪsərɪ] **A** ADJ **1** notwendig, nötig; **it is ~ to ...** man muss ...; **is it really ~ for me to come?** muss ich denn wirklich kommen?; **it's not ~ for you to come** Sie brauchen nicht zu kommen; **all the ~ qualifications** alle erforderlichen Qualifikationen; **if/when ~** wenn nötig; **that won't be ~** das wird nicht nötig sein; **to make the ~ arrangements** die notwendigen Maßnahmen treffen; **to do everything ~** alles Nötige tun **2** *Veränderung* unausweichlich **B** S <*mst pl*> **the ~** *od* necessaries das Notwendige **necessitate**

[nɪˈsesɪteɪt] VT notwendig machen **necessity** [nɪˈsesɪtɪ] S Notwendigkeit *f*; **out of ~** aus Not; **the bare necessities** das Notwendigste

★**neck** [nek] **A** S **1** Hals *m*; **to break one's ~** sich (*dat*) den Hals brechen; **to risk one's ~** Kopf und Kragen riskieren; **to save one's ~** seinen Hals aus der Schlinge ziehen; **to be up to one's ~ in work** bis über den Hals in der Arbeit stecken; **to stick one's ~ out** seinen Kopf riskieren; **in this ~ of the woods** *umg* in diesen Breiten **2** *von Kleid etc* Ausschnitt *m*; **it has a high ~** es ist hochgeschlossen **neck and neck** ADV Kopf an Kopf **necklace** [ˈneklɪs] S (Hals)kette *f* **neckline** S Ausschnitt *m* **neck pillow** S **1** *auf Reisen* Nackenhörnchen *n* **2** *im Bett* Nackenkissen *n* **neck pouch** S Brustbeutel *m* **necktie** *bes US* S Krawatte *f*

nectar [ˈnektəʳ] S Nektar *m* **nectarine** [ˈnektərɪn] S Nektarine *f*

née [neɪ] ADJ **Mrs Smith, née Jones** Frau Smith, geborene Jones

★**need** [niːd] **A** S **1** <*kein pl*> Notwendigkeit *f* (**for** +*gen*); **if ~ be** nötigenfalls; **(there is) no ~ for sth** etw ist nicht nötig; **(there is) no ~ to do sth** etw braucht nicht getan zu werden; **to be (badly) in ~ of sth** etw (dringend) brauchen; **in ~ of repair** reparaturbedürftig; **to have no ~ of sth** etw nicht brauchen **2** <*kein pl*> Not *f*; **in time(s) of ~** in schwierigen Zeiten; **those in ~** die Notleidenden *pl* **3** Bedürfnis *n*; **your ~ is greater than mine** Sie haben es nötiger als ich; **there is a great ~ for ...** es besteht ein großer Bedarf an (+*dat*) ... **B** VT brauchen; **much ~ed** dringend notwendig; **just what I ~ed** genau das Richtige; **that's all I ~ed** *iron* das hat mir gerade noch gefehlt; **this incident ~s some explanation** dieser Vorfall bedarf einer Erklärung (*gen*); **it ~s a coat of paint** es muss gestrichen werden; **sth ~s doing** etw muss gemacht werden; **to ~ to do sth** etw tun müssen; **not to ~ to do sth** etw nicht zu tun brauchen; **you shouldn't ~ to be told** das müsste man dir nicht erst sagen müssen **C** V/AUX **1** *positiv* müssen; **~ he go?** muss er gehen?; **no-one ~ go** *od* **~s to go home yet** es braucht noch keiner nach Hause zu gehen; **you only ~ed to ask** du hättest nur (zu) fragen brauchen; **2** *negativ* brauchen; **we ~n't have gone** wir hätten gar nicht gehen brauchen; **you ~n't have bothered** das war nicht nötig; **that ~n't be the case** das muss nicht unbedingt der Fall sein

★**needle** ['ni:dl] S̲ Nadel *f*; **it's like looking for a ~ in a haystack** es ist, als ob man eine Stecknadel im Heuhaufen suchte

needless ['ni:dlɪs] ADJ unnötig; *Tod, Zerstörung* sinnlos; **~ to say, ...** natürlich ... **needlessly** ['ni:dlɪslɪ] ADV unnötig(erweise); *zerstören, töten* sinnlos; **you are worrying quite ~** Ihre Sorgen sind vollkommen unbegründet

needlework ['ni:dlwɜːk] S̲ Handarbeit *f* **needn't** ['ni:dənt] ABK (= need not) → need

needy ['ni:dɪ] A̲ ADJ ⟨komp needier⟩ bedürftig B̲ S̲ **the ~** die Bedürftigen *pl*

negate [nɪ'geɪt] V̲T̲ zunichtemachen **negative** ['negətɪv] A̲ ADJ negativ; *Antwort* verneinend; GRAM verneint B̲ S̲ **1** Verneinung *f*; **to answer in the ~** eine verneinende Antwort geben; **put this sentence into the ~** verneinen Sie diesen Satz **2** FOTO Negativ *n* C̲ INT nein

★**neglect** [nɪ'glekt] A̲ V̲T̲ vernachlässigen; **to ~ to do sth** es versäumen, etw zu tun B̲ S̲ Nachlässigkeit *f*; **to be in a state of ~** verwahrlost sein **neglected** ADJ vernachlässigt; *Garten etc* verwahrlost **neglectful** ADJ nachlässig

négligé(e) ['neglɪʒeɪ] S̲ Negligé *n* **negligence** ['neglɪdʒəns] S̲ Nachlässigkeit *f*; JUR Fahrlässigkeit *f* **negligent** ['neglɪdʒənt] ADJ nachlässig; JUR fahrlässig **negligently** ['neglɪdʒəntlɪ] ADV nachlässig; JUR fahrlässig

negligible ['neglɪdʒəbl] ADJ unwesentlich

negotiable [nɪ'gəʊʃɪəbl] ADJ **these terms are ~** über diese Bedingungen kann verhandelt werden **negotiate** [nɪ'gəʊʃɪeɪt] A̲ V̲T̲ **1** verhandeln über (+akk), aushandeln **2** *Kurve* nehmen B̲ V̲I̲ verhandeln (**for** über +akk) **negotiation** [nɪ,gəʊʃɪ'eɪʃən] S̲ Verhandlung *f*; **the matter is still under ~** über diese Sache wird noch verhandelt **negotiator** [nɪ'gəʊʃɪeɪtər] S̲ Unterhändler(in)

m(f)

Negro ['ni:grəʊ] *pej* A̲ ADJ Schwarzen- B̲ S̲ ⟨pl -es⟩ Schwarze(r) *m/f(m)*

neigh [neɪ] V̲I̲ wiehern

★**neighbour** ['neɪbər] S̲, **neighbor** US S̲ Nachbar(in) *m(f)*; *in Restaurant etc* Tischnachbar(in) *m(f)*

★**neighbourhood** ['neɪbəhʊd] S̲, **neighborhood** US S̲ Gegend *f*, Nachbarschaft *f* **neighbouring** ['neɪbərɪŋ] ADJ, **neighboring** US ADJ benachbart; **~ village** Nachbardorf *n* **neighbourly** ['neɪbəlɪ] ADJ, **neighborly** US ADJ *Mensch* nachbarlich; *Beziehungen* gutnachbarlich

★**neither** ['naɪðər] A̲ ADV **★ ~ ... nor** weder ... noch; **he ~ knows nor cares** er weiß es nicht und will es auch nicht wissen B̲ KONJ auch nicht; **if you don't go, ~ shall I** wenn du nicht gehst, gehe ich auch nicht; **he didn't do it (and) ~ did his sister** weder er noch seine Schwester haben es getan C̲ ADJ keine(r, s) (der beiden); **~ one of them** keiner von beiden D̲ PRON keine(r, s); **~ (of them)** keiner von beiden

neoclassical ADJ klassizistisch **neon** ['ni:ɒn] ADJ ⟨attr⟩ Neon- **neo-Nazi** ['ni:əʊ'nɑːtsɪ] A̲ S̲ Neonazi *m* B̲ ADJ neonazistisch

neon sign S̲ Neonschild *n*, Neonreklame *f*

★**nephew** ['nevjuː, 'nefjuː] S̲ Neffe *m* **nepotism** ['nepətɪzm] S̲ Vetternwirtschaft *f*

Neptune ['neptjuːn] S̲ *Mythologie, a.* ASTRON Neptun *m*

nerd [nɜːd] *umg* S̲ uncooler Typ *sl*; **computer ~** Computerfreak *m umg* **nerdy** ['nɜːdɪ] ADJ ⟨komp nerdier⟩ *umg* uncool *sl*

★**nerve** [nɜːv] S̲ **1** Nerv *m*; **to get on sb's ~s** *umg* j-m auf die Nerven gehen; **to touch a ~** einen wunden Punkt berühren **2** ⟨kein pl⟩ Mut *m*; **to lose one's ~** die Nerven verlieren; **to have the ~ to do sth** sich trauen, etw zu tun **3** ⟨kein pl⟩ *umg* Frechheit *f*; **to have the ~ to do sth** die Frechheit besitzen, etw zu tun; **he's got a ~!** der hat Nerven! *umg* **nerve centre** S̲, **nerve center** US *fig* S̲ Schaltzentrale *f* **nerve-racking**, **nerve-wracking** ADJ nervenaufreibend

N

★**nervous** ['nɜːvəs] ADJ **1** *Störung* nervös; ~ **tension** Nervenanspannung *f* **2** ängstlich, nervös; **to be** *od* **feel ~ Angst haben, sich** *(dat)* **Sorgen machen, nervös sein; I am ~ about the exam** mir ist bange vor dem Examen; **I was rather ~ about giving him the job** mir war nicht wohl bei dem Gedanken, ihm die Stelle zu geben; **I am rather ~ about diving** ich habe eine ziemliche Angst vor dem Tauchen **nervous breakdown** S̄ Nervenzusammenbruch *m* **nervous energy** S̄ Vitalität *f* **nervously** ['nɜːvəslɪ] ADV ängstlich, nervös **nervousness** ['nɜːvəsnəs] S̄ Nervosität *f* **nervous system** S̄ Nervensystem *n* **nervous wreck** *umg* S̄ **to be a ~** mit den Nerven völlig am Ende sein

★**nest** [nest] **A** S̄ **1** Nest *n* **2** *von Tischen etc* Satz *m* **B** V̄I nisten **nest egg** *fig* S̄ Notgroschen *m*

nestle ['nesl] V̄I **to ~ up to sb** sich an j-n schmiegen; **to ~ against sb** sich an j-n anschmiegen; **the village nestling in the hills** das Dorf, das zwischen den Bergen eingebettet liegt

★**Net** [net] *umg* S̄ **the Net** IT das Internet

★**net**[1] [net] **A** S̄ **1** Netz *n*; **to slip through the net** *Verbrecher* durch die Maschen schlüpfen **2** *für Vorhänge* Tüll *m* **B** V̄T *Fisch* mit dem Netz fangen

net[2] ADJ **1** *Preis, Gewicht* Netto-; **net disposable income** verfügbares Nettoeinkommen **2** *fig* End-; **net result** Endergebnis *n*

netball *Br* S̄ Korbball *m* **netbook** S̄ COMPUT Netbook *n* **net curtain** *Br* S̄ Tüllgardine *f*

★**Netherlands** ['neðələndz] PL **the ~** die Niederlande *pl*

netiquette ['netɪket] S̄ IT Netiquette *f*

net profit S̄ Reingewinn *m*

netspeak S̄ INTERNET *umg* Chat-Slang *m umg*, Internetjargon *m*

netting ['netɪŋ] S̄ Netz *n*, Maschendraht *m*; *für Vorhänge* Tüll *m*

nettle ['netl] **A** S̄ BOT Nessel *f*; **to grasp the ~** *fig* in den sauren Apfel beißen **B** V̄T *fig umg* j-n wurmen *umg*

net weight S̄ Nettogewicht *n*

network ['netwɜːk] **A** S̄ **1** Netz *n* **2** RADIO, TV Sendenetz *n*; ELEK, IT Netzwerk *n*; ~ **driver/server** IT Netzwerktreiber *m*/-server *m* **B** V̄T *Programm* im

ganzen Netzbereich ausstrahlen; IT vernetzen **C** V̄I im Netzwerk arbeiten; *Beziehungen aufbauen und nutzen* netzwerken **network card** S̄ COMPUT Netzwerkkarte *f* **networking** ['netwɜːkɪŋ] **1** IT Networking *n* **2** Knüpfen *n von* Kontakten

neurological [ˌnjʊərə'lɒdʒɪkəl] ADJ neurologisch **neurologist** [njʊə'rɒlədʒɪst] S̄ Neurologe *m*, Neurologin *f* **neurology** [njʊə'rɒlədʒɪ] S̄ Neurologie *f* **neurosis** [njʊə'rəʊsɪs] S̄ *pl* **neuroses** [njʊə'rəʊsiːz] Neurose *f* **neurosurgery** [ˌnjʊərəʊ,sɜːdʒərɪ] S̄ Neurochirurgie *f* **neurotic** [njʊə'rɒtɪk] **A** ADJ neurotisch; **to be ~ about sth** in Bezug auf etw *(akk)* neurotisch sein **B** S̄ Neurotiker(in) *m(f)*

neuter ['njuːtər] **A** ADJ GRAM sächlich **B** V̄T *Katze, Hund* kastrieren

neutral ['njuːtrəl] **A** ADJ neutral, farblos **B** S̄ **1** Neutrale(r) *m/f(m)* **2** AUTO Leerlauf *m*; **to be in ~** im Leerlauf sein; **to put the car in ~** den Gang herausnehmen **neutrality** [njuː'trælɪtɪ] S̄ Neutralität *f* **neutralize** ['njuːtrəlaɪz] V̄T neutralisieren

neutron ['njuːtrɒn] S̄ Neutron *n*

★**never** ['nevər] ADV **1** nie, niemals *geh*; ~ **again** nie wieder; ~ **before** noch nie; ~ **even** nicht einmal **2** *emph* (=nicht) **I ~ slept a wink** *umg* ich habe kein Auge zugetan; **Spurs were beaten — ~!** *umg* Spurs ist geschlagen worden — nein!; **well I ~ (did)!** *umg* nein, so was!; ~ **fear** keine Angst **never-ending** ['nevər'endɪŋ] ADJ endlos **nevertheless** [ˌnevəðə'les] ADV dennoch, trotzdem

★**new** [njuː] ADJ ⟨+er⟩ neu; **the new people at number five** die Neuen in Nummer fünf; **that's nothing new** das ist nichts Neues; **what's new?** *umg* was gibts Neues? *umg*; **I'm new to this job** ich bin neu in dieser Stelle; **she's new to the game** SPORT sie ist erst seit Kurzem bei diesem Sport dabei; *fig* sie ist neu auf diesem Gebiet **New Age Traveller** *Br* S̄ Aussteiger(in) *m(f)* **newbie** ['njuːbɪ] *umg* S̄ Neuling *m* **new blood** *fig* S̄ frisches Blut **newborn** ADJ neugeboren **newcomer** S̄ Neuankömmling *m*; *in Job* Neuling *m* (**to** in +*dat*); **they are ~s to this town** sie sind neu in dieser Stadt **New Eng-**

land S̅ Neuengland n **newfangled** ADJ neumodisch **new-found** ADJ Glück neu(gefunden); Selbstvertrauen neugeschöpft **Newfoundland** ['nju:fənd-lənd] ADJ Neufundland n **newish** ['nju:ɪʃ] ADJ ziemlich neu **newly** ['nju:lɪ] ADV frisch; ~ **made** ganz neu; Brot, Kuchen frisch gebacken; ~ **arrived** neu angekommen; ~ **married** frisch vermählt **newlyweds** ['nju:lɪwedz] umg PL Frischvermählte pl **new moon** S̅ Neumond m; **there's a ~ tonight** heute Nacht ist Neumond

★**news** [nju:z] S̅ ⟨+sg v, kein pl⟩ **1** Nachricht f, Neuigkeit(en) f(pl); **a piece of ~** eine Neuigkeit; **I have no ~ of him** ich habe nichts von ihm gehört; **there is no ~** es gibt nichts Neues zu berichten; **have you heard the ~?** haben Sie schon (das Neueste) gehört?; **tell us your ~** erzähl uns das Neueste; **I have ~ for you** iron ich habe eine Überraschung für dich; **good ~** gute Nachrichten; **that's bad ~ for ...** das ist ein schwerer Schlag für ...; **who will break the ~ to him?** wer wird es ihm sagen od beibringen?; **that is ~ to me!** das ist mir ganz neu! **2** Presse, a. RADIO, TV Nachrichten pl; ~ **in brief** Kurznachrichten pl; **financial ~** Wirtschaftsbericht m; **it was on the ~** das kam in den Nachrichten; **to be in the ~** von sich reden machen **news agency** S̅ Nachrichtenagentur f **newsagent** Br S̅ Zeitungshändler(in) m(f) **news blackout** S̅ Nachrichtensperre f **news bulletin** S̅ Bulletin n **newscast** S̅ Nachrichtensendung f **newscaster** S̅ Nachrichtensprecher(in) m(f) **news channel** S̅ TV Nachrichtensender m **newsdealer** US S̅ Zeitungshändler(in) m(f) **news feed** S̅ IT Web-Feed m, News-Feed n (abonnierbare Nachrichten im Internet) **newsflash** S̅ Kurzmeldung f **newsgroup** S̅ INTERNET Newsgroup f **news headlines** PL Kurznachrichten pl **newsletter** S̅ Rundschreiben n

★**newspaper** ['nju:z,peɪpəʳ] S̅ Zeitung f; **daily ~** Tageszeitung f **newspaper article** S̅ Zeitungsartikel m **newsreader** S̅ Nachrichtensprecher(in) m(f) **newsroom** S̅ Nachrichtenredaktion f **newsstand** S̅ Zeitungsstand m **new-style** ['nju:staɪl] ADJ im neuen Stil

news vendor S̅ Zeitungsverkäufer(in) m(f) **newsworthy** ['nju:zwɜ:ðɪ] ADJ **to be ~** Neuigkeitswert haben **newt** [nju:t] S̅ Wassermolch m **New Testament** S̅ the ~ das Neue Testament **new wave** A S̅ neue Welle B ADJ ⟨attr⟩ der neuen Welle **New World** S̅ the ~ die Neue Welt

★**New Year** S̅ neues Jahr; (≈Tag) Neujahr n; **to see in the ~** das neue Jahr begrüßen; **Happy ~!** (ein) gutes neues Jahr!; **at ~** an Neujahr; ~ **resolution** (guter) Vorsatz für das neue Jahr **New Year's Day** S̅ Neujahr n

★**New Year's Eve** S̅ Silvester n

★**New Zealand** A S̅ Neuseeland n B ADJ ⟨attr⟩ neuseeländisch

★**New Zealander** S̅ Neuseeländer(in) m(f)

★**next** [nekst] A ADJ nächste(r, s); **the ~ day** am nächsten Tag; **(the) ~ time** das nächste Mal; **(the) ~ moment** im nächsten Moment; **from one moment to the ~** von einem Moment zum anderen; **this time ~ week** nächste Woche um diese Zeit; **the year after ~** übernächstes Jahr; **the ~ day but one** der übernächste Tag; **who's ~?** wer ist der Nächste?; **you're ~** Sie sind an der Reihe; **my name is ~ on the list** mein Name kommt als nächster auf der Liste; **the ~ but one** der/die/das Übernächste; **the ~ thing I knew I ...** bevor ich wusste, wie mir geschah, ... ich ...; nach Ohnmacht etc das Nächste, woran ich mich erinnern kann, war, dass ich ...; **the ~ size up/down** die nächstkleinere/nächstgrößere Größe B ADV **1** das nächste Mal; (≈im Folgenden) danach, dann; **what shall we do ~?** und was sollen wir als Nächstes machen?; **whatever ~?** überrascht Sachen gibts! umg **2** ★ ~ **to sb/sth** neben j-m/etw; mit Richtungsangabe neben j-n/etw; **the ~ to last row** die vorletzte Reihe; ~ **to nothing** so gut wie nichts; ~ **to impossible** nahezu unmöglich **3** the ~ **best** der/die/das Nächstbeste; **this is the ~ best thing** das ist das Nächstbeste; **the ~ oldest boy** der zweitälteste Junge C S̅ Nächste(r) m/f(m) **next door** ['neks'dɔ:ʳ] ADV nebenan; **let's go ~** gehen wir nach nebenan; **they live ~ to us** sie wohnen (direkt) neben uns; **he**

N

has the room ~ to me er hat das Zimmer neben mir; **we live ~ to each other** wir wohnen Tür an Tür; **the boy ~** der Junge von nebenan **next-door** ['neks-'dɔ:ʳ] ADJ **the ~ neighbour** Br, **~ neighbor** US der direkte Nachbar; **we are ~ neighbours** Br, **we are ~ neighbors** US wir wohnen Tür an Tür; **the ~ house** das Nebenhaus **next of kin** S ⟨pl -⟩ nächster Verwandter, nächste Verwandte

NFL US ABK (= National Football League) amerikanische Football-Nationalliga

NGO ABK (= nongovernmental organization) Nichtregierungsorganisation f, NRO f

NHS Br ABK (= National Health Service) staatlicher Gesundheitsdienst

nib [nɪb] S Feder f

nibble ['nɪbl] A V/T knabbern B V/I knabbern (**at** an +dat) C S **~s** Br Knabbereien pl

Nicaragua [ˌnɪkə'ræɡjuə] S Nicaragua n

★**nice** [naɪs] ADJ ⟨komp nicer⟩ 1 nett, fesch österr; Wetter, Geruch, Essen, Arbeit gut; Gefühl, Auto schön; **to have a ~ time** sich gut amüsieren; **have a ~ day!** bes US schönen Tag noch!; **the ~ thing about Venice** das Schöne an Venedig; **it's ~ to see you again** es freut mich, Sie wieder zu treffen; **it's been ~ meeting you** ich habe mich gefreut, Sie kennenzulernen; **I had a ~ rest** ich habe mich schön ausgeruht; **~ one!** toll! umg; als Reaktion auf Witz oder witzigen Kommentar der war gut! umg 2 zur Verstärkung schön; **a ~ long bath** ein schönes, langes Bad; **~ and warm** schön warm; **take it ~ and easy** überanstrengen Sie sich nicht 3 iron **you're in a ~ mess** du sitzt schön im Schlamassel umg; **that's a ~ way to talk to your mother** das ist ja eine schöne Art, mit deiner Mutter zu sprechen **nice-looking** ['naɪs'lʊkɪŋ] ADJ schön; Frau, Mann gut aussehend; **to be ~** gut aussehen **nicely** ['naɪslɪ] ADV nett; sich benehmen gut; **to be coming along ~** sich gut machen; **to ask ~** höflich fragen; **say thank you ~!** sag mal schön Danke!; **that will do ~** das reicht vollauf; **he's doing very ~ for himself** er ist sehr gut gestellt, er scheffelt Geld umg; **to be ~ spoken** sich

gepflegt ausdrücken; **~ done** gut gemacht **niceties** ['naɪsɪtɪz] PL Feinheiten pl

niche [niːʃ] S Nische f; fig Plätzchen n **niche market** S Nischenmarkt n

nick¹ [nɪk] A S 1 Kerbe f 2 **in the ~ of time** gerade noch (rechtzeitig) 3 Br umg **in good/bad ~** gut/nicht gut in Schuss umg B V/T **to ~ oneself** umg sich schneiden

nick² Br A umg V/T 1 einsperren umg 2 klauen umg B S umg Knast m umg

nickel ['nɪkl] S 1 Nickel n 2 US Fünfcentstück n **nickel-plated** ['nɪkl'pleɪ-tɪd] ADJ vernickelt

nickname ['nɪkneɪm] A S Spitzname m B S **they ~d him Baldy** sie gaben ihm den Spitznamen Baldy

nicotine ['nɪkətiːn] S Nikotin n **nicotine patch** S Nikotinpflaster n

nigh [naɪ] A ADJ obs, liter nahe B ADV **on ~** nahezu geh

★**night** [naɪt] A S Nacht f; THEAT Abend m; **last ~** gestern Abend, letzte Nacht; **tomorrow ~** morgen Abend/Nacht; **on Friday ~** Freitagabend/-nacht; **at ~** nachts/abends; **she works at ~** sie arbeitet nachts; **in/during the ~** in/während der Nacht; **the ~ before** am Abend/die Nacht zuvor; **the ~ before last** vorgestern Abend/vorletzte Nacht; **to spend the ~ at a hotel** in einem Hotel übernachten; **to have a good/bad ~** od **~'s sleep** gut/schlecht schlafen; **good ~!** gute Nacht!; **~-night!** umg gute Nacht! umg; **all ~ (long)** die ganze Nacht; **to have a ~ out** (abends) ausgehen; **to have an early ~** früh schlafen gehen; **to be on ~s** Nachtdienst haben; Arbeiter Nachtschicht haben B ADV **~s** bes US nachts **nightcap** S Schlaftrunk m umg **nightclub** S Nachtklub m **nightdress** S Nachthemd n **night-**

fall $\overline{S}$ **at ~** bei Einbruch der Dunkelheit **night flight** $\overline{S}$ Nachtflug *m* **nightgown** $\overline{S}$ Nachthemd *n* **nightie** [ˈnaɪtɪ] *umg* $\overline{S}$ Nachthemd *n* **nightingale** [ˈnaɪtɪŋgeɪl] $\overline{S}$ Nachtigall *f* **nightlife** $\overline{S}$ Nachtleben *n* **night-light** $\overline{S}$ Nachtlicht *n* **nightly** [ˈnaɪtlɪ] **A** ADJ (all)nächtlich, (all)abendlich **B** ADV jede Nacht, jeden Abend **nightmare** [ˈnaɪtmɛəʳ] $\overline{S}$ Albtraum *m*; **that was a ~ of a journey** die Reise war ein Albtraum **night owl** *umg* $\overline{S}$ Nachteule *f umg* **night safe** $\overline{S}$ Nachttresor *m* **night school** $\overline{S}$ Abendschule *f* **night shift** $\overline{S}$ Nachtschicht *f*; **to be on ~** Nachtschicht haben **nightshirt** $\overline{S}$ (Herren)nachthemd *n* **nightspot** $\overline{S}$ Nachtlokal *n* **night stick** *US* $\overline{S}$ Schlagstock *m* **night-time** **A** $\overline{S}$ Nacht *f*; **at ~** nachts **B** ADJ *‹attr›* nächtlich; **~ temperature** Nachttemperatur *f* **night watchman** $\overline{S}$ Nachtwächter(in) *m(f)*

nihilistic [ˌnaɪɪˈlɪstɪk] ADJ nihilistisch **nil** [nɪl] $\overline{S}$ null, nichts; **the score was one-nil** es stand eins zu null; → **zero** **Nile** [naɪl] $\overline{S}$ Nil *m* **nimble** [ˈnɪmbl] ADJ *‹komp nimbler›* flink, gelenkig; *Geist* beweglich **nimbly** [ˈnɪmblɪ] ADV gelenkig

★**nine** [naɪn] **A** ADJ neun; **~ times out of ten** in neun Zehntel der Fälle **B** $\overline{S}$ **1** Neun *f*; **dressed (up) to the ~s** in Schale *umg*; **to call 999** *Br*, **to call 911** *US* den Notruf wählen **2** → **six night-eleven**, **9/11** [ˌnaɪnɪˈlevn] $\overline{S}$ die Angriffe auf das World Trade Center am 11. September 2001

★**nineteen** [ˈnaɪnˈtiːn] **A** ADJ neunzehn **B** $\overline{S}$ Neunzehn *f*; **she talks ~ to the dozen** *Br umg* sie redet wie ein Wasserfall *umg*

★**nineteenth** [ˈnaɪnˈtiːnθ] **A** ADJ **1** neunzehnte(r, s) **2** neunzehntel **B** $\overline{S}$ **1** Neunzehnte(r, s) **2** Neunzehntel *n*; → **sixteenth**

★**ninetieth** [ˈnaɪntɪɪθ] **A** ADJ **1** neunzigste(r, s) **2** neunzigstel **B** $\overline{S}$ **1** Neunzigste(r, s) **2** Neunzigstel *n*

nine-to-five [ˌnaɪntəˈfaɪv] ADJ Büro-; **~ job** Bürojob *m*

★**ninety** [ˈnaɪntɪ] **A** ADJ neunzig **B** $\overline{S}$ Neunzig *f*; → **sixty**

★**ninth** [naɪnθ] **A** ADJ **1** neunte(r, s) **2** neuntel **B** $\overline{S}$ **1** Neunte(r, s) **2** Neuntel

n; → **sixth**

nip¹ *umg* $\overline{S}$ Schlückchen *n* **nip**² [nɪp] **A** $\overline{S}$ **1** Kniff *m*; *durch Tier etc* Biss *m* **2** **there's a nip in the air** es ist ganz schön frisch **B** VⷮT **1** kneifen, zwicken *österr*; **the dog nipped his ankle** der Hund hat ihn am Knöchel gezwickt **2** **to nip sth in the bud** *fig* etw im Keim ersticken **C** VⷫI *Br umg* sausen *umg*; **to nip up(stairs)** hochflitzen *umg*; **I'll just nip down to the shops** ich gehe mal kurz einkaufen *umg* ◆**nip out** *Br umg* VⷫI kurz weggehen *umg*

nip and tuck [ˌnɪp ən ˈtʌk] **A** $\overline{S}$ *umg* Schönheitsoperation *f* **B** ADJ *Kandidaten* Kopf an Kopf; **the election is ~** der Ausgang der Abstimmung ist völlig offen **nipple** [ˈnɪpl] $\overline{S}$ ANAT Brustwarze *f*, Nippel *m umg*; *US an Babyflasche* Sauger *m* **nippy** [ˈnɪpɪ] ADJ *‹komp nippier›* **1** *Br umg* flott; *Auto* spritzig **2** *Wetter* frisch **nit** [nɪt] $\overline{S}$ **1** ZOOL Nisse *f* **2** *Br umg* Schwachkopf *m umg* **nit-pick** [ˈnɪtpɪk] *umg* VⷫI pingelig sein *umg* **nit-picking** [ˈnɪtpɪkɪŋ] *umg* $\overline{S}$ Korinthenkackerei *f umg* **nitrate** [ˈnaɪtreɪt] $\overline{S}$ Nitrat *n* **nitric acid** [ˌnaɪtrɪkˈæsɪd] $\overline{S}$ Salpetersäure *f* **nitrogen** [ˈnaɪtrədʒən] $\overline{S}$ Stickstoff *m* **nitty-gritty** [ˈnɪtɪˈgrɪtɪ] *umg* $\overline{S}$ **to get down to the ~** zur Sache kommen **nitwit** [ˈnɪtwɪt] *umg* $\overline{S}$ Schwachkopf *m umg* **NLU** ABK (= natural language understanding) *die Fähigkeit eines Systems, normalsprachliche Äußerungen zu verarbeiten und mehrere Informationen aus Einzelsätzen zu extrahieren*

No., **no.** ABK (= number) Nr.

★**no** [nəʊ] **A** ADV **1** nein; **to answer no** mit Nein antworten **2** *mit Komparativ* nicht; **I can bear it no longer** ich kann es nicht länger ertragen; **I have no more money** ich habe kein Geld mehr; **he returned to England in an aircraft carrier no less** er kehrte auf nichts Geringerem als einem Flugzeugträger nach England zurück **B** ADJ kein; **no one person could do it** keiner könnte das allein tun; **no other man** kein anderer; **it's of no interest** das ist belanglos; **it's no use** *od* **no good** das hat keinen

N

Zweck; **no smoking** Rauchen verboten; **there's no telling what he'll do** man kann nie wissen, was er tun wird; **there's no denying it** es lässt sich nicht leugnen; **there's no pleasing him** ihm kann es auch nie recht machen; **he's no genius** er ist nicht gerade ein Genie; **this is no place for children** das ist hier nichts für Kinder; **in no time** im Nu; **at no little expense** zu großen Kosten; **there is no such thing** so etwas gibt es nicht; **I'll do no such thing** ich werde mich hüten **C** $\overline{s}$ ⟨pl **-es**⟩ Nein n; bei Wahl Neinstimme f; **I won't take no for an answer** ich bestehe darauf
Nobel ['nəʊbəl] $\overline{s}$ **~ laureate** Nobelpreisträger(in) m(f); **~ prize** Nobelpreis m; **~ prize winner** Nobelpreisträger(in) m(f); **~ peace prize** Friedensnobelpreis m

nobility [nəʊ'bɪlɪtɪ] $\overline{s}$ ⟨kein pl⟩ **1** (Hoch)adel m **2** (≈ Eigenschaft) Edle(s) n **noble** ['nəʊbl] **A** $\overline{adj}$ ⟨komp **nobler**⟩ **1** adlig; **to be of ~ birth** adlig sein **2** Tat, Gedanken nobel; Versuch heldenhaft **B** $\overline{s}$ Adlige(r) m|f(m) **nobleman** $\overline{s}$ ⟨pl **-men**⟩ Adlige(r) m **noblewoman** $\overline{s}$ ⟨pl **-women** [-wɪmən]⟩ Adlige f **nobly** ['nəʊblɪ] $\overline{adv}$ **1** vornehm; (≈ tapfer) heldenhaft **2** umg großmütig
★**nobody** ['nəʊbədɪ] **A** $\overline{PRON}$ niemand; **~ else** sonst niemand, niemand anderes; **~ else but you can do it** außer dir kann das niemand; **~ else offered to give them money** sonst hat sich niemand angeboten, ihnen Geld zu geben; **like ~'s business** wie nichts **B** $\overline{s}$ Niemand m kein pl
no-brainer [ˌnəʊ'breɪnəʳ] umg $\overline{s}$ **1** (≈ leicht zu erledigende Sache) Kinderspiel n **2** (≈ einfache Angelegenheit) **that's a ~** klare Sache, das versteht sich von selbst
no-claim(s) bonus ['nəʊˌkleɪm(z)-'bəʊnəs] $\overline{s}$ Schadenfreiheitsrabatt m
nocturnal [nɒk'tɜːnl] $\overline{adj}$ nächtlich; **~ animal** Nachttier n
nod [nɒd] **A** $\overline{s}$ Nicken n; **to give a nod** nicken **B** $\overline{v/i}$ nicken; **to nod to sb** j-m zunicken; **to nod toward(s) sth** mit dem Kopf auf etw zeigen **C** $\overline{v/t}$ **to nod one's head** mit dem Kopf nicken
◆**nod off** $\overline{v/i}$ einnicken umg
node [nəʊd] $\overline{s}$ **1** Knoten m **2** IT Node m, Knoten m

nodule ['nɒdjuːl] $\overline{s}$ Knötchen n
no-frills $\overline{adj}$ ⟨attr⟩ Preis ohne (alle) Extras; Stil einfach **no-go area** $\overline{s}$ Sperrgebiet n **no-good** $\overline{adj}$ nichtsnutzig **no-holds-barred** $\overline{adj}$ kompromisslos **no-hoper** [nəʊ'həʊpə(r)] $\overline{s}$ umg Niete f
★**noise** [nɔɪz] $\overline{s}$ Geräusch n, Lärm m; **what was that ~?** was war das für ein Geräusch?; **the ~ of the traffic** der Straßenlärm; **it made a lot of ~** es war sehr laut; **don't make a ~!** sei leise!; **stop making such a ~** hör auf, solchen Lärm zu machen **noiselessly** ['nɔɪzlɪslɪ] $\overline{adv}$ geräuschlos **noise level** $\overline{s}$ Geräuschpegel m **noisily** ['nɔɪzɪlɪ] $\overline{adv}$ laut; protestieren lautstark
★**noisy** ['nɔɪzɪ] $\overline{adj}$ ⟨komp **noisier**⟩ laut; Protest lautstark; **this is a ~ house** in dem Haus ist es laut
nomad ['nəʊmæd] $\overline{s}$ Nomade m, Nomadin f **nomadic** [nəʊ'mædɪk] $\overline{adj}$ nomadisch; **~ lifestyle** Nomadenleben n
no-man's-land ['nəʊmænzlænd] $\overline{s}$ Niemandsland n
nominal ['nɒmɪnl] $\overline{adj}$ nominell **nominal value** $\overline{s}$ Nennwert m
nominate ['nɒmɪneɪt] $\overline{v/t}$ **1** ernennen; **he was ~d chairman** er wurde zum Vorsitzenden ernannt **2** nominieren; **he was ~d for the presidency** er wurde als Präsidentschaftskandidat aufgestellt; **to ~ sb for sth** j-n für etw nominieren **nomination** [ˌnɒmɪ'neɪʃən] $\overline{s}$ **1** Ernennung f **2** Nominierung f
nominative ['nɒmɪnətɪv] **A** $\overline{s}$ GRAM Nominativ m **B** $\overline{adj}$ GRAM **(the) ~ case** der Nominativ
nominee [ˌnɒmɪ'niː] $\overline{s}$ Kandidat(in) m(f)
nonaggression [nɒn-] $\overline{s}$ **~ treaty** Nichtangriffspakt m **nonalcoholic** $\overline{adj}$ alkoholfrei **nonattendance** $\overline{s}$ Nichtteilnahme f (at an +dat)
nonchalance ['nɒnʃələns] $\overline{s}$ Lässigkeit f **nonchalant** $\overline{adj}$, **nonchalantly** ['nɒnʃələnt, -lɪ] $\overline{adv}$ lässig
noncommissioned $\overline{adj}$ MIL **~ officer** Unteroffizier(in) m(f) **noncommittal** $\overline{adj}$ zurückhaltend; **to be ~ about whether ...** sich nicht festlegen, ob ... **noncommittally** $\overline{adv}$ unverbindlich **nonconformist** **A** $\overline{s}$ Nonkonformist(in) m(f) **B** $\overline{adj}$ nonkonformistisch **nondescript** ['nɒndɪskrɪpt] $\overline{adj}$ Geschmack, Farbe unbestimmbar; Erschei-

nung unauffällig **nondrinker** $\overline{S}$ Nichttrinker(in) *m(f)* **nondriver** $\overline{S}$ Nichtfahrer(in) *m(f)*

★**none** [nʌn] **A** PRON keine(r, s); ~ **of the boys/girls** keiner der Jungen/keines der Mädchen; ~ **of them** keiner von ihnen; ~ **of this/the cake** nichts davon/von dem Kuchen; ~ **of this is any good** das ist alles nicht gut; **do you have any bread/apples?** — ~ **(at all)** haben Sie Brot/Äpfel? — nein, gar keines/ keine; **there is** ~ **left** es ist nichts übrig; **their guest was** ~ **other than ...** ihr Gast war kein anderer als ...; **he would have** ~ **of it** er wollte davon nichts wissen **B** ADV **to be** ~ **the wiser** um nichts schlauer sein; **she looks** ~ **the worse for her ordeal** trotz allem, was sie durchzustehen hatte, sieht sie gut aus; **he was** ~ **too happy about it** er war darüber gar nicht erfreut; ~ **too sure/easy** durchaus nicht sicher/einfach

nonentity [nɒˈnentɪtɪ] $\overline{S}$ unbedeutende Figur **nonessential** [ˌnɒnɪˈsenʃəl] **A** ADJ unnötig **B** $\overline{S}$ **nonessentials** PL nicht (lebens)notwendige Dinge *pl* **nonetheless** [ˌnʌnðəˈles] ADV trotzdem **nonevent** *umg* $\overline{S}$ Reinfall *m umg* **nonexecutive** ADJ ~ **director** $\overline{S}$ Aufsichtsratsmitglied *n (ohne Entscheidungsbefugnis)* **nonexistent** ADJ nicht vorhanden; **discipline is** ~ **here** hier herrscht keine Disziplin **non-fat** ADJ fettfrei **nonfattening** ADJ nicht dick machend *attr*; **fruit is** ~ Obst macht nicht dick **nonfiction** **A** $\overline{S}$ Sachbücher *pl* **B** ADJ ~ **book** Sachbuch *n* **nonflammable** ADJ nicht entzündbar **nonmember** $\overline{S}$ open to ~s Gäste willkommen **non-negotiable** ADJ **the price is** ~ über den Preis lässt sich nicht verhandeln

no-no [ˈnəʊnəʊ] *umg* $\overline{S}$ ⟨*kein pl*⟩ **that's a** ~! das geht gar nicht!

no-nonsense [ˈnəʊˌnɒnsəns] ADJ (kühl und) sachlich

nonpayment $\overline{S}$ Nichtzahlung *f* **nonplus** [ˈnɒnˈplʌs] V/T ~**sed** völlig verdutzt **nonpolitical** ADJ politisch **nonpolluting** [ˌnɒnpəˈluːtɪŋ] ADJ umweltfreundlich **non-profit-making** ADJ, **nonprofit** *US* ADJ keinen Gewinn anstrebend *attr* **non-redeemable** ADJ FIN nicht einlösbar

non-renewable ADJ nicht erneuerbar **nonresident** $\overline{S}$ Nicht(orts)ansässige(r) *m/f(m)*; *in Hotel* nicht im Haus wohnender Gast; **open to ~s** auch für Nichthotelgäste **nonreturnable** ADJ ~ **bottle** Einwegflasche *f*; ~ **deposit** Anzahlung *f*

★**nonsense** [ˈnɒnsəns] $\overline{S}$ ⟨*kein pl*⟩ Dummheiten *pl*; ~! Unsinn!; **I've had enough of this** ~ jetzt reicht's mir aber; **what's all this** ~ **about a cut in salary?** was soll all das Gerede von einer Gehaltskürzung?; **he will stand no** ~ **from anybody** er lässt nicht mit sich spaßen **nonsensical** [nɒnˈsensɪkəl] ADJ unsinnig

nonslip ADJ rutschfest **nonsmoker** $\overline{S}$ Nichtraucher(in) *m(f)* **nonsmoking** ADJ Nichtraucher-; **we have a** ~ **policy** bei uns herrscht Rauchverbot **nonstarter** $\overline{S}$ *fig* (≈ *Idee*) Blindgänger *m* **nonstick** ADJ antihaftbeschichtet **nonstop** **A** ADJ *Zug* durchgehend; *Reise* ohne Unterbrechung; ~ **flight** Nonstop-Flug *m* **B** ADV **arbeiten** ununterbrochen; *fliegen* nonstop **nonswimmer** $\overline{S}$ Nichtschwimmer(in) *m(f)* **nontaxable** ADJ nicht steuerpflichtig **nontoxic** ADJ ungiftig **nonverbal** ADJ nicht verbal **nonviolence** $\overline{S}$ Gewaltlosigkeit *f* **nonviolent** ADJ gewaltlos; *Verbrechen* nicht gewalttätig

noodle [ˈnuːdl] $\overline{S}$ GASTR Nudel *f*

nook [nʊk] $\overline{S}$ Winkel *m*; **in every** ~ **and cranny** in jedem Winkel

nookie, nooky [ˈnʊkɪ] *umg* $\overline{S}$ **to have a bit of a** ~ (ein bisschen) bumsen *umg*

★**noon** [nuːn] **A** $\overline{S}$ Mittag *m*; **at** ~ um 12 Uhr mittags **B** ADJ 12-Uhr-

★**no-one, no one** [ˈnəʊwʌn] PRON → nobody

noontime *bes US* **A** $\overline{S}$ Mittagszeit *f*; **at** ~ um die Mittagsstunde *geh* **B** ADJ zur Mittagszeit

noose [nuːs] $\overline{S}$ Schlinge *f*

nope [nəʊp] *umg* ADV ne(e) *dial*, nein

no place *bes US umg* ADV → nowhere

★**nor** [nɔːʳ] KONJ **1** noch; **neither ... nor** weder ... noch **2** und ... auch nicht; **I shan't go, nor will you** ich gehe nicht, und du auch nicht; **nor do I** ich auch nicht

Nordic [ˈnɔːdɪk] ADJ nordisch; ~ **walking** Nordic Walking *n*

norm [nɔːm] $\overline{S}$ Norm *f*

★**normal** [ˈnɔːməl] **A** ADJ normal, üblich; **it's ~ practice** das ist so üblich; **he is not his ~ self** er ist so anders; **a higher than ~ risk of infection** ein Infektionsrisiko, das über dem Normalen liegt **B** S ⟨kein pl⟩ **below ~** unter dem Durchschnitt; **her temperature is below/ above ~** sie hat Untertemperatur/erhöhte Temperatur; **when things are back to** od **return to ~** wenn sich alles wieder normalisiert hat; **carry on as ~** machen Sie normal weiter **normality** [nɔːˈmælɪtɪ] S Normalität f; **to return to ~** sich wieder normalisieren **normalize** [ˈnɔːməlaɪz] V/T Beziehungen normalisieren **normally** [ˈnɔːmlɪ] ADV ▪ normalerweise ▪ normal

Norman [ˈnɔːmən] **A** ADJ normannisch; **the ~ Conquest** der normannische Eroberungszug **B** S Normanne m, Normannin f **Normandy** [ˈnɔːməndɪ] S Normandie f

norovirus [ˈnɒrəvaɪrəs] S MED Norovirus n

Norse [nɔːs] ADJ altnordisch

★**north** [nɔːθ] **A** S Norden m; **in/from the ~** im/aus dem Norden; **to the ~ of** nördlich von; **the wind is in the ~** es ist Nordwind; **to face ~** nach Norden liegen; **the North of Scotland** Nordschottland n **B** ADJ ⟨attr⟩ Nord-; **North German** norddeutsch **C** ADV nach Norden; **~ of** nördlich von **North Africa** S Nordafrika n **North America** S Nordamerika n **North American** **A** ADJ nordamerikanisch **B** S Nordamerikaner(in) m(f) **North Atlantic** S Nordatlantik m **northbound** ADJ Straße nach Norden (führend); Verkehr in Richtung Norden **northeast** **A** S Nordosten m; **in the ~** im Nordosten; **from the ~** von Nordost **B** ADJ Nordost-, nordöstlich; **~ England** Nordostengland n **C** ADV nach Nordosten; **~ of** nordöstlich von **northeasterly** ADJ nordöstlich **northerly** [ˈnɔːðəlɪ] ADJ nördlich

★**northern** [ˈnɔːðən] ADJ nördlich; **~ Germany** Norddeutschland n; **Northern Irish** nordirisch **northerner** [ˈnɔːðənəʳ] S Nordengländer(in) m(f) etc; **he is a ~** er kommt aus dem Norden (des Landes) **Northern Ireland** S Nordirland n **northernmost** [ˈnɔːðənməʊst] ADJ nördlichste(r, s) **North Pole** S

Nordpol m **North Sea** S Nordsee f **B** ADJ Nordsee- **North-South divide** S Nord-Süd-Gefälle n **northward** ADJ nördlich **B** ADV (a. **northwards**) nordwärts **northwest** **A** S Nordwesten m **B** ADJ Nordwest-, nordwestlich; **~ England** Nordwestengland n **C** ADV nach Nordwest(en); **~ of** nordwestlich von **northwesterly** ADJ nordwestlich

★**Norway** [ˈnɔːweɪ] S Norwegen n ★**Norwegian** [nɔːˈwiːdʒən] **A** ADJ norwegisch **B** S Norweger(in) m(f) **C** LING Norwegisch n

Nos., nos. ABK (= numbers) Nrn.

★**nose** [nəʊz] **A** S Nase f; **to hold one's ~** sich (dat) die Nase zuhalten; **my ~ is bleeding** ich habe Nasenbluten; **follow your ~** immer der Nase nach; **she always has her ~ in a book** sie hat dauernd den Kopf in einem Buch (vergraben); **to do sth under sb's ~** etw vor j-s Augen tun; **it was right under his ~** er hatte es direkt vor der Nase; **he can't see beyond** od **further than the end of his ~** er kann nicht weiter sehen, als sein eigener Schatten reicht; **to get up sb's ~** fig umg j-m auf den Geist gehen umg; **to poke one's ~ into sth** fig seine Nase in etw (akk) stecken; **you keep your ~ out of this** umg halt du dich da raus umg; **to cut off one's ~ to spite one's face** sprichw sich ins eigene Fleisch schneiden; **to look down one's ~ at sb/sth** auf j-n/etw herabblicken; **to pay through the ~** umg sich dumm und dämlich zahlen umg; **~ to tail** Autos Stoßstange an Stoßstange **B** V/T **the car ~d its way into the stream of traffic** das Auto schob sich in den fließenden Verkehr vor ♦**nose about** Br, **nose around** V/I herumschnüffeln umg

nosebleed S Nasenbluten n; **to have a ~** Nasenbluten haben **nosedive** **A** S FLUG Sturzflug m; **the company's profits took a ~** mit der Firma ging es rapide bergab **B** V/I Flugzeug im Sturzflug herabgehen; fig den Bach runtergehen umg **nosedrops** PL Nasentropfen pl **nose ring** S Nasenring m **nosey** ADJ → nosy

nosh [nɒʃ] Br sl S (≈ Essen) Futter n umg **no-smoking** ADJ → nonsmoking **nostalgia** [nɒˈstældʒɪə] S Nostalgie f (for nach); **to feel ~ for sth** sich nach etw zurücksehnen **nostalgic** [nɒˈstæl-dʒɪk] ADJ nostalgisch, wehmütig; **to feel ~ for sth** sich nach etw zurücksehnen

nostril [ˈnɒstrəl] S̄ Nasenloch n; *von Pferd* Nüster f

nosy [ˈnəʊzɪ] ADJ ⟨*komp* nosier⟩ neugierig umg **nosy parker** [ˌnəʊzɪˈpɑːkəʳ] Br umg S̄ Schnüffler(in) m(f) umg

★**not** [nɒt] ADV **1** nicht; **he told me not to do that** er sagte, ich solle das nicht tun; **not a word** kein Wort; **not a bit** kein bisschen; **not one of them** kein Einziger; **not a thing** überhaupt nichts; **not any more** nicht mehr; **not yet** noch nicht; **not even** nicht einmal; **not so** *als Antwort* nein; **he's decided not to do it** — **I should think/hope not** er hat sich entschlossen, es nicht zu tun — das möchte ich auch meinen/hoffen; **not at all** überhaupt nicht; (≈ *nichts zu danken*) gern geschehen; **not that I care** nicht, dass es mir etwas ausmacht(e); **not that I know of** nicht, dass ich wüsste; **it's not that I don't believe him** ich glaube ihm ja **2** **it's hot, isn't it?** es ist heiß, nicht wahr od nicht? umg; **isn't it hot?** (es ist) heiß, nicht wahr?; **isn't he naughty?** ist er nicht frech?; **you are coming, aren't you?** Sie kommen doch, oder?

notable [ˈnəʊtəbl] ADJ **1** bedeutend, beträchtlich **2** auffallend; **with a few ~ exceptions** bis auf einige rühmliche Ausnahmen **notably** [ˈnəʊtəblɪ] ADV **1** auffallend **2** insbesondere; **most ~** vor allem

notary (public) [ˈnəʊtərɪ(ˈpʌblɪk)] S̄ Notar(in) m(f)

notch [nɒtʃ] S̄ Kerbe f ◆**notch up** V̄T̄ ⟨*trennb*⟩ Punkte erzielen; *Erfolg* verzeichnen können

★**note** [nəʊt] A S̄ **1** Notiz f; *länger* Briefchen n; **~s** Aufzeichnungen pl, Konzept n; **to speak without ~s** frei sprechen; **to leave sb a ~** j-m ein paar Zeilen hinterlassen; **to take** od **make ~s** (sich) Notizen machen; **to take** od **make a ~ of sth** sich (*dat*) etw notieren **2** ⟨*kein pl*⟩ **to take ~ of sth** von etw Notiz nehmen, etw beachten ⟨*kein pl*⟩ **nothing of ~** nichts Erwähnenswertes **4** MUS Note f; (≈*Klang*) Ton m; **to play the right/wrong ~** richtig/falsch spielen; **to strike**

the right **~** *fig* den richtigen Ton treffen; **on a personal ~** persönlich gesprochen; **on a more positive ~** aus positiver Sicht; **to sound a ~ of caution** zur Vorsicht mahnen; **there was a ~ of warning in his voice** seine Stimme hatte einen warnenden Unterton **5** Br FIN Schein m; **a £5 ~, a five-pound ~** ein Fünfpfundschein m B̄ V̄T̄ **1** bemerken **2** beachten **3** → note down ◆**note down** V̄T̄ ⟨*trennb*⟩ notieren, sich (*dat*) notieren

★**notebook** [ˈnəʊtbʊk] S̄ Notizbuch n; **~ (computer)** Notebook m **noted** [ˈnəʊtɪd] ADJ berühmt (**for** für, **wegen**) **notelet** [ˈnəʊtlɪt] S̄ Briefkarte f **no-tell motel** S̄ diskretes Motel **notepad** S̄ Notizblock m **notepaper** S̄ Briefpapier n **noteworthy** ADJ beachtenswert

★**nothing** [ˈnʌθɪŋ] A S̄ & PRON & ADV nichts; **it was reduced to ~** es blieb nichts davon übrig; **it was all or ~** es ging um alles oder nichts; **£500 is ~ to her** £ 500 sind für sie gar nichts; **it came to ~** da ist nichts draus geworden; **I can make ~ of it** das sagt mir nichts; **he thinks ~ of doing that** er findet nichts dabei(, das zu tun); **think ~ of it** keine Ursache!; **there was ~ doing at the club** umg im Klub war nichts los; **for ~** umsonst; **there's ~ (else) for it but to leave** da bleibt einem nichts übrig als zu gehen; **there was ~ in it for me** das hat sich für mich nicht gelohnt; **there's ~ in the rumour** Br, **there's ~ in the rumor** US an dem Gerücht ist nichts (Wahres); **there's ~ to it** umg das ist kinderleicht umg; **~ but** nur; **~ else** sonst nichts; **~ more** sonst nichts; **I'd like ~ more than that** ich möchte nichts lieber als das; **~ much** nicht viel; **~ if not polite** äußerst höflich; **~ new** nichts Neues; **it was ~ like as big as** war lange nicht so groß B̄ S̄ **1** MATH Null f **2** Nichts n; **thank you — it was ~** danke — das war doch selbstverständlich; **what's wrong with you?** — **(it's) ~** was ist mit dir los? — nichts **nothingness** S̄ Nichts n ➞

no through road S̄ **it's a ~** es ist keine Durchfahrt

★**notice** [ˈnəʊtɪs] A S̄ **1** Bescheid m; *schriftlich* a. Mitteilung f; *von Ereignis,*

Veranstaltung Ankündigung f; **we need three weeks'** ~ wir müssen drei Wochen vorher Bescheid wissen; **to give ~ of sth** von etw Bescheid geben; **to give sb ~ of sth** j-m etw mitteilen; **he didn't give us much ~** er hat uns nicht viel Zeit gegeben; **at short ~** kurzfristig; **at a moment's ~** jederzeit; **at three days' ~** innerhalb von drei Tagen; **until further ~** bis auf Weiteres **2** *öffentlich* Anschlag m, Schild n; *in Zeitung* Anzeige f; **I saw a ~ in the paper about the concert** ich habe das Konzert in der Zeitung angekündigt gesehen **3** *von Miet-, Arbeitsverhältnis* Kündigung f; **to give sb ~** j-m kündigen; **to give** od **hand in one's ~, to turn in one's ~** *US* kündigen; **a month's ~** eine einmonatige Kündigungsfrist; **she gave me** od **I was given a month's ~** mir wurde zum nächsten Monat gekündigt **4** **to take ~ of sth** von etw Notiz nehmen, etw beachten; **to take no ~ of sb/sth** von j-m/etw keine Notiz nehmen; **take no ~!** kümmern Sie sich nicht darum!; **to bring sth to sb's ~** j-n auf etw (*akk*) aufmerksam machen; *in Brief etc* j-n von etw in Kenntnis setzen **B** V/T bemerken, zur Kenntnis nehmen; **without my noticing it** ohne dass ich etwas bemerkt habe; **I ~d her hesitating** ich merkte, dass sie zögerte; **to get oneself ~d** auf sich (*akk*) aufmerksam machen; *negativ* auffallen **noticeable** ['nəʊtɪsəbl] ADJ erkennbar, sichtbar, deutlich; *Erleichterung* merklich; **the stain is very ~** der Fleck fällt ziemlich auf; **it is ~ that ...** man merkt, dass ... **noticeably** ['nəʊtɪsəblɪ] ADV deutlich; *erleichtert* sichtlich **notice board** ['nəʊtɪsbɔːd] *bes Br* S Anschlagbrett n

notification [ˌnəʊtɪfɪ'keɪʃən] S Benachrichtigung f **notify** ['nəʊtɪfaɪ] V/T benachrichtigen; **to ~ sb of sth** j-n von etw benachrichtigen; *Behörde* j-m etw melden

notion ['nəʊʃən] S Idee f, Vorstellung f; (*= vage*) Ahnung f; **I have no ~ of time** ich habe überhaupt kein Zeitgefühl; **he got the ~ (into his head) that she wouldn't help him** irgendwie hat er sich (*dat*) eingebildet, sie würde ihm nicht helfen

notions PL *US* Kurzwaren pl

notoriety [ˌnəʊtə'raɪətɪ] S traurige Berühmtheit **notorious** [nəʊ'tɔːrɪəs] ADJ berüchtigt; *Spieler, Lügner* notorisch; **a ~ woman** eine Frau von schlechtem Ruf **notoriously** [nəʊ'tɔːrɪəslɪ] ADV bekanntlich; **it is ~ difficult to treat** es lässt sich bekanntlich nur sehr schwer behandeln; **to be ~ unreliable** für seine Unzuverlässigkeit berüchtigt sein

notwithstanding [ˌnɒtwɪθ'stændɪŋ] *form* **A** PRÄP ungeachtet (+*gen*) *form* **B** ADV nichtsdestotrotz

nougat ['nuːgɑː] S Nugat m

nought [nɔːt] S **1** Null f **2** *liter* Nichts n; **to come to ~** sich zerschlagen

noughties ['nɔːtɪz] *umg* PL Nullerjahre pl *umg* (*das erste Jahrzehnt des dritten Jahrtausends*)

noun [naʊn] S Substantiv n, Hauptwort n

nourish ['nʌrɪʃ] V/T **1** *wörtl* nähren; j-n ernähren **2** *fig* Hoffnungen hegen **nourishing** ['nʌrɪʃɪŋ] ADJ nahrhaft, währschaft *schweiz* **nourishment** S Nahrung f

nouveau riche [ˌnuːvəʊ'riːʃ] S ⟨*pl* -x -s [ˌnuːvəʊ'riːʃ]⟩ Neureiche(r) m/f(m)

Nov ABK (= November) Nov.

Nova Scotia ['nəʊvə'skəʊʃə] S Neuschottland n

★**novel**[1] ['nɒvəl] S Roman m

★**novel**[2] ADJ neu(artig)

novelist ['nɒvəlɪst] S Romanschriftsteller(in) m(f) **novella** [nə'velə] S Novelle f

novelty ['nɒvəltɪ] S **1** Neuheit f; **the ~ has worn off** der Reiz des Neuen ist vorbei **2** Krimskrams m **novelty effect** S Reiz m des Neuen

★**November** [nəʊ'vembəʳ] S November m; → **September**

novice ['nɒvɪs] *fig* S Anfänger(in) m(f) (**at** bei)

★**now** [naʊ] **A** ADV jetzt, sofort, gerade; (*= heutzutage*) heute; **just now** gerade, sofort; **it's now or never** jetzt oder nie; **what is it now?** was ist denn nun schon wieder?; **by now** inzwischen; **before now** bis jetzt; **we'd have heard before now** das hätten wir (inzwischen) schon gehört; **for now** vorläufig; **even now** selbst jetzt noch; **any day now** jetzt jeden Tag; **from now on(wards)** von nun an; **between now and the** end of the week bis zum Ende der Woche; **in three days from now** (heute) in drei Tagen; **(every) now and then, now and again** ab und zu **B** KONJ **now (that) you've seen him** jetzt, wo Sie ihn gesehen haben **C** INT also; **now, now!** na, na!; **well now** also; **now then** also (jetzt); **now, why didn't I think of that?** warum habe ich bloß nicht daran gedacht?

★**nowadays** ['naʊədeɪz] ADV heute

no way ADV → way

★**nowhere** ['nəʊweə'] ADV nirgendwo; *mit Richtungsangabe* nirgendwohin; **they have ~ (else) to go** sie können (sonst) nirgends unterkommen; **there was ~ to hide** man konnte sich nirgends verstecken; **to appear out of ~** aus heiterem Himmel auftauchen; **we're getting ~** wir kommen nicht weiter; **rudeness will get you ~** Grobheit bringt dir gar nichts ein; **~ near as tall** nicht annähernd so groß

no-win situation [,nəʊwɪnsɪtjuˈeɪʃən] S̲ **it's a ~** wie man's macht ist's falsch

noxious ['nɒkʃəs] ADJ **1** schädlich **2** giftig

nozzle ['nɒzl] S̲ Düse f

nuance ['njuːɑːns] S̲ Nuance f

nubile ['njuːbaɪl] ADJ gut entwickelt

★**nuclear** ['njuːklɪə'] ADJ Atom-; *Brennstoff* nuklear **nuclear deterrent** S̲ nukleares Abschreckungsmittel **nuclear disarmament** S̲ nukleare Abrüstung **nuclear energy** S̲ → nuclear power **nuclear family** S̲ Kleinfamilie f **nuclear-free** ADJ atomwaffenfrei **nuclear missile** S̲ Atomrakete f **nuclear physics** S̲ ⟨+sg v⟩ Kernphysik f **nuclear power** S̲ Atomkraft f **nuclear power station** S̲ Atomkraftwerk n **nuclear reactor** S̲ Atomreaktor m **nuclear reprocessing plant** S̲ nukleare Wiederaufbereitungsanlage **nuclear test** S̲ Atom(waffen)test m **nuclear war** S̲ Atomkrieg m **nuclear waste** S̲ Atommüll m **nuclear weapon** S̲ Atomwaffe f

nucleus ['njuːklɪəs] S̲ ⟨pl nuclei [-lɪaɪ]⟩ Kern m

nude [njuːd] **A** ADJ nackt; KUNST Akt-; **~ figure** Akt m **B** S̲ KUNST Akt m; **in the ~** nackt

nudge [nʌdʒ] **A** V/T anstoßen **B** S̲ Stups

m

nudism ['njuːdɪzm] S̲ FKK f, Freikörperkultur f **nudist** ['njuːdɪst] S̲ Nudist(in) m(f) **nudist beach** S̲ FKK-Strand m, Nacktbadestrand m **nudity** ['njuːdɪtɪ] S̲ Nacktheit f

nugget ['nʌgɪt] S̲ Klumpen m; *fig von Informationen etc* Brocken m

nuisance ['njuːsns] S̲ **1** (≈ Mensch) Plage f; **sorry to be a ~** entschuldigen Sie, wenn ich störe; **to make a ~ of oneself** lästig werden **2** (≈ Sache) **to be a ~** lästig sein, ärgerlich sein; **what a ~** wie ärgerlich **nuisance call** S̲ TEL Schockanruf m; **~s** pl Telefonterror m umg

null [nʌl] ADJ JUR (null und) nichtig **null and void** [nʌl] ADJ null und nichtig

nullify ['nʌlɪfaɪ] V/T annullieren

numb [nʌm] **A** ADJ ⟨+er⟩ taub; *gefühlsmäßig* benommen; **hands ~ with cold** Hände, die vor Kälte taub sind **B** V/T *Kälte* taub machen; *Injektion, a. fig* betäuben

★**number** ['nʌmbə'] **A** S̲ **1** MATH Zahl f, Ziffer f **2** Anzahl f; **a ~ of problems** ei-ne (ganze) Anzahl von Problemen; **large ~s of people** (sehr) viele Leute; **on a ~ of occasions** des Öfteren; **boys and girls in equal ~s** ebenso viele Jungen wie Mädchen; **in a small ~ of cases** in wenigen Fällen; **ten in ~** zehn an der Zahl; **to be found in large ~s** zahlreich vorhanden sein; **in small/large ~s** in kleinen/großen Mengen; **any ~ can play** beliebig viele Spieler können teilnehmen **3** *von Haus etc* Nummer f; **at ~ 4** (in) Nummer 4; **the ~ 47 bus** die Buslinie 47; **I've got the wrong ~** ich habe mich verwählt; **it was a wrong ~** ich *etc* war falsch verbunden; **the ~ one tennis player** umg der Tennisspieler Nummer eins umg; **the single went straight to** od **straight in at ~ one** die Single stieg gleich auf Nummer eins ein; **to look after ~ one** umg (vor allem) an sich (akk) selbst denken **4** THEAT Nummer f; (≈ Kleid) Kreation f **5** **one of their/our ~** eine(r) aus ihren/unseren Reihen **B** V/T **1** nummerieren **2** zählen (among zu); **the group ~ed 50** es waren 50 (Leu-te in der Gruppe); **his days are ~ed** sei-ne Tage sind gezählt **numbering** ['nʌmbərɪŋ] S̲ Nummerierung f **number plate** Br S̲ Nummernschild n **num-**

bers lock S̶ IT Zahlenverriegelung f
numbly ['nʌmlɪ] ADV benommen
numbness ['nʌmnɪs] S̶ Taubheit f
numeracy ['njuːmərəsɪ] S̶ Rechnen n
numeral ['njuːmərəl] S̶ Ziffer f **nu-
merate** ['njuːmərɪt] ADJ rechenkundig;
to be ~ rechnen können **numeric**
[njuːˈmerɪk] ADJ **~ keypad** numerisches
Tastenfeld **numerical** [njuːˈmerɪkəl]
ADJ Reihenfolge numerisch; Überlegenheit
zahlenmäßig **numerically** [njuːˈmerɪ-
kəlɪ] ADV zahlenmäßig; **~ controlled** nu-
merisch gesteuert **numerous** ['njuː-
mərəs] ADJ zahlreich; **on ~ occasions**
bei vielen Gelegenheiten
★**nun** [nʌn] S̶ Nonne f
Nuremberg ['njʊərəm,bɜːg] S̶ Nürnberg
n
★**nurse** [nɜːs] A̲ S̶ (Kranken)schwester f;
(≈ Erzieherin) Kindermädchen n; **male ~**
Krankenpfleger m B̲ V̶/̶T̶ pflegen; **to
~ sb back to health** j-n gesund pflegen;
he stood there nursing his bruised arm
er stand da und hielt seinen verletzten
Arm Z̲ Kleinkind stillen
nursery ['nɜːsərɪ] S̶ 1̲ Kinderzimmer n
Z̲ Kindergarten m, Kindertagesstätte f
З̲ Gartenbau, a. AGR Gärtnerei f, Baum-
schule f **nursery nurse** S̶ Kindermäd-
chen n **nursery place** S̶ Krippenplatz
m, Kita-Platz m **nursery rhyme** S̶
Kinderreim m **nursery school** S̶ Kin-
dergarten m **nursery (school)
teacher** S̶ Kindergärtner(in) m(f) **nur-
sery slope** S̶ Idiotenhügel m hum
nursing ['nɜːsɪŋ] A̲ S̶ 1̲ Pflege f Z̲
Krankenpflege f B̲ ADJ ⟨attr⟩ Pflege-; **~
staff** Pflegepersonal n; **the ~ profession**
die Krankenpflege, die Pflegeberufe pl
nursing home S̶ Pflegeheim n **nurs-
ing pad** S̶ Stilleinlage f
nurture ['nɜːtʃər] V̶/̶T̶ Talent entwickeln;
Idee hegen
★**nut** [nʌt] S̶ 1̲ BOT Nuss f; **a tough nut to
crack** fig eine harte Nuss Z̲ umg
(≈ Mensch) Spinner(in) m(f) umg З̲ MECH
(Schrauben)mutter f **nutcase** umg S̶
Spinner(in) m(f) umg **nutcracker** S̶
nutcrackers PL Nussknacker m **nut-
meg** S̶ Muskatnuss f
nutrient ['njuːtrɪənt] S̶ Nährstoff m **nu-
trition** [njuːˈtrɪʃən] S̶ Ernährung f **nu-
tritional** ADJ Nähr-, Ernährungs-; **~
value** Nährwert m; **~ information** Nähr-

wertangaben pl; **~ supplement** Nah-
rungsergänzung f, Nahrungsergän-
zungsmittel n **nutritionist** [njuːˈtrɪʃən-
ɪst] S̶ Ernährungswissenschaftler(in) m(f)
nutritious [njuːˈtrɪʃəs] ADJ nahrhaft,
währschaft schweiz
nuts [nʌts] umg ADJ ⟨präd⟩ **to be ~** spin-
nen umg; **to be ~ about sb/sth** ganz
verrückt nach j-m/auf etw (akk) sein
umg **nutshell** ['nʌtʃel] S̶ **in a ~** fig
mit einem Wort **nutter** ['nʌtər] Br
umg S̶ Spinner(in) m(f) umg, Verrückte(r)
m/f(m) umg; **he's a ~** er hat einen Stich
umg **nutty** ['nʌtɪ] ADJ ⟨komp nuttier⟩ 1̲
nussartig, mit Nüssen Z̲ umg bekloppt
umg
nuzzle ['nʌzl] A̲ V̶/̶T̶ beschnüffeln B̲ V̶/̶I̶
to ~ (up) against sb sich an j-n schmie-
gen
NW ABK (= north-west)
nylon ['naɪlɒn] A̲ S̶ 1̲ Textilien Nylon® n
Z̲ **~s** pl Nylonstrümpfe pl B̲ ADJ Nylon-
-®; **~ shirt** Nylonhemd n
nymph [nɪmf] S̶ Mythologie Nymphe f
nymphomaniac [ˌnɪmfəʊˈmeɪnɪæk] S̶
Nymphomanin f
NYPD ABK (= New York Police Depart-
ment) New Yorker Polizei
NZ ABK (= New Zealand) Neuseeland n

O, o [əʊ] S̶ O n, o n; **the area code is O
two five one** die Vorwahl ist null zwei
fünf eins
oaf [əʊf] S̶ Flegel m
oak [əʊk] S̶ Eiche f
OAP Br ABK (= old-age pensioner) Rent-
ner(in) m(f)
oar [ɔːr] S̶ Ruder n
oasis [əʊˈeɪsɪs] S̶ ⟨pl oases [əʊˈeɪsiːz]⟩
Oase f
oat [əʊt] S̶ ⟨mst pl⟩ Hafer m; **oats** pl
GASTR Haferflocken pl **oatcake**
['əʊtkeɪk] S̶ Haferkeks m, Haferbiscuit n
schweiz
oath [əʊθ] S̶ 1̲ Schwur m; JUR Eid m; **to
take** od **swear an ~** schwören; JUR ei-

nen Eid leisten; **he took an ~ of loyalty to the government** er schwor der Regierung Loyalität; **to be under ~** JUR unter Eid stehen **2** Fluch m

oatmeal ['əutmiːl] S ⟨kein pl⟩ Haferschrot m

OBE ABK (= Officer of the Order of the British Empire) britischer Verdienstorden

obedience [ə'biːdɪəns] S ⟨kein pl⟩ Gehorsam m **obedient** [ə'biːdɪənt] ADJ gehorsam; **to be ~** gehorchen (+dat) **obediently** [ə'biːdɪəntlɪ] ADV gehorsam

obelisk ['ɒbɪlɪsk] S ARCH Obelisk m

obese [əʊ'biːs] ADJ fettleibig **obesity** [əʊ'biːsɪtɪ] S Fettleibigkeit f

★**obey** [ə'beɪ] A V/T gehorchen (+dat); Regeln etc befolgen; **I expect to be ~ed** ich erwarte, dass man meine Anordnungen befolgt B V/I gehorchen

obituary [ə'bɪtjʊərɪ] S Nachruf m

object[1] ['ɒbdʒɪkt] S **1** Gegenstand m; **he was an ~ of scorn** er war die Zielscheibe der Verachtung **2** Ziel n; **the ~ of the exercise** der Zweck der Übung; **that defeats the ~** das verfehlt seinen Zweck **3** money is no ~ Geld spielt keine Rolle **4** GRAM Objekt n

★**object**[2] [əb'dʒekt] A V/I dagegen sein, protestieren, Einwände erheben; **to ~ to sth** etw missbilligen; **I don't ~ to that** ich habe nichts dagegen (einzuwenden); **he ~s to my drinking** er nimmt daran Anstoß, dass ich trinke; **I ~ to people smoking in my house** ich verbitte mir, dass in meinem Haus geraucht wird; **I ~ to him bossing me around** ich wehre mich dagegen, dass er mich (so) herumkommandiert B V/T einwenden **objection** [əb'dʒekʃən] S Einwand m (**to** gegen); **to make an ~** (**to** sth) einen Einwand (gegen etw) machen; **I have no ~ to his going away** ich habe nichts dagegen (einzuwenden), dass er weggeht; **are there any ~s?** gibt es irgendwelche Einwände?; **~!** JUR Einspruch! **objectionable** [əb'dʒekʃənəbl] ADJ störend; Bemerkung anstößig; **he's a most ~ person** er ist unausstehlich

objective [əb'dʒektɪv] A ADJ objektiv B S Ziel n **objectivity** [ˌɒbdʒek'tɪvɪtɪ] S Objektivität f

objector [əb'dʒektər] S Gegner(in) m(f) (**to** +gen)

objet d'art ['ɒbʒeɪ'dɑː] S Kunstgegenstand m

obligation [ˌɒblɪ'geɪʃən] S Verpflichtung f; **to be under an ~ to do sth** verpflichtet sein, etw zu tun **obligatory** [ɒ'blɪgətərɪ] ADJ obligatorisch; **~ subject** Pflichtfach n; **biology is ~** Biologie ist Pflicht; **attendance is ~** Anwesenheit ist vorgeschrieben; **identity cards were made ~** Personalausweise wurden Vorschrift **oblige** [ə'blaɪdʒ] A V/T zwingen, verpflichten (**sb to do sth** j-n, etw zu tun); **to feel ~d to do sth** sich verpflichtet fühlen, etw zu tun; **you are not ~d to answer this question** Sie brauchen diese Frage nicht zu beantworten B einem Gefallen tun (+dat); **much ~d!** herzlichen Dank!; **I am much ~d to you for this!** ich bin Ihnen dafür sehr dankbar B V/I **she is always ready to ~** sie ist immer sehr gefällig; **anything to ~** stets zu Diensten! **obliging** [ə'blaɪdʒɪŋ] ADJ entgegenkommend **obligingly** [ə'blaɪdʒɪŋlɪ] ADV entgegenkommenderweise

oblique [ə'bliːk] A ADJ **1** fig indirekt **2** Linie schräg; Winkel schief B S Schrägstrich m **obliquely** [ə'bliːklɪ] fig ADV indirekt

obliterate [ə'blɪtəreɪt] V/T auslöschen; Stadt vernichten

oblivion [ə'blɪvɪən] S Vergessenheit f; **to fall into ~** in Vergessenheit geraten **oblivious** [ə'blɪvɪəs] ADJ **to be ~ of** od **to sth** sich (dat) einer Sache (gen) nicht bewusst sein; **he was quite ~ of his surroundings** er nahm seine Umgebung gar nicht wahr **obliviously** [ə'blɪvɪəslɪ] ADV **to carry on ~** einfach (unbeirrt) weitermachen

oblong ['ɒblɒŋ] A ADJ rechteckig B S Rechteck n

obnoxious [ɒb'nɒkʃəs] ADJ widerwärtig; Verhalten unausstehlich; **an ~ person** ein Ekel n umg **obnoxiously** [ɒb'nɒkʃəslɪ] ADV widerlich; sich benehmen unausstehlich

oboe ['əʊbəʊ] S Oboe f; **to play the ~** Oboe spielen

obscene [əb'siːn] ADJ obszön; **~ publication** Veröffentlichung f mit pornografischem Inhalt **obscenity** [əb'senɪtɪ] S Obszönität f; **he used an ~** er gebrauchte einen ordinären Ausdruck

O

obscure [əbˈskjʊəʳ] **A** ADJ ⟨komp obscurer⟩ **1** dunkel; *Stil* undurchsichtig; *Sprache, Dichter* schwer verständlich; **for some ~ reason** aus einem unerfindlichen Grund **2** obskur; *Schriftsteller* unbekannt **B** VT **1** *Aussicht* verdecken **2** *Wahrheit* verschleiern **obscurely** [əbˈskjʊəlɪ] ADV undeutlich **obscurity** [əbˈskjʊərɪtɪ] S̲ **1** von Stil, Argument Unklarheit f **2** ⟨kein pl⟩ von Geburt, Ursprüngen Dunkel n; **to live in ~** zurückgezogen leben; **to sink into ~** in Vergessenheit geraten

obsequious [əbˈsiːkwɪəs] ADJ unterwürfig (**towards** gegenüber)

observable [əbˈzɜːvəbl] ADJ erkennbar **observance** [əbˈzɜːvəns] S̲ von Gesetz Befolgung f **observant** [əbˈzɜːvənt] ADJ aufmerksam; **that's very ~ of you** das hast du aber gut bemerkt **observation** [ˌɒbzəˈveɪʃən] S̲ **1** Beobachtung f; **to keep sb/sth under ~** j-n/etw unter Beobachtung halten; *Polizei* j-n/etw observieren form; **he's in hospital for ~** er ist zur Beobachtung im Krankenhaus **2** Bemerkung f **observatory** [əbˈzɜːvətrɪ] S̲ Observatorium n **observe** [əbˈzɜːv] VT **1** beobachten; *Polizei* überwachen **2** bemerken **3** achten auf (+akk); *Regel, Brauch* einhalten; *Jahrestag* begehen; **to ~ a minute's silence** eine Schweigeminute einlegen **observer** [əbˈzɜːvəʳ] S̲ Zuschauer(in) m(f); MIL, POL Beobachter(in) m(f)

obsess [əbˈses] VT **to be ~ed by** od **with sb/sth** von j-m/etw besessen sein **obsession** [əbˈseʃən] S̲ **1** fixe Idee, Zwangsvorstellung f **2** Besessenheit f (**with** von); **this ~ with order** dieser Ordnungswahn m **obsessive** [əbˈsesɪv] ADJ zwanghaft; **to be ~ about sth** von etw besessen sein; **to become ~** zum Zwang werden **obsessively** [əbˈsesɪvlɪ] ADV wie besessen

obsolescent [ˌɒbsəˈlesnt] ADJ **to be ~** anfangen zu veralten; *Maschine* technisch (fast) überholt sein **obsolete** [ˈɒbsəliːt] ADJ überholt; **to become ~** veralten

obstacle [ˈɒbstəkl] S̲ Hindernis n; **to be an ~ to sb/sth** j-m/einer Sache im Weg(e) stehen

obstetrician [ˌɒbstəˈtrɪʃən] S̲ Geburtshelfer(in) m(f) **obstetrics** [ɒbˈstetrɪks] S̲ ⟨+sg v⟩ Geburtshilfe f

obstinacy [ˈɒbstɪnəsɪ] S̲ Hartnäckigkeit f **obstinate** [ˈɒbstɪnɪt] ADJ hartnäckig **obstruct** [əbˈstrʌkt] VT **1** blockieren; *Aussicht* versperren; **you're ~ing my view** Sie versperren mir die Sicht **2** behindern; SPORT sperren; **to ~ the police** die Arbeit der Polizei behindern **obstruction** [əbˈstrʌkʃən] S̲ **1** Behinderung f; SPORT Sperren n; **to cause an ~** den Verkehr behindern **2** Hindernis n; **there is an ~ in the pipe** das Rohr ist verstopft **obstructive** [əbˈstrʌktɪv] ADJ obstruktiv

obtain [əbˈteɪn] VT erhalten; *Kenntnisse* erwerben; **to ~ sth through hard work** etw durch harte Arbeit erreichen; *Besitz* sich (dat) etw mühsam erarbeiten; **to ~ sth for sb** j-m etw beschaffen; **they ~ed the release of the hostages** sie erreichten die Freilassung der Geiseln **obtainable** [əbˈteɪnəbl] ADJ erhältlich

obtrusive [əbˈtruːsɪv] ADJ aufdringlich; *Gebäude* zu auffällig

obtuse [əbˈtjuːs] ADJ **1** *Geometrie* stumpf **2** *Mensch* begriffsstutzig **obtuse-angled** ADJ *Dreieck* stumpfwinklig

obverse [ˈɒbvɜːs] S̲ Kehrseite f

★**obvious** [ˈɒbvɪəs] ADJ offensichtlich; (≈ ohne Zartgefühl) plump; *Tatsache* eindeutig; **that's the ~ solution** das ist die nächstliegende Lösung; **for ~ reasons** aus naheliegenden Gründen; **it was ~ he didn't want to come** er wollte offensichtlich nicht kommen; **it's quite ~ he doesn't understand** es ist doch klar, dass er nicht versteht; **I would have thought that was perfectly ~** das liegt doch auf der Hand, das springt doch ins Auge; **with the ~ exception of ...** natürlich mit Ausnahme von ... **obviously** [ˈɒbvɪəslɪ] ADV offensichtlich; **he's ~ French** er ist eindeutig ein Franzose; **~!** natürlich!; **~ he's not going to like it** das wird ihm natürlich nicht gefallen; **he's ~ not going to get the job** er bekommt die Stelle nicht, das ist ja klar umg

★**occasion** [əˈkeɪʒən] S̲ **1** Gelegenheit f; **on that ~** zu jener Gelegenheit; **on another ~** ein anderes Mal; **on several ~s** mehrmals; **(on) the first ~** beim ersten Mal; **to rise to the ~** sich der Lage gewachsen zeigen **2** Ereignis n; **on the**

~ **of his birthday** anlässlich seines Geburtstages *geh* **3** Anlass *m*; **should the** ~ **arise** sollte es nötig werden **occasional** ADJ gelegentlich; **he likes an** od **the** ~ **cigar** er raucht gelegentlich ganz gern eine Zigarre; **she made a** ~ **visits to England** sie fuhr ab und zu nach England **occasionally** ADV gelegentlich; **very** ~ sehr selten

occult [ɒˈkʌlt] **A** ADJ okkult **B** ⓢ Okkulte(s) *n*

occupancy [ˈɒkjʊpənsɪ] ⓢ Bewohnen *n*; (=*Zeit*) Wohndauer *f* **occupant** [ˈɒkjʊpənt] ⓢ *von Haus* Bewohner(in) *m(f)*; *von Posten* Inhaber(in) *m(f)*; *von Fahrzeug* Insasse *m*, Insassin *f*

★**occupation** [ˌɒkjʊˈpeɪʃən] **1** Beruf *m*; **what is his** ~? was ist er von Beruf? **2** Beschäftigung *f* **3** MIL Okkupation *f*; **army of** ~ Besatzungsarmee *f* **occupational** [ˌɒkjʊˈpeɪʃənl] ADJ Berufs-, beruflich **occupational pension (scheme)** ⓢ betriebliche Altersversorgung **occupational therapy** ⓢ Beschäftigungstherapie *f*

occupied [ˈɒkjʊpaɪd] ADJ **1** *Sitzplatz* belegt; **a room** ~ **by four people** von vier Personen bewohntes Zimmer **2** MIL *etc Land* besetzt **3** beschäftigt; **to keep sb** ~ j-n beschäftigen; **he kept his mind** ~ er beschäftigte sich geistig **occupier** [ˈɒkjʊpaɪəʳ] ⓢ *von Haus* Bewohner(in) *m(f)*

★**occupy** [ˈɒkjʊpaɪ] V/T **1** *Haus* bewohnen; *Sitzplatz* belegen **2** MIL *etc* besetzen **3** *Posten* innehaben **4** beanspruchen; *Raum* einnehmen; *Zeit* in Anspruch nehmen **5** beschäftigen

occur [əˈkɜːʳ] V/I **1** geschehen, sich ereignen; *Schwierigkeit* sich ergeben; *Änderung* stattfinden; **that doesn't** ~ **very often** das gibt es nicht oft **2** vorkommen **3 to** ~ **to sb** j-m einfallen; **it** ~**s to me that ...** ich habe den Eindruck, dass ...; **it just** ~**red to me** es ist mir gerade eingefallen; **it never** ~**red to me** darauf bin ich noch nie gekommen; **it didn't even** ~ **to him to ask** er kam erst gar nicht auf den Gedanken, zu fragen **occurrence** [əˈkʌrəns] ⓢ **1** Ereignis *n* **2** Auftreten *n*; **further** ~**s of this nature must be avoided** weitere Vorkommnisse dieser Art müssen vermieden werden

★**ocean** [ˈəʊʃən] ⓢ Ozean *m* **ocean-going** [ˈəʊʃənɡəʊɪŋ] ADJ hochseetauglich **Oceania** [ˌəʊʃɪˈeɪnɪə] ⓢ Ozeanien *n* **ocean liner** ⓢ Ozeandampfer *m* **oceanography** [ˌəʊʃəˈnɒɡrəfɪ] ⓢ Meereskunde *f*

★**o'clock** [əˈklɒk] ADV **at 5** ~ um 5 Uhr; **5** ~ **in the morning/evening** 5 Uhr morgens/abends; **the 9** ~ **train** der 9-Uhr-Zug

Oct ABK (= October) Okt.

octagon [ˈɒktəɡən] ⓢ Achteck *n* **octagonal** [ɒkˈtæɡənl] ADJ achteckig

octane [ˈɒkteɪn] ⓢ Oktan *n*

octave [ˈɒktɪv] ⓢ MUS Oktave *f*

★**October** [ɒkˈtəʊbəʳ] ⓢ Oktober *m*; → September

octopus [ˈɒktəpəs] ⓢ Tintenfisch *m*

OD *umg* VI eine Überdosis nehmen

odd [ɒd] **A** ADJ ⟨+er⟩ **1** seltsam; **how odd** (wie) seltsam; **the odd thing about it is that ...** das Merkwürdige daran ist, dass ...; **it seemed odd to me** es kam mir komisch vor **2** *Zahl* ungerade **3** *Schuh, Handschuh* einzeln; **he is (the) odd one out** er ist überzählig; *charakterlich* er steht (immer) abseits; **find the word which is the odd man** od **one out** unterstreichen Sie in jeder Gruppe das nicht dazugehörige Wort **4** **600-odd pounds** gut 600 Pfund **5** übrig; **the odd one left over** der/die/das Überzählige **6 at odd times** ab und zu; **he likes the odd drink** er trinkt gerne mal einen; **he does all the odd jobs** er macht alles, was an Arbeit anfällt **B** ADV *umg* **he was acting a bit odd** er benahm sich etwas komisch **oddball** [ˈɒdbɔːl] *umg* ⓢ Spinner(in) *m(f)* *umg* **oddity** [ˈɒdɪtɪ] ⓢ Kuriosität *f* **odd-job man** [ˌɒdˈdʒɒbmæn] ⓢ ⟨*pl* -men [-mən]⟩ Mädchen *n* für alles **oddly** [ˈɒdlɪ] ADV merkwürdig; **an** ~ **shaped room** ein Raum, der eine seltsame Form hat **oddment** ⓢ ⟨*mst pl*⟩ Restposten *m* **odds** [ɒdz] PL **1** *bei Wetten* Odds *pl*; *von Buchmacher* Kurse *pl*; **the** ~ **are 6 to 1** die Chancen stehen 6 zu 1; **to pay over the** ~ *umg* zu viel bezahlen **2** Chance(n) *f(pl)*; **the** ~ **were against us** alles sprach gegen uns; **the** ~ **were in our favour** *Br*, **the** ~ **were in our favor** *US* alles sprach für uns; **against all the** ~ entgegen allen Erwartungen; **the** ~ **are that ...** es sieht ganz so aus, als ob … **3 to be at ~ with sb over sth** mit j-m in etw (dat) nicht übereinstimmen **odds and ends** PL Krimskrams m **odds-on** [ˈɒdzɒn] A ADJ **the ~ favourite** Br, **the ~ favorite** US der klare Favorit **B** ADV **it's ~ that …** es ist so gut wie sicher, dass …

ode [əʊd] S Ode f **(to, on** an +akk)

odious [ˈəʊdɪəs] ADJ Mensch abstoßend; Handlung abscheulich

odometer [ɒˈdɒmɪtə] S Kilometerzähler m

odour [ˈəʊdə], **odor** US S Geruch m **odourless** ADJ, **odorless** US ADJ geruchlos

Odyssey [ˈɒdɪsɪ] S Odyssee f

OECD ABK (= Organization for Economic Cooperation and Development) OECD f

oesophagus [iːˈsɒfəgəs] S, **esophagus** US S Speiseröhre f

oestrogen [ˈiːstrəʊdʒən] Br S Östrogen n

★**of** [ɒv, əv] PRÄP **1** von (+dat); **the wife of the doctor** die Frau des Arztes, die Frau vom Arzt; **a friend of ours** ein Freund/ eine Freundin von uns; **of it** davon; **the first of May** der Erste Mai; **that damn dog of theirs** ihr verdammter Hund umg; **it is very kind of you** es ist sehr freundlich von Ihnen; **south of Paris** südlich von Paris; **a quarter of six** US Viertel vor sechs; **fear of God** Gottesfurcht f; **his love of his father** die Liebe zu seinem Vater; **the whole of the house** das ganze Haus; **half of the house** das halbe Haus; **how many of them?** wie viele (davon)?; **there were six of us** wir waren zu sechst; **he is not one of us** er gehört nicht zu uns; **one of the best** einer der Besten; **he asked the six of us to lunch** er lud uns sechs zum Mittagessen ein; **of the ten only one was absent** von den zehn fehlte nur einer; **today of all days** ausgerechnet heute; **you of all people** gerade Sie; **he warned us of the danger** er warnte uns vor der Gefahr; **what of it?** ja und? **2** Grund angebend **he died of cancer** er starb an Krebs; **he died of hunger** er verhungerte; **it tastes of garlic** es schmeckt nach Knoblauch **3** Material bezeichnend aus **4** Eigenschaft **a man**

of courage ein mutiger Mensch; **a girl of ten** ein zehnjähriges Mädchen; **the city of Paris** die Stadt Paris; **that idiot of a waiter** dieser Idiot von Kellner **5** zeitlich **of late** in letzter Zeit; **of an evening** umg abends

---

★**off** [ɒf]

A Adverb	B Adjektiv
C Präposition	

— A Adverb —

1 Entfernung **the house is 5 km off** das Haus ist 5 km entfernt; **it's a long way off** das ist weit weg; zeitlich das liegt in weiter Ferne; **August isn't very far off** es ist nicht mehr lang bis August **2** Abreise etc **to be/go off** (weg)gehen; **to be off to school** zur Schule gehen; **I must be off** ich muss (jetzt) weg umg; **where are you off to?** wohin gehen Sie denn?; **off we go!** los!; **they're off** SPORT sie sind vom Start; **she's off again** umg mit Nörgelei etc sie legt schon wieder los umg **3** he helped me off **with my coat** er half mir aus dem Mantel; **the handle has come off** der Griff ist abgegangen **4** **3% off** HANDEL 3% Nachlass; **to give sb £5 off** j-m £ 5 Ermäßigung geben; **he let me have £5 off** er gab es mir (um) £ 5 billiger **5** (= arbeitsfrei) **to have time off to do sth** (Zeit) freibekommen haben, um etw zu tun; **to have a day off** einen Tag frei haben; **to be off sick** wegen Krankheit fehlen **6** **off and on, on and off** ab und zu; **straight off** gleich —

— B Adjektiv —

1 ⟨attr⟩ Tag etc schlecht; **I'm having an off day today** ich bin heute nicht in Form **2** ⟨präd⟩ Br verdorben; **Milch** schlecht; **to go off** schlecht werden **3** ⟨präd⟩ Spiel, Verhandlungen abgesagt; **I'm afraid veal is off today** Kalbfleisch gibt es heute leider nicht; **their engagement is off** ihre Verlobung ist gelöst **4** Fernseher, Licht, Maschine aus (geschaltet); Wasserhahn zu(gedreht); **the electricity was off** der Strom war abgeschaltet **5** they are badly/well off sie sind nicht gut/(ganz) gut gestellt; **he is better off staying in England** er steht sich in England besser; **he was quite a**

bit off in his calculations er hatte sich in seinen Berechnungen ziemlich vertan ⑥ ⟨präd⟩ umg **that's a bit off!** das ist ein dicker Hund! umg
— **C Präposition** —
① **von** (+dat); **he jumped off the roof** er sprang vom Dach; **I got it off my friend** umg ich hab's von meinem Freund (gekriegt) umg; **we live off cheese on toast** wir leben von Käse und Toastbrot; **he got £2 off the shirt** er bekam das Hemd £ 2 billiger; **I've got the day off school tomorrow** morgen habe ich frei od keine Schule; **the lid had been left off the tin** jemand hatte den Deckel nicht wieder auf die Büchse getan ② **the house was just off the main road** das Haus lag in unmittelbarer Nähe der Hauptstraße; **a road off Bank Street** eine Querstraße zur Bank Street; **off the map** nicht auf der Karte; **I'm off sausages** Wurst kann mich zurzeit nicht reizen

off air ADV TV, RADIO nicht auf Sendung; **to go ~** Sendung enden

offal [ˈɒfəl] ⒮ ⟨kein pl⟩ Innereien pl

offbeat ADJ unkonventionell **off-centre, off-center** US Ⓐ ADJ nicht in der Mitte Ⓑ ADV schief **off chance** ⒮ **I just did it on the ~** ich habe es auf gut Glück getan; **I came on the ~ of seeing her** ich kam in der Hoffnung, sie vielleicht zu sehen **off-colour** bes Br ADJ, **off-color** US ADJ unwohl; **to feel/be ~** sich nicht wohlfühlen **off--duty** ADJ ⟨attr⟩ außer Dienst

★**offence** [əˈfens] ⒮, **offense** [ˈɒfens] US ⒮ ① JUR Straftat f, Vergehen n; **to commit an ~** sich strafbar machen; **it is an ~ to ...** ... ist bei Strafe verboten ② ⟨kein pl⟩ von j-s Gefühlen Kränkung f; von Anstandsgefühl Anstoß m; **to cause ~ to sb** j-n kränken; **to take ~ at sth** wegen etw gekränkt sein; **no ~ to the Germans, of course!** damit will ich natürlich nichts gegen die Deutschen gesagt haben; **no ~ (meant)** nichts für ungut ③ US (≈ Offensive) Angriff m

★**offend** [əˈfend] Ⓐ V/T Gefühle kränken; j-n Anstoß erregen bei, beleidigen Ⓑ V/I (ein) Unrecht tun ◆**offend against** V/I ⟨+obj⟩ verstoßen gegen

offended [əˈfendɪd] ADJ beleidigt; **to be ~ by sth** sich von etw verletzt fühlen

offender [əˈfendər] ⒮ (Straf)täter(in) m(f); **sex ~** Sexualstraftäter(in) m(f) **offending** [əˈfendɪŋ] ADJ ① Person JUR zuwiderhandelnd ② störend; Maschinenteil defekt

★**offense** US ⒮ → **offence offensive** [əˈfensɪv] Ⓐ ADJ ① MIL Offensiv- ② Geruch abstoßend; Sprache, Film anstößig; Bemerkung, Verhalten beleidigend; **to find sb/sth ~** j-n/etw abstoßend finden; **he was ~ to her** er beleidigte sie Ⓑ ⒮ MIL, SPORT Offensive f; **to take the ~** in die Offensive gehen; **to go on to the ~** zum Angriff übergehen **offensively** [əˈfensɪvli] ADV widerlich; moralisch anstößig; mit Worten beleidigend

★**offer** [ˈɒfər] Ⓐ ⒮ Angebot n; **did you have many ~s of help?** haben Ihnen viele Leute ihre Hilfe angeboten?; **any ~s?** ist jemand interessiert?; **to made me an ~ (of £50)** er machte mir ein Angebot (von £ 50); **on ~** im Angebot Ⓑ V/T ① Belohnung aussetzen; **to ~ to do sth** anbieten, etw zu tun, sich bereit erklären, etw zu tun; **he ~ed to help** er bot seine Hilfe an; **did he ~ to?** hat er sich angeboten?; **to ~ an opinion** sich (dazu) äußern; **to ~ one's resignation** seinen Rücktritt anbieten ② Widerstand bieten Ⓒ V/I **did he ~?** hat er es angeboten? **offering** ⒮ Gabe f; REL Opfergabe f, Opfer n

offhand [ˌɒfˈhænd] Ⓐ ADJ lässig; **to be ~ with sb** sich j-m gegenüber lässig benehmen Ⓑ ADV so ohne Weiteres; **I couldn't tell you ~** das könnte ich Ihnen nicht auf Anhieb nicht sagen

★**office** [ˈɒfɪs] ⒮ ① büro n; von Organisation Abteilung f, Geschäftsstelle f; **at the ~** im Büro ② Amt n; **to take ~** das Amt antreten; **to be in od hold ~** im Amt sein **office block** ⒮ Bürogebäude n **office boy** ⒮ Bürogehilfe m **office building** ⒮ Bürogebäude n **office chair** ⒮ Bürostuhl m **office girl** ⒮ Bürogehilfin f **office holder** ⒮ Amtsinhaber(in) m(f) **office hours** PL Dienstzeit f, Geschäftszeiten pl; **to work ~** normale Arbeitszeiten haben **office job** ⒮ Stelle f im Büro **office manager(ess)** m(f) Büroleiter(in) m(f) **office party** ⒮ Büroparty f

★**officer** [ˈɒfɪsər] ⒮ ① MIL, SCHIFF, FLUG Offizier(in) m(f) ② Beamte(r) m, Beamtin

O

f **3** Polizist(in) m(f)

office supplies PL Bürobedarf m **office worker** S Büroangestellte(r) m/f(m)

★**official** [əˈfɪʃəl] A ADJ offiziell, formell; **~ language** Amtssprache f; **is that ~?** ist das amtlich?, ist das offiziell? B S Beamte(r) m, Beamtin f; von Verein, Gewerkschaft Funktionär(in) m(f) **officialdom** [əˈfɪʃəldəm] pej S Beamtentum n **officialese** [əˌfɪʃəˈliːz] S Behördensprache f **officially** [əˈfɪʃəlɪ] ADV offiziell **officiate** [əˈfɪʃɪeɪt] V/I amtieren (**at** bei) **officious** [əˈfɪʃəs] ADJ (dienst)beflissen

offing [ˈɒfɪŋ] S **in the ~** in Sicht

off-key ADJ ⟨präd⟩ MUS falsch **off-licence** Br S Wein- und Spirituosenhandlung f **off limits** ADJ ⟨präd⟩ **this area is ~** das Betreten dieses Gebiets ist verboten; **this room is ~** to od for **the kids** die Kinder dürfen diesen Raum nicht betreten; → limit **offline** A ADJ ⟨präd⟩ IT offline B ADV IT offline; **to go ~** auf Offlinebetrieb schalten **off-load** V/I Waren entladen; Passagiere aussteigen lassen **off-peak** ADJ **~ electricity** Nachtstrom m; **at ~ times, during ~ hours** außerhalb der Stoßzeiten; TEL außerhalb der Spitzenzeiten; **~ service** BAHN Zugverkehr m außerhalb der Hauptverkehrszeit **off-putting** bes Br ADJ Verhalten, Anblick abstoßend; Idee wenig ermutigend, entmutigend **off-road** ADJ Autofahrt im Gelände; **~ vehicle** Geländefahrzeug n **off-roader** S Geländefahrzeug n **off-screen** ADJ & ADV FILM, TV im wirklichen Leben **off season** S Nebensaison f; **in the ~** außerhalb der Saison **off-season** ADJ außerhalb der Saison **offset** [ˈɒfset] V/I ⟨prät, pperf offset⟩ ausgleichen **offshoot** [ˈɒfʃuːt] fig S von Organisation Nebenzweig m **offshore** [ˈɒfʃɔːr] A ADJ **1** Insel küstennah; Wind ablandig; Ölfeld im Meer; Plattform, Bohrung, Öl Offshore- **2** FIN im Ausland; **~ account** Auslandskonto n; illegal Schwarzgeldkonto n B [ˈɒfˈʃɔːr] ADV **20 miles ~** 20 Meilen vor der Küste **offshore wind farm** S Offshorewindpark m **offside** [ˈɒfˈsaɪd] A ADJ **1** SPORT im Abseits; **to be ~** Spieler im Abseits sein **2** AUTO auf der Fahrerseite A S AUTO Fahrerseite f C ADV SPORT abseits **offspring**

[ˈɒfsprɪŋ] form, hum PL Nachkommen pl; von Tieren Junge pl **offstage** [ˈɒfˈsteɪdʒ] A ADJ hinter den Kulissen; Stimme aus den Kulissen B ADV gehen von der Bühne; stehen hinter den Kulissen **off-street parking** S Stellplatz m, Stellplätze pl **off-the-cuff** ADJ aus dem Stegreif **off-the-peg** ADJ ⟨attr⟩, **off the peg** Br ADJ ⟨präd⟩, **off-the-rack** ADJ ⟨attr⟩, **off the rack** US ADJ ⟨präd⟩ von der Stange **off-the-record** ADJ ⟨attr⟩, **off the record** ADJ ⟨präd⟩ inoffiziell, vertraulich **off-the-shoulder** ADJ Kleid schulterfrei **off-the-wall** ADJ ⟨attr⟩, **off the wall** umg ADJ ⟨präd⟩ irre umg, verrückt umg **off-white** A ADJ gebrochen weiß B S gebrochenes Weiß

oft [ɒft] liter ADV oft

★**often** [ˈɒfən] ADV oft, häufig; **more ~ than not** meistens; **every so ~** öfters; **how ~?** wie oft?; **it is not ~ that ...** es kommt selten vor, dass ...

ogle [ˈəʊgl] V/I kein Auge lassen von **ogre** [ˈəʊgər] fig S Ungeheuer n **oh** [əʊ] INT ach, oh; **oh good!** prima! umg; **oh well** na ja!; **oh dear!** o je!

OHP ABK (= overhead projector) Tageslichtprojektor m

★**oil** [ɔɪl] A S **1** Öl n **2** (Erd)öl n; **to strike oil** auf Öl stoßen **3** KUNST **to paint in oils** in Öl malen B V/I ölen **oilcan** S Ölkanne f **oil company** S Ölkonzern m **oilfield** S Ölfeld n **oil-fired** ADJ Öl-, mit Öl befeuert; **~ power station** Ölkraftwerk n **oil lamp** S Öllampe f **oil paint** S Ölfarbe f **oil painting** S Ölgemälde n, Ölmalerei f **oil platform** S Bohrinsel f **oil pollution** S Ölpest f, Ölverschmutzung f **oil-producing country** [ˌɔɪlprədjuːˈsɪŋˈkʌntrɪ] S Ölförderland n **oil refinery** S (Erd)ölraffinerie f **oil rig** S (Öl)bohrinsel f **oil slick** S Ölteppich m **oil spill** S Ölkatastrophe f **oil tanker** S SCHIFF (Öl)tanker m; (≈ Lkw) Tankwagen m **oil well** S Ölquelle f **oily** [ˈɔɪlɪ] ADJ ⟨kompoilier⟩ ölig; Haar, Haut fettig; Finger voller Öl; **~ fish** Fisch m mit hohem Ölgehalt

ointment [ˈɔɪntmənt] S Salbe f

★**OK, okay** [ˈəʊˈkeɪ] umg A INT okay umg; **OK, OK!** ist ja gut! umg; **OK, let's go!** also, gehen wir! B ADJ in Ordnung, okay *umg*; **that's OK with** *od* **by me** von mir aus; **is it OK (with you) if …?** macht es (dir) etwas aus, wenn …?; **how's your mother? — she's OK** wie geht's deiner Mutter? — gut; *od schlechter* so einigermaßen *umg*; **I feel OK** es geht mir einigermaßen *umg*; **to be OK (for time)** (noch) genug (Zeit) haben; **is that OK?** geht das?; **what do you think of him? — he's OK** was halten Sie von ihm? — der ist in Ordnung *umg* **C** ADV **1** gut, einigermaßen (gut); **to be OK** ganz gut zurechtkommen; **can you manage it OK?** kommst du damit klar? **2** na gut; **OK it's difficult but …** zugegeben, es ist schwer, aber … **D** *V/T* Plan gutheißen; **you have to OK it with the boss** das muss der Chef bewilligen

ol' [əʊl] *bes US umg* ADJ → **old**

★**old** [əʊld] **A** ADJ ⟨+er⟩ **1** alt; **old people** *od* **folk(s)** alte Leute; **old Mr Smith, old man Smith** *bes US* der alte (Herr) Smith; **40 years old** 40 Jahre alt; **at ten months old** im Alter von zehn Monaten; **two-year-old** Zweijährige(r) *m/f(m)*; **the old (part of) town** die Altstadt; **in the old days** früher; **the good old days** die gute alte Zeit; **my old school** meine alte Schule **2** *umg* **she dresses any old how** die ist vielleicht immer angezogen *umg*; **any old thing** irgendwas; **any old bottle** irgendeine Flasche; **good old Tim** *umg* der gute alte Tim; **always the same old excuse** immer wieder dieselbe Ausrede **B** PL **the old** die Alten

★**old age** S̲ das Alter; **in one's ~** im Alter **old-age pension** S̲ (Alters)rente *f* **old-age pensioner** S̲ Rentner(in) *m(f)* **old boy** *Br* S̲ SCHULE Ehemalige(r) *m* **olden** [ˈəʊldən] *liter* ADJ **in ~ times** *od* **days** in alten Zeiten

★**old-fashioned** [ˈəʊldˈfæʃnd] ADJ altmodisch **old girl** *Br* S̲ SCHULE Ehemalige *f* **Old Glory** *US* S̲ das Sternenbanner **old hand** S̲ alter Hase (**at sth** in etw +*dat*) **old lady** *umg* S̲ **my ~** meine Alte *umg* **old maid** S̲ alte Jungfer *f* **old man** S̲ ⟨*pl - men*⟩ *umg* **my ~** mein Alter *umg* **old people's home** S̲ Altenheim *n* **old-style** ADJ im alten Stil **Old Testament** S̲ BIBEL Altes Testament **old-timer** S̲ Veteran(in) *m(f)* **old wives' tale** S̲ Ammenmärchen *n*

O level [ˈəʊlevl] *Br* S̲ früher ≈ mittlere Reife; **to do one's ~s** ≈ die mittlere Reife machen; **to have an ~ in English** ≈ bis zur mittleren Reife Englisch gelernt haben; **3 ~s** ≈ die mittlere Reife in 3 Fächern

oligarchy [ˈɒlɪgɑːki] S̲ Oligarchie *f*

★**olive** [ˈɒlɪv] **A** S̲ **1** Olive *f*; (*a.* **~ tree**) Olivenbaum *m* **2** (≈Farbe) Olive *n* **B** ADJ (*a.* **olive-coloured**) olivgrün **olive oil** S̲ Olivenöl *n*

Olympic [əʊˈlɪmpɪk] **A** ADJ olympisch; **~ medallist** *Br*, **~ medalist** *US* Olympiamedaillengewinner(in) *m(f)* **B** S̲ **the ~s** *pl* die Olympiade **Olympic champion** S̲ Olympiasieger(in) *m(f)* **Olympic Games**, **Olympics** PL die **~/the Olympics** die Olympischen Spiele

Oman [əʊˈmɑːn] S̲ GEOG Oman *n*

ombudsman [ˈɒmbʊdzmən] S̲ ⟨*pl -men* [-mən]⟩ Ombudsmann *m*

omega-3 fatty acids [ˌəʊmɪgəˈθriː] PL Omega-3-Fettsäuren *pl*

omelette [ˈɒmlɪt] S̲, **omelet** *US* S̲ Omelett(e) *n*

omen [ˈəʊmen] S̲ Omen *n*

ominous [ˈɒmɪnəs] ADJ bedrohlich; **that's ~** das lässt nichts Gutes ahnen; **that sounds/looks ~** *fig* das verspricht nichts Gutes **ominously** ADV bedrohlich; *etw sagen* in einem Unheil verkündenden Ton

omission [əʊˈmɪʃən] S̲ Auslassen *n*, Auslassung *f*

★**omit** [əʊˈmɪt] *V/T* **1** auslassen **2** unterlassen, versäumen (**to do sth** etw zu tun)

omnibus [ˈɒmnɪbəs] S̲ *a.* **~ edition** (≈*Buch*) Sammelband *m*

omnipotence [ɒmˈnɪpətəns] S̲ ⟨*kein pl*⟩ Omnipotenz *f* **omnipotent** [ɒmˈnɪpətənt] ADJ allmächtig

omnipresent [ˈɒmnɪˈprezənt] ADJ allgegenwärtig

omniscient [ɒmˈnɪsɪənt] ADJ allwissend

omnivore [ˈɒmnɪˌvɔːf] S̲ Allesfresser *m* **omnivorous** [ɒmˈnɪvərəs] *wörtl* ADJ allesfressend; **an ~ reader** ein Vielfraß *m*, was Bücher angeht

★**on** [ɒn]

O

A Präposition	B Adverb
C Adjektiv	

— A Präposition —

1 **auf** (+*dat*); *mit Richtungsangabe* **auf** (+*akk*); *befestigt* **an** (+*dat*); *mit Richtungsangabe* **an** (+*akk*); **the book is on the table** das Buch ist auf dem Tisch; **he put the book on the table** er legte das Buch auf den Tisch; **he hung it on the wall** er hängte es an die Wand; **on the coast** am Meer; **with a smile on her face** mit einem Lächeln auf den Lippen; **a ring on his finger** ein Ring am Finger; **on TV/ the radio** im Fernsehen/Radio; **on video** auf Video; **on computer** auf Computer (*dat*); **who's on his show?** wer ist in seiner Show?; **I have no money on me** ich habe kein Geld bei mir; **on the train/ bus** im Zug/Bus; → **onto** **2** (≈ *unter Verwendung von*) **we went on the train/ bus** wir fuhren mit dem Zug/Bus; **on a bicycle** mit dem (Fahr)rad; **to run on oil** mit Öl betrieben werden; **on the violin** auf der Geige; **on drums** am Schlagzeug **3** (≈ *betreffend*) über (+*akk*) **4** *zeitlich* **an** (+*dat*); **on Sunday** (am) Sonntag; **on Sundays** sonntags; **on December the first** am ersten Dezember; **on or about the twentieth** um den Zwanzigsten herum **5** (≈ *während*) bei (+*dat*); **on examination** bei der Untersuchung; **on hearing this he left** als er das hörte, ging er **6** (≈ *folgend*) auf … (*akk*) hin; **on receiving my letter** auf meinen Brief hin **7** *Mitgliedschaft ausdrückend* in (+*dat*); **he is on the committee** er sitzt im Ausschuss; **he is on the teaching staff** er gehört zum Lehrpersonal **8** *bei Gegenüberstellung* im Vergleich zu; **prices are up on last year('s)** im Vergleich zum letzten Jahr sind die Preise gestiegen; **year on year** jährlich **9** **to be on drugs** Drogen nehmen; **what is he on?** *umg* er tickt wohl nicht ganz richtig! *umg*; **I'm on £28,000 a year** ich bekomme £ 28.000 im Jahr; **he retired on a good pension** er trat mit einer guten Rente in den Ruhestand; **this round is on me** diese Runde geht auf meine Kosten

— B Adverb —

1 **he screwed the lid on** er schraubte den Deckel drauf; **she had nothing on** sie hatte nichts an; **he had his hat on crooked** er hatte den Hut schief auf; **sideways on** längs **2** **from that day on** von diesem Tag an; **she went on and on** sie hörte gar nicht mehr auf; **he's always on at me to get my hair cut** er liegt mir dauernd in den Ohren, dass ich mir die Haare schneiden lassen soll; **she's always on about her experiences in Italy** *umg* sie kommt dauernd mit ihren Italienerfahrungen *umg*; **what's he on about?** wovon redet er nun schon wieder?

— C Adjektiv —

1 **to be on** *Licht, Fernsehen* an sein; *Strom* an(gestellt) sein; **to leave the engine on** den Motor laufen lassen; **the "on" switch** der Einschalter **2** *Deckel* drauf **3** (≈ *stattfindend*) **there's a match on at the moment** im Spiel ist gerade im Gang; **there's a match on tomorrow** morgen findet ein Spiel statt; **I have nothing on tonight** ich habe heute Abend nichts vor; **what's on in London?** was ist los in London?; **the search is on for a new managing director** jetzt wird nach einem neuen Geschäftsführer gesucht; **to be on** *in Theater, Kino* gegeben werden; *im Fernsehen, Radio* gesendet werden; **what's on tonight?** was steht heute Abend auf dem Programm?; **tell me when Madonna is on** sagen Sie mir, wenn Madonna dran ist **4** **you're on!** abgemacht!; **are you on for dinner?** sehen wir uns zum Abendessen?; **it's just not on** *Br umg* das ist einfach nicht drin *umg*

once [wʌns] ★ **A** ADV **1** einmal; **~ a week** einmal in der Woche; **~ again** *od* **more** noch einmal; **~ again we find that …** wir stellen erneut fest, dass …; **~ or twice** *fig* nur ein paarmal; **~ and for all** ein für alle Mal; **(every) ~ in a while** ab und zu mal; **(just) this ~** dieses eine Mal; **for ~** ausnahmsweise einmal; **he was ~ famous** er war früher einmal berühmt; **~ upon a time there was …** es war einmal … **2** ★ **at ~** sofort; (≈ *gleichzeitig*) auf einmal; **all at ~** auf einmal, ganz plötzlich; **they came all at ~** sie kamen alle zur gleichen Zeit **B** KONJ wenn, als; **~ you understand, it's easy** wenn Sie es einmal verstehen, ist es einfach; **~ the sun had set, it turned cold** als die Sonne erst einmal untergegangen war, wurde es kalt

oncoming [ˈɒnkʌmɪŋ] ADJ *Auto* entgegenkommend; **the ~ traffic** der Gegenverkehr

★one [wʌn] **A** ADJ **1** ein/eine/ein, eins; **one person too many** einer zu viel; **one girl was pretty, the other was ugly** das eine Mädchen war hübsch, das andere hässlich; **the baby is one (year old)** das Kind ist ein Jahr (alt); **it is one (o'clock)** es ist ein Uhr; **one hundred pounds** (ein)hundert Pfund **2** **one day** ... eines Tages ...; **one day next week** nächste Woche einmal; **one day soon** bald einmal **3** **one Mr Smith** ein gewisser Herr Smith; **my one (and only)** hope meine einzige Hoffnung; **the one and only Brigitte Bardot** die unvergleichliche Brigitte Bardot; **they all came in the one car** sie kamen alle in dem einen Auto; **one and the same thing** ein und dasselbe **B** PRON **1** eine(r, s); **the one who ...** der/die(jenige), der .../die(jenige), die .../das(jenige), das ...; **he/that was the one** er/das war's; **the red one** der/die/das Rote; **he has some very fine ones** er hat sehr Schöne; **my one** umg meiner/meine/mein(e)s; **not (a single) one of them** nicht eine(r, s) von ihnen; **any one** irgendeine(r, s); **every one** jede(r, s); **this one** diese(r, s); **that one** der/die/das, jene(r, s) geh; **which one?** welche(r, s)?; **I am not much of a one for cakes** umg ich bin kein großer Freund von Kuchen umg; **he's never one to say no** er sagt nie Nein; **I, for one, ...** ich, zum Beispiel, ...; **one by one** einzeln, eins nach dem anderen; **one after the other** eine(r, s) nach dem/der anderen; **take one or the other** nehmen Sie das eine oder das andere; **he is one of us** er ist einer von uns **2** unpers nom man; akk einen; dat einem; **one must learn** man muss lernen; **to hurt one's foot** sich (dat) den Fuß verletzen **C** S Eins f; in **ones and twos** in kleinen Gruppen; **(all) in one** in einem; **to be one up on sb** umg j-m eins voraus sein; **Celtic were one up** Celtic hatte ein Tor Vorsprung **one-act play** S Einakter m **one another** → each **B 2** **one-armed bandit** umg S einarmiger Bandit **one-day** ADJ Lehrgang eintägig **one-dimensional** ADJ eindimensional **one-horse town** umg S Kaff n

umg **one-man band** S Einmannkapelle f; fig umg Einmannbetrieb m **one-man show** S Einmannshow f **one-night stand** fig S One-Night-Stand m **one-off** Br umg ADJ A ADJ einmalig **B** S **a** ~ etwas Einmaliges; **that mistake etc was just a ~** dieser Fehler etc war eine Ausnahme **one-off payment** S Einmalzahlung f **one-on-one** US ADJ & ADV & S → **one-to-one** **one-parent family** S Einelternteilfamilie f **one-party** ADJ POL **~ state** Einparteienstaat m **one-piece** A ADJ einteilig **B** S (= Kostüm) Einteiler m **one-room** ADJ ⟨attr⟩, **one-roomed** ADJ = **flat** Br, **~ apartment** Einzimmerwohnung f

onerous ['ɒnərəs] ADJ schwer

★oneself [wʌn'self] PRON **1** sich, sich selbst sg; emph (sich) selbst sg = myself **one-sided** ADJ einseitig **onesie** ['wʌnzi] S Onesie m, Jumpsuit m, Erwachsenenstrampler m **one-time** ADJ ehemalig **one-to-one** ADJ Gespräch unter vier Augen; **~ tuition** Einzelunterricht m **B** ADV unter vier Augen **C** S **to have a ~ with sb** ein Gespräch n unter vier Augen mit j-m führen **one-touch** ADJ Berührungs-; **~ dialling** Kurzwahl f **one-track** ADJ **he's got a ~ mind** der hat immer nur das eine im Sinn **one-way** ADJ Verkehr in einer Richtung; **~ street** Einbahnstraße f; **~ system** System n von Einbahnstraßen; **~ ticket** BAHN einfache Fahrkarte; **~ trip** einfache Fahrt **one-woman** ADJ Einfrau-; **~ show** Einfraushow f

ongoing ['ɒngəʊɪŋ] ADJ laufend; Entwicklung andauernd; **~ crisis** Dauerkrise f; **this is an ~ situation** diese Situation ist von Dauer

★onion ['ʌnjən] S Zwiebel f **onion soup** S Zwiebelsuppe f

online ['ɒn'laɪn] **A** ADJ IT online, Online-; **~ banking** Online-Banking n **B** ADV IT online; **to go ~** online gehen, auf Onlinebetrieb schalten **on-line** ['ɒnlaɪn] ADJ ⟨attr⟩ IT Online-; **~ banking** Online-Banking n **online activist** S IT, POL Netzaktivist(in) m(f) **online advertising** S Onlinewerbung f **online bank** S FIN Onlinebank f **online booking** S Onlinereservierung f **online business** S Onlinegeschäft n

O

online check-in [S] Online-Check-in *m od n* **online community** [S] Online-Community *f* **online course** [S] Onlinekurs *m* **online dating** [S] Onlinedating *n* (*Partnersuche im Internet*); **~ site** Partnerbörse *f* **online dealer** [S] Internethändler(in) *m(f)* **online forum** [S] Onlineforum *n* **online help** [S] Onlinehilfe *f* **online portal** [S] Onlineportal *n* **online presence** [S] Internetpräsenz *f* **online research** [S] Onlinerecherche *f* (*Suche im Internet*) **online security** [S] Onlinesicherheit *f* **online service** [S] Onlinedienst *m* **online shop**, **online store** [S] Onlineshop *m*, Webshop *m* **online shopping** [S] Onlineshopping *n* **online support** [S] IT Onlinehilfe *f* **online surveillance** [S] Onlineüberwachung *f* **online video** [S] Onlinevideo *n*

onlooker ['ɒnlʊkəʳ] [S] Zuschauer(in) *m(f)*

★**only** ['əʊnlɪ] [A] [ADJ] ‹*attr*› einzige(r, s); **he's an ~ child** er ist ein Einzelkind *n*; **the ~ one** *od* **person** der/die Einzige; **the ~ ones** *od* **people** die Einzigen; **he was the ~ one to leave** er ist als Einziger gegangen; **the ~ thing** das Einzige; **the ~ thing I have against it is that …** ich habe nur eins dagegen einzuwenden, nämlich, dass …; **the ~ thing** *od* **problem is …** nur …; **my ~ wish** das Einzige, was ich mir wünsche [B] [ADV] nur; **it's ~ five o'clock** es ist erst fünf Uhr; **~ yesterday** erst gestern; **I ~ hope he gets here in time** ich hoffe nur, dass es noch rechtzeitig hier eintrifft; **you ~ have to ask** Sie brauchen nur zu fragen; **"members ~"** „(Zutritt) nur für Mitglieder"; **I'd be ~ too pleased to help** ich würde nur zu gerne helfen; **if ~ that hadn't happened** wenn das nur nicht passiert wäre; **we ~ just caught the train** wir haben den Zug gerade noch gekriegt; **he has ~ just arrived** er ist gerade erst angekommen; **not ~ … but also …** nicht nur …, sondern auch … [C] [KONJ] bloß, nur; **I would do it myself, ~ I haven't time** ich würde es selbst machen, ich habe nur keine Zeit

ono [ABK] (= **or nearest offer**) VB, Verhandlungsbasis *f*

on-off switch ['ɒn'ɒfswɪtʃ] [S] Ein- und Ausschalter *m*

onrush ['ɒnrʌʃ] [S] Ansturm *m*

on-screen [A] ['ɒnskriːn] [ADJ] [1] IT auf dem Bildschirm [2] TV Bildschirm-; FILM Film- [B] [ˌɒn'skriːn] [ADV] FILM auf der Leinwand; TV, IT auf dem Bildschirm

onset ['ɒnset] [S] Beginn *m*; *von Krankheit* Ausbruch *m*

onshore ['ɒnʃɔːʳ] [A] [ADJ] an Land; **~ wind** Seewind *m* [B] [ɒn'ʃɔːʳ] [ADV] *a.* **on shore** an Land

onside [ɒn'saɪd] [ADV] FUSSB nicht im Abseits

on-site [ɒn'saɪt] [ADJ] vor Ort

onslaught ['ɒnslɔːt] [S] Angriff (**on** auf +*akk*)

on-the-job training ['ɒnðəˌdʒɒb'treɪnɪŋ] [S] Ausbildung *f* am Arbeitsplatz **on-the-spot** [ˌɒnðə'spɒt] [ADJ] *Geldstrafe* an Ort und Stelle verhängt; *Entscheidung* an Ort und Stelle; *Reportage* vom Ort des Geschehens

onto ['ɒntʊ] [PRÄP] [1] auf (+*akk*), an (+*akk*); **to clip sth ~ sth** etw an etw (*akk*) anklemmen; **to get ~ the committee** in den Ausschuss kommen [2] **to come ~ the market** auf den Markt kommen; **to get ~ the next chapter** zum nächsten Kapitel kommen; **to be ~** *od* **on to sb** j-m auf die Schliche gekommen sein *umg*; *Polizei* j-m auf der Spur sein; **I think we're ~ something** ich glaube, hier sind wir auf etwas gestoßen

onus ['əʊnəs] [S] ‹*kein pl*› Pflicht *f*; (≈ *Bürde*) Last *f*; **the ~ is on him** es liegt an ihm

onward ['ɒnwəd] [A] [ADJ] **~ flight** Anschlussflug *m*; **~ journey** Weiterreise *f* [B] [ADV] (*a.* **onwards**) vorwärts; *marschieren* weiter; **from this time ~** von der Zeit an

oomph [ʊmf] [S] *umg* (≈ *Energie*) Pep *m* *umg*

oops [uːps] [INT] ups, oh

ooze [uːz] [A] [S] Schlamm *m* [B] [V/I] triefen; *Wunde* nässen; *Harz, Leim* (heraus)quellen [C] [V/T] [1] absondern; *Blut* triefen von; **my shoes were oozing water** das Wasser quoll mir aus den Schuhen [2] *fig Charme* triefen von *pej*; *Selbstvertrauen* strotzen von ♦**ooze out** [V/I] herausquellen; *Wasser* heraussickern

op [ɒp] *umg* [S] → operation

opaque [əʊ'peɪk] [ADJ] opak; *Glas* undurchsichtig; *Strümpfe* blickdicht

★**open** [ˈəʊpən] **A** ADJ **1** offen, geöffnet; *Sicht* frei (**to** für); *Sitzung* öffentlich; **to hold the door** ~ die Tür offen halten; **the baker is** ~ der Bäcker hat geöffnet; **in the** ~ **air** im Freien; ~ **to traffic** für den Verkehr freigegeben; "**road** ~ **to traffic**" „Durchfahrt frei"; **to be** ~ **to sb** Wettbewerb, Mitgliedschaft j-m offenstehen; *Örtlichkeit* für j-n geöffnet sein; *Park* j-m zur Verfügung stehen; ~ **to the public** der Öffentlichkeit zugänglich; **she gave us an** ~ **invitation to visit** sie lud uns ein, jederzeit bei ihr vorbeizukommen; **to be** ~ **to suggestions** Vorschlägen gegenüber offen sein; **I'm** ~ **to persuasion** ich lasse mich gern überreden; **to keep one's options** ~ es offenlassen; **to keep an** ~ **mind** alles offenlassen; **to be** ~ **to debate** zur Debatte stehen **2** offiziell: *Gebäude* eingeweiht; *Straße* (offiziell) freigegeben **3** **to be** ~ **to criticism** der Kritik ausgesetzt sein; **to lay oneself** ~ **to criticism/attack** sich der Kritik/Angriffen aussetzen; **to be** ~ **to abuse** sich leicht missbrauchen lassen **B** S in the ~ im Freien, auf freiem Feld; **to bring sth out into the** ~ mit etw nicht länger hinterm Berg halten **C** V/T **1** öffnen; ~ **your books at page 23** schlagt eure Bücher auf Seite 23 auf **2** offiziell: *Ausstellung* eröffnen; *Gebäude* einweihen **3** *Prozess, Geschäft, Debatte* beginnen; *Schule* einrichten; **to** ~ **fire** MIL das Feuer eröffnen (**on auf** +akk) **D** V/I **1** aufgehen; *Augen, Tür, Blume* sich öffnen; **I couldn't get the box to** ~ ich habe die Schachtel nicht aufbekommen **2** *Laden, Museum* öffnen **3** (≈ begin-nen) beginnen; **the play** ~**s next week** das Stück wird ab nächster Woche gegeben ◆**open on to** V/I ⟨+obj⟩ *Tür* gehen auf (+akk) ◆**open out A** V/I **1** *Fluss, Straße* sich verbreitern (**into** zu) **2** *Landkarte* sich ausfalten lassen **B** V/T *Landkarte* auseinanderfalten ◆**open up A** V/I **1** fig Aussichten sich eröffnen **2** gesprächiger werden; **to get sb to open up** j-n zum Reden bringen **3** aufschließen; **open up!** aufmachen! **B** V/T ⟨trennb⟩ **1** *Bergwerk, neue Horizonte* erschließen **2** *Haus* aufschließen **3** (≈ gründen) *Geschäft* eröffnen

open-air ADJ im Freien **open-air**

concert S Freilichtkonzert n **open--air swimming pool** S Freibad n **open-air theatre**, **open-air theater** US S Freilichtbühne f **open day** Br S Tag m der offenen Tür **open-ended** fig ADJ *Vertrag* zeitlich nicht begrenzt; *Angebot* unbegrenzt

★**opener** [ˈəʊpnər] S Öffner m **open--face sandwich** US S belegtes Brot **open-handed** [ˌəʊpənˈhændɪd] ADJ freigebig, großzügig **open-heart surgery** S Eingriff m am offenen Herzen **open house** S **to keep** ~ ein offenes Haus führen **opening** [ˈəʊpnɪŋ] **A** S **1** Öffnung f, Lücke f; in Wald Lichtung f **2** Anfang m **3** offiziell Eröffnung f; von Autobahn Freigabe f (für den Verkehr) in Firma (freie) Stelle **B** ADJ ⟨attr⟩ erste(r, s); *Bemerkungen* einführend; ~ **speech** Eröffnungsrede f **opening ceremony** S Eröffnungsfeierlichkeiten pl **opening hours** PL Öffnungszeiten pl **opening night** S Eröffnungsvorstellung f (am Abend) **opening time** S Öffnungszeit f; **what are the bank's** ~**s?** wann hat die Bank geöffnet? **open-jaw flight** S Gabelflug m **openly** [ˈəʊpənlɪ] ADV offen; öffentlich; **he was** ~ **gay** er machte keinen Hehl aus seiner Homosexualität **open-minded** ADJ aufgeschlossen **open-mouthed** [ˌəʊpnˈmaʊðd] ADJ mit offenem Mund **open-necked** ADJ *Hemd* mit offenem Kragen **openness** [ˈəʊpnnɪs] S Offenheit f **open--plan** ADJ ~ **office** Großraumbüro n **open sandwich** Br S belegtes Brot **Open University** Br S Fernuniversität f; **to do an** ~ **course** ein Fernstudium machen od absolvieren

opera [ˈɒpərə] S Oper f; **to go to the** ~ in die Oper gehen **operable** [ˈɒpərəbl] ADJ MED operabel **opera house** S Opernhaus n **opera singer** S Opernsänger(in) m(f)

★**operate** [ˈɒpəreɪt] **A** V/I **1** *Maschine* funktionieren, betrieben werden (**by, on** mit), laufen; **to** ~ **at maximum capacity** Höchstleistung bringen **2** *Gesetz* sich auswirken; *System* arbeiten **3** *geschäftlich* operieren; *Flughafen etc* in Betrieb sein; **I don't like the way he** ~**s** ich mag seine Methoden nicht **4** MED operieren (**on sb/sth** j-n/etw); **to be** ~**d**

O

0

on operiert werden **B** VT/I **1** Maschine bedienen; Hebel etc betätigen; Strom etc betreiben **2** Unternehmen führen

operatic [ˌɒpəˈrætɪk] ADJ Opern-

operating [ˈɒpəreɪtɪŋ] ADJ ⟨attr⟩ **1** TECH, HANDEL Betriebs-; **~ costs** od **ex-penses** Betriebsausgaben pl **2** MED Operations- **operating instructions** PL Bedienungsanleitung f **operating room** S US MED Operationssaal m **operating system** S IT Betriebssystem n **operating theatre** S Br MED Operationssaal m

★**operation** [ˌɒpəˈreɪʃən] S **1** **to be in ~** Maschine in Betrieb sein; Gesetz in Kraft sein; **to come into ~** Gesetz in Kraft treten; Plan zur Anwendung gelangen **2** MED Operation f (**on an +**dat); **to have an ~** operiert werden; **to have a heart ~** sich einer Herzoperation unterziehen; **to have an ~ for a hernia** wegen eines Bruchs operiert werden **3** MIL Operation f, Einsatz m **4** IT Arbeitsgang m, Operation f **operational** [ˌɒpəˈreɪʃənl] ADJ **1** betriebsbereit; Armee-Einheit etc einsatzbereit **2** in Betrieb; Armee-Einheit etc im Einsatz **3** TECH, HANDEL Betriebs-; MIL Einsatz-; Probleme operativ **operative** [ˈɒpərətɪv] ADJ **1** Maßnahme wirksam; Gesetze geltend; System operativ **B** S Maschinenarbeiter(in) m(f); von Geheimdienst Agent(in) m(f)

★**operator** [ˈɒpəreɪtər] S **1** TEL ≈ Vermittlung f **2** (Maschinen)arbeiter(in) m(f); von Computer Operator(in) m(f) **3** (≈ Firma) Unternehmen n; (≈ Firmenchef) Unternehmer(in) m(f) **4** umg **to be a smooth ~** raffiniert vorgehen

operetta [ˌɒpəˈretə] S Operette f **ophthalmic** [ɒfˈθælmɪk] ADJ Augen- **ophthalmologist** [ˌɒfθælˈmɒlədʒɪst] S Ophthalmologe m, Ophthalmologin f

★**opinion** [əˈpɪnjən] S **1** Meinung f (**about, on** zu); fachmännisch Gutachten n; **in my ~** meiner Meinung nach; **in the ~ of the experts** nach Ansicht der Experten; **to be of the ~ that ...** der Meinung sein, dass ...; **to ask sb's ~** j-n nach seiner Meinung fragen; **it is a matter of ~** das ist Ansichtssache; **to have a good** od **high/low** od **poor ~ of sb/sth** eine gute/schlechte Meinung von j-m/etw haben; **it is the ~ of the court that ...** das Gericht ist zu der Auffassung ge-

kommen, dass ...; **to seek** od **get a second ~** bes MED ein zweites Gutachten einholen **opinionated** [əˈpɪnjəneɪtɪd] ADJ rechthaberisch **opinion poll** S Meinungsumfrage f

opium [ˈəʊpɪəm] S Opium n

opponent [əˈpəʊnənt] S Gegner(in) m(f)

opportune [ˈɒpətjuːn] ADJ Zeit günstig; Ereignis rechtzeitig; **at an ~ moment** zu einem günstigen Zeitpunkt **opportunism** [ˌɒpəˈtjuːnɪzəm] S Opportunismus m **opportunist** [ˌɒpəˈtjuːnɪst] **A** S Opportunist(in) m(f) **B** ADJ opportunistisch

★**opportunity** [ˌɒpəˈtjuːnɪtɪ] S **1** Gelegenheit f; **at the first ~** bei der erstbesten Gelegenheit; **to have the ~ of doing sth** die Gelegenheit haben, etw zu tun; **to take the ~ to do sth** die Gelegenheit nutzen, etw zu tun; **as soon as I get the ~** sobald sich die Gelegenheit ergibt **2** Chance f, Möglichkeit f; **opportunities for promotion** Aufstiegschancen pl; **equality of ~** Chancengleichheit f

oppose [əˈpəʊz] VT/I **1** ablehnen, sich entgegensetzen (+dat); Befehl etc sich widersetzen (+dat); **he ~s our coming** er ist absolut dagegen, dass wir kommen **2** Bewerber kandidieren gegen **opposed** ADJ **1** ⟨präd⟩ dagegen; **to be ~ to sb/sth** gegen j-n/etw sein; **I am ~ to your going away** ich bin dagegen, dass Sie gehen **2** **as ~ to** im Gegensatz zu **opposing** [əˈpəʊzɪŋ] ADJ Mannschaft gegnerisch; Meinung gegensätzlich; **to be on ~ sides** auf entgegengesetzten Seiten stehen

★**opposite** [ˈɒpəzɪt] **A** ADJ entgegengesetzt (**to, from** +dat od zu); Wand etc gegenüberliegend attr; **to be ~** gegenüberliegen etc; **on the ~ page** auf der gegenüberliegenden Seite; **in the ~ direction** in entgegengesetzter Richtung; **the ~ sex** das andere Geschlecht; **it had the ~ effect** es bewirkte das genaue Gegenteil **B** S Gegenteil n; **quite the ~!** ganz im Gegenteil! **C** ADV gegenüber; **they sat ~** sie saßen uns etc gegenüber **D** PRÄP gegenüber (+dat); **~ one another** sich gegenüber; **they live ~ us** sie wohnen uns gegenüber **opposite number** S Pendant n **opposition** [ˌɒpəˈzɪʃən] S **1** Opposition f; **the**

Opposition *bes Br* PARL die Opposition **2** SPORT Gegner *m* **oppositional** [ɒpəˈzɪʃn̩] ADJ oppositionell, Oppositions- **opposition leader** S̄ Oppositionsführer(in) *m(f)* **opposition party** S̄ Oppositionspartei *f*

oppress [əˈpres] V/T **1** unterdrücken **2** bedrücken **oppression** [əˈpreʃn̩] S̄ **1** Unterdrückung *f* **oppressive** [əˈpresɪv] ADJ **1** *Regime* repressiv **2** *fig* drückend; *Stimmung* bedrückend

opt [ɒpt] V/I to opt for sth sich für etw entscheiden; **to opt to do sth** sich entscheiden, etw zu tun ◆**opt in** V/I beitreten (+*dat*) ◆**opt out** V/I sich anders entscheiden; *Versicherung etc* kündigen (**of** +*akk*); *Br Schule, Krankenhaus* aus der Kontrolle der Kommunalverwaltung austreten

optic [ˈɒptɪk], **optical** [ˈɒptɪkəl] ADJ optisch **optical character reader** S̄ IT optischer Klarschriftleser **optical disk** S̄ optische Platte **optical fibre** S̄, **optical fiber** *US* S̄ Glasfaser *f*; (≈ *Leitung*) Glasfaserkabel *n* **optical illusion** S̄ optische Täuschung **optician** [ɒpˈtɪʃn̩] S̄ Optiker(in) *m(f)* **optic nerve** S̄ Sehnerv *m* **optics** S̄ ⟨+*sg v*⟩ Optik *f*

optimal [ˈɒptɪml̩] ADJ optimal

optimism [ˈɒptɪmɪzəm] S̄ Optimismus *m* **optimist** [ˈɒptɪmɪst] S̄ Optimist(in) *m(f)* **optimistic** [ˌɒptɪˈmɪstɪk] ADJ optimistisch; **to be ~ about sth** in Bezug auf etw (*akk*) optimistisch sein; **I'm not very ~ about it** da bin ich nicht sehr optimistisch **optimistically** [ˌɒptɪˈmɪstɪkəli] ADV optimistisch

optimize [ˈɒptɪmaɪz] V/T optimieren **optimum** [ˈɒptɪməm] A ADJ optimal B S̄ Optimum *f*

option [ˈɒpʃn̩] S̄ **1** Wahl *f kein pl*, Möglichkeit *f*, Option *f*; **you have the ~ of leaving or staying** Sie haben die Wahl, ob Sie gehen oder bleiben wollen; **to give sb the ~ of doing sth** j-m die Wahl lassen, etw zu tun; **I have little/no ~** mir bleibt kaum eine/keine andere Wahl; **he had no ~ but to come in** ihm blieb nichts anderes übrig, als zu kommen; **to keep one's ~s open** sich (*dat*) alle Möglichkeiten offenlassen **2** UNIV, SCHULE Wahlfach *n* **optional** ADJ freiwillig, fakultativ; *Zusatzgerät etc* auf

Wunsch erhältlich; **"evening dress ~"** „Abendkleidung nicht Vorschrift"; **~ extras** Extras *pl*; **~ subject** SCHULE, UNIV Wahlfach *n*

optometrist [ɒpˈtɒmətrɪst] *US* S̄ Optiker(in) *m(f)*

opt-out [ˈɒptaut] ADJ ⟨*attr*⟩ **~ clause** Rücktrittsklausel *f*

★**or** [ɔː] KONJ **1** oder; **he could not read or write** er konnte weder lesen noch schreiben; **in a day or two** in ein bis zwei Tagen **2** (oder) auch; **Rhodesia, or rather, Zimbabwe** Rhodesien, beziehungsweise Simbabwe **3** sonst; **you'd better go or (else) you'll be late** gehen Sie jetzt besser, sonst kommen Sie zu spät

oracle [ˈɒrəkl̩] S̄ Orakel *n*; (≈ *Mensch*) Seher(in) *m(f)*

oral [ˈɔːrəl] A ADJ **1** oral; *Impfstoff* oral verabreicht **2** mündlich B S̄ Mündliche(s) *n* **orally** [ˈɔːrəli] ADV **1** oral **2** mündlich **oral sex** S̄ Oralverkehr *m*

★**orange** [ˈɒrɪndʒ] A S̄ **1** Orange *f*; (≈ *Getränk*) Orangensaft *m* **2** (≈ *Farbe*) Orange *n* B ADJ **1** Orangen- *Farbe* orange *inv*, orange/n/farben **orange juice** S̄ Orangensaft *m* **Orange Order** S̄ Oranienorden *m* (*protestantische Vereinigung*) **orange squash** *Br* S̄ Orangenkonzentrat *n*; *verdünnt* Orangengetränk *n*

orang-outang, **orang-utan** [ɔːˌræŋ- uːˈtæŋ, -n] S̄ Orang-Utan *m*

orator [ˈɒrətə] S̄ Redner(in) *m(f)* **oratory** [ˈɒrətəri] S̄ Redekunst *f*

orbit [ˈɔːbɪt] A S̄ Umlaufbahn *f*; *einzeln* Umkreisung *f*; **to be in ~** (*a*)round (**the earth**) in der (Erd)umlaufbahn sein; **to go into ~** (*a*)round (**the sun**) in die (Sonnen)umlaufbahn eintreten B V/T umkreisen **orbital** [ˈɔːbɪtl̩] S̄, (*a.* **orbital motorway**) Ringautobahn *f*

orchard [ˈɔːtʃəd] S̄ Obstgarten *m*, Obstplantage *f*; **apple/cherry ~** Obstgarten *m* mit Apfel-/Kirschbäumen, Apfel-/ Kirschplantage *f*

★**orchestra** [ˈɔːkɪstrə] S̄ Orchester *n* **orchestral** [ɔːˈkestrəl] ADJ Orchester-; **~ music** Orchestermusik *f* **orchestra pit** S̄ Orchestergraben *m* **orchestrate** [ˈɔːkɪstreɪt] V/T orchestrieren **orchestrated** [ˈɔːkɪstreɪtɪd] *fig* ADJ *Kampagne* gezielt

O

orchid [ˈɔːkɪd] ⓢ Orchidee f
ordain [ɔːˈdeɪn] Vʹ/ᵢ KIRCHE *Priester* weihen ⓷ bestimmen; *Herrscher* verfügen
ordeal [ɔːˈdiːl] ⓢ Tortur f, Qual f
★**order** [ˈɔːdə] Ⓐ ⓢ ⓵ (Reihen)folge f; **are they in ~/in the right ~?** sind sie geordnet/in der richtigen Reihenfolge?; **in ~ of preference/merit** in der bevorzugten/in der ihren Auszeichnungen entsprechenden Reihenfolge; **to put sth in (the right) ~** etw ordnen; **to be in the wrong ~** durcheinander sein ⓶ Ordnung f; **his passport was in ~** sein Pass war in Ordnung; **to put one's affairs in ~** Ordnung in seine Angelegenheiten bringen; **to keep ~** die Ordnung wahren; **to keep the children in ~** die Kinder unter Kontrolle halten; **to be out of ~** *bei Versammlung* gegen die Verfahrensordnung verstoßen; *fig* aus dem Rahmen fallen; **to call the meeting to ~** die Versammlung zur Ordnung rufen; **congratulations are in ~** Glückwünsche sind angebracht ⓷ Zustand m; **to be out of ~** nicht funktionieren; **"out of ~"** „außer Betrieb" ⓸ Befehl m; **I don't take ~s from anyone** ich lasse mir von niemandem befehlen; **to be under ~s to do sth** Instruktionen haben, etw zu tun ⓹ *in Restaurant etc, a.* HANDEL Bestellung f; *für Lieferung* Auftrag m; **to place an ~ with sb** eine Bestellung bei j-m aufgeben/j-m einen Auftrag geben; **to be on ~** bestellt sein; **two ~s of French fries** *bes US* zwei Portionen Pommes frites; **made to ~** auf Bestellung (gemacht *od* hergestellt) ⓺ ★ **in ~ to do sth** um etw zu tun; **in ~ that** damit ⓻ *fig (= Klasse)* Art f; **something in the ~ of** ten per cent in der Größenordnung von zehn Prozent; **something in the ~ of one in ten applicants** etwa einer von zehn Bewerbern ⓼ KIRCHE *von Mönchen etc* Orden m ⓽ **~s** *pl* (holy) **~s** KIRCHE Weihe f, Priesterweihe f; **to take** (holy) **~s** die Weihe empfangen Ⓑ Vʹ/ᵢ ⓵ befehlen; **to ~ sb to do sth** j-m befehlen, etw zu tun; **to ~ sb's arrest** j-s Verhaftung anordnen; **he ~ed his gun to be brought** (**to him**) er ließ sich (*dat*) sein Gewehr bringen ⓶ *seine Angelegenheiten* ordnen ⓷ *Waren, Essen, Taxi* bestellen; *zur Herstel-*

lung in Auftrag geben (**from sb** bei j-m); **to ~ sth online** etw online bestellen Ⓒ Vʹ/ᵢ bestellen ♦**order about** *Br*,
order around Vʹ/ᵢ *⟨trennb⟩* herumkommandieren

order confirmation ⓢ Auftragsbestätigung f **order form** ⓢ Bestellformular n

orderly [ˈɔːdəlɪ] Ⓐ ADJ ⓵ ordentlich; *Mensch* methodisch; **in an ~ manner** geordnet ⓶ *Demonstration* friedlich Ⓑ ⓢ (**medical**) **~** Pfleger(in) *m(f)*; MIL Sanitäter(in) *m(f)*
ordinal number ⓢ MATH Ordinalzahl f
ordinarily [ˈɔːdɪnrɪlɪ] ADV gewöhnlich
★**ordinary** [ˈɔːdnrɪ] Ⓐ ADJ gewöhnlich, durchschnittlich; **the ~ Englishman** der normale Engländer Ⓑ ⓢ **out of the ~** außergewöhnlich; **nothing/something out of the ~** nichts/etwas Außergewöhnliches
ordination [ˌɔːdɪˈneɪʃən] ⓢ Ordination f
ordnance [ˈɔːdnəns] ⓢ MIL (Wehr)material n
ore [ɔː] ⓢ Erz n
oregano [ˌɒrɪˈgɑːnəʊ] ⓢ *⟨kein pl⟩* Oregano m
organ [ˈɔːgən] ⓢ ⓵ Organ n; *für Meinung etc* Sprachrohr n ⓶ MUS Orgel f; **to play the ~** Orgel spielen **organ donor** ⓢ Organspender(in) *m(f)*
organic [ɔːˈgænɪk] ADJ ⓵ MED *Naturwissenschaft fig* organisch ⓶ *Gemüse* biodynamisch; **~ food** Biolebensmittel *pl*; **~ fruit** Bioobst n; **~ wine** Wein m aus biologisch kontrolliertem Anbau; **~ meat** Fleisch n aus biologisch kontrollierter Zucht **organically** [ɔːˈgænɪkəlɪ] ADV organisch; *anbauen a.* biodynamisch **organic chemistry** ⓢ organische Chemie **organic farm** ⓢ Bio-Landwirtschaftsbetrieb m **organic farming** ⓢ Ökolandbau m
organism [ˈɔːgənɪzəm] ⓢ Organismus m
organist [ˈɔːgənɪst] ⓢ Organist(in) *m(f)*
★**organization** [ˌɔːgənaɪˈzeɪʃən] ⓢ ⓵ Organisation f ⓶ Ordnung f ⓷ HANDEL Unternehmen n **organizational** ADJ organisatorisch **organize** [ˈɔːgənaɪz] Vʹ/ᵢ ordnen, organisieren; *Zeit* einteilen; *Lebensmittel* sorgen für; **to get** (**oneself**) **~d** alles vorbereiten, seine Sachen in Ordnung bringen; **to ~ things so that ...** es so einrichten, dass ...; **they ~d**

(it) for me to go to London sie haben meine Londonreise arrangiert **organized** ['ɔ:gənaɪzd] ADJ organisiert; **he isn't very ~ ADJ** bei ihm geht alles drunter und drüber *umg*; **you have to be ~** du musst mit System vorgehen **organizer** ['ɔ:gənaɪzə] S 1 Organisator(in) *m(f)* 2 → personal organizer

organ transplant S Organtransplantation *f*

orgasm ['ɔ:gæzəm] S Orgasmus *m*

orgy ['ɔ:dʒɪ] S Orgie *f*

orient ['ɔ:rɪənt] A S (*a*. **Orient**) Orient *m* B VT → orientate **oriental** [ˌɔ:rɪ'entl] ADJ orientalisch; **~ rug** Orientteppich *m*

orientate ['ɔ:rɪənteɪt] A VR sich orientieren (**by** an +*dat od* **by the map** nach der Karte) B VT ausrichten (**towards** auf +*akk*); *Denkweise* orientieren (**towards** an +*dat*); **money-orientated** materiell ausgerichtet; **family-orientated** familienorientiert **orientation** [ˌɔ:rɪən'teɪʃən] *fig* S Orientierung *f*, Ausrichtung *f* (**towards** auf +*akk*); **sexual ~** sexuelle Orientierung **-oriented** ['ɔ:rɪəntɪd] ADJ ⟨*suf*⟩ -orientiert **orienteering** [ˌɔ:rɪən'tɪərɪŋ] S Orientierungslauf *m*

orifice ['ɒrɪfɪs] S Öffnung *f*

★**origin** ['ɒrɪdʒɪn] S Ursprung *m*, Herkunft *f*; **to have its ~ in sth** auf etw (*akk*) zurückgehen; **country of ~** Herkunftsland *n*; **nobody knew the ~ of that story** niemand wusste, wie die Geschichte entstanden war

★**original** [ə'rɪdʒɪnl] A ADJ 1 ursprünglich; **~ inhabitants** Ureinwohner *pl*; **~ version** *von Buch* Urfassung *f*; *von Film* Originalversion *f* 2 *Gemälde original*; *Idee, Schriftsteller* originell B S Original *n* **originality** [əˌrɪdʒɪ'nælɪtɪ] S Originalität *f* **originally** [ə'rɪdʒənəlɪ] ADV ursprünglich **original sin** S die Erbsünde **originate** [ə'rɪdʒɪneɪt] A VI 1 entstehen; **to ~ from a country** aus einem Land stammen 2 *US Bus etc* ausgehen (**in** von) **originator** [ə'rɪdʒɪneɪtə] S *von Idee* Urheber(in) *m(f)*

Orkney Islands ['ɔ:knɪˌaɪləndz], **Orkneys** ['ɔ:knɪz] PL Orkneyinseln *pl*

ornament ['ɔ:nəmənt] S 1 Verzierung *f*, Ziergegenstand *m* 2 ⟨*kein pl*⟩ Ornamente *pl* **ornamental** ADJ dekorativ; **to be purely ~** zur Verzierung (da) sein;

~ garden Ziergarten *m* **ornamentation** [ˌɔ:nəmen'teɪʃən] S Verzierungen *pl* **ornate** [ɔ:'neɪt] ADJ kunstvoll; *Stil* reich **ornately** [ɔ:'neɪtlɪ] ADV kunstvoll; *geschrieben* in reicher Sprache

ornithologist [ˌɔ:nɪ'θɒlədʒɪst] S Ornithologe *m*, Ornithologin *f* **ornithology** [ˌɔ:nɪ'θɒlədʒɪ] S Ornithologie *f*

orphan ['ɔ:fən] A S Waisenkind *n*; **the accident left him an ~** der Unfall machte ihn zum Waisenkind B VT zur Waise machen; **to be ~ed** zur Waise werden **orphanage** ['ɔ:fənɪdʒ] S Waisenhaus *n*

orthodontic [ˌɔ:θəʊ'dɒntɪk] ADJ kieferorthopädisch

orthodox ['ɔ:θədɒks] ADJ 1 REL orthodox; **the Orthodox (Eastern) Church** die orthodoxe (Ost)kirche 2 *fig* konventionell, orthodox **orthodoxy** ['ɔ:θədɒksɪ] S 1 *fig* Konventionalität *f*, Orthodoxie *f* 2 orthodoxe Konvention

orthography [ɔ:'θɒgrəfɪ] S Orthografie *f*, Rechtschreibung *f*

orthopaedic [ˌɔ:θəʊ'pi:dɪk] ADJ, **orthopedic** *US* ADJ orthopädisch; **~ surgeon** orthopädischer Chirurg, orthopädische Chirurgin

oscillate ['ɒsɪleɪt] VI PHYS schwingen; *Nadel, a. fig* schwanken

ostensible ADJ, **ostensibly** [ɒ'stensəbl, -lɪ] ADV angeblich

ostentation [ˌɒsten'teɪʃən] S Pomp *m*, Großtuerei *f* **ostentatious** [ˌɒsten'teɪʃəs] ADJ 1 pompös 2 ostentativ

osteopath ['ɒstɪəpæθ] S Osteopath(in) *m(f)*

ostracize ['ɒstrəsaɪz] VT ächten

ostrich ['ɒstrɪtʃ] S Strauß *m*

★**other** ['ʌðə] A ADJ & PRON andere(r, s); **~ people** andere (Leute); **any ~ questions?** sonst noch Fragen?; **no ~ questions** sonst keine Fragen; **it was none ~ than my father** es war niemand anders als mein Vater; **the ~ day** neulich; **some ~ time** ein andermal; **every ~ ...** jede(r, s) zweite ...; **~ than** außer (+*dat*); **some time or ~** irgendwann (einmal); **some writer or ~** irgendein Schriftsteller; **he doesn't like hurting ~s** er mag niemandem wehtun; **there are 6 ~s** da sind noch 6 (andere); **there were no ~s there** es waren sonst keine da; **something/someone or ~** irgendetwas/-jemand; **can you tell one from**

O

the ~? kannst du sie auseinanderhalten? **B** ADV **I've never seen her ~ than with her husband** ich habe sie immer nur mit ihrem Mann gesehen; **somehow or ~** irgendwie; **somewhere or ~** irgendwo

★**otherwise** [ˈʌðəwaɪz] **A** ADV **1** anders; **I am ~ engaged** form ich bin anderweitig beschäftigt; **Richard I, ~ known as the Lionheart** Richard I., auch bekannt als Löwenherz; **you seem to think ~** Sie scheinen anderer Meinung zu sein **2** ansonsten **B** KONJ sonst **otherworldly** [ˌʌðəˈwɜːldlɪ] ADJ weltfern

OTT ABK (= **over the top**) umg übertrieben

otter [ˈɒtəʳ] S̄ Otter m

ouch [aʊtʃ] INT autsch

★**ought** [ɔːt] V/AUX **I ~ to do it** ich sollte es tun; **he ~ to have come or have come sooner** er hätte kommen sollen; **~ I to go too? — yes, you ~ (to)/no, you ~n't (to)** sollte ich auch (hin)gehen? — ja doch/nein, das sollen Sie nicht; **~n't you to have left by now?** hätten Sie nicht schon gehen müssen?; **you ~ to see that film** den Film sollten Sie sehen; **you ~ to have seen his face** sein Gesicht hätten Sie sehen müssen; **she ~ to have been a teacher** sie hätte Lehrerin werden sollen; **he ~ to win the race** er müsste (eigentlich) das Rennen gewinnen; **he ~ to have left by now** er müsste inzwischen gegangen sein; **... and I ~ to know!** ... und ich muss es doch wissen!

★**ounce** [aʊns] S̄ Unze f; **there's not an ~ of truth in it** daran ist kein Fünkchen Wahrheit

★**our** [ˈaʊəʳ] POSS ADJ unser; **Our Father** Vater unser; → **my**

★**ours** [ˈaʊəz] POSS PR unsere(r, s); → **mine¹**

★**ourselves** [ˌaʊəˈselvz] PERS PR akk u. dat obj +präp uns; emph selbst; → **myself**

oust [aʊst] V/T herausbekommen; Politiker ausbooten umg; **to ~ sb from office/his position** j-n aus seinem Amt/seiner Stellung entfernen; durch Intrige j-n aus seinem Amt/seiner Stellung hinausmanövrieren; **to ~ sb from power** j-n aus der Macht verdrängen

★**out** [aʊt] **A** ADV **1** außen, draußen; mit Richtungsangabe hinaus, heraus; **to be out** weg sein, nicht da sein; **they are**

out shopping sie sind zum Einkaufen (gegangen); **she was out all night** sie war die ganze Nacht weg; **out here/there** hier/dort draußen; **out you go!** hinaus mit dir! umg; **at weekends I like to be out and about** an den Wochenenden will ich (immer) raus; **we had a day out in London** wir haben einen Tag in London verbracht; **the book is out** aus Bücherei das Buch ist ausgeliehen; **school is out** die Schule ist aus; **the tide is out** es ist Ebbe; **their secret was out** ihr Geheimnis war herausgekommen; **out with it!** heraus damit!; **before the day is out** vor Ende des Tages **2** **when he was out in Russia** als er in Russland war; **to go out to China** nach China fahren; **the boat was ten miles out** das Schiff war zehn Meilen weit draußen **3** **to be out** Sonne sein; Sterne, Mond am Himmel sein; Blumen blühen; Buch herausgekommen sein; **when will it be out?** Buch wann kommt es heraus?; **there's a warrant out for him** od **for his arrest** es besteht Haftbefehl gegen ihn **4** Licht, Feuer, a. SPORT aus; Fleck (he)raus; **to be out** bewusstlos sein **5** **his calculations were out** er hatte sich in seinen Berechnungen geirrt; **you're not far out** Sie haben es fast (getroffen); **we were £5 out** wir hatten uns um £ 5 verrechnet **6** **to be out for sth** auf etw (akk) aus sein; **he's out to get her** er ist hinter ihr her; **he's just out to make money** ihm geht es nur um Geld **B** S̄ → in **C** PRÄP aus (+dat); **to go out the door** zur Tür hinausgehen; **~ out of D** V/T Homosexuelle outen

out-and-out [ˈaʊtənˈaʊt] ADJ Lüge, Lügner ausgemacht; Rassist eingefleischt; Sieger überlegen **outback** [ˈaʊtbæk] S̄ in Australien **the ~** das Hinterland, das Outback **outbid** V/T ⟨prät, pperf outbid⟩ überbieten **outboard** [ˈaʊtbɔːd] ADJ **~ motor** Außenbordmotor m **outbound** ADJ Fluggäste abfliegend; **~ flight** Hinflug m **outbox** [ˈaʊtbɒks] S̄ E-Mail Postausgang m **outbreak** [ˈaʊtbreɪk] S̄ Ausbruch m **outbuilding** [ˈaʊtbɪldɪŋ] S̄ Nebengebäude n **outburst** [ˈaʊtbɜːst] S̄ Ausbruch m; **~ of anger** Wutanfall m **outcast** [ˈaʊtkɑːst] S̄ Ausgestoßene(r) m/f(m) **outclass** [ˌaʊtˈklɑːs] V/T in den Schatten stellen

outcome [ˈaʊtkʌm] S̅ Ergebnis n **outcrop** [ˈaʊtkrɒp] S̅ GEOL **an ~ (of rock)** eine Felsnase n **outcry** [ˈaʊtkraɪ] S̅ Aufschrei m der Empörung (**against** über +akk), Protestwelle f (**against** gegen); **to cause an ~ against** sb/sth zu lautstarkem Protest gegen j-n/etw führen **outdated** A̅D̲J̲ hinter sich (dat) lassen; Ausrüstung, Methode veraltet; Praxis überkommen **outdid** P̅R̲ÄT → outdo **outdistance** V̅/̲T̲ hinter sich (dat) lassen **outdo** [ˌaʊtˈduː] V̅/̲T̲ ⟨prät **outdid** [ˌaʊtˈdɪd]; pperf **outdone** [ˌaʊtˈdʌn]⟩ übertreffen (**sb in sth** j-n an etw dat); **but Jimmy was not to be ~ne** aber Jimmy wollte da nicht zurückstehen **outdoor** [ˈaʊtdɔːr] A̅D̲J̲ im Freien; **~ café** Café m im Freien, Straßencafé n; **~ clothes** Kleidung f für draußen; **~ swimming pool** Freibad n

★**outdoors** [ˈaʊtˈdɔːz] A̅ A̅D̲V̲ im Freien; **to go ~** nach draußen gehen B̅ S̅ ⟨+sg v⟩ **the great ~** hum die freie Natur **outdoorsy** [ˈaʊtˈdɔːzɪ] A̅D̲J̲ umg naturverbunden; **I'm an ~ person** ich bin gern in der freien Natur

★**outer** [ˈaʊtər] A̅D̲J̲ ⟨attr⟩ äußere(r, s) **Outer London** S̅ die Peripherie Londons **outermost** [ˈaʊtəmaʊst] A̅D̲J̲ äußerste(r, s) **outer space** S̅ der Weltraum

outfit [ˈaʊtfɪt] S̅ 1 Kleidung f, Outfit n, Gewand n österr; (≈ Verkleidung) Kostüm n 2 umg (≈ Organisation) Verein m umg **outfitter** [ˈaʊtfɪtər] S̅ **gentlemen's ~'s** Herrenausstatter m; **sports ~'s** Sport(artikel)geschäft n **outflank** V̅/̲T̲ MIL von den Flanken angreifen **outflow** S̅ von Wasser etc Ausfluss m; von Geld Abfluss m; von Flüchtlingen Strom m umg **outgoing** [ˈaʊtɡəʊɪŋ] A̅ A̅D̲J̲ 1 Persönlichkeit kontaktfreudig 2 Präsident scheidend; Warensendung abgehend 3 ausgehend; **~ flight** Hinflug m B̅ P̅L̲ **~s** Ausgaben pl **outgrow** [aʊtˈɡrəʊ] V̅/̲T̲ ⟨prät **outgrew** [ˌaʊtˈɡruː]; pperf **outgrown** [ˌaʊtˈɡrəʊn]⟩ 1 Kleider herauswachsen aus 2 Gewohnheit entwachsen (+dat) **outhouse** [ˈaʊthaʊs] S̅ Seitengebäude n

outing [ˈaʊtɪŋ] S̅ 1 Ausflug m; **school/firm's ~** Schul-/Betriebsausflug m; **to go on an ~** einen Ausflug machen 2 von Homosexuellen Outen n

outlandish [aʊtˈlændɪʃ] A̅D̲J̲ absonderlich; Äußeres ausgefallen **outlast** [ˌaʊtˈlɑːst] V̅/̲T̲ länger halten als; Idee etc überdauern **outlaw** [ˈaʊtlɔː] A̅ S̅ Geächtete(r) m/f(m); in Western etc Bandit m B̅ V̅/̲T̲ ächten **outlay** [ˈaʊtleɪ] S̅ (Kosten)aufwand m, Kosten pl **outlet** [ˈaʊtlet] S̅ 1 für Wasser etc Abfluss m; von Fluss Ausfluss m 2 (≈ Laden) Verkaufsstelle f; (≈ Fabrikverkauf) Outlet n 3 fig für Emotionen Ventil n **outline** [ˈaʊtlaɪn] A̅ S̅ 1 Umriss m, Silhouette f; **he drew the ~ of a head** er zeichnete einen Kopf im Umriss 2 fig (≈ Zusammenfassung) Abriss m; **just give** (**me**) **the broad ~s** umreißen Sie es (mir) grob B̅ V̅/̲T̲ 1 **the mountain was ~d against the sky** die Umrisse des Berges zeichneten sich gegen den Himmel ab 2 fig (≈ zusammenfassen) umreißen **outlive** [ˌaʊtˈlɪv] V̅/̲T̲ j-n überleben; **to have ~d its usefulness** ausgedient haben **outlook** [ˈaʊtlʊk] S̅ 1 Aussicht f (**over** über +akk od **on to** auf +akk) 2 fig Einstellung f; **his ~ (up)on life** seine Lebensauffassung; **narrow ~** beschränkter Horizont **outlying** A̅D̲J̲ entlegen, umliegend; **~ district** Außenbezirk m **outmanoeuvre** V̅/̲T̲, **outmaneuver** US fig V̅/̲T̲ ausmanövrieren **outmoded** A̅D̲J̲ altmodisch; Technik veraltet **outnumber** [ˌaʊtˈnʌmbər] V̅/̲T̲ zahlenmäßig überlegen sein (+dat); **we were ~ed (by them)** wir waren (ihnen) zahlenmäßig unterlegen

★**out of** P̅R̲Ä̲P̲ 1 Position nicht in (+dat); Richtung aus (+dat); fig außer (+dat); **I'll be ~ town** ich werde nicht in der Stadt sein; **~ the country** außer Landes; **he went ~ the door** er ging zur Tür hinaus; **to look ~ the window** aus dem Fenster sehen; **I saw him ~ the window** ich sah ihn durchs Fenster; **to keep ~ the sun** nicht in die Sonne gehen; **~ danger** außer Gefahr; **he's ~ the tournament** er ist aus dem Turnier ausgeschieden; **he feels ~ it** umg er fühlt sich ausgeschlossen; **10 miles ~ London** 10 Meilen außerhalb Londons 2 Grund angebend aus (+dat); **~ curiosity** aus Neugier; **to drink ~ a glass** aus einem Glas trinken; **made ~ silver** aus Silber (gemacht) 3 (≈ Auswahl) von (+dat); **in seven cases ~ ten** in sieben von zehn Fällen; **he picked one ~ the pile** er nahm einen

O

aus dem Stapel (heraus) **4 we are ~ money** wir haben kein Geld mehr
out-of-bounds ADJ **~ area** Sperrgebiet n **out-of-court** ADJ außergerichtlich
out-of-date ADJ ⟨attr⟩, **out of date** ADJ ⟨präd⟩ **1** Methoden, Ideen veraltet, überholt, nicht mehr aktuell **2** Ticket abgelaufen; Lebensmittel mit abgelaufenem Verfallsdatum **out-of-doors** ADV → outdoors **out-of-place** ADJ ⟨attr⟩, **out of place** ADJ ⟨präd⟩ Bemerkung unangebracht, deplatziert **out-of-pocket** ADJ ⟨attr⟩, **out of pocket** Br ADJ ⟨präd⟩ **to be out of pocket** draufzahlen; **I was £5 out of pocket** ich habe £ 5 aus eigener Tasche bezahlt **out-of-the-way** ADJ ⟨attr⟩, **out of the way** ADJ ⟨präd⟩ Ort abgelegen **out-of-town** ADJ Kino etc außerstädtisch **outpace** V/T schneller sein als **outpatient** S ambulanter Patient, ambulante Patientin; **~s' (department)** Ambulanz f; **~s' clinic** Poliklinik f **outperform** V/T ausstechen umg **outplay** V/T SPORT besser spielen als **outpost** S Vorposten m **outpouring** S ⟨oft pl⟩ Erguss m **output** ['aʊtpʊt] S Produktion f; ELEK Leistung f; IT Output m/n
outrage A ['aʊtreɪdʒ] S **1** Untat f, Gräueltat f **2** Skandal m **3** Entrüstung f (**at** über +akk) B [aʊt'reɪdʒ] V/T j-n empören **outraged** [aʊt'reɪdʒd] ADJ empört (**at, about** über +akk) **outrageous** [aʊt'reɪdʒəs] ADJ Bemerkung, Preis, Benehmen unerhört; Lüge, Forderung unverschämt; Kleidung unmöglich umg; **it's absolutely ~ that ...** es ist einfach unerhört, dass ... **outrageously** [aʊt'reɪdʒəslɪ] ADV teuer unerhört
outran PRÄT → outrun
outrider ['aʊtraɪdə[r]] S Kradbegleiter(in) m(f)
outright A [aʊt'raɪt] ADV **1** ablehnen rundweg; j-m gehören vollständig; **to win ~** einen klaren Sieg davontragen **2** sofort; **he was killed ~** er war sofort tot **3** geradeheraus B ['aʊtraɪt] ADJ total; Lüge glatt umg; Mehrheit absolut; Sieger klar
outrun V/T ⟨prät outran; pperf outrun⟩ schneller laufen als; davonlaufen (+dat)
outset S Anfang m; **at the ~** zu Anfang **outshine** V/T ⟨prät, pperf outshone⟩ fig in den Schatten stellen

★**outside** ['aʊt'saɪd] A S Außenseite f; **the ~ of the car is green** das Auto ist (von) außen grün; **to open the door from the ~** die Tür von außen öffnen; **to overtake on the ~** Br außen überholen B ADJ **1** äußere(r, s); Prüfer extern; **an ~ broadcast from Wimbledon** eine Außenübertragung aus Wimbledon; **~ line** TEL Amtsleitung f **2 an ~ chance** eine kleine Chance C ADV außen, draußen; **to be ~** draußen sein; **to go ~** nach draußen gehen D PRÄP (a. **outside of**) außerhalb (+gen); **~ California** außerhalb Kaliforniens; **~ London** außerhalb von London; **to go ~ sth** aus etw gehen; **he went ~ the house** er ging nach draußen; **~ the door** vor der Tür; **the car ~ the house** das Auto vorm Haus; **~ office hours** nach Büroschluss **outside lane** S Überholspur f **outside line** S TEL Amtsanschluss m **outsider** [,aʊt'saɪdə[r]] S Außenseiter(in) m(f) **outside toilet** S Außentoilette f **outside wall** S Außenwand f **outside world** S Außenwelt f
outsize ADJ übergroß **outskirts** PL Stadtrand m **outsmart** umg V/T überlisten **outsource** ['aʊtsɔːs] V/T WIRTSCH Arbeit outsourcen, auslagern **outsourcing** ['aʊtsɔːsɪŋ] S WIRTSCH Outsourcing n **outspoken** [,aʊt'spəʊkən] ADJ Mensch, Rede, Buch freimütig; Angriff direkt
outstanding [,aʊt'stændɪŋ] ADJ **1** hervorragend; Talent, Schönheit außerordentlich **2** bemerkenswert **3** Geschäft unerledigt; Betrag, Rechnung ausstehend; **~ debts** Außenstände pl **outstandingly** [,aʊt'stændɪŋlɪ] ADV hervorragend; gut, schön außergewöhnlich
outstay V/T **I don't want to ~ my welcome** ich will eure Gastfreundschaft nicht überbeanspruchen **outstretched** ADJ ausgestreckt; Arme a. ausgebreitet **outstrip** fig V/T übertreffen (**in** an +dat) **outtake** S Outtake m **out tray** S Ablage f für Ausgänge **outvote** V/T überstimmen
outward ['aʊtwəd] A ADJ **1** Erscheinung äußere(r, s); **he put on an ~ show of confidence** er gab sich den Anstrich von Selbstsicherheit **2 ~ journey** Hinreise f; **~ flight** Hinflug m B ADV nach außen; **~ bound** Schiff auslaufend **out-**

wardly ['aʊtwədlɪ] ADV nach außen hin
outwards ['aʊtwədz] ADV nach außen
outweigh VT mehr Gewicht haben als
outwit VT überlisten
outworker 5 **1** Außenarbeiter(in) m(f)
2 Heimarbeiter(in) m(f)

oval ['əʊvəl] ADJ oval
ovary ['əʊvərɪ] 5 ANAT Eierstock m
ovation [əʊ'veɪʃən] 5 Ovation f; **to give sb an ~** j-m eine Ovation darbringen
★**oven** ['ʌvn] 5 GASTR (Back)ofen m, Ofenrohr n österr; **to cook in a hot/moderate/slow ~** bei starker/mittlerer/schwacher Hitze backen; **it's like an ~ in here** hier ist ja der reinste Backofen **oven glove** Br, **oven mitt** 5 Topfhandschuh m **ovenproof** ADJ feuerfest **oven-ready** ADJ bratfertig

★**over** ['əʊvə']

A Präposition	B Adverb

— **A** Präposition —

1 Richtung über (+akk); Position über (+dat); **he spilled coffee ~ it** er goss Kaffee darüber; **to hit sb ~ the head** j-m auf den Kopf schlagen; **to look ~ the wall** über die Mauer schauen; **~ the page** auf der nächsten Seite; **he looked ~ my shoulder** er sah mir über die Schulter; **the house ~ the road** das Haus gegenüber; **it's just ~ the road from us** das ist von uns (aus) nur über die Straße; **the bridge ~ the river** die Brücke über den Fluss; **we're ~ the main obstacles now** wir haben jetzt die größten Hindernisse hinter uns (dat) **2** **from all ~ England** aus ganz England; **you've got ink all ~ you** Sie sind ganz voller Tinte **3** (= mehr, länger als) über (+akk), während (+gen); **~ and above that** darüber hinaus, weiters österr; **well ~ a year ago** vor gut einem Jahr; **~ Christmas** über Weihnachten; **~ the summer** den Sommer über; **~ the years** im Laufe der Jahre; **the visits were spread ~ several months** die Besuche verteilten sich über mehrere Monate **4** **let's discuss that ~ dinner** besprechen wir das beim Essen; **they'll be a long time ~ it** sie werden dazu lange brauchen; **~ the phone** am Telefon; **a voice came ~ the intercom**

eine Stimme kam über die Sprechanlage **5** über (+akk); **it's not worth arguing ~** es lohnt (sich) nicht, darüber zu streiten

— **B** Adverb —

1 hinüber, herüber; (= auf anderer Seite) drüben; **come ~ tonight** kommen Sie heute Abend vorbei; **to be ~ here/there** hier/dort drüben sein; **~ to you!** Sie sind daran; **and now ~ to Paris, where ...** und nun (schalten wir um) nach Paris, wo ...; **to go ~ to America** nach Amerika fahren; **famous the world ~** in der ganzen Welt berühmt; **to look for sth all ~** überall nach etw suchen; **I am aching all ~** mir tut alles weh; **he was shaking all ~** er zitterte am ganzen Leib; **I'm wet all ~** ich bin völlig nass; **that's Fred all ~** das ist typisch (für) Fred **2** zu Ende, vorbei; **the danger was ~** es bestand keine Gefahr mehr; **when this is ~** wenn das vorbei ist; **it's all ~ between us** es ist aus zwischen uns **3** **to start (all) ~ again** Br, **to start (all) ~** US noch einmal (ganz) von vorn anfangen; **~ and ~ (again)** immer (und immer) wieder; **he did it five times ~** er hat es fünfmal wiederholt **4** übrig; **there was no meat (left) ~** es war kein Fleisch mehr übrig **5** older Children of 8 and ~ Kinder ab 8; **three hours or ~** drei oder mehr Stunden **6** TEL **come in, please, ~** bitte kommen, over; **~ and out** Ende der Durchsage; FLUG over and out

overact VI übertreiben **overactive** ADJ überaktiv **overage** [ˌəʊvər'eɪdʒ] ADJ zu alt
overall[1] [ˌəʊvər'ɔːl] **A** ADJ **1** gesamt, Gesamt-; **~ majority** absolute Mehrheit; **~ control** vollständige Kontrolle **2** allgemein; **the ~ effect of this was to ...** dies hatte ein Endergebnis, dass ... **B** ADV **1** insgesamt; **he came second ~** SPORT er belegte in der Gesamtwertung den zweiten Platz **2** im Großen und Ganzen
overall[2] ['əʊvərɔːl] Br 5 Kittel m **overalls** ['əʊvərɔːlz] PL Overall m; US Latzhose f
overambitious ADJ zu ehrgeizig **overanxious** ADJ übertrieben besorgt **overarm** ADJ & ADV SPORT werfen mit gestrecktem (erhobenem) Arm **overate** PRÄT → overeat **overawe** VT ein-

schüttern **overbalance** [ˌ] aus dem Gleichgewicht kommen

overbearing [ˌəʊvəˈbeərɪŋ] ADJ herrisch **overboard** [ˈəʊvəˈbɔːd] ADV **1** SCHIFF über Bord; **to fall ~** über Bord gehen *od* fallen; **man ~!** Mann über Bord! **2** *fig umg* **there's no need to go ~ (about it)** übertreib es nicht **overbook** [ˌ] zu viele Buchungen vornehmen **overburden** *fig* [ˌ] überlasten **overcame** PRÄT → overcome **overcast** [ˌ] ADJ bedeckt **overcautious** [ˌ] ADJ übervorsichtig **overcharge** [ˌəʊvəˈtʃɑːdʒ] **A** [ˌ] zu viel berechnen (+*dat*) (for für); **they ~d me by £2** sie haben mir £ 2 zu viel berechnet **B** [ˌ] zu viel verlangen (for für) **overcoat** [ˈəʊvəkəʊt] ⓢ Mantel *m* **overcome** [ˌəʊvəˈkʌm] [ˌ] ⟨*prät* overcame [ˌəʊvəˈkeɪm]; *pperf* overcome⟩ *Feind* überwältigen; *Angst, Hindernis* überwinden; **he was ~ by the fumes** die giftigen Gase machten ihn bewusstlos; **he was ~ by emotion** Rührung übermannte ihn; **he was ~ by remorse** Reue überkam ihn; **~ (with emotion)** ergriffen **overcompensate** [ˌ] **to ~ for sth** etw überkompensieren **overconfidence** ⓢ übertriebene Selbstsicherheit **overconfident** [ˌ] ADJ übertrieben selbstsicher **overcook** [ˌ] verbraten, verkochen **overcrowded** [ˌ] ADJ überfüllt; *Stadt* überbevölkert **overcrowding** ⓢ Überfüllung *f*; *von Stadt* Überbevölkerung *f*

overdo [ˌəʊvəˈduː] [ˌ] ⟨*prät* overdid [ˌəʊvəˈdɪd]; *pperf* overdone [ˌəʊvəˈdʌn]⟩ **1** übertreiben; **you are ~ing it** Sie gehen zu weit; (≈ *mit Anstrengung*) Sie übernehmen sich; **I'm afraid you've rather ~ne it with the garlic** ich fürchte, du hast es mit dem Knoblauch etwas zu gut gemeint **2** *Fleisch* verbraten; *Gemüse* verkochen **overdone** [ˌ] ADJ **1** übertrieben **2** *Fleisch* verbraten; *Gemüse* verkocht

overdose [ˌ] **A** ⓢ *wörtl* Überdosis *f* **B** [ˌ] eine Überdosis nehmen; **to ~ on heroin** eine Überdosis Heroin nehmen

overdraft ⓢ Kontoüberziehung *f*; **to have an ~ of £100** sein Konto um £ 100 überzogen haben **overdraft facility** ⓢ Überziehungskredit *m* **overdrawn** [ˌəʊvəˈdrɔːn] ADJ FIN *Konto* überzogen; **to be ~ by £100** sein Konto um

£ 100 überzogen haben

overdress [ˌəʊvəˈdres] [ˌ] **to be ~ed** zu vornehm angezogen sein **overdue** ADJ überfällig; *Summe* fällig; **long ~** schon seit Langem fällig **overeager** ADJ übereifrig **overeat** [ˌ] ⟨*prät* overate; *pperf* overeaten⟩ sich überessen **overeating** ⓢ Überessen *n* **overemphasis** ⓢ Überbetonung *f* **overemphasize** [ˌ] überbetonen **overenthusiastic** [ˌ] ADJ begeistert **overestimate** **A** [ˌəʊvərˈestɪmeɪt] [ˌ] überschätzen **B** [ˌəʊvərˈestɪmɪt] ⓢ zu hohe Schätzung **overexcited** [ˌ] ADJ überreizt; *Kind* aufgedreht **overexpose** [ˌ] FOTO überbelichten **overfamiliar** [ˌ] ADJ **to be ~ with sb** etwas zu vertraulich mit j-m sein; **I'm not ~ with their methods** ich bin nicht allzu vertraut mit ihren Methoden **overfeed** [ˌ] ⟨*prät, pperf* overfed⟩ überfüttern **overfill** [ˌ] überfüllen

overflow **A** [ˈəʊvəfləʊ] ⓢ (≈ *Ausfluss*) Überlauf *m* **B** [ˌəʊvəˈfləʊ] [ˌ] **the river has ~ed its banks** der Fluss ist über die Ufer getreten **C** [ˌəʊvəˈfləʊ] [ˌ] **1** *Wasser, Fluss* überlaufen; *Zimmer* überfüllt sein; **full to ~ing** *Tasse, Schüssel* zum Überlaufen voll; *Zimmer* überfüllt; **the crowd at the meeting ~ed into the street** die Leute bei der Versammlung standen bis auf die Straße **2** *fig* überfließen (with von) **overflow pipe** ⓢ Überlaufrohr *n*

overgrown ADJ überwachsen (with von) **overhang** [ˌəʊvəˈhæŋ] ⟨*v: prät, pperf* overhung⟩ **A** [ˌ] hängen über (+*akk*); *Felsen* hinausragen über (+*akk*) **B** [ˌəʊvəhæŋ] ⓢ Überhang *m* **overhaul** [ˈəʊvəhɔːl] **A** [ˌ] ⓢ Überholung *f* **B** [ˌəʊvəˈhɔːl] [ˌ] *Motor* überholen; *Pläne* überprüfen

overhead¹ [ˌəʊvəˈhed] ADV oben, am Himmel; **a plane flew ~** ein Flugzeug flog über uns *etc* (*akk*) (hinweg) **overhead²** [ˈəʊvəhed] *US* ⓢ → overheads

overhead cable ⓢ Hochspannungsleitung *f* **overhead projector** ⓢ Overheadprojektor *m* **overheads** [ˈəʊvəhedz] *Br* PL allgemeine Unkosten *pl* **overhear** [ˌəʊvəˈhɪə] ⟨*prät, pperf* overheard [ˌəʊvəˈhɜːd]⟩ zufällig mit anhören; **we don't want him to ~ us** wir wollen nicht, dass er uns zuhören kann; **I ~d them plotting** ich hörte zufällig, wie sie etwas aushecken **overheat** **A** _VT_ _Motor_ überhitzen; _Zimmer_ überheizen **B** _VI_ _Motor_ heiß laufen **overheated** _ADJ_ heiß gelaufen; _Zimmer_ überheizt **overhung** _PRÄT & PPERF_ → **overhang** **overimpressed** _ADJ_ **I'm not ~ with him** er imponiert mir nicht besonders

overjoyed [ˌəʊvəˈdʒɔɪd] _ADJ_ überglücklich (**at, by, with** über +_akk_)

overkill _S_ **to be ~** des Guten zu viel sein **overladen** _ADJ_ überladen **overlaid** _PRÄT & PPERF_ → **overlay** **overland** **A** _ADJ_ auf dem Landweg **B** _ADV_ über Land **overlap** [ˈəʊvəlæp] **A** _S_ Überschneidung _f_; _räumlich_ Überlappung _f_ **B** [ˌəʊvəˈlæp] _VI_ **1** _Kacheln_ überlappen **2** _Termine_ sich überschneiden; _Vorstellungen_ sich teilweise decken **C** [ˌəʊvəˈlæp] _VT_ liegen über (+_dat_) **overlay** [ˌəʊvəˈleɪ] _VT_ ⟨_v_: _prät, pperf_ **overlaid**⟩ überziehen **overleaf** _ADV_ umseitig; **the illustration ~** die umseitige Abbildung **overload** _VT_ überladen; ELEK, MECH überlasten **overlook** [ˌəʊvəˈlʊk] _VT_ **1** überblicken; **a room ~ing the park** ein Zimmer mit Blick auf den Park **2** (≈ _nicht bemerken_) übersehen **3** hinwegsehen über (+_akk_); **I am prepared to ~ it this time** diesmal will ich noch ein Auge zudrücken

overly [ˈəʊvəlɪ] _ADV_ allzu **overnight** [ˈəʊvəˈnaɪt] **A** _ADV_ über Nacht; **we drove ~** wir sind die Nacht durchgefahren; **to stay ~ (with sb)** (bei j-m) übernachten **B** _ADJ_ **1** Nacht-; **~ accommodation** Übernachtungsmöglichkeit _f_; **~ guest** Übernachtungsgast _m_ **2** _fig_ ganz plötzlich; **an ~ success** ein Blitzerfolg _m_ **overnight bag** _S_ Reisetasche _f_ **overnight stay** _S_ Übernachtung _f_

overpass _S_ Überführung _f_ **overpay** _VT_ ⟨_prät, pperf_ **overpaid**⟩ überbezahlen **overpopulated** _ADJ_ überbevölkert **overpopulation** _S_ Überbevölkerung _f_

overpower [ˌəʊvəˈpaʊəʳ] _VT_ überwältigen **overpowering** [ˌəʊvəˈpaʊərɪŋ] _ADJ_ überwältigend; _Geruch_ penetrant; _Mensch_ aufdringlich; **I felt an ~ desire …** ich fühlte den unwiderstehlichen

Drang, …

overprice _VT_ überteuert; **at £50 it's ~d** £ 50 ist zu viel dafür **overproduction** _S_ Überproduktion _f_ **overprotective** _ADJ_ überängstlich **overran** _PRÄT_ → **overrun** **overrate** _VT_ **to be ~d** überschätzt werden **overreach** _VI_ sich übernehmen **overreact** _VI_ übertrieben reagieren (**to** auf +_akk_) **overreaction** _S_ Überreaktion _f_, überzogene Reaktion

override [ˌəʊvəˈraɪd] _VT_ ⟨_prät_ **overrode** [ˌəʊvəˈraʊd]; _pperf_ **overridden** [ˌəʊvəˈrɪdn]⟩ _Entscheidung_ aufheben **overriding** [ˌəʊvəˈraɪdɪŋ] _ADJ_ vorrangig, vordringlich

overripe _ADJ_ überreif **overrode** _PRÄT_ → **override** **overrule** [ˌəʊvəˈruːl] _VT_ ablehnen; _Entscheidung_ aufheben; **we were ~d** unser Vorschlag/unsere Entscheidung _etc_ wurde abgelehnt **overrun** [ˌəʊvəˈrʌn] ⟨_prät_ **overran** [ˌəʊvəˈræn] _pperf_ **overrun**⟩ **A** _VT_ **1** _Unkraut_ überwuchern; **to be ~ by tourists/mice** von Touristen überlaufen/voller Mäuse sein **2** _Truppen_ einfallen in (+_dat_) **3** hinauslaufen über (+_akk_) **B** _VI_ zeitlich überziehen; **his speech overran by ten minutes** seine Rede dauerte zehn Minuten zu lang

overseas [ˈəʊvəˈsiːz] **A** _ADJ_ **1** in Übersee _präd_; _Markt_ überseeisch; ausländisch; **an ~ visitor** ein Besucher _m_ aus dem Ausland; **~ trip** Auslandsreise _f_ **B** _ADV_ **1** in Übersee/im Ausland sein; **to go ~** nach Übersee/ins Ausland gehen; **from ~** aus Übersee/dem Ausland

oversee _VT_ ⟨_prät_ **oversaw**, _pperf_ **overseen**⟩ beaufsichtigen **overseer** _S_ Aufseher(in) _m(f)_; _in Fabrik_ Vorarbeiter(in) _m(f)_ **oversensitive** _ADJ_ überempfindlich **overshadow** _VT_ überschatten **overshoot** [ˌəʊvəˈʃuːt] _VT_ ⟨_prät, pperf_ **overshot** [ˌəʊvəˈʃɒt]⟩ _Ziel_ hinausschießen über **oversight** [ˈəʊvəsaɪt] _S_ Versehen _n_; **through an ~** aus Versehen **oversimplification** _S_ (zu) grobe Vereinfachung **oversimplify** _VT_ zu sehr vereinfachen **oversized** [ˈəʊvəsaɪzd] _ADJ_ _Pullover etc_ übergroß, in Übergröße **oversleep** _VI_ ⟨_prät, pperf_ **overslept**⟩ verschlafen **overspend** [ˌəʊvəˈspend] _VI_ ⟨_v_: _prät, pperf_ **overspent**⟩ zu viel ausgeben; **we've over-**

O

spent by £10 wir haben £ 10 zu viel ausgegeben **overstaffed** [A] **S** überbesetzt **overstate** [VT] übertreiben **overstatement** [S] Übertreibung f **overstay** [VT] → outstay **overstep** [VT] überschreiten; **to ~ the mark** zu weit gehen **overstretch** [ˌəʊvəˈstretʃ] fig [VT] Finanzen zu sehr belasten; **to ~ oneself** sich übernehmen **oversubscribe** [VT] FIN überzeichnen; **the zoo outing was ~d** zu viele (Leute) hatten sich für den Ausflug in den Zoo angemeldet

overt [əʊˈvɜːt] [ADJ] offen; *Feindseligkeit a.* unverhohlen

★**overtake** [ˌəʊvəˈteɪk] ⟨*prät* overtook [ˌəʊvəˈtʊk] *pperf* overtaken [ˌəʊvəˈteɪkən]⟩ [A] [VT] **1** Konkurrenten einholen; *Läufer, Auto* überholen **2** *durch Schicksal* ereilen *geh* [B] [VI] überholen **overtaking** [ˌəʊvəˈteɪkɪŋ] [S] *Überholen n* **overtax** fig [VT] überlasten **over-the-counter** [ADJ] *Medikamente* nicht rezeptpflichtig **over-the-top, over the top** [ADJ] *umg* übertrieben **overthrow** ⟨*v: prät* overthrew; *pperf* overthrown⟩ [A] [ˌəʊvəˈθrəʊ] [VT] stürzen [B] [ˈəʊvəθrəʊ] [S] *von Diktator etc* Sturz m **overtime** [ˈəʊvətaɪm] [A] [S] **1** Überstunden *pl;* **to do ~** Überstunden machen **2** *US* SPORT Verlängerung f [B] [ADV] **to work ~** Überstunden machen **overtime pay** [S] Überstundenlohn m **overtone** [ˈəʊvətəʊn] fig [S] Unterton m **overtook** [ˌəʊvəˈtʊk] PRÄT → overtake **overture** [ˈəʊvətjʊə] [S] **1** MUS Ouvertüre f **2** ⟨*mst pl*⟩ **to make ~s to sb** Annäherungsversuche bei j-m machen **overturn** [ˌəʊvəˈtɜːn] [VT] **1** *wörtl* umkippen; *Boot* zum Kentern bringen **2** fig *Regime* stürzen; *Verbot, Urteil* aufheben [B] [VI] *Stuhl* umkippen; *Boot* kentern **overuse** [A] [ˌəʊvəˈjuːs] [S] übermäßiger Gebrauch [B] [ˌəʊvəˈjuːz] [VT] übermäßig oft gebrauchen **overview** [ˈəʊvəvjuː] [S] Überblick m (**of** über *+akk*) **overweight** [ˈəʊvəweɪt] [ADJ] übergewichtig; **to be five kilos ~** fünf Kilo Übergewicht haben; **you're ~** Sie haben Übergewicht **overwhelm** [ˌəʊvəˈwelm] [VT] **1** überwältigen; **he was ~ed when they gave him the present** er war zutiefst gerührt, als sie ihm das Geschenk gaben **2** fig *mit Lob, Arbeit* überhäufen **overwhelming** [ˌəʊvəˈwelmɪŋ] [ADJ] überwäl-

tigend; *Verlangen* unwiderstehlich; **they won despite ~ odds** sie gewannen obwohl ihre Chancen sehr schlecht standen **overwhelmingly** [ˌəʊvəˈwelmɪŋlɪ] [ADV] *ablehnen* mit überwältigender Mehrheit; *positiv* größtenteils

overwork [A] [S] Überarbeitung f [B] [VT] *j-n* überanstrengen [C] [VI] sich überarbeiten **overwrite** [VT & VI] ⟨*prät* overwrote; *pperf* overwritten⟩ IT überschreiben **overwrought** [ˌəʊvəˈrɔːt] [ADJ] überreizt **overzealous** [ˌəʊvəˈzeləs] [ADJ] übereifrig

ovulate [ˈɒvjʊleɪt] [VI] ovulieren **ovulation** [ˌɒvjʊˈleɪʃən] [S] Eisprung m

★**owe** [əʊ] [A] [VT] **1** *Geld* schulden (**sb sth, sth to sb** j-m etw); **how much do I owe you?** was bin ich schuldig? **2** *Treue* schulden (**to sb** j-m etw); **you owe it to yourself to keep fit** du bist es dir schuldig, fit zu bleiben; **you owe me an explanation** du bist mir eine Erklärung schuldig **3** **to owe sb for sth** j-m Geld für etw schulden; **I still owe him for the meal** ich muss ihm das Essen noch bezahlen **owing** [ˈəʊɪŋ] [ADJ] unbezahlt; **how much is still ~?** wie viel steht noch aus? [B] [PRÄP] **~ to** infolge (*+gen*); **~ to the circumstances** umständehalber

owl [aʊl] [S] Eule f

★**own**[1] [əʊn] [VT] **1** besitzen; **who owns that?** wem gehört das? **he looks as if he owns the place** er sieht so aus, als wäre er hier zu Hause **2** zugeben ◆**own up** [VI] es zugeben; **to own up to sth** etw zugeben; **he owned up to stealing the money** er gab zu, das Geld gestohlen zu haben

★**own**[2] [A] [ADJ] ⟨*attr*⟩ eigen; **his own car** sein eigenes Auto; **one's own car** ein eigenes Auto; **he does (all) his own cooking** er kocht für sich selbst; **thank you, I'm quite capable of finding my own way out** danke, ich finde sehr gut alleine hinaus [B] [PRON] **1** **to make sth one's own** sich (*dat*) etw zu eigen machen; **a house of one's own** ein eigenes Haus; **I have money of my own** ich habe selbst Geld; **it has a beauty all its own** *od* **of its own** es hat eine ganz eigene Schönheit **2** **to get one's own back on sb** *bes Br* es j-m heimzahlen;

0

(all) on one's own (ganz) allein; on its own von selbst; the goalkeeper came into his own with a series of brilliant saves der Torwart zeigte sich von seiner besten Seite, als er eine Reihe von Bällen geradezu fantastisch abwehrte

own brand $\overline{s}$ Hausmarke f

★**owner** ['əʊnəʳ] $\overline{s}$ Besitzer(in) m(f), Inhaber(in) m(f), Eigentümer(in) m(f); von Haustier Halter(in) m(f) **owner-occupier** $\overline{s}$ Bewohner(in) m(f) im eigenen Haus **ownership** ['əʊnəʃɪp] $\overline{s}$ Besitz m; under new ~ unter neuer Leitung

own goal $\overline{s}$ Eigentor n; to score an ~ ein Eigentor schießen

ox [ɒks] $\overline{s}$ ⟨pl -en⟩ Ochse m

Oxbridge ['ɒksbrɪdʒ] **A** $\overline{s}$ Oxford und/oder Cambridge **B** $\overline{ADJ}$ der Universität (gen) Oxford oder Cambridge

oxide ['ɒksaɪd] $\overline{s}$ CHEM Oxid n **oxidize** ['ɒksɪdaɪz] $\overline{VT \& VI}$ oxidieren

oxtail soup [ˌɒksteɪl'su:p] $\overline{s}$ Ochsenschwanzsuppe f

oxygen ['ɒksɪdʒən] $\overline{s}$ Sauerstoff m **oxygen mask** $\overline{s}$ Sauerstoffmaske f

oyster ['ɔɪstəʳ] $\overline{s}$ Auster f; the world's his ~ die Welt steht ihm offen

oz $\overline{ABK}$ (= ounces) Unze(n)

ozone ['əʊzəʊn] $\overline{s}$ Ozon n **ozone-friendly** $\overline{ADJ}$ FCKW-frei **ozone layer** $\overline{s}$ Ozonschicht f; a hole in the ~ ein Ozonloch n

P

P, p [pi:] $\overline{s}$ P n, p n

p¹ $\overline{ABK}$ (= page) S.

p² $\overline{ABK}$ (= penny, pence) im Singular Penny m; im Plural Pence pl

PA¹ $\overline{ABK}$ (= personal assistant) persönlicher Assistent, persönliche Assistentin

PA² $\overline{ABK}$ (= public address system) Lautsprecheranlage f

pa [pɑ:] umg $\overline{s}$ Papa m umg

p.a. $\overline{ABK}$ (= per annum) pro Jahr

pace [peɪs] **A** $\overline{s}$ **1** Schritt m; to put sb through his ~s fig j-n auf Herz und Nieren prüfen **2** Tempo n; at a good ~

recht schnell; at a slow ~ langsam; at one's own ~ in seinem eigenen Tempo; to keep ~ with sth mit etw mitkommen; to set the ~ das Tempo angeben; to quicken one's ~ seinen Schritt beschleunigen; bei Arbeit sein Tempo beschleunigen; I'm getting old, I can't stand the ~ any more umg ich werde alt, ich kann nicht mehr mithalten **B** $\overline{VI}$ auf und ab gehen in (+dat) **C** $\overline{VI}$ to ~ up and down auf und ab gehen

pacemaker ['peɪsmeɪkəʳ] $\overline{s}$ **1** MED Schrittmacher m **2** SPORT Tempomacher(in) m(f)

Pacific [pə'sɪfɪk] $\overline{s}$ the ~ (Ocean) der Pazifik; a ~ island eine Insel im Pazifik; the ~ Rim die Pazifikanrainerstaaten pl **Pacific Standard Time** $\overline{s}$ pazifische Zeit

pacifier ['pæsɪfaɪəʳ] US $\overline{s}$ Schnuller m **pacifism** ['pæsɪfɪzəm] $\overline{s}$ Pazifismus m **pacifist** ['pæsɪfɪst] $\overline{s}$ Pazifist(in) m(f) **pacify** ['pæsɪfaɪ] $\overline{VT}$ Baby beruhigen; Kritiker besänftigen

★**pack** [pæk] **A** $\overline{s}$ **1** auf Tier Last f **2** Rucksack m; MIL Gepäck n kein pl **3** Paket n; bes US Packung f; a ~ of six ein Sechserpack m **4** von Wölfen Rudel n **5** pej Horde f; a ~ of thieves eine Diebesbande; it's all a ~ of lies es ist alles erlogen **6** (Karten)spiel n **B** $\overline{VI}$ **1** Kiste vollpacken; in Dosen abpacken **2** Koffer packen; Kleider einpacken; the box was ~ed full of explosives die Kiste war voll mit Sprengstoff; to be ~ed gerammelt voll sein umg; a weekend ~ed with excitement ein Wochenende voller aufregender Erlebnisse **3** Erde festdrücken; the snow on the path was ~ed hard der Schnee auf dem Weg war festgetrampelt; the film was a real punch fig der Film ist total spannend **C** $\overline{VI}$ **1** packen **2** the crowds ~ed into the stadium die Menge drängte sich in das Stadion; we all ~ed into one car wir haben uns alle in ein Auto gezwängt **3** umg to send sb ~ing j-n kurz abfertigen

♦**pack away** $\overline{VT}$ ⟨trennb⟩ wegpacken; I've packed all your books away in the attic ich habe alle deine Bücher auf den Boden geräumt ♦**pack in** **A** $\overline{VT}$ ⟨trennb⟩ **1** Menschen hineinpferchen in (+akk) **2** Br umg Job hinschmeißen umg; Aktivität Schluss machen mit; **pack**

it in! lass es gut sein! B Ⅵ Br umg Motor seinen Geist aufgeben hum; Mensch Feierabend machen umg **◆pack off** Ⅵ ⟨trennb⟩ **she packed them off to bed** sie schickte sie ins Bett **◆pack out** Ⅵ ⟨trennb mst passiv⟩ **to be packed out** überfüllt sein **◆pack up** A Ⅵ ⟨trennb⟩ zusammenpacken B Ⅵ 1 packen; **he just packed up and left** er packte seine Sachen und ging 2 Br umg Motor seinen Geist aufgeben hum; Mensch Feierabend machen umg

package [ˈpækɪdʒ] A 5 Paket n; **software ~** Softwarepaket n B Ⅵ Waren verpacken **package deal** 5 Pauschalangebot n **package holiday** Br, **package tour** 5 Pauschalreise f **packaging** [ˈpækɪdʒɪŋ] 5 1 Verpackung f, Verpackungsmaterial n 2 Präsentation f

packed [pækt] ADJ Raum, Bus überfüllt, gerammelt voll **packed lunch** [pækt-ˈlʌntʃ] 5 Lunchpaket n

packet [ˈpækɪt] bes Br 5 1 Paket n; Zigaretten; kleiner Schachtel f, Packung f 2 Br umg **to make a ~** ein Schweinegeld verdienen umg; **that must have cost a ~** das muss ein Heidengeld gekostet haben umg **packet soup** bes Br 5 Tütensuppe f

pack ice 5 Packeis n

packing [ˈpækɪŋ] 5 Packen n; (≈Material) Verpackung f; **to do one's ~** packen **packing case** 5 Kiste f

pact [pækt] 5 Pakt m; **to make a ~ with sb** mit j-m einen Pakt schließen

pad¹ [pæd] Ⅵ **to pad around** Br umhertapsen

pad² A 5 1 Polster n, Schützer m; auf Bremsen etc Belag m; aus Baumwolle Wattebausch m 2 von Papier Block m 3 umg (≈Zuhause) Bude f umg B Ⅵ polstern **◆pad out** fig Ⅵ ⟨trennb⟩ Aufsatz auffüllen

padded [ˈpædɪd] ADJ Schultern, BH wattiert; Sitz gepolstert; **~ envelope** gefütterter (Brief)umschlag **padding** [ˈpædɪŋ] 5 Polsterung f

paddle [ˈpædl] A 5 1 Paddel n 2 **to have a ~** durchs Wasser waten B Ⅵ Boot paddeln C Ⅵ 1 in Boot paddeln 2 in Wasser waten **paddleboarding** 5 Stehpaddeln n **paddle boat** 5 Raddampfer m; kleiner Paddelboot n **pad-**

dle steamer 5 Raddampfer m **paddling pool** [ˈpædlɪŋ.puːl] Br 5 Planschbecken n

paddock [ˈpædək] 5 Koppel f; von Rennbahn Sattelplatz m

paddy [ˈpædɪ] 5, (a. **paddy field**) Reisfeld n

padlock [ˈpædlɒk] A 5 Vorhängeschloss n B Ⅵ (mit einem Vorhängeschloss) verschließen

paediatric [ˌpiːdɪˈætrɪk] ADJ, **pediatric** US 5 ADJ Kinder- **paediatrician** [ˌpiːdɪəˈtrɪʃən] 5, **pediatrician** US 5 Kinderarzt m/-ärztin f **paediatrics** [ˌpiːdɪˈætrɪks] 5, **pediatrics** US 5 (+sg v) Kinderheilkunde f

paedophile [ˈpiːdəfaɪl] 5, **pedophile** US 5 Pädophile(r) m/f(m)

pagan [ˈpeɪgən] A ADJ heidnisch B 5 Heide m, Heidin f **paganism** [ˈpeɪgənɪzəm] 5 Heidentum n

page¹ [peɪdʒ] A 5 (a. **pageboy**) Page m B Ⅵ 5 j-n ausrufen lassen; **paging Mr Cousin** Herr Cousin, bitte!

★**page²** 5 Seite f; **on ~ 14** auf Seite 14; **write on both sides of the ~** beschreiben Sie beide Seiten; **to be on the same ~** US auf der gleichen Wellenlänge liegen; **to turn the ~ on the past** die Vergangenheit hinter sich lassen

pageant [ˈpædʒənt] 5 Historienspiel n; (≈Prozession) Festzug m **pageantry** [ˈpædʒəntrɪ] 5 Prunk m

pageboy [ˈpeɪdʒbɔɪ] 5 1 Page m; Br Junge, der bei der Hochzeitszeremonie assistiert 2 Frisur Pagenkopf m, Pagenschnitt m **page break** 5 ɪт Seitenwechsel m **page number** 5 Seitenzahl f **page preview** 5 ɪт Seitenvorschau f, Seitenansicht f **page printer** 5 сомрит Seitendrucker m **pager** [ˈpeɪdʒəʳ] 5 TEL Funkempfänger m **paginate** [ˈpædʒɪneɪt] Ⅵ paginieren **pagination** [ˌpædʒɪˈneɪʃən] 5 Paginierung f

pagoda [pəˈgəʊdə] 5 Pagode f

paid [peɪd] A ADJ PRÄT & PPERF → pay B ADJ 1 Arbeit bezahlt 2 bes Br **to put ~ to sth** etw zunichtemachen; **that's put ~ to my weekend** damit ist mein Wochenende geplatzt C 5 **the low/well ~** die Gering-/Gutverdienenden pl **paid-up** [ˈpeɪdˌʌp] ADJ **fully ~ member** Mitglied n ohne Beitragsrückstände

pail [peɪl] 5 Eimer m

★**pain** [peɪn] **A** S 1 Schmerz m, Schmerzen pl; **to be in ~** Schmerzen haben; **to cry** od **scream in ~** vor Schmerzen schreien; **chest ~s** Brustschmerzen pl; **my ankle is causing me a lot of ~** mein Knöchel tut mir sehr weh; **I felt a ~ in my leg** ich hatte Schmerzen im Bein 2 **~s** pl Mühe f; **to be at (great) ~s to do sth** sich (dat) (große) Mühe geben, etw zu tun; **to take ~s to do sth** sich (dat) Mühe geben, etw zu tun; **she takes great ~s with her appearance** sie verwendet sehr viel Sorgfalt auf ihr Äußeres 3 **on** od **under ~ of death** bei Todesstrafe 4 umg a. **~ in the neck** od **arse** Br sl od **butt** US sl Nervensäge f umg; **to be a (real) ~** einem auf den Wecker gehen umg **B** V/T schmerzen; **it ~s me to see your ignorance** ihre Unwissenheit tut schon weh **pained** [peɪnd] ADJ Miene schmerzerfüllt

★**painful** ['peɪnfʊl] ADJ schmerzhaft, schmerzlich; **is it ~?** tut es weh? **painfully** ['peɪnfəlɪ] ADV 1 schmerzhaft; **~ing** unter Schmerzen 2 (≈ sehr) schrecklich; **~ obvious** es war nicht zu übersehen **painkiller** ['peɪnkɪlə*] S Schmerzmittel n **painless** ADJ schmerzlos; **don't worry, she ~** umg keine Angst, es tut gar nicht weh **painstaking** ADJ, **painstakingly** ['peɪnzˌteɪkɪŋ, -lɪ] ADV sorgfältig

★**paint** [peɪnt] **A** S 1 Farbe f; von Auto Lack m 2 **~s** pl Farben pl; **box of ~s** Farbkasten m **B** V/T 1 Wand streichen; Auto lackieren; **to ~ one's face** sich anmalen umg; **to ~ the town red** umg die Stadt unsicher machen 2 Bild malen; **he ~ed a very convincing picture of life on the moon** er zeichnete ein sehr überzeugendes Bild vom Leben auf dem Mond **C** VI malen, (an)streichen **paintbox** S Farbkasten m **paintbrush** S Pinsel m

★**painter** ['peɪntə*] S KUNST Maler(in) m(f); (≈ Handwerker) Anstreicher(in) m(f)

★**painting** ['peɪntɪŋ] S 1 Gemälde n, Bild n 2 (kein pl) KUNST Malerei f **paint pot** S Farbtopf m **paint stripper** S Abbeizmittel n **paintwork** S von Auto Lack m; von Wand Anstrich m

★**pair** [peə*] **A** S Paar n; **these socks are a ~** diese beiden Socken gehören zusammen; **a ~ of scissors** eine Schere;

a new ~ (≈ Hose) eine neue; (≈ Schuhe) ein Paar neue; **I've only got one ~ of hands** ich habe auch nur zwei Hände; **to be** od **have a safe ~ of hands** zuverlässig sein; **in ~s** paarweise; jagen, ausgehen zu zweit **B** VT I was **~ed with Bob for the next round** in der nächsten Runde musste ich mit Bob ein Paar bilden ◆**pair off A** VT (trennb) in Zweiergruppen einteilen **B** VI Paare bilden (**with** mit)

pajamas [pə'dʒɑ:məz] US PL → pyjamas

pak-choi [pæk'tʃɔɪ] Br S Pak Choi m, chinesischer Blätterkohl

Paki ['pækɪ] pej umg **A** S Pakistani m/f **B** ADJ pakistanisch **Pakistan** [ˌpɑ:kɪs'tɑ:n] S Pakistan n **Pakistani** [ˌpɑ:kɪs'tɑ:nɪ] **A** ADJ pakistanisch **B** S Pakistani m/f

pal [pæl] umg S Kumpel m umg, Freund(in), Spezi m österr

palace ['pælɪs] S Palast m; **royal ~** (Königs)schloss n

palatable ['pælətəbl] ADJ 1 genießbar 2 fig attraktiv **palatal** ['pælətl] S LING Gaumenlaut m **palate** ['pælɪt] wörtl S Gaumen m

palatial [pə'leɪʃəl] ADJ palastartig

palaver [pə'lɑ:və*] umg S Theater n umg

★**pale** [peɪl] **A** ADJ ⟨komp **paler**⟩ blass, bleich; Licht, Mond fahl; **~ green** zartgrün; **~ reflection/imitation** schlechte Nachahmung, schwacher Abklatsch umg; **the film is a ~ reflection/imitation of the original** der Film bleibt weit hinter dem Original zurück **B** VI erbleichen; **to ~ (into) insignificance) alongside sth** neben etw (dat) bedeutungslos sein **paleness** ['peɪlnɪs] S Blässe f

Palestine ['pælɪstaɪn] S Palästina n **Palestinian** [ˌpælə'stɪnɪən] **A** ADJ palästinensisch **B** S Palästinenser(in) m(f)

palette ['pælɪt] S Palette f **palette knife** S Palettenmesser n

palisade [ˌpælɪ'seɪd] S Palisade f

pallbearer ['pɔːlˌbeərə*] S Sargträger(in) m(f)

pallet ['pælɪt] S Palette f

pallid ['pælɪd] ADJ blass, bleich **pallor** ['pælə*] S Blässe f

pally ['pælɪ] Br umg ADJ ⟨komp **pallier**⟩ **they're very ~** sie sind dicke Freunde *umg;* **to be ~ with sb** mit j-m gut Freund sein; **to get ~ with sb** sich mit j-m anfreunden

palm[1] [pɑːm] 〚s〛 BOT Palme *f*

palm[2] 〚s〛 ANAT Handteller *m;* **he had the audience in the ~ of his hand** er hielt das Publikum ganz in seinem Bann; **to read sb's ~** j-m aus der Hand lesen

♦**palm off** *umg* 〚v/t〛 ⟨*trennb*⟩ Waren andrehen (**onto sb** j-m) *umg; j-n* abspeisen *umg;* **they palmed him off on me** sie haben ihn mir aufgehalst *umg*

palmcorder® [ˈpɑːmkɔːdəʳ] 〚s〛 Palmcorder® *m* ⟨*handliche kleine Videokamera*⟩

palmistry [ˈpɑːmɪstrɪ] 〚s〛 Handlesekunst *f*

palm leaf 〚s〛 Palmwedel *m* **palm oil** 〚s〛 Palmöl *n* **Palm Sunday** 〚s〛 Palmsonntag *m*

palmtop® 〚s〛 COMPUT Palmtop® *m* ⟨*kleiner Computer, den man in einer Hand halten kann*⟩

palm tree 〚s〛 Palme *f*

palpable [ˈpælpəbl] 〚adj〛 vollkommen

palpably [ˈpælpəblɪ] 〚adv〛 eindeutig

palpitate [ˈpælpɪteɪt] 〚v/i〛 Herz heftig klopfen **palpitation** [ˌpælpɪˈteɪʃən] 〚s〛 Herzklopfen *n;* **to have ~s** Herzklopfen haben

palsy [ˈpɔːzɪ] 〚s〛 Lähmung *f*

paltry [ˈpɔːltrɪ] 〚adj〛 armselig; **he gave some ~ excuse** er brachte irgendeine armselige Entschuldigung hervor

pamper [ˈpæmpəʳ] 〚v/t〛 verwöhnen

pamphlet [ˈpæmflɪt] 〚s〛 Broschüre *f,* Flugblatt *n*

★**pan** [pæn] 〚s〛 GASTR Pfanne *f,* Topf *m*

♦**pan out** *umg* 〚v/i〛 sich entwickeln; **it didn't pan out** es hat nicht geklappt *umg*

panacea [pænəˈsɪə] 〚s〛 Allheilmittel *n*

panache [pəˈnæʃ] 〚s〛 Schwung *m*

Panama [ˌpænəˈmɑː] 〚s〛 **~ Canal** Panamakanal *m* **panama hat** 〚s〛 Panamahut *m*

Pan-American [ˈpænəˈmerɪkən] 〚adj〛 panamerikanisch

pancake [ˈpænkeɪk] 〚s〛 Pfannkuchen *m;* gefüllt *a.* Palatschinke *f österr*

pancreas [ˈpæŋkrɪəs] 〚s〛 Bauchspeicheldrüse *f* **pancreatic** [ˌpæŋkrɪˈætɪk] 〚adj〛 der Bauchspeicheldrüse; **~ cancer** Bauchspeicheldrüsenkrebs *m*

panda [ˈpændə] 〚s〛 Panda *m* **panda car**

Br 〚s〛 (Funk)streifenwagen *m*

pandemonium [ˌpændɪˈməʊnɪəm] 〚s〛 Chaos *n*

pander [ˈpændəʳ] 〚v/i〛 nachgeben (**to** +*dat*); **to ~ to sb's whims** j-s Launen (*akk*) befriedigen wollen

p and p 〚abk〛 (= postage and packing) Porto und Verpackung

pane [peɪn] 〚s〛 Glasscheibe *f*

panel [ˈpænl] 〚s〛 **1** *Holz* Tafel *f; in Tür* Feld *n* **2** Schalttafel *f;* **instrument ~** Armaturenbrett *n,* Kontrolltafel *f* **3** Gremium *n,* Diskussionsrunde *f; bei Quiz* Rateteam *n;* **a ~ of judges** eine Jury **panel discussion** 〚s〛 Podiumsdiskussion *f*

panel game 〚s〛 Ratespiel *n* **panelled** 〚adj〛 *,* **paneled** *US* 〚adj〛 paneeliert **panelling** [ˈpænlɪŋ] 〚s〛 *,* **paneling** *US* 〚s〛 Täfelung *f* **panellist** 〚s〛 *,* **panelist** *US* 〚s〛 Diskussionsteilnehmer(in) *m(f)*

pang [pæŋ] 〚s〛 **a ~ of conscience** Gewissensbisse *pl;* **a ~ of jealousy** ein Eifersuchtsanfall *m;* **~s of hunger** quälender Hunger

panic [ˈpænɪk] ⟨*v: prät, pperf* panicked⟩ **A** 〚v/i〛 in Panik geraten; **don't ~** nur keine Panik! **B** 〚v/t〛 Panik auslösen unter (+*dat*) **C** 〚s〛 Panik *f;* **in a (blind) ~** in (heller) Panik; **to flee in ~** panikartig die Flucht ergreifen; **the country was thrown into a (state of) ~** das Land wurde von Panik erfasst **panic attack** 〚s〛 PSYCH Panikanfall *m;* **to have a ~** einen Panikanfall bekommen **panicky** [ˈpænɪkɪ] 〚adj〛 überängstlich; **to feel ~** panische Angst haben **panicmongering** [ˈpænɪkˌmʌŋgərɪŋ] 〚s〛 Panikmache *f umg* **panic-stricken** [ˈpænɪkˌstrɪkən] 〚adj〛 von panischem Schrecken ergriffen; *Blick* panisch

pannier [ˈpænɪəʳ] 〚s〛 *an Motorrad etc* Satteltasche *f*

panorama [ˌpænəˈrɑːmə] 〚s〛 Panorama *n* (**of** +*gen*) **panoramic** [ˌpænəˈræmɪk] 〚adj〛 Panorama- **panoramic view** 〚s〛 Panoramablick *m;* **a ~ of the hills** ein Blick *m* auf das Bergpanorama

pansy [ˈpænzɪ] 〚s〛 **1** BOT Stiefmütterchen *n* **2** *Br pej* (≈ *Homosexueller*) Schwuchtel *f pej umg*

pant [pænt] 〚v/i〛 keuchen; *Hund* hecheln; **to ~ for breath** nach Luft schnappen *umg*

panther [ˈpænθəʳ] 〚s〛 Panther *m*

panties ['pæntɪz] P̄L Höschen n; **a pair of ~** ein Höschen n

pantomime ['pæntəmaɪm] S̄ 🚹 in GB ≈ Weihnachtsmärchen n 🮲 Pantomime f

pantry ['pæntrɪ] S̄ Speisekammer f

⭐**pants** [pænts] A PL US Hose f; Br Unterhose f; **a pair of ~** eine Hose/Unterhose; **to charm the ~ off sb** umg j-m um den Bart gehen B Br umg ADJ **to be ~** beknackt od beschissen sein umg **pantsuit** ['pæntsuːt] US S̄ Hosenanzug m

pantyhose ['pæntɪ-] US P̄L Strumpfhose f **panty-liner** S̄ Slipeinlage f

papal ['peɪpəl] ADJ päpstlich

papaya [pə'paɪə] S̄ Papayabaum f; (≈ Frucht) Papaya f

⭐**paper** ['peɪpə'] A S̄ 🚹 Papier n; **to get od put sth down on ~** etw schriftlich festhalten 🮲 Zeitung f; **in the ~s** in der Zeitung 🮳 **~s** pl Papiere pl, Dokumente pl 🮴 (≈ Examen) UNIV Klausur f; SCHULE Arbeit f 🮵 Referat n B V̄T Zimmer tapezieren **paperback** S̄ Taschenbuch n **paper bag** S̄ Papiertüte f **paperboy** S̄ Zeitungsjunge m **paper chain** S̄ Girlande f **paperclip** S̄ Büroklammer f **paper cup** S̄ Pappbecher m **paper feed** S̄ IT Papiervorschub m **paper girl** S̄ Zeitungsmädchen n **paper jam** S̄ Papierstau m **paper knife** ['peɪpə,naɪvz] S̄ ⟨pl paper knives⟩ Brieföffner m **paper money** S̄ Papiergeld n **paper plate** S̄ Pappteller m **paper round** Br S̄ **to do a ~** Zeitungen austragen **paper route** US S̄ → **paper round paper shop** Br S̄ Zeitungsladen m **paper-thin** ADJ hauchdünn **paper tissue** S̄ Papiertuch n **paper tray** S̄ COMPUT Papierschacht m **paperweight** S̄ Briefbeschwerer m **paperwork** S̄ 🚹 Schreibarbeit f 🮲 umg Papierkram m

papier mâché ['pæpɪeɪ'mæʃeɪ] A S̄ Pappmaschee n B ADJ aus Pappmaschee

paprika ['pæprɪkə] S̄ Paprika m

par [pɑː'] S̄ 🚹 **to be on a par with sb/ sth** sich mit j-m/etw messen können 🮲 **below par** fig unter Niveau; **I'm feeling below par** ich fühle mich nicht auf der Höhe 🮳 Golf Par n; **par three** Par 3; **that's par for the course for him** fig umg das kann man von ihm erwarten

parable ['pærəbl] S̄ Parabel f

paracetamol [,pærə'siːtəmɒl] S̄ Schmerztablette f

parachute ['pærəʃuːt] A S̄ Fallschirm m B V̄I (a. **parachute down**) (mit dem Fallschirm) abspringen **parachute drop** S̄ (Fallschirm)abwurf m **parachute jump** S̄ Absprung m (mit dem Fallschirm) **parachutist** ['pærəʃuːtɪst] S̄ Fallschirmspringer(in) m(f)

parade [pə'reɪd] A S̄ Umzug m; von Zirkus, a. MIL Parade f; **to be on ~** MIL eine Parade abhalten B V̄T 🚹 Truppen aufmarschieren lassen; Plakate von sich her tragen 🮲 zur Schau stellen C V̄I MIL aufmarschieren; **to ~ through the town** durch die Stadt ziehen; **to ~ up and down** auf und ab stolzieren

paradise ['pærədaɪs] S̄ Paradies n; **a shopper's ~** ein Einkaufsparadies n; **an architect's ~** ein Paradies n für Architekten

paradox ['pærədɒks] S̄ Paradox n **paradoxical** [,pærə'dɒksɪkəl] ADJ paradox **paradoxically** [,pærə'dɒksɪkəlɪ] ADV paradoxerweise

paraffin ['pærəfɪn] S̄ Paraffin n

paraglider ['pærə,glaɪdə'] S̄ 🚹 (≈ Gleitschirm) Paraglider m 🮲 Mensch Paraglider(in) m(f) **paragliding** ['pærəglaɪdɪŋ] S̄ Gleitschirmfliegen n

paragraph ['pærəgrɑːf] S̄ Abschnitt m, Absatz m

Paraguay ['pærəgwaɪ] S̄ Paraguay n

paralegal ['pærə,liːgəl] bes US S̄ Rechtsassistent(in) m(f)

parallel ['pærəlel] A ADJ parallel; Entwicklung parallel verlaufend; **~ to** od **with** parallel zu od mit; **~ lines** pl Parallelen pl; **~ interface** IT Parallelschnittstelle f; **the two systems developed along ~ lines** die Entwicklung der beiden Systeme verlief vergleichbar B ADV **~ to run** ~ parallel verlaufen (**~ to sth** zu etw) C S̄ fig Parallele f; **without ~** ohne Parallele; **to draw a ~ between X and Y** eine Parallele zwischen X und Y ziehen B V̄T fig gleichen (+dat); **a case ~led only by …** ein Fall, zu dem es nur eine einzige Parallele gibt, nämlich …

Paralympics [,pærə'lɪmpɪks] P̄L SPORT Paralympics pl

paralyse Br V̄T → **paralyze paralysis**

P

[pəˈræləsɪs] S ⟨pl **paralyses** [pəˈrælɪsiːz]⟩ Lähmung f **paralytic** [ˌpærəˈlɪtɪk] ADJ Br umg (= betrunken) voll dicht sl **paralyze** [ˈpærəlaɪz] VT 1 wörtl lähmen 2 fig lähmung ADJ wörtl gelähmt; **he was left ~** er behielt Lähmungen zurück; **~ from the waist down** von der Hüfte abwärts gelähmt 2 fig **to be ~ with fear** vor Angst (wie) gelähmt sein **paralyzing** [ˈpærəlaɪzɪŋ] fig ADJ lähmend

paramedic [ˌpærəˈmedɪk] S Sanitäter(in) m(f)

parameters [pəˈræmətəz] PL Rahmen m

paramilitary [ˌpærəˈmɪlɪtəri] ADJ paramilitärisch

paramount [ˈpærəmaʊnt] ADJ Haupt-; **to be ~** Priorität haben; **of ~ importance** von höchster Wichtigkeit

paranoia [ˌpærəˈnɔɪə] S Paranoia f; umg Verfolgungswahn m **paranoid** [ˈpærənɔɪd] ADJ paranoid; **or am I just being ~?** oder bilde ich mir das nur ein?; **to be ~ about sth** von etw Wahnvorstellungen haben

paranormal [ˌpærəˈnɔːməl] A ADJ paranormal B S **the ~** das Paranormale

parapet [ˈpærəpɪt] S Brüstung f; **to put one's head above the ~** fig sich in die Schusslinie begeben

paraphernalia [ˌpærəfəˈneɪliə] PL Drum und Dran n

paraphrase [ˈpærəfreɪz] VT umschreiben

paraplegic [ˌpærəˈpliːdʒɪk] S Querschnittsgelähmte(r) m/f(m); Paraplegiker(in) m(f) fachspr

parapsychology [ˌpærəsaɪˈkɒlədʒi] S Parapsychologie f

parasite [ˈpærəsaɪt] S wörtl Parasit m; fig Schmarotzer(in) m(f) **parasitic** [ˌpærəˈsɪtɪk] ADJ parasitär; fig schmarotzerhaft

parasol [ˈpærəsɒl] S Sonnenschirm m

paratrooper [ˈpærətruːpə] S Fallschirmjäger(in) m(f) **paratroops** [ˈpærətruːps] PL Fallschirmjäger pl

parboil [ˈpɑːbɔɪl] VT vorkochen

★**parcel** [ˈpɑːsl] bes Br S Paket n ◆**parcel up** VT ⟨trennb⟩ als Paket verpacken

parcel bomb Br S Paketbombe f

parched [pɑːtʃt] ADJ ausgetrocknet; **I'm ~** ich habe furchtbaren Durst

parchment [ˈpɑːtʃmənt] S Pergament n

★**pardon** [ˈpɑːdn] A S 1 JUR Begnadigung f; **to grant sb a ~** j-n begnadigen 2 **to beg sb's ~** j-n um Verzeihung bitten; ★**~?** Br, **I beg your ~?** Br (wie) bitte?; **I beg your ~** Entschuldigung; überrascht erlauben Sie mal! B VT 1 JUR begnadigen 2 verzeihen; **to ~ sb for sth** j-m etw verzeihen; **~ me, but could you …?** entschuldigen Sie bitte, könnten Sie …?; **~ me!** Entschuldigung!; **~ me?** US (wie) bitte?

◆**pare down** fig VT ⟨trennb⟩ Ausgaben einschränken

★**parent** [ˈpeərənt] S Elternteil m; ★**~s** Eltern pl **parentage** [ˈpeərəntɪdʒ] S Herkunft f; **children of racially mixed ~** gemischtrassige Kinder pl **parental** [pəˈrentl] ADJ elterlich attr, Eltern- **parental leave** S Erziehungsurlaub m

parent company S Muttergesellschaft f

parenthesis [pəˈrenθɪsɪs] S ⟨pl **parentheses** [pəˈrenθɪsiːz]⟩ Klammer f; **in ~** in Klammern

parenthood [ˈpeərənthʊd] S Elternschaft f **parents-in-law** PL Schwiegereltern pl **parent-teacher association** S SCHULE ≈ Elternbeirat m, ≈ Elternvertretung f

parish [ˈpærɪʃ] S Gemeinde f **parish church** S Pfarrkirche f **parish council** S Gemeinderat m **parishioner** [pəˈrɪʃənə] S Gemeinde(mit)glied n **parish priest** S Pfarrer m

parity [ˈpærɪti] S 1 Gleichstellung f 2 Naturwissenschaft, a. FIN, IT Parität f

★**park** [pɑːk] A S 1 Park m; **national ~** Nationalpark m B VT 1 Auto parken; schweiz parkieren; Fahrrad abstellen; **a ~ed car** ein parkendes Auto 2 umg abstellen; **he ~ed himself right in front of the fire** er pflanzte sich direkt vor den Kamin umg C VI parken; **there was nowhere to ~** es gab nirgendwo einen Parkplatz; **to find a place to ~** einen Parkplatz finden

parka [ˈpɑːkə] S Parka m

park-and-ride S Park-and-Ride-System n **park bench** S Parkbank f

★**parking** [ˈpɑːkɪŋ] S Parken n; **there's no ~ on this street** in dieser Straße ist Parken verboten od ist Parkverbot; **"no ~"** „Parken verboten"; **"parking for 50 cars"** „50 (Park)plätze" **parking at-**

tendant S Parkplatzwächter(in) m(f)
parking bay S Parkbucht f **parking
brake** S US Handbremse f **parking
disc** Br S Parkscheibe f **parking fee**
S Parkgebühr f **parking fine** S Geldbuße f (für Parkvergehen) **parking garage** US S Parkhaus n **parking lights**
PL US Standlicht n
★**parking lot** US S Parkplatz m **parking
meter** S Parkuhr f **parking offence**
S, **parking offense** US S Parkvergehen n, Falschparken n **parking place**
S Parkplatz m **parking sensor** S Parkhilfe f, Einparkhilfe f **parking space**
S Parkplatz m **parking ticket** S Strafzettel m
Parkinson's (disease) ['pɑːkɪnsənz(dɪ-
ˈziːz)] S parkinsonsche Krankheit
park keeper S Parkwächter(in) m(f)
parkland S Grünland n **park ranger, park warden** S Aufseher(in) m(f)
in einem Nationalpark **parkway** US S
Allee f
★**parliament** ['pɑːləmənt] S Parlament n;
the German ~ der Bundestag; **the Swiss
~** die Bundesversammlung; **the Austrian ~** der Nationalrat **parliamentary**
[ˌpɑːləˈmentəri] ADJ parlamentarisch; **~
seat** Parlamentssitz m **parliamentary
candidate** S Parlamentskandidat(in)
m(f) **parliamentary election** S Parlamentswahlen pl
parlour ['pɑːlə˞] S, **parlor** US S Salon
m; **ice-cream ~** Eisdiele f **parlour
game** S, **parlor game** US S Gesellschaftsspiel n
parody ['pærədɪ] A S 1 Parodie f (of
auf +akk) (spöttische Nachahmung eines
Werkes, die z. B. den Stil des Autors
oder einer Gattung durch Übertreibung
lächerlich macht) 2 Abklatsch m B
V/T parodieren
parole [pəˈrəʊl] A S JUR Bewährung f;
zeitweise Strafunterbrechung f; **to let
sb out on ~** j-n auf Bewährung entlassen; zeitweise j-m Strafunterbrechung
gewähren; **to be on ~** unter Bewährung
stehen; zeitweise auf Kurzurlaub sein B
V/T auf Bewährung entlassen; zeitweise
Strafunterbrechung gewähren (+dat)
parquet ['pɑːkeɪ] S Parkett n; **~ floor**
Parkett(fuß)boden m
parrot ['pærət] S Papagei m; **he felt as
sick as a ~** Br umg ihm war kotzübel

umg **parrot-fashion** ['pærətfæʃən]
ADV **to repeat sth ~** etw wie ein Papagei
nachplappern; **to learn sth ~** etw stur
auswendig lernen
parry ['pærɪ] fig VT & VI parieren; Boxen
abwehren
parsley ['pɑːslɪ] S Petersilie f
parsnip ['pɑːsnɪp] S Pastinake f
parson ['pɑːsn] S Pfarrer m **parsonage** ['pɑːsənɪdʒ] S Pfarrhaus n
★**part** [pɑːt] A S 1 Teil m; **the best ~** das
Beste; **in ~** teilweise; **a ~ of the country/city I don't know** eine Gegend, die
ich nicht kenne; **for the most ~** zum
größten Teil; **in the latter ~ of the year**
gegen Ende des Jahres; **it's all ~ of
growing up** das gehört alles zum Erwachsenwerden dazu; **it is ~ and parcel
of the job** das gehört zur Arbeit dazu; spare ~ Ersatzteil n 2 GRAM ~ of
speech Wortart f 3 Folge f, Fortsetzung
f; **end of ~ one** TV Ende des ersten Teils
4 (An)teil m; THEAT Rolle f; **to play
one's ~** fig seinen Beitrag leisten; ★ **to
take ~ in sth** an etw (dat) teilnehmen;
who is taking ~? wer macht mit?;
he's taking ~ in the play er spielt in
dem Stück mit; **he looks the ~** fig so
sieht (d)er auch aus; **to play a ~** eine
Rolle spielen; **to play no ~ in sth** nicht
an etw (dat) beteiligt sein; **we want no
~ of it** wir wollen damit nichts zu tun
haben 5 **~s** pl Gegend f; **from all ~s**
von überall her; **in od around these
~s** in dieser Gegend; **in foreign ~s** in
fremden Ländern; **he's not from these
~s** er ist nicht aus dieser Gegend 6 Seite f; **to take sb's ~** für j-n Partei ergreifen; **for my ~** was mich betrifft; **on my
~** meinerseits; **on the ~ of** seitens
(+gen) 7 US von Haar Scheitel m B
ADV teils, teilweise; **~ one and ~ the
other** teils, teils; **~ iron and ~ copper**
teils aus Eisen und teils aus Kupfer C
VT 1 Haare scheiteln 2 trennen; **to ~
sb from sb/sth** j-n von j-m/etw trennen;
till death us do ~ bis dass der Tod uns
scheidet; **to ~ company with sb/sth**
sich von j-m/etw trennen D VI 1 sich
teilen; Vorhänge sich öffnen; **her lips
~ed in a smile** ihre Lippen öffneten
sich zu einem Lächeln 2 Menschen sich
trennen; Objekte sich lösen; **to ~ from
sb** sich von j-m trennen; **we ~ed friends**

wir gingen als Freunde auseinander; **to ~ with** sth sich von etw trennen; **to ~ with money** Geld ausgeben

parterre [ˈpɑːtɛə] US §̲ Parterre n

part exchange §̲ **to offer sth in ~** etw in Zahlung geben

partial [ˈpɑːʃəl] ADJ **1** teilweise; **a ~ success** ein Teilerfolg m; **to make a ~ recovery** eine teilweise Erholung durchmachen **2** **to be ~ to** sth eine Vorliebe für etw haben **partially** [ˈpɑːʃəlɪ] ADV teilweise; **~ deaf** eingeschränkt hörfähig **partially sighted** ADJ sehbehindert

participant [pɑːˈtɪsɪpənt] §̲ Teilnehmer(in) m(f); (**in** an +dat) **participate** [pɑːˈtɪsɪpeɪt] VⁱI sich beteiligen, teilnehmen (**in** an +dat); **to ~ in sport** SCHULE am Schulsport teilnehmen **participation** [pɑːˌtɪsɪˈpeɪʃən] §̲ Beteiligung f, Teilnahme f

participle [ˈpɑːtɪsɪpl] §̲ Partizip n

particle [ˈpɑːtɪkl] §̲ von Sand Körnchen n; PHYS Teilchen n

★**particular** [pəˈtɪkjʊlə] A ADJ **1** this ~ **house** dies (eine) Haus; **in this ~ instance** in diesem besonderen Fall; **one ~ city** eine bestimmte Stadt **2** besondere(r, s); **in ~** insbesondere; **the wine in ~ was excellent** vor allem der Wein war hervorragend; **nothing in ~** nichts Besonderes; **is there anything in ~ you'd like?** haben Sie einen besonderen Wunsch?; **did you want to speak to anyone in ~?** wollten Sie mit jemand(em) Bestimmtem sprechen?; **for no ~ reason** aus keinem besonderen Grund; **at a ~ time** zu einer bestimmten Zeit; **at that ~ time** zu (genau) diesem Zeitpunkt; **to be of ~ concern to sb** j-m ein besonderes Anliegen sein **3** eigen, wählerisch; **he is very ~ about cleanliness** er nimmt es mit der Sauberkeit sehr genau; **he's ~ about his car** er ist sehr eigen mit seinem Auto umg B §̲ **particulars** PL Einzelheiten pl; (≈ Name etc) Personalien pl; **for further ~s apply to ...** weitere Auskünfte erteilt ... **particularly** [pəˈtɪkjʊləlɪ] ADV besonders; **do you want it ~ for tomorrow?** brauchen Sie es unbedingt morgen?; **not ~** nicht besonders; **it's important, ~ since ...** es ist wichtig, zumal ...

parting [ˈpɑːtɪŋ] A §̲ **1** Abschied m **2**

Br von Haar Scheitel m B ADJ abschließend; **his ~ words** seine Abschiedsworte pl

partisan [ˌpɑːtɪˈzæn] §̲ MIL Partisan(in) m(f)

partition [pɑːˈtɪʃən] A §̲ **1** Teilung f **2** Trennwand f B VⁱT Land teilen; Zimmer aufteilen

part load §̲ HANDEL Teilladung f

★**partly** [ˈpɑːtlɪ] ADV teilweise

★**partner** [ˈpɑːtnə] §̲ Partner(in) m(f); Lebensgefährte m, Lebensgefährtin f **partnership** [ˈpɑːtnəʃɪp] §̲ **1** Partnerschaft f; **to do sth in ~ with sb** etw mit j-m gemeinsam machen **2** HANDEL Personengesellschaft f; **to enter into a ~** in eine Gesellschaft eintreten; **to go into ~ with sb** mit j-m eine Personengesellschaft gründen

part owner §̲ Mitbesitzer(in) m(f) **part payment** §̲ Teilzahlung f

partridge [ˈpɑːtrɪdʒ] §̲ Rebhuhn n

part-time A ADJ **~ job** Teilzeitarbeit f; **I'm just ~** ich arbeite nur Teilzeit; **on a ~ basis** auf Teilzeitbasis B ADV **can I do the job ~?** kann ich (auf) Teilzeit arbeiten?; **she only teaches ~** sie unterrichtet nur stundenweise; **she is studying ~** sie ist Teilzeitstudentin **part-timer** §̲ Teilzeitbeschäftigte(r) **part--time work** §̲ Teilzeitarbeit f **part--time worker** §̲ Teilzeitarbeitnehmer(in) m(f), Teilzeitkraft f

★**party** [ˈpɑːtɪ] A §̲ **1** POL, JUR, a. fig Partei f; **to be a member of the ~** Parteimitglied sein; **a third ~** ein Dritter m **2** Gruppe f; **a ~ of tourists** eine Reisegesellschaft **3** Party f; offiziell Gesellschaft f; **to have od throw a ~** eine Party geben; **at the ~** auf der Party; offiziell bei der Gesellschaft **4** VⁱI POL feiern **party dress** §̲ Partykleid n **party-goer** §̲ Partygänger(in) m(f) **party leader** §̲ POL Parteivorsitzende(r) m/f(m) **party member** §̲ POL Parteimitglied n **party political broadcast** §̲ parteipolitische Sendung **party pooper** umg §̲ Partymuffel m umg

★**pass** [pɑːs]

A Substantiv	B transitives Verb
C intransitives Verb	

— A Substantiv —

1 Ausweis *m*; MIL *etc* Passierschein *m* **2** GEOG, SPORT Pass *m* **3** things had come to such a ~ that ... die Lage hatte sich so zugespitzt, dass ... **4** to make a ~ at sb bei j-m Annäherungsversuche machen

— B transitives Verb —

1 vorbeigehen an (+*dat*); he ~ed me without even saying hello er ging ohne zu grüßen an mir vorbei **2** überholen **3** *Grenze etc* passieren **4** reichen; to ~ sth around etw herumreichen; ~ (me) the salt, please reich mir doch bitte das Salz!; the characteristics which he ~ed to his son die Eigenschaften, die er an seinen Sohn weitergab **5** *Prüfung* bestehen; *Prüfling* bestehen lassen; *Antrag* annehmen; PARL verabschieden **7** SPORT to ~ the ball to sb j-m den Ball zuspielen **8** ~ the thread through the hole führen Sie den Faden durch die Öffnung **9** *Zeit* verbringen; he did it to ~ the time er tat das, um sich (*dat*) die Zeit zu vertreiben **10** JUR *Strafe* verhängen; *Urteil* fällen; to ~ comment (on sth) einen Kommentar (zu etw) abgeben **11** *Blut* ausscheiden; to ~ water Wasser lassen

— C intransitives Verb —

1 vorbeigehen/-fahren; the street was too narrow for the cars to ~ die Straße war so eng, dass die Wagen nicht aneinander vorbeikamen; we ~ed in the corridor wir gingen im Korridor aneinander vorbei **2** überholen **3** what has ~ed between us was sich zwischen uns zugetragen hat; if you ~ by the grocer's ... wenn du beim Lebensmittelgeschäft vorbeikommst ...; the procession ~ed down the street die Prozession zog die Straße entlang; the virus ~es easily from one person to another der Virus ist leicht von einer Person auf die andere übertragbar; the land has now ~ed into private hands das Land ist jetzt in Privatbesitz übergegangen; to ~ out of sight außer Sichtweite geraten; the thread ~es through this hole der Faden geht durch diese Öffnung **4** *a.* ~ by *Zeit* vergehen; *Termin* verfallen **5** *Wut, Zeitalter* vorübergehen; *Sturm* vorüberziehen; *Regen* vorbeigehen; to let an opportunity ~

eine Gelegenheit verstreichen lassen **6** (≈ *akzeptabel sein*) gehen; to let sth ~ etw durchgehen lassen; let it ~! vergiss es! **7** angesehen werden (for od as sth als etw); this little room has to ~ for an office dieses kleine Zimmer dient als Büro; she could ~ for 25 sie könnte für 25 durchgehen **8** *bei Prüfung* bestehen **9** SPORT abspielen; to ~ to sb j-m zuspielen **10** KART passen; (I) ~! passe!

◆**pass away** *euph* V/I entschlafen ◆**pass by** A V/I vorbeigehen; *Auto* vorbeifahren; *Zeit* vergehen B VT ⟨*trennb*⟩ übergehen; life has passed her by das Leben ist an ihr vorübergegangen ◆**pass down** VT ⟨*trennb*⟩ *Traditionen* überliefern (to an +*akk*) ◆**pass off** A VI/I ablaufen **2** durchgehen (as als) B VT ⟨*trennb*⟩ to pass sb/sth as sth j-n/etw als etw ausgeben ◆**pass on** A VI/I **1** *euph* entschlafen **2** übergehen (to zu) B VT ⟨*trennb*⟩ *Nachricht, Kosten etc* weitergeben; *Krankheit* übertragen; pass it on! weitersagen!; take a leaflet and pass them on nehmen Sie ein Blatt und geben Sie die anderen weiter ◆**pass out** VI/I in Ohnmacht fallen ◆**pass over** VT ⟨*trennb*⟩ ◆**pass round** VT ⟨*trennb*⟩ herumreichen; to be passed round herumgereicht werden, die Runde machen ◆**pass through** VI/I I'm only passing through ich bin nur auf der Durchreise ◆**pass up** VT ⟨*trennb*⟩ *Gelegenheit* vorübergehen lassen

passable ['pɑːsəbl] ADJ **1** passierbar **2** passabel

passage ['pæsɪdʒ] ⓢ **1** Übergang *m*; in od with the ~ of time mit der Zeit **2** Durchreisegenehmigung *f* **3** Gang *m*; secret ~ Geheimgang *m* **4** in *Buch, Musikstück* Passage *f*; a ~ from Shakespeare eine Shakespearestelle **passageway** ['pæsɪdʒweɪ] ⓢ Durchgang *m*

passbook [pɑːsbʊk] ⓢ Sparbuch *n*

⋆**passenger** ['pæsɪndʒər] ⓢ **1** Fahrgast *m*, Reisende(r) *m/f(m)*, Passagier(in) *m(f)* **2** Beifahrer(in) *m(f)* **passenger aircraft** ⓢ Passagierflugzeug *n* **passenger door** ⓢ Beifahrertür *f* **passenger ferry** ⓢ Personenfähre *f* **passenger seat** ⓢ Beifahrersitz *m*

passer-by ['pɑːsə'baɪ] ⓢ ⟨*pl* passers-by⟩

Passant(in) *m(f)* **passing** [ˈpɑːsɪŋ] **A** <u>S</u>
1 Vorübergehen *n*; **to mention sth in
~ etw** beiläufig erwähnen **2** Überholen
n **3** *euph* (≈ *Tod*) Heimgang *m* **4** FUSSB
Ballabgabe *f* **B** <u>ADJ</u> **1** *Auto* vorbeifah-
rend; **with each ~ day** mit jedem Tag,
der vergeht **2** *Gedanken, Interesse* flüch-
tig; *Kommentar* beiläufig; **to make (a) ~
reference to sth** auf etw (*akk*) beiläufig
hinweisen; **to bear a ~ resemblance to
sb/sth** mit j-m/etw eine flüchtige Ähn-
lichkeit haben

passion [ˈpæʃən] <u>S</u> Leidenschaft *f*, Lei-
denschaftlichkeit *f*; **to have a ~ for
sth** eine Leidenschaft für etw haben;
his ~ is Mozart Mozart ist seine Passion
passionate [ˈpæʃənɪt] <u>ADJ</u> leiden-
schaftlich; **to be ~ about sth** für etw ei-
ne Leidenschaft haben **passionately**
[ˈpæʃənɪtlɪ] <u>ADV</u> leidenschaftlich; **to be
~ fond of sth** etw unwahrscheinlich
gernhaben **passion fruit** <u>S</u> Passions-
frucht *f* **Passion play** <u>S</u> Passionsspiel
n **Passion Week** <u>S</u> Karwoche *f*

passive [ˈpæsɪv] **A** <u>ADJ</u> **1** passiv **2**
GRAM Passiv-; **~ form** Passivform *f* **B**
<u>S</u> GRAM Passiv *n*; **in the ~** im Passiv
passively [ˈpæsɪvlɪ] <u>ADV</u> passiv; *akzep-
tieren* widerspruchslos; *zusehen* tatenlos
passive smoking <u>S</u> Passivrauchen *n*
passkey [ˈpɑːskiː] <u>S</u> Hauptschlüssel *m*
Passover [ˈpɑːsəʊvəʳ] <u>S</u> Passah *n*
★**passport** [ˈpɑːspɔːt] <u>S</u> (Reise)pass *m*; *fig*
Schlüssel *m* (**to zu**) **passport control**
<u>S</u> Passkontrolle *f* **passport holder** <u>S</u>
Passinhaber(in) *m(f)*; **are you a British
~?** haben Sie einen britischen Pass?
passport office <u>S</u> Passamt *n*
password [ˈpɑːswɜːd] <u>S</u> Kennwort *n*; IT
Passwort *n*

★**past** [pɑːst] **A** <u>ADJ</u> **1** frühe(r, s) *attr*; **for
some time ~** seit einiger Zeit; **all that
is now ~** das ist jetzt alles vorüber; **in
the ~ week** letzte Woche **2** GRAM **~
tense** Vergangenheit *f* **B** <u>S</u> Vergangen-
heit *f*; **in the ~** in der Vergangenheit;
to be a thing of the ~ der Vergangen-
heit (*dat*) angehören; **that's all in the
~ now** das ist jetzt alles Vergangenheit;
the verb is in the ~ das Verb steht in
der Vergangenheit **C** <u>PRÄP</u> **1** *Richtung*
an (+*dat*) … vorbei; *Position* hinter (+*dat*)
2 *zeitlich* nach (+*dat*); **ten (minutes) ~
three** zehn (Minuten) nach drei; **half ~**

four halb fünf; **a quarter ~ nine** Viertel
nach neun; **it's ~ 12** es ist schon nach
12; **the trains run at a quarter ~ the
hour** die Züge gehen jeweils um Viertel
nach; **it's (well) ~ your bedtime** du soll-
test schon längst im Bett liegen **3**
(≈ *jenseits*) über (+*akk*); **~ forty** über vier-
zig; **the patient is ~ saving** der Patient
ist nicht mehr zu retten; **we're ~ caring**
es kümmert uns nicht mehr; **to be ~ sth**
für etw zu alt sein; **I wouldn't put it ~
him** *umg* ich würde es ihm schon zu-
trauen **D** <u>ADV</u> vorüber; **to walk ~** vorü-
bergehen; **to run ~** vorbeirennen
pasta [ˈpæstə] <u>S</u> Nudeln *pl*
paste [peɪst] **A** <u>S</u> **1** Kleister *m* **2** Brot-
aufstrich *m*; *aus Tomaten* Mark *n* **B** <u>VT</u>
Tapete einkleistern; IT einfügen; **to ~
sth to sth** etw an etw (*akk*) kleben
pastel [ˈpæstl] **A** <u>S</u> Pastellstift *m*; (≈ *Far-
be*) Pastellton *m* **B** <u>ADJ</u> ⟨*attr*⟩ **~ colour**
Br, **~ color** *US* Pastellfarbe *f*; **~ drawing**
Pastellzeichnung *f*
pasteurize [ˈpæstəraɪz] <u>VT</u> pasteurisie-
ren
pastille [ˈpæstɪl] <u>S</u> Pastille *f*
pastime [ˈpɑːstaɪm] <u>S</u> Zeitvertreib *m*
pastor [ˈpɑːstəʳ] <u>S</u> Pfarrer(in) *m(f)* **pas-
toral** [ˈpɑːstərəl] <u>ADJ</u> *Gegend* ländlich;
KUNST, MUS, KIRCHE pastoral; *Pflichten*
seelsorgerisch
past participle <u>S</u> Partizip Perfekt *n*
past perfect <u>S</u> Plusquamperfekt *n*
past progressive <u>S</u> Verlaufsform *f*
der Vergangenheit
pastry [ˈpeɪstrɪ] <u>S</u> Teig *m*; (≈ *Kuchen etc*)
Stückchen *n*; **pastries** *pl* Gebäck *n*
pasture [ˈpɑːstʃəʳ] <u>S</u> **1** Weide *f*; **to
move on to ~s new** *fig* sich (*dat*) etwas
Neues suchen **2** ⟨*kein pl*⟩ *a.* **~ land** Wei-
deland *n*
pasty[1] [ˈpeɪstɪ] <u>ADJ</u> *Farbe* blässlich; *Ausse-
hen* kränklich
pasty[2] [ˈpæstɪ] *bes Br* <u>S</u> Pastete *f*
pasty-faced [ˈpeɪstɪˈfeɪst] <u>ADJ</u> bleichge-
sichtig
pat[1] [pæt] <u>S</u> **1** *von Butter* Portion *f* **2**
cow pat Kuhfladen *m*
pat[2] <u>ADV</u> **to know sth off pat** etw wie
aus dem Effeff können *umg*; **to learn
sth off pat** etw in- und auswendig ler-
nen
pat[3] **A** <u>S</u> Klaps *m*; **he gave his nephew
a pat on the head** er tätschelte seinem

Neffen den Kopf; **to give one's horse a pat** sein Pferd tätscheln; **to give sb a pat on the back** fig j-m auf die Schulter klopfen; **that's a pat on the back for you** das ist ein Kompliment für dich **B** $\overline{\text{VT}}$ tätscheln; **to pat sb on the head** j-m den Kopf tätscheln; **to pat sth dry** etw trocken tupfen; **to pat sb on the back** wörtl j-m auf den Rücken klopfen; fig j-m auf die Schulter klopfen ◆**pat down** $\overline{\text{VT}}$ ⟨trennb⟩ festklopfen; Haar festdrücken

patch [pætʃ] **A** $\overline{\text{S}}$ **1** Flicken m **2** Augenklappe f **3** Fleck m; von Land Stück n; in Garten Beet n, Stelle f; umg von Polizist Revier n; **a ~ of blue sky** ein Stückchen n blauer Himmel; **he's going through a bad ~** umg ihm geht's nicht sonderlich gut; **it's/he's not a ~ on …** Br umg das/er ist gar nichts gegen … **B** $\overline{\text{VT}}$ flicken ◆**patch up** $\overline{\text{VT}}$ ⟨trennb⟩ zusammenflicken; Streit beilegen; **I want to patch things up between us** ich möchte unsere Beziehung wieder ins Lot bringen

patchwork ['pætʃwɜːk] $\overline{\text{S}}$ Patchwork n; **~ quilt** Flickendecke f **patchwork family** $\overline{\text{S}}$ Patchworkfamilie f **patchy** ['pætʃi] $\overline{\text{ADJ}}$ ⟨komp patchier⟩ **1** Wissen lückenhaft **2** wörtl Bart licht; **~ fog** stellenweise Nebel

pâté ['pæteɪ] $\overline{\text{S}}$ Pastete f

patent ['peɪtənt] **A** $\overline{\text{S}}$ Patent n **B** $\overline{\text{VT}}$ patentieren lassen **patented** $\overline{\text{ADJ}}$ patentiert, durch Patent geschützt, patentgeschützt **patent leather** $\overline{\text{S}}$ Lackleder n; **~ shoes** Lackschuhe pl **patently** ['peɪtəntli] $\overline{\text{ADV}}$ offensichtlich; **~ obvious** ganz offensichtlich

paternal [pə'tɜːnl] $\overline{\text{ADJ}}$ väterlich; **my ~ grandmother** etc meine Großmutter etc väterlicherseits **paternity** [pə'tɜːnɪti] $\overline{\text{S}}$ Vaterschaft f **paternity leave** $\overline{\text{S}}$ Vaterschaftsurlaub m **paternity test** $\overline{\text{S}}$ Vaterschaftstest m

★**path** [pɑːθ] $\overline{\text{S}}$ Weg m; von Flugkörper Bahn f; IT Pfad m

pathetic [pə'θetɪk] $\overline{\text{ADJ}}$ **1** mitleiderregend; **a ~ sight** ein Bild des Jammers **2** erbärmlich; **honestly you're ~** ehrlich, dich kann man zu nichts gebrauchen **pathetically** [pə'θetɪkəli] $\overline{\text{ADV}}$ **1** mitleiderregend; **~ thin** erschreckend dünn **2** langsam erbärmlich

path name $\overline{\text{S}}$ IT Pfad(name) m

pathological [ˌpæθə'lɒdʒɪkəl] wörtl, fig $\overline{\text{ADJ}}$ pathologisch **pathologically** [ˌpæθə'lɒdʒɪkəli] $\overline{\text{ADV}}$ krankhaft **pathologist** [pə'θɒlədʒɪst] $\overline{\text{S}}$ Pathologe m, Pathologin f **pathology** [pə'θɒlədʒi] $\overline{\text{S}}$ Pathologie f

pathway ['pɑːθweɪ] $\overline{\text{S}}$ Weg m

★**patience** ['peɪʃəns] $\overline{\text{S}}$ **1** Geduld f; **to lose ~ (with sb/sth)** (mit j-m/etw) die Geduld verlieren; **to try** od **test sb's ~** j-s Geduld auf die Probe stellen **2** Br KART Patience f; **to play ~** eine Patience legen

★**patient** ['peɪʃənt] **A** $\overline{\text{ADJ}}$ geduldig; **to be ~ with sb/sth** mit j-m/etw geduldig sein **B** $\overline{\text{S}}$ Patient(in) m(f) **patiently** ['peɪʃəntli] $\overline{\text{ADV}}$ geduldig

patio ['pætɪəʊ] $\overline{\text{S}}$ ⟨pl -s⟩ Terrasse f; **~ door(s)** Terrassentür f **patio heater** $\overline{\text{S}}$ Heizpilz m

patriarch ['peɪtrɪɑːk] $\overline{\text{S}}$ Patriarch m **patriarchal** [ˌpeɪtrɪ'ɑːkəl] $\overline{\text{ADJ}}$ patriarchalisch **patriarchy** [ˌpeɪtrɪ'ɑːki] $\overline{\text{S}}$ Patriarchat n

St Patrick's Day

Der 17. März ist für die Iren ein Nationalfeiertag. Am **St Patrick's Day** [snt'pætrɪksdeɪ] trägt man Klee (**shamrock**) im Knopfloch. Man sieht auch Legionen von Iren bzw. Irischstämmigen in Übersee in grünen T-Shirts. Viele Iren werden nach ihrem Schutzpatron **Patrick** genannt. Die Koseform dazu ist **Paddy**.

P

patriot ['peɪtrɪət] $\overline{\text{S}}$ Patriot(in) m(f) **patriotic** $\overline{\text{ADJ}}$, **patriotically** [ˌpætrɪ'ɒtɪk, -əli] $\overline{\text{ADV}}$ patriotisch **patriotism** ['pætrɪətɪzəm] $\overline{\text{S}}$ Patriotismus m

patrol [pə'trəʊl] **A** $\overline{\text{S}}$ Polizei Streife f; MIL Patrouille f; **the navy carry out** od **make weekly ~s of the area** die Marine patrouilliert das Gebiet wöchentlich; **on ~** MIL auf Patrouille; Polizei auf Streife **B** $\overline{\text{VT}}$ MIL patrouillieren; Polizist, Wachmann seine Runden machen in (+dat) **C** $\overline{\text{VI}}$ MIL patrouillieren; Polizist seine Streife machen; Wachmann seine Runden machen **patrol car** $\overline{\text{S}}$ Streifenwagen m **patrolman** US $\overline{\text{S}}$ ⟨pl -men⟩ Polizist m **patrol wagon** US $\overline{\text{S}}$ Gefangenenwagen m **patrolwoman** US $\overline{\text{S}}$ ⟨pl -women [-wɪmɪn]⟩ Polizistin f

patron [ˈpeɪtrən] Ⓢ *von Laden* Kunde m, Kundin f; *von Restaurant, Hotel* Gast m; *von Gesellschaft* Schirmherr(in) m(f); *von Künstler* Förderer m, Förderin f; **~ of the arts** Kunstmäzen(in) m(f) **patronage** [ˈpætrənɪdʒ] Ⓢ Schirmherrschaft f; **his lifelong ~ of the arts** seine lebenslange Förderung der Künste **patronize** [ˈpætrənaɪz] Ⓥⓣ **1** herablassend behandeln **2** fördern **patronizing** [ˈpætrənaɪzɪŋ] Ⓐⓙ herablassend; **to be ~ toward(s) sb** j-n herablassend behandeln **patron saint** [ˌpeɪtrənˈseɪnt] Ⓢ Schutzpatron(in) m(f)

patter [ˈpætəʳ] Ⓐ Ⓢ **1** Getrippel n; *von Regen* Platschen n **2** *von Vertreter etc* Sprüche pl umg Ⓑ Ⓥⓘ **1** *Füße* trippeln **2** *a.* **~ down** *Regen* platschen

★**pattern** [ˈpætən] Ⓐ Ⓢ **1** Muster n; *fig* Schema n; **to make a ~** ein Muster bilden; **there's a distinct ~/no ~ to these crimes** in diesen Verbrechen steckt ein bestimmtes Schema/kein Schema; **the ~ of events** der Ablauf der Ereignisse; **eating ~s** Essverhalten n; **to follow the usual/same ~** nach dem üblichen/gleichen Schema verlaufen **2** *Handarbeiten* Strickmuster n, Strickanleitung f **3** *fig* Vorbild n Ⓑ Ⓥⓣ *bes US* machen (on nach); **to be ~ed on sth** einer Sache (dat) nachgebildet sein **patterned** Ⓐⓙ gemustert

paunch [pɔːntʃ] Ⓢ Bauch m
pauper [ˈpɔːpəʳ] Ⓢ Arme(r) m/f(m)
pause [pɔːz] Ⓐ Ⓢ Pause f; **a pregnant ~** ein vielsagendes Schweigen; **there was a ~ while ...** es entstand eine Pause, während ... Ⓑ Ⓥⓘ stehen bleiben; *Redner* innehalten; **he ~d for breath** er machte eine Pause, um Luft zu holen; **to ~ for thought** (zum Nachdenken) innehalten; **he spoke for thirty minutes without once pausing** er sprach eine halbe Stunde ohne eine einzige Pause; **it made him ~** das machte ihn nachdenklich **pause button** Ⓢ Pausentaste f
pave [peɪv] Ⓥⓣ befestigen (**in, with** mit); *Straße* pflastern; **to ~ the way for sb/sth** *fig* j-m/einer Sache (dat) den Weg ebnen **pavement** [ˈpeɪvmənt] *Br* Ⓢ Gehsteig m; *US* Straße f
pavilion [pəˈvɪljən] Ⓢ Pavillon m; *Br* SPORT Klubhaus n

paving stone [ˈpeɪvɪŋstəʊn] Ⓢ Platte f
paw [pɔː] Ⓐ Ⓢ Pfote f; *von Löwe, Bär* Tatze f; *pej umg* (≈Hand) Pfote f umg Ⓑ Ⓥⓣ tätscheln Ⓒ Ⓥⓘ **to paw at sb/sth** j-n/etw betätscheln

pawn¹ [pɔːn] Ⓢ Schach Bauer m; *fig* Schachfigur f
pawn² [pɔːn] Ⓥⓣ verpfänden **pawnbroker** Ⓢ Pfandleiher(in) m(f) **pawnbroker's (shop), pawnshop** Ⓢ Pfandhaus n

★**pay** [peɪ] ⟨v.: *prät, perf* **paid**⟩ Ⓐ Ⓥⓣ **1** zahlen, bezahlen; **how much is there still to pay?** wie viel steht noch aus?; **to be** *od* **get paid** seinen Lohn/sein Gehalt bekommen; **to pay the price for sth** den Preis für etw zahlen **2** **to pay (sb/a place) a visit, to pay a visit to sb/a place** j-n/einen Ort besuchen; **to pay a visit to the doctor** den Arzt aufsuchen **3** Ⓥⓘ **1** zahlen; **they pay well for this sort of work** diese Arbeit wird gut bezahlt; **to pay for sth** etw bezahlen; **it's already paid for** es ist schon bezahlt; **to pay for sb** für j-n zahlen; **I'll pay for you this time** dieses Mal zahle ich; **they paid for her to go to America** sie zahlten ihr die Reise nach Amerika **2** sich lohnen; **crime doesn't pay** *sprichw* Verbrechen lohnt sich nicht **3** *fig* **to pay for sth** für etw bezahlen; **you'll pay for that!** dafür wirst du (mir) büßen; **to make sb pay (for sth)** j-n (für etw) büßen lassen Ⓒ Ⓢ Lohn m, Gehalt n; MIL Sold m; **three months' pay** drei Monatslöhne, drei Monatsgehälter; **what's the pay like?** wie ist die Bezahlung?; **it comes out of my pay** es wird mir vom Lohn/Gehalt abgezogen ◆**pay back** Ⓥⓣ ⟨*trennb*⟩ **1** zurückzahlen **2** **to pay sb back** für *Beleidigung etc* es j-m heimzahlen ◆**pay in** Ⓥⓘ & Ⓥⓣ ⟨*trennb*⟩ einzahlen; **to pay money into an account** Geld auf ein Konto einzahlen ◆**pay off** Ⓐ Ⓥⓣ ⟨*trennb*⟩ *Schulden* abbezahlen; *Hypothek* abtragen Ⓑ Ⓥⓘ sich auszahlen ◆**pay out** Ⓐ Ⓥⓣ ⟨*trennb*⟩ *Geld* ausgeben Ⓑ Ⓥⓘ bezahlen ◆**pay up** Ⓥⓘ zahlen
payable [ˈpeɪəbl] Ⓐⓙ zahlbar, fällig; **to make a cheque ~ to sb** *Br*, **to make a check ~ to sb** *US* einen Scheck auf j-n ausstellen **pay-and-display** *Br* Ⓐⓙ **~ parking space** Parkplatz, auf dem der Parkschein sichtbar im Wagen ausge-

P

legt werden muss **pay-as-you-earn** ADJ ⟨*attr*⟩ ~ **tax system** Lohnsteuerabzugsverfahren *n* **pay-as-you-go** ⟨*s*⟩ Handy *n* mit Guthabenkarte **payback** *fig* ⟨*s*⟩ Rache *f;* **it's ~ time** die Zeit der Rache ist gekommen **pay bracket** ⟨*s*⟩ Gehaltsgruppe *f* **pay cheque** ⟨*s*⟩, **paycheck** *US* ⟨*s*⟩ Lohn-/Gehaltsscheck *m* **pay claim** ⟨*s*⟩ Lohn-/Gehaltsforderung *f* **pay cut** ⟨*s*⟩ Gehaltskürzung *f* **payday** ⟨*s*⟩ Zahltag *m*

PAYE *Br* ABK → pay-as-you-earn **payee** [peɪˈiː] ⟨*s*⟩ Zahlungsempfänger(in) *m(f)* **payer** [ˈpeɪə] ⟨*s*⟩ Zahler(in) *m(f)* **pay freeze** ⟨*s*⟩ Lohnstopp *m* **pay increase** ⟨*s*⟩ Lohn-/Gehaltserhöhung *f* **paying** [ˈpeɪɪŋ] ADJ ~ **guest** zahlender Gast **paying-in slip** [ˌpeɪŋˈɪn‚slɪp] *Br* ⟨*s*⟩ Einzahlungsschein *m* **payment** [ˈpeɪmənt] ⟨*s*⟩ Bezahlung *f; von Schulden, Hypothek* Rückzahlung *f; von Zinsen, Summe* Zahlung *f;* **three monthly ~s** drei Monatsraten; **in ~ of a debt in** Begleichung einer Schuld; **on ~ of** bei Begleichung/Bezahlung von; **to make a ~** eine Zahlung leisten; **to stop ~s** die Zahlungen *pl* einstellen **payment method** ⟨*s*⟩ Zahlungsart *f,* Zahlungsweise *f* **payoff** ⟨*s*⟩ **1** Abschlusszahlung *f* **2** *umg* Bestechungsgeld *n* **payout** ⟨*s*⟩ (Aus)zahlung *f* **pay packet** ⟨*s*⟩ Lohntüte *f* **pay-per-view** ADJ ⟨*attr*⟩ Pay-per-View- **payphone** ⟨*s*⟩ Münzfernsprecher *m* **pay rise** ⟨*s*⟩ Lohn-/Gehaltserhöhung *f* **payroll** ⟨*s*⟩ **they have 500 people on the ~** sie haben 500 Beschäftigte **payslip** ⟨*s*⟩ Gehaltsabrechnung *f;* Lohnzettel *m* **pay talks** PL Lohnverhandlungen *pl,* Tarifverhandlungen *pl* **pay television, pay TV** ⟨*s*⟩ Pay-TV *n,* Bezahlfernsehen *n* **paywall** ⟨*s*⟩ Paywall *f* (*Bezahlschranke im Web zur Nutzung bestimmter Angebote*)

PC¹ ABK (= Police Constable *Br*) Polizist(in) *m(f)* **PC²** ABK (= personal computer) PC *m* **PC³** ABK (= politically correct) politisch korrekt **pcm** ABK (= per calendar month) monatl. **PCP** *US* ABK (= primary care physician) Allgemeinarzt *m,* Allgemeinärztin *f* **PDA** ⟨*s*⟩ ABK (= personal digital assistant) COMPUT PDA *m*

PDF ABK (= portable document format) IT PDF *n* **PDQ** *umg* ABK (= pretty damned quick) verdammt schnell *umg* **PE** ABK (= physical education) Turnen *n,* Sport(unterricht) *m*
★**pea** [piː] ⟨*s*⟩ Erbse *f*
★**peace** [piːs] ⟨*s*⟩ **1** Frieden *m;* **to be at ~ with sb/sth** mit j-m/etw in Frieden leben; **the two countries are at ~** zwischen den beiden Ländern herrscht Frieden; **to make (one's) ~ (with sb)** sich (mit j-m) versöhnen; **to make ~ between …** Frieden stiften zwischen (+*dat*) …; **to keep the ~** JUR *Bürger* die öffentliche Ordnung wahren **2** Ruhe *f;* **~ of mind** innere Ruhe; **~ and quiet** Ruhe und Frieden; **to give sb some ~** j-n in Ruhe *od* Frieden lassen; **to give sb no ~** j-m keine Ruhe lassen; **to get some ~** zur Ruhe kommen; **there's no ~ for the wicked** das ist die Strafe für meine Sünden (*humoristisch verwendet, um auszudrücken, dass man viel Arbeit hat und dass dies die Strafe für all das Schlechte sei, was man sich zuschulden hat kommen lassen*) **peace campaigner** ⟨*s*⟩ Friedenskämpfer(in) *m(f)* **peace conference** ⟨*s*⟩ Friedenskonferenz *f* **peaceful** ADJ friedlich, friedfertig; *Schlaf* ruhig **peacefully** ADV friedlich; **to die ~** sanft sterben **peacefulness** ⟨*s*⟩ Friedlichkeit *f; von Ort* Ruhe *f;* **the ~ of the demonstration** der friedliche Charakter der Demonstration **peacekeeper** ⟨*s*⟩ Friedenswächter(in) *m(f)* **peacekeeping** **A** ⟨*s*⟩ Friedenssicherung *f* **B** ADJ zur Friedenssicherung; **~ measures** friedenserhaltende Maßnahmen; **~ troops** Friedenstruppen *pl;* **UN troops have a purely ~ role** die UN-Truppen sind eine reine Friedenstruppe; **a ~ operation** Maßnahmen *pl* zur Sicherung des Friedens **peace-loving** ADJ friedliebend **peacemaker** ⟨*s*⟩ Friedensstifter(in) *m(f)* **peace plan** ⟨*s*⟩ Friedensplan *m* **peace process** ⟨*s*⟩ Friedensprozess *m* **peace roadmap** ⟨*s*⟩ *Presse* Friedensplan *m* **peace talks** PL Friedensverhandlungen *pl* **peacetime** ⟨*s*⟩ Friedenszeiten *pl* **peach** [piːtʃ] **A** ⟨*s*⟩ Pfirsich *m* **B** ADJ pfirsichfarben **peacock** ⟨*s*⟩ Pfau *m* **pea-green** ADJ

P

erbsengrün

peak [piːk] **A** S **1** von Berg Gipfel m; (≈ Punkt) Spitze f **2** von Kappe Schirm m **3** Höhepunkt m; **when his career was at its ~** als er auf dem Höhepunkt seiner Karriere war **B** ADJ ⟨attr⟩ höchste(r, s); **in ~ condition** in Höchstform; **at ~ time** TV, RADIO zur Hauptsendezeit **C** V/I den Höchststand erreichen; Sportler seine Spitzenform erreichen; **inflation ~ed at 9%** die Inflationsrate erreichte ihren Höchstwert bei 9% **peak consumption** S Höchstverbrauch m **peaked** [piːkt] ADJ **~ hat** Schirmmütze f **peak hours** PL Hauptverkehrszeit f; TEL, ELEK Hauptbelastungszeit f **peak rate** S TEL Höchsttarif m **peak season** S Hochsaison f **peak-time** ADJ zu Spitzenzeiten; **~ traffic** Stoßverkehr m; **~ train services** Zugverbindungen pl während der Hauptbelastungszeit **peak times** PL Hauptbelastungszeit f **peak viewing hours** PL Haupteinschaltzeit f, Hauptsendezeit f

peaky [ˈpiːki] Br umg ADJ ⟨komp peakier⟩ Teint blass; Gesicht abgehärmt; Kind, Aussehen kränklich

peal [piːl] **A** S **~ of bells** Glockenläuten n; **~s of laughter** schallendes Gelächter; **~ of thunder** Donnerrollen n **B** V/I Glocke läuten

peanut [ˈpiːnʌt] S Erdnuss f; **the pay is ~s** die Bezahlung ist lächerlich umg **peanut butter** S Erdnussbutter f **peapod** [ˈpiːpɒd] S Erbsenschote f

★**pear** [peəᵃ] S **1** Birne f **2** Birnbaum m

★**pearl** [pɜːl] **A** S Perle f; **~ of wisdom** weiser Spruch **B** ADJ **~ necklace** Perlenkette f **pearly-white** [ˈpɜːliˈwaɪt] ADJ strahlend weiß; Zähne a. perlweiß **pear-shaped** [ˈpeəʃeɪpt] ADJ birnenförmig; **to go ~** Br fig umg völlig danebengehen umg

peasant [ˈpezənt] **A** S wörtl (armer) Bauer, (arme) Bäuerin **B** ADJ ⟨attr⟩ bäuerlich; **~ boy** Bauernjunge m; **~ farmer** (armer) Bauer **peasantry** [ˈpezəntri] S Bauernschaft f

peat [piːt] S Torf m

pebble [ˈpebl] S Kieselstein m **pebbly** [ˈpebli] ADJ steinig

pecan [pɪˈkæn] S Pecannuss f

peck [pek] **A** S umg Küsschen n **B** VII Vogel picken **C** VI picken (**at** nach)

pecking order [ˈpekɪŋˌɔːdəᵃ] S Hackordnung f **peckish** [ˈpekɪʃ] Br umg ADJ **I'm (feeling) a bit ~** ich könnte was zwischen die Zähne gebrauchen umg

pecs [peks] PL ABK (= **pectorals**) umg (Brust)muskeln pl; **big ~** Muckis pl umg

peculiar [pɪˈkjuːliəᵃ] ADJ **1** seltsam **2** eigentümlich; **to be ~ to sth** für etw eigentümlich sein; **his own ~ style** der ihm eigene Stil **peculiarity** [pɪˌkjuːliˈærɪti] S **1** Seltsamkeit f **2** Eigentümlichkeit f **peculiarly** [pɪˈkjuːliəli] ADV seltsam

pedagogical [ˌpedəˈɡɒdʒɪkəl] form ADJ pädagogisch **pedagogy** [ˈpedəɡɒdʒi] S Pädagogik f

pedal [ˈpedl] **A** S Pedal n; an Abfalleimer etc Trethebel m **B** VII treten; **he ~led for all he was worth** er trat in die Pedale, so sehr er konnte, er strampelte, so sehr er konnte umg **pedal bin** Br S Treteimer m **pedal boat** S Tretboot n **pedal car** S Tretauto n **pedant** [ˈpedənt] S Pedant(in) m(f) **pedantic** [pɪˈdæntɪk] ADJ pedantisch; **to be ~ about sth** in Bezug auf etw (akk) pedantisch sein

peddle [ˈpedl] VII verkaufen; **to ~ drugs** mit Drogen handeln

pedestal [ˈpedɪstl] S Sockel m; **to put** od **set sb (up) on a ~** fig j-n in den Himmel heben

★**pedestrian** [pɪˈdestriən] **A** S Fußgänger(in) m(f) **B** ADJ ⟨attr⟩ **~ lights** Fußgängerampel f; **~ precinct** od **zone** Br, **~ mall** US Fußgängerzone f **pedestrian airbag** S AUTO Fußgängerairbag m **pedestrian crossing** Br S Fußgängerüberweg m **pedestrianize** [pɪˈdestriənaɪz] VII in eine Fußgängerzone umwandeln

pediatric etc [ˌpiːdiˈætrɪk] US → paediatric

pedicure [ˈpedɪkjʊəᵃ] S Pediküre f **pedigree** [ˈpedɪɡriː] **A** S Stammbaum m **B** ADJ ⟨attr⟩ reinrassig

pedophile etc US → paedophile

pee [piː] umg **A** S Urin m, Pipi n kinderspr; **to need a pee** pinkeln müssen umg **B** VII pinkeln umg

peek [piːk] **A** S kurzer Blick, verstohlener Blick; **to take** od **have a ~** kurz/verstohlen gucken (**at** nach); **to get a ~ at sb/sth** j-n/etw kurz zu sehen bekommen

B *V/I* gucken (**at** nach)

peel [piːl] **A** *S* ⟨*kein pl*⟩ Schale *f* **B** *V/T* schälen **C** *V/I* *Tapete* sich lösen; *Lack* abblättern; *Haut* sich schälen ◆**peel away** *V/I* sich lösen (**from** von) ◆**peel off** *V/T* ⟨*trennb*⟩ *Klebeband, Tapete* abziehen (**sth von etw**); *Umschlag, Handschuh* abstreifen (**sth von etw**) **B** *V/I* → peel away

peeler ['piːlə^r] *S* für *Kartoffeln etc* Schäler *m* **peelings** ['piːlɪŋz] *PL* von *Kartoffeln etc* Schalen *pl*

peep[1] [piːp] **A** *S* Piep *m*; *von Hupe, a. umg von Mensch* Ton *m*; **~!** ~**! tut! tut! B** *V/I* *Vogel* piepen; *Hupe* tuten **C** *V/T* **I ~ed my horn at him** ich habe ihn angehupt *umg*

peep[2] **A** *S* kurzer Blick, verstohlener Blick; **to get a ~ at sth** etw kurz zu sehen bekommen; **to take a ~ (at sth)** kurz/verstohlen (nach etw) gucken **B** *V/I* gucken (**at** nach); **to ~ from behind sth** hinter etw (*dat*) hervorschauen; **no ~ing!, don't ~!** (aber) nicht gucken! ◆**peep out** *V/I* herausgucken; **the sun peeped out from behind the clouds** die Sonne kam hinter den Wolken hervor

peephole *S* Guckloch *n*; *in Tür* Spion *m* **Peeping Tom** ['piːpɪŋ'tɒm] *S* Spanner *m umg*, Voyeur *m* **peepshow** *S* Peepshow *f*

peer[1] [pɪə^r] *S* **I** Peer *m* **2** Gleichrangige(r) *m/f(m)*; Gleichaltrige(r) *m/f(m)*; **he was well-liked by his ~s** er war bei seinesgleichen beliebt

peer[2] *V/I* **to ~ at sb/sth** j-n/etw anstarren, j-n/etw anschielen; **to ~ through the fog** angestrengt versuchen, im Nebel etwas zu erkennen

peerage ['pɪərɪdʒ] *S* **I** Adelsstand *m*; *in GB Peers pl* Adelswürde *f*; *in GB Peers*würde *f*; **to get a ~** geadelt werden **peer group** *S* Peergroup *f* **peer pressure** *S* Gruppendruck *m* (*vonseiten Gleichaltriger*)

peeved [piːvd] *umg ADJ* eingeschnappt *umg* **peevish** ['piːvɪʃ] *ADJ* gereizt

peg [peg] **A** *S* Pflock *m*; *für Zelt* Hering *m*; *Br* (Wäsche)klammer *f*; **off the peg** von der Stange; **to take** *od* **bring sb down a peg or two** *umg* j-m einen Dämpfer geben **B** *V/T* anpflocken, anklammern; *Zelt* festpflocken

pejorative *ADJ*, **pejoratively** [pɪ-'dʒɒrɪtɪv, ~lɪ] *ADV* abwertend

pekin(g)ese [ˌpiːkɪ'niːz] *S* ⟨*pl* -⟩ (≈ *Hund*) Pekinese *m*

pelican ['pelɪkən] *S* Pelikan *m* **pelican crossing** *Br S* Fußgängerübergang *m* (*mit Ampel*)

pellet ['pelɪt] *S* Kügelchen *n*; (≈ *Munition*) Schrotkugel *m*

pelt [pelt] **A** *V/T* schleudern (**at** nach); **to ~ sb/sth (with sth)** j-n/etw (mit etw) bewerfen **B** *V/I umg* pesen *umg S* **to ~ at full ~** volle Pulle *umg* ◆**pelt down** *V/I* **it's pelting down** es regnet in Strömen

pelvic ['pelvɪk] *ADJ* Becken- **pelvis** ['pelvɪs] *S* Becken *n*

★**pen**[1] [pen] *S* Füller *m*, Kugelschreiber *m*, Stift *m*; **have you got a pen?** hast du was zum Schreiben?; **to put pen to paper** zur Feder greifen

pen[2] *S* für *Vieh* Pferch *m*; für *Schafe* Hürde *f*; für *Schweine* Koben *m*

penal ['piːnl] *ADJ* **~ reform** Strafrechtsreform *f* **penal code** *S* Strafgesetzbuch *n* **penal colony** *S* Strafkolonie *f* **penalize** ['piːnəlaɪz] *V/T* **I** bestrafen **2** *fig* benachteiligen **penal system** *S* Strafrecht *n* **penalty** ['penltɪ] *S* **I** Strafe *f*; für *späte Zahlung* Säumniszuschlag *m*; **the ~ (for this) is death** darauf steht die Todesstrafe; **"penalty £50"** „bei Zuwiderhandlung wird eine Geldstrafe von £ 50 erhoben"; **to carry the death ~** mit dem Tod bestraft werden; **to pay the ~** dafür büßen **2** *SPORT* Strafstoß *m*; *FUSSB* Elfmeter *m*, Penalty *m schweiz* **penalty area** *S* Strafraum *m* **penalty kick** *S* Strafstoß *m*, Penalty *m schweiz* **penalty point** *S* AUTO, JUR, SPORT Strafpunkt *m* **penalty shoot-out** *S* FUSSB Elfmeterschießen *n*, Penaltyschiessen *n schweiz* **penalty spot** *S* FUSSB Elfmeterpunkt *m*, Penaltypunkt *m schweiz*

penance ['penəns] *S* REL Buße *f*; *fig* Strafe *f*; **to do ~** Buße tun; *fig* büßen

pence [pens] *PL* **I** Pence *pl* **2** → penny

★**pencil** ['pensl] **A** *S* Bleistift *m* **B** *ADJ* ⟨*attr*⟩ Bleistift- ◆**pencil in** *V/T* ⟨*trennb*⟩ vorläufig vormerken; **can I pencil you in for Tuesday?** kann ich Sie erst mal für Dienstag vormerken?

pencil case *S* Federmäppchen *n* **pen-**

P

cil sharpener S̲ (Bleistift)spitzer m

pendant ['pendənt] S̲ Anhänger m

pending ['pendɪŋ] A̲ A̲D̲J̲ anstehend; **to be ~** Entscheidung etc noch anstehen B̲ P̲R̲Ä̲P̲ **a decision** etc bis eine Entscheidung getroffen worden ist

pen drive S̲ ɪᴛ USB-Stick m

pendulum ['pendjʊləm] S̲ Pendel n

penetrate ['penɪtreɪt] A̲ V̲/̲T̲ eindringen in (+akk); Wand durchdringen B̲ V̲/̲I̲ eindringen, durchdringen **penetrating** ['penɪtreɪtɪŋ] A̲D̲J̲ Blick durchdringend; Analyse treffend **penetration** [ˌpenɪ'treɪʃən] S̲ Eindringen n (into in +akk), Durchdringen n (of +gen); beim Sex Penetration f **penetrative** ['penɪtrətɪv] A̲D̲J̲ **~ sex** penetrativer Sex

pen friend S̲ Brieffreund(in) m(f)

penguin ['peŋgwɪn] S̲ Pinguin m

penicillin [ˌpenɪ'sɪlɪn] S̲ Penizillin n

peninsula [pɪ'nɪnsjʊlə] S̲ Halbinsel f

penis ['piːnɪs] S̲ Penis m

penitence ['penɪtəns] S̲ Reue f **penitent** A̲D̲J̲ reuig **penitentiary** [ˌpenɪ'tenʃərɪ] bes US S̲ Strafanstalt f

penknife ['pennaɪf] S̲ Taschenmesser n

pen name S̲ von Schriftsteller Pseudonym n

penniless ['penɪlɪs] A̲D̲J̲ mittellos; **to be ~** kein Geld haben

★**penny** ['penɪ] S̲ ⟨pl **pence**; (Münzen) **pennies**⟩ Penny m; US Centstück n; **to spend a ~** Br umg mal eben verschwinden umg; **the ~ dropped** umg der Groschen ist gefallen umg **penny-pinching** ['penɪˌpɪntʃɪŋ] umg A̲ S̲ Pfennigfuchserei f umg B̲ A̲D̲J̲ knickerig umg

pen pal umg S̲ Brieffreund(in) m(f)

pension ['penʃən] S̲ Rente f; **company ~** betriebliche Altersversorgung; **to get a ~** eine Rente etc beziehen ♦**pension off** V̲/̲T̲ ⟨trennb⟩ Angestellte pensionieren, in den Ruhestand versetzen **pensioner** ['penʃənəʳ] S̲ Rentner(in) m(f) **pension fund** S̲ Rentenfonds m **pension scheme** S̲ Rentenversicherung f

pensive A̲D̲J̲, **pensively** ['pensɪv, -lɪ] A̲D̲V̲ nachdenklich

pentagon ['pentəgən] S̲ **the Pentagon** das Pentagon **pentathlon** [pen'tæθlən] S̲ Fünfkampf m

Pentecost ['pentɪkɒst] S̲ jüdisch Erntefest n; christlich Pfingsten n; **time before**

~ Pfingstzeit f

penthouse ['penthaʊs] S̲ Penthouse n

pent up ⟨präd⟩, **pent-up** ['pent'ʌp] A̲D̲J̲ ⟨attr⟩ Emotionen aufgestaut

penultimate [pe'nʌltɪmɪt] A̲D̲J̲ vorletzte(r, s)

peony ['piːənɪ] S̲ Pfingstrose f

★**people** ['piːpl] S̲ 1̲ Menschen pl, Leute pl; **French ~** die Franzosen pl; **all ~ with red hair** alle Rothaarigen; **some ~ don't like it** manche Leute mögen es nicht; **why me of all ~?** warum ausgerechnet ich/mich?; **of all ~ who do you think I should meet?** stell dir mal vor, wen ich getroffen habe?; **what do you ~ think?** was haltet ihr denn davon?; **poor ~** arme Leute pl; **disabled ~** Behinderte pl; **middle-aged ~** Menschen pl mittleren Alters; **old ~** Senioren pl; **city ~** Stadtmenschen pl; **country ~** Menschen pl vom Land; **some ~!** Leute gibts!; **some ~ have all the luck** manche Leute haben einfach Glück 2̲ Bevölkerung f; **Madrid has over 5 million ~** Madrid hat über 5 Millionen Einwohner 3̲ man, die Leute; **~ say that ...** man sagt, dass ...; **what will ~ think!** was sollen die Leute denken! 4̲ Volk n; **People's Republic** etc Volksrepublik f etc **people carrier** S̲ ᴀᴜᴛᴏ Kleinbus m, Van m **people smuggler** S̲ Schleuser(in) m(f) **people smuggling** S̲ Schleusen n **people trafficker** S̲ Menschenhändler(in) m(f) **people trafficking** S̲ Menschenhandel m

pep [pep] umg S̲ Pep m umg ♦**pep up** umg V̲/̲T̲ ⟨trennb⟩ Schwung bringen in (+akk); Essen pikanter machen; j-n munter machen

★**pepper** ['pepəʳ] S̲ Pfeffer m; grün, rot Paprika m; **two ~s** zwei Paprikaschoten **peppercorn** S̲ Pfefferkorn n **pepper mill** S̲ Pfeffermühle f **peppermint** S̲ Pfefferminz n **pepper pot** S̲ Pfefferstreuer m **peppery** ['pepərɪ] A̲D̲J̲ gepfeffert

pep pill umg S̲ Aufputschtablette f **pep talk** umg S̲ **to give sb a ~** j-m ein paar aufmunternde Worte sagen

★**per** [pɜːʳ] P̲R̲Ä̲P̲ pro; **£500 per annum** £ 500 im Jahr; **60 km per hour** 60 km pro Stunde; **£2 per dozen** das Dutzend für £ 2 **per capita** [pəˈkæpɪtə] A̲D̲J̲ Pro-Kopf-

perceive [pəˈsiːv] *vIt* wahrnehmen, erkennen; **to ~ oneself as** ... sich als ... empfinden

★**per cent** [pəˈsent] *s̱*, **percent** *US s̱* Prozent *n*; **a 10 ~ discount** 10 Prozent Rabatt; **a ten ~ increase** eine zehnprozentige Steigerung; **I'm 99 ~ certain that** ... ich bin (zu) 99 Prozent sicher, dass ... **percentage** [pəˈsentɪdʒ] *s̱* **1** Prozentsatz *m*, Teil *m*; **what ~?** wie viel Prozent? **2** *ADJ* ⟨*attr*⟩ **on a ~ basis** auf Prozentbasis

perceptible [pəˈseptəbl] *ADJ* wahrnehmbar; *Verbesserung* spürbar **perceptibly** [pəˈseptəblɪ] *ADV* merklich **perception** [pəˈsepʃən] *s̱* **1** ⟨*kein pl*⟩ Wahrnehmung *f*; **his powers of ~** sein Wahrnehmungsvermögen *n* **2** Auffassung *f* (**of** von) **3** ⟨*kein pl*⟩ Einsicht *f* **perceptive** [pəˈseptɪv] *ADJ* scharfsinnig **perceptiveness** *s̱* Scharfsinnigkeit *f*

perch [pɜːtʃ] *A s̱* **1** *von Vogel* Stange *f*; *in Baum* Ast *m* **B** *vIt* hocken, sich niederlassen **perched** [pɜːtʃt] *ADJ* **1** (≈*gelegen*) **~ on** thronend auf +*dat*; **a village ~ on a hillside** ein Dorf, das auf dem Hang thront **2** (≈*sitzend*) **to be on sth** auf etw (*dat*) hocken **3 with his glasses ~ on the end of his nose** mit der Brille auf der Nasenspitze

percolator [ˈpɜːkəleɪtəʳ] *s̱* Kaffeemaschine *f*

percussion [pəˈkʌʃən] *s̱* MUS Schlagzeug *n* **percussion instrument** *s̱* MUS Schlaginstrument *n* **percussionist** [pəˈkʌʃənɪst] *s̱* Schlagzeuger(in) *m(f)*

perennial [pəˈrenɪəl] *ADJ* Pflanze mehrjährig; (≈*ewig*) immerwährend

★**perfect A** [ˈpɜːfɪkt] *ADJ* **1** perfekt, vollkommen; **to be ~ for doing sth** bestens geeignet sein, um etw zu tun; **the ~ moment** genau der richtige Augenblick; **in a ~ world** in einer idealen Welt **2** völlig, vollkommen; **a ~ stranger** ein wildfremder Mensch **3** GRAM ~ **tense** Perfekt *n* **B** [ˈpɜːfɪkt] *s̱* GRAM Perfekt *n*; **in the ~** im Perfekt **C** [pəˈfekt] *vIt* vervollkommnen; *Technik* perfektionieren **perfection** [pəˈfekʃən] *s̱* **1** Perfektion *f* **2** Perfektionierung *f* **perfectionism** [pəˈfekʃənɪzm] *s̱* Perfektionismus *m* **perfectionist** [pəˈfekʃənɪst] *s̱* Perfektionist(in) *m(f)* **perfectly** [ˈpɜːfɪktlɪ] *ADV* **1** perfekt; **the climate suited us ~** das

Klima war ideal für uns; **I understand you ~** ich weiß genau, was Sie meinen **2** vollkommen; **we're ~ happy about it** wir sind damit völlig zufrieden; **you know ~ well that** ... du weißt ganz genau, dass ...; **to be ~ honest,** ... um ganz ehrlich zu sein, ...; **a Lada is a ~ good car** ein Lada ist durchaus ein gutes Auto

perforate [ˈpɜːfəreɪt] *vIt* **1** durchbohren, durchlöchern **2** *Papier, Akten etc* lochen

★**perform** [pəˈfɔːm] **A** *vIt* *Stück* aufführen; *Rolle* spielen; *Wunder* vollbringen; *Aufgabe* erledigen; *Operation* durchführen **B** *vIi* **1** auftreten **2** *Auto, Mannschaft* leisten; *Prüfling* abschneiden; **to ~ well** *Unternehmen etc* gute Leistungen erbringen; **the choir ~ed very well** der Chor hat sehr gut gesungen

★**performance** [pəˈfɔːməns] *s̱* **1** *von Stück* Aufführung *f*; *in Kino* Vorstellung *f*; *von Schauspieler* Leistung *f*; *von Rolle* Darstellung *f*; **he gave a splendid ~** er hat eine ausgezeichnete Leistung geboten; **we are going to hear a ~ of Beethoven's 5th** wir werden Beethovens 5. Sinfonie hören **2** *von Aufgabe* Erfüllung *f*, Ausführung *f*; *von Operation* Durchführung *f* **3** *von Auto, Sportler* Leistung *f*; *von Prüfling* Abschneiden *n*; **he put up a good ~** er hat sich gut geschlagen *umg* **4** *umg* (≈*Getue*) Umstand *m* **performance-related** *ADJ* leistungsbezogen **performer** [pəˈfɔːməʳ] *s̱* Künstler(in) *m(f)* **performing** [pəˈfɔːmɪŋ] *ADJ* *Tier* dressiert; **the ~ arts** die darstellenden Künste

perfume [ˈpɜːfjuːm] *s̱* **1** Parfüm *n* **2** Duft *m* **perfumed** *ADJ* **1** parfümiert **2** *Blume, Luft* duftend

★**perhaps** [pəˈhæps, præps] *ADV* vielleicht; **~ the greatest exponent of the art** der möglicherweise bedeutendste Vertreter dieser Kunst; **~ so** das mag sein; **~ not** vielleicht (auch) nicht; **~ I might keep it for a day or two?** könnte ich es vielleicht für ein oder zwei Tage behalten?

peril [ˈperɪl] *s̱* Gefahr *f*; **he is in great ~** er schwebt in großer Gefahr **perilous** [ˈperɪləs] *ADJ* gefährlich **perilously** [ˈperɪləslɪ] *ADV* gefährlich; **we came ~ close to bankruptcy** wir waren dem Bankrott gefährlich nahe; **she came ~**

P

close to falling sie wäre um ein Haar heruntergefallen

perimeter [pə'rımıtəʳ] S. 1. Grenze f; Umkreis m 2. MATH Umfang m

★**period** ['pıərıəd] S. 1. Zeit f, Zeitraum m; (≈ Epoche) Zeitalter n; (≈ Menstruation) Periode f; **for a ~ of eight weeks** für einen Zeitraum von acht Wochen; **for a three-month ~** drei Monate lang; **over a ~ of time** eine Zeit lang; **at that ~** zu diesem Zeitpunkt; **a ~ of cold weather** eine Kaltwetterperiode; **she missed a ~** sie bekam ihre Periode nicht; **she is on her ~** sie hat ihre Periode 2. SCHULE (Schul)stunde f; **double ~** Doppelstunde f 3. US (≈ Satzzeichen) Punkt m; **I'm not going ~!** US ich gehe nicht, und damit basta! umg **periodic** [ˌpıərı'ɒdık] ADJ periodisch **periodical** [ˌpıərı'ɒdıkəl] A. ADJ → periodic B. S. Zeitschrift f **periodically** [ˌpıərı'ɒdıkəlı] ADV periodisch, regelmäßig **period pain** S., **period pains** PL Menstruationsbeschwerden pl, Regelschmerzen pl **period return** S. Zeitkarte f

peripheral [pə'rıfərəl] A. ADJ Rand-; fig peripher; **~ role** Nebenrolle f B. S. COMPUT Peripheriegerät n **periphery** [pə'rıfərı] S. Peripherie f

periscope ['perıskəʊp] S. Periskop n

perish ['perıʃ] liter VII umkommen **perishable** ['perıʃəbl] A. ADJ Lebensmittel verderblich B. ADJ **~s** leicht verderbliche Ware(n) **perished** umg ADJ durchgefroren **perishing** ['perıʃıŋ] Br umg ADJ eisig kalt; **I'm ~** ich geh fast ein vor Kälte umg

perjury ['pɜːdʒərı] S. Meineid m; **to commit ~** einen Meineid leisten

perk [pɜːk] S. Vergünstigung f ◆**perk up** A. VII ⟨trennb⟩ **to perk sb up** j-n munter machen, j-n aufheitern B. VII munter werden, aufleben

perky ['pɜːkı] ADJ ⟨komp perkier⟩ munter

★**perm** [pɜːm] ABK (= permanent wave) A. S. Dauerwelle f B. VII **to ~ sb's hair** j-m eine Dauerwelle machen **permalink** ['pɜːməlıŋk] S. IT Permalink m/n (dauerhafter Indikator) **permanence** ['pɜːmənəns], **permanency** [pɜːmənən-sı] S. Dauerhaftigkeit f **permanent** ['pɜːmənənt] A. ADJ permanent, fest; Beziehung, Wirkung dauerhaft; Stelle unbe-

fristet; Schaden bleibend; Mitarbeiter fest angestellt; **~ employees** Festangestellte pl; **on a ~ basis** dauerhaft; **~ memory** COMPUT Festspeicher m; **~ address** fester Wohnsitz B. US S. → perm A **permanently** ['pɜːmənəntlı] ADV permanent, fest; beschädigt bleibend; sich ändern, müde sein ständig; geschlossen dauernd; **~ employed** fest angestellt; **are you living ~ in Frankfurt?** ist Frankfurt Ihr fester Wohnsitz? **permanent wave** S. → perm A

permeable ['pɜːmıəbl] ADJ durchlässig **permeate** ['pɜːmıeıt] A. VII durchdringen B. VII dringen (**into** in +akk or **through** durch)

permissible [pə'mısıbl] ADJ erlaubt (**for sb** j-m)

★**permission** [pə'mıʃən] S. Erlaubnis f; **to get ~** eine Erlaubnis erhalten; **to get sb's ~** j-s Erlaubnis erhalten; **to give ~** die Erlaubnis erteilen; **to give sb ~ (to do sth)** j-m erlauben(, etw zu tun); **to ask sb's ~** j-n um Erlaubnis bitten **permissive** [pə'mısıv] ADJ nachgiebig; **the ~ society** die permissive Gesellschaft

★**permit** A. [pə'mıt] VII erlauben; **to ~ sb/ oneself to do sth** j-m/sich (dat) erlauben, etw zu tun B. [pə'mıt] VII **weather ~ting** wenn es das Wetter erlaubt C. ['pɜːmıt] S. Genehmigung f; **~ holder** Inhaber(in) m(f) eines Berechtigungsscheins; **"permit holders only"** „Parken nur mit Parkausweis"

pernickety [pə'nıkıtı] umg ADJ pingelig umg

perpendicular [ˌpɜːpən'dıkjʊləʳ] A. ADJ senkrecht (**to** zu) B. S. Senkrechte f

perpetrate ['pɜːpıtreıt] VII begehen **perpetration** [ˌpɜːpı'treıʃən] S. Begehen n **perpetrator** ['pɜːpıtreıtəʳ] S. Täter(in) m(f); **the ~ of this crime** derjenige, der dieses Verbrechen begangen hat

perpetual [pə'petjʊəl] ADJ ständig **perpetuate** [pə'petjʊeıt] VII aufrechterhalten

perplex [pə'pleks] VII verblüffen **perplexed** ADJ, **perplexedly** [pə'plekst, -sıdlı] ADV verblüfft **perplexing** [pə'pleksıŋ] ADJ verblüffend **perplexity** [pə'pleksətı] S. Verwirrung f, Verblüffung f

persecute ['pɜːsıkjuːt] VII verfolgen **persecution** [ˌpɜːsı'kjuːʃən] S. Verfol-

gung f (**of** von) **persecutor** [ˈpɜːsɪk-
juːtəʳ] <u>S</u> Verfolger(in) m(f)

perseverance [ˌpɜːsɪˈvɪərəns] <u>S</u> Aus-
dauer f (**with** mit) **persevere** [ˌpɜːsɪ-
ˈvɪəʳ] <u>VI</u> durchhalten; **to ~ in one's at-
tempts to do sth** unermüdlich weiter
versuchen, etw zu tun **persevering**
<u>ADJ</u>, **perseveringly** [ˌpɜːsɪˈvɪərɪŋ, -lɪ]
<u>ADV</u> beharrlich

Persia [ˈpɜːʃə] <u>S</u> Persien n **Persian** [ˈpɜː-
ʃən] <u>ADJ</u> persisch; **the ~ Gulf** der Persi-
sche Golf **Persian carpet** <u>S</u> Perser
(-teppich) m

persist [pəˈsɪst] <u>VI</u> nicht lockerlassen,
beharren (**in** auf +dat); (≈ lange dauern)
anhalten; **we shall ~ in** od **with our ef-
forts** wir werden in unseren Bemühun-
gen nicht nachlassen **persistence** [pə-
ˈsɪstəns], **persistency** [pəˈsɪstənsɪ] <u>S</u>
Beharrlichkeit f, Ausdauer f **persist-
ent** <u>ADJ</u> Forderungen beharrlich; Mensch
hartnäckig; Versuche ausdauernd; Dro-
hungen ständig; Schmerz, Lärm anhal-
tend; **~ offender** Wiederholungstä-
ter(in) m(f) **persistently** <u>ADV</u> fragen,
bestreiten beharrlich; behaupten hartnä-
ckig; kritisieren ständig

★**person** [ˈpɜːsn] <u>S</u> **1** ⟨pl **people** od form
-s⟩ Mensch m, Person f; **I like him as
a ~** ich mag ihn als Mensch; **I know
no such ~** so jemanden kenne ich nicht;
any ~ jeder; **per ~** pro Person; **I'm
more of a cat ~** ich bin mehr ein Kat-
zentyp m **2** ⟨pl **-s**⟩ GRAM Person f; **first
~ singular** erste Person Singular **3** ⟨pl
-s⟩ Körper m; **in ~** persönlich **person-
able** [ˈpɜːsnəbl] <u>ADJ</u> von angenehmer Er-
scheinung

★**personal** [ˈpɜːsənl] <u>ADJ</u> persönlich; **it's
nothing ~ but ...** ich habe nichts gegen
Sie etc persönlich, aber ...; **~ call** Privat-
gespräch n; **~ friend** persönlicher
Freund, persönliche Freundin; **her ~ life**
ihr Privatleben n **personal ad** umg <u>S</u>
private Kleinanzeige **personal allow-
ance** <u>S</u> für Steuer persönlicher Freibe-
trag **personal assistant** <u>S</u> persönli-
cher Assistent, persönliche Assistentin
personal column <u>S</u> Familienanzei-
gen pl

★**personal computer** <u>S</u> Personal Com-
puter m, PC m **personal digital as-
sistant** <u>S</u> COMPUT PDA m, Organizer
m **personal hygiene** <u>S</u> Körperpflege

f **personal identification num-
ber** <u>S</u> Geheimzahl f **personality**
[ˌpɜːsəˈnælɪtɪ] <u>S</u> Persönlichkeit f **person-
alization** [ˌpɜːsənəlaɪˈzeɪʃən] <u>S</u> Persona-
lisierung f **personalize** [ˈpɜːsənəˌlaɪz]
<u>VT</u> personalisieren **personal loan** <u>S</u>
Privatdarlehen n **personally** [ˈpɜːsənə-
lɪ] <u>ADV</u> persönlich; **~, I think that ...** ich
persönlich bin der Meinung, dass ...; **to
hold sb ~ responsible** j-n persönlich
verantwortlich machen; **to be ~ in-
volved** persönlich beteiligt sein **per-
sonal organizer** <u>S</u> Terminplaner m;
(≈ Gerät) elektronisches Notizbuch **per-
sonal pronoun** <u>S</u> Personalpronomen
n **personal stereo** <u>S</u> Walkman® m
personal trainer <u>S</u> persönlicher Fit-
nesstrainer, persönliche Fitnesstrainerin
personification [pɜːˌsɒnɪfɪˈkeɪʃən] <u>S</u>
Personifizierung f („Vermenschlichung":
einem Objekt oder einem Abstraktum
werden menschliche Attribute zugeord-
net); **he is the ~ of good taste** er ist
der personifizierte gute Geschmack
personify [pɜːˈsɒnɪfaɪ] <u>VT</u> personifizie-
ren; **evil personified** das personifizierte
Böse

personnel [ˌpɜːsəˈnel] <u>A</u> <u>S</u> ⟨+sg od pl v⟩
1 Personal n; von Flugzeug, Schiff Besat-
zung f; MIL Leute pl **2** die Personalab-
teilung **B** <u>ADJ</u> ⟨attr⟩ Personal- **person-
nel department** <u>S</u> Personalabteilung
f **personnel manager** <u>S</u> Personal-
chef(in) m(f)

perspective [pəˈspektɪv] <u>S</u> Perspektive
f; **try to get things in ~** versuchen
Sie, das nüchtern und sachlich zu se-
hen; **to get sth out of ~** fig etw verzerrt
sehen; **to see things from a different ~**
die Dinge aus einem anderen Blickwin-
kel betrachten

Perspex® [ˈpɜːspeks] <u>S</u> Acrylglas n

perspiration [ˌpɜːspəˈreɪʃən] <u>S</u> Schwit-
zen n, Schweiß m **perspire** [pəˈspaɪəʳ]
<u>VI</u> schwitzen

★**persuade** [pəˈsweɪd] <u>VT</u> überreden,
überzeugen; **to ~ sb to do sth** j-n über-
reden, etw zu tun; **to ~ sb out of doing
sth** j-n dazu überreden, etw nicht zu
tun; **to ~ sb that ...** j-n davon überzeu-
gen, dass ...; **she is easily ~d** sie ist
leicht zu überreden/überzeugen **per-
suasion** [pəˈsweɪʒən] <u>S</u> **1** Überredung
f; **her powers of ~** ihre Überredungs-

künste ☑ Überzeugung f **persuasive** [pə'sweɪsɪv] ADJ Vertreter beredsam; Argumente überzeugend; **he can be very ~** er kann einen gut überreden, er kann einen leicht überzeugen **persuasively** [pə'sweɪsɪvlɪ] ADV überzeugend **persuasiveness** ⓢ Überredungskunst f; von Argument Überzeugungskraft f **pert** [pɜːt] ADJ ⟨+er⟩ keck **perturbed** [pə'tɜːbd] ADJ beunruhigt **perverse** [pə'vɜːs] ADJ abwegig, pervers **perversely** [pə'vɜːslɪ] ADV paradoxerweise; entscheiden abwegigerweise **perversion** [pə'vɜːʃən] ⓢ 🛈 sexuell, a. PSYCH Perversion f ☑ von Wahrheit Verzerrung f **perversity** [pə'vɜːsɪtɪ] ⓢ Perversität f **pervert** Ⓐ [pə'vɜːt] V/T Wahrheit verzerren; **to ~ the course of justice** JUR die Rechtsfindung behindern Ⓑ ['pɜːvɜːt] ⓢ Perverse(r) m/f(m) **perverted** [pə'vɜːtɪd] ADJ pervertiert **pesky** ['peskɪ] bes US umg ⟨komp peskier⟩ nervtötend umg **pessary** ['pesərɪ] ⓢ Pessar m **pessimism** ['pesɪmɪzəm] ⓢ Pessimismus m **pessimist** ['pesɪmɪst] ⓢ Pessimist(in) m(f) **pessimistic** [ˌpesɪ'mɪstɪk] ADJ pessimistisch; **I'm rather ~ about it** da bin ich ziemlich pessimistisch; **I'm ~ about our chances of success** ich bin pessimistisch, was unsere Erfolgschancen angeht **pessimistically** [ˌpesɪ'mɪstɪkəlɪ] ADV pessimistisch **pest** [pest] ⓢ 🛈 ZOOL Schädling m; **~ control** Schädlingsbekämpfung f ☑ fig (≈Mensch) Nervensäge f; (≈Sache) Plage f

pester ['pestər] V/T belästigen; **she ~ed me for the book** sie ließ mir keine Ruhe wegen des Buches; **to ~ sb to do sth** j-n bedrängen, etw zu tun **pesticide** ['pestɪsaɪd] ⓢ Pestizid n ★**pet** [pet] Ⓐ ADJ ⟨attr⟩ 🛈 **her pet dogs** ihre Hunde ☑ Lieblings-; **pet theory** Lieblingstheorie f; **pet name** ein Kosename m Ⓑ ⓢ 🛈 Haustier n ☑ Liebling m; **teacher's pet** Streber(in) m(f) Ⓒ V/T streicheln **petal** ['petl] ⓢ Blütenblatt n **Pete** [piːt] ⓢ **for ~'s sake** umg um Himmels willen **peter out** [ˌpiːtər'aʊt] V/I langsam zu Ende gehen; Geräusch verhallen; Interesse sich verlieren

pet insurance ⓢ Haustierversicherung f **petit bourgeois** ['petɪ'bʊəʒwɑː] ADJ kleinbürgerlich **petite** [pə'tiːt] ADJ zierlich **petite bourgeoisie** [petɪ,bʊəʒwɑː'ziː] ⓢ Kleinbürgertum n **petition** [pə'tɪʃən] Ⓐ ⓢ Unterschriftenliste f; **to get up a ~** Unterschriften sammeln Ⓑ V/T eine Unterschriftenliste vorlegen (+dat) Ⓒ V/I eine Unterschriftenliste einreichen **pet passport** Br ⓢ Tierpass m **petrified** ['petrɪfaɪd] fig ADJ **I was ~ (with fear)** ich war starr vor Schrecken; **she is ~ of spiders** sie hat panische Angst vor Spinnen; **to be ~ of doing sth** panische Angst davor haben, etw zu tun **petrify** ['petrɪfaɪ] V/T **he really petrifies me** er jagt mir schreckliche Angst ein; **a ~ing experience** ein schreckliches Erlebnis; **to be petrified by sth** sich panisch vor etw fürchten **petrochemical** ['petrəʊ'kemɪkəl] ⓢ petrochemisches Erzeugnis ★**petrol** ['petrəl] ⓢ 🛈 Benzin n **petrol bomb** Br ⓢ Benzinbombe f **petrol can** Br ⓢ Reservekanister m **petrol cap** Br ⓢ Tankdeckel m **petroleum** [pɪ'trəʊlɪəm] ⓢ Erdöl n **petrol gauge** Br ⓢ Benzinuhr f **petrol pump** Br ⓢ Zapfsäule f **petrol station** Br ⓢ Tankstelle f **petrol tank** Br ⓢ Benzintank m **petrol tanker** Br ⓢ (Benzin)Tankwagen m **pet shop** bes Br ⓢ, **pet store** US ⓢ Zoohandlung f **petticoat** ['petɪkəʊt] ⓢ Unterrock m **pettiness** ['petɪnɪs] ⓢ Kleinlichkeit f **petting** ['petɪŋ] ⓢ Petting n; **heavy ~** Heavy Petting n **petting zoo** ⓢ Streichelzoo m **petty** ['petɪ] ADJ ⟨komp pettier⟩ 🛈 belanglos ☑ kleinlich **petty bourgeois** ADJ → petit bourgeois **petty bourgeoisie** ⓢ → petite bourgeoisie **petty cash** ⓢ Portokasse f **petty crime** ⓢ ⟨kein pl⟩ Kleinkriminalität f **petty theft** ⓢ einfacher Diebstahl m **petulant** ['petjʊlənt] ADJ verdrießlich; Kind bockig umg **pew** [pjuː] ⓢ KIRCHE (Kirchen)bank f; hum (≈Stuhl) Platz m; **pews** pl Kirchengestühl n **pH** [ˌpiː'eɪtʃ] ⓢ CHEM pH-Wert m

phablet [ˈfæblɪt] [S] IT *internetfähiges Mobiltelefon* Phablet *n*
phallic [ˈfælɪk] [ADJ] phallisch; **~ symbol** Phallussymbol *n* **phallus** [ˈfæləs] [S] ⟨*pl* -es *od* phalli⟩ Phallus *m*
phantom [ˈfæntəm] [A] [S] Phantom *n*, Geist *m* [B] [ADJ] ⟨*attr*⟩ eingebildet, Phantom-
Pharaoh [ˈfɛərəʊ] [S] Pharao *m*
pharmaceutical [ˌfɑːməˈsjuːtɪkəl] [A] [ADJ] pharmazeutisch [B] [S] ⟨*mst pl*⟩ Arzneimittel *n*; **~(s) company** Pharmaunternehmen *n*
★**pharmacist** [ˈfɑːməsɪst] [S] Apotheker(in) *m(f)* **pharmacology** [ˌfɑːməˈkɒlədʒɪ] [S] Pharmakologie *f* **pharmacy** [ˈfɑːməsɪ] [S] Apotheke *f*
phase [feɪz] [A] [S] Phase *f*; **a passing ~** ein vorübergehender Zustand; **he's just going through a ~** das ist nur so eine Phase bei ihm [B] [V/T] **a ~d withdrawal** ein schrittweiser Rückzug ♦**phase in** [V/T] ⟨*trennb*⟩ allmählich einführen ♦**phase out** [V/T] ⟨*trennb*⟩ auslaufen lassen, schrittweise einstellen
phat [fæt] *sl* [ADJ] abgefahren *sl*, geil *sl*, fett *sl*
pH-balanced [ˌpiːˈeɪtʃˌbælənsd] [ADJ] *Seife etc* pH-neutral
PhD [S] Doktor *m*, Dr.; **PhD thesis** Doktorarbeit *f*; **to do one's PhD** promovieren; **to get one's PhD** den Doktor bekommen; **he has a PhD in English** er hat in Anglistik promoviert
pheasant [ˈfeznt] [S] Fasan *m*
phenix [ˈfiːnɪks] *US* [S] → phoenix
phenomena [fɪˈnɒmɪnə] [PL] → phenomenon **phenomenal** [fɪˈnɒmɪnl] [ADJ] phänomenal; *Mensch* fabelhaft; **at a ~ rate** in phänomenalem Tempo **phenomenally** [fɪˈnɒmɪnəlɪ] [ADV] außerordentlich; *schlecht etc* unglaublich **phenomenon** [fɪˈnɒmɪnən] [S] ⟨*pl* phenomena⟩ Phänomen *n*
phew [fjuː] [INT] puh
phial [ˈfaɪəl] [S] Fläschchen *n*, Ampulle *f*
philanderer [fɪˈlændərəʳ] [S] Schwerenöter *m*
philanthropist [fɪˈlænθrəpɪst] [S] Philanthrop(in) *m(f)* **philanthropy** [fɪˈlænθrəpɪ] [S] Philanthropie *f*
-phile [-faɪl] [S] ⟨*suf*⟩ -phile(r) *m/f(m)*, -freund(in) *m(f)*
philharmonic [ˌfɪlɑːˈmɒnɪk] [A] [ADJ] philharmonisch [B] [S] **Philharmonic** Philharmonie *f*
Philippines [ˈfɪlɪpiːnz] [PL] Philippinen *pl*
philistine [ˈfɪlɪstaɪn] *fig* [S] Banause *m*, Banausin *f*
philological [ˌfɪləˈlɒdʒɪkl] [ADJ] philologisch **philology** [fɪˈlɒlədʒɪ] [S] Philologie *f*
philosopher [fɪˈlɒsəfəʳ] [S] Philosoph(in) *m(f)* **philosophic(al)** [ˌfɪləˈsɒfɪk(əl)] [ADJ] philosophisch; *fig* gelassen; **to be ~al about sth** etw philosophisch betrachten **philosophically** [ˌfɪləˈsɒfɪkəlɪ] [ADV] philosophisch; *fig* gelassen **philosophize** [fɪˈlɒsəfaɪz] [V/I] philosophieren (**about, on** über +*akk*) **philosophy** [fɪˈlɒsəfɪ] [S] Philosophie *f*
phlegm [flem] [S] Schleim *m* **phlegmatic** [flegˈmætɪk] [ADJ] phlegmatisch
-phobe [-fəʊb] [S] ⟨*suf*⟩ -phobe(r) *m/f(m)*, -feind(in) *m(f)* **phobia** [ˈfəʊbɪə] [S] Phobie *f*; **she has a ~ about it** sie hat krankhafte Angst davor **-phobic** [-ˈfəʊbɪk] [ADJ] ⟨*suf*⟩ -phob, -feindlich
phoenix [ˈfiːnɪks] [S], **phenix** *US* [S] Phönix *m*; **like a ~ from the ashes** wie ein Phönix aus der Asche
★**phone** [fəʊn] [A] [S] Telefon *n*; **to be on the ~** Telefon haben; (≈ *sprechen*) am Telefon sein; **I'll give you a ~** *Br umg* ich ruf dich an [B] [V/T] anrufen [C] [V/I] telefonieren ♦**phone back** [V/T & V/I] ⟨*trennb*⟩ zurückrufen ♦**phone in** [A] [V/I] anrufen; **to phone in sick** sich telefonisch krankmelden [B] [V/T] ⟨*trennb*⟩ *Bestellung* telefonisch aufgeben ♦**phone up** [A] [V/I] telefonieren [B] [V/T] ⟨*trennb*⟩ anrufen
phone bill [S] Telefonrechnung *f*
phone booth [S] Telefonzelle *f* **phone box** [S] *Br* Telefonzelle *f* **phone call** [S] Telefonanruf *m*; **to make a ~** ein Telefongespräch führen; **have I had any ~s?** hat j-d für mich angerufen?
phonecard [S] Telefonkarte *f* **phone charger** [S] *fürs Handy* Ladegerät *n*
phone-in [S] Phone-in *n*
phonetic [ADJ], **phonetically** [fəʊˈnetɪk, -əlɪ] [ADV] phonetisch **phonetics** [fəʊˈnetɪks] [S] ⟨+*sg v*⟩ Phonetik *f*
phoney [ˈfəʊnɪ] *umg* [A] [ADJ] [1] unecht; *Name, Akzent* falsch; *Pass* gefälscht; **there is something ~ about this** da ist was faul dran *umg*; **a ~ company** eine Schwindelfirma; **a ~ war** kein echter

P

Krieg **2** (≈ *unehrlich*) *Mensch* falsch **B** S̲
Fälschung *f*; (≈*Mensch*) Schwindler(in)
m(f), Angeber(in) *m(f)* **phony** US *umg*
A̲D̲J̲ & S̲ → **phoney**

phosphate ['fɒsfeɪt] S̲ CHEM Phosphat
n **phosphorescent** [ˌfɒsfə'resnt] A̲D̲J̲
phosphoreszierend **phosphorus** ['fɒs-
fərəs] S̲ Phosphor *m*

photo ['fəʊtəʊ] S̲ ⟨*pl* -s⟩ Foto *n* **photo
album** S̲ Fotoalbum *n* **photobomb**
A̲ V̲/̲T̲ & V̲/̲I̲ fotobomben **B** S̲ Fotobombe
f **photobook** S̲ Fotobuch *n* **photo
booth** S̲ Passbildautomat *m* **photo-
copier** S̲ (Foto)kopierer *m* **photo-
copy** A̲ S̲ Fotokopie *f* **B** V̲/̲T̲ fotokopie-
ren **C** V̲/̲I̲ this won't ~ das lässt sich
nicht fotokopieren **photo finish** S̲ Fo-
tofinish *n* **Photofit®** S̲, (*a.* **Photofit
picture**) Phantombild *n* **photogenic**
[ˌfəʊtəʊ'dʒenɪk] A̲D̲J̲ fotogen

★**photograph** ['fəʊtəɡrɑːf] A̲ S̲ Fotogra-
fie *f*; **to take a ~ (of sb/sth)** (j-n/etw) fo-
tografieren; **in the ~** auf der Fotografie;
~ album Fotoalbum *n* **B** V̲/̲T̲ fotografie-
ren

★**photographer** [fə'tɒɡrəfə'] S̲ Foto-
graf(in) *m(f)* **photographic**
[ˌfəʊtə'ɡræfɪk] A̲D̲J̲ fotografisch; **~ soft-
ware** Fotosoftware *f*

★**photography** [fə'tɒɡrəfɪ] S̲ Fotografie *f*
photography software S̲ Fotosoft-
ware *f* **photojournalism** S̲ Fotojour-
nalismus *m* **photojournalist** S̲ Foto-
journalist(in) *m(f)*

photon ['fəʊtɒn] S̲ Photon *n*

photo opportunity S̲ Fototermin *m*
photo printer S̲ Fotodrucker *m*
photo session S̲ Fotosession *f* **pho-
tosynthesis** [ˌfəʊtəʊ'sɪnθəsɪs] S̲ Photo-
synthese *f*

phrasal verb [ˌfreɪzəl'vɜːb] S̲ Verb *n* mit
Präposition **phrase** [freɪz] A̲ S̲ **1** GRAM
Satzteil *m*; *gesprochen* Phrase *f* **2** Aus-
druck *m*, Redewendung *f* **B** V̲/̲T̲ formu-
lieren **phrase book** S̲ Sprachführer *m*

pH-value [piː'eɪtʃvæljuː] S̲ pH-Wert *m*

physalis [faɪ'seɪlɪs] S̲ Physalis *f*, Kapsta-
chelbeere *f*

★**physical** ['fɪzɪkəl] A̲ A̲D̲J̲ **1** physisch,
körperlich; **you don't get enough ~ ex-
ercise** Sie bewegen sich nicht genug **2**
physikalisch; **it's a ~ impossibility** es ist
ein Ding der Unmöglichkeit **B** S̲ ärztli-
che Untersuchung *f*, MIL Musterung *f*
physical education S̲ Sport

(-unterricht) *m* **physical education
teacher** S̲ Sportlehrer(in) *m(f)* **physi-
cal fitness** S̲ körperliche Fitness *f*
physically ['fɪzɪkəlɪ] A̲D̲V̲ physisch, kör-
perlich; **to be ~ sick** sich übergeben; **they
impossible** praktisch unmöglich; **they
removed him ~ from the meeting** sie
haben ihn mit Gewalt aus der Versamm-
lung entfernt; **as long as is ~ possible**
so lange wie nur irgend möglich **phys-
ical science** S̲ Naturwissenschaft *f*
physician [fɪ'zɪʃən] S̲ Arzt *m*, Ärztin *f*
physicist ['fɪzɪsɪst] S̲ Physiker(in) *m(f)*

★**physics** ['fɪzɪks] S̲ ⟨*+sg v*⟩ Physik *f*; **~ is
my favourite subject** Physik ist mein
Lieblingsfach

physio ['fɪzɪəʊ] *bes Br umg* ⟨*pl* -s⟩ Phy-
siotherapeut(in) *m(f)* **physiological**
[ˌfɪzɪə'lɒdʒɪkəl] A̲D̲J̲ physiologisch **physi-
ology** [ˌfɪzɪ'ɒlədʒɪ] S̲ Physiologie *f*
physiotherapist [ˌfɪzɪə'θerəpɪst] S̲
Physiotherapeut(in) *m(f)* **physiother-
apy** [ˌfɪzɪə'θerəpɪ] S̲ Physiotherapie *f*
physique [fɪ'ziːk] S̲ Körperbau *m*

pianist ['pɪənɪst] S̲ Klavierspieler(in)
m(f), Pianist(in) *m(f)*

★**piano** ['pjænəʊ] S̲ ⟨*pl* -s⟩ Klavier *n*, Flü-
gel *m*; **to play the ~** Klavier spielen **pi-
ano player** S̲ Klavierspieler(in) *m(f)*
piano teacher S̲ Klavierlehrer(in) *m(f)*

piccolo ['pɪkələʊ] S̲ ⟨*pl* -s⟩ Piccoloflöte
f; **to play the ~** Piccoloflöte spielen

★**pick** [pɪk] A̲ S̲ **1** Spitzhacke *f* **2** (≈*Aus-
wahl*) **she could have her ~ of any
man in the room** sie könnte jeden
Mann im Raum haben; **to have first ~**
die erste Wahl haben; **take your ~!**
such dir etwas/einen *etc* aus! **1** Beste(s)
n **B** V̲/̲T̲ **1** (aus)wählen; **to ~ a team** eine
Mannschaft aufstellen; **to ~ sb to do sth**
j-n auswählen, etw zu tun; **to ~ sides**
wählen; **to ~ one's way through sth**
seinen Weg durch etw finden **2** *Schorf*
kratzen an (*+dat*); **to ~ one's nose** sich
(*+dat*) in der Nase bohren; **to ~ a lock**
ein Schloss knacken; **to ~ sth to pieces**
fig etw verreißen; **to ~ holes in sth** *fig*
etw bemäkeln; **to ~ a fight (with sb)**
(mit j-m) einen Streit vom Zaun bre-
chen; **to ~ sb's pocket** j-n bestehlen;
to ~ sb's brains (about sth) j-n (nach
etw) ausfragen **3** *Blumen, Obst* pflücken
C V̲/̲I̲ wählen; **to ~ and choose** wähle-

P

risch sein ◆**pick at** VII ⟨+obj⟩ to pick at one's food im Essen herumstochern ◆**pick off** VIT ⟨trennb⟩ wegzucken, pflücken ◆**pick on** es Br VII ⟨+obj⟩ herumhacken auf ⟨+dat⟩; **why pick on me?** umg warum pick on me?; **pick on somebody your own size!** umg leg dich doch mit einem Gleichstarken an! umg ◆**pick out** VIT ⟨trennb⟩ 1 auswählen 2 heraussuchen 3 (≈ wahrnehmen) ausmachen 4 MUS to pick out a tune eine Melodie improvisieren ◆**pick over**, **pick through** VII ⟨+obj⟩ durchsehen ★◆**pick up** A VIT ⟨trennb⟩ 1 aufheben, hochheben; **to pick up a child in one's arms** ein Kind auf den Arm nehmen; **to pick oneself up** aufstehen; **to pick up the phone** (den Hörer) abnehmen; **you just have to pick up the phone** du brauchst nur anzurufen; **to pick up the bill** die Rechnung bezahlen; **to pick up a story** mit einer Geschichte fortfahren; **to pick up the pieces** die Scherben aufsammeln 2 holen, bekommen; Eigenart sich (dat) angewöhnen; Krankheit sich (dat) holen; durch Leistung verdienen; **to pick sth up at a sale** etw im Ausverkauf erwischen; **to pick up speed** schneller werden; **he picked up a few extra points** er hat ein paar Extrapunkte gemacht 3 Fertigkeit sich (dat) aneignen; Fremdsprache lernen; Wort aufschnappen; Informationen herausbekommen; Idee aufgreifen; **you'll soon pick it up** du wirst das schnell lernen; **where did you pick up that idea?** wo hast du denn die Idee her? 4 j-n, Waren abholen; Bus: Passagiere aufnehmen, mitnehmen; (≈ verhaften) schnappen umg 5 umg Mädchen aufgabeln umg 6 RADIO Radiosender hereinbekommen 7 finden B VII 1 besser werden; Geschäft sich erholen 2 **to pick up where one left off** da weitermachen, wo man aufgehört hat ◆**pick up on** VIT Fehler, Akzent bemerken; **to pick up on sb/sth** j-n/etw wahrnehmen; **to pick up on sth** auf etw reagieren, etw aufgreifen

pickaxe ['pɪkæks] S, **pickax** US S Spitzhacke f

picket ['pɪkɪt] A S Streikposten m B VIT Fabrik Streikposten aufstellen vor (+dat) **picket fence** S Palisadenzaun m **picketing** S Aufstellen n von Streik-

posten **picket line** S Streikpostenkette f; **to cross a ~** eine Streikpostenkette durchbrechen

picking ['pɪkɪŋ] S, **pickings** PL Ausbeute f

pickle ['pɪkl] A S 1 Mixed Pickles pl 2 umg **to be in a bit of a ~** ganz schön in der Patsche sitzen umg; **to get (oneself) into a ~** in ein Kuddelmuddel geraten umg B VIT einlegen **pickled** ADJ eingelegt

pick-me-up umg S Muntermacher m umg, Anregungsmittel n **pickpocket** ['pɪk,pɒkɪt] S Taschendieb(in) m(f) **pick-up** ['pɪkʌp] S 1 (a. ~ truck) Kleintransporter m 2 Abholen n; ~ **point** Treffpunkt m **picky** ['pɪki] ADJ ⟨komp pickier⟩ umg pingelig umg; Esser wählerisch

picnic ['pɪknɪk] ⟨v: prät, pperf picnicked⟩ A VII picknicken B S Picknick n; **to have a ~** picknicken; **to go for od on a ~** ein Picknick machen **picnic basket**, **picnic hamper** S Picknickkorb m **picnic site** S Rastplatz m **picnic table** S Campingtisch m

★**picture** ['pɪktʃə'] A S 1 Bild n, Zeichnung f; **(as) pretty as a ~** bildschön; **to give you a ~ of what life is like here** damit Sie sich (dat) ein Bild vom Leben hier machen können; **to be in the ~** auf dem Bild sein; fig im Bilde sein; **to put sb in the ~** j-n ins Bild setzen; **I get the ~** umg ich hab's kapiert umg; **his face was a ~** sein Gesicht war ein Bild für die Götter umg; **she was the ~ of health** sie sah wie die Gesundheit in Person aus 2 FILM Film m; **the ~s** Br das Kino; **to go to the ~s** Br ins Kino gehen B VIT sich (dat) vorstellen; **to ~ sth to oneself** sich (dat) etw vorstellen **picture book** S Bilderbuch n **picture frame** S Bilderrahmen m **picture gallery** S Gemäldegalerie f **picture postcard** S Ansichts(post)karte f **picturesque** ADJ, **picturesquely** [,pɪktʃə'resk, -li] ADV malerisch

piddle ['pɪdl] umg VII pinkeln umg ◆**piddle about** Br, **piddle around** umg VII herumtrödeln umg

piddling ['pɪdlɪŋ] umg ADJ lächerlich

★**pie** [paɪ] S Pastete f; süß Obstkuchen m, Tortelett n; **that's all pie in the sky** umg das sind nur verrückte Ideen; **as easy as pie** umg kinderleicht; **she's got a finger** in every pie *fig umg* sie hat überall ihre Finger drin *umg*

★**piece** [piːs] **A** **1** Stück *n*, Teil *n*, Einzelteil *n*; (≈ *Glasstück*) Scherbe *f*; *bei Brettspiel etc* Stein *m*; *Schach* Figur *f*; **a 50p ~** ein 50-Pence-Stück; **a ~ of cake/paper** ein Stück *n* Kuchen/Papier; **a ~ of furniture** ein Möbelstück *n*; **a ~ of news** eine Nachricht; **a ~ of information** eine Information; **a ~ of advice** ein Rat *m*; **a ~ of luck** ein Glücksfall *m*; **a ~ of work** eine Arbeit; **~ by ~** Stück für Stück; **to take sth to ~s** etw in seine Einzelteile zerlegen; **to come to ~s** *Möbel etc* sich zerlegen lassen; **to fall to ~s** *Buch etc* auseinanderfallen; **to be in ~s** (in Einzelteile) zerlegt sein; (≈ *kaputt*) zerbrochen sein; **to smash sth to ~s** etw kaputt schlagen; **he tore the letter (in)to ~s** er riss den Brief in Stücke; **he tore me to ~s during the debate** er zerriss mich förmlich während der Debatte **2** **to go to ~s** durchdrehen *umg*, die Kontrolle verlieren; **all in one ~** heil; **are you still in one ~ after your trip?** hast du deine Reise heil überstanden?; **to give sb a ~ of one's mind** j-m ordentlich die Meinung sagen ◆**piece together** *fig* 〈*trennb*〉 sich (*dat*) zusammenreimen; *Beweise* zusammenfügen

piecemeal ADJ & ADV stückweise **piecework** 〈 Akkordarbeit *f* **pie chart** 〈 Tortendiagramm *n* **pier** [pɪəʳ] 〈 Pier *m/f*

pierce [pɪəs] durchstechen; *Messer, Kugel* durchbohren; *fig* durchdringen; **to have one's ears ~d** sich (*dat*) die Ohren durchstechen lassen; **to have one's navel ~d** sich (*dat*) den Bauchnabel piercen lassen **pierced** ADJ *Objekt* durchstochen; *Brustwarze, Bauchnabel* gepierct **piercing** [ˈpɪəsɪŋ] ADJ durchdringend; *Wind, Blick* stechend

piety [ˈpaɪətɪ] 〈 Pietät *f*

★**pig** [pɪg] **A** **1** Schwein *n*; (≈ *unersättlicher Mensch*) Vielfraß *m umg*; **to make a pig of oneself** sich (*dat*) den Bauch vollschlagen *umg*; **pigs might fly** *Br sprichw* wer's glaubt, wird selig **2** *sl* (≈ *Polizist*) Bulle *m sl* **B** 〈 *VR* to pig oneself *umg* sich vollstopfen *umg* ◆**pig out** *umg* 〈 sich vollstopfen *umg*

★**pigeon** [ˈpɪdʒən] 〈 Taube *f* **pigeon-**

hole [ˈpɪdʒənhəʊl] **A** 〈 *in Schreibtisch etc* Fach *n* **B** 〈 *fig* einordnen **piggy** [ˈpɪgɪ] ADJ 〈*attr*〉 **~ eyes** Schweinsaugen *pl* **piggyback** [ˈpɪgɪbæk] 〈 **to give sb a ~** j-n huckepack nehmen **piggy bank** 〈 Sparschwein *n* **pig-headed** ADJ stur **piglet** [ˈpɪglɪt] 〈 Ferkel *n* **pigment** [ˈpɪgmənt] 〈 Pigment *n* **Pigmy** [ ] → Pygmy **pigpen** *US* 〈 → pigsty **pigsty** [ ] 〈 Schweinestall *m* **pigswill** 〈 Schweinefutter *m* **pigtail** [ ] 〈 Zopf *m* **pike** [paɪk] 〈 〈*pl -*〉 Hecht *m* **pilates** [pɪˈlɑːtɪz] 〈 *SPORT* Pilates *n* **pilchard** [ˈpɪltʃəd] 〈 Sardine *f*

★**pile** [paɪl] **A** **1** Stapel *m*; **to put things in a ~** etw (auf)stapeln; **to be in a ~** auf einem Haufen liegen; **at the bottom/top of the ~** *fig* untenan/obenauf **2** *umg* Menge *f*; **~s of money** jede Menge Geld *umg*; **a ~ of things to do** massenhaft zu tun *umg* **B** *VT* stapeln; **a table ~d high with books** ein Tisch mit Stapeln von Büchern; **the sideboard was ~d high with presents** auf der Anrichte stapelten sich die Geschenke ◆**pile in** **A** *umg* *VI* hineindrängen (-to in +*akk*); *in Fahrzeug etc* einsteigen (-to in +*akk*) **B** *VT* 〈*trennb*〉 einladen (-to in +*akk*) ◆**pile on** **A** *VT* *umg* hineindrängen (-to in +*akk*) **B** *VT* 〈*trennb*〉 *wörtl* aufhäufen (-to auf +*akk*); **she piled rice on(to) my plate** sie häufte Reis auf meinen Teller; **they are really piling on the pressure** sie setzen uns/euch *etc* ganz gehörig unter Druck ◆**pile out** *umg* *VI* hinausdrängen (of aus) ◆**pile up** **A** *VI* sich anhäufen; *Verkehr* sich stauen; *Beweise* sich verdichten **B** *VT* 〈*trennb*〉 (auf)stapeln

piles [paɪlz] PL Hämorr(ho)iden *pl* **pile-up** [ˈpaɪlʌp] 〈 (Massen)karambolage *f*

pilfer [ˈpɪlfəʳ] *VT* stehlen **pilgrim** [ˈpɪlgrɪm] 〈 Pilger(in) *m(f)*; **the Pilgrim Fathers, the Pilgrims** die Pilgerväter *pl* **pilgrimage** [ˈpɪlgrɪmɪdʒ] 〈 Pilgerfahrt *f*; **to go on a ~** eine Pilgerfahrt machen

★**pill** [pɪl] 〈 Tablette *f*; **the ~** die Pille; **to be/go on the ~** die Pille nehmen **pillar** [ˈpɪləʳ] 〈 Säule *f*; **a ~ of society** eine Stütze der Gesellschaft **pillar box** *Br* 〈 Briefkasten *m*

pillion ['pɪljən] ADV **to ride ~** auf dem Soziussitz mitfahren

★**pillow** ['pɪləʊ] S̲ (Kopf)kissen n **pillowcase** S̲ (Kopf)kissenbezug m **pillow fight** S̲ Kissenschlacht f **pillowslip** S̲ → pillowcase **pillow talk** S̲ Bettgeflüster n

pilot ['paɪlət] A̲ S̲ 1̲ FLUG Pilot(in) m(f) 2̲ TV ~ **(episode)** Pilotfilm m B̲ V̲T̲ Flugzeug fliegen **pilot light** S̲ Zündflamme f **pilot scheme** S̲ Pilotprojekt n **pilot study** S̲ Pilotstudie f

pimento [pɪ'mentəʊ] S̲ Piment m/n

pimp [pɪmp] S̲ Zuhälter m

pimple ['pɪmpl] S̲ Pickel m, Wimmerl n österr, Bibeli n schweiz

PIN [pɪn] S̲ ABK (= personal identification number) PIN f; **PIN number** Geheimzahl f

★**pin** [pɪn] A̲ S̲ 1̲ Handarbeiten Stecknadel f; für Haar, Krawatte Nadel f; MECH Bolzen m, Stift m; **a two-pin plug** ein zweipoliger Stecker; **I've got pins and needles in my foot** mir ist der Fuß eingeschlafen; **you could have heard a pin drop** man hätte eine Stecknadel fallen hören können 2̲ bes US Brosche f, Abzeichen n B̲ V̲T̲ 1̲ **to pin sth** etw an etw (akk) heften; **to pin one's hair back** sein Haar hinten zusammenstecken 2̲ fig **to pin sth to the ground** j-n an den Boden pressen; **to pin sb's arm behind his back** j-m den Arm auf den Rücken drehen; **to pin one's hopes on sb/sth** seine Hoffnungen auf j-n/etw setzen; **to pin the blame (for sth) on sb** umg j-m die Schuld (an etw (dat)) anhängen umg ◆**pin down** V̲T̲ ⟨trennb⟩ 1̲ niederhalten; **to pin sb down** j-n zu Boden drücken 2̲ fig einordnen; **to pin sb down (to sth)** fig j-n (auf etw akk) festnageln ◆**pin up** V̲T̲ ⟨trennb⟩ anheften

pinafore ['pɪnəfɔːʳ] S̲ Schürze f; **~ dress** Br Trägerkleid n

pinball ['pɪnbɔːl] S̲ Flipper m; **~ machine** Flipper m

pincers ['pɪnsəz] PL 1̲ Kneifzange f; **a pair of ~** eine Kneifzange 2̲ ZOOL Schere f

pinch [pɪntʃ] A̲ S̲ 1̲ Kneifen n kein pl, Zwicken n kein pl österr 2̲ GASTR Prise f 3̲ **to feel the ~** die schlechte Lage zu spüren bekommen; **at a ~** Br, **in a ~** US zur Not B̲ V̲T̲ 1̲ kneifen, zwicken österr; **to ~ sb's bottom** j-n in den Hintern kneifen; **to ~ oneself** sich kneifen 2̲ Br umg klauen umg; **don't let anyone ~ my seat** pass auf, dass mir niemand den Platz wegnimmt; **he ~ed Johnny's girlfriend** er hat Johnny (dat) die Freundin ausgespannt umg C̲ V̲I̲ Schuh drücken

pincushion [pɪn,kʊʃən] S̲ Nadelkissen n

pine¹ [paɪn] S̲ Kiefer f

pine² V̲I̲ 1̲ **to ~ for sb/sth** sich nach j-m/etw sehnen 2̲ sich vor Kummer verzehren ◆**pine away** V̲I̲ sich (vor Kummer) verzehren

pineapple ['paɪn,æpl] S̲ Ananas f; **~ juice** Ananassaft m

pine cone S̲ Kiefernzapfen m **pine forest** S̲ Kiefernwald m **pine needle** S̲ Kiefernnadel f **pine tree** S̲ Kiefer f **pine wood** S̲ Kiefernholz n

ping pong ['pɪŋpɒŋ] S̲ Pingpong n; **~ ball** Pingpongball m

★**pink** [pɪŋk] A̲ S̲ Rosa n B̲ ADJ rosa inv; Backen rosig; **the ~ pound/dollar** die Kaufkraft der Schwulen; **to go** umg **turn ~** erröten **pink slip** US umg S̲ Entlassungsschreiben n, blauer Brief umg

pinnacle ['pɪnəkl] fig S̲ Gipfel m

PIN number S̲ Geheimzahl f

pinpoint A̲ S̲ Punkt m; **a ~ of light** ein Lichtpunkt m B̲ V̲T̲ genau aufzeigen, genau feststellen **pinprick** S̲ Nadelstich m **pinstripe** S̲ **~d suit** Nadelstreifenanzug m

★**pint** [paɪnt] S̲ 1̲ Maß Pint n 2̲ bes Br Milch, Bier ≈ halber Liter (Milch/Bier); **to have a ~** ein Bier trinken; **to go (out) for a ~** auf ein Bier ausgehen; **he likes a ~** er hebt ganz gern mal einen umg; **she's had a few ~s** umg sie hat ein paar intus umg

pintable ['pɪn,teɪbl] S̲ Br Flipper (-automat) m

pin-up S̲ (≈ Bild) Pin-up-Foto n; (≈ Frau) Pin-up-Girl n; (≈ Mann) Idol n

pioneer [,paɪə'nɪəʳ] A̲ S̲ fig Pionier(in) m(f) B̲ V̲T̲ fig Pionierarbeit f leisten für; **to ~ the use of sth** etw zum ersten Mal anwenden **pioneering** [,paɪə'nɪərɪŋ] ADJ ⟨attr⟩ Forschung bahnbrechend, innovativ; **~ spirit** Pioniergeist m

pious ['paɪəs] ADJ fromm

pip¹ [pɪp] S̲ 1̲ BOT Kern m 2̲ RADIO, TEL

P

the pips das Zeitzeichen; *in Telefonleitung* das Tut-Tut-Tut
pip² *Br umg* ⟦V/T⟧ **to pip sb at the post** j-n um Haaresbreite schlagen; *fig* j-m um Haaresbreite zuvorkommen
★**pipe** [paɪp] ⟦A⟧ ⟦S⟧ **1** Rohr *n*; *für Brennstoff etc* Leitung *f* **2** *MUS* **~s** Dudelsack *m* **3** Pfeife *f*; **to smoke a ~** Pfeife rauchen ⟦B⟧ ⟦V/T⟧ Wasser *etc* in Rohren leiten ◆**pipe down** *umg* ⟦V/I⟧ den Mund halten *umg*; leiser sein ◆**pipe up** *umg* ⟦V/I⟧ den Mund aufmachen; **suddenly a little voice piped up** plötzlich machte sich ein Stimmchen bemerkbar
pipe dream ⟦S⟧ Hirngespinst *n*; **that's just a ~** das ist ja wohl nur ein frommer Wunsch **pipeline** ⟦S⟧ (Rohr)leitung *f*; **to be in the ~** *fig* in Vorbereitung sein; **the pay rise hasn't come through yet but it's in the ~** die Lohnerhöhung ist noch nicht durch, steht aber kurz bevor **piper** [ˈpaɪpə] ⟦S⟧ Dudelsackpfeifer(in) *m(f)* **pipe tobacco** ⟦S⟧ Pfeifentabak *m* **piping** [ˈpaɪpɪŋ] ⟦S⟧ Rohrleitungssystem *n* ⟦B⟧ ⟦ADV⟧ **~ hot** kochend heiß
piquant [ˈpiːkənt] ⟦ADJ⟧ pikant
pique [piːk] ⟦S⟧ Groll *m*; **he resigned in a fit of ~** er kündigte, weil er vergrämt war
piracy [ˈpaɪərəsɪ] ⟦S⟧ Piraterie *f*; *von CD, DVD* Raubpressung *f* **pirate** [ˈpaɪərət] ⟦A⟧ ⟦S⟧ Pirat(in) *m(f)* ⟦B⟧ ⟦V/T⟧ Idee stehlen; **a ~d copy of the record** eine Raubpressung; **~d edition** Raubdruck *m*
pirouette [ˌpɪruˈet] ⟦S⟧ Pirouette *f*
Pisces [ˈpaɪsiːz] ⟦PL⟧ *ASTROL* Fische *pl*; **to be (a) ~** (ein) Fisch sein
piss [pɪs] *sl* ⟦A⟧ ⟦S⟧ Pisse *f vulg*; **to have a ~** pissen *vulg*; **to take the ~ out of sb/sth** *Br sl* j-n/etw verarschen *umg* ⟦B⟧ ⟦V/I⟧ pissen *vulg*; **it's ~ing with rain** *umg* es pisst *sl* ⟦C⟧ ⟦V/R⟧ sich bepissen *vulg*; **we ~ed ourselves (laughing)** wir haben uns bepisst (vor Lachen) *sl* ◆**piss about**, **piss around** *Br umg* ⟦V/I⟧ herummachen *umg* ◆**piss down** *Br umg* ⟦V/I⟧ **it's pissing down** es pisst *sl* ◆**piss off** ⟦A⟧ ⟦V/I⟧ *bes Br umg* abhauen *umg*; **piss off!** verpiss dich! *sl* ⟦B⟧ ⟦V/T⟧ *bes Br umg* ankotzen *sl*; **to be pissed off (with sb/sth)** (von j-m/etw) die Schnauze vollhaben *umg*
piss artist *umg* ⟦S⟧ Säufer(in) *m(f) pej umg*; (≈ *Angeber*) Großmaul *n umg*;

(≈ *Versager*) Niete *f umg* **pissed** [pɪst] ⟦ADJ⟧ *Br umg* stockbesoffen *umg*; (≈ *verärgert*) sauer *umg* **piss-take** *Br sl* ⟦S⟧ Verarschung *f umg* **piss-up** *Br sl* ⟦S⟧ Saufgelage *n umg*
pistachio [pɪˈstɑːʃɪəʊ] ⟦S⟧ ⟨*pl* **-s**⟩ Pistazie *f*
piste [piːst] ⟦S⟧ *SKI* Piste *f*
pistol [ˈpɪstl] ⟦S⟧ Pistole *f*
piston [ˈpɪstən] ⟦S⟧ Kolben *m*
pit¹ [pɪt] ⟦A⟧ ⟦S⟧ **1** Grube *f*; *Br Bergbau* Zeche *f*; **to have a sinking feeling in the pit of one's stomach** ein ungutes Gefühl in der Magengegend haben; **he works down the pit(s)** er arbeitet unter Tage **2** *SPORT* **to make a pit stop** einen Boxenstopp machen **3** *THEAT* Orchestergraben *m* **4 the pits** *umg* das Allerletzte ⟦B⟧ ⟦V/T⟧ **1 the moon is pitted with craters** der Mond ist mit Kratern übersät **2 to pit one's wits against sb/sth** seinen Verstand an j-m/etw messen; **A is pitted against B** A und B stehen sich gegenüber
pit² *US* ⟦A⟧ ⟦S⟧ Stein *m* ⟦B⟧ ⟦V/T⟧ entsteinen
pita (bread) [ˈpɪtə] *US* ⟦S⟧ → pitta bread
pitch [pɪtʃ] ⟦A⟧ ⟦S⟧ **1** Wurf *m* **2** *bes Br SPORT* Platz *m* **3** *Br auf Markt etc* Stand *m*, Standl *n österr umg von Vertreter etc* Sermon *m umg* **5** *Phonetik* Tonhöhe *f*, Tonlage *f*; *von Sänger* Stimmlage *f* **6** *fig* Grad *m* ⟦B⟧ ⟦V/T⟧ **1** Ball werfen **2** *MUS* Note treffen; **she ~ed her voice higher** sie sprach mit einer höheren Stimme **3** *fig* **the production must be ~ed at the right level for London audiences** das Stück muss auf das Niveau des Londoner Publikums abgestimmt werden **4** Zelt aufschlagen ⟦C⟧ ⟦V/I⟧ **1** fallen; **to ~ forward** vornüberfallen **2** *SCHIFF* stampfen; *FLUG* absacken **3** *Baseball* werfen ◆**pitch in** *umg* ⟦V/I⟧ einspringen; **so we all pitched in together** also packten wir alle mit an
pitch-black ⟦ADJ⟧ pechschwarz **pitch--dark** ⟦A⟧ ⟦ADJ⟧ pechschwarz ⟦B⟧ ⟦S⟧ (tiefe) Finsternis
pitcher¹ [ˈpɪtʃə] *bes US* ⟦S⟧ Krug *m*
pitcher² *Baseball* Werfer(in) *m(f)*
pitchfork [ˈpɪtʃfɔːk] ⟦S⟧ Heugabel *f*, Mistgabel *f*
piteous [ˈpɪtɪəs] ⟦ADJ⟧ mitleiderregend
pitfall [ˈpɪtfɔːl] *fig* ⟦S⟧ Falle *f*
pith [pɪθ] ⟦S⟧ *BOT* Mark *n*; *von Orange etc* weiße Haut; *fig* Kern *m*

pitiful [ˈpɪtɪfʊl] ADJ **1** mitleiderregend; *Schrei* jämmerlich; **to be in a ~ state** in einem erbärmlichen Zustand sein **2** erbärmlich **pitifully** [ˈpɪtɪfəlɪ] ADV **1** jämmerlich **2** erbärmlich **pitiless** [ˈpɪtɪlɪs] ADJ mitleidlos

pits [pɪts] PL → pit¹

pitta (bread) [ˈpɪtə] S̱ ≈ Fladenbrot n

pittance [ˈpɪtəns] S̱ Hungerlohn m

★**pity** [ˈpɪtɪ] **A** S̱ **1** Mitleid n; **for ~'s sake!** um Himmels willen!; **to have** od **take ~ on sb** mit j-m Mitleid haben; **to move sb to ~** j-s Mitleid (akk) erregen **2** (what a) ~! (wie) schade!; **that a ~ he can't come** (wie) schade, dass er nicht kommen kann; **more's the ~!** leider; **it is a ~ that** … es ist schade, dass …; **it would be a ~ if** he lost od were to lose this job es wäre bedauerlich, wenn er seine Arbeit verlieren sollte **B** V̱Ṯ bedauern

pivot [ˈpɪvət] V̱Ī ⟨prät, pperf **pivoted**⟩ sich drehen; **to ~ on sth** fig sich um etw drehen **pivotal** [ˈpɪvətl] fig ADJ zentral

pixel [ˈpɪksl] S̱ IT Pixel m

pixie, pixy [ˈpɪksɪ] S̱ Kobold m

pizza [ˈpiːtsə] S̱ Pizza f **pizzeria** [ˌpiːtsəˈriːə] S̱ Pizzeria f

placard [ˈplækɑːd] S̱ Plakat n

placate [pləˈkeɪt] V̱Ṯ beschwichtigen

★**place** [pleɪs]

A Substantiv	B transitives Verb

— A Substantiv —

1 Platz m, Stelle f; **water is coming through in several ~s** an mehreren Stellen kommt Wasser durch; **from ~ to ~** von einem Ort zum anderen; **in another ~** woanders; **we found a good ~ to watch the procession from** wir fanden einen Platz, von dem wir den Umzug gut sehen konnten; **in the right/wrong ~** an der richtigen/falschen Stelle; **some/any ~** irgendwo; **a poor man with no ~ to go** ein armer Mann, der nicht weiß, wohin; **this is no ~ for you** das ist kein Platz für dich; **it was the last ~ I expected to find him** da hätte ich ihn zuletzt vermutet; **this isn't the ~ to discuss politics** dies ist nicht der Ort, um über Politik zu sprechen; **I can't be**

in two ~s at once! ich kann doch nicht an zwei Stellen gleichzeitig sein **2** Gegend f, Ort m; **in Straßennamen** Platz m; **in this ~** hier **3** Haus n; **come round to my ~** komm doch mal vorbei; **let's go back to my ~** lass uns zu mir gehen; **I've never been to his ~** ich bin noch nie bei ihm gewesen; **at my/Peter's ~** bei mir/Peter **4** an Tisch, in Mannschaft Platz m; UNIV Studienplatz m; (≈Job) in Buch etc Stelle f; SPORT Platzierung f; **~s for 500 students** 500 Studienplätze; **to give up one's ~** in Warteschlange j-m den Vortritt lassen; **to lose one's ~** in Warteschlange sich wieder hinten anstellen müssen; in Buch die Seite verblättern; auf Seite die Zeile verlieren; **to take the ~ of sb/sth** den Platz von j-m/etw einnehmen; **to win first ~** Erste(r, s) sein **5** Rang m; **people in high ~s** Leute in hohen Positionen; **to know one's ~** wissen, was sich (für einen) gehört; **it's not my ~ to comment** es steht mir nicht zu, einen Kommentar abzugeben; **to keep** od **put sb in his ~** j-n in seine Schranken weisen **6** MATH Stelle f; **to three decimal ~s** auf drei Stellen nach dem Komma **7** **~ of birth** Geburtsort m; **~ of residence** Wohnort m; **~ of work** Arbeitsstelle f **8** **in ~s** stellenweise; **everything was in ~** alles war an seiner Stelle; **the legislation is already in ~** die gesetzlichen Regelungen gelten schon; **to be out of ~** nicht an der richtigen Stelle sein; **to look out of ~** fehl am Platz wirken; **all over the ~** überall; **in ~ of** statt (+gen); **to fall into ~** Gestalt annehmen; **in the first ~** erstens; **she shouldn't have been there in the first ~** sie hätte überhaupt nicht dort sein sollen; **to take ~** stattfinden; **to go ~s** herumreisen; fig es zu was bringen umg

— B transitives Verb —

1 setzen, stellen, legen; **she slowly ~d one foot in front of the other** sie setzte langsam einen Fuß vor den anderen; **she ~d a finger on her lips** sie legte den Finger auf die Lippen; **to ~ a strain on sth** etw belasten; **to ~ confidence in sb/sth** Vertrauen in j-n/etw setzen; **to be ~d** Stadt etc liegen; **how are you ~d for time?** wie sieht es mit deiner Zeit aus?;

P

we are well ~d for the shops was Einkaufsmöglichkeiten angeht, wohnen wir günstig; **Liverpool are well ~d in the league** Liverpool liegt gut in der Tabelle **2** *rangmäßig* stellen; **that should be ~d first** das sollte an erster Stelle stehen; **the German runner was ~d third** *um* der deutsche Läufer wurde Dritter **3** *Auftrag* erteilen (**with sb** j-m)

placebo [pləˈsiːbəʊ] S ⟨pl -s⟩ MED Placebo n

place mat S Set n **placement** S **1** Platzierung f; *von Job* Vermittlung f **2** Br *von Lehrling* Praktikum n; **I'm here on a six-month ~** ich bin hier für sechs Monate zur Weiterbildung; *abgeordnet* ich bin für sechs Monate hierhin überwiesen worden **placement test** S SCHULE Einstufungstest m **place name** S Ortsname m **place setting** S Gedeck n

placid [ˈplæsɪd] ADJ ruhig; *Mensch a.* gelassen

plagiarism [ˈpleɪdʒərɪzəm] S Plagiat n **plagiarize** [ˈpleɪdʒəraɪz] V/T plagiieren **plague** [pleɪg] A S MED Seuche f; BIBEL, *a. fig* Plage f; **the ~** die Pest; **to avoid sb/sth like the ~** j-n/etw wie die Pest meiden **B** V/T plagen; **to be ~d by doubts** von Zweifeln geplagt werden; **to ~ sb with questions** j-n ständig mit Fragen belästigen

plaice [pleɪs] S ⟨pl -⟩ Scholle f

★**plain** [pleɪn] A ADJ ⟨+er⟩ **1** klar; offensichtlich; *Wahrheit* schlicht; **it is ~ to see that ...** es ist offensichtlich, dass ...; **to make sth ~ to sb** j-m etw klarmachen; **the reason is ~ to see** der Grund ist leicht einzusehen; **I'd like to make it quite ~ that ...** ich möchte gern klarstellen, dass ... **2** einfach; *Essen* (gut)bürgerlich; *Papier* unliniert; *Farbe* einheitlich **3** *Unsinn etc* rein **4** unattraktiv **B** ADV **1** *umg* (ganz) einfach **2** **I can't put it ~er than that** deutlicher kann ich es nicht sagen **C** S GEOG Ebene f; **the ~s** das Flachland **plain chocolate** Br S (Zart)bitterschokolade f **plain-clothes** ADJ in Zivil **plain flour** S Mehl n (ohne *Backpulver*) **plainly** [ˈpleɪnlɪ] ADV **1** eindeutig; *sichtbar, sich erinnern* klar; **~, these new techniques are impractical** es ist ganz klar, dass diese neuen Verfahren un-

praktisch sind **2** *gestehen* offen **3** (≈ *schlicht*) einfach **plain-spoken** ADJ offen, direkt; **to be ~** sagen, was man denkt

plaintiff [ˈpleɪntɪf] S Kläger(in) m(f)
plait [plæt] A S *bes Br* Zopf m **B** V/T flechten

★**plan** [plæn] A S Plan m; (≈ *Karte*) Stadtplan m; **~ of action** Aktionsprogramm n; **the ~ is to meet at six** es ist geplant, sich um sechs zu treffen; **to make ~s (for sth)** Pläne (für etw) machen; **have you any ~s for tonight?** hast du (für) heute Abend (schon) etwas vor?; **according to ~** planmäßig **B** V/T **1** planen; *Häuser etc* entwerfen **2** vorhaben; **we weren't ~ning to** wir hatten es nicht vor **C** V/I planen; **to ~ ahead** vorausplanen ♦**plan on** V/I ⟨+obj⟩ **1** **to plan on doing sth** vorhaben, etw zu tun **2** **to plan on sth** mit etw rechnen ♦**plan out** V/T ⟨trennb⟩ in Einzelheiten planen

plane [pleɪn] S Flugzeug n; **to go by ~** fliegen **planeload** [ˈpleɪnləʊd] S Flugzeugladung f

★**planet** [ˈplænɪt] S Planet m **planetarium** [ˌplænɪˈteərɪəm] S Planetarium n
plank [plæŋk] S Brett n; SCHIFF Planke f
plankton [ˈplæŋktən] S Plankton n
planned [plænd] ADJ geplant; **~ economy** Planwirtschaft f **planner** [ˈplænə*] S Planer(in) m(f) **planning** [ˈplænɪŋ] S Planung f; **~ permission** Baugenehmigung f

★**plant** [plɑːnt] A S **1** BOT Pflanze f; **rare/tropical ~s** seltene/tropische Gewächse pl ⟨*kein pl*⟩ Anlagen pl; (≈ *Fabrik*) Werk n; **~ manager** US Werks- od Betriebsleiter(in) m(f) **B** ADJ ⟨*attr*⟩ **~ life** Pflanzenwelt f **C** V/T **1** *Garten bau* pflanzen; *Feld* bepflanzen **2** *in Position* setzen; *Bombe* legen; *Kuss* drücken **3** **to ~ sth on sb** *umg* j-m etw unterjubeln *umg* ♦**plant out** V/T ⟨trennb⟩ auspflanzen

plantation [plænˈteɪʃən] S Plantage f, Anpflanzung f **planter** [ˈplɑːntə*] S **1** Pflanzer(in) m(f) **2** Übertopf m **plant pot** *bes Br* S Blumentopf m

plaque [plæk] S **1** Plakette f, Tafel f **2** (Zahn)belag m

plasma [ˈplæzmə] S Plasma n
plaster [ˈplɑːstə*] A S **1** Hoch- und Tiefbau (Ver)putz m **2** *a.* **~ of Paris** KUNST,

MED Gips *m*; **to have one's leg in ~** das Bein in Gips haben **3** *Br* Pflaster *n* **B** *VT* **1** *Wand* verputzen *umg* **to ~ one's face with make-up** sein Gesicht mit Make-up vollkleistern *umg*; **~ed with mud** schlammbedeckt **plaster cast** *S* MED Gipsverband *m* **plastered** ['plɑːstəd] *umg* ADJ ⟨*präd*⟩ voll *umg*; **to get ~** sich volllaufen lassen *umg*

★**plastic** ['plæstɪk] **A** *S* **1** Plastik *n*, Kunststoff *m*; **~s** Kunststoffe *pl* **2** *umg* Kreditkarten *pl* **B** ADJ Plastik- **plastic bag** *S* Plastiktüte *f* **plastic explosive** *S* Plastiksprengstoff *m*

Plasticine® ['plæstɪsiːn] *Br* *S* Modelliermasse *f*

plastic surgeon *S* plastischer Chirurg **plastic surgery** *S* plastische Chirurgie; **she decided to have ~ on her nose** sie entschloss sich zu einer Schönheitsoperation an ihrer Nase **plastic wrap** *US* *S* Frischhaltefolie *f*

★**plate** [pleɪt] *S* **1** Teller *m*; **to have sth handed to one on a ~** *Br* *fig* *umg* etw auf einem Tablett serviert bekommen *umg*; **to have a lot on one's ~** *fig* *umg* viel am Hals haben *umg* **2** TECH, FOTO Platte *f*; *für Namen* Schild *n*

plateau ['plætəʊ] *S* ⟨*pl* -s *od* -x⟩ GEOG Hochebene *f*

plateful ['pleɪtfʊl] *S* Teller *m*

★**platform** ['plætfɔːm] *S* **1** Plattform *f*, Bühne *f*; BAHN Bahnsteig *m*; IT (System)plattform *f* **platform shoe** *S* Plateauschuh *m*

platinum ['plætɪnəm] *S* Platin *n*

platitude ['plætɪtjuːd] *S* Plattitüde *f*

platonic [plə'tɒnɪk] ADJ platonisch

platoon [plə'tuːn] *S* MIL Zug *m*

platter ['plætə'] *S* Teller *m*, Platte *f*; **to have sth handed to one on a (silver) ~** *fig* etw auf einem (silbernen) Tablett serviert bekommen

plausibility [ˌplɔːzə'bɪlɪtɪ] *S* Plausibilität *f* **plausible** ['plɔːzəbl] ADJ plausibel

★**play** [pleɪ] **A** *S* **1** Spiel *n*; **~ on words** Wortspiel *n*; **to abandon ~** SPORT das Spiel abbrechen; **to be in ~/out of ~** *Ball* im Spiel/im Aus sein **2** THEAT (Theater)stück *n*; RADIO Hörspiel *n*; TV Fernsehspiel *n*; **the ~s of Shakespeare** Shakespeares Dramen **3** *fig* **to come into ~** ins Spiel kommen; **to bring sth into ~** etw aufbieten **B** *VT* spielen; **to ~**

sb (at a game) gegen j-n (ein Spiel) spielen; **to ~ a joke** *od* **trick on sb** j-m einen Streich spielen; **to ~ it safe** auf Nummer sicher gehen *umg*; **to ~ the fool** den Clown spielen; **to ~ the piano** Klavier spielen **C** *VI* spielen; THEAT gespielt werden; **to go out to ~** rausgehen und spielen; **can Johnny come out to ~?** darf Johnny zum Spielen rauskommen?; **to ~ at cowboys and Indians** Cowboy und Indianer spielen; **to ~ at being a fireman** Feuerwehrmann spielen; **to ~ in defence** SPORT in der Abwehr spielen; **to ~ in goal** im Tor stehen; **what are you ~ing at?** *umg* was soll (denn) das? *umg*; **to ~ for money** um Geld spielen; **to ~ for time** Zeit gewinnen wollen; **to ~ into sb's hands** *fig* j-m in die Hände spielen; **to ~ to sb** MUS j-m vorspielen ◆**play about** *Br*, **play around** *VI* spielen; **to play around with sth** mit etw (herum)spielen; **he's been playing around (with another woman)** er hat mit einer anderen Frau herumgemacht *umg* ◆**play along** *VI* mitspielen; **to play along with a suggestion** auf einen Vorschlag scheinbar eingehen; **to play along with sb** j-m zustimmen ◆**play back** *VT* ⟨*trennb*⟩ *Tonband* abspielen; *Anrufbeantworter* abhören ◆**play down** *VT* ⟨*trennb*⟩ herunterspielen ◆**play off** *VT* ⟨*trennb*⟩ **to play X off against Y** X gegen Y ausspielen ◆**play on A** *VT* weiterspielen **B** *VT* ⟨+*obj*⟩ *a*. **play upon** *j-s Ängste* geschickt ausnutzen; **the hours of waiting played on my nerves** das stundenlange Warten zermürbte mich ◆**play through** *VI* ⟨+*obj*⟩ durchspielen ◆**play up** **A** *VI* *Br* *umg* Schwierigkeiten machen **B** *VT* ⟨*trennb*⟩ *umg* **to play sb up** j-m Schwierigkeiten machen ◆**play upon** *VT* ⟨+*obj*⟩ → play on B ◆**play with** *VI* ⟨+*obj*⟩ **we don't have much time to play with** wir haben zeitlich nicht viel Spielraum; **to play with oneself** an sich (*dat*) herumfummeln

play-acting *fig* *S* Theater *n* **playbill** *US* *S* Theaterprogramm *n* **playboy** *S* Playboy *m* **play date**, **playdate** *S* Verabredung *f* zum Spielen

★**player** ['pleɪə'] *S* Spieler(in) *m(f)* **playful** ADJ neckisch, verspielt; **the dog is**

P

just being ~ der Hund spielt nur **playfulness** S̲ Verspieltheit f **playground** S̲ Spielplatz m; SCHULE (Schul)hof m **playgroup** S̲ Spielgruppe f **playhouse** S̲ **1** US Spielhaus n **2** THEAT Schauspielhaus n **playing card** ['pleɪɪŋ] S̲ Spielkarte f **playing field** S̲ Sportplatz m **playlist** S̲ Titelliste f **playmate** S̲ Spielkamerad(in) m(f) **play-off** S̲ Ausscheidungsspiel n, Play-off n **play park** S̲ Spielpark m **playpen** S̲ Laufstall m **playschool** bes Br S̲ Kindergarten m **plaything** S̲ Spielzeug n; **~s** pl Spielsachen pl, Spielzeug n **playtime** S̲ SCHULE große Pause f **playwright** ['pleɪraɪt] S̲ Dramatiker(in) m(f)

plaza ['plɑːzə] S̲ Piazza f; US Einkaufszentrum n

plc Br ABK (= public limited company) ≈ AG f

plea [pliː] S̲ **1** Bitte f; **to make a ~ for sth** zu etw aufrufen **2** JUR Plädoyer n **plead** [pliːd] ⟨prät, pperf pleaded; schott, US pled⟩ **A** V̲T̲ Unwissenheit sich berufen auf (+akk) **B** V̲I̲ **1** bitten (**for** um); **to ~ with sb to do sth** j-n bitten, etw zu tun; **to ~ with sb for sth** j-n um etw bitten **2** JUR das Plädoyer halten; **to ~ guilty/not guilty** sich schuldig/nicht schuldig bekennen **pleading** ADJ, **pleadingly** ['pliːdɪŋ, -lɪ] ADV flehend

★**pleasant** ['pleznt] ADJ angenehm, erfreulich, erfreut schweiz; Mensch nett, fesch österr; Lächeln freundlich **pleasantly** ['plezntlɪ] ADV angenehm; lächeln, grüßen freundlich **pleasantness** S̲ Freundlichkeit f **pleasantry** ['plezntrɪ] S̲ Nettigkeit f

★**please** [pliːz] **A** I̲N̲T̲ bitte; (**yes,**) **~** (ja,) bitte, oh ja, gerne; **~ pass the salt, pass the salt, ~** würden Sie mir bitte das Salz reichen?; **may I? — ~ do!** darf ich? — bitte sehr! **B** V̲I̲ **1** (just) **as you ~** ganz wie du willst; **to do as one ~s** tun, wie einem gefällt **2** gefallen; **eager to ~** darum bemüht, alles richtig zu machen **C** V̲T̲ eine Freude machen (+dat); **the idea ~d him** die Idee hat ihm gefallen; **just to ~ you** nur dir zuliebe; **it ~s me to see him so happy** es freut mich, dass er so glücklich ist; **you can't ~ everybody** man kann es nicht allen recht ma-

chen; **there's no pleasing him** er ist nie zufrieden; **he is easily ~d** er ist leicht zufriedenzustellen **D** V̲R̲ **to ~ oneself** tun, was einem gefällt; **~ yourself!** wie Sie wollen!; **you can ~ yourself about where you sit** es ist Ihnen überlassen, wo Sie sitzen **pleased** ADJ freudig, zufrieden; **to be ~** (**about sth**) sich (über etw akk) freuen; **I'm ~ to hear that ...** es freut mich zu hören, dass ...; **~ to meet you** freut mich; **we are ~ to inform you that ...** wir freuen uns, Ihnen mitteilen zu können, dass ...; **to be ~ with sb/sth** mit j-m/etw zufrieden sein; **I was only too ~ to help** es war mir wirklich eine Freude zu helfen **pleasing** ['pliːzɪŋ] ADJ angenehm, erfreulich, gefreut schweiz

★**pleasure** ['pleʒəʳ] S̲ **1** Freude f; **it's a ~, (my) ~** gern (geschehen)!; **with ~** sehr gerne; **it's a ~ to meet you** es freut mich, Sie kennenzulernen; **to get ~ out of doing sth** Spaß daran haben, etw zu tun; **he takes ~ in annoying me** es macht ihm Spaß, mich zu ärgern **2** Vergnügen n; **to do sth for ~** etw zum Vergnügen tun; **business or ~?** geschäftlich oder zum Vergnügen?; **he's a ~ to teach** es ist ein Vergnügen, ihn zu unterrichten; **it's my very great ~ ...** es ist mir ein großes Vergnügen, ...; **to have the ~ of doing sth** das Vergnügen haben, etw zu tun **pleasure boat** S̲ Vergnügungsdampfer m

pleat [pliːt] **A** S̲ Falte f **B** V̲T̲ fälteln **pleated** ['pliːtɪd] ADJ gefältelt; **~ skirt** Faltenrock m

pleb [pleb] umg S̲ Prolet(in) m(f), Prolo m umg **plebian** [pləˈbiːən] ADJ **1** proletenhaft **2** HIST plebejisch

plectrum ['plektrəm] S̲ Plektrum n

pled [pled] US, schott PRÄT & PPERF → plead

pledge [pledʒ] **A** S̲ **1** Pfand n **2** Versprechen n; **as a ~ of** als Zeichen (+gen); **election ~s** Wahlversprechen pl **B** V̲T̲ **1** verpfänden **2** zusichern; **to ~ support for sb/sth** j-m/einer Sache seine Unterstützung zusichern; **to ~ (one's) allegiance to sb/sth** j-m/einer Sache Treue geloben

plenary ['pliːnərɪ] ADJ **~ session** Plenarsitzung f, Vollversammlung f; **~ powers** unbeschränkte Vollmachten pl

plentiful ['plentɪfʊl] ADJ reichlich; Bodenschätze etc reichlich vorhanden; **to be in ~ supply** reichlich vorhanden sein

★**plenty** ['plentɪ] A S 1 eine Menge; **in ~** im Überfluss; **three kilos will be ~** drei Kilo sind reichlich; **there's ~ here for six** es gibt mehr als genug für sechs; **that's ~, thanks!** danke, das ist reichlich; **you've had ~** du hast reichlich gehabt; **to see ~ of sb** j-n oft sehen; **there's ~ to do** es gibt viel zu tun; **there's ~ more where that came from** davon gibt es genug; **there are still ~ left** es sind immer noch eine ganze Menge da B ★**~ of** viel; **~ of time** viel Zeit; **~ of eggs** viele Eier; **there is no longer ~ of oil** Öl ist nicht mehr im Überfluss vorhanden; **a country with ~ of natural resources** ein Land mit umfangreichen Bodenschätzen; **has everyone got ~ of potatoes?** hat jeder reichlich Kartoffeln?; **there will be ~ to drink** es gibt dort ausreichend zu trinken; **he had been given ~ of warning** er ist genügend oft gewarnt worden; **to arrive in ~ of time** rechtzeitig kommen; **there's ~ of time** es ist noch viel Zeit; **take ~ of exercise** Sie müssen viel Sport treiben B bes US umg ADV **I like it ~** ich mag das sehr

pliable ['plaɪəbl], **pliant** ['plaɪənt] ADJ 1 biegsam; Leder geschmeidig 2 fügsam

pliers ['plaɪəz] PL, (a. **pair of pliers**) (Kombi)zange f

plight [plaɪt] S Elend n; von Wirtschaft etc Verfall m; **the country's economic ~ die** wirtschaftliche Misere des Landes

plimsoll ['plɪmsl] Br S Turnschuh m (aus Segeltuch)

plod [plɒd] V/I 1 trotten; **to ~ up a hill** einen Hügel hinaufstapfen; **to ~ along** weiterstapfen 2 fig **to ~ away at sth** sich mit etw abmühen

plonk¹ [plɒŋk] V/T umg a. **~ down** hinschmeißen umg; **to ~ oneself (down)** sich hinpflanzen umg

plonk² Br umg S (billiger) Wein

plonker ['plɒŋkə'] Br umg S 1 (≈Mensch) Niete f umg 2 (≈Penis) Pimmel m umg

plop [plɒp] A S Plumps m; in Wasser Platsch m B V/I 1 in Wasser platschen

2 umg plumpsen umg

plot [plɒt] A S 1 AGR Stück n Land, Grundstück n, Parzelle f; **a ~ of land** ein Stück n Land 2 US von Gebäude Grundriss m 3 Verschwörung f 4 LIT, THEAT Handlung f; **to lose the ~** fig umg den Faden verlieren B V/T 1 planen; **they ~ted to kill him** sie planten gemeinsam, ihn zu töten 2 Position feststellen; auf Karte einzeichnen C V/I **to ~ against sb** sich gegen j-n verschwören **plotter** ['plɒtə'] S COMPUT Plotter m

plough [plaʊ], **plow** US A S Pflug m; **the Plough** ASTRON der Wagen B V/T & V/I AGR pflügen ◆**plough back** V/T ⟨trennb⟩ HANDEL reinvestieren (**into** in +akk) ◆**plough into** A V/I ⟨+obj⟩ Auto hineinrasen in (+akk) B V/T ⟨trennb⟩ Geld reinstecken in (+akk) umg ◆**plough through** A V/I ⟨+obj⟩ 1 **we ploughed through the snow** wir kämpften uns durch den Schnee; **the car ploughed through the fence** der Wagen brach durch den Zaun 2 umg **to plough through a novel** etc sich durch einen Roman etc hindurchquälen B V/T ⟨trennb⟩ 1 **we ploughed our way through the long grass** wir bahnten uns unseren Weg durch das hohe Gras 2 umg **to plough one's way through a novel** etc sich durch einen Roman etc durchackern umg ◆**plough up** V/T ⟨trennb⟩ umpflügen

ploughing ['plaʊɪŋ] S, **plowing** US S Pflügen n **ploughman** ['plaʊmən] S ⟨pl -men⟩, **plowman** US S Pflüger m **ploughman's lunch** Br S Käse und Brot als Imbiss **plow** etc US → plough

ploy [plɔɪ] S Trick m

pls ABK (= please) b.

pluck [plʌk] V/T 1 pflücken; Huhn rupfen; Gitarre, Augenbrauen zupfen; **to ~ (at) sb's sleeve** j-n am Ärmel zupfen; **she was ~ed from obscurity to become a film star** sie wurde von einer Unbekannten zum Filmstar gemacht; **he was ~ed to safety** er wurde in Sicherheit gebracht; **to ~ sth out of the air** etw aus der Luft greifen; **to ~ up (one's) courage** all seinen Mut zusammennehmen 2 (a. **~ out**) Haare auszupfen

plucky ['plʌkɪ] ADJ ⟨komp pluckier⟩

P

Mensch, Lächeln tapfer; *Tat* mutig

plug [plʌg] **A** § **1** Stöpsel *m*, Propfen *m*; *in Fass* Spund *m*; **to pull the ~ on sb/sth** *fig umg* j-m/einer Sache den Boden unter den Füßen wegziehen **2** ELEK Stecker *m*; AUTO (Zünd)kerze *f* **3** *umg* Schleichwerbung *f kein pl*; **to give sb/ sth a ~** für j-n/etw Werbung machen **B** § **1** Loch, Leck zustopfen **2** *umg* Schleichwerbung machen für **♦plug away** § ackern *umg*; **to plug away at sth** *umg* sich mit etw herumschlagen *umg*; **keep plugging away** (nur) nicht lockerlassen **♦plug in** § 〈*trennb*〉 einstöpseln; **to be plugged in** angeschlossen sein **B** § sich anschließen lassen **♦plug up** § 〈*trennb*〉 *Loch* zustopfen

plug-and-play ADJ 〈*attr*〉 IT Plug-and--Play- **plughole** *Br* § Abfluss *m*; **to go down the ~** *fig umg* kaputtgehen *umg* **plug-in** ['plʌgɪn] § IT Plug-in *n* (*Softwaremodul zur Erweiterung oder Veränderung von Software*) **plug-in hybrid** § AUTO Steckdosenhybrid *m*

★**plum** [plʌm] **A** § Pflaume *f*, Zwetschke *f* österr, Zwetsch(g)e *f* **B** ADJ 〈*attr*〉 *Job* Bomben- *umg*

plumage ['pluːmɪdʒ] § Gefieder *n*

plumb [plʌm] **A** ADV *umg* total *umg* **2** genau **B** § **to ~ the depths of despair** die tiefste Verzweiflung erleben; **to ~ new depths** einen neuen Tiefstand erreichen **♦plumb in** *Br* § 〈*trennb*〉 anschließen

★**plumber** ['plʌmər] § Klempner(in) *m(f)*, Installateur(in) *m(f)* **plumbing** ['plʌmɪŋ] § Leitungen *pl*

plume [pluːm] § Feder *f*; *auf Helm* Federbusch *m*; **~ of smoke** Rauchfahne *f*

plummet ['plʌmɪt] § *Flugzeug* hinunterstürzen; *Verkaufszahlen* stark zurückgehen; *Aktien* fallen; **the euro has ~ted to £0.60** der Euro ist auf £ 0,60 gefallen

plump [plʌmp] **A** ADJ 〈*+er*〉 mollig; *Beine* stämmig; *Gesicht* rundlich; *Huhn* gut genährt; *Frucht* prall **B** § **to ~ sth down** etw hinfallen lassen/hinwerfen; **she ~ed herself down in the armchair** sie ließ sich in den Sessel fallen **♦plump for** § 〈*+obj*〉 sich entscheiden für **♦plump up** § 〈*trennb*〉 *Kissen* aufschütteln

plumpness ['plʌmpnɪs] § Molligkeit *f*; *von Beinen* Stämmigkeit *f*; *von Gesicht*

Pausbäckigkeit *f*; *von Huhn* Wohlgenährtheit *f*

plum pudding § Plumpudding *m* **plum tomato** § Flaschentomate *f*

plunder ['plʌndər] **A** § Beute *f* **B** § **1** plündern **2** rauben **C** § plündern

plunge [plʌndʒ] **A** § **1** stecken; *in Flüssigkeit* tauchen; **he ~d the knife into his victim's back** er jagte seinem Opfer das Messer in den Rücken **2** *fig* **to ~ the country into war** das Land in einen Krieg stürzen; **~d into darkness** in Dunkelheit getaucht **B** § **1** tauchen **2** stürzen; *Umsatz; fallen*; **to ~ to one's death** zu Tode stürzen; **he ~d into the crowd** er stürzte sich in die Massen **C** § *in Arbeit etc* sich stürzen (**into** *in +akk*) **D** § **1** Sturz *m*; **shares took a ~** es kam zu einem Kurssturz **2** (Kopf)sprung *m*; **to take the ~** *fig umg* den Sprung wagen **♦plunge in A** § 〈*trennb*〉 *Messer* hineinjagen; *Hand* hineinstecken; *in Flüssigkeit* hineintauchen; **he was plunged straight in (at the deep end)** *fig* er musste gleich richtig ran *umg* **B** § hineinspringen

plunger ['plʌndʒər] § Sauger *m* **plunging** ['plʌndʒɪŋ] ADJ **1** *Ausschnitt* tief **2** *Preise* stark fallend

pluperfect ['pluːˈpɜːfɪkt] **A** § Plusquamperfekt *n* **B** ADJ **~ tense** Plusquamperfekt *n*

plural ['plʊərəl] **A** ADJ GRAM Plural-; **~ ending** Pluralendung *f* **B** § Plural *m*, Mehrzahl *f*; **in the ~** im Plural **pluralism** ['plʊərəlɪzm] § Pluralismus *m* **pluralist** ['plʊərəlɪst] ADJ pluralistisch

plus [plʌs] **A** PRÄP plus (+*dat*), und (außerdem); **~ or minus 10%** plus minus 10 % **B** ADJ **1 a ~ figure** eine positive Zahl; **on the ~ side** auf der Habenseite; **~ 10 degrees** 10 Grad über null **2 he got B ~** ≈ er hat eine Zwei plus bekommen; **50 pages ~** über 50 Seiten **C** § Pluszeichen *n*; (≈*Faktor*) Pluspunkt *m*; (≈*Gewinn*) Plus *n*

plush [plʌʃ] *umg* ADJ 〈*+er*〉 feudal *umg*; **a ~ hotel** ein Nobelhotel *n umg*

plus sign § Pluszeichen *n*

Pluto ['pluːtəʊ] § ASTRON Pluto *m*

plutonium [pluːˈtəʊnɪəm] § Plutonium *n*

ply [plaɪ] § **1** *Gewerbe* ausüben **2 to ply sb with questions** j-n mit Fragen überhäufen; **to ply sb with drink(s)** j-n immer wieder zum Trinken auffordern

plywood ['plaɪwʊd] S̲ Sperrholz n

PM Br A̲B̲K̲ (= Prime Minister) umg Premierminister(in) m/f

p.m. A̲B̲K̲ (= post meridiem) **2** ~ 2 Uhr nachmittags; **12** ~ 12 Uhr mittags

PMS [pi:em'es] A̲B̲K̲ (= pre-menstrual syndrome) PMS n

PMT [pi:em'ti:] Br A̲B̲K̲ (= pre-menstrual tension) PMS n

pneumatic drill [nju:ˌmætɪk'drɪl] S̲ Pressluftbohrer m

pneumonia [nju:'məʊnɪə] S̲ Lungenentzündung f

PO A̲B̲K̲ (= post office) PA

poach[1] [pəʊtʃ] V̲T̲ Ei pochieren; Fisch dünsten; **~ed egg** verlorenes Ei

poach[2] A̲ V̲T̲ unerlaubt fangen; fig Idee stehlen; Kunden abwerben B̲ V̲I̲ wildern (**for** auf +akk) **poacher** ['pəʊtʃə] S̲ Wilderer m, Wilderin f **poaching** ['pəʊtʃɪŋ] S̲ Wildern n

PO Box S̲, **P.O. Box** US S̲ Postfach n

★**pocket** ['pɒkɪt] A̲ S̲ **1** Tasche f (an Kleidungsstücken); in Aktenordner Fach n; Billard Loch n; **to be in sb's** ~ fig j-m hörig sein; **to live in each other's** ~ fig one another's ~s fig unzertrennlich sein **2** (≈ Finanzen) Geldbeutel m; **to be a drain on one's** ~ j-s Geldbeutel strapazieren umg; **to pay for sth out of one's own** ~ etw aus der eigenen Tasche bezahlen **3** Gebiet n; ~ **of resistance** Widerstandsnest n B̲ A̲D̲J̲ Taschen- C̲ V̲T̲ einstecken **pocketbook** S̲ **1** Notizbuch n **2** US Brieftasche f **pocket calculator** S̲ Taschenrechner m **pocketful** S̲ **a** ~ eine Taschevoll **pocketknife** S̲ Taschenmesser n **pocket money** Br S̲ Taschengeld n **pocket-size(d)** A̲D̲J̲ im Taschenformat; ~ **camera/TV** Miniaturkamera f/-fernseher m

pockmarked ['pɒkmɑ:kt] A̲D̲J̲ Gesicht pockennarbig; Oberfläche narbig

pod [pɒd] A̲ S̲ BOT Hülse f B̲ V̲T̲ Erbsen enthülsen

podcast S̲ IT Podcast m

podgy ['pɒdʒɪ] Br umg A̲D̲J̲ <komp podgier> pummelig umg; Gesicht schwammig; ~ **fingers** Wurstfinger pl pej umg

podiatrist [pɒ'di:ətrɪst] bes US S̲ Fußspezialist(in) m/f

podium ['pəʊdɪəm] S̲ Podest n; ~ **place** Podestplatz m

★**poem** ['pəʊɪm] S̲ Gedicht n

★**poet** ['pəʊɪt] S̲ Dichter(in) m/f **poetic** [pəʊ'etɪk] A̲D̲J̲ poetisch **poetic licence** S̲ dichterische Freiheit **poet laureate** ['pəʊɪt'lɔːrɪət] S̲ Hofdichter(in) m/f **poetry** ['pəʊɪtrɪ] S̲ **1** Dichtung f; **to write** ~ Gedichte schreiben **2** fig **~ in motion** in Bewegung umgesetzte Poesie

pogrom ['pɒgrəm] S̲ Pogrom n

poignancy ['pɔɪnjənsɪ] S̲ Ergreifende(s) n; von Erinnerungen Wehmut f **poignant** ['pɔɪnjənt] A̲D̲J̲ ergreifend; Erinnerungen wehmütig

★**point** [pɔɪnt]

A Substantiv	B transitives Verb
C intransitives Verb	

— A Substantiv —

1 Punkt m; **~s for/against** Plus-/Minuspunkte pl; **to win on** ~s nach Punkten gewinnen; **(nought)** ~ **seven (0,7)** null Komma sieben (0,7); **up to a** ~ bis zu einem gewissen Grad **2** von Nadel Spitze f **3** zeitlich, örtlich Stelle f; **at this** ~ in diesem Augenblick, jetzt; **from that** ~ **on** von da an; **at what** ~ ...? an welcher Stelle ...?; **at no** ~ nie; **at no** ~ **in the book** nirgends in dem Buch; ~ **of departure** Ausgangspunkt m; **severe to the** ~ **of cruelty** streng bis an die Grenze der Grausamkeit; **the** ~ **of no return** fig der Punkt, von dem an es kein Zurück gibt; **to be on the** ~ **of doing sth** im Begriff sein, etw zu tun; **he was on the** ~ **of telling me the story when ...** er wollte mir gerade die Geschichte erzählen, als ... **4** (≈ Sache) Punkt m; **a useful** ~ ein nützlicher Hinweis; ~ **by** ~ Punkt für Punkt; **my** ~ **was ...** was ich sagen wollte, war ...; **you have a** ~ **there** darin mögen Sie recht haben; **to make a/one's** ~ ein/sein Argument n vorbringen; **he made the** ~ **that ...** er betonte, dass ...; **you've made your** ~! das hast du ja schon gesagt!; **what** ~ **are you trying to make?** worauf wollen Sie hinaus?; **I take your** ~, ~ **taken** ich akzeptiere, was Sie sagen; **do you take my** ~? verstehst du mich?; **a** ~ **of interest** ein interessanter Punkt; **a** ~ **of law** eine Rechtsfrage **5** Sinn m; **there's no** ~ **in staying** es hat keinen Sinn zu

P

bleiben; **I don't see the ~ of carrying on** ich sehe keinen Sinn darin, weiterzumachen; **what's the ~ anyway?** was soll's?; **the ~ of this is ...** Sinn und Zweck davon ist ...; **what's the ~ of trying?** wozu (es) versuchen?; **the ~ is that ...** die Sache ist die, dass ...; **that's the whole ~** das ist es ja gerade; **that's the whole ~ of doing it this way** gerade darum machen wir das so; **the ~ of the story** die Pointe; **that's not the ~** darum geht es nicht; **to get** od **see the ~** verstehen, worum es geht; **do you see the ~ of what I'm saying?** weißt du, worauf ich hinauswill?; **to miss the ~** nicht verstehen, worum es geht; **he missed the ~ of what I was saying** er hat nicht begriffen, worauf ich hinauswollte; **to come to the ~** zur Sache kommen; **to keep** od **stick to the ~** beim Thema bleiben; **beside the ~** irrelevant; **I'm afraid that's beside the ~** das ist nicht relevant; **a case in ~** ein einschlägiger Fall; **to make a ~ of doing sth** Wert darauf legen, etw zu tun **6** (≈ *Eigenschaft*) **good/bad ~s** gute/ schlechte Seiten *pl* **7** *Br* BAHN **~s** *pl* Weichen *pl*

— **B** *transitives Verb* —

1 *Waffe* richten (**at** *auf* +*akk*) **2** zeigen; **to ~ the way** den Weg weisen **3** *Zehen* strecken

— **C** *intransitives Verb* —

1 zeigen, deuten (**at**, **to** *auf* +*akk*); **it's rude to ~ (at strangers)** es ist unhöflich, mit dem Finger (auf Fremde) zu zeigen; **he ~ed toward(s) the house** er zeigte zum Haus **2** hindeuten (**to** *auf* +*akk*); **everything ~s that way** alles weist in diese Richtung; **all the signs ~ to success** alle Zeichen stehen auf Erfolg **3** *Waffe* gerichtet sein; *Haus etc* liegen

◆**point out** *VT* ⟨*trennb*⟩ zeigen auf (+*akk*); **to point sth out to sb** j-n auf etw (*akk*) hinweisen, j-n auf etw (*akk*) aufmerksam machen; **could you point him out to me?** kannst du mir zeigen, wer er ist?; **may I point out that ...?** darf ich darauf aufmerksam machen, dass ...?

point-blank [ˈpɔɪntˈblæŋk] **A** *ADJ* direkt; *Ablehnung* glatt; **at ~ range** aus kürzester Entfernung **B** *ADV* schießen

aus kürzester Entfernung; *fragen* rundheraus; *ablehnen* rundweg

★**pointed** [ˈpɔɪntɪd] *ADJ* **1** spitz **2** *Bemerkung, Blick* spitz; *Anspielung* unverblümt; *Frage* gezielt; *Abwesenheit, Geste* ostentativ; **that was rather ~** das war ziemlich deutlich **pointedly** [ˈpɔɪntɪdlɪ] *ADV* reden spitz; *anspielen* unverblümt; *fernbleiben* ostentativ **pointer** [ˈpɔɪntə] *S* **1** Zeiger *m*, Nadel *f* **2** Zeigestock *m* **3** IT Mauszeiger *m* **4** *fig* Hinweis *m* **pointless** *ADJ* sinnlos; **it is ~ her going** od **for her to go** es ist sinnlos, dass sie geht; **a ~ exercise** eine sinnlose Angelegenheit **pointlessly** *ADV* sinnlos **pointlessness** *S* Sinnlosigkeit *f*

poise [pɔɪz] **A** *S* **1** von *Kopf, Körper* Haltung *f*; (≈ *Anmut*) Grazie *f* **2** Selbstsicherheit *f* **B** *VT* balancieren; **to hang ~d** *Vogel, Schwert* schweben; **the tiger was ~d ready to spring** der Tiger lauerte sprungbereit; **we sat ~d on the edge of our chairs** wir balancierten auf den Stuhlkanten **poised** *ADJ* **1** bereit; **to be ~ to do sth** bereit sein, etw zu tun; **to be ~ for sth** für etw bereit sein; **the enemy are ~ to attack** der Feind steht angriffsbereit; **he was ~ to become champion** er war auf dem besten Weg, die Meisterschaft zu gewinnen; **to be ~ on the brink of sth** am Rande von etw stehen **2** selbstsicher

★**poison** [ˈpɔɪzn] **A** *S* Gift *n* **B** *VT* vergiften; *Atmosphäre, Flüsse* verpesten; **to ~ sb's mind against sb** j-n gegen j-n aufstacheln **poisoned** *ADJ* vergiftet **poisoning** [ˈpɔɪzənɪŋ] *S* Vergiftung *f*

★**poisonous** [ˈpɔɪznəs] *ADJ* giftig; **~ snake** Giftschlange *f* **poison-pen letter** *S* anonymer Brief

poke [pəʊk] **A** *S* Stoß *m*; **to give sb/sth a ~** j-n/etw stoßen; *mit Finger* j-n/etw stupsen **B** *VT* **1** stoßen; *mit Finger* stupsen; **to ~ the fire** das Feuer schüren; **he accidentally ~d me in the eye** er hat mir aus Versehen ins Auge gestoßen **2** **to ~ one's finger into sth** seinen Finger in etw (*akk*) stecken; **he ~d his head round the door** er streckte seinen Kopf durch die Tür **3** *Loch* bohren **C** *VI* **to ~ at sth in etw** (*dat*) stochern; **she ~d at her food with a fork** sie stocherte mit einer Gabel in ihrem Essen herum

◆**poke about** *Br*, **poke around** *VI*

1 herumstochern **2** *umg* neugierig schnüffeln *umg* ◆**poke out** **A** V/I vorstehen **B** V/T *‹trennb›* **1** hinausstrecken **2** **he poked the dirt out with his fingers** er kratzte den Schmutz mit den Fingern heraus; **to poke sb's eye out** j-m ein Auge ausstechen

poker ['pəʊkə(r)] S KART Poker *n* **poker-faced** ['pəʊkə'feɪst] ADJ mit einem Pokergesicht

poky ['pəʊki] *pej* ADJ *‹komp pokier›* winzig; **it's so ~ in here** es ist so eng hier

★**Poland** ['pəʊlənd] S Polen *n*

polar ['pəʊlə(r)] ADJ Polar-, polar **polar bear** S Eisbär *m* **polar circle** S Polarkreis *m* **polarization** [,pəʊlərai'zeɪʃn] S Polarisierung *f* **polarize** ['pəʊləraɪz] **A** VT polarisieren **B** VI sich polarisieren

Polaroid® ['pəʊlərɔɪd] S Polaroidkamera® *f* (≈ *Foto*) Sofortbild *n*

★**Pole** [pəʊl] S Pole *m*, Polin *f*

pole¹ [pəʊl] S Stange *f*, Stab *m*

★**pole²** S GEOG, ASTRON, ELEK Pol *m*; **they are ~s apart** sie (*akk*) trennen Welten

polemical [pə'lemɪkəl] ADJ polemisch

pole position S SPORT Poleposition *f*; **to be** *od* **start in ~** aus der Poleposition starten **pole star** S Polarstern *m* **pole vault** S Stabhochsprung *m* **pole-vaulter** S Stabhochspringer(in) *m(f)*

★**police** [pə'liːs] **A** S Polizei *f*; **to join the ~** zur Polizei gehen; **he is in the ~** er ist bei der Polizei; **hundreds of ~** Hunderte von Polizisten **B** VT kontrollieren **police car** S Polizeiwagen *m* **police constable** *Br* S Polizist(in) *m(f)* **police department** *US* S Polizei *f* **police dog** S Polizeihund *m* **police force** S Polizei *f* **police headquarters** S *‹+sg od pl v›* Polizeipräsidium *nt*

★**policeman** S *‹pl -men›* Polizist *m* **police officer** S Polizeibeamte(r) *m*/f(m) **police presence** S Polizeiaufgebot *n* **police record** S Strafregister *n*; **to have a ~** vorbestraft sein **police state** S Polizeistaat *m*

★**police station** S (Polizei)wache *f*, Wachzimmer *n österr* **policewoman** S *‹pl -women* [-wɪmən]› Polizistin *f* **policing** [pə'liːsɪŋ] S Kontrolle *f*

policy¹ ['pɒlɪsi] S *kein pl;* **1** Politik *f* (≈ *Prinzip*) Grundsatz *m*; **our ~ on recruitment** unsere Einstellungspolitik; **a ~ of restricting immigration** eine Poli-

tik zur Einschränkung der Einwanderung; **a matter of ~** eine Grundsatzfrage; **your ~ should always be to give people a second chance** du solltest es dir zum Grundsatz machen, Menschen eine zweite Chance zu geben; **my ~ is to wait and see** meine Devise heißt abwarten **2** Taktik *f*; **it was good/bad ~** das war (taktisch) klug/unklug

policy² S, (*a.* **insurance policy**) (Versicherungs)police *f*; **to take out a ~** eine Versicherung abschließen

polio ['pəʊliəʊ] S *‹kein pl›* Kinderlähmung *f*

★**Polish** ['pəʊlɪʃ] **A** ADJ polnisch **B** S LING Polnisch *n*

★**polish** ['pɒlɪʃ] **A** S **1** *für Schuhe* Creme *f*; *für Fußboden* Bohnerwachs *n*; *für Möbel* Politur *f*; *für Metall* Poliermittel *n*; *für Fingernägel* Lack *m* **2** **to give sth a ~** etw polieren; *Fußboden* etw bohnern **3** Glanz *m* **B** VT *wörtl* polieren; *Fußboden* bohnern ◆**polish off** *umg* VT *‹trennb›* Essen verputzen *umg* ◆**polish up** VT *‹trennb›* **1** polieren **2** *fig* Sprachkenntnisse auffrischen; *fig* Stil aufpolieren; *Aufsatz etc* überarbeiten

polished ['pɒlɪʃt] ADJ **1** *Möbel* poliert; *Fußboden* gebohnert **2** *Stil* verfeinert; *Leistung* brillant

★**polite** [pə'laɪt] ADJ *‹komp politer›* höflich; **to be ~ to sb** höflich zu j-m sein **politeness** [pə'laɪtnɪs] S Höflichkeit *f*

★**political** [pə'lɪtɪkəl] ADJ politisch **political asylum** S politisches Asyl; **he was granted ~** ihm wurde politisches Asyl gewährt **political correctness** S politisch korrekter Sprachgebrauch → *s. Info-Fenster nächste Seite* **politically** [pə'lɪtɪkəli] ADV politisch **politically correct** ADJ politisch korrekt **politically incorrect** ADJ politisch inkorrekt **political party** S politische Partei **political prisoner** S politischer Gefangener, politische Gefangene

★**politician** [,pɒlɪ'tɪʃən] S Politiker(in) *m(f)*

★**politics** ['pɒlɪtɪks] S **1** *‹+sg v›* Fach Politik *f* (≈ *pl*) Politik *pl*; **to go into ~** in die Politik gehen; **I think ~ is really interesting** ich finde Politik richtig spannend; **interested in ~** politisch interessiert **2** *‹pl›* politische Ansichten *pl*; **what are his ~?** welche politischen Ansichten hat er?; **office ~** Bürorangeleien *pl*

P

political correctness

Dieser Begriff hat seinen Ursprung in den USA und bedeutet so viel wie politisch korrekter, d. h. gesellschaftlich akzeptabler Sprachgebrauch. Wer **politically correct (PC)** ist, vermeidet Ausdrücke, die andere Menschen – besonders Frauen, Angehörige verschiedener Rassen, behinderte oder alte Menschen – verletzen oder diskriminieren könnten.

PC	anstelle von	Erklärung
firefighter	**fireman**	Feuerwehrmann / -frau
senior citizen	**pensioner**	Rentner(in)
disabled	**handicapped**	behindert
visually impaired	**blind**	blind

Bezeichnungen für Bevölkerungsgruppen unterschiedlicher ethnischer Herkunft oder Religion unterliegen einem ständigen Wandel. Begriffe, die in den 1980er-Jahren **politically correct** waren, können inzwischen das Gegenteil sein. Hier ein paar aktuelle Beispiele für **PC**:

PC	anstelle von	Erklärung
Black; African-American	**Afro-American**	Amerikaner afrikanischer Herkunft
Native American	**Indian**	Amerikaner indianischer Abstammung
Latino *m* / **Latina** *f*	**Hispanic**	Person mittel- oder südamerikanischer Abstammung
indigenous / aboriginal Australian	**Aborigine**	Ureinwohner Australiens

polka ['pɒlkə] [S] Polka *f* **polka dot** ['pɒlkədɒt] [A] [S] Tupfen *m* [B] [ADJ] getupft

poll [pəʊl] [A] [S] [1] POL Abstimmung *f*, Wahl *f*; **a ~ was taken among the villagers** unter den Dorfbewohnern wurde abgestimmt; **they got 34% of the ~** sie bekamen 34% der Stimmen [2] **~s** Wahl *f*; **to go to the ~s** zur Wahl gehen; **a crushing defeat at the ~s** eine vernichtende Wahlniederlage [3] Umfrage *f*; **a telephone ~** eine telefonische Abstimmung [B] [V/T] [1] *Stimmen* erhalten [2] *bei Umfrage* befragen

pollen ['pɒlən] [S] Pollen *m* **pollen count** [S] Pollenzahl *f*, Pollenflug *m* **pollinate** ['pɒlɪneɪt] [V/T] bestäuben **pollination** [,pɒlɪ'neɪʃən] [S] Bestäubung *f*

polling ['pəʊlɪŋ] [S] Wahl *f* **polling booth** [S] Wahlkabine *f* **polling card** [S] Wahlausweis *m* **polling day** *bes Br* [S] Wahltag *m* **polling station** *Br* [S] Wahllokal *n*

pollster ['pəʊlstəʳ] [S] Meinungsforscher(in) *m(f)*

poll tax [S] Kopfsteuer *f*

pollutant [pə'lu:tənt] [S] Schadstoff *m*

★**pollute** [pə'lu:t] [V/T] verschmutzen, verunreinigen **polluter** [pə'lu:təʳ] [S] Umweltverschmutzer(in) *m(f)*

★**pollution** [pə'lu:ʃən] [S] (Umwelt)verschmutzung *f*; *von Atmosphäre* Verunreinigung *f*

polo ['pəʊləʊ] [S] *‹kein pl›* Polo *n* **polo neck** *Br* [A] [S] Rollkragenpullover *m* [B] [ADJ] **~ sweater** Rollkragenpullover *m* **polo shirt** [S] Polohemd *n*

poltergeist ['pɒltəgaɪst] [S] Poltergeist *m*

polyester [,pɒlɪ'estəʳ] [S] Polyester *m*

polygamist [pɒ'lɪgəmɪst] [S] Polygamist(in) *m(f)* **polygamous** [pɒ'lɪgəməs] [ADJ] polygam **polygamy** [pɒ'lɪgəmɪ] [S] Polygamie *f*

polystyrene® [,pɒlɪ'staɪri:n] [A] [S] Polystyrol *n* [B] [ADJ] Polystyrol-

polysyllabic [,pɒlɪsɪ'læbɪk] [ADJ] mehrsilbig

polytechnic [,pɒlɪ'teknɪk] *Br* [S] ≈ Polytechnikum *n*, technische Hochschule

polythene ['pɒlɪθi:n] *Br* [S] Polyäthylen *n*; **~ bag** Plastiktüte *f*

polyunsaturated [,pɒlɪʌn'sætʃəreɪtɪd] [ADJ] mehrfach ungesättigt; **~ fats** mehrfach ungesättigte Fettsäuren *pl*

pomegranate ['pɒmə,grænɪt] [S] Granatapfel *m*

Pomerania [ˌpɒməˈreɪnɪə] $\overline{S}$ Pommern n

pomp [pɒmp] $\overline{S}$ Pomp m

pompom [ˈpɒmpɒm] $\overline{S}$ Troddel f

pomposity [pɒmˈpɒsɪtɪ] $\overline{S}$ Aufgeblasenheit f; von Sprache Schwülstigkeit f

pompous [ˈpɒmpəs] $\overline{ADJ}$ aufgeblasen; Sprache schwülstig **pompously** [ˈpɒmpəslɪ] $\overline{ADV}$ schreiben, sprechen schwülstig; sich benehmen aufgeblasen

poncy [ˈpɒnsɪ] Br umg $\overline{ADJ}$ ⟨komp poncier⟩ Gang, Schauspieler tuntig umg

★**pond** [pɒnd] $\overline{S}$ Teich m

ponder [ˈpɒndə⟨r⟩] $\overline{A}$ $\overline{V/T}$ nachdenken über (+akk) $\overline{B}$ $\overline{VI}$ nachdenken (on, over über +akk)

ponderous [ˈpɒndərəs] $\overline{ADJ}$ schwerfällig

pong [pɒŋ] Br umg $\overline{A}$ $\overline{S}$ Gestank m; **there's a bit of a ~ in here** hier stinkts $\overline{B}$ $\overline{VI}$ stinken

pony [ˈpəʊnɪ] $\overline{S}$ Pony n **ponytail** [ˈpəʊnɪteɪl] $\overline{S}$ Pferdeschwanz m; **she was wearing her hair in a ~** sie trug einen Pferdeschwanz **pony trekking** $\overline{S}$ Ponyreiten n im Gelände

poo [puː] kinderspr $\overline{S \& VI}$ → **pooh**

pooch [puːtʃ] umg $\overline{S}$ Hündchen n

poodle [ˈpuːdl] $\overline{S}$ Pudel m

poof(ter) [ˈpʊf(tə⟨r⟩)] Br obs $\overline{S}$ pej umg Schwule(r) m umg

pooh [puː] $\overline{A}$ $\overline{INT}$ puh $\overline{B}$ $\overline{S}$ kinderspr Aa n kinderspr; **to do a ~** Aa machen kinderspr $\overline{C}$ $\overline{VI}$ kinderspr Aa machen kinderspr

★**pool**[1] [puːl] $\overline{S}$ $\overline{1}$ Teich m $\overline{2}$ nach Regen Pfütze f $\overline{3}$ Lache f; **a ~ of blood** eine Blutlache $\overline{4}$ Swimmingpool m, Schwimmbad n; **to go to the (swimming) ~** ins Schwimmbad gehen

pool[2] $\overline{A}$ $\overline{S}$ $\overline{1}$ (gemeinsame) Kasse $\overline{2}$ Schreibzentrale f $\overline{3}$ Fuhrpark m $\overline{4}$ Br **the ~s** Toto m/n; **to do the ~s** Toto spielen; **he won £1000 on the ~s** er hat £ 1000 im Toto gewonnen $\overline{5}$ Poolbillard n $\overline{B}$ $\overline{VI/T}$ Mittel zusammenlegen; Anstrengungen vereinen geh

pool attendant $\overline{S}$ Bademeister(in) m(f) **pool hall** $\overline{S}$ Billardzimmer n **pool table** $\overline{S}$ Billardtisch m

poop [puːp] umg $\overline{VI/T}$ schlauchen umg **pooped** [puːpt] $\overline{ADJ}$ umg völlig fertig **pooper scooper** [ˈpuːpəˈskuːpə⟨r⟩] $\overline{S}$ Schaufel f für Hundekot

★**poor** [pʊə⟨r⟩] $\overline{A}$ $\overline{ADJ}$ ⟨+er⟩ $\overline{1}$ arm; **to get**

od **become ~er** verarmen; **he was now one thousand pounds (the) ~er** er war nun um eintausend Pfund ärmer; **~ relation** fig Sorgenkind n; **you ~ (old) chap** umg du armer Kerl umg; **~ you!** du Ärmste(r)!; **she's all alone, ~ woman** sie ist ganz allein, die arme Frau; **~ things, they look cold** die Ärmsten, ihnen scheint kalt zu sein $\overline{2}$ schlecht, mangelhaft; Führung schwach; **a ~ substitute** ein armseliger Ersatz; **a ~ chance of success** schlechte Erfolgsaussichten pl; **that's ~ consolation** das ist ein schwacher Trost; **he has a ~ grasp of the subject** er beherrscht das Fach schlecht $\overline{B}$ $\overline{PL}$ **the ~** die Armen pl

poorly [ˈpʊəlɪ] $\overline{A}$ $\overline{ADV}$ $\overline{1}$ arm; ausgestattet ärmlich; **~ off** schlecht gestellt $\overline{2}$ schlecht; **~-attended** schlecht besucht; **~-educated** ohne (ausreichende) Schulbildung; **~-equipped** schlecht ausgerüstet; **to do ~ (at sth)** (in etw dat) schlecht abschneiden $\overline{B}$ $\overline{ADJ}$ ⟨präd⟩ Br krank; **to be** od **feel ~** sich krank fühlen

pop[1] [pɒp] bes US umg $\overline{S}$ Papa m umg

pop[2] $\overline{A}$ $\overline{S}$ $\overline{1}$ Knall m $\overline{2}$ (≈ Getränk) Limo f umg, Kracherl n österr $\overline{B}$ $\overline{ADV}$ **to go pop** Korken knallen; Ballon platzen; **pop! peng!** $\overline{C}$ $\overline{VT}$ $\overline{1}$ Ballon zum Platzen bringen $\overline{2}$ umg **to pop a letter into the postbox** Br, **to pop a letter into the mailbox** US einen Brief einwerfen; **he popped his head round the door** er streckte den Kopf durch die Tür; **to pop a jacket on** sich (dat) ein Jackett überziehen; **to pop the question** einen (Heirats)antrag machen $\overline{D}$ umg $\overline{VI/I}$ $\overline{1}$ Korken knallen; Ballon platzen; Ohren knacken; **his eyes were popping out of his head** ihm fielen fast die Augen aus dem Kopf umg $\overline{2}$ **to pop along/down to the baker's** schnell zum Bäcker laufen; **I'll just pop upstairs** ich laufe mal eben nach oben; **pop round sometime** kommen doch mal auf einen Sprung bei mir vorbei

♦**pop back** umg $\overline{A}$ $\overline{VT}$ ⟨trennb⟩ (schnell) zurücktun umg; **pop it back in(to) the box** tu es wieder in die Schachtel $\overline{B}$ $\overline{VI}$ schnell zurücklaufen

♦**pop in** umg $\overline{VT}$ ⟨trennb⟩ hineintun; **to pop sth in(to) sth** etw in etw (akk) stecken $\overline{B}$ $\overline{VI}$ auf einen Sprung vorbeikommen umg; **to pop in for a short**

P

chat auf einen kleinen Schwatz hereinschauen *umg*; **we just popped into the pub** wir gingen kurz in die Kneipe; **just pop in any time** komm doch irgendwann mal vorbei ◆**pop off** *Br umg* Vi verschwinden *umg* (to nach) ◆**pop open** Vi aufplatzen, aufspringen ◆**pop out** *umg* Vi **1** (schnell) rausgehen *umg*; **he has just popped out for a beer** er ist schnell auf ein Bierchen gegangen *umg*; **he has just popped out to the shops** er ist schnell zum Einkaufen gegangen **2** *Augen* vorquellen ◆**pop up** *umg* A Vi ⟨*trennb*⟩ Kopf hochstrecken B Vi **1** auftauchen; *Kopf* hochschießen *umg* **2** (mal eben) raufkommen *umg*, (mal eben) raufgehen *umg*

pop concert S Popkonzert *n* **popcorn** S Popcorn *n* **popcorn maker**, **popcorn popper** *US* S Popcornmaschine *f*

Pope [pəʊp] S Papst *m*

pop group S Popgruppe *f* **popgun** S Spielzeugpistole *f* **pop icon** S Popikone *f*, Popidol *n*

poplar ['pɒplər] S Pappel *f*

pop music S Popmusik *f*

poppy ['pɒpɪ] S Mohn *m* **Poppy Day** *Br* ≈ Volkstrauertag *m* **poppy seed** S Mohn *m*

Popsicle® ['pɒpsɪkl] *US* S Eis *n* am Stiel **pop singer** S Popsänger(in) *m(f)* **pop song** S Popsong *m* **pop star** S Popstar *m*

populace ['pɒpjʊləs] S Bevölkerung *f*, breite Öffentlichkeit

★**popular** ['pɒpjʊlər] ADJ **1** beliebt (**with** bei); **he was a very ~ choice** seine Wahl fand großen Anklang **2** populär; *Musik* leicht; **~ appeal** Massenappeal *m*; **~ science** Populärwissenschaft *f* **3** *Glaube* weitverbreitet; **contrary to ~ opinion** entgegen der landläufigen Meinung; **fruit teas are becoming increasingly ~** Früchtetees erfreuen sich zunehmender Beliebtheit **4** POL *Unterstützung des Volkes*; *Abstimmung, Forderung* allgemein; **~ uprising** Volksaufstand *m*; **by ~ request** auf allgemeinen Wunsch **popular culture** ['pɒpjʊlər] S Populärkultur *f* **popularity** [ˌpɒpjʊ'lærɪtɪ] S Beliebtheit *f*; **he'd do anything to win ~** er würde alles tun, um sich beliebt zu machen;

the sport is growing in ~ dieser Sport wird immer populärer **popularize** ['pɒpjʊlaraɪz] Vt **1** populär machen **2** *Wissenschaft, Ideen* popularisieren, popularisieren **popularly** ['pɒpjʊlalɪ] ADV allgemein; **he is ~ believed to be rich** nach allgemeiner Ansicht ist er reich; **to be ~ known as sb/sth** allgemeinhin als j-d/etw bekannt sein

populate ['pɒpjʊleɪt] Vt bevölkern, besiedeln; **~d by** bevölkert von; **this area is ~d mainly by immigrants** in diesem Stadtteil leben hauptsächlich Einwanderer; **densely ~d areas** dicht besiedelte Gebiete *pl*; **densely ~d cities** dicht bevölkerte Städte *pl*

★**population** [ˌpɒpjʊ'leɪʃən] S Bevölkerung *f*, Bewohner *pl*; (≈*Ziffer*) Bevölkerungszahl *f*

populist ['pɒpjʊlɪst] ADJ populistisch **populous** ['pɒpjʊləs] ADJ *Land* dicht besiedelt; *Stadt* einwohnerstark

pop-up ['pɒpʌp] A ADJ *Buch* Hochklapp- *umg*; **~ menu/window** IT Pop-up-Menü *n*/Fenster *n* B S IT Pop-up(-Menü) *n*

porcelain ['pɔːsəlɪn] A S Porzellan *n* B ADJ Porzellan-

porch [pɔːtʃ] S Vorbau *m*; *US* Veranda *f*

porcupine ['pɔːkjʊpaɪn] S Stachelschwein *n*

pore [pɔːr] S Pore *f*; **in/from every ~** *fig* aus allen Poren ◆**pore over** Vi ⟨+*obj*⟩ genau studieren; **to pore over one's books** über seinen Büchern hocken

★**pork** [pɔːk] S Schweinefleisch *n* **pork chop** S Schweineskotelett *n* **pork pie** S Schweinefleischpastete *f* **pork sausage** S Schweinswurst *f* **porky** ['pɔːkɪ] *umg* A ADJ ⟨*komp* porkier⟩ fett B S Schwindelei *f*

porn [pɔːn] *umg* A S Pornografie *f*; **soft ~** weicher Porno; **hard ~** harter Porno B ADJ pornografisch; **~ shop** Pornoladen *m umg*; **~ star** Pornostar *m* **porno** ['pɔːnəʊ] *umg* A S ⟨*pl -s*⟩ Porno *m* B ADJ *umg* Porno- **pornographic** ADJ, **pornographically** [ˌpɔːnə'græfɪk, -əlɪ] ADV pornografisch **pornography** [pɔː'nɒgrəfɪ] S Pornografie *f*

porous ['pɔːrəs] ADJ *Fels* porös

porridge ['pɒrɪdʒ] S *Br* Haferbrei *m*

port¹ [pɔːt] S Hafen *m*; **~ of call** Halt *m*; **any ~ in a storm** *sprichw* in der Not frisst der Teufel Fliegen *sprichw*

port² $\overline{S}$ COMPUT Port *m*

port³ A $\overline{S}$ SCHIFF, FLUG Backbord *m* B ADJ auf der Backbordseite

port⁴ $\overline{S}$, (*a.* **port wine**) Portwein *m*

★**portable** ['pɔːtəbl] ADJ **1** tragbar; *Toilette etc* mobil; **easily ~** leicht zu tragen; **~ hard drive** externe *od* mobile Festplatte; **~ radio** Kofferradio *n* **2** *Software* übertragbar

portal ['pɔːtl] $\overline{S}$ IT Portal *n*

porter ['pɔːtə] $\overline{S}$ *von Bürohaus etc* Pförtner(in) *m(f)*; *in Krankenhaus* Assistent(in) *m(f)*; *von Hotel* Portier *m*, Portiersfrau *f*; BAHN Gepäckträger(in) *m(f)*

portfolio [pɔːtˈfəʊliəʊ] $\overline{S}$ ⟨*pl* -s⟩ **1** (Akten)mappe *f* **2** FIN Portefeuille *n* **3** *von Künstler* Kollektion *f*

porthole ['pɔːthəʊl] $\overline{S}$ Bullauge *n*

portion ['pɔːʃən] $\overline{S}$ **1** Teil *m*; *von Ticket* Abschnitt *m*; **my ~** mein Anteil *m* **2** *beim Essen* Portion *f* ⧫ **portion size** $\overline{S}$ Portionsgröße *f*

portly ['pɔːtlɪ] ADJ ⟨*komp* portlier⟩ beleibt, korpulent

portrait ['pɔːtrɪt] $\overline{S}$ Porträt *n*; **to have one's ~ painted** sich malen lassen; **to paint a ~ of sb** j-n porträtieren ⧫ **portrait painter** $\overline{S}$ Porträtmaler(in) *m(f)*

portray [pɔːˈtreɪ] VT **1** darstellen **2** malen ⧫ **portrayal** [pɔːˈtreɪəl] $\overline{S}$ Darstellung *f*

★**Portugal** ['pɔːtjʊgəl] $\overline{S}$ Portugal *n*

★**Portuguese** [ˌpɔːtjʊˈgiːz] A ADJ portugiesisch; **he is ~** er ist Portugiese B $\overline{S}$ ⟨*pl* -⟩ Portugiese *m*, Portugiesin *f*; LING Portugiesisch *n*

pose [pəʊz] A $\overline{S}$ Haltung *f* B VT **1** *Frage* vortragen **2** *Probleme* aufwerfen; *Bedrohung* darstellen C VI **1** *Model* posieren; **to ~ (in the) nude** für einen Akt posieren **2** **to ~ as** sich ausgeben als ⧫ **poser** ['pəʊzə] $\overline{S}$ Angeber(in) *m(f)*

posh [pɒʃ] *umg* ADJ ⟨*+er*⟩ vornehm

★**position** [pəˈzɪʃən] A $\overline{S}$ **1** Platz *m*, Standort *m*; *von Stadt, Haus* Lage *f*; *von Flugzeug, Schiff, a.* SPORT Position *f*; MIL Stellung *f*; **to be in/out of ~** an der richtigen/falschen Stelle sein; **what ~ do you play?** auf welcher Position spielst du?; **he was in fourth ~** er lag auf dem vierten Platz **2** Haltung *f*; *beim Sex* Stellung *f*; **in a sitting ~** sitzend **3** (*≈ Rang*) Position *f*; *beruflich* Stelle *f*; **a ~ of trust** eine Vertrauensstellung; **to**

be in a ~ of power eine Machtposition innehaben **4** *fig* Lage *f*; **to be in a ~ to do sth** in der Lage sein, etw zu tun **5** *fig* Standpunkt *m*; **what is the government's ~ on ...?** welchen Standpunkt vertritt die Regierung zu ...? B VT Mikrofon, Wachen aufstellen; *Soldaten* postieren; IT Cursor positionieren; **he ~ed himself where he could see her** er stellte/setzte sich so, dass er sie sehen konnte

positive ['pɒzɪtɪv] A ADJ **1** positiv; *Kritik* konstruktiv; **~ pole** Pluspol *m*; **he is a very ~ person** er hat eine sehr positive Einstellung zum Leben; **to take ~ action** positive Schritte unternehmen **2** *Beweis, Antwort* eindeutig; **to be ~ that ... sicher sein, dass ...; **to be ~ about** *od* **of sth** sich (*dat*) einer Sache (*gen*) absolut sicher sein; **are you sure? — ~** bist du sicher? — ganz bestimmt; **this is a ~ disgrace** das ist wirklich eine Schande; **a ~ genius** ein wahres Genie B ADV **1** MED **to test ~** einen positiven Befund haben **2** **to think ~** positiv denken ⧫ **positive feedback** $\overline{S}$ **to get ~ (about sb/sth)** eine positive Rückmeldung (zu j-m/etw) erhalten ⧫ **positively** ['pɒzɪtɪvlɪ] ADV **1** positiv **2** definitiv; **to test ~ for drugs** positiv auf Drogen getestet werden **3** wirklich; *emph* eindeutig; **Jane doesn't mind being photographed, she ~ loves it** Jane hat nichts dagegen, fotografiert zu werden, im Gegenteil, sie tut es sehr gern

posse ['pɒsɪ] US $\overline{S}$ Aufgebot *n*; *fig* Gruppe *f*

possess [pəˈzes] VT besitzen; *form Informationen* verfügen über (+*akk*); **to be ~ed by demons** von Dämonen besessen sein; **like a man ~ed** wie ein Besessener; **whatever ~ed you to do that?** was ist bloß in Sie gefahren, so etwas zu tun?

★**possession** [pəˈzeʃən] $\overline{S}$ Besitz *m*; **to have sth in one's ~** etw in seinem Besitz haben; **to have/take ~ of sth** etw in Besitz haben/nehmen; **to get ~ of sth** in den Besitz von etw kommen; **to be in ~ of sth** im Besitz von etw sein; **all his ~s** sein gesamter Besitz ⧫ **possessive** [pəˈzesɪv] A ADJ eigen; *Freundin* besitzergreifend; **to be ~ about sth** seine Besitzansprüche auf etw (*akk*) betonen

P

B S̲ GRAM Possessiv(um) n **possessively** [pəˈzesɪvlɪ] ADV eigen; *in Bezug auf Menschen* besitzergreifend **possessiveness** [pəˈzesɪvnɪs] S̲ eigene Art (**about** mit); *in Bezug auf Menschen* besitzergreifende Art (**towards** gegenüber)

possessive pronoun S̲ GRAM Possessivpronomen n **possessor** [pəˈzesəʳ] S̲ Besitzer(in) m(f)

★**possibility** [ˌpɒsəˈbɪlɪtɪ] S̲ Möglichkeit f; **there's not much ~ of success** die Aussichten auf Erfolg sind nicht sehr groß; **the ~ of doing sth** die Möglichkeit, etw zu tun; **it's a distinct ~ that ... es** besteht eindeutig die Möglichkeit, dass ...; **there is a ~ that ...** es besteht die Möglichkeit, dass ...

★**possible** [ˈpɒsəbl] **A** ADJ möglich; **anything is ~** möglich ist alles; **as soon as ~** so bald wie möglich; **the best ~ ...** der/die/das bestmögliche ...; **if (at all) ~** falls (irgend) möglich; **it's just ~ that I'll see you before then** eventuell sehe ich dich vorher noch; **no ~ excuse** absolut keine Entschuldigung; **the only ~ choice, the only choice ~** die einzig mögliche Wahl; **it will be ~ for you to return the same day** Sie haben die Möglichkeit, am selben Tag zurückzukommen; **to make sth ~** etw ermöglichen; **to make it ~ for sb to do sth** es j-m ermöglichen, etw zu tun; **~ wo möglich; wherever ~** wo immer möglich **B** S̲ **he is a ~ for the English team** er kommt für die englische Mannschaft infrage **possibly** [ˈpɒsəblɪ] ADV **1** **I couldn't ~ do that** das könnte ich unmöglich tun; **nobody could ~ tell the difference** es war unmöglich, einen Unterschied zu erkennen; **very** *od* **quite ~ durchaus möglich; how could he ~ have known that?** wie konnte er das nur wissen?; **he did all he ~ could** er tat, was er nur konnte; **I made myself as comfortable as I ~ could** ich habe es mir so bequem wie möglich gemacht; **if I ~ can** wenn ich irgend kann **2** vielleicht, möglicherweise; **~ not** vielleicht nicht

post¹ [pəʊst] **A** S̲ Pfosten m, Pfahl m, Mast m; **a wooden ~** ein Holzpfahl m; **finishing ~** Zielpfosten m **B** V̲T̲ (*a.* **post up**) anschlagen

post² **A** S̲ **1** *Br* Stelle f; **to take up a ~**

eine Stelle antreten; **to hold a ~** eine Stelle innehaben **2** MIL Posten m; **a border ~** ein Grenzposten m **B** V̲T̲ versetzen; MIL abkommandieren

★**post³** **A** S̲ *Br* Post f; **by ~** mit der Post; **it's in the ~** es ist in der Post; **to catch the ~** rechtzeitig zur Leerung kommen; **to miss the ~** die Leerung verpassen; **there is no ~ today** heute kommt keine Post, heute ist keine Post (für uns) gekommen; **has the ~ been?** war die Post schon da? **B** V̲T̲ **1** *Br* aufgeben; *in Briefkasten* einwerfen; (≈ senden) mit der Post schicken; IT *per E-Mail* mailen; *im Internet* posten; **I ~ed it to you on Monday** ich habe es am Montag an Sie abgeschickt/gemailt **2** **to keep sb ~ed** j-n auf dem Laufenden halten ◆**post off** V̲T̲ ⟨trennb⟩ abschicken

post- [pəʊst-] PRÄF nach-, post-

★**postage** [ˈpəʊstɪdʒ] S̲ Porto n; **~ and packing** Porto und Verpackung; **~ paid** Entgelt bezahlt, portofrei **postage stamp** S̲ Briefmarke f

postal [ˈpəʊstl] ADJ Post- **postal address** S̲ Postanschrift f **postal code** *Br* S̲ Postleitzahl f **postal order** *Br* S̲ ≈ Postanweisung f **postal service** S̲ Postdienst m **postal vote** S̲ **to have a ~** per Briefwahl wählen **postal worker** S̲ Postbeamte(r) m, Postbeamtin f

postbag *Br* S̲ Postsack m **postbox** *Br* S̲ Briefkasten m

★**postcard** S̲ Postkarte f; (**picture**) ~ Ansichtskarte f **postcode** *Br* S̲ Postleitzahl f

postdate V̲T̲ vordatieren **postedit** V̲T̲ & V̲/̲I̲ IT redaktionell nachbearbeiten

★**poster** [ˈpəʊstəʳ] S̲ Plakat n

poste restante [ˌpəʊstˈrestɒnt] ADV *Br* postlagernd

posterior [pɒˈstɪərɪəʳ] *hum* S̲ Allerwerteste(r) m *hum*

posterity [pɒˈsterɪtɪ] S̲ die Nachwelt

post-free ADJ & ADV portofrei **postgrad** [ˈpəʊstgræd] *umg*, **postgraduate** [ˌpəʊstˈgrædjʊət] **A** S̲ Postgraduierte(r) m/f(m) **B** ADJ weiterführend; **~uate course** Anschlusskurs m; **~uate degree** zweiter akademischer Grad; **~uate student** Postgraduierte(r) m/f(m)

posthumous [ˈpɒstjʊməs] ADJ, **posthumously** [ˈpɒstjʊməs, -lɪ] ADV post(h)um

posting ['pəʊstɪŋ] S Versetzung f; **he's got a new ~** er ist wieder versetzt worden

Post-it®, Post-it note S Post-it® n, Haftnotiz f

★**postman** Br S ⟨pl -men⟩ Briefträger m

postmark A S Poststempel m B VT (ab)stempeln; **the letter is ~ed "Birmingham"** der Brief ist in Birmingham abgestempelt

postmodern ADJ postmodern **postmodernism** S Postmodernismus m **postmortem** [ˌpəʊst'mɔːtəm] S, ⟨a. **postmortem examination⟩** Obduktion f **postnatal** ADJ nach der Geburt

★**post office** S Postamt n; **the Post Office** die Post®; **~ box** Postfach n **post-paid** A ADJ portofrei; Umschlag frankiert B ADV portofrei

postpone [pəʊst'pəʊn] VT aufschieben; **it has been ~d till Tuesday** es ist auf Dienstag verschoben worden **postponement** S Verschiebung f, Aufschub m **postscript(um)** ['pəʊstskrɪpt(əm)] S in Brief Postskriptum n; in Buch Nachwort n **post-traumatic stress disorder** S MED posttraumatische Belastungsstörung

posture ['pɒstʃə] A S Haltung f; pej Pose f B VI sich in Positur od Pose werfen

post-war ADJ Nachkriegs-; **~ era** Nachkriegszeit f

postwoman Br S ⟨pl -women -[wɪmɪn]⟩ Briefträgerin f

★**pot** [pɒt] A S 1 Topf m; für Tee Kanne f; **to go to pot** umg auf den Hund kommen umg; Pläne etc ins Wasser fallen umg 2 umg **to have pots of money** jede Menge Geld haben umg 3 umg ⟨≈ Marihuana⟩ Pot n sl B VT 1 Pflanze eintopfen 2 Billard: Kugel einlochen

potassium [pə'tæsɪəm] S Kalium n

★**potato** [pə'teɪtəʊ] S ⟨pl -es⟩ Kartoffel f, Erdapfel m österr **potato chip** S 1 bes US → potato crisp 2 Br Pomme frite m **potato crisp** Br S Kartoffelchip m **potato masher** S Kartoffelstampfer m **potato peeler** S Kartoffelschäler m **potato salad** S Kartoffelsalat m

potbellied ['pɒt'belɪd] ADJ spitzbäuchig; durch Hunger blähbäuchig **potbelly** S Spitzbauch m; durch Hunger Blähbauch m

potency ['pəʊtənsɪ] S von Medikament Stärke f; von Argument, Darstellung Schlagkraft f **potent** ['pəʊtənt] ADJ stark; Argument etc durchschlagend; Appell beeindruckend

potential [pəʊ'tenʃəl] A ADJ potenziell B S Potenzial n; **~ for growth** Wachstumspotenzial n; **to have ~** ausbaufähig sein umg; **he shows quite a bit of ~** in ihm steckt einiges; **to achieve od fulfil od realize one's ~** die Grenze seiner Möglichkeiten verwirklichen; **to have great ~ (as/for)** große Möglichkeiten bergen (als/für); **to have the ~ to do sth** das Potenzial haben, um etw zu tun; **to have no/little ~** kein/kaum Potenzial haben; **she has management ~** sie hat das Zeug zur Managerin **potentially** [pəʊ'tenʃəlɪ] ADV potenziell; **~, these problems are very serious** diese Probleme könnten sich als gravierend herausstellen

pothole ['pɒthəʊl] S 1 Schlagloch n 2 GEOL Höhle f

potion ['pəʊʃən] S Trank m

pot luck S **to take ~** nehmen, was es gerade gibt; **we took ~ and went to the nearest pub** wir gingen aufs Geratewohl in die nächste Kneipe **pot plant** S Topfpflanze f

potpourri [ˌpəʊ'pʊrɪ] wörtl S Duftsträußchen n

pot roast S Schmorbraten m **pot shot** S **to take a ~ at sb/sth** aufs Geratewohl auf j-n/etw schießen

potted ['pɒtɪd] ADJ 1 Fleisch eingemacht; **~ plant** Topfpflanze f 2 gekürzt **potter¹** ['pɒtə] S Töpfer(in) m(f)

potter², putter ['pʌtə] US a. VI herumwerkeln; ⟨≈ bummeln⟩ herumschlendern; **she ~s away in the kitchen for hours** sie hantiert stundenlang in der Küche herum; **to ~ round the house** im Haus herumwerkeln; **to ~ round the shops** einen Geschäftebummel machen; **to ~ along the road** Fahrer, Auto dahinzuckeln

pottery ['pɒtərɪ] S Töpferei f; ⟨≈ Produkte⟩ Töpferwaren pl, Keramik f

potting compost S Pflanzerde f **potting shed** S Schuppen m

potty¹ ['pɒtɪ] S Töpfchen n, Haferl n österr; **~-trained** Br sauber

potty² Br umg ADJ ⟨komp **pottier⟩** ver-

P

rückt; **to drive sb** ~ j-n zum Wahnsinn treiben; **he's** ~ **about her** er ist verrückt nach ihr

pouch [paʊtʃ] ⓢ Beutel *m*

poultice ['pəʊltɪs] ⓢ Umschlag *m*

poultry ['pəʊltrɪ] ⓢ Geflügel *n* **poultry farm** ⓢ Geflügelfarm *f* **poultry farmer** ⓢ Geflügelzüchter(in) *m(f)*

pounce [paʊns] Ⓐ ⓢ Satz *m* Ⓑ Ⓥ/i Katze einen Satz machen; *fig* zuschlagen; **to ~ on sb/sth** sich auf j-n/etw stürzen

★**pound¹** [paʊnd] Ⓐ ⓢ **1** (≈*Gewicht*) ≈ Pfund *n*; **two ~s of apples** zwei Pfund Äpfel; **by the** ~ pfundweise **2** (≈*Währung*) Pfund *n*; ~ **sterling** Pfund Sterling; **five ~s** fünf Pfund

pound² Ⓐ Ⓥ/t **1** hämmern; *Tisch* hämmern auf (+*akk*); *Tür* hämmern gegen; *Wellen* schlagen gegen; *Waffen* ununterbrochen beschießen **2** *Getreide etc* (zer)stampfen Ⓑ Ⓥ/i hämmern; *Herz* (wild) pochen; *Wellen* schlagen (**on, against** gegen); *Trommeln* dröhnen; *beim Gehen* stapfen ♦**pound away** Ⓥ/i hämmern; *Musik, Gewehre* dröhnen; **he was pounding away at the typewriter** er hämmerte auf der Schreibmaschine herum

pound³ ⓢ städtischer Hundezwinger; *bes Br* Abstellplatz *m* (*für amtlich abgeschleppte Fahrzeuge*)

-pounder [-'paʊndəʳ] ⓢ ⟨*suf*⟩ -pfünder *m*; **quarter-pounder** Viertelpfünder *m*

pounding ['paʊndɪŋ] Ⓐ ⓢ Hämmern *n*; *von Herz* Pochen *n*; *von Musik* Dröhnen *n*; *von Wellen* Schlagen *n*; *von Füßen* Stampfen *n*; *von Granaten etc* Bombardement *n*; **the ship took a** ~ das Schiff wurde stark mitgenommen Ⓑ Ⓐᴅᴊ *Herz* klopfend; *Füße* trommelnd; *Trommeln, Wellen* donnernd; *Kopfschmerzen* pochend

pound shop *Br* ⓢ ≈ Ein-Euro-Laden *m*

★**pour** [pɔːʳ] Ⓐ Ⓥ/t *Flüssigkeit* gießen; *Zucker* schütten; *Drink* eingießen; **to ~ sth for sb** j-m etw eingießen; **to ~ money into a project** Geld in ein Projekt pumpen *umg* Ⓑ Ⓥ/i **1** strömen; **the sweat ~ed off him** der Schweiß floss in Strömen an ihm herunter; **it's ~ing (with rain)** es gießt (in Strömen), es schüttet *umg* **2** eingießen; **this jug doesn't ~ well** dieser Krug gießt nicht gut ♦**pour away** Ⓥ/t ⟨*trennb*⟩ weggießen ♦**pour in** Ⓥ/i hereinströmen; *Spen-*

den in Strömen eintreffen ♦**pour out** Ⓐ Ⓥ/i herausströmen (**of** aus); *Worte* herausprudeln (**of** aus) Ⓑ Ⓥ/t ⟨*trennb*⟩ **1** *Flüssigkeit* ausgießen; *Zucker etc* ausschütten; *Drink* eingießen **2** *fig Sorgen* sich (*dat*) von der Seele reden; **to pour out one's heart (to sb)** (j-m) sein Herz ausschütten

pouring ['pɔːrɪŋ] Ⓐᴅᴊ ~ **rain** strömender Regen, Schnürlregen *m österr*

pout [paʊt] Ⓐ ⓢ Schmollmund *m* Ⓑ Ⓥ/i **1** einen Schmollmund machen **2** schmollen

poverty ['pɒvətɪ] ⓢ Armut *f* **poverty-stricken** ['pɒvətɪstrɪkn] Ⓐᴅᴊ Not leidend; **to be** ~ Armut leiden

POW ᴀʙᴋ (= **prisoner of war**) Kriegsgefangene(r) *m/f(m)*

★**powder** ['paʊdəʳ] Ⓐ ⓢ **1** Pulver *n*; (≈*Kosmetik*) Puder *m* **2** Staub *m* Ⓑ Ⓥ/t *Gesicht* pudern; **to ~ one's nose** *euph* kurz verschwinden *euph* **powdered** ['paʊdəd] Ⓐᴅᴊ **1** *Gesicht* gepudert **2** löslich; ~ **sugar** *US* Puderzucker *m*, Staubzucker *m österr* **powdered milk** ⓢ Milchpulver *n* **powder keg** ⓢ Pulverfass *n* **powder room** ⓢ Damentoilette *f* **powdery** ['paʊdərɪ] Ⓐᴅᴊ **1** pulvrig **2** bröckelig

★**power** ['paʊəʳ] Ⓐ ⓢ **1** ⟨*kein pl*⟩ Kraft *f*; *von Schlag* Stärke *f*, Wucht *f*; *fig von Argument* Überzeugungskraft *f*; **the ~ of love** die Macht der Liebe; **purchasing** ~ Kaufkraft *f* **2** Vermögen *n kein pl*; **his ~s of hearing** sein Hörvermögen *n*; **mental** ~s geistige Kräfte *pl* **3** (≈*Kapazität, Nation*) Macht *f*; **he did everything in his** ~ er tat alles, was in seiner Macht stand; **a naval** ~ eine Seemacht **4** ⟨*kein pl*⟩ (≈*Autorität*) Macht *f*; ᴊᴜʀ *elterlich* Gewalt *f kein pl*; Befugnis *f*; **he has the** ~ **to act** er ist handlungsberechtigt; **the** ~ **of the police** die Macht der Polizei; **to be in sb's** ~ in j-s Gewalt (*dat*) sein; ~ **of attorney** ᴊᴜʀ (Handlungs)vollmacht *f*; ~ **of veto** Vetorecht *n*; **the party in** ~ die Partei, die an der Macht ist; **to fall from** ~ abgesetzt werden; **to come into** ~ an die Macht kommen; **I have no** ~ **over her** ich habe keine Gewalt über sie **5** (≈*Mensch, Institution*) Autorität *f*; **to be the** ~ **behind the throne** die graue Eminenz sein; **the ~s that be** *umg* die da oben *umg*;

the **~s of evil** die Mächte des Bösen **6**
Atomkraft etc Energie *f*; **they cut off the
~ sie haben den Strom abgestellt** **7** *von
Maschine* Leistung *f*; **on full** **8** bei voller
Leistung **8** MATH Potenz *f*; **to the ~ (of)**
2 hoch 2 **9** *umg* **that did me a ~ of
good** das hat mir unheimlich gutgetan
umg **B** V/T mit Motor antreiben; *mit
Brennstoff* betreiben; **~ed by electricity**
mit Elektroantrieb ♦**power down** V/T
⟨*trennb*⟩ herunterfahren ♦**power up**
V/I & V/T ⟨*trennb*⟩ starten

power-assisted ADJ AUTO, TECH Ser-
vo-; **~ steering** Servolenkung *f* **power
base** S Machtbasis *f* **powerboat** S
Rennboot *n* **power cable** S Stromka-
bel *n* **power cut** S Stromsperre *f*,
Stromausfall *m* **power drill** S Bohrma-
schine *f* **power-driven** ADJ mit Motor-
antrieb **power failure** S Stromausfall
m

★**powerful** ['paʊəfʊl] ADJ **1** mächtig **2**
stark; *Körperbau, Tritt* kräftig; *Schwimmer,
Reinigungsmittel* kraftvoll; *Sturm, Geruch*
massiv **3** *fig Redner* mitreißend; *Film
etc* ausdrucksvoll; *Argument* durchschla-
gend **powerfully** ['paʊəfʊlɪ] ADV **1**
mächtig; **~ built** kräftig gebaut **2** *fig*
kraftvoll; **~ written** mitreißend ge-
schrieben **powerhouse** *fig* S trei-
bende Kraft (**behind** hinter +*dat*) **power-
less** ADJ machtlos; **to be ~ to resist**
nicht die Kraft haben, zu widerstehen;
**the government is ~ to deal with in-
flation** die Regierung steht der Inflation
machtlos gegenüber **power outage**
['paʊə,aʊtɪdʒ] US S Stromausfall *m* **pow-
er pack** S *von Elektrogerät* Netzteil *n*
power plant S → **power station**
power point S ELEK Steckdose *f*
power politics PL Machtpolitik *f*
power sharing S POL Machtteilung *f*
★**power station** S Kraftwerk *n* **power
steering** S AUTO Servolenkung *f*
power structure S Machtstruktur *f*
power struggle S Machtkampf *m*
power supply S ELEK Stromversor-
gung *f* **power tool** S Elektrowerkzeug
n **power walking** S SPORT Walking *n*;
to go ~ walken gehen

PR [piː'aːʳ] ABK (= public relations) PR *f*
practicability [,præktɪkə'bɪlɪtɪ] S Durch-
führbarkeit *f* **practicable** ['præktɪkəbl]
ADJ durchführbar

★**practical** ['præktɪkəl] ADJ praktisch; **for
(all) ~ purposes** in der Praxis; **to be of
no ~ use** (jeden) praktischen Nut-
zen sein **practicality** [,præktɪ'kælɪtɪ] S
1 ⟨*kein pl*⟩ *von Plan* Durchführbarkeit *f*
2 praktisches Detail **practical joke**
S Streich *m* **practical joker** S Witz-
bold *m umg* **practically** ['præktɪkəlɪ]
ADV praktisch; **~ speaking** konkret ge-
sagt

★**practice** ['præktɪs] **A** S **1** Gewohnheit
f, Brauch *m*; (≈*schlechte Angewohnheit*)
Unsitte *f*; *geschäftlich* Praktik *f*; **this is
normal business ~** das ist im Geschäfts-
leben so üblich; **that's common ~** das
ist allgemein üblich **2** ⟨*kein pl*⟩ Übung
f, Probe *f*; SPORT Training *n*; **~ makes
perfect** *sprichw* Übung macht den Meis-
ter *sprichw*; **this piece of music needs a
lot of ~** für dieses (Musik)stück muss
man viel üben; **to do 10 minutes' ~** 10
Minuten (lang) üben; **to be out of ~**
aus der Übung sein; **to have a ~ session**
üben; THEAT *etc* Probe haben; SPORT
trainieren **3** (≈*nicht Theorie*) *von Arzt
etc* Praxis *f*, Ordination *f österr*; **in ~** in
der Praxis; **that won't work in ~** das
lässt sich praktisch nicht durchführen;
to put sth into ~ etw in die Praxis um-
setzen **B** V/T & V/I US → **practise** **prac-
tice teacher** US S SCHULE Referen-
dar(in) *m(f)*

★**practise** ['præktɪs], **practice** US **A** V/T
1 üben; *Lied* proben; *Folter* praktizieren;
to ~ the violin Geige üben; **to ~ doing
sth** etw üben; **I'm practising my Ger-
man on him** ich probiere mein Deutsch
an ihm aus **2** *Beruf, Religion* ausüben; **to
~ law** als Anwalt praktizieren **B** V/I **1**
üben **2** *Arzt etc* praktizieren **practis-
ing** ['præktɪsɪŋ] ADJ, **practicing** US
ADJ praktizierend

practitioner [præk'tɪʃənəʳ] S prakti-
scher Arzt, praktische Ärztin
pragmatic ADJ, **pragmatically**
[præg'mætɪk, -əlɪ] ADV pragmatisch
pragmatism ['prægmətɪzm] S Prag-
matismus *m* **pragmatist** ['prægmətɪst]
S Pragmatiker(in) *m(f)*
Prague [prɑːg] S Prag *n*
prairie ['preərɪ] S Grassteppe *f*; *in Nord-
amerika* Prärie *f*

★**praise** [preɪz] **A** V/T loben, rühmen; **to ~
sb for having done sth** j-n dafür loben,

etw getan zu haben **B** $\overline{S}$ Lob *n kein pl*; **a hymn of ~** eine Lobeshymne; **he made a speech in ~ of their efforts** er hielt eine Lobrede auf ihre Bemühungen; **to win ~** Lob ernten; **I have nothing but ~ for him** ich kann ihn nur loben; **~ be!** Gott sei Dank! **praiseworthy** [ˈpreɪzˌwɜːðɪ] ADJ lobenswert

praline [ˈprɑːliːn] $\overline{S}$ Praline *f* mit Nuss-Karamellfüllung

pram [præm] *Br* $\overline{S}$ Kinderwagen *m*

prance [prɑːns] $\overline{VI}$ tänzeln, herumtanzen

prank [præŋk] $\overline{S}$ Streich *m*; **to play a ~ on sb** j-m einen Streich spielen **prankster** [ˈpræŋkstə'] $\overline{S}$ Schelm(in) *m(f)*

prat [præt] *Br umg* $\overline{S}$ Trottel *m umg*

prattle [ˈprætl] **A** $\overline{S}$ Geplapper *n* **B** $\overline{VI}$ plappern

prawn [prɔːn] $\overline{S}$ Garnele *f*

★**pray** [preɪ] $\overline{VI}$ beten; **to ~ for sb/sth** für j-n/um etw beten; **to ~ for sth** *fig* stark auf etw *(akk)* hoffen

★**prayer** [preə'] $\overline{S}$ Gebet *n*, Andacht *f*; **to say one's ~s** beten **prayer book** $\overline{S}$ Gebetbuch *n* **prayer meeting** $\overline{S}$ Gebetsstunde *f*

preach [priːtʃ] **A** $\overline{VT}$ predigen; **to ~ a sermon** eine Predigt halten; **to ~ the gospel** das Evangelium verkünden **B** $\overline{VI}$ predigen; **to ~ to the converted** *sprichw* offene Türen einrennen **preacher** [ˈpriːtʃə'] $\overline{S}$ Prediger(in) *m(f)* **preaching** [ˈpriːtʃɪŋ] $\overline{S}$ Predigen *n*

preamble [ˌpriːˈæmbl] $\overline{S}$ **1** *von Buch etc* Einleitung *f*, Vorwort *n* **2** JUR Präambel *f*

prearrange [ˌpriːəˈreɪndʒ] $\overline{VT}$ im Voraus vereinbaren **prearranged** [ˌpriːəˈreɪndʒd] ADJ **pre-arranged** ADJ *Treffen* im Voraus verabredet; *Ort* im Voraus bestimmt

precarious [prɪˈkɛərɪəs] ADJ unsicher; *Situation* prekär; **at a ~ angle** in einem gefährlich aussehenden Winkel **precariously** [prɪˈkɛərɪəslɪ] ADV unsicher; **to be ~ balanced** auf der Kippe stehen; **~ perched on the edge of the table** gefährlich nahe am Tischrand

precaution [prɪˈkɔːʃən] $\overline{S}$ Vorsichtsmaßnahme *f*, Vorkehrung *f*; **security ~s** Sicherheitsmaßnahmen *pl*; **fire ~s** Brandschutzmaßnahmen *pl*; **to take ~s against sth** Vorsichtsmaßnahmen *pl* ge-

gen etw treffen; **do you take ~s?** *euph zur Empfängnisverhütung* nimmst du (irgend)etwas?; **to take the ~ of doing sth** vorsichtshalber etw tun **precautionary** [prɪˈkɔːʃənərɪ] ADJ Vorsichts-; **~ measure** Vorsichtsmaßnahme *f*

precede [prɪˈsiːd] $\overline{VT}$ vorangehen (+*dat*) **precedence** [ˈpresɪdəns] $\overline{S}$ vorrangige Stellung *f* (**over** gegenüber); *von Problem* Vorrang *m* (**over** vor +*dat*); **to take ~ over sb/sth** vor j-m/etw Vorrang haben; **to give ~ to sb/sth** j-m/einer Sache Vorrang geben **precedent** [ˈpresɪdənt] $\overline{S}$ Präzedenzfall *m*; **without ~** noch nie da gewesen; **to establish** *od* **create** *od* **set a ~** einen Präzedenzfall schaffen **preceding** [prɪˈsiːdɪŋ] ADJ vorhergehend

precinct [ˈpriːsɪŋkt] $\overline{S}$ **1** *Br* Fußgängerzone *f*, Einkaufsviertel *n*; *US von Polizei* Revier *n* **2** **~s** *pl* Umgebung *f*

★**precious** [ˈpreʃəs] **A** ADJ kostbar, wertvoll **B** ADV *umg* **~ little/few** herzlich wenig/wenige *umg*; **~ little else** herzlich wenig sonst **precious metal** $\overline{S}$ Edelmetall *n* **precious stone** $\overline{S}$ Edelstein *m*

precipice [ˈpresɪpɪs] $\overline{S}$ Abgrund *m* **precipitate** [prəˈsɪpɪteɪt] $\overline{VT}$ beschleunigen **precipitation** [prɪˌsɪpɪˈteɪʃən] $\overline{S}$ METEO Niederschlag *m* **2** Hast *f*, Eile *f* **précis** [ˈpreɪsiː] $\overline{S}$ Zusammenfassung *f* **precise** [prɪˈsaɪs] ADJ genau, präzise; **at that ~ moment** genau in dem Augenblick; **please be more ~** drücken Sie sich bitte etwas genauer aus; **18, to be ~ 18**, um genau zu sein; **or, to be more ~, ...** oder, um es genauer zu sagen, ... **precisely** [prɪˈsaɪslɪ] ADV genau; **at ~ 7 o'clock, at 7 o'clock ~** Punkt 7 Uhr; **that is ~ why I don't want it** genau deshalb will ich es nicht; **or more ~ ...** oder genauer ... **precision** [prɪˈsɪʒən] $\overline{S}$ Genauigkeit *f*

preclude [prɪˈkluːd] $\overline{VT}$ ausschließen **precocious** [prɪˈkəʊʃəs] ADJ frühreif **preconceived** [ˌpriːkənˈsiːvd] ADJ vorgefasst; **to have ~ ideas about sth** eine vorgefasste Meinung zu etw haben **preconception** [ˌpriːkənˈsepʃən] $\overline{S}$ vorgefasste Meinung **precondition** [ˌpriːkənˈdɪʃən] $\overline{S}$ (Vor)bedingung *f* **precook** [priːˈkʊk] $\overline{VT}$ vorkochen

precursor [prɪˈkɜːsəʳ] ⓢ Vorläufer(in) m(f), Vorbote m, Vorbotin f

predate [ˌpriːˈdeɪt] ⓥⓣ zeitlich vorangehen (+dat); Scheck zurückdatieren

predator [ˈpredətəʳ] ⓢ **1** Raubtier n **2** Person pej Profiteur(in) m(f), Aasgeier m pej **predatory** [ˈpredətərɪ] ADJ Verhalten räuberisch

predecessor [ˈpriːdɪsesəʳ] ⓢ Vorgänger(in) m(f); (≈ Sache) Vorläufer(in) m(f)

predestine [ˈpriːˈdestɪn] ⓥⓣ prädestinieren; **he was ~d to do sth** es war ihm vorherbestimmt, etw zu tun

predetermine [ˈpriːdɪˈtɜːmɪn] ⓥⓣ vorherbestimmen **predetermined** [ˌpriːdɪˈtɜːmɪnd] ADJ Ergebnis im Voraus festgelegt; Position vorherbestimmt

predicament [prɪˈdɪkəmənt] ⓢ Dilemma n

predicate [ˈpredɪkət] ⓢ GRAM Prädikat n, Satzaussage f **predicative** [prɪˈdɪkətɪv] ADJ GRAM prädikativ

predict [prɪˈdɪkt] ⓥⓣ vorhersagen **predictability** [prəˌdɪktəˈbɪlɪtɪ] ⓢ Vorhersagbarkeit f **predictable** [prɪˈdɪktəbl] ADJ vorhersagbar; Mensch durchschaubar; **to be ~** vorhersagbar sein; **you're so ~** man weiß doch genau, wie Sie reagieren **predictably** [prɪˈdɪktəblɪ] ADV vorhersagbar; **~ (enough), he was late** wie vorauszusehen, kam er zu spät **prediction** [prɪˈdɪkʃən] ⓢ Prophezeiung f

predispose [ˌpriːdɪˈspəʊz] ⓥⓣ geneigt machen; **to ~ sb toward(s) sb/sth** j-n für j-n/etw einnehmen **predisposition** [ˌpriːdɪspəˈzɪʃən] ⓢ Neigung f (to zu)

predominance [prɪˈdɒmɪnəns] ⓢ Überwiegen n; **the ~ of women in the office** die weibliche Überzahl im Büro **predominant** ADJ Idee vorherrschend; Mensch, Tier beherrschend **predominantly** ADV überwiegend **predominate** [prɪˈdɒmɪneɪt] ⓥⓘ vorherrschen, überwiegen

pre-election [ˌpriːɪˈlekʃən] ADJ vor der Wahl (durchgeführt); **~ promise** Wahlversprechen n

pre-eminent [priːˈemɪnənt] ADJ überragend

pre-empt [priːˈempt] ⓥⓣ zuvorkommen (+dat) **pre-emptive** [priːˈemptɪv] ADJ präventiv, Präventiv-; **~ attack** Präventivschlag m; **~ right** US FIN Vorkaufsrecht n

preen [priːn] Ⓐⓥⓣ putzen Ⓑⓥⓘ Vogel sich putzen Ⓒⓥⓡ **to ~ oneself** Vogel sich putzen

pre-existent [ˌpriːɪɡˈzɪstənt] ADJ vorher vorhanden

prefab [ˈpriːfæb] umg ⓢ Fertighaus n **prefabricated** [ˌpriːˈfæbrɪkeɪtɪd] ADJ vorgefertigt; **~ building** Fertighaus n

preface [ˈprefɪs] ⓢ Vorwort n

prefect [ˈpriːfekt] ⓢ Br SCHULE Aufsichtsschüler(in) m(f)

★**prefer** [prɪˈfɜːʳ] ⓥⓣ vorziehen (**to** +dat), bevorzugen (**to** vor +dat), lieber haben (**to** als); **he ~s coffee to tea** er trinkt lieber Kaffee als Tee; **I ~ it that way** es ist mir lieber so; **which (of them) do you ~?** in Bezug auf Menschen wen ziehen Sie vor?, wen mögen Sie lieber?; in Bezug auf Sachen welche(n, s) finden Sie besser?; **to ~ to do sth** etw lieber tun; **I ~ not to say** ich sage es lieber nicht; **would you ~ me to drive?** soll ich lieber fahren?; **I would ~ you to do it today** od **that you did it today** mir wäre es lieber, wenn Sie es heute täten **preferable** [ˈprefərəbl] ADJ **X is ~ to Y** X ist Y (dat) vorzuziehen; **anything would be ~ to sharing an apartment with Sophie** alles wäre besser, als mit Sophie zusammen wohnen zu müssen; **it would be ~ to do it that way** es wäre besser, es so zu machen; **infinitely ~** hundertmal besser **preferably** [ˈprefərəblɪ] ADV am liebsten; **tea or coffee? — coffee, ~** Tee oder Kaffee? — lieber Kaffee; **but ~ not Tuesday** aber, wenn möglich, nicht Dienstag **preference** [ˈprefərəns] ⓢ **1** Vorliebe f; **just state your ~** nennen Sie einfach Ihre Wünsche; **I have no ~** mir ist das eigentlich gleich **2** **to give ~ to sb/sth** j-n/etw bevorzugen (**over** gegenüber) **preferential** [ˌprefəˈrenʃəl] ADJ bevorzugt; **to give sb ~ treatment** j-n bevorzugt behandeln; **to get ~ treatment** eine Vorzugsbehandlung bekommen

prefix [ˈpriːfɪks] ⓢ GRAM Präfix n

pregnancy [ˈpreɡnənsɪ] ⓢ **1** Schwangerschaft f; von Tier Trächtigkeit f **pregnancy test** ⓢ Schwangerschaftstest m **pregnant** [ˈpreɡnənt] ADJ **1** schwanger; Tier trächtig; **3 months ~** im vierten Monat schwanger; **Gill was ~ by her new boyfriend** Gill war von ihrem neuen Freund schwanger; **to become** *od* **get ~** schwanger werden **2** *fig* Pause bedeutungsschwer

preheat [ˌpriːˈhiːt] *v/t* vorheizen

prehistoric [ˌpriːhɪˈstɒrɪk] *adj* prähistorisch **prehistory** [ˌpriːˈhɪstəri] *s* Vorgeschichte *f*

pre-installed [ADJ] IT vorinstalliert

prejudge [priːˈdʒʌdʒ] *v/t* im Voraus beurteilen; *negativ* im Voraus verurteilen

prejudice [ˈpredʒʊdɪs] **A** *s* Vorurteil *n*; **his ~ against …** seine Voreingenommenheit gegen …; **to have a ~ against sb/sth** gegen j-n/etw voreingenommen sein; **racial ~** Rassenvorurteile *pl* **B** *v/t* beeinflussen **prejudiced** [ˈpredʒʊdɪst] [ADJ] voreingenommen (**against** gegen); **to be ~ in favour of sb/sth** für j-n/etw voreingenommen sein; **to be racially ~** Rassenvorurteile haben

preliminary [prɪˈlɪmɪnəri] **A** [ADJ] *Maßnahmen* vorbereitend; *Bericht, Test* vorläufig; *Stadium* früh; **~ hearing** US JUR gerichtliche Voruntersuchung; **~ round** Vorrunde *f* **B** *s* Vorbereitung *f*; SPORT Vorspiel *n*; **preliminaries** *pl a.* JUR Präliminarien *pl geh*; SPORT Vorrunde *f* **preliminary hearing** *s* JUR Voruntersuchung *f*

pre-loaded [priːˈləʊdɪd] [ADJ] IT *Programm etc* vorinstalliert

prelude [ˈpreljuːd] *fig s* Auftakt *m*

premarital [priːˈmærɪtl] [ADJ] vorehelich **premature** [ˈpremətʃʊəʳ] [ADJ] vorzeitig; *Entscheidung* verfrüht; **the baby was three weeks ~** das Baby wurde drei Wochen zu früh geboren; **~ baby** Frühgeburt *f*; **~ ejaculation** vorzeitiger Samenerguss **prematurely** [ˈpremətʃʊəlɪ] [ADV] vorzeitig; *handeln* voreilig; **he was born ~** er war eine Frühgeburt

premeditated [priːˈmedɪteɪtɪd] [ADJ] vorsätzlich

premenstrual syndrome, premenstrual tension *bes Br* *s* prämenstruelles Syndrom

premier [ˈpremɪəʳ] **A** [ADJ] führend **B** *s* Premierminister(in) *m(f)*

première [ˈpremɪeəʳ] **A** *s* Premiere *f* **B** *v/t* uraufführen

Premier League, Premiership [ˈpremɪəʃɪp] *s* FUSSB Erste Liga

premise [ˈpremɪs] *s* **1** *bes Logik* Voraussetzung *f* **2** **~s** *pl* Gelände *n*, Gebäude

n, Räumlichkeiten *pl*; **business ~s** Geschäftsräume *pl*; **to live on the ~s** im Haus wohnen; **that's not allowed on these ~s** das ist hier nicht erlaubt

premium [ˈpriːmɪəm] **A** *s* Bonus *m*; (≈ *Aufpreis*) Zuschlag *m*; *für Versicherung* Prämie *f* **B** [ADJ] **1** erstklassig; **~ petrol** *Br*, **~ gas** *US* Superbenzin *n* **2** **~ price** Höchstpreis *m*; **callers are charged a ~ rate of £1.50 a minute** Anrufern wird ein Höchsttarif von £ 1,50 pro Minute berechnet **premium-rate** [ˈpriːmɪəmˌreɪt] [ADJ] TEL zum Höchsttarif

premonition [ˌpriːməˈnɪʃən] *s* **1** (böse) Vorahnung **2** Vorwarnung *f*

prenatal [priːˈneɪtl] [ADJ] pränatal

prenuptial agreement [priːˌnʌpʃəˈgriːmənt] *s* Ehevertrag *m*

preoccupation [priːˌɒkjʊˈpeɪʃən] *s* her **~ with making money was such that …** sie war so sehr mit dem Geldverdienen beschäftigt, dass …; **that was his main ~** das war sein Hauptanliegen **preoccupied** [priːˈɒkjʊpaɪd] [ADJ] gedankenverloren; **to be ~ with sth** nur an etw (*akk*) denken; **he has been (looking) rather ~ recently** er sieht in letzter Zeit so aus, als beschäftige ihn etwas **preoccupy** [priːˈɒkjʊpaɪ] *v/t* (stark) beschäftigen

pre-order [priːˈɔːdəʳ] *v/t* vorbestellen

prep [prep] *Br umg* **A** *s* Hausaufgabe *f*, Hausaufgaben *pl*; **to do one's ~** seine Hausaufgaben machen

prepackaged [priːˈpækɪdʒd], **prepacked** [priːˈpækt] [ADJ] abgepackt

prepaid [priːˈpeɪd] **A** [ADJ] PPERF → prepay **B** [ADJ] vorausbezahlt; *Brief* freigemacht; **~ mobile phone** *Br*, **~ cell phone** *US* Prepaid-Handy *n*

★**preparation** [ˌprepəˈreɪʃən] *s* Vorbereitung *f*; *von Mahlzeit* Zubereitung *f*; **in ~ for sth** als Vorbereitung für etw; **~s for war/a journey** Kriegs-/Reisevorbereitungen *pl*; **to make ~s** Vorbereitungen treffen **preparatory** [prɪˈpærətəri] [ADJ] vorbereitend; **~ work** Vorbereitungsarbeit *f* **preparatory school** *s* → prep school

★**prepare** [prɪˈpeəʳ] **A** *v/t* vorbereiten (**sb for sth** j-n auf etw *akk od* **sth for sth** etw für etw); *Mahlzeit* zubereiten; *Zimmer* zurechtmachen; **~ yourself for a shock!** mach dich auf einen Schock gefasst! **B** *v/i* **to ~ for sth** sich auf etw (*akk*) vorbereiten; **the country is preparing for war** das Land trifft Kriegsvorbereitungen; **to ~ to do sth** Anstalten machen, etw zu tun **prepared** [prɪ'peəd] ADJ **1** (a. **ready ~**) vorbereitet (**for** auf +akk); **~ meal** Fertiggericht n; **~ for war** bereit zum Krieg **2 to be ~ to do sth** bereit sein, etw zu tun

prepay [priː'peɪ] V/T ⟨prät, pperf prepaid⟩ im Voraus bezahlen

pre-pay [priː'peɪ] ADJ ⟨attr⟩ im Voraus zahlbar

preponderance [prɪ'pɒndərəns] ̅S Übergewicht n

preposition [ˌprepə'zɪʃən] ̅S Präposition f

prepossessing [ˌpriːpə'zesɪŋ] ADJ einnehmend

preposterous [prɪ'pɒstərəs] ADJ grotesk

preprinted [priː'prɪntɪd] ADJ vorgedruckt

preprogram ['priː'prəʊgræm] V/T vorprogrammieren

prep school umg ̅S **1** in GB private Vorbereitungsschule auf eine weiterführende Privatschule (Alter 8-13) **2** in US private Vorbereitungsschule auf das College

prerecord [ˌpriːrɪ'kɔːd] V/T vorher aufzeichnen

prerequisite [ˌpriː'rekwɪzɪt] ̅S Vorbedingung f

prerogative [prɪ'rɒgətɪv] ̅S Vorrecht n

Presbyterian [ˌprezbɪ'tɪərɪən] A ADJ presbyterianisch B ̅S Presbyterianer(in) m(f)

preschool ['priː'skuːl] ADJ ⟨attr⟩ vorschulisch; **of ~ age** im Vorschulalter; **~ education** Vorschulerziehung f

prescribe [prɪ'skraɪb] V/T **1** vorschreiben **2** MED verschreiben (**sth for sb** j-m etw)

prescription [prɪ'skrɪpʃən] ̅S MED Rezept n; **on ~** auf Rezept; **only available on ~** verschreibungspflichtig **prescription charge** ̅S Rezeptgebühr f **prescription drugs** PL verschreibungspflichtige Medikamente pl

preseason ['priː'siːzn] ADJ SPORT vor der Saison

preselect [ˌpriːsɪ'lekt] V/T vorher auswählen

★**presence** ['prezns] ̅S **1** Anwesenheit f; **in sb's ~, in the ~ of sb** in j-s (dat) Anwesenheit; **to make one's ~ felt** sich

bemerkbar machen; **a police ~** Polizeipräsenz f **2** (≈ Haltung) Auftreten n; (a. **stage ~**) Ausstrahlung f **presence of mind** ̅S Geistesgegenwart f

★**present**[1] ['preznt] A ADJ **1** anwesend; **to be ~** anwesend sein; **all those ~** alle Anwesenden **2** vorhanden **3** gegenwärtig; Jahr etc laufend; **at the ~ moment** zum gegenwärtigen Zeitpunkt; **the ~ day** heutzutage; **until the ~ day** bis zum heutigen Tag; **in the ~ circumstances** unter den gegenwärtigen Umständen **4** GRAM **in the ~ tense** im Präsens; **~ participle** Partizip n Präsens; **~ perfect** Perfekt n; **~ progressive** Verlaufsform f der Gegenwart B ̅S **1** Gegenwart f; **at ~** zurzeit; **up to the ~** bis jetzt; **there's no time like the ~** sprichw was du heute kannst besorgen, das verschiebe nicht auf morgen sprichw; **that will be all for the ~** das ist vorläufig alles **2** GRAM Präsens n; **~ continuous** erweitertes Präsens

★**present**[2] A ['preznt] **1** Geschenk n; **I got it as a ~** das habe ich geschenkt bekommen B [prɪ'zent] V/T **1 to ~ sb with sth, to ~ sth to sb** Preis j-m etw übergeben; Geschenk j-m etw schenken **2** vorlegen **3** Gelegenheit bieten; **his action ~ed us with a problem** seine Tat stellte uns vor ein Problem **4** RADIO, TV präsentieren; THEAT aufführen; Sendung moderieren **5** vorstellen; **to ~ Mr X to Miss Y** Herrn X Fräulein Y (dat) vorstellen; **may I ~ Mr X?** form erlauben Sie mir, Herrn X vorzustellen form C [prɪ'zent] V/R Gelegenheit etc sich ergeben; **he was asked to ~ himself for interview** er wurde gebeten, zu einem Vorstellungsgespräch zu erscheinen **presentable** [prɪ'zentəbl] ADJ präsentabel; **to look ~** präsentabel aussehen; **to make oneself ~** sich zurechtmachen **presentation** [ˌprezən'teɪʃən] ̅S **1** Vortrag m, Präsentation f **2** Überreichung f; von Preis Verleihung f; (≈ Feier) Verleihung(szeremonie) f; **to make the ~** die Preise/Auszeichnungen etc verleihen **3** von Bericht Vorlage f; JUR von Beweisen Darlegung f **4** Darbietung f **5** THEAT Inszenierung f; TV, RADIO Produktion f **presentation tool** ̅S IT Präsentationsprogramm n

present-day ['preznt'deɪ] ADJ ⟨attr⟩

heutig; **~ Britain** das heutige Großbritannien

presenter [prɪ'zentəʳ] ⣊ *bes Br* TV, RADIO Moderator(in) *m(f)*

presently ['prezntlɪ] ADV 🔟 bald 🔟 derzeit

preservation [ˌprezə'veɪʃən] ⣊ 🔟 Erhaltung *f* 🔟 *von Bauwerk a.* Konservierung *f*; **to be in a good state of ~** gut erhalten sein **preservative** [prɪ'zɜːvətɪv] ⣊ Konservierungsmittel *n* **preserve** [prɪ-'zɜːv] 🅰 V̄T 🔟 erhalten; *Würde* wahren; *Erinnerung* aufrechterhalten 🔟 *Bauwerk* konservieren; *Holz* schützen 🅱 ⣊ **~s** *pl* GASTR Eingemachte(s) *n*; **peach ~** Pfirsichmarmelade *f* 🔟 Ressort *n*; **this was once the ~ of the wealthy** dies war einst eine Domäne der Reichen **preserved** ADJ 🔟 *Lebensmittel* konserviert 🔟 erhalten; **well-preserved** gut erhalten

preset [priː'set] V̄T ⟨*prät, pperf* preset⟩ vorher einstellen

preside [prɪ'zaɪd] V̄I den Vorsitz haben **(at** bei**)**; **to ~ over an organization** *etc* eine Organisation *etc* leiten

presidency ['prezɪdənsɪ] ⣊ Präsidentschaft *f*

★**president** ['prezɪdənt] ⣊ Präsident(in) *m(f)*; *bes US von Firma* Aufsichtsratsvorsitzende(r) *m/f(m)* **presidential** [ˌprezɪ'denʃəl] ADJ POL *des* Präsidenten **presidential campaign** ⣊ Präsidentschaftskampagne *f* **presidential candidate** ⣊ Präsidentschaftskandidat(in) *m(f)* **presidential election** ⣊ Präsidentenwahl *f*, Präsidentschaftswahl *f*

★**press** [pres] 🅰 ⣊ 🔟 Presse *f*; **to get a bad ~** eine schlechte Presse bekommen 🔟 TYPO (Drucker)presse; **to go to ~** in Druck gehen 🔟 Druck *m* 🅱 V̄T 🔟 drücken **(to** an +*akk*); *Knopf, Pedale* drücken **auf (**+*akk*) 🔟 bügeln, glätten *schweiz* 🔟 drängen; **to ~ sb hard** j-m (hart) zusetzen; **to ~ sb for an answer** auf j-s Antwort (*akk*) drängen; **to ~ed for time** unter Zeitdruck stehen 🅲 V̄I 🔟 drücken 🔟 drängen (**for** auf +*akk*) 🔟 sich drängen; **to ~ ahead (with** sth**)** *fig* (mit etw) weitermachen ◆**press on** V̄I weitermachen; *auf Reisen* weiterfahren

press agency ⣊ Presseagentur *f* **press baron** ⣊ Pressezar *m* **press box** ⣊

Pressetribüne *f* **press clipping** *bes US* ⣊ → press cutting **press conference** ⣊ Pressekonferenz *f* **press cutting** *bes Br* ⣊ Zeitungsausschnitt *m* **press-gang** *bes Br umg* V̄T **to ~ sb into (doing)** sth j-n drängen, etw zu tun **pressing** ['presɪŋ] ADJ *Thema* brennend; *Aufgabe* dringend **press office** ⣊ Pressestelle *f* **press officer** ⣊ Pressesprecher(in) *m(f)* **press photographer** ⣊ Pressefotograf(in) *m(f)* **press release** ⣊ Pressemitteilung *f* **press stud** *Br* ⣊ Druckknopf *m* **press-up** *Br* ⣊ Liegestütz *m*

★**pressure** ['preʃəʳ] ⣊ Druck *m*; **at high/ full ~** unter Hochdruck; **parental ~** Druck vonseiten der Eltern; **to be under ~ to do sth** unter Druck (*dat*) stehen, etw zu tun; **to be under ~ from sb** von j-m gedrängt werden; **to put ~ on sb** j-n unter Druck (*dat*) setzen; **the ~s of modern life** die Belastungen *pl* des modernen Lebens **pressure cooker** ⣊ Schnellkochtopf *m* **pressure gauge** ⣊ Manometer *n* **pressure group** ⣊ Interessengruppe *f*; Pressuregroup *f* **pressurize** ['preʃəraɪz] V̄T 🔟 *Kabine* auf Normaldruck halten 🔟 **to ~ sb into doing sth** j-n so unter Druck setzen, dass er schließlich etw tut **pressurized** ADJ 🔟 *Behälter* mit Druckausgleich 🔟 *Gas* komprimiert 🔟 **to feel ~** sich unter Druck (gesetzt) fühlen; **to feel ~ into doing sth** sich dazu gedrängt fühlen, etw zu tun

prestige [pre'stiːʒ] ⣊ Prestige *n* **prestigious** [pre'stɪdʒəs] ADJ Prestige-; **to be ~** Prestigewert haben

presumably [prɪ'zjuːməblɪ] ADV vermutlich; **~ he'll come later** er wird voraussichtlich später kommen **presume** [prɪ'zjuːm] 🅰 V̄T vermuten; **~d dead** mutmaßlich verstorben; **to be ~d innocent** als unschuldig gelten; **he is ~d to be living in Spain** es wird vermutet, dass er in Spanien lebt 🅱 V̄I 🔟 vermuten 🔟 **I didn't want to ~** ich wollte nicht aufdringlich sein **presumption** [prɪ'zʌmpʃən] ⣊ Vermutung *f* **presumptuous** [prɪ'zʌmptjʊəs] ADJ anmaßend; **it would be ~ of me to …** es wäre eine Anmaßung von mir, zu …

presuppose [ˌpriːsə'pəʊz] V̄T voraussetzen **presupposition** [priːsʌpə'zɪʃn] ⣊

Voraussetzung f

pre-tax [ˈpriːtæks] ADJ unversteuert; ~ **profit** Gewinn m vor Abzug der Steuer

pretence [prɪˈtens] S̲, **pretense** US S̲ **1** it's all a ~ das ist alles nur gespielt **2** Heuchelei f; **to make a ~ of doing sth** so tun, als ob man etw tut **3** Vorwand m; **on** od **under the ~ of doing sth** unter dem Vorwand, etw zu tun

pretend [prɪˈtend] A̲ VT̲ so tun, als ob, vorgeben; **to ~ to be interested** so tun, als man interessiert wäre; **to ~ to be sick** eine Krankheit vortäuschen; **to ~ to be asleep** sich schlafend stellen B̲ VI̲ so tun, als ob, sich verstellen; **he is only ~ing** er tut nur so (als ob); **let's stop ~ing** hören wir auf, uns (dat) etwas vorzumachen

pretension [prɪˈtenʃən] S̲ Anspruch m

pretentious [prɪˈtenʃəs] ADJ anmaßend; Stil, Buch hochtrabend **pretentiously** [prɪˈtenʃəslɪ] ADV hochtrabend

pretentiousness S̲ Anmaßung f

preterite [ˈpretərɪt] A̲ ADJ **the ~ tense** das Imperfekt B̲ S̲ Imperfekt n

pretext [ˈpriːtekst] S̲ Vorwand m; **on** od **under the ~ of doing sth** unter dem Vorwand, etw zu tun

prettily [ˈprɪtɪlɪ] ADV nett **prettiness** [ˈprɪtɪnɪs] S̲ hübsches Aussehen; von Ort Schönheit f

★**pretty** [ˈprɪtɪ] A̲ ADJ ⟨komp prettier⟩ hübsch, nett, fesch österr; Rede artig; **to be ~** hübsch sein; **she's not just a ~ face!** umg sie hat auch Köpfchen!; **it wasn't a ~ sight** das war kein schöner Anblick **2** umg hübsch; **it'll cost a ~ penny** das wird eine schöne Stange Geld kosten umg B̲ ADV ziemlich; **~ well finished** so gut wie fertig umg; **how's the patient? — ~ much the same** was macht der Patient? — immer noch so ziemlich gleich

prevail [prɪˈveɪl] VI̲ **1** sich durchsetzen (**over, against** gegenüber) **2** weitverbreitet sein **prevailing** ADJ Verhältnisse derzeitig; Meinung, Wind vorherrschend

prevalence [ˈprevələns] S̲ Vorherrschen n; von Krankheit etc Häufigkeit f

prevalent [ˈprevələnt] ADJ vorherrschend; Meinung, Krankheit weitverbreitet; Verhältnisse herrschend

★**prevent** [prɪˈvent] VT̲ verhindern; Krankheit vorbeugen (+dat); **to ~ sb (from)**

doing sth j-n daran hindern, etw zu tun; **the gate is there to ~ them from falling down the stairs** das Gitter ist dazu da, dass sie nicht die Treppe hinunterfallen; **to ~ sb from coming** j-n am Kommen hindern; **to ~ sth (from) happening** verhindern, dass etw geschieht

preventable [prɪˈventəbl] ADJ vermeidbar **prevention** [prɪˈvenʃən] S̲ Verhinderung f; von Krankheit Vorbeugung f (**of** gegen) **preventive** [prɪˈventɪv] ADJ präventiv

preview [ˈpriːvjuː] A̲ S̲ **1** von Film Vorpremiere f; von Ausstellung Vorbesichtigung f; **to give sb a ~ of sth** fig j-m eine Vorschau auf etw (akk) geben **2** FILM, TV Vorschau f (**of** auf +akk) B̲ VT̲ vorher ansehen; Film etc vorher aufführen

previous [ˈpriːvɪəs] ADJ vorhergehend; vorherig; **the ~ page/year** die Seite/das Jahr davor; **the/a ~ holder of the title** der vorherige/ein früherer Titelträger, die vorherige/eine frühere Titelträgerin; **in ~ years** in früheren Jahren; **he's already been the target of two ~ attacks** er war schon das Opfer von zwei früheren Angriffen; **on a ~ occasion** bei einer früheren Gelegenheit; **I have a ~ engagement** ich habe schon einen Termin; **no ~ experience necessary** Vorkenntnisse (sind) nicht erforderlich; **to have a ~ conviction** vorbestraft sein; **~ owner** Vorbesitzer(in) m(f) **previously** [ˈpriːvɪəslɪ] ADV vorher

pre-war [ˈpriːˈwɔːr] ADJ Vorkriegs-

prey [preɪ] A̲ S̲ Beute f; **bird of ~** Raubvogel m; **to fall ~ to sb/sth** fig ein Opfer von j-m/etw werden B̲ VI̲ **to ~ (up)on** Beute machen auf (+akk); Betrüger als Opfer aussuchen; Zweifel nagen an (+dat); **it ~ed (up)on his mind** es ließ ihn nicht los

★**price** [praɪs] A̲ S̲ **1** Preis m; **the ~ of coffee** die Kaffeepreise pl; **to go up** od **rise/to go down** od **fall in ~** teurer/billiger werden; **they range in ~ from £10 to £30** die Preise dafür bewegen sich zwischen £ 10 und £ 30; **what is the ~ of that?** was kostet das?; **at a ~** zum entsprechenden Preis; **the ~ of victory** der Preis des Sieges; **but at what ~!** aber zu welchem Preis!; **not at any ~** um keinen Preis; **to put a ~ on sth** einen Preis für etw nennen **2** bei Wetten

Quote f **B** VᴛT den Preis festsetzen von; *mit Etikett* auszeichnen (**at** mit); **it was ~d at £5** es war mit £ 5 ausgezeichnet, es kostete £ 5; **tickets ~d at £20** Karten zum Preis von £ 20; **reasonably ~d** angemessen im Preis **price bracket** S̲ → price range **price-conscious** A̲D̲J̲ preisbewusst **price cut** S̲ Preissenkung f **price increase** S̲ Preiserhöhung f **priceless** A̲D̲J̲ unschätzbar; *umg Witz* köstlich; *Mensch* unbezahlbar **price limit** S̲ Preisgrenze f **price list** S̲ Preisliste f **price range** S̲ Preisklasse f **price rise** S̲ Preiserhöhung f **price tag** S̲ Preisschild n **price war** S̲ Preiskrieg m **pricey** ['praɪsɪ] *umg* A̲D̲J̲ kostspielig **pricing** ['praɪsɪŋ] S̲ Preisgestaltung f

★**prick** [prɪk] A̲ S̲ **1** Stich m; **~ of conscience** Gewissensbisse *pl* S̲ (≈ *Penis*) Schwanz m *sl* **3** *sl* (≈ *Mensch*) Arsch m *vulg* **B** VᴛT stechen; **to ~ one's finger** sich (*dat*) in den Finger stechen; **to ~ one's finger (on sth)** sich (*dat*) (an etw *dat*) den Finger stechen; **she ~ed his conscience** sie bereitete ihm Gewissensbisse ♦**prick up** VᴛT ⟨*trennb*⟩ **to prick up its/one's ears** die Ohren spitzen

prickle ['prɪkl] A̲ S̲ **1** Stachel m **2** Stechen n, Prickeln n **B** Vᴵ stechen, prickeln **prickly** ['prɪklɪ] A̲D̲J̲ ⟨*komp* pricklier⟩ **1** stach(e)lig; *Gefühl* stechend; *nicht schmerzhaft* prickelnd **2** *fig Mensch* bissig

pricy ['praɪsɪ] A̲D̲J̲ ⟨*komp* pricier⟩ → pricey

★**pride** [praɪd] A̲ S̲ Stolz m; *arrogant* Hochmut m; **to take (a) ~ in sth** auf etw (*akk*) stolz sein; **to take (a) ~ in one's appearance** Wert auf sein Äußeres legen; **her ~ and joy** ihr ganzer Stolz; **to have** *od* **take ~ of place** den Ehrenplatz einnehmen **B** V̲R̲ **to ~ oneself on sth** sich einer Sache (*gen*) rühmen

★**priest** [priːst] S̲ Priester(in) m(f) **priestess** ['priːstɪs] S̲ Priesterin f **priesthood** S̲ **1** Priesteramt n, Priesterwürde f **2** (≈ *die Priester*) Priesterschaft f

prim [prɪm] A̲D̲J̲ ⟨*komp* primmer⟩ a. **~ and proper** etepetete *präd umg*; *Auftreten* steif

primaeval A̲D̲J̲ → primeval **primal**

['praɪməl] A̲D̲J̲ ursprünglich, Ur-

primarily ['praɪmərɪlɪ] A̲D̲V̲ hauptsächlich **primary** ['praɪmərɪ] A̲ A̲D̲J̲ Haupt-; **our ~ concern** unser Hauptanliegen; **of ~ importance** von größter Bedeutung **B** S̲ **1** *bes Br* Grundschule f **2** *US* Vorwahl f **primary care physician** *US* S̲ Allgemeinarzt m, Allgemeinärztin f **primary colour** S̲, **primary color** *US* S̲ Grundfarbe f **primary education** S̲ Grundschul(aus)bildung f **primary election** *US* S̲ Vorwahl f **primary school** *bes Br* S̲ Grundschule f **primary school teacher** *bes Br* S̲ Grundschullehrer(in) m(f)

prime [praɪm] A̲ A̲D̲J̲ **1** Haupt-, wesentlich; *Ziel, Grund* hauptsächlich; *Kandidat* erste(r, s); **~ suspect** Hauptverdächtige(r) m/f(m); **of ~ importance** von größter Bedeutung; **my ~ concern** mein Hauptanliegen **2** erstklassig **B** S̲ **in the ~ of life** in der Blüte seiner Jahre; **he is his ~** er ist in den besten Jahren **primed** A̲D̲J̲ *Mensch* gerüstet **prime minister** S̲ Premierminister(in) m(f) **prime number** S̲ MATH Primzahl f **prime time** S̲ Hauptsendezeit f

▶ **prime minister**

Der Premierminister Großbritanniens, oder auch **Head of Her** oder **His Majesty's Government**, wird vom König bzw. von der Königin ernannt und ist in der Regel der Parteivorsitzende derjenigen Partei, welche die Mehrheit im **House of Commons** stellt. Als mächtigster Politiker im Staat trifft er wichtige personelle und politische Entscheidungen, z. B. die Besetzung der Ministerposten. ◀

primeval [praɪˈmiːvəl] A̲D̲J̲ urzeitlich, Ur- **primitive** ['prɪmɪtɪv] A̲D̲J̲ primitiv **primly** ['prɪmlɪ] A̲D̲V̲ sittsam **primrose** ['prɪmrəʊz] S̲ BOT Erdschlüsselblume f **primula** ['prɪmjʊlə] S̲ Primel f ★**prince** [prɪns] S̲ Prinz m, Fürst m **Prince Charming** S̲ **1** *im Märchen* Königssohn m, Prinz m **2** *fig* Märchenprinz m **princely** ['prɪnslɪ] A̲D̲J̲ fürstlich **princess** [prɪnˈses] S̲ Prinzessin f ★**principal** ['prɪnsɪpəl] A̲ A̲D̲J̲ Haupt-,

hauptsächlich; **my ~ concern** mein Hauptanliegen n B S **Schule** Rektor(in) m(f), Schulleiter(in) m(f) **principality** [ˌprɪnsɪ'pælɪtɪ] S Fürstentum n
principally ['prɪnsɪpəlɪ] ADV in erster Linie

principle ['prɪnsɪpl] S Prinzip n kein pl; Prinzipien pl; **in/on** ~ im/aus Prinzip; **a man of ~(s)** ein Mensch mit Prinzipien; **it's a matter of ~, it's the ~ of the thing** es geht dabei ums Prinzip **principled** ['prɪnsɪpld] ADJ mit Prinzipien

★**print** [prɪnt] A S 1 Schrift f; (≈ Produkt) Gedruckte(s) n; **out of ~** vergriffen; **to be in ~** erhältlich sein; **in large ~** in Großdruck 2 (≈ Bild) Druck m 3 FOTO Abzug m 4 von Fuß Abdruck m; **a thumb ~** ein Daumenabdruck m B V/T 1 Buch drucken; IT (aus)drucken 2 in Druckschrift schreiben C V/I 1 drucken 2 in Druckschrift schreiben ◆**print off** V/T, **print out** V/T ⟨trennb⟩ IT ausdrucken

printed ['prɪntɪd] ADJ Druck-, gedruckt; (≈ leserlich) in Großbuchstaben; ~ **matter/papers** Büchersendung f

★**printer** ['prɪntər] S 1 Gerät Drucker m 2 Person Drucker(in) m(f) **printer driver** S COMPUT Druckertreiber m **print head** S COMPUT Druckkopf m **printing** ['prɪntɪŋ] S Drucken n **printing press** S Druckerpresse f **printmaking** S Grafik f **printout** ['prɪntaʊt] S IT Ausdruck m **print queue** S IT Druckerwarteschlange f **printwheel** ['prɪntwiːl] S COMPUT Typenrad n

prior ['praɪər] ADJ vorherig, früher; ~ **engagement** eine vorher getroffene Verabredung; ~ **to sth** vor etw (dat); ~ **to this/that** zuvor; ~ **to going out** bevor ich/er etc ausging 2 Pflicht vorrangig

prioritize [praɪ'ɒrɪtaɪz] V/T 1 der Priorität nach ordnen, priorisieren 2 Priorität einräumen (+dat) **priority** [praɪ'ɒrɪtɪ] S Priorität f, vorrangige Angelegenheit; **a top ~** eine Sache von höchster Priorität; **it must be given top ~** das muss vorrangig behandelt werden; **to give ~ to sth** einer Sache (dat) Priorität geben; **in order of ~** nach Dringlichkeit; **to get one's priorities right** seine Prioritäten richtig setzen; **high/low on the list of priorities** od the ~ list oben/unten

auf der Prioritätenliste
prise [praɪz], **prize** US V/T **to ~ sth open** etw aufbrechen; **to ~ the lid off** den Deckel abbekommen

★**prison** ['prɪzn] A S Gefängnis n; **to be in ~** im Gefängnis sein; **to go to ~ for 5 years** für 5 Jahre ins Gefängnis gehen; **to send sb to ~** j-n ins Gefängnis schicken B ADJ ⟨attr⟩ Gefängnis-

★**prisoner** ['prɪznər] S Gefangene(r) m/f(m); **to hold sb ~** j-n gefangen halten; **to take sb ~** j-n gefangen nehmen; ~ **of war** Kriegsgefangene(r) m/f(m) **prisoner swap** S Gefangenenaustausch m **prison officer** Br S Gefängnisaufseher(in) m(f)

prissy ['prɪsɪ] ADJ ⟨komp prissier⟩ umg (≈ prüde) zimperlich
pristine ['prɪstiːn] ADJ Zustand makellos
privacy ['prɪvəsɪ, 'praɪvəsɪ] S Privatleben n; **in the ~ of one's own home** im eigenen Heim; **in the strictest ~** unter strengster Geheimhaltung

★**private** ['praɪvɪt] A ADJ 1 privat; Sache vertraulich, abgelegen; Hochzeit im engsten Kreis; Mensch reserviert; ~ **and confidential** streng vertraulich; **to keep sth ~** etw für sich behalten; **his ~ life** sein Privatleben n 2 ~ **address** Privatanschrift f; ~ **education** Ausbildung f in Privatschulen; ~ **individual** Einzelne(r) m/f(m); ~ **limited company** ≈ Aktiengesellschaft f (die nicht an der Börse notiert ist); ~ **tutor** Privatlehrer(in) m(f) B S 1 MIL Gefreite(r) m/f(m); **Private X** der Gefreite X 2 ~**s** pl Geschlechtsteile pl 3 **in** ~ privat; **we must talk in** ~ wir müssen das unter uns besprechen **private company** S Privatgesellschaft f **private detective** S Privatdetektiv(in) m(f) **private enterprise** S Privatunternehmen n; (≈ System) freies Unternehmertum **private investigator** S Privatdetektiv(in) m(f) **private lessons** PL Einzelunterricht m; **to have ~** Einzelunterricht bekommen **privately** ['praɪvɪtlɪ] ADV 1 privat; sich operieren lassen auf eigene Kosten; **the meeting was held** ~ das Treffen wurde in kleinem Kreis abgehalten; ~ **owned** in Privatbesitz 2 persönlich **private parts** PL Geschlechtsteile pl **private patient** S Privatpatient(in) m(f) **private practice** Br S Privatpraxis f; **he is in** ~ er

P

hat Privatpatienten **private property** 𝕊 **1** Privateigentum n **2** Privatgrundstück n **private school** 𝕊 bes US Privatschule f **private secretary** 𝕊 Privatsekretär(in) m(f) **private sector** 𝕊 Privatsektor m **private tuition** 𝕊 Privatunterricht m

privation [praɪˈveɪʃn] 𝕊 Entbehrung f
privatisation [ˌpraɪvətaɪˈzeɪʃən] Br 𝕊, **privatization** 𝕊 Privatisierung f **privatise** [ˈpraɪvətaɪz] Br VT, **privatize** VT privatisieren

privilege [ˈprɪvɪlɪdʒ] 𝕊 Privileg n, Ehre f **privileged** [ˈprɪvɪlɪdʒd] ADJ privilegiert; **for a ~ few** für wenige Privilegierte; **to be ~ to do sth** das Privileg genießen, etw zu tun; **I was ~ to meet him** ich hatte die Ehre, ihm vorgestellt zu werden

Privy Council [ˌprɪvɪˈkaʊnsəl] 𝕊 Geheimer Rat

★**prize**[1] [praɪz] A 𝕊 Preis m B ADJ **1** preisgekrönt **2** ~ **medal** (Sieger)medaille f **3** ~ **competition** Preisausschreiben n C VT (hoch) schätzen; **to ~ sth highly** etw sehr od hoch schätzen; ~**d possession** wertvollster Besitz

prize und price

⚠ Die Substantive **prize** und **price** werden oft verwechselt. Merken Sie sich die Aussprache des s-Lauts:

prize [praɪz] (stimmhaft)	Preis, den man gewinnt
price [praɪs] (stimmlos)	Preis, den man bezahlt
I'd pay any price to get that prize.	Ich würde jeden Preis zahlen, um diese Auszeichnung zu bekommen.

prize[2] US VT → prise
prize day 𝕊 SCHULE (Tag m der) Preisverleihung f **prize draw** 𝕊 Lotterie f **prize money** 𝕊 Geldpreis m **prizewinner** 𝕊 (Preis)gewinner(in) m(f) **prizewinning** ADJ preisgekrönt; ~ **ticket** Gewinnlos n
pro[1] [prəʊ] 𝕊 ⟨pl -s⟩ umg Profi m
pro[2] A PRÄP für B 𝕊 **the pros and cons**

das Pro und Kontra
pro- PRÄF pro-, Pro-; ~**European** proeuropäisch

proactive [prəʊˈæktɪv] ADJ proaktiv
probability [ˌprɒbəˈbɪlɪtɪ] 𝕊 Wahrscheinlichkeit f; **in all** ~ aller Wahrscheinlichkeit nach; **what's the ~ of that happening?** wie groß ist die Wahrscheinlichkeit, dass das geschieht?
★**probable** [ˈprɒbəbl] ADJ wahrscheinlich
★**probably** [ˈprɒbəblɪ] ADV wahrscheinlich; **most ~** höchstwahrscheinlich; ~ **not** wahrscheinlich nicht

probation [prəˈbeɪʃən] 𝕊 **1** JUR Bewährung f; **to put sb on ~ (for a year)** j-m (ein Jahr) Bewährung geben; **to be on ~** Bewährung haben **2** in Firma Probe f, Probezeit f **probationary** [prəˈbeɪʃnərɪ] ADJ Probe-; ~ **period** Probezeit f; JUR Bewährungsfrist f **probation officer** 𝕊 Bewährungshelfer(in) m(f) **probation period** 𝕊 Probezeit f
probe [prəʊb] A 𝕊 Untersuchung f (**into** +gen) B VT untersuchen C VI forschen (**for** nach); **to ~ into sb's private life** in j-s Privatleben (dat) herumschnüffeln
probing [ˈprəʊbɪŋ] A 𝕊 Untersuchung f; **all this ~ into people's private affairs** dieses Herumschnüffeln in den privaten Angelegenheiten der Leute B ADJ prüfend

problem [ˈprɒbləm] 𝕊 Problem n; **what's the ~?** wo fehlt's?; **he's got a drink(ing) ~** er trinkt (zu viel); **I had no ~ in getting the money** ich habe das Geld ohne Schwierigkeiten bekommen; **no ~!** umg kein Problem! **problematic(al)** [ˌprɒbləˈmætɪk(əl)] ADJ problematisch **problem-solving** 𝕊 Problemlösung f **probs** [prɒbz] Br umg PL **no ~!** null problemo! umg, kein Problem!

procedure [prəˈsiːdʒər] 𝕊 Verfahren n; **what would be the correct ~ in such a case?** wie geht man in einem solchen Falle vor? **proceed** [prəˈsiːd] A VI **1** form **please ~ to gate 3** begeben Sie sich zum Ausgang 3 **2** form weitergehen; Auto weiterfahren **3** fortfahren (**with** mit); **can we now ~ to the next item on the agenda?** können wir jetzt zum nächsten Punkt der Tagesordnung übergehen?; **everything is ~ing smoothly** alles läuft bestens; **negotia-**

tions are ~ing well die Verhandlungen kommen gut voran; **you may** ~ *bei Debatte* Sie haben das Wort **4** (≈ *verfahren*) vorgehen **B** *VT* **to** ~ **to do sth** (dann) etw tun **proceeding** [prəˈsiːdɪŋ] $\overline{S}$ **1** Vorgehen *n* **2** ~**s** *pl* Veranstaltung *f* **3** ~**s** *pl bes* JUR Verfahren *n*; **to take** ~**s against sb** gegen j-n gerichtlich vorgehen **proceeds** [ˈprəʊsiːdz] *PL* Ertrag *m*, Erlös *m*, Einnahmen *pl*

process [ˈprəʊses] **A** $\overline{S}$ Prozess *m*, Verfahren *n*; **in the** ~ dabei; **in the** ~ **of learning** beim Lernen; **to be in the** ~ **of doing sth** dabei sein, etw zu tun **B** *VT* *Daten, Müll* verarbeiten; *Lebensmittel* konservieren; *Antrag* bearbeiten; *Film* entwickeln **processing** [ˈprəʊsesɪŋ] $\overline{S}$ *von Daten, Müll* Verarbeitung *f*; *von Lebensmitteln* Konservierung *f*; *von Antrag* Bearbeitung *f*; *von Film* Entwicklung *f* **processing language** $\overline{S}$ IT Prozesssprache *f* **processing plant** $\overline{S}$ Aufbereitungsanlage *f* **processing speed** $\overline{S}$ IT Verarbeitungsgeschwindigkeit *f*

procession [prəˈseʃən] $\overline{S}$ Umzug *m*; (≈ *Schlange*) Reihe *f*; **carnival** ~ Karnevalszug *m*

processor [ˈprəʊsesər] $\overline{S}$ COMPUT Prozessor *m*

proclaim [prəˈkleɪm] *VT* erklären; **the day had been ~ed a holiday** der Tag war zum Feiertag erklärt worden **proclamation** [ˌprɒkləˈmeɪʃən] $\overline{S}$ Proklamation *f*

procrastinate [prəʊˈkræstɪneɪt] *VI* zaudern; **he always ~s** er schiebt die Dinge immer vor sich (*dat*) her **procrastination** [prəʊˌkræstɪˈneɪʃən] $\overline{S}$ Zaudern *n* **procreate** [ˈprəʊkrɪeɪt] *VI* sich fortpflanzen **procreation** [ˌprəʊkrɪˈeɪʃən] $\overline{S}$ Fortpflanzung *f*

procure [prəˈkjʊər] *VT* beschaffen; (≈ *veranlassen*) herbeiführen; **to** ~ **sth for sb/oneself** j-m/sich etw beschaffen **prod** [prɒd] **A** $\overline{S}$ **1** Stoß *m*; **to give sb a** ~ j-m einen Stoß versetzen **2** *fig* **to give sb a** ~ j-n anstoßen **B** *VT* **1** stoßen; **he dug the hay with his stick** er stach mit seinem Stock ins Heu; **...,** **he said, ~ding the map with his finger** ..., sagte er und stieß mit dem Finger auf die Karte **2** *fig* anspornen (**into sth** zu etw) **C** *VI* stoßen

prodigal [ˈprɒdɪɡl] *ADJ* verschwende-

risch; **the** ~ **son** REL, *a. fig* der verlorene Sohn

prodigiously [prəˈdɪdʒəslɪ] *ADV* begabt *etc* außerordentlich

prodigy [ˈprɒdɪdʒɪ] $\overline{S}$ Wunder *n*; **child** ~ Wunderkind *n*

★produce A [ˈprɒdjuːs] $\overline{S}$ ⟨*kein pl*⟩ AGR Erzeugnisse *pl*; ~ **of Italy** italienisches Erzeugnis **B** [prəˈdjuːs] *VT* **1** produzieren, herstellen; *Wärme* erzeugen; *Ernte* abwerfen; *Artikel* schreiben; *Ideen* hervorbringen; **the sort of environment that ~s criminal types** das Milieu, das Kriminelle hervorbringt **2** *Brieftasche* hervorholen (**from, out of** aus), ziehen (**from, out of** aus); *Beweise, Resultate* liefern; *Wirkung* erzielen; *Papiere* vorzeigen **3** *Stück* inszenieren; *Film* produzieren **4** hervorrufen **C** [prəˈdjuːs] *VI* Fabrik produzieren; *Baum* tragen **producer** [prəˈdjuːsər] $\overline{S}$ Produzent(in) *m(f)*, Hersteller(in) *m(f)*; THEAT Regisseur(in) *m(f)* **-producing** [-prəˈdjuːsɪŋ] *ADJ* ⟨*suf*⟩ produzierend; **oil-producing country** Öl produzierendes Land; **wine-producing area** Weinregion *f*

★product [ˈprɒdʌkt] $\overline{S}$ Produkt *n*, Erzeugnis *n*, Ware *f*; **food ~s** Nahrungsmittel *pl*; ~ **line** HANDEL Produktlinie *f*; ~ **range** HANDEL Sortiment *n* **product design** $\overline{S}$ Produktdesign *n* **product development** $\overline{S}$ Produktentwicklung *f*

★production [prəˈdʌkʃən] $\overline{S}$ **1** Produktion *f*, Herstellung *f*; *von Wärme* Erzeugung *f*; *von Getreide* Anbau *m*; *von Artikel* Schreiben *n*; *von Ideen* Hervorbringung *f*; **to increase** ~ die Produktion erhöhen; **to put sth into** ~ die Produktion von etw aufnehmen; **is it still in** ~? wird das noch hergestellt?; **to take sth out of** ~ etw aus der Produktion nehmen **2** *von Ticket, Papieren* Vorzeigen *n*; *von Beweisen* Lieferung *f* **3** *von Stück* Inszenierung *f*; *von Film* Produktion *f* **production costs** *PL* Produktionskosten *pl* **production line** $\overline{S}$ Fertigungsstraße *f* **productive** [prəˈdʌktɪv] *ADJ* produktiv; *Land* fruchtbar; *Unternehmen* rentabel; **to lead a** ~ **life** ein aktives Leben führen **productively** [prəˈdʌktɪvlɪ] *ADV* produktiv **productivity** [ˌprɒdʌkˈtɪvɪtɪ] $\overline{S}$ Produktivität *f*; *von Land* Fruchtbarkeit *f*; *von Unternehmen* Rentabilität *f*

P

product manager S̄ Produktmanager(in) m(f) **product presentation** S̄ Produktvorstellung f

Prof ABK (= Professor) Prof.

profess [prəˈfes] A V/T Interesse bekunden; Zweifel kundtun; Unwissen zugeben; **to ~ to be sth** behaupten, etw zu sein B V/R **to ~ oneself satisfied** seine Zufriedenheit bekunden (**with** über +akk)

★**profession** [prəˈfeʃən] S̄ 1 Beruf m; **the teaching ~** der Lehrberuf; **by ~** von Beruf 2 **the medical ~** die Ärzteschaft; **the whole ~** der gesamte Berufsstand 3 **~ of faith** Glaubensbekenntnis n

★**professional** [prəˈfeʃənl] A ADJ 1 beruflich; Meinung fachlich; Fußball professionell; **~ army** Berufsarmee m; **our relationship is purely ~** unsere Beziehung ist rein geschäftlich(er Natur); **he's now doing it on a ~ basis** er macht das jetzt hauptberuflich; **in his ~ capacity as ...** in seiner Eigenschaft als ...; **to be a ~ singer** etc von Beruf Sänger etc sein; **to seek/take ~ advice** fachmännischen Rat suchen/einholen; **to turn ~** Profi werden 2 Arbeit fachgerecht; Mensch gewissenhaft; Vorgehensweise professionell; Leistung kompetent B S̄ Profi m

professionalism [prəˈfeʃnəlɪzəm] S̄ Professionalismus m **professionally** [prəˈfeʃnəlɪ] ADV beruflich; SPORT **he plays ~** er ist Profi; **to know sb ~** j-n beruflich kennen

professor [prəˈfesəʳ] S̄ Professor(in) m(f); US Dozent(in) m(f)

proficiency [prəˈfɪʃənsɪ] S̄ **her ~ as a secretary** ihre Fähigkeiten als Sekretärin; **his ~ in English** seine Englischkenntnisse; **her ~ in translating** ihr Können in Übersetzen **proficient** [prəˈfɪʃənt] ADJ tüchtig; **he is just about ~ in German** seine Deutschkenntnisse reichen gerade aus; **to be ~ in Japanese** Japanisch beherrschen

profile [ˈprəʊfaɪl] S̄ Profil n, Profilbild n; (= Biografie) Porträt n; einer gesuchten Person Steckbrief m; **in ~** im Profil; **to keep a low ~** sich zurückhalten B V/T porträtieren **profile photo** S̄, **profile picture** S̄ Profilfoto n

★**profit** [ˈprɒfɪt] A S̄ 1 HANDEL Gewinn m; **to make a ~** (**out of** od **on sth**) (mit etw) ein Geschäft machen; **to show** od **yield a ~** einen Gewinn verzeichnen;

to sell sth at a ~ etw mit Gewinn verkaufen; **the business is now running at a ~** das Geschäft rentiert sich jetzt 2 fig Nutzen m; **you might well learn something to your ~** Sie können etwas lernen, was Ihnen von Nutzen ist B V/I profitieren (**by**, **from** von), Nutzen ziehen (**by**, **from** aus) **profitability** [ˌprɒfɪtəˈbɪlɪtɪ] S̄ Rentabilität f **profitable** [ˈprɒfɪtəbl] ADJ HANDEL gewinnbringend; fig nützlich **profiteering** [ˌprɒfɪˈtɪərɪŋ] S̄ Wucher m **profit-making** ADJ 1 rentabel 2 auf Gewinn gerichtet **profit margin** S̄ Gewinnspanne f **profit-sharing** S̄ Gewinnbeteiligung f **profit warning** S̄ HANDEL Gewinnwarnung f

pro forma (invoice) [ˌprəʊˈfɔːmə(ɪnˈvɔɪs)] S̄ Pro-forma-Rechnung f

profound [prəˈfaʊnd] ADJ Trauer tief; Idee tiefsinnig; Denker, Wissen, Bedauern tief (gehend); Hass, Ignoranz tief sitzend; Einfluss, Auswirkungen weitreichend **profoundly** [prəˈfaʊndlɪ] ADV verschieden zutiefst; **~ deaf** vollkommen taub

profusely [prəˈfjuːslɪ] ADV bluten stark; danken überschwänglich; **he apologized ~** er bat vielmals um Entschuldigung **profusion** [prəˈfjuːʒən] S̄ Überfülle f

prognosis [prɒgˈnəʊsɪs] S̄ ⟨pl **prognoses** [prɒgˈnəʊsiːz]⟩ Prognose f

★**program** [ˈprəʊgræm] A S̄ 1 IT Programm n 2 US → **programme** B V/I programmieren **programmable** [ˈprəʊgræməbl] Br ADJ programmierbar **programme** [ˈprəʊgræm], **program** US A S̄ Programm n; RAD, TV a Sendung f; **what's the ~ for tomorrow?** was steht für morgen auf dem Programm? B V/T programmieren **programmer** [ˈprəʊgræməʳ] S̄ Programmierer(in) m(f) **programming** [ˈprəʊgræmɪŋ] S̄ Programmieren n; **~ language** Programmiersprache f

★**progress** [ˈprəʊgres] A S̄ 1 ⟨kein pl⟩ Vorwärtskommen n; **we made slow ~ through the mud** wir kamen im Schlamm nur langsam vorwärts; **in ~** im Gange; **"silence please, meeting in ~"** „Sitzung! Ruhe bitte"; **the work still in ~** die noch zu erledigende Arbeit 2 ⟨kein pl⟩ Fortschritt m; **to make (good/slow) ~** (gute/langsame) Fortschritte machen B [prəˈgres] V/I 1 sich vorwärtsbewegen **2** as the work ~es mit dem Fortschreiten der Arbeit; as the game ~ed im Laufe des Spiels; **while negotiations were actually ~ing** während die Verhandlungen im Gange waren **3** Fortschritte machen; **how far have you ~ed?** wie weit sind Sie gekommen?; **as you ~ through the ranks** bei seinem Aufstieg durch die Ränge **progression** [prə'greʃən] S̱ Folge f, Entwicklung f; **his ~ from a junior clerk to managing director** sein Aufstieg vom kleinen Angestellten zum Direktor **progressive** [prə'gresɪv] ADJ **1** zunehmend; Krankheit fortschreitend **2** GRAM Verlaufs-; **~ form** Verlaufsform f **progressively** [prə'gresɪvlɪ] ADV zunehmend **progress report** S̱ Fortschrittsbericht m

prohibit [prə'hɪbɪt] V̱Ṯ untersagen; **to ~ sb from doing sth** j-m untersagen, etw zu tun; **"smoking ~ed"** „Rauchen verboten" **prohibition** [ˌprəʊɪ'bɪʃn] S̱ Verbot n **prohibitive** [prə'hɪbɪtɪv] ADJ unerschwinglich; **the costs of producing this model have become ~** die Kosten für die Herstellung dieses Modells sind untragbar geworden

project¹ ['prɒdʒekt] S̱ Projekt n, Vorhaben n; SCHULE, UNIV Referat n; in Grundschule Arbeit f

project² [prə'dʒekt] A V̱Ṯ **1** Film, Gefühle projizieren (**onto** auf +akk); **to ~ one's voice** seine Stimme zum Tragen bringen **2** Vorhaben (voraus)planen; Kosten überschlagen **3** abschießen B V̱I̱ hervorragen (**from** aus) **projectile** [prə'dʒektaɪl] S̱ Geschoss n **projection** [prə'dʒekʃən] S̱ von Film, Gefühlen Projektion f; von Vorhaben (Voraus)planung f; von Kosten Überschlagung f **projectionist** [prə'dʒekʃnɪst] S̱ Filmvorführer(in) m(f) **projector** [prə'dʒektə] S̱ FILM Projektor m

prole [prəʊl] Br umg S̱ Prolet(in) m(f) umg **proletarian** [ˌprəʊlɪ'teərɪən] ADJ proletarisch **proletariat** [ˌprəʊlə'teərɪət] S̱ Proletariat n

pro-life [ˌprəʊ'laɪf] ADJ gegen Abtreibung präd

proliferate [prə'lɪfəreɪt] V̱I̱ Anzahl sich stark erhöhen **proliferation** [prə,lɪfə-'reɪʃən] S̱ von Anzahl starke Erhöhung; von Atomwaffen Weitergabe f **prolific**

[prə'lɪfɪk] ADJ **1** fruchtbar; Schriftsteller produktiv **2** üppig **prologue** ['prəʊlɒg] S̱, **prolog** US S̱ Prolog m; in Buch Vorwort n **prolong** [prə'lɒŋ] V̱Ṯ verlängern, hinauszögern

prom [prɒm] Br umg S̱ Konzert n; US Studenten-/Schülerball m **promenade** [ˌprɒmɪ'nɑːd] bes Br S̱ (Strand)promenade f; US Studenten-/ Schülerball m; **~ concert** Br Konzert n **prominence** ['prɒmɪnəns] S̱ von Ideen Beliebtheit f; von Politiker etc Bekanntheit f; **to rise to ~** bekannt werden **prominent** ['prɒmɪnənt] ADJ **1** Backenknochen, Zähne vorstehend attr; **to be ~** vorstehen/-springen **2** Markierung auffällig; Gesichtszüge hervorstechend; Position, Politiker prominent; **put it in a ~ position** stellen Sie es deutlich sichtbar hin **3** Rolle führend; (≈ bedeutend) wichtig **prominently** ['prɒmɪnəntlɪ] ADV platzieren deutlich sichtbar; **he figured ~ in the case** er spielte in dem Fall eine bedeutende Rolle

promiscuity [ˌprɒmɪ'skjuːɪtɪ] S̱ Promiskuität f **promiscuous** [prə'mɪskjʊəs] ADJ promisk; **to be ~** häufig den Partner wechseln; **~ behaviour** häufiger Partnerwechsel

⭑**promise** ['prɒmɪs] A S̱ **1** Versprechen n; **their ~ of help** ihr Versprechen zu helfen; **is that a ~?** ganz bestimmt?; **to make sb a ~** j-m ein Versprechen geben; **I'm not making any ~s** versprechen kann ich nichts; **~s, ~s!** Versprechen, nichts als Versprechen! **2** Hoffnung f; **to show ~** zu den besten Hoffnungen berechtigen B V̱Ṯ versprechen, hindeuten auf (+akk); **to ~ (sb) to do sth** (j-m) versprechen, etw zu tun; **to ~ sb sth, to ~ sth to sb** j-m etw versprechen; **to ~ sb the earth** j-m das Blaue vom Himmel herunter versprechen; **~ me one thing** versprich mir eins; **I won't do it again, I ~** ich werde es nie wieder tun, das verspreche ich; **it ~d to be another scorching day** der Tag versprach wieder heiß zu werden C V̱I̱ versprechen; **(do you) ~?** versprichst du es?; **~!** ehrlich!; **I'll try, but I'm not promising** ich werde es versuchen, aber ich kann nichts versprechen D V̱Ṟ **to ~ oneself sth** sich (dat) etw versprechen;

P

I've **~d** myself never to do it again ich habe mir geschworen, dass ich das nicht noch einmal mache **promising** ADJ, **promisingly** [ˈprɒmɪsɪŋ, -lɪ] ADV vielversprechend

promontory [ˈprɒməntrɪ] S̅ Vorgebirge n, Kap n

promote [prəˈməʊt] V̅/T̅ 1 befördern; **our team was ~d** FUSSB unsere Mannschaft ist aufgestiegen; **he has been ~d to headmaster** er wurde zum Direktor befördert 2 fördern 3 werben für **promoter** [prəˈməʊtəʳ] S̅ Promoter(in) m(f) **promotion** [prəˈməʊʃən] S̅ 1 Beförderung f; *von Mannschaft* Aufstieg m; **to get** od **win ~** befördert werden; *Mannschaft* aufsteigen 2 Förderung f 3 Werbung f (**of** für), Werbekampagne f **promotional video** S̅ Werbevideo n

★**prompt** [prɒmpt] A̅ ADJ ⟨+er⟩ prompt, unverzüglich; (≈ *rechtzeitig*) pünktlich B̅ ADV **at 6 o'clock ~** pünktlich um 6 Uhr C̅ V̅/T̅ 1 **to ~ sb to do sth** j-n (dazu) veranlassen, etw zu tun 2 *Gefühle* wecken 3 *bei Rede* vorsagen (**sb** j-m); THEAT soufflieren (**sb** j-m) D̅ S̅ 1 Eingabeaufforderung f **prompter** [ˈprɒmptəʳ] S̅ Souffleur m, Souffleuse f **promptly** [ˈprɒmptlɪ] ADV 1 prompt; **they left ~ at 6** sie gingen Punkt 6 Uhr 2 unverzüglich

prone [prəʊn] ADJ 1 **to be** od **lie ~** auf dem Bauch liegen; **in a ~ position** in Bauchlage 2 **to be ~ to sth** zu etw neigen; **to be ~ to do sth** dazu neigen, etw zu tun **proneness** [ˈprəʊnnɪs] S̅ Neigung f (**to** zu)

prong [prɒŋ] S̅ Zacke f **-pronged** [-prɒŋd] ADJ ⟨*suf*⟩ -zackig; **a three-pronged attack** ein Angriff mit drei Spitzen

pronoun [ˈprəʊnaʊn] S̅ Pronomen n

★**pronounce** [prəˈnaʊns] V̅/T̅ 1 aussprechen; **Russian is hard to ~** die russische Aussprache ist schwierig 2 erklären; **the doctors ~d him unfit for work** die Ärzte erklärten ihn für arbeitsunfähig; **to ~ oneself in favour of/against sth** sich für/gegen etw aussprechen **pronounced** ADJ ausgesprochen; *Akzent* ausgeprägt; **he has a ~ limp** er hinkt sehr stark **pronouncement** S̅ Erklärung f; **to make a ~** eine Erklärung ab-

geben

pronto [ˈprɒntəʊ] *umg* ADV fix *umg*; **I need it doing ~!** das muss sofort gemacht werden

pronunciation [prəˌnʌnsɪˈeɪʃən] S̅ Aussprache f

★**proof** [pruːf] S̅ 1 ⟨*kein pl*⟩ Beweis m (**of** für); **the police don't have any ~** die Polizei hat keine Beweise; **as ~ of** zum Beweis für; **that is ~ that ...** das ist der Beweis dafür, dass ...; **show me your ~** beweisen Sie (mir) das; **~ of purchase** Kaufbeleg m 2 Alkoholgehalt m; **70% ~** ≈ 40 Vol-% **proofread** V̅/T̅ & V̅/I̅ Korrektur lesen

prop¹ [prɒp] A̅ S̅ 1 *wörtl* Stütze f; *fig* Halt m 2 THEAT Requisite f B̅ V̅/T̅ **to ~ the door open** die Tür offen halten; **to ~ oneself/sth against sth** sich/etw gegen etw lehnen **♦prop up** V̅/T̅ ⟨*trennb*⟩ stützen; *Wand* abstützen; **to prop oneself/sth up against sth** sich/etw gegen etw lehnen; **to prop oneself up on sth** sich auf etw (*akk*) stützen

prop² A̅B̅K̅ (= *proprietor*) Inh.

propaganda [ˌprɒpəˈɡændə] S̅ Propaganda f

propagate [ˈprɒpəɡeɪt] V̅/T̅ verbreiten **propagation** [ˌprɒpəˈɡeɪʃən] S̅ Verbreitung f

propane [ˈprəʊpeɪn] S̅ Propan n

propel [prəˈpel] V̅/T̅ antreiben **propeller** [prəˈpeləʳ] S̅ Propeller m

★**proper** [ˈprɒpəʳ] ADJ 1 eigentlich; **a ~ job** ein richtiger Job 2 *umg* richtig; **in the ~ way** richtig; **it's only right and ~ es ist nur recht und billig; to do the ~ thing** das tun, was sich gehört; **the ~ thing to do would be to apologize** es gehört sich eigentlich, dass man sich entschuldigt 3 anständig 4 *im Benehmen* korrekt **properly** [ˈprɒpəlɪ] ADV 1 richtig 2 anständig **proper name**, **proper noun** S̅ Eigenname m

★**property** [ˈprɒpətɪ] S̅ 1 Eigenschaft f 2 **healing properties** heilende Kräfte 2 Eigentum n; *fig* Gemeingut n 3 Haus n, Gebäude n, Besitztum n; (≈ *Landgut*) Besitz m *kein pl*; (≈ *Wohnhäuser etc*) Immobilien *pl*; **~ in London is dearer** die Preise auf dem Londoner Immobilienmarkt sind höher **property developer** S̅ Bauträger(in) m(f) **property**

P

market S̲ Immobilienmarkt m **property tax** S̲ Vermögenssteuer f
prophecy ['prɒfɪsɪ] S̲ Prophezeiung f
prophesy ['prɒfɪsaɪ] A̲ V̲T̲ prophezeien B̲ V̲I̲ Prophezeiungen machen **prophet** ['prɒfɪt] S̲ Prophet(in) m(f) **prophetic** A̲D̲J̲, **prophetically** [prə'fetɪk, -əlɪ] A̲D̲V̲ prophetisch
prophylactic [ˌprɒfɪ'læktɪk] S̲ MED Prophylaktikum n, vorbeugendes Mittel
proponent [prə'pəʊnənt] S̲ Befürworter(in) m(f)

proportion [prə'pɔːʃən] S̲ 1 zahlenmäßig Verhältnis n (**of x to y** zwischen x und y); größenmäßig Proportionen pl; **~s** (≈ *Größe*) Ausmaß n; *von Gebäude* Proportionen pl; **to be in/out of ~** (**to one another**) zahlenmäßig im richtigen/nicht im richtigen Verhältnis zueinander stehen; größenmäßig, a. KUNST in den Proportionen stimmen/nicht stimmen; *Leistungen etc* im richtigen/in keinem Verhältnis zueinander stehen; **to be in/ out of ~ to sth** im Verhältnis/in keinem Verhältnis zu etw stehen; größenmäßig in den Proportionen zu etw passen/ nicht zu etw passen; **to get sth in ~** KUNST etw proportional richtig darstellen; *fig* etw objektiv betrachten; **he has let it all get out of ~** *fig* er hat den Blick für die Proportionen verloren; **it's out of all ~!** das geht über jedes Maß hinaus!; **sense of ~** Sinn m für Proportionen 2 Teil m, Anteil m; **a certain ~ of the population** ein bestimmter Teil der Bevölkerung; **the ~ of drinkers in our society is rising constantly** der Anteil der Trinker in unserer Gesellschaft nimmt ständig zu **proportional** [prə'pɔːʃənl] A̲D̲J̲ proportional (**to** zu) **proportionality** [prəpɔːʃn'ælɪtɪ] S̲ Proportionalität f; *der Mittel* Verhältnismäßigkeit f **proportional representation** S̲ POL Verhältniswahlrecht n **proportionate** [prə'pɔːʃnɪt] A̲D̲J̲ proportional **proportionately** [prə'pɔːʃnɪtlɪ] A̲D̲V̲ proportional; *mehr, weniger* entsprechend

proposal [prə'pəʊzl] S̲ Vorschlag m (**on, about** zu); *an Freundin* (Heirats)antrag m; **to make sb a ~** j-m einen Vorschlag machen **propose** [prə'pəʊz] A̲ V̲T̲ 1 vorschlagen; **he ~d postponing the meeting** er schlug vor, die Sitzung zu

vertagen; **to ~ marriage to sb** j-m einen (Heirats)antrag machen 2 (+*inf*) beabsichtigen; **they ~ to build an office block on this site** sie beabsichtigen, auf diesem Grundstück ein Bürogebäude zu bauen; **how do you ~ to pay for it?** wie wollen Sie das bezahlen? B̲ V̲I̲ einen (Heirats)antrag machen (**to** +*dat*) **proposition** [ˌprɒpə'zɪʃən] A̲ S̲ Vorschlag m, These f B̲ V̲T̲ **he ~ed me** er hat mich gefragt, ob ich mit ihm schlafen würde

proprietor [prə'praɪətəʳ] S̲ *von Gaststätte* Inhaber(in) m(f); *von Haus, Zeitung* Besitzer(in) m(f)
propriety [prə'praɪətɪ] S̲ Anstand m
propulsion [prə'pʌlʃən] S̲ Antrieb m
pro rata ['prəʊ'rɑːtə] A̲D̲J̲ & A̲D̲V̲ anteil(s)mäßig; **on a ~ basis** auf einer proportionalen Basis
proscribe [prəʊ'skraɪb] V̲T̲ verbieten
prose [prəʊz] S̲ 1 Prosa f 2 LIT *Form der geschriebenen Sprache, die nicht in Versen organisiert ist, keine Reime aufweist und keinem bestimmten Rhythmus folgt* 3 Stil m
prosecute ['prɒsɪkjuːt] A̲ V̲T̲ strafrechtlich verfolgen (**for** wegen); "**trespassers will be ~d**" "widerrechtliches Betreten wird strafrechtlich verfolgt" B̲ V̲I̲ Anzeige erstatten; **Mr Jones, prosecuting, said ...** Herr Jones, der Vertreter der Anklage, sagte ... **prosecution** [ˌprɒsɪ'kjuːʃən] S̲ JUR strafrechtliche Verfolgung; *vor Gericht* Anklage f (**for** wegen); (**the**) **counsel for the ~** die Anklage(-vertretung); **witness for the ~** Zeuge m/Zeugin f der Anklage **prosecutor** ['prɒsɪkjuːtəʳ] S̲ Ankläger(in) m(f)
prospect ['prɒspekt] S̲ Aussicht f (**of** auf +*akk*); **a job with no ~s** eine Stelle ohne Zukunft **prospective** [prə'spektɪv] A̲D̲J̲ ⟨*attr*⟩ voraussichtlich; *Schwiegersohn* zukünftig; *Käufer* interessiert; **~ earnings** voraussichtliche Einkünfte pl
prospectus [prə'spektəs] S̲ Prospekt m; SCHULE, UNIV Lehrprogramm n
prosper ['prɒspəʳ] V̲I̲ blühen; *finanziell* florieren **prosperity** [prɒs'perɪtɪ] S̲ Wohlstand m **prosperous** ['prɒspərəs] A̲D̲J̲ wohlhabend; *Unternehmen* florierend; *Wirtschaft* blühend **prosperously** ['prɒspərəslɪ] A̲D̲V̲ leben im Wohlstand

P

prostate (gland) ['prɒsteɪt(‚glænd)] S̲ Prostata f

prostitute ['prɒstɪtjuːt] A̲ S̲ Prostituierte(r) m/f(m) B̲ V̲R̲ sich prostituieren

prostitution [‚prɒstɪ'tjuːʃən] S̲ Prostitution f

prostrate ['prɒstreɪt] A̲ A̲D̲J̲ ausgestreckt B̲ ['prɒ'streɪt] V̲R̲ sich niederwerfen (**before** vor +dat)

protagonist [prəʊ'tægənɪst] S̲ 1̲ Protagonist(in) m(f), Hauptperson f 2̲ LIT zentrale Figur einer Erzählung, eines Romans, eines Theaterstücks o. Ä.

★**protect** [prə'tekt] V̲T̲ schützen (**against** gegen od **from** vor +dat); j-n, Tier beschützen (**against** gegen od **from** vor +dat); IT sichern; **don't try to ~ the culprit** versuchen Sie nicht, den Schuldigen zu decken B̲ V̲I̲ schützen (**against** vor +dat)

★**protection** [prə'tekʃən] S̲ Schutz m (**against** gegen od **from** vor +dat); **to be under sb's ~** unter j-s Schutz stehen **protectionism** [prə'tekʃənɪzəm] S̲ Protektionismus m **protective** [prə'tektɪv] A̲D̲J̲ Schutz-; Haltung beschützend; Schicht schützend; **the mother is very ~ toward(s) her children** die Mutter ist sehr fürsorglich ihren Kindern gegenüber **protective clothing** S̲ Schutzkleidung f **protective custody** S̲ Schutzhaft f **protectively** [prə'tektɪvlɪ] A̲D̲V̲ schützend, beschützend **protective packaging** S̲ HANDEL Schutzverpackung f **protector** [prə'tektər] S̲ 1̲ Beschützer(in) m(f) 2̲ (≈ Kleidung) Schutz m **protectorate** [prə'tektərət] S̲ POL Protektorat n

protégé, protégée ['prɒtəʒeɪ] S̲ Schützling m

protein ['prəʊtiːn] S̲ Protein n

★**protest** ['prəʊtest] A̲ S̲ Protest m, Protestkundgebung f; **in ~** aus Protest; **to make a/one's ~** Protest erheben B̲ [prə'test] V̲I̲ protestieren, demonstrieren (**against, about** gegen) C̲ [prə'test] V̲T̲ 1̲ Unschuld beteuern 2̲ protestieren gegen

Protestant ['prɒtɪstənt] A̲ A̲D̲J̲ protestantisch B̲ S̲ Protestant(in) m(f)

protestation [‚prɒtɪ'steɪʃən] S̲ Protest m **protester** [prə'testər] S̲ Protestierende(r) m/f(m), Demonstrant(in) m(f)

protest march S̲ Protestmarsch m

protocol ['prəʊtəkɒl] S̲ Protokoll n

proton ['prəʊtɒn] S̲ Proton n; **~ (beam) therapy** Protonentherapie f, Protonenstrahlentherapie f

prototype ['prəʊtəʊtaɪp] S̲ Prototyp m

protracted [prə'træktɪd] A̲D̲J̲ langwierig; Streit längere(r, s)

protrude [prə'truːd] V̲I̲ vorstehen (**from** aus); Ohren abstehen **protruding** [prə'truːdɪŋ] A̲D̲J̲ vorstehend; Ohren abstehend; Kinn vorspringend; Rippen hervortretend

★**proud** [praʊd] A̲ A̲D̲J̲ stolz (**of** auf +akk); **it made his parents feel very ~** das erfüllte seine Eltern mit Stolz; **to be ~ that …** stolz (darauf) sein, dass …; **to be ~ to do sth** stolz darauf sein, etw zu tun B̲ A̲D̲V̲ **to do sb/oneself ~** j-n/sich verwöhnen **proudly** ['praʊdlɪ] A̲D̲V̲ stolz

provable ['pruːvəbl] A̲D̲J̲ beweisbar, nachweisbar ★**prove** [pruːv] ⟨prät proved; pperf proved od proven⟩ A̲ V̲T̲ beweisen; **he ~d that …** er wies nach, dass …; **to ~ sb innocent** j-s Unschuld nachweisen; **he was ~d right** er hat recht behalten; **he did it just to ~ a point** er tat es nur der Sache wegen B̲ V̲I̲ **to ~ (to be) useful** sich als nützlich erweisen; **if it ~s otherwise** wenn sich das Gegenteil herausstellt C̲ V̲R̲ 1̲ sich bewähren 2̲ **to ~ oneself to be sth** sich als etw erweisen **proven** ['pruːvən] A̲ P̲P̲E̲R̲F̲ → prove B̲ ['pruːvən] A̲D̲J̲ bewährt

proverb ['prɒvɜːb] S̲ Sprichwort n **proverbial** [prə'vɜːbɪəl] A̲D̲J̲ wörtl, fig sprichwörtlich

★**provide** [prə'vaɪd] A̲ V̲T̲ zur Verfügung stellen; Personal vermitteln; Geld bereitstellen; Nahrung etc sorgen für; Ideen, Strom liefern; Licht spenden; **X ~d the money and Y (provided) the expertise** X stellte das Geld bereit und Y lieferte das Fachwissen; **candidates must ~ their own pens** die Kandidaten müssen ihr Schreibgerät selbst stellen; **to ~ sth for sb** etw für j-n stellen, j-m etw zur Verfügung stellen, j-m etw besorgen; **to ~ sb with sth** j-n mit etw versorgen, j-n mit etw ausstatten B̲ V̲R̲ **to ~ oneself with sth** sich mit etw ausstatten ◆**provide against** V̲I̲ ⟨+obj⟩ vorsorgen für ◆**provide for** V̲I̲ ⟨+obj⟩ sorgen für; Notfall vorsorgen für

provided (that) [prə'vaɪdɪd('ðæt)] K̲O̲N̲J̲

vorausgesetzt(, dass)

providence ['prɒvɪdəns] ‾S‾ die Vorsehung

provider [prə'vaɪdəʳ] ‾S‾ **1** IT, TEL Provider *m*, Anbieter *m* **2** *von Familie* Ernährer(in) *m(f)* **providing (that)** [prə'vaɪdɪŋ('ðæt)] ‾KONJ‾ vorausgesetzt(, dass)

province ['prɒvɪns] ‾S‾ **1** Provinz *f* **2** ~s *pl* the ~ss die Provinz **provincial** [prə'vɪnʃəl] ‾ADJ‾ Provinz-; *Akzent* ländlich; *pej* provinzlerisch

provision [prə'vɪʒən] ‾S‾ **1** Bereitstellung *f*, Beschaffung *f*; *von Nahrung, Wasser etc* Versorgung *f* (**of** mit *od* **to sb** j-s) **2** Vorrat *m* (**of** an +dat) **3** ~s *pl* Lebensmittel *pl* **4** Vorkehrung *f*, Bestimmung *f*; **with the ~ that ...** mit dem Vorbehalt, dass ...; **to make ~ for sb** für j-n Vorsorge treffen; **to make ~ for sth** etw vorsehen **provisional** [prə'vɪʒənl] ‾ADJ‾ provisorisch; *Angebot* vorläufig; **~ driving licence** *Br* vorläufige Fahrerlaubnis für Fahrschüler **provisionally** [prə'vɪʒənəlɪ] ‾ADV‾ vorläufig **proviso** [prə'vaɪzəʊ] ‾S‾ ⟨*pl* -s⟩ Vorbehalt *m*; **with the ~ that ...** unter der Bedingung, dass ...

provocation [ˌprɒvə'keɪʃən] ‾S‾ Provokation *f*; **he acted under ~** er wurde dazu provoziert; **he hit me without any ~** er hat mich geschlagen, ohne dass ich ihn dazu provoziert hätte **provocative** [prə'vɒkətɪv] ‾ADJ‾ provozierend, provokativ; *Bemerkung, Verhalten a.* herausfordernd **provocatively** [prə'vɒkətɪvlɪ] ‾ADV‾ provozierend; *etw sagen, sich verhalten a.* herausfordernd; **~ dressed** aufreizend gekleidet **provoke** [prə'vəʊk] ‾VT‾ provozieren; *Tier* reizen; *Reaktion* hervorrufen; **to ~ an argument** Streit suchen; **to ~ sb into doing sth** j-n dazu treiben, dass er etw tut **provoking** [prə'vəʊkɪŋ] ‾ADJ‾ provozierend

prow [praʊ] ‾S‾ Bug *m*

prowess ['praʊɪs] ‾S‾ Fähigkeiten *pl*; **his (sexual) ~** seine Manneskraft

prowl [praʊl] ‾A‾ ‾S‾ Streifzug *m*; **to be on the ~** *Katze* auf Streifzug sein; *Chef* herumschleichen ‾B‾ ‾VI‾ (a. **prowl about** *od* **around**) herumstreichen; **he ~ed round the house** er schlich im Haus **prowl car** *US* ‾S‾ Streifenwagen *m* **prowler** ['praʊləʳ] ‾S‾ Herumtreiber(in) *m(f)*

proximity [prɒk'sɪmɪtɪ] ‾S‾ Nähe *f*; **in close ~ to** in unmittelbarer Nähe (+*gen*)

proxy ['prɒksɪ] ‾S‾ **by ~** durch einen Stellvertreter

prude [pruːd] ‾S‾ **to be a ~** prüde sein

prudence ['pruːdəns] ‾S‾ Umsicht *f*; *von Maßnahme* Klugheit *f* **prudent** ‾ADJ‾ umsichtig; *Maßnahme* klug **prudently** ‾ADV‾ wohlweislich; *handeln* umsichtig

prudish ['pruːdɪʃ] ‾ADJ‾ prüde

prune¹ [pruːn] ‾S‾ Backpflaume *f*

prune² ‾VT‾ (a. **prune down**) beschneiden; *fig Ausgaben* kürzen **pruning** ['pruːnɪŋ] ‾S‾ Beschneiden *n*; *fig von Ausgaben* Kürzung *f*

Prussia ['prʌʃə] ‾S‾ Preußen *n* **Prussian** ['prʌʃən] ‾A‾ ‾ADJ‾ preußisch ‾B‾ ‾S‾ Preuße *m*, Preußin *f*

pry¹ [praɪ] ‾VI‾ neugierig sein, (herum)schnüffeln (**in** in +*dat*); **I don't mean to pry, but ...** es geht mich ja nichts an, aber ...; **to pry into sb's affairs** seine Nase in j-s Angelegenheiten (*akk*) stecken

pry² *US* ‾VT‾ → prise

prying ['praɪɪŋ] ‾ADJ‾ neugierig

PS ‾ABK‾ (= postscript) PS

psalm [sɑːm] ‾S‾ Psalm *m*

pseudo ['sjuːdəʊ] ‾ADJ‾ pseudo **pseudonym** ['sjuːdənɪm] ‾S‾ Pseudonym *n*

psoriasis [sə'raɪəsɪs] ‾S‾ MED Psoriasis *f*

PST *US* ‾ABK‾ (= Pacific Standard Time) pazifische Zeit (*minus 9 Stunden mitteleuropäischer Zeit*)

psych [saɪk] *umg* ‾VT‾ **to ~ sb (out)** j-n durchschauen ◆**psych out** *umg* ‾VT‾ ⟨*trennb*⟩ psychologisch fertigmachen *umg* ◆**psych up** *umg* ‾VT‾ ⟨*trennb*⟩ hochputschen *umg*; **to psych oneself up** sich hochputschen *umg*

psyche ['saɪkɪ] ‾S‾ Psyche *f*

psychedelic [ˌsaɪkɪ'delɪk] ‾ADJ‾ psychedelisch

psychiatric [ˌsaɪkɪ'ætrɪk] ‾ADJ‾ psychiatrisch; *Krankheit* psychisch; **~ hospital** psychiatrische Klinik; **~ nurse** Psychiatrieschwester *f* **psychiatrist** [saɪ'kaɪətrɪst] ‾S‾ Psychiater(in) *m(f)* **psychiatry** [saɪ'kaɪətrɪ] ‾S‾ Psychiatrie *f*

psychic ['saɪkɪk] ‾A‾ ‾ADJ‾ **1** übersinnlich; *Kräfte* übernatürlich; **you must be ~!** Sie müssen hellsehen können! **2** PSYCH psychisch ‾B‾ ‾S‾ Mensch *m* mit übernatürlichen Kräften

P

psycho ['saɪkəʊ] s ‹pl -s› umg Verrückte(r) m/f(m)

psychoanalyse [ˌsaɪkəʊ'ænəlaɪz] V/T, **psychoanalyze** US V/T psychoanalytisch behandeln **psychoanalysis** [ˌsaɪkəʊə'næləsɪs] s Psychoanalyse f **psychoanalyst** [ˌsaɪkəʊ'ænəlɪst] s Psychoanalytiker(in) m(f)

psychobabble ['saɪkəʊˌbæbl] umg s Psychologenchinesisch n umg, Psychiaterchinesisch n umg

psychological [ˌsaɪkə'lɒdʒɪkəl] ADJ psychologisch, psychisch; **he's not really ill, it's all ~** er ist nicht wirklich krank, das ist alles psychisch bedingt **psychologically** [ˌsaɪkə'lɒdʒɪkəlɪ] ADV psychisch, psychologisch **psychological thriller** s FILM, LIT Psychothriller m **psychologist** [saɪ'kɒlədʒɪst] s Psychologe m, Psychologin f **psychology** [saɪ'kɒlədʒɪ] s Psychologie f

psychopath ['saɪkəʊpæθ] s Psychopath(in) m(f) **psychopathic** [ˌsaɪkəʊ'pæθɪk] ADJ psychopathisch

psychosomatic [ˌsaɪkəʊsəʊ'mætɪk] ADJ psychosomatisch

psychotherapist [ˌsaɪkəʊ'θerəpɪst] s Psychotherapeut(in) m(f) **psychotherapy** [ˌsaɪkəʊ'θerəpɪ] s Psychotherapie f **psychotic** [saɪ'kɒtɪk] ADJ psychotisch

pt¹ ABK (= part) Teil m
pt² ABK (= pint) Pint n
pt³ ABK (= point) Punkt m
PTA ABK (= parent-teacher association) ≈ Elternbeirat m, ≈ Elternvertretung f
pto, PTO ABK (= please turn over) b.w.
PTSD ABK (= post-traumatic stress disorder) PTBS, posttraumatische Belastungsstörung

★**pub** [pʌb] Br s Kneipe f umg; **let's go to the pub** komm, wir gehen in die Kneipe umg **pub-crawl** ['pʌbkrɔːl] Br umg s to **go on a ~** einen Kneipenbummel machen umg

puberty ['pjuːbətɪ] s die Pubertät; **to reach ~** in die Pubertät kommen

pubic ['pjuːbɪk] ADJ Scham-; **~ hair** Schamhaar n

★**public** ['pʌblɪk] A ADJ öffentlich; **to be ~ knowledge** allgemein bekannt sein; **to become ~** publik werden; **at ~ expense** aus öffentlichen Mitteln; **~ pressure** Druck m der Öffentlichkeit; **a ~ figure** eine Persönlichkeit des öffentlichen Lebens; **in the ~ eye** im Blickpunkt der Öffentlichkeit; **to make sth ~** etw publik machen, etw öffentlich bekannt machen; **~ image** Bild n in der Öffentlichkeit; **in the ~ interest** im öffentlichen Interesse B s ‹+sg od pl v› Öffentlichkeit f; **in ~** in der Öffentlichkeit; etw zugeben öffentlich; **the (general) ~** die (breite) Öffentlichkeit; **the viewing ~** das Fersehpublikum **public access channel** s öffentlicher Fernsehkanal **public address system** s Lautsprecheranlage f

publican ['pʌblɪkən] Br s Gastwirt(in) m(f)

publication [ˌpʌblɪ'keɪʃən] s Veröffentlichung f

public company s Aktiengesellschaft f **public convenience** Br s öffentliche Toilette **public defender** US s Pflichtverteidiger(in) m(f) **public enemy** s Staatsfeind(in) m(f) **public gallery** s Besuchertribüne f **public health** s die öffentliche Gesundheit **public holiday** s gesetzlicher Feiertag **public housing** US s Sozialwohnungen pl **public inquiry** s öffentliche Untersuchung

publicist ['pʌblɪsɪst] s Publizist(in) m(f) **publicity** [pʌb'lɪsɪtɪ] s 1 Publicity f 2 HANDEL Werbung f **publicity campaign** s Publicitykampagne f; HANDEL Werbekampagne f **publicity stunt** s Werbegag m **publicity tour** s Werbetour f **publicize** ['pʌblɪsaɪz] V/T 1 bekannt machen 2 Film, Produkt Werbung machen für

public law s öffentliches Recht **public library** s Stadtbibliothek f, Volksbücherei f **public life** s öffentliches Leben **public limited company** s Aktiengesellschaft f **publicly** ['pʌblɪklɪ] ADV öffentlich; **~ funded** durch öffentliche Mittel finanziert **public money** s öffentliche Gelder pl **public opinion** s die öffentliche Meinung **public ownership** s staatlicher Besitz; **under od in ~** in staatlichem Besitz **public property** s öffentliches Eigentum **public prosecutor** s Staatsanwalt m/-anwältin f **public relations** ['pʌblɪk] 1 ‹+sg od pl v› Abteilung PR f; **~ exercise** PR-Kampagne f 2 ‹pl› Arbeit Öffentlichkeitsarbeit f **public school** Br s Privatschule f; US staatliche Schule **public sector** ⓢ öffentlicher Sektor **public servant** ⓢ Arbeitnehmer(in) m(f) im öffentlichen Dienst **public service** ⓢ öffentlicher Dienst **public speaking** ⓢ Redenhalten n; **I'm no good at ~** ich kann nicht in der Öffentlichkeit reden **public spending** ⓢ Ausgaben pl der öffentlichen Hand **public television** US ⓢ öffentliches Fernsehen **public transport** ⓢ, **public transportation** US ⓢ ⟨kein pl⟩ öffentlicher Nahverkehr; **by ~** mit öffentlichen Verkehrsmitteln **public utility** ⓢ öffentlicher Versorgungsbetrieb

▶ **public school**

In England, Wales und Nordirland verbindet man mit der Bezeichnung **public school** eine Privatschule, die sehr hohe Studien- und Internatsgebühren verlangt und somit nur für eine zahlungskräftige Minderheit zugänglich ist. Staatliche Schulen heißen – leicht zu merken – einfach **state schools**.

In den USA und in Schottland ist eine **public school** eine ganz normale vom Staat finanzierte Schule.
◀

★**publish** [ˈpʌblɪʃ] ⓋⓉ veröffentlichen; **~ed by Langenscheidt** bei Langenscheidt erschienen; **"published monthly"** „erscheint monatlich" **publisher** [ˈpʌblɪʃə^r] ⓢ Verleger(in) m(f); a. **~s** (≈ Firma) Verlag m **publishing** [ˈpʌblɪʃɪŋ] ⓢ das Verlagswesen; **~ company** Verlagshaus n

puck [pʌk] ⓢ SPORT Puck m
pucker [ˈpʌkə^r] Ⓐ ⓋⓉ (a. **pucker up**) Lippen spitzen Ⓑ ⓋⒾ (a. **pucker up**) Lippen sich spitzen
pud [pʊd] Br umg ⓢ → pudding **pudding** [ˈpʊdɪŋ] Br ⓢ 1 Nachtisch m, Pudding m; **what's for ~?** was gibt es als Nachtisch? 2 **black ~** ≈ Blutwurst f
puddle [ˈpʌdl] ⓢ Pfütze f
pudgy [ˈpʌdʒɪ] ⓐⓓⱼ ⟨komp pudgier⟩ → podgy
Puerto Rico [ˌpweət^ʊˈriːkəʊ] ⓢ Puerto Rico n
puff [pʌf] Ⓐ ⓢ 1 Schnaufen n kein pl; an Zigarette Zug m (**at, of** an +dat); **a ~ of**

wind ein Windstoß m; **a ~ of smoke** eine Rauchwolke; **our hopes vanished in a ~ of smoke** unsere Hoffnungen lösten sich in nichts auf; **to be out of ~** Br umg außer Puste sein umg 2 GASTR **cream ~** Windbeutel m Ⓑ ⓋⓉ Rauch ausstoßen Ⓒ ⓋⒾ schnaufen; **to ~ (away) on a cigar** an einer Zigarre paffen ♦**puff out** Ⓐ ⟨trennb⟩ 1 Brust herausstrecken; Backen aufblasen 2 ausstoßen ♦**puff up** Ⓐ ⓋⓉ ⟨trennb⟩ Federn (auf)plustern Ⓑ ⓋⒾ Gesicht anschwellen
puffed [pʌft] umg ⓐⓓⱼ außer Puste umg
puffin [ˈpʌfɪn] ⓢ Papageientaucher m
puffin crossing ⓢ sensorgesteuerter Ampelübergang
puffiness [ˈpʌfɪnɪs] ⓢ Verschwollenheit f
puff pastry Br ⓢ, **puff paste** US ⓢ Blätterteig m **puffy** [ˈpʌfɪ] ⓐⓓⱼ ⟨komp puffier⟩ Gesicht geschwollen
puke [pjuːk] sl Ⓐ ⓋⒾ kotzen umg; **he makes me ~** er kotzt mich an sl Ⓑ ⓢ Kotze f vulg ♦**puke up** umg ⓋⒾ kotzen umg
★**pull** [pʊl] Ⓐ ⓢ Ziehen n, Ruck m; von Magnet, Mensch Anziehungskraft f; **he gave the rope a ~** er zog am Seil; **I felt a ~ at my sleeve** ich spürte, wie mich jemand am Ärmel zog Ⓑ ⓋⓉ 1 ziehen; Zahn herausziehen; Bier zapfen; **to ~ a gun on sb** j-n mit der Pistole bedrohen; **he ~ed the dog behind him** er zog den Hund hinter sich (dat) her; **to ~ a door shut** eine Tür zuziehen 2 Griff, Seil ziehen an (+dat); **he ~ed her hair** er zog sie an den Haaren; **to ~ sth to pieces** fig (≈ kritisieren) etw verreißen; **to ~ sb's leg** fig umg j-n auf den Arm nehmen umg, j-n pflanzen österr; **~ the other one(, it's got bells on)** Br umg das glaubst du ja selber nicht!; **she was the one ~ing the strings** sie war es, die alle Fäden in der Hand hielt 3 Muskel sich (dat) zerren 4 Menge anziehen Ⓒ ⓋⒾ ziehen (**on, at** an +dat); **to ~ to the left** Auto nach links ziehen; **to ~ on one's cigarette** an seiner Zigarette ziehen 2 Auto etc fahren; **he ~ed across to the left-hand lane** er wechselte auf die linke Spur über; **he ~ed into the side of the road** er fuhr an den Straßenrand; **to ~ alongside** seitlich heranfahren; **to ~ off the road** am Straßenrand anhalten 3 Br umg sexuell je-

manden rumkriegen *umg* ♦**pull ahead** V̅I̅ **to pull ahead of** sb/sth einer Vorsprung vor j-m/etw gewinnen, j-m/einer Sache (*dat*) davonziehen ♦**pull apart** A̅ V̅T̅ ⟨*trennb*⟩ **1** auseinanderziehen; *Gerät etc* auseinandernehmen **2** *fig umg* (≈ *durchsuchen*) auseinandernehmen *umg*; (≈ *kritisieren*) verreißen **B** V̅I̅ sich auseinandernehmen lassen ♦**pull away** A̅ V̅T̅ ⟨*trennb*⟩ wegziehen; **she pulled it away from him** sie zog es von ihm weg, sie zog es ihm aus den Händen **B** V̅I̅ *Fahrzeug* wegfahren; **the car pulled away from the others** der Wagen setzte sich (von den anderen) ab ♦**pull back** ⟨*trennb*⟩ A̅ V̅T̅ zurückziehen **B** V̅I̅ **to pull back to 3 - 2** auf 3:2 verkürzen ♦**pull down** A̅ V̅T̅ ⟨*trennb*⟩ **1** herunterziehen **2** *Haus* abreißen **B** V̅I̅ *Rollo* sich herunterziehen lassen ♦**pull in** A̅ V̅T̅ ⟨*trennb*⟩ **1** *Seil, Bauch* einziehen; **to pull sb/sth in(to) sth** j-n/etw in etw (*akk*) ziehen **2** *Menge* anziehen **B** V̅I̅ **1** *in Bahnhof* einfahren (**into** in +*akk*) **2** anhalten ♦**pull off** V̅T̅ ⟨*trennb*⟩ **1** *Verpackung* abziehen; *Deckel* abnehmen; *Kleider* ausziehen **2** *umg* (≈ *Erfolg haben*) schaffen *umg*; *Geschäft* zuwege bringen *umg* ♦**pull on** V̅T̅ ⟨*trennb*⟩ *Mantel* sich (*dat*) überziehen ♦**pull out** A̅ V̅T̅ ⟨*trennb*⟩ **1** herausziehen (**of** aus); *Zahn* ziehen; *Seite* heraustrennen (**of** aus); **to pull the rug out from under sb** *fig* j-m den Boden unter den Füßen wegziehen **2** zurückziehen; *Truppen* abziehen **B** V̅I̅ **1** sich herausziehen lassen **2** *Tisch etc* sich ausziehen lassen **3** aussteigen *umg* (**of** aus); *Truppen* abziehen **4** *Zug* herausfahren (**of** aus); **the car pulled out from behind the truck** der Wagen scherte hinter dem Lastwagen aus ♦**pull over** A̅ V̅T̅ ⟨*trennb*⟩ **1** herüberziehen (**sth über** etw *akk*) **2** umreißen **3** **the police pulled him over** die Polizei stoppte ihn am Straßenrand **B** V̅I̅ *Auto, Fahrer* zur Seite fahren ♦**pull through** A̅ V̅T̅ ⟨*trennb*⟩ *wörtl* durchziehen; **to pull sb/sth through sth** *wörtl* j-n/etw durch etw ziehen; **to pull sb through a difficult time** j-m helfen, eine schwierige Zeit zu überstehen **B** V̅I̅ *fig* durchkommen; **to pull through sth** *fig* etw überstehen ♦**pull together** A̅ V̅I̅ *fig* am

gleichen Strang ziehen **B** V̅R̅ sich zusammenreißen ♦**pull up** A̅ V̅T̅ ⟨*trennb*⟩ **1** hochziehen **2** herausreißen **3** *Stuhl* heranrücken **B** V̅I̅ anhalten

pull date S̅ *US von Nahrungsmittel* Verfallsdatum *n* **pull-down** [ˈpʊldaʊn] A̅D̅J̅ *Bett* Klapp-; **~ menu** I̅T̅ Pull-down-Menü *n*

pulley [ˈpʊlɪ] S̅ **1** Rolle *f* **2** Flaschenzug *m*

pull-out A̅ S̅ Abzug *m* **B** A̅D̅J̅ ⟨*attr*⟩ *Beilage* heraustrennbar **pullover** S̅ Pullover *m*

pulp [pʌlp] A̅ S̅ **1** Brei *m*; **to beat sb to a ~** *umg* j-n zu Brei schlagen *umg* **2** Fruchtfleisch *n* **B** V̅T̅ *Obst etc* zerdrücken; *Papier* einstampfen

pulpit [ˈpʊlpɪt] S̅ Kanzel *f*

pulsate [pʌlˈseɪt] V̅I̅ pulsieren **pulse** [pʌls] A̅ S̅ A̅N̅A̅T̅ Puls *m*; *PHYS* Impuls *m*; **to feel sb's ~** j-m den Puls fühlen; **he still has** *od* **keeps his finger on the ~ of economic affairs** er hat in Wirtschaftsfragen immer noch den Finger am Puls der Zeit **B** V̅I̅ pulsieren

pulverize [ˈpʌlvəraɪz] V̅T̅ pulverisieren

pummel [ˈpʌml] V̅T̅ eintrommeln auf (+*akk*)

★**pump**[1] [pʌmp] A̅ S̅ Pumpe *f*; *an Tankstelle* Zapfsäule *f* **B** V̅T̅ pumpen; *Magen* auspumpen; **to ~ water out of sth** Wasser aus etw (heraus)pumpen; **to ~ money into sth** Geld in etw (*akk*) hineinpumpen; **to ~ sb (for information)** j-n aushorchen; **to ~ iron** *umg* Gewichte stemmen **C** V̅I̅ pumpen; *Wasser, Blut* herausschießen; **the piston ~ed up and down** der Kolben ging auf und ab ♦**pump in** V̅T̅ ⟨*trennb*⟩ hineinpumpen ♦**pump out** V̅T̅ ⟨*trennb*⟩ herauspumpen ♦**pump up** V̅T̅ ⟨*trennb*⟩ *Reifen* aufpumpen; *Preise* hochtreiben

pump[2] S̅ *Br* Turnschuh *m* (*aus Segeltuch*); *US* Pumps *m*

pumpkin [ˈpʌmpkɪn] S̅ Kürbis *m*

pun [pʌn] S̅ **1** Wortspiel *n* **2** *LIT* Spiel mit der Doppeldeutigkeit oder dem Gleichklang verschiedener Wörter

Punch [pʌntʃ] *Br* S̅ **~ and Judy show** Kasper(le)theater *n*; **to be (as) pleased as ~** *umg* sich wie ein Schneekönig freuen *umg*

punch[1] [pʌntʃ] A̅ S̅ **1** Schlag *m* **2** ⟨*kein pl*⟩ *fig* Schwung *m* **B** V̅T̅ boxen; schlagen; **I wanted to ~ him in the face** ich hätte ihm am liebsten ins Gesicht geschlagen

punch² **A** $\overline{S}$ Locher m **B** $\overline{VT}$ Fahrkarte lochen, zwicken *zwischen österr; Löcher stechen*

♦punch in $\overline{VT}$ ⟨*trennb*⟩ IT Daten eingeben

punch³ $\overline{S}$ Bowle f; *heiß* Punsch m

punchbag $\overline{S}$ Sandsack m **punchbowl** $\overline{S}$ Bowle f **punching bag** [ˈpʌntʃɪŋˌbæɡ] *US* $\overline{S}$ Sandsack m **punch line** $\overline{S}$ Pointe f **punch-up** *Br umg* $\overline{S}$ Schlägerei f

★**punctual** [ˈpʌŋktjʊəl] $\overline{ADJ}$ pünktlich; **to be ~** pünktlich kommen **punctuality** [ˌpʌŋktjʊˈælɪt] $\overline{S}$ Pünktlichkeit f **punctually** [ˈpʌŋktjʊəli] $\overline{ADV}$ pünktlich

punctuate [ˈpʌŋktjʊeɪt] $\overline{VT}$ ⒈ GRAM interpunktieren ⒉ unterbrechen **punctuation** [ˌpʌŋktjʊˈeɪʃən] $\overline{S}$ Interpunktion f **punctuation mark** $\overline{S}$ Satzzeichen n

puncture [ˈpʌŋktʃəʳ] **A** $\overline{S}$ ⒈ *in Reifen* Loch n ⒉ Reifenpanne f **B** $\overline{VT}$ stechen in ⟨+akk⟩; *Reifen* Löcher/ein Loch machen in ⟨+akk⟩

pundit [ˈpʌndɪt] $\overline{S}$ Experte m, Expertin f

pungent [ˈpʌndʒənt] $\overline{ADJ}$ scharf; *Geruch* durchdringend

★**punish** [ˈpʌnɪʃ] $\overline{VT}$ ⒈ bestrafen; **he was ~ed by a fine** er wurde mit einer Geldstrafe belegt; **the other team ~ed us for that mistake** die andere Mannschaft ließ uns für diesen Fehler büßen ⒉ *fig umg* strapazieren; *sich selbst* schinden **punishable** [ˈpʌnɪʃəbl] $\overline{ADJ}$ strafbar; **to be ~ by 2 years' imprisonment** mit 2 Jahren Gefängnis bestraft werden **punishing** [ˈpʌnɪʃɪŋ] $\overline{ADJ}$ *Tempo* strapaziös; *Arbeit* erdrückend

★**punishment** [ˈpʌnɪʃmənt] $\overline{S}$ ⒈ Strafe f, Bestrafung f; **you know the ~ for such offences** Sie wissen, welche Strafe darauf steht ⒉ *fig umg* **to take a lot of ~** *Auto etc* stark strapaziert werden

Punjabi [pʌnˈdʒɑːbɪ] **A** $\overline{ADJ}$ pandschabisch **B** $\overline{S}$ ⒈ Pandschabi m/f ⒉ LING Pandschabi n

punk [pʌŋk] **A** $\overline{S}$ ⒈ (a. ~ **rocker**) Punker(in) m(f); (a. ~ **rock**) Punkrock m ⒉ *US umg* Ganove m *umg* **B** $\overline{ADJ}$ Punk-

punkter [ˈpʌŋktəʳ] $\overline{S}$ ⒈ *Br umg* Wetter(in) m(f) ⒉ *bes Br umg* Kunde m, Kundin f

puny [ˈpjuːnɪ] $\overline{ADJ}$ ⟨*komp* punier⟩ *Mensch* schwächlich; *Bemühung* kläglich

pup [pʌp] $\overline{S}$ Junge(s) n

★**pupil¹** [ˈpjuːpl] $\overline{S}$ SCHULE *Br* Schüler(in) m(f)

pupil² $\overline{S}$ ANAT Pupille f

puppet [ˈpʌpɪt] $\overline{S}$ Handpuppe f; *an Fäden, a. fig* Marionette f **puppeteer** [ˌpʌpɪˈtɪəʳ] $\overline{S}$ Puppenspieler(in) m(f) **puppet regime** $\overline{S}$ Marionettenregime n **puppet show** $\overline{S}$ Puppenspiel n

puppy [ˈpʌpɪ] $\overline{S}$ junger Hund **puppy fat** *Br umg* $\overline{S}$ Babyspeck m *umg*

purchase [ˈpɜːtʃɪs] **A** $\overline{S}$ Kauf m; **to make a ~** einen Kauf tätigen **B** $\overline{VT}$ kaufen **purchase order** $\overline{S}$ Auftragsbestätigung f **purchase price** $\overline{S}$ Kaufpreis m **purchaser** [ˈpɜːtʃɪsəʳ] $\overline{S}$ Käufer(in) m(f) **purchasing** [ˈpɜːtʃɪsɪŋ] $\overline{ADJ}$ Abteilung Einkaufs-; *Preis, Kraft* Kauf-

★**pure** [pjʊəʳ] $\overline{ADJ}$ ⟨*komp* purer⟩ rein; **in ~ disbelief** ganz ungläubig; **by ~ chance** rein zufällig; **malice ~ and simple** reine Bosheit **purebred** [ˈpjʊəbred] $\overline{ADJ}$ reinrassig

purée [ˈpjʊəreɪ] **A** $\overline{S}$ Püree n; **tomato ~** Tomatenmark n, Paradeismark n *österr* **B** $\overline{VT}$ pürieren

purely [ˈpjʊəlɪ] $\overline{ADV}$ rein; **~ and simply** schlicht und einfach

purgatory [ˈpɜːɡətərɪ] $\overline{S}$ REL das Fegefeuer

purge [pɜːdʒ] $\overline{VT}$ reinigen **purification** [ˌpjʊərɪfɪˈkeɪʃən] $\overline{S}$ Reinigung f **purification plant** $\overline{S}$ Kläranlage f **purify** [ˈpjʊərɪfaɪ] $\overline{VT}$ reinigen

puritan [ˈpjʊərɪtən] $\overline{ADJ}$ puritanisch **B** $\overline{S}$ Puritaner(in) m(f) **puritanical** [ˌpjʊərɪˈtænɪkəl] $\overline{ADJ}$ puritanisch

purity [ˈpjʊərɪtɪ] $\overline{S}$ Reinheit f

purple [ˈpɜːpl] **A** $\overline{ADJ}$ violett; *heller* lila; *Gesicht* hochrot **B** $\overline{S}$ Lila n

★**purpose** [ˈpɜːpəs] $\overline{S}$ ⒈ Absicht f, Zweck m; **on ~** absichtlich; **what was your ~ in doing this?** was haben Sie damit beabsichtigt?; **for our ~s** für unsere Zwecke; **for the ~s of this meeting** zum Zweck dieser Konferenz; **for all practical ~s** in der Praxis; **to no ~** ohne Erfolg ⒉ ⟨*kein pl*⟩ Entschlossenheit f; **to have a sense of ~** zielbewusst sein **purpose-built** *bes Br* $\overline{ADJ}$ speziell angefertigt, speziell gebaut **purposeful** $\overline{ADJ}$ entschlossen, **purposefully** $\overline{ADV}$ entschlossen **purposely** [ˈpɜːpəslɪ] $\overline{ADV}$ absichtlich

purr [pɜːʳ] **A** $\overline{VI}$ schnurren; *Motor* surren

P

B §̲ Schnurren n kein pl; von Motor Surren n kein pl

★**purse** [pɜːs] **A** §̲ **1** Br Geldbeutel m; **to hold the ~ strings** Br fig über die Finanzen bestimmen **2** US Handtasche f **B** V̲T̲ **to ~** one's lips einen Schmollmund machen

pursue [pəˈsjuː] V̲T̲ verfolgen; Erfolg nachjagen (+dat); Glück streben nach; Studium nachgehen (+dat); Thema weiterführen **pursuer** [pəˈsjuːə] §̲ Verfolger(in) m(f) **pursuit** [pəˈsjuːt] **1** Verfolgung f (**of** +gen); nach Wissen, Glück Streben n (**of** nach); nach Vergnügen Jagd f (**of** nach); **he set off in ~** er rannte/fuhr hinterher; **to go in ~ of sb/sth** sich auf die Jagd nach j-m/etw machen; **in hot ~ of sb** hart auf j-s Fersen (dat); **to set /be in hot ~ of sb/sth** j-m/einer Sache nachjagen; **in (the) ~ of his goal** in Verfolgung seines Ziels **2** Beschäftigung f, Zeitvertreib m

pus [pʌs] §̲ Eiter m

★**push** [pʊʃ] **A** §̲ **1** Schubs m umg; Stoß m; **to give sb/sth a ~** j-m/einer Sache einen Stoß versetzen; **to give a car a ~** einen Wagen anschieben; **he needs a little ~ now and then** fig den muss man mal ab und zu in die Rippen stoßen umg; **to get the ~** Br umg Angestellter (raus)fliegen umg (**from** aus); Freundin den Laufpass kriegen umg; **to give sb the ~** Br umg Angestellten j-n rausschmeißen umg; Freundin j-m den Laufpass geben umg; **at a ~** umg notfalls; **if/ when ~ comes to shove** umg wenn der schlimmste Fall eintritt **2** Anstrengung f; MIL Offensive f **B** V̲T̲ **1** schieben, stoßen; Knopf drücken; **to ~ a door open/ shut** eine Tür auf-/zuschieben; **he ~ed his way through the crowd** er drängte sich durch die Menge; **he ~ed the thought to the back of his mind** er schob den Gedanken beiseite **2** fig Produkt massiv Werbung machen für; Drogen schieben; **to ~ home one's advantage** seinen Vorteil ausnützen; **don't ~ your luck** treibs nicht zu weit!; **he's ~ing his luck trying to do that** er legt es wirklich darauf an, wenn er das versucht **3** fig drängen; **to ~ sb into doing sth** j-n dazu treiben, etw zu tun; **they ~ed him to the limits** sie trieben ihn bis an seine Grenzen; **that's ~ing it a**

bit umg das ist ein bisschen übertrieben; **to be ~ed (for time)** umg mit der Zeit knapp dran sein; **to ~ oneself hard** sich schinden **C** V̲I̲ schieben, stoßen, drücken; in Menschenmenge drängeln umg, drängen ✦**push ahead** V̲I̲ sich ranhalten umg; **to ~ ahead with one's plans** seine Pläne vorantreiben ✦**push around** V̲T̲ ⟨trennb⟩ **1** wörtl herumschieben **2** fig umg Kind herumschubsen; Erwachsenen herumkommandieren ✦**push aside** V̲T̲ ⟨trennb⟩ beiseiteschieben, beiseitestoßen; fig einfach abtun ✦**push away** V̲T̲ ⟨trennb⟩ wegschieben, wegstoßen ✦**push back** V̲T̲ ⟨trennb⟩ zurückdrängen, zurückstoßen; Vorhang etc zurückschieben ✦**push by** V̲I̲ → push past ✦**push down** **A** V̲T̲ ⟨trennb⟩ **1** nach unten drücken **2** umstoßen **B** V̲I̲ herunterdrücken ✦**push for** V̲I̲ (+obj) drängen auf (+akk) ✦**push forward** V̲I̲ → push ahead ✦**push in** **A** V̲I̲ V̲T̲ ⟨trennb⟩ hineinschieben, hineinstoßen; **to push sb/sth in(to) sth** j-n/etw in etw (akk) schieben/stoßen; **to push one's way in** sich hineindrängen **B** V̲I̲ wörtl in Warteschlange sich hineindrängeln umg ✦**push off** **A** V̲T̲ ⟨trennb⟩ hinunterschieben, hinunterstoßen; **to push sb sth** j-n von etw schieben/stoßen **B** V̲I̲ Br umg abhauen umg; **push off!** zieh ab! umg **B** V̲I̲ weiterfahren/ -gehen; mit Arbeit weitermachen ✦**push out** V̲T̲ ⟨trennb⟩ hinausschieben, hinausstoßen; **to push sb/sth out of sth** j-n/etw aus etw schieben/stoßen; **to push one's way out (of sth)** sich (aus etw) hinausdrängen ✦**push over** V̲T̲ ⟨trennb⟩ umwerfen ✦**push past** V̲I̲ sich vorbeidrängen (**sth** an etw dat) ✦**push through** **A** V̲T̲ ⟨trennb⟩ **1** durchschieben, durchstoßen; **to push sb/sth through sth** j-n/etw durch etw schieben/stoßen; **she pushed her way through the crowd** sie drängte sich durch die Menge **2** neues Gesetz durchpeitschen umg, durchstieren schweiz **B** V̲I̲ sich durchdrängen ✦**push to** V̲T̲ ⟨immer getrennt⟩ Tür anlehnen ✦**push up** V̲T̲ ⟨trennb⟩ hinaufschieben, hinaufstoßen **2** fig hochdrücken

push-bike Br umg §̲ Fahrrad n, Velo n schweiz **push-button** §̲ Druckknopf *m* **pushchair** *Br* [S] Sportwagen *m* **pusher** ['pʊʃəʳ] *umg* [S] Pusher(in) *m(f)* *umg* **pushover** ['pʊʃəʊvəʳ] [S] [1] *umg* (≈ *Arbeit*) Kinderspiel *n* [2] *Person* leichter Gegner, leichte Gegnerin **push-start** [V/T] anschieben **push-up** *US* [S] Liegestütz *m* **pushy** ['pʊʃɪ] [ADJ] ⟨*komp* pushier⟩ *umg* penetrant *pej*

pussy ['pʊsɪ] [S] [1] (≈ *Katze*) Mieze *f umg* [2] *sl* (≈ *Genitalien*) Muschi *f umg* **pussycat** ['pʊsɪkæt] *kinderspr* [S] Miezekatze *f kinderspr*

★**put** [pʊt] [V/T] ⟨*prät, pperf* put [pʊt]⟩ [1] stellen, setzen, legen, stecken; **they put a plank across the stream** sie legten ein Brett über den Bach; **to put sth in a drawer** etw in eine Schublade legen; **he put his hand in his pocket** er steckte die Hand in die Tasche; **put the dog in the kitchen** tu den Hund in die Küche; **to put sugar in one's coffee** Zucker in den Kaffee tun; **to put sb in a good mood** j-n fröhlich stimmen; **to put a lot of effort into sth** viel Mühe in etw (*akk*) stecken; **to put money into sth** (sein) Geld in etw (*akk*) stecken; **put the lid on the box** tu den Deckel auf die Schachtel; **he put his head on my shoulder** er legte seinen Kopf auf meine Schulter; **her aunt put her on the train** ihre Tante setzte sie in den Zug; **to put money on a horse** auf ein Pferd setzen; **to put one's hand over sb's mouth** j-m die Hand vor den Mund halten; **he put his head (a)round the door** er steckte den Kopf zur Tür herein; **to put a glass to one's lips** ein Glas zum Mund(e) führen; **she put the shell to her ear** sie hielt (sich *dat*) die Muschel ans Ohr; **to put sb to bed** j-n ins Bett bringen; **to put sb to great expense** j-m große Ausgaben verursachen; **we'll each put £5 toward(s) it** jeder von uns gibt £ 5 (zum Betrag) dazu; **they put her to work on the new project** ihr wurde das neue Projekt als Arbeitsbereich zugewiesen; **to stay put** stehen *etc* bleiben; *Mensch* sich nicht von der Stelle rühren; **just stay put!** bleib, wo du bist! [2] schreiben; *Komma* machen; *Figur* zeichnen; **to put a cross/tick against sb's name** j-s Namen ankreuzen/abhaken [3] *Frage, Vorschlag* vorbringen; **I put it to you that …** ich behaupte, dass …; **it was put to me that …** es wurde mir nahegelegt, dass … [4] ausdrücken; **that's one way of putting it** so kann mans auch sagen; **how shall I put it?** wie soll ich (es) sagen?; **to put it bluntly** um es klipp und klar zu sagen [5] schätzen (**at** auf *+akk*); **he puts money before his family's happiness** er stellt Geld über das Glück seiner Familie ♦**put across** [V/T] ⟨*trennb*⟩ *Ideen* verständlich machen (**to sb** j-m); **to put oneself across** den richtigen Eindruck von sich geben ♦**put aside** [V/T] ⟨*trennb*⟩ [1] *Buch* beiseitelegen [2] *für später* zurücklegen [3] *fig* (≈ *zurücklassen*) ablegen; *Zorn* begraben; *Differenzen* vergessen ♦**put away** [V/T] ⟨*trennb*⟩ [1] einräumen; *Spielzeug* aufräumen, wegräumen; **to put the car away** das Auto wegstellen [2] (≈ *sparen*) zurücklegen [3] *umg beim Essen* schaffen *umg* [4] *Verbrecher* einsperren ♦**put back** [V/T] ⟨*trennb*⟩ [1] zurückstellen/-legen/-stecken [2] *bes Br* verschieben; *Pläne, Produktion* zurückwerfen; *Uhr* zurückstellen ♦**put by** *Br* [V/T] ⟨*trennb*⟩ zurücklegen ♦**put down** [V/T] ⟨*trennb*⟩ [1] wegstellen/-setzen/-legen; **put it down on the floor** stellen Sie es auf den Boden; **I couldn't put that book down** ich konnte das Buch nicht aus der Hand legen; **to put down the phone** (den Hörer) auflegen [2] *Schirm* zumachen; *Deckel* zuklappen [3] landen [4] *Aufstand* niederschlagen [5] anzahlen; *Anzahlung* machen [6] *bes Br Tier* einschläfern [7] niederschreiben; *auf Formular* angeben; **to put one's name down for sth** sich (in eine Liste) für etw eintragen; **you can put me down for £10** für mich können Sie £ 10 eintragen; **put it down under sundries** schreiben Sie es unter Verschiedenes auf [8] zurückführen (**to** auf *+akk*) ♦**put forward** [V/T] ⟨*trennb*⟩ [1] *Vorschlag* vorbringen; *j-n für Job etc* vorschlagen; *als Kandidat* aufstellen [2] *bes Br Sitzung* vorverlegen (**to** auf *+akk*); *Uhr* vorstellen ♦**put in** [A] [V/T] ⟨*trennb*⟩ [1] hineinstellen/-legen/-stecken [2] *bei Rede* einfügen, hinzufügen [3] *Antrag* einreichen [4] *Zentralheizung* einbauen [5] *Zeit* zubringen (**with** mit); **to put in a few hours' work at the weekend** am Wochenende ein paar Stunden Arbeit einschieben; **to**

P

put in a lot of work on sth eine Menge Arbeit in etw (akk) stecken ⚫ V/I **to put in for sth** Job sich um etw bewerben; Gehaltserhöhung etw beantragen ◆**put inside** umg V/T ⟨trennb⟩ einsperren umg ◆**put off** V/T ⟨trennb⟩ ❶ verschieben; Entscheidung aufschieben; Unangenehmes hinauszögern; **to put sth off for 10 days/until January** etw um 10 Tage aufschieben/auf Januar verschieben ❷ (≈ ausweichend) hinhalten ❸ **to put sb off sth** j-m die Lust an etw (dat) nehmen; **to put sb off sth** j-m die Lust an etw (dat) nehmen; **don't let his rudeness put you off** störe dich nicht an seiner Flegelhaftigkeit; **are you trying to put me off?** versuchst du, mir das zu verleiden? umg; **to put sb off doing sth** j-n davon abbringen, etw zu tun ❹ ablenken (**sth von etw**); **I'd like to watch you if it won't put you off** ich würde dir gern zusehen, wenn es dich nicht stört ❺ ausschalten ★◆**put on** V/T ⟨trennb⟩ ❶ Mantel anziehen; Hut (sich dat) aufsetzen; Make-up auflegen; fig Fassade vortäuschen; **to put on one's make-up** sich schminken ❷ **to put on weight** zunehmen; **to put on a pound** ein Pfund zunehmen; **ten pence was put on the price of petrol** Br der Benzinpreis wurde um zehn Pence erhöht ❸ Stück aufführen; Ausstellung etc veranstalten; Bus einsetzen; fig Show abziehen umg ❹ TEL **to put sb on to sb** j-n mit j-m verbinden; **would you put him on?** könnten Sie ihn mir geben? ❺ TV einschalten; **to put the kettle on** das Wasser aufsetzen ❻ **to put sb on to sth** j-m etw vermitteln ◆**put out** V/T ⟨trennb⟩ ❶ Müll hinausbringen; Katze vor die Tür setzen; **to put the washing out (to dry)** die Wäsche (zum Trocknen) raushängen; **to put sb out of business** j-n aus dem Markt drängen; **that goal put them out of the competition** mit diesem Tor waren sie aus dem Wettbewerb ausgeschieden; **she could not put him out of her mind** er ging ihr nicht aus dem Sinn ❷ Hand ausstrecken; Zunge herausstrecken; **to put one's head out of the window** den Kopf zum Fenster hinausstrecken ❸ Besteck auflegen ❹ Erklärung abgeben; Appell durchgeben; im Radio, Fernsehen senden ❺ Feuer, Licht löschen, ausma-

chen ❻ **to be put out (by sth)** (über etw akk) verärgert sein ❼ **to put sb out** j-m Umstände machen; **to put one-self out (for sb)** sich (dat) (wegen j-m) Umstände machen ◆**put over** V/T ⟨trennb⟩ → put across ◆**put through** V/T ⟨trennb⟩ ❶ Reformen durchbringen; mit Objekt bringen durch ❷ mit Objekt durchmachen lassen; **he has put his family through a lot (of suffering)** seine Familie hat seinetwegen viel durchgemacht ❸ TEL j-n verbinden (**to mit**); Anruf durchstellen (**to zu**) ◆**put to-gether** V/T ⟨trennb⟩ zusammentun, zu-sammensetzen; Menü zusammenstellen; Sammlung zusammentragen; **he's bet-ter than all the others put together** er ist besser als alle anderen zusammen ◆**put up** V/T ⟨trennb⟩ ❶ Hand hochhe-ben; Schirm aufklappen; Haare hochste-cken ❷ Fahne hissen; Bild, Dekorationen aufhängen; Plakat anbringen; Haus, Zaun errichten; Zelt aufschlagen, auf-bauen ❸ erhöhen ❹ **to put sth up for sale** etw zum Verkauf anbieten; **to put one's child up for adoption** sein Kind zur Adoption freigeben; **to put up re-sistance** Widerstand leisten; **to put sb up to sth** j-n zu etw anstiften ❺ unter-bringen ◆**put up with** V/T ⟨+obj⟩ sich abfinden mit; **I won't put up with that** das lasse ich mir nicht gefallen

put-down S Abfuhr f **put-on** ADJ umg vorgetäuscht

putrefy ['pjuːtrɪfaɪ] V/I verwesen **putrid** ['pjuːtrɪd] ADJ verfault

putt [pʌt] ⚫ S Schlag m (mit dem man einlocht) ⚫ V/T & V/I putten

putter US V/I → potter²

putt-putt golf ['pʌtpʌt,ɡɒlf] S US Mini-golf n

putty ['pʌtɪ] S Kitt m

put-up job umg S abgekartetes Spiel umg **put-upon** ADJ umg ausgenutzt; **he feels ~** er fühlt sich von anderen ausgenutzt

★**puzzle** ['pʌzl] ⚫ S ❶ Rätsel n ❷ Ge-duldsspiel n ⚫ V/T verblüffen; **to be ~d about sth** sich über etw (akk) im Un-klaren sein ❷ **to ~ sth out** etw (her)aus-tüfteln ⚫ V/I **to ~ over sth** sich (dat) über etw (akk) den Kopf zerbrechen **puzzled** ['pʌzld] ADJ Blick verdutzt; Mensch verwirrt **puzzlement** ['pʌzlmənt] $\overline{S}$ Verwirrung f **puzzling** [ˈpʌzlɪŋ] ADJ rätselhaft; *Geschichte, Frage* verwirrend

Pygmy, Pigmy [ˈpɪgmɪ] A $\overline{S}$ Pygmäe m B ADJ Pygmäen-

pyjamas [pəˈdʒɑːməz] PL, **pajamas** US PL Schlafanzug m, Pyjama m *bes österr, schweiz*

pylon [ˈpaɪlən] $\overline{S}$ Mast m

pyramid [ˈpɪrəmɪd] $\overline{S}$ Pyramide f

pyre [ˈpaɪəʳ] $\overline{S}$ Scheiterhaufen m

Pyrenean [pɪrəˈniːən] ADJ pyrenäisch **Pyrenees** [pɪrəˈniːz] PL Pyrenäen pl

Pyrex® [ˈpaɪreks] $\overline{S}$ feuerfestes Glas

python [ˈpaɪθən] $\overline{S}$ Python m

Q

Q, q [kjuː] $\overline{S}$ Q n, q n

Q&A [kjuːənˈeɪ] ABK (= questions and answers) Fragen und Antworten; **~ session** Frage- und Antwort-Sitzung f

Qatar [ˈkɑːtɑː] $\overline{S}$ GEOG Katar n

qigong [ˌtʃiːˈkʌŋ] $\overline{S}$ Qigong n

QR code® $\overline{S}$ (= Quick Response code) IT QR-Code® m

Q-tip® [ˈkjuːtɪp] $\overline{S}$ US Wattestäbchen n

qtr ABK (= quarter) Viertel n

quack [kwæk] A $\overline{S}$ **1** Schnattern n *kein pl* **2** *pej* Quacksalber(in) m(f) B VI schnattern

quad[1] $\overline{S}$ ABK (= quadrangle) Viereck n

quad[2] $\overline{S}$ ABK (= quadruplet) Vierling m

quad[3], **quad bike** *Br* $\overline{S}$ Quad n (*vierrädriges Motorrad*)

quadrangle [ˈkwɒdræŋgl] $\overline{S}$ **1** MATH Viereck n **2** ARCH (viereckiger) (Innen)hof **quadruped** [ˈkwɒdruped] $\overline{S}$ ZOOL Vierfüß(l)er m **quadruple** [ˈkwɒdrʊpl] A ADJ vierfach B VT vervierfachen C VI sich vervierfachen **quadruplet** [kwɒˈdruːplɪt] $\overline{S}$ Vierling m

quagmire [ˈkwægmaɪəʳ] $\overline{S}$ Sumpf m

quail [kweɪl] $\overline{S}$ ORN Wachtel f

quaint [kweɪnt] ADJ ⟨+er⟩ idyllisch; *Kneipe* urig; *Idee* kurios

quake [kweɪk] VI zittern (**with** vor +dat); *Erde* beben

Quaker [ˈkweɪkəʳ] $\overline{S}$ Quäker(in) m(f)

qualification [ˌkwɒlɪfɪˈkeɪʃən] $\overline{S}$ **1** Qualifikation f; (≈ *Dokument*) Zeugnis n; (≈ *Fähigkeit*) Voraussetzung f **2** (≈ *Prüfung*) Abschluss m; **to leave school without any ~s** von der Schule ohne Abschluss abgehen **3** Einschränkung f

qualified [ˈkwɒlɪfaɪd] ADJ **1** ausgebildet; *akademisch* Diplom-; **~ engineer** Diplomingenieur(in) m(f); **highly ~** hoch qualifiziert; **to be ~ to do sth** qualifiziert sein, etw zu tun; **he is/is not ~ to teach** er besitzt die/keine Lehrbefähigung; **he was not ~ for the job** ihm fehlte die Qualifikation für die Stelle; **to be well ~ for sth** für etw hoch qualifiziert sein; **he is fully ~** er ist voll ausgebildet **2** berechtigt **3** nicht uneingeschränkt **qualify** [ˈkwɒlɪfaɪ] A VT **1** qualifizieren; **to ~ sb to do sth** j-n berechtigen, etw zu tun **2** *Äußerung* einschränken B VI **1** seine Ausbildung abschließen; **to ~ as a lawyer/doctor** sein juristisches/medizinisches Staatsexamen bestehen; **to ~ as a teacher** die Lehrbefähigung erhalten **2** SPORT sich qualifizieren (**for** für) **3** infrage kommen (**for** für); **does he ~ for admission to the club?** erfüllt er die Bedingungen für die Aufnahme in den Klub? **qualifying** [ˈkwɒlɪfaɪɪŋ] ADJ SPORT Qualifikations-; **~ match** *od* **game/group** Qualifikationsspiel n/-gruppe f

★**quality** [ˈkwɒlɪtɪ] A $\overline{S}$ **1** Qualität f; **of good/poor ~** von guter/schlechter Qualität; **they vary in ~** sie sind qualitativ verschieden **2** Eigenschaft f **3** *von Stimme etc* Klangfarbe f B ADJ ⟨attr⟩ Qualitäts-; **~ goods** Qualitätsware f **2** *umg* erstklassig *umg*; **a ~ paper** eine seriöse (Tages)zeitung **quality time** $\overline{S}$ intensiv genutzte Zeit

qualm [kwɑːm] $\overline{S}$ **1** Skrupel m; **without a ~** ohne jeden Skrupel **2** **~s** pl Bedenken n; **to have no ~s about doing sth** keine Bedenken haben, etw zu tun

quandary [ˈkwɒndərɪ] $\overline{S}$ Verlegenheit f; **he was in a ~** about what to do er wusste nicht, was er tun sollte

quango [ˈkwæŋgəʊ] *Br* $\overline{S}$ ABK ⟨pl -s⟩ (= quasi-autonomous nongovernmental organization) (unabhängige) Nicht-Regierungs-Organisation

quantify [ˈkwɒntɪfaɪ] VT quantifizieren

Q

quantitative ADJ, **quantitatively** [ˈkwɒntɪtətɪv, -lɪ] ADV quantitativ

★**quantity** [ˈkwɒntɪtɪ] s̱ **1** Quantität f, Menge f, Anteil m (**of** an +dat); **in ~, in large quantities** in großen Mengen; **in equal quantities** zu gleichen Teilen **2** MATH, a. fig Größe f

quantum leap [ˈkwɒntəm] fig s̱ Riesenschritt m **quantum mechanics** s̱ ⟨+sg v⟩ Quantenmechanik f

quarantine [ˈkwɒrəntiːn] A s̱ Quarantäne f; **to put sb in ~** j-n unter Quarantäne stellen B V/T unter Quarantäne stellen

★**quarrel** [ˈkwɒrəl] A s̱ Streit m, Auseinandersetzung f; **they have had a ~** sie haben sich gestritten; **I have no ~ with him** ich habe nichts gegen ihn B V/I **1** sich streiten (**with** mit od **about, over** über +dat) **2** etwas auszusetzen haben (**with** an +dat) **quarrelling** [ˈkwɒrəlɪŋ] s̱, **quarreling** US s̱ Streiterei f **quarrelsome** [ˈkwɒrəlsəm] ADJ streitsüchtig

quarry¹ [ˈkwɒrɪ] A s̱ Steinbruch m B V/T brechen

quarry² s̱ Beute f

★**quarter** [ˈkwɔːtəʳ] A s̱ **1** Viertel n; **to divide sth into ~s** etw in vier Teile teilen; **a ~/three-quarters full** viertel/drei viertel voll; **a mile and a ~** eineinviertel Meilen; **a ~ of a mile** eine viertel Meile; **for a ~ (of) the price** zu einem Viertel des Preises; **a ~ of an hour** eine Viertelstunde; **(a) ~ to seven, (a) ~ of seven** US (ein) Viertel vor sieben; **(a) ~ past six, (a) ~ after six** US (ein) Viertel nach sechs; **an hour and a ~** eineinviertel Stunden; **in these ~s** in dieser Gegend **2** Vierteljahr n **3** US Vierteldollar m **4** Seite f, Stelle f; **he won't get help from that ~** von dieser Seite wird er keine Hilfe bekommen; **in various ~s** an verschiedenen Stellen; **at close ~s** aus der Nähe **5** **~s** pl a. MIL Quartier n **6** (≈ Gnade) Pardon m; **he gave no ~** er kannte kein Pardon B ADJ Viertel-; **~pound** Viertelpfund n C V/T vierteln **quarterback** US s̱ FUSSB Quarterback m **quarterfinal** s̱ Viertelfinalspiel n **quarterfinalist** s̱ Viertelfinalist(in) m(f) **quarterly** [ˈkwɔːtəlɪ] A ADJ & ADV vierteljährlich B s̱ Vierteljahresschrift f **quarter note** US s̱ MUS Viertelnote f **quarter-note rest** s̱ US Viertelpau-

se f **quarter-pipe** s̱ SPORT Quarterpipe f **quarter-pounder** s̱ GASTR Viertelpfünder m

quartet(te) [kwɔːˈtet] s̱ Quartett n

quartz [kwɔːts] s̱ Quarz m

quash [kwɒʃ] V/T **1** JUR Urteil aufheben **2** Aufstand unterdrücken

quaver [ˈkweɪvəʳ] A s̱ **1** bes Br MUS Achtelnote f; **~ rest** Achtelpause f **2** von Stimme Zittern n B V/I zittern **quavering** [ˈkweɪvərɪŋ], **quavery** [ˈkweɪvərɪ] ADJ Stimme zitternd; Ton, Akkord tremolierend

quay [kiː] s̱ Kai m; **alongside the ~** am Kai **quayside** [ˈkiːsaɪd] s̱ Kai m

queasiness [ˈkwiːzɪnɪs] s̱ Übelkeit f **queasy** [ˈkwiːzɪ] ADJ ⟨komp queasier⟩ gereizt; **I feel ~** mir ist (leicht) übel

★**queen** [kwiːn] s̱ **1** Königin f **2** Schach, a. KART Dame f; **~ of spades** Pikdame **queen bee** s̱ Bienenkönigin f **queenly** [ˈkwiːnlɪ] ADJ königlich **Queen Mother** s̱ Königinmutter f **queen's English** [kwiːnz] s̱ englische Hochsprache **Queen's Speech** s̱ Thronrede f

★**queer** [kwɪəʳ] A ADJ ⟨+er⟩ **1** eigenartig, komisch; **he's a bit ~ in the head** umg er ist nicht ganz richtig im Kopf umg **2** verdächtig; **there's something ~ about it** da ist etwas faul dran umg **3** umg **I feel ~** mir ist nicht gut **4** pej umg schwul umg B s̱ pej umg Schwule(r) m umg

quell [kwel] V/T Aufstand unterdrücken

quench [kwentʃ] V/T löschen

query [ˈkwɪərɪ] A s̱ Frage f; IT Abfrage f B V/T **1** bezweifeln; Behauptung infrage stellen; Rechnung reklamieren **2** **to ~ sth with sb** etw mit j-m abklären **3** IT abfragen

quest [kwest] s̱ Suche f (**for** nach); nach Wissen etc Streben n (**for** nach)

★**question** [ˈkwestʃən] A s̱ **1** Frage f (**to** an +akk); **to ask sb a ~** j-m eine Frage stellen; **don't ask so many ~s** frag nicht so viel; **a ~ of time** eine Frage der Zeit; **it's a ~ of whether …** es geht darum, ob … **2** ⟨kein pl⟩ Zweifel m; **without ~** ohne (jeden) Zweifel; **your sincerity is not in ~** niemand zweifelt an Ihrer Aufrichtigkeit; **to call sth into ~** etw infrage stellen **3** ⟨kein pl⟩ **there's no ~ of a strike** von einem Streik kann keine Rede sein; **that's out of the ~** das kommt nicht infrage; **the person in ~** die fragliche Person **B** v/t **1** fragen (**about** nach); *Polizei etc* befragen (**about** zu); **my father started ~ing me about where I'd been** mein Vater fing an, mich auszufragen, wo ich gewesen war; **they were ~ed by the immigration authorities** ihnen wurden von der Einwanderungsbehörde viele Fragen gestellt **2** bezweifeln, infrage stellen **questionable** ['kwestʃənəbl] ADJ fragwürdig; *Ziffern* fraglich **questioner** ['kwestʃənə'] s̲ Frager(in) m(f) **questioning** ['kwestʃənɪŋ] **A** ADJ *Blick* fragend **B** s̲ Verhör n; *von Kandidat* Befragung f; **after hours of ~** by the immigration authorities nach stundenlanger Befragung durch die Einwanderungsbehörde; **they brought him in for ~** sie holten ihn, um ihn zu vernehmen **questioningly** ['kwestʃənɪŋli] ADV fragend **question mark** s̲ Fragezeichen n **questionnaire** [ˌkwestʃə'neə'] s̲ Fragebogen m **question tag** s̲ LING Frageanhängsel n

★**queue** [kjuː] **A** s̲ *Br* (Warte)schlange f; **to form a ~** eine Schlange bilden; **to stand in a ~** Schlange stehen; **to join the ~** sich (hinten) anstellen; **to jump the ~** sich vordrängeln; **a ~ of cars** eine Autoschlange; **a long ~ of people** eine lange Schlange **B** v/i *Br a.* **~ up** Schlange stehen, eine Schlange bilden, sich anstellen; **they were queuing for the bus** sie standen an der Bushaltestelle Schlange; **to ~ for bread** nach Brot anstehen **queue-jumper** s̲ Vordrängler(in) m(f)

quibble ['kwɪbl] v/i kleinlich sein (**over**, **about** wegen), sich herumstreiten (**over**, **about** wegen); **to ~ over details** auf Einzelheiten herumreiten

quiche [kiːʃ] s̲ Quiche f

★**quick** [kwɪk] **A** ADJ ⟨+er⟩ **1** schnell; **be ~!** mach schnell!; **and be ~ about it** aber ein bisschen dalli *umg*; **you were ~** das war ja schnell; **he's a ~ worker** er arbeitet schnell; **it's ~er by train** mit dem Zug geht es schneller; **what's the ~est way to the station?** wie kommt man am schnellsten zum Bahnhof? **2** *Kuss* flüchtig; *Rede, Pause* kurz; **let me have a ~ look** lass mich mal schnell se-

hen; **to have a ~ chat** ein paar Worte wechseln; **could I have a ~ word?** könnte ich Sie mal kurz sprechen?; **I'll just write him a ~ note** ich schreibe ihm mal kurz; **time for a ~ beer** genügend Zeit, um schnell ein Bierchen zu trinken **3** *Geist* wach; *Mensch* schnell von Begriff *umg*; *Temperament* hitzig; *Auge* scharf **B** ADV ⟨+er⟩ schnell **quicken** ['kwɪkən] **A** v/t (*a.* **quicken up**) beschleunigen **B** v/i (*a.* **quicken up**) sich beschleunigen **quick fix** s̲ Schnelllösung f **quickie** ['kwɪki] *umg* s̲ **1** *etwas Schnelles oder Kurzes, z. B.* eine kurze Frage; **can I ask you a question, please?** it's just a ~ kann ich dich was fragen? es geht ganz schnell; **I really need a teabreak; let's pop over to the café for a ~** ich brauche jetzt wirklich eine Teepause; lass uns auf die Schnelle ins Café rübergehen **2** (≈ *Sex*) Quickie m *umg*, schnelle Nummer *umg* **quickly** ['kwɪkli] ADV schnell **quickness** ['kwɪknɪs] s̲ Schnelligkeit f **quicksand** s̲ Treibsand m **quick-tempered** ADJ hitzig; **to be ~** leicht aufbrausen **quick-witted** ADJ geistesgegenwärtig; *Antwort* schlagfertig

quid [kwɪd] *Br umg* s̲ ⟨*pl* -⟩ Pfund n; **20 ~** 20 Eier *sl*

★**quiet** ['kwaɪət] **A** ADJ ⟨+er⟩ **1** still; *Mensch, Gegend* ruhig; *Musik, Stimme* leise; **she was as ~ as a mouse** sie war mucksmäuschenstill *umg*; (**be**) **~!** Ruhe!; **to keep ~** still sein, leise sein; **that book should keep him ~** das Buch sollte ihn beschäftigt halten; **to keep ~ about sth** über etw (*akk*) nichts sagen; **to go ~** still werden; *Musik* leise werden; **things are very ~ at the moment** im Augenblick ist nicht viel los; **business is ~** das Geschäft ist ruhig; **to have a ~ word with sb** mit j-m ein Wörtchen (im Vertrauen) reden; **he kept the matter ~** er behielt die Sache für sich **2** *Charakter* sanft; *Kind* ruhig **3** *Hochzeit* im kleinen Rahmen; *Essen* im kleinen Kreis **B** s̲ Ruhe f; **in the ~ of the night** in der Stille der Nacht; **on the ~** heimlich **C** v/t → **quieten**

quieten ['kwaɪətn] *Br* v/t j-n zum Schweigen bringen ♦**quieten down** *Br* **A** v/i leiser werden, sich beruhigen; **quieten down, boys!** ein bisschen ruhiger, Jungens!; **things have quietened down a lot** es ist viel ruhiger geworden **B** VT ⟨*trennb*⟩ *j-n* beruhigen; **to quieten things down** die Lage beruhigen

quietly [ˈkwaɪətlɪ] ADV leise, ruhig; (≈ *insgeheim*) still und heimlich; **to live ~** ruhig leben; **he's very ~ spoken** er spricht sehr leise; **to be ~ confident** insgeheim sehr sicher sein; **I was ~ sipping my wine** ich trank in aller Ruhe meinen Wein; **he refused to go ~** er weigerte sich, unauffällig zu gehen; **he slipped off ~** er machte sich in aller Stille davon *umg* **quietness** S̱ **1** Stille *f* **2** Ruhe *f*

quilt [kwɪlt] S̱ Steppdecke *f*

quin [kwɪn] S̱, **quint** [kwɪnt] *US umg* S̱ Fünfling *m*

quinoa [ˈkiːnwɑː] S̱ Getreidesorte Quinoa *f*

quintet(te) [kwɪnˈtet] S̱ MUS Quintett *n*

quintuplet [kwɪnˈtjuːplɪt] S̱ Fünfling *m*

quip [kwɪp] S̱ witzige Bemerkung **B** VT◊VI **1** witzeln

quirk [kwɜːk] S̱ Schrulle *f*; *von Schicksal* Laune *f*; **by a strange ~ of fate** durch eine Laune des Schicksals **quirky** [ˈkwɜːkɪ] ADJ ⟨*komp* quirkier⟩ schrullig

quit [kwɪt] ⟨*v: prät, pperf* quitted *od* quit⟩ **A** VT◊VI **1** *Stadt, Armee* verlassen; *Stelle* aufgeben; **I've given her notice to ~ the apartment** *form* ich habe ihr die Wohnung gekündigt **2** *umg* aufhören mit; **to ~ doing sth** aufhören, etw zu tun **B** VI◊VI **1** kündigen; **notice to ~** Kündigung *f* **2** weggehen **3** aufgeben

★**quite** [kwaɪt] ADV **1** ganz; *emph* völlig; **I am ~ happy where I am** ich fühle mich hier ganz wohl; **it's ~ impossible to do that** das ist völlig unmöglich; **you're being ~ impossible** du bist einfach unmöglich; **are you ~ finished?** bist du jetzt fertig?; **I ~ agree with you** ich stimme völlig mit Ihnen überein; **that's ~ another matter** das ist doch etwas ganz anderes; **that's ~ enough for me** das reicht wirklich; **that's ~ enough of that** das reicht jetzt aber; **it was ~ some time ago** es war vor einiger Zeit; **not ~** nicht ganz; **not ~ tall enough** ein bisschen zu klein; **I don't ~ see what he means** ich verstehe nicht ganz, was er meint; **you don't ~ understand** Sie verstehen mich anscheinend nicht richtig;

it was not ~ midnight es war noch nicht ganz Mitternacht; **sorry! — that's ~ all right** entschuldige! — das macht nichts; **I'm ~ all right, thanks** danke, mir geht's gut; **thank you — that's ~ all right** danke — bitte schön **2** ziemlich; **~ likely** sehr wahrscheinlich; **~ a few** ziemlich viele; **I ~ like this painting** dieses Bild gefällt mir ganz gut; **yes, I'd ~ like to** ja, eigentlich ganz gern **3** wirklich; **she's ~ a girl** *etc* sie ist ein tolles Mädchen *etc*; **it's ~ delightful** es ist entzückend; **it was ~ a shock** es war ein ziemlicher Schock; **it was ~ a party** das war vielleicht eine Party! *umg*; **it was ~ an experience** das war schon ein Erlebnis

quits [kwɪts] ADJ quitt; **to be ~ with sb** mit j-m quitt sein; **shall we call it ~?** lassen wirs (dabei bewenden)?; *bei Geldangelegenheit* sind wir quitt?

quitter [ˈkwɪtər] *umg* S̱ **he's no ~** er gibt nicht so schnell auf

quiver [ˈkwɪvər] VI zittern (**with** vor +*dat*); *Lippen, Augenlider* zucken

quiz [kwɪz] **A** S̱ **1** Quiz *n* **2** *US* SCHULE *umg* Prüfung *f* **B** VT **1** ausfragen (**about** über +*akk*) **2** *US* SCHULE *umg* abfragen **quizmaster** S̱ Quizmaster *m* **quiz show** S̱ Quizsendung *f* **quizzical** [ˈkwɪzɪkəl] ADJ *Blick* fragend **quizzically** [ˈkwɪzɪkəlɪ] ADV blicken fragend; lächeln zweifelnd

Quorn® [kwɔːn] S̱ Quorn® *n* (*Gemüsesubstanz als Fleischersatz*)

quota [ˈkwəʊtə] S̱ **1** *von Arbeit* Pensum *n* **2** Quantum *n*, Quote *f*; *von Waren* Kontingent *n*, Quote *f*

quotation [kwəʊˈteɪʃən] S̱ **1** Zitat *n* **2** FIN Notierung *f* **3** HANDEL Kostenvoranschlag *m* **quotation marks** PL Anführungszeichen *pl*, Anführungsstriche *pl* **quote** [kwəʊt] **A** VT **1** zitieren; **he was ~d as saying that …** er soll gesagt haben, dass … **2** *Beispiel* anführen **3** HANDEL *Preis* nennen; *Referenzen* angeben **B** VI **1** zitieren; **~ … unquote** Zitat … Zitat Ende **C** S̱ **1** Zitat *n* **2** **in ~s** in Anführungszeichen **3** HANDEL Kostenvoranschlag *m*

R

R¹, r [ɑːʳ] ⒮ R n, r n; **the three Rs** Lesen, Schreiben und Rechnen

R² ABK (= river) Fluss m

rabbi [ˈræbaɪ] ⒮ Rabbiner m; als Titel Rabbi m

★**rabbit** [ˈræbɪt] Ⓐ ⒮ Kaninchen n Ⓑ Ⅵ Br umg a. ~ **on** quasseln umg **rabbit hole** ⒮ Kaninchenbau m

rabble [ˈræbl] ⒮ lärmende Menge; pej Pöbel m **rabble-rouser** [ˈræbl,raʊzəʳ] ⒮ Aufrührer(in) m(f), Demagoge n m, Demagogin f

rabid [ˈræbɪd] ADJ 🈩 Tier tollwütig 🈔 fig Mensch fanatisch **rabies** [ˈreɪbiːz] ⒮ ⟨kein pl⟩ Tollwut f

RAC ABK (= Royal Automobile Club) britischer Automobilklub ≈ ADAC m

raccoon ⒮ → racoon

★**race¹** [reɪs] Ⓐ ⒮ Rennen n; **100 metres** ~ 100-Meter-Lauf m; **to run** od **have a** ~ **(against sb)** (mit j-m um die Wette) laufen; **to go to the** ~**s** zum Pferderennen gehen; **a** ~ **against time** ein Wettlauf m mit der Zeit Ⓑ Ⅵ um die Wette laufen etc mit; SPORT laufen etc gegen; **I'll** ~ **you to school** ich mache mit dir ein Wettrennen bis zur Schule Ⓒ Ⅵ 🈩 laufen etc; **to** ~ **against sb** mit j-m um die Wette laufen etc 🈔 rasen; **to** ~ **after sb/sth** hinter j-m/etw herhetzen; **he** ~**d through his work** er jagte durch sein Arbeitspensum 🈐 Maschine durchdrehen; Herz rasen; Puls, Gedanken jagen

★**race²** ⒮ Rasse f; **(of) mixed** ~ gemischtrassig

racecourse Br ⒮ Rennbahn f **racehorse** ⒮ Rennpferd n **race relations** PL Rassenbeziehungen pl **racetrack** ⒮ Rennbahn f

racial [ˈreɪʃəl] ADJ rassisch, Rassen-; ~ **discrimination** Rassendiskriminierung f; ~ **equality** Rassengleichheit f; ~ **harassment** rassistisch motivierte Schikanierung; ~ **minority** rassische Minderheit **racially** [ˈreɪʃəlɪ] ADV in Bezug auf die Rasse; beschimpfen etc aufgrund seiner/ihrer Rasse; **a** ~ **motivated attack** ein ausländerfeindlicher Angriff

racing [ˈreɪsɪŋ] ⒮ Pferderennsport m; AUTO Motorrennen n; **he often goes** ~ er geht oft zu Pferderennen/Motorrennen **racing bicycle** ⒮ Rennrad n **racing car** ⒮ Rennwagen m **racing driver** ⒮ Rennfahrer(in) m(f) **racing pigeon** ⒮ Brieftaube f

racism [ˈreɪsɪzəm] ⒮ Rassismus n **racist** [ˈreɪsɪst] Ⓐ ⒮ Rassist(in) m(f) Ⓑ ADJ rassistisch

rack¹ [ræk] Ⓐ ⒮ 🈩 Ständer m, Gestell n 🈔 Gepäcknetz n, Gepäckträger m Ⓑ Ⅵ 🈩 quälen etc 🈔 **to** ~ **one's brains** sich (dat) den Kopf zerbrechen

rack² ⒮ **to go to** ~ **and ruin** Land herunterkommen

★**racket¹** [ˈrækɪt] ⒮ SPORT Schläger m

racket² ⒮ 🈩 Lärm m; **to make a** ~ Lärm machen 🈔 umg Schwindelgeschäft n umg; **the drugs** ~ das Drogengeschäft

racketeering [,rækɪˈtɪərɪŋ] ⒮ 🈩 Gaunereien pl umg 🈔 organisiertes Verbrechen

raconteur [,rækɒnˈtɜːʳ] ⒮ Erzähler(in) m(f) von Anekdoten

racoon [rəˈkuːn] ⒮ Waschbär m

racquet [ˈrækɪt] Br ⒮ SPORT Schläger m **racquetball** [ˈrækɪt,bɔːl] ⒮ ⟨kein pl⟩ Racquetball m

racy [ˈreɪsɪ] ADJ ⟨komp racier⟩ gewagt

radar [ˈreɪdɑːʳ] ⒮ Radar n/m **radar trap** ⒮ Radarfalle f

radiance [ˈreɪdɪəns] ⒮ Strahlen n **radiant** [ˈreɪdɪənt] ADJ strahlend; **to be** ~ **with joy** vor Freude strahlen **radiantly** [ˈreɪdɪəntlɪ] ADV 🈩 strahlend 🈔 liter scheinen hell **radiate** [ˈreɪdɪeɪt] Ⓐ Ⅵ Strahlen aussenden; Wärme, Licht ausgestrahlt werden Ⓑ Ⅵ ausstrahlen **radiation** [,reɪdɪˈeɪʃən] ⒮ von Wärme (Aus)strahlung f; PHYS radioaktive Strahlung; **contaminated by** od **with** ~ strahlenverseucht **radiation treatment** ⒮ MED Bestrahlung f **radiator** [ˈreɪdɪeɪtəʳ] ⒮ Heizkörper m; AUTO Kühler m

radical [ˈrædɪkəl] Ⓐ ADJ radikal; ~ **Islamic** radikalislamisch Ⓑ ⒮ POL Radikale(r) m/f(m)

radicchio [rəˈdɪkɪəʊ] ⒮ ⟨kein pl⟩ Radicchio m

★**radio** [ˈreɪdɪəʊ] Ⓐ ⒮ ⟨pl -s⟩ 🈩 Rundfunk m; (a. ~ **set**) Radio n; **to listen to the** ~

Radio hören; **on the ~** im Radio; **he was on the ~ yesterday** er kam gestern im Radio 2 *in Taxi etc* Funkgerät *n*; **over the ~** über Funk B 𝕍̄𝕋̄ *j-n* über Funk verständigen; *Meldung* funken C 𝕍̄𝕀̄ **to ~ for help** per Funk einen Hilferuf durchgeben **radioactive** 𝔸𝔻𝕁 radioaktiv **radioactivity** 𝗦̄ Radioaktivität *f* **radio alarm (clock)** 𝗦̄ Radiowecker *m* **radio broadcast** 𝗦̄ Radiosendung *f* **radio contact** 𝗦̄ Funkkontakt *m* **radio-controlled** 𝔸𝔻𝕁 ferngesteuert **radiology** [ˌreɪdɪˈɒlədʒɪ] 𝗦̄ Radiologie *f*, Röntgenologie *f* **radio programme** 𝗦̄, **radio program** *US* 𝗦̄ Radioprogramm *n* **radio station** 𝗦̄ (Radio)sender *m* **radio telephone** 𝗦̄ Funktelefon *n* **radiotherapy** 𝗦̄ Röntgentherapie *f*

radish [ˈrædɪʃ] 𝗦̄ 1 Rettich *m* 2 Radieschen *n*

radius [ˈreɪdɪəs] 𝗦̄ ⟨*pl* radii [ˈreɪdɪaɪ]⟩ MATH Radius *m*; **within a 6 km ~** in einem Umkreis von 6 km

radler [ˈrɑːdlər] 𝗦̄ *US* Radlermaß *f*, Alsterwasser *n*

RAF 𝔸𝔹𝕂 (= Royal Air Force) Königliche Luftwaffe

raffle [ˈræfl] 𝔸 𝗦̄ Verlosung *f* B 𝕍̄𝕋̄ (*a.* **raffle off**) verlosen **raffle ticket** 𝗦̄ Los *n*

raft [rɑːft] 𝗦̄ Floß *n*

rafter [ˈrɑːftər] 𝗦̄ (Dach)sparren *m*

rag [ræɡ] 𝗦̄ 1 Lumpen *m*, Lappen *m*; **in rags** zerlumpt; **to go from rags to riches** vom armen Schlucker zum reichen Mann/zur reichen Frau werden, vom Tellerwäscher zum Millionär werden; **to lose one's rag** *umg* in die Luft gehen *umg* 2 *pej umg* (*Zeitung*) Käseblatt *n* **ragbag** *fig* 𝗦̄ Sammelsurium *n* **rag doll** 𝗦̄ Flickenpuppe *f*

rage [reɪdʒ] 𝔸 𝗦̄ Wut *f*; **to be in a ~** wütend sein; **to fly into a ~** einen Wutanfall bekommen; **fit of ~** Wutanfall *m*; **to send sb into a ~** *j-n* wütend *od* rasend machen; **to be all the ~** *umg* der letzte Schrei sein *umg* B 𝕍̄𝕀̄ toben

ragged [ˈræɡɪd] 𝔸𝔻𝕁 *Mensch, Kleider* zerlumpt; *Bart* zottig; *Küste* zerklüftet; *Kante* ausgefranst

raging [ˈreɪdʒɪŋ] 𝔸𝔻𝕁 wütend; *Durst* brennend; *Zahnschmerzen* rasend; *Sturm* tobend; **he was ~** er tobte

raid [reɪd] 𝔸 𝗦̄ Überfall *m*; FLUG Luftan-

griff *m*; *durch Polizei* Razzia *f* B 𝕍̄𝕋̄ 1 *wörtl* überfallen; *Polizei* eine Razzia durchführen in (+*dat*); *Diebe* einbrechen in (+*akk*) 2 *fig hum* plündern **raider** [ˈreɪdər] 𝗦̄ Einbrecher(in) *m(f)*, Bankräuber(in) *m(f)*

★**rail¹** [reɪl] 𝗦̄ 1 *an Treppe etc* Geländer *n*; SCHIFF Reling *f*; *für Vorhang* Schiene *f*; *in Badezimmer* Handtuchhalter *m* 2 BAHN Schiene *f*; **to go off the ~s** *Br fig* zu spinnen anfangen *umg* 3 die (Eisen)bahn; **to travel by ~** mit der Bahn fahren

rail² 𝕍̄𝕀̄ **to ~ at sb/sth** *j-n/etw* beschimpfen; **to ~ against sb/sth** über *j-n/etw* schimpfen

railcard *Br* 𝗦̄ BAHN ≈ Bahncard® *f* **rail company** 𝗦̄ Bahngesellschaft *f*

railing [ˈreɪlɪŋ] 𝗦̄ Geländer *n*; (*a.* **~s**) Zaun *m*

★**railroad** *US* 𝗦̄ (Eisen)bahn *f*; **~ car** Waggon *m* **railroad crossing** *US* 𝗦̄ Bahnübergang *m* **railroad engine** *US* 𝗦̄ Lokomotive *f* **railroad line** *US* 𝗦̄ (Eisen)bahnlinie *f*, Gleis *n* **railroad network** *US* 𝗦̄ Bahnnetz *n* **railroad station** *US* 𝗦̄ Bahnhof *m* **rail strike** 𝗦̄ Bahnstreik *m*

★**railway** [ˈreɪlweɪ] *Br* 𝗦̄ 1 (Eisen)bahn *f* 2 Gleis *n* **railway carriage** *Br* 𝗦̄ Eisenbahnwagen *m* **railway crossing** *Br* 𝗦̄ Bahnübergang *m* **railway engine** *Br* 𝗦̄ Lokomotive *f* **railway line** *Br* 𝗦̄ (Eisen)bahnlinie *f*, Gleis *n* **railway network** *Br* 𝗦̄ Bahnnetz *n* **railway station** *Br* 𝗦̄ Bahnhof *m*

★**rain** [reɪn] 𝔸 𝗦̄ 1 Regen *m* 2 *fig von Schlägen etc* Hagel *m* B 𝕍̄𝕀̄ ⟨*unpers*⟩ regnen; **it is ~ing** es regnet; **it never ~s but it pours** *Br sprichw*, **when it ~s, it pours** *US sprichw* ein Unglück kommt selten allein *sprichw* C 𝕍̄𝕋̄ ⟨*unpers*⟩ **it's ~ing cats and dogs** *umg* es gießt wie aus Kübeln *umg* ♦**rain down** 𝕍̄𝕀̄ *Schläge etc* niederprasseln (**upon** auf +*akk*) ♦**rain off**, **rain out** *US* 𝕍̄𝕋̄ ⟨*trennb*⟩ **to be rained off** wegen Regen nicht stattfinden

rainbow [ˈreɪnbəʊ] 𝗦̄ Regenbogen *m* **rainbow trout** 𝗦̄ Regenbogenforelle *f* **rain check** *bes US* 𝗦̄ **I'll take a ~ on that** *fig umg* das verschiebe ich auf ein andermal **rain cloud** 𝗦̄ Regenwolke *f* **raincoat** 𝗦̄ Regenmantel *m* **rain-**

R

▶ **rain**

Das britische Wetter ist gar nicht so schlecht wie sein Ruf. Wenn es allerdings so viele unterschiedliche Bezeichnungen für Regen gibt, könnte es dafür einen Grund geben …

It's …	Es ist …
spitting	tröpfelt
drizzling	nieselt
raining (heavily)	regnet (stark)
pouring (down)	schüttet in Strömen
pelting down	regnet in Strömen

drop s̄ Regentropfen m **rainfall** s̄ Niederschlag m, Regen-; **rainforest** s̄ Regenwald m **rainstorm** s̄ schwere Regenfälle pl **rainswept** ['reɪnswept] ADJ ⟨attr⟩ regengepeitscht **rainwater** s̄ Regenwasser n

★**rainy** ['reɪnɪ] ADJ ⟨komp rainier⟩ regnerisch, Regen-; **~ season** Regenzeit f; **to ~ save sth for a ~ day** fig etw für schlechte Zeiten aufheben

★**raise** [reɪz] A VT ⒈ heben, hochziehen; THEAT Vorhang hochziehen; **to ~ one's glass to sb** j-m zutrinken; **to ~ sb from the dead** j-n von den Toten erwecken; **to ~ one's voice** lauter sprechen; **to ~ sb's hopes** j-m Hoffnung machen ⒉ erhöhen, anheben (+akk to auf d) by um) ⒊ Denkmal errichten ⒋ Problem aufwerfen; Einwand erheben; Verdacht (er)wecken; **to ~ a cheer** Beifall ernten; **to ~ a smile** ein Lächeln hervorrufen ⒌ Kind, Tier aufziehen; Getreide anbauen; **to ~ a family** Kinder großziehen ⒍ Armee aufstellen; Steuern erheben; **to ~ money** Geld aufbringen **B** s̄ Gehaltserhöhung f, Lohnerhöhung f ◆**raise up** VT ⟨trennb⟩ heben; **he raised himself up on his elbow** er stützte sich auf den Ellbogen

raised [reɪzd] ADJ Arm angehoben; Stimme erhoben

raisin ['reɪzən] s̄ Rosine f

rake [reɪk] A s̄ Harke f B VT harken C VT **to ~ around** (herum)stöbern ◆**rake in** umg VT ⟨trennb⟩ Geld kassieren umg ◆**rake up** VT ⟨trennb⟩ ⒈ Laub zusammenharken ⒉ fig **to rake up the past** in der Vergangenheit wühlen

rally ['rælɪ] A s̄ ⒈ Versammlung f, Kundgebung f; AUTO Rallye f; **electoral ~** Wahlversammlung f; **peace ~** Friedenskundgebung f ⒉ Tennis etc Ballwechsel m B VT versammeln; **to ~ one's strength** all seine Kräfte sammeln; **~ing cry** Slogan m C VT ⒈ Kranker Fortschritte machen; BÖRSE sich erholen ⒉ Truppen sich versammeln ◆**rally (a)round** A VT ⟨+obj⟩ Anführer sich scharen um B VT sich seiner etc annehmen

RAM [ræm] s̄ ABK (= random access memory) COMPUT RAM m/n; **128 megabytes of RAM** 128 Megabyte RAM

ram [ræm] A s̄ Widder m B VT stoßen, rammen; in etw zwängen; **to ram home a message** eine Botschaft an den Mann bringen; **to ram sth down sb's throat** umg j-m etw eintrichtern umg; **the car rammed a lamppost** das Auto prallte gegen einen Laternenpfahl ◆**ram down** VT ⟨trennb⟩ Erde feststampfen

ramble ['ræmbl] A s̄ Br Wanderung f; **to go on a ~** eine Wanderung machen B VT ⒈ bes Br wandern ⒉ in Rede faseln umg; pej a. ~ on schwafeln umg **rambler** ['ræmblər] bes Br s̄ Spaziergänger(in) m(f) **rambling** ['ræmblɪŋ] A ADJ ⒈ Rede weitschweifig; Greis faselnd umg; Gartenanlage weitläufig ⒉ **~ club** bes Br Wanderklub m B s̄ ⒈ bes Br Wandern n; **to go ~** wandern gehen ⒉ a. **~s** in Rede Gefasel n umg

ramification [ˌræmɪfɪ'keɪʃən] wörtl s̄ Verzweigung f, Verästelung f

ramp [ræmp] s̄ Rampe f

rampage [ræm'peɪdʒ] A s̄ **to be/go on the ~** randalieren B VT ⟨a. **rampage about** or **around**⟩ herumwüten

rampant ['ræmpənt] ADJ Wachstum üppig; Übel wild wuchernd attr; Inflation wuchernd; **to be ~** (wild) wuchern; **to run ~** um sich greifen

R

▶ **raise und rise**

△ Die Verben **raise** und **rise** werden oft verwechselt – **raise** hat immer ein Objekt, **rise** nie.

Her song raised everybody's mood.	Ihr Lied hob bei allen die Stimmung.
The sun rises in the east.	Die Sonne geht im Osten auf.

rampart ['ræmpɑːt] S̅ Wall m

ramshackle ['ræm.ʃækl] ADJ Haus baufällig; *Gruppe* schlecht organisiert

ramsons ['ræmznz] S̅ ⟨+sg v⟩ BOT Bärlauch m

ran [ræn] PRÄT → run

ranch [rɑːntʃ] S̅ Ranch f; ~ **hand** Farmhelfer(in) m(f)

rancid ['rænsɪd] ADJ ranzig

R & D [ɑːrənˈdiː] ABK (= research and development) Forschung und Entwicklung f

random ['rændəm] A S̅ **at ~** aufs Geratewohl; *schießen* ziellos; *sich nehmen* wahllos; **a few examples taken at ~** ein paar willkürlich gewählte Beispiele; **I (just) chose one at ~** ich wählte einfach irgendeine (Beliebige) B ADJ *Auswahl* willkürlich; *Reihenfolge* zufällig; **~ drug test** Stichprobe f auf Drogen **random access** S̅ IT wahlfreier Zugriff **random access memory** S̅ COMPUT Direktzugriffsspeicher m **randomly** ['rændəmlɪ] ADV wahllos **random number** S̅ Zufallszahl f **random sample** S̅ Stichprobe f

randy ['rændɪ] ADJ ⟨komp randier⟩ Br geil

rang [ræŋ] PRÄT → ring²

range [reɪndʒ] A S̅ 1 *von Waffe* Reichweite f; **at a ~ of** auf eine Entfernung von; **at close ~** auf kurze Entfernung; **to be out of ~** außer Reichweite sein; *Waffe* außer Schussweite sein; **within (firing) ~** in Schussweite; **~ of vision** Gesichtsfeld n 2 Reihe f; *von Waren* Sortiment n, Angebot n (**of** an +dat); *von Fähigkeiten* Palette f; *von Bergen* Kette f; **a wide ~** eine große Auswahl; **in this price ~** in dieser Preisklasse; **a ~ of prices** unterschiedliche Preise pl; **we have the whole ~ of models** wir führen sämtliche Modelle; **we cater for the whole ~ of customers** wir sind auf alle Kundenkreise eingestellt 3 (a. **shooting ~**) MIL Schießplatz m, Schießstand m B V̅I̅ 1 **to ~ (from ... to)** gehen (von ... bis); *Temperaturen, Messwerte* liegen (zwischen ... und); *Interessen* reichen (von ... bis) 2 *bei Wanderung* streifen **ranger** ['reɪndʒə'] S̅ 1 Förster(in) 2 US Ranger m

★**rank¹** [ræŋk] A S̅ 1 MIL Rang m; **officer of high ~** hoher Offizier 2 Stand m; **a**

person of ~ eine hochgestellte Persönlichkeit 3 Reihe f 4 Br Taxistand m 5 MIL Glied n; **to break ~(s)** aus dem Glied treten; **the ~s** MIL die Mannschaften und die Unteroffiziere; **the ~ and file of the party** die Basis der Partei; **to rise from the ~s** aus dem Mannschaftsstand zum Offizier aufsteigen; *fig* sich hocharbeiten B V̅/̅T̅ **to ~ sb among the best** j-n zu den Besten zählen; **where would you ~ Napoleon?** wie würden Sie Napoleon einstufen? C V̅I̅ **to ~ among** zählen zu; **to ~ above sb** bedeutender als j-d sein; **to ~ high among the world's statesmen** einer der großen Staatsmänner sein; **he ~s high among her friends** er hat eine Sonderstellung unter ihren Freunden; **to ~ 6th** den 6. Rang belegen

rank² ADJ ⟨+er⟩ 1 *Geruch* übel; **to be ~** stinken 2 ⟨attr⟩ *Ungerechtigkeit* schreiend; *Außenseiter* absolut

rankings ['ræŋkɪŋz] P̅L̅ SPORT **the ~** die Platzierungen pl

rankle ['ræŋkl] V̅I̅ **to ~ (with sb)** j-n wurmen

ransack ['rænsæk] V̅/̅T̅ *Schränke* durchwühlen; *Haus* plündern; *Stadt* herfallen über (+akk)

ransom ['rænsəm] A S̅ Lösegeld n; **to hold sb to ~** Br, **to hold sb for ~** US j-n als Geisel halten B V̅/̅T̅ gegen Lösegeld freilassen

rant [rænt] A V̅I̅ eine Schimpfkanonade loslassen umg; *ohne Sinn* irres Zeug reden umg; **to ~ (and rave)** herumschimpfen; **what's he ~ing (on) about?** worüber lässt er sich denn da aus? umg B S̅ Schimpfkanonade f umg **ranting** ['ræntɪŋ] S̅ Geschimpfe n; *ohne Sinn* irres Zeug

rap¹ [ræp] A S̅ Klopfen n kein pl; **he got a rap on the knuckles for that** dafür hat er eins auf die Finger bekommen umg B V̅/̅T̅ *Tisch* klopfen auf (+akk); *Fenster* klopfen an (+akk); **to rap sb's knuckles** j-m auf die Finger klopfen C V̅I̅ klopfen; **to rap at** od **on the door** an die Tür klopfen

rap² A S̅ MUS Rap m B V̅I̅ MUS rappen

rape¹ [reɪp] A S̅ Vergewaltigung f B V̅/̅T̅ vergewaltigen

rape² S̅ BOT Raps m

rapid ['ræpɪd] A ADJ schnell, rapide; *Abstieg* steil B S̅ GEOG **~s** pl Stromschnellen pl **rapidity** [rə'pɪdɪtɪ] S̲ Schnelligkeit f; von Anstieg, Abstieg Steilheit f **rapidly** ['ræpɪdlɪ] A̲D̲V̲ schnell, rapide

rapist ['reɪpɪst] S̲ Vergewaltiger m

rappel [ræ'pel] US V̲I̲ → abseil

rapper ['ræpər] S̲ Rapper(in) m(f)

rapport [ræ'pɔːr] S̲ the ~ I have with my father das enge Verhältnis zwischen mir und meinem Vater

rapt [ræpt] A̲D̲J̲ Aufmerksamkeit höchste(r, s); Publikum hingerissen; ~ in thought in Gedanken versunken

rapture ['ræptʃər] S̲ Entzücken n, Verzückung f; to be in ~s entzückt sein (over über +akk od about von); to go into ~s (about sb/sth) (über j-n/etw) ins Schwärmen geraten **rapturous** ['ræptʃərəs] A̲D̲J̲ Applaus stürmisch

★**rare** [reər] A̲D̲J̲ ⟨komp rarer⟩ **1** selten; with very ~ exceptions mit sehr wenigen Ausnahmen; it's ~ for him to come sie kommt nur selten **2** Steak blutig **rarefied** ['reərɪfaɪd] A̲D̲J̲ Atmosphäre dünn

★**rarely** ['reəlɪ] A̲D̲V̲ selten

raring ['reərɪŋ] A̲D̲J̲ to be ~ to go umg in den Startlöchern sein

rarity ['reərɪtɪ] S̲ Seltenheit f

rascal ['rɑːskəl] S̲ Gauner m, Bazi m österr; (≈ Kind) Schlingel m

rash[1] [ræʃ] S̲ MED Ausschlag m; to come out in a ~ einen Ausschlag bekommen **rash**[2] A̲D̲J̲ ⟨+er⟩ voreilig; Mensch unbesonnen; don't do anything ~ tu ja nichts Überstürztes

rasher ['ræʃər] S̲ Streifen m; ~ of bacon Speckstreifen m

rashly ['ræʃlɪ] A̲D̲V̲ voreilig **rashness** ['ræʃnɪs] S̲ Voreiligkeit f; von Mensch Unbesonnenheit f

rasp [rɑːsp] A̲ S̲ Raspel f; (≈ Geräusch) Kratzen n kein pl B̲ V̲I̲ kratzen; Atem rasseln

raspberry ['rɑːzbərɪ] A̲ S̲ Frucht Himbeere f; Pflanze Himbeerstrauch m; to blow a ~ (at sth) umg (über etw) verächtlich schnauben B̲ A̲D̲J̲ Himbeer-

rasping ['rɑːspɪŋ] A̲D̲J̲ kratzend; Husten keuchend B̲ S̲ Kratzen n

★**rat** [ræt] A̲ S̲ ZOOL Ratte f; pej umg (≈ Mensch a.) elender Verräter umg B̲ V̲I̲ US umg verpfeifen umg, verpetzen umg

★**rate** [reɪt] A̲ S̲ **1** Rate f, Tempo n; von

Arbeitslosigkeit etc Quote f; the failure ~ on this course die Durchfallrate bei diesem Kurs; the failure ~ for small businesses die Zahl der Konkurse bei Kleinunternehmen; at a ~ of 100 litres an hour Br, at a ~ of 100 liters an hour US (in einem Tempo von) 100 Liter pro Stunde; at a ~ of knots umg in irrsinnigem Tempo umg; at the ~ you're going you'll be dead before long wenn du so weitermachst, bist du bald unter der Erde; at any ~ auf jeden Fall **2** HANDEL, FIN Satz m; BÖRSE Kurs m; ~ of exchange Wechselkurs m; what's the ~ at the moment? wie steht der Kurs momentan?; what's the ~ of pay? wie hoch ist der Satz für die Bezahlung?; ~ of interest Zinssatz m; ~ of taxation Steuersatz m; insurance ~s Versicherungsgebühren pl; there is a reduced ~ for children Kinderermäßigung wird gewährt; to pay sb at the ~ of £10 per hour j-m einen Stundenlohn von £ 10 bezahlen B̲ V̲I̲ **1** (ein)schätzen; to ~ sb/sth among ... j-n/etw zu ... zählen; how does he ~ that film? was hält er von dem Film?; to ~ sb/sth as sth j-n/etw für etw halten; to ~ sb/sth highly j-n/etw hoch einschätzen **2** verdienen **3** umg gut finden umg; I really/don't really ~ him ich finde ihn wirklich gut/mag ihn nicht besonders C̲ V̲I̲ to ~ as ... gelten als ...; to ~ among ... zählen zu ...

★**rather** ['rɑːðər] A̲D̲V̲ **1** lieber; I would ~ be happy than rich ich wäre lieber glücklich als reich; I'd ~ not lieber nicht; I'd ~ not go ich würde lieber nicht gehen; it would be better to phone ~ than (to) write es wäre besser zu telefonieren als zu schreiben **2** vielmehr; he is ~, or was, a soldier er ist, beziehungsweise war, Soldat; a car, or ~ an old banger ein Auto, genauer gesagt eine alte Kiste **3** ziemlich, etwas; it's ~ more difficult than you think es ist um einiges schwieriger, als du denkst; I ~ think ... ich glaube fast, ...

ratification [ˌrætɪfɪ'keɪʃən] S̲ Ratifizierung f **ratify** ['rætɪfaɪ] V̲I̲ ratifizieren

rating ['reɪtɪŋ] A̲ **1** (Ein)schätzung f, Rating n **2** (≈ Kategorie) Klasse f; to boost ~s TV die Werte stark verbessern **3** TV ~s Einschaltquoten pl **rating agency**

s͟ FIN Ratingagentur f
ratio ['reɪʃɪəʊ] s͟ 〈pl -s〉 Verhältnis n; **the ~ of men to women** das Verhältnis von Männern zu Frauen; **in a ~ of 100 to 1** im Verhältnis 100 zu 1
ration ['ræʃən] A͟ s͟ Ration f; fig Quantum n; **~s** (= Essen) Rationen pl B͟ V͟T͟ rationieren; **he ~ed himself to five cigarettes a day** er erlaubte sich (dat) nur fünf Zigaretten pro Tag
rational ['ræʃənl] A͟D͟J͟ rational; Lösung vernünftig **rationale** [ˌræʃə'nɑːl] s͟ Gründe pl **rationality** [ˌræʃə'nælɪtɪ] s͟ Rationalität f **rationalize** ['ræʃnəlaɪz] V͟T͟ & V͟I͟ rationalisieren **rationally** ['ræʃnəlɪ] A͟D͟V͟ rational
rationing ['ræʃənɪŋ] s͟ Rationierung f
rat race s͟ ständiger Konkurrenzkampf
rattle ['rætl] A͟ V͟I͟ klappern; Ketten rasseln; Flaschen klirren B͟ V͟T͟ 1 schütteln; Flaschen zusammenschlagen; Ketten rasseln mit; Fenster rütteln an (+dat) 2 umg j-n durcheinanderbringen C͟ s͟ 1 Klappern n kein pl; von Ketten Rasseln n kein pl; von Flaschen Klirren n kein pl 2 (= Spielzeug) Rassel f ♦**rattle off** V͟T͟ 〈trennb〉 herunterrasseln umg ♦**rattle on** umg V͟I͟ (unentwegt) quasseln umg (**about** über +akk) ♦**rattle through** V͟I͟ 〈+obj〉 Rede herunterrasseln; Arbeit rasen durch
rattlesnake ['rætlsneɪk] s͟ Klapperschlange f **rattling** ['rætlɪŋ] A͟ s͟ Klappern n; von Ketten Rasseln n; von Flaschen Klirren n B͟ A͟D͟J͟ klappernd; Ketten rasselnd; Flaschen klirrend
ratty ['rætɪ] umg A͟D͟J͟ 〈komp rattier〉 1 Br gereizt 2 US verlottert umg
raucous ['rɔːkəs] A͟D͟J͟ Stimme, Lachen heiser; Vogelruf rau
raunchy ['rɔːntʃɪ] umg A͟D͟J͟ 〈komp raunchier〉 Frau sexy umg; Film, Roman erotisch
ravage ['rævɪdʒ] A͟ s͟ **~s** Verheerung f (**of** durch), Zerstörung f (**of** durch) B͟ V͟T͟ verwüsten
rave [reɪv] A͟ V͟I͟ fantasieren; vor Wut toben; umg begeistert schwärmen (**about**, **over** von) B͟ s͟ 1 Br umg Rave m sl 2 umg **a ~ review** umg eine glänzende Kritik
raven ['reɪvən] s͟ Rabe m
ravenous ['rævənəs] A͟D͟J͟ ausgehungert; Hunger gewaltig; **I'm ~** ich habe einen

Bärenhunger umg **ravenously** ['rævənəslɪ] A͟D͟V͟ essen wie ein Wolf; **to be ~ hungry** ausgehungert sein
ravine [rə'viːn] s͟ Schlucht f, Tobel m österr
raving ['reɪvɪŋ] A͟ A͟D͟J͟ im Delirium; **a ~ lunatic** umg ein kompletter Idiot umg B͟ A͟D͟V͟ **~ mad** umg total verrückt umg
ravishing ['rævɪʃɪŋ] A͟D͟J͟ Frau, Anblick atemberaubend; Schönheit hinreißend **ravishingly** ['rævɪʃɪŋlɪ] A͟D͟V͟ schön hinreißend
★**raw** [rɔː] A͟ A͟D͟J͟ 〈+er〉 1 roh; Abwasser ungeklärt; **to get a raw deal** schlecht wegkommen umg 2 Emotionen, Energie nackt; Talent elementar; Bericht ungeschönt; **raw data** IT unaufbereitete Daten pl 3 Rekrut neu 4 Haut wund 5 Wind rau B͟ s͟ **in the raw** umg im Naturzustand **raw material** s͟ Rohmaterial n
★**ray** [reɪ] s͟ Strahl m; **a ray of hope** ein Hoffnungsschimmer m; **a ray of sunshine** fig ein kleiner Trost
raze [reɪz] V͟T͟ **to ~ sth to the ground** etw dem Erdboden gleichmachen
★**razor** ['reɪzəʳ] s͟ Rasierapparat m; **electric ~** Elektrorasierer m **razor blade** s͟ Rasierklinge f **razor-sharp** A͟D͟J͟ scharf (wie ein Rasiermesser); fig Verstand messerscharf
razzamatazz ['ræzəmə'tæz] bes Br s͟, **razzmatazz** ['ræzmə'tæz] umg s͟ Rummel m
RC A͟B͟K͟ (= Roman Catholic) r.-k.
Rd A͟B͟K͟ (= Road) Str.
re [riː] P͟R͟Ä͟P͟ ADMIN etc betreffs (+gen)
RE A͟B͟K͟ (= religious education) Religion f, Religionsunterricht m
★**reach** [riːtʃ] s͟ Reichweite f; fig Einflussbereich m; **within/out of sb's ~** in/außer j-s Reichweite (dat); **within arm's ~** in greifbarer Nähe; **keep out of ~ of children** von Kindern fernhalten; **within easy ~ of the sea** in unmittelbarer Nähe des Meers; **I keep it within easy ~** ich habe es in greifbarer Nähe B͟ V͟T͟ 1 erreichen, ankommen an (+dat); Stadt, Land ankommen in (+dat); Abkommen erzielen; Schluss kommen zu; **when we ~ed him he was dead** als wir zu ihm kamen, war er tot; **to the terrace you have to cross the garden** um auf die Terrasse zu kommen,

R

muss man durch den Garten gehen; **this advertisement is geared to ~ a younger audience** diese Werbung soll junge Leute ansprechen; **you can ~ me at my hotel** Sie erreichen mich in meinem Hotel **2 to be able to ~ sth** an etw (akk) (heran)reichen können; **can you ~ it?** kommen Sie dran? **3** reichen bis zu **C** Ⅵ **to ~ for sth** nach etw greifen; **can you ~?** kommen Sie dran? ◆**reach across** Ⅵ hinübergreifen ◆**reach down** Ⅵ Vorhang etc herunterreichen (**to** bis); Mensch hinunterreichen (**for** nach) ◆**reach out A** Ⅵ ⟨trennb⟩ he **reached out his hand for the cup** er griff nach der Tasse **B** Ⅵ die Hand/Hände ausstrecken; **to reach out for sth** nach etw greifen ◆**reach over** Ⅵ → reach across ◆**reach up A 1** (herauf)reichen (**to** bis) **2** hinaufgreifen (**for** nach)

reachable [ˈriːtʃəbl] ADJ erreichbar

react [riːˈækt] Ⅵ reagieren (**to** auf +akk); **to ~ against** negativ reagieren auf (+akk) **reaction** [riˈækʃən] S̲ Reaktion f (**to** auf +akk od **against** gegen) **reactionary** [riˈækʃənrɪ] S̲ POL Reaktionär(in) m(f)

reactivate [riːˈæktɪveɪt] Ⅵ reaktivieren **reactor** [riːˈæktə] S̲ PHYS Reaktor m

★**read¹** [riːd] ⟨v: prät, pperf read [red]⟩ **A** Ⅵ **1** lesen; j-m vorlesen (**to** +dat); (≈ begreifen) verstehen; **~ my lips!** und höre meine Worte!; **to take sth as ~** fig etw als selbstverständlich voraussetzen; **to ~ sb's mind** j-s Gedanken lesen; **don't ~ too much into his words** interpretieren Sie nicht zu viel in seine Worte hinein **2** Messwert ablesen **3** (an)zeigen **B** Ⅵ **1** lesen; j-m vorlesen (**to** +dat); **to ~ aloud** od **out loud** laut lesen **2** **this paragraph ~s well** dieser Abschnitt liest sich gut; **the letter ~s as follows** der Brief lautet folgendermaßen **C** S̲ **she enjoys a good ~** sie liest gern; **to be a good ~** sich gut lesen ◆**read back** Ⅵ ⟨trennb⟩ j-m noch einmal vorlesen ◆**read off** Ⅵ ⟨trennb⟩ ablesen; ohne Pause ablesen ◆**read on** Ⅵ weiterlesen ◆**read out** Ⅵ ⟨trennb⟩ vorlesen ◆**read over, read through** Ⅵ ⟨trennb⟩ durchlesen ◆**read up** Ⅵ nachlesen (**on** über +akk)

read² [red] **A** PRÄT & PPERF → read¹ **B**

ADJ **he is well ~** er ist sehr belesen **readable** [ˈriːdəbl] ADJ **1** lesbar **2** lesenswert

★**reader** [ˈriːdə] S̲ **1** Leser(in) m(f) **2** Lesebuch n **readership** [ˈriːdəʃɪp] S̲ Leser pl

readily [ˈrɛdɪlɪ] ADV bereitwillig; (≈ einfach) leicht; **~ available** leicht erhältlich **readiness** [ˈrɛdɪnɪs] S̲ Bereitschaft f

reading [ˈriːdɪŋ] S̲ **1** Lesen n **2** Lektüre f **3** a. PARL Lesung f; **the Senate gave the bill its first ~** der Senat beriet das Gesetz in erster Lesung **4** Interpretation f **5** Zählerstand m **reading age** S̲ **a ~ of 7** die Lesefähigkeit eines 7-jährigen **reading book** S̲ Lesebuch n **reading glasses** PL Lesebrille f **reading list** S̲ Leseliste f **reading matter** S̲ Lesestoff m

readjust [ˌriːəˈdʒʌst] **A** Ⅵ Instrument neu einstellen, nachstellen; Preise anpassen **B** Ⅵ sich neu anpassen (**to** an +akk) **readjustment** S̲ von Instrument Neueinstellung f, Nachstellung f; von Preisen Anpassung f

read-only [riːd] ADJ Datei schreibgeschützt **read-only memory** [riːd] S̲ COMPUT Festwertspeicher m **readout** S̲ IT etc Anzeige f **read receipt** [riːd] S̲ IT Lesebestätigung f **read-write head** [riːd] S̲ COMPUT Schreib-/Lesekopf m **read-write memory** S̲ COMPUT Schreib-/Lesespeicher m

★**ready** [ˈrɛdɪ] **A** ADJ **1** fertig, bereit; Ausrede vorformuliert; Lächeln rasch; Vorräte griffbereit; **to do sth** bereit, etw zu tun; (≈ übereilig) schnell dabei, etw zu tun; **he was ~ to cry** er war den Tränen nahe; **~ to leave** abmarschbereit, abfahrtbereit; **~ to use** gebrauchsfertig; **~ to serve** tischfertig; **~ for action** bereit zum Angriff, klar zum Gefecht; **~ for anything** zu allem bereit; **"dinner's ~"** „essen kommen"; **are you ~ to go?** sind Sie so weit?; **are you ~ to order?** möchten Sie jetzt bestellen?; **well, I think we're ~** ich glaube, wir sind so weit; **I'm not quite ~ yet** ich bin noch nicht ganz fertig; **everything is ~ for his visit** alles ist für seinen Besuch vorbereitet; **~ for boarding** zum Einsteigen bereit; **I'm ~ for him!** er soll nur kommen; **to get (oneself) ~** sich fertig machen; **to get**

R

~ **to go out** sich zum Ausgehen fertig machen; **to get ~ for sth** sich auch etw (akk) vorbereiten; **to get sth/sb ~ (for sth)** etw/j-n fertig machen (für etw); ~ **and waiting** startbereit; ~ **when you are** ich bin bereit; ~, **steady, go!** Br auf die Plätze, fertig, los! **2** Antwort prompt, schlagfertig **3** ~ **money** jederzeit verfügbares Geld; ~ **cash** Bargeld n; **to pay in ~ cash** auf die Hand bezahlen **B** Ⴝ **at the ~** fig fahrbereit etc; **with his pen at the ~** mit gezücktem Federhalter

ready-cooked ⎯ ADJ vorgekocht
ready-made ADJ **1** Vorhänge fertig; Mahlzeit vorgekocht **2** Ersatz nahtlos; ~ **solution** Patentlösung f **ready meal** Ⴝ Fertiggericht n **ready-to-eat** ADJ tafelfertig **ready-to-serve** ADJ tischfertig **ready-to-wear** ADJ ⟨attr⟩, **ready to wear** ADJ ⟨präd⟩ von der Stange umg

reaffirm [ˌriːəˈfɜːm] VT **1** beteuern **2** Verdacht bestätigen

★**real** [rɪəl] **A** ADJ **1** echt, richtig, wirklich; Idiot, Katastrophe komplett; **in ~ life** im wirklichen Leben; **the danger was very** ~ das war eine ganz reale Gefahr; **it's the ~ thing** od McCoy, **this whisky!** dieser Whisky ist der echte; **it's not the ~ thing** das ist nicht die Wahre, das ist nicht echt; **it's a ~ shame** es ist wirklich schade; **he doesn't know what** ~ **contentment is** er weiß ja nicht, was Zufriedenheit wirklich ist; **that's what I call a ~ car** das nenne ich ein Auto; **in ~ trouble** in großen Schwierigkeiten **2** FIN Kosten tatsächlich; **in ~ terms** effektiv **B** ADV bes US umg echt umg; ~ **late** wirklich spät Ⴝ **for** ~ echt umg **real coffee** Ⴝ Bohnenkaffee m **real estate** Ⴝ Immobilien pl **real estate agent** Ⴝ Immobilienmakler(in) m(f) **realism** [ˈrɪəlɪzəm] Ⴝ Realismus m **realist** [ˈrɪəlɪst] Ⴝ Realist(in) m(f) **realistic** [rɪəˈlɪstɪk] ADJ realistisch **realistically** [rɪəˈlɪstɪkəli] ADV realistischerweise
realization [ˌrɪəlaɪˈzeɪʃən] Ⴝ **1** Realisierung f; von Potenzial Verwirklichung f

★**reality** [riˈælɪti] Ⴝ Realität f; **to become** ~ sich verwirklichen; **in** ~ in Wirklichkeit, eigentlich; **the realities of the situation** der wirkliche Sachverhalt **reality check** Ⴝ Realitätscheck m

2 Erkenntnis f

★**realize** [ˈrɪəlaɪz] **A** VT **1** erkennen, sich (dat) bewusst sein über (+akk); verstandesmäßig begreifen, (be)merken, feststellen; **does he ~ the problems?** sind ihm die Probleme bewusst?; **I've just ~d I won't be here** mir ist eben klar geworden, dass ich dann nicht hier sein werde; **he didn't ~ she was cheating him** er merkte nicht, dass sie ihn betrog; **I ~d I didn't have any money on me** ich stellte fest, dass ich kein Geld dabei hatte; **I made her ~ that I was right** ich machte ihr klar, dass ich recht hatte; **yes, I ~ that** ja, das ist mir klar **2** Hoffnungen realisieren; Potenzial verwirklichen; Preis erzielen; Zinsen abwerfen; Waren einbringen **B** V/I **didn't you ~?** war Ihnen das nicht klar?, haben Sie das nicht gemerkt?; **I've just ~d** das ist mir eben klar geworden, das habe ich eben gemerkt; **I should have ~d** das hätte ich wissen müssen

real-life [ˈrɪəˈlaɪf] ADJ Ereignis wirklich; Mensch real; Geschichte wahr, aus dem echten Leben

reallocate [riˈæləʊkeɪt] VT umverteilen

★**really** [ˈrɪəli] ADV & INT wirklich; **I ~ don't know** das weiß ich wirklich nicht; **I don't ~ think so** das glaube ich eigentlich nicht; **well yes, I ~ think we should** ich finde eigentlich schon, dass wir das tun sollten; **before he ~ understood** bevor er wirklich verstand; ~ **and truly** wirklich; **I ~ must say** ... ich muss schon sagen ...; ~! empört also wirklich!; **not** ~! ach wirklich?

realm [relm] liter Ⴝ Königreich n; fig Reich n; **within the ~s of possibility** im Bereich des Möglichen

real time Ⴝ IT Echtzeit f

Realtor® [ˈrɪəltɔː] US Ⴝ Grundstücksmakler(in) m(f)

reap [riːp] VT ernten; Lohn bekommen **reappear** [ˌriːəˈpɪə] VI wieder erscheinen **reappearance** [ˌriːəˈpɪərəns] Ⴝ Wiedererscheinen n

reappoint [ˌriːəˈpɔɪnt] VT wiedereinstellen (**to** als)

reappraisal [ˌriːəˈpreɪzəl] Ⴝ Neubeurteilung f **reappraise** [ˌriːəˈpreɪz] VT von Neuem beurteilen

rear¹ [rɪə] **A** Ⴝ hinterer Teil; umg (≈ Po) Hintern m umg; **at the ~** hinten (**of** in

R

+*dat*); **to**(wards) **the ~ of the plane** am hinteren Ende des Flugzeugs; **at** od **to the ~ of the building** hinter dem Haus; *innen* hinten im Haus; **from the ~** von hinten; **to bring up the ~** die Nachhut bilden **B** ADJ **1** Hinter-, hintere(r, s) **2** AUTO Heck-; **~ door** hintere Tür; **~ lights** Rücklichter *pl*; **~ wheel** Hinterrad *n*

rear² **A** VT/I **1** *bes Br Tiere, Familie* großziehen **2** **racism ~ed its ugly head** der Rassismus kam zum Vorschein **B** VI *a.* **~ up** *Pferd* sich aufbäumen

rear end S *umg von Mensch* Hintern *m*

rearm [ˌriːˈɑːm] **A** VT/I *Land* wiederbewaffnen; *Truppen* neu ausrüsten **B** VI wiederaufrüsten **rearmament** [ˌriːˈɑːməmənt] S *von Land* Wiederaufrüstung *f*

rearmost [ˈrɪəməʊst] ADJ hinterste(r, s)

rear parking sensor S AUTO Rückfahrhilfe *f*

rearrange [ˌriːəˈreɪndʒ] VT *Möbel* umstellen; *Pläne, Reihenfolge* ändern; *Termin* neu abmachen **rearrangement** [ˌriːəˈreɪndʒmənt] S *von Möbeln* Umstellung *f*; *von Plänen, Reihenfolge* Änderung *f*; *von Termin* Neuabmachung *f*

rear-view camera S Rückfahrkamera *f* **rear-view mirror** [ˈrɪəˌvjuːˈmɪrə] S Rückspiegel *m* **rear-wheel drive** S AUTO Hinterradantrieb *m* **rear window** S AUTO Heckscheibe *f* **rear wiper** S Heckscheibenwischer *m*

★**reason** [ˈriːzn] **A** S **1** Grund *m* (**for** für); **~ for living** Grund *m* zum Leben; **my ~ for going** (der Grund,) weshalb ich gehe/gegangen bin; **what's the ~ for this celebration?** aus welchem Anlass wird hier gefeiert?; **I want to know the ~ why** ich möchte wissen, weshalb; **and that's the ~ why ...** und deshalb ...; **I have (good) ~/every ~ to believe that ...** ich habe (guten) Grund/allen Grund anzunehmen, dass ...; **there is ~ to believe that ...** es gibt Gründe zu glauben, dass ...; **for that very ~** eben deswegen; **for no ~ at all** ohne ersichtlichen Grund; **for no particular ~** ohne einen bestimmten Grund; **why did you do that? — no particular ~** warum haben Sie das gemacht? — einfach nur so; **for ~s best known to himself/myself** aus unerfindlichen/bestimmten Gründen;

all the more ~ for doing it umso mehr Grund, das zu tun; **by ~ of** wegen (+*gen*) **2** *⟨kein pl⟩* Verstand *m* **3** *⟨kein pl⟩* Vernunft *f*; **to listen to ~** auf die Stimme der Vernunft hören; **that stands to ~** das ist logisch; **we'll do anything within ~ to ...** wir tun alles, was in unserer Macht steht, um zu ...; **you can have anything within ~** Sie können alles haben, solange es sich in Grenzen hält **B** VI **1** vernünftig denken **2** **to ~ (with sb)** vernünftig mit j-m reden **C** VT/I (*a.* **reason out**) schließen

★**reasonable** [ˈriːznəbl] ADJ **1** vernünftig; *Chance* reell; *Anspruch* berechtigt; *Betrag* angemessen; *Entschuldigung, Angebot* akzeptabel; (≈*billig*) preiswert; **to be ~ about sth** angemessen auf etw (*akk*) reagieren; **beyond (all) ~ doubt** ohne (jeden) Zweifel; **it would be ~ to assume that ...** man könnte durchaus annehmen, dass ... **2** ganz gut; **with a ~ amount of luck** mit einigem Glück **reasonably** [ˈriːznəbli] ADV **1** vernünftig; **~ priced** preiswert **2** ziemlich **reasoned** ADJ *Argument* durchdacht **reasoning** [ˈriːznɪŋ] S **1** logisches Denken **2** Argumentation *f*

reassemble [ˌriːəˈsembl] **A** VT/I **1** *Gruppe* wieder versammeln **2** *Maschine* wieder zusammenbauen **B** VI *Truppen* sich wieder sammeln

reassert [ˌriːəˈsɜːt] VT mit Nachdruck behaupten

reassess [ˌriːəˈses] VT neu überdenken; *Vorschlag* neu abwägen

reassurance [ˌriːəˈʃʊərəns] S **1** Beruhigung *f* **2** Bestätigung *f* **reassure** [ˌriːəˈʃʊə] VT **1** beruhigen, das Gefühl der Sicherheit geben (+*dat*) **2** *mit Worten* versichern (+*dat*) **reassuring** ADJ, **reassuringly** [ˌriːəˈʃʊərɪŋ, -lɪ] ADV beruhigend

reawaken [ˌriːəˈweɪkən] **A** VT *j-n* wiedererwecken; *Interesse* neu erwecken **B** VI wieder aufwachen; *Interesse* wieder erwachen **reawakening** [ˌriːəˈweɪkɪŋ] S Wiederaufleben *n*

rebate [ˈriːbeɪt] S Rabatt *m*, Rückvergütung *f*

rebel **A** [ˈrebl] S Rebell(in) *m(f)* **B** [ˈrebl] ADJ *⟨attr⟩* rebellisch **C** [rɪˈbel] VI rebellieren **rebellion** [rɪˈbeljən] S Rebellion *f* **rebellious** ADJ, **rebelliously** [rɪ-

R

'beljəs, -lɪ] <u>ADV</u> rebellisch

rebirth [ˌriːˈbɜːθ] <u>S</u> Wiedergeburt f

rebook **A** [riːˈbʊk] <u>V/T</u> umbuchen; neu buchen **B** [ˈriːbʊk] <u>S</u> Umbuchung f; Neubuchung f

reboot [ˌriːˈbuːt] <u>VT & VI</u> IT neu starten

reborn [ˌriːˈbɔːn] <u>ADJ</u> **to feel ~** sich wie neugeboren fühlen

rebound [rɪˈbaʊnd] **A** <u>VI</u> Ball abprallen (**against, off** von) **B** [ˈriːbaʊnd] <u>S</u> von Ball Rückprall m; **she married him on the ~** sie heiratete ihn, um sich über einen anderen hinwegzutrösten

rebrand [riːˈbrænd] <u>VT</u> Produkt ein neues Markenimage geben (+dat)

rebuff [rɪˈbʌf] <u>VT</u> schroff abweisen

rebuild [ˌriːˈbɪld] <u>VT</u> wiederaufbauen; Beziehung wiederherstellen **rebuilding** [ˌriːˈbɪldɪŋ] <u>S</u> Wiederaufbau m; von Beziehung Wiederherstellung f

rebuke [rɪˈbjuːk] <u>VT</u> rügen, tadeln (**for** wegen)

recall [rɪˈkɔːl] **A** <u>VT</u> **1** zurückrufen; **Ferguson was ~ed to the Scotland squad** Ferguson wurde in die schottische Mannschaft zurückberufen **2** sich erinnern an (+akk) **3** IT Datei wieder aufrufen **B** <u>S</u> Rückruf m

recap [ˈriːkæp] umg **A** <u>S</u> kurze Zusammenfassung **B** <u>VT & VI</u> rekapitulieren

recapitulate [ˌriːkəˈpɪtʃʊleɪt] <u>VT & VI</u> rekapitulieren, kurz zusammenfassen

recapture [ˌriːˈkæptʃəʳ] **A** <u>VT</u> wieder einfangen; Häftling wieder ergreifen; Gebiet wiedererobern; Meisterschaft etc wiedergewinnen **B** <u>S</u> Wiedereinfangen n; von Häftling Wiederergreifung f; von Gebiet Wiedereroberung f; von Meisterschaft etc Wiedererlangung f

recede [rɪˈsiːd] <u>VI</u> Flut zurückgehen; Hoffnung schwinden; **his hair is receding** er hat eine leichte Stirnglatze **receding** [rɪˈsiːdɪŋ] <u>ADJ</u> Kinn fliehend; Haaransatz zurückweichend

receipt [rɪˈsiːt] <u>S</u> ⟨kein pl⟩ Empfang m; **to pay on ~ (of the goods)** bei Empfang (der Waren) bezahlen **2** (≈ Beleg) Quittung f **3** HANDEL, FIN **~s** Einnahmen pl

★**receive** [rɪˈsiːv] <u>VT</u> **1** bekommen, erhalten; Rückschlag erfahren; Anerkennung finden **2** Angebot, Nachricht etc aufnehmen; **to ~ a warm welcome** herzlich empfangen werden **3** TEL, RADIO, TV

empfangen; **are you receiving me?** hören Sie mich? **receiver** [rɪˈsiːvəʳ] <u>S</u> **1** Empfänger(in) m(f) **2** FIN, JUR **to call in the ~** Konkurs anmelden **3** TEL Hörer m **receivership** <u>S</u> **to go into ~** in Konkurs gehen **receiving end** [rɪˈsiːvɪŋend] umg <u>S</u> **to be on the ~ (of it)/of sth** derjenige sein, der es/etw abkriegt umg

recent [ˈriːsənt] <u>ADJ</u> kürzlich; Ereignis jüngste(r, s); Nachrichten neueste(r, s); Erfindung, Ergänzung neu; **the ~ improvement** die vor Kurzem eingetretene Verbesserung; **a ~ decision** eine Entscheidung, die erst vor Kurzem gefallen ist; **a ~ publication** eine Neuveröffentlichung; **his ~ arrival** seine Ankunft vor Kurzem; **her ~ trip** ihre erst kurz zurückliegende Reise; **he is a ~ arrival** er ist erst kurz hier; **in ~ years** in den letzten Jahren; **in ~ times** in letzter Zeit

★**recently** [ˈriːsəntlɪ] <u>ADV</u> vor Kurzem, kürzlich, neulich; **~ he has been doing it differently** seit Kurzem macht er das anders; **as ~ as** erst; quite ~ erst kürzlich

receptacle [rɪˈseptəkl] <u>S</u> Behälter m

★**reception** [rɪˈsepʃən] <u>S</u> ⟨kein pl⟩ RADIO, TV Veranstaltung Empfang m; von Buch etc Aufnahme f; **to give sb a warm ~** j-n herzlich empfangen; **at ~** in Hotel etc am Empfang, an der Rezeption **reception desk** <u>S</u> Rezeption f **receptionist** [rɪˈsepʃənɪst] <u>S</u> in Hotel Empfangschef m, Empfangsdame f; in Firma Herr m/ Dame f am Empfang; in Arztpraxis Sprechstundenhilfe f, Ordinationshilfe f österr **receptive** [rɪˈseptɪv] <u>ADJ</u> Mensch aufnahmefähig; Publikum empfänglich

recess [rɪˈses] <u>S</u> **1** von Gericht Ferien pl; US SCHULE Pause f **2** Nische f

recession [rɪˈseʃən] <u>S</u> WIRTSCH Rezession f

recharge [ˌriːˈtʃɑːdʒ] **A** <u>VT</u> Batterie aufladen; **to ~ one's batteries** fig auftanken **B** <u>VI</u> sich wieder aufladen **rechargeable** [ˌriːˈtʃɑːdʒəbl] <u>ADJ</u> Batterie wiederaufladbar

recipe [ˈresɪpɪ] <u>S</u> Rezept n; **that's a ~ for disaster** das führt mit Sicherheit in die Katastrophe

recipient [rɪˈsɪpɪənt] <u>S</u> Empfänger(in) m(f)

R

reciprocal [rɪˈsɪprəkəl] ADJ gegenseitig, als Gegenleistung **reciprocate** [rɪˈsɪprəkeɪt] VII sich revanchieren

recital [rɪˈsaɪtl] ▪ Vortrag m; MUS a. Konzert n **recite** [rɪˈsaɪt] VIT & VII vortragen, rezitieren

reckless [ˈreklɪs] ADJ leichtsinnig; Fahrer rücksichtslos; Versuch gewagt **recklessly** [ˈreklɪslɪ] ADV leichtsinnig; fahren rücksichtslos; versuchen gewagt **recklessness** ▪ Leichtsinn m; von Fahrer Rücksichtslosigkeit f; von Versuch Gewagtheit f

reckon [ˈrekən] VIT ▪ berechnen; he ~ed the cost to be £40.51 er berechnete die Kosten auf £ 40,51 ▪ zählen (among zu) ▪ glauben, schätzen; what do you ~? was meinen Sie?; I ~ he must be about forty ich schätze, er müsste so um die vierzig sein ◆**reckon on** VII ⟨+obj⟩ zählen auf (+akk); I was reckoning on doing that tomorrow ich wollte das morgen machen ◆**reckon up** A VIT ⟨+trennb⟩ zusammenrechnen B VII abrechnen (with mit) ◆**reckon on with** VII ⟨+obj⟩ rechnen mit

reckoning [ˈrekənɪŋ] ▪ (Be)rechnung f; the day of ~ der Tag der Abrechnung

reclaim [rɪˈkleɪm] A VIT ▪ Land gewinnen ▪ Steuern zurückverlangen; Fundsache abholen B VIT ▪ baggage od luggage ~ Gepäckausgabe f

recline [rɪˈklaɪn] VII Mensch zurückliegen; Sitz sich verstellen lassen; she was reclining on the sofa sie ruhte auf dem Sofa

recluse [rɪˈkluːs] ▪ Einsiedler(in) m(f)

recognition [ˌrekəgˈnɪʃən] ▪ ▪ Anerkennung f; in ~ of in Anerkennung (+gen) ▪ Erkennen n; it has changed beyond ~ es ist nicht wiederzuerkennen **recognizable** ADJ, **recognizably** [ˈrekəgnaɪzəbl, -ɪ] ADV erkennbar ★**recognize** [ˈrekəgnaɪz] VIT ▪ wiedererkennen; (=identifizieren) erkennen (by an +dat); (=zugeben) eingestehen ▪ anerkennen (as, to be als)

recoil [rɪˈkɔɪl] VII ▪ zurückweichen (from vor +dat); angewidert zurückschaudern (from vor +dat)

recollect [ˌrekəˈlekt] A VIT sich erinnern an (+akk) B VII sich erinnern **recollection** [ˌrekəˈlekʃən] ▪ Erinnerung f (of an +akk); I have no ~ of it ich kann mich

nicht daran erinnern

★**recommend** [ˌrekəˈmend] VIT ▪ empfehlen (as als); what do you ~ for a cough? was empfehlen Sie gegen Husten?; to ~ sb/sth to sb j-m j-n/etw empfehlen; to ~ doing sth/against doing sth empfehlen/davon abraten, etw zu tun ▪ sprechen für; this book has little to ~ it das Buch ist nicht gerade empfehlenswert **recommendation** [ˌrekəmənˈdeɪʃən] ▪ Empfehlung f; letter of ~ Empfehlung f **recommended price** [ˌrekəˈmendɪdˈpraɪs] ▪, **recommended retail price** Br ▪ unverbindliche Preisempfehlung

recompense [ˈrekəmpens] A ▪ Entschädigung f; in ~ for als Entschädigung für B VIT to ~ sb j-m eine Entschädigung zahlen

reconcile [ˈrekənsaɪl] VIT versöhnen; Differenzen beilegen; they became od were ~d sie versöhnten sich; to become ~d to sth sich mit etw abfinden **reconciliation** [ˌrekənsɪlɪˈeɪʃən] ▪ Versöhnung f

reconfirm [ˌriːkənˈfɜːm] VIT rückbestätigen

reconnaissance [rɪˈkɒnɪsəns] ▪ FLUG, MIL Aufklärung f; ~ mission Aufklärungseinsatz m **reconnaissance drone** ▪ Aufklärungsdrohne f

reconsider [ˌriːkənˈsɪdər] A VIT Entscheidung noch einmal überdenken; Tatsachen neu erwägen B VII there's time to ~ es ist nicht zu spät, seine Meinung zu ändern **reconsideration** [ˈriːkənˌsɪdəˈreɪʃən] ▪ von Entscheidung Überdenken n; von Tatsachen erneute Erwägung f

reconstruct [ˌriːkənˈstrʌkt] VIT rekonstruieren; Stadt, Haus wiederaufbauen **reconstruction** [ˌriːkənˈstrʌkʃən] ▪ Rekonstruktion f; von Stadt, Haus Wiederaufbau m

★**record** A [ˈrekɔːd] VIT aufzeichnen; auf Band a. aufnehmen; in Tagebuch etc dokumentieren; in Liste eintragen; Gedanken festhalten B [ˈrekɔːd] VII (Tonband)aufnahmen machen C [ˈrekɔːd] ▪ ▪ Aufzeichnung f; von Sitzung Protokoll n; offiziell Akte f, Dokument n; to keep a ~ of sth über etw (akk) Buch führen; offiziell etw registrieren; to keep a personal ~ of sth sich (dat) etw notieren; it is on ~ that ... es gibt Belege dafür, dass ..., es ist aktenkun-

R

dig, dass ...; **he's on ~ as having said
... es ist belegt, dass er gesagt hat, ...;
to set the ~ straight** für klare Verhält-
nisse sorgen; **just to set the ~ straight**
nur damit Klarheit herrscht; **for the ~**
der Ordnung halber; **off the ~** inoffiziell
2 polizeilich Vorstrafen *pl*; **~s** (≈ *Doku-
mente*) Strafregister *n*; **he's got a ~** er
ist vorbestraft **3** Vorgeschichte *f*; (≈ *Er-
reichtes*) Leistungen *pl*; **to have an ex-
cellent ~** ausgezeichnete Leistungen
vorweisen können; **he has a good ~
of service** er ist ein verdienter Mitarbei-
ter; **to have a good safety ~** in Bezug
auf Sicherheit einen guten Ruf haben
4 MUS (Schall)platte *f* **5** SPORT, *a. fig*
Rekord *m*; **to hold the ~** den Rekord
halten; **~ amount** Rekordbetrag *m* **6**
IT Datensatz *m* **record-breaking**
[ˈrekɔːd] ADJ SPORT, *a. fig* rekordbre-
chend, Rekord- **record company**
[ˈrekɔːd] **S** Plattenfirma *f* **recorded** [rɪ-
ˈkɔːdɪd] ADJ *Musik* aufgezeichnet; **~ mes-
sage** Ansage *f* **recorded delivery** *Br*
S by ~ per Einschreiben **recorder**
[rɪˈkɔːdəʳ] **S 1** cassette ~ Kassettenre-
korder *m*; **tape ~** Tonbandgerät *n* **2**
MUS Blockflöte *f*; **to play the ~** Blockflö-
te spielen **record holder** [ˈrekɔːd-
həʊldəʳ] **S** SPORT Rekordhalter(in) *m(f)*
recording [rɪˈkɔːdɪŋ] **S** Aufnahme *f*,
Aufzeichnung *f* **recording studio** **S**
Aufnahmestudio *n*
record player [ˈrekɔːdpleɪəʳ] **S** Platten-
spieler *m*
recount [rɪˈkaʊnt] VT erzählen
re-count **A** [ˌriːˈkaʊnt] VT nachzählen
B [ˈriːˌkaʊnt] **S** Nachzählung *f*
recoup [rɪˈkuːp] VT *Summe* wieder her-
einbekommen; *Verlust* wiedergutma-
chen
recourse [rɪˈkɔːs] **S** Zuflucht *f*
★**recover** [rɪˈkʌvəʳ] **A** VT wiederfinden;
Gleichgewicht wiedergewinnen; *Besitz* zu-
rückgewinnen; *Diebesgut* sicherstellen;
Leiche bergen; *Verluste* wiedergutma-
chen; IT *Datei* retten; **to ~ conscious-
ness** wieder zu Bewusstsein kommen;
to ~ oneself *od* **one's composure** seine
Fassung wiedererlangen; **to be quite
~ed** sich ganz erholt haben **B** VI sich
erholen **recovery** [rɪˈkʌvərɪ] **S 1** Wie-
derfinden *n*; *von Besitz* Zurückgewin-
nung *f*; *von Leiche* Bergung *f*; *von Verlus-*

ten Wiedergutmachung *f* **2** *von Krank-
heit, a.* BÖRSE, FIN Erholung *f*; **to be on
the road to ~** auf dem Weg der Besse-
rung sein; **he is making a good ~** er er-
holt sich gut **recovery vehicle** **S** Ab-
schleppwagen *m*
recreate [ˌriːkriːˈeɪt] VT wiederschaffen;
Szene nachstellen
recreation [ˌrekrɪˈeɪʃən] **S** Erholung *f*
recreational [ˌrekrɪˈeɪʃənəl] ADJ Frei-
zeit-; **~ facilities** Freizeiteinrichtungen
pl; **~ vehicle** Wohnmobil *n* **recrea-
tional drug** **S** Freizeit- *od* Partydroge
f **recreation center** *US* **S** Freizeitzen-
trum *n* **recreation ground** *Br* **S**
Spielplatz *m* **recreation room** **S 1**
Aufenthaltsraum *m* **2** US Hobbyraum *m*
recrimination [rɪˌkrɪmɪˈneɪʃən] **S** Ge-
genbeschuldigung *f*
recruit [rɪˈkruːt] **A 1** MIL Rekrut(in) *m(f)*
(**to** +*gen*); *in Verein etc* neues Mitglied (**to**
in +*dat*); *in Firma* Neue(r) *m/f(m)* (**to** in
+*dat*) **2** VT *Soldat* rekrutieren; *Mitglieder*
werben; *Mitarbeiter* einstellen **C 1** MIL
Rekruten anwerben; *Firma* neue Leute
einstellen **recruitment** **S** *von Soldaten*
Rekrutierung *f*; *von Mitgliedern* (An)wer-
bung *f*; *von Mitarbeitern* Einstellung *f* **re-
cruitment agency** **S** Personalagen-
tur *f*
rectangle [ˈrektæŋgl] **S** Rechteck *n*
rectangular [rekˈtæŋgjʊləʳ] ADJ recht-
eckig
rectify [ˈrektɪfaɪ] VT korrigieren; *Problem*
beheben
rector [ˈrektəʳ] **S** UNIV Rektor(in) *m(f)*
rectum [ˈrektəm] **S** ⟨*pl* **-s** *od* **recta**⟩
Mastdarm *m*
recuperate [rɪˈkuːpəreɪt] **A** VI sich er-
holen **B** VT *Verluste* wettmachen **recu-
peration** [rɪˌkuːpəˈreɪʃən] **S** Erholung *f*;
von Verlusten Wiedergutmachung *f*
recur [rɪˈkɜːʳ] VI wiederkehren; *Fehler, Er-
eignis* sich wiederholen; *Idee* wieder auf-
tauchen **recurrence** [rɪˈkʌrəns] **S** Wie-
derkehr *f*; *von Fehler, Ereignis* Wiederho-
lung *f*; *von Idee* Wiederauftauchen *n*
recurrent [rɪˈkʌrənt] ADJ *Idee, Krank-
heit, Traum* (ständig) wiederkehrend *attr*;
Problem häufig (vorkommend) **recur-
ring** [rɪˈkɜːrɪŋ] ADJ ⟨*attr*⟩ → recurrent
recyclable [ˌriːˈsaɪkləbl] ADJ recycelbar
★**recycle** [ˌriːˈsaɪkl] VT wiederverwerten,
wiederaufbereiten, recyceln; **made**

R

from ~d paper aus Altpapier (herge-stellt) **recycling** [ˌriːˈsaɪklɪŋ] S Recyc-ling n, Wiederverwertung f; ~ **site** Recyc-ling- od Wertstoffhof m **recycling bin** S Recyclingbehälter m

★**red** [red] **A** ADJ rot; **the lights are red** AUTO es ist rot; **red as a beetroot** rot wie eine Tomate; **to go red in the face** rot anlaufen; **she turned red with em-barrassment** sie wurde rot vor Verle-genheit **B** S Rot n; **to go through the lights on red** bei Rot über die Ampel fahren; **to be (£100) in the red** (mit £ 100) in den roten Zahlen sein; **this pushed the company into the red** das brachte die Firma in die roten Zahlen; **to see red** fig rotsehen **red alert** S Alarmstufe f rot; **to be on ~** in höchster Alarmbereitschaft sein **red cabbage** S Rotkohl m **red card** S FUSSB Rote Karte; **to show sb the ~** a. fig j-m die Rote Karte zeigen **red carpet** S roter Teppich; **to roll out the ~ for sb, to give sb the ~ treatment** umg den roten Teppich für j-n ausrollen **Red Cross** S Rotes Kreuz **redcurrant** Br S FUSSB Rote Johannisbeere, Rote Ribisel österr **red deer** S Rothirsch m; pl Rotwild n **red-den** [ˈredn] V/I Gesicht sich röten; Mensch rot werden **reddish** [ˈredɪʃ] ADJ rötlich

redecorate [ˌriːˈdekəreɪt] V/T & V/I neu ta-pezieren; neu streichen

redeem [rɪˈdiːm] V/T **1** Gutschein einlö-sen **2** ~ **oneself** sich rehabilitieren **re-deemable** [rɪˈdiːməbl] ADJ Gutschein einlösbar **Redeemer** [rɪˈdiːməʳ] S Erlö-ser m, Heiland m **redeeming** [rɪˈdiːmɪŋ] ADJ Eigenschaft ausgleichend; ~ **feature** Lichtblick m

redefine [ˌriːdɪˈfaɪn] V/T neu definieren **redemption** [rɪˈdempʃən] S **beyond** od **past ~** fig nicht mehr zu retten **redeploy** [ˌriːdɪˈplɔɪ] V/T Truppen umver-legen; Mitarbeiter umsetzen **redeploy-ment** S von Truppen Umverlegung f; von Mitarbeitern Umsetzung f **redesign** [ˌriːdɪˈzaɪn] V/T umgestalten **redevelop** [ˌriːdɪˈveləp] V/T Gebiet sanie-ren **redevelopment** S Sanierung f **red-eyed** ADJ mit geröteten Augen **red-faced** ADJ mit rotem Kopf **red-haired** ADJ rothaarig **red-handed** ADV **to catch sb ~** j-n auf frischer Tat er-

tappen **redhead** S Rothaarige(r) m/f(m) **red-headed** ADJ rothaarig

red herring fig S falsche Spur **red-hot** ADJ **1** rot glühend; ~ **favourite** brandheißer Favorit **2** fig brandaktuell **redial** [ˌriːˈdaɪəl] V/T & V/I TEL nochmals wählen

redirect [ˌriːdaɪˈrekt] V/T Brief umadres-sieren; (≈ schicken) nachsenden; Verkehr umleiten

rediscover [ˌriːdɪˈskʌvəʳ] V/T wiederent-decken **rediscovery** [ˌriːdɪˈskʌvərɪ] S Wiederentdeckung f

redistribute [ˌriːdɪˈstrɪbjuːt] V/T neu ver-teilen; Arbeit neu zuteilen **redistribu-tion** [ˌriːdɪstrɪˈbjuːʃən] S Neuverteilung f; von Arbeit Neuzuteilung f

red-letter day S besonderer Tag **red light** wörtl S rotes Licht, Rotlicht n; **to go through the ~** Verkehr bei Rot über die Ampel fahren; **the red-light district** das Rotlichtviertel **red meat** S Rind-, Lamm- und Rehfleisch **redness** [ˈred-nɪs] S Röte f

redo [ˌriːˈduː] V/T noch einmal machen **redouble** [ˌriːˈdʌbl] V/T verdoppeln **red rag** S **it's like a ~ to a bull** das wirkt wie ein rotes Tuch

redress [rɪˈdres] V/T Unzufriedenheit be-seitigen; Gleichgewicht wiederherstellen **Red Sea** S Rotes Meer **red tape** fig S Papierkrieg m umg; Bürokratie f

★**reduce** [rɪˈdjuːs] **A** V/T reduzieren (**by** um); Steuern, Kosten senken, verringern, herabsetzen; (≈ kleiner machen) verkür-zen; Warenpreis heruntersetzen; **to ~ speed** AUTO langsamer fahren; **it has been ~d to nothing** es ist zu nichts zu-sammengeschmolzen; **to ~ sb to tears** j-n zum Weinen bringen **B** V/I bes US bei Diät etc abnehmen **reduced** ADJ re-duziert; Waren heruntergesetzt; Verhält-nisse beschränkt; **at a ~ price** zu einem reduzierten Preis **reduction** [rɪˈdʌkʃən] S **1** ⟨kein pl⟩ Reduzierung f (**in sth** gen); von Steuern, Kosten Senkung f (**in sth** gen); größenmäßig Verkleinerung f (**in sth** gen), Verkürzung f; von Waren Her-absetzung f **2** von Temperatur Rückgang m (**in sth** gen); von Tempo Verlangsa-mung f (**in sth** gen); von Preis Ermäßi-gung f (**in sth** gen)

redundancy [rɪˈdʌndənsɪ] S Br IND Ar-beitslosigkeit f; **redundancies** Entlas-

R

sungen *pl* **redundancy payment** S̲
Br IND Abfindung *f* **redundant**
[rɪ'dʌndənt] ADJ **1** überflüssig **2** *Br* IND
arbeitslos; **to make sb ~** j-n entlassen;
to be made ~ den Arbeitsplatz verlieren

red wine S̲ Rotwein *m*

reed [riːd] S̲ BOT Schilf(rohr) *n*

re-educate [ˌriː'edjʊkeɪt] V̲T̲ umerzie-
hen

reef [riːf] S̲ Riff *n*

reek [riːk] A̲ S̲ Gestank *m* B̲ V̲I̲ stinken
(**of** nach)

reel [riːl] A̲ S̲ Spule *f*; *Angeln* (Angel)rol-
le *f* B̲ V̲I̲ taumeln; **the blow sent him
~ing** er taumelte unter dem Schlag;
**the whole country is still ~ing from
the shock** das ganze Land ist noch tief
erschüttert von diesem Schock ◆**reel
off** V̲T̲ ⟨*trennb*⟩ *Liste* herunterrasseln
umg

re-elect [ˌriːɪ'lekt] V̲T̲ wiederwählen **re-
-election** [ˌriːɪ'lekʃən] S̲ Wiederwahl *f*

re-emerge [ˌriːɪ'mɜːdʒ] V̲I̲ wieder auf-
tauchen

re-enact [ˌriːɪ'nækt] V̲T̲ *Szene, Verbrechen*
nachstellen **re-enactment** S̲ Nach-
stellen *n*

re-enter [ˌriːɪ'entəʳ] V̲T̲ **1** *Zimmer* wieder
betreten; *Land* wieder einreisen in
(+*akk*); *Rennen* sich wieder beteiligen
an (+*dat*) **2** *Namen* wieder eintragen
re-entry [ˌriːɪ'entrɪ] S̲ *a.* RAUMF Wieder-
eintritt *m*; *in Land* Wiedereinreise *f* (**into**
in +*akk*)

re-establish [ˌriːɪ'stæblɪʃ] V̲T̲ *Ordnung*
wiederherstellen; *Kontrolle* wiedererlan-
gen; *Dialog* wiederaufnehmen **re-es-
tablishment** S̲ *von Ordnung* Wieder-
herstellung *f*; *von Kontrolle* Wiedererlan-
gen *n*; *von Dialog* Wiederaufnahme *f*; *in
Amt* Wiedereinsetzung *f*

re-examination [ˈriːɪgˌzæmɪ'neɪʃən] S̲
erneute Prüfung, genaue Überprüfung
re-examine [ˌriːɪg'zæmɪn] V̲T̲ erneut
prüfen

ref¹ [ref] S̲ ABK (= referee) SPORT *umg*
Schiri *m umg*

ref² ABK (= reference number) Nr.

refectory [rɪ'fektərɪ] S̲ UNIV Mensa *f*

★**refer** [rɪ'fɜːʳ] A̲ V̲T̲ *Sache* weiterleiten (**to**
an +*akk*); **to ~ sb to sb/sth** j-n an j-n/auf
etw (*akk*) verweisen; **to ~ sb to a spe-
cialist** j-n an einen Spezialisten über-
weisen B̲ V̲I̲ **1** **to ~ to** erwähnen; *Worte*

sich beziehen auf (+*akk*); **I am not ~ring
to you** ich meine nicht Sie; **what can he
be ~ring to?** was meint er wohl? **2** **to
~ to** *in Notizen* nachschauen in (+*dat*)
◆**refer back** A̲ V̲I̲ **1** sich beziehen
(**to** auf +*akk*) **2** (≈ *nachschauen*) zurück-
gehen (**to** zu) B̲ V̲T̲ ⟨*trennb*⟩ *Sache* zu-
rückverweisen; **he referred me back
to you** er hat mich an Sie zurückverwie-
sen

★**referee** [ˌrefə'riː] A̲ S̲ **1** Schiedsrich-
ter(in) *m(f)*; **~'s assistant** Schiedsrichter-
assistent(in) *m(f)* **2** *Br für Job* Referenz *f*
B̲ V̲T̲ Schiedsrichter(in) sein bei C̲ V̲I̲
Schiedsrichter(in) sein

reference ['refrəns] S̲ **1** Erwähnung *f*
(**to sb/sth** j-s/einer Sache), Anspielung *f*
(**to** auf +*akk*); **to make** (**a**) **~ to sth** etw
erwähnen; **in** *od* **with ~ to** was ... anbe-
trifft; HANDEL bezüglich (+*gen*), mit Be-
zug auf (+*akk*) **2** (*a.* **~s**) Referenz *f mst
pl*, Empfehlung *f*, Zeugnis *n* **3** *in Buch
etc* Verweis *m* **4** *bes US* → referee A̲
2 reference book S̲ Nachschlage-
werk *n* **reference library** S̲ Präsenz-
bibliothek *f* **reference number** S̲
Nummer *f*

referendum [ˌrefə'rendəm] S̲ ⟨*pl* -s; ref-
erenda [ˌrefə'rendə]⟩ Referendum *n*; **to
hold a ~** ein Referendum abhalten

refill A̲ [ˌriː'fɪl] V̲T̲ nachfüllen B̲ ['riːfɪl]
S̲ *für Feuerzeug* Nachfüllpatrone *f*; *für
Kugelschreiber* Ersatzmine *f*; **would you
like a ~?** *umg* (≈ *Drink*) darf ich nach-
schenken? **refillable** [ˌriː'fɪləbl] ADJ
nachfüllbar **refill pack** S̲ Nachfüllpa-
ckung *f*

refine [rɪ'faɪn] V̲T̲ **1** *Öl, Zucker* raffinie-
ren **2** *Technik* verfeinern **refined** ADJ
Geschmack fein; *Mensch* vornehm **re-
finement** [rɪ'faɪnmənt] S̲ **1** ⟨*kein pl*⟩
von Mensch, Stil Vornehmheit *f* **2** *von
Technik etc* Verfeinerung *f* (**in sth** *gen*)
refinery [rɪ'faɪnərɪ] S̲ Raffinerie *f*

★**reflect** [rɪ'flekt] A̲ V̲T̲ reflektieren; *fig*
widerspiegeln; **to be ~ed in sth** sich
in etw (*dat*) spiegeln; **I saw myself
~ed in the mirror** ich sah mich im Spie-
gel; **to ~ the fact that ...** die Tatsache
widerspiegeln, dass ... B̲ V̲I̲ nachden-
ken (**on, about über** +*akk*) ◆**reflect
(up)on** V̲I̲ ⟨+*obj*⟩ etwas aussagen über
(+*akk*)

reflection [rɪ'flekʃən] S̲ **1** Spiegelbild *n*;

fig Widerspiegelung *f*; **to see one's ~ in a mirror** sich im Spiegel sehen **2** *(kein pl)* Überlegung *f*, Reflexion *f*; **(up)on ~** wenn ich mir das recht überlege; **on further ~** bei genauerer Überlegung; **this is no ~ on your ability** damit soll gar nichts über Ihr Können gesagt sein
reflective [rɪˈflektɪv] _ADJ_ *Kleidung* reflektierend
reflex [ˈriːfleks] **A** _ADJ_ Reflex- **B** _S_ Reflex *m* **reflexive** [rɪˈfleksɪv] **A** _ADJ_ reflexiv **B** _S_ GRAM Reflexiv *n* **reflexology** [ˌriːflɛkˈsɒlədʒɪ] _S_ MED Reflexologie *f*; (≈ *Technik*) Reflexzonenmassage *f*
reform [rɪˈfɔːm] **A** _S_ Reform *f* **B** _VT_ reformieren; *j-n* bessern **C** _VI_ *Mensch* sich bessern
reformat [riːˈfɔːmæt] _VT_ IT *Diskette* neu formatieren
Reformation [ˌrefəˈmeɪʃən] _S_ **the ~** die Reformation **reformed** [rɪˈfɔːmd] _ADJ_ reformiert; *Kommunist etc* ehemalig; **he's a ~ character** er hat sich gebessert **reformer** [rɪˈfɔːməʳ] _S_ POL Reformer(in) *m(f)*; REL Reformator *m*
refrain [rɪˈfreɪn] _VI_ **he ~ed from comment** er enthielt sich eines Kommentars; **please ~ from smoking** bitte nicht rauchen!
refresh [rɪˈfreʃ] _VT_ **1** erfrischen; **to ~ oneself** sich erfrischen; **to ~ one's memory** sein Gedächtnis auffrischen; **let me ~ your memory** ich will Ihrem Gedächtnis nachhelfen **2** IT neu laden **refresher course** [rɪˈfreʃəʳˌkɔːs] _S_ Auffrischungskurs *m* **refreshing** [rɪˈfreʃɪŋ] _ADJ_, **refreshingly** [rɪˈfreʃɪŋ, -lɪ] _ADV_ erfrischend
★**refreshment** [rɪˈfreʃmənt] _S_ (*light*) **~s** (kleine) Erfrischungen *pl*
refrigerate [rɪˈfrɪdʒəreɪt] _VT_ kühlen; **"refrigerate after opening"** „nach dem Öffnen kühl aufbewahren" **refrigeration** [rɪˌfrɪdʒəˈreɪʃən] _S_ Kühlung *f*
★**refrigerator** [rɪˈfrɪdʒəreɪtəʳ] _S_ Kühlschrank *m*
refuel [ˌriːˈfjʊəl] _VT & VI_ auftanken
refuge [ˈrefjuːdʒ] _S_ Zuflucht *f* (**from** vor +*dat*); **a ~ for battered women** ein Frauenhaus *n*; **to seek ~** Zuflucht suchen; **to take ~** sich flüchten (**in** in +*akk*)
★**refugee** [ˌrefjuˈdʒiː] _S_ Flüchtling *m* **refugee camp** _S_ Flüchtlingslager *n* **refugee status** _S_ Flüchtlingsstatus *m*
refund **A** [ˈriːfʌnd] _VT_ Betrag zurücker-

statten; **to ~ the difference** die Differenz erstatten **B** [ˈriːfʌnd] _S_ Rückerstattung *f*; **to get a ~ (on sth)** sein Geld (für etw) wiederbekommen; **they wouldn't give me a ~** man wollte mir das Geld nicht zurückgeben; **I'd like a ~ on this blouse, please** ich hätte gern mein Geld für diese Bluse zurück **refundable** [rɪˈfʌndəbl] _ADJ_ zurückzahlbar
refurbish [ˌriːˈfɜːbɪʃ] _VT_ renovieren
refurnish [ˌriːˈfɜːnɪʃ] _VT_ neu möblieren
★**refusal** [rɪˈfjuːzəl] _S_ Ablehnung *f*, Weigerung *f*; **to get a ~** eine Absage erhalten
★**refuse¹** [rɪˈfjuːz] **A** _VT_ ablehnen; *Einladung* absagen; *Erlaubnis* verweigern; **to ~ to do sth** sich weigern, etw zu tun; **I ~ to be blackmailed** ich lasse mich nicht erpressen; **they were ~d permission (to leave)** es wurde ihnen nicht gestattet (wegzugehen) **B** _VI_ ablehnen, sich weigern
refuse² [ˈrefjuːs] _S_ Müll *m*, Abfall *m* **refuse collection** _S_ Müllabfuhr *f* **refuse dump** _S_ Müllabladeplatz *m*
refute [rɪˈfjuːt] _VT_ widerlegen
regain [rɪˈgeɪn] _VT_ wiedererlangen, wiedergewinnen; **to ~ consciousness** das Bewusstsein wiedererlangen; **to ~ one's strength** wieder zu Kräften kommen; **to ~ one's balance** das Gleichgewicht wiederfinden; **to ~ possession of sth** wieder in den Besitz einer Sache (*gen*) gelangen; **to ~ the lead** SPORT wieder in Führung gehen
regal [ˈriːgəl] _ADJ_ königlich; *fig* hoheitsvoll
regale [rɪˈgeɪl] _VT_ ergötzen *geh*
regard [rɪˈgɑːd] **A** _VT_ **1** betrachten; **to ~ sb/sth as sth** j-n/etw für etw halten; **to be ~ed as …** als … angesehen werden; **he is highly ~ed** er ist hoch angesehen **2** as **~s that** was das betrifft **B** _S_ **1** Rücksicht *f* (**for** auf +*akk*); **to have some ~ for sb/sth** auf j-n/etw Rücksicht nehmen; **to show no ~ for sb/sth** keine Rücksichtnahme für j-n/etw zeigen **2** in **this ~** diesbezüglich; **with** *od* **in ~ to** in Bezug auf (+*akk*) **3** Achtung *f*; **to hold sb in high ~** j-n sehr schätzen **4** **~s** *pl* **to send sb one's ~s** j-n grüßen lassen; **give him my ~s** grüßen Sie ihn von mir; **(kindest) ~s** mit freundlichen Grüßen **regarding** [rɪˈgɑːdɪŋ] _PRÄP_ bezüglich (+*gen*) **regardless** **A** _ADJ_ **~ of** oh-

R

ne Rücksicht auf (+*akk*); **~ of what it costs** egal, was es kostet **B** ADV trotzdem

regatta [rɪˈgætə] S Regatta *f*

regenerate [rɪˈdʒenəreɪt] VT erneuern; **to be ~d** sich erneuern **regeneration** [rɪˌdʒenəˈreɪʃən] S Erneuerung *f*

regent [ˈriːdʒənt] S Regent(in) *m(f)*

regime [reɪˈʒiːm] S POL Regime *n*

regiment [ˈredʒɪmənt] S MIL Regiment *n*

★**region** [ˈriːdʒən] S Region *f*; *fig* Bereich *m*; **in the ~ of 5 kg** um die 5 kg **regional** [ˈriːdʒənl] ADJ regional

★**register** [ˈredʒɪstəʳ] **A** S Register *n*; *von Schülern* Namensliste *f*, Klassenbuch *n*; *in Hotel* Gästebuch *n*; *von Verein* Mitgliedsbuch *n*; **the teacher took the ~** der Lehrer rief die Namen auf; **~ of births, deaths and marriages** Personenstandsbuch *n* **B** VT registrieren; *in Buch* eintragen; *Daten erfassen*; *Geburt, Firma, Fahrzeug* anmelden; *Student* einschreiben; **he is ~ed (as) blind** er hat einen Sehbehindertenausweis **C** VI sich eintragen; *in Hotel* sich anmelden; *Student* sich einschreiben; **to ~ with the police** sich polizeilich melden; **to ~ for a course** sich für einen Kurs anmelden; UNIV einen Kurs belegen **registered** ADJ **1** *Firma, Name* eingetragen **2** *Post* eingeschrieben; **by ~ post** per Einschreiben **registered trademark** S eingetragenes Warenzeichen **registrar** [ˌredʒɪˈstrɑːʳ] S *Br* ADMIN Standesbeamte(r) *m*/-beamtin *f* **registrar's office** S *Br* ADMIN Standesamt *n* **registration** [ˌredʒɪˈstreɪʃən] S **1** Registrierung *f*; *von Firma* Eintragung *f*; *von Daten* Erfassung *f* **2** HANDEL Anmeldung *f*; *von Student* Einschreibung *f* **3** US AUTO Fahrzeugbrief *m* **registration desk** S *bei Konferenz etc* Anmeldung *f* **registration document** S *Br* AUTO Fahrzeugschein *m* **registration number** S *Br* AUTO Kraftfahrzeugkennzeichen *n* **registry** [ˈredʒɪstrɪ] S **1** Sekretariat *n* **2** *Br* Standesamt *n* **registry office** *Br* S Standesamt *n*; **to get married in a ~** standesamtlich heiraten

regress [rɪˈgres] *form* VI sich rückwärts bewegen; *fig Gesellschaft* sich rückläufig entwickeln

regret [rɪˈgret] **A** VT bedauern; *einer Ge*legenheit nachtrauern (+*dat*); **to ~ the fact that ...** (die Tatsache) bedauern, dass ...; **I ~ to say that ...** ich muss Ihnen leider mitteilen, dass ...; **we ~ any inconvenience caused** für eventuelle Unannehmlichkeiten bitten wir um Verständnis; **you won't ~ it!** Sie werden es nicht bereuen **B** S Bedauern *n kein pl*; **I have no ~s** ich bereue nichts; **he sends his ~s** er lässt sich entschuldigen **regretful** [rɪˈgretfəl] ADJ bedauernd **regretfully** [rɪˈgretfəlɪ] ADV mit Bedauern **regrettable** [rɪˈgretəbl] ADJ bedauerlich **regrettably** [rɪˈgretəblɪ] ADV bedauerlicherweise

---

regret + Infinitiv oder Gerund

regret + Infinitiv ist eher förmlich und drückt aus, dass man etwas Negatives mitzuteilen hat:

We regret to inform you that ...	Wir bedauern, Ihnen mitteilen zu müssen, dass ...

regret + Gerund bezieht sich dagegen immer auf etwas Bedauerliches, das in der Vergangenheit geschehen ist:

I regret lending him that money.	Ich bedaure, ihm das Geld geliehen zu haben.

◀

---

regroup [ˌriːˈgruːp] VI sich umgruppieren

★**regular** [ˈregjʊləʳ] **A** ADJ **1** regelmäßig; *Rhythmus, Oberfläche* gleichmäßig; *Anstellung* fest; *Größe, Zeit* normal; **at ~ intervals** in regelmäßigen Abständen; **on a ~ basis** regelmäßig; **to be in ~ contact** regelmäßig Kontakt haben; **to eat ~ meals** regelmäßig essen; **he has a ~ place in the team** er ist ein ordentliches Mannschaftsmitglied; **~ customer** Stammkunde *m*/-kundin *f*; **his ~ pub** *Br* seine Stammkneipe *umg* **2** *bes US* gewöhnlich; **he's just a ~ guy** er ist ein ganz normaler Typ *umg* **B** S *in Geschäft etc* Stammkunde *m*/-kundin *f*; *in Lokal* Stammgast *m* **regularity** [ˌregjʊˈlærɪtɪ] S Regelmäßigkeit *f* **regularly** [ˈregjʊləlɪ] ADV regelmäßig

★regulate ['regjʊleɪt] V/T regulieren; *Verkehr* regeln **regulation** [ˌregjʊ'leɪʃən] S̅ **1** Regulierung f; *von Verkehr* Regelung f **2** Vorschrift f; **~s** *von Verein* Satzung f; **to be contrary to ~s** gegen die Vorschrift(en)/Satzung verstoßen **regulator** ['regjʊleɪtə'] S̅ Regler m **regulatory** [regjʊ'leɪtərɪ] ADJ **~ authority** Regulierungsbehörde f

regurgitate [rɪ'gɜːdʒɪteɪt] V/T wieder hochbringen; *fig* wiederkäuen

rehab ['riːhæb] S̅ ABK (= rehabilitation) Reha f **rehabilitate** [ˌriːə'bɪlɪteɪt] V/T rehabilitieren; *Drogenabhängige* therapieren **rehabilitation** ['riːəˌbɪlɪ'teɪʃən] S̅ Rehabilitation f; *von Drogenabhängigen* Therapie f

rehearsal [rɪ'hɜːsəl] S̅ THEAT, MUS Probe f **rehearse** [rɪ'hɜːs] V/T & V/I THEAT, MUS proben; **to ~ what one is going to say** einüben, was man sagen will

reheat [ˌriː'hiːt] V/T aufwärmen

rehouse [ˌriː'haʊz] V/T unterbringen

reign [reɪn] A̅ S̅ Herrschaft f B̅ V/I herrschen (**over** über +akk) **reigning** ['reɪnɪŋ] ADJ ⟨attr⟩ regierend; *Weltmeister* amtierend

reimburse [ˌriːɪm'bɜːs] V/T j-n entschädigen; *Kosten* erstatten **reimbursement** [ˌriːɪm'bɜːsmənt] S̅ Entschädigung f; *von Verlust* Ersatz m; *von Kosten* (Rück)erstattung f

rein [reɪn] S̅ Zügel m; **to keep a tight ~ on sb/sth** bei j-m/etw die Zügel kurz halten; **to give sb free ~ to do sth** j-m freie Hand lassen, etw zu tun ◆**rein in** V/T ⟨trennb⟩ zügeln; *Ausgaben* in Schranken halten

reincarnate [ˌriːɪn'kɑːneɪt] V/T reinkarnieren; **to be ~d** wiedergeboren werden **reincarnation** [ˌriːɪnkɑː'neɪʃən] S̅ Reinkarnation f

reindeer ['reɪndɪə'] S̅ ⟨pl -⟩ Ren(tier) n

reinforce [ˌriːɪn'fɔːs] V/T verstärken; *Überzeugung* stärken; **to ~ the message** der Botschaft (dat) mehr Nachdruck verleihen **reinforcement** [ˌriːɪn'fɔːsmənt] S̅ Verstärkung f; *von Überzeugung* Stärkung f; **~s** MIL, a. fig Verstärkung f

reinsert [ˌriːɪn'sɜːt] V/T wieder einfügen; *Münze* wieder einwerfen; *Nadel* wieder einstecken

reinstate [ˌriːɪn'steɪt] V/T j-n wiedereinstellen (**in** in +akk); *Todesstrafe* wieder-

einführen **reinstatement** [ˌriːɪn'steɪtmənt] S̅ Wiedereinstellung f; *von Todesstrafe* Wiedereinführung f

reintegrate [ˌriː'ɪntɪgreɪt] V/T wiedereingliedern (**into** in +akk) **reintegration** ['riːˌɪntɪ'greɪʃən] S̅ Wiedereingliederung f

reintroduce [ˌriːɪntrə'djuːs] V/T *Maßnahme* wiedereinführen

reinvent [ˌriːɪn'vent] V/T **to ~ the wheel** das Rad neu erfinden; **to ~ oneself** sich (dat) ein neues Image geben

reissue [ˌriː'ɪʃjuː] A̅ V/T *Buch* neu auflegen; *Briefmarke, Musikaufnahme* neu herausgeben B̅ S̅ *von Buch* Neuauflage f; *von Briefmarke, Musikaufnahme* Neuausgabe f

reiterate [riː'ɪtəreɪt] V/T wiederholen

reject A̅ [rɪ'dʒekt] V/T *Bitte etc* ablehnen, abweisen; MED nicht vetragen; *Organ* abstoßen; *Idee* verwerfen B̅ ['riːdʒekt] S̅ **1** HANDEL Ausschuss m kein pl; **~ goods** Ausschussware f **2** *Person* Außenseiter(in) m(f) **rejection** [rɪ'dʒekʃən] S̅ *von Bitte, Angebot* Ablehnung f Abweisung f; MED *von Organ* Abstoßung f; *von Idee* Verwerfen n

rejoice [rɪ'dʒɔɪs] V/I sich freuen **rejoicing** [rɪ'dʒɔɪsɪŋ] S̅ Jubel m

rejoin [ˌriː'dʒɔɪn] V/T sich wieder anschließen (+dat); *Verein* wieder eintreten in (+akk)

rejuvenate [rɪ'dʒuːvɪneɪt] V/T verjüngen; fig erfrischen

rekindle [ˌriː'kɪndl] fig V/T *Leidenschaft* wiederentzünden; *Interesse* wiedererwecken

relapse [rɪ'læps] A̅ S̅ MED Rückfall m B̅ V/I MED einen Rückfall haben

relate [rɪ'leɪt] A̅ V/T **1** *Geschichte* erzählen; *Einzelheiten* aufzählen **2** in Verbindung bringen (**to**, **with** mit) B̅ V/I **to ~ to** zusammenhängen mit, sich beziehen auf (+akk); (= *Verhältnis haben zu*) eine Beziehung finden zu, sich identifizieren mit

★related [rɪ'leɪtɪd] ADJ **1** verwandt (**to** mit); **~ by marriage** angeheiratet **2** zusammenhängend; *Elemente, Themen* verwandt; **to be ~ to sth** mit etw zusammenhängen, mit etw verwandt sein; **the two events are not ~** die beiden Ereignisse haben nichts miteinander zu tun; **two closely ~ questions** zwei eng miteinander verknüpfte Fragen; **health-**

R

related problems gesundheitliche Probleme pl; **earnings-related pensions** einkommensabhängige Renten pl **relation** [rɪˈleɪʃən] 🔊 **1** Verwandte(r) m/f(m); **he's a/no ~ (of mine)** er ist/ist nicht mit mir verwandt **2** Beziehung f; **to bear no ~ to** in keinerlei Beziehung stehen zu; **to bear little ~ to** wenig Beziehung haben zu; **in ~ to** in Bezug auf (+akk), im Verhältnis zu **3** ~s pl Beziehungen pl; **to have business ~s with sb** geschäftliche Beziehungen zu j-m haben

★**relationship** [rɪˈleɪʃənʃɪp] 🔊 **1** Verwandtschaft f (**to** mit); **what is your ~ (to him)?** wie sind Sie (mit ihm) verwandt? **2** Beziehung f, Verhältnis n; geschäftlich Verbindung f; **to have a (sexual) ~ with sb** ein Verhältnis n mit j-m haben; **to have a good ~ with sb** gute Beziehungen zu j-m haben

★**relative** [ˈrelətɪv] **A** ADJ **1** relativ; **in ~ terms** relativ gesehen **2** jeweilig **3** ~ **to** sich beziehend auf (+akk) **4** GRAM Relativ-; **~ clause** Relativsatz m; **~ pronoun** Relativpronomen n **B** 🔊 ~ relation 1 **relatively** [ˈrelətɪvlɪ] ADV relativ
relaunch **A** [riːˈlɔːntʃ] V/T **1** WIRTSCH Produkt relaunchen, wieder einführen; Geschäft neu starten **2** Rakete erneut starten **B** [ˈriːlɔːntʃ] 🔊 **1** WIRTSCH von Produkt Relaunch m/n, Wiedereinführung f; von Geschäft Neustart m, Neubeginn m **2** von Rakete Zweitstart m, Wiederholungsstart m

★**relax** [rɪˈlæks] **A** V/T lockern; Muskeln, Geist entspannen **B** V/I (sich) entspannen, (sich) ausruhen, sich beruhigen; **~!** immer mit der Ruhe! **relaxation** [ˌriːlækˈseɪʃən] 🔊 Entspannung f; **reading is her form of ~** sie entspannt sich durch Lesen; **~ technique** Entspannungstechnik f **relaxed** [rɪˈlækst] ADJ locker, entspannt; Atmosphäre zwanglos; **to feel ~** entspannt sein, sich wohlfühlen; **to feel ~ about sth** etw ganz gelassen sehen **relaxing** [rɪˈlæksɪŋ] ADJ entspannend
relay [ˈriːleɪ] **A** 🔊 SPORT a. **~ race** Staffellauf m **B** [ ] V/T **1** RADIO, TV etc (weiter) übertragen **2** Nachricht ausrichten (**to sb** j-m)
release [rɪˈliːs] **A** V/T **1** freilassen; aus Gefängnis entlassen **2** loslassen; Hand-

bremse lösen; FOTO Verschluss auslösen; **to ~ one's hold (on sth)** (etw) loslassen **3** Film, CD herausbringen **4** Pressemitteilung etc veröffentlichen **5** Energie freisetzen; Druck ablassen **B** 🔊 **1** Freilassung f, Freigabe f; aus Gefängnis Entlassung f **2** Loslassen n; (≈ Mechanismus) Auslöser m **3** CD, CD Herausbringen n; (≈ Produkt) Film m, CD f; **on general ~** überall zu sehen **4** von Pressemitteilung etc Veröffentlichung f; durch Sprecher Verlautbarung f **5** von Energie Freisetzung f
relegate [ˈrelɪgeɪt] V/T degradieren; SPORT absteigen lassen (**to** in +akk); **to be ~d** SPORT absteigen **relegation** [ˌrelɪˈgeɪʃən] 🔊 Degradierung f; SPORT Abstieg m
relent [rɪˈlent] V/I nachgeben **relentless** ADJ **1** Haltung unnachgiebig **2** Schmerz, Kälte nicht nachlassend; Suche unermüdlich **3** erbarmungslos **relentlessly** ADV **1** unnachgiebig **2** unaufhörlich **3** erbarmungslos
relevance [ˈreləvəns], **relevancy** [ˈreləvənsɪ] 🔊 Relevanz f; **to be of particular ~ (to sb)** (für j-n) besonders relevant sein **relevant** [ˈreləvənt] ADJ relevant (**to** für); Behörde etc zuständig; Zeit betreffend
reliability [rɪˌlaɪəˈbɪlɪtɪ] 🔊 Zuverlässigkeit f **reliable** [rɪˈlaɪəbl] ADJ zuverlässig; Firma vertrauenswürdig **reliably** [rɪˈlaɪəblɪ] ADV zuverlässig; **I am ~ informed that …** ich weiß aus zuverlässiger Quelle, dass …
reliance [rɪˈlaɪəns] 🔊 Vertrauen n (**on** auf +akk) **reliant** [rɪˈlaɪənt] ADJ angewiesen (**on, upon** auf +akk)
relic [ˈrelɪk] 🔊 Relikt n; REL Reliquie f
relief [rɪˈliːf] **A** 🔊 **1** Erleichterung f; **that's a ~!** mir fällt ein Stein vom Herzen; **it was a ~ to find it** ich etc war erleichtert, als ich etc es fand; **it was a ~ to get out of the office** es war eine Wohltat, aus dem Büro wegzukommen **2** Hilfe f **3** ADJ ⟨attr⟩ **1** Hilfs-; **the ~ drive/effort** die Hilfsaktion **2** Fahrer etc zur Entlastung **relief supplies** PL Hilfsgüter pl **relief workers** PL Rettungshelfer f, Katastrophenhelfer pl **relieve** [rɪˈliːv] V/T **1** erleichtern; **to feel ~d** erleichtert sein; **to be ~d at sth** bei etw erleichtert aufatmen; **to ~**

sb of sth von Amt etc j-n einer Sache (gen) entheben geh ☑ Schmerz lindern, stillen; Druck, Symptome abschwächen; **to ~ oneself** euph sich erleichtern ☒ ablösen

★**religion** [rɪˈlɪdʒən] S̲ Religion f; (≈ Überzeugungen) Glaube(n) m; **the Christian ~** der christliche Glaube

★**religious** [rɪˈlɪdʒəs] ADJ ☑ religiös; Orden geistlich; **~ leader** Religionsführer(in) m(f) ☑ gläubig **religious education** S̲ SCHULE Religion f, Religionsunterricht m **religiously** [rɪˈlɪdʒəslɪ] fig ADV gewissenhaft

relinquish [rɪˈlɪŋkwɪʃ] V/T aufgeben; Titel ablegen; **to ~ one's hold on sb/sth** j-n/etw loslassen

relish [ˈrelɪʃ] A̲ S̲ ☑ **to do sth with ~** etw mit Genuss tun ☑ GASTR **tomato ~** Tomatenrelish n B̲ V/T Idee, Aufgabe großen Gefallen finden an (+dat); **I don't ~ the thought of getting up at 5 a. m.** der Gedanke, um 5 Uhr aufzustehen, behagt mir gar nicht

relive [ˌriːˈlɪv] V/T wieder erleben

reload [ˌriːˈləʊd] V/T neu beladen; Waffe nachladen

relocate [ˌriːləʊˈkeɪt] A̲ V/T umsiedeln B̲ V/I umziehen, zügeln schweiz; Firma den Standort verlegen **relocation** [ˌriːləʊˈkeɪʃən] S̲ Umzug m; von Firma Standortwechsel m

reluctance [rɪˈlʌktəns] S̲ Widerwillen m; **to do sth with ~** etw widerwillig od ungern tun **reluctant** ADJ widerwillig; **he is ~ to do it** es ist widerstrebt ihm, es zu tun; **he seems ~ to admit it** er scheint es nicht zugeben zu wollen **reluctantly** ADV widerwillig

★**rely** [rɪˈlaɪ] V/I **to ~ (up)on sb/sth** sich auf j-n/etw verlassen, auf j-n/etw angewiesen sein; **I ~ on him for my income** ich bin finanziell auf ihn angewiesen

★**remain** [rɪˈmeɪn] V/I bleiben, übrig bleiben; **all that ~s is for me to wish you every success** ich möchte Ihnen nur noch viel Erfolg wünschen; **that ~s to be seen** das bleibt abzuwarten; **to ~ silent** (weiterhin) schweigen **remainder** [rɪˈmeɪndəʳ] S̲ ☑ Rest m ☑ **~s** pl HANDEL Restbestände pl **remaining** [rɪˈmeɪnɪŋ] ADJ restlich; **the ~ four** die vier Übrigen **remains** [rɪˈmeɪnz] PL Reste pl; Archäologie Ruinen pl; **human ~** menschliche

Überreste pl

remake [ˌriːˈmeɪk] V/T ⟨prät, pperf remade [ˌriːˈmeɪd]⟩ neu machen; **to ~ a film** ein Thema neu verfilmen

remand [rɪˈmɑːnd] A̲ V/T JUR **he was ~ed in custody** er blieb in Untersuchungshaft B̲ S̲ **to be on ~** in Untersuchungshaft sein

★**remark** [rɪˈmɑːk] A̲ S̲ Bemerkung f B̲ V/I **to ~ (up)on sth** über etw (akk) eine Bemerkung machen; **nobody ~ed on it** niemand hat etwas dazu gesagt **remarkable** [rɪˈmɑːkəbl] ADJ bemerkenswert, beachtlich; Flucht wundersam **remarkably** [rɪˈmɑːkəblɪ] ADV bemerkenswert; **~ little** erstaunlich wenig

remarry [ˌriːˈmærɪ] V/I wieder heiraten

remedial [rɪˈmiːdɪəl] ADJ ⟨attr⟩ Hilfs-; MED Heil-; **~ classes** SCHULE Förderunterricht m

remedy [ˈremədɪ] A̲ S̲ Mittel n (for gegen), Heilmittel n (for gegen) B̲ V/T fig Problem beheben; Situation bessern

★**remember** [rɪˈmembəʳ] A̲ V/T ☑ sich erinnern an (+akk), denken an (+akk); **we must ~ that he's only a child** wir sollten bedenken, dass er noch ein Kind ist; **to ~ to do sth** daran denken, etw zu tun; **I ~ doing it** ich erinnere mich daran, dass ich es getan habe; **I can't ~ the word** das Wort fällt mir nicht ein; **do you ~ when ...?** weißt du (noch), als ...?, weißt du ...?; **I don't ~ a thing about it** ich kann mich überhaupt nicht daran erinnern, ich weiß nichts mehr davon; **I can never ~ phone numbers** ich kann mir Telefonnummern einfach nicht merken ☑ Br **~ me to your mother** grüßen Sie Ihre Mutter von mir B̲ V/I sich erinnern; **I can't ~** ich weiß das nicht mehr; **not as far as I ~** soweit ich mich erinnere, nicht! **remembrance** [rɪˈmembrəns] S̲ **in ~ of** zur Erinnerung an (+akk) **Remembrance Day** Br S̲ ≈ Volkstrauertag m → s. Info-Fenster nächste Seite

★**remind** [rɪˈmaɪnd] V/T erinnern (**of** an +akk); **you are ~ed that ...** wir weisen darauf hin, dass ...; **that ~s me!** da(bei) fällt mir was ein **reminder** [rɪˈmaɪndəʳ] S̲ Gedächtnisstütze f; (letter of) ~ Mahnung f; **his presence was a ~ of ...** seine Gegenwart erinnerte mich etc an (+akk) ...

▶ **remember + Infinitiv oder Gerund**

remember + Infinitiv besagt, dass man daran denken / nicht vergessen soll, etwas zu tun; es kann sich auf alle Zeitstufen beziehen:

Did you remember to take your tablets?	Hast du daran gedacht, deine Tabletten zu nehmen?

remember + Gerund bedeutet, dass man sich an ein Ereignis oder ein Erlebnis erinnert, und bezieht sich immer auf etwas Vergangenes:

I remember dancing with you last summer.	Ich erinnere mich daran, wie ich im letzten Sommer mit dir getanzt habe. ◀

reminisce [ˌremɪˈnɪs] $\overline{VI}$ sich in Erinnerungen ergehen (**about** über +akk) **reminiscent** [ˌremɪˈnɪsənt] $\overline{ADJ}$ **to be ~ of** sth an etw (akk) erinnern
remission [rɪˈmɪʃən] form $\overline{S}$ **1** Br JUR (Straf)erlass m **2** MED Besserung f; **to be in ~** Patient sich auf dem Wege der Besserung befinden; Krankheit abklingen
remittance [rɪˈmɪtəns] $\overline{S}$ Überweisung f (**to** an +akk) **remittance advice** $\overline{S}$ Überweisungsbescheid m
remnant [ˈremnənt] $\overline{S}$ Rest m; fig Überrest m
remodel [ˌriːˈmɒdl] $\overline{VT}$ umformen; fig umgestalten

R

▶ **Remembrance Day**

Am Sonntag vor oder nach dem 11. November wird in Großbritannien mit **Remembrance Day** oder **Remembrance Sunday** der Gefallenen beider Weltkriege sowie anderer Kriege gedacht. Die Briten begehen diesen Gedenktag mit einer Schweigeminute, Kranzniederlegungen und dem Tragen einer Mohnblume (**red poppy**) als Anstecknadel. **Poppy Day**, wie der Feiertag daher manchmal auch genannt wird, fällt auf dieses Datum, da am 11. November 1918 der Erste Weltkrieg endete (**Armistice Day**). ◀

remorse [rɪˈmɔːs] $\overline{S}$ Reue f (**at, over** über +akk); **without ~** handeln erbarmungslos **remorseful** $\overline{ADJ}$ reumütig; **to feel ~** Reue spüren **remorseless** fig $\overline{ADJ}$ unbarmherzig **remorselessly** [rɪˈmɔːslɪslɪ] $\overline{ADV}$ ohne Reue; fig handeln erbarmungslos
remote [rɪˈməʊt] **A** $\overline{ADJ}$ ⟨komp remoter⟩ **1** entfernt, entlegen; IT rechnerfern; **in a ~ spot** an einer entlegenen Stelle **2** unnahbar **3** Gerät zur Fernbedienung **B** $\overline{S}$ Fernbedienung f **remote access** $\overline{S}$ TEL, IT Fernzugriff m **remote control** $\overline{S}$ Fernsteuerung f; RADIO, TV Fernbedienung f **remote-controlled** $\overline{ADJ}$ ferngesteuert **remotely** [rɪˈməʊtlɪ] $\overline{ADV}$ **1** **it's just ~ possible** es ist gerade eben noch möglich; **he didn't say anything ~ interesting** er sagte nichts, was im Entferntesten interessant war; **I'm not ~ interested in her** ich bin nicht im Geringsten an ihr interessiert **2** gelegen entfernt **remoteness** [rɪˈməʊtnɪs] $\overline{S}$ **1** Abgelegenheit f **2** Unnahbarkeit f
removable [rɪˈmuːvbl] $\overline{ADJ}$ Verschluss abnehmbar; aus Behälter herausnehmbar **removal** [rɪˈmuːvəl] $\overline{S}$ **1** Entfernung f, Beseitigung f; von Truppen Abzug m; aus Behälter Herausnehmen n; von Hindernis Ausräumung f **2** Br Umzug m **removal box** $\overline{S}$ Umzugskarton m **removal firm** Br $\overline{S}$ Spedition f **removal van** Br $\overline{S}$ Möbelwagen m
★**remove** [rɪˈmuːv] $\overline{VT}$ entfernen; Verband abnehmen; Kleider ausziehen; Fleck beseitigen; Truppen abziehen; aus Behälter herausnehmen (**from** aus); Wort streichen; Hindernis aus dem Weg räumen; Zweifel, Angst zerstreuen; **to ~ sth from sb** j-m etw wegnehmen; **to ~ one's clothes** die Kleider ablegen; **to be far ~d from ...** weit entfernt sein von ...; **a cousin once ~d** ein Cousin m ersten Grades
remunerate [rɪˈmjuːnəreɪt] $\overline{VT}$ bezahlen, belohnen **remuneration** [rɪˌmjuːnəˈreɪʃən] $\overline{S}$ Bezahlung f
Renaissance [rɪˈneɪsɑːns] $\overline{S}$ Renaissance f
rename [ˌriːˈneɪm] $\overline{VT}$ umbenennen; **Leningrad was ~d St Petersburg** Leningrad wurde in St. Petersburg umbenannt

render [ˈrendəʳ] _VT_ **1** form Dienst leisten; **to ~ assistance** Hilfe leisten **2** form machen **rendering** [ˈrendərɪŋ] _S_ Wiedergabe _f_; _von Musik, Gedicht_ Vortrag _m_

rendezvous [ˈrɒndɪvuː] _S_ ⟨_pl_ -⟩ **1** (≈ _Ort_) Treffpunkt _m_ **2** Rendezvous _n_

rendition [renˈdɪʃən] form _S_ → rendering

renegade [ˈrenɪɡeɪd] **A** _S_ Renegat(in) _m(f)_ **B** _ADJ_ abtrünnig

renegotiate [ˌriːnɪˈɡəʊʃɪeɪt] _VT_ neu aushandeln

renew [rɪˈnjuː] _VT_ erneuern; _Vertrag, Pass etc_ verlängern, verlängern lassen; _Angriff, Versuch_ wiederaufnehmen **renewable** [rɪˈnjuːəbl] _ADJ_ Energiequelle erneuerbar; _Vertrag a._ verlängerbar **renewal** [rɪˈnjuːəl] _S_ Erneuerung _f_; _von Angriff, Versuch_ Wiederaufnahme _f_ **renewed** _ADJ_ erneut; **~ efforts** neue Anstrengungen; **~ strength** frische Kraft; **~ outbreaks of rioting** erneute Krawalle _pl_

renounce [rɪˈnaʊns] _VT_ Rechte, Gewalt verzichten auf (+_akk_); _dem Terrorismus etc_ abschwören (+_dat_)

renovate [ˈrenəʊveɪt] _VT_ renovieren **renovation** [ˌrenəʊˈveɪʃən] _S_ Renovierung _f_

renown [rɪˈnaʊn] _S_ guter Ruf; **of great ~** von hohem Ansehen **renowned** [rɪˈnaʊnd] _ADJ_ berühmt (**for** für)

★**rent** [rent] **A** _S_ Miete, Zins _m österr_; Pacht _f_ **B** _VT_ **1** mieten; _Bauernhof_ pachten; (_auto. sich dat_) leihen; _DVD_ ausleihen **2** (_a._ **~ out**) vermieten, verpachten, verleihen **C** _VI_ mieten, pachten **rental** [ˈrentl] _S_ Miete, Zins _m österr_; **~ car** Mietwagen _m_; **~ library** _US_ Leihbücherei _f_ **rental agreement** _S_ Mietvertrag _m_ **rent boy** _Br umg_ Strichjunge _m umg_ **rent collector** _S_ Mietkassierer(in) _m(f)_ **rent-free** _ADJ & ADV_ mietfrei

renunciation [rɪˌnʌnsɪˈeɪʃən] _S_ _von Rechten, Gewalt_ Verzicht _m_ (**of** auf +_akk_); _von Terrorismus etc_ Aufgabe _f_

reoffend [ˌriːəˈfend] _VI_ erneut straffällig werden

reopen [ˌriːˈəʊpən] **A** _VT_ wieder öffnen; _Schule, Geschäft_ wiedereröffnen; _Debatte_ wiederaufnehmen; _JUR Fall_ wieder aufrollen **B** _VI_ wieder aufgehen; _Geschäft_ wieder eröffnen **reopening** [ˌriːˈəʊpnɪŋ] _S_ _von Geschäft etc_ Wiedereröffnung _f_

reorder [ˌriːˈɔːdəʳ] _VT & VI_ nachbestellen

reorganization [riːˌɔːɡənaɪˈzeɪʃən] _S_ Neuorganisation _f_; _von Büchern_ Umordnung _f_; _von Arbeit_ Neueinteilung _f_ **reorganize** [ˌriːˈɔːɡənaɪz] _VT_ neu organisieren; _Bücher_ umordnen; _Arbeit_ neu einteilen; _Unternehmen_ umstrukturieren

rep [rep] _S ABK_ (= _representative_) HANDEL Vertreter(in) _m(f)_; **travel rep** Reiseleiter(in) _m(f)_

repaid [ˌriːˈpeɪd] _PRÄT & PPERF_ → repay

repaint [ˌriːˈpeɪnt] _VT_ neu streichen

★**repair** [rɪˈpɛəʳ] **A** _VT_ reparieren; _fig_ Schaden wiedergutmachen **B** _S_ **1** _wörtl_ Reparatur _f_; **to be under ~** Maschine in Reparatur sein; **beyond ~** nicht mehr zu reparieren; **closed for ~s** wegen Reparaturarbeiten geschlossen **2** ⟨_kein pl_⟩ **to be in bad ~** in schlechtem Zustand sein **repairable** [rɪˈpɛərəbl] _ADJ_ reparabel **repair shop** _S_ Reparaturwerkstatt _f_ **reparation** [ˌrepəˈreɪʃən] _S_ Entschädigung _f_; _mst pl: nach Krieg_ Reparationen _pl_

repartee [ˌrepɑːˈtiː] _S_ Schlagabtausch _m_

repatriation [ˈriːˌpætrɪˈeɪʃən] _S_ Repatriierung _f_

repay [ˌriːˈpeɪ] _VT_ ⟨_prät, pperf_ **repaid**⟩ zurückzahlen; _Auslagen_ erstatten; _Schulden_ abzahlen; _Freundlichkeit_ vergelten; **I'll ~ you on Saturday** ich zahle dir das Geld am Samstag zurück; **how can I ever ~ you?** wie kann ich das jemals wiedergutmachen? **repayable** [ˌriːˈpeɪəbl] _ADJ_ rückzahlbar **repayment** [ˌriːˈpeɪmənt] _S_ Rückzahlung _f_ **repayment mortgage** _S_ Tilgungshypothek _f_

repeal [rɪˈpiːl] **A** _VT_ Gesetz aufheben **B** _S_ Aufhebung _f_

★**repeat** [rɪˈpiːt] **A** _VT_ wiederholen, weitersagen (**to sb** _j-m_); **to ~ oneself** sich wiederholen **B** _VI_ wiederholen; **~ after me** sprecht mir nach **C** _S_ RADIO, TV Wiederholung _f_ **repeated** _ADJ_, **repeatedly** [rɪˈpiːtɪd, -lɪ] _ADV_ wiederholt **repeat function** _S_ IT Wiederholungsfunktion _f_ **repeat order** _S_ ECON Nachbestellung _f_; **to place a ~ for sth** etw nachbestellen **repeat performance** _S_ **he gave a ~** _fig_ er machte es noch einmal **repeat prescription** S̲ MED erneut verschriebenes Rezept

repel [rɪˈpel] V̲T̲ **1** Angriff zurückschlagen; Insekten abwehren **2** abstoßen **repellent** [rɪˈpelənt] A̲ A̲D̲J̲ abstoßend B̲ S̲ Insektenschutzmittel n

repent [rɪˈpent] A̲ V̲I̲ Reue empfinden (**of** über +akk) B̲ V̲T̲ bereuen **repentance** [rɪˈpentəns] S̲ Reue f **repentant** [rɪˈpentənt] A̲D̲J̲ reuevoll

repercussion [ˌriːpəˈkʌʃən] S̲ Auswirkung f (**on** auf +akk); **that is bound to have ~s** das wird Kreise ziehen; **to have ~s on** sth sich auf etw (akk) auswirken

repertoire [ˈrepətwɑːr] S̲ THEAT, MUS Repertoire n **repertory** [ˈrepətəri] S̲ **1** (a. **~ theatre**) Repertoire-Theater n **2** → repertoire

repetition [ˌrepɪˈtɪʃən] S̲ **1** Wiederholung f **2** LIT Wiederholung einzelner Wörter oder Wortgruppen zur besonderen Hervorhebung der Aussage **repetitive** [rɪˈpetɪtɪv] A̲D̲J̲ sich dauernd wiederholend; Arbeit monoton; **to be ~** sich dauernd wiederholen

rephrase [ˌriːˈfreɪz] V̲T̲ neu formulieren, umformulieren

replace [rɪˈpleɪs] V̲T̲ **1** zurücksetzen, zurückstellen, zurücklegen; **to ~ the receiver** TEL (den Hörer) auflegen **2** j-n, Teile ersetzen; **to ~ sb/sth with sb/sth** j-n/etw durch j-n/etw ersetzen **replaceable** [rɪˈpleɪsəbl] A̲D̲J̲ ersetzbar **replacement** S̲ Ersatz m, Vertretung f; **~ part** Ersatzteil n **replacement bus service** S̲ Schienenersatzverkehr m (für ausfallenden Zug eingesetzter Bus)

replay A̲ [ˈriːpleɪ] S̲ SPORT Wiederholung f B̲ [ˌriːˈpleɪ] V̲T̲ SPORT wiederholen

replenish [rɪˈplenɪʃ] V̲T̲ wieder auffüllen; Glas auffüllen; Regale nachfüllen

replica [ˈreplɪkə] S̲ von Gemälde Reproduktion f; von Schiff, Gebäude Nachbildung f **replicate** [ˈreplɪkeɪt] V̲T̲ wiederholen

★**reply** [rɪˈplaɪ] A̲ S̲ Antwort f; **in ~** (als Antwort) darauf; **in ~ to your letter** in Beantwortung Ihres Briefes form B̲ V̲T̲ **to ~** (**to sb**) **that ...** (j-m) antworten, dass ... C̲ V̲I̲ antworten (**to sth auf** etw +akk)

★**report** [rɪˈpɔːt] A̲ S̲ **1** Bericht m (**on** über +akk); RADIO, TV Presse Reportage

f (**on** über +akk); **to give a ~ on sth** Bericht über etw (akk) erstatten; RADIO, TV eine Reportage über etw (akk) machen; **an official ~ on the motor industry** ein Gutachten n über die Autoindustrie; (**school**) ~ Zeugnis n **2** **there are ~s that ...** es wird gesagt, dass ... B̲ V̲T̲ **1** Ergebnisse berichten über (+akk); offiziell melden; **he is ~ed as having said ...** er soll gesagt haben ... **2** Unfall, Verbrechen melden (**to sb** j-m); **to ~ sb for** sth j-n wegen etw melden; **nothing to ~** keine besonderen Vorkommnisse! C̲ V̲I̲ **1** **to ~ for duty** sich zum Dienst melden; **to ~ sick** sich krankmelden **2** **to ~ on sth** über etw (akk) berichten od Bericht erstatten ◆**report back** V̲I̲ Bericht erstatten (**to sb** j-m) ◆**report to** V̲I̲ (<obj>) in Organisation unterstellt sein (+dat), berichten an **report card** S̲ US Zeugnis n

reported [rɪˈpɔːtɪd] A̲D̲J̲ gemeldet **reportedly** [rɪˈpɔːtɪdlɪ] A̲D̲V̲ angeblich **reported speech** S̲ GRAM indirekte Rede **reporter** [rɪˈpɔːtər] S̲ Presse, a. RADIO, TV Reporter(in) m(f), Korrespondent(in) m(f)

reposition [ˌriːpəˈzɪʃən] V̲T̲ anders aufstellen

repository [rɪˈpɒzɪtəri] S̲ Lager n

repossess [ˌriːpəˈzes] V̲T̲ wieder in Besitz nehmen **repossession** [ˌriːpəˈzeʃən] S̲ Wiederinbesitznahme f

reprehensible [ˌreprɪˈhensɪbl] A̲D̲J̲ verwerflich

★**represent** [ˌreprɪˈzent] V̲T̲ **1** darstellen, stehen für, repräsentieren **2** PARL, JUR vertreten, repräsentieren **representation** [ˌreprɪzenˈteɪʃən] S̲ Darstellung f; PARL, JUR Vertretung f, Repräsentation f **representative** [ˌreprɪˈzentətɪv] A̲ A̲D̲J̲ repräsentativ (**of** für); **a ~ body** eine Vertretung; **~ assembly** Abgeordnetenversammlung f B̲ S̲ HANDEL Vertreter(in) m(f); PARL Bevollmächtigte(r) m/f(m); US POL Abgeordnete(r) m/f(m), Mandatar(in) m(f) österr

repress [rɪˈpres] V̲T̲ unterdrücken; PSYCH verdrängen **repressed** [rɪˈprest] A̲D̲J̲ unterdrückt; PSYCH verdrängt **repression** [rɪˈpreʃən] S̲ Unterdrückung f; PSYCH Verdrängung f **repressive** [rɪˈpresɪv] A̲D̲J̲ repressiv

reprieve [rɪˈpriːv] A̲ S̲ JUR Begnadigung

f; fig Gnadenfrist *f* **B** V̲T̲ **he was ~d** JUR er wurde begnadigt

reprimand ['reprimɑːnd] **A** S̲ Tadel *m*; *offiziell* Verweis *m* **B** V̲T̲ tadeln

reprint **A** [,riː'prɪnt] V̲T̲ nachdrucken **B** ['riːprɪnt] S̲ Nachdruck *m*

reprisal [rɪ'praɪzəl] S̲ Vergeltungsmaßnahme *f*

reproach [rɪ'prəʊtʃ] **A** S̲ Vorwurf *m*; **a look of ~** ein vorwurfsvoller Blick; **beyond ~** über jeden Vorwurf erhaben **B** V̲T̲ Vorwürfe machen (+dat); **to ~ sb for having done sth** j-m Vorwürfe dafür machen, dass er etw getan hat **reproachful** A̲D̲J̲, **reproachfully** A̲D̲V̲ vorwurfsvoll

reprocess [,riː'prəʊses] V̲T̲ Abwasser, Atommüll wiederaufbereiten **reprocessing plant** [,riː'prəʊsesɪŋ'plɑːnt] S̲ Wiederaufbereitungsanlage *f*

reproduce [,riːprə'djuːs] V̲T̲ wiedergeben, reproduzieren **B** V̲I̲ BIOL sich fortpflanzen **reproduction** [,riːprə'dʌkʃən] S̲ **1** Fortpflanzung *f* **2** Reproduktion *f* **reproductive** [,riːprə'dʌktɪv] A̲D̲J̲ Fortpflanzungs-

reptile ['reptaɪl] S̲ Reptil *n*

★**republic** [rɪ'pʌblɪk] S̲ Republik *f* **republican** [rɪ'pʌblɪkən] **A** A̲D̲J̲ republikanisch **B** S̲ Republikaner(in) *m(f)*; **Republican** US POL Republikaner(in) *m(f)* (*Mitglied bzw. Anhänger der republikanischen Partei*) **republicanism** [rɪ'pʌblɪkənɪzəm] S̲ Republikanismus *m*

repugnance [rɪ'pʌgnəns] S̲ Abneigung *f* (**towards, for** gegen) **repugnant** [rɪ'pʌgnənt] A̲D̲J̲ abstoßend

repulse [rɪ'pʌls] V̲T̲ MIL zurückschlagen; **sb is ~d by sth** fig etw stößt j-n ab **repulsion** [rɪ'pʌlʃən] S̲ Widerwille *m* (**for** gegen) **repulsive** [rɪ'pʌlsɪv] A̲D̲J̲ abstoßend; **to be ~ to** sth für j-n abstoßend sein

reputable ['repjətəbl] A̲D̲J̲ ehrenhaft; *Firma* seriös **reputation** [,repjʊ'teɪʃən] S̲ Ruf *m*; *negativ* schlechter Ruf; **he has a ~ for being ...** er hat den Ruf, ... zu sein; **to have a ~ for honesty** als ehrlich gelten; **you don't want to get (yourself) a ~, you know** du willst dich doch sicherlich nicht in Verruf bringen **repute** [rɪ'pjuːt] V̲T̲ **he is ~d to be ...** man sagt, dass er ... ist; **he is ~d to be the best** er gilt als der Beste

reputedly [rɪ'pjuːtɪdlɪ] A̲D̲V̲ angeblich; wie man annimmt

★**request** [rɪ'kwest] **A** S̲ Bitte *f*, Wunsch *m*; **at sb's ~** auf j-s Bitte (*akk*); **on ~** auf Wunsch **B** V̲T̲ bitten um; RADIO *Lied* sich (*dat*) wünschen; **to ~ sth** *od* **from sb** j-n um etw bitten **request stop** *Br* S̲ Bedarfshaltestelle *f*

requiem mass [,rekwɪəm'mæs] S̲ Totenmesse *f*

require [rɪ'kwaɪər] V̲T̲ **1** benötigen, brauchen; *Maßnahme* erfordern; **what qualifications are ~d?** welche Qualifikationen sind erforderlich?; **if ~d** falls notwendig; **as ~d** nach Bedarf **2** **to ~ sb to do sth** von j-m verlangen, dass er etw tut **required** A̲D̲J̲ erforderlich; **the ~ amount** die benötigte Menge; **~ field** *auf Formular* Pflichtfeld *n* **requirement** [rɪ'kwaɪəmənt] S̲ **1** Bedürfnis *n*, Wunsch *m*; **to meet sb's ~s** j-s Wünschen (*dat*) entsprechen **2** Erfordernis *n*, Anforderung *f*

reran [,riː'ræn] P̲R̲Ä̲T̲ → rerun

reread [,riː'riːd] V̲T̲ ⟨prät, pperf reread [,riː'red]⟩ nochmals lesen

reroute [,riː'ruːt] V̲T̲ *Bus* umleiten

rerun [,riː'rʌn] ⟨v: prät reran; pperf rerun⟩ **A** V̲T̲ *Tonband* wieder abspielen; *Rennen, Programm* wiederholen **B** ['riːrʌn] S̲ *von Rennen, Programm* Wiederholung *f*

resat [,riː'sæt] P̲R̲Ä̲T̲ & P̲P̲E̲R̲F̲ → resit

reschedule [,riː'skedʒʊəl, *bes Br* ,riː'ʃedjuːl] V̲T̲ *Termin* verlegen

★**rescue** ['reskjuː] **A** S̲ Rettung *f*; **to come to sb's ~** j-m zu Hilfe kommen; **it was Bob to the ~** Bob war unsere/seine *etc* Rettung; **~ attempt** Rettungsversuch *m*; **~ dog** Tierheimhund *m*; **~ plan** Rettungsplan *m* **B** V̲T̲ retten **rescuer** ['reskjʊər] S̲ Retter(in) *m(f)* **rescue services** P̲L̲ Rettungsdienst *m*, Rettung *f* *schweiz*

resealable [rɪ'siːləbl] A̲D̲J̲ wiederverschließbar

★**research** [rɪ'sɜːtʃ] **A** S̲ ⟨kein pl⟩ Forschung *f*, Recherche *f* (**into, on** über +akk); **to do ~** forschen; **to carry out ~ into the effects of sth** Forschungen über die Auswirkungen einer Sache (*gen*) anstellen **B** V̲I̲ forschen, recherchieren; **to ~ into sth** etw erforschen **C** V̲T̲ erforschen, recherchieren **re-**

R

search assistant 5̱ wissenschaftlicher Assistent, wissenschaftliche Assistentin **researcher** [rɪ'sɜːtʃəʳ] 5̱ Forscher(in) m(f), Rechercheur(in) m(f) **research student** 5̱ Forschungsstudent(in) m(f)

resemblance [rɪ'zembləns] 5̱ Ähnlichkeit f; **to bear a strong ~ to sb/sth** starke Ähnlichkeit mit j-m/etw haben **resemble** [rɪ'zembl] V̱Ṯ gleichen (+dat), ähneln (+dat); **they ~ each other** sie gleichen sich (dat)

resent [rɪ'zent] V̱Ṯ Bemerkung übel nehmen; j-n ein Ressentiment haben gegen; **he ~ed her for the rest of his life** er nahm ihr das sein Leben lang übel; **he ~ed the fact that …** er ärgerte sich darüber, dass …; **to ~ sb's success** j-m seinen Erfolg missgönnen; **I ~ that** das gefällt mir nicht **resentful** [ADJ] verärgert; (≈ missgünstig) voller Ressentiments (**of** gegen); **to be ~ about sth/ of sb** über etw/j-n verärgert sein; **to feel ~ toward(s) sb for doing sth** es j-m übel nehmen, dass er/sie etc etw getan hat **resentment** 5̱ Ärger m kein pl (**of** über +akk)

reservation [ˌrezə'veɪʃən] 5̱ ◫ Vorbehalt m; **without ~** vorbehaltlos; **with ~s** unter Vorbehalt(en); **to have ~s about sb/sth** Bedenken in Bezug auf j-n/etw haben ◪ Reservierung f; **to make a ~** ein Zimmer etc reservieren lassen; **to have a ~ (for a room)** ein Zimmer reserviert haben ◫ (≈ Land) Reservat n

★**reserve** [rɪ'zɜːv] [A] V̱Ṯ ◫ aufsparen; **to ~ judgement** mit einem Urteil zurückhalten; **to ~ the right to do sth** sich (dat) (das Recht) vorbehalten, etw zu tun ◪ reservieren lassen [B] 5̱ ◫ Vorrat m (**of** an +dat); FIN Reserve f; **to keep sth in ~ etw** in Reserve halten ◫ (≈ Land) Reservat n ◫ Zurückhaltung f ◫ SPORT Reservespieler(in) m(f) **reserved** [ADJ] reserviert **reservist** [rɪ'zɜːvɪst] 5̱ MIL Reservist(in) m(f)

reservoir ['rezəvwɑːʳ] wörtl 5̱ Reservoir n, Stausee m

reset [ˌriː'set] V̱Ṯ ⟨prät, pperf reset⟩ ◫ Uhr neu stellen (**to** auf +akk); Maschine neu einstellen; IT rücksetzen; **~ switch** od **button** COMPUT Resettaste f ◪ MED Knochen wieder einrichten

resettle [ˌriː'setl] V̱Ṯ Flüchtlinge umsiedeln; Land wieder besiedeln **resettlement** 5̱ von Flüchtlingen Umsiedlung f; von Land Neubesied(e)lung f

reshape [ˌriː'ʃeɪp] V̱Ṯ Knetmasse etc umformen; Politik umstellen

reshuffle [ˌriː'ʃʌfl] [A] V̱Ṯ Karten neu mischen; fig Kabinett umbilden [B] 5̱ fig Umbildung f

reside [rɪ'zaɪd] form V̱I̱ seinen Wohnsitz haben **residence** ['rezɪdəns] 5̱ ◫ Wohnhaus n; für Studenten Wohnheim n; von König etc Residenz f ◪ ⟨kein pl⟩ **country of ~** Aufenthaltsland n; **place of ~** Wohnort m; **after 5 years' ~ in Britain** nach 5 Jahren Aufenthalt in Großbritannien **residence permit** 5̱ Aufenthaltsgenehmigung f **residency** ['rezɪdənsɪ] 5̱ ◫ US → residence-2 ◪ Br Residenz f **resident** ['rezɪdənt] [A] 5̱ Bewohner(in) m(f), Einwohner(in) m(f); in Hotel Gast m; **"residents only"** „Anlieger frei", „Anrainer frei" österr [B] [ADJ] wohnhaft; Bevölkerung ansässig; **the ~ population** die ansässige Bevölkerung **residential** [ˌrezɪ'denʃəl] [ADJ] **~ property** Wohngebäude n; **~ street** Wohnstraße f **residential area** 5̱ Wohngebiet n **residential home** 5̱ Wohnheim n

residual [rɪ'zɪdjʊəl] [ADJ] restlich **residue** ['rezɪdjuː] 5̱ Rest m; CHEM Rückstand m

resign [rɪ'zaɪn] [A] V̱Ṯ ◫ Amt abgeben ◪ **to ~ oneself to sth** sich mit etw abfinden; **to ~ oneself to doing sth** sich damit abfinden, etw zu tun [B] V̱I̱ zurücktreten, kündigen; **to ~ from office** sein Amt niederlegen; **to ~ from one's job** (seine Stelle) kündigen **resignation** [ˌrezɪg'neɪʃən] 5̱ ◫ Rücktritt m, Kündigung f, Amtsniederlegung f; **to hand in one's ~** seinen Rücktritt/seine Kündigung einreichen/sein Amt niederlegen ◪ Resignation f (**to** gegenüber +dat) **resigned** [ADJ] resigniert; **to become ~ to sth** sich mit etw abfinden; **to be ~ to one's fate** sich in sein Schicksal ergeben haben

resilience [rɪ'zɪliəns] 5̱ ◫ von Material Federn n ◪ fig von Mensch Unverwüstlichkeit f **resilient** [ADJ] ◫ Material federnd attr; **to be ~** federn ◪ fig Mensch unverwüstlich

resin ['rezɪn] 5̱ Harz n

resist [rɪˈzɪst] **A** V̅T̅ **1** sich widersetzen (+dat); Angriff etc Widerstand leisten gegen **2** Versuchung etc widerstehen (+dat); **I couldn't ~ (eating) another piece of cake** ich konnte der Versuchung nicht widerstehen, noch ein Stück Kuchen zu essen **B** V̅I̅ **1** sich widersetzen, Widerstand leisten **2** bei Versuchung widerstehen

★**resistance** [rɪˈzɪstəns] S̅ Widerstand m **(to** gegen**); to meet with ~** auf Widerstand stoßen; **to offer no ~** (to sb/sth) (j-m/gegen etw) keinen Widerstand leisten, sich (j-m/einer Sache) nicht widersetzen **resistant** A̅D̅J̅ Material strapazierfähig; MED immun **(to** gegen)

resit [ˌriːˈsɪt] ⟨v: prät, pperf resat⟩ Br **A** V̅T̅ Prüfung wiederholen **B** [ˈriːsɪt] S̅ Wiederholung(sprüfung) f

reskill [ˌriːˈskɪl] A̅ V̅T̅ weiterbilden, fortbilden; in neuem Beruf umschulen **B** V̅I̅ umgeschult werden, sich umschulen lassen

resolute [ˈrezəluːt] A̅D̅J̅ energisch; Weigerung entschieden **resolutely** [ˈrezəluːtlɪ] A̅D̅V̅ entschieden; **to be ~ opposed to sth** entschieden gegen etw sein **resolution** [ˌrezəˈluːʃən] S̅ **1** Beschluss m; bes POL Resolution f; bei Handlung Vorsatz m **2** ⟨kein pl⟩ Entschlossenheit f **3** ⟨kein pl⟩ von Problem Lösung f **4** IT Auflösung f **resolve** [rɪˈzɒlv] A̅ V̅T̅ Problem lösen; Streit beilegen; Differenzen, Sache klären **2 to ~ to do sth** beschließen, etw zu tun **B** S̅ ⟨kein pl⟩ Entschlossenheit f **resolved** [rɪˈzɒlvd] A̅D̅J̅ (fest) entschlossen

resonate [ˈrezəneɪt] V̅I̅ widerhallen

resort [rɪˈzɔːt] A̅ S̅ **1 as a last ~** als Letztes; **you were my last ~** du warst meine letzte Rettung **2** Urlaubsort m; **seaside ~** Seebad m **B** V̅I̅ **to ~ to sth** zu etw greifen; **to ~ to violence** gewalttätig werden

resound [rɪˈzaʊnd] V̅I̅ (wider)hallen **(with** von**) resounding** [rɪˈzaʊndɪŋ] A̅D̅J̅ Geräusch widerhallend; Lachen schallend; fig Sieg gewaltig; Erfolg durchschlagend; Niederlage haushoch; **the response was a "no"** die Antwort war ein überwältigendes „Nein" **resoundingly** [rɪˈzaʊndɪŋlɪ] A̅D̅V̅ **to be ~ defeated** eine vernichtende Niederlage erleiden

resource [rɪˈzɔːs] A̅ S̅ **resources** P̅L̅ Mittel pl, Ressourcen pl; **financial ~s** Geldmittel pl; **mineral ~s** Bodenschätze pl; **natural ~s** Rohstoffquellen pl, Bodenschätze pl; **human ~s** Arbeitskräfte pl; Personalabteilung f **B** V̅T̅ Br Projekt finanzieren **resourceful** A̅D̅J̅ **, resourcefully** A̅D̅V̅ einfallsreich **resourcefulness** S̅ Einfallsreichtum m

★**respect** [rɪˈspekt] A̅ S̅ **1** Respekt m, Achtung f **(for** vor +dat**); to have ~ for** Respekt haben vor (+dat); **I have the highest ~ for his ability** ich halte ihn für außerordentlich fähig; **to hold sb in (great) ~** j-n (sehr) achten **2** Rücksicht f **(for** auf +akk**); to treat with ~** j-n rücksichtsvoll behandeln; Kleidung etc schonend behandeln; **she has no ~ for other people** sie nimmt keine Rücksicht auf andere; **with (all due) ~ ...** bei allem Respekt ... **3 with ~ to ...** was ... anbetrifft **4** Hinsicht f; **in some/many ~s** in gewisser/vieler Hinsicht; **in this ~** in dieser Hinsicht **5 ~s** pl **to pay one's ~s to sb** j-m seine Aufwartung machen; **to pay one's last ~s to sb** j-m die letzte Ehre erweisen **B** V̅T̅ respektieren; Fähigkeiten anerkennen; **a ~ed company** eine angesehene Firma **respectability** [rɪˌspektəˈbɪlɪt] S̅ **1** Ehrbarkeit f, Anständigkeit f **2** Angesehenheit f, Seriosität f **respectable** [rɪˈspektəbl] A̅D̅J̅ **1** ehrbar, anständig **2** angesehen, seriös; Kleidung, Verhalten korrekt; **in ~ society** in guter Gesellschaft; **a perfectly ~ way to earn one's living** eine völlig akzeptable Art und Weise, seinen Lebensunterhalt zu verdienen **3** Größe, Summe ansehnlich **4** Ergebnis, Leistung beachtlich **respectably** [rɪˈspektəblɪ] A̅D̅V̅ anständig **respectful** A̅D̅J̅ respektvoll **(towards** gegenüber**); to be ~ of sth** etw respektieren **respectfully** A̅D̅V̅ respektvoll **respecting** [rɪˈspektɪŋ] P̅R̅Ä̅P̅ bezüglich (+gen) **respective** [rɪˈspektɪv] A̅D̅J̅ jeweilig; **they each have their ~ merits** jeder von ihnen hat seine eigenen Vorteile **respectively** [rɪˈspektɪvlɪ] A̅D̅V̅ **the girls' dresses are green and blue ~** die Mädchen haben grüne beziehungsweise blaue Kleider

respiration [ˌrespɪˈreɪʃən] S̅ Atmung f **respiratory** [rɪˈspɪrətərɪ] A̅D̅J̅ Atem-; Er-

R

krankung der Atemwege

respite ['respaɪt] $\overline{S}$ **1** Ruhepause *f* (**from** von); *zeitweilig* Nachlassen *n* **2** Aufschub *m*

resplendent [rɪ'splendənt] $\overline{ADJ}$ strahlend

respond [rɪ'spɒnd] $\overline{V/I}$ **1** antworten; **to ~ to a question** eine Frage beantworten **2** reagieren (**to** auf +*akk*); **the patient ~ed to treatment** der Patient sprach auf die Behandlung an **response** [rɪ'spɒns] $\overline{S}$ **1** Antwort *f*; **in ~ (to)** als Antwort (auf +*akk*) **2** Reaktion *f*; **to meet with no ~** keine Resonanz finden

responsibility [rɪˌspɒnsə'bɪlɪti] $\overline{S}$ ⟨*kein pl*⟩ Verantwortung *f*; **to take ~ (for sth)** die Verantwortung (für etw) übernehmen; **that's his ~** dafür ist er verantwortlich **2** Verpflichtung *f* (**to** für)

★**responsible** [rɪ'spɒnsəbl] $\overline{ADJ}$ **1** verantwortlich, schuld (**for** an +*dat*); **what's ~ for the hold-up?** woran liegt die Verzögerung?; **who is ~ for breaking the window?** wer hat das Fenster eingeschlagen?; **to hold sb ~ for sth** j-n für etw verantwortlich machen; **she is ~ for popularizing the sport** *Aufgabe* sie ist dafür verantwortlich, die Sportart populärer zu machen; *Verdienst* es ist ihr zu verdanken, dass die Sportart populär geworden ist **2** *Haltung* verantwortungsbewusst; *Job* verantwortungsvoll **responsibly** [rɪ'spɒnsəbli] $\overline{ADV}$ verantwortungsbewusst

responsive [rɪ'spɒnsɪv] $\overline{ADJ}$ *Publikum* interessiert; *Steuerung, Bremsen* leicht reagierend

★**rest¹** [rest] $\overline{A}$ $\overline{S}$ **1** Ruhe *f*, Pause *f*; *im Urlaub* Erholung *f*; **a day of ~** ein Ruhetag *m*; **I need a ~** ich muss mich ausruhen, ich brauche Urlaub; **to have a ~** (sich) ausruhen, (eine) Pause machen; **to have a good night's ~** sich ordentlich ausschlafen; **give it a ~!** *umg* hör doch auf!; **to lay to ~** *euph* zur letzten Ruhe betten; **to set at ~** *Ängste, Zweifel* beschwichtigen; **to put sb's mind at ~** j-n beruhigen; **to come to ~** *Ball etc* zum Stillstand kommen; *Vogel* sich niederlassen; **there's no ~ for the wicked** das ist für meine Sünden (*humoristisch verwendet, um auszudrücken, dass man viel Arbeit hat und dass dies die Strafe für all das Schlechte sei, was*

man sich zuschulden hat kommen lassen) **2** (≈*Vorrichtung*) Auflage *f* $\overline{B}$ $\overline{V/I}$ **1** ruhen *geh*, rasten, sich ausruhen; **she never ~s** sie arbeitet ununterbrochen; **to be ~ing** ruhen *geh*; **let the matter ~!** lass es dabei!; **may he ~ in peace** er ruhe in Frieden **2** *Entscheidung* liegen (**with** bei); **the matter must not ~ there** man kann die Sache so nicht belassen; (**you may**) **~ assured that …** Sie können versichert sein, dass … **3** lehnen (**on** an +*dat od* **against** gegen); *Dach, Blick* ruhen (**on** auf +*dat*); *Argument* sich stützen (**on** auf +*akk*); **her elbows were ~ing on the table** ihre Ellbogen waren auf den Tisch gestützt; **her head was ~ing on the table** ihr Kopf lag auf dem Tisch $\overline{C}$ $\overline{V/T}$ **1** ausruhen; **to feel ~ed** sich ausgeruht fühlen **2** *Leiter* lehnen (**against** gegen *od* **on** an +*akk*); *Ellbogen* stützen (**on** auf +*akk*); **to ~ one's hand on sb's shoulder** j-m die Hand auf die Schulter legen

★**rest²** $\overline{S}$ Rest *m*; **the ~ of the boys** die übrigen Jungen; **she's no different from the ~** sie ist wie alle anderen; **all the ~ of the money** der ganze Rest des Geldes; **all the ~ of the books** alle übrigen Bücher

restart [ˌriː'stɑːt] $\overline{A}$ $\overline{V/T}$ neu starten; *Motor* wieder anlassen; *Maschine* wieder anschalten $\overline{B}$ $\overline{V/I}$ *Maschine* wieder starten; *Motor* wieder anspringen

restate [ˌriː'steɪt] $\overline{V/T}$ **1** *Argument* erneut vortragen; *Fall* erneut darstellen **2** umformulieren; *Fall* neu darstellen

★**restaurant** ['restərɒnt] $\overline{S}$ Restaurant *n* **restaurant car** $\overline{S}$ *Br* BAHN Speisewagen *m*

restful ['restfʊl] $\overline{ADJ}$ **1** *Farbe* ruhig; *Ort* friedlich **2** *Zeit* erholsam **rest home** $\overline{S}$ Pflegeheim *n* **restive** ['restɪv] $\overline{ADJ}$ rastlos **restless** ['restlɪs] $\overline{ADJ}$ unruhig, rastlos **restlessness** $\overline{S}$ Unruhe *f*, Rastlosigkeit *f*

restock [ˌriː'stɒk] $\overline{V/T}$ *Regale* wiederauffüllen

restoration [ˌrestə'reɪʃən] $\overline{S}$ von Ordnung Wiederherstellung *f*; *in Amt* Wiedereinsetzung *f*; *von Kunstwerk* Restaurierung *f* **restore** [rɪ'stɔːr] $\overline{V/T}$ **1** zurückgeben, zurückbringen; *Ordnung* wiederherstellen; **~d to health** wiederhergestellt **2** *in Amt* wiedereinsetzen (**to** in +*akk*); **to ~ to power** wieder an die Macht bringen 🔳 *Gemälde etc* restaurieren

restrain [rɪ'streɪn] **VT** j-n zurückhalten; *Gefangenen* mit Gewalt festhalten; *Tier etc* bändigen; **to ~ sb from doing sth** j-n davon abhalten, etw zu tun; **to ~ oneself** sich beherrschen **restrained** **ADJ** zurückhaltend; *Verhalten* beherrscht **restraint** **S** 🔳 Beschränkung f; **without ~** unbeschränkt 🔳 Beherrschung f; **to show a lack of ~** wenig Beherrschung zeigen; **he said with great ~ that ...** er sagte sehr beherrscht, dass ...; **wage ~** Zurückhaltung f bei Lohnforderungen

restrict [rɪ'strɪkt] **VT** beschränken (**to** auf +*akk*); *Freiheit* einschränken **restricted** **ADJ** beschränkt, eingeschränkt; *Information* geheim; **within a ~ area** auf begrenztem Gebiet **restricted area** **S** Sperrgebiet n **restriction** [rɪ'strɪkʃən] **S** Beschränkung f (**on sth** gen), Einschränkung f (**on sth** gen); **to place ~s on sth** etw beschränken **restrictive** [rɪ'strɪktɪv] **ADJ** restriktiv

restroom US **S** Toilette f

restructure [ˌriː'strʌktʃəʳ] **A** **VT** HANDEL, IND umstrukturieren **B** **VI** HANDEL, IND umstrukturieren **restructuring** [ˌriː'strʌktʃərɪŋ] **S** HANDEL, IND Umstrukturierung f

rest stop **S** US AUTO Rastplatz m; (≈ *Fahrtunterbrechung*) Rast f

★**result** [rɪ'zʌlt] **A** **S** 🔳 Folge f; **as a ~** folglich, als Folge, infolgedessen; **as a ~ of this** und folglich, infolgedessen; **as a ~ of which he ...** was zur Folge hatte, dass er ...; **to be the ~ of** resultieren aus 🔳 *von Wahlen etc* Resultat n, Ergebnis n; **~s** *von Test* Werte pl; **to get ~s** Resultate erzielen; **as a ~ of my inquiry** auf meine Anfrage (hin); **what was the ~?** SPORT wie ist es ausgegangen? **B** **VI** resultieren (**from** aus) ◆**result in** **VI** (+*obj*) führen zu; **this resulted in his being late** das führte dazu, dass er zu spät kam

resume [rɪ'zjuːm] **A** **VT** 🔳 wiederaufnehmen; *Reise* fortsetzen 🔳 *Kommando* wieder übernehmen **B** **VI** wieder beginnen

résumé ['reɪzjuːmeɪ] **S** 🔳 Zusammenfassung f 🔳 US Lebenslauf m

resumption [rɪ'zʌmpʃən] **S** Wiederaufnahme f; *von Reise* Fortsetzung f; *von Unterricht* Wiederbeginn m

resurface [ˌriː'sɜːfɪs] **VI** *Taucher fig* wieder auftauchen

resurgence [rɪ'sɜːdʒəns] **S** Wiederaufleben n

resurrect [ˌrezə'rekt] *fig* **VT** *Brauch, Karriere* wiederbeleben **resurrection** [ˌrezə'rekʃən] **S** 🔳 **the Resurrection** REL die Auferstehung 🔳 *fig von Brauch* Wiederbelebung f

resuscitate [rɪ'sʌsɪteɪt] **VT** MED wiederbeleben **resuscitation** [rɪˌsʌsɪ'teɪʃən] **S** MED Wiederbelebung f

retail ['riːteɪl] **A** **S** Einzelhandel m **B** **VI** **to ~ at ...** im Einzelhandel ... kosten **C** **ADV** im Einzelhandel **retailer** ['riːteɪləʳ] **S** Einzelhändler(in) m(f) **retailing** ['riːteɪlɪŋ] **S** der Einzelhandel **retail park** Br **S** Shoppingcenter n **retail price** **S** Einzelhandelspreis m **retail therapy** hum **S** Shopping- *od* Einkaufstherapie f umg **retail trade** **S** Einzelhandel m

retain [rɪ'teɪn] **VT** 🔳 behalten, zurück-(be)halten; *Geschmack* beibehalten; *Feuchtigkeit* speichern 🔳 *Computer: Information* speichern

retake [ˌriː'teɪk] **VT** ⟨*prät* retook; *pperf* retaken [ˌriː'teɪkən]⟩ 🔳 MIL zurückerobern 🔳 *Prüfung, a.* SPORT wiederholen

retaliate [rɪ'tælɪeɪt] **VI** Vergeltung üben; *für Beleidigung etc* sich revanchieren (**against sb** an j-m); SPORT, *a. bei Streit* kontern; **he ~d by pointing out that ...** er konterte, indem er darauf hinwies, dass ...; **then she ~d by calling him a pig** sie revanchierte sich damit, dass sie ihn ein Schwein nannte **retaliation** [rɪˌtælɪ'eɪʃən] **S** Vergeltung f; *bei Streit* Konterschlag m; **in ~** zur Vergeltung

retarded [rɪ'tɑːdɪd] **ADJ** *politisch nicht korrekt* **mentally ~** geistig zurückgeblieben

retch [retʃ] **VI** würgen

retd **ABK** (= retired) i. R., a. D.

retell [ˌriː'tel] **VT** ⟨*prät, pperf* retold⟩ wiederholen; LIT nacherzählen

retention [rɪ'tenʃən] **S** Beibehaltung f; *von Besitztum* Zurückhaltung f; *von Wasser* Speicherung f

rethink [ˌriː'θɪŋk] ⟨*v: prät, pperf* re-

R

thought [ˌriːˈθɔːt] **A** V̅T̅ überdenken **B** [ˈriːˌθɪŋk] S̲ umg Überdenken n; **we'll have to have a ~** wir müssen das noch einmal überdenken

reticence [ˈretɪsəns] S̲ Zurückhaltung f
reticent [ˈretɪsənt] ADJ zurückhaltend

retina [ˈretɪnə] S̲ ⟨pl -e od -s [ˈretɪniː]⟩ Netzhaut f

retinue [ˈretɪnjuː] S̲ Gefolge n

★retire [rɪˈtaɪəʳ] V̅I̅ **1** in Rente gehen, aufhören zu arbeiten; Beamter in den Ruhestand treten; Fußballer aufhören; **to ~ from business** sich zur Ruhe setzen **2** a. SPORT aufgeben; Jury sich zurückziehen; **to ~ from public life** sich aus dem öffentlichen Leben zurückziehen

retired ADJ Arbeiter aus dem Arbeitsleben ausgeschieden form; Beamter pensioniert; **he is ~** er arbeitet nicht mehr; **~ people** Rentner mpl, Rentnerinnen fpl; **a ~ worker** ein Rentner **retirement** S̲ **1** Ausscheiden n aus dem Arbeitsleben form; von Beamten Pensionierung f; **~ at 65** Altersgrenze f bei 65; **to come out of ~** wieder zurückkommen **2** SPORT Aufgabe f **retirement age** S̲ Rentenalter n; von Beamten Pensionsalter n **retirement home** S̲ Seniorenheim n **retirement pension** S̲ Altersruhegeld n

retold [ˌriːˈtəʊld] PRÄT & PERF → retell
retook [ˌriːˈtʊk] PRÄT → retake

retort [rɪˈtɔːt] V̅T̅ (scharf) entgegnen

retrace [rɪˈtreɪs] V̅T̅ Vergangenheit zurückverfolgen; **to ~ one's steps** denselben Weg zurückgehen

retract [rɪˈtrækt] V̅T̅ Angebot zurückziehen; Behauptung zurücknehmen **retraction** [rɪˈtrækʃən] S̲ **1** von Angebot Rückzug m; von Behauptung Rücknahme f **2** Rückzieher m

retrain [ˌriːˈtreɪn] **A** V̅T̅ umschulen **B** V̅I̅ sich umschulen lassen **retraining** [ˌriːˈtreɪnɪŋ] S̲ Umschulung f

retreat [rɪˈtriːt] **A** S̲ **1** MIL Rückzug m; **in ~** auf dem Rückzug; **to beat a (hasty) ~** fig (schleunigst) das Feld räumen **2** Zufluchtsort m **B** V̅I̅ MIL den Rückzug antreten

retrial [ˈriːtraɪəl] S̲ JUR Wiederaufnahmeverfahren n

retribution [ˌretrɪˈbjuːʃən] S̲ Vergeltung f

retrievable [rɪˈtriːvəbl] ADJ IT Daten abrufbar; nach Absturz wiederherstellbar

retrieval [rɪˈtriːvəl] S̲ **1** Heraus-/Herunterholen etc n; IT von Information Abrufen n; nach Absturz Wiederherstellen n

retrieve [rɪˈtriːv] V̅T̅ heraus-/herunterholen etc; nach Unglück retten; IT abrufen; nach Absturz wiederherstellen **retriever** [rɪˈtriːvəʳ] S̲ (≈Hund) Retriever m

retro [ˈretrəʊ] ADJ retro **retro-** PRÄF rück-, Rück- **retroactive** ADJ, **retroactively** [ˌretrəʊˈæktɪv, -lɪ] ADJ rückwirkend **retrograde** [ˈretrəʊɡreɪd] ADJ rückläufig; **~ step** Rückschritt m **retrospect** [ˈretrəʊspekt] S̲ **in ~** im Nachhinein; **in ~, what would you have done?** was hätten Sie rückblickend gemacht? **retrospective** [ˌretrəʊˈspektɪv] ADJ rückblickend; **~ look (at)** ein Blick m zurück (auf +akk) **retrospectively** [ˌretrəʊˈspektɪvlɪ] ADV rückblickend

retry [ˈriːtraɪ] V̅T̅ **1** noch mal versuchen; IT neu eingeben **2** JUR Fall neu verhandeln; **to ~ a case** einen Fall neu verhandeln, einen Prozess wieder aufnehmen; **to ~ sb** gegen j-n neu verhandeln

★return [rɪˈtɜːn] **A** V̅I̅ zurückkommen, zurückgehen/-fahren; Symptome, Ängste wiederkommen; **to ~ to London/the group** nach London/zur Gruppe zurückkehren; **to ~ to school** wieder in die Schule gehen; **to ~ to (one's) work** wieder an seine Arbeit gehen; **to ~ to a subject** auf ein Thema zurückkommen; **to ~ home** nach Hause kommen/gehen **B** V̅T̅ **1** zurückgeben (**to sb** j-m), zurückbringen (**to sb** j-m), zurücksetzen etc; Brief etc zurückschicken (**to** an +akk); **to ~ sb's (phone) call** j-n zurückrufen; **to ~ a book to the shelf/box** ein Buch auf das Regal zurückstellen/in die Kiste zurücklegen; **to ~ fire** MIL das Feuer erwidern **2** **to ~ a verdict of guilty (on sb)** JUR (j-n) schuldig sprechen **3** FIN Gewinn abwerfen **C** S̲ **1** Rückkehr f; on my ~ bei meiner Rückkehr; **~ home** Heimkehr f; **by ~ (of post)** Br postwendend; **many happy ~s (of the day)!** herzlichen Glückwunsch zum Geburtstag! **2** Rückgabe f, Zurückbringen n, Zurücksetzen etc n **3** FIN j-m… ▪ **ticket** Rückfahrkarte f **4** aus Investition Ertrag m (**on** aus); aus Kapital Gewinn m (**on** aus); fig **in ~** dafür, als Gegenleistung;

in ~ for für **5** tax ~ Steuererklärung f **6** Tennis Return m **returnable** [rɪˈtɜːnəbl] ADJ Mehrweg-; ~ **bottle** Mehrwegflasche f, Pfandflasche f **return fare** Br S̲ Preis m für eine Rückfahrkarte; FLUG Preis m ein Rückflugticket **return flight** Br S̲ (Hin- und) Rückflug m **return journey** Br S̲ Rückreise f **return key** S̲ COMPUT Returntaste f **return match** S̲ Rückspiel n

★**return ticket** S̲ Br Rückfahrkarte f; FLUG Rückflugticket n **return visit** S̲ zweiter Besuch; **to make a ~ (to a place)** (an einen Ort) zurückkehren

reunification [riːˌjuːnɪfɪˈkeɪʃən] S̲ Wiedervereinigung f **reunify** [ˈriːˈjuːnɪfaɪ] V̲T̲ wiedervereinigen

reunion [rɪˈjuːnjən] S̲ Zusammenkunft f **reunite** [ˌriːjuːˈnaɪt] A̲ V̲T̲ wiedervereinigen; **they were ~d at last** sie waren endlich wieder vereint B̲ V̲i̲ Staaten sich wiedervereinigen

reusable [ˌriːˈjuːzəbl] ADJ wiederverwertbar **reuse** [ˌriːˈjuːz] V̲T̲ wiederverwenden

Rev A̲B̲K̲ (= Reverend) Pfarrer m **rev** [rev] A̲ V̲i̲ den Motor auf Touren bringen B̲ V̲T̲ Motor aufheulen lassen ◆**rev up** V̲T̲ & V̲i̲ AUTO → rev

revalue [ˌriːˈvæljuː] V̲T̲ FIN aufwerten **revamp** [ˌriːˈvæmp] umg V̲T̲ Buch, Image aufmotzen umg; Firma auf Vordermann bringen umg

rev counter S̲ AUTO Drehzahlmesser m

Revd A̲B̲K̲ (= Reverend) Pfarrer m **reveal** [rɪˈviːl] V̲T̲ **1** zum Vorschein bringen, zeigen **2** Wahrheit aufdecken; Identität enthüllen; Namen, Einzelheiten verraten, preisgeben; **he could never ~ his feelings for her** er konnte seine Gefühle für sie nie zeigen; **what does this ~ about the motives of the hero?** was sagt das über die Motive des Helden aus? **revealing** [rɪˈviːlɪŋ] ADJ aufschlussreich; Rock etc viel zeigend **revel** [ˈrevl] A̲ V̲i̲ **to ~ in sth** etw in vollen Zügen genießen; **to ~ in doing sth** seine wahre Freude daran haben, etw zu tun B̲ S̲ **revels** P̲L̲ Feiern n **revelation** [ˌrevəˈleɪʃən] S̲ Enthüllung f **reveller** [ˈrevlə ̲], **reveler** US S̲ Feiernde(r) m/f(m) **revelry** [ˈrevlrɪ] S̲ ⟨mst pl⟩ Festlichkeit f

revenge [rɪˈvendʒ] S̲ Rache f; SPORT Revanche f; **to take ~ on sb (for sth)** sich an j-m (für etw) rächen; **to get one's ~** sich rächen; SPORT sich revanchieren; **in ~ for** als Rache für

revenue [ˈrevənjuː] S̲ öffentliche Einnahmen pl, Steueraufkommen n **reverberate** [rɪˈvɜːbəreɪt] V̲i̲ nachhallen **reverence** [ˈrevərəns] S̲ Ehrfurcht f; **to treat sth with ~** etw ehrfürchtig behandeln

reverend [ˈrevərənd] A̲ ADJ **the Reverend Robert Martin** ≈ Pfarrer Robert Martin B̲ S̲ umg ≈ Pfarrer m **reverently** [ˈrevərəntlɪ] A̲D̲V̲ ehrfürchtig **reversal** [rɪˈvɜːsəl] S̲ von Reihenfolge Umkehren m; von Prozess Umkehrung f; von Politik Umkrempeln n; von Entscheidung Rückgängigmachen n **reverse** [rɪˈvɜːs] A̲ ADJ umgekehrt B̲ S̲ **1** umgekehrte Seite f; **quite the ~!** ganz im Gegenteil! **2** Rückseite f **3** AUTO Rückwärtsgang m; **in ~** im Rückwärtsgang; **to put a/the car into ~** den Rückwärtsgang einlegen C̲ V̲T̲ **1** Reihenfolge, Prozess umkehren; Politik umkrempeln; Entscheidung rückgängig machen; **to ~ the charges** Br TEL ein R-Gespräch führen **2** **to ~ one's car into a tree** bes Br rückwärts gegen einen Baum fahren D̲ V̲i̲ bes Br mit Auto rückwärts fahren **reverse charge call** S̲ Br R-Gespräch n **reverse gear** S̲ AUTO Rückwärtsgang m **reversible** [rɪˈvɜːsəbl] ADJ Entscheidung rückgängig zu machen präd, rückgängig zu machend attr; Prozess umkehrbar **reversible jacket** S̲ Wendejacke f **reversing camera** S̲ Rückfahrkamera f **reversing light** [rɪˈvɜːsɪŋlaɪt] S̲ Rückfahrscheinwerfer m

reversion [rɪˈvɜːʃən] S̲ Umkehr f (to zu) **revert** [rɪˈvɜːt] V̲i̲ zurückkehren (to zu) **review** [rɪˈvjuː] A̲ S̲ **1** Rückblick m (of auf +akk); (≈ Zusammenfassung) Überblick m (of über +akk) **2** nochmalige Prüfung; **the agreement comes up for ~** od **comes under ~ next year** das Abkommen wird nächstes Jahr nochmals geprüft; **his salary is due for ~ in January** im Januar wird sein Gehalt neu festgesetzt **3** von Buch etc Kritik f, Rezension f; im Internet Bewertung f B̲ V̲T̲ **1** Vergangenheit zurückblicken auf (+akk) **2** Situation, Fall erneut (über)prüfen **3**

R

Buch etc besprechen **4** *US für Prüfung*
wiederholen **reviewer** [rɪˈvjuːəʳ] S̲ Kritiker(in) *m(f)*

revise [rɪˈvaɪz] A̲ V̲T̲ **1** revidieren, überarbeiten **2** *Br* SCHULE *etc* wiederholen
B̲ V̲I̲ *Br* (den Stoff) wiederholen, sich
auf eine Prüfung vorbereiten **revised**
A̲D̲J̲ revidiert; *Angebot* neu **2** *Ausgabe*
überarbeitet **revision** [rɪˈvɪʒən] S̲ **1**
von Ansicht Revidieren *n* **2** *Br* SCHULE
etc Wiederholung *f* (des Stoffs) **3** *von
Buch* überarbeitete Ausgabe

revisit [ˌriːˈvɪzɪt] V̲T̲ wieder besuchen

revitalize [ˌriːˈvaɪtəlaɪz] V̲T̲ neu beleben,
wiederbeleben

revival [rɪˈvaɪvəl] S̲ **1** *von Stück* Wiederaufnahme *f* **2** *von Brauch etc* Wiederaufleben *n*; **an economic ~** ein wirtschaftlicher Wiederaufschwung **revive** [rɪˈvaɪv] A̲ V̲T̲ wiederbeleben; *Wirtschaft*
wieder ankurbeln; *Erinnerungen* wieder
lebendig werden lassen; *Brauch* wieder
aufleben lassen; *Karriere* wiederaufnehmen; **to ~ interest in sth** neues Interesse an etw (*dat*) wecken B̲ V̲I̲ *Mensch*
wieder zu sich kommen, wieder munter
werden; *Geschäfte* wieder aufblühen

revoke [rɪˈvəʊk] V̲T̲ *Gesetz* aufheben; *Entscheidung* widerrufen; *Lizenz* entziehen

revolt [rɪˈvəʊlt] A̲ S̲ Revolte *f* B̲ V̲I̲ revoltieren (**against** gegen) C̲ V̲T̲ abstoßen; **I was ~ed by** es hat mich abgestoßen **revolting** [rɪˈvəʊltɪŋ] A̲D̲J̲ abstoßend; *Essen* ekelhaft; *umg Farbe, Kleid*
scheußlich; *Mensch* widerlich

revolution [ˌrevəˈluːʃən] S̲ **1** Revolution *f* **2** Umdrehung *f* **revolutionary**
[ˌrevəˈluːʃnərɪ] A̲ A̲D̲J̲ revolutionär B̲ S̲
Revolutionär(in) *m(f)* **revolutionize**
[ˌrevəˈluːʃənaɪz] V̲T̲ revolutionieren

revolve [rɪˈvɒlv] A̲ V̲T̲ drehen B̲ V̲I̲ sich
drehen **revolver** [rɪˈvɒlvəʳ] S̲ Revolver
m **revolving door** [rɪˈvɒlvɪŋ] S̲ Drehtür *f*

revue [rɪˈvjuː] S̲ THEAT Revue *f*; *satirisch*
Kabarett *n*

revulsion [rɪˈvʌlʃən] S̲ Ekel *m* (**at** vor
+*dat*)

★**reward** [rɪˈwɔːd] A̲ S̲ Belohnung *f*; **the
~s of this job** die Vorzüge dieser Arbeit
B̲ V̲T̲ belohnen **reward card** S̲ HANDEL Paybackkarte *f* **rewarding**
[rɪˈwɔːdɪŋ] A̲D̲J̲ lohnend, dankbar; **bringing up a child is ~** ein Kind großzuzie-

hen ist eine lohnende Aufgabe

rewind [ˌriːˈwaɪnd] V̲T̲ 〈*prät, pperf* rewound〉 *Band* zurückspulen; **~ button**
Rückspultaste *f*

reword [ˌriːˈwɜːd] V̲T̲ umformulieren

rewound [ˌriːˈwaʊnd] PRÄT & PPERF → **rewind**

rewritable [ˌriːˈraɪtəbl] A̲D̲J̲ CD, DVD wieder beschreibbar **rewrite** [ˌriːˈraɪt] V̲T̲
〈*prät* rewrote [ˌriːˈraʊt], *pperf* rewritten
[ˌriːˈrɪtn]〉 neu schreiben; umschreiben;
to ~ the record books einen neuen Rekord verzeichnen

Rhaeto-Romanic [ˈriːtəʊrəʊˈmænɪk] S̲
Rätoromanisch *n*

rhapsody [ˈræpsədɪ] S̲ MUS Rhapsodie
f; *fig* Schwärmerei *f*

Rhenish [ˈrenɪʃ] A̲D̲J̲ rheinisch

rhetoric [ˈretərɪk] S̲ Rhetorik *f* **rhetorical** A̲D̲J̲, **rhetorically** [rɪˈtɒrɪkəl, -ɪ]
A̲D̲V̲ rhetorisch

rheumatic [ruːˈmætɪk] S̲, **rheumatics**
〈*sg*〉 Rheumatismus *m* **rheumatism**
[ˈruːmətɪzəm] S̲ Rheuma *n*

Rhine [raɪn] S̲ Rhein *m* **Rhineland**
[ˈraɪnlænd] S̲ Rheinland *n*

rhino [ˈraɪnəʊ] 〈*pl* -s〉 *umg*, **rhinoceros** [raɪˈnɒsərəs] S̲ Nashorn *n*

Rhodes [rəʊdz] S̲ Rhodos *n*

rhododendron [ˌrəʊdəˈdendrən] S̲
Rhododendron *m/n*

rhombus [ˈrɒmbəs] S̲ Rhombus *m*

rhubarb [ˈruːbɑːb] S̲ Rhabarber *m*

rhyme [raɪm] A̲ S̲ **1** Reim *m*; **there's
no ~ or reason to it** das hat weder Sinn
noch Verstand **2** Gedicht *n*; **in ~** in Reimen B̲ V̲I̲ sich reimen

★**rhythm** [ˈrɪðm] S̲ Rhythmus *m* **rhythmic(al)** [ˈrɪðmɪk(əl)] A̲D̲J̲, **rhythmically** [ˈrɪðmɪkəlɪ] A̲D̲V̲ rhythmisch

rib [rɪb] A̲ S̲ Rippe *f*; **to poke sb in the
ribs** j-n in die Rippen stoßen B̲ V̲T̲ *umg*
necken **ribbed** [rɪbd] A̲D̲J̲ gerippt

ribbon [ˈrɪbən] S̲ **1** *in Haar* Band *n*; *für
Schreibmaschine* Farbband *n*; *fig* Streifen
m **2** **to tear sth to ~s** etw zerfetzen

rib cage S̲ Brustkorb *m*

ribonucleic acid [ˌraɪbəʊnjuːˈkliːɪkˈæsɪd] S̲ Ribonukleinsäure *f*

★**rice** [raɪs] S̲ Reis *m* **rice pudding** *bes
Br* S̲ Milchreis *m*

★**rich** [rɪtʃ] A̲ A̲D̲J̲ 〈+*er*〉 reich; *Stil* prächtig;
Essen schwer; *Boden* fruchtbar; *Geruch*
stark; **that's ~!** *iron* das ist stark; *umg*;

to be ~ **in** sth reich an etw (*dat*) sein; ~ **in protein** eiweißreich; ~ **in minerals** reich an Bodenschätzen; **a ~ diet** reichhaltige Kost **B** $\overline{S}$ **l the ~** *pl* die Reichen *pl* **2** **~es** *pl* Reichtümer *pl* **richly** ['rɪtʃlɪ] ADV verzieren, sich kleiden prächtig; *belohnen* reichlich; **he ~ deserves it** er hat es mehr als verdient **richness** $\overline{S}$ Reichtum *m* (**in** an +*dat*); *von Stil* Pracht *f*; *von Essen* Schwere *f*; *von Boden* Fruchtbarkeit *f*; **the ~ of his voice** seine volle Stimme

rickety ['rɪkɪtɪ] ADJ *Möbel etc* wack(e)lig

ricochet ['rɪkəʃeɪ] **A** $\overline{S}$ Abprall *m* **B** $\overline{VII}$ abprallen (**off** von)

★**rid** [rɪd] **A** ADJ ★**to get rid of** sb/sth j-n/etw loswerden; **to be rid of** sb/sth j-n/etw los sein; **get rid of it** sieh zu, dass du das loswirst; **you are well rid of him** ein Glück, dass du den los bist **B** $\overline{VII}$ ⟨*prät, pperf* **rid** *od* **ridded**⟩ **to rid of** befreien von; **to rid oneself of** sb/ sth j-n/etw loswerden; *Ungeziefer a.* sich von etw befreien **riddance** ['rɪdəns] $\overline{S}$ **good ~!** *umg* ein Glück, dass wir das *etc* los sind

ridden ['rɪdn] **A** PPERF → **ride B** ADJ **debt-ridden** hoch verschuldet; **disease-ridden** von Krankheiten befallen

riddle¹ ['rɪdl] $\overline{VII}$ **~d with holes** völlig durchlöchert; **~d with woodworm** wurmzerfressen; **~d with corruption** von der Korruption zerfressen; **~d with mistakes** voller Fehler

riddle² $\overline{S}$ Rätsel *n*; **to speak in ~s** in Rätseln sprechen

★**ride** [raɪd] ⟨*v: prät* **rode**; *pperf* **ridden**⟩ **A** $\overline{VII}$ **l** SPORT reiten (**on** auf +*dat*); **to go riding** reiten gehen **2** fahren; **he was riding on a bicycle** er fuhr mit einem Fahrrad **B** $\overline{VII}$ reiten; *Rad* fahren mit; **to ~ a motorbike** Motorrad fahren **C** $\overline{S}$ Fahrt *f*; *mit Pferd* Ritt *m*, Ausritt *m*; **to go for** *od* **take** *od* **have a ~** eine Fahrt machen; *mit Pferd* reiten gehen; **cycle ~** Radfahrt *f*; **to go for a ~ in the car** mit dem Auto wegfahren; **I just went along for the ~** *fig umg* ich bin nur zum Vergnügen mitgegangen; **to take** sb **for a ~** *umg* j-n anschmieren *umg*; **he gave me a ~ into town in his car** er nahm mich im Auto in die Stadt mit; **can I have a ~ on your bike?** kann ich mal mit deinem Rad fahren?

◆**ride on** $\overline{VII}$ ⟨+*obj*⟩ *Ruf* hängen an (+*dat*) ◆**ride up** $\overline{VII}$ *Rock etc* hochrutschen

rider ['raɪdər] $\overline{S}$ *auf Pferd* Reiter(in) *m(f)*; *auf Rad* Fahrer(in) *m(f)*

ridge [rɪdʒ] $\overline{S}$ *in Stoff etc* Rippe *f*; *von Berg* Rücken *m*; **a ~ of hills** eine Hügelkette; **a ~ of mountains** ein Höhenzug *m*; **a ~ of high pressure** METEO ein Hochdruckkeil *m*

ridicule ['rɪdɪkjuːl] **A** $\overline{S}$ Spott *m* **B** $\overline{VII}$ verspotten, verhöhnen **ridiculous** [rɪ-'dɪkjʊləs] ADJ lächerlich; **don't be ~** red keinen Unsinn; **to make oneself (look)** ~ sich lächerlich machen; **to be made to look ~** der Lächerlichkeit preisgegeben werden; **to go to ~ lengths (to do sth)** großen Aufwand betreiben(, um etw zu tun) **ridiculously** [rɪ'dɪkjʊ-ləslɪ] ADV lächerlich

riding ['raɪdɪŋ] $\overline{S}$ Reiten *n*; **I enjoy ~** ich reite gern

rife [raɪf] ADJ weitverbreitet; **to be ~** grassieren; **~ with** voll von, voller +*gen*

riffraff ['rɪfræf] PL Gesindel *n*, Pack *n*

rifle¹ ['raɪfl] $\overline{VII}$, (*a.* **rifle through**) durchwühlen

rifle² $\overline{S}$ Gewehr *n* **rifle range** $\overline{S}$ Schießstand *m*

rift [rɪft] $\overline{S}$ Spalt *m*; *fig* Riss *m*

rig [rɪg] **A** $\overline{S}$ (Öl)Förderturm *m*, Ölbohrinsel *f* **B** $\overline{VII}$ *fig Wahlen etc* manipulieren

★**right** [raɪt]

| A Adjektiv | B Adverb |
| C Substantiv | D transitives Verb |

R

— A Adjektiv —

l richtig, korrekt; **he thought it ~ to warn me** er hielt es für richtig, mich zu warnen; **it seemed only ~ to give him the money** es schien richtig, ihm das Geld zu geben; **it's only ~ (and proper)** es ist nur recht und billig; ★**to be ~** recht haben; *Antwort* stimmen; **what's the ~ time?** wie viel Uhr ist es genau?; **you're quite ~** Sie haben ganz recht; **you were ~ to refuse** Sie hatten recht, als Sie ablehnten; **to put ~** *Fehler* korrigieren; *Situation* wieder in Ordnung bringen; **I tried to put things ~ after their quarrel** ich versuchte, nach ihrem Streit wieder einzulenken; **what's the ~**

thing to do in this case? was tut man da am besten?; **to do with the ~ way** für richtig machen; **Mr/Miss Right** *umg* der/die Richtige *umg*; **we will do what is ~ for the country** wir werden tun, was für das Land gut ist; **the medicine soon put him ~** die Medizin hat ihn schnell wiederhergestellt; **he's not ~ in the head** *umg* bei ihm stimmts nicht im Oberstübchen *umg* **2** **~!** okay! *umg*; **that's ~!** das stimmt!; **so they came in the end — is that ~?** und so kamen sie schließlich — wirklich?; **~ enough!** (das) stimmt! **3** *recht(e, r, s)*

— **B Adverb** —

1 direkt, genau; **~ in front of you** direkt vor Ihnen; **~ away** sofort, gleich; **~ now** jetzt gleich, sofort; **~ here** genau hier; **~ in the middle** genau in der Mitte; **~ at the beginning** gleich am Anfang; **I'll be ~ with you** ich bin gleich da **2** (*=völlig*) ganz **3** richtig; **nothing goes ~ for them** nichts klappt bei ihnen *umg* **4** (*nach*) rechts; **to turn ~** (nach) rechts abbiegen

— **C Substantiv** —

1 ⟨*kein pl*⟩ *Recht n*; **to be in the ~** im Recht sein; **(to have) a ~ to sth** einen Anspruch auf etw (*akk*) haben; **he is within his ~s** das ist sein gutes Recht; **by ~s** rechtmäßig; **in one's own ~** selber **2** **~s** *pl* HANDEL *Rechte pl* **3** **to put od set sth to ~s** etw (wieder) in Ordnung bringen; **to put the world to ~s** die Welt verbessern **4** *rechte Seite*; **to drive on the ~** rechts fahren; **to keep to the ~** sich rechts halten; **on my ~** rechts (von mir); **on od to the ~ of the church** rechts von der Kirche; **the Right** POL *die Rechte*

— **D transitives Verb** —

1 aufrichten **2** *Unrecht* wiedergutmachen

right angle *subst* ▭ *rechter Winkel*; **at ~s (to)** rechtwinklig (zu) **right-angled** *ADJ* rechtwinklig **right-click** **A** *Vͥt* rechts klicken **B** *Vͥt* IT rechts klicken auf (+*akk*) **righteous** [ˈraɪtʃəs] *ADJ* **1** rechtschaffen **2** *Wut* gerecht **rightful** [ˈraɪtfʊl] *ADJ* rechtmäßig **rightfully** [ˈraɪtfəli] *ADV* rechtmäßig; **they must give us what is ~ ours** sie müssen uns geben, was uns rechtmäßig zusteht **right-hand** *ADJ* **~ drive** rechtsgesteu-

ert; **on the ~ side** auf der rechten Seite **right-handed** *ADJ & ADV* rechtshändig; **to be ~** Rechtshänder(in) sein **right--hander** *subst* Rechtshänder(in) *m(f)* **right-hand man** *subst* ⟨*pl - men*⟩ rechte Hand **rightist** [ˈraɪtɪst] *ADJ* POL rechts orientiert **rightly** [ˈraɪtli] *ADV* richtig; **they are ~ regarded as … being** sie werden zu Recht als … angesehen; **if I remember ~** wenn ich mich recht erinnere; **and ~ so** und zwar mit Recht **right--minded** *ADJ* vernünftig **right of way** *subst* **1** *Durchgangsrecht n*; *Verkehr* Vorfahrt *f*, Vortritt *m schweiz* **right wing** *subst* POL *rechter Flügel* **right-wing** *ADJ* POL rechtsgerichtet; **~ extremist** Rechtsextremist(in) *m(f)* **right-winger** *subst* SPORT Rechtsaußen *m*; POL Rechte(r) *m/f(m)*

rigid [ˈrɪdʒɪd] *ADJ* starr; *Disziplin* streng; **~ with fear** starr vor Angst; **to be bored ~** sich zu Tode langweilen **rigidity** [rɪˈdʒɪdɪti] *subst* Starrheit *f*; *von Charakter* Striktheit *f*; *von Disziplin* Strenge *f* **rigidly** [ˈrɪdʒɪdli] *ADV* **1** *wörtl* starr **2** *fig* handeln strikt

rigmarole [ˈrɪgmərəʊl] *umg* *subst* **1** Gelaber *n umg* **2** (*=Vorgang*) Theater *n umg*, Zirkus *m umg*

rigor *US* *subst* →rigour **rigorous** [ˈrɪgərəs] *ADJ* strikt; *Maßnahmen* rigoros; *Prüfung* gründlich **rigorously** [ˈrɪgərəsli] *ADV* anwenden rigoros; *prüfen* gründlich **rigour** [ˈrɪgər] *subst*, **rigor** *US* *subst* **~s** *des Klimas etc* Unbilden *pl*

rim [rɪm] *subst* Rand *m*; *von Brille* Fassung *f*; *von Rad* Felge *f*, Radkranz *m* **rimmed** [rɪmd] *ADJ* mit Rand; **gold-rimmed spectacles** Brille *f* mit Goldfassung

rind [raɪnd] *subst* Rinde *f*; *von Speck* Schwarte *f*; *von Obst* Schale *f*

★**ring**[1] [rɪŋ] **A** *subst* Ring *m*; *in Zirkus* Manege *f*; **to run ~s round sb** *umg* j-n in die Tasche stecken *umg* **B** *Vͥt* umringen, einkreisen

★**ring**[2] ⟨*v: prät* rang; *pperf* rung⟩ **A** *Vͥt* **1** klingen; *Glocke* läuten; *Wecker, Telefon* klingeln; **the (door)bell rang** es hat geklingelt **2** *bes Br* TEL anrufen **3** tönen; **to ~ true** wahr klingen **B** *Vͥt* **1** *Glocke* läuten; **to ~ the doorbell** (an der Tür) klingeln; **that ~s a bell** *fig umg* das kommt mir bekannt vor **2** *bes Br a.* **~ up** anrufen **C** *subst* **1** Klang *m*; *von Klingel*

Läuten n; von Wecker, Telefon Klingeln n; **there was a ~ at the door** es hat geklingelt **2** *bes Br* TEL **to give sb a ~** j-n anrufen **♦ring back** *bes Br* V/I & VI ⟨*trennb*⟩ zurückrufen **♦ring off** VI *bes Br* TEL auflegen **♦ring out** VI *Glocke* ertönen; *Schuss* knallen **♦ring round** *bes Br* VI herumtelefonieren **♦ring up** VI **1** *bes Br* TEL anrufen **2** *Kassiererin* eintippen

ring binder S Ringbuch n **ring finger** S Ringfinger m **ringing** [ˈrɪŋɪŋ] **A** ADJ *Glocke* läutend; **~ tone** *Br* TEL Rufzeichen n **B** S von *Glocke* Läuten n; von *Wecker, Telefon* Klingeln n; *in Ohren* Klingen n **ringleader** S Anführer(in) m(f) **ringmaster** S Zirkusdirektor m **ring road** *Br* S Umgehung(sstraße) f, Umfahrung(sstraße) f *österr* **ring tone**, **ringtone** S TEL Klingelton m

rink [rɪŋk] S **1** Eisbahn f **2** Rollschuhbahn f

rinse [rɪns] **A** S Spülung f; (≈ *Farbstoff*) Tönung f; **to give sth a ~** *Kleidung, Haare* etw spülen; *Geschirr* etw abspülen; *Tasse, Mund* etw ausspülen **B** VI *Kleidung, Haare* spülen; *Geschirr* abspülen; *Tasse, Mund* ausspülen **♦rinse out** VI ⟨*trennb*⟩ auswaschen

riot [ˈraɪət] **A** S POL Aufruhr m *kein pl*, Krawall m; *fig* Orgie f; **to run ~** *Menge* randalieren; *Unkraut* wuchern **B** VI randalieren **rioter** [ˈraɪətə] S Randalierer(in) m(f) **rioting** [ˈraɪətɪŋ] S Krawalle pl **riotous** [ˈraɪətəs] ADJ *Menge* randalierend; *Verhalten* wild

rip [rɪp] **A** S Riss m **B** VI **1** reißen **2** *umg* **to let rip** losgehen *umg* IT *umg* Daten, Musik rippen *umg*, kopieren **♦rip off** VI ⟨*trennb*⟩ **1** *wörtl* abreißen (sth von etw); *Kleider* herunterreißen **2** *umg* j-n abzocken *umg* **♦rip up** VI ⟨*trennb*⟩ zerreißen

★ripe [raɪp] ADJ ⟨*komp* riper⟩ **1** reif; **to live to a ~ old age** ein hohes Alter erreichen; **to be ~ for the picking** pflückreif sein **2** *umg Geruch* durchdringend **ripen** [ˈraɪpən] **A** VI reifen lassen **B** VI reifen **ripeness** [ˈraɪpnɪs] S Reife f **rip-off** [ˈrɪpɒf] *umg* S Wucher m; *betrügerisch* Schwindel m; (≈ *Nachahmung*) Abklatsch m

ripple [ˈrɪpl] **A** S **1** kleine Welle **2** **a ~ of laughter** ein kurzes Lachen **B** VI

Wasser sich kräuseln **C** VI *Wasser* kräuseln; *Muskeln* spielen lassen

★rise [raɪz] ⟨*v: prät* rose; *pperf* risen⟩ **A** VI **1** aufstehen; **~ and shine!** *umg* raus aus den Federn! *umg* **2** steigen; *Vorhang* sich heben; *Sonne, Brot* aufgehen; *Stimme* sich erheben; **to ~ to the surface** an die Oberfläche kommen; **her spirits rose** ihre Stimmung hob sich; **to ~ to a crescendo** zu einem Crescendo anschwellen; **to ~ to fame** Berümtheit erlangen; **he rose to be President** er stieg zum Präsidenten auf **3** *Weg* ansteigen **4** (*a.* **~ up**) (≈ *Aufstand*) sich erheben; **to ~ (up) in protest (at sth)** sich protestierend (gegen etw) erheben **B** S **1** Anstieg m (**in** *sth* einer Sache gen), Zunahme f (**in** *sth* einer Sache gen); **a (pay) ~** *Br* eine Gehaltserhöhung; **there has been a ~ in the number of participants** die Zahl der Teilnehmer ist gestiegen **2** *von Sonne* Aufgehen n; *fig zu Ruhm etc* Aufstieg m (**to** zu) **3** (≈ *Hügel etc*) Erhebung f, Steigung f **4** **to give ~ to sth** etw verursachen **♦rise above** VI ⟨+*obj*⟩ *Inflationsrate* ansteigen um mehr als; *Beleidigungen etc* erhaben sein über (+*akk*) **♦rise up** VI aufstehen; *Berg* sich erheben

risen [ˈrɪzn] PPERF → rise **riser** [ˈraɪzə] S **early ~** Frühaufsteher(in) m(f); **late ~** Langschläfer(in) m(f) **rising** [ˈraɪzɪŋ] **A** S **1** *von Rebellen* Aufstand m **2** *von Sonne* Aufgehen n; *von Preisen* (An)steigen n **B** ADJ **1** *Sonne* aufgehend; *Flut* steigend **2** steigend; *Kriminalität* zunehmend **3** *fig* **a ~ politician** ein kommender Politiker

★risk [rɪsk] **A** S Risiko n; **health ~** Gesundheitsgefahr f; **to take ~s/a ~** Risiken/ein Risiko eingehen; **to run the ~ of doing sth** riskieren *od* Gefahr laufen, etw zu tun; **"cars parked at owners' ~"** „Parken auf eigene Gefahr"; **to be at ~** gefährdet sein; **to put sb at ~** j-n gefährden; **to put sth at ~** etw riskieren; **fire ~** Feuerrisiko n **B** VI riskieren; **you'll ~ losing your job** Sie riskieren dabei, Ihre Stelle zu verlieren **risk analysis** S Risikoanalyse f **risk factor** S Risikofaktor m **risk management** S Risikomanagement n **risky** [ˈrɪski] ADJ ⟨*komp* riskier⟩ riskant

risqué [ˈriːskeɪ] ADJ gewagt

R

rite [raɪt] 5̅ Ritus m; **burial ~s** Bestattungsriten pl

ritual ['rɪtjʊəl] **A** ADJ **1** rituell **2** Besuch üblich **B** 5̅ Ritual n

★**rival** ['raɪvəl] **A** 5̅ Rivale m, Rivalin f (**for** um od **to** für); HANDEL Konkurrent(in) m(f) **B** ADJ Gruppe rivalisierend; Pläne konkurrierend **C** V̅T̅ HANDEL konkurrieren mit; **his achievements ~ yours** seine Leistungen können sich mit deinen messen **rivalry** ['raɪvəlrɪ] 5̅ Rivalität f; HANDEL Konkurrenzkampf m

★**river** ['rɪvə'] 5̅ Fluss m; **down ~** flussabwärts; **up ~** flussaufwärts; **the ~ Rhine** Br, **the Rhine ~** US der Rhein **riverbank** 5̅ Flussufer n **riverbed** 5̅ Flussbett n **riverside** 5̅ Flussufer n; **on/by the ~** am Fluss

rivet ['rɪvɪt] **A** 5̅ Niete f **B** V̅T̅ fig Aufmerksamkeit fesseln; **his eyes were ~ed to the screen** sein Blick war auf die Leinwand geheftet **riveting** ['rɪvɪtɪŋ] ADJ fesselnd

RNA ABK (= **ribonucleic acid**) RNS f

★**road** [rəʊd] **A** 5̅ **1** Straße f; **by ~** schicken per Spedition; reisen mit dem Bus etc; **across the ~** (**from us**) gegenüber (von uns); **my car is off the ~ just now** ich kann mein Auto momentan nicht benutzen; **this vehicle shouldn't be on the ~** das Fahrzeug ist nicht verkehrstüchtig; **to take to the ~** sich auf den Weg machen; **to be on the ~** unterwegs sein; Theaterensemble auf Tournee sein; **is this the ~ to London?** geht es hier nach London?; **to have one for the ~** umg zum Abschluss noch einen trinken **2** fig Weg m; **you're on the right ~** Sie sind auf dem richtigen Weg; **on the ~ to ruin** auf dem Weg ins Verderben **road accident** 5̅ Verkehrsunfall m **roadblock** 5̅ Straßensperre f **road hog** umg 5̅ Verkehrsrowdy m umg **roadhouse** US 5̅ Rasthaus n (außerhalb einer Ortschaft an einer Hauptverkehrsstraße) **roadie** ['rəʊdɪ] umg 5̅ Roadie m umg **road map** 5̅ **1** Straßenkarte f **2** fig Leitfaden m, Plan m, Fahrplan m **road rage** 5̅ Aggressivität f im Straßenverkehr **road safety** 5̅ Verkehrssicherheit f **road show** 5̅ THEAT Tournee f **roadside** 5̅ Straßenrand m; **by the ~** am Straßenrand **roadsign** 5̅ (Straßen)verkehrszeichen

n **road tax** Br 5̅ Kraftfahrzeugsteuer f **road test** 5̅ Probefahrt f **road-test** V̅T̅ eine Probefahrt machen mit, Probe fahren **road toll** 5̅ Straßenbenutzungsgebühr f **road transport** 5̅ Straßengüterverkehr m **roadway** 5̅ Fahrbahn f **roadworks** Br P̅L̅ Baustelle f; Straßenbauarbeiten pl **roadworthy** ADJ verkehrstüchtig

roam [rəʊm] **A** V̅T̅ wandern durch; **to ~ the streets** (in den Straßen) herumstreunen **B** V̅I̅ (herum)wandern ♦**roam about** Br, **roam around** V̅I̅ herumwandern

roaming ['rəʊmɪŋ] 5̅ TEL Roaming n

roar [rɔː'] **A** V̅I̅ brüllen (**with** vor +dat); Wind heulen; Motor dröhnen; **to ~ at sb** j-n anbrüllen **B** V̅T̅ (a. **roar out**) brüllen; **to ~ one's approval** zustimmend grölen **C** 5̅ ⟨kein pl⟩ Gebrüll n; von Wind Heulen n; von Motor Dröhnen n; von Verkehr Donnern n; **~s of laughter** brüllendes Gelächter n; **~s of the crowd** das Brüllen der Menge **roaring** **A** ADJ Löwe etc brüllend; **a ~ success** ein voller Erfolg; **to do a ~ trade** (**in sth**) ein Riesengeschäft n (mit etw) machen **B** 5̅ → roar C

★**roast** [rəʊst] **A** 5̅ Braten m **B** ADJ Fleisch gebraten; Kartoffeln in Fett im Backofen gebraten; **~ chicken** Brathähnchen n; **~ beef** Roastbeef n; **~ pork** Schweinebraten m **C** V̅T̅ Fleisch braten; Kaffee rösten **D** V̅I̅ Fleisch braten; umg Mensch irrsinnig schwitzen umg **roasting** umg ADJ knallheiß umg **roasting tin**, **roasting tray** 5̅ Bräter m

★**rob** [rɒb] V̅T̅ j-n bestehlen; Bank ausrauben; **to rob sb of sth** j-m etw rauben; **I've been robbed!** ich bin bestohlen worden!

★**robber** ['rɒbə'] 5̅ Räuber(in) m(f)

★**robbery** ['rɒbərɪ] 5̅ Raub m kein pl, Einbruch m (**of** in +akk); **armed ~** bewaffneter Raubüberfall; **bank ~** Bankraub m

robe [rəʊb] 5̅ Robe f; bes US im Haus Morgenrock m

robin ['rɒbɪn] 5̅ Rotkehlchen n

robot ['rəʊbɒt] 5̅ Roboter m **robotic** [rəʊ'bɒtɪk] ADJ **1** (= selbsttätig) Roboter-; **2 ~ vacuum cleaner** Saugroboter m **2** (= wie ein Roboter) roboterhaft

robust [rəʊ'bʌst] ADJ robust; Statur kräftig

★**rock¹** [rɒk] **A** *V/T* **1** schaukeln, wiegen **2** *Gebäude* erschüttern; *fig umg* **to ~ the boat** *fig* für Unruhe sorgen **B** *VI* **1** schaukeln; *Gebäude* schwanken **C** *S* MUS Rock *m*

★**rock²** [rɒk] *S* **1** Stein *m*; *von Berg* Fels *m*; GEOL Gestein *n* **2** Fels(en) *m*, (großer) Stein; **the Rock (of Gibraltar)** der Felsen von Gibraltar; **as solid as a ~** massiv wie ein Fels; *Unternehmen, Ehe* unerschütterlich wie ein Fels; **on the ~s** *umg* mit Eis; *Ehe etc* kaputt *umg*

rock bottom *S* **to be at ~** auf dem Tiefpunkt sein; **to hit ~** den Tiefpunkt erreichen **rock-bottom** *ADJ* **~ prices** Niedrigstpreise *pl* **rock-climber** *S* (Felsen)kletterer(in) *m(f)* **rock climbing** *S* Klettern *n* (im Fels) **rockery** ['rɒkəri] *S* Steingarten *m*

★**rocket¹** ['rɒkit] **A** *S* Rakete *f* **B** *VI* *Preise* hochschießen

rocket² *S* GASTR Rucola *m*

rocket science *wörtl* *S* Raketentechnik *f*; **it's not ~** *umg* dazu muss man kein Genie sein

rock face *S* Felswand *f* **rock fall** *S* Steinschlag *m* **rock garden** *S* Steingarten *m* **Rockies** ['rɒkiz] *PL* **the ~** die Rocky Mountains *pl* **rocking chair** ['rɒkiŋ] *S* Schaukelstuhl *m* **rocking horse** *S* Schaukelpferd *n* **rock pool** *S* Wasserlache zwischen Felsen **rock star** *S* MUS Rockstar *m*

rocky¹ ['rɒki] *ADJ* wackelig

rocky² *ADJ* ⟨*komp* rockier⟩ felsig; *Weg* steinig **Rocky Mountains** *PL* **the ~** die Rocky Mountains *pl*

rococo [rə'kəʊkəʊ] *S* Rokoko *n*

rod [rɒd] *S* Stab *m*, Stange *f*; *zur Bestrafung, zum Angeln* Rute *f*

rode [rəʊd] *PRÄT* → ride

rodent ['rəʊdənt] *S* Nagetier *n*

rodeo ['rəʊdɪəʊ] *S* ⟨*pl* -s⟩ Rodeo *n*

roe¹ [rəʊ] *S* ⟨*pl* -(s)⟩ *a.* **roe deer** Reh *n*; **roebuck** Rehbock *m*; **roe deer** Reh *n*

roe² *S* ⟨*pl* -⟩ *von Fisch* Rogen *m*

roger ['rɒdʒə'] *INT* verstanden

rogue [rəʊg] **A** *S* Gauner(in) *m(f)*, Bazi *m* österr, Schlingel *m* **B** *ADJ* **1** einzelgängerisch **2** abnormal

★**role** [rəʊl] *S* Rolle *f* **role model** *S* PSYCH Rollenbild *n*, Vorbild *n* **role-play** **A** *VI* ein Rollenspiel durchführen **B** *VT* als Rollenspiel durchführen **role-playing** *S* ⟨*kein pl*⟩ Rollenspiel *n*

★**roll** [rəʊl] **A** *S* **1** Rolle *f*; *von Fett* Wulst *m* **2** GASTR *a.* **bread ~** Brötchen *n* **3** *von Donner* Rollen *n*; (≈ *Gymnastikübung*) FLUG Rolle *f*; *auf Trommel* Wirbel *m*; **to be on a ~** *umg* eine Glückssträhne haben **4** Register *n*; **~ of honour** *Br* Ehrenliste *f* **B** *VI* **1** rollen; *Schiff* schlingern; **to ~ down the hill** den Berg hinunterrollen; **tears were ~ing down her cheeks** Tränen rollten ihr über die Wangen; **to ~ in the mud** sich im Schlamm wälzen; **he's ~ing in it** *umg* er schwimmt im Geld *umg* **2** *Kamera* laufen **C** *VT* rollen; *Zigarette* drehen; *Teig* ausrollen; **to ~ one's eyes** die Augen rollen; **he ~ed himself in a blanket** er wickelte sich in eine Decke; **kitchen and dining room ~ed into one** Küche und Esszimmer in einem **♦roll about** *Br*, **roll around** *VI* herumrollen; *Mensch, Hund* sich herumwälzen; *umg vor Lachen* sich kugeln *umg* **♦roll back** *VT & VI* ⟨*trennb*⟩ zurückrollen **♦roll down** **A** *VI* hinunterrollen **B** *VT* ⟨*trennb*⟩ *Fenster* herunterlassen **♦roll in** *VI* hereinströmen **♦roll on** *VI* **roll on, Saturday!** *Br* wenn es doch nur schon Samstag wäre! **♦roll out** *VT* ⟨*trennb*⟩ *Teig* ausrollen **♦roll over** **A** *VI* herumrollen; *Fahrzeug* umkippen; *Mensch* sich umdrehen **B** *VT* ⟨*trennb*⟩ umdrehen **♦roll up** **A** *VI* roll up! treten Sie näher! **B** *VT* ⟨*trennb*⟩ zusammenrollen; *Ärmel* hochkrempeln

roll call *S* Namensaufruf *m*

roller ['rəʊlə'] *S* **1** *für Rasen* Walze *f*; *im Haar* (Locken)wickler *m*; **to put one's hair in ~s** sich (*dat*) die Haare aufdrehen **2** US Koffer Rollkoffer *m* **rollerball pen** *S* Tintenroller *m* **roller blind** *S* Rollo *n* **roller coaster** *S* Achterbahn *f* **roller skate** *S* Rollschuh *m* **roller-skate** *VI* Rollschuh laufen **roller-skating** *S* Rollschuhlaufen *n* **rolling** ['rəʊlɪŋ] *ADJ* **1** *Hügel* gewellt; *Landschaft* wellig **2** *Programm* kontinuierlich **rolling pin** *S* Nudelholz *n* **rolling suitcase** *US* *S* Rollkoffer *m* **rollneck** *S* Rollkragen *m* **rollneck(ed)** *ADJ* Rollkragen- **roll-on** *S* (Deo)roller *m* **rollover** *S* *Br im Lotto* **~ week** Woche mit Lotto-Jackpot, da es in der vorhergehenden Woche keinen

Hauptgewinner gab; ~ **jackpot** Jackpot *m* **roll-up** *Br umg* [S] Selbstgedrehte *f*

roly-poly ['rəʊlı'pəʊlı] *umg* [ADJ] kugelrund

ROM [rɒm] [S ABK] (= **read only memory**) COMPUT ROM *m/n*

Roman ['rəʊmən] [A] [S] [1] Römer(in) *m(f)* [2] TYPO *a.* ~ **type** Magerdruck *m* [B] [ADJ] römisch; ~ **times** Römerzeit *f* **Roman Catholic** [A] [ADJ] (römisch-)katholisch; **the ~ Church** die (römisch-)katholische Kirche [B] [S] Katholik(in) *m(f)* **Roman Catholicism** [S] römisch-katholischer Glaube

romance [rəʊ'mæns] [A] [S] [1] Liebesgeschichte *f;* FILM Liebesfilm *m* [2] Romanze *f* [3] *‹kein pl›* Romantik *f;* romantische Liebe; *fig* Zauber [B] [ADJ] **Romance** *Sprache* romanisch

Romanesque [,rəʊmə'nesk] [ADJ] romanisch

Romania [rəʊ'meınıə] [S] Rumänien *n* **Romanian** [A] [ADJ] rumänisch [B] [S] [1] Rumäne *m*, Rumänin *f* [2] (≈ *Sprache*) Rumänisch *n*

Roman numeral [S] römische Ziffer

romantic [rəʊ'mæntık] [ADJ] romantisch; ~ **comedy** Liebeskomödie *f* **romantically** [rəʊ'mæntıklı] [ADV] **to be ~ involved with sb** eine Liebesbeziehung mit j-m haben **romanticism** [rəʊ'mæntısızəm] [S] Romantik *f* **romanticize** [rəʊ'mæntısaız] [VT] romantisieren

Romany ['rəʊmənı] [A] [S] [1] Roma *m/f* [2] LING Romani *n* [B] [ADJ] *Kultur* der Roma

Rome [rəʊm] [S] Rom *n;* **when in ~ (do as the Romans do)** *sprichw* ≈ andere Länder, andere Sitten *sprichw;* ~ **wasn't built in a day** Rom ist auch nicht an einem Tag erbaut worden *sprichw*

romp [rɒmp] [A] [S] Tollerei *f* [B] [VI] *Kinder* herumtollen; **to ~ home** spielend gewinnen; **to ~ through sth** mit etw spielend fertig werden

★**roof** [ru:f] [S] Dach *n; von Tunnel* Gewölbe *n;* **the ~ of the mouth** der Gaumen; **without a ~ over one's head** ohne Dach über dem Kopf; **to live under the same ~ as sb** mit j-m unter demselben Dach wohnen; **to go through the ~** *umg vor Wut* an die Decke gehen *umg; Preise etc* untragbar werden **roof box** [S] Dachbox *f* **roof garden** [S] Dachgarten *m* **roof rack** [S] Dach(gepäck)träger *m* **rooftop** [S] Dach *n;* **to shout sth from the ~s** *fig* etw überall herumposaunen *umg*

rook [rʊk] [S] [1] Saatkrähe *f* [2] *Schach* Turm *m*

rookie ['rʊkı] [S] *bes* MIL *sl* Grünschnabel *m umg*

★**room** [ru:m] [S] [1] Zimmer *n; groß, öffentlich* Saal *m* [2] *‹kein pl›* Platz *m; fig* Spielraum *m;* **there is ~ for two (people)** es ist genügend Platz für zwei (Leute); **to make ~ for sb/sth** für j-n/etw Platz machen; **there is ~ for improvement** es könnte um einiges besser sein; ~ **for manoeuvre** *Br,* ~ **for maneuver** *US* Spielraum *m* **roomer** ['ru:məʳ] *US* [S] Untermieter(in) *m(f)* **roomful** [S] **a ~ of people** ein Zimmer voll(er) Leute **roommate** *Br* [S] Zimmergenosse *m*, Zimmergenossin *f; US* Mitbewohner(in) *m(f)* **room service** [S] Zimmerservice *m* **room temperature** [S] Zimmertemperatur *f* **roomy** ['ru:mı] [ADJ] *‹komp* roomier› geräumig

roost [ru:st] [A] [S] Stange *f;* **to come home to ~** *fig* auf den Urheber zurückfallen [B] [VI] auf der Stange schlafen

rooster ['ru:stəʳ] [S] Hahn *m*

★**root** [ru:t] [A] [S] [1] Wurzel *f;* **by the ~s** mit der Wurzel; **to take ~** Wurzeln schlagen; **her ~s are in Scotland** sie ist in Schottland verwurzelt; **to put down ~s in a country** in einem Land Fuß fassen; **to get to the ~(s) of the problem** dem Problem auf den Grund gehen [2] LING Stamm *m* [B] [VI] Wurzeln schlagen ♦**root about** *Br,* **root around** [VI] herumwühlen (**for** nach) ♦**root for** [VI] *‹+obj›* **to root for sb** j-n anfeuern ♦**root out** *fig* [VT] *‹trennb›* mit der Wurzel ausreißen

root beer *US* [S] *Art Limonade* **rooted** [ADJ] verwurzelt; **to stand ~ to the spot** wie angewurzelt dastehen **root vegetable** [S] Wurzelgemüse *n*

★**rope** [rəʊp] [S] Seil *n;* SCHIFF Tau *n;* **to know the ~s** *umg* sich auskennen; **to show sb the ~s** *umg* j-n in alles einweihen; **to learn the ~s** *umg* sich einarbeiten ♦**rope in** *bes Br fig* [VT] *‹trennb›* rankriegen *umg;* **how did you get roped into that?** wie bist du denn da reingeraten? *umg* ♦**rope off** [VT] *‹trennb›* mit einem Seil abgrenzen

R

rope ladder Ⓢ Strickleiter f
rosary ['rəʊzəri] Ⓢ REL Rosenkranz m
rose¹ [rəʊz] PRÄT → rise
rose² Ⓐ Ⓢ Rose f; **everything's coming up ~s** umg alles läuft bestens umg; **to come up smelling of ~s** umg gut dastehen; **that will put the ~s back in your cheeks** davon bekommst du wieder etwas Farbe im Gesicht Ⓑ ADJ rosarot
rosé ['rəʊzeɪ] Ⓐ ADJ rosé Ⓑ Ⓢ Rosé m
rosebush Ⓢ Rosenstrauch m **rosehip** Ⓢ Hagebutte f
rosemary ['rəʊzməri] Ⓢ Rosmarin m
rosette [rəʊ'zet] Ⓢ Rosette f
roster ['rɒstə] Ⓢ Dienstplan m
rostrum ['rɒstrəm] Ⓢ ⟨pl rostra ['rɒstrə]⟩ Rednerpult n
rosy ['rəʊzi] ADJ ⟨komp rosier⟩ rosarot; Backen rosig; **to paint a ~ picture of sth** etw in den rosigsten Farben ausmalen
rot [rɒt] Ⓐ Ⓢ 1 Fäulnis f kein pl; **to stop the rot** den Fäulnisprozess aufhalten; **then the rot set in** fig dann setzte der Fäulnisprozess ein 2 umg Quatsch m umg Ⓑ Ⓥ/i verrotten; Zähne, Pflanzen verfaulen; **to rot in jail** im Gefängnis verrotten Ⓒ Ⓥ/t verfaulen lassen
rota ['rəʊtə] Br Ⓢ Dienstplan m
rotary ['rəʊtəri] ADJ rotierend, Dreh-
rotate [rəʊ'teɪt] Ⓐ Ⓥ/t rotieren lassen; Feldfrüchte im Wechsel anbauen Ⓑ Ⓥ/i 1 rotieren 2 sich (turnusmäßig) abwechseln **rotating** [rəʊ'teɪtɪŋ] ADJ rotierend **rotation** [rəʊ'teɪʃən] Ⓢ Rotation f, turnusmäßiger Wechsel; **in ~** im Turnus; **crop ~** Fruchtwechsel m
rote [rəʊt] Ⓢ **by ~** lernen auswendig
rotten ['rɒtn] ADJ 1 faul, verfault; fig korrupt; **~ to the core** fig durch und durch verdorben; **~ apple** fig schwarzes Schaf 2 umg mies umg, scheußlich umg; (= boshaft) gemein; **to be ~ at sth** in etw (dat) schlecht sein; **what ~ luck!** so ein Pech!; **that was a ~ trick** das war ein übler Trick; **that's a ~ thing to say** es ist gemein, so etwas zu sagen; **to feel ~ sich** elend fühlen; **to look ~** schlecht aussehen; **to feel ~ about doing sth** sich (dat) mies vorkommen, etw zu tun umg; **to spoil sb ~** j-n nach Strich und Faden verwöhnen umg; Br umg **to fancy sb ~** total scharf auf j-n sein umg **rotting** ['rɒtɪŋ] ADJ verfaulend, faulig

rotund [rəʊ'tʌnd] ADJ Mensch rundlich; Objekt rund
★**rough** [rʌf] Ⓐ ADJ ⟨+er⟩ 1 Boden uneben; Oberfläche, Haut, Stoff rau 2 Mensch ungehobelt; Benehmen, Schätzung grob; **~ sketch** Faustskizze f; **at a ~ guess** grob geschätzt; **to have a ~ idea** eine ungefähre Ahnung haben 3 (= gewalttätig) grob; Spiel wild; Sport hart; Nachbarschaft rau; See stürmisch 4 umg **he had a ~ time (of it)** es ging ihm ziemlich dreckig umg; **to give sb a ~ time** j-n ganz schön rannehmen umg; **to get a ~ ride** Schwierigkeiten bekommen; **to give sb a ~ ride** j-m die Hölle heißmachen umg; **when the going gets ~** ... wenn es hart wird, ...; **to feel ~** sich mies fühlen umg Ⓑ ADV wüst; **to sleep ~** im Freien übernachten; auf der Straße leben Ⓒ Ⓢ 1 **to take the ~ with the smooth** das Leben nehmen, wie es kommt 2 Rohentwurf m; **in ~** im Rohzustand **roughage** ['rʌfɪdʒ] Ⓢ ⟨kein pl⟩ Ballaststoffe pl **rough-and-ready** ADJ Verfahren provisorisch; Mensch rau(beinig) **rough-and-tumble** Ⓢ Balgerei f, Keilerei f **rough copy** Ⓢ Konzept n **rough draft** Ⓢ Rohentwurf m **roughen** ['rʌfn] Ⓥ/t rau machen; Oberfläche a. aufrauen **roughly** ['rʌfli] ADV 1 grob; spielen rau 2 ungefähr; **~ (speaking)** grob gesagt; **~ half** ungefähr die Hälfte; **~ similar** in etwa ähnlich **roughness** Ⓢ 1 von Boden Unebenheit f; von Oberfläche, Haut, Stoff Rauheit f 2 von Mensch Ungehobeltheit f; von Benehmen Grobheit f **rough paper** Ⓢ Konzeptpapier n **roughshod** ADV **to ride ~ over sb/ sth** rücksichtslos über j-n/etw hinweggehen
★**roulette** [ru:'let] Ⓢ Roulette n
★**round** [raʊnd] Ⓐ ADJ ⟨+er⟩ rund; **~ number** runde Zahl Ⓑ ADV bes Br **there was a wall right ~** od all **~** rundherum war eine Mauer; **you'll have to go ~** Sie müssen außen herum gehen; **the long way ~** der längere Weg; **~** and **~** rundherum; **I asked him ~ for a drink** ich lud ihn auf ein Glas Bier etc bei mir ein; **I'll be ~ at 8 o'clock** ich werde um 8 Uhr da sein; **for the second time ~** zum zweiten Mal; **all year ~** das ganze Jahr über; **all ~** wörtl ringsherum; bes

Ⓡ

Br fig für alle **C** PRÄP **1** *bes Br* um (... he-rum); **all ~ the house** um ganzen Haus; *außen* um das ganze Haus herum; **to look ~ a house** sich (*dat*) ein Haus ansehen; **to show sb ~ a town** j-m eine Stadt zeigen; **they went ~ the cafés looking for him** sie gingen in alle Cafés, um nach ihm zu suchen **2** *ungefähr*; **~ 7 o'clock, ~ about 7 o'clock** *bes Br* ungefähr um 7 Uhr; **~ £800, ~ about £800** *bes Br* um die £ 800 **3** *von Zusteller, Gespräch* SPORT Runde *f*; **~(s)** *von Polizist, Arzt* Runde *f*; **to do the ~s** *Geschichte a.* reihum gehen; **to do a paper ~** *Br* Zeitungen austragen; **a ~ (of drinks)** eine Runde; **~ of ammunition** Ladung *f*; **a ~ of applause** Applaus *m* **E** V/T *Ecke* gehen/fahren um **♦round down** V/T ⟨*trennb*⟩ *Zahl* abrunden **♦round off** V/T ⟨*trennb*⟩ *Serie* vollmachen; *Mahlzeit* abrunden; *Gespräch* abschließen **♦round up** V/T ⟨*trennb*⟩ **1** *Menschen* zusammentrommeln *umg*; *Vieh* zusammentreiben; *Verbrecher* hochnehmen *umg* **2** *Zahl* aufrunden

roundabout ['raʊndəbaʊt] **A** ADJ *Antwort* umständlich; **~ route** Umweg *m*; **to say sth in a ~ way** etw auf Umwegen sagen **B** S *Br* Karussell *n*, Ringelspiel *n österr*; *Verkehr* Kreisverkehr *m* **rounded** ADJ rundlich; *Kanten* abgerundet **roundly** ['raʊndlɪ] ADV verurteilen rund-um; *besiegen* klar **round-table conference** S Konferenz *f* am runden Tisch **round-the-clock** *Br* ADJ rund um die Uhr *nicht attr* **round-the-world** ADJ **~ trip** eine Weltreise **★round trip** S Rundreise *f* **★round-trip ticket** *US* S Rückfahrkarte *f*; FLUG Hin- und Rückflugticket *n* **roundup** S *von Vieh* Zusammentreiben *n*; *von Menschen* Zusammentrommeln *n umg*; *von Nachrichten* Zusammenfassung *f*

rouse [raʊz] V/T **1** *aus dem Schlaf* wecken **2** *emotional: j-n bewegen; Bewunderung, Interesse* wecken; *Hass, Verdacht* erregen **rousing** ['raʊzɪŋ] ADJ *Rede* mitreißend; *Musik* schwungvoll

rout [raʊt] **A** S Schlappe *f* **B** V/T in die Flucht schlagen

route [ruːt, *US* raʊt] **A** S **1** Strecke *f*, Route *f*; *von Bus* Linie *f*; *fig* Weg *m* **2** *US von Zusteller* Runde *f* **B** VT *Verkehrs-*verbindung legen; *Anruf* leiten; **my bag-gage was ~d through Amsterdam** mein Gepäck wurde über Amsterdam geschickt **router** ['ruːtər, *US* 'raʊtər] S COMPUT Router *m*

routine [ruːˈtiːn] **A** S **1** Routine *f*; *Tanzen* Figur *f* **B** ADJ Routine-, routine-mäßig; **~ examination** Routineuntersu-chung *f*; **it was quite ~** es war eine reine Formsache; **reports of bloodshed had become almost ~** Berichte über Blutvergießen waren fast an der Tages-ordnung **routine check** S Routine-kontrolle *f* **routinely** [ruːˈtiːnlɪ] ADV ver-wenden regelmäßig; *testen* routinemäßig **roving** ['rəʊvɪŋ] ADJ **he has a ~ eye** er riskiert gern ein Auge

row¹ [rəʊ] S Reihe *f*; **4 failures in a row** 4 Misserfolge hintereinander; **arrange them in rows** stell sie in Reihen auf

row² [rəʊ] VT & VI rudern

row³ [raʊ] **A** S *bes Br umg* Lärm *m*; (≈ *Zank*) Streit *m*; **to make a row** Krach schlagen *umg*; **to have a row with sb** mit j-m Streit *od* Krach haben; **to get a row** Krach bekommen *umg* **B** VI (sich) streiten

rowan ['rəʊən] S Vogelbeere *f*

rowboat ['rəʊˌbəʊt] *US* S Ruderboot *n*

rowdy ['raʊdɪ] ADJ ⟨*komp rowdier*⟩ laut; *Fußballfans* randalierend; *Verhalten* grob

rower ['rəʊər] S **1** Ruderer *m*, Ruderin *f* **2** Rudergerät *n*

row house ['rəʊˌhaʊs] *US* S Reihenhaus *n*

rowing¹ ['rəʊɪŋ] S Rudern *n*

rowing² ['raʊɪŋ] *bes Br* S Streiterei *f*

rowing boat ['rəʊɪŋ-] *Br* S Ruderboot *n*

rowing machine ['rəʊɪŋ-] S Rudergerät *n*

★royal ['rɔɪəl] **A** ADJ königlich; **the ~ family** die königliche Familie **B** S *umg* Angehörige(r) *m/f(m)* der königlichen Familie **Royal Air Force** *Br* S Königli-che Luftwaffe **royal-blue** ADJ königs-blau **Royal Highness** S **Your ~** Eure Königliche Hoheit **Royal Mail** *Br* S britischer Postdienst **Royal Marines** *Br* PL britische Marineinfanterie **Royal Navy** *Br* S Königliche Marine **royalty** ['rɔɪəltɪ] S **1** *kollektiv* das Königshaus; **he's ~** er gehört zur königlichen Familie **2** **royalties** *pl* Tantiemen *pl*

RP ABK (= **received pronunciation**)

R

hochsprachliche Aussprache

rpm ABK (= revolutions per minute) U/min

RSVP ABK (= répondez s'il vous plaît) u. A. w. g.

Rt Hon Br ABK (= Right Honourable) **the ~ John Williams MP** der Abgeordnete John Williams

★**rub** [rʌb] A S Reiben n; **to give sth a ~** etw reiben B VT reiben; **to rub lotion into sth** etw mit einer Lotion einreiben; **to rub one's hands (together)** sich (dat) die Hände reiben; **to rub sb's nose in sth** fig j-m etw dauernd unter die Nase reiben; **to rub shoulders with all sorts of people** bes Br, **to rub elbows with all sorts of people** bes US fig mit allen möglichen Leuten in Berührung kommen; **to rub sb the wrong way** US bei j-m anecken C VI reiben (**against** an +dat); Kragen scheuern (**against** an +dat); **the cat rubbed against my legs/the tree** die Katze strich mir um die Beine/scheuerte sich am Baum ◆**rub down** VT ⟨trennb⟩ j-n abrubbeln umg ◆**rub in** VT ⟨trennb⟩ 1 Creme einreiben (**sth, -to sth** in etw akk) 2 fig **don't rub it in!** reite nicht so darauf herum! ◆**rub off** VI abgehen; **to rub off on sb** fig auf j-n abfärben ◆**rub out** VT ⟨trennb⟩ ausradieren ◆**rub up** A VT ⟨trennb⟩ **to rub sb up the wrong way** Br bei j-m anecken B VI **the cat rubbed up against my leg** die Katze strich mir um die Beine

★**rubber** [ˈrʌbəʳ] A S Gummi m; Br (Radier)gummi m; bes US sl (= Kondom) Gummi m umg B ADJ Gummi- **rubber band** S Gummiband n **rubber boot** S US Gummistiefel m **rubber dinghy** S Schlauchboot n **rubber gloves** PL Gummihandschuhe pl **rubberneck** umg VI neugierig gaffen umg **rubber plant** S Gummibaum m **rubber stamp** S Stempel m **rubber-stamp** fig umg VT genehmigen **rubbery** [ˈrʌbərɪ] ADJ gummiartig

rubbish [ˈrʌbɪʃ] Br A S Müll m, Abfall m; fig (= minderwertige Ware) Mist m; **household ~** Hausmüll m 2 umg Quatsch m umg; **don't talk ~!** red keinen Quatsch! umg B umg ADJ ⟨attr⟩ → rubbishy 2 **I'm ~ at it** ich bin zu blöd dazu umg **rubbish bin** Br S Müll-

eimer m, Mistkübel m österr **rubbish chute** Br S Müllschlucker m **rubbish collection** Br S Müllabfuhr f **rubbish dump** Br S Müllabladeplatz m **rubbish tip** Br S Mülldeponie f **rubbishy** [ˈrʌbɪʃɪ] Br umg ADJ Waren minderwertig; Film mies umg; Ideen blödsinnig

rubble [ˈrʌbl] S Trümmer pl; kleiner Schutt m

ruby [ˈruːbɪ] A S Rubin m B ADJ Rubinrot **ruck** [rʌk] S Falte f ◆**ruck up** VI Hemd sich hochschieben; Teppich Falten schlagen

rucksack [ˈrʌksæk] Br S Rucksack m **ruckus** [ˈrʌkəs] umg S Krawall m **rudder** [ˈrʌdəʳ] S Ruder n **ruddy** [ˈrʌdɪ] ADJ ⟨komp ruddier⟩ Teint rot

★**rude** [ruːd] ADJ ⟨komp ruder⟩ 1 unhöflich, unverschämt, grob; **to be ~ to sb** unhöflich zu j-m sein; **it's ~ to stare** es gehört sich nicht, Leute anzustarren; **don't be so ~!** so was sagt man/tut man nicht! 2 unanständig; **a ~ gesture** eine anstößige Geste 3 Erinnerung unsanft **rudely** [ˈruːdlɪ] ADV 1 unhöflich, unverschämt, grob 2 unanständig 3 erinnern unsanft **rudeness** [ˈruːdnɪs] S Unhöflichkeit f, Unverschämtheit f

rudimentary [ˌruːdɪˈmentərɪ] ADJ Ausrüstung primitiv; System rudimentär; **~ knowledge** Grundkenntnisse pl **rudiments** [ˈruːdɪmənts] PL Grundlagen pl

rueful [ˈruːfʊl] ADJ reuevoll

ruffian [ˈrʌfɪən] S Rüpel m; gewalttätig Schläger m

ruffle [ˈrʌfl] VT 1 Haare, Federn zerzausen; Wasserfläche kräuseln; **the bird ~d (up) its feathers** der Vogel plusterte sich auf 2 fig aus der Ruhe bringen; **to ~ sb's feathers** j-n aufregen **ruffled** ADJ 1 aufgebracht 2 Bettzeug zerwühlt; Haare zerzaust 3 Hemd gekräuselt

rug [rʌg] S 1 Teppich m; **to pull the rug from under sb** fig j-m den Boden unter den Füßen wegziehen 2 (Woll)decke f **rugby** [ˈrʌgbɪ] S, (a. **rugby football**) Rugby n

rugged [ˈrʌgɪd] ADJ rau; Berge zerklüftet; Gesichtszüge markig

★**ruin** [ˈruːɪn] A S 1 ⟨kein pl⟩ Untergang m; von Ereignis Ende n; finanziell etc Ruin m; **the palace was going to ~ od falling into ~** der Palast verfiel (zur Ruine); **to**

R

be the ~ of sb j-n ruinieren (≈*Gebäude*) Ruine *f*; **★ ~s** Ruinen *pl*; *von Hoffnungen* Trümmer *pl*; **to be** *od* **lie in ~s** wörtl eine Ruine sein; *fig* zerstört sein **B** V/T zerstören; *finanziell etc* ruinieren; *Gesundheit* verderben **ruined** [ˈruːɪnd] ADJ **1** *Gebäude* in Ruinen *präd*, zerfallen **2** *Karriere* ruiniert

★rule [ruːl] **A** S **1** Regel *f*; ADMIN Vorschrift *f*; **to play by the ~s** die Spielregeln einhalten; **to bend the ~s** es mit den Regeln/Vorschriften nicht so genau nehmen; **to be against the ~s** nicht erlaubt sein; **to do sth by ~** etw vorschriftsmäßig tun; **as a ~** in der Regel; **as a ~ of thumb** als Faustregel **2** Herrschaft *f*, Regierungszeit *f*; **the ~ of law** die Rechtsstaatlichkeit **B** V/T **1** regieren; *fig Gefühle* beherrschen; **to ~ the roost** *fig* Herr im Haus sein *umg*; **to be ~d by emotions** sich von Gefühlen beherrschen lassen; **he let his heart ~ his head** er ließ sich von seinem Herzen und nicht von seinem Verstand leiten **2** JUR, ADMIN entscheiden **3** Linie ziehen; **~d paper** liniertes Papier **C** V/I **1** herrschen (*over* über +*akk*) **2** JUR entscheiden (**against** gegen *od* **in favour of** für *od* on in +*dat*) **♦rule out** *fig* V/T ⟨*trennb*⟩ ausschließen

★ruler [ˈruːlə^r] S **1** Lineal *n* **2** Herrscher(in) *m(f)* **ruling** [ˈruːlɪŋ] **A** ADJ *Elite* herrschend; **the ~ party** die Regierungspartei **B** S ADMIN, JUR Entscheidung *f*

rum [rʌm] S Rum *m*

Rumania *etc* [ruːˈmeɪnɪə] → Romania

rumble [ˈrʌmbl] **A** S *von Donner* Grollen *n kein pl*; *von Magen* Knurren *n kein pl*; *von Zug* Rumpeln *n kein pl* **B** V/I *Donner* grollen; *Magen* knurren; *Zug* rumpeln

ruminate [ˈruːmɪneɪt] *fig* V/I grübeln (**over, about, on** über +*akk*)

rummage [ˈrʌmɪdʒ] **A** S **to have a good ~ in sth** etw gründlich durchwühlen **B** V/I, (*a.* **rummage about** *od* **rummage around**) herumwühlen (**among, in** in +*dat od* **for** nach) **rummage sale** S *US* Flohmarkt *m*, Wohltätigkeitsbasar *m*

rummy [ˈrʌmɪ] S Kartenspiel Rommé *n*

rumour [ˈruːmə^r], **rumor** *US* **A** S Gerücht *n*; **~ has it that …** es geht das Gerücht, dass …; **there are ~s of war** es

gehen Kriegsgerüchte um **B** V/T **it is ~ed that …** es geht das Gerücht, dass …; **he is ~ed to be in London** Gerüchten zufolge ist er in London; **he is ~ed to be rich** er soll angeblich reich sein

rump [rʌmp] S Hinterbacken *pl*; *umg* (≈*Po*) Hinterteil *n*; **~ steak** Rumpsteak *n*

rumple [ˈrʌmpl] V/T, (*a.* **rumple up**) *Kleidung* zerknittern **rumpled** ADJ *Kleidung* zerknittert; *Haar* zerzaust

rumpus [ˈrʌmpəs] *umg* S Krach *m umg*; **to make a ~** einen Heidenlärm machen *umg*; (≈*sich beschweren*) Krach schlagen *umg* **rumpus room** *US* S Spielzimmer *n*

★run [rʌn]
⟨*v: prät* ran; *pperf* run⟩

A intransitives Verb **B** transitives Verb
C Substantiv

— **A** intransitives Verb —

1 laufen, rennen; (≈*flüchten*) wegrennen; **she came running out** sie kam herausgelaufen; **he's trying to run before he can walk** *fig* er sollte erst einmal langsam machen; **to run for the bus** zum Bus rennen; **she ran to meet him** sie lief ihm entgegen; **she ran to help him** sie kam ihm schnell zu Hilfe; **to run for one's life** um sein Leben rennen; **run for it!** rennt, was ihr könnt! **2** *Geschichte, Text* gehen; **he ran down the list** er ging die Liste durch; **a shiver ran down her spine** ein Schauer lief ihr über den Rücken; **to run in the family** in der Familie liegen **3** kandidieren; **to run for President** für die Präsidentschaft kandidieren **4** **I'm running late** ich bin spät dran; **all planes are running late** alle Flugzeuge haben Verspätung; **the project is running late/to schedule** das Projekt hat sich verzögert/geht ganz nach Plan voran; **supplies are running low** die Vorräte sind knapp; **his blood ran cold** das Blut fror ihm in den Adern; **to run dry** *Fluss* austrocknen; **to be running at** betragen; **interest rates are running at record levels/5%** die Zinssätze sind auf Rekordhöhe/stehen auf 5% **5** *Wasser, Tränen, Nase* laufen; *Fluss, Elektrizität* fließen; *Augen* tränen; *Farbe* zerfließen; *Farbstoff* färben; **where the river runs into the sea** wo der Fluss ins Meer mündet [6] *Spiel, Vertrag* laufen; **the expenditure runs into thousands of pounds** die Ausgaben gehen in die Tausende (von Pfund) [7] *Bus etc* fahren; **the train doesn't run on Sundays** der Zug fährt sonntags nicht [8] (≈*funktionieren*), *a.* IT laufen; **to run on diesel** mit Diesel fahren; **the radio runs off batteries** das Radio läuft auf Batterie; **things are running smoothly** alles läuft glatt [9] *Straße* führen; **to run (a)round sth** *Mauer etc* sich um etw ziehen; **the railway line runs for 300 km** *Br*, **the railroad line runs for 300 km** *US* die Bahnlinie ist 300 km lang; **to run through sth** *Thema* sich durch etw ziehen

— **B** transitives Verb —

[1] laufen; **to run errands** Botengänge machen; **to run its course** seinen Lauf nehmen; **to run a temperature** Fieber haben; **to run sb off his feet** *umg* j-n ständig auf Trab halten *umg*; **I'll run you a bath** ich lasse dir ein Bad einlaufen [2] *Auto* fahren; *Sonderbusse* einsetzen; **he ran the car into a tree** er fuhr das Auto gegen einen Baum; **this company runs a bus service** diese Firma unterhält einen Busdienst [3] *Maschine* betreiben; *Rechner* laufen lassen; *Software* benutzen; *Programm* laden; *Test* durchführen; **I can't afford to run a car** ich kann es mir nicht leisten, ein Auto zu unterhalten; **this car is cheap to run** dieses Auto ist billig im Unterhalt [4] leiten; *Geschäft* führen; *Wettbewerb* durchführen; **he runs a small hotel** er hat ein kleines Hotel; **I want to run my own life** ich möchte mein eigenes Leben leben; **she's the one who really runs everything** sie ist diejenige, die den Laden schmeißt *umg* [5] **to run one's fingers over sth** die Finger über etw (*akk*) gleiten lassen; **to run one's fingers through one's hair** sich (*dat*) mit den Fingern durch die Haare fahren [6] *Seil* führen; *Rohr* (ver)legen [7] *Presse*: *Artikel* bringen [8] *Film* zeigen

— **C** Substantiv —

[1] Lauf *m*; **to go for a 2-km run** einen 2--km-Lauf machen; **he set off at a run** er rannte los; **to break into a run** zu laufen anfangen; **to make a run for it** weglaufen; **on the run** auf der Flucht; **we've got them on the run!** wir haben sie in die Flucht geschlagen!; **to give sb a good run for his money** *umg* j-n auf Trab halten *umg* [2] Strecke *f*; **to go for a run in the car** eine Fahrt/einen Ausflug im Auto machen; **in the long run** auf die Dauer; **in the short run** kurzfristig [3] **to have the run of a place** einen Ort zur freien Verfügung haben [4] Folge *f*, Serie *f*; THEAT Spielzeit *f*; **a run of bad luck** eine Pechsträhne [5] **run on** Ansturm *m* auf (+*akk*) [6] **ski run** Abfahrt(sstrecke) *f* [7] *in Zoo etc* Gehege *n* [8] *US* Laufmasche *f* [9] *umg* (≈*Durchfall*) **the runs** der flotte Otto *umg*

♦**run about** *Br*, **run around** V/I herumlaufen ♦**run across** [A] V/I *wörtl* hinüberlaufen [B] V/I ⟨+obj⟩ *j-n* zufällig treffen; *Objekt* stoßen auf (+*akk*) ♦**run after** V/I ⟨+obj⟩ nachlaufen (+*dat*) ♦**run along** V/I laufen; **run along!** nun geht mal schön! ♦**run around** V/I → run about ♦**run away** V/I [1] weglaufen [2] *Wasser* auslaufen ♦**run away with** V/I ⟨+obj⟩ *Preis* spielend gewinnen; **he lets his enthusiasm run away with him** seine Begeisterung geht leicht mit ihm durch ♦**run back** [A] V/I *wörtl* zurücklaufen [B] V/T ⟨trennb⟩ *j-n* zurückfahren ♦**run down** [A] V/I [1] *wörtl* hinunterrennen [2] *Batterie* leer werden [B] V/T ⟨trennb⟩ [1] umfahren, überfahren [2] *Vorräte* abbauen [3] schlechtmachen ♦**run in** *wörtl* V/I hineinlaufen ♦**run into** V/I ⟨+obj⟩ zufällig treffen; (≈*kollidieren*) rennen/fahren gegen; **to run into trouble** Ärger bekommen; **to run into problems** auf Probleme stoßen ♦**run off** [A] V/I → run away 1 [B] V/T ⟨trennb⟩ *Kopie* abziehen ♦**run on** V/I [1] *wörtl* weiterlaufen [2] *fig* **it ran on for four hours** das zog sich über vier Stunden hin [3] *Zeit* weitergehen ♦**run out** V/I [1] hinauslaufen; *Flüssigkeit* herauslaufen, auslaufen [2] *Zeit* ablaufen; *Vorräte* ausgehen ♦**run out of** V/I ⟨+obj⟩ **he ran out of supplies** ihm gingen die Vorräte aus; **she ran out of time** sie hatte keine Zeit mehr; **we're running out of time** wir haben nicht mehr viel Zeit

R

★♦**run over** [A] [VI] [1] *zu Nachbarn etc* kurz hinübergehen [2] überlaufen [B] [VI] *⟨+obj⟩ Einzelheiten* durchgehen; *Notizen* durchsehen [C] [VT] *⟨trennb⟩* überfahren ♦**run through** [A] [VI] durchlaufen [B] [VI] *⟨+obj⟩* [1] *Aufführung* durchspielen; *Liste etc* durchgehen [2] → run over B ♦**run to** [VI] *⟨+obj⟩* **the poem runs to several hundred lines** das Gedicht geht über mehrere Hundert Zeilen ♦**run up** [A] [VI] *wörtl* hinauflaufen, hinrennen (**to** zu); **to run up against difficulties** auf Schwierigkeiten stoßen [B] [VT] *⟨trennb⟩* [1] *Fahne* hochziehen [2] **to run up a bill** eine Rechnung zusammenkommen lassen; **to run up a debt** Schulden machen

runabout *umg* [S] Kleinwagen *m* **run-around** ['rʌnəraʊnd] *umg* [S] **to give sb the ~** j-n an der Nase herumführen *umg* **runaway** ['rʌnəweɪ] [A] [S] Ausreißer(in) *m(f)* [B] [ADJ] [1] *Mensch, Pferd* ausgerissen; **a ~ train** ein Zug, der sich selbstständig gemacht hat [2] *fig Sieger* überragend; **a ~ success** ein Riesenerfolg *m* **rundown** ['rʌndaʊn] *umg* [S] **to give sb a ~ on sth** j-n über etw *(akk)* informieren **run-down** [ˌrʌn'daʊn] [ADJ] heruntergekommen; (≈ *müde*) abgespannt

rung[1] [rʌŋ] [PPERF] → ring[2]

rung[2] [S] *von Leiter* Sprosse *f*

run-in ['rʌnɪn] *umg* [S] Streit *m* **runner** ['rʌnə^r] [S] [1] Läufer(in) *m(f)* [2] *an Schlitten* Kufe *f*; *von Schublade* Laufschiene *f* [3] **to do a ~** *Br umg* die Fliege machen *sl* **runner bean** *Br* [S] Stangenbohne *f*, Fisole *f österr* **runner-up** ['rʌnər'ʌp] [S] Zweite(r) *m/f(m)*; **the runners-up** die weiteren Plätze **running** ['rʌnɪŋ] [A] [S] [1] Laufen *n*; **to be in the ~** im Rennen liegen; **out of the ~** aus dem Rennen [2] *von Unternehmen* Leitung *f*; *von Land, Geschäft* Führung *f*; *von Lehrgang* Durchführung *f* [3] *von Maschine* Unterhaltung *f* [B] [ADJ] *Wasser* fließend; *Wasserhahn* laufend [C] [ADV] **(for) five days ~** fünf Tage hintereinander; **for the third year ~** im dritten Jahr hintereinander; **sales have fallen for the third year ~** die Verkaufszahlen sind seit drei Jahren rückläufig **running battle** *fig* [S] Kleinkrieg *m* **running commentary** [S] RADIO, TV fortlaufender Kommentar **running costs** [PL] Betriebskosten *pl*; *von Auto* Unterhaltskosten *pl* **running mate** [S] *US* POL *Kandidat für die Vizepräsidentschaft* **running shoe** [S] Rennschuh *m*, Laufschuh *m* **running total** [S] laufende Summe; **to keep a ~ of sth** *wörtl, fig* etw fortlaufend festhalten **runny** ['rʌnɪ] [ADJ] *⟨komp* **runnier***⟩ Ei* flüssig; *Nase* laufend; *Augen* tränend; *Soße* dünnflüssig **run-of-the-mill** [ADJ] gewöhnlich **run-through** [S] **let's have a final ~** gehen wir das noch einmal durch **run-up** [S] SPORT Anlauf *m*; *fig* Vorbereitungszeit *f*; **in the ~ to the election** in der Zeit vor der Wahl **runway** [S] FLUG Start- und Landebahn *f*

rupture ['rʌptʃə^r] [A] [S] Bruch *m* [B] [VT & VI] brechen; **to ~ oneself** *umg* sich *(dat)* einen Bruch heben *umg* **ruptured** [ADJ] *Rohr* geplatzt

rural ['rʊərəl] [ADJ] ländlich; *Landschaft* bäuerlich; **~ land** ländlicher Raum **rural life** [S] Landleben *n* **rural population** [S] Landbevölkerung *f*

ruse [ru:z] [S] List *f*

★**rush** [rʌʃ] [A] [S] *⟨kein pl⟩* [1] Andrang *m*, Ansturm *m*; *von Luft* Stoß *m*; **they made a ~ for the door** sie drängten zur Tür; **there was a ~ for the seats** alles stürzte sich auf die Sitze; **there's been a ~ on these goods** diese Waren sind rasend weggegangen; **the Christmas ~** der Weihnachtsbetrieb; **a ~ of orders** eine Flut von Aufträgen; **a ~ of blood to the head** Blutandrang *m* im Kopf [2] Eile *f*, Hast *f*; **to be in a ~** in Eile sein; **I did it in a ~** ich habe es sehr hastig gemacht; **is there any ~ for this?** eilt das?; **it all happened in such a ~** das ging alles so plötzlich [B] [VI] eilen, hasten, stürzen; *Wind* brausen; *Wasser* schießen; **they ~ed to help her** sie eilten ihr zu Hilfe; **I'm ~ing to finish it** ich beeile mich, es fertig zu machen; **don't ~, take your time** überstürzen Sie nichts, lassen Sie sich Zeit; **you shouldn't just go ~ing into things** Sie sollten die Dinge nicht so überstürzen; **to ~ through** *Stadt* hetzen durch; *Arbeit* hastig erledigen; **to ~ past** vorbeistürzen; *mit Fahrzeug* vorbeischießen; **to ~ in** *etc* hineinstürzen *etc*; **the ambulance ~ed to the scene** der Krankenwagen raste zur Unfallstelle; **the blood ~ed to his face** das Blut schoss ihm ins Gesicht [C] [VT] [1] schnell machen; *mit Fehlern* schludern bei *pej*; (≈*zur Eile antreiben*) hetzen; **to ~ed off one's feet** dauernd auf Trab sein *umg*; **to ~ sb to hospital** j-n schnellstens ins Krankenhaus bringen ▪ **rush about** *Br*, **rush around** V̄I herumhasten ▪ **rush at** *wörtl* V̄I ⟨+*obj*⟩ losstürzen auf (+*akk*) ▪ **rush down** V̄I hinuntereilen; *Wasser etc* hinunterstürzen ▪ **rush out** A V̄I hinauseilen; **he rushed out and bought one** er kaufte sofort eines B V̄T ⟨*trennb*⟩ *Truppen, Vorräte* eilends hintransportieren ▪ **rush through** V̄T ⟨*trennb*⟩ *Bestellung* durchjagen; *Gesetz* durchpeitschen

rushed [rʌʃt] ADJ **1** *Mahlzeit* hastig; *Entscheidung* übereilt **2** gehetzt

★**rush hour(s)** S̄IPL Stoßzeit(en) f(pl); **rush-hour traffic** Stoßverkehr m **rush job** S̄ eiliger Auftrag; *pej fehlerhaft* Schluderarbeit f *umg*

★**Russia** [ˈrʌʃə] S̄ Russland n

★**Russian** [ˈrʌʃən] A ADJ russisch B S̄ **1** Russe m, Russin f **2** LING Russisch n

★**rust** [rʌst] A S̄ Rost m B V̄T *wörtl* rosten lassen C V̄I rosten **rusted** [ˈrʌstɪd] *hes US* ADJ rostig

rustic [ˈrʌstɪk] ADJ bäuerlich; *Stil* rustikal

rustiness [ˈrʌstɪnɪs] S̄ Rostigkeit f; *fig* eingerostete Kenntnisse *pl* (**of** in +*dat*)

rustle [ˈrʌsl] A S̄ Rascheln n; *von Laub* Rauschen n B V̄I *Laub, Papier* rascheln; *Bäume, Rock* rauschen ▪ **rustle up** *umg* V̄T ⟨*trennb*⟩ *Essen* improvisieren *umg*; *Geld* auftreiben *umg*; **can you rustle up a cup of coffee?** können Sie eine Tasse Kaffee beschaffen?

rustler [ˈrʌslər] S̄ Viehdieb(in) m(f) **rustling** [ˈrʌslɪŋ] A ADJ raschelnd B S̄ **1** *von Laub, Papier* Rascheln n; *von Stoff* Rauschen n **2** Viehdiebstahl m

rustproof [ˈrʌstpruːf] ADJ rostfrei **rusty** [ˈrʌsti] ADJ ⟨*komp* rustier⟩ *wörtl* rostig; **I'm a bit ~** ich bin etwas aus der Übung; **to get ~** *wörtl* verrosten; *fig Mensch* aus der Übung kommen

rut [rʌt] S̄ in *Weg* Spur f; *fig* Trott m *umg*; **to be in a rut** *fig* im Trott sein *umg*; **to get into a rut** *fig* in einen Trott geraten *umg*

rutabaga [ˌruːtəˈbeɪɡə] *US* S̄ Steckrübe f

ruthless [ˈruːθlɪs] ADJ rücksichtslos; *Behandlung* schonungslos **ruthlessly**

ADV *unterdrücken* rücksichtslos; **~ ambitious** skrupellos ehrgeizig **ruthlessness** S̄ Rücksichtslosigkeit f; Schonungslosigkeit f

RV ABK (≈ recreational vehicle) Wohnmobil n

Rwanda [ruˈændə] S̄ Ruanda n

rye [raɪ] S̄ Roggen m **rye whisk(e)y** S̄ Ryewhisky m

S

S¹, s [es] S̄ S n, s n

S² (≈ south) S

's [s] **1** **he's** = he is/has er ist/hat; **what's** = **what is/has/does?** was ist/hat/tut? **2** **John's book** Johns Buch; **my brother's car** das Auto meines Bruders; **at the butcher's** beim Fleischer **3** **let's** = let us lass uns

Sabbath [ˈsæbəθ] S̄ Sabbat m

sabbatical [səˈbætɪkl] S̄ UNIV Forschungsjahr n

saber [ˈseɪbər] *US* S̄ → sabre

sabotage [ˈsæbətɑːʒ] A S̄ Sabotage f B V̄T sabotieren **saboteur** [ˌsæbəˈtɜːr] S̄ Saboteur(in) m(f)

sabre [ˈseɪbər] *Br* S̄, **saber** *US* S̄ Säbel m

saccharin(e) [ˈsækərɪn] S̄ Sacharin n

sachet [ˈsæʃeɪ] S̄ Beutel m; *mit Shampoo* Briefchen n

sack [sæk] A S̄ **1** Sack m; **2 ~s of coal** 2 Sack Kohlen **2** *umg* **to get the ~** rausfliegen *umg*; **to give sb the ~** j-n rausschmeißen *umg* **3** *umg* **to hit the ~** sich in die Falle hauen *sl* B V̄T *umg Angestellten* rausschmeißen *umg* **sackful** [ˈsækfʊl] S̄ Sack m; **two ~s of potatoes** zwei Sack Kartoffeln **sacking** [ˈsækɪŋ] *umg* S̄ Entlassung f

sacrament [ˈsækrəmənt] S̄ Sakrament n

sacred [ˈseɪkrɪd] ADJ heilig; *Bau, Ritus* sakral

sacrifice [ˈsækrɪfaɪs] A S̄ Opfer n; **to make ~s** Opfer bringen B V̄T opfern (**sth to sb** j-m etw) **sacrificial** [ˌsækrɪˈfɪʃəl] ADJ Opfer-

sacrilege [ˈsækrɪlɪdʒ] S̲ Sakrileg n
SAD ABK (= seasonal affective disorder)
MED Winterdepression f
★**sad** [sæd] ADJ ⟨komp sadder⟩ **1** traurig;
Verlust schmerzlich; **to feel sad** traurig
sein; **he was sad to see her go** er war
betrübt, dass sie wegging **2** umg bedauernswert **sadden** [ˈsædn] V̲T̲ betrüben
★**saddle** [ˈsædl] **A** S̲ Sattel m **B** V̲T̲ **1**
Pferd satteln **2** umg **to ~ sb/oneself
with sb/sth** j-m/sich j-n/etw aufhalsen
umg; **how did I get ~d with him?** wie
kommt es (nur), dass ich ihn am Hals
habe? **saddlebag** S̲ Satteltasche f
sadism [ˈseɪdɪzəm] S̲ Sadismus m **sadist** [ˈseɪdɪst] S̲ Sadist(in) m(f) **sadistic**
ADJ, **sadistically** [səˈdɪstɪk, -əlɪ] ADV sadistisch
sadly [ˈsædlɪ] ADV **1** traurig; **she will be
~ missed** sie wird (uns/ihnen) allen sehr
fehlen **2** leider **3** bedauerlicherweise;
to be ~ mistaken sich arg täuschen
sadness [ˈsædnɪs] S̲ Traurigkeit f; **our ~ at his
death** unsere Trauer über seinen Tod
s.a.e. ABK (= stamped addressed envelope) frankierter Rückumschlag
safari [səˈfɑːrɪ] S̲ Safari f; **to be/go on ~**
auf Safari sein/gehen **safari park** S̲
Safaripark m
safe¹ [seɪf] S̲ Safe m, Tresor m
★**safe²** ADJ ⟨komp safer⟩ sicher, in Sicherheit (**from** +dat); Operation ungefährlich; Methode zuverlässig; **to keep sth ~**
etw sicher aufbewahren; **~ journey!** gute Fahrt/Reise!; **thank God you're ~**
Gott sei Dank ist dir nichts passiert; **~
and sound** gesund und wohlbehalten;
the secret is ~ with me bei mir ist
das Geheimnis gut aufgehoben; **not ~**
gefährlich; **is it ~ to light a fire?** ist
es auch nicht gefährlich, ein Feuer anzumachen?; **it is ~ to eat** das kann
man gefahrlos essen; **it is ~ to assume**
od **a ~ assumption that ...** man kann
mit ziemlicher Sicherheit annehmen,
dass ...; **it's ~ to say that ...** man kann
ruhig sagen, dass ...; **to be on the ~
side** um ganz sicher zu sein; **better ~
than sorry** Vorsicht ist besser als Nachsicht sprichw **safe-conduct** S̲ freies
Geleit **safe-deposit box** S̲ Banksafe
m/n **safeguard** **A** S̲ Schutz m **B** V̲T̲
schützen (**against** vor +dat); Interessen

wahrnehmen **C** V̲I̲ **to ~ against sth** sich
gegen etw absichern **safe haven** fig S̲
sicherer Zufluchtsort **safe keeping** S̲
sichere Verwahrung; **to give sb sth for
~** j-m etw zur (sicheren) Aufbewahrung
geben **safely** [ˈseɪflɪ] ADV wohlbehalten;
(= ohne Risiko) gefahrlos, ungefährlich;
we were all ~ inside wir waren alle sicher drinnen; **I think I can ~ say ...**
ich glaube, ich kann ruhig sagen ...;
the election is now ~ out of the way
die Wahlen haben wir jetzt zum Glück
hinter uns; **to put sth away ~** etw an einem sicheren Ort verwahren; **once the
children are ~ tucked up in bed** wenn
die Kinder erst mal im Bett sind **safe
passage** S̲ sicheres Geleit **safe seat**
S̲ POL ein sicherer Sitz **safe sex** S̲ Safer
Sex m
★**safety** [ˈseɪftɪ] S̲ Sicherheit f; **~ at work**
Arbeitssicherheit f; **for his (own) ~** zu
seiner (eigenen) Sicherheit; **(there's) ~
in numbers** zu mehreren ist man sicherer; **to reach ~** in Sicherheit gelangen;
when we reached the ~ of the opposite bank als wir sicher das andere Ufer
erreicht hatten **safety belt** S̲ Sicherheitsgurt m **safety catch** S̲ an Waffe
(Abzugs)sicherung f **safety-conscious** ADJ sicherheitsbewusst **safety
glass** S̲ Sicherheitsglas n **safety harness** S̲ Sicherheitsgurt m **safety helmet** S̲ Schutzhelm m **safety lock** S̲
Sicherheitsschloss n **safety margin**
S̲ Sicherheitsmarge f **safety measure**
S̲ Sicherheitsmaßnahme f **safety net**
S̲ Sicherheitsnetz n **safety pin** S̲ Sicherheitsnadel f **safety precaution**
S̲ Sicherheitsvorkehrung f
saffron [ˈsæfrən] S̲ Safran m
sag [sæg] V̲I̲ absacken, durchhängen;
Schultern herabhängen; Mut sinken
saga [ˈsɑːgə] S̲ Saga f; fig Geschichte f
sage [seɪdʒ] S̲ BOT Salbei m
sagging [ˈsægɪŋ] ADJ **1** Dach, Seil durchhängend **2** Haut schlaff **saggy** [ˈsægɪ]
ADJ ⟨komp saggier⟩ Matratze durchgelegen; Hintern schlaff
Sagittarius [ˌsædʒɪˈteərɪəs] S̲ ASTROL
Schütze m; **to be (a) ~** (ein) Schütze sein
Sahara [səˈhɑːrə] S̲ Sahara f; **the ~ Desert** die (Wüste) Sahara
said [sed] **A** PRÄT & PERFF → say **B** ADJ
form besagt

★**sail** [seɪl] **A** 5̲ **1** Segel n; von Windmühle Flügel m; **to set ~ (for ...)** losfahren (nach ...); in Jacht absegeln (nach ...) **2** Fahrt f; **to go for a ~** segeln gehen **B** V̲T̲ Schiff segeln mit; **to ~ the Atlantic** den Atlantik durchkreuzen **C** V̲I̲ **1** SCHIFF fahren; mit Jacht segeln; **are you flying? — no, ~ing** fliegen Sie? — nein, ich fahre mit dem Schiff **2** abfahren (**for** nach); in Jacht absegeln **3** fig Schwan etc gleiten; Mond ziehen; Ball fliegen; **she ~ed past/out of the room** sie rauschte vorbei/aus dem Zimmer umg; **she ~ed through all her exams** sie schaffte alle Prüfungen spielend **sailboard** 5̲ Windsurfbrett n **sailboarding** 5̲ Windsurfen n **sailboat** US 5̲ Segelboot n **sailing** ['seɪlɪŋ] 5̲ Segeln n **sailing boat** Br 5̲ Segelboot n **sailing ship** 5̲ Segelschiff n

★**sailor** ['seɪlə'] 5̲ Seemann m; MIL Matrose m, Matrosin f

saint [seɪnt] 5̲ Heilige(r) m/f(m); **St John** Sankt Johannes, St. Johannes; **St Mark's (Church)** die Markuskirche **saintly** ['seɪntlɪ] A̲D̲J̲ ⟨komp saintlier⟩ heilig; fig pej frömmlerisch **Saint Valentine's Day** [sənt'væləntaɪnz,deɪ] 5̲ Valentinstag m

★**sake** [seɪk] 5̲ **★ for the ~ of ...** um (+gen) ... willen; **for my ~** meinetwegen, mir zuliebe; **for your own ~** dir selbst zuliebe; **for the ~ of your career** deiner Karriere zuliebe; **for heaven's ~!** umg um Gottes willen!; **for heaven's** od **Christ's ~ shut up** umg nun halt doch endlich die Klappe umg; **for old times' ~** in Erinnerung an alte Zeiten; **for the ~ of those who ...** für diejenigen, die ...; **and all for the ~ of a few pounds** und alles wegen ein paar Pfund

salable US A̲D̲J̲ → saleable

★**salad** ['sæləd] 5̲ Salat m **salad bar** 5̲ Salatbüfett n **salad bowl** 5̲ Salatschüssel f **salad cream** 5̲ ≈ Mayonnaise f **salad dressing** 5̲ Salatsoße f **salad leaves** P̲L̲ Salatblätter pl

salami [sə'lɑːmiː] 5̲ Salami f

salaried ['sælərɪd] A̲D̲J̲ **~ post** Angestelltenposten m; **~ employee** Gehaltsempfänger(in) m(f) **salary** ['sælərɪ] 5̲ Gehalt n, Salär n österr, schweiz; **what is his ~?** wie hoch ist sein Gehalt? **salary bracket** 5̲ Gehaltsgruppe f **salary in-** **crease** 5̲ Gehaltserhöhung f **salary scale** 5̲ Gehaltsskala f

★**sale** [seɪl] 5̲ **1** allg Verkauf m; Transaktion Geschäft n; (= mit Geboten) Auktion f; **for ~** zu verkaufen; **to put sth up for ~** etw zum Verkauf anbieten; **is it up for ~?** steht es zum Verkauf?; **not for ~** nicht verkäuflich; **to be on ~** verkauft werden; **~s** pl der Absatz **2** ~s +sg v Verkaufsabteilung f **3** mit Preisnachlass Rabattaktion f, Schlussverkauf m; **in the ~, on ~** US im (Sonder)angebot **saleable** ['seɪləbl] A̲D̲J̲, **salable** US A̲D̲J̲ absatzfähig, verkäuflich; Fähigkeit vermarktbar

★**sales clerk** US 5̲ Verkäufer(in) m(f) **sales conference** 5̲ Vertretertagung f **sales department** 5̲ Verkaufsabteilung f **sales figures** P̲L̲ Verkaufszahlen pl **salesgirl** 5̲ Verkäuferin f **salesman** 5̲ ⟨pl -men⟩ Verkäufer m, Vertreter m **sales manager** 5̲ Verkaufsleiter(in) m(f) **salesperson** 5̲ Verkäufer(in) m(f) **sales pitch** 5̲ Verkaufstechnik f

★**sales rep** umg 5̲, **sales representative** 5̲ Vertreter(in) m(f) **sales slip** 5̲ US Kassenbon m **sales target** 5̲ Umsatzziel n **sales tax** US 5̲ Umsatzsteuer f **saleswoman** 5̲ ⟨pl -women [-wɪmən]⟩ Verkäuferin f, Vertreterin f

saliva [sə'laɪvə] 5̲ Speichel m **salivate** ['sælɪveɪt] V̲I̲ Speichel produzieren **sallow** ['sæləʊ] A̲D̲J̲ bleich, fahl **salmon** ['sæmən] 5̲ ⟨pl -⟩ Lachs m; (= Farbe) Lachs(rosa) n **salmonella** [,sælmə'nelə] 5̲ Salmonellenvergiftung f **salon** ['sælɒn] 5̲ Salon m **saloon** [sə'luːn] 5̲ Br AUTO Limousine f **saloon bar** Br 5̲ vornehmerer Teil eines Lokals

★**salt** [sɔːlt] **A** 5̲ Salz n; für vereiste Straßen Streusalz n; **to take sth with a pinch of ~** Br, **to take sth with a grain of ~** US fig etw nicht ganz für bare Münze nehmen; **to rub ~ into sb's wounds** fig Salz in j-s Wunde streuen **B** A̲D̲J̲ **~ water** Salzwasser n **C** V̲T̲ A̲D̲J̲ **1** einsalzen, salzen **2** Straße mit Salz streuen **saltcellar** ['sɔːltselə'] 5̲ Salzfässchen n, Salzstreuer m **salted** A̲D̲J̲ gesalzen **salt shaker** 5̲ Salzstreuer m **saltwater** A̲D̲J̲ Salzwasser n; **~ fish** Meeresfisch m **salty** ['sɔːltɪ] A̲D̲J̲ ⟨komp saltier⟩ salzig; **~ water** Salz-

S

wasser *n*

salutation [ˌsælju:'teɪʃn] **S 1** Begrüßung *f*, Gruß *m* **2** *im Brief* Anrede *f* **salute** [sə'lu:t] **A S** Gruß *m*; *mit Waffen* Salut *m*; **in ~** zum Gruß; **a 21-gun ~** 21 Salutschüsse **B** V/T MIL *Fahne* grüßen; *j-n* salutieren vor (+*dat*) **C** V/I MIL salutieren

salvage ['sælvɪdʒ] **A S 1** Bergung *f* **2** Bergungsgut *n* **B** V/T bergen (**from** aus); *fig* retten (**from** von) **salvage operation S** Bergungsaktion *f*

salvation [sæl'veɪʃən] **S** Rettung *f*; *bes* REL Heil *n* **Salvation Army S** Heilsarmee *f*

salve [sælv] **S** Salbe *f*

Samaritan [sə'mærɪtən] **S** Samariter(in) *m(f)*; **good ~** barmherziger Samariter

★**same** [seɪm] **A** ADJ ★**the ~** der/die/das gleiche, der-/die-/dasselbe; **they were both wearing the ~ dress** sie hatten beide das gleiche Kleid an; **they both live in the ~ house** sie wohnen beide in demselben Haus; **they are all the ~** sie sind alle gleich; **that's the ~ tie as I've got** so eine Krawatte habe ich auch; **she just wasn't the ~ person** sie war ein anderer Mensch; **it's the ~ thing** das ist das Gleiche; **see you tomorrow, ~ time ~ place** bis morgen, gleicher Ort, gleiche Zeit; **we sat at the ~ table as usual** wir saßen an unserem üblichen Tisch; **how are you? — ~ as usual** wie geht's? — wie immer; **he is the ~ age as his wife** er ist (genau) so alt wie seine Frau; **(on) the very ~ day** genau am gleichen Tag; **in the ~ way** (genau) gleich **B** PRON **the ~** der-/die-/dasselbe; **and I would do the ~ again** und ich würde es wieder tun; **he left and I did the ~** er ist gegangen, und ich auch; **and the ~ goes for his brother** und das Gleiche gilt für seinen Bruder; **another drink? — thanks, (the) ~ again** noch etwas zu trinken? — ja bitte, das Gleiche noch mal; **~ again, Joe** und noch einen, Joe; **she's much the ~** sie hat sich kaum geändert; *gesundheitlich* es geht ihr kaum besser; **he will never be the ~ again** er wird niemals mehr derselbe sein; **frozen chicken is not the ~ as fresh** tiefgefrorene Hähnchen sind kein Vergleich zu frischen; **it's always the ~** es ist immer das Gleiche; **it comes** *od* **amounts to the ~** das

kommt *od* läuft aufs Gleiche hinaus **2** **to pay everybody the ~** alle gleich bezahlen; **things go on just the ~ (as always)** es ändert sich nichts; **it's not the ~ as before** es ist nicht wie früher; **I still feel the ~ about you** an meinen Gefühlen dir gegenüber hat sich nichts geändert; **if it's all the ~ to you** wenn es Ihnen egal ist; **all** *od* **just the ~** trotzdem; **thanks all the ~** trotzdem vielen Dank; **~ here** ich/wir auch; **~ to you (danke)** gleichfalls **same-day** ['seɪmdeɪ] ADJ *Lieferung* am gleichen Tag **same-sex** ['seɪmseks] ADJ gleichgeschlechtlich; **~ marriage** gleichgeschlechtliche Ehe, Homoehe *f* ung **same-sex relationship S** gleichgeschlechtliche Beziehung

Samoa [sə'məʊə] **S** GEOG Samoa *n*

sample ['sɑ:mpl] **A S** Beispiel *n* (**of** für); *von Speise, a. fig* Kostprobe *f*; HANDEL Warenprobe *f*; *von Stoff* Muster *n*; *von Blut* Probe *f*; *von Lied* Hörprobe *f*; **a ~ of the population** eine Auswahl aus der Bevölkerung **B** ADJ ⟨*attr*⟩ Probe-; **a ~ section of the population** eine Auswahl aus der Bevölkerung **C** V/T **1** *Essen* probieren; *Atmosphäre* testen; **to ~ wines** eine Weinprobe machen **2** MUS sampeln, samplen

sanatorium [ˌsænə'tɔ:rɪəm] *Br* **S** ⟨*pl* **sanatoria** [ˌsænə'tɔ:rɪə]⟩ Sanatorium *n*

sanction ['sæŋkʃən] **A S 1** Zustimmung *f* **2** Sanktion *f* **B** V/T sanktionieren

sanctity ['sæŋktɪtɪ] **S** Heiligkeit *f*; *von Rechten* Unantastbarkeit *f*

sanctuary ['sæŋktjʊərɪ] **S 1** Zuflucht *f* **2** *für Tiere* Schutzgebiet *n* **3** Heiligtum *n*

★**sand** [sænd] **A S** Sand *m kein pl*; **~s** *in Wüste* Sand *m*; *am Meer* Sandstrand *m* **B** V/T **1** schmirgeln **2** streuen ◆**sand down** V/T ⟨*trennb*⟩ (ab)schmirgeln

sandal ['sændl] **S** Sandale *f*

sandalwood ['sændlwʊd] **S** Sandelholz *n*

sandbag S Sandsack *m* **sandbank S** Sandbank *f* **sandblast** V/T sandstrahlen **sandbox** *US* **S** Sandkasten *m* **sand castle S** Sandburg *f* **sand dune S** Sanddüne *f* **sandpaper A S** Schmirgelpapier *n* **B** V/T schmirgeln **sandpit S** Sandkasten *m* **sandstone A S** Sandstein *m* **B** ADJ Sandstein-, aus Sandstein

sandstorm $\overline{S}$ Sandsturm *m*

sandwich ['sænwɪdʒ] **A** $\overline{S}$ Sandwich *n*; **open ~** belegtes Brot **B** $\overline{VT}$ *a.* **~ in** hineinzwängen **sandwich bar** $\overline{S}$ Snackbar *f* **sandwich board** $\overline{S}$ Reklametafel *f*

sandy ['sændɪ] $\overline{ADJ}$ ⟨komp sandier⟩ **1** sandig; **~ beach** Sandstrand *m* **2** rötlich; *Haar* rotblond

sane [seɪn] $\overline{ADJ}$ ⟨komp saner⟩ *Mensch* normal; PSYCH geistig gesund

sang [sæŋ] $\overline{PRÄT}$ → sing

sanitarium [ˌsænɪ'tɛərɪəm] *US* $\overline{S}$ → sanatorium

sanitary ['sænɪtərɪ] $\overline{ADJ}$ hygienisch **sanitary napkin** *US* $\overline{S}$ Damenbinde *f* **sanitary towel** $\overline{S}$ Damenbinde *f* **sanitation** [ˌsænɪ'teɪʃən] $\overline{S}$ **1** Hygiene *f*; (=*Toiletten etc*) sanitäre Anlagen *pl* **sanitation man** $\overline{S}$ ⟨*US pl* - men⟩ Stadtreiniger *m*

sanity ['sænɪtɪ] $\overline{S}$ geistige Gesundheit, gesunder Verstand

sank [sæŋk] $\overline{PRÄT}$ → sink[1]

San Marino [ˌsænmə'riːnəu] $\overline{S}$ GEOG San Marino *n*

Sanskrit ['sænskrɪt] **A** $\overline{ADJ}$ sanskritisch **B** $\overline{S}$ Sanskrit *n*

Santa (Claus) ['sæntə('klɔːz)] $\overline{S}$ der Weihnachtsmann

sap[1] [sæp] $\overline{S}$ BOT Saft *m*

sap[2] *fig* $\overline{VT}$ untergraben; **to sap sb's strength** j-n entkräften

sapling ['sæplɪŋ] $\overline{S}$ junger Baum

sapphire ['sæfaɪə] $\overline{S}$ Saphir *m*

sarcasm ['sɑːkæzəm] $\overline{S}$ **1** Sarkasmus *m* **2** LIT *beißende, verletzende Ironie* **sarcastic** [sɑː'kæstɪk] $\overline{ADJ}$ sarkastisch; **to be ~ about sth** über etw (*akk*) sarkastische Bemerkungen machen **sarcastically** [sɑː'kæstɪkəlɪ] $\overline{ADV}$ sarkastisch

sardine [sɑː'diːn] $\overline{S}$ Sardine *f*; **packed (in) like ~s** wie die Sardinen

Sardinia [sɑː'dɪnɪə] $\overline{S}$ Sardinien *n*

sardonic $\overline{ADJ}$, **sardonically** [sɑː'dɒnɪk, -əlɪ] $\overline{ADV}$ süffisant

sarnie ['sɑːnɪ] *Br umg* $\overline{S}$ Sandwich *n*

SARS [sɑːz] $\overline{ABK}$ (= severe acute respiratory syndrome) MED SARS *n*

SASE *US* $\overline{ABK}$ (= self-addressed stamped envelope) frankierter Rückumschlag

sash [sæʃ] $\overline{S}$ Schärpe *f* **sash window** $\overline{S}$ Schiebefenster *n*

Sat $\overline{ABK}$ (= Saturday) Sa.

sat [sæt] $\overline{PRÄT \& PPERF}$ → sit

SAT [sæt] *US* $\overline{ABK}$ (= scholastic aptitude test) *Aufnahmeprüfung für das College und die Universität* Abitur *f*, Matura *f österr, schweiz*

Satan ['seɪtən] $\overline{S}$ Satan *m* **satanic** [sə-'tænɪk] $\overline{ADJ}$ satanisch

satchel ['sætʃəl] $\overline{S}$ Schultasche *f*

★**satellite** ['sætəlaɪt] $\overline{S}$ Satellit *m* **satellite dish** $\overline{S}$ Satellitenschüssel *f* **satellite navigation system** $\overline{S}$ Satellitennavigationssystem *n* **satellite television** $\overline{S}$ Satellitenfernsehen *n* **satellite town** $\overline{S}$ Satellitenstadt *f* **satellite TV** $\overline{S}$ → satellite television

satiate ['seɪʃɪeɪt] $\overline{VT}$ *Appetit* stillen *geh*; *j-n* sättigen

satin ['sætɪn] **A** $\overline{S}$ Satin **B** $\overline{ADJ}$ Satin-; *Haut* samtig

satire ['sætaɪə] $\overline{S}$ **1** Satire *f* (**on** auf +*akk*) **2** LIT *überspitzte Darstellung von Personen, Institutionen oder Gesellschaftsklassen durch Übertreibung und Ironie* **satirical** [sə'tɪrɪkəl] $\overline{ADJ}$ satirisch; ironisch **satirically** [sə'tɪrɪkəlɪ] $\overline{ADV}$ satirisch, ironisch **satirist** ['sætərɪst] $\overline{S}$ Satiriker(in) *m(f)* **satirize** ['sætəraɪz] $\overline{VT}$ satirisch darstellen

★**satisfaction** [ˌsætɪs'fækʃən] $\overline{S}$ **1** Befriedigung *f*; *von Bedingungen* Erfüllung *f* **2** Zufriedenheit *f* (**at** mit); **to feel a sense of ~ at sth** Genugtuung über etw (*akk*) empfinden; **she would not give him the ~ of seeing how annoyed she was** sie wollte ihm nicht die Genugtuung geben, ihren Ärger zu sehen; **we hope the meal was to your complete ~** wir hoffen, Sie waren mit dem Essen zufrieden; **to get ~ out of sth** Befriedigung in etw (*dat*) finden, Freude *f* an etw (*dat*) haben; **he gets ~ out of his job** seine Arbeit befriedigt ihn; **I get a lot of ~ out of listening to music** Musik gibt mir viel **3** Genugtuung *f* **satisfactorily** [ˌsætɪs'fæktərɪlɪ] $\overline{ADV}$ zufriedenstellend; **does that answer your question ~?** ist damit Ihre Frage hinreichend beantwortet?; **was it done ~?** waren Sie damit zufrieden?

★**satisfactory** [ˌsætɪs'fæktərɪ] $\overline{ADJ}$ zufriedenstellend, ausreichend; *Erklärung* angemessen; (=*Prüfungsnote*) befriedigend; **to be in a ~ condition** MED sich in einem zufriedenstellenden Zustand

S

befinden; **this is just not ~!** das geht so nicht!; (= *nicht genug*) das reicht einfach nicht (aus)! **satisfied** ['sætɪsfaɪd] ADJ zufrieden; *mit Argumenten* überzeugt; **to be ~ with sth** mit etw zufrieden sein; **(are you) ~?** *iron* (bist du nun) zufrieden?

★**satisfy** ['sætɪsfaɪ] A VT 1 befriedigen; *Kunden* zufriedenstellen; *Hunger* stillen; *Bedingungen* erfüllen; *Anforderungen* genügen (*+dat*) 2 überzeugen B VR **to ~ oneself that …** sich davon überzeugen, dass … **satisfying** ['sætɪsfaɪɪŋ] ADJ befriedigend; *Mahlzeit* sättigend, währschaft *schweiz*

sat-nav ['sætnæv] *Br* ABK (= **satellite navigation system**) Navi *n umg*

satsuma [ˌsæt'suːmə] S Satsuma *f*

saturate ['sætʃəreɪt] VT 1 *mit Flüssigkeit* (durch)tränken, durchnässen 2 *Markt* sättigen **saturation point** *fig* S **to reach ~** den Sättigungsgrad erreichen

★**Saturday** ['sætədɪ] S Samstag *m*; → Tuesday

Saturn ['sætən] S *Mythologie, a.* ASTRON Saturn *m*

sauce [sɔːs] S Soße *f*, Sauce *f*; **white ~** Mehlsoße *f* **saucepan** ['sɔːspən] S Kochtopf *m*

★**saucer** ['sɔːsəʳ] S Untertasse *f*

saucy ['sɔːsɪ] ADJ ⟨*komp* saucier⟩ frech, anzüglich

Saudi Arabia ['saʊdɪə'reɪbɪə] S Saudi-Arabien *n*

sauna ['sɔːnə] S Sauna *f*

saunter ['sɔːntəʳ] VI schlendern; **he ~ed up to me** er schlenderte auf mich zu

★**sausage** ['sɒsɪdʒ] S Wurst *f*, Würstchen *n*; **not a ~** *Br umg* rein gar nichts *umg* **sausagemeat** S Wurstbrät *n* **sausage roll** S ≈ Bratwurst *f im* Schlafrock

sauté ['səʊteɪ] VT Kartoffeln rösten; *Fleisch* (kurz) anbraten

savage ['sævɪdʒ] A ADJ wild; *Kampf, Streit* brutal; *Tier* gefährlich; *Maßnahmen* drastisch; **to make a ~ attack on sb** *fig* j-n scharf angreifen B S Wilde(r) *m(f)* C VT 1 *Tier* anfallen 2 *fig* (=*kritisieren*) verreißen **savagely** ['sævɪdʒlɪ] ADV brutal; *kritisieren* schonungslos **savagery** ['sævɪdʒərɪ] S Grausamkeit *f*; *von Angriff* Brutalität *f*

★**save** [seɪv] A S FUSSB *etc* Ballabwehr *f*;

what a ~! eine tolle Parade!; **to make a** (*am Ball*) abwehren B VT 1 retten; **to ~ sb from sth** j-n vor etw (*dat*) retten; **he ~d me from falling** er hat mich davor bewahrt hinzufallen; **to ~ sth from sth** etw aus etw retten; **to ~ the day** die Rettung sein; **God ~ the Queen** Gott schütze die Königin; **to be ~d by the bell** *umg* gerade noch einmal davonkommen; **to ~ one's neck, to ~ one's ass** *US sl,* **to ~ one's butt** *US umg* seinen Kopf retten; **to ~ sb's neck, to ~ sb's ass** *US sl,* **to ~ sb's butt** *US umg* j-n rauspauken *umg* 2 aufheben; *Zeit, Geld* sparen; *Kräfte* schonen; *Reserven etc* aufsparen; *Briefmarken* sammeln; **~ some of the cake for me** lass mir etwas Kuchen übrig; **~ me a seat** halte mir einen Platz frei; **~ it for later, I'm busy now** *umg* spar dirs für später auf, ich habe jetzt zu tun *umg*; **to ~ the best for last** das Beste bis zum Schluss aufheben; **going by plane will ~ you four hours on the train journey** der Flug spart dir vier Stunden Reisezeit im Vergleich zum Zug; **he's saving himself for the right woman** er spart sich für die Richtige auf 3 **it ~d us having to do it again** das hat es uns (*dat*) erspart, es noch einmal machen zu müssen 4 *Tor* verhindern; *Elfmeter* halten; **well ~d!** gut gehalten! 5 IT (ab)speichern; **to ~ sth to a stick** etw auf (einen) Stick abspeichern C VI sparen; **to ~ for sth** für *od* auf etw (*akk*) sparen

♦**save up** A VI sparen (**for** für, auf *+akk*) B VT ⟨*trennb*⟩ sparen

saver ['seɪvəʳ] S Sparer(in) *m(f)*

★**saving** ['seɪvɪŋ] S 1 ⟨*kein pl*⟩ *a.* REL Rettung *f* 2 ⟨*kein pl*⟩ Sparen *n* 3 Einsparung *f*, Ersparnis *f* 4 **~s** *pl* Ersparnisse *pl*; *in Konto* Spareinlagen *pl*; **~s and loan association** genossenschaftliche Bausparkasse **savings account** S Sparkonto *n*

saviour ['seɪvjəʳ] S, **savior** *US* S Retter(in) *m(f)*

savour ['seɪvəʳ] VT, **savor** *US* VT 1 *Essen* kosten *geh* 2 *fig liter* genießen

savoury ['seɪvərɪ], **savory** *US* A ADJ (≈ *nicht süß*) pikant B S *Br* Häppchen *n*

saw¹ [sɔː] PRÄT → see¹

★**saw²** ⟨*v:* prät **sawed**; *pperf* **sawed** *od* **sawn**⟩ A VT & VI sägen; **to saw sth in**

two etw entzweisägen [B] [S] Säge *f* ♦**saw off** [VT] ⟨*trennb*⟩ absägen
sawdust ['sɔːdʌst] [S] Sägemehl *n* **sawmill** [S] Sägewerk *n* **sawn** [sɔːn] [PPERF] → saw² **sawn-off** ['sɔːn'ɒf] [ADJ], **sawed-off** ['sɔːd'ɒf] *US* [ADJ] **~ shotgun** Gewehr *n* mit abgesägtem Lauf
Saxon ['sæksn] [A] [S] Sachse *m*, Sächsin *f*; HIST (Angel)sachse *m*/-sächsin *f* [B] [ADJ] sächsisch; HIST (angel)sächsisch
Saxony ['sæksənɪ] [S] Sachsen *n*
saxophone ['sæksəfəʊn] [S] Saxofon *n*; **to play the ~** Saxofon spielen

★**say** [seɪ]
⟨*v: prät, pperf* **said**⟩

A transitives und intransitives Verb
B Substantiv

— A transitives und intransitives Verb —

[1] sagen; *Gebet* sprechen; *bestimmten Laut* aussprechen; **say after me ...** sprechen Sie mir nach ...; **you can say what you like (about it/me)** Sie können (darüber/über mich) sagen, was Sie wollen; **I never thought I'd hear him say that** ich hätte nie gedacht, dass er das sagen würde; **that's not for him to say** das kann er nicht entscheiden; **though I say it myself** wenn ich das mal selbst sagen darf; **well, all I can say is ...** na ja, da kann ich nur sagen ...; **who says?** wer sagt das?; **what does it mean? — I wouldn't like to say** was bedeutet das? — das kann ich auch nicht sagen; **having said that, I must point out ...** ich muss allerdings darauf hinweisen ...; **what have you got to say for yourself?** was haben Sie zu Ihrer Verteidigung zu sagen?; **if you don't like it, say so** wenn Sie es nicht mögen, dann sagen Sie es doch; **if you say so** wenn Sie meinen [2] **it says in the papers that ...** in den Zeitungen steht, dass ...; **the rules say that ...** in den Regeln heißt es, dass ...; **what does it say in the dictionary?** was steht im Wörterbuch?; **what does the weather forecast say?** wie ist der Wetterbericht?; **that says a lot about his state of mind** das sagt viel über seinen Gemütszustand aus; **that's not saying much** das will nicht viel heißen; **there's no saying what might happen** was (dann) passiert, das kann keiner vorhersagen; **there's something/a lot to be said for being based in London** es spricht einiges/viel für ein Zuhause in London; *Firma* es spricht einiges/viel für einen Sitz in London [3] **if it happens on, say, Wednesday?** wenn es am, sagen wir mal, Mittwoch passiert? [4] *bei Vorschlägen* **what would you say to a whisky?** wie wär's mit einem Whisky?; **shall we say £50?** sagen wir £ 50?; **what do you say?** was meinen Sie?; **I wouldn't say no to a cup of tea** ich hätte nichts gegen eine Tasse Tee [5] **say, what a great idea!** *bes US* Mensch, tolle Idee! *umg*; **I should say so!** das möchte ich doch meinen!; **you don't say!** was du nicht sagst!; **you said it!** Sie sagen es!; **you can say that again!** das kann man wohl sagen!; **say no more!** ich weiß Bescheid!; **says you!** *umg* das meinst auch nur du! *umg*; **says who?** *umg* wer sagt das? [6] **(it's) easier said than done** das ist leichter gesagt als getan; **no sooner said than done** gesagt, getan; **when all is said and done** letzten Endes; **they say ..., it is said ...** es heißt ..., man sagt ...; **he is said to be very rich** er soll sehr reich sein; **it goes without saying that ...** es versteht sich von selbst, dass ...; **that is to say** das heißt; **to say nothing of the costs** *etc* von den Kosten *etc* mal ganz abgesehen; **enough said!** genug!

— B Substantiv —

[1] **let him have his say** lass ihn mal seine Meinung äußern [2] **to have no/a say in sth** bei etw kein/ein Mitspracherecht haben; **to have the last** *od* **final say (in sth)** (etw) letztlich entscheiden
saying ['seɪɪŋ] [S] Redensart *f*, Sprichwort *n*; **as the ~ goes** wie man so sagt
scab [skæb] [S] Schorf *m*
scaffold ['skæfəld] [S] Gerüst *n*; *für Hinrichtung* Schafott *n* **scaffolding** ['skæfəldɪŋ] [S] Gerüst *n*; **to put up ~** ein Gerüst aufbauen
scalawag ['skæləwæg] *US* [S] → scallywag
scald [skɔːld] [VT] verbrühen **scalding** ['skɔːldɪŋ] [ADV] **~ hot** siedend heiß
scale¹ [skeɪl] [S] *von Fisch* Schuppe *f*

S

★**scale²** ⎡S⎤ **(pair of)** ~**s** pl, ~ **form** Waage f

★**scale³** ⎡S⎤ **1** Skala f, Tabelle f **2** Messgerät n **3** MUS Tonleiter f; **the ~ of G** die G(-Dur)-Tonleiter **4** von Landkarte Maßstab m; **on a ~ of 5 km to the cm** in einem Maßstab von 5 km zu 1 cm; **(drawn/true) to ~** maßstabgerecht **5** fig Ausmaß n; **to entertain on a small ~** Feste im kleinen Rahmen geben; **small in ~** von kleinem Umfang; **it's similar but on a smaller ~** es ist ähnlich, nur kleiner; **on a national ~** auf nationaler Ebene

♦**scale down** wörtl ⎡VT⎤ ⟨trennb⟩ verkleinern; fig verringern

scale⁴ ⎡S⎤ Mauer erklettern

scallion [ˈskæliən] US ⎡S⎤ → spring onion

scallop [ˈskɒləp] ⎡S⎤ ZOOL Kammmuschel f

scallywag [ˈskæliwæg] Br umg ⎡S⎤ Schlingel m umg

scalp [skælp] ⎡S⎤ Kopfhaut f

scalpel [ˈskælpəl] ⎡S⎤ Skalpell n

scaly [ˈskeɪli] ⎡ADJ⎤ ⟨komp scalier⟩ schuppig

scam [skæm] umg ⎡S⎤ Betrug m

scamp [skæmp] umg ⎡S⎤ Frechdachs m umg

scamper [ˈskæmpəʳ] ⎡VI⎤ tollen; Maus huschen

scampi [ˈskæmpi] ⎡S⎤ ⟨sg⟩ Scampi pl

scan [skæn] ⎡A⎤ ⎡VT⎤ schwenken über (+akk), seine Augen wandern lassen über (+akk); Zeitung überfliegen; Horizont absuchen; Gepäck durchleuchten; mit Scanner scannen; mit Radar etc scannen, abtasten ⎡B⎤ ⎡S⎤ MED Scan m; bei Schwangerschaft Ultraschalluntersuchung f ♦**scan in** ⎡VT⎤ ⟨trennb⟩ IT scannen

scandal [ˈskændl] ⎡S⎤ **1** Skandal m; **to cause/create a ~** einen Skandal verursachen, allgemeines Aufsehen erregen **2** ⟨kein pl⟩ Skandalgeschichten pl; **the latest ~** der neueste Klatsch **scandalize** [ˈskændəlaɪz] ⎡VT⎤ schockieren **scandalmongering** [ˈskændl.mʌŋgərɪŋ] ⎡S⎤ Klatschsucht f **scandalous** [ˈskændələs] ⎡ADJ⎤ skandalös

Scandinavia [ˌskændɪˈneɪviə] ⎡S⎤ Skandinavien n **Scandinavian** ⎡A⎤ ⎡ADJ⎤ skandinavisch ⎡B⎤ ⎡S⎤ Skandinavier(in) m(f)

scanner [ˈskænəʳ] ⎡S⎤ COMPUT, MED Scanner m

scant [skænt] ⎡ADJ⎤ ⟨+er⟩ wenig inv; Erfolg gering; **to pay ~ attention to sth** etw kaum beachten **scantily** [ˈskæntɪli] ⎡ADV⎤ spärlich **scanty** [ˈskænti] ⎡ADJ⎤ ⟨komp scantier⟩ Informationen spärlich; Kleidung knapp

scapegoat [ˈskeɪpɡəʊt] ⎡S⎤ Sündenbock m; **to use sb/sth as a ~, to make sb/sth one's ~** j-m/einer Sache die Schuld zuschieben

scar [skɑːʳ] ⎡A⎤ ⎡S⎤ Narbe f; fig Wunde f ⎡B⎤ ⎡VT⎤ **he was ~red for life** wörtl er behielt bleibende Narben zurück; fig er war fürs Leben gezeichnet

★**scarce** [skeəs] ⎡ADJ⎤ ⟨komp scarcer⟩ knapp, selten; **to make oneself ~** umg sich rar machen umg

★**scarcely** [ˈskeəsli] ⎡ADV⎤ kaum; wohl kaum; ~ **anything** fast nichts; **I ~ know what to say** ich weiß nicht recht, was ich sagen soll **scarceness** [ˈskeəsnɪs], **scarcity** [ˈskeəsɪti] ⎡S⎤ Knappheit f, Seltenheit f

★**scare** [skeəʳ] ⎡A⎤ ⎡S⎤ Schreck(en) m; (≈ Panik) Hysterie f (**about** wegen); **to give sb a ~** j-m einen Schrecken einjagen; **to cause a ~** eine Panik auslösen; **a bomb ~** eine Bombendrohung ⎡B⎤ ⎡VT⎤ einen Schrecken einjagen (+dat), Angst machen (+dat), erschrecken; **to be easily ~d** sehr schreckhaft sein, sich (dat) leicht Angst machen lassen; **to ~ sb to death** umg j-n zu Tode erschrecken umg ⎡C⎤ ⎡VI⎤ **I don't ~ easily** ich bekomme nicht so schnell Angst ♦**scare away**, **scare off** ⎡VT⎤ ⟨trennb⟩ verscheuchen, verjagen

scarecrow ⎡S⎤ Vogelscheuche f **scared** [skeəd] ⎡ADJ⎤ ängstlich, verängstigt; **to be ~ (of sb/sth)** (vor j-m/etw) Angst haben; **to be ~ to death** umg Todesängste ausstehen; **she was too ~ to speak** sie konnte vor Angst nicht sprechen; **he's ~ of telling her the truth** er getraut sich nicht, ihr die Wahrheit zu sagen

scaremongering [ˈskeə.mʌŋgərɪŋ] ⎡S⎤ Panikmache(rei) f umg **scare tactics** ⎡PL⎤ Panikmache(rei) f umg

★**scarf** [skɑːf] ⎡S⎤ ⟨pl scarves od -s⟩ Schal m; Halstuch n; Kopftuch n

scarlet [ˈskɑːlɪt] ⎡ADJ⎤ (scharlach)rot; **to go ~** rot anlaufen umg **scarlet fever** ⎡S⎤ MED Scharlach m

scarves [skɑːvz] ⎡PL⎤ → scarf

scary [ˈskeəri] umg ⎡ADJ⎤ ⟨komp scarier⟩

unheimlich; *Film* grus(e)lig *umg*; **it was pretty ~** da konnte man schon Angst kriegen *umg*; **that's a ~ thought** das ist ein beängstigender Gedanke

scathing ['skeɪðɪŋ] ADJ bissig; *Blick* vernichtend; **to be ~ bissige Bemerkungen** *pl* machen (**about über** +*akk*); **to make a ~ attack on sb/sth** j-n/etw scharf angreifen

scatter ['skætə] A V/I **1** verstreuen; *Samen* streuen (**on, onto auf** +*akk*) **2** auseinandertreiben B V/I sich zerstreuen (**to in** +*akk*) **scatterbrain** *umg* s̄ Schussel *m/f* **scatterbrained** ['skætə,breɪnd] *umg* ADJ schuss(e)lig *umg* **scattered** ADJ *Bevölkerung* weitverstreut; *Objekte* verstreut; *Regenschauer* vereinzelt

scavenge ['skævɪndʒ] A V/T ergattern B V/I *Nahrung* suchen; **to ~ for sth** nach etw suchen **scavenger** ['skævɪndʒə'] s̄ Aasfresser *m*; *fig* Aasgeier *m*

scenario [sɪ'nɑːriəʊ] s̄ 〈*pl* -s〉 Szenario *n*

*★***scene** [siːn] s̄ **1** Schauplatz *m*; *von Stück* Ort *m* der Handlung; **the ~ of the crime** der Tatort; **to set the ~** den Rahmen geben; **a change of ~** ein Tapetenwechsel *m*; **to appear on the ~** auf der Bildfläche erscheinen; **the police were first on the ~** die Polizei war als erste zur Stelle **2** *a.* THEAT Szene *f*; **behind the ~s** hinter den Kulissen; **to make a ~** eine Szene machen **3** Anblick *m*; KUNST Szene *f* **4** *umg* Szene *f*; **the drug ~** die Drogenszene; **that's not my ~** das ist nicht mein Ding *umg*

*★***scenery** ['siːnəri] s̄ 〈*kein pl*〉 **1** Landschaft *f*; **do you like the ~?** gefällt Ihnen die Gegend? **2** THEAT Bühnendekoration *f* **scenic** ['siːnɪk] ADJ landschaftlich; (≈ *hübsch*) malerisch; **to take the ~ route** die landschaftlich schöne Strecke nehmen; *hum* einen kleinen Umweg machen; **~ presentation** LIT szenische Erzählung (*detaillierte Darstellung eines Ereignisses*)

scent [sent] s̄ **1** Duft *m* **2** Parfüm *n* **3** *von Tier* Fährte *f*; **to put sb off/throw sb off the ~** j-n von der Fährte abbringen **scented** ['sentɪd] ADJ *Seife* parfümiert; *Blume* duftend; **~ candle** Duftkerze *f*

sceptic ['skeptɪk] s̄, **skeptic** *US* s̄ Skeptiker(in) *m(f)* **sceptical** ['skeptɪkəl] ADJ, **skeptical** *US* ADJ skeptisch; **to be ~**

about *od* **of sth** über etw (*akk*) skeptisch sein **scepticism** ['skeptɪsɪzəm] s̄, **skepticism** *US* s̄ Skepsis *f* (**about** gegenüber)

sceptre ['septə'] s̄, **scepter** *US* s̄ Zepter *n*

schedule ['skedʒʊəl, *bes Br* 'ʃedjuːl] A s̄ Programm *n*, Zeitplan *m*; *bes US* Fahr-/Flugplan *m*; *bes US* SCHULE Stundenplan *m*; **according to ~** planmäßig; **the train is behind ~** der Zug hat Verspätung; **the bus was on ~** der Bus war pünktlich; **the building will be opened on ~** das Gebäude wird wie geplant eröffnet werden; **the work is ahead of/behind ~** wir *etc* sind (mit der Arbeit) dem Zeitplan voraus/im Rückstand; **we are working to a very tight ~** unsere Termine sind sehr eng B V/T planen; **the work is ~d for completion in 3 months** die Arbeit soll (laut Zeitplan) in 3 Monaten fertig(gestellt) sein; **it is ~d to take place tomorrow** es soll morgen stattfinden; **she is ~d to speak tomorrow** ihre Rede ist für morgen geplant; **the plane is ~d to take off at 2 o'clock** planmäßiger Abflug ist 2 Uhr **scheduled** ['skedʒʊəld, *bes Br* 'ʃedjuːld] ADJ geplant; *Abfahrt* planmäßig **scheduled flight** s̄ Linienflug *m*

schematic ADJ, **schematically** [skɪ'mætɪk, -əlɪ] ADV schematisch

scheme [skiːm] A s̄ **1** Plan *m*, Projekt *n*, Programm *n*; (≈ *Einfall*) Idee *f* **2** *krimineller etc* (raffinierter) Plan **3** *von Zimmer* Einrichtung *f* B V/I Pläne schmieden **scheming** ['skiːmɪŋ] A s̄ raffiniertes Vorgehen; *von Politiker* Machenschaften *pl* B ADJ *Methoden, Geschäftsmann* raffiniert; *Politiker* gewieft *umg*

schizophrenia [ˌskɪtsəʊ'friːnɪə] s̄ Schizophrenie *f* **schizophrenic** [ˌskɪtsəʊ'frenɪk] s̄ Schizophrene(r) *m/f(m)*

schmaltzy ['ʃmɔːltsɪ] ADJ 〈*komp* schmaltzier〉 *umg* schmalzig *umg*

schnap(p)s [ʃnæps] s̄ 〈*kein pl*〉 Schnaps *m*

scholar ['skɒlə'] s̄ Gelehrte(r) *m/f(m)* **scholarly** ['skɒləlɪ] ADJ wissenschaftlich, gelehrt **scholarship** s̄ **1** Gelehrsamkeit *f* **2** Stipendium *n*; **~ holder** Stipendiat(in) *m(f)*

*★***school**[1] [skuːl] s̄ **1** Schule *f*; *US* College *n*, Universität *f*; **at ~, in ~** *US* in der

Schule; *US* im College, an der Universität; **to go to ~** in die Schule/ins College *US*/zur Universität *US* gehen; **to leave ~** von der Schule abgehen; **to miss ~** in der Schule fehlen; **to start ~** in die Schule kommen; **how do you get to ~?** wie kommst du zur Schule?; **there's no ~ tomorrow** morgen ist schulfrei; **we've got a day off ~ on Friday** am Freitag haben wir frei **2** UNIV Fachbereich *m*, Fakultät *f*

school² S *von Fischen* Schule *f*

school age S Schulalter *n* **school bag** S Schultasche *f* **schoolbook** S Schulbuch *n* **schoolboy** S Schüler *m* **school bus** S Schulbus *m* **schoolchild** S ‹*pl* -ren› Schulkind *n* **schoolchildren** PL Schüler *pl* **school days** PL Schulzeit *f* **school dinner** S Schulessen *n* **school exchange** S Schüleraustausch *m*; **to go on the ~** (visit) **to Germany** beim Schüleraustausch mit Deutschland mitmachen **school fees** PL Schulgeld *n* **schoolfriend** S Schulfreund(in) *m(f)* **schoolgirl** S Schülerin *f* **school holiday** *Br* S Schulferien *pl* **schooling** ['skuːlɪŋ] S Schulausbildung *f* **school-leaver** *Br* S Schulabgänger(in) *m(f)* **school-leaving qualification** [skuːl'liːvɪŋ] S Schulabschluss *m* **school magazine** S Schülerzeitung *f* **schoolmate** *Br* S Schulkamerad(in) *m(f)* **school meals** PL Schulessen *n* **school report** S Schulzeugnis *n* **schoolteacher** S Lehrer(in) *m(f)* **school uniform** S Schuluniform *f* **school vacation** *US* S Schulferien *pl* **schoolwork** S ‹*kein pl*› Schulaufgaben *pl*, Schularbeiten *pl* **schoolyard** S Schulhof *m*, Pausenhof *m österr*

sciatica [saɪˈætɪkə] S Ischias *m*

★**science** [ˈsaɪəns] S Wissenschaft *f*, Naturwissenschaft *f* **science fiction** S Science-Fiction *f* **science park** S Technologiepark *m* **scientific** [ˌsaɪən-ˈtɪfɪk] ADJ naturwissenschaftlich; *Methoden* wissenschaftlich **scientifically** [ˌsaɪənˈtɪfɪkəlɪ] ADV **~ proven** wissenschaftlich erwiesen **scientist** [ˈsaɪəntɪst] S (Natur)wissenschaftler(in) *m(f)* **sci-fi** [ˈsaɪfaɪ] *umg* S → science fiction

Scillies [ˈsɪlɪz], **Scilly Isles** [ˈsɪlɪˌaɪlz] PL Scillyinseln *pl*

scintillating [ˈsɪntɪleɪtɪŋ] *fig* ADJ *Geist,*

Vorführung sprühend *attr*; *Mensch, Rede* vor Geist sprühend *attr*

★**scissors** [ˈsɪzəz] PL Schere *f*; **a pair of ~** eine Schere

scoff¹ [skɒf] VI spotten; **to ~ at sb/sth** sich abschätzig über j-n/etw äußern

scoff² *Br umg* VT futtern *umg*, in sich (*akk*) hineinstopfen *umg*

scold [skəʊld] A VT ausschimpfen (**for** wegen) B VI schimpfen **scolding** [ˈskəʊldɪŋ] S **1** Schelte *f kein pl* **2** Schimpferei *f*

scollop S → scallop

scone [skɒn] *Br* S brötchenartiges Buttergebäck

scoop [skuːp] A S **1** Schaufel *f*; *für Eiscreme* Portionierer *m*; (≈ *Portion Eiscreme*) Kugel *f* B VT **1** schaufeln; *Flüssigkeit* schöpfen **2** *Preis* gewinnen ◆**scoop out** VT ‹*trennb*› **1** herausschaufeln; *Flüssigkeit* herausschöpfen **2** *Melone* aushöhlen ◆**scoop up** VT ‹*trennb*› aufschaufeln; *Flüssigkeit* aufschöpfen; **she scooped the child up** sie raffte das Kind an sich (*akk*)

scooter [ˈskuːtəʳ] S (Tret)roller *m*, Trottinett *m schweiz*; (Motor)roller *m*

scope [skəʊp] S **1** *von Wissen, Untersuchung* Umfang *m*; *von Gremium etc* Kompetenzbereich *m*; **sth is beyond the ~ of sth** etw geht über etw (*akk*) hinaus; **this project is more limited in ~** dieses Projekt ist auf einen engeren Rahmen begrenzt **2** Möglichkeit(en) *f(pl)*; **there is ~ for further growth in the tourist industry** die Tourismusindustrie ist noch ausbaufähig; **to give sb ~ to do sth** j-m den nötigen Spielraum geben, etw zu tun

scorch [skɔːtʃ] A S (a. **scorch mark**) Brandfleck *m* B VT versengen **scorcher** [ˈskɔːtʃəʳ] *umg* S glühend heißer Tag **scorching** [ˈskɔːtʃɪŋ] ADJ *Sonne* glühend heiß; *Tag* brütend heiß

★**score** [skɔːʳ] A S **1** (Punkte)stand *m*, (Spiel)stand *m*; (≈ *Resultat*) Spielergebnis *n*; **the ~ was Rangers 3, Celtic 0** es stand 3:0 für Rangers (gegen Celtic); (≈ *Resultat*) Rangers schlug Celtic (mit) 3:0; **to keep ~** (mit)zählen; **what's the ~?** wie steht es?; **to know the ~** *fig* wissen, was gespielt wird *umg* **2** (≈ *Groll*) Rechnung *f*; **to settle old ~s** alte Schulden begleichen; **to have a ~ to settle**

with sb mit j-m eine alte Rechnung zu begleichen haben **3** MUS Noten *pl*, Partitur *f*; *von Film* Musik *f* **4** Kerbe *f* **5** zwanzig; **~s of …** Hunderte von … **6 on that** ~ deshalb **B** $\overline{\text{V/T}}$ **1** erzielen; **I ~d ten points** ich habe zehn Punkte **2** Kratzer/einen Kratzer machen in (+*akk*) **C** $\overline{\text{V/I}}$ **1** einen Punkt erzielen; FUSSB *etc* ein Tor schießen; **to ~ well/ badly** gut/schlecht abschneiden **2** (mit)zählen ◆**score off** $\overline{\text{V/T}}$ ⟨*trennb*⟩ ausstreichen ◆**score out**, **score through** $\overline{\text{V/T}}$ ⟨*trennb*⟩ durchstreichen

scoreboard $\overline{\text{S}}$ Anzeigetafel *f*; *im Fernsehen* Tabelle *f* der Spielergebnisse

scoreline ['skɔːlaɪn] $\overline{\text{S}}$ SPORT Spielstand *m* **scorer** ['skɔːrə^r] $\overline{\text{S}}$ **1** FUSSB *etc* Torschütze *m*/-schützin *f* **2** SPORT Anschreiber(in) *m(f)*

scorn ['skɔːn] **A** $\overline{\text{S}}$ Verachtung *f*; **to pour ~ on sb/sth** j-n/etw verächtlich abtun **B** $\overline{\text{V/T}}$ verachten, verächtlich behandeln **scornful** $\overline{\text{ADJ}}$ verächtlich, spöttisch; **to be ~ of sb/sth** j-n/etw verachten; *mit Worten* j-n/etw verhöhnen **scornfully** ['skɔːnfəlɪ] $\overline{\text{ADV}}$ verächtlich

Scorpio ['skɔːpɪəʊ] $\overline{\text{S}}$ ⟨*pl* **-s**⟩ ASTROL Skorpion *m*; **to be (a) ~** (ein) Skorpion sein

scorpion ['skɔːpɪən] $\overline{\text{S}}$ Skorpion *m*

★**Scot** [skɒt] $\overline{\text{S}}$ Schotte *m*, Schottin *f*

Scotch [skɒtʃ] **A** $\overline{\text{ADJ}}$ schottisch **B** $\overline{\text{S}}$ (≈ *Whisky*) Scotch *m* **Scotch tape®** $\overline{\text{S}}$ ⟨*kein pl*⟩ Klebeband *n*

scot-free [skɒt'friː] $\overline{\text{ADV}}$ **to get off ~** ungeschoren davonkommen

★**Scotland** ['skɒtlənd] $\overline{\text{S}}$ Schottland *n* **Scots** [skɒts] **A** $\overline{\text{ADJ}}$ schottisch **B** $\overline{\text{S}}$ LING Schottisch *n*; **the ~** *pl* die Schotten *pl*

★**Scotsman** $\overline{\text{S}}$ ⟨*pl* **-men**⟩ Schotte *m*

★**Scotswoman** $\overline{\text{S}}$ ⟨*pl* **-women** [-wɪmɪn]⟩ Schottin *f*

★**Scottish** ['skɒtɪʃ] $\overline{\text{ADJ}}$ schottisch; **the ~ Parliament** das schottische Parlament

scoundrel ['skaʊndrəl] $\overline{\text{S}}$ Bengel *m*, Bazi *m österr*

scour[1] ['skaʊə^r] $\overline{\text{V/T}}$ scheuern, fegen *schweiz*

scour[2] $\overline{\text{V/T}}$ *Gebiet* absuchen (**for** nach); *Zeitung* durchkämmen (**for** nach)

scourer ['skaʊərə^r] $\overline{\text{S}}$ Topfkratzer *m*, Scheuerschwamm *m*

scourge [skɜːdʒ] $\overline{\text{S}}$ Geißel *f*

▶ **Scotch, Scots oder Scottish?**

Scots bezeichnet in erster Linie die Leute und ihre Sprache:

the Scots language, the Scots people

Scottish bezieht sich hauptsächlich auf Land und Leute sowie deren Traditionen und Produkte:

the Scottish Highlands, Scottish woollens (Wollwaren)

Scotch wird nur in Zusammenhang mit bestimmten traditionellen Produkten verwendet und gilt ansonsten als altmodisch und sogar beleidigend:

Scotch whisky, Scotch egg (hart gekochtes Ei in paniertem Wurstbrät).

Von allen drei Adjektiven wird **Scottish** am häufigsten verwendet. ◀

scouring pad ['skaʊərɪŋpæd] $\overline{\text{S}}$ → scourer

Scouse [skaʊs] **A** $\overline{\text{ADJ}}$ Liverpooler **B** $\overline{\text{S}}$ **1** Liverpooler(in) *m(f)* **2** Liverpooler Dialekt *m*

scout [skaʊt] **A** $\overline{\text{S}}$ **1** MIL Kundschafter(in) *m(f)* **2** **to have a ~ (a)round for sth** sich nach etw umsehen **3** Scout Pfadfinder *m*; *US* Pfadfinderin *f* **4** Talentsucher(in) *m(f)* **B** $\overline{\text{V/I}}$ auskundschaften; **to ~ for sth** nach etw Ausschau halten **C** $\overline{\text{V/T}}$ *Gebiet, Land* erkunden ◆**scout around** $\overline{\text{V/I}}$ sich umsehen (**for** nach)

scouting ['skaʊtɪŋ] $\overline{\text{S}}$ Suche *f* (**for** nach), Talentsuche *f* **scoutmaster** ['skaʊtmɑːstə^r] $\overline{\text{S}}$ Gruppenführer *m*

scowl [skaʊl] **A** $\overline{\text{S}}$ finsterer Blick **B** $\overline{\text{V/I}}$ ein finsteres Gesicht machen; **to ~ at sb** j-n böse ansehen

scrabble ['skræbl] $\overline{\text{V/I}}$ *a*. **~ around** *od* **about** *Br* (herum)tasten, (herum)wühlen

scraggly ['skræglɪ] $\overline{\text{ADJ}}$ ⟨*komp* scragglier⟩ Bart, Haare zottig; *Pflanze* kümmerlich

scraggy ['skrægɪ] $\overline{\text{ADJ}}$ ⟨*komp* scraggier⟩ dürr; *Fleisch* sehnig

scram [skræm] *umg* $\overline{\text{V/I}}$ abhauen *umg*; **~!** verschwinde!

S

scramble ['skræmbl] **A** $\overline{S}$ **1** Kletterei f **2** Gerangel n **B** $\overline{VT}$ **1** (untereinander) mischen **2** Eier verquirlen **3** TEL Nachricht verschlüsseln **C** $\overline{VI}$ **1** klettern; **to ~ out** herausklettern; **he ~d to his feet** er rappelte sich auf umg; **to ~ up sth auf etw** (akk) hinaufklettern **2** **to ~ for sth** sich um etw raufen; um Ball etc um etw kämpfen; um Job, Standort sich um etw drängeln **scrambled egg(s)** [ˌskræmbld'eg(z)] $\overline{SPL}$ Rührei(er) n(pl)

scrap [skræp] **A** $\overline{S}$ **1** Stückchen n; fig bisschen kein pl; von Papier, Konversation Fetzen m; **there isn't a ~ of food** es ist überhaupt nichts zu essen da; **a few ~s of information** ein paar magere Auskünfte; **not a ~ of evidence** nicht der geringste Beweis **2** ‹mst pl› Rest m **3** Altmaterial n; (= Metall) Schrott m; **to sell sth for ~** etw zum Verschrotten verkaufen **B** $\overline{VT}$ Auto verschrotten; Idee fallen lassen **scrapbook** ['skræpbʊk] $\overline{S}$ Sammelalbum n **scrap car** $\overline{S}$ Schrottauto n umg

★**scrape** [skreɪp] **A** $\overline{S}$ Schramme f **B** $\overline{VT}$ **1** Kartoffeln schaben; Teller, Schuhe abkratzen; Topf auskratzen; **to ~ a living** gerade so sein Auskommen haben; **that's really scraping (the bottom of the) barrel** fig das ist wirklich das Letzte vom Letzten **2** Auto schrammen; Mauer streifen; Arm aufschürfen **3** kratzen an (+dat) **C** $\overline{VI}$ kratzen (**against** an +dat), streifen (**against** +akk); **the car just ~d past the gatepost** der Wagen fuhr um Haaresbreite am Torpfosten vorbei ♦**scrape by** wörtl $\overline{VI}$ sich vorbeizwängen; fig sich durchwursteln umg (on mit) ♦**scrape off** $\overline{VT}$ ‹trennb› abkratzen (**sth von etw**) ♦**scrape out** $\overline{VT}$ ‹trennb› auskratzen ♦**scrape through A** $\overline{VI}$ in Prüfung durchrutschen umg **B** $\overline{VI}$ ‹+obj› Öffnung sich durchzwängen durch; Prüfung durchrutschen durch umg ♦**scrape together** $\overline{VT}$ ‹trennb› Geld zusammenkratzen **scraper** ['skreɪpəʳ] $\overline{S}$ Spachtel m **scrap heap** $\overline{S}$ Schrotthaufen m; **to be thrown on the ~** Mensch zum alten Eisen geworfen werden; **to end up on the ~** Mensch beim alten Eisen landen **scrapings** ['skreɪpɪŋz] $\overline{PL}$ von Essen Reste pl; von Kartoffeln Schalen pl **scrap merchant** $\overline{S}$ Schrotthändler(in)

m(f) **scrap metal** $\overline{S}$ Schrott m **scrap paper** bes Br $\overline{S}$ Schmierpapier n **scrappy** ['skræpi] $\overline{ADJ}$ ‹komp scrappier› zusammengestückelt; Spiel orientierungslos **scrapyard** ['skræpjɑːd] bes Br $\overline{S}$ Schrottplatz m

★**scratch** [skrætʃ] **A** $\overline{S}$ Kratzer m; **to have a ~** sich kratzen; **to start from ~** (ganz) von vorn(e) anfangen; **to learn a language from ~** eine Sprache von Grund auf erlernen; **to be up to ~** umg den Anforderungen entsprechen **B** $\overline{VT}$ kratzen, zerkratzen; **she ~ed the dog's ear** sie kratzte den Hund am Ohr; **to ~ one's head** sich am Kopf kratzen; **to ~ the surface of sth** fig etw oberflächlich berühren **C** $\overline{VI}$ **1** kratzen, sich kratzen **2** MUS scratchen ♦**scratch about** Br, **scratch around** fig umg $\overline{VI}$ sich umsehen (**for** nach)

scratchcard ['skrætʃkɑːd] Br $\overline{S}$ Rubbellos n **scratching** ['skrætʃɪŋ] $\overline{S}$ MUS Scratching n **scratch pad** $\overline{S}$ **1** US Notizblock m **2** IT (digitaler) Notizblock **scratch paper** US $\overline{S}$ Notizpapier n **scratchy** ['skrætʃi] $\overline{ADJ}$ ‹komp scratchier› kratzend attr; Pullover kratzig **scrawl** [skrɔːl] **A** $\overline{S}$ Krakelei f; (= Handschrift) Klaue f umg **B** $\overline{VT}$ hinkritzeln **scrawny** ['skrɔːni] $\overline{ADJ}$ ‹komp scrawnier› dürr

scream [skriːm] **A** $\overline{S}$ **1** Schrei m; von Motor Heulen n; **to give a ~** einen Schrei ausstoßen **2** fig umg **to be a ~** zum Schreien sein umg **B** $\overline{VT}$ schreien; **to ~ sth at sb** j-m etw zuschreien; **to ~ one's head off** umg sich (dat) die Lunge aus dem Leib od Hals schreien **C** $\overline{VI}$ schreien; Wind, Motor heulen; **to ~ at sb** j-n anschreien; **to ~ for sth** nach etw schreien; **to ~ in** od **with pain** vor Schmerzen schreien; **to ~ with laughter** vor Lachen kreischen **screaming** ['skriːmɪŋ] **A** $\overline{ADJ}$ schreiend; Reifen kreischend; Wind, Motor heulend **B** $\overline{S}$ **to have a ~ match** sich gegenseitig anbrüllen umg

screech [skriːtʃ] **A** $\overline{S}$ Kreischen n kein pl **B** $\overline{VT}$ schreien; in hohen Tönen quietschen **C** $\overline{VI}$ kreischen; **to ~ with laughter** vor Lachen kreischen; **to ~ with delight** vor Vergnügen quietschen

★**screen** [skriːn] **A** $\overline{S}$ **1** (= Schutzvorrichtung) Schirm m, Wandschirm m; fig Schutz m **2** FILM Leinwand f; TV (Bild)schirm m; **stars of the ~** Film- stars pl; **the big ~** die Leinwand; **the small ~** die Mattscheibe **3** COMPUT Bildschirm m; **on ~** auf Bildschirm (dat); **to work on ~** am Bildschirm ar- beiten **B** Vᴛ **1** verdecken, abschirmen; **he ~ed his eyes from the sun** er schützte die Augen vor der Sonne **2** TV-Programm senden; Film vorführen **3** Bewerber überprüfen; Telefonate überwa- chen; MED untersuchen **C** Vɪ **to ~ for sth** MED auf etw (akk) untersuchen ◆**screen off** Vᴛ ⟨trennb⟩ abtrennen

screening [ˈskriːnɪŋ] S̲ **1** von Bewerbern Überprüfung f **2** von Film Vorführung f; TV Sendung f **screenplay** S̲ Dreh- buch n **screen-printing** S̲ Siebdruck m **screensaver** S̲ IT Bildschirmscho- ner m **screenwriter** S̲ Drehbuchau- tor(in) m(f)

★**screw** [skruː] **A** S̲ MECH Schraube f; **he's got a ~ loose** umg bei dem ist eine Schraube locker umg; **to turn the ~ on sb** umg j-m die Daumenschrauben anle- gen **B** Vᴛ **1** schrauben (**on** a +akk od **onto** auf +akk); **she ~ed her hander- chief into a ball** sie knüllte ihr Taschen- tuch zu einem Knäuel zusammen **2** sl vögeln umg; **~ you!** sl leck mich am Arsch! vulg, du kannst mich mal! umg **C** Vɪ sl vögeln umg ◆**screw down** Vᴛ ⟨trennb⟩ an- od festschrauben ◆**screw in A** Vᴛ ⟨trennb⟩ (hin)einschrauben (**sth, -to sth in** etw akk) **B** Vɪ ⟨trennb⟩ (hin)eingeschraubt werden (**sth, -to sth in** etw akk) ◆**screw off A** Vᴛ ⟨trennb⟩ abschrauben (**sth von** etw) **B** Vɪ ⟨trennb⟩ abgeschraubt werden (**sth von** etw) ◆**screw on A** Vᴛ ⟨trennb⟩ anschrauben; **to screw sth on(to) sth** etw an etw (akk) schrauben; Deckel etw auf etw (akk) schrauben **B** Vɪ aufge- schraubt werden, angeschraubt werden ◆**screw together A** Vᴛ ⟨trennb⟩ zu- sammenschrauben **B** Vɪ zusammenge- schraubt werden ◆**screw up A** Vᴛ ⟨trennb⟩ **1** Papier zusammenknüllen; Au- gen zusammenkneifen; Gesicht verzie- hen; **to screw up one's courage** seinen ganzen Mut zusammennehmen **2** umg vermasseln umg **3** umg j-n neurotisch machen; **he's so screwed up** der hat ei- nen Schaden umg **B** Vɪ umg Scheiße

bauen umg (**on sth** bei etw)

screwball bes US umg S̲ Spinner(in) m(f) umg

★**screwdriver** [ˈskruːdraɪvəʳ] S̲ Schrau- benzieher m **screw top** S̲ Schraubver- schluss m **screwy** [ˈskruːɪ] umg ADJ ⟨komp screwier⟩ verrückt umg

scribble [ˈskrɪbl] **A** S̲ Gekritzel n kein pl **B** Vᴛ hinkritzeln; **to ~ sth on sth** etw auf etw (akk) kritzeln; **to ~ sth down** etw hinkritzeln **C** Vɪ kritzeln

scribe [skraɪb] S̲ Schreiber(in) m(f)

scrimp [skrɪmp] Vɪ sparen, knausern; **to ~ and save** (geizen und) sparen

script [skrɪpt] S̲ **1** Schrift f **2** THEAT Text m; Film Drehbuch n

scripture [ˈskrɪptʃəʳ] S̲ Scripture, the Scriptures die (Heilige) Schrift

scriptwriter [ˈskrɪpt,raɪtəʳ] S̲ Textau- tor(in) m(f); FILM Drehbuchautor(in) m(f)

scroll [skrəʊl] **A** S̲ **1** Schriftrolle f; deko- rativ Schnörkel m **2** IT Scrollen n **B** Vᴛ IT scrollen ◆**scroll down** Vᴛ & Vɪ vorscrollen ◆**scroll up** Vᴛ & Vɪ ⟨trennb⟩ zurückscrollen

scroll bar S̲ IT Bildlaufleiste f

Scrooge [skruːdʒ] S̲ Geizhals m

scrotum [ˈskrəʊtəm] S̲ Hodensack m

scrounge [skraʊndʒ] umg **A** Vᴛ & Vɪ schnorren umg (**off, from** bei) **B** S̲ **to be on the ~** am Schnorren sein umg **scrounger** [ˈskraʊndʒəʳ] umg S̲ Schnorrer(in) m(f) umg

scrub¹ [skrʌb] S̲ Gebüsch n

scrub² **A** S̲ Schrubben n kein pl, Fegen n kein pl schweiz; **to give sth a ~** etw schrubben **B** Vᴛ schrubben, fegen schweiz; Gemüse putzen schweiz ◆**scrub down** Vᴛ ⟨trennb⟩ abschrubben, abfegen schweiz ◆**scrub out** Vᴛ ⟨trennb⟩ Topf ausscheuern, ausfegen schweiz

scrubbing brush [ˈskrʌbɪŋ,brʌʃ] Br S̲, **scrub brush** US S̲ Scheuerbürste f

scrubland [ˈskrʌblænd] S̲ → scrub¹

scruff¹ [skrʌf] S̲ **by the ~ of the neck** am Genick

scruff² umg S̲ (≈ Frau) Schlampe f pej umg; (≈ Mann) abgerisseneer Typ umg

scruffily [ˈskrʌfɪlɪ] umg ADV schlampig umg **scruffy** [ˈskrʌfɪ] umg ADJ ⟨komp scruffier⟩ gammelig umg

scrum [skrʌm] S̲ a. Rugby Gedränge n

scrumptious [ˈskrʌmpʃəs] umg ADJ le- cker

S

scrunch [skrʌntʃ] **A** V̱T̲ to ~ sth (up) into a ball etw zusammenknüllen **B** V̱I̲ knirschen

scruple ['skruːpl] S̲ Skrupel *m*; ~s (moralische) Bedenken *pl*; **to have no ~s about sth** bei einer Sache keine Skrupel haben **scrupulous** ['skruːpjʊləs] A̱D̲J̲ gewissenhaft; **he is not too ~ in his business dealings** er hat keine allzu großen Skrupel bei seinen Geschäften; **to be ~ about sth** mit etw gewissenhaft sein **scrupulously** ['skruːpjʊləsli] A̱D̲V̲ gewissenhaft, sorgfältig; *säubern* peinlich; *fair* äußerst

scrutinize ['skruːtɪnaɪz] V̱T̲ **1** (genau) untersuchen, genau prüfen **2** *prüfend* ansehen **scrutiny** ['skruːtɪnɪ] S̲ **1** Untersuchung *f*, (Über)prüfung *f* **2** *mit Augen* prüfender Blick

scuba diving ['skuːbə] S̲ Sporttauchen *n*

scud [skʌd] V̱I̲ flitzen; *Wolken* jagen

scuff [skʌf] A̱ V̱T̲ abwetzen **B** V̱I̲ schlurfen

scuffle ['skʌfl] A̱ S̲ Handgemenge *n* **B** V̱I̲ sich raufen

sculpt [skʌlpt] V̱T̲ → sculpture B

★**sculptor** ['skʌlptə] S̲ Bildhauer(in) *m(f)*

★**sculpture** ['skʌlptʃə] A̱ S̲ Bildhauerkunst *f*, Bildhauerei *f*; (≈ *Werk*) Skulptur *f*, Plastik *f* **B** V̱T̲ formen; *in Stein* hauen

scum [skʌm] S̲ **1** *auf Flüssigkeit* Schaum *m*; (≈ *Rückstand*) Rand *m* **2** *pej umg* Abschaum *m*; **the ~ of the earth** der Abschaum der Menschheit **scumbag** ['skʌmbæg] *umg* S̲ Schleimscheißer *m umg*

scupper ['skʌpə] V̱T̲ **1** SCHIFF versenken **2** *Br umg* zerschlagen

scurrilous ['skʌrɪləs] A̱D̲J̲ verleumderisch **scurry** ['skʌrɪ] V̱I̲ hasten; *Tier* huschen; **they all scurried out of the classroom** sie hatten es alle eilig, aus dem Klassenzimmer zu kommen

scuttle¹ ['skʌtl] V̱I̲ trippeln; *Tier* hoppeln; *Spinne* krabbeln

scuttle² V̱T̲ SCHIFF versenken

scythe [saɪð] S̲ Sense *f*

SD card [ˌesdiːˈ ABK (= secure digital memory card) IT SD-Karte *f*

SE ABK (= south-east) SO

★**sea** [siː] S̲ Meer *n*, See *f*; **by sea** auf dem Seeweg; **by the sea** am Meer; **at sea** auf See; **to be all at sea** *fig* nicht durchbli-

cken (**with** bei) *umg*; **to go to sea** zur See gehen; **heavy seas** schwere See **sea anemone** S̲ Seeanemone *f* **sea bass** [bæs] S̲ *Fisch* Wolfsbarsch *m* **seabed** S̲ Meeresboden *m* **sea bird** S̲ Seevogel *m* **seaboard** *US* S̲ Küste *f* **sea breeze** S̲ Seewind *m* **sea change** S̲ totale Veränderung **sea defences** P̲L̲, **sea defenses** *US* P̲L̲ Hochwasserschutzmaßnahmen *pl* **seafish** S̲ Meeresfisch *m*

★**seafood** S̲ ⟨*kein pl*⟩ Meeresfrüchte *pl*; ~ **restaurant** Fischrestaurant *n* **seafront** S̲ Strandpromenade *f* **seagoing** ['siːˌɡəʊɪŋ] A̱D̲J̲ *Jacht etc* hochseetüchtig, *Hochsee-* **seagull** S̲ Möwe *f* **sea horse** S̲ Seepferdchen *n*

seal¹ [siːl] S̲ ZOOL Seehund *m*, Robbe *f*

seal² A̱ S̲ **1** Siegel *n*; ~ **of approval** offizielle Zustimmung **2** Verschluss *m* **B** V̱T̲ versiegeln; *mit Wachs* siegeln; *Bereich* abriegeln, abdichten; *fig* besiegeln; ~**ed envelope** verschlossener Briefumschlag; **my lips are ~ed** meine Lippen sind versiegelt; **this ~ed his fate** dadurch war sein Schicksal besiegelt ♦**seal in** V̱T̲ ⟨*trennb*⟩ einschließen ♦**seal off** V̱T̲ ⟨*trennb*⟩ abriegeln ♦**seal up** V̱T̲ ⟨*trennb*⟩ versiegeln; *Paket* zukleben

sea level S̲ Meeresspiegel *m* **sea lion** S̲ Seelöwe *m*

seam [siːm] S̲ Naht *f*; **to come apart at the ~s** aus den Nähten gehen; **to be bursting at the ~s** aus allen Nähten platzen *umg*

seaman [-mən] S̲ ⟨*pl* -men⟩ Seemann *m*

seamstress ['semstrɪs] S̲ Näherin *f*

seamy ['siːmɪ] A̱D̲J̲ ⟨*komp* seamier⟩ *Klub, Mensch* heruntergekommen; *Gegend, Vergangenheit* zwielichtig

séance ['seɪɑːns] S̲ Séance *f*

seaplane S̲ Wasserflugzeug *n* **seaport** S̲ Seehafen *m*, Hafenstadt *f*

★**search** [sɜːtʃ] A̱ S̲ Suche *f* (**for** nach); *von Gepäck etc* Durchsuchung *f* (**of** +*gen*); IT Suchlauf *m*; **to go in ~ of sb/ sth** auf die Suche nach jm/etw gehen; **to carry out a ~ of a house** eine Haus(durch)suchung machen; **they arranged a ~ for the missing child** sie veranlassten eine Suchaktion nach dem vermissten Kind; **to do a ~ (and replace) for sth** IT etw suchen (und ersetzen) **B** V̱T̲ durchsuchen (**for** nach); *Akten* suchen in (+*dat*) (**for** nach); *Gedächtnis* durchforschen (**for** nach); **to ~ a place for sb/sth** einen Ort nach j-m/etw absuchen C V/I suchen (**for** nach) ◆**search around** V/I herumstöbern (**in** in +*dat*) ◆**search out** V/I ⟨*trennb*⟩ heraussuchen; *j-n* aufspüren ◆**search through** V/I ⟨+*obj*⟩ durchsuchen; *Papiere* durchsehen

search engine S IT Suchmaschine f **searcher** ['sɜːtʃər] S **the ~s** die Suchmannschaft f **search function** S IT Suchfunktion f **searching** ['sɜːtʃɪŋ] ADJ *Blick* forschend; *Frage* bohrend **searchlight** S Suchscheinwerfer m **search party** S Suchmannschaft f **search strategy** S IT Suchstrategie f **search warrant** S Durchsuchungsbefehl m

searing ['sɪərɪŋ] ADJ *Hitze* glühend **seashell** S Muschel(schale) f **seashore** S Strand m; **on the ~** am Strand **seasick** ADJ seekrank **seasickness** S Seekrankheit f **seaside** A S ADJ **the ~** am Meer; **to go to the ~** ans Meer fahren B ADJ ⟨*attr*⟩ See-; *Stadt* am Meer **seaside resort** S Seebad n

★**season** ['siːzn] A S **1** Jahreszeit f; **rainy ~** Regenzeit f **2** Saison f; **hunting ~** Jagdzeit f; **strawberries are in ~/out of ~ now** für Erdbeeren ist jetzt die richtige/nicht die richtige Zeit; **their bitch is in ~** ihre Hündin ist läufig; **to go somewhere out of/in ~** an einen Ort fahren *od* gehen, wenn keine Saison/wenn Saison ist; **at the height of the ~** in der Hochsaison; **the ~ of good will** die Zeit der Nächstenliebe; "**Season's greetings**" "fröhliche Weihnachten und ein glückliches neues Jahr" **3** THEAT Spielzeit f; **a ~ of Dustin Hoffman films** eine Serie von Dustin-Hoffman-Filmen B V/I *Essen* würzen **seasonal** ['siːzənl] ADJ jahreszeitlich bedingt; ~ **affective disorder** Winterdepression f; ~ **fruit** Früchte *pl* der Saison **seasonally** ['siːzənəli] ADV ~ **adjusted** saisonbereinigt **seasoned** ADJ **1** *Essen* gewürzt **2** *Holz* abgelagert **3** *fig* erfahren **seasoning** ['siːznɪŋ] S GASTR Gewürz n **season ticket** S BAHN Zeitkarte f; Jahreskarte f; THEAT Abonnement n

★**seat** [siːt] A S ADJ **1** Sitz m, (Sitz)platz m; *mst pl* Sitzgelegenheit f; *von Hose* Hosenbo-

den m; **will you keep my ~ for me?** würden Sie mir meinen Platz frei halten?; **the man in ~ 61** *umg* Otto Normalverbraucher *umg* B VI setzen; **to ~ oneself** sich setzen; **to be ~ed** sitzen; **please be ~ed** bitte, setzen Sie sich; **the table/sofa ~s 4** am Tisch/auf dem Sofa ist Platz für 4 Personen; **the hall ~s 900** die Halle hat 900 Sitzplätze

★**seat belt** S Sicherheitsgurt m; **to fasten one's ~** sich anschnallen **seating** ['siːtɪŋ] S Sitzplätze *pl* **seating arrangements** PL Sitzordnung f

sea urchin S Seeigel m **sea view** S Seeblick m **sea water** S Meerwasser n **seaweed** S (See)tang m **seaworthy** ADJ seetüchtig

sec [sek] ABK (= seconds) Sek.; **wait a sec** *umg* Moment mal

secluded [sɪˈkluːdɪd] ADJ *Ort* abgelegen **seclusion** [sɪˈkluːʒən] S Abgeschiedenheit f, Abgelegenheit f

★**second**[1] ['sekənd] A S ADJ zweite(r, s); **the ~ floor** *Br* der zweite Stock; *US* der erste Stock; **to be ~** Zweite(r, s) sein; **in ~ place** SPORT *etc* an zweiter Stelle; **to be ~ in place** auf dem zweiten Platz sein *od* liegen; **to finish in ~ place** den zweiten Platz belegen; **to be ~ in command** MIL stellvertretender Kommandeur sein; ~ **time around** beim zweiten Mal; **you won't get a ~ chance** die Möglichkeit kriegst du so schnell nicht wieder *umg* B ADV **1** *mit Adjektiv* zweit-; *mit Verb* an zweiter Stelle; **the ~ largest house** das zweitgrößte Haus; **to come/lie ~** Zweite(r) werden/sein **2** zweitens C VI *Antrag* unterstützen D S **1** Sekunde f; *umg* Augenblick m; **just a ~!** (einen) Augenblick!; **it won't take a ~** es dauert nicht lange; **I'll only be a ~** ich komme gleich, ich bin gleich wieder da **2** **the ~** der/die/das Zweite **3** AUTO ~ (**gear**) der zweite Gang **4** ~**s** *pl umg* beim Essen Nachschlag m *umg* **5** HANDEL ~**s** *pl* Waren *pl* zweiter Wahl **second**[2] [sɪˈkɒnd] *Br* VI abordnen **secondary** ['sekəndəri] ADJ **1** sekundär **2** *Bildung* höher; ~ **school** höhere Schule, weiterführende Schule **secondary education** S Schulbildung *nach der Grundschule* **second best** A S Zweitbeste(r, s); **I won't settle for ~** ich gebe mich nicht mit dem Zweit-

S

besten zufrieden **B** ADV **to come off ~** den Kürzeren ziehen **second-best** ADJ zweitbeste(r, s) **second class** S zweite Klasse **second-class** **A** ADJ *Fahrkarte etc* zweiter Klasse *präd;* **~ stamp** *Briefmarke für nicht bevorzugt beförderte Briefsendungen* **B** ADV *reisen* zweiter Klasse; **to send sth ~** etw mit nicht bevorzugter Post schicken **second cousin** S Cousin *m*/Cousine *f* zweiten Grades **second-degree** ADJ 〈*attr*〉 zweiten Grades **second-guess** V/T **1** **to ~ sb** vorhersagen, was j-d machen/sagen wird **2** *US* im Nachhinein kritisieren **second hand** S Sekundenzeiger *m* **second-hand** **A** ADJ gebraucht; *Kleider* getragen; *fig Information* aus zweiter Hand; **a ~ car** ein Gebrauchtwagen *m*, eine Occasion *schweiz;* **~ bookshop** Antiquariat *n* **B** ADV gebraucht **secondly** [ˈsekəndlɪ] ADV zweitens, an zweiter Stelle
secondment [sɪˈkɒndmənt] *Br* S Abordnung *f;* **to be on ~** abgeordnet sein
second name S Nachname *m* **second nature** S **to become ~ (to sb)** (j-m) in Fleisch und Blut übergehen **second-rate** *pej* ADJ zweitklassig **second sight** S das Zweite Gesicht; **you must have ~** du musst hellsehen können **second thought** S **without a ~** ohne lange darüber nachzudenken; **I didn't give it a ~** ich habe daran überhaupt keinen Gedanken verschwendet; **to have ~s about sth** sich (*dat*) etw anders überlegen; **on ~s maybe I'll do it myself** vielleicht mache ich es doch besser selbst **Second World War** S **the ~** der Zweite Weltkrieg
secrecy [ˈsiːkrəsɪ] S Geheimnistuerei *f; von Ereignis* Heimlichkeit *f;* **in ~** im Geheimen
⋆**secret** [ˈsiːkrɪt] **A** ADJ geheim; *Bewunderer* heimlich; **to keep sth ~ (from sb)** etw (vor j-m) geheim halten **B** S Geheimnis *n;* **to keep sb/sth a ~ (from sb)** j-n/etw (vor j-m) geheim halten; **to tell sb a ~** j-m ein Geheimnis anvertrauen; **in ~** im Geheimen; **they met in ~** sie trafen sich heimlich; **to let sb in on** *od* **into a ~** j-n in ein Geheimnis einweihen; **to keep a ~** ein Geheimnis für sich behalten; **can you keep a ~?** kannst du schweigen?; **to make no ~ of sth** kein

Geheimnis *od* keinen Hehl aus etw machen; **the ~ of success** das Erfolgsgeheimnis **secret agent** S Geheimagent(in) *m(f)*
secretarial [ˌsekrəˈteərɪəl] ADJ *Stelle* als Sekretärin/Sekretär; **~ work** Sekretariatsarbeit *f;* **~ staff** Sekretärinnen und Schreibkräfte *pl*
⋆**secretary** [ˈsekrətrɪ] S Sekretär(in) *m(f); von Verein* Schriftführer(in) *m(f);* POL Minister(in) *m(f)* **secretary-general** S 〈*pl* secretaries-general; secretary-generals〉 Generalsekretär(in) *m(f)* **Secretary of State** *Br* S Minister(in) *m(f); US* Außenminister(in) *m(f)*
secrete [sɪˈkriːt] V/T & V/I MED absondern **secretion** [sɪˈkriːʃən] S MED Sekret *n*
secretive [ˈsiːkrətɪv] ADJ *Mensch* verschlossen, geheimnistuerisch; *Organisation* verschwiegen; **to be ~ about sth** mit etw geheimnisvoll tun **secretly** [ˈsiːkrətlɪ] ADV im Geheimen, heimlich, im Stillen **secret police** S Geheimpolizei *f* **secret service** S Geheimdienst *m* **secret weapon** S Geheimwaffe *f*
sect [sekt] S Sekte *f* **sectarian** [sekˈteərɪən] ADJ sektiererisch; *Differenzen* konfessionell; **~ violence** Gewalttätigkeiten *pl* mit konfessionellem Hintergrund
section [ˈsekʃən] S **1** Teil *m,* Abschnitt *m; von Dokument* Absatz *m; von Orange* Stück *n;* **the string ~** die Streicher *pl* **2** *a.* MIL Abteilung *f; von Akademie etc* Sektion *f* **3** 〈≈ *Zeichnung, Modell*〉 Schnitt *m* ◆**section off** VT 〈*trennb*〉 abteilen
sector [ˈsektə*] S *a.* IT Sektor *m*
secular [ˈsekjʊlə*] ADJ weltlich, säkular; *Kunst* profan
secure [sɪˈkjʊə*] **A** ADJ 〈*komp* securer〉 sicher, geborgen; *Einkommen, Tür* gesichert; *Griff, Knoten* fest; **~ in the knowledge that …** ruhig in dem Bewusstsein, dass …; **to make sb feel ~** j-m das Gefühl der Sicherheit geben; **financially ~** finanziell abgesichert **B** VT **1** festmachen; *Tür* fest zumachen; *gegen Gefahr etc* sichern (**from, against** gegen) **2** sich (*dat*) sichern; *Stimmen, Auftrag* erhalten; *mit Geld* erstehen; **to ~ sth for sb** j-m etw sichern **securely** [sɪˈkjʊəlɪ] ADV fest, sicher
⋆**security** [sɪˈkjʊərɪtɪ] S **1** 〈*kein pl*〉 Sicherheit *f,* Geborgenheit *f;* 〈≈ *Vorkehrungen*〉 Sicherheitsmaßnahmen *pl;* 〈≈ *Abteilung*〉

S

Sicherheitsdienst m; (≈ Garant) Bürge m,
Bürgin f; **for ~ zur Sicherheit** 2 **securities** pl FIN (Wert)papiere pl; **securities market** Wertpapiermarkt m **security alert** 5̱ Sicherheitsalarm m **security camera** 5̱ Überwachungskamera f **security check** 5̱ Sicherheitskontrolle f **security firm** 5̱ Wach- und Sicherheitsdienst m **security guard** 5̱ Wache f **security man** 5̱ ⟨pl -men⟩ Wache f, Wächter m; **one of the security men** einer der Sicherheitsleute **security measure** 5̱ Sicherheitsmaßnahme f **security personnel** 5̱ Sicherheitspersonal n **security risk** 5̱ Sicherheitsrisiko n **security staff** 5̱ Sicherheitspersonal n

sedan [sɪˈdæn] 5̱ **1** (a. ~ **chair**) Sänfte f **2** US AUTO Limousine f

sedate [sɪˈdeɪt] **A** ADJ ⟨komp sedater⟩ gesetzt; Leben geruhsam **B** V/T Beruhigungsmittel geben (+dat); **he was heavily ~d** er stand stark unter dem Einfluss von Beruhigungsmitteln **sedation** [sɪˈdeɪʃn] 5̱ Beruhigungsmittel pl; **to put sb under ~** j-m Beruhigungsmittel geben **sedative** [ˈsedətɪv] 5̱ Beruhigungsmittel n

sedentary [ˈsedntərɪ] ADJ sitzend attr; **to lead a ~ life** sehr viel sitzen

sediment [ˈsedɪmənt] 5̱ (Boden)satz m; in Fluss Ablagerung f

seduce [sɪˈdjuːs] V/T verführen **seduction** [sɪˈdʌkʃən] 5̱ Verführung f **seductive** [sɪˈdʌktɪv] ADJ verführerisch; Angebot verlockend

★see¹ [siː]
⟨prät saw; pperf seen⟩

A transitives Verb   **B** intransitives Verb

— A transitives Verb —

1 sehen, nachsehen; Film sich (dat) ansehen; **to see sb do sth** sehen, wie j-d etw macht; **I saw it happen** ich habe gesehen, wie es passiert ist; **I wouldn't like to see you unhappy** ich möchte doch nicht, dass du unglücklich bist; **see page 8** siehe Seite 8; **what does she see in him?** was findet sie an ihm?; **you must be seeing things** du siehst wohl Gespenster!; **worth seeing** sehenswert; **we'll see if we can help** mal sehen, ob

wir helfen können; **that remains to be seen** das wird sich zeigen; **let's see what happens** wollen wir mal abwarten, was passiert; **I see you still haven't done that** wie ich sehe, hast du das immer noch nicht gemacht; **try to see it my way** versuchen Sie doch einmal, es aus meiner Sicht zu sehen; **I don't see it that way** ich sehe das anders **2** besuchen; geschäftlich aufsuchen; **★ to call** od **go and see sb** j-n besuchen (gehen); **to see the doctor** zum Arzt gehen **3** (≈ treffen) sehen, sprechen; Besucher empfangen; **the doctor will see you now** der Herr Doktor ist jetzt frei; **I'll have to see my wife about that** das muss ich mit meiner Frau besprechen; **see you (soon)!** bis bald!, servus! österr; **see you later!** bis später! **4** befreundet sein mit; **I'm not seeing anyone** ich habe keinen Freund/keine Freundin **5** **to see sb to the door** j-n zur Tür bringen **6** sehen od (dat) vorstellen; **I can't see that working** ich kann mir kaum vorstellen, dass das klappt **7** erleben; **I've never seen anything like it!** so etwas habe ich ja noch nie gesehen!; **it's seen a lot of hard wear** das ist schon sehr strapaziert worden **8** verstehen, einsehen, erkennen; **I can see I'm going to be busy** ich sehe schon, ich werde viel zu tun haben; **I fail to** od **don't see how anyone could ...** ich begreife einfach nicht, wie jemand nur ... kann; **I see from this report that ...** ich ersehe aus diesem Bericht, dass ...; **(do you) see what I mean?** verstehst du(, was ich meine)?, siehst dus jetzt!; **I see what you mean** ich verstehe, was du meinst; zustimmend ja, du hast recht; **to make sb see sth** j-m etw klarmachen **9** **see that it is done by tomorrow** sieh zu, dass es bis morgen fertig ist

— B intransitives Verb —

1 sehen; **let me see, let's see** lassen Sie mich mal sehen; **who was it? — I couldn't/didn't see** wer war das? — ich konnte es nicht sehen; **as far as the eye can see** so weit das Auge reicht; **see for yourself!** sieh doch selbst!; **will he come? — we'll soon see** kommt er? — das werden wir bald sehen; **you'll see!** du wirst es (schon) noch sehen! **2** nachsehen; **is he there? — I'll see** ist er

S

da? — ich sehe mal nach *od* ich guck mal *umg*; **see for yourself** sieh doch selbst (nach)! ◾ verstehen; **as far as I can see ...** so wie ich das sehe ...; **he's dead, don't you see?** er ist tot, begreifst du das denn nicht?; **as I see from your report** wie ich aus Ihrem Bericht ersehe; **it's too late, (you)** siehst du, es ist zu spät!; **(you) see, it's like this** es ist nämlich so; **I see!** aha!, ach so!, ich verstehe ◾ **we'll see** mal sehen; **let me see, let's see** lassen Sie mich mal überlegen

▶ **see**

Verben der Sinneswahrnehmung wie **see** werden mit dem Infinitiv (ohne to!) verbunden, wenn der ganze Vorgang beobachtet wird. Bei nur einem Teil des Vorgangs steht das Gerund.

| She saw the burglars <u>break</u> a window. | Sie sah, wie die Einbrecher ein Fenster einschlugen. |
| She saw them <u>carrying</u> boxes out to a van, then called the police. | Sie sah, wie sie dabei waren, Kisten zu einem Lieferwagen hinauszutragen, dann rief sie die Polizei. |

⚠ Gleiches gilt für: **feel, hear, listen to, notice** und **watch**. ◀

◆**see about** Vi ⟨+obj⟩ sich kümmern um; **he came to see about the rent** er ist wegen der Miete gekommen ◆**see in** A Vi hineinsehen B Vt ⟨trennb⟩ to **see the New Year in** das neue Jahr begrüßen ◆**see into** Vi ⟨+obj⟩ hineinsehen in (+akk) ◆**see off** Vt ⟨trennb⟩ ◾ verabschieden; **are you coming to see me off (at the airport** etc)? kommt ihr mit mir (zum Flughafen etc)? ◾ (≈wegjagen) Beine machen (+dat) umg ◆**see out** A Vi hinaussehen; **I can't see out of the window** ich kann nicht zum Fenster hinaussehen B Vt ⟨trennb⟩ Besucher hinausbegleiten (**of** aus); **I'll see myself out** ich finde (schon) alleine hinaus ◆**see through** A Vi wörtl (hin)durchsehen ⟨sth durch etw⟩ B Vi ⟨+obj⟩ fig Täuschung durchschauen C Vt ⟨immer getrennt⟩ ◾ beistehen

(+dat); **he had £100 to see him through the term** er hatte £ 100 für das ganze Semester ◾ Aufgabe zu Ende bringen ◆**see to** Vi ⟨+obj⟩ sich kümmern um ◆**see up** Vi ⟨+obj⟩ hinaufsehen; **I could see up her skirt** ich konnte ihr unter den Rock sehen

see² s̄ Bistum n

★**seed** [siːd] A s̄ ◾ BOT Samen m, Korn n; in Obst (Samen)kern m; (≈ Getreide) Saatgut n; fig von Idee Keim m (**of** zu); to **sow the ~s of doubt (in sb's mind)** (bei j-m) Zweifel säen ◾ SPORT **the number one ~** der/die als Nummer eins Gesetzte B Vt SPORT **~ed number one** als Nummer eins gesetzt **seedling** ['siːdlɪŋ] s̄ Sämling m

seedy ['siːdɪ] ADJ ⟨komp seedier⟩ zwielichtig

seeing ['siːɪŋ] A s̄ Sehen n; **I'd never have thought it possible but ~ is believing** ich hätte es nie für möglich gehalten, aber ich habe es mit eigenen Augen gesehen B KONJ ~ **(that** od **as)** da **Seeing Eye Dog** US s̄ Blindenhund m

seek [siːk] Vt ⟨prät, pperf sought⟩ suchen; Ruhm streben nach; to ~ **sb's advice** j-n um Rat fragen; to ~ **to do sth** sich bemühen, etw zu tun ◆**seek out** Vt ⟨trennb⟩ ausfindig machen

★**seem** [siːm] Vi scheinen; **he ~s younger than he is** er wirkt jünger, als er ist; **he doesn't ~ (to be) able to concentrate** er scheint sich nicht konzentrieren zu können; **things aren't what they ~** Vieles ist anders, als es aussieht; **I ~ to have heard that before** das habe ich doch schon mal gehört; **what ~s to be the trouble?** worum geht es denn?; Arzt was kann ich für Sie tun?; **it ~s to me that ...** mir scheint, dass ...; **we are not welcome, it ~s** wir sind scheinbar nicht willkommen, **it ~s** es sieht (ganz) so aus; **how does it ~ to you?** was meinen SIE?; **how did she ~ to you?** wie fandst du sie?; **it ~s a shame to leave now** es ist irgendwie schade, jetzt zu gehen; **it just doesn't ~ right** das ist doch irgendwie nicht richtig; **I can't ~ to do it** ich kann das anscheinend od scheinbar od irgendwie nicht; **it only ~s like it** das kommt einem nur so vor; **I ~ to remember telling**

him that es kommt mir so vor, als hätte ich ihm das schon gesagt **seeming** ['siːmɪŋ] ADJ ⟨attr⟩ scheinbar **seemingly** ['siːmɪŋlɪ] ADV scheinbar; anscheinend

seen [siːn] PPERF → see¹

seep [siːp] V/I sickern; **to ~ through sth** durch etw durchsickern

seesaw ['siːsɔː] ⓢ Wippe f

seethe [siːð] V/I wimmeln (**with** von); *vor Wut kochen* umg

see-through ['siːθruː] ADJ durchsichtig

segment ['segmənt] ⓢ Teil m; *von Orange* Stück n; *von Kreis* Abschnitt m

segregate ['segrɪgeɪt] V/T absondern; *Bevölkerung nach Rassen etc* trennen **segregation** [ˌsegrɪ'geɪʃən] ⓢ (Rassen)trennung f

Segway® ['segweɪ] ⓢ Segway® m (*einachsiger Einpersonentransporter*)

seismic ['saɪzmɪk] ADJ seismisch; *fig Veränderungen* drastisch; *Kräfte* ungeheuer **seismologist** [ˌsaɪz'mɒlədʒɪst] ⓢ Seismologe m, Seismologin f

★**seize** [siːz] V/T ergreifen; *Gelder etc* beschlagnahmen; *Stadt* einnehmen; *Macht* an sich (akk) reißen; *Gelegenheit* ergreifen; **to ~ sb's arm, to ~ sb by the arm** j-n am Arm packen; **to ~ the day** den Tag nutzen; **to ~ control of sth** etw unter Kontrolle bringen ◆**seize on, seize upon** V/I ⟨+obj⟩ *Idee* sich stürzen auf (+akk) ◆**seize up** V/I ❶ *Motor* sich verklemmen ❷ umg **my back seized up** es ist mir in den Rücken gefahren umg

seizure ['siːʒər] ⓢ ❶ Beschlagnahmung f; *von Gebiet* Einnahme f ❷ MED Anfall m, Schlaganfall m

★**seldom** ['seldəm] ADV selten

select [sɪ'lekt] Ⓐ V/T & V/I (aus)wählen; SPORT auswählen; *für Spiel* aufstellen Ⓑ ADJ exklusiv, auserwählt; **a ~ few** eine kleine Gruppe Auserwählter **selection** [sɪ'lekʃən] ⓢ ❶ (Aus)wahl f ❷ Wahl f; **to make one's ~** seine Wahl treffen ❸ (= Spektrum) Auswahl f (**of** an +dat) **selective** [sɪ'lektɪv] ADJ wählerisch **selector** [sɪ'lektər] ⓢ SPORT j-d, der die Mannschaftsaufstellung vornimmt

★**self** [self] ⓢ ⟨pl selves⟩ Ich n, Selbst n kein pl; **he showed his true ~** er zeigte sein wahres Ich od Gesicht; **he's quite his old ~ again**, **he's back to his usual ~** er ist wieder ganz der Alte umg **self-**

-absorbed ADJ mit sich selbst beschäftigt **self-addressed** ADJ Umschlag adressiert **self-addressed stamped envelope** US ⓢ frankierter Rückumschlag **self-adhesive** ADJ selbstklebend **self-appointed** ADJ selbst ernannt **self-assertive** ADJ selbstbewusst **self-assurance** ⓢ Selbstsicherheit f **self-assured** ADJ selbstsicher **self-awareness** ⓢ Selbsterkenntnis f **self-belief** ⓢ Glaube m an sich (akk) selbst **self-catering** Br Ⓐ ⓢ Selbstversorgung f; **to go ~** Urlaub m für Selbstversorger machen Ⓑ ADJ für Selbstversorger **self-catering apartment** ⓢ Apartment n für Selbstversorger **self-centred**, **self-centered** US ADJ egozentrisch **self checkout** ⓢ Selbstbedienungskasse f, SB-Kasse f **self-confident** ADJ erklärt **self-confidence** ⓢ Selbstvertrauen n **self-confident** ADJ selbstsicher, selbstbewusst **self-conscious** ADJ gehemmt, befangen; **to be ~ about sth** sich (dat) einer Sache (gen) sehr bewusst sein

▶ **self-conscious**

Achten Sie auf den Unterschied:

self-conscious	gehemmt, befangen
self-confident	selbstbewusst

◀

self-consciously ADV verlegen **self-consciousness** ⓢ Befangenheit f, Gehemmtheit f; *von Stil* Bewusstheit f **self-contained** ADJ ❶ *Wohnung* separat; *Gruppe* geschlossen ❷ *Mensch* distanziert ❸ selbstgenügsam **self-control** ⓢ Selbstbeherrschung f **self-deception** ⓢ Selbstbetrug m **self-defence** ⓢ, **self-defense** US ⓢ Selbstverteidigung f; JUR Notwehr f **self-delusion** ⓢ Selbsttäuschung f **self-denial** ⓢ Selbstzucht f **self-deprecating** ADJ *Mensch* bescheiden; *Bemerkung* sich selbst herabwürdigend attr; **to be ~** sich selbst abwerten **self-destruct** Ⓐ V/I sich selbst zerstören Ⓑ ADJ ⟨attr⟩ **~ button** Knopf m zur Selbstzerstörung **self-destruction** ⓢ Selbstzerstörung f **self-destructive** ADJ selbstzerstörerisch **self-determination** ⓢ a. POL

S

Selbstbestimmung f **self-discipline** S̲
Selbstdisziplin f **self-doubt** S̲ Zweifel
m an sich (dat) selbst **self-educated**
ADJ autodidaktisch **self-effacing** ADJ
zurückhaltend **self-employed** ADJ
selbstständig; Journalist freiberuflich; ~
person Selbstständige(r) m/f(m) **self-
esteem** S̲ Selbstachtung f **self-evident**
gefühl n; **to have high/low ~** sehr/we-
nig selbstbewusst sein **self-evident**
ADJ offensichtlich **self-explanatory**
ADJ unmittelbar verständlich **self-gov-
ernment** S̲ Selbstverwaltung f **self-
harm** S̲ Selbstverletzung f **self-help**
S̲ Selbsthilfe f **self-help group** S̲
Selbsthilfegruppe f

selfie ['selfi] S̲ (≈ Eigenfoto) Selfie n **sel-
fie stick** S̲ Selfiestick m, Selfiestange f
self-important ADJ aufgeblasen **self-
-improvement** S̲ Weiterbildung f
self-indulgence S̲ genießerische
Art; beim Essen Maßlosigkeit f **self-in-
dulgent** ADJ genießerisch; beim Essen
maßlos **self-inflicted** ADJ Verletzung
sich (dat) selbst zugefügt attr **self-in-
terest** S̲ eigenes Interesse

selfish ['selfɪʃ] ADJ egoistisch; **for ~ rea-
sons** aus selbstsüchtigen Gründen **self-
ishly** ['selfɪʃlɪ] ADV egoistisch **selfish-
ness** ['selfɪʃnɪs] S̲ Egoismus m

self-justification S̲ Rechtfertigung f
self-knowledge S̲ Selbsterkenntnis f
selfless ADJ, **selflessly** ['selflɪs, -lɪ] ADV
selbstlos **selflessness** ['selflɪsnɪs] S̲
Selbstlosigkeit f

self-made ADJ **~ man** Selfmademan m;
he's a ~ millionaire er hat es aus eige-
ner Kraft zum Millionär gebracht **self-
-opinionated** [ˌselfəˈpɪnjəneɪtɪd] ADJ
rechthaberisch **self-perception** S̲
Selbstwahrnehmung f **self-pity** S̲
Selbstmitleid n **self-portrait** S̲ Selbst-
porträt n **self-possessed** ADJ selbst-
beherrscht **self-preservation** S̲
Selbsterhaltung f **self-raising** ADJ,
self-rising US ADJ Mehl selbsttreibend
(mit bereits beigemischtem Backpulver)
self-reliant ADJ selbstständig **self-
-respect** S̲ Selbstachtung f; **have you
no ~?** schämen Sie sich gar nicht?
self-respecting ADJ anständig; **no ~
person would ...** niemand, der etwas
auf sich hält, würde ... **self-restraint**
S̲ Selbstbeherrschung f **self-right-**

eous ADJ selbstgerecht **self-rising**
US ADJ → self-raising **self-sacrifice**
S̲ Selbstaufopferung f **self-satisfied**
ADJ selbstgefällig

★**self-service, self-serve** bes US A ADJ
Selbstbedienungs- B S̲ Selbstbedienung
f **self-sufficiency** S̲ Selbstständigkeit
f; von Land Autarkie f; von Gemeinde
Selbstversorgung f **self-sufficient**
ADJ selbstständig; Land autark **self-
-taught** ADJ **he is ~** er hat sich (dat)
das selbst beigebracht **self timer** S̲
FOTO Selbstauslöser m **self-updating**
[ˌselfˈʌpdeɪtɪŋ] ADJ selbstaktualisierend
self-willed [self'wɪld] ADJ eigensinnig
self-worth S̲ Selbstachtung f

★**sell** [sel] ⟨prät, pperf sold⟩ A ADJ VT 1 ver-
kaufen (**sth sth, sth to sb** j-m etw, etw
an j-n); **what are you ~ing it for?** wie
viel verlangen Sie dafür?; **to be sold
on sth/sb** umg von j-m/etw begeistert
sein 2 Waren führen, vertreiben 3 ei-
nen guten Absatz verschaffen (+dat); **to
~ oneself** sich verkaufen (**to an** +akk)
4 fig verraten; **to ~ sb down the river**
umg j-n ganz schön verschaukeln umg
B VI verkaufen (**to sb** an j-n); Artikel
verkaufen (lassen); **what are they ~ing
for?** wie viel kosten sie? ♦**sell off** VT
⟨trennb⟩ verkaufen; billig abstoßen
♦**sell out** A VI ⟨trennb⟩ ausverkaufen;
we're sold out of ice cream das Eis ist
ausverkauft B VI 1 alles verkaufen; **the
concert was sold out** das Konzert war
ausverkauft; **we sold out in two days**
wir waren in zwei Tagen ausverkauft
2 umg **he sold out to the enemy** er
hat sich an den Feind verkauft ♦**sell
up** bes Br VI sein Haus etc verkaufen
sell-by date ['selbaɪˌdeɪt] S̲ ≈ Haltbar-
keitsdatum n **seller** ['selə*] S̲ 1 Verkäu-
fer(in) m(f) 2 **this book is a good ~** das
Buch verkauft sich gut **selling** ['selɪŋ] S̲
Verkauf m **selling point** S̲ Verkaufs-
anreiz m **selloff** ['selɒf] S̲ Verkauf m
Sellotape® ['seləteɪp] Br A S̲ ⟨kein pl⟩
Klebeband n B VT **to sellotape (down)**
mit Klebeband festkleben
sellout ['selaʊt] S̲ THEAT, SPORT **to be a
~** ausverkauft sein
selves [selvz] PL → self
semantics [sɪˈmæntɪks] S̲ ⟨+sg v⟩ Se-
mantik f
semaphore ['seməfɔː*r] S̲ Signalsprache

S

f

semblance ['sembləns] s̄ Anschein *m* (of von), Anflug *m* (of von)

semen ['siːmən] s̄ Sperma *n*

semester [sɪ'mestə^r] s̄ Semester *n*

semi ['semɪ] s̄ **1** *Br umg* → semidetached **2** *umg* → semifinal **semi-** PRÄF halb-, Halb- **semibreve** ['semɪbriːv] s̄ *Br* ganze Note **semicircle** s̄ Halbkreis *m* **semicolon** s̄ Semikolon *n*, Strichpunkt *m* **semiconscious** ADJ halb bewusstlos **semidetached** *Br* A ADJ ~ house Doppelhaushälfte *f* B s̄ Doppelhaushälfte *f* **semifinalist** s̄ Teilnehmer(in) *m(f)* am Halbfinale **semifinal(s)** s̄ Halbfinale *n*

seminar ['semɪnɑː^r] s̄ Seminar *n*

seminary ['semɪnərɪ] s̄ Priesterseminar *n*

semiprecious ADJ ~ stone Halbedelstein *m* **semiquaver** *bes Br* s̄ Sechzehntel *n*, Sechzehntelnote *f* **semi-skilled** ADJ *Arbeiter* angelernt **semi--skimmed milk** *Br* s̄ Halbfettmilch *f* **semitrailer** *US* s̄ Sattelschlepper *m*, Sattelauflieger *m*

semolina [ˌseməˈliːnə] s̄ Grieß *m*

sen ABK (= senior) sen.

Sen ABK (= senator) Senator(in) *m(f)*

senate ['senɪt] s̄ Senat *m* **senator** ['senətə^r] s̄ Senator(in) *m(f)*

★**send** [send] VIT ⟨*prät, pperf* sent⟩ **1** schicken; *Brief, Signal* senden; **it ~s the wrong signal** *od* **message** *fig* das könnte falsch verstanden werden; **to ~ sb for sth** j-n nach etw schicken; **she ~s her love** sie lässt grüßen; **~ him my best wishes** grüßen Sie ihn von mir **2** *Pfeil, Ball* schleudern; *mit der Hand* schleudern; **the blow sent him sprawling** der Schlag schleuderte ihn zu Boden; **to ~ sth off course** etw vom Kurs abbringen; **this sent him into a fury** das machte ihn wütend; **this sent him (off) into fits of laughter** das ließ ihn in einen Lachkrampf ausbrechen; **to ~ prices soaring** die Preise in die Höhe treiben ◆**send away** A VIT ⟨*trennb*⟩ wegschicken B VI to send away for sth etw anfordern ◆**send back** VIT ⟨*trennb*⟩ zurückschicken; *Essen* zurückgehen lassen ◆**send down** VIT ⟨*trennb*⟩ **1** *Temperatur, Preise* fallen lassen; *allmählich senken* **2** *Angeklagten* verurteilen (for zu) ◆**send for** VIT ⟨+*obj*⟩ **1** j-n kommen lassen; *Arzt* rufen; *Hilfe* herbeirufen; *Schüler* zu sich bestellen; **I'll send for you when I want you** ich lasse Sie rufen, wenn ich Sie brauche **2** *Katalog* anfordern ◆**send in** VIT ⟨*trennb*⟩ einsenden; *j-n* hereinschicken; *Truppen* einsetzen ◆**send off** A VIT ⟨*trennb*⟩ **1** *Paket* abschicken **2** *Kinder zur Schule* wegschicken B SPORT vom Platz stellen (for wegen); **send him off, ref!** Platzverweis! B VI Platzverweis! ◆**send on** VIT ⟨*trennb*⟩ **1** *Brief* nachschicken **2** *Gepäck* vorausschicken **3** einsetzen ◆**send out** VIT ⟨*trennb*⟩ **1** *aus Zimmer* hinausschicken (of aus); **she sent me out to buy a paper** sie hat mich losgeschickt, um eine Zeitung zu kaufen **2** *Signale* aussenden; *Licht* ausstrahlen **3** *Einladungen* verschicken ◆**send out for** VIT ⟨+*obj*⟩ holen lassen B VIT ⟨*trennb*⟩ **to send sb out for sth** j-n nach etw schicken ◆**send up** VIT ⟨*trennb*⟩ verulken *umg*

★**sender** ['sendə^r] s̄ Absender(in) *m(f)*

sendoff s̄ Verabschiedung *f*; **to give sb a good ~** j-n ganz groß verabschieden *umg*

senile ['siːnaɪl] ADJ senil

senior ['siːnɪə^r] A ADJ älter; *rangmäßig* übergeordnet; *Rang, Beamter* höher; *Offizier* ranghöher; *Redakteur* leitend; **to be ~ to sb** j-m übergeordnet sein, ranghöher als j-d sein; **the ~ management** die Geschäftsleitung; ~ **consultant** Chefarzt *m/*-ärztin *f*, Primararzt *m/*-ärztin *f österr*; **my ~ officer** mein Vorgesetzter; **J. B. Schwartz, Senior** J. B. Schwartz senior B s̄ SCHULE Oberstufenschüler(in) *m(f)*; *US* UNIV Student(in) *m(f)* im letzten Studienjahr; **Paul is a ~** this year dies ist Pauls letztes Schuljahr; **he is two years my ~** er ist zwei Jahre älter als ich **senior citizen** s̄ Senior(in) *m(f)* **seniority** [ˌsiːnɪˈɒrɪtɪ] s̄ (höhere) Position; MIL (höherer) Rang; *von Beamten* (höherer) Dienstgrad **senior moment** *umg* s̄ altersbedingte Gedächtnislücke **senior partner** s̄ Seniorpartner(in) *m(f)* **senior pupils** *Br* PL Oberstufenschüler *pl* **senior school, senior high school** *US* s̄ Oberstufe *f* **senior year** *US* s̄ oberste Klasse

sensation [sen'seɪʃən] s̄ **1** Gefühl *n*;

von Kälte etc Empfindung *f*; **a ~ of falling** das Gefühl zu fallen **2** Sensation *f*; **to cause a ~** (großes) Aufsehen erregen
sensational ADJ **1** sensationell; *Buch* reißerisch aufgemacht **2** *umg* sagenhaft *umg* **sensationalism** [sen'seɪʃnəlɪzəm] S **1** Sensationsgier *f* **2** Sensationsmache *f*

★**sense** [sens] A S **1** Sinn *m*; **~ of smell** Geruchssinn *m* **2** **~s** *pl* Verstand *m*; **to come to one's ~s** zur Vernunft kommen **3** Gefühl *n*; **to have a ~ that ...** das Gefühl haben, dass ...; **~ of duty** Pflichtbewusstsein *n*; **a false ~ of security** ein falsches Gefühl der Sicherheit **4** (**common**) **~** gesunder Menschenverstand; **he had the (good) ~ to ...** er war so vernünftig und ...; **there is no ~ in doing that** es ist sinnlos, das zu tun; **to talk ~** vernünftig sein; **to make sb see ~s** j-n zur Vernunft bringen; **to make ~** (einen) Sinn ergeben, Sinn machen, sinnvoll sein; **it doesn't make ~ doing it that way** es ist doch Unsinn, es so zu machen; **he/his theory doesn't make ~** er/seine Theorie ist völlig unverständlich; **it all makes ~ now** jetzt wird einem alles klar; **to make ~ of sth** etw verstehen **5** Sinn *m* kein *pl*; **in every ~ of the word** in der vollen Bedeutung des Wortes **6** **in a ~** in gewisser Hinsicht; **in every ~** in jeder Hinsicht; **in what ~?** inwiefern? B VT spüren, ahnen **senseless** ADJ **1** bewusstlos **2** unsinnig, sinnlos
sensibility [ˌsensɪ'bɪlɪti] S Empfindsamkeit *f*; **sensibilities** Zartgefühl *n*
★**sensible** [ˈsensəbl] ADJ vernünftig **sensibly** [ˈsensəbli] ADV vernünftig; **he very ~ ignored the question** er hat die Frage vernünftigerweise ignoriert
★**sensitive** [ˈsensɪtɪv] ADJ sensibel, empfindlich; (= *verständnisvoll*) einfühlsam; *Film* einfühlend; *fig Thema* heikel; **to be ~ about sth** in Bezug auf etw (*akk*) empfindlich sein; **she is very ~ to criticism** sie reagiert sehr empfindlich auf Kritik; **he has access to some highly ~ information** er hat Zugang zu streng vertraulichen Informationen **sensitively** [ˈsensɪtɪvli] ADV einfühlsam **sensitivity** [ˌsensɪ'tɪvɪti] S Sensibilität *f*, Empfindlichkeit *f*; (= *Verständnis*) Einfühlsamkeit *f*; *fig von Thema* heikle Natur

sensor [ˈsensər] S Sensor *m* **sensory** [ˈsensərɪ] ADJ sensorisch; **~ organ** Sinnesorgan *n*
sensual [ˈsensjʊəl] ADJ sinnlich **sensuality** [ˌsensjʊ'ælɪt] S Sinnlichkeit *f* **sensuous** ADJ, **sensuously** [ˈsensjʊəs, -lɪ] ADV sinnlich
sent [sent] PRÄT & PPERF → send
★**sentence** [ˈsentəns] A S **1** GRAM Satz *m*; **~ structure** Satzbau *m* **2** JUR Strafe *f*; **the judge gave him a 6-month ~** der Richter verurteilte ihn zu 6 Monaten Haft B VT JUR **to ~ sb to sth** j-n zu etw verurteilen
sentient [ˈsentɪənt] ADJ empfindungsfähig
sentiment [ˈsentɪmənt] S **1** Gefühl *n* **2** Sentimentalität *f* **3** Meinung *f* **sentimental** [ˌsentɪ'mentl] ADJ sentimental; *Wert* gefühlsmäßig; **for ~ reasons** aus Sentimentalität **sentimentality** [ˌsentɪmen'tælɪti] S Sentimentalität *f*
sentry [ˈsentri] S Wache *f*; **to be on ~ duty** auf Wache sein
SEO [esiːˈəʊ] ABK (= *search engine optimization*) Suchmaschinenoptimierung *f*
separable [ˈsepərəbl] ADJ trennbar
★**separate** A [ˈseprət] ADJ **1** gesondert (**from** von); *Bett, Kontoführung* getrennt; *Eingang* separat; **a ~ issue** eine andere Frage; **on two ~ occasions** bei zwei verschiedenen Gelegenheiten; **on a ~ occasion** bei einer anderen Gelegenheit; **they live ~ lives** sie gehen getrennte Wege; **to keep two things ~** zwei Dinge auseinanderhalten **2** einzeln; **everybody has a ~ task** jeder hat seine eigene Aufgabe B **separates** PL Röcke, Blusen *etc* C [ˈsepəreɪt] VT trennen, aufteilen (**into** in *+akk*); **he is ~d from his wife** er lebt von seiner Frau getrennt D [ˈsepəreɪt] VI sich trennen **separated** [ˈsepəreɪtɪd] ADJ getrennt; **the couple are ~** das Paar lebt getrennt **separately** [ˈseprətli] ADV **1** separat; *leben* getrennt **2** einzeln **separation** [ˌsepəˈreɪʃən] S Trennung *f*; **~ of powers** POL Gewaltenteilung *f* **separatist** [ˈsepərətɪst] A ADJ separatistisch B S Separatist(in) *m(f)*
Sept ABK (= *September*) Sept.
★**September** [sepˈtembər] A S September *m*; **the first of ~** der erste September; **on 19th ~** *geschrieben* am 19. Sep-

tember; **on the 19th of ~** *gesprochen* am 19. September; **~ 3rd, 2016, 3rd ~ 2016** 3. September 2016; **in ~** im September; **at the beginning/end of ~** Anfang/Ende September ⓑ ADJ ⟨*attr*⟩ September-

septic ['septik] ADJ **to turn ~** eitern **septic tank** s̄ Klärbehälter *m*

sepulchre ['sepəlkə'] s̄, **sepulcher** *US* s̄ Grabstätte *f*

sequel ['si:kwəl] s̄ ⓵ Folge *f* (**to** von); *von Buch, Film* Fortsetzung *f* (**to** von)

sequence ['si:kwəns] s̄ ⓵ (Reihen)folge *f*; **~ of words** Wortfolge *f*; **in ~** der Reihe nach ⓶ FILM Sequenz *f* **sequencer** ['si:kwənsə'] s̄ IT Ablaufsteuerung *f*

sequin ['si:kwin] s̄ Paillette *f*

sequoia [sɪ'kwɔiə] s̄ Mammutbaum *m*

Serb [sɜ:b] s̄ Serbe *m*, Serbin *f* **Serbia** ['sɜ:biə] s̄ Serbien *n* **Serbian** ['sɜ:biən] ⓐ ADJ serbisch ⓑ s̄ ⓵ Serbe *m*, Serbin *f* ⓶ LING Serbisch *n* **Serbo-Croat** ['sɜ:bəʊ'krəʊæt] s̄ ⓵ LING Serbokroatisch *n* ⓶ **the ~s** *pl* die Serben und Kroaten

serenade [serə'neɪd] ⓐ s̄ Serenade *f* ⓑ V/T ein Ständchen bringen (+*dat*)

serene [sə'ri:n] ADJ gelassen **serenity** [sɪ'renɪti] s̄ Gelassenheit *f*

sergeant ['sɑ:dʒənt] s̄ ⓵ MIL Feldwebel(in) *m(f)* ⓶ Polizeimeister(in) *m(f)* **sergeant major** s̄ Oberfeldwebel(in) *m(f)*

serial ['sɪərɪəl] ⓐ ADJ Serien-; IT seriell ⓑ s̄ ⓵ Fortsetzungsroman *m*; TV Serie *f*; RADIO Sendereihe *f* (in Fortsetzungen); **it was published as a ~** es wurde in Fortsetzungen veröffentlicht **serialize** ['sɪərɪəlaɪz] V/T in Fortsetzungen veröffentlichen; RADIO, TV in Fortsetzungen senden; ⟨*editieren*⟩ in Fortsetzungen umarbeiten **serial killer** s̄ Serienmörder(in) *m(f)* **serial number** s̄ *von Waren* Seriennummer *f* **serial port** s̄ COMPUT serielle Schnittstelle

★**series** ['sɪərɪz] s̄ ⟨*pl* -⟩ Serie *f*; *von Filmen, Gesprächen* Reihe *f*; RADIO Sendereihe *f*

★**serious** ['sɪərɪəs] ADJ ernst; *Angebot* seriös; *Bewerber* ernst zu nehmend *attr*; *Unfall, Fehler, Krankheit* schwer; **to be ~ about doing sth** etw im Ernst tun wollen; **I'm ~ (about it)** das ist mein Ernst; **he is ~ about her** er meint es ernst mit ihr; **you can't be ~!** das kann nicht dein Ernst sein!; **to give ~ thought** *od* con-

sideration **to sth** sich (*dat*) etw ernsthaft *od* ernstlich überlegen; **to earn ~ money** *umg* das große Geld verdienen **seriously** ['sɪərɪəslɪ] ADV ⓵ ernst; *interessiert, bedrohen* ernsthaft; *etw sagen* im Ernst; *verletzt* schwer; *besorgt* ernstlich; **to take sb/sth ~** j-n/etw ernst nehmen; **to take oneself too ~** sich selbst zu wichtig nehmen; **~?** im Ernst?; **do you mean that ~?** ist das Ihr Ernst?; **there is something ~ wrong with that** irgendetwas ist damit überhaupt nicht in Ordnung ⓶ *umg* ehrlich *umg*; **~ rich** schwerreich **seriousness** s̄ Ernst *m*; *von Unfall, Verletzung* Schwere *f*

sermon ['sɜ:mən] s̄ ⓵ KIRCHE Predigt *f* ⓶ Moralpredigt *f*, Strafpredigt *f*

serotonin [serə'təʊnɪn] s̄ MED, BIOL Serotonin *n*

serrated [se'reɪtɪd] ADJ gezackt; **~ knife** Sägemesser *n*

★**servant** ['sɜ:vənt] s̄ Diener(in) *m(f)*

★**serve** [sɜ:v] ⓐ V/T ⓵ dienen (+*dat*); *Werkzeug etc* nützen (+*dat*); **if my memory ~s me right** wenn ich mich recht erinnere; **to ~ its purpose** seinen Zweck erfüllen; **it ~s a variety of purposes** es hat viele verschiedene Verwendungsmöglichkeiten; **it ~s no useful purpose** es hat keinen praktischen Wert; **it has ~d us well** es hat uns gute Dienste geleistet; **his knowledge of history ~d him well** seine Geschichtskenntnisse kamen ihm sehr zugute; **(it) ~s you right!** *umg* das geschieht dir (ganz) recht! ⓶ ableiten; *Amtszeit* durchlaufen; *Lehre* durchmachen; *Strafe* verbüßen ⓷ *Kunden* bedienen; *Essen* servieren; **are you being ~d?** werden Sie schon bedient?; **I'm being ~d, thank you** danke, ich werde schon bedient *od* ich bekomme schon *umg*; **dinner is ~d** darf ich zu Tisch bitten?; **"serves three"** „(ergibt) drei Portionen" ⓸ *Tennis etc* aufschlagen ⓑ V/I ⓵ dienen; **to ~ on a committee** einem Ausschuss angehören; **it ~s to show ... das zeigt ... ⓶ *bei Tisch* aufgeben; *Kellner* servieren (**at table** bei Tisch) ⓷ *Tennis etc* aufschlagen ⓒ s̄ *Tennis etc* Aufschlag *m* ♦**serve out** V/T ⟨*trennb*⟩ Zeit ableisten; *Strafe* absitzen; *Amt* ausüben; *Strafe* absitzen ♦**serve up** V/T ⟨*trennb*⟩ *Essen* servieren

server ['sɜ:və'] s̄ ⓵ *Tennis* Aufschläger(in) *m(f)* [2] COMPUT Server *m*

★**service** ['sɜːvɪs] [A] S [1] Dienst *m*; **her ~s to industry/the country** ihre Verdienste in der Industrie/um das Land; **to be of ~** nützlich sein; **to be of ~ to sb** j-m nützen; **to be at sb's ~** j-m zur Verfügung stehen; **can I be of ~ to you?** kann ich Ihnen behilflich sein?; **out of ~** außer Betrieb [2] MIL Militärdienst *m* [3] *in Geschäft etc* Bedienung *f* [4] Bus-/Zug-/Flugverbindung *f*; **there's no ~ to Oban on Sundays** sonntags besteht kein Zug-/Busverkehr nach Oban [5] KIRCHE Gottesdienst *m* [6] *von Maschinen* Wartung *f*; AUTO Inspektion *f*; **my car is in for a ~** mein Auto wird gewartet/ist zur Inspektion [7] (≈*Geschirr*) Service *n* [8] *Tennis* Aufschlag *m* [9] **~s** *pl* Dienstleistungen *pl*; *Gas etc* Versorgungsnetz *n* [B] VT [1] *Maschine* warten; **to send a car to be ~d** ein Auto warten lassen, ein Auto zur Inspektion geben [2] FIN *Schulden* bedienen **service area** S Tankstelle und Raststätte *f* **service charge** S Bedienung *f* **service counter** S Bedienungstheke *f*, Bedientheke *f* **service economy** S Dienstleistungsgesellschaft *f* **service enterprise** S Dienstleistungsunternehmen *n* **service industry** S Dienstleistungsbranche *f* **serviceman** S ⟨*pl* -men⟩ Militärangehörige(r) *m* **service provider** S IT Provider *m* **service sector** S Dienstleistungssektor *m* **service station** S Tankstelle *f* (mit Reparaturwerkstatt); *Br an Autobahn* Tankstelle und Raststätte *f* **servicewoman** S ⟨*pl* -women [-wɪmən]⟩ Militärangehörige *f*

serviette [ˌsɜːvɪ'et] *Br* S Serviette *f*

serving ['sɜːvɪŋ] [A] ADJ *Politiker* amtierend [B] S *beim Essen* Portion *f* **serving dish** S Servierplatte *f* **serving spoon** S Vorlegelöffel *m*

sesame seed ['sesəmɪ] S Sesamkorn *n*

session ['seʃən] S Sitzung *f*; JUR, PARL Sitzungsperiode *f*; **to be in ~** eine Sitzung abhalten; JUR, POL tagen; **photo ~** Fotosession *f*

★**set** [set]

⟨*v: prät, pperf* **set**⟩

A transitives Verb — B intransitives Verb — C Substantiv — D Adjektiv

— A transitives Verb —

[1] stellen, legen, setzen; **to set a value/price on sth** einen Wert/Preis für etw festsetzen; **to set sth in motion** etw in Bewegung bringen; **to set sth to music** etw vertonen; **to set a dog/the police on sb** einen Hund/die Polizei auf j-n ansetzen; **to set sth/things right** etw/die Dinge in Ordnung bringen; **to set sb right (about sth)** j-n (in Bezug auf etw *akk*) berichtigen; **to set sb straight** j-n berichtigen [2] *Regler* einstellen (**at** auf +*akk*); *Uhr* stellen (**by** nach *od* **to** auf +*akk*); *Falle, Rekord* aufstellen; **to set a trap for sb** *fig* j-m eine Falle stellen [3] *Aufgabe, Frage* stellen (**sb** j-m); *Hausaufgabe* aufgeben; *Prüfung* zusammenstellen; *Zeit, Termin* festsetzen; **to set a goal** ein Ziel setzen [4] *Edelstein* fassen (**in** in +*dat*); **to set the table** den Tisch decken [5] **a house set on a hillside** ein am Berghang gelegenes Haus; **to be set in Rome** *Buch, Stück* in Rom spielen; **he set the book in 19th century France** er wählte das Frankreich des 19. Jahrhunderts als Schauplatz für sein Buch [6] *Knochen* MED einrichten

— B intransitives Verb —

[1] *Sonne* untergehen [2] *Zement* fest werden; *Knochen* zusammenwachsen

— C Substantiv —

[1] Satz *m*; *2 Stück* Paar *n*; *von Besteck etc* Garnitur *f*; *von Untersetzern etc* Set *n*; **a set of tools** Werkzeug *n*; **a set of teeth** ein Gebiss *n* [2] *von Menschen* Kreis *m* [3] *Tennis* Satz *m* [4] THEAT Bühnenbild *n*; FILM Szenenaufbau *m* [5] (≈*TV, Radio etc*) Apparat *m*; **set of headphones** Kopfhörer *m* [6] *von Schultern* Haltung *f*

— D Adjektiv —

[1] **he is set to become the new champion** ihm werden die besten Chancen auf den Meistertitel eingeräumt; **to be set to continue all week** voraussichtlich die ganze Woche über andauern [2] fertig, bereit; **are we all set?** sind wir jetzt startklar?; **all set?** alles klar?; **to be all set to do sth** sich darauf eingerichtet haben, etw zu tun, fest entschlossen sein, etw zu tun; **we're all set to go** wir sind startklar [3] starr; *Ausdruck* feststehend; **to be set in one's ways** in seinen Gewohnheiten festgefahren sein [4] festgesetzt; *Aufgabe*

bestimmt; **set book(s)** Pflichtlektüre *f*; **set menu** Tageskarte *f*; **set meal** Tagesgericht *n* **5** entschlossen; **to be dead set on doing sth** etw auf Biegen oder Brechen tun wollen; **to be (dead) set against sth/doing sth/sb doing sth** (absolut) gegen etw sein/dagegen sein, etw zu tun/dagegen sein, dass j-d etw tut

♦**set about** *VII ⟨+obj⟩* **1** to set about doing sth sich daranmachen, etw zu tun **2** herfallen über (+*akk*) ♦**set apart** *VIT ⟨trennb⟩* unterscheiden ♦**set aside** *VIT ⟨trennb⟩* Buch etc zur Seite legen; *Geld* beiseitelegen; *Zeit* einplanen; *Land* reservieren; *Differenzen* beiseiteschieben

♦**set back** *VIT ⟨trennb⟩* **1** to be set back from the road etwas von der Straße abliegen **2** verzögern, behindern **3** *umg* kosten ♦**set down** *VIT ⟨trennb⟩ Koffer* absetzen ♦**set in** *VII* einsetzen; *Panik* ausbrechen; *Nacht* anbrechen ♦**set off** *VIT ⟨trennb⟩* **1** *Feuerwerk etc* losgehen lassen; *Alarm* auslösen **2** führen zu; **that set us all off laughing** das brachte uns (*akk*) alle zum Lachen **3** hervorheben **B** *VII* aufbrechen; *mit Auto* losfahren; **to set off on a journey** eine Reise antreten; **to set off for Spain** nach Spanien abfahren; **the police set off in pursuit** die Polizei nahm die Verfolgung auf ♦**set on** *VIT ⟨trennb +obj⟩ Hunde* ansetzen auf (+*akk*) ♦**set out A** *VIT ⟨trennb⟩* ausbreiten, aufstellen **B** *VII* **1** → set off **2** beabsichtigen; (≈ beginnen) sich daranmachen ♦**set to** *VIi ⟨+obj⟩* **to set to work** sich an die Arbeit machen; **to set to work doing** *od* **to do sth** beginnen, etw zu tun ♦**set up A** *VIi* **to set up in business** sein eigenes Geschäft aufmachen **B** *VIT ⟨trennb⟩* **1** *Denkmal* aufstellen; *Stand* aufbauen; *Treffen* vereinbaren; **to set sth up for sb** etw für j-n vorbereiten **2** gründen; *Schule, System* einrichten; **to set sb up in business** j-m zu einem Geschäft verhelfen; **to be set up for life** für sein ganzes Leben ausgesorgt haben; **to set up camp** das Lager aufschlagen; **they've set up home in Spain** sie haben sich in Spanien niedergelassen **3** *umg* **to set sb up** j-m etwas anhängen; **I've been set up** das will mir einer anhängen, das will mir einer in die

Schuhe schieben *umg* ♦**set upon** *VIi ⟨+obj⟩* überfallen

setback *S* Rückschlag *m*
set menu *S* Menü *n* **set piece** *S* SPORT Standardsituation *f* **set square** *Br S* Zeichendreieck *n*
settee [se tiː] *S* Sofa *n*
setting ['setɪŋ] *S* **1** *von Sonne* Untergang *m* **2** Umgebung *f*; *von Roman etc* Schauplatz *m* **3** LIT Ort, an dem die Handlung spielt **4** auf Skala etc Einstellung *f*

★**settle** ['setl] **A** *VIT* **1** entscheiden, regeln; *Problem* klären; *Streit* beilegen; **to ~ one's affairs** seine Angelegenheiten in Ordnung bringen; **to ~ a case out of court** einen Fall außergerichtlich klären; **that's ~d then** das ist also klar; **that ~s it** damit wäre der Fall (ja wohl) erledigt **2** *Rechnung* begleichen; *Konto* ausgleichen **3** *Nerven* beruhigen **4** legen, stellen; **to ~ oneself comfortably in an armchair** sich (*dat*) in einem Sessel bequem machen **5** *Land* besiedeln **B** *VIi* **1** sesshaft werden, sich niederlassen, sich ansiedeln **2** sich beruhigen **3** *Mensch, Vogel* sich niederlassen; *Staub* sich legen **4** JUR **to ~ (out of court)** sich vergleichen ♦**settle back** *VIi* sich (gemütlich) zurücklehnen ♦**settle down A** *VIi* **1** → settle B 1 **2** **it's time he settled down** es ist Zeit, dass er ein geregeltes Leben anfängt; **to marry and settle down** heiraten und sesshaft werden; **to settle down at school** sich an einer Schule einleben; **to settle down in a new job** sich in einer neuen Stellung einarbeiten; **settle down, children!** ruhig, Kinder!; **to settle down to work** sich an die Arbeit machen; **to settle down to watch TV** sich vor dem Fernseher gemütlich machen **3** → settle B 2 **B** *VIT ⟨trennb⟩* beruhigen ♦**settle for** *VIi ⟨+obj⟩* sich zufriedengeben mit ♦**settle in** *VIi* sich einleben, sich eingewöhnen; **how are you settling in?** haben Sie sich schon eingelebt/eingewöhnt? ♦**settle on, settle upon** *VIi ⟨+obj⟩* sich entscheiden für ♦**settle up** *VIi* (be)zahlen; **to settle up with sb** mit j-m abrechnen
settled ['setld] *ADJ Wetter* beständig; *Leben* geregelt **settlement** ['setlmənt] *S* **1** Erledigung *f*; *von Problem* Klärung *f*;

von Streit Beilegung *f;* (≈*Vertrag*) Übereinkunft *f;* **an out-of-court ~** JUR ein außergerichtlicher Vergleich; **to reach a ~** sich einigen [2] *von Geldbetrag* Überschreibung *f* (**on** auf *+akk*) [3] (≈*Kolonie etc*) Siedlung *f;* (≈*Akt*) Besiedlung *f* **settler** ['setlə^r] [S] Siedler(in) *m(f)*

set-top box ['settɒp'bɒks] [S] TV Digitalreceiver *m*, d-box® *f*

setup ['setʌp] [S] [1] *umg* Umstände *pl* [2] Organisation *f* [3] IT Setup *n* [4] *umg* abgekartete Sache

★**seven** ['sevn] [A] [ADJ] sieben [B] [S] Sieben *f;* → six **sevenfold** ['sevnfəʊld] [A] [ADJ] siebenfach [B] [ADV] um das Siebenfache

★**seventeen** ['sevn'ti:n] [A] [ADJ] siebzehn [B] [S] Siebzehn *f*

★**seventeenth** ['sevn'ti:nθ] [A] [ADJ] siebzehnte(r, s) [B] [S] [1] Siebzehntel *n* [2] Siebzehnte(r, s)

★**seventh** ['sevnθ] [A] [ADJ] siebte(r, s) [B] [S] [1] Siebtel *n* [2] Siebte(r, s); → sixth

★**seventieth** ['sevntɪɪθ] [A] [ADJ] siebzigste(r, s) [B] [S] [1] Siebzigstel *n* [2] Siebzigste(r, s)

★**seventy** ['sevntɪ] [A] [ADJ] siebzig [B] [S] Siebzig *f*

sever ['sevə^r] [A] [V/T] durchtrennen, abtrennen; *fig Beziehungen* lösen, abbrechen [B] [V/I] (durch)reißen

★**several** ['sevrəl] [A] [ADJ] einige, mehrere, verschiedene; **I've seen him ~ times already** ich habe ihn schon mehrmals gesehen [B] [PRON] einige; **~ of the houses** einige (der) Häuser; **~ of us** einige von uns

severance pay ['sevərəns,peɪ] [S] Abfindung *f*

severe [sɪ'vɪə^r] [ADJ] ⟨*komp* severer⟩ *Schaden, Schlag* schwer; *Schmerz, Sturm* stark; *Strafe, Prüfung* hart; *Wetter* rau; *Winter* streng; *Gesichtsausdruck* ernst **severely** [sɪ'vɪəlɪ] [ADV] *beschädigen, behindert* schwer; *stören, eingrenzen* stark; *bestrafen* hart; *kritisieren* scharf **severity** [sɪ'verɪtɪ] [S] *von Strafe, Prüfung* Härte *f; von Verletzung, Schlag, Sturm* Schwere *f*

★**sew** [səʊ] [V/T & V/I] ⟨*prät* sewed; *pperf* sewn⟩ nähen; **to sew sth on** etw annähen ♦**sew up** [V/T] ⟨*trennb*⟩ [1] *wörtl* nähen, zunähen [2] *fig* unter Dach und Fach bringen; **we've got the game all sewn up** das Spiel ist gelaufen *umg*

sewage ['sju:ɪdʒ] [S] Abwasser *n* **sewage works** [S] ⟨*+sg od pl v*⟩ Kläranlage *f*

sewer¹ ['səʊə^r] [S] Näher(in) *m(f)*

sewer² ['sjʊə^r] [S] Abwasserkanal *m* **sewerage** ['sjʊərɪdʒ] [S] Kanalisation *f*

sewing ['səʊɪŋ] [S] Nähen *n*, Näharbeit *f* **sewing machine** [S] Nähmaschine *f* **sewn** [səʊn] [PPERF] → sew

★**sex** [seks] [A] [S] [1] BIOL Geschlecht *n* [2] Sexualität *f;* (≈*Akt*) Sex *m umg*, Geschlechtsverkehr *m form;* **to have sex** (Geschlechts)verkehr haben, sich lieben [B] [ADJ] ⟨*attr*⟩ Geschlechts-, Sexual- **sex appeal** [S] Sex-Appeal *m* **sex change** [S] Geschlechtsumwandlung *f* **sex discrimination** [S] Diskriminierung *f* aufgrund des Geschlechts **sex drive** [S] Sexualtrieb *m* **sex education** [S] Sexualerziehung *f* **sexism** ['seksɪzəm] [S] Sexismus *m* **sexist** ['seksɪst] [A] [S] Sexist(in) *m(f)* [B] [ADJ] sexistisch **sex life** [S] Geschlechtsleben *n* **sex maniac** [S] **he is a ~** *umg* er ist ganz verrückt nach Sex *umg* **sex offender** [S] Sexualtäter(in) *m(f)* **sex shop** [S] Sexshop *m* **sex symbol** [S] Sexsymbol *n*

sextet(te) [seks'tet] [S] Sextett *n*

sexting ['sekstɪŋ] [S] *das Versenden von pornografischen Aufnahmen per MMS* **sex toy** [S] Sexspielzeug *n*

sextuplet [seks'tju:plɪt] [S] Sechsling *m*

sexual ['seksjʊəl] [ADJ] [1] sexuell [2] PHYSIOL Sexual- **sexual abuse** [S] sexueller Missbrauch **sexual assault** [S] sexueller Übergriff **sexual equality** [S] Gleichberechtigung *f* (der Geschlechter) **sexual harassment** [S] sexuelle Belästigung **sexual intercourse** [S] Geschlechtsverkehr *m* **sexuality** [,seksjʊ'ælɪtɪ] [S] Sexualität *f* **sexually** ['seksjʊəlɪ] [ADV] sexuell; **~ transmitted disease** Geschlechtskrankheit *f;* **to be ~ attracted to sb** sich zu j-m sexuell hingezogen fühlen **sexual organ** [S] Geschlechtsorgan *n* **sexual partner** [S] Sexualpartner(in) *m(f)* **sex worker** *euph* [S] Prostituierte *f* **sexy** ['seksɪ] *umg* [ADJ] ⟨*komp* sexier⟩ sexy *umg inv mst präd*

SF [ABK] (= science fiction) SF

shabbily ['ʃæbɪlɪ] *wörtl, fig* [ADV] schäbig **shabbiness** ['ʃæbɪnɪs] [S] Schäbigkeit *f* **shabby** ['ʃæbɪ] [ADJ] ⟨*komp* shabbier⟩ schäbig

shack [ʃæk] S Schuppen m

shackle [ˈʃækl] A S ⟨mst pl⟩ Kette f B V/T in Ketten legen

★**shade** [ʃeɪd] A S 1 Schatten m; **30° in the ~** 30 Grad im Schatten; **to provide ~** Schatten spenden 2 (Lampen)schirm m; bes US Jalousie f, Springrollo n; **~s** umg Sonnenbrille f 3 (Farb)ton m; fig (≈ Bedeutungsunterschied) Nuance f 4 (≈ kleine Menge) Spur f; **it's a ~ too long** es ist etwas od eine Spur zu lang B 1 abschirmen; **he ~d his eyes with his hand** er hielt die Hand vor die Augen(, um nicht geblendet zu werden) 2 **to ~ sth in** etw ausschraffieren **shading** [ˈʃeɪdɪŋ] S KUNST Schattierung f

★**shadow** [ˈʃædəʊ] A S 1 Schatten m; **in the ~s** im Dunkel; **to be in sb's ~** fig in j-s Schatten (dat) stehen; **to be just a ~ of one's former self** nur noch ein Schatten seiner selbst sein 2 Spur f; **without a ~ of a doubt** ohne den geringsten Zweifel B ADJ ⟨attr⟩ Br POL Schatten- C V/T beschatten **shadow cabinet** S Br POL Schattenkabinett n **shadowy** [ˈʃædəʊɪ] ADJ schattig; **a figure** eine undurchsichtige Gestalt

shady [ˈʃeɪdɪ] ADJ ⟨komp shadier⟩ 1 schattig; Baum Schatten spendend 2 umg zwielichtig

shaft [ʃɑːft] S 1 Schaft m, Stiel m; von Licht Strahl m; MECH Welle f 2 von Aufzug Schacht m

shag [ʃæg] Br sl A S Nummer f umg; **to have a ~** eine Nummer machen umg B V/T & V/I bumsen umg

shaggy [ˈʃægɪ] ADJ ⟨komp shaggier⟩ zottig, zottelig

★**shake** [ʃeɪk] ⟨v: prät shook; pperf shaken⟩ A V/T schütteln; Gebäude erschüttern; **to ~ one's head** den Kopf schütteln; **to ~ one's fist at sb** j-m mit der Faust drohen; **to ~ hands** sich (dat) die Hand geben; **to ~ hands with sb** j-m die Hand geben/schütteln; **it was a nasty accident, he's still rather badly ~n** es war ein schlimmer Unfall, der Schreck sitzt ihm noch in den Knochen; **she was badly ~n by the news** die Nachricht hatte sie sehr mitgenommen B V/I wackeln; Hand, Stimme zittern; Erde beben; **to ~ like a leaf** zittern wie Espenlaub; **he was shaking all over** er zitterte am ganzen Körper; **to ~ in**

one's shoes umg das große Zittern kriegen umg; **~ (on it!)** umg Hand drauf! C S 1 Schütteln n; **to give a rug a ~** einen Läufer ausschütteln; **with a ~ of her head** mit einem Kopfschütteln; **to be no great ~s** umg nicht umwerfend sein (at in +dat) 2 Milchshake m ♦**shake off** V/T ⟨trennb⟩ Staub, Verfolger abschütteln; Krankheit, Gefühl loswerden ♦**shake out** wörtl V/T ⟨trennb⟩ herausschütteln; Tischdecke ausschütteln ♦**shake up** V/T ⟨trennb⟩ 1 Flasche, Flüssigkeit schütteln 2 erschüttern; **he was badly shaken up by the accident** der Unfall hat ihm einen schweren Schock versetzt; **she's still a bit shaken up** sie ist immer noch ziemlich mitgenommen 3 Geschäftsführung, Untergebene auf Zack bringen umg; System umkrempeln umg; Land, Industrie wachrütteln; **to shake things up** die Dinge in Bewegung bringen

shaken [ˈʃeɪkən] PPERF → shake **shaker** [ˈʃeɪkə⟩ S 1 für Cocktails Shaker m, Mixbecher m 2 für Salz, Mehl etc Streuer m

shake-up [ˈʃeɪkʌp] S Umbesetzung f **shakily** [ˈʃeɪkɪlɪ] ADV wackelig; einschenken zitterig **shaking** [ˈʃeɪkɪŋ] S Zittern n **shaky** [ˈʃeɪkɪ] ADJ ⟨komp shakier⟩ Stuhl wackelig; Stimme, Hände zitt(e)rig; **to get off to a ~ start** fig einen holprigen Anfang nehmen; **to be on ~ ground** fig sich auf schwankendem od unsicherem Boden bewegen

shale [ʃeɪl] S GEOL Schiefer m; **~ gas** Schiefergas n

★**shall** [ʃæl] V/AUX ⟨prät should⟩ 1 Futur I **think I'll** (Kurzform zu 'I ~') **go to France this year** ich fahre dieses Jahr nach Frankreich; **no, I ~ not** od **I shan't** nein, das tue ich nicht 2 **what ~ we do?** was sollen wir machen?, was machen wir?; **let's go in, ~ we?** komm, gehen wir hinein!; **I'll buy 3, ~ I?** soll ich 3 kaufen?

shallot [ʃəˈlɒt] S Schalotte f

shallow [ˈʃæləʊ] A ADJ flach; Mensch seicht; Erdschicht dünn B S **shallows** PL Untiefe f **shallowness** [ˈʃæləʊnɪs] S Flachheit f; von Mensch, Roman Seichtheit f; von Erdschicht Dünne f

sham [ʃæm] A S 1 Heuchelei f; **their marriage had become a ~** ihre Ehe war zur Farce geworden 2 Scharlatan m

B ADJ a ~ marriage eine Scheinehe **C** V/T vortäuschen **D** V/I so tun, simulieren
shamble ['ʃæmbl] V/I trotten
shambles ['ʃæmblz] S ⟨+sg v⟩ heilloses Durcheinander, Tohuwabohu n; **the room was a ~** im Zimmer herrschte das reinste Tohuwabohu; **the economy is in a ~** die Wirtschaft befindet sich in einem Chaos; **the game was a ~** das Spiel war das reinste Kuddelmuddel umg
★**shame** [ʃeɪm] A S ⟨kein pl⟩ **1** Scham f, Schande f; **he hung his head in ~** er senkte beschämt den Kopf; fig er schämte sich; **to bring ~ upon sb/oneself** j-m/sich Schande machen; **have you no ~?** schämst du dich (gar) nicht?; **to put sb/sth to ~** fig j-n/etw in den Schatten stellen; **~ on you!** du solltest dich schämen! **2** **it's a ~ you couldn't come** schade, dass du nicht kommen konntest; **what a ~!** (das ist aber) schade! **3** V/T Schande machen (+dat)
shamefaced ['ʃeɪm'feɪst] ADJ,
shamefacedly ['ʃeɪm'feɪsɪdlɪ] ADV betreten **shameful** ['ʃeɪmfʊl] ADJ schändlich **shameless** ['ʃeɪmlɪs] ADJ schamlos
shampoo [ʃæm'puː] A S ⟨pl -s⟩ Shampoo n **B** V/T Haare waschen; Teppich reinigen
shamrock ['ʃæmrɒk] S Klee m, Kleeblatt n
shandy ['ʃændɪ] Br S Radlermaß n, Alsterwasser n, Bier n mit Limonade; **two shandies, please** zwei Radlermaß bitte
shan't [ʃɑːnt] ABK ⟨= shall not⟩ ~! umg will nicht! umg
shantytown ['ʃæntɪtaʊn] S Slum(vor)-stadt f
★**shape** [ʃeɪp] A S **1** Form f, Gestalt f; **what ~ is it?** welche Form hat es?; **it's rectangular** etc in ~ es ist rechteckig etc; **to take ~** wörtl Form bekommen; fig Konturen annehmen; **of all ~s and sizes** aller Art; **I don't accept gifts in any ~ or form** ich nehme überhaupt keine Geschenke an **2** fig **to be in good/bad ~** Sportler in Form/nicht in Form sein; gesundheitlich in guter/schlechter Verfassung sein; **to be out of ~** nicht in Form sein **B** V/T wörtl Ton formen (into zu); fig Ideen prägen; Entwicklung gestalten ◆**shape up** V/I **to shape up well** sich gut entwickeln

shaped [ʃeɪpt] ADJ geformt; ~ like a ... in der Form einer/eines ... **-shaped** -[ʃeɪpt] ADJ ⟨suf⟩ -förmig **shapeless** ['ʃeɪplɪs] ADJ formlos **shapely** ['ʃeɪplɪ] ADJ ⟨komp shapelier⟩ Figur wohlproportioniert; Beine wohlgeformt
shard [ʃɑːd] S (Ton)scherbe f
★**share** [ʃɛəʳ] A S **1** Anteil m (in, of an +dat); **I want my fair ~** ich will meinen (An)teil; **he didn't get his fair ~** er ist zu kurz gekommen; **to take one's ~ of the blame** sich mitschuldig erklären; **to do one's ~** das Seine tun **2** FIN (Geschäfts)anteil m, Aktie f **B** V/T teilen **C** V/I teilen; **to ~ and ~ alike** (brüderlich) mit (den) anderen teilen; **to ~ in sth** sich an etw (dat) beteiligen; an Erfolg an etw (dat) Anteil nehmen ◆**share out** V/T ⟨trennb⟩ verteilen
share capital S Aktienkapital n
shareholder S Aktionär(in) m(f), Teilhaber(in) m(f) **share index** S Aktienindex m **shareware** S IT Shareware f
★**shark** [ʃɑːk] S **1** Hai(fisch) m **2** umg (≈ Schwindler) Schlitzohr n umg; **loan ~** Kredithai m umg
★**sharp** [ʃɑːp] A ADJ ⟨+er⟩ **1** scharf; Nadel, Winkel spitz; (≈ intelligent) schlau; Rückgang steil; Schmerz heftig; Mensch schroff; Temperament hitzig; **be ~ about it!** umg (ein bisschen) dalli! umg **2** pej raffiniert **3** MUS Note zu hoch, (um einen Halbton) erhöht; **F ~** fis n **B** ADV ⟨+er⟩ **1** MUS zu hoch **2** pünktlich; **at 5 o'clock ~** Punkt 5 Uhr **3** **look ~!** dalli! umg; **to pull up ~** plötzlich anhalten
sharpen ['ʃɑːpən] V/T Messer schleifen; Bleistift spitzen **sharpener** ['ʃɑːpnəʳ] S **1** Schleifgerät n **2** (Bleistift)spitzer m
sharp-eyed [,ʃɑːp'aɪd] ADJ scharfsichtig **sharpness** S **1** Schärfe f; von Nadel etc Spitzheit f; (≈ Intelligenz) Schläue f **2** von Schmerz Heftigkeit f **sharp-tongued** ADJ scharfzüngig **sharp-witted** ADJ scharfsinnig
shat [ʃæt] PRÄT & PPERF → shit
shatter ['ʃætəʳ] A V/T **1** wörtl zertrümmern; Hoffnungen zunichtemachen; **the blast ~ed all the windows** durch die Explosion zersplitterten alle Fensterscheiben **2** Br fig umg **I'm ~ed!** ich bin total kaputt umg **B** V/I zerbrechen; Windschutzscheibe (zer)splittern **shattering** ['ʃætərɪŋ] ADJ **1** Schlag wuchtig;

Explosion gewaltig; *Niederlage* vernichtend **2** *fig umg* erschöpfend **3** *umg Nachricht* erschütternd

★**shave** [ʃeɪv] ⟨*v:* *prät* shaved; *pperf* shaved *od* shaven⟩ **A** V̲T̲ rasieren **B** V̲I̲ sich rasieren; *Apparat* rasieren **C** S̲ Rasur *f*; **to have a ~** sich rasieren; **that was a close ~** das war knapp ◆**shave off** V̲T̲ ⟨*trennb*⟩ sich (*dat*) abrasieren

shaven [ˈʃeɪvn] A̲D̲J̲ *Kopf* kahl geschoren

shaver [ˈʃeɪvəʳ] S̲ Rasierapparat *m*

shaver point, shaver outlet *US* S̲ Steckdose *f* für Rasierapparate **shaving** [ˈʃeɪvɪŋ] **1** S̲ Rasieren *n* **2** **~s** *pl* Späne *pl* **shaving brush** [ˈʃeɪvɪŋ] S̲ Rasierpinsel *m* **shaving foam** S̲ Rasierschaum *m*

shawl [ʃɔːl] S̲ (Umhänge)tuch *n*

★**she** [ʃiː] **A** P̲R̲O̲N̲ sie; *bei Schiffen etc* es **B** S̲ Sie *f* **she-** P̲R̲Ä̲F̲ weiblich; **~bear** Bärin *f*

sheaf [ʃiːf] S̲ ⟨*pl* sheaves⟩ (≈ *Getreide*) Garbe *f*; (≈ *Papiere*) Bündel *n*

shear [ʃɪəʳ] V̲T̲ ⟨*prät* sheared; *pperf* shorn, sheared⟩ *Schaf* scheren ◆**shear off** V̲I̲ abbrechen

shears [ʃɪəz] P̲L̲ (große) Schere, Heckenschere *f*

sheath [ʃiːθ] S̲ **1** *für Schwert* Scheide *f* **2** Kondom *n*/*m* **sheathe** [ʃiːð] V̲T̲ *Schwert* in die Scheide stecken

sheaves [ʃiːvz] P̲L̲ → sheaf

shed¹ [ʃed] V̲T̲ ⟨*prät, pperf* shed⟩ **1** *Haare* verlieren; **to ~ its skin** sich häuten; **to ~ a few pounds** ein paar Pfund abnehmen **2** *Tränen* vergießen **3** *Licht* verbreiten; **to ~ light on sth** *fig* Licht auf etw (*akk*) werfen

shed² S̲ Schuppen *m*, Stall *m*

she'd [ʃiːd] A̲B̲K̲ (= she would, she had) → have; → would

sheen [ʃiːn] S̲ Glanz *m*

★**sheep** [ʃiːp] S̲ ⟨*pl* -⟩ Schaf *n*; **to separate the ~ from the goats** *fig* die Schafe von den Böcken trennen **sheepdog** [ˈʃiːpdɒg] S̲ Hütehund *m* **sheepish** [ˈʃiːpɪʃ] A̲D̲J̲ verlegen **sheepskin** [ˈʃiːpskɪn] S̲ Schaffell *n*

sheer [ʃɪəʳ] **A** A̲D̲J̲ ⟨*+er*⟩ **1** rein; **by ~ chance** rein zufällig; **by ~ hard work** durch nichts als harte Arbeit; **~ hell** die (reinste) Hölle *umg* **2** *Klippe* steil; **there is a ~ drop of 200 feet** es fällt 200 Fuß steil *od* senkrecht ab **3** *Stoff etc* (hauch)dünn **B** A̲D̲V̲ **1** steil *od* senk-

recht

★**sheet** [ʃiːt] S̲ **1** (Bett)laken *n* **2** (≈ *Papier*) Blatt *n*; *größer* Bogen *m* **3** (≈ *Metall*) Platte *f*; (≈ *Glas*) Scheibe *f*; *aus Eis* Fläche *f*; **a ~ of ice covered the lake** eine Eisschicht bedeckte den See **sheet ice** S̲ Glatteis *n* **sheeting** [ˈʃiːtɪŋ] S̲ **plastic ~** Plastiküberzug *m* **sheet metal** S̲ Walzblech *n* **sheet music** S̲ Notenblätter *pl*

sheik(h) [ʃeɪk] S̲ Scheich *m*

★**shelf** [ʃelf] S̲ ⟨*pl* shelves⟩ Bord *n*, Bücherbord *n*; *in Laden* Regal(brett) *n*; **shelves** Regal *n* **shelf life** *wörtl* S̲ Lagerfähigkeit *f*; *fig* Dauer *f* **shelf-stable milk** [ˈʃelfsteɪbl] *US* S̲ H-Milch *f*, Haltbarmilch *f* *wörtl*

shell [ʃel] **A** S̲ **1** Schale *f*; *am Strand* Muschel *f* **2** (Schnecken)haus *n*; *von Schildkröte* Panzer *m*; **to come out of one's ~** *fig* aus seinem Schneckenhaus kommen **3** *von Haus* Rohbau *m*; *von Auto* Karosserie *f* **4** M̲I̲L̲ Granate *f*; *bes US* Patrone *f* **B** V̲T̲ **1** *Erbsen* enthülsen; *Ei, Nüsse* schälen **2** M̲I̲L̲ (mit Granaten) beschießen ◆**shell out** *umg* **A** V̲T̲ ⟨*trennb*⟩ blechen *umg* **B** V̲I̲ **to shell out for sth** für etw blechen *umg*

she'll [ʃiːl] A̲B̲K̲ (= she will, she shall) → will¹; → shall

shellfire S̲ Granatfeuer *n* **shellfish** S̲ Schaltier(e) *n(pl)*; G̲A̲S̲T̲R̲ Meeresfrüchte *pl* **shelling** [ˈʃelɪŋ] S̲ Granatfeuer *n* (**of** *auf +akk*) **shell-shocked** A̲D̲J̲ **to be ~** *wörtl* unter einer Kriegsneurose leiden; *fig* verstört sein **shell suit** S̲ *modischer leichter Jogginganzug*

shelter [ˈʃeltəʳ] **A** S̲ **1** Schutz *m*; (≈ *Ort*) Unterstand *m*; *im Krieg* Luftschutzkeller *m*; *an Bushaltestelle* Wartehäuschen *n*; (≈ *Nachtlager*) Unterkunft *f*, Obdach *n*; **a ~ for homeless people** ein Obdachlosenheim *n*; **to take ~** sich in Sicherheit bringen; *bei Regen* sich unterstellen; **to run for ~** Zuflucht suchen; **to provide ~ for sb** j-m Schutz bieten, j-n beherbergen **B** V̲T̲ schützen (**from** *vor +dat*); *Verbrecher* verstecken **C** V̲I̲ **there was nowhere to ~** *bei Regen* man konnte sich nirgends unterstellen; **we ~ed in a shop doorway** wir stellten uns bei einem Ladeneingang unter **sheltered** [ˈʃeltəd] A̲D̲J̲ *Ort* geschützt; *Leben* behütet **sheltered housing** S̲ Wohnungen *pl* für Senioren/Behinderte

shelve [ʃelv] **VT** *Problem* aufschieben; *Plan* ad acta legen **shelves** [ʃelvz] **PL** → **shelf** **shelving** [ʃelvɪŋ] **S** Regale *pl*, Stellagen *pl österr*; (≈ *Material*) Bretter *pl*

shepherd [ʃepəd] **A S** Schäfer *m* **B VT** führen **shepherd's pie S** Auflauf *aus Hackfleisch und Kartoffelbrei*

sherbet [ʃɜːbət] **S 1** ‹*kein pl*› Brausepulver *n* **2** *US* Fruchteis *n*

sheriff [ʃerɪf] **S** Sheriff *m*; *schott* Friedensrichter(in) *m(f)*

sherry [ʃerɪ] **S** Sherry *m*

she's [ʃiːz] **ABK** (= she is, she has) → be; → have

Shetland [ʃetlənd] **S**, **Shetland Islands** [ʃetlənd aɪləndz] **PL**, **Shetlands** [ʃetləndz] **PL** Shetlandinseln *pl*

shiatsu [ʃiːætsuː] **S** Shiatsu *n*

shield [ʃiːld] **A S** Wappenkunde, *a.* MIL Schild *m*; *an Maschine* Schutzschild *m*; *fig* Schutz *m* **B VT** schützen (**sb from sth** j-n vor etw *dat*); **she tried to ~ him from the truth** sie versuchte, ihm die Wahrheit zu ersparen

shift [ʃɪft] **A S 1** Änderung *f*; *bei Ortswechsel* Verlegung *f*; **a ~ in public opinion** ein Meinungsumschwung *m* in der Bevölkerung **2** AUTO Schaltung *f* **3** IND Schicht *f*; **to work (in) ~s** in Schichten arbeiten **B VT 1** (*von der Stelle*) bewegen; *Möbel* verrücken; *Arm* wegnehmen; *bei Ortswechsel* verlagern; *Schutt* wegräumen; **to ~ the blame onto somebody else** die Verantwortung auf jemand anders schieben; **~ the table over to the wall** rück den Tisch an die Wand (rüber) **2** *US* AUTO **to ~ gears** schalten **C VI** sich bewegen; **~ over!** rück mal rüber!; **he refused to ~** *fig* er war nicht umzustimmen **shift key S** COMPUT Shifttaste *f*, Umschalttaste *f*, Hochstelltaste *f* **shift lock S** *an Schreibmaschine und Computer* Feststelltaste *f*, Umschaltsperre *f* **shiftwork S** Schichtarbeit *f*; **to do ~** Schicht arbeiten **shift worker S** Schichtarbeiter(in) *m(f)*

shifty [ʃɪftɪ] **ADJ** ‹*komp* shiftier› zwielichtig

shilling [ʃɪlɪŋ] *Br obs* **S** Shilling *m*

shimmer [ʃɪməʳ] **A S** Schimmer *m* **B VI** schimmern

shin [ʃɪn] **A S** Schienbein *n*; *von Fleisch* Hachse *f*; **to kick sb on the ~** j-n vors Schienbein treten **B VI** **to ~ up** (geschickt) hinaufklettern **shinbone** [ʃɪnbəʊn] **S** Schienbein *n*

⋆**shine** [ʃaɪn] ‹*v: prät, pperf* shone *od* shined› **A VT 1** ‹*prät, pperf mst* shined› blank putzen; *Schuhe* polieren **2** **to ~ a light on sth** etw beleuchten **B VI** leuchten; *Metall, Schuhe* glänzen; *Sonne, Lampe* scheinen; **to ~ at/in sth** *fig* bei/in etw (*dat*) glänzen **C S** Glanz *m*; **she's taken a real ~ to him** *umg* er hat es ihr wirklich angetan ⧫**shine down VI** herabscheinen (**on** auf +*akk*)

shingle [ʃɪŋgl] **S** ‹*kein pl*› Kiesel *m*

shingles [ʃɪŋglz] **S** ‹+*sg v*› MED Gürtelrose *f*

shining [ʃaɪnɪŋ] **ADJ** leuchtend; *Licht* strahlend; **a ~ light** *fig* eine Leuchte; **he's my knight in ~ armour** *Br*, **he's my knight in ~ armor** *US* er ist mein Märchenprinz **shiny** [ʃaɪnɪ] **ADJ** ‹*komp* shinier› glänzend

⋆**ship** [ʃɪp] **A S** Schiff *n*; **on board ~** an Bord **B VT** versenden; *Getreide etc* verfrachten; *auf Seeweg* verschiffen ⧫**ship out VT** ‹*trennb*› versenden; *Getreide etc* verfrachten

shipbuilding S Schiffbau *m* **shipmate S** Schiffskamerad(in) *m(f)* **shipment S** Sendung *f*; *von Getreide etc* Transport *m*; *auf Seeweg* Verschiffung *f* **shipowner S** Reeder(in) *m(f)* **shipper** [ʃɪpəʳ] **S** Spediteur(in) *m(f)* **shipping** [ʃɪpɪŋ] **S** ‹*kein pl*› **1** Schifffahrt *f*; (≈*Transportmittel*) Schiffe *pl* **2** Verschiffung *f*; *per Bahn etc* Versand *m* **3** **ADJ** ‹*attr*› **~ costs** Frachtkosten *pl* **shipping company S** Reederei *f* **shipping lane S** Schifffahrtsstraße *f* **shipping note S** Verladeschein *m* **shipshape** [ʃɪpʃeɪp] **ADJ & ADV** tipptopp *umg* **shipwreck** **A S** Schiffbruch *m* **B VT** **to be ~ed** schiffbrüchig sein **shipyard S** (Schiffs)werft *f*

shirk [ʃɜːk] **A VT** sich drücken vor (+*dat*) **B VI** sich drücken

⋆**shirt** [ʃɜːt] **S** (Ober)hemd *n*; FUSSB Trikot *n*, Leiberl *n* österr, Leibchen *n* österr, schweiz; *für Frau* Hemdbluse *f*; **keep your ~ on** *Br umg* reg dich nicht auf!

shirtsleeve [ʃɜːtsliːv] **S**, **shirtsleeves** **PL** Hemdsärmel *pl*; **in his/their**

~s in Hemdsärmeln

shit [ʃɪt] ⟨*v: prät, pperf* shit *od* shat⟩ *sl* **A** <u>V/i</u> scheißen *vulg* **B** <u>V/R</u> **to ~ oneself** sich (*dat*) vor Angst in die Hosen scheißen *vulg* **C** <u>INT</u> Scheiße *umg* **D** <u>S</u> **1** Scheiße *f vulg*; **to have a ~** scheißen *vulg*; **to have the ~s** Dünnschiss haben *umg*; **to be up ~ creek (without a paddle)** bis zum Hals in der Scheiße stecken *vulg*; **to be in deep ~** in der Scheiße stecken *vulg*; **I don't give a ~** das ist mir scheißegal *umg*; **tough ~!** Scheiße auch! *umg* **2** (≈*Mensch*) Arschloch *n vulg* **E** <u>ADJ</u> ⟨*attr*⟩ beschissen *umg* **shitface**, **shithead** *sl* <u>S</u> Scheißkerl *m umg*, Scheißtyp *m umg* **shit-hot** *Br sl* <u>ADJ</u> geil *sl*, krass *sl* **shitless** <u>ADJ</u> **to be scared ~** *sl* sich (*dat*) vor Angst in die Hosen scheißen *vulg* **shitstorm** *umg* <u>S</u> <u>INTERNET</u> *starke* Kritik in Form massenhafter Mails/Postings Shitstorm *m* **shitty** [ˈʃɪtɪ] *umg* <u>ADJ</u> ⟨*komp* shittier⟩ beschissen *umg*

shiver [ˈʃɪvəʳ] **A** <u>S</u> Schauer *m*; **a ~ ran down my spine** es lief mir kalt den Rücken hinunter; **his touch sent ~s down her spine** es durchzuckte sie bei seiner Berührung; **it gives me the ~s** *fig* ich kriege davon eine Gänsehaut **B** <u>V/i</u> zittern (**with** *+dat*)

shoal [ʃəʊl] <u>S</u> *von Fischen* Schwarm *m*

★**shock**¹ [ʃɒk] **A** <u>S</u> **1** *von Explosion etc* Wucht *f* **2** <u>ELEK</u> Schlag *m*; Med (Elektro)schock *m* **3** Schock(zustand) *m*; **to suffer from ~** einen Schock (erlitten) haben; **to be in (a state of) ~** unter Schock stehen; **a ~ to one's system** ein Kreislaufschock; **it comes as a ~ to hear that … wir** überraschung höre ich/hören wir, dass …; **to give sb a ~** j-n erschrecken; **it gave me a nasty ~** es hat mir einen bösen Schreck(en) eingejagt; **to get the ~ of one's life** den Schock seines Lebens kriegen; **he is in for a ~!** *umg* der wird sich wundern *umg* **B** <u>V/T</u> erschüttern, schockieren; **to be ~ed by sth** über etw (*akk*) erschüttert *od* bestürzt sein; *moralisch* über etw (*akk*) schockiert sein

shock² <u>S</u>, (*a.* **shock of hair**) (Haar)schopf *m*

shock absorber [ˈʃɒkəbˌzɔːbəʳ] <u>S</u> Stoßdämpfer *m* **shocked** [ʃɒkt] <u>ADJ</u> erschüttert, schockiert **shocking** [ˈʃɒkɪŋ] <u>ADJ</u>

1 schockierend; **~ pink** knallrosa *umg*, pink **2** *umg* entsetzlich; **what a ~ thing to say!** wie kann man bloß so etwas Schreckliches sagen! **shock tactics** *fig* <u>PL</u> Schocktherapie *f* **shock therapy** <u>S</u> MED *fig* Schocktherapie *f* **shock troops** <u>PL</u> Stoßtruppen *pl* **shock wave** *wörtl* <u>S</u> Druckwelle *f*; *fig* Schock *m kein pl*

shod [ʃɒd] <u>PRÄT & PPERF</u> → shoe **shoddy** [ˈʃɒdɪ] <u>ADJ</u> ⟨*komp* shoddier⟩ schäbig; *Arbeit* schludrig; *Waren* minderwertig

★**shoe** [ʃuː] **A** <u>S</u> **1** Schuh *m*; **I wouldn't like to be in his ~s** ich möchte nicht in seiner Haut stecken; **to put oneself in sb's ~s** sich in j-s Lage (*akk*) versetzen; **to step into** *od* **fill sb's ~s** an j-s Stelle (*akk*) treten *od* rücken **2** (Huf)eisen *n* **B** <u>V/T</u> ⟨*v: prät, pperf* shoed, shod⟩ *Pferd* beschlagen **shoehorn** <u>S</u> Schuhlöffel *m* **shoelace** <u>S</u> Schnürsenkel *m* **shoemaker** <u>S</u> Schuster(in) *m(f)* **shoe polish** <u>S</u> Schuhcreme *f* **shoe shop** <u>S</u> Schuhgeschäft *n* **shoe size** <u>S</u> Schuhgröße *f*; **what ~ are you?** welche Schuhgröße haben Sie? **shoestring** <u>S</u> **1** US Schnürsenkel *m* **2** *fig* **to be run on a ~** mit ganz wenig Geld finanziert werden **shoestring budget** <u>S</u> Minibudget *n umg* **shoetree** <u>S</u> (Schuh)spanner *m*

shone [ʃɒn] <u>PRÄT & PPERF</u> → shine **shoo** [ʃuː] <u>V/T</u> **to ~ sb away** j-n verscheuchen

shook [ʃʊk] <u>PRÄT</u> → shake

★**shoot** [ʃuːt] ⟨*v: prät, pperf* shot⟩ **A** <u>S</u> **1** BOT Trieb *m* **2** Fotosession *f* **B** <u>V/T</u> **1** MIL *etc, a.* SPORT schießen; (≈*anschießen*) niederschießen; (≈*töten*) erschießen; **to ~ sb dead** j-n erschießen; **he shot himself** er hat sich erschossen; **he shot himself in the foot** er schoss sich (*dat*) in den Fuß; *fig umg* er hat ein Eigentor geschossen *umg*; **he was shot in the leg** er wurde ins Bein getroffen **3** **to ~ sb a glance** j-m einen (schnellen) Blick zuwerfen; **to ~ the lights** eine Ampel (bei Rot) überfahren **4** FOTO *Film* drehen **5** *umg Drogen* drücken *sl* **C** <u>V/i</u> **1** schießen; JAGD jagen; **stop or I'll ~!** stehen bleiben oder ich schieße!; **to ~ at sb/sth** auf j-n/etw schießen **2** *Läufer etc* schießen *umg*;

S

to ~ into the lead an die Spitze vorpreschen; **he shot down the stairs** er schoss od jagte die Treppe hinunter; **to ~ to fame** auf einen Schlag berühmt werden; **~ing pains** stechende Schmerzen pl ➌ FOTO knipsen umg; FILM drehen ♦**shoot down** VſT ⟨trennb⟩ abschießen ♦**shoot off** Vſl losschießen ♦**shoot out** A Vſl herausschießen (**of aus**) B VſT ⟨trennb⟩ Hand etc blitzschnell ausstrecken ♦**shoot up** A Vſl ➊ in die Höhe schnellen; Kinder in die Höhe schießen; Bauten aus dem Boden schießen ➋ umg mit Drogen sich (dat) einen Schuss setzen umg B VſT ⟨trennb⟩ umg Drogen drücken sl

shooting [ˈʃuːtɪŋ] A ➊ Schießen n (≈Mord) A ➋ JAGD Jagd f; **to go ~** auf die Jagd gehen ➍ FILM Drehen n **shooting gallery** S Schießstand m **shooting range** S Schießplatz m **shooting star** S Sternschnuppe f ♦**shoot-out** [ˈʃuːtaʊt] S Schießerei f

★**shop** [ʃɔp] A ➊ bes Br Geschäft n, Laden m; **to go to the ~s** einkaufen gehen; **to go to the ~s** einkaufen gehen; **to shut up** od **close up ~** zumachen, schließen; **to talk ~** fachsimpeln ➋ Br **to do one's weekly ~** seinen wöchentlichen Einkauf erledigen B Vſl einkaufen; **to go ~ping** einkaufen gehen; **to ~ for fish** Fisch kaufen gehen ♦**shop around** Vſl sich umsehen (**for** nach)

shopaholic S Kaufsüchtige(r) m/f(m) ★ **shop assistant** Br S Verkäufer(in) m/f(m) **shop finder** S IT Filialsucher m **shop floor** S **on the ~** unter den Arbeitern **shop front** bes Br S Ladenfassade f **shopkeeper** bes Br S Ladenbesitzer(in) m/f(m) **shoplifter** S Ladendieb(in) m/f(m) **shoplifting** S Ladendiebstahl m **shopper** [ˈʃɔpər] S Käufer(in) m/f(m)

★**shopping** [ˈʃɔpɪŋ] S Einkaufen n; (≈Waren) Einkäufe pl; **to do one's** od **the ~** einkaufen (gehen) **shopping bag** S Einkaufstasche f **shopping basket** S Einkaufskorb m **shopping cart** US S → shopping trolley **shopping centre** S, **shopping center** US S Einkaufszentrum n **shopping channel** S TV Teleshoppingsender m **shopping list** S Einkaufszettel m **shopping mall** S Shoppingcenter n,

Einkaufszentrum n **shopping spree** S Einkaufsbummel m **shopping street** S Einkaufsstraße f **shopping trolley** Br S Einkaufswagen m

shopsoiled Br ADJ leicht beschädigt **shop steward** S (gewerkschaftlicher) Vertrauensmann **shop window** S Schaufenster n

shore[1] [ʃɔːr] S ➊ Ufer n, Strand m; **a house on the ~s of the lake** ein Haus am Seeufer ➋ on ~ an Land

shore[2] VſT, (a. **shore up**) (ab)stützen; fig stützen

shoreline S Uferlinie f

shorn [ʃɔːn] A PPERF → shear B ADJ geschoren

★**short** [ʃɔːt] A ADJ ⟨+er⟩ ➊ kurz; Mensch klein; **a ~ time ago** vor Kurzem; **in a ~ while** in Kürze; **time is ~** die Zeit ist knapp; **~ and sweet** kurz und ergreifend; **in ~** kurz gesagt; **she's called Pat for ~** sie wird einfach Pat genannt; **Pat is ~ for Patricia** Pat ist die Kurzform von Patricia ➋ Antwort knapp, barsch; Verhalten schroff; **to have a ~ temper** unbeherrscht sein; **to be ~ with sb** j-n schroff behandeln ➌ zu wenig inv; **to be in ~ supply** knapp sein; **we are (£3) ~** wir haben (£ 3) zu wenig; **we are seven ~** uns (dat) fehlen sieben; **we are not ~ of volunteers** wir haben genug Freiwillige; **to be ~ of time** wenig Zeit haben; **I'm a bit ~ (of cash)** umg ich bin etwas knapp bei Kasse umg; **we are £2,000 ~ of our target** wir liegen £ 2.000 unter unserem Ziel; **not far** od **much ~ of £100** nicht viel weniger als £ 100 B ADV ➊ **to fall ~** Schuss zu kurz sein; Vorräte etc nicht ausreichen; **to fall ~ of sth** etw nicht erreichen; **to go ~ (of food** etc **)** zu wenig (zu essen etc) haben; **we are running ~ (of time)** wir haben nicht mehr viel (Zeit); **water is running ~** Wasser ist knapp ➋ plötzlich; **to pull up ~** abrupt anhalten; **to stop ~** beim Sprechen plötzlich innehalten; **I'd stop ~ of murder** vor Mord würde ich Halt machen; **to be caught ~** umg überrascht werden; bei Geldmangel etc zu knapp (dran) sein; (≈ Toilette benötigen) dringend mal müssen umg ➌ **~ of** außer (+dat); **nothing ~ of a revolution can ...** nur eine Revolution kann ...; **it's little ~ of madness** das grenzt an Wahnsinn; **~ of telling him a lie** ... außer ihn zu belügen ... **C** 5̲ *umg* (≈ *Schnaps*) Kurze(r) *m umg*; FILM Kurzfilm *m* **shortage** [ˈʃɔːtɪdʒ] 5̲ Knappheit *f kein pl* (**of** an +*dat*), Mangel *m kein pl* (**of** an +*dat*); **a ~ of staff** ein Personalmangel *m* **shortbread** 5̲ Shortbread *n*, ≈ Butterkeks *m* **short-change** V̲T̲ **to ~ sb** *wörtl* j-m zu wenig Wechselgeld geben **short circuit** 5̲ Kurzschluss *m* **short-circuit** **A** V̲T̲ kurzschließen; *fig* umgehen **B** V̲I̲ einen Kurzschluss haben **shortcoming** 5̲ *bes pl* Mangel *m*, Fehler *m*; *von System* Unzulänglichkeit *f* **shortcrust** 5̲, (a. **shortcrust pastry**) Mürbeteig *m* **short-cut** 5̲ **1** Abkürzung *f*; *fig* Schnellverfahren *n* **2** IT Shortcut *m* **short-cut key** 5̲ IT Shortcut *m*, Tastenkombination *f* **shorten** [ˈʃɔːtn̩] 5̲ verkürzen; *Namen* abkürzen; *Kleid, Programm* kürzen **shortfall** 5̲ Defizit *n* **short-haired** A̲D̲J̲ kurzhaarig **shorthand** 5̲ Stenografie *f*; **to take sth down in ~** etw stenografieren **short-handed** A̲D̲J̲ **to be ~** zu wenig Personal haben **shorthand typist** 5̲ Stenotypist(in) *m(f)* **short haul** 5̲ Nahtransport *m* **short-haul jet** 5̲ Kurzstreckenflugzeug *n* **short list** *bes Br* 5̲ **to be on the ~** in der engeren Wahl sein **short-list** *bes Br* V̲T̲ **to ~ sb** j-n in die engere Wahl nehmen **short-lived** A̲D̲J̲ kurzlebig; **to be ~** von kurzer Dauer sein [ˈʃɔːtlɪ] A̲D̲V̲ bald; *vor, nach* kurz **shortness** [ˈʃɔːtnɪs] 5̲ Kürze *f*; *von Mensch* Kleinheit *f*; **~ of breath** Kurzatmigkeit *f* **short-range** [ˈʃɔːtˈreɪndʒ] A̲D̲J̲ mit geringer Reichweite; **~ missile** Kurzstreckenrakete *f* **shorts** [ʃɔːts] P̲L̲ **1** Shorts *pl* **2** *bes US* Unterhose *f* **short-sighted** A̲D̲J̲ kurzsichtig **short-sightedness** *wörtl, fig* 5̲ Kurzsichtigkeit *f* **short-sleeved** A̲D̲J̲ kurzärmelig **short-staffed** A̲D̲J̲ **to be ~** zu wenig Personal haben **short-stay car park** *Br* 5̲ Kurzzeitparkplatz *m* **short story** 5̲ Kurzgeschichte *f* **short-tempered** A̲D̲J̲ unbeherrscht **short term** 5̲ **in the ~** auf kurze Sicht **short-term** A̲D̲J̲ & A̲D̲V̲ kurzfristig; **on a ~ basis** kurzfristig **short-term contract** 5̲ Kurzzeitvertrag *m* **short-term parking lot** *US* 5̲ Kurzzeitparkplatz *m*

short time 5̲ **to be on ~** kurzarbeiten **short-wave** A̲D̲J̲ **a ~ radio** ein Kurzwellenempfänger *m*

★**shot¹** [ʃɒt] **A** P̲R̲Ä̲T̲ & P̲P̲E̲R̲F̲ → **shoot** **B** 5̲ **1** 〈*kein pl*〉 Schuss *m*; *mit der Hand* Wurf *m*; *Tennis, Golf* Schlag *m*; **to take a ~ at goal** aufs Tor schießen; **to fire a ~ at sb/sth** einen Schuss auf j-n/etw abfeuern; **to call the ~s** *fig* das Sagen haben *umg*; **like a ~** *umg* weglaufen wie der Blitz *umg*; *zustimmen* sofort **2** 〈*kein pl*〉 *für Flinte* Schrot *m* **3** Schütze *m*, Schützin *f* **4** Versuch *m*; **to have a ~ (at it)** es (mal) versuchen; **to give sth one's best ~** *umg* sich nach Kräften um etw bemühen **5** Spritze *f*, Impfung *f*; *von Alkohol* Schuss *m* **6** FOTO Aufnahme *f*; **out of ~** nicht im Bild **7** SPORT **the ~** Kugelstoßen *n*; (≈ *Gewicht*) die Kugel

shot² A̲D̲J̲ **~ to pieces** völlig zerstört **shotgun** 5̲ Schrotflinte *f*; **~ wedding** Mussheirat *f* **shot put** 5̲ Kugelstoßen *n* **shot-putter** 5̲ Kugelstoßer(in) *m(f)*

★**should** [ʃʊd] V̲/A̲U̲X̲ 〈*prät*〉 **1** → **shall 2** *Pflicht* **I ~ do that** ich sollte das tun; **I ~ have done it** ich hätte es tun sollen *od* müssen; **which is as it ~ be** und so soll(te) es auch sein; **you really ~ see that film** den Film sollten Sie wirklich sehen; **he's coming to apologize — I ~ think so** er will sich entschuldigen — das müsste ich auch meinen *od* hoffen; **... and I ~ know** ... und ich müsste es ja wissen; **how ~ I know?** woher soll ich das wissen? **3** *Wahrscheinlichkeit* **he ~ be there by now** er müsste eigentlich schon da sein; **this book ~ help you** dieses Buch wird Ihnen bestimmt helfen; **this ~ be good!** *umg* das wird bestimmt gut! **4** *Vermutung etc* **I ~ think there were about 40 there** ich würde schätzen, dass etwa 40 dort waren; **~ I open the window?** soll ich das Fenster aufmachen?; **I ~ like to know ...** ich möchte gern wissen ...; **I ~ like to apply for the job** ich würde mich gern um die Stelle bewerben **5** *Überraschung* **who ~ I see but Anne!** und wen sehe ich? Anne!; **why ~ he want to do that?** warum will er das wohl machen? **6** *Konjunktiv, Konditional* **I ~ go if ...** ich würde gehen, wenn ...; **if they ~ send for me** falls sie nach mir schicken sollten; **I ~n't (do that)** if I were you ich würde das an Ihrer Stelle nicht tun

★**shoulder** ['ʃəʊldə] **A** ⊼ **1** Schulter *f*; *von Fleisch* Bug *m*; **to shrug one's ~s** mit den Schultern zucken; **to cry on sb's ~s** an j-s Brust (*dat*) ausweinen; **a ~ to cry on** jemand, bei dem man sich ausweinen kann; **~ to ~** Schulter an Schulter **2** *US* Seitenstreifen *m* **B** ⱽᵀ *fig* Verantwortung auf sich (*akk*) nehmen

shoulder bag ⊼ Umhängetasche *f*
shoulder blade ⊼ Schulterblatt *n*
shoulder-length ᴬᴰᴶ schulterlang
shoulder pad ⊼ Schulterpolster *n*
shoulder strap ⊼ *an Tasche etc* (Schulter)riemen *m*

shouldn't ['ʃʊdnt] ᴬᴮᴷ (= should not) → should **should've** ['ʃʊdəv] ᴬᴮᴷ (= should have) → should

★**shout** [ʃaʊt] **A** ⊼ **1** Ruf *m*, Schrei *m*; **~s of laughter** Lachsalven *pl*; **to give sb a ~** einen Schrei ausstoßen; **to give sb a ~** j-n rufen; **give me a ~ when you're ready** sag Bescheid, wenn du fertig bist **B** ⱽᵀ schreien, rufen; **to ~ a warning to sb** j-m eine Warnung zurufen **C** ⱽᴵ rufen, schreien; *von Wut* brüllen; **to ~ for sb/sth** nach j-m/etw rufen; **she ~ed for Jane to come** sie rief, Jane solle kommen; **to ~ at sb** j-n anschreien; **to ~ to sb** j-m zurufen; **to ~ for help** um Hilfe rufen; **it was nothing to ~ about** *umg* es war nicht umwerfend **D** ⱽᴿ **to ~ oneself hoarse** sich heiser schreien ♦**shout down** ⱽᵀ ⟨*trennb*⟩ niederbrüllen ♦**shout out** ⱽᵀ ⟨*trennb*⟩ ausrufen

shouting ['ʃaʊtɪŋ] ⊼ Schreien *n*, Geschrei *n*

shove [ʃʌv] **A** ⊼ Stoß *m*; **to give sb a ~** j-n stoßen; **to give sth a ~** etw rücken; *Tür* gegen etw stoßen **B** ⱽᵀ **1** schieben, stoßen, drängen **2** *umg* **to ~ sth on(to) sth** etw auf etw (*akk*) werfen; **to ~ sth in(to) sth** etw in etw (*akk*) stecken; **he ~d a book into my hand** er drückte mir ein Buch in die Hand **C** ⱽᴵ drängeln ♦**shove back** *umg* ⱽᵀ ⟨*trennb*⟩ **1** *Stuhl etc* zurückschieben **2** zurücktun; *in Tasche* wieder hineinstecken ♦**shove off** ⱽᴵ *umg* (≈*weggehen*) abschieben *umg* ♦**shove over** *umg* ⱽᴵ, (*a.* **shove up**) rutschen

shovel ['ʃʌvl] **A** ⊼ Schaufel *f* **B** ⱽᵀ schaufeln

★**show** [ʃəʊ] ⟨*v: prät* **showed**; *pperf* **shown**⟩ **A** ⱽᵀ **1** zeigen; *Film a.* vorführen; *in Museum etc* ausstellen; *Fahrkarte* vorzeigen; *Identität etc* beweisen; *Freundlichkeit* erweisen; *Respekt* bezeigen; **~ me how to do it** zeigen Sie mir, wie man das macht; **it's been ~n on television** das kam im Fernsehen; **to ~ one's face** sich zeigen; **he has nothing to ~ for all his effort** seine ganze Mühe hat nichts gebracht; **I'll ~ him!** *umg* dem werd ichs zeigen! *umg*; **that ~ed him!** *umg* dem habe ichs aber gezeigt! *umg*; **it all** *od* **just goes to ~ that ...** das zeigt doch nur, dass ...; **it ~ed signs of having been used** man sah, dass es gebraucht worden war; **to ~ sb in/out** j-n hereinbringen/hinausbegleiten; **to ~ sb to the door** j-n zur Tür bringen; **they were ~n (a)round the factory** ihnen wurde die Fabrik gezeigt **2** (an)zeigen; *Thermometer* stehen auf (+*dat*); **as ~n in the illustration** wie in der Illustration dargestellt; **the roads are ~n in red** die Straßen sind rot (eingezeichnet) **B** ⱽᴵ sichtbar sein; *Film* laufen; **the dirt doesn't ~** man sieht den Schmutz nicht; **it just goes to ~!** da sieht mans mal wieder! **C** ⊼ **1** ~ **of force** Machtdemonstration *f*; ~ **of hands** Handzeichen *n*; **to put up a good/poor ~** *bes Br umg* eine gute/ schwache Leistung zeigen **2** Schau *f*; *von Hass, Zuneigung* Kundgebung *f*; **it's just for ~** das ist nur zur Schau da **3** Ausstellung *f*; **fashion ~** Modenschau *f*; **to be on ~** zu sehen sein **4** THEAT Aufführung *f*; ᴛᴠ Show *f*; ʀᴀᴅɪᴏ Sendung *f*; **to go to a ~** *bes Br* ins Theater gehen; **the ~ must go on** es muss trotz allem weitergehen **5** *umg* **he runs the ~** er schmeißt hier den Laden *umg* ♦**show around** ⱽᵀ ⟨*trennb*⟩ herumführen ♦**show in** ⱽᵀ ⟨*trennb*⟩ hereinführen ♦**show off A** ⱽᴵ angeben (**to, in front of** vor +*dat*) **B** ⱽᵀ ⟨*trennb*⟩ **1** *Wissen, Orden* angeben mit; *neues Auto* vorführen (**to sb** j-m) **2** *Schönheit* hervorheben; *Figur* betonen ♦**show out** ⱽᵀ hinausführen ♦**show round** ⱽᵀ ⟨*trennb*⟩ herumführen ♦**show up A** ⱽᴵ **1** zu erkennen sein; *außergewöhnlich* hervorstechen **2** *umg* auftauchen **B** ⱽᵀ ⟨*trennb*⟩ **1** (deutlich) erkennen lassen **2** *Mängel* zum Vorschein bringen **3** blamieren; **he always gets drunk and shows her up** er betrinkt sich immer und bringt sie dadurch in eine peinliche Situation

show biz *umg* <u>S</u> → **show business**

show business <u>S</u> Showbusiness *n*; **to be in ~** im Showgeschäft (tätig) sein

showcase <u>S</u> Vitrine *f*; *fig* Schaufenster *n* **showdown** *umg* <u>S</u> Kraftprobe *f*

★**shower** ['ʃaʊə^r] **A** <u>S</u> **1** Schauer *m*; *von Kugeln* Hagel *m* **2** Dusche *f*; **to take** *od* **have a ~** (sich) duschen **B** <u>VT</u> **to ~ sb with sth** *mit Lob etc* j-n mit etw überschütten **C** <u>VI</u> duschen **shower cap** <u>S</u> Duschhaube *f* **shower cubicle** <u>S</u> Duschkabine *f* **shower curtain** <u>S</u> Duschvorhang *m* **shower gel** <u>S</u> Duschgel *n* **showerhead** <u>S</u> Brausekopf *m* **showery** ['ʃaʊərɪ] <u>ADJ</u> regnerisch

showing ['ʃəʊɪŋ] <u>S</u> *von Film* Vorstellung *f*; *von Programm* Ausstrahlung *f* **showing-off** ['ʃəʊɪŋ'ɒf] <u>S</u> Angeberei *f* **showjumping** <u>S</u> Springreiten *n* **showmanship** ['ʃəʊmənʃɪp] <u>S</u> Talent *n* für effektvolle Darbietung **shown** [ʃəʊn] <u>PPERF</u> → **show show-off** *umg* <u>S</u> Angeber(in) *m(f)* **showpiece** <u>S</u> Schaustück *n* **showroom** <u>S</u> Ausstellungsraum *m* **show stopper** *umg* <u>S</u> Publikumshit *m umg*; *fig* Clou *m* des Abends/der Party *etc* **show trial** <u>S</u> Schauprozess *m* **showy** ['ʃəʊɪ] <u>ADJ</u> <*komp* showier> protzig *umg*; *Dekor* bombastisch

shrank [ʃræŋk] <u>PRÄT</u> → **shrink**

shrapnel ['ʃræpnl] <u>S</u> Schrapnell *n*

shred [ʃred] **A** <u>S</u> Fetzen *m*; *fig* Spur *f*; *von Wahrheit a.* Fünkchen *n*; **not a ~ of evidence** keinerlei Beweis; **his reputation was in ~s** sein (guter) Ruf war ruiniert; **to tear sth to ~s** etw in Stücke reißen; *fig* etw verreißen **B** <u>VT</u> **1** *Lebensmittel* zerkleinern; *Mohrrüben* raspeln; *Wirsing* hobeln; *Papier* schreddern **2** in kleine Stücke reißen **shredder** ['ʃredə^r] <u>S</u> Schredder *m*; *für Papierabfälle* Reißwolf *m*

shrew [ʃruː] <u>S</u> Spitzmaus *f*; *fig* Xanthippe *f*

★**shrewd** [ʃruːd] <u>ADJ</u> <*+er*> clever *umg*; *Investition, Argument* klug; *Analyse, Geist* scharf; *Lächeln* verschmitzt **shrewd-**

ness ['ʃruːdnɪs] <u>S</u> Cleverness *f umg*; *von Investition, Argument* Klugheit *f*

shriek [ʃriːk] **A** <u>S</u> (schriller) Schrei; **~s of laughter** kreischendes Lachen **B** <u>VT</u> kreischen **C** <u>VI</u> aufschreien; **to ~ with laughter** vor Lachen quietschen

shrift [ʃrɪft] <u>S</u> **to give sb/sth short ~** j-n/etw kurz abfertigen

shrill [ʃrɪl] **A** <u>ADJ</u> <*+er*> schrill **B** <u>VI</u> schrillen

shrimp [ʃrɪmp] <u>S</u> Garnele *f*

shrine [ʃraɪn] <u>S</u> **1** Schrein *m* **2** Grabstätte *f*

shrink [ʃrɪŋk] <*v: prät* shrank; *pperf* shrunk> **A** <u>VT</u> einlaufen lassen **B** <u>VI</u> **1** schrumpfen; *Kleidung* einlaufen; *fig Beliebtheit* abnehmen **2** *fig* zurückschrecken; **to ~ from doing sth** davor zurückschrecken, etw zu tun; **to ~ away from sb** vor j-m zurückweichen **C** <u>S</u> *umg* Seelenklempner(in) *m(f) umg* **shrinkage** ['ʃrɪŋkɪdʒ] <u>S</u> *von Stoff* Einlaufen *n*; <u>HANDEL</u> Schwund *m* **shrink-wrap** ['ʃrɪŋkræp] <u>VT</u> einschweißen

shrivel ['ʃrɪvl] **A** <u>VT</u> *Pflanzen* welk werden lassen; *durch Hitze* austrocknen **B** <u>VI</u> schrumpfen; *Pflanzen* welk werden; *durch Hitze* austrocknen; *Obst, Haut* runzlig werden ♦**shrivel up** <u>VI & VT</u> <*trennb*> → **shrivel**

shrivelled ['ʃrɪvld] <u>ADJ</u>, **shriveled** *US* <u>ADJ</u> verwelkt; *Körperteil* runz(e)lig; *Obst* verschrumpelt

shroud [ʃraʊd] **A** <u>S</u> Leichentuch *n* **B** <u>VT</u> *fig* hüllen; **to be ~ed in mystery** von einem Geheimnis umgeben sein

Shrove Tuesday [,ʃrəʊv'tjuːzdɪ] <u>S</u> Fastnachtsdienstag *m*

shrub [ʃrʌb] <u>S</u> Busch *m*, Strauch *m* **shrubbery** ['ʃrʌbərɪ] <u>S</u> Sträucher *pl*

shrug [ʃrʌg] **A** <u>S</u> Achselzucken *n kein pl*; **to give a ~** mit den Achseln zucken **B** <u>VT</u> **to ~ (one's shoulders)** mit den Achseln zucken ♦**shrug off** <u>VT</u> <*trennb*> mit einem Achselzucken abtun

shrunk [ʃrʌŋk] <u>PPERF</u> → **shrink shrunken** ['ʃrʌŋkən] <u>ADJ</u> (ein)geschrumpft; *alter Mensch* geschrumpft

shuck [ʃʌk] <u>VT</u> *US* schälen; *Erbsen* enthülsen

shudder ['ʃʌdə^r] **A** <u>S</u> Schau(d)er *m*; **to give a ~** *Mensch* erschaudern *geh*; *Erde* beben; **she realized with a ~ that ...** schaudernd erkannte sie, dass ... **B** <u>VI</u>

S

Mensch schau(d)ern; *Erde* beben; *Zug* geschüttelt werden; **the train ~ed to a halt** der Zug kam rüttelnd zum Stehen; **I ~ to think** mir graut, wenn ich nur daran denke

shuffle ['ʃʌfl] [A] [S] [1] Schlurfen *n kein pl* [2] Umstellung *f* [B] [V/T] [1] **to ~ one's feet** mit den Füßen scharren [2] *Karten* mischen; **he ~d the papers on his desk** er durchwühlte die Papiere auf seinem Schreibtisch [3] *fig Kabinett* umbilden [C] [V/I] [1] *beim Gehen* schlurfen, hatschen *österr* [2] KART mischen **shuffling** ['ʃʌflɪŋ] [ADJ] schlurfend

shun [ʃʌn] [V/T] meiden; *Öffentlichkeit, Licht* scheuen

shunt [ʃʌnt] [V/T] BAHN rangieren

★**shut** [ʃʌt] ⟨*v: prät, pperf* **shut**⟩ [A] [V/T] zumachen, schließen; *Buch* zuklappen; *Büro* schließen; **~ your mouth!** *umg* halt den Mund / die Klappe! *umg*; **to ~ sb/sth in(to) sth** j-n/etw in etw (*dat*) einschließen [B] [V/I] schließen; *Augen* sich schließen [C] [ADJ] geschlossen, zu *präd umg*; **sorry sir, we're ~** wir haben leider geschlossen; **the door swung ~** die Tür schlug zu ♦**shut away** [V/T] ⟨*trennb*⟩ wegschließen, einschließen (**in** in *+dat*); **to shut oneself away** sich zurückziehen ♦**shut down** [A] [V/T] ⟨*trennb*⟩ *Laden, Fabrik* schließen [B] [V/I] *Laden, Fabrik* schließen; *Motor* sich ausschalten ♦**shut in** [V/T] ⟨*trennb*⟩ einschließen (**sth, -to sth** in etw *dat*) ♦**shut off** [A] [V/T] ⟨*trennb*⟩ [1] *Gas etc* abstellen; *Licht, Motor* ab- *od* ausschalten; **the kettle shuts itself off** der Wasserkessel schaltet von selbst ab [2] (ab)trennen [B] [V/I] abschalten ♦**shut out** [V/T] ⟨*trennb*⟩ [1] *j-n* aussperren (**of** aus); *Licht* nicht hereinlassen (**of** in *+akk*); **she closed the door to shut out the noise** sie schloss die Tür, damit kein Lärm hereinkam [2] *fig Erinnerung* unterdrücken ♦**shut up** [A] [V/T] ⟨*trennb*⟩ [1] *Haus* verschließen [2] einsperren [3] *umg* zum Schweigen bringen; **that'll soon shut him up** das wird ihm schon den Mund stopfen *umg* [B] [V/I] *umg* den Mund halten *umg*; **shut up!** halt die Klappe! *umg*

shutdown [S] *einer Fabrik etc* Schließung *f*, Stilllegung *f*

shutter ['ʃʌtə^r] [S] (Fenster)laden *m*; FOTO Verschluss *m* **shutter release** [S] FOTO Auslöser *m*

shuttle ['ʃʌtl] [A] [S] [1] *von Webstuhl* Schiffchen *n* [2] Pendelverkehr *m*; (≈ *Verkehrsmittel*) Pendelflugzeug *n etc*; RAUMF Spaceshuttle *m* [B] [V/T] hin- und hertransportieren [C] [V/I] pendeln; *Waren* hin- und hertransportiert werden **shuttle bus** [S] Shuttlebus *m* **shuttlecock** [S] Federball *m* **shuttle service** [S] Pendelverkehr *m*

★**shy** [ʃaɪ] [A] [ADJ] ⟨*komp* **shier** *od* **shyer**⟩ schüchtern, gschamig *österr*; *Tier* scheu; **don't be shy** nur keine Hemmungen! *umg*; **to be shy of/with sb** Hemmungen vor/gegenüber j-m haben; **to feel shy** schüchtern sein [B] [V/I] *Pferd* scheuen (**at** vor *+dat*) ♦**shy away** [V/I] *Pferd* zurückscheuen; *Mensch* zurückweichen; **to shy away from sth** vor etw (*dat*) zurückschrecken

shyly ['ʃaɪlɪ] [ADV] schüchtern, gschamig *österr* **shyness** ['ʃaɪnɪs] [S] Schüchternheit *f*; *von Tier* Scheu *f*

Siamese [,saɪə'miːz] [ADJ] siamesisch

Siberia [saɪ'bɪərɪə] [S] Sibirien *n*

sibling ['sɪblɪŋ] [S] Geschwister *n form*

Sicily ['sɪsɪlɪ] [S] Sizilien *n*

★**sick** [sɪk] [A] [S] Erbrochene(s) *n* [B] [ADJ] ⟨*+er*⟩ [1] krank; **the ~** die Kranken *pl*; **to be (off) ~** (wegen Krankheit) fehlen; **to call in ~** sich (telefonisch) krankmelden; **she's off ~ with tonsillitis** sie ist wegen einer Mandelentzündung krankgeschrieben [2] **to be ~** sich übergeben; *Katze, Baby* spucken; **he was ~ all over the carpet** er hat den ganzen Teppich vollgespuckt; **I think I'm going to be ~** ich glaube, ich muss mich übergeben; **I feel ~** mir ist übel *od* schlecht; **the smell makes me feel ~** bei dem Geruch wird mir übel; **it makes you ~ the way he's always right** *umg* es ist zum Weinen, dass er immer recht hat; **I am worried ~** mir ist vor Sorge ganz schlecht [3] *umg* **to be ~ of sth/sb** etw/j-n satthaben; **to be ~ of doing sth** es satthaben, etw zu tun; **I'm ~ and tired of it** ich habe davon die Nase (gestrichen) voll *umg*; **I'm ~ of the sight of her** ich habe ihren Anblick satt [4] *umg* geschmacklos; *Witz* makaber; *Mensch* pervers **sickbag** [S] Spucktüte *f* **sickbay** [S] Krankenrevier *n* **sickbed** [S] Krankenlager *n* **sicken** ['sɪkn] [A] [V/T] anwidern, krank machen *umg* **B** *V/i* krank werden; **he's definitely ~ing for something** er wird bestimmt krank **sickening** ['sɪknɪŋ] *wörtl* ekelerregend; *emotional* erschütternd, ekelhaft **sickie** ['sɪkɪ] *Br umg* **to pull a ~** einen Tag blaumachen *umg* **sickle** ['sɪkl] S̲ Sichel *f* **sick leave** S̲ **to be on ~** krankgeschrieben sein; **employees are allowed six weeks' ~ per year** Angestellte dürfen insgesamt sechs Wochen pro Jahr wegen Krankheit fehlen **sickly** ['sɪklɪ] ⟨*komp* **sicklier**⟩ *Erscheinung* kränklich; *Geruch, Farbe, Sentimentalität* ekelhaft; *Lächeln* matt **sickness** S̲ *MED* Krankheit *f*; **in ~ and in health** in guten und in schlechten Zeiten **sickness benefit** *Br* S̲ Krankengeld *n* **sick note** *Br umg* S̲ Krankmeldung *f* **sicko** ['sɪkəʊ] *umg* ⟨*pl* **-s**⟩ Perversling *m* **sick pay** S̲ Gehalts-/Lohnfortzahlung *f* im Krankheitsfall

★**side** [saɪd] **A** S̲ **1** Seite *f*; *von Berg* Hang *m*; *von Unternehmen* Zweig *m*; **this ~ up!** oben!; **by/at the ~ of sth** seitlich von etw; **the path goes down the ~ of the house** der Weg führt seitlich am Haus entlang; **it's this/the other ~ of London** außerhalb es ist auf dieser/auf der anderen Seite Londons; *innerhalb* es ist in diesem Teil/am anderen Ende von London; **the enemy attacked them on** *od* **from all ~s** der Feind griff sie von allen Seiten an; **he moved over** *od* **stood to one ~** er trat zur Seite; **he stood to one ~ and did nothing** *wörtl* er stand daneben und tat nichts; *fig* er hielt sich raus; **to put sth on one ~** *Ladeninhaber* etw beiseitelegen; **I'll put that issue on** *od* **to one ~** ich werde diese Frage vorerst zurückstellen; **on the other ~ of the boundary** jenseits der Grenze; **this ~ of Christmas** vor Weihnachten; **from ~ to ~** hin und her; **by sb's ~** neben j-m; **~ by ~** Seite an Seite; **I'll be by your ~** *fig* ich werde Ihnen zur Seite stehen; **on one's father's ~** väterlicherseits; **your ~ of the story** Ihre Version (der Geschichte); **to look on the bright ~** zuversichtlich sein, die positive Seite betrachten **2** Rand *m*; **at the ~ of the road** am Straßenrand; **on the far ~ of the wood** am anderen Ende des Waldes

3 **we'll take £50 just to be on the safe ~** wir werden vorsichtshalber £ 50 mitnehmen; **to get on the right ~ of sb** j-n für sich einnehmen; **on the right ~ of the law** auf dem Boden des Gesetzes; **to make a bit (of money) on the ~** *umg* sich (*dat*) etwas nebenbei verdienen *umg*; **(a bit) on the large ~** etwas (zu) groß **4** *SPORT etc* Mannschaft *f*; *fig* Seite *f*; **with a few concessions on the government ~** mit einigen Zugeständnissen vonseiten der Regierung; **to change ~s** sich auf die andere Seite schlagen; *SPORT* die Seiten wechseln; **to take ~s** parteiisch sein; **to take ~s with sb** für j-n Partei ergreifen; **to be on sb's ~** auf j-s Seite (*dat*) stehen **B** ADJ ⟨*attr*⟩ Seiten-, Neben-; **~ road** Seiten-/Nebenstraße *f* **C** *V/i* **to ~ with/against sb** Partei für/gegen j-n ergreifen **sideboard** S̲ Anrichte *f*, Kredenz *f österr* **sideboards** *Br*, **sideburns** PL Koteletten *pl*, Backenbart *m* **sidecar** S̲ Beiwagen *m*; *bes SPORT* Seitenwagen *m* **-sided** [-saɪdɪd] ADJ ⟨*suf*⟩ -seitig; **one-sided** einseitig **side dish** S̲ Beilage *f* **side effect** S̲ Nebenwirkung *f* **sidekick** *umg* S̲ Handlanger(in) *m(f)* *pej* **sidelight** S̲ *Br AUTO* Parklicht *n*, Standlicht *n* **sideline** **A** S̲ Nebenerwerb *m* **B** *V/t* **to be ~d** aus dem Rennen sein **sidelines** PL Seitenlinien *pl*; **to be on the ~** *fig* unbeteiligter Zuschauer sein **sidelong** ADJ **to give sb a ~ glance** j-n kurz aus den Augenwinkeln anblicken **side-on** ADJ **~ collision** Seitenaufprall *m*; **~ view** Seitenansicht *f* **side order** S̲ *GASTR* Beilage *f* **side salad** S̲ Salat *m* (als Beilage) **sideshow** S̲ Nebenvorstellung *f* **sidesplitting** ['saɪd,splɪtɪŋ] ADJ urkomisch, zum Totlachen **side step** S̲ Schritt *m* zur Seite; *SPORT* Ausfallschritt *m* **sidestep** **A** *V/t* ausweichen (+*dat*) **B** *V/i* ausweichen **side street** S̲ Seitenstraße *f* **sidetrack** **A** *bes US* S̲ → siding **B** *V/t* ablenken; **to be** *od* **get ~ed** abgelenkt werden **side view** S̲ Seitenansicht *f* **sidewalk** *US* S̲ Bürgersteig *m* **sidewalk café** *US* S̲ Straßencafé *n* **sideward** ADJ → sidewards **A side-wards** ['saɪdwədz] **A** ADJ Bewegung zur Seite; *Blick* von der Seite **B** ADV *gehen* zur Seite **sideways** ['saɪdweɪz] **A** ADJ *Bewegung zur Seite; Blick von der Seite*

S

B ADV **1** *gehen* zur Seite; **it goes in ~** es geht seitwärts hinein **2** *sitzen* seitlich; **~ on** seitlich **(to sth** zu etw**) 3** *in Beruf* **to move ~** sich auf gleichem Niveau verändern **siding** ['saɪdɪŋ] **S** Rangiergleis *n*, Abstellgleis *n*

sidle ['saɪdl] V/I **to ~ up to sb** sich an j-n heranschleichen

SIDS S ABK **(= sudden infant death syndrome)** MED plötzlicher Kindstod

siege [siːdʒ] **S** Belagerung *f*; *durch Polizei* Umstellung *f*; **to be under ~** belagert werden; *von Polizei* umstellt sein; **to lay ~ to a town** eine Stadt belagern

Sierra Leone [sɪˌerəlɪ'əʊn] **S** GEOG Sierra Leone *n*

sieve [sɪv] **A** **S** Sieb *n* **B** VT → **sift** A

sift [sɪft] **A** VT *wörtl* sieben **B** VI *fig* sieben; **to ~ through the evidence** das Beweismaterial durchgehen ◆**sift out** VT ⟨*trennb*⟩ *Steine, Bewerber* aussieben

sigh [saɪ] **A** **S** Seufzer *m*; **a ~ of relief** ein Seufzer *m* der Erleichterung **B** VI seufzen; *Wind* säuseln; **to ~ with relief** erleichtert aufatmen **C** VT seufzen

★**sight** [saɪt] **A** **S** **1** Sehvermögen *n*; **to lose/regain one's ~** sein Augenlicht verlieren/wiedergewinnen **2** **it was my first ~ of Paris** das war das Erste, was ich von Paris gesehen habe; **to hate sb at first ~** j-n vom ersten Augenblick an nicht leiden können; **to shoot on ~** sofort schießen; **love at first ~** Liebe auf den ersten Blick; **to know sb by ~** j-n vom Sehen kennen; **to catch ~ of sb/sth** j-n/etw entdecken; **to lose ~ of sb/sth** j-n/etw aus den Augen verlieren **3** Anblick *m*; **the ~ of blood makes me sick** wenn ich Blut sehe, wird mir übel; **I hate the ~ of him** ich kann ihn (einfach) nicht ausstehen; **what a horrible ~!** das sieht ja furchtbar aus!; **it was a ~ for sore eyes** es war eine wahre Augenweide; **you're a ~ for sore eyes** es ist schön, dich zu sehen; **to be** *od* **look a ~** *umg* zum Schreien aussehen *umg*, fürchterlich aussehen **4** Sicht *f*; **to be in** *od* **within ~** in Sicht sein; **to keep out of ~** sich verborgen halten; **to keep sb/sth out of ~** j-n/etw nicht sehen lassen; **keep out of my ~!** lass dich bloß bei mir nicht mehr blicken; **to be out of ~** außer Sicht sein; **don't let it out of your ~** lass es nicht aus den Augen;

out of ~, out of mind *sprichw* aus den Augen, aus dem Sinn *sprichw* **5** ⟨*mst pl*⟩ Sehenswürdigkeit *f*; **to see the ~s of a town** eine Stadt besichtigen **6** *von Teleskop etc* Visiereinrichtung *f*; *von Waffe* Visier *n*; **to set one's ~s too high** *fig* seine Ziele zu hoch stecken; **to lower one's ~s** *fig* seine Ansprüche herabsetzen *od* herunterschrauben; **to set one's ~s on sth** *fig* ein Auge auf etw (*akk*) werfen **B** VT *Gestalt* ausmachen **-sighted** ADJ ⟨*suf*⟩ MED *fig* -sichtig **sighting** ['saɪtɪŋ] **S** Sichten *n* **sightless** ADJ blind **sight-read** VT & VI vom Blatt spielen *etc*

★**sightseeing** **A** **S** ⟨*kein pl*⟩ Besichtigungen *pl*; **to go ~** auf Besichtigungstour gehen **B** ADJ **~ bus** Sightseeingbus *m*; **~ tour** Rundreise *f*, (Stadt)rundfahrt *f* **sightseer** **S** Tourist(in) *m(f)*

★**sign** [saɪn] **A** **S** **1** Zeichen *n* **2** *a.* MED Anzeichen *n* (**of** für *od* +*gen*); (≈ *Beweis*) Zeichen *n* (**of** von *od* +*gen*); (≈ *Nuance*) Spur *f*; **a ~ of the times** ein Zeichen unserer Zeit; **it's a ~ of a true expert** daran erkennt man den wahren Experten; **there is no ~ of their agreeing** nichts deutet darauf hin, dass sie zustimmen werden; **to show ~s of sth** Anzeichen von etw erkennen lassen; **there was no ~ of life in the village** es gab keine Spur *od* kein Anzeichen von Leben im Dorf; **there was no ~ of him** von ihm war keine Spur zu sehen; **is there any ~ of him yet?** ist er schon zu sehen? **3** Schild *n* **B** VT **1** *Brief, Vertrag* unterschreiben; *Buch* signieren; **to ~ the register** sich eintragen; **to ~ one's name** unterschreiben; **he ~s himself J.G. Jones** er unterschreibt mit J. G. Jones **2** *Fußballspieler etc* unter Vertrag nehmen **C** VI unterschreiben; **Fellows has just ~ed for United** Fellows hat gerade bei United unterschrieben ◆**sign away** VT ⟨*trennb*⟩ verzichten auf (+*akk*) ◆**sign for** VI (+*obj*) den Empfang (+*gen*) bestätigen ◆**sign in** **A** VT ⟨*trennb*⟩ eintragen **B** VI sich eintragen ◆**sign off** VI RADIO, TV sich verabschieden; *in Brief* Schluss machen ◆**sign on** **A** VT ⟨*trennb*⟩ *j-n* sign up **A B** VI **1** → sign up **B 2** *Br* **to sign on** sich arbeitslos melden; **he's still signing on** er ist immer noch arbeitslos ◆**sign out** **A** VI

S

sich austragen **B** V̲T̲ ‹trennb› austragen
◆**sign up** **A** V̲T̲ ‹trennb› verpflichten;
Mitarbeiter anstellen **B** V̲i̲ sich verpflichten, unterschreiben; *für Kurs sich einschreiben*

signal ['sɪɡnl] **A** S̲ **1** Zeichen *n*, Signal *n* **2** BAHN, TEL Signal *n*; **the ~ is at red** das Signal steht auf Rot; **~ failure** Signalstörung *f* **B** V̲T̲ *anzeigen; Ankunft* ankündigen; **to ~ sb to do sth** j-m ein Zeichen geben, etw zu tun **C** V̲i̲ **1** ein Zeichen geben; **he ~led to the waiter** *Br*, **he ~ed to the waiter** *US* er winkte dem Ober **2** *US* blinken **signal box** S̲ Stellwerk *n* **signalman** S̲ ‹pl -men› BAHN Stellwerkswärter *m*

signatory ['sɪɡnətəri] S̲ Unterzeichner(in) *m(f)*

◆**signature** ['sɪɡnətʃər] S̲ Unterschrift *f*, *Visum n schweiz; von Künstler* Signatur *f* **signature tune** *Br* S̲ Erkennungsmelodie *f*

signet ring ['sɪɡnɪt‚rɪŋ] S̲ Siegelring *m*

significance [sɪɡ'nɪfɪkəns] S̲ Bedeutung *f*; **what is the ~ of this?** welche Bedeutung hat das?; **of no ~** belanglos **significant** A̲D̲J̲ **1** bedeutend, wichtig **2** bedeutungsvoll; **it is ~ that ...** es ist bezeichnend, dass ... **significantly** A̲D̲V̲ **1** bedeutend; **it is not ~ different** da besteht kein wesentlicher Unterschied **2** bedeutungsvoll **signify** ['sɪɡnɪfaɪ] V̲T̲ **1** bedeuten **2** andeuten

signing ['saɪnɪŋ] S̲ **1** *von Dokument* Unterzeichnen *n* **2** *von Fußballspieler etc* Untervertragnahme *f*; (≈*Fußballspieler etc*) neu unter Vertrag Genommene(r) *m/f(m)* **sign language** S̲ Zeichensprache *f* **signpost** S̲ Wegweiser *m*

Sikh [siːk] S̲ Sikh *m/f(m)*

◆**silence** ['saɪləns] **A** S̲ Stille *f*, Schweigen *n*; *über bestimmtes Thema* (Still)schweigen *n*; **~!** Ruhe!; **in ~** still; **there was ~** alles war still; **there was a short ~** es herrschte für kurze Zeit Stille; **to break the ~** die Stille durchbrechen **B** V̲T̲ zum Schweigen bringen **silencer** ['saɪlənsər] S̲ **1** *Br* AUTO Auspuff(topf) *m; Teil* Schalldämpfer *m* **2** *an Waffe* Schalldämpfer *m*

◆**silent** ['saɪlənt] A̲D̲J̲ still, schweigsam; **to fall ~** still werden; **be ~!** sei still!; **~ film** *Br*, **~ movie** Stummfilm *m*; **to be ~** schweigen; **to keep** *od* **remain ~** sich

nicht äußern **silently** ['saɪləntli] A̲D̲V̲ lautlos, schweigend **silent partner** S̲ *US* HANDEL stiller Teilhaber *m* und Gesellschafter

Silesia [saɪ'liːzɪə] S̲ Schlesien *n*

silhouette [‚sɪluː'et] **A** S̲ Silhouette *f* **B** V̲T̲ **to be ~d against sth** sich (als Silhouette) gegen *od* von etw abzeichnen

silicon chip [‚sɪlɪkən'tʃɪp] S̲ Siliziumchip *n*

silicone ['sɪlɪkəʊn] S̲ Silikon *n*

◆**silk** [sɪlk] **A** S̲ Seide *f* **B** A̲D̲J̲ Seiden-, seiden **silken** ['sɪlkən] A̲D̲J̲ seidig **silkiness** ['sɪlkɪnɪs] S̲ seidige Weichheit **silky** ['sɪlkɪ] A̲D̲V̲ ‹komp silkier› seidig; *Stimme* samtig; **~ smooth** seidenweich

sill [sɪl] S̲ Sims *m/n*

silliness ['sɪlɪnɪs] S̲ Albernheit *f* **silly** ['sɪlɪ] A̲D̲J̲ ‹komp sillier› albern, dumm; **don't be ~** mach keinen Unsinn; **it was a ~ thing to say** es war dumm, das zu sagen; **I hope he doesn't do anything ~** ich hoffe, er macht keine Dummheiten; **he was ~ to resign** es war dumm von ihm zurückzutreten; **I feel ~ in this hat** mit diesem Hut komme ich mir albern vor; **to make sb look ~** j-n lächerlich machen

silt [sɪlt] **A** S̲ Schwemmsand *m*, Schlick *m* **B** V̲i̲ (*a.* **silt up**) verschlammen

◆**silver** ['sɪlvər] **A** S̲ Silber *n*; (≈*Münzen*) Silber(geld) *n* **B** A̲D̲J̲ Silber-, silbern **silver birch** S̲ Weißbirke *f* **silver foil** S̲ Alu(minium)folie *f* **silver jubilee** S̲ 25-jähriges Jubiläum *silver* **silver medal** S̲ Silbermedaille *f* **silver medallist** S̲ Silbermedaillengewinner(in) *m(f)* **silver paper** S̲ Silberpapier *n* **silver-plated** [‚sɪlvə'pleɪtɪd] A̲D̲J̲ versilbert **silverware** S̲ Silber *n*, Silberzeug *n umg* **silver wedding** S̲ Silberhochzeit *f* **silvery** ['sɪlvərɪ] A̲D̲J̲ silbrig

SIM card ['sɪm‚kɑːd] S̲ A̲B̲K̲ (≈ Subscriber Identity Module card) TEL SIM-Karte *f*

◆**similar** ['sɪmɪlər] A̲D̲J̲ ähnlich (**to** *dat*); *Größe, Betrag* ungefähr gleich; **she and her sister are very ~, she is very ~ to her sister** ihre Schwester und sie sind sich sehr ähnlich; **they are very ~ in character** sie ähneln sich charakterlich sehr; **~ in size** fast gleich groß; **to taste ~ to sth** ähnlich wie etw schmecken **similarity** [‚sɪmɪ'lærɪtɪ] S̲ Ähnlichkeit *f* (**to** mit) **similarly** ['sɪmɪləlɪ] A̲D̲V̲ ähnlich,

S

ebenso
simile [ˈsɪmɪli] ⓢ Vergleich *m (direkter Vergleich, meist unter Verwendung von Vergleichswörtern wie "like")*
simmer [ˈsɪmə^r] Ⓐ V̄T auf kleiner Flamme kochen lassen Ⓑ V̄I auf kleiner Flamme kochen ♦**simmer down** V̄I sich beruhigen
★**simple** [ˈsɪmpl] ADJ ‹komp simpler› 🅗 einfach; **the camcorder is ~ to use** der Camcorder ist einfach zu bedienen; **it's as ~ as ABC** es ist kinderleicht; **"chemistry made ~"** „Chemie leicht gemacht"; **in ~ terms** in einfachen Worten; **the ~ fact is …** es ist einfach so, dass … 🅘 einfältig **simple-minded** [ˈsɪmplˈmaɪndɪd] ADJ einfältig **simple past** ⓢ Präteritum *n*, einfache Vergangenheit **simple present** ⓢ einfache Gegenwart, Präsens *n* **simplicity** [sɪmˈplɪsɪti] ⓢ Einfachheit *f* **simplification** [ˌsɪmplɪfɪˈkeɪʃən] ⓢ Vereinfachung *f* **simplified** [ˈsɪmplɪfaɪd] ADJ vereinfacht **simplify** [ˈsɪmplɪfaɪ] V̄T vereinfachen **simplistic** [sɪmˈplɪstɪk] ADJ simpel **simply** [ˈsɪmpli] ADV einfach, nur, bloß
simulate [ˈsɪmjʊleɪt] V̄T vortäuschen; *Krankheit etc* simulieren **simulation** [ˌsɪmjʊˈleɪʃən] ⓢ 🅗 Vortäuschung *f*, Imitation *f* 🅘 *von Bedingungen etc* Simulation *f*
simultaneous ADJ, **simultaneously** [ˌsɪməlˈteɪniəs, -li] ADV gleichzeitig
★**sin** [sɪn] Ⓐ ⓢ Sünde *f*; **to live in sin** *umg* in wilder Ehe leben Ⓑ V̄I sich versündigen (**against** an +*dat*)
★**since** [sɪns] Ⓐ ADV inzwischen, seitdem; **ever ~** seither; **long ~** schon lange; **not long ~** erst vor Kurzem Ⓑ PRÄP seit; **ever ~ 1900** (schon) seit 1900; **I've been coming here ~ 1992** ich komme schon seit 1992 hierher; **he left in June, ~ when we have not heard from him** er ging im Juni fort und seitdem haben wir nichts mehr von ihm gehört; **how long is it ~ the accident?** wie lange ist der Unfall schon her?; **~ when?** *umg* seit wann denn das? *umg* V̄I 🅗 *seitlich* seit(dem); **ever ~ I've known him** seit (-dem) ich ihn kenne 🅘 *begründend* da, weil
sincere [sɪnˈsɪə^r] ADJ aufrichtig **sincerely** [sɪnˈsɪəli] ADV aufrichtig; **yours ~** *Br*, **~ yours** *US* mit freundlichen Grü-

ßen **sincerity** [sɪnˈserɪti] ⓢ Aufrichtigkeit *f*
sinew [ˈsɪnjuː] ⓢ Sehne *f*
sinful [ˈsɪnfʊl] ADJ sündig
★**sing** [sɪŋ] V̄T & V̄I ‹*prät* sang; *pperf* sung› singen; **to ~ sb a song** j-m ein Lied vorsingen; **to ~ the praises of sb/sth** ein Loblied auf j-n/etw singen ♦**sing along** V̄I mitsingen
Singapore [ˌsɪŋgəˈpɔː^r] ⓢ Singapur *n*
singe [sɪndʒ] Ⓐ V̄T sengen; *Augenbrauen* absengen Ⓑ V̄I sengen
★**singer** [ˈsɪŋə^r] ⓢ Sänger(in) *m(f)* **singer-songwriter** [ˌsɪŋə^rˈsɒŋraɪtə^r] ⓢ Liedermacher(in) *m(f)* **singing** [ˈsɪŋɪŋ] ⓢ ‹*kein pl*› Singen *n*, Gesang *m*
★**single** [ˈsɪŋgl] Ⓐ ADJ 🅗 einzige(r, s); **every ~ day** jeder (einzelne) Tag; **not a ~ thing** überhaupt nichts; **in ~ figures** in einstelligen Zahlen 🅘 einzeln; **~ ticket** *Br* einfache Fahrkarte, Einzelfahrschein *m*; **~ bed** Einzelbett *n* 🅙 unverheiratet, ledig; **~ people** Ledige *pl*, Unverheiratete *pl* Ⓑ ⓢ 🅗 *Br* Einzelfahrschein *m*, einfache Fahrkarte; *in Hotel* Einzelzimmer *n*; MUS Single *f*; **two ~s to Ayr** *Br* zweimal einfach nach Ayr ♦**single out** V̄T ‹*trennb*› auswählen; *Opfer* sich (*dat*) herausgreifen; (≈ *unterscheiden*) herausheben (**from** über +*akk*)
single bed ⓢ Einzelbett *n* **single-breasted** [sɪŋglˈbrestɪd] ADJ einreihig **single combat** ⓢ Nahkampf *m* **single cream** *Br* ⓢ Sahne *f*, Obers *n* österr, Nidel *m/f* schweiz (*mit geringem Fettgehalt*) **single currency** ⓢ Einheitswährung *f* **single European market** ⓢ Europäischer Binnenmarkt **single father** ⓢ alleinerziehender Vater **single file** ⓢ **in ~** im Gänsemarsch **single-handed** [⚬ ADJ (ganz) allein *präd* ⚬ ADV (a. **single-handedly**) ohne Hilfe **single-lane** ADJ AUTO einspurig **single market** ⓢ Binnenmarkt *m* **single-minded** ADJ zielstrebig; **to be ~ about doing sth** zielstrebig darin sein, etw zu tun **single-mindedness** ⓢ Zielstrebigkeit *f* **single mother** ⓢ alleinerziehende Mutter **single parent** ⓢ Alleinerziehende(r) *m/f(m)* **single-parent** ADJ **a ~ family** eine Einelternfamilie
★**single room** ⓢ Einzelzimmer *n* **singles** [ˈsɪŋglz] ⓢ ‹+*sg v*› SPORT Einzel *n*

single-sex ADJ a ~ **school** eine reine Jungen-/Mädchenschule **single-storey** ADJ, **single-story** US ADJ einstöckig **single-track** ADJ RAIL eingleisig, einspurig; ~ **road** einspurige Straße

singly ['sɪŋlɪ] ADV einzeln

singsong ['sɪŋsɒŋ] S̶ we often have a ~ wir singen oft zusammen

singular ['sɪŋgjʊləᵊ] A̲ ADJ 1 GRAM im Singular 2 einzigartig B̲ S̶ Singular m; **in the** ~ im Singular **singularly** ['sɪŋgjʊləlɪ] ADV außerordentlich

sinister ['sɪnɪstəᵊ] ADJ unheimlich, finster; Entwicklung unheilvoll

★**sink¹** [sɪŋk] ⟨prät sank; pperf sunk⟩ A̲ V̅/̅T̅ 1 versenken; **to be sunk in thought** in Gedanken versunken sein 2 fig Theorie zerstören 3 senken; Loch ausheben; **to ~ money into sth** Geld in etw (akk) stecken 4 Zähne schlagen; **to ~ one's teeth into a juicy steak** in ein saftiges Steak beißen B̲ V̅/̅I̅ sinken; Sonne versinken; Land sich senken; Mensch, Objekt untergehen; **to ~ to the bottom** auf den Grund sinken; **he sank up to his knees in the mud** er sank bis zu den Knien im Schlamm ein; **the sun sank beneath the horizon** die Sonne versank am Horizont; **to ~ to one's knees** auf die Knie sinken ◆**sink in** V̅/̅I̅ 1 einsinken (**sth, -to sth** in etw akk) 2 umg kapiert werden umg; **it's only just sunk in that it really did happen** ich kapiere/er kapiert etc erst jetzt, dass das tatsächlich passiert ist umg

sink² S̶ Ausguss m, Schüttstein m schweiz

sinking ['sɪŋkɪŋ] A̲ S̶ von Schiff Untergang m; absichtlich Versenkung f; von Schaft Senken n; von Brunnen Bohren n B̲ ADJ a ~ **ship** ein sinkendes Schiff; ~ **feeling** flaues Gefühl (im Magen) umg

sinner ['sɪnəᵊ] S̶ Sünder(in) m(f)

sinuous ['sɪnjʊəs] ADJ gewunden

sinus ['saɪnəs] S̶ ANAT Sinus m fachspr; **in** Kopf Stirnhöhle f **sinusitis** [ˌsaɪnəˈsaɪtɪs] S̶ MED Nebenhöhlenentzündung f

sip [sɪp] A̲ S̶ Schluck m, Schlückchen n B̲ V̅/̅T̅ in kleinen Schlucken trinken; vorsichtig nippen an (+dat) C̲ V̅/̅I̅ **to sip at sth** an etw (dat) nippen

siphon ['saɪfən] S̶ Heber m; für Sodawasser Siphon m ◆**siphon off** V̅/̅T̅ ⟨trennb⟩

1 wörtl absaugen; Benzin abzapfen; in Behälter (mit einem Heber) umfüllen 2 fig Geld abziehen

★**sir** [sɜːᵊ] S̶ 1 als Anrede mein Herr form, Herr X; **no, sir** nein(, Herr X); MIL nein, Herr Leutnant etc; **Dear Sir (or Madam)**, … Sehr geehrte (Damen und) Herren! 2 **Sir** Sir m 3 SCHULE umg (≈ Lehrer) er sl; **please sir!** Herr X!

▶ **Sir**

Die Anrede **Sir** wird entweder dem Vornamen oder dem Vornamen + Nachnamen vorangestellt. Nie erscheint sie mit dem Nachnamen allein. Also: **Sir Winston** oder **Sir Winston Churchill** (nie „Sir Churchill"!). ◀

sire ['saɪəᵊ] V̅/̅T̅ zeugen

siren ['saɪərən] S̶ Sirene f

sirloin ['sɜːlɔɪn] S̶ GASTR Lendenfilet n

sirup US S̶ → syrup

sissy ['sɪsɪ] umg S̶ Waschlappen m umg

★**sister** ['sɪstəᵊ] S̶ 1 Schwester f 2 Br in Krankenhaus Oberschwester f

★**sister-in-law** S̶ ⟨pl **sisters-in-law**⟩ Schwägerin f **sisterly** ['sɪstəlɪ] ADJ schwesterlich

★**sit** [sɪt] ⟨v: prät, pperf sat⟩ A̲ V̅/̅I̅ 1 sitzen (**in/on** in/auf +dat, auch setzen (**in** in/ auf +akk)); **a place to sit** ein Sitzplatz m; **sit by/with me** setz dich zu mir/neben mich; **to sit for a painter** für einen Maler Modell sitzen; **don't just sit there, do something!** sitz nicht nur tatenlos da (herum), tu (endlich) was! 2 Versammlung tagen; **to sit on a committee** einen Sitz in einem Ausschuss haben 3 Objekt stehen B̲ V̅/̅T̅ 1 (a. sit down) setzen (**in** in +akk auch auf +akk); Objekt stellen; **to sit a child on one's knee** sich (dat) ein Kind auf die Knie setzen 2 Br Prüfung ablegen form C̲ V̅/̅R̅ **to sit oneself down** sich gemütlich hinsetzen ◆**sit about** Br, **sit around** V̅/̅I̅ herumsitzen ◆**sit back** V̅/̅I̅ zurücksitzen; fig die Hände in den Schoß legen ◆**sit down** V̅/̅I̅ sich (hin)setzen; **to sit down in a chair** sich auf einen Stuhl setzen ◆**sit in** V̅/̅I̅ dabeisitzen (**on sth** bei etw) ◆**sit on** V̅/̅I̅ ⟨+obj⟩ Ausschuss sitzen in (+dat) ◆**sit out** V̅/̅T̅ ⟨trennb⟩ 1 Sitzung

bis zum Ende bleiben bei; *Sturm* auf das Ende *(+gen)* warten 2 *Tanz* auslassen
♦**sit through** V/I *(+obj)* durchhalten
♦**sit up** A V/I 1 aufrecht sitzen, sich aufsetzen 2 gerade sitzen; **sit up!** setz dich gerade hin!; **to make sb sit up (and take notice)** *fig umg* j-n aufhorchen lassen B V/T *(trennb)* aufsetzen
sitcom ['sɪtkɒm] *umg* S Situationskomödie f
sit-down ['sɪtdaʊn] A S *umg* Verschnaufpause f *umg* B ADJ *(attr)* **a ~ meal** eine richtige Mahlzeit
site [saɪt] A S 1 Stelle f, Platz m 2 *Archäologie* Stätte f 3 Baustelle f, Gelände n 4 Campingplatz m 5 IT Site f B V/T anlegen; **to be ~d** liegen
sit-in S Sit-in n, Sitzblockade f
sitter ['sɪtə^r] S 1 KUNST Modell n 2 Babysitter(in) m(f)
sitting ['sɪtɪŋ] A ADJ sitzend; **to be in a ~ position** aufsitzen; **to get into a ~ position** sich aufsetzen B S *von Ausschuss, Modell* Sitzung f; **they have two ~s for lunch** sie servieren das Mittagessen in zwei Schüben
sitting duck *fig* S leichte Beute **sitting room** *bes Br* S Wohnzimmer n
situate ['sɪtjʊeɪt] V/T legen **situated** ADJ gelegen; **it is ~ in the High Street** es liegt an der Hauptstraße; **a pleasantly ~ house** ein Haus in angenehmer Lage
★**situation** [ˌsɪtjʊ'eɪʃən] S 1 Lage f, Situation f 2 Stelle f; **"situations vacant"** *Br* „Stellenangebote"; **"situations wanted"** *Br* „Stellengesuche" **situation comedy** S Situationskomödie f
★**six** [sɪks] A ADJ sechs; **she is six (years old)** sie ist sechs (Jahre alt); **at (the age of) six** im Alter von sechs Jahren; **it's six (o'clock)** es ist sechs (Uhr); **there are six of us** wir sind sechs; **six and a half** sechseinhalb B S Sechs f; **to divide sth into six** etw in sechs Teile teilen; **they are sold in sixes** sie werden in Sechserpackungen verkauft; **to knock sb for six** *Br umg* j-n umhauen *umg* **sixfold** A ADJ sechsfach B ADV um das Sechsfache **six hundred** A ADJ sechshundert B S Sechshundert f **sixish** ['sɪksɪʃ] ADJ um sechs herum **six million** ADJ & S sechs Millionen **six-pack** S Sechserpackung f
★**sixteen** [sɪks'tiːn] A ADJ sechzehn B S

Sechzehn f
★**sixteenth** [sɪks'tiːnθ] A ADJ sechzehnte(r, s) B **a ~ part** ein Sechzehntel n; **a ~ note** *bes US* MUS eine Sechzehntelnote B S 1 Sechzehntel n 2 Sechzehnte(r, s) 3 *(≈Datum)* **the ~ der** Sechzehnte
★**sixth** [sɪksθ] A ADJ sechste(r, s); **a ~ part** ein Sechstel n; **he was** *od* **came ~** er wurde Sechster; **he was ~ from the left** er war der Sechste von links B S 1 Sechstel n 2 Sechste(r, s); **Charles the Sixth** Karl der Sechste 3 *(≈Datum)* **the ~ der** Sechste; **on the ~** am Sechsten; **the ~ of September, September the ~ der** sechste September C ADV **he did it ~** er hat es als Sechster gemacht; *(≈vollbracht)* er hat es als Sechstes gemacht **sixth form** *Br* S Abschlussklasse f, Oberstufe f **sixth form college** *Br* S SCHULE Kollegstufe f, Oberstufe f **sixth grade** S *US* SCHULE sechstes Schuljahr
six thousand A ADJ sechstausend B S Sechstausend f
★**sixtieth** ['sɪkstɪθ] A ADJ sechzigste(r, s) B **a ~ part** ein Sechzigstel n B S 1 Sechzigstel n 2 Sechzigste(r, s)
★**sixty** ['sɪkstɪ] A ADJ sechzig; **~-one** einundsechzig B S Sechzig f; **the sixties** die Sechzigerjahre; **to be in one's sixties** in den Sechzigern sein; **to be in one's late/early sixties** Ende/Anfang sechzig sein; → **six sixtyish** ['sɪkstɪɪʃ] ADJ um die Sechzig ungefähr
six-year-old ['sɪksjɪərəʊld] A ADJ sechsjährig *attr*, sechs Jahre alt *präd* B S Sechsjährige(r) m/f(m)
★**size** [saɪz] S Größe f; *von Problem a.* Ausmaß n; **waist ~** Taillenweite f; **dress ~** Kleidergröße f; **he's about your ~** er ist ungefähr so groß wie du; **to be the same ~** gleich groß sein; **what ~ do you take?** welche Größe haben Sie? **I'm a ~ 36** ich habe Größe 36; **what ~ is it?** wie groß ist es?; *von Kleidung etc* welche Größe ist es?; **it's two ~s too big** es ist zwei Nummern zu groß; **do you want to try it for ~?** möchten Sie es anprobieren, ob es Ihnen auch passt?
♦**size up** V/T *(trennb)* abschätzen
sizeable ['saɪzəbl] ADJ ziemlich groß
-size(d) [-saɪz(d)] ADJ *(suf)* -groß; **medium-size(d)** mittelgroß

sizzle ['sɪzl] V/i brutzeln

skate¹ [skeɪt] S (≈ *Fisch*) Rochen m

skate² A S Schlittschuh m; Rollschuh m; Inlineskate m od n; **get your ~s on** *fig* umg mach/macht mal ein bisschen dalli! umg B V/i Schlittschuh laufen; Rollschuh laufen; *auf Skateboard etc* skaten; **he ~d across the pond** er lief (auf Schlittschuhen) über den Teich ♦**skate (a)round, skate over** V/i ⟨+obj⟩ links liegen lassen; *Problem* einfach übergehen

skateboard ['skeɪtbɔːd] S Skateboard n **skateboarder** ['skeɪtbɔːdə'] S Skateboardfahrer(in) m(f) **skateboarding** ['skeɪtbɔːdɪŋ] S Skateboardfahren n; **to go ~** Skateboard fahren **skateboard park** S Skateboardanlage f **skater** ['skeɪtə'] S Schlittschuhläufer(in) m(f); Rollschuhläufer(in) m(f); *auf Skateboard etc* Skater(in) m(f) **skating** ['skeɪtɪŋ] S Schlittschuhlauf m; Rollschuhlauf m; Skaten n; **to go ~** Schlittschuh laufen gehen; Rollschuh fahren gehen; (inline)skaten **skating rink** S Eisbahn f; Rollschuhbahn f

skeletal ['skeletl] ADJ *Mensch* bis aufs Skelett abgemagert; *Bäume* skelettartig **skeleton** ['skelɪtn] A S Skelett n; **a ~ in one's cupboard** *Br*, **a ~ in one's closet** *US* eine Leiche im Keller B ADJ *Plan* provisorisch; **~ service** Notdienst m

skeptic etc *US* = sceptic

sketch [sketʃ] A S Skizze f, Entwurf m; THEAT Sketch m B V/T Skizzen machen ♦**sketch out** ⟨*trennb*⟩ grob skizzieren

sketchbook ['sketʃbʊk] S Skizzenbuch n **sketching** ['sketʃɪŋ] S KUNST Skizzenzeichnen n **sketch pad** S Skizzenblock m **sketchy** ['sketʃɪ] ADJ ⟨*komp* sketchier⟩ *Bericht* lückenhaft, vage

skew [skjuː] V/T krümmen; *fig* verzerren **skewer** ['skjʊə'] A S Spieß m B V/T aufspießen

★**ski** [skiː] A S Ski m B V/i Ski laufen, Ski fahren; **they skied down the slope** sie fuhren (auf ihren Skiern) den Hang hinunter

ski boots PL Skistiefel pl

skier ['skiːə'] S Skiläufer(in) m(f) **skiing** ['skiːɪŋ] S Skilaufen n, Skifahren n; **to go ~** Ski laufen od Ski fahren gehen **ski (-ing) instructor** S Skilehrer(in) m(f) **ski-jumping** S Skispringen n

★**skilful** ['skɪlfʊl] ADJ, **skillful** *US* ADJ geschickt **skilfully** ['skɪlfʊlɪ] ADV, **skillfully** *US* ADV geschickt, gewandt; *malen etc* kunstvoll

ski lift S Skilift m

★**skill** [skɪl] S 1 ⟨*kein pl*⟩ Geschick n 2 Fertigkeit f, Fähigkeit f **skilled** ADJ 1 geschickt (**at** in +*dat*) 2 ausgebildet, fachmännisch **skilled worker** S Facharbeiter(in) m(f)

skillet ['skɪlɪt] S *US* Bratpfanne f

★**skillful** etc *US* = skilful

skim [skɪm] V/T 1 abschöpfen; *Milch* entrahmen 2 streifen über (+*akk*) 3 *Buch etc* überfliegen ♦**skim through** V/i ⟨+obj⟩ *Buch etc* überfliegen

skimmed milk [ˌskɪmd'mɪlk] S, **skim milk** *US* S Magermilch f

skimp [skɪmp] V/i sparen (**on** an +*dat*) **skimpily** ['skɪmpɪlɪ] ADV *bekleidet* spärlich **skimpy** ['skɪmpɪ] ADJ ⟨*komp* skimpier⟩ *dürftig; Kleidung* knapp

★**skin** [skɪn] A S 1 Haut f; (≈ *Pelz etc*) Fell n; *von Obst* Schale f; **to be soaked to the ~** bis auf die Haut nass sein; **that's no ~ off my nose** *bes Br* umg das juckt mich nicht umg; **to save one's own ~** die eigene Haut retten; **to jump out of one's ~** umg erschreckt hochfahren; **to get under sb's ~** umg j-m auf die Nerven gehen umg; *positiv* j-m unter die Haut gehen; *Mensch* j-n faszinieren; **to have a thick ~** *fig* ein dickes Fell haben umg; **to have a thin ~** *fig* eine dünne Haut haben; **by the ~ of one's teeth** umg mit Ach und Krach umg B V/T 1 *Tier* häuten 2 abschürfen **skin care** S Hautpflege f **skinflint** umg S Geizkragen m umg **skin graft** S Hauttransplantation f **skinhead** S Skin(head) m **skinny** ['skɪnɪ] umg ADJ ⟨*komp* skinnier⟩ 1 dünn 2 *Kleidung* eng, hauteng, eng anliegend; **~ jeans** pl Röhrenjeans f 3 *Caffè latte* mit fettarmer Milch

skint [skɪnt] *Br* umg ADJ **to be ~** pleite sein umg

skintight ['skɪn'taɪt] ADJ hauteng

skip¹ [skɪp] A S Hüpfer m B V/i hüpfen; seilspringen C V/T 1 *Schule* schwänzen

umg; Kapitel überspringen; **my heart
~ped a beat** mein Herzschlag setzte
für eine Sekunde aus; **to ~ lunch** das
Mittagessen ausfallen lassen **2** *US* **to
~ rope** seilspringen **3** *US umg* **to ~
town** aus der Stadt verschwinden *umg*
♦**skip over** *V/i* ⟨+obj⟩ überspringen
♦**skip through** *V/i* ⟨+obj⟩ *Buch* durch-
blättern
skip² $\overline{s}$ (Schutt)container *m*
ski pass $\overline{s}$ Skipass *m* **ski pole** $\overline{s}$ Ski-
stock *m*
skipper [ˈskɪpə^r] **A** $\overline{s}$ Kapitän(in) *m(f)* **B**
$\overline{V/T}$ anführen
skipping [ˈskɪpɪŋ] $\overline{s}$ Seilspringen *n*
skipping rope *Br* $\overline{s}$ Hüpf- *od* Sprung-
seil *n*
ski resort $\overline{s}$ Skiort *m*
skirmish [ˈskɜːmɪʃ] $\overline{s}$ *MIL* Gefecht *n; fig*
Zusammenstoß *m*
★**skirt** [skɜːt] **A** $\overline{s}$ Rock *m*, Kittel *m österr*
obs, Jupe *m schweiz* **B** $\overline{V/T}$ (*a.* **skirt
around**) umgehen **skirting (board)**
[ˈskɜːtɪŋ (ˌbɔːd)] *Br* $\overline{s}$ Fußleiste *f*
ski run $\overline{s}$ Skipiste *f* **ski stick** $\overline{s}$ Skistock
m **ski tow** $\overline{s}$ Schlepplift *m*
skitter [ˈskɪtə^r] $\overline{V/i}$ rutschen
skittish [ˈskɪtɪʃ] $\overline{ADJ}$ unruhig
skive [skaɪv] $\overline{V/i}$ *Br umg* blaumachen
umg; SCHULE schwänzen *umg* ♦**skive
off** *Br umg* $\overline{V/i}$ sich drücken *umg*
skulk [skʌlk] $\overline{V/i}$ schleichen, sich herum-
drücken
skull [skʌl] $\overline{s}$ Schädel *m; ~* **and cross-
bones** Totenkopf *m*
skunk [skʌŋk] $\overline{s}$ Stinktier *n*
★**sky** [skaɪ] $\overline{s}$ Himmel *m;* **in the sky** am
Himmel **sky-blue** $\overline{ADJ}$ himmelblau
skydiving $\overline{s}$ Fallschirmspringen *n*
sky-high **A** $\overline{ADJ}$ *Preise* schwindelnd
hoch; *Vertrauen* unermesslich **B** $\overline{ADV}$
zum Himmel; **to blow a bridge ~** *umg*
eine Brücke in die Luft sprengen; **to
blow a theory ~** eine Theorie ins Ein-
sturz bringen **skylight** $\overline{s}$ Oberlicht *n*,
Dachfenster *n* **skyline** $\overline{s}$ Horizont *m;
von Stadt* Skyline *f*
Skype® [skaɪp] $\overline{s}$ *IT kostenlose Internette-
lefonie* Skype®; **to call sb on ~®** mit
j-m skypen®, mit j-m über Skype® tele-
fonieren
skype® [skaɪp] $\overline{V/T, V/i}$ skypen®
skyrocket $\overline{V/i}$ *umg Preis* in die Höhe
schießen **skyscraper** $\overline{s}$ Wolkenkratzer

m
slab [slæb] $\overline{s}$ **1** *aus Holz* Tafel *f; aus Stein*
Platte *f* **2** *dicke Scheibe; Kuchen* großes
Stück
slack [slæk] **A** $\overline{ADJ}$ ⟨+er⟩ **1** locker **2**
nachlässig **3** *HANDEL Saison* ruhig;
business is ~ das Geschäft geht
schlecht **B** $\overline{s}$ durchhängendes Teil *(des
Seils etc)*; **to cut sb some ~** *fig umg*
mit j-m nachsichtig sein **C** $\overline{V/i}$ bummeln
slacken [ˈslækn] **A** $\overline{V/T}$ **1** lockern **2** ver-
mindern **B** $\overline{V/i}$ *Tempo* sich verringern;
Entwicklung sich verlangsamen ♦**slack-
en off** $\overline{V/i}$ nachlassen; *Arbeit* abnehmen
slacklining [ˈslækˌlaɪnɪŋ] $\overline{s}$ *SPORT* Slack-
lining *n* (*Balancieren auf einem Gurt-
band*)
slackness [ˈslæknɪs] $\overline{s}$ **1** *von Seil etc*
Schlaffheit *f*, Durchhängen *n* **2** *von Ge-
schäft* Flaute *f*
slag [slæg] $\overline{s}$ **1** Schlacke *f* **2** *Br sl* (*=Frau*)
Schlampe *f pej umg* ♦**slag off** *Br umg*
$\overline{V/T}$ ⟨*trennb*⟩ runtermachen *umg*
slain [sleɪn] $\overline{PERF}$ → **slay**
slalom [ˈslɑːləm] $\overline{s}$ Slalom *m*
slam [slæm] **A** $\overline{s}$ *von Tür* Zuknallen *n
kein pl* **B** $\overline{V/T}$ **1** *Tür* zuknallen; **to ~ the
door in sb's face** j-m die Tür vor der
Nase zumachen **2** *umg* (*=werfen*) knal-
len *umg;* **to ~ on the brakes, to ~ the
brakes on** *umg* eine Vollbremsung hin-
legen *umg,* voll auf die Bremse treten
umg **3** *umg* (*=kritisieren*) verreißen; *j-n*
herunterputzen *umg* **C** $\overline{V/i}$ zuknallen;
to ~ into sth in etw (*akk*) knallen
♦**slam down** $\overline{V/T}$ ⟨*trennb*⟩ hinknallen
umg; Telefonhörer aufknallen *umg*
slander [ˈslɑːndə^r] **A** $\overline{s}$ Verleumdung *f*
B $\overline{V/T}$ verleumden **slanderous**
[ˈslɑːndrəs] $\overline{ADJ}$ verleumderisch
slang [slæŋ] **A** $\overline{s}$ **1** Slang *m* **2** Jargon
m **B** $\overline{ADJ}$ Slang-
slanging match [ˈslæŋɪŋmætʃ] *Br umg*
$\overline{s}$ gegenseitige lautstarke Beschimp-
fung; **they were having a ~** sie warfen
sich gegenseitig Beschimpfungen/Aus-
drücke an den Kopf
slant [slɑːnt] **A** $\overline{s}$ Neigung *f;* **to put a ~
on sth** etw biegen; **to be on a ~** sich
neigen **B** $\overline{V/T}$ verschieben **C** $\overline{V/i}$ sich nei-
gen **slanting** [ˈslɑːntɪŋ] $\overline{ADJ}$ schräg
slap [slæp] **A** $\overline{s}$ Schlag *m;* **a ~ across
the face** *wörtl* eine Ohrfeige, eine Wat-
sche *österr;* **a ~ in the face** *fig* ein

Schlag m ins Gesicht; **to give sb a ~ on the back** j-m (anerkennend) auf den Rücken klopfen; *fig* j-n loben; **to give sb a ~ on the wrist** *fig umg* j-n zurechtweisen, j-m einem Anpfiff geben *umg* **B** $\overline{ADV}$ *umg* direkt **C** $\overline{VT}$ schlagen; **to ~ sb's face** j-m eine runterhauen *umg*; **to ~ sb on the back** j-m auf den Rücken klopfen ♦**slap down** *umg* $\overline{VT}$ ⟨*trennb*⟩ hinknallen ♦**slap on** *umg* $\overline{VT}$ ⟨*trennb*⟩ **1** draufklatschen *umg* **2** *fig* Steuern *etc* draufhauen *umg*

slap-bang *bes Br umg* $\overline{ADV}$ mit Karacho *umg*; **it was ~ in the middle** es war genau in der Mitte; **to run ~ into sb/sth** mit j-m/etw zusammenknallen *umg*

slapdash $\overline{ADJ}$ schludrig *umg* **slaphead** *Br pej umg* $\overline{S}$ Glatzkopf m *pej umg* **slapper** ['slæpəʳ] *Br umg* $\overline{S}$ Flittchen n *umg*

slapstick $\overline{S}$ Slapstick m, Klamauk m *umg*

slap-up meal *Br umg* $\overline{S}$ Schlemmermahl n *umg*

slash [slæʃ] **A** $\overline{S}$ **1** Streich m; (≈ Wunde) Schnitt m **2** TYPO Schrägstrich m **B** $\overline{VT}$ **1** zerfetzen; *Gesicht, Reifen* aufschlitzen **2** *umg Preis* radikal herabsetzen

slat [slæt] $\overline{S}$ Leiste f

slate [sleɪt] **A** $\overline{S}$ Schiefer m; *auf Dach* Schieferplatte f; **put it on the ~** *Br umg* schreiben Sie es mir an; **to wipe the ~ clean** *fig* reinen Tisch machen **B** $\overline{ADJ}$ Schiefer- **C** $\overline{VT}$ *Br umg* (≈ *krtitisieren*) verreißen; j-n zusammenstauchen *umg* **slating** ['sleɪtɪŋ] *Br umg* $\overline{S}$ Verriss m; **to get a ~** zusammengestaucht werden *umg*; *Stück, Vorstellung* verrissen werden

slaughter ['slɔːtəʳ] **A** $\overline{S}$ Schlachten n *kein pl*, Gemetzel n *kein pl* **B** $\overline{VT}$ schlachten; *Menschen wörtl* abschlachten; *fig* fertigmachen *umg* **slaughtered** ['slɔːtəd] *Br umg* $\overline{ADJ}$ stockbesoffen *umg* **slaughterhouse** ['slɔːtəhaʊs] $\overline{S}$ Schlachthof m

Slav [slɑːv] **A** $\overline{ADJ}$ slawisch **B** $\overline{S}$ Slawe m, Slawin f

★**slave** [sleɪv] **A** $\overline{S}$ Sklave m, Sklavin f **B** $\overline{VI}$ sich abplagen; **to ~ (away) at sth** sich mit etw herumschlagen **slave-driver** $\overline{S}$ Sklaventreiber(in) m(f) **slave labour** $\overline{S}$, **slave labor** *US* $\overline{S}$ **1** Sklavenarbeit f **2** Sklaven *pl*

slaver ['slævəʳ] $\overline{VI}$ geifern; **to ~ over sb/ sth** nach j-m/etw geifern

slavery ['sleɪvərɪ] $\overline{S}$ Sklaverei f

Slavic ['slɑːvɪk], **Slavonic** [sləˈvɒnɪk] **A** $\overline{ADJ}$ slawisch **B** $\overline{S}$ das Slawische

slay [sleɪ] $\overline{VT}$ ⟨*prät* slew; *pperf* slain⟩ erschlagen **slaying** ['sleɪɪŋ] *bes US* $\overline{S}$ Mord m

sleaze [sliːz] *umg* $\overline{S}$ Verdorbtheit f; *bes* POL Skandalgeschichten *pl* **sleazy** ['sliːzɪ] *umg* $\overline{ADJ}$ ⟨*komp* sleazier⟩ schäbig

sledge [sledʒ], **sled** [sled] *bes US* **A** $\overline{S}$ Schlitten m, Rodel f *österr* **B** $\overline{VI}$ Schlitten fahren, schlitteln *schweiz* **sledge (-hammer)** ['sledʒ(ˌhæməʳ)] $\overline{S}$ Vorschlaghammer m

sleek [sliːk] $\overline{ADJ}$ ⟨*+er*⟩ *Pelz* geschmeidig; *Erscheinung* gepflegt

★**sleep** [sliːp] ⟨*v: prät, pperf* slept⟩ **A** $\overline{VT}$ unterbringen; **the house ~s 10** in dem Haus können 10 Leute übernachten **B** $\overline{VI}$ schlafen; **to ~ like a log** wie ein Murmeltier schlafen; **to ~ late** lange schlafen; **I'll ~ easier now I know she's all right** jetzt bin ich ruhiger, wo ich weiß, dass es ihr gut geht **C** $\overline{S}$ Schlaf m; ★**to go to ~** einschlafen; **to drop off to ~** einschlafen; **to be able to get to ~** einschlafen können; **try and get some ~** versuche, etwas zu schlafen; **to have a ~** (etwas) schlafen; **to have a good night's ~** sich richtig ausschlafen; **to put sb to ~** j-n zum Schlafen bringen; *Droge* j-n einschläfern; **to put to ~** *euph Tier* einschläfern; **that film sent me to ~** bei dem Film bin ich eingeschlafen ♦**sleep around** *umg* $\overline{VI}$ mit jedem schlafen *umg* ♦**sleep in** $\overline{VI}$ ausschlafen; *umg* zu lang verschlafen ♦**sleep off** *umg* $\overline{VT}$ ⟨*trennb*⟩ **to sleep it off** seinen Rausch ausschlafen ♦**sleep on** **A** $\overline{VI}$ weiterschlafen **B** $\overline{VI}$ ⟨*+obj*⟩ *Problem etc* sleep on sth etw überschlafen ♦**sleep through** $\overline{VI}$ ⟨*+obj*⟩ weiterschlafen bei; **to sleep through the alarm (clock)** den Wecker verschlafen

sleeper ['sliːpəʳ] $\overline{S}$ **1** Schläfer(in) m(f); **to be a light ~** einen leichten Schlaf haben **2** *Br* RAIL Schlafwagen(zug) m **sleepily** ['sliːpɪlɪ] $\overline{ADV}$ verschlafen **sleeping bag** $\overline{S}$ Schlafsack m **sleeping car** $\overline{S}$ Schlafwagen m **sleeping partner** *Br* $\overline{S}$ stiller Teilhaber **sleeping pill** $\overline{S}$ Schlaftablette f **sleeping policeman** $\overline{S}$ Bodenschwelle f **sleepless** $\overline{ADJ}$ schlaflos **sleepover** $\overline{S}$ Über-

S

nachtung f (bei Freunden etc) **sleep-walk** V\|I schlafwandeln; **he was ~ing** er hat od ist geschlafwandelt **sleep-walker** S̲ Schlafwandler(in) m(f) **sleepwalking** S̲ Schlafwandeln n **sleepy** ['sliːpɪ] ADJ ‹komp sleepier› **1** schläfrig, verschlafen **2** Ort verschlafen **sleepyhead** umg S̲ Schlafmütze f umg

sleet [sliːt] ADJ S̲ Schneeregen m **B** V/I **it was ~ing** es gab Schneeregen

★**sleeve** [sliːv] S̲ **1** Ärmel m; **to roll up one's ~s** wörtl sich (dat) die Ärmel hochkrempeln; **to have sth up one's ~** fig umg etw in petto haben **2** Br von CD Hülle f **sleeveless** ['sliːvlɪs] ADJ ärmellos; **~ top** ärmelloses Oberteil, ärmelloses Shirt, ärmelloses Top

sleigh [sleɪ] S̲ (Pferde)schlitten m **slender** ['slendəʳ] ADJ **1** schlank; Führung knapp; Chance gering

slept [slept] PRÄT & PPERF → sleep **sleuth** [sluːθ] umg S̲ Spürhund m umg **slew** [sluː] PRÄT → slay

★**slice** [slaɪs] **A** S̲ **1** Scheibe f; fig Teil m; **a ~ of luck** eine Portion Glück **B** V/T **1** durchschneiden; Brot (in Scheiben) schneiden **2** Ball (an)schneiden **C** V/I schneiden; **to ~ through sth** etw durchschneiden ◆**slice off** V/T ‹trennb› abschneiden

sliced ADJ (in Scheiben) geschnitten; Brot, Wurst (auf)geschnitten **slicer** ['slaɪsəʳ] S̲ für Käse etc Hobel m; (≈ Machine) Brot(schneide)maschine f, ≈ Wurstschneidemaschine f

slick [slɪk] **A** ADJ ‹+er› **1** oft pej clever umg; Antwort, Stil glatt **2** US glatt **B** S̲ (Öl)teppich m ◆**slick back** VT ‹trennb› **to slick one's hair back** sich (dat) die Haare anklatschen umg

slicker ['slɪkəʳ] US S̲ Regenmantel m ★**slide** [slaɪd] ‹v: prät, pperf slid [slɪd]› **A** VT schieben, gleiten lassen **B** VI rutschen; **to let things ~** fig die Dinge schleifen lassen **2** sich schieben lassen **3** he slid into the room **C** S̲ **1** Rutschbahn f; auf Spielplatz Rutsche f **2** fig Abfall m **3** bes Br im Haar Spange f **4** FOTO Dia n; an Mikroskop Objektträger m **5** in Power-Point® Folie f **slide projector** S̲ Diaprojektor m **slide show** S̲ Diavortrag m **sliding door** S̲ Schiebetür f

★**slight** [slaɪt] **A** ADJ ‹+er› **1** Mensch zierlich **2** (≈ unobtrusive) leicht; Veränderung geringfügig; Problem klein; **the wall's at a ~ angle** die Mauer ist leicht od etwas geneigt; **to have a ~ cold** eine leichte Erkältung haben; **just the ~est bit short** ein ganz kleines bisschen zu kurz; **it doesn't make the ~est bit of difference** es macht nicht den geringsten Unterschied; **I wasn't the ~est bit interested** ich war nicht im Geringsten interessiert; **he is upset by at the ~est thing** er ist wegen jeder kleinsten Kleinigkeit gleich verärgert; **I don't have the ~est idea (of) what he's talking about** ich habe nicht die geringste od leiseste Ahnung, wovon er redet **B** S̲ Affront m (on gegen) **C** VT kränken

slightly ['slaɪtlɪ] ADV **1** ~ built zierlich **2** ein klein(es) bisschen; kennen flüchtig; **~ injured** leicht verletzt; **he hesitated ever so ~** er zögerte fast unmerklich

★**slim** [slɪm] **A** ADJ ‹komp slimmer› **1** schlank; Hüfte schmal; Buch dünn **2** Chancen gering; Mehrheit knapp **B** VI **1** eine Schlankheitskur machen ◆**slim down A** VT ‹trennb› fig Unternehmen verschlanken **B** VI Mensch abnehmen

slime [slaɪm] S̲ Schleim m **sliminess** ['slaɪmɪnɪs] S̲ Schleimigkeit f

slimline ['slɪmlaɪn] ADJ dünn; Figur schlank **slimming** ['slɪmɪŋ] **A** ADJ schlank machend attr; **black is ~** schwarz macht schlank **B** S̲ Abnehmen n **slimness** ['slɪmnɪs] S̲ Schlankheit f; von Hüfte Schmalheit f; von Buch Dünne f

slimy ['slaɪmɪ] ADJ ‹komp slimier› schleimig

sling [slɪŋ] ‹v: prät, pperf slung› **A** VT schleudern; **he slung the box onto his back** er warf sich (dat) die Kiste auf den Rücken **B** S̲ **1** Schlinge f; für Kleinkind (Baby)trageschlinge f; **to have one's arm in a ~** den Arm in der Schlinge tragen **2** (≈ Waffe) Schleuder f ◆**sling out** VT ‹trennb› rausschmeißen umg **slingshot** S̲ US Schleuder f

slink [slɪŋk] VI ‹prät, pperf slunk› schleichen; **to ~ off** sich davonschleichen ★**slip** [slɪp] **A** S̲ **1** (≈ Fehler) Patzer m; **to make a (bad) ~** sich (übel) vertun *umg*; **a ~ of the tongue** ein Versprecher *m* **2** **to give sb the ~** *umg* j-m entwischen **3** Unterrock *m* **4** Zettel *m*; **~ of paper** Zettel *m* **B** *v/t* **1** schieben, gleiten lassen; **she ~ped the dress over her head** sie streifte sich *(dat)* das Kleid über den Kopf; **to ~ a disc** MED sich *(dat)* einen Bandscheibenschaden zuziehen **2** sich losreißen von; **it ~ped my mind** ich habe es vergessen **C** *v/i* **1** (aus)rutschen; **Füße** (weg)rutschen; *Messer* abrutschen; **it ~ped out of her hand** es rutschte ihr aus der Hand; **the beads ~ped through my fingers** die Perlen glitten durch meine Finger; **to let sth ~ through one's fingers** sich *(dat)* etw entgehen lassen; **to let (it) ~ that ...** fallen lassen, dass ... **2** (≈ *sich schnell bewegen*) schlüpfen, rutschen **3** *Niveau etc* fallen ◆**slip away** *v/i* sich wegschleichen ◆**slip back** *v/i* **1** unbemerkt zurückgehen **2** schnell zurückgehen ◆**slip behind** *v/i* zurückfallen ◆**slip by** *v/i* sich vorbeischleichen (**sth** an etw *dat*); **Jahre** nur so dahinschwinden ◆**slip down** *v/i* **1** ausrutschen **2** hinunterlaufen ◆**slip in A** *v/i* (sich) hineinschleichen **B** *v/t* ⟨*trennb*⟩ **1** **to slip sth into sb's pocket** j-m etw in die Tasche gleiten lassen **2** *Bemerkung* einfließen lassen ◆**slip off A** *v/i* sich wegschleichen **B** *v/t* ⟨*trennb*⟩ *Schuhe* abstreifen ◆**slip on** *v/t* ⟨*trennb*⟩ schlüpfen in (+*akk*) ◆**slip out** *v/i* **1** kurz weggehen **2** *Geheimnis etc* herauskommen ◆**slip past** *v/i* → slip by ◆**slip up** *umg v/i* sich vertun *umg* (**over, in** bei)

slip-ons PL, (*a.* **slip-on shoes**) Slipper *pl* **slipped disc** [ˌslɪpt'dɪsk] *s̶,* **slipped disk** US *s̶* Bandscheibenvorfall *m*

slipper ['slɪpəʳ] *s̶* Hausschuh *m*

slippery ['slɪpərɪ] ADJ schlüpfrig; *Boden, Schuhe* glatt; *Fisch* glitschig; **he's on the ~ slope** *fig* er ist auf der schiefen Bahn **2** *pej umg Mensch* glatt; **a ~ customer** ein aalglatter Kerl *umg* **slippy** ['slɪpɪ] ADJ glatt

slip road ['slɪprəʊd] *Br s̶* (Autobahn)auffahrt *f,* (Autobahn)ausfahrt *f*

slipshod ['slɪpʃɒd] ADJ schludrig

slip-up ['slɪpʌp] *umg s̶* Schnitzer *m umg*

slit [slɪt] ⟨*v: prät, pperf slit*⟩ **A** *v/t* (auf-)schlitzen; **to ~ sb's throat** j-m die Kehle

aufschlitzen **B** *s̶* Schlitz *m*

slither ['slɪðəʳ] *v/i* rutschen; *Schlange* gleiten

sliver ['slɪvəʳ] *s̶* **1** *Holz etc* Splitter *m* **2** Scheibchen *n*

slob [slɒb] *umg s̶* Drecksau *f umg*

slobber ['slɒbəʳ] *v/i* sabbeln; *Hund* geifern

slog [slɒg] *umg* **A** *s̶* Schinderei *f* **B** *v/i* **to ~ away (at sth)** sich (mit etw) abrackern *umg*

slogan ['sləʊgən] *s̶* Slogan *m*

slop [slɒp] **A** *v/i* **to ~ over (into sth)** überschwappen (in etw *akk*) **B** *v/t* verschütten; (≈ *gießen*) schütten

★**slope** [sləʊp] **A** *s̶* **1** Neigung *f,* Schräge *f* **2** (Ab)hang *m*; **on a ~** am Hang; **halfway up the ~** auf halber Höhe **B** *v/i* sich neigen; **the picture is sloping to the left/right** das Bild hängt schief; **his handwriting ~s to the left** seine Handschrift ist nach links geneigt ◆**slope down** *v/i* sich neigen ◆**slope up** *v/i* ansteigen

sloping ['sləʊpɪŋ] ADJ **1** *Straße* ansteigend, abfallend; *Fußboden, Dach* schräg; *Garten* am Hang **2** schief

sloppiness ['slɒpɪnɪs] *umg s̶* Schlampigkeit *f umg; von Arbeit etc* Schlud(e)rigkeit *f umg*

sloppy ['slɒpɪ] *umg* ADJ ⟨*komp* **sloppier**⟩ **1** schlampig *umg; Arbeit etc* schlud(e)rig *umg* **2** rührselig

slosh [slɒʃ] *umg* **A** *v/t* klatschen **B** *v/i* **to ~ (around)** (herum)schwappen; **to ~ through mud/water** durch Matsch/Wasser waten **sloshed** [slɒʃt] *umg* ADJ blau *umg,* besoffen *umg*; **to get ~** sich besaufen *umg*

slot [slɒt] *s̶* Schlitz *m,* Rille *f*; COMPUT Steckplatz *m*; TV (gewohnte) Sendezeit ◆**slot in A** *v/t* ⟨*trennb*⟩ hineinstecken; **to slot sth into sth** etw in etw *(akk)* stecken **B** *v/i* sich einfügen lassen; **suddenly everything slotted into place** plötzlich passte alles zusammen ◆**slot together A** *v/i Einzelteile* sich zusammenfügen lassen **B** *v/t* ⟨*trennb*⟩ zusammenfügen

slot machine *s̶* Münzautomat *m,* Spielautomat *m*

slouch [slaʊtʃ] **A** *s̶* krumme Haltung **B** *v/i* herumhängen; *gehend* latschen, hatschen *österr*; **he was ~ed over his desk**

er hing über seinem Schreibtisch
Slovak ['sləʊvæk] **A** **ADJ** slowakisch **B**
S **1** Slowake *m*, Slowakin *f* **2** LING Slo-
wakisch *n* **Slovakia** [sləʊ'vækɪə] **S** die
Slowakei
Slovene ['sləʊviːn] **A** **ADJ** slowenisch **B**
S **1** Slowene *m*, Slowenin *f* **2** LING Slo-
wenisch *n* **Slovenia** [sləʊ'viːnɪə] **S** Slo-
wenien *n* **Slovenian** [sləʊ'viːnɪən] **ADJ**
& S → Slovene
slovenly ['slʌvnlɪ] **ADJ** schlud(e)rig *umg*
★**slow** [sləʊ] **A** **ADJ** ‹~er› **1** langsam;
(≈ *dumm*) begriffsstutzig; **it's ~ work**
das braucht seine Zeit; **he's a ~ learner**
er lernt langsam; **it was ~ going** es ging
nur langsam voran; **to get off to a ~
start** schlecht vom Start kommen, nur
langsam in Gang kommen; **to be ~ to
do sth** sich (*dat*) mit etw Zeit lassen;
to be ~ in doing sth sich (*dat*) Zeit da-
mit lassen, etw zu tun; **he is ~ to make
up his mind** er braucht lange, um sich
zu entscheiden; **to be (20 minutes) ~**
Uhr (20 Minuten) nachgehen **2** HANDEL
flau; **business is ~** das Geschäft ist flau
od geht schlecht **B** **ADV** ‹~er› langsam
C **V/i** sich verlangsamen, langsamer fah-
ren/gehen ★♦**slow down**, **slow up**
A **V/i** sich verlangsamen, langsamer
fahren/gehen **B** **V/t** ‹trennb› verlangsa-
men; *fig* verzögern; **you just slow me
up** *od* down du hältst mich nur auf
slowcoach *Br umg* **S** Trantüte *f umg*,
lahme Ente **slowdown** **S** Verlangsa-
mung *f* (**in**, *of* +gen) **slow lane** **S** AUTO
Kriechspur *f* **slowly** ['sləʊlɪ] **ADV** lang-
sam; **~ but surely** langsam aber sicher
slow motion **S** in ~ in Zeitlupe
slow-moving **ADJ** sich (nur) langsam
bewegend; *Verkehr* kriechend **slow-
ness** ['sləʊnɪs] **S** Langsamkeit *f*; **their
~ to act** ihr Zaudern **slowpoke**
['sləʊpəʊk] *US umg* **S** → slowcoach
sludge [slʌdʒ] **S** Schlamm *m*;
(≈ *Ablagerung*) schmieriger Satz
slug[1] [slʌg] **S** Nacktschnecke *f*
slug[2] *umg* **S** **a ~ of whisky** ein Schluck
m Whisky
sluggish ['slʌgɪʃ] **ADJ** träge
sluice [sluːs] **A** **S** Schleuse *f*; *Bergbau*
(Wasch)rinne *f* **B** **V/t** *Erz* waschen; **to ~
sth (down)** etw abspritzen **C** **V/i** **to ~
out** herausschießen
slum [slʌm] **A** **S** ‹*mst pl*› Slum *m*,

Elendsquartier *n* **B** **V/t & V/i** *umg a.* ~
it, **be ~ming** it primitiv leben; **you're
staying in a hotel while we're ~ming
it at Joe's** *umg oft hum* ihr übernachtet
im Hotel, während wir es uns bei Joe
auf dem Fußboden gemütlich machen
hum
slumber ['slʌmbəʳ] *liter* **A** **S** Schlummer
m geh **B** **V/i** schlummern *geh*
slump [slʌmp] **A** **S** (plötzliche) Abnah-
me, Rückgang *m* (**in** sth einer Sache
gen); (≈ *Position*) Tiefstand *m*; FIN Sturz *m*
B **V/i** **1** *a.* **~ off** *Preise* stürzen; *Verkaufs-
zahlen* plötzlich zurückgehen; *fig Moral*
sinken **2** sinken; **he was ~ed over the
wheel** er war über dem Steuer zusam-
mengesackt; **he was ~ed on the floor**
er lag in sich (*dat*) zusammengesunken
auf dem Fußboden
slung [slʌŋ] **PRÄT & PPERF** → sling
slunk [slʌŋk] **PRÄT & PPERF** → slink
slur [slɜːʳ] **A** **S** Beleidigung *f* **B** **V/t** un-
deutlich artikulieren; *Worte* (halb) ver-
schlucken
slurp [slɜːp] **A** **V/t & V/i** *umg* schlürfen **B**
S Schlürfen *n*
slurred [slɜːd] **ADJ** undeutlich
slush [slʌʃ] **S** (Schnee)matsch *m* **slushy**
['slʌʃɪ] **ADJ** ‹komp slushier› Schnee mat-
schig
slut [slʌt] *umg* **S** Schlampe *f pej umg*
sly [slaɪ] **A** **ADJ** ‹komp slier *od* slyer› **1**
gerissen **2** *Blick* verschmitzt **B** **S** on
the sly heimlich, still und leise *hum*
smack [smæk] **A** **S** **1** (klatschender)
Schlag, Klatschen *n*; **you'll get a ~** du
fängst gleich eine *umg* **2** *umg* (≈ *Kuss*)
to give sb a ~ on the cheek j-m einen
Schmatz auf die Backe geben *umg* **B** **V/t**
knallen *umg*; **to ~ a child** einem Kind
eine runterhauen *umg*; **I'll ~ your bot-
tom** ich versohl dir gleich den Hintern!
umg **C** **ADV** *umg* direkt; **to be ~ in the
middle of sth** mittendrin in etw (*dat*)
sein ♦**smack of** *fig* **V/i** ‹+obj› riechen
nach
★**small** [smɔːl] **A** **ADJ** ‹~er› klein; *Vorrat*
gering; *Summe* bescheiden; *Stimme* lei-
se, klein; **a ~ number of people** eine
geringe Anzahl von Leuten; **the ~est
possible number of books** so wenig Bü-
cher wie möglich; **to feel ~** *fig* sich
(ganz) klein (und hässlich) vorkommen
B **S** **the ~ of the back** das Kreuz **C**

ADV **to chop sth up** ~ etw klein hacken **small ad** S Kleinanzeige f **small arms** PL Handfeuerwaffen pl **small business** S Kleinunternehmen n **small change** S Kleingeld n **small fry** fig Kleine Fische pl umg **small hours** PL früher Morgen; **in the (wee)** ~ in den frühen Morgenstunden **small-ish** ['smɔːlɪʃ] ADJ (eher) kleiner; **he is** ~ er ist eher klein **small letter** S Kleinbuchstabe m **small-minded** ADJ engstirnig **smallness** S Kleinheit f; von Summe Bescheidenheit f **smallpox** S Pocken pl **small print** S the ~ das Kleingedruckte **small-scale** ADJ Modell in verkleinertem Maßstab; Projekt klein angelegt **small screen** S TV on the ~ auf dem Bildschirm **small-sized** ADJ klein **small talk** S Small Talk m; **to make** ~ plaudern, Small Talk machen **small-time** umg ADJ Verbrecher klein **small-town** ADJ Kleinstadt-

smarmy ['smɑːmɪ] Br umg ADJ ⟨komp smarmier⟩ schmierig

smart [smɑːt] A ADJ ⟨+er⟩ 1 chic; Mensch, Kleidung modisch, fesch bes österr; Äußeres gepflegt; **the** ~ **set** die Schickeria umg 2 schlau, clever umg; bes US intelligent, vernünftig; IT, MIL intelligent; **that wasn't very** ~ (**of you**) das war nicht besonders intelligent (von dir) 3 (blitz)schnell; Schritt rasch B VⁱI brennen; **to** ~ **from sth** fig unter etw (dat) leiden **smart alec(k)** umg S Schlauberger(in) m(f) umg **smart-arse** ['smɑːtɑːs] S, **smartass** ['smɑːtæs] US sl S Klugscheißer(in) m(f) umg **smart bomb** S intelligente Bombe **smart card** S Chipkarte f **smart device** S IT Mobilgerät n **smarten** ['smɑːtn] (a. **smarten up**) A VⁱT Haus herausputzen; Äußeres aufmöbeln umg; **to** ~ **oneself up** sich schick machen umg; allg mehr Wert auf sein Äußeres legen; **you'd better** ~ **up your ideas** umg du solltest dich am Riemen reißen umg B VⁱI sich in Schale werfen umg, sich herausmachen **smart glasses** PL Datenbrille f **smart grid** S IT, TECH intelligentes Stromnetz **smartly** ['smɑːtlɪ] ADV 1 chic 2 clever umg 3 (blitz)schnell **smart meter** S intelligenter Stromzähler **smart money** S FIN Investitionsgelder pl; **the** ~ **is on**

him winning Insider setzen darauf, dass er gewinnt **smartness** ['smɑːtnəs] S 1 Schick m, Gepflegtheit f 2 Cleverness f umg; Schlauheit f **smartphone** ['smɑːtfəʊn] S TEL Smartphone n **smart TV** S Smart-TV n **smart wallet** S IT Mobile Wallet n, Handy-Geldbörse f **smartwatch** ['smɑːt,wɒtʃ] S Smartwatch f

smash [smæʃ] A S VⁱT 1 zerschlagen; Fenster einschlagen; Rekord haushoch schlagen 2 schmettern S VⁱI 1 zerschlagen; **it** ~**ed into a thousand pieces** es (zer)sprang in tausend Stücke 2 prallen; **the car** ~**ed into the wall** das Auto krachte gegen die Mauer C S 1 Krachen m 2 Unfall m, Havarie f österr, Zusammenstoß m 3 Schlag m; Tennis Schmetterball m 4 umg a. ~ **hit** Riesenhit m ◆**smash in** VⁱT ⟨trennb⟩ einschlagen ◆**smash up** VⁱT ⟨trennb⟩ zertrümmern; Auto kaputt fahren

smashed [smæʃt] ADJ ⟨präd⟩ umg (≈betrunken) total zu umg **smash hit** umg S Superhit m umg

smashing ['smæʃɪŋ] bes Br umg ADJ klasse inv umg

smattering ['smætərɪŋ] S a ~ of French ein paar Brocken Französisch

SME ABK (= small and medium-sized enterprises) kleine und mittlere Unternehmen pl, KMU pl

smear [smɪər] A S 1 verschmierter Fleck; fig Verleumdung f; MED Abstrich m B VⁱT 1 Fett schmieren; (≈Aufstrich) verschmieren; mit Schmutz beschmieren; Gesicht einschmieren 2 fig j-n verunglimpfen C VⁱI Farbe, Tinte verlaufen **smear campaign** S Verleumdungskampagne f **smear test** S MED Abstrich m

★**smell** [smel] ⟨v: prät, pperf smelt; bes Br smelled⟩ A VⁱT 1 riechen; **can** od **do you** ~ **burning?** riechst du, dass etwas brennt; GASTR riechst du, dass etwas anbrennt? 2 fig Gefahr wittern; **to** ~ **trouble** Ärger kommen sehen, Stunk kommen sehen umg; **to** ~ **a rat** umg den Braten riechen B VⁱI riechen; **to** ~ **awful** furchtbar riechen; **to** ~ **of sth** nach etw riechen; **his breath** ~**s** er hat Mundgeruch C S Geruch m; **it has a nice** ~ es riecht gut; **there's a funny** ~ **in here** hier riecht es komisch; **to have a** ~ **at**

S

sth an etw (akk) riechen **smelly** ['smelɪ] ADJ ⟨komp **smellier**⟩ übel riechend; it's **~ in here** hier drin stinkt es

smelt[1] [smelt] bes Br PRÄT & PPERF → **smell**

smelt[2] VT Erz schmelzen; in Raffinerie verhütten

⋆**smile** [smaɪl] A S Lächeln n; **she gave a little ~** sie lächelte schwach; **to give sb a ~** j-m zulächeln B VI lächeln; **he's always smiling** er lacht immer; ⋆ **to ~ at sb** j-n anlächeln; ⋆ **to ~ at sth** über etw (akk) lächeln **smiley** ['smaɪlɪ] A ADJ Gesicht, Mensch freundlich B S IT Smiley m **smiling** ADJ, **smilingly** ['smaɪlɪŋ, -lɪ] ADV lächelnd

smirk [smɜːk] A S Grinsen n B VI grinsen

smith [smɪθ] S Schmied(in) m(f)

smithereens [ˌsmɪðəˈriːnz] PL **to smash sth to ~** etw in tausend Stücke schlagen

smithy ['smɪðɪ] S Schmiede f

smitten ['smɪtn] ADJ **he's really ~ with her** umg er ist wirklich vernarrt in sie

smock [smɒk] S Kittel m; als Top Hänger m

⋆**smog** [smɒg] S Smog m

⋆**smoke** [sməʊk] A S Rauch m; **to go up in ~** in Rauch (und Flammen) aufgehen; fig sich in Wohlgefallen auflösen; **to have a ~** eine rauchen B VT I rauchen 2 Fisch etc räuchern, selchen österr C VI rauchen **smoke alarm** S Rauchmelder m **smoked** ADJ Fisch etc geräuchert, geselcht österr **smoke detector** S Rauchmelder m **smoke-free** ['sməʊkfriː] ADJ rauchfrei **smokeless** ADJ Brennstoff rauchlos

⋆**smoker** ['sməʊkər] S Raucher(in) m(f); **to be a heavy ~** stark rauchen **smoke screen** fig S Vorwand m **smoke signal** S Rauchzeichen n **smoking** ['sməʊkɪŋ] S Rauchen n; **"no ~"** „Rauchen verboten" **smoking compartment** S, **smoking car** US S Raucherabteil n **smoky** ['sməʊkɪ] ADJ ⟨komp **smokier**⟩ Feuer rauchend; Atmosphäre verraucht; Geschmack rauchig

smolder US VI → **smoulder**

smooch [smuːtʃ] umg VI knutschen umg

⋆**smooth** [smuːð] A ADJ ⟨+er⟩ I glatt; Haar, Whisky weich; Oberfläche eben; Flug ruhig; Brei sämig; Geschmack mild; **as ~ as silk** seidenweich; **worn ~** Stufe glatt getreten; Messer abgeschliffen; Rei-

fen abgefahren 2 Übergang, Beziehung reibungslos 3 (=höflich), a. pej glatt B VT Oberfläche glätten; Kleid glatt streichen; fig Gefühle beruhigen ♦**smooth back** VT ⟨trennb⟩ Haar zurückstreichen ♦**smooth down** VT ⟨trennb⟩ glatt machen, glatt streichen ♦**smooth out** VT ⟨trennb⟩ glätten; fig Probleme aus dem Weg räumen ♦**smooth over** fig VT ⟨trennb⟩ Streit geradebiegen **smoothie** ['smuːðɪ] S Smoothie m, Fruchtdrink m **smoothly** ['smuːðlɪ] ADV landen weich; **to run ~** Motor ruhig laufen; **to go ~** glatt über die Bühne gehen; **to run ~** Veranstaltung reibungslos verlaufen **smoothness** S I Glätte f; von Oberfläche Ebenheit f 2 von Flug Ruhe f 3 von Übergang Reibungslosigkeit f

smother ['smʌðər] A VT I j-n, Feuer ersticken; fig Gähnen unterdrücken 2 bedecken; **fruit ~ed in cream** Obst, das in Sahne schwimmt B VI ersticken

smoulder ['sməʊldər] VI, **smolder** US VI glimmen, schwelen **smouldering** ['sməʊldərɪŋ] ADJ, **smoldering** US ADJ I Feuer, Groll schwelend 2 **a ~ look** ein glühender Blick

SMS ABK (= **Short Message Service**) TEL SMS

smudge [smʌdʒ] A S Fleck m; von Tinte Klecks m B VT verwischen C VI verschmieren

smug [smʌg] ADJ ⟨komp **smugger**⟩ selbstgefällig

smuggle ['smʌgl] VT & VI schmuggeln; **to ~ sb/sth in** j-n/etw einschmuggeln; **to ~ sb/sth out** j-n/etw herausschmuggeln **smuggler** ['smʌglər] S Schmuggler(in) m(f) **smuggling** ['smʌglɪŋ] S Schmuggel m

smugly ['smʌglɪ] ADV selbstgefällig **smugness** ['smʌgnɪs] S Selbstgefälligkeit f

smut [smʌt] fig S Dreck m, Schmutz m **smutty** ['smʌtɪ] fig ADJ ⟨komp **smuttier**⟩ schmutzig

⋆**snack** [snæk] S Imbiss m, Snack m, Jause f österr; **to have a ~** eine Kleinigkeit essen, jausnen österr

⋆**snack bar** S Imbissstube f

snag [snæg] A S Haken m; **there's a ~** die Sache hat einen Haken; **to hit a ~** in Schwierigkeiten (akk) kommen 2 in Stoff gezogener Faden B VT sich (dat) einen Faden ziehen; **I ~ged my tights** ich habe mir an der Strumpfhose einen Faden gezogen

snail [sneɪl] **S** Schnecke f; **at a ~'s pace** im Schneckentempo **snail mail** hum **S** Schneckenpost f umg

★**snake** [sneɪk] **S** Schlange f **snakebite** **S** 1 Schlangenbiss m 2 *Getränk aus Cider und Bier* **snakeskin** [sneɪkskɪn] ADJ Schlangenleder-, aus Schlangenleder

snap [snæp] **A S** 1 Schnappen n, Knacken n 2 FOTO Schnappschuss m KART ≈ Schnippschnapp n 4 **cold ~** Kälteeinbruch m **B** ADJ ⟨attr⟩ plötzlich **C** INT **I bought a green one — ~!** Br umg ich hab mir ein grünes gekauft — ich auch! **D** VT 1 *Finger* schnipsen mit 2 zerbrechen 3 FOTO knipsen **E** VI 1 (zu)schnappen; (≈ entzweigehen) zerbrechen; **to ~ shut** zuschnappen 2 *beim Sprechen* schnappen umg; **to ~ at** sb j-n anschnauzen umg 3 *Hund etc, a. fig* schnappen (**at** nach) 4 umg **something ~ped (in him)** da hat (bei ihm) etwas ausgehakt umg ◆**snap off** VT ⟨trennb⟩ abbrechen ◆**snap out** VT ⟨trennb⟩ **to snap sb out of sth** j-n aus etw herausreißen **B** VI **to snap out of sth** etw herausreißen; **snap out of it!** reiß dich zusammen! ◆**snap up** VT ⟨trennb⟩ wegschnappen

snap fastener **S** Druckknopf m **snappy** [snæpɪ] ADJ ⟨komp snappier⟩ 1 umg **and make it ~!** und zwar ein bisschen dalli! umg 2 umg *Slogan* zündend

snapshot [snæpʃɒt] **S** Schnappschuss m

snare [sneər] **S** Falle f

snarl [snɑːl] **A** **S** Knurren n kein pl **B** VI knurren; **to ~ at** sb j-n anknurren ◆**snarl up** umg VT ⟨trennb⟩ *Verkehr* durcheinanderbringen

snatch [snætʃ] **A** **S** 1 Stück n; *von Gespräch* Fetzen m; *von Musik* ein paar Takte **B** VT 1 greifen, schnappen; **to ~ sth from** sb j-m etw entreißen; **to ~ sth out of sb's hand** j-m etw aus der Hand reißen 2 ergattern; **to ~ a quick meal** schnell etwas essen; **to ~ defeat from the jaws of victory** einen sicheren Sieg in eine Niederlage verwandeln 3 umg klauen; *Handtasche* aus der Hand reißen; *Kind* entführen **C** VI greifen (**at** nach) ◆**snatch away** VT

⟨trennb⟩ wegreißen (**sth from** sb j-m etw)

sneak [sniːk] **A** **S** Schleicher(in) m(f) **B** VT **to ~ sth into a room** etw in ein Zimmer schmuggeln; **to ~ a look at** sb/sth auf j-n/etw schielen **C** VI **to ~ away** od **off** sich wegschleichen; **to ~ in** sich einschleichen; **to ~ past** sb (sich) an j-m vorbeischleichen; **to ~ up on** sb sich an j-n heranschleichen **sneakers** [sniːkaz] US PL Freizeitschuhe pl, Turnschuhe pl **sneaking** [sniːkɪŋ] ADJ ⟨attr⟩ **to have a ~ feeling that …** ein schleichendes Gefühl haben, dass … **sneak preview** **S** *von Film* Vorpremiere f, Sneak Preview f **sneaky** [sniːkɪ] pej ADJ ⟨komp sneakier⟩ hinterhältig

sneer [snɪər] **A** **S** höhnisches Lächeln **B** VI spotten; *mit Blicken* höhnisch grinsen; **to ~ at** sb j-n verhöhnen **sneering** ADJ, **sneeringly** [snɪərɪŋ, -lɪ] ADV höhnisch

sneeze [sniːz] **A** **S** Nieser m **B** VI niesen; **not to be ~d at** nicht zu verachten

snicker [snɪkər] VI US → snigger

snide [snaɪd] ADJ abfällig

sniff [snɪf] **A** **S** Schniefen n kein pl umg; *Hund* Schnüffeln n kein pl; **have a ~ at this** riech mal hieran **B** VT riechen; *Luft* schnuppern **C** VI schnuppern umg; *Hund* schnüffeln; **to ~ at sth** wörtl an etw (dat) riechen; **not to be ~ed at** nicht zu verachten ◆**sniff around** umg VI herumschnüffeln umg ◆**sniff out** wörtl, fig umg VT ⟨trennb⟩ aufspüren

sniffle [snɪfl] **S & VI** → snuffle

snigger [snɪgər], **snicker** [snɪkər] US **A** **S** Gekicher n **B** VI kichern (**at, about** wegen)

snip [snɪp] **A** **S** 1 Schnitt m 2 *bes Br* umg **at only £2 it's a real ~** für nur £ 2 ist es unheimlich günstig **B** VT **to ~ sth off** etw abschnippeln umg

sniper [snaɪpər] **S** Heckenschütze m/-schützin f

snippet [snɪpɪt] **S** Stückchen n, (Bruch)stück n; **~s of (a) conversation** Gesprächsfetzen pl

snivel [snɪvl] VI heulen **snivelling** [snɪvlɪŋ] ADJ, **sniveling** US ADJ heulend, flennend umg

snob [snɒb] **S** Snob m **snobbery** [snɒbərɪ] **S** Snobismus m **snobbish** [snɒbɪʃ]

S (side tab marker)

ADJ snobistisch; **to be ~ about sth** bei etw wählerisch sein

snog [snɒɡ] _Br umg_ **A** S̲ Knutscherei f _umg_; **to have a ~ with sb** mit j-m rumknutschen _umg_ **B** V̲I̲ rumknutschen _umg_ **C** V̲/T̲ abknutschen _umg_

snooker ['snuːkə[r]] S̲ Snooker n

snoop [snuːp] **A** S̲ **1** Schnüffler(in) m(f) **2** **I'll have a ~ around** ich gucke mich mal (ein bisschen) um **B** V̲I̲ schnüffeln; **to ~ around** _od_ **about** _Br_ herumschnüffeln

snooty ['snuːti] ADJ ⟨_komp_ snootier⟩, **snootily** ['snuːtɪli] ADV hochnäsig

snooze [snuːz] _umg_ **A** S̲ Nickerchen n; **to have a ~** ein Schläfchen machen **B** V̲I̲ ein Nickerchen machen

snore [snɔː[r]] **A** S̲ Schnarchen n _kein pl_ **B** V̲I̲ schnarchen **snoring** ['snɔːrɪŋ] S̲ Schnarchen n

snorkel ['snɔːkl] S̲ Schnorchel m **snorkelling** ['snɔːkəlɪŋ] S̲, **snorkeling** _US_ S̲ Schnorcheln n

snort [snɔːt] **A** S̲ Schnauben n _kein pl_, Grunzen n _kein pl_ **B** V̲I̲ schnauben, grunzen **C** V̲/T̲ schnauben

snot [snɒt] _umg_ S̲ Rotz m _umg_ **snotty** ['snɒti] _umg_ ADJ ⟨_komp_ snottier⟩ rotzig _umg_

snout [snaʊt] S̲ Schnauze f

★ snow [snəʊ] **A** S̲ Schnee m; **as white as ~** schneeweiß **B** V̲I̲ schneien **♦snow in** V̲/T̲ ⟨_trennb; mst passiv_⟩ **to be** _od_ **get snowed in** einschneien **♦snow under** V̲/T̲ ⟨_trennb; mst passiv_⟩ _umg_ **to be snowed under** mit Arbeit reichlich eingedeckt sein

snowball **A** S̲ Schneeball m **B** V̲I̲ eskalieren **snowball fight** S̲ Schneeballschlacht f **snowblower** S̲ Schneefräse f **snowboard** **A** S̲ Snowboard n **B** V̲I̲ Snowboard fahren **snowboarder** S̲ Snowboardfahrer(in) m(f) **snowboarding** S̲ Snowboarding n; **to go ~** snowboarden gehen **snowbound** ADJ eingeschneit **snowcapped** ADJ schneebedeckt **snow chain** S̲ AUTO Schneekette f **snow-covered** ADJ verschneit **snowdrift** S̲ Schneewehe f **snowdrop** S̲ Schneeglöckchen n **snowfall** S̲ Schneefall m **snowflake** S̲ Schneeflocke f **snowman** S̲ ⟨_pl_ -men⟩ Schneemann m **snowmobile** S̲ Schneemobil n **snow pea** S̲, **sweet**

pea S̲ _US_ Zuckererbse f **snowplough** S̲, **snowplow** _US_ S̲ Schneepflug m

snowstorm S̲ Schneesturm m

snow-white ADJ schneeweiß **snowy** ['snəʊɪ] ADJ ⟨_komp_ snowier⟩ Wetter schneereich; _Berge_ verschneit

SNP A̲B̲K̲ (= Scottish National Party) schottische Partei, die sich für die Unabhängigkeit des Landes einsetzt

snub [snʌb] **A** S̲ Brüskierung f **B** V̲/T̲ **1** j-n brüskieren **2** (≈ _nicht beachten_) schneiden

snub nose S̲ Stupsnase f **snub-nosed** ['snʌbnəʊzd] ADJ _Mensch_ stupsnasig

snuff [snʌf] **A** S̲ Schnupftabak m **B** V̲/T̲ _a._ **~ out** _Kerze_ auslöschen

snuffle ['snʌfl] **A** S̲ Schniefen n _kein pl_; **to have the ~s** _umg_ einen leichten Schnupfen haben **B** V̲I̲ schnüffeln; _bei Erkältung_ schniefen _umg_

snug [snʌɡ] ADJ ⟨_komp_ snugger⟩ gemütlich; _Kleidung_ gut sitzend _attr_

snuggle ['snʌɡl] V̲I̲ sich schmiegen; sich kuscheln; **to ~ with sb** mit j-m kuscheln; **I like to ~ up with a book** ich mache es mir gern mit einem Buch gemütlich

snugly ['snʌɡli] ADV **1** gemütlich, behaglich **2** schließen fest; _passen_ gut

★ so [səʊ] **A** ADV **1** so; _erfreut_ sehr; _lieben, hassen_ so sehr; **so much tea** so viel Tee; **so many flies** so viele Fliegen; **he was so stupid (that)** er war so _od_ dermaßen dumm(, dass); **not so ... as** nicht so ... wie; **I am not so stupid as to believe that** _od_ **that I believe that** so dumm bin ich nicht, dass ich das glaube(n würde); **would you be so kind as to open the door?** wären Sie bitte so freundlich und würden die Tür öffnen?; **how are things? — not so bad!** wie geht's? — nicht schlecht!; **that's so kind of you** das ist wirklich sehr nett von Ihnen; **so it was that ...** so kam es, dass ...; **and so it was** und so war es auch; **by so doing he has ...** indem er das tat, hat er ...; **and so on** _od_ **forth** und so weiter **2** **I hope so** hoffentlich; _nachdrücklich_ das hoffe ich doch sehr; **I think so** ich glaube schon; **I never said so** das habe ich nie gesagt; **I told you so** das habe ich dir ja gesagt; **why? — because I say so** warum? — weil ich es sage; **I suppose so** (≈ _okay_) meinetwegen; (≈ _meiner Mei-_

nung nach) ich glaube schon; **so I believe** ja, ich glaube schon; **so I say** ja, das sehe ich; **so be it** nun gut; **if so** wenn ja; **he said he would finish it this week, and so he did** er hat gesagt, er würde es diese Woche fertig machen, und das hat er auch (gemacht); **how so?** wieso das?; **or so they say** oder so heißt es jedenfalls; **it is so!** doch!; **that is so** das stimmt; **is that so?** ja? **3** *unbestimmte Menge etc* **how high is it?** — oh, **about so high** wie hoch ist das? — oh, ungefähr so; **a week or so** ungefähr eine Woche; **50 or so** etwa 50 **4** auch; so **am/would I** ich auch **5** **he walked past and didn't so much as look at me** er ging vorbei, ohne mich auch nur anzusehen; **he didn't say so much as thank you** er hat nicht einmal Danke gesagt; **so much for that!** *umg* das wär's ja wohl gewesen! *umg*; **so much for his promises** und er hat solche Versprechungen gemacht **B** KONJ **1** **so (that)** damit; so dass; **we hurried so as not to be late** wir haben uns beeilt, um nicht zu spät zu kommen **2** also, deshalb; **so you see** ... wie du siehst ...; **so you're Spanish?** Sie sind also Spanier(in)?; **so there you are!** hier steckst du also!; **so what did you do?** und was haben Sie (da) gemacht?; **so (what)?** *umg* (na) und?; **I'm not going, so there!** *umg* ich geh nicht, fertig, aus!

soak [səʊk] **A** V/T **1** durchnässen **2** einweichen (**in** in +*dat*) **B** V/I leave it to weichen Sie es ein; **to ~ in a bath** sich einweichen *umg*; **rain has ~ed through the ceiling** der Regen ist durch die Decke gesickert **C** $\overline{s}$ **I had a long ~ in the bath** ich habe lange in der Wanne gelegen ◆**soak up** V/T ⟨*trennb*⟩ Flüssigkeit aufsaugen; Sonne genießen; Atmosphäre in sich (*akk*) hineinsaugen

soaked [səʊkt] ADJ durchnässt; **his T-shirt was ~ in sweat** sein T-Shirt war schweißgetränkt; **to be ~ to the skin** bis auf die Haut nass sein **soaking** [ˈsəʊkɪŋ] **A** ADJ klitschnass **B** ADV **~ wet** triefend nass

so-and-so [ˈsəʊənsəʊ] *umg* $\overline{s}$ ⟨*pl* **-s**⟩ **1** **~ up at the shop** Herr/Frau Soundso im Laden **2** *pej* **you old ~** du bist vielleicht einer/eine

★**soap** [səʊp] **A** $\overline{s}$ Seife *f* **B** V/T einseifen

soapbox $\overline{s}$ **to get up on one's ~** *fig* Volksreden *pl* halten **soap opera** *umg* $\overline{s}$ Seifenoper *f umg* **soap powder** $\overline{s}$ Seifenpulver *n* **soapsuds** PL Seifenschaum *m* **soapy** [ˈsəʊpɪ] ADJ ⟨*komp* soapier⟩ seifig; **~ water** Seifenwasser *n*

soar [sɔːʳ] V/I **1** (*a*. **~ up**) aufsteigen **2** *fig* Gebäude hochragen; Kosten hochschnellen; Beliebtheit, Hoffnung einen Aufschwung nehmen; Zuversicht einen Aufschwung bekommen **soaring** [ˈsɔːrɪŋ] ADJ Vogel aufsteigend; Preise in die Höhe schnellend

sob [sɒb] **A** $\overline{s}$ Schluchzen *n kein pl*; **...**, **he said with a sob** ..., sagte er schluchzend **B** V/T & V/I schluchzen (**with** vor +*dat*) ◆**sob out** V/T ⟨*trennb*⟩ **to sob one's heart out** sich (*dat*) die Seele aus dem Leib weinen

sobbing [ˈsɒbɪŋ] **A** $\overline{s}$ Schluchzen *n* **B** ADJ schluchzend

sober [ˈsəʊbəʳ] ADJ nüchtern; Anlass, Miene ernst; Farbe etc dezent ◆**sober up A** V/T ⟨*trennb*⟩ nüchtern machen **B** V/I nüchtern werden

sobering [ˈsəʊbərɪŋ] ADJ ernüchternd **sob story** *umg* $\overline{s}$ rührselige Geschichte **Soc.** ABK (= **society**) Ges.

so-called [ˌsəʊˈkɔːld] ADJ sogenannt, angeblich

soccer [ˈsɒkəʳ] $\overline{s}$ Fußball *m*; **~ player** Fußballer(in) *m(f)*, Fußballspieler(in) *m(f)*

sociable [ˈsəʊʃəbl] ADJ gesellig, freundlich

★**social** [ˈsəʊʃəl] ADJ **1** sozial; Leben, Ereignis gesellschaftlich; Besuch privat; **~ reform** Sozialreform *f*; **~ justice** soziale Gerechtigkeit; **~ skills** Sozialkompetenz *f*; **to be a ~ outcast/misfit** ein sozialer Außenseiter/eine soziale Außenseiterin sein; **a room for ~ functions** ein Gesellschaftsraum *m*; **there isn't much ~ life around here** hier in der Gegend wird gesellschaftlich nicht viel geboten; **how's your ~ life these days?** *umg* und was treibst du so privat? *umg*; **to have an active ~ life** ein ausgefülltes Privatleben haben; **to be a ~ smoker** nur in Gesellschaft rauchen; **a ~ acquaintance** ein Bekannter, eine Bekannte **2** Abend, Mensch gesellig **social anthropology** $\overline{s}$ Sozialanthropologie *f* **social climber** $\overline{s}$ Emporkömmling *m pej*, sozialer Aufsteiger, soziale Aufstei-

S

gerin **social club** ͡s Verein m **social democracy** ͡s Sozialdemokratie f **social democrat** ͡s Sozialdemokrat(in) m(f) **socialism** ['səʊʃəlɪzəm] ͡s Sozialismus m **socialist** ['səʊʃəlɪst] **A** ADJ sozialistisch **B** ͡s Sozialist(in) m(f) **socialite** ['səʊʃəlaɪt] umg ͡s Angehörige(r) m/f(in) der feinen Gesellschaft **socialize** ['səʊʃəlaɪz] V/I to ~ with sb mit j-m gesellschaftlich verkehren **socially** ['səʊʃəlɪ] ADV gesellschaftlich, sozial; to know sb ~ j-n privat kennen **social media** PL ⟨mst mit sg v⟩ IT Social Media pl, soziale Medien pl **social networking site** ͡s IT soziales Netzwerk n **social science** ͡s Sozialwissenschaft f **social security** Br ͡s Sozialhilfe f; US Sozialversicherungsleistungen pl; (≈ System) Sozialversicherung f; to be on ~ Br Sozialhilfeempfänger(in) sein; US Sozialversicherungsleistungen erhalten **social services** PL Sozialdienste pl **social studies** ͡s ⟨+sg v⟩ Gemeinschaftskunde f **social work** ͡s Sozialarbeit f **social worker** ͡s Sozialarbeiter(in) m(f)

★**society** [sə'saɪətɪ] ͡s **1** die Gesellschaft **2** Verein m; UNIV Klub m

sociologist [ˌsəʊsɪ'ɒlədʒɪst] ͡s Soziologe m, Soziologin f **sociology** [ˌsəʊsɪ'ɒlədʒɪ] ͡s Soziologie f

★**sock**[1] [sɒk] ͡s Socke f; länger Kniestrumpf m; to pull one's ~s up Br umg sich am Riemen reißen umg; put a ~ in it! Br umg hör auf damit!; to work one's ~s off umg bis zum Umkippen arbeiten umg

sock[2] umg V/T hauen umg; he ~ed her right in the eye er verpasste ihr eins aufs Auge umg **sock away** US umg V/T to sock sth away etw wegsparen, Geld auf die hohe Kante legen umg

socket ['sɒkɪt] ͡s **1** Augenhöhle f **2** Gelenkpfanne f; to pull sb's arm out of its ~ j-m den Arm auskugeln **3** ELEK Steckdose f; MECH Fassung f

sod[1] [sɒd] ͡s Grassode f

sod[2] Br umg **A** ͡s Sau f umg; the poor sods die armen Schweine umg **B** V/T sod it! verdammte Scheiße! umg; sod him der kann mich mal umg ♦**sod off** Br umg V/I abhauen; sod off! zieh Leine! umg

soda ['səʊdə] ͡s **1** CHEM Soda n, Ätznatron n **2** (≈ Getränk) Soda(wasser) n; US

Limo f od n umg **soda bread** ͡s Sodabrot n (mit Backpulver (anstatt Hefe) gebackenes Brot)

sod all Br umg ͡s rein gar nichts **soda siphon** ͡s Siphon m **soda water** ͡s Sodawasser n

sodden ['sɒdn] ADJ durchnässt

sodding ['sɒdɪŋ] Br umg **A** ADJ verflucht umg, Scheiß- umg **B** ADV verdammt umg, verflucht umg

sodium ['səʊdɪəm] ͡s Natrium n **sodium bicarbonate** ͡s Natron n **sodium chloride** ͡s Natriumchlorid n, Kochsalz n

sodomy ['sɒdəmɪ] ͡s Analverkehr m

★**sofa** ['səʊfə] ͡s Sofa n; **~ bed** Schlafcouch f

★**soft** [sɒft] ADJ ⟨+er⟩ **1** weich; Haut zart; Haar seidig; Getränk alkoholfrei; **~ cheese** Weichkäse m; **~ porn film** weicher Porno **2** sanft; Licht, Musik gedämpft **3** schwach; to be ~ on sb j-m gegenüber nachgiebig sein **4** Job, Leben bequem **5** (≈ freundlich) Lächeln warm; to have a ~ spot for sb umg eine Schwäche für j-n haben **softball** ͡s Softball m **soft-boiled** ADJ weich (gekocht) **soft-centred** ADJ mit Cremefüllung

soften ['sɒfn] **A** V/T weich machen; Wirkung mildern **B** V/I weich werden; Stimme sanft werden ♦**soften up A** V/T ⟨trennb⟩ **1** wörtl weich machen **2** fig j-n milde stimmen; durch Drohungen einschüchtern **B** V/I Stoff weich werden

softener ['sɒfnər] ͡s für Wäsche Weichspüler m **soft focus** ͡s FILM, FOTO Weichzeichnung f **soft fruit** Br ͡s Beerenobst n **soft furnishings** Br PL Vorhänge, Teppiche etc **soft-hearted** ADJ weichherzig **softie** ['sɒftɪ] ͡s naiv gutmütiger Trottel umg; rührselig sentimentaler Typ umg; feige Weichling m umg **softly** ['sɒftlɪ] ADV sanft, leise; to be ~ spoken eine angenehme Stimme haben **softness** ͡s Weichheit f; von Haut Zartheit f **soft skills** PL Soft Skills pl, Schlüsselqualifikationen pl, soziale und emotionale Kompetenz **soft-spoken** ADJ leise sprechend attr; to be ~ eine angenehme Stimme haben **soft target** ͡s leichte Beute **soft top** ͡s bes US AUTO Kabriolett n **soft toy** Br ͡s Stofftier n

★**software** S̲ Software f **software company** S̲ Softwarehaus n **software package** S̲ Softwarepaket n

softy umg S̲ → softie

sogginess ['sɒgɪnɪs] S̲ triefende Nässe; von Lebensmitteln Matschigkeit f umg; von Brot Klitschigkeit f **soggy** ['sɒgɪ] ADJ ⟨komp soggier⟩ durchnässt; Lebensmittel matschig umg; Brot klitschig; **a ~ mess** eine Matsche

★**soil**[1] [sɔɪl] S̲ Erde f, Boden m; **native/British ~** heimatlicher/britischer Boden, heimatliche/britische Erde

soil[2] wörtl VT schmutzig machen; fig beschmutzen **soiled** [sɔɪld] ADJ schmutzig, verschmutzt

solace ['sɒlɪs] S̲ Trost m

★**solar** ['səʊlə'] ADJ Sonnen-, Solar-; **~ power** Sonnenkraft f **solar car** S̲ Solarauto n **solar eclipse** S̲ Sonnenfinsternis f **solar energy** S̲ Sonnenenergie f

solarium [səʊ'leəriəm] S̲ ⟨pl solaria [səʊ'leəriə]⟩ Solarium n **solar light** S̲ Solarleuchte f **solar panel** S̲ Sonnenkollektor m **solar-powered** ADJ mit Sonnenenergie betreiben; **~ light** Solarleuchte f **solar power plant** S̲ Solarkraftwerk n **solar roof** S̲ Solardach n **solar system** S̲ Sonnensystem n

sold [səʊld] PRÄT & PPERF → sell

★**soldier** ['səʊldʒə'] S̲ Soldat(in) m(f)

sole[1] [səʊl] S̲ Sohle f

sole[2] S̲ Seezunge f

sole[3] ADJ Grund einzig; Verantwortung alleinig; Gebrauch ausschließlich; **with the ~ exception of ...** mit alleiniger Ausnahme +gen ...; **for the ~ purpose of ...** einzig und allein zu dem Zweck +gen ... **sole earner** S̲ Alleinverdiener(in) m(f) **solely** ['səʊlli] ADV nur

solemn ['sɒləm] ADJ feierlich; Mensch, Warnung ernst; Versprechen, Pflicht heilig **solemnity** [sə'lemnɪti] S̲ Feierlichkeit f **solemnly** ['sɒləmli] ADV feierlich; etw sagen ernsthaft; schwören bei allem, was einem heilig ist

soliciting [sə'lɪsɪtɪŋ] S̲ Aufforderung f zur Unzucht **solicitor** [sə'lɪsɪtə'] S̲ Br JUR Rechtsanwalt m/-anwältin f; US Justizbeamte(r) m/-beamtin f

★**solid** ['sɒlɪd] A̲ ADJ 1 fest; Gold, Fels massiv; Verkehr dicht; Linie ununterbrochen; Mensch stämmig; Haus, Beziehung stabil; Arbeit, Charakter, Wissen solide;

to be frozen ~ hart gefroren sein; **the square was packed ~ with cars** die Autos standen dicht an dicht auf dem Platz; **they worked for two ~ days** sie haben zwei Tage ununterbrochen gearbeitet 2 Grund handfest 3 Unterstützung voll B̲ ADV 1 völlig 2 **for eight hours –** acht Stunden lang ununterbrochen C̲ S̲ 1 fester Stoff 2 **~s** pl feste Nahrung kein pl

solidarity [ˌsɒlɪ'dærɪti] S̲ Solidarität f **solidify** [sə'lɪdɪfaɪ] VI/t fest werden **solidity** [sə'lɪdɪti] S̲ 1 Festigkeit f 2 von Unterstützung Geschlossenheit f **solidly** ['sɒlɪdli] ADV 1 fest; **~ built** Haus solide gebaut, währschaft schweiz; Mensch kräftig gebaut 2 begründen stichhaltig 3 ⟨ohne Pause⟩ ununterbrochen 4 **to be ~ behind sb/sth** geschlossen hinter j-m/etw stehen

soliloquy [sə'lɪləkwɪ] S̲ THEAT Monolog m

solitary ['sɒlɪtəri] ADJ 1 einsam; Ort abgelegen; **a few ~ houses** ein paar vereinzelte Häuser; **a ~ person** ein Einzelgänger m, eine Einzelgängerin f 2 Beispiel, Treffer einzig **solitary confinement** S̲ Einzelhaft f; **to be held in ~** in Einzelhaft gehalten werden **solitude** ['sɒlɪtjuːd] S̲ Einsamkeit f

solo ['səʊləʊ] A̲ S̲ ⟨pl -s⟩ Solo n; **piano ~** Klaviersolo n B̲ ADJ Solo- C̲ ADV allein; MUS solo; **to go ~** eine Solokarriere einschlagen **soloist** ['səʊləʊɪst] S̲ Solist(in) m(f)

solstice ['sɒlstɪs] S̲ Sonnenwende f **soluble** ['sɒljʊbl] ADJ 1 löslich; **~ in water** wasserlöslich 2 Problem lösbar **solution** [sə'luːʃən] S̲ Lösung f ⟨**to** +gen⟩ **solvable** ['sɒlvəbl] ADJ Problem lösbar **solve** [sɒlv] VT Problem lösen; Geheimnis enträtseln; Verbrechen aufklären **solvent** ['sɒlvənt] A̲ ADJ FIN zahlungsfähig, solvent B̲ S̲ CHEM Lösungsmittel n

sombre ['sɒmbə'], **somber** US ADJ düster; Nachricht traurig; Musik trist **sombrely** ['sɒmbəli] ADV, **somberly** US ADV düster; blicken finster

★**some** [sʌm] A̲ ADJ 1 mit Plural einige, ein paar; **did you bring ~ wine?** hast du Wein mitgebracht?; **~ records of mine** einige meiner Platten; **would you like ~ more biscuits?** möchten Sie noch (ein paar) Kekse? 2 mit Singu-

lar etwas, ein bisschen; **there's ~ ink on your shirt** Sie haben Tinte auf dem Hemd; **~ more tea?** noch etwas Tee? **3** manche(r, s); **~ people say ...** manche Leute sagen ...; **~ people just don't care** es gibt Leute, denen ist das einfach egal; **in ~ ways** in gewisser Weise **4** irgendein; **~ book or other** irgendein Buch; **~ woman, whose name I forget** ... eine Frau, ich habe ihren Namen vergessen, ...; **in ~ way or another** irgendwie; **or ~ such** oder so etwas Ähnliches; **or ~ such name** oder so ein ähnlicher Name; **~ time or other** irgendwann einmal; **~ other time** ein andermal; **~ day** eines Tages; **~ day next week** irgendwann nächste Woche **5** *zur Verstärkung* ziemlich viel *umg* vielleicht ein *umg*; **it took ~ courage** dazu brauchte man schon ziemlichen Mut; **(that was) ~ party!** das war vielleicht eine Party! *umg*; **this might take ~ time** das könnte einige Zeit dauern; **quite ~ time** ziemlich lange; **to speak at ~ length** ziemlich lange sprechen; **~ help you are** du bist mir vielleicht eine Hilfe *umg*; **~ people!** Leute gibt's! **B** PRON **1** *auf pl bezogen* einige, manche; *in Fragen* welche; **~ of these books** einige dieser Bücher; **~ of them are here** einige sind hier; **~ ..., others ...** manche ..., andere ...; **they're lovely, try ~** die schmecken gut, probieren Sie mal; **I've still got ~** ich habe noch welche **2** *auf sg bezogen* etwas, manches; *in Fragen* welche(r, s); **I drank ~ of the milk** ich habe (etwas) von der Milch getrunken; **have ~!** bedienen Sie sich; **it's lovely cake, would you like ~?** das ist ein sehr guter Kuchen, möchten Sie welchen?; **try ~ of this cake** probieren Sie doch mal diesen Kuchen; **would you like ~ money/tea?** — **no, I've got ~** möchten Sie Geld/Tee? — nein, ich habe Geld/ich habe noch; **have you got money?** — **no, but he has ~** haben Sie Geld? — nein, aber er hat welches; **~ of it had been eaten** einiges (davon) war gegessen worden; **he only believed ~ of it** er hat es nur teilweise geglaubt; **~ of the finest poetry in the English language** einige der schönsten Gedichte in der englischen Sprache **C** ADV ungefähr

★**somebody** [ˈsʌmbədɪ] **A** PRON jemand;

~ **else** jemand anders; **~ or other** irgendjemand; **~ knocked at the door** es klopfte jemand an die Tür; **we need ~ German** wir brauchen einen Deutschen; **you must have seen ~** Sie müssen doch irgendjemand(en) gesehen haben **B** <u>S</u> **to be (a) ~** wer sein *umg*, jemand sein **someday** [ˈsʌmdeɪ] ADV eines Tages

★**somehow** [ˈsʌmhaʊ] ADV irgendwie

★**someone** [ˈsʌmwʌn] PRON → **somebody** A

someplace [ˈsʌmpleɪs] *US umg* ADV irgendwo; *gehen* irgendwohin; **~ else** woanders; *gehen* woandershin

somersault [ˈsʌməsɔːlt] **A** <u>S</u> Purzelbaum *m*; SPORT, *a. fig* Salto *m*; **to do a ~** einen Purzelbaum schlagen; SPORT einen Salto machen **B** V/I einen Purzelbaum schlagen; SPORT einen Salto machen

★**something** [ˈsʌmθɪŋ] **A** PRON **1** etwas; **~ nice** *etc* etwas Nettes *etc*; **~ or other** irgendetwas; **there's ~ I don't like about him** irgendetwas gefällt mir an ihm nicht; **well, that's ~** (das ist) immerhin etwas; **he's ~ to do with the Foreign Office** er ist irgendwie beim Außenministerium; **she's called Rachel ~** sie heißt Rachel Soundso; **three hundred and ~** dreihundert und ein paar Zerquetschte *umg*; **or ~** *umg* oder so (was); **are you drunk or ~?** *umg* bist du betrunken oder was? *umg*; **she's called Maria or ~** *umg* sie heißt Maria oder so ähnlich **2** *umg* **it was ~ else** *od* **quite ~** *bes US* das war schon toll *umg* **B** <u>S</u> **a little ~** eine Kleinigkeit; **a certain ~** ein gewisses Etwas **C** ADV **~ over 200** etwas über 200; **~ like 200** ungefähr 200; **you look ~ like him** du siehst ihm irgendwie ähnlich; **it's ~ of a problem** das ist schon ein Problem; **~ of a surprise** eine ziemliche Überraschung

-**something** [-sʌmθɪŋ] SUF **he's twenty--something** er ist in den Zwanzigern

sometime [ˈsʌmtaɪm] ADV irgendwann; **~ or other it will have to be done** irgendwann muss es gemacht werden; **write to me ~ soon** schreib mir (doch) bald (ein)mal; **~ before tomorrow** heute noch

★**sometimes** [ˈsʌmtaɪmz] ADV manchmal

someway US ADV irgendwie **somewhat** [ˈsʌmwɒt] ADV ein wenig; **the system is ~** less than perfect das System funktioniert irgendwie nicht ganz

★**somewhere** [ˈsʌmweəʳ] ADV 1 irgendwo; *gehen* irgendwohin; **~ else** irgendwo anders, irgendwo anders hin; **to take one's business ~ else** seine Geschäfte woanders machen; **from ~** irgendwoher; **I know ~ where ...** ich weiß, wo ...; **I needed ~ to live in London** ich brauchte irgendwo eine Unterkunft; **we just wanted ~ to go after school** wir wollten bloß einen Ort, wo wir nach der Schule eingehen können; **~ around here** irgendwo hier in der Nähe; **~ nice** irgendwo, wo es nett ist; **the ideal place to go is ~ like New York** am besten fährt man in eine Stadt wie New York; **don't I know you from ~?** kenne ich Sie nicht von irgendwoher? 2 *fig* **~ about 40° C** ungefähr 40° C; **~ about £50** um (die) £ 50 herum; **now we're getting ~** jetzt kommen wir voran

★**son** [sʌn] S 1 Sohn *m*; *als Anrede* mein Junge; **Son of God** Gottessohn *m*; **he's his father's son** er ist ganz der Vater; **son of a bitch** *bes US sl* Scheißkerl *m umg*

sonar [ˈsəʊnɑːʳ] S Echolot *n*

sonata [səˈnɑːtə] S Sonate *f*

★**song** [sɒŋ] S 1 Lied *n*, Gesang *m*; **to burst into ~** ein Lied anstimmen 2 *Br fig umg* **to make a ~ and dance about sth** eine Haupt- und Staatsaktion aus etw machen *umg*; **to be on ~** *Br* in Hochform sein; **it was going for a ~** das gab es für einen Apfel und ein Ei

songbird S Singvogel *m* **songbook** S Liederbuch *n* **songwriter** S Texter(in) *m(f)* und Komponist(in) *m(f)*

sonic [ˈsɒnɪk] ADJ Schall-

★**son-in-law** [ˈsʌnɪnlɔː] S ⟨*pl* sons-in-law⟩ Schwiegersohn *m*

sonnet [ˈsɒnɪt] S Sonett *n*

★**soon** [suːn] ADV bald, früh, schnell; **it will ~ be Christmas** bald ist Weihnachten; **~ after his death** kurz nach seinem Tode; **how ~ can you be ready?** wann kannst du fertig sein?; **we got there too ~** wir kamen zu früh an; **as ~ as** sobald; **as ~ as possible** so schnell wie möglich; **when can I have it? — as ~ as you like** wann kann ichs kriegen?

— wann du willst!; **I would (just) as ~ you didn't tell him** es wäre mir lieber, wenn du es ihm nicht erzählen würdest

sooner [ˈsuːnəʳ] ADV 1 früher; **~ or later** früher oder später; **no ~ had we arrived than ...** wir waren gerade angekommen, da ...; **no ~ said than done** gesagt, getan 2 lieber; **I would ~ not do it** ich würde es lieber nicht tun

soot [sʊt] S Ruß *m*

soothe [suːð] VT beruhigen; *Schmerz* lindern **soothing** [ˈsuːðɪŋ] ADJ beruhigend, schmerzlindernd

sophisticated [səˈfɪstɪkeɪtɪd] ADJ 1 kultiviert; *Publikum* anspruchsvoll; *Kleid* raffiniert; **she thinks she looks more ~ with a cigarette** sie glaubt, mit einer Zigarette mehr darzustellen; *Verfahren* durchdacht; *Gerät* ausgeklügelt 3 subtil; *System* komplex **sophistication** [səˌfɪstɪˈkeɪʃən] S 1 Kultiviertheit *f*; *von Publikum* hohes Niveau 2 hoher Entwicklungsgrad; *von Verfahren* Durchdachtheit *f*; *von Gerät* Ausgeklügeltheit *f* 3 Subtilität *f*; *von System* Komplexheit *f*

sophomore [ˈsɒfəmɔːʳ] US S Student(in) *im zweiten Jahr*

sopping [ˈsɒpɪŋ] ADJ, (*a.* **sopping wet**) durchnässt, klitschnass

soppy [ˈsɒpɪ] *Br umg* ADJ *Buch, Lied* schmalzig *umg*; *Mensch* sentimental

soprano [səˈprɑːnəʊ] A S ⟨*pl* -s⟩ Sopran *m* B ADJ Sopran-

sorbet [ˈsɔːbeɪ] S Sorbet *n/m*

sorcerer [ˈsɔːsərəʳ] S Hexenmeister *m* **sorceress** [ˈsɔːsərəs] S Hexe *f* **sorcery** [ˈsɔːsərɪ] S Hexerei *f*

sordid [ˈsɔːdɪd] ADJ eklig; *Bedingungen* erbärmlich; *Affäre* schmutzig; **spare me the ~ details** erspar mir die schmutzigen Einzelheiten

★**sore** [sɔːʳ] A ADJ ⟨*komp* sorer⟩ 1 weh; (≈ *geschwollen etc*) entzündet; ★ **to have a ~ throat** Halsschmerzen haben; **my eyes are ~** mir tun die Augen weh; **my wrist feels ~** mein Handgelenk tut weh; **to have ~ muscles** Muskelkater haben; **a ~ point** *fig* ein wunder Punkt; **to be in ~ need of sth** etw unbedingt *od* dringend brauchen 2 *bes US umg* verärgert (**about sth** über etw *akk od* **at sb** über j-n) B S MED wunde Stelle

sorely [ˈsɔːlɪ] ADV *versucht* sehr; *benötigt*

S

dringend; *vermisst* schmerzlich; **he has been ~ tested** *od* **tried** seine Geduld wurde auf eine sehr harte Probe gestellt; **to be ~ lacking** bedauerlicherweise fehlen **soreness** ['sɔːnɪs] [S] Schmerz *m*

sorority [sə'rɒrɪtɪ] [S] *US* UNIV Studentinnenvereinigung *f*

sorrow ['sɒrəʊ] [S] ⟨*kein pl*⟩ Traurigkeit *f*; *kein pl* Trauer *f*; (≈*Kummer*) Sorge *f*; **to drown one's ~s** seine Sorgen ertränken **sorrowful** [ADJ], **sorrowfully** [ADV] traurig

★**sorry** ['sɒrɪ] [ADJ] ⟨*komp* **sorrier**⟩ traurig; *Ausrede* faul; **I was ~ to hear that** es tat mir leid, das zu hören; **we were ~ to hear about your mother's death** es tat uns leid, dass deine Mutter gestorben ist; **I can't say I'm ~ he lost** es tut mir wirklich nicht leid, dass er verloren hat; **this work is no good, I'm ~ to say** diese Arbeit taugt nichts, das muss ich leider sagen; **to be** *od* **feel ~ for sb/oneself** j-n/sich selbst bemitleiden; **I feel ~ for the child** das Kind tut mir leid; **you'll be ~ (for this)!** das wird dir noch leidtun!; **(I'm) ~!** Entschuldigung!; **I'm/he's ~** es tut mir/ihm leid; **can you lend me £5? — ~** kannst du mir £ 5 leihen? — bedaure, leider nicht; **~?** wie bitte?; **he's from England, ~ Scotland** er ist aus England, nein, Entschuldigung, aus Schottland; **to say ~ (to sb for sth)** sich (bei j-m für etw) entschuldigen; **I'm ~ about that vase** es tut mir leid um die Vase; **I'm ~ about (what happened on) Thursday** es tut mir leid wegen Donnerstag; **to be in a ~ state** *Mensch* in einer jämmerlichen Verfassung sein; *Sache* in einem jämmerlichen Zustand sein

★**sort** [sɔːt] [A] [S] [1] Art *f*, Sorte *f*; **a ~ of car** eine Art Auto; **an odd ~ of novel** ein komischer Roman; **what ~ of (a) man is he?** was für ein Mensch ist er?; **he's not the ~ of man to do that** er ist nicht der Mensch, der das täte; **this ~ of thing** so etwas; **all ~s of things** alles Mögliche; **something of the ~** (irgend) so (et)was; **he's some ~ of administrator** er hat irgendwie in der Verwaltung zu tun; **he's got some ~ of job with …** er hat irgendeinen Job bei …; **you'll do nothing of the ~!** von wegen!, das wirst du schön bleiben lassen!; **that's the ~ of person I am** ich bin nun mal so!; **I'm not that ~ of girl** ich bin nicht so eine; **he's a good ~** er ist ein prima Kerl; **he's not my ~** er ist nicht mein Typ; **I don't trust his ~** solchen Leuten traue ich nicht; **to be out of ~s** *Br* nicht ganz auf der Höhe sein, nicht ganz auf dem Damm sein *umg* [2] IT Sortiervorgang *m* [B] [ADV] **~ of** *umg* irgendwie; **is it tiring? — ~ of** ist das anstrengend? — irgendwie schon; **it's ~ of finished** es ist eigentlich schon fertig; **aren't you pleased? — ~ of** freust du dich nicht? — doch, eigentlich schon; **is this how he did it? — well, ~ of** hat er das so gemacht? — ja, so ungefähr [C] [V/T] [1] sortieren [2] **to get sth ~ed** etw auf die Reihe bekommen; **everything is ~ed** es ist alles (wieder) in Ordnung [D] [V/I] [1] **to ~ through sth** etw durchsehen [2] IT sortieren ♦**sort out** [V/T] ⟨*trennb*⟩ [1] sortieren, aussortieren [2] *Problem* lösen; *Situation* klären; **the problem will sort itself out** das Problem wird sich von selbst lösen *od* erledigen; **to sort oneself out** sich (*dat*) über sich (*akk*) selbst klar werden [3] *bes Br umg* **to sort sb out** sich (*dat*) j-n vorknöpfen *umg*

sort code [S] FIN Bankleitzahl *f* **sorting office** ['sɔːtɪŋˌɒfɪs] *Br* [S] Sortierstelle *f*

SOS [S] SOS *n*

so-so ['səʊ'səʊ] *umg* [ADV & ADJ] ⟨*präd*⟩ so-so, so la la

soufflé ['suːfleɪ] [S] Soufflé *n*

sought [sɔːt] [PRÄT & PPERF] → seek **sought-after** ['sɔːtɑːftəʳ] [ADJ] begehrt

soul [səʊl] [S] [1] Seele *f*; **All Souls' Day** Allerseelen *n*; **God rest his ~!** Gott hab ihn selig!; **poor ~!** *umg* Ärmste(r)!; **he's a good ~** er ist ein guter Mensch; **not a ~** keine Menschenseele [2] Wesen *n*; **he loved her with all his ~** er liebte sie von ganzem Herzen [3] Herz *n*, Gefühl *n* [4] MUS Soul *m* **soul-destroying** ['səʊldɪˌstrɔɪɪŋ] [ADJ] geisttötend **soulful** [ADJ] seelenvoll **soulless** [ADJ] *Mensch* seelenlos; *Ort* gottverlassen **soul mate** [S] Seelenfreund(in) *m(f)*; **they are ~s** sie sind seelenverwandt **soul-searching** [S] Gewissensprüfung *f*

sound[1] [saʊnd] [A] [ADJ] ⟨+*er*⟩ [1] *Verfas-*

sung gesund; *Zustand* einwandfrei; **to be of ~ mind** *bes* JUR im Vollbesitz seiner geistigen Kräfte sein ② solide; *Argument* fundiert; *Mensch* verlässlich; *Rat* vernünftig ③ gründlich ④ *Schlaf* tief, fest **B** ADV ⟨+er⟩ **to be ~ asleep** tief schlafen

★sound² **A** S̲ Geräusch *n*; PHYS Schall *m*; MUS Klang *m*; FILM *etc* Ton *m*; **don't make a ~ still!**; **not a ~ was to be heard** man hörte keinen Ton; **I don't like the ~ of it** das klingt gar nicht gut; **from the ~ of it he had a hard time** es hört sich so an *od* es klingt, als sei es ihm schlecht gegangen **B** V̲T̲ **~ your horn** hupen!; **to ~ the alarm** Alarm schlagen; **to ~ the retreat** zum Rückzug blasen **C** V̲I̲ ① erklingen ② klingen; **he ~s angry** es hört sich so an, als wäre er wütend; **he ~s French (to me)** er hört sich (für mich) wie ein Franzose an; **he ~s like a nice man** er scheint ein netter Mensch zu sein; **it ~s like a sensible idea** das klingt ganz vernünftig; **how does it ~ to you?** wie findest du das? **♦sound off** *umg* V̲I̲ sich auslassen (**about** über *+akk*) **♦sound out** V̲T̲ ⟨*trennb*⟩ **to sound sb out about sth** bei j-m in Bezug auf etw (*akk*) vorfühlen

sound barrier S̲ Schallmauer *f* **sound bite** S̲ *kurzer, prägnanter Soundclip/Spruch (z.B. eines Politikers)* **sound card** S̲ COMPUT Soundkarte *f* **sound effects** PL Toneffekte *pl* **sound engineer** S̲ Toningenieur(in) *m(f)* **sounding board** ['saʊndɪŋbɔːd] *fig* S̲ Resonanzboden *m*; **he used the committee as a ~ for his ideas** er benutzte den Ausschuss, um die Wirkung seiner Vorschläge zu sondieren **soundlessly** ['saʊndlɪslɪ] ADV geräuschlos **soundly** ['saʊndlɪ] ADV *gebaut* solide, *währschaft schweiz*; *schlagen* vernichtend; *verankert* fest; **our team was ~ beaten** unsere Mannschaft wurde klar geschlagen; **to sleep ~** (tief und) fest schlafen **soundness** ['saʊndnɪs] S̲ ① *von Mensch* gesunder Zustand; *von Haus* guter Zustand ② Solidität *f*; *von Argument, Analyse* Fundiertheit *f*; *von Wirtschaft, Währung* Stabilität *f*; *von Idee, Rat, Politik* Vernünftigkeit *f* **soundproof** ADJ schalldicht **sound-**

track S̲ Filmmusik *f*

★soup [suːp] S̲ Suppe *f* **♦soup up** *umg* V̲T̲ *Motor* aufmotzen *umg*, frisieren *umg* **soup bowl** S̲ Suppenteller *m* **soup kitchen** S̲ Volksküche *f* **soup plate** S̲ Suppenteller *m* **soup spoon** S̲ Suppenlöffel *m*

★sour ['saʊə] **A** ADJ ⟨+er⟩ ① sauer; *Wein, Geruch* säuerlich; **to go od turn ~** *wörtl* sauer werden ② *fig Miene* griesgrämig; **it's just ~ grapes** die Trauben hängen zu hoch **B** V̲I̲ *fig Beziehungen* sich verschlechtern

★source [sɔːs] **A** S̲ Quelle *f*; *von Problem etc* Ursache *f*; **he is a ~ of embarrassment to us** er bringt uns ständig in Verlegenheit; **I have it from a good ~ that ...** ich habe es aus sicherer Quelle, dass ... **B** V̲T̲ HANDEL beschaffen **source code** S̲ IT Quellcode *m* **source file** S̲ IT Quelldatei *f* **source language** ① *bei Übersetzungen etc* Ausgangssprache *f* ② IT Quellsprache *f*

sour(ed) cream [ˌsaʊə(d)'kriːm] S̲ saure Sahne **sourness** ['saʊənɪs] S̲ *von Zitrone, Milch* saurer Geschmack; *von Geruch* Säuerlichkeit *f*; *fig von Miene* Griesgrämigkeit *f*

sous chef ['suːʃef] S̲ Souschef(in) *m(f)* (*Stellvertreter des Küchenchefs*)

★south [saʊθ] **A** S̲ Süden *m*; **in the ~ of** im Süden *+gen*; **to the ~ of** südlich von; **from the ~** aus dem Süden; *Wind* aus Süden; **the wind is in the ~** es ist Südwind; **the South of France** Südfrankreich *n*; **which way is ~?** in welcher Richtung ist Süden?; **down ~** unten im Süden; *reisen* runter in den Süden **B** ADJ südlich, Süd-; **South German** süddeutsch **C** ADV im Süden; (*= reisen*) nach Süden; **to be further ~** weiter südlich sein; *~* **of** südlich von **South Africa** S̲ Südafrika *n* **South African** **A** ADJ südafrikanisch; **he's ~** er ist Südafrikaner **B** S̲ Südafrikaner(in) *m(f)* **South America** S̲ Südamerika *n* **South American** **A** ADJ südamerikanisch; **he's ~** er ist Südamerikaner(in) *m(f)* **southbound** ADJ (in) Richtung Süden **southeast** **A** S̲ Südosten *m*; **from the ~** aus dem Südosten; *Wind* aus Südosten **B** ADJ südöstlich, Südost- **C** ADV nach Südosten; *~* **of** südöstlich von **Southeast Asia** S̲

Südostasien n **southeasterly** ADJ süd-
östlich **southeastern** ADJ südöstlich;
~ England Südostengland n **southerly**
[ˈsʌðəlɪ] ADJ südlich; *Wind* aus Süden
★**southern** [ˈsʌðən] ADJ südlich, Süd-,
südländisch **southerner** [ˈsʌðənə[r]] S̅
Bewohner(in) m(f) des Südens, Südeng-
länder(in) m(f) *etc; US* Südstaatler(in)
m(f) **southernmost** [ˈsʌðənməʊst] ADJ
südlichste(r, s) **south-facing** ADJ Fas-
sade nach Süden gerichtet; *Garten* nach
Süden gelegen **South Korea** S̅ Südko-
rea n **South Korean** A̅ ADJ südkorea-
nisch B̅ S̅ Südkoreaner(in) m(f) **South
Pacific** S̅ Südpazifik m **South Pole**
S̅ Südpol m **South Seas** PL Südsee f
south-south-east A̅ ADJ südsüdöst-
lich B̅ ADV nach Südsüdost(en) **south-
-south-west** A̅ ADJ südsüdwestlich B̅
ADV nach Südsüdwest(en); **~ of** südsüd-
westlich von **southward(s)** S̅ A̅ ADJ
südlich B̅ ADV nach Süden **southwest**
A̅ S̅ Südwesten m; **from the ~** aus dem
Südwesten; *Wind* von Südwesten B̅ ADJ
südwestlich C̅ ADV nach Südwest(en);
~ of südwestlich von **southwesterly**
ADJ südwestlich **southwestern** ADJ
südwestlich
souvenir [ˌsuːvəˈnɪə[r]] S̅ Souvenir n (**of**
an +akk)
sovereign [ˈsɒvrɪn] A̅ S̅ Herrscher(in)
m(f) B̅ ADJ höchste(r, s); *Staat* souverän
sovereignty [ˈsɒvrəntɪ] S̅ 1̅ Oberho-
heit f 2̅ Souveränität f
soviet [ˈsəʊvɪət] A̅ S̅ HIST Sowjet m B̅
ADJ ⟨attr⟩ HIST sowjetisch, Sowjet- **So-
viet Union** S̅ HIST Sowjetunion f
★**sow¹** [səʊ] V̅T̅ ⟨prät sowed; pperf sown
od sowed⟩ säen, aussäen; **this field
has been sown with barley** auf diesem
Feld ist Gerste gesät; **to sow (the seeds
of)** hatred/discord Hass/Zwietracht sä-
en
sow² [saʊ] S̅ Sau f
sowing [ˈsəʊɪŋ] S̅ Aussaat f **sown**
[səʊn] PPERF → **sow¹**
soya [ˈsɔɪə], **soy** [sɔɪ] S̅ Soja f **soya
bean** S̅ Sojabohne f **soya milk** Br S̅
Sojamilch f **soya sauce** S̅ Sojasoße f
soybean [ˈsɔɪbiːn] US S̅ → soya bean
soy milk [sɔɪ] US S̅ Sojamilch f **soy
sauce** S̅ Sojasoße f
spa [spɑː] S̅ Kurort m; Wellness-Center n
★**space** [speɪs] A̅ S̅ 1̅ Raum m; RAUMF.

der Weltraum; **to stare into ~** ins Leere
starren 2̅ ⟨kein pl⟩ Platz m; **to take up a
lot of ~** viel Platz wegnehmen; **to clear/
leave some ~ for sb/sth** für j-n/etw
Platz schaffen/lassen; **parking ~** Platz
m zum Parken 3̅ (≈Abstand) Platz m oh-
ne art; *zwischen Objekten, Zeilen* Zwi-
schenraum m; *zum Parken* Lücke f; **to
leave a ~ for sb/sth** für j-n/etw Platz
lassen 4̅ *Zeitraum* m; **in a short ~ of
time** in kurzer Zeit; **in the ~ of …** inner-
halb … ⟨gen⟩ B̅ V̅T̅ (a. **space out**) in
Abständen verteilen; **~ them further
out** od **further apart** lassen Sie etwas
mehr Zwischenraum od Abstand (dazwi-
schen) **space-bar** S̅ TYPO Leertaste f
space capsule S̅ (Welt)Raumkapsel f
★**spacecraft** S̅ ⟨pl -⟩ Raumfahrzeug n
★**spaced out** [ˌspeɪstˈaʊt] umg ADJ geistig
weggetreten umg; *durch Drogen* high
umg; *sl appearance* irre umg; *music* ab-
gefahren umg
★**space flight** S̅ Weltraumflug m **space
heater** bes US S̅ Heizgerät n **space-
man** S̅ ⟨pl -men⟩ (Welt)raumfahrer m
space probe S̅ (Welt)Raumsonde f
space rocket S̅ Weltraumrakete f
space-saving ADJ platzsparend
spaceship S̅ Raumschiff n
★**space shuttle** S̅ Raumfähre f **space
sickness** S̅ Weltraumkrankheit f
space station S̅ (Welt)raumstation f
spacesuit S̅ Raumanzug m **space
travel** S̅ die Raumfahrt **space walk**
S̅ Weltraumspaziergang m **space-
woman** S̅ ⟨pl -women [-wɪmən]⟩
(Welt)raumfahrerin f **spacing** [ˈspeɪsɪŋ]
S̅ Abstände pl, Abstand m; (a. **~ out**)
Verteilung f; **single ~** TYPO einzeiliger
Abstand **spacious** [ˈspeɪʃəs] ADJ geräu-
mig **spaciousness** [ˈspeɪʃəsnɪs] S̅ Ge-
räumigkeit f; *von Garten, Park* Weitläu-
figkeit f
spade [speɪd] S̅ 1̅ Spaten m; (≈Spielzeug)
Schaufel f 2̅ KART Pik n; **the Queen of
Spades** die Pikdame
spaghetti [spəˈgetɪ] S̅ ⟨+sg v⟩ Spaghetti
pl
spa hotel S̅ Wellnesshotel n
★**Spain** [speɪn] S̅ Spanien n
spam [spæm] A̅ S̅ 1̅ -®️ *spiced ham* (in
Gelee eingelegtes) Frühstücksfleisch 2̅
IT Spam n (*unverlangt zugesandter Wer-
bemüll via E-Mail*) B̅ V̅T̅ IT mit Werbung

bombardieren *od* zumüllen **spam filter** S̲ Spamfilter *m* **spammer** ['spæmər] S̲ IT Spammer(in) *m(f)* **spamming** ['spæmɪŋ] S̲ IT Spamming *n*, Bombardierung *f* mit Werbung

span[1] [spæn] A̲ S̲ **1** *von Hand* Spanne *f*; *von Brücke* Spannweite *f* **2** Zeitspanne *f* **3** Umfang *m* B̲ V̲/T̲ **1** *Seil* sich spannen über (+*akk*) **2** umfassen **3** *zeitlich* sich erstrecken über (+*akk*)

span[2] *obs* PRÄT → spin

Spaniard ['spænjəd] S̲ Spanier(in) *m(f)*

spaniel ['spænjəl] S̲ Spaniel *m*

★**Spanish** ['spænɪʃ] A̲ ADJ spanisch; **he is ~** er ist Spanier B̲ S̲ **1 the ~** die Spanier *pl* **2** LING Spanisch *n*

spank [spæŋk] A̲ S̲ Klaps *m* B̲ V̲/T̲ versohlen; **to ~ sb's bottom** j-m den Hintern versohlen **spanking** ['spæŋkɪŋ] S̲ Tracht *f* Prügel

spanner ['spænər] *Br* S̲ Schraubenschlüssel *m*; **to throw a ~ in the works** *fig* j-m einen Knüppel zwischen die Beine werfen

spar [spɑːr] V̲/I̲ Boxen sparren; *fig* sich kabbeln *umg* (**about** um)

★**spare** [speər] A̲ ADJ übrig *präd*, überzählig; **~ bed** Gästebett *n*; **have you any ~ string?** kannst du mir (einen) Bindfaden geben?; **I have a ~ one** ich habe noch einen/eine/eins; **take a ~ pen** nehmen Sie noch einen Stift mit; **take some ~ clothes** nehmen Sie Kleider zum Wechseln mit; **when you have a few minutes ~** wenn Sie mal ein paar freie Minuten haben B̲ S̲ Ersatzteil *n*; *von Auto* Reserverad *n* C̲ V̲/T̲ **1** ⟨*mst mit Verneinung*⟩ *Ausgaben, Anstrengung* scheuen; **no expense ~d** es wurden keine Kosten gescheut *od* gespart **2** *Geld* übrig haben; *Zimmer* frei haben; *Zeit* (übrig) haben; **to ~ sb sth** j-m etw überlassen *od* geben; *Geld* j-m etw geben; **can you ~ the time to do it?** haben Sie Zeit, das zu machen?; **there is none to ~** es ist keine(r, s) übrig; **to have a few minutes to ~** ein paar Minuten Zeit haben; **I got to the airport with two minutes to ~** ich war zwei Minuten vor Abflug am Flughafen **3** entbehren; **can you ~ this?** brauchst du das?; **to ~ a thought for sb/sth** an j-n/etw denken **4** verschonen; **to ~ sb's life** j-s Leben verschonen **5 to ~ sb/oneself sth** j-m/sich

etw ersparen; **~ me the details** verschone mich mit den Einzelheiten

★**spare part** S̲ Ersatzteil *n* **spare ribs** PL GASTR Spareribs *pl* **spare room** S̲ Gästezimmer *n* **spare time** S̲ Freizeit *f* **spare tyre** S̲, **spare tire** *US* S̲ Ersatzreifen *m* **sparing** ['speərɪŋ] ADJ sparsam **sparingly** ['speərɪŋlɪ] ADV sparsam; *trinken, essen* in Maßen; **to use sth ~** mit etw sparsam umgehen

spark [spɑːk] A̲ S̲ Funke *m*; **a bright ~** *iron* ein Intelligenzbolzen *m* *iron* B̲ V̲/T̲ (*a.* **spark off**) entzünden; *Explosion* verursachen; *fig* auslösen; *Streit* entfachen **sparkle** ['spɑːkl] A̲ S̲ Funkeln *n* B̲ V̲/I̲ funkeln (**with** vor +*dat*); **her eyes ~d with excitement** ihre Augen blitzten vor Erregung **sparkler** ['spɑːklər] S̲ Wunderkerze *f* **sparkling** ['spɑːklɪŋ] ADJ funkelnd; *Wein* perlend; **~ (mineral) water** Selterswasser *n*; **~ wine** Sekt *m*, Perlwein *m*; **in ~ form** in glänzender Form **spark plug** S̲ Zündkerze *f* **sparring partner** ['spɑːrɪŋpɑːtnər] S̲ Sparringpartner(in) *m(f)*

sparrow ['spærəʊ] S̲ Sperling *m*, Spatz *m*

sparse [spɑːs] ADJ spärlich; *Haar* schütter; *Mobiliar, Ressourcen* dürftig **sparsely** ['spɑːslɪ] ADV spärlich; *besiedelt* dünn **sparseness** ['spɑːsnɪs] S̲ Spärlichkeit *f*; *von Bevölkerung* geringe Dichte

Spartan ['spɑːtən] ADJ, **spartan** ADJ spartanisch

spasm ['spæzəm] S̲ MED Krampf *m* **spasmodic** [spæz'mɒdɪk] ADJ MED krampfartig; *fig* sporadisch

spastic ['spæstɪk] A̲ ADJ spastisch B̲ S̲ Spastiker(in) *m(f)*

spat [spæt] PRÄT & PPERF → spit[1]

spate [speɪt] S̲ *von Fluss* Hochwasser *n*; *fig von Aufträgen etc* Flut *f*; *von Einbrüchen* Serie *f*

spatter ['spætər] A̲ V̲/T̲ bespritzen; **to ~ sb with water** j-n nass spritzen B̲ V̲/I̲ **it ~d all over the room** es verspritzte im ganzen Zimmer C̲ S̲ **a ~ of rain** ein paar Tropfen Regen

spatula ['spætjʊlə] S̲ **1** Spachtel *m*; MED Spatel *m* **2** GASTR Teigschaber *m*

spawn [spɔːn] A̲ S̲ *von Frosch* Laich *m* B̲ V̲/I̲ laichen C̲ V̲/T̲ *fig* hervorbringen

★**speak** [spiːk] ⟨*prät* spoke; *pperf* spoken⟩

S

A V/T **1** sagen; *Gedanken* äußern; **to ~ one's mind** seine Meinung sagen **2** *Sprache* sprechen **B** V/I **1** sprechen, reden (**about** über *+akk od* von *od* **on** zu), reden, sich unterhalten (**with** mit); *zu Thema* sich äußern (**on, to** zu); **to to** *od* **with sb** mit j-m sprechen; **did you ~?** haben Sie etwas gesagt?; **I'm not ~ing to you** mit dir rede *od* spreche ich nicht mehr; **I'll ~ to him about it** *euph ermahnend* ich werde ein Wörtchen mit ihm reden; **~ing of X ...** da wir gerade von X sprechen ...; **it's nothing to ~ of** es ist nicht weiter erwähnenswert; **to ~ well of sb/sth** j-n/etw loben; **so to ~** sozusagen; **roughly ~ing** grob gesagt; **strictly ~ing** genau genommen; **generally ~ing** im Allgemeinen; **~ing personally ...** wenn Sie mich fragen ...; **~ing as a member ...** als Mitglied ...; **to ~ in public** in der Öffentlichkeit reden **2** TEL **~ing!** am Apparat!; **Jones ~ing!** (hier) Jones!; **who is ~ing?** wer ist da, bitte? **C** S *‹suf›* **Euro-speak** Eurojargon *m* ◆**speak for** V/T *‹+obj›* **to speak for sb** in j-s Namen (*dat*) sprechen; **speaking for myself ...** was mich angeht ...; **speak for yourself!** du vielleicht!; **to speak for itself** für sich sprechen ◆**speak out** V/I seine Meinung deutlich vertreten; **to speak out against sth** sich gegen etw aussprechen ◆**speak up** V/I **1** lauter sprechen **2** *fig* **to speak up for sb/sth** für j-n/etw eintreten; **what's wrong? speak up!** was ist los? heraus mit der Sprache!

★**speaker** ['spiːkə] S **1** *von Sprache* Sprecher(in) *m(f)*; **all German ~s** alle, die Deutsch sprechen **2** Redner(in) *m(f)*; **Speaker** PARL Sprecher(in) *m(f)* **3** Lautsprecher *m*; *von Hi-Fi Box f* **speaking** ['spiːkɪŋ] S Sprechen *n* –**speaking** ADJ *‹suf›* -sprechend; **English-speaking** englischsprachig **speaking terms** PL **to be on ~ with sb** mit j-m reden **spear** [spɪə] S Speer *m* **spearmint** ['spɪəmɪnt] S Grüne Minze **spec** [spek] *umg* S **on ~** auf gut Glück

★**special** ['speʃəl] **A** ADJ besondere(r, s), Sonder-; *Freund, Gelegenheit* speziell; **I have no ~ person in mind** ich habe eigentlich an niemanden Bestimmtes gedacht; **nothing ~** nichts Besonderes; **to be ~ to sb** j-m viel bedeuten; **what's**

so ~ about her? was ist denn an ihr so besonders?; **what's so ~ about that?** das ist doch nichts Besonderes; **to feel ~** sich als etwas ganz Besonderes vorkommen; **~ character** IT Sonderzeichen *n*; **~ discount** Sonderrabatt *m*; **~ effects** FILM Spezialeffekte *pl* **B** S TV, RADIO Sonderprogramm *n*; GASTR Tagesgericht *n*; **chef's ~** Spezialität *f* des Küchenchefs **special agent** S Agent(in) *m(f)* **special delivery** S Eilzustellung *f*; **by ~** per Eilboten

★**specialist** ['speʃəlɪst] **A** S Spezialist(in) *m(f)*; MED Facharzt *m*/-ärztin *f* **B** ADJ *‹attr›* Fach- **speciality** [,speʃɪ'ælɪt] S, **specialty** ['speʃəltɪ] US S Spezialität *f* **specialization** [,speʃəlaɪ'zeɪʃən] S Spezialisierung *f* (**in** auf *+akk*); (≈*Fach*) Spezialgebiet *n* **specialize** ['speʃəlaɪz] V/I sich spezialisieren (**in** auf *+akk*) **specially** ['speʃəlɪ] ADV besonders, extra; **don't go to the post office ~ for me** gehen Sie meinetwegen nicht extra zur Post **special needs** *Br* PL **~ children** Kinder *pl* mit Behinderungen **special offer** S Sonderangebot *n* **special school** *Br* S Sonderschule *f* **specialty** ['speʃəltɪ] US S → speciality **species** ['spiːʃiːz] S *‹pl ->* Art *f* **specific** [spə'sɪfɪk] ADJ bestimmt, genau; *Beispiel* ganz bestimmt; **9.3, to be ~** 9,3, um genau zu sein; **can you be a bit more ~?** können Sie sich etwas genauer äußern?; **he was quite ~ on that point** er hat sich zu diesem Punkt recht spezifisch geäußert **specifically** [spə'sɪfɪkəlɪ] ADV **1** *erwähnen* ausdrücklich; *konstruiert* speziell **2** genau, um Präzis **specification** [,spesɪfɪ'keɪʃən] S **1** **~s** *pl* genaue Angaben *pl*; *von Auto, Maschine* technische Daten *pl* **2** Bedingung *f* **specified** ['spesɪfaɪd] V/T angeben; *zwingend* vorschreiben

specimen ['spesɪmɪn] S Exemplar *n*, Probe *f*, Muster *n*; **a beautiful** *od* **fine ~** ein Prachtexemplar *n* **speck** [spek] S Fleck *m*; *von Staub* Körnchen *n* **speckle** ['spekl] **A** S Tupfer *m* **B** V/T sprenkeln **speckled** ['spekld] ADJ gesprenkelt **specs** [speks] *umg* PL Brille *f* **spectacle** ['spektəkl] S **1** Schauspiel *n*;

to make a ~ of oneself unangenehm auffallen [2] ~s *pl* (*a.* pair of ~s) Brille *f* **spectacle case** [S] Brillenetui *n*

spectacular [spek'tækjʊləʳ] [ADJ] sensationell; *Landschaft* atemberaubend **spectacularly** [spek'tækjʊləlɪ] [ADV] sensationell; *toll* unglaublich

spectate [spek'teɪt] *umg* [V/I] zuschauen (at bei)

★**spectator** [spek'teɪtəʳ] [S] Zuschauer(in) *m(f)*

spectre ['spektəʳ] [S], **specter** *US* [S] Gespenst *n*

spectrum ['spektrəm] [S] ⟨*pl* spectra⟩ Spektrum *n*

speculate ['spekjʊleɪt] [V/I] [1] spekulieren (about, on über +*akk*) [2] FIN spekulieren (in mit *od* on an +*dat*) **speculation** [,spekjʊ'leɪʃən] [S] Spekulation *f* (on über +*akk*) **speculative** ['spekjʊlətɪv] [ADJ] spekulativ; FIN *a.* Spekulations- **speculator** ['spekjʊleɪtəʳ] [S] Spekulant(in) *m(f)*

sped [sped] [PRÄT & PPERF] → speed

★**speech** [spiːtʃ] [S] [1] ⟨*kein pl*⟩ (≈ *Sprechvermögen*) Sprache *f*; **freedom of ~** Redefreiheit *f* [2] Rede *f* (on, about über +*akk*); **to give** *od* **make a ~** eine Rede halten [3] *Br* GRAM **direct/indirect** *od* **reported ~** direkte/indirekte Rede **speech bubble** [S] Sprechblase *f* **speech day** *Br* [S] SCHULE (Jahres)abschlussfeier *f* **speech defect** [S] Sprachfehler *m* **speechless** [ADJ] sprachlos (**with** vor +*dat*); **his remark left me ~** seine Bemerkung verschlug mir die Sprache **speech recognition** [S] IT Spracherkennung *f*; **~ software** Spracherkennungssoftware *f* **speech therapist** [S] Logopäde *m*, Logopädin *f* **speech therapy** [S] Logopädie *f*

★**speed** [spiːd] [A] [V/I] [1] ⟨*prät, pperf* sped⟩ flitzen; **the years sped by** die Jahre vergingen wie im Fluge [2] ⟨*prät, pperf* speeded⟩ AUTO die Geschwindigkeitsbegrenzung überschreiten [B] [S] [1] Geschwindigkeit *f*, Tempo *n*; **at ~** äußerst schnell; **at high/low ~** mit hoher/niedriger Geschwindigkeit; **at full** *od* **top ~** mit Höchstgeschwindigkeit; **at a ~ of ...** mit einer Geschwindigkeit *od* einem Tempo von ...; **to gather ~** schneller werden; *fig* sich beschleunigen; **to bring sb up to ~** *umg* j-n auf den neuesten Stand bringen; **full ~ ahead!** SCHIFF volle Kraft voraus! [2] AUTO, TECH Gang *m* ♦**speed off** [V/I] ⟨*prät, pperf* speeded *od* sped off⟩ davonjagen ♦**speed up** ⟨*prät, pperf* speeded up⟩ [A] [V/I] *Auto* beschleunigen; *Mensch* schneller machen; *Arbeitstempo* schneller werden [B] [V/T] ⟨*trennb*⟩ beschleunigen

speed awareness course *Br* [S] AUTO *nach Geschwindigkeitsüberschreitung* Nachschulung *f*, Aufbauseminar *n*

speedboat [S] Rennboot *n* **speed bump** [S] Bodenschwelle *f* **speed camera** [S] *an Straße* Blitzgerät *n* **speed dial(ing)** [S] *bes US* TEL Kurzwahl *f*; **~ button** Kurzwahltaste *f* **speedily** ['spiːdɪlɪ] [ADV] schnell; *antworten* prompt **speeding** ['spiːdɪŋ] [S] Geschwindigkeitsüberschreitung *f*; **to get a ~ fine** eine Geldstrafe wegen Geschwindigkeitsüberschreitung bekommen

★**speed limit** [S] Geschwindigkeitsbegrenzung *f*; **a 30 mph ~** eine Geschwindigkeitsbegrenzung von 50 km/h **speedometer** [spɪ'dɒmɪtəʳ] [S] Tachometer *m* **speed ramp** [S] *Verkehr* Bodenschwelle *f* **speed skating** [S] Eisschnelllauf *m* **speed trap** [S] Radarfalle *f* *umg* **speedway** [S] [1] SPORT Speedway-Rennen *n* [2] *US* Schnellstraße *f* **speedy** ['spiːdɪ] [ADJ] ⟨*komp* speedier⟩ schnell; **we wish Joan a ~ recovery** wir wünschen Joan eine rasche Genesung

spell¹ [spel] [S] Zauber *m*, Zauberspruch *m*; **to be under a ~** *wörtl* verhext sein; *fig* wie verzaubert sein; **to put a ~ on sb** *wörtl* j-n verhexen; *fig* j-n in seinen Bann ziehen; **to be under sb's ~** *fig* in j-s Bann (*dat*) stehen; **to break the ~** den Zauber lösen

spell² [S] Weile *f*; **for a ~** eine Weile; **cold ~** Kältewelle *f*; **dizzy ~** Schwächeanfall *m*; **a short ~ of sunny weather** eine kurze Schönwetterperiode; **they're going through a bad ~** sie machen eine schwierige Zeit durch

★**spell³** ⟨*prät, pperf* spelt; *bes Br* spelled⟩ [A] [V/I] (orthografisch) richtig schreiben; **she can't ~** sie kann keine Rechtschreibung [B] [V/T] [1] schreiben; *laut* buchstabieren; **how do you ~ "onyx"?** wie schreibt man „Onyx"?; **how do you ~ your name?** wie schreibt sich Ihr Na-

S

me?; **what do these letters ~?** welches Wort ergeben diese Buchstaben? **2** bedeuten **♦spell out** V̅T̅ ⟨*trennb*⟩ buchstabieren; *lesend entziffern*; (≈ *erklären*) verdeutlichen

spellbinding [ˈspelbaɪndɪŋ] ADJ fesselnd **spellbound** [ˈspelbaʊnd] *fig* ADJ & ADV gebannt

spellcheck S̅ IT Rechtschreibprüfung f; **to do a ~** die Rechtschreibung überprüfen **spellchecker** S̅ IT Rechtschreibprüfung f **speller** [ˈspelə⁽ʳ⁾] S̅ **to be a good ~** in Rechtschreibung gut sein

★**spelling** [ˈspelɪŋ] S̅ **1** Rechtschreibung f; *von Wort* Schreibweise f **spelling mistake** S̅ (Recht)schreibfehler m **spelt** [spelt] *bes Br* P̅R̅Ä̅T̅ & P̅P̅E̅R̅F̅ → spell³

★**spend** [spend] V̅T̅ ⟨*prät, pperf* spent⟩ **1** *Geld* ausgeben (**on** für); *Energie* verbrauchen; *Zeit* brauchen **2** *Zeit, Abend* verbringen (**on** mit); **to ~ the night** übernachten; **he ~s his time reading** er verbringt seine Zeit mit Lesen **spending** [ˈspendɪŋ] S̅ ⟨*kein pl*⟩ Ausgaben *pl*; **~ cuts** Kürzungen *pl* **spending money** S̅ Taschengeld n **spending power** S̅ Kaufkraft f **spending spree** S̅ Großeinkauf m; **to go on a ~** groß einkaufen gehen **spendthrift** S̅ Verschwender(in) m(f) **spent** [spent] P̅R̅Ä̅T̅ & P̅P̅E̅R̅F̅ → spend **B** ADJ *Patrone* verbraucht; *Mensch* erschöpft

sperm [spɜːm] S̅ **1** Samenfaden m; (≈ *Flüssigkeit*) Sperma n **sperm bank** S̅ Samenbank f **sperm count** S̅ Spermienzahl f **spermicide** [ˈspɜːmɪsaɪd] S̅ Spermizid n

spew [spjuː] **A** V̅I̅ **1** *umg* brechen, spucken **2** (*a. ~ out*) sich ergießen *geh*, hervorsprudeln **B** V̅T̅ **1** (*a. ~ up*) *umg* erbrechen **2** *a. ~ out* Lava auswerfen; *Wasser* ablassen

SPF A̅B̅K̅ (= *sun protection factor*) LSF m, Lichtschutzfaktor m

sphere [sfɪə⁽ʳ⁾] S̅ **1** Kugel f **2** *fig* Sphäre f, Bereich m; *von Wissen etc* Gebiet n; **his ~ of influence** sein Einflussbereich m **spherical** [ˈsferɪkəl] ADJ kugelförmig **sphincter** [ˈsfɪŋktə⁽ʳ⁾] S̅ ANAT Schließmuskel m

★**spice** [spaɪs] S̅ **1** Gewürz n **2** *fig* Würze f **♦spice up** *fig* V̅T̅ würzen

spiced [spaɪst] ADJ GASTR würzig; **~ wine** Glühwein m; **highly ~** pikant (gewürzt)

---

spick-and-span [ˌspɪkənˈspæn] ADJ blitzsauber

spicy [ˈspaɪsɪ] ADJ ⟨*komp* spicier⟩ würzig, scharf gewürzt; *fig Geschichte* pikant

★**spider** [ˈspaɪdə⁽ʳ⁾] S̅ Spinne f; **~'s web** Spinnwebe f **spiderweb** [ˈspaɪdəweb] *US* S̅ Spinnwebe f **spidery** [ˈspaɪdərɪ] ADJ *Handschrift* krakelig

spike [spaɪk] **A** S̅ **1** Spitze f; *von Pflanze* Stachel m; *an Schuh* Spike m **B** V̅T̅ *Drink* einen Schuss zusetzen (+*dat*) **spiky** [ˈspaɪkɪ] ADJ ⟨*komp* spikier⟩ *Blatt* spitz; *Haare* hochstehend

spill [spɪl] ⟨*v: prät, pperf* spilt; *bes Br* spilled⟩ **A** V̅T̅ verschütten; **to ~ the beans** alles ausplaudern; **to ~ the beans about sth** etw ausplaudern **B** V̅I̅ verschüttet werden, sich ergießen **C** S̅ Lache f; **oil ~** Ölkatastrophe f **♦spill out A** V̅I̅ *Flüssigkeit* herausschwappen (**of** aus); *Geld* herausfallen (**of** aus); *fig Menschen* (heraus)strömen (**of** aus) **♦spill over** V̅I̅ überlaufen

spilt [spɪlt] *bes Br* P̅R̅Ä̅T̅ & P̅P̅E̅R̅F̅ → spill

spin [spɪn] ⟨*v: prät* spun; *obs* span; *pperf* spun⟩ **A** V̅T̅ **1** spinnen **2** drehen, herumwirbeln; *Wäsche* schleudern; SPORT *Ball* einen Drall geben (+*dat*) **B** V̅I̅ **1** spinnen **2** sich drehen, (herum)wirbeln; *Flugzeug* trudeln; *in Waschmaschine* schleudern; **to ~ round and round** sich im Kreis drehen; **the car spun out of control** der Wagen begann, sich unkontrollierbar zu drehen; **to send sb/sth ~ning** j-n/etw umwerfen; **my head is ~ning** mir dreht sich alles **C** S̅ **1** Drehung f; *von Waschmaschine* Schleudern n *kein pl* **2** *von Ball* Drall m; **to put ~ on the ball** dem Ball einen Drall geben; *mit Schläger* den Ball anschneiden **3** *politisch der richtige Dreh umg*; **to put a different ~ on sth** etw anders interpretieren **4** FLUG Trudeln n *kein pl*; **to go into a ~** zu trudeln anfangen **♦spin around, ♦spin round A** V̅I̅ sich drehen, (herum)wirbeln **B** V̅T̅ ⟨*trennb*⟩ (schnell) drehen, herumwirbeln **♦spin out** V̅T̅ ⟨*trennb*⟩ *Geld* strecken *umg*; *Urlaub* in die Länge ziehen; *Geschichte* ausspinnen

spinach [ˈspɪnɪtʃ] S̅ Spinat m

spinal column [ˈspaɪnl] S̅ Wirbelsäule f **spinal cord** S̅ Rückenmark n

spindle [ˈspɪndl] S̅ Spindel f **spindly**

['spɪndlɪ] ADJ ⟨komp spindlier⟩ spindeldürr umg, zaundürr österr

spin doctor S̲ POL umg PR-Berater(in) m(f) **spin-drier** Br S̲ (Wäsche)schleuder f **spin-dry** V̲T̲ & V̲I̲ schleudern **spin-dryer** S̲ → spin-drier

spine [spaɪn] S̲ 1 ANAT Rückgrat n 2 (Buch)rücken m 3 Stachel m **spine-chilling** ['spaɪntʃɪlɪŋ] umg ADJ schaurig **spineless** ['spaɪnlɪs] fig ADJ ohne Rückgrat; Kompromiss feige **spine-tingling** ['spaɪntɪŋlɪŋ] ADJ schaurig, schaudererregend

spinning wheel ['spɪnɪŋwiːl] S̲ Spinnrad n **spin-off** ['spɪnɒf] S̲ Nebenprodukt n

spinster ['spɪnstə^r] S̲ Unverheiratete f; pej alte Jungfer pej

spiny ['spaɪnɪ] ADJ ⟨komp spinier⟩ stach(e)lig

spiral ['spaɪərəl] A̲ ADJ spiralförmig B̲ S̲ Spirale f C̲ V̲I̲ (a. **spiral up**) sich (hoch)winden **spiral staircase** S̲ Wendeltreppe f

spire [spaɪə^r] S̲ Turm m

★**spirit** ['spɪrɪt] A̲ S̲ 1 Geist m; (≈ Atmosphäre) Stimmung f; **I'll be with you in ~** im Geiste werde ich bei euch sein; **to enter into the ~ of sth** bei etw mitmachen; **that's the ~!** umg so ist's recht! umg; **to take sth in the right/wrong ~** etw richtig/falsch auffassen 2 ⟨kein pl⟩ Mut m; (≈ Enthusiasmus) Elan m, Schwung m 3 ~**s** pl Laune f; (≈ Courage) Mut m; **to be in high ~s** bester Laune sein; **to be in good/low ~s** guter/schlechter Laune sein; **to keep up one's ~s** den Mut nicht verlieren; **my ~s rose** ich bekam (neuen) Mut; **her ~s fell** ihr sank der Mut 4 ~**s** pl Spirituosen pl B̲ V̲T̲ **to ~ sb/sth away** j-n/etw wegzaubern **spirited** ADJ 1 temperamentvoll 2 mutig **spirit level** S̲ Wasserwaage f **spiritual** ['spɪrɪtjʊəl] ADJ geistig, unstofflich; KIRCHE geistlich; ~ **life** Seelenleben n **spirituality** [ˌspɪrɪtjʊ'ælɪtɪ] S̲ Geistigkeit f

spit¹ [spɪt] ⟨v: prät, pperf spat⟩ A̲ V̲T̲ spucken B̲ V̲I̲ spucken; Fett spritzen; **to ~ at sb** j-n anspucken; **it is ~ting (with rain)** Br es tröpfelt C̲ S̲ Spucke f ♦**spit out** V̲T̲ ⟨trennb⟩ ausspucken; Worte ausstoßen; **spit it out!** fig umg spucks aus! umg, heraus mit der Sprache!

spit² S̲ 1 GASTR (Brat)spieß m 2 Landzunge f

★**spite** [spaɪt] A̲ S̲ 1 Gehässigkeit f 2 ★ **in ~ of** trotz (+gen); **it was a success in ~ of him** dennoch war es ein Erfolg; **in ~ of the fact that ... obwohl ...** B̲ V̲T̲ ärgern **spiteful** ['spaɪtfʊl] ADJ boshaft

spitting image [ˌspɪtɪŋ'ɪmɪdʒ] umg S̲ **to be the ~ of sb** j-m wie aus dem Gesicht geschnitten sein

spittle ['spɪtl] S̲ Speichel m

splash [splæʃ] A̲ S̲ 1 Spritzen n kein pl; (≈ Geräusch) Platschen n kein pl; **to make a ~** fig Furore machen; **Nachricht wie eine Bombe einschlagen** 2 Spritzer m; von Farbe etc Tupfen m, Fleck m B̲ V̲T̲ spritzen, gießen; j-n, etw bespritzen C̲ V̲I̲ spritzen; Regen klatschen; beim Spielen planschen ♦**splash about** Br, **splash around** V̲I̲ herumspritzen; in Wasser herumplanschen ♦**splash out** Br umg V̲I̲ **to splash out on sth** sich (dat) etw spendieren

splat [splæt] S̲ Platschen n

splatter ['splætə^r] A̲ S̲ Fleck m; von Farbe Klecks m B̲ V̲I̲ spritzen C̲ V̲T̲ bespritzen; mit Farbe beklecksen

splay [spleɪ] V̲T̲ Finger spreizen; Füße nach außen stellen B̲ V̲I̲ **he was ~ed out on the ground** er lag auf der Erde und hatte alle viere von sich gestreckt

spleen [spliːn] S̲ 1 ANAT Milz f; fig Zorn m

splendid ['splendɪd] ADJ 1 hervorragend, glänzend 2 herrlich **splendidly** ['splendɪdlɪ] ADV 1 prächtig 2 hervorragend **splendour** ['splendə^r] S̲, **splendor** US S̲ Pracht f kein pl

splint [splɪnt] S̲ Schiene f; **to put a ~ on sth** etw schienen

splinter ['splɪntə^r] S̲ Splitter m **splinter group** S̲ Splittergruppe f

★**split** [splɪt] ⟨v: prät, pperf split⟩ A̲ S̲ 1 Riss m (in in +dat), Spalt m (in in +dat) 2 fig Bruch m (in in +dat); POL, KIRCHE Spaltung f (in +gen); **a three-way ~ of the profits** eine Dritteilung des Gewinns 3 umg eines Paars, einer Band Trennung f 4 ⟨pl⟩ **to do the ~s** (einen) Spagat machen B̲ ADJ gespalten (on, over in +dat) C̲ V̲T̲ (zer)teilen; Holz, Atom spalten; Arbeit, Kosten (sich dat) teilen; **to ~ hairs** umg Haarspalterei treiben; **to ~ sth open** etw aufbrechen; **to ~ one's**

head open sich (*dat*) den Kopf aufschlagen; **to ~ sth into three parts** etw in drei Teile aufteilen; **to ~ sth three ways** etw in drei Teile teilen; **to ~ the difference** *wörtl Geld etc* sich (*dat*) die Differenz teilen **D** V/I **1** Holz, Stein (entzwei)brechen; POL, KIRCHE sich spalten (**on, over** wegen); Naht platzen; Zellen, Wolken sich teilen; Menschen sich aufteilen; **to ~ open** aufplatzen; **my head is ~ting** *fig* mir platzt der Kopf **2** *umg* abhauen *umg* **♦split off** VI abbrechen; *fig* sich trennen (**from** von) **♦split up A** VT ⟨*trennb*⟩ (auf)teilen; Partei spalten; *zwei Menschen* trennen; Menge zerstreuen **B** VI zerbrechen; Zellen etc sich teilen; Menschenmenge sich spalten; Partner sich voneinander trennen

split ends PL Spliss *m* **split screen** S IT geteilter Bildschirm **split second** S in a ~ in Sekundenschnelle **split-second** ADJ ~ timing Abstimmung *f* auf die Sekunde **splitting** [ˈsplɪtɪŋ] ADJ Kopfschmerzen rasend

splodge [splɒdʒ] S, **splotch** [splɒtʃ] *US* S Klecks *m*; Sahne etc Klacks *m*

splurge (out) on [ˈsplɜːdʒˈaʊt|ɒn] *umg* VI ⟨*+obj*⟩ sich in Unkosten stürzen mit

splutter [ˈsplʌtə*r*] **A** S von Motor Stottern *n* **B** VI stottern; Fett zischen **C** VT (hervor)stoßen

★spoil [spɔɪl] ⟨*v: prät, pperf* spoilt; *Br* spoiled⟩ **A** S ⟨*mst pl*⟩ Beute *f* kein pl **B** VT **1** verderben; Stadt, Aussehen verschandeln; Leben ruinieren; **to ~ sb's fun** j-m den Spaß verderben; **it ~ed our evening** das hat uns (*dat*) den Abend verdorben **2** Kinder verwöhnen; **to be ~ed for choice** die Qual der Wahl haben **C** VI **1** Lebensmittel verderben **2** **to be ~ing for a fight** Streit suchen **spoiler** [ˈspɔɪlə*r*] S **1** AUTO Spoiler *m* **2** Presse Publikation, die zur gleichen Zeit wie ein Konkurrenzprodukt erscheint **spoilsport** [ˈspɔɪlspɔːt] *umg* S Spielverderber(in) *m(f) umg* **spoilt** [spɔɪlt] *Br* PRÄT & PPERF → spoil **B** ADJ Kind verwöhnt

spoke¹ [spəʊk] S Speiche *f*

spoke² [spəʊk] PRÄT → speak **spoken** [ˈspəʊkən] **A** PPERF → speak **B** ADJ gesprochen; **his ~ English is better than** ... er spricht Englisch besser als ...

spokesman [ˈspəʊksmən] S ⟨*pl* -men⟩ Sprecher *m* **spokesperson** [ˈspəʊkspɜːsən] S Sprecher(in) *m(f)* **spokeswoman** [ˈspəʊkswʊmən] S ⟨*pl* -women [-wɪmɪn]⟩ Sprecherin *f*

sponge [spʌndʒ] **A** S **1** Schwamm *m* **2** GASTR *a.* ~ **cake** Rührkuchen *m* **B** VT schnorren *umg* (**from** bei) **♦sponge down** VT ⟨*trennb*⟩ j-n (schnell) waschen; Wand abwaschen; Pferd abreiben **♦sponge off**¹ VT ⟨*trennb*⟩ Fleck etc abwischen **♦sponge off**², **sponge on** *umg* VI ⟨*+obj*⟩ **to sponge off sb** j-m auf der Tasche liegen *umg*

sponge bag *Br* S Waschbeutel *m* **sponge cake** S Rührkuchen *m* **sponge finger** S GASTR Löffelbiskuit *n* **sponge pudding** S Mehlpudding *m* **sponger** [ˈspʌndʒə*r*] *umg* S Schmarotzer(in) *m(f) pej* **spongy** [ˈspʌndʒɪ] ADJ ⟨*komp* spongier⟩ weich

sponsor [ˈspɒnsə*r*] **A** S Förderer *m*, Förderin *f*; von Veranstaltung Schirmherr(in) *m(f)*; TV, SPORT Sponsor(in) *m(f)*; bei Spendenaktion Spender(in) *m(f)* **B** VT unterstützen; finanziell fördern; TV, SPORT sponsern **sponsored** *Br* ADJ gesponsert **sponsorship** [ˈspɒnsəʃɪp] S Unterstützung *f*; TV, SPORT Finanzierung *f*

spontaneity [ˌspɒntəˈneɪətɪ] S Spontaneität *f* **spontaneous** [spɒnˈteɪnɪəs] ADJ spontan **spontaneously** [spɒnˈteɪnɪəslɪ] ADV spontan, von sich aus, von selbst

spoof [spuːf] *umg* S Parodie *f* (**of** auf **+akk**)

spook [spuːk] *umg* **A** S Gespenst *n* **B** VT *bes US* einen Schrecken einjagen (**+dat**) **spooky** [ˈspuːkɪ] *umg* ADJ ⟨*komp* spookier⟩ **1** gespenstisch **2** sonderbar; **it was really ~** das war wirklich ein sonderbares od eigenartiges Gefühl

spool [spuːl] S Spule *f*

★spoon [spuːn] **A** S Löffel *m* **B** VT löffeln **♦spoon out** VT ⟨*trennb*⟩ (löffelweise) ausschöpfen

spoon-feed [ˈspuːnfiːd] VT ⟨*prät, pperf* spoon-fed [ˈspuːnfed]⟩ Baby füttern; *fig* gängeln **spoonful** [ˈspuːnfʊl] S Löffel *m*

sporadic [spəˈrædɪk] ADJ sporadisch **sporadically** [spəˈrædɪkəlɪ] ADV sporadisch, gelegentlich

spore [spɔːʳ] [S] Spore *f*

sporran [ˈspɒrən] [S] *über dem Schottenrock getragene Felltasche*

★**sport** [spɔːt] [A] [S] [1] Sport *m kein pl;* (≈*Disziplin*) Sportart *f;* **to be good at ~(s)** sportlich sein; **to do ~(s)** Sport treiben [2] **~s** *pl* (*a.* **~s meeting**) Sportveranstaltung *f* [3] Spaß *m*, Hetz *f österr* [4] *umg* **to be a (good) ~** alles mitmachen; **be a good ~ and …** sei doch so lieb und …; **be a ~!** sei kein Spielverderber! [B] [V/T] *Krawatte* anhaben; *Bart* herumlaufen mit *umg* [C] *US* [ADJ] ⟨*attr*⟩ → sports

sporting [ˈspɔːtɪŋ] [ADJ] sportlich; *fig* fair, anständig; **~ events** Wettkämpfe *pl;* **~ venue** Sportstätte *f* **sports** [spɔːts] [ZSSGN], **sport** *US* Sport- **sports bag** [S] Sporttasche *f* **sports bra** [S] Sport-BH *m* **sports car** [S] Sportwagen *m* **sports centre** [S], **sports center** *US* [S] Sportzentrum *n* **sports day** *Br* [S] SCHULE Schulsportfest *n* **sports field** [S] Sportplatz *m* **sports jacket** [S] Sakko *m/n* **sportsman** [-mən] [S] ⟨*pl* -men⟩ Sportler *m* **sportsmanlike** [ADJ] sportlich; *fig* fair **sportsmanship** [S] Sportlichkeit *f* **sportspeople** [PL] Sportler *pl* **sportsperson** [S] Sportler(in) *m(f)* **sports venue** [S] *Ort* Sportstätte *f* **sportswear** [S] [1] Sportkleidung *f* [2] Freizeitkleidung *f* **sportswoman** [S] ⟨*pl* -women [-wɪmən]⟩ Sportlerin *f* **sport-utility vehicle** [S] Sport-Utility-Fahrzeug *n*, geländegängige Limousine **sporty** [ˈspɔːtɪ] *umg* [ADJ] ⟨*komp* sportier⟩ sportbegeistert; *Auto* sportlich

★**spot** [spɒt] [A] [S] [1] Punkt *m;* ZOOL Fleck *m;* (≈*Ort*) Stelle *f;* **~s of blood** Blutflecken *pl;* **a pleasant ~** ein schönes Fleckchen *umg;* **on the ~** an Ort und Stelle, sofort [2] MED *etc* Fleck *m;* (≈*Akne*) Pickel *m*, Wimmerl *n österr*, Bibeli *n schweiz;* **to break out** *od* **come out in ~s** Flecken/Pickel bekommen [3] *Br umg* **a ~ of** ein bisschen; **we had a ~ of rain/a few ~s of rain** wir hatten ein paar Tropfen Regen; **a ~ of bother** etwas Ärger; **we're in a ~ of bother** wir haben Schwierigkeiten [4] **to be in a (tight) ~** in der Klemme sitzen *umg;* **to put sb on the ~** j-n in Verlegenheit bringen [B] [V/T] entdecken; *Unterschied, Gelegenheit* erkennen; *Fehler* finden **spot check** [S] Stichprobe *f* **spotless** [ADJ] tadellos sauber **spotlessly** [ADV] **~ clean** blitzsauber **spotlight** [S] [1] Scheinwerfer *m*, Strahler *m* [2] Rampenlicht *n;* **to be in the ~** *wörtl* im Scheinwerferlicht *od* Rampenlicht stehen; *fig* im Rampenlicht der Öffentlichkeit stehen **spot-on** *Br umg* [ADJ] exakt **spotted** [ADJ] gefleckt, getüpfelt; **~ with blood** blutbespritzt **spotty** [ˈspɒtɪ] [ADJ] ⟨*komp* spottier⟩ *Haut* pick(e)lig

spouse [spaʊs] *form* [S] Gatte *m*, Gattin *f*

spout [spaʊt] [A] [S] [1] Ausguss *m; von Wasserhahn* Ausflussrohr *n; von Gießkanne* Rohr *n;* **up the ~** *Br umg Pläne etc* im Eimer *umg* [2] *Wasser* Fontäne *f* [B] [V/T] [1] *Brunnen* (heraus)spritzen [2] *umg Unsinn* von sich geben [C] [V/I] *Wasser* spritzen (**from** aus); **to ~ out (of sth)** (aus etw) hervorspritzen

sprain [spreɪn] [A] [S] Verstauchung *f* [B] [V/T] verstauchen; **to ~ one's ankle** sich (*dat*) den Fuß verstauchen

sprang [spræŋ] [PRÄT] → spring

sprawl [sprɔːl] [A] [S] *auf Sofa* Flegeln *n kein pl umg; von Siedlungen etc* Ausbreitung *f;* **urban ~** wild wuchernde Ausbreitung des Stadtgebietes [B] [V/I] *auf Sofa* sich hinlümmeln *umg; Siedlungen* (wild) wuchern; **to send sb ~ing** j-n zu Boden werfen [C] [V/T] **to be ~ed over sth/on sth** ausgestreckt auf etw (*dat*) liegen **sprawling** [ˈsprɔːlɪŋ] [ADJ] *Siedlungen* wild wuchernd; *Haus* großflächig; *Mensch* hingeflegelt

spray¹ [spreɪ] [S] (≈*Blumen*) Strauß *m*

spray² [A] [S] [1] Sprühregen *m; von Meer* Gischt *m* [2] Sprühdose *f* [3] *für Haar etc* Spray *m/n* [B] [V/T] *Pflanzen* besprühen; *mit Insektizid* spritzen; *Haare* sprayen; *Parfüm* (ver)sprühen [C] [V/I] sprühen; *Wasser* spritzen **spray can** [S] Sprühdose *f* **sprayer** [ˈspreɪəʳ] [S] → spray² A 2 **spray tan** [S] Bräunungsspray *n/m*

★**spread** [spred] ⟨*v: prät, pperf* spread⟩ [A] [V/T] [1] (*a.* **~ out**) *Decke, Arme* ausbreiten; *Waren* auslegen; *Hände, Beine* spreizen; **he was lying with his arms and legs ~ out** er lag mit ausgestreckten Armen und Beinen da [2] *Brot, Fläche* bestreichen; *Butter* (ver- *od* auf)streichen; *Tisch* decken; **~ the paint evenly** verteilen Sie die Farbe gleichmäßig; **to ~ a cloth**

S

over sth ein Tuch über etw (*akk*) breiten **3** (*a.* **~ out**) verteilen (**over** über +*akk*); *Sand* streuen **4** *Nachricht, Panik, Seuche* verbreiten; **she doesn't want it ~ around** sie will nicht, dass es überall (herum)erzählt wird **B** V/I sich erstrecken (**over, across** über +*akk*); *Flüssigkeit, Lächeln* sich ausbreiten (**over, across** über +*akk*); *Städte* sich ausdehnen; *Geruch, Seuche, Feuer* sich verbreiten; **to ~ to sth** etw erreichen **C** S **1** *von Flügeln* Spannweite f; *von Interessen* Spektrum n; **middle-age ~** Altersspeck m *umg* **2** Ausbreitung f, Ausdehnung f **3** *umg* Festessen n **4** (Brot)aufstrich m; **cheese ~** Streichkäse m **5** *Presse, a.* TYPO Doppelseite f; **a full-page/double ~** ein ganz-/zweiseitiger Bericht, eine ganz-/zweiseitige Anzeige ◆**spread about** *Br,* **spread around** ◆**spread out A** V/I 〈*trennb*〉 *Spielzeug* verstreuen ◆**spread out A** V/I 〈*trennb*〉 → spread **B** V/I **1** *Landschaft* sich ausdehnen **2** *Läufer* sich verteilen

spread-eagle ['spred,i:gl] V/T **to lie ~d** alle viere von sich (*dat*) strecken *umg*

spreadsheet ['spredʃi:t] S IT Tabellenkalkulation f

spree [spri:] S **spending** *od* **shopping ~** Großeinkauf m; **drinking ~** Zechtour f *umg*; **to go on a ~** *in Kneipen* eine Zechtour machen; *in Warenhaus* groß einkaufen gehen

sprig [sprɪg] S Zweig m

sprightly ['spraɪtlɪ] ADJ 〈*komp* sprightlier〉 *Melodie* lebhaft; *Greis* rüstig

★**spring** [sprɪŋ] 〈*v: prät* sprang; *US* sprung; *pperf* sprung〉 **A** V/I **to ~ a leak** *Rohr* (plötzlich) undicht werden; *Schiff* (plötzlich) ein Leck bekommen; **to ~ sth on sb** fig j-n mit etw konfrontieren **B** V/I **1** springen; **to ~** *open* aufspringen; **to ~ to one's feet** aufspringen; **tears sprang to her eyes** ihr stiegen die Tränen in die Augen; **to ~ into action** in Aktion treten; **to ~ to mind** einem einfallen; **to ~ to sb's defence** j-m zu Hilfe eilen; **to ~ (in)to life** (plötzlich) lebendig werden **2** *a.* **~ forth** fig *Idee* entstehen (**from** aus); *Interesse* herrühren (**from** von) **C** S **1** Quelle f **2** Frühling m; **in (the) ~** im Frühling **3** Sprung m **4** MECH Feder f **5** 〈*kein pl*〉 **with a ~ in one's step** mit federnden

Schritten **D** ADJ 〈*attr*〉 **1** Frühlings- **2** **~ mattress** Federkernmatratze f ◆**spring up** V/I *Pflanze* hervorsprießen; *Unkraut, Bauten* aus dem Boden schießen; *Mensch* aufspringen; fig *Firma* entstehen

spring binder S Klemmhefter m **springboard** S Sprungbrett n **spring break** *US* S Frühjahrsferien pl **spring--clean A** V/T gründlich putzen **B** V/I Frühjahrsputz machen **spring-cleaning** S Frühjahrsputz m **spring-loaded** ADJ mit einer Sprungfeder **spring onion** *Br* S Frühlingszwiebel f **spring roll** S Frühlingsrolle f **springtime** S Frühlingszeit f **spring water** S Quellwasser n **springy** ['sprɪŋɪ] ADJ 〈*komp* springier〉 federnd; *Gummi* elastisch

sprinkle ['sprɪŋkl] V/T *Wasser* sprenkeln; *Zucker* streuen; *Kuchen* bestreuen **sprinkler** ['sprɪŋklə'] S Berieselungsapparat m; *bei Brand* Sprinkler m **sprinkling** ['sprɪŋklɪŋ] S *von Regen* paar Tropfen; *von Zucker* Prise f; **a ~ of people** ein paar vereinzelte Leute

sprint [sprɪnt] **A** S Sprint m; **a ~ finish** ein Endspurt m **B** V/I sprinten, rennen **sprinter** ['sprɪntə'] S Sprinter(in) m(f)

spritzer ['sprɪtsə'] S Weinschorle f, Gespritzte(r) m

sprout [spraʊt] **A** S **1** *von Pflanze* Trieb m, Keim m **2** (Rosenkohl)röschen n; **~s** pl Rosenkohl m, Kohlsprossen pl *österr* **B** V/T *Blätter* treiben; *Hörner etc* entwickeln; *umg Bart* sich (*dat*) wachsen lassen **C** V/I **1** sprießen, keimen; *Kartoffeln* Triebe pl bekommen **2** *a.* **~ up** *Pflanzen* sprießen; *Bauten* aus dem Boden schießen

spruce¹ [spru:s] S, 〈*a.* **spruce fir**〉 Fichte f

spruce² ADJ 〈*komp* sprucer〉 gepflegt ◆**spruce up** V/T 〈*trennb*〉 *Haus* auf Vordermann bringen *umg*; **to spruce oneself up** sein Äußeres pflegen

sprung [sprʌŋ] **A** PPERF → spring **B** ADJ gefedert

spud [spʌd] *umg* S Kartoffel f, Erdapfel m *österr*

spun [spʌn] PRÄT & PPERF → spin

spur [spɜ:'] **A** S Sporn m; fig Ansporn m (**to** für); **on the ~ of the moment** ganz spontan; **a ~-of-the-moment decision** ein spontaner Entschluss **B** V/T fig *a.* **~**

on ansporren

spurious ['spjʊərɪəs] ADJ *Anspruch* unberechtigt; *Bericht* falsch; *Interesse* nicht echt; *Argument* fadenscheinig

spurn [spɜːn] V/T verschmähen

spurt [spɜːt] A S Strahl *m* 2 Spurt *m*; **a final ~** ein Endspurt *m*; **to put a ~ on** einen Spurt vorlegen; **to work in ~s** (nur) sporadisch arbeiten B V/I 1 (*a.* ~ **out**) (heraus)spritzen (**from** aus) 2 spurten C V/T **the wound ~ed blood** aus der Wunde spritzte Blut

sputter ['spʌtə'] V/I zischen; *Fett* spritzen; *Motor* stottern; *in Rede* sich ereifern (**about** *über* +*akk*)

★**spy** [spaɪ] A S Spion(in) *m(f)*, Spitzel *m* B V/T erspähen *geh* C V/I spionieren; **to spy on sb** j-n bespitzeln ◆**spy out** V/T ⟨*trennb*⟩ ausfindig machen; **to spy out the land** *fig* die Lage peilen

spy hole S Guckloch *n*, Spion *m* **spyware** ['spaɪweə'] S IT Spyware *f* (*Programme, die PCs ausspionieren*)

sq ABK (= square) 1 **sq m** qm, m² 2 Platz *m*

squabble ['skwɒbl] A S Zank *m* B V/I (sich) zanken (**about, over** um) **squabbling** ['skwɒblɪŋ] S Zankerei *f*

squad [skwɒd] S MIL Korporalschaft *f*; (≈ *Sondereinheit*) Kommando *n*; *von Polizei* Dezernat *n*; SPORT Mannschaft *f*; *umg* Freundeskreis *m*

squadron ['skwɒdrən] S FLUG Staffel *f*; SCHIFF Geschwader *n*

squalid ['skwɒlɪd] ADJ *Haus* schmutzig und verwahrlost; *Bedingungen* elend **squalor** ['skwɒlə'] S Schmutz *m*; **to live in** ~ in unbeschreiblichen Zuständen leben

squander ['skwɒndə'] V/T verschwenden; *Gelegenheit* vertun

★**square** [skweə'] A S 1 Quadrat *n*; *auf Spielbrett* Feld *n*; *auf Papier* Kästchen *n*; **cut it in ~s** schneiden Sie es quadratisch zu; **to go back to ~ one**, **to start (again) from ~ one** *fig* noch einmal von vorne anfangen; **we're back to ~ one** jetzt sind wir wieder da, wo wir angefangen haben 2 *in Stadt* Platz *m* B ADJ ⟨*komp* squarer⟩ 1 quadratisch; *Block* vierkantig; **to be a ~ peg in a round hole** am falschen Platz sein 2 *Kinn* kantig 3 MATH Quadrat-; ~ **kilometre**, ~ **kilometer** *US* Quadratkilome-

ter *n*; **3 metres ~, 3 meters ~** *US* 3 Meter *im* Quadrat 4 ⟨*attr*⟩ *Mahlzeit* ordentlich 5 *fig* **we are (all) ~** SPORT wir stehen beide/alle gleich; *fig* jetzt sind wir quitt C V/T 1 **to ~ the match** (*in einem Spiel*) gleichziehen 2 MATH quadrieren; **3 ~d is 9** 3 hoch 2 ist 9, 3 im Quadrat ist 9 ◆**square up** V/I *Boxer etc* in Kampfstellung gehen; **to square up to sb** sich vor j-m aufpflanzen *umg*; *fig* j-m die Stirn bieten

square bracket S eckige Klammer **squared** ADJ *Papier* kariert **squarely** ['skweəlɪ] ADV direkt, genau; *fig* fest; **to hit sb ~ in the stomach** j-n voll in den Magen treffen; **to place the blame for sth ~ on sb** j-m voll und ganz die Schuld an etw (*dat*) geben **square root** S Quadratwurzel *f*

squash¹ [skwɒʃ] A S 1 *Br* Fruchtsaftkonzentrat *n*; *verdünnt* Fruchtnektar *m* 2 **it's a bit of a ~** es ist ziemlich eng B V/T 1 zerdrücken 2 quetschen; **to be ~ed up against sb** gegen j-n gequetscht werden C V/I **could you ~ up?** könnt ihr etwas zusammenrücken?; *an Einzelnen* kannst du dich etwas kleiner machen?

squash² [skwɒʃ] S ⟨*kein pl*⟩ SPORT Squash *n* **squash**³ *US* S ⟨*kein pl*⟩ (Pâtisson)kürbis *m*

squat [skwɒt] A ADJ ⟨*komp* squatter⟩ gedrungen B V/I 1 hocken 2 (*a.* ~ **down**) sich (hin)kauern 3 **to ~ (in a house)** ein Haus besetzt haben C S *umg* Unterschlupf *m* (*für Hausbesetzer*) **squatter** ['skwɒtə'] S Hausbesetzer(in) *m(f)*

squawk [skwɔːk] A S heiserer Schrei; **he let out a ~** er kreischte auf B V/I schreien

squeak [skwiːk] A S *von Tür etc* Quietschen *n kein pl*; *von Mensch* Quiekser *m*; *von Tier* Quieken *n kein pl*; *von Maus* Piepsen *n kein pl*; *fig umg* Pieps *m umg* B V/I *Tür etc* quietschen; *Mensch* quieksen; *Tier* quieken; *Maus* piepsen ◆**squeak by, squeak through** *umg* V/I gerade so durchkommen **squeaky** ['skwiːkɪ] ADJ ⟨*komp* squeakier⟩ quietschend; *Stimme* piepsig **squeaky-clean** [ˌskwiːkiːˈkliːn] *umg* ADJ blitzsauber *umg*

squeal [skwiːl] A S Kreischen *n kein pl*;

von Schwein Quieken n kein pl; **with a ~ of brakes** mit kreischenden Bremsen; **~s of laughter** schrilles Gelächter **B** V/I kreischen; _Schwein_ quieken; **to ~ with delight** vor Wonne quietschen

squeamish ['skwiːmɪʃ] ADJ empfindlich; **I'm not ~** mir wird nicht so schnell schlecht; (≈ _hartgesotten_) ich bin nicht so empfindlich

squeeze [skwiːz] **A** S̲ Drücken n kein pl; _zärtlich_ Umarmung f; **to give sth a ~** etw drücken; **it was a tight ~** es war fürchterlich eng **B** V/T drücken; _Tube_ ausdrücken; _Orange_ auspressen; **to ~ clothes into a case** Kleider in einen Koffer zwängen; **I'll see if we can ~ you in** vielleicht können wir Sie noch unterbringen; **we ~d another song in** wir schafften noch ein Lied **C** V/I you should be able to ~ through wenn du dich klein machst, kommst du durch; **to ~ in** sich hineinzwängen; **to ~ past sb** sich an j-m vorbeidrücken; **to ~ onto the bus** sich in den Bus hineinzwängen; **to ~ up a bit** ein bisschen zusammenrücken ♦**squeeze out** V/T ⟨_trennb_⟩ **1** _Schwamm etc_ ausdrücken **2** _Saft etc_ auspressen (**of** aus) **squeezer** ['skwiːzə'] S̲ (Zitronen)presse f

squelch [skweltʃ] **A** S̲ quatschendes Geräusch _umg_ **B** V/I _Schuhe, Schlamm_ quatschen

squid [skwɪd] S̲ Tintenfisch m

squiggle ['skwɪgl] S̲ Schnörkel m **squiggly** ['skwɪglɪ] ADJ ⟨_komp_ squigglier⟩ schnörkelig

squint [skwɪnt] **A** S̲ MED Schielen n kein pl; **to have a ~** leicht schielen **B** V/I schielen; _bei hellem Licht_ blinzeln **C** ADJ schief

squirm [skwɜːm] V/I sich winden

squirrel ['skwɪrəl] S̲ Eichhörnchen n

squirt [skwɜːt] **A** S̲ **1** Spritzer m **2** _pej umg_ (≈ _Kind_) Pimpf m _umg_ **B** V/T spritzen; _j-n_ bespritzen **C** V/I spritzen

squishy ['skwɪʃɪ] _umg_ ADJ ⟨_komp_ squishier⟩ matschig _umg_

Sri Lanka [ˌsriː'læŋkə] S̲ Sri Lanka n

St¹ ABK (= _Street_) Str.

St² ABK (= _Saint_) hl., St.

stab [stæb] **A** S̲ **1** Stich m; **~ wound** Stichwunde f; **a ~ of pain** ein stechender Schmerz; **she felt a ~ of jealousy** plötzlich durchfuhr sie Eifersucht; **a ~**

in the back _fig_ ein Dolchstoß m **2** _umg_ **to have a ~ at sth** etw probieren **B** V/T einen Stich versetzen (+_dat_); _mehrfach_ einstechen auf (+_akk_); **to ~ sb (to death)** j-n erstechen; **he was ~bed through the arm/heart** der Stich traf ihn am Arm/ins Herz; **to ~ sb in the back** j-m in den Rücken fallen **stabbing** ['stæbɪŋ] **A** S̲ Messerstecherei f **B** ADJ _Schmerz_ stechend

stability [stə'bɪlɪtɪ] S̲ Stabilität f **stabilize** ['steɪbəlaɪz] **A** V/T stabilisieren **B** V/I sich stabilisieren

stable¹ ['steɪbl] ADJ ⟨_komp_ stabler⟩ stabil; _Stelle_ dauerhaft; _Charakter_ gefestigt

stable² S̲ Stall m; **riding ~s** Reitstall m **stablelad** ['steɪblæd] _Br_, **stableman** ['steɪblmən] S̲ Stallbursche m

stack [stæk] **A** S̲ **1** Haufen m, Stapel m **2** _umg_ **~s** jede Menge _umg_ **B** V/T stapeln; _Regale_ einräumen; **to ~ up** aufstapeln; **the cards** _od_ **odds are ~ed against us** _fig_ wir haben keine großen Chancen

★**stadium** ['steɪdɪəm] S̲ ⟨_pl_ -s _od_ stadia ['steɪdɪə]⟩ Stadion n

★**staff** [stɑːf] **A** S̲ **1** Personal n; SCHULE, UNIV Kollegium n; _von Firma etc_ Mitarbeiterstab m; **we don't have enough ~ to complete the project** wir haben nicht genügend Mitarbeiter, um das Projekt zu beenden; **a member of ~, a ~ member** _US_ ein Mitarbeiter m, eine Mitarbeiterin f; SCHULE ein Kollege m, eine Kollegin f; **to be on the ~** zum Personal/Kollegium/Mitarbeiterstab gehören **2** ⟨_pl_ -s; _old_ staves⟩ Stab m **3** MIL Stab m **B** V/T mit Personal besetzen; **the kitchens are ~ed by foreigners** das Küchenpersonal besteht aus Ausländern **staffed** ADJ **to be well ~** ausreichend Personal haben **staffing** ['stɑːfɪŋ] S̲ Stellenbesetzung f **staff meeting** S̲ Personalversammlung f **staff nurse** _Br_ S̲ (voll) ausgebildete Krankenschwester **staffroom** S̲ Lehrerzimmer n

stag [stæg] S̲ ZOOL Hirsch m

★**stage** [steɪdʒ] **A** S̲ **1** _a. fig_ Bühne f; **the ~** (≈ _Berufszweig_) das Theater, die Bühne; **to be on/go on the ~** _beruflich_ beim Theater sein/zum Theater gehen; **to go on ~** _Schauspieler_ die Bühne betreten; **to leave the ~** von der Bühne abtreten; **the ~ was set** _fig_ alles war vorbereitet; **to set the ~ for sth** *fig* den Weg für etw bereiten **2** Podium *n* **3** Stadium *n*, Phase *f*; **at this ~ such a thing is impossible** zum gegenwärtigen Zeitpunkt ist das unmöglich; **at this ~ in the negotiations** an diesem Punkt der Verhandlungen; **in the final ~(s)** im Endstadium; **what ~ is your thesis at?** wie weit sind Sie mit Ihrer Dissertation?; **we have reached a ~ where ...** wir sind an einem Punkt angelangt, wo ...; **to be at the experimental ~** im Versuchsstadium sein **4** *von Rennen* Etappe *f*; **in (easy) ~s** etappenweise **B** *V/T* Stück aufführen; *Veranstaltung* durchführen; *Unfall* inszenieren; *Protestaktion* veranstalten **stagecoach** S̄ Postkutsche *f* **stage door** S̄ Bühneneingang *m* **stage fright** S̄ Lampenfieber *n* **stage manager** S̄ Inspizient(in) *m(f)* **stage set** S̄ Bühnenbild *n*

stagger ['stægə^r] **A** *V/I* schwanken, wanken; *Betrunkener* torkeln **B** *V/T* **1** *fig durch Überraschung etc* umhauen *umg* **2** *Urlaubstage* staffeln; *Sitzplätze* versetzen **staggered** ['stægəd] *ADJ* **1** verblüfft **2** *Arbeitsstunden* gestaffelt **staggering** ['stægərɪŋ] *ADJ* **1** **to be a ~ blow (to sb/sth)** ein harter *od* schwerer Schlag (für j-n/etw) sein **2** umwerfend

stagnant ['stægnənt] *ADJ* **1** (still)stehend *attr*; *Wasser* abgestanden; *Luft* verbraucht **stagnate** [stæg'neɪt] *V/I* stagnieren; *Wasser* abstehen **stagnation** [stæg'neɪʃən] S̄ Stagnieren *n*

stag night *Br umg* S̄ Junggesellenabschied *m* **stag party** *Br umg* S̄ Junggesellenabschied *m*

staid [steɪd] *ADJ* ‹+er› seriös, gesetzt; *Farbe* gedeckt

⋆**stain** [steɪn] **A** S̄ Fleck *m*; *fig* Makel *m*; **a blood ~** ein Blutfleck *m* **B** *V/T* beflecken; *mit Lack etc* einfärben; *Holz* beizen **stained** *ADJ* gefärbt; *Kleidung* fleckig; *Glas* bunt; **~-glass window** farbiges Glasfenster; **~ with blood** blutbefleckt **stainless steel** [‚steɪnlɪs'sti:l] S̄ rostfreier (Edel)stahl **stain remover** S̄ Fleckenentferner *m*

⋆**stair** [steə^r] **1** Stufe *f* **2** ‹*mst pl*› Treppe *f*, Stiege *f österr*; **at the top of the ~s** oben an der Treppe **staircase** S̄ Treppe *f*, Stiege *f österr* **stairlift** S̄ Treppen-

lift *m*, Stiegenlift *m österr* **stairway** S̄ Treppe *f*, Stiege *f österr* **stairwell** S̄ Treppenhaus *n*, Stiegenhaus *n österr*

stake [steɪk] **A** S̄ **1** Pfosten *m*; *für Pflanzen* Stange *f* **2** Scheiterhaufen *m* **3** *bei Wette* Einsatz *m*; FIN Anteil *m*; **to be at ~** auf dem Spiel stehen; **he has a lot at ~** er hat viel zu verlieren; **to have a ~ in sth** einen Anteil an etw (*dat*) haben **4** ~s *pl* Gewinn *m*; **to raise the ~s** den Einsatz erhöhen **B** *V/T* **1** (*a. ~ up*) *Pflanze* hochbinden; *Zaun* abstützen **2** (= *riskieren*) setzen (**on** auf +*akk*); **to ~ one's reputation on sth** sein Wort für etw verpfänden; **to ~ a claim to sth** sich (*dat*) ein Anrecht auf etw (*akk*) sichern

stakeholder ['steɪkhəʊldə^r] S̄ Teilhaber(in) *m(f)*

stalactite ['stæləktaɪt] S̄ Stalaktit *m* **stalagmite** ['stæləgmaɪt] S̄ Stalagmit *m* **stale** [steɪl] *ADJ* ‹*komp* staler› alt; *Kuchen* trocken; *Brot* altbacken; *übel riechend* muffig; *Luft* verbraucht; **to go ~** *Nahrung* verderben

stalemate ['steɪlmeɪt] S̄ Patt *n*; **to reach ~** *fig* in eine Sackgasse geraten

stalk[1] [stɔ:k] *V/T* *Wild* sich anpirschen an (+*akk*); *Tier* sich heranschleichen an (+*akk*)

stalk[2] S̄ *von Pflanze* Stiel *m*; *von Wirsing* Strunk *m*

stalker ['stɔ:kə^r] S̄ Stalker(in) *m(f)* **stall** [stɔ:l] **A** S̄ **1** *in Stall* Box *f* **2** *auf Markt* Stand *m*, Standl *n österr* **3** ~s *pl Br* THEAT, FILM Parkett *n* **B** *V/T* **1** AUTO abwürgen; FLUG überziehen **2** *j-n* hinhalten; *Prozess* hinauszögern **C** *V/I* **1** *Motor* absterben; FLUG überziehen **2** *Zeit schinden umg*; **to ~ for time** versuchen, Zeit zu schinden *umg*

stallion ['stæljən] S̄ Hengst *m* **stalwart** ['stɔ:lwət] S̄ (getreuer) Anhänger

stamina ['stæmɪnə] S̄ Durchhaltevermögen *n* **stamina training** S̄ Ausdauertraining *n*

stammer ['stæmə^r] **A** S̄ Stottern *n*; **he has a bad ~** er stottert stark **B** *V/T* (*a. stammer out*) stammeln **C** *V/I* stottern

⋆**stamp** [stæmp] **A** S̄ **1** (Brief)marke *f* **2** Stempel *m* **B** *V/T* **1** **to ~ one's foot** (mit dem Fuß) (auf)stampfen **2** **a ~ed addressed envelope** ein frankierter Rückumschlag **3** stempeln **C** V/I *beim Gehen* sta(m)pfen *(trennb)* ◆**stamp on A** V/T *(trennb) Muster etc* aufprägen; **to stamp one's authority on sth** einer Sache *(dat)* seine Autorität aufzwingen **B** V/I *(trennb)* treten auf (+*akk*) ◆**stamp out** V/T *(trennb) Feuer* austreten; *fig Verbrechen* ausrotten

stamp album S Briefmarkenalbum *n* **stamp collection** S Briefmarkensammlung *f* **stamp collector** S Briefmarkensammler(in) *m(f)* **stamp duty** *Br* S Stempelgebühr *f*

stampede [stæm'pi:d] **A** S *von Vieh* wilde Flucht; *von Menschen* Massenansturm *m* (**on** auf +*akk*) **B** V/I durchgehen; *Menge* losstürmen (**for** auf +*akk*)

stamp tax *US* S Stempelgebühr *f*

stance [stæns] S Haltung *f*

★**stand** [stænd] ‹*v: prät, pperf* stood› **A** V/T **1** stellen **2** *Druck etc* standhalten (+*dat*); *bes Mensch* gewachsen sein (+*dat*); *Test* bestehen; *Hitze* ertragen **3** *umg* aushalten; **I can't ~ being kept waiting** ich kann es nicht leiden, wenn man mich warten lässt **4** **to ~ trial** vor Gericht stehen (**for** wegen) **B** V/I **1** stehen, aufstehen; *Angebot* gelten; **don't just ~ there!** stehen Sie nicht nur (dumm) rum, tun Sie was! *umg;* **to ~ as a candidate** kandidieren **2** (≈*messen*) *Baum etc* hoch sein **3** *Rekord* stehen (**at** auf +*dat*) **4** *fig* **we ~ to gain a lot** wir können sehr viel gewinnen; **what do we ~ to gain by it?** was springt für uns dabei heraus? *umg;* **I'd like to know where I ~ (with him)** ich möchte wissen, woran ich (bei ihm) bin; **where do you ~ on this issue?** welchen Standpunkt vertreten Sie in dieser Frage?; **as things ~** nach Lage der Dinge; **as it ~s** so wie die Sache aussieht; **to ~ accused of sth** einer Sache (*gen*) angeklagt sein; **to ~ firm** festbleiben; **nothing now ~s between us** es steht nichts mehr zwischen uns **C** V/I **1** *fig* Standpunkt *m* (**on** zu); **to take a ~** einen Standpunkt vertreten **2** *MIL* Widerstand *m;* **to make a ~** Widerstand leisten **3** *auf Marktplatz* Stand *m,* Standl *n österr* **4** *für Notenheft* Ständer *m* **5** *Br SPORT* Tribüne *f;* **to take the ~** *JUR* in den Zeugenstand treten ◆**stand about** *Br,* **stand around** V/I herumstehen ◆**stand apart** V/I *wörtl* abseitsstehen;

fig sich fernhalten ◆**stand aside** *wörtl* V/I zur Seite treten ◆**stand back** V/I zurücktreten ◆**stand by** V/I **1** *to stand* **by and do nothing** tatenlos zusehen **2** sich bereithalten **B** V/I (+*obj*) ◆**to stand by sb** zu j-m halten ◆**stand down** V/I zurücktreten ◆**stand for** V/I (+*obj*) **1** **to stand for election** (in einer Wahl) kandidieren **2** stehen für **3** sich (*dat*) gefallen lassen ◆**stand in** V/I einspringen ◆**stand out** V/I hervorstechen; **to stand out against sth** sich gegen etw *od* von etw abheben ◆**stand over** V/I (+*obj*) (≈*beaufsichtigen*) auf die Finger sehen (+*dat*) ◆**stand up A** V/I **1** aufstehen, stehen; **stand up straight!** stell dich gerade hin **2** *Argument* überzeugen; *JUR* bestehen **B** V/I (+*obj*) **1** **to stand up for sb/sth** für j-n/etw eintreten; **to stand up for oneself** sich behaupten; **to stand up to sb** sich j-m gegenüber behaupten **2** V/T *(trennb)* **1** hinstellen **2** *umg Freundin* versetzen

★**standard** ['stændəd] **A** S **1** Norm *f,* Maßstab *m; mst pl* (sittliche) Maßstäbe *pl;* **to be up to ~** den Anforderungen genügen; **he sets himself very high ~s** er stellt hohe Anforderungen an sich (*akk*) selbst; **by any ~(s)** egal, welche Maßstäbe man anlegt; **by today's ~(s)** aus heutiger Sicht **2** Niveau *n;* **~ of living** Lebensstandard *m* **3** Flagge *f* **B** ADJ **1** üblich, durchschnittlich; Standard-; **to be ~ practice** üblich sein **2** LING (allgemein) gebräuchlich; **~ English** korrektes Englisch; **~ German** Hochdeutsch *n*

standard class S *BAHN* zweite Klasse **standardization** [,stændədaɪ'zeɪʃən] S Vereinheitlichung *f,* Standardisierung *f* **standardize** ['stændədaɪz] V/T vereinheitlichen, standardisieren **standard lamp** S Stehlampe *f* **standard time** S *US* Winterzeit *f*

stand-by ['stændbaɪ] **A** S **1** Ersatzperson *f;* (≈*Objekt*) Reserve *f;* *FLUG* Stand-by-Ticket *n* **2** **on ~** in Bereitschaft **B** ADJ ‹*attr*› Reserve-, Ersatz-; **~ ticket** Stand-by-Ticket *n* **stand-in** ['stændɪn] S Ersatz *m* **standing** ['stændɪŋ] **A** S **1** Rang *m,* Stellung *f,* Position *f* **2** Ruf *m* **3** Dauer *f;* **her husband of five years'** ~ ihr Mann, mit dem sie seit fünf Jahren verheiratet ist **B** ADJ ‹*attr*› **1** ständig; *Heer* stehend; **it's a ~ joke**

das ist schon zu einem Witz geworden 2 aus dem Stand; **~ room only** nur Stehplätze; **to give sb a ~ ovation** j-m eine stehende Ovation darbringen
standing charge 5̲ Grundgebühr f
standing order 5̲ Br FIN Dauerauftrag m; **to pay sth by ~** etw per Dauerauftrag bezahlen **standing stone** 5̲ Menhir m **standoff** 5̲ Patt n **standoffish** ADJ, **standoffishly** [ˌstænd'ɒfɪʃ, -lɪ] ADV distanziert **standpoint** 5̲ Standpunkt m; **from the ~ of the teacher** vom Standpunkt des Lehrers (aus) gesehen **standstill** 5̲ Stillstand m; **to be at a ~** Verkehr stillstehen; Fabrik ruhen; **to bring production to a ~** die Produktion lahmlegen od zum Erliegen bringen; **to come to a ~** stehen bleiben; Fahrzeug zum Stehen kommen; Verkehr zum Stillstand kommen; Industrie zum Erliegen kommen **stand-up** ADJ ⟨attr⟩ **~ comedian** Stand-up-Comedian m/f, Alleinunterhalter(in) m(f); **~ comedy** Stand-up-Comedy f
stank [stæŋk] PRÄT → stink
stanza ['stænzə] 5̲ Strophe f
staple¹ ['steɪpl] A̲ 5̲ Klammer f, Heftklammer f B̲ V̲T̲ heften
staple² A̲ ADJ Haupt-; **~ diet** Hauptnahrungsmittel n B̲ 5̲ Hauptartikel m 2 Hauptnahrungsmittel n
stapler ['steɪplər] 5̲ Heftgerät n, Tacker m
★**star** [stɑːr] A̲ 5̲ 1 Stern m; **the Stars and Stripes** das Sternenbanner; **you can thank your lucky ~s that …** Sie können von Glück sagen, dass … 2 Hauptdarsteller(in) m(f); berühmt Star m B̲ ADJ ⟨attr⟩ Haupt-; **~ player** Star m C̲ V̲T̲ FILM etc **to ~ sb** j-n in der Hauptrolle zeigen; **a film ~ring Greta Garbo** ein Film mit Greta Garbo (in der Hauptrolle) D̲ V̲I̲ FILM etc die Hauptrolle spielen
starboard ['stɑːbəd] A̲ 5̲ Steuerbord n B̲ ADJ Steuerbord- C̲ ADV (nach) Steuerbord
starch [stɑːtʃ] A̲ 5̲ Stärke f B̲ V̲T̲ stärken
stardom ['stɑːdəm] 5̲ Ruhm m
stare [steər] A̲ 5̲ (starrer) Blick m B̲ V̲T̲ **the answer was staring us in the face** die Antwort lag klar auf der Hand; **to ~ defeat in the face** der Niederlage

ins Auge blicken C̲ V̲I̲ (vor sich hin) starren; überrascht große Augen machen; **to ~ at sb/sth** j-n/etw anstarren
starfish ['stɑːfɪʃ] 5̲ Seestern m **star fruit** 5̲ Sternfrucht f
staring ['steərɪŋ] ADJ starrend attr; **~ eyes** starrer Blick
stark [stɑːk] A̲ ADJ ⟨+er⟩ Unterschied krass; Tatsache nackt; Wahl hart; Landschaft kahl B̲ ADV **~ raving mad** umg total verrückt umg; **~ naked** splitter(faser)nackt umg **starkers** ['stɑːkəz] Br umg ADJ splitter(faser)nackt umg
starlight ['stɑːlaɪt] 5̲ Sternenlicht n
starling ['stɑːlɪŋ] 5̲ Star m
starlit ADJ stern(en)klar **starry** ['stɑːrɪ] ADJ ⟨komp starrier⟩ Nacht stern(en)klar; **~ sky** Sternenhimmel m; **~-eyed** umg blauäugig **star sign** 5̲ Sternzeichen n
star-spangled banner 5̲ **The Star-spangled Banner** das Sternenbanner (Nationalhymne der USA) **star-studded** ['stɑːstʌdɪd] fig ADJ **~ cast** Starbesetzung f
start¹ [stɑːt] A̲ 5̲ **to give a ~** zusammenfahren; **to give sb a ~** j-n erschrecken; **to wake with a ~** aus dem Schlaf hochschrecken B̲ V̲I̲ zusammenfahren
★**start²** A̲ 5̲ 1 Beginn m, Anfang m; bei Reise Aufbruch m, Start m; von Problemen etc Ausgangspunkt m; **for a ~** fürs Erste, zunächst einmal; **from the ~** von Anfang an; **from ~ to finish** von Anfang bis Ende; **to get off to a good ~** gut vom Start wegkommen; fig einen glänzenden Start haben; **to make a ~ (on sth)** (mit etw) anfangen 2 a. SPORT Vorsprung m (**over** vor +dat) B̲ V̲T̲ 1 anfangen mit, beginnen; neuen Job, Reise antreten; **to ~ work** anfangen zu arbeiten; **to ~ school** in die Schule kommen 2 Rennen, Maschine starten; Gespräch, Streit anfangen; Motor anlassen; Feuer legen; **to ~ a family/business** eine Familie/ein Unternehmen gründen C̲ V̲I̲ anfangen, beginnen; Motor starten; **~ing from Tuesday** ab Dienstag; **to ~ (off) with** erstens, zunächst; **I'd like soup to ~ (off)** with ich möchte erst mal eine Suppe; **to get ~ed** anfangen; zu Reise aufbrechen; **to ~ on a task/journey** sich an eine Aufgabe/auf eine Reise machen; **to ~ talking** od **to talk** zu sprechen beginnen; **he ~ed by saying …** er sagte

zunächst … ♦**start back** V/I sich auf den Rückweg machen ♦**start for** V/I ⟨+obj⟩ sich auf den Weg machen nach ♦**start off** Ⓐ V/I anfangen; *zu Reise* aufbrechen; **to start off with** → start² Ⓒ Ⓑ V/T ⟨trennb⟩ anfangen; **that started the dog off (barking)** da fing der Hund an zu bellen; **to start sb off on sth** j-n auf etw (akk) bringen; **a few stamps to start you off** ein paar Briefmarken für den Anfang ♦**start out** V/I anfangen; *zu Reise* aufbrechen **(for** nach) ♦**start up** Ⓐ V/I anfangen; *Maschine* angehen umg; *Motor* anspringen Ⓑ V/T ⟨trennb⟩ **1** *Gerät, Motor* anmachen umg **2** eröffnen; *Gespräch* anknüpfen

starter ['stɑːtəʳ] Ⓢ **1** SPORT Starter(in) m(f) **2** Br umg Vorspeise f **3** **for ~s** umg für den Anfang umg **starting gun** Ⓢ Startpistole f **starting point** Ⓢ Ausgangspunkt m **starting salary** Ⓢ Anfangsgehalt n

startle ['stɑːtl] V/T erschrecken **startling** ['stɑːtlɪŋ] ADJ *Nachricht* überraschend; *negativ* alarmierend; *Zufall* erstaunlich; *Entdeckung* sensationell

start-up ['stɑːtʌp] Ⓢ **1** WIRTSCH Neugründung f; Start-up-Unternehmen n; **~ costs** Startkosten pl **2** COMPUT Hochfahren n, Start m **3** TECH Start m, Inbetriebnahme f

starvation [stɑːˈveɪʃən] Ⓢ Hunger m; **to die of ~** verhungern **starve** [stɑːv] Ⓐ V/T **1** hungern lassen; (a. **~ out**) aushungern; (a. **~ to death**) verhungern lassen; **to ~ oneself** hungern **2** fig **to ~ sb of sth** j-m etw vorenthalten Ⓑ V/I hungern; (a. **~ to death**) verhungern; **you must be starving!** du musst doch halb verhungert sein! umg **starving** ['stɑːvɪŋ] wörtl ADJ hungernd attr; fig hungrig **stash** [stæʃ] V/T umg a. **~ away** bunkern sl; *Geld* beiseiteschaffen

★**state¹** [steɪt] Ⓢ **1** Zustand m; **~ of mind** Geisteszustand m; **the present ~ of the economy** die gegenwärtige Wirtschaftslage; **~ of emergency** Notstand m; **he's in no (fit) ~ to do that** er ist auf gar keinen Fall in der Verfassung, das zu tun; **what a ~ of affairs!** was sind das für Zustände!; **look at the ~ of your hands!** guck dir bloß mal deine Hände an!; **the room was in a terrible ~** im Zimmer herrschte ein fürchterli-

ches Durcheinander; **to get into (such) a ~ (about sth)** umg wegen etw durchdrehen umg; **to be in a terrible ~** umg in heller Aufregung sein, ganz durchgedreht sein umg; **to lie in ~** (feierlich) aufgebahrt sein **2** POL Staat m; *von Republik etc* (Bundes)staat m, (Bundes)land n; **the States** die (Vereinigten) Staaten; **the State of Florida** der Staat Florida Ⓑ V/T darlegen; *Namen, Absicht* angeben; **to ~ that …** erklären, dass …; **to ~ one's case** seine Sache vortragen; **as ~d in my letter I …** wie in meinem Brief erwähnt, … ich … **state²** ZSSGN Staats-, staatlich; US etc bundesstaatlich **stated** ADJ **1** genannt **2** fest(gesetzt) **State Department** US Ⓢ Außenministerium n **state education** Ⓢ staatliche Erziehung **state-funded** ADJ staatlich finanziert **state funding** Ⓢ staatliche Finanzierung **statehouse** US Ⓢ Parlamentsgebäude n **stateless** ADJ staatenlos **stately** ['steɪtlɪ] ADJ ⟨komp statelier⟩ würdevoll; **~ home** herrschaftliches Anwesen

★**statement** ['steɪtmənt] Ⓢ **1** Darstellung f, Darlegung f **2** Behauptung f; offiziell Erklärung f; polizeilich Aussage f; **to make a ~ to the press** eine Presseerklärung abgeben **3** FIN a. **bank ~** Kontoauszug m

state-of-the-art [ˌsteɪtəvðɪˈɑːt] ADJ hochmodern; **~ technology** Spitzentechnologie f **state-owned** ADJ staatseigen **state school** Br Ⓢ öffentliche Schule **state secret** Ⓢ Staatsgeheimnis n **stateside** US umg Ⓐ ADJ in den Staaten umg Ⓑ ADV nach Hause **statesman** ['steɪtsmən] Ⓢ ⟨pl -men⟩ Staatsmann m **statesmanlike** ADJ staatsmännisch **statesmanship** Ⓢ Staatskunst f **stateswoman** ['steɪtswʊmən] Ⓢ ⟨pl -women [-wɪmən]⟩ Staatsmännin f **state visit** Ⓢ Staatsbesuch m

static ['stætɪk] Ⓐ ADJ statisch, konstant; **~ electricity** statische Aufladung f Ⓑ Ⓢ PHYS Reibungselektrizität f

★**station** ['steɪʃən] Ⓢ **1** Station f; *von Polizei* Wache f, Wachzimmer n österr **2** Bahnhof m **3** RADIO, TV Sender m **4** (≈ Position) Platz m **5** (≈ Stellung) Rang m **stationary** ['steɪʃənərɪ] ADJ parkend attr; haltend attr; **to be ~** *Verkehr* stillstehen

stationer ['steɪʃənər] 〈 Schreibwarenhändler(in) *m(f)* **stationer's** ['steɪʃənəz] 〈 Schreibwarenhandlung *f* **stationery** ['steɪʃənərɪ] 〈 Schreibwaren *pl*

station house US 〈 (Polizei)wache *f*, Wachzimmer *n* österr **stationmaster** 〈 Bahnhofsvorsteher(in) *m(f)* **station wagon** US 〈 Kombi(wagen) *m*

statistic [stə'tɪstɪk] 〈 Statistik *f* **statistical**, **statistically** ADV statistisch **statistician** [stætɪs'tɪʃn] 〈 Statistiker(in) *m(f)* **statistics** 〈 **1** 〈+*sg v*〉 Statistik *f* **2** 〈*pl*〉 (≈ *Daten*) Statistiken *pl*

statue ['stætjuː] 〈 Statue *f*; **Statue of Liberty** Freiheitsstatue *f* **statuesque** [ˌstætjʊ'esk] ADJ standbildhaft

stature ['stætʃər] 〈 **1** Wuchs *m*, Statur *f*; **of short ~** von kleinem Wuchs **2** *fig* Format *n*

status ['steɪtəs] 〈 Stellung *f*; **equal ~** Gleichstellung *f*; **marital ~** Familienstand *m* **status bar** 〈 IT Statuszeile *f* **status quo** [ˌsteɪtəs'kwəʊ] 〈 〈*kein pl*〉 Status quo *m* **status symbol** 〈 Statussymbol *n* **status update** 〈 Status-Update *n*, Status-Aktualisierung *f*

statute ['stætjuːt] 〈 Gesetz *n*; *von Organisation* Satzung *f* **statute book** *bes* Br 〈 Gesetzbuch *n* **statutory** ['stætjʊtərɪ] ADJ gesetzlich; *in Organisation* satzungsgemäß; *Rechte* verbrieft

staunch¹ [stɔːntʃ] ADJ 〈+er〉 *Verbündeter* unerschütterlich; *Katholik* überzeugt; *Unterstützung* standhaft

staunch² VT stauen; *Blutung* stillen

staunchly ['stɔːntʃlɪ] ADV treu; *verteidigen* standhaft; *katholisch* streng

stave [steɪv] 〈 **1** Knüppel *m* **2** MUS Notenlinien *pl* ◆**stave off** VT 〈*trennb*〉 Angriff zurückschlagen; *Bedrohung* abwehren; *Niederlage* abwenden

★**stay** [steɪ] 🅐 〈 Aufenthalt *m* 🅑 VT **to ~ the night** übernachten 🅒 VI **1** bleiben; **to ~ for** *od* **to supper** zum Abendessen bleiben **2** wohnen; *in Herberge etc* übernachten; **to ~ at a hotel** im Hotel übernachten; **I ~ed in Italy for a few weeks** ich habe mich ein paar Wochen in Italien aufgehalten; **when I was ~ing in Italy** als ich in Italien war; **he is ~ing at Chequers for the weekend** er verbringt das Wochenende in Chequers; **my brother came to ~** mein Bruder ist zu

Besuch gekommen ◆**stay away** VI wegbleiben (**from** von); *von j-m* sich fernhalten (**from** von) ◆**stay back** VI zurückbleiben, Abstand halten ◆**stay behind** VI zurückbleiben; SCHULE *zur Strafe* nachsitzen ◆**stay down** VI unten bleiben; SCHULE wiederholen ◆**stay in** VI zu Hause bleiben; *in Position* drinbleiben ◆**stay off** VI 〈+obj〉 **to stay off school** nicht zur Schule gehen ◆**stay on** VI *Deckel etc* draufbleiben; *Licht* anbleiben; **to stay on at school** (in der Schule) weitermachen ◆**stay out** VI draußen bleiben, wegbleiben; **to stay out of sth** sich aus etw heraushalten; **he never managed to stay out of trouble** er war dauernd in Schwierigkeiten ◆**stay up** VI **1** aufbleiben **2** *Zelt* stehen bleiben; *Bild* hängen bleiben; **his trousers won't stay up** seine Hosen rutschen immer ◆**stay with** VI 〈+obj〉 *vorübergehend* wohnen bei

staycation [steɪ'keɪʃn] *umg* 〈 Urlaub *m* zu Hause, Ferien *pl* zu Hause, Urlaub *m* auf Balkonien *umg* **staying power** ['steɪɪŋˌpaʊər] 〈 Ausdauer *f*

St Bernard [sənt'bɜːnəd] 〈 Bernhardiner *m*

STD¹ ABK (= **subscriber trunk dialling** *Br*) TEL der Selbstwählferndienst

STD² ABK (= **sexually transmitted disease**) sexuell übertragbare Krankheit, Geschlechtskrankheit *f*

STD code [esti:'di:kəʊd] 〈 Vorwahl (-nummer) *f*

stead [sted] 〈 **to stand sb in good ~** j-m zugutekommen **steadfast** ['stedfəst] ADJ fest

steadily ['stedɪlɪ] ADV **1** ruhig **2** ständig; *Regen* ununterbrochen; **the atmosphere in the country is getting ~ more tense** die Stimmung im Land wird immer gespannter **3** zuverlässig **4** gleichmäßig

★**steady** ['stedɪ] 🅐 ADJ 〈komp steadier〉 **1** *Hand* ruhig; *Stimme, Job, Freund* fest; **to hold sth ~** etw ruhig halten; *Leiter* etw festhalten **2** *Fortschritt* kontinuierlich; *Regen* ununterbrochen; *Einkommen* geregelt; **at a ~ pace** in gleichmäßigem Tempo **3** zuverlässig 🅑 ADV **~!** vorsichtig!; **to go ~ (with sb)** *umg* mit j-m (fest) gehen *umg* 🅒 VT *Nerven* beruhigen; **to ~ oneself** festen Halt finden

S

★**steak** [steɪk] S̲ Steak n; (≈ Fisch) Filet n

★**steal** [stiːl] ⟨v: prät stole; pperf stolen⟩
Ⓐ V̲/T̲ stehlen; **to ~ sth from sb** j-m
etw stehlen; **to ~ the show** die Schau
stehlen; **to ~ a glance at sb** verstohlen
zu j-m hinschauen Ⓑ V̲/I̲ 1 stehlen 2 **to
~ away** od off sich weg- od davonsteh-
len; **to ~ up on sb** sich an j-n heran-
schleichen

stealth [stelθ] S̲ List f; **by ~** durch List
stealthily ['stelθɪlɪ] A̲D̲V̲ verstohlen
stealthy ['stelθɪ] A̲D̲J̲ ⟨komp stealthier⟩
verstohlen

★**steam** [stiːm] Ⓐ S̲ Dampf m; **full ~
ahead** SCHIFF volle Kraft voraus; **to get
pick up ~** fig in Schwung kommen; **to
let off ~** Dampf ablassen; **to run out
of ~** fig Schwung verlieren Ⓑ V̲/T̲ dämp-
fen Ⓒ V̲/I̲ dampfen ♦**steam up** Ⓐ V̲/T̲
⟨trennb⟩ Fenster beschlagen lassen; **to
be (all) steamed up** (ganz) beschlagen
sein; fig umg (ganz) aufgeregt sein Ⓑ
V̲/I̲ beschlagen

steamboat S̲ Dampfschiff n **steam
engine** S̲ Dampflok f **steamer** ['stiːm-
əʳ] S̲ 1 Dampfer m 2 GASTR Dampf-
(koch)topf m **steam iron** S̲ Dampfbü-
geleisen n **steamroller** S̲ Dampfwalze
f **steamship** S̲ Dampfschiff n **steamy**
['stiːmɪ] A̲D̲J̲ ⟨komp steamier⟩ dampfig;
fig Affäre heiß

★**steel** [stiːl] Ⓐ S̲ Stahl m Ⓑ A̲D̲J̲ ⟨attr⟩
Stahl- Ⓒ V̲/T̲ **to ~ oneself** sich wappnen
(for gegen); **to ~ oneself to do sth** allen
Mut zusammennehmen, um etw zu tun
steel band S̲ Steelband f **steely** ['stiː-
lɪ] A̲D̲J̲ ⟨komp steelier⟩ Gesichtsausdruck
hart

★**steep**[1] [stiːp] A̲D̲J̲ ⟨+er⟩ 1 steil; **it's a ~
climb** es geht steil hinauf 2 fig umg
Preis unverschämt (teuer)

steep[2] V̲/T̲ 1 eintauchen; Wäsche einwei-
chen 2 fig **to be ~ed in sth** von etw
durchdrungen sein; **~ed in history** ge-
schichtsträchtig

steepen ['stiːpən] V̲/I̲ Abhang steiler wer-
den; Boden ansteigen

steeple ['stiːpl] S̲ Kirchturm m **stee-
plechase** ['stiːpltʃeɪs] S̲ Hindernisren-
nen n, Hindernislauf m **steeply**
['stiːplɪ] A̲D̲V̲ **to climb ~** Weg etc steil an-
steigen; Preis etc stark in die Höhe ge-
hen

steepness ['stiːpnɪs] S̲ Steilheit f

★**steer**[1] [stɪəʳ] Ⓐ V̲/T̲ lenken; Schiff steuern
Ⓑ V̲/I̲ lenken; SCHIFF steuern

steer[2] S̲ junger Ochse

steering ['stɪərɪŋ] S̲ Lenkung f **steer-
ing wheel** S̲ Steuer(rad) n

stein [ʃtaɪn] S̲ Maßkrug m, Bierkrug m

stellar ['stelɑʳ] A̲D̲J̲ stellar

stem [stem] Ⓐ S̲ von Pflanze, Glas Stiel
m; von Strauch, Wort Stamm m; von Ge-
treide Halm m Ⓑ V̲/T̲ aufhalten Ⓒ V̲/I̲ **to
~ from sth** von etw herrühren, aus
etw (her)stammen **stem cell** S̲ BIOL,
MED Stammzelle f **stem ginger** S̲ kan-
dierter Ingwer

stench [stentʃ] S̲ Gestank m

stencil ['stensl] S̲ Schablone f

★**step** [step] Ⓐ S̲ 1 Schritt m; **to take a ~**
einen Schritt machen; **~ by ~** Schritt für
Schritt; **to take sth one** od **a ~ at a time**
etw Schritt für Schritt machen; **to watch
one's ~** achtgeben; **to be one ~ ahead
of sb** fig j-m einen Schritt voraus sein;
to be in ~ wörtl im Gleichschritt sein;
fig im Gleichklang sein; **to be out of ~**
wörtl nicht im Tritt sein; fig nicht im
Gleichklang sein; **the first ~ is to form
a committee** als Erstes muss ein Aus-
schuss gebildet werden; **that would be
a ~ back/in the right direction for
him** das wäre für ihn ein Rückschritt/
ein Schritt in die richtige Richtung; **to
take ~s to do sth** Maßnahmen ergrei-
fen, (um) etw zu tun 2 Stufe f; in Prozess
Abschnitt m; **~s** Treppe f, Stiege f österr;
mind the ~ Vorsicht Stufe 3 **~s** pl Br
Trittleiter f Ⓑ V̲/I̲ gehen; **to ~ into/out
of sth** in etw (akk)/aus etw treten; **to ~
on(to) sth** Zug in etw (akk) steigen; Platt-
form auf etw (akk) steigen; **to ~ on sth**
auf etw (akk) treten; **he ~ped on my
foot** er ist mir auf den Fuß getreten;
to ~ inside/outside hinein-/hinaustre-
ten; **~ on it!** in Auto gib Gas! ♦**step
aside** V̲/I̲ 1 wörtl zur Seite treten 2
fig Platz machen ♦**step back** wörtl V̲/I̲
zurücktreten ♦**step down** V̲/I̲ 1 hinab-
steigen 2 fig zurücktreten ♦**step for-
ward** V̲/I̲ vortreten; fig sich melden
♦**step in** V̲/I̲ 1 wörtl eintreten (**sth**, **-to
sth** in etw akk) 2 fig eingreifen ♦**step
off** V̲/I̲ ⟨+obj⟩ aus Bus aussteigen (**sth**
aus etw); **to step off the pavement**
vom Bürgersteig treten ♦**step up** Ⓐ
V̲/T̲ ⟨trennb⟩ steigern; Kampagne, Suche

S

verstärken; *Tempo erhöhen* **B** **V/i** **to step up to sb** auf j-n zugehen/zukommen; **he stepped up onto the stage** er trat auf die Bühne

step- PRÄF Stief- **stepbrother** S̲ Stiefbruder *m* **stepdaughter** S̲ Stieftochter *f* **stepfather** S̲ Stiefvater *m*

stepladder ['step,lædə] S̲ Trittleiter *f*

step machine S̲ SPORT Stepper *m*

stepmother S̲ Stiefmutter *f*

stepping stone ['stepɪŋ,stəʊn] S̲ (Tritt)stein *m*; *fig* Sprungbrett *n*

stepsister S̲ Stiefschwester *f* **stepson** S̲ Stiefsohn *m*

★**stereo** ['steriəʊ] **A** S̲ 〈*pl* -s〉 Stereo *n*, Stereoanlage *f* **B** ADJ Stereo-

stereotype ['steriə,taɪp] **A** S̲ *fig* Klischee *n*, Klischeevorstellung *f* **B** ADJ 〈*attr*〉 stereotyp **stereotyped** ADJ, **stereotypical** [,stɪəriə'tɪpɪkl] ADJ stereotyp

sterile ['steraɪl] ADJ steril; *Boden* unfruchtbar **sterility** [ste'rɪlɪti] S̲ *von Tier, Boden* Unfruchtbarkeit *f*; *von Mensch a.* Sterilität *f* **sterilization** [,sterɪlaɪ'zeɪʃən] S̲ Sterilisation *f* **sterilize** ['sterɪlaɪz] V/t sterilisieren

sterling ['stɜːlɪŋ] **A** ADJ **1** FIN Sterling-; **in pounds ~** in Pfund Sterling **2** *fig* gediegen **B** S̲ 〈*ohne art*〉 das Pfund Sterling; **in ~** in Pfund Sterling

stern¹ [stɜːn] S̲ SCHIFF Heck *n*

stern² ADJ 〈*+er*〉 streng; *Test* hart **sternly** ['stɜːnli] ADV ernsthaft; *blicken* streng

steroid ['stɪərɔɪd] S̲ Steroid *n*

stethoscope ['steθəskəʊp] S̲ Stethoskop *n*

stevia ['stiːviə] S̲ BOT Stevia *f*

stew [stjuː] **A** S̲ **1** Eintopf *m* **2** *umg* **to be in a ~ (over sth)** (über etw (*akk*) *od* wegen etw) (ganz) aufgeregt sein **B** V/t *Fleisch* schmoren; *Obst* dünsten **C** V/i **to let sb ~** j-n (im eigenen Saft) schmoren lassen

★**steward** ['stjuːəd] S̲ Steward *m*; *von Landgut* Verwalter(in) *m(f)*; *bei Versammlung* Ordner(in) *m(f)*

★**stewardess** [,stjuːə'des] S̲ Stewardess *f*

★**stick¹** [stɪk] S̲ **1** Stock *m*, Stecken *m bes österr, schweiz*; *von Strauch* Zweig *m*; SPORT Schläger *m*; COMPUT Stick *m*, USB-Stick *m*; **to give sb/sth some/a lot of ~** *Br umg* j-n/etw heruntermachen

umg, j-n/etw herunterputzen *umg*; **to get the wrong end of the ~** *fig umg* etw falsch verstehen; **in the ~s** in der hintersten Provinz; **to save sth to/on a ~** COMPUT etw auf Stick speichern **2** *von Sellerie* Stange *f*

★**stick²** 〈*prät, pperf* stuck〉 **A** V/t **1** kleben, picken *österr* **2** stecken **3** *Messer* stoßen; **he stuck a knife into her arm** er stieß ihr ein Messer in den Arm **4** *umg* tun *umg*; *in etw* stecken *umg*; ~ **it on the shelf** tu's ins Regal; **he stuck his head round the corner** er steckte seinen Kopf um die Ecke **B** V/i **1** kleben (**to** an +*dat*), picken *österr* (**to** an +*dat*); **the name seems to have stuck** der Name scheint ihm/ihr geblieben zu sein **2** stecken bleiben; *Schublade* klemmen **3** stecken (**in** in +*dat*); **it stuck in my foot** das ist mir im Fuß stecken geblieben **4** **his toes are ~ing through his socks** seine Zehen kommen durch die Socken **5** bleiben; **to ~ in sb's mind** im Gedächtnis bleiben ◆**stick around** *umg* V/i dableiben; **stick around!** warts ab! ◆**stick at** V/i 〈*+obj*〉 bleiben an (+*dat*) *umg*; **to stick at it** dranbleiben *umg* ◆**stick by** V/i 〈*+obj*〉 halten zu; *Regeln* sich halten an ◆**stick down** V/t 〈*trennb*〉 **1** ankleben; *Umschlag* zukleben **2** *umg* abstellen ◆**stick in** V/t 〈*trennb*〉 hineinstecken, *Messer* hineinstechen; **to stick sth in(to) sth** etw in etw (*akk*) stecken; *Messer* mit etw in etw (*akk*) stechen ◆**stick on** V/t 〈*trennb*〉 **1** *Etikett* aufkleben (**sth** auf etw *akk*) **2** *auf Preis* draufschlagen; *mit Objekt* aufschlagen auf (+*akk*) ◆**stick out A** V/i vorstehen (**of** aus); *Ohren* abstehen; *fig* auffallen **B** V/t 〈*trennb*〉 herausstrecken ◆**stick to** V/i 〈*+obj*〉 **1** bleiben bei; *Prinzipien etc* treu bleiben (+*dat*); *Regeln, Diät* sich halten an (+*akk*) **2** *Aufgabe* bleiben an (+*dat*) ◆**stick together** V/i zusammenhalten ◆**stick up A** V/i 〈*trennb*〉 **1** zukleben **2** *umg* **stick 'em up!** Hände hoch!; **three pupils stuck up their hands** drei Schüler meldeten sich **B** V/i *Nagel etc* vorstehen; *Haare* abstehen; *Kragen* hochstehen ◆**stick up for** V/i 〈*+obj*〉 eintreten für; **to stick up for oneself** sich behaupten ◆**stick with** V/i 〈*+obj*〉 bleiben bei

sticker ['stɪkə] S̲ Aufkleber *m*, Pickerl *n*

österr **sticking plaster** [ˈstɪkɪŋˌplɑːstə⁊] *Br* ⬡ Heftpflaster *n*

stickler [ˈstɪklə⁊] ⬡ **to be a ~ for sth** es mit etw peinlich genau nehmen

stick-on ADJ **~ label** Aufklebeetikett *n*

stick-up *umg* ⬡ Überfall *m* **sticky** [ˈstɪkɪ] ADJ ⟨*komp* stickier⟩ **1** klebrig; *Atmosphäre* schwül; *Hände* verschwitzt; **~ tape** *Br* Klebeband *n* **2** *umg* Lage heikel; **to go through a ~ patch** eine schwere Zeit durchmachen; **to come to a ~ end** ein böses Ende nehmen

★**stiff** [stɪf] ADJ ⟨*+er*⟩ steif; *Masse* fest; *Opposition, Drink* stark; *Bürste, Wettbewerb* hart; *Prüfung* schwierig; *Preis* hoch; *Tür* klemmend; **to be (as) ~ as a board** *od* **poker** steif wie ein Brett sein **stiffen** [ˈstɪfn] (*a.* **stiffen up**) A VIT steif machen B VII steif werden

stifle [ˈstaɪfl] A VIT ersticken; *fig* unterdrücken B VII ersticken **stifling** [ˈstaɪflɪŋ] ADJ **1** *Hitze* drückend; **it's ~ in here** es ist zum Ersticken hier drin *umg* **2** *fig* beengend

stigma [ˈstɪɡmə] ⬡ ⟨*pl* -s⟩ Stigma *n* **stigmatize** [ˈstɪɡmətaɪz] VIT **to ~ sb as sth** j-n als etw brandmarken

stile [staɪl] ⬡ (Zaun)übertritt *m*

stiletto [stɪˈletəʊ] ⬡ ⟨*pl* -s⟩ Schuh *m* mit Pfennigabsatz

still¹ [stɪl] A ADJ & ADV ⟨*+er*⟩ **1** bewegungslos; *Gewässer* ruhig; **to keep ~** stillhalten; **to hold sth ~** etw ruhig halten; **to lie ~ still** *od* reglos daliegen; **time stood ~** die Zeit stand still **2** still; **be ~!** *US* sei still! B ADJ *Getränk* ohne Kohlensäure C ⬡ FILM Standfoto *n*

★**still**² A ADV **1** noch, immer noch; **is he ~ coming?** kommt er noch?; **do you mean you ~ don't believe me?** willst du damit sagen, dass du mir immer noch nicht glaubst?; **it ~ hasn't come** es ist immer noch nicht gekommen; **there are ten weeks ~ to go** es bleiben noch zehn Wochen; **worse ~, ... 2** ... schlimmer noch, ... **2** *umg* trotzdem; **~, it was worth it** es hat sich trotzdem gelohnt; **~, he's not a bad person** na ja, er ist eigentlich kein schlechter Mensch B KONJ (und) dennoch

stillbirth ⬡ Totgeburt *f*, Fehlgeburt *f* **stillborn** ADJ tot geboren; **the child was ~** das Kind kam tot zur Welt **still life** ⬡ ⟨*pl* still lifes⟩ Stillleben *n* **still-**

ness [ˈstɪlnɪs] ⬡ **1** Unbewegtheit *f*, Reglosigkeit *f* **2** Stille *f*

stilt [stɪlt] ⬡ Stelze *f* **stilted** [ˈstɪltɪd] ADJ gestelzt

stimulant [ˈstɪmjʊlənt] ⬡ Anregungsmittel *n* **stimulate** [ˈstɪmjʊleɪt] VIT anregen; *sexuell* erregen; *fig* j-n animieren; *Wachstum* stimulieren; *Wirtschaft* ankurbeln **stimulating** [ˈstɪmjʊleɪtɪŋ] ADJ anregend; *Musik* belebend; *geistig* stimulierend **stimulation** [ˌstɪmjʊˈleɪʃən] ⬡ **1** Anregung *f*, Stimulation *f*; *sexuell* Erregung *f* **2** *von Wirtschaft* Ankurbelung *f* **stimulus** [ˈstɪmjʊləs] ⬡ ⟨*pl* stimuli [ˈstɪmjʊlaɪ]⟩ Anreiz *m*; PHYSIOL Reiz *m*

★**sting** [stɪŋ] ⟨*v: prät, pperf* stung⟩ A VIT stechen; *Qualle* verbrennen; **she was stung by the nettles** sie hat sich an den Nesseln verbrannt; **to ~ sb into action** j-n aktiv werden lassen B VII **1** stechen, brennen **2** *Worte* schmerzen C ⬡ **1** Stachel *m*; **to take the ~ out of sth** etw entschärfen; **to have a ~ in its tail** *Geschichte etc* ein unerwartet fatales Ende nehmen; *Bemerkung* gesalzen sein **2** Stich *m* **3** (≈ *Schmerz*) Stechen *n*, Brennen *n* **stinging** [ˈstɪŋɪŋ] ADJ stechend, brennend; *Regen* peitschend; *Angriff* scharf **stinging nettle** ⬡ Brennnessel *f*

stingy [ˈstɪndʒɪ] *umg* ADJ ⟨*komp* stingier⟩ *Mensch* knauserig; *Summe* popelig *umg*

stink [stɪŋk] ⟨*v: prät* stank; *pperf* stunk⟩ A VII **1** stinken B ⬡ **1** Gestank *m* (of nach) **2** Stunk *m umg*; **to kick up** *od* **make a ~** Stunk machen *umg* **stinking** [ˈstɪŋkɪŋ] A ADJ **1** *wörtl* stinkend **2** *umg* beschissen *umg* B ADV *umg* **~ rich** *Br* stinkreich *umg* **stinky** [ˈstɪŋkɪ] *umg* ADJ ⟨*komp* stinkier⟩ stinkend

stint [stɪnt] A ⬡ Aufgabe *f*, Anteil *m* (of an *+dat*); **a 2-hour ~** eine 2-Stunden-Schicht; **he did a five-year ~ on the oil rigs** er hat fünf Jahre auf Ölplattformen gearbeitet; **would you like to do a ~ at the wheel?** wie wär's, wenn du auch mal fahren würdest? B VII **to ~ on sth** mit etw sparen *od* knausern

stipend [ˈstaɪpend] *bes Br* ⬡ Gehalt *n*; *US* UNIV Stipendium *n*

stipulate [ˈstɪpjʊleɪt] VIT **1** zur Auflage machen **2** *Betrag, Preis* festsetzen; *Men-*

ge vorschreiben

★stir [stɜː] **A** 🔄 **1** *wörtl* Rühren *n*; **to give sth a ~** etw rühren; *Kaffee* etw umrühren; **2** *fig* Aufruhr *m*; **to cause a ~** Aufsehen erregen **B** 🔄 **1** *Kaffee* umrühren; *Teig* rühren; **2** bewegen; **3** *fig Gefühle* aufwühlen; *Fantasie* anregen **C** 🔄 sich regen, sich bewegen **♦stir up** 🔄 〈*trennb*〉 **1** umrühren; **2** *fig* erregen; *Vergangenheit* wachrufen; *Widerstand* entfachen; **to stir up trouble** Unruhe stiften

stir-fry [ˈstɜːˌfraɪ] **A** 🔄 Stirfrygericht *n* **B** 🔄 (unter Rühren) kurz anbraten **stirring** [ˈstɜːrɪŋ] ADJ bewegend, aufwühlend

stirrup [ˈstɪrəp] 🔄 Steigbügel *m*

stitch [stɪtʃ] **A** 🔄 **1** Stich *m*; *beim Stricken* Masche *f*, Muster *n*; **to need ~es** MED genäht werden müssen **2** Seitenstiche *pl*; **to be in ~es** *umg* sich schieflachen *umg* **B** 🔄 *Handarbeiten, a.* MED nähen **C** 🔄 nähen (**at** an +*dat*) **♦stitch up** 🔄 〈*trennb*〉 **1** *Saum, Wunde* nähen **2** *Br umg* **I've been stitched up** man hat mich reingelegt *umg*

stitching [ˈstɪtʃɪŋ] 🔄 Naht *f* **2** Stickerei *f*

stoat [stəʊt] 🔄 Wiesel *n*

★stock [stɒk] **A** 🔄 **1** Vorrat *m* (**of** an +*dat*); HANDEL Bestand *m* (**of** an +*dat*); **to have sth in ~** etw vorrätig haben; **to be in ~/out of ~** vorrätig/nicht vorrätig sein; **to keep sth in ~** etw auf Vorrat haben; **to take ~ of sth** Bilanz aus etw ziehen **2** *Viehbestand m* **3** GASTR Brühe *f* **4** FIN **~s and shares** (Aktien und) Wertpapiere *pl* **B** ADJ 〈*attr*〉 HANDEL, *a. fig* Standard- **C** 🔄 **1** *Waren* führen **2** *Schrank* füllen; *Laden* ausstatten **♦stock up** **A** 🔄 sich eindecken (**on** mit); **I must stock up on rice, I've almost run out** mein Reis ist fast alle, ich muss meinen Vorrat auffüllen **B** 🔄 〈*trennb*〉 *Laden* etc auffüllen

stockbroker 🔄 Börsenmakler(in) *m(f)* **stock company** 🔄 FIN Aktiengesellschaft *f* **stock control** 🔄 Lager-(bestands)kontrolle *f* **stock cube** 🔄 Brühwürfel *m* **stock exchange** 🔄 Börse *f* **♦stockholder** US 🔄 Aktionär(in) *m(f)*

stockily [ˈstɒkɪlɪ] ADV **~ built** stämmig **stocking** [ˈstɒkɪŋ] 🔄 Strumpf *m*, Knie-

strumpf *m*; **in one's ~(ed) feet** in Strümpfen **stocking filler** 🔄, **stocking stuffer** US 🔄 kleines Geschenk (*für den Weihnachtsstrumpf*); zusätzliche Kleinigkeit (*als Weihnachtsgeschenk*)

stockist [ˈstɒkɪst] *Br* 🔄 (Fach)händler(in) *m(f)*; (=*Lieferant*) Fachgeschäft *n* **stock market** 🔄 Börse *f* **stock-market crash** 🔄 Börsenkrach *m* **stockpile** **A** 🔄 Vorrat *m* (**of** an +*dat*) **B** 🔄 *Waren* Lager *n* **B** 🔄 Vorräte an (+*dat*) ... anlegen

stock room 🔄 Lager *n* **stocktaking** 🔄 Inventur *f*

stocky [ˈstɒkɪ] ADJ 〈*komp* stockier〉 stämmig

stockyard [ˈstɒkjɑːd] 🔄 Schlachthof *m* **stodgy** [ˈstɒdʒɪ] ADJ 〈*komp* stodgier〉 *Essen* schwer

stoical ADJ, **stoically** [ˈstəʊɪkə l, -ɪ] ADV stoisch **stoicism** [ˈstəʊɪsɪzəm] *fig* 🔄 stoische Ruhe, Gleichmut *m*

stoke [stəʊk] 🔄 *Feuer* schüren

stole¹ [stəʊl] 🔄 Stola *f*

stole² PRÄT → steal **stolen** [ˈstəʊlən] **A** PPERF → steal **B** ADJ gestohlen; **to receive ~ goods** Hehler *m* sein

★stomach [ˈstʌmək] 🔄 Magen *m*, Bauch *m*; *fig* Lust *f* (**for** auf +*akk*); **to lie on one's ~** auf dem Bauch liegen; **to have a pain in one's ~** Magen-/Bauchschmerzen haben; **on an empty ~** auf leeren Magen **stomach ache** 🔄, **stomachache** 🔄 Magenschmerzen *pl* **stomach upset** 🔄 Magenverstimmung *f*

stomp [stɒmp] 🔄 stapfen

★stone [stəʊn] **A** 🔄 **1** Stein *m*; **a ~'s throw from ...** nur einen Katzensprung von ...; **to leave no ~ unturned** nichts unversucht lassen **2** *Br* britische Gewichtseinheit = 6,35 kg **B** ADJ Stein-, aus Stein **C** 🔄 **1** steinigen **2** *umg* **to be ~d** total zu sein *umg* **Stone Age** 🔄 Steinzeit *f* **♦stone-broke** US ADJ völlig abgebrannt *umg* **stone circle** *Br* 🔄 Steinkreis *m* **stone-cold** **A** ADJ eiskalt **B** ADV **~ sober** stocknüchtern *umg* **stone-dead** ADJ 〈*präd*〉 mausetot *umg* **stone-deaf** ADJ stocktaub *umg* **stonemason** 🔄 Steinmetz *m* **stonewall** *fig* 🔄 ausweichen **stonework** 🔄 Mauerwerk *n* **stony** [ˈstəʊnɪ] ADJ 〈*komp* stonier〉 steinig; *fig*

S

Schweigen eisern; *Gesicht* undurchdringlich **stony-broke** *Br* umg [ADJ] völlig abgebrannt umg **stony-faced** ['stəʊnɪ'feɪst] [ADJ] mit steinerner Miene

stood [stʊd] [PRÄT & PPERF] → **stand**

stool [stuːl] [S] **1** Hocker *m*, Stockerl *n* österr; **to fall between two ~s** sich zwischen zwei Stühle setzen **2** *bes* MED Stuhl *m*

stoop¹ [stuːp] [A] [S] Gebeugtheit *f* [B] [V/I] sich beugen (**over** +*akk*); (*a.* **~ down**) sich bücken; **to ~ to sth** *fig* sich zu etw herablassen

stoop² *US* [S] Treppe *f*, Stiege *f* österr

★**stop** [stɒp] [A] [S] **1** **to come to a ~** anhalten; *Verkehr* stocken; *fig Projekt* eingestellt werden; *Unterhaltung* verstummen; **to put a ~ to sth** einer Sache (*dat*) einen Riegel vorschieben **2** Aufenthalt *m*; (≈*Unterbrechung*) Pause *f*; **we made three ~s** wir haben dreimal haltgemacht **3** *für Bus etc* Haltestelle *f* **4** **to pull out all the ~s** *fig* alle Register ziehen [B] [V/T] **1** anhalten; *Motor* abstellen; *Angriff, Verkehr* aufhalten; *Lärm* auffangen; **~ thief!** haltet den Dieb! **2** *Aktivitäten* ein Ende machen (+*dat*); *Unsinn, Lärm* unterbinden; *Spiel, Arbeit* beenden; *Produktion* zum Stillstand bringen **3** aufhören mit; **to ~ smoking** mit dem Rauchen aufhören; **I'm trying to ~ smoking** ich versuche, das Rauchen aufzugeben; **~ it!, ~ that!** lass das!, hör auf! **4** stoppen; *Produktion, Kämpfe* einstellen; *Scheck* sperren; *Ermittlungen* abbrechen **5** verhindern; *j-n* abhalten; **to ~ oneself** sich beherrschen; **there's no ~ping him** umg er ist nicht zu bremsen umg; **there's nothing ~ping you** od **to ~ you** es hindert Sie nichts; **to ~ sb (from) doing sth** j-n davon abhalten od daran hindern, etw zu tun; **to ~ oneself from doing sth** sich zurückhalten und etw nicht tun [C] [V/I] **1** (an)halten; *Fahrer* haltmachen, stehen bleiben; *Maschine* nicht mehr laufen; **no ~ping** Halteverbot *n*; **~ (right there)!** halt!, stopp!; **we ~ped for a drink at the pub** wir machten in der Kneipe Station, um etwas zu trinken; **to ~ at nothing (to do sth)** *fig* vor nichts haltmachen(, um etw zu tun); **to ~ dead** od **in one's tracks** plötzlich stehen bleiben **2** aufhören; *Herz* stehen bleiben; *Produktion,*

Zahlung eingestellt werden; **to ~ doing sth** aufhören, etw zu tun; **he ~ped in mid sentence** er brach mitten im Satz ab; **if you had ~ped to think** wenn du nur einen Augenblick nachgedacht hättest; **he never knows when** od **where to ~** er weiß nicht, wann er aufhören muss **3** *Br* umg bleiben (**at** in +*dat* od **with** bei) ◆**stop by** [V/I] kurz vorbeischauen ◆**stop off** (kurz) haltmachen (**at sb's place** bei j-m) ◆**stop over** FLUG zwischenlanden ◆**stop up** [V/T] ⟨*trennb*⟩ verstopfen

---

▶ stop + Infinitiv oder Gerund

△ Achten Sie auf den Bedeutungsunterschied:

to stop to do sth	anhalten / innehalten, um etw (Neues / anderes) zu tun
I stopped at a doorway to light up a cigarette.	Ich blieb an einem Hauseingang stehen, um mir eine Zigarette anzuzünden.
to stop doing sth	aufhören, etw zu tun; mit etw aufhören
I finally stopped smoking last week.	Letzte Woche habe ich endlich mit dem Rauchen aufgehört. ◀

---

stopcock [S] Absperrhahn *m* **stopgap** [S] Notlösung *f* **stoplight** *bes US* [S] rotes Licht **stopover** [S] Zwischenstation *f*; FLUG Zwischenlandung *f* **stoppage** ['stɒpɪdʒ] [S] **1** Unterbrechung *f* **2** Streik *m* **stopper** ['stɒpər] [S] Stöpsel *m* **stop sign** [S] Stoppschild *n* **stopwatch** [S] Stoppuhr *f*

storage ['stɔːrɪdʒ] [S] *von Waren* Lagerung *f*; *von Wasser, Daten* Speicherung *f*; **to put sth into ~** etw (ein)lagern **storage capacity** [S] IT Speicherkapazität *f* **storage device** [S] COMPUT Speichereinheit *f* **storage heater** [S] (Nachtstrom)speicherofen *m* **storage space** [S] *in Haus* Schränke und Abstellräume *pl*

★**store** [stɔːr] [A] [S] **1** Vorrat *m* (**of** an +*dat*); *fig* Fülle *f* (**of** an +*dat*); **~s** *pl* Vorräte *pl*; **to have** *od* **keep sth in ~** etw auf Lager *od* etw vorrätig haben; **to be in ~ for sb** j-m bevorstehen; **what has the future in ~ for us?** was wird uns (*dat*) die Zukunft bringen? **2** Lager *n* **3** *bes US* Geschäft *n*, Kaufhaus *n* **4** COMPUT Speicher *m* **B** V/T lagern; *Möbel* unterstellen; *auf Lager* einlagern; *Information, Strom* speichern; **to ~ sth away** etw verwahren; **to ~ sth up** einen Vorrat an etw (*dat*) anlegen; *fig* etw anstauen **store card** 𝑆 Kundenkreditkarte *f* **store detective** 𝑆 Kaufhausdetektiv(in) *m(f)* **storehouse** 𝑆 Lager(haus) *n* **storekeeper** *bes US* 𝑆 Ladenbesitzer(in) *m(f)* **store locator** 𝑆 IT Filialfinder *m* **storeroom** 𝑆 Lagerraum *m*

★**storey** ['stɔːrɪ] 𝑆, **story** *bes US* 𝑆 ⟨*pl* stories⟩ Stock *m*, Etage *f*; **a nine-storey building** ein neunstöckiges Gebäude; **he fell from the third-storey window** er fiel aus dem Fenster des dritten Stock(werk)s *od* der dritten Etage; *US* er fiel aus dem Fenster des zweiten Stock(werk)s *od* der zweiten Etage **storeyed** ['stɔːrɪd] ADJ, **storied** *US* ADJ **a six-storeyed building** *Br* ein sechsstöckiges Gebäude; *US* ein fünfstöckiges Gebäude **stork** [stɔːk] 𝑆 Storch *m*

★**storm** [stɔːm] **A** 𝑆 **1** Unwetter *n*, Gewitter *n*; (≈*Wind*) Sturm *m* **2** *fig von Beschimpfungen* Flut *f* (**of** von); *von Kritik* Sturm *m* (**of** +*gen*); **to take sth/sb by ~** etw/j-n im Sturm erobern **B** V/T stürmen **C** V/I **1** wüten (**at** gegen) **2** **to ~ out of a room** aus einem Zimmer stürmen **storm cloud** 𝑆 Gewitterwolke *f* **storm troopers** PL (Sonder)einsatzkommando *n* **stormy** ['stɔːmɪ] ADJ ⟨*komp* stormier⟩ stürmisch

★**story**[1] ['stɔːrɪ] 𝑆 **1** Geschichte *f*; *bes* LIT Erzählung *f*; **the story that … man erzählt sich, dass …**; **to cut a long ~ short** um es kurz zu machen; **it's the (same) old ~** es ist das alte Lied **2** *Presse* Artikel *m* **3** *umg* **to tell stories** Märchen erzählen

★**story**[2] *US* 𝑆 → storey **storybook** 𝑆 Geschichtenbuch *n* **story line** 𝑆 Handlung *f*, Handlungsverlauf *m* **storyteller** 𝑆 Geschichtenerzähler(in) *m(f)*

stout [staʊt] **A** ADJ ⟨*er*⟩ **1** *Mann* korpulent; *Frau* füllig **2** *Stock* kräftig; *Schuhe*

fest **3** *Widerstand* hartnäckig **B** 𝑆 *Br* Stout *m* (*dunkles, obergäriges Bier*); *süß Malzbier m*

★**stove** [staʊv] 𝑆 Ofen *m*; *bes US zum Kochen* Herd *m*; **gas ~** Gasherd *m*

stow [staʊ] V/T, (*a.* **stow away**) verstauen (**in** in +*dat*) ◆**stow away** V/I als blinder Passagier fahren **stowaway** ['staʊəweɪ] 𝑆 blinder Passagier

straddle ['strædl] V/T breitbeinig stehen über (+*dat*); *Stuhl* rittlings sitzen auf (+*dat*); *fig* Grenze überspannen **straggle** ['strægl] V/I **1** *Häuser, Bäume* verstreut liegen; *Pflanze* (in die Länge) wuchern **2** **to ~ behind** hinterherzockeln **straggler** ['stræglə*] 𝑆 Nachzügler(in) *m(f)* **straggly** ['stræglɪ] ADJ ⟨*komp* stragglier⟩ *Haar* struppig

★**straight** [streɪt] **A** ADJ ⟨*er*⟩ **1** gerade; *Antwort* direkt; *Haar* glatt; *Rock* gerade geschnitten; *Mensch, Handel* ehrlich; **to be ~ with sb** offen und ehrlich zu j-m sein; **your tie isn't ~** deine Krawatte sitzt schief; **the picture isn't ~** das Bild hängt schief; **is my hat on ~?** sitzt mein Hut gerade? **to keep a ~ face** ernst bleiben; **with a ~ face** ohne die Miene zu verziehen **2** klar; **to get things ~ in one's mind** sich (*dat*) der Dinge klar werden **3** *Drink* pur; *Wahl* einfach **4** **for the third ~ day** drei Tage ohne Unterbrechung; **to have ten ~ wins** zehnmal hintereinander gewinnen **5** ⟨*präd*⟩ *Zimmer* ordentlich; **to put things ~** alles klären; **let's get this ~** das wollen wir mal klarstellen; **to put** *od* **set sb ~ about sth** j-m etw klarmachen; **if I give you a fiver, then we'll be ~** *umg* wenn ich dir einen Fünfer gebe, sind wir quitt **6** *umg* (≈*nicht schwul*) hetero *umg* **B** ADV **1** gerade, direkt; **~ through sth** glatt durch etw; **it went ~ up in the air** es flog senkrecht in die Luft; **~ ahead** geradeaus; **to drive ~ on** geradeaus weiterfahren **2** sofort; **~ away** sofort; **to come ~ to the point** sofort *od* gleich zur Sache kommen **3** klar **4** offen; **~ out** *umg* unverblümt **5** *trinken* pur **C** 𝑆 *von Rennbahn* Gerade *f* **straightaway** [ˌstreɪtə'weɪ] *US* ADV → straight B **2**

straighten ['streɪtn] **A** V/T **1** *Beine* gerade machen; *Bild* gerade hinhängen; *Kra-*

watte gerade ziehen **2** in Ordnung bringen **B** V/I *Straße* gerade werden; *Mensch* sich aufrichten **C** V/R to ~ **oneself** sich aufrichten ♦**straighten out** **A** V/T 〈*trennb*〉 **1** *Beine* gerade machen **2** *Problem* klären; **to straighten oneself out** ins richtige Gleis kommen; **to straighten things out** die Sache in Ordnung bringen **B** V/I *Straße* gerade werden; *Haar* glatt werden ♦**straighten up** **A** V/I sich aufrichten **B** V/T 〈*trennb*〉 **1** gerade machen **2** aufräumen

straight-faced ['streɪt'feɪst] ADJ **to be ~** keine Miene verziehen **straightforward** ADJ *Mensch* aufrichtig; *Erklärung* natürlich; *Wahl, Anweisungen* einfach; *Prozess* unkompliziert **straight-laced** ADJ prüde **straight-out** *umg* ADV unverblümt

strain¹ [streɪn] **A** S **1** MECH, *a. fig* Belastung *f* (**on** für); (≈*Mühe*) Anstrengung *f*; *beruflich etc* Beanspruchung *f* (**of** durch); **to take the ~ off** etw entlasten; **to be under a lot of ~** großen Belastungen ausgesetzt sein; **I find it a ~** ich finde das anstrengend; **to put a ~ on sb/sth** j-n/etw stark belasten **2** (Muskel)zerrung *f*; *der Augen etc* Überanstrengung *f* (**on** +*gen*) **B** V/T **1** spannen **2** *Seil* belasten; *Nerven, Ressourcen* strapazieren; *zu sehr* überlasten; **to ~ one's ears to …** angestrengt lauschen, um zu …; **don't ~ yourself!** *iron umg* reiß dir bloß kein Bein aus! *umg* **3** MED *Muskel* zerren; *Rücken, Augen* strapazieren **4** (durch)sieben; *Gemüse* abgießen **C** V/I zerren; *fig* sich bemühen

strain² S **1** Hang *m*, Zug *m*; *erblich* Veranlagung *f* **2** *von Tieren* Rasse *f*; *von Pflanzen* Sorte *f*; *von Viren etc* Art *f*

strained ADJ *Gesichtsausdruck* gekünstelt; *Unterhaltung* gezwungen; *Beziehung* angespannt; *Atmosphäre* gespannt **strainer** ['streɪnə'] S GASTR Sieb *n*

strait [streɪt] S **1** GEOG Straße *f* **2** *fig* **to be in dire ~s** in großen Nöten sein **straitjacket** S Zwangsjacke *f* **strait-laced** [‚streɪt'leɪst] ADJ prüde

strand¹ [strænd] V/T **to be ~ed** gestrandet sein; **to be (left) ~ed** *Mensch* festsitzen; **to leave sb ~ed** j-n seinem Schicksal überlassen

strand² S Strang *m*; *von Haar* Strähne *f*; *von Garn* Faden *m*

★**strange** [streɪndʒ] ADJ 〈*komp* **stranger**〉 **1** seltsam; **to think/find it ~ that …**, es seltsam finden, dass … **2** fremd; *Betätigung* ungewohnt; **don't talk to ~men** sprich nicht mit fremden Männern; **I felt rather ~ at first** zuerst fühlte ich mich ziemlich fremd; **I feel ~ in a skirt** ich komme mir in einem Rock komisch vor *umg* **strangely** ['streɪndʒlɪ] ADV seltsam, merkwürdig, komisch *umg*; **~ enough** seltsamerweise, merkwürdigerweise **strangeness** S **1** Seltsamkeit *f* **2** Fremdheit *f*; *von Betätigung* Ungewohntheit *f*

★**stranger** ['streɪndʒə'] S Fremde(r) *m*/*f*(*m*); **I'm a ~ here myself** ich bin selbst fremd hier; **he is no ~ to London** er kennt sich in London aus; **hullo, ~!** *umg* hallo, lange nicht gesehen

strangle ['stræŋgl] V/T *erwürgen; fig* ersticken **strangled** ADJ *Schrei* erstickt **stranglehold** ['stræŋgl‚həʊld] *fig* S absolute Machtposition (**on** gegenüber) **strangulation** [‚stræŋgjʊ'leɪʃən] S Erwürgen *n*

strap [stræp] **A** S **1** Riemen *m*, Gurt *m*; *in Bus etc* Schlaufe *f*; *von Uhr* Band *n*; *über Schulter* Träger *m* **B** V/T **1** festschnallen (**to** an +*dat*); **to ~ sb/sth down** j-n/etw festschnallen; **to ~ sb/oneself in** j-n/sich anschnallen **2** MED (*a.* **~ up**) bandagieren **3** *umg* **to be ~ped (for cash)** pleite *od* blank sein *umg* **strapless** ADJ trägerlos

strapping ['stræpɪŋ] *umg* ADJ stramm **Strasbourg** ['stræzbɜ:g] S Straßburg *n* **strata** ['strɑːtə] PL → stratum **strategic** [strə'tiːdʒɪk] ADJ strategisch **strategically** [strə'tiːdʒɪkəlɪ] ADV strategisch; *fig a.* taktisch; **to be ~ placed** eine strategisch günstige Stellung haben **strategist** ['strætɪdʒɪst] S Stratege *m*, Strategin *f* **strategy** ['strætɪdʒɪ] S Strategie *f*

stratosphere ['strætəʊsfɪə'] S Stratosphäre *f* **stratum** ['strɑːtəm] S 〈*pl* **strata**〉 Schicht *f*

★**straw** [strɔː] **A** S **1** Strohhalm *m*; *allg* Stroh *n* kein *pl*; **that's the final ~!** *umg* das ist der Gipfel! *umg*; **to clutch at ~s** sich an einen Strohhalm klammern; **to draw the short ~** den Kürzeren ziehen **2** Trinkhalm *m* **B** ADJ 〈*attr*〉 Stroh-

★strawberry ['strɔːbərɪ] 𝑆 Erdbeere f
straw poll, **straw vote** 𝑆 Probeabstimmung f; *bei Wahl* Wählerbefragung f
stray [streɪ] **A** 𝑉/𝑖 (*a.* ~ **away**) sich verirren; (*a.* ~ **about**) (umher)streunen; *fig Gedanken* abschweifen; **to ~ (away) from sth** von etw abkommen **B** ADJ *Kugel* verirrt; *Hund* streunend *attr*; *Haare* vereinzelt **C** 𝑆 streunendes Tier
streak [striːk] **A** 𝑆 Streifen m; *fig* Spur f; **~s** *in Haar* Strähnchen pl; **~ of lightning** Blitz(strahl) m; **a winning ~** eine Glückssträhne; **a mean ~** ein gemeiner Zug **B** 𝑉/𝑡 streifen; **the sky was ~ed with red** der Himmel hatte rote Streifen; **hair ~ed with grey** Haar mit grauen Strähnchen **C** 𝑉/𝑖 **1** *Blitz* zucken; *umg Läufer* flitzen *umg* **2** *Nackter* flitzen **streaker** ['striːkəʳ] 𝑆 Flitzer(in) m(f) **streaky** ['striːkɪ] ADJ ⟨*komp* **streakier**⟩ streifig; **~ bacon** *Br* durchwachsener Speck
★stream [striːm] **A** 𝑆 **1** Bach m, Strömung f **2** *von Flüssigkeit, Menschen* Strom m; *von Worten* Schwall m **B** 𝑉/𝑖 **1** strömen; *Augen* tränen; **the walls were ~ing with water** die Wände triefen vor Nässe; **her eyes were ~ing with tears** Tränen strömten ihr aus den Augen **2** *Fahne, Haare* wehen **C** 𝑉/𝑡 *Daten* streamen **◆stream down** 𝑉/𝑖 in Strömen fließen; *mit Objekt* herunterströmen; **tears streamed down her face** Tränen strömten über ihr Gesicht **◆stream in** 𝑉/𝑖 hereinströmen **◆stream out** 𝑉/𝑖 hinausströmen (**of** aus), herausfließen (**of** aus)
streamer ['striːməʳ] 𝑆 Luftschlange f
streaming ['striːmɪŋ] **A** ADJ *Fenster* triefend; *Augen* tränend; **I have a ~ cold** *Br* ich habe einen fürchterlichen Schnupfen **B** 𝑆 IT Streaming n **streaming device** 𝑆 IT, TV Streaminggerät n **streaming stick** 𝑆 IT, TV Streaming Stick m **streamline** 𝑉/𝑡 *Organisation* rationalisieren **streamlined** ['striːmlaɪnd] ADJ stromlinienförmig; *fig* rationalisiert
★street [striːt] **A** 𝑆 Straße f; **in** *od* **on the ~** auf der Straße; **to live in** *od* **on a ~** in einer Straße wohnen; **it's right up my ~** *Br fig umg* das ist genau mein Fall *umg*; **to be ~s ahead of sb** *fig umg* j-m haushoch überlegen sein *umg*; **to take to the ~s** *Demonstranten* auf die

Straße gehen **street battle** 𝑆 Straßenschlacht f **streetcar** *US* 𝑆 Straßenbahn f, Bim f *österr*, Tram n *schweiz* **street index** 𝑆 Straßenverzeichnis n **street lamp** 𝑆 Straßenlaterne f **street light** 𝑆 Straßenlaterne f **street map** 𝑆 Stadtplan m **street party** 𝑆 Straßenfest n **street people** PL Obdachlose pl **street plan** 𝑆 Stadtplan m **street sweeper** 𝑆 **1** Straßenkehrer(in) m(f) **2** Kehrmaschine f **street value** 𝑆 *von Drogen* (Straßen)verkaufswert m **streetwear** 𝑆 *Kleidung* Streetwear f **streetwise** ADJ clever *umg*; raffiniert **streetworker** 𝑆 Streetworker(in) m(f), Straßensozialarbeiter(in) m(f)
★strength [streŋθ] 𝑆 **1** Stärke f, Kraft f; *von Beweisen* Überzeugungskraft f; **on the ~ of sth** aufgrund einer Sache (*gen*); **to save one's ~** mit seinen Kräften haushalten; **to go from ~ to ~** einen Erfolg nach dem anderen haben; **to be at full ~** vollzählig sein; **to turn out in ~** zahlreich erscheinen **2** *von Konstitution* Robustheit f; **when she has her ~ back** wenn sie wieder bei Kräften ist **3** CHEM *von Lösung* Konzentration f **strengthen** ['streŋθən] **A** 𝑉/𝑡 stärken **B** 𝑉/𝑖 stärker werden
strenuous ['strenjʊəs] ADJ **1** anstrengend **2** *Versuche* unermüdlich; *Anstrengungen* hartnäckig **strenuously** ['strenjʊəslɪ] ADV **1** anstrengend **2** *abstreiten* entschieden
stress [stres] **A** 𝑆 **1** Stress m; MECH Belastung f; MED Überlastung f; *allg* Druck m, Spannung f; **to be under ~** großen Belastungen ausgesetzt sein; *beruflich* im Stress sein **2** Betonung f; *fig* (Haupt)gewicht n; **to put** *od* **lay (great) ~ on sth** einer Sache (*dat*) großes Gewicht beimessen, etw (besonders) betonen **B** 𝑉/𝑡 betonen **stressed** ADJ gestresst **stressed out** ADJ gestresst **stressful** ADJ stressig **stress mark** 𝑆 LING Betonungszeichen n
★stretch [stretʃ] **A** 𝑆 **1** Strecken n; **to have a ~** sich strecken; **to be at full ~** *wörtl* bis zum Äußersten gedehnt sein; *fig Mensch* mit aller Kraft arbeiten; *Fabrik etc* auf Hochtouren arbeiten *umg*; **by no ~ of the imagination** beim besten Willen nicht; **not by a long ~** bei Weitem nicht **2** Stück n; *von Straße etc*

Strecke f; *von Reise* Abschnitt m **3** Zeitraum m; **for hours at a ~** stundenlang; **three days at a ~** drei Tage an einem Stück *od* ohne Unterbrechung **B** ADJ ⟨*attr*⟩ **~ trousers** *Br*, **~ pants** *US* Stretchhose f **C** VT **1** strecken; *Gummiband, Schuhe* dehnen; *Flügel* ausbreiten; *Seil* spannen; *Sportler* dehnen; **to ~ sth tight** etw straffen; *Decke* etw stramm ziehen; **to ~ one's legs** sich (*dat*) die Beine vertreten *umg*; **to ~ sb/sth to the limit(s)** j-n/etw bis zum äußersten belasten; **to be fully ~ed** *bes Br* voll ausgelastet sein **2** *Wahrheit, Regeln* es leicht so genau nehmen mit; **that's ~ing it too far** das geht zu weit **D** VI nach Schlaf sich strecken; *Band* dehnbar sein; *Gebiet, Befugnis* sich erstrecken (**to** bis *od* **over** über +*akk*); *Vorrat, Geld* reichen (**to** für); *Kleidung etc* weiter werden; **to ~ to reach sth** sich recken, um etw zu erreichen; **he ~ed across and touched her cheek** er reichte herüber und berührte ihre Wange; **the fields ~ed away into the distance** die Felder dehnten sich bis in die Ferne aus; **our funds won't ~ to that** das lassen unsere Finanzen nicht zu **E** VR nach Schlaf sich strecken ◆**stretch out** **A** VT ⟨*trennb*⟩ Arme ausbreiten; *Hand* ausstrecken; *Diskussion* ausdehnen **B** VI *umg* sich hinlegen; *Landschaft* sich ausbreiten

stretcher [ˈstretʃəˈ] S̅ MED Trage f

stretch limo S̅ Stretchlimo f

stretchy [ˈstretʃɪ] ADJ ⟨*komp* **stretchier**⟩ elastisch

strew [struː] VT ⟨*prät* **strewed**; *pperf* **strewed** *od* **strewn** [struːn]⟩ verstreuen; *Blumen, Sand* streuen; *Boden* bestreuen

stricken [ˈstrɪkən] *liter* ADJ leidgeprüft; *Schiff* in Not; **to be ~ by drought** von Dürre heimgesucht werden -**stricken** ADJ ⟨*suf*⟩ mit Gefühlen -erfüllt; *durch Unglück* von … heimgesucht; **grief-stricken** schmerzerfüllt

strict [strɪkt] ADJ ⟨*er*⟩ streng; *Katholik* strenggläubig; **in the ~ sense of the word** genau genommen; **in (the) ~est confidence** in strengster Vertraulichkeit; **there is a ~ time limit on that** das ist zeitlich genau begrenzt **strictly** [ˈstrɪktlɪ] ADV streng, genau; **~ forbidden** streng verboten; **~ business** rein geschäftlich; **~ personal** privat; **~ speak-**

ing genau genommen; **not ~ true** nicht ganz richtig; **~ between ourselves** ganz unter uns; **unless ~ necessary** wenn nicht unbedingt erforderlich; **the car park is ~ for the use of residents** der Parkplatz ist ausschließlich für Anwohner vorgesehen **strictness** [ˈstrɪktnɪs] S̅ Strenge f

stride [straɪd] ⟨*v: prät* **strode**; *pperf* **stridden** [ˈstrɪdn]⟩ **A** VI schreiten *geh* **B** S̅ Schritt m; *fig* Fortschritt m; **to take sth in one's ~** *Br*, **to take sth in ~** *US* mit etw spielend fertig werden; **to put sb off his/her ~** j-n aus dem Konzept bringen

strident [ˈstraɪdnt] ADJ schrill; *fig* Forderungen lautstark

strife [straɪf] S̅ Unfriede m

★**strike** [straɪk] ⟨*v: prät* **struck**; *pperf* **struck**⟩ **A** VT **1** schlagen; *Tisch* schlagen auf (+*akk*); *Schicksalsschlag* treffen; *Note* anschlagen; **to be struck by lightning** vom Blitz getroffen werden; **to ~ the hour** die volle Stunde schlagen; **to ~ 4** 4 schlagen **2** stoßen gegen; *Auto* fahren gegen; *Boden* auftreffen auf (+*akk*) **3** in den Sinn kommen (+*dat*); **that ~s me as a good idea** das kommt mir sehr vernünftig vor; **it struck me how …** mir ging plötzlich auf, wie …; (≈ *sehen etc*) mir fiel auf, wie … **4** beeindrucken; **how does it ~ you?** wie finden Sie das?; **she struck me as being very competent** sie machte auf mich einen sehr fähigen Eindruck **5** *fig* Abkommen sich einigen auf (+*akk*); *Stellung* einnehmen; **to ~ a match** ein Streichholz anzünden; **to be struck dumb** mit Stummheit geschlagen werden *geh* **6** *Öl, Weg* finden; **to ~ gold** *fig* auf eine Goldgrube stoßen **B** VI **1** treffen; *Blitz* einschlagen; MIL *etc* angreifen; **to be/come within striking distance of sth** einer Sache (*dat*) nahe sein **2** *Uhr* schlagen **3** *Arbeiter* streiken **C** S̅ **1** Streik m; **to be on ~** streiken; **to come out on ~, to go on ~** in den Streik treten **2** *von Öl etc* Fund m **3** MIL Angriff m ◆**strike back** VI & VT ⟨*trennb*⟩ zurückschlagen ◆**strike off** VT ⟨*trennb*⟩ **1** *Ast etc* abschlagen **2** *von Liste* streichen ◆**strike out** **A** VI schlagen; **to strike out at sb** j-n angreifen; **to strike out on one's own** *wörtl* allein losziehen; *fig* eigene Wege gehen

B V̄T̄ 〈trennb〉 (aus)streichen ◆**strike up** V̄T̄ 〈untrennb〉 **1** Melodie anstimmen **2** Freundschaft schließen; Gespräch anfangen

strike ballot S̄ Urabstimmung f **striker** ['straɪkəʳ] S̄ **1** Streikende(r) m/f(m) f **2** FUSSB Stürmer(in) m(f) **striking** ['straɪkɪŋ] ADJ auffallend; Mensch bemerkenswert **striking distance** S̄ von Rakete etc Reichweite f **strikingly** ['straɪkɪŋlɪ] ADV auffallend; attraktiv bemerkenswert

Strimmer® ['strɪməʳ] S̄ Rasentrimmer m

★**string** [strɪŋ] 〈v: prät, pperf strung〉 **A** S̄ **1** Schnur f; von Marionette Faden m; von Fahrzeugen Schlange f; fig Reihe f; von Lügen Haufen m; **to pull ~s** fig Beziehungen spielen lassen; **with no ~s attached** ohne Bedingungen **2** von Instrument, Tennisschläger Saite f; **to have two ~s** od **a second ~** od **more than one ~ to one's bow** zwei Eisen im Feuer haben **3** ~s pl **the ~s** die Streichinstrumente pl; (= Musiker) die Streicher pl **B** V̄T̄ Geige (mit Saiten) bespannen ◆**string along** umg V̄T̄ 〈trennb〉 **to string sb along** j-n hinhalten ◆**string together** V̄T̄ 〈trennb〉 aneinanderreihen ◆**string up** V̄T̄ 〈trennb〉 aufhängen

string bean bes US S̄ grüne Bohne, Fisole f österr **stringed** [strɪŋd] ADJ **~ instrument** Saiteninstrument n

stringent ['strɪndʒənt] ADJ Ansprüche, Gesetze streng; Regeln, Test hart

string instrument S̄ Saiteninstrument n **string vest** S̄ Netzhemd n **stringy** ['strɪŋɪ] ADJ 〈komp stringier〉 Fleisch sehnig

strip [strɪp] **A** S̄ **1** Streifen m, Band n **2** Br SPORT Trikot n, Leiberl n österr, Leibchen n österr, schweiz **B** V̄T̄ **1** j-n ausziehen; Bett, Tapete abziehen; Lack abbeizen **2** fig berauben (of +gen) **C** V̄ī̄ sich ausziehen; bei Arzt sich frei machen; Tänzerin strippen umg; **to ~ naked** sich bis auf die Haut ausziehen ◆**strip down A** V̄T̄ 〈trennb〉 Motor zerlegen **B** V̄ī̄ **to strip down to one's underwear** sich bis auf die Unterwäsche ausziehen ◆**strip off A** V̄T̄ 〈trennb〉 Kleider ausziehen; Papier abziehen (sth von etw) **B** V̄ī̄ sich ausziehen; bei Arzt sich frei machen

strip cartoon Br S̄ Comic(strip) m **strip club** S̄ Stripteaseklub m **stripe** [straɪp] S̄ Streifen m **striped** [straɪpt] ADJ gestreift

strip lighting bes Br S̄ Neonlicht n **stripper** ['strɪpəʳ] S̄ **1** Stripperin f; **male ~** Stripper m **2** Farbentferner m **strip-search A** S̄ Leibesvisitation f **B** V̄T̄ einer Leibesvisitation (dat) unterziehen **striptease** S̄ Striptease m/n; **to do a ~** einen Striptease hinlegen **stripy** ['straɪpɪ] umg ADJ gestreift

strive [straɪv] V̄ī̄ 〈prät strove; pperf striven ['strɪvn]〉 **to ~ to do sth** bestrebt od bemüht sein, etw zu tun; **to ~ for** nach etw streben

strobe [strəʊb] S̄ stroboskopische Beleuchtung

strode [strəʊd] PRÄT → stride

stroke [strəʊk] **A** S̄ **a.** MED Schlag m; Schwimmen Zug m, Stil m; mit Pinsel Strich m; **he doesn't do a ~ (of work)** er tut keinen Schlag umg; **a ~ of genius** ein genialer Einfall; **a ~ of luck** ein Glücksfall m; **we had a ~ of luck** wir hatten Glück; **at a ~** od **one ~** mit einem Schlag; **on the ~ of twelve** Punkt zwölf (Uhr); **to have a ~** MED einen Schlag (-anfall) bekommen **B** V̄T̄ streicheln

stroll [strəʊl] **A** S̄ Spaziergang m; **to go for** od **take a ~** einen Spaziergang machen **B** V̄ī̄ spazieren; **to ~ around the town** durch die Stadt bummeln; **to ~ up to sb** auf j-n zuschlendern **stroller** ['strəʊləʳ] S̄ US für Babys Sportwagen m

★**strong** [strɒŋ] **A** ADJ 〈+er〉 **1** stark, kräftig; Wand stabil; Konstitution robust; Zähne, Herz gut; Charakter etc fest; Kandidat aussichtsreich; Argument überzeugend; Lösung konzentriert; **there is a ~ possibility that ...** es ist sehr wahrscheinlich, dass ...; **a group 20 ~** eine 20 Mann starke Gruppe; **a ~ drink** ein harter Drink **2** begeistert; Anhänger überzeugt **B** ADV 〈+er〉 umg **to be going ~** gut in Schuss sein umg **strongbox** S̄ (Geld)kassette f **stronghold** fig S̄ Hochburg f **strongly** ['strɒŋlɪ] ADV stark, kräftig; gebaut stabil; glauben fest; protestieren energisch; **to feel ~ about sth** in Bezug auf etw (akk) stark engagiert sein; **I feel very ~ that ...** ich vertrete entschieden die Meinung, dass ...; **to be ~ in favour of sth** etw

S

stark befürworten; **to be ~ opposed to sth** etw scharf ablehnen **strong--minded** [ˌstrɒŋˈmaɪndɪd] ADJ willensstark **strong point** S Stärke f
strongroom S Stahlkammer f
strong-willed [ˌstrɒŋˈwɪld] ADJ willensstark; *pej* eigensinnig

stroppy [ˈstrɒpɪ] *Br umg* ADJ ‹komp **stroppier**› **1** fuchtig *umg*; Antwort, Kind pampig *umg* **2** aggressiv

strove [strəʊv] PRÄT → **strive**

struck [strʌk] **A** PRÄT & PPERF → **strike** **B** ADJ ‹präd› **to be ~ with sb/sth** von j-m/etw angetan sein

structural [ˈstrʌktʃərəl] ADJ Struktur-; *Veränderungen, Schäden* strukturell, baulich **structurally** [ˈstrʌktʃərəlɪ] ADV strukturell; **~ sound** sicher **structure** [ˈstrʌktʃər] **A** S Struktur f; TECH Konstruktion f **B** VIT strukturieren; *Argument* aufbauen **structured** [ˈstrʌktʃəd] ADJ strukturiert; *Vorgehensweise* durchdacht

★**struggle** [ˈstrʌgl] **A** S Kampf m (**for** um); *fig* Anstrengung f; **to put up a ~** sich wehren; **it is a ~** es ist mühsam **B** VIT **1** kämpfen, sich wehren; *finanziell* in Schwierigkeiten sein; *fig* sehr anstrengen; **to ~ with sth** mit Problem sich mit etw herumschlagen; *mit Verletzung, Gefühlen* mit etw zu kämpfen haben; *mit Gepäck, Hausaufgaben* sich mit etw abmühen; **this firm is struggling** diese Firma hat (schwer) zu kämpfen; **are you struggling?** hast du Schwierigkeiten? **2** **to ~ to one's feet** mühsam auf die Beine kommen; **to ~ on** *wörtl* sich weiterkämpfen; *fig* weiterkämpfen **struggling** [ˈstrʌglɪŋ] ADJ *Künstler etc* am Hungertuch nagend *attr*

strum [strʌm] VIT *Melodie* klimpern; *Gitarre* klimpern auf (+*dat*)

strung [strʌŋ] PRÄT & PPERF → **string**

strut¹ [strʌt] VIT stolzieren

strut² S Strebe f, Pfeiler m

stub [stʌb] **A** S *von Bleistift, Schwanz* Stummel m; *von Zigarette* Kippe f; *von Ticket* Abschnitt m **B** VIT **to ~ one's toe** (**on** od **against sth**) sich (*dat*) den Zeh (an etw *dat*) stoßen; **to ~ out a cigarette** eine Zigarette ausdrücken

stubble [ˈstʌbl] S ‹kein pl› Stoppeln pl

stubborn [ˈstʌbən] ADJ **1** stur, störrisch; **to be ~ about sth** stur auf etw (*dat*) beharren **2** Widerstand, Fleck hartnäckig

stubbornly [ˈstʌbənlɪ] ADV **1** stur, trotzig **2** hartnäckig **stubbornness** [ˈstʌbənnɪs] S Sturheit f, störrische Art

stubby [ˈstʌbɪ] ADJ ‹komp **stubbier**› *Schwanz* stummelig

stuck [stʌk] **A** PRÄT & PPERF → **stick²** **B** ADJ **1** **to be ~** nicht zurechtkommen (**on**, **over** mit); **to get ~** nicht weiterkommen (**on**, **over** mit) **2** **to be ~** *Tür etc* verkeilt sein, festklemmen; **to get ~** stecken bleiben **3** *in Falle etc* **to be ~** festsitzen **4** *umg* **she is ~ for sth** es fehlt ihr an etw (*dat*); **to be ~ with sb/sth** j-n/etw am Hals haben *umg* **5** *Br umg* **to get ~ into sth** sich in etw (*akk*) richtig reinknien *umg* **stuck-up** [ˌstʌkˈʌp] *umg* ADJ hochnäsig

stud¹ [stʌd] **A** S **1** Ziernagel m; *Br von Fußballschuh* Stollen m **2** Ohrstecker m **B** VIT ‹*mst passiv*› übersäen

stud² S (≈ *Pferde*) Gestüt n; *einzelnes Tier* (Zucht)hengst m; *umg* (≈ *Mann*) geiler Typ, Sexprotz m *umg*

★**student** [ˈstjuːdənt] **A** S UNIV Student(in) m(f); *bes US* SCHULE Schüler(in) m(f); **he is a French ~** UNIV er studiert Französisch **B** ADJ ‹attr› Studenten-; **~ nurse** Krankenpflegeschüler(in) m(f)

student loan S Studentendarlehen n

student teacher S Referendar(in) m(f)

stud farm S Gestüt n

studio [ˈstjuːdɪəʊ] S ‹pl -s› Studio n **studio apartment** S, **studio flat** *Br* S Studiowohnung f

studious [ˈstjuːdɪəs] ADJ fleißig **studiously** [ˈstjuːdɪəslɪ] ADV fleißig; *vermeiden* gezielt

★**study** [ˈstʌdɪ] **A** S **1** *bes* UNIV Studium n; SCHULE Lernen n; *von Beweismaterial* Untersuchung f; **studies** pl Studium n; *Lernen* n; **African studies** UNIV Afrikanistik f **2** Studie f (**of** über +*akk*) **3** Arbeitszimmer n **B** VIT studieren; SCHULE lernen; *Text* sich befassen mit; *wissenschaftlich etc* erforschen, untersuchen **C** VII studieren; *bes* SCHULE lernen; **to ~ to be a teacher** ein Lehrerstudium machen; **to ~ for an exam** sich auf eine Prüfung vorbereiten

stuff [stʌf] **A** S **1** *bes* UNIV Zeug n, Sachen pl; **there is some good ~ in that book** in dem Buch stecken ein paar gute Sachen; **it's good ~** das ist gut; **this book is**

strong ~ das Buch ist starker Tobak; **he brought me some** ~ **to read** er hat mir etwas zum Lesen mitgebracht; **books and** ~ Bücher und so *umg*; **and** ~ **like that** und so was *umg*; **all that** ~ **about how he wants to help us** all das Gerede, dass er uns helfen will; ~ **and nonsense** Quatsch *m umg* **2** *umg* **that's the** ~! so ist's richtig!; **to do one's** ~ seine Nummer abziehen *umg*; **to know one's** ~ wissen, wovon man redet **B** V/T **1** *Behälter* vollstopfen; *Loch* zustopfen; *Bücher etc* (hinein)stopfen (**into** in +*akk*); **to** ~ **one's face** *umg* sich vollstopfen *umg* **stuffed animal** *US* S Stofftier *n* **stuffing** ['stʌfɪŋ] S **1** von Kissen, Pastete Füllung *f*; in Spielzeug Füllmaterial *n* **stuffy** ['stʌfɪ] ADJ ⟨komp stuffier⟩ **1** Zimmer stickig **2** spießig

stumble ['stʌmbl] V/I stolpern; in Rede stocken; **to** ~ **on sth** fig auf etw (akk) stoßen ♦**stumble across** V/T stoßen auf +akk ♦**stumble over** V/T stolpern über +akk

stumbling block ['stʌmblɪŋblɒk] fig S **to be a** ~ **to sth** einer Sache (dat) im Weg stehen

stump [stʌmp] **A** S von Baum, Bein Stumpf *m*; von Bleistift, Schwanz Stummel *m* **B** V/T fig *umg* **you've got me** ~**ed** da bin ich überfragt ♦**stump up** Br *umg* **A** V/T ⟨untrennb⟩ springen lassen *umg* **B** V/I blechen *umg* (**for sth** für etw)

stumpy ['stʌmpɪ] ADJ ⟨komp stumpier⟩ stämmig, untersetzt; *Beine* kurz

stun [stʌn] V/T betäuben, benommen machen; fig fassungslos machen, verblüffen; **he was** ~**ned by the news** *negativ* er war über die Nachricht fassungslos; *positiv* die Nachricht hat ihn überwältigt

stung [stʌŋ] PRÄT & PPERF → sting

stunk [stʌŋk] PPERF → stink

stunned [stʌnd] ADJ betäubt, benommen; fig fassungslos, sprachlos; **there was a** ~ **silence** benommenes Schweigen breitete sich aus **stunning** ['stʌ-nɪŋ] fig ADJ *Nachricht* toll *umg*; *Kleid, Aussicht* atemberaubend **stunningly** ['stʌnɪŋlɪ] ADV atemberaubend; *schön* überwältigend

stunt[1] [stʌnt] S **1** Kunststück *n*; Stunt *m*; in Werbung etc Gag *m* **2** Nummer *f umg*; **after the** ~ **you just pulled?** nach der Nummer, die du gerade geleistet hast?, nach der Nummer, die du gerade abgezogen hast?

stunt[2] V/T *Wachstum* hemmen **stunted** ['stʌntɪd] ADJ *Pflanze* verkümmert; *Kind* unterentwickelt

stuntman ['stʌntmæn] S ⟨pl -men [-mən]⟩ Stuntman *m*, Double *n* **stuntwoman** S ⟨pl -women [-wɪmɪn]⟩ Stuntwoman *f*, Double *n*

stupendous [stjuːˈpendəs] ADJ fantastisch

★**stupid** ['stjuːpɪd] ADJ **1** dumm, blöd(e) *umg*; **don't be** ~ sei nicht so blöd *umg*; **that was a** ~ **thing to do** das war dumm; **to make sb look** ~ j-n blamieren **2 to bore sb** ~ j-n zu Tode langweilen **stupidity** [stjuːˈpɪdɪtɪ] S Dummheit *f* **stupidly** ['stjuːpɪdlɪ] ADV dumm, blöd *umg*; etw sagen dummerweise; grinsen albern

stupor ['stjuːpəʳ] S Benommenheit *f*; **to be in a drunken** ~ sinnlos betrunken sein

sturdily ['stɜːdɪlɪ] ADV stabil; ~ **built** kräftig od stämmig gebaut **sturdy** ['stɜːdɪ] ADJ ⟨komp sturdier⟩ kräftig, stämmig; *Material* robust; *Bau, Auto* stabil

stutter ['stʌtəʳ] **A** S Stottern *n kein pl*; **he has a** ~ er stottert **B** V/T & V/I stottern

sty [staɪ] S Schweinestall *m*

sty(e) [staɪ] S MED Gerstenkorn *n*

★**style** [staɪl] **A** S **1** Stil *m*; ~ **of management** Führungsstil *m*; **that house is not my** ~ so ein Haus ist nicht mein Stil; **the man has** ~ der Mann hat Format; **to do things in** ~ alles im großen Stil tun; **to celebrate in** ~ groß feiern **2** Art *f*; **a new** ~ **of car** etc ein neuer Autotyp etc **3** Mode Stil *m kein pl*; von Haar Schnitt *m*, Frisur *f* **B** V/T Haar stylen **-style** [staɪl] ADJ ⟨suf⟩ nach ... Art

styli ['staɪlaɪ] PL → stylus

styling ['staɪlɪŋ] S ~ **mousse** Schaumfestiger *m* **stylish** ['staɪlɪʃ] ADJ **1** elegant; *Film* stilvoll **2** *Kleidung* modisch **sty-**

S

lishly [ˈstaɪlɪʃlɪ] ADV **1** elegant; eingerichtet stilvoll **2** modisch **stylist** [ˈstaɪlɪst] S̲ Friseur m, Friseuse f **stylistic** [staɪˈlɪstɪk] ADJ stilistisch, Stil- **stylized** [ˈstaɪlaɪzd] ADJ stilisiert

stylus [ˈstaɪləs] S̲ ⟨pl -es od styli [ˈstaɪlaɪ]⟩ COMPUT (Eingabe)stift m

Styria [ˈstɪrɪə] S̲ Steiermark f

suave ADJ, **suavely** [ˈswɑːv, -lɪ] ADV weltmännisch; aalglatt pej

sub [sʌb] umg S̲ **1** U-Boot n **2** SPORT Auswechselspieler(in) m(f) **3** WIRTSCH Vorschuss m **4** US GASTR Jumbo-Sandwich n (mit Fleisch, Käse, Tomaten etc) **5** US Abo n umg **6** **subs** pl für Klub Beitrag m **subcategory** S̲ Subkategorie f **subcommittee** S̲ Unterausschuss m **subconscious** A̲ ADJ unterbewusst **B** S̲ the ~ das Unterbewusstsein **subconsciously** ADV im Unterbewusstsein **subcontinent** S̲ Subkontinent m **subcontract** V̲T̲ (vertraglich) weitervergeben (to an +akk) **subcontractor** S̲ Subunternehmer(in) m(f) **subculture** S̲ Subkultur f **subdivide** V̲T̲ unterteilen **subdivision** S̲ **1** Vorgang Unterteilung f **2** (≈ Untergruppe) Unterabteilung f

subdue [səbˈdjuː] V̲T̲ Rebellen unterwerfen; Randalierer überwältigen; fig unterdrücken **subdued** ADJ Licht, Stimme gedämpft; Mensch ruhig, still; Atmosphäre gedrückt

subhead S̲, **subheading** S̲ Untertitel m **subhuman** ADJ unmenschlich

★**subject** A̲ [ˈsʌbdʒɪkt] S̲ **1** POL Staatsbürger(in) m(f); von Monarch Untertan(in) m(f) **2** GRAM Subjekt n **3** Thema n; **to change the** ~ das Thema wechseln; **on the** ~ **of …** zum Thema (+gen) …; **while we're on the** ~ da wir gerade beim Thema sind **4** SCHULE, UNIV Fach n **B** [ˈsʌbdʒɪkt] ADJ **to be** ~ **to sth** einer Sache (dat) unterworfen sein; j-s Zustimmung von etw abhängig sein; **all trains are** ~ **to delay** bei allen Zügen muss mit Verspätung gerechnet werden; ~ **to flooding** überschwemmungsgefährdet; **to be** ~ **to taxation** besteuert werden; **offers are** ~ **to availability** Angebote nur so weit verfügbar **C** [səbˈdʒekt] V̲T̲ **to** ~ **sb to sth** j-n einer Sache (dat) unterziehen **subjective** [səbˈdʒektɪv] ADJ **1** subjektiv **2** GRAM ~

case Nominativ m **subjectively** [səbˈdʒektɪvlɪ] ADV subjektiv **subject matter** [ˈsʌbdʒɪktmætəʳ] S̲ Stoff m, Inhalt m

subjugate [ˈsʌbdʒʊɡeɪt] V̲T̲ unterwerfen

subjunctive [səbˈdʒʌŋktɪv] A̲ ADJ konjunktivisch; **the** ~ **mood** der Konjunktiv **B** S̲ Konjunktiv m

sublet [ˌsʌbˈlet] V̲T̲ & V̲I̲ ⟨prät, pperf sublet⟩ untervermieten (**to an** +akk)

sublime [səˈblaɪm] ADJ erhaben

submachine gun [ˌsʌbməˈʃiːnɡʌn] S̲ Maschinenpistole f

submarine [ˈsʌbməˌriːn] S̲ U-Boot n **submenu** [ˈsʌb̩menjuː] S̲ IT Untermenü n

submerge [səbˈmɜːdʒ] A̲ V̲T̲ untertauchen; Flut überschwemmen; **to** ~ **sth in water** etw in Wasser (ein)tauchen **B** V̲I̲ tauchen **submerged** ADJ unter Wasser; Wrack gesunken; **the house was completely** ~ das Haus stand völlig unter Wasser

submission [səbˈmɪʃən] S̲ **1** **to force sb into** ~ j-n zwingen, sich zu ergeben **2** Eingabe f; von Arbeit etc Abgabe f **submissive** [səbˈmɪsɪv] ADJ unterwürfig pej (**to** gegenüber) **submit** [səbˈmɪt] A̲ V̲T̲ vorlegen (**to** +dat); Antrag einreichen (**to** bei) **B** V̲I̲ sich beugen, nachgeben; **to** ~ **to sth** sich einer Sache (dat) beugen od unterwerfen; Druck einer Sache (dat) nachgeben; **to** ~ **to blackmail** sich erpressen lassen **C** V̲R̲ **to** ~ **oneself to sth** sich einer Sache (dat) unterziehen

subnormal [ˌsʌbˈnɔːməl] ADJ Temperatur unterdurchschnittlich; Mensch minderbegabt

subordinate [səˈbɔːdɪnɪt] A̲ ADJ Offizier rangniedriger; Rang, Rolle untergeordnet; **to be** ~ **to sb/sth** j-m einer Sache untergeordnet sein **B** S̲ Untergebene(r) m/f(m) **subordinate clause** S̲ GRAM Nebensatz m

subplot [ˈsʌb̩plɒt] S̲ Nebenhandlung f **subpoena** [səˈpiːnə] A̲ S̲ JUR Vorladung f **B** V̲T̲ JUR vorladen

sub-post office Br S̲ Poststelle f **sub-routine** S̲ IT Unterprogramm n

subscribe [səbˈskraɪb] V̲I̲ **1** **to** ~ **to a magazine** eine Zeitschrift abonnieren **2** **to** ~ **to sth** Meinung, Theorie sich einer Sache (dat) anschließen **subscriber** [səbˈskraɪbəʳ] S̲ von Zeitung Abon-

nent(in) *m(f)*; TEL Teilnehmer(in) *m(f)*
subscription [səb'skrɪpʃən] [S] (≈ *Geld*) Beitrag *m*; *von Zeitung* Abonnement *n* (**to** +*gen*); **to take out a ~ to sth** etw abonnieren
subsection ['sʌb,sekʃən] [S] Unterabteilung *f*; JUR Paragraf *m*
subsequent ['sʌbsɪkwənt] [ADJ] (nach)folgend, anschließend **subsequently** ['sʌbsɪkwəntlɪ] [ADV] anschließend, von da an
subservient [səb'sɜːvɪənt] *pej* [ADJ] unterwürfig (**to** gegenüber)
subside [səb'saɪd] [VI] *Hochwasser, Fieber* sinken; *Land, Haus* sich senken; *Sturm* abflauen; *Lärm* nachlassen **subsidence** [səb'saɪdəns] [S] Senkung *f*
subsidiary [səb'sɪdɪərɪ] [A] [ADJ] untergeordnet; **~ role** Nebenrolle *f*; **~ subject** Nebenfach *n*; **~ company** Tochtergesellschaft *f* [B] [S] Tochtergesellschaft *f*
subsidize ['sʌbsɪdaɪz] [VT] subventionieren; *Wohnungsbau* finanziell unterstützen **subsidized** ['sʌbsɪdaɪzd] [ADJ] subventioniert; *Wohnungsbau* finanziell unterstützt **subsidy** ['sʌbsɪdɪ] [S] Subvention *f*
subsist [səb'sɪst] *form* [VI] sich ernähren (**on** von) **subsistence** [səb'sɪstəns] [S] (Lebens)unterhalt *m*
subsistence level [S] Existenzminimum *n*
subsoil [S] Untergrund *m*
★**substance** ['sʌbstəns] [S] [1] Substanz *f* [2] ⟨*kein pl*⟩ Gewicht *n*; **a man of ~** ein vermögender Mann **substance abuse** [S] Drogen- und Alkoholmissbrauch *m*
substandard [,sʌb'stændəd] [ADJ] minderwertig
substantial [səb'stænʃəl] [ADJ] [1] *Mensch* kräftig; *Bau* solide, währschaft *schweiz*; *Buch* umfangreich; *Mahlzeit* reichhaltig, währschaft *schweiz* [2] *Verlust, Betrag* beträchtlich; *Teil, Verbesserung* wesentlich [3] bedeutend; *Beweis* überzeugend **substantially** [səb'stænʃəlɪ] [ADV] [1] beträchtlich [2] im Wesentlichen
substation ['sʌb,steɪʃən] [S] ELEK Umspann(ungs)werk *n*
substitute ['sʌbstɪtjuːt] [A] [S] Ersatz *m kein pl*; SPORT Ersatzspieler(in) *m(f)*, Auswechselspieler(in) *m(f)*; **to find a ~ for sb** für j-n Ersatz finden; **to use sth as a ~** etw als Ersatz benutzen [B] [ADJ] ⟨*attr*⟩ Ersatz- [C] [VT] **to ~ A for B** B durch A ersetzen [D] [VI] **to ~ for sb** j-n vertreten
substitute teacher *US* [S] Aushilfslehrer(in) *m(f)* **substitution** [,sʌbstɪ'tjuːʃən] [S] Ersetzen *n* (**of X for Y** von Y durch X); SPORT Austausch *m* (**of X for Y** von Y gegen X)
subtenant [S] Untermieter(in) *m(f)*
subterfuge ['sʌbtəfjuːdʒ] [S] List *f*, Trick *m*
subterranean [,sʌbtə'reɪnɪən] [ADJ] unterirdisch
subtitle ['sʌbtaɪtl] [A] [S] *a.* FILM Untertitel *m* [B] [VT] *Film* mit Untertiteln versehen
subtle ['sʌtl] [ADJ] [1] fein; *Aroma, Andeutung* zart [2] subtil; *Bemerkung* scharfsinnig; *Druck* sanft **subtlety** ['sʌtltɪ] [S] Feinheit *f* **subtly** ['sʌtlɪ] [ADV] fein; *sich ändern* geringfügig; **~ different** auf subtile Weise unterschiedlich
subtotal ['sʌbtəʊtl] [S] Zwischensumme *f*
★**subtract** [səb'trækt] [VT & VI] subtrahieren (**from** von) **subtraction** [səb'trækʃən] [S] Subtraktion *f*
subtropical [,sʌb'trɒpɪkəl] [ADJ] subtropisch
★**suburb** ['sʌbɜːb] [S] Vorort *m*; **in the ~s** am Stadtrand **suburban** [sə'bɜːbən] [ADJ] vorstädtisch; **~ street** Vorortstraße *f* **suburbia** [sə'bɜːbɪə] *mst pej* [S] die Vororte *pl*; **to live in ~** am Stadtrand wohnen
subversion [səb'vɜːʃən] [S] ⟨*kein pl*⟩ Subversion *f* **subversive** [səb'vɜːsɪv] [ADJ] subversiv
★**subway** ['sʌbweɪ] [S] *Br* Unterführung *f*; *US* BAHN U-Bahn *f*
subzero [,sʌb'zɪərəʊ] [ADJ] unter dem Nullpunkt
★**succeed** [sək'siːd] [A] [VI] [1] erfolgreich sein, Erfolg haben; **I ~ed in doing it** es gelang mir, es zu tun [2] **to ~ to the throne** die Thronfolge antreten [B] [VT] folgen (+*dat*); **to ~ sb in a post/in office** j-s Stelle/Amt (*akk*) übernehmen **succeeding** [sək'siːdɪŋ] [ADJ] folgend; **~ generations** spätere *od* nachfolgende Generationen *pl*
★**success** [sək'ses] [S] Erfolg *m*; **without ~** erfolglos; **to make a ~ of sth** mit etw Erfolg haben; **to meet with ~** Erfolg haben
★**successful** [sək'sesfʊl] [ADJ] erfolgreich; **to be ~ at doing sth** etw erfolgreich

tun **successfully** [sək'sesfəli] ADV erfolgreich, mit Erfolg

succession [sək'seʃən] S 1 Folge f; in ~ hintereinander; **in quick** od **rapid ~** in rascher Folge 2 Thronfolge f; **her ~ to the throne** ihre Thronbesteigung

successive [sək'sesiv] ADJ aufeinanderfolgend attr; **for the third ~ time** zum dritten Mal hintereinander **successor** [sək'sesəʳ] S Nachfolger(in) m(f) (**to** +gen); **von Monarch** Thronfolger(in) m(f)

succinct [sək'siŋkt] ADJ knapp **succinctly** [sək'siŋktlɪ] ADV kurz und bündig; **schreiben** in knappem Stil

succulent ['sʌkjʊlənt] ADJ saftig

succumb [sə'kʌm] V/I erliegen (**to** +dat)

★**such** [sʌtʃ] A ADJ solche(r, s); **~ a person** so od solch ein Mensch, ein solcher Mensch; **~ a thing** so etwas; **I said no ~ thing** das habe ich nie gesagt; **you'll do no ~ thing** du wirst dich hüten; **there's no ~ thing** so etwas gibt es nicht; **★~ as** wie (zum Beispiel); **writers ~ as Agatha Christie**, **writers as Agatha Christie** (solche) Schriftsteller wie Agatha Christie; **I'm not ~ a fool as to believe that** ich bin nicht so dumm, dass ich das glaube; **he did it in ~ a way that ...** er machte es so, dass ...; **~ beauty!** welche Schönheit! B ADV so, solch geh; **it's ~ a long time ago** es ist so lange her C PRON **~ is life!** so ist das Leben!; **as ~** an sich; **as? as?** (wie) zum Beispiel?; **~ as it is** so, wie es nun mal ist **such-and-such** ['sʌtʃənsʌtʃ] umg ADJ **~ a town** eine und die Stadt **suchlike** ['sʌtʃlaɪk] umg A ADJ solche B PRON dergleichen

suck [sʌk] A S VT saugen; **Bonbon** lutschen; **Lutscher, Daumen** lutschen an (+dat) B VI saugen (**at an** +dat) 2 US umg **this city ~s** diese Stadt ist echt Scheiße umg ◆**suck in** VT <trennb> Luft ansaugen; **Bauch** einziehen ◆**suck up** A VT <trennb> aufsaugen B VI umg **to suck up to sb** vor j-m kriechen

sucker ['sʌkəʳ] S 1 aus Gummi, a. ZOOL Saugnapf m 2 umg Trottel m umg; **to be a ~ for sth** (immer) auf etw (akk) hereinfallen **suckle** ['sʌkl] A VT Baby stillen; **Tierjunges** säugen B VI saugen **suction** ['sʌkʃən] S Saugwirkung f

sudden ['sʌdn] A ADJ plötzlich; **Kurve** unerwartet; **this is all so ~** das kommt alles so plötzlich B S **all of a ~** (ganz) plötzlich **suddenly** ['sʌdnlɪ] ADV plötzlich, auf einmal **suddenness** ['sʌdnnɪs] S Plötzlichkeit f

sudoku [su'dɒku] S Sudoku n

suds [sʌdz] PL Seifenlauge f

sue [su:] A VT JUR verklagen; **to sue sb for sth** j-n auf etw (akk) verklagen B VI JUR klagen; **to sue for divorce** die Scheidung einreichen

suede [sweɪd] A S Wildleder n B ADJ Wildleder-

suet ['sʊɪt] S Nierenfett n

Suez Canal S Suezkanal m

★**suffer** ['sʌfəʳ] A VT erleiden; **Kopfschmerzen, Auswirkungen** leiden unter od an (+dat) B VI leiden (**from** unter +dat od **from illness** an +dat); **he was ~ing from shock** er hatte einen Schock (erlitten); **you'll ~ for this!** das wirst du büßen! **sufferer** ['sʌfərəʳ] S MED Leidende(r) m/f(m) (**from** an +dat) **suffering** ['sʌfərɪŋ] S Leiden n

suffice [sə'faɪs] form A VI genügen, (aus)reichen B VT **~ it to say ...** es reicht wohl, wenn ich sage, ... **sufficiency** [sə'fɪʃənsɪ] S Hinlänglichkeit f **sufficient** [sə'fɪʃənt] ADJ ausreichend; **Grund** hinreichend; **to be ~** reichen **sufficiently** [sə'fɪʃəntlɪ] ADV genug; **a ~ large number** eine ausreichend große Anzahl

suffix ['sʌfɪks] S LING Suffix n

suffocate ['sʌfəkeɪt] VT & VI ersticken **suffocating** ['sʌfəkeɪtɪŋ] ADJ erstickend attr; **Hitze** drückend attr; **Zimmer** stickig; **fig Atmosphäre** erdrückend attr; **it's ~ in here** es ist stickig hier drinnen **suffocation** [ˌsʌfə'keɪʃən] S Ersticken n

suffrage ['sʌfrɪdʒ] S Wahlrecht n

★**sugar** ['ʃʊgəʳ] S Zucker m; **he takes two ~s in his tea** er nimmt zwei Löffel Zucker in seinen Tee **sugar bowl** S Zuckerdose f **sugar candy** S Kandis (-zucker) m; US Bonbon n/m, Zuckerl n österr **sugar cane** S Zuckerrohr n **sugar-coated** ADJ mit Zucker überzogen; **Ansicht, Meinung** sentimental; pej naiv; **Angebot** vielversprechend, verheißungsvoll **sugar cube** S Zuckerwürfel m **sugar-free** ADJ ohne Zucker **sugar pea** S US Zuckererbse f **sugar snap** S Zuckererbse f **sugar snap pea** S Zuckererbse f **sugary** ['ʃʊgərɪ] ADJ süß, zuckerig

★**suggest** [sə'dʒest] $\overline{V/T}$ **1** vorschlagen; **are you ~ing I should tell a lie?** soll das heißen, dass ich lügen soll? **2** *Erklärung* vorbringen **3** andeuten; **what are you trying to ~?** was wollen Sie damit sagen?

▶ **suggest +-ing**

Im Englischen gibt es Verben, die in Kombination mit anderen Verben stets **-ing** fordern. Neben **suggest** sind das u. a. **imagine, keep, recommend, dislike, avoid, be/get used to, be/get accustomed to, delay, finish, give up, stop, go on, admit.** Im Deutschen folgt auf diese Verben oft eine Infinitivkonstruktion, was bei deutschen Sprechern dazu führt, dass sie im Englischen fälschlicherweise den Infinitiv verwenden.

He **suggested going** for a coffee.	Er schlug vor, einen Kaffee trinken zu gehen.
I'm **used to getting up** early.	Ich bin es gewohnt, früh aufzustehen.
He just wouldn't **stop talking.**	Er hörte einfach nicht auf zu reden. ◀

★**suggestion** [sə'dʒestʃən] $\overline{S}$ **1** Vorschlag *m*; **Rome was your ~** Rom war deine Idee; **I'm open to ~s** Vorschläge sind *od* jeder Vorschlag ist willkommen **2** Andeutung *f* **3** Spur *f* **suggestive** [sə'dʒestɪv] $\overline{ADJ}$ *Bemerkung* anzüglich

suicidal [ˌsuːɪ'saɪdl] $\overline{ADJ}$ selbstmörderisch; **she was ~** sie war selbstmordgefährdet **suicide** ['suːɪsaɪd] $\overline{S}$ Selbstmord *m*; **to commit ~** Selbstmord begehen **suicide attack** $\overline{S}$ Selbstmordanschlag *m* **suicide attacker** $\overline{S}$, **suicide bomber** $\overline{S}$ Selbstmordattentäter(in) *m(f)* **suicide note** $\overline{S}$ Abschiedsbrief *m* **suicide vest** $\overline{S}$ Sprengstoffweste *f*

★**suit** [suːt] $\overline{A}$ $\overline{S}$ **1** Anzug *m*; *von Frau* Kostüm *n*; **~ of armour** Rüstung *f* **2** KART Farbe *f*; **to follow ~** *fig* j-s Beispiel *(dat)* folgen $\overline{B}$ $\overline{V/T}$ **1** passen (+dat); *Klima* bekommen (+dat); *Job etc* gefallen (+dat), zufriedenstellen; **~s me!** *umg* ist mir recht *umg*; **that would ~ me nicely** das würde mir gut passen; **when would

it ~ you to come?** wann würde es Ihnen passen?; **to be ~ed for/to** geeignet sein für; **he is not ~ed to be a doctor** er eignet sich nicht zum Arzt; **they are well ~ed (to each other)** sie passen gut zusammen; **you can't ~ everybody** man kann es nicht jedem recht machen **2** *Kleidung* (gut) stehen (+dat) $\overline{C}$ $\overline{V/R}$ **he ~s himself** er tut, was er will *od* was ihm passt; **you can ~ yourself whether you come or not** du kannst kommen oder nicht, ganz wie du willst; **~ yourself!** wie du willst! **suitability** [ˌsuːtə'bɪlɪti] $\overline{S}$ Angemessenheit *f*; *für Job* Eignung *f*

★**suitable** ['suːtəbl] $\overline{ADJ}$ geeignet, angemessen; **to be ~ for sb** j-m passen; *Film, Job* für j-n geeignet sein; **to be ~ for sth** sich für etw eignen; **none of the dishes is ~ for freezing** keines der Rezepte eignet sich zum Einfrieren; **the most ~ man for the job** der am besten geeignete Mann für den Posten **suitably** ['suːtəbli] $\overline{ADV}$ angemessen; **~ impressed** gehörig beeindruckt

suit bag $\overline{S}$ Kleidersack *m* ★**suitcase** ['suːtkeɪs] $\overline{S}$ Koffer *m*

suite [swiːt] $\overline{S}$ (≈ *Zimmer*) MUS Suite *f*; **3-piece ~** dreiteilige Sitzgarnitur

suitor ['suːtəʳ] $\overline{S}$ **1** *obs* Freier *m obs* **2** JUR Kläger(in) *m(f)*

sulk [sʌlk] $\overline{A}$ $\overline{V/I}$ schmollen $\overline{B}$ $\overline{S}$ **to have a ~** schmollen **sulkily** ['sʌlkɪli] $\overline{ADV}$ beleidigt **sulky** ['sʌlki] $\overline{ADJ}$ <komp sulkier> eingeschnappt

sullen ['sʌlən] $\overline{ADJ}$ mürrisch **sullenly** ['sʌlənli] $\overline{ADV}$ mürrisch **sullenness** ['sʌlənnɪs] $\overline{S}$ Verdrießlichkeit *f*

sulphate ['sʌlfeɪt] $\overline{S}$, **sulfate** *US* $\overline{S}$ Sulfat *n*

sulphur ['sʌlfəʳ] $\overline{S}$, **sulfur** *US* $\overline{S}$ Schwefel *m* **sulphuric acid** [sʌlˌfjʊərɪk'æsɪd] $\overline{S}$, **sulfuric acid** *US* $\overline{S}$ Schwefelsäure *f*

sultan ['sʌltən] $\overline{S}$ Sultan *m*

sultana [sʌl'tɑːnə] *Br* Sultanine *f*

sultry ['sʌltri] $\overline{ADJ}$ *Atmosphäre* schwül; *Stimme, Blick* erotisch, sexy

★**sum** [sʌm] $\overline{A}$ $\overline{S}$ **1** Summe *f*, Betrag *m* **2** *bes Br* Rechenaufgabe *f*; **to do sums** rechnen; **that was the sum (total) of his achievements** das war alles, was er geschafft hatte ◆**sum up** $\overline{A}$ $\overline{V/T}$ <trennb> **1** zusammenfassen **2** einschätzen $\overline{B}$ $\overline{V/I}$ zusammenfassen

S

summarize [ˈsʌmǝraɪz] V/T zusammenfassen **summary** [ˈsʌmǝrɪ] S Zusammenfassung f

★**summer** [ˈsʌmǝʳ] A S Sommer m; **in (the) ~** im Sommer B ADJ ⟨attr⟩ Sommer- **summer camp** S Ferienlager n **summer holidays** Br PL Sommerferien pl **summer hours** PL to work ~, to be on ~ in den Sommermonaten weniger lang am Arbeitsplatz sein, besonders am Freitagnachmittag **Summer Olympics** PL Sommerolympiade f, Olympische Sommerspiele pl **summer school** S Sommerkurs m **summertime** S Jahreszeit Sommer m **summertime** Br S bei Zeitumstellung Sommerzeit f **summer vacation** S US Sommerferien pl **summery** [ˈsʌmǝrɪ] ADJ sommerlich

summing-up [ˌsʌmɪŋˈʌp] S JUR Resümee n

summit [ˈsʌmɪt] S Gipfel m

summon [ˈsʌmǝn] V/T 1 (herbei)rufen; Hilfe holen; Versammlung einberufen 2 JUR vorladen ◆**summon up** V/T ⟨trennb⟩ Mut zusammennehmen; Kraft aufbieten

summons [ˈsʌmǝnz] S ⟨pl -⟩ JUR Vorladung f

sumptuous [ˈsʌmptjʊǝs] ADJ luxuriös; Essen üppig

Sun ABK (= Sunday) So.

★**sun** [sʌn] S Sonne f; **you've caught the sun** dich hat die Sonne erwischt; **he's tried everything under the sun** er hat alles Menschenmögliche versucht **sunbathe** V/I sonnenbaden **sunbathing** S Sonnenbaden n **sunbeam** S Sonnenstrahl m **sun bed**, **sunbed** S Sonnenbank f **sun block** S Sonnenschutzcreme f **sunburn** S Sonnenbrand m **sunburned**, **sunburnt** ADJ to get ~ (einen) Sonnenbrand bekommen **sundae** [ˈsʌndeɪ] S Eisbecher m

★**Sunday** [ˈsʌndɪ] A S Sonntag m; → Tuesday B ADJ ⟨attr⟩ Sonntags- **Sunday school** S Sonntagsschule f **sundial** S Sonnenuhr f **sundown** US S Sonnenuntergang m; **at/before ~** bei/vor Sonnenuntergang **sun-drenched** ADJ sonnenüberflutet **sun-dried** ADJ sonnengetrocknet **sunflower** S Sonnenblume f

sung [sʌŋ] PPERF → sing

sunglasses PL Sonnenbrille f **sunhat** S Sonnenhut m

sunk [sʌŋk] PPERF → sink¹ **sunken** [ˈsʌŋkǝn] ADJ Schatz versunken; Garten abgesenkt

sun lamp S Höhensonne® f **sunlight** S Sonnenlicht n; **in the ~** in der Sonne **sunlit** ADJ sonnig **sun lounger** S Sonnenliege f

★**sunny** [ˈsʌnɪ] ADJ ⟨komp sunnier⟩ sonnig; **to look on the ~ side (of things)** die Dinge von der angenehmen Seite nehmen

sun protection factor S Lichtschutzfaktor m ★**sunrise** S Sonnenaufgang m; **at ~** bei Sonnenaufgang **sunrise industry** S Zukunftsindustrie f, aufstrebende Industrie **sunroof** S Schiebedach n **sunscreen** S Sonnenschutzmittel n, Sonnencreme f ★**sunset** S Br Sonnenuntergang m; **at ~** bei Sonnenuntergang **sunshade** S Sonnenschirm m ★**sunshine** S Sonnenschein m **sun spray** S Sonnenspray n **sunstroke** S **to get ~** einen Sonnenstich bekommen **suntan** S Sonnenbräune f; **to get a ~** braun werden; **~ lotion** Sonnenöl n **suntanned** ADJ braun gebrannt **sunup** US S Sonnenaufgang m; **at ~** bei Sonnenaufgang

super [ˈsuːpǝʳ] bes Br umg ADJ klasse inv umg

superb ADJ, **superbly** [suːˈpɜːb, -lɪ] ADV großartig

supercilious ADJ, **superciliously** [ˈsuːpǝˈsɪlɪǝs, -lɪ] ADV hochnäsig **supercomputer** [ˈsuːpǝkǝmˌpjuːtǝʳ] S IT Supercomputer m, Superrechner m **superficial** [ˌsuːpǝˈfɪʃǝl] ADJ oberflächlich; Ähnlichkeit äußerlich **superficially** [ˌsuːpǝˈfɪʃǝlɪ] ADV oberflächlich; ähnlich äußerlich

superfluous [suːˈpɜːflʊǝs] ADJ überflüssig

superfood S Lebensmittel mit Gesundheitsvorteil Superfood n **superglue®** S Sekundenkleber m **superhighway** US S ≈ Autobahn f; **the information ~** die Datenautobahn **superhuman** ADJ übermenschlich **superimpose** [ˌsuːpǝrɪmˈpǝʊz] V/T **to ~ sth on sth** etw auf etw ⟨akk⟩ legen; FOTO etw über etw ⟨akk⟩ fotografieren **superintendent** [ˌsuːpǝrɪnˈtendǝnt] US s̲ Hausmeister(in) m(f), Abwart(in) m(f) schweiz; (≈ Polizist) Br ≈ Kommissar(in) m(f); US ≈ Polizeipräsident(in) m(f)

superior [suˈpɪərɪəʳ] **A** ADJ **1** besser (**to** als); Können überlegen (**to sb/sth** j-m/einer Sache); **he thinks he's so** ~ er hält sich für so viel besser **2** großartig **3** rangmäßig höher; ~ **officer** Vorgesetzte(r) m/f(m); **to be** ~ **to sb** j-m übergeordnet sein **4** Kraft stärker (**to** als) **5** überheblich **B** s̲ rangmäßig Vorgesetzte(r) m/f(m) **superiority** [suˌpɪərɪˈɒrɪti] s̲ **1** Überlegenheit f **2** Großartigkeit f **3** rangmäßig höhere Stellung

superlative [suˈpɜːlətɪv] **A** ADJ überragend; GRAM superlativisch **B** s̲ Superlativ m

★**supermarket** [ˈsuːpəˌmɑːkɪt] s̲ Supermarkt m **supermarket trolley** s̲ Br Einkaufswagen m

supermodel s̲ Supermodel n **supernatural** [ˌsuːpəˈnætʃərəl] **A** ADJ übernatürlich **B** s̲ the ~ das Übernatürliche **superpower** [ˈsuːpəˌpaʊəʳ] s̲ POL Supermacht f **superscript** [ˈsuːpəˌskrɪpt] ADJ hochgestellt

supersede [ˌsuːpəˈsiːd] VT ablösen **supersonic** [ˌsuːpəˈsɒnɪk] ADJ Überschall- **superstar** [ˈsuːpəstɑːʳ] s̲ (Super)star m **superstition** [ˌsuːpəˈstɪʃən] s̲ Aberglaube m kein pl **superstitious** [ˌsuːpəˈstɪʃəs] ADJ abergläubisch; **to be** ~ **about sth** in Bezug auf etw (akk) abergläubisch sein **superstore** [ˈsuːpəstɔːʳ] s̲ Verbrauchermarkt m **superstructure** [ˈsuːpəˌstrʌktʃəʳ] s̲ Überbau m **supertanker** [ˈsuːpəˌtæŋkəʳ] s̲ Supertanker m **supervise** [ˈsuːpəvaɪz] **A** VT beaufsichtigen **B** VI Aufsicht führen **supervision** [ˌsuːpəˈvɪʒən] s̲ Aufsicht f, Beaufsichtigung f; bei Arbeit Überwachung f **supervisor** [ˈsuːpəvaɪzəʳ] s̲ Aufseher(in) m(f); Br UNIV ≈ Tutor(in) m(f) **supervisory board** s̲ HANDEL, IND Aufsichtsrat m

★**supper** [ˈsʌpəʳ] s̲ Abendessen n, Nachtmahl n österr, Nachtessen n schweiz; am späten Abend (später) Imbiss; **to have** ~ zu Abend essen **suppertime** [ˈsʌpətaɪm] s̲ Abendessenszeit f; **at** ~ zur Abendbrotzeit

supplant [səˈplɑːnt] VT ersetzen

supple [ˈsʌpl] ADJ ⟨komp suppler⟩ geschmeidig, beweglich

supplement [ˈsʌplɪmənt] **A** s̲ **1** Ergänzung f (**to** +gen); (≈ Vitaminpräparat etc) Zusatz m **2** von Zeitung Beilage f **B** VT ergänzen **supplementary** [ˌsʌplɪˈmentərɪ] ADJ ergänzend

suppleness [ˈsʌplnɪs] s̲ Geschmeidigkeit f, Beweglichkeit f

supplier [səˈplaɪəʳ] s̲ HANDEL Lieferant(in) m(f)

★**supply** [səˈplaɪ] **A** s̲ **1** Versorgung f, Lieferung f (**to an** +akk); WIRTSCH Angebot n; **electricity** ~ Stromversorgung f; ~ **and demand** Angebot und Nachfrage; **to cut off the** ~ das Gas/Wasser abstellen **2** Vorrat m; **supplies** pl Vorräte pl; **to get** or **lay in supplies** of a ~ **of sth** sich (dat) einen Vorrat an etw (dat) anlegen or zulegen; **a month's** ~ ein Monatsbedarf m; **to be in short** ~ knapp sein; **to be in good** ~ reichlich vorhanden sein; **medical supplies** Arzneimittel pl **B** VT **1** Nahrung etc sorgen für, liefern; kostenlos stellen; **accommodation is supplied by the firm** Unterkunft wird von der Firma gestellt **2** versorgen (**with** mit); HANDEL beliefern (**with** mit) **supply teacher** Br s̲ Aushilfslehrer(in) m(f)

★**support** [səˈpɔːt] **A** s̲ ⟨kein pl⟩ Stütze f; fig Unterstützung f; **to give** ~ **to sb/sth** j-n/etw stützen; **to lean on sb for** ~ sich auf j-n stützen; **in** ~ **of** zur Unterstützung (+gen) **B** ADJ ⟨attr⟩ Hilfs- **C** VT **1** wörtl stützen; Gewicht tragen **2** fig unterstützen; Plan befürworten; moralisch beistehen (+dat); Theorie untermauern; Familie unterhalten; **he** ~**s Arsenal** er ist Arsenal-Anhänger m; **which team do you** ~? für welche Mannschaft bist du?; **without his family to** ~ **him** ohne die Unterstützung seiner Familie **D** VR sich stützen (**on** auf +akk); finanziell seinen Unterhalt (selbst) bestreiten **support band** s̲ Vorgruppe f

★**supporter** [səˈpɔːtəʳ] s̲ Anhänger(in) m(f); SPORT Fan m **support group** s̲ Unterstützungsgruppe f **supporting** [səˈpɔːtɪŋ] ADJ **1** ~ **role** Nebenrolle f **2** TECH stützend **supporting actor** FILM, THEAT Nebendarsteller m **supporting actress** s̲ FILM, THEAT Nebendarstellerin f **supportive** [səˈpɔːtɪv] *fig* ADJ unterstützend *attr*; **if his parents had been more** ~ seine Eltern ihn mehr unterstützt hätten

★**suppose** [sə'pəʊz] VT/I ① sich (*dat*) vorstellen, annehmen; **let us ~ we are living in the 8th century** stellen wir uns einmal vor, wir lebten im 8. Jahrhundert; **let us ~ that X equals 3** angenommen, X sei gleich 3; **I don't ~ he'll come** ich glaube kaum, dass er kommt; **I ~ that's the best thing, that's the best thing, I ~** das ist *od* wäre vermutlich das Beste; **you're coming, I ~?** ich nehme an, du kommst?; **I don't ~ you could lend me a pound?** Sie könnten mir nicht zufällig ein Pfund leihen?; **will he be coming? — I ~ so** kommt er? — ich denke *od* glaube schon; **you ought to be leaving — I ~ so** du solltest jetzt gehen — stimmt wohl; **don't you agree with me? — I ~ so** bist du da nicht meiner Meinung? — na ja, schon; **I don't ~ so** ich glaube kaum; **you see, it can't be true — I ~ not** da siehst du selbst, es kann nicht stimmen — du wirst wohl recht haben; **he can't refuse, can he? — I ~ not** er kann nicht ablehnen, oder? — eigentlich nicht; **he's ~d to be coming** er soll (angeblich) kommen; **no one is ~d to know** keiner soll es wissen; **~ you have a wash?** wie wär's, wenn du dich mal wäschst? ② **to be ~d to do sth** etw tun sollen; **he's the one who's ~d to do it** er müsste es eigentlich tun; **he isn't ~d to find out** er darf es nicht erfahren **supposed** [sə'pəʊzd] ADJ vermutet; *Beleidigung* angeblich **supposedly** [sə'pəʊzɪdlɪ] ADV angeblich **supposing** [sə'pəʊzɪŋ] KONJ angenommen; **but ~ ...** aber wenn ...; **~ he can't do it?** und wenn er's nicht schafft? **supposition** [sʌpə'zɪʃn] S Annahme *f*, Vermutung *f*

suppress [sə'pres] VT unterdrücken; *Informationen* zurückhalten **suppression** [sə'preʃən] S Unterdrückung *f*; *von Appetit* Zügelung *f*; *von Informationen* Zurückhalten *n*

supremacy [sʊ'preməsɪ] S Vormachtstellung *f*; *fig* Supremat *n/m* **supreme** [sʊ'priːm] ADJ höchste(r, s); *Gericht* oberste(r, s) ② *Gleichgültigkeit* äußerste(r, s) **supreme commander** S Oberbefehlshaber(in) *m(f)* **Supreme**

Court S Oberster Gerichtshof **supremely** [sʊ'priːmlɪ] ADV zuversichtlich äußerst; *wichtig* überaus; **she does her job ~ well** sie macht ihre Arbeit außerordentlich gut

surcharge ['sɜːtʃɑːdʒ] S Zuschlag *m*

★**sure** [ʃʊər] A ADJ ⟨*komp* surer⟩ sicher; *Methode* zuverlässig; **it's ~ to rain** es regnet ganz bestimmt; **be ~ to turn the gas off** vergiss nicht, das Gas abzudrehen; **be ~ to go and see her** du musst sie unbedingt besuchen; **to make ~ nachsehen; sichergehen; make ~ the window's closed** achten Sie darauf, dass das Fenster zu ist; **make ~ you take your keys** denk daran, deine Schlüssel mitzunehmen; **I've made ~ that there's enough coffee** ich habe dafür gesorgt, dass genug Kaffee da ist; **I'll find out for ~** ich werde das genau herausfinden; **do you know for ~?** wissen Sie das ganz sicher?; **I'm ~ she's right** ich bin sicher, sie hat recht; **do you want to see that film? — I'm not ~** willst du diesen Film sehen? — ich bin mir nicht sicher; **I'm not so ~ about that** da bin ich nicht so sicher; **to be ~ of oneself** selbstsicher sein B ADV ① *umg* **will you do it?** — ~! machst du das? — klar! *umg* ② **and ~ enough he did come** und er ist tatsächlich gekommen **surely** ['ʃʊəlɪ] ADV ① bestimmt, sicher; **~ not!** das kann doch nicht stimmen!; **~ someone must know** irgendjemand muss es doch wissen; **but ~ you can't expect us to believe that** Sie können doch wohl nicht erwarten, dass wir das glauben! ② zweifellos ③ mit sicherer Hand; **slowly but ~** langsam aber sicher

surf [sɜːf] A S Brandung *f* B VI surfen C VT **to ~ the Net** *umg* im (Inter)net surfen *umg*

★**surface** ['sɜːfɪs] A S ① Oberfläche *f*; **on the ~** oberflächlich, nach außen hin ② *Bergbau* **on the ~** über Tage B ADJ ⟨*attr*⟩ ① oberflächlich ② auf dem Land-/Seeweg C VI auftauchen **surface area** S Fläche *f* **surface mail** S by ~ auf dem Land-/Seeweg **surface-to-air** ADJ ⟨*attr*⟩ ~ **missile** Boden-Luft-Rakete *f*

surfboard ['sɜːfbɔːd] S Surfbrett *n* **surfeit** ['sɜːfɪt] S Übermaß *n* (**of** an +*dat*)

surfer [ˈsɜːfər] $\overline{s}$ Surfer(in) m(f) **surfing** [ˈsɜːfɪŋ] $\overline{s}$ Surfen n

surge [sɜːdʒ] **A** $\overline{s}$ von Wasser Schwall m; ELEK Spannungsstoß m; **he felt a sudden ~ of rage** er fühlte, wie die Wut in ihm aufstieg; **a ~ in demand** ein rascher Nachfrageanstieg **B** $\overline{\text{VI}}$ Fluss anschwellen; **they ~d toward(s) him** sie drängten auf ihn zu; **to ~ ahead/forward** vorpreschen

★**surgeon** [ˈsɜːdʒən] $\overline{s}$ Chirurg(in) m(f) **surgery** [ˈsɜːdʒərɪ] $\overline{s}$ **1** Chirurgie f; **to have ~** operiert werden; **to need (heart) ~** (am Herzen) operiert werden müssen; **to undergo ~** sich einer Operation unterziehen **2** Br Sprechzimmer n, Ordination f österr; (≈ Beratung) Sprechstunde f; **~ hours** Sprechstunden pl, Ordination f österr **surgical** [ˈsɜːdʒɪkəl] $\overline{\text{ADJ}}$ operativ; Technik chirurgisch **surgically** [ˈsɜːdʒɪkəlɪ] $\overline{\text{ADV}}$ operativ **surgical mask** $\overline{s}$ OP-Maske f

Suriname [ˌsʊərɪˈnæm] $\overline{s}$ GEOG Suriname n

surly [ˈsɜːlɪ] $\overline{\text{ADJ}}$ ⟨komp surlier⟩ verdrießlich

surmise [sɜːˈmaɪz] $\overline{\text{VT}}$ vermuten, mutmaßen

surmount [sɜːˈmaʊnt] $\overline{\text{VT}}$ überwinden

★**surname** [ˈsɜːneɪm] $\overline{s}$ Nachname m

surpass [sɜːˈpɑːs] **A** $\overline{\text{VT}}$ übertreffen **B** $\overline{\text{VR}}$ sich selbst übertreffen

surplus [ˈsɜːpləs] **A** $\overline{s}$ Überschuss m ⟨of an +dat⟩ **B** $\overline{\text{ADJ}}$ überschüssig, überzählig

★**surprise** [səˈpraɪz] **A** $\overline{s}$ Überraschung f; **in ~** überrascht; **it came as a ~ to us** wir waren überrascht; **to give sb a ~** j-n überraschen; **to take sb by ~** j-n überraschen; **~, ~, it's me!** rate mal, wer hier ist?; **~, ~!** iron was du nicht sagst! **B** $\overline{\text{ADJ}}$ ⟨attr⟩ Überraschungs-, überraschend **C** $\overline{\text{VT}}$ überraschen; **to be ~d at** od **by** überrascht sein über +akk; **I wouldn't be ~d if ...** es würde mich nicht wundern, wenn ...; **go on, ~ me!** ich lass mich überraschen! **surprising** [səˈpraɪzɪŋ] $\overline{\text{ADJ}}$ überraschend **surprisingly** [səˈpraɪzɪŋlɪ] $\overline{\text{ADV}}$ überraschend; **not ~ it didn't work** wie zu erwarten (war), hat es nicht geklappt

surreal [səˈrɪəl] $\overline{\text{ADJ}}$ unwirklich **surrealism** [səˈrɪəlɪzəm] $\overline{s}$ Surrealismus m

surrender [səˈrendər] **A** $\overline{\text{VI}}$ sich ergeben ⟨to +dat⟩; der Polizei sich stellen ⟨to

+dat⟩; **I ~!** ich ergebe mich! **B** $\overline{\text{VT}}$ MIL übergeben; Titel, Führung abgeben **C** $\overline{s}$ **1** MIL Kapitulation f ⟨to vor +dat⟩ **2** Übergabe f ⟨to an +akk⟩; von Titel, Führung Abgabe f

surrogate [ˈsʌrəgɪt] $\overline{\text{ADJ}}$ ⟨attr⟩ Ersatz- **surrogate mother** $\overline{s}$ Leihmutter f

★**surround** [səˈraʊnd] **A** $\overline{s}$ bes Br die ~s die Umgebung **B** $\overline{\text{VT}}$ umgeben; MIL umzingeln

★**surrounding** [səˈraʊndɪŋ] $\overline{\text{ADJ}}$ umliegend; **in the ~ area** in der Umgebung

★**surroundings** [səˈraʊndɪŋz] $\overline{\text{PL}}$ Umgebung f **surround sound** $\overline{s}$ Surround-Sound m, Surround-Sound-System n **surround-sound** $\overline{\text{ADJ}}$ ⟨attr⟩ Lautsprecher Surround-Sound-

surveillance [sɜːˈveɪləns] $\overline{s}$ Überwachung f; **to be under ~** überwacht werden; **to keep sb under ~** j-n überwachen od observieren form

survey A [ˈsɜːveɪ] $\overline{s}$ **1** von Land Vermessung f; von Haus Begutachtung f; (≈ Schriftstück) Gutachten n **2** Untersuchung f ⟨of, on über +akk⟩; durch Meinungsforscher etc Umfrage f ⟨of, on über +akk⟩ **B** [sɜːˈveɪ] $\overline{\text{VT}}$ **1** betrachten **2** untersuchen **3** Land vermessen; Haus inspizieren **surveyor** [səˈveɪər] $\overline{s}$ **1** Landvermesser(in) m(f) **2** Bauinspektor(in) m(f)

survival [səˈvaɪvəl] $\overline{s}$ Überleben n

★**survive** [səˈvaɪv] **A** $\overline{\text{VI}}$ überleben; Kunstschätze erhalten bleiben; Brauch weiterleben; **only five copies ~** od **have ~d** nur fünf Exemplare sind erhalten **B** $\overline{\text{VT}}$ überleben; Feuer etc überstehen **surviving** [səˈvaɪvɪŋ] $\overline{\text{ADJ}}$ **1** noch lebend **2** noch existierend **survivor** [səˈvaɪvər] $\overline{s}$ Überlebende(r) m/f(m); JUR Hinterbliebene(r) m/f(m); **he's a ~** fig er ist ein Überlebenskünstler

susceptible [səˈseptəbl] $\overline{\text{ADJ}}$ **~ to sth** für etw empfänglich; für Krankheit für etw anfällig

★**suspect A** [ˈsʌspekt] $\overline{\text{ADJ}}$ verdächtig **B** [ˈsʌspekt] $\overline{s}$ Verdächtige(r) m/f(m) **C** [səˈspekt] $\overline{\text{VT}}$ verdächtigen ⟨of sth einer Sache gen⟩; (≈ denken) vermuten; **I ~ her of having stolen it** ich habe sie im Verdacht od ich verdächtige sie, es gestohlen zu haben; **the ~ed bank robber** etc der mutmaßliche Bankräuber etc; **he ~s nothing** er ahnt nichts; **does he ~ any-**

S

thing? hat er Verdacht geschöpft?; I **~ed as much** das habe ich mir doch gedacht; **he was taken to hospital with a ~ed heart attack** er wurde mit dem Verdacht auf Herzinfarkt ins Krankenhaus eingeliefert

suspend [səˈspend] V/T **1** (auf)hängen (**from** an +dat) **2** Zahlungen (zeitweilig) einstellen; Gespräche aussetzen; Flüge aufschieben; **he was given a ~ed sentence** seine Strafe wurde zur Bewährung ausgesetzt **3** j-n suspendieren; SPORT sperren **suspender** [səˈspendəʳ] S ⟨mst pl⟩ **1** Br Strumpfhalter m; **~ belt** Strumpf(halter)gürtel m **2** US **~s** pl Hosenträger pl **suspense** [səˈspens] S Spannung f; **the ~ is killing me** ich bin gespannt wie ein Flitzebogen hum umg; **to keep sb in ~** j-n auf die Folter spannen umg **suspension** [səˈspenʃən] S **1** von Zahlungen zeitweilige Einstellung; von Flügen Aufschub m; von Gesprächen Aussetzung f **2** Suspendierung f; SPORT Sperrung f **3** AUTO Federung f **suspension bridge** S Hängebrücke f

suspicion [səˈspɪʃən] S Verdacht m kein pl; **to arouse sb's ~s** j-s Verdacht erregen; **to have one's ~s about sth/sb** seine Zweifel bezüglich einer Sache/Person (gen) haben; **to be under ~** unter Verdacht stehen; **to arrest sb on ~ of murder** j-n wegen Mordverdachts festnehmen **suspicious** [səˈspɪʃəs] ADJ **1** misstrauisch (**of** gegenüber); **to be ~ about sth** etw mit Misstrauen betrachten **2** verdächtig **suspiciously** [səˈspɪʃəsli] ADV **1** argwöhnisch, misstrauisch **2** verdächtig

suss [sʌs] Br umg V/T **to ~ sb out** j-m auf den Zahn fühlen umg; **I can't ~ him out** bei ihm blicke ich nicht durch umg; **I've got him ~ed (out)** ich habe ihn durchschaut; **to ~ sth out** etw herausbekommen

sustain [səˈsteɪn] V/T **1** Last aushalten; Leben erhalten; Körper bei Kräften halten **2** Bemühungen aufrechterhalten; Wachstum beibehalten; JUR **objection ~ed** Einspruch stattgegeben **3** Verletzung, Schaden erleiden **sustainable** [səˈsteɪnəbl] ADJ aufrechterhalten präd, aufrechterhaltend attr; Entwicklung nachhaltig; Energie etc erneuerbar; Niveau haltbar **sustained** [səˈsteɪnd] ADJ anhaltend **sustenance** [ˈsʌstɪnəns] S Nahrung f

SUV ABK (= sport utility vehicle) Sport--Utility-Fahrzeug n, geländegängige Limousine

SW¹ ABK (= south-west) SW

SW² ABK (= short wave) KW

swab [swɒb] S MED Tupfer m

Swabia [ˈsweɪbɪə] S Schwaben n

swag [swæg] umg S Beute f

swagger [ˈswæɡəʳ] V/I **1** stolzieren **2** angeben

★**swallow¹** [ˈswɒləʊ] A S Schluck m B V/T & V/I schlucken ♦**swallow down** V/T ⟨trennb⟩ hinunterschlucken ♦**swallow up** fig V/T ⟨trennb⟩ verschlingen

swallow² S Schwalbe f

swam [swæm] PRÄT → swim

swamp [swɒmp] A S Sumpf m B V/T überschwemmen

swan [swɒn] A S Schwan m B Br umg V/I **to ~ off** abziehen umg; **to ~ around (the house)** zu Hause herumschweben umg

swanky [ˈswæŋki] umg ADJ ⟨komp swankier⟩ piekfein umg

swap [swɒp] A V/T **to do a ~ (with sb)** (mit j-m) tauschen B V/T tauschen; Geschichten etc austauschen; **to ~ sth for sth** etw für etw eintauschen; **to ~ places with sb** mit j-m tauschen; **to ~ sides** die Seiten wechseln C V/I tauschen

swarm [swɔːm] A S Schwarm m B V/I schwärmen; **to ~ with** wimmeln von

swarthy [ˈswɔːði] ADJ ⟨komp swarthier⟩ dunkel

swastika [ˈswɒstɪkə] S Hakenkreuz n

swat [swɒt] A V/T Fliege totschlagen B S Fliegenklatsche f

swathe [sweɪð] V/T wickeln (**in** in +akk)

sway [sweɪ] A S **1** mit Hüften Wackeln n **2** to hold ~ over sb j-n beherrschen B V/I Bäume schwingen; Arme schwingen; Haus, Mensch schwanken; **she ~s as she walks** sie wiegt beim Gehen die Hüften C V/T **1** Hüften wiegen **2** beeinflussen

Swaziland [ˈswɑːzilænd] S Swasiland n

★**swear** [sweəʳ] ⟨v: prät swore; pperf sworn⟩ A V/T schwören; Eid leisten; **I ~ it!** ich kann das beschwören!; **to ~ sb to secrecy** j-n schwören lassen, dass er nichts verrät B V/I **1** schwören; **to ~ on sth** auf etw (akk) schwören; **to ~ to** sth etw beschwören; **I ~ to God** ich schwöre bei Gott **2** fluchen (**about** *über +akk*); **to ~ at sb/sth** j-n/etw beschimpfen **♦swear by** *umg* **VT** (+obj) schwören auf (+akk) **♦swear in** **VT** 〈trennb〉 Zeugen vereidigen

swearing ['sweərɪŋ] **S** Fluchen n
swearword ['sweəwɜːd] **S** Fluch m, Kraftausdruck m

★**sweat** [swet] **A S** Schweiß m kein pl **B** **VI** schwitzen (**with** vor +dat); **to ~ like a pig** *umg* wie ein Affe schwitzen **♦sweat out** **VT** 〈trennb〉 **to sweat it out** *fig umg* durchhalten; geduldig abwarten

sweatband ['swetbænd] **S** Schweißband n

★**sweater** ['swetər] **S** Pullover m **sweat pants** PL Jogginghose f **sweatshirt** **S** Sweatshirt n **sweatshop** *pej* **S** Ausbeuterbetrieb m *pej* **sweatsuit** **S** US Trainingsanzug m **sweaty** ['swetɪ] ADJ 〈komp sweatier〉 schweißig; Körper, Strümpfe verschwitzt

Swede [swiːd] **S** Schwede m, Schwedin f
swede [swiːd] bes Br **S** Kohlrübe f
★**Sweden** ['swiːdn] **S** Schweden n
★**Swedish** ['swiːdɪʃ] **A** ADJ schwedisch; **he is ~** er ist Schwede **B S 1** LING Schwedisch n **2** **the ~** die Schweden pl

★**sweep** [swiːp] 〈v: prät, pperf swept〉 **A S** **1** **to give sth a ~** etw kehren, etw wischen *schweiz* **2** Schornsteinfeger(in) m(f) **3** mit Arm Schwung m; **to make a clean ~** *fig* gründlich aufräumen **4** von Fluss Bogen m **B** **VT** **1** Boden fegen, wischen *schweiz*; Schornstein fegen; Schnee wegfegen; **to ~ sth under the carpet** *fig* etw unter den Teppich kehren **2** absuchen (**for** nach) **3** Wind fegen über (+akk); Wellen, Gewalt überrollen; Seuche um sich greifen in (+dat) **C** **VI** **1** kehren, wischen *schweiz* (≈ sich bewegen) Mensch rauschen; Fahrzeug schießen; elegant gleiten; Fluss in weitem Bogen führen; **the disease swept through Europe** die Krankheit breitete sich in Europa aus **♦sweep along** **VT** 〈trennb〉 mitreißen **♦sweep aside** **VT** 〈trennb〉 wegfegen **♦sweep away** **VT** 〈trennb〉 Blätter wegfegen; Lawine wegreißen; Flut wegschwemmen **♦sweep off** **VT** 〈trennb〉 **he swept her off her feet** *fig* sie hat sich Hals über Kopf in

ihn verliebt *umg* **♦sweep out** **A** **VI** hinausrauschen **B** **VT** 〈trennb〉 Zimmer ausfegen, wischen *schweiz*; Staub hinausfegen **♦sweep up** **A** **VI** **B** **VT** 〈trennb〉 zusammenfegen

sweeper ['swiːpər] **S** Teppichkehrer m
sweeping ['swiːpɪŋ] ADJ **1** Kurve weit ausholend; Treppe geschwungen **2** *fig* Veränderung radikal

★**sweet** [swiːt] **A** ADJ 〈+er〉 süß; (≈ nett) lieb; **to have a ~ tooth** gern Süßes essen **B** Br **S 1** Bonbon n, Süßigkeit f, Zuckerl n österr **2** Nachtisch m **sweet-and-sour** ADJ süßsauer **sweetcorn** **S** Mais m **sweeten** ['swiːtn] **VT** süßen; **to ~ the pill** die bittere Pille versüßen **sweetener** ['swiːtnər] **S** GASTR Süßstoff m **sweetheart** ['swiːthɑːt] **S** Schatz m **sweetie** ['swiːtɪ] *umg* **S 1** Br kinderspr Bonbon m/n **2** Kind **to be a ~** süß sein **sweetly** ['swiːtlɪ] ADV süßlich; lächeln süß **sweetness** **S** Süße f **sweet potato** **S** Süßkartoffel f **sweet shop** Br **S** Süßwarenladen m **sweet-talk** *umg* **VT** **to ~ sb into doing sth** j-n mit süßen Worten dazu bringen, etw zu tun

★**swell** [swel] 〈v: prät swelled; pperf swollen od swelled〉 **A** **S** von Meer Wogen n kein pl **B** ADJ bes US obs klasse *umg* **C** **VT** Segel blähen; Zahlen anwachsen lassen **D** **VI** **1** (a. ~ up) Knöchel etc (an)schwellen **2** Fluss anschwellen; Anzahl anwachsen (a. ~ out) Segel sich blähen **swelling** ['swelɪŋ] **A** **S 1** Verdickung f; MED Schwellung f **2** von Bevölkerung Anwachsen n **B** ADJ 〈attr〉 Zahlen anwachsend

swelter ['sweltər] **VI** (vor Hitze) vergehen **sweltering** ['sweltərɪŋ] ADJ glühend heiß; Hitze glühend; **it's ~ in here** *umg* hier verschmachtet man ja! *umg*

swept [swept] PRÄT & PPERF → sweep
swerve [swɜːv] **A** **S** Bogen m **B** **VI** einen Bogen machen; Auto ausschwenken; Ball im Bogen fliegen; **the road ~s (round) to the right** die Straße schwenkt nach rechts; **the car ~d in and out of the traffic** der Wagen schoss im Slalom durch den Verkehrsstrom **C** **VT** Auto herumreißen; Ball anschneiden

swift [swɪft] ADJ 〈+er〉 schnell **swiftly** ['swɪftlɪ] ADV schnell; reagieren prompt
swig [swɪg] *umg* **A** **S** Schluck m; **to have**

S

od **take a ~ of** beer einen Schluck Bier trinken **B** V̲T̲ (*a.* **swig down**) herunterkippen

swill [swɪl] **A** S̲ **1** (Schweine)futter *n* **2** **to give sb a ~ (out)** → swill B 1 **B** V̲T̲ **1** *bes Br* (*a.* **~ out**) auswaschen; *Tasse* ausschwenken **2** *umg* Bier etc kippen *umg*

★**swim** [swɪm] ⟨*v: prät* swam; *pperf* swum⟩ **A** V̲T̲ schwimmen; *Fluss* durchschwimmen **B** V̲I̲ schwimmen; **my head is ~ming** mir dreht sich alles **C** S̲ **that was a nice ~** das Schwimmen hat Spaß gemacht!; **to have a ~** schwimmen

swimmer ['swɪmə̣ᵣ] S̲ Schwimmer(in) *m(f)* **swimming** ['swɪmɪŋ] S̲ Schwimmen *n*; **do you like ~?** schwimmen Sie gern?; **to go ~** schwimmen gehen **swimming bath** *Br* S̲ ⟨*mst pl*⟩ Schwimmbad *n* **swimming cap** *Br* S̲ Badekappe *f* **swimming costume** *Br* S̲ Badeanzug *m* **swimming instructor** S̲ Schwimmlehrer(in) *m(f)* **swimming pool** S̲ Schwimmbad *n* **swimming trunks** *Br* P̲L̲ Badehose *f* **swimsuit** ['swɪmsuːt] S̲ Badeanzug *m*

★**swindle** ['swɪndl] **A** S̲ Schwindel *m*, Pflanz *m österr* **B** V̲T̲ betrügen; **to ~ sb out of sth** j-m etw abschwindeln **swindler** ['swɪndlə̣ᵣ] S̲ Schwindler(in) *m(f)*

swine [swaɪn] S̲ **1** ⟨*pl -*⟩ *obs, form* Schwein *n* **2** ⟨*pl -s*⟩ *pej umg* (≈Mann) (gemeiner) Hund *umg* **swine flu** *umg* MED Schweinegrippe *f*

swing [swɪŋ] ⟨*v: prät, pperf* swung⟩ **A** V̲T̲ **1** schwingen, hin und her schwingen; *auf Spielplatz* schaukeln; *Arme* schwingen (mit); *Beine* baumeln mit; **he swung himself over the wall** er schwang sich über die Mauer **2** *Wahlen* beeinflussen; **his speech swung the decision in our favour** seine Rede ließ die Entscheidung zu unseren Gunsten ausfallen **B** V̲I̲ **1** (hin und her) schwingen; *auf Spielplatz* schaukeln; *Beine* baumeln; **to ~ open** aufschwingen; **to ~ shut** zuschlagen; **to ~ into action** in Aktion treten **C** S̲ **1** Schwung *m*; *hin u. her* Schwingen *n*; *fig, a.* POL (Meinungs)umschwung *m*; **to go with a ~** *fig* ein voller Erfolg sein; **to be in full ~** voll im Gang sein; **to get into the ~ of sth** sich an etw (*akk*) gewöhnen; **to**

get into the ~ of things *umg* reinkommen *umg* **2** Schaukel *f* ★**swing (a)round** **A** V̲I̲ *Mensch* sich umdrehen; *Auto, Flugzeug* herumschwenken **B** V̲T̲ ⟨*trennb*⟩ herumschwenken ★**swing back** V̲I̲ zurückschwingen ★**swing to** V̲I̲ *Tür* zuschlagen

swing door *Br* S̲ Pendeltür *f* **swinging** ['swɪŋɪŋ] A̲D̲J̲ **~ door** *US* Pendeltür *f* **swipe** [swaɪp] **A** S̲ Schlag *m*; **to take a ~ at** sb/sth nach j-m/etw schlagen **B** V̲T̲ **1** schlagen **2** *umg* klauen *umg* **3** **to ~ a card** *Kundenkarte* eine Karte durchziehen **swipe card** S̲ Magnetstreifenkarte *f*

swirl [swɜːl] **A** S̲ Wirbel *m* **B** V̲T̲ & V̲I̲ wirbeln

swish [swɪʃ] **A** S̲ *von Stock* Zischen *n*; *von Rock, Wasser* Rauschen *n* **B** V̲T̲ *Stock* zischen lassen; *Schwanz* schlagen mit; *Rock* rauschen mit; *Wasser* schwenken **C** V̲I̲ *Stock* zischen; *Rock, Wasser* rauschen

★**Swiss** [swɪs] **A** A̲D̲J̲ Schweizer, schweizerisch; **he is ~** er ist Schweizer; **the ~-German part of Switzerland** die deutsch(sprachig)e Schweiz **B** S̲ ⟨*pl -*⟩ Schweizer(in) *m(f)*; ★**the ~** *pl* die Schweizer *pl* **Swiss army knife** S̲ Schweizermesser *n* **Swiss franc** S̲ Schweizer Franken *m* **Swiss French** S̲ **1** Welschschweizer(in) *m(f)* **2** LING Schweizer Französisch *n* **Swiss German** S̲ **1** Deutschschweizer(in) *m(f)* **2** LING Schweizerdeutsch *n*, Schwyzerdütsch *n* **Swiss roll** *Br* S̲ Biskuitrolle *f*

★**switch** [swɪtʃ] **A** S̲ **1** ELEK *etc* Schalter *m* **2** Wechsel *m*; *von Plänen* Änderung *f* (**in** +*gen*); *gegenseitig* Tausch *m* **3** *US* BAHN **~es** Weichen *pl* **B** V̲T̲ **1** wechseln; *Pläne* ändern; *Loyalität* übertragen (**to** auf +*akk*); *Aufmerksamkeit, Gespräch* lenken (**to** auf +*akk*); **to ~ sides** die Seiten wechseln; **to ~ channels** auf einen anderen Kanal umschalten **2** *Produktion* verlegen; *Objekt* umstellen **3** tauschen; (*a.* **~ over, ~ round**) vertauschen **4** ELEK (um)schalten (**to** auf) (*a.* **switch over**) (über)wechseln (**to** zu); TV umschalten (**to** auf +*akk*); (*a.* **~ round, ~ over**) tauschen ★**switch (a)round** **A** V̲T̲ ⟨*trennb*⟩ vertauschen; *Möbel etc* umstellen **B** V̲I̲ → switch C ★**switch back** **A** V̲I̲ TV zurückschalten (**to** zu) **B** V̲T̲

⟨*trennb*⟩ **to switch the light back on**
das Licht wieder anschalten **♦switch**
off A V̄T̄ ⟨*trennb*⟩ ausschalten; *Maschi-*
ne abschalten; *Wasser* abstellen **B** V̄Ī
ausschalten; *Maschine*, *a. umg Mensch*
abschalten **♦switch on A** V̄T̄ ⟨*trennb*⟩
Gas anstellen; *Maschine* anschalten; *TV,*
Licht einschalten; *Motor* anlassen **B** V̄Ī
Maschine anschalten; *Licht* einschalten
♦switch over A V̄Ī → switch C **B**
V̄T̄ ⟨*trennb*⟩ → switch B 3

switchblade Ⓢ *US* Klappmesser *n*
switchboard Ⓢ TEL Vermittlung *f*; *in*
Büro Zentrale *f*
Switch card® *Br* Ⓢ Switch Card® *f*,
Switch-Karte® *f*
★Switzerland [ˈswɪtsələnd] Ⓢ die
Schweiz; **to ~ in** die Schweiz
swivel [ˈswɪvl] **A** ATTR Dreh- **B** V̄T̄ (*a.*
swivel round) (herum)drehen **C** V̄Ī
(*a.* **swivel round**) sich drehen;
Mensch sich herumdrehen **swivel**
chair Ⓢ Drehstuhl *m*
swollen [ˈswəʊlən] **A** PPERF → swell **B**
ADJ (an)geschwollen; *Fluss* angestiegen
swoon [swuːn] *fig* V̄Ī beinahe ohnmäch-
tig werden (**over sb/sth** wegen j-m/einer
Sache)
swoop [swuːp] **A** V̄Ī *Vogel* (*a.* ~ **down**)
herabstoßen (**on** auf +*akk*); *fig Polizei* ei-
nen Überraschungsangriff machen (**on**
auf +*akk*) **B** Ⓢ *von Vogel* Sturzflug *m*; **at**
od **in one** ~ auf einen Schlag
swop Ⓢ & V̄T̄ & V̄Ī → swap
★sword [sɔːd] Ⓢ Schwert *n* **swordfish** Ⓢ
Schwertfisch *m*
swore [swɔːʳ] PRÄT → swear **sworn**
[swɔːn] **A** PPERF → swear **B** ADJ *Gegner*
eingeschworen; ~ **statement** JUR Aussa-
ge *f* unter Eid
swot [swɒt] *Br umg* **A** V̄Ī büffeln *umg*;
to ~ up (**on**) **one's maths** Mathe pauken
umg **B** Ⓢ *pej* Streber(in) *m(f)*
SWOT [swɒt] ABK (= strengths, weak-
nesses, opportunities and threats)
WIRTSCH *in einem Unternehmen* Stärken,
Schwächen, Chancen und Risiken
swum [swʌm] PPERF → swim
swung [swʌŋ] PRÄT & PPERF → swing
sycamore [ˈsɪkəmɔːʳ] Ⓢ Bergahorn *m*;
US nordamerikanische Platane
syllable [ˈsɪləbl] Ⓢ Silbe *f*
syllabus [ˈsɪləbəs] Ⓢ ⟨*pl* -es *od* syllabi
[ˈsɪləbaɪ]⟩ *bes Br* SCHULE, UNIV Lehrplan

m
symbol [ˈsɪmbəl] Ⓢ **1** Symbol *n* (**of** für)
2 LIT Gegenstand, der eine Idee, eine
Eigenschaft o. Ä. repräsentiert; z. B.
Ring für die Unendlichkeit der Ehe
symbolic(al) [sɪmˈbɒlɪk(əl)] ADJ symbo-
lisch (**of** für); **to be ~ of sth** etw symbo-
lisieren **symbolism** [ˈsɪmbəlɪzəm] Ⓢ
Symbolik *f* **symbolize** [ˈsɪmbəlaɪz] V̄T̄
symbolisieren
symmetrical, **symmetrically**
[sɪˈmetrɪkəl, -ɪ] ADV symmetrisch **sym-**
metry [ˈsɪmɪtrɪ] Ⓢ Symmetrie *f*
sympathetic [ˌsɪmpəˈθetɪk] ADJ mitfüh-
lend, verständnisvoll, wohlwollend; **to**
be *od* **feel ~ to(wards) sb** mit j-m mit-
fühlen, j-m Verständnis entgegenbrin-
gen, mit j-m sympathisieren; **he was**
most ~ when I told him all my trou-
bles er zeigte sehr viel Mitgefühl für
all meine Sorgen **sympathetically**
[ˌsɪmpəˈθetɪkəlɪ] ADV mitfühlend, ver-
ständnisvoll, wohlwollend **sympa-**
thize [ˈsɪmpəθaɪz] V̄Ī Mitleid haben
(**with** mit), Verständnis haben (**with**
für), sympathisieren (**with** mit); POL sym-
pathisieren (**with** mit); **to ~ with sb over**
sth mit j-m in einer Sache mitfühlen
können; **I really do ~** das tut mir wirk-
lich leid; *einsichtig* ich habe wirklich
vollstes Verständnis **sympathizer**
[ˈsɪmpəθaɪzəʳ] Ⓢ Sympathisant(in) *m(f)*
★sympathy [ˈsɪmpəθɪ] Ⓢ **1** Mitleid *n* (**for**
mit); **to feel ~ for sb** Mitleid mit j-m ha-
ben; **my/our deepest sympathies** herz-
liches Beileid **2** Verständnis *n*, Sympa-
thie *f*; **to be in ~ with sb/sth** mit
j-m/etw einhergehen; **to come out** *od*
strike in ~ IND in Sympathiestreik tre-
ten
symphony [ˈsɪmfənɪ] Ⓢ Sinfonie *f* **sym-**
phony orchestra Ⓢ Sinfonieorches-
ter *n*
symptom [ˈsɪmptəm] *wörtl*, *fig* Ⓢ Symp-
tom *n* **symptomatic** [ˌsɪmptəˈmætɪk]
ADJ symptomatisch (**of** für)
synagogue [ˈsɪnəgɒg] Ⓢ Synagoge *f*
sync [sɪŋk] Ⓢ ABK (= synchronization) **in**
~ FILM, TV *umg* synchron; **out of** ~
FILM, TV *umg* nicht synchron **synchro-**
nization [ˌsɪŋkrənaɪˈzeɪʃən] Ⓢ Abstim-
mung *f*; FILM Synchronisation *f*; *von Uh-*
ren Gleichstellung *f* **synchronize**
[ˈsɪŋkrənaɪz] **A** V̄T̄ abstimmen (**with** auf

S

+akk); **Bewegungen** aufeinander abstim-
men; IT, FILM synchronisieren (**with**
mit); **Uhren** gleichstellen (**with** mit) **B**
VⅡ FILM synchron sein (**with** mit); Uhren
gleich gehen; **Bewegungen** in Überein-
stimmung sein (**with** mit)

syndicate [ˈsɪndɪkɪt] S̲ Interessenge-
meinschaft f; HANDEL Syndikat n; Presse
(Presse)zentrale f; von Verbrechern Ring
m

syndrome [ˈsɪndrəʊm] S̲ MED Syndrom
n; fig, a. SOZIOL Phänomen n

synod [ˈsɪnəd] S̲ Synode f

synonym [ˈsɪnənɪm] S̲ Synonym n **syn-
onymous** [sɪˈnɒnɪməs] A̲D̲J̲ synonym

synopsis [sɪˈnɒpsɪs] ⟨pl synopses [sɪ-
ˈnɒpsiːz]⟩ S̲ Abriss m der Handlung; von
Buch, Artikel Zusammenfassung f

syntax [ˈsɪntæks] S̲ Syntax f

synthesis [ˈsɪnθəsɪs] S̲ ⟨pl syntheses
[ˈsɪnθəsiːz]⟩ Synthese f **synthesize**
[ˈsɪnθəsaɪz] VⅡ synthetisieren **synthe-
sizer** [ˈsɪnθə‚saɪzə^r] S̲ MUS Synthesizer
m **synthetic** [sɪnˈθetɪk] A̲ A̲D̲J̲ synthe-
tisch; **~ fibre** Kunstfaser f **B** S̲ Kunst-
stoff m; **~s** Synthetik f

syphon [ˈ] → siphon

Syria [ˈsɪrɪə] S̲ Syrien n

syringe [sɪˈrɪndʒ] S̲ MED Spritze f

syrup [ˈsɪrəp] S̲, **sirup** US S̲ Sirup m

system [ˈsɪstəm] S̲ System n; **digestive
~** Verdauungsapparat m; **it was a shock
to his ~** er hatte schwer damit zu schaf-
fen; **to get sth out of one's ~** fig umg
sich (dat) etw von der Seele schaffen;
~ disk Systemdiskette f; **~ software** Sys-
temsoftware f **systematic**
[‚sɪstəˈmætɪk] A̲D̲J̲ systematisch **system-
atize** [ˈsɪstəmətaɪz] VⅡ systematisieren
systems administrator S̲ IT System-
administrator(in) m(f) **systems ana-
lyst** S̲ Systemanalytiker(in) m(f) **sys-
tems disk** S̲ COMPUT Systemdiskette
f **systems engineer** S̲ Systemtechni-
ker(in) m(f) **systems software** S̲ Sys-
temsoftware f

T, t [tiː] S̲ T n, t n

ta [tɑː] Br umg INT danke

tab¹ [tæb] S̲ **1** Aufhänger m **2** Namens-
schild n, Etikett n; **to keep tabs on sb/
sth** umg j-n/etw genau im Auge behal-
ten **3** **to pick up the tab** die Rechnung
übernehmen

tab² S̲ COMPUT etc Tab m; von Schreibma-
schine Tabulator m

tabby [ˈtæbɪ] S̲, (a. **tabby cat**) geti-
gerte Katze

tab key S̲ Tabtaste f; von Schreibmaschi-
ne Tabulatortaste f

★**table** [ˈteɪbl] A̲ S̲ **1** Tisch m; **at the ~**
am Tisch; **to sit at ~** sich zu Tisch set-
zen; **to sit down at a ~** sich an einen
Tisch setzen; **to turn the ~s (on sb)** (ge-
genüber j-m) den Spieß umdrehen **2**
Tischrunde f **3** Tabelle f; (**multiplica-
tion**) **~s** Einmaleins n; **~ of contents** In-
haltsverzeichnis n **B** VⅡ **1** Antrag etc
einbringen **2** US Gesetzentwurf zurück-
stellen

★**tablecloth** S̲ Tischdecke f **table
lamp** S̲ Tischlampe f **table manners**
P̲L̲ Tischmanieren pl **tablemat** S̲ für
heiße Gefäße Untersetzer m **table-
spoon** S̲ Esslöffel m **tablespoonful** S̲
Esslöffel(voll) m

tablet [ˈtæblɪt] S̲ **1** MED Tablette f **2**
von Seife Stückchen m **3** IT Tablet n, Ta-
blet-Computer m

table tennis S̲ Tischtennis n **table-
top** S̲ Tischplatte f

tablet PC S̲ IT Tablet m, Tablet-PC m

tableware S̲ Geschirr und Besteck n

tabloid [ˈtæblɔɪd] S̲, (a. **tabloid
newspaper**) bebilderte, kleinformati-
ge Zeitung; pej Boulevardzeitung f **tab-
loid press** S̲ Boulevardpresse f

taboo, tabu [təˈbuː] A̲ S̲ ⟨pl -s⟩ Tabu
n; **to be a ~** tabu sein **B** A̲D̲J̲ tabu

tab stop S̲ → tab²

tabular [ˈtæbjʊlə^r] A̲D̲J̲ tabellarisch; **in ~
form** tabellarisch

tachometer [tæˈkɒmɪtə^r] S̲ Drehzahl-
messer m

tacit ADJ, **tacitly** ['tæsɪt, -lɪ] ADV stillschweigend

taciturn ['tæsɪtɜːn] ADJ wortkarg

tack [tæk] **A** s **1** kleiner Nagel; *bes US* Reißzwecke *f* **2** SCHIFF Schlag *m*; **to try another** ~ *fig* es anders versuchen **3** *für Pferd* Sattel- und Zaumzeug *n* **B** V/T **1** annageln (**to** an +*dat* od *akk*), feststecken (**to** an +*dat*) **2** *Br* Handarbeiten heften **C** V/I SCHIFF aufkreuzen ◆**tack on** *fig* VT ⟨*trennb*⟩ anhängen (**-to** +*dat*)

tackle ['tækl] **A** s **1** Ausrüstung *f* **2** SPORT Angriff *m*, Tackling *n* **B** VT **1** SPORT angreifen; *Rugby* fassen; *mit Worten* zur Rede stellen (**about** wegen) **2** *Problem* angehen, bewältigen; *Feuer* bekämpfen

tacky¹ ['tækɪ] ADJ ⟨*komp* tackier⟩ klebrig

tacky² *umg* ADJ ⟨*komp* tackier⟩ billig; *Viertel* heruntergekommen; *Kleidung* geschmacklos

tact [tækt] s ⟨*kein pl*⟩ Takt *m* **tactful** ['tæktfʊl] ADJ taktvoll; **to be ~ about** sth etw mit Feingefühl behandeln **tactfully** ['tæktfəlɪ] ADV taktvoll

tactic ['tæktɪk] s Taktik *f* **tactical** ['tæktɪkəl, -ɪ] ADJ taktisch **tactician** [tæk'tɪʃən] s Taktiker(in) *m(f)* **tactics** ['tæktɪks] PL Taktik *f*

tactless ADJ, **tactlessly** ['tæktlɪs, -lɪ] ADV taktlos

tadpole ['tædpəʊl] s Kaulquappe *f*

taffeta ['tæfɪtə] s Taft *m*

taffy ['tæfɪ] *US* s Toffee *n*

tag [tæg] **A** s **1** Schild(chen) *n*, Etikett *n* **2** Aufhänger *m* **B** VT *Waren* auszeichnen ◆**tag along** VI **why don't you tag along?** *umg* warum kommst/gehst du nicht mit? ◆**tag on** VT ⟨*trennb*⟩ anhängen (**to** an +*akk*)

tahini [tɑ'hiːnɪ] s ⟨*kein pl*⟩ Sesampaste *f*

t'ai chi [ˌtaɪ'tʃiː] s Tai-Chi *n*

★**tail** [teɪl] **A** s **1** Schwanz *m*; **to turn ~** die Flucht ergreifen; **he was right on my ~** er saß mir direkt im Nacken **2** ~**s** *pl von Münze* Rückseite *f* **3** ~**s** *pl* Frack *m* **B** VT *j-n* beschatten *umg*; *Auto etc* folgen (+*dat*) ◆**tail back** VI *Br* sich gestaut haben ◆**tail off** VI abnehmen; *Geräusch* schwächer werden; *Satz* mittendrin abbrechen

tailback *Br* s Rückstau *m* **tail end** s Ende *n* **tailgate** VT AUTO zu dicht auffahren auf +*akk* **tail-light** s AUTO

Rücklicht *n*

★**tailor** ['teɪlə'] **A** s Schneider(in) *m(f)* **B** VT **1** schneidern **2** *fig* Urlaub, Politik zuschneiden (**to auf** +*akk*); *Produkte* abstimmen (**to auf** +*akk*) **tailor-made** [ˌteɪlə'meɪd] ADJ maßgeschneidert

tailpipe *US* s Auspuffrohr *n* **tailwind** s Rückenwind *m*

taint [teɪnt] **A** s *fig* Makel *m* **B** VT *fig j-s Ruf* beschmutzen **tainted** ['teɪntɪd] ADJ **1** *fig Ruf* beschmutzt **2** *Lebensmittel* verdorben; *Luft* verpestet

Taiwan [taɪ'wɑːn] s Taiwan *n*

Tajikistan [tɑːˈdʒiːkɪstɑːn] s Tadschikistan *n*

★**take** [teɪk]
⟨*v: prät* took; *pperf* taken⟩

A transitives Verb   **B** Substantiv

— **A** transitives Verb —

1 nehmen, wegnehmen; **to ~** sth **from** sb j-m etw wegnehmen **2** bringen, mitnehmen; **let me ~ your case** komm, ich nehme *od* trage deinen Koffer; **I'll ~ you to the station** ich bringe Sie zum Bahnhof; **this bus will ~ you into town** der Bus fährt in die Stadt; **this road will ~ you to Paris** diese Straße führt nach Paris **3** fangen; *Stadt etc* einnehmen; **to ~ sb prisoner** j-n gefangen nehmen **4** nehmen; *Job* annehmen; *Kommando* übernehmen; *Anruf* entgegennehmen; **~ that!** da!; ~ **it from me** das können Sie mir glauben; **let's ~ it from the beginning of Act 2** fangen wir mit dem Anfang vom zweiten Akt an; **to be ~n ill** krank werden; **(you can) ~ it or leave it** ja oder nein(, ganz wie Sie wollen) **5** sich (*dat*) nehmen; ~ **a seat** nehmen Sie Platz!; **this seat is ~n** dieser Platz ist besetzt **6** *Test, Kurs, Foto, Spaziergang* machen; *Examen* ablegen; *Reise* unternehmen; *Gottesdienst* (ab)halten **7** unterrichten; *Unterrichtsstunde* geben; **who ~s you for Latin?** *Br*, **who are you taking for Latin?** *US* wer unterrichtet *od* gibt bei euch Latein?; **to ~ (the chair at) a meeting** den Vorsitz bei einer Versammlung führen **8** *Taxi, Zug* nehmen; *Kurve* fahren um; **to ~ the plane** fliegen; **we took a wrong turning** *Br*, **we took a wrong turn** *US* wir sind falsch abgebogen **9** _Drogen_ nehmen; **to ~ a sip ein Schlückchen trinken; do you ~ sugar?** nehmen Sie Zucker? **10** _Einzelheiten_ (sich _dat_) notieren; **to ~ notes** sich (_dat_) Notizen machen **11 to ~ the measurements of a room** ein Zimmer ausmessen; **to ~ sb's temperature** bei j-m Fieber messen; _Last_ aushalten; **I can ~ it** ich werde damit fertig; **I just can't ~ any more** ich bin am Ende; **I just can't ~ it any more** das halte ich nicht mehr aus **12** _Nachricht_ reagieren auf (+_akk_); **she never knows how to ~ him** sie weiß nie, woran sie bei ihm ist; **she took his death badly** sein Tod hat sie mitgenommen **14 I would ~ that to mean ...** ich würde das so auffassen od verstehen ... **15** annehmen; **to ~ sb/ sth for** od **to be ...** j-n/etw für ... halten **16** entnehmen (**from** +_dat_) **17** brauchen; _Kleidergröße_ haben; **the journey ~s 3 hours** die Fahrt dauert 3 Stunden; **it ~s 5 hours ...** man braucht 5 Stunden ...; **it took ten men to complete it** es wurden zehn Leute benötigt, um es zu erledigen; **it took a lot of courage** dazu gehörte viel Mut; **it ~s time** es braucht (seine) Zeit; **it took a long time** es hat lange gedauert; **it took me a long time** ich habe lange gebraucht; **it won't ~ long** das dauert nicht lange; **she's got what it ~s** _umg_ sie ist nicht ohne _umg_ **18** Platz haben für **19** GRAM stehen mit; _Präposition_ gebraucht werden mit; **verbs that ~ "haben"** Verben, die mit „haben" konjugiert werden

— **B** Substantiv —

FILM Aufnahme _f_

♦take aback V/T ⟨_trennb_⟩ überraschen; **I was completely taken aback** ich war völlig perplex **♦take after** V/I ⟨+_obj_⟩ nachschlagen (+_dat_); _äußerlich_ ähnlich sein (+_dat_) **♦take along** V/T ⟨_trennb_⟩ mitnehmen **♦take apart** _wörtl, fig umg_ V/T ⟨_trennb_⟩ auseinandernehmen **♦take (a)round** V/T ⟨_trennb_⟩ herumführen **♦take away** V/T ⟨_trennb_⟩ **1** abziehen; **6 take away 2** 6 weniger **2 2** wegnehmen (**from sb** j-m), wegbringen (**from** von); _von einem Ort_ abholen; **to take sb/sth away (with one)** j-n/etw mitnehmen **3** _Proviant_ mitnehmen; **pizza to take away** Pizza zum Mitnehmen

♦take back V/T ⟨_trennb_⟩ **1** sich (_dat_) zurückgeben lassen; _Spielzeug etc_ wieder wegnehmen; _fig_ zurücknehmen **2** zurückbringen; **that takes me back** das ruft Erinnerungen wach **3** _Mitarbeiter_ wiedereinstellen **♦take down** V/T ⟨_trennb_⟩ **1** _wörtl_ herunternehmen; _Vorhänge_ abnehmen; **to take one's trousers down** seine Hose herunterlassen **2** _Zelt_ abbauen **3** _schriftlich_ (sich _dat_) notieren **♦take home** V/T ⟨_trennb_⟩ **1** nach Hause bringen; _Gehalt_ netto verdienen od bekommen **♦take in** V/T ⟨_trennb_⟩ **1** hereinbringen; **I'll take the car in(to work) on Monday** ich fahre am Montag mit dem Auto (zur Arbeit) **2** _herrenloses Tier_ zu sich nehmen; **she takes in lodgers** sie vermietet (Zimmer) **3** _Kleid_ enger machen **4** _Umgebung_ wahrnehmen; _Bedeutung_ begreifen; _Sehenswürdigkeiten_ aufnehmen; _Situation_ erfassen **5** (≈ _täuschen_) hereinlegen; **to be taken in by sb/sth** auf j-n/etw einfallen ★ **♦take off** A V/I **1** _Flugzeug_ starten; _fig Projekt_ anlaufen; _Karriere_ abheben **2** _umg_ sich davonmachen _umg_ B V/T ⟨_trennb_⟩ **1** _Hut, Deckel_ abnehmen (**sth von etw**); _Betrag_ abziehen (**sth von etw**); _von Preis_ nachlassen; _Mantel etc_ (sich _dat_) ausziehen; **to take sth off sb** j-m etw abnehmen; **he took his clothes off** er zog sich aus; **to take sb's mind off sth** j-n von etw ablenken; **to take the weight off one's feet** seine Beine ausruhen; **to take sb/sth off sb's hands** j-m j-n/etw abnehmen **2** _Tag_ freinehmen; **to take time off (work)** sich (_dat_) freinehmen; **to take some time off** sich freinehmen; sich eine Auszeit nehmen **3** _Br_ nachahmen **♦take on** V/T ⟨_trennb_⟩ **1** _Stelle_ annehmen; _Verantwortung_ übernehmen; _Mitarbeiter_ einstellen; **when he married her he took on more than he bargained for** als er sie heiratete, hat er sich (_dat_) mehr aufgeladen, als er gedacht hatte **2** _Gegner_ antreten gegen **♦take out** V/T ⟨_trennb_⟩ **1** (hinaus)bringen (**of aus**) **2** _ins Theater etc_ ausgehen mit; **to take the dog out (for a walk)** mit dem Hund spazieren gehen; **to take sb out to** od **for dinner** j-n zum Essen einladen **3** herausnehmen; _Zahn_ ziehen; _Nagel_ herausziehen (**of aus**); **to take sth out of sth** etw aus etw (heraus)nehmen; **to take time out from sth** von etw (eine Zeit lang) Urlaub nehmen; **to take time out from doing sth** etw eine Zeit lang nicht tun; **to take sth out on sb** etw an j-m auslassen *umg*; **to take it out on sb** sich an j-m abreagieren; **to take it out of sb** j-n ziemlich schlauchen *umg* ☑ *Konto* abheben ☑ *Versicherung* abschließen; *Hypothek* aufnehmen ☑ *US* → take away 3 ◆**take over** Ⓐ ⓥ⊺ *nach Wahlen etc* an die Macht kommen; *in Firma* die Leitung übernehmen; *Touristen etc* sich breitmachen *umg*; **to take over (from sb)** j-n ablösen; **he's ill so I have to take over** da er krank ist, muss ich (für ihn) einspringen Ⓑ ⓥ⊺ ⟨trennb⟩ *Kontrolle etc* übernehmen ◆**take round** *bes Br* ⓥ⊺ ⟨trennb⟩ ◍ **I'll take it round (to her place)** ich bringe es zu ihr ◍ führen (**sth** durch etw) ◆**take to** ⓥ⊺ ⟨+obj⟩ ◍ *j-n* sympathisch finden; **sb takes to a place** etw sagt j-m zu; **I don't know how she'll take to him** ich weiß nicht, wie sie auf ihn reagieren wird; **to take to doing sth** anfangen, etw zu tun; **to take to drink** zu trinken anfangen ☑ *Berge etc* sich flüchten in ⟨+akk⟩ ◆**take up** ⓥ⊺ ⟨trennb⟩ ◍ aufnehmen; *Teppich* hochnehmen; *Kleid* kürzen; *Gespräch* weiterführen ☑ *in oberes Stockwerk: Besucher* (mit) hinaufnehmen; *Objekt* hinauftragen ☑ *Zeit* in Anspruch nehmen; *Raum* einnehmen ☑ *Golf, Bridge* zu seinem Hobby machen; **to take up painting** anfangen zu malen ☑ *Sache* sich einsetzen für; **to take up a position** *wörtl* eine Stellung einnehmen; **to be taken up with sb/sth** mit j-m/etw sehr beschäftigt sein ☑ *Einladung, Herausforderung* annehmen; *neue Stelle* antreten; **he left to take up a job as a headmaster** er ist gegangen, um eine Stelle als Schulleiter zu übernehmen; **to take up residence** sich niederlassen (**at, in** in +dat); **to take sb up on his/her invitation/offer** von j-s Einladung/Angebot Gebrauch machen; **I'll take you up on that** ich werde davon Gebrauch machen ◆**take upon** ⓥ⊺ ⟨+obj⟩ **he took it upon himself to answer for me** er meinte, er müsse für mich antworten

takeaway *bes Br* Ⓐ Ⓢ ◍ Essen *n* zum Mitnehmen; **let's get a ~** wir können uns ja etwas (zu essen) holen *od* mitnehmen ☑ Imbissstube *f* Ⓑ ADJ ⟨attr⟩ Essen zum Mitnehmen **take-home pay** Ⓢ Nettolohn *m* **taken** ['teɪkən] Ⓐ PPERF → take Ⓑ ADJ **to be ~ with sb/sth** von j-m/etw angetan sein

★**takeoff** Ⓢ ◍ FLUG Start *m*, Abheben *n*; **ready for ~** startbereit ☑ *Br* **to do a ~ of sb** j-n nachahmen **takeout** *US* Ⓐ Ⓢ Essen *n* zum Mitnehmen; **let's get a ~** wir können uns ja etwas (zu essen) holen *od* mitnehmen Ⓑ ADJ ⟨attr⟩ Essen zum Mitnehmen **takeover** Ⓢ HANDEL Übernahme *f* **takeover bid** Ⓢ Übernahmeangebot *n* **taker** ['teɪkə⁺] Ⓢ any **~s?** *fig* wer ist daran interessiert?; **there were no ~s** *fig* niemand war daran interessiert **taking** ['teɪkɪŋ] Ⓢ ◍ **it's yours for the ~** das können Sie (umsonst) haben ☑ **~s** *pl* HANDEL Einnahmen *pl*

talc [tælk], **talcum** ['tælkəm], **talcum powder** Ⓢ Talkumpuder *m*

tale [teɪl] Ⓢ ◍ Geschichte *f*; LIT Erzählung *f*; **at least he lived to tell the ~** zumindest hat er die Sache überlebt; **thereby hangs a ~** das ist eine lange Geschichte ☑ **to tell ~s** petzen *umg* (**to** +*dat*); **to tell ~s about sb** j-n verpetzen *umg* (**to** bei)

talent ['tælənt] Ⓢ Talent *n*; **to have a ~ for languages** sprachbegabt sein **talented** ['tæləntɪd] ADJ talentiert **talent scout** Ⓢ Talentsucher(in) *m(f)*

talisman ['tælɪzmən] Ⓢ ⟨*pl* -s⟩ Talisman *m*

★**talk** [tɔːk] Ⓐ Ⓢ ◍ Gespräch *n*; **to have a ~** sich unterhalten (**with sb about sth** mit j-m über etw *akk*); **could I have a ~ with you?** könnte ich Sie mal sprechen?; **to hold** *od* **have ~s** Gespräche führen ☑ ⟨kein *pl*⟩ Reden *n*, Gerede *n*; **he's all ~** der führt bloß große Reden; **there is some ~ of his returning** es heißt, er kommt zurück; **it's the ~ of the town** es ist Stadtgespräch ☑ Vortrag *m*; **to give a ~** einen Vortrag halten (**on** über +*akk*) Ⓑ ⓥ⊺ ◍ reden (**of** von *od* **about** über +*akk*), sprechen (**of** von *od* **about** über +*akk*), sich unterhalten (**of, about** über +*akk*); **to ~ to** *od* **with sb** mit j-m sprechen *od* reden (**about** über +*akk*); **could I ~ to Mr Smith please?** kann ich bitte Herrn Smith sprechen?; **it's easy** *od* **all right for you to ~**

umg du hast gut reden *umg*; **don't ~ to me like that!** wie redest du denn mit mir?; **that's no way to ~ to your parents** so redet man doch nicht mit seinen Eltern!; **to get ~ing to sb** mit j-m ins Gespräch kommen; **you can ~!** *umg* du kannst gerade reden!; **to ~ to oneself** Selbstgespräche führen; **now you're ~ing!** das lässt sich schon eher hören!; **he's been ~ing of going abroad** er hat davon gesprochen *od* geredet, dass er ins Ausland fahren will; **~ing of films …** da wir gerade von Filmen sprechen …; **~ about rude!** so was von unverschämt! *umg*; **to make sb ~** j-n zum Reden bringen; **we're ~ing about at least £2,000** es gebt um mindestens € 2.000 ☑ schwatzen; **stop ~ing!** sei/seid ruhig! ☒ klatschen **C** V̄T *eine Sprache sprechen; Unsinn reden; Geschäftliches reden über* (+*akk*); **we're ~ing big money** *etc* **here** *umg* hier geht's um große Geld *etc umg*; **to ~ sb/oneself into doing sth** j-n/sich dazu bringen, etw zu tun; **to ~ sb out of sth** j-n von etw abbringen ◆**talk back** V̄I frech antworten (**to sb** j-m) ◆**talk down** V̄I **to talk down to sb** mit j-m herablassend reden ◆**talk over** V̄T ⟨*trennb*⟩ besprechen ◆**talk round** *Br* V̄T ⟨*immer getrennt*⟩ umstimmen ◆**talk through** V̄T ⟨*trennb*⟩ besprechen; **to talk sb through sth** j-m etw erklären

talkative [ˈtɔːkətɪv] ADJ gesprächig **talker** [ˈtɔːkə^r] S̱ Redner(in) *m(f)* **talking** [ˈtɔːkɪŋ] S̱ Sprechen *n*; **no ~ please!** bitte Ruhe!; **his constant ~** sein dauerndes Gerede **talking point** S̱ Gesprächsthema *n* **talking-to** *umg* S̱ ⟨*kein pl*⟩ **to give sb a good ~** j-m eine Standpauke halten *umg* **talk show** S̱ Talkshow *f* **talk time** S̱ *auf Handy* Gesprächszeit *f*

★**tall** [tɔːl] ADJ ⟨+*er*⟩ ☑ *Mensch* groß; **how ~ are you?** wie groß sind Sie?; **6 ft ~** 1,80 m groß ☑ *Haus, Baum* hoch ☒ *umg* **that's a ~ order** das ist ganz schön viel verlangt

tally [ˈtælɪ] **A** S̱ **to keep a ~ of** Buch führen über (+*akk*) **B** V̄T (*a.* **tally up**) zusammenzählen **talon** [ˈtælən] S̱ Kralle *f* **tambourine** [ˌtæmbəˈriːn] S̱ Tamburin *n*; **to play the ~** Tamburin spielen

★**tame** [teɪm] **A** ADJ ⟨*komp* **tamer**⟩ ☑ zahm ☑ *Witz etc* lahm *umg* **B** V̄T *Tier* zähmen

Tampax® [ˈtæmpæks] S̱ Tampon *m* ◆**tamper with** V̄T (+*obj*) sich (*dat*) zu schaffen machen an (+*dat*) *umg*, herumpfuschen an (+*dat*)

tampon [ˈtæmpɒn] S̱ Tampon *m* **tan** [tæn] **A** S̱ ☑ Bräune *f*; **to get a tan** braun werden; **she's got a lovely tan** sie ist schön braun ☑ (≈*Farbe*) Hellbraun *n* **B** ADJ hellbraun **C** V̄I braun werden

TAN ABK (= transaction number) TAN *f* **tandem** [ˈtændəm] S̱ Tandem *n*; **in ~ (with)** *fig* zusammen (mit)

tang [tæŋ] S̱ ☑ scharfer Geruch ☑ starker Geschmack

tangent [ˈtændʒənt] S̱ **to go off at a ~** *fig* (*plötzlich*) vom Thema abschweifen **tangerine** [ˌtændʒəˈriːn] S̱ Mandarine *f* **tangible** [ˈtændʒəbl] *fig* ADJ *Resultat* greifbar; *Beweis* handfest

tangle [ˈtæŋgl] **A** S̱ Gewirr *n; fig* Wirrwarr *m*; **to get into a ~** sich verheddern **B** V̄T *umg* Thema verheddern ◆**tangle up** V̄T ⟨*trennb*⟩ **to get tangled up** durcheinandergeraten

tangy [ˈtæŋɪ] ADJ ⟨*komp* **tangier**⟩ scharf **tank** [tæŋk] S̱ ☑ Tank *m; bes für Wasser* Wasserspeicher *m; für Sauerstoff* Flasche *f* ☒ MIL Panzer *m* **tankard** [ˈtæŋkəd] S̱ (Bier)humpen *m* **tanker** [ˈtæŋkə^r] S̱ ☑ SCHIFF Tanker *m* ☒ Tankwagen *m* **tankful** [ˈtæŋkfʊl] S̱ Tank(voll) *m* **tankini** [tæŋˈkiːnɪ] S̱ Tankini *m* (*zweiteiliger Badeanzug*) **tank top** S̱ ☑ *Br* Pullunder *m* ☒ *US* Trägertop *n* **tanned** [tænd] ADJ braun (gebrannt) **tannin** [ˈtænɪn] S̱ Tannin *n* **tanning studio** [ˈtænɪŋ] S̱ Sonnenstudio *n*

Tannoy® [ˈtænɔɪ] S̱ Lautsprecheranlage *f*

tantalizing [ˈtæntəlaɪzɪŋ] ADJ verführerisch

tantamount [ˈtæntəmaʊnt] ADJ **to be ~ to sth** auf etw (+*akk*) hinauslaufen **tantrum** [ˈtæntrəm] S̱ **to have a ~** einen Wutanfall bekommen

Taoiseach [ˈtiːʃæx] *Ir* S̱ Premierminister(in) *m(f)*

★**tap**[1] [tæp] **A** S̱ *bes Br* Wasserhahn *m*; **on tap** *Bier* vom Fass **B** V̄T *fig Markt* erschließen; **to tap telephone wires** Telefonleitungen anzapfen ◆**tap into** VII ⟨+obj⟩ System anzapfen; Ängste ausnutzen

tap² A 5̲ 1 Klopfen n 2̲ (≈ Berührung) Klaps m B VIT & VII klopfen; **he tapped me on the shoulder** er tippte mir auf die Schulter; **to tap at the door** sachte an die Tür klopfen **tap-dance** VII steppen **tap-dancing** 5̲ Stepptanz m, Steppen n

★**tape** [teɪp] A 5̲ 1 Band n; haftend Klebeband n, Kleb(e)streifen m 2̲ (Ton)band n; on ~ auf Band B VIT (auf Band) aufnehmen, (auf Video) aufnehmen ◆**tape down** VIT ⟨trennb⟩ (mit Klebeband etc) festkleben ◆**tape over** A VII ⟨+obj⟩ überspielen B VIT ⟨trennb⟩ **to tape A over B** B mit A überspielen ◆**tape up** VIT ⟨trennb⟩ Paket mit Klebeband etc verkleben

tape deck 5̲ Tapedeck n **tape measure** 5̲ Maßband n

taper ['teɪpəʳ] VII sich zuspitzen ◆**taper off** fig VII langsam aufhören

tape-record VIT auf Band aufnehmen **tape recorder** 5̲ Tonbandgerät n, Kassettenrekorder m **tape recording** 5̲ Bandaufnahme f

tapestry ['tæpɪstrɪ] 5̲ Wandteppich m **tapeworm** ['teɪpwɜːm] 5̲ Bandwurm m **tapioca** [ˌtæpɪˈəʊkə] 5̲ Tapioka f **tap water** 5̲ Leitungswasser n **tar** [tɑːʳ] A 5̲ Teer m B VIT teeren **tarantula** [təˈræntjʊlə] 5̲ Tarantel f **tardy** ['tɑːdɪ] US ADJ ⟨komp tardier⟩ **to be ~** zu spät kommen

★**target** ['tɑːɡɪt] A 5̲ Ziel n; SPORT, a. fig Zielscheibe f; **to be off/on ~** Rakete danebengehen/treffen; Torschuss ungenau/sehr genau sein; **production is above/on/below ~** das Produktionssoll ist überschritten/erfüllt/nicht erfüllt; **to be on ~** Projekt auf Kurs sein B VIT sich ⟨dat⟩ zum Ziel setzen; Publikum als Zielgruppe haben **target group** 5̲ Zielgruppe f **target language** 5̲ in Wörterbuch, Übersetzung Zielsprache f

tariff ['tærɪf] 5̲ 1 bes Br von Hotel etc Preisliste f 2̲ (≈ Steuer) Zoll m

tarmac ['tɑːmæk] A 5̲ **Tarmac®** Asphalt m B VIT asphaltieren

tarnish ['tɑːnɪʃ] A VIT 1 Metall stumpf werden lassen 2̲ fig Ruf beflecken B

VII Metall anlaufen

tarot card ['tærəʊkɑːd] 5̲ Tarockkarte f

tarpaulin [tɑːˈpɔːlɪn] 5̲ Plane f; SCHIFF Persenning f

tarragon ['tærəgən] 5̲ Estragon m

tart¹ [tɑːt] ADJ ⟨+er⟩ Geschmack herb, sauer pej; Obst sauer

tart² 5̲ GASTR Obstkuchen m, Obsttörtchen n

tart³ Br umg 5̲ Nutte f umg ◆**tart up** bes Br umg VIT ⟨trennb⟩ aufmachen umg; sich aufdonnern umg

tartan ['tɑːtən] A 5̲ Schottenkaro n; Schottenstoff m B ADJ im Schottenkaro

tartar ['tɑːtəʳ] 5̲ Zahnstein m; CHEM Weinstein m

tartar(e) sauce [ˌtɑːtəˈsɔːs] 5̲ ≈ Remouladensoße f

taser® ['teɪzəʳ] 5̲ Elektroschockpistole f

task [tɑːsk] 5̲ Aufgabe f; **to set sb a ~** j-m eine Aufgabe stellen; **to take sb to ~** j-n ins Gebet nehmen (**for, about** wegen) **task bar** 5̲ IT Taskleiste f **task force** 5̲ Taskforce f; beruflich Arbeitsgruppe f **taskmaster** 5̲ **he's a hard ~** er ist ein strenger Meister

Tasmania [tæzˈmeɪnɪə] 5̲ Tasmanien n

tassel ['tæsəl] 5̲ Quaste f

★**taste** [teɪst] A 5̲ 1 Geschmack m, Geschmackssinn m; (≈ geringe Menge) Kostprobe f; **I don't like the ~** das schmeckt mir nicht; **to have a ~ (of sth)** wörtl (etw) probieren; fig eine Kostprobe (von etw) bekommen; **to acquire a ~ for sth** Geschmack an etw ⟨dat⟩ finden; **it's an acquired ~** das ist etwas für Kenner; **my ~ in music** mein musikalischer Geschmack; **to be to sb's ~** nach j-s Geschmack sein; **it is a matter of ~** das ist Geschmack(s)sache; **for my ~ ...** für meinen Geschmack ...; **she has very good ~** sie hat einen sehr guten Geschmack; **a man of ~** ein Mann mit Geschmack; **to be in good ~** geschmackvoll sein; **to be in bad ~** geschmacklos sein B VIT 1 schmecken 2̲ probieren, kosten 3̲ Wein verkosten 4̲ fig Freiheit erleben C VII schmecken; **to ~ good** od **nice** (gut) schmecken; **it ~s all right to me** ich schmecke nichts; (≈ wohlschmecken) ich finde, das schmeckt nicht schlecht; **to ~ of sth** nach etw schmecken **tasteful** ADJ, **tastefully** ADV geschmackvoll **tasteless** ADJ ge-

T

schmacklos **tasting** [ˈteɪstɪŋ] S̲ (Wein)Probe f **tasty** [ˈteɪstɪ] ADJ ⟨komp tastier⟩ schmackhaft; **his new girlfriend is very ~** umg seine neue Freundin ist zum Anbeißen umg

▶ **taste + Adjektiv**

Wie bei anderen Verben der Sinneswahrnehmung auch folgt auf **taste** in der Bedeutung „schmecken" ein Adjektiv, das diesen Sinneseindruck beschreibt – kein Adverb!

This tastes excellent / different.	Das schmeckt ausgezeichnet / anders.

◀

tattered [ˈtætəd] ADJ Kleider zerlumpt; Laken zerfleddert **tatters** [ˈtætəz] PL **to be in ~** Kleider in Fetzen sein; Selbstvertrauen (sehr) angeschlagen sein

tattoo [təˈtuː] A̲ V̲T̲ tätowieren B̲ S̲ ⟨pl -s⟩ Tattoo m od n, Tätowierung f

tatty [ˈtætɪ] bes Br umg ADJ ⟨komp tattier⟩ schmuddelig; Kleider schäbig

taught [tɔːt] PRÄT & PPERF → teach

taunt [tɔːnt] A̲ S̲ Spöttelei f B̲ V̲T̲ verspotten (**about** wegen)

Taurus [ˈtɔːrəs] S̲ ASTROL Stier m; **to be (a) ~** (ein) Stier sein

taut [tɔːt] ADJ ⟨+er⟩ straff; Muskeln stramm; **to pull sth ~** etw stramm ziehen **tauten** [ˈtɔːtn] A̲ V̲T̲ Seil spannen; Muskeln anspannen B̲ V̲I̲ sich spannen

tavern [ˈtævən] obs S̲ Taverne f

tawdry [ˈtɔːdrɪ] ADJ ⟨komp tawdrier⟩ 1 Kleidung etc billig und geschmacklos 2 Person aufgedonnert umg

★**tax** [tæks] A̲ S̲ Steuer f (**on** auf +dat); **before tax** brutto; **after tax** netto; **to put a tax on sb/sth** j-n/etw besteuern B̲ V̲T̲ 1 besteuern 2 fig Geduld strapazieren **taxable** [ˈtæksəbl] ADJ **~ income** zu versteuerndes Einkommen **tax allowance** S̲ Steuervergünstigung f, Steuerfreibetrag m **taxation** [tækˈseɪʃən] S̲ Besteuerung f **tax bill** S̲ Steuerbescheid m **tax bracket** S̲ Steuergruppe f od -klasse f **tax consultant** S̲ Steuerberater(in) m(f) **tax-deductible** ADJ (steuerlich) absetzbar **tax demand** S̲ Steuerbescheid m **tax disc**

Br S̲ Steuerplakette f **tax evasion** S̲ Steuerhinterziehung f **tax-exempt** US ADJ Einkommen steuerfrei **tax-free** ADJ & ADV steuerfrei **tax-free allowance** S̲ Steuerfreibetrag m **tax haven** S̲ Steuerparadies n

★**taxi** [ˈtæksɪ] A̲ S̲ Taxi n; **to go by ~** mit dem Taxi fahren B̲ V̲I̲ FLUG rollen **taxicab** [ˈtæksɪkæb] bes US S̲ Taxi n

taxidermist [ˈtæksɪdɜːmɪst] S̲ Tierpräparator(in) m(f)

taxi driver S̲ Taxifahrer(in) m(f)

taxing [ˈtæksɪŋ] ADJ anstrengend

tax inspector Br S̲ Finanzbeamte(r) m, Finanzbeamtin f

taxi rank Br S̲, **taxi stand** bes US S̲ Taxistand m

taxman S̲ ⟨pl -men⟩ **the ~ gets 35%** das Finanzamt bekommt 35% **tax official** S̲ Finanzbeamte(r) m, Finanzbeamtin f **taxpayer** S̲ Steuerzahler(in) m(f) **tax return** S̲ Steuererklärung f **tax year** S̲ Steuerjahr n

TB ABK (= tuberculosis) Tb f, Tbc f

t.b.a., TBA ABK (= to be announced) wird/werden noch bekannt gegeben

T-bone steak [ˈtiːbəʊnˌsteɪk] S̲ T-Bone-Steak n

★**tea** [tiː] 1 S̲ Tee m; **a cup of tea** eine Tasse Tee 2 Br Nachmittagstee m; (≈ Mahlzeit) Abendbrot n **tea bag** S̲ Teebeutel m **tea break** bes Br S̲ Pause f **tea caddy** bes Br S̲ Teedose f **teacake** Br S̲ Rosinenbrötchen n

★**teach** [tiːtʃ] ⟨v: prät, pperf taught⟩ A̲ V̲T̲ unterrichten, lehren geh; **to ~ sb sth** j-m etw beibringen, j-n in etw (dat) unterrichten; **to ~ sb to do sth** j-m beibringen, etw zu tun; **the accident taught me to be careful** durch diesen Unfall habe ich gelernt, vorsichtiger zu sein; **who taught you to drive?** bei wem haben Sie Fahren gelernt?; **that'll ~ her** das wird ihr eine Lehre sein; **that'll ~ you to break the speed limit** das hast du (nun) davon, dass du die Geschwindigkeitsbegrenzung überschritten hast B̲ V̲I̲ unterrichten; **he can't ~** er gibt keinen guten Unterricht

★**teacher** [ˈtiːtʃəʳ] S̲ Lehrer(in) m(f); **English ~s** Englischlehrer(innen) pl **teacher's pet** [ˌtiːtʃəˈpet] S̲ Lieblingsschüler(in) m(f) **teacher-training** [ˌtiːtʃəˈtreɪnɪŋ] S̲ Lehrer(aus)bildung f; ~

college pädagogische Hochschule, Studienseminar n

tea chest Br s̲ Kiste f

teaching ['tiːtʃɪŋ] s̲ **1** das Unterrichten; der Lehrberuf; **she enjoys ~** sie unterrichtet gern **2** (a. **~s**) Lehre f

teaching time s̲ Unterrichtszeit f

tea cloth Br s̲ Geschirrtuch n **tea cosy** s̲, **tea cozy** US s̲ Teewärmer m

teacup s̲ Teetasse f

teak [tiːk] s̲ Teak(holz) n

tea leaf s̲ Teeblatt n

★team [tiːm] s̲ Team n; SPORT Mannschaft f **★team up** v̲i̲ sich zusammentun (**with** mit)

team effort s̲ Teamarbeit f **team game** s̲ Mannschaftsspiel n **team-mate** s̲ Mannschaftskamerad(in) m(f)

team member s̲ Teammitglied n **team player** s̲ **1** SPORT Mannschaftsspieler(in) m(f) **2** fig Teamarbeiter(in) m(f) **team spirit** s̲ Gemeinschaftsgeist m; SPORT Mannschaftsgeist m **teamwork** ['tiːmwɜːk] s̲ Teamwork n

tea party s̲ Teegesellschaft f **teapot** s̲ Teekanne f

★tear¹ [tɛəʳ] ⟨v: prät tore; pperf torn⟩ A v̲t̲ zerreißen; Loch reißen; **to ~ sth in two** etw (in zwei Stücke) zerreißen; **to ~ sth to pieces** etw in Stücke reißen; fig Film etc etw verreißen; **to ~ sth open** etw aufreißen; **to ~ one's hair (out)** (dat) die Haare raufen; **to be torn between two things** fig zwischen zwei Dingen hin und her gerissen sein B v̲i̲ **1** (zer)reißen; **~ along the dotted line** an der gestrichelten Linie abtrennen **2** rasen C s̲ Riss m **★tear along** v̲i̲ entlangrasen **★tear apart** v̲t̲ ⟨trennb⟩ Haus völlig durcheinanderbringen; Land zerreißen; **it tore me apart to leave you** es hat mir schier das Herz zerrissen, dich zu verlassen **★tear at** v̲i̲ ⟨+obj⟩ zerren an (+dat) **★tear away** v̲t̲ ⟨trennb⟩ **if you can tear yourself away** wenn du dich losreißen kannst **★tear down** v̲t̲ ⟨trennb⟩ Plakat herunterreißen; Haus abreißen **★tear into** v̲i̲ ⟨+obj⟩ mit Worten abkanzeln; Kritiker keinen guten Faden lassen an (+dat) **★tear off** A v̲i̲ **1** wegrasen **2** Formular sich abtrennen lassen B v̲t̲ ⟨trennb⟩ abreißen; Kleider herunterreißen **★tear out** A v̲i̲ hinausrasen, wegrasen B v̲t̲

⟨trennb⟩ (her)ausreißen (**of** aus) **★tear up¹** v̲t̲ ⟨trennb⟩ **1** Papier zerreißen **2** Pfosten (her)ausreißen **3** Boden aufwühlen **4** Übereinkommen aufkündigen

★tear² [tɪəʳ] s̲ Träne f; **in ~s** in Tränen aufgelöst; **there were ~s in her eyes** ihr standen Tränen in den Augen; **the news brought ~s to her eyes** als sie das hörte, stiegen ihr die Tränen in die Augen; **the ~s were running down her cheeks** ihr Gesicht war tränenüberströmt **★tear up²** v̲i̲ umg Tränen in den Augen haben; anfangen zu heulen umg

tearaway ['tɛərəweɪ] Br umg s̲ Rabauke m umg

teardrop s̲ Träne f **tearful** ['tɪəfʊl] A̲D̲J̲ Gesicht tränenüberströmt; Abschied tränenreich; **to become ~** zu weinen anfangen **tearfully** ['tɪəfəlɪ] A̲D̲V̲ mit Tränen in den Augen; etw sagen unter Tränen **tear gas** s̲ Tränengas n **tear-jerker** ['tɪə‚dʒɜːkəʳ] s̲ (≈ sentimentaler Film etc) Schnulze f umg

tearoom ['tiːruːm] Br s̲ Teestube f, Café n, Kaffeehaus n österr

tear-stained ['tɪəsteɪnd] A̲D̲J̲ verweint

tease [tiːz] A v̲t̲ j-n necken, hänseln (**about** wegen) B v̲i̲ Spaß machen C s̲ umg Scherzbold m umg

tea service, tea set s̲ Teeservice n **teashop** s̲ Teestube f

teasing ['tiːzɪŋ] A̲D̲J̲ neckend

teaspoon s̲ **1** Teelöffel m **2** (a. **~ful**) Teelöffel m (voll) **tea strainer** s̲ Teesieb n

teat [tiːt] s̲ von Tier Zitze f; Br an Babyflasche (Gummi)sauger m

teatime Br s̲ nachmittags Teestunde f; (≈ Mahlzeit) Abendessen n, Nachtmahl n österr, Nachtessen n schweiz; **at ~** am späten Nachmittag **tea towel** Br s̲ Geschirrtuch n

★technical ['teknɪkəl] A̲D̲J̲ **1** technisch **2** fachlich, Fach-; Probleme fachspezifisch; **~ dictionary** Fachwörterbuch n; **~ term** Fachausdruck m, Fachbegriff m **technical college** etc Brs technische Fachschule **technical drawing** s̲ technische Zeichnung **technicality** [‚teknɪ'kælɪtɪ] s̲ technische Einzelheit; fig, a. JUR Formsache f **technically** ['teknɪkəlɪ] A̲D̲V̲ **1** technisch **2** **~ speaking** streng genommen **technical**

school US ̄s technische Fachschule
technical support ̄s IT technische
Unterstützung **technician** [tek'nɪʃən]
̄s Techniker(in) m(f)
★**technique** [tek'niːk] ̄s Technik f, Me-
thode f
techno ['teknəʊ] ̄s MUS Techno m/n
technocrat ['teknəkræt] ̄s Techno-
krat(in) m(f)
★**technological** [ˌteknə'lɒdʒɪkəl] ADJ
technologisch, technisch **technologi-
cally** [teknə'lɒdʒɪklɪ] ADV technologisch
technologist [tek'nɒlədʒɪst] ̄s Techno-
loge m, Technologin f
★**technology** [tek'nɒlədʒɪ] ̄s Technologie
f, Technik f; **communications** ~ Kom-
munikationstechnik f
teddy (bear) ['tedɪ(ˌbɛəʳ)] ̄s Teddy(bär)
m
tedious ['tiːdɪəs] ADJ langweilig, fad
österr **tedium** ['tiːdɪəm] ̄s Lang(e)weile
f
tee [tiː] ̄s Golf Tee n
teem [tiːm] V/I ❶ wimmeln **(with** von) ❷
it's ~ing with rain es gießt in Strömen
umg **teeming** ['tiːmɪŋ] ADJ Regen strö-
mend
teen [tiːn] A ADJ Film etc für Teenager;
~ **idol** Teenie-Idol n B ̄s Teenager
m(f) **teenage** ['tiːneɪdʒ] ADJ Teenager-;
Jugendlicher im Teenageralter; ~ **boy**
Teenager m; ~ **girl** Teenagerin f; ~ **idol**
Teenie-Idol n **teenaged** ['tiːneɪdʒd] ADJ
im Teenageralter; ~ **boy/girl** Teenager
m **teenager** ['tiːnˌeɪdʒəʳ] ̄s Teenager
m **teens** [tiːnz] PL Teenageralter n; **to**
be in one's ~ im Teenageralter sein
teeny(weeny) ['tiːnɪ('wiːnɪ)] umg ADJ
klitzeklein umg; **a ~ bit ...** ein ganz klein
bisschen ...
tee shirt ̄s → T-shirt
teeter ['tiːtəʳ] V/I taumeln; **to ~ on the**
brink od **edge of sth** wörtl am Rand
von etw taumeln; fig am Rand von etw
sein
teeth [tiːθ] PL → **tooth teethe** [tiːð] V/I
zahnen **teething ring** ['tiːðɪŋ] ̄s Beiß-
ring m **teething troubles** Br fig PL
Kinderkrankheiten pl
teetotal [ˌtiː'təʊtl] ADJ abstinent **teeto-
taller** [ˌtiː'təʊtləʳ] ̄s, **teetotaler** US ̄s
Abstinenzler(in) m(f)
TEFL ABK (= Teaching of English as a
Foreign Language) Unterrichten n von

Englisch als Fremdsprache
tel ABK (= telephone number) Tel.
telebanking ['telɪˌbæŋkɪŋ] ̄s Teleban-
king n
telecast ['telɪkɑːst] ̄s Fernsehsendung f
telecommunications [ˌtelɪkəmjuːnɪ-
'keɪʃənz] ̄s ❶ ⟨+pl v⟩ Fernmeldewesen n
❷ ⟨+sg v⟩ Fernmeldetechnik f, Telekom-
munikation f
telecommuter ['telɪkəˌmjuːtəʳ] ̄s Tele-
arbeiter(in) m(f) **telecommuting**
['telɪkəmˌjuːtɪŋ] ̄s Telearbeit f
teleconference ['telɪˌkɒnfrəns] ̄s Tele-
konferenz f **teleconferencing**
['telɪˌkɒnfrənsɪŋ] ̄s Telekonferenz f, Kon-
ferenzschaltung f
★**telegram** ['telɪɡræm] ̄s Telegramm n
telegraph ['telɪɡrɑːf] V/T telegrafisch
übermitteln **telegraph pole** Br ̄s Te-
legrafenmast m
telepathic [ˌtelɪ'pæθɪk] ADJ telepa-
thisch; **you must be ~!** du musst ja
ein Hellseher sein!
telepathy [tɪ'lepəθɪ] ̄s Telepathie f
★**telephone** ['telɪfəʊn] A ̄s Telefon n;
there's somebody on the ~ for you
Sie werden am Telefon verlangt; **have**
you got a ~? haben Sie Telefon?; **he's**
on the ~ er telefoniert gerade; **by ~** te-
lefonisch; **I've just been on the ~ to**
him ich habe eben mit ihm telefoniert;
I'll get on the ~ to her ich werde sie
anrufen B V/T anrufen C V/I telefonie-
ren; **to ~ for an ambulance** einen Kran-
kenwagen rufen **telephone banking**
̄s Telefonbanking n **telephone box**
̄s, **telephone booth** US ̄s Telefonzel-
le f **telephone call** ̄s Telefonge-
spräch n **telephone directory** ̄s Te-
lefonbuch n **telephone exchange**
bes Br ̄s Fernsprechamt n **telephone**
kiosk ̄s Telefonzelle f **telephone**
line ̄s Telefonleitung f **telephone**
number ̄s Telefonnummer f **tele-
phone operator** bes US ̄s Telefo-
nist(in) m(f) **telephone pole** US ̄s Te-
legrafenmast m
telephoto (lens) ['telɪˌfəʊtəʊ('lenz)] ̄s
Teleobjektiv n
telesales ['telɪseɪlz] ̄s ⟨+sg v⟩ Verkauf m
per Telefon
telescope ['telɪskəʊp] ̄s Teleskop n **tel-
escopic** [ˌtelɪ'skɒpɪk] ADJ Antenne etc
ausziehbar **telescopic lens** ̄s Fern-

rohrlinse f

teleshopping ['telɪˌʃɒpɪŋ] $\overline{S}$ Teleshopping n

Teletext® ['telɪtekst] $\overline{S}$ Teletext m, Videotext m

televise ['telɪvaɪz] $\overline{VT}$ (im Fernsehen) übertragen; **~d debate** TV-Duell n

★**television** ['telɪˌvɪʒən] $\overline{S}$ Fernsehen n; (≈*Gerät*) Fernseher m; **to watch ~** fernsehen; **to be on ~** im Fernsehen kommen; **what's on ~?** was gibt es im Fernsehen? **television camera** $\overline{S}$ Fernsehkamera f **television licence** Br $\overline{S}$ ≈ Fernsehgebühren pl; Bescheinigung über die Entrichtung der Fernsehgebühren; **I've got to pay my TV licence this month** ich muss diesen Monat meine Fernsehgebühren bezahlen **television screen** $\overline{S}$ Bildschirm m **television set** $\overline{S}$ Fernseher m

teleworker ['telɪwɜːkər] $\overline{S}$ Telearbeiter(in) m(f)

telex ['teleks] $\overline{A}$ $\overline{S}$ Telex n $\overline{B}$ $\overline{VT}$ Nachricht per Telex mitteilen; **j-m** ein Telex schicken (+dat)

★**tell** [tel] ⟨prät, pperf told⟩ $\overline{A}$ $\overline{VT}$ $\boxed{1}$ erzählen (**sb sth, sth to sb** j-m etw), sagen (**sb sth** j-m etw); **to ~ lies** lügen; **to ~ tales** petzen umg; **to ~ sb's fortune** j-m wahrsagen; **to ~ sb a secret** j-m ein Geheimnis anvertrauen; **to ~ sb about sth** j-m von etw erzählen; **I can't ~ you how pleased I am** ich kann Ihnen gar nicht sagen, wie sehr ich mich freue; **could you ~ me the way to the station, please?** könn(t)en Sie mir bitte sagen, wie ich zum Bahnhof komme?; **(I'll) ~ you what, let's go to the movies** weißt du was, gehen wir doch ins Kino!; **don't ~ me you can't come!** sagen Sie bloß nicht, dass Sie nicht kommen können!; **I won't do it, I ~ you!** und ich sage dir, das mache ich nicht!; **I told you so** ich habe es (dir) ja gesagt; **we were told to bring sandwiches with us** es wurde uns gesagt, dass wir belegte Brote mitbringen sollten; **don't ~ me what to do!** mir hast du nicht zu sagen, was ich tun soll!; **do as od what you are told!** tu, was man dir sagt! $\boxed{2}$ erkennen; **to ~ the time** die Uhr kennen; **to ~ the difference** den Unterschied sehen; **you can ~ that he's clever** man sieht od merkt, dass

er intelligent ist; **you can't ~ whether it's moving** man kann nicht sagen od sehen, ob es sich bewegt; **to ~ sb/sth by sth** j-n/etw an etw (dat) erkennen; **I can't ~ butter from margarine** ich kann Butter nicht von Margarine unterscheiden; **to ~ right from wrong** Recht von Unrecht unterscheiden $\boxed{3}$ wissen; **how can I ~ that?** wie soll ich das wissen? $\overline{B}$ $\overline{VI}$ (+indirektes Objekt) es sagen (+dat); **I promised not to ~** ich habe versprochen, es nicht weiterzuerzählen; **I won't ~ you again** ich sage es dir nicht noch einmal; **you're ~ing me!** wem sagen Sie das! $\overline{C}$ $\overline{VI}$ $\boxed{1}$ wissen; **as od so far as one can ~** soweit man weiß; **who can ~?** wer weiß?; **you never can ~,** you can never ~ man kann nie wissen $\boxed{2}$ sprechen; **promise you won't ~** du musst versprechen, dass du nichts sagst ◆**tell apart** $\overline{VT}$ **I can't tell them apart** ich kann sie nicht auseinanderhalten ◆**tell off** umg $\overline{VT}$ ⟨trennb⟩ ausschimpfen (**for wegen**); **he told me off for being late** er schimpfte (mich aus), weil ich zu spät kam ◆**tell on** umg $\overline{VI}$ ⟨+obj⟩ verpetzen umg

teller ['telər] $\overline{S}$ in Bank Kassierer(in) m(f)

telling ['telɪŋ] $\overline{A}$ $\overline{ADJ}$ $\boxed{1}$ wirkungsvoll $\boxed{2}$ aufschlussreich $\overline{B}$ $\overline{S}$ $\boxed{1}$ Erzählen n $\boxed{2}$ there is no ~ what he may do man kann nicht sagen, was er tut **telling-off** [ˌtelɪŋ'ɒf] Br umg $\overline{S}$ **to give sb a good ~** j-m eine (kräftige) Standpauke halten umg **telltale** ['telteɪl] Br $\overline{S}$ Petze f

telly ['telɪ] Br umg $\overline{S}$ Fernseher m; **on ~** im Fernsehen; **to watch ~** fernsehen; → television

temerity [tɪ'merɪtɪ] $\overline{S}$ Kühnheit f, Unerhörtheit f pej

temp [temp] $\overline{A}$ $\overline{S}$ Aushilfskraft m $\overline{B}$ $\overline{VI}$ als Aushilfskraft arbeiten

temper ['tempər] $\overline{S}$ Wut f; **to be in a ~** wütend sein; **to be in a good/bad ~** guter/schlechter Laune sein; **she's got a quick ~** sie kann sehr jähzornig sein; **she's got a terrible ~** sie kann sehr unangenehm werden; **to lose one's ~** die Beherrschung verlieren (**with sb** bei j-m); **to keep one's ~** sich beherrschen (**with sb** bei j-m); **to fly into a ~** einen Wutanfall bekommen; **he has quite a ~** er kann ziemlich aufbrausen

T

temperament [ˈtempərəmənt] S̲ Veranlagung f, Temperament n **temperamental** [ˌtempərəˈmentl] ADJ 1̲ Mensch launisch; ~ **outburst** Temperamentsausbruch m 2̲ Auto voller Mucken, launisch hum; **to be** ~ seine Mucken haben

temperate [ˈtempərit] ADJ Klima gemäßigt

★**temperature** [ˈtemprɪtʃəʳ] S̲ Temperatur f; **to take sb's** ~ bei j-m Fieber messen; **to have a** ~ Fieber haben; **he has a** ~ **of 39° C** er hat 39° Fieber

-tempered [-ˈtempəd] ADJ ⟨suf⟩ ... gelaunt

tempestuous [ˌtemˈpestjʊəs] fig ADJ stürmisch

temping agency [ˈtempɪŋ,eɪdʒənsi] S̲ Zeitarbeitsfirma f

template, templet [ˈtemplɪt] S̲ Schablone f

temple¹ [ˈtempl] S̲ REL Tempel m

temple² S̲ ANAT Schläfe f

tempo [ˈtempəʊ] S̲ ⟨pl -s od tempi [ˈtempi]⟩ MUS fig Tempo n

temporarily [ˈtempərəlɪ] ADV vorübergehend **temporary** [ˈtempərəri] ADJ vorübergehend; Adresse vorläufig; Stelle befristet; ~ **work** Zeitarbeit f; **she is a** ~ **resident here** sie wohnt hier nur vorübergehend

tempt [tempt] V̲T̲ in Versuchung führen, verführen; **to ~ sb to do** od **into doing sth** j-n dazu verführen, etw zu tun; **I am ~ed to accept** ich bin versucht anzunehmen; **may I ~ you to have a little more wine?** kann ich Sie noch zu etwas Wein überreden?; **to ~ fate** od **providence** fig sein Schicksal herausfordern; **mit Prophezeiung den Teufel an die Wand malen** **temptation** [tempˈteɪʃən] S̲ Versuchung f; **to yield to** od **to give way to** ~ der Versuchung erliegen **tempting** ADJ, **temptingly** [ˈtemptɪŋ, -lɪ] ADV verlockend

★**ten** [ten] A̲ ADJ zehn B̲ S̲ 1̲ Zehn f 2̲ → six

tenacious [tɪˈneɪʃəs] ADJ hartnäckig **tenacity** [tɪˈnæsɪtɪ] S̲ Hartnäckigkeit f

tenancy [ˈtenənsɪ] S̲ **conditions of** ~ Mietbedingungen pl; **von Bauernhof** Pachtbedingung pl **tenant** [ˈtenənt] S̲ Mieter(in) m(f); **von Bauernhof** Pächter(in) m(f)

tend¹ [tend] V̲T̲ sich kümmern um; Scha-

fe hüten; Maschine bedienen

★**tend**² V̲I̲ 1̲ **to ~ to be/do sth** gewöhnlich etw sein/tun; **the lever ~s to stick** der Hebel bleibt oft hängen; **that would ~ to suggest that** ... das würde gewissermaßen darauf hindeuten, dass ... 2̲ **to ~ toward(s)** Maßnahmen führen zu; Ansichten etc tendieren zu **tendency** [ˈtendənsɪ] S̲ Tendenz f; **artistic tendencies** künstlerische Neigungen pl; **to have a ~ to be/do sth** gewöhnlich etw sein/tun

tender¹ [ˈtendəʳ] A̲ V̲T̲ Geld, Dienstleistung (an)bieten; Kündigung einreichen B̲ S̲ HANDEL Angebot n

★**tender**² ADJ 1̲ Stelle empfindlich; Pflanze, Fleisch zart; **at the ~ age of 7** im zarten Alter von 7 Jahren 2̲ liebevoll; Kuss zärtlich; ~ **loving care** Liebe und Zuneigung f **tenderhearted** [ˌtendəˈhɑːtɪd] ADJ gutherzig **tenderloin** [ˈtendəlɔɪn] S̲ zartes Lendenstück **tenderly** [ˈtendəlɪ] ADV liebevoll **tenderness** [ˈtendənɪs] S̲ 1̲ Empfindlichkeit f 2̲ Zärtlichkeit f

tendon [ˈtendən] S̲ Sehne f

tenement [ˈtenɪmənt] S̲ (a. **tenement house**) ≈ Mietshaus n

Tenerife [ˌtenəˈriːf] S̲ Teneriffa n

tenfold [ˈtenfəʊld] A̲ ADJ zehnfach B̲ ADV um das Zehnfache; **to increase** ~ sich verzehnfachen

tenner [ˈtenəʳ] Br umg S̲ Zehner m umg

tennis [ˈtenɪs] S̲ Tennis n **tennis ball** S̲ Tennisball m **tennis court** S̲ Tennisplatz m **tennis elbow** S̲ MED Tennisarm m **tennis player** S̲ Tennisspieler(in) m(f) **tennis racket, tennis racquet** S̲ Tennisschläger m **tennis shoe** US S̲ Turnschuh m (auch für die Straße)

tenor [ˈtenəʳ] A̲ S̲ Tenor m B̲ ADJ MUS Tenor-

tenpin bowling [ˌtenpɪnˈbaʊlɪŋ] S̲, **tenpins** [ˈtenpɪnz] US S̲ ⟨+sg v⟩ Bowling n

tense¹ [tens] S̲ GRAM Zeit f; **present ~** Gegenwart f; **past ~** Vergangenheit f; **future ~** Zukunft f; **which ~ is this verb in?** in welcher Zeit steht dieses Verb?

tense² A̲ ADJ ⟨komp tenser⟩ Atmosphäre gespannt; Muskeln, Lage (an)gespannt; Beziehungen angespannt; **to grow ~** nervös werden B̲ V̲T̲ anspannen C̲ V̲I̲ sich (an)spannen ◆**tense up** 𝑉𝐼 sich anspannen

tension ['tenʃən] wörtl 𝑆 Spannung f; *nervlich* Anspannung f

★**tent** [tent] 𝑆 Zelt n

tentacle ['tentəkl] 𝑆 ZOOL Tentakel m/n *fachspr*

tentative ['tentətɪv] ADJ vorläufig; *Angebot* unverbindlich; *Vorschlag* vorläufig; *Lächeln* zögernd; **we've a ~ arrangement to play tennis tonight** wir haben halb abgemacht, heute Abend Tennis zu spielen **tentatively** ['tentətɪvlɪ] ADV lächeln zögernd; *vorgehen* vorsichtig; *zustimmen* vorläufig

tenterhooks ['tentəhʊks] PL **to be on ~** wie auf glühenden Kohlen sitzen *umg*; **to keep sb on ~** j-n zappeln lassen

★**tenth** [tenθ] A ADJ zehnte(r, s); **a ~ part** ein Zehntel n B 𝑆 1 Zehntel n 2 Zehntel(r, s); → **sixth**

tent peg 𝑆 Zeltpflock m, Hering m

tent pole 𝑆 Zeltstange f

tenuous ['tenjʊəs] ADJ fig *Verbindung* schwach; *Position* unsicher; **to have a ~ grasp of sth** etw nur ansatzweise verstehen

tenure ['tenjʊər] 𝑆 1 Anstellung f, Amtszeit f 2 **during her ~ of the farm** während sie die Farm innehatte

tepee ['tiːpiː] 𝑆 (≈ *Indianerzelt*) Tipi n

tepid ['tepɪd] ADJ lau(warm)

terabyte ['terəbaɪt] 𝑆 IT Terabyte n

★**term** [tɜːm] A 𝑆 1 Zeitraum m; *begrenzt* Frist f; **~ of office** Amtszeit f; **~ of imprisonment** Gefängnisstrafe f; **elected for a three-year ~** auf *od* für drei Jahre gewählt; **in the short ~** auf kurze Sicht 2 SCHULE *3 Abschnitte* Trimester n; *2 Abschnitte* Halbjahr n; UNIV Semester n 3 Ausdruck m; **in simple ~s** in einfachen Worten 4 **in ~s of production we are doing well** was die Produktion betrifft, stehen wir gut da 5 **~s** pl Bedingungen pl; **~s of surrender/payment** Kapitulations-/Zahlungsbedingungen pl; **~s of use** Nutzungsbedingungen pl; **on equal ~s** auf gleicher Basis; **to come to ~s with sb** sich mit j-m einigen; **to come to ~s with sth** mit etw fertig werden, mit etw zurechtkommen 6 **~s** pl **to be on good/bad ~s with sb** gut/nicht (gut) mit j-m auskommen; **they're not on speaking ~s** sie sprechen nicht mitein-

ander B 𝑉𝑇 bezeichnen

terminal ['tɜːmɪnl] A ADJ End-; MED unheilbar; **the disease is ~** die Krankheit ist unheilbar; **to be in ~ decline** sich in unaufhaltsamem Niedergang befinden B 𝑆 1 BAHN Endbahnhof m; *von Straßenbahn, Bus* Endstation f; **air** *od* **airport ~** (Flughafen)terminal m; **railway ~** *Br*, **railroad ~** *US* Zielbahnhof m 2 ELEK Pol m 3 COMPUT Terminal n **terminally** ['tɜːmɪnəlɪ] ADV **~ ill** unheilbar krank **terminal station** 𝑆 BAHN Endbahnhof m

terminate ['tɜːmɪneɪt] A 𝑉𝑇 beenden; *Vertrag auch* lösen; *Schwangerschaft* unterbrechen B 𝑉𝐼 enden **termination** [,tɜːmɪ'neɪʃən] 𝑆 Beendigung f; *von Vertrag etc* Lösung f; **~ of pregnancy** Schwangerschaftsabbruch m

terminology [,tɜːmɪ'nɒlədʒɪ] 𝑆 Terminologie f

terminus ['tɜːmɪnəs] 𝑆 BAHN etc Endstation f

terrace ['terəs] 𝑆 1 Terrasse f 2 *Br* Häuserreihe f **terraced** ['terəst] ADJ 1 *Hang* terrassenförmig angelegt 2 *bes Br* **~ house** Reihenhaus n

terrain [te'reɪn] 𝑆 Terrain n

terrestrial [tɪ'restrɪəl] ADJ terrestrisch **terrestrial TV** 𝑆 Antennenfernsehen n, terrestrisches Fernsehen

★**terrible** ['terəbl] ADJ furchtbar, schrecklich; **I feel ~** mir ist fürchterlich schlecht; (≈ *Schuldgefühl*) es ist mir furchtbar peinlich **terribly** ['terəblɪ] ADV schrecklich; *enttäuscht* furchtbar; *singen* fürchterlich; *wichtig* schrecklich *umg*; **I'm not ~ good with money** ich kann nicht besonders gut mit Geld umgehen

terrier ['terɪər] 𝑆 Terrier m

terrific [tə'rɪfɪk] ADJ wunderbar, großartig; *Tempo* unwahrscheinlich *umg*, unglaublich; **that's ~ news** das sind tolle Nachrichten *umg*; **~!** super! *umg*

terrified ['terɪfaɪd] ADJ verängstigt; **to be ~ of sth** vor etw schreckliche Angst haben; **he was ~ in case** ... er hatte fürchterliche Angst davor, dass ... **terrify** ['terɪfaɪ] 𝑉𝑇 in Angst versetzen **terrifying** ['terɪfaɪɪŋ] ADJ *Film* grauenerregend; *Gedanke, Anblick* entsetzlich; *Tempo* angsterregend

T

territorial [ˌterɪ'tɔːrɪəl] [ADJ] territorial; ~ **waters** Hoheitsgewässer *pl* **Territorial Army** *Br* [S] Territorialheer *n* **territory** ['terɪtərɪ] [S] Territorium *n*; *von Tieren* Revier *n*; *fig* Gebiet *n*

terror ['terəʳ] [S] [1] ⟨*kein pl*⟩ Terror *m*; (≈ *Furcht*) panische Angst (**of** vor *+dat*) [2] (≈ *furchterregendes Ereignis*) Schrecken *m* **terrorism** ['terərɪzəm] [S] Terrorismus *m*; **an act of** ~ ein Terrorakt *m* **terrorist** ['terərɪst] [A] [S] Terrorist(in) *m(f)* [B] [ADJ] ⟨*attr*⟩ terroristisch; ~ **attack** Terroranschlag *m* **terrorize** ['terəraɪz] [V/T] terrorisieren

terse [tɜːs] [ADJ] ⟨*komp* **terser**⟩ knapp **tersely** ['tɜːslɪ] [ADV] knapp, kurz; *Antwort* kurz (angebunden)

TESL [ABK] (= Teaching of English as a Second Language) Unterrichten *n* von Englisch als Zweitsprache

TESOL [ABK] (= Teaching of English as a Second or Other Language) Unterrichten *n* von Englisch als Zweit- oder weitere Sprache

★**test** [test] [A] [S] Test *m*; SCHULE Klassenarbeit *f*; UNIV Klausur *f*; AUTO (Fahr)prüfung *f*; *zur Kontrolle* Untersuchung *f*; **he gave them a vocabulary** ~ er ließ eine Vokabelarbeit schreiben; *mündlich* er hat sie Vokabeln abgefragt; **to put sb/sth to the** ~ j-n/etw auf die Probe stellen [B] [ADJ] ⟨*attr*⟩ Test- [C] [V/T] [1] testen; SCHULE prüfen; *mündlich* abfragen; *fig* auf die Probe stellen [2] *chemisch* untersuchen; **to** ~ **sth for sugar** etw auf seinen Zuckergehalt untersuchen [D] [V/I] Tests/einen Test machen ♦**test out** [V/T] ⟨*trennb*⟩ ausprobieren (**on** bei, an *+dat*)

testament ['testəmənt] [S] BIBEL **Old/New Testament** Altes/Neues Testament

test ban [S] Atomteststopp *m* **test case** [S] Musterfall *m* **test drive** [S] Probefahrt *f* **test-drive** [V/T] Probe fahren **tester** ['testəʳ] [S] [1] (≈ *Person*) Tester(in) *m(f)*, Prüfer(in) *m(f)* [2] (≈ *Gerät*) Testgerät *n*, Prüfgerät *n*

testicle ['testɪkl] [S] Hoden *m*

testify ['testɪfaɪ] [A] [V/T] **to** ~ **that** … JUR bezeugen, dass … [B] [V/I] JUR aussagen

testimonial [ˌtestɪ'məʊnɪəl] [S] [1] (≈ *Empfehlung*) Referenz *f* [2] SPORT Gedenkspiel *n* **testimony** ['testɪmənɪ] [S] Aussage *f*; **to bear** ~ **to sth** etw bezeugen

testing ['testɪŋ] [ADJ] hart

test match [S] *Br* SPORT Testmatch *n*

testosterone [te'stɒstərəʊn] [S] Testosteron *n*

test results [PL] Testwerte *pl* **test tube** [S] Reagenzglas *n* **test-tube baby** [S] Retortenbaby *n*

testy ['testɪ] [ADJ] ⟨*komp* **testier**⟩ gereizt

tetanus ['tetənəs] [S] Tetanus *m*

tether ['teðəʳ] [A] [S] *wörtl* Strick *m*; **he was at the end of his** ~ *Br fig umg* er war am Ende *umg* [B] [V/T] (*a.* **tether up**) anbinden

★**text** [tekst] [A] [S] [1] Text *m* [2] Textnachricht *f*, SMS *f*; **to send sb a** ~ j-m eine Textnachricht *od* eine SMS schicken [B] [V/T] **to** ~ **sb** j-m eine Textnachricht *od* eine SMS schicken

★**textbook** ['tekstbʊk] [A] [S] Lehrbuch *n* [B] [ADJ] ~ **case** Paradefall *m*

textile ['tekstaɪl] [S] Stoff *m*; ~**s** Textilien *pl*

texting ['tekstɪŋ] [S] SMS-Messaging *n*, Simsen *n* **text message** [S] Textnachricht *f*, SMS *f*; **to send sb a** ~ j-m eine Textnachricht *od* eine SMS schicken **text messaging** [S] TEL SMS-Messaging *n* **textual** ['tekstjʊəl] [ADJ] Text-

texture ['tekstʃəʳ] [S] (stoffliche) Beschaffenheit; *von Nahrung* Substanz *f*; *von Stoff* Griff *m* und Struktur

Thai [taɪ] [A] [ADJ] thailändisch [B] [S] [1] Thailänder(in) *m(f)* [2] (≈ *Sprache*) Thai *n*

Thailand ['taɪlænd] [S] Thailand *n*

Thames [temz] [S] Themse *f*

★**than** [ðæn] [KONJ] als; **I'd rather do anything** ~ **that** das wäre das Letzte, was ich tun wollte; **no sooner had I sat down** ~ **he began to talk** kaum hatte ich mich hingesetzt, als er auch schon anfing zu reden; **who better to help us** ~ **he?** wer könnte uns besser helfen als er?

★**thank** [θæŋk] [V/T] danken (*+dat*); **he has his brother/he only has himself to** ~ **for this** das hat er seinem Bruder zu verdanken/sich selbst zuzuschreiben; ★~ **you** danke (schön); ~ **you very much** vielen Dank; **no** ~ **you** nein, danke; **yes,** ~ **you** ja, bitte *od* danke; ~ **you for coming — not at all,** ~ **YOU!** vielen Dank, dass Sie gekommen sind — ICH habe zu danken; **to say** ~ **you** Danke sa-

[T]

gen (**to** sb j-m); **~ goodness** od **heavens** od **God** umg Gott sei Dank!; umg
thankful ADJ dankbar (**to** sb j-m); **to be ~ to** sb **for** sth j-m für etw dankbar sein **thankfully** ADV **1** dankbar **2** zum Glück **thankless** ADJ undankbar

★**thanks** [θæŋks] **A** PL Dank m; **to accept** sth **with ~** etw dankend od mit Dank annehmen; **and that's all the ~ I get** und das ist jetzt der Dank dafür; **to give ~ to God** Gott danksagen; **to ~** wegen (+gen); **it's all ~ to you that we're so late** bloß deinetwegen kommen wir so spät; **it was no ~ to him that ...** ich hatte/wir hatten etc es nicht ihm zu verdanken, dass ... **B** INT umg danke (**for** für); **many ~** herzlichen Dank (**for** für); **~ a lot, ~ very much** vielen Dank; **~ for nothing!** iron vielen Dank auch! **Thanksgiving (Day)** [ˈθæŋksɡɪvɪŋ(deɪ)] US S Thanksgiving Day m (amerikanisches Erntedankfest) **thank you** S Dankeschön n; **thank-you letter** Dankschreiben n

▶ **Thanksgiving Day**

Thanksgiving, der vierte Donnerstag im November, ist einer der größten Feiertage in den USA. Er soll daran erinnern, wie die Pilgerväter (**Pilgrim Fathers** od **Pilgrims**) die gute Ernte im Jahr 1621 feierten. Heute ist **Thanksgiving** neben Weihnachten das wichtigste Familienfest der Amerikaner. Zum traditionellen Festessen gehören **turkey** (Truthahn) mit **stuffing** (einer pikanten Füllung), **sweet potatoes** oder **yams** (Süßkartoffeln) und **cranberry sauce** (eine Art Preiselbeersoße) sowie als Nachtisch **pumpkin pie** (Kürbistorte oder -kuchen). Dem Essen geht oft ein Dankgebet voraus, oder man erwähnt zumindest, wofür man im aktuellen Jahr besonders dankbar ist. Im benachbarten Kanada wird **Thanksgiving** am zweiten Montag im Oktober gefeiert. ◀

★**that**[1] [ðæt] **A** DEM PR ⟨pl **those**⟩ **1** das; **what is ~?** was ist das?; **~ is** Joe (**over there**) das (dort) ist Joe; **if she's as stupid as (all) ~** wenn sie so dumm ist; **... and all ~** ... und so umg; **like ~** so; **~ is (to say)** das heißt; **oh well, ~'s** nun ja,

damit ist der Fall erledigt; **you can't go and ~'s ~** du bleibst nicht gehen, und damit hat sich's umg; **well, ~'s ~ then** das wär's dann also; **~'s it!** das ist es!, gut so!; verzweifelt jetzt reicht's!; **after/ before ~** danach/davor; **you can get it in any supermarket and quite cheaply at ~** man kann es in jedem Supermarkt, und zwar ganz billig, bekommen; **what do you mean by ~?** was wollen Sie damit sagen?, was soll (denn) das heißen?; **as for ~** was das betrifft od angeht **2** im Gegensatz zu "this", "these" das (da), jenes obs, geh; **~'s the one I like, not this one** das (dort) mag ich, nicht dies (hier) **3** von Relativpron **this theory is different from ~ which ...** diese Theorie unterscheidet sich von derjenigen, die ...; **~ which we call ...** das, was wir ... nennen **B** ADJ ⟨pl **those**⟩ der/die/das, jene(r, s); **what was ~ noise?** was war das für ein Geräusch?; **~ dog!** dieser Hund!; **~ poor girl!** das arme Mädchen!; **I like ~ one** ich mag das da; **I'd like ~ one, not this one** ich möchte das da, nicht dies hier; **~ dog of yours!** Ihr Hund, dieser Hund von Ihnen umg **C** ADV umg so; **it's not ~ good** etc so gut etc ist es auch wieder nicht

★**that**[2] REL PR der/die/das, die; **all ~ ...** alles, was ...; **the best** etc **~ ...** das Beste etc, das od was ...; **the girl ~ I told you about** das Mädchen, von dem ich Ihnen erzählt habe

★**that**[3] KONJ dass; **she promised ~ she would come** sie versprach zu kommen; **~ things** od **it should come to this!** dass es so weit kommen konnte!

thatched [θætʃt] ADJ strohgedeckt, reetgedeckt; **~ roof** Stroh-/Reetdach n

thaw [θɔː] **A** V/T auftauen (lassen) **B** V/I auftauen; Schnee tauen **C** S Tauwetter n ★**thaw out A** V/I auftauen **B** V/T ⟨trennb⟩ wörtl auftauen (lassen)

★**the** [ðə, vor Vokallaut, betont ðiː] **A** BEST ART der/die/das; **in the room** in od in dem Zimmer; **to play the piano** Klavier spielen; **all the windows** alle die od alle Fenster; **have you invited the Browns?** haben Sie die Browns od die Familie Brown eingeladen?; **Henry the Eighth** Heinrich der Achte; **by the hour** pro Stunde; **the car does thirty miles to the gallon** das Auto verbraucht 11 Liter

T

auf 100 Kilometer **B** ADV *mit Komparativ* **all the more** umso mehr; **the more he has the more he wants** je mehr er hat, desto mehr will er; **the sooner the better** je eher, desto besser

★**theatre** [ˈθɪətə^r] $\overline{S}$, **theater** US $\overline{S}$ **1** Theater *n*; **to go to the ~** ins Theater gehen; **what's on at the ~?** was wird im Theater gegeben? **2** Br Operationssaal *m* **theatre company** $\overline{S}$ Theaterensemble *n* **theatregoer** $\overline{S}$ Theaterbesucher(in) *m(f)* **theatrical** [θɪˈætrɪkəl] ADJ Theater-**theft** [θeft] $\overline{S}$ Diebstahl *m*

★**their** [ðeə^r] POSS ADJ **1** ihr **2** ⟨*sg*⟩ *umg* seine(r, s) **3** → my

★**theirs** [ðeəz] POSS PR **1** ihre(r, s) **2** ⟨*sg*⟩ *umg* seine(r, s) **3** → mine¹

★**them** [ðem] PERS PR PL **1** ⟨*akk obj, mit präp +akk*⟩ *emph* sie; **it's ~** sie sind's **2** ⟨*dat obj, mit präp +dat*⟩ ihnen; **both of ~** beide; **neither of ~** keiner von beiden; **a few of ~** einige von ihnen; **none of ~** keiner (von ihnen)

theme [θi:m] $\overline{S}$ Thema *n* **theme music** $\overline{S}$ FILM Titelmusik *f*; TV Erkennungsmelodie *f* **theme park** $\overline{S}$ Themenpark *m* **theme song** $\overline{S}$ Titelsong *m* **theme tune** $\overline{S}$ → theme music

★**themselves** [ðəmˈselvz] PERS PR PL **1** *reflexiv* sich **2** *emph* selbst; → myself

★**then** [ðen] **A** ADV **1** dann; (≈*darüber hinaus*) außerdem; **~ what?** was dann?; **I don't want that — ~ what DO you want?** ich will das nicht — was willst du denn?; **but ~ that means that ...** das bedeutet ja aber dann, dass ...; **all right ~** also meinetwegen; **(so) I was right ~** ich hatte also recht; **but ~ ...** aber ... auch; **but ~ again ...** aber andererseits ...; **now ~, what's the matter?** na, was ist denn los?; **come on ~** nun komm doch **2** (≈*zu dieser Zeit*) da, damals; **there and ~** auf der Stelle; **from ~ on(wards)** von da an; **before ~** vorher; **they had gone by ~** da waren sie schon weg; **we'll be ready by ~** bis dahin wird wir fertig; **since ~** seitdem; **until ~** bis dahin **B** ADJ ⟨*attr*⟩ damalig **theologian** [ˌθɪəˈləʊdʒən] $\overline{S}$ Theologe *m*, Theologin *f* **theological** [ˌθɪəˈlɒdʒɪkəl] ADJ theologisch **theology** [θɪˈɒlədʒɪ] $\overline{S}$ Theologie *f*

theoretic(al) [θɪəˈretɪk(əl)] ADJ, theo-

retically [θɪəˈretɪkəlɪ] ADV theoretisch **theorize** [ˈθɪəraɪz] V/I theoretisieren **theory** [ˈθɪərɪ] $\overline{S}$ Theorie *f*; **in ~** theoretisch

therapeutic(al) [ˌθerəˈpju:tɪk(əl)] ADJ therapeutisch **therapist** [ˈθerəpɪst] $\overline{S}$ Therapeut(in) *m(f)* **therapy** [ˈθerəpɪ] $\overline{S}$ Therapie *f*; **to be in ~** sich einer Therapie unterziehen

★**there** [ðeə^r] **A** ADV dort, da; *mit Bewegung* dorthin, dahin; **look, ~'s Joe** guck mal, da ist Joe; **it's under ~** es liegt da drunter; **put it in ~** stellen Sie es dort hinein; **~ and back** hin und zurück; **is Gordon ~ please?** ist Gordon da?; **you've got me ~** da bin ich überfragt; **~ is/are** es *od* da ist/sind, es gibt; **were three of us** wir waren zu dritt; **is a mouse in the room** es ist eine Maus im Zimmer; **is ~ any beer?** ist Bier da?; **afterwards ~ was coffee** anschließend gab es Kaffee; **~ seems to be no-one at home** es scheint keiner zu Hause zu sein; **hi ~!** hallo!; servus! *österr*, grüezi! *schweiz*; **so ~!** ätsch!; **~ you are** hier(, bitte)!; (≈*gefunden*) da sind Sie ja!; **~ you are, you see** na, sehen Sie **B** INT **~! ~! ~!** na, na!; **stop crying now, ~'s a good boy** hör auf zu weinen, na komm; **now ~'s a good boy, don't tease your sister** komm, sei ein braver Junge und ärgere deine Schwester nicht; **hey, you ~!** *umg* he, Sie da! darauf(hin) **thereabouts** [ˌðeərəˈbaʊts] ADV **fifteen or ~** so um fünfzehn (herum) **thereafter** [ˌðeərˈɑ:ftə^r] *form* ADV danach **thereby** [ˌðeəˈbaɪ] ADV dadurch

★**therefore** [ˈðeəfɔ:^r] ADV daher, deshalb; **so ~ I was wrong** ich habe also zu Unrecht **there's** [ðeəz] ABK (= there is, there has) → be; → have **thereupon** [ˌðeərəˈpɒn] ADV darauf(hin)

★**thermal** [ˈθɜ:məl] **A** ADJ **1** PHYS Wärme-; **~ imaging camera** FOTO Wärmebildkamera *f* **2** *Kleidung* Thermo- **B** $\overline{S}$ **thermals** *umg* PL Thermounterwäsche *f* **thermal spring** $\overline{S}$ Thermalquelle *f* **thermometer** [θəˈmɒmɪtə^r] $\overline{S}$ Thermometer *n*

Thermos® [ˈθɜ:məs] $\overline{S}$, *a.* **Thermos flask**, *a.* **Thermos bottle** US Thermosflasche® *f*

thermostat [ˈθɜ:məstæt] $\overline{S}$ Thermostat *m*

thesaurus [θɪˈsɔːrəs] S Thesaurus *m*

★**these** [ðiːz] ADJ & PRON diese; → this

thesis [ˈθiːsɪs] S ⟨*pl* **theses** [ˈθiːsiːz]⟩ [1] UNIV Dissertation *f* [2] UNIV Diplomarbeit *f*

thespian [ˈθespɪən] *liter, hum* [A] ADJ dramatisch [B] S Mime *m*, Mimin *f*

★**they** [ðeɪ] PERS PR PL [1] sie; **~ are very good people** es sind sehr gute Leute; **~ who** diejenigen, die *od* welche, wer (*+sg v*) [2] **~ say that …** man sagt, dass …; **~ are thinking of changing the law** es ist beabsichtigt, das Gesetz zu ändern; **if anyone looks at this closely, ~ will notice …** *umg* wenn sich das jemand näher ansieht, wird er bemerken … **they'd** [ðeɪd] ABK (= they had, they would) → have; → would **they'll** [ðeɪl] ABK (= they will) → will[1] **they're** [ðɛəʳ] ABK (= they are) → be **they've** [ðeɪv] ABK (= they have) → have

they bei unbekanntem grammatischem Geschlecht

Wenn nicht bekannt ist, ob sich ein Pronomen auf eine weibliche oder eine männliche Person bezieht, wird statt der stilistisch unschönen Alternativform **he / she** meist die Pluralform **they** gewählt.

When someone visits the club for the first time, they are always offered a free drink.	Wer zum ersten Mal in den Club kommt, erhält ein kostenloses Getränk.

★**thick** [θɪk] [A] ADJ ⟨+er⟩ [1] dick; *Lippen* voll; *Haar, Nebel, Rauch, Wald* dicht; *Flüssigkeit* dick(flüssig); *Akzent* breit; **a wall three feet ~** eine drei Fuß starke Wand [2] *Br umg* dumm, doof *umg*; **to get sth into** *od* **through sb's ~ head** etw in j-s dicken Schädel bekommen *umg* [B] S **in the ~ of it** mittendrin; **through ~ and thin** durch dick und dünn [C] ADV ⟨+er⟩ *geschnitten* dick; **the snow lay ~** es lag eine dichte Schneedecke; **the jokes came ~ and fast** die Witze kamen Schlag auf Schlag **thicken** [ˈθɪkən] [A] V/T *Soße etc* eindicken [B] V/I [1] *Nebel, Menschenmenge, Wald* dichter werden; *Rauch* sich verdichten; *Soße* dick werden [2] *fig Rätsel* immer undurchsichtiger werden; **aha, the plot ~s!** aha, jetzt wirds interessant!

thicket [ˈθɪkɪt] S Dickicht *n*

thickly [ˈθɪklɪ] ADV *geschnitten* dick; *bevölkert* dicht **thickness** [ˈθɪknɪs] S [1] Dicke *f* [2] Schicht *f* **thicko** [ˈθɪkəʊ] *Br umg* S ⟨*pl* -s⟩ Dummkopf *m umg*, Blödmann *m umg* **thickset** ADJ gedrungen **thick-skinned** *fig* ADJ dickfellig

★**thief** [θiːf] S ⟨*pl* **thieves** [θiːvz]⟩ Dieb(in) *m(f)* **thieve** [θiːv] V/T & V/I stehlen

thigh [θaɪ] S (Ober)schenkel *m* **thigh-length** ADJ *Stiefel* übers Knie reichend

thimble [ˈθɪmbl] S Fingerhut *m*

★**thin** [θɪn] [A] ADJ ⟨*komp* **thinner**⟩ [1] dünn, schmal; *Haar* schütter; **he's a bit ~ on top** bei ihm lichtet es sich oben schon ein wenig; **to be ~ on the ground** *fig* dünn gesät sein; **to vanish into ~ air** *fig* sich in Luft auflösen [2] *fig Lächeln* schwach [B] ADV ⟨*komp* **thinner**⟩ *geschnitten* dünn; *verteilt* spärlich [C] V/T *Farbe* verdünnen; *Bäume* lichten; *Blut* dünner werden lassen [D] V/I *Nebel, Menschenmenge* sich lichten ♦**thin down** V/T ⟨*trennb*⟩ *Farbe* verdünnen ♦**thin out** [A] V/I *Menschenmenge* kleiner werden; *Bäume* sich lichten [B] V/T ⟨*trennb*⟩ ausdünnen; *Wald* lichten

★**thing** [θɪŋ] S [1] Ding *n*; **a ~ of beauty** etwas Schönes; **she likes sweet ~s** sie mag Süßes; **what's that ~?** was ist das?; **I don't have a ~ to wear** ich habe nichts zum Anziehen; **poor little ~** das arme (kleine) Ding!; **you poor ~!** du Arme(r)! [2] **~s** *pl* Sachen *pl*; **have you got your swimming ~s?** hast du dein Badezeug *od* deine Badesachen dabei? [3] Sache *f*; **the odd ~ about it is …** das Seltsame daran ist, …; **it's a good ~ I came** nur gut, dass ich gekommen bin; **he's on to** *od* **onto a good ~** *umg* er hat da was Gutes aufgetan *umg*; **what a (silly) ~ to do** wie kann man nur so was (Dummes) tun!; **there is one/one other ~ I want to ask you** eines/und noch etwas möchte ich Sie fragen; **I must be hearing ~s!** ich glaube, ich höre nicht richtig!; **~s are going from bad to worse** es wird immer schlimmer; **as ~s stand at the moment, as ~s are …** so wie die Dinge im Moment liegen; **how**

T

are ~s (with you)? wie geht's (bei) Ihnen?; **it's been one ~ s after the other** es kam eins zum anderen; **if it's not one ~ it's the other** es ist immer irgendetwas; **(what) with one ~ and another** I haven't had time to do it ich bin einfach nicht dazu gekommen; **it's neither one ~ nor the other** es ist weder das eine noch das andere; **one ~s led to another** eins führte zum anderen; **for one ~ it doesn't make sense** erst einmal ergibt das überhaupt keinen Sinn; **not to understand a ~** (absolut) nichts verstehen; **he knows a ~ or two about cars** er kennt sich mit Autos aus; **it's just one of those ~s** so was kommt eben vor umg; **the latest ~ in ties** der letzte Schrei in der Krawattenmode; **the postman comes first ~ in the morning** der Briefträger kommt früh am Morgen; **I'll do that first ~ in the morning** ich werde das gleich morgen früh tun; **last ~ at night** vor dem Schlafengehen; **the ~ is to know when … man muss wissen, wann …; yes, but the ~ is … ja, aber …; the ~ is we haven't got any money** die Sache ist die, wir haben kein Geld; **to do one's own ~** umg tun, was man will; **she's got this ~ about Sartre** umg negativ sie kann Sartre einfach nicht ausstehen; positiv sie hat einen richtigen Sartrefimmel umg **thingamajig** [ˈθɪŋəmɪˌdʒɪɡ] s̅ Dingsbums n; Mensch Dingsbums m/f
★**think** [θɪŋk] ⟨v: prät, pperf thought⟩ A̲ v̅i̅ denken; **to ~ to oneself** (bei sich) denken; **to act without ~ing** unüberlegt handeln; **it makes you ~** es stimmt einen nachdenklich; **I need time to ~** ich brauche Zeit zum Nachdenken; **it's so noisy you can't hear yourself ~** bei so einem Lärm kann doch kein Mensch denken; **now let me ~** lass (mich) mal überlegen; **it's a good idea, don't you ~?** es ist eine gute Idee, meinst du nicht auch?; **just ~** stellen Sie sich (dat) bloß mal vor; **listen, I've been ~ing, …** hör mal, ich habe mir überlegt …; **sorry, I just wasn't ~ing** Entschuldigung, da habe ich geschlafen umg B̲ v̅t̅ 1̲ denken, glauben, meinen; **what do you ~?** was meinen Sie?; **I ~ you'd better go** ich denke, Sie gehen jetzt besser; **I ~ so** ich denke; **I**

~ so too das meine ich auch; **I don't ~ so, I shouldn't ~ so** ich glaube nicht; **I should ~ so!** das will ich (aber) auch gemeint haben; **I should ~ not!** das will ich auch nicht hoffen; **what do you ~ I should do?** was soll ich Ihrer Meinung nach tun?; **I ~ I'll go for a walk** ich glaube, ich mache einen Spaziergang; **do you ~ you can manage?** glauben Sie, dass Sie es schaffen?; **I never thought to ask you** ich habe gar nicht daran gedacht, Sie zu fragen; **I thought so** das habe ich mir schon gedacht 2̲ **you must ~ me very rude** Sie müssen mich für sehr unhöflich halten 3̲ sich (dat) vorstellen; **I don't know what to ~** ich weiß nicht, was ich davon halten soll; **that's what you ~!** denkste! umg; **that's what he ~s** hat der eine Ahnung! umg; **who do you ~ you are!** für wen hältst du dich eigentlich?; **anyone would ~ he was dying** man könnte beinahe glauben, er läge im Sterben; **who would have thought of it?** wer hätte das gedacht?; **to ~ that she's only ten!** wenn man bedenkt, dass sie erst zehn ist C̲ s̅ **have a ~ about it** denken mal darüber nach; **to have a good ~** gründlich nachdenken ◆**think about** v̅i̅ ⟨+obj⟩ 1̲ nachdenken über (+akk); **I'll think about it** ich überlege es mir; **what are you thinking about?** woran denken Sie gerade?; **to think twice about sth** sich (dat) etw zweimal überlegen; **that'll give him something to think about** das wird ihm zu denken geben 2̲ daran denken, vorhaben 3̲ → think of ◆**think ahead** v̅i̅ vorausdenken ◆**think back** v̅i̅ sich zurückversetzen (to in +akk) ◆**think of** v̅i̅ ⟨+obj⟩ 1̲ denken an (+akk); **he thinks of nobody but himself** er denkt bloß an sich; **to think of doing sth** daran denken od erwägen, etw zu tun; **what was I thinking of!** umg was habe ich mir da(bei) bloß gedacht?; **come to think of it** wenn ich es mir recht überlege; **I can't think of her name** ich komme nicht auf ihren Namen 2̲ sich (dat) vorstellen 3̲ Lösung, Idee sich (dat) ausdenken; **who thought of that idea?** wer ist auf diese Idee gekommen? 4̲ halten von; **to think highly of sb/sth** viel von j-m/etw halten; **to think little** *od* **not to think much of sb/sth** wenig *od* nicht viel von j-m/etw halten; **I told him what I thought of him** ich habe ihm gründlich *od* meine Meinung gesagt **✦think over** V̲T̲ ⟨*trennb*⟩ nachdenken über (+*akk*) **✦think through** V̲T̲ ⟨*trennb*⟩ (gründlich) durchdenken **✦think up** V̲T̲ ⟨*trennb*⟩ sich (*dat*) ausdenken; **who thought up that idea?** wer ist auf die Idee gekommen?

thinker [ˈθɪŋkə^r] S̲ Denker(in) *m(f)*

thinking [ˈθɪŋkɪŋ] A̲ A̲D̲J̲ denkend S̲ **to my way of ~** meiner Meinung nach

think-tank [ˈθɪŋktæŋk] S̲ Expertenkommission *f*

thinly [ˈθɪnlɪ] A̲D̲V̲ 1̲ dünn 2̲ *fig* kaschiert dürftig **thinner** [ˈθɪnə^r] S̲ Verdünnungsmittel *n* **thinness** [ˈθɪnnɪs] S̲ Dünnheit *f*; *von Stoff* Leichtheit *f*; *von Papier* Feinheit *f*; *von Mensch* Magerkeit *f* **thin-skinned** [ˈθɪnskɪnd] *fig* A̲D̲J̲ empfindlich

★**third** [θɜ:d] A̲ A̲D̲J̲ 1̲ dritte(r, s); **to be ~** Dritte(r, s) sein; **in ~ place** SPORT *etc* an dritter Stelle; **she came ~ in her class** sie war die Drittbeste in der Klasse; **he came ~ in the race** er belegte den dritten Platz beim Rennen; **~ time lucky** beim dritten Anlauf gelingt's! 2̲ **a ~ part** ein Drittel *n* B̲ S̲ Drittel(r, s) *z* Drittel *n*; → **sixth third-class** A̲D̲V̲ & A̲D̲J̲ dritter Klasse; **~ degree** *Br* UNIV Abschluss *m* mit „Befriedigend" **third-degree** A̲D̲J̲ ⟨*attr*⟩ **~ burn** MED Verbrennung *f* dritten Grades **thirdly** [ˈθɜ:dlɪ] A̲D̲V̲ drittens **third-party** *Br* A̲D̲J̲ ⟨*attr*⟩ **~ insurance** Haftpflichtversicherung *f* **third person** A̲ A̲D̲J̲ in der dritten Person B̲ S̲ die **~ singular** GRAM die dritte Person Singular **third-rate** A̲D̲J̲ drittklassig **Third World** A̲ S̲ Dritte Welt B̲ A̲D̲J̲ ⟨*attr*⟩ der Dritten Welt

★**thirst** [θɜ:st] S̲ Durst *m*; **to die of ~** verdursten

★**thirsty** [ˈθɜ:stɪ] A̲D̲J̲ ⟨*komp* thirstier⟩ durstig; **to be/feel ~** Durst haben

★**thirteen** [ˌθɜ:ˈti:n] A̲ A̲D̲J̲ dreizehn B̲ S̲ Dreizehn *f*

★**thirteenth** [ˌθɜ:ˈti:nθ] A̲ A̲D̲J̲ dreizehnte(r, s); **a ~ part** ein Dreizehntel *n* B̲ 1̲ Dreizehnte(r, s) 2̲ Dreizehntel *n*; → **sixth**

★**thirtieth** [ˈθɜ:tɪɪθ] A̲ A̲D̲J̲ dreißigste(r, s);

a ~ part ein Dreißigstel *n* B̲ S̲ Dreißigste(r, s) 2̲ Dreißigstel *n*; → **sixth**

★**thirty** [ˈθɜ:tɪ] A̲ A̲D̲J̲ dreißig; **a ~-second note** *US* MUS ein Zweiunddreißigstel *n* B̲ S̲ Dreißig *f*; **the thirties** die Dreißigerjahre; **one's thirties** die Dreißiger; → **sixty**

★**this** [ðɪs] A̲ DEM PR ⟨*pl* these⟩ dies, das; **what is ~?** was ist das (hier)?; **~ is John** das ist John; **these are my children** das sind meine Kinder; **~ is where I live** hier wohne ich; **under ~** darunter; **it ought to have been done before ~** es hätte schon vorher getan werden sollen; **what's all ~?** was soll das?; **~ and that** mancherlei; **~, that and the other** alles Mögliche; ● **it was like ~** es war so; **~ is Mary (speaking)** hier (ist) Mary; **~ is it!** jetzt!; *auf etw zeigend* das da!; (≈ *richtig*) genau! B̲ A̲D̲J̲ ⟨*pl* these⟩ diese(r, s); **~ month** diesen Monat; **~ morning/afternoon/evening** heute Morgen/Nachmittag/Abend; **~ time last week** letzte Woche um diese Zeit; **~ time** diesmal; **these days** heutzutage; **to run ~ way and that** hin und her rennen; **I met ~ guy who ...** *umg* ich habe (so) einen getroffen, der ...; **~ friend of hers** dieser Freund von ihr *umg*, ihr Freund C̲ A̲D̲V̲ so; **it was ~ long** es war so lang

thistle [ˈθɪsl] S̲ Distel *f*

thong [θɒŋ] S̲ 1̲ Lederriemen *m* 2̲ Tangaslip *m* 3̲ **~s** *pl US, australisch* Gummilatschen *pl*, Flip-Flops® *pl*

thorn [θɔ:n] S̲ Dorn *m*; **to be a ~ in sb's flesh** *od* **side** *fig* j-m ein Dorn im Auge sein **thorny** [ˈθɔ:nɪ] A̲D̲J̲ ⟨*komp* thornier⟩ *wörtl* dornig; *fig* haarig

thorough [ˈθʌrə] A̲D̲J̲ gründlich; **she's a ~ nuisance** sie ist wirklich eine Plage **thoroughbred** A̲ S̲ reinrassiges Tier, Vollblut(pferd) *n* B̲ A̲D̲J̲ reinrassig **thoroughfare** S̲ Durchgangsstraße *f*

★**thoroughly** [ˈθʌrəlɪ] A̲D̲V̲ 1̲ gründlich 2̲ durch und durch; *übergenau* völlig; **we ~ enjoyed our meal** wir haben unser Essen von Herzen genossen; **I ~ enjoyed myself** ich hatte vor aufrichtig Spaß gemacht; **I ~ agree** ich stimme voll und ganz zu **thoroughness** S̲ Gründlichkeit *f*

★**those** [ðəʊz] A̲ DEM PR PL 1̲ → **that**¹ das (da) *sg*; **what are ~?** was ist das (denn) da?; **whose are ~?** wem gehören diese da?; **above ~** darüber; **~ who want to go, may** wer möchte, kann gehen; **there are ~ who say** ... einige sagen ... **B** ADJ diese od die (da), jene *obs, liter*; **it was just one of ~ days** das war wieder so ein Tag; **he is one of ~ people who** ... er ist einer von denjenigen, die ...

★**though** [ðəʊ] **A** KONJ obwohl; **even ~** obwohl; **strange ~ it may seem** ... so seltsam es auch scheinen mag ...; **~ I say it** *od* **so myself** auch wenn ich es selbst sage; **as ~** als ob **B** ADV **1** doch; **he didn't do it ~** er hat es aber (doch) nicht gemacht; **nice day — rather windy ~** schönes Wetter! — aber ziemlich windig! **2** **but will he ~?** wirklich?

★**thought** [θɔːt] **A** PRÄT & PPERF → think **B** S **1** ⟨*kein pl*⟩ Denken *n*; **to be lost in ~** ganz in Gedanken sein **2** Gedanke *m*, Einfall *m*; **that's a ~!** das ist wahr!, das ist ein guter Gedanke; **it's the ~ that counts, not how much you spend** es kommt nur auf die Idee an, nicht auf den Preis **3** ⟨*kein pl*⟩ Überlegung *f*; **to give some ~ to sth** sich (*dat*) Gedanken über etw (*akk*) machen; **I never gave it a moment's ~** ich habe mir nie darüber Gedanken gemacht **thoughtful** ADJ **1** Miene, Mensch nachdenklich; *liter* gut ausgedacht **2** rücksichtsvoll, aufmerksam **thoughtfully** ADV **1** nachdenklich **2** rücksichtsvoll, aufmerksam **thoughtfulness** S **1** Nachdenklichkeit *f* **2** Rücksicht(nahme) *f*, Aufmerksamkeit *f* **thoughtless** ADJ rücksichtslos **thoughtlessly** ADV rücksichtslos **thoughtlessness** [ˈθɔːtlɪsnɪs] S Rücksichtslosigkeit *f* **thought-provoking** [ˈθɔːtprəvəʊkɪŋ] ADJ zum Nachdenken anregend

★**thousand** [ˈθaʊzənd] **A** ADJ tausend; **a ~** (ein)tausend; **a ~ times** tausendmal; **a ~ and one** tausend(und)eins; **I have a ~ and one things to do** *umg* ich habe tausend Dinge zu tun **B** S Tausend *n*; **people arrived in their ~s** die Menschen kamen zu Tausenden

★**thousandth** [ˈθaʊzəntθ] **A** ADJ tausendste(r, s); **a** *od* **one ~ part** ein Tausendstel *n* **B** S **1** Tausendste(r, s) **2** Tausendstel *n*; → **sixth**

thrash [θræʃ] **A** VT **1** verprügeln **2** *umg* Gegner (vernichtend) schlagen **3**

Arme fuchteln mit; *Beine* strampeln mit **B** VI **to ~ around** *od* **about** um sich schlagen **thrashing** [ˈθræʃɪŋ] S Prügel *pl*; **to give sb a good ~** j-m eine ordentliche Tracht Prügel verpassen

★**thread** [θred] **A** S **1** Faden *m*; *Handarbeiten* Garn *n*, Zwirn *m*; **to hang by a ~** *fig* an einem (seidenen *od* dünnen) Faden hängen **2** *fig von Geschichte* (roter) Faden; **he lost the ~ of what he was saying** er hat den Faden verloren **3** INTERNET Folge von Nachrichten Thread *m* **B** VT **1** *Nadel* einfädeln; *Perlen* auffädeln (**on** auf +*akk*) **2** **to ~ one's way through the crowd** *etc* sich durch die Menge *etc* hindurchschlängeln **threadbare** [ˈθredbeə*] ADJ abgewetzt

★**threat** [θret] S Drohung *f*; **to make a ~** drohen (**against sb** j-m); **under ~ of sth** unter Androhung von etw **2** Gefahr *f* (**to** für)

★**threaten** [ˈθretn] **A** VT bedrohen; *Gewalt* androhen; **don't you ~ me!** von Ihnen lasse ich mir nicht drohen!; **to ~ to do sth** (an)drohen, etw zu tun; **to ~ sb with sth** j-m etw androhen; **the rain ~ed to spoil the harvest** *per* Regen drohte, die Ernte zu zerstören **B** VI drohen **threatened** [ˈθretnd] ADJ **1** **he felt ~** er fühlte sich bedroht **2** gefährdet **threatening** [ˈθretnɪŋ] ADJ drohend; **a ~ letter** ein Drohbrief *m*; **~ behaviour** Drohungen *pl*

★**three** [θriː] **A** ADJ drei **B** S Drei *f*; **~'s a crowd** drei Leute sind schon zu viel; → **six three-D** **A** S drei(di)mensional sein **B** ADJ dreidimensional **three-D animation** S 3-D-Animation *f* **three-D glasses** PL 3-D-Brille *f* **three-D image** S 3-D-Bild *n* **three-dimensional** ADJ dreidimensional **three-D movie** S 3-D-Film *m* **three-D printer** S 3-D-Drucker *m* **threefold** ADJ & ADV dreifach **three-fourths** *US* S → **three-quarters** **three-piece suite** *bes Br* S dreiteilige Sitzgarnitur **three-quarter** ADJ ⟨*attr*⟩ Dreiviertel- **three-quarters** S ⟨+*sg v*⟩ drei Viertel *pl*; **~ of an hour** eine Dreiviertelstunde **B** ADV drei viertel **threesome** S Trio *n*; **in a ~** zu dritt **threshold** [ˈθreʃhəʊld] S Schwelle *f* **threw** [θruː] PRÄT → throw **thrifty** [ˈθrɪfti] ADJ ⟨*komp* thriftier⟩ sparsam

thrill [θrɪl] **A** s̅ Erregung f; **it was quite a ~ for me** es war ein richtiges Erlebnis **B** v̅/t̅ Geschichte fesseln; Erlebnis eine Sensation sein für; **I was ~ed to get your letter** ich habe mich riesig über deinen Brief gefreut; **to be ~ed to bits** umg sich freuen wie ein Kind; Kind ganz aus dem Häuschen sein vor Freude **thriller** ['θrɪlə] s̅ Reißer m umg, Krimi m, Thriller m **thrilling** ['θrɪlɪŋ] adj aufregend; Erlebnis überwältigend

thrive [θraɪv] v̅/i̅ (gut) gedeihen; Unternehmen blühen **♦thrive on** v̅/i̅ ⟨+obj⟩ **the baby thrives on milk** mit Milch gedeiht das Baby prächtig; **he thrives on praise** Lob bringt ihn erst zur vollen Entfaltung

thriving ['θraɪvɪŋ] adj Pflanze prächtig gedeihend; Mensch, Gemeinschaft blühend

thro' [θruː] abk → through

throat [θrəʊt] s̅ Kehle f, Rachen m; **to cut sb's ~** j-m die Kehle durchschneiden; **to clear one's ~** sich räuspern; **to ram** od **force one's ideas down sb's ~** umg j-m seine eigenen Ideen aufzwingen

throb [θrɒb] v̅/i̅ klopfen; Wunde pochen, hämmern; fig mit Leben pulsieren (**with** vor +dat od mit); **my head is ~bing** ich habe rasende Kopfschmerzen **throbbing** **A** s̅ von Motor Klopfen n; von Puls Pochen n **B** adj Schmerz, Leben pulsierend; Kopfschmerz pochend

throes [θrəʊz] fig pl **we are in the ~ of moving** wir stecken mitten im Umzug

thrombosis [θrɒm'bəʊsɪs] s̅ Thrombose f

throne [θrəʊn] s̅ Thron m; **to come to the ~** den Thron besteigen

throng [θrɒŋ] **A** s̅ Scharen pl **B** v̅/i̅ sich drängen **C** v̅/t̅ belagern; **to be ~ed with** wimmeln von

throttle ['θrɒtl] **A** v̅/t̅ j-n erwürgen **B** s̅ von Motor Drossel f; auto etc Gaspedal n; **at full ~** mit Vollgas

★through [θruː], **thru** US **A** präp **1** durch; **to get ~ a hedge** durch eine Hecke durchkommen; **to get ~ a red light** bei Rot durchfahren; **to be halfway ~ a book** ein Buch zur Hälfte durchhaben umg; **that happens halfway ~ the book**

das passiert in der Mitte des Buches; **all ~ his life** sein ganzes Leben lang; **he won't live ~ the night** er wird die Nacht nicht überleben; **~ the post** Br, **~ the mail** US mit der Post **2** US **Monday ~ Friday** von Montag bis (einschließlich) Freitag **B** adv **1** durch; **~ and ~** durch und durch; **to let sb ~** j-n durchlassen; **to be wet ~** bis auf die Haut nass sein; **to read sth ~** etw durchlesen; **he's ~ in the other office** er ist (drüben) im anderen Büro **C** adj ⟨präd⟩ **1** **to be ~ with sb/sth** mit j-m/etw fertig sein umg; **I'm ~ with him** der ist für mich gestorben umg **2** Br tel **to be ~ (to sb/London)** mit j-m/London verbunden sein; **to get ~ (to sb/London)** zu j-m/nach London durchkommen **through flight** s̅ Direktflug m

★throughout [θruː'aʊt] **A** präp **1** örtlich überall in (+dat); **~ the world** in der ganzen Welt **2** zeitlich den ganzen/die/ das ganze … über; **~ his life** sein ganzes Leben lang **B** adv **1** **to be carpeted ~** ganz mit Teppichboden ausgelegt sein **2** die ganze Zeit hindurch **through ticket** s̅ **can I get a ~ to London?** kann ich bis London durchlösen? **through traffic** s̅ Durchgangsverkehr m **through train** s̅ durchgehender Zug **throughway** US s̅ Schnellstraße f

★throw [θrəʊ] ⟨v: prät threw; pperf thrown⟩ **A** s̅ **1** Wurf m; **it's your ~** du bist dran; **have another ~** werfen Sie noch einmal **2** für Möbel Überwurf m **B** v̅/t̅ **1** werfen; Wasser schütten; **to ~ the dice** würfeln; **to ~ sth to sb** j-m etw zuwerfen; **to ~ sth at sb** etw nach j-m werfen; Eier etc j-n mit etw bewerfen; **to ~ a ball 20 metres** einen Ball 20 Meter weit werfen; **to ~ oneself into the job** sich in die Arbeit stürzen; **to ~ doubt on sth** etw in Zweifel ziehen **2** Schalter betätigen **3** umg aus dem Konzept bringen **4** Party geben, schmeißen umg; Anfall kriegen umg **C** v̅/i̅ werfen **♦throw about** Br, **throw around** v̅/t̅ ⟨immer getrennt⟩ **1** verstreuen; fig Geld um sich werfen mit **2** herumwerfen **♦throw away** v̅/t̅ ⟨trennb⟩ **1** wegwerfen **2** verschenken; Geld verschwenden (**on sth** auf, für etw od **on sb** an j-n)

◆**throw back** _VT_ ⟨_trennb_⟩ zurückwerfen ◆**throw down** _VT_ ⟨_trennb_⟩ hinunterwerfen; **it's throwing it down** _umg_ es gießt (in Strömen) ◆**throw in** _VT_ ⟨_trennb_⟩ **1** (gratis) dazugeben **2** _fig_ **to throw in the towel** das Handtuch werfen _umg_ ◆**throw off** _VT_ ⟨_trennb_⟩ _Kleider_ abwerfen; _Verfolger_ abschütteln; _Erkältung_ loswerden ◆**throw on** _VT_ ⟨_trennb_⟩ _Kleider_ sich (_dat_) überwerfen ◆**throw open** _VT_ ⟨_trennb_⟩ _Tür_ aufreißen ◆**throw out** _VT_ ⟨_trennb_⟩ **1** wegwerfen **2** _Gesetz_ ablehnen; _Fall_ verwerfen **3** _j-n_ hinauswerfen (**of** aus) ◆_Pläne etc_ über den Haufen werfen _umg_ ◆**throw together** _VT_ ⟨_trennb_⟩ **1** hinhauen **2** _Menschen_ zusammenführen ◆**throw up** Ⓐ _VI_ _umg_ sich übergeben; **it makes you want to throw up** da kann einem schlecht werden Ⓑ _VT_ ⟨_trennb_⟩ **1** _Bann, Arme_ hochwerfen **2** erbrechen **3** hervorbringen; _Fragen_ aufwerfen

throwaway _ADJ_ ⟨_attr_⟩ **1** _Bemerkung_ beiläufig **2** _Flasche, Packung etc_ Wegwerf- **throwback** _fig_ _S_ Rückkehr f (**to** zu) **thrower** ['θrəʊə'] _S_ Werfer(in) m(f)

thrown [θrəʊn] _PPERF_ → throw

thru _US_ _PRÄP & ADV & ADJ_ → through

thrush[1] [θrʌʃ] _S_ ORN Drossel f

thrush[2] _S_ MED Schwämmchen n, Pilzkrankheit f

thrust [θrʌst] ⟨_v: prät, pperf_ thrust⟩ Ⓐ _S_ **1** Stoß m; _mit Messer_ Stich m **2** TECH Druckkraft f Ⓑ _VT_ **1** stoßen; **to ~ one's hands into one's pockets** die Hände in die Tasche stecken **2** _fig_ **I had the job ~ upon me** die Arbeit wurde mir aufgedrängt; **to ~ one's way through a crowd** sich durch die Menge schieben Ⓒ _VI_ **1** stoßen (**at** nach); _mit Messer_ stechen (**at** nach) ◆**thrust aside** _VT_ ⟨_trennb_⟩ beiseiteschieben

thruway ['θru:weɪ] _US_ _S_ Schnellstraße f

thud [θʌd] Ⓐ _S_ dumpfes Geräusch; **he fell to the ground with a ~** er fiel mit einem dumpfen Aufschlag zu Boden Ⓑ _VI_ dumpf aufschlagen

thug [θʌg] _S_ Schlägertyp m

★**thumb** [θʌm] Ⓐ _S_ Daumen m; **to be under sb's ~** unter j-s Pantoffel (_dat_) stehen; **she has him under her ~** sie hat ihn unter ihrer Fuchtel; **the idea was given the ~s up/down** für den Vorschlag wurde grünes/rotes Licht gegeben Ⓑ _VT_ **to ~ a ride** _umg_ per Anhalter fahren ◆**thumb through** _VI_ ⟨_+obj_⟩ _Buch_ durchblättern

thumb index _S_ Daumenregister n **thumbnail** _S_ IT Thumbnail n, Miniaturansicht f (_einer Grafik oder Datei_) **thumbtack** _US_ _S_ Reißzwecke f

thump [θʌmp] Ⓐ _S_ Schlag m; (≈_Geräusch_) (dumpfes) Krachen _S_ Ⓑ _VT_ _Tisch_ schlagen auf (+_akk_); _bes Br_ _umg_ j-n verhauen _umg_; **he ~ed his fist on the desk** er donnerte die Faust auf den Tisch; **he ~ed the box down on my desk** er knallte die Schachtel auf meinen Tisch Ⓒ _VI_ _Herz_ heftig schlagen; **he ~ed on the door** er schlug gegen die Tür

★**thunder** ['θʌndə'] Ⓐ _S_ Donner m Ⓑ _VI_ donnern Ⓒ _VT_ brüllen **thunderbolt** _wörtl_ _S_ Blitz m **thunderclap** _S_ Donnerschlag m **thundercloud** _S_ Gewitterwolke f **thunderous** ['θʌndərəs] _ADJ_ stürmisch

★**thunderstorm** _S_ Gewitter n **thunderstruck** _fig_ _ADJ_ wie vom Donner gerührt

Thur, Thurs _ABK_ (= Thursday) Do.

Thuringia [θjʊə'rɪndʒɪə] _S_ Thüringen n

★**Thursday** ['θɜ:zdɪ] _S_ Donnerstag m; → Tuesday

thus [ðʌs] _ADV_ **1** so, auf diese Art **2** folglich **3** ⟨_+adj_⟩ **~ far** so weit

thwack [θwæk] Ⓐ _S_ Schlag m; (≈_Geräusch_) Klatschen n Ⓑ _VT_ schlagen

thwart [θwɔ:t] _VT_ vereiteln

thyme [taɪm] _S_ Thymian m

thyroid ['θaɪrɔɪd] _S_, (_a._ **thyroid gland**) Schilddrüse f

tic [tɪk] _S_ MED Tick m

tick[1] [tɪk] Ⓐ _S_ **1** _von Uhr_ Ticken n **2** _Br umg_ Augenblick m; **I'll be ready in a ~** _od_ **two ~s** bin sofort fertig _umg_ **3** _bes Br_ (≈_Zeichen_) Häkchen n Ⓑ _VT_ **1** _Uhr_ ticken **2** _umg_ **what makes him ~?** was geht in ihm vor? Ⓒ _VT_ _Br_ abhaken; _Kästchen_ ankreuzen ◆**tick off** _Br_ _VT_ ⟨_trennb_⟩ **1** _Namen etc_ abhaken **2** _umg_ ausschimpfen _umg_ ◆**tick over** _VI_ **1** _Motor_ im Leerlauf sein **2** _fig_ ganz ordentlich laufen; _pej_ auf Sparflamme laufen _umg_

tick[2] _S_ ZOOL Zecke f

★**ticket** ['tɪkɪt] _S_ **1** Fahrkarte f, Billett n _schweiz_, Ticket n; THEAT _etc_ (Eintritts)karte f, Billett n _schweiz_; Etikett n; _Abschnitt_ m; _bei Glücksspiel etc_ Los n,

Lottoschein m; *an Waren* Preisschild n **2** JUR Strafzettel m **ticket collector** S̲ Schaffner(in) m(f), Konduktor(in) m(f) *schweiz* **ticket inspector** S̲ (Fahrkarten)kontrolleur(in) m(f), Konduktor(in) m(f) *schweiz* **ticketless** ADJ ticketlos, ohne Ticket **ticket machine** S̲ **1** Fahrkartenautomat m **2** Parkscheinautomat m

★**ticket office** S̲ BAHN Fahrkartenschalter m; THEAT Kasse f, Kassa f *österr*

ticking ['tɪkɪŋ] S̲ *von Uhr* Ticken n

ticking-off [ˌtɪkɪŋ'ɒf] *Br umg* S̲ Rüffel m

tickle ['tɪkl] A V̲T̲ **1** kitzeln; *Tier* kraulen **2** *fig umg* amüsieren B V̲i̲ kitzeln; *Wolle* kratzen C S̲ Kitzeln n; **to have a ~ in one's throat** einen Hustenreiz haben

ticklish ['tɪklɪʃ] ADJ kitz(e)lig; **~ cough** Reizhusten m

tidal ['taɪdl] ADJ Gezeiten- **tidal wave** S̲ Flutwelle f

tidbit ['tɪdbɪt] *US* S̲ → titbit

tiddlywinks ['tɪdlɪwɪŋks] S̲ ⟨+sg v⟩ Floh(hüpf)spiel n

★**tide** [taɪd] S̲ **1** Gezeiten *pl*; **(at) high ~** (bei) Flut f; **(at) low ~** (bei) Ebbe f; **the ~ is in/out** es ist Flut/Ebbe; **the ~ comes in very fast** die Flut kommt sehr schnell **2** *fig* **the ~ of public opinion** der Trend der öffentlichen Meinung; **to swim against/with the ~** gegen den/mit dem Strom schwimmen; **the ~ has turned** das Blatt hat sich gewendet ◆**tide over** V̲T̲ ⟨*immer getrennt*⟩ **is that enough to tide you over?** reicht Ihnen das vorläufig?

tidiness ['taɪdɪnɪs] S̲ *von Zimmer* Aufgeräumtheit f; *auf Schreibtisch* Ordnung f

★**tidy** ['taɪdɪ] A ADJ ⟨komp tidier⟩ **1** ordentlich; *Äußeres* gepflegt; *Zimmer* aufgeräumt; **to keep sth ~** etw in Ordnung halten **2** *umg* (= *beträchtlich*) ordentlich *umg* B V̲T̲ in Ordnung bringen; *Schublade, Schreibtisch* aufräumen ◆**tidy away** V̲T̲ ⟨*trennb*⟩ wegräumen ◆**tidy out** V̲T̲ ⟨*trennb*⟩ entrümpeln ◆**tidy up** A V̲T̲ in Ordnung machen B V̲T̲ ⟨*trennb*⟩ aufräumen; *Aufsatz* in Ordnung bringen

★**tie** [taɪ] A S̲ **1** (*a. neck tie*) Krawatte f **2** *fig* (Ver)bindung f; **family ties** familiäre Bindungen *pl* **3** Belastung f (**on** für) **4** SPORT Unentschieden n; **the match was a tie** das Spiel ging unentschieden aus; **there was a tie for second place**

es gab zwei zweite Plätze B V̲T̲ **1** binden (**to an +**akk), befestigen (**to an +**dat); **to tie a knot in sth** einen Knoten in etw (*akk*) machen; **my hands are tied** *fig* mir sind die Hände gebunden **2** *fig* verbinden **3** **the match was tied** das Spiel ging unentschieden aus C V̲i̲ SPORT unentschieden spielen; *in Wettkampf* gleichstehen; **they tied for first place** sie teilten sich den ersten Platz ◆**tie back** V̲T̲ ⟨*trennb*⟩ zurückbinden ◆**tie down** V̲T̲ ⟨*trennb*⟩ **1** *wörtl* festbinden (**to an +**dat) **2** *fig* (= *beschränken*) binden (**to an +**akk) ◆**tie in** V̲i̲ **to tie in with sth** zu etw passen ◆**tie on** V̲T̲ ⟨*trennb*⟩ **to tie sth on(to)** sth etw an etw (*dat*) anbinden ◆**tie up** V̲T̲ ⟨*trennb*⟩ **1** *Paket* verschnüren; *Schnürsenkel* binden **2** *Boot* festmachen; *Tier* festbinden (**to an +**dat); *Gefangenen* fesseln **3** FIN *Kapital* (fest) anlegen **4** **to be tied up with sth** mit etw zusammenhängen **5** beschäftigen

tie-break, tie-breaker S̲ Tiebreak m

tier [tɪəʳ] S̲ *von Torte* Etage f; *von Stadion* Rang m; *fig* Stufe f

tiff [tɪf] *umg* S̲ Krach m *umg*

tiger ['taɪgəʳ] S̲ Tiger m

★**tight** [taɪt] A ADJ ⟨+er⟩ **1** *Kleider, Raum* eng; **~ curls** kleine Locken *pl* **2** unbeweglich; *Schraube* fest gezogen; *Deckel, Umarmung* fest; *Bewachung* streng; **to have/keep a ~ hold of sth** *wörtl* etw gut festhalten **3** *Seil* straff; *Knoten* fest (angezogen) **4** *Rennen, Geld* knapp; *Zeitplan* knapp bemessen **5** *Situation* schwierig; **in a ~ spot** *fig* in der Klemme *umg* **6** *Stimme* fest; *Lächeln* verkrampft **7** *umg* knick(e)rig *umg* B ADV ⟨+er⟩ halten, schließen fest; *dehnen* straff; **to hold sb/sth ~** j-n/etw festhalten; **to pull sth ~** etw festziehen; **sleep ~!** schlaf(st) gut!; **hold ~!** festhalten! C ADJ ⟨suf⟩ -dicht; **watertight** wasserdicht **tighten** ['taɪtn], (*a.* **tighten up**) A V̲T̲ **1** *Knoten* fester ziehen; *Schraube* anziehen, nachziehen; *Muskeln* anspannen; *Seil* straffen; **to ~ one's grip on sth** *wörtl* etw fester halten; *fig* etw besser unter Kontrolle bringen **2** *fig Bewachung* verschärfen **3** V̲i̲ *Seil* sich straffen; *Knoten* sich zusammenziehen ◆**tighten up** A V̲i̲ **1** → tighten B V̲i̲ **2** **to tighten up on security** die Sicherheitsvorkehrun-

T

gen verschärfen **B** $\overline{VT}$ ‹trennb› **3**
→ tighten **A 1 2** Organisation straffen
tightfisted [ˌtaɪtˈfɪstɪd] ADJ knick(e)rig
umg **tight-fitting** ADJ eng anliegend
tightknit ADJ *Gemeinschaft* (miteinander) verbunden **tight-lipped** ADJ
1 verschwiegen **2** (≈ *zornig*) verbissen;
Lächeln verkniffen **tightly** [ˈtaɪtlɪ] ADV
1 fest, eng; *dehnen* straff; **~ fitting**
eng anliegend **2 ~ packed** dicht gedrängt **3** streng **tightness** [ˈtaɪtnɪs] $\overline{S}$
1 *von Kleidung* enges Anliegen *nt von
Seil, Haut* Straffheit *f* **3** *in Brust* Beengtheit *f* **tightrope** [ˈtaɪtraʊp] $\overline{S}$ Seil *n*; **to
walk a ~** *fig* einen Balanceakt vollführen
tightrope walker $\overline{S}$ Seiltänzer(in)
m(f)

★**tights** [taɪts] *Br* $\overline{PL}$ Strumpfhose *f*; **a pair
of ~** eine Strumpfhose
tile [taɪl] $\overline{S}$ (Dach)ziegel *m*; (≈ *Bodenbelag*) Fliese *f*; *an Wand* Kachel *f*, Plättli *n
schweiz*; *Linoleum etc* Platte *f* **B** $\overline{VT}$ *Dach*
(mit Ziegeln) decken; *Boden* mit Fliesen/
Platten auslegen; *Wand* kacheln, plätteln *schweiz* **tiled** [taɪld] ADJ *Fußboden*
gefliest, geplättelt *schweiz*; *Wand* gekachelt, geplättelt *schweiz*; **~ roof** Ziegeldach *n*

★**till**[1] [tɪl] PRÄP & KONJ → until
till[2] *Br* $\overline{S}$ Kasse *f*, Kassa *f österr*
tilt [tɪlt] **A** $\overline{S}$ Neigung *f* **B** $\overline{VT}$ kippen;
Kopf (seitwärts) neigen **C** $\overline{VI}$ sich neigen
◆**tilt back A** $\overline{VI}$ sich nach hinten neigen **B** $\overline{VT}$ ‹trennb› nach hinten neigen
◆**tilt forward A** $\overline{VI}$ sich nach vorne
neigen **B** $\overline{VT}$ ‹trennb› nach vorne neigen ◆**tilt up A** $\overline{VI}$ nach oben kippen
B $\overline{VT}$ ‹trennb› *Flasche* kippen
timber [ˈtɪmbə[r]] **1** Holz *n*, (Bau)holz *n*
2 Balken *m* **timber-framed**
[ˈtɪmbəˈfreɪmd] ADJ **~ house** Fachwerkhaus *n*

★**time** [taɪm]

A Substantiv	B transitives Verb

— A Substantiv —

1 Zeit *f*; **how ~ flies!** wie die Zeit
vergeht!; **only ~ will tell whether ...** es
muss sich erst herausstellen, ob ...; **it
takes ~ to do that** das braucht (seine)
Zeit; **to take (one's) ~ (over sth)** sich
(*dat*) (bei etw) Zeit lassen; ★**in (the**

course of) **~** mit der Zeit; **in (next to)
no ~** im Nu; **at this moment in ~** zum
gegenwärtigen Zeitpunkt; **to have a lot
of/no ~ for sb/sth** viel/keine Zeit für
j-n/etw haben; *fig* viel/nichts für j-n/etw
übrig haben; **to make ~ (for sb/sth)** sich
(*dat*) Zeit (für j-n/etw) nehmen; **in** *od*
given ~ mit der Zeit; **don't rush, do it
in your own ~** nur keine Hast, tun Sie
es, wie Sie es können; **for some ~ past**
seit einiger Zeit; **I don't know what
she's saying half the ~** *umg* meistens
verstehe ich gar nicht, was sie sagt; **in
two weeks' ~** in zwei Wochen; **for a ~**
eine Zeit lang; **not before ~** *Br* das
wurde auch (langsam) Zeit; **this is
hardly the ~ or the place to ...** dies
ist wohl kaum die rechte Zeit oder der
rechte Ort, um ...; **this is no ~ to
quarrel** jetzt ist nicht die Zeit, sich zu
streiten; **there are ~s when ...** es gibt
Augenblicke, wo ...; **at the** *od* **that ~** zu
der Zeit; **at the present ~** zurzeit;
sometimes ..., (at) other ~s ...
(manch)mal ..., (manch)mal ...; **this ~
last year** letztes Jahr um diese Zeit; **~'s
up** die Zeit ist um; **it happened before
my ~** das war vor meiner Zeit; **of all ~**
aller Zeiten; **he is ahead of his ~** er ist
seiner Zeit (weit) voraus; **in Victorian ~s**
im Viktorianischen Zeitalter; **~s are
hard** die Zeiten sind hart *od* schwer;
to be behind the ~s rückständig sein,
nicht auf dem Laufenden sein; **all the ~**
immer, die ganze Zeit; **to be in good ~**
rechtzeitig dran sein; **all in good ~** alles
zu seiner Zeit; **he'll let you know in his
own good ~** er wird Ihnen Bescheid
sagen, wenn er so weit ist; **(for) a long ~**
lange; **I'm going away for a long ~** ich
fahre auf längere Zeit weg; **it's a long ~
(since ...)** es ist schon lange her(, seit
...); **(for) a short ~** kurz; **a short/long ~
ago** vor Kurzem/langer Zeit; **for the ~
being** vorläufig, vorübergehend; **when
the ~ comes** wenn es so weit ist; **at ~s**
manchmal; **at all ~s** jederzeit; **by the ~
it finished** als es zu Ende war; **by the ~
we arrive** bis wir ankommen; **by that ~
we knew** inzwischen wussten wir es; **by
that ~ you'll know** bis dahin wissen wir
es; **by this ~** inzwischen; **by this ~
tomorrow** morgen um diese Zeit; **from
~ to ~** von Zeit zu Zeit; **this ~ of the**

year diese Jahreszeit; **now's the ~ to do it** jetzt ist der richtige Zeitpunkt *od* die richtige Zeit, es zu tun **2 ★ what ~ is it?, what's the ~?** wie spät ist es?, wie viel Uhr ist es?; **what ~ do you make it?** wie spät haben Sies?; **the ~ is 2.30** es ist 2.30 Uhr; **local ~** Ortszeit *f*; **it's ~ (for me) to go, it's ~ I was going, it's ~ I went** es wird Zeit, dass ich gehe; **to tell the ~** die Uhr kennen; **to make good ~** gut vorankommen; **it's about ~ he was here** er ist hier es wird (aber) auch Zeit, dass er kommt; *er ist noch nicht hier* es wird langsam Zeit, dass er kommt; **(and) about ~ too!** das wird aber auch Zeit!; **ahead of ~** zu früh; **behind ~** zu spät; **at any ~** während the day zu jeder Tageszeit; **not at this ~ of night!** nicht zu dieser nachtschlafenden Zeit *od* Stunde!; **at one ~** früher; **at any ~** jederzeit; **at no ~** niemals; **at the same ~** *wörtl* gleichzeitig; **they arrived at the same ~ as us** sie kamen zur gleichen Zeit an wie wir; **but at the same ~, you must admit that …** aber andererseits müssen Sie zugeben, dass …; **★ in/on ~** rechtzeitig; **to be in ~ for sth** rechtzeitig zu etw kommen; **on ~** pünktlich **3** Mal *n*; **this ~** diesmal; **every** *od* **each ~ …** jedes Mal, wenn …; **for the first/last ~** zum ersten/letzten Mal; **and he's not very bright at the best of ~s** und er ist ohnehin *od* sowieso nicht sehr intelligent; **~ and (time) again, ~ after ~** immer wieder; **I've told you a dozen ~s** … ich habe dir schon x-mal gesagt …; **nine ~s out of ten** … neun von zehn Malen …; **three ~s a week** dreimal pro Woche; **they came in one/three** *etc* at a **~** sie kamen einzeln/immer zu dritt *etc* herein; **four at a ~** vier auf einmal; **for weeks at a ~** wochenlang; **(the) next ~** nächstes Mal, das nächste Mal; **(the) last ~** letztes Mal, das letzte Mal **4** MATH **2 ~s 3 is 6** 2 mal 3 ist 6; **it was ten ~s the size of …** es war zehnmal so groß wie … **5** to have the ~ of one's life sich glänzend amüsieren; **what a ~ we had** *od* **that was!** das war eine Zeit!; **to have a hard ~** es schwer haben; **to give sb a bad/rough ~ (of it)** j-m das Leben schwer machen; **we had a good ~** es hat uns *(dat)* gut gefallen; **have a good ~!** viel Spaß! **6** MUS Takt *m*; **to keep ~**

den Takt angeben

— B *transitives Verb* **—**

1 to ~ sth perfectly genau den richtigen Zeitpunkt für etw wählen **2** *mit Stoppuhr* stoppen; *Tempo* messen; **to ~ sb (over 1000 metres)** j-n (auf 1000 Meter) stoppen; **~ how long it takes you, ~ yourself** sieh auf die Uhr, wie lange du brauchst; *mit Stoppuhr* stopp, wie lange du brauchst

time bomb *f* **time-consuming** ADJ zeitraubend **time difference** *s* Zeitunterschied *m* **time frame, timeframe** *s* Zeitrahmen *m* **time-honoured** ADJ, **time-honored** US ADJ althergebracht **time-lag** *s* Zeitverschiebung *f* **time-lapse** ADJ **~ photography** Zeitraffertechnik *f* **timeless** [ˈtaɪmlɪs] ADJ zeitlos, immerwährend **time limit** *s* zeitliche Begrenzung, Frist *f* **timely** [ˈtaɪmlɪ] ADJ rechtzeitig **time management** *s* Zeitmanagement *n* **time-out** US *s* **1** FUSSB Auszeit *f* **2** to take **~** Pause machen **timer** [ˈtaɪmər] *s* Zeitmesser *m*, Schaltuhr *f* **time-saving** ADJ zeitsparend **timescale** *s* zeitlicher Rahmen **timeshare A** *s* Wohnung *f* etc auf Timesharingbasis **B** ADJ 〈attr〉 Timesharing- **time sheet** *s* Stundenzettel *m* **time signal** Br *s* Zeitzeichen *n* **time signature** *s* Taktvorzeichnung *f* **time span** *s* Zeitspanne *f* **time switch** *s* Schaltuhr *f*

★ timetable *s* *bes Br* Fahrplan *m*; SCHULE Stundenplan *m*; **to have a busy ~** ein volles Programm haben **time zone** *s* Zeitzone *f*

timid [ˈtɪmɪd] ADJ scheu **timidly** [ˈtɪmɪdlɪ] ADV zaghaft; *hereinkommen* schüchtern

timing [ˈtaɪmɪŋ] *s* Timing *n*; **the ~ of the statement was wrong** die Erklärung kam zum falschen Zeitpunkt

★ tin [tɪn] *s* **1** Blech *n*; CHEM Zinn *n* **2** *bes Br* Dose *f* **tin can** *s* (Blech)dose *f* **tinder** [ˈtɪndər] *s* Zunder *m* **tinfoil** [ˈtɪnfɔɪl] *s* Aluminiumfolie *f* **tinge** [tɪndʒ] **A** *s* Spur *f*; *von Farbe* Hauch *m* **B** V/T **1** (leicht) tönen **2** *fig* **~d** mit … mit einer Spur von …

tingle [ˈtɪŋɡl] **A** V/I prickeln (with *vor* +dat) **B** *s* Prickeln *n* **tingling** [ˈtɪŋɡlɪŋ] **A** *s* Prickeln *n* **B** ADJ prickelnd **tingly**

['tɪŋglɪ] ADJ prickelnd; **my arm feels (all)** ~ mein Arm kribbelt umg

tinker ['tɪŋkə^r] **A** Br pej 5̱ **you little ~!** umg du kleiner Stromer! **B** V/I 1̱ herumbasteln (**with, on** an +dat) 2̱ herumpfuschen (**with** an +dat)

tinkle ['tɪŋkl] **A** V/I 1̱ Glocken klingen 2̱ umg pinkeln umg **B** 5̱ Klingen n kein pl; von Glas Klirren n kein pl **tinkling** ['tɪŋklɪŋ] **A** 5̱ von Glocken Klingen n; von Glas Klirren n **B** ADJ Glocken klingend

tinned [tɪnd] bes Br ADJ aus der Dose; ~ **food** Dosennahrung f

tinnitus ['tɪnɪtəs] 5̱ MED Tinnitus m, Ohrenpfeifen n

tinny ['tɪnɪ] ADJ ⟨komp tinnier⟩ Klang blechern **tin-opener** bes Br 5̱ Dosenöffner m

tinsel ['tɪnsəl] 5̱ Girlanden pl aus Rauschgold etc

tint [tɪnt] **A** 5̱ Ton m; für Haare Tönung f, Tönungsmittel n **B** V/T Haare tönen **tinted** ['tɪntɪd] ADJ getönt

★**tiny** ['taɪnɪ] ADJ ⟨komp tinier⟩ winzig, ganz klein; ~ **little** winzig klein

★**tip¹** [tɪp] **A** 5̱ Spitze f; von Zigarette Filter m; **on the tips of one's toes** auf Zehenspitzen; **it's on the tip of my tongue** es liegt mir auf der Zunge; **the tip of the iceberg** fig die Spitze des Eisbergs **B** V/T **steel-tipped** mit Stahlspitze

★**tip²** [tɪp] **A** 5̱ 1̱ Trinkgeld n 2̱ Tipp m **B** V/T 1̱ Kellner Trinkgeld geben (+dat) 2̱ **to be tipped to win** der Favorit sein ◆**tip off** V/T ⟨trennb⟩ einen Tipp geben +dat (**about** über +akk)

tip³ [tɪp] **A** V/T kippen, schütten, umkippen; **to tip sth backwards/forwards** etw nach hinten/vorne kippen; **to tip the balance** fig den Ausschlag geben **B** V/I kippen **C** 5̱ Br Müllkippe f; für Kohle Halde f; umg (≈ unaufgeräumtes Zimmer etc) Saustall m umg ◆**tip back** V/T Stuhl nach hinten (weg)kippen **B** V/T ⟨trennb⟩ nach hinten kippen; Kopf nach hinten neigen ◆**tip out** V/T ⟨trennb⟩ auskippen; Müll etc abladen **B** V/I herauskippen; Flüssigkeit herauslaufen ◆**tip over** V/I & V/T ⟨trennb⟩ umkippen ◆**tip up** V/I & V/T ⟨trennb⟩ kippen, umkippen; Sitz hochklappen

tip-off ['tɪpɒf] umg 5̱ Tipp m

Tipp-Ex® ['tɪpeks] **A** 5̱ Tipp-Ex® n **B**

V/T **to ~®** (**out**) mit Tipp-Ex® löschen

tipsy ['tɪpsɪ] ADJ ⟨komp tipsier⟩ beschwipst

tiptoe **A** V/I auf Zehenspitzen gehen **B** ~ **on** auf Zehenspitzen **tip-top** umg ADJ erstklassig; **to be in ~ condition** tipptopp in Ordnung sein umg **tip-up truck** 5̱ Kipplaster m

tirade [taɪ'reɪd] 5̱ Schimpfkanonade f

tire¹ [taɪə^r] **A** V/T müde machen **B** V/I müde werden; **to ~ of sth** j-n/etw satthaben; **she never ~s of talking about her son** sie wird es nie müde, über ihren Sohn zu sprechen ◆**tire out** V/T ⟨trennb⟩ (völlig) erschöpfen

★**tire²** US 5̱ → tyre

★**tired** ['taɪəd] ADJ müde; ~ **out** völlig erschöpft; ★**to be ~ of sb/sth** j-n/etw satthaben; **to get ~ of sb/sth** j-n/etw satbekommen **tiredness** 5̱ Müdigkeit f **tireless** ADJ unermüdlich **tiresome** ['taɪəsəm] ADJ lästig **tiring** ['taɪərɪŋ] ADJ anstrengend

Tirol [tɪ'rəʊl] 5̱ → Tyrol

tissue ['tɪʃuː] 5̱ 1̱ ANAT, a. fig Gewebe n 2̱ Papier(taschen)tuch n 3̱ (a. ~ **paper**) Seidenpapier n

tit¹ [tɪt] 5̱ Meise f

tit² [tɪt] 5̱ **tit for tat** wie du mir, so ich dir

tit³ [tɪt] sl 5̱ Titte f sl; **he gets on my tits** er geht mir auf den Sack sl

titanic [taɪ'tænɪk] ADJ gigantisch

titbit ['tɪtbɪt] 5̱, **tidbit** ['tɪdbɪt] US 5̱ 1̱ Leckerbissen m 2̱ (≈ Information) Pikanterie f

titillate ['tɪtɪleɪt] V/T j-n, Sinne anregen; Interesse erregen

title ['taɪtl] 5̱ 1̱ Titel m, Überschrift f; FILM Untertitel m 2̱ Anrede f **title deed** 5̱ Eigentumsurkunde f **titleholder** 5̱ SPORT Titelträger(in) m(f) **title page** 5̱ TYPO Titelseite f **title role** 5̱ Titelrolle f

titter ['tɪtə^r] **A** V/T & V/I kichern **B** 5̱ Gekicher n

T-junction ['tiː.dʒʌŋkʃən] Br 5̱ T-Kreuzung f

tl;dr [ˌtiːelˈdiːˈɑː] ABK (= **too long; didn't read**) Internet, SMS abgekürzte Form von 'zu lange; nicht gelesen'

TM ABK (= **trademark**) Markenzeichen n

★**to** [tuː] **A** PRÄP 1̱ zu; **to go to the station/doctor's** zum Bahnhof/Arzt gehen; **to go to Jenny's** zu Jenny gehen; **to** go to the opera *etc* in die Oper *etc* gehen; **to go to France/London** nach Frankreich/London fahren; **to the left/west** nach links/Westen; **I have never been to India** ich war noch nie in Indien **2** bis; **to count (up) to 20** bis 20 zählen; **it's 90 kms to Paris** nach Paris sind es 90 km; **8 years ago to the day** auf den Tag genau vor 8 Jahren **3** ⬛ nailed it to the wall/floor *etc* er nagelte es an die Wand/auf den Boden *etc*; **they tied him to the tree** sie banden ihn am Baum fest **4** *mit Dativobjekt* **to give sth to sb** j-m etw geben; **I said to myself …** ich habe mir gesagt …; **to mutter to oneself** vor sich hin murmeln; **he is kind to everyone** er ist zu allen freundlich; **it's a great help to me** das ist eine große Hilfe für mich; **he has been a good friend to us** er war uns (*dat*) ein guter Freund; **to Lottie** *Trinkspruch* auf Lottie (*akk*); **to drink to sb** j-m zutrinken **5** *Positionsangabe* **close to sb/sth** nahe bei j-m/etw; **at right angles to the wall** im rechten Winkel zur Wand; **to the west (of)/the left (of)** westlich/links (von) **6** *zeitlich* **20 (minutes) to 2** 20 (Minuten) vor 2 **7** *Relation* zu; **they won by four goals to two** sie haben mit vier zu zwei Toren gewonnen; **3 to the power of 4** 3 hoch 4 **8** *pro* **9** *what would you say to a beer?* was hältst du von einem Bier?; **there's nothing to it** es ist nichts dabei; **that's all there is to it** das ist alles; **to the best of my knowledge** nach bestem Wissen; **it's not to my taste** das ist nicht nach meinem Geschmack **10** *Infinitiv* **to try to do sth** versuchen, etw zu tun; **he decided to come** er beschloss zu kommen; **I want to do it** ich will es tun; **I want him to do it** ich will, dass er es tut; **to work to live** arbeiten, um zu leben; **to get to the point, …** um zur Sache zu kommen, …; **I arrived to find she had gone** als ich ankam, war sie weg **11** *anstelle von Verb* **I don't want to** ich will nicht; **I'll try to** ich werde es versuchen; **you have to** du musst; **I'd love to** sehr gerne; **buy it, it would be silly not to** kaufe es, es wäre dumm, es nicht zu tun **12** **there's no-one to help us** es ist niemand da, der uns helfen könnte; **he was the first to arrive** er kam als Erster an;

who was the last to see her? wer hat sie zuletzt gesehen?; **what is there to do here?** was gibt es hier zu tun?; **be ready to do sth** bereit sein, etw zu tun; **it's hard to understand** es ist schwer zu verstehen **B** ADJ Tür zu **C** ADV **to and fro** hin und her; *gehen* auf und ab

toad [təʊd] S Kröte f **toadstool** ['təʊdstuːl] S (nicht essbarer) Pilz

toast[1] [təʊst] A S Toast m; **a piece of ~** ein Toast m B VT toasten

toast[2] A S Toast m, Trinkspruch m; **to drink a ~ to sb** auf j-n trinken; **to propose a ~** einen Toast ausbringen (**to** auf +*akk*); **she was the ~ of the town** sie war der gefeierte Star der Stadt B VT **to ~ sb/sth** auf j-s Wohl trinken

toaster ['təʊstər] S Toaster m **toast rack** S Toastständer m

★**tobacco** [tə'bækəʊ] S ⟨*pl* -s⟩ Tabak m **tobacconist** [tə'bækənɪst] S Tabak(waren)händler(in) m(f), Trafikant(in) m(f) *österr*; Tabak(waren)laden m

to-be [tə'biː] ADJ **the bride-to-be** die zukünftige Braut; **the mother-to-be** die werdende Mutter

toboggan [tə'bɒgən] A S Schlitten m, Rodel f *österr* B VI **to go ~ing** Schlitten fahren, schlitteln *schweiz*

★**today** [tə'deɪ] ADV **1** S heute; **a week/fortnight ~** heute in einer Woche/zwei Wochen; **a year ago ~** heute vor einem Jahr; **from ~** ab heute; **later ~** später (am Tag); **~'s paper** die Zeitung von heute; **what's ~'s date?** der Wievielte ist heute?; **here ~ and gone tomorrow** *fig* heute hier und morgen da **2** heutzutage; **the youth of ~** die Jugend von heute

toddle ['tɒdl] VI **1** *Kleinkind* wackelnd laufen **2** *umg* (*a.* **~ off**) abzwitschern *umg* **toddler** ['tɒdlər] S Kleinkind n

to-do [tə'duː] *umg* S ⟨*kein pl*⟩ Theater n *umg*

★**toe** [təʊ] A S Zehe f; *von Strumpf* Spitze f; **to tread** *od* **step on sb's toes** *wörtl* j-m auf die Zehen treten; *fig* j-m ins Handwerk pfuschen *umg*; **to be on one's toes** *fig* auf Zack sein *umg* B VT *fig* **to toe the line** sich einfügen, spuren *umg*

TOEFL ABK (= Test of English as a Foreign Language) TOEFL-Test m (*engli-*

sche Sprachprüfung für ausländische Studenten)

toehold S̲ Halt m für die Fußspitzen; *fig* Einstieg m **toenail** S̲ Zehennagel m

toff [tɒf] Br umg S̲ feiner Pinkel umg

toffee [ˈtɒfɪ] Br S̲ (Sahne)karamell m, Toffee n

tofu [ˈtəʊfuː] S̲ Tofu n

★ **together** [təˈgeðə] A̲ A̲D̲V̲ zusammen; **to do sth ~** etw zusammen tun; *diskutieren, spielen a.* etw miteinander tun; **to go ~** zusammenpassen; **all ~ now** jetzt alle zusammen B̲ A̲D̲J̲ umg cool jetzt

toggle [ˈtɒgl] A̲ S̲ Knebel m; *an Kleidung* Knebelknopf m B̲ V̲/T̲ um- und herschalten **toggle key** S̲ I̲T̲ Umschalttaste f **toggle switch** S̲ Kipp(hebel)-schalter m

Togo [ˈtəʊgəʊ] S̲ G̲E̲O̲G̲ Togo n

togs [tɒgz] umg P̲L̲ Sachen pl, Klamotten pl umg

toil [tɔɪl] A̲ V̲/I̲ liter sich plagen (**at, over mit**) B̲ S̲ liter Plage f geh

★ **toilet** [ˈtɔɪlɪt] S̲ Toilette f; **to go to the ~** auf die Toilette gehen; **she's in the ~** sie ist auf der Toilette **toilet bag** Br S̲ Kulturbeutel m **toilet brush** S̲ Klosettbürste f **toilet paper** S̲ Toilettenpapier n **toiletries** [ˈtɔɪlɪtrɪz] P̲L̲ Toilettenartikel pl **toilet roll** S̲ Rolle f Toilettenpapier **toilet seat** S̲ Toilettensitz m **toilet tissue** S̲ Toilettenpapier n **toilet water** S̲ Eau de Toilette n

to-ing and fro-ing [ˌtuːɪŋənˈfrəʊɪŋ] bes Br S̲ Hin und Her n

★ **token** [ˈtəʊkən] A̲ S̲ 1̲ Zeichen n; **by the same ~** ebenso, aber auch 2̲ Spielmarke f 3̲ Br Gutschein m B̲ A̲D̲J̲ ⟨attr⟩ Schein-; **~ gesture** leere Geste

Tokyo [ˈtəʊkɪəʊ] S̲ Tokio n

told [təʊld] P̲R̲Ä̲T̲ &̲ P̲P̲E̲R̲F̲ → tell

tolerable [ˈtɒlərəbl] A̲D̲J̲ erträglich **tolerance** [ˈtɒlərəns] S̲ Toleranz f (**of, for, towards** gegenüber) **tolerant** [ˈtɒlərənt] A̲D̲J̲ tolerant (**of, towards, with** gegenüber) 2̲ T̲E̲C̲H̲ **to be ~ of heat** hitzebeständig sein **tolerate** [ˈtɒləreɪt] V̲/T̲ 1̲ Lärm ertragen 2̲ j-n, Verhalten tolerieren **toleration** [ˌtɒləˈreɪʃən] S̲ Tolerierung f

toll¹ [təʊl] A̲ V̲/T̲ &̲ V̲/I̲ läuten B̲ S̲ Läuten n

toll² S̲ für Brücke etc Maut f **tollbooth** S̲ Mautstelle f **toll bridge** S̲ Mautbrü-

cke f **toll-free** A̲D̲J̲ &̲ A̲D̲V̲ US T̲E̲L̲ gebührenfrei **toll road** S̲ Mautstraße f

tomahawk [ˈtɒməhɔːk] S̲ Tomahawk m

★ **tomato** [təˈmɑːtəʊ, US təˈmeɪtəʊ] S̲ ⟨pl -es⟩ Tomate f, Paradeiser m österr **tomato ketchup** S̲ (Tomaten)ketchup n od m **tomato purée, tomato puree** S̲ Tomatenmark n, Paradeismark n österr **tomato sauce** S̲ Tomatensoße f; Ketchup n od m

tomb [tuːm] S̲ Grab n, Grabmal n

tomboy [ˈtɒmbɔɪ] S̲ Wildfang m

tombstone [ˈtuːmstəʊn] S̲ Grabstein m

tomcat [ˈtɒmkæt] S̲ Kater m

tomfoolery [ˌtɒmˈfuːlərɪ] S̲ Unsinn m, Blödsinn m

tomography [təˈmɒgrəfɪ] S̲ M̲E̲D̲ Tomografie f

★ **tomorrow** [təˈmɒrəʊ] A̲D̲V̲ &̲ S̲ morgen; (≈ Zukunft) Morgen n; **a week ~** morgen in einer Woche; **a fortnight ~** morgen in zwei Wochen; **a year ago ~** morgen vor einem Jahr; **the day after ~** übermorgen; **~ morning/evening** morgen früh/Abend; **early ~** morgen früh; **(as) from ~** ab morgen; **see you ~!** bis morgen; **~'s paper** die Zeitung von morgen

★ **ton** [tʌn] S̲ 1̲ (britische) Tonne; US (amerikanische) Tonne; **metric ton** Tonne f; **it weighs a ton** fig umg das wiegt ja eine Tonne 2̲ **tons of** pl umg jede Menge umg

tone [təʊn] A̲ S̲ 1̲ a. M̲U̲S̲ Ton m; US Note f; von Musik Klang m; farblich (Farb)ton m; **... he said in a friendly ~** ... sagte er in freundlichem Ton; **the new people have lowered the ~ of the neighbourhood** die neuen Leute haben dem Ruf des Viertels geschadet B̲ V̲/T̲ Muskeln in Form bringen ◆**tone down** V̲/T̲ ⟨trennb⟩ abmildern; Forderungen mäßigen ◆**tone up** V̲/T̲ ⟨trennb⟩ Muskeln kräftigen

tone-deaf [təʊnˈdef] A̲D̲J̲ **he's ~** er hat kein Gehör für Tonhöhen

toner [ˈtəʊnə] S̲ 1̲ für Kopierer Toner m 2̲ zur Hautpflege Gesichtswasser n, Toner m **toner cartridge** S̲ Tonerpatrone f

tongs [tɒŋz] P̲L̲ 1̲ Zange f; **a pair of ~** eine Zange 2̲ Lockenstab m

★ **tongue** [tʌŋ] S̲ Zunge f; **to put od stick one's ~ out at sb** j-m die Zunge herausstrecken; **to hold one's ~** den Mund halten **tongue in cheek** ADJ ⟨präd⟩ Bemerkung ironisch gemeint **tongue--tied** ADJ to be ~ keinen Ton herausbringen **tongue twister** S̲ Zungenbrecher m

tonic ['tɒnɪk] S̲ ￭ MED Tonikum n ￭ (water) Tonic(water) n

★**tonight** [tə'naɪt] Ａ ADV heute Abend; heute Nacht; **see you ~!** bis heute Abend! Ｂ S̲ der heutige Abend; die heutige Nacht; **~'s party** die Party heute Abend

★**tonne** [tʌn] S̲ Tonne f

tonsil ['tɒnsl] S̲ Mandel f **tonsillitis** [ˌtɒnsɪ'laɪtɪs] S̲ Mandelentzündung f

too [tuː] ADV ￭ ⟨+adj od adv⟩ zu; **too much** zu viel inv; **too many** zu viele; **he's had too much to drink** er hat zu viel getrunken; **don't worry too much** mach dir nicht zu viel Sorgen; **too right!** das kannst du laut sagen umg; **all too ...** allzu ...; **he wasn't too interested** er war nicht allzu interessiert; **I'm not too sure** ich bin nicht ganz sicher ￭ auch; **me too!** ich auch! ￭ auch noch

took [tʊk] PRÄT → take

★**tool** [tuːl] S̲ Werkzeug n **toolbar** S̲ IT Symbolleiste f **toolbox** S̲ Werkzeugkasten m **toolkit** S̲ Werkzeug n, Werkzeugausrüstung f **tool shed** S̲ Geräteschuppen m

toot [tuːt] Ａ VI̲ to ~ a horn hupen Ｂ VI̲ hupen

★**tooth** [tuːθ] S̲ ⟨pl teeth⟩ Zahn m; **to have a ~ out** sich (dat) einen Zahn ziehen lassen; **to get one's teeth into sth** fig sich in etw (dat) festbeißen; **to fight ~ and nail** bis aufs Blut kämpfen; **to lie through** od **in one's teeth** das Blaue vom Himmel herunterlügen; **I'm fed up to the (back) teeth with that** umg es hängt mir zum Hals heraus umg

★**toothache** S̲ Zahnschmerzen pl
★**toothbrush** S̲ Zahnbürste f **tooth decay** S̲ Karies f **toothpaste** S̲ Zahnpasta f **toothpick** S̲ Zahnstocher m

★**top** [tɒp] Ａ S̲ ￭ oberer Teil; von Turm, a. fig von Liga etc Spitze f; von Berg Gipfel m, Krone f; von Straße oberes Ende; von Tisch Kopfende m; ★ **at the top** oben; **at the top of the page** oben auf der Seite; **at the top of the league/stairs** oben in der Tabelle/an der Treppe; **at

the top of the table** am oberen Ende des Tisches; **to be top of the class** Klassenbeste(r) sein; **to the top** nach oben; **near the top** (ziemlich) weit oben; **five lines from the top** in der fünften Zeile von oben; **from top to toe** von Kopf bis Fuß; **from top to bottom** von oben bis unten; **at the top of one's voice** aus vollem Hals; **off the top of my head** fig grob gesagt; **to go over the top** zu viel des Guten tun; **that's a bit over the top** das geht ein bisschen zu weit ￭ Oberfläche f; **to be on top** oben sein od liegen; fig obenauf sein; ★ **it was on top of/on the top of the cupboard** etc es war auf/oben auf dem Schrank etc; **on top of** zusätzlich zu; **things are getting on top of me** die Dinge wachsen mir über den Kopf; **and, on top of that ...** und außerdem ...; **he felt he was on top of the situation** er hatte das Gefühl, die Situation unter Kontrolle zu haben; **to come out on top** sich durchsetzen ￭ umg Oberkörper m; **to blow one's top** an die Decke gehen umg ￭ Arbeitsfläche f ￭ von Bikini Oberteil n; Kleidungsstück Top n; von Glas Deckel m; von Flasche Verschluss m; von Füller Hülle f; von Auto Dach n Ｂ ADJ obere(r, s), oberste(r, s), Spitzen-; Benotung beste(r, s); **today's top story** die wichtigste Meldung von heute; **on the top floor** im obersten Stockwerk; **at top speed** mit Höchstgeschwindigkeit; **in top form** in Höchstform Ｃ ADV ￭ **to come top** SCHULE Beste(r) werden ￭ tops umg höchstens, maximal Ｄ VT̲ ￭ bedecken; **fruit topped with cream** Obst mit Sahne darauf ￭ **to top the list** ganz oben auf der Liste stehen ￭ fig übersteigen; **and to top it all ...** umg und um das Maß vollzumachen ... ♦**top off** VT̲ ⟨trennb⟩ ￭ abrunden ￭ US → top up

♦**top up** VT̲ ⟨trennb⟩ ￭ Br auffüllen; Einkommen ergänzen; **can I top you up?** umg darf ich dir nachschenken? ￭ Handykarte aufladen

top-class ADJ Spitzen-, erstklassig; **a ~ restaurant** ein Restaurant der Spitzenklasse **top gear** S̲ höchster Gang **top hat** S̲ Zylinder m **top-heavy** ADJ kopflastig

★**topic** ['tɒpɪk] S̲ Thema n; **~ of conversation** Gesprächsthema n **topical**

T

['tɒpɪkəl] ADJ aktuell

topless A ADJ oben ohne, Oben-ohne- B ADV oben ohne **top-level** ADJ Spitzen-; *Verhandlungen* auf höchster Ebene

top management S̄ Spitzenmanagement *n* **topmost** ADJ oberste(r, s) **top-of-the-range** ADJ ⟨attr⟩ Spitzen-, der Spitzenklasse **top performer** S̄ HANDEL Testsieger *m* **topping** ['tɒpɪŋ] S̄ **with a ~ of cream** *etc* mit Sahne *etc* (oben) darauf

topple ['tɒpl] A V̄Ɪ **1** herunterpurzeln *umg* **2** *Preise* fallen B V̄Ŧ *fig Regierung* stürzen ◆**topple down** V̄Ɪ ⟨+obj⟩ hinunterfallen ◆**topple over** V̄Ɪ schwanken und fallen (**sth** über etw *akk*)

top-quality ADJ ⟨attr⟩ Spitzen-; ~ **product** Spitzenprodukt *n* **top-ranking** ADJ von hohem Rang; *Sportler* der Spitzenklasse **top-secret** ADJ streng geheim **top-selling** ADJ meistverkauft **topsoil** S̄ AGR Ackerkrume *f*

topsy-turvy [,tɒpsɪ'tɜːvɪ] *umg* ADJ *wörtl* kunterbunt durcheinander *präd*; *fig* auf den Kopf gestellt

top-up ['tɒpʌp] *Br* A S̄ *umg* **would you like a ~?** darf man dir noch nachschenken? B ADJ Zusatz- **top-up card** S̄ für *Handy* (wiederaufladbare) Prepaidkarte *f*

torch [tɔːtʃ] S̄ Fackel *f*; *Br* Taschenlampe *f* **torchlight** S̄ **by ~** bei Fackelschein; *Br* beim Schein einer Taschenlampe

tore [tɔːʳ] PRÄT → tear¹

torment A ['tɔːment] S̄ Qual *f*; **to be in ~** Qualen leiden B [tɔː'ment] V̄Ŧ quälen, plagen

torn [tɔːn] PPERF → tear¹

tornado [tɔː'neɪdəʊ] S̄ ⟨pl -(e)s⟩ Tornado *m*

torpedo [tɔː'piːdəʊ] A S̄ ⟨pl -es⟩ Torpedo *m* B V̄Ŧ torpedieren

torpor ['tɔːpəʳ] S̄ Trägheit *f*, Abgestumpftheit *f*

torrent ['tɒrənt] S̄ reißender Strom; *fig von Worten* Schwall *m*; **a ~ of abuse** ein Schwall *m* von Beschimpfungen

torrential [tɒ'renʃəl] ADJ *Regen* sintflutartig

torso ['tɔːsəʊ] S̄ ⟨pl -s⟩ Körper *m*

tortoise ['tɔːtəs] S̄ Schildkröte *f* **tortoiseshell** ['tɔːtəʃel] S̄ Schildpatt *m*

tortuous ['tɔːtjʊəs] *wörtl* ADJ *Pfad* gewunden; *fig* verwickelt **torture** ['tɔːtʃəʳ]

A S̄ Folter *f*; *fig* Qual *f* B V̄Ŧ **1** *wörtl* foltern **2** *fig* quälen **torture chamber** S̄ Folterkammer *f* **torturer** ['tɔːtʃərəʳ] *wörtl* S̄ Folterknecht *m*

Tory ['tɔːrɪ] *Br* A S̄ POL Tory *m*, Konservative(r) *m*|*f*(*m*) B ADJ konservativ, Tory-

toss [tɒs] A S̄ **1** Wurf *m* **2** Münzwurf *m*; **to win the ~** die Seitenwahl gewinnen B V̄Ŧ **1** werfen; *Salat* anmachen; *Pfannkuchen* wenden; **to ~ sth to sb** j-m etw zuwerfen; **to ~ a coin** eine Münze (zum Losen) hochwerfen; **to ~ sb for sth** mit j-m (durch Münzenwerfen) um etw knobeln **2** schütteln; **to ~ one's head** den Kopf zurückwerfen C V̄Ɪ **1** *Schiff* rollen; **to ~ and turn** sich hin und her wälzen **2** (durch Münzenwerfen) knobeln; **to ~ for sth** um etw knobeln ◆**toss about** *Br*, **toss around** V̄Ŧ ⟨trennb⟩ durchschütteln; *Ball* herumwerfen; *fig Ideen zur* Debatte stellen ◆**toss away** V̄Ŧ ⟨trennb⟩ wegwerfen ◆**toss out** V̄Ŧ ⟨trennb⟩ *Abfall* wegwerfen; *j-n* hinauswerfen ◆**toss up** V̄Ŧ ⟨trennb⟩ werfen

toss-up ['tɒsʌp] S̄ **it was a ~ whether … *umg* es war völlig offen, ob …

tot [tɒt] S̄ **1** Knirps *m umg* **2** *bes Br* alkoholisch Schlückchen *n* ◆**tot up** *bes Br umg* V̄Ŧ ⟨trennb⟩ zusammenzählen

★**total** ['təʊtl] A ADJ völlig; *Betrag* Gesamt-; *Sonnenfinsternis* total; **what is the ~ number of rooms you have?** wie viele Zimmer haben Sie (insgesamt)?; **to be in ~ ignorance (of sth)** (von etw) überhaupt nichts wissen B S̄ Gesamtmenge *f*; (≈*Zahlen*) Endsumme *f*; **a ~ of 50 people** insgesamt 50 Leute; **this brings the ~ to £100** das bringt die Gesamtsumme auf £ 100; **in ~** insgesamt C V̄Ŧ **1** sich belaufen auf (+*akk*) **2** (*a.* ~ **up**) zusammenzählen **totalitarian** [,təʊtælɪ'teərɪən] ADJ totalitär **totally** ['təʊtəlɪ] ADV total, völlig

tote bag ['təʊtbæg] *US* S̄ (Einkaufs)tasche *f*

totem pole ['təʊtəmpəʊl] S̄ Totempfahl *m*

totter ['tɒtəʳ] V̄Ɪ schwanken

toucan ['tuːkən] S̄ Tukan *m* **toucan crossing** *Br* S̄ Fußgänger- und Radfahrerübergang *m*

★**touch** [tʌtʃ] A S̄ **1** (Tast)gefühl *n*; **to be cold to the ~** sich kalt anfühlen **2** Berührung f; **at the ~ of a button** auf Knopfdruck 3 (≈*Geschick*) Hand f, Stil m; **he's losing his ~** er wird langsam alt; **a personal ~** eine persönliche Note 4 fig Einfall m; **to put the finishing ~es to sth** letzte Hand an etw (*akk*) legen 5 Spur f; **a ~ of flu** eine leichte Grippe 6 **to be in ~ with sb** mit j-m in Verbindung stehen; **to keep in ~ with sb** mit j-m in Verbindung bleiben; **to keep in ~ with developments** auf dem Laufenden bleiben; **I'll be in ~!** ich melde mich!; **keep in ~!** lass wieder einmal von dir hören!; **to be out of ~** nicht auf dem Laufenden sein; **you can get in ~ with me at this number** Sie können mich unter dieser Nummer erreichen; **to get in ~ with sb** sich mit j-m in Verbindung setzen; **to lose ~ (with sb)** den Kontakt (zu j-m) verlieren; **to put sb in ~ with sb** j-n mit j-m in Verbindung bringen 7 FUSSB Aus n; **in ~ im Aus** B V/T 1 berühren, anfassen; **her feet hardly ~ed the ground** fig sie schwebte in den Wolken 2 Alkohol, Problem anrühren, antasten; **the police can't ~ me** die Polizei kann mir nichts anhaben 3 emotional rühren, berühren C V/I sich berühren; **don't ~!** Finger weg! ◆**touch down** V/I Flugzeug aufsetzen ◆**touch up** V/T ‹trennb› Anstrich ausbessern ◆**touch (up)on** V/T ‹+obj› Thema antippen; **he barely touched on the question** er hat die Frage kaum berührt

touch-and-go [ˌtʌtʃən'ɡəʊ] ADJ **to be ~** sehr riskant sein; **it's ~ whether ...** es steht auf Messers Schneide, ob ...
touchdown ['tʌtʃdaʊn] S 1 FLUG, RAUMF Aufsetzen n 2 US SPORT Versuch m (*Niederlegen des Balls in der Endzone des Gegners*) **touched** [tʌtʃt] ‹*präd*› gerührt **touchfree** [ˌtʌtʃ'friː] ADJ PHYS, TECH Messung, Sensor, Schalter berührungslos **touching** ADJ, **touchingly** ['tʌtʃɪŋ, -lɪ] ADV rührend **touchless** ['tʌtʃlɪs] ADJ PHYS, TECH Messung, Sensor, Schalter berührungslos **touchline** S bes Br SPORT Seitenlinie f **touchpad** S COMPUT Touchpad n **touchpaper** S Zündpapier n **touchscreen** S COMPUT Touchscreen m **touchscreen keyboard** S IT Touchscreen-Tastatur f **touch-sensi-**

-tive ADJ **~ screen** Touch-Screen m **touch-tone** ADJ berührungs- **touch-type** V/I blindschreiben **touchy** ['tʌtʃɪ] ADJ empfindlich (**about** in Bezug auf +*akk*); Thema heikel

★**tough** [tʌf] ADJ ‹+er› zäh, widerstandsfähig; Stoff strapazierfähig; Gegner, Problem hart; Stadt rau; Reise anstrengend; Wahl schwierig; **(as) ~ as old boots** Br hum umg, **(as) ~ as shoe leather** US hum umg zäh wie Leder umg; **he'll get over it, he's ~** er wird schon darüber hinwegkommen, er ist hart im Nehmen umg; **to get ~ with sb** fig hart durchgreifen (gegen j-n); **it was ~ going** es war eine Strapaze; **to have a ~ time of it** nichts zu lachen haben; **I had a ~ time controlling my anger** es fiel mir schwer, meinen Zorn unter Kontrolle zu halten; **she's a ~ customer** sie ist zäh wie Leder umg; **~ guy** knallharter Bursche; **it was ~ on the others** umg das war hart für die andern; **~ (luck)!** umg Pech!

toughen ['tʌfn] V/T Glas härten ◆**toughen up** A ADJ ‹trennb› j-n stählen geh; Richtlinien verschärfen B V/I hart werden; **to toughen up on sth** härter gegen etw vorgehen

toughness ['tʌfnɪs] S Zähheit f, Zähigkeit f, Widerstandsfähigkeit f; von Gegner, Gegnerin, Verhandlungen Härte f

toupee ['tuːpeɪ] S Toupet n

★**tour** [tʊəʳ] A S 1 Tour f; durch Stadt, Ausstellung Rundgang m (**of** durch); (a. **guided ~**) Führung f (**of** durch); mit Bus Rundfahrt f (**of** durch); **to go on a ~ of Scotland** auf eine Schottlandreise gehen 2 (a. **~ of inspection**) Runde f (**of** durch) 3 THEAT Tournee f (**of** durch); **to go on a ~** auf Tournee gehen; **to take a play on ~** mit einem Stück auf Gastspielreise od Tournee gehen B V/T 1 Land fahren durch, bereisen; **to ~ the world** um die Welt reisen 2 Stadt, Ausstellung einen Rundgang machen durch 3 Band auf Tournee sein in dat; THEAT eine Tournee machen durch C V/I 1 eine Reise od Tour machen; **we're ~ing (around)** wir reisen herum 2 THEAT eine Tournee machen; **to be ~ing** auf Tournee sein **tour de force** ['tʊədə'fɔːs] S Glanzleistung f **tour guide** S Reiseleiter(in) m(f) **touring**

T

['tʊərɪŋ] s̲ (Herum)reisen n **tourism** ['tʊərɪzəm] s̲ Tourismus m

★**tourist** ['tʊərɪst] A s̲ Tourist(in) m(f) B ADJ (attr) Touristen-; **~ season** Reisesaison od -zeit f **tourist attraction** s̲ Touristenattraktion f **tourist-class** ADJ der Touristenklasse **tourist guide** s̲ Fremdenführer(in) m(f) **tourist industry** s̲ Tourismusindustrie f **tourist information (centre)** Br s̲ Fremdenverkehrsamt n **tourist office** s̲ Fremdenverkehrsbüro n

tournament ['tʊənəmənt] s̲ Turnier n **tourniquet** ['tʊənɪkeɪ] s̲ Aderpresse f **tour operator** s̲ Reiseveranstalter m **tousled** ['tʊzld] ADJ Haare zerzaust **tout** [taʊt] umg A s̲ (Karten)schwarzhändler(in) m(f) B ṼĪ to **~ for business** (aufdringlich) Reklame machen; **to ~ for customers** auf Kundenfang sein umg

★**tow** [təʊ] A s̲ **to give sb a tow** j-n abschleppen; **in tow** fig im Schlepptau B ṼT̲ schleppen; Anhänger ziehen ◆**tow away** ṼT̲ ⟨trennb⟩ Auto (gebührenpflichtig) abschleppen

★**toward(s)** [tə'wɔː(d)z] PRĀP 1 auf (+akk) … zu; **to sail ~ China** in Richtung China segeln; **it's further north, ~ Dortmund** es liegt weiter im Norden, Richtung Dortmund; **~ the south** nach Süden; **he turned ~ her** er wandte sich ihr zu; **with his back ~ the wall** mit dem Rücken zur Wand; **they are working ~ a solution** sie arbeiten auf eine Lösung hin; **to save some money ~ sth** etwas Geld als Beitrag zu etw bekommen 2 … (dat) gegenüber; **what are your feelings ~ him?** was empfinden Sie für ihn? 3 **~ ten o'clock** gegen zehn Uhr; **~ the end of the year** gegen Ende des Jahres

towbar ['təʊbɑː(r)] s̲ Anhängerkupplung f

★**towel** ['taʊəl] s̲ Handtuch n ◆**towel down** ṼT̲ ⟨trennb⟩ (ab)trocknen **towelling** ['taʊəlɪŋ] s̲ Frottee(stoff) m

★**tower** ['taʊə(r)] A s̲ 1 Turm m 2 fig **a ~ of strength** ein starker (Rück)halt 3 COMPUT Tower m B ṼĪ ragen ◆**tower above**, **tower over** ṼĪ ⟨+obj⟩ 1 Häuser etc emporragen über (+akk) 2 j-n überragen

tower block Br s̲ Hochhaus n **towering** ['taʊərɪŋ] fig ADJ Leistung überragend

★**town** [taʊn] s̲ Stadt f; **to go into ~** in die Stadt gehen; **he's out of ~** er ist nicht in der Stadt; **to go to ~ on sth** fig umg sich (dat) bei etw einen abbrechen umg **town centre** Br s̲ Stadtmitte f, (Stadt)zentrum n **town council** s̲ Stadtrat m **town councillor** s̲, **town councilor** US s̲ Stadtrat m, Stadträtin f

★**town hall** s̲ Rathaus n **town house** s̲ Stadthaus n; in Siedlung Reihenhaus n **town planner** s̲ Stadtplaner(in) m(f) **town planning** s̲ Stadtplanung f **townsfolk** ['taʊnzfəʊk] PL Bürger pl **township** ['taʊnʃɪp] US s̲ Verwaltungsbezirk m; in Südafrika Township f **townspeople** ['taʊnzpiːpl] PL Bürger pl **town twinning** [,taʊn'twɪnɪŋ] s̲ Städtepartnerschaft f

towpath s̲ Treidelpfad m **towrope** s̲ AUTO Abschleppseil n **tow truck** US s̲ Abschleppwagen m

toxic ['tɒksɪk] ADJ giftig, Gift- **toxic waste** s̲ Giftmüll m **toxin** ['tɒksɪn] s̲ Giftstoff m

★**toy** [tɔɪ] A s̲ Spielzeug n B ṼĪ **to toy with an idea** etc mit einer Idee etc spielen **toy boy** umg s̲ jugendlicher Liebhaber **toyshop** s̲ Spielwarenladen m

★**trace** [treɪs] A s̲ Spur f; **I can't find any ~ of your file** Ihre Akte ist spurlos verschwunden; **to sink without ~** spurlos versinken B ṼT̲ 1 (≈ kopieren) nachziehen, durchpausen 2 Fortschritt verfolgen; Schritten folgen (+dat); **to ~ a phone call** einen Anruf zurückverfolgen; **she was ~d to …** ihre Spur führte zu … 3 ausfindig machen; **I can't ~ your file** ich kann Ihre Akte nicht finden ◆**trace back** ṼT̲ ⟨trennb⟩ zurückverfolgen; Problem zurückführen (to auf +akk) **tracing paper** ['treɪsɪŋpeɪpə(r)] s̲ Pauspapier n

★**track** [træk] A s̲ 1 Spur f; **to be on sb's ~** j-m auf der Spur sein; **to keep ~ of sb/sth** j-n/etw im Auge behalten; (≈ informiert) über j-n/etw auf dem Laufenden bleiben; **how do you keep ~ of the time without a watch?** wie können Sie wissen, wie spät es ist, wenn Sie keine Uhr haben?; **I can't keep ~ of your girlfriends** du hast so viele Freundinnen, da komme ich nicht mit umg; **to lose ~ of sb/sth** j-n/etw aus den Augen verlieren; (≈ *nicht informiert*) über j-n/etw nicht mehr auf dem Laufenden sein; **to lose ~ of time** die Zeit ganz vergessen; **to lose ~ of what one is saying** den Faden verlieren **2** *fig* **we must be making ~s** *umg* wir müssen uns auf die Socken machen *umg*, wir müssen uns auf den Weg machen; **he stopped dead in his ~s** er blieb abrupt stehen **3** Weg *m*; **to be on ~** *fig* auf Kurs sein; **to be on the right/wrong ~** *fig* auf der richtigen/falschen Spur sein; **to get sth back on ~** etw wieder auf Kurs bringen **4** BAHN Gleise *pl*; *US* Bahnsteig *m* **5** SPORT Rennbahn *f*; *Leichtathletik* Bahn *f* **6** MUS Stück *n* **B** VT *Tier* verfolgen ♦**track down** VT ⟨*trennb*⟩ aufspüren (**to** in *+dat*), aufstöbern

track and field *US* S Leichtathletik *f* **track-and-field** ADJ *US* Leichtathletik- **trackball** S COMPUT Trackball *m*; *von Maus* Rollkugel *f* **tracker dog** ['trækədɒg] S Spürhund *m* **track event** S Laufwettbewerb *m* **trackpad** S COMPUT Touchpad *n* **track record** *fig* S **to have a good ~** gute Leistungen vorweisen können **tracksuit** S Trainingsanzug *m*

tract [trækt] S Fläche *f*, Gebiet *n*

tractor ['træktəʳ] S Traktor *m*

★**trade** [treɪd] **A** S **1** Gewerbe *n*, Handel *m*; **how's ~?** wie gehen die Geschäfte?; **to do a good ~** gute Geschäfte machen **2** Branche *f* **3** Handwerk *n*; **he's a bricklayer by ~** er ist Maurer von Beruf **B** VT tauschen; **to ~ sth for sth else** etw gegen etw anderes (ein)tauschen **C** VI HANDEL Handel treiben; **to ~ in sth** mit etw handeln ♦**trade in** VT ⟨*trennb*⟩ in Zahlung geben (**for** für)

trade barrier S Handelsschranke *f* **trade deficit** S Handelsdefizit *n* **trade fair** S Handelsmesse *f* **trademark** S Marke *f*; Markenzeichen *n* **trade name** S Markenname *m* **trade-off** S **there's always a ~** etwas geht immer verloren **trader** ['treɪdəʳ] S Händler(in) *m(f)* **trade route** S Handelsweg *m* **trade school** S Gewerbeschule *f* **trade secret** S Betriebsgeheimnis *n* **tradesman** S ⟨*pl* -men⟩ **1** Handwerker *m* **2** Händler *m* **tradespeople** PL Geschäftsleute *pl* **trades union** *Br* S → trade union

★**trade union** *Br* S Gewerkschaft *f* **trade unionist** *Br* S Gewerkschaft(l)er(in) *m(f)* **trading** ['treɪdɪŋ] S Handel *m* (**in** mit) **trading estate** S Industriegelände *n* **trading links** PL Handelsverbindungen *pl* **trading partner** S Handelspartner(in) *m(f)*

tradition [trə'dɪʃən] S Tradition *f* **traditional** [trə'dɪʃənl] ADJ traditionell; **it's ~ for us to ...** es ist bei uns Brauch, dass ... **traditionalist** [trə'dɪʃnəlɪst] S Traditionalist(in) *m(f)* **traditionally** [trə'dɪʃnəlɪ] ADV traditionell, üblicherweise; **turkey is ~ eaten at Christmas** es ist Tradition *od* ein Brauch, Weihnachten Truthahn zu essen

★**traffic** ['træfɪk] **A** S **1** Verkehr *m* **2** *mst pej* Handel *m* (**in** mit) **B** VI *mst pej* handeln (**in** mit) **traffic calming** S Verkehrsberuhigung *f*; **~ measures** verkehrsberuhigende Maßnahmen **traffic circle** *US* S Kreisverkehr *m* **traffic cone** S Pylon *m*, Leitkegel *m* **traffic island** S Verkehrsinsel *f* **traffic jam** S Verkehrsstauung *f*, Stau *m* **trafficker** ['træfɪkəʳ] *mst pej* S Händler(in) *m(f)* **trafficking** ['træfɪkɪŋ] S Handel *m* (**in** mit)

★**traffic lights** PL, **traffic light** *US* S Verkehrsampel *f* **traffic police** PL Verkehrspolizei *f* **traffic policeman** S Verkehrspolizist *m* **traffic sign** S Verkehrsschild *n* **traffic signals** PL → traffic lights **traffic warden** *Br* S ≈ Verkehrspolizist(in) *m(f)* ohne polizeiliche Befugnisse, Politesse *f*

tragedy ['trædʒɪdɪ] S Tragödie *f*; *kein pl* Tragische(s) *n* **tragic** ['trædʒɪk] ADJ tragisch **tragically** ['trædʒɪkəlɪ] ADV **her career ended ~ at the age of 19** ihre Karriere endete tragisch, als sie 19 Jahre alt war; **her husband's ~ early death** der tragisch frühe Tod ihres Mannes

trail [treɪl] **A** S **1** Spur *f*; **to be on sb's ~** j-m auf der Spur sein **2** Weg *m* **B** VT **1** schleppen; *US* ziehen **2** *Gegner* zurückliegen hinter (*+dat*) **C** VI **1** schleifen **2** trotten **3** *in Wettbewerb* weit zurückliegen; **to ~ by 3 points** mit 3 Punkten im Rückstand sein ♦**trail away**, **trail off** VI *Stimme* sich verlieren (**into** in *+dat*) ♦**trail behind** VI hinterhertrotten (**sth** hinter etw *dat*); *in Wettbewerb* zurückgefallen sein (**sth** hinter

T

etw *akk*)

★**trailer** ['treɪləʳ] 5̄ **1** AUTO Anhänger *m*; *bes US von Lkw* Sattelauflieger *m* **2** *US* Wohnwagen *m* **3** FILM, TV Trailer *m*, Vorschau *f*

★**train¹** [treɪn] 5̄ **1** BAHN Zug *m*; **to go by ~** mit dem Zug fahren; **to take the 11 o'clock ~** den Elfuhrzug nehmen; **to change ~s** umsteigen; **on the ~** im Zug **2** Kolonne *f* **3** *von Ereignissen* Folge *f*; **~ of thought** Gedankengang *m* **4** *von Kleid* Schleppe *f*

train² **A** V̄T̄ **1** *j-n* ausbilden; *Mitarbeiter* weiterbilden; *Tier* abrichten; SPORT trainieren; **this dog has been ~ed to kill** dieser Hund ist aufs Töten abgerichtet **2** *Waffe* richten (**on** auf +*akk*) **3** *Pflanze* wachsen lassen (**over** über +*akk*) **B** V̄Ī **1** *bes* SPORT trainieren (**for** für) **2** ausgebildet werden; **he ~ed as a teacher** er hat eine Lehrerausbildung gemacht

train driver 5̄ Zugführer(in) *m(f)*

trained [treɪnd] ADJ̄ gelernt; *Krankenschwester* ausgebildet; **to be highly ~** hoch qualifiziert sein

★**trainee** [treɪˈniː] 5̄ Auszubildende(r) *m/f(m)*, Praktikant(in) *m(f)*; *für Management* Trainee *m* **trainee teacher** 5̄ ≈ Praktikant(in) *m(f)*; *in höherer Schule* ≈ Referendar(in) *m(f)* **trainer** ['treɪnəʳ] 5̄ **1** SPORT Trainer(in) *m(f)*; *für Tiere* Dresseur(in) *m(f)* **2** *Br* Turnschuh *m*

★**training** ['treɪnɪŋ] 5̄ **1** Ausbildung *f*, Schulung *f* **2** SPORT Training *n*; **to be in ~** im Training stehen *od* sein **training centre** 5̄, **training center** *US* 5̄ Ausbildungszentrum *n* **training course** 5̄ Ausbildungskurs *m* **training ground** 5̄ Trainingsgelände *n* **training programme** 5̄, **training program** *US* 5̄ Schulungsprogramm *n*, Ausbildungsplan *m*, Ausbildungsprogramm *n*; SPORT Trainingsprogramm *n* **training scheme** 5̄ Ausbildungsprogramm *n* **training shoes** *Br* P̄L̄ Turnschuhe *pl*

trainload 5̄ Zugladung *f*; **~s of holidaymakers** *Br*, **~s of vacationers** *US* ganze Züge voller Urlauber **train service** 5̄ Zugverkehr *m*, (Eisen)bahnverbindung *f* **train set** 5̄ (Spielzeug)eisenbahn *f* **trainspotting** 5̄ Hobby, bei dem Züge begutachtet und deren Nummern notiert werden

train station 5̄ Bahnhof *m*

traipse [treɪps] *umg* V̄Ī latschen *umg*, hatschen *österr*

trait [treɪt, treɪ] 5̄ Eigenschaft *f*

traitor ['treɪtəʳ] 5̄ Verräter(in) *m(f)*

trajectory [trəˈdʒektərɪ] 5̄ Flugbahn *f*

★**tram** [træm] *Br* 5̄ Straßenbahn *f*, Bim *f österr*, Tram *n schweiz*; **to go by ~** mit der Straßenbahn fahren

tramp [træmp] **A** V̄Ī stapfen **B** V̄T̄ *Straßen* latschen durch *umg* **C** 5̄ **1** Obdachlose(r) *m/f(m)*; Landstreicher(in) *m(f)*, Stadtstreicher(in) *m(f)* **2** (≈ *Geräusch*) Stapfen *n* **3** *umg* Schlampe *f pej*

trample ['træmpl] V̄T̄ niedertrampeln; **to ~ sth underfoot** auf etw (*dat*) herumtrampeln ◆**trample down** V̄T̄ ⟨*trennb*⟩ niedertreten ◆**trample on** V̄Ī (+*obj*) herumtreten auf (+*dat*)

trampoline ['træmpəliːn] 5̄ Trampolin *n*

trance [trɑːns] 5̄ Trance *f*; **to go into a ~** in Trance verfallen

tranquil ['træŋkwɪl] ADJ̄ still; *Leben* friedlich **tranquillity** [træŋˈkwɪlɪtɪ] 5̄, **tranquility** *US* 5̄ Stille *f* **tranquillize** ['træŋkwɪlaɪz] V̄T̄, **tranquilize** *US* V̄T̄ beruhigen **tranquillizer** ['træŋkwɪlaɪzəʳ] 5̄, **tranquilizer** *US* 5̄ Beruhigungsmittel *n*

transact [trænˈzækt] V̄T̄ abwickeln; *Geschäft* abschließen **transaction** [trænˈzækʃən] 5̄ Geschäft *n*; FIN, BÖRSE Transaktion *f* **transaction number** 5̄ FIN Transaktionsnummer *f*

transatlantic [ˌtrænsətˈlæntɪk] ADJ̄ transatlantisch, Transatlantik-

transcend [trænˈsend] V̄T̄ übersteigen **transcontinental** [ˌtrænzkɒntɪˈnentl̩] ADJ̄ transkontinental

transcribe [trænˈskraɪb] V̄T̄ transkribieren; *Rede* niederschreiben **transcript** ['trænskrɪpt] 5̄ Protokoll *n*; (≈ *Kopie*) Abschrift *f* **transcription** [trænˈskrɪpʃn] 5̄ **1** *Vorgang* Abschreiben *n*, Niederschreiben *n* **2** (≈ *Kopie*) Abschrift *f*, Niederschrift *f* **3** phonetische Umschrift

transfer [trænsˈfɜːʳ] **A** [trænsˈfɜːʳ] V̄T̄ übertragen (**to** auf +*akk*); *Gefangenen* überführen (**to** in +*akk*); *Konto* verlegen (**to** in +*akk*); *Mitarbeiter* versetzen (**to** in +*akk od* **to town** nach); *Spieler* transferieren (**to** zu); *Geld* überweisen (**to** auf +*akk*); **he ~red the money from the box to his pocket** er nahm das Geld aus der

Schachtel und steckte es in die Tasche **B** [trænsˈfɜːʳ] VI überwechseln (**to** zu) **C** [ˈtrænsfɜːʳ] S Übertragung f; von Gefangenen Überführung f; von Konto Verlegung f; von Mitarbeiter Versetzung f; von Spieler Transfer m; von Geld Überweisung f **transferable** [trænsˈfɜːrəbl] ADJ übertragbar **transfer fee** S FUSSB Transfersumme f, Ablöse(summe) f **transfer list** S FUSSB Transferliste f **transfer passenger** S bes FLUG Transitreisende(r) m/f(m)

transfix [trænsˈfɪks] fig VT he stood as though ~ed er stand da wie angewurzelt

transform [trænsˈfɔːm] VT umwandeln (**into** zu); Ideen (von Grund auf) verändern; j-n, j-s Leben verwandeln **transformation** [ˌtrænsfəˈmeɪʃən] S Umwandlung f; von Mensch Verwandlung f

transfusion [trænsˈfjuːʒən] S, (a. **blood transfusion**) (Blut)transfusion f; (**blood**) ~ **service** Blutspendedienst m

transgender [ˌtrænsˈdʒendəʳ] ADJ Transgender-

transgression [trænsˈɡreʃən] S **1** gegen Gesetz Verstoß m **2** Sünde f

transient [ˈtrænziənt] **A** ADJ Leben kurz; Freude vorübergehend **B** S US Durchreisende(r) m/f(m)

transistor [trænˈzɪstəʳ] S ELEK Transistor m

transit [ˈtrænzɪt] S Durchfahrt f; von Waren Transport m; **the books were damaged in ~** die Bücher wurden auf dem Transport beschädigt **transit camp** S Durchgangslager n **transition** [trænˈzɪʃən] S Übergang m (**from ... to** von ... zu); **period of ~, ~ period** Übergangsperiode od -zeit f **transitional** [trænˈzɪʃənl] ADJ Übergangs- **transitive** [ˈtrænzɪtɪv] ADJ transitiv **transitory** [ˈtrænzɪtəri] ADJ Leben kurz; Freude vorübergehend; **the ~ nature of sth** die Kurzlebigkeit von etw **Transit (van)®** Br S Transporter m

translatable [trænzˈleɪtəbl] ADJ übersetzbar

★**translate** [trænzˈleɪt] **A** VT **1** übersetzen; **to ~ sth from German (in)to English** etw aus dem Deutschen ins Englische übersetzen; **it is ~d as ...** es wird mit ... übersetzt **2** fig übertragen **B** VI **1** übersetzen **2** fig übertragbar sein

★**translation** [trænzˈleɪʃən] S Übersetzung f (**from** aus); fig Übertragung f; **to do a ~ of sth** von etw eine Übersetzung machen od anfertigen; **it loses (something) in ~** es verliert (etwas) bei der Übersetzung **translation agency** S Übersetzungsbüro n, Übersetzungsdienst m **translation software** S IT Übersetzungssoftware f **translator** [trænzˈleɪtəʳ] S Übersetzer(in) m(f)

translucent [trænzˈluːsnt] ADJ lichtdurchlässig; Haut durchsichtig

transmission [trænzˈmɪʃən] S **1** Übertragung f; von Wärme Leitung f; TV etc Sendung f; **~ rate** TEL Übertragungsgeschwindigkeit f **2** AUTO Getriebe n **transmit** [trænzˈmɪt] **A** VT Nachricht übermitteln; Krankheit übertragen; Wärme leiten; Fernsehprogramm senden **B** VI senden **transmitter** [trænzˈmɪtəʳ] S TECH Sender m

transparency [trænsˈpærənsi] S **1** Transparenz f **2** FOTO Dia(positiv) n **3** Overheadfolie f **transparent** [trænsˈpærənt] ADJ **1** transparent **2** fig Lüge durchschaubar; **you're so ~** du bist so leicht zu durchschauen

transpire [trænˈspaɪəʳ] VI **1** sich herausstellen **2** passieren umg

transplant [trænsˈplɑːnt] VT **1** Gartenbau umpflanzen **2** transplantieren fachspr **B** [ˈtrænsplɑːnt] S Transplantation f

★**transport A** [ˈtrænspɔːt] S **1** Transport m; **have you got your own ~?** bist du motorisiert?; **public ~** öffentliche Verkehrsmittel pl; **~ will be provided** für An- und Abfahrt wird gesorgt **2** US (Schiffs)fracht f **B** [trænˈspɔːt] VT befördern, transportieren **transportation** [ˌtrænspɔːˈteɪʃən] S Transport m; (≈ Fahrzeug) Beförderungsmittel n; öffentlich Verkehrsmittel n **transport café** Br S Fernfahrerlokal n **transport plane** S Transportflugzeug n **transport system** S Verkehrswesen n

transsexual [trænzˈseksjʊəl] S Transsexuelle(r) m/f(m)

transverse [ˈtrænzvɜːs] ADJ Quer-

transvestite [trænzˈvestaɪt] S Transvestit(in) m(f)

trap [træp] **A** S **1** Falle f; **to set a ~ for sb** fig j-m eine Falle stellen; **to fall into**

T

a ~ in die Falle gehen **2** *umg* **shut your ~!** (halt die) Klappe! *umg* **B** $\overline{VT}$ **1** *Tier* (mit einer Falle) fangen **2** *fig j-n* in die Falle locken **3 to be ~ped** *Bergleute* eingeschlossen sein; **to be ~ped in the snow** im Schnee festsitzen; **my arm was ~ped behind my back** mein Arm war hinter meinem Rücken eingeklemmt; **to ~ one's finger in the door** sich (*dat*) den Finger in der Tür einklemmen **trap door** $\overline{S}$ Falltür *f*; THEAT Versenkung *f*

trapeze [trəˈpiːz] $\overline{S}$ Trapez *n*

trappings [ˈtræpɪŋz] *fig* *pl* äußere Aufmachung; **~ of office** Amtsinsignien *pl*

trash [træʃ] **A** $\overline{S}$ **1** *US* Müll *m*, Abfall *m* **2** Schund *m*; (≈*Film etc*) Mist *m* *umg* **3** *pej umg* Gesindel *n* **B** $\overline{VT}$ *umg* Zimmer verwüsten **trash can** *US* $\overline{S}$ Abfalleimer *m*, Mistkübel *m österr*; Abfallkorb *m*, Abfalltonne *f* **trash-can liner** $\overline{S}$ *US* Mülltüte *f* **trash collector** $\overline{S}$ *US* Müllmann *m* **trashy** [ˈtræʃɪ] $\overline{ADJ}$ ⟨*komp* **trashier**⟩ *Waren* minderwertig; **~ novel** Schundroman *m*

trauma [ˈtrɔːmə] $\overline{S}$ Trauma *n* **traumatic** [trɔːˈmætɪk] $\overline{ADJ}$ traumatisch **traumatize** [ˈtrɔːmətaɪz] $\overline{VT}$ traumatisieren

★**travel** [ˈtrævl] **A** $\overline{VI}$ **1** reisen; **he ~s to work by car** er fährt mit dem Auto zur Arbeit; **they have ~led a long way** *Br*, **they have ~ed a long way** *US* sie haben eine weite Reise hinter sich (*dat*); **to ~ (a)round the world** eine Reise um die Welt machen; **to ~ around a country** **2** sich bewegen; *Klang, Licht* sich fortpflanzen; **to ~ at 80 kph** 80 km/h fahren; **his eye ~led over the scene** *Br*, **his eye ~ed over the scene** *US* seine Augen wanderten über die Szene **B** $\overline{VT}$ *Gebiet* bereisen; *Strecke* zurücklegen **C** $\overline{S}$ **1** ⟨*kein pl*⟩ Reisen *n* **2** **~s** *pl* Reisen *pl*; **if you meet him on your ~s** wenn Sie ihn auf einer Ihrer Reisen begegnen; **he's off on his ~s tomorrow** er verreist morgen

★**travel agency** $\overline{S}$ Reisebüro *n* **travel agent** $\overline{S}$ Reisebürokaufmann *m*/-kauffrau *f*; **~('s)** Reisebüro *n* **travel bag** $\overline{S}$ Reisetasche *f* **travel brochure** $\overline{S}$ Reiseprospekt *m* **travel bureau** $\overline{S}$ Reisebüro *n* **travel card** $\overline{S}$ für öffentliche Verkehrsmittel Zeitkarte *f*; *je nach Gültigkeit* Wochenkarte *f*, Monatskarte

f, Jahreskarte *f* **travel company** $\overline{S}$ Reiseunternehmen *n* **travel documents** $\overline{PL}$ Reiseunterlagen *pl* **travel expenses** *bes US* $\overline{PL}$ Reisekosten *pl* **traveling** $\overline{S}$ *US* → **travelling** **travel insurance** $\overline{S}$ Reiseversicherung *f* **travelled** [ˈtrævld] $\overline{ADJ}$, **traveled** *US* $\overline{ADJ}$ **well-travelled** *Mensch* weit gereist; *Strecke* viel befahren

★**traveller** [ˈtrævlə] $\overline{S}$, **traveler** *US* $\overline{S}$ Reisende(r) *m/f(m)* **traveller's cheque** $\overline{S}$, **traveler's check** *US* $\overline{S}$ Reisescheck *m* **travelling** [ˈtrævlɪŋ] $\overline{S}$, **traveling** *US* $\overline{S}$ Reisen *n* **travelling expenses** $\overline{PL}$ Reisekosten *pl*; *geschäftlich* Reisespesen *pl* **travelling salesman** $\overline{S}$ Vertreter *m* **travel-sick** $\overline{ADJ}$ reisekrank **travel-sickness** $\overline{S}$ Reisekrankheit *f* **travel warning** $\overline{S}$ Reisewarnung *f*

travesty [ˈtrævɪstɪ] $\overline{S}$ LIT Travestie *f*; **a ~ of justice** ein Hohn *m* auf die Gerechtigkeit

trawl [trɔːl] **A** $\overline{VI}$ **to ~ (for fish)** mit dem Schleppnetz fischen; *US* mit einer Grundleine fischen **B** $\overline{VT}$ *bes Br das Internet etc* durchkämmen **trawler** [ˈtrɔːlə] $\overline{S}$ Trawler *m*

★**tray** [treɪ] $\overline{S}$ Tablett *n*; *für Papiere* Ablage *f*

treacherous [ˈtretʃərəs] $\overline{ADJ}$ **1** verräterisch **2** trügerisch, tückisch; *Ecke* gefährlich; *Reise* gefahrvoll **treachery** [ˈtretʃərɪ] $\overline{S}$ Verrat *m*

treacle [ˈtriːkl] *Br* $\overline{S}$ Sirup *m*

tread [tred] ⟨*v: prät* **trod**; *pperf* **trodden**⟩ **A** $\overline{S}$ **1** Schritt *m* **2** *von Reifen* Profil *n* **B** $\overline{VI}$ **1** gehen **2** treten (**on** auf +*akk*); **he trod on my foot** er trat mir auf den Fuß; **to ~ carefully** *fig* vorsichtig vorgehen **C** $\overline{VT}$ treten, gehen; **to ~ a fine line between ...** sich vorsichtig zwischen ... bewegen; **it got trodden underfoot** es wurde zertreten; **to ~ water** Wasser treten; *fig auf der Stelle* treten **treadle** [ˈtredl] $\overline{S}$ Pedal *n*, Fußhebel *m* **treadmill** [ˈtredmɪl] *fig* $\overline{S}$ Tretmühle *f*; SPORT Laufband *n*

treason [ˈtriːzn] $\overline{S}$ Verrat *m* (**to an** +*dat*)

★**treasure** [ˈtreʒə] **A** $\overline{S}$ Schatz *m* **B** $\overline{VT}$ zu schätzen wissen; **I shall ~ this memory** ich werde das in lieber Erinnerung behalten **treasure hunt** $\overline{S}$ Schatzsuche *f* **treasurer** [ˈtreʒərə] $\overline{S}$ *von Verein*

T

Kassenwart(in) m(f); in Stadtverwaltung Stadtkämmerer m/-kämmerin f **treasure trove** s̄ Schatzfund m; (≈ Markt) Fundgrube f **treasury** ['treʒərɪ] s̄ **1** POL the Treasury Br, the Treasury Department US das Finanzministerium **2** von Verein Kasse f

★**treat** [triːt] **A** VT **1** behandeln, umgehen mit; Abwasser klären; **the doctor is ~ing him for nervous exhaustion** er ist wegen Nervenüberlastung in Behandlung **2** betrachten (**as** als); **to ~ sth seriously** etw ernst nehmen **3** einladen; **to ~ sb to sth** j-m etw spendieren; **to ~ oneself to sth** sich (dat) etw gönnen **B** s̄ besondere Freude; **I thought I'd give myself a ~** ich dachte, ich gönne mir mal etwas; **I'm taking them to the circus** od **for a ~** ich mache ihnen eine Freude und lade sie in den Zirkus ein; **it's my ~** das geht auf meine Rechnung **treatable** ['triːtəbl] ADJ behandelbar

treatise ['triːtɪz] s̄ Abhandlung f (**on** über +akk)

★**treatment** ['triːtmənt] s̄ Behandlung f; von Abwasser Klärung f, Aufbereitung f; **their ~ of foreigners** ihre Art, Ausländer zu behandeln; **to be having ~ for sth** wegen etw in Behandlung sein

★**treaty** ['triːtɪ] s̄ Vertrag m; **the Treaty of Rome** die Römischen Verträge pl

treble¹ ['trebl] **A** ADJ dreifach **B** VT verdreifachen **C** VI sich verdreifachen

treble² f MUS (Knaben)sopran m, Oberstimme f **treble clef** s̄ MUS Violinschlüssel m

★**tree** [triː] s̄ Baum m; **an oak** ~ eine Eiche; **money doesn't grow on ~s** das Geld fällt nicht vom Himmel **tree house** s̄ Baumhaus n **tree line** s̄ Baumgrenze f **tree-lined** ADJ baumbestanden **tree structure** s̄ IT Baumstruktur f **treetop** s̄ Baumkrone f **tree trunk** s̄ Baumstamm m

trek [trek] **A** VI trecken; umg latschen umg; **they ~ked across the desert** sie zogen durch die Wüste **B** s̄ Treck m; umg anstrengender Marsch **trekking** ['trekɪŋ] s̄ Trekking n **trekking bike** s̄ SPORT Trekkingrad n **trekking boot** s̄ SPORT Trekkingschuh m **trekking shoe** s̄ SPORT Trekkingschuh m

trellis ['trelɪs] s̄ Gitter n

★**tremble** ['trembl] VI zittern (**with** vor +dat) **trembling** ['tremblɪŋ] **A** ADJ zitternd **B** s̄ Zittern n

tremendous [trɪˈmendəs] ADJ **1** gewaltig, riesig; **a ~ success** ein Riesenerfolg m **2** toll umg; **she has done a ~ job** sie hat fantastische Arbeit geleistet **tremendously** [trɪˈmendəslɪ] ADV enorm; dankbar, schwierig äußerst; **they enjoyed themselves ~** sie haben sich prächtig od fanatastisch amüsiert umg

tremor ['tremər] s̄ Zittern n; MED Tremor m; (≈ Erdstoß) Beben n

trench [trentʃ] s̄ Graben m; MIL Schützengraben m **trench warfare** s̄ Stellungskrieg m

trend [trend] s̄ **1** Tendenz f; **upward ~** Aufwärtstrend m; **to set a ~** richtungweisend sein **2** modisch Trend m; **the latest ~** der letzte Schrei umg **trendily** ['trendɪlɪ] ADV modern **trending topic** ['trendɪŋ] s̄ auf Twitter Trendthema n, Topthema n **trendsetter** ['trendsetər] s̄ Trendsetter(in) m(f) **trendy** ['trendɪ] ADJ ⟨komp trendier⟩ modern, in präd umg; Image modisch; **to be ~** große Mode sein; **it's no longer ~ to smoke** Rauchen ist nicht mehr in umg

trepidation [ˌtrepɪˈdeɪʃən] s̄ Ängstlichkeit f

trespass ['trespəs] VI unbefugt betreten (**on** sth etw akk); **"no ~ing"** „Betreten verboten" **trespasser** ['trespəsər] s̄ Unbefugte(r) m/f(m); **"trespassers will be prosecuted"** „widerrechtliches Betreten wird strafrechtlich verfolgt"

trestle table [ˌtresl'teɪbl] s̄ auf Böcken stehender Tisch

★**trial** ['traɪəl] s̄ **1** JUR Prozess m, (Gerichts)verhandlung f; **to be on ~ for theft** des Diebstahls angeklagt sein; **at the ~** bei od während der Verhandlung; **to bring sb to ~** j-n vor Gericht stellen; **~ by jury** Schwurgerichtsverfahren n **2** Versuch m; **~s** von Maschine Test(s) m(pl); **to give sth a ~** etw ausprobieren; **on ~** auf Probe; **by ~ and error** durch Ausprobieren **3** Widrigkeit f; lästig Plage f (**to** für); **~s and tribulations** Schwierigkeiten pl **trial offer** s̄ Einführungsangebot n **trial period** s̄ Probezeit f **trial run** s̄ Generalprobe f; von Maschine Probelauf m

triangle ['traɪæŋgl] s̄ Dreieck n; MUS Triangel m **triangular** [traɪˈæŋgjʊləʳ] ADJ MATH dreieckig

triathlete [traɪˈæθliːt] S SPORT Triathlet(in) m(f) **triathlon** [traɪˈæθlən] S SPORT Triathlon n

tribal [ˈtraɪbəl] ADJ Stammes- **tribe** [traɪb] S Stamm m

tribulation [ˌtrɪbjʊˈleɪʃən] S Kummer m kein pl; **~s** Sorgen pl

tribunal [traɪˈbjuːnl] S Gericht n; (≈ Kommission) Untersuchungsausschuss m

tribune [ˈtrɪbjuːn] S Tribüne f **tributary** [ˈtrɪbjʊtəri] S Nebenfluss m **tribute** [ˈtrɪbjuːt] S Tribut m; **to pay ~ to sb/sth** j-m/einer Sache (den schuldigen) Tribut zollen; **to be a ~ to sb** j-m Ehre machen

trice [traɪs] Br S **in a ~** im Nu **triceps** [ˈtraɪseps] S (pl ~(es)) Trizeps m

★**trick** [trɪk] A S ◼ Trick m, Falle f; **it's a ~ of the light** da täuscht das Licht ◼ Streich m; **to play a ~ on sb** j-m einen Streich spielen; **unless my eyes are playing ~s on me** wenn meine Augen mich nicht täuschen; **he's up to his (old) ~s again** jetzt macht er wieder seine (alten) Mätzchen umg ◼ Kunststück n; **that should do the ~** umg das müsste eigentlich hinhauen umg ◼ **to have a ~ of doing sth** die Eigenart haben, etw zu tun ◼ ⟨attr⟩ Zigarre etc als Scherzartikel C VT hereinlegen umg; **to ~ sb into doing sth** j-n (mit List) dazu bringen, etw zu tun; **to ~ sb out of sth** j-m etw abtricksen umg **trickery** [ˈtrɪkəri] S Tricks pl umg **trickiness** [ˈtrɪkɪnɪs] S Schwierigkeit f

trickle [ˈtrɪkl] A VI tröpfeln; **tears ~d down her cheeks** Tränen kullerten ihr über die Wangen; **the sand ~d through his fingers** der Sand rieselte ihm durch die Finger ◼ fig **to ~ in** vereinzelt hereinkommen, langsam eintrudeln umg B S ◼ Tröpfeln n, Rinnsal n ◼ fig **there is a ~ of people** es kommen vereinzelt Leute

trick or treat S Süßes, sonst gibts Saures **trick question** S Fangfrage f **trickster** [ˈtrɪkstəʳ] S Betrüger(in) m(f), Schwindler(in) m(f) **tricky** [ˈtrɪki] ADJ ⟨komp trickier⟩ ◼ schwierig, knifflig Situation, Problem heikel ◼ **a ~ customer** ein schwieriger Typ

tricycle [ˈtraɪsɪkl] S Dreirad n **tried** [traɪd] PRÄT & PPERF **try** **tried-and-tested** [ˈtraɪdəndˈtestɪd], **tried and tested** ADJ bewährt

trifle [ˈtraɪfl] S ◼ Kleinigkeit f; **a ~ hot** etc ein bisschen heiß etc ◼ Br GASTR Trifle n ◆**trifle with** VT ⟨+obj⟩ Gefühle spielen mit; **he is not a person to be trifled with** mit ihm ist nicht zu spaßen **trifling** [ˈtraɪflɪŋ] ADJ unbedeutend

trigger [ˈtrɪgəʳ] A S von Waffe Abzug(shahn) m; **to pull the ~** abdrücken B VT (a. **trigger off**) auslösen

trigonometry [ˌtrɪgəˈnɒmɪtri] S Trigonometrie f

trilby [ˈtrɪlbi] S weicher Filzhut **trill** [trɪl] A S ◼ von Vogel Trillern n; von Stimme Tremolo n ◼ MUS Triller m ◼ Phonetik rollende Aussprache B VT trällern C VI trillern, trällern

trillion [ˈtrɪljən] S Billion f **trilogy** [ˈtrɪlədʒi] S Trilogie f **trim** [trɪm] A ADJ ⟨komp trimmer⟩ ◼ Äußeres gepflegt ◼ Mensch schlank; **to stay ~** in Form bleiben B S ◼ Br **to get into ~** sich trimmen ◼ **to give sth a ~** etw schneiden ◼ von Kleidungsstück Rand m C VT ◼ Haare nachschneiden; Hecke stutzen ◼ fig Ausgaben kürzen ◼ Weihnachtsbaum schmücken ◆**trim back** VT ⟨trennb⟩ Hecke, Rosen zurückschneiden; Kosten senken; Personal reduzieren ◆**trim down** VT ⟨trennb⟩ Aufsatz kürzen (**to** auf +akk) ◆**trim off** VT ⟨trennb⟩ abschneiden

trimmings [ˈtrɪmɪŋz] PL Zubehör n; **roast beef with all the ~** Roastbeef mit allen Beilagen

Trinity [ˈtrɪnɪti] S Dreieinigkeit f **trinket** [ˈtrɪŋkɪt] S Schmuckstück n **trio** [ˈtriːəʊ] S ⟨pl ~s⟩ Trio n

★**trip** [trɪp] A S ◼ Reise f, Ausflug m; kurz Trip m; **let's go on a ~ to the seaside** machen wir doch einen Ausflug ans Meer!; **he is away on a ~** er ist verreist; **to go on** od **take a ~ (to)** einen Ausflug/ eine Reise machen (nach) ◼ umg im Drogenrausch Trip m umg B VI stolpern (**on, over** über +akk); **a phrase which ~s off the tongue** ein Ausdruck, der einem leicht von der Zunge geht C VT einen stolpern lassen, ein Bein stellen (+dat) ◆**trip over** VI stolpern (**sth** über etw akk) ◆**trip up** A VI ◼ wörtl stolpern

2 fig **sich vertun** B̲ V̲T̲ ⟨trennb⟩ **1** stolpern lassen, zu Fall bringen **2** fig **eine Falle stellen** (+dat)

tripartite [ˌtraɪˈpɑːtaɪt] ADJ dreiseitig

tripe [traɪp] S̲ **1** GASTR Kaldaunen pl, Kutteln pl österr, schweiz **2** fig umg Quatsch m, Stuss m umg

triple [ˈtrɪpl] A̲ ADJ dreifach B̲ ADV dreimal so viel C̲ V̲T̲ verdreifachen D̲ V̲I̲ sich verdreifachen **triple jump** S̲ Dreisprung m

triplet [ˈtrɪplɪt] S̲ Drilling m

triplicate [ˈtrɪplɪkɪt] S̲ **in ~** in dreifacher Ausfertigung

tripod [ˈtraɪpɒd] S̲ FOTO Stativ n

trip switch S̲ ELEK Sicherheitsschalter m

tripwire S̲ Stolperdraht m

trite [traɪt] ADJ banal

triumph [ˈtraɪʌmf] A̲ S̲ Triumph m; **in ~** triumphierend B̲ V̲I̲ den Sieg davontragen (**over** über +akk) **triumphant** [traɪˈʌmfənt] ADJ triumphierend; **to emerge ~** triumphieren **triumphantly** [traɪˈʌmfəntlɪ] ADV triumphierend

trivia [ˈtrɪvɪə] P̲L̲ belangloses Zeug **trivial** [ˈtrɪvɪəl] ADJ trivial; Verlust, Fehler belanglos **trivialize** [ˈtrɪvɪəlaɪz] V̲T̲ trivialisieren

trod [trɒd] P̲R̲Ä̲T̲ → tread **trodden** [ˈtrɒdn] P̲P̲E̲R̲F̲ → tread

Trojan [ˈtrəʊdʒən], **Trojan horse** S̲ IT Trojaner m, trojanisches Pferd

troll [trəʊl] S̲ Troll m (auch im Internet)

trolley [ˈtrɒlɪ] S̲ **1** Br in Supermarkt Einkaufswagen m; in Bahnhof Kofferkuli m; in Fabrik etc Sackkarre f **2** Br Teewagen m **trolleybus** S̲ Obus m **trolley car** US S̲ Straßenbahn f, Tram n schweiz **trolley case** Br S̲ Rollkoffer m

trombone [trɒmˈbəʊn] S̲ MUS Posaune f; **to play the ~** Posaune spielen

★**troop** [truːp] A̲ S̲ **1** MIL Trupp m, Schwadron f **2** ~s pl MIL Truppen pl; **200 ~s** 200 Soldaten **3** Schar f B̲ V̲I̲ **1** **to ~ out** hinausströmen; **to ~ past** sth an etw (dat) vorbeiziehen **troop carrier** [ˈtruːpˌkærɪəʳ] S̲ Truppentransporter m **trooper** [ˈtruːpəʳ] S̲ **1** MIL Kavallerist m; US Staatspolizist(in) m(f)

trophy [ˈtrəʊfɪ] S̲ Trophäe f

tropic [ˈtrɒpɪk] S̲ **1** Tropic of Cancer/ Capricorn Wendekreis m des Krebses/

Steinbocks **2** ~s pl Tropen pl **tropical** [ˈtrɒpɪkəl] ADJ tropisch, Tropen- **tropical rainforest** S̲ tropischer Regenwald

trot [trɒt] A̲ S̲ Trab m **2** umg **for five days on the ~** fünf Tage lang in einer Tour; **he won three games on the ~** er gewann drei Spiele hintereinander B̲ V̲I̲ traben

trotter [ˈtrɒtəʳ] S̲ von Tier Fuß m

★**trouble** [ˈtrʌbl] A̲ S̲ **1** ⟨kein pl⟩ Schwierigkeiten pl, Ärger m; **to be in ~** in Schwierigkeiten sein; **to be in ~ with** sb mit j-m Schwierigkeiten haben; **to get into ~** in Schwierigkeiten geraten, Ärger bekommen (**with** mit); **to keep** od **stay out of ~** nicht in Schwierigkeiten kommen; **to make ~** Krach schlagen umg; **that's/you're asking for ~** das kann ja nicht gut gehen; **to look for ~, to go around looking for ~** sich (dat) Ärger einhandeln; **there'll be ~ if** he finds out wenn er das erfährt, gibts Ärger; **what's the ~?** was ist los?; **the ~ is that** ... das Problem ist, dass ...; **money ~s** Geldsorgen pl; **the child is nothing but ~ to his parents** das Kind macht seinen Eltern nur Sorgen; **he's been no ~ at all** Kind er war ganz lieb **2** Mühe f; **it's no ~ (at all)!** das mache ich doch gern; **thank you — (it was) no** — vielen Dank — gern geschehen; **it's not worth the ~** das ist nicht der Mühe wert; **it's more ~ than it's worth** es macht mehr Ärger od Umstände als es wert ist; **to take the ~ (to do** sth) sich (dat) die Mühe machen(, etw zu tun); **to go to a lot of ~ (over** od **with** sth) sich (dat) (mit etw) viel Mühe geben; **to put sb to a lot of ~** j-m viel Mühe machen **3** MED Leiden m; fig Schaden m; **heart ~** Herzleiden n; **engine ~** (ein) Motorschaden m **4** Unruhe f; **there's ~ at the factory/in Iran** in der Fabrik/im Iran herrscht Unruhe B̲ V̲T̲ **1** beunruhigen, bekümmern; **to be ~d by** sth wegen etw gen besorgt od beunruhigt/bekümmert sein **2** bemühen, belästigen; **I'm sorry to ~ you, but** ... entschuldigen Sie die Störung, aber ... **troubled** [ˈtrʌbld] ADJ unruhig; (≈ sorgenvoll) bekümmert; Beziehung gestört **trouble-free** ADJ Entwicklung, Reise problemlos; Gegend ruhig; TECH

T

störungsfrei **troublemaker** [S] Unruhestifter(in) *m(f)* **troubleshooter** [S] Troubleshooter *m;* Krisenmanager(in) *m(f); Mediator* Vermittler(in) *m(f)* **troublesome** [ADJ] lästig; *Mensch, Problem* schwierig **trouble spot** [S] Unruheherd *m*

trough [trɒf] [S] Trog *m*

trounce [traʊns] [V/T] SPORT vernichtend schlagen

troupe [tru:p] [S] THEAT Truppe *f*

trouser leg ['traʊzəʳ] *Br* [S] Hosenbein *n*

★**trousers** ['traʊzɪz] [PL], (*a.* **pair of trousers**) *Br* Hose *f;* **she was wearing ~** sie hatte Hosen *od* eine Hose an; **to wear the ~** *fig umg* die Hosen anhaben *umg* **trouser suit** *Br* [S] Hosenanzug *m*

trout [traʊt] [S] Forelle *f*

trowel ['traʊəl] [S] Kelle *f*

truancy ['truənsɪ] [S] (Schule)schwänzen *n* **truant** ['truənt] [S] (Schul)schwänzer(in) *m(f);* **to play ~ (from sth)** (etw) schwänzen *umg*

truce [tru:s] [S] Waffenstillstand *m*

★**truck** [trʌk] [S] [1] *bes Br* BAHN Güterwagen *m* [2] Last(kraft)wagen *m* **truck driver** [S] Lastwagenfahrer(in) *m(f)* **trucker** ['trʌkəʳ] *bes US* [S] Lastwagenfahrer(in) *m(f)* **truck farm** *US* [S] Gemüsefarm *f* **trucking** ['trʌkɪŋ] *bes US* [S] Transport *m* **truckload** [S] Wagenladung *f* **truckstop** *US* [S] Fernfahrerlokal *n*

trudge [trʌdʒ] [V/I] **to ~ out** hinaustrotten

★**true** [tru:] [A] [ADJ] [1] wahr, echt; **to come ~** *Traum* wahr werden; *Prophezeiung* sich verwirklichen; **that's ~** das stimmt; **~!** richtig!; **we mustn't generalize, (it's) ~, but …** wir sollten natürlich nicht verallgemeinern, aber …; **the reverse is ~** ganz im Gegenteil; **the frog is not a ~ reptile** der Frosch ist kein echtes Reptil; **spoken like a ~ football fan** so spricht ein wahrer Fußballfan; **~ love** die wahre Liebe; (≈*Mensch*) Schatz *m;* **to be ~ of sb/sth** auf j-n/etw zutreffen [2] *Beschreibung* wahrheitsgetreu; *Ähnlichkeit* (lebens)getreu; **in the ~ sense (of the word)** im wahren Sinne (des Wortes) [3] treu; **to be ~ to sb** j-m treu sein/bleiben; **to be ~ to one's word** (treu) zu seinem Wort stehen; **~ to life** lebensnah; KUNST lebensecht [4] *Wand* gerade [5] **~ north** der geografische Norden [6] MUS *Note* richtig [B] [S] **out of ~** schief **true-life** [,tru:'laɪf] [ADJ] ⟨*attr*⟩ aus dem Leben gegriffen

truffle ['trʌfl] [S] Trüffel *f/m*

truly ['tru:lɪ] [ADV] [1] wirklich; **(really and) ~?** wirklich und wahrhaftig?; **I am ~ sorry** es tut mir aufrichtig leid; **yours ~** *US in Briefen* mit freundlichen Grüßen [2] *dienen* treu

trump [trʌmp] [A] [S] Trumpf *m;* **to come up ~s** *Br umg* sich als Sieger erweisen [B] [V/T] KART stechen; *fig* übertrumpfen **trump card** [S] Trumpf *m;* **to play one's ~** *wörtl, fig* seinen Trumpf ausspielen

trumpet ['trʌmpɪt] [S] MUS Trompete *f;* **to play the ~** Trompete spielen

truncate [trʌŋ'keɪt] [V/T] kürzen

truncheon ['trʌntʃən] [S] (Gummi)knüppel *m*, Schlagstock *m*

trundle ['trʌndl] [A] [V/T] [1] rollen [2] ziehen [B] [V/I] **to ~ along** entlangzockeln

★**trunk** [trʌŋk] [S] [1] *von Baum* Stamm *m; von Körper* Rumpf *m* [2] *von Elefant* Rüssel *m* [3] Schrankkoffer *m* [4] *US* AUTO Kofferraum *m* [5] **~s** *pl* Badehose *f;* **a pair of ~s** eine Badehose **trunk call** [S] *Br* TEL Ferngespräch *n* **trunk road** *Br* [S] Fernstraße *f*

truss [trʌs] [S] MED Bruchband *n* ♦**truss up** [V/T] ⟨*trennb*⟩ GASTR dressieren; *umg j-n* fesseln

★**trust** [trʌst] [A] [S] [1] Vertrauen *n* (**in** zu); **to put one's ~ in sb** Vertrauen in j-n setzen; **position of ~** Vertrauensstellung *f* [2] JUR, FIN Treuhand(schaft) *f* [3] HANDEL (*a.* **~ company**) Trust *m* [B] [V/T] [1] trauen (+*dat*); *j-m* (ver)trauen (+*dat*); **to ~ sb to do sth** j-m zutrauen, dass er etw tut; **to ~ sb with sth** j-m etw anvertrauen; **can he be ~ed not to lose it?** kann man sich darauf verlassen, dass er es nicht verliert? [2] *iron umg* **~ you!** typisch!; **~ him to break it!** er muss es natürlich kaputt machen [3] hoffen [C] [V/I] vertrauen; **to ~ in sb** auf j-n vertrauen; **to ~ to luck** sich auf sein Glück verlassen **trusted** ['trʌstɪd] [ADJ] *Methode* bewährt; *Freund* getreu **trustee** [trʌs'ti:] [S] [1] Treuhänder(in) *m(f)* [2] Verwalter(in) *m(f);* **~s** Vorstand *m* **trust fund** [S] Treuhandvermögen *n* **trusting** ['trʌstɪŋ] [ADJ] gutgläubig **trustworthy** ['trʌst,wɜ:ðɪ] [ADJ] vertrauenswürdig

T

★**truth** [truːθ] S̲ ⟨pl -s [truːðz]⟩ Wahrheit f; **to tell the ~** ..., um ehrlich zu sein ...; **the ~ of it is that** ... die Wahrheit ist, dass ...; **there's some ~ in that** da ist etwas Wahres dran umg; **in ~** in Wahrheit **truthful** A̲D̲J̲ ehrlich **truthfulness** S̲ Ehrlichkeit f

★**try** [traɪ] A̲ S̲ Versuch m; **to have a try**, **to give it a try** es versuchen; **let me have a try** lass mich mal versuchen!; **to have a try at doing sth** (sich daran) versuchen, etw zu tun; **it was a good try** das war schon ganz gut B̲ V̲T̲ 1̲ versuchen; **to try one's best** sein Bestes versuchen; **to try one's hand at sth** etw probieren; **I'll try anything once** ich probiere alles einmal 2̲ ausprobieren; Händler es versuchen (bei); **try sitting on it** setz dich doch mal drauf! 3̲ Speise probieren 4̲ Geduld auf die Probe stellen 5̲ JUR vor Gericht stellen; **to be tried for theft** wegen Diebstahls vor Gericht stehen C̲ V̲I̲ versuchen; **try and arrive on time** versuch mal, pünktlich zu sein; **try as he might, he didn't succeed** sosehr er es auch versuchte, er schaffte es einfach nicht; **he didn't even try** er hat sich (dat) überhaupt keine Mühe gegeben, er hat überhaupt nicht versucht ◆**try for** V̲I̲ ⟨+obj⟩ sich bemühen um ★◆**try on** V̲T̲ ⟨trennb⟩ Kleidung anprobieren ◆**try out** V̲T̲ ⟨trennb⟩ ausprobieren (**on** bei, an +dat)

trying ['traɪɪŋ] A̲D̲J̲ anstrengend
tsar [zɑː] S̲ Zar m
T-shirt ['tiːʃɜːt] S̲ T-Shirt n
tsp(s) A̲B̲K̲ (= teaspoonfuls, teaspoons) Teel.
tub [tʌb] S̲ 1̲ Kübel m, Tonne f, Bottich m; mit Margarine Becher m 2̲ umg zum Baden Wanne f
tuba ['tjuːbə] S̲ Tuba f; **to play the ~** Tuba spielen
tubby ['tʌbɪ] umg A̲D̲J̲ ⟨komp tubbier⟩ dick
★**tube** [tjuːb] S̲ 1̲ Rohr n; aus Gummi Schlauch m 2̲ mit Zahnpasta Tube f; mit Süßigkeiten Rolle f 3̲ **the ~** Br in London U-Bahn f 4̲ ANAT, TV Röhre f
tuber ['tjuːbə] S̲ BOT Knolle f
tuberculosis [tjʊˌbɜːkjʊ'ləʊsɪs] S̲ Tuberkulose f
tube station Br S̲ U-Bahnstation f

tubing ['tjuːbɪŋ] S̲ Schlauch m
TUC Br A̲B̲K̲ (= Trades Union Congress) ≈ DGB m
tuck [tʌk] A̲ S̲ Handarbeiten Saum m B̲ V̲T̲ stecken; **to ~ sth under one's arm** sich (dat) etw unter den Arm stecken ◆**tuck away** V̲T̲ ⟨trennb⟩ wegstecken; **he tucked it away in his pocket** er steckte es in die Tasche ◆**tuck in** A̲ V̲I̲ Br umg zulangen; **tuck in!** langt zu!, haut rein! **to tuck into sth** sich (dat) etw schmecken lassen B̲ V̲T̲ ⟨trennb⟩ hineinstecken; **to tuck one's shirt in** das Hemd in die Hose stecken; **to tuck sb in** im Bett j-n zudecken ◆**tuck up** Br V̲T̲ ⟨trennb⟩ **to tuck sb up (in bed)** j-n zudecken
tuck shop Br S̲ Bonbonladen m
Tue, Tues A̲B̲K̲ (= Tuesday) Di.
★**Tuesday** ['tjuːzdɪ] S̲ Dienstag m; **on ~** (am) Dienstag; **on ~s, on a ~** dienstags; **on ~ morning/evening** (am) Dienstagmorgen/-abend; **on ~ mornings** dienstagmorgens; **last/next/this ~** letzten/nächsten/diesen Dienstag; **a year (ago) last ~** letzten Dienstag vor einem Jahr; **~'s newspaper** die Zeitung vom Dienstag; **~ December 5th** Dienstag, den 5. Dezember
tuft [tʌft] S̲ Büschel n; **a ~ of hair** ein Haarbüschel n
tug [tʌg] A̲ V̲T̲ zerren, ziehen; **she tugged his sleeve** sie zog an seinem Ärmel B̲ V̲I̲ zerren (**at** an +dat) C̲ S̲ 1̲ **to give sth a tug** an etw (dat) ziehen 2̲ (a. tugboat) Schleppkahn m **tug-of-war** S̲ Tauziehen n
tuition [tjʊ'ɪʃən] S̲ Unterricht m
tulip ['tjuːlɪp] S̲ Tulpe f
tumble ['tʌmbl] A̲ S̲ Sturz m B̲ V̲I̲ straucheln; fig Preise fallen; **to ~ over sth** über etw (akk) stolpern ◆**tumble down** V̲I̲ Mensch hinfallen; Objekt herunterfallen; **to tumble down the stairs** die Treppe hinunterfallen ◆**tumble over** V̲I̲ umfallen
tumbledown A̲D̲J̲ baufällig **tumble drier, tumble dryer** S̲ Wäschetrockner m **tumbler** ['tʌmblə] S̲ (Becher)glas n
tummy ['tʌmɪ] umg S̲ Bauch m **tummy ache** S̲ umg Bauchschmerzen pl, Bauchweh n
tumour ['tjuːmə] S̲, **tumor** US S̲ Tu-

T

mor *m*

tumult ['tjuːmʌlt] §̄ Tumult *m*; **his mind was in a ~** sein Inneres befand sich in Aufruhr **tumultuous** [tjuː'mʌltjuəs] ADJ stürmisch

tuna (fish) ['tjuːnə('fɪʃ)] §̄ Thunfisch *m*, Thon *m schweiz*

tundra ['tʌndrə] §̄ Tundra *f*

★**tune** [tjuːn] A §̄ **1** Melodie *f*; **to change one's ~** *fig* seine Meinung ändern; **to call the ~** *fig* den Ton angeben; **to the ~ of £100** in Höhe von £ 100 **2** **to sing in ~/out of ~** richtig/falsch singen; **the piano is out of ~** das Klavier ist verstimmt; **to be in ~ with sb/sth** *fig* mit j-m/etw harmonieren B V/T **1** MUS *Instrument* stimmen **2** RADIO, TV, AUTO einstellen ◆**tune in** A V/I RADIO einschalten; **to tune in to Radio London** Radio London hören B V/T ‹trennb› einschalten (**to** +*akk*) ◆**tune up** V/I MUS (sein Instrument) stimmen

tuneful ADJ, **tunefully** ['tjuːnfʊl, -fəlɪ] ADV melodisch

tungsten ['tʌŋstən] §̄ Wolfram *n*

tunic ['tjuːnɪk] §̄ **1** Kasack *m*, Tunika *f* **2** Uniformrock *m*

Tunisia [tjuː'nɪzɪə] §̄ Tunesien *n*

tunnel ['tʌnl] A §̄ Tunnel *m*; *Bergbau* Stollen *m*; **at last we can see the light at the end of the ~** *fig* endlich sehen wir wieder Licht B V/I einen Tunnel bauen (**into** in +*akk* **or through** durch) **tunnel vision** §̄ MED Gesichtsfeldeinengung *f*; *fig* Engstirnigkeit *f*

tuppence ['tʌpəns] *Br* §̄ zwei Pence

turban ['tɜːbən] §̄ Turban *m*

turbine ['tɜːbaɪn] §̄ Turbine *f*

turbo-charged ['tɜːbəʊ,tʃɑːdʒd] ADJ mit Turboaufladung

turbot ['tɜːbət] §̄ Steinbutt *m*

turbulence ['tɜːbjʊləns] §̄ Turbulenz *f*; **air ~** Turbulenzen *pl* **turbulent** ['tɜːbjʊlənt] ADJ stürmisch; *Karriere, Zeit* turbulent

turd [tɜːd] *sl* §̄ Haufen *m umg*

tureen [tə'riːn] §̄ (Suppen)terrine *f*

turf [tɜːf] §̄ ‹*pl* -s *od* turves› ‹*kein pl*› Rasen *m*; (≈ *Grasstück*) Sode *f*

turgid ['tɜːdʒɪd] *fig* ADJ schwülstig

Turk [tɜːk] §̄ Türke *m*, Türkin *f*

★**Turkey** ['tɜːkɪ] §̄ die Türkei

★**turkey** ['tɜːkɪ] §̄ Truthahn *m*/-henne *f*

★**Turkish** ['tɜːkɪʃ] A ADJ türkisch; **she is ~**

sie ist Türkin B §̄ LING Türkisch *n* **Turkish delight** §̄ Lokum *n*

Turkmenistan [tɜːk,menɪ'stɑːn] §̄ Turkmenistan *n*

turmeric ['tɜːmərɪk] §̄ Kurkuma *f*, Gelbwurz *f*

turmoil ['tɜːmɔɪl] §̄ Aufruhr *m*, Durcheinander *n*; **her mind was in a ~** sie war völlig verwirrt

★**turn** [tɜːn]

A Substantiv   B transitives Verb
C intransitives Verb

— **A** Substantiv —

1 Drehung *f*; **to give sth a ~** etw drehen **2** *in Straße* Kurve *f*; SPORT Wende *f*; **take the left-hand ~** biegen Sie links ab; **"no left ~"** „Linksabbiegen verboten"; **things took a ~ for the worse** die Dinge wendeten sich zum Schlechten; **at the ~ of the century** um die Jahrhundertwende; **~ of phrase** Ausdrucksweise *f*; **he was thwarted at every ~** ihm wurde auf Schritt und Tritt ein Strich durch die Rechnung gemacht **3** **it's your ~** du bist an der Reihe, du bist dran; **it's your ~ to wash the dishes** du bist mit (dem) Abwaschen an der Reihe *od* dran; **it's my ~ next** ich komme als Nächste(r) an die Reihe *od* dran; **wait your ~** warten Sie, bis Sie an der Reihe sind; **to miss a ~** eine Runde aussetzen; **to take (it in) ~s** sich abwechseln; **to take (it in) ~s to do sth** etw abwechselnd tun; **to answer in ~** der Reihe nach antworten, abwechselnd antworten; **out of ~** außer der Reihe **4** **to do sb a good ~** j-m einen guten Dienst erweisen; **one good ~ deserves another** *sprichw* eine Hand wäscht die andere *sprichw*

— **B** transitives Verb —

1 drehen; **to ~ the key in the lock** den Schlüssel im Schloss herumdrehen; **he ~ed his head toward(s) me** er wandte mir den Kopf zu; **as soon as his back is ~ed** sobald er den Rücken kehrt; **the sight of all that food quite ~ed my stomach** beim Anblick des vielen Essens drehte sich mir regelrecht der Magen um; **he can ~ his hand to anything** er kann alles **2** wenden; *Seite* umblättern;

Stuhl umdrehen **3** to ~ one's attention to sth seine Aufmerksamkeit einer Sache (*dat*) zuwenden; to ~ a gun on sb ein Gewehr auf j-n richten **4** to ~ sth into sth etw in etw (*akk*) verwandeln; to ~ the lights down low das Licht herunterdrehen; to ~ a profit *bes US* einen Gewinn machen; to ~ sth into a film etw verfilmen; to ~ sb loose j-n loslassen

— **C intransitives Verb** —

1 sich drehen; he ~ed to me and smiled er drehte sich mir zu und lächelte; to ~ upside down umkippen **2** (≈ *Richtung wechseln*) Mensch, Auto abbiegen; *um 180 Grad* wenden; Mensch sich umdrehen; *Gezeiten* wechseln; to ~ (to the) left/right links/rechts abbiegen **3** I don't know which way to ~ ich weiß nicht, was ich machen soll; to ~ to sb sich an j-n wenden; our thoughts ~ to those who ... wir gedenken derer, die ...; to ~ to sth sich einer Sache (*dat*) zuwenden; ~ to page 306 blättern Sie weiter bis Seite 306; the conversation ~ed to the accident das Gespräch kam auf den Unfall **4** *Blätter* sich (ver) färben; *Wetter* umschlagen; to ~ to stone zu Stein werden; his admiration ~ed to scorn seine Bewunderung verwandelte sich in Verachtung; to ~ into sth etw (*akk*) verwandeln, sich zu etw entwickeln; the whole thing ~ed into a nightmare die ganze Sache wurde zum Albtraum **5** werden; to ~ violent gewalttätig werden; to ~ red *Blätter* sich rot färben; *Mensch* rot werden; *Ampel* auf Rot umspringen; he has just ~ed 18 er ist gerade 18 geworden; it has ~ed 2 o'clock es ist 2 Uhr vorbei

♦**turn against** A *vi* ⟨+obj⟩ sich wenden gegen B *vt* ⟨trennb +obj⟩ to turn sb against sb j-n gegen j-n aufbringen ♦**turn around** A *vt* ⟨trennb⟩ wenden; *Argument* umdrehen; *Firma aus der Krise führen* B *vi* ⟨+obj⟩ Ecke biegen um C *vi* sich umdrehen; *Auto* wenden ♦**turn away** A *vi* sich abwenden B *vt* ⟨trennb⟩ **1** Kopf abwenden **2** j-n abweisen ♦**turn back** A *vi* **1** umkehren, sich umdrehen; there's no turning back now *fig* jetzt gibt es kein Zurück mehr **2** *in Buch* zurückblättern (to auf

+*akk*) B *vt* ⟨trennb⟩ **1** Bettdecke zurückschlagen **2** j-n zurückschicken; they were turned back at the frontier sie wurden an der Grenze zurückgewiesen **3** *Uhr* zurückstellen; to turn the clock back fifty years *fig* die Uhr um fünfzig Jahre zurückdrehen ♦**turn down** A *vt* ⟨trennb⟩ **1** Bettdecke zurückschlagen; *Kragen* herunterklappen; *Buchseite* umknicken **2** *Heizung* kleiner stellen; *Lautstärke* leiser stellen; *Licht* herunterdrehen **3** *Angebot* ablehnen; *Einladung* ausschlagen B *vi* ⟨+obj⟩ he turned down a side street er bog in eine Seitenstraße ab ♦**turn in** A *vi* **1** the car turned in at the top of the drive das Auto bog in die Einfahrt ein **2** *umg von Schlafen* sich hinhauen *umg* B *vt* ⟨trennb⟩ *umg* to turn sb in j-n anzeigen *od* verpfeifen *umg*; to turn oneself in sich (*dat*) stellen ♦**turn into** *vt & vi* ⟨+obj⟩ → turn ★♦**turn off** A *vi* abbiegen (for nach *od* into etw in) B *vt* ⟨trennb⟩ **1** *Licht, Radio* ausmachen; *Gas* abdrehen; *Wasserhahn* zudrehen; *Fernsehprogramm* abschalten; *Strom, Maschine* abstellen **2** *umg* to turn sb off j-m die Lust verderben ★♦**turn on** A *vt* ⟨trennb⟩ **1** *Gas, Maschine* anstellen; *Fernseher* einschalten; *Licht* anmachen; *Wasserhahn* aufdrehen **2** *umg* sth turns sb on etw macht j-n an *umg*; whatever turns you on wenn du das gut findest *umg* **3** *umg sexuell* anmachen *umg*; she really turns me on auf sie kann ich voll abfahren *umg* B *vi* ⟨+obj⟩ sich wenden gegen; (≈ *attackieren*) angreifen ♦**turn out** A *vi* **1** erscheinen **2** *Polizei* ausrücken **3** the car turned out of the drive das Auto bog aus der Einfahrt **4** sich herausstellen; he turned out to be the murderer es stellte sich heraus, dass er der Mörder war **5** sich entwickeln; how did it turn out? was ist daraus geworden?; *Kuchen etc* wie *etc* geworden?; as it turned out wie sich herausstellte; everything will turn out all right es wird sich schon alles ergeben; it turned out nice in the afternoon *Br* am Nachmittag wurde es noch schön B *vt* ⟨trennb⟩ **1** *Licht* ausmachen **2** produzieren **3** vertreiben (of aus); *Mieter* kündigen (+*dat*) **4** *Taschen* (aus)leeren **5** ⟨mst passiv⟩ well

T

turned-out gut gekleidet ♦**turn over** A V̄/ī 1 sich unterschlagen; *Auto* sich überschlagen; **he turned over on(to) his stomach** er drehte sich auf den Bauch 2 beim Lesen bitte wenden 3 AUTO *Motor* laufen 4 TV, RADIO umschalten (**to** auf +*akk*) B V̄/T ⟨*trennb*⟩ 1 umdrehen; *Matratze* wenden; *Kinderwagen* umkippen; *Seite* umblättern 2 übergeben (**to** +*dat*) ♦**turn round** *bes Br* A V̄/ī sich umdrehen, umkehren; **one day she'll just turn round and leave you** eines Tages wird sie dich ganz einfach verlassen B V̄/T ⟨+*obj*⟩ **we turned round the corner** wir bogen um die Ecke C V̄/T ⟨*trennb*⟩ 1 *Kopf* drehen; *Kiste* umdrehen 2 → turn around A ♦**turn to** V̄/ī ⟨+*obj*⟩ **to turn to sb/sth** → turn C 3 ♦**turn up** A V̄/ī 1 erscheinen, auftauchen; **I was afraid you wouldn't turn up** ich hatte Angst, du würdest nicht kommen 2 sich (an)finden 3 passieren; **a turned-up nose** eine Stupsnase; **to turn up at the ends** sich an den Enden hochbiegen B V̄/T ⟨*trennb*⟩ 1 *Kragen* hochklappen; *Saum* umnähen; **to turn one's nose at sth** *fig* die Nase über etw (*akk*) rümpfen 2 *Heizung, Lautstärke* aufdrehen; *Radio* lauter drehen

turnaround ['tɜːnəraʊnd] S 1 (*a.* **turnabout**) Kehrtwendung *f* 2 Umschwung *m* **turncoat** ['tɜːnkəʊt] S Überläufer(in) *m(f)* **turning** ['tɜːnɪŋ] S *in Straße* Abzweigung *f*; **the second ∼ on the left** die zweite Abfahrt links **turning lane** S *US* Abbiegespur *f* **turning point** S Wendepunkt *m*

turnip ['tɜːnɪp] S Rübe *f*, Steckrübe *f* **turn-off** S 1 Abzweigung *f*; *auf Autobahn* Abfahrt *f* 2 *umg* **it was a real ∼** das hat einem die Lust verdorben **turnout** ['tɜːnaʊt] S Beteiligung *f*; **there was a good ∼** das Spiel *etc* war gut besucht **turnover** ['tɜːnˌəʊvə] S 1 Umsatz *m*; *von Kapital* Umlauf *m*; *von Personal* Fluktuation *f* **turnpike** *US* S gebührenpflichtige Autobahn **turn signal** S *US* AUTO Fahrtrichtungsanzeiger *m* **turnstile** S Drehkreuz *m* **turntable** S *von Plattenspieler* Plattenteller *m* **turn-up** *Br* S 1 *von Hose* Aufschlag *m* 2 *umg* **a ∼ for the books** eine echte Überraschung **turpentine** ['tɜːpəntaɪn] S Terpentin(öl)

n

turquoise ['tɜːkwɔɪz] A S Türkis *n* B ADJ türkis(farben)
turret ['tʌrɪt] S ARCH Mauerturm *m*; *von Panzer* Turm *m*
turtle ['tɜːtl] S Wasserschildkröte *f*; *US auch* Schildkröte **turtleneck (pullover)** S Rollkragenpullover *m*
turves ['tɜːvz] PL → turf
Tuscany ['tʌskənɪ] S die Toskana
tusk [tʌsk] S Stoßzahn *m*
tussle ['tʌsl] A S Gerangel *n* B V̄/ī sich rangeln (**with sb for sth** mit j-m um etw)
tutor ['tjuːtə] A S 1 Privatlehrer(in) *m(f)* 2 *Br* UNIV Tutor(in) *m(f)* B V̄/T privat unterrichten **tutorial** [tjuːˈtɔːrɪəl] A S *Br* UNIV Kolloquium *n* B ADJ Tutoren- **∼ group** Seminargruppe *f*
tutu ['tuːtuː] S Tutu *n*
tux [tʌks] *umg*, **tuxedo** [tʌkˈsiːdəʊ] *bes US* S ⟨*pl* -s⟩ Smoking *m*
★**TV** [tiːˈviː] S ABK (= television) *umg* Fernsehen *n*; (≈ *Apparat*) Fernseher *m umg*; **on TV** im Fernsehen; **to watch TV** fernsehen; **TV programme** *Br*, **TV program** *US* Fernsehsendung *f*; → television
TV dinner *US* S Fertiggericht *n* **TV guide** S Fernsehzeitschrift *f* **TV programme**, **TV program** *US* S Fernsehsendung *f*
twang [twæŋ] V̄/ī *Gitarre* einen scharfen Ton von sich geben; *Gummiband* pitschen *umg*
tweak [twiːk] A V̄/T kneifen, zwicken *österr* B S **to give sth a ∼** an etw (*dat*) (herum)zupfen
twee [twiː] *Br umg* ADJ ⟨*komp* tweer⟩ niedlich
tweed [twiːd] A S Tweed *m* B ADJ Tweed-
tweet [twiːt] A S 1 *von Vogel* Piepsen *n kein pl* 2 *Beitrag auf Twitter®* Tweet *m*, Update *n* B V̄/ī piepsen C V̄/T & V̄/ī *Textnachricht über Twitter® versenden* twittern **tweetable** ['twiːtəbl] ADJ IT twitterbar
tweezers ['twiːzəz] PL, (*a.* **pair of tweezers**) Pinzette *f*
★**twelfth** [twelfθ] A ADJ zwölfte(r, s); **a ∼ part** ein Zwölftel *n* B S 1 Zwölfte(r, s) 2 *von Datum* → sixth **Twelfth Night** S Dreikönige, Dreikönigsabend *m*
★**twelve** [twelv] A ADJ zwölf; **∼ noon** zwölf Uhr (mittags) B S Zwölf *f*; → six

★twentieth ['twentɪɪθ] **A** ADJ zwanzigste(r, s); **a ~ part** ein Zwanzigstel *n* **B** S **1** Zwanzigste(r, s) **2** Zwanzigstel *n*; → sixth

★twenty ['twentɪ] **A** ADJ zwanzig **B** S Zwanzig *f*; → sixty **twenty-four seven, 24/7 A** S Geschäft, das sieben Tage die Woche und 24 Stunden am Tag geöffnet hat **B** ADJ ⟨attr⟩ rund um die Uhr; **~ service** Service, der rund um die Uhr zur Verfügung steht

twerp [twɜːp] *umg* S Einfaltspinsel *m umg*

★twice [twaɪs] ADV zweimal; **~ as much/ many** doppelt so viel/so viele; **~ as long as …** doppelt *od* zweimal so lange wie …; **~ a week** zweimal wöchentlich; **I'd think ~ before trusting him with it** ihm würde ich das nicht so ohne Weiteres anvertrauen

twiddle ['twɪdl] VT herumdrehen an (+*dat*); **to ~ one's thumbs** Däumchen drehen

twig [twɪg] S Zweig *m*

twilight ['twaɪlaɪt] S Dämmerung *f*; **at ~** in der Dämmerung

twin [twɪn] **A** S Zwilling *m*; **her ~** ihr Zwillingsbruder/ihre Zwillingsschwester **B** ADJ ⟨attr⟩ **1** Zwillings-; **~ boys/girls** Zwillingsjungen *pl*/-mädchen *pl* **2** ~ **peaks** Doppelgipfel *pl* **C** VI ⟨*pass*⟩ Br Städt verschwistern; **Oxford was ~ned with Bonn** Oxford und Bonn wurden zu Partnerstädten/waren Partnerstädte **twin beds** PL S (*zwei*) (gleiche) Einzelbetten *pl* **twin brother** S Zwillingsbruder *m*

twine [twaɪn] **A** S Schnur *f* **B** VT winden **C** VI sich winden (**around** um)

twinge [twɪndʒ] S Zucken *n*; **a ~ of pain** ein zuckender Schmerz

twinkle ['twɪŋkl] **A** VI funkeln **B** S Funkeln *n*; **with a ~ in his/her eye** augenzwinkernd **twinkling** ['twɪŋklɪŋ] S **in the ~ of an eye** im Handumdrehen

twin sister S Zwillingsschwester *f* **twin town** Br S Partnerstadt *f*

twirl [twɜːl] **A** VT (*herum*)wirbeln **B** VI wirbeln **C** S Wirbel *m*; *in Tanz* Drehung *f*; **give us a ~** dreh dich doch mal

★twist [twɪst] **A** S **1** **to give sth a ~** etw (*herum*)drehen **2** Kurve *f*; *fig in Geschichte* Wendung *f* **3** Br *umg* **to drive sb round the ~** j-n wahnsinnig machen **B** VT **1** drehen, wickeln (**into** zu); **to ~** the top off a jar den Deckel von einem Glas abdrehen; **to ~ sth (a)round sth** etw um etw (*akk*) wickeln **2** verbiegen; *Worte* verdrehen; **to ~ sth out of shape** etw verbiegen; **she had to ~ my arm** *fig* sie musste mich sehr überreden; **to ~ one's ankle** sich (*dat*) den Fuß vertreten; **his face was ~ed** sein Gesicht war verzerrt vor Schmerz **C** VI *Wind* sich drehen; *Pflanze* sich ranken; *Straße, Fluss* sich schlängeln **★twist around** VT ⟨*trennb*⟩ → twist round **B ◆twist off A** VI **the top twists off** der Deckel lässt sich abschrauben **B** VT ⟨*trennb*⟩ abdrehen; *Deckel* abschrauben **◆twist round** *bes Br* **A** VI sich umdrehen; *Straße* eine Biegung machen **B** VT ⟨*trennb*⟩ herumdrehen

twisted ['twɪstɪd] ADJ *Seil* (zusammen)gedreht; (≈*verformt*) verbogen; *fig pej* verdreht; *Knöchel* verrenkt; **bitter and ~** verbittert und verwirrt **twister** ['twɪstə'] US *umg* S Tornado *m*

twit [twɪt] *bes Br umg* S Trottel *m umg*

twitch [twɪtʃ] **A** S Zucken *n* **B** VI Muskeln zucken **C** VT *Nase* zucken mit

twitter ['twɪtə'] **A** VI zwitschern **B** VT ⓢ VI *Textnachricht über Twitter® versenden* **C** S Zwitschern *n* **Twitter®** ['twɪtə(r)] S *Internetdienst zum Versand von Textnachrichten* Twitter® *m*

★two [tuː] **A** ADJ zwei; **to cut sth in two** etw in zwei Teile schneiden; **two by two, in twos** zu zweien; **in twos and threes** immer zwei oder drei (Leute) auf einmal; **to put two and two together** *fig* zwei und zwei zusammenzählen; **two's company, three's a crowd** ein Dritter stört nur; **two can play at that game** *umg* den Spieß kann man auch umdrehen; → six **B** S Zwei *f*; **just the two of us** nur wir beide **two-dimensional** ADJ zweidimensional; *fig* flach **two-door** ADJ zweitürig **two-edged** ADJ **a ~ sword** *fig* ein zweischneidiges Schwert **two-faced** *fig* ADJ falsch **twofold** ADJ zweifach, doppelt; **a ~ increase** ein Anstieg um das Doppelte; **the advantages are ~** das hat einen doppelten Vorteil **two-handed** ADJ beidhändig **two-legged** ADJ zweibeinig; **a ~ animal** ein Zweibeiner *m* **two-percent milk** US S Halbfettmilch f **two-piece** ADJ zweiteilig **two-pin plug** S̅ Stecker m mit zwei Kontakten **two-seater** ADJ zweisitzig **twosome** S̅ Paar n **two-storey** ADJ, **two-story** US ADJ zweistöckig **two-time** umg V̅T̅ Freundin betrügen **two-way** ADJ Beziehung wechselseitig; ~ **traffic** Gegenverkehr m **two-way radio** S̅ Funksprechgerät n

tycoon [taɪˈkuːn] S̅ Magnat(in) m(f)

★**type¹** [taɪp] S̅ **1** Art f; von Produkt Sorte f; (≈ Charakter) Typ m; **different ~s of roses** verschiedene Rosensorten pl; **what ~ of car is it?** was für ein Auto (-typ) ist das?; **Cheddar-type cheese** eine Art Cheddar; **they're totally different ~s of person** sie sind vom Typ her völlig verschieden; **that ~ of behaviour** Br, **that ~ of behavior** US ein solches Benehmen; **it's not my ~** that diese Art Film gefällt mir nicht; **he's not my ~** er ist nicht mein Typ **2** umg (≈ Mann) Typ m

type² A S̅ TYPO Type f; **large ~** große Schrift B V̅T̅ tippen C V̅I̅ tippen umg ◆**type in** V̅T̅ ⟨trennb⟩ eintippen; bes IT eingeben ◆**type out** V̅T̅ ⟨trennb⟩ tippen umg

typecast V̅T̅ ⟨prät, pperf typecast⟩ THEAT (auf eine bestimmte Rolle) festlegen **typeface** S̅ Schrift f **typescript** S̅ Typoskript n geh **typewriter** S̅ Schreibmaschine f **typewritten** ADJ maschinengeschrieben

typhoid [ˈtaɪfɔɪd] S̅, (a. **typhoid fever**) Typhus m

typhoon [taɪˈfuːn] S̅ Taifun m

typhus [ˈtaɪfəs] S̅ Fleckfieber n

★**typical** [ˈtɪpɪkəl] ADJ typisch (**of** für); ~ **male!** typisch Mann! **typically** [ˈtɪpɪklɪ] ADV typischerweise; ~ **English** typisch englisch **typify** [ˈtɪpɪfaɪ] V̅T̅ typisch sein für, kennzeichnen

typing [ˈtaɪpɪŋ] S̅ Tippen n umg **typing error** S̅ Tippfehler m

★**typist** [ˈtaɪpɪst] S̅ Schreibkraft f

tyrannic(al) ADJ, **tyrannically** [tɪˈrænɪk(əl), tɪˈrænɪkəlɪ] ADV tyrannisch **tyrannize** [ˈtɪrənaɪz] V̅T̅ tyrannisieren **tyranny** [ˈtɪrənɪ] S̅ Tyrannei f **tyrant** [ˈtaɪərənt] S̅ Tyrann(in) m(f)

★**tyre** [taɪə'] S̅, **tire** US S̅ Reifen m, Pneu m schweiz

Tyrol [tɪˈrəʊl] S̅ **the ~** Tirol n **Tyrolean** [ˌtɪrəˈliːən] A ADJ tirol(er)isch B S̅ Tiroler(in) m(f)

tzar S̅ → tsar

U

U, u [juː] S̅ U n, u n

UAE A̅B̅K̅ (= United Arab Emirates) VAE pl, Vereinigte Arabische Emirate pl

ubiquitous [juːˈbɪkwɪtəs] ADJ allgegenwärtig

udder [ˈʌdə'] S̅ Euter n

UFO [ˌjuːefˈəʊ, ˈjuːfəʊ] S̅ A̅B̅K̅ (= unidentified flying object) UFO n

ugh [ʌg, 3ː] I̅N̅T̅ igitt

ugliness [ˈʌglɪnɪs] S̅ Hässlichkeit f

★**ugly** [ˈʌglɪ] ADJ ⟨komp uglier⟩ hässlich, übel; Lage bedrohlich; **to turn ~** umg gemein werden

UHF A̅B̅K̅ (= ultrahigh frequency) UHF

UHT A̅B̅K̅ (= ultra heat treated) ultrahocherhitzt; **UHT milk** Br H-Milch f, Haltbarmilch f österr

UK A̅B̅K̅ (= United Kingdom) UK n

Ukraine [juːˈkreɪn] S̅ **the ~** die Ukraine **Ukrainian** [juːˈkreɪnɪən] A ADJ ukrainisch B S̅ **1** Ukrainer(in) m(f); **he is ~** er ist Ukrainer **2** LING Ukrainisch n

ulcer [ˈʌlsə'] S̅ MED Geschwür n

ulterior [ʌlˈtɪərɪə'] ADJ Absicht etc verborgen; ~ **motive** Hintergedanke m

ultimata [ˌʌltɪˈmeɪtə] P̅L̅ → ultimatum

ultimate [ˈʌltɪmɪt] A ADJ **1** letzte(r, s); Entscheidung endgültig; Herrschaft oberste(r, s); ~ **goal** Endziel n; **what is your ~ ambition in life?** was streben Sie letzten Endes im Leben an? **2** vollendet, perfekt; **the ~ insult** der Gipfel der Beleidigung B S̅ MED Nonplusultra n; **that is the ~ in comfort** das ist das Höchste an Komfort **ultimately** [ˈʌltɪmɪtlɪ] ADV letzten Endes **ultimatum** [ˌʌltɪˈmeɪtəm] S̅ ⟨pl -s od ultimata⟩ Ultimatum n; **to deliver an ~ to sb** j-m ein Ultimatum stellen

ultrahigh frequency S̅ Ultrahochfrequenz f **ultrasonic** [ˌʌltrəˈsɒnɪk] ADJ Ultraschall- **ultrasound** S̅ **1** Ultraschall *m* **2** Ultraschalluntersuchung *f* **ultraviolet** ADJ ultraviolett

umbilical cord [ʌm,bɪlɪkəl'kɔːd] S Nabelschnur *f*

★**umbrella** [ʌm'brelə] S **1** (Regen)schirm *m* **2** Sonnenschirm *m* **umbrella organization** S Dachorganisation *f* **umbrella stand** S Schirmständer *m*

umpire ['ʌmpaɪə] A S Schiedsrichter(in) *m(f)* B V/T Schiedsrichter(in) sein bei C V/I Schiedsrichter(in) sein (**in** bei)

umpteen ['ʌmp'tiːn] umg ADJ zig umg **umpteenth** ['ʌmp'tiːnθ] umg ADJ x-te(r, s) umg; **for the ~ time** zum x--ten Mal umg

UN ABK (= United Nations) UNO *f*, UN *pl*

unabated [,ʌnə'beɪtɪd] ADJ unvermindert; **the storm continued ~** der Sturm ließ nicht nach

unable [ʌn'eɪbl] ADJ ⟨*präd*⟩ **to be ~ to do sth** etw nicht tun können

unabridged [,ʌnə'brɪdʒd] ADJ ungekürzt

unacceptable [,ʌnək'septəbl] ADJ unannehmbar; *Entschuldigung, Angebot* nicht akzeptabel; *Bedingungen* untragbar; **it's quite ~ that we should be expected to ...** es kann doch nicht von uns verlangt werden, dass ...; **it's quite ~ for young children to ...** es kann nicht zugelassen werden, dass kleine Kinder ... **unacceptably** [,ʌnək'septɪblɪ] ADV untragbar, unannehmbar, unzumutbar

unaccompanied [,ʌnə'kʌmpənɪd] ADJ ohne Begleitung

unaccountable [,ʌnə'kaʊntəbl] ADJ unerklärlich **unaccountably** [,ʌnə'kaʊntəblɪ] ADV unerklärlicherweise; *verschwinden auf* unerklärliche Weise **unaccounted for** [,ʌnə'kaʊntɪd'fɔːʳ] ADJ ungeklärt; **£30 is still ~** es ist noch ungeklärt, wo die £ 30 geblieben sind; **three passengers are still ~** drei Passagiere werden noch vermisst

unaccustomed [,ʌnə'kʌstəmd] ADJ **to be ~ to sth** etw nicht gewohnt sein; **to be ~ to doing sth** es nicht gewohnt sein, etw zu tun

unacquainted [,ʌnə'kweɪntɪd] ADJ ⟨*präd*⟩ **to be ~ with sth** etw nicht kennen

unadulterated [,ʌnə'dʌltəreɪtɪd] ADJ **1** unverfälscht **2** *fig Unsinn* schier; *Glück* ungetrübt

unadventurous [,ʌnəd'ventʃərəs] ADJ

Leben wenig abenteuerlich; *Stil* einfallslos; *Mensch* wenig unternehmungslustig

unaffected [,ʌnə'fektɪd] ADJ **1** (≈ *unbeschadet*) nicht angegriffen **2** unbeeinflusst, nicht betroffen; *gefühlsmäßig* ungerührt; **he remained quite ~ by all the noise** der Lärm berührte *od* störte ihn überhaupt nicht

unafraid [,ʌnə'freɪd] ADJ **to be ~ of sb/sth** vor j-m/etw keine Angst haben

unaided [ʌn'eɪdɪd] ADV ohne fremde Hilfe

unalike [,ʌnə'laɪk] ADJ ⟨*präd*⟩ ungleich **unalterable** [ʌn'ɒltərəbl] ADJ *Tatsache* unabänderlich; *Gesetze* unveränderlich **unaltered** [ʌn'ɒltəd] ADJ unverändert **unambiguous** [,ʌnæm'bɪgjʊəs], **unambiguously** [,ʌnæm'bɪgjʊəs, -lɪ] ADV eindeutig

unambitious [,ʌnæm'bɪʃəs] ADJ *Mensch, Plan* nicht ehrgeizig (genug); *Inszenierung* anspruchslos

unamused [,ʌnə'mjuːzd] ADJ **she was ~ (by this)** sie fand es *od* das überhaupt nicht lustig

unanimous [juː'nænɪməs] ADJ einmütig; *Entscheidung* einstimmig; **they were ~ in their condemnation of him** sie haben ihn einmütig verdammt; **by a ~ vote** einstimmig **unanimously** [juː'nænɪməslɪ] ADV einmütig; *wählen* einstimmig

unannounced [,ʌnə'naʊnst] ADJ & ADV unangemeldet

unanswered [ʌn'ɑːnsəd] ADJ unbeantwortet

unapologetic [,ʌnə,pɒlə'dʒetɪk] ADJ unverfroren; **he was so ~ about it** es schien ihn überhaupt nicht leidzutun

unappealing [,ʌnə'piːlɪŋ] ADJ nicht ansprechend; *Aussicht* nicht verlockend

unappetizing [ʌn'æpɪtaɪzɪŋ] ADJ unappetitlich; *Aussicht* wenig verlockend

unappreciated [,ʌnə'priːʃɪeɪtɪd] ADJ nicht geschätzt *od* gewürdigt; **she felt she was ~ by him** sie hatte den Eindruck, dass er sie nicht zu schätzen wusste **unappreciative** [,ʌnə'priːʃɪətɪv] ADJ undankbar; *Publikum* verständnislos **unapproachable** [,ʌnə'prəʊtʃəbl] ADJ unzugänglich

unarmed [ʌn'ɑːmd] ADJ & ADV unbewaffnet

unashamed [,ʌnə'ʃeɪmd] ADJ schamlos **unashamedly** [,ʌnə'ʃeɪmɪdlɪ] ADV un-

U

verschämt, ohne Scham; *romantisch, parteiisch* unverhohlen

unassisted [ˌʌnəˈsɪstɪd] ADV ohne (fremde) Hilfe, (ganz) allein

unassuming [ˌʌnəˈsjuːmɪŋ] ADJ bescheiden

unattached [ˌʌnəˈtætʃt] ADJ **1** unbefestigt **2** *emotional* ungebunden

unattainable [ˌʌnəˈteɪnəbl] ADJ unerreichbar

unattended [ˌʌnəˈtendɪd] ADJ *Kinder* unbeaufsichtigt; *Gepäck* unbewacht; **to leave sth ~** etw unbewacht lassen; *Laden* etw unbeaufsichtigt lassen; **to be** *od* **go ~ to** *Verletzung* nicht behandelt werden

unattractive [ˌʌnəˈtræktɪv] ADJ *Ort* wenig reizvoll; *Angebot, Frau* unattraktiv

unauthorized [ʌnˈɔːθəraɪzd] ADJ unbefugt

unavailable [ˌʌnəˈveɪləbl] ADJ nicht erhältlich; *Mensch* nicht zu erreichen *präd*; **the minister was ~ for comment** der Minister war für eine Stellungnahme nicht verfügbar

unavoidable [ˌʌnəˈvɔɪdəbl] ADJ unvermeidlich **unavoidably** [ˌʌnəˈvɔɪdəblɪ] ADV notgedrungen; **to be ~ detained** verhindert sein

unaware [ˌʌnəˈweəʳ] ADJ ⟨*präd*⟩ **to be ~ of sth** sich (*dat*) einer Sache (*gen*) nicht bewusst sein; **I was ~ of his presence** ich hatte nicht bemerkt, dass er da war; **I was ~ that there was a meeting going on** ich wusste nicht, dass da gerade eine Besprechung stattfand **unawares** [ˌʌnəˈweəz] ADV **to catch** *od* **take sb ~** j-n überraschen

unbalanced [ʌnˈbælənst] ADJ **1** unausgewogen; *Bericht* einseitig **2** (*a.* **mentally ~**) nicht ganz normal

unbearable ADJ, **unbearably** [ʌnˈbeərəbl, -ɪ] ADV unerträglich

unbeatable [ʌnˈbiːtəbl] ADJ unschlagbar **unbeaten** [ʌnˈbiːtn] ADJ ungeschlagen; *Rekord* ungebrochen

unbecoming [ˌʌnbɪˈkʌmɪŋ] ADJ *Verhalten, Sprache* unschicklich, unziemlich *geh*; *Kleidung* unvorteilhaft

unbeknown(st) [ˌʌnbɪˈnəʊn(st)] ADJ **~ to sb** ohne j-s Wissen

unbelievable [ˌʌnbɪˈliːvəbl] ADJ unglaublich **unbelievably** [ˌʌnbɪˈliːvəblɪ] ADV unglaublich; *gut, hübsch a.* sagen-

haft *umg* **unbeliever** [ˌʌnbɪˈliːvəʳ] ⓢ Ungläubige(r) *m/f/a*

unbias(s)ed [ʌnˈbaɪəst] ADJ unvoreingenommen

unblemished [ʌnˈblemɪʃt] ADJ makellos

unblock [ʌnˈblɒk] V/T frei machen; *Rohr* die Verstopfung beseitigen in (+*dat*)

unbolt [ʌnˈbəʊlt] V/T aufriegeln; **he left the door ~ed** er verriegelte die Tür nicht

unborn [ʌnˈbɔːn] ADJ ungeboren

unbowed [ʌnˈbaʊd] *fig* ADJ ungebrochen; *Stolz* ungebeugt

unbreakable [ʌnˈbreɪkəbl] ADJ *Glas* unzerbrechlich; *Regel* unumstößlich

unbridgeable [ʌnˈbrɪdʒəbl] ADJ unüberbrückbar

unbridled [ʌnˈbraɪdld] ADJ *Leidenschaft* ungezügelt

unbroken [ʌnˈbrəʊkən] ADJ **1** unbeschädigt **2** ununterbrochen **3** *Rekord* ungebrochen

unbuckle [ʌnˈbʌkl] V/T aufschnallen

unburden [ʌnˈbɜːdn] *fig* V/T **to ~ oneself to sb** j-m sein Herz ausschütten

unbutton [ʌnˈbʌtn] V/T aufknöpfen

uncalled-for [ʌnˈkɔːldfɔːʳ] ADJ unnötig

uncannily [ʌnˈkænɪlɪ] ADV unheimlich; **to look ~ like sb/sth** j-m/einer Sache auf unheimliche Weise ähnlich sehen **uncanny** [ʌnˈkænɪ] ADJ unheimlich; **to bear an ~ resemblance to sb** j-m auf unheimliche Weise ähnlich sehen

uncared-for [ʌnˈkeədfɔːʳ] ADJ ungepflegt; *Kind* vernachlässigt **uncaring** [ʌnˈkeərɪŋ] ADJ gleichgültig; *Eltern* lieblos

unceasing ADJ, **unceasingly** [ʌnˈsiːsɪŋ, -lɪ] ADV unaufhörlich

uncensored [ʌnˈsensəd] ADJ unzensiert

unceremoniously [ˌʌnserɪˈməʊnɪəslɪ] ADV ohne Umschweife

uncertain [ʌnˈsɜːtn] ADJ **1** unsicher; **to be ~ of** *od* **about sth** sich (*dat*) einer Sache (*gen*) nicht sicher sein **2** *Wetter* unbeständig **3** **in no ~ terms** klar und deutlich

uncertainty [ʌnˈsɜːtntɪ] ⓢ Ungewissheit *f*, Unbestimmtheit *f*; *gedanklich* Zweifel *m*, Unsicherheit *f*; **there is still some ~ as to whether …** es besteht noch Ungewissheit, ob …

unchallenged [ʌnˈtʃælɪndʒd] ADJ unangefochten

unchanged [ʌnˈtʃeɪndʒd] ADJ unverän-

U

dert **unchanging** [ʌn'tʃeɪndʒɪŋ] ADJ unveränderlich

uncharacteristic [ˌʌnkærəktə'rɪstɪk] ADJ untypisch (**of** für) **uncharacteristically** [ˌʌnkærəktə'rɪstɪkli] ADV auf untypische Weise

uncharitable [ʌn'tʃærɪtəbl] ADJ Bemerkung unfreundlich; Mensch herzlos; Haltung hartherzig

uncharted [ʌn'tʃɑːtɪd] ADJ **to enter ~ territory** fig sich in unbekanntes Terrain begeben

unchecked [ʌn'tʃekt] ADJ ungehemmt; **to go ~** Vormarsch nicht gehindert werden

uncircumcised [ʌn'sɜːkəmsaɪzd] ADJ MED, REL unbeschnitten

uncivil [ʌn'sɪvɪl] ADJ unhöflich **uncivilized** [ʌn'sɪvɪlaɪzd] ADJ unzivilisiert

unclaimed [ʌn'kleɪmd] ADJ Preis nicht abgeholt

unclassified [ʌn'klæsɪfaɪd] ADJ **1** nicht klassifiziert **2** nicht geheim

★**uncle** ['ʌŋkl] S̱ Onkel m

unclean [ʌn'kliːn] ADJ unsauber

unclear [ʌn'klɪəʳ] ADJ unklar; **to be ~ about sth** sich (dat) über etw (akk) im Unklaren sein

unclog [ʌn'klɒg] VT̲ die Verstopfung beseitigen in (+dat)

uncoil [ʌn'kɔɪl] A VT̲ abwickeln B VI̲ & VR̲ Schlange sich langsam strecken

uncollected [ˌʌnkə'lektɪd] ADJ nicht abgeholt; Steuer nicht eingezogen

uncombed [ʌn'kəʊmd] ADJ ungekämmt

uncomfortable [ʌn'kʌmfətəbl] ADJ **1** unbequem **2** Gefühl ungut; Schweigen peinlich; **to feel ~** sich unbehaglich fühlen; **I felt ~ about it/about doing it** ich hatte ein ungutes Gefühl dabei; **to put sb in an ~ position** j-n in eine heikle Lage bringen **3** Tatsache, Lage unerfreulich **uncomfortably** [ʌn'kʌmfətəbli] ADV **1** unbequem **2** unbehaglich **3** unangenehm

uncommon [ʌn'kɒmən] ADJ **1** ungewöhnlich **2** außergewöhnlich

uncommunicative [ˌʌnkə'mjuːnɪkətɪv] ADJ verschlossen

uncomplaining [ˌʌnkəm'pleɪnɪŋ] ADJ duldsam

uncomplicated [ʌn'kɒmplɪkeɪtɪd] ADJ unkompliziert

uncomplimentary [ˌʌnkɒmplɪ'mentəri]

ADJ unschmeichelhaft

uncomprehending [ˌʌnkɒmprɪ'hendɪŋ] ADJ, **uncomprehendingly** [ˌʌnkɒmprɪ'hendɪŋ, -lɪ] ADV verständnislos

uncompromising [ʌn'kɒmprəmaɪzɪŋ] ADJ kompromisslos; Engagement hundertprozentig

unconcerned [ˌʌnkən'sɜːnd] ADJ unbekümmert, gleichgültig; **to be ~ about sth** sich nicht um etw kümmern; **to be ~ by sth** von etw unberührt sein

unconditional [ˌʌnkən'dɪʃənl] ADJ vorbehaltlos; Kapitulation bedingungslos; Unterstützung uneingeschränkt

unconfirmed [ˌʌnkən'fɜːmd] ADJ unbestätigt

unconnected [ˌʌnkə'nektɪd] ADJ **the two events are ~** es besteht keine Beziehung zwischen den beiden Ereignissen

unconscious [ʌn'kɒnʃəs] A ADJ **1** MED bewusstlos; **the blow knocked him ~** durch den Schlag wurde er bewusstlos **2** ⟨präd⟩ **to be ~ of sth** sich (dat) einer Sache (gen) nicht bewusst sein; **I was ~ of the fact that ...** ich war mir od es war mir nicht bewusst, dass ... **3** PSYCH unbewusst; **at** od **on an ~ level** auf der Ebene des Unbewussten B S̱ PSYCH **the ~** das Unbewusste **unconsciously** [ʌn'kɒnʃəsli] ADV unbewusst **unconsciousness** [ʌn'kɒnʃəsnəs] S̱ Bewusstlosigkeit f

unconstitutional [ˌʌnkɒnstɪ'tjuːʃnəl] ADJ, **unconstitutionally** [ˌʌnkɒnstɪ'tjuːʃnəl, -lɪ] ADV verfassungswidrig

uncontaminated [ˌʌnkən'tæmɪneɪtɪd] ADJ nicht verseucht; fig unverdorben

uncontested [ˌʌnkən'testɪd] ADJ unbestritten; Wahl ohne Gegenkandidat

uncontrollable [ˌʌnkən'trəʊləbl] ADJ unkontrollierbar; Wut unbezähmbar; Verlangen unwiderstehlich **uncontrollably** [ˌʌnkən'trəʊləbli] ADV unkontrollierbar; weinen hemmungslos; lachen unkontrolliert **uncontrolled** [ˌʌnkən'trəʊld] ADJ Gefühlsäußerung unkontrolliert

unconventional [ˌʌnkən'venʃənl] ADJ unkonventionell

unconvinced [ˌʌnkən'vɪnst] ADJ nicht überzeugt (**of** von); **his arguments leave me ~** seine Argumente überzeugen mich nicht **unconvincing** [ˌʌnkən'vɪnsiŋ] ADJ nicht überzeugend; **rather ~** wenig überzeugend **unconvincingly** [ˌʌnkənˈvɪnsɪŋlɪ] ADV wenig überzeugend

uncooked [ʌnˈkʊkt] ADJ ungekocht, roh

uncool ADJ *nicht cool* uncool; **that's totally ~!** das ist ja voll uncool!

uncooperative [ˌʌnkəʊˈɒpərətɪv] ADJ Haltung stur; *Zeuge* wenig hilfreich

uncoordinated [ˌʌnkəʊˈɔːdɪneɪtɪd] ADJ unkoordiniert

uncork [ʌnˈkɔːk] V/T entkorken

uncorroborated [ˌʌnkəˈrɒbəreɪtɪd] ADJ unbestätigt; *Beweise* nicht bekräftigt

uncountable [ʌnˈkaʊntəbl] ADJ GRAM unzählbar

uncouple [ʌnˈkʌpl] V/T abkoppeln

uncouth [ʌnˈkuːθ] ADJ *Mensch* ungehobelt; *Verhalten* unflätig

uncover [ʌnˈkʌvəʳ] V/T aufdecken

uncritical, uncritically [ʌnˈkrɪtɪkəl, -lɪ] ADV unkritisch (**of, about** in Bezug auf +*akk*)

uncross [ʌnˈkrɒs] V/T **he ~ed his legs** er nahm das Bein vom Knie; **she ~ed her arms** sie löste ihre verschränkten Arme

uncrowded [ʌnˈkraʊdɪd] ADJ nicht überlaufen

uncrowned [ʌnˈkraʊnd] wörtl, fig ADJ ungekrönt

uncultivated [ʌnˈkʌltɪveɪtɪd] ADJ unkultiviert

uncurl [ʌnˈkɜːl] V/I glatt werden; *Schlange* sich langsam strecken

uncut [ʌnˈkʌt] ADJ **1** ungeschnitten; **~ diamond** Rohdiamant *m* **2** ungekürzt **3** MED, REL *Mann* unbeschnitten

undamaged [ʌnˈdæmɪdʒd] ADJ unbeschädigt; *fig* makellos

undated [ʌnˈdeɪtɪd] ADJ *Brief* undatiert, ohne Datum

undaunted [ʌnˈdɔːntɪd] ADJ unverzagt

undecided [ˌʌndɪˈsaɪdɪd] ADJ unentschlossen; **he is ~ as to whether he should go or not** er ist (sich) noch unschlüssig, ob er gehen soll oder nicht; **to be ~ about sth** sich (*dat*) über etw (*akk*) im Unklaren sein

undefeated [ˌʌndɪˈfiːtɪd] ADJ *Mannschaft* unbesiegt; *Weltmeister* ungeschlagen

undelete [ˈʌndɪˈliːt] V/T IT **to ~ sth** das Löschen von etw rückgängig machen

undemanding [ˌʌndɪˈmɑːndɪŋ] ADJ anspruchslos; *Aufgabe* wenig fordernd

undemocratic ADJ, **undemocrati-**

cally [ˌʌndɪməˈkrætɪk, -əlɪ] ADV undemokratisch

undemonstrative [ˌʌndɪˈmɒnstrətɪv] ADJ zurückhaltend

undeniable [ˌʌndɪˈnaɪəbl] ADJ unbestreitbar **undeniably** [ˌʌndɪˈnaɪəblɪ] ADV zweifellos, unbestreitbar

★**under** [ˈʌndəʳ] **A** PRÄP **1** unter (+*dat*); *mit Richtungsangabe* unter (+*akk*); **~ it** darunter; **to come out from ~ the bed** unter dem Bett hervorkommen; **it's ~ there** es ist da drunter *umg*; **~ an hour** weniger als eine Stunde; **there were ~ 50 of them** es waren weniger als 50; **he died ~ the anaesthetic** *Br*, **he died ~ the anesthetic** *US* er starb in der Narkose; **~ construction** im Bau; **the matter ~ discussion** der Diskussionsgegenstand; **to be ~ the doctor** in (ärztlicher) Behandlung sein; **~ an assumed name** unter falschem Namen **2** gemäß (+*dat*) **B** ADV **1** *Position* unten; *bei Ohnmacht* bewusstlos; **to go ~** untergehen **2** (=*weniger*) darunter **under-** PRÄF Unter-; **for the ~twelves** für Kinder unter zwölf **underachieve** V/I hinter den Erwartungen zurückbleiben

underachiever S **Johnny is an ~** Johnnys Leistungen bleiben hinter den Erwartungen zurück **underage** ADJ ⟨*attr*⟩ minderjährig **underarm A** ADJ **1** Unterarm- **2** *werfen* von unten **B** ADV von unten **undercarriage** S FLUG Fahrwerk *n* **undercharge** V/T **he ~d me by 50p** er berechnete mir 50 Pence zu wenig **underclass** S Unterklasse *f* **underclothes** PL Unterwäsche *f* **undercoat** S Grundierfarbe *f*, Grundierung *f* **undercook** V/T nicht durchgaren **undercover A** ADJ geheim; **~ agent** Geheimagent(in) *m(f)* **B** ADV **to work ~** als verdeckter Ermittler/ verdeckte Ermittlerin arbeiten **undercurrent** S Unterströmung *f* **undercut** V/T ⟨*prät, pperf* undercut⟩ (im Preis) unterbieten **underdeveloped** ADJ unterentwickelt **underdog** S Außenseiter(in) *m(f)*, Underdog *m* **underdone** ADJ nicht gar; *Steak* nicht durchgebraten **underestimate** [ˌʌndərˈestɪmeɪt] **B** V/T unterschätzen **B** [ˌʌndərˈestɪmət] S Unterschätzung *f* **underfloor** ADJ **~ heating** Fußbodenheizung *f* **underfoot** ADV am Boden; **it**

is wet ~ der Boden ist nass; **to trample sb/sth** ~ auf j-m/etw herumtrampeln
underfunded ADJ unterfinanziert
underfunding S Unterfinanzierung f
undergo V/T ⟨prät underwent; pperf undergone⟩ Entwicklung durchmachen; Ausbildung mitmachen; Test, Operation sich unterziehen (+dat); **to ~ repairs** in Reparatur sein **undergrad** umg, **undergraduate** A S Student(in) m(f) B ADJ ⟨attr⟩ Kurs für nicht graduierte Studenten

★**underground** [ˈʌndəgraʊnd] A ADJ 1 Gang, See unterirdisch 2 fig (≈geheim) Untergrund- 3 (≈alternativ) Underground- B ADV 1 unterirdisch; Bergbau unter Tage; **3 m** ~ 3 m unter der Erde 2 fig **to go** ~ untertauchen C S 1 Br BAHN U-Bahn f 2 Untergrundbewegung f; (≈Subkultur) Underground m **underground station** S Br BAHN U-Bahn-hof m

undergrowth S Gestrüpp n **underhand** ADJ hinterhältig **underinvestment** S mangelnde od unzureichende Investitionen pl **underlie** fig V/T ⟨prät underlay; pperf underlain⟩ zugrunde liegen (+dat) **underline** V/T unterstreichen **underlying** ADJ 1 Felsen tiefer liegend 2 Grund eigentlich; Problem zugrunde liegend; Spannungen unterschwellig **undermine** V/T 1 schwächen 2 fig unterminieren

underneath [ˌʌndəˈniːθ] A PRÄP unter (+dat); mit Richtungsangabe unter (+akk); ~ **it** darunter; **to come out from** ~ **sth** unter etw (dat) hervorkommen B ADV darunter C S Unterseite f

undernourished ADJ unterernährt **underpants** PL Unterhose f; **a pair of** ~ eine Unterhose **underpass** S Unterführung f **underpay** V/T ⟨prät, pperf underpaid⟩ zu wenig zahlen +dat, unterbezahlen **underperform** V/I Firma, Person, Team etc hinter den Erwartungen zurückbleiben, ein gestecktes Ziel nicht erreichen **underpin** V/T Argument etc untermauern; Wirtschaft (ab)stützen **underpopulated** ADJ unterbevölkert **underprivileged** ADJ unterprivilegiert **underqualified** ADJ unterqualifiziert **underrated** ADJ unterschätzt **undersea** ADJ Unterwasser- **undersecretary** S 1 POL Br Staatssekre-

tär(in) m(f) 2 POL US Unterstaatssekretär(in) m(f) **undershirt** US S Unterhemd n, Leiberl n österr, Leibchen n österr, schweiz **undershorts** US PL Unterhose(n) f(pl) **underside** S Unterseite f **undersigned** S **we the** ~ wir, die Unterzeichneten **undersized** ADJ (zu) klein, unterdimensioniert **underskirt** S Unterrock m **understaffed** ADJ unterbesetzt; Krankenhaus mit zu wenig Personal

★**understand** [ˌʌndəˈstænd] ⟨prät, pperf understood⟩ A V/T 1 verstehen; **I don't** ~ **Russian** ich verstehe kein Russisch; **what do you** ~ **by "pragmatism"?** was verstehen Sie unter „Pragmatism"? 2 **I** ~ **that you are going to Australia** ich höre, Sie gehen nach Australien; **I understood (that) he was abroad** ich dachte, er sei im Ausland; **am I to** ~ **that ...?** soll das etwa heißen, dass ...?; **as I** ~ **it,** ... soweit ich weiß, ... B V/I 1 verstehen; **but you don't** ~, **I must have the money now** aber verstehen Sie doch, ich brauche das Geld jetzt! 2 **so I** ~ es scheint so **understandable** [ˌʌndəˈstændəbl] ADJ verständlich **understandably** [ˌʌndəˈstændəbl] ADV verständlicherweise **understanding** [ˌʌndəˈstændɪŋ] A ADJ verständnisvoll B S 1 Auffassungsgabe f; (≈Wissen) Kenntnisse pl; (≈Sinn) Verständnis n; **my** ~ **of the situation is that ...** ich verstehe die Situation so, dass ...; **it was my** ~ **that ...** ich nahm an, dass ... 2 Abmachung f; **to come to an** ~ **with sb** eine Abmachung mit j-m treffen; **Susie and I have an** ~ Susie und ich haben unsere Abmachung 3 **on the** ~ **that ...** unter der Voraussetzung, dass ...

understate [ˌʌndəˈsteɪt] V/T herunterspielen **understated** [ˌʌndəˈsteɪtɪd] ADJ Film etc subtil; Farben gedämpft; Darbietung zurückhaltend **understatement** [ˈʌndəˌsteɪtmənt] S 1 Untertreibung f 2 LIT Darstellung eines Sachverhalts als unwichtig; z. B. als Mittel der Ironie oder zur Betonung

understood [ˌʌndəˈstʊd] A PRÄT & PPERF → understand B ADJ 1 klar; **to make oneself** ~ sich verständlich machen; **do I make myself** ~? ist das klar?; **I thought that was** ~! ich dachte, das

Ü

sei klar **2** angenommen; **he is ~ to have left** es heißt, dass er gegangen ist **understudy** ['ʌndə,stʌdɪ] **S** THEAT zweite Besetzung **undertake** [,ʌndə'teɪk] **VT** ⟨prät undertook [,ʌndə'tʊk]; pperf undertaken [,ʌndə'teɪkn]⟩ **1** Job etc übernehmen **2** sich verpflichten **undertaker** ['ʌndə,teɪkə'] **S** (Leichen)bestatter(in) m(f); (≈ Firma) Bestattungsinstitut n **undertaking** [,ʌndə'teɪkɪŋ] **S** Vorhaben n, Projekt n **undertone** ['ʌndə'təʊn] **S** **1 in an ~** mit gedämpfter Stimme **2** fig **an ~ of racism** ein rassistischer Unterton **undertook** [,ʌndə'tʊk] PRÄT → undertake **undertow** ['ʌndə'təʊ] **S** Unterströmung f **undervalue** [,ʌndə'væljuː] **VT** j-n zu wenig schätzen **underwater** **A** ADJ Unterwasser- **B** ADV unter Wasser **underwear** ['ʌndə'weə'] **S** Unterwäsche f **underweight** [,ʌndə'weɪt] ADJ untergewichtig; **to be ~** Untergewicht haben **underwent** [,ʌndə'went] PRÄT → undergo **underwired bra** **S** Bügel-BH m **underworld** ['ʌndə'wɜːld] **S** Unterwelt f **underwrite** ['ʌndə'raɪt] **VT** ⟨prät underwrote; pperf underwritten⟩ bürgen für; Versicherungswesen versichern

undeserved [,ʌndɪ'zɜːvd] ADJ unverdient **undeservedly** [,ʌndɪ'zɜːvɪdlɪ] ADV unverdient(ermaßen) **undeserving** [,ʌndɪ'zɜːvɪŋ] ADJ unwürdig **undesirable** [,ʌndɪ'zaɪərəbl] **A** ADJ unerwünscht; Einfluss übel **B** **S** unerfreuliches Element **undetected** [,ʌndɪ'tektɪd] ADJ unentdeckt; **to go ~** nicht entdeckt werden **undeterred** [,ʌndɪ'tɜːd] ADJ keineswegs entmutigt; **the teams were ~ by the weather** das Wetter schreckte die Mannschaften nicht ab **undeveloped** [,ʌndɪ'veləpt] ADJ unentwickelt; Land ungenutzt **undid** [ʌn'dɪd] PRÄT → undo **undies** ['ʌndɪz] umg PL (Unter)wäsche f **undignified** [ʌn'dɪgnɪfaɪd] ADJ unwürdig; unelegant **undiluted** [,ʌndaɪ'luːtɪd] ADJ unverdünnt; fig Wahrheit unverfälscht **undiminished** [,ʌndɪ'mɪnɪʃt] ADJ unvermindert **undiplomatic** ADJ, **undiplomatically** [,ʌndɪplə'mætɪk, -əlɪ] ADV undiplomatisch **undisciplined** [ʌn'dɪsɪplɪnd] ADJ undiszipliniert

undisclosed [,ʌndɪs'kləʊzd] ADJ geheim gehalten; Grund ungenannt **undiscovered** [,ʌndɪs'kʌvəd] ADJ unentdeckt **undisputed** [,ʌndɪ'spjuːtɪd] ADJ unbestritten **undisturbed** [,ʌndɪ'stɜːbd] ADJ Dorf, Papiere unberührt; Schlaf ungestört **undivided** [,ʌndɪ'vaɪdɪd] ADJ Aufmerksamkeit ungeteilt; Unterstützung voll; Treue absolut **undo** [ʌn'duː] **VT** ⟨prät undid; pperf undone⟩ **1** aufmachen, öffnen; Knoten lösen **2** Entscheidung rückgängig machen; IT Befehl rückgängig machen **undoing** [ʌn'duːɪŋ] **S** Verderben n **undone** [ʌn'dʌn] **A** PPERF → undo **B** ADJ **1** offen; **to come ~** aufgehen **2** Aufgabe unerledigt; **to leave sth ~** etw ungetan lassen **undoubted** [ʌn'daʊtɪd] ADJ unbestritten **undoubtedly** [ʌn'daʊtɪdlɪ] ADV zweifellos **undreamt-of** [ʌn'dremtɒv], **undreamed-of** [ʌn'driːmdɒv] US ADJ ungeahnt **undress** [ʌn'dres] **A** **VT** ausziehen; **to get ~ed** sich ausziehen **B** **VI** sich ausziehen **undrinkable** [ʌn'drɪŋkəbl] ADJ ungenießbar **undulating** ['ʌndjʊleɪtɪŋ] ADJ Landschaft hügelig; Weg auf und ab führend **unduly** [ʌn'djuːlɪ] ADV übermäßig; optimistisch zu; **you're worrying ~** Sie machen sich (dat) unnötige Sorgen **undying** [ʌn'daɪɪŋ] ADJ Liebe unsterblich **unearth** [ʌn'ɜːθ] **VT** ausgraben; fig Beweise zutage bringen **unearthly** [ʌn'ɜːθlɪ] ADJ Stille unheimlich; umg Lärm schauerlich **unease** [ʌn'iːz] **S** Unbehagen n **uneasily** [ʌn'iːzɪlɪ] ADV unbehaglich; schlafen unruhig **uneasiness** [ʌn'iːzɪnɪs] **S** Beklommenheit f, Unruhe f **uneasy** [ʌn'iːzɪ] ADJ Stille unbehaglich; Frieden unsicher; Bündnis instabil; Gefühl beklemmend; **to be ~** beklommen sein, beunruhigt sein; **I am** od **feel ~ about it** mir ist nicht wohl dabei; **to make sb ~** j-n beunruhigen; **to grow** od **become ~ about sth** sich über etw (akk) beunruhigen **uneatable** [ʌn'iːtəbl] ADJ ungenießbar **uneconomic(al)** [ʌn,iːkə'nɒmɪk(əl)] ADJ unwirtschaftlich

uneducated [ˌʌnˈedjʊkeɪtɪd] ADJ ungebildet

unemotional [ˌʌnɪˈməʊʃənl] ADJ nüchtern

★**unemployed** [ˌʌnɪmˈplɔɪd] A ADJ arbeitslos B PL **the ~** pl die Arbeitslosen pl

★**unemployment** [ˌʌnɪmˈplɔɪmənt] S Arbeitslosigkeit f **unemployment benefit** S, **unemployment compensation** US S Arbeitslosengeld n

unending [ʌnˈendɪŋ] ADJ ewig, endlos

unenthusiastic [ˌʌnɪnθjuːzɪˈæstɪk] ADJ wenig begeistert **unenthusiastically** [ˌʌnɪnθjuːzɪˈæstɪkəlɪ] ADV ohne Begeisterung

unenviable [ʌnˈenvɪəbl] ADJ wenig beneidenswert

unequal [ʌnˈiːkwəl] ADJ ungleich; **~ in length** unterschiedlich lang; **to be ~ to a task** einer Aufgabe (dat) nicht gewachsen sein **unequalled** ADJ, **unequaled** US ADJ unübertroffen

unequivocal [ˌʌnɪˈkwɪvəkəl] 1 unmissverständlich; Beweis unzweifelhaft 2 Unterstützung rückhaltlos **unequivocally** [ˌʌnɪˈkwɪvəkəlɪ] ADV unmissverständlich, eindeutig; unterstützen rückhaltlos

unerring [ʌnˈɜːrɪŋ] ADJ unfehlbar

unethical [ʌnˈeθɪkəl] ADJ unmoralisch

uneven [ʌnˈiːvən] ADJ uneben; Zahl ungerade; Wettkampf ungleich **unevenly** [ʌnˈiːvənlɪ] ADV unregelmäßig; verteilen ungleichmäßig **unevenness** [ʌnˈiːvənnɪs] S Unebenheit f; von Farbe, Verteilung Ungleichmäßigkeit f; von Qualität Unterschiedlichkeit f; von Wettkampf Ungleichheit f

uneventful [ˌʌnɪˈventfʊl] ADJ Tag ereignislos; Leben ruhig

unexceptional [ˌʌnɪkˈsepʃənl] ADJ alltäglich, durchschnittlich

unexciting [ˌʌnɪkˈsaɪtɪŋ] ADJ nicht besonders aufregend, langweilig, fad österr

unexpected [ˌʌnɪkˈspektɪd] ADJ unerwartet **unexpectedly** [ˌʌnɪkˈspektɪdlɪ] ADV unerwartet, unvorhergesehen

unexplained [ˌʌnɪkˈspleɪnd] ADJ ungeklärt; Rätsel unaufgeklärt

unexplored [ˌʌnɪkˈsplɔːd] ADJ unerforscht

unfailing [ʌnˈfeɪlɪŋ] ADJ unerschöpflich; Unterstützung, Präzision beständig

unfair [ʌnˈfeər] ADJ unfair; **to be ~ to sb** j-m gegenüber unfair sein **unfair dismissal** S ungerechtfertigte Entlassung

unfairly [ʌnˈfeəlɪ] ADV unfair; anklagen, entlassen zu Unrecht **unfairness** [ʌnˈfeənɪs] S Ungerechtigkeit f

unfaithful [ʌnˈfeɪθfʊl] ADJ untreu **unfaithfulness** [ʌnˈfeɪθfʊlnɪs] S Untreue f

unfamiliar [ˌʌnfəˈmɪljər] ADJ ungewohnt, fremd; **~ territory** fig Neuland n; **to be ~ with sth** mit etw nicht vertraut sein, sich mit etw nicht auskennen **unfamiliarity** [ˌʌnfəmɪlɪˈærɪtɪ] S Ungewohntheit f, Fremdheit f; **because of my ~ with …** wegen meiner mangelnden Vertrautheit mit …

unfashionable [ʌnˈfæʃnəbl] ADJ unmodern; Stadtviertel wenig gefragt; Thema nicht in Mode

unfasten [ʌnˈfɑːsn] A V/T aufmachen; Etikett, Pferd losbinden B V/i aufgehen

unfavourable [ʌnˈfeɪvərəbl] ADJ, **unfavorable** US ADJ ungünstig **unfavourably** [ʌnˈfeɪvərəblɪ] ADV, **unfavorably** US ADV reagieren ablehnend; einschätzen ungünstig; **to compare ~ with sth** im Vergleich mit etw schlecht abschneiden

unfeasible [ʌnˈfiːzəbl] ADJ nicht machbar

unfeeling [ʌnˈfiːlɪŋ] ADJ gefühllos

unfinished [ʌnˈfɪnɪʃt] ADJ unfertig; Kunstwerk unvollendet; **~ business** unerledigte Geschäfte pl

unfit [ʌnˈfɪt] ADJ 1 ungeeignet, unfähig; **to be ~ to do sth** nicht fähig sein, etw zu tun, außerstande sein, etw zu tun; **~ to drive** fahruntüchtig; **he is ~ to be a lawyer** er ist als Jurist untauglich; **to be ~ for (human) consumption** nicht zum Verzehr geeignet sein 2 SPORT nicht fit, schlecht in Form; **~ (for military service)** (dienst)untauglich; **to be ~ for work** arbeitsunfähig sein

unflagging [ʌnˈflægɪŋ] ADJ Begeisterung unerschöpflich; Interesse unverändert stark

unflappable [ʌnˈflæpəbl] umg ADJ unerschütterlich; **to be ~** die Ruhe weghaben umg

unflattering [ʌnˈflætərɪŋ] ADJ wenig schmeichelhaft

unflinching [ʌnˈflɪntʃɪŋ] ADJ unerschrocken; *Unterstützung* unbeirrbar

unfocus(s)ed [ʌnˈfəʊkəst] ADJ *Augen* unkoordiniert; *Debatte* weitschweifig; *Kampagne* zu allgemein angelegt

unfold [ʌnˈfəʊld] A VT auseinanderfalten; *Flügel* ausbreiten; *Arme* lösen B VI *Geschichte* sich abwickeln

unfollow [ʌnˈfɒləʊ] VT *auf Twitter®* entfolgen (+*dat*)

unforced [ʌnˈfɔːst] ADJ ungezwungen

unforeseeable [ˌʌnfɔːˈsiːəbl] ADJ unvorhersehbar **unforeseen** [ˌʌnfɔːˈsiːn] ADJ unvorhergesehen; **due to ~ circumstances** aufgrund unvorhergesehener Umstände

unforgettable [ˌʌnfəˈgetəbl] ADJ unvergesslich

unforgivable ADJ, **unforgivably** [ˌʌnfəˈgɪvəbl, -ɪ] ADV unverzeihlich **unforgiving** [ˌʌnfəˈgɪvɪŋ] ADJ unversöhnlich

unformatted [ʌnˈfɔːmætɪd] ADJ IT unformatiert

unforthcoming [ˌʌnfɔːˈθkʌmɪŋ] ADJ nicht sehr mitteilsam; **to be ~ about sth** sich nicht zu etw äußern wollen

★**unfortunate** [ʌnˈfɔːtʃnɪt] ADJ unglücklich; *Mensch* glücklos; *Ereignis, Fehler* unglückselig; **to be ~** Pech haben; **it is ~ that ...** es ist bedauerlich, dass ...

★**unfortunately** [ʌnˈfɔːtʃnɪtlɪ] ADV leider, unglücklicherweise

unfounded [ʌnˈfaʊndɪd] ADJ unbegründet; *Beschuldigung* aus der Luft gegriffen

unfriendliness [ʌnˈfrendlɪnɪs] S Unfreundlichkeit *f* **unfriendly** [ʌnˈfrendlɪ] ADJ unfreundlich (**to sb** zu j-m)

unfulfilled [ˌʌnfʊlˈfɪld] ADJ unerfüllt; *Mensch, Leben* unausgefüllt

unfurl [ʌnˈfɜːl] A VT *Fahne* aufrollen; *Segel* losmachen B VI sich entfalten

unfurnished [ʌnˈfɜːnɪʃt] ADJ unmöbliert

ungainly [ʌnˈgeɪnlɪ] ADJ unbeholfen

ungenerous [ʌnˈdʒenərəs] ADJ kleinlich

ungodly [ʌnˈgɒdlɪ] *umg* ADJ *Stunde* unchristlich *umg*

ungraceful [ʌnˈgreɪsfʊl] ADJ nicht anmutig

ungracious [ʌnˈgreɪʃəs] ADJ unhöflich; *Ablehnung* schroff; *Antwort* rüde **ungraciously** [ʌnˈgreɪʃəslɪ] ADV *antworten* schroff

ungrammatical ADJ, **ungrammatically** [ˌʌngrəˈmætɪkəl, -ɪ] ADV grammatikalisch falsch

ungrateful ADJ, **ungratefully** [ʌnˈgreɪtfʊl, -fəlɪ] ADV undankbar (**to** gegenüber)

unguarded [ʌnˈgɑːdɪd] ADJ **1** unbewacht **2** *fig* unachtsam; **in an ~ moment he ...** als er einen Augenblick nicht aufpasste, ... er ...

unhampered [ʌnˈhæmpəd] ADJ ungehindert

unhappily [ʌnˈhæpɪlɪ] ADV unglücklich **unhappiness** [ʌnˈhæpɪnɪs] S **1** Traurigkeit *f* **2** Unzufriedenheit *f*

★**unhappy** [ʌnˈhæpɪ] ADJ ⟨*komp* unhappier⟩ **1** unglücklich; *Blick* traurig **2** unzufrieden (**about** mit), unwohl; **to be ~ with sb/sth** mit j-m/etw unzufrieden sein; **to be ~ about doing sth** nicht glücklich darüber sein, etw zu tun; **if you feel ~ about it** wenn Ihnen dabei nicht wohl ist

unharmed [ʌnˈhɑːmd] ADJ unverletzt

unhealthy [ʌnˈhelθɪ] ADJ **1** nicht gesund; *Lebensstil, Klima* ungesund **2** *Interesse* krankhaft; **it's an ~ relationship** das ist eine verderbliche Beziehung

unheard [ʌnˈhɜːd] ADJ **to go ~** ungehört bleiben **unheard-of** ADJ gänzlich unbekannt; (≈ *einmalig*) noch nicht dagewesen

unheeded [ʌnˈhiːdɪd] ADJ **to go ~** auf taube Ohren stoßen

unhelpful [ʌnˈhelpfʊl] ADJ nicht hilfreich, wenig hilfreich; **you are being very ~** du bist aber wirklich keine Hilfe **unhelpfully** [ʌnˈhelpfəlɪ] ADV wenig hilfreich

unhesitating [ʌnˈhezɪteɪtɪŋ] ADJ prompt **unhesitatingly** [ʌnˈhezɪteɪtɪŋlɪ] ADV ohne Zögern

unhindered [ʌnˈhɪndəd] ADJ unbehindert, ungehindert

unhitch [ʌnˈhɪtʃ] VT *Pferd* losbinden, ausspannen; *Anhänger* abkoppeln

unholy [ʌnˈhəʊlɪ] ADJ ⟨*komp* unholier⟩ REL *Bündnis* übel; *Durcheinander* heillos; *Stunde* unchristlich *umg*

unhook [ʌnˈhʊk] A VT loshaken; *Kleid* aufhaken B VI sich aufhaken lassen

unhoped-for [ʌnˈhəʊptfɔː(r)] ADJ unverhofft

unhurried [ʌnˈhʌrɪd] ADJ gelassen un-

hurriedly [ˈʌnˈhʌrɪdlɪ] ADV in aller Ruhe
unhurt [ʌnˈhɜːt] ADJ unverletzt
unhygienic [ˌʌnhaɪˈdʒiːnɪk] ADJ unhygienisch
uni [ˈjuːnɪ] Br umg S̄ Uni f umg
unicorn [ˈjuːnɪˌkɔːn] S̄ Einhorn n
unidentifiable [ˈʌnaɪˌdentɪˌfaɪəbl] ADJ unidentifizierbar, nicht identifizierbar
unidentified [ˌʌnaɪˈdentɪfaɪd] ADJ unbekannt; *Leiche* nicht identifiziert
unification [ˌjuːnɪfɪˈkeɪʃən] S̄ Einigung f
★**uniform** [ˈjuːnɪfɔːm] A ADJ einheitlich; *Temperatur* gleichbleibend B S̄ Uniform f; **in ~** in Uniform; **out of ~** in Zivil **uniformed** [ˈjuːnɪfɔːmd] ADJ in Uniform
uniformity [ˌjuːnɪˈfɔːmɪtɪ] S̄ Einheitlichkeit f; *von Temperatur* Gleichmäßigkeit f **uniformly** [ˈjuːnɪfɔːmlɪ] ADV einheitlich; *erwärmen* gleichmäßig; *behandeln* gleich; *pej* einförmig *pej*
unify [ˈjuːnɪfaɪ] VT einigen
unilateral [ˌjuːnɪˈlætərəl] ADJ einseitig **unilaterally** [ˌjuːnɪˈlætərəlɪ] ADV einseitig; POL *a.* unilateral
unimaginable [ˌʌnɪˈmædʒɪnəbl] ADJ unvorstellbar **unimaginative** [ˌʌnɪˈmædʒɪnətɪv, -lɪ] ADV fantasielos
unimpaired [ˌʌnɪmˈpeəd] ADJ unbeeinträchtigt
unimpeachable [ˌʌnɪmˈpiːtʃəbl] ADJ *Ruf, Charakter* untadelig; *Beweis* unanfechtbar; *Mensch* über jeden Zweifel erhaben
unimpeded [ˌʌnɪmˈpiːdɪd] ADJ ungehindert
unimportant [ˌʌnɪmˈpɔːtənt] ADJ unwichtig
unimposing [ˌʌnɪmˈpəʊzɪŋ] ADJ unscheinbar
unimpressed [ˌʌnɪmˈprest] ADJ unbeeindruckt; **I was ~ by his story** seine Geschichte hat mich überhaupt nicht beeindruckt **unimpressive** [ˌʌnɪmˈpresɪv] ADJ wenig beeindruckend
uninformed [ˌʌnɪnˈfɔːmd] ADJ nicht informiert (**about** über *+akk*), unwissend; *Kritik* blindwütig; *Gerücht* unbestätigt; **to be ~ about sth** über etw (*akk*) nicht Bescheid wissen
uninhabitable [ˌʌnɪnˈhæbɪtəbl] ADJ unbewohnbar **uninhabited** [ˌʌnɪnˈhæbɪtɪd] ADJ unbewohnt
uninhibited [ˌʌnɪnˈhɪbɪtɪd] ADJ ohne

Hemmungen
uninitiated [ˌʌnɪˈnɪʃɪeɪtɪd] A ADJ nicht eingeweiht B S̄ **the ~** *pl* Nichteingeweihte *pl*
uninjured [ʌnˈɪndʒəd] ADJ unverletzt
uninspired [ˌʌnɪnˈspaɪəd] ADJ fantasielos **uninspiring** [ˌʌnɪnˈspaɪərɪŋ] ADJ trocken; *Idee* nicht gerade aufregend
uninstall [ˌʌnɪnˈstɔːl] VT IT deinstallieren
uninsured [ˌʌnɪnˈʃʊəd] ADJ unversichert
unintelligent [ˌʌnɪnˈtelɪdʒənt] ADJ unintelligent
unintelligible [ˌʌnɪnˈtelɪdʒɪbl] ADJ nicht zu verstehen, unverständlich
unintended [ˌʌnɪnˈtendɪd] ADJ unabsichtlich **unintentional** [ˌʌnɪnˈtenʃnl] ADJ unbeabsichtigt, unabsichtlich **unintentionally** [ˌʌnɪnˈtenʃnəlɪ] ADV unabsichtlich, unbeabsichtigt; *komisch* unfreiwillig
uninterested [ʌnˈɪntrɪstɪd] ADJ desinteressiert; **to be ~ in sth** an etw (*dat*) nicht interessiert sein **uninteresting** [ʌnˈɪntrɪstɪŋ] ADJ uninteressant
uninterrupted [ˌʌnɪntəˈrʌptɪd] ADJ ununterbrochen; *Aussicht* ungestört
uninvited [ˌʌnɪnˈvaɪtɪd] ADJ *Gast* ungeladen **uninviting** [ˌʌnɪnˈvaɪtɪŋ] ADJ *Aussichten* nicht (gerade) verlockend
★**union** [ˈjuːnjən] A S̄ Vereinigung f; IND Gewerkschaft f; UNIV Studentenklub m B ADJ ⟨attr⟩ IND Gewerkschafts- **unionist** [ˈjuːnjənɪst] A S̄ 1 IND Gewerkschafter(in) m(f) 2 POL Unionist(in) m(f) B ADJ POL unionistisch **Union Jack** S̄ Union Jack m
unique [juːˈniːk] ADJ einzig *attr*, einzigartig; **such cases are not ~ to Britain** solche Fälle sind nicht nur auf Großbritannien beschränkt **uniquely** [juːˈniːklɪ] ADV einzig und allein, nur
unisex [ˈjuːnɪseks] ADJ für Männer und Frauen
unison [ˈjuːnɪzn] S̄ MUS Einklang m; **in ~** einstimmig; **to act in ~ with sb** *fig* in Übereinstimmung mit j-m handeln
unit [ˈjuːnɪt] S̄ Einheit f; (≈ *Geräte*) Anlage f; *von Maschine* Teil n; *in Lehrbuch* Lektion f; **~ of length** Längeneinheit f
★**unite** [juːˈnaɪt] A VT vereinigen, (ver)einen B VI sich zusammenschließen; **to ~ in doing sth** gemeinsam etw tun; **to ~ in grief/opposition to**

sth gemeinsam trauern/gegen etw Opposition machen

★**united** [juːˈnaɪtɪd] ADJ verbunden; *Front* geschlossen; *Volk, Nation* einig; **a ~ Ireland** ein vereintes Irland; **to be ~ in the** *od* **one's belief that ...** einig sein in seiner Überzeugung, dass ...

United Arab Emirates [juː] PL Vereinigte Arabische Emirate *pl*

★**United Kingdom** S Vereinigtes Königreich *(Großbritannien und Nordirland)*

United Nations (Organization) S Vereinte Nationen *pl*

★**United States (of America)** PL (+*sg v*) Vereinigte Staaten *pl* (von Amerika)

unity [ˈjuːnɪti] S Einheit *f*; **national ~** (nationale) Einheit

universal [ˌjuːnɪˈvɜːsəl] ADJ universell; *Zustimmung, Frieden* allgemein **universally** [ˌjuːnɪˈvɜːsəli] ADV allgemein

★**universe** [ˈjuːnɪvɜːs] S Universum *n*

★**university** [ˌjuːnɪˈvɜːsɪti] A S Universität *f*; **which ~ does he go to?** wo studiert er?; **to be at/go to ~** studieren; **to be at/go to London University** in London studieren B ADJ ⟨*attr*⟩ Universitäts-; *Ausbildung* akademisch; **~ teacher** Hochschullehrer(in) *m(f)*

unjust [ʌnˈdʒʌst] ADJ ungerecht (**to** gegen) **unjustifiable** [ʌnˈdʒʌstɪfaɪəbl] ADJ nicht zu rechtfertigen *attr*, nicht zu rechtfertigen *präd* **unjustifiably** [ʌnˈdʒʌstɪfaɪəbli] ADV ungerechtfertigt; *entlassen* zu Unrecht **unjustified** [ʌnˈdʒʌstɪfaɪd] ADJ ungerechtfertigt **unjustly** [ʌnˈdʒʌstli] ADV zu Unrecht; *behandeln, beurteilen* ungerecht

unkempt [ʌnˈkempt] ADJ ungepflegt; *Haar* ungekämmt

unkind [ʌnˈkaɪnd] ADJ ⟨+*er*⟩ unfreundlich, gemein; **don't be (so) ~!** das ist aber gar nicht nett (von dir)! **unkindly** [ʌnˈkaɪndli] ADV unfreundlich, gemein **unkindness** S Unfreundlichkeit *f*, Gemeinheit *f*

unknowingly [ʌnˈnəʊɪŋli] ADV unwissentlich

★**unknown** [ʌnˈnəʊn] A ADJ unbekannt; **~ territory** Neuland *n* B S **the ~** das Unbekannte; **a journey into the ~** eine Fahrt ins Ungewisse C ADV **~ to me** ohne dass ich es wusste

unlawful [ʌnˈlɔːfʊl] ADJ gesetzwidrig **unlawfully** [ʌnˈlɔːfəli] ADV gesetzwid-

rig, illegal; *gefangen halten* ungesetzlich

★**unleaded** [ʌnˈledɪd] A ADJ bleifrei B S bleifreies Benzin

unleash [ʌnˈliːʃ] *fig* VT entfesseln

unleavened [ʌnˈlevnd] ADJ ungesäuert

★**unless** [ʌnˈles] KONJ es sei denn; *am Satzanfang* wenn ... nicht; **don't do it ~ I tell you to** mach das nicht, es sei denn, ich sage es dir; **~ I tell you to, don't do it** wenn ich es dir nicht sage, mach das nicht; **~ I am mistaken ...** wenn *od* falls ich mich nicht irre ...

unlicensed [ʌnˈlaɪsənst] ADJ *Lokal* ohne (Schank)konzession

unlike[1] [ʌnˈlaɪk] PRÄP 1 im Gegensatz zu 2 **to be quite ~ sb** j-m (gar) nicht ähnlichsehen 3 **this house is ~ their former one** dieses Haus ist ganz anders als ihr früheres

unlike[2] [ʌnˈlaɪk] VT *auf Facebook®* entfreunden

unlikeable [ʌnˈlaɪkəbl] ADJ unsympathisch

unlikely [ʌnˈlaɪkli] ADJ ⟨*komp* unlikelier⟩ unwahrscheinlich; **it is (most) ~/not ~ that ...** es ist (höchst) unwahrscheinlich/es kann durchaus sein, dass ...; **she is ~ to come** sie kommt höchstwahrscheinlich nicht; **he's ~ to be chosen** es ist unwahrscheinlich, dass er gewählt wird; **in the ~ event of war** im unwahrscheinlichen Fall eines Krieges

unlimited [ʌnˈlɪmɪtɪd] ADJ unbegrenzt; *Zugang* uneingeschränkt

unlisted [ʌnˈlɪstɪd] ADJ *Firma etc* nicht verzeichnet; **the number is ~** *US* TEL die Nummer steht nicht im Telefonbuch

unlit [ˌʌnˈlɪt] ADJ unbeleuchtet; *Lampe* nicht angezündet; *Zigarette* unangezündet

unload [ʌnˈləʊd] A VT entladen; *Auto* ausladen; *Fracht* löschen B VI *Schiff* löschen; *Lkw* abladen

unlock [ʌnˈlɒk] VT aufschließen; **the door is ~ed** die Tür ist nicht abgeschlossen; **to leave a door ~ed** eine Tür nicht abschließen

unloved [ʌnˈlʌvd] ADJ ungeliebt

unluckily [ʌnˈlʌkɪli] ADV unglücklicherweise; leider; **~ for him** zu seinem Pech

unlucky [ʌnˈlʌki] ADJ ⟨*komp* unluckier⟩ *Handlung* unglückselig; *Verlierer, Zufall* unglücklich; **to be ~** Pech haben; *Objekt* Unglück bringen; **it was ~ for her that**

she was seen Pech für sie, dass man sie gesehen hat; **~ number** Unglückszahl *f*

unmanageable [ʌnˈmænɪdʒəbl] ADJ *Größe* unhandlich; *Zahl* nicht zu bewältigen; *Mensch, Haare* widerspenstig; *Situation* unkontrollierbar

unmanly [ʌnˈmænlɪ] ADJ unmännlich

unmanned [ʌnˈmænd] ADJ unbemannt

unmarked [ʌnˈmɑːkt] **1** ohne Flecken, ungezeichnet; *Streifenwagen* nicht gekennzeichnet; *Grab* anonym **2** SPORT *Spieler* ungedeckt **3** SCHULE *Arbeiten* unkorrigiert

unmarried [ʌnˈmærɪd] ADJ unverheiratet; **~ mother** ledige Mutter

unmask [ʌnˈmɑːsk] *wörtl* VT demaskieren; *fig* entlarven

unmatched [ʌnˈmætʃt] ADJ unübertroffen (**for** in Bezug auf *+akk*); **~ by anyone** von niemandem übertroffen

unmentionable [ʌnˈmenʃnəbl] ADJ tabu präd

unmerciful [ʌnˈmɜːsɪfl] ADJ erbarmungslos, unbarmherzig

unmissable [ˈʌnˈmɪsəbl] *Br umg* ADJ **to be ~** ein Muss sein

unmistak(e)able [ˌʌnmɪˈsteɪkəbl] ADJ unverkennbar, unverwechselbar **unmistak(e)ably** [ˌʌnmɪˈsteɪkəblɪ] ADV unverkennbar

unmitigated [ʌnˈmɪtɪɡeɪtɪd] *umg* ADJ *Katastrophe* vollkommen; *Erfolg* total

unmotivated [ʌnˈməʊtɪveɪtɪd] ADJ unmotiviert, grundlos

unmoved [ʌnˈmuːvd] ADJ ungerührt; **they were ~ by his playing** sein Spiel(en) ergriff sie nicht

unnamed [ʌnˈneɪmd] ADJ ungenannt

unnatural [ʌnˈnætʃrəl] ADJ unnatürlich; **to die an ~ death** keines natürlichen Todes sterben **unnaturally** [ʌnˈnætʃrəlɪ] ADV unnatürlich; *laut* ungewöhnlich

unnecessarily [ʌnˈnesəsərɪlɪ] ADV unnötigerweise; *streng* unnötig **unnecessary** [ʌnˈnesɪsərɪ] ADJ unnötig, nicht nötig

unnerve [ʌnˈnɜːv] VT entnerven, zermürben, entmutigen; **~d by their reaction** durch ihre Reaktion aus der Ruhe gebracht **unnerving** [ʌnˈnɜːvɪŋ] ADJ entnervend

unnoticed [ʌnˈnəʊtɪst] ADJ unbemerkt

unobservant [ˌʌnəbˈzɜːvənt] ADJ unaufmerksam; **to be ~** ein schlechter Beob-

achter sein **unobserved** [ˌʌnəbˈzɜːvd] ADJ unbemerkt

unobstructed [ˌʌnəbˈstrʌktɪd] ADJ *Blick* ungehindert

unobtainable [ˌʌnəbˈteɪnəbl] ADJ nicht erhältlich; *Ziel* unerreichbar

unobtrusive [ˌʌnəbˈtruːsɪv, -lɪ] ADJ, **unobtrusively** [ˌʌnəbˈtruːsɪv, -lɪ] ADV unauffällig

unoccupied [ʌnˈɒkjʊpaɪd] ADJ *Mensch* unbeschäftigt; *Haus* leer stehend; *Platz* frei

unofficial [ˌʌnəˈfɪʃəl] ADJ inoffiziell **unofficially** [ˌʌnəˈfɪʃəlɪ] ADV inoffiziell

unopened [ʌnˈəʊpənd] ADJ ungeöffnet

unorganized [ʌnˈɔːɡənaɪzd] ADJ unsystematisch, unmethodisch; *Leben* ungeregelt

unoriginal [ˌʌnəˈrɪdʒɪnəl] ADJ wenig originell

unorthodox [ʌnˈɔːθədɒks] ADJ unkonventionell

unpack [ʌnˈpæk] VT & VI auspacken

unpaid [ʌnˈpeɪd] ADJ unbezahlt

unparalleled [ʌnˈpærəleld] ADJ beispiellos

unpatriotic [ˌʌnpætrɪˈɒtɪk] ADJ unpatriotisch

unpaved [ʌnˈpeɪvd] ADJ nicht gepflastert

unperfumed [ʌnˈpɜːfjuːmd] ADJ nicht parfümiert

unperturbed [ˌʌnpəˈtɜːbd] ADJ nicht beunruhigt (**by** von, durch)

unpick [ʌnˈpɪk] VT auftrennen

unpin [ʌnˈpɪn] VT *Kleid, Haar* die Nadeln entfernen aus

unplanned [ʌnˈplænd] ADJ ungeplant

unplayable [ʌnˈpleɪəbl] ADJ unspielbar; *Fußballplatz* unbespielbar

unpleasant [ʌnˈpleznt] ADJ unangenehm; *Mensch, Bemerkung* unfreundlich; **to be ~ to sb** unfreundlich zu j-m sein **unpleasantly** [ʌnˈplezntlɪ] ADV antworten unfreundlich; *warm* unangenehm **unpleasantness** [ʌnˈplezntnɪs] S **1** Unannehmlichkeit *f*; *von Mensch* Unfreundlichkeit *f* **2** (≈ *Streit*) Unstimmigkeit *f*

unplug [ʌnˈplʌɡ] VT *Stecker etc* rausziehen **unplugged** [ʌnˈplʌɡd] ADJ **1** **the TV is ~** der Fernseher ist nicht eingesteckt **2** ® MUS ohne Verstärker, unplugged®

unpolluted [ˌʌnpəˈluːtɪd] ADJ unver-

U

schmutzt

unpopular [ʌnˈpɒpjʊləʳ] ADJ unbeliebt (**with sb** bei j-m); *Beschluss* unpopulär

unpopularity [ʌnˌpɒpjʊˈlærɪtɪ] S Unbeliebtheit *f*; *von Beschluss* geringe Popularität

unpractical [ʌnˈpræktɪkəl] ADJ unpraktisch

unprecedented [ʌnˈpresɪdəntɪd] ADJ noch nie da gewesen; *Profit* unerhört

unpredictable [ʌnprɪˈdɪktəbl] ADJ ▪ *Zwischenfall* unvorhersehbar; ▪ *Person* unberechenbar

unprejudiced [ʌnˈpredʒʊdɪst] ADJ unvoreingenommen

unprepared [ʌnprɪˈpɛəd] ADJ unvorbereitet; **to be ~ for sth** auf etw (*akk*) nicht gefasst sein

unprepossessing [ˌʌnpriːpəˈzesɪŋ] ADJ wenig einnehmend

unpretentious [ˌʌnprɪˈtenʃəs] ADJ schlicht

unprincipled [ʌnˈprɪnsɪpld] ADJ skrupellos

unprintable [ʌnˈprɪntəbl] ADJ nicht druckfähig

unproductive [ˌʌnprəˈdʌktɪv] ADJ *Gespräch* unergiebig; *Betrieb* unproduktiv

unprofessional [ˌʌnprəˈfeʃənl] ADJ unprofessionell

unprofitable [ʌnˈprɒfɪtəbl] ADJ *Firma* unrentabel; *fig* nutzlos; **the company was ~** die Firma machte keinen Profit *od* warf keinen Profit ab

unpromising [ʌnˈprɒmɪsɪŋ] ADJ nicht sehr vielversprechend; **to look ~** nicht sehr hoffnungsvoll *od* gut aussehen

unpronounceable [ˌʌnprəˈnaʊnsɪbl] ADJ unaussprechbar; **that word is ~** das Wort ist nicht auszusprechen

unprotected [ˌʌnprəˈtektɪd] ADJ schutzlos; *Haut, Sex* ungeschützt

unproven [ʌnˈpruːvən], **unproved** [ʌnˈpruːvd] ADJ unbewiesen

unprovoked [ˌʌnprəˈvəʊkt] ADJ grundlos

unpublished [ʌnˈpʌblɪʃt] ADJ unveröffentlicht

unpunctual [ʌnˈpʌŋkʃʊəl] ADJ unpünktlich **unpunctuality** [ˌʌnpʌŋkʃʊˈælətɪ] S Unpünktlichkeit *f*

unpunished [ʌnˈpʌnɪʃt] ADJ **to go ~** ohne Strafe bleiben

unqualified [ʌnˈkwɒlɪfaɪd] ADJ ▪ unqua-

lifiziert; **to be ~** nicht qualifiziert sein; **he is ~ to do it** er ist dafür nicht qualifiziert ▪ *Erfolg* voll(ständig)

unquenchable [ʌnˈkwenʃəbl] ADJ *Durst, Verlangen* unstillbar; *Optimismus* unerschütterlich

unquestionable [ʌnˈkwestʃənəbl] ADJ unbestritten **unquestionably** [ʌnˈkwestʃənəblɪ] ADV zweifellos **unquestioning** [ʌnˈkwestʃənɪŋ] ADJ bedingungslos **unquestioningly** [ʌnˈkwestʃənɪŋlɪ] ADV bedingungslos; *gehorchen* blind

unravel [ʌnˈrævəl] A VT *Gestricktes* aufziehen; *Durcheinander* entwirren; *Rätsel* lösen B VI *Gestricktes* sich aufziehen; *fig* sich entwirren

unreadable [ʌnˈriːdəbl] ADJ unleserlich; *Buch* schwer lesbar

unreal [ʌnˈrɪəl] ADJ unwirklich; **this is just ~!** *umg* das gibts doch nicht! *umg*; **he's ~** er ist unmöglich **unrealistic** [ˌʌnrɪəˈlɪstɪk] ADJ unrealistisch **unrealistically** [ˌʌnrɪəˈlɪstɪkəlɪ] ADV unrealistisch; *optimistisch* unangemessen

unreasonable [ʌnˈriːznəbl] ADJ unzumutbar; *Erwartungen* übertrieben; *Mensch* uneinsichtig; **to be ~ about sth** in Bezug auf etw (*akk*) zu viel verlangen; **it is ~ to ...** es ist zu viel verlangt, zu ...; **you are being very ~!** das ist wirklich zu viel verlangt!; **an ~ length of time** übermäßig *od* übertrieben lange **unreasonably** [ʌnˈriːznəblɪ] ADV *lang, streng* übertrieben; **you must prove that your employer acted ~** Sie müssen nachweisen, dass Ihr Arbeitgeber ungerechtfertigt gehandelt hat; **not ~** nicht ohne Grund

unrecognizable [ʌnˈrekəgnaɪzəbl] ADJ nicht wiederzuerkennen *präd*, nicht wiederzuerkennend *attr* **unrecognized** [ʌnˈrekəgnaɪzd] ADJ unerkannt; **to go ~** nicht anerkannt werden

unrefined [ʌnrɪˈfaɪnd] ADJ *Petroleum* nicht raffiniert

unregulated [ʌnˈregjʊleɪtɪd] ADJ unkontrolliert

unrehearsed [ˌʌnrɪˈhɜːst] ADJ spontan

unrelated [ˌʌnrɪˈleɪtɪd] ADJ ▪ ohne Beziehung (**to** zu); **the two events are ~** die beiden Ereignisse stehen in keinem Zusammenhang miteinander ▪ nicht verwandt

unrelenting [ˌʌnrɪˈlentɪŋ] ADJ ▪ *Druck*

U

unablässig; *Kampf, Person* unerbittlich; *Schmerz, Tempo* unvermindert; *Hitze* unbarmherzig 🛂 *ununterbrochen* unaufhörlich

unreliability [ˈʌnrɪˌlaɪəˈbɪlɪtɪ] S̅ Unzuverlässigkeit *f* **unreliable** [ˌʌnrɪˈlaɪəbl] A̅D̅J̅ unzuverlässig

unremarkable [ˌʌnrɪˈmɑːkəbl] A̅D̅J̅ nicht sehr bemerkenswert

unremitting [ˌʌnrɪˈmɪtɪŋ] A̅D̅J̅ *Bemühungen* unaufhörlich, unablässig

unrepeatable [ˌʌnrɪˈpiːtəbl] A̅D̅J̅ nicht wiederholbar

unrepentant [ˌʌnrɪˈpentənt] A̅D̅J̅ reu(e)los

unreported [ˌʌnrɪˈpɔːtɪd] A̅D̅J̅ *Geschehnis* nicht berichtet; *Verbrechen* nicht angezeigt

unrepresentative [ˌʌnreprɪˈzentətɪv] A̅D̅J̅ **~ of sth** nicht repräsentativ für etw

unrequited [ˌʌnrɪˈkwaɪtɪd] A̅D̅J̅ *Liebe* unerwidert

unreserved [ˌʌnrɪˈzɜːvd] A̅D̅J̅ *Entschuldigung, Unterstützung* uneingeschränkt

unresolved [ˌʌnrɪˈzɒlvd] A̅D̅J̅ ungelöst

unresponsive [ˌʌnrɪˈspɒnsɪv] A̅D̅J̅ nicht reagierend *attr*; *emotional* unempfänglich; **to be ~** nicht reagieren (**to** auf +*akk*); **an ~ audience** ein Publikum, das nicht mitgeht

unrest [ʌnˈrest] S̅ Unruhen *pl*

unrestrained [ˌʌnrɪˈstreɪnd] A̅D̅J̅ unkontrolliert; *Freude* ungezügelt

unrestricted [ˌʌnrɪˈstrɪktɪd] A̅D̅J̅ 🛈 uneingeschränkt; *Zugang* ungehindert 🛂 *Blick* ungehindert

unrewarded [ˌʌnrɪˈwɔːdɪd] A̅D̅J̅ unbelohnt; **to go ~** unbelohnt bleiben **unrewarding** [ˌʌnrɪˈwɔːdɪŋ] A̅D̅J̅ undankbar

unripe [ʌnˈraɪp] A̅D̅J̅ unreif

unrivalled [ʌnˈraɪvld] A̅D̅J̅, **unrivaled** *US* A̅D̅J̅ unerreicht, unübertroffen

unroadworthy [ʌnˈrəʊdwɜːðɪ] A̅D̅J̅ nicht verkehrssicher

unroll [ʌnˈrəʊl] A̅ V̅T̅ aufrollen B̅ V̅I̅ sich aufrollen

unruffled [ʌnˈrʌfld] A̅D̅J̅ gelassen

UN Security Council S̅ UN-Sicherheitsrat *m*

unruly [ʌnˈruːlɪ] A̅D̅J̅ ⟨*komp* unrulier⟩ wild

unsaddle [ʌnˈsædl] V̅T̅ *Pferd* absatteln

unsafe [ʌnˈseɪf] A̅D̅J̅ nicht sicher, gefährlich; *Sex* ungeschützt; **this is ~ to eat/ drink** das ist nicht genießbar/trinkbar

it is ~ to walk there at night es ist gefährlich, dort nachts spazieren zu gehen; **to feel ~** sich nicht sicher fühlen

unsaid [ʌnˈsed] A̅D̅J̅ **to leave sth ~** etw unausgesprochen lassen

unsaleable [ʌnˈseɪləbl] A̅D̅J̅, **unsalable** *US* A̅D̅J̅ unverkäuflich; **to be ~** sich nicht verkaufen lassen

unsalted [ʌnˈsɔːltɪd] A̅D̅J̅ ungesalzen

unsanitary [ʌnˈsænɪtrɪ] A̅D̅J̅ unhygienisch

unsatisfactory [ˌʌnsætɪsˈfæktərɪ] A̅D̅J̅ unbefriedigend; *Gewinne* nicht ausreichend; SCHULE mangelhaft; **this is highly ~** das lässt sehr zu wünschen übrig

unsatisfied [ʌnˈsætɪsfaɪd] A̅D̅J̅ unzufrieden; **the book's ending left us ~** wir fanden den Schluss des Buches unbefriedigend **unsatisfying** [ʌnˈsætɪsfaɪɪŋ] A̅D̅J̅ unbefriedigend; *Mahlzeit* unzureichend

unsaturated [ʌnˈsætʃəreɪtɪd] A̅D̅J̅ CHEM ungesättigt

unsavoury [ʌnˈseɪvərɪ] A̅D̅J̅, **unsavory** *US* A̅D̅J̅ *Geruch* widerwärtig; *Äußeres* abstoßend; *Thema* unerfreulich; *Gestalt* zwielichtig

unscathed [ʌnˈskeɪðd] A̅D̅J̅ unversehrt; *fig* unbeschadet

unscented [ʌnˈsentɪd] A̅D̅J̅ geruchlos

unscheduled [ʌnˈʃedjuːld] A̅D̅J̅ *Flug, Halt* außerfahrplanmäßig; *Treffen* außerplanmäßig

unscientific [ˌʌnsaɪənˈtɪfɪk] A̅D̅J̅ unwissenschaftlich

unscramble [ʌnˈskræmbl] V̅T̅ entwirren; TEL entschlüsseln

unscrew [ʌnˈskruː] V̅T̅ losschrauben

unscrupulous [ʌnˈskruːpjʊləs] A̅D̅J̅ skrupellos

unsealed [ʌnˈsiːld] A̅D̅J̅ unverschlossen

unseasonable [ʌnˈsiːznəbl] A̅D̅J̅ nicht der Jahreszeit entsprechend *attr* **unseasonably** [ʌnˈsiːznəblɪ] A̅D̅V̅ (für die Jahreszeit) ungewöhnlich *od* außergewöhnlich

unseat [ʌnˈsiːt] V̅T̅ *Reiter* abwerfen

unseeded [ʌnˈsiːdɪd] A̅D̅J̅ unplatziert

unseeing [ʌnˈsiːɪŋ] A̅D̅J̅ blind; *Blick* leer

unseemly [ʌnˈsiːmlɪ] A̅D̅J̅ ungebührlich

unseen [ʌnˈsiːn] A̅D̅J̅ ungesehen, unbemerkt

U

unselfconscious ADJ, **unselfconsciously** [ˌʌnselfˈkɒnʃəs, -lɪ] ADV unbefangen

unselfish ADJ, **unselfishly** [ʌnˈselfɪʃ, -lɪ] ADV selbstlos

unsentimental [ˌʌnsentɪˈmentl] ADJ unsentimental

unsettle [ʌnˈsetl] VT aufregen, beunruhigen **unsettled** ADJ ▪ *Frage* ungeklärt ▪ *Wetter, Markt* unbeständig; **to be ~** durcheinander sein, aus dem Gleis geworfen sein; **to feel ~** sich nicht wohlfühlen **unsettling** [ʌnˈsetlɪŋ] ADJ *Lebensstil* aufreibend; *Gedanke, Nachricht* beunruhigend

unshak(e)able ADJ, **unshak(e)ably** [ʌnˈʃeɪkəbl, -lɪ] ADV unerschütterlich **unshaken** [ʌnˈʃeɪkən] ADJ unerschüttert

unshaven [ʌnˈʃeɪvn] ADJ unrasiert

unsightly [ʌnˈsaɪtlɪ] ADJ unansehnlich

unsigned [ʌnˈsaɪnd] ADJ *Gemälde* unsigniert; *Brief* nicht unterzeichnet

unskilled [ʌnˈskɪld] ADJ *Arbeiter* ungelernt; **~ labour** *Br*, **~ labor** *US* Hilfsarbeiter *pl*

unsociable [ʌnˈsəʊʃəbl] ADJ ungesellig

unsocial [ʌnˈsəʊʃəl] ADJ **to work ~ hours** außerhalb der normalen Arbeitszeiten arbeiten

unsold [ʌnˈsəʊld] ADJ unverkauft; **to be left ~** nicht verkauft werden

unsolicited [ˌʌnsəˈlɪsɪtɪd] ADJ unerbeten

unsolved [ʌnˈsɒlvd] ADJ *Problem* ungelöst; *Verbrechen a.* unaufgeklärt

unsophisticated [ˌʌnsəˈfɪstɪkeɪtɪd] ADJ einfach; *Geschmack* schlicht

unsound [ʌnˈsaʊnd] ADJ ▪ *Konstruktion* unsolide; **structurally ~** *Gebäude* bautechnische Mängel aufweisend *attr* ▪ *Argument* nicht stichhaltig; *Rat* unvernünftig; JUR *Verurteilung* ungesichert; **of ~ mind** JUR unzurechnungsfähig; **environmentally ~** umweltschädlich; **the company is ~** die Firma steht auf schwachen Füßen

unsparing [ʌnˈspeərɪŋ] ADJ ▪ großzügig, verschwenderisch; **to be ~ in one's efforts** keine Kosten und Mühen scheuen ▪ *Kritik* schonungslos; **the report was ~ in its criticism** der Bericht übte schonungslos Kritik

unspeakable ADJ, **unspeakably** [ʌnˈspiːkəbl, -lɪ] ADV unbeschreiblich

unspecified [ʌnˈspesɪfaɪd] ADJ *Zeit, Be-*

trag nicht genau angegeben; *Ort* unbestimmt

unspectacular [ˌʌnspekˈtækjʊləʳ] ADJ wenig eindrucksvoll

unspoiled [ʌnˈspɔɪld], **unspoilt** [ʌnˈspɔɪlt] ADJ unberührt

unspoken [ʌnˈspəʊkən] ADJ unausgesprochen; *Vereinbarung* stillschweigend

unsporting [ʌnˈspɔːtɪŋ] ADJ, **unsportsmanlike** [ʌnˈspɔːtsmənlaɪk] ADJ unsportlich

unstable [ʌnˈsteɪbl] ADJ instabil; PSYCH labil

unsteadily [ʌnˈstedɪlɪ] ADJ unsicher **unsteady** [ʌnˈstedɪ] ADJ *Hand, Treppe* unsicher; *Leiter* wack(e)lig

unstinting [ʌnˈstɪntɪŋ] ADJ *Unterstützung* uneingeschränkt; **to be ~ in one's efforts** keine Kosten und Mühen scheuen

unstoppable [ʌnˈstɒpəbl] ADJ nicht aufzuhalten

unstressed [ʌnˈstrest] ADJ *Phonetik* unbetont

unstructured [ʌnˈstrʌktʃəd] ADJ unstrukturiert

unstuck [ʌnˈstʌk] ADJ **to come ~** *Briefmarke* sich lösen; *umg Plan* schiefgehen *umg*; **where they came ~ was ...** sie sind daran gescheitert, dass ...

unsubstantiated [ˌʌnsəbˈstænʃɪeɪtɪd] ADJ *Gerücht* unbegründet; **these reports remain ~** diese Berichte sind weiterhin unbestätigt

unsubtle [ʌnˈsʌtl] ADJ plump

unsuccessful [ˌʌnsəkˈsesfʊl] ADJ erfolglos; *Kandidat* abgewiesen; *Versuch* vergeblich; **to be ~ in doing sth** keinen Erfolg damit haben, etw zu tun; **to be ~ in one's efforts to do sth** erfolglos in seinem Bemühen sein, etw zu tun **unsuccessfully** [ˌʌnsəkˈsesfʊlɪ] ADV erfolglos; *sich bewerben* ohne Erfolg

unsuitability [ˌʌnsuːtəˈbɪlɪtɪ] S Ungeeignetsein *n*; **his ~ for the job** seine mangelnde Eignung für die Stelle **unsuitable** [ʌnˈsuːtəbl] ADJ unpassend; *Kandidat* ungeeignet; **~ for children** für Kinder ungeeignet; **she is ~ for him** sie ist nicht die Richtige für ihn **unsuitably** [ʌnˈsuːtəblɪ] ADV *gekleidet* unzweckmäßig, unpassend **unsuited** [ʌnˈsuːtɪd] ADJ **to be ~ for** *od* **to sth** für etw untauglich sein; **to be ~ to sb** nicht zu j-m passen

unsure [ʌnˈʃʊəʳ] ADJ unsicher; **to be ~**

of oneself unsicher sein; **to be ~ (of sth)** sich (dat) (einer Sache gen) nicht sicher sein; **I'm ~ of him** ich bin mir bei ihm nicht sicher

unsurpassed [ˌʌnsəˈpɑːst] ADJ unübertroffen

unsurprising ADJ, **unsurprisingly** [ˌʌnsəˈpraɪzɪŋ, -lɪ] ADV wenig überraschend

unsuspected [ˌʌnsəˈspektɪd] ADJ 1 unvermutet 2 Person unverdächtig **unsuspecting** ADJ, **unsuspectingly** [ˌʌnsəˈspektɪŋ, -lɪ] ADV nichts ahnend

unsweetened [ˌʌnˈswiːtnd] ADJ ungesüßt

unswerving [ʌnˈswɜːvɪŋ] ADJ Treue unerschütterlich

unsympathetic [ˌʌnsɪmpəˈθetɪk] ADJ 1 gefühllos 2 unsympathisch **unsympathetically** [ˌʌnsɪmpəˈθetɪkəlɪ] ADV ohne Mitgefühl, gefühllos

unsystematic ADJ, **unsystematically** [ˌʌnsɪstɪˈmætɪk, -əlɪ] ADV unsystematisch

untalented [ʌnˈtælɪntɪd] ADJ unbegabt

untamed [ʌnˈteɪmd] ADJ ungezähmt; Dschungel, Schönheit wild

untangle [ʌnˈtæŋɡl] VT entwirren

untapped [ʌnˈtæpt] ADJ Quellen ungenutzt; Märkte unerschlossen

untenable [ʌnˈtenəbl] ADJ unhaltbar

untested [ʌnˈtestɪd] ADJ unerprobt

unthinkable [ʌnˈθɪŋkəbl] ADJ undenkbar **unthinking** [ʌnˈθɪŋkɪŋ] ADJ unbedacht, gedankenlos, bedenkenlos, blind **unthinkingly** [ʌnˈθɪŋkɪŋlɪ] ADV unbedacht

untidily [ʌnˈtaɪdɪlɪ] ADV unordentlich **untidiness** [ʌnˈtaɪdɪnɪs] S Unordnung f, Unordentlichkeit f **untidy** [ʌnˈtaɪdɪ] ADJ ⟨komp untidier⟩ unordentlich

untie [ʌnˈtaɪ] VT Knoten lösen; Paket aufknoten; j-n, Schürze losbinden

★ **until** [ənˈtɪl] A PRÄP bis; **from morning ~ night** von morgens bis abends; **~ now** bis jetzt; **~ then** bis dahin; **not ~** nicht vor (+dat), erst; **I didn't leave him ~ the following day** ich bin bis zum nächsten Tag bei ihm geblieben B KONJ bis; **not ~** erst wenn, erst als; **he won't come ~ you invite him** er kommt erst, wenn Sie ihn einladen; **they did nothing ~ we came** bis wir kamen, taten sie nichts

untimely [ʌnˈtaɪmlɪ] ADJ Tod vorzeitig; **to come to an ~ end** ein vorzeitiges Ende finden

untiring ADJ, **untiringly** [ʌnˈtaɪərɪŋ, -lɪ] ADV unermüdlich

untitled [ʌnˈtaɪtld] ADJ ohne Titel

untold [ʌnˈtəʊld] ADJ Geschichte nicht erzählt; Schaden, Leid unermesslich; **this story is better left ~** über diese Geschichte schweigt man besser; **~ thousands** unzählige viele

untouchable [ʌnˈtʌtʃəbl] ADJ unantastbar **untouched** [ʌnˈtʌtʃt] ADJ 1 unberührt; Flasche nicht angebrochen 2 unversehrt

untrained [ʌnˈtreɪnd] ADJ Mensch unausgebildet; Stimme ungeschult; **to the ~ eye** dem ungeschulten Auge

untranslatable [ˌʌntrænzˈleɪtəbl] ADJ unübersetzbar

untreated [ʌnˈtriːtɪd] ADJ unbehandelt

untried [ʌnˈtraɪd] ADJ Mensch unerprobt; Methode ungetestet

untroubled [ʌnˈtrʌbld] ADJ **to be ~ by the news** eine Nachricht gleichmütig hinnehmen; **he seemed ~ by the heat** die Hitze schien ihm nichts auszumachen

untrue [ʌnˈtruː] ADJ falsch

untrustworthy [ʌnˈtrʌst.wɜːðɪ] ADJ nicht vertrauenswürdig

untruth [ʌnˈtruːθ] S Unwahrheit f **untruthful** [ʌnˈtruːθfʊl] ADJ Behauptung unwahr; Mensch unaufrichtig **untruthfully** [ʌnˈtruːθfəlɪ] ADV fälschlich

untypical [ʌnˈtɪpɪkl] ADJ untypisch (of für)

unusable [ʌnˈjuːzəbl] ADJ unbrauchbar

unused[1] [ʌnˈjuːzd] ADJ ungebraucht, ungenutzt

unused[2] [ʌnˈjuːst] ADJ **to be ~ to sth** etw (akk) nicht gewohnt sein; **to be ~ to doing sth** es nicht gewohnt sein, etw zu tun

unusual [ʌnˈjuːʒʊəl] ADJ ungewöhnlich, außergewöhnlich; **it's ~ for him to be late** er kommt normalerweise nicht zu spät; **that's ~ for him** das ist sonst nicht seine Art; **that's not ~ for him** das wundert mich überhaupt nicht; **how ~!** das kommt selten vor; iron welch Wunder!

unusually [ʌnˈjuːʒʊəlɪ] ADV ungewöhnlich; **~ for her, she was late** ganz gegen ihre Gewohnheit kam sie zu spät

U

unvarying [ʌnˈveərɪŋ] ADJ gleichbleibend

unveil [ʌnˈveɪl] V/T Statue, Plan enthüllen

unverified [ʌnˈverɪfaɪd] ADJ unbewiesen

unvoiced [ʌnˈvɔɪst] ADJ Laut stimmlos

unwaged [ʌnˈweɪdʒd] ADJ ohne Einkommen

unwanted [ʌnˈwɒntɪd] ADJ 1 unerwünscht 2 überflüssig

unwarranted [ʌnˈwɒrəntɪd] ADJ ungerechtfertigt

unwavering [ʌnˈweɪvərɪŋ] ADJ Glaube unerschütterlich; Kurs beharrlich

unwelcome [ʌnˈwelkəm] ADJ Besucher unerwünscht; Nachricht unerfreulich; Erinnerung unwillkommen; **to make sb feel ~** sich j-m gegenüber abweisend verhalten **unwelcoming** [ʌnˈwelkəmɪŋ] ADJ Verhalten abweisend; Ort ungastlich

unwell [ʌnˈwel] ADJ ⟨präd⟩ unwohl, nicht wohl; **he's rather ~** es geht ihm gar nicht gut

unwholesome [ʌnˈhəʊlsəm] ADJ ungesund; Lebensmittel minderwertig; Verlangen schmutzig

unwieldy [ʌnˈwiːldɪ] ADJ unhandlich, sperrig; Körper, System schwerfällig

unwilling [ʌnˈwɪlɪŋ] ADJ widerwillig; Komplize unfreiwillig; **to be ~ to do sth** nicht bereit sein, etw zu tun; **to be ~ for sb to do sth** nicht wollen, dass j-d etw tut **unwillingness** [ʌnˈwɪlɪŋnɪs] S Widerwillen n

unwind [ʌnˈwaɪnd] ⟨prät, pperf unwound⟩ A V/T abwickeln B V/I umg abschalten umg

unwise ADJ, **unwisely** [ʌnˈwaɪz, -lɪ] ADV unklug

unwitting [ʌnˈwɪtɪŋ] ADJ Komplize unbewusst; Opfer ahnungslos; Beteiligung unabsichtlich **unwittingly** [ʌnˈwɪtɪŋlɪ] ADV unbewusst

unworkable [ʌnˈwɜːkəbl] ADJ undurchführbar

unworldly [ʌnˈwɜːldlɪ] ADJ Leben weltabgewandt

unworried [ʌnˈwʌrɪd] ADJ unbekümmert

unworthy [ʌnˈwɜːðɪ] ADJ nicht wert (**of** +gen)

unwound [ʌnˈwaʊnd] PRÄT & PPERF → unwind

unwrap [ʌnˈræp] V/T auswickeln

unwritten [ʌnˈrɪtn] ADJ ungeschrieben;

Vereinbarung stillschweigend **unwritten law** S JUR fig ungeschriebenes Gesetz

unyielding [ʌnˈjiːldɪŋ] ADJ unnachgiebig

unzip [ʌnˈzɪp] V/T 1 Reißverschluss aufmachen; Hose den Reißverschluss aufmachen an (+dat) 2 IT Datei entzippen

---

★ **up** [ʌp]

A Adverb	B Präposition
C Substantiv	D Adjektiv
E transitives Verb	

— A Adverb —

1 oben; (≈Richtung) nach oben; **up there** dort oben; **on your way up** auf dem Weg hinauf; **to climb all the way up** den ganzen Weg hochklettern; **halfway up** auf halber Höhe; **5 floors up** 5 Stockwerke hoch; **I looked up** ich schaute nach oben; **this side up** diese Seite oben!; **a little further up** ein bisschen weiter oben; **to go a little further up** ein bisschen höher hinaufgehen; **from up on the hill** vom Berg oben; **up on top (of the cupboard)** ganz oben (auf dem Schrank); **up in the sky** oben am Himmel; **the temperature was up in the thirties** die Temperatur war über dreißig Grad; **the sun is up** die Sonne ist aufgegangen; **to move up into the lead** nach vorn an die Spitze kommen 2 **to be up** Haus stehen; Bekanntmachung angeschlagen sein; Vorhang hängen; **the new houses went up very quickly** die neuen Häuser sind sehr schnell gebaut worden od hochgezogen, die neuen Häuser sind sehr schnell hochgezogen worden umg; **to be up (and running)** Computersystem etc in Betrieb sein; **to be up and running** laufen; Kommission etc in Gang sein; **to get sth up and running** etw zum Laufen bringen; Kommission etc etw in Gang setzen 3 (≈nicht im Bett) auf; **to be up (and about)** auf sein 4 (≈im Norden) oben; **up in Inverness** oben in Inverness; **to go up to Aberdeen** nach Aberdeen (hinauf)fahren; **to live up north** im Norden wohnen; **to go up north** in den Norden fahren 5 im Preis gestiegen (**on** gegenüber) 6 **to be 3**

goals **up** mit 3 Toren führen (**on** gegenüber); **7** *umg* **what's up?** was ist los?; **something is up** da stimmt irgendetwas nicht, da ist irgendetwas im Gange **8** (≈ *bewandert*) firm; **to be well up on sth** sich in etw (*dat*) auskennen **9** **time's up** die Zeit ist um; **to eat sth up** etw aufessen **10** **it was up against the wall** es war an die Wand gelehnt; **to be up against an opponent** einem Gegner gegenüberstehen; **I fully realize what I'm up against** mir ist völlig klar, womit ich es hier zu tun habe; **they were really up against it** sie hatten wirklich schwer zu schaffen; **to walk up and down** auf und ab gehen; **to be up for sale** zu verkaufen sein; **to be up for discussion** zur Diskussion stehen; **to be up for election** zur Wahl aufgestellt sein, zur Wahl stehen; **up to** bis; **up to now/here** bis jetzt/hier; **to count up to 100** bis 100 zählen; **up to £100** bis zu £ 100; **what page are you up to?** bis zu welcher Seite bist du gekommen?; **I don't feel up to it** ich fühle mich dem nicht gewachsen; *gesundheitlich* ich fühle mich nicht wohl genug dazu; **it isn't up to much** damit ist nicht viel los *umg*; **it isn't up to his usual standard** das ist nicht sein sonstiges Niveau; **it's up to us to help him** wir sollten ihm helfen; **if it were up to me** wenn es nach mir ginge; **it's up to you whether you go or not** es bleibt dir überlassen, ob du gehst oder nicht; **it isn't up to me** das hängt nicht von mir ab; **that's up to you** das müssen Sie selbst wissen; **what colour shall I choose?** — **(it's) up to you** welche Farbe soll ich nehmen? — das ist deine Entscheidung; **it's up to the government to do it** es ist Sache der Regierung, das zu tun; **what's he up to?** was macht er da?; *in der Zukunft* was hat er vor?; **what have you been up to?** was hast du angestellt?; **he's up to no good** er führt nichts Gutes im Schilde

— B Präposition —

oben auf (+*dat*); *Richtung* hinauf (+*akk*); **further up the page** weiter oben auf der Seite; **to live up the hill** am Berg wohnen; **to go up the hill** den Berg hinaufgehen; **they live further up the street** sie wohnen weiter die Straße

entlang; **he lives up a dark alley** er wohnt am Ende einer dunklen Gasse; **up the road from me** (von mir) die Straße entlang; **he went off up the road** er ging (weg) die Straße hinauf; **the water goes up this pipe** das Wasser geht durch dieses Rohr; **to go up to sb** auf j-n zugehen

— C Substantiv —

ups and downs gute und schlechte Zeiten *pl*

— D Adjektiv —

Rolltreppe nach oben

— E transitives Verb —

umg Preis hinaufsetzen

up-and-coming [ˈʌpənˈkʌmɪŋ] ADJ **an ~ star** ein Star, der im Kommen ist

up-and-down [ˈʌpənˈdaʊn] ADJ **1** *wörtl* **~ movement** Auf- und Abbewegung *f* **2** *fig Karriere* wechselhaft

up arrow s̱ IT Aufwärtspfeil *m*

upbeat [ˈʌpbiːt] *umg* ADJ fröhlich, optimistisch; **to be ~ about sth** über etw (*akk*) optimistisch gestimmt sein

upbringing [ˈʌpbrɪŋɪŋ] s̱ Erziehung *f*; **we had a strict ~** wir hatten (als Kinder) eine strenge Erziehung

upcoming [ʌpˈkʌmɪŋ] ADJ kommend

upcycle [ˈʌpsaɪkl] V̲T̲ beim Recycling veredeln

update A [ʌpˈdeɪt] V̲T̲ aktualisieren; **to ~ sb on sth** j-n über etw (*akk*) auf den neuesten Stand bringen B [ˈʌpdeɪt] s̱ **1** Aktualisierung *f* **2** Bericht *m*

upend [ʌpˈend] V̲T̲ *Kiste* hochkant stellen

upfront [ˈʌpˈfrʌnt] A ADJ **1** offen; **to be ~ about sth** sich offen über etw (*akk*) äußern **2** **an ~ fee** eine Gebühr, die im Voraus zu entrichten ist B ADV *zahlen* im Voraus; **we'd like 20% ~** wir hätten gern 20 % (als) Vorschuss

upgrade A [ˈʌpˌgreɪd] s̱ **1** IT, FLUG Upgrade *n* **2** US Steigung *f* B [ʌpˈgreɪd] V̲T̲ *Mitarbeiter* befördern; *Einrichtungen* verbessern; *Rechner* nachrüsten; IT, FLUG *Passagier etc* upgraden **upgrad(e)able** [ʌpˈgreɪdəbl] ADJ *Rechner* nachrüstbar (**to** auf +*akk*)

upheaval [ʌpˈhiːvəl] *fig* s̱ Aufruhr *m*; **social/political ~s** soziale/politische Umwälzungen *pl*

upheld [ʌpˈheld] PRÄT & PPERF → uphold

uphill [ˈʌpˈhɪl] A ADV bergauf; **to go ~**

bergauf gehen; *Straße* bergauf führen; *Auto* den Berg hinauffahren **B** ADJ bergauf (führend); *fig Kampf* mühsam

uphold [ʌpˈhəʊld] VT ⟨*prät, pperf* up-held⟩ *Tradition* wahren; *Gesetz* hüten; *Rechte* schützen; *Entscheidung* (unter-)stützen; JUR *Urteil* bestätigen

upholster [ʌpˈhəʊlstə^r] VT polstern, beziehen; **~ed furniture** Polstermöbel *pl*

upholstery [ʌpˈhəʊlstəri] S Polsterung *f*

upkeep [ˈʌpkiːp] S Unterhalt *m*, Instandhaltung *f*; *von Garten* Pflege *f*

upland [ˈʌplənd] **A** S ⟨*mst pl*⟩ Hochland *n kein pl* **B** ADJ Hochland

uplift [ˈʌplɪft] VT **with ~ed arms** mit erhobenen Armen; **to feel ~ed** sich erbaut fühlen **uplifting** [ʌpˈlɪftɪŋ] ADJ *Erlebnis* erhebend; *Geschichte* erbaulich

upload [ˈʌpləʊd] VT IT hochladen

up-market [ˈʌpˈmɑːkɪt] **A** ADJ *Mensch* vornehm; *Image, Hotel* exklusiv **B** ADV **his shop has gone** ~ in seinem Laden verkauft er jetzt Waren der höheren Preisklasse

upon [əˈpɒn] PRÄP → on

★**upper** [ˈʌpə^r] **A** ADJ obere(r, s); ANAT, GEOG Ober-; **temperatures in the ~ thirties** Temperaturen hoch in den dreißig; **~ body** Oberkörper *m* **B** S **uppers** PL *von Schuh* Obermaterial *n* **upper-case** ADJ groß **upper circle** S *Br* THEAT zweiter Rang **upper class** S **the ~es** die Oberschicht **upper-class** ADJ vornehm; *Sport, Benehmen* der Oberschicht **Upper House** S PARL Oberhaus *n* **uppermost** [ˈʌpəˈməʊst] **A** ADJ oberste(r, s); **safety is ~ in my mind** Sicherheit steht für mich an erster Stelle **B** ADV **face** ~ mit dem Gesicht nach oben **upper school** S Oberschule *f*

upright [ˈʌpraɪt] **A** ADJ aufrecht, rechtschaffen; *Pfosten* senkrecht **B** ADV aufrecht; *vertikal* senkrecht; **to pull sb/oneself** ~ j-n/sich aufrichten **C** S Pfosten *m*

uprising [ʌpˈraɪzɪŋ] S Aufstand *m*

upriver [ˈʌpˈrɪvə^r] ADV flussaufwärts

uproar [ˈʌprɔː^r] S Aufruhr *m*; **the whole room was in** ~ der ganze Saal war in Aufruhr **uproarious** [ʌpˈrɔːrɪəsli] ADV lärmend; *lachen* brüllend

uproot [ʌpˈruːt] VT entwurzeln; **he ~ed his whole family (from their home) and moved to New York** er riss seine

Familie aus ihrer gewohnten Umgebung und zog nach New York

★**upset** **A** [ʌpˈset] VT ⟨*v: prät, pperf* upset⟩ **1** umstoßen **2** bestürzen, aus der Fassung bringen; *Erlebnis etc* mitnehmen *umg*, wehtun (+*dat*); (≈ *erzürnen*) ärgern; **don't ~ yourself** regen Sie sich nicht auf **3** *Planung* durcheinanderbringen; **the rich food ~ his stomach** das schwere Essen ist ihm nicht bekommen **B** [ʌpˈset] ADJ *nach Unfall etc* mitgenommen *umg* (**about** wegen); *bei Todesfall, schlechter Nachricht etc* bestürzt (**about** über +*akk*), betrübt (**about** über +*akk*), aufgeregt (**about** wegen); *vor Wut* aufgebracht (**about** über +*akk*); (≈ *verletzt*) gekränkt (**about** über +*akk*); **she was pretty ~ about it** das ist ihr ziemlich nahegegangen; (≈ *besorgt*) sie hat sich deswegen ziemlich aufgeregt; (≈ *wütend*) das hat sie ziemlich geärgert; (≈ *verletzt*) das hat sie ziemlich gekränkt; **she was ~ about something** irgendetwas hatte sie aus der Fassung gebracht; **she was ~ about the news** es hat sie ziemlich mitgenommen, als sie das hörte *umg*; **would you be ~ if I decided not to go after all?** wärst du traurig, wenn ich doch nicht ginge?; **to get ~** sich aufregen (**about** über +*akk*); **don't get ~ about it, you'll find another** nimm das doch nicht so tragisch, du findest bestimmt einen anderen; **to feel ~** gekränkt sein; **to sound/look ~** verstört klingen/aussehen **C** [ˈʌpset] ADJ **to have an ~ stomach** *dat*) den Magen verdorben haben **D** [ˈʌpset] S Störung *f*; *emotional* Aufregung *f*; *umg* (≈ *Niederlage etc*) böse Überraschung; **stomach ~** Magenverstimmung *f* **upsetting** [ʌpˈsetɪŋ] ADJ traurig; *stärker* bestürzend; *Lage* schwierig, ärgerlich; **that must have been very ~ for you** das war bestimmt nicht einfach für Sie; **it is ~ (for them) to see such terrible things** es ist schlimm (für sie), so schreckliche Dinge zu sehen; **the divorce was very ~ for the child** das Kind hat unter der Scheidung sehr gelitten

upshot [ˈʌpʃɒt] S **the ~ of it all was that ...** es lief darauf hinaus, dass ...

upside down [ˈʌpsaɪdˈdaʊn] ADV verkehrt herum; **to turn sth** ~ *wörtl* etw umdrehen; *fig* etw auf den Kopf stellen *umg* **upside-down** [ˈʌpsaɪdˈdaʊn] ADJ **to be ~** *Bild* verkehrt herum hängen; *Welt* kopfstehe

upstage [ʌpˈsteɪdʒ] V/T **to ~ sb** *fig* j-m die Schau stehlen *umg*

★**upstairs** [ʌpˈstɛəz] A ADV oben; *Richtung* nach oben; **the people ~** die Leute über uns B ADJ im oberen Stock(werk) C S ⟨*+sg v*⟩ oberes Stockwerk

upstanding [ʌpˈstændɪŋ] ADJ rechtschaffen

upstart [ˈʌpstɑːt] S 1 Emporkömmling *m* 2 *Firma etc* Aufsteiger-; **~ company** Unternehmen, das innerhalb kurzer Zeit sehr erfolgreich ist

upstate [ˈʌpˈsteɪt] US A ADJ im Norden (des Bundesstaates); **to live in ~ New York** im Norden des Staates New York wohnen B ADV im Norden (des Bundesstaates); *Richtung* in den Norden (des Bundesstaates)

upstream [ˈʌpstriːm] ADV flussaufwärts

upsurge [ˈʌpsɜːdʒ] S Zunahme *f*; *von Kämpfen* Eskalation *f pej*

upswing [ˈʌpswɪŋ] S Aufschwung *m*

uptake [ˈʌpteɪk] *umg* S **to be quick on the ~** schnell verstehen; **to be slow on the ~** eine lange Leitung haben *umg*

uptight [ˈʌpˈtaɪt] *umg* ADJ nervös, verklemmt *umg*; *vor Wut* sauer *umg*; **to get ~ (about sth)** sich (wegen etw) aufregen, (auf etw *akk*) verklemmt reagieren *umg*; (wegen etw) sauer werden *umg*

★**up-to-date** [ˈʌptəˈdeɪt] ADJ ⟨*attr*⟩, **up to date** ADV ⟨*präd*⟩ auf dem neuesten Stand; *Information* aktuell; **to keep ~ with the news** mit den Nachrichten auf dem Laufenden bleiben; **to keep sb up to date** j-n auf dem Laufenden halten; **to bring sb up to date on developments** j-n über den neuesten Stand der Dinge informieren

up-to-the-minute [ˈʌptəðəˈmɪnɪt] ADJ allerneuste(r, s)

uptown [ˈʌpˈtaʊn] US A ADJ im Villenviertel; *Kaufhaus* vornehm B ADV im Villenviertel; *Richtung* ins Villenviertel; **~ Manhattan** im Norden Manhattans

uptrend [ˈʌptrend] S WIRTSCH Aufwärtstrend *m*

upturn [ˈʌptɜːn] *fig* S Aufschwung *m* **upturned** ADJ *Kiste* umgedreht; *Gesicht* nach oben gewandt; *Kragen* aufgeschla-

gen; **~ nose** Stupsnase *f*

upward [ˈʌpwəd] ADJ Aufwärts-, nach oben B *bes US* ADV → **upwards upwards** [ˈʌpwədz] *bes Br* ADV 1 aufwärts, nach oben; **to look ~** nach oben sehen; **face ~** mit dem Gesicht nach oben 2 *prices from £4* **~** Preise ab £ 4; **~ of 3000** über 3000

upwind [ˈʌpwɪnd] ADJ & ADV im Aufwind; **to be ~ of sb** gegen den Wind zu j-m sein

uranium [juəˈreɪnɪəm] S Uran *n*

Uranus [juəˈreɪnəs] S ASTRON Uranus *m*

urban [ˈɜːbən] ADJ städtisch; **~ decay** Verfall *m* der Städte **urban development** S Stadtentwicklung *f* **urbanization** [ˌɜːbənaɪˈzeɪʃən] S Urbanisierung *f* **urbanize** [ˈɜːbənaɪz] V/T urbanisieren, verstädtern *pej*

urchin [ˈɜːtʃɪn] S Gassenkind *n*

urge [ɜːdʒ] A S Verlangen *n*, Drang *m kein pl*; *sexuell* Trieb *m*; **to feel the ~ to do sth** das Bedürfnis verspüren, etw zu tun; **I resisted the ~ (to contradict him)** ich habe mich beherrscht (und ihm nicht widersprochen) B V/T 1 **to ~ sb to do sth** j-n eindringlich bitten, etw zu tun, darauf dringen, dass j-d etw tut; **to ~ sb to accept** j-n drängen, anzunehmen; **to ~ sb onward** j-n vorwärtstreiben 2 *Maßnahme* drängen auf (+*akk*); **to ~ caution** zur Vorsicht mahnen ♦**urge on** V/T ⟨*trennb*⟩ antreiben

urgency [ˈɜːdʒənsɪ] S Dringlichkeit *f*; **it's a matter of ~** das ist dringend

★**urgent** [ˈɜːdʒənt] ADJ dringend; **is it ~?** ist es dringend?, eilt es?, pressiert es? *österr*; **the letter was marked "urgent"** der Brief trug einen Dringlichkeitsvermerk **urgently** [ˈɜːdʒəntlɪ] ADV dringend; *sprechen* eindringlich; **he is ~ in need of help** er braucht dringend Hilfe

urinal [ˈjʊərɪnl] S Pissoir *n*, Urinal *n* **urinate** [ˈjʊərɪneɪt] V/I urinieren *geh* **urine** [ˈjʊərɪn] S Urin *m* **urine sample** S Urinprobe *f*

URL ABK (= uniform resource locator) IT URL *f* oder *m*

urn [ɜːn] S 1 Urne *f* 2 (*a.* **tea urn**) Kessel *m*

★**US** ABK S ⟨*+sg v*⟩ (= United States) USA *pl*

★**us** [ʌs] PERS PRON uns; **give it (to) us** gib uns; **who, us?** wer, wir?; **younger than us** jünger als wir; **it's us** wir sind's; **us**

U

and them wir und die

★**USA** ABK ⟨+sg v⟩ (= United States of America) USA pl

usable [ˈjuːzəbl] ADJ verwendbar **usage** [ˈjuːzɪdʒ] **1** Brauch m; **it's common ~** es ist allgemein üblich **2** LING Gebrauch m kein pl

USB ABK (= universal serial bus) IT USB m; **USB interface** USB-Schnittstelle f **USB cable** S̅ IT USB-Kabel n **USB connection** S̅ IT USB-Anschluss m **USB drive** S̅ IT USB-Stick m **USB flash drive** S̅ IT USB-Stick m **USB port** S̅ IT USB-Port m, USB-Anschluss m **USB stick** S̅ IT USB-Stick m

★**use¹**

| **A** transitives Verb | **B** Substantiv |

— **A** transitives Verb —

[juːz] **1** benutzen, verwenden; Worte gebrauchen; Methode, Gewalt anwenden; Drogen einnehmen; **I have to use the toilet before I go** ich muss noch einmal zur Toilette, bevor ich gehe; **to use sth for sth** etw zu etw verwenden; **what did you use the money for?** wofür haben Sie das Geld verwendet?; **what sort of fuel do you use?** welchen Treibstoff verwenden Sie?; **why don't you use a hammer?** warum nehmen Sie nicht einen Hammer dazu?; **to use sb's name** j-s Namen verwenden od benutzen; **use your imagination!** zeig mal ein bisschen Fantasie!; **I'll have to use some of your men** ich brauche ein paar Ihrer Leute; **I could use a drink** umg ich könnte etwas zu trinken vertragen umg **2** Information, Gelegenheit (aus)nutzen; Abfall verwerten; **you can use the leftovers to make a soup** Sie können die Reste zu einer Suppe verwerten **3** verbrauchen **4** pej ausnutzen; **I feel (I've just been) used** ich habe das Gefühl, man hat mich ausgenutzt; sexuell ich komme mir missbraucht vor

— **B** Substantiv —

[juːs] **1** Benutzung f, Gebrauch m; von Methode, Gewalt Anwendung f; von Personal Einsatz m; von Drogen Einnahme f; **directions for use** Gebrauchsanweisung f; **for the use of** für; **for external use** zur äußerlichen Anwendung; **ready** for use gebrauchsfertig; Maschine einsatzbereit; **to make use of sth** von etw Gebrauch machen; **can you make use of that?** können Sie das brauchen?; **in use/out of use** in od im/außer Gebrauch **2** Nutzung f; von Abfall Verwertung f, Verwendung f; **to make use of sth** etw nutzen; **to put sth to good use** etw gut nutzen; **it has many uses** es ist vielseitig verwendbar; **to find a use for sth** für etw Verwendung finden; **to have no use for** keine Verwendung haben für **3** Nutzen m; **to be of use to sb** für j-n von Nutzen sein; **is this (of) any use to you?** können Sie das brauchen?; **he's no use as a goalkeeper** er ist als Torhüter nicht zu gebrauchen; **it's no use** you od **your protesting** es hat keinen Sinn od es nützt nichts, wenn du protestierst; **what's the use of telling him?** was nützt es, wenn man es ihm sagt?; **what's the use in trying?** wozu überhaupt versuchen?; **it's no use (doing that)** es hat keinen Zweck(, das zu tun); **ah, what's the use!** ach, was solls! **4** JUR Nutznießung f; **to have the use of a car** ein Auto zur Verfügung haben; **to give sb the use of sth** j-n etw benutzen lassen, j-m etw zur Verfügung stellen; **to have lost the use of one's arm** seinen Arm nicht mehr benutzen können

♦**use up** V̅T̅ ⟨trennb⟩ verbrauchen; Reste verwerten; **the butter is all used up** die Butter ist alle umg

★**use²** [juːs] V̅/̅A̅U̅X̅ **I didn't use to smoke** ich habe früher nicht geraucht

use-by-date [ˈjuːzbaɪˌdeɪt] S̅ Mindesthaltbarkeitsdatum n

used¹ [juːzd] ADJ gebraucht; Handtuch benutzt

★**used²** [juːst] V̅/̅A̅U̅X̅ **I ~ to swim every day** ich bin früher täglich geschwommen; **he ~ to be a singer** er war einmal ein Sänger; **there ~ to be a field here** hier war (früher) einmal ein Feld; **things aren't what they ~ to be** es ist alles nicht mehr (so) wie früher; **life is more hectic than it ~ to be** das Leben ist hektischer als früher

★**used³** [juːst] ADJ **to be ~ to sb** an j-n gewöhnt sein; ★**to be ~ to sth** etw gewohnt sein; ★**to be ~ to doing sth** es gewohnt sein, etw zu tun; **I'm not ~ to it** ich bin das nicht gewohnt; **to get**

U

~ **to sb/sth** sich an j-n/etw gewöhnen; **to get** ~ **to doing sth** sich daran gewöhnen, etw zu tun

★**useful** [ˈjuːsfʊl] *ADJ* **1** nützlich; *Werkzeug, Sprache* praktisch; *Mensch, Beitrag* wertvoll; *Diskussion* fruchtbar; **to make oneself** ~ sich nützlich machen; **to come in** ~ sich als nützlich erweisen; **that's a** ~ **thing to know** es ist gut das zu wissen **2** *umg Spieler* fähig; *Sieg* wertvoll **usefulness** *S* Nützlichkeit *f*

★**useless** [ˈjuːslɪs] *ADJ* **1** nutzlos, unbrauchbar; **to be** ~ **to sb** für j-n ohne Nutzen sein; **it is** ~ **(for you) to complain** es hat keinen Sinn, sich zu beschweren; **he's** ~ **as a goalkeeper** er ist als Torwart nicht zu gebrauchen; **to be** ~ **at doing sth** ganz schlecht in etw sein; **I'm** ~ **at languages** Sprachen kann ich überhaupt nicht; **to feel** ~ sich unnütz fühlen **2** *sinnlos* **uselessness** [ˈjuːslɪsnɪs] *S* Nutzlosigkeit *f*, Unbrauchbarkeit *f*

user [ˈjuːzə] *S* Benutzer(in) *m(f)* **user account** *S* *IT* Benutzerkonto *n* **user-friendly** *ADJ* benutzerfreundlich **user-generated** *ADJ* *IT* nutzergeneriert; *von Webinhalten etc* ~ **content** nutzergenerierter Content, nutzergenerierter Inhalt **user group** *S* Nutzergruppe *f*; *IT* Anwendergruppe *f* **user ID** *S* *IT* Benutzerkennung *f* **user identification** *S* *IT* Benutzerkennung *f* **user-interface** *S* *bes IT* Benutzerschnittstelle *f* **user name** *S* *IT* Benutzername *m* **user profile** *S* *IT* Benutzerprofil *n*

usher [ˈʌʃə] **A** *S* Platzanweiser(in) *m(f)* **B** *VT* **to** ~ **sb into a room** j-n in ein Zimmer bringen ◆**usher in** *VT* ⟨*trennb*⟩ hineinführen

usherette [ˌʌʃəˈret] *S* Platzanweiserin *f* **USSR** *ABK* (= Union of Soviet Socialist Republics) *HIST* UdSSR *f*

★**usual** [ˈjuːʒʊəl] **A** *ADJ* üblich, normal; **beer is his** ~ **drink** er trinkt gewöhnlich Bier; **when shall I come? — oh, the** ~ **time** wann soll ich kommen? — oh, zur üblichen Zeit; **as is** ~ **with second-hand cars** wie gewöhnlich bei Gebrauchtwagen; **it wasn't** ~ **for him to arrive early** es war nicht typisch für ihn, zu früh da zu sein; **to do sth in the** *od* **one's** ~ **way** *od* **manner** etw auf die einem übliche Art und Weise

tun; **as** ~ wie üblich; **business as** ~ normaler Betrieb; *in Laden* Verkauf geht weiter; **to carry on as** ~ weitermachen wie immer; **later/less than** ~ später/weniger als sonst **B** *S* *umg* der/die/das Übliche; **what sort of mood was he in? — the** ~ wie war er gelaunt? — wie üblich

★**usually** [ˈjuːʒʊəlɪ] *ADV* gewöhnlich, normalerweise; **is he** ~ **so rude?** ist er sonst auch so unhöflich?

usurp [juːˈzɜːp] *VT* sich (*dat*) widerrechtlich aneignen; *Thron* sich bemächtigen (+*gen*) *geh*; *j-n* verdrängen **usurper** [juːˈzɜːpə] *S* unrechtmäßiger Machthaber, unrechtmäßige Machthaberin; *fig* Eindringling *m*

usury [ˈjuːʒʊrɪ] *S* Wucher *m* **utensil** [juːˈtensl] *S* Utensil *n* **uterus** [ˈjuːtərəs] *S* Gebärmutter *f* **utility** [juːˈtɪlɪtɪ] *S* **1** *public* ~ Versorgungsbetrieb *m*; (≈ *Service*) Leistung *f* der Versorgungsbetriebe **2** *IT* Hilfsprogramm *n* **utility company** *S* Versorgungsbetrieb *m* **utility program** *S* *IT* Hilfsprogramm *n* **utility room** *S* Allzweckraum *m* **utilization** [ˌjuːtɪlaɪˈzeɪʃən] *S* Verwendung *f*; *von Rohstoffen etc* Verwertung *f* **utilize** [ˈjuːtɪlaɪz] *VT* verwenden; *Altpapier etc* verwerten

utmost [ˈʌtməʊst] **A** *ADJ* größte(r, s), äußerste(r, s); **with the** ~ **speed** so schnell wie nur möglich **B** *S* **to do one's** ~ **(to do sth)** sein Möglichstes tun(, um etw zu tun)

utopia [juːˈtəʊpɪə] *S* Utopie *f* **utter¹** [ˈʌtə] *ADJ* total; *Elend* grenzenlos **utter²** *VT* von sich (*dat*) geben; *Wort* sagen; *Schrei* ausstoßen

utterance [ˈʌtrəns] *S* Äußerung *f* **uttermost** [ˈʌtəməʊst] *S & ADJ* → **utmost**

U-turn [ˈjuːtɜːn] *S* Wende *f*; **to do a** ~ *fig* seine Meinung völlig ändern **UV** [ˌjuːˈviː] UV **UV protection** *S* UV-Schutz *m* **UV rays** *PL* UV-Strahlen *pl*

V¹, v [viː] S̲ V *n*, v *n*

V², v A̲B̲K̲ (= versus) gegen

vacancy [ˈveɪkənsɪ] S̲ **1** (freies) Zimmer; **have you any vacancies for August?** haben Sie im August noch Zimmer frei?; **"no vacancies"** „belegt"; **"vacancies"** „Zimmer frei" **2** offene Stellen; **we have a ~ in our personnel department** in unserer Personalabteilung ist eine Stelle zu vergeben; **vacancies** *pl* offene Stellen *pl* **vacant** [ˈveɪkənt] A̲D̲J̲ **1** Stelle offen; *WC, Platz frei; Haus leer stehend;* **~ lot** unbebautes Grundstück **2** *Blick* leer **vacate** [vəˈkeɪt] V̲T̲ *Platz* frei machen; *Posten aufgeben; Wohnung* räumen

★**vacation** [vəˈkeɪʃən] A̲ S̲ **1** U̲N̲I̲V̲ Semesterferien *pl; US* S̲C̲H̲U̲L̲E̲ Schulferien *pl* **2** *US* Urlaub *m;* **on ~** im Urlaub; **to be on ~** im Urlaub sein, Urlaub machen; **to take a ~** Urlaub machen; **where are you going for your ~?** wohin fahren Sie in Urlaub?; **to go on ~** in Urlaub gehen; in Urlaub fahren **B** V̲I̲ *US* Urlaub machen **vacationer** [veɪˈkeɪʃənəʳ], **vacationist** [veɪˈkeɪʃənɪst] *US* S̲ Urlauber(in) *m(f)*

vaccinate [ˈvæksɪneɪt] V̲T̲ impfen **vaccination** [ˌvæksɪˈneɪʃən] S̲ (Schutz)impfung *f* **vaccine** [ˈvæksiːn] S̲ Impfstoff *m*

vacillate [ˈvæsɪleɪt] *wörtl, fig* V̲I̲ schwanken

vacuum [ˈvækjʊəm] S̲ A̲ S̲ **1** Vakuum *n* **2** Staubsauger *m* **B** V̲T̲ (staub)saugen **vacuum bottle** *US* S̲ Thermosflasche® *f* **vacuum cleaner** S̲ Staubsauger *m* **vacuum flask** *Br* S̲ Thermosflasche® *f* **vacuum-packed** A̲D̲J̲ vakuumverpackt

vagabond [ˈvægəbɒnd] S̲ Vagabund *m* **vagina** [vəˈdʒaɪnə] S̲ Scheide *f*, Vagina *f* **vagrant** [ˈveɪgrənt] S̲ Landstreicher(in) *m(f)*, Stadtstreicher(in) *m(f)*

vague [veɪg] A̲D̲J̲ ⟨*komp* vaguer⟩ **1** vage; *Bericht* ungenau; *Umriss* verschwommen; **I haven't the ~st idea** ich habe nicht die leiseste Ahnung; **there's a ~**

resemblance es besteht eine entfernte Ähnlichkeit **2** geistesabwesend **vaguely** [ˈveɪglɪ] A̲D̲V̲ vage; *vestehen* in etwa; *interessiert* flüchtig; *überrascht* leicht; **to be ~ aware of sth** ein vages Bewusstsein von etw haben; **they're ~ similar** sie haben eine entfernte Ähnlichkeit; **it sounded ~ familiar** es kam einem irgendwie bekannt vor

★**vain** [veɪn] A̲D̲J̲ **1** ⟨*+er*⟩ eitel, eingebildet **2** vergeblich; ★**in ~** umsonst, vergeblich **vainly** [ˈveɪnlɪ] A̲D̲V̲ vergeblich

valedictory [ˌvælɪˈdɪktərɪ] A̲ A̲D̲J̲ *form* Abschieds- **B** S̲ *US* S̲C̲H̲U̲L̲E̲ Entlassungsrede *f*

valentine [ˈvæləntaɪn] S̲ **~ (card)**, **~'s card** Valentinskarte *f;* **(St) Valentine's Day** Valentinstag *m*

valet [ˈvæleɪ] S̲ Kammerdiener *m;* **~ parking** Einparkservice *m;* **~ service** Reinigungsdienst *m*

valiant [ˈvæljənt] A̲D̲J̲ **she made a ~ effort to smile** sie versuchte tapfer zu lächeln

valid [ˈvælɪd] A̲D̲J̲ gültig; *Anspruch* berechtigt; *Argument* stichhaltig; *Grund etc* einleuchtend; **that's a ~ point** das ist ein wertvoller Hinweis **validate** [ˈvælɪdeɪt] V̲T̲ *Dokument* für gültig erklären; *Anspruch* bestätigen **2** I̲T̲ validieren **validity** [vəˈlɪdɪtɪ] S̲ Gültigkeit *f;* *von Anspruch* Berechtigung *f; von Argument* Stichhaltigkeit *f*

★**valley** [ˈvælɪ] S̲ Tal *n*, Niederung *f;* **to go up/down the ~** talaufwärts/talabwärts gehen/fließen *etc*

valour [ˈvæləʳ] S̲, **valor** *US liter* S̲ Heldenmut *m liter*

★**valuable** [ˈvæljʊəbl] A̲ A̲D̲J̲ wertvoll; *Zeit a.* kostbar; *Hilfe* nützlich **B** S̲ **valuables** P̲L̲ Wertsachen *pl* **valuation** [ˌvæljʊˈeɪʃən] S̲ Schätzung *f*

★**value** [ˈvæljuː] A̲ S̲ **1** Wert *m*, Nutzen *m;* **to be of ~** wertvoll/nützlich sein; **of no ~** wert-/nutzlos; **what's the ~ of your house?** wie viel ist Ihr Haus wert?; **it's good ~** es ist preisgünstig; **to get ~ for money** etwas für sein Geld bekommen; **this TV was good ~** dieser Fernseher ist sein Geld wert; **to the ~ of £500** im Wert von £ 500 **2** **~s** *pl* (sittliche) Werte *pl* **B** V̲T̲ schätzen; **to be ~d at £100** auf £ 100 geschätzt werden; **I ~ her (highly)** ich weiß sie (sehr) zu schät-

zen **value-added tax** [ˌvæljuːˈædɪdtæks] *Br* S Mehrwertsteuer *f* **valued** [ˈvæljuːd] ADJ (hoch) geschätzt
valve [vælv] S ANAT Klappe *f*; TECH Absperrhahn *m*
vampire [ˈvæmpaɪəʳ] S Vampir(in) *m(f)*
van [væn] S [1] *Br* AUTO Transporter *m* [2] *Br* BAHN Waggon *m*
vandal [ˈvændəl] *fig* S Vandale *m*, Vandalin *f*; **it was damaged by ~s** es ist mutwillig beschädigt worden **vandalism** [ˈvændəlɪzəm] S Vandalismus *m* **vandalize** [ˈvændəlaɪz] VT mutwillig beschädigen; *Gebäude* verwüsten
vanguard [ˈvæŋɡɑːd] S Vorhut *f*
vanilla [vəˈnɪlə] [A] S Vanille *f* [B] ADJ Vanille- **vanilla essence** S Vanilleextrakt *m/n*
vanish [ˈvænɪʃ] VI verschwinden; *Hoffnungen* schwinden
vanity [ˈvænɪtɪ] S Eitelkeit *f* **vanity case** S Kosmetikkoffer *m*
vantage point [ˈvɑːntɪdʒpɔɪnt] S MIL (günstiger) Aussichtspunkt
vape [veɪp] [A] VT & VI dampfen, eine E-Zigarette/E-Zigaretten rauchen [B] S Verdampfer *m* (*für E-Zigaretten*) **vaper** [ˈveɪpəʳ] S Dampfer(in) *m(f)* **vaping** [ˈveɪpɪŋ] S Dampfen *n*
vaporize [ˈveɪpəraɪz] VT & VI verdampfen, verdunsten **vapour** [ˈveɪpəʳ] S, **vapor** *US* S Dunst *m*, Dampf *m*
variability [ˌvɛərɪəˈbɪlɪtɪ] S *von Wetter, Laune* Unbeständigkeit *f* **variable** [ˈvɛərɪəbl] [A] ADJ [1] veränderlich, variabel; *Wetter, Laune* unbeständig [2] *Geschwindigkeit* regulierbar [B] S Variable *f* **variance** [ˈvɛərɪəns] S **to be at ~ with sth** nicht mit etw übereinstimmen **variant** [ˈvɛərɪənt] [A] S Variante *f* [B] ADJ andere(r, s) **variation** [ˌvɛərɪˈeɪʃən] S [1] Veränderung *f*; *von Temperatur* Schwankung(en) *f(pl)*; *von Preisen* Schwankung *f* [2] Variante *f*
varicose veins [ˌværɪkəʊsˈveɪnz] PL Krampfadern *pl*
varied [ˈvɛərɪd] ADJ unterschiedlich; *Leben* bewegt; *Auswahl* reichhaltig; *Interessen* vielfältig; *Ernährung* abwechslungsreich; **a ~ group of people** eine gemischte Gruppe **variety** [vəˈraɪətɪ] S [1] Abwechslung *f* [2] Vielfalt *f*; HANDEL Auswahl *f* (**of** an *+dat*); **in a ~ of colours** *Br*, **in a ~ of colors** *US* in den verschiedensten Farben; **for a ~ of reasons** aus verschiedenen Gründen [3] Art *f*, Sorte *f* **variety show** S THEAT Varietévorführung *f*; TV Fernsehshow *f* **various** [ˈvɛərɪəs] ADJ [1] verschieden [2] mehrere **variously** [ˈvɛərɪəslɪ] ADV verschiedentlich
varnish [ˈvɑːnɪʃ] [A] S Lack *m*; *auf Gemälde* Firnis *m* [B] VT lackieren; *Gemälde* firnissen
vary [ˈvɛərɪ] [A] VI [1] sich unterscheiden (**from** von); **opinions ~ on this point** in diesem Punkt gehen die Meinungen auseinander [2] unterschiedlich sein; **the price varies from shop to shop** der Preis ist von Geschäft zu Geschäft verschieden; **it varies** es ist unterschiedlich [3] sich (ver)ändern; *Preise* schwanken [B] VT abwandeln, abwechslungsreich(er) gestalten **varying** [ˈvɛərɪɪŋ] ADJ veränderlich, unterschiedlich; **of ~ sizes/abilities** unterschiedlich groß/begabt
vase [vɑːz, *US* veɪz] S Vase *f*
vasectomy [væˈsektəmɪ] S Sterilisation *f* (*des Mannes*)
vassal [ˈvæsəl] S Vasall *m*
vast [vɑːst] ADJ ⟨*+er*⟩ gewaltig, riesig; *Wissen, Verbesserung* enorm; *Mehrheit* überwältigend; *Reichtum* unermesslich; **a ~ expanse** eine weite Ebene **vastly** [ˈvɑːstlɪ] ADV erheblich; *erfahren* äußerst; **he is ~ superior to her** er ist ihr haushoch überlegen **vastness** [ˈvɑːstnɪs] S gewaltiges Ausmaß; *von Gebiet* riesige Weite; *von Wissen* gewaltiger Umfang
VAT [ˈviːeɪˈtiː, væt] *Br* ABK (= value-added tax) MwSt.
vat [væt] S Fass *n*, Bottich *m*
Vatican [ˈvætɪkən] S Vatikan *m*
vault^{1} [vɔːlt] S [1] (Keller)gewölbe *n* [2] Gruft *f* [3] *in Bank* Tresor(raum) *m* [4] ARCH Gewölbe *n*
vault^{2} [A] S Sprung *m* [B] VI springen [C] VT springen über (*+akk*)
VCR ABK (= video cassette recorder) Videorekorder *m*
VD ABK (= venereal disease) Geschlechtskrankheit *f*
VDU ABK (= visual display unit) Sichtgerät *n*
★**veal** [viːl] S Kalbfleisch *n*; **~ cutlet** Kalbsschnitzel *n*
veer [vɪəʳ] VI *Wind* (sich) drehen (**to**

nach); **Schiff** abdrehen; **Auto** ausscheren; **Straße** scharf abbiegen; **the car ~ed to the left** das Auto scherte nach links aus; **the car ~ed off the road** das Auto kam von der Straße ab; **to ~ off course** vom Kurs abkommen; **he ~ed away from the subject** er kam (völlig) vom Thema ab

veg¹ [vedʒ] *bes Br* S̲ ̲A̲B̲K̲ ⟨*kein pl*⟩ (= **vegetable**) Gemüse n

veg², **veg out** [vedʒ, vedʒ ˈaʊt] *umg* V̲/i̲ abhängen *umg*

vegan [ˈviːgən] A̲ S̲ Veganer(in) m(f) B̲ A̲D̲J̲ vegan; **to be ~** Veganer(in) m(f) sein

★**vegetable** [ˈvedʒtəbl] S̲ Gemüse n
vegetable marrow S̲ *US* Gartenkürbis m **vegetable oil** S̲ GASTR Pflanzenöl n **vegetarian** [ˌvedʒɪˈteəriən] A̲ S̲ Vegetarier(in) m(f) B̲ A̲D̲J̲ vegetarisch; **~ cheese** Käse m für Vegetarier **vegetate** [ˈvedʒɪteɪt] *fig* V̲/i̲ dahinvegetieren **vegetation** [ˌvedʒɪˈteɪʃən] S̲ Vegetation f **veggie** [ˈvedʒɪ] *umg* A̲ S̲ Vegetarier(in) m(f) **2** *US* **~s** pl Gemüse npl B̲ A̲D̲J̲ vegetarisch **veggieburger** [ˈvedʒɪˌbɜːgə⁽ʳ⁾] S̲ Gemüseburger m

vehemence [ˈviːməns] S̲ Vehemenz f *geh* **vehement** [ˈviːmənt] A̲D̲J̲ vehement *geh*; *Gegner* scharf; *Anhänger* leidenschaftlich **vehemently** [ˈviːməntli] A̲D̲V̲ vehement *geh*, heftig; *lieben, hassen* leidenschaftlich; *protestieren* mit aller Schärfe; *angreifen* scharf

★**vehicle** [ˈviːɪkl] S̲ **1** Fahrzeug n **2** *fig* Mittel n

veil [veɪl] A̲ S̲ Schleier m; **to draw** *od* **throw a ~ over sth** den Schleier des Vergessens über etw (*akk*) breiten; **under a ~ of secrecy** unter dem Mantel der Verschwiegenheit B̲ V̲/t̲ *fig* **the town was ~ed by mist** die Stadt lag in Nebel gehüllt **veiled** [veɪld] A̲D̲J̲ *Drohung etc* versteckt

vein [veɪn] S̲ **1** Ader f; **~s and arteries** Venen und Arterien pl; **the ~ of humour which runs through the book** *Br*, **the ~ of humor which runs through the book** *US* ein humorvoller Zug, der durch das ganze Buch geht **2** *fig* Stimmung f; **in the same ~** in derselben Art

Velcro® [ˈvelkrəʊ] S̲ Klettband n
velocity [vəˈlɒsɪti] S̲ Geschwindigkeit f
velvet [ˈvelvɪt] A̲ S̲ Samt m B̲ A̲D̲J̲ Samt-

vendetta [venˈdetə] S̲ Fehde f; *von Gangstern* Vendetta f

vending machine [ˈvendɪŋməˈʃiːn] S̲ Automat m **vendor** [ˈvendɔː⁽ʳ⁾] S̲ Verkäufer(in) m(f); **street ~** Straßenhändler(in) m(f)

veneer [vəˈnɪə⁽ʳ⁾] *wörtl* S̲ Furnier n; *fig* Politur f; **he had a ~ of respectability** nach außen hin machte er einen sehr ehrbaren Eindruck

venerable [ˈvenərəbl] A̲D̲J̲ ehrwürdig **venerate** [ˈvenəreɪt] V̲/t̲ verehren; *j-s Erinnerung* ehren

venereal disease [vɪˈnɪərɪəldɪˌziːz] S̲ Geschlechtskrankheit f

Venetian blind [vəˌniːʃən ˈblaɪnd] S̲ Jalousie f

vengeance [ˈvendʒəns] S̲ Rache f; **with a ~** *umg* gewaltig *umg* **vengeful** [ˈvendʒfʊl] A̲D̲J̲ rachsüchtig

Venice [ˈvenɪs] S̲ Venedig n

venison [ˈvenɪzən] S̲ Reh(fleisch) n

venom [ˈvenəm] *wörtl* S̲ Gift n; *fig* Gehässigkeit f **venomous** [ˈvenəməs] A̲D̲J̲ giftig; **~ snake** Giftschlange f

vent [vent] A̲ S̲ Öffnung f; *für Gefühle* Ventil n; **to give ~ to one's feelings** seinen Gefühlen freien Lauf lassen B̲ V̲/t̲ *Gefühle* abreagieren (**on an** +*dat*); **to ~ one's spleen** *auch* (*dat*) Luft machen

ventilate [ˈventɪleɪt] V̲/t̲ belüften **ventilation** [ˌventɪˈleɪʃən] S̲ Belüftung f **ventilation shaft** S̲ Luftschacht m **ventilator** [ˈventɪleɪtə⁽ʳ⁾] S̲ **1** Ventilator m **2** MED Beatmungsgerät n; **to be on a ~** künstlich beatmet werden

ventriloquist [venˈtrɪləkwɪst] S̲ Bauchredner(in) m(f)

venture [ˈventʃə⁽ʳ⁾] A̲ S̲ Unternehmung f; **mountain-climbing is his latest ~** seit Neuestem hat er sich aufs Bergsteigen verlegt; **the astronauts on their ~ into the unknown** die Astronauten auf ihrer abenteuerlichen Reise ins Unbekannte B̲ V̲/t̲ **1** *Leben, Geld* riskieren (**on bei**) **2** *Prognose* wagen; *Meinung* zu äußern wagen; **I would ~ to say that ...** ich wage sogar zu behaupten, dass ... C̲ V̲/i̲ sich wagen; **to ~ out of doors** sich vor die Tür wagen ♦**venture out** V̲/i̲ sich hinauswagen

venture capital S̲ Risikokapital n
venue [ˈvenjuː] S̲ Treffpunkt m; SPORT Austragungsort m

Venus [ˈviːnəs] $\overline{S}$ Venus f

veracity [vəˈræsɪtɪ] $\overline{S}$ *von Bericht* Richtigkeit f

veranda(h) [vəˈrændə] $\overline{S}$ Veranda f

verb [vɜːb] $\overline{S}$ Verb n

verbal [ˈvɜːbəl] $\overline{ADJ}$ **1** mündlich; **~ abuse** Beschimpfung f; **~ attack** Verbalattacke f **2** *Fertigkeiten* sprachlich **verbally** [ˈvɜːbəlɪ] $\overline{ADV}$ mündlich; *bedrohen* verbal; **to ~ abuse sb** j-n beschimpfen

verbatim [vɜːˈbeɪtɪm] $\overline{A}$ $\overline{ADJ}$ wörtlich $\overline{B}$ $\overline{ADV}$ wortwörtlich

verbose [vɜːˈbəʊs] $\overline{ADJ}$ wortreich, langatmig

verdant [ˈvɜːdənt] *liter* $\overline{ADJ}$ grün

verdict [ˈvɜːdɪkt] $\overline{S}$ Urteil n; **a ~ of guilty/not guilty** ein Schuldspruch m/ Freispruch m; **what's the ~?** wie lautet das Urteil?; **what's your ~ on this wine?** wie beurteilst du diesen Wein?; **to give one's ~ about** od **on sth** sein Urteil über etw (*akk*) abgeben

verge [vɜːdʒ] $\overline{S}$ **1** *fig Br wörtl* Rand m; **to be on the ~ of ruin** am Rande des Ruins stehen; **to be on the ~ of tears** den Tränen nahe sein; **to be on the ~ of doing sth** im Begriff sein, etw zu tun ♦**verge on** $\overline{VI}$ ⟨+*obj*⟩ grenzen an (+*akk*); **she was verging on madness** sie stand am Rande des Wahnsinns

verification [vɛrɪfɪˈkeɪʃn] $\overline{S}$ Überprüfung f; Bestätigung f **verify** [ˈvɛrɪfaɪ] $\overline{VT}$ (über)prüfen; *als wahr* bestätigen

veritable [ˈvɛrɪtəbl] $\overline{ADJ}$ wahr; **a ~ disaster** die reinste Katastrophe

vermin [ˈvɜːmɪn] $\overline{S}$ ⟨*kein pl*⟩ Schädlinge pl, Ungeziefer n

vermouth [ˈvɜːməθ] $\overline{S}$ Wermut m

vernacular [vəˈnækjʊləʳ] $\overline{S}$ **1** Mundart f **2** Landessprache f

verruca [vɛˈruːkə] $\overline{S}$ Warze f

versatile [ˈvɜːsətaɪl] $\overline{ADJ}$ vielseitig **versatility** [ˌvɜːsəˈtɪlɪtɪ] $\overline{S}$ Vielseitigkeit f

verse [vɜːs] $\overline{S}$ **1** Strophe f, Vers m **2** LIT Zeile einer Dichtung in gebundener Rede mit Metrum, Rhythmus und häufig Reim am Zeilenende **3** ⟨*kein pl*⟩ Dichtung f; **in ~** in Versform **4** *von Bibel* Vers m **versed** [vɜːst] $\overline{ADJ}$, (*a.* **well versed**) bewandert (**in** in +*dat*); **he's well ~ in the art of judo** er beherrscht die Kunst des Judos

version [ˈvɜːʃən] $\overline{S}$ Version f, Fassung f

versus [ˈvɜːsəs] $\overline{PRÄP}$ gegen (+*akk*)

vertebra [ˈvɜːtɪbrə] $\overline{S}$ ⟨*pl* -e [ˈvɜːtɪbriː]⟩ Rückenwirbel m **vertebrate** [ˈvɜːtɪbrət] $\overline{S}$ Wirbeltier n

vertical [ˈvɜːtɪkəl] $\overline{ADJ}$ senkrecht; **~ cliffs** senkrecht abfallende Klippen; **~ stripes** Längsstreifen pl; **there is a ~ drop from the cliffs into the sea below** die Klippen fallen steil od senkrecht ins Meer ab **vertically** [ˈvɜːtɪkəlɪ] $\overline{ADV}$ senkrecht

vertigo [ˈvɜːtɪgəʊ] $\overline{S}$ ⟨*kein pl*⟩ Schwindel m; MED Gleichgewichtsstörung f; **he suffers from ~** ihm wird leicht schwindlig

verve [vɜːv] $\overline{S}$ Schwung m

★**very** [ˈvɛrɪ] $\overline{A}$ $\overline{ADV}$ **1** sehr; **I'm ~ sorry** es tut mir sehr leid; **that's not ~ funny** das ist überhaupt nicht lustig; **I'm not ~ good at maths** ich bin in Mathe nicht besonders gut; **~ little** sehr wenig; **~ much** sehr; **thank you ~ much** vielen Dank; **to like sth ~ much** etw sehr mögen; **~ much bigger** sehr viel größer **2** *aller-*; **~ best** allerbeste(r, s); **~ last** allerletzte(r, s); **~ first** allererste(r, s); **at the ~ latest** allerspätestens; **to do one's ~ best** sein Äußerstes tun; **at the ~ most** allerhöchstens; **at the ~ least** allerwenigstens; **to be in the ~ best of health** sich bester Gesundheit erfreuen; **they are the ~ best of friends** sie sind die dicksten Freunde **3** **the ~ same** genau der gleiche Hut; **we met again the ~ next day** wir trafen uns am nächsten Tag schon wieder; **my ~ own car** mein eigenes Auto; **~ well, if that's what you want** nun gut, wenn du das willst; **I couldn't ~ well say no** ich konnte schlecht Nein sagen $\overline{B}$ $\overline{ADJ}$ **1** genau; **that ~ day** genau an diesem Tag; **the ~ heart of the organization** direkt im Zentrum der Organisation; **before my ~ eyes** direkt vor meinen Augen; **the ~ thing I need** genau das, was ich brauche; **the ~ thing!** genau das Richtige! **2** äußerste(r, s); **in the ~ beginning** ganz am Anfang; **at the ~ end** ganz am Ende; **at the ~ back** ganz hinten; **go to the ~ end of the road** gehen Sie die Straße ganz entlang od durch **3** **the ~ thought of it** allein schon der Gedanke daran; **the ~ idea!** nein, so etwas!

vessel [ˈvɛsl] $\overline{S}$ **1** SCHIFF Schiff n **2** *für Flüssigkeit form* Gefäß n

vest¹ [vɛst] $\overline{S}$ **1** *Br* Unterhemd n, Leiberl

V

n österr, Leibchen *n österr, schweiz* **2** *US* Weste *f*

vest² *form* V̄T̄ **to have a ~ed interest in sth** ein persönliches Interesse an etw (*dat*) haben

vestibule [ˈvestɪbjuːl] *S̄* Vorhalle *f; von Hotel* Foyer *n*

vestige [ˈvestɪdʒ] *S̄* Spur *f*

vestment [ˈvestmənt] *S̄* Ornat *m,* Robe *f*

vestry [ˈvestrɪ] *S̄* Sakristei *f*

vet¹ [vet] *S̄ ABK* (= **veterinary surgeon**) Tierarzt *m,* Tierärztin *f*

vet² [vet] V̄/T̄ überprüfen

veteran [ˈvetərən] *S̄* Veteran(in) *m(f)* **Veterans' Day** *S̄ US* ≈ Volkstrauertag *m*

veterinarian [ˌvetərɪˈneərɪən] *US S̄* Tierarzt *m/*-ärztin *f* **veterinary** [ˈvetərɪnərɪ] Ā̄D̄J̄ Veterinär- **veterinary medicine** *S̄* Veterinärmedizin *f* **veterinary practice** *S̄* Tierarztpraxis *f* **veterinary surgeon** *S̄* Tierarzt *m/*-ärztin *f*

veto [ˈviːtəʊ] Ā <*pl* -es> Veto *n;* **power of ~** Vetorecht *n* B̄ V̄T̄ sein Veto einlegen gegen

vetting [ˈvetɪŋ] *S̄* Überprüfung *f*

vexed [vekst] Ā̄D̄J̄ *Frage* schwierig **vexing** [ˈveksɪŋ] Ā̄D̄J̄ ärgerlich

VHF ABK (= **very high frequency**) RADIO UKW

★**via** [ˈvaɪə] P̄R̄Ā̄P̄ über (+*akk*); **they got in via the window** sie kamen durchs Fenster herein

viability [ˌvaɪəˈbɪlɪtɪ] *S̄ von Plan, Projekt* Durchführbarkeit *f,* Realisierbarkeit *f; von Firma* Rentabilität *f* **viable** [ˈvaɪəbl] Ā̄D̄J̄ *Firma* rentabel; *Plan* machbar; *Alternative* gangbar; *Möglichkeit* realisierbar; **the company is not economically ~** die Firma ist unrentabel; **a ~ form of government** eine funktionsfähige Regierungsform

viaduct [ˈvaɪədʌkt] *S̄* Viadukt *m*

via ferrata [ˌviːəfəˈrɑːtə] *S̄* <*pl* **vie ferrate**> Klettersteig *m*

vibes [vaɪbz] *umg* P̄L̄ Schwingungen *pl;* **good ~** eine positive Ausstrahlung; **this town is giving me bad ~** diese Stadt macht mich ganz einfach fertig *umg*

vibrant [ˈvaɪbrənt] Ā̄D̄J̄ **1** *Persönlichkeit* dynamisch; *Gemeinschaft* lebendig; *Wirtschaft* boomend **2** *Farbe* leuchtend

vibrate [vaɪˈbreɪt] Ā V̄/̄ beben (**with** vor +*dat*); *Maschine, Faden* vibrieren B̄ V̄T̄

zum Vibrieren bringen; *Faden* zum Vibrieren bringen **vibration** [vaɪˈbreɪʃən] *S̄ von Faden* Schwingung *f; von Maschine* Vibrieren *n* **vibrator** [vaɪˈbreɪtəʳ] *S̄* Vibrator *m*

vicar [ˈvɪkəʳ] *S̄* Pfarrer(in) *m(f)* **vicarage** [ˈvɪkərɪdʒ] *S̄* Pfarrhaus *n*

vice¹ [vaɪs] *S̄* Laster *n*

vice² *S̄,* **vise** *US S̄* Schraubstock *m*

vice-chairman *S̄* stellvertretender Vorsitzender **vice-chairwoman** *S̄* stellvertretende Vorsitzende **vice chancellor** *S̄ Br* UNIV ≈ Rektor(in) *m(f)* **vice-president** *S̄* Vizepräsident(in) *m(f);* Direktor(in) *m(f)*

vice versa [ˌvaɪsˈvɜːsə] Ā̄D̄V̄ umgekehrt

vicinity [vɪˈsɪnɪtɪ] *S̄* Umgebung *f;* **in the ~** in der Nähe (**of** von *od* +*gen*); **in the ~ of £500** um die £ 500 (herum)

vicious [ˈvɪʃəs] Ā̄D̄J̄ **1** bösartig; *Schlag, Angriff* brutal; **to have a ~ temper** jähzornig sein **2** gemein **vicious circle** *S̄* Teufelskreis *m* **viciously** [ˈvɪʃəslɪ] Ā̄D̄V̄ bösartig; *ermorden* auf grauenhafte Art

★**victim** [ˈvɪktɪm] *S̄* Opfer *n;* **to fall ~ to sth** einer Sache (*dat*) zum Opfer fallen **victimize** [ˈvɪktɪmaɪz] V̄T̄ ungerecht behandeln, schikanieren

victor [ˈvɪktəʳ] *S̄* Sieger(in) *m(f)*

Victorian [vɪkˈtɔːrɪən] Ā *S̄* Viktorianer(in) *m(f)* B̄ Ā̄D̄J̄ viktorianisch

victorious [vɪkˈtɔːrɪəs] Ā̄D̄J̄ *Armee* siegreich; *Kampagne* erfolgreich; **to be ~ over sb/sth** j-n/etw besiegen; **to emerge ~** als Sieger hervorgehen

★**victory** [ˈvɪktərɪ] *S̄* Sieg *m;* **to win a ~ over sb/sth** einen Sieg über j-n/etw erringen **victory speech** *S̄ nach Wahl etc* Siegesrede *f*

★**video** [ˈvɪdɪəʊ] Ā *S̄* <*pl* -s> **1** Video *n* **2** Videorekorder *m;* **to ~ sth** (auf Video) aufnehmen **video blog** *S̄* Videoblog *n* **video call** *S̄* IT, TEL Videoanruf *m* **video camera** *S̄* Videokamera *f* **video card** *S̄* COMPUT Grafikkarte *f* **video cassette** *S̄* Videokassette *f* **video clip** *S̄* Videoclip *m* **video conference** *S̄* TEL, IT Videokonferenz *f* **video conferencing** *S̄* TEL, IT Videokonferenzschaltung *f* **video disc** *S̄* Bildplatte *f* **video file** *S̄* IT Videodatei *f* **video game** *S̄* Videospiel *n* **video nasty** *Br S̄* Horrorvideo *n* **videophone** *S̄* Fernsehtelefon *n* **video recorder** [S] Videorekorder *m* **video-recording** [S] Videoaufnahme *f* **video tape** [S] Videoband *n* **video-tape** [V/T] (auf Video) aufzeichnen

vie [vaɪ] [V/I] wetteifern; **to vie with sb for sth** mit j-m um etw wetteifern

Vienna [vɪˈenə] [A] [S] Wien *n* [B] [ADJ] Wiener

Vietnam [ˌvjetˈnæm] [S] Vietnam *n* **Vietnamese** [ˌvjetnəˈmiːz] [A] [ADJ] vietnamesisch [B] [S] ⟨*pl* -⟩ [1] Vietnamese *m*, Vietnamesin *f* [2] LING Vietnamesisch *n*

★**view** [vjuː] [A] [S] [1] Sicht *f*; **to come into ~** in Sicht kommen; **to keep sth in ~** etw im Auge behalten; **the house is within ~ of the sea** vom Haus aus ist das Meer zu sehen; **hidden from ~** verborgen [2] Aussicht *f*; **a good ~ of the sea** ein schöner Blick auf das Meer; **a room with a ~** ein Zimmer mit schöner Aussicht; **he stood up to get a better ~** er stand auf, um besser sehen zu können [3] Ansicht *f* [4] Ansicht *f*; **in my ~** meiner Meinung nach; **to have ~s on sth** Ansichten über etw (*akk*) haben; **what are his ~s on this?** was meint er dazu?; **I have no ~s on that** ich habe keine Meinung dazu; **to take the ~ that ...** die Ansicht vertreten, dass ...; **an overall ~ of a problem** ein umfassender Überblick über ein Problem; **in ~ of** angesichts (+*gen*) [5] Absicht *f*; **with a ~ to doing sth** mit der Absicht, etw zu tun [B] [V/T] [1] betrachten [2] *Haus* besichtigen [3] *Problem* sehen [C] [V/I] fernsehen **viewer** [ˈvjuːəʳ] [S] TV Zuschauer(in) *m(f)* **viewfinder** [ˈvjuːˌfaɪndəʳ] [S] Sucher *m* **viewing** [ˈvjuːɪŋ] [S] [1] *von Haus etc* Besichtigung *f* [2] TV Fernsehen *n* **viewing figures** [PL] TV Zuschauerzahlen *pl* **viewpoint** [ˈvjuːpɔɪnt] [S] [1] Standpunkt *m*; **from the ~ of economic growth** unter dem Gesichtspunkt des Wirtschaftswachstums; **to see sth from sb's ~** etw aus j-s Sicht sehen [2] *für Panoramablick* Aussichtspunkt *m*

vigil [ˈvɪdʒɪl] [S] (Nacht)wache *f* **vigilance** [ˈvɪdʒɪləns] [S] Wachsamkeit *f* **vigilant** [ˈvɪdʒɪlənt] [ADJ] wachsam; **to be ~ about sth** auf etw (*akk*) achten **vigilante** [ˌvɪdʒɪˈlæntɪ] [A] [S] *Mitglied einer Selbstschutzorganisation* [B] [ADJ] ⟨*attr*⟩ Selbstschutz-

vigor *US* [S] → vigour **vigorous** [ˈvɪgərəs] [ADJ] energisch; *Aktivität* dynamisch; *Gegner, Befürworter* engagiert **vigorously** [ˈvɪgərəslɪ] [ADV] energisch; *verteidigen* engagiert; *ablehnen* heftig **vigour** [ˈvɪgəʳ] [S], **vigor** *US* [S] Energie *f*

Viking [ˈvaɪkɪŋ] [A] [S] Wikinger(in) *m(f)* [B] [ADJ] Wikinger-

vile [vaɪl] [ADJ] abscheulich; *Wetter, Essen* scheußlich

villa [ˈvɪlə] [S] Villa *f*

★**village** [ˈvɪlɪdʒ] [S] Dorf *n* **village hall** [S] Gemeindesaal *m* **villager** [ˈvɪlɪdʒəʳ] [S] Dorfbewohner(in) *m(f)*; Dörfler(in) *m(f) pej*

villain [ˈvɪlən] [S] Schurke *m*, Schurkin *f*; *umg kriminell* Ganove *m umg*, Ganovin *f umg*; *in Roman* Bösewicht *m*

vim [vɪm] *umg* [S] Schwung *m*

vinaigrette [ˌvɪnɪˈgret] [S] GASTR Vinaigrette *f*, Salatsoße *f*

vindicate [ˈvɪndɪkeɪt] [V/T] [1] *Aktion* rechtfertigen [2] *j-n* rehabilitieren **vindication** [ˌvɪndɪˈkeɪʃən] [S] [1] *von Meinung, Aktion* Rechtfertigung *f* [2] Rehabilitation *f*

vindictive [vɪnˈdɪktɪv] [ADJ] rachsüchtig **vindictiveness** [S] [1] Rachsucht *f* [2] Unversöhnlichkeit *f*

vine [vaɪn] [S] Rebe *f*

vinegar [ˈvɪnɪgəʳ] [S] Essig *m*

vine leaf [S] Rebenblatt *n* **vineyard** [ˈvɪnjəd] [S] Weinberg *m*

vintage [ˈvɪntɪdʒ] [A] [S] *von Wein, a. fig* Jahrgang *m* [B] [ADJ] ⟨*attr*⟩ uralt; (≈ *hochwertig*) glänzend **vintage car** [S] Vorkriegsmodell *n* **vintage wine** [S] edler Wein **vintage year** [S] **a ~ for wine** ein besonders gutes Weinjahr

vinyl [ˈvaɪnɪl] [S] Vinyl *n*

viola [vɪˈəʊlə] [S] MUS Bratsche *f*; **to play the ~** Bratsche spielen

violate [ˈvaɪəleɪt] [V/T] [1] *Vertrag* brechen, verletzen; *Gesetz* verstoßen gegen; *Rechte* verletzen [2] *Heiligtum* entweihen **violation** [ˌvaɪəˈleɪʃən] [S] [1] *von Gesetz* Verstoß *m* (**of** gegen); *von Rechten* Verletzung *f*; **a ~ of a treaty** ein Vertragsbruch *m*; **traffic ~** Verkehrsvergehen *n* [2] *von Heiligtum* Entweihung *f*; *von Privatsphäre* Eingriff *m* (**of** in +*akk*)

★**violence** [ˈvaɪələns] [S] [1] Heftigkeit *f* [2] Gewalt *f*, Gewalttätigkeit *f*; *von Handlung* Brutalität *f*; **act of ~** Gewalttat *f*; **was there any ~?** kam es zu Gewalttätigkeiten?

★**violent** ['vaɪələnt] ADJ brutal; *Verbrechen* Gewalt-; *Angriff, Protest* heftig; *Film* gewalttätig; *Aufprall* gewaltig; *Sturm, Hass* stark; **to have a ~ temper** jähzornig sein; **to turn ~** gewalttätig werden **violently** ['vaɪələntlɪ] ADV schlagen, angreifen brutal; *schütteln* heftig; *ablehnen* scharf; **to be ~ against sth** *od* **opposed to sth** ein scharfer Gegner/eine scharfe Gegnerin einer Sache (*gen*) sein; **to be ~ ill** *od* **sick** sich furchtbar übergeben; **to cough ~** gewaltig husten

violet ['vaɪəlɪt] **A** S 1 BOT Veilchen *n*; (≈ *Farbe*) Violett *n* **B** ADJ lila; *dunkler* violett

★**violin** [,vaɪə'lɪn] S Geige *f*; **to play the ~** Geige spielen **violinist** [,vaɪə'lɪnɪst], **violin player** S Geiger(in) *m(f)*

VIP S Promi *m* hum *umg*; **he got/we gave him VIP treatment** er wurde/wir haben ihn als Ehrengast behandelt

viral ['vaɪərəl] **A** ADJ Virus-; **~ infection** Virusinfektion *f* **B** ADV **to go ~** sich (im Internet) virusartig / viral / wie ein Lauffeuer verbreiten

virgin ['vɜːdʒɪn] **A** S Jungfrau *f*; **the Virgin Mary** die Jungfrau Maria; **he's still a ~** er ist noch unschuldig **B** ADJ *fig Wald etc* unberührt; **~ olive oil** natives Olivenöl **virginity** [vɜː'dʒɪnɪtɪ] S Unschuld *f*

Virgo ['vɜːgəʊ] S <*pl -s*> ASTROL Jungfrau *f*; **to be (a) ~** (eine) Jungfrau sein

virile ['vɪraɪl] *wörtl* ADJ männlich **virility** [vɪ'rɪlɪtɪ] *wörtl* S Männlichkeit *f*, Potenz *f*

virtual ['vɜːtjʊəl] ADJ <*attr*> 1 fast völlig; **she was a ~ prisoner** sie war so gut wie eine Gefangene; **it was a ~ admission of guilt** es war praktisch ein Schuldgeständnis 2 IT virtuell; **~ classroom** virtuelles Klassenzimmer **virtually** ['vɜːtjʊəlɪ] ADV 1 praktisch; **to be ~ certain** sich (*dat*) so gut wie sicher sein 2 IT virtuell **virtual reality** S virtuelle Realität

virtue ['vɜːtjuː] S 1 Tugend *f* 2 Keuschheit *f* 3 Vorteil *m*; **by ~ of** aufgrund +*gen*

virtuoso [,vɜːtjʊ'əʊzəʊ] **A** S <*pl -s od* virtuosi [,vɜːtjʊ'əʊzi]> *esp* MUS Virtuose *m*, Virtuosin *f* **B** ADJ virtuos

virtuous ['vɜːtjʊəs] ADJ 1 tugendhaft 2 *pej* selbstgerecht **virtuously** ['vɜːtjʊəs-

li] *pej* ADV selbstgerecht

virulent ['vɪrʊlənt] ADJ 1 MED bösartig 2 *fig Angriff* scharf

virus ['vaɪərəs] S MED, IT Virus *n/m*; **polio ~** Polioerreger *m*; **she's got a ~** she hat sich (*dat*) was eingefangen *umg* **virus protection** S IT Virenschutz *m*, Virenschutzprogramm *n* **virus scanner** S IT Virensuchprogramm *n*

★**visa** ['viːzə] S Visum *n*

vis-à-vis ['viːzəviː] PRÄP in Anbetracht (+*gen*)

viscose ['vɪskəʊs] S Viskose *f*

viscount ['vaɪkaʊnt] S Viscount *m* **viscountess** ['vaɪkaʊntɪs] S Viscountess *f*

vise [vaɪs] *US* S → vice[2]

visibility [,vɪzɪ'bɪlɪtɪ] S 1 Sichtbarkeit *f* 2 METEO Sichtweite *f*; **poor ~** schlechte Sicht **visible** ['vɪzəbl] ADJ 1 sichtbar; **~ to the naked eye** mit dem bloßen Auge zu erkennen; **to be ~ from the road** von der Straße aus zu sehen sein; **with a ~ effort** mit sichtlicher Mühe 2 *bekommend* **at management level women are becoming increasingly ~** auf Führungsebene treten Frauen immer deutlicher in Erscheinung **visibly** ['vɪzəblɪ] ADV sichtbar, sichtlich

vision ['vɪʒən] S 1 Sehvermögen *n*; **within ~** in Sichtweite 2 Weitblick *m* 3 *in Traum* Vision *f* 4 Vorstellung *f* **visionary** ['vɪʒənərɪ] **A** ADJ visionär **B** S Visionär(in) *m(f)*

★**visit** ['vɪzɪt] **A** S 1 Besuch *m*; *von Arzt* Hausbesuch *m*; **to pay sb/sth a ~** j-n/etw besuchen; **to pay a ~** *euph* mal verschwinden (müssen); **to have a ~ from sb** von j-m besucht werden; **to be on a ~ to London** zu einem Besuch in London sein **B** V/T 1 besuchen; *Arzt* aufsuchen 2 inspizieren **C** V/I einen Besuch machen; **come and ~ some time** komm mich mal besuchen; **I'm only ~ing** ich bin nur auf Besuch; **to ~ with sb** *US* mit j-m plaudern **visiting** ['vɪzɪtɪŋ] ADJ *Redner* Gast-; *Würdenträger* der/die zu Besuch ist **visiting card** S Visitenkarte *f* **visiting hours** PL Besuchszeiten *pl* **visiting team** the ~ die Gäste *pl*, die Gastmannschaft **visiting time** S Besuchszeit *f*

★**visitor** ['vɪzɪtə'] S 1 Besucher(in) *m(f)*; *in Hotel* Gast *m*; **to have ~s/a ~** Besuch haben

visor ['vaɪzəʳ] S̱ an Helm Visier n; an Kappe Schirm m; AUTO Blende f

vista ['vɪstə] S̱ Aussicht f

visual ['vɪʒuəl] ADJ Seh-; Bild visuell **visual aids** PL Anschauungsmaterial n **visual arts** PL the ~ die darstellenden Künste pl **visual display unit** S̱ Sichtgerät n **visualize** ['vɪʒuəlaɪz] V̱T sich (dat) vorstellen **visually** ['vɪʒuəlɪ] ADV visuell; ~ **attractive** attraktiv anzusehen **visually impaired** ADJ sehbehindert

vital ['vaɪtl] ADJ **1** vital, lebenswichtig **2** unerlässlich; **of ~ importance** von größter Wichtigkeit; **this is ~** das ist unbedingt notwendig; **how ~ is this?** wie wichtig ist das? **3** entscheidend; Fehler schwerwiegend **vitality** [vaɪˈtælɪtɪ] S̱ Vitalität f **vitally** ['vaɪtlɪ] ADV **wichtig** äußerst wichtig **vital signs** PL MED Lebenszeichen pl **vital statistics** PL Bevölkerungsstatistik f; umg von Frau Maße pl

vitamin ['vɪtəmɪn] S̱ Vitamin n

vitro ['viːtrəʊ] → in vitro

viva ['vaɪvə] Br S̱ → viva voce

vivacious [vɪˈveɪʃəs] ADJ lebhaft **vivaciously** [vɪˈveɪʃəslɪ] ADV lachen munter

viva voce ['vaɪvə'vəʊtʃɪ] Br S̱ mündliche Prüfung

vivid ['vɪvɪd] ADJ Licht hell; Farbe kräftig; Fantasie lebhaft; Beschreibung lebendig; Beispiel deutlich; **in ~ detail** in allen plastischen Einzelheiten; **the memory of that day is still quite ~** der Tag ist mir noch in lebhafter Erinnerung; **to be a ~ reminder of sth** lebhaft an etw (akk) erinnern **vividly** ['vɪvɪdlɪ] ADV bunt lebhaft; scheinen leuchtend; porträtieren anschaulich; demonstrieren klar und deutlich; **the red stands out ~ against its background** das Rot hebt sich stark vom Hintergrund ab **vividness** ['vɪvɪdnɪs] S̱ von Farbe, Fantasie Lebhaftigkeit f; von Licht Helligkeit f; von Stil Lebendigkeit f; von Beschreibung, Bild Anschaulichkeit f

vivisection [ˌvɪvɪˈsekʃən] S̱ Vivisektion f

viz [vɪz] ADV nämlich

vlog [vlɒg] S̱ Vlog m (Videoblog) **vlogger** ['vlɒgəʳ] S̱ Vlogger(in) m(f) (Videoblogger)

V-neck S̱ V-Ausschnitt m **V-necked** ADJ mit V-Ausschnitt

vocab ['vəʊkæb] S̱ umg Vokabeln pl,

Wortschatz m

vocabulary [vəʊˈkæbjʊlərɪ] S̱ ⟨kein pl⟩ Wortschatz m

vocal ['vəʊkəl] A ADJ **1** Stimm- **2** lautstark; **to be/become ~** sich (lautstark) zu Wort melden B S̱ ~**s: Van Morrison** Gesang: Van Morrison; **featuring Madonna on ~s** mit Madonna als Sängerin; **backing ~s** Hintergrundgesang m; **lead ~s ... Leadsänger(in)** m(f) ... **vocal cords** PL Stimmbänder pl **vocalist** ['vəʊkəlɪst] S̱ Sänger(in) m(f)

vocation [vəʊˈkeɪʃən] S̱ REL etc Berufung f **vocational** [vəʊˈkeɪʃənl] ADJ Berufs-, beruflich **vocational school** US S̱ ≈ Berufsschule f

vociferous [vəʊˈsɪfərəs] ADJ lautstark

vodka ['vɒdkə] S̱ Wodka m

vogue [vəʊg] S̱ Mode f; **to be in ~** (in) Mode sein

★**voice** [vɔɪs] A S̱ **1** Stimme f; **I've lost my ~** ich habe keine Stimme mehr; **in a deep ~** mit tiefer Stimme; **in a low ~** mit leiser Stimme; **to like the sound of one's own ~** sich gern(e) reden hören; **his ~ has broken** er hat den Stimmbruch hinter sich; **to give ~ to sth** einer Sache (dat) Ausdruck verleihen **2** GRAM Genus n; **the passive ~** das Passiv B V̱T zum Ausdruck bringen

voice-activated ADJ IT sprachgesteuert **voiced** [vɔɪst] ADJ Laut stimmhaft **voiceless** ['vɔɪsləs] ADJ Laut stimmlos **voice mail** S̱ Voicemail f **voice-operated** ADJ sprachgesteuert **voice-over** S̱ Filmkommentar m **voice recognition** S̱ Spracherkennung f

void [vɔɪd] A S̱ Leere f B ADJ **1** leer; ~ **of any sense of decency** ohne jegliches Gefühl für Anstand **2** JUR ungültig

vol ABK (= volume) Bd.

volatile ['vɒlətaɪl] ADJ **1** CHEM flüchtig **2** Mensch impulsiv; Beziehung wechselhaft; Lage brisant

vol-au-vent ['vɒləʊvɑː] S̱ (Königin)pastetchen n

volcanic [vɒlˈkænɪk] wörtl ADJ Vulkan-, vulkanisch **volcano** [vɒlˈkeɪnəʊ] S̱ ⟨pl -es⟩ Vulkan m

vole [vəʊl] S̱ **1** Wühlmaus f **2** Feldmaus f

Volga ['vɒlgə] S̱ Wolga f

volition [vəˈlɪʃən] S̱ Wille m; **of one's own ~** aus freiem Willen

volley ['vɒlı] [A] [S] [1] Salve *f* [2] *Tennis* Volley *m*; *Fußball* Direktabnahme *f* [B] [V/T] **to ~ a ball** *Tennis* einen Volley spielen [C] [V/I] *Tennis* einen Volley schlagen **volleyball** ['vɒlı,bɔ:l] [S] Volleyball *m*

volt [vəʊlt] [S] Volt *n* **voltage** ['vəʊltıdʒ] [S] Spannung *f*

★**volume** ['vɒlju:m] [S] [1] Band *m*; **a six-volume dictionary** ein sechsbändiges Wörterbuch; **that speaks ~s** *fig* das spricht Bände (**for** für) [2] *von Behälter* Volumen *n* [3] (≈*Größe*) Ausmaß *n* (**of** an *+dat*); **the ~ of traffic** das Verkehrsaufkommen [4] Lautstärke *f*; **turn the ~ up/down** stell (das Gerät) lauter/leiser **volume control** [S] RADIO, TV Lautstärkeregler *m* **voluminous** [və'lu:mınəs] [ADJ] voluminös *geh*

voluntarily ['vɒləntərılı] [ADV] freiwillig; (≈*ohne Bezahlung*) ehrenamtlich

voluntary ['vɒləntərı] [ADJ] [1] freiwillig; **~ worker** freiwilliger Helfer, freiwillige Helferin; *in Übersee* Entwicklungshelfer(in) *m(f)* [2] *Organisation* karitativ; **a ~ organization for social work** ein freiwilliger Wohlfahrtsverband **voluntary redundancy** [S] freiwilliges Ausscheiden; **to take ~** sich abfinden lassen

volunteer [,vɒlən'tıəʳ] [A] [S] Freiwillige(r) *m/f(m)*; **any ~s?** wer meldet sich freiwillig? [B] [V/T] *Hilfe* anbieten; *Informationen* geben [C] [V/I] [1] sich freiwillig melden; **to ~ for sth** sich freiwillig für etw zur Verfügung stellen; **to ~ to do sth** sich anbieten, etw zu tun; **who will ~ to clean the windows?** wer meldet sich freiwillig zum Fensterputzen? [2] MIL sich freiwillig melden (**for** zu)

voluptuous [və'lʌptjʊəs] [ADJ] *Frau* sinnlich; *Körper* verlockend

vomit ['vɒmıt] [A] [S] Erbrochene(s) *n* [B] [V/T] spucken; *Gegessenes* erbrechen [C] [V/I] sich übergeben

voracious [və'reıʃəs] [ADJ] gefräßig; *Sammler* besessen; **she is a ~ reader** sie verschlingt die Bücher geradezu

★**vote** [vəʊt] [A] [S] Stimme *f*; (≈*Abgabe*) Abstimmung *f*; (≈*Resultat*) Abstimmungsergebnis *n*; *als Grundrecht* Wahlrecht *n*; **to put sth to the ~** über etw (*akk*) abstimmen lassen; **to take a ~ on sth** über etw (*akk*) abstimmen; **he won by 22 ~s** er gewann mit einer Mehrheit von 22 Stimmen; **the Labour ~** die Labourstimmen *pl* [B] [V/T] [1] wählen; **he was ~d chairman** er wurde zum Vorsitzenden gewählt [2] *umg* wählen zu; **I ~ we go back** ich schlage vor, dass wir umkehren [C] [V/I] wählen; abstimmen; **to ~ for/against sb/sth** für/gegen j-n/etw stimmen ♦**vote in** [V/T] ⟨*trennb*⟩ *Gesetz* beschließen; *j-n* wählen ♦**vote on** [V/I] ⟨*+obj*⟩ abstimmen über (*+akk*); voten *umg* ♦**vote out** [V/T] ⟨*trennb*⟩ abwählen; *Antrag* ablehnen

★**voter** ['vəʊtəʳ] [S] Wähler(in) *m(f)* **voting** ['vəʊtıŋ] [S] Wahl *f*; **a system of ~** ein Wahlsystem *n*; **~ was heavy** die Wahlbeteiligung war hoch **voting booth** [S] Wahlkabine *f* **voting paper** [S] Stimmzettel *m*

vouch [vaʊtʃ] [V/I] **to ~ for sb/sth** sich für j-n/etw verbürgen, für j-n/etw bürgen **voucher** ['vaʊtʃəʳ] [S] Gutschein *m*

vow [vaʊ] [A] [S] Gelöbnis *n*; REL Gelübde *n*; **to make a vow to do sth** geloben, etw zu tun; **to take one's vows** sein Gelübde ablegen [B] [V/T] geloben

vowel ['vaʊəl] [S] Vokal *m*; **~ sound** Vokal(laut) *m*

★**voyage** ['vɔııdʒ] [S] Reise *f*; *mit Schiff* Seereise *f*; **to go on a ~** auf eine Reise *etc* gehen

voyeur [vwɑ:'jɜ:ʳ] [S] Voyeur(in) *m(f)*

VR [ABK] (= virtual reality) VR *f*

vs [ABK] (= versus) gegen

V-sign ['vi:saın] *Br* [S] Victoryzeichen *n*; *beleidigend* ≈ Stinkefinger *m umg*; **he gave me the ~** ≈ er zeigte mir den Stinkefinger *umg*

vulgar ['vʌlgəʳ] *pej* [ADJ] vulgär; *Witz* ordinär, geschmacklos

vulnerability [,vʌlnərə'bılıtı] [S] Verwundbarkeit *f*, Verletzlichkeit *f*; *fig* Verletzbarkeit *f*; *von Festung* Ungeschütztheit *f* **vulnerable** ['vʌlnərəbl] [ADJ] verwundbar, verletzlich; *fig* verletzbar; *Festung* ungeschützt; **to be ~ to disease** anfällig für Krankheiten sein; **to be ~ to attack** Angriffen schutzlos ausgesetzt sein

vulture ['vʌltʃəʳ] [S] Geier *m*

vulva ['vʌlvə] [S] Vulva *f geh*

W[1], **w** ['dʌblju:] S̲ W n, w n
W[2] A̲B̲K̲ (= west) W
wacko US umg A̲ A̲D̲J̲ durchgedreht umg, durchgeknallt umg B̲ S̲ Spinner(in) m(f) umg; **he's a real ~** der ist völlig durchgeknallt umg
wacky ['wækɪ] umg A̲D̲J̲ ⟨komp wackier⟩ verrückt umg
wad [wɒd] S̲ von Watte etc Bausch m; von Papieren, Geldscheinen Bündel n **wadding** ['wɒdɪŋ] S̲ Material n zum Ausstopfen
waddle ['wɒdl] V̲I̲ watscheln
wade [weɪd] V̲I̲ 1 waten ♦**wade in** V̲I̲ wörtl hineinwaten 2 fig umg sich hineinknien umg ♦**wade into** V̲I̲ ⟨+obj⟩ **to wade into sb** auf j-n losgehen; **to wade into sth** etw in Angriff nehmen ♦**wade through** V̲I̲ ⟨+obj⟩ waten durch
waders ['weɪdəz] P̲L̲ Watstiefel pl **wading pool** ['weɪdɪŋpu:l] US S̲ Planschbecken n
wafer ['weɪfəʳ] S̲ 1 Waffel f 2 KIRCHE Hostie f **wafer-thin** ['weɪfə'θɪn] A̲D̲J̲ hauchdünn
waffle[1] ['wɒfl] S̲ GASTR Waffel f
waffle[2] Br umg A̲ S̲ Geschwafel n umg B̲ V̲I̲ (a. **waffle on**) schwafeln umg
waffle iron S̲ Waffeleisen n
waft [wɑ:ft] A̲ S̲ Hauch m B̲ V̲T̲ & V̲I̲ wehen; **a delicious smell ~ed up from the kitchen** ein köstlicher Geruch zog aus der Küche herauf
wag[1] [wæg] A̲ V̲T̲ Schwanz wedeln mit; **to wag one's finger at sb** j-m mit dem Finger drohen B̲ V̲I̲ Schwanz wedeln
wag[2] S̲ Witzbold m umg
★**wage**[1] [weɪdʒ] S̲ ⟨mst pl⟩ Lohn m
wage[2] V̲T̲ **to ~ (a) war** (einen) Krieg führen; **to ~ war against sth** fig gegen etw einen Feldzug führen
wage claim S̲ Lohnforderung f **wage earner** bes Br S̲ Lohnempfänger(in) m(f) **wage increase** S̲ Lohnerhöhung f **wage packet** bes Br S̲ Lohntüte f

wager ['weɪdʒəʳ] S̲ Wette f (**on** auf +akk); **to make a ~** eine Wette abschließen
wage rise bes Br S̲ Lohnerhöhung f **wages** ['weɪdʒɪz] P̲L̲ Lohn m **wage settlement** S̲ Tarifabschluss m
waggle ['wægl] A̲ V̲T̲ wackeln mit B̲ V̲I̲ wackeln
waggon ['wægən] Br S̲ → **wagon wagon** ['wægən] S̲ 1 Fuhrwerk n, Planwagen m 2 Br BAHN Waggon m **wagonload** ['wægənləʊd] S̲ Wagenladung f
wail [weɪl] A̲ S̲ von Baby Geschrei n; von Trauernden Klagen n; von Sirene, Wind Heulen n B̲ V̲I̲ Baby, Katze schreien; Trauernder klagen; Sirene, Wind heulen
★**waist** [weɪst] S̲ Taille f **waistband** S̲ Rock-/Hosenbund m **waistcoat** Br S̲ Weste f **waist-deep** A̲D̲J̲ hüfthoch; **we stood ~ in ...** wir standen bis zur Hüfte in ... **waist-high** A̲D̲J̲ hüfthoch **waistline** S̲ Taille f
★**wait** [weɪt] A̲ V̲I̲ 1 warten (**for** auf +akk); **to ~ for sb to do sth** darauf warten, dass j-d etw tut; **it was definitely worth ~ing for** es hat sich wirklich gelohnt, darauf zu warten; **well, what are you ~ing for?** worauf wartest du denn (noch)?; **this work is still ~ing to be done** diese Arbeit muss noch erledigt werden; **~ a minute** od **moment** od **second** (einen) Augenblick od Moment (mal); **(just) you ~!** warte nur ab!, warte nur!; **I can't ~** ich kanns kaum erwarten, ich bin gespannt; **I can't ~ to see his face** da bin ich (aber) auf sein Gesicht gespannt; **I can't ~ to try out my new boat** ich kann es kaum noch erwarten, bis ich mein neues Boot ausprobiere; **"repairs while you ~"** „Sofortreparaturen"; **~ and see!** abwarten und Tee trinken! umg 2 **to ~ at table** Br servieren B̲ V̲T̲ 1 **to ~ one's turn** (ab)warten, bis man an der Reihe ist 2 US **to ~ a table** servieren C̲ S̲ Wartezeit f; **to have a long ~** lange warten müssen; **to lie in ~ for sb/sth** j-m/einer Sache auflauern ♦**wait about** Br, ♦**wait around** V̲I̲ warten (**for** auf +akk) ♦**wait on** V̲I̲ ⟨+obj⟩ 1 (a. **wait upon**) bedienen 2 US **to ~ on table** servieren 3 warten auf (+akk) ♦**wait up** V̲I̲ aufbleiben (**for** wegen, für)
★**waiter** ['weɪtəʳ] S̲ Kellner m, Ober m; **~!** (Herr) Ober! **waiting** ['weɪtɪŋ] S̲ Warten

n; **all this ~ (around)** diese ewige Warterei *umg* **waiting list** [S] Warteliste *f*

★**waiting room** [S] Warteraum *m; in Arztpraxis* Wartezimmer *n;* BAHN Wartesaal *m*

★**waitress** ['weɪtrɪs] [A] [S] Kellnerin *f*, Serviertochter *f schweiz;* **~!** Fräulein! [B] [VI] kellnern **waitressing** ['weɪtrɪsɪŋ] [S] Kellnern *n*

waive [weɪv] [VT] *Rechte, Honorar* verzichten auf (+*akk*); *Regeln* außer Acht lassen **waiver** ['weɪvəʳ] [S] JUR Verzicht *m* (**of** auf +*akk*); (≈ *Dokument*) Verzichterklärung *f*

wake[1] [weɪk] [S] SCHIFF Kielwasser *n;* **in the ~ of** *fig* im Gefolge (+*gen*)

★**wake**[2] ⟨*prät* woke *od* waked; *pperf* woken *od* waked⟩ [A] [VT] (auf)wecken [B] [VI] aufwachen; **he woke to find himself in prison** als er aufwachte, fand er sich im Gefängnis wieder ★♦**wake up** [A] [VI] aufwachen; **to wake up to sth** *fig* sich (*dat*) einer Sache (*gen*) bewusst werden [B] [VT] ⟨*trennb*⟩ *wörtl* aufwecken

wakeboarding ['weɪk,bɔːdɪŋ] [S] Wakeboarden *n;* **to go ~** wakeboarden gehen

waken ['weɪkən] [A] [VT] (auf)wecken [B] [VI] *liter, a. schott* erwachen *geh* **wake-up call** [S] Weckruf *m; fig* Alarmzeichen *n* **waking** ['weɪkɪŋ] [ADJ] **one's ~ hours** von früh bis spät

★**Wales** [weɪlz] [S] Wales *n;* **Prince of ~** Prinz *m* von Wales

★**walk** [wɔːk] [A] [S] [1] Spaziergang *m*, Wanderung *f;* SPORT Gehen *n;* **it's a ten-minute ~ away from here** es ist 10 Minuten zu Fuß von hier entfernt; **it's a long ~ to the shops** zu den Läden ist es weit zu Fuß; **to go for a ~** einen Spaziergang machen; **to take sb/the dog for a ~** j-n/den Hund spazieren führen [2] Gang *m* [3] Weg *m*, Wander-/Spazierweg *m;* **he knows some good ~s in the Lake District** er kennt ein paar gute Wanderungen im Lake District [4] **from all ~s of life** aus allen Schichten und Berufen [B] [VT] *Hund* ausführen; *Strecke* gehen; **to ~ the dog** den Hund ausführen; **to ~ sb home** j-n nach Hause bringen; **to ~ the streets** *Prostituierte* auf den Strich gehen *umg; ziellos* durch die Straßen streichen [C] [VI] [1] gehen; **to learn to ~** laufen lernen; **to ~ in one's sleep** schlaf- *od* nachtwandeln; **to ~ with a stick** am Stock gehen [2] zu Fuß gehen, spazieren gehen, wandern; **you can ~ there in 5 minutes** da ist man in 5 Minuten zu Fuß; **to ~ home** nach Hause laufen *umg* ♦**walk about** *Br*, **walk around** [VI] herumlaufen *umg* ♦**walk away** [VI] weggehen; **to walk away with a prize** *etc* einen Preis *etc* kassieren ♦**walk in** [VI] hineingehen, hereinkommen ♦**walk in on** [VI] ⟨+*obj*⟩ hereinplatzen bei *umg* ♦**walk into** [VI] ⟨+*obj*⟩ *Zimmer* hereinkommen in (+*akk*); *j-n* anrempeln; *Wand* laufen gegen; **to walk into a trap** in eine Falle gehen; **he just walked into the first job he applied for** er hat gleich die erste Stelle bekommen, um die er sich beworben hat; **to walk right into sth** *wörtl* mit voller Wucht gegen etw rennen ♦**walk off** [A] [VT] ⟨*trennb*⟩ **to walk off one's lunch** *etc* einen Verdauungsspaziergang machen [B] [VI] weggehen ♦**walk off with** *umg* [VI] ⟨+*obj*⟩ [1] (≈ *mitnehmen*) *unabsichtlich* abziehen mit *umg; absichtlich* abhauen mit *umg* [2] *Preis* kassieren *umg* ♦**walk on** [A] [VI] ⟨+*obj*⟩ betreten [B] [VI] weitergehen ♦**walk out** [VI] [1] gehen; **to walk out of a meeting** ein Meeting verlassen; **to walk out on sb** j-n verlassen; *Partner* j-n sitzen lassen *umg* [2] streiken ♦**walk over** [VI] ⟨+*obj*⟩ **to walk all over sb** *umg* j-n unterbuttern *umg*, j-n fertigmachen *umg* ♦**walk up** [VI] [1] hinaufgehen [2] zugehen (**to** auf +*akk*); **a man walked up to me/her** ein Mann kam auf mich zu/ging auf sie zu

walkabout [S] *bes Br von Herrscher etc* **to go on a ~** ein Bad in der Menge nehmen **walkaway** *US* [S] → walkover **walker** ['wɔːkəʳ] [S] [1] Spaziergänger(in) *m(f)*, Wanderer *m*, Wanderin *f;* SPORT Geher(in) *m(f);* **to be a fast ~** schnell gehen [2] Gehhilfe *f*, Gehwagen *m* **walkie-talkie** ['wɔːkɪ'tɔːkɪ] [S] Sprechfunkgerät *n* **walk-in** ['wɔːkɪn] [ADJ] **a ~ cupboard** ein begehbarer Wandschrank **walking** ['wɔːkɪŋ] [A] [S] Gehen *n*, Spazierengehen *n*, Wandern *n;* **we did a lot of ~ while we were in Wales** als wir in Wales waren, sind wir viel gewandert [B] [ADJ] ⟨*attr*⟩ *Lexikon etc* wandelnd; **at (a) ~ pace** im Schritttempo; **the ~ wounded** die Leichtverwundeten *pl;* **it's within ~ distance** dahin kann man zu Fuß gehen **walking boots** PL Wanderstiefel *pl* **walking frame** S Gehwagen *m* **walking shoes** PL Wanderschuhe *pl* **walking stick** S Spazierstock *m* **walking tour** S Wanderung *f* **walk-on** ADJ ~ **part** THEAT Statistenrolle *f* **walkout** S Streik *m*; **to stage a** ~ demonstrativ den Saal verlassen **walkover** S leichter Sieg, Spaziergang *m*; SPORT Kantersieg *m* **walkway** S Fußweg *m*

★**wall** [wɔːl] S Mauer *f*, Wand *f*; **the Great Wall of China** die Chinesische Mauer; **to go up the** ~ *umg* die Wände hochgehen *umg*; **I'm climbing the** ~**s** *umg* ich könnte die Wände hochgehen *umg*; **he drives me up the** ~ *umg* er bringt mich auf die Palme *umg*; **this constant noise is driving me up the** ~ *umg* bei diesem ständigen Lärm könnte ich die Wände hochgehen *umg*; **to go to the** ~ *umg* kaputtgehen *umg* ◆**wall off** VT ⟨trennb⟩ durch eine Mauer (ab)teilen **wall calendar** S Wandkalender *m* **wall chart** S Wandkarte *f* **wall clock** S Wanduhr *f*

★**wallet** ['wɒlɪt] S ■ Brieftasche *f* ◙ US Geldbeutel *m*

wallop ['wɒləp] *bes Br umg* VT schlagen **wallow** ['wɒləʊ] VI ■ *wörtl* Tier sich suhlen ◙ *fig* **to** ~ **in self-pity** *etc im* Selbstmitleid *etc* schwelgen

wall painting S Wandmalerei *f* **wallpaper** A S ⟨kein pl⟩ Tapete *f* B VT tapezieren **wall socket** S Steckdose *f* **wall-to-wall** ADJ ~ **carpeting** Teppichboden *m*

wally ['wɒlɪ] *Br umg* S Trottel *m umg* **walnut** ['wɔːlnʌt] S ■ Walnuss *f* ◙ (Walnussbaum *m*

walrus ['wɔːlrəs] S Walross *n*

waltz [wɔːls] A S Walzer *m* B VI Walzer tanzen ◆**waltz in** *umg* VI hereintanzen *umg*; **to come waltzing in** angetanzt kommen ◆**waltz off** *umg* VI abtanzen *umg* ◆**waltz off with** *umg* VI ⟨+obj⟩ Preise abziehen mit *umg*

wan [wɒn] ADJ bleich; *Licht, Lächeln* matt **wand** [wɒnd] S Zauberstab *m*

★**wander** ['wɒndər] A S Spaziergang *m*; **to go for a** ~ (a)**round the shops** einen Ladenbummel machen B VT **to** ~ **the streets** durch die Straßen wandern C VI ■ herumlaufen, umherwandern

(**through, about** in +*dat*); *gemächlich* schlendern; **he ~ed past me in a dream** er ging wie im Traum an mir vorbei; **he ~ed over to me** er kam zu mir herüber; **the children had ~ed out onto the street** die Kinder waren auf die Straße gelaufen ◙ *fig* schweifen; **to let one's mind** ~ seine Gedanken schweifen lassen; **during the lecture his mind ~ed a bit** während der Vorlesung schweiften seine Gedanken ab; **to** ~ **off the subject** vom Thema abschweifen ◆**wander about** *Br*, **wander around** VI umherwandern ◆**wander in** VI ankommen ◆**wander off** VI weggehen; **he must have wandered off somewhere** er muss (doch) irgendwohin verschwunden sein

wandering ['wɒndərɪŋ] ADJ *Flüchtlinge* umherziehend; *Gedanken* (ab)schweifend; *Pfad* gewunden; **to have** ~ **hands** *hum* seine Finger nicht bei sich behalten können

wane [weɪn] A S **to be on the** ~ *fig* im Schwinden sein B VI *Mond* abnehmen; *fig* schwinden

wangle ['wæŋɡl] *umg* VT organisieren *umg*; **to** ~ **money out of sb** j-m Geld abluchsen *umg*

wank [wæŋk] *Br vulg* VI, (*a.* **wank off**) wichsen *sl* **wanker** ['wæŋkər] *Br vulg* S Wichser *m sl*; (≈Idiot) Schwachkopf *m umg*

wanna ['wɒnə] ABK (= want to) I ~ **go** ich will gehen **wannabe** ['wɒnəˌbiː] *umg* A S Möchtegern *m umg* B ADJ Möchtegern- *umg*

★**want** [wɒnt] A S ■ Mangel *m* (**of** an +*dat*); **for** ~ **of** aus Mangel an (+*dat*); **though it wasn't for** ~ **of trying** nicht, dass er sich/ich mich *etc* nicht bemüht hätte ◙ Bedürfnis *n*, Wunsch *m*; **to be in** ~ **of sth** etw benötigen B VT ■ wollen, mögen; **to** ~ **to do sth** etw tun wollen; **to** ~ **sb to do sth** wollen, dass j-d etw tut; **I** ~ **it done now** ich will *od* möchte das sofort erledigt haben; **what does he** ~ **with me?** was will er von mir?; **I don't** ~ **strangers coming in** ich wünsche *od* möchte nicht, dass Fremde (hier) hereinkommen ◙ brauchen; **you** ~ **to see a lawyer** Sie sollten zum Rechtsanwalt gehen; **he ~s to be more careful** *umg* er sollte etwas vorsichtiger sein; "**wanted**" „gesucht"; he's a ~ed **man** er wird (polizeilich) gesucht; **to feel** ~ed das Gefühl haben, gebraucht zu werden; **you're ~ed on the phone** Sie werden am Telefon verlangt; **all the soup ~s is a little salt** das Einzige, was an der Suppe fehlt, ist etwas Salz **C** ⓥ⃠ **1** wollen, mögen; **you can go if you ~ (to)** wenn du willst *od* möchtest, kannst du gehen; **I don't ~ to ich will** *od* möchte nicht; **do as you ~ tu**, was du willst **2 they ~ for nothing** es fehlt ihnen an nichts **want ad** s̄ Kaufgesuch *n* **wanting** [ˈwɒntɪŋ] ADJ **it's good, but there is something ~** es ist gut, aber irgendetwas fehlt; **his courage was found ~** sein Mut war nicht groß genug

wanton [ˈwɒntən] ADJ Zerstörung mutwillig

WAP [wæp] s̄ ABK (= Wireless Application Protocol) IT WAP *n*

★ **war** [wɔːʳ] s̄ Krieg *m*; **this is war!** *fig* das bedeutet Krieg!; **the war against disease** der Kampf gegen die Krankheit; **war of words** Wortgefecht *n*; **to be at war** sich im Krieg(szustand) befinden; **to declare war** den Krieg erklären (**on** *+dat*); **to go to war** (einen) Krieg anfangen (**against** mit); **to make war** Krieg führen (**on**, **against** gegen); **I hear you've been in the wars recently** *umg* ich höre, dass du zurzeit ganz schön angeschlagen bist *umg*

warble [ˈwɔːbl] **A** s̄ Trällern *n* **B** ⓥ⃠ & ⓥ⃠ trällern

war correspondent s̄ Kriegsberichterstatter(in) *m(f)* **war crime** s̄ Kriegsverbrechen *n* **war criminal** s̄ Kriegsverbrecher(in) *m(f)*

ward [wɔːd] s̄ **1** *in Krankenhaus* Station *f*; (≈ *Zimmer*) (Kranken)saal *m* **2** JUR Mündel *n*; **~ of court** Mündel *n* unter Amtsvormundschaft **3** ADMIN Stadtbezirk *m*, Wahlbezirk *m* **♦ward off** ⓥ⃠ ⟨*trennb*⟩ abwehren

warden [ˈwɔːdn] s̄ **1** Herbergsvater *m*, Herbergsmutter *f*; *von Revier* Jagdaufseher(in) *m(f)*; UNIV Heimleiter(in) *m(f)*; *US* Gefängnisdirektor(in) *m(f)*

warder [ˈwɔːdəʳ] s̄ *Br* Wärter(in) *m(f)*

★ **wardrobe** [ˈwɔːdrəʊb] s̄ **1** *Br* (Kleider)schrank *m*, (Kleider)kasten *m* *österr*, *schweiz* **2** (≈ *Kleidung*) Garderobe *f*

warehouse [ˈwɛəhaʊs] s̄ Lager(haus) *n* **wares** [wɛəz] PL Waren *pl*

warfare [ˈwɔːfɛəʳ] s̄ Krieg *m*; Kriegs-führung *f* **war game** s̄ Kriegsspiel *n* **warhead** [ˈwɔːhɛd] s̄ Sprengkopf *m* **war hero** s̄ Kriegsheld *m* **warhorse** wörtl, fig s̄ Schlachtross *n*

warily [ˈwɛərɪlɪ] ADV vorsichtig, misstrauisch; **to tread ~** sich vorsehen **wariness** [ˈwɛərɪnɪs] s̄ Vorsicht *f*, Misstrauen *n*

warlike [ˈwɔːlaɪk] ADJ kriegerisch **warlord** s̄ Kriegsherr *m*

★ **warm** [wɔːm] **A** ADJ ⟨*+er*⟩ **1** warm; (≈ *liebenswürdig*) herzlich; **I am** *od* **feel ~** mir ist warm; **come and get ~** komm und wärm dich **2** *bei Versteckspiel etc* **am I ~?** ist es (hier) warm? **B** s̄ **to get into the ~** ins Warme kommen; **to give sth a ~** etw wärmen **C** ⓥ⃠ wärmen **D** ⓥ⃠ **the milk was ~ing on the stove** die Milch wurde auf dem Herd angewärmt; **I ~ed to him** er wurde mir sympathischer **♦warm up A** ⓥ⃠ warm werden; *Spiel* in Schwung kommen; SPORT sich aufwärmen **B** ⓥ⃠ ⟨*trennb*⟩ *Motor* warm laufen lassen; *Essen* aufwärmen

warm-blooded [ˈwɔːmˈblʌdɪd] ADJ warmblütig **warm-hearted** [ˈwɔːm-ˈhɑːtɪd] ADJ warmherzig **warmly** [ˈwɔːmlɪ] ADV warm; *begrüßen* herzlich; *empfehlen* wärmstens **warmth** [wɔːmθ] s̄ Wärme *f* **warm-up** [ˈwɔːmʌp] s̄ SPORT Aufwärmen *n*; **the teams had a ~ before the game** die Mannschaften wärmten sich vor dem Spiel auf

★ **warn** [wɔːn] ⓥ⃠ warnen (**of**, **about**, **against** vor *+dat*); *polizeilich* verwarnen; **to ~ sb not to do sth** j-n davor warnen, etw zu tun; **I'm ~ing you** ich warne dich!; **you have been ~ed!** sag nicht, ich hätte dich nicht gewarnt; **to ~ sb that ...** j-n darauf hinweisen, dass ...; **you might have ~ed us that you were coming** du hättest uns ruhig vorher Bescheid sagen können, dass du kommst **♦warn off** ⓥ⃠ ⟨*trennb*⟩ warnen; **he warned me off** er hat mich davor gewarnt

warning [ˈwɔːnɪŋ] **A** s̄ Warnung *f*; *polizeilich* Verwarnung *f*; **without ~** ohne Vorwarnung; **they had no ~ of the enemy attack** der Feind griff sie ohne Vorwarnung an; **he had plenty of ~** er wusste früh genug Bescheid; **to give sb a ~** j-n warnen; *polizeilich* j-m eine Verwarnung geben; **let this be a ~ to you** lassen Sie sich (*dat*) das eine Warnung sein!; **please give me a few days' ~** bitte sagen *od* geben Sie mir ein paar Tage vorher Bescheid **B** ADJ Warn-, warnend **warning light** S Warnleuchte *f*

warp [wɔːp] **A** VⁱT Holz wellen **B** VⁱI Holz sich verziehen

war paint S *von Indianern etc* Kriegsbemalung *f* **warpath** S **on the ~** auf dem Kriegspfad

warped [wɔːpt] ADJ **1** *wörtl* verzogen **2** *fig* Humor abartig; *Urteilsvermögen* verzerrt

warrant [ˈwɒrənt] **A** S **1** Durchsuchungsbefehl *m*; *bei Todesurteil* Hinrichtungsbefehl *m*; **a ~ of arrest** ein Haftbefehl *m* **B** VⁱT **1** rechtfertigen **2** verdienen **warranted** ADJ berechtigt **warranty** [ˈwɒrəntɪ] S HANDEL Garantie *f*; **it's still under ~** darauf ist noch Garantie

warren [ˈwɒrən] S Kaninchenbau *m*; *fig* Labyrinth *n*

warring [ˈwɔːrɪŋ] ADJ Parteien gegnerisch; *Gruppen* sich bekriegend **warrior** [ˈwɒrɪə˞] S Krieger(in) *m(f)*

Warsaw [ˈwɔːsɔː] S Warschau *n*; **~ Pact** Warschauer Pakt *m*

warship [ˈwɔːʃɪp] S Kriegsschiff *n*

wart [wɔːt] S Warze *f*

wartime [ˈwɔːtaɪm] **A** S Kriegszeit *f*; **in ~** in Kriegszeiten **B** ADJ Kriegs-; **in ~ England** in England während des Krieges **war-torn** ADJ vom Krieg erschüttert

wary [ˈweərɪ] ADJ ⟨*komp* warier⟩ vorsichtig; **to be ~ of sb/sth** vor j-m/einer Sache auf der Hut sein; **to be ~ of** *od* **about doing sth** seine Zweifel haben, ob man etw tun soll; **be ~ of talking to strangers** hüte dich davor, mit Fremden zu sprechen

war zone S Kriegsgebiet *n*

was [wɒz] PRÄT → be

★**wash** [wɒʃ] **A** S **1** **to give sb/sth a ~** j-n/etw waschen; **to have a ~** sich waschen **2** Wäsche *f* **B** VⁱT **1** waschen; *Geschirr* abwaschen; *Fußboden* aufwaschen; *Hände, Füße* sich (*dat*) waschen; **to ~ one's hands of sb/sth** mit j-m/etw nichts mehr zu tun haben wollen **2** spülen; **to be ~ed downstream** flussabwärts getrieben werden; **to ~ ashore** anschwemmen **C** VⁱI **1** sich waschen **2** waschen; *Br* abwaschen; **a material that ~es well** ein Stoff, der sich gut wäscht **3** *Meer etc* schlagen; **the sea ~ed over the promenade** das Meer überspülte die Strandpromenade

♦**wash away** *wörtl* VⁱT ⟨trennb⟩ (hin)wegspülen ♦**wash down** VⁱT ⟨trennb⟩ **1** Wände abwaschen **2** *Essen* runterspülen *umg* ♦**wash off A** VⁱI sich rauswaschen lassen **B** VⁱT ⟨trennb⟩ abwaschen; **wash that grease off your hands** wasch dir die Schmiere von den Händen (ab)! ♦**wash out A** VⁱI sich (r)auswaschen lassen **B** VⁱT ⟨trennb⟩ **1** auswaschen; *Mund* ausspülen **2** *Spiel etc* ins Wasser fallen lassen ♦**wash over** VⁱI ⟨+*obj*⟩ **he lets everything just wash over him** er lässt alles einfach ruhig über sich ergehen ♦**wash up A** VⁱI **1** *Br* abwaschen **2** *US* sich waschen **B** VⁱT ⟨trennb⟩ **1** *Br* Geschirr abwaschen **2** *Meer etc* anschwemmen

washable [ˈwɒʃəbl] ADJ waschbar **washbag** *US* S Kulturbeutel *m* **washbasin** S Waschbecken *n*, Lavabo *n schweiz* **washcloth** *US* S Waschlappen *m* **washed out** ADJ ⟨*präd*⟩, **washed-out** [ˌwɒʃtˈaʊt] *umg* ADJ ⟨*attr*⟩ erledigt *umg*; **to look ~** mitgenommen aussehen **washer** [ˈwɒʃə˞] S **1** TECH Dichtungsring *m* **2** Waschmaschine *f*

★**washing** [ˈwɒʃɪŋ] S Waschen *n*; (= *Kleidungsstücke*) Wäsche *f*; **to do the ~** Wäsche waschen **washing line** S Wäscheleine *f*

★**washing machine** S Waschmaschine *f* **washing powder** S Waschpulver *n* **washing-up** S Abwasch *m*; **to do the ~** den Abwasch machen, abspülen **washing-up liquid** *Br* S Spülmittel *n* **washout** *umg* S Reinfall *m umg* **washroom** S **1** Waschraum *m* **2** *US* Toilette *f*

wasn't [ˈwɒznt] ABK (= was not) → be

★**wasp** [wɒsp] S Wespe *f*

wastage [ˈweɪstɪdʒ] S Schwund *m*, Verschwendung *f*

★**waste** [weɪst] **A** ADJ überschüssig, ungenutzt; *Land* brachliegend; **~ material** Abfallstoffe *pl* **B** S **1** Verschwendung *f*; **it's a ~ of time** es ist Zeitverschwendung; **it's a ~ of effort** das ist nicht der Mühe (*gen*) wert; **to go to ~** *Lebensmittel*

umkommen; *Geld, Ausbildung* ungenutzt sein/bleiben; *Talent* verkümmern **2** Abfallstoffe *pl*, Abfall *m*, Müll *m* **3** (≈*Land*) Wildnis *f kein pl* **C** *v/i* verschwenden (**on** an +*akk od* für); *Zeit, sein Leben* vergeuden; *Gelegenheit* vertun; **you're wasting your time** das ist reine Zeitverschwendung; **don't ~ my time** stiehl mir nicht meine Zeit; **you didn't ~ much time getting here!** *umg* da bist du ja schon, du hast ja nicht gerade getrödelt! *umg*; **all our efforts were ~d** all unsere Bemühungen waren umsonst; **I wouldn't ~ my breath talking to him** ich würde doch nicht für die meine Spucke vergeuden! *umg*; **Beethoven is ~d on him** Beethoven ist an den verschwendet ◆**waste away** *v/i* dahinschwinden *geh*

wastebasket [ˈweɪstbɑːskɪt] *s*, **wastebin** [ˈweɪstbɪn] *bes US s* Papierkorb *m* **wasted** [ˈweɪstɪd] *adj* **1** **I've had a ~ journey** ich bin umsonst hingefahren **2** geschwächt **waste disposal** *s* Abfallentsorgung *f* **waste disposal unit** *s* Müllschlucker *m* **wasteful** [ˈweɪstfʊl] *adj* verschwenderisch; *Verfahren* aufwendig **wastefulness** *s* verschwenderische Art; *von Verfahren etc* Aufwendigkeit *f* **wasteland** *s* Ödland *n* **wastepaper** *s* Papierabfall *m* ★**wastepaper basket** *s* Papierkorb *m* **waste pipe** *s* Abflussrohr *n* **waste product** *s* Abfallprodukt *n* ★**watch**[1] [wɒtʃ] *s* (Armband)uhr *f* ★**watch**[2] **A** *s* Wache *f*; **to be on the ~ for sb/sth** nach j-m/etw Ausschau halten; **to keep ~** Wache halten; **to keep a close ~ on sb/sth** j-n/etw scharf bewachen; **to keep ~ over sb/sth** bei j-m/etw wachen *od* Wache halten **B** *v/t* **1** aufpassen auf (+*akk*); *Polizei etc* überwachen **2** beobachten; *Spiel* zuschauen bei; *Film* sich (*dat*) ansehen; *TV* fernsehen; **to ~ sb doing sth** j-m bei etw zuschauen; **I'll come and ~ you play** ich komme und sehe dir beim Spielen zu; **he just stood there and ~ed her drown** er stand einfach da und sah zu, wie sie ertrank; **I ~ed her coming down the street** ich habe sie beobachtet, wie *od* als sie die Straße entlang kam; **~ the road!** pass auf die Straße auf!; **~ this!** pass auf!; **just ~ me!** guck *od* schau

mal, wie ich das mache!; **we are being ~ed** wir werden beobachtet **3** aufpassen auf (+*akk*); *Zeit* achten auf (+*akk*); **(you'd better) ~ it!** *umg* pass (bloß) auf! *umg*; **~ yourself** sieh dich vor!; **~ your language!** drück dich bitte etwas gepflegter aus!; **~ how you go!** mach's gut!; *bei Glatteis etc* pass beim Gehen/Fahren auf! **C** *v/i* zusehen; **to ~ for sb/sth** nach j-m/etw Ausschau halten; **they ~ed for a signal from the soldiers** sie warteten auf ein Signal von den Soldaten; **to ~ for sth to happen** ◆ darauf warten, dass etw geschieht ◆**watch out** *v/i* **1** Ausschau halten (**for** sb/sth) nach j-m/etw) **2** achtgeben (**for** auf +*akk*); **watch out!** Achtung! ◆**watch over** *v/i* (+*obj*) wachen über (+*akk*) **watchdog** *wörtl s* Wachhund *m*; *fig* Aufpasser *m umg* **watchful** [ˈwɒtʃfʊl] *adj* wachsam; **to keep a ~ eye on sb/sth** ein wachsames Auge auf j-n/etw werfen **watchmaker** *s* Uhrmacher(in) *m(f)* **watchman** *s* ⟨*pl* -men⟩, (*a.* **night watchman**) Nachtwächter(in) *m(f)* **watchstrap** *s* Uhrarmband *n* **watchtower** *s* Wachturm *m* **watchword** *s* Parole *f* ★**water** [ˈwɔːtə*r*] **A** *s* **1** Wasser *n*; **to be under ~** unter Wasser stehen; **to take in ~** *Schiff* lecken; **to hold ~** wasserdicht sein; **~s** Gewässer *pl*; **to pass ~** Wasser lassen **2** **to keep one's head above ~** sich über Wasser halten; **to pour cold ~ on sb's idea** *fig* Idee miesmachen *umg*; **to get (oneself) into deep ~(s)** ins Schwimmen kommen; **a lot of ~ has flowed under the bridge since then** seitdem ist so viel Wasser den Berg *od* den Bach hinuntergeflossen; **to get into hot ~** *umg* in Teufels Küche geraten *umg* (**over** wegen) **B** *v/t* **1** *Rasen* sprengen; *Pflanze* (be)gießen **2** *Pferde* tränken **C** *v/i* *Mund* wässern; *Augen* tränen; **the smoke made his eyes ~** ihm tränten die Augen vom Rauch; **my mouth ~ed** mir lief das Wasser im Mund zusammen; **to make sb's mouth ~** j-m den Mund wässerig machen ◆**water down** *v/t* ⟨*trennb*⟩ verwässern, (mit Wasser) verdünnen **water bed** *s* Wasserbett *n* **waterborne** *adj* **a ~ disease** eine Krankheit, die durch das Wasser übertragen wird

water bottle S̲ Wasserflasche f **water butt** S̲ Regentonne f **water cannon** S̲ Wasserwerfer m **water closet** bes Br S̲ Wasserklosett n **watercolour, watercolor** US A̲ S̲ Aquarellfarbe f; (≈Bild) Aquarell n B̲ A̲D̲J̲ ⟨attr⟩ Aquarell-; a ~ painting ein Aquarell n **water cooler** S̲ Wasserspender m **watercourse** S̲ 1 Wasserlauf m; künstlich Kanal m 2 Flussbett n **watercress** S̲ (Brunnen)kresse f **water dispenser** S̲ Wasserspender m **watered-down** [ˌwɔːtəd'daʊn] A̲D̲J̲ verwässert **waterfall** S̲ Wasserfall m **waterfowl** P̲L̲ Wassergeflügel n **waterfront** A̲ S̲ Hafenviertel n; we drove down to the ~ wir fuhren hinunter zum Wasser B̲ A̲D̲J̲ ⟨attr⟩ am Wasser **water gun** bes US S̲ → water pistol **water heater** S̲ Heißwassergerät n **watering can** ['wɔːtərɪŋ] S̲ Gießkanne f **watering hole** S̲ Wasserstelle f **water jump** S̲ Wassergraben m **water level** S̲ Wasserstand m **water lily** S̲ Seerose f **water line** S̲ Wasserlinie f **waterlogged** A̲D̲J̲ the fields are ~ die Felder stehen unter Wasser **water main** S̲ Haupt(wasser)leitung f, Hauptwasserrohr n **watermark** S̲ Wasserzeichen n **watermelon** S̲ Wassermelone f **water meter** S̲ Wasseruhr f **water mill** S̲ Wassermühle f **water pipe** S̲ Wasserrohr n **water pistol** S̲ a bes Br Regenhaut® f **water gun** US S̲ Wasserpistole f **water pollution** S̲ Wasserschmutzung f **water polo** S̲ ⟨kein pl⟩ Wasserball m **water power** S̲ Wasserkraft f **waterproof** A̲ A̲D̲J̲ Uhr wasserdicht; Kleidung, Dach wasserundurchlässig B̲ S̲ a bes Br Regenhaut® f C̲ V̲/T̲ wasserundurchlässig machen **water-repellent** A̲D̲J̲ Wasser abstoßend **water-resistant** A̲D̲J̲ wasserbeständig; Sonnenschutzmittel wasserfest **watershed** fig S̲ Wendepunkt m **waterside** A̲ S̲ Ufer n B̲ A̲D̲J̲ ⟨attr⟩ am Wasser **water-ski** A̲ S̲ Wasserski m B̲ V̲/I̲ Wasserski laufen **water-skiing** S̲ Wasserskilaufen n **water slide** S̲ Wasserrutsche f **water softener** S̲ Wasserenthärter m **water-soluble** A̲D̲J̲ wasserlöslich **water sports** P̲L̲ Wassersport m **water supply** S̲ Wasserversorgung f **water table** S̲ Grundwasserspiegel m **water tank** S̲ Wassertank m **water-**

tight A̲D̲J̲ wasserdicht **water tower** S̲ Wasserturm m **waterway** S̲ Wasserstraße f **water wings** P̲L̲ Schwimmflügel pl **waterworks** S̲ ⟨pl -⟩ Wasserwerk n **watery** ['wɔːtərɪ] A̲D̲J̲ wäss(e)rig; Auge tränend; Sonne blass

watt [wɒt] S̲ Watt n

★**wave** [weɪv] A̲ S̲ 1 a. PHYS, a. fig Welle f; a ~ of strikes eine Streikwelle; to make ~s fig umg Unruhe stiften 2 to give sb a ~ j-m (zu)winken; with a ~ of his hand mit einer Handbewegung B̲ V̲/T̲ winken mit (at, to sb j-m); Objekt schwenken; to ~ sb goodbye j-m zum Abschied winken; he ~d his hat and schwenkte seinen Hut; he ~d me over er winkte mich zu sich herüber C̲ V̲/I̲ 1 winken; to ~ at od to sb j-m (zu)winken 2 Fahne wehen; Äste sich hin und her bewegen ♦**wave aside** fig V̲/T̲ ⟨trennb⟩ Vorschlag etc zurückweisen ♦**wave on** V̲/T̲ ⟨trennb⟩ the policeman waved us on der Polizist winkte uns weiter

wavelength ['weɪvleŋθ] S̲ Wellenlänge f; we're not on the same ~ fig wir haben nicht dieselbe Wellenlänge

waver ['weɪvə] V̲/I̲ 1 Flamme flackern; Stimme zittern 2 Mut wanken; Unterstützung nachlassen 3 schwanken (between zwischen +dat) **wavering** ['weɪvərɪŋ] A̲D̲J̲ 1 Stimme bebend 2 Treue unsicher; Entschlossenheit wankend; Unterstützung nachlassend

wavy ['weɪvɪ] A̲D̲J̲ ⟨komp wavier⟩ wellig; ~ line Schlangenlinie f

wax[1] [wæks] A̲ S̲ 1 Wachs n 2 Ohrenschmalz n B̲ A̲D̲J̲ Wachs-; wax crayon Wachsmalstift m C̲ V̲/T̲ Auto wachsen; Fußboden bohnern; Beine mit Wachs behandeln

wax[2] V̲/I̲ Mond zunehmen; to wax and wane fig kommen und gehen

waxwork S̲ 1 Wachsfigur f 2 ⟨+sg v⟩ ~s pl Wachsfigurenkabinett n

★**way** [weɪ]

A Substantiv	B Adverb

— A Substantiv —

1 Weg m; across od over the way gegenüber; mit Richtungsangabe rüber; to ask sb the way j-n nach dem Weg

fragen; **along the way** *etw lernen* nebenbei; **to go the wrong way** sich verlaufen, sich verfahren; **to go down the wrong way** *Nahrung* in die falsche Kehle kommen; **there's no way out** *fig* es gibt keinen Ausweg; **to find a way in** hineinfinden; **the way up** der Weg nach oben; **the way there/back** der Hin-/Rückweg; **prices are on the way up/down** die Preise steigen/fallen; **to bar the way** den Weg versperren; **to be** *od* **stand in sb's way** j-m im Weg stehen; **to get in the way** in den Weg kommen; *fig* stören; **he lets nothing stand in his way** er lässt sich durch nichts aufhalten *od* beirren; **get out of the/my way! (geh)** aus dem Weg!; **to get sth out of the way** etw aus dem Weg *(akk)* bringen; *Probleme* etw aus dem Weg räumen; **to stay out of sb's/the way** j-m nicht in den Weg kommen, (j-m) aus dem Weg gehen; **stay out of my way!** komm mir nicht mehr über den Weg!; **to make way for sb/sth** *wörtl, fig* für j-n/etw Platz machen; **the way to the station** der Weg zum Bahnhof; **can you tell me the way to the town hall, please?** können Sie mir bitte sagen, wie ich zum Rathaus komme?; **the shop is on the way** der Geschäft liegt auf dem Weg; **to stop on the way** unterwegs anhalten; **on the way (here)** auf dem Weg (hierher); **they're on their way** sie sind unterwegs; **if it is out of your way** wenn es ein Umweg für Sie ist; **to go out of one's way to do sth** *fig* sich besonders anstrengen, um etw zu tun; **please, don't go out of your way for us** *fig* machen Sie sich *(dat)* bitte unsertwegen keine Umstände; **to get under way** in Gang kommen; **to be well under way** in vollem Gang sein; **the way in** der Eingang; **on the way in** beim Hineingehen; **the way out** der Ausgang; **please show me the way out** bitte zeigen Sie mir, wie ich hinauskomme; **can you find your own way out?** finden Sie selbst hinaus?; **on the way out** beim Hinausgehen; **to be on the way out** *fig umg* am Aussterben sein; **I know my way around the town** ich kenne mich in der Stadt aus; **can you find your way home?** finden Sie nach Hause?; **to make one's way to somewhere** sich

an einen Ort begeben; **I made my own way there** ich ging allein dorthin; **to make one's way home** nach Hause gehen; **to push one's way through the crowd** sich einen Weg durch die Menge bahnen; **to go one's own way** *fig* eigene Wege gehen; **they went their separate ways** ihre Wege trennten sich; **to pay one's way** für sich selbst bezahlen; *Unternehmen, Maschine* sich rentieren **2** Richtung *f*; **which way are you going?** in welche Richtung gehen Sie?; **which way?** wohin?; **look both ways** schau nach beiden Seiten; **to look the other way** *fig* wegsehen; **if a good job comes my way** wenn ein guter Job für mich auftaucht; **to split sth three/ten ways** etw dritteln/in zehn Teile teilen; **it's the wrong way up** es steht verkehrt herum; **"this way up"** „hier oben"; **wrong way (a)round** falsch herum; **it's the other way (a)round** es ist (genau) umgekehrt; **put it the other way (a)round** stellen Sie es andersherum hin; **put it the right way up** stellen Sie es richtig (herum) hin; **this way, please** hier entlang, bitte; **look this way** schau hierher!; **he went this way** er ging in diese Richtung; **this way and that** hierhin und dorthin; **every which way** ungeordnet, durcheinander **3** Weg *m*, Strecke *f*; **a little way away** *od* **off** nicht weit weg; **all the way there** auf der ganzen Strecke; **I'm behind you all the way** *fig* ich stehe voll (und ganz) hinter Ihnen; **that's a long way away** bis dahin ist es weit; *zeitlich* bis dahin ist es noch lange; **a long way out of town** weit von der Stadt weg; **he's come a long way since then** *fig* er hat sich seitdem sehr gebessert; **he'll go a long way** *fig* er wird es weit bringen; **to have a long way to go** weit vom Ziel entfernt sein; **it should go a long way toward(s) solving the problem** das sollte *od* müsste bei dem Problem schon ein gutes Stück weiterhelfen; **not by a long way** bei Weitem nicht **4** Art *f*, Weise *f*; **that's his way of saying thank you** das ist seine Art, sich zu bedanken; **the French way of doing it** (die Art,) wie man es in Frankreich macht; **to learn the hard way** aus dem eigenen Schaden lernen; **way of life** Lebensweise *f*; **way of**

thinking Denkweise *f*; **what a way to live!** (≈*negativ*) so möchte ich nicht leben; **to get one's (own) way** seinen Willen durchsetzen; **have it your own way!** wie du willst!; **one way or another/the other** so oder so; **it does not matter (to me) one way or the other** es macht (mir) so oder so nichts aus; **either way** so oder so; **no way!** *umg* ausgeschlossen!; **there's no way I'm going to agree** *umg* auf keinen Fall werde ich zustimmen; **that's no way to speak to your mother** so spricht man nicht mit seiner Mutter; **you can't have it both ways** du kannst nicht beides haben; **he wants it both ways** er will das eine haben und das andere nicht lassen; **this/that way** (≈*auf diese Weise*) so; **the way (that) …** wie; **the way you walk** (so) wie du gehst; **that's not the way we do things here** so *od* auf die Art machen wir das hier nicht; **you could tell by the way he was dressed** das merkte man schon an seiner Kleidung; **that's the way it goes!** so ist das eben; **the way things are going** so, wie die Dinge sich entwickeln; **do it the way I do** machen Sie es so wie ich; **to show sb the way to do sth** j-m zeigen, wie etw gemacht wird; **show me the way to do it** zeig mir, wie (ich es machen soll); **that's not the right way to do it** so geht das nicht [5] (≈*Methode*) Art *f*; **there are many ways of solving it** es gibt viele Wege, das zu lösen; **the best way is to wash it** am besten wäscht man es; **he has a way with children** er versteht es, mit Kindern umzugehen; **way of life** Lebensstil *m*; *von Volk* Lebensart *f* [6] Hinsicht *f*; **in a way** in gewisser Weise; **in no way** in keiner Weise; **in many/some ways** in vieler/gewisser Hinsicht; **in more ways than one** in mehr als nur einer Hinsicht [7] Zustand *m*; **he's in a bad way** er ist in schlechter Verfassung

— **B** Adverb —

umg **way up** weit oben; **it's way too big** das ist viel zu groß; **that was way back** das ist schon lange her; **his guess was way out** seine Annahme war weit gefehlt

way in [S] Eingang *m* **waylay** [VT] ⟨*prät, pperf* **waylaid**⟩ abfangen **way-out** *umg* [ADJ] extrem *obs sl* **way out** [S] Ausgang *m*; *fig* Ausweg *m* **wayside** [S] Wegrand *m*, Straßenrand *m*; **to fall by the ~** *fig* auf der Strecke bleiben **wayward** ['weɪwəd] [ADJ] eigensinnig

WC *bes Br* [ABK] (= **water closet**) WC *n*

★**we** [wiː] [PRON] wir

★**weak** [wiːk] [ADJ] ⟨+*er*⟩ schwach; *Charakter* labil; *Tee* dünn; **he was ~ from hunger** ihm war schwach vor Hunger; **to go ~ at the knees** weiche Knie bekommen; **what are his ~ points?** wo liegen seine Schwächen? **weaken** ['wiːkən] [A] [VT] schwächen; *Mauerwerk* angreifen; *Griff* lockern [B] [VI] nachlassen; *Mensch* schwach werden **weakling** ['wiːklɪŋ] [S] Schwächling *m* **weakly** ['wiːklɪ] [ADV] schwach **weakness** [S] Schwäche *f*, schwacher Punkt; **to have a ~ for sth** für etw eine Schwäche *od* Vorliebe haben **weak-willed** ['wiːk'wɪld] [ADJ] willensschwach

★**wealth** [welθ] [S] [1] Reichtum *m*, Vermögen *n* [2] *fig* Fülle *f*

★**wealthy** ['welθɪ] [A] [ADJ] ⟨*komp* **wealthier**⟩ reich [B] [S] **the ~** *pl* die Reichen *pl*

wean [wiːn] [VT] *Kind* abstillen; **to ~ sb off sb/sth** j-n j-m/einer Sache entwöhnen *geh*

★**weapon** ['wepən] *wörtl, fig* [S] Waffe *f*; **~s** *pl* **of mass destruction** Massenvernichtungswaffen *pl* **weaponry** ['wepənrɪ] [S] Waffen *pl*

★**wear** [weəʳ] ⟨*v: prät* **wore**; *pperf* **worn**⟩ [A] [VT] [1] tragen; **what shall I ~?** was soll ich anziehen?; **I haven't a thing to ~!** ich habe nichts anzuziehen [2] abnutzen; *Stufen* austreten; *Reifen* abfahren; **to ~ holes in sth** etw durchwetzen; *Schuhe* etw durchlaufen; **to ~ smooth** abgreifen; *Schuhe* austreten; *Kanten* glatt machen [B] [VI] [1] halten [2] kaputtgehen; *Stoff* sich abnutzen; **to ~ smooth** *durch Wasser* glatt gewaschen sein; *durch Witterung* verwittern; **my patience is ~ing thin** meine Geduld geht langsam zu Ende [C] [S] [1] **to get a lot of ~ out of a jacket** eine Jacke viel tragen; **there isn't much ~ left in this carpet** dieser Teppich hält nicht mehr lange; **for everyday ~** für jeden Tag [2] Kleidung *f*, Gewand *n österr* [3] (*a.* **~ and tear**) Verschleiß *m*; **to show signs of ~** *wörtl* anfangen, alt auszusehen; **to look the**

W

worse for ~ wörtl Vorhang etc verschlissen aussehen; *Kleider* abgetragen aussehen; *Möbel* abgenutzt aussehen; *fig* verbraucht aussehen; **I felt a bit the worse for ~** *umg* ich fühlte mich etwas angeknackst *umg* ◆**wear away** Ⓐ V/T ⟨*trennb*⟩ *Stufen* austreten; *Fels* abtragen; *Inschrift* verwischen Ⓑ V/I sich abschleifen; *Inschrift* verwittern ◆**wear down** Ⓐ V/T ⟨*trennb*⟩ **1** abnutzen; *Absatz* ablaufen **2** *fig* Opposition zermürben; *j-n* fix und fertig machen *umg* Ⓑ V/I sich abnutzen; *Absätze* sich ablaufen ◆**wear off** V/I nachlassen; **don't worry, it'll wear off!** keine Sorge, das gibt sich **2** abgehen ◆**wear on** V/I sich hinziehen; *Jahr* voranschreiten; **as the evening** etc **wore on** im Laufe des Abends etc ◆**wear out** Ⓐ V/T ⟨*trennb*⟩ **1** wörtl kaputt machen; *Teppich* abtreten; *Kleider* kaputt tragen; *Maschinen* abnutzen **2** *fig* erschöpfen; *nervlich* fertigmachen *umg*; **to be worn out** erschöpft od erledigt sein; *nervlich* am Ende sein *umg*; **to wear oneself out** sich kaputtmachen *umg* Ⓑ V/I kaputtgehen; *Kleider, Teppich* verschleißen ◆**wear through** V/I sich durchwetzen; *Schuhe* sich durchlaufen

wearable ['wɛərəbl] ADJ tragbar **wearable device** Ⓢ IT Wearable n (*smartes Gerät, das man am Körper trägt*)

wearily ['wɪərɪlɪ] ADV *etw sagen* müde; *lächeln* matt **weariness** Ⓢ Müdigkeit f; Erschöpfung Lustlosigkeit f

wearing ['wɛərɪŋ] ADJ anstrengend

weary ['wɪərɪ] ADJ ⟨*komp* wearier⟩ müde; (≈ *erschöpft*) lustlos; *Lächeln* matt; **to grow ~ of sth** etw leid werden

weasel ['wiːzl] Ⓢ Wiesel n

★**weather** ['wɛðər] Ⓐ Ⓢ Wetter n; **in cold ~** bei kaltem Wetter; **what's the ~ like?** wie ist das Wetter?; **to be under the ~** *umg* angeschlagen sein *umg* Ⓑ V/T **1** *Stürme etc* angreifen **2** (*a. ~ out*) *Krise* überstehen; **to ~ the storm** den Sturm überstehen Ⓒ V/I *Felsen etc* verwittern

weather-beaten ADJ *Gesicht* vom Wetter gegerbt; *Stein* verwittert

weather chart Ⓢ Wetterkarte f

weathercock Ⓢ Wetterhahn m

weather conditions PL Wetterverhältnisse pl **weathered** ['wɛðəd] ADJ verwittert **weather forecast** Ⓢ

Wettervorhersage f **weatherman** Ⓢ ⟨*pl* -men⟩ Wettermann m *umg* **weatherproof** ADJ wetterfest **weather report** Ⓢ Wetterbericht m **weather vane** Ⓢ Wetterfahne f

weave [wiːv] ⟨*v: prät* wove; *pperf* woven⟩ Ⓐ V/T **1** weben (**into** zu); *Rohr* flechten (**into** zu) **2** *fig Handlung* erfinden; *Einzelheiten* einflechten (**into** in +*akk*) **3** ⟨*prät a.* weaved⟩ **to ~ one's way through sth** sich durch etw schlängeln Ⓑ V/I **1** weben **2** ⟨*prät a.* weaved⟩ sich schlängeln **weaver** ['wiːvər] Ⓢ Weber(in) m(f)

web [web] Ⓢ **1** Netz n **2** IT **the Web** das (World Wide) Web; **on the Web** im Internet **web address** Ⓢ Webadresse f **web advertising** Ⓢ Internetwerbung f **web-based** ADJ webbasiert

webbed [webd] ADJ **~ feet** Schwimmfüße pl

web browser Ⓢ IT Browser m **webcam** Ⓢ COMPUT Webcam f **webcast** Ⓢ IT Webcast m **web designer** Ⓢ IT Webdesigner(in) m(f) **web-enabled** ['webenebld] ADJ internetfähig **web forum** Ⓢ Internetforum n, Webforum n **webhead** Ⓢ IT *umg* Computerfreak m *umg*; *im engeren Sinne* Internetfreak m **web webinar** ['webɪnɑːr] Ⓢ IT (≈ *Online-Seminar*) Webinar n **webmaster** Ⓢ IT Webmaster(in) m(f) **web page** Ⓢ IT Webseite f **web portal** Ⓢ IT Onlineportal n **website** Ⓢ IT Website f **website address** Ⓢ IT Website-Adresse f **web surveillance** Ⓢ IT Internetüberwachung f **web video** Ⓢ IT Internetvideo n

Wed ABK (= Wednesday) Mi.

wed [wed] obs V/I ⟨*prät, pperf* wed od wedded⟩ heiraten

we'd [wiːd] ABK (= we would, we had) → have; → would

★**wedding** ['wedɪŋ] Ⓢ Hochzeit f, Trauung f; **to have a registry office** Br/**church ~** sich standesamtlich/kirchlich trauen lassen; **to go to a ~** zu einer od auf eine Hochzeit gehen **wedding anniversary** Ⓢ Hochzeitstag m **wedding cake** Ⓢ Hochzeitskuchen m **wedding day** Ⓢ Hochzeitstag m **wedding dress** Ⓢ Hochzeitskleid n **wedding reception** Ⓢ Hochzeitsempfang m **wedding ring** Ⓢ Ehering m; Trauring m **wedding vows** PL Ehegelübde n

W

wedge [wedʒ] **A** S **1** von Holz, a. fig Keil m **2** von Kuchen etc Stück n; von Käse Ecke f **B** V/T **1** verkeilen; **to ~ a door open/shut** eine Tür festklemmen **2** fig **to ~ oneself/sth** sich etw zwängen (**in** in +akk); **to be ~d between two people** zwischen zwei Personen eingekeilt sein ◆**wedge in** V/T ⟨trennb⟩ **to be wedged in** eingekeilt sein

★**Wednesday** ['wenzdɪ] S Mittwoch m; → Tuesday

Weds ABK (= Wednesday) Mi.

wee[1] [wiː] umg ADJ ⟨komp weer⟩ winzig; schott klein

wee[2] Br umg **A** S **to have** od **do a wee** Pipi machen umg **B** V/I Pipi machen umg

★**weed** [wiːd] **A** S **1** Unkraut n kein pl **2** US (≈Marihuana) Gras n **3** umg Schwächling m **B** V/T & V/I jäten ◆**weed out** fig V/T ⟨trennb⟩ aussondern

weeding ['wiːdɪŋ] S **to do some ~** Unkraut n jäten **weedkiller** ['wiːdkɪlə'] S Unkrautvernichter m **weedy** ['wiːdɪ] umg ADJ ⟨komp weedier⟩ schmächtig

★**week** [wiːk] S Woche f; **it'll be ready in a ~** in einer Woche ist es in acht Tagen ist es fertig; **my husband works away during the ~** mein Mann arbeitet die Woche über auswärts; **~ in, ~ out** Woche für Woche; **twice a ~** zweimal pro Woche; **a ~ today** heute in einer Woche; **a ~ on Tuesday** Dienstag in acht Tagen; **a ~ (ago) last Monday** letzten Montag vor einer Woche; **for ~s** wochenlang; **a ~'s holiday** Br, **a ~'s vacation** US ein einwöchiger Urlaub; **two ~s' holiday** Br, **two ~s' vacation** US zwei Wochen Ferien; **a 40-hour ~** eine Vierzigstundenwoche

★**weekday** **A** S Wochentag m **B** ADJ ⟨attr⟩ Morgen eines Werktages

★**weekend** S Wochenende n; **to go/be away for the ~** am Wochenende verreisen/nicht da sein; **at the ~** Br, **on the ~** bes US am Wochenende; **to take a long ~** ein langes Wochenende machen **B** ADJ ⟨attr⟩ Wochenend-; **~ bag** Reisetasche f

★**weekly** ['wiːklɪ] **A** ADJ Wochen-, wöchentlich; Besuch allwöchentlich **B** ADV wöchentlich; **twice ~** zweimal die Woche **C** S Wochenzeitschrift f

weep [wiːp] V/T & V/I ⟨prät, pperf wept⟩

weinen (**over** über +akk); **to ~ with** od **for joy** vor Freude weinen **weepy** ['wiːpɪ] umg ADJ ⟨komp weepier⟩ weinerlich; umg Film rührselig

wee-wee ['wiːwiː] kinderspr S & V/I → wee[2]

★**weigh** [weɪ] **A** V/T **1** wiegen; **could you ~ these bananas for me?** könnten Sie mir diese Bananen abwiegen? **2** fig Worte abwägen **B** V/I **1** wiegen **2** fig lasten (**on** auf +dat) **3** fig gelten; **his age ~ed against him** sein Alter wurde gegen ihn in die Waagschale geworfen ◆**weigh down** V/T ⟨trennb⟩ **1** niederbeugen; **she was weighed down with packages** sie war mit Paketen überladen **2** fig niederdrücken ◆**weigh out** V/T ⟨trennb⟩ abwiegen ◆**weigh up** V/T ⟨trennb⟩ abwägen; j-n einschätzen

weighing scales PL Waage f

★**weight** [weɪt] **A** S **1** Gewicht n; SPORT Gewichtsklasse f; **3 kilos in ~** 3 Kilo Gewicht; **the branches broke under the ~ of the snow** die Zweige brachen unter der Schneelast; **to gain** od **put on ~** zunehmen; **to lose ~** abnehmen; **it's worth its ~ in gold** das ist Gold(es) wert; **to lift ~s** Gewichte heben; **she's quite a ~** sie ist ganz schön schwer **2** fig Last f; **that's a ~ off my mind** mir fällt ein Stein vom Herzen **3** fig Bedeutung f; **to carry ~** Gewicht haben; **to add ~ to sth** einer Sache (dat) zusätzliches Gewicht geben od verleihen; **to pull one's ~** seinen Beitrag leisten; **to throw** od **chuck one's ~ around** od **about** Br umg seinen Einfluss geltend machen **B** V/T **1** beschweren **2** fig **to be ~ed in favour of sb/sth** Br, **to be ~ed in favor of sb/sth** US so angelegt sein, dass es zugunsten einer Person/Sache ist **weightless** ['weɪtləs] ADJ schwerelos **weightlessness** S Schwerelosigkeit f **weightlifter** S Gewichtheber(in) m(f) **weightlifting** S Gewichtheben n **weight loss** S ⟨kein pl⟩ Gewichtsverlust m **weight training** S Krafttraining n **weighty** ['weɪtɪ] ADJ ⟨komp weightier⟩ fig Argument gewichtig; Verantwortung schwerwiegend

weir [wɪə'] S Wehr n

★**weird** [wɪəd] ADJ ⟨-er⟩ unheimlich; umg seltsam **weirdo** ['wɪədəʊ] umg S ⟨pl -s⟩ verrückter Typ umg

★**welcome** ['welkəm] **A** *S̅* Willkommen *n*; **to give sb a warm ~** j-m einen herzlichen Empfang bereiten **B** ADJ willkommen; *Nachricht* angenehm; **the money is very ~** das Geld kommt sehr gelegen; **to make sb ~** j-n sehr freundlich aufnehmen; **you're ~!** nichts zu danken!; **you're ~ to use my room** Sie können gerne mein Zimmer benutzen; **~ drink** Begrüßungsgetränk *n* **C** V̅T̅ begrüßen, willkommen heißen; **they ~ed him home with a big party** sie veranstalteten zu seiner Heimkehr ein großes Fest **D** INT **~ home/to Scotland!** willkommen daheim/in Schottland!; **~ back!** willkommen zurück! **welcoming** ['welkəmɪŋ] ADJ zur Begrüßung; *Lächeln, Zimmer* einladend

weld [weld] V̅T̅ TECH schweißen **welder** ['weldər] *S̅* Schweißer(in) *m(f)*

welfare ['welfeər] *S̅* **1** Wohl *n* **2** Fürsorge *f* **3** US Sozialhilfe *f*; **to be on ~** Sozialhilfeempfänger(in) *m(f)* sein **welfare benefits** US PL Sozialhilfe *f* **welfare services** PL soziale Einrichtungen *pl* **welfare state** *S̅* Wohlfahrtsstaat *m*

well¹ [wel] **A** *S̅* Brunnen *m*; (*a.* **oil ~**) Ölquelle *f* **B** V̅I̅ quellen; **tears ~ed in her eyes** Tränen stiegen *od* schossen ihr in die Augen ♦**well up** V̅I̅ emporquellen; *fig* aufsteigen; *Lärm* anschwellen; **tears welled up in her eyes** Tränen schossen ihr in die Augen

▶ **as well**

In der Bedeutung von „ebenfalls, auch" wird **as well** <u>immer</u> nachgestellt:

Could you give me a window seat as well, please?	Könnten Sie mir bitte auch einen Fensterplatz geben?

◀

★**well²** [wel]

⟨*komp* better; *sup* best⟩

A Adverb	**B Adjektiv**
C Interjektion	**D Substantiv**

— A Adverb —

1 gut; **to do ~ at school** gut in der Schule sein; **to do ~ in an exam** in einer Prüfung gut abschneiden; **his business is doing ~** es geht sein Geschäft gut; **the patient is doing ~** dem Patienten geht es gut; **if you do ~ you'll be promoted** wenn Sie sich bewähren, werden Sie befördert; **~ done!** gut gemacht!; **~ played!** gut gespielt!; **everything went ~** es ging alles gut; **to speak/think ~ of sb** von j-m positiv sprechen/denken; **to do ~ out of sth** von etw ordentlich profitieren; **you might as ~ go** du könntest eigentlich ebenso gut gehen; **are you coming? — I might as ~** kommst du? — ach, warum nicht; **we were ~ beaten** wir sind gründlich geschlagen worden; **only too ~** nur (all)zu gut; **~ and truly** (ganz) gründlich; **it was ~ worth the trouble** das hat sich sehr gelohnt; **~ out of sight** weit außer Sichtweite; **~ past midnight** lange nach Mitternacht; **it continued ~ into 1996/ the night** es zog sich bis weit ins Jahr 1996/in die Nacht hin; **he's ~ over fifty** er ist weit über fünfzig **2** ohne Weiteres; **I may ~ be late** es kann leicht *od* ohne Weiteres sein, dass ich spät komme; **it may ~ be that ...** es ist ohne Weiteres möglich, dass ...; **you may ~ be right** Sie mögen wohl recht haben; **you may ~ ask!** *iron* das kann man wohl fragen; **I couldn't very ~ stay** ich konnte schlecht bleiben **3 as ~ auch**; **x as ~ as y** sowohl x als auch y

— B Adjektiv —

1 gesund; **get ~ soon!** gute Besserung; **are you ~?** geht es Ihnen gut? **I'm very ~** es geht mir sehr gut; **she's not been ~ lately** ihr ging es in letzter Zeit (gesundheitlich) gar nicht gut; **I don't feel at all ~** ich fühle mich gar nicht wohl **2** gut; **that's all very ~, but ...** das ist ja alles schön und gut, aber ...; **it's all very ~ for you to suggest ...** Sie können leicht vorschlagen ...; **it's all very ~ for you** Sie haben gut reden; **it would be as ~ to ask first** es wäre wohl besser, sich erst mal zu erkundigen; **it's just as ~ he came** es ist gut, dass er gekommen ist; **all's ~ that ends ~** Ende gut, alles gut

— C Interjektion —

also, na, na ja; **oh ~** na gut; **~, ~!, ~** I never! also, so was!; **very ~ then!** also gut!, also bitte (sehr)!

— D Substantiv —

Gute(s) *n*; **to wish sb ~** j-m alles Gute wünschen

we'll [wiːl] ABK (= we shall, we will) → shall; → will[1]

well-adjusted ADJ ⟨attr⟩, **well adjusted** ADJ ⟨präd⟩ PSYCH gut angepasst **well-advised** ADJ ⟨attr⟩, **well advised** ADJ ⟨präd⟩ **to be well advised to ...** wohlberaten sein zu ... **well-balanced** ADJ ⟨attr⟩, **well balanced** ADJ ⟨präd⟩ **1** *Mensch* ausgeglichen **2** *Ernährung* (gut) ausgewogen **well-behaved** ADJ ⟨attr⟩, **well behaved** ADJ ⟨präd⟩ *Kind* artig; *Tier* gut erzogen **wellbeing** S Wohl *n* **well-bred** ADJ ⟨attr⟩, **well bred** ADJ ⟨präd⟩ *Mensch* wohlerzogen **well-built** ADJ ⟨attr⟩, **well built** ADJ ⟨präd⟩ *Mensch* kräftig **well-connected** ADJ ⟨attr⟩, **well connected** ADJ ⟨präd⟩ **to be well connected** Beziehungen in höheren Kreisen haben **well-deserved** ADJ ⟨attr⟩, **well deserved** ADJ ⟨präd⟩ wohlverdient **well-disposed** ADJ ⟨attr⟩, **well disposed** ADJ ⟨präd⟩ **to be well disposed toward(s) sb/sth** j-m/einer Sache freundlich gesonnen sein **well-done** ADJ ⟨attr⟩, **well done** ADJ ⟨präd⟩ *Steak* durchgebraten **well-dressed** ADJ ⟨attr⟩, **well dressed** ADJ ⟨präd⟩ gut gekleidet **well-earned** ADJ ⟨attr⟩, **well earned** ADJ ⟨präd⟩ wohlverdient **well-educated** ADJ ⟨attr⟩, **well educated** ADJ ⟨präd⟩ gebildet **well-equipped** ADJ ⟨attr⟩, **well equipped** ADJ ⟨präd⟩ *Büro etc* gut ausgestattet; *Armee* gut ausgerüstet **well-established** ADJ ⟨attr⟩, **well established** ADJ ⟨präd⟩ *Brauch* fest; *Firma* bekannt **well-fed** ADJ ⟨attr⟩, **well fed** ADJ ⟨präd⟩ wohlgenährt **well-founded** ADJ ⟨attr⟩, **well founded** ADJ ⟨präd⟩ wohlbegründet **well-informed** ADJ ⟨attr⟩, **well informed** ADJ ⟨präd⟩ gut informiert

wellington (boot) [ˈwelɪŋtən(ˈbuːt)] *Br* S Gummistiefel *m*

well-kept ADJ ⟨attr⟩, **well kept** ADJ ⟨präd⟩ *Garten, Haare* gepflegt; *Geheimnis* streng gehütet **well-known** ADJ ⟨attr⟩, **well known** ADJ ⟨präd⟩ bekannt; berühmt; **it's well known that ...** es ist allgemein bekannt, dass ...

well-loved ADJ ⟨attr⟩, **well loved** ADJ ⟨präd⟩ viel geliebt **well-mannered** ADJ ⟨attr⟩, **well mannered** ADJ ⟨präd⟩ mit guten Manieren **well-meaning** ADJ ⟨attr⟩, **well meaning** ADJ ⟨präd⟩ wohlmeinend **well-meant** ADJ ⟨attr⟩, **well meant** ADJ ⟨präd⟩ *Rat etc* gut gemeint, wohlgemeint

wellness [ˈwelnəs] S Wellness *f*; Wohlbefinden *n* **wellness center** *US*, **wellness centre** *Br* S Wellnesscenter *n*; Wellnessbereich *m* **wellness hotel** S Wellnesshotel *n*

well-nigh ADV **~ impossible** nahezu unmöglich **well-off** ADJ ⟨attr⟩, **well off** ADJ ⟨präd⟩ reich **well-paid** ADJ ⟨attr⟩, **well paid** ADJ ⟨präd⟩ gut bezahlt **well-read** ADJ ⟨attr⟩, **well read** ADJ ⟨präd⟩ belesen **well-spoken** ADJ ⟨attr⟩, **well spoken** ADJ ⟨präd⟩ **to be well spoken** gutes Deutsch *etc* sprechen **well-stocked** ADJ ⟨attr⟩, **well stocked** ADJ ⟨präd⟩ gut bestückt **well-timed** ADJ ⟨attr⟩, **well timed** ADJ ⟨präd⟩ zeitlich günstig **well-to-do** ADJ wohlhabend **well-wisher** S **cards from ~s** Karten von Leuten, die ihm/ihr *etc* alles Gute wünschten **well-worn** ADJ ⟨attr⟩, **well worn** ADJ ⟨präd⟩ *Teppich* abgelaufen; *Pfad* ausgetreten

welly [ˈwelɪ] *Br umg* S Gummistiefel *m*

Welsh [welʃ] **A 1** walisisch **B** S **1** LING Walisisch *n* **2** **the ~** *pl* die Waliser *pl* **Welsh Assembly** S **the ~** die walisische Versammlung (*das Parlament für Wales*) **Welshman** S ⟨*pl* -men⟩ Waliser *m* **Welsh rabbit, Welsh rarebit** S überbackene Käseschnitte **Welshwoman** S ⟨*pl* -women [-wɪmən]⟩ Waliserin *f*

wend [wend] V/T **to ~ one's way home** sich auf den Heimweg begeben

wendy house [ˈwendɪhaʊs] S *Br* Spielhaus *n*

went [went] PRÄT → go

wept [wept] PRÄT & PPERF → weep

were [wɜː] (2. Person *sg*, 1., 2., 3. Person *pl* prät) → be

we're [wɪə] ABK (= we are) → be

weren't [wɜːnt] ABK (= were not) → be

werewolf [ˈwɪəwʊlf] S Werwolf *m*

★**west** [west] **A** S **the ~, the West** der Westen; **in the ~** im Westen; **to the ~**

nach Westen; **to the ~ of** westlich von; **to come from the ~** aus dem Westen kommen; *Wind* von West(en) kommen **B** ADJ West- **C** ADV nach Westen, westwärts; **it faces ~** es geht nach Westen; **~ of** westlich von **westbound** ['westbaʊnd] ADJ *Verkehr* (in) Richtung Westen; **to be ~** nach Westen unterwegs sein **westerly** ['westəlɪ] ADJ westlich; **~ wind** Westwind *m*; **in a ~ direction** in westlicher Richtung

★**western** ['westən] **A** ADJ westlich; **Western Europe** Westeuropa *n* **B** S̄ Western *m* **Western Isles** PL die ~ die Hebriden *pl* **westernize** ['westənaɪz] *pej* VT verwestlichen **westernmost** ['westənməʊst] ADJ westlichste(r, s) **West Germany** S̄ Westdeutschland *n* **West Indian A** ADJ westindisch **B** S̄ Westinder(in) *m(f)* **West Indies** PL Westindische Inseln *pl* **Westminster** ['west,mɪnstəʳ] S̄, (a. **City of Westminster**) Westminster *m* (*Londoner Stadtbezirk*) **Westphalia** [west'feɪlɪə] S̄ Westfalen *n* **westward** ['westwəd], **westwardly** ['westwədlɪ] **A** ADJ *Richtung* westlich **B** ADV (a. **westwards**) westwärts

★**wet** [wet] **A** ADJ ⟨*komp* wetter⟩ **1** nass; *Klima* feucht; **to be wet** *Farbe* feucht sein; **to be wet through** völlig durchnässt sein; **"wet paint"** *bes Br* „Vorsicht, frisch gestrichen"; **to be wet behind the ears** *umg* noch feucht *od* noch nicht trocken hinter den Ohren sein *umg*; **yesterday was wet** gestern war es regnerisch **2** *Br umg* weichlich **B** S̄ **1** Feuchtigkeit *f* **2** (≈ *Regen*) Nässe *f* **C** VT ⟨*v: prät, pperf* wet *od* wetted⟩ nass machen; *Lippen* befeuchten; **to wet the bed/oneself** das Bett/sich nass machen; **I nearly wet myself** *umg* ich habe mir fast in die Hose gemacht *umg* **wet blanket** *umg* S̄ Miesmacher(in) *m(f)* *umg* **wet dream** *umg* S̄ feuchter Traum **wetness** ['wetnɪs] S̄ Nässe *f* **wet nurse** S̄ Amme *f* **wetsuit** S̄ Neoprenanzug *m*, Taucheranzug *m*

we've [wiːv] ABK (= we have) → have **whack** [wæk] **A** S̄ *umg* (knallender) Schlag; **to give sth a ~** auf etw (*akk*) schlagen **B** VT *umg* hauen *umg* **whacked** [wækt] ADJ *Br umg* (≈ *erschöpft*) kaputt *umg* **whacking**

['wækɪŋ] *Br umg* ADJ Mords- *umg*; **~ great** riesengroß **whacky** ['wækɪ] *umg* ADJ ⟨*komp* whackier⟩ → **wacky**

★**whale** [weɪl] S̄ **1** Wal *m* **2** *umg* **to have a ~ of a time** sich prima amüsieren **whaling** ['weɪlɪŋ] S̄ Walfang *m* **wharf** [wɔːf] S̄ ⟨*pl* -s *od* wharves [wɔːvz]⟩ Kai *m*

★**what** [wɒt] **A** PRON **1** was; **~ is this called?** wie heißt das?; **~'s the weather like?** wie ist das Wetter?; **you need (a) ~?** WAS brauchen Sie?; **~ is it now?** was ist denn?; **~'s that to you?** was geht dich das an?; **~ for?** wozu?; **~'s that tool for?** wofür ist das Werkzeug?; **~ did you do that for?** warum hast du denn das gemacht?; **~ about ...?** wie wär's mit ...?; **you know that restaurant? — ~ about it?** kennst du das Restaurant? — was ist damit?; **~ of it?** *od* **about it?** na und? *umg*; **~ if ...?** was ist, wenn ...?; **so ~?** *umg* ja *od* na und?; **~ does it matter?** was macht das schon?; **you ~?** *umg* wie bitte?; **~-d'you-call-him/-it** *umg* wie heißt er/es gleich **2** *relativ* was; **that's exactly ~ I want** genau das möchte ich; **do you know ~ you are looking for?** weißt du, wonach du suchst?; **he didn't know ~ he was objecting to** er wusste nicht, was er ablehnte; **~ I'd like is a cup of tea** was ich jetzt gerne hätte, (das) wäre ein Tee; **~ with one thing and the other** wie das so ist; **and ~'s more** und außerdem; **he knows ~'s ~** *umg* der weiß Bescheid *umg*; **(I'll) tell you ~** *umg* weißt du was? **B** ADJ **1** welche(r, s), was für (ein/eine) *umg*; **~ age is he?** wie alt ist er?; **~ good would that be?** *umg* wozu sollte das gut sein?; **~ sort of** was für ein/eine; **~ else** was noch; **~ more could a girl ask for?** was könnte sich ein Mädchen sonst noch wünschen **2** *relativ* der/die/das; **~ little I had** das wenige, das ich hatte; **buy ~ food you like** kauf das Essen, das du willst **3** *in Interj* was für (ein/eine); **~ luck!** so ein Glück!; **~ a fool I am!** ich Idiot! **C** INT was; **is he good-looking, or ~?** sieht der aber gut aus! *umg*

★**whatever** [wɒt'evəʳ] **A** PRON was (auch) (immer), egal was; **~ you like** was (immer) du (auch) möchtest; **shall we go?**

— ~ **you say** gehen wir? — ganz wie du willst; ~ **it's called** egal wie es heißt; ... **or** ~ **they're called** ... oder wie sie sonst heißen; ~ **does he want?** was will er wohl?; ~ **do you mean?** was meinst du denn bloß? **B** ADJ **1** egal welche(r, s); ~ **book you choose** welches Buch Sie auch wählen; ~ **else you do** was immer du auch sonst machst **2** **it's of no use** ~ es hat absolut keinen Zweck

what'll [ˈwɒtl] ABK (= **what will**, **what shall**) → **will**¹; → **shall** **what's** [wɒts] ABK (= **what is**, **what has**) → **be**; → **have** **whatsit** [ˈwɒtsɪt] umg, Dingsbums n umg, Dingsda n umg **whatsoever** [ˌwɒtsəʊˈevəʳ] PRON & ADJ → **whatever** **what've** [ˈwɒtəv] ABK (= **what have**) → **have**

★**wheat** [wiːt] S̲ Weizen m **wheat flour** S̲ Weizenmehl n **wheat germ** S̲ Weizenkeim m

wheedle [ˈwiːdl] V/T **to** ~ **sth out of sb** j-m etw abschmeicheln

★**wheel** [wiːl] **A** S̲ Rad n; zur Steuerung Lenkrad n; **at the** ~ am Steuer **B** V/T schieben; Stuhl fahren V/I drehen; Vögel kreisen ★**wheel (a)round** V/I sich (rasch) umdrehen

wheelbarrow S̲ Schubkarre f **wheelchair** S̲ Rollstuhl m **wheel clamp** Br S̲ (Park)kralle f **-wheeled** ADJ ⟨suf⟩ -räd(e)rig **wheelie bin** [ˈwiːlɪˌbɪn] Br umg S̲ Mülltonne f auf Rollen **wheeling and dealing** [ˈwiːlɪŋənˈdiːlɪŋ] S̲ Geschäftemacherei f **wheels** umg PL fahrbarer Untersatz umg, Wagen m

wheeze [wiːz] V/I pfeifend atmen; Asthmatiker keuchen **wheezy** [ˈwiːzɪ] ADJ ⟨komp **wheezier**⟩ alter Mann mit pfeifendem Atem; Husten keuchend

★**when** [wen] **A** ADV **1** relativ an dem Tag, als **B** KONJ **1** wenn, als; **you can go** ~ **I have finished** du kannst gehen, sobald od wenn ich fertig bin **2** ⟨+Gerundium⟩ beim; relativ wobei **3** wo ... doch

★**whenever** [wenˈevəʳ] ADV **1** jedes Mal wenn **2** wann (auch) immer, sobald; ~ **you like!** wann du willst! **when'll** [ˈwenl] ABK (= **when will**, **when shall**) → **will**¹; → **shall** **when's** [wenz] ABK (= **when has**, **when is**) → **be**; → **have** **when've** [ˈwenəv] ABK (= **when have**) → **have**

★**where** [weəʳ] ADV & KONJ wo; ~ **are you going (to)?** wohin gehst du?; ~ **are you from?** woher kommen Sie?; **the bag is** ~ **you left it** die Tasche ist da, wo du sie liegen gelassen hast; **that's** ~ **I used to live** da habe ich (früher) gewohnt; **this is** ~ **we got to** bis hierhin sind wir gekommen **whereabouts** **A** [ˌweərəˈbaʊts] ADV wo **B** [ˈweərəbaʊts] S̲ ⟨+sg od pl v⟩ Verbleib m **whereas** [weərˈæz] KONJ wohingegen **whereby** [weəˈbaɪ] ADV wonach, wodurch **where'd** [weəd] ABK (= **where did**, **where had**, **where would**) → **do**; → **have**; → **would** **where'll** [weəl] ABK (= **where will**, **where shall**) → **will**¹; → **shall** **where's** [weəz] ABK (= **where is**) → **be** **where've** [weərəv] ABK (= **where have**) → **have**

★**wherever** [weərˈevəʳ] **A** KONJ **1** wo (auch) immer **2** wohin; ~ **that is** od **may be** wo auch immer das sein mag **3** überall wo **B** ADV wo nur; ~ **did you get that hat?** wo haben Sie nur diesen Hut her?

whet [wet] V/T Appetit anregen ★**whether** [ˈweðəʳ] KONJ ob; ⟨≈egal⟩ ganz gleich, ob

★**which** [wɪtʃ] **A** ADJ welche(r, s); ~ **one?** welche(r, s)?; **to tell** ~ **key is** ~ die Schlüssel auseinanderhalten; ... **by** ~ **time I was asleep** ... und zu dieser Zeit schlief ich (bereits) **B** PRON **1** welche(r, s); ~ **of the children** welches Kind; ~ **is** ~**?** wer ist wer?; ~ **is which** ist welche(r, s)? **2** relativ nach s der/die/das, welche(r, s) geh; nach Teilsatz was; **the bear** ~ **I saw** der Bär, den ich sah; **it rained**, ~ **upset her plans** es regnete, was ihre Pläne durcheinanderbrachte; ~ **reminds me ...** dabei fällt mir ein, ...; **the shelf on** ~ **I put it** das Brett, auf das od worauf ich es gelegt habe **whichever** [wɪtʃˈevəʳ] **A** ADJ welche(r, s) auch immer, ganz egal welche(r, s) **B** PRON welche(r, s) auch immer; ~ **(of you) has the money** wer immer (von euch) das Geld hat

whiff [wɪf] S̲ Hauch m; angenehm Duft m; fig Spur f

★**while** [waɪl] **A** S̲ Weile f; **for a** ~ eine Zeit lang; **a good** od **long** ~ eine ganze Weile; **for quite a** ~ recht lange; **a little** od **short** ~ ein Weilchen umg; **it'll be**

W

ready in a short ~ es wird bald fertig sein; **a little ~ ago** vor Kurzem; **a long ~ ago** vor einer ganzen Weile; **to be worth (one's) ~ to …** sich (für j-n) lohnen, zu … B̲ KONJ̲ während, solange; **she fell asleep ~ reading** sie schlief beim Lesen ein; **he became famous ~ still young** er wurde berühmt, als er noch jung war; **~ one must admit there are difficulties …** man muss zwar zugeben, dass es Schwierigkeiten gibt, trotzdem … ◆**while away** V̲T̲ ⟨trennb⟩ Zeit sich (dat) vertreiben

whilst [waɪlst] KONJ̲ → while B

whim [wɪm] S̲ Laune f; **on a ~** aus Jux und Tollerei umg

whimper ['wɪmpəʳ] A̲ S̲ von Hund Winseln n kein pl; von Mensch Wimmern n kein pl B̲ V̲I̲ Hund winseln; Mensch wimmern

whimsical ['wɪmzɪkəl] ADJ̲ wunderlich; Geschichte schnurrig

whine [waɪn] A̲ S̲ Heulen n kein pl; von Hund Jaulen n kein pl B̲ V̲I̲ 1̲ heulen; Hund jaulen 2̲ jammern; Kind quengeln

whinge [wɪndʒ] Br umg V̲I̲ jammern, raunzen österr

whining ['waɪnɪŋ] A̲ S̲ von Hund Gejaule n, Gejammer n B̲ ADJ̲ 1̲ Stimme weinerlich 2̲ Geräusch wimmernd; Hund jaulend

whinny ['wɪnɪ] A̲ S̲ Wiehern n kein pl B̲ V̲I̲ wiehern

★**whip** [wɪp] A̲ S̲ 1̲ Peitsche f 2̲ Reitgerte f B̲ V̲T̲ 1̲ auspeitschen; Pferd peitschen; GASTR̲ schlagen; **to ~ sb/sth into shape** fig j-n/etw zurechtschleifen 2̲ fig **he ~ped his hand out of the way** er zog blitzschnell seine Hand weg C̲ V̲I̲ Mensch schnell (mal) laufen ◆**whip off** V̲T̲ ⟨trennb⟩ Kleider herunterreißen; Tischdecke wegziehen ◆**whip out** V̲T̲ ⟨trennb⟩ Kamera zücken ◆**whip up** umg V̲T̲ ⟨trennb⟩ Mahlzeit hinzaubern; fig Interesse entfachen; Unterstützung finden

whiplash ['wɪplæʃ] S̲, **whiplash injury** S̲ MED̲ Peitschenschlagverletzung f

whipped cream [wɪpt'kriːm] S̲ Schlagsahne f, Schlagobers n österr, (geschwungener) Nidel schweiz **whipping** ['wɪpɪŋ] S̲ Tracht f Prügel **whipping cream** S̲ Schlagsahne f

whirl [wɜːl] A̲ S̲ Wirbeln n kein pl; **to**

give sth a ~ fig umg etw ausprobieren B̲ V̲T̲ wirbeln; **to ~ sb/sth round** j-n/etw herumwirbeln C̲ V̲I̲ wirbeln; **to ~ (a)round** herumwirbeln; Wasser strudeln; Mensch herumfahren; **my head is ~ing** mir schwirrt der Kopf **whirlpool®** ['wɜːlpuːl] S̲ Strudel m; in Schwimmbad Whirlpool® m **whirlwind** ['wɜːlwɪnd] S̲ Wirbelwind m; fig Trubel m; **a ~ romance** eine stürmische Romanze

whirr [wɜːʳ] A̲ S̲ Schwirren n; von Maschine Surren n, Brummen n B̲ V̲I̲ Flügel schwirren; Maschine surren, brummen

whisk [wɪsk] A̲ S̲ GASTR̲ Schneebesen m; elektrisch Rührgerät n B̲ V̲T̲ 1̲ GASTR̲ schlagen; Eier verquirlen 2̲ **she ~ed it out of my hand** sie riss es mir aus der Hand ◆**whisk away**, **whisk off** V̲T̲ ⟨trennb⟩ **he whisked her away to the Bahamas** er entführte sie auf die Bahamas

whisker ['wɪskəʳ] S̲ Schnurrhaar n; von Mensch Barthaar n; **~s** Schnurrbart m, Schnauz m schweiz; seitlich Backenbart m; **by a ~** um Haaresbreite

whisky S̲, **whiskey** ['wɪskɪ] US̲, Ir S̲ Whisky m

★**whisper** ['wɪspəʳ] A̲ S̲ Geflüster n kein pl; **to talk in ~s** im Flüsterton sprechen B̲ V̲T̲ flüstern; **to ~ sth to sb** j-m etw zuflüstern C̲ V̲I̲ flüstern **whispering** ['wɪspərɪŋ] S̲ Geflüster n kein pl

whist [wɪst] S̲ Whist n

★**whistle** ['wɪsl] A̲ S̲ 1̲ Pfiff m; von Wind Pfeifen n 2̲ Pfeife f; **to blow a ~** (auf einer Trillerpfeife) pfeifen B̲ V̲T̲ & V̲I̲ pfeifen; **to ~ at sb** j-m nachpfeifen **whistle-stop** ['wɪsl,stɒp] ADJ̲ ⟨attr⟩ **~ tour** POL̲ Wahlreise f; fig Reise mit Kurzaufenthalten an allen Orten

★**white** [waɪt] ADJ̲ ⟨komp whiter⟩ weiß; **as ~ as a sheet** leichenblass B̲ S̲ 1̲ Weiß n; (≈ Mensch) Weiße(r) m/f(m); von Ei Eiweiß n; von Auge Weiße(s) n **white-board** S̲ Weißwandtafel f **white coffee** Br S̲ Kaffee m mit Milch **white-collar** ADJ̲ **~ worker** Schreibtischarbeiter(in) m(f); **~ job** Schreibtisch- od Büroposten m **white goods** PL̲ HANDEL̲ Haushaltsgeräte pl **white-haired** ADJ̲ weißhaarig **Whitehall** S̲ Whitehall ohne art **white-hot** ADJ̲ weiß glühend **White House** S̲ **the ~** das Weiße Haus **white lie** S̲ Notlüge f **white**

meat $\underline{s}$ helles Fleisch **whiten** ['waɪtn] A $\underline{v/t}$ weiß machen B $\underline{v/i}$ weiß werden **whiteness** ['waɪtnɪs] $\underline{s}$ Weiße f; von Haut Helligkeit f **White-Out®** US $\underline{s}$ Korrekturflüssigkeit f **whiteout** $\underline{s}$ starkes Schneegestöber **white paper** $\underline{s}$ POL Weißbuch n **(on zu) white sauce** $\underline{s}$ helle Soße **white spirit** Br $\underline{s}$ Terpentinersatz m **white stick** $\underline{s}$ Blindenstock m **white tie** $\underline{s}$ **a ~ occasion** eine Veranstaltung mit Frackzwang **white trash** US pej umg $\underline{s}$ weißes Pack pej umg **whitewash** A $\underline{s}$ Tünche f; fig Augenwischerei f B $\underline{v/t}$ tünchen; fig schönfärben **whitewater rafting** $\underline{s}$ Rafting n, Wildwasserfahren n **white wedding** $\underline{s}$ Hochzeit f in Weiß **white wine** $\underline{s}$ Weißwein m **whitish** ['waɪtɪʃ] $\underline{ADJ}$ weißlich

Whit Monday [ˌwɪt'mʌndɪ] Br $\underline{s}$ Pfingstmontag m **Whitsun** ['wɪtsən] Br $\underline{s}$ Pfingsten n **Whit Sunday** [ˌwɪt'sʌndɪ] Br $\underline{s}$ Pfingstsonntag m **Whitsuntide** ['wɪtsəntaɪd] Br $\underline{s}$ Pfingstzeit f

whittle ['wɪtl] $\underline{v/t}$ schnitzen ◆**whittle away** $\underline{v/t}$ ⟨trennb⟩ allmählich abbauen; Rechte nach und nach beschneiden ◆**whittle down** $\underline{v/t}$ ⟨trennb⟩ reduzieren **(to auf +akk)**

whiz(z) [wɪz] A $\underline{s}$ umg Kanone f umg; **a computer ~** ein Computergenie n umg B $\underline{v/i}$ Pfeil schwirren ◆**whiz(z) by**, **whiz(z) past** $\underline{v/i}$ vorbeizischen, **whiz(z) kid** umg $\underline{s}$ Senkrechtstarter(in) m(f); **computer whizz kid** Computergenie n

★**who** [huː] $\underline{PRON}$ 1 wer; akk wen; dat wem; **who do you think you are?** für wen hältst du dich eigentlich?; **who did she talk to?** mit wem hat sie geredet? 2 relativ der/die/das, welche(r, s); **any man who …** jeder (Mensch), der … **who'd** [huːd] $\underline{ABK}$ (= who had, who would) → have; → would **whodun(n)it** [huː'dʌnɪt] umg $\underline{s}$ Krimi m umg

★**whoever** [huː'evər] $\underline{PRON}$ wer (auch immer); akk wen (auch immer); dat wem (auch immer); (=egal) ganz gleich wer/wen/wem

★**whole** [həʊl] A $\underline{ADJ}$ ganz, gesamt; Wahrheit voll; **the ~ lot** das Ganze; auf Menschen bezogen alle; **a ~ lot better** umg ein ganzes Stück besser umg; **the ~**

thing das Ganze; **the figures don't tell the ~ story** die Zahlen sagen nicht alles B $\underline{s}$ Ganze(s) n; **the ~ of the month** der ganze od gesamte Monat; **the ~ of the time** die ganze Zeit; **the ~ of London** ganz London; **as a ~** als Ganzes; **on the ~** im Großen und Ganzen **wholefood** bes Br $\underline{ADJ}$ ⟨attr⟩ Vollwert(kost)-; **~ shop** Bioladen m **wholegrain** $\underline{ADJ}$ US Vollkorn- **wholehearted** $\underline{ADJ}$ uneingeschränkt **wholeheartedly** $\underline{ADV}$ voll und ganz **wholemeal** Br $\underline{ADJ}$ Vollkorn- **whole note** $\underline{s}$ US ganze Note **wholesale** ['həʊlseɪl] A $\underline{s}$ Großhandel m B $\underline{ADJ}$ ⟨attr⟩ 1 HANDEL Großhandels- 2 fig umfassend C $\underline{ADV}$ 1 im Großhandel 2 fig massenhaft **wholesaler** ['həʊlseɪlər] $\underline{s}$ Großhändler(in) m(f) **wholesale trade** $\underline{s}$ Großhandel m **wholesome** ['həʊlsəm] $\underline{ADJ}$ 1 gesund 2 Zeitvertreib erbaulich **whole-wheat** ['həʊlwiːt] $\underline{s}$ Voll(korn)weizen m **who'll** [huːl] $\underline{ABK}$ (= who will, who shall) → will; → shall

wholly ['həʊlɪ] $\underline{ADV}$ völlig

★**whom** [huːm] $\underline{PRON}$ 1 akk wen; dat wem 2 relativ, akk den/die/das; dat dem/der/dem; **…, all of ~ were drunk** …, die alle betrunken waren; **none/all of ~** von denen keine(r, s)/alle

whoop [huːp] $\underline{v/i}$ jauchzen **whooping cough** ['huːpɪŋ,kɒf] $\underline{s}$ Keuchhusten m **whoops** [wʊps, wuːps] $\underline{INT}$ ups, hoppla **whoosh** [wʊʃ] A $\underline{s}$ von Wasser Rauschen n; von Luft Zischen n B $\underline{v/i}$ rauschen; Luft zischen

whopper ['wɒpər] umg $\underline{s}$ 1 Mordsding n umg 2 faustdicke Lüge umg **whopping** ['wɒpɪŋ] umg $\underline{ADJ}$ Riesen-

whore [hɔːr] $\underline{s}$ Hure f **whorl** [wɜːl] $\underline{s}$ Kringel m; von Muschel (Spiral)windung f **who's** [huːz] $\underline{ABK}$ (= who has, who is) → have; → be

★**whose** [huːz] $\underline{POSS PR}$ 1 wessen; **~ are these?** wem gehören diese?; **~ car did you go in?** bei wem sind Sie gefahren? 2 relativ dessen, deren

★**why** [waɪ] A $\underline{ADV}$ warum, weshalb; Zweck erfragend wozu, wieso; **why not ask him?** warum fragst du/fragen wir etc ihn nicht?; **why wait?** warum od wozu (noch) warten?; **why do it this way?** warum denn so?; **that's why** darum, deshalb B INT **why, of course, that's right!** ja doch, das stimmt so!; **why, if it isn't Charles!** na so was, das ist doch (der) Charles! **why'd** [waɪd] ABK (= **why did, why had, why would**) → do; → have; → would **why's** [waɪz] ABK (= **why is, why has**) → be; → have **why've** [waɪv] ABK (= **why have**) → have

wick [wɪk] S Docht m

wicked [ˈwɪkɪd] ADJ böse, schlecht; *Satire* boshaft; *Lächeln* frech; **that was a ~ thing to do** das war aber gemein (von dir/ihm *etc*); **it's ~ to tell lies** Lügen ist hässlich 2 *sl* (≈ *toll*) geil *sl* **wickedly** [ˈwɪkɪdlɪ] ADV blicken, grinsen frech **wickedness** [ˈwɪkɪdnɪs] S 1 Schlechtigkeit f, Verderbtheit f 2 Boshaftigkeit f

wicker [ˈwɪkəʳ] ADJ ⟨attr⟩ Korb- **wicker basket** S (Weiden)korb m **wickerwork** A S Korbwaren *pl* B S Korb-

★**wide** [waɪd] A ADJ ⟨komp **wider**⟩ 1 breit; *Rock* weit; *Augen, Auswahl* groß; *Erfahrung, Auswahl* reich; **it is three feet ~** es ist drei Fuß breit; **the big ~ world** die (große) weite Welt 2 **it was ~ of the target** es ging daneben B ADV 1 weit; **~ apart** weit auseinander; **open ~!** bitte weit öffnen; **the law is ~ open to abuse** das Gesetz öffnet dem Missbrauch Tür und Tor 2 **to go ~ of sth** an etw (*dat*) vorbeigehen **-wide** [-waɪd] ADJ-*suf* in dem/der gesamten; **Europe-wide** europaweit **wide-angle (lens)** S FOTO Weitwinkel *m*, Weitwinkelobjektiv *n* **wide area network** S IT Weitverkehrsnetz *n* **wide-awake** ADJ ⟨attr⟩, **wide awake** ADJ ⟨präd⟩ hellwach **wide-eyed** ADJ mit großen Augen **widely** [ˈwaɪdlɪ] ADV weit; (≈ *generell*) allgemein; *variieren* stark; *verschieden* völlig; *erhältlich* fast überall; **his remarks were ~ publicized** seine Bemerkungen fanden weite Verbreitung; **a ~ read student** ein sehr belesener Student

widen [ˈwaɪdn] A VT *Straße* verbreitern; *Wissen, Umfang* erweitern; *Reiz* erhöhen B VI breiter werden; *Interessen* sich ausweiten ◆**widen out** VI sich erweitern (**into** zu)

wideness [ˈwaɪdnɪs] S Breite f **wide-open** ADJ ⟨attr⟩, **wide open** ADJ ⟨präd⟩ 1 *Fenster* weit offen; *Augen* weit aufgerissen 2 *Wettbewerb* völlig offen

wide-ranging, wide-reaching ADJ weitreichend **widescreen** ADJ FILM Breitwand-; **~ television set** Breitbildfernseher *m* **widespread** ADJ weitverbreitet *attr*; **to become ~** weite Verbreitung erlangen

★**widow** [ˈwɪdəʊ] A S Witwe f B VT zur Witwe/zum Witwer machen; **she was twice ~ed** sie ist zweimal verwitwet **widowed** [ˈwɪdəʊd] ADJ verwitwet **widower** [ˈwɪdəʊəʳ] S Witwer *m*

★**width** [wɪdθ] S 1 Breite f; *von Rock* Weite f; **six feet in ~** sechs Fuß breit; **what is the ~ of the material?** wie breit liegt dieser Stoff? 2 **widthways** [ˈwɪdθweɪz] ADV der Breite nach

wield [wiːld] VT *Schwert, Feder* führen; *Axt* schwingen; *Macht* ausüben

★**wife** [waɪf] S ⟨*pl* **wives**⟩ (Ehe)frau f **WiFi** [ˈwaɪfaɪ] S ABK (= **wireless fidelity**) IT WLAN *n*, Wi-Fi *n* **WiFi connection** S IT WLAN-Verbindung f **WiFi hotspot** S (WLAN-)Hotspot *m*, (Wi-Fi-)Hotspot *m*

wig [wɪg] S Perücke f

wiggle [ˈwɪgl] A VT wackeln mit B VI wackeln **wiggly** [ˈwɪglɪ] ADJ wackelnd; **~ line** Schlangenlinie f, Wellenlinie f

wiggy [ˈwɪgɪ] ADJ *umg* durchgeknallt *umg*, schräg *umg*

wigwam [ˈwɪgwæm] S Wigwam *m*

★**wild** [waɪld] A ADJ ⟨+er⟩ 1 wild; *Menschen* unzivilisiert; *Blumen* wild wachsend; **~ animals** Tiere *pl* in freier Wildbahn; **a lion is a ~ animal** der Löwe lebt in freier Wildbahn 2 *Wetter, See* stürmisch 3 (≈ *erregt*) wild (**with** vor +*dat*); *Verlangen* unbändig; **to be ~ about sb/ sth** *umg* auf j-n/etw wild sein *umg* 4 *umg* wütend (**with, at** mit, auf +*akk*); **it drives me ~** das macht mich ganz wild *od* rasend 5 verrückt; *Übertreibung* maßlos; *Fantasie* kühn; **never in my ~est dreams** auch in meinen kühnsten Träumen nicht 6 (≈ *daneben*) Fehl-; **~ throw** Fehlwurf *m*; **it was just a ~ guess** es war nur so (wild) drauflosgeraten B ADV wild; **to let one's imagination run ~** seiner Fantasie (*dat*) freien Lauf lassen; **he lets his kids run ~** *pej* er lässt seine Kinder auf der Straße aufwachsen C S **in the ~** in freier Wildbahn; **the ~s** die Wildnis **wildcat strike** S wilder Streik **wilderness** [ˈwɪldənɪs] S Wildnis f; *fig* Wüste f **wildfire** S **to spread like**

~ sich wie ein Lauffeuer ausbreiten **wildfowl** S̲ ⟨kein pl⟩ Wildgeflügel n **wild-goose chase** S̲ fruchtloses Unterfangen **wildlife** S̲ die Tierwelt; ~ **sanctuary** Wildschutzgebiet n **wildly** ['waɪldlɪ] ADV wild; reden aufgeregt; übertrieben maßlos **wildness** ['waɪldnɪs] S̲ Wildheit f

wile [waɪl] S̲ ⟨mst pl⟩ List f

wilful ['wɪlfʊl] ADJ, **willful** US ADJ 1 eigensinnig 2 Schaden mutwillig

★**will**[1] [wɪl] ⟨prät would⟩ A V̲AUX 1 zur Bildung des Futurs werden; **I'm sure that he ~ come** ich bin sicher, dass er kommt; **you ~ come to see us, won't you?** Sie kommen uns doch besuchen, ja?; **you won't lose it, ~ you?** du wirst es doch nicht verlieren, oder? 2 emph **~ you be quiet!** willst du jetzt wohl ruhig sein!; **he says he ~ go and I say he won't** er sagt, er geht, und ich sage, er geht nicht; **he ~ interrupt all the time** er muss ständig dazwischenreden 3 Wunsch ausdrückend wollen; **he won't sign** er unterschreibt nicht; **he wouldn't help me** er wollte mir nicht helfen; **wait a moment, ~ you?** jetzt warte doch mal einen Moment!; **the door won't open** die Tür lässt sich nicht öffnen od geht nicht auf umg 4 in Fragen **~ you have some more tea?** möchten Sie noch Tee?; **~ you accept these conditions?** akzeptieren Sie diese Bedingungen?; **there isn't any tea, ~ coffee do?** es ist kein Tee da, darf es auch Kaffee sein? 5 Tendenz **sometimes he ~ go to the pub** manchmal geht er auch in die Kneipe B V̲I wollen; **as you ~!** wie du willst!

★**will**[2] A S̲ 1 Wille m; **to have a ~ of one's own** einen eigenen Willen haben; hum so seine Mucken haben umg; **the ~ to live** der Wille, zu leben, der Lebenswille; **against one's ~** gegen seinen Willen; **at ~** nach Lust und Laune; **of one's own free ~** aus freien Stücken; **with the best ~ in the world** beim od mit (dem) (aller)besten Willen 2 Testament n B V̲T ⟨durch Willenskraft⟩ erzwingen; **to ~ sb to do sth** j-n durch die eigene Willensanstrengung dazu bringen, dass er etw tut **willful** US ADJ → wilful

willie ['wɪlɪ] Br umg S̲ Pimmel m umg

willies ['wɪlɪz] umg PL **it/he gives me**

the ~ da/bei dem wird mir ganz anders umg

★**willing** ['wɪlɪŋ] ADJ 1 **to be ~ to do sth** bereit sein, etw zu tun; **he was ~ for me to take it** es war ihm recht, dass ich es nahm 2 Helfer bereitwillig

★**willingly** ['wɪlɪŋlɪ] ADV bereitwillig **willingness** ['wɪlɪŋnɪs] S̲ Bereitschaft f

willow ['wɪləʊ] S̲, (a. **willow tree**) Weide f **willowy** ['wɪləʊɪ] ADJ gertenschlank

willpower ['wɪl‚paʊə'] S̲ Willenskraft f

willy ['wɪlɪ] Br umg S̲ → willie

willy-nilly ['wɪlɪ'nɪlɪ] ADV 1 wählen aufs Geratewohl 2 wohl oder übel

wilt [wɪlt] V̲I 1 Blumen welken 2 Mensch matt werden

wily ['waɪlɪ] ADJ ⟨komp wilier⟩ listig, hinterlistig pej

wimp [wɪmp] umg S̲ Waschlappen m umg

★**win** [wɪn] ⟨v: prät, pperf won⟩ A V̲T gewinnen; Vertrag bekommen; Sieg erringen B V̲I siegen; **OK, you win, I was wrong** okay, du hast gewonnen, ich habe mich geirrt; **whatever I do, I just can't win** egal, was ich mache, ich mach's immer falsch C S̲ Sieg m **♦win back** V̲T ⟨trennb⟩ zurückgewinnen **♦win over** V̲T ⟨trennb⟩ für sich gewinnen **♦win round** bes Br V̲T ⟨trennb⟩ → win over **♦win through** V̲I sich durchsetzen

wince [wɪns] V̲I zusammenzucken

winch [wɪntʃ] A S̲ Winde f B V̲T winschen

★**wind**[1] [wɪnd] A S̲ 1 Wind m; **the ~ is from the east** der Wind kommt aus dem Osten; **to put the ~ up sb** Br umg j-n ins Bockshorn jagen; **to get ~ of sth** von etw Wind bekommen; **to throw caution to the ~s** Bedenken in den Wind schlagen 2 Blähung f; **to break ~** Winde streichen lassen B V̲T Br **he was ~ed by the ball** der Ball nahm ihm den Atem

★**wind**[2] [waɪnd] ⟨prät, pperf wound⟩ A V̲T 1 Verband wickeln; Turban etc winden; Band etc spulen 2 kurbeln; Uhr, Spielzeug aufziehen 3 **to ~ one's way** sich schlängeln B V̲I Fluss sich winden **♦wind around** V̲T ⟨trennb +obj⟩ wickeln um; **wind it twice around the post** wickele es zweimal um den Pfosten; **to wind itself around sth** sich um etw schlingen B Vᴵᴵ **II** Straße sich winden **C** Vᴵᴵ *(+obj)* Straße sich schlängeln durch ♦**wind back** Vᴵᴛ *(trennb)* Band zurückspulen ♦**wind down** A Vᴵᴛ *(trennb)* **II** Fenster herunterkurbeln **II** Aktionen reduzieren B Vᴵᴵ *umg* entspannen ♦**wind forward**, **wind on** Vᴵᴛ *(trennb)* Film weiterspulen ♦**wind round** *bes Br* Vᴵᴛ & Vᴵᴵ *(trennb)* → **wind around** ♦**wind up** A Vᴵᴛ *(trennb)* **II** Fenster hinaufkurbeln **II** Mechanismus *Br fig umg* j-n aufziehen; **to be wound up about sth** *fig* über etw *(akk)* erregt sein **II** zu Ende bringen B Vᴵᴵ *umg* enden; **to wind up in hospital** im Krankenhaus landen; **to wind up doing sth** am Ende etw tun

windbreak [ˈwɪnd] S̄ Windschutz *m* **Windbreaker®** *US* S̄, **windcheater** *Br* S̄ Windjacke *f* **wind-chill factor** S̄ Wind-Kälte-Faktor *m* **winded** [ˈwɪndɪd] ADJ atemlos, außer Atem **wind energy** S̄ Windenergie *f* **windfall** [ˈwɪndfɔːl] S̄ Fallobst *n*; *fig* unerwartetes Geschenk **wind farm** [ˈwɪndfɑːm] S̄ Windfarm *f*

winding [ˈwaɪndɪŋ] ADJ gewunden **winding staircase** S̄ Wendeltreppe *f* **winding-up** *von Projekt* Abschluss *m*; *von Firma etc* Auflösung *f*

wind instrument [ˈwɪnd] S̄ Blasinstrument *n* **windmill** S̄ Windmühle *f*

★**window** [ˈwɪndəʊ] S̄ *a.* ɪᴛ Fenster *n*; *von Laden* (Schau)fenster *n* **window box** S̄ Blumenkasten *m* **window cleaner** S̄ Fensterputzer(in) *m(f)* **window display** S̄ (Schaufenster)auslage *f* **window-dressing** S̄ Auslagen- *od* Schaufensterdekoration *f*; *fig* Mache *f umg*, Schau *f umg*; **that's just ~** das ist alles nur Mache *umg* **window ledge** S̄ → windowsill **windowpane** S̄ Fensterscheibe *f* **window seat** S̄ *im Flugzeug etc* Fensterplatz *m*; *im Haus* Fensterbank *f* **window-shopping** S̄ **to go ~** einen Schaufensterbummel machen **windowsill** S̄ Fensterbank *f*

windpipe [ˈwɪnd] S̄ Luftröhre *f* **wind power** S̄ Windkraft *f* **windscreen** S̄, **windshield** *US* S̄ Windschutzscheibe *f* **windscreen washer** S̄, **windshield washer** *US* S̄ Scheibenwaschanlage *f* **windscreen wiper** S̄,

windshield wiper *US* S̄ Scheibenwischer *m* **windsurf** Vᴵᴵ windsurfen **windsurfer** S̄ **II** Windsurfer(in) *m(f)* **II** Windsurfbrett *n* **windsurfing** S̄ Windsurfen *n* **windswept** ADJ Strand über den/die/das der Wind fegt; *Mensch* (vom Wind) zerzaust **wind tunnel** S̄ Windkanal *m* **wind turbine** S̄ Windturbine *f*

wind-up [ˈwaɪndʌp] *Br umg* S̄ Witz *m* **windy** [ˈwɪndɪ] ADJ *(komp windier)* windig

★**wine** [waɪn] A S̄ Wein *m*; **cheese and ~ party** *Party, bei der Wein und Käse gereicht wird* B ADJ *Farbe* burgunderrot **wine bar** S̄ Weinlokal *n* **wine bottle** S̄ Weinflasche *f* **wine cellar** S̄ Weinkeller *m* **wineglass** S̄ Weinglas *n* **wine growing** ADJ Wein(an)bau-; **~ region** Wein(an)baugebiet *n* **wine list** S̄ Weinkarte *f* **winery** [ˈwaɪnərɪ] S̄ Weingut *n* **wine tasting** S̄ Weinprobe *f*

★**wing** [wɪŋ] A S̄ **II** Flügel *m*; *Br* AUTO Kotflügel *m*; **to take sb under one's ~** *fig* j-n unter seine Fittiche nehmen; **to spread one's ~s** *fig* flügge werden; **to play on the (left/right) ~** SPORT auf dem (linken/rechten) Flügel spielen **II** **~s** *pl* THEAT Kulisse *f*; **to wait in the ~s** in den Kulissen warten B Vᴵᴛ **to one's way** fliegen **C** Vᴵᴵ fliegen **winger** [ˈwɪŋəʳ] S̄ SPORT Flügelspieler(in) *m(f)* **wing nut** S̄ Flügelmutter *f* **wingspan** S̄ Flügelspannweite *f*

wink [wɪŋk] A S̄ Zwinkern *n*; **I didn't sleep a ~** *umg* ich habe kein Auge zugetan B Vᴵᴛ zwinkern mit *(+dat)* **C** Vᴵᴵ zwinkern; **to ~ at sb** j-m zuzwinkern **winker** S̄ *Br umg* Blinker *m*

winkle [ˈwɪŋkl] *Br* S̄ Strandschnecke *f* **winner** [ˈwɪnəʳ] S̄ Sieger(in) *m(f)*, Gewinner(in) *m(f)*; **to be onto a ~** *umg* das große Los gezogen haben *umg* **winning** [ˈwɪnɪŋ] A ADJ **II** Teilnehmer *etc* der/die gewinnt; *Mannschaft* siegreich; *Tor* Sieges-; **the ~ goal** der Siegtreffer **II** *Lächeln* gewinnend B S̄ **winnings** Pʟ Gewinn *m* **winning post** S̄ Zielpfosten *m*

wino [ˈwaɪnəʊ] *umg* S̄ *(pl -s)* Saufbruder *m umg*

★**winter** [ˈwɪntəʳ] A S̄ Winter *m* B ADJ *(attr)* Winter- **Winter Olympics** Pʟ Winterolympiade *f*, Olympische Winterspiele *pl* **winter sports** PL Wintersport *m* **wintertime** S *Jahreszeit* Winter *m* **winter time** S *bei Zeitumstellung* Winterzeit *f* **wintery** ['wintəri], **wintry** ['wintri] ADJ winterlich

★**wipe** [waip] A S Wischen *n*; **to give sth a ~** etw abwischen B VT wischen; *Fußboden* aufwischen; *Hände* abwischen; **to ~ sb/sth dry** j-n/etw abtrocknen; **to ~ sb/sth clean** j-n/etw sauber wischen; **to ~ one's eyes** sich (*dat*) die Augen wischen; **to ~ one's nose** sich (*dat*) die Nase putzen; **to ~ one's feet** sich (*dat*) die Füße abtreten; **to ~ the floor with sb** *fig umg* j-n fertigmachen *umg* ◆**wipe away** VT ⟨*trennb*⟩ wegwischen ◆**wipe off** VT ⟨*trennb*⟩ abwischen; **wipe that smile off your face** *umg* hör auf zu grinsen *umg*; **to be wiped off the map** *od* the face of the earth von der Landkarte *od* Erdoberfläche getilgt werden ◆**wipe out** VT ⟨*trennb*⟩ 1 *Schüssel* auswischen 2 *Geschriebenes* (aus)löschen 3 *Krankheit, Volk* ausrotten; *feindliche Truppen* aufreiben ◆**wipe up** A VT ⟨*trennb*⟩ *Flüssigkeit* aufwischen; *Geschirr* abtrocknen B VI abtrocknen **wiper** ['waipə'] S AUTO (Scheiben)wischer *m*

★**wire** [waiə'] A S 1 Draht *m*, Leitung *f*; *isoliert* Schnur *f*; **you've got your ~s crossed there** *umg* Sie verwechseln da etwas; **I think we've got our ~s crossed** *umg* ich glaube, wir reden aneinander vorbei 2 TEL Telegramm *n* 3 (≈ *Mikrofon*) Wanze *f umg* B VT 1 *Stecker* anschließen; *Wohnung* die (elektrischen) Leitungen verlegen in (+*dat*) 2 TEL telegrafieren 3 mit Draht zusammenbinden ◆**wire up** VT ⟨*trennb*⟩ anschließen **wireless** ['waiəlis] A S *esp Br obs* Radio *n* B ADJ drahtlos **wireless** Radio-; *Technologie* drahtlos; **~ phone** schnurloses Telefon **Wireless Application Protocol** S IT WAP-Protokoll *n* **wireless hotspot** S IT WLAN-Hotspot *m* **wireless network** S IT drahtloses Netzwerk **wireless router** S IT WLAN-Router *m* **wire netting** S Maschendraht *m* **wiretap** VT *Gespräch* abhören; *Gebäude* abhören in (+*dat*) **wiring** ['waiəriŋ] S elektrische Leitungen *pl* **wiry** ['waiəri] ADJ ⟨*komp* wirier⟩ drahtig

★**wisdom** ['wizdəm] S Weisheit *f* ◆**wis-**

dom tooth S Weisheitszahn *m*

★**wise** [waiz] ADJ ⟨*komp* wiser⟩ weise, klug; **the Three Wise Men** die drei Weisen; **I'm none the ~r** *umg* ich bin nicht klüger als vorher; **nobody will be any the ~r** *umg* niemand wird das spitzkriegen *umg*; **you'd be ~ to ...** du tätest gut daran, ...; **to get ~ to sb/sth** *umg* j-n/etw spitzkriegen *umg*; **to be ~ to sb/sth** *umg* j-n/etw kennen; **he fooled her twice, then she got ~ to him** zweimal hat er sie hereingelegt, dann ist sie ihm auf die Schliche gekommen **-wise** ADV ⟨*suf*⟩ -mäßig, in Bezug auf (+*akk*) **wisecrack** S Stichelei *f*; **to make a ~ (about sb/sth)** witzeln (über j-n/etw) **wise guy** S Klugscheißer *m umg* **wisely** ['waizli] ADV weise, klugerweise

★**wish** [wiʃ] A S Wunsch *m* (**for** nach); **I have no great ~ to see him** ich habe keine große Lust, ihn zu sehen; **to make a ~** sich (*dat*) etwas wünschen; **best ~es** alles Gute; *in Brief* viele Grüße; **he sends his best ~es** er lässt (vielmals) grüßen B VT wünschen; **he ~es to be alone** er möchte allein sein; **how he ~ed that his wife was** *od* **were there** wie sehr er sich (*dat*) wünschte, dass seine Frau hier wäre; **~ you were here** ich wünschte, du wärest hier; **to ~ sb good luck** j-m viel Glück wünschen ◆**wish for** VI ⟨+*obj*⟩ **to wish for sth** sich (*dat*) etw wünschen ◆**wish on**, **wish upon** *umg* VT ⟨*trennb* +*obj*⟩ **to wish sb/sth on** *od* **upon sb** j-m j-n/etw aufhängen *umg*

wishful ['wiʃful] ADJ **that's just ~ thinking** das ist reines Wunschdenken **wish list** S Wunschliste *f*, Wunschzettel *m* **wishy-washy** ['wiʃi,wɒʃi] ADJ *Mensch* farblos; *Farbe* verwaschen; *Argument* schwach *umg* **wisp** [wisp] S *von Stroh etc* kleines Büschel; *von Wolke* Fetzen *m*; *von Rauch* Wölkchen *n* ⟨*pl*⟩ **wispy** ['wispi] ADJ ⟨*komp* wispier⟩ **~ clouds** Wolkenfetzen *pl*; **~ hair** dünne Haarbüschel **wistful** ['wistful] ADJ, **wistfully** ['wistfəli] ADV wehmütig

wit [wit] S 1 Verstand *m*; **to be at one's wits' end** mit seinem Latein am Ende sein *hum umg*; **to be scared out of one's wits** zu Tode erschreckt sein; **to have one's wits about one** seine (fünf)

W

Sinne beisammenhaben **2** Geist *m*, Witz *m* **3** (≈ Mensch) geistreicher Kopf

witch [wɪtʃ] S̲ Hexe *f* **witchcraft** S̲ Hexerei *f* **witch doctor** S̲ Medizinmann *m* **witch-hunt** ['wɪtʃhʌnt] S̲ Hexenjagd *f*

★**with** [wɪð, wɪθ] PRÄP **1** mit; **are you pleased ~ it?** bist du damit zufrieden?; **bring a book ~ you** bring ein Buch mit; **~ no ...** ohne ...; **to walk ~ a stick** am *od* mit einem Stock gehen; **put it ~ the rest** leg es zu den anderen; **how are things ~ you?** wie gehts?; **it varies ~ the temperature** es verändert sich je nach Temperatur; **is he ~ us or against us?** ist er für oder gegen uns? **2** bei; **I'll be ~ you in a moment** einen Augenblick bitte, ich bin gleich da; **10 years ~ the company** 10 Jahre bei *od* in der Firma **3** *Grund angebend vor* (+*dat*); **to shiver ~ cold** vor Kälte zittern **4** (≈ während) wo; **you can't go ~ your mother ill** wo deine Mutter krank ist, kannst du nicht gehen; **~ the window open** bei offenem Fenster **5** *umg* **I'm not ~ you** da komm ich nicht mit *umg*; **to be ~ it** bei der Sache sein

withdraw [wɪð'drɔː] ⟨*prät* withdrew; *pperf* withdrawn⟩ A̲ VT̲ zurückziehen; *Geld* abheben; *Behauptung* widerrufen B̲ VI̲ sich zurückziehen, zurücktreten

withdrawal [wɪð'drɔːəl] S̲ Zurückziehen *n*; *von Geld* Abheben *n*; *von Behauptung* Zurücknehmen *n*; *von Truppen* Rückzug *m*; *von Drogen* Entzug *m*; **to make a ~ from a bank** von einer Bank Geld abheben **withdrawal symptoms** PL̲ Entzugserscheinungen *pl* **withdrawn** [wɪð'drɔːn] A̲ PPERF → withdraw B̲ ADJ̲ *Mensch* verschlossen **withdrew** [wɪð'druː] PRÄT → withdraw

wither ['wɪðəʳ] VI̲ **1** verdorren; *Körperglied* verkümmern **2** *fig* welken ◆**wither away** VI̲ → wither

withered ['wɪðəd] ADJ̲ verdorrt **withering** ['wɪðərɪŋ] ADJ̲ *Hitze* ausdörrend; *Blick* vernichtend

withhold [wɪð'həʊld] VT̲ ⟨*prät, pperf* withheld [wɪθ'held]⟩ vorenthalten, verweigern; **to ~ sth from sb** j-m etw vorenthalten/verweigern

★**within** [wɪð'ɪn] A̲ PRÄP innerhalb (+*gen*); **to be ~ 100 feet of the finish** auf den letzten 100 Fuß vor dem Ziel sein; **we came ~ 50 feet of the summit** wir kamen bis auf 50 Fuß an den Gipfel heran B̲ ADV̲ *obs, liter* innen; **from ~** von drinnen

★**without** [wɪð'aʊt] A̲ PRÄP ohne; **~ speaking** ohne zu sprechen, wortlos; **~ my noticing it** ohne dass ich es bemerkte B̲ ADV̲ *obs, liter* außen; **from ~** von draußen

withstand [wɪð'stænd] VT̲ ⟨*prät, pperf* withstood [wɪð'stʊd]⟩ standhalten (+*dat*)

witless ['wɪtlɪs] ADJ̲ **to be scared ~** zu Tode erschreckt sein

★**witness** ['wɪtnɪs] A̲ S̲ **1** Zeuge *m*, Zeugin *f* (**to** von); **~ for the defence** *Br*, **~ for the defense** *US* Zeuge *m*/Zeugin *f* der Verteidigung **2** Zeugnis *n*; **to bear ~ to sth** Zeugnis über etw (*akk*) ablegen B̲ VT̲ **1** *Unfall etc* Zeuge/Zeugin sein bei *od* +*gen*; *Szenen* (mit)erleben; *Veränderungen* erleben **2** *Unterschrift* bestätigen **witness box** S̲, **witness stand** *US* S̲ Zeugenstand *m*

witty ['wɪtɪ] ADJ̲ ⟨*komp* wittier⟩ witzig, geistreich

wives [waɪvz] PL̲ → wife

wizard ['wɪzəd] S̲ **1** Zauberer *m* **2** *umg* Genie *n* **3** IT̲ Assistent *m*

wizened ['wɪznd] ADJ̲ verschrumpelt

wk ABK̲ (= week) Wo.

WMD ABK̲ (= weapons of mass destruction) Massenvernichtungswaffen *pl*

wobble ['wɒbl] A̲ S̲ Wackeln *n* B̲ VI̲ wackeln; *Radfahrer* schwanken; *Pudding* schwabbeln C̲ VT̲ rütteln an (+*dat*)

wobbly ['wɒblɪ] ADJ̲ ⟨*komp* wobblier⟩ wackelig; *Pudding* (sch)wabbelig; **to feel ~** wackelig auf den Beinen sein *umg*

woe [wəʊ] S̲ **1** *liter, hum* Jammer *m*; **woe (is me)!** weh mir!; **woe betide him who ...!** wehe dem, der ...! **2** ⟨*bes pl*⟩ Kummer *m* **woeful** ['wəʊfʊl] ADJ̲ traurig; *Mangel* bedauerlich; (≈ *sehr schlecht*) katastrophal

wok [wɒk] S̲ GASTR̲ Wok *m*

woke [wəʊk] PRÄT → wake[1] **woken** ['wəʊkn] PPERF → wake[1]

★**wolf** [wʊlf] A̲ S̲ ⟨*pl* wolves⟩ Wolf *m*; **to cry ~** blinden Alarm schlagen B̲ VT̲ *umg* (*a.* **~ down**) *Essen* hinunterschlingen **wolf whistle** *umg* S̲ bewundernder Pfiff **wolves** [wʊlvz] PL̲ → wolf

★**woman** ['wʊmən] A̲ S̲ ⟨*pl* women

['wɪmən]⟩ Frau *f*; **cleaning ~** Putzfrau *f* **B** ADJ ⟨*attr*⟩ **~ doctor** Ärztin *f*; **~ driver** Frau *f* am Steuer **womanhood** ['wʊmənhʊd] S **to reach ~** (zur) Frau werden **womanize** ['wʊmənaɪz] V/I hintern den Frauen her sein **womanizer** ['wʊmənaɪzər] S Schürzenjäger *m* **womanly** ['wʊmənlɪ] ADJ fraulich; *Eigenschaften* weiblich

▶ **woman**

Achte auf die Bildung des Plurals bei Zusammensetzungen mit woman:

Singular	Plural
woman driver	**women drivers**
woman priest	**women priests**

womb [wuːm] S Gebärmutter *f* **women** ['wɪmɪn] PL → woman **women's football** ['wɪmɪnz] S Frauenfußball *m* **women's lib** *umg* S Frauen(rechts)bewegung *f* **women's refuge** S Frauenhaus *n* **women's room** US S Damentoilette *f*

won [wʌn] PRÄT & PPERF → win **★wonder** ['wʌndər] **A** S **1** Staunen *n*; **in ~** voller Staunen **2** Wunder *n*; **it is a ~ that ...** es ist ein Wunder, dass ...; **no ~ (he refused)!** kein Wunder(, dass er abgelehnt hat)!; **to do** *od* **work ~s** Wunder wirken; **~s will never cease!** es geschehen noch Zeichen und Wunder! **B** V/I **I ~ what he'll do now** ich bin gespannt, was er jetzt tun wird; **I ~ why he did it** ich wüsste zu gern, warum er das getan hat; **I was ~ing if you'd like to come too** möchten Sie nicht vielleicht auch kommen? **C** V/I **1** sich fragen; **why do you ask? — oh, I was just ~ing** warum fragst du? — ach, nur so; **to ~ about sth** sich (*dat*) über etw (*akk*) Gedanken machen; **I expect that will be the end of the matter — I ~!** ich denke, damit ist die Angelegenheit erledigt — da habe ich meine Zweifel!; **to ~ about doing sth** daran denken, etw zu tun; **John, I've been ~ing, is there really any point?** John, ich frage mich, ob es wirklich (einen) Zweck hat **2** sich wundern; **I ~ (that) he ...** es wundert mich, dass er ... **wonderful** ADJ, **wonderfully**

['wʌndəfəl, -ɪ] ADV wunderbar **wondrous** ['wʌndrəs] *obs, liter* ADJ wunderbar

wonky ['wɒŋkɪ] *Br umg* ADJ ⟨*komp* wonkier⟩ *Stuhl, Tisch* wackelig; *Maschine* nicht (ganz) in Ordnung; **your collar's all ~** dein Kragen sitzt ganz schief

won't [wəʊnt] ABK (= will not) → will[1]

woo [wuː] VT *j-n* umwerben; *fig Publikum* für sich zu gewinnen versuchen

★wood [wʊd] **A** S **1** Holz *n*; **touch ~!** *bes Br*, **knock on ~!** *bes US* dreimal auf Holz geklopft! **2** (*a.* **~s**) Wald *m*; **we're not out of the ~s yet** *fig* wir sind noch nicht über den Berg *od* aus dem Schneider *umg*; **he can't see the ~ for the trees** *Br* sprichw er sieht den Wald vor (lauter) Bäumen nicht *sprichw* **B** ADJ ⟨*attr*⟩ Holz- **wood carving** S (Holz)schnitzerei *f* **woodchips** ['wʊdtʃɪps] PL Hackschnitzel *pl* **woodcut** S KUNST Holzschnitt *m* **woodcutter** S **1** Holzfäller(in) *m(f)*, Holzhacker(in) *m(f)* **2** KUNST Holzschnitzer(in) *m(f)* **wooded** ['wʊdɪd] ADJ bewaldet

★wooden ['wʊdn] ADJ **1** Holz- **2** *fig* hölzern **wooden spoon** *wörtl* S Holzlöffel *m*; *fig* Trostpreis *m* **woodland** S Waldland *n* **woodpecker** S Specht *m* **woodpile** S Holzhaufen *m* **woodwind** S Holzblasinstrument *n*; **the ~ section** die Holzbläser *pl* **woodwork** S **1** Holzarbeit *f*; (≈ *Handwerk*) Tischlerei *f* **2** Holzteile *pl*; **to come out of the ~** *fig* aus dem Unterholz *od* Gebüsch hervorkommen **woodworm** S Holzwurm *m* **woody** ['wʊdɪ] ADJ ⟨*komp* woodier⟩ holzig

woof [wʊf] **A** S (≈ *Hundelaut*) Wuff *n* **B** V/I **~, ~!** wau, wau!

★wool [wʊl] **A** S Wolle *f*, Wollstoff *m*; **to pull the ~ over sb's eyes** *umg* j-m Sand in die Augen streuen *umg* **B** ADJ Woll- **★woollen** ['wʊlən], **woolen** US **A** ADJ Woll- **B** **woollens** PL Wollsachen *pl*, Wollwaren *pl* **woolly** ['wʊlɪ] ADJ ⟨*komp* woollier⟩, **wooly** US ADJ ⟨*komp* woolier⟩ wollig; **~ hat** Wollmütze *f*; **winter woollies** *bes Br* dicke Wollsachen *pl umg*; *bes US* (≈ *Unterwäsche*) Wollene *pl umg*

woozy ['wuːzɪ] *umg* ADJ ⟨*komp* woozier⟩ duselig *umg*

Worcester sauce ['wʊstə'sɔːs] [S] Worcestersoße *f*

★**word** [wɜːd] [A] [S] [1] Wort *n*; **foreign ~s** Fremdwörter *pl*; **~ for ~** Wort für Wort; **~s cannot describe it** so etwas kann man mit Worten gar nicht beschreiben; **too funny for ~s** unbeschreiblich komisch; **to put one's thoughts into ~s** seine Gedanken in Worte fassen; **to put sth into ~s** etw in Worte fassen; **in a ~** kurz gesagt; **in other ~s** mit anderen Worten; **in one's own ~s** mit eigenen Worten; **the last ~** *fig* der letzte Schrei (**in** an *+dat*); **a ~ of advice** ein Rat (-schlag) *m*; **by ~ of mouth** durch mündliche Überlieferung; **to say a few ~s** ein paar Worte sprechen; **to be lost for ~s** nicht wissen, was man sagen soll; **to take sb at his ~** j-n beim Wort nehmen; **to have a ~ with sb** mit j-m sprechen (**about** über *+akk*); (≈ *ermahnend*) j-n ins Gebet nehmen; **John, could I have a ~?** John, kann ich dich mal sprechen?; **you took the ~s out of my mouth** du hast mir das Wort aus dem Mund genommen; **to put in** *od* **say a (good) ~ for sb** für j-n ein gutes Wort einlegen; **don't say a ~ about it** sag aber bitte keinen Ton davon; **to have ~s with sb** mit j-m eine Auseinandersetzung haben; **~ of honour** *Br*, **~ of honor** *US* Ehrenwort *n*; **a man of his ~** ein Mann, der zu seinem Wort steht; **to keep one's ~** sein Wort halten; **take my ~ for it** das kannst du mir glauben; **it's his ~ against mine** Aussage steht gegen Aussage; **just say the ~** sag nur ein Wort [2] **~s** *pl* Text *m* [3] ⟨*kein pl*⟩ Nachricht *f*; **is there any ~ from John yet?** schon von John gehört?; **to send ~** Nachricht geben; **to send ~ to sb** j-n benachrichtigen; **to spread the ~** *umg* es allen sagen *umg* [B] [V/T] formulieren **word game** [S] Buchstabenspiel *n* **wording** ['wɜːdɪŋ] [S] Formulierung *f* **word order** [S] Satzfolge *f* **word-perfect** [ADJ] **to be ~** den Text perfekt beherrschen **wordplay** [S] Wortspiel *n*

★**word processing** [S] Textverarbeitung *f* **word processor** [S] Text(verarbeitungs)system *n* **wordy** ['wɜːdɪ] [ADJ] ⟨*komp* **wordier**⟩ wortreich

wore [wɔːʳ] [PRÄT] → wear

★**work** [wɜːk] [A] [S] [1] Arbeit *f*; KUNST, LIT Werk *n*; **he doesn't like ~** er arbeitet nicht gern; **that's a good piece of ~** das ist gute Arbeit; **is this all your own ~?** haben Sie das alles selbst gemacht?; **when ~ begins on the new bridge** wenn die Arbeiten an der neuen Brücke anfangen; **to be at ~ (on sth)** (an etw *dat*) arbeiten; **nice ~!** gut gemacht!; **you need to do some more ~ on your accent** Sie müssen noch an Ihrem Akzent arbeiten; **to get to ~ on sth** sich an etw (*akk*) machen; **to get some ~ done** arbeiten; **to put a lot of ~ into sth** eine Menge Arbeit in etw (*akk*) stecken; **to get on with one's ~** sich (wieder) an die Arbeit machen; **to be (out) at ~** arbeiten sein; **to go out to ~** arbeiten gehen; **to be out of ~** arbeitslos sein; **to be in ~** eine Stelle haben; **how long does it take you to get to ~?** wie lange brauchst du, um zu deiner Arbeitsstelle zu kommen?; **at ~** am Arbeitsplatz; **to be off ~** (am Arbeitsplatz) fehlen; **a ~ of art** ein Kunstwerk *n*; **a fine piece of ~** eine schöne Arbeit [2] **~s** *+sg od pl v Br* Betrieb *m*; **steel ~s** Stahlwerk *n* [3] *umg* **the ~s** *pl* alles Drum und Dran [B] [V/I] [1] arbeiten (**at** an *+dat*) [2] funktionieren; *Medizin, Zauber* wirken; (≈ *erfolgreich sein*) klappen *umg*; **it won't ~** das klappt nicht; **to get sth ~ing** etw in Gang bringen [3] **to ~ loose** sich lockern; **OK, I'm ~ing (a)round to it** okay, das mache ich schon noch [C] [V/T] [1] **to ~ sb hard** j-n nicht schonen [2] *Maschine* bedienen [3] **to ~ it (so that ...)** *umg* es so deichseln(, dass ...) *umg* [4] *Land* bearbeiten; **~ the flour in gradually** mischen Sie das Mehl allmählich unter [5] **to ~ sth loose** etw losbekommen; **to ~ one's way to the top** sich nach oben arbeiten; **to ~ one's way up from nothing** sich von ganz unten hocharbeiten

♦**work in** [V/T] ⟨*trennb*⟩ einarbeiten

♦**work off** [V/T] ⟨*trennb*⟩ *Fett* abarbeiten; *Energie* loswerden

♦**work on** [V/I] ⟨*+obj*⟩ [1] arbeiten an (*+dat*); *Fall* bearbeiten; **we haven't solved it yet but we're still working on it** wir haben es noch nicht gelöst, aber wir sind dabei [2] *Annahme* ausgehen von; *Prinzip* ausgehen von, arbeiten nach

♦**work out** [A] [V/I] [1] *Rätsel* aufgehen [2] **that works out at £105** das macht £ 105; **it works out more expen-**

sive es kommt teurer **3** funktionieren, klappen; **things didn't work out for him** es ist ihm alles schiefgegangen; **things didn't work out that way** es kam ganz anders **4** in Fitnessstudio trainieren **B** ⟨trennb⟩ **1** Gleichung etc lösen; *Problem* fertig werden mit; *Summe* ausrechnen; **work it out for yourself** das kannst du dir (doch) selbst denken **2** *Plan* (sich *dat*) ausdenken **3** schlau werden aus (+*dat*), herausfinden; **I can't work out why it went wrong** ich kann nicht verstehen, wieso es nicht geklappt hat ♦**work through** ⟨+*obj*⟩ sich (durch)arbeiten durch ♦**work up** ⟨trennb⟩ *Interesse* aufbringen; *Appetit* sich (*dat*) holen; *Mut* sich (*dat*) machen; **to work up a sweat** richtig ins Schwitzen kommen; **to get worked up** sich aufregen ♦**work up to** ⟨+*obj*⟩ Entscheidung etc zusteuern auf (+*akk*)

workable [ˈwɜːkəbl] *ADJ* Plan durchführbar; *Lösung* machbar **workaholic** [ˌwɜːkəˈhɒlɪk] *umg* **5** Arbeitstier *n umg*, Arbeitssüchtige(r) *m*/*f*(*m*) **workbench** **5** Werkbank *f* **workbook** **5** Arbeitsheft *n* **workday** *bes US* **5** Arbeitstag *m* ★**worker** [ˈwɜːkə*r*] **5** Arbeiter(in) *m*(*f*) **work ethic** **5** Arbeitsmoral *f* **workforce** **5** Arbeitskräfte *pl* **workhorse** *wörtl, fig* **5** Arbeitspferd *n* **working** [ˈwɜːkɪŋ] **A** *ADJ* **1** Bevölkerung, Frau berufstätig; **~ man** Arbeiter *m* **2** Arbeits-; **~ hours** Arbeitszeit *f*; **in good ~ order** voll funktionsfähig; **~ knowledge** Grundkenntnisse *pl* **3** *Bauernhof* in Betrieb **B** **5** **workings** **PL** Arbeitsweise *f*; **in order to understand the ~s of this machine** um zu verstehen, wie die Maschine funktioniert **working class** **5**, (*a.* **working classes**) Arbeiterklasse *f* **working-class** *ADJ* Arbeiterklasse; **to be ~** zur Arbeiterklasse gehören **working environment** **5** Arbeitsumfeld *n* **working lunch** **5** Arbeitsessen *n* **working mother** **5** berufstätige Mutter **working party** **5** (Arbeits)ausschuss *m* **working relationship** **5 to have a good ~ with sb** mit j-m gut zusammenarbeiten **workload** **5** Arbeit(slast) *f* **workman** **5** ⟨*pl* -men⟩ Handwerker *m* **workmanship** [ˈwɜːkmənʃɪp] **5** Arbeitsqualität *f* **workmate** **5** Arbeitskollege *m*,

-kollegin *f* **workout** **5**, **work-out** **5** SPORT Workout *m*, Training *n* **work permit** **5** Arbeitserlaubnis *f* **workplace** **5** Arbeitsplatz *m*; **in the ~** am Arbeitsplatz **work placement** [ˈwɜːkˌpleɪsmənt] **5** Praktikum *n*; Praktikumsstelle *f* **workroom** [ˈwɜːks] **5** Arbeitszimmer *n* **works** [wɜːks] **PL** → **work works council** *bes Br* **5** Betriebsrat *m* **worksheet** **5** Arbeitsblatt *n*
★**workshop** **5** Werkstatt *f*; **a music ~** ein Musik-Workshop *m* **work station** **5** *Schreibtisch* Arbeitsplatz *m* **work surface** **5** Arbeitsfläche *f* **worktop** *Br* **5** Arbeitsfläche *f*
★**world** [wɜːld] **5** Welt *f*; **in the ~** auf der Welt; **all over the ~** auf der ganzen Welt; **he jets all over the ~** er jettet in der Weltgeschichte herum; **to go (a)round the ~** eine Weltreise machen; **to feel** *od* **be on top of the ~** munter und fidel sein; **it's not the end of the ~!** *umg* davon geht die Welt nicht unter! *umg*; **it's a small ~** wie klein doch die Welt ist; **to live in a ~ of one's own** in seiner eigenen (kleinen) Welt leben; **the Third World** die Dritte Welt; **the business ~** die Geschäftswelt; **woman of the ~** Frau *f* von Welt; **to go down in the ~** herunterkommen; **to go up in the ~** es (in der Welt) zu etwas bringen; **he had the ~ at his feet** die ganze Welt lag ihm zu Füßen; **to lead the ~ in sth** in etw (*dat*) in der Welt führend sein; **to come into the ~** zur Welt kommen; **to have the best of both ~s** das eine tun und das andere nicht lassen; **out of this ~** *umg* fantastisch; **to bring sb into the ~** j-n zur Welt bringen; **nothing in the ~** nichts auf der Welt; **who in the ~** wer in aller Welt; **to do sb a ~ of good** j-m (unwahrscheinlich) guttun; **to mean the ~ to sb** j-m alles bedeuten; **to think the ~ of sb** große Stücke auf j-n halten **world champion** **5** Weltmeister(in) *m*(*f*) **world championship** **5** Weltmeisterschaft *f* **world-class** *ADJ* Weltklasse-, der Weltklasse **World Cup** **5** Fußballweltmeisterschaft *f* **world-famous** *ADJ* weltberühmt **world leader** **5 1** POL der die führenden Regierungschefs der Welt **2** HANDEL weltweiter Marktführer **worldly** [ˈwɜːldlɪ] *ADJ* ⟨*komp* wordlier⟩ **1** *Erfolg* materiell **2**

weltlich; *Mensch* weltlich gesinnt; *Auftreten* weltmännisch **world music** S̲ Weltmusik *f* **world peace** S̲ Weltfrieden *m* **world power** S̲ Weltmacht *f* **world record** S̲ Weltrekord *m* **world record holder** S̲ Weltrekordinhaber(in) *m(f)* **world trade** S̲ Welthandel *m* **world-view** S̲ Weltbild *n* **World War One, World War I** S̲ ▯ Erster Weltkrieg **World War Two, World War II** S̲ ▯ Zweiter Weltkrieg **world--weary** A̲D̲J̲ lebensmüde **worldwide** A̲D̲J̲ & A̲D̲V̲ weltweit **World Wide Web** S̲ World Wide Web *n*

★**worm** [wɜːm] A̲ S̲ ▯ Wurm *m*; **~s** MED Würmer *pl*; **to open a can of ~s** in ein Wespennest stechen ▮2 IT Wurm *m* B̲ V̲T̲ zwängen; **to ~ one's way through sth** sich durch etw (*akk*) durchschlängeln; **to ~ one's way into a group** sich in eine Gruppe einschleichen

worn [wɔːn] A̲ P̲P̲E̲R̲F̲ → **wear** B̲ A̲D̲J̲ *Mantel* abgetragen; *Teppich* abgetreten; *Reifen* abgefahren **worn-out** [ˈwɔːnˌaʊt] A̲D̲J̲ ⟨*attr*⟩, **worn out** ⟨*präd*⟩ *Teppich* abgetreten; *Mensch* erschöpft

★**worried** [ˈwʌrɪd] A̲D̲J̲ besorgt (**about, by** wegen)

★**worry** [ˈwʌrɪ] A̲ S̲ Sorge *f*; **no worries!** *umg* kein Problem! B̲ V̲T̲ ▮1 Sorgen machen (+*dat*); **to ~ oneself sick** *od* **silly (about** *od* **over sth)** *umg* sich krank machen vor Sorge (um *od* wegen etw) *umg* ▮2 stören; **to ~ sb with sth** j-n mit etw stören C̲ V̲I̲ sich (*dat*) Sorgen machen (**about, over** um, wegen); **to ~ about doing sth** sich (*dat*) darüber Sorgen machen, etw zu tun *od* tun zu müssen; **don't ~!, not to ~!** keine Sorge!; **don't ~, I'll do it** lass mal, das mach ich schon; **don't ~ about letting me know** es macht nichts, wenn du mich nicht benachrichtigen kannst **worrying** [ˈwʌrɪɪŋ] A̲D̲J̲ beunruhigend; **it's very ~** es macht mir große Sorge

★**worse** [wɜːs] A̲ A̲D̲J̲ ⟨*komp*⟩ ▮1 → **bad¹** ▮2 schlechter, schlimmer; **the patient is getting ~** der Zustand des Patienten verschlechtert sich; **and to make matters ~** und zu allem Übel; **it could have been ~** es hätte schlimmer kommen können; **~ luck!** (so ein) Pech! B̲ A̲D̲V̲ ⟨*komp*⟩ ▮1 → **badly** ▮2 schlechter; **to**

be ~ off than ... schlechter dran sein als ... *umg* C̲ S̲ Schlechtere(s) *n*, Schlimmere(s) *n*; **there is ~ to come** es kommt noch schlimmer **worsen** [ˈwɜːsn] A̲ V̲T̲ verschlechtern B̲ V̲I̲ sich verschlechtern

★**worship** [ˈwɜːʃɪp] A̲ S̲ ▮1 Verehrung *f*; **place of ~** Andachtsstätte *f* ▮2 *Br* **Your Worship** *an Richter* Euer Ehren/Gnaden; *an Stadtoberhaupt* (verehrter) Herr Bürgermeister B̲ V̲T̲ anbeten

★**worst** [wɜːst] A̲ A̲D̲J̲ ⟨*sup*⟩ ▮1 → **bad¹** ▮2 schlechteste(r, s), schlimmste(r, s); **the ~ possible time** die ungünstigste Zeit B̲ A̲D̲V̲ ⟨*sup*⟩ ▮1 → **badly** ▮2 am schlechtesten C̲ S̲ **the ~** das Schlimmste ist vorbei; **at ~** schlimmstenfalls; **if the ~ comes to the ~, if ~ comes to ~** *US* wenn alle Stricke reißen *umg* **worst-case scenario** [ˈwɜːstkeɪsːˌnɑːrɪəʊ] S̲ Schlimmstfall *m*

worth [wɜːθ] A̲ A̲D̲J̲ wert; **it's ~ £5** es ist £ 5 wert; **it's not ~ £5** es ist keine £ 5 wert; **what's this ~?** was *od* wie viel ist das wert?; **it's ~ a great deal to me** es bedeutet mir sehr viel; **will you do this for me? — what's it ~ to you?** tust du das für mich? — was ist es dir wert?; **he's ~ all his brothers put together** er ist so viel wert wie all seine Brüder zusammen; **for all one is ~** so sehr man nur kann; **you need to exploit the idea for all it's ~** du musst aus der Idee machen, was du nur kannst; **for what it's ~, I personally don't think ...** wenn mich einer fragt, ich persönlich glaube nicht, dass ...; **to be ~ it** sich lohnen; **it's not ~ the trouble** es ist der Mühe nicht wert; **to be ~ a visit** einen Besuch wert sein; **is there anything ~ seeing?** gibt es etwas Sehenswertes?; **hardly ~ mentioning** kaum der Rede wert B̲ S̲ Wert *m*; **hundreds of pounds' ~ of books** Bücher im Werte von hunderten von Pfund **worthless** [ˈwɜːθlɪs] A̲D̲J̲ wertlos **worthwhile** [ˈwɜːθˈwaɪl] A̲D̲J̲ lohnend *attr*; **to be ~** sich lohnen **worthy** [ˈwɜːðɪ] A̲D̲J̲ ⟨*komp* **worthier**⟩ ▮1 ehrenwert; *Gegner* würdig; *Sache* löblich B̲ ⟨*präd*⟩ **to be ~ of sb/sth** j-s/einer Sache würdig sein *geh*

★**would** [wʊd] V̲/A̲U̲X̲ ⟨*prät*⟩ ▮1 → **will¹** ▮2 *konditional* **if you asked him he ~ do** it wenn du ihn fragtest, würde er es tun; **if you had asked him he ~ have done it** wenn du ihn gefragt hättest, hätte er es getan; **you ~ think** ... man sollte meinen ... ◼ *emph* **I ~n't know** keine Ahnung; **you ~!** das sieht dir ähnlich!; **you ~ say that, ~n't you!** von dir kann man ja nichts anderes erwarten; **it ~ have to rain** es muss auch ausgerechnet regnen!; **he ~n't listen** er wollte partout nicht zuhören ◼ *Vermutung* **it ~ seem so** es sieht wohl so aus; **you ~n't have a cigarette, ~ you?** Sie hätten nicht zufällig eine Zigarette? ◼ (≈ *Wunsch*) möchten; **what ~ you have me do?** was soll ich tun? ◼ *in Fragen* **~ he come?** würde er vielleicht kommen?; **~ you mind closing the window?** würden Sie bitte das Fenster schließen?; **~ you care for some tea?** hätten Sie gerne etwas Tee? ◼ *Gewohnheit* **he ~ paint it each year** er strich es jedes Jahr **would-be** ADJ ⟨*attr*⟩ **~** *poet* Möchtegerndichter(in) *m(f)* **wouldn't** [ˈwʊdnt] ABK (= would not) → **would would've** [ˈwʊdəv] ABK (= would have) → **would**

★**wound**¹ [wuːnd] ◮ ⓢ Wunde *f*; **to open** *od* **re-open old ~s** *fig* alte Wunden öffnen ◼ VT *wörtl* verwunden; *fig* verletzen ◼ ⓢ **the ~ed** *pl* die Verwundeten *pl*

wound² [waʊnd] PRÄT & PPERF → **wind**²

wove [wəʊv] PRÄT → **weave woven** [ˈwəʊvən] PPERF → **weave**

wow [waʊ] *umg* INT Mann *umg*, Wahnsinn *umg*

WPC *Br* ABK (= Woman Police Constable) Polizistin *f*

wrack [ræk] ⓢ & VT → **rack**¹; → **rack**²

wrangle [ˈræŋgl] ◮ ⓢ Gerangel *n kein pl* ◼ VI rangeln (**about** um)

★**wrap** [ræp] ◮ ⓢ ◼ Umhangtuch *n* ◼ *zum Essen* Wrap,m,n ◼ **under ~s** *wörtl* verhüllt; *fig* geheim ◼ VT ◼ einwickeln; **shall I ~ it for you?** soll ich es Ihnen einwickeln?; **to ~ sth (a)round sth** etw um etw wickeln; **to ~ one's arms (a)round sb** j-n in die Arme schließen ◆**wrap up** ◮ VT ⟨*trennb*⟩ ◼ einwickeln ◼ *umg* Vertrag unter Dach und Fach bringen; **that wraps things up for today** das wär's für heute ◼ VI sich warm einpacken *umg*

wrapper [ˈræpər] ⓢ Verpackung *f*; von

Bonbon Papier(chen) *n* **wrapping** ⓢ Verpackung *f* (**round** *+gen od* von) **wrapping paper** ⓢ Packpapier *n; dekorativ* Geschenkpapier *n*

wrath [rɒθ] ⓢ Zorn *m* **wreak** [riːk] VT anrichten **wreath** [riːθ] ⓢ ⟨*pl* -s [riːðz]⟩ Kranz *m* **wreathe** [riːð] VT (um)winden; *Nebel* umhüllen

★**wreck** [rek] ◮ ⓢ Wrack *n*; *car* ≈ *US* Autounfall *m*, Havarie *f österr*; **I'm a ~, I feel a ~** ich bin ein (völliges) Wrack, ich bin vollkommen fertig *od* erledigt ◼ VT ◼ *Schiff,* Zug *zum* Totalschaden verursachen an (+*dat*); *Auto* zu Schrott fahren *umg*; *Maschine* kaputt machen *umg*; *Mobiliar* zerstören ◼ *fig Pläne,* Chancen zunichtemachen; *Ehe* zerrütten; *Karriere,* j-s *Leben* ruinieren; *Party* verderben **wreckage** [ˈrekɪdʒ] ⓢ Trümmer *pl* **wrecker** [ˈrekər] *US* ⓢ Abschleppwagen *m*

wren [ren] ⓢ Zaunkönig *m* **wrench** [rentʃ] ◮ ⓢ ◼ Ruck *m*; **to be a ~** *fig* wehtun ◼ Schraubenschlüssel *m* ◼ VT ◼ winden; **to ~ a door open** eine Tür aufzwingen ◼ MED **to ~ one's ankle** sich (*dat*) den Fuß verrenken

wrest [rest] VT **to ~ sth from sb/sth** j-m/ einer Sache etw abringen; *Führung, Titel* j-m etw entreißen

wrestle [ˈresl] ◮ VT ringen mit ◼ VI ◼ *wörtl* ringen (**for sth** um etw) ◼ *fig* ringen (**with** mit) **wrestler** [ˈreslər] ⓢ Ringkämpfer *m*, Ringer(in) *m(f)* **wrestling** [ˈreslɪŋ] ⓢ Ringen *n*

wretch [retʃ] ⓢ ◼ armer Schlucker *umg* ◼ Blödmann *m umg*; (≈ *Kind*) Schlingel *m* **wretched** [ˈretʃɪd] ADJ ◼ elend; *Bedingungen* erbärmlich ◼ (tod)unglücklich ◼ *Wetter* miserabel *umg*

wriggle [ˈrɪɡl] VT *Zehen* wackeln mit; **to ~ one's way through sth** sich durch etw (hin)durchwinden ◼ VI (*a.* **wriggle about** *od* **around**) *Wurm* sich schlängeln; *Fisch, Mensch* zappeln; **to ~ free** sich loswinden ◆**wriggle out** VI sich herauswinden (**of** aus); **he's wriggled (his way) out of it** er hat sich gedrückt

wring [rɪŋ] VT ⟨*v:* prät, pperf wrung⟩ ◼ (*a.* **~ out**) *Kleider* auswringen; **to ~ sth out of so** etw aus j-m herausquetschen ◼ *Hände* ringen; **to ~ sb's neck** j-m den

Hals umdrehen **wringing** ['rɪŋɪŋ] **A** ADJ, ⟨a. **wringing wet**⟩ tropfnass

wrinkle ['rɪŋkl] **A** S in Kleidung, Papier Knitter m; auf Haut, in Strumpf Falte f **B** VT verknittern; **to ~ one's nose** die Nase rümpfen; **to ~ one's brow** die Stirne runzeln **C** VI Stoff (ver)knittern; Haut faltig werden **wrinkled** ['rɪŋkld] ADJ Rock zerknittert; Haut faltig; Augenbraue gerunzelt; Apfel, Greis schrumpelig **wrinkly** ['rɪŋklɪ] ADJ ⟨komp **wrinklier**⟩ schrumpelig

★**wrist** [rɪst] S Handgelenk n **wristband** ['rɪst‚bænd] S SPORT Schweißband n **wristwatch** S Armbanduhr f **wrist weights** PL SPORT Gewichte für die Handgelenke⟨, um den Trainingseffekt zu maximieren⟩

writ [rɪt] S JUR Verfügung f

★**write** [raɪt] ⟨prät **wrote**; pperf **written**⟩ **A** VT schreiben; Scheck ausstellen; Notizen sich (dat) machen; **he wrote me a letter** er schrieb mir einen Brief; **he wrote himself a note so that he wouldn't forget** er machte sich (dat) eine Notiz, um sich zu erinnern; **how is that written?** wie schreibt man das?; **to ~ sth to disk** etw auf Diskette schreiben; **it was written all over his face** es stand ihm im od auf dem Gesicht geschrieben **B** VI schreiben; **to ~ to sb** j-m schreiben; **we ~ to each other** wir schreiben uns; **that's nothing to ~ home about** umg das ist nichts Weltbewegendes ◆**write back** VI zurückschreiben ◆**write down** VT ⟨trennb⟩ aufschreiben, niederschreiben ◆**write in** VI ⟨to an +akk⟩; **to write in for sth** etw anfordern ◆**write off A** VI → write in **B** VT ⟨trennb⟩ **1** FIN, a. fig abschreiben **2** Auto etc zu Schrott fahren umg ◆**write out** VT ⟨trennb⟩ **1** Notizen ausarbeiten; Namen ausschreiben **2** Scheck ausstellen ◆**write up** VT ⟨trennb⟩ Notizen ausarbeiten; Bericht schreiben **write-off** S ⟨≈ Auto etc⟩ Totalschaden m; umg ⟨≈ Urlaub etc⟩ Katastrophe f **write-protected** ['raɪtprə‚tektɪd] ADJ IT schreibgeschützt

★**writer** ['raɪtə'] S Schreiber(in) m(f); als Beruf Schriftsteller(in) m(f) **write-up** ['raɪtʌp] S Pressebericht m; von Film Kritik f

writhe [raɪð] VI sich winden (**with, in** vor +dat)

writing ['raɪtɪŋ] S Schrift f, Schreiben n; auf Grabstein etc Inschrift f; **in ~** schriftlich; **his ~s** seine Werke od Schriften; **the ~ is on the wall for them** ihre Stunde hat geschlagen **writing desk** S Schreibtisch m **writing pad** S Notizblock m **written** ['rɪtn] **A** PPERF → write **B** ADJ Prüfung, Erklärung schriftlich; Sprache Schrift-; Wort geschrieben

★**wrong** [rɒŋ] **A** ADJ **1** falsch; ★**to be ~** nicht stimmen; Mensch unrecht haben; Uhr falsch gehen; **it's** od **this is all ~** das ist völlig verkehrt od falsch, das stimmt alles nicht; **I was ~ about him** ich habe mich in ihm getäuscht; **to dial the ~ number** sich verwählen; **to take a ~ turning** eine falsche Abzweigung nehmen; **to do the ~ thing** das Falsche tun; **the ~ side of the fabric** die linke Seite des Stoffes; **you've come to the ~ man** od **person/place** da sind Sie an den Falschen/an die Falsche/an die falsche Adresse geraten; **to do sth the ~ way** etw verkehrt machen; **something is ~** ⟨irgend⟩etwas stimmt nicht (**with** mit); **is anything ~?** ist was? umg; **there's nothing ~** (es ist) alles in Ordnung; **what's ~?** was ist los?; **what's ~ with you?** was fehlt Ihnen?; **I hope there's nothing ~** at home ich hoffe, dass zu Hause alles in Ordnung ist **2** moralisch schlecht, unrecht; ⟨≈ nicht fair⟩ ungerecht; **it's ~ to steal** es ist unrecht zu stehlen; **that was ~ of you** das war nicht richtig von dir; **it's ~ that he should have to ask** es ist unrecht od falsch, dass er überhaupt fragen muss; **what's ~ with working on Sundays?** was ist denn schon dabei, wenn man sonntags arbeitet?; **I don't see anything ~ in** od **with that** ich finde nichts daran auszusetzen **B** ADV falsch; **to get sth ~** etw falsch machen; **he got the answer ~** er hat die falsche Antwort gegeben; MATH er hat sich verrechnet; **you've got him (all) ~** Sie haben sich in ihm getäuscht; **(to go ~** falsch gehen/fahren; in Rechnung einen Fehler machen; Plan schiefgehen; **you can't go ~** du kannst gar nichts verkehrt machen **C** S Unrecht n kein pl; **to be in the ~** im Unrecht sein; **he can do no ~** er macht natürlich immer alles richtig **D** V/T **to** ~ **sb** j-m unrecht tun **wrong-foot** [ˌrɒŋˈfʊt] V/T auf dem falschen Fuß erwischen **wrongful** [ˈrɒŋfʊl] ADJ ungerechtfertigt **wrongfully** [ˈrɒŋfəlɪ] ADV zu Unrecht **wrongly** [ˈrɒŋlɪ] ADV unrecht, falsch; *anklagen* zu Unrecht

wrote [rəʊt] PRÄT → write

wrought [rɔːt] V/T **the accident** ~ **havoc with his plans** der Unfall durchkreuzte alle seine Pläne; **the storm** ~ **great destruction** der Sturm richtete große Verheerungen an **wrought-iron** [ˌrɔːtˈaɪən] ADJ schmiedeeisern *attr*, aus Schmiedeeisen; ~ **gate** schmiedeeisernes Tor

wrung [rʌŋ] PRÄT & PPERF → wring

wry [raɪ] ADJ ironisch

wt ABK (= weight) Gew.

WTO ABK (= World Trade Organization) Welthandelsorganisation f

wuss [wʊs] *umg* S Waschlappen m *umg*

WWW ABK (= World Wide Web) IT WWW

X, x [eks] S **1** X n, x n **2** MATH, *a. fig* x; **Mr X** Herr X; **X marks the spot** die Stelle ist mit einem Kreuzchen gekennzeichnet

xenophobia [ˌzenəˈfəʊbɪə] S Fremdenfeindlichkeit f **xenophobic** [ˌzenəˈfəʊbɪk] ADJ fremdenfeindlich

Xerox® [ˈzɪərɒks] **A** S Xerokopie f **B** V/T xerokopieren

XL ABK (= extra large) XL

Xmas [ˈeksməs, ˈkrɪsməs] S **1** → Christmas **2** Weihnachten n

X-ray [ˈeksˈreɪ] **A** S Röntgenstrahl m; (*a.* ~ **photograph**) Röntgenbild n; **to take an** ~ **of sth** etw röntgen **B** V/T j-n röntgen; *Gepäck* durchleuchten

xylophone [ˈzaɪləfəʊn] S Xylofon n; **to play the** ~ Xylofon spielen

Y, y [waɪ] S Y n, y n

yacht [jɒt] **A** S Jacht f **B** V/I **to go** ~**ing** segeln gehen **yachting** [ˈjɒtɪŋ] S Segeln n **yachtsman** [ˈjɒtsmən] S ⟨*pl* -men⟩ Segler m **yachtswoman** [ˈjɒtswʊmən] S ⟨*pl* -women [-wɪmɪn]⟩ Seglerin f

Yale lock® [ˈjeɪlˌlɒk] S Sicherheitsschloss n

Yank [jæŋk] *umg* S Ami m *umg*

yank [jæŋk] **A** S Ruck m **B** V/T **to** ~ **sth** mit einem Ruck an etw (*dat*) ziehen ♦**yank out** V/T ⟨*trennb*⟩ ausreißen

Yankee [ˈjæŋkɪ] *umg* S Yankee m *umg*

yap [jæp] **A** V/I **1** *Hund* kläffen **2** quatschen *umg* **B** S *von Hund* Kläffen n

★**yard¹** [jɑːd] S Maß Yard n (0.91 m)

★**yard²** [jɑːd] S **1** *von Haus* Hof m; **in the** ~ auf dem Hof **2** *builder's* ~ Bauhof m; **shipbuilding** ~ Werft f; **goods** ~, **freight** ~ US Güterbahnhof m **3** US Garten m

yardstick [ˈjɑːdstɪk] *fig* S Maßstab m

yarn [jɑːn] S **1** (≈ *Faden*) Garn n **2** Seemannsgarn n; **to spin a** ~ Seemannsgarn spinnen

yawn [jɔːn] **A** V/T & V/I gähnen **B** S Gähnen n **yawning** [ˈjɔːnɪŋ] **A** ADJ *Abgrund* gähnend **B** S Gähnen n

yd ABK (= yard) Yard

yea [jeɪ] S POL Jastimme f; **the yeas and the nays** die Jastimmen und die Neinstimmen

yeah [jeə] *umg* ADV ja

★**year** [jɪəʳ] S **1** Jahr n; **last** ~ letztes Jahr; **every other** ~ jedes zweite Jahr; **three times a** ~ dreimal pro *od* im Jahr; **in the** ~ **1989** im Jahr(e) 1989; ~ **after** ~ Jahr für Jahr; ~ **by** ~, **from** ~ **to** ~ von Jahr zu Jahr; ~ **in**, ~ **out** jahrein, jahraus; **all (the)** ~ **round** das ganze Jahr über; **as (the)** ~**s go by** mit den Jahren; ~**s (and** ~**s) ago** vor (langen) Jahren; **a** ~ **last January** (im) Januar vor einem Jahr; **it'll be a** ~ **in** *od* **next January** es wird nächsten Januar ein Jahr (her) sein; **a** ~ **from now** nächstes Jahr um diese Zeit; **a hundred-year-**

Y

old tree ein hundert Jahre alter Baum, ein hundertjähriger Baum; **I'm sixteen ~s old** *od* **sixteen ~s of age** ich bin sechszehn Jahre (alt); **he is in his fortieth ~** er ist im vierzigsten Lebensjahr; **I haven't laughed so much in ~s** ich habe schon lange nicht mehr so gelacht; **to get on in ~s** in die Jahre kommen [2] UNIV, SCHULE, *a. von Wein* Jahrgang *m*; **the academic ~** das akademische Jahr; **first-year student, first ~** Student(in) *m(f)* im ersten Jahr; **she was in my ~ at school** sie war im selben Schuljahrgang wie ich **yearbook** [S] Jahrbuch *n* **yearlong** ['jɪə'lɒŋ] [ADJ] einjährig **yearly** ['jɪəlɪ] [ADJ & ADV] jährlich

yearn [jɜːn] [V/I] sich sehnen (**after, for** nach) **yearning** ['jɜːnɪŋ] [S] Sehnsucht *f*, Verlangen *n* (**for** nach)

yeast [jiːst] [S] ⟨*kein pl*⟩ Hefe *f*, Germ *m österr*

yell [jel] [A] [S] Schrei *m* [B] [V/T & V/I] (*a.* **yell out**) schreien (**with** vor *+dat*); **he ~ed at her** er schrie *od* brüllte sie an; **just ~ if you need help** ruf, wenn du Hilfe brauchst

★**yellow** ['jeləʊ] [A] [ADJ] ⟨*+er*⟩ [1] gelb [2] *umg* feige [B] [S] Gelb *n* [C] [V/I] gelb werden; *Seiten* vergilben **yellow card** [S] FUSSB Gelbe Karte **yellow fever** [S] Gelbfieber *n* **yellow line** *Br* [S] Halteverbot *n*; **double ~** absolutes Halteverbot; **to be parked on a (double) ~** im (absoluten) Halteverbot stehen **Yellow Pages®** [S] ⟨*+sg v*⟩ **the ~®** die Gelben Seiten® *pl*

yelp [jelp] [A] [S] *von Tier* Jaulen *n kein pl*; *von Mensch* Aufschrei *m*; **to give a ~** *Tier* (auf)jaulen; *Mensch* aufschreien [B] [V/I] *Tier* (auf)jaulen; *Mensch* aufschreien

yep [jep] *umg* [ADV] ja

★**yes** [jes] [A] [ADV] ja; *Antwort auf Verneinung* doch; **to say yes** Ja sagen; **he said yes to all my questions** er hat alle meine Fragen bejaht *od* mit Ja beantwortet; **if they say yes to an increase** wenn sie eine Lohnerhöhung bewilligen; **to say yes to 35%** 35% akzeptieren; **she says yes to everything** sie kann nicht Nein sagen; **yes indeed** allerdings [B] [S] Ja *n*

★**yesterday** ['jestədeɪ] [A] [S] Gestern *n* [B] [ADV] gestern; **~ morning/afternoon/evening** gestern Morgen/Nachmittag/Abend; **he was at home all (day) ~** er war gestern den ganzen Tag zu Hause; ★**the day before ~** vorgestern; **a week ago ~** gestern vor einer Woche

★**yet** [jet] [A] [ADV] [1] noch, bis jetzt; **they haven't yet returned** *od* **returned yet** sie sind noch nicht zurückgekommen; **not yet** noch nicht; **not just yet** jetzt noch nicht; **we've got ages yet** wir haben noch viel Zeit; **I've yet to learn how to do it** ich muss erst noch lernen, wie man es macht; **yet again** und noch einmal; **another arrived and yet another** es kam noch einer und noch einer [2] *bei Fragen* schon; **has he arrived yet?** ist er schon angekommen?; **do you have to go just yet?** müssen Sie jetzt schon gehen? [B] [KONJ] doch, trotzdem

yew [juː] [S], (*a.* **yew tree**) Eibe *f*

Y-fronts® ['waɪfrʌnts] *bes Br* [PL] (Herren-)Slip *m*

Yiddish ['jɪdɪʃ] [A] [ADJ] jiddisch [B] [S] LING Jiddisch *n*

yield [jiːld] [A] [V/T] [1] *Ernte* hervorbringen; *Frucht* tragen; *Gewinn* abwerfen; *Ergebnisse* (hervor)bringen; *Gelegenheit* ergeben; **this ~ed a weekly increase of 20%** das brachte eine wöchentliche Steigerung von 20% [2] aufgeben; **to ~ sth to sb** etw an j-n abtreten; **to ~ ground to sb** vor j-m zurückstecken [B] [V/I] nachgeben; **he ~ed to her requests** er gab ihren Bitten nach; **to ~ to temptation** der Versuchung erliegen; **to ~ under pressure** *fig* dem Druck weichen; **to ~ to oncoming traffic** den Gegenverkehr vorbeilassen; **"yield"** *US, Ir Verkehr* „Vorfahrt beachten!", „Vortritt beachten!" *schweiz* [C] [S] *von Land, Geschäft* Ertrag *m*; (≈ *Profit*) Gewinne *pl*

yob [jɒb], **yobbo** ['jɒbəʊ] *Br umg* [S] Rowdy *m*

yodel ['jəʊdl] [V/T & V/I] jodeln

yoga ['jəʊgə] [S] Yoga *n/m*

yog(h)urt ['jɒgət] [S] Joghurt *m/n*; **~ drink** Joghurtdrink *m*

yoke [jəʊk] [S] Joch *n*

yokel ['jəʊkəl] *pej* [S] Bauerntölpel *m*

yolk [jəʊk] [S] Eigelb *n*

★**you** [juː] [PRON] [1] *sg Nominativ* du; *akk* dich; *dat* dir; *pl Nominativ* ihr; *akk, dat* euch; *Höflichkeitsform, Nominativ, akk* Sie; *dat* Ihnen; **all of you** ihr alle/Sie alle; **if I were you** an deiner/Ihrer Stelle; **it's**

Y

you du bist es/ihr seid's/Sie sind's; **now there's a woman for you!** das ist mal eine (tolle) Frau!; **that has just isn't you** umg der Hut passt einfach nicht zu dir/zu Ihnen 2 unbestimmt, Nominativ man; akk einen; dat einem; **you never know** man kann nie wissen; **it's not good for you** es ist nicht gut **you'd** [juːd] ABK (= you would, you had) → would; → have **you'd've** ['juːdəv] ABK (= you would have) → would **you'll** [juːl] ABK (= you will, you shall) → will¹; → shall

★**young** [jʌŋ] A ADJ ⟨+er⟩ jung; **they have a ~ family** sie haben kleine Kinder; **he is ~ at heart** er ist innerlich jung geblieben; **at a ~ age** in frühen Jahren B ADV heiraten jung C PL 1 **the ~** die jungen Leute 2 (≈ Tiere) Junge pl **youngest** ['jʌŋɡɪst] A ADJ ⟨attr sup⟩ 1 → young 2 jüngste(r, s) B S **the ~** der/die/das Jüngste; pl die Jüngsten pl **youngish** ['jʌŋɪʃ] ADJ ziemlich jung **young offender** S jugendlicher Straftäter **youngster** ['jʌŋstə'] S Kind n; **he's just a ~** er ist eben noch jung od ein Kind

★**your** [jɔː', jə'] POSS ADJ sg dein/deine/dein; pl euer/eure/euer; Höflichkeitsform Ihr/Ihre/Ihr; **one of ~ friends** einer deiner/Ihrer Freunde; **the climate here is bad for ~ health** das Klima hier ist ungesund **you're** [juə', jɔː'] ABK (= you are) → be

★**yours** [jɔːz] POSS PR sg deiner/deine/deins; pl eurer/eure/euers; Höflichkeitsform Ihrer/Ihre/Ihr(e)s; **this is my book and that is ~** dies ist mein Buch und das (ist) deins/Ihres; **a cousin of ~** eine Cousine von dir; **that is no business of ~** das geht dich/Sie nichts an; **~ in Brief** Ihr/Ihre, **~ faithfully** in Brief mit freundlichen Grüßen; Hochachtungsvoll

★**yourself** [jɔː'self, jə'self] PRON ⟨pl yourselves [jɔː'selvz, jə'selvz]⟩ 1 sg akk dich; dat dir; pl euch; Höflichkeitsform sich; **have you hurt ~?** hast du dir/haben Sie sich wehgetan?; **you never speak about ~** du redest nie über dich (selbst)/Sie reden nie über sich (selbst) 2 emph selbst; **you ~ told me, you told me ~** du hast/Sie haben mir selbst gesagt; **you are not quite ~ today** du bist heute gar nicht du selbst; **you will see**

for ~ du wirst/Sie werden selbst sehen; **did you do it by ~?** hast du/haben Sie das allein gemacht?

★**youth** [juːθ] S 1 ⟨kein pl⟩ Jugend f; **in my ~** in meiner Jugend(zeit) 2 ⟨pl -s [juːðz]⟩ junger Mann, Jugendliche(r) m 3 ~ pl Jugend f **youth club** S Jugendklub m **youthful** ['juːθfʊl] ADJ jugendlich **youthfulness** ['juːθfʊlnɪs] S Jugendlichkeit f

★**youth hostel** S Jugendherberge f **youth worker** S Jugendarbeiter(in) m(f)

you've [juːv] ABK (= you have) → have **yowl** [jaʊl] VI heulen; Hund jaulen; Katze kläglich miauen

yuck [jʌk] INT igitt **yucky** ['jʌkɪ] ADJ ⟨-ier, -iest⟩ umg eklig, ekelhaft **Yugoslavia** ['juːɡəʊ'slɑːvɪə] S HIST Jugoslawien n

Yuletide ['juːltaɪd] S Weihnachtszeit f **yummy** ['jʌmɪ] umg ADJ ⟨komp yummier⟩ Essen lecker

yuppie, yuppy ['jʌpɪ] A S Yuppie m B ADJ yuppiehaft

Z

Z, z [zed, US ziː] S Z n, z n **zap** [zæp] umg A VT 1 IT löschen 2 to **zap sth** etw kaputt machen; US to zap sth etw in der Mikrowelle aufwärmen B VI düsen, sausen; TECH, IT umschalten; TV umg zappen **zapper** ['zæpə(r)] S TV umg Fernbedienung f

zeal [ziːl] S ⟨kein pl⟩ Eifer m **zealot** ['zelət] S Fanatiker(in) m(f) **zealous** ADJ, **zealously** ['zeləs, -lɪ] ADV eifrig **zebra** ['zebrə] S Zebra n **zebra crossing** Br S Zebrastreifen m

zenith ['zenɪθ] S ASTRON fig Zenit m

★**zero** ['zɪərəʊ] A S ⟨pl -(e)s⟩ Null f; auf Skala Nullpunkt m; **below ~** unter null; **the needle is at** od **on ~** der Zeiger steht auf null B ADJ **~ degrees** null Grad; **~ growth** Nullwachstum n ◆**zero in on** VT Schwäche, Lösung ausfindig machen, identifizieren; Hauptproblem

Z

sich konzentrieren auf

zero-emission ADJ emissionsfrei **zero gravity** S̲ Schwerelosigkeit f **zero hour** S̲ MIL fig die Stunde X **zero--hours contract** S̲ WIRTSCH Nullstundenvertrag m **zero tolerance** S̲ Nulltoleranz f

zest [zest] S̲ **1** Begeisterung f; **~ for life** Lebensfreude f **2** modisch etc Pfiff m umg **3** Zitronen-/Orangenschale f

zigzag ['zɪɡzæɡ] A̲ S̲ Zickzack m/n; **in a ~** im Zickzack B̲ ADJ Zickzack- C̲ V̲/i̲ im Zickzack laufen/fahren etc

Zika virus ['ziːkə] S̲ MED Zika-Virus n

zillions ['zɪljənz] P̲L̲ Br zig Milliarden

Zimbabwe [zɪmˈbɑːbwɪ] S̲ Simbabwe n

Zimmer® ['zɪmər] S̲, **Zimmer frame** Br S̲ Gehwagen m

zinc [zɪŋk] S̲ Zink n

Zionism ['zaɪənɪzəm] S̲ Zionismus m

★**zip** [zɪp] A̲ S̲ **1** Br Reißverschluss m **2** umg Schwung m B̲ V̲/t̲ IT Datei zippen; **zipped file** gezippte Datei C̲ V̲/i̲ umg flitzen umg; **to zip past** vorbeiflitzen umg ◆**zip up** A̲ V̲/t̲ ⟨trennb⟩ **to zip up a dress** den Reißverschluss eines Kleides zumachen; **will you zip me up please?** kannst du mir bitte den Reißverschluss zumachen? B̲ V̲/i̲ **it zips up at the back** der Reißverschluss ist hinten hinten

zip code US S̲ Postleitzahl f **zip fastener** Br S̲ Reißverschluss m **zip file** S̲ IT Zip-Datei f

★**zipper** ['zɪpər] US S̲ Reißverschluss m

zit [zɪt] umg S̲ Pickel m, Wimmerl n österr, Bibeli n schweiz

zodiac ['zəʊdɪæk] S̲ Tierkreis m; **signs of the ~** Tierkreiszeichen pl

zombie ['zɒmbɪ] fig S̲ Zombie m pej umg, Untote(r) m/f(m); Idiot(in) m(f) umg, Schwachkopf m umg; **like ~s/a ~** wie im Tran

zone ['zəʊn] S̲ Zone f; US Post(zustell)-bezirk m; **no-parking ~** Parkverbot n

zonked [zɒŋkt] umg ADJ ⟨präd⟩ total geschafft umg

★**zoo** [zuː] S̲ ⟨pl -s⟩ Zoo m **zoo keeper** S̲ Tierpfleger(in) m(f) **zoological** [ˌzʊəˈlɒdʒɪkəl] ADJ zoologisch **zoologist** [zuˈɒlədʒɪst] S̲ Zoologe m, Zoologin f **zoology** [zuˈɒlədʒɪ] S̲ Zoologie f

zoom [zuːm] A̲ S̲ FOTO (a. **~ lens**) Zoom(objektiv) n B̲ V̲/i̲ **1** umg sausen umg; **we were ~ing along at 90** wir sausten mit 90 daher umg **2** FLUG steil (auf)steigen ◆**zoom in** V̲/i̲ FOTO hinzoomen; **to zoom in on sth** etw heranholen

zucchini [zuːˈkiːnɪ] US S̲ Zucchini pl

zumba® ['zʌmbə] S̲ SPORT Tanzfitnessprogramm Zumba® n

Zurich ['zjʊərɪk] S̲ Zürich n

Z

A¹, a $\overline{\text{N}}$ A, a; **das A und (das) O** *fig* the be-all and end-all; *eines Wissensgebietes* the basics *pl*; **von A bis Z** *fig umg* from A to Z; **wer A sagt, muss auch B sagen** *sprichw* in for a penny, in for a pound *bes Br sprichw*

A² $\overline{\text{ABK}}$ (= *Austria*) A, Austria

à $\overline{\text{PRÄP}}$ *bes* HANDEL at

@ $\overline{\text{ABK}}$ (= *at*) IT @

Aal $\overline{\text{M}}$ eel

aalglatt *pej* **A** $\overline{\text{ADJ}}$ slippery (as an eel), slick **B** $\overline{\text{ADV}}$ slickly

Aargau $\overline{\text{M}}$ der ~ Aargau

Aas $\overline{\text{N}}$ **1** (≈ *Tierleiche*) carrion, rotting carcass **2** *umg* (≈ *Luder*) bugger *Br umg*, jerk *sl*; **kein Aas** not a single soul **Aasgeier** $\overline{\text{M}}$ vulture

ab **A** $\overline{\text{ADV}}$ off, away; THEAT exit *sg*, exeunt *pl*; **die nächste Straße rechts ab** the next street on the right; **ab Hamburg** after Hamburg; **München ab 12.20 Uhr** BAHN leaving Munich 12.20; **ab wann?** from when?, as of when?; **ab nach Hause** go home; **ab und zu** *od* **an** *dial* now and again, now and then **B** $\overline{\text{PRÄP}}$ *räumlich* from; *zeitlich* from, as of, as from; **Kinder ab 14 Jahren** children from (the age of) 14 up; **ab Werk** HANDEL ex works; **ab sofort** as of now **AB** $\overline{\text{M ABK}}$ (= *Anrufbeantworter*) answering machine

abändern $\overline{\text{VT}}$ to alter (**in** *+akk* to); *Gesetzentwurf* to amend (**in** *+akk* to); *Strafe, Urteil* to revise (**in** *+akk* to)

Abart $\overline{\text{F}}$ *a.* BIOL variety **abartig** $\overline{\text{ADJ}}$ abnormal, unnatural; (≈ *widersinnig*) perverse; **das tut ~ weh** that hurts like hell *umg*

Abb. $\overline{\text{ABK}}$ (= *Abbildung*) ill.

Abbau $\overline{\text{M}}$ **1** (≈ *Förderung über Tage*) quarrying; *unter Tage* mining **2** (≈ *Demontage*) dismantling **3** CHEM decom-

position; *im Körper* breakdown **4** (≈ *Verringerung*) reduction (**+gen** of) **abbaubar** $\overline{\text{ADJ}}$ CHEM degradable; **biologisch ~** biodegradable **abbauen** **A** $\overline{\text{VT}}$ **1** (≈ *fördern*) *über Tage* to quarry; *unter Tage* to mine **2** (≈ *demontieren*) to dismantle; *Kulissen, Zelt* to take down **3** CHEM to break down **4** (≈ *verringern*) to cut back **B** $\overline{\text{VI}}$ *Patient* to deteriorate

abbeißen $\overline{\text{VT}}$ to bite off

abbekommen $\overline{\text{VT}}$ (≈ *erhalten*) to get; **etwas ~** to get some (of it); (≈ *beschädigt werden*) to get damaged; (≈ *verletzt werden*) to get hurt; **sein(en) Teil ~** *wörtl, fig* to get one's fair share

abbestellen $\overline{\text{VT}}$ to cancel

abbezahlen $\overline{\text{VT}}$ to pay off

abbiegen $\overline{\text{VI}}$ to turn off (**in** *+akk* into); *Straße* to veer; **nach links/rechts ~** to turn left/right **Abbiegespur** $\overline{\text{F}}$ *Verkehr* filter lane *Br*, turning lane *US*

Abbild $\overline{\text{N}}$ (≈ *Nachahmung, Kopie*) copy; (≈ *Spiegelbild*) reflection **abbilden** *wörtl, fig* $\overline{\text{VT}}$ to depict, to portray **Abbildung** $\overline{\text{F}}$ (≈ *das Abbilden*) depiction, portrayal; (≈ *Illustration*) illustration

Abbitte $\overline{\text{F}}$ apology; (**bei j-m wegen etw**) **~ tun** *od* **leisten** to make *od* offer one's apologies (to sb for sth)

abblasen $\overline{\text{VT}}$ *umg* (≈ *absagen*) to call off **abblättern** $\overline{\text{VI}}$ to flake off

abblenden **A** $\overline{\text{VT}}$ AUTO to dip *Br*, to dim *bes US* **B** $\overline{\text{VI}}$ AUTO to dip one's headlights *Br*, to dim one's headlights *bes US* **Abblendlicht** $\overline{\text{N}}$ AUTO dipped headlights *pl Br*, dimmed headlights *pl bes US*

abblitzen *umg* $\overline{\text{VI}}$ to be sent packing *umg* (**bei** by); **j-n ~ lassen** to send sb packing *umg*

abblocken **A** $\overline{\text{VT}}$ SPORT *fig* to block; *Gegner* to stall **B** $\overline{\text{VI}}$ to stall

abbrechen **A** $\overline{\text{VT}}$ to break off; *Zelt* to take down; (≈ *niederreißen*) to demolish; IT *Operation* to abort; *Veranstaltung, Verfahren* to stop; *Streik, Suche, Mission* to call off; *Schwangerschaft* to terminate; **die Schule ~** to stop going to school, to drop out; **sich** (*dat*) **einen ~** *umg*

(≈ *Umstände machen*) to make a fuss about it; (≈ *sehr anstrengen*) to go to a lot of bother **B** V/I to break off; IT to abort

abbremsen V/T *Auto* to brake, to slow down

abbrennen V/T & V/I to burn down; *Feuerwerk, Rakete* to let off; (≈ *abgebrannt*

abbringen V/T *j-n davon ~, etw zu tun* to stop sb (from) doing sth; **sich von etw ~ lassen** to be dissuaded from sth

abbröckeln V/I to crumble away; *Farbe* to flake (off); *fig* to fall off

Abbruch M (≈ *das Niederreißen*) demolition; *von Schwangerschaft* termination; *von Beziehungen, Reise* breaking off; *von Veranstaltung* stopping **abbruchreif** ADJ only fit for demolition

abbuchen V/T to debit (**von** to, against) **Abbuchung** F debit; *durch Dauerauftrag* (payment by) standing order **Abbuchungsauftrag** M direct debit

abbürsten V/T to brush; *Staub* to brush off (**von etw** sth)

abbüßen V/T *Strafe* to serve

Abc *wörtl, fig* N ABC

abdanken V/I to resign; *König etc* to abdicate **Abdankung** F (≈ *Thronverzicht*) abdication; (≈ *Rücktritt*) resignation

abdecken V/T to cover; *Dach* to take off; *Haus* to take the roof off; *Tisch* to clear **Abdeckstift** M *Kosmetik* concealer, blemish stick

abdichten V/T (≈ *isolieren*) to insulate; *Loch, Leck, Rohr* to seal (up)

abdrängen V/T to push away (**von** from)

abdrehen **A** V/T *Gas, Wasser, Hahn* to turn off **B** V/I (≈ *Richtung ändern*) to change course

abdriften *a. fig* V/I to drift off

Abdruck[1] M imprint, impression; (≈ *Fingerabdruck, Fußabdruck*) print

Abdruck[2] M (≈ *Nachdruck*) reprint **abdrucken** V/T to print

abdrücken **A** V/T **1** *Gewehr* to fire **2** *Vene* to constrict **B** V/I to pull or squeeze the trigger **C** V/R to leave an imprint od impression

abduschen V/T to give a shower; **sich ~** to have od take a shower

Abend M evening; *später* night; **am ~** in the evening; (≈ *jeden Abend*) in the evening(s); **an diesem ~** that evening; **heute/gestern/morgen/Mittwoch ~** this/

yesterday/tomorrow/Wednesday evening, tonight/last night/tomorrow night/Wednesday night; **guten ~** good evening; **zu ~ essen** to have supper od dinner; **es ist noch nicht aller Tage ~** it's early days still *od* yet; **man soll den Tag nicht vor dem ~ loben** *sprichw* don't count your chickens before they're hatched *sprichw* **Abendbrot** N supper, dinner, tea *schott, nordenglisch* **Abenddämmerung** F dusk, twilight **Abendessen** N supper, evening meal, dinner; **zum ~** for supper **abendfüllend** ADJ *Film, Stück* full-length **Abendgesellschaft** F soirée **Abendkasse** F THEAT box office **Abendkleid** N evening dress *od* gown **abendlich** ADJ evening *attr* **Abendmahl** N KIRCHE Communion, Lord's Supper; **das (Letzte) ~** the Last Supper **Abendprogramm** N RADIO, TV evening('s) programme *pl Br*, evening('s) programs *pl US* **Abendrot** N sunset **abends** ADV in the evening; (≈ *jeden Abend*) in the evening(s); **spät ~** late in the evening **Abendstunde** F evening (hour) **Abendvorstellung** F evening performance; *Film a.* evening showing **Abenteuer** N adventure **Abenteurerin** F adventuress **abenteuerlich** **A** ADJ adventurous; *Erzählung* fantastic; *umg Preis* outrageous; *Argument* ludicrous **B** ADV *klingen, sich anhören* bizarre; *gekleidet* bizarrely **Abenteuerlust** F thirst for adventure **Abenteuerspielplatz** M adventure playground **Abenteuerurlaub** M adventure holiday *Br*, adventure vacation *US* **Abenteurer** M adventurer

aber **A** KONJ but; **~ dennoch** *od* **trotzdem** but still; **oder ~** or else; **~ ja!** yes!; (≈ *sicher*) but of course; **~ nein!** oh, no!; (≈ *selbstverständlich nicht*) of course not!; **~, ~!** now, now!; **das ist ~ schrecklich!** but that's awful!; **das ist ~ heiß/schön!** that's really hot/nice **B** ADV *liter* **~ und ~mals** again and again, time and again; → Abertausend

Aber N but; **die Sache hat ein ~** there's just one problem *od* snag

Aberglaube(n) M superstition; *fig a.* myth **abergläubisch** ADJ superstitious

aberkennen V/T *j-m etw ~* to deprive *od* strip sb of sth

abermals geh ADJ once again od more
Abertausend NUM thousands upon
thousands of; **Tausend und ~** thousands and od upon thousands
Abf. ABK (= Abfahrt) departure, dep.
abfahrbereit ADJ ready to leave
abfahren A V/I ◼ Bus, Zug, Auto, Reisende to leave, to depart; SKI (= zu Tal fahren) to ski down ◼ umg auf j-n/etw ~ to be into sb/sth umg B V/T ◼ (= Strecke bereisen) to cover, to do umg; (= überprüfen) to go over ◼ (= abnutzen) Schienen, Reifen to wear out; (= benutzen) Fahrkarte to use; → abgefahren **Abfahrt** F ◼ von Zug, Bus etc departure ◼ SKI (= Talfahrt) descent; (= Abfahrtsstrecke) (ski) run ◼ umg (≈ Autobahnabfahrt) exit **Abfahrtslauf** M SKI downhill **Abfahrtszeit** F departure time
Abfall M ◼ (≈ Müll) refuse kein pl; (= Hausabfall) rubbish Br kein pl, garbage US kein pl; (≈ Rückstand) waste kein pl; **Abfälle** rubbish Br, trash US ◼ (≈ Rückgang) drop (+gen in); (≈ Verschlechterung) deterioration **Abfallbeseitigung** F waste disposal **Abfalleimer** M rubbish bin Br, garbage can US, trash can US **abfallen** V/I ◼ (≈ herunterfallen) to fall od drop off ◼ Gelände to fall od drop away; Druck, Temperatur to fall, to drop ◼ fig (≈ übrig bleiben) to be left (over) ◼ (≈ schlechter werden) to fall od drop off ◼ alle Unsicherheit/Furcht fiel von ihm ab all his uncertainty/fear left him; **vom Glauben ~** to break with the faith; **wie viel fällt bei dem Geschäft für mich ab?** umg how much do I get out of the deal? **Abfallentsorgung** F waste disposal
abfällig A ADJ Bemerkung, Kritik disparaging, derisive; Urteil adverse B ADV **über j-n ~ reden** od **sprechen** to be disparaging of od about sb
Abfallprodukt N waste product; von Forschung by-product, spin-off **Abfallverwertung** F waste utilization, waste recovery, recycling
abfälschen V/T & V/I SPORT to deflect
abfangen V/T Flugzeug, Funkspruch, Brief, Ball to intercept; Menschen to catch umg; Schlag to block
abfärben A V/I Wäsche to run ◼ fig **auf j-n ~** to rub off on sb
abfedern A V/T Sprung, Stoß to cushion; fig Krise, Verluste to cushion the impact of B V/I to absorb the shock; **er ist** od **hat gut/schlecht abgefedert** SPORT he landed smoothly/hard
abfertigen V/T ◼ Pakete, Waren to prepare for dispatch; Gepäck to check (in) ◼ (≈ bedienen) Kunden, Antragsteller, Patienten to attend to; SPORT von Gegner to deal with; **j-n kurz** od **schroff ~** umg to snub sb ◼ (≈ kontrollieren) Waren, Reisende to clear **Abfertigung** F von Paketen, Waren getting ready for dispatch; von Gepäck checking; von Kunden service; von Antragstellern dealing with; **die ~ an der Grenze** customs clearance **Abfertigungshalle** F im Flughafen terminal **Abfertigungsschalter** M dispatch counter; im Flughafen check-in desk
abfeuern V/T to fire, to let off
abfinden A V/T to pay off; (≈ entschädigen) to compensate B V/R **sich mit j-m/etw ~** to come to terms with od sth; **er konnte sich nie damit ~, dass ...** he could never accept the fact that ... **Abfindung** F ◼ von Gläubigern paying off; (≈ Entschädigung) compensation ◼ (≈ Summe) payment; (≈ Entschädigung) compensation kein pl; bei Entlassung severance pay
abflauen V/I Wind to drop, to die down; Empörung, Interesse to fade; Börsenkurse to fall, to drop; Geschäfte to fall od drop off
abfliegen A V/I FLUG to take off (nach for) B V/T Gelände to fly over
abfließen V/I (≈ wegfließen) to drain od run away; Verkehr to flow away
Abflug M takeoff; auf Anzeigetafel departures pl **abflugbereit** ADJ ready for takeoff **Abflughalle** F departure lounge **Abflugtag** M day of departure, departure day **Abflugzeit** F departure time
Abfluss M ◼ (≈ Abfließen) draining away ◼ (≈ Abflussstelle) drain ◼ (≈ Abflussrohr) drainpipe **Abflussrohr** N wastepipe; außen drainpipe
Abfrage F IT query **abfragen** V/T ◼ IT Information to call up; Datenbank to query, to interrogate ◼ bes SCHULE **j-n** od **j-m etw ~** to question sb on sth
Abfuhr F ◼ (≈ Abtransport) removal ◼ umg (≈ Zurückweisung) snub, rebuff; **j-m eine ~ erteilen** to snub od rebuff sb
abführen A V/T ◼ (≈ wegführen) to

take away 🔢 _Betrag_ to pay (**an** +akk to) **B** V̄/ī **1** **der Weg führt hier (von der Straße) ab** the path leaves the road here; **das würde vom Thema ~** that would take us off the subject 🔢 (≈ _den Darm anregen_) to have a laxative effect

Abführmittel N̄ laxative

abfüllen V̄/ī _in Flaschen_ to bottle; _Flasche_ to fill; **in Flaschen abgefüllt** bottled

Abgabe F̄ **1** (≈ _Abliefern_) handing od giving in; _von Gepäck_ depositing 🔢 (≈ _Verkauf_) sale 🔢 _von Wärme etc_ giving off, emission 🔢 _von Schuss, Salve_ firing 🔢 (≈ _Geldbetrag_) fee; (≈ _Steuer_) tax; (≈ _soziale Abgabe_) contribution 🔢 _von Erklärung etc_ giving; _von Stimme_ casting 🔢 SPORT (≈ _Abspiel_) pass **Abgabetermin** M̄ closing date

Abgang M̄ **1** (≈ _Absendung_) dispatch 🔢 _aus einem Amt, von Schule_ leaving; **seit seinem ~ von der Schule** since he left school 🔢 THEAT, _a. fig_ exit 🔢 MED (≈ _Ausscheidung_) passing

abgängig ADJ österr (≈ _vermisst_) missing (**aus** from)

Abgangszeugnis N̄ (school-)leaving certificate, diploma US

Abgas N̄ exhaust _kein pl_, exhaust fumes _pl_ **abgasarm** ADJ low-emission **abgasfrei** ADJ exhaust-free **Abgas(sonder)untersuchung** F̄ AUTO emissions test

abgeben **A** V̄/ī **1** (≈ _abliefern_) to hand od give in; (≈ _hinterlassen_) to leave; (≈ _übergeben_) to hand over, to deliver; (≈ _weggeben_) to give away; (≈ _verkaufen_) to sell 🔢 (≈ _abtreten_) _Posten_ to relinquish (**an** +akk to) 🔢 SPORT _Punkte, Rang_ to concede; (≈ _abspielen_) to pass 🔢 (≈ _ausströmen_) _Wärme, Sauerstoff_ to give off, to emit 🔢 (≈ _abfeuern_) _Schuss, Salve_ to fire 🔢 (≈ _äußern_) _Erklärung_ to give; _Stimme_ to cast 🔢 (≈ _verkörpern_) to make; **er würde einen guten Schauspieler ~** he would make a good actor 🔢 V̄/R **sich mit j-m/etw ~** (≈ _sich beschäftigen_) to concern oneself with sb/sth

abgebrannt ADJ umg (≈ _pleite_) broke umg; → **abbrennen**

abgebrüht umg ADJ callous

abgedroschen umg ADJ hackneyed Br, well-worn

abgefahren sl ADJ wacky umg; → **abfahren**

abgefuckt sl ADJ _Person, Gegenstand_ wrecked umg

abgegriffen ADJ (well-)worn

abgehärtet ADJ tough, hardy; _fig_ hardened; → **abhärten**

abgehen **A** V̄/ī **1** (≈ _abfahren_) to leave, to depart (**nach** for) 🔢 THEAT (≈ _abtreten_) to exit; **von der Schule ~** to leave school 🔢 (≈ _sich lösen_) to come off 🔢 (≈ _abgesondert werden_) to pass out; _Fötus_ to be aborted 🔢 (≈ _abgesandt werden_) to be sent od dispatched 🔢 umg (≈ _fehlen_) **j-m geht Verständnis/Taktgefühl ab** sb lacks understanding/tact 🔢 (≈ _abgezogen werden vom Preis_) to be taken off; _von Verdienst_ to be deducted; **davon gehen 5 % ab** 5% is taken off that 🔢 (≈ _abzweigen_) to branch off 🔢 (≈ _abweichen_) **von einem Plan/einer Forderung ~** to give up od drop a plan/demand 🔟 (≈ _verlaufen_) to go; **gut/glatt/friedlich ~** to go well/smoothly/peacefully; **es ging nicht ohne Streit ab** there was an argument 🔢 **voll ~** umg (≈ _ausgelassen tanzen_) to cut loose umg; (≈ _ausrasten_) to freak out umg **B** V̄/ī (≈ _entlanggehen_) to go od walk along; MIL to patrol

abgekämpft ADJ exhausted, worn-out

abgekartet ADJ **ein ~es Spiel** a fix umg

abgeklärt ADJ _Mensch_ worldly-wise; _Urteil_ well-considered; _Sicht_ detached; → **abklären**

abgelegen ADJ (≈ _entfernt_) _Dorf, Land_ remote, faraway; (≈ _einsam_) isolated; → **abliegen**

abgelten V̄/ī _Ansprüche_ to satisfy

abgemacht **A** INT OK, that's settled; _bei Kauf_ it's a deal, done **B** ADJ **eine ~e Sache** a fix umg; → **abmachen**

abgemagert ADJ (≈ _sehr dünn_) skin and bone; (≈ _ausgemergelt_) emaciated; → **abmagern**

abgeneigt ADJ averse präd (+dat to); **ich wäre gar nicht ~** umg actually I wouldn't mind

abgenutzt ADJ _Möbel, Teppich_ worn; _Reifen_ worn-down; → **abnutzen**

Abgeordnete(r) M/F(M) (elected) representative; _von Nationalversammlung_ member of parliament

abgepackt ADJ prepacked

Abgesandte(r) M/F(M) envoy

abgeschieden ADJ geh (≈ _einsam_) secluded; **~ wohnen** to live in seclusion

abgeschlagen ADJ (≈ _zurück_) behind;

weit ~ liegen to be way behind; → abschlagen

abgeschlossen ADJ (≈ geschlossen) Wohnung self-contained; Grundstück, Hof enclosed; → abschließen

abgeschmackt ADJ outrageous; Witz corny

abgesehen A PPERF **es auf j-n ~ haben** to have it in for sb umg; (≈ interessiert sein) to have one's eye on sb B ADV **~ von j-m/etw** apart from sb/sth

abgespannt ADJ weary, tired

abgestanden ADJ Luft, Wasser stale; Bier, Limonade etc flat; → abstehen

abgestorben ADJ Glieder numb; Pflanze, Ast, Gewebe dead; → absterben

abgestumpft ADJ Mensch insensitive; Gefühle, Gewissen dulled; → abstumpfen

abgetragen ADJ worn; **~e Kleider** old clothes; → abtragen

abgewinnen VIT **j-m etw ~** wörtl to win sth from sb; **einer Sache etwas/nichts ~ können** fig to be able to see some/no attraction in sth; **dem Meer Land ~** to reclaim land from the sea

abgewöhnen VIT **j-m etw ~** to cure sb of sth; das Rauchen, Trinken to get sb to give up sth; **sich** (dat) **etw ~** to give up sth; **zum Abgewöhnen sein** to be a turn-off

abgießen VIT Flüssigkeit to pour off od away; Kartoffeln, Gemüse to strain

Abglanz M a. fig reflection

abgleichen VIT to coordinate; Dateien, Einträge to compare

abgleiten geh VII (≈ abrutschen) to slip; Gedanken to wander; FIN Kurs to drop, to fall

abgöttisch ADJ **~e Liebe** blind adoration; **j-n ~ lieben/verehren** to idolize sb

abgreifen VIT umg (≈ gratis mitnehmen) to pick up for free

abgrenzen VIT Grundstück, Gelände to fence off; fig to delimit (**gegen, von** from) **Abgrenzung** F von Gelände fencing off; fig delimitation

Abgrund M precipice; (≈ Schlucht), a. fig abyss; **sich am Rande eines ~s befinden** fig to be on the brink of (disaster) **abgründig** A ADJ Humor, Ironie cryptic B ADV lächeln cryptically

abgucken VIT & VII to copy; **j-m etw ~** to copy sth from sb

abhaben umg VIT **1** (≈ abgenommen haben) Brille, Hut to have off **2** (≈ abbekom-

men) to have

abhaken VIT (≈ markieren) to tick off Br, to check off bes US; fig to cross off

abhalten VIT **1** (≈ hindern) to stop, to prevent (**von** from); (≈ fernhalten) to keep off; **lass dich nicht ~!** don't let me/us etc stop you **2** (≈ veranstalten) to hold

abhandeln VIT **1** Thema to treat, to deal with **2** (≈ abkaufen) **j-m etw ~** to do od strike a deal with sb for sth

abhandenkommen VII to get lost; **j-m ist etw abhandengekommen** sb has lost sth

Abhandlung F treatise, discourse (**über** +akk upon)

Abhang M slope

abhängen A VIT **1** Bild to take down; (**gut**) **abgehangen** Fleisch well-hung **2** umg (≈ loswerden) **j-n** to shake off umg B VII **von etw ~** to depend (up)on sth; **das hängt ganz davon ab** it all depends

abhängig ADJ **1** (≈ bedingt durch) dependent; **etw von etw ~ machen** to make sth conditional (up)on sth **2** (≈ angewiesen auf) dependent (**von** on); **~ Beschäftigte(r)** employee **3** GRAM Satz subordinate; Rede indirect **Abhängigkeit** F **1** (≈ Bedingtheit) dependency kein pl (**von** on) **2** euph (≈ Sucht) addiction, dependence (**von** on)

abhärten A VIT to toughen up B VIR **sich gegen etw ~** to toughen oneself against sth; → abhärtet **Abhärtung** F toughening up; fig hardening

abhauen A VII umg to clear out, to get away; **hau ab!** get lost! umg B VIT to chop od cut off

abheben A VIT (≈ anheben) to lift (up), to raise; (≈ abnehmen) to take off; Telefonhörer to pick up; Geld to withdraw B VII **1** Flugzeug to take off; Rakete to lift off **2** (≈ ans Telefon gehen) to answer **3** KART to cut C VIR **sich gegen j-n/etw ~** to stand out against sb/sth

abheften VIT Rechnungen to file away

abhelfen VII to remedy

abhetzen VIR to wear od tire oneself out

Abhilfe F remedy, cure; **~ schaffen** to find a solution, to take remedial action

abholen VIT to collect (**bei** from), to come for; Fundsache to claim (**bei** from); **etw ~ lassen** to have sth collected

abholzen VIT Wald to clear; Baumreihe

to fell, to cut down **Abholzung** F̲ deforestation

abhorchen V̲T̲ to sound, to listen to; *Brust a., Patienten* to auscultate *form*

abhören V̲T̲ **1** (≈ *überwachen*) *Raum, Gespräch* to bug; (≈ *mithören*) to listen in on; *Telefon* to tap; **abgehört werden** *umg* to be bugged **2** MED to sound **3** SCHULE (≈ *abfragen*) **kannst du mir mal Vokabeln ~?** can you test my vocabulary? **Abhörgerät** N̲ bugging device **abhörsicher** A̲D̲J̲ *Raum* bug-proof; *Telefon* tap-proof

Abi N̲ (= *Abitur*) SCHULE *umg* → Abitur

Abistreich M̲ *umg* trick played on teachers by pupils after their school-leaving exams **Abitur** N̲ school-leaving exam and university entrance qualification ≈ A levels *pl Br*, ≈ Highers *pl schott*, ≈ high-school diploma *US* **Abiturient(in)** M̲(F̲) *person who is doing/ has done the Abitur* **Abiturklasse** F̲ ≈ sixth form *Br*, senior grade *US* **Abiturzeugnis** N̲ certificate for having passed the Abitur ≈ A level certificate *Br*, ≈ Highers certificate *schott*, ≈ high-school diploma *US*

Abk. A̲B̲K̲ (= *Abkürzung*) abbreviation, abbr

abkassieren V̲I̲ (≈ *großes Geld machen*) to make a killing *umg*; **darf ich mal (bei Ihnen) ~?** could I ask you to pay now?

abkaufen V̲T̲ **j-m etw ~** to buy sth from sb *od* off sb *umg*; *umg* (≈ *glauben*) to buy sth *umg*

abkehren A̲ V̲T̲ *geh* (≈ *abwenden*) *Blick, Gesicht* to turn away B̲ V̲R̲ *fig* to turn away (**von** from); *von einer Politik* to give up

abklappern *umg* V̲T̲ *Läden, Gegend, Straße* to scour, to comb (**nach** for)

abklären V̲T̲ *Angelegenheit* to clear up, to clarify; → abgeklärt

Abklatsch *fig pej* M̲ poor imitation *od* copy

abklemmen V̲T̲ to clamp

abklingen V̲I̲ **1** (≈ *leiser werden*) to die *od* fade away **2** (≈ *nachlassen*) to abate

abklopfen V̲T̲ **1** (≈ *herunterklopfen*) to knock off; *Teppich, Polstermöbel* to beat **2** (≈ *beklopfen*) to tap; MED to sound

abknallen *umg* V̲T̲ to shoot down *umg*

abknicken A̲ V̲T̲ (≈ *abbrechen*) to break *od* snap off; (≈ *einknicken*) to break B̲ V̲I̲

(≈ *abzweigen*) to fork *od* branch off; **~de Vorfahrt** priority for traffic turning left/right

abknöpfen V̲T̲ **1** (≈ *abnehmen*) to unbutton **2** *umg* (≈ *ablisten*) **j-m etw ~** to get sth off sb

abknutschen *umg* V̲T̲ to canoodle with *Br umg*, to cuddle with

abkochen V̲T̲ to boil; (≈ *keimfrei machen*) to sterilize (by boiling)

abkommandieren V̲T̲ MIL *zu anderer Einheit* to post; *zu bestimmtem Dienst* to detail (**zu** for)

abkommen V̲I̲ **1** **von etw ~** (≈ *abweichen*) to leave sth; (≈ *abirren*) to wander off sth; **vom Kurs ~** to deviate from one's course; (**vom Thema**) **~** to digress **2** (≈ *aufgeben*) **von etw ~** to give sth up; **von einer Meinung ~** to revise one's opinion

Abkommen N̲ *a.* POL agreement

abkömmlich A̲D̲J̲ available; **nicht ~ sein** to be unavailable

abkönnen V̲T̲ *umg* (≈ *mögen*) **das kann ich überhaupt nicht ab** I can't stand *od* abide it; **ich kann ihn einfach nicht ab** I just can't stand *od* abide him

abkoppeln V̲T̲ BAHN to uncouple; *Raumfähre* to undock

abkratzen A̲ V̲T̲ *Schmutz etc* to scratch off; *mit einem Werkzeug* to scrape off B̲ V̲I̲ *umg* (≈ *sterben*) to kick the bucket *umg*

abkühlen A̲ V̲I̲ to cool down; *fig Freundschaft etc* to cool off B̲ V̲R̲ to cool down *od* off; *Wetter* to become cool(er); *fig* to cool **Abkühlung** F̲ cooling

abkupfern *umg* V̲T̲ to crib *umg*

abkürzen V̲T̲ (≈ *verkürzen*) to cut short; *Verfahren* to shorten; (≈ *verkürzt schreiben*) *Namen* to abbreviate; **den Weg ~** to take a short cut **Abkürzung** F̲ **1** *Weg* short cut **2** *von Wort* abbreviation **Abkürzungsverzeichnis** N̲ list of abbreviations

abladen V̲T̲ *Last, Wagen* to unload; *Schutt* to dump; *fig umg Kummer, Ärger* to vent (**bei j-m** on sb) **Abladeplatz** M̲ unloading area; *für Schrott, Müll etc* dump

Ablage F̲ **1** (≈ *Gestell*) place to put sth; (≈ *Ablagekorb*) filing tray **2** (≈ *Aktenordnung*) filing **3** *schweiz* → Annahmestelle; → Zweigstelle

ablassen V̲T̲ **1** *Wasser, Luft* to let out;

Dampf to let off 2 *Teich, Schwimmbecken* to drain, to empty 3 (≈ *ermäßigen*) to knock off *umg*

Ablauf M̄ 1 (≈ *Abfluss*) drain; (≈ *Ablaufstelle*) outlet 2 (≈ *Verlauf*) course; *von Empfang, Staatsbesuch* order of events (+*gen* in) 3 *von Frist etc* expiry 4 *von Zeitraum* passing; **nach ~ von 4 Stunden** after 4 hours (have/had gone by *od* passed) **Ablaufdatum** N̄ *österr* (≈ *Verfallsdatum*) expiry date *Br*, expiration date *US*; *von Gütern* sell-by date; *von Lebensmitteln auch* best-before date *Br* **ablaufen** A̱ V̱Ṯ 1 (≈ *abnützen*) *Schuhsohlen, Schuhe* to wear out; *Absätze* to wear down 2 (≈ *entlanglaufen*) *Strecke* to go *od* walk over; *Stadt, Straßen, Geschäfte* to comb; to scour Ḇ V̱/Ī 1 *Flüssigkeit* to drain *od* run away *od* off 2 (≈ *vonstattengehen*) to go off; **wie ist das bei der Prüfung abgelaufen?** how did the exam go (off)? 3 *Pass, Visum, Frist etc* to expire; *Zeit* to run out

ablecken V̱Ṯ to lick; *Blut, Marmelade* to lick off

ablegen A̱ V̱Ṯ 1 (≈ *niederlegen*) to put down; ZOOL *Eier* to lay 2 (≈ *abheften*) to file (away); IT *Daten* to store 3 (≈ *ausziehen*) to take off 4 (≈ *aufgeben*) to lose; *schlechte Gewohnheit* to give up 5 (≈ *ableisten, machen*) *Schwur, Eid* to swear; *Gelübde, Geständnis* to make; *Prüfung* to take, to sit; *erfolgreich* to pass 6 KART to discard Ḇ V̱/Ī 1 (≈ *abfahren*) *Schiff* to cast off 2 (≈ *Garderobe ablegen*) to take one's things off

ablehnen V̱Ṯ to decline, to refuse; *Angebot, Bewerber, Stelle* to turn down, to reject; PARL *Gesetzentwurf* to throw out; **jede Form von Gewalt ~** Ḇ V̱/Ī to be against any form of violence; **eine ~de Antwort** a negative answer **Ablehnung** F̱ 1 refusal; *von Antrag, Bewerber etc* rejection 2 (≈ *Missbilligung*) disapproval

ableiten V̱Ṯ 1 (≈ *herleiten*) to derive; (≈ *logisch folgern*) to deduce (**aus** from) 2 *Bach, Fluss* to divert **Ableitung** F̱ 1 (≈ *das Herleiten*) derivation; (≈ *Folgerung*) deduction 2 (≈ *Wort*), *a.* MATH derivative

ablenken A̱ V̱Ṯ 1 (≈ *ab-, wegleiten*), *a.* PHYS to deflect; *Katastrophe* to avert 2 (≈ *zerstreuen*) to distract 3 (≈ *abbringen*) to divert; *Verdacht* to avert Ḇ V̱/Ī 1

(≈ *ausweichen*) (**vom Thema**) **~** to change the subject 2 (≈ *zerstreuen*) to create a distraction C̱ V̱/Ī to take one's mind off things **Ablenkung** F̱ (≈ *Zerstreuung*) diversion; (≈ *Störung*) distraction **Ablenkungsmanöver** N̄ diversionary tactic

ablesen V̱Ṯ 1 to read; *Barometerstand* to take 2 (≈ *erkennen*) to see; **das konnte man ihr vom Gesicht ~** it was written all over her face; **j-m jeden Wunsch an** *od* **von den Augen ~** to anticipate sb's every wish

abliefern V̱Ṯ *bei einer Person* to hand over (**bei** to); *bei einer Dienststelle* to hand in (**bei** to)

abliegen V̱/Ī (≈ *entfernt sein*) to be at a distance; **das Haus liegt weit ab** the house is a long way off *od* away; → **abgelegen**

Ablöse F̱ (≈ *Ablösesumme*) transfer fee **ablösen** A̱ V̱Ṯ 1 (≈ *abmachen*) to take off; (≈ *tilgen*) *Schuld, Hypothek* to pay off, to redeem; (≈ *ersetzen*) *Wache* to relieve; *Kollegen* to take over from Ḇ V̱/Ī 1 (≈ *abgehen*) to come off 2 *a.* **einander ~** to take turns **Ablösesumme** F̱ SPORT transfer fee **Ablösung** F̱ 1 *von Hypothek, Schuld* paying off, redemption 2 (≈ *Wache*) relief; (≈ *Entlassung*) replacement; **er kam als ~** he came as a replacement

ABM ĀBḴ (= *Arbeitsbeschaffungsmaßnahme*) job creation scheme

abmachen V̱Ṯ 1 *umg* (≈ *entfernen*) to take off 2 (≈ *vereinbaren*) to agree (on); **wir haben abgemacht, dass wir uns um drei Uhr treffen** we arranged to meet at three o'clock; → **abgemacht** **Abmachung** F̱ agreement, deal

abmagern V̱/Ī to get thinner, to lose weight; → **abgemagert**

abmahnen V̱Ṯ to caution **Abmahnung** *form* F̱ caution

Abmarsch M̄ departure **abmarschbereit** ĀDJ̱ ready to move off **abmarschieren** V̱/Ī to move off

abmelden A̱ V̱Ṯ 1 *Zeitungen etc* to cancel; *Telefon* to have disconnected; **sein Auto ~** to take one's car off the road 2 *umg* **abgemeldet sein** SPORT to be out of the game; **er/sie ist bei mir abgemeldet** I don't want anything to do with him/her Ḇ V̱/Ṟ **sich bei j-m ~** to tell sb that one is leaving; **sich**

bei einem Verein ~ to cancel one's membership of a club **Abmeldung** F̲ von Zeitungen etc cancellation; von Telefon disconnection; beim Einwohnermeldeamt cancellation of one's registration

abmessen V̲T̲ to measure **Abmessung** F̲ measurement; (≈ Ausmaß) dimension

abmontieren V̲T̲ Räder, Teile to take off (**von etw** sth)

abmühen V̲R̲ to struggle (away)

abmurksen V̲T̲ umg **j-n ~** to do sb in umg

abnabeln A̲ V̲T̲ **ein Kind ~** to cut a baby's umbilical cord B̲ V̲R̲ to cut oneself loose

abnagen V̲T̲ to gnaw off; Knochen to gnaw

Abnäher M̲ dart

Abnahme F̲ 1 (≈ Wegnahme) removal 2 (≈ Verringerung) decrease (+gen in) 3 von Neubau, Fahrzeug etc inspection 4 HANDEL purchase; **gute ~ finden** to sell well **abnehmbar** A̲D̲J̲ removable, detachable **abnehmen** A̲ V̲T̲ 1 (≈ herunternehmen) to take off, to remove; Hut to take off; Hörer to pick up; Vorhang, Bild, Wäsche to take down; Bart to take od shave off; (≈ amputieren) to amputate; KART Karte to take from the pile 2 (≈ an sich nehmen) **j-m etw ~** to take sth from sb; fig Arbeit, Sorgen to relieve sb of sth; **j-m den Ball ~** to steal the ball from sb; **j-m die Beichte ~** to hear confession from sb 3 (≈ wegnehmen) to take away (**j-m** from sb); (≈ rauben, abgewinnen) to take (**j-m off** sb) 4 (≈ begutachten) to inspect; (≈ abhalten) Prüfung to hold 5 (≈ abkaufen) to buy (+dat from, off) 6 Fingerabdrücke to take 7 fig umg (≈ glauben) to buy umg; **dieses Märchen nimmt dir keiner ab!** umg nobody will buy that tale! umg B̲ V̲I̲ 1 (≈ sich verringern) to decrease; Aufmerksamkeit to flag; Mond to wane; (**an Gewicht**) **~** to lose weight 2 TEL to answer **Abnehmer(in)** M̲(F̲) HANDEL buyer, customer; **viele/wenige ~ finden** to sell well/badly

Abneigung F̲ dislike (**gegen** of); (≈ Widerstreben) aversion (**gegen** to)

abnicken umg V̲T̲ **etw ~** to nod sth through, to rubber-stamp sth

abnorm, **abnormal** A̲ A̲D̲J̲ abnormal B̲ A̲D̲V̲ abnormally

abnutzen, **abnützen** bes österr, schweiz, südd V̲T̲ & V̲R̲ to wear out; → abgenutzt **Abnutzung** F̲, **Abnützung** bes österr, schweiz, südd F̲ wear (and tear)

Abo N̲ A̲B̲K̲ umg → Abonnement **Abofalle** umg F̲ im Internet Internet scam umg **Abonnement** N̲ subscription; THEAT season ticket **Abonnent(in)** M̲(F̲) subscriber; THEAT season-ticket holder **abonnieren** V̲T̲ to subscribe to; THEAT to have a season ticket for

Abordnung F̲ delegation

abpacken V̲T̲ to pack

abpassen V̲T̲ 1 (≈ abwarten) Gelegenheit, Zeitpunkt to wait for; (≈ ergreifen) to seize 2 (≈ auf j-n warten) to catch; (≈ j-m auflauern) to waylay

abpfeifen V̲T̲ SPORT **das Spiel ~** to blow the whistle for the end of the game **Abpfiff** M̲ SPORT final whistle

abprallen V̲I̲ Ball to bounce off; Kugel to ricochet (off); **an j-m ~** fig to make no impression on sb; Beleidigungen to bounce off sb

abputzen V̲T̲ to clean; **sich** (dat) **die Nase/den Mund/die Hände ~** to wipe one's nose/mouth/hands

abrackern umg V̲R̲ to struggle; **sich für j-n ~** to slave away for sb

abrasieren V̲T̲ to shave off

abraten V̲T̲ & V̲I̲ **j-m** (**von**) **etw ~** to advise sb against sth

abräumen A̲ V̲T̲ to clear away; **den Tisch ~** to clear the table B̲ V̲I̲ 1 (≈ den Tisch abräumen) to clear up 2 umg (≈ sich bereichern, erfolgreich sein) to clean up

abreagieren A̲ V̲T̲ Spannung, Wut to work off B̲ V̲R̲ to work it off

abrechnen A̲ V̲I̲ 1 (≈ Kasse machen) to cash up 2 **mit j-m ~** to settle up with sb; fig to settle the score with sb B̲ V̲T̲ (≈ abziehen) to deduct **Abrechnung** F̲ 1 (≈ Aufstellung) statement (**über** +akk for); (≈ Rechnung) bill, invoice; fig (≈ Rache) revenge 2 (≈ Abzug) deduction **Abrechnungszeitraum** M̲ accounting period

abregen V̲R̲ umg **reg dich ab!** cool it! umg, take it easy! umg

Abreise F̲ departure (**nach** for); **bei der ~** on departure **abreisen** V̲I̲ to leave (**nach** for) **Abreisetag** M̲ day of departure

abreißen **A** _VT_ to tear _od_ rip off; _Plakat_ to tear _od_ rip down; _Gebäude_ to pull down **B** _VI_ to tear _od_ come off; _fig_ (≈ _unterbrochen werden_) to break off

abriegeln _VT_ _Tür_ to bolt; _Straße, Gebiet_ to seal _od_ cordon off

Abriss _M_ **1** (≈ _Abbruch_) demolition **2** (≈ _Übersicht_) outline, summary

Abruf _M_ **sich auf ~ bereithalten** to be on call, to be ready to be called (for); **etw auf ~ bestellen/kaufen** HANDEL to order/buy sth (to be delivered) on call

abrufbar _ADJ_ **1** IT _Daten_ retrievable **2** FIN ready on call **3** _fig_ accessible **abrufen** _VT_ **1** HANDEL to request delivery of **2** _Daten, Informationen_ to call up, to retrieve

abrunden _wörtl, fig_ _VT_ to round off; **eine Zahl nach oben/unten ~** to round a number up/down

abrupt **A** _ADJ_ abrupt **B** _ADV_ abruptly
abrüsten _VT & VI_ MIL, POL to disarm
Abrüstung _F_ MIL, POL disarmament
abrutschen _VI_ (≈ _abgleiten_) to slip; _nach unten_ to slip down; _Wagen_ to skid; _Leistungen_ to go downhill

ABS _N ABK_ (= Antiblockiersystem) AUTO ABS

Abs.¹ _ABK_ (= Absatz) paragraph
Abs.² _ABK_ (= Absenderin) sender

absacken _VI_ (≈ _sinken_) to sink; _Flugzeug, Blutdruck_ to drop, to fall; _umg_ (≈ _verkommen_) to go to pot _umg_ **Absacker** _umg_ _M_ _vor dem Nachhauseweg_ one for the road _umg_; (≈ _Schlummertrunk_) nightcap

Absage _F_ refusal; **j-m/einer Sache eine ~ erteilen** to reject sb/sth **absagen** _VT_ _Veranstaltung, Besuch_ to cancel **B** _VI_ to cry off _Br_, to cancel; **j-m ~** to tell sb that one can't come

absägen _VT_ **1** (≈ _abtrennen_) to saw off **2** _fig_ _umg_ to chuck _od_ sling out _umg_

ab2sahnen _fig_ _umg_ **A** _VT_ _Geld_ to rake in **B** _VI_ _in Bezug auf Geld_ to clean up _umg_

Absatz _M_ **1** (≈ _Abschnitt_) paragraph; JUR section **2** (≈ _Schuhabsatz_) heel **3** (≈ _Verkauf_) sales _pl_ **Absatzgebiet** _N_ sales area **Absatzlage** _F_ sales situation **Absatzmarkt** _M_ market **Absatzrückgang** _M_ decline _od_ decrease in sales **Absatzsteigerung** _F_ increase in sales

absaugen _VT_ to suck out _od_ off; _Teppich, Sofa_ to hoover® _Br_, to vacuum

abscannen _VT_ _Kode etc_ to scan

abschaben _VT_ to scrape off
abschaffen _VT_ **1** _Gesetz, Regelung_ to abolish **2** (≈ _nicht länger halten_) to get rid of; _Auto etc_ to give up **Abschaffung** _F_ _von Gesetz, Regelung_ abolition

abschalten **A** _VT_ to switch _od_ turn off **B** _VI_ _fig_ to unwind

abschätzen _VT_ to assess **abschätzig** **A** _ADJ_ disparaging **B** _ADV_ disparagingly; **sich ~ über j-n äußern** to make disparaging remarks about sb

abschauen _VT_ _österr, schweiz, südd_ to copy; **etw bei** _od_ **von j-m ~** to copy sth from sb

Abschaum _M_ scum

Abscheu _M_ repulsion (**vor** +_dat_ at); **vor j-m/etw ~ haben** _od_ **empfinden** to loathe _od_ detest sb/sth **abscheulich** **A** _ADJ_ atrocious, loathsome; _umg_ awful, terrible _umg_ **B** _ADV_ behandeln, zurichten atrociously; **das tut ~ weh** it hurts terribly

abschicken _VT_ to send; _Brief_ to post
abschieben _VT_ **1** (≈ _ausweisen_) to deport **2** _fig_ Verantwortung, Schuld to push _od_ shift (**auf** +_akk_ onto) **Abschiebung** _F_ (≈ _Ausweisung_) deportation

Abschied _M_ farewell, parting; **von j-m/etw ~ nehmen** to say goodbye to sb/sth; **beim ~ meinte er, … as he was leaving he said …** **Abschiedsbrief** _M_ farewell letter **Abschiedsfeier** _F_ farewell party **Abschiedsgeschenk** _N_ _für Kollegen etc_ leaving present; _für Freund_ going-away present **Abschiedskuss** _M_ goodbye kiss

abschießen _VT_ to fire; _Pfeil_ to shoot (off); _Rakete_ to launch; _Flugzeug, Pilot_ to shoot down

Abschirmdienst _M_ MIL counterespionage service **abschirmen** **A** _VT_ to shield **B** _VR_ to shield oneself (**gegen** from)

Abschlag _M_ **1** (≈ _Preisnachlass_) reduction; (≈ _Abzug_) deduction **2** (≈ _Zahlung_) part payment (**auf** +_akk_ of) _Golf_ tee-off **abschlagen** _VT_ **1** _mit Hammer etc_ to knock off; (≈ _herunterschlagen_) to knock down **2** (≈ _ablehnen_) to refuse; **j-m etw ~** to refuse sb sth **3** _beim Golf_ to tee off **4** → **abgeschlagen** **abschlägig** **A** _ADJ_ negative; **~er Bescheid** rejection; _bei Sozialamt, Kredit etc_ refusal **B** _ADV_ **j-n/etw ~ bescheiden** _form_ to turn sb/sth down **Abschlag(s)-**

zahlung F̱ part payment

abschleifen V̱Ṯ to grind down; *Holz, Holzboden* to sand (down)

Abschleppdienst M̱ breakdown *od* recovery service **abschleppen** V̱Ṯ **1** *Fahrzeug, Schiff* to tow; *Behörde* to tow away **2** *umg Menschen* to drag along; (≈*aufgabeln*) to pick up *umg* **Abschleppseil** Ṉ towrope **Abschleppstange** F̱ tow bar **Abschleppwagen** M̱ breakdown lorry *od* truck *Br*, wrecker (truck) *US*

abschließbar A̱ḎJ̱ (≈*verschließbar*) lockable **abschließen** A̱ V̱Ṯ **1** (≈*zuschließen*) to lock **2** (≈*beenden*) to bring to a close; *Kurs* to complete; **sein Studium ~** to graduate **3** (≈*vereinbaren*) *Geschäft, Vertrag* to conclude; *Versicherung* to take out; *Wette* to place **4** H̱A̱ṈḎE̱Ḻ (≈*abrechnen*) *Bücher* to balance; *Konto* to settle; → *abgeschlossen* Ḇ V̱I̱ **1** (≈*zuschließen*) to lock up **2** (≈*Schluss machen*) to finish, to end; **mit der Vergangenheit ~** to break with the past **abschließend** A̱ A̱ḎJ̱ concluding Ḇ A̱ḎV̱ in conclusion **Abschluss** M̱ **1** (≈*Beendigung*) end, closing; U̱ṈI̱V̱ degree; **zum ~ möchte ich … finally** *od* to conclude I would like …; **etw zum ~ bringen** to finish sth **2** (≈*Vereinbarung*) conclusion; *von Wette* placing; *von Versicherung* taking out **3** H̱A̱ṈḎE̱Ḻ *der Bücher* balancing; *von Konto* settlement **Abschlussball** M̱ *von Tanzkurs* final ball **Abschlussfeier** F̱ *in der Schule* prize *od* speech day *Br*, commencement *US* **Abschlussprüfung** F̱ S̱C̱H̱U̱ḺE̱, U̱ṈI̱V̱ final exam **Abschlusszeugnis** Ṉ S̱C̱H̱U̱ḺE̱ leaving certificate *Br*, diploma *US*

abschmecken F̱ (≈*kosten*) to taste; (≈*würzen*) to season

abschminken A̱ V̱Ṯ **1** *Gesicht, Haut* to remove the make-up from **2** *umg* (≈*aufgeben*) **sich** (*dat*) **etw ~** to get sth out of one's head Ḇ V̱Ṟ to take off *od* remove one's make-up

abschnallen V̱I̱ *sl* (≈*nicht mehr folgen können*) to give up

abschneiden A̱ V̱Ṯ *wörtl, fig* to cut off; **j-m die Rede** *od* **das Wort ~** to cut sb short Ḇ V̱I̱ **bei etw gut/schlecht ~** *umg* to come off well/badly in sth **Abschnitt** M̱ section; M̱A̱ṮH̱ segment; M̱I̱Ḻ sector, zone; (≈*Zeitabschnitt*) period; (≈*Kontrollabschnitt*) counterfoil

abschöpfen V̱Ṯ to skim off; *fig Kaufkraft* to absorb; **den Gewinn ~** to siphon off the profits

abschotten V̱Ṟ **sich gegen etw ~** *fig* to cut oneself off from sth

abschrauben V̱Ṯ to unscrew

abschrecken A̱ V̱Ṯ **1** (≈*fernhalten*) to deter, to put off; (≈*verjagen*) to scare off, to frighten away **2** G̱A̱S̱ṮṞ to rinse with cold water Ḇ V̱I̱ *Strafe* to act as a deterrent **abschreckend** A̱ḎJ̱ (≈*warnend*) deterrent; **ein ~es Beispiel** a warning **Abschreckung** F̱ deterrent; M̱I̱Ḻ deterrence **Abschreckungsmittel** Ṉ deterrent

abschreiben A̱ V̱Ṯ **1** (≈*kopieren*) to copy out; (≈*plagiieren*), *a.* S̱C̱H̱U̱ḺE̱ to copy (**bei, von** from) **2** H̱A̱ṈḎE̱Ḻ to deduct; (≈*im Wert mindern*) to depreciate **3** (≈*verloren geben*) to write off; **er ist bei mir abgeschrieben** I'm through *od* finished with him Ḇ V̱I̱ S̱C̱H̱U̱ḺE̱ to copy **Abschreibung** F̱ H̱A̱ṈḎE̱Ḻ deduction; (≈*Wertverminderung*) depreciation **Abschrift** F̱ copy

abschuften *umg* V̱Ṟ to slog one's guts out *umg*

abschürfen V̱Ṯ to graze **Abschürfung** F̱ (≈*Wunde*) graze

Abschuss M̱ firing; *von Pfeil* shooting; *von Rakete* launch(ing); **j-n zum ~ freigeben** *fig* to throw sb to the wolves **abschüssig** A̱ḎJ̱ sloping **Abschussliste** *umg* F̱ **j-n auf die ~ setzen** to put sb on the hit list *umg* **Abschussrampe** F̱ launch(ing) pad

abschütteln V̱Ṯ *a. fig* to shake off

abschwächen A̱ V̱Ṯ to weaken; *Behauptung, Formulierung, Kontrast* to tone down; *Stoß, Eindruck* to soften Ḇ V̱Ṟ to drop *od* fall off; M̱E̱ṮE̱O̱ *Hoch, Tief* to disperse; ḆÖ̱ṞS̱E̱ *Kurse* to weaken **Abschwächung** F̱ weakening; *von Behauptung, Formulierung* toning down; *von Eindruck* softening; M̱E̱ṮE̱O̱ *von Hoch, Tief* dispersal

abschweifen V̱I̱ to stray; **er schweifte vom Thema ab** he wandered off the subject

abschwellen V̱I̱ to go down; *Lärm* to die away

abschwören V̱I̱ to renounce (+*dat* sth); **dem Alkohol ~** *umg* to give up drinking

absegnen *umg* V̱Ṯ *Vorschlag, Plan* to give one's blessing to

absehbar ADJ foreseeable; **in ~er/auf ~e Zeit** in/for the foreseeable future **absehen** A VT (≈ voraussehen) to foresee; **das Ende lässt sich noch nicht ~** the end is not yet in sight B VI **davon ~, etw zu tun** to refrain from doing sth; → **abgesehen**

abseilen VR Bergsteiger to abseil (down) Br, to rappel US; fig umg to skedaddle umg

abseits A ADV to one side; SPORT offside B PRÄP away from; **~ des Weges** off the beaten track **Abseits** N SPORT offside; **im ~ stehen** to be offside; **ins politische ~ geraten** to end up on the political scrapheap **Abseitsfalle** F offside trap **abseitshalten** fig VR to keep to oneself **abseitsliegen** VI to be out of the way **abseitsstehen** fig VI to stand apart; SPORT to be offside **Abseitstor** N offside goal

absenden VT to send **Absender(in)** M(F) sender

Absenz F österr SCHULE absence

abservieren umg VT **j-n ~** to get rid of sb; SPORT sl (≈ besiegen) to thrash sb umg

absetzbar ADJ Ware saleable; **steuerlich ~** tax-deductible **absetzen** A VT **1** (≈ abnehmen) to take off, to remove; (≈ hinstellen) to set od put down **2** (≈ aussteigen lassen) to drop **3** Theaterstück, Oper to take off; Versammlung, Termin to cancel **4** (≈ entlassen) to dismiss; König, Kaiser to depose **5** MED Medikament, Tabletten to come off; Behandlung to discontinue **6** HANDEL Waren to sell; **sich gut ~ lassen** to sell well **7** (≈ abziehen) to deduct; **das kann man (von der Steuer) ~** that is tax-deductible B VR umg (≈ weggehen) to get od clear out umg (aus of); **sich nach Brasilien ~** to clear off to Brazil umg **Absetzung** F **1** (≈ Entlassung) dismissal; von König deposition **2** von Theaterstück etc withdrawal; von Termin etc cancellation

absichern A VT to safeguard; Bauplatz to make safe; (≈ schützen) to protect B VR (≈ sich schützen) to protect oneself; (≈ sich versichern) to cover oneself

Absicht F (≈ Vorsatz) intention; (≈ Zweck) purpose; JUR intent; **die ~ haben, etw zu tun** to intend to do sth; **das war doch keine ~!** umg it wasn't deliberate od intentional **absichtlich** A ADJ deliberate B ADV deliberately **Absichts-**

erklärung F declaration of intent

absitzen A VT (≈ verbringen) Zeit to sit out; (≈ verbüßen) Strafe to serve B VI **(vom Pferd) ~** to dismount (from a horse)

absolut A ADJ absolute B ADV absolutely; **ich sehe ~ nicht ein, warum ...** I just don't understand why ...

Absolvent(in) M(F) UNIV graduate; **die ~en eines Lehrgangs** the students who have completed a course **absolvieren** VT (≈ durchlaufen) Studium, Probezeit to complete; Schule to finish, to graduate from US; Prüfung to pass

absonderlich ADJ peculiar, strange **absondern** A VT **1** to separate; (≈ isolieren) to isolate **2** (≈ ausscheiden) to secrete; Gase etc to emit B VR Mensch to cut oneself off

absorbieren VT to absorb

abspalten VT & VR to split off; CHEM to separate (off) **Abspaltung** F separation; WIRTSCH demerger; naturwissenschaftlich splitting; politisch secession

Abspann M TV, FILM final credits pl

absparen VR **sich** (dat) **etw vom Munde ~** to scrimp and save for sth

abspecken umg A VT to shed B VI to lose weight

abspeichern VT Daten to save, to store (away)

abspeisen VT **j-n mit etw ~** to fob sb off with sth bes Br

abspenstig ADJ **j-m j-n/etw ~ machen** to lure sb/sth away from sb; **j-m die Freundin ~ machen** to steal sb's girlfriend umg

absperren VT **1** (≈ abriegeln) to block od close off **2** (≈ abdrehen) Wasser, Strom, Gas etc to turn od shut off **3** (≈ verschließen) to lock **Absperrung** F (≈ Sperre) barrier; (≈ Kordon) cordon

abspielen A VT to play; SPORT Ball to pass B VR (≈ sich ereignen) to happen; (≈ stattfinden) to take place

Absprache F arrangement **absprechen** A VT **1** **j-m etw ~** Recht to deny od refuse sb sth; Begabung to deny od dispute sb's sth **2** (≈ verabreden) Termin to arrange B VR **sich mit j-m ~** to make an arrangement with sb; **die beiden hatten sich vorher abgesprochen** they had agreed on what to do/say etc in advance

abspringen VI **1** to jump down **(von**

from); FLUG to jump (**von** from); *bei Gefahr* to bale out **2** (≈ *sich lösen*) to come off **3** *fig umg* (≈ *sich zurückziehen*) to get out **Absprung** M *a.* FLUG jump

abspülen A V/T to rinse; *Fett etc* to rinse off **B** V/I to wash *od* do the dishes, to wash up

abstammen V/I to be descended (**von** from); LING to be derived (**von** from) **Abstammung** F descent; LING origin, derivation **Abstammungslehre** F theory of evolution

Abstand M distance; (≈ *Zeitabstand*) interval; (≈ *Punkteabstand*) gap; **mit ~** by far; **~ halten** to keep one's distance; **mit großem ~ führen/gewinnen** to lead/win by a wide margin; **davon ~ nehmen, etw zu tun** to refrain from doing sth

abstatten *form* V/T **j-m einen Besuch ~** to pay sb a visit

abstauben V/T & V/I **1** *Möbel etc* to dust **2** *umg* (≈ *wegnehmen*) to pick up

Abstecher M (≈ *Ausflug*) excursion, trip

abstehen V/I (≈ *entfernt stehen*) to stand away; **~de Ohren** ears that stick out; → **abgestanden**

Absteige *umg* F (≈ *billiges hotel*) **absteigen** A **1** (≈ *heruntersteigen*) to get off (**von etw** sth) **2** (≈ *abwärtsgehen*) to make one's way down; *bes Bergsteiger* to climb down; **auf dem ~den Ast sein** *umg* to be going downhill **3** SPORT *Mannschaft* to be relegated **Absteiger** M SPORT relegated team

abstellen VT **1** (≈ *hinstellen*) to put down **2** (≈ *unterbringen*) to put; AUTO (≈ *parken*) to park **3** (≈ *ausrichten auf*) **etw auf j-n/etw ~** to gear sth to sb/sth **4** (≈ *abdrehen*) to turn off; *Geräte, Licht* to switch *od* turn off; *Gas, Strom* to cut off; *Telefon* to disconnect **5** (≈ *unterbinden*) *Mangel, Unsitte etc* to bring to an end **Abstellgleis** N siding; **j-n aufs ~ schieben** *fig* to push *od* cast sb aside **Abstellkammer** F boxroom **Abstellplatz** M *für Auto* parking space **Abstellraum** M storeroom

abstempeln VT to stamp; *Post* to postmark

absterben VI to die; *fig Gefühle* to die; **mir sind die Zehen abgestorben** my toes have gone numb; → **abgestorben**

Abstieg M descent; (≈ *Niedergang*) decline; **vom ~ bedroht** SPORT threatened

by relegation

abstimmen A V/I to take a vote, to vote; **über etw** (*akk*) **~ lassen** to put sth to the vote **B** V/T *Farben, Kleidung* to match (**auf** +*akk* with); *Termine* to co-ordinate (**auf** +*akk* with); (**aufeinander**) **abgestimmt** *Pläne, Strategien* mutually agreed **C** V/R **sich ~** to come to an agreement **Abstimmung** F **1** (≈ *Stimmgabe*) vote; **eine ~ durchführen** *od* **vornehmen** to take a vote **2** *von Terminen* coordination

abstinent ADJ teetotal **Abstinenz** F abstinence

Abstoß M FUSSB goal kick **abstoßen** A V/T **1** (≈ *wegstoßen*) *Boot* to push off *od* out; (≈ *abschlagen*) *Ecken* to knock off **2** (≈ *zurückstoßen*) to repel; HANDEL *Ware, Aktien* to sell off; MED *Organ* to reject; *fig* (≈ *anwidern*) to repulse, to repel; **dieser Stoff stößt Wasser ab** this material is water-repellent **B** V/R PHYS to repel; **die beiden Pole stoßen sich ab** the two poles repel each other **abstoßend** ADJ repulsive; **~ aussehen/riechen** to look/smell repulsive **Abstoßung** F PHYS repulsion; MED *von Organ* rejection

abstottern *umg* V/T to pay off

abstrahieren V/T & V/I to abstract (**aus** from)

abstrakt ADJ abstract **Abstraktion** F abstraction

abstreifen V/T *Schuhe, Füße* to wipe; *Schmutz* to wipe off; *Kleidung, Schmuck* to take off; *Haut* to cast, to shed; *fig Gewohnheit, Fehler* to get rid of

abstreiten V/T (≈ *leugnen*) to deny

Abstrich M **1** (≈ *Kürzung*) cutback; **~e machen** to cut back (**an** +*dat* on) **2** MED swab; (≈ *Gebärmutterabstrich*) smear

abstrus *geh* ADJ abstruse

abstufen V/T *Gelände* to terrace; *Farben* to shade; *Gehälter, Steuern, Preise* to grade

abstumpfen A V/I *fig Geschmack etc* to become dulled **B** V/T *Menschen, Sinne* to deaden; *Gewissen, Urteilsvermögen* to dull; → **abgestumpft**

Absturz M crash; *sozial* ruin; *von Politiker etc* downfall; IT crash **abstürzen** V/I **1** (≈ *hinabstürzen*) *Flugzeug* to crash; *Bergsteiger* to fall **2** *umg sozial* to go to ruin **3** *sl* (≈ *betrunken werden*) to go on a bender *Br umg*, to go on a binge *umg* **4** IT to crash

abstützen A VT a. fig to support B VR to support oneself
absuchen VT to search
absurd ADJ absurd **Absurdität** F absurdity
Abt M abbot
abtasten VT to feel; ELEK to scan
abtauchen A VI U-Boot to dive 2 umg to go underground
abtauen A VT to thaw out; *Kühlschrank* to defrost B VI to thaw
Abtei F abbey
Abteil N compartment **abteilen** VT (≈einteilen) to divide up **Abteilung** F department; *in Krankenhaus* section; MIL unit, section **Abteilungsleiter(in)** M(F) head of department
abtippen VT to type up
Äbtissin F abbess
abtörnen umg VT to turn off umg
abtragen VT Geschirr, Speisen to clear away 2 Boden, Gelände to level 3 Kleider, Schuhe to wear out; → abgetragen
abträglich ADJ Bemerkung, Kritik etc unfavourable Br, unfavorable US; **einer Sache** (dat) **~ sein** to be detrimental od harmful to sth
Abtransport M transportation **abtransportieren** VT Waren to transport; *Personen* to take away
abtreiben A VT Kind to abort B VI (**vom Kurs**) **~** to be carried off course 2 (≈Abort vornehmen lassen) to have an abortion **Abtreibung** F abortion **Abtreibungsbefürworter(in)** M(F) pro-abortionist **Abtreibungsgegner(in)** M(F) anti-abortionist, pro-lifer umg **Abtreibungsklinik** F abortion clinic
abtrennen VT (≈lostrennen) to detach; *Knöpfe, Besatz etc* to remove; *Bein, Finger etc: durch Unfall* to sever 2 (≈abteilen) to separate off
abtreten A VT (≈überlassen) Rechte, Summe to transfer (**j-m** to sb) 2 Teppich to wear; **sich** (dat) **die Füße** od **Schuhe ~** to wipe one's feet umg B VI theat to go off (stage); MIL to dismiss; umg (≈zurücktreten) to resign **Abtretung** F transfer (**an** +akk to)
abtrocknen VT & VI to dry
abtrünnig ADJ renegade; (≈rebellisch) rebel
abtupfen VT Tränen, Blut to dab away; *Wunde* to swab
abwählen VT to vote out (of office);

SCHULE Fach to give up
abwälzen VT Schuld, Verantwortung to shift (**auf** +akk onto); *Arbeit* to unload (**auf** +akk onto); *Kosten* to pass on (**auf** +akk to)
abwandeln VT to modify, to alter
abwandern VI to move (away) (**aus** from); *Kapital* to be transferred (**aus** out of)
Abwärme F waste heat
Abwart(in) M(F) schweiz concierge, caretaker
abwarten A VT to wait for; **das Gewitter ~** to wait till the storm is over; **das bleibt abzuwarten** that remains to be seen B VI to wait; **eine ~de Haltung einnehmen** to adopt a policy of wait-and-see
abwärts ADV down; **den Fluss/Berg ~** down the river/mountain **abwärtsgehen** fig VI **mit ihm/dem Land geht es abwärts** he/the country is going downhill **Abwärtstrend** M downwards trend
Abwasch M **den ~ machen** to wash the dishes; **... dann kannst du das auch machen, das ist (dann) ein ~** umg ... then you could do that as well and kill two birds with one stone **abwaschen** A VT Gesicht, Geschirr to wash; *Farbe, Schmutz* to wash off B VI to wash the dishes, to wash up
Abwasser N sewage kein pl **Abwasserkanal** M sewer
abwechseln VI & VR to alternate; **sich mit j-m ~** to take turns with sb **abwechselnd** ADV alternately; **er war ~ fröhlich und traurig** he alternated between being happy and sad **Abwechslung** F change; (≈Zerstreuung) diversion; **zur ~** for a change **abwechslungsreich** ADJ varied
Abweg M **auf ~e geraten** od **kommen** to go astray **abwegig** ADJ absurd
Abwehr F BIOL, PSYCH, MED, SPORT defence Br, defense US; **der ~ von etw dienen** to give protection against sth 2 (≈Spionageabwehr) counterintelligence (service) **abwehren** A VT Gegner to fend off; *Angriff, Feind* to repulse; *Flugzeug, Rakete* to repel; *Ball* to clear; *Schlag* to parry; *Gefahr, Krise* to avert B VI SPORT to clear; *Torwart* to save **Abwehrkräfte** PL PHYSIOL (the body's) defences pl Br, (the body's) defenses pl

US **Abwehrmechanismus** M̄ PSYCH defence mechanism *Br*, defense mechanism *US* **Abwehrrakete** F̱ anti-aircraft missile **Abwehrspieler(in)** M̄F̱ defender

abweichen V̱ı̱ (≈ *sich unterscheiden*) to differ; **vom Kurs ~** to deviate *od* depart from one's course; **vom Thema ~** to digress **abweichend** A̱ḎJ̱ differing **Abweichler(in)** M̄F̱ deviant **Abweichung** F̱ *von Kurs etc* deviation; (≈ *Unterschied*) difference

abweisen V̱Ṯ to turn down; (≈ *wegschicken*) to turn away; JUR *Klage* to dismiss **abweisend** A̱ A̱ḎJ̱ *Ton, Blick, Mensch* cold Ḇ A̱ḎV̱ negatively

abwenden A̱ V̱Ṯ **1** (≈ *verhindern*) to avert **2** (≈ *zur Seite wenden*) to turn away Ḇ V̱Ṟ to turn away

abwerben V̱Ṯ to woo away (+*dat* from)

abwerfen A̱ V̱Ṯ to throw off; *Reiter* to throw; *Bomben, Flugblätter etc* to drop; *Geweih, Blätter, Nadeln* to shed; KART to throw away; SPORT *Ball, Speer* to throw; HANDEL *Gewinn, Zinsen* to yield Ḇ V̱ı̱ FUSSB to throw

abwerten V̱Ṯ to devalue; *Ideale, Sprache, Kultur* to debase **abwertend** A̱ḎJ̱ derogatory, pejorative **Abwertung** F̱ devaluation; *fig* debasement

abwesend A̱ḎJ̱ absent; *Blick* absent--minded; **die Abwesenden** the absentees **Abwesenheit** F̱ absence; **durch ~ glänzen** *iron* to be conspicuous by one's absence **Abwesenheitsnotiz** F̱ *in E--Mail* out-of-office reply

abwickeln V̱Ṯ **1** (≈ *abspulen*) to unwind; *Verband* to take off **2** *fig* (≈ *erledigen*) to deal with; *Geschäft* to conclude; HANDEL (≈ *liquidieren*) to wind up **Abwicklung** F̱ (≈ *Erledigung*) completion, conclusion; HANDEL (≈ *Liquidation*) winding up

abwiegen V̱Ṯ to weigh out

abwimmeln *umg* V̱Ṯ *j-n* to get rid of *umg*

abwinken *umg* V̱ı̱ abwehrend to wave it/him *etc* aside; *fig* (≈ *ablehnen*) to say no

abwischen V̱Ṯ to wipe off *od* away; *Hände, Nase etc* to wipe; *Augen, Tränen* to dry

Abwrackprämie F̱ für Auto scrappage allowance *Br*, CARS *US* (≈ *car allowance rebate scheme*) cash for clunkers *US umg*

Abwurf M̄ throwing off; *von Bomben etc* dropping; **ein ~ vom Tor** a goal throw

abwürgen *umg* V̱Ṯ to scotch; *Motor* to stall

abzahlen V̱Ṯ to pay off

abzählen V̱Ṯ to count

Abzahlung F̱ **1** repayment **2** (≈ *Ratenzahlung*) hire purchase *Br*, HP *Br*, installment plan *US*

Abzeichen Ṉ badge; MIL insignia *pl*

abzeichnen A̱ V̱Ṯ **1** (≈ *abmalen*) to draw **2** (≈ *signieren*) to initial Ḇ V̱Ṟ (≈ *sichtbar sein*) to stand out; *fig* (≈ *deutlich werden*) to emerge; (≈ *drohend bevorstehen*) to loom

Abziehbild Ṉ transfer

abziehen A̱ V̱Ṯ **1** *Tier* to skin; *Fell, Haut* to remove **2** *Bett* to strip; *Bettzeug* to strip off **3** *Schlüssel* to take out **4** (≈ *zurückziehen*) *Truppen, Kapital* to withdraw **5** (≈ *subtrahieren*) *Zahlen* to take away; *Steuern* to deduct; **10 Cent ~** to take 10 cents off; **2 Euro vom Preis ~** to take 2 euros off the price **6** TYPO (≈ *vervielfältigen*) to run off; FOTO *Bilder* to make prints of Ḇ V̱ı̱ **1** *Rauch, Dampf* to escape; *Sturmtief etc* to move away **2** *Soldaten* to pull out (**aus** *of*); **zieh ab!** *umg* beat it! *umg*

abzielen V̱ı̱ **auf etw** (*akk*) **~** *Mensch* to aim at sth; *in Rede* to get at sth

abzischen V̱ı̱ *umg* (≈ *abhauen*) to beat it *umg*

Abzocke F̱ *umg* **~ sein** to be a rip-off *umg* **abzocken** *umg* V̱Ṯ **j-n ~** to rip sb off *umg*

Abzug M̄ **1** *von Truppen, Kapital etc* withdrawal **2** *vom Lohn etc* deduction; (≈ *Rabatt*) discount; **ohne ~** HANDEL net terms only **3** TYPO copy; (≈ *Korrekturfahne*) proof; FOTO print **4** *am Gewehr* trigger **abzüglich** P̱ṞÄ̱P̱ HANDEL minus, less **Abzugshaube** F̱ extractor hood

abzweigen A̱ V̱ı̱ to branch off Ḇ V̱Ṯ *umg* to put on one side **Abzweigung** F̱ turn-off; (≈ *Gabelung*) fork

Account M̱Ṉ INTERNET, IT account

ach I̱ṈṮ oh!; **ach nein!** oh no!; *überrascht* no!, really!; **ach nein, ausgerechnet der!** well, well, him of all people!; **ach so!** I see!, aha!; (≈ *ja richtig*) of course!; **ach was** *od* **wo!** of course not **Ach** Ṉ **mit Ach und Krach** *umg* by the skin of one's teeth *umg*

Achat M̄ agate

Achillesferse F̱ Achilles heel **Achil-**

lessehne F̲ Achilles tendon
Achse F̲ axis; TECH axle; **auf (der) ~ sein** *umg* to be out (and about)
Achsel F̲ shoulder; **die ~n** *od* **mit den ~n zucken** to shrug (one's shoulders)
Achselhöhle F̲ armpit **Achselshirt** N̲ *umg* vest *Br*, sleeveless undershirt *US* **Achselzucken** N̲ shrug **achselzuckend** ADV̲ **er stand ~ da** he stood there shrugging his shoulders
acht NUM̲ eight; **in ~ Tagen** in a week('s time); **heute/morgen in ~ Tagen** a week today/tomorrow; **heute vor ~ Tagen war ich …** a week ago today I was …; → **vier**
Acht[1] F̲ eight
Acht[2] F̲ **sich in ~ nehmen** to be careful, to take care; (≈ *aufpassen*) to watch out; **etw außer ~ lassen** to leave sth out of consideration; **~ geben** → **achtgeben**
achtbar ADJ̲ *Gesinnung, Person* worthy; *Firma* reputable; *Platzierung* respectable
Achteck N̲ octagon **achteckig** ADJ̲ octagonal, eight-sided **Achtel** N̲ eighth; → **Viertel**[1] **Achtelfinale** N̲ round before the quarterfinal; **ein Platz im ~** a place in the last sixteen **Achtelnote** F̲ quaver
achten A̲ V̲T̲ to respect B̲ V̲I̲ **auf etw** (*akk*) **~** to pay attention to sth; *beim Zuhören* to listen for sth; **auf die Kinder ~** to keep an eye on the children, to watch the children; **darauf ~, dass …** to be careful that …, to make sure that …
ächten V̲T̲ HIST to outlaw; *fig* to ostracize
Achter M̲ *Rudern* eight **achte(r, s)** ADJ̲ eighth; → **vierter**, s **Achterbahn** F̲ roller coaster
achtgeben V̲I̲ to take care (**auf** +*akk* of); (≈ *aufmerksam sein*) to pay attention (**auf** +*akk* to)
achthundert NUM̲ eight hundred **achtjährig** ADJ̲ 1 *acht Jahre alt* eight--year-old *attr;* **ein ~es Kind** an eight--year-old child, a child of eight 2 *acht Jahre dauernd* eight-year *attr;* **~es Gymnasium** *high-school education at a Gymnasium lasting eight rather than the traditional nine years*
achtlos A̲ ADJ̲ careless, thoughtless B̲ ADV̲ *durchblättern* casually; *wegwerfen* thoughtlessly; *sich verhalten* carelessly
achtstufig ADJ̲ **~es Gymnasium** → **achtjährig Achtstundentag** M̲

eight-hour day achttägig ADJ̲ week--long
Achtung F̲ 1 (≈ *Vorsicht*) **~!** watch *od* look out!; MIL *Befehl* attention!; **~, ~!** (your) attention please!; **"Achtung Stufe!"** "mind the step"; **~, fertig, los!** ready, steady *od* get set, go! 2 (≈ *Wertschätzung*) respect (**vor** +*dat* for); **sich** (*dat*) **~ verschaffen** to make oneself respected; **alle ~!** good for you/him *etc* !
Achtungserfolg M̲ succès d'estime
achtzehn NUM̲ eighteen **achtzig** NUM̲ eighty; **auf ~ sein** *umg* to be livid; → **vierzig**
ächzen V̲I̲ to groan (**vor** +*dat* with)
Acker M̲ (≈ *Feld*) field **Ackerbau** M̲ agriculture, arable farming; **~ betreiben** to farm the land; **~ und Viehzucht** farming **Ackergaul** *pej* M̲ farm horse, old nag *pej* **Ackerland** N̲ arable land **ackern** *umg* V̲I̲ to slog away *umg*
Acryl N̲ acrylic **Acrylglas** N̲ acrylic glass
Act M̲ 1 *sl* MUS *Gruppe, Musik* act 2 *umg großer Aufwand* palaver *umg*
Actionfilm M̲ action movie
Actionkamera F̲ activity camera
a. D. ABK̲ (= *außer Dienst*) ret(d)
ad absurdum ADV̲ **~ führen** to reduce to absurdity
ADAC ABK̲ (= *Allgemeiner Deutscher Automobil-Club*) ≈ AA *Br*, ≈ AAA *US*
ad acta ADV̲ **etw ~ legen** *fig Frage, Problem* to consider sth closed
Adamsapfel *umg* M̲ Adam's apple
Adapter M̲ adapter, adaptor
adäquat A̲ ADJ̲ adequate; *Stellung, Verhalten* suitable B̲ ADV̲ adequately
adden V̲T̲ INTERNET *umg* to add (**zu** to); **ich habe Felix geaddet** I added Felix
addieren V̲I̲ to add (**zu** to) **Addition** F̲ addition
Adel M̲ nobility **adeln** V̲T̲ to ennoble; (≈ *den Titel „Sir" verleihen*) to knight **Adelstitel** M̲ title
Ader F̲ BOT, GEOL vein; PHYSIOL blood vessel; **eine/keine ~ für etw haben** to have feeling/no feeling for sth
ad hoc *geh* ADV̲ ad hoc
ADHS ABK̲ (= *Aufmerksamkeits-Defizit--Hyperaktivitäts-Syndrom*) ADHD (*attention-deficit hyperactivity disorder*)
Adjektiv N̲ adjective **adjektivisch** A̲ ADJ̲ adjectival B̲ ADV̲ adjectivally
Adler M̲ eagle **Adlerauge** *fig* N̲ eagle

eye; **~n haben** to have eyes like a hawk
Adlernase F aquiline nose
adlig ADJ **~ sein** to be of noble birth
Adlige(r) M/F(M) nobleman/-woman
Administrator(in) M(F) IT administrator
Admiral(in) M(F) admiral
adoptieren V/T to adopt **Adoption** F adoption **Adoptiveltern** PL adoptive parents pl **Adoptivkind** N adopted child
Adr. ABK (= Adresse) address
Adrenalin N adrenalin **Adrenalinschub** M surge of adrenalin **Adrenalinspiegel** M adrenalin levels pl **Adrenalinstoß** M surge of adrenalin
Adressat(in) M(F) addressee **Adressbuch** N directory; privat address book
Adresse F address; **da sind Sie bei mir an der falschen ~** umg you've come to the wrong person **Adressenänderung** F change of address **Adressenverwaltung** F IT address filing system **Adressenverzeichnis** N IT address list; von Kunden mailing list
adressieren V/T to address (**an** +akk to)
Adria F Adriatic (Sea)
ADS ABK (= Aufmerksamkeitsdefizit-Syndrom) ADD
Advent M Advent; **erster/vierter ~** first/fourth Sunday in Advent; **im ~** at Advent **Adventskalender** M Advent calendar **Adventskranz** M Advent wreath **Adventszeit** F Advent
Adverb N adverb **adverbial** A ADJ adverbial B ADV adverbially
Advokat(in) M(F) schweiz lawyer
Aerobic N aerobics sg
aerodynamisch A ADJ aerodynamic B ADV aerodynamically
AfD F ABK (= Alternative für Deutschland) POL AfD (German anti-European political party)
Affäre F affair; **sich aus der ~ ziehen** umg to get (oneself) out of it umg
Affe M **1** monkey; (≈ Menschenaffe) ape **2** sl (≈ Kerl) clown umg; **ein eingebildeter ~** a conceited ass umg
Affekt M emotion; **im ~ handeln** to act in the heat of the moment **Affekthandlung** F act committed under the influence of emotion **affektiert** pej A ADJ affected B ADV affectedly **Affektiertheit** F affectation

affenartig ADJ **mit ~er Geschwindigkeit** umg like greased lightning umg **Affenhitze** F sweltering heat umg **Affenliebe** F blind adoration (**zu** of) **Affentempo** umg N breakneck speed Br umg, neck-breaking speed US umg **Affentheater** umg N carry-on umg, fuss **Affenzahn** umg M ≈ Affentempo **affig** umg ADJ (≈ eitel) stuck-up umg; (≈ geziert) affected; (≈ lächerlich) ridiculous **Äffin** F female monkey; (≈ Menschenäffin) female ape
Afghane M, **Afghanin** F Afghan **afghanisch** ADJ Afghan **Afghanistan** N Afghanistan
Afrika N Africa **Afrikaner(in)** M(F) African **afrikanisch** ADJ African **Afro-asiat(in)** M(F) Afro-Asian **afrodeutsch** ADJ Afro-German **Afrodeutsche(r)** M/F(M) Afro-German
After form M anus
Aftershave N aftershave
After-Work-Party F after-work party
AG F ABK (= Aktiengesellschaft) ≈ plc Br, ≈ corp. US, ≈ inc. US, ≈ incorporated company US
Ägäis F Aegean (Sea) **ägäisch** ADJ Aegean
Agave F agave
Agenda F agenda; **~ 2000** Agenda 2000
Agent(in) M(F) agent; (≈ Spion) secret agent **Agentur** F agency; **~ für Arbeit** job centre Br, employment office US **Agenturmeldung** F (news) agency report
Aggregat N GEOL aggregate; TECH unit, set of machines **Aggregatzustand** M state
Aggression F aggression (**gegen** towards) **aggressiv** A ADJ aggressive B ADV aggressively **Aggressivität** F aggressivity
agieren V/I to act
Agitation F POL agitation **agitatorisch** ADJ POL agitational; Rede, Inhalt inflammatory; **sich ~ betätigen** to be an agitator **agitieren** V/I to agitate
Agrarpolitik F agricultural policy
Ägypten N Egypt **Ägypter(in)** M(F) Egyptian **ägyptisch** ADJ Egyptian
aha INT aha; verstehend a. I see **Aha-Effekt** M aha effect **Aha-Erlebnis** N light bulb moment; sudden insight
ahnden V/T Übertretung, Verstoß to punish

ähneln $\overline{VI}$ to resemble; **sich ~, einander ~** *geh* to be alike, to be similar

ahnen $\overline{VT}$ to foresee; *Gefahr, Tod* to have a premonition of; (≈ *vermuten*) to suspect; (≈ *erraten*) to guess; **das kann ich doch nicht ~!** I couldn't have expected to know that!; **nichts Böses ~** to be unsuspecting; **(ach), du ahnst es nicht!** *umg* would you believe it! *umg*

ähnlich $\boxed{A}$ $\overline{ADJ}$ similar (+*dat* to); **~ wie er/sie** like him/her; **~ wie vor 10 Jahren** as 10 years ago; **sie sind sich ~** they are similar *od* alike; **(etwas) Ähnliches** something similar $\boxed{B}$ $\overline{ADV}$ **~ kompliziert/intelligent** just as complicated/intelligent; **ich denke ~** I feel the same way (about it); **j-m ~ sehen** to resemble sb $\boxed{C}$ $\overline{PRÄP}$ similar to, like **Ähnlichkeit** $\overline{F}$ similarity (**mit** to) **ähnlichsehen** $\overline{VI}$ **das sieht ihm (ganz) ähnlich!** *umg* that's just like him!

Ahnung $\overline{F}$ $\boxed{1}$ (≈ *Vorgefühl*) presentiment; *düster* premonition $\boxed{2}$ (≈ *Vorstellung, Wissen*) idea; (≈ *Vermutung*) suspicion, hunch; **eine ~ von etw vermitteln** to give an idea of sth; **keine ~!** *umg* no idea! *umg*; **hast du eine ~, wo er sein könnte?** have you any idea where he could be? **ahnungslos** $\boxed{A}$ $\overline{ADJ}$ (≈ *nichts ahnend*) unsuspecting; (≈ *unwissend*) clueless *umg* $\boxed{B}$ $\overline{ADV}$ unsuspectingly

Ahorn $\overline{M}$ maple

Ähre $\overline{F}$ (≈ *Getreideähre*) ear

Aids $\overline{N}$ Aids **Aidshilfe** $\overline{F}$ Aids centre *Br*, Aids center *US* **aidsinfiziert** $\overline{ADJ}$ Aids-infected, infected with Aids **aidskrank** $\overline{ADJ}$ suffering from Aids **Aidskranke(r)** $\overline{M(F)(M)}$ Aids sufferer **Aidstest** $\overline{M}$ Aids test **Aidstote(r)** $\overline{M(F)(M)}$ person/man/woman who died of Aids; **2000 ~ pro Jahr** 2000 Aids deaths per year

Aikido $\overline{N}$ aikido

Airbag $\overline{M}$ AUTO airbag

Akademie $\overline{F}$ academy; (≈ *Fachschule*) college, school **Akademiker(in)** $\overline{M(F)}$ (≈ *Hochschulabsolvent*) (university) graduate; (≈ *Universitätslehrkraft*) academic **akademisch** $\overline{ADJ}$ academic; **die ~e Jugend** (the) students *pl*; **~ gebildet sein** to have (had) a university education

Akazie $\overline{F}$ acacia

akklimatisieren $\overline{VR}$ to become acclimatized (**in** +*dat* to)

Akkord $\overline{M}$ $\boxed{1}$ MUS chord $\boxed{2}$ (≈ *Stücklohn*) piece rate; **im ~ arbeiten** to do piecework **Akkordarbeit** $\overline{F}$ piecework **Akkordarbeiter(in)** $\overline{M(F)}$ pieceworker

Akkordeon $\overline{N}$ accordion

Akkordlohn $\overline{M}$ piece wages *pl*, piece rate

akkreditieren $\overline{VT}$ *Botschafter, Journalisten* to accredit (**bei** to, at) **Akkreditiv** $\overline{N}$ FIN letter of credit

Akku $\overline{M}$ $\overline{ABK}$ *umg* → Akkumulator **Akkulaufzeit** $\overline{F}$ battery life **Akkumulator** $\overline{M}$ accumulator **akkumulieren** $\overline{VT \& VI \& VR}$ to accumulate

akkurat $\boxed{A}$ $\overline{ADJ}$ precise, accurate $\boxed{B}$ $\overline{ADV}$ precisely, exactly

Akkusativ $\overline{M}$ accusative **Akkusativobjekt** $\overline{N}$ accusative object

Akne $\overline{F}$ acne

Akontozahlung $\overline{F}$ payment on account

akribisch *geh* $\boxed{A}$ $\overline{ADJ}$ meticulous, precise $\boxed{B}$ $\overline{ADV}$ meticulously

Akrobat(in) $\overline{M(F)}$ acrobat **akrobatisch** $\overline{ADJ}$ acrobatic

Akronym $\overline{N}$ acronym

Akt $\overline{M}$ $\boxed{1}$ act; (≈ *Zeremonie*) ceremony $\boxed{2}$ KUNST (≈ *Aktbild*) nude $\boxed{3}$ (≈ *Geschlechtsakt*) sexual act **Aktbild** $\overline{N}$ nude (picture *od* portrait)

Akte $\overline{F}$ file, record; **etw zu den ~n legen** to file sth away; *fig Fall etc* to drop sth **Aktendeckel** $\overline{M}$ folder **Aktenkoffer** $\overline{M}$ attaché case **aktenkundig** $\overline{ADJ}$ on record; **~ werden** to be put on record **Aktenmappe** $\overline{F}$ (≈ *Tasche*) briefcase, portfolio; (≈ *Umschlag*) folder, file **Aktennotiz** $\overline{F}$ memo(randum) **Aktenordner** $\overline{M}$ file **Aktenschrank** $\overline{M}$ filing cabinet **Aktentasche** $\overline{F}$ briefcase **Aktenzeichen** $\overline{N}$ reference

Aktfoto $\overline{N}$ nude (photograph)

Aktie $\overline{F}$ share; **die ~n fallen/steigen** share prices are falling/rising; **wie stehen die ~n?** *hum umg* how are things? **Aktienfonds** $\overline{M}$ equity fund **Aktiengesellschaft** $\overline{F}$ ≈ public limited company *Br*, ≈ corporation *US* **Aktienindex** $\overline{M}$ FIN share index **Aktienkapital** $\overline{N}$ share capital **Aktienkurs** $\overline{M}$ share price **Aktienmarkt** $\overline{M}$ stock market **Aktienmehrheit** $\overline{F}$ majority holding; **die ~ besitzen** to hold the controlling interest

Aktion $\overline{F}$ action; (≈ *Kampagne*) campaign; (≈ *Werbeaktion*) promotion; **in ~**

treten to go into action

Aktionär(in) M̄F̄ shareholder, stockholder *bes US*

Aktionismus M̄ *pej übertriebener Betätigungsdrang* **blinder ~** doing things for the sake of it; **in blinden ~ verfallen** to start doing things for the sake of it

aktiv A̅ ADJ active; WIRTSCH *Bilanz* positive B̅ ADV actively; **sich ~ an etw** *(dat)* **beteiligen** to take an active part in sth **Aktiv** N̄ GRAM active **Aktiva** P̄L assets *pl* **aktivieren** V̄T̄ to activate; *fig Mitarbeiter* to get moving **Aktivist(in)** M̄F̄ activist **Aktivität** F̄ activity **Aktivitätsarmband** N̄ activity tracker **Aktivkohlefilter** F̄ activated carbon filter **Aktivposten** *wörtl, fig* M̄ asset **Aktivurlaub** M̄ activity holiday *Br*, activity vacation *US*

Aktmodell N̄ nude model **Aktstudie** F̄ nude study

aktualisieren A̅ V̄T̄ to make topical; *Lehrwerk* to update B̅ V̄R̄ **sich (selbst) ~ IT** to update automatically **Aktualität** F̄ topicality **aktuell** ADJ *Thema* topical; *Problem, Theorie* current; *Mode, Stil* latest *attr*; **von ~er Bedeutung** of relevance to the present situation; **eine ~e Sendung** a current affairs programme *Br*, a current affairs program *US*

> **aktuell ≠ actual**

aktuell	=	**topical, current,** *the* **latest**
actual	=	eigentliche(r, s); tatsächliche(r, s)

◀

Akupressur F̄ acupressure **akupunktieren** V̄T̄ to acupuncture **Akupunktur** F̄ acupuncture

Akustik F̄ *von Gebäude etc* acoustics *pl* **akustisch** A̅ ADJ acoustic B̅ ADV acoustically; **ich habe dich rein ~ nicht verstanden** I simply didn't catch what you said (properly)

akut A̅ ADJ MED, *a. fig* acute B̅ ADV acutely

AKW N̄ ABK (= *Atomkraftwerk*) nuclear power station

Akzent M̄ accent; (≈ *Betonung*), *a. fig* stress; **den ~ auf etw** (*akk*) **legen** to stress sth **akzentfrei** ADJ & ADV without any *od* an accent

akzeptabel ADJ acceptable **Akzeptanz** F̄ acceptance **akzeptieren** V̄T̄ to accept

Alarm M̄ alarm; **~ schlagen** to give *od* raise *od* sound the alarm **Alarmanlage** F̄ alarm system **Alarmbereitschaft** F̄ alert; **in ~ sein** *od* **stehen** to be on the alert **alarmieren** V̄T̄ *Polizei etc* to alert; *fig* (≈ *beunruhigen*) to alarm; **~d** *fig* alarming **Alarmstufe** F̄ alert stage **Alarmzustand** M̄ alert; **im ~ sein** to be on the alert

Alaska N̄ Alaska

Albaner(in) M̄F̄ Albanian **Albanien** N̄ Albania **albanisch** ADJ Albanian

Albatros M̄ albatross

albern A̅ ADJ silly, stupid; **~es Zeug** (silly) nonsense B̅ ADV *klingen* silly; **sich ~ benehmen** to act silly C̄ V̄Ī to fool around **Albernheit** F̄ 1 (≈ *albernes Wesen*) silliness 2 (≈ *Tat*) silly prank; (≈ *Bemerkung*) inanity

Albino M̄ albino

Albtraum M̄ nightmare

Album N̄ album

Alge F̄ alga

Algebra F̄ algebra **algebraisch** ADJ algebraic(al)

Algenteppich M̄ algae slick

Algerien N̄ Algeria **Algerier(in)** M̄F̄ Algerian **algerisch** ADJ Algerian

alias ADV alias, also *od* otherwise known as

Alibi N̄ JUR, *a. fig* alibi **Alibifrau** F̄ token woman **Alibifunktion** F̄ **~ haben** *fig* to be used as an alibi

Alimente P̄L maintenance *sg*

alkalisch ADJ alkaline

Alki *sl* M̄ alkie *umg*

Alkohol M̄ alcohol; **unter ~ stehen** to be under the influence (of alcohol *od* drink) **alkoholabhängig** ADJ alcohol-dependent; **~ sein** to be an alcoholic **alkoholarm** ADJ low in alcohol (content) **Alkoholeinfluss** M̄ influence of alcohol *od* drink; **unter ~** under the influence of alcohol **alkoholfrei** ADJ nonalcoholic **Alkoholgehalt** M̄ alcohol(ic) content **Alkoholgenuss** M̄ consumption of alcohol **alkoholhaltig** ADJ alcoholic **Alkoholiker(in)** M̄F̄ alcoholic **alkoholisch** ADJ alcoholic **alkoholisiert** ADJ (≈ *betrunken*) inebriated **Alkoholismus** M̄ alcoholism **Alkoholkonsum** M̄ consumption of alcohol **Alkoholkontrolle** F̲ roadside breath test **alkoholkrank** A̲D̲J̲ alcoholic; **~ sein** to be an alcoholic **Alkoholmissbrauch** M̲ alcohol abuse **Alkoholproblem** N̲ **er hat ein ~** he's got a drink problem, he has got a drinking problem US **Alkoholspiegel** M̲ **j-s ~** the level of alcohol in sb's blood **Alkoholsünder(in)** umg M̲(F̲) drunk(en) driver **Alkoholtest** M̲ breath test **Alkoholverbot** N̲ ban on alcohol **Alkoholvergiftung** F̲ alcohol(ic) poisoning

Alkopop M̲

All N̲ Naturwissenschaft, a. RAUMF space ohne art

allabendlich A̲D̲J̲ (which takes place) every evening; **der ~e Spaziergang** the regular evening walk

Allah M̲ Allah

alle A̲ PRON → **aller**, s B̲ A̲D̲V̲ umg all gone; **die Milch ist ~** there's no milk left; **etw/j-n ~ machen** umg to finish sth/sb off **alledem** PRON **trotz ~** in spite of all that

Allee F̲ avenue

▶ **Allee ≠ alley**

Allee	=	avenue
alley	=	Gasse; Weg

Allegorie F̲ LIT allegory
allein A̲ A̲D̲J̲ alone; (≈einsam) lonely; **ganz ~, für sich ~** on one's own; **von ~** by oneself/itself; **auf sich** (akk) **~ angewiesen sein** to be left to cope on one's own B̲ A̲D̲V̲ (≈nur) alone; **~ schon der Gedanke** the very od mere thought ...; → **alleinerziehend**; → **alleinstehend**
Alleinerbe M̲, **Alleinerbin** F̲ sole heir **alleinerziehend** A̲D̲J̲ Mutter, Vater single **Alleinerziehende(r)** M̲/F̲(M̲), **Alleinerzieher(in)** österr M̲(F̲) single parent **Alleingang** M̲ **etw im ~ machen** to do sth on one's own **alleinig** A̲D̲J̲ sole, only **Alleinsein** N̲ being on one's own kein best art, solitude; (≈Einsamkeit) loneliness **alleinstehend** A̲D̲J̲ living alone od on one's own **Alleinstehende(r)** M̲/F̲(M̲) single person **Alleinstellungsmerkmal** N̲ WIRTSCH von Produkt unique selling point; von Firma etc distinguishing char-

acteristic **Alleinunterhalter(in)** M̲(F̲) solo entertainer **Alleinverdiener(in)** M̲(F̲) sole (wage) earner
allemal A̲D̲V̲ every od each time; (≈ohne Schwierigkeit) without any problem; → **Mal**²
allenfalls A̲D̲V̲ (≈nötigenfalls) if need be; (≈höchstens) at most; (≈bestenfalls) at best
aller- Z̲S̲S̲G̲N̲ zur Verstärkung by far **alle(r, s)** A̲ I̲N̲D̲E̲F̲ P̲R̲ 1̲ all; **~ Anwesenden/Beteiligten/Betroffenen** all those present/taking part/affected; **~ Schüler müssen mindestens neun Jahre in die Schule gehen** all schoolchildren have to go to school for at least nine years; **~ Schüler unserer Schule** all the pupils at our school; **ich habe ~ Schallplatten verschenkt** I've given away all my records; **trotz ~r Mühe** in spite of every effort; **ohne ~n Grund** for no reason at all 2̲ **~s** sg everything; in Fragen, Verneinung anything; **das ~s** all that; **~s Schöne** everything beautiful; **(ich wünsche dir) ~s Gute** (I wish you) all the best; **~s in ~m** all in all; **trotz ~m** in spite of everything; **über ~s** above all else; (≈mehr als alles andere) more than anything else; **vor ~m** above all; **das ist ~s** that's all, that's it umg; **das ist ~s andere als ...** that's anything but ...; **was soll das ~s?** what's all this supposed to mean?; **was er (nicht) ~s weiß/kann!** the things he knows/can do! 3̲ ~ pl all; (≈alle Menschen) everybody, everyone; **die haben mir ~ nicht gefallen** I didn't like any of them; **~ beide** both of them, the two of them; **sie kamen ~** all of them came; **~ fünf Minuten** every five minutes B̲ A̲D̲V̲ → **alle allerbeste(r, s)** A̲D̲J̲ very best; **der/die/das Allerbeste** the best of all **allerdings** A̲D̲V̲ einschränkend though; **~!** (most) certainly! **allererste(r, s)** A̲D̲J̲ very first
Allergen N̲ MED allergen **Allergie** F̲ MED allergy; fig aversion (**gegen** to); **eine ~ gegen etw haben** a. fig hum to be allergic to sth **Allergiepass** M̲ allergy ID **Allergietest** M̲ allergy test **Allergiker(in)** M̲(F̲) person suffering from an allergy **allergisch** A̲ A̲D̲J̲ MED, a. fig allergic (**gegen** to) B̲ A̲D̲V̲ **auf etw** (akk) **~ reagieren** to have an allergic reaction to sth

allerhand ADJ all kinds of things; **das ist ~!** zustimmend that's quite something!; **das ist ja** od **doch ~!** empört that's too much! **Allerheiligen** N All Saints' Day **allerhöchstens** ADV at the very most **allerlei** ADJ all sorts od kinds of **allerletzte(r, s)** ADJ very last; (≈ allerneueste) very latest; **der das ist (ja) das Allerletzte** umg he's/it's the absolute end! umg **allerliebste(r, s)** ADJ (≈ Lieblings-) most favourite attr Br, most favorite attr US **allermeiste(r, s)** ADJ most ... of all **allernächste(r, s)** ADJ very next; **in ~r Zeit** in the very near future **allerneueste(r, s)** ADJ very latest **Allerseelen** N All Souls' Day **allerseits** ADV on all sides; **guten Abend ~!** good evening everybody **Allerwelts-** ZSSGN (≈ Durchschnitts-) ordinary; (≈ nichtssagend) general **allerwenigste(r, s)** ADJ least ... of all; pl fewest of all, fewest ... of all **alles** INDEF PR → aller, s **allesamt** ADV all (of them/us etc), to a man

Alleskleber M all-purpose adhesive od glue **Allesschneider** M food-slicer

allg. ABK (= allgemein) general(ly)

allgegenwärtig ADJ omnipresent

allgemein A ADJ general; Feiertag public; Regelungen, Wahlrecht universal; Wehrpflicht compulsory; **im Allgemeinen** in general, generally; **im ~en Interesse** in the common interest; **von ~em Interesse** of general interest B ADV generally; (≈ ausnahmslos von allen) universally; **es ist ~ bekannt** it's common knowledge; **~ verständlich** generally intelligible; **~ verbreitet** widespread; **~ zugänglich** open to all **Allgemeinarzt** M, **Allgemeinärztin** F ≈ general practitioner, family practitioner US **Allgemeinbefinden** N general condition **Allgemeinbildung** F general education **Allgemeinheit** F (≈ Öffentlichkeit) general public **Allgemeinmedizin** F general medicine **Allgemeinmediziner(in)** M(F) MED ≈ general practitioner, ≈ GP, ≈ family practitioner US **allgemeinverständlich** ADJ → allgemein **Allgemeinwissen** N general knowledge **Allgemeinwohl** N public welfare

Allheilmittel N cure-all

Allianz F 1 alliance 2 (≈ NATO) Alliance **Alligator** M alligator

alliiert ADJ allied; im 2. Weltkrieg Allied **Alliierte(r)** M/F(M) ally

All-inclusive-Urlaub M all-inclusive holiday Br, all-inclusive vacation US

alljährlich A ADJ annual, yearly B ADV annually, yearly

Allmacht F bes von Gott omnipotence **allmächtig** ADJ all-powerful; Gott a. almighty

allmählich A ADJ gradual B ADV gradually; **es wird ~ Zeit** umg it's about time **allmonatlich** ADJ & ADV monthly **Allradantrieb** M AUTO four-wheel drive

Allround- ZSSGN all-round Br, all-around US

allseitig ADJ (≈ allgemein) general; (≈ ausnahmslos) universal **allseits** ADV (≈ überall) everywhere; (≈ in jeder Beziehung) in every respect; **~ beliebt/unbeliebt** universally popular/unpopular

Alltag fig M **im ~** in everyday life **alltäglich** ADJ daily; (≈ üblich) ordinary, everyday; **es ist ganz ~** it's nothing unusual **Alltags-** ZSSGN everyday

Allüren PL (≈ geziertes Verhalten) affectations pl; eines Stars etc airs and graces pl **allwissend** ADJ omniscient

allzu ADV all too; **~ viele Fehler** far too many mistakes; **~ früh** far too early; **~ sehr** too much; mögen all too much; sich ärgern, enttäuscht sein too; **~ viel** too much; **~ viel ist ungesund** sprichw you can have too much of a good thing sprichw

Allzweck- ZSSGN Reiniger etc all-purpose, multipurpose **Allzweckreiniger** M multipurpose cleaner

Alm F alpine pasture

Almosen N 1 geh (≈ Spende) alms pl obs 2 (≈ geringer Lohn) pittance

Alp F (≈ Alm) alpine pasture

Alpen PL Alps pl **Alpenland** N alpine country **Alpenrose** F Alpine rose od rhododendron **Alpenveilchen** N cyclamen **Alpenvorland** N foothills pl of the Alps

Alphabet N alphabet **alphabetisch** A ADJ alphabetical B ADV alphabetically **alphanumerisch** ADJ alphanumeric

alpin ADJ a. SKI alpine **Alpinist(in)** M(F) alpinist

Alptraum M̅ → Albtraum

als KONJ **1** than; **ich kam später als er** I came later than he (did) od him **2** bei Vergleichen **so … als … as … as …;** **so viel/so weit als möglich** as much/far as possible; **eher** od **lieber … als** rather … than; **alles andere als** anything but **3** als ob ich das nicht wüsste! as if I didn't know! **4** zeitlich when; **damals, als** (in the days) when; **gerade, als** just as **5** als Beweis as proof; **als Antwort/Warnung** as an answer/a warning; **als Kind/Mädchen** etc as a child/girl etc

also A KONJ (≈folglich) so, therefore B ADV so; **~ doch** so … after all; **du machst es ~?** so you'll do it then? C INT well; **~ doch!** see **ja**; here etc did!; **na ~!** there you are!, you see?; **~ gut** od **schön** well all right then; **~ so was!** well (I never)!

deutsch **also** ≠ englisch **also**
also (konj) = **so, therefore**
also (adv) = **auch, außerdem**

Alsterwasser nordd N̅ shandy Br, radler US, beer and lemonade

alt ADJ **1** old; Mythos, Griechen ancient; Sprachen classical; **das alte Rom** ancient Rome; **Alt und Jung** (everybody) old and young; **ein drei Jahre altes Kind** a three-year-old child; **wie alt bist du?** how old are you?; **hier werde ich nicht alt** umg this isn't my scene umg; **in alter Freundschaft, Dein …** yours as ever …; **alt aussehen** umg (≈dumm dastehen) to look stupid **2** (≈dieselbe, gewohnt) same old

Alt¹ M̅ MUS alto

Alt² N̅ (≈Bier) top-fermented German dark beer

Altar M̅ altar

altbacken ADJ **1** stale **2** fig old-fashioned **Altbau** M̅ old building **Altbauwohnung** F̅ flat in an old building Br, apartment in an old building **Altbundeskanzler(in)** M(F) former German/Austrian Chancellor **altdeutsch** ADJ old German **Alte** F̅ (≈alte Frau) old woman; umg (≈Vorgesetzte) boss **Alteisen** N̅ scrap metal **altenglisch** ADJ old English **Altenheim** N̅ old people's home, retirement home **Altenhilfe** F̅ old people's welfare **Altenpfleger(in)** M(F) old people's nurse **Alte(r)** M̅ (≈alter Mann) old man; umg (≈Vorgesetzter) boss; **die ~n** (≈Eltern) the folk(s) pl umg **Alter** N̅ age; **im ~** in one's old age; **im ~ von 18 Jahren** at the age of 18; **in deinem ~** at your age; **er ist in deinem ~** he's your age; **älter** ADJ older; (≈nicht ganz jung) elderly; **die ~en Herrschaften** the older members of the party **altern** VI to age; Wein to mature; **~d** ageing **alternativ** ADJ alternative **Alternative** F̅ alternative; **~ für Deutschland** POL AfD (German anti-European political party) **alternativlos** ADV with no alternative; **~ sein** to be the only alternative; **diese Politik ist nicht ~** there are alternatives to this policy **Alternativmedizin** F̅ alternative medicine

Altersarmut F̅ poverty in old age **altersbedingt** ADJ age-related **Altersbeschwerden** PL complaints pl of old age **altersdement** ADJ MED suffering from senile dementia **Altersdemenz** F̅ senile dementia **Altersdiskriminierung** F̅ ageism **Alterserscheinung** F̅ sign of old age **Altersgenosse** M̅, **Altersgenossin** F̅ contemporary **Altersgrenze** F̅ age limit; (≈Rentenalter) retirement age **Altersgründe** PL aus **~n** for reasons of age **Altersgruppe** F̅ age group **Altersheim** N̅ old people's home **Altersklasse** F̅ age group **Altersrente** F̅ old age pension **altersschwach** ADJ Mensch old and infirm; Auto, Möbel etc decrepit **Altersschwäche** F̅ von Mensch infirmity **Alterssteilzeit** F̅ semi-retirement **Altersunterschied** M̅ age difference **Altersversorgung** F̅ provision for (one's) old age; **betriebliche ~** company pension scheme **Altersvorsorge** F̅ old-age provision; **private ~** personal pension plan

Altertum N̅ antiquity ohne art **altertümlich** ADJ (≈aus dem Altertum) ancient; (≈veraltet) antiquated

älteste(r, s) ADJ oldest

Altglas N̅ glass for recycling **Altglascontainer** M̅ bottle bank **altgriechisch** ADJ ancient Greek **althergebracht** ADJ traditional; Tradition long-established **althochdeutsch** ADJ Old High German

Altistin F̲ MUS alto
altjüngferlich A̲D̲J̲ old-maidish, spin-
sterish **Altkanzler(in)** M̲/F̲ former
chancellor **Altkleidersammlung** F̲
collection of old clothes; **etw in die ~
geben** to put sth in the old clothes col-
lection **altklug** A̲D̲J̲ precocious **Altlast**
F̲ Ökologie dangerous waste (accumulat-
ed over the years); (≈ Fläche) contami-
nated area; fig legacy (of the past), in-
herited problem **Altlastensanie-
rung** F̲ redevelopment od clean-up
of contaminated sites **Altmaterial** N̲
scrap **Altmetall** N̲ scrap metal **alt-
modisch** A̲D̲J̲ old-fashioned, outdated
Altöl N̲ used oil **Altpapier** N̲ waste-
paper **Altsein** N̲ being old ohne art
altsprachlich A̲D̲J̲ classical; **~e Abtei-
lung** classics department **Altstadt** F̲
old town

Altstimme F̲ MUS alto
Alt-Taste F̲ COMPUT Alt key
Altweibersommer M̲ Indian summer
Aludose F̲ aluminium can Br, alumi-
num can US, tin can **Alufolie** F̲ tin
od kitchen foil **Aluminium** N̲ alumin-
ium Br, aluminum US
Alzheimerkrankheit F̲ Alzheimer's
(disease)
am P̲R̲Ä̲P̲ **1** **er war am tapfersten** he was
(the) bravest; **am besten/liebsten/meis-
ten** best; **am seltsamsten war ... the**
strangest thing was ... **2** als Zeitangabe
on; **am letzten Sonntag** last Sunday; **am
8. Mai** on 8(th) May, on May 8(th); **am
Morgen/Abend** in the morning/evening;
am nächsten Morgen/Tag the next
morning/day **3** **am Ende (von)** at the
end (of); **am Bahnhof** at the station;
am Telefon on the phone
Amateur(in) M̲/F̲ amateur **amateur-
haft** A̲D̲J̲ amateurish
Ambiente geh N̲ ambience
Ambition F̲ ambition; **~en auf etw**
(akk) **haben** to have ambitions of get-
ting sth
ambivalent A̲D̲J̲ ambivalent
Amboss M̲ anvil
ambulant A̲ A̲D̲J̲ MED outpatient attr;
~e Patienten outpatients B̲ A̲D̲V̲ **~ be-
handelt werden** Patient to be treated
as an outpatient **Ambulanz** F̲ **1** (≈ Kli-
nikstation) outpatient department **2**
(≈ Krankenwagen) ambulance
Ameise F̲ ant **Ameisenbär** M̲ anteat-

er; größer giant anteater **Ameisen-
haufen** M̲ anthill
amen I̲N̲T̲ amen **Amen** N̲ amen; **das ist
so sicher wie das ~ in der Kirche** od **im
Gebet** österr sprichw you can bet your
bottom dollar on that umg
Amerika N̲ America **Amerikaner(in)**
M̲/F̲ American **amerikanisch** A̲D̲J̲
American; **~e Ureinwohner** Native Am-
ericans **Amerikanismus** M̲ Ameri-
canism
Ami umg M̲ Yank umg
Aminosäure F̲ amino acid
Ammann M̲ schweiz mayor
Ammenmärchen N̲ fairy tale od story
Amnestie F̲ amnesty **amnestieren**
V̲/T̲ to grant an amnesty to
Amöbe F̲ amoeba
Amok M̲ **~ laufen** to run amok bes Br,
to run amuck; **~ fahren** to drive like a
madman od lunatic **Amokfahrt** F̲
mad od crazy ride **Amokschütze** M̲
crazed gunman
amortisieren V̲R̲ to pay for itself
Ampel F̲ (≈ Verkehrsampel) (traffic) lights
pl **Ampelanlage** F̲ (set of) traffic
lights pl **Ampelphase** F̲ traffic light
sequence
Amphetamin N̲ amphetamine
Amphibie F̲ ZOOL amphibian **Amphi-
bienfahrzeug** N̲ amphibious vehicle
Ampulle F̲ (≈ Behälter) ampoule
Amputation F̲ amputation **amputie-
ren** V̲/T̲ to amputate **Amputierte(r)**
M̲/F(M)̲ amputee
Amsel F̲ blackbird
Amt N̲ **1** (≈ Stelle) post Br, position; öf-
fentlich office; **von Amts wegen** (≈ auf-
grund von j-s Beruf) because of one's job
2 (≈ Aufgabe) duty, task **3** (≈ Behörde)
office; **zum zuständigen Amt gehen** to
go to the relevant authority; **von Amts
wegen** (≈ auf behördliche Anordnung
hin) officially **amtieren** V̲/I̲ to be in of-
fice; **~d** incumbent; **der ~de Weltmeis-**

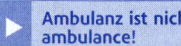

**Ambulanz ist nicht immer
ambulance!**

Ambulanz	=	(Klinikstation)
		outpatient department
Ambulanz	=	(Krankenwagen)
		ambulance
ambulance	=	Krankenwagen

ter the reigning world champion; **er amtiert als Bürgermeister** he is acting mayor **amtlich** ADJ official; **~es Kennzeichen** registration (number), license number US **Amtsantritt** M assumption of office **Amtsblatt** N (official) gazette **Amtsdauer** F term of office **Amtsgericht** N ≈ county court Br, district court US **Amtshandlung** F official duty; **seine erste ~ bestand darin, ...** the first thing he did in office was ... **Amtshilfe** F cooperation between authorities **Amtsmissbrauch** M abuse of one's position **Amtsperiode** F term of office **Amtsrichter(in)** M|F ≈ county court judge Br, district court judge US **Amtssprache** F official language **Amtsweg** M official channels pl; **den ~ beschreiten** to go through the official channels **Amtszeichen** N TEL dialling tone Br, dial tone US **Amtszeit** F period of office **Amulett** N amulet, charm **amüsant** A ADJ amusing B ADV amusingly **amüsieren** A VT to amuse; **was amüsiert dich denn so?** what do you find so amusing od funny? B V|R to enjoy oneself, to have a good time, to have fun; **sich über etw** (akk) **~** to find sth funny; unfreundlich to make fun of sth; **amüsiert euch gut** have fun **Amüsierviertel** N nightclub district

an A PRÄP 1 räumlich: wo? at; (≈ an etw dran) on; **an der Tür/Wand** on the door/wall; **an dem Tisch** (**dort**) at that table; **am Himmel** in the sky; **Frankfurt an der Oder** Frankfurt on (the) Oder; **zu nahe an etw stehen** to be too near to sth; **unten am Fluss** down by the river; **Haus an Haus** one house after the other; **an etw vorbeigehen** to go past sth 2 zeitlich on; **am Abend** in the evening; **an diesem Abend** (on) that evening; **am Tag zuvor** the day before, the previous day; → **am** 3 fig **was haben Sie an Weinen da?** what wines do you have?; **unübertroffen an Qualität** unsurpassed in quality; **das Beste an ...** the best thing about; **es ist an ihm, etwas zu tun** it's up to him to do something B PRÄP 1 räumlich: wohin? to; **etw an die Wand/Tafel schreiben** to write sth on the wall/blackboard; **an den Tisch** (**dort**) at that table; **er ging ans Fenster** he went (over) to the window; **bis an mein**

Lebensende to the end of my days 2 fig **ich habe eine Bitte/Frage an Sie** I have a request to make of you/a question to ask you; **an** (und für) **sich** actually C ADV 1 (≈ ungefähr) **an** (die) **hundert** about a hundred 2 Ankunftszeit Frankfurt **an: 18.30 Uhr** arriving Frankfurt 18.30 3 **von heute an** from today onwards 4 umg (≈ angeschaltet, angezogen) on; **Licht an!** lights on!; **ohne etwas an** with nothing on

Anabolikum N anabolic steroid **anal** ADJ PSYCH, ANAT anal **analog** A ADJ 1 analogous (+dat od **zu** to) 2 TEL analogue Br, analog US 3 IT analog B ADV TEL, IT in analogue format Br, in an analog format US **Analogie** F LIT analogy **Analphabet(in)** M|F illiterate (person) **Analphabetismus** M illiteracy **Analverkehr** M anal intercourse **Analyse** F a. PSYCH analysis **analysieren** V|T to analyze **Analyst(in)** M|F BÖRSE investment analyst **Analytiker(in)** M|F analyst; (≈ analytischer Denker) analytical thinker **analytisch** ADJ analytical **Anämie** F anaemia Br, anemia US **Ananas** F pineapple **Anarchie** F anarchy **Anarchismus** M anarchism **Anarchist(in)** M|F anarchist **anarchistisch** ADJ anarchistic **Anästhesie** F anaesthesia Br, anesthesia US **Anästhesist(in)** M|F anaesthetist Br, anesthesiologist US **Anatomie** F anatomy **anatomisch** ADJ anatomical **anbaggern** umg V|T to chat up Br umg, to hit on US umg **anbahnen** A V|T to initiate B V|R (≈ sich andeuten) to be in the offing; Unangenehmes to be looming **Anbau**[1] M (≈ Anpflanzung) cultivation; **ökologischer ~** organic cultivation; **Tomaten aus ökologischem ~** organic tomatoes **Anbau**[2] M (≈ Nebengebäude) extension **anbauen** V|T 1 to cultivate; (≈ anpflanzen) to plant, to grow 2 Hoch- und Tiefbau to add, to build on **Anbaufläche** F (area of) cultivable land; (≈ bebaute Ackerfläche) area under cultivation **Anbaugebiet** N cultivable area **Anbaumöbel** PL unit furniture **Anbauschrank** M cupboard unit

anbehalten V/T to keep on

anbei form ADV enclosed; **~ schicken wir Ihnen ...** please find enclosed ...

anbeißen A V/I Fisch to bite; fig to take the bait B V/T Apfel etc to bite into; **ein angebissener Apfel** a half-eaten apple; **sie sieht zum Anbeißen aus** umg she looks good enough to eat

anbeten V/T to worship

Anbetracht M **in ~** (+gen) in consideration od view of

anbiedern pej V/R **sich (bei j-m) ~** to try to get pally (with sb) umg

anbieten A V/T to offer B V/R Mensch to offer one's services; Gelegenheit to present itself **Anbieter(in)** M(F) supplier; IT provider

anbinden V/T (≈ festbinden) to tie (up) (**an** +dat od akk to); **j-n ~** fig to tie sb down; → angebunden

Anblick M sight; **beim ersten ~** at first sight; **beim ~ des Hundes** when he etc saw the dog **anblicken** V/T to look at

anbraten V/T to brown; Steak etc to sear

anbrechen A V/T Packung, Flasche etc to open; Vorrat to broach; Ersparnisse to break into; → angebrochen B V/I Epoche etc to dawn; Nacht to fall; Jahreszeit to begin

anbrennen V/I Essen to get burned; Stoff to get scorched; **nichts ~ lassen** (≈ sich nichts entgehen lassen) not to miss out on anything; umg (≈ keine Zeit verschwenden) to be quick; SPORT to be in control throughout the match; → angebrannt

anbringen V/T **1** (≈ befestigen) to fix, to fasten (**an** +dat onto); (≈ aufstellen, aufhängen) to put up **2** (≈ äußern) to make (**bei** to); Kenntnisse, Wissen to display; Argument to use; → angebracht **3** (≈ hierherbringen) to bring (with one)

Anbruch M geh (≈ Anfang) beginning; von Zeitalter, Epoche dawn(ing)

anbrüllen V/T umg Mensch to shout od bellow at

Andacht F (≈ Gottesdienst) prayers pl **andächtig** A ADJ **1** im Gebet in prayer **2** (≈ versunken) rapt B ADV (≈ inbrünstig) raptly

andauern V/I to continue, to go on; (≈ anhalten) to last **andauernd** A ADJ (≈ ständig) continuous; (≈ anhaltend) continual B ADV constantly

Anden PL Andes pl

Andenken N **1** memory; **zum ~ an j-n** in memory of sb **2** (≈ Reiseandenken) souvenir (**an** +akk of); (≈ Erinnerungsstück) memento (**an** +akk from)

anderenfalls ADV otherwise **andere(r, s)** INDEF PR **1** different; (≈ weiterer) other; **das machen wir ein ~s Mal** we'll do that another time; **er ist ein ~r Mensch geworden** he is a changed od different man **2** (≈ folgend) next, following **3** (≈ Ding) **ein ~r** a different one; (≈ noch einer) another one; **etwas ~s** something else; **jedes, in Fragen** anything else; **alle ~n** all the others; **ja, das ist etwas ~s** yes, that's a different matter; **das ist etwas ganz ~s** that's something quite different; **nichts ~s** nothing else; **nichts ~s als ...** nothing but ...; **es blieb mir nichts ~s übrig, als selbst hinzugehen** I had no alternative but to go myself; **alles ~** (≈ alle anderen Dinge) everything else; **alles ~ als zufrieden** anything but pleased; **unter ~m** among other things; **von einem Tag zum ~n** overnight; **eines besser als das ~** each one better than the next **4** (≈ Person) **ein ~r/eine ~** a different person; (≈ noch einer) another person; **es war kein ~r als ...** it was none other than ...; **niemand ~s** no-one else; **jemand ~s** südd somebody else; **in Fragen** anybody else; **die ~n** the others; **einer nach dem ~n** one after the other **andererseits** ADV on the other hand, then again **andermal** ADV **ein ~** some other time

ändern A V/T to change; Kleidungsstück to alter; **das ist nicht zu ~** nothing can be done about it; **das ändert nichts an der Tatsache, dass ...** that doesn't alter the fact that ... B V/R to change; **wenn sich das nicht ändert ...** if things don't improve ...

anders ADV **1** (≈ sonst) else; **jemand ~** somebody else; **in Fragen** anybody else; **niemand ~** nobody else **2** (≈ verschieden) differently; (≈ andersartig) different (**als** to); **~ als** unlike; **~ ausgedrückt** in other words; **sie ist ~ geworden** she has changed; **es geht nicht ~** there's no other way; **ich kann nicht ~** (≈ kann es nicht lassen) I can't help it; (≈ muss leider) I have no choice; **~ herum** the other way round; **es sich** (dat) **~ überlegen** to change one's mind **andersartig**

ADJ different **Andersdenkende(r)** _M/F(M)_ person of a different opinion; (≈ _Dissident_) dissident, dissenter **andersgeartet** _ADJ_ ~ **sein als j-d** to be different from _od_ to sb **andersgläubig** _ADJ_ ~ **sein** to have a different faith **andersherum** _ADV_ the other way (a)round **anderslautend** _ADJ_ contrary **anderswo** _ADV_ elsewhere, in other places **anderswohin** _ADV_ elsewhere **anderthalb** _NUM_ one and a half; ~ **Stunden** an hour and a half

Änderung _F_ change; _an Kleidungsstück, Gebäude_ alteration (**an** +_dat_ to) **Änderungsschneiderei** _F_ alterations shop **Änderungsvorschlag** _M_ **einen ~ machen** to suggest a change _od_ an alteration

anderweitig _A_ _ADJ_ other _B_ _ADV_ (≈ _anders_) otherwise; (≈ _an anderer Stelle_) elsewhere; ~ **vergeben/besetzt werden** to be given to/filled by someone else **andeuten** _A_ _VIT_ (≈ _zu verstehen geben_) to hint, to intimate (**j-m etw** sth to sb); (≈ _kurz erwähnen_) _Problem_ to mention briefly _B_ _VIR_ to be indicated; _Gewitter_ to be looming **Andeutung** _F_ (≈ _Anspielung, Anzeichen_) hint; (≈ _flüchtiger Hinweis_) brief mention; **eine ~ machen** to drop a hint **andeutungsweise** _ADV_ by way of a hint; **j-m ~ zu verstehen geben, dass …** to hint to sb that …

Andorra _N_ Andorra **Andrang** _M_ (≈ _Gedränge_) crowd, crush; _von Blut_ rush **andrehen** _VIT_ **1** (≈ _anstellen_) to turn on **2** **j-m etw** ~ to palm sth off on sb **androgyn** _ADJ_ androgynous **androhen** _VIT_ to threaten (**j-m etw** sb with sth) **Androhung** _F_ threat; **unter ~ JUR** under penalty (**von** _od_ +_gen_ of) **anecken** _umg_ _VIT_ (**bei j-m/allen**) ~ to rub sb/everyone up the wrong way _umg_ **aneignen** _VIT_ **sich** (_dat_) **etw** ~ (≈ _etw erwerben_) to acquire sth; (≈ _etw wegnehmen_) to appropriate sth; (≈ _sich mit etw vertraut machen_) to learn sth **aneinander** _ADV_ ~ **denken** to think of each other; **sich ~ gewöhnen** to get used to each other; **~ vorbeigehen** to go past each other; **die Häuser stehen zu dicht** ~ the houses are built too close together **aneinandergeraten** _VIT_ to come to blows (**mit** with); (≈ _streiten_) to have words (**mit** with) **aneinan-**

dergrenzen _VIT_ to border on each other **aneinanderreihen** _VIT_ to string together

Anekdote _F_ anecdote **anekeln** _VIT_ to disgust; → **angeekelt** **Anemone** _F_ anemone **anerkannt** _ADJ_ recognized; _Experte_ acknowledged **anerkennen** _VIT_ _Staat, König, Rekord_ to recognize; _Vaterschaft_ to acknowledge; _Leistung, Bemühung_ to appreciate; _Meinung_ to respect; (≈ _loben_) to praise **anerkennend** _ADJ_ ~**e Worte** words of praise **anerkennenswert** _ADJ_ commendable **Anerkennung** _F_ recognition; _von Vaterschaft_ acknowledgement; (≈ _Würdigung_) appreciation; _von Meinung_ respect; (≈ _Lob_) praise **anfahren** _A_ _VIT_ (≈ _losfahren_) to start (up) _B_ _VIT_ **1** (≈ _ansteuern_) _Ort, Hafen_ to stop _od_ call at **2** _Passanten, Baum etc_ to hit; _fig_ (≈ _ausschelten_) to shout at **Anfahrt** _F_ (≈ _Weg, Zeit_) journey; (≈ _Zufahrt_) approach; (≈ _Einfahrt_) drive **Anfall** _M_ attack; (≈ _Wutanfall, epileptischer Anfall_) fit; **einen ~ haben/bekommen** to have a fit **anfallen** _A_ _VIT_ (≈ _überfallen_) to attack _B_ _VIT_ (≈ _sich ergeben_) to arise; _Zinsen_ to accrue; (≈ _sich anhäufen_) to accumulate **anfällig** _ADJ_ delicate; _Motor, Maschine_ temperamental; **für etw ~ sein** to be susceptible to sth

Anfang _M_ (≈ _Beginn_) beginning, start; (≈ _Ursprung_) beginnings _pl_, origin; **zu ~** to start with; (≈ _anfänglich_) at first; ~ **fünfzig** in one's early fifties; ~ **Juni/1998** _etc_ at the beginning of June/ 1998 _etc_; **von** ~ **an** (right) from the beginning _od_ start; **von** ~ **bis Ende** from start to finish; **den ~ machen** to start _od_ begin; (≈ _den ersten Schritt tun_) to make the first move **anfangen** _A_ _VIT_ **1** (≈ _beginnen_) to start **2** (≈ _anstellen, machen_) to do; **damit kann ich nichts ~** (≈ _nützt mir nichts_) that's no good to me; (≈ _verstehe ich nicht_) it doesn't mean a thing to me; **mit dir ist heute (aber) gar nichts anzufangen!** you're no fun at all today! _B_ _VIT_ to begin, to start; **wer fängt an?** who's going to start _od_ begin?; **du hast angefangen!** you started it!; **es fing zu regnen an** it started raining _od_ to rain; **mit etw ~** to start sth **Anfänger(in)** _M(F)_ beginner; _AUTO_ learner; _umg_ (≈ _Nichtskönner_) amateur *pej* **Anfängerkurs** M beginners' course **anfänglich** A ADJ initial B ADV at first, initially **anfangs** ADV at first, initially **Anfangs-** ZSSGN initial **Anfangsbuchstabe** M first letter; **kleine/große ~n** small/large *od* capital initials **Anfangsgehalt** N initial *od* starting salary **Anfangsstadium** N initial stage **Anfangszeit** F starting time

anfassen A VT 1 (≈ *berühren*) to touch 2 (≈ *bei der Hand nehmen*) **j-n ~** to take sb's hand; **angefasst gehen** to walk holding hands 3 *fig* (≈ *anpacken*) *Problem* to tackle; (≈ *behandeln*) *Menschen* to treat B VI 1 (≈ *berühren*) to feel; **nicht ~!** don't touch! 2 (≈ *mithelfen*) **mit ~** to lend a hand 3 *fig* **zum Anfassen** accessible

anfechtbar ADJ contestable; *moralisch* questionable *form* **anfechten** VT (≈ *nicht anerkennen*) to contest; *Urteil, Entscheidung* to appeal against

anfeinden VT to treat with hostility **Anfeindung** F hostility

anfertigen VT to make; *Schriftstück* to draw up; *Hausaufgaben, Protokoll* to do **Anfertigung** F making; *von Schriftstück* drawing up; *von Protokoll, Hausaufgaben* doing

anfeuchten VT to moisten

anfeuern VT *fig* (≈ *ermutigen*) to spur on

anflehen VT to implore (**um** for)

anfliegen A VI (*a.* **angeflogen kommen**) *Flugzeug* to come in to land; *Vogel, Geschoss* to come flying up B VT *Flugzeug* to approach; **diese Fluggesellschaft fliegt Bali an** this airline flies to Bali **Anflug** M 1 (≈ *das Heranfliegen*) approach; **wir befinden uns im ~ auf Paris** we are now approaching Paris 2 (≈ *Spur*) trace

anfordern VT to request, to ask for, to require **Anforderung** F 1 (≈ *Anspruch*) requirement; (≈ *Belastung*) demand; **hohe/zu hohe ~en stellen** to demand a lot/too much (**an** +*akk* of) 2 (≈ *das Anfordern*) request (+*gen od* **von** for)

Anfrage F *a.* IT inquiry; PARL question **anfragen** VI to ask (**bei j-m** sb)

anfreunden VR to become friends; **sich mit etw ~** *fig* to get to like sth

anfühlen VT & VR to feel; **es fühlt sich**

weich an it feels soft

anführen VT 1 (≈ *vorangehen, befehligen*) to lead 2 (≈ *zitieren*) to quote; *Einzelheiten, Grund, Beweis* to give; *Umstand* to cite 3 **j-n ~** *umg* to have sb on *umg* **Anführer(in)** M(F) (≈ *Führer*) leader; *pej* (≈ *Anstifter*) ringleader **Anführungsstrich** M, **Anführungszeichen** N quotation mark, inverted comma

Angabe F 1 (≈ *Aussage*) statement; (≈ *Zahl, Detail*) detail; **~n über etw** (*akk*) **machen** to give details about sth; **laut ~n** (+*gen*) according to; **nach Ihren eigenen ~n** by your own account; **nach ~n des Zeugen** according to (the testimony of) the witness 2 (≈ *Nennung*) giving; **wir bitten um ~ der Einzelheiten/Preise** please give details/prices 3 *umg* (≈ *Prahlerei*) showing off 4 SPORT (≈ *Aufschlag*) service, serve

angaffen *pej* VT to gape at

angeben A VT 1 (≈ *nennen*) to give; (≈ *erklären*) to explain; *beim Zoll* to declare; (≈ *anzeigen*) *Preis, Temperatur etc* to indicate; (≈ *aussagen*) to state; (≈ *behaupten*) to maintain 2 (≈ *bestimmen*) *Tempo, Kurs* to set B VI (≈ *prahlen*) to show off, to boast **Angeber(in)** M(F) (≈ *Prahler*) show-off **Angeberei** *umg* F 1 (≈ *Prahlerei*) showing off (**mit** about) 2 (≈ *Äußerung*) boast **angeberisch** ADJ *Reden* boastful; *Aussehen, Benehmen, Tonfall* pretentious **angeblich** A ADJ alleged B ADV supposedly, allegedly; **er ist ~ Musiker** he says he's a musician

angeboren ADJ innate; MED, *a. fig umg* congenital (**bei** to)

Angebot N offer; HANDEL, FIN supply (**an** +*dat od* **von** of); **im ~** *preisgünstig* on special offer; **~ und Nachfrage** supply and demand

angebracht ADJ appropriate; (≈ *sinnvoll*) reasonable; → **anbringen**

angebrannt ADJ burned; → **anbrennen**

angebrochen ADJ *Packung, Flasche* open(ed); → **anbrechen**

angebunden ADJ **kurz ~ sein** *umg* to be abrupt *od* curt; → **anbinden**

angeekelt ADV in disgust, disgusted; → **anekeln**

angegossen ADV **wie ~ sitzen** *od* **passen** to fit like a glove

angegraut ADJ grey *Br*, gray *US*

angegriffen ADJ *Gesundheit* weakened;

Mensch, Aussehen frail; (≈ *erschöpft*) exhausted; → **angreifen**
angeheitert ADJ tipsy
angehen A VI 1 *umg* (≈ *beginnen*) to start; *Feuer* to start burning; *Radio, Licht* to come on, to go on 2 (≈ *entgegentreten*) **gegen j-n/etw ~** to fight sb/sth B VT 1 (≈ *anpacken*) to tackle; *Gegner* to attack 2 (≈ *betreffen*) to concern; **was mich angeht** for my part; **was geht das ihn an?** *umg* what's that got to do with him? C VI **das geht nicht an** that's not on **angehend** ADJ *Musiker etc* budding; *Lehrer, Vater* prospective
angehören VI to belong to **Angehörige(r)** M/F(M) 1 (≈ *Mitglied*) member 2 (≈ *Familienangehörige*) relative; **der nächste ~** the next of kin
Angeklagte(r) M/F(M) accused, defendant
Angel F 1 (≈ *Türangel*) hinge; **die Welt aus den ~n heben** *fig* to turn the world upside down 2 (≈ *Fischfanggerät*) (fishing) rod and line *Br*, fishing pole *US*
Angelegenheit F matter; *politisch, persönlich* affair; **sich um seine eigenen ~en kümmern** to mind one's own business; **in einer dienstlichen ~** on official business; **er möchte dich in dieser ~ sprechen** he would like to talk to you about this matter
angelernt ADJ *Arbeiter* semiskilled; → **anlernen**
Angelhaken M fish-hook **angeln** A VI to fish B VT *Fisch* to fish for; (≈ *fangen*) to catch; **sich** *(dat)* **einen Mann ~** *umg* to catch (oneself) a man *umg* **Angelpunkt** M crucial *od* central point; (≈ *Frage*) key *od* central issue **Angelrute** F fishing rod
Angelsachse M, **Angelsächsin** F Anglo-Saxon **angelsächsisch** ADJ Anglo-Saxon
Angelschein M fishing permit **Angelschnur** F fishing line
angemessen A ADJ appropriate (+*dat* to, for); (≈ *adäquat*) adequate (+*dat* for); *Preis* reasonable B ADV appropriately
angenehm A ADJ pleasant, nice, agreeable; **~e Reise!** have a pleasant journey; **(sehr) ~!** *form* delighted (to meet you)
angenommen A ADJ assumed; *Kind* adopted B KONJ assuming; → **annehmen**
angeregt A ADJ animated B ADV sie

unterhielten sich ~ they had an animated conversation; → **anregen**
angesagt ADJ *sl* trendy
angeschlagen *umg* ADJ shattered *umg*; *Gesundheit* poor *umg*; *Ruf* tarnished; → **anschlagen**
angeschrieben *umg* ADJ **bei j-m gut/ schlecht ~ sein** to be in sb's good/bad books *umg*; → **anschreiben**
angesehen ADJ respected; → **ansehen**
angesichts PRÄP in the face of; (≈ *im Hinblick auf*) in view of
angespannt A ADJ *Nerven* strained; *Aufmerksamkeit* close; *politische Lage* tense B ADV *zuhören* attentively; → **anspannen**
angestellt ADJ **~ sein** to be an employee (**bei** of); → **anstellen Angestelltenverhältnis** N **im ~** in non-tenured employment **Angestellte(r)** M/F(M) (salaried) employee
angestrengt A ADJ *Gesicht* strained B ADV *diskutieren* carefully; *nachdenken a.* hard; → **anstrengen**
angetan ADJ **von j-n/etw ~ sein** to be taken with sb/sth; **es j-m ~ haben** to have made quite an impression on sb; → **antun**
angetrunken ADJ inebriated; → **antrinken**
angewiesen ADJ **auf j-n/etw ~ sein** to be dependent on sb/sth; **auf sich selbst ~ sein** to have to fend for oneself; → **anweisen**
angewöhnen VT **j-m etw ~** to get sb used to sth; **sich** *(dat)* **etw ~** to get into the habit of sth **Angewohnheit** F habit
Angina F MED tonsillitis; **~ Pectoris** angina (pectoris)
angleichen A VT to bring into line (+*dat od* **an** +*akk* with) B VR to grow closer together
Angler(in) M/F(M) angler *bes Br*, fisherman
Anglikaner(in) M/F(M) Anglican **anglikanisch** ADJ Anglican
Anglist(in) M/F(M) (≈ *Student*) student of English **Anglistik** F (≈ *Studienfach*) English (language and literature) **Anglizismus** M anglicism
anglotzen *umg* VT to gawk at *umg*
Angola N Angola
angreifbar ADJ open to attack **angreifen** A VT 1 to attack 2 (≈ *schwächen*) *Organismus* to weaken; *Gesundheit*

to affect; (≈ ermüden, anstrengen) to strain; → angegriffen ❸ österr (≈ anfassen) to touch **B** Ⓥ/Ⓣ MIL, SPORT, a. fig to attack **Angreifer(in)** Ⓜ/ⒻĘ a. SPORT fig attacker

angrenzen Ⓥ/Ī **an etw** (akk) **~** to border on sth **angrenzend** ADJ adjacent (**an** +akk to)

Angriff Ⓜ attack (**gegen, auf** +akk on); auf den ballführenden Spieler tackle; **etw in ~ nehmen** to tackle sth **Angriffsdrohne** Ⓕ MIL attack drone **Angriffsfläche** Ⓕ target; **eine ~ bieten** to present a target **angriffslustig** ADJ aggressive

angrinsen Ⓥ/Ī to grin at

angst ADJ **ihr wurde ~ (und bange)** she became worried od anxious **Angst** Ⓕ (≈ innere Unruhe) anxiety (**um** about); (≈ Sorge) worry (**um** about); (≈ Furcht) fear (**um** for od **vor** +dat of); (**vor j-m/etw**) **~ haben** to be afraid od scared od frightened (of sb/sth); **die ~ vor der Arbeitslosigkeit** the fear of unemployment; **~ um j-n/etw haben** to be worried od anxious about sb/sth; **~ bekommen** od **kriegen** to get scared; (≈ erschrecken) to take fright; **das machte ihm ~** that worried od scared him; **aus ~, etw zu tun** for fear of doing sth; **keine ~!** don't be afraid; **j-m ~ machen** to scare sb; **j-n in ~ und Schrecken versetzen** to terrify sb; **in tausend Ängsten schweben** to be terribly worried od anxious **Angsthase** umg ≈ scaredy-cat umg **ängstigen** **A** Ⓥ/Ī to frighten, to worry **B** Ⓥ/Ř to be afraid; (≈ sich sorgen) to worry **ängstlich** **A** ADJ (≈ verängstigt) anxious; (≈ schüchtern) timid **B** ADV **~ darauf bedacht sein, etw zu tun** to be at pains to do sth **Ängstlichkeit** Ⓕ anxiety; (≈ Schüchternheit) timidity **Angstschrei** Ⓜ cry of fear **Angstschweiß** Ⓜ **mir brach der ~ aus** I broke out in a cold sweat **Angstzustand** Ⓜ state of panic; **Angstzustände bekommen** to get into a state of panic

angucken umg Ⓥ/Ī to look at

angurten Ⓥ/Ř to fasten one's seatbelt

Anh. ĀBK (= Anhang) appendix; von E-Mail attachment

anhaben Ⓥ/Ī **1** (≈ angezogen haben) to have on, to wear **2** (≈ zuleide tun) **j-m etwas ~ wollen** to want to harm sb; **die Kälte kann mir nichts ~** the cold

doesn't bother me

anhalten **A** Ⓥ/Ī **1** (≈ stehen bleiben) to stop **2** (≈ fortdauern) to last **3** (≈ werben) **um die Hand eines Mädchens ~** to ask for a girl's hand in marriage **B** Ⓥ/Ī **1** (≈ stoppen) to stop; **den Atem ~** to hold one's breath **2** (≈ anleiten) to urge, to encourage **anhaltend** ADJ continuous **Anhalter(in)** Ⓜ/ⒻĘ hitchhiker; **per ~ fahren** to hitchhike **Anhaltspunkt** Ⓜ (≈ Vermutung) clue (**für** about); für Verdacht grounds pl

anhand, an Hand PRÄP **~ eines Beispiels** with an example; **~ dieses Berichts** from this report

Anhang Ⓜ **1** (≈ Nachtrag) appendix **2** von E-Mail attachment; **im ~ finden Sie ...** please find attached ... **3** (≈ Gefolgschaft) following; (≈ Angehörige) family **anhängen** **A** Ⓥ/Ī **1** (≈ ankuppeln) to attach (**an** +akk to); BAHN to couple on (**an** +akk to); fig (≈ anfügen) to add (+dat od **an** +akk to); an E-Mail to attach **2** umg **j-m etw ~** (≈ nachsagen, anlasten) to blame sth on sb; Verdacht, Schuld to pin sth on sb **B** Ⓥ/Ř fig to tag along (+dat), (**an** +akk with) **Anhänger** Ⓜ **1** (≈ Wagen) trailer **2** (≈ Schmuckstück) pendant **3** (≈ Kofferanhänger etc) label **Anhänger(in)** Ⓜ/ⒻĘ supporter **Anhängerkupplung** Ⓕ tow hitch Br, trailer hitch US **anhänglich** ADJ **mein Sohn/Hund ist sehr ~** my son/dog is very attached to me **Anhängsel** Ⓝ (≈ Überflüssiges, Mensch) appendage (**an** +dat to) **anhauen** Ⓥ/Ī umg (≈ ansprechen) to accost (**um** for)

anhäufen **A** Ⓥ/Ī to accumulate; Vorräte, Geld to hoard **B** Ⓥ/Ř to accumulate

anheben Ⓥ/Ī (≈ erhöhen) to raise

anheizen Ⓥ/Ī **1** Ofen to light **2** fig umg Wirtschaft to stimulate; Inflation to fuel

anheuern Ⓥ/Ī & Ⓥ/Ī SCHIFF, a. fig to sign on od up

Anhieb Ⓜ **auf ~** umg straight od right away; **das kann ich nicht auf ~ sagen** I can't say offhand

anhimmeln umg Ⓥ/Ī to worship

Anhöhe Ⓕ hill

anhören **A** Ⓥ/Ī to hear; Konzert to listen to; **sich** (dat) **etw ~** to listen to sth; **ich kann das nicht mehr mit ~** I can't listen to that any longer; **das hört man ihm aber nicht an!** you can't tell that from hearing him speak **B** Ⓥ/Ř (≈ klingen) to

sound; **das hört sich ja gut an** *umg* that sounds good **Anhörung** [F] hearing; **~ des Europäischen Parlaments** consultation of the European Parliament
animalisch [ADJ] animal; *pej a.* bestial
Animateur(in) [M(F)] entertainments officer
Animation [F] FILM animation **Animierdame** [F] nightclub hostess **animieren** [V/T] (≈*anregen*) to encourage
Animosität [F] hostility (**gegen** towards)
Anis [M] (≈*Gewürz*) aniseed
Ank. [ABK] (= Ankunft) arr.
ankämpfen [V/I] **gegen etw ~** to fight sth; **gegen j-n ~** to fight (against) sb
Ankauf [M] purchase
Anker [M] anchor; **vor ~ gehen** to drop anchor; **vor ~ liegen** to lie at anchor **ankern** [V/I] (≈*Anker werfen*) to anchor; (≈*vor Anker liegen*) to be anchored
Anklage [F] [1] JUR charge; (≈*Anklagevertretung*) prosecution; **gegen j-n ~ erheben** to bring *od* prefer charges against sb; **(wegen etw) unter ~ stehen** to have been charged (with sth) [2] *fig* (≈*Beschuldigung*) accusation **Anklagebank** [F] dock; **auf der ~ (sitzen)** (to be) in the dock **anklagen** [V/T] [1] JUR to charge; **j-n wegen etw ~** to charge sb with sth [2] *fig* **j-n ~, etw getan zu haben** to accuse sb of having done sth **anklagend** [A] [ADJ] *Ton* accusing [B] [ADV] reproachfully **Anklagepunkt** [M] charge **Ankläger(in)** [M(F)] JUR prosecutor **Anklageschrift** [F] indictment **Anklagevertreter(in)** [M(F)] counsel for the prosecution
Anklang [M] (≈*Beifall*) approval; **~ (bei j-m) finden** to meet with (sb's) approval; **keinen ~ finden** to be badly received
ankleben [V/T] to stick up (**an** +*akk od dat* on)
Ankleidekabine [F] changing cubicle
anklicken [V/T] IT to click on
anklopfen [V/I] to knock (**an** +*akk od dat* at, on); **Anklopfen** TEL call waiting
anknüpfen [A] [V/T] to tie on (**an** +*akk od dat* -to); *Beziehungen* to establish; *Gespräch* to start up [B] [V/I] **an etw** (*akk*) **~** to take sth up
ankommen [A] [V/I] [1] (≈*eintreffen*) to arrive [2] (≈*Anklang finden*) to go down well; *Mode* to catch on; **mit deinem dummen Gerede kommst du bei ihm nicht an!** you won't get anywhere with him with your stupid talk! [3] (≈*sich durchsetzen*) **gegen etw ~** *gegen Gewohnheit, Sucht etc* to be able to fight sth; **gegen j-n ~** to be able to cope with sb [B] [V/I] [1] **es kommt darauf an, dass wir ...** what matters is that we ...; **auf eine halbe Stunde kommt es jetzt nicht mehr an** it doesn't matter about the odd half-hour; **darauf soll es mir nicht ~** that's not the problem; **es kommt darauf an** it (all) depends; **es käme auf einen Versuch an** we'd have to give it a try [2] *umg* **es darauf ~ lassen** to take a chance; **lassen wirs darauf ~** let's chance it
ankoppeln [V/T] to hitch up (**an** +*akk* to), to couple on (**an** +*akk* -to); RAUMF to link up (**an** +*akk* with, to)
ankotzen [V/T] *sl* (≈*anwidern*) to make sick *umg*
ankreiden *fig* [V/T] **j-m etw ~** to hold sth against sb
ankreuzen [V/T] *Stelle, Fehler, Antwort* to put a cross beside
ankündigen [V/T] to announce; *in Zeitung etc* to advertise **Ankündigung** [F] announcement
Ankunft [F] arrival; *auf Anzeigetafel* arrivals *pl* **Ankunftshalle** [F] arrivals lounge **Ankunftszeit** [F] time of arrival
ankurbeln [V/T] *Maschine* to wind up; *fig Konjunktur* to reflate
Anl. [ABK] (= Anlage) encl.
anlächeln [V/T] to smile at
anlachen [V/T] to smile at; **sich** (*dat*) **j-n ~** *umg* to pick sb up *umg*
Anlage [F] [1] (≈*Fabrikanlage*) plant [2] (≈*Parkanlage*) (public) park [3] (≈*Einrichtung*) installation(s) (*pl*); (≈*sanitäre Anlagen*) sanitary installations *pl form*; (≈*Sportanlage etc*) facilities *pl* [4] *umg* (≈*Stereoanlage*) (stereo) system *od* equipment; (≈*EDV-Anlage*) system [5] (≈*Veranlagung*) talent (**zu** for); (≈*Neigung*) tendency (**zu** to) [6] (≈*Kapitalanlage*) investment [7] (≈*Beilage zu einem Schreiben*) enclosure; **in der ~ erhalten Sie ...** please find enclosed ... **Anlageberater(in)** [M(F)] investment advisor
Anlass [M] [1] (≈*Veranlassung*) (immediate) cause (**zu** for); **welchen ~ hatte er, das zu tun?** what prompted him to do that?; **es besteht ~ zur Hoffnung** there is reason for hope; **etw zum ~ nehmen, zu ...** to use sth as an oppor-

tunity to …; **beim geringsten ~** for the slightest reason; **bei jedem ~** at every opportunity **2** (≈ *Gelegenheit*) occasion; **aus gegebenem ~** in view of the occasion **anlassen** V̲T̲ **1** *Motor, Wagen* to start (up) **2** *umg Schuhe, Mantel* to keep on; *Licht* to leave on **B** V̲R̲ **sich gut/schlecht ~** to get off to a good/ bad start **Anlasser** M̲ AUTO starter

anlässlich PRÄP on the occasion of

anlasten V̲T̲ **j-m etw ~** to blame sb for sth

Anlauf M̲ **1** SPORT run-up; **mit ~** with a run-up; **ohne ~** from standing; **~ nehmen** to take a run-up **2** *fig* (≈ *Versuch*) attempt, try **anlaufen** **A** V̲I̲ **1** (≈ *beginnen*) to begin, to start; *Film* to open **2** *Brille, Spiegel etc* to mist up; *Metall* to tarnish; **rot/blau ~** to turn *od* go red/blue **B** V̲T̲ SCHIFF *Hafen etc* to put into **Anlaufphase** F̲ initial stage **Anlaufstelle** F̲ shelter, refuge

anläuten V̲T̲ & V̲I̲ *dial* (≈ *anrufen*) **j-n** *od* **bei j-m ~** to call *od* phone sb

anlegen **A** V̲T̲ **1** *Leiter* to put up (**an** +*akk* against); *Lineal* to position; **das Gewehr ~** to raise the gun to one's shoulder **2** *Kartei, Akte* to start; *Vorräte* to lay in; *Garten, Bericht* to lay out; *Liste, Plan* to draw up **3** *Geld, Kapital* to invest **4** **es darauf ~, dass …** to be determined that … **B** V̲I̲ SCHIFF to berth, to dock **C** V̲R̲ **sich mit j-m ~** to pick a fight with sb **Anlegeplatz** M̲ berth **Anleger(in)** M̲(F̲) FIN investor **Anlegestelle** F̲ mooring

anlehnen **A** V̲T̲ to lean *od* rest (**an** +*akk* against); **angelehnt sein** *Tür, Fenster* to be ajar **B** V̲R̲ *wörtl* to lean (**an** +*akk* against); **sich an etw** (*akk*) **~** *fig* to follow sth **Anlehnung** F̲ (≈ *Imitation*) **in ~ an j-n/etw** following sb/sth

anleiern *umg* V̲T̲ to get going

Anleihe F̲ FIN loan

anleiten V̲T̲ to teach; **j-n zu etw ~** to teach sb sth **Anleitung** F̲ instructions *pl*, direction; **unter der ~ seines Vaters** under his father's guidance

anlernen V̲T̲ to train; → **angelernt**

anlesen V̲T̲ **1** *Buch, Aufsatz* to begin *od* start reading **2** (≈ *aneignen*) **sich** (*dat*) **etw ~** to begin sth by reading

anliegen V̲I̲ **1** (≈ *anstehen*) to be on **2** *Kleidung* to fit tightly (**an etw** *dat* sth) **Anliegen** N̲ (≈ *Bitte*) request **Anlie-**

ger(in) M̲(F̲) neighbour *Br*, neighbor *US*; (≈ *Anwohner*) (local) resident; **~ frei** residents only **Anliegerstaat** M̲ **die ~en des Schwarzen Meers** the countries bordering on the Black Sea **Anliegerverkehr** M̲ (local) residents' vehicles *pl*

anlocken V̲T̲ to attract

anlügen V̲T̲ to lie to

Anmache F̲ **1** *umg* pick-up line *umg*, chat-up line *Br umg* **2** *Belästigung* harassment; **was soll die ~? Ich habe Ihnen doch nichts getan** *umg* why are you getting at me? I haven't done anything to you

anmachen V̲T̲ **1** *umg* (≈ *befestigen*) to put up (**an** +*akk od dat* on) **2** *Salat* to dress **3** *Radio, Licht etc* to put *od* turn on; *am Schalter* to switch on; *Feuer* to light **4** *umg* (≈ *reizen, verlocken*) to tempt **5** *umg* (≈ *ansprechen*) to chat up *Br umg*, to put the moves on *US umg*; (≈ *scharfmachen*) to turn on *umg*; *sl* (≈ *belästigen*) to harass; **mach mich nicht an** leave me alone

anmailen V̲T̲ to e-mail

anmalen **A** V̲T̲ to paint **B** V̲R̲ *pej* (≈ *schminken*) to paint one's face

anmaßen V̲T̲ **sich** (*dat*) **etw ~** *Recht* to claim sth (for oneself); *Macht* to assume sth; **sich** (*dat*) **~, etw zu tun** to presume to do sth **anmaßend** A̲D̲J̲ presumptuous **Anmaßung** F̲ **es ist eine ~ meinen, …** it is presumptuous to maintain that …

Anm. d. Red. A̲B̲K̲ (= *Anmerkung der Redaktion*) editor's note

Anmeldeformular N̲ application *od* entry form **Anmeldefrist** F̲ registration period **Anmeldegebühr** F̲ registration fee **anmelden** **A** V̲T̲ **1** *Besuch* to announce **2** *bei Schule, Kurs etc* to enrol *Br*, to enroll *US* (**bei** at *od* **zu** for) **3** *Patent* to apply for; *Wohnsitz, Auto* to register (**bei** at); *Fernseher* to get a licence for *Br*, to get a license for *US* **4** (≈ *vormerken lassen*) to make an appointment for **5** *Ansprüche* to declare; *Zweifel* to register; *Wünsche* to make known **B** V̲R̲ **1** *Besucher* to announce one's arrival; **sich bei j-m ~** to tell sb one is coming **2** *an Schule, zu Kurs etc* to enrol (oneself) *Br*, to enroll (oneself) *US* (**an** +*dat* at *od* **zu** for) **3** *beim Einwohnermeldeamt* to register **4** IT to log on **Anmeldeschluss**

$\overline{\text{M}}$ deadline od closing date for registration(s) **Anmeldung** $\overline{\text{F}}$ **1** von Besuch announcement; an Schule, zu Kurs etc enrolment Br, enrollment US (**an** +dat at, **zu** for); bei Einwohnermeldeamt registration; **nur nach vorheriger ~** by appointment only **2** von Patent application (**von** od +gen for); von Auto registration

anmerken $\overline{\text{V/T}}$ **1** (≈ sagen) to say; (≈ anstreichen) to mark; als Fußnote to note; **j-m seine Verlegenheit** etc **~** to notice sb's embarrassment etc; **sich** (dat) **etw ~ lassen** to let sth show; **man merkt ihm nicht an, dass ...** you can't tell that he ... **Anmerkung** $\overline{\text{F}}$ (≈ Erläuterung) note; (≈ Fußnote) (foot)note; **~der Redaktion** editor's comment

anmutig geh $\overline{\text{ADJ}}$ graceful; (≈ hübsch) lovely

annähen $\overline{\text{V/T}}$ to sew on (**an** +akk od dat -to)

annähern **A** $\overline{\text{V/T}}$ to bring closer (+dat od **an** +akk to) **B** $\overline{\text{V/R}}$ (≈ sich angleichen) to come closer (+dat od **an** +akk to) **annähernd** **A** $\overline{\text{ADJ}}$ (≈ ungefähr) approximate, rough **B** $\overline{\text{ADV}}$ (≈ etwa) roughly; (≈ fast) almost; **nicht ~ so viel** not nearly od nothing like as much **Annäherung** $\overline{\text{F}}$ von Standpunkten convergence (+dat od **an** +akk with) **Annäherungsversuch** $\overline{\text{M}}$ overtures pl

Annahme $\overline{\text{F}}$ **1** (≈ Vermutung) assumption; **in der ~, dass ...** on the assumption that ...; **gehe ich recht in der ~, dass ...?** am I right in assuming that ...? **2** (≈ das Annehmen) acceptance; von Arbeit acceptance; von Angebot taking up; (≈ Billigung) approval; von Gesetz passing; von Resolution adoption **Annahmeschluss** $\overline{\text{M}}$ closing date **Annahmestelle** $\overline{\text{F}}$ für Pakete counter; für Wetten, Lotto, Toto etc place where bets etc are accepted

Annalen $\overline{\text{PL}}$ annals pl; **in die ~ eingehen** fig to go down in the annals od in history

annehmbar $\overline{\text{ADJ}}$ acceptable; (≈ nicht schlecht) reasonable **annehmen** **A** $\overline{\text{V/T}}$ **1** (≈ entgegennehmen, akzeptieren) to accept; Arbeit to take on **2** (≈ billigen) to approve; Gesetz to pass; Resolution to adopt **3** (≈ sich aneignen) to adopt; Gestalt, Namen to take on; **ein angenommener Name** an assumed name; **j-n**

an Kindes statt ~ to adopt sb **4** (≈ voraussetzen) to assume; **wir wollen ~, dass ...** let us assume that ...; → angenommen **5** (≈ vermuten) to suppose **6** SPORT to take **B** $\overline{\text{V/R}}$ **sich j-s ~** to look after sb; **sich einer Sache** (gen) **~** to see to a matter **Annehmlichkeit** $\overline{\text{F}}$ (≈ Bequemlichkeit) convenience; **~en** pl comforts pl

annektieren $\overline{\text{V/T}}$ to annex

anno $\overline{\text{ADV}}$ in (the year); **~ dazumal** in those days

Annonce $\overline{\text{F}}$ advertisement **annoncieren** $\overline{\text{V/T \& V/I}}$ to advertise

annullieren $\overline{\text{V/T}}$ JUR to annul

Anode $\overline{\text{F}}$ anode

anöden umg $\overline{\text{V/T}}$ to bore stiff umg

Anomalie $\overline{\text{F}}$ anomaly

anonym $\overline{\text{ADJ}}$ anonymous **Anonymität** $\overline{\text{F}}$ anonymity

Anorak $\overline{\text{M}}$ anorak

anordnen $\overline{\text{V/T}}$ **1** (≈ befehlen) to order **2** (≈ aufstellen) to arrange **Anordnung** $\overline{\text{F}}$ **1** (≈ Befehl) order; **auf ~ des Arztes** on doctor's orders **2** (≈ Aufstellung) arrangement

Anorexie $\overline{\text{F}}$ anorexia (nervosa)

anorganisch $\overline{\text{ADJ}}$ CHEM inorganic

anpacken umg $\overline{\text{V/T}}$ **1** (≈ anfassen) to grab (hold of) **2** Problem, Thema to tackle **B** $\overline{\text{V/I}}$ (≈ helfen) to lend a hand

anpassen **A** $\overline{\text{V/T}}$ (≈ angleichen) **etw einer Sache** (dat) **~** to bring sth into line with sth **B** $\overline{\text{V/R}}$ to adapt (oneself) (+dat to); gesellschaftlich to conform **Anpassung** $\overline{\text{F}}$ adaptation (**an** +akk to); an Gesellschaft conformity (**an** +akk to) **anpassungsfähig** $\overline{\text{ADJ}}$ adaptable

anpeilen $\overline{\text{V/T}}$ (≈ ansteuern) to steer od head for; mit Funk etc to take a bearing on; **etw ~** fig umg to have one's sights on sth

anpfeifen $\overline{\text{V/T}}$ SPORT **das Spiel ~** to start the game (by blowing one's whistle) **Anpfiff** $\overline{\text{M}}$ **1** SPORT (starting) whistle; FUSSB (≈ Spielbeginn) kickoff **2** umg bawling out umg

anpflanzen $\overline{\text{V/T}}$ to plant; (≈ anbauen) to grow

anpöbeln umg $\overline{\text{V/T}}$ to be rude to

anprangern $\overline{\text{V/T}}$ to denounce

anpreisen $\overline{\text{V/T}}$ to extol (**j-m etw** sth to sb)

Anprobe $\overline{\text{F}}$ fitting **anprobieren** **A** $\overline{\text{V/T}}$ to try on **B** $\overline{\text{V/I}}$ **kann ich mal ~?**

can I try this/it *etc* on?

anpumpen *umg* $\overline{VT}$ **j-n um 50 Euro ~** to borrow 50 euros from sb

Anrainer(in) *bes österr* $\overline{M(F)}$ (local) resident; **ausgenommen ~** except for access

anrechnen $\overline{VT}$ (≈ *in Rechnung stellen*) to charge for (**j-m** sb); **j-m etw hoch ~** to think highly of sb for sth; **j-m etw als Fehler ~** *Lehrer* to count sth as a mistake for sb; *fig* to consider sth as a fault on sb's part; **ich rechne es ihr als Verdienst an, dass ...** I think it is greatly to her credit that ...

Anrecht $\overline{N}$ (≈ *Anspruch*) right; **ein ~ auf etw** (*akk*) **haben** *od* **besitzen** to be entitled to sth

Anrede $\overline{F}$ form of address **anreden** $\overline{VT}$ to address

anregen $\overline{VT}$ **1** (≈ *ermuntern*) to prompt (**zu to**) **2** (≈ *vorschlagen*) *Verbesserung* to propose **3** (≈ *beleben*) to stimulate; *Appetit* to sharpen; → **angeregt anre-**

gend $\overline{ADJ}$ stimulating; **ein ~es Mittel** a stimulant; **~ wirken** to have a stimulating effect **Anregung** $\overline{F}$ **1** (≈ *Vorschlag*) idea; **auf ~ von** *od* +*gen* at od on the suggestion of **2** (≈ *Belebung*) stimulation

anreichern $\overline{VT}$ to enrich; (≈ *vergrößern*) *Sammlung* to increase; **hoch angereichertes Uran** high enriched uranium

Anreise $\overline{F}$ (≈ *Anfahrt*) journey there/here **anreisen** $\overline{VI}$ (≈ *eintreffen*) to come **Anreisetag** $\overline{M}$ day of arrival

Anreiz $\overline{M}$ incentive

anrempeln $\overline{VT}$ *absichtlich* to jostle

anrennen $\overline{VI}$ **gegen etw ~** *gegen Wind etc* to run against sth; *fig* (≈ *bekämpfen*) to fight against sth; **angerannt kommen** *umg* to come running

Anrichte $\overline{F}$ (≈ *Schrank*); (≈ *Büfett*) sideboard **anrichten** $\overline{VT}$ **1** *Speisen* to prepare; *Salat* to dress; **es ist angerichtet** *form* dinner *etc* is served *form* **2** *fig Schaden, Unheil* to bring about

---

Anrede und Titel

Im Englischen hat man den Vorteil, dass man nicht zwischen „Sie" und „du" unterscheiden muss. Es kann jeder mit **you** angeredet werden. Bei Erwachsenen nutzt man folgende Anrede:

bei Männern, egal ob verheiratet oder nicht:

Mr Harris [ˌmɪstəˈhærɪs]   Herr Harris

bei verheirateten Frauen:

Mrs Williams [ˌmɪsɪzˈwɪliəmz]   Frau Williams

bei unverheirateten Frauen bzw. wenn man nicht weiß, ob sie verheiratet sind:

Ms Collins [ˌmɪzˈkɒlɪnz]   Frau Collins

Heutzutage gilt die Anrede **Miss** (= Fräulein), außer in der Schule, als diskriminierend und sollte deshalb nur bei unverheirateten (älteren) Frauen benutzt werden, wenn diese es ausdrücklich wünschen. Ansonsten ist die neutrale Bezeichnung **Ms** höflicher. Eine unverheiratete Frau mit **Mrs** anzureden, wäre sachlich falsch.

Bei akademischen Titeln gibt es einen wichtigen Unterschied zum Deutschen: Den Titel (Dr., Professor usw.) verwendet man nie zusammen mit der Anrede (**Mr, Mrs, Ms**). Es heißt also:

Dr Hornsby   Herr (bzw. Frau) Dr. Hornsby
Professor Bond   Herr (bzw. Frau) Professor Bond

Für Ärzte gilt dies ebenfalls:

Good morning, Dr Hope!   Guten Morgen, Frau (bzw. Herr) Dr. Hope!
I've been feeling very dizzy   Mir ist in letzter Zeit immer so schwindlig, Herr
lately, Doctor.   (bzw. Frau) Doktor. ◀

anrüchig A͟D͟J͟ *Geschäfte, Lokal* disreputable

anrücken V͟I͟ *Truppen* to advance; *Polizei etc* to move in

Anruf M͟ TEL (phone) call; **der ~ ist für dich** it's for you **Anrufbeantworter** M͟ answering machine, answerphone

anrufen V͟T͟/͟I͟ **1** TEL to phone, to call; **ich habe sie von meinem Handy aus angerufen** I called her on my mobile *Br*, I called her on my cell(phone) *US* **2** *fig* (≈*appellieren an*) to appeal to **B** V͟I͟ (≈*telefonieren*) to phone; **bei j-m ~** to phone sb; **ins Ausland ~** to phone abroad **Anrufer(in)** M͟/͟F͟ caller **Anruferkennung** F͟ caller ID

anrühren V͟T͟ **1** (≈*berühren*) to touch; *fig Thema* to touch upon **2** (≈*mischen*) *Farben* to mix; *Sauce* to blend

ans P͟R͟Ä͟P͟ *mit* A͟R͟T͟ (= an das) → **an**

Ansage F͟ announcement; KART bid; **eine ~ auf dem Anrufbeantworter** an answerphone message **ansagen** V͟T͟/͟I͟ **1** (≈*ankündigen*) to announce; **j-m den Kampf ~** to declare war on sb **2** KART to bid **3** *umg* **angesagt sein** (≈*beliebt sein*) to be in; (≈*modisch sein*) to be all the rage; (≈*erforderlich sein*) to be called for; (≈*auf dem Programm stehen*) to be the order of the day **Ansager(in)** M͟/͟F͟ RADIO *etc* announcer

ansammeln A͟ V͟T͟ (≈*anhäufen*) to accumulate; *Reichtümer* to amass; *Vorräte* to build up **B** V͟/͟R͟ **1** (≈*sich versammeln*) to gather **2** (≈*sich aufhäufen*) to accumulate; *Staub* to collect; *fig Wut* to build up **Ansammlung** F͟ (≈*Auflauf*) gathering

ansässig *form* A͟D͟J͟ resident; **sich in London ~ machen** to settle in London

Ansatz M͟ **1** *von Hals etc* base **2** (≈*Anzeichen*) first sign(s) (*pl*); (≈*Versuch*) attempt (**zu etw** at sth); **Ansätze zeigen, etw zu tun** to show signs of doing sth; **die ersten Ansätze** the initial stages; **im ~** basically **Ansatzpunkt** M͟ starting point **ansatzweise** A͟D͟V͟ to some extent; **etw nicht mal ~ verstehen** to not even begin to understand sth

anschaffen A͟ V͟T͟ **(sich** *dat***) etw ~** to get oneself sth; (≈*kaufen*) to buy sth; **sich** (*dat*) **Kinder ~** *umg* to have children **B** V͟I͟ **~ gehen** *sl durch Prostitution* to be on the game *umg* **Anschaffung** F͟ acquisition; *gekaufter Gegenstand* purchase, buy

anschalten V͟T͟ to switch on

anschauen V͟T͟ → **ansehen anschaulich** A͟ A͟D͟J͟ clear; (≈*lebendig*) vivid; *Beispiel* concrete **B** A͟D͟V͟ clearly; (≈*lebendig*) vividly **Anschauung** F͟ (≈*Meinung*) opinion **Anschauungsmaterial** N͟ illustrative material

Anschein M͟ appearance; (≈*Eindruck*) impression; **dem ~ nach** apparently; **den ~ erwecken, als ...** to give the impression that ...; **es hat den ~, als ob ...** it appears that ... **anscheinend** A͟ A͟D͟V͟ apparently **B** A͟D͟J͟ apparent

anschieben V͟T͟ *Fahrzeug* to push

anschießen V͟T͟ (≈*verletzen*) to shoot (and wound)

Anschiss *umg* M͟ bollocking *Br sl*, asskicking *US sl*

Anschlag M͟ **1** (≈*Plakat*) poster; (≈*Notiz*) notice **2** (≈*Überfall*) attack (**auf** +*akk* on); (≈*Attentat*) attempt on sb's life; **einen ~ auf j-n verüben** to make an attempt on sb's life; **einem ~ zum Opfer fallen** to be assassinated **3** (≈*Kostenanschlag*) estimate; *bei Dateneingabe* touch; **200 Anschläge in der Minute** ≈ 40 words per minute **4** TECH stop; **etw bis zum ~ drehen** to turn sth as far as it will go **anschlagen** A͟ V͟T͟ **1** (≈*befestigen*) to fix on (**an** +*akk* to); *Plakat* to put up (**an** +*akk* on) **2** *Taste* to strike; **eine schnellere Gangart ~** *fig* to speed up **3** (≈*beschädigen*) *Geschirr* to chip; **sich** (*dat*) **den Kopf** *etc* **~** to knock one's head *etc*; → **angeschlagen B** V͟I͟ **1** *Welle* to beat (**an** +*akk* against) **2** *beim Schwimmen* to touch **3** *Hund* to give a bark **4** (≈*wirken*) *Arznei etc* to take effect **5** *umg* (≈*dick machen*) **bei j-m ~** to make sb put on weight

anschleppen *umg* V͟T͟ (≈*mitbringen*) to bring along

anschließen A͟ V͟T͟ **1** (≈*verbinden*) to connect; *in Steckdose* to plug in **2** *fig* (≈*hinzufügen*) to add; **angeschlossen** *Organisation etc* associated (+*dat* with) **B** V͟/͟R͟ **sich j-m** *od* **an j-n ~** (≈*folgen*) to follow sb; (≈*zugesellen*) to join sb; (≈*beipflichten*) to side with sb; **an den Vortrag schloss sich ein Film an** the lecture was followed by a film **C** V͟I͟ **an etw** (*akk*) **~** to follow sth **anschließend** A͟ A͟D͟V͟ afterwards **B** A͟D͟J͟ following **Anschluss** M͟ **1** (≈*Verbindung*) connection; **den ~ verpassen** BAHN etc to miss one's connection; fig to miss the boat od bus; **~ bekommen** TEL to get through; **kein ~ unter dieser Nummer** TEL number unobtainable Br, this number is not in service US **2 im ~ an** (+akk) (≈nach) subsequent to, following **3** fig (≈Kontakt) contact (**an** +akk with); **~ finden** to make friends (**an** +akk with); **er sucht ~** he wants to make friends **Anschlussflug** M connecting flight **Anschlusszug** M BAHN connection

anschnallen A V/R AUTO, FLUG to fasten one's seat belt; **bitte ~!** fasten your seat belts, please! **B** V/T Skier to clip on **Anschnallpflicht** F mandatory wearing of seat belts

anschnauzen umg V/T to yell od snap at

anschneiden V/T **1** Brot etc to (start to) cut **2** fig Thema to touch on **3** AUTO Kurve to cut; SPORT Ball to cut

anschreiben A V/T **1** Behörde etc to write to; → **angeschrieben 2** (≈in Rechnung stellen) to chalk up umg **B** V/I umg **sie lässt immer ~** she always buys on tick Br umg, she always buys on credit

anschreien V/T to shout od yell at

Anschrift F address

Anschuldigung F accusation

anschwärzen fig umg V/T **j-n ~** to blacken sb's name (**bei** with); (≈denunzieren) to run sb down (**bei** to)

anschweigen V/T **sich gegenseitig ~** to say nothing to each other

anschwellen V/I to swell (up); Lärm to rise

anschwemmen V/T to wash up

anschwindeln umg V/T **j-n ~** to tell sb fibs umg

ansehen V/T **1** (≈betrachten) to look at; **sieh mal einer an!** umg well, I never! umg **2** fig to regard (**als, für** as); **ich sehe es als meine Pflicht an** I consider it to be my duty; → **angesehen 3** (**sich** dat) **etw ~** (≈besichtigen) to (have a) look at sth; Fernsehsendung to watch sth; Film, Stück, Sportveranstaltung to see sth **4** **das sieht man ihm an** he looks it; **das sieht man ihm nicht an** he doesn't look it; **man sieht ihm sein Alter nicht an he** doesn't look his age; **jeder konnte ihm sein Glück ~** everyone could see that he

was happy **5** **etw (mit) ~** to watch sth; **ich kann das nicht länger mit ~** I can't stand it anymore **Ansehen** N (≈guter Ruf) (good) reputation; **großes ~ genießen** to enjoy a good reputation; **an ~ verlieren** to lose credit od standing **ansehnlich** ADJ (≈beträchtlich) considerable; Leistung impressive

anseilen V/T **j-n/sich ~** to rope sb/oneself up

ansetzen A V/T **1** (≈anfügen) to attach (**an** +akk to) **2** (≈in Stellung bringen) to place in position; **das Glas ~** to raise the glass to one's lips; **an welcher Stelle muss man den Wagenheber ~?** where should the jack be put? **3** (≈festlegen) Kosten, Termin to fix; (≈veranschlagen) Zeitspanne to estimate **4** (≈einsetzen) **j-n auf j-n/etw ~** to put sb on(to) sb/sth; **Hunde (auf j-n/j-s Spur) ~** to put dogs on sb/sb's trail **5** Fett ~ to put on weight; **Rost ~** to get rusty **6** GASTR (≈vorbereiten) to prepare **B** V/I (≈beginnen) to start, to begin; **zur Landung ~** FLUG to come in to land; **zum Sprung/Start ~** to get ready to jump/start

Ansicht F **1** view **2** (≈das Prüfen) inspection; **zur ~** HANDEL for (your/our etc) inspection **3** (≈Meinung) opinion, view; **meiner ~ nach** in my opinion of view; **ich bin der ~, dass ...** I am of the opinion that ...; **ich bin ganz Ihrer ~** I entirely agree with you **Ansichtskarte** F (picture) postcard **Ansichtssache** F **das ist ~** that is a matter of opinion

ansonsten ADV otherwise

anspannen V/T **1** (≈straffer spannen) to tighten; Muskeln to tense **2** (≈anstrengen) to strain, to tax; **alle seine Kräfte ~** to exert all one's energy; → **angespannt Anspannung** fig F strain

Anspiel N SPORT start of play **anspielen** A V/T SPORT to play the ball etc to; Spieler to pass to **B** V/I **1** (≈Spiel beginnen) to start; FUSSB to kick off; KART to lead; Schach to open **2** **auf j-n/etw ~** to allude to sb/sth **Anspielung** F (≈Andeutung) allusion (**auf** +akk to); böse insinuation (**auf** +akk regarding)

anspitzen V/T Bleistift etc to sharpen **Anspitzer** M (pencil) sharpener

Ansporn M incentive **anspornen** V/T to spur (on)

Ansprache F̲ address, speech; **eine ~ halten** to give an address **ansprechbar** ADJ approachable; (≈ *gut gelaunt*) amenable; *Patient* responsive; **er ist zurzeit nicht ~** no-one can talk to him just now **ansprechen** A̲ V̲T̲ 1 (≈ *anreden*) to speak to; (≈ *mit Titel, Vornamen etc*) to address; **damit sind Sie alle angesprochen** this is directed at all of you 2 (≈ *gefallen*) to appeal to 3 (≈ *erwähnen*) to mention B̲ V̲I̲ 1 (≈ *reagieren*) to respond (**auf** +*akk* to) 2 (≈ *Anklang finden*) to go down well **ansprechend** ADJ (≈ *reizvoll*) attractive; (≈ *angenehm*) pleasant **Ansprechpartner(in)** M̲(F̲) contact

anspringen A̲ V̲T̲ (≈ *anfallen*) to jump; *Raubtier* to pounce (up)on; *Hund* to jump up at B̲ V̲I̲ *Motor* to start

Anspruch M̲ 1 claim; (≈ *Recht*) right (**auf** +*akk* to); **~ auf etw** (*akk*) **haben** to be entitled to sth; **~ auf Schadenersatz erheben** to make a claim for damages; **hohe Ansprüche stellen** to be very demanding 2 **etw in ~ nehmen** *Recht* to claim sth; *j-s Hilfe, Dienste* to enlist sth; *Zeit, Kräfte* to take up sth; **j-n völlig in ~ nehmen** to take up all of sb's time; **den/j-s Ansprüchen (voll/nicht) gerecht werden** to (fully/not) meet sb's requirements **anspruchslos** ADJ undemanding; *geistig* lowbrow; **~ leben** to lead a modest life **anspruchsvoll** ADJ demanding; (≈ *wählerisch*) discriminating; *Geschmack* highbrow; (≈ *kultiviert*) sophisticated

anspucken V̲T̲ to spit at *od* on **anstacheln** V̲T̲ to spur (on)

Anstalt F̲ **~en/keine ~en machen, etw zu tun** to make a/no move to do sth

Anstand M̲ (≈ *Schicklichkeit*) decency, propriety; (≈ *Manieren*) (good) manners *pl* **anständig** A̲ ADJ decent; (≈ *ehrbar*) respectable; *umg* (≈ *beträchtlich*) sizeable; **eine ~e Tracht Prügel** *umg* a good hiding B̲ V̲I̲ decently; **sich ~ benehmen** to behave oneself; **j-n ~ bezahlen** *umg* to pay sb well; **~ essen/ausschlafen** *umg* to have a decent meal/sleep **anstandshalber** ADV out of politeness **anstandslos** ADV without difficulty

anstarren V̲T̲ to stare at **anstatt** A̲ PRÄP instead of B̲ KONJ **~ zu arbeiten** instead of working, rather

than work

anstecken A̲ V̲T̲ 1 (≈ *befestigen*) to pin on; *Ring* to put on 2 (≈ *anzünden*) to light 3 MED, *a. fig* to infect; **ich will dich nicht ~** I don't want to give it to you B̲ V̲R̲ **sich (mit etw) ~** to catch sth (**bei** from) C̲ V̲I̲ MED, *a. fig* to be infectious **ansteckend** ADJ MED, *a. fig* infectious **Ansteckung** F̲ MED infection **Ansteckungsgefahr** F̲ risk of infection

anstehen V̲I̲ 1 *in Schlange* to queue (up) *Br*, to stand in line (**nach** for) 2 *Verhandlungspunkt* to be on the agenda; **~de Probleme** problems facing us/them *etc*

ansteigen V̲I̲ to rise

anstelle PRÄP instead of, in place of **anstellen** A̲ V̲T̲ 1 (≈ *anlehnen*) to lean (**an** +*akk* against) 2 (≈ *beschäftigen*) to employ; → **angestellt** 3 (≈ *anmachen*) to turn on; (≈ *in Gang setzen*) to start 4 *Vermutung, Vergleich* to make 5 (≈ *machen*) to do 6 *umg* (≈ *Unfug treiben*) to get up to; **was hast du da wieder angestellt?** what have you been up to now? B̲ V̲R̲ 1 (≈ *Schlange stehen*) to queue (up) *Br*, to stand in line 2 *umg* **sich dumm/ungeschickt ~** to be stupid/clumsy; **stell dich nicht so an!** don't make such a fuss!; (≈ *sich dumm anstellen*) don't act so stupid! **Anstellung** F̲ employment **Anstellungsverhältnis** N̲ **im ~ sein** to be under contract

Anstieg M̲ (≈ *Aufstieg*) ascent; *von Temperatur, Kosten* rise (+*gen* in)

anstiften V̲T̲ (≈ *anzetteln*) to instigate; **j-n zu etw ~** to incite sb to (do) sth **Anstifter(in)** M̲(F̲) instigator (+*gen od* **zu** of); (≈ *Anführer*) ringleader

anstimmen V̲T̲ *singen* to begin singing; *Kapelle* to strike up 2 *fig* **ein Geschrei/Proteste** *etc* **~** to start crying/protesting *etc*

anstinken *umg* V̲I̲ **gegen etw nicht ~ können** not to be able to compete with sth

Anstoß M̲ 1 **den (ersten) ~ zu etw geben** to initiate sth; **j-m den ~ geben, etw zu tun** to induce sb to do sth 2 SPORT kickoff 3 (≈ *Ärgernis*) annoyance (**für** to); **~ erregen** to cause offence *Br od* offense *US* (**bei** to); **ein Stein des ~es** a bone of contention **anstoßen** A̲ V̲I̲ 1 **an etw** (*akk*) **~** to bump into sth

2 **(mit den Gläsern)** ~ to clink glasses; **auf j-n/etw** ~ **(= Andrang)** to drink to sth/sb **3** SPORT to kick off **B** V/T j-n to knock (into); **(= in Bewegung setzen)** to give a push; **sich** (dat) **den Kopf/Fuß** etc ~ to bang one's head/foot etc **anstößig A** ADJ offensive; Kleidung indecent **B** ADV offensively; gekleidet shockingly

anstrahlen V/T to floodlight; im Theater to spotlight; **(≈ strahlend ansehen)** to beam at

anstreben V/T to strive for

anstreichen V/T **1** mit Farbe etc to paint **2** **(= markieren)** to mark; **(j-m)** **etw als Fehler** ~ to mark sth wrong (for sb) **Anstreicher(in)** M(F) (house) painter

anstrengen A V/T **1** Augen to strain; Muskel, Gehirn to exert; j-n to tire out; → angestrengt **2** JUR **eine Klage/einen Prozess** ~ to institute proceedings **B** V/R to make an effort; **du könntest dich ruhig etwas mehr** ~ you could make a bit more of an effort **anstrengend** ADJ körperlich strenuous; geistig demanding; **(≈ erschöpfend)** exhausting **Anstrengung** F effort; **(≈ Strapaze)** strain; **große** ~**en machen** to make every effort; **mit äußerster/letzter** ~ **with** very great/one last effort

Anstrich M painting; **ein zweiter** ~ a second coat of paint

Ansturm M onslaught; **(≈ Andrang)** rush **Antagonismus** M antagonism

antanzen V/I umg to turn up umg **Antarktis** F Antarctic **antarktisch** ADJ antarctic

antasten V/T **1** Ehre, Würde to offend; Rechte to infringe **2** **(≈ berühren)** to touch

Anteil M **1** a. FIN share **2** **(≈ Beteiligung)** ~ **an etw** (dat) **haben** **(≈ beitragen)** to make a contribution to sth **3** **(≈ Teilnahme)** sympathy **(an** +dat with); **an etw** (dat) ~ **nehmen** an Leid etc to be deeply sympathetic over sth; an Freude etc to share in sth **4** **(≈ Interesse)** interest **(an** +dat in); **regen** ~ **an etw** (dat) **nehmen** to take a lively interest in sth **anteilig, anteilmäßig** ADV proportionately **Anteilnahme** F **(≈ Beileid)** sympathy **(an** +dat with) **Anteilseigner(in)** M(F) FIN shareholder

Antenne F RADIO aerial Br, antenna; ZOOL feeler **Antennenkabel** N aerial

lead Br, antenna cable

Anthrax N BIOL anthrax

Anthropologe M, **Anthropologin** F anthropologist

Antialkoholiker(in) M(F) teetota(l)ler **antiautoritär** ADJ anti-authoritarian **Antibabypille** umg F contraceptive pill **antibakteriell** ADJ **A** ADJ antibacterial **B** ADV antibacterially; ~ **wirken** to work as an antibacterial agent **Antibiotikum** N antibiotic **Antiblockier(brems)system** N AUTO antilock braking system **Antidepressivum** N antidepressant **antieuropäisch** ADJ POL anti-European **Anti-Europa-Partei** F anti-European od anti-EU party, Eurosceptic party **Antifaltencreme** F anti-wrinkle cream **Antifaschismus** M antifascism **Antifaschist(in)** M(F) antifascist **antifaschistisch** ADJ antifascist

Antigua N GEOG Insel der Kleinen Antillen Antigua

Antihistamin N antihistamine

antik ADJ **1** HIST ancient **2** HANDEL umg antique **Antike** F antiquity; **die Kunst der** ~ the art of the ancient world **Antikörper** M MED antibody **Antillen** PL **die** ~ the Antilles **Antilope** F antelope

Antipathie F antipathy **(gegen** to) **Antiquar(in)** M(F) antiquarian bookseller; von moderneren Büchern second-hand bookseller **Antiquariat** N **(≈ Laden)** antiquarian bookshop; modernerer Bücher second-hand bookshop; **modernes** ~ remainder bookshop **antiquarisch** ADJ antiquarian; von moderneren Büchern second-hand **antiquiert** pej ADJ antiquated **Antiquität** F antique **Antiquitätenhändler(in)** M(F) antique dealer **Antiquitätenladen** M antique shop

Antisemit(in) M(F) antisemite **antisemitisch** ADJ anti-Semitic **Antisemitismus** M antisemitism **antiseptisch** ADJ antiseptic **antistatisch** ADJ antistatic **Antistressball** M anti-stress ball **Antiterror-** ZSSGN antiterrorist **Antithese** F LIT antithesis **Antivirenprogramm** N IT anti-virus program, virus checker

antörnen sl **A** V/T to turn on umg **B** V/I **das törnt an** it turns you on umg

Antrag M **1** application; **(≈ Gesuch)** request; **einen ~ auf etw** (akk) **stellen** to make an application for sth; **auf ~** +gen at the request of **2** JUR petition; (≈ Forderung bei Gericht) claim; **einen ~ auf etw** (akk) **stellen** to file a petition/ claim for sth **3** PARL motion **4** (≈ Heiratsantrag) **j-m einen ~ machen** to propose (marriage) to sb **Antragsformular** N̄ application form **Antragsteller(in)** MF claimant, applicant

antreffen VT̄ to find

antreiben VT̄ to drive; fig to urge

antreten A VT̄ Reise, Strafe to begin; Stellung to take up; Erbe to come into; **den Beweis ~, dass …** to prove that …; **seine Amtszeit ~** to take office **B** VĪ **1** (≈ sich aufstellen) to line up **2** (≈ erscheinen) to assemble; **zum Dienst** report **3** zum Wettkampf to compete

Antrieb M̄ **1** impetus kein pl; innerer drive; **j-m ~ geben, etw zu tun** to give sb the impetus to do sth; **aus eigenem ~** on one's own initiative **2** (≈ Triebkraft) drive; **Auto mit elektrischem ~** electrically powered car **Antriebsaggregat** N̄ TECH drive unit **Antriebsschwäche** F̄ MED lack of drive **Antriebswelle** F̄ drive shaft

antrinken umg VT̄ to start drinking; **sich** (dat) **einen ~** to get (oneself) drunk; **sich** (dat) **Mut ~** to give oneself Dutch courage; → angetrunken

Antritt M̄ (≈ Beginn) beginning; **bei ~ der Reise** when beginning one's journey; **nach ~ der Stellung/des Amtes** after taking up the position/assuming office **Antrittsbesuch** M̄ bes POL (formal) first visit

antun VT̄ **j-m etw ~** (≈ erweisen) to do sth for sb; (≈ zufügen) to do sth to sb; **sich** (dat) **etwas ~** euph to do away with oneself; **tu mir das nicht an!** don't do this to me!; → angetan

Antwort F̄ answer (auf +akk to); **etw zur ~ bekommen** to receive sth as a response (≈ Reaktion) response; **als ~ auf etw** (akk) in response to sth **antworten** VĪ **1** to answer, to reply; **auf etw** (akk) **~** to answer sth, to reply to sth; **j-m auf eine Frage ~** to reply to od answer sb's question; **mit Ja/Nein ~** to answer yes/no **2** (≈ reagieren) to respond

anvertrauen A VT̄ **j-m etw ~** to entrust sth to sb; (≈ vertraulich erzählen)

to confide sth to sb **B** VR̄ **sich j-m ~** (≈ sich mitteilen) to confide in sb; (≈ sich in j-s Schutz begeben) to entrust oneself to sb

anwachsen VĪ **1** (≈ festwachsen) to grow on; Pflanze etc to take root **2** (≈ zunehmen) to increase (auf +akk to)

Anwalt M̄, **Anwältin** F̄ **1** → Rechtsanwalt **2** fig (≈ Fürsprecher) advocate **Anwaltskammer** F̄ professional association of lawyers ≈ Law Society Br **Anwaltskanzlei** F̄ lawyer's office, solicitor's office Br **Anwaltskosten** PL̄ legal expenses pl **Anwaltspraxis** F̄ legal practice

Anwandlung F̄ (≈ Laune) mood; **aus einer ~ heraus** on (an) impulse; **in einer ~ von Freigebigkeit** etc in a fit of generosity etc

Anwärter(in) MF (≈ Kandidat) candidate (auf +akk for); SPORT contender (auf +akk for) **Anwartschaft** F̄ candidature; SPORT contention

anweisen VT̄ **1** (≈ befehlen) to instruct **2** (≈ zuweisen) to allocate; **j-m einen Platz ~** to show sb to a seat **3** Geld to transfer; → angewiesen **Anweisung** F̄ **1** FIN payment; auf Konto etc transfer **2** (≈ Anordnung) instruction, order; **~ haben, etw zu tun** to have instructions to do sth **3** (≈ Zuweisung) allocation

anwendbar ADJ Theorie, Regel applicable (auf +akk to); **das ist in der Praxis nicht ~** that is not practicable **anwenden** VT̄ Methode, Gewalt to use (auf +akk on); Theorie, Regel to apply (auf +akk to) **Anwender(in)** MF IT user **Anwendung** F̄ **1** (≈ Gebrauch) use (auf +akk on) **2** von Theorie, Regel application (auf +akk to) **3** IT application **Anwendungsbeispiel** N̄ example

anwerben VT̄ to recruit (für to)

Anwesen geh N̄ estate

anwesend ADJ present **Anwesende(r)** M/F(M) **die ~n** those present; **alle ~n** all those present; **~ ausgenommen** present company excepted **Anwesenheit** F̄ presence; **in ~** +gen od **von** in the presence of **Anwesenheitskontrolle** F̄ (≈ Namensaufruf) roll call **Anwesenheitsliste** F̄ attendance list

anwidern VT̄ **j-n ~** to make sb feel sick **Anwohner(in)** MF resident

Anzahl F̄ number

anzahlen VT̄ **100 Euro ~** to pay 100

euros as a deposit **Anzahlung** F̲ deposit (**für**, **auf** +*akk* on); **eine ~ machen** to pay a deposit

anzapfen V̲T̲ *Fass* to broach; *Telefon, elektrische Leitung* to tap

Anzeichen N̲ sign; **alle ~ deuten darauf hin, dass …** all the signs are that …

Anzeige F̲ 1̲ *bei Behörde* report (**wegen** of); **gegen j-n ~ erstatten** to report sb to the authorities; **das hatte eine ~ zur Folge** that resulted in him *etc.* being taken to court 2̲ *in Zeitung* notice; (≈ *Reklame*) advert(isement), ad **anzeigen** V̲T̲ 1̲ (≈ *angeben*) to show 2̲ (≈ *bekannt geben*) to announce; *Richtung* to indicate 3̲ IT to display 4̲ **j-n ~** *bei der Polizei* to report sb (to the police) **Anzeigenblatt** N̲ advertiser, freesheet **Anzeigenteil** M̲ advertisement section **Anzeiger** M̲ TECH indicator **Anzeigetafel** F̲ indicator board; SPORT scoreboard

anzetteln V̲T̲ to instigate

anziehen A̲ V̲T̲ 1̲ *Kleidung* to put on; **sich** (*dat*) **etw ~** to put sth on; **angezogen** dressed 2̲ (≈ *straffen*) to pull (tight); *Bremse* to put on; *Schraube* to tighten 3̲ *Magnet, a. fig* to attract; **sich von etw angezogen fühlen** to feel drawn by sth B̲ V̲I̲ 1̲ (≈ *beschleunigen*) to accelerate; FIN *Preise, Aktien* to rise C̲ V̲R̲ 1̲ (≈ *sich kleiden*) to get dressed, to dress 2̲ *fig Gegensätze* to attract **anziehend** A̲D̲J̲ (≈ *ansprechend*) attractive **Anziehung** F̲ attraction **Anziehungskraft** F̲ PHYS force of attraction; *fig* attraction

Anzug M̲ 1̲ (≈ *Herrenanzug*) suit 2̲ **im ~ sein** to be coming; MIL to be advancing; *fig Gewitter, Gefahr* to be imminent

anzüglich A̲D̲J̲ suggestive; **~ werden** to start making suggestive remarks

anzünden V̲T̲ *Feuer* to light; **das Haus** *etc* **~** to set fire to the house, to set the house on fire *etc* **Anzünder** M̲ lighter

anzweifeln V̲T̲ to question

Aorta F̲ aorta

apart A̲ A̲D̲J̲ distinctive B̲ A̲D̲V̲ (≈ *chic*) stylishly

Apartheid F̲ apartheid

Apartment N̲ flat *Br*, apartment **Apartmenthaus** N̲ block of flats *Br*, apartment house *bes US* **Apartmentwohnung** F̲ flat *Br*, apartment

Apathie F̲ apathy; *von Patienten* listless-

ness **apathisch** A̲ A̲D̲J̲ apathetic B̲ A̲D̲V̲ apathetically

aper A̲D̲J̲ *österr, schweiz, südd* snowless, snow-free

Aperitif M̲ aperitif

Apfel M̲ apple; **in den sauren ~ beißen** *fig umg* to bite the bullet **Apfelbaum** M̲ apple tree **Apfelkuchen** M̲ apple cake **Apfelmus** M̲ apple purée; *als Beilage* apple sauce **Apfelsaft** M̲ apple juice **Apfelschorle** F̲ apple spritzer (*drink made from apple juice and sparkling mineral water*) **Apfelsine** F̲ orange **Apfelstrudel** M̲ apple strudel **Apfeltasche** F̲ apple turnover **Apfelwein** M̲ cider

Aphorismus M̲ aphorism

Apokalypse F̲ apocalypse

Apostel M̲ apostle

Apostroph M̲ apostrophe

Apotheke F̲ (dispensing) chemist's *Br*, pharmacy **apothekenpflichtig** A̲D̲J̲ available only at a chemist's shop *Br*, available only at a pharmacy **Apotheker(in)** M̲(F̲) pharmacist, (dispensing) chemist *Br*

App F̲ IT *kurz für Applikation bzw. engl. application* app

App. A̲B̲K̲ (= *Apparat*) (≈ *Anschluss*) ext.

Apparat M̲ 1̲ apparatus *kein pl*, appliance; (≈ *Gerät*) gadget 2̲ (≈ *Radio*) radio; (≈ *Fernseher*) set; (≈ *Rasierapparat*) razor; (≈ *Fotoapparat*) camera 3̲ (≈ *Telefon*) (tele)phone; (≈ *Anschluss*) extension; **am ~** on the phone; *als Antwort* speaking; **bleiben Sie am ~!** hold the line; **wer ist am ~?** (can I ask) who's calling *od* speaking, please? **Apparatur** F̲ apparatus *kein pl*

Appartement N̲ 1̲ (≈ *Wohnung*) flat *Br*, apartment 2̲ (≈ *Zimmerflucht*) suite

Appell M̲ 1̲ (≈ *Aufruf*) appeal (**an** +*akk* to *od* **zu** for) 2̲ MIL roll call **appellieren** V̲I̲ to appeal (**an** +*akk* to)

App-Entwickler(in) M̲(F̲) IT app developer

Appenzell N̲ Appenzell; **~-Ausserrhoden** Appenzell Outer Rhodes; **~-Innerrhoden** Appenzell Inner Rhodes

Appetit M̲ appetite; **~ auf etw** (*akk*) **haben** to feel like sth; **guten ~!** enjoy your meal; **j-m den ~ verderben** to spoil sb's appetite; **mir ist der ~ vergangen** I've lost my appetite **appetitanregend** A̲D̲J̲ *Speise etc* appetizing; **~ wirken** to stimulate the appetite **appetitlich** ADJ (≈ lecker) appetizing; fig Mädchen, Anblick attractive **Appetitlosigkeit** F lack of appetite **Appetitzügler** M appetite suppressant

Guten Appetit

Im Englischen wünscht man sich in der Regel nicht so explizit einen „Guten Appetit!" wie im Deutschen. Gelegentlich hört man Folgendes:

Bon appetit! etwas förmlich
Enjoy your meal! vorwiegend von Servicepersonal verwendet
Enjoy! besonders in den USA
Tuck in! umg Hau rein!

applaudieren V/I to applaud **Applaus** M applause
apportieren V/T & V/I to retrieve
Approbation F von Arzt certificate (enabling a doctor to practise) **approbiert** ADJ Arzt registered
Après-Ski N après-ski
Aprikose F apricot
April M April; ~, ~! April fool!; j-n in den ~ schicken to make an April fool of sb; → März **Aprilscherz** M April fool's trick **Aprilwetter** N April weather
apropos ADV by the way; ~ Afrika talking about Africa
Aquädukt N aqueduct **Aquajogging** N aquajogging **Aquakultur** F aquaculture **Aquamarin** N aquamarine **Aquaplaning** N AUTO aquaplaning **Aquarell** N watercolour (painting) Br, watercolor (painting) US **Aquarellfarbe** F watercolour Br, watercolor US **Aquarianer(in)** M(F) aquarist **Aquaristik** F aquarium keeping, fishkeeping **Aquarium** N aquarium
Äquator M equator
Äquivalent N equivalent
Ära F era
Araber M (≈ Pferd) Arab **Araber(in)** M(F) Arab **Arabien** N Arabia **arabisch** ADJ Arab; Ziffer, Sprache Arabic; **Arabische Emirate** Arabian Emirates; **Arabischer Frühling** POL Oppositionsbewegung in arabischen Ländern Arab spring

Arbeit F **1** work; POL, WIRTSCH labour Br, labor US; **Tag der ~** Labo(u)r Day; **bei der ~** at work; **bei der ~ mit Kindern** when working with children; **~ sparend** labour-saving Br, labor-saving US; **viel ~ machen** to be a lot of work (j-m for sb); **an** od **bei der ~ sein** to be working / at work; **sich an die ~ machen** to get down to work; **etw ist in ~** work on sth is in progress **2** (≈ Mühe) trouble; **j-m ~ machen** to put sb to trouble **3** (≈ Berufstätigkeit) work kein unbest art; (≈ Arbeitsverhältnis) employment; (≈ Position) job; **ohne ~ sein** to be out of work; **zur ~ gehen** umg to go to work **4** (≈ Produkt) work; Prüfungsarbeit, wissenschaftlich paper; SCHULE (≈ Klassenarbeit) test; **eine ~ schreiben** to sit od take a test; **~en korrigieren** to mark test papers Br, to grade test papers US **arbeiten A** V/I to work (an +dat on); **er arbeitet für zwei** umg he does the work of two; **die Anlage arbeitet elektrisch/mit Kohle** the plant runs od operates on electricity/coal; **~ gehen** (≈ zur Arbeit gehen) to go to work **B** V/R **sich krank/müde ~** to make oneself ill/tire oneself out with work; **sich zu Tode ~** to work oneself to death; **sich an die Spitze ~** fig to work one's way (up) to the top **Arbeiter(in)** M(F) worker; im Gegensatz zum Angestellten blue-collar worker; auf Bau, Bauernhof labourer Br, laborer US **Arbeiterklasse** F working class(es) (pl) **Arbeiterschaft** F workforce **Arbeitgeber(in)** M(F) employer **Arbeitgeberanteil** M employer's contribution **Arbeitgeberverband** M employers' federation **Arbeitnehmer(in)** M(F) employee **Arbeitnehmeranteil** M employee's contribution **Arbeitnehmerschaft** F employees pl **Arbeitnehmervertreter(in)** M(F) employees' representative **Arbeitsablauf** M work routine; von Fabrik production ohne art **Arbeitsagentur** F (State) Department of Employment, job centre Br, unemployment office US **arbeitsam** ADJ industrious **Arbeitsamt** N, österr job centre Br, unemployment office US; → Arbeitsagentur **Arbeitsaufwand** M mit geringem/großem ~ with little/a lot of work **Arbeitsbedingungen** PL working conditions pl **Arbeitsbeginn** M start of work **Arbeitsbe-**

schaffungsmaßnahme F ADMIN job creation scheme **Arbeitsbeschaffungsprogramm** N̄ job creation scheme, job creation program US **Arbeitsbescheinigung** F certificate of employment **Arbeitseinstellung** F (≈ Arbeitsauffassung) attitude to work **Arbeitserlaubnis** F (≈ Bescheinigung) work permit **Arbeitsessen** N̄ mittags working lunch; abends working dinner **arbeitsfähig** ADJ Person able to work; (≈ gesund) fit for work; Regierung etc viable **Arbeitsfläche** F work surface **Arbeitsgang** M (≈ Arbeitsablauf) work routine; von Fabrik production ohne art **Arbeitsgemeinschaft** F team; SCHULE, UNIV study group, club; in Namen association **Arbeitsgericht** N̄ industrial tribunal Br, labor court US **Arbeitsgruppe** F team, work group; POL working party **arbeitsintensiv** ADJ labour-intensive Br, labor-intensive US **Arbeitskampf** M industrial action **Arbeitsklima** N̄ work(ing) atmosphere **Arbeitskollege** M, **Arbeitskollegin** F colleague **Arbeitskraft** F 1 capacity for work 2 (≈ Arbeiter) worker **Arbeitskräfte** PL workforce **Arbeitskräftemangel** M labor shortage US, labour shortage Br **Arbeitskreis** M team; SCHULE, UNIV study group **Arbeitsleistung** F quantitativ output, performance; qualitativ performance **Arbeitslohn** M wages pl, earnings pl **arbeitslos** ADJ Mensch unemployed **Arbeitslosengeld** N̄ earnings-related unemployment benefit; ~ I earnings-related unemployment benefit paid for first year of unemployment; ~ II welfare benefit for longer-term unemployed **Arbeitslosenhilfe** obs F unemployment benefit **Arbeitslosenquote** F rate of unemployment **Arbeitslosenunterstützung** obs F unemployment benefit, dole (money) Br umg **Arbeitslosenversicherung** F ≈ National Insurance Br, ≈ social insurance US **Arbeitslosenzahl** F unemployment figures pl, number of unemployed **Arbeitslose(r)** M/F(M) unemployed person/man/woman etc; **die ~n** the unemployed **Arbeitslosigkeit** F unemployment **Arbeitsmarkt** M labour market Br, labor market US **Arbeitsmoral** F work ethic **Arbeits-**

niederlegung F walkout **Arbeitsplatz** M 1 (≈ Arbeitsstätte) workplace; **am ~** at work 2 in Fabrik work station; in Büro workspace; in Großraumbüro cubicle 3 (≈ Stelle) job; **freie Arbeitsplätze** vacancies **Arbeitsplatzabbau** M job cuts pl **Arbeitsplatzsicherung** F safeguarding of jobs **Arbeitsplatzteilung** F job sharing **Arbeitsplatzverlust** M job loss **Arbeitsprozess** M work process **Arbeitsraum** M workroom; für geistige Arbeit study **Arbeitsrecht** N̄ industrial law **arbeitsscheu** ADJ workshy **Arbeitssicherheit** F safety at work **Arbeitsspeicher** M COMPUT main memory **Arbeitssprache** F bes EU working language **Arbeitsstelle** F 1 place of work 2 (≈ Stellung) job **Arbeitsstunde** F man-hour **Arbeitssuche** F **auf ~ sein** to be looking for work od a job **arbeitssuchend** ADJ looking for work **präd Arbeitstag** M working day **Arbeitsteilung** F division of labour Br, division of labor US **Arbeitstempo** N̄ rate of work **Arbeitstier** fig umg N̄ workaholic umg **Arbeitsuchende(r)** M/F(M) person/man/woman etc looking for work od a job **arbeitsunfähig** ADJ unable to work; (≈ krank) unfit for work **Arbeitsunfall** M workplace accident, accident at work **Arbeitsverbot** N̄ prohibition from employment; **er wurde mit ~ belegt** he has been banned from working **Arbeitsverhältnis** N̄ 1 employee-employer relationship; **ein ~ eingehen** to enter employment 2 **~se** pl working conditions pl **Arbeitsvermittler** M privater ~ employment agent **Arbeitsvermittlung** F (≈ Amt) employment exchange; privat employment agency **Arbeitsvertrag** M contract of employment **Arbeitsweise** F (≈ Praxis) working method; von Maschine mode of operation **Arbeitszeit** F working hours pl; **eine wöchentliche ~ von 35 Stunden** a working week of 35 hours **Arbeitszeitmodell** N̄ working hours model od scheme **Arbeitszeitverkürzung** F reduction in working hours **Arbeitszeugnis** F reference from one's employer **Arbeitszimmer** N̄ study

Archäologe M, **Archäologin** F archaeologist *Br*, archeologist *US* **Archäologie** F archaeology *Br*, archeology *US* **archäologisch** ADJ archaeological *Br*, archeological *US*

Arche F **die ~ Noah** Noah's Ark

Archipel M archipelago

Architekt(in) M(F) architect **architektonisch** ADJ architectural **Architektur** F architecture

Archiv N archives *pl* **Archivbild** N photo from the archives **archivieren** V/T to archive

Areal N area

Arena F arena; (≈ *Zirkusarena, Stierkampfarena*) ring

arg A ADJ (≈ *schlimm*) bad; *Verlust* terrible; *Enttäuschung* bitter; **sein ärgster Feind** his worst enemy; **etw liegt im Argen** sth is at sixes and sevens B ADV (≈ *schlimm*) badly; **es zu arg treiben** to go too far

Argentinien N Argentina **Argentinier(in)** M(F) Argentine, Argentinian **argentinisch** ADJ Argentine, Argentinian

Ärger M 1 annoyance; *stärker* anger; **zu j-s ~** to sb's annoyance 2 (≈ *Unannehmlichkeiten*) trouble; (≈ *Sorgen*) worry; **j-m ~ machen** *od* **bereiten** to cause sb a lot of trouble; **~ bekommen** *od* **kriegen** *umg* to get into trouble; **es gibt ~** *umg* there'll be trouble **ärgerlich** ADJ 1 (≈ *verärgert*) annoyed; *Tonfall* angry; **über j-n/etw ~ werden** to get annoyed with sb/about sth 2 (≈ *unangenehm*) annoying **ärgern** A V/T (≈ *ärgerlich machen*) to annoy; *stärker* to make angry B V/R (≈ *ärgerlich sein/werden*) to be/get annoyed; *stärker* to be/get angry (**über j-n/etw** with sb/about sth) **Ärgernis** N (≈ *Anstoß*) offence *Br*, offense *US*; **~ erregen** to cause offence *Br*, to cause offense *US*; **wegen Erregung öffentlichen ~ses angeklagt werden** to be charged with offending public decency

arglistig A ADJ cunning, crafty; (≈ *böswillig*) malicious; **~e Täuschung** fraud B ADV cunningly, craftily; (≈ *böswillig*) maliciously

Argument N argument **argumentieren** V/I to argue

Argwohn M suspicion **argwöhnisch** A ADJ suspicious B ADV suspiciously

Arie F MUS aria

Aristokrat(in) M(F) aristocrat **Aristo-**

kratie F aristocracy **aristokratisch** ADJ aristocratic

Arithmetik F arithmetic **arithmetisch** ADJ arithmetic

Arktis F Arctic **arktisch** ADJ arctic

arm ADJ poor; **die Armen** the poor *pl*; **arm an etw** (*dat*) **sein** to be somewhat lacking in sth; **arm an Vitaminen** low in vitamins; **um 10 Euro ärmer sein** to be 10 euros poorer; **arm dran sein** *umg* to have a hard time of it

Arm M ANAT, TECH, *a. fig* arm; *von Fluss, Baum* branch; (≈ *Ärmel*) sleeve; **j-n in die Arme nehmen** to take sb in one's arms; **sich in den Armen liegen** to lie in each other's arms; **j-n auf den Arm nehmen** *fig umg* to pull sb's leg *umg*; **j-m unter die Arme greifen** *fig* to help sb out; **mit offenen Armen** with open arms

Armaturenbrett N instrument panel; AUTO dashboard

Armband N bracelet; *von Uhr* (watch)-strap **Armbanduhr** F (wrist)watch **Armbruch** M MED broken *od* fractured arm

Armee F MIL, *a. fig* army; (≈ *Gesamtheit der Streitkräfte*) (armed) forces *pl*

Ärmel M sleeve; **etw aus dem ~ schütteln** to produce sth just like that **Ärmelkanal** M (English) Channel **ärmellos** ADJ sleeveless

Armenien N Armenia

Armenviertel N poor district

Armgelenk N elbow joint **Armlehne** F armrest **Armleuchter** M 1 chandelier 2 *pej umg* twerp *umg*

ärmlich A ADJ poor; *Kleidung* shabby; **aus ~en Verhältnissen** from a poor family B ADV poorly; **~ leben** to live in poor conditions

Armreif M bangle

armselig ADJ miserable; (≈ *jämmerlich*) pathetic; **für ~e zwei Euro** for two paltry euros **Armut** F poverty **Armutsgrenze** F poverty line **Armutszeugnis** *fig* N **j-m/sich (selbst) ein ~ ausstellen** to show sb's/one's (own) shortcomings

Aroma N 1 (≈ *Geruch*) aroma 2 (≈ *Geschmack*) flavour *Br*, flavor *US* **Aromatherapie** F MED aromatherapy **aromatisch** ADJ 1 (≈ *wohlriechend*) aromatic 2 (≈ *wohlschmeckend*) savoury *Br*, savory *US*

Aroniabeere F BOT chokeberry

Arrangement N̄ arrangement **arrangieren** A V̄/T & V̄/I to arrange (j-m for sb) B V̄/R **sich mit j-m ~** to come to an arrangement with sb

Arrest M̄ detention

arrogant A ADJ arrogant B ADV arrogantly **Arroganz** F̄ arrogance

Arsch M̄ 1 vulg arse Br sl, ass US sl; **j-m** od **j-n in den ~ treten** to give sb a kick up the arse Br sl, to give sb a kick up the ass US sl; **leck mich am ~!** (≈ lass mich in Ruhe) fuck off! vulg; (≈ verdammt noch mal) bugger! Br sl, fuck it! vulg; sl überrascht fuck me! vulg; **j-m in den ~ kriechen** umg to lick sb's arse Br sl, to lick sb's ass US sl; **am ~ der Welt** umg in the back of beyond; **im** od **am ~ sein** sl to be screwed up sl 2 sl (≈ Mensch) bastard sl **Arschgeweih** umg N̄ butt antlers pl umg **arschkalt** umg ADJ bloody cold Br umg, damn cold umg **Arschkarte** F̄ sl **die ~ ziehen** Unangenehmes tun müssen to get the short straw umg; etwas ausbaden müssen to take the rap umg **Arschkriecher(in)** vulg M̄(F̄) ass-kisser sl **Arschloch** vulg N̄ 1 arsehole Br vulg, asshole US vulg 2 → Arsch 2

Arsen N̄ arsenic

Arsenal wörtl, fig N̄ arsenal

Art F̄ 1 kind, sort; **diese Art Leute/Buch** that kind od sort of person/book; **aus der Art schlagen** not to take after anyone in the family 2 BIOL species 3 (≈ Methode) way; **auf diese Art und Weise** in this way 4 (≈ Wesen) nature; **das ist eigentlich nicht seine Art** it's not like him; **nach bayrischer Art** Bavarian style 5 (≈ Benehmen) behaviour Br, behavior US; **das ist doch keine Art!** that's no way to behave! **Artenreichtum** M̄ BIOL diversity of species **Artenschutz** M̄ protection of species

Arterie F̄ artery **Arteriosklerose** F̄ arteriosclerosis

Artgenosse M̄, **Artgenossin** F̄ (≈ Tier/Pflanze) animal/plant of the same species; (≈ Mensch) person of the same type **artgerecht** ADJ appropriate to the species

Arthritis F̄ arthritis **Arthrose** F̄ arthrosis

artig ADJ Kind, Hund etc good; **sei schön ~** be good!

Artikel M̄ article

artikulieren A V̄/T & V̄/I to articulate B V̄/R to express oneself

Artillerie F̄ artillery

Artischocke F̄ (globe) artichoke

Artist(in) M̄(F̄) (circus) performer; im Varieté variety performer **artistisch** ADJ **eine ~e Glanzleistung** in Zirkus a miraculous feat of circus artistry

artverwandt ADJ of the same type; BIOL species-related

Arznei F̄ medicine **Arzneimittel** N̄ drug **Arzneimittelmissbrauch** M̄ drug abuse

Arzt M̄, **Ärztin** F̄ doctor; (≈ Facharzt) specialist; **praktischer ~** general practitioner, GP; **Ärzte ohne Grenzen** internationale Hilfsorganisation Doctors Without Borders; **zum ~ gehen** to go to the doctor's Br, to see a doctor **Ärzteschaft** F̄ medical profession **Arzthelfer(in)** M̄(F̄) (≈ Sprechstundenhilfe) (doctor's) receptionist; mit medizinischen Aufgaben betraut medical assistant **Ärztin** F̄ → Arzt **Arztkosten** PL doctor's od medical fees pl **ärztlich** A ADJ medical B ADV **beraten, untersuchen** medically; **er ließ sich ~ behandeln** he went to a doctor for treatment **Arztpraxis** F̄ doctor's practice **Arzttermin** M̄ doctor's appointment **Arztwahl** F̄ choice of doctor

As N̄ → Ass

Asbest N̄ asbestos **asbestfrei** ADJ free from od of asbestos, asbestos-free **asbesthaltig** ADJ containing asbestos präd **Asbestose** F̄ asbestosis

Asche F̄ ashes pl; von Zigarette, Vulkan ash **Aschenbahn** F̄ cinder track **Aschenbecher** M̄ ashtray **Aschenplatz** M̄ FUSSB cinder pitch; Tennis clay court **Aschenputtel** N̄ Cinderella **Aschermittwoch** M̄ Ash Wednesday

ASCII-Code M̄ ASCII code **ASCII-Datei** F̄ ASCII file

aseptisch A ADJ aseptic B ADV aseptically

Aserbaidschan N̄ Azerbaijan

Asiamarkt M̄ Asian supermarket **Asiat(in)** M̄(F̄) Asian **asiatisch** ADJ Asian, Asiatic **Asien** N̄ Asia

Asket(in) M̄(F̄) ascetic **asketisch** A ADJ ascetic B ADV ascetically

Askorbinsäure F̄ ascorbic acid

asozial A ADJ asocial B ADV asocially **Asoziale(r)** pej M̄/F̄(M̄) antisocial person/man/woman etc

Aspekt M̲ aspect

Asphalt M̲ asphalt **asphaltieren** V̲/T̲ to asphalt

Aspik österr M̲/N̲ aspic

Aspirin® N̲ aspirin

Ass N̲ ace

Assessment-Center N̲ Auswahlgremium für Bewerber assessment centre Br, assessment center US

Assessor(in) M̲/F̲ graduate civil servant who has completed his/her traineeship

Assist M̲ FUSSBALL assist

Assistent M̲ assistant; IT wizard **Assistentin** F̲ assistant **Assistenzarzt** M̲, **Assistenzärztin** F̲ junior doctor Br, intern US **Assistenzhund** M̲ assistance dog **assistieren** V̲/I̲ to assist (j-m sb)

Assoziation F̲ association **assoziieren** geh V̲/T̲ to associate **assoziiert** A̲D̲J̲ associated; Mitglied, Mitgliedschaft, Partner associate **Assoziierung** F̲ association

Ast M̲ branch

AStA M̲ A̲B̲K̲ (= Allgemeiner Studierendenausschuss) general students' committee

Aster F̲ aster

Ästhet(in) M̲/F̲ aesthete **ästhetisch** A̲D̲J̲ aesthetic, esthetic US

Asthma N̲ asthma **Asthmaanfall** M̲ asthma attack **Asthmatiker(in)** M̲/F̲ asthmatic **asthmatisch** A̲D̲J̲ asthmatic

astrein A̲D̲J̲ **1** fig umg (≈ moralisch einwandfrei) above board; (≈ echt) genuine **2** obs sl (≈ prima) fantastic umg

Astrologe M̲, **Astrologin** F̲ astrologer **Astrologie** F̲ astrology **astrologisch** A̲D̲J̲ astrological **Astronaut(in)** M̲/F̲ astronaut **Astronomie** F̲ astronomy **astronomisch** A̲D̲J̲ astronomical **Astrophysik** F̲ astrophysics sg

ASU F̲ A̲B̲K̲ (= Abgassonderuntersuchung) emissions test

Asyl N̲ (= politisches Asyl) (political) asylum ohne art; **j-m ~ gewähren** to grant sb (political) asylum **Asylant(in)** oft neg! M̲/F̲ asylum seeker **Asylantenwohnheim** oft neg! N̲ hostel for asylum seekers **Asylantrag** M̲ application for asylum; **einen ~ stellen** to apply for asylum **Asylbewerber(in)** M̲/F̲ asylum seeker **Asylpolitik** F̲ policy on asylum **Asylrecht** N̲ POL right

of (political) asylum **Asylsuchende(r)** M̲/F̲(M̲) asylum seeker

asymmetrisch A̲D̲J̲ asymmetric(al)

Atelier N̲ studio

Atem M̲ (≈ Atemluft) breath; **~ holen** wörtl to take a breath; fig to get one's breath back; **den ~ anhalten** to hold one's breath; **außer ~ sein** to be out of breath; **wieder zu ~ kommen** to get one's breath back; **j-n in ~ halten** to keep sb in suspense; **das verschlug mir den ~** that took my breath away **atemberaubend** A̲ A̲D̲J̲ breathtaking B̲ A̲D̲V̲ breathtakingly **Atembeschwerden** P̲L̲ trouble sg in breathing **Atemgerät** N̲ breathing apparatus; MED respirator **atemlos** wörtl, fig breathless **Atemnot** F̲ difficulty in breathing **Atempause** fig F̲ breathing space **Atemschutzmaske** F̲ breathing mask **Atemstillstand** M̲ respiratory standstill, apnoea Br, apnea US **Atemübung** F̲ MED breathing exercise **Atemwege** P̲L̲ ANAT respiratory tracts pl **Atemzug** M̲ breath; **in einem/im selben ~** fig in one/the same breath

Atheismus M̲ atheism **Atheist(in)** M̲/F̲ atheist **atheistisch** A̲D̲J̲ atheist(ic)

Athen N̲ Athens

Äther M̲ ether; RADIO air **ätherisch** A̲D̲J̲ CHEM essential

Äthiopien N̲ Ethiopia **äthiopisch** A̲D̲J̲ Ethiopian

Athlet(in) M̲/F̲ athlete **Athletik** F̲ athletics sg **athletisch** A̲D̲J̲ athletic

Atlantik M̲ Atlantic **atlantisch** A̲D̲J̲ Atlantic; **der Atlantische Ozean** the Atlantic Ocean

Atlas M̲ atlas

atmen V̲/T̲ & V̲/I̲ to breathe

Atmosphäre F̲ PHYS, a. fig atmosphere **atmosphärisch** A̲D̲J̲ atmospheric; **~e Störungen** atmospherics pl

Atmung F̲ breathing; MED respiration **atmungsaktiv** A̲D̲J̲ Material, Stoff breathable **Atmungsorgane** P̲L̲ respiratory organs pl

Ätna M̲ GEO Mount Etna

Atoll N̲ atoll

Atom N̲ atom **Atom-** Z̲S̲S̲G̲N̲ Reaktor, Waffen etc nuclear **Atomantrieb** M̲ **ein U-Boot mit ~** a nuclear-powered submarine **atomar** A̲ A̲D̲J̲ atomic; Drohung nuclear B̲ A̲D̲V̲ **~ angetrieben** nuclear-powered **Atomausstieg** M̄ abandonment of nuclear energy **Atombombe** F̄ atomic bomb, atom bomb *bes Br* **atombombensicher** ĀDJ nuclear blast-proof **Atombunker** M̄ nuclear blast-proof bunker **Atomenergie** F̄ nuclear energy **Atomforscher(in)** M̄(F) nuclear scientist **Atomforschung** F̄ nuclear research **atomgetrieben** ĀDJ nuclear-powered **Atomgewicht** N̄ atomic weight **atomisieren** V̄T to atomize **Atomkern** M̄ atomic nucleus **Atomkraft** F̄ nuclear power *od* energy **Atomkraftgegner(in)** M̄(F) anti-nuclear (power) protester **Atomkraftwerk** N̄ nuclear power station **Atomkrieg** M̄ nuclear war **Atommacht** F̄ nuclear power **Atomreaktor** M̄ nuclear reactor **Atomruine** F̄ former nuclear facility **Atomspaltung** F̄ nuclear fission **Atomsperrvertrag** M̄ nuclear weapons nonproliferation treaty **Atomsprengkopf** M̄ nuclear warhead **Atomstopp** M̄ nuclear ban **Atomstrom** *umg* M̄ electricity generated by nuclear power **Atomtest** M̄ nuclear test **Atomteststoppabkommen** N̄ nuclear test ban treaty **Atom-U-Boot** N̄ nuclear submarine **Atomversuch** M̄ nuclear test **Atomwaffe** F̄ nuclear weapon **atomwaffenfrei** ĀDJ nuclear-free **Atomwaffensperrvertrag** M̄ nuclear weapons nonproliferation treaty

ätsch *umg* ĪNT ha-ha
Attachment N̄ IT attachment
Attacke F̄ attack **attackieren** V̄T to attack
Attentat N̄ assassination; (≈ *Attentatsversuch*) assassination attempt; **ein ~ auf j-n verüben** to assassinate sb; *bei gescheitertem Versuch* to make an attempt on sb's life **Attentäter(in)** M̄(F) assassin
Attest N̄ certificate **attestieren** *form* V̄T to certify
Attraktion F̄ attraction **attraktiv** ĀDJ attractive **Attraktivität** F̄ attractiveness
Attrappe F̄ dummy
Attribut N̄ attribute **attributiv** ĀDJ GRAM attributive
atypisch *geh* ĀDJ atypical
At-Zeichen N̄ @ at sign

ätzen V̄T & V̄I *Säure* to corrode **ätzend** ĀDJ 1 *wörtl Säure* corrosive; MED caustic 2 *Geruch* pungent; *Rauch* choking; *Spott, Kritik* caustic 3 *umg* (≈ *furchtbar*) lousy *umg*
au ĪNT ow, ouch
AU F̄ ABK (≈ **Abgasuntersuchung**) emissions test
Aubergine F̄ aubergine *Br*, eggplant *US*
auch ĀDV 1 (≈ *gleichfalls*) also, too; **das ist ~ möglich** that's also possible; **ja, das ~** yes, that too; **~ gut** that's OK too; **du ~?** you too?; **~ nicht** not — either; **das ist ~ nicht richtig** that's not right either; **er kommt — ich ~** he's coming — so am I *od* me too; **er kommt nicht — ich ~ nicht** he's not coming — nor *od* neither am I; **~ das noch!** that's all I needed!; **du siehst müde aus — das bin ich ~** you look tired — (so) I am 2 (≈ *sogar*) even; **ohne ~ nur zu fragen** without even asking 3 *emph* **so was Ärgerliches aber ~!** it's really too annoying!; **wozu ~?** whatever for? 4 (≈ *a. immer*) **wie dem ~ sei** be that as it may; **was er ~ sagen mag** whatever he might say
Audienz F̄ audience
Audio-CD F̄ audio disc *od* CD **Audioguide** M̄ audio guide **Audiokassette** F̄ audio cassette **audiovisuell** A ĀDJ audiovisual B ĀDV audiovisually; *gestalten* using audiovisual aids
Auditorium N̄ 1 (≈ *Hörsaal*) lecture hall; **~ maximum** UNIV main lecture hall 2 (≈ *Zuhörerschaft*) audience
Auerhahn M̄ capercaillie
auf A PRÄP on; **auf einem Stuhl sitzen** to sit on a chair; **auf den Orkneyinseln** in the Orkney Islands; **auf See** at sea; **auf der Bank** at the bank; **mein Geld ist auf der Bank** my money is in the bank; **auf dem Land** in the country; **auf der Straße** on *od* in the street; **auf Englisch** in English; **etw auf dem Klavier spielen** to play sth on the piano; **auf einem Ohr taub sein** to be deaf in one ear; **was hat es damit auf sich?** what does it mean? B PRÄP 1 *Ort* on; **etw auf etw stellen** to put sth on(to) sth; **auf ... zu** towards; **er ist auf die Orkneyinseln gefahren** he has gone to the Orkney Islands; **auf sein Zimmer/die Post gehen** to go to one's room/the post of-

fice; **auf eine Party/eine Hochzeit ge-
hen** to go to a party/wedding **2** *Zeit*
auf drei Tage for three days; **auf mor-
gen/bald!** see you tomorrow/soon! **3**
(≈ *für*) **auf 10 km** for 10 km; **auf eine Tas-
se Kaffee** for a cup of coffee **4** (≈ *pro*)
auf jeden kamen zwei Flaschen Bier
there were two bottles of beer (for) each
5 auf ein glückliches Gelingen! here's
to a great success!; **auf deine Gesund-
heit!** (your very) good health!; **auf sei-
nen Vorschlag/seine Bitte** (hin) at his
suggestion/request **C** ADV **1** (≈ *offen*)
open; **Mund auf!** open your mouth **2**
Helm auf! helmets on!; **auf nach Chica-
go!** let's go to Chicago; **auf gehts!** let's
go!; **auf und ab** up and down; **sie ist auf
und davon** she has disappeared; **auf
einmal** at once, suddenly **3** → **auf sein**
Auf N̄ **das Auf und Ab** the up and down;
fig the ups and downs
aufarbeiten V̄T **1** *Vergangenheit* to re-
appraise **2** (≈ *Aufgebautes*) *Korrespondenz
etc.* to catch up with **3** (≈ *erneuern*) to
do up; *Möbel etc* to recondition **4** PHYS
Brennelemente to reprocess
aufatmen V̄I to breathe a sigh of relief;
ein Aufatmen a sigh of relief
aufbacken V̄T to crisp up
aufbahren V̄T *Sarg* to lay on the bier;
Leiche to lay out
Aufbau M̄ **1** (≈ *das Aufbauen*) construc-
tion; *von Netzwerk, System* setting up;
der ~ Ost the rebuilding of East Germa-
ny **2** (≈ *Aufgebautes*) top; *von Auto, Lkw*
body **3** (≈ *Struktur*) structure **aufbau-
en** **A** V̄T **1** (≈ *errichten*) to put up; *Ver-
bindung, System* to set up **2** *fig* (≈ *gestal-
ten*) *Geschäft* to build up; *Zerstörtes* re-
build; *Plan* to construct; **sich** (dat) **eine
(neue) Existenz ~** to build (up) a new
life for oneself **3** *fig Star, Politiker* to
promote; *Beziehung* to build; **j-n/sich
zu etw ~** to build sb/sth up into sth **4**
(≈ *strukturieren*) to construct; *Aufsatz, Re-
de, Organisation* to structure **B** V̄I (≈ *sich
gründen*) to be based *od* founded (**auf**
+*dat od akk* on) **C** V̄R **1** *umg* (≈ *sich po-
stieren*) to take up position; **sich vor j-m
drohend ~** to plant oneself in front of
sb *umg* (≈ *bestehen aus*) **sich aus etw
~** to be composed of sth **Aufbauhilfe**
F̄ development(al) aid *od* assistance
aufbauschen V̄T & V̄R to blow out; *fig*
to blow up

Aufbaustudium N̄ UNIV course of fur-
ther study
aufbegehren *geh* V̄I to revolt (**gegen**
against)
aufbehalten V̄T *Hut, Brille etc* to keep
on
aufbekommen *umg* V̄T **1** (≈ *öffnen*) to
get open **2** *Aufgabe* to get as homework
aufbereiten V̄T to process; *Daten* to
edit; *Text etc* to work up **Aufberei-
tung** F̄ processing; *von Daten* editing;
von Texten working up
aufbessern V̄T to improve
aufbewahren V̄T to keep **Aufbe-
wahrung** F̄ (≈ *das Aufbewahren*) keep-
ing; *von Lebensmitteln* storage; **j-m etw
zur ~ übergeben** to give sth to sb for
safekeeping
aufbieten V̄T *Menschen, Mittel* to mus-
ter; *Kräfte, Fähigkeiten* to summon (up);
Militär, Polizei to call in **Aufbietung**
F̄ **unter** *od* **bei ~ aller Kräfte ...** sum-
moning (up) all his/her *etc* strength ...
aufbinden V̄T **1** (≈ *öffnen*) *Schuh etc* to
undo **2** **lass dir doch so etwas nicht ~**
fig don't fall for that
aufblasbar ADJ inflatable **aufblasen**
A V̄T *Ballon* to blow up **B** V̄R *fig pej*
to puff oneself up
aufbleiben V̄I **1** (≈ *nicht schlafen gehen*)
to stay up **2** (≈ *geöffnet bleiben*) to stay
open
aufblenden **A** V̄I FOTO to open up the
lens; FILM to fade in; AUTO to turn on the
headlights on full (beam) **B** V̄T AUTO
Scheinwerfer to turn on full (beam)
aufblicken V̄I to look up; **zu j-m/etw ~**
to look up to sb/sth
aufblitzen V̄I **1** *Licht, Augen* to flash **2**
fig Emotion to flare up
aufblühen V̄I **1** *Blume* to bloom **2** *fig
Mensch* to blossom out; **das ließ die
Stadt ~** it allowed the town to flourish
aufbrauchen V̄T to use up
aufbrausen V̄I **1** *Brandung etc* to
surge; *fig Beifall, Jubel* to break out **2**
fig Mensch to flare up **aufbrausend**
ADJ irascible
aufbrechen **A** V̄T to break open; *Auto*
to break into; *Asphalt, Oberfläche* to
break up **B** V̄I **1** (≈ *sich öffnen*) to break
up; *Knospen, Wunde* to break **2** (≈ *sich
auf den Weg machen*) to set off
aufbrezeln V̄R *sl* to get dressed up;
Frau a. to get dolled up *umg*, to do one-

self up US

aufbringen V̅T̅ **1** (≈ beschaffen) to find; Geld to raise **2** (≈ erzürnen) to make angry; j-n gegen j-n/etw ~ to set sb against sb/sth; → aufgebracht

Aufbruch M̅ departure; das Zeichen zum ~ geben to give the signal to set off **Aufbruch(s)stimmung** F̅ ihr herrscht schon ~ bei Party etc it's (all) breaking up; in ~ sein to be* getting ready to go

aufbrühen V̅T̅ to brew up

aufbürden geh V̅T̅ j-m etw ~ wörtl to load sth onto sb; fig to encumber sb with sth

aufdecken V̅T̅ to uncover; Spielkarten to show; Verbrechen to expose; Schwäche to lay bare

aufdonnern pej umg V̅R̅ to get tarted up Br pej umg, to deck oneself out US umg; → aufgedonnert

aufdrängen A̅ V̅T̅ j-m etw ~ to impose od force sth on sb B̅ V̅R̅ to impose; dieser Gedanke drängte sich mir auf I couldn't help thinking that

aufdrehen A̅ V̅T̅ Wasser etc to turn on; Ventil to open; Lautstärke to turn up B̅ V̅I̅ umg (≈ beschleunigen) to put one's foot down hard; fig (≈ loslegen) to get going; → aufgedreht

aufdringlich A̅D̅J̅ Mensch pushy umg; Farbe loud; Geruch overpowering

Aufdruck M̅ (≈ Aufgedrucktes) imprint **aufdrucken** V̅T̅ etw auf etw (akk) ~ to print sth on sth

aufdrücken V̅T̅ **1** etw auf etw (akk) ~ to press sth on sth; (≈ aufdrucken) to stamp sth on sth **2** (≈ öffnen) Tür etc to push open

aufeinander A̅D̅V̅ on (top of) each other; ~ zufahren to drive toward(s) each other **Aufeinanderfolge** F̅ sequence; in schneller ~ in quick succession **aufeinanderfolgen** V̅I̅ to follow each other; ~d zeitlich successive **aufeinandertreffen** V̅I̅ Gruppen etc to meet; Meinungen to clash

Aufenthalt M̅ stay; bes BAHN stop; bei Anschluss wait; der Zug hat 20 Minuten ~ the train stops for 20 minutes; wie lange haben wir ~? how long do we stop for? **Aufenthaltserlaubnis** F̅, **Aufenthaltsgenehmigung** F̅ residence permit **Aufenthaltsort** M̅ whereabouts sg od pl; JUR abode, resi-

dence **Aufenthaltsraum** M̅ day room; auf Flughafen lounge

auferstehen V̅I̅ to rise from the dead; Christus ist auferstanden Christ is (a)risen **Auferstehung** F̅ resurrection

aufessen V̅T̅ to eat up

auffahren A̅ V̅I̅ **1** (≈ aufprallen) auf j-n/etw ~ to run into sb/sth **2** (≈ näher heranfahren) to drive up; zu dicht ~ to drive too close behind (the car in front) **3** (≈ aufschrecken) to start; aus dem Schlaf ~ to awake with a start B̅ V̅T̅ umg Getränke etc to serve up; Speisen, Argumente to dish up umg **Auffahrt** F̅ (≈ Zufahrt) approach (road); bei Haus etc drive; (≈ Rampe) ramp **Auffahrunfall** M̅ von zwei Autos collision; von mehreren Autos pile-up

auffallen V̅I̅ (≈ sich abheben) to stand out; (≈ unangenehm auffallen) to attract attention; angenehm/unangenehm ~ to make a good/bad impression; so etwas fällt doch nicht auf that will never be noticed; das muss dir doch aufgefallen sein! surely you must have noticed (it)! **auffallend** A̅ A̅D̅J̅ noticeable; Ähnlichkeit, Kleider striking B̅ A̅D̅V̅ noticeably; schön strikingly; stimmt ~! hum too true! **auffällig** A̅ A̅D̅J̅ conspicuous; Kleidung striking B̅ A̅D̅V̅ conspicuously; sich ~ verhalten to get oneself noticed

auffangen V̅T̅ to catch; Aufprall etc to cushion; Verluste to offset **Auffanglager** N̅ reception camp

auffassen A̅ V̅T̅ (≈ interpretieren) to interpret; etw falsch/richtig ~ to take sth the wrong way/in the right way B̅ V̅I̅ to understand **Auffassung** F̅ (≈ Meinung) opinion; (≈ Begriff) conception; nach meiner ~ in my opinion **Auffassungsgabe** F̅ er hat eine leichte od schnelle ~ he is quick on the uptake

auffindbar A̅D̅V̅ es ist nicht ~ it can't be found; es ist schwer ~ it's hard to find **auffinden** V̅T̅ to find

auffischen V̅T̅ to fish up; umg Schiffbrüchige to fish out

aufflackern V̅I̅ to flare up

aufflammen V̅I̅ Feuer, Unruhen etc to flare up

auffliegen V̅I̅ **1** (≈ hochfliegen) to fly up; (≈ sich öffnen) to fly open **2** fig umg Rauschgiftring to be busted umg; eine Konferenz ~ lassen to break up a meeting

auffordern _VT_ to ask, to invite; (≈ _zum Tanz bitten_) to ask to dance **Aufforderung** _F_ request; _nachdrücklicher demand_; (≈ _Einladung_) invitation

aufforsten _VT Gebiet_ to reafforest; _Wald_ to retimber

auffressen _VT_ to eat up; **er wird dich deswegen nicht gleich ~** _umg_ he's not going to eat you _umg_

auffrischen A _VT_ to freshen (up); _fig Erinnerungen_ to refresh; _Kenntnisse_ to polish up; _persönliche Beziehungen_ to renew **B** _VI Wind_ to freshen **Auffrischungskurs** _M_ refresher course

aufführen A _VT_ **1** _Drama, Oper_ to stage; _Musikwerk_ to perform **2** (≈ _auflisten_) to list; **einzeln ~** to itemize **B** _VR_ to behave **Aufführung** _F_ _von Drama, Oper_ staging; (≈ _Vorstellung_) performance

auffüllen _VT_ **1** (≈ _vollständig füllen_) to fill up; (≈ _nachfüllen_) to refill, to top up _Br_, to top off _US_ **2** (≈ _ergänzen_) _Vorräte_ to replenish

Aufgabe _F_ **1** (≈ _Arbeit, Pflicht_) job, task, duty; **sich** (_dat_) **etw zur ~ machen** to make sth one's business, to commit oneself to doing sth **2** (≈ _Funktion_) purpose **3** _bes_ SCHULE _zur Übung_ exercise; (≈ _Hausaufgabe_) _mst pl_ homework _kein pl_; **hast du deine ~n schon gemacht?** have you done your homework yet? **4** _von Koffer, Gepäck_ registering; FLUG checking (in); _von Anzeige_ placing _kein pl_ **5** MIL _etc_ surrender **6** _von Geschäft_ giving up

aufgabeln _fig umg_ _VT_ j-n to pick up _umg_

Aufgabenbereich _M_ area of responsibility

Aufgang _M_ **1** _von Sonne, Mond_ rising **2** (≈ _Treppenaufgang_) stairs _pl_

aufgeben A _VT_ **1** _Hausaufgaben_ to give; _Problem_ to pose (**j-m** for sb) **2** _Koffer, Gepäck_ to register; _Fluggepäck_ to check in; _Brief, Paket_ to post _Br_, to mail _bes US_; _Anzeige, Bestellung_ to place **3** _Kampf, Hoffnung etc_ to give up **B** _VI_ (≈ _sich geschlagen geben_) to give up _od_ in, to quit; MIL to surrender

Aufgebot _N_ **1** _das ~_ **bestellen** to give notice of one's intended marriage; KIRCHE to post the banns **2** (≈ _Ansammlung von Menschen_) contingent; _von Material etc_ array

aufgebracht _ADJ_ outraged, worked up; → _aufbringen_

aufgedonnert _pej umg_ _ADJ_ tarted-up _Br pej umg_, decked-out _US umg_; → _aufdonnern_

aufgedreht _umg_ _ADJ_ in high spirits; → _aufdrehen_

aufgedunsen _ADJ_ bloated

aufgehen _VI_ **1** _Sonne, Mond_ to come up **2** (≈ _sich öffnen_) to open; _Knopf etc_ to come undone **3** GASTR to rise **4** (≈ _klar werden_) **j-m geht etw auf** sth dawns on sb **5** MATH _Rechnung etc_ to work out **6** (≈ _seine Erfüllung finden_) **in etw** (_dat_) **~** to be taken up with sth

aufgehoben _ADJ_ **bei j-m) gut/ schlecht ~ sein** to be/not to be in good hands (with sb); → _aufheben_

aufgeilen _VR_ _umg_ **sich an etw** (_dat_) **~** to be _od_ get turned on by sth _umg_

aufgeklärt _ADJ_ enlightened; **~ sein** _sexualkundlich_ to know the facts of life; → _aufklären_

aufgelegt _ADJ_ **gut/schlecht** _etc_ **~** in a good/bad _etc_ mood; **(dazu) ~ sein, etw zu tun** to feel like doing sth; → _auflegen_

aufgelöst _ADJ_ (≈ _außer sich_) distraught; (≈ _bestürzt_) upset; **in Tränen ~** in tears; → _auflösen_

aufgeregt A _ADJ_ (≈ _erregt_) excited; (≈ _nervös_) nervous **B** _ADV_ excitedly; → _aufregen_

aufgeschlossen _ADJ_ (≈ _nicht engstirnig_) open-minded; (≈ _empfänglich_) open (**für, gegenüber** to); → _aufschließen_ **Aufgeschlossenheit** _F_ open-mindedness; (≈ _Empfänglichkeit_) openness (**für, gegenüber** to)

aufgeschmissen _umg_ _ADJ_ stuck _umg_

aufgeweckt _ADJ_ bright; → _aufwecken_

aufgewühlt _geh_ _ADJ_ agitated; _Wasser, Meer_ turbulent; → _aufwühlen_

aufgießen _VT_ _Kaffee, Tee_ to make

aufgliedern A _VT_ to split up **B** _VR_ to break down (**in** +_akk_ into)

aufgreifen _VT_ **1** (≈ _festnehmen_) to pick up **2** _Thema, Gedanken_ to take up

aufgrund _PRÄP_ on the basis of; **~ einer Verwechslung** because of a mistake

Aufguss _M_ brew, infusion; _fig pej_ rehash **Aufgussbeutel** _M_ (≈ _Teebeutel_) tea bag

aufhaben A _VT_ **1** _Hut, Brille_ to have on **2** SCHULE _als Hausaufgabe_ **etw ~**

to have sth to do for homework **B** V/I *Laden etc* to be open

aufhalsen *umg* V/T j-m/sich etw ~ to land sb/oneself with sth *umg*

aufhalten **A** V/T **1** to stop; (≈ *verlangsamen*) to hold up; (≈ *stören*) to hold back (**bei** from); **ich will dich nicht länger ~** I don't want to hold you back any longer **2** *umg* (≈ *offen halten*) to keep open; **die Hand ~** to hold one's hand out **B** V/R **1** (≈ *an einem Ort bleiben*) to stay **2** *bei der Arbeit etc* to take a long time (**bei** over) **3** (≈ *sich befassen*) **sich bei etw ~** to dwell on sth

aufhängen **A** V/T **1** *Kleidung, Bild* to hang up; *AUTO Rad* to suspend **2** (≈ *töten*) to hang (**an** +dat from) **B** V/R (≈ *sich töten*) to hang oneself (**an** +dat from)

Aufhängung F̲ TECH suspension

aufhäufen V/T & V/R to accumulate

aufheben **A** V/T **1** *vom Boden* to pick up **2** (≈ *nicht wegwerfen*) to keep; → **aufgehoben 2** (≈ *ungültig machen*) to abolish; *Vertrag* to cancel; *Urteil* to quash; *Verlobung* to break off **4** (≈ *beenden*) *Blockade* to lift **5** (≈ *ausgleichen*) to offset **B** V/R (≈ *sich ausgleichen*) to offset each other **Aufheben** N̲ fuss; **viel ~(s) machen** to make a lot of fuss (**von, um** about) **Aufhebung** F̲ **1** (≈ *Abschaffung*) abolition; *von Vertrag* cancellation; *von Urteil* quashing; *von Verlobung* breaking off **2** (≈ *Beendigung von Blockade etc*) lifting

aufheitern **A** V/T j-n to cheer up **B** V/R *Himmel* to clear; *Wetter* to clear up

aufhellen **A** V/T to brighten (up); *Haare* to lighten; *fig* (≈ *klären*) to shed light upon **B** V/R to brighten (up), to clear up

aufhetzen V/T to stir up; **j-n zu etw ~** to incite sb to (do) sth

aufheulen V/I to howl (**vor** +dat with); *Sirene* to (start to) wail; *Motor, Menge* to (give a) roar

aufholen **A** V/T to make up; **Versäumtes ~** to make up for lost time **B** V/I to catch up

aufhorchen V/I to sit up (and take notice)

aufhören V/I to stop, to quit *umg; bei Arbeitsstelle* to finish; **hör doch endlich auf!** (will you) stop it!; **mit etw ~** to stop sth; **sie hörte nicht auf zu reden** she wouldn't stop talking

aufkaufen V/T to buy up

aufklaren V/I *Wetter* to brighten (up); *Himmel* to clear

aufklären **A** V/T **1** to clear up; *Verbrechen, Rätsel* to solve **2** j-n to enlighten; **Kinder ~** *sexualkundlich* to tell children the facts of life; **j-n über etw** (*akk*) ~ to inform sb about sth; → **aufgeklärt B** V/R *Irrtum etc* to resolve itself; *Himmel* to clear **Aufklärung** F̲ **1** *Philosophie* **die ~** the Enlightenment **2** *von Missverständnis* clearing up; *von Verbrechen, Rätsel* solution **3** (**sexuelle**) ~ *in Schulen* sex education **4** MIL reconnaissance **Aufklärungsfilm** M̲ sex education film **Aufklärungsflugzeug** N̲ reconnaissance plane; *klein* scout (plane) **Aufklärungsquote** F̲ *in Kriminalstatistik* percentage of cases solved **Aufklärungssatellit** M̲ spy satellite

aufkleben V/T to stick on **Aufkleber** M̲ sticker

aufkochen **A** V/T to bring to the boil *Br*, to bring to a boil *US*; (≈ *erneut kochen lassen*) to boil up again **B** V/I **etw ~ lassen** to bring sth to the boil *Br*, to bring sth to a boil *US*

aufkommen V/I **1** (≈ *entstehen*) to arise; *Wind* to get up; *Mode etc* to appear (on the scene); **etw ~ lassen** *fig Zweifel, Kritik* to give rise to sth **2** ~ **für** (≈ *Kosten tragen*) to bear the costs of; (≈ *Haftung tragen*) to be liable for; **für den Schaden ~** to pay for the damage **3** (≈ *auftreffen*) to land (**auf** +dat on) **Aufkommen** N̲ **1** (≈ *das Auftreten*) appearance **2** *von Steuern* revenue (**aus** *od* +gen from)

aufkreuzen V/I *umg* (≈ *erscheinen*) to show up *umg*

aufkriegen *umg* V/T → aufbekommen

Aufl. ABK (= *Auflage*) ed.

Aufladegerät N̲ → Ladegerät **aufladen** **A** V/T **1** **etw (auf etw** *akk*) ~ to load sth on(to) sth; **j-m/sich etw ~** *fig* to saddle sb/oneself with sth **2** *elektrisch* to charge; (≈ *neu aufladen*) to recharge; *Geldkarte* to reload; *Karte von Prepaidhandy* to top up **3** *IT Batterie etc* to be charged; *neu* to be recharged

Auflage F̲ **1** (≈ *Ausgabe*) edition; *von Zeitung* circulation **2** (≈ *Bedingung*) condition; **j-m etw zur ~ machen** to impose sth on sb as a condition **Auflage(n)höhe** F̲ *von Buch* number of copies published; *von Zeitung* circulation

auflassen V/T **1** *umg* (≈ *offen lassen*) to

leave open; (≈*aufbehalten*) *Hut* to keep on; **das Kind länger ~** to let the child stay up (longer) [2] *österr* (≈*schließen*) *Fabrik* to close down

auflauern VI to lie in wait for

Auflauf M [1] (≈*Menschenauflauf*) crowd [2] GASTR (baked) pudding **auflaufen** VI [1] *Schiff* to run aground; **j-n ~ lassen** to drop sb in it *umg* [2] (≈*aufprallen*) **auf j-n/etw ~** to run into sb/sth **Auflaufform** F GASTR ovenproof dish

aufleben VI to revive; (≈*munter werden*) to liven up; **Erinnerungen wieder ~ lassen** to revive memories

auflegen [A] VT [1] *Tischdecke, CD* to put on; *Gedeck* to set; *Hörer* to replace [2] (≈*herausgeben*) *Buch* to bring out [3] FIN *Aktien* to issue; *Fonds* to set up [4] → aufgelegt [B] VI (≈*Telefonhörer auflegen*) to hang up

auflehnen VR **sich gegen j-n/etw ~** to rebel against sb/sth

auflesen VT to pick up

aufleuchten VI to light up

aufliegen VI (≈*auf etw sein*) to lie on top; *Hörer* to be on

auflisten VT to list

auflockern [A] VT [1] *Boden* to loosen (up); **die Muskeln ~** to loosen up (one's muscles) [2] (≈*abwechslungsreicher machen*) to make less monotonous [3] (≈*entspannen*) *Verhältnis, Atmosphäre* to ease; **in aufgelockerter Stimmung** in a relaxed mood [B] VR [1] SPORT to limber up [2] *Bewölkung* to disperse

auflösen [A] VT [1] *in Flüssigkeit* to dissolve; → aufgelöst [2] *Widerspruch* to clear up; *Rätsel* to solve [3] *Wolken, Versammlung* to disperse [4] (≈*aufheben*), *a.* PARL to dissolve; *Einheit, Gruppe* to disband; *Firma* to wind up; *Verlobung* to break off; *Konto* to close; *Haushalt* to break up [B] VR [1] *in Flüssigkeit* to dissolve [2] (≈*sich zerstreuen*) to disperse [3] *Firma* to cease trading; *bes* PARL (≈*sich formell auflösen*) to dissolve [4] **sich in etw** (*akk*) **~** (≈*verwandeln*) to turn into sth **Auflösung** F [1] *in Bestandteile* resolution; *von Firma* winding up; *von Parlament* dissolution [2] (≈*Lösung von Problem etc*) resolution; *von Rätsel* solution (*+gen od* **von** to) [3] *von Bildschirm, a.* FOTO resolution

aufmachen [A] VT [1] (≈*öffnen*) to open; (≈*lösen*) to undo; *Haar* to loosen [2] (≈*eröffnen, gründen*) to open (up) [3] **der Prozess wurde groß aufgemacht** the trial was given a big spread [B] VI (≈*Tür öffnen*) to open up; **es hat niemand aufgemacht** nobody answered the door [C] VR (≈*aufbrechen*) to set out **Aufmacher** M *Presse* lead **Aufmachung** F [1] (≈*Kleidung*) getup; **in großer ~** in full dress [2] (≈*Gestaltung*) presentation; *von Seite, Zeitschrift* layout

aufmerksam [A] ADJ [1] *Zuhörer, Schüler* attentive; (≈*scharf beobachtend*) observant; **j-n auf etw** (*akk*) **~ machen** to draw sb's attention to sth, to point sth out to sth; **auf j-n/etw ~ werden** to become aware of sb/sth [2] (≈*zuvorkommend*) attentive; **(das ist) sehr ~ von Ihnen** (that's) most kind of you [B] ADV *zusehen* carefully; *zuhören* attentively **Aufmerksamkeit** F [1] attention; **das ist meiner ~ entgangen** that escaped my notice [2] (≈*Zuvorkommenheit*) attentiveness [3] (≈*Geschenk*) **kleine ~en** little gifts **Aufmerksamkeitsdefizit-Syndrom** N Attention Deficit Disorder

aufmischen *umg* VT (≈*in Unruhe versetzen*) to stir up; (≈*verprügeln*) to beat up

aufmöbeln *umg* VT *Gegenstand* to do up *umg*

aufmotzen *umg* VT *Person* to doll up *umg*, to tart up *Br umg*; *Auto* to do up, to pimp *sl*; *Motor* to soup up *umg*

aufmuntern VT (≈*aufheitern*) to cheer up; (≈*beleben*) to liven up; **ein ~des Lächeln** an encouraging smile **Aufmunterung** F cheering up; (≈*Belebung*) livening up

aufmüpfig *umg* ADJ rebellious

Aufnahme F [1] (≈*Empfang*) reception; **die ~ in ein Krankenhaus** admission (in)to hospital [2] *in Verein* admission (**in** *+akk* to) [3] *von Kapital* raising [4] *von Protokoll* taking down [5] *von Gespräch etc* start; *von Tätigkeit* taking up; *von Beziehung* establishment [6] (≈*das Filmen*) filming, shooting *umg*; **Achtung, ~!** action! [7] MUS, FILM (≈*Fotografie*) photo(-graph); *auf Smartphone etc.* recording **Aufnahmebedingungen** PL terms *pl* of admission **aufnahmefähig** ADJ **für etw ~ sein** to be able to take sth in **Aufnahmegebühr** F enrolment fee *Br*, enrollment fee *US*; *in Verein* admission fee **Aufnahmeprüfung** F entrance examination **aufnehmen** VT

1 *vom Boden* to pick up; (≈ *heben*) to lift up **2** (≈ *empfangen*) to receive **3** (≈ *unterbringen*) to take (in); (≈ *fassen*) to take **4** *in Verein, Schule etc* to admit (**in** +*akk* to) **5** *in Liste* to include **6** (≈ *absorbieren*) to absorb; **etw in sich** (*dat*) ~ to take sth in **7** (≈ *beginnen*) to begin; *Tätigkeit, Studium* to take up; *Beziehung* to establish **8** *Kapital* to borrow; *Kredit* to take out **9** *Protokoll* to take down **10** MUS, FILM (≈ *fotografieren*) to take (a photo(graph) of); (≈ *filmen*) to film, to shoot *umg*; *auf Smartphone etc* to record; **es mit j-m nicht ~ können** to be no match for sb

aufnötigen VT j-m etw ~ to force sth on sb

aufopfern VR to sacrifice oneself **aufopfernd** ADJ *Mensch* self-sacrificing; *Liebe, Arbeit* devoted

aufpäppeln *umg* VT *mit Nahrung* to feed up

aufpassen VI **1** (≈ *beaufsichtigen*) **auf j-n/etw ~** to keep an eye on sb/sth, to look after sb/sth **2** (≈ *achtgeben*) to pay attention; **pass auf!** look, watch; (≈ *Vorsicht*) watch out **Aufpasser(in)** M(F) *pej* (≈ *Spitzel*) spy *pej*; *für VIP etc* minder; (≈ *Wächter*) guard

aufplatzen VI to burst open; *Wunde* to open up

aufplustern VR *Vogel* to puff itself up; *Mensch* to puff oneself up

aufpoppen VI IT *Popup-Fenster etc* to pop up

Aufprall M impact, crash **aufprallen** VI **auf etw** (*akk*) ~ to strike sth; *Fahrzeug* to collide with sth

Aufpreis M extra charge; **gegen ~** for an extra charge

aufpumpen VT *Reifen, Ballon* to inflate; *Fahrrad* to pump up the tyres of *Br*, to pump up the tires of *US*

aufputschen VT **1** (≈ *aufwiegeln*) to rouse; *Gefühle* to stir up **2** *durch Reizmittel* to stimulate; **~de Mittel** stimulants **Aufputschmittel** N stimulant

aufraffen VR **sich zu etw ~** *umg* to rouse oneself to do sth

aufragen VI to rise

aufräumen **A** VT to tidy up; **aufgeräumt** *Zimmer* tidy **B** VI **mit etw ~** to do away with sth

aufrechnen VT j-m etw ~ to charge sth to sb *od* to sb's account **2** etw gegen etw ~ to offset sth against sth

aufrecht **A** ADJ upright **B** ADV upright; **~ sitzen** to sit up(right) **aufrechterhalten** VT to maintain; *Kontakte* to keep up **Aufrechterhaltung** F maintenance; *von Kontakten* keeping up

aufregen **A** VT (≈ *ärgerlich machen*) to annoy; (≈ *nervös machen*) to make nervous; (≈ *beunruhigen*) to agitate; (≈ *erregen*) to excite **B** VR **1** to get upset, to get worked up *umg* (**über** +*akk* about) **2** → aufgeregt **aufregend** ADJ exciting **Aufreger** M *umg Skandal* scandal; *Sensation* sensation **Aufregung** F excitement *kein pl*; (≈ *Beunruhigung*) agitation *kein pl*; **nur keine ~!** don't get excited; **j-n in ~ versetzen** to get sb in a state *umg*

aufreiben VT **1** (≈ *wund reiben*) *Haut etc* to chafe **2** *fig* (≈ *zermürben*) to wear down **aufreibend** *fig* ADJ wearing; *stärker* stressful

aufreißen **A** VT **1** (≈ *aufbrechen*) to tear open; *Straße* to tear up **2** *Tür, Fenster* to fling open; *Augen, Mund* to open wide **3** *umg Mädchen* to pick up *umg* **B** VI *Naht* to split; *Wunde* to tear open; *Wolkendecke* to break up

aufreizen VT **1** (≈ *herausfordern*) to provoke **2** (≈ *erregen*) to excite **aufreizend** ADJ provocative

aufrichten **A** VT **1** *Gegenstand* to set upright; *Oberkörper* to raise (up) **2** *fig moralisch* to lift **B** VR (≈ *gerade stehen*) to stand up (straight); **sich im Bett ~** to sit up in bed **aufrichtig** **A** ADJ sincere (**zu, gegen** towards) **B** ADV sincerely; *hassen* truly **Aufrichtigkeit** F sincerity (**zu, gegen** towards)

aufrollen VT **1** (≈ *zusammenrollen*) to roll up; *Kabel* to wind up **2** (≈ *entrollen*) to unroll; *Fahne* to unfurl; *Kabel* to unwind **3** *fig* **einen Fall/Prozess wieder ~** to reopen a case/trial

aufrücken VI to move up; (≈ *befördert werden*) to be promoted

Aufruf M appeal (**an** +*akk* to); **einen ~ an j-n richten** to appeal to sb; **letzter ~ für Flug LH 1615** last call for flight LH 1615 **aufrufen** **A** VT to call **2** (≈ *auffordern*) **j-n ~, etw zu tun** to appeal to sb to do sth; **Arbeiter zum Streik ~** to call upon workers to strike **3** JUR *Zeugen* to summon **B** VI **zum Streik ~** to call for a strike

Aufruhr M 1 (≈ *Auflehnung*) rebellion, riot 2 (≈ *Erregung*) turmoil; **j-n in ~ versetzen** to throw sb into turmoil **Aufrührer(in)** M(F) rabble-rouser **aufrührerisch** ADJ 1 (≈ *aufwiegelnd*) *Rede* rabble-rousing 2 (≈ *in Aufruhr*) rebellious; (≈ *meuternd*) mutinous

aufrunden VT to round up (**auf** +*akk* **to**)

aufrüsten VT 1 MIL to arm; **ein Land atomar ~** to give a country nuclear arms; **wieder ~** to rearm 2 TECH *Gerät, Computer* to upgrade **Aufrüstung** F MIL arming

aufrütteln VT to rouse (**aus** from)

aufs PRÄP *mit* ART = *auf das* → **auf**

aufsagen VT *Gedicht etc* to recite

aufsässig ADJ rebellious

Aufsatz M 1 essay 2 (≈ *oberer Teil*) top part **Aufsatzthema** N essay topic, theme *US*

aufsaugen VT *Flüssigkeit* to soak up; *fig* to absorb; **etw mit dem Staubsauger ~** to vacuum sth up

aufschichten VT to stack

aufschieben VT *Fenster, Tür* to slide open; *fig* (≈ *verschieben*) to put off

Aufschlag M 1 (≈ *das Aufschlagen*) impact; (≈ *Geräusch*) crash 2 *Tennis etc* serve; **wer hat ~?** whose serve is it? 3 (≈ *Preisaufschlag*) surcharge 4 (≈ *Ärmelaufschlag*) cuff **aufschlagen** A VT 1 (≈ *auftreffen*) **auf etw** (*dat*) **~** to hit sth 2 *Preise* to go up (**um by**) 3 *Tennis etc* to serve B VT 1 (≈ *öffnen*) to crack; *Eis* to crack a hole in; **j-m/sich den Kopf ~** to crack open sb's/one's head 2 (≈ *aufklappen*) to open; *Bett* to turn back; *Kragen etc* to turn up; **schlagt Seite 111 auf** open your books at page 111 3 (≈ *aufbauen*) *Zelt* to pitch, to put up; *Nachtlager* to set up 4 HANDEL **10 % auf etw** (*akk*) **~** to put 10% on sth

aufschließen A VT (≈ *öffnen*) to unlock B VT 1 (≈ *öffnen*) (**j-m**) **~** to unlock the door (for sb) 2 (≈ *heranrücken*) to close up; SPORT to catch up (**zu** with); → **aufgeschlossen**

aufschlitzen VT to rip (open)

Aufschluss M (≈ *Aufklärung*) information *kein pl*; **~ über etw** (*akk*) **verlangen** to demand an explanation of sth

aufschlüsseln VT to break down (**nach** into); (≈ *klassifizieren*) to classify (**nach** according to)

aufschlussreich ADJ informative

aufschnappen VT to catch; *umg Wort etc* to pick up

aufschneiden A VT 1 to cut open; *Braten* to carve; MED *Geschwür* to lance 2 (≈ *in Scheiben schneiden*) to slice B VT *umg* (≈ *prahlen*) to boast **Aufschneider(in)** *umg* M(F) boaster **Aufschnitt** M (assorted) sliced cold meat, cold cuts *pl US*

aufschnüren VT (≈ *lösen*) to untie

aufschrauben VT to unscrew; *Flasche etc* to take the top off

aufschrecken A VT to startle; **j-n aus dem Schlaf ~** to rouse sb from sleep B VT to be startled; **aus dem Schlaf ~** to wake up with a start

Aufschrei M yell; *schriller Aufschrei* scream

aufschreiben VT **etw ~** to write sth down; **sich** (*dat*) **etw ~** to make a note of sth

aufschreien VT to yell out; *schrill* to scream out

Aufschrift F (≈ *Beschriftung*) inscription; (≈ *Etikett*) label

Aufschub M (≈ *Verzögerung*) delay; (≈ *Vertagung*) postponement

aufschürfen VT **sich** (*dat*) **die Haut/ das Knie ~** to graze oneself/one's knee

aufschütten VT *Flüssigkeit* to pour on; **Kaffee ~** to make coffee 2 (≈ *nachfüllen*) *Kohle* to put on (the fire)

aufschwatzen *umg* VT **j-m etw ~** to talk sb into taking sth

Aufschwung M 1 (≈ *Antrieb*) lift; *der Wirtschaft etc* upturn (+*gen* in); **das gab ihr (einen) neuen ~** that gave her a lift 2 *beim Turnen* swing-up

aufsehen VT to look up **Aufsehen** N **~ erregend** sensational; **großes ~ erregen** to cause a sensation; **ohne großes ~** without any fuss **aufsehenerregend** ADJ sensational **Aufseher(in)** M(F) supervisor; *bei Prüfung* invigilator; (≈ *Gefängnisaufseher*) warder *Br*, guard *US*

auf sein VT 1 (≈ *aufgestanden*) to be up 2 (≈ *geöffnet*) to be open

aufseiten PRÄP on the part of

aufsetzen A VT 1 (≈ *auf etw setzen*) to put on; *Fuß* to put down; *fig Lächeln, Miene etc* to put on 2 (≈ *aufrichten*) *Kranken etc* to sit up 3 (≈ *verfassen*) to draft, to draw up B VR to sit up C VT *Flugzeug* to touch down

aufseufzen V/I (tief/laut) ~ to heave a (deep/loud) sigh

Aufsicht F **1** (≈ Überwachung) supervision (**über** +akk of); (≈ Obhut) charge; ~ **über** j-n/etw **führen** to be in charge of sb/sth; **bei einer Prüfung** ~ **führen** to invigilate an exam **2** (≈ Aufseher) supervisor **Aufsichtsbehörde** F supervisory authority

Aufsichtsrat¹ M (supervisory) board; **im** ~ **einer Firma sitzen** to be on the board of a firm

Aufsichtsrat² M, **Aufsichtsrätin** F member of the board

aufsitzen V/I **1** auf Fahrzeug to get on; **aufs Pferd** ~ to mount the horse **2** umg (≈ hereinfallen) **j-m/einer Sache** ~ to be taken in by sb/sth

aufsperren V/T **1** umg (≈ aufreißen) Tür, Schnabel to open wide; **die Ohren** ~ to prick up one's ears **2** österr, südd (≈ aufschließen) Tür etc to unlock

aufspielen V/R umg (≈ sich wichtigtun) to give oneself airs; **sich als Boss** ~ to play the boss

aufspießen V/T to spear; mit Hörnern to gore; Fleisch mit Spieß to skewer; mit Gabel to prong

aufsprechen V/T TEL auf Anrufbeantworter to record; **eine Nachricht auf den Anrufbeantworter** ~ to leave a message on the answering machine; **eine Nachricht auf die Mailbox** ~ to leave a voicemail message

aufspringen V/I **1** to jump up; **auf etw** (akk) ~ to jump onto sth **2** (≈ sich öffnen) Tür to burst open; (≈ platzen) to burst; Haut, Lippen etc to crack

aufspüren V/T to track down, to trace

aufstacheln V/T to spur (on)

aufstampfen V/I to stamp; **mit dem Fuß** ~ to stamp one's foot

Aufstand M rebellion **Aufständische(r)** M/F(M) rebel

aufstauen A V/T Wasser to dam; **etw in sich** (dat) ~ fig to bottle sth up inside (oneself) B V/R to accumulate; fig Ärger to become bottled up

aufstechen V/T to puncture; Geschwür to lance

aufstehen V/I **1** (≈ sich erheben) to get up, to stand up; aus dem Bett ~ to get up, to get out of bed **2** umg (≈ offen sein) to be open

aufsteigen V/I **1** auf Berg, Leiter to climb (up); Vogel to soar (up); Flugzeug to climb; Nebel, Gefühl to rise; **auf ein Fahrrad/Motorrad** ~ to get on(to) a bicycle/motorbike; **auf ein Pferd** ~ to mount a horse **2** fig im Rang etc (**zu** to); SPORT to be promoted (**in** +akk to) **Aufsteiger(in)** M/F(M) SPORT in höhere Liga promoted team; (sozialer) ~ social climber

aufstellen A V/T **1** (≈ aufbauen) to put up (**auf** +dat on); Zelt to pitch; Maschine to install **2** fig (≈ zusammenstellen) Truppe to set up; SPORT Mannschaft to draw up **3** (≈ benennen) Kandidaten to nominate **4** (≈ erzielen) Rekord to set (up) **5** Forderung to put forward; Liste to make; **gut aufgestellt sein** fig (≈ in guter Ausgangsposition, Lage sein) to be in a good position, to be well set up B V/R (≈ stehen; hintereinander) to line up; **sich im Karree/Kreis** etc ~ to form a square/circle etc **Aufstellung** F **1** (≈ das Aufstellen) putting up; von Zelt pitching; von Maschine installation **2** von Truppen raising; von Mannschaft drawing up **3** von Kandidaten nominating; von Rekord setting **4** von Forderung putting forward; von Liste drawing up **5** (≈ Liste) list; (≈ Tabelle) table; (≈ Inventar) inventory **6** (≈ Mannschaft) line-up umg, team

Aufstieg M **1** auf Berg, von Flugzeug climb **2** fig rise; beruflich, politisch, sozial advancement; SPORT rise; in höhere Liga promotion (**in** +akk to) **3** (≈ Weg) way up ((**auf etw** akk sth) **Aufstiegschance** F prospect of promotion **Aufstiegsrunde** F SPORT qualifying round, round to decide promotion

aufstocken V/T **1** Haus to build another storey onto Br, to build another story onto US **2** Kapital to increase (**um** by)

aufstoßen A V/T (≈ öffnen) to push open B V/I **1** auf etw (akk) ~ to hit (on od against) sth **2** (≈ rülpsen) to burp **3** Radieschen stoßen mir auf radishes repeat on me

aufstrebend fig ADJ Land, Volk aspiring; Volkswirtschaft rising

Aufstrich M auf Brot spread

aufstützen A V/T Kranken etc to prop up B V/R to support oneself

aufstylen V/R umg to get dressed up; Frau a. to get dolled up umg, to do oneself up US umg; **aufgestylt sein** to be all dressed up; Frau a. to be all dolled up *umg,* to be all done up *US umg*

aufsuchen VⒷT Bekannten to call on, to see; Arzt, Ort, Toilette to go to

auftakeln VⒷT SCHIFF to rig up; **sich ~** pej umg to tart oneself up Br pej umg, to do oneself up US umg

Auftakt M (≈ Beginn) start; **den ~ von** od **zu etw bilden** to mark the beginning of sth

auftanken VⒷT & VI to fill up; FLUG to refuel

auftauchen VI 1 aus dem Wasser to surface od fig to appear; Zweifel, Problem to arise 2 sich zeigen to turn up; **sie ist bei meiner Party aufgetaucht** she turned up at my party

auftauen VⒷT & VI to thaw

aufteilen VⒷT 1 (≈ aufgliedern) to divide up (**in** +akk **into**) 2 (≈ verteilen) to share out

auftischen VⒷT to serve up; **j-m Lügen** etc ~ umg to tell sb a lot of lies etc

Auftrag M 1 (≈ Anweisung) orders pl; (≈ zugeteilte Arbeit) job; JUR brief; **j-m den ~ geben, etw zu tun** to instruct sb to do sth; **in j-s ~** (dat) (≈ für j-n) on sb's behalf; (≈ auf j-s Anweisung) on sb's instructions 2 HANDEL order (**über** +akk **for**); **etw in ~ geben** to order sth (**bei from**) **auftragen** A VⒷT 1 (≈ servieren) to serve 2 Farbe, Schminke to apply (**auf** +akk **to**); Make-up to put on 3 **j-m etw ~** to instruct sb to do sth B VI (≈ übertreiben) **dick** od **stark ~** umg to lay it on thick umg **Auftraggeber(in)** M(F) client; von Firma customer **Auftragnehmer(in)** M(F) HANDEL firm accepting the order; Hoch- und Tiefbau contractor **Auftragsbestätigung** F confirmation of order **Auftragsbuch** N order book **Auftragseingang** M **bei ~** on receipt of order **auftragsgemäß** ADJ & ADV as instructed; HANDEL as per order **Auftragslage** F order situation

auftreffen VI **auf etw** (dat od akk) **~** to hit sth

auftreiben umg VⒷT (≈ beschaffen) to get hold of; (≈ ausfindig machen) to find

auftrennen VⒷT to undo

auftreten A VI 1 wörtl to tread 2 (≈ erscheinen) to appear; **als Zeuge/Kläger ~** to appear as a witness/as plaintiff; **er tritt zum ersten Mal in Köln auf** he is appearing in Cologne for the first time; **gegen j-n/etw ~** to stand up against sb/sth 3 fig (≈ eintreten) to occur; Schwierigkeiten etc to arise 4 (≈ sich benehmen) to behave 5 (≈ handeln) to act; **als Vermittler ~** to act as (an) intermediary B VⒷT Tür etc to kick open **Auftreten** N 1 (≈ Erscheinen) appearance 2 (≈ Benehmen) manner

Auftrieb M 1 PHYS buoyancy (force); FLUG lift 2 fig (≈ Aufschwung) impetus; **das wird ihm ~ geben** that will give him a lift

Auftritt M 1 (≈ Erscheinen) entrance 2 THEAT (≈ Szene) scene

auftrumpfen VI to be full of oneself umg; **~d sagte er ... ...,** he crowed

auftun A VⒷT 1 umg (≈ ausfindig machen) to find 2 (≈ öffnen) to open 3 umg (≈ servieren) **j-m etw ~** to help sb to sth B VⒷR to open up; Möglichkeiten, Probleme to arise

aufwachen VI to wake up

aufwachsen VI to grow up

aufwallen VI to bubble up; GASTR to boil up; Leidenschaft etc to surge up

Aufwand M 1 von Geld expenditure (**an** +dat **of**); **ein großer ~** (**an Zeit/Energie/Geld**) a lot of time/energy/money 2 (≈ Luxus) extravagance; (**großen**) **~ treiben** to be (very) extravagant **aufwändig** ADJ & ADV = aufwendig **Aufwandsentschädigung** F expense allowance

aufwärmen A VⒷT to heat od warm up; umg (≈ wieder erwähnen) to drag up umg B VⒷR to warm oneself up; SPORT to warm up

aufwärts ADV up, upward(s) **aufwärtsgehen** VI **mit seinen Leistungen geht es aufwärts** he is doing better **Aufwärtstrend** M upward trend

Aufwasch dial M → Abwasch **aufwaschen** dial A VⒷT Geschirr to wash B VI to wash the dishes

aufwecken VⒷT to wake (up); fig to rouse; → aufgeweckt

aufweichen A VⒷT to make soft; Doktrin, Gesetz to water down B VI to get soft

aufweisen VⒷT to show; **etw aufzuweisen haben** to have sth to show for oneself

aufwenden VⒷT to use; Zeit, Energie to expend; Mühe to take; Geld to spend

aufwendig A ADJ (≈ teuer) costly; (≈ üp-

pig) lavish **B** ADV extravagantly **Aufwendungen** PL (≈ *Ausgaben*) expenditure

aufwerfen VT *Frage, Verdacht* to raise
aufwerten VT **1** *Währung* to revalue **2** *fig* to increase the value of **Aufwertung** F *von Währung* revaluation; *fig* increase in value
aufwickeln VT (≈ *aufrollen*) to roll up
auf Wiedersehen INT goodbye
aufwiegeln VT to stir up; **j-n zum Streik ~** to incite sb to strike
aufwiegen *fig* VT to offset
Aufwind M FLUG upcurrent; METEO upwind; **einer Sache** (*dat*) **~ geben** *fig* to give sth impetus
aufwirbeln VT to swirl up; *Staub a.* to raise; **(viel) Staub ~** *fig* to cause a (big) stir
aufwischen VT *Wasser etc* to wipe up; *Fußboden* to wipe
aufwühlen *wörtl* VT *Erde, Meer* to churn (up); *Leidenschaften* to rouse; → **aufgewühlt**
aufzählen VT to list **Aufzählung** F list
aufzehren VT to exhaust; *fig* to sap
aufzeichnen VT **1** *Plan etc* to draw **2** (≈ *notieren*), *a.* RADIO, TV to record **Aufzeichnung** F **1** (≈ *Notiz*) note; (≈ *Niederschrift*) record **2** (≈ *Filmaufzeichnung etc*) recording
aufzeigen **A** VT to show **B** VI *österr* (≈ *die Hand heben*) to put one's hand up
aufziehen **A** VT **1** (≈ *hochziehen*) to pull up; *Flagge, Segel* to hoist **2** (≈ *öffnen*) *Reißverschluss* to undo; *Schublade* to (pull) open; *Gardinen* to draw (back) **3** (≈ *aufspannen*) *Foto etc* to mount; *Saite, Reifen* to fit **4** (≈ *spannen*) *Uhr etc* to wind up **5** *Kind* to bring up, to raise; *Tier* to rear **6** (≈ *verspotten*) **j-n ~** *umg* to tease sb (**mit about**) **B** VI *dunkle Wolke* to come up; *Gewitter* to gather **Aufzucht** F rearing
Aufzug M **1** (≈ *Fahrstuhl*) lift *Br*, elevator *US* **2** THEAT act **3** *pej umg* (≈ *Kleidung*) get-up *umg*
aufzwingen VT **j-m etw ~** to force sth on sb

Augapfel M eyeball; **j-n/etw wie seinen ~ hüten** to cherish sb/sth like life itself
Auge N **1** eye; **auf einem ~ blind** blind in one eye; **gute/schlechte ~n haben** to

have good/bad eyesight; **er hatte nur ~n für sie** he only had eyes for her; **ein ~ auf j-n/etw (geworfen) haben** to have one's eye on sb/sth; **da blieb kein ~ trocken** *hum vor Lachen* everyone laughed till they cried; **große ~n machen** to be wide-eyed; **j-m schöne** *od* **verliebte ~n machen** to make eyes at sb; **j-m die ~n öffnen** *fig* to open sb's eyes; **so weit das ~ reicht** as far as the eye can see; **ein ~ riskieren** *hum* to have a peep *umg*; **die ~n vor etw** (*dat*) **verschließen** to close one's eyes to sth; **ein ~** *od* **beide ~n zudrücken** *umg* to turn a blind eye; **ich habe kein ~ zugetan** I didn't sleep a wink **2** *mit Präposition* **geh mir aus den ~n!** get out of my sight!; **sie ließen ihn nicht aus den ~n** they didn't let him out of their sight; **j-n im ~ behalten** (≈ *beobachten*) to keep an eye on sb; **dem Tod ins ~ sehen** to look death in the eye; **etw ins ~ fassen** to contemplate sth; **das springt** *od* **fällt einem gleich ins ~** it strikes one immediately; **das kann leicht ins ~ gehen** *fig umg* it might easily go wrong; **in den ~n der Öffentlichkeit** in the eyes of the public; **etw mit eigenen ~n gesehen haben** to have seen sth with one's own eyes; **mit bloßem** *od* **nacktem ~** with the naked eye; **j-m etw vor ~n führen** *fig* to make sb aware of sth; **vor aller ~n** in front of everybody **3** (≈ *Knospenansatz*) eye **4** (≈ *Fettauge*) little globule of fat **Augenarzt** M, **Augenärztin** F ophthalmologist **Augenbinde** F (≈ *Augenklappe*) eye patch **Augenblick** M moment; **alle ~e** constantly; **jeden ~** any minute; **einen ~, bitte** one moment please!; **im ~** at the moment; **im selben ~ ...** at that moment ...; **im letzten ~** at the last moment; **im ersten ~** for a moment **augenblicklich** **A** ADJ **1** (≈ *sofortig*) immediate **2** (≈ *gegenwärtig*) present **3** (≈ *vorübergehend*) temporary **B** ADV **1** (≈ *sofort*) immediately **2** (≈ *zurzeit*) at the moment **Augenbraue** F eyebrow **Augenfarbe** F colour of eyes *Br*, color of eyes *US* **Augenheilkunde** F ophthalmology **Augenhöhe** F **in ~** at eye level; **auf ~** *fig Gespräch, Partnerschaft* on an equal footing **Augenklappe** F **1** eye patch **2** *für Pferde* blinker, blinder *US* **Augenleiden** N eye complaint **Augenlicht** N̄ (eye)-sight **Augenlid** N̄ eyelid **Augen-Make-up-Entferner** M̄ eye make-up remover **Augenmaß** N̄ eye; **ein ~ für etw haben** *fig* to have an eye for sth **Augenmerk** N̄ (≈ *Aufmerksamkeit*) attention; **sein ~ auf etw** (*akk*) **lenken** *od* **richten** to direct sb's/one's attention to sth **Augenschein** M̄ **1** (≈ *Anschein*) appearance; **dem ~ nach** by all appearances **2** **j-n/etw in ~ nehmen** to look closely at sb/sth **augenscheinlich** ADV obviously **Augentropfen** PL eye drops *pl* **Augenweide** F̄ feast for the eyes **Augenwischerei** *fig* F̄ eyewash **Augenzeuge** M̄, **Augenzeugin** F̄ eyewitness (**bei** *to*) **Augenzeugenbericht** M̄ eyewitness account **Augenzwinkern** N̄ winking **augenzwinkernd** ADV with a wink

August M̄ August; → **März**

Auktion F̄ auction **Auktionator(in)** M(F) auctioneer **Auktionshaus** N̄ auction house, auctioneers *pl*

Aula F̄ SCHULE, UNIV *etc* (assembly) hall

Au-pair-Junge M̄ male au pair **Au-pair-Mädchen** N̄ au pair (girl); **als ~ arbeiten** to work (as an) au pair **Au-pair-Stelle** F̄ au pair job

aus A PRÄP **1** *Herkunft* from; **aus ... heraus** out of; **aus guter Familie** from a good family **2** *Ursache* out of; **aus Hass/Gehorsam/Mitleid** out of hatred/obedience/sympathy; **aus Furcht vor/Liebe zu** for fear/love of; **aus Spaß** for a laugh *umg*; **aus Versehen** by mistake **3** *zeitlich* from; **aus dem Barock** from the Baroque period **4** (≈ *beschaffen aus*) (made out) of **5** **einen anständigen Menschen aus j-m machen** to make sb into a decent person; **was ist aus ihm/dieser Sache geworden?** what has become of him/this?; **aus der Mode** out of fashion **B** ADV **1** → **aus sein** SPORT out **2** *umg* (≈ *zu Ende*) over; **aus jetzt!** that's enough! **3** *an Geräten etc* off; **Licht aus!** lights out! **5** **vom Fenster aus** from the window; **von München aus** from Munich; **von sich aus** of one's own accord; **von ihm aus** as far as he's concerned

Aus N̄ **1** **ins Aus gehen** to go out of play; **ins politische Aus geraten** to end up in the political wilderness **2** (≈ *Ende*) end

ausarbeiten VT to work out; (≈ *formulieren*) to formulate

ausarten VI *Party etc* to get out of control; **~ in** (+*akk*) *od* **zu** to degenerate into

ausatmen VT & VI to breathe out, to exhale

ausbaden *fig umg* VT to take the rap for *umg*

ausbalancieren *wörtl, fig* VT to balance (out)

Ausbau M̄ (≈ *das Ausbauen*) removal; (≈ *Erweiterung*) extension (**zu** *into*); (≈ *Umbau*) conversion (**zu** *into*); (≈ *Festigung: von Position*) consolidation **ausbauen** VT **1** (≈ *herausmontieren*) to remove (**aus** *from*) **2** (≈ *erweitern*) to extend (**zu** *into*); (≈ *umbauen*) to convert (**zu** *into*); (≈ *festigen*) *Position* to consolidate **ausbaufähig** ADJ *Geschäft, Markt* expandable; *Beziehungen* that can be built up **Ausbaustrecke** F̄ *Verkehr* section of improved road; **„Ende der ~"** ≈ "road narrows"

ausbedingen VT **sich** (*dat*) **etw ~** to make sth a condition; **sich** (*dat*) **das Recht ~, etw zu tun** to reserve the right to do sth

ausbessern VT to repair; *Fehler* to correct

ausbeulen VT **ausgebeult** *Kleidung* baggy; *Hut* battered; TECH to beat out

Ausbeute F̄ (≈ *Gewinn*) profit; (≈ *Ertrag einer Grube etc*) yield (**an** +*dat in*); *fig* result(s) (*pl*); (≈ *Einnahmen*) proceeds *pl* **ausbeuten** VT to exploit **Ausbeuter(in)** M(F) exploiter **Ausbeutung** F̄ exploitation

ausbezahlen VT *Geld* to pay out; *Arbeitnehmer* to pay off; (≈ *abfinden*) *Erben etc* to buy out

ausbilden A VT to train; *akademisch* to educate **B** VR **sich in etw** (*dat*) **~ (lassen)** to train in sth; (≈ *studieren*) to study sth **Ausbilder(in)** M(F), **Ausbildner(in)** *österr, schweiz* M(F) instructor **Ausbildung** F̄ training *kein pl*; *akademisch* education; **in der ~ sein** to be a trainee; **eine ~ als Maler machen** to be training to become a painter **Ausbildungsbeihilfe** F̄ (education) grant **Ausbildungsgang** M̄ training **Ausbildungsplan** M̄ training programme *Br*, training program *US* **Ausbildungsplatz** M̄ place to train; (≈ *Stelle*) training vacancy **Ausbildungsprogramm** N̄ training programme *Br*, training program *US* **Ausbildungszeit** F period of training

ausblasen V/T to blow out

ausbleiben V/I (≈*fortbleiben*) to stay out; *Schneefall* to fail to appear; *Erwartung* to fail to materialize; **es konnte nicht ~, dass …** it was inevitable that … **Ausbleiben** N (≈*Fehlen*) absence; (≈*das Nichterscheinen*) nonappearance; **bei ~ der Periode** if your period doesn't come

Ausblick M **1** view (**auf** +*akk* of) **2** *fig* prospect, outlook (**auf** +*akk* for)

ausborgen V/T **1** **sich** (*dat*) **etw ~** to borrow sth **2** **j-m etw ~** to lend sb sth, to lend sth (out) to sb

ausbrechen A V/I **1** *Krieg, Feuer* to break out; *Gewalt, Unruhen, Jubel* to erupt; **in Gelächter/Tränen ~** to burst out laughing/into tears; **in Schweiß ~** to break out in a sweat; **aus dem Gefängnis ~** to escape from prison **2** *Vulkan* to erupt **B** V/T to break off; **sich** (*dat*) **einen Zahn ~** to break a tooth

ausbreiten A V/T to spread; *Arme* to stretch out; (≈*ausstellen*) to display **B** V/R (≈*sich verbreiten*) to spread; (≈*sich erstrecken*) to extend; *umg* (≈*sich breitmachen*) to spread oneself out; **sich über etw** (*akk*) **~** *fig* to dwell on sth **Ausbreitung** F spreading

ausbrennen V/I (≈*zu Ende brennen*) to burn out; **ausgebrannt** *Brennstab* spent; → **ausgebrannt**

Ausbruch M **1** escape **2** (≈*Beginn*) outbreak; *von Vulkan* eruption **3** *fig* outburst

ausbrüten V/T to hatch; *fig umg Plan etc* to cook up *umg*

ausbuddeln *umg* V/T to dig up *a. fig umg*

ausbügeln V/T to iron out

ausbürsten V/T to brush out (**aus** of); *Anzug* to brush

auschecken V/I *Flug, Hotel etc* to check out (**aus** of)

Ausdauer F stamina; *im Ertragen* endurance; (≈*Beharrlichkeit*) persistence **ausdauernd** ADJ *Mensch* with stamina; *im Ertragen* with endurance; (≈*beharrlich*) tenacious; (≈*hartnäckig*) persistent **Ausdauertraining** N endurance *od* stamina training

ausdehnen A V/T (≈*vergrößern*) to ex-

pand; (≈*dehnen*) to stretch **B** V/R **1** (≈*größer werden*) to expand; *durch Dehnen* to stretch; (≈*sich erstrecken*) to extend (**bis** as far as) **2** *fig* to extend (**über** +*akk* over); → **ausgedehnt Ausdehnung** F (≈*das Vergrößern*) expansion; *fig zeitlich* extension **2** (≈*Umfang*) expanse

ausdenken V/R **sich** (*dat*) **etw ~** (≈*erfinden*) to think *od* make sth up; *Überraschung* to plan sth; (≈*sich vorstellen*) to imagine sth; **das ist nicht auszudenken** (≈*unvorstellbar*) it's inconceivable; (≈*zu schrecklich etc*) it doesn't bear thinking about

ausdiskutieren V/T *Thema* to discuss fully

ausdörren V/T to dry up; *Kehle* to parch

Ausdruck[1] M (≈*Gesichtsausdruck, Wort*) expression; (≈*Fachausdruck*), *a.* MATH term; **etw zum ~ bringen** to express sth

Ausdruck[2] M *von Computer etc* printout

ausdrucken V/T IT to print out

ausdrücken A V/T **1** (≈*zum Ausdruck bringen*) to express (**j-m** to sb); **anders ausgedrückt** in other words; **einfach ausgedrückt** put simply **2** *Frucht, Schwamm* to squeeze out; *Tube, Pickel* to squeeze; *Zigarette* to stub out **B** V/R *Mensch* to express oneself **ausdrücklich A** ADJ *Wunsch* express **B** ADV expressly; (≈*besonders*) particularly **ausdruckslos** ADJ expressionless **ausdrucksvoll** ADJ expressive **Ausdrucksweise** F way of expressing oneself

Ausdünstung F (≈*Geruch*) fume; *von Tier* scent; *von Mensch* smell

auseinander ADV apart; **weit ~** far apart; *Augen, Beine etc* wide apart; *Meinungen* very different; **wir sind ~** (≈*getrennt*) we've split *od* broken up *umg*, we're no longer together **auseinanderbrechen** V/I to break up **auseinanderfalten** V/T to unfold **auseinandergehen** V/I **1** to part; *Menge* to disperse; *Versammlung, Ehe etc* to break up **2** *fig Ansichten etc* to differ **3** *umg* (≈*dick werden*) to get fat **auseinanderhalten** V/T (≈*unterscheiden*) to tell apart **auseinanderleben** V/R to drift apart **auseinandernehmen** V/T to take apart; *kritisch* to tear to pieces **auseinanderschreiben** V/T *Wörter* to write as two words **auseinandersetzen** Ⓐ V/T 🔟 **zwei Kinder ~** to separate two children; **sich ~** to sit apart 🔟 *fig* to explain (**j-m** to sb) Ⓑ V/R **sich mit etw ~** (*≈ sich befassen*) to have a good look at sth; **sich kritisch mit etw ~** to have a critical look at sth **Auseinandersetzung** F 🔟 (*≈ Diskussion*) discussion (**über** *+akk* about, on*; (*≈ Streit*) argument 🔟 (*≈ das Befassen*) examination (**mit** of)

auswählen *geh* V/T to choose **auserwählt** *geh* ADJ chosen; (*≈ ausgesucht*) select

ausfahrbar ADJ extendable; *Antenne, Fahrgestell, Klinge* retractable **ausfahren** V/T 🔟 *im Kinderwagen, Rollstuhl* to take for a walk; *im Auto* to take for a drive 🔟 (*≈ ausliefern*) *Waren* to deliver 🔟 (*≈ abnutzen*) *Weg* to wear out 🔟 **ein Auto** *etc* **(voll) ~** to drive a car *etc* at full speed 🔟 TECH to extend; *Fahrgestell etc* to lower **Ausfahrt** F 🔟 (*≈ Spazierfahrt*) drive, ride 🔟 (*≈ Autobahnausfahrt*) exit; „**Ausfahrt frei halten**" "keep clear"

Ausfall M 🔟 (*≈ Verlust*), *a.* MIL loss; TECH, MED failure; *von Motor* breakdown; **bei ~ des Stroms …** in case of a power failure 🔟 *von Sitzung etc* cancellation **ausfallen** V/I 🔟 (*≈ herausfallen*) to fall out; **mir fallen die Haare aus** my hair is falling out 🔟 (*≈ nicht stattfinden*) to be cancelled *Br*, to be canceled *US* 🔟 (*≈ nicht funktionieren*) to fail; *Motor* to break down 🔟 **gut/schlecht** *etc* **~** to turn out well/badly *etc* 🔟 → **ausgefallen ausfallend** ADJ abusive; **~ werden** to become abusive

ausfertigen V/T *Dokument* to draw up; *Rechnung* to make out; *Pass* to issue **Ausfertigung** F 🔟 *von Dokument* drawing up; *von Rechnung* making out; *von Pass* issuing 🔟 (*≈ Abschrift*) copy; **in doppelter/dreifacher ~** in duplicate/triplicate

ausfindig ADJ **~ machen** to find, to trace

ausfliegen Ⓐ V/I *aus Gebiet etc* to fly out (**aus** of); **ausgeflogen sein** *fig umg* to be out Ⓑ V/T *Verwundete etc* to evacuate (by air) (**aus** from)

ausflippen *umg* V/I to go crazy, to freak out *umg*; → **ausgeflippt**

Ausflucht F 🔟 excuse

Ausflug M trip, excursion; (*≈ Schulausflug*) outing; **einen ~ machen** to go on

a trip **Ausflugsdampfer** M pleasure steamer

Ausfluss M 🔟 (*≈ das Herausfließen*) outflow 🔟 (*≈ Ausflussstelle*) outlet 🔟 MED discharge

ausforschen V/T (*≈ erforschen*) to investigate

ausfragen V/T to question (**nach** about); *strenger* to interrogate

ausfransen V/T & V/I to fray

ausfressen V/T *umg* (*≈ anstellen*) **etwas ~** to do something wrong; **was hat er denn wieder ausgefressen?** what's he (gone and) done now? *umg*

Ausfuhr F (*≈ das Ausführen*) export; (*≈ Ausfuhrhandel*) exports *pl* **ausführbar** ADJ *Plan* feasible; **schwer ~** difficult to carry out **Ausfuhrbestimmungen** PL export regulations *pl* **ausführen** V/T 🔟 *ins Theater etc* to take out; *Hund* to take for a walk 🔟 (*≈ durchführen*) to carry out; SPORT *Freistoß etc* to take 🔟 (*≈ erklären*) to explain 🔟 HANDEL *Waren* to export **Ausfuhrgenehmigung** F HANDEL export licence *Br*, export license *US* **Ausfuhrgüter** PL export goods *pl* **Ausfuhrhandel** M export trade **Ausfuhrland** N exporting country **ausführlich** Ⓐ ADJ detailed Ⓑ ADV in detail **Ausfuhrsperre** F export ban **Ausführung** F 🔟 (*≈ Durchführung*) carrying out; *von Freistoß* taking 🔟 (*≈ Erklärung*) explanation 🔟 *von Waren* design; (*≈ Qualität*) quality; (*≈ Modell*) model

ausfüllen V/T to fill; *Platz* to take up; *Formular* to fill in *Br*, to fill out; **j-n** (*voll od ganz*) **~** (*≈ befriedigen*) to satisfy sb (completely); **ein ausgefülltes Leben** a full life

Ausgabe F 🔟 (*≈ Austeilung*) distribution; *von Dokumenten etc* issuing; *von Essen* serving 🔟 *von Buch, Zeitung, Sendung* edition; *von Aktien* issue 🔟 (*≈ Ausführung*) version 🔟 **~n** *pl* (*≈ Kosten*) expenses *pl*; *des Staates* spending

Ausgang M 🔟 (*≈ Weg nach draußen*) exit (*+gen od* **von** from); FLUG gate 🔟 **~ haben** to have the day off 🔟 (*≈ Ende*) end; *von Roman, Film* ending; (*≈ Ergebnis*) outcome; **ein Unfall mit tödlichem ~** a fatal accident **Ausgangsbasis** F starting point **Ausgangsposition** F initial position **Ausgangspunkt** M starting point **Ausgangssperre** F ban on going out; *bes bei Belagerungszustand* curfew

ausgeben V̲/T̲ **1** (≈ *austeilen*) to distribute; (≈ *aushändigen*) to issue; *Essen to* serve **2** *Geld to* spend (**für** on); **eine Runde** ~ to stand a round *umg*; **ich ge-be heute Abend einen aus** *umg* it's my treat this evening **3** **sich als j-d/etw** ~ to pass oneself off as sb/sth

ausgebildet A̲D̲J̲ trained, skilled

ausgebrannt *fig* A̲D̲J̲ burned-out *umg*; → ausbrennen

ausgebucht A̲D̲J̲ booked up

ausgedehnt A̲D̲J̲ extensive; *zeitlich* lengthy; *Spaziergang* long; → ausdehnen

ausgefallen A̲D̲J̲ (≈ *ungewöhnlich*) unusual; (≈ *übertrieben*) extravagant; → ausfallen

ausgeflippt *umg* A̲D̲J̲ freaky *umg*; → ausflippen

ausgefuchst *umg* A̲D̲J̲ clever; (≈ *listig*) crafty *umg*

ausgeglichen A̲D̲J̲ balanced; *Spiel, Klima* even; → ausgleichen **Ausgeglichenheit** F̲ balance

ausgehen A̲ V̲/I̲ **1 2** (≈ *weggehen*) to go out; **er geht selten aus** he doesn't go out much **3** (≈ *herrühren*) to come (**von** from); **gehen wir einmal davon aus, dass ...** let us assume that ... **4** *bes* SPORT to end; (≈ *ausfallen*) to turn out; **gut/schlecht** ~ to turn out well/badly; *Film etc* to end happily/unhappily; *Abend, Spiel* to end well/badly; **straffrei** ~ to receive no punishment; **leer** ~ *umg* to come away empty-handed **5** (≈ *zu Ende sein*) *Vorräte, Zeit etc* to run out; **mir ging die Geduld aus** I lost (my) patience; **mir ging das Geld aus** I ran out of money **B** V̲/R̲ **sich** ~ *österr* (≈ *gerade ausreichen*) to be enough; **das geht sich nicht aus** it's not enough

ausgehend A̲D̲J̲ **1** **im** ~**en Mittelalter** toward(s) the end of the Middle Ages; **das** ~ **20. Jahrhundert** the end of the 20th century **2** **die** ~**e Post** the outgoing mail

ausgehungert A̲D̲J̲ starved

ausgekocht *pej umg* A̲D̲J̲ (≈ *durchtrieben*) cunning; → auskochen

ausgelassen A̲ A̲D̲J̲ (≈ *heiter*) lively; *Stimmung* happy; (≈ *wild*) *Kinder* boisterous **B** A̲D̲V̲ wildly; → auslassen

ausgelastet A̲D̲J̲ *Mensch* fully occupied;

Maschine, Anlage working to capacity; → auslasten

ausgelutscht A̲D̲J̲ *umg Thema* done to death

ausgemacht A̲D̲J̲ **1** (≈ *abgemacht*) agreed; **es ist eine** ~**e Sache, dass ...** it is agreed that ... **2** *umg* (≈ *vollkommen*) complete; → ausmachen

ausgenommen A̲ K̲O̲N̲J̲ except; **täglich** ~ **sonntags** daily except for Sundays **B** A̲D̲J̲ (≈ *befreit*) → ausnehmen

ausgepowert *umg* A̲D̲J̲ worn out *umg*

ausgeprägt A̲D̲J̲ distinctive; *Interesse* marked

ausgerechnet A̲D̲V̲ ~ **du** you of all people; ~ **heute** today of all days; → ausrechnen

ausgeschlossen A̲D̲J̲ (≈ *unmöglich*) impossible; (≈ *nicht infrage kommend*) out of the question; **es ist nicht** ~, **dass ...** it's just possible that ...; → ausschließen

ausgeschnitten A̲D̲J̲ *Bluse, Kleid* low-cut; → ausschneiden

ausgespielt A̲D̲J̲ ~ **haben** to be finished; → ausspielen

ausgesprochen A̲ A̲D̲J̲ *Schönheit, Qualität, Vorliebe* definite; *Ähnlichkeit* marked; ~**es Pech haben** to be really unlucky **B** A̲D̲V̲ really; → aussprechen

ausgestorben A̲D̲J̲ *Tierart* extinct; **der Park war wie** ~ the park was deserted; → aussterben

ausgesucht A̲ A̲D̲J̲ (≈ *erlesen*) select **B** A̲D̲V̲ (≈ *überaus, sehr*) extremely; → aussuchen

ausgewachsen A̲D̲J̲ fully grown; *Skandal* huge

ausgewogen A̲D̲J̲ balanced; *Maß* equal **Ausgewogenheit** F̲ balance

ausgezeichnet A̲ A̲D̲J̲ excellent **B** A̲D̲V̲ excellently; **es geht mir** ~ I'm feeling marvellous *Br*, I'm feeling marvelous *US*; → auszeichnen

ausgiebig A̲ A̲D̲J̲ *Mahlzeit etc* substantial; *Gebrauch* extensive **B** A̲D̲V̲ ~ **frühstücken** to have a substantial breakfast; ~ **schlafen** to have a (good) long sleep

Ausgleich M̲ (≈ *Gleichgewicht*) balance; *von Konto* balancing; *von Verlust* compensation; SPORT equalizer; **zum** *od* **als** ~ **für etw** in order to compensate for sth; **er treibt zum** ~ **Sport** he does sport for exercise **ausgleichen** A̲ V̲/T̲ *Unterschiede* to even out; *Konto* to balance;

Verlust, Fehler to make good; *Mangel* to compensate for; **~de Gerechtigkeit** poetic justice; → **ausgeglichen** **B** **VR** SPORT to equalize **C** **VR** to balance out **Ausgleichssport** **M** keep-fit activity; **als ~** to keep fit **Ausgleichstor** **N**, **Ausgleichstreffer** **M** equalizer *Br*, tying goal *US*

ausgraben **VT** to dig up; *Grube, Loch* to dig out; *Altertümer* to excavate **Ausgrabung** **F** excavation

ausgrenzen **VT** to exclude, to segregate **Ausgrenzung** **F** exclusion

Ausguss **M** (≈ *Becken*) sink; (≈ *Abfluss*) drain

aushaben *umg* **VT** *Buch, Essen etc* to have finished; (≈ *ausgezogen haben*) to have taken off

aushaken *umg* **VI** **es hat bei ihm ausgehakt** something in him snapped *umg*

aushalten **VT** **1** (≈ *ertragen können*) to bear; *Druck* to stand; **hier lässt es sich ~** this is not a bad place; **das ist nicht auszuhalten** it's unbearable; **er hält viel aus** he can take a lot; **ich kann es nicht ~** I can't stand it **2** *umg* **sich von j-m ~ lassen** to be kept by sb

aushandeln **VT** to negotiate

aushändigen **VT** **j-m etw ~** to hand sth over to sb

Aushang **M** notice **aushängen** **A** **VT** **1** (≈ *bekannt machen*) to put up **2** *Tür* to unhinge **B** **VI** **am Schwarzen Brett ~** to be on the notice board *Br*, to be on the bulletin board *US* **Aushängeschild** **N** sign; *fig* (≈ *Reklame*) advertisement

ausheben **VT** *fig Gesetz etc* to annul, to cancel

ausheben **VT** **1** *Tür etc* to take off its hinges **2** *Graben, Grab* to dig **3** *fig Diebesnest* to raid

aushecken *umg* **VT** *Plan* to cook up *umg*

ausheilen **VI** *Krankheit* to be cured; *Organ, Wunde* to heal

aushelfen **VI** to help out (*j-m* sb) **Aushilfe** **F** **1** help **2** *Mensch* temporary worker; *bes im Büro* temp *umg* **Aushilfs-** ZSSGN *Personal* temporary **Aushilfsjob** **M** temporary job; *im Büro* temping job **Aushilfskraft** **F** temporary worker; *bes im Büro* temp *umg* **aushilfsweise** **ADV** on a temporary basis

aushöhlen **VT** to hollow out; *Ufer, Steil-*küste to erode

ausholen **VI** *zum Schlag* to raise one's hand/arm *etc*; *zum Wurf* to reach back; **weit ~** *fig Redner* to go far afield; **zum Gegenschlag ~** to prepare for a counterattack

aushorchen *umg* **VT** to sound out

auskennen **VR** *an einem Ort* to know one's way around; *auf einem Gebiet* to know a lot (**auf od in** +*dat* about)

ausklammern **VT** *Problem* to leave aside

ausklappbar **ADJ** folding **ausklappen** **VT** to open out

ausklingen **VI** *Lied* to finish; *Abend, Feier etc* to end (**in** +*dat* with)

ausklopfen **VT** *Teppich* to beat; *Pfeife* to knock out

auskochen **VT** **1** GASTR *Knochen* to boil **2** MED *Instrumente* to sterilize (*in boiling water*); → **ausgekocht**

auskommen **VI** **1** (≈ *genügend haben*) to get by (**mit** on); **ohne j-n/etw ~** to manage without sb/sth **2** **mit j-m (gut) ~** to get on (well) with sb **Auskommen** **N** (≈ *Einkommen*) livelihood; **sein ~ haben/finden** to get by; **mit ihr ist kein ~** she's impossible to get on with

auskosten **VT** (≈ *genießen*) to make the most of; *Leben* to enjoy to the full

auskratzen **VT** to scrape out

auskugeln **VT** **sich** (*dat*) **den Arm/die Schulter ~** to dislocate one's arm/shoulder

auskühlen **VI** to cool down; *Körper, Menschen* to chill through

auskundschaften **VT** *Weg, Lage* to find out; *Versteck* to spy out

Auskunft **F** **1** (≈ *Mitteilung*) information *kein pl*; **j-m eine ~ erteilen** to give sb some information **2** (≈ *Schalter*) information desk; TEL directory inquiries *ohne art* **Auskunftsbüro** **N** enquiry *od* information office **Auskunftsschalter** **M** information desk

auskurieren *umg* **VT** to cure

auslachen **VT** *j-n* to laugh at

ausladen **VT** **1** *Ware, Ladung* to unload **2** *umg j-n* **~** to tell sb not to come, to disinvite sb **ausladend** **ADJ** *Dach* projecting; *Bewegung* sweeping

Auslage **F** **1** *von Waren* display; (≈ *Schaufenster*) (shop) window; (≈ *Schaukasten*) showcase **2** expense

auslagern VT Produktion to outsource
Ausland N foreign countries pl; **ins/im ~** abroad; **aus dem** od **vom ~** from abroad; **Handel mit dem ~** foreign trade **Ausländer(in)** M(F) foreigner; ADMIN, JUR alien **Ausländerbeauftragte(r)** M/F(M) official with special responsibility for foreigners **Ausländerbehörde** F ≈ immigration authority **ausländerfeindlich** A ADJ xenophobic; Anschlag on foreigners B ADV ~ they are very friendly to foreigners **motivierte Straftaten** crimes with a racist motive **Ausländerfeindlichkeit** F xenophobia **ausländerfreundlich** ADJ foreigner-friendly; **sie sind sehr ~** they are very friendly to foreigners **Ausländergesetz** N JUR law on immigrants **Ausländerpolitik** F policy on immigrants **ausländisch** ADJ foreign, alien **Auslandsaufenthalt** M stay abroad **Auslandseinsatz** M von Soldaten, Journalisten etc deployment abroad **Auslandsgespräch** N international call **Auslandskorrespondent(in)** M(F) foreign correspondent **Auslandsreise** F journey od trip abroad **Auslandsschutzbrief** M international travel cover **Auslandsvertretung** F agency abroad; von Firma foreign branch

auslassen A VT 1 (≈ weglassen) to leave out; (≈ versäumen) Chance to miss 2 (≈ abreagieren) to vent (an +dat on) 3 Butter, Fett to melt; Speck to render (down) 4 → ausgelassen B V/R to talk (über +akk about) **Auslassung** F (≈ Weglassen) omission **Auslassungspunkte** PL ellipsis sg

auslasten VT 1 Maschine to make full use of 2 j-n to occupy fully; → ausgelastet

Auslauf M (≈ Bewegung) exercise; für Kinder room to run about **auslaufen** V/I 1 Flüssigkeit to run out (aus of); (≈ undicht sein) to leak 2 Schiff to sail 3 Modell, Serie to be discontinued 4 Farbe, Stoff to run **Ausläufer** M METEO von Hoch ridge; von Tief trough 2 (≈ Vorberge) foothill mst pl **Auslaufmodell** N discontinued model

ausleben V/R Mensch to live it up
ausleeren V/I to empty
auslegen VT 1 (≈ ausbreiten) to lay out; Waren etc to display; Kabel, Minen to lay 2 (≈ bedecken) to cover; (≈ auskleiden) to

line; **den Boden (mit Teppichen) ~** to carpet the floor 3 (≈ deuten) to interpret 4 Geld to lend; **sie hat die 5 Euro ausgelegt** she paid the 5 euros **Auslegung** F (≈ Deutung) interpretation

ausleiern V/I to wear out
ausleihen VT (≈ verleihen) to lend (j-m, an j-n to sb); (≈ von j-m leihen) to borrow, to loan; **sich** (dat) **etw ~** to borrow sth (bei, von from)

auslernen V/I **man lernt nie aus** sprichw you live and learn sprichw

Auslese F 1 (≈ Auswahl) selection 2 (≈ Elite) **die ~** the elite 3 (≈ Wein) high-quality wine made from selected grapes **auslesen** A VT 1 (≈ auswählen) to select 2 Buch etc to finish reading 3 IT Daten, Informationen to extract B V/I (≈ zu Ende lesen) to finish reading

ausliefern VT 1 Waren to deliver 2 j-n to hand over (an +akk to); an anderen Staat to extradite (an +akk to); **sich der Polizei ~** to give oneself up to the police; **j-m ausgeliefert sein** to be at sb's mercy **Auslieferung** F 1 von Ware delivery 2 von Menschen handing over; von Gefangenen extradition **Auslieferungsantrag** M JUR application for extradition

ausliegen V/I Waren to be displayed; Zeitschriften, Liste etc to be available (to the public)

auslöffeln VT Teller to empty; **etw ~ müssen** umg to have to take the consequences of sth

ausloggen V/R IT to log out
auslöschen VT Feuer, Licht to extinguish; Erinnerung to blot out
auslosen VT to draw lots for; Gewinner to draw
auslösen VT Alarm, Reaktion to trigger, to set off; Bombe to release; fig Wirkung to produce; Begeisterung to arouse **Auslöser** M trigger; für Bombe release button; FOTO shutter release
Auslosung F draw
ausmachen VT 1 Feuer, Kerze to put out; Licht, Radio to turn off 2 (≈ sichten) to make out; (≈ ausfindig machen) to locate 3 (≈ vereinbaren) to agree; **einen Termin ~** to agree (on) a time; → ausgemacht 4 (≈ betragen) to come to 5 (≈ bedeuten) **viel ~** to make a big difference; **das macht nichts aus** that doesn't matter 6 (≈ stören) to matter (j-m to);

macht es Ihnen etwas aus, wenn ...? would you mind if ...?

ausmalen <u>VT</u> **sich** (dat) **etw ~** to imagine sth

Ausmaß <u>N</u> von Fläche size; von Katastrophe, Liebe extent; **ein Verlust in diesem ~** a loss on this scale; **erschreckende ~e annehmen** to assume alarming proportions

ausmergeln <u>VT</u> Körper etc to emaciate; Boden to exhaust

ausmerzen <u>VT</u> to eradicate

ausmessen <u>VT</u> to measure (out)

ausmisten <u>VT</u> Stall to muck out Br, to clear US; fig umg Zimmer etc to clean out

Ausnahme <u>F</u> exception; **mit ~ von** od +gen with the exception of; **ohne ~** without exception **Ausnahmefall** <u>M</u> exceptional case **Ausnahmezustand** <u>M</u> POL **den ~ verhängen** to declare a state of emergency **ausnahmslos** <u>ADV</u> without exception **ausnahmsweise** <u>ADV</u> **darf ich das machen? — ~** may I do that? — just this once **ausnehmen** <u>VT</u> **1** Fisch to gut; Geflügel to draw **2** (≈ ausschließen) j-n to make an exception of; (≈ befreien) to exempt; **→ ausgenommen 3** umg finanziell, j-n to fleece umg

ausnüchtern <u>VT & VI & VR</u> to sober up **Ausnüchterungszelle** <u>F</u> drying-out cell

ausnutzen <u>VT</u> to use; (≈ ausbeuten) to exploit; Gelegenheit to make the most of; **er fühlt sich von anderen ausgenutzt** he feels put-upon **Ausnutzung** <u>F</u> use; (≈ Ausbeutung) exploitation

auspacken <u>A</u> <u>VT & VI</u> Koffer to unpack; Geschenk to unwrap **B** <u>VI</u> umg (≈ alles sagen) to talk

auspeitschen <u>VT</u> to whip

auspfeifen <u>VT</u> to boo at

ausplaudern <u>VT</u> to let out

ausposaunen umg <u>VT</u> to broadcast umg

auspressen <u>VT</u> Zitrone etc to squeeze

ausprobieren <u>VT</u> to try out

Auspuff <u>M</u> exhaust **Auspuffgase** <u>PL</u> exhaust fumes pl **Auspuffrohr** <u>N</u> exhaust pipe **Auspufftopf** <u>M</u> silencer; US muffler

ausquartieren <u>VT</u> to move out

ausquetschen <u>VT</u> Saft etc to squeeze out; umg (≈ ausfragen) to grill umg

ausradieren <u>VT</u> to rub out, to erase;

fig (≈ vernichten) to wipe out

ausrangieren umg <u>VT</u> Kleider to throw out; Maschine, Auto to scrap

ausrasten <u>VI</u> hum umg (≈ zornig werden) to do one's nut Br umg

ausrauben <u>VT</u> to rob

ausräumen <u>VT</u> to clear out; Möbel to move out; fig Missverständnisse to clear up

ausrechnen <u>VT</u> to work out, to figure out; **sich** (dat) **große Chancen ~** to reckon that one has a good chance; **→ ausgerechnet**

Ausrede <u>F</u> excuse **ausreden** <u>A</u> <u>VI</u> to finish speaking **B** <u>VT</u> **j-m etw ~** to talk sb out of sth

ausreichen <u>VI</u> to be sufficient **ausreichend** <u>A</u> <u>ADJ</u> sufficient, enough; SCHULE satisfactory **B** <u>ADV</u> sufficiently

Ausreise <u>F</u> **bei der ~** on leaving the country **Ausreiseerlaubnis** <u>F</u> exit permit **ausreisen** <u>VI</u> to leave (the country); **nach Frankreich ~** to go to France **Ausreisevisum** <u>N</u> exit visa

ausreißen <u>A</u> <u>VT</u> Haare, Blatt to tear out; Unkraut, Zahn to pull out **B** <u>VI</u> umg (≈ davonlaufen) to run away **Ausreißer(in)** umg <u>M(F)</u> runaway

ausreiten <u>VI</u> to go for a ride

ausrenken <u>VT</u> to dislocate; **sich/j-m den Arm ~** to dislocate one's/sb's arm

ausrichten <u>VT</u> **1** (≈ aufstellen) to line up **2** (≈ veranstalten) to organize **3** (≈ erreichen) to achieve; **ich konnte bei ihr nichts ~** I couldn't get anywhere with her **4** (≈ übermitteln) to tell; **kann ich etwas ~?** can I give him/her etc a message?

Ausritt <u>M</u> ride (out)

ausrotten <u>VT</u> to wipe out; Ideen to stamp out

ausrücken <u>VI</u> **1** MIL to move out; Polizei, Feuerwehr to turn out **2** umg (≈ ausreißen) to make off

Ausruf <u>M</u> cry **ausrufen** <u>VT</u> to exclaim; (≈ verkünden) to call out; Streik to call; **j-n zum** od **als König ~** to proclaim sb king; **j-n ~ (lassen)** über Lautsprecher etc to put out a call for sb; im Hotel to page sb **Ausrufezeichen** <u>N</u> exclamation mark Br, exclamation point US

ausruhen <u>VI & VR</u> to rest; Mensch to have a rest

ausrüsten <u>VT</u> to equip; Fahrzeug, Schiff to fit out **Ausrüstung** <u>F</u> equipment;

(≈ bes Kleidung) outfit

ausrutschen V/i to slip **Ausrutscher** umg M slip; (≈ schlechte Leistung) slip-up

Aussaat F **1** (≈ das Säen) sowing **2** (≈ Saat) seed **aussäen** V/t to sow

Aussage F statement; eines Beschuldigten, Angeklagten statement, testimony; **hier steht ~ gegen ~** it's one person's word against another's; **nach ~ seines Chefs** according to his boss; **die ~ verweigern** JUR to refuse to give od make a statement; vor Gericht to refuse to give testimony od evidence **aussagen** A V/t to say (über +akk about); (≈ behaupten) to state B V/i JUR to give evidence; **unter Eid ~** to give evidence under oath

aussaugen V/t to suck out

ausschaffen V/t form to deport

ausschalten V/t **1** (≈ abstellen) to switch off, to turn off **2** fig to eliminate

Ausschank M (≈ Schankraum) bar, pub Br; (≈ Schanktisch) bar

Ausschau F **~ halten nach** to look out for **ausschauen** V/i **1** geh to look out (nach for) **2** dial → aussehen

ausscheiden A V/t (≈ aussondern) to take out; PHYSIOL to excrete B V/i aus einem Amt to retire (aus from); aus Klub, Firma to leave (aus etw sth); SPORT to be eliminated; **das/er scheidet aus** that/he has to be ruled out **Ausscheidung** F **1** PHYSIOL excretion **2** SPORT elimination **Ausscheidungskampf** M SPORT preliminary (round)

ausschenken V/t & V/i to pour (out); am Ausschank to serve

ausscheren V/i to swerve; zum Überholen to pull out; fig to step out of line

ausschiffen A V/t to disembark; Ladung, Waren to unload B V/r to disembark

ausschildern V/t to signpost

ausschimpfen V/t to tell off; **schimpf ihn nicht aus, weil er zu spät kommt** don't tell him off for being late

ausschlachten V/t **1** Tier, Beute to dress **2** fig Fahrzeuge, Maschinen etc to cannibalize **3** fig umg (≈ ausnutzen) to exploit

ausschlafen A V/t Rausch etc to sleep off B V/i & V/r to have a good sleep

Ausschlag M rash; (einen) ~ bekommen to come out in od get a rash **2** von Zeiger etc swing; von Kompassnadel deflection; **den ~ geben** fig to be

the decisive factor **ausschlagen** A V/t **1 j-m die Zähne ~** to knock sb's teeth out **2** (≈ verkleiden) to line **3** (≈ ablehnen) to turn down B V/i **1** Baum, Strauch to start to bud **2** Pferd to kick **3** Zeiger, Nadel to swing; Kompassnadel to be deflected **ausschlaggebend** ADJ decisive

ausschließen V/t **1** (≈ aussperren) to lock out **2** (≈ entfernen) to exclude; aus Gemeinschaft to expel, to bar; Kandidaten to disqualify; **die Öffentlichkeit ~** JUR to exclude the public; → ausgeschlossen **ausschließlich** A ADJ exclusive; Rechte a. sole B ADV exclusively C PRÄP excluding **Ausschluss** M (≈ Entfernung) exclusion; aus Gemeinschaft expulsion; SPORT disqualification; **unter ~ der Öffentlichkeit stattfinden** to be closed to the public

ausschmücken V/t to decorate; fig Erzählung to embellish

ausschneiden V/t **1** to cut out **2** IT to cut; **~ und einfügen** to cut and paste; → ausgeschnitten **Ausschnitt** M **1** (≈ Zeitungsausschnitt) cutting **2** (≈ Kleidausschnitt) neck; **ein tiefer ~** a low neckline **3** aus einem Bild detail; aus einem Film clip

ausschöpfen V/t **1** Wasser etc to ladle out (aus of); aus Boot to bale out (aus of) **2** fig to exhaust

ausschreiben V/t **1** to write out; Rechnung etc to make out **2** (≈ bekannt machen) to announce; Wahlen to call; Stellen to advertise; Projekt to invite tenders for **Ausschreibung** F advertisement **Ausschreitung** F riot, rioting kein pl

Ausschuss M **1** HANDEL rejects pl; fig umg trash **2** (≈ Komitee) committee **Ausschusssitzung** F committee meeting **Ausschussware** F HANDEL rejects pl

ausschütteln V/t to shake out

ausschütten A V/t **1** (≈ auskippen) to tip out; Eimer to empty; **j-m sein Herz ~** fig to pour out one's heart to sb **2** (≈ verschütten) to spill **3** FIN Dividende etc to pay B V/r **sich (vor Lachen) ~** umg to split one's sides laughing

ausschweifend ADJ Leben dissipated; Fantasie wild **Ausschweifung** F (≈ Maßlosigkeit) excess; in Lebensweise dissipation

ausschweigen V/r to remain silent

aussehen V/I to look; **gut ~** to look good; **hübsch** to be good looking; **gesund** to look well; **es sieht nach Regen aus** it looks like rain; **wie siehst du denn (bloß) aus?** just look at you!; **es soll nach etwas ~** it's got to look good; **es sieht so aus, als ob ...** it looks as if ...; **so siehst du (gerade) aus!** that's what you think! **Aussehen** N appearance, look

aus sein A *umg* V/I **1** *Schule* to have finished; *Krieg, Stück* to have ended; *Feuer, Ofen* to be out; *Radio, Fernseher etc* to be off **2** *auf etw (akk)* ~ to be after sth; **auf j-n ~** to be after sb *umg* B V/I **es ist aus (und vorbei) zwischen uns** it's (all) over between us; **es ist aus mit ihm** he is finished with him

außen ADV outside; **von ~ sieht es gut aus** on the outside it looks good; **nach ~ hin** *fig* outwardly; **~ stehend** *Beobachter etc* outside *attr* **Außenantenne** F outdoor aerial *Br*, outdoor antenna **Außenaufnahme** F outdoor shot **Außenbahn** F outside lane **Außenbezirk** M outlying district **Außenbordmotor** M outboard motor **Außendienst** M **im ~ sein** to be a rep, to be on the road **Außendienstmitarbeiter(in)** M/F(n) field representative **Außengrenze** F external border **Außenhandel** M foreign trade **Außenminister(in)** M/F(n) foreign secretary *Br*, secretary of State **Außenministerium** N Foreign Office *Br*, State Department *US* **Außenpolitik** F *Gebiet* foreign politics *sg*; *bestimmte* foreign policy **außenpolitisch** ADJ *Debatte* on foreign affairs; **~e Angelegenheiten** foreign affairs matters **Außenseite** F outside **Außenseiter(in)** M/F(n) outsider **Außenspiegel** M AUTO outside mirror **Außenstände** PL *bes* HANDEL outstanding debts *pl* **außenstehend** ADJ → außen **Außenstelle** F branch **Außenstürmer(in)** M/F(n) FUSSB winger **Außentemperatur** F outside temperature **Außenverteidiger(in)** M/F(n) **linker/rechter ~** left/right back **Außenwand** F outer wall **Außenwelt** F outside world **Außenwirtschaft** F foreign trade

außer A PRÄP **1** *räumlich* out of; **~ sich** *(dat)* **sein** to be beside oneself **2** *(= ausgenommen)* except (for); *(= abgesehen*

von) apart from **3** *(= zusätzlich zu)* in addition to B KONJ except; **~ wenn ...** except when..., unless ... **außerdem** ADV besides; *(= dazu)* in addition **Äußere(r, s)** ADJ outer; *Schein, Eindruck* outward **Äußere(s)** N exterior **außergerichtlich** ADJ & ADV out of court **außergewöhnlich** ADJ unusual, extraordinary B ADV *(= sehr)* extremely **außerhalb** A PRÄP outside; **~ der Stadt** outside the town B ADV *(= außen)* outside; *(= außerhalb der Stadt)* out of town; **von ~** from outside/out of town **außerirdisch** ADJ extraterrestrial **Außerirdische(r)** M/F(n) extraterrestrial, alien **äußerlich** A ADJ external; **„nur zur ~en Anwendung!"** for external use only **2** *fig (= oberflächlich)* superficial B ADV externally; **rein ~ betrachtet** on the face of it **Äußerlichkeit** F *fig* triviality; *(= Oberflächlichkeit)* superficiality **äußern** A V/T *(= sagen)* to say; *Wunsch etc* to express; *Kritik* to voice; **seine Meinung ~** to give one's opinion B V/R *Mensch* to speak; *Krankheit* to show itself; **ich will mich dazu nicht ~** I don't want to say anything about that **außerordentlich** A ADJ extraordinary; *(= ungewöhnlich)* remarkable; **Außerordentliches leisten** to achieve some remarkable things B ADV *(= sehr)* exceptionally, extremely **außerparlamentarisch** ADJ extraparliamentary **außerplanmäßig** ADJ unscheduled; *Defizit* unplanned **außerschulisch** ADJ extracurricular, private **außersinnlich** ADJ **~e Wahrnehmung** extrasensory perception **äußerst** ADV extremely **außerstande** ADV *(= unfähig)* incapable; *(= nicht in der Lage)* unable **äußerste(r, s)** ADJ *räumlich* furthest; *Schicht* outermost; *Norden etc* extreme; *zeitlich* latest possible; *fig* utmost; **mein ~s Angebot** my final offer; **im ~n Falle** if the worst comes to the worst; **mit ~r Kraft** with all one's strength; **von ~r Dringlichkeit** of (the) utmost urgency **Äußerste(s)** N **bis zum ~n gehen** to go to extremes; **er hat sein ~s gegeben** he gave his all; **ich bin auf das ~ gefasst** I'm prepared for the worst **Äußerung** F *(= Bemerkung)* remark

aussetzen A V/T **1** *Kind, Haustier* to abandon; *Pflanzen* to plant out; SCHIFF

Boot to lower **2** j-m/einer Sache ausgesetzt sein (≈ *ausgeliefert*) to be at the mercy of sb/sth **3** *Belohnung* to offer; **auf j-s Kopf** (*akk*) **1000 Dollar ~** to put 1,000 dollars on sb's head **4** (≈ *unterbrechen*) to interrupt; *Prozess* to adjourn; *Zahlung* to break off **5** **an j-m/etw etwas auszusetzen haben** to find fault with sb/sth; **daran ist nichts auszusetzen** there is nothing wrong with it **B** V̅I̅ (≈ *aufhören*) to stop; *bei Spiel* to sit out; (≈ *versagen*) to give out; **mit etw ~** to stop sth **Aussetzer** M̅ *umg geistig* (mental) blank

Aussicht F̅ **1** (≈ *Blick*) view (**auf** +*akk* of); **ein Zimmer mit ~ auf den Park** a room overlooking the park **2** *fig* prospect (**auf** +*akk* of); **etw in ~ haben** to have good prospects of sth; **j-m etw in ~ stellen** to promise sb sth **aussichtslos** A̅D̅J̅ hopeless; (≈ *zwecklos*) pointless; **eine ~e Sache** a lost cause **Aussichtsplattform** F̅ viewing *od* observation platform *od* deck **aussichtsreich** A̅D̅J̅ promising; *Stellung* with good prospects **Aussichtsturm** M̅ observation *od* lookout tower

Aussiedler(in) M̅(F̅) (≈ *Auswanderer*) emigrant

aussitzen V̅T̅ *Problem* to sit out

aussöhnen V̅R̅ **sich mit j-m/etw ~** to become reconciled with sb/sth **Aussöhnung** F̅ reconciliation

aussondern V̅T̅ (≈ *auslesen*) to select; *Schlechtes* to pick out

aussortieren V̅T̅ to sort out

ausspannen A̅ V̅T̅ **1** (≈ *ausschirren*) to unharness **2** *fig umg* **j-m die Freundin** *etc* **~** to steal sb's girlfriend *etc* **B** V̅I̅ (≈ *sich erholen*) to have a break

aussparen *fig* V̅T̅ to omit

aussperren V̅T̅ to lock out **Aussperrung** F̅ IND lockout

ausspielen A̅ V̅T̅ **1** *Karte* to play; *am Spielanfang* to lead with **2** *fig* **j-n gegen j-n ~** to play sb off against sb **B** V̅I̅ *Karte* to play a card; *als Erster* to lead; → ausgespielt

Aussprache F̅ **1** pronunciation; (≈ *Akzent*) accent **2** (≈ *Meinungsaustausch*) discussion; (≈ *Gespräch*) talk **aussprechen** A̅ V̅T̅ *Wort, Urteil etc* to pronounce; *Scheidung* to grant **B** V̅R̅ **sich mit j-m (über etw** *akk*) **~** to have a talk with sb (about sth); **sich gegen etw ~** to

declare oneself against sth **C** V̅I̅ (≈ *zu Ende sprechen*) to finish (speaking); → ausgesprochen **Ausspruch** M̅ remark; (≈ *geflügeltes Wort*) saying

ausspucken A̅ V̅T̅ to spit out **B** V̅I̅ to spit

ausspülen V̅T̅ to rinse (out)

ausstaffieren *umg* V̅T̅ to equip; *j-n* to rig out

Ausstand M̅ **1** (≈ *Streik*) strike; **im ~ sein** to be on strike; **in den ~ treten** to (go on) strike **2** **seinen ~ geben** to throw a leaving party

ausstatten V̅T̅ (≈ *versorgen*) to provide; (≈ *möblieren*) to furnish **Ausstattung** F̅ equipment; *von Zimmer etc* furnishings *pl*; THEAT décor and costumes *pl*

ausstechen V̅T̅ **1** *Pflanzen* to dig up; *Plätzchen* to cut out **2** *Augen: bes als Strafe* to gouge out **3** *fig* (≈ *übertreffen*) to outdo

ausstehen A̅ V̅T̅ (≈ *ertragen*) to endure; *Angst* to go through; **ich kann ihn nicht ~** I can't bear him **B** V̅I̅ (≈ *fällig sein*) to be due; *Antwort* to be still to come; *Entscheidung* to be still to be taken

aussteigen V̅I̅ to get out (**aus** of); *fig aus Gesellschaft* to opt out; **aus etw ~** to get off sth; **an der nächsten Haltestelle ~** to get out at the next stop; **aus einem Projekt ~** to pull out of a project **Aussteiger(in)** M̅(F̅) *aus Gesellschaft* person who opts out; *aus Terroriszene, Sekte* dropout

ausstellen A̅ V̅T̅ **1** (≈ *zur Schau stellen*) to display; *in Museum etc* to exhibit **2** (≈ *behördlich ausgeben*) to issue; **eine Rechnung über 500 Euro ~** to make out a bill for 500 euros **3** (≈ *ausschalten*) to turn off **B** V̅I̅ to exhibit **Aussteller(in)** M̅(F̅) **1** *auf Messe* exhibitor **2** *von Dokument* issuer **Ausstellung** F̅ **1** (≈ *Messe*) exhibition; (≈ *Blumenausstellung etc*) show **2** *von Rezept, Rechnung* making out; *behördlich* issuing **Ausstellungsdatum** N̅ date of issue **Ausstellungsgelände** N̅ exhibition site **Ausstellungshalle** F̅ exhibition hall **Ausstellungsstück** N̅ exhibit

aussterben V̅I̅ to die out; → ausgestorben **Aussterben** N̅ extinction; **im ~ begriffen** dying out

Aussteuer F̅ dowry

Ausstieg M̅ **1** *aus Bus, Zug etc* getting

off; *fig* **aus** Gesellschaft opting out (**aus** of); **der ~ aus der Kernenergie** abandoning nuclear energy [2] (*a.* **~luke**) escape hatch

ausstopfen *VT* to stuff

Ausstoß *M* [1] (≈ *Produktion*) output [2] *von Gas* emission **ausstoßen** *VT* [1] (≈ *äußern*); *Schrei* to give; *Seufzer* to heave [2] (≈ *ausschließen*) to expel (**aus** from); **j-n aus der Gesellschaft ~** to banish sb from society [3] (≈ *herausstoßen*) to eject; *Gas etc* to give off, to emit; (≈ *herstellen*) to turn out

ausstrahlen *VI* to radiate; RADIO, TV to broadcast **Ausstrahlung** *F* radiation; RADIO, TV broadcast(ing); *von Mensch* charisma

ausstrecken *VT* to extend (**nach** towards) **VR** to stretch (oneself) out

ausstreichen *VT* *Geschriebenes* to cross out

aussuchen *VT* (≈ *auswählen*) to choose; **sich** (*dat*) **etw ~** to choose sth; → **ausgesucht**

Austausch *M* exchange; (≈ *Ersatz*) replacement; SPORT substitution; **im ~ für** *od* **gegen** in exchange for **austauschbar** *ADJ* exchangeable **austauschen** *VT* to exchange (**gegen** for); (≈ *ersetzen*) to replace (**gegen** with) **Austauschmotor** *M* replacement engine, reconditioned engine **Austauschschüler(in)** *M|F* exchange pupil *Br*, exchange student *US* **Austauschstudent(in)** *M|F* exchange student

austeilen *VT* to distribute (**unter** +*dat od* **an** +*akk* among); *Spielkarten* to deal (out); *Prügel* to administer

Auster *F* oyster **Austernbank** *F* oyster bed **Austernpilz** *M* oyster mushroom

austesten *VT* to test; IT *Programm etc* to debug

austoben *VR* *Mensch* to let off steam; (≈ *sich müde machen*) to tire oneself out

austragen *A* *VT* [1] *Wettkampf etc* to hold; **einen Streit mit j-m ~** to have it out with sb [2] *Post etc* to deliver [3] **ein Kind ~** to carry a child (through) to full term **VR** to sign out **Austragungsort** *M* SPORT venue

Australien *N* Australia **Australier(in)** *M|F* Australian **australisch** *ADJ* Australian

austreiben *VT* (≈ *vertreiben*) to drive out; *Teufel etc* to exorcise

austreten *A* *VI* [1] (≈ *herauskommen*) to come out (**aus** of); *Gas etc* to escape (**aus** from, **through**) [2] (≈ *ausscheiden*) to leave (**aus etw** sth) [3] (≈ *zur Toilette gehen*) to go to the toilet *bes Br* **VT** *Spur, Feuer etc* to tread out; *Schuhe* to wear out of shape

austricksen *umg VT* to trick

austrinken *VT & VI* to finish

Austritt *M* [1] *von Flüssigkeit* outflow; (≈ *das Entweichen*) escape [2] (≈ *das Ausscheiden*) leaving *ohne art* (**aus etw** sth)

austrocknen *A* *VI* to dry out; *Fluss etc* to dry up **VT** (≈ *trockenlegen*) *Sumpf* to drain

austüfteln *umg VT* to work out

ausüben *VT* [1] *Beruf* to practise *Br*, to practice *US*; *Funktion* to perform; *Amt* to hold [2] *Druck, Einfluss* to exert (**auf** +*akk* on); *Macht* to exercise; **einen Reiz auf j-n ~** to have an attraction for sb

ausufern *fig VI* to get out of hand **Ausverkauf** *M* (clearance) sale; **etw im ~ kaufen** to buy sth at the sale(s) **ausverkauft** *ADJ* sold out; **vor ~em Haus spielen** to play to a full house

Auswahl *F* selection (**an** +*dat* of); (≈ *Wahl*) choice; SPORT representative team; **drei Bewerber stehen zur ~** there are three applicants to choose from; **eine ~ treffen** to make a selection **auswählen** *VT* to select, to choose (**unter** +*dat* from among); **sich** (*dat*) **etw ~** to select sth (for oneself)

Auswanderer *M*, **Auswanderin** *F* emigrant **auswandern** *VI* to emigrate (**nach, in** +*akk* to) **Auswanderung** *F* emigration

auswärtig *ADJ* [1] (≈ *nicht ansässig*) nonlocal [2] POL foreign; **der ~e Dienst** the foreign service; **das Auswärtige Amt** the Foreign Office *Br*, the State Department *US* **auswärts** *ADV* [1] (≈ *nach außen*) outwards [2] (≈ *außerhalb der Stadt*) out of town; SPORT away; **~ essen** to eat out **Auswärtsniederlage** *F* SPORT away defeat **Auswärtssieg** *M* SPORT away win *od* victory **Auswärtsspiel** *N* SPORT away (game)

auswechseln *VT* to change; *bes gegenseitig* to exchange; (≈ *ersetzen*) to replace; SPORT to substitute (**gegen** for); **sie ist wie ausgewechselt** she's a differ-

ent person **Auswechselspieler(in)**
M̲F̲ substitute **Auswechs(e)lung** F̲
exchange; (≈ *Ersatz*) replacement; SPORT
substitution

Ausweg M̲ way out; **der letzte ~** a last
resort **ausweglos** *fig* A̲D̲J̲ hopeless

ausweichen V̲/I̲ to get out of the way
(+*dat* of); (≈ *Platz machen*) to make way
(+*dat* for); *Auto* to swerve; **einer Sache**
(*dat*) **~** *wörtl* to avoid sth; *fig* to evade
sth; **eine ~de Antwort** an evasive an-
swer **Ausweichmanöver** N̲ evasive
action *od* manoeuvre *Br*, evasive maneu-
ver *US*

ausweinen A̲ V̲/R̲ to have a (good) cry;
sich bei j-m ~ to have a cry on sb's
shoulder B̲ V̲/R̲ **sich** (*dat*) **die Augen ~**
to cry one's eyes *od* heart out (**nach**
over)

Ausweis M̲ card; (≈ *Personalausweis*)
identity card, identification; **~, bitte**
your papers please **ausweisen** A̲ V̲/T̲
aus dem Lande to expel B̲ V̲/R̲ *mit Aus-
weis* to identify oneself; **können Sie sich
~?** do you have any means of identifica-
tion? **Ausweiskontrolle** F̲ identity
check **Ausweispapiere** P̲L̲ identity
papers *pl* **Ausweisung** F̲ expulsion

ausweiten A̲ V̲/T̲ to widen; *fig* to ex-
pand (**zu** into) B̲ V̲/R̲ to widen; *fig* to ex-
pand (**zu** into); (≈ *sich verbreiten*) to
spread

auswendig A̲D̲V̲ by heart; **etw ~ kön-
nen/lernen** to know/learn sth (off) by
heart

auswerten V̲/T̲ (≈ *bewerten*) to evaluate;
(≈ *analysieren*) to analyse **Auswertung**
F̲ (≈ *Bewertung*) evaluation; (≈ *Analyse*)
analysis

auswickeln V̲/T̲ to unwrap

auswirken V̲/R̲ to have an effect (**auf**
+*akk* on); **sich günstig/negativ ~** to
have a favourable/negative effect *Br*,
to have a favorable/negative effect *US*
Auswirkung F̲ (≈ *Folge*) consequence;
(≈ *Wirkung*) effect

auswischen V̲/T̲ to wipe out; **j-m eins ~**
umg aus Rache to get back at sb

Auswuchs M̲ (out)growth; *fig* product

auswuchten V̲/T̲ *Räder* to balance

auszahlen A̲ V̲/T̲ *Geld etc* to pay out;
Gläubiger to pay off; *Miterben* to buy out
B̲ V̲/R̲ (≈ *sich lohnen*) to pay (off)

auszählen V̲/T̲ *Stimmen* to count (up);
beim Boxen to count out

Auszahlung F̲ *von Geld* paying out,
payment; *von Gläubiger* paying off

Auszählung F̲ *von Stimmen etc* count-
ing (up)

auszeichnen A̲ V̲/T̲ **1** *Waren* to label
2 (≈ *ehren*) to honour *Br*, to honor *US*;
j-n mit einem Orden ~ to decorate sb
(with a medal) **3** (≈ *hervorheben*) to dis-
tinguish B̲ V̲/R̲ to stand out (**durch** due
to); → ausgezeichnet **Auszeichnung**
F̲ **1** *von Waren* labelling *Br*, labeling *US*;
mit Preisschild pricing **2** (≈ *Ehrung*) hon-
our *Br*, honor *US*; (≈ *Orden*) decoration;
(≈ *Preis*) award; **mit ~ bestehen** to pass
with distinction

Auszeit F̲ **1** SPORT time-out **2** *beruflich*
break; **eine ~ nehmen** to take some
time out; **sich für ein paar Monate eine
~ nehmen** take a few months off, take a
break for a few months

ausziehen A̲ V̲/T̲ **1** *Kleider, Schuhe* to
take off; *j-n* to undress; **sich** (*dat*) **etw
~** to take off sth **2** (≈ *herausziehen*) to
pull out B̲ V̲/T̲ to undress, to get un-
dressed C̲ V̲/I̲ *aus einer Wohnung* to
move (**aus** out of); **auf Abenteuer ~** to
set off in search of adventure

Auszubildende(r) M̲/F̲(M̲) trainee, ap-
prentice

Auszug M̲ **1** (≈ *das Weggehen*) depar-
ture; *zeremoniell* procession; *aus der
Wohnung* move **2** (≈ *Ausschnitt*) excerpt;
aus Buch extract; (≈ *Kontoauszug*) state-
ment **auszugsweise** A̲D̲V̲ in extracts

autark A̲D̲J̲ self-sufficient; WIRTSCH au-
tarkic

authentisch A̲D̲J̲ authentic

Autismus M̲ autism **Autist(in)** M̲/F̲ au-
tistic child/person **autistisch** A̲ A̲D̲J̲
autistic B̲ A̲D̲V̲ autistically

Auto N̲ car; **~ fahren** *selbst* to drive (a
car); **mit dem ~ fahren** to go by car
Autoabgase P̲L̲ car emissions *pl* **Au-
toatlas** M̲ road atlas **Autobahn** F̲
motorway *Br*, interstate (highway *od*
freeway) *US*; *bes in Deutschland* auto-
bahn **Autobahnauffahrt** F̲ motor-
way *etc* access road, freeway on-ramp
US **Autobahnausfahrt** F̲ motorway
etc exit **Autobahndreieck** N̲ motor-
way *etc* merging point **Autobahnge-
bühr** F̲ toll **Autobahnkreuz** N̲ mo-
torway *etc* intersection **Autobahn-
raststätte** F̲ motorway service area
Br, rest area *US* **Autobahnzubringer**

M̲ feeder road **Autobiografie** F̲ autobiography **autobiografisch** A̲ A̲D̲J̲ autobiographical B̲ A̲D̲V̲ autobiographically **Autobombe** F̲ car bomb **Autobus** M̲ bus; (≈ *Reiseomnibus*) coach Br, bus **Autodach** N̲ car roof **Autodidakt(in)** M̲F̲ self-educated person **autodidaktisch** A̲D̲J̲ self-taught; *kein adv*; **er hat die Kenntnisse ~ erworben** he is self-taught, he taught himself **Autodieb(in)** M̲F̲ car thief **Autodiebstahl** M̲ car theft **Autofähre** F̲ car ferry **Autofahren** N̲ driving (a car); *als Mitfahrer* driving in a car **Autofahrer(in)** M̲F̲ (car) driver **autofrei** A̲D̲J̲ car-free **Autofriedhof** *umg* M̲ car dump **autogen** A̲D̲J̲ autogenous; **~es Training** PSYCH autogenic training **Autogramm** N̲ autograph **Autogrammjäger(in)** M̲F̲ autograph hunter **Autohändler(in)** M̲F̲ car dealer, automobile dealer US **Autoimmunerkrankung** F̲ MED autoimmune disease **Autokarte** F̲ road map **Autokino** N̲ drive-in cinema Br, drive-in movie theater US **Autoknacker(in)** M̲F̲ *umg* car burglar **Autokolonne** F̲ line of cars, convoy **Automat** M̲ machine; (≈ *Verkaufsautomat*) vending machine; (≈ *Roboter*) robot; (≈ *Spielautomat*) slot machine **Automatik**[1] M̲ AUTO automatic **Automatik**[2] F̲ 1̲ automatic mechanism 2̲ (≈ *Gesamtanlage*) automatic system; AUTO automatic transmission **Automatikwagen** M̲ automatic **automatisch** A̲ A̲D̲J̲ automatic B̲ A̲D̲V̲ automatically **Automechaniker(in)** M̲F̲ car mechanic **Automobilausstellung** F̲ motor show **Automobilindustrie** F̲ automotive industry **autonom** A̲D̲J̲ autonomous; **~es Fahren** autonomous driving **Autonome(r)** M̲F̲(M̲) POL independent **Autonomie** F̲ *a. fig* autonomy **Autonummer** F̲ (car) number **Autopilot** M̲ FLUG autopilot **Autopsie** F̲ MED autopsy **Autor** M̲ author **Autoradio** N̲ car radio **Autoreifen** M̲ car tyre Br, car tire US **Autorennen** N̲ (motor) race **Autoreparaturwerkstatt** F̲ garage, car repair shop US **Autoreverse-Funktion** F̲ auto-reverse (function)

Autorin F̲ author, authoress **autoritär** A̲ A̲D̲J̲ authoritarian B̲ A̲D̲V̲ in an authoritarian manner **Autorität** F̲ authority **Autoschlange** F̲ queue of cars Br, line of cars **Autoschlosser(in)** M̲F̲ panel beater **Autoschlüssel** M̲ car key **Autoskooter** M̲ bumper car **Autosport** M̲ motor sport **Autostopp** M̲ hitchhiking **Autostrich** *umg* M̲ prostitution to car drivers **Autostunde** F̲ hour's drive **Autounfall** M̲ car accident **Autoverkehr** M̲ road traffic **Autoverleih** M̲, **Autovermietung** F̲ car hire *bes* Br, car rental *bes* US; (≈ *Firma*) car hire firm *bes* Br, car rental firm *bes* US **Autoversicherung** F̲ car insurance **Autowaschanlage** F̲ car wash **Autowerkstatt** F̲ garage, car repair shop US **Autowrack** N̲ wrecked car **autsch** I̲N̲T̲ ouch **Avantgarde** *geh* F̲ KUNST avant-garde; POL vanguard **avantgardistisch** A̲D̲J̲ avant-garde **Avatar** M̲ avatar **Aversion** F̲ aversion (**gegen** to) **Avocado** F̲ avocado **Axt** F̲ axe Br, ax US **Ayatollah** M̲ ayatollah **Azalee** F̲ azalea **Azoren** P̲L̲ GEOG Azores *pl* **Azorenhoch** N̲ METEO high over the Azores **Azteke** M̲, **Aztekin** F̲ Aztec **Azubi** M̲A̲B̲K̲ (= *Auszubildender*) trainee

B

B[1], **b** N̲ B, b **B**[2] A̲B̲K̲ (= *Bundesstraße*) Federal road **Baby** N̲ baby **Babyausstattung** F̲ layette **Babyfon**® N̲ baby monitor **Babyjahr** N̲ maternity leave (*for one year*) **Babyklappe** F̲ *anonymous drop-off point for unwanted babies* **Babynahrung** F̲ baby food **Babypause** F̲ *der Mutter* maternity leave; *des Vaters* paternity leave; **eine ~ einlegen** to take *od* go on maternity/paternity leave **babysitten** V̲I̲ to babysit **Babysit-**

ter(in) M̲F̲ babysitter **Babytrageta-sche** F̲ carrycot *Br,* traveling baby bed *US* **Babywippe** F̲ (baby) bouncer *Br,* bouncy chair

Bach M̲ stream; **den ~ heruntergehen** *umg Firma etc* to go down the tubes *umg*

Bachelor M̲ UNIV bachelor's (degree) **Bachelorabschluss** M̲ UNIV bachelor's (degree) **Bachelorarbeit** F̲ bachelor's thesis, dissertation **Bachelorstudiengang** M̲ UNIV bachelor's (degree)

Backblech N̲ baking tray *Br,* baking pan *US*

Backbord N̲ SCHIFF port (side) **backbord(s)** A̲D̲V̲ SCHIFF on the port side

Backe F̲ **1** (≈ *Wange*) cheek **2** *umg* (≈ *Hinterbacke*) buttock

backen A̲ V̲/̲T̲ to bake; **gebackener Fisch** fried fish; *im Ofen* baked fish B̲ V̲/̲I̲ to bake

Backenzahn M̲ molar

Bäcker(in) M̲F̲ baker; **zum ~ gehen** to go to the baker's **Bäckerei** F̲ **1** (≈ *Bäckerladen*) baker's (shop); (≈ *Backstube*) bakery **2** (≈ *Gewerbe*) baking trade **3** *österr* (≈ *Kleingebäck*) (biscuits and) pastries *pl* **backfertig** A̲D̲J̲ oven-ready **Backfett** N̲ cooking fat **Backform** F̲ baking tin *Br,* baking pan *US* **Backhähnchen** N̲, **Backhendl** *österr, südd* N̲ roast chicken **Backmischung** F̲ cake mix **Backobst** N̲ dried fruit **Backofen** M̲ oven **Backpflaume** F̲ prune **Backpulver** N̲ baking powder **Backrohr** N̲ *österr* (≈ *Backofen*) oven **Backslash** M̲ IT backslash **Backstein** M̲ brick **Backwaren** P̲L̲ bread, cakes and pastries *pl*

Bad N̲ **1** bath; *im Meer etc* swim; **ein Bad nehmen** to have a bath **2** (≈ *Badezimmer*) bathroom; **Zimmer mit Bad** room with (private) bath **3** (≈ *Schwimmbad*) (swimming) pool **4** (≈ *Heilbad*) spa **Badeanzug** M̲ swimsuit, bathing suit *bes US* **Badehose** F̲ (swimming *od* bathing) trunks *pl* **Badekappe** F̲ swimming cap **Badelatschen** P̲L̲ *umg* flip-flops® *pl Br,* thongs *US* **Bademantel** M̲ bathrobe, dressing gown *Br* **Bademeister(in)** M̲F̲ *im Schwimmbad* (pool) attendant **Bademütze** F̲ swimming cap **baden** A̲ V̲/̲I̲ *in der Badewanne* to have *od* take a bath; *im*

Meer, Schwimmbad etc to swim; **warm/ kalt ~** to have a hot/cold bath; **~ gehen** to go swimming; *umg* to come a cropper *umg* B̲ V̲/̲T̲ **1** *Kind etc* to bath *Br,* to bathe *US;* **in Schweiß gebadet** bathed in sweat **2** *Augen, Wunde etc* to bathe

Baden-Württemberg N̲ Baden-Württemberg

Badeort M̲ (≈ *Kurort*) spa; (≈ *Seebad*) (seaside) resort **Badesachen** P̲L̲ swimming gear **Badesalz** N̲ bath salts *pl* **Badeschaum** M̲ bubble bath **Badeschlappen** P̲L̲ *umg* flip-flops® *pl Br,* thongs *pl US* **Badeschuhe** P̲L̲ *geschlossen* pool shoes *pl;* (≈ *Schlappen*) flip-flops *pl Br,* thongs *pl US* **Badetab** N̲ bath melt, bath tablet **Badetuch** N̲ bath towel **Badeurlaub** M̲ holiday at the seaside *Br,* vacation by the sea *US* **Badewanne** F̲ bath(tub) **Badewasser** N̲ bath water **Badezeug** N̲ swimming gear **Badezimmer** N̲ bathroom

Badminton N̲ badminton

baff *umg* A̲D̲J̲ **~ sein** to be flabbergasted *umg*

BAföG N̲ A̲B̲K̲ (= **Bundesausbildungsförderungsgesetz**) student financial assistance scheme; **er kriegt ~** he gets a grant

Bagatelle F̲ trifle **Bagatellsache** F̲ JUR petty case **Bagatellschaden** M̲ minor damage

Bagger M̲ excavator **baggern** A̲ V̲/̲T̲ & V̲/̲I̲ *Graben* to excavate B̲ V̲/̲I̲ *sl* (≈ *anmachen*) to pick up *umg* **Baggersee** M̲ artificial lake in quarry etc

Baguette N̲ baguette

Bahamas P̲L̲ Bahamas *pl*

Bahn F̲ **1** (≈ *Weg*) path; (≈ *Fahrbahn*) carriageway; **~ frei!** make way!; **die ~ ist frei** *fig* the way is clear; **von der rechten ~ abkommen** to stray from the straight and narrow; **j-n aus der ~ werfen** *fig* to shatter sb **2** (≈ *Eisenbahn*) railway *Br,* railroad *US;* (≈ *Zug*) train; (≈ *Straßenbahn*) tram *Br,* streetcar *US;* **mit der od per ~** by train *od* rail/tram *Br,* by train *od* rail/streetcar *US;* **Deutsche ~®** *German Railways* **3** SPORT track; *in Schwimmbecken* lane; (≈ *Kegelbahn*) (bowling) alley **4** PHYS, ASTRON orbit; (≈ *Geschossbahn*) trajectory **5** (≈ *Stoffbahn, Tapetenbahn*) length **Bahnangeschluss** M̲ rail connection **Bahnar-**

beiter(in) M̄F̄ rail worker, railroader US **bahnbrechend** ADJ pioneering **BahnCard®** F̄ ≈ railcard **Bahndamm** M̄ railway embankment Br, railroad embankment US **bahnen** V̄T̄ Pfad to clear; **j-m einen Weg ~** to clear a way for sb; fig to pave the way for sb **Bahnfahrt** F̄ rail journey **Bahnhof** M̄ (railway) station Br, (railroad) station US; **auf dem ~, am ~** at the station; **ich verstehe nur ~** hum umg it's as clear as mud (to me) Br umg **Bahnhofshalle** F̄ (station) concourse; **in der ~** in the station **Bahnhofsmission** F̄ charitable organization for helping needy passengers **Bahnhofsrestaurant** N̄ station restaurant **bahnlagernd** ADJ & ADV HANDEL **etw ~ schicken** to send sth to be picked up at the station bes Br **Bahnlinie** F̄ railway line Br, railroad line US **Bahnpolizei** F̄ railway police Br, railroad police US **Bahnstation** F̄ railway station Br, railroad station US **Bahnsteig** M̄ platform **Bahnübergang** M̄ level crossing Br, grade crossing US **Bahnverbindung** F̄ train service

Bahrain N̄ Bahrain
Bahre F̄ (≈ Krankenbahre) stretcher; (≈ Totenbahre) bier
bairisch ADJ Dialekt Bavarian
Baiser N̄ meringue
Baisse F̄ BÖRSE fall; plötzliche slump
Bakterie F̄ germ; **~n** pl bacteria pl **bakteriologisch** ADJ bacteriological; Krieg biological
Balance F̄ balance **Balanceakt** M̄ balancing act **balancieren** V̄T̄ & V̄Ī to balance
bald ADV 1 soon; **~ darauf** soon afterwards; **möglichst ~** as soon as possible; **bis ~!** see you (soon) 2 (≈ fast) almost

deutsch **bald** ≠ englisch **bald**		
bald	=	soon
bald	=	kahl, glatzköpfig

baldig ADJ quick; Antwort early **baldmöglichst** ADV as soon as possible
Baldrian M̄ valerian
Balearen P̄L̄ **die ~** the Balearic Islands pl
Balg¹ M̄ (≈ Tierhaut) pelt

Balg² M̄N̄ pej umg (≈ Kind) brat pej umg
balgen V̄R̄ to scrap (**um über**) **Balgerei** F̄ scrap
Balkan M̄ **der ~** the Balkans pl; **auf dem ~** in the Balkans **Balkanländer** P̄L̄ Balkan States **Balkanroute** F̄ von Flüchtlingen Balkans route
Balken M̄ 1 beam; (≈ Querbalken) joist 2 (≈ Strich) bar 3 an Waage beam 4 österr (≈ Fensterladen) shutter **Balkendiagramm** N̄ bar chart
Balkon M̄ balcony **Balkonien** N̄ umg **Urlaub auf ~** staycation **Balkontür** F̄ balcony door, French windows pl
Ball¹ M̄ ball; **am ~ bleiben** wörtl to keep (possession of) the ball; fig to stay on the ball; **den ~ flach halten** not to make a big issue about things
Ball² M̄ (≈ Tanzfest) ball
Ballabgabe F̄ pass
Ballade F̄ ballad
Ballast M̄ ballast; fig burden **Ballaststoffe** P̄L̄ MED roughage sg **ballaststoffreich** ADJ **~e Nahrung** high-fibre food od diet Br, high-fiber food od diet US
ballen A V̄T̄ Faust to clench; Lehm etc to press (into a ball); → **geballt** B V̄R̄ Menschenmenge to crowd; Wolken to gather; Verkehr to build up
Ballen M̄ 1 bale 2 ANAT ball
Ballerina F̄ ballerina
ballern umg V̄Ī to shoot; **gegen die Tür ~** to hammer on the door
Ballett N̄ ballet **Balletttänzer(in)** M̄F̄ ballet dancer
Ballistik F̄ ballistics sg **ballistisch** ADJ ballistic
Balljunge M̄ Tennis ball boy **Ballkleid** N̄ ball dress **Ballmädchen** N̄ Tennis ball girl
Ballon M̄ balloon
Ballsaal M̄ ballroom **Ballspiel** N̄ ball game
Ballungsgebiet N̄, **Ballungsraum** M̄ conurbation
Ballwechsel M̄ SPORT rally
Balsam M̄ balsam; fig balm
Balsamico M̄, **Balsamicoessig** M̄, **Balsamessig** M̄ balsamic vinegar
Baltikum N̄ **das ~** the Baltic States pl **baltisch** ADJ Baltic attr
Balz F̄ courtship display; (≈ Paarungszeit) mating season **balzen** V̄Ī to perform the courtship display

Bambus M bamboo **Bambusrohr** N bamboo cane **Bambussprossen** PL bamboo shoots pl

Bammel umg M **(einen)** ~ **vor j-m/etw haben** to be scared of sb/sth

banal ADJ banal **Banalität** F 1 banality 2 Äußerung platitude

Banane F banana **Bananenrepublik** F POL pej banana republic **Bananenschale** F banana skin

Banause M, **Banausin** pej F peasant umg

Bancomat M schweiz cash machine Br, cash dispenser, ATM US

Band[1] N 1 (≈ Seidenband etc) ribbon; (≈ Maßband, Zielband) tape; (≈ Haarband) band 2 (≈ Tonband) tape; **etw auf** ~ **aufnehmen** to tape sth 3 (≈ Fließband) conveyor belt; (≈ Montageband) assembly line; **am laufenden** ~ fig nonstop 4 RADIO wavelength 5 ANAT ligament

Band[2] M (≈ Buchband) volume; **das spricht Bände** that speaks volumes

Band[3] F MUS band

Bandage F bandage; **mit harten** ~**n kämpfen** fig umg to fight with no holds barred **bandagieren** V/T to bandage (up)

Bandbreite F 1 RADIO waveband 2 fig range

Bande[1] F gang; umg (≈ Gruppe) bunch umg

Bande[2] F SPORT barrier; Billard cushion

Bänderriss M torn ligament **Bänderzerrung** F pulled ligament

bändigen V/T (≈ zähmen) to tame; (≈ niederhalten) to subdue; (≈ zügeln) to control; Naturgewalten to harness

Bandit(in) M(F) bandit; **einarmiger** ~ one-armed bandit

Bandmaß N tape measure **Bandnudeln** PL ribbon noodles pl **Bandscheibe** F ANAT (intervertebral) disc **Bandscheibenschaden** M damaged disc **Bandscheibenvorfall** M slipped disc **Bandwurm** M tapeworm

bang(e) ADJ (≈ ängstlich) scared; Augenblicke a. anxious **Bange** bes nordd F **j-m** ~ **machen** to scare sb; **nur keine** ~! umg don't worry **bangen** V/I to worry (**um** about); **um j-s Leben** ~ to fear for sb's life

Bangladesch N Bangladesh

Banjo N banjo; ~ **spielen** to play the banjo

Bank[1] F (≈ Sitzbank) bench; (≈ Kirchenbank) pew; (≈ Parlamentsbank) bench; **(alle) durch die** ~ **(weg)** umg the whole lot (of them) umg; **etw auf die lange** ~ **schieben** umg to put sth off

▶ **Bank: bank oder bench?**

Bank (≈ Geldinstitut)	bank
(Sitz)bank (≈ Sitzgelegenheit)	bench

She has some money in the bank.

I like sitting on a bench in Hyde Park. ◀

Bank[2] F FIN bank; **Geld auf der** ~ **(liegen) haben** to have money in the bank; **die** ~ **sprengen** to break the bank **Bankangestellte(r)** M(F(M)) bank employee **Bankautomat** M cash dispenser Br, ATM US

Bankdrücken N SPORT bench press **Bankeinzug** M direct debit; **per** ~ **zahlen** to pay by direct debit

Bankenkrise F banking crisis

Banker(in) M(F) banker

Bankett[1] N (≈ Festessen) banquet

Bankett[2] N, **Bankette** F an Straßen verge Br, shoulder US; an Autobahnen (hard) shoulder; „**Bankette nicht befahrbar**" "soft verges" Br, "soft shoulder" US

Bankfach N 1 (≈ Beruf) banking 2 (≈ Schließfach) safety-deposit box **Bankgebühr** F bank charge **Bankgeheimnis** N confidentiality in banking **Bankhalter(in)** M(F) bei Glücksspielen banker **Bankier** M banker **Bankkarte** F bank card **Bankkauffrau** F, **Bankkaufmann** M (qualified) bank clerk **Bankkonto** N bank account **Bankleitzahl** F (bank) sort code Br **Banknote** F banknote, bill US **Bankomat** M österr cash machine, ATM US **Bankraub** M bank robbery **Bankräuber(in)** M(F) bank robber

bankrott ADJ bankrupt; Mensch, Politik discredited **Bankrott** M bankruptcy; fig breakdown; ~ **machen** to go bankrupt **bankrottgehen** V/I to go bankrupt

Banküberfall M bank raid **Bankverbindung** F banking arrangements pl; **geben Sie bitte Ihre** ~ **an** please give your account details

Bann M̅ **1** spell; **im ~ eines Menschen stehen** to be under sb's spell **2** HIST (≈ *Kirchenbann*) excommunication, ban
bannen V̅t̅ **1** *geh* (≈ *bezaubern*) to bewitch **2** *böse Geister* to exorcize; *Gefahr* to avert
Banner N̅ *a.* INTERNET banner
Bantamgewicht N̅ bantamweight
Baptist(in) M̅/F̅ Baptist
bar A̅D̅J̅ **1** cash; **bares Geld** cash; **(in) bar bezahlen** to pay (in) cash; **etw für bare Münze nehmen** *fig* to take sth at face value **2** (≈ *rein*) *Unsinn* utter
Bar F̅ **1** (≈ *Nachtlokal*) nightclub **2** (≈ *Theke*) bar
Bär M̅ bear; **der Große/Kleine Bär** ASTRON Ursa Major/Minor, the Big/Little Dipper; **j-m einen Bären aufbinden** *umg* to have sb on *Br umg*, to put sb on *US umg*; **hier steppt der Bär** *umg* (≈ *ist was los*) this is where it's at *umg*
Baracke F̅ shack
Barbar(in) *pej* M̅/F̅ barbarian **Barbarei** *pej* F̅ **1** (≈ *Unmenschlichkeit*) barbarity **2** (≈ *Kulturlosigkeit*) barbarism **barbarisch** A̅ A̅D̅J̅ *pej* (≈ *unmenschlich*) barbarous; (≈ *ungebildet*) barbaric B̅ A̅D̅V̅ *quälen* brutally
Barbiturat N̅ barbiturate
Barcode M̅ barcode **Bardame** F̅ barmaid *Br*, bartender *US* **Bareinzahlung** F̅ cash deposit
Bärenhunger *umg* M̅ **einen ~ haben** to be famished **bärenstark** A̅D̅J̅ **1** strapping **2** *umg* terrific
barfuß A̅D̅J̅ & A̅D̅V̅, **barfüßig** A̅D̅J̅ barefoot(ed)
Bargeld N̅ cash **bargeldlos** A̅ A̅D̅J̅ cashless; **~er Zahlungsverkehr** payment by money transfer B̅ A̅D̅V̅ without using cash **Barhocker** M̅ (bar) stool
bärig *österr umg* A̅ A̅D̅J̅ tremendous B̅ A̅D̅V̅ tremendously
Bariton M̅ baritone
Barkeeper M̅ barman *Br*, bartender *US*
Barkode M̅ barcode
Bärlauch M̅ BOT, GASTR bear's garlic
barmherzig A̅D̅J̅ merciful; (≈ *mitfühlend*) compassionate
Barmixer M̅ barman *Br*, bartender *US*
barock A̅D̅J̅ baroque; *Einfälle* bizarre **Barock** N̅/M̅ baroque
Barometer N̅ barometer **Barometerstand** M̅ barometer reading
Baron M̅ baron **Baronin** F̅ baroness

Barren M̅ **1** (≈ *Metallbarren*) bar; (≈ *bes Goldbarren*) ingot **2** SPORT parallel bars *pl*
Barriere F̅ barrier
barrierefrei A̅D̅J̅ barrier-free, accessible
Barrikade F̅ barricade; **auf die ~n gehen** to go to the barricades
barsch A̅ A̅D̅J̅ brusque B̅ A̅D̅V̅ brusquely
Barsch M̅ bass; (≈ *Flussbarsch*) perch
Barscheck M̅ uncrossed cheque *Br*, open check *US*
Bart M̅ **1** beard; *von Katze, Robbe etc* whiskers *pl*; **sich** (*dat*) **einen ~ wachsen** *od* **stehen lassen** to grow a beard **2** *fig umg* **j-m um den ~ gehen** to butter sb up *umg*; **der Witz hat einen ~** that's an old chestnut **3** (≈ *Schlüsselbart*) bit **bärtig** A̅D̅J̅ bearded **Bartstoppeln** P̅L̅ stubble *sg*
Barverkauf M̅ cash sales *pl*; **ein ~** a cash sale **Barvermögen** N̅ liquid assets *pl* **Barzahlung** F̅ payment in cash; **(Verkauf) nur gegen ~** cash (sales) only
Basar M̅ bazaar; **auf dem ~** in the bazaar
Base F̅ CHEM base
Baseballmütze F̅ baseball cap **Baseballschläger** M̅ baseball bat
Basejumper(in) M̅/F̅ SPORT basejumper
Basejumping N̅ *Fallschirmspringen von festen Objekten aus* base jumping
Basel N̅ Basle, Basel; **~-Landschaft** Basel District; **~-Stadt** Basel City
bashen *umg* V̅t̅ **1** (≈ *angreifen und besiegen*) to marmalize *umg* **2** (≈ *kritisieren*) to slam *umg*
Bashing N̅ *umg* (≈ *Beschimpfung*) bashing
basieren A̅ V̅i̅ to be based (**auf** +*dat* on) B̅ V̅t̅ to base (**auf** +*akk* on)
Basilika F̅ basilica
Basilikum N̅ basil
Basis F̅ basis; **auf breiter ~** on a broad basis; **die ~** *umg* the grass roots (level) **Basisdemokratie** F̅ grass-roots democracy **Basislager** N̅ base camp **Basisstation** F̅ TEL base station
Baskenland N̅ Basque region **Baskenmütze** F̅ beret
Basketball M̅ basketball
baskisch A̅D̅J̅ Basque

Bass M̲ bass; **~ spielen** to play the bass
Bassgitarre F̲ bass guitar; **~ spielen** to play the bass guitar
Bassin N̲ (≈ *Schwimmbassin*) pool
Bassist M̲ (≈ *Sänger*) bass (singer) **Bassist(in)** M̲/F̲ *im Orchester etc* bass player
Bassschlüssel M̲ bass clef **Bassstimme** F̲ bass (voice); (≈ *Partie*) bass (part)
Bast M̲ *zum Binden, Flechten* raffia; BOT bast
basta INT (**und damit**) **~!** (and) that's that
Bastard M̲ ▯ *pej* bastard ▯ BIOL (≈ *Kreuzung, Pflanze*) hybrid; (≈ *Tier*) cross(breed)
Bastelei F̲ handicraft **basteln** A̲ V̲/I̲ ▯ *als Hobby* to make things with one's hands; (≈ *Handwerksarbeiten herstellen*) to do handicrafts; **sie kann gut ~** she is good with her hands ▯ **an etw** (*dat*) **~** to make sth; (≈ *herumbasteln*) to mess around with sth B̲ V̲/T̲ to make
Basteln N̲ handicrafts *pl*
Bastion F̲ bastion
Bastler(in) M̲/F̲ *von Möbeln etc* do-it-yourselfer; **ein guter ~ sein** to be good with one's hands
Bataillon N̲ MIL, *a. fig* battalion
Batik F̲ batik
Batterie F̲ battery **batteriebetrieben** ADJ battery-powered **Batterieladegerät** N̲ battery charger
Bau M̲ ▯ (≈ *das Bauen*) building; **sich im Bau befinden** to be under construction; **mit dem Bau beginnen** to begin building ▯ (≈ *Aufbau*) structure ▯ (≈ *Baustelle*) building site; **auf dem Bau arbeiten** to work on a building site ▯ (≈ *Gebäude*) building; (≈ *Bauwerk*) construction ▯ (≈ *Erdhöhle*) burrow; (≈ *Fuchsbau* etc) earth; (≈ *Dachsbau*) set(t) **Bauarbeiten** PL building work *sg*; (≈ *Straßenbau*) roadworks *pl Br*, road construction *US* **Bauarbeiter(in)** M̲/F̲ building worker *Br*, construction worker *US* **Baubranche** F̲ building trade
Bauch M̲ ▯ *von Mensch* stomach, tummy *umg*; ANAT abdomen; *von Tier* belly; (≈ *Fettbauch*) paunch; **ihm tat der ~ weh** he had stomachache; **sich** (*dat*) **den ~ vollschlagen** *umg* to stuff oneself *umg*; **ein voller ~ studiert nicht gern** *sprichw* you can't study on a full stomach; **einen dicken ~ haben** *sl* (≈ *schwanger sein*) to have a bun in the oven *umg*;

etw aus dem ~ heraus entscheiden to decide sth according to (a gut) instinct; **mit etw auf den ~ fallen** *umg* to fall flat on one's face with sth *umg* ▯ (≈ *Wölbung, Hohlraum*) belly
Bauchansatz M̲ beginning(s) of a paunch **Bauchbinde** F̲ ▯ *um Buch* belly band, jacket band, publisher's band ▯ *für Schwangere* belly band, maternity band **Bauchfell** N̲ ANAT peritoneum **Bauchfellentzündung** F̲ peritonitis **bauchfrei** ADJ **~es Shirt** *od* **Top** crop(ped) top **Bauchgrimmen** *umg* N̲ tummy ache *umg* **bauchig** ADJ *Gefäß* bulbous **Bauchklatscher** M̲ *umg* belly flop **Bauchlandung** F̲ FLUG belly landing; *bei Sprung ins Wasser* belly flop *umg* **Bauchmuskel** M̲ stomach muscle **Bauchmuskulatur** F̲ stomach muscles *pl* **Bauchnabel** M̲ navel, bellybutton *umg* **Bauchpressen** PL SPORT crunches *pl* **Bauchredner(in)** M̲/F̲ ventriloquist **Bauchschmerzen** PL stomachache; *fig* anguish; **j-m ~ bereiten** *fig* to cause sb major problems **Bauchspeicheldrüse** F̲ pancreas **Bauchtanz** M̲ belly dancing; *einzelner Tanz* belly dance **Bauchtänzerin** F̲ belly dancer **Bauchweh** N̲ stomachache
Baudenkmal N̲ historical monument
Baud-Rate F̲ IT baud rate
bauen A̲ V̲/T̲ ▯ to build; **sich** (*dat*) **ein Haus ~** to build oneself a house; → **gebaut** ▯ *umg* (≈ *verursachen*) *Unfall* to cause B̲ V̲/I̲ ▯ to build; **wir haben neu gebaut** we built a new house; **hier wird viel gebaut** there is a lot of building going on around here ▯ (≈ *vertrauen*) **auf j-n/etw ~** to rely on sb/sth
Bauer¹ M̲ ▯ (≈ *Landwirt*) farmer; *pej* (country) bumpkin ▯ *Schach* pawn; KART jack, knave
Bauer² N̲/ (≈ *Käfig*) (bird)cage
Bäuerin F̲ ▯ (≈ *Frau des Bauern*) farmer's wife ▯ (≈ *Landwirtin*) farmer **bäuerlich** ADJ rural; (≈ *ländlich*) country *attr* **Bauernbrot** N̲ coarse rye bread **Bauernfänger(in)** M̲/F̲ *umg* con man/woman *umg* **Bauernhaus** N̲ farmhouse **Bauernhof** M̲ farm **Bauernregel** F̲ country saying **Bauersfrau** F̲ farmer's wife
baufällig ADJ dilapidated; *Decke* un-

sound **Baufälligkeit** F̲ dilapidation **Baufirma** F̲ building contractor Br, construction company US **Baugenehmigung** F̲ planning and building permission **Baugewerbe** N̲ building and construction trade **Bauherr(in)** M̲F̲ client (for whom sth is being built) **Bauholz** N̲ building timber **Bauindustrie** F̲ building and construction industry **Bauingenieur(in)** M̲F̲ civil engineer **Baujahr** N̲ year of construction; von Auto year of manufacture; **VW ~ 98** 1998 VW **Baukasten** M̲ building kit **Baukastensystem** N̲ TECH modular construction system **Bauklotz** M̲ (building) brick **Baukosten** P̲L̲ building costs pl **Bauland** N̲ building land; für Stadtplanung development area **Bauleiter(in)** M̲F̲ (building) site manager Br, construction site manager US **baulich** A̲ ADJ structural; **in gutem/schlechtem ~em Zustand** structurally sound/unsound **B** ADV structurally **Baulücke** F̲ empty site

Baum M̲ tree; **auf dem ~** in the tree **Baumarkt** M̲ property market; (≈ Geschäft für Heimwerker) DIY superstore **Baumaterial** N̲ building material **baumeln** V̲I̲ to dangle (**an** +dat from) **Baumgrenze** F̲ tree line **baumhoch** A̲DJ tree-high **Baumkrone** F̲ treetop **baumlos** A̲DJ treeless **Baumschere** F̲ (tree) pruning shears pl **Baumschule** F̲ tree nursery **Baumstamm** M̲ tree trunk **Baumsterben** N̲ **1** tree die-back **2** (≈ Waldsterben) forest die-back **Baumwolle** F̲ cotton; **ein Hemd aus ~** a cotton shirt **baumwollen** A̲DJ cotton **Baumwollhemd** N̲ cotton shirt

Bauplan M̲ building plan; BIOL genetischer, biologischer etc blueprint **Bauplatz** M̲ site (for building) **Baupolizei** F̲ building control department Br, Board of Works US **Bausatz** M̲ kit

Bausch M̲ (≈ Wattebausch) ball; **in ~ und Bogen** lock, stock and barrel **bauschen** A̲ V̲/R̲ **1** (≈ sich aufblähen) to billow (out) **2** Kleidungsstück to puff out **B** V̲/T̲ Segel, Vorhänge to fill, to swell **bauschig** A̲DJ Rock, Vorhänge full; Watte fluffy

bausparen V̲I̲ to save with a building society Br, to save with a building and loan association US **Bausparer(in)**

M̲F̲ saver with a building society Br, saver with a building and loan association US **Bausparkasse** F̲ building society Br, building and loan association US **Bausparvertrag** M̲ savings contract with a building society Br, savings contract with a building and loan association US

Baustein M̲ stone; Spielzeug brick; (≈ elektronischer Baustein) chip; fig (≈ Bestandteil) building block; TECH module **Baustelle** F̲ building site Br, construction site US; bei Straßenbau roadworks pl Br, road construction US; **das ist nicht meine ~** that's not my problem **Baustil** M̲ architectural style **Baustoff** M̲ building material **Baustopp** M̲ **einen ~ verordnen** to impose a halt on building (projects) **Bauteil** N̲ (≈ Bauelement) component **Bauten** P̲L̲ **1** buildings pl **2** FILM set **Bauunternehmer(in)** M̲F̲ building contractor **Bauweise** F̲ type of construction; (≈ Stil) style **Bauwerk** N̲ construction; (≈ Gebäude a.) edifice **Bauzaun** M̲ hoarding, fence

Bayer(in) M̲F̲ Bavarian **bay(e)risch** A̲DJ Bavarian **Bayern** N̲ Bavaria

Bazi österr umg M̲ rascal

Bazille F̲ umg (≈ Bazillus) bacillus; (≈ Krankheitserreger) germ, bug **Bazillenträger(in)** M̲F̲ carrier

beabsichtigen V̲/T̲ to intend; **das hatte ich nicht beabsichtigt** I didn't mean it to happen; **die beabsichtigte Wirkung** the desired effect

beachten V̲T̲ **1** (≈ befolgen) to heed; Vorschrift, Verkehrszeichen to comply with; Regel to follow **2** (≈ berücksichtigen) **es ist zu ~, dass ...** it should be taken into consideration that ... **3** (≈ zur Kenntnis nehmen) **j-n nicht ~** to ignore sb; **von der Öffentlichkeit kaum beachtet** scarcely noticed by the public **beachtenswert** A̲DJ remarkable **beachtlich** A̲DJ considerable; Erfolg notable; Talent remarkable; Ereignis significant **Beachtung** F̲ **1** von Vorschrift, Verkehrszeichen compliance (+gen with) **2** (≈ Berücksichtigung) consideration **3** **j-m/einer Sache ~ schenken** to pay attention to sb/sth; **j-m keine ~ schenken** to ignore sb

Beachvolleyball M̲ beach volleyball **Beacon** M̲ Funksender beacon

Beamer M̲ TECH, COMPUT digital od

LCD projector

Beamtenapparat M̲ bureaucracy **Beamtenschaft** F̲ civil servants pl **Beamtenverhältnis** N̲ im ~ stehen to be a civil servant **Beamte(r)** M̲, **Beamtin** F̲ official; (≈Staatsbeamte) civil servant; (≈Zollbeamte) official; (≈Polizeibeamte) officer

beängstigen geh V̲T̲ to alarm, to scare **beängstigend** ADJ alarming, frightening

beanspruchen V̲T̲ **1** (≈fordern) to claim **2** (≈erfordern) to take; Aufmerksamkeit to demand; (≈benötigen) to need **3** (≈ausnützen) to use; j-s Hilfe to ask for **4** ihr Beruf beansprucht sie ganz her job is extremely demanding

beanstanden V̲T̲ to query; er hat an allem etwas zu ~ he has complaints about everything **Beanstandung** F̲ complaint (+gen about); zu ~en Anlass geben form to give cause for complaint

beantragen V̲T̲ to apply for (bei to); JUR Strafe to demand; (≈vorschlagen) in Debatte etc to move

beantworten V̲T̲ to answer; j-m eine Frage ~ to answer sb's question; beantwortet die Fragen zum Text answer the questions on the text **Beantwortung** F̲ answer (+gen to); von Anfrage, Brief a. reply (+gen to)

bearbeiten V̲T̲ **1** (≈behandeln) to work on; Stein, Holz to work **2** (≈sich befassen mit) to deal with; Fall to handle **3** (≈redigieren) to edit; (≈neu bearbeiten) to revise; Musikstück to arrange **4** umg (≈einreden auf) j-n to work on **Bearbeitung** F̲ **1** (≈Behandlung) working (on); von Stein, Holz dressing **2** von Antrag etc dealing with; von Fall handling **3** (≈redigieren) editing; (≈Neubearbeitung) revising; von Musik arrangement; (≈bearbeitete Ausgabe etc) edition, revision, arrangement **Bearbeitungsgebühr** F̲ handling charge **Bearbeitungszeit** F̲ process(ing) time; die ~ beträgt drei Wochen processing will take three weeks, it takes three weeks to process

beatmen V̲T̲ j-n künstlich ~ to keep sb breathing artificially **Beatmung** F̲ artificial respiration

beaufsichtigen V̲T̲ to supervise; Kind to look after

beauftragen V̲T̲ **1** (≈heranziehen) to engage; Firma to hire; Architekten to

commission **2** (≈anweisen) wir sind beauftragt, das zu tun we have been instructed to do that **Beauftragte(r)** M̲/F̲(M̲) representative

bebauen V̲T̲ **1** Grundstück to develop **2** AGR to cultivate; Land to farm

beben V̲I̲ to shake **Beben** N̲ (≈Zittern) shaking; (≈Erdbeben) earthquake

bebildern V̲T̲ to illustrate

Becher M̲ cup; (≈bes aus Porzellan, mit Henkel) mug; (≈Joghurtbecher etc) carton; (≈Eisbecher) tub **Becherglas** N̲ tumbler

Becken N̲ **1** basin; (≈Abwaschbecken) sink; (≈Schwimmbecken) pool; (≈Fischbecken) pond **2** ANAT pelvis; ein breites ~ broad hips **3** MUS cymbal **Beckenboden** M̲ ANAT pelvic floor

bedacht ADJ **1** (≈überlegt) prudent **2** auf etw (akk) ~ sein to be concerned about sth; → bedenken **Bedacht** geh M̲ mit ~ (≈vorsichtig) prudently; (≈absichtlich) deliberately **bedächtig** ADJ deliberate; (≈besonnen) thoughtful

bedanken V̲R̲ to say thank you; sich bei j-m (für etw) ~ to thank sb (for sth); ich bedanke mich herzlich thank you very much; dafür od für dergleichen wird er sich ~ iron umg he'll just love that iron

Bedarf M̲ **1** (≈Bedürfnis) need (an +dat for); bei ~ as required; alles für den häuslichen ~ all household requirements; an etw (dat) ~ haben to need sth; danke, kein ~ iron umg no thank you **2** HANDEL (≈Nachfrage) demand (an +dat for); (je) nach ~ according to demand **Bedarfsgüter** PL consumer goods pl **Bedarfshaltestelle** F̲ request (bus) stop, flag stop US

bedauerlich ADJ regrettable, sad **bedauerlicherweise** ADV regrettably **bedauern** V̲T̲ to regret; wir ~, Ihnen mitteilen zu müssen, … we regret to have to inform you …; (ich) bedau(e)re! I am sorry **2** (≈bemitleiden) to feel sorry for; sie ist zu ~ one od you should feel sorry for her **Bedauern** N̲ regret; (sehr) zu meinem ~ (much) to my regret; mit ~ habe ich … it is with regret that I … **bedauernswert** ADJ Mensch pitiful; Zustand deplorable

bedecken A V̲T̲ (≈zudecken) to cover **B** V̲R̲ Himmel to become overcast **bedeckt** ADJ **1** (≈bewölkt) overcast, cloudy **2** **sich ~ halten** *fig* to keep a low profile

bedenken V/T **1** (≈ *überlegen*) to consider; **wenn man es recht bedenkt, ...** if you think about it properly ... **2** (≈ *in Betracht ziehen*) to take into consideration; **ich gebe zu ~, dass ...** I would ask you to consider that ... **3** *in Testament* to remember; → **bedacht Bedenken** N̄ (≈ *Zweifel*) doubt; **~ haben** to have one's doubts (**bei** about); **ihm kommen ~** he is having second thoughts **bedenkenlos** A ADJ (≈ *skrupellos*) heedless of others; (≈ *unüberlegt*) thoughtless **B** ADV (≈ *ohne Zögern*) unhesitatingly; (≈ *skrupellos*) unscrupulously; **etw ~ tun** (≈ *unüberlegt*) to do sth without thinking **bedenkenswert** ADJ worth thinking about **bedenklich** A ADJ **1** (≈ *zweifelhaft*) dubious **2** (≈ *besorgniserregend*) alarming; *Gesundheitszustand* serious **3** (≈ *besorgt*) apprehensive **B** ADV **~ zunehmen** to rise alarmingly; **j-n ~ stimmen** to make sb (feel) apprehensive **Bedenkzeit** F̄ **j-m zwei Tage ~ geben** to give sb two days to think about it

bedeuten V/T to mean; *MATH, LING* to stand for; **was soll das ~?** what does that mean?; **das hat nichts zu ~** it doesn't mean anything; (≈ *macht nichts aus*) it doesn't matter; **Geld bedeutet mir nichts** money means nothing to me **bedeutend** A ADJ **1** (≈ *wichtig*) important **2** (≈ *groß*) *Summe, Erfolg* considerable **B** ADV (≈ *beträchtlich*) considerably **bedeutsam** ADJ **1** (≈ *wichtig*) important; (≈ *folgenschwer*) significant (**für** for) **2** (≈ *vielsagend*) meaningful **Bedeutung** F̄ **1** (≈ *Sinn*) meaning **2** (≈ *Wichtigkeit*) importance; (≈ *Tragweite*) significance; **von ~ sein** to be important, to matter; **ohne ~** of no importance; **an ~ gewinnen/verlieren** to gain/lose in importance **bedeutungslos** ADJ **1** (≈ *unwichtig*) insignificant **2** (≈ *nichts besagend*) meaningless

bedienen A V/T **1** *Verkäufer* to serve; *Kellner* to wait on; **werden Sie schon bedient?** are you being served?; **damit sind Sie sehr gut bedient** that should serve you very well; **ich bin bedient!** *umg* I've had enough **2** (≈ *handhaben*) to operate; *Telefon* to answer **B** V/I in *Geschäft, bei Tisch* to serve **C** V/R *bei Tisch*

bitte ~ Sie sich please help yourself **Bedientheke** F̄ service counter **Bedienung** F̄ *in Restaurant etc* service; *von Maschinen* operation; **kommt denn hier keine ~?** isn't anyone serving here? **Bedienungsanleitung** F̄ operating instructions *pl* **bedienungsfreundlich** ADJ user-friendly **Bedienungstheke** F̄ service counter

bedingen V/T **1** (≈ *bewirken*) to cause; (≈ *notwendig machen*) to necessitate; *PSYCH, PHYSIOL* to condition; **sich gegenseitig ~** to be mutually dependent **bedingt** A ADJ **1** (≈ *eingeschränkt*) limited **2** (≈ *an Bedingung geknüpft*) *Straferlass* conditional **B** ADV (≈ *eingeschränkt*) partly; **~ tauglich** *MIL* fit for limited duties; **(nur) ~ gelten** to be (only) partly valid **Bedingung** F̄ **1** (≈ *Voraussetzung*) condition; **unter der ~, dass ...** on condition that ...; **unter keiner ~** under no circumstances; **etw zur ~ machen** to make sth a condition **2** **zu günstigen ~en** *HANDEL* on favourable terms *Br*, on favorable terms *US* **3** **~en** *pl* (≈ *Umstände*) conditions *pl* **Bedingungsform** F̄ *GRAM* conditional **bedingungslos** A ADJ *Kapitulation* unconditional; *Gehorsam* unquestioning **B** ADV unconditionally **Bedingungssatz** M̄ conditional clause

bedrängen V/T *Feind* to attack; (≈ *belästigen*) to plague; *Schuldner* to press (for payment); *Passanten, Mädchen* to pester; (≈ *bedrücken*) *Sorgen* to beset; (≈ *heimsuchen*) to haunt

bedrohen V/T to threaten; (≈ *gefährden*) to endanger; **vom Aussterben bedroht** in danger of becoming extinct **bedrohlich** A ADJ (≈ *gefährlich*) alarming; (≈ *Unheil verkündend*) menacing **B** ADV dangerously; **sich ~ verschlechtern** to deteriorate alarmingly **Bedrohung** F̄ threat (+*gen* to)

bedrücken V/T to depress; **was bedrückt dich?** what is (weighing) on your mind? **bedrückend** ADJ *Anblick, Nachrichten* depressing; *Not* pressing **bedrückt** ADJ depressed

bedürfen *geh* V/I to need; **das bedarf keiner weiteren Erklärung** there's no need for any further explanation **Bedürfnis** N̄ need; (≈ *Bedarf a.*) necessity; *form* (≈ *Anliegen*) wish; **es war ihm ein ~, ...** it was his wish to ... **bedürftig** ADJ needy; **einer Sache** *(gen)* **~ sein** *geh* to be in need of sth

Beefsteak N̄ steak

beeiden V̄T̄ *Aussage* to swear to **beeidigen** V̄T̄ 1 (≈ *beeiden*) to swear to 2 JUR (≈ *vereidigen*) to swear in; **beeidigte Dolmetscherin** sworn interpreter

beeilen V̄R̄ to hurry (up)

beeindrucken V̄T̄ to impress; **der Eiffelturm hat mich sehr beeindruckt** I was very impressed with the Eiffel Tower; **er beeindruckend** ADJ impressive

beeinflussen V̄T̄ to influence; **er ist schwer zu ~** he is hard to influence **Beeinflussung** F̄ influencing; (≈ *Einfluss*) influence **(durch** *of)*

beeinträchtigen V̄T̄ 1 (≈ *stören*) *Rundfunkempfang* to interfere with 2 (≈ *schädigen*) to damage; *Gesundheit* to impair, to affect; *Appetit, Wert* to reduce 3 (≈ *einschränken*) *Freiheit* to restrict **Beeinträchtigung** F̄ 1 *von Rundfunkempfang* interference (+*gen* with) 2 *von Appetit* reduction (+*gen* of, in); *von Gesundheit, Leistung* impairment

beengen *wörtl* V̄T̄ *Bewegung* to restrict; *fig* to stifle, to inhibit **beengt** A ADJ cramped, confined B ADV **~ wohnen** to live in cramped conditions

beerben V̄T̄ **j-n ~** to inherit sb's estate

beerdigen V̄T̄ to bury **Beerdigung** F̄ burial; (≈ *Beerdigungsfeier*) funeral

Beere F̄ berry; (≈ *Weinbeere*) grape

Beet N̄ (≈ *Blumenbeet*) bed; (≈ *Gemüsebeet*) patch

befahrbar ADJ *Weg* passable; *Fluss* navigable; **nicht ~ sein** *Straße* to be closed (to traffic)

befahren¹ V̄T̄ *Straße* to use; **diese Straße wird stark/wenig ~** this road is used a lot/isn't used much

befahren² ADJ **eine stark/wenig ~e Straße** *etc* a busy/quiet road *etc*

befallen V̄T̄ (≈ *infizieren*) to affect; *Schädlinge* to infest; *Angst* to grip

befangen ADJ 1 *Mensch* diffident; *Stille* awkward 2 *bes* JUR (≈ *voreingenommen*) prejudiced; **j-n als ~ ablehnen** JUR to object to sb on grounds of suspected bias **Befangenheit** F̄ 1 (≈ *Verlegenheit*) diffidence 2 (≈ *Voreingenommenheit*) bias, prejudice

befassen V̄R̄ **sich mit j-m/etw ~** to deal with sb/sth

Befehl M̄ 1 (≈ *Anordnung*) order **(an**

+*akk* to *od* **von** from); IT command; **er gab (uns) den ~, …** he ordered us to …; **auf seinen ~ (hin)** on his orders; **~ ausgeführt!** mission accomplished; **~ ist ~** orders are orders; **dein Wunsch ist mir ~** *hum* your wish is my command 2 (≈ *Befehlsgewalt*) command **befehlen** A V̄T̄ to order B V̄Ī (≈ *Befehle erteilen*) to give orders **befehligen** V̄T̄ MIL to command **Befehlsform** F̄ GRAM imperative **Befehlshaber(in)** M̄F̄ commander **Befehlsverweigerung** F̄ MIL refusal to obey orders

befestigen V̄T̄ 1 (≈ *anbringen*) to fasten, to fix **(an** +*dat* to); *etw an der Wand/Tür* **~** to attach sth to the wall/door 2 *Böschung* to reinforce; *Straße* to make up **Befestigung** F̄ 1 fastening 2 MIL fortification

befeuchten V̄T̄ to moisten

befinden A V̄R̄ (≈ *sein*) to be; **sich auf Reisen ~** to be away B V̄T̄ *form* (≈ *erachten*) to deem *form*; *etw für nötig* **~** to deem sth (to be) necessary; **j-n für schuldig ~** to find sb guilty C V̄Ī *geh* (≈ *entscheiden*) to decide; **über etw** *(akk)* **~** to pass judgement on sth **Befinden** N̄ (state of) health; *eines Kranken* condition **befindlich** ADJ *form an einem Ort* situated; *in Behälter* contained; **alle in der Bibliothek ~en Bücher** all the books in the library

beflügeln *geh* V̄T̄ to inspire; **der Gedanke an Erfolg beflügelte ihn** the thought of success spurred him on

befolgen V̄T̄ *Befehl etc* to obey; *Regel* to follow; *Ratschlag* to take **Befolgung** F̄ compliance (+*gen* with); *von Regel* following; *von Ratschlag* taking; **~ der Vorschriften** obeying the rules

befördern V̄T̄ 1 *Waren* to transport; *Personen* to carry; *Post* to handle 2 *dienstlich* to promote; **er wurde zum Major befördert** he was promoted to (the rank of) major **Beförderung** F̄ 1 (≈ *Transport*) transportation; *von Personen* carriage; *von Post* handling 2 *beruflich* promotion

befragen V̄T̄ 1 to question **(über** +*akk od* **zu** *od,* **nach** about); **auf Befragen** when questioned 2 (≈ *um Stellungnahme bitten*) to consult **(über** +*akk od* **nach** about) **Befragung** F̄ 1 (≈ *das Befragen*) questioning 2 *von Fachmann* consultation (+*gen* with, of) 3 (≈ *Umfrage*) survey

befreien A VT 1 to free; *Volk, Land* to liberate; *Gefangenen, Tier* to set free 2 *von Militärdienst, Steuern* to exempt 3 (≈ *erlösen*) *von Schmerz etc* to release 4 *von Ungeziefer etc* to rid (**von** of) B VR to free oneself; (≈ *entkommen*) to escape (**von, aus** from) **Befreier(in)** MF liberator **befreit** ADV ~ **aufatmen** to breathe a sigh of relief **Befreiung** F 1 freeing; *von Volk, Land* liberation; *von Gefangenen, Tieren* setting free 2 *von Militärdienst, Steuern* exemption **Befreiungsbewegung** F liberation movement **Befreiungsfront** F liberation front **Befreiungskampf** M struggle for liberation **Befreiungskrieg** M war of liberation

befremden VT to disconcert; **es befremdet mich, dass ...** I'm rather taken aback that ... **Befremden** N disconcertment

befreunden VR 1 (≈ *sich anfreunden*) to make od become friends 2 *fig* **sich mit etw ~** to get used to sth **befreundet** ADJ wir/sie sind schon lange (miteinander) ~ we/they have been friends for a long time; **gut** od **eng ~ sein** to be good od close friends; **ein uns ~er Staat** a friendly nation

befriedigen A VT to satisfy; **er ist leicht/schwer zu ~** he's easily/not easily satisfied B VR **sich (selbst) ~** to masturbate **befriedigend** A ADJ satisfactory; *als Schulnote* fair B ADV satisfactorily **befriedigt** A ADJ satisfied B ADV with satisfaction **Befriedigung** F satisfaction; **zur ~ deiner Neugier ...** to satisfy your curiosity

befristen VT to limit (**auf** +akk to); *Projekt* to put a time limit on **befristet** ADV *Genehmigung* restricted (**auf** +akk to); *Anstellung* temporary; **auf zwei Jahre ~ sein** *Visum etc* to be valid for two years **Befristung** F limitation (**auf** +akk to)

befruchten VT 1 *wörtl Eizelle* to fertilize; *Blüte* to pollinate; **künstlich ~** to inseminate artificially 2 *fig* (≈ *geistig anregen*) to stimulate **Befruchtung** F 1 fertilization; *von Blüte* pollination; **künstliche ~** artificial insemination

Befugnis *form* F authority *kein pl*; (≈ *Erlaubnis*) authorization *kein pl* **befugt** *form* ADJ ~ **sein**(, **etw zu tun**) to have the authority (to do sth)

Befund M results *pl*; **ohne ~** MED (results) negative

befürchten VT to fear; **es ist** od **steht zu ~, dass ...** it is (to be) feared that ... **Befürchtung** F fear *mst pl*

befürworten VT to approve **Befürworter(in)** MF supporter

begabt ADJ talented; **für etw ~ sein** to be talented at sth **Begabtenförderung** F 1 *finanziell* educational grant 2 *Unterricht* extra od specialized tuition for gifted students **Begabung** F (≈ *Anlage*) talent; *geistig, musisch* gift; **er hat ~ zum Lehrer** he has a gift for teaching

Begattung F *bes* ZOOL mating, copulation

begeben VR **sich nach Hause ~** to make one's way home; **sich auf eine Reise ~** to undertake a journey; **sich an die Arbeit ~** to commence work; **sich in Gefahr ~** to expose oneself to danger **Begebenheit** F occurrence, event

begegnen VI 1 (≈ *treffen*) to meet; **sich ~, einander ~** *geh* to meet 2 (≈ *stoßen auf*) **einer Sache** (*dat*) ~ to encounter sth 3 (≈ *widerfahren*) **j-m ist etw begegnet** sth has happened to sb **Begegnung** F 1 (≈ *Treffen*) meeting 2 SPORT encounter, match

begehbar ADJ *Weg* passable; *Schrank, Skulptur* walk-in *attr* **begehen** VT 1 (≈ *verüben*) to commit; *Fehler* to make; **einen Mord an j-m ~** to murder sb; **eine Dummheit ~** to do something stupid 2 (≈ *entlanggehen*) *Weg* to use 3 *geh* (≈ *feiern*) to celebrate

begehren *geh* VT to desire **begehrenswert** ADJ desirable **begehrt** ADJ much sought-after; *Ferienziel* popular

begeistern A VT *j-n* to fill with enthusiasm; (≈ *inspirieren*) to inspire B VR to be enthusiastic (**an** +dat od **für** about) **begeistert** A ADJ enthusiastic (**von** about) B ADV enthusiastically **Begeisterung** F enthusiasm (**über** +akk about od **für** for); **in ~ geraten** to become enthusiastic

Begierde *geh* F desire (**nach** for); (≈ *Sehnsucht*) longing, yearning **begierig** A ADJ (≈ *voll Verlangen*) greedy; (≈ *gespannt*) eager; **auf etw** (akk) **~ sein** to be eager for sth B ADV (≈ *verlangend*) greedily; (≈ *gespannt*) eagerly

begießen VT 1 **mit Wasser** to pour water on; *Blumen, Beet* to water **2** *fig umg Ereignis* to celebrate; **das muss begossen werden!** that calls for a drink!

Beginn M̲ beginning, start; **zu ~** at the beginning **beginnen** A̲ V̲T̲ to start; **mit der Arbeit ~** to start work; **es beginnt zu regnen** it's starting to rain **B** V̲T̲ to start, to begin

beglaubigen V̲T̲ *Testament, Unterschrift* to witness; *Zeugnisabschrift* to authenticate; *Echtheit* to attest (to); **etw notariell ~ lassen** to have sth witnessed *etc* by a notary **Beglaubigung** F̲ *von Testament, Unterschrift* witnessing; *von Zeugnisabschrift* authentication; *von Echtheit* attestation **Beglaubigungsschreiben** N̲ credentials *pl*

begleichen V̲T̲ (≈ *bezahlen*) to settle; *fig Schuld* to pay (off)

Begleitbrief M̲ covering letter *Br*, covering letter *US* **begleiten** V̲T̲ to accompany **Begleiter(in)** M̲/F̲ companion; *zum Schutz* escort; M̲U̲S̲ accompanist **Begleiterscheinung** F̲ concomitant *form*; *med* side effect **Begleitperson** F̲ escort **Begleitschreiben** N̲ covering letter *Br*, cover letter *US* **Begleitung** F̲ **1** company; **in ~ seines Vaters** accompanied by his father; **ich bin in ~ hier** I'm with someone; **ohne ~** unaccompanied **2** M̲U̲S̲ accompaniment

beglücken V̲T̲ **j-n** to make sb happy; **beglückt lächeln** to smile happily **beglückwünschen** V̲T̲ to congratulate (**zu on**)

begnadigen V̲T̲ to reprieve; (≈ *Strafe erlassen*) to pardon **Begnadigung** F̲ reprieve; (≈ *Straferlass*) pardon

begnügen V̲R̲ **sich mit etw ~** to be content with sth

begraben V̲T̲ **1** to bury **2** *Hoffnung* to abandon; *Streit* to end **Begräbnis** N̲ burial; (≈ *Begräbnisfeier*) funeral

begradigen V̲T̲ to straighten

begreifen A̲ V̲T̲ **1** (≈ *verstehen*) to understand; **~, dass ...** (≈ *einsehen*) to realize that ...; **hast du mich begriffen?** did you understand what I said?; **es ist kaum zu ~** it's almost incomprehensible **2** (≈ *auffassen*) to view, to see **B** V̲I̲ to understand; **leicht/schwer ~** to be quick/slow on the uptake; → begriffen **begreiflich** A̲D̲J̲ understandable; **ich habe ihm das ~ gemacht** I've made it clear to him **begreiflicherweise**

A̲D̲V̲ understandably

begrenzen V̲T̲ to restrict, to limit (**auf +akk to**) **begrenzt** A̲ A̲D̲J̲ (≈ *beschränkt*) restricted; (≈ *geistig beschränkt*) limited; **eine genau ~e Aufgabe** a clearly defined task **B** A̲D̲V̲ *zeitlich* for a limited time **Begrenzung** F̲ **1** (≈ *das Begrenzen von Gebiet, Straße etc*) demarcation; *von Geschwindigkeit, Redezeit* restriction **2** (≈ *Grenze*) boundary

Begriff M̲ **1** (≈ *Bedeutungsgehalt*) concept; (≈ *Terminus*) term; **sein Name ist mir ein/kein ~** his name means something/doesn't mean anything to me **2** (≈ *Vorstellung*) idea; **sich** (*dat*) **einen ~ von etw machen** to imagine sth; **du machst dir keinen ~ (davon)** *umg* you've no idea (about it) *umg*; **für meine ~e** in my opinion **3** **im ~ sein, etw zu tun** to be on the point of doing sth *od* about to do sth **4** **schwer/schnell von ~ sein** *umg* to be slow/quick on the uptake **begriffen** A̲D̲J̲ **in etw** (*dat*) **~ sein** *form* to be in the process of doing sth; → begreifen **begriffsstutzig** *umg* A̲D̲J̲ thick *umg*

begründen V̲T̲ **1** (≈ *Gründe anführen für*) to give reasons for; *rechtfertigend* to justify; *Verdacht* to substantiate **2** (≈ *gründen*) to establish **begründet** A̲D̲J̲ well-founded; (≈ *berechtigt*) justified; **es besteht ~e Hoffnung, dass ...** there is reason to hope that ... **Begründung** F̲ **1** grounds *pl* (**für** *od* **+gen** for); **etwas zur** *od* **als ~ sagen** to say something in explanation **2** (≈ *Gründung*) establishment

begrünen V̲T̲ *Hinterhöfe, Plätze* to green up

begrüßen V̲T̲ **1** *j-n* to greet; **j-n herzlich ~** to give sb a hearty welcome **2** (≈ *gut finden*) to welcome **begrüßenswert** A̲D̲J̲ welcome; **es wäre ~, wenn ...** it would be desirable if ... **Begrüßung** F̲ greeting; *der Gäste* welcoming; (≈ *Zeremonie*) welcome **Begrüßungsgetränk** N̲ welcome drink

begünstigen V̲T̲ to favour *Br*, to favor *US*, to benefit; *Wachstum* to encourage **Begünstigte(r)** M̲/F̲(M̲) beneficiary **Begünstigung** F̲ **1** J̲U̲R̲ aiding and abetting **2** (≈ *Bevorzugung*) preferential treatment **3** (≈ *Förderung*) favouring *Br*, favoring *US*; *von Wachstum* encouragement

begutachten $\overline{VT}$ to give expert advice about; *Kunstwerk, Stipendiaten* to examine; *Leistung* to judge; **etw ~ lassen** to get expert advice about sth

behaart $\overline{ADJ}$ hairy **Behaarung** $\overline{F}$ hairs *pl*

behäbig $\overline{ADJ}$ *Mensch* portly; *fig Sprache, Ton* complacent

behagen $\overline{VI}$ **er behagt ihr nicht** she doesn't like him **Behagen** $\overline{N}$ contentment; **mit sichtlichem ~** with obvious pleasure **behaglich** **A** $\overline{ADJ}$ cosy *Br*, cozy *US*; (≈ *bequem*) comfortable; (≈ *zufrieden*) contented **B** $\overline{ADV}$ (≈ *gemütlich*) comfortably; (≈ *genussvoll*) contentedly **Behaglichkeit** $\overline{F}$ cosiness; (≈ *Bequemlichkeit*) comfort; (≈ *Zufriedenheit*) contentment

behalten $\overline{VT}$ **1** to keep; **etw für sich ~** to keep sth to oneself; **etw/j-n bei sich ~** to keep sth/sb with one **2** (≈ *nicht vergessen*) to remember **Behälter** $\overline{M}$ container

behandelbar $\overline{ADJ}$ MED treatable **behandeln** $\overline{VT}$ to treat; (≈ *verfahren mit*) to handle; *Thema, Problem* to deal with **Behandlung** $\overline{F}$ treatment; *von Angelegenheit* handling; **bei wem sind Sie in ~?** who's treating you?

beharren $\overline{VI}$ (≈ *hartnäckig sein*) to insist (**auf** +*dat* on); (≈ *nicht aufgeben*) to persist (**bei** in) **beharrlich** **A** $\overline{ADJ}$ (≈ *hartnäckig*) insistent; (≈ *ausdauernd*) persistent **B** $\overline{ADV}$ (≈ *hartnäckig*) insistently; (≈ *ausdauernd*) persistently **Beharrlichkeit** $\overline{F}$ (≈ *Hartnäckigkeit*) insistence; (≈ *Ausdauer*) persistence

behaupten **A** $\overline{VT}$ **1** (≈ *sagen*) to claim; **steif und fest ~** to insist; **es wird behauptet, dass …** it is said that … **2** *Recht* to maintain; *Meinung* to assert **3** *Tabellenplatz* to maintain; **Schalke konnte seinen Tabellenplatz ~** Schalke were able to maintain their position in the table **B** $\overline{VR}$ to assert oneself; *bei Diskussion* to hold one's own; **er kann sich bei seinen Schülern nicht ~** he can't assert his authority over his pupils **Behauptung** $\overline{F}$ claim; (≈ *bes unerwiesene Behauptung*) assertion

Behausung $\overline{F}$ dwelling

beheben $\overline{VT}$ (≈ *beseitigen*) to remove; *Mängel* to rectify; *Schaden* to repair; *Störung* to clear

beheizbar $\overline{ADJ}$ heatable; *Heckscheibe*

heated **beheizen** $\overline{VT}$ to heat

Behelf $\overline{M}$ (≈ *Ersatz*) substitute; (≈ *Notlösung*) makeshift **behelfen** $\overline{VR}$ to manage; **er weiß sich allein nicht zu ~** he can't manage alone **behelfsmäßig** **A** $\overline{ADJ}$ makeshift **B** $\overline{ADV}$ temporarily; **etw ~ reparieren** to make makeshift repairs to sth

behelligen $\overline{VT}$ to bother

beherbergen $\overline{VT}$ to house; *Gäste* to accommodate

beherrschen **A** $\overline{VT}$ **1** (≈ *herrschen über*) to rule **2** *fig Stadtbild, Markt* to dominate **3** (≈ *zügeln*) to control **4** (≈ *gut können*) to master **B** $\overline{VR}$ to control oneself; **ich kann mich ~!** *iron* umg not likely! umg **beherrscht** **A** $\overline{ADJ}$ self-controlled **Beherrschung** $\overline{F}$ control; (≈ *Selbstbeherrschung*) self-control; *des Markts* domination; **die ~ verlieren** to lose one's temper

beherzigen $\overline{VT}$ to heed

behilflich $\overline{ADJ}$ helpful; **j-m (bei etw) ~ sein** to help sb (with sth)

behindern $\overline{VT}$ to hinder; *Sicht* to impede; *bei Sport, im Verkehr* to obstruct **behindert** $\overline{ADJ}$ disabled; **geistig/körperlich ~** mentally/physically handicapped **Behindertenausweis** $\overline{M}$ *disabled person card or ID* **behindertengerecht** $\overline{ADJ}$ suitable for disabled people; **~e Toiletten** disabled toilets; **~e Hotels** hotels with disabled facilities; **etw ~ gestalten** to design sth to fit the needs of the disabled **Behindertenolympiade** $\overline{F}$ Paralympics *pl* **Behindertensport** $\overline{M}$ disabled sport **Behinderte(r)** $\overline{M/F/M}$ disabled person; **die ~n** disabled people **Behinderung** $\overline{F}$ hindrance; *im Sport, Verkehr* obstruction; *körperlich* handicap, disability

Behörde $\overline{F}$ authority *mst pl*, agency; **die ~n** the authorities

behüten $\overline{VT}$ to look after **behutsam** **A** $\overline{ADJ}$ cautious; (≈ *zart*) gentle **B** $\overline{ADV}$ carefully; *streicheln* gently

bei $\overline{PRÄP}$ **1** *Nähe* near; **ich stand/saß bei ihm** I stood/sat beside him; **ich bleibe bei den Kindern** I'll stay with the children **2** *Aufenthalt* at; **ich war bei meiner Tante** I was at my aunt's; **er wohnt bei seinen Eltern** he lives with his parents; **bei Müller** *auf Briefen* care of *od* c/o Müller; **bei uns zu Hause** *im Haus* at our house; **bei j-m arbeiten** to work for sb; **er ist** od **arbeitet bei der Post** he works for the post office; **beim Friseur** at the hairdresser's; **hast du Geld bei dir?** have you any money with you? **3** Teilnahme at; **bei einer Hochzeit sein** to be at a wedding **4** Zeit **bei meiner Ankunft** on my arrival; **beim Erscheinen der Königin** when the queen appeared; **bei Nacht** by night **5** Umstand **bei Kerzenlicht essen** to eat by candlelight; **bei offenem Fenster schlafen** to sleep with the window open; **bei zehn Grad unter null** when it's ten degrees below zero **6** Bedingung in case of; **bei Feuer Scheibe einschlagen** in case of fire break glass **7** Grund **bei seinem Talent** with his talent; **bei solcher Hitze** when it's as hot as this **8** Einschränkung in spite of, through; **beim besten Willen** with the best will in the world **9** with; **da bin ich ganz bei Ihnen** (≈ bin einverstanden) I'm right with you there

beibehalten V/T to keep; Richtung to keep to; Gewohnheit to keep up

beibringen V/T **1** j-m etw ~ (≈ mitteilen) to break sth to sb; (≈ unterweisen in) to teach sb sth; (≈ zufügen) to inflict sth on sb **2** (≈ herbeischaffen) to produce; Beweis, Geld etc to supply

Beichte F confession; zur ~ gehen to go to confession **beichten** V/T & V/I to confess (j-m etw sth to sb) **Beichtgeheimnis** N seal of confession od of the confessional **Beichtstuhl** M confessional

beide PRON both; **alle ~n Teller** both plates; **seine ~n Brüder** both his brothers; **ihr ~(n)** the two of you; **wer von uns ~n** which of us (two); **alle ~** both (of them) **beiderlei** ADJ both **beiderseitig** ADJ on both sides; (≈ gegenseitig) Abkommen etc bilateral; Einverständnis etc mutual **beiderseits A** ADV on both sides **B** PRÄP on both sides of **beides** PRON both; **~ ist schön** both are nice; **ich mag ~ nicht** I don't like either of them **beidhändig** ADJ (≈ gleich geschickt) ambidextrous; (≈ mit beiden Händen zugleich) two-handed **beidseitig** ADJ (≈ auf beiden Seiten) on both sides; (≈ gegenseitig) mutual

beieinander ADV together **beieinanderbleiben** V/I to stay together **beieinander sein** umg V/I gesundheitlich

to be in good shape umg; geistig to be all there umg

Beifahrer(in) M(F) AUTO (front-seat) passenger; SPORT co-driver **Beifahrerairbag** M AUTO passenger airbag **Beifahrersitz** M passenger seat

Beifall M (≈ Zustimmung) approval; (≈ das Händeklatschen) applause; **~ spenden** to applaud **beifällig A** ADJ approving; **~e Worte** words of approval **B** ADV approvingly; **er nickte ~ mit dem Kopf** he nodded his head in approval **Beifallsruf** M cheer **Beifallssturm** M storm of applause

Beigabe F addition; (≈ Beilage) side dish; HANDEL (≈ Zugabe) free gift

beige ADJ beige

beigeben A V/T to add (+dat to) **B** V/I **klein ~** umg to give in

Beigeschmack M aftertaste; fig von Worten flavour Br, flavor US

Beiheft N **1** supplement **2** zu einer CD (accompanying) booklet

Beihilfe F **1** financial assistance kein unbest art; (≈ Zuschuss) allowance; (≈ Studienbeihilfe) grant; (≈ Subvention) subsidy **2** JUR abetment; **wegen ~ zum Mord** for acting as an accessory to the murder

Beijing N Beijing, Peking

beikommen V/I j-m ~ (≈ zu fassen bekommen) to get hold of sb; **einer Sache** (dat) ~ (≈ bewältigen) to deal with sth

Beil N axe Br, ax US; kleiner hatchet

Beilage F **1** (≈ Gedrucktes) insert; (≈ Beiheft) supplement **2** GASTR side dish; (≈ Gemüsebeilage) vegetables pl; (≈ Salatbeilage) side salad

beiläufig A ADJ casual **B** ADV erwähnen in passing

beilegen V/T **1** (≈ hinzulegen) to insert (+dat in); einem Brief, Paket to enclose (+dat with, in) **2** (≈ schlichten) to settle **Beilegung** F settlement

beileibe ADJ **~ nicht!** certainly not; **~ kein ...** by no means a ...

Beileid N condolence(s), sympathy; **j-m sein ~ aussprechen** to offer sb one's condolences; **(mein) herzliches ~!** please accept my deepest condolences **Beileidskarte** F condolence card

beiliegen V/I to be enclosed (+dat with, in); einer Zeitschrift etc to be inserted (+dat in) **beiliegend** ADJ & ADV enclosed; **~ senden wir Ihnen ...** please find enclosed ...

beim PRÄP *mit* ART (= *bei dem*) → bei
beimengen VT to add (+*dat* to)
beimessen VT j-m/einer Sache Bedeutung ~ to attach importance to sb/sth
Bein N leg; **sich kaum auf den ~en halten können** to be hardly able to stay on one's feet; **j-m ein ~ stellen** to trip sb up; **auf den ~en sein** (≈ *in Bewegung*) to be on one's feet; (≈ *unterwegs*) to be out and about; **j-m ~e machen** *umg* (≈ *antreiben*) to make sb get a move on *umg*; (≈ *wegjagen*) to make sb clear off *umg*; **mit einem ~ im Gefängnis stehen** to be likely to end up in jail; **auf eigenen ~en stehen** *fig* to be able to stand on one's own two feet; **wieder auf die ~e kommen** *fig* to get back on one's feet again; **etw auf die ~e stellen** *fig* to get sth off the ground
beinah(e) ADV almost, nearly
Beinbruch M fracture of the leg; **das ist kein ~** *fig umg* it could be worse *umg* **Beinfreiheit** F legroom
beinhalten VT to comprise, to include
Beinpresse F leg press
Beipackzettel M instruction leaflet
beipflichten VI j-m/einer Sache (in etw (*dat*)) ~ to agree with sb/sth (on sth)
Beiried N *österr* GASTR ≈ steamed beef
beirren VT to disconcert; **sich nicht in etw** (*dat*) **~ lassen** not to let oneself be swayed in sth; **er lässt sich nicht ~** he won't be put off
beisammen ADV together **beisammenbleiben** VI to stay *od* remain together **Beisammensein** N get-together
Beischlaf M JUR sexual intercourse
Beisein N presence; **in j-s ~** in sb's presence; **ohne j-s ~** without sb being present
beiseite ADV aside; **Spaß ~!** joking aside! **beiseitegehen** VI to step aside **beiseitelegen** VT to put aside; (≈ *weglegen*) to put away **beiseiteschaffen** VT j-n/etw ~ to get rid of sb/hide sth away **beiseiteschieben** VT 🔢 (≈ *verdrängen*) to suppress 🔢 (≈ *abtun*) to push aside; *Warnung* to dismiss
Beisel *österr umg* N bar
beisetzen VT to bury **Beisetzung** F funeral
Beispiel N example; **ein ~ für etw** an example of sth; **zum ~** for example; **j-m ein ~ geben** to set sb an example;

sich (*dat*) **ein ~ an j-m nehmen** to take a leaf out of sb's book; **mit gutem ~ ~ vorangehen** to set a good example **beispielhaft** 🅰 ADJ exemplary 🅱 ADV exemplarily **beispiellos** ADJ unprecedented; (≈ *unerhört*) outrageous **Beispielsatz** M example (sentence) **beispielsweise** ADV for example
beißen 🅰 VT & VI to bite; (≈ *brennen*) to sting; **er wird dich schon nicht ~** *fig* he won't bite you; **etwas zu ~** *umg* (≈ *essen*) something to eat; **an etw** (*dat*) **zu ~ haben** *fig* to have sth to chew over on 🅱 VR *Farben* to clash **beißend** *biting*; *Bemerkung* cutting; *Geruch* pungent; *Ironie* bitter **Beißzange** F (pair of) pincers *pl*; *pej umg* shrew
Beistand M (≈ *Hilfe*) help, aid; (≈ *Unterstützung*) support; **j-m ~ leisten** to give sb help, to lend sb one's support **beistehen** VI j-m ~ to stand by sb
beisteuern VT to contribute
Beitrag M contribution; (≈ *Versicherungsbeitrag*) premium; (≈ *Mitgliedsbeitrag*) fee *Br*, dues *pl*; **einen ~ zu etw leisten** to make a contribution to sth **beitragen** VT & VI to contribute (**zu** to) **Beitragserhöhung** F increase in contributions **beitragsfrei** ADJ noncontributory; *Person* not liable to pay contributions **beitragspflichtig** ADJ **~ sein** *Mensch* to have to pay contributions **Beitragszahler(in)** M(F) contributor
beitreten VI to join; *einem Vertrag* to accede to **Beitritt** M joining (**zu etw** sth); *zu einem Vertrag, zur EU* accession (**zu** to); **seinen ~ erklären** to become a member
Beitrittsbedingungen PL *zur EU* conditions *pl* of accession **Beitrittsland** N POL *zur EU etc* candidate country, accession *od* acceding country **Beitrittsverhandlungen** PL accession negotiations *pl*
Beize F (≈ *Beizmittel*) corrosive fluid; (≈ *Holzbeize*) stain; *zum Gerben* lye; GASTR marinade
beizeiten ADV in good time
beizen VT *Holz* to stain; *Häute* to bate; GASTR to marinate
bejahen VT & VI to answer in the affirmative; (≈ *gutheißen*) to approve of **bejahend** 🅰 ADJ positive 🅱 ADV affirmatively

B

bejubeln $\overline{VT}$ to cheer; *Ereignis* to rejoice at

bekämpfen $\overline{VT}$ to fight; *Ungeziefer* to control **Bekämpfung** $\overline{F}$ fight (**von** *od* **+gen** against); *von Ungeziefer* controlling; **~ der Geldwäsche** measures *pl* to combat money laundering; **~ des Terrorismus** fight against terrorism; **zur ~ der Terroristen** to fight the terrorists

bekannt $\overline{ADJ}$ well-known (**wegen** for); **die ~eren Spieler** the better-known players; **er ist ~ dafür, dass er seine Schulden nicht bezahlt** he is well-known for not paying his debts; **das ist mir ~** I know about that; **sie ist mir ~** I know her; **j-n mit j-m ~ machen** to introduce sb to sb; **j-n mit etw ~ machen** *mit Aufgabe etc* to show sb how to do sth; *mit Gebiet, Fach etc* to introduce sb to sth; **sich mit etw ~ machen** to familiarize oneself with sth; → **bekennen Bekanntenkreis** $\overline{M}$ circle of acquaintances **Bekannte(r)** $\overline{M/F/M}$ friend; (≈*entfernter Bekannter*) acquaintance **Bekanntgabe** $\overline{F}$ announcement; *in Zeitung etc* publication **bekannt geben** $\overline{VT}$ to announce; *in Zeitung etc* to publish **bekanntlich** $\overline{ADV}$ **~ gibt es ... it is known that there is/are ... bekannt machen** $\overline{VT}$ to announce; (≈*der Allgemeinheit mitteilen*) to publicize; → **bekannt Bekanntmachung** $\overline{F}$ announcement; (≈*Veröffentlichung*) publicizing **Bekanntschaft** $\overline{F}$ acquaintance; **j-s ~ machen** to make sb's acquaintance; **mit etw ~ machen** to come into contact with sth; **bei näherer ~** on closer acquaintance; **meine ganze ~** all my acquaintances **bekannt werden** $\overline{VI}$ to become known; *Geheimnis* to leak out

bekehren $\overline{VT}$ to convert (**zu** to)

bekennen $\overline{A}$ $\overline{VT}$ to confess; *Wahrheit* to admit $\overline{B}$ $\overline{VR}$ **sich (als** *od* **für) schuldig ~** to admit *od* confess one's guilt; **sich zum Christentum ~** to profess Christianity; **sich zu j-m/etw ~** to declare one's support for sb/sth **Bekennerbrief** $\overline{M}$, **Bekennerschreiben** $\overline{N}$ letter claiming responsibility **Bekenntnis** $\overline{N}$ $\overline{1}$ (≈*Geständnis*) confession (**zu** of); **sein ~ zum Sozialismus** his declared belief in socialism $\overline{2}$ REL (≈*Konfession*) denomination

beklagen $\overline{A}$ $\overline{VT}$ to lament; *Tod, Verlust*

to mourn; **Menschenleben sind nicht zu ~** there are no casualties $\overline{B}$ $\overline{VR}$ to complain (**über** *+akk od* **wegen** about) **beklagenswert** $\overline{ADJ}$ *Mensch* pitiful; *Zustand* lamentable; *Vorfall* regrettable **Beklagte(r)** $\overline{M/F/M}$ JUR defendant

beklauen *umg* $\overline{VT}$ **j-n** to rob

bekleben $\overline{VT}$ **etw (mit Plakaten** *etc* **) ~** to stick posters *etc* on(to) sth

bekleckern *umg* $\overline{A}$ $\overline{VT}$ to stain $\overline{B}$ $\overline{VR}$ **sich (mit Saft** *etc* **) ~** to spill juice *etc* all down *od* over oneself; **er hat sich nicht gerade mit Ruhm bekleckert** *umg* he didn't exactly cover himself with glory

bekleidet $\overline{ADJ}$ dressed (**mit** in) **Bekleidung** $\overline{F}$ (≈*Kleider*) clothes *pl*; (≈*Aufmachung*) dress

beklemmen *fig* $\overline{VT}$ to oppress **beklemmend** $\overline{ADJ}$ (≈*beengend*) constricting; (≈*beängstigend*) oppressive **Beklemmung** $\overline{F}$ feeling of oppressiveness; (≈*Gefühl der Angst*) feeling of apprehension **beklommen** $\overline{ADJ}$ apprehensive; *Schweigen* uneasy

bekloppt *umg* $\overline{ADJ}$ *Mensch* mad *umg*

beknackt *sl* $\overline{ADJ}$ *Mensch, Idee* stupid; **der ist wirklich ~** he's completely nuts *umg*; **das ist doch ~, oder?** it's stupid, isn't it?

beknien *umg* $\overline{VT}$ **j-n** to beg

bekommen $\overline{A}$ $\overline{VT}$ to get; *ein Kind, Besuch* to have; **ein Jahr Gefängnis ~** to be given one year in prison; **ich bekomme bitte ein Glas Wein** I'll have a glass of wine, please; **was ~ Sie dafür?** how much is that?; **was ~ Sie von mir?** how much do I owe you?; **j-n dazu ~, etw zu tun** to get sb to do sth; **Heimweh ~** to get homesick; **Hunger/Durst ~** to get hungry/thirsty; **Angst ~** to get afraid; **es mit j-m zu tun ~** to get into trouble with sb; **etw geschenkt ~** to be given sth (as a present); **Lust ~, etw zu tun** to feel like doing sth; **es mit der Angst/Wut ~** to become afraid/angry; **Ärger ~** to get into trouble $\overline{B}$ $\overline{VI}$ (≈*zuträglich sein*) **j-m (gut) ~** to do sb good; *Essen* to agree with sb; **j-m nicht** *od* **schlecht ~** not to do sb any good; *Essen* not to agree with sb; **wohl bekomms!** your health! **bekömmlich** $\overline{ADJ}$ *Speisen* (easily) digestible; *Luft, Klima* beneficial

bekräftigen $\overline{VT}$ to confirm; *Vorschlag*

to back up
bekriegen `VT` to wage war on; *fig* to fight

bekümmern `VT` to worry **bekümmert** `ADJ` worried (**über** +*akk* about)

belächeln `VT` to smile at

beladen `VT` *Schiff, Zug* to load (up); *fig mit Sorgen etc, j-n* to burden

Belag `M` coating; (≈ *Schicht*) layer; *auf Zahn* film; *auf Pizza, Brot* topping; *auf Tortenboden, zwischen zwei Brotscheiben* filling; (≈ *Zungenbelag*) fur; (≈ *Fußbodenbelag*) covering; (≈ *Straßenbelag*) surface

belagern `VT` to besiege **Belagerung** `F` siege **Belagerungszustand** `M` state of siege

belämmert `ADJ` (≈ *betreten*) sheepish; (≈ *niedergeschlagen*) miserable

Belang `M` importance; **von/ohne ~ (für j-n/etw) sein** to be of importance/of no importance to sb/for od to sth; **~e** interests **belangen** `VT` `JUR` to prosecute (**wegen** for); *wegen Beleidigung* to sue **belanglos** `ADJ` inconsequential; **das ist für das Ergebnis ~** that is irrelevant to the result **Belanglosigkeit** `F` triviality

belassen `VT` to leave; **wir wollen es dabei ~** let's leave it at that

belastbar `ADJ` **1** **bis zu 50 Tonnen ~ sein** to have a load-bearing capacity of 50 tons; **weiter waren seine Nerven nicht ~** his nerves could take no more **2** (≈ *beanspruchbar*), *a.* `MED` resilient **3** **wie hoch ist mein Konto ~?** what is the limit on my account?; **der Etat ist nicht unbegrenzt ~** the budget is not unlimited **Belastbarkeit** `F` **1** *von Brücke, Aufzug* load-bearing capacity **2** *von Menschen, Nerven* ability to cope with stress **belasten** `A` `VT` **1** *mit Gewicht* to put weight on; *mit Last* to load; **etw mit 50 Tonnen ~** to put a 50 ton load on sth **2** *fig j-n mit etw ~ mit Arbeit* to load sb with sth; *mit Sorgen* to burden sb with sth; **j-n ~** (≈ *anstrengen*) to put a strain on sb; *nervlich* to stress sb; *Schuld etc* to weigh upon sb's mind; **j-s Gewissen ~** to weigh upon sb's conscience **3** (≈ *beanspruchen*) *Stromnetz etc* to put pressure on; *Atmosphäre* to pollute; `MED` to put a strain on; *Nerven* to strain; *Steuerzahler* to burden **4** `JUR` *Angeklagten* to incriminate; **~des Material** incriminating evidence **5** `FIN` *Konto* to

charge; *steuerlich: j-n* to burden; **das Konto mit einem Betrag ~** to debit a sum from the account; **j-n mit den Kosten ~** to charge the costs to sb **B** `VR` **1** **sich mit etw ~** *mit Arbeit* to take sth on; *mit Verantwortung* to take sth upon oneself; *mit Sorgen* to burden oneself with sth **2** `JUR` to incriminate oneself **belastet** `ADJ` **1** *seelisch, physisch* under strain; **stark ~ mit** under great strain *od* pressure from **2** *Umwelt* polluted, contaminated

belästigen `VT` to bother; (≈ *zudringlich werden*) to pester, to harass; *körperlich* to molest **Belästigung** `F` annoyance; (≈ *Zudringlichkeit*) pestering; **etw als eine ~ empfinden** to find sth a nuisance; **sexuelle ~** sexual harassment

Belastung `F` **1** (≈ *Last, Gewicht*) weight; *in Fahrzeug, Fahrstuhl etc* load; **maximale ~ des Fahrstuhls** maximum load of the lift **2** *fig* (≈ *Anstrengung*) strain; (≈ *Last, Bürde*) burden **3** (≈ *Beeinträchtigung*) pressure (+*gen* on); *von Atmosphäre* pollution (+*gen* of); *von Kreislauf, Magen* strain (+*gen* on) **4** `JUR` incrimination **5** `FIN` *von Konto* charge (+*gen* on); *steuerlich* burden (+*gen* on); **außergewöhnliche ~en** *Steuer* extraordinary expenses **Belastungsmaterial** `N` `JUR` incriminating evidence **Belastungszeuge** `M`, **Belastungszeugin** `F` `JUR` witness for the prosecution

belaufen `VR` **sich auf etw** (*akk*) **~** to come to sth

belauschen `VT` to eavesdrop on

beleben `VT` **1** (≈ *anregen*) to liven up; *Absatz, Konjunktur* to stimulate **2** (≈ *lebendiger gestalten*) to brighten up **belebend** `ADJ` invigorating **belebt** `ADJ` *Straße, Stadt etc* busy

Beleg `M` **1** (≈ *Beweis*) piece of evidence; (≈ *Quellennachweis*) reference **2** (≈ *Quittung*) receipt, slip **belegen** `VT` **1** (≈ *bedecken*) to cover; *Brote, Tortenboden* to fill; **etw mit Fliesen/Teppich ~** to tile/carpet sth **2** (≈ *besetzen*) *Wohnung, Hotelbett* to occupy; `UNIV` *Fach* to take; *Vorlesung* to enrol for *Br*, to enroll for *US*; **den fünften Platz ~** to take fifth place **3** (≈ *beweisen*) to verify, to prove **Belegschaft** `F` (≈ *Beschäftigte*) staff; *bes in Fabriken etc* workforce **belegt** `ADJ` *Zunge* furred; *Stimme* hoarse; *Bett, Wohnung* occupied; **~e Brote** open sand-

B

wiches *Br*, open-faced sandwiches *US*

belehren V/T to teach; (≈ *aufklären*) to inform (**über** +*akk* of); **j-n eines anderen ~** to teach sb otherwise **Belehrung** F explanation, lecture *umg*

beleidigen V/T *j-n* to insult; *Anblick etc* to offend; JUR *mündlich* to slander; *schriftlich* to libel **beleidigend** ADJ insulting; *Anblick etc* offending; JUR *mündlich* slanderous; *schriftlich* libellous *Br*, libelous *US* **beleidigt** A ADJ insulted; (≈ *gekränkt*) offended; *Miene* hurt; **jetzt ist er ~** now he's in a huff *umg* B ADV in a huff *umg*, offended **Beleidigung** F insult; JUR *mündliche* slander; *schriftliche* libel

belesen ADJ well-read

beleuchten V/T to light up; *Straße, Bühne etc* to light; *fig* (≈ *betrachten*) to examine **Beleuchtung** F 1 (≈ *das Beleuchten*) lighting; (≈ *das Bestrahlen*) illumination 2 (≈ *Licht*) light; (≈ *Lichter*) lights *pl*

Belgien N Belgium **Belgier(in)** M(F) Belgian **belgisch** ADJ Belgian

belichten V/T FOTO to expose **Belichtung** F exposure **Belichtungsmesser** M light meter

Belieben N **nach ~** any way you *etc* want (to); **das steht** *od* **liegt in Ihrem ~** that is up to you **beliebig** A ADJ any; **(irgend)eine/jede ~e Zahl** any number at all *od* you like; **jeder Beliebige** anyone at all; **in ~er Reihenfolge** in any order whatever B ADV as you *etc* like; **Sie können ~ lange bleiben** you can stay as long as you like **beliebt** ADJ popular (**bei** with); **sich bei j-m ~ machen** to make oneself popular with sb **Beliebtheit** F popularity

beliefern V/T to supply

bellen V/I to bark

Belletristik F fiction and poetry

belobigen V/T to commend **Belobigung** *form* F commendation

belohnen V/T to reward **Belohnung** F reward; **zur** *od* **als ~ (für)** as a reward (for)

belügen V/T to lie to; **sich selbst ~** to deceive oneself

belustigen A V/T to amuse B V/R *geh* **sich über j-n/etw ~** to make fun of sb/ sth **belustigt** A ADJ amused B ADV in amusement **Belustigung** F amusement; **zur allgemeinen ~** to everybody's amusement

bemalen V/T to paint **Bemalung** F painting

bemängeln V/T to find fault with

bemannen V/T *U-Boot, Raumschiff* to man **Bemannung** F manning

bemerkbar ADJ noticeable; **sich ~ machen** (≈ *sich zeigen*) to become noticeable; (≈ *auf sich aufmerksam machen*) to draw attention to oneself **bemerken** V/T 1 (≈ *wahrnehmen*) to notice 2 (≈ *äußern*) to remark (**zu** on); **er hatte einiges zu ~** he had quite a few comments to make **bemerkenswert** A ADJ remarkable B ADV remarkably **bemerkenswerterweise** ADV remarkably enough **Bemerkung** F remark (**zu** on), comment

bemessen V/T (≈ *zuteilen*) to allocate; (≈ *einteilen*) to calculate; **reichlich ~** generous; **meine Zeit ist knapp ~** my time is limited

bemitleiden V/T to pity; **er ist zu ~** he is to be pitied

bemühen A V/T to bother; **j-n zu sich ~** to call in sb B V/R (≈ *sich Mühe geben*) to try hard; **sich um j-n ~** *um Kranken etc* to look after sb; *um j-s Gunst* to court sb; **bitte ~ Sie sich nicht** please don't trouble yourself; **sich zu j-m ~** to go to sb **bemüht** ADJ **~ sein, etw zu tun** to try hard to do sth **Bemühung** F effort

bemuttern V/T to mother

benachbart ADJ neighbouring *attr Br*, neighboring *attr US*

benachrichtigen V/T to inform (**von** of) **Benachrichtigung** F (≈ *Nachricht*) notification; HANDEL advice note

benachteiligen V/T to put at a disadvantage; *wegen Rasse, Glauben etc* to discriminate against; **benachteiligt sein** to be at a disadvantage **Benachteiligung** F *wegen Rasse, Glauben* discrimination (+*gen* against)

benebeln *umg* V/T *j-n od j-s Sinne* ~ to make sb's head swim; **benebelt sein** to be feeling dazed; *von Alkohol* to be feeling woozy *umg*

Benefizkonzert N charity concert *od* performance **Benefizspiel** N benefit match **Benefizvorstellung** F charity performance

benehmen V/R to behave; **benimm dich!** behave yourself!; **sich schlecht ~** to misbehave; → **benommen Be-**

nehmen N̄ behaviour *Br*, behavior *US*; **kein ~ haben** to have no manners
beneiden V̄T̄ to envy; **j-n um etw ~** to envy sb sth; **er ist nicht zu ~** I don't envy him **beneidenswert** ADJ enviable
Beneluxländer PL Benelux countries *pl*
benennen V̄T̄ to name
Bengel M̄ boy; (≈ *frecher Junge*) rascal
Benimm *umg* M̄ manners *pl*
Benin N̄ GEOG Benin
benommen ADJ dazed; → benehmen
Benommenheit F̄ daze
benoten V̄T̄ to mark *Br*, to grade *bes US*
benötigen V̄T̄ to need
Benotung F̄ mark *Br*, grade *bes US*; (≈ *das Benoten*) marking *Br*, grading *bes US*
benutzbar ADJ usable **benutzen** V̄T̄ to use **Benutzer(in)** M̄F̄ user **benutzerfreundlich** A ADJ user-friendly B ADV **etw ~ gestalten** to make sth user-friendly **Benutzerfreundlichkeit** F̄ user-friendliness **Benutzerhandbuch** N̄ user's guide **Benutzerkonto** N̄ user account **Benutzername** M̄ user name, username **Benutzeroberfläche** F̄ IT user interface; **grafische ~** graphical user interface **Benutzung** F̄ use **Benutzungsgebühr** F̄ charge; (≈ *Leihgebühr*) hire charge *Br*, rental fee *US*; in Büchereien lending fee; **die ~ für etw** the charge for using sth
Benzin N̄ für Auto petrol *Br*, gas *US*; (≈ *Reinigungsbenzin*) benzine; (≈ *Feuerzeugbenzin*) lighter fuel **Benzinfeuerzeug** N̄ petrol lighter *Br*, gasoline lighter *US* **Benzinkanister** M̄ petrol can *Br*, gasoline can *US* **Benzinpreis** M̄, **Benzinpreise** PL petrol prices *pl Br*, gas prices *pl US* **Benzinpumpe** F̄ AUTO fuel pump; *an Tankstellen* petrol pump *Br*, gasoline pump *US* **Benzinuhr** F̄ fuel gauge **Benzinverbrauch** M̄ fuel consumption
beobachten V̄T̄ to observe; **etw an j-m ~** to notice sth in sb; **j-n ~ lassen** *Polizei etc* to put sb under surveillance **Beobachter(in)** M̄F̄ observer **Beobachtung** F̄ observation; *polizeilich* surveillance **Beobachtungsgabe** F̄ talent for observation
bepflanzen V̄T̄ to plant **Bepflanzung** F̄ (≈ *das Bepflanzen*) planting; (≈ *Pflanzen*) plants *pl*

bequatschen *umg* V̄T̄ 1 **etw** to talk over 2 (≈ *überreden*) **j-n** to persuade
bequem A ADJ (≈ *angenehm*) comfortable; (≈ *leicht, mühelos*) easy; **es ~ haben** to have an easy time of it; **es sich** (*dat*) **~ machen** to make oneself comfortable B ADV (≈ *leicht*) easily; (≈ *angenehm*) comfortably **Bequemlichkeit** F̄ (≈ *Behaglichkeit*) comfort
beraten A V̄T̄ **j-n** to advise sb; **j-n gut/schlecht ~** to give sb good/bad advice B V̄R̄ (≈ *sich besprechen*) to discuss, to debate; **sich mit j-m ~** to consult (with) sb (**über** +*akk* about) **beratend** ADJ advisory; **~es Gespräch** consultation **Berater(in)** M̄F̄ consultant, adviser, counsellor *Br*, counselor *US* **Beratertätigkeit** F̄ consultancy work **Beratervertrag** M̄ consultancy contract **Beratung** F̄ 1 advice; *bei Rechtsanwalt etc* consultation 2 (≈ *Besprechung*) discussion **Beratungsstelle** F̄ advice centre; *US* counseling center
berauben V̄T̄ to rob; **j-n einer Sache** (*gen*) **~** to rob sb of sth; *seiner Freiheit* to deprive sb of sth
berauschen A V̄T̄ to intoxicate B V̄R̄ **sich an etw** (*dat*) **~** *an Wein, Drogen* to become intoxicated with sth; *an Geschwindigkeit* to be exhilarated by sth **berauschend** ADJ intoxicating; **das war nicht sehr ~** *iron* that wasn't very enthralling
berechenbar ADJ *Kosten* calculable; *Verhalten etc* predictable **berechnen** V̄T̄ 1 (≈ *ausrechnen*) to calculate; (≈ *schätzen*) to estimate 2 (≈ *in Rechnung stellen*) to charge; **das ~ wir Ihnen nicht** we will not charge you for it **berechnend** *pej* ADJ calculating **Berechnung** F̄ 1 (≈ *das Berechnen*) calculation; (≈ *Schätzung*) estimation 2 *pej* **aus ~ handeln** to act in a calculating manner
berechtigen V̄T̄ & V̄Ī to entitle; (**j-n**) **zu etw ~** to entitle sb to sth; **das berechtigt zu der Annahme, dass …** this justifies the assumption that … **berechtigt** ADJ justifiable; *Frage, Anspruch* legitimate; **~ sein, etw zu tun** to be entitled to do sth **Berechtigung** F̄ (≈ *Befugnis*) entitlement; (≈ *Recht*) right
bereden A V̄T̄ 1 (≈ *besprechen*) to discuss 2 (≈ *überreden*) **j-n zu etw ~** to talk sb into sth B V̄R̄ **sich mit j-m über etw** (*akk*) **~** to talk sth over with sb

B

Bereich M **1** area **2** (≈*Einflussbereich*) sphere; (≈*Sektor*) sector, section; **im ~ des Möglichen liegen** to be within the realms of possibility

bereichern A *VIT* to enrich; (≈*vergrößern*) to enlarge B *VIR* to make a lot of money (**an** +*dat* out of) **Bereicherung** F enrichment; (≈*Vergrößerung*) enlargement

bereinigen *VIT* to clear up **bereinigt** ADJ *Statistik* adjusted

bereisen *VIT ein Land* to travel around; HANDEL *Gebiet* to cover

bereit ADJ **1** (≈*fertig*) ready **2** (≈*willens*) willing; **zu Verhandlungen ~ sein** to be prepared to negotiate; **~ sein, etw zu tun** to be willing to do sth; **sich ~ erklären, etw zu tun** to agree to do sth; (≈*freiwillig machen*) to volunteer to do sth **bereiten** *VIT* **1** (≈*zubereiten*) to prepare **2** (≈*verursachen*) to cause; *Freude, Kopfschmerzen* to give; **das bereitet mir Schwierigkeiten** it causes me difficulties **bereithaben** *VIT eine Antwort/ Ausrede* ~ to have an answer/excuse ready **bereithalten** A *VIT Fahrkarten etc* to have ready; *Überraschung* to have in store B *VIR* **sich ~** to be ready **bereitlegen** *VIT* to lay out ready **bereitliegen** *VII* to be ready **bereit machen** *VIT* to get ready **bereits** ADV already; **~ damals/damals, als ... even** then/when ... **Bereitschaft** F readiness; **in ~ sein** to be ready; *Soldaten etc* to be on stand-by; *Arzt* to be on call; *im Krankenhaus* to be on duty **Bereitschaftsdienst** M emergency service; **~ haben** to be on call **Bereitschaftspolizei** F riot police **bereitstehen** *VII* to be ready; *Truppen* to stand by **bereitstellen** *VIT* to get ready; *Material, Fahrzeug* to supply, to provide **Bereitstellung** F preparation; *von Auto, Material* supply **bereitwillig** A ADJ willing; (≈*eifrig*) eager B ADV willingly

bereuen *VIT* to regret; *Schuld, Sünden* to repent of; **das wirst du noch ~!** you will be sorry (for that)!

Berg M hill; *größer* mountain; **in die ~e fahren** to go to the mountains; **mit etw hinterm ~ halten** *fig* to keep sth to oneself; **über den ~ sein** *umg* to be out of the woods; **über alle ~e sein** *umg* to be long gone; **da stehen einem ja die Haa-**

re zu ~e it's enough to make your hair stand on end **bergab** ADV downhill; **es geht mit ihm ~** *fig* he is going downhill **Bergarbeiter(in)** M(F) miner **bergauf(wärts)** ADV uphill; **es geht wieder ~** *fig* things are looking up **Bergbahn** F mountain railway *Br*, mountain railroad *US*; (≈*Seilbahn*) funicular *od* cable railway *Br*, cablecar *US* **Bergbau** M mining

bergen *VIT* **1** (≈*retten*) *Menschen* to save; *Leichen* to recover; *Ladung, Fahrzeug* to salvage **2** *geh* (≈*enthalten*) to hold; → **geborgen**

Bergführer(in) M(F) mountain guide **Berghütte** F mountain hut **bergig** ADJ hilly; (≈*mit hohen Bergen*) mountainous **Bergkamm** M mountain crest **Bergkette** F mountain range **Bergmann** M miner **Bergnot** F **in ~ sein/geraten** to be in/get into difficulties while climbing **Bergrücken** M mountain ridge **Bergrutsch** M landslide **bergsteigen** *VII* to go mountaineering; **(das) Bergsteigen** mountaineering **Bergsteiger(in)** M(F) mountaineer **Bergtour** F trip round the mountains **Berg-und-Tal-Bahn** F roller coaster

Bergung F *von Menschen* rescue; *von Leiche* recovery; *von Ladung, Fahrzeug* salvage **Bergungsarbeit** F rescue work; *bei Schiffen, Gütern* salvage operation **Bergungstrupp** M rescue team **Bergwacht** F mountain rescue service **Bergwand** F mountain face **Bergwanderung** F walk in the mountains **Bergwelt** F mountains *pl* **Bergwerk** N mine

Bericht M report (**über** +*akk* about, on); **der ~ eines Augenzeugen** an eyewitness account; (**über etw** *akk*) ~ **erstatten** to report (on sth) **berichten** *VIT & VII* to report; **j-m über etw** (*akk*) ~ (≈*erzählen*) to tell sb about sth; **gibt es Neues zu ~?** has anything new happened?; **sie hat bestimmt viel(es) zu ~** she is sure to have a lot to tell us **Berichterstatter(in)** M(F) reporter; (≈*Korrespondent*) correspondent **Berichterstattung** F reporting

berichtigen *VIT* to correct **Berichtigung** F correction

berieseln *VIT* **1** *mit Flüssigkeit* to spray with water *etc*; *durch Sprinkleranlage* to sprinkle 2 *fig umg* **von etw berieselt werden** *fig* to be exposed to a constant stream of sth **Berieselungsanlage** F̲ sprinkler (system)

Beringstraße F̲ Bering Strait(s) (*pl*)

Berlin N̲ Berlin

Berliner[1] A̲D̲J̲ Berlin

Berliner[2] M̲, (*a.* **Berliner Pfannkuchen**) doughnut *Br*, donut *US*

Bermudadreieck N̲ Bermuda triangle **Bermudainseln** P̲L̲ Bermuda *sg, kein best art* **Bermudashorts** P̲L̲ Bermuda shorts *pl*

Bern N̲ Bern(e)

Bernhardiner M̲ Saint Bernard (dog)

Bernstein M̲ amber

bersten *geh* V̲/̲I̲ to crack; (≈*zerbrechen*) to break; *fig vor Wut etc* to burst (**vor** +*dat* with)

berüchtigt A̲D̲J̲ notorious

berücksichtigen V̲/̲T̲ to take into account; *Antrag, Bewerber* to consider **Berücksichtigung** F̲ consideration; **unter ~ der Tatsache, dass …** in view of the fact that …

Beruf M̲ (≈*Tätigkeit*) occupation; *akademisch* profession; *handwerklicher* trade; (≈*Stellung*) job; **er ist Lehrer von ~** he's a teacher (by profession); **was sind Sie von ~?** what do you do for a living?; **von ~s wegen** on account of one's job **berufen**[1] A̲ V̲/̲T̲ 1 (≈*ernennen*) to appoint; **j-n zum Vorsitzenden ~** to appoint sb chairman 2 *umg* **ich will es nicht ~, aber …** I don't want to tempt fate, but … B̲ V̲/̲R̲ **sich auf j-n/etw ~** to refer to sb/sth

berufen[2] A̲D̲J̲ 1 (≈*befähigt*) *Kritiker* competent; **von ~er Seite** from an authoritative source 2 (≈*ausersehen*) **zu etw ~ sein** to have a vocation for sth

beruflich A̲ A̲D̲J̲ professional; **meine ~en Probleme** my problems at work B̲ A̲D̲V̲ professionally; **er ist ~ viel unterwegs** he is away a lot on business; **was machen Sie ~?** what do you do for a living? **Berufs-** Z̲S̲S̲G̲N̲ *Soldat, Sportler* professional **Berufsanfänger(in)** M̲/̲F̲ first-time employee **Berufsausbildung** F̲ training *kein pl*; *für Handwerk* vocational training *kein pl* **Berufsaussichten** P̲L̲ job prospects *pl* **Berufsberater(in)** M̲/̲F̲ careers adviser **Berufsberatung** F̲ careers guidance *od* advice **Berufsbezeich-**

nung F̲ job title **Berufsbildung** F̲ vocational training **Berufschancen** P̲L̲ job *od* career prospects *pl* **Berufserfahrung** F̲ (professional) experience, work experience **Berufsfachschule** F̲ training college (*attended full-time*) **Berufsfeuerwehr** F̲ fire service **Berufsgeheimnis** N̲ professional secret **Berufskolleg** N̲ vocational college (*offering two-year vocational courses for students on completing their 'mittlere Reife' exam or their tenth school year*) **Berufskrankheit** F̲ occupational disease **Berufsleben** N̲ working life; **im ~ stehen** to be working **Berufsrisiko** N̲ occupational hazard **Berufsschule** F̲ vocational school, ≈ technical college *Br* **Berufsschüler(in)** M̲/̲F̲ student at a vocational school *od* technical college *Br* **Berufssoldat(in)** M̲/̲F̲ professional soldier **Berufsspieler(in)** M̲/̲F̲ professional player **berufstätig** A̲D̲J̲ working; **~ sein** to be working, to have a job **Berufstätige(r)** M̲/̲F̲(̲M̲) working person **Berufstätigkeit** F̲ occupation **berufsunfähig** A̲D̲J̲ occupationally disabled **Berufsverbot** N̲ **j-m ~ erteilen** to ban sb from a profession **Berufsverkehr** M̲ commuter traffic

Berufung F̲ *JUR* appeal; **~ einlegen** to appeal (**bei** to) 2 *in ein Amt etc* appointment (**auf** *od* **an** +*akk* to) 3 (≈*innerer Auftrag*) vocation 4 *form* **unter ~ auf etw** (*akk*) with reference to sth

beruhen V̲/̲I̲ to be based (**auf** +*dat* on); **etw auf sich ~ lassen** to let sth rest **beruhigen** A̲ V̲/̲T̲ to calm (down); (≈*trösten*) to comfort; **~d** *körperlich* soothing; (≈*tröstlich*) reassuring; **~d wirken** to have a calming effect B̲ V̲/̲R̲ to calm down; *Verkehr* to subside; *Meer* to become calm; *Sturm* to die down; **beruhige dich doch!** calm down! **Beruhigung** F̲ (≈*das Beruhigen*) calming (down); (≈*das Trösten*) comforting; **zu Ihrer ~ kann ich sagen …** you'll be reassured to know that … **Beruhigungsmittel** N̲ sedative **Beruhigungsspritze** F̲ sedative (injection) **Beruhigungstablette** F̲ tranquillizer *Br*, tranquilizer *US*, downer *umg*

berühmt A̲D̲J̲ famous; **für etw ~ sein** to be famous for sth **berühmt-berüchtigt** A̲D̲J̲ notorious **Berühmtheit** F̲ 1 fame; **~ erlangen** to become famous **2** (≈ *Mensch*) celebrity

berühren **A** V/T **1** to touch; *Thema, Punkt* to touch on; **Berühren verboten** do not touch **2** (≈ *seelisch bewegen*) to move; (≈ *auf j-n wirken*) to affect; (≈ *betreffen*) to concern; **das berührt mich gar nicht!** that's nothing to do with me **B** V/R to touch **Berührung** F touch; (≈ *menschlicher Kontakt*) contact; (≈ *Erwähnung*) mention; **mit j-m/etw in ~ kommen** to come into contact with sb/sth **Berührungsangst** F reservation (**mit** about) **Berührungspunkt** M *a. fig* point of contact

besagen V/T (≈ *bedeuten*) to say; (≈ *bedeuten*) to mean; **das besagt nichts** that does not mean anything **besagt** *form* ADJ said *form*

besänftigen V/T to calm down; *Erregung* to soothe **Besänftigung** F calming (down); *von Erregung* soothing

Besatzer M occupying forces *pl* **Besatzung** F **1** (≈ *Mannschaft*) crew **2** (≈ *Besatzungsarmee*) occupying army **Besatzungsmacht** F occupying power

besaufen *umg* V/R to get plastered *umg*; → **besoffen** **Besäufnis** *umg* N booze-up *umg*

beschädigen V/T to damage **Beschädigung** F damage (**von** to)

beschaffen[1] V/T to get (hold of); **j-m etw ~** to get (hold of) sth for sb; (**sich** *dat*) **etw ~** to get sth; *Geld* raise sth

beschaffen[2] *form* ADJ **mit j-m/damit ist es gut/schlecht ~** sb/it is in a good/bad way; **so ~ sein wie …** to be the same as … **Beschaffenheit** F composition; *körperlich* constitution; *seelisch* nature

Beschaffung F obtaining

beschäftigen **A** V/R **sich mit etw ~** to occupy oneself with sth; (≈ *sich befassen*) to deal with sth; **sich mit j-m ~** to devote one's attention to sb **B** V/T **1** (≈ *innerlich beschäftigen*) **j-n ~** to be on sb's mind **2** (≈ *anstellen*) to employ **3** (≈ *eine Tätigkeit geben*) to occupy; **j-n mit etw ~** to give sb sth to do **beschäftigt** ADJ **1** busy; **mit seinen Problemen ~ sein** to be preoccupied with one's problems **2** (≈ *angestellt*) employed (**bei, by, at**) **Beschäftigte(r)** M/F(M) employee **Beschäftigung** F **1** (≈ *berufliche Arbeit*) work *kein unbest art, job*; (≈ *Anstellung*)

employment; **einer ~ nachgehen** *form* to be employed; **ohne ~ sein** to be unemployed **2** (≈ *Tätigkeit*) activity **beschäftigungslos** ADJ unoccupied; (≈ *arbeitslos*) unemployed **Beschäftigungspolitik** F employment policy **Beschäftigungstherapie** F occupational therapy

beschämen V/T to shame; **es beschämt mich, zu sagen …** I feel ashamed to have to say …; **beschämt** ashamed **beschämend** ADJ (≈ *schändlich*) shameful; (≈ *demütigend*) humiliating **Beschämung** F shame

beschatten V/T (≈ *überwachen*) to tail; **j-n ~ lassen** to have sb tailed **Beschattung** F tailing

beschaulich ADJ *Leben, Abend* quiet; *Charakter* pensive

Bescheid M **1** (≈ *Auskunft*) information; (≈ *Nachricht*) notification; (≈ *Entscheidung*) decision; **ich warte noch auf ~** I am still waiting to hear; **j-m ~ sagen** to let sb know; **j-m ordentlich ~ sagen** *umg* to tell sb where to get off *umg* **2** (≈ *wissen*) to know (**über** *akk* about); **ich weiß hier nicht ~** I don't know about things around here; **er weiß gut ~** he is well informed

bescheiden **A** ADJ modest; **in ~en Verhältnissen leben** to live modestly **B** ADV *leben* modestly **Bescheidenheit** F modesty; **falsche ~** false modesty

bescheinigen V/T to certify; *Empfang* to confirm; **können Sie mir ~, dass …** can you give me written confirmation that …; **hiermit wird bescheinigt, dass …** this is to certify that … **Bescheinigung** F certification; (≈ *Schriftstück*) certificate

bescheißen *umg* V/T & V/I to cheat; → **beschissen**

beschenken V/T *j-n* to give presents/a present to; **j-n mit etw ~** to give sb sth (as a present)

bescheren **A** V/T **1** (≈ *schenken*) **j-m etw ~** to give sb sth; **j-n mit etw ~** to give sb sth; **was hat dir das Christkind beschert?** what did Santa Claus bring you? **2** *fig* (≈ *zukommen lassen*) **j-m etw ~** to bring sb sth; *Positives* to bless sb with sth; **das hat uns viel Ärger beschert** this caused us a lot of trouble; **was uns wohl die Zukunft ~ wird?**

what does the future hold? **B** $\overline{VI}$ **wann wird bei euch beschert?** when do you open your (Christmas) presents? **Bescherung** $\overline{F}$ **1** (≈ *Feier*) giving out of Christmas presents **2** *iron umg* **das ist ja eine schöne ~!** this is a nice mess; **da haben wir die ~!** what did I tell you!

bescheuert *umg* $\overline{ADJ}$ stupid

beschichten $\overline{VT}$ TECH to coat; **PVC--beschichtet** PVC-coated

beschildern $\overline{VT}$ to put a sign *od* notice on; *mit Schildchen* to label; *mit Verkehrs-schildern* to signpost **Beschilderung** $\overline{F}$ *mit Schildchen* labelling *Br*, labeling *US*; *mit Verkehrsschildern* signposting; (≈ *Schildchen*) labels *pl*; (≈ *Verkehrsschilder*) signposts *pl*

beschimpfen $\overline{VT}$ *j-n* to swear at, to abuse; **j-n als Nazi ~** to accuse sb of being a Nazi **Beschimpfung** $\overline{F}$ (≈ *Schimpfwort*) insult

Beschiss $\overline{M}$ rip-off *umg*; **das ist ~** it's a swindle **beschissen** *umg* **A** $\overline{ADJ}$ lousy *umg*, shitty *umg* **B** $\overline{ADV}$ **das schmeckt ~** that tastes lousy *umg*; **mir geht's ~** I feel shitty *sl*; → **bescheißen**

Beschlag $\overline{M}$ **1** *an Koffer, Truhe* (ornamental) fitting; *an Tür, Möbelstück* (ornamental) mounting; *von Pferd* shoes *pl* **2** *auf Metall* tarnish; *auf Glas, Spiegel etc* condensation **3** **j-n/etw mit ~ belegen, j-n/etw in ~ nehmen** to monopolize sb/sth

beschlagen¹ **A** $\overline{VT}$ *Truhe, Möbel, Tür* to put (metal) fittings on; *Huftier* to shoe **B** $\overline{VI \& VR}$ *Brille, Glas* to get steamed up; *Silber etc* to tarnish

beschlagen² $\overline{ADJ}$ (≈ *erfahren*) well--versed; **in etw** (*dat*) **(gut) ~ sein** to be well-versed in sth

beschlagnahmen $\overline{VT}$ (≈ *konfiszieren*) to confiscate; *Vermögen, Drogen* to seize; *Kraftfahrzeug* to impound

beschleunigen $\overline{VT \& VI \& VR}$ to accelerate **Beschleunigung** $\overline{F}$ acceleration

beschließen **A** $\overline{VT}$ **1** (≈ *Entschluss fassen*) to decide on; *Gesetz* to pass; **~, etw zu tun** to decide to do sth **2** (≈ *beenden*) to end **B** $\overline{VI}$ **über etw** (*akk*) **~** to decide on sth **beschlossen** $\overline{ADJ}$ decided; **das ist ~e Sache** that's settled **Beschluss** $\overline{M}$ (≈ *Entschluss*) decision; **einen ~ fassen** to pass a resolution; **auf ~ des Gerichts** by order of the court **beschlussfähig** $\overline{ADJ}$ **~ sein** to have a quorum **be-**

schlussunfähig $\overline{ADJ}$ **~ sein** not to have a quorum

beschmutzen $\overline{VT}$ to (make *od* get) dirty; *fig Ruf, Namen* to sully; *Ehre* to stain

beschneiden $\overline{VT}$ **1** (≈ *stutzen*) to trim; *Bäume* to prune; *Flügel* to clip **2** MED, REL to circumcise **3** *fig* (≈ *beschränken*) to curtail **Beschneidung** $\overline{F}$ MED, REL circumcision **beschnitten** $\overline{ADJ}$ *Mann* circumcised, cut

beschnüffeln **A** $\overline{VT}$ to sniff at; (≈ *bespitzeln*) to spy out **B** $\overline{VR}$ *Hunde* to have a sniff at each other; *fig* to size each other up

beschönigen $\overline{VT}$ to gloss over

beschränken **A** $\overline{VT}$ to limit, to restrict (**auf** +*akk* to) **B** $\overline{VR}$ (≈ *sich einschränken*) to restrict oneself

beschrankt $\overline{ADJ}$ *Bahnübergang* with gates

beschränkt **A** $\overline{ADJ}$ limited; **wir sind finanziell ~** we have only a limited amount of money **B** $\overline{ADV}$ **~ leben** to live on a limited income; **~ wohnen** to live in cramped conditions **Beschränkung** $\overline{F}$ restriction (**auf** +*akk* to); **j-m ~en auferlegen** to impose restrictions on sb

beschreiben $\overline{VT}$ **1** (≈ *darstellen*) to describe; **nicht zu ~** indescribable; **j-m den Weg ~** to tell sb the way **2** (≈ *vollschreiben*) to write on **Beschreibung** $\overline{F}$ description

beschriften $\overline{VT}$ to write on; *Grabstein* to inscribe; *mit Aufschrift* to label; *Umschlag* to address **Beschriftung** $\overline{F}$ (≈ *Aufschrift*) writing; *auf Grabstein* inscription; (≈ *Etikett*) label

beschuldigen $\overline{VT}$ to accuse **Beschuldigung** $\overline{F}$ accusation; *bes* JUR charge

beschummeln *umg* $\overline{VT \& VI}$ to cheat

Beschuss $\overline{M}$ MIL fire; **j-n/etw unter ~ nehmen** MIL to (start to) bombard *od* shell sb/sth; *fig* to attack sb/sth; **unter ~ geraten** MIL, *a. fig* to come under fire

beschützen $\overline{VT}$ to protect (**vor** +*dat* from) **Beschützer(in)** $\overline{MF}$ protector

beschwatzen $\overline{VT}$ **1** (≈ *überreden*) to talk over; **sich zu etw ~ lassen** to get talked into sth **2** (≈ *bereden*) to chat about

Beschwerde $\overline{F}$ **1** (≈ *Klage*) complaint; JUR appeal **2** **~n** *pl* (≈ *Leiden*) trouble; **das macht mir immer noch ~n** it's still giving me trouble **beschweren** Ⓐ V̄T̄ *mit Gewicht* to weigh(t) down; *fig* (≈ *belasten*) to weigh on Ⓑ V̄R̄ (≈ *sich beklagen*) to complain **beschwerlich** A̅D̅J̅ arduous

beschwichtigen V̄T̄ to appease
beschwindeln V̄T̄ *umg* (≈ *belügen*) **j-n ~** to tell sb a lie *od* a fib *umg*
beschwingt A̅D̅J̅ elated; *Musik* vibrant
beschwipst *umg* A̅D̅J̅ tipsy
beschwören V̄T̄ Ⅰ (≈ *beeiden*) to swear to Ⅱ (≈ *anflehen*) to implore, to beseech Ⅲ (≈ *erscheinen lassen*) to conjure up; *Schlangen* to charm
beseitigen V̄T̄ Ⅰ (≈ *entfernen*) to remove; *Abfall, Schnee* to clear (away); *Atommüll* to dispose of; *Fehler* to eliminate; *Missstände* to do away with Ⅱ *euph* (≈ *umbringen*) to get rid of **Beseitigung** F̄ (≈ *das Entfernen*) removal; *von Abfall, Schnee* clearing (away); *von Atommüll* disposal; *von Fehlern* elimination; *von Missständen* doing away with

Besen M̄ broom; **ich fresse einen ~, wenn das stimmt** *umg* if that's right, I'll eat my hat *umg*; **neue ~ kehren gut** *sprichw* a new broom sweeps clean *sprichw* **besenrein** A̅D̅V̄ **eine Wohnung ~ verlassen** to leave an apartment in a clean and tidy condition (for the next tenant) **Besenschrank** M̄ broom cupboard **Besenstiel** M̄ broomstick
besessen A̅D̅J̅ *von bösen Geistern* possessed (**von** by); *von einer Idee etc* obsessed (**von** with); **wie ~** like a thing possessed; → **besitzen** **Besessenheit** F̄ *von Idee etc* obsession
besetzen V̄T̄ Ⅰ (≈ *belegen*) to occupy; (≈ *reservieren*) to reserve; (≈ *füllen*) *Plätze* to fill; **ist dieser Platz besetzt?** is this place taken? Ⅱ T̄H̄ĒA̅T̄ *Rolle* to cast; **eine Stelle** *etc* **neu ~** to find a new person to fill a job Ⅲ *bes* M̄I̅L̄ to occupy; *Hausbesetzer* to squat in **besetzt** A̅D̅J̅ *Telefon* engaged *Br,* busy *bes US*; *WC* occupied, engaged; *Abteil, Tisch* taken; *Gebiet* occupied; (≈ *voll*) *Bus etc* full (up) **Besetztzeichen** N̄ T̄E̅L̄ engaged tone *Br,* busy tone *bes US* **Besetzung** F̄ Ⅰ (≈ *das Besetzen von Stelle*) filling; *von Rolle* casting; T̄H̄ĒA̅T̄ (≈ *Schauspieler*) cast; S̄P̄O̅R̄T̄ (≈ *Mannschaft*) team, side; **zweite ~** T̄H̄ĒA̅T̄ understudy Ⅱ *durch Hausbesetzer, a.* M̄I̅L̄ occupation
besichtigen V̄T̄ *Kirche, Stadt* to visit;

Betrieb to have a look (a)round; *zur Prüfung* to view **Besichtigung** F̄ *von Sehenswürdigkeiten* sightseeing tour; *von Museum, Kirche, Betrieb* tour; *zur Prüfung von Wohnung* viewing
besiedeln V̄T̄ to settle; (≈ *kolonisieren*) to colonize; **dicht/dünn besiedelt** densely/thinly populated **Besied(e)lung** F̄ settlement; (≈ *Kolonisierung*) colonization
besiegen V̄T̄ (≈ *schlagen*) to defeat; (≈ *überwinden*) to overcome
besinnen V̄R̄ (≈ *überlegen*) to reflect; (≈ *erinnern*) to remember (**auf j-n/etw** sb/sth); **sich anders** *od* **eines anderen ~** to change one's mind; **ohne langes Besinnen** without a moment's thought; → **besonnen** **besinnlich** A̅D̅J̅ contemplative; *Texte, Worte* reflective **Besinnlichkeit** F̄ reflection **Besinnung** F̄ Ⅰ (≈ *Bewusstsein*) consciousness; **bei/ohne ~ sein** to be conscious/unconscious; **die ~ verlieren** to lose consciousness, **wieder zur ~ kommen** to regain consciousness; *fig* to come to one's senses; **j-n zur ~ bringen** to bring sb to his senses Ⅱ (≈ *das Nachdenken*) reflection **besinnungslos** A̅D̅J̅ unconscious; *fig Wut* blind
Besitz M̄ Ⅰ (≈ *das Besitzen*) possession; **im ~ von etw sein** to be in possession of sth; **etw in ~ nehmen** to take possession of sth; **von etw ~ ergreifen** to seize possession of sth Ⅱ (≈ *Eigentum*) property; (≈ *Landgut*) estate **besitzanzeigend** A̅D̅J̅ ḠR̄A̅M̄ possessive **besitzen** V̄T̄ to possess; *als Eigentum* to own; *Wertpapiere, grüne Augen* to have; → **besessen** **Besitzer(in)** M̄/F̄ owner; *von Führerschein etc* holder; **den ~ wechseln** to change hands **Besitzstandswahrung** F̄ protection of vested rights
besoffen *umg* A̅D̅J̅ smashed *umg*; → **besaufen** **Besoffene(r)** *umg* M̄/F̄(M̄) drunk
Besoldung F̄ pay
besondere(r, s) A̅D̅J̅ special; (≈ *bestimmt*) particular; (≈ *hervorragend*) exceptional; **ohne ~ Begeisterung** without any particular enthusiasm; **in diesem ~n Fall** in this particular case **Besondere(s)** N̄ **etwas/nichts ~s** something/nothing special; **er möchte etwas ~s sein** he thinks he's something special; **im ~n** (≈ *vor allem*) in particular **Besonderheit** F̄ unusual quality; (≈ *be-*

sondere Eigenschaft) peculiarity **besonders** ADV *gut, teuer etc* particularly; (≈ *speziell anfertigen etc*) especially; **das Essen/der Film war nicht ~** *umg* the food/film was nothing special; **wie geht's dir? — nicht ~** *umg* how are you? — not too hot *umg*

besonnen A ADJ level-headed B ADV in a careful and thoughtful manner; → **besinnen Besonnenheit** F level-headedness

besorgen VT 1 (≈ *beschaffen*) to get; **j-m/sich etw ~** to get sth for sb/oneself 2 (≈ *erledigen*) to see to **Besorgnis** F anxiety, worry; **~ erregend** = besorgniserregend **besorgniserregend** A ADJ alarming, worrying B ADV alarmingly **besorgt** A ADJ anxious, worried (*wegen* about); **um j-n/etw ~ sein** to be concerned about sb/sth B ADV anxiously **Besorgung** F 1 (≈ *das Kaufen*) purchase 2 (≈ *Einkauf*) errand; **~en machen** to do some shopping

bespaßen *umg* VT to entertain, to keep amused; **am Nachmittag musste er seine Eltern ~** he had to entertain his parents for the afternoon

bespitzeln VT to spy on

besprechen VT 1 (≈ *über etw sprechen*) to discuss; (≈ *rezensieren*) to review; **wie besprochen** as arranged **Besprechung** F 1 (≈ *Unterredung*) discussion 2 (≈ *Konferenz*) meeting 2 (≈ *Rezension*) review **Besprechungsraum** M meeting room

bespritzen VT to spray; (≈ *beschmutzen*) to splash

besser A ADJ better; **er ist in Englisch ~ als ich** he's better at English than I am; **du willst wohl etwas Besseres sein!** *umg* I suppose you think you're better than other people; **~ werden** to improve; **das ist auch ~ so** it's better that way; **das wäre noch ~** *iron* no way; **j-n eines Besseren belehren** to teach sb otherwise B ADV 1 better; **~ ist ~** (it is) better to be on the safe side; **umso ~!** *umg* so much the better!; **~ (gesagt)** or rather; **sie will immer alles ~ wissen** she always thinks she knows better; **es ~ wissen** to know better; **es ~ haben** to have a better life 2 (≈ *lieber*) **das solltest du ~ nicht tun** you had better not do that; **du tätest ~ daran ... you would do better to ... besser**

gehen VI **es geht j-m besser** sb is feeling better **bessergestellt** ADJ better-off **bessern** A VT (*besser machen*) to improve B VR 1 to mend one's ways 2 (≈ *sich verbessern*) to improve **Besserung** F improvement; (≈ *Genesung*) recovery; **(ich wünsche dir) gute ~!** I hope you get better soon; **auf dem Wege der ~ sein** to be on the mend; *bei Krebs etc.* to be in remission **Besserverdienende(r)** M|F(M) *pl* **die ~n** *pl* those earning more *od* on higher incomes **Besserwisser(in)** *umg* M(F) know-all *Br umg*, know-it-all *US umg* **besserwisserisch** *umg* ADJ know(-it)-all *attr umg*

Best Ager M mature consumer

Bestand M 1 (≈ *Fortdauer*) continued existence; **von ~ sein**, **~ haben** to be permanent 2 (≈ *vorhandene Menge*) stock (*an* +*dat* of), supply; **~ aufnehmen** to take stock **beständig** A ADJ 1 constant; *Wetter* settled 2 (≈ *widerstandsfähig*) resistant (*gegen* to); (≈ *dauerhaft*) lasting B ADV 1 (≈ *dauernd*) constantly 2 (≈ *gleichbleibend*) consistently **Beständigkeit** F 1 (≈ *gleichbleibende Qualität*) constant standard; *von Wetter* settledness 2 (≈ *Widerstandsfähigkeit*) resistance; (≈ *Dauerhaftigkeit*) durability **Bestandsaufnahme** F stocktaking; *Situation abwägen* review of the situation **Bestandteil** M component; *fig* integral part; **etw in seine ~e zerlegen** to take sth to pieces

bestärken VT to confirm; **j-n in seinem Wunsch ~** to make sb's desire stronger **bestätigen** A VT to confirm; *JUR Urteil* to uphold; HANDEL *Empfang, Brief* to acknowledge (receipt of); **hiermit wird bestätigt, dass ...** this is to certify that ... B VR to be confirmed, to be proved true **Bestätigung** F confirmation; *JUR von Urteil* upholding; (≈ *Beurkundung*) certification

bestatten VT to bury **Bestattung** F burial; (≈ *Feuerbestattung*) cremation; (≈ *Feier*) funeral **Bestattungsunternehmen** N undertaker's, mortician's *US*

bestäuben VT to dust; BOT to pollinate **bestaunen** VT to gaze at in admiration **beste** ADJ → besser, s

bestechen A VT 1 *mit Geld etc* to bribe; **ich lasse mich nicht ~** I'm not open to bribery 2 (≈ *beeindrucken*) to captivate **B** _V/I_ (≈ _Eindruck machen_) to be impressive (**durch** because of) **beste-chend A** _ADJ Schönheit, Eindruck_ captivating; _Angebot_ tempting **B** _ADV_ (≈ _beeindruckend_) impressively **Bestechlich ADJ** bribable, corruptible **Bestechlich-keit** _F_ corruptibility **Bestechung** _F_ bribery **Bestechungsgeld** _N_ bribe **Bestechungsversuch** _M_ attempted bribery

Besteck _N_ **1** (≈ _Essbesteck_) knives and forks _pl Br_, silverware _US_; **ein silbernes ~** a set of silver cutlery _Br_, a set of silver flatware _US_ **2 chirurgisches ~** (set of) surgical instruments

bestehen A _VT_ **1** _Examen, Probe_ to pass; **j-m zur bestandenen Prüfung gratulieren** to congratulate sb on passing his _od_ her exam **2** (≈ _durchstehen_) _Schicksalsschläge_ to withstand; _Gefahr_ to overcome **B** _VI_ **1** (≈ _existieren_) to exist; **~ bleiben** _Frage, Hoffnung etc_ to remain; **es besteht die Aussicht, dass ...** there is a prospect that ... **2** (≈ _Bestand haben_) to continue to exist **3** (≈ _sich zusammensetzen_) to consist (**aus** of); **in etw** (_dat_) **~** to consist in sth; _Aufgabe_ to involve sth **4 auf etw** (_dat_) **~** to insist on sth; **ich bestehe darauf** I insist **Be-stehen** _N_ **1** (≈ _Vorhandensein, Dauer_) existence; **seit ~ der Firma** ever since the firm came into existence **2** (≈ _Beharren_) insistence (**auf** +_dat_ on) **3** _von Prüfung_ passing **bestehen bleiben** _VI_ to last; _Hoffnung_ to remain **beste-hend ADJ** existing; _Preise_ current

bestehlen _VT_ to rob; **j-n um etw ~** to rob sb of sth

besteigen _VT_ _Berg, Turm, Leiter_ to climb (up); _Fahrrad, Pferd_ to get on(to); _Bus, Flugzeug_ to get on; _Schiff_ to go aboard; _Thron_ to ascend

bestellen A _VT_ **1** (≈ _anfordern_) _in Restaurant_ to order; **sich** (_dat_) **etw ~** to order sth **2** (≈ _reservieren_) to book **3** (≈ _ausrichten_) **bestell ihm** (**von mir**), **dass ...** tell him (from me) that ...; **soll ich irgendetwas ~?** can I take a message?; **er hat nichts zu ~** he doesn't have any say here **4** (≈ _kommen lassen_) _j-n_ to send for, to summon; **ich bin um** _od_ **für 10 Uhr bestellt** I have an appointment for _od_ at 10 o'clock **5** _fig_ **es ist schlecht um ihn bestellt** he is in a bad way; **damit ist es schlecht bestellt**

that's rather difficult **B** _VI_ to order **Be-steller(in)** _M(F)_ customer **Bestellfor-mular** _N_ order form **Bestellkarte** _F_ order form **Bestellnummer** _F_ order number **Bestellschein** _M_ order form **Bestellung** _F_ **1** (≈ _Anforderung_) order **2** (≈ _Nachricht_) message **Bestellzettel** _M_ order form

bestenfalls _ADV_ at best **bestens** _ADV_ (≈ _sehr gut_) very well; **sie lässt ~ grüßen** she sends her best regards **beste(r, s) A** _ADJ_ **1** best; **im ~n Fall** at (the) best; **im ~n Alter** in the prime of (one's) life; **mit** (**den**) **~n Wünschen** with best wishes; **in ~n Händen** in the best of hands **2** **der/die/das Beste** the best; **ich will nur dein Bestes** I've your best interests at heart; **sein Bestes tun** to do one's best; **wir wollen das Beste hoffen** let's hope for the best; **das Beste wäre, wir ...** the best thing would be for us to ...; **es steht nicht zum Besten** it does not look too promising; **etw zum Bes-ten geben** (≈ _erzählen_) to tell sth **3** _ADV_ **am ~n** best; **am ~n gehe ich jetzt** I'd best be going now

besteuern _VT_ to tax **Besteuerung** _F_ taxation; (≈ _Steuersatz_) tax; **~ von Zinser-trägen** taxation of interest earnings

Bestform _F_ _bes_ SPORT top form

bestialisch A _ADJ_ bestial; _umg_ awful **B** _ADV_ _umg_ terribly; _stinken, zurichten_ dreadfully **Bestie** _F_ beast; _fig_ animal

bestimmen A _VT_ **1** (≈ _festsetzen_) to determine; **sie will immer alles ~** she always wants to decide the way things are to be done **2** (≈ _prägen_) _Landschaft_ to characterize; (≈ _beeinflussen_) _Preis, Anzahl_ to determine **3** (≈ _vorsehen_) to intend, to mean (**für** for); **wir waren fürei-nander bestimmt** we were meant for each other **B** _VI_ (≈ _entscheiden_) to decide (**über** +_akk_ on); **du hast hier nicht zu ~** you don't make the decisions here **2** (≈ _verfügen_) **er kann über sein Geld allein ~** it is up to him what he does with his money **bestimmt A** _ADJ_ **1** (≈ _gewiss_) certain; (≈ _speziell_) particular, specific; _Preis, Tag_ fixed; GRAM _Artikel_ definite; **suchen Sie etwas Bestimmtes?** are you looking for anything in particular? **2** (≈ _entschieden_) firm, decisive **B** _ADV_ **1** (≈ _sicher_) definitely; **ich weiß ganz ~, dass ...** I know for sure that ...; **er schafft es ~ nicht** he definitely won't manage it 2 (≈ *wahrscheinlich*) no doubt; **das hat er ~ verloren** he's bound to have lost it **Bestimmtheit** F (≈ *Sicherheit*) certainty; **ich kann mit ~ sagen, dass …** I can say definitely that … **Bestimmung** F 1 (≈ *Vorschrift*) regulation 2 (≈ *Zweck*) purpose 3 (≈ *Schicksal*) destiny **Bestimmungshafen** M (port of) destination **Bestimmungsland** N (country of) destination

Bestleistung F *bes* SPORT best performance; **seine persönliche ~** his personal best **bestmöglich** ADJ best possible; **wir haben unser Bestmögliches getan** we did our best, we did our level best *Br*

Best.-Nr. ABK (= *Bestellnummer*) ord. no.

bestrafen VT to punish; JUR *j-n* to sentence (**mit** etc); SPORT *Spieler, Foul* to penalize **Bestrafung** F punishment; JUR sentencing; SPORT penalization

bestrahlen VT to shine on; MED to give radiotherapy to; *Lebensmittel* to irradiate **Bestrahlung** F MED radiotherapy, radiation treatment; (≈ *von Lebensmitteln*) irradiation

Bestreben N endeavour *Br*, endeavor *US* **bestrebt** ADJ **~ sein, etw zu tun** to endeavour to do sth *Br*, to endeavor to do sth *US* **Bestrebung** F endeavour *Br*, endeavor *US*, effort

bestreichen VT *mit Salbe, Flüssigkeit* to spread; *mit Butter* to butter; *mit Farbe* to paint; **etw mit Butter/Salbe ~** to spread butter/ointment on sth

bestreiken VT to boycott, to go out or be on strike against; **bestreikt** strikebound; **diese Fabrik wird bestreikt** there's a strike on at this factory

bestreiten VT 1 (≈ *abstreiten*) to dispute; (≈ *leugnen*) to deny 2 (≈ *finanzieren*) to pay for; *Kosten* to carry

bestreuen VT to cover (**mit** with); GASTR to sprinkle

Bestseller M bestseller **Bestsellerautor(in)** MIF bestselling author **Bestsellerliste** F bestseller list

bestücken VT to fit, to equip; MIL to arm; *Lager* to stock

bestürmen VT to storm; *mit Fragen, Bitten* to bombard; *mit Briefen, Anrufen* to inundate

bestürzen VT to shake **bestürzend** A ADJ alarming B ADV *hoch, niedrig*

alarmingly **bestürzt** A ADJ filled with consternation, upset B ADV in consternation **Bestürzung** F consternation

Bestzeit F *bes* SPORT best time

Besuch M 1 visit; *von Schule, Veranstaltung* attendance (+*gen* at); **ein ~ im Museum** a visit to the museum; **bei j-m auf** *od* **zu ~ sein** to be visiting sb; **j-m einen ~ abstatten** to pay sb a visit 2 (≈ *Besucher*) visitor, visitors *pl*; **er bekommt viel ~** he has a lot of visitors **besuchen** VT *j-n* to visit, to see; *Schule, Gottesdienst* to attend; *Kino, Theater* to go to; **die Schule ~** to go to school; **die Messe ~** to go to mass **Besucher(in)** MIF visitor; *von Kino, Theater* patron *form* **Besuchszeit** F visiting hours *pl*, visiting time **besucht** ADJ **gut/schlecht ~ sein** to be well/badly attended

Betablocker M MED beta-blocker

betagt *geh* ADJ aged

betanken VT *Fahrzeug* to fill up; *Flugzeug* to refuel

betasten VT to feel

betätigen A VT *Muskeln, Gehirn* to activate; *Bremse* to apply; *Hebel* to operate; *Taste* to press; *Schalter* to turn on B VR to busy oneself; *körperlich* to get some exercise; **sich politisch ~** to be active in politics; **sich sportlich ~** to do sport; **sich geistig und körperlich ~** to stay active in body and mind **Betätigung** F 1 (≈ *Tätigkeit*) activity 2 (≈ *Aktivierung*) operation; *von Muskel, Gehirn* activation; *von Bremsen* applying; *von Knopf* pressing; *von Schalter* turning on

betatschen VT *umg* to paw *umg*; *sexuell* to grope *umg*; **hör auf, den Bildschirm zu ~** get your dirty paws *od* mitts off the monitor *umg*

betäuben VT *Körperteil* to (be)numb; *Nerv* to deaden; *Schmerzen* to kill; *durch Narkose* to anaesthetize; **ein ~der Duft** an overpowering smell **Betäubung** F 1 (≈ *das Betäuben*) (be)numbing; *von Nerv, Schmerz* deadening; *von Schmerzen* killing; *durch Narkose* an(a)esthetization 2 (≈ *Narkose*) an(a)esthetic; **örtliche** *od* **lokale ~** local an(a)esthetic **Betäubungsmittel** N anaesthetic; (≈ *Droge*) narcotic **Betäubungsmittelgesetz** N *law concerning drug abuse* narcotics law *US*

Betaversion F IT beta release *od* version

B

Bete F̅ beet; **Rote ~** beetroot

beteiligen V̅R̅ to participate (**an** *+dat* **in**) **beteiligt** A̅D̅J̅ **an etw** (*dat*) **~ sein/ werden** to be involved in sth; *finanziell* to have a share in sth; *am Gewinn* to have a slice of sth **Beteiligte(r)** M̅/F̅(M̅) person involved; (≈ *Teilhaber*) partner; JUR party; **an alle ~n** to all concerned **Beteiligung** F̅ (≈ *Teilnahme*) participation (**an** *+dat* **in**); *finanziell* share; *an Unfall* involvement

beten V̅I̅ to pray

beteuern V̅T̅ to declare; *Unschuld* to protest **Beteuerung** F̅ declaration; *von Unschuld* protestation

betiteln V̅T̅ to entitle

Beton M̅ concrete

betonen V̅T̅ **1** (≈ *hervorheben*) to emphasize; → **betont 2** LING to stress

betonieren V̅T̅ to concrete **Beton- klotz** *pej* M̅ concrete block **Beton- mischmaschine** F̅ concrete mixer

betont A̅ A̅D̅J̅ *Höflichkeit* emphatic; *Kühle, Sachlichkeit* pointed B̅ A̅D̅V̅ *knapp, kühl* pointedly; **sich ~ einfach kleiden** to dress with marked simplicity; → **beto- nen Betonung** F̅ **1** emphasis **2** (≈ *Akzent*) stress

betören V̅T̅ to bewitch, to beguile

betr. A̅B̅K̅ (= *betreffend*) *in Briefen* re **Betr.** A̅B̅K̅ (= *Betreff*) re

Betracht M̅ **etw außer ~ lassen** to leave sth out of consideration; **in ~ kommen** to be considered; **nicht in ~ kommen** to be out of the question; **etw in ~ ziehen** to take sth into consideration *od* account **betrachten** V̅T̅ to look at; **bei näherem Betrachten** on closer examination; **als j-n/etw ~** (≈ *halten für*) to regard as sb/sth **Betrach- ter(in)** M̅(F̅) observer **beträchtlich** A̅ A̅D̅J̅ considerable B̅ A̅D̅V̅ considerably **Betrachtung** F̅ (≈ *das Betrachten*) contemplation; **bei näherer ~** on closer examination

Betrag M̅ amount **betragen** A̅ V̅T̅ to be B̅ V̅R̅ to behave **Betragen** N̅ behaviour *Br*, behavior *US*

betrauen V̅T̅ **j-n mit etw ~** to entrust sb with sth

Betreff M̅ *in E-Mails* subject; *form* **~: Ihr Schreiben vom ...** re your letter of ... **betreffen** V̅T̅ (≈ *angehen*) to concern; **was mich betrifft ...** as far as I'm concerned ...; **betrifft** re; → **betroffen be-**

treffend A̅D̅J̅ (≈ *erwähnt*) in question; (≈ *zuständig*) relevant **Betreffende(r)** M̅/F̅(M̅) person concerned; **die ~n** those concerned **Betreffzeile** F̅ *in E-Mail etc* subject line

betreiben V̅T̅ *Gewerbe* to carry on; *Ge- schäft* to conduct, to run; *Sport* to do; *Studium* to pursue; **auf j-s Betreiben** (*akk*) **hin** at sb's instigation **Betrei- ber(in)** M̅(F̅) operating authority

betreten¹ V̅T̅ (≈ *hineingehen in*) to enter; *Rasen, Spielfeld etc* to walk on; **„Betreten verboten!"** "keep off"

betreten² A̅ A̅D̅J̅ embarrassed B̅ A̅D̅V̅ with embarrassment

betreuen V̅T̅ to look after; **betreutes Wohnen** assisted living **Betreuer(in)** M̅(F̅) carer, caregiver *US*; person who is in charge of *od* looking after sb; (≈ *Kin- derbetreuer*) child minder *Br*, babysitter *US*; *von alten Leuten, Kranken* nurse **Be- treuung** F̅ looking after; *von Patienten etc* care

Betrieb M̅ **1** (≈ *Firma*) business; (≈ *Fab- rik*) factory, works *sg od pl* **2** (≈ *Tätigkeit*) work; *von Maschine, Fabrik* operation; **außer ~** out of order; **die Maschinen sind in ~** the machines are running; **ei- ne Maschine in ~ setzen** to start a ma- chine up **3** (≈ *Betriebsamkeit*) bustle; **in den Geschäften herrscht großer ~** the shops *od* stores *US* are very busy **be- trieblich** A̅D̅J̅ **~e Altersversorgung** employee pension scheme; **~e Mitbe- stimmung** worker participation **Be- triebsangehörige(r)** M̅/F̅(M̅) employ- ee **Betriebsanleitung** F̅, **Betriebs- anweisung** F̅ operating instructions *pl*; (≈ *Handbuch*) operating *od* user's manual **Betriebsausflug** M̅ (annual) works outing *Br*, (annual) company out- ing *US* **betriebsbereit** A̅D̅J̅ operation- al **betriebsblind** A̅D̅J̅ blind to the shortcomings of one's (own) company **Betriebsergebnis** N̅ FIN trading re- sult **Betriebsferien** P̅L̅ (annual) holi- day *Br*, vacation close-down *US* **Be- triebsgeheimnis** N̅ trade secret **Be- triebsklima** N̅ atmosphere at work **Betriebskosten** P̅L̅ *von Firma etc* over- heads *pl*; *von Maschine* running costs *pl* **Betriebsleiter(in)** M̅(F̅) (works *od* fac- tory) manager **Betriebsleitung** F̅ management

Betriebsrat¹ M̅ (≈ *Gremium*) works *od*

factory council
Betriebsrat² M̲, **Betriebsrätin** F̲
works *od* factory council member **Betriebsstörung** F̲ breakdown **Betriebssystem** N̲ IT operating system
Betriebsunfall M̲ industrial accident;
hum umg accident **Betriebsvereinbarung** F̲ agreement between works
council and management **Betriebsversammlung** F̲ company meeting
Betriebswirt(in) M̲F̲ management expert **Betriebswirtschaft** F̲, **Betriebswirtschaftslehre** F̲ business
management
betrinken V̲R̲ to get drunk; → betrunken
betroffen A̲ A̲D̲J̲ ▌ affected (von by) ▌2
(≈ *bestürzt*) sad B̲ A̲D̲V̲ (≈ *bestürzt*) in consternation; (≈ *betrübt*) in dismay; → betreffen **Betroffene(r)** M̲F̲M̲ person affected **Betroffenheit** F̲ sadness
betrüben V̲T̲ to sadden, to distress **betrüblich** A̲ A̲D̲J̲ sad, distressing; *Zustände* deplorable B̲ A̲D̲V̲ **die Lage sieht
~ aus** things look bad **betrübt** A̲D̲J̲ saddened
Betrug M̲ deceit, deception; JUR fraud
betrügen A̲ V̲T̲ to deceive; *Freund,
Ehepartner* to be unfaithful to; JUR to defraud; **j-n um etw ~** to cheat sb out of
sth; JUR to defraud sb of sth; **sie betrügt
mich mit meinem besten Freund** she is
having an affair with my best friend B̲
V̲R̲ to deceive oneself **Betrüger(in)**
M̲F̲M̲ beim Spiel cheat; *geschäftlich* swindler; JUR defrauder **betrügerisch** A̲D̲J̲
deceitful; JUR fraudulent; **in ~er Absicht**
with intent to defraud
betrunken A̲D̲J̲ drunk *kein adv*, drunken
attr; **~ Auto fahren** to drive while over
the limit, to drive while under the influence of alcohol; → betrinken **Betrunkene(r)** M̲F̲M̲ drunk **Betrunkenheit**
F̲ drunkenness
Bett N̲ bed; **das ~ machen** to make the
bed; **im ~ in bed; ins** *od* **zu ~ gehen** to
go to bed; **j-n ins** *od* **zu ~ bringen** to
put sb to bed **Bettbezug** M̲ duvet cover **Bettcouch** F̲ bed settee Br, pullout
couch US **Bettdecke** F̲ blanket; *gesteppt* quilt
Bettelei F̲ begging **betteln** V̲I̲ to beg
Bettflasche F̲ *österr, südd* hot-water
bottle **Bettgestell** N̲ bedstead **bettlägerig** A̲D̲J̲ bedridden **Bettlaken** N̲

sheet
Bettler(in) M̲F̲ beggar
Bettnässer(in) M̲F̲ bed-wetter **Bettruhe** F̲ confinement to bed, bed rest;
der Arzt hat ~ verordnet the doctor ordered him *etc* to stay in bed **Betttuch**
N̲ sheet **Bettvorleger** M̲ bedside rug
Bettwäsche F̲ bed linen **Bettzeug**
N̲ bedding
betucht *umg* A̲D̲J̲ well-to-do
betupfen V̲T̲ to dab; MED to swab
Beuge F̲ bend **beugen** A̲ V̲T̲ ▌
(≈ *krümmen*) to bend; **das Recht ~** to
pervert the course of justice; **von Kummer gebeugt** bowed down with grief;
→ gebeugt ▌2 GRAM to decline; *Verb*
to conjugate B̲ V̲R̲ to bend; *fig* to submit (+*dat* to); **sich aus dem Fenster ~**
to lean out of the window
Beule F̲ *von Stoß etc* bump; (≈ *Delle*) dent
beunruhigen A̲ V̲T̲ to worry B̲ V̲R̲ to
worry (oneself) (**über** +*akk* *od* **um** *od* **wegen** about) **beunruhigend** A̲D̲J̲ unsettling, worrying, disconcerting; *Ereignisse
etc* disturbing; *stärker* alarming; **es ist ~**
it's worrying **Beunruhigung** F̲ concern, disquiet
beurkunden V̲T̲ to certify; *Vertrag* to
record
beurlauben V̲T̲ to give leave (of absence); **beurlaubt sein** to be on leave;
(≈ *suspendiert sein*) to have been relieved
of one's duties **Beurlaubung** F̲ leave
(of absence); *seine* ~ **vom Dienst** (≈ *Suspendierung*) his being relieved of his duties
beurteilen V̲T̲ to judge (**nach** by; **from**);
etw falsch ~ to misjudge sth; **du kannst
das doch gar nicht ~** you are not in a
position to judge **Beurteilung** F̲
(≈ *das Beurteilen*) judging; (≈ *Urteil*) assessment
Beute F̲ (≈ *Kriegsbeute*) spoils *pl*; (≈ *Diebesbeute*) haul; *von Raubtieren etc* prey;
(≈ *Jagdbeute*) bag
Beutel M̲ (≈ *Behälter*) bag; (≈ *Tragetasche*)
carrier bag; ZOOL pouch **Beuteltier** N̲
marsupial
Beuteschema N̲ prey scheme; **der ist
total mein ~, der fällt total in mein
~** *umg* he's totally my kind of guy *umg*
bevölkern V̲T̲ (≈ *bewohnen*) to inhabit;
(≈ *besiedeln*) to populate; **schwach/stark
bevölkert** sparsely/densely populated
Bevölkerung F̲ population **Bevöl-**

B

kerungsdichte F population density **Bevölkerungsexplosion** F population explosion **Bevölkerungsrückgang** M decline in population **Bevölkerungsschicht** F social class **Bevölkerungszunahme** F population growth, increase in population

bevollmächtigen V/T to authorize (**zu etw** to do sth) **Bevollmächtigte(r)** M/F(M) authorized representative

bevor KONJ before; **~ Sie (nicht) die Rechnung bezahlt haben** until you pay the bill **bevormunden** V/T j-n **~** to make sb's decisions (for him/her) **bevorstehen** V/I to be imminent; *Winter etc* to approach; **j-m ~** to be in store for sb **bevorstehend** ADJ forthcoming; *Gefahr, Krise* imminent; *Winter* approaching **bevorzugen** V/T to prefer; (≈ *begünstigen*) to favour *Br*, to favor *US* **bevorzugt** A ADJ preferred; *Behandlung* preferential; (≈ *privilegiert*) privileged B ADV j-n **~ abfertigen/bedienen** *etc* to give sb preferential treatment **Bevorzugung** F preference (+*gen* for); (≈ *vorrangige Behandlung*) preferential treatment (**bei** in)

bewachen V/T to guard **bewacht** ADJ guarded; **~er Parkplatz** supervised car park *Br*, guarded parking lot *US*

bewaffnen V/T to arm B V/R to arm oneself **bewaffnet** ADJ armed (**mit** with) **Bewaffnung** F 1 (≈ *das Bewaffnen*) arming 2 (≈ *Waffen*) weapons *pl*

bewahren V/T 1 (≈ *beschützen*) to protect (**vor** +*dat* from) 2 **j-n/etw in guter Erinnerung ~** to have happy memories of sb/sth 3 (≈ *beibehalten*) to keep

bewähren V/R *Mensch* to prove oneself; *Gerät etc* to prove its worth; *Methode, Fleiß* to pay off

bewahrheiten V/R to prove (to be) well-founded; *Prophezeiung* to come true

bewährt ADJ proven; *Rezept* tried and tested; **seit Langem ~** well-established **Bewährung** F JUR probation; **eine Strafe zur ~ aussetzen** to impose a suspended sentence; **ein Jahr Gefängnis mit ~** a suspended sentence of one year; **ohne ~** unconditional; **er wurde zu zwei Jahren Gefängnis ohne ~ verurteilt** he was sentenced to two years in prison; **er hat noch ~** he is still on probation **Bewährungsfrist** F JUR

probation(ary) period **Bewährungshelfer(in)** M(F) probation officer **Bewährungsprobe** F test; **etw einer ~** (*dat*) **unterziehen** to put sth to the test **Bewährungsstrafe** F JUR suspended sentence

bewaldet ADJ wooded, tree-covered **bewältigen** V/T *Problem* to cope with; *Strecke* to manage; *Erlebnis etc* to get over, to come to terms with **Bewältigung** F **die ~ der Probleme** coping with the problems; **die ~ eines Erlebnisses** getting over an experience

bewandert ADJ experienced; **in etw** (*dat*) **~ sein** to be familiar with *od* well-versed in sth

Bewandtnis F reason; **damit hat es** *od* **das hat eine andere ~** there's another reason for that

bewässern V/T to irrigate; *mit Sprühanlage* to water **Bewässerung** F irrigation **Bewässerungssystem** N irrigation system

bewegen¹ A V/T 1 to move; **~d** moving 2 (≈ *bewirken, ändern*) to change B V/R 1 to move 2 (≈ *Bewegung haben*) to get some exercise 3 *fig* (≈ *variieren, schwanken*) to vary (**zwischen** +*dat* between) 4 (≈ *sich ändern*) to change

bewegen² V/T j-n **zu etw ~** to persuade sb to do sth **Beweggrund** M motive **beweglich** ADJ movable; (≈ *wendig*) agile; *Fahrzeug* manoeuvrable *Br*, maneuverable *US* **bewegt** ADJ 1 *Wasser, See* choppy; *Zeiten, Leben* eventful 2 *Stimme, Worte* emotional **Bewegung** F 1 movement, motion; **keine ~! freeze!** *umg*; **in ~ sein** *Fahrzeug* to be moving; *Menge* to mill around; **sich in ~ setzen** to start moving; **etw in ~ setzen** *od* **bringen** to set sth in motion 2 (≈ *körperliche Bewegung*) exercise 3 (≈ *Entwicklung*) progress 4 (≈ *Ergriffenheit*) emotion 5 POL, KUNST *etc* movement **Bewegungsfreiheit** F freedom of movement; *fig* freedom of action **bewegungslos** A ADJ motionless B ADV without moving; *liegen, sitzen, stehen* motionless **Bewegungsmelder** M motion sensor **bewegungsunfähig** ADJ unable to move

beweinen V/T to mourn (for)

Beweis M proof *kein pl* (**für** of); (≈ *Zeugnis*) evidence *kein pl*; **die Polizei hat noch keine ~e** the police still don't have any proof; **ein eindeutiger ~** clear evidence; **etw unter ~ stellen** to prove sth **Beweisaufnahme** F̲ JUR hearing of evidence **beweisbar** ADJ provable **beweisen** V̲T̲ **1** (≈*nachweisen*) to prove **2** (≈*erkennen lassen*) to show **Beweisführung** F̲ JUR presentation of one's case; (≈*Argumentation*) line of argument **Beweislage** F̲ JUR body of evidence **Beweismaterial** N̲ (body of) evidence **Beweismittel** N̲ evidence; **ein ~** a piece of evidence **Beweisstück** N̲ exhibit

---

▶ **Englische Substantive, die immer im Singular stehen**

Einige englische Substantive bilden keinen Plural und werden immer mit einem Verb im Singular verbunden, auch wenn ihre deutsche Entsprechung im Plural stehen kann:

Beweis(e)	evidence
Fortschritt(e)	progress
Hausaufgabe(n)	homework
Information(en)	information
Möbel	furniture
Nachricht(en)	news (trotz s!)
Rat(schlag), Ratschläge	advice
Wissen, Kenntnis(se)	knowledge

◀

---

bewenden V̲T̲ **es bei** od **mit etw ~ lassen** to leave it at that

bewerben A̲ V̲R̲ to apply (**um** for); **sich bei einer Firma ~** to apply to a firm (for a job) B̲ V̲T̲ to promote, to advertise **Bewerber(in)** M̲F̲ applicant **Bewerbung** F̲ application **Bewerbungsanschreiben** N̲ cover letter **Bewerbungsfrist** F̲ application deadline, deadline for applications **Bewerbungsgespräch** N̲ (job) interview **Bewerbungsmappe** F̲ application documents pl **Bewerbungsschreiben** N̲ (letter of) application **Bewerbungsunterlagen** P̲L̲ application documents pl

bewerfen V̲T̲ **j-n/etw mit etw ~** to throw sth at sb/sth

bewerkstelligen V̲T̲ to manage

bewerten V̲T̲ **j-n** ≈ to judge; *Schularbeit* to assess; *Gegenstand* to value; **etw zu hoch/niedrig ~** to overvalue/undervalue sth **Bewertung** F̲ judgement; *von*

Schularbeit assessment; *von Gegenstand* valuation

bewilligen V̲T̲ to allow; *Etat etc* to approve; *Stipendium* to award **Bewilligung** F̲ allowing; *von Etat* approval; *von Stipendium* awarding

bewirken V̲T̲ (≈*verursachen*) to cause; **~, dass etw passiert** to cause sth to happen

bewirten V̲T̲ **j-n ~** to feed sb; *bei offiziellem Besuch etc* to entertain sb

bewirtschaften V̲T̲ **1** *Betrieb etc* to manage **2** *Land* to farm

Bewirtung F̲ (≈*das Bewirten*) hospitality; *im Hotel* (food and) service

bewohnbar ADJ habitable **bewohnen** V̲T̲ to live in; *Volk* to inhabit **Bewohner(in)** M̲F̲ *von Land, Gebiet* inhabitant; *von Haus etc* occupier **bewohnt** ADJ inhabited

bewölken V̲R̲ to cloud over; **bewölkt** cloudy **Bewölkung** F̲ (≈*das Bewölken*) clouding over; **wechselnde ~** METEO variable amounts of cloud

Bewunderer M̲, **Bewunderin** F̲ admirer **bewundern** V̲T̲ to admire (**wegen** for); **~d** admiring **bewundernswert** A̲ ADJ admirable B̲ ADV admirably **Bewunderung** F̲ admiration

bewusst A̲ ADJ **1** conscious; **sich** (dat) **einer Sache** (gen) **~ sein/werden** to be/become aware of sth; **es wurde ihm allmählich ~, dass …** he gradually realized (that) … **2** (≈*willentlich*) deliberate **3** (≈*besagt*) in question B̲ ADV consciously; (≈*willentlich*) deliberately **bewusstlos** A̲ ADJ unconscious B̲ ADV **j-n ~ schlagen** to beat sb unconscious od senseless **Bewusstlosigkeit** F̲ unconsciousness; **bis zur ~** umg ad nauseam **bewusst machen, bewusstmachen** V̲T̲ **j-m etw ~** to make sb aware od conscious of sth, to make sb realize sth **Bewusstsein** N̲ consciousness; **etw kommt j-m zu(m) ~** sb becomes aware of sth; **im ~, dass …** in the knowledge that …; **das ~ verlieren/wiedererlangen** to lose/regain consciousness; **bei ~ sein** to be conscious; **zu(m) ~ kommen** to regain consciousness; **bei vollem ~** fully conscious

bezahlen A̲ V̲T̲ to pay; *Leistung, Schaden* to pay for; **er hat seinen Fehler mit dem Leben bezahlt** he paid for his mistake with his life B̲ V̲I̲ to pay **Be-**

zahlfernsehen N̄ pay TV **Bezahl-schranke** F̄ COMPUT, INTERNET pay wall **bezahlt** ADJ paid; **sich ~ machen** to be worth it **Bezahlung** F̄ payment; (≈ Lohn, Gehalt) pay; **gegen ~** for payment

bezaubern fig VT̄ to charm **bezaubernd** ADJ enchanting, charming

bezeichnen VT̄ (≈ kennzeichnen) to mark; (≈ genau beschreiben) to describe; **ich weiß nicht, wie man das bezeichnet** I don't know what that's called **bezeichnend** ADJ characteristic (**für** of) **Bezeichnung** F̄ **1** (≈ Kennzeichnung) marking; (≈ Beschreibung) description **2** (≈ Ausdruck) expression

bezeugen VT̄ to testify to; **~, dass …** to testify that …

bezichtigen VT̄ to accuse; **j-n einer Sache** (gen) **~** to accuse sb of sth

beziehen A VT̄ **1** Polster to (re)cover; Kissen to put a cover on; **die Betten frisch ~** to change the beds **2** (≈ einziehen) in Wohnung to move into **3** Posten, Stellung to take up **4** (≈ erhalten) to get **5** (= in Beziehung setzen) **etw auf j-n/etw ~** to apply sth to sb/sth B VR̄ **1** Himmel to cloud over **2** (≈ sich berufen) **sich auf j-n/etw ~** to refer to sb/sth **Beziehung** F̄ **1** (≈ Verhältnis) relationship **2** (≈ Kontakt) relations pl; **diplomatische ~en** diplomatic relations; **menschliche ~en** human relations; **seine ~en spielen lassen** to pull strings; **~en haben** to have connections **3** (≈ Zusammenhang) connection (**zu** with); **etw zu etw in ~ setzen** to relate sth to sth; **in keiner ~ zueinander stehen** to have no connection **4** (≈ Hinsicht) **in einer/keiner ~** in one/no respect; **in jeder ~** in every respect **Beziehungskiste** umg F̄ relationship **beziehungsweise** KONJ **1** (≈ oder aber) or **2** (≈ im anderen Fall) and … respectively **3** (≈ genauer gesagt) or rather

beziffern A VT̄ (≈ mit Ziffern versehen) to number; (≈ angeben) to estimate (**auf** +akk od **mit** at) B VR̄ **sich ~ auf** (+akk) Verluste, Gewinn to amount to; Teilnehmer to number

Bezirk M̄ (≈ Gebiet) district; von Stadt ≈ district, borough; von Land ≈ region

Bezug M̄ **1** für Kissen etc cover; für Kopfkissen pillowcase **2** (≈ Erwerb) von Waren etc buying **3** **Bezüge** pl (≈ Einkünfte) in-

come **4** (≈ Zusammenhang) → Beziehung **3 5** form (≈ Berufung) reference; **~ nehmen auf** (+akk) to make reference to; **mit** od **unter ~ auf** (+akk) with reference to **6** (≈ Hinsicht) **in ~ auf** (+akk) regarding **bezüglich** form PRÄP regarding, concerning; HANDEL re **Bezugnahme** form F̄ reference; **unter ~ auf** (+akk) with reference to **bezugsfertig** ADJ Haus etc ready to move into **Bezugsperson** F̄ **die wichtigste ~ des Kleinkindes** the person to whom the small child relates most closely

bezuschussen VT̄ to subsidize

bezwecken VT̄ to aim at; **etw mit etw ~** Mensch to intend sth by sth

bezweifeln VT̄ to doubt; **das ist nicht zu ~** that's beyond question

bezwingen VT̄ to conquer; SPORT to beat; Strecke to do

BfA F̄ ABK (= Bundesagentur für Arbeit) (State) Department of Employment

BFD M̄ ABK (= Bundesfreiwilligendienst) federal volunteer service

BGB ABK (= Bürgerliches Gesetzbuch) Civil Code

BH M̄ ABK (= Büstenhalter) bra

Bhf. ABK (= Bahnhof) station

Bhutan N̄ GEOG Bhutan

Biathlon N̄ SPORT biathlon

Bibel F̄ wörtl ≈ Bible; fig Bible **bibelfest** ADJ well versed in the Bible

Bibeli N̄ schweiz (≈ Pickel) pimple, spot Br; (≈ Mitesser) blackhead

Biber M̄ beaver **Biberbetttuch** N̄ flannelette sheet bes Br

Bibliografie F̄ bibliography **Bibliothek** F̄ library **Bibliothekar(in)** M(F) librarian

biblisch ADJ biblical; **ein ~es Alter** a great age

BIC M̄ ABK (= Bank Identifier Code) BIC

Bidet N̄ bidet

bieder ADJ **1** (≈ rechtschaffen) honest **2** pej conventional

biegen A VT̄ to bend; Glieder to flex; **auf Biegen und Brechen** umg by hook or by crook umg, come hell or high water umg B VĪ Wagen to turn C VR̄ to bend; **sich vor Lachen ~** fig to double up with laughter **biegsam** ADJ flexible; Glieder, Körper supple; fig pliable **Biegung** F̄ bend

Biene F̄ bee **Bienenhaus** N̄ apiary **Bienenhonig** M̄ real honey **Bienen-**

königin F̲ queen bee **Bienenschwarm** M̲ swarm (of bees) **Bienensterben** N̲ bee decline **Bienenstich** M̲ GASTR *cake coated with sugar and almonds and filled with custard or cream* **Bienenstock** M̲ (bee)hive **Bienenvolk** N̲ bee colony **Bienenwachs** N̲ beeswax

Bier N̲ beer; **zwei ~, bitte!** two beers, please; **dunkles/helles ~** dark/light beer; **~ vom Fass** draught beer *Br*, draft beer *US*; **das ist mein** *etc* **~** *fig umg* that's my *etc* business **Bierbauch** *umg* M̲ beer belly *umg* **Bierdeckel** M̲ beer mat *Br*, beer coaster *US* **Bierdose** F̲ beer can **Bierfass** N̲ keg **Bierflasche** F̲ beer bottle **Biergarten** M̲ beer garden **Bierglas** N̲ beer glass **Bierkeller** M̲ (≈ *Lager*) beer cellar; (≈ *Gaststätte a.*) bierkeller **Bierkrug** M̲ tankard *bes Br*; *aus Steingut* (beer) stein **Bierwurst** F̲ ham sausage **Bierzelt** N̲ beer tent

Biest *pej umg* N̲ ❶ (≈ *Tier*) creature; (≈ *Insekt*) bug ❷ (≈ *Mensch*) (little) wretch; (≈ *Frau*) bitch *sl*

bieten A̲ V̲T̲ ❶ (≈ *anbieten*) to offer (j-m etw sb sth, sth to sb); *bei Auktion* to bid; **diese Stadt hat nichts zu ~** this town has nothing to offer ❷ (≈ *haben*) to have; *Problem* to present ❸ (≈ *darbieten*) *Anblick, Bild* to present; *Film* to show ❹ (≈ *zumuten*) **sich** (*dat*) **etw ~ lassen** to stand for sth; → **geboten** B̲ V̲I̲ KART to bid C̲ V̲R̲ *Gelegenheit, Anblick etc* to present itself (j-m sb to sb) **Bieter(in)** M̲|F̲ bidder

Bigamie F̲ bigamy

Bike N̲ (≈ *Rad, Mountainbike, Motorrad*) bike **Biker(in)** *umg* M̲|F̲ biker

Bikini M̲ bikini **Bikinihöschen** N̲ bikini bottom **Bikinilinie** F̲ bikini line, bikini zone **Bikinioberteil** N̲ bikini top **Bikinirasur** F̲ bikini-line hair removal **Bikinizone** F̲ bikini line, bikini zone

bikonvex A̲D̲J̲ biconvex

Bilanz F̲ ❶ HANDEL (≈ *Lage*) balance; (≈ *Abrechnung*) balance sheet; **eine ~ aufstellen** to draw up a balance sheet; **~ machen** *fig umg* to check one's finances ❷ *fig* (≈ *Ergebnis*) end result; **(die) ~ ziehen** to take stock (**aus of**) **bilanzieren** V̲T̲ & V̲I̲ to balance; *fig* to assess **Bilanzwert** M̲ HANDEL, FIN book value

bilateral A̲D̲J̲ bilateral

Bild N̲ ❶ picture; (≈ *Zeichnung*) drawing; (≈ *Gemälde*) painting; **ein ~ von Picasso** a picture by Picasso; **ein ~ vom Dom** a picture of the cathedral; **ein ~ machen** to take a photo; **ein ~ des Elends** a picture of misery ❷ (≈ *Abbild*) image ❸ (≈ *Erscheinungsbild*) character; **das äußere ~ der Stadt** the appearance of the town ❹ *fig* (≈ *Vorstellung*) image, picture; **im ~ sein** to be in the picture (**über** +*akk* about); **j-n ins ~ setzen** to put sb in the picture (**über** +*akk* about); **sich** (*dat*) **von j-m/etw ein ~ machen** to get an idea of sb/sth **Bildausfall** M̲ TV loss of vision **Bildband** M̲ illustrated book, coffee-table book

bilden A̲ V̲T̲ ❶ to form; *Körper, Figur* to shape; **sich** (*dat*) **ein Urteil ~** to form a judg(e)ment ❷ (≈ *ausmachen*) *Gefahr etc* to constitute; **die Teile ~ ein Ganzes** the parts make up a whole ❸ (≈ *erziehen*) to educate B̲ V̲R̲ ❶ (≈ *entstehen*) to form ❷ (≈ *lernen*) to educate oneself; → **gebildet** C̲ V̲I̲ to be educational **bildend** A̲D̲J̲ **die ~e Kunst** art; **die ~en Künste** the fine arts

Bilderbuch N̲ picture book **Bilderbuch-** *fig* Z̲S̲S̲G̲N̲ perfect **Bilderrahmen** M̲ picture frame **Bilderrätsel** N̲ picture puzzle **Bildfläche** *fig umg* F̲ **auf der ~ erscheinen** to appear on the scene; **von der ~ verschwinden** to disappear (from the scene)

bildhaft A̲ A̲D̲J̲ pictorial; *Beschreibung, Sprache* vivid B̲ A̲D̲V̲ vividly **Bildhauer(in)** M̲|F̲ sculptor

Bildhauerei F̲ sculpture

bildhübsch A̲D̲J̲ *Mädchen* (as) pretty as a picture; *Kleid, Garten etc* really lovely **bildlich** A̲ A̲D̲J̲ pictorial; *Ausdruck etc* metaphorical B̲ A̲D̲V̲ pictorially; *verwenden* metaphorically

Bildmaterial N̲ ❶ (≈ *Illustrationen*) illustrations *pl* ❷ (≈ *Fotos*) photos *pl* **Bildqualität** F̲ TV, FILM picture quality **Bildschärfe** F̲ definition, sharpness **Bildschirm** M̲ TV, COMPUT screen; *ganzes Gerät* monitor **Bildschirmarbeit** F̲ screen work **Bildschirmschoner** M̲ IT screen saver **Bildschirmtext** M̲ Viewdata® *sg*, Prestel®

bildschön A̲D̲J̲ beautiful

Bildstörung F̲ TV interference (on the

picture) **Bildtelefon** N̄ videophone **Bildung** F̄ **1** (≈ *Erziehung*) education; (≈ *Kultur*) culture; **höhere ~** higher education; **~ haben** to be educated; **zur ~ des Passivs** to form the passive **2** (≈ *Entstehung*) *von Rost etc* formation **Bildungschancen** P̱L̄ educational opportunities *pl* **bildungsfern** A̱D̄J̄ *Milieu, Familie* educationally disadvantaged, educationally deprived; **~e Schichten** educationally disadvantaged classes **Bildungsgang** M̄ school (and university) career **Bildungsgrad** M̄ level of education **Bildungsgutschein** M̄ education voucher **Bildungslücke** F̄ gap in one's education **Bildungspolitik** F̄ education policy **Bildungspolitiker(in)** M̱F̄ politician with responsibility for education policy **Bildungsreform** F̄ educational reform **Bildungsurlaub** M̄ educational holiday *Br*, educational vacation *US* **Bildungsweg** M̄ **j-s ~** the course of sb's education; **auf dem zweiten ~** through night school **Bildungswesen** N̄ education system

Billard N̄ (≈ *Spiel*) billiards *sg* **Billardkugel** F̄ billiard ball **Billardtisch** M̄ billiard table

Billett *schweiz* N̄ **1** (≈ *Fahrschein, Eintrittskarte*) ticket **2** → Führerschein **3** *österr* (≈ *Brief*) letter

Billiarde F̄ quadrillion

billig A̱D̄J̄ cheap; *Preis* low; **~ abzugeben** going cheap; **~ davonkommen** *umg* to get off lightly **Billiganbieter(in)** M̱F̄ supplier of cheap goods **Billigangebot** N̄ cut-price offer

billigen V̱T̄ to approve

Billigflagge F̄ S̄C̄H̄I̱F̄F̄ flag of convenience **Billigflieger** M̄ low-cost airline **Billigflug** M̄ cheap flight **Billigjob** M̄ low-paid job **Billiglohnland** N̄ low-wage country **Billigmarke** F̄ cheap brand; *umg* cheapo **Billigprodukt** N̄ cheap product, cut-price product

Billigung F̄ approval; **j-s ~ finden** to meet with sb's approval

Billigware F̄ cut-price goods *pl*

Billion F̄ trillion

bimmeln *umg* V̱Ī to ring

Bimsstein M̄ pumice stone

binär A̱D̄J̄ binary **Binärcode** M̄ binary code

binational A̱D̄J̄ binational

Binde F̄ **1** M̄E̱D̄ bandage; (≈ *Schlinge*) sling **2** (≈ *Armbinde*) armband; (≈ *Augenbinde*) blindfold **3** (≈ *Monatsbinde*) (sanitary) towel, (sanitary) napkin *bes US* **Bindegewebe** N̄ A̱N̄A̱T̄ connective tissue **Bindeglied** N̄ connecting link **Bindehaut** F̄ A̱N̄A̱T̄ conjunctiva **Bindehautentzündung** F̄ conjunctivitis **binden** A̱ V̱T̄ **1** (≈ *zusammenbinden*) to tie; (≈ *festbinden*) to bind **2** *Strauß, Kranz* to make up; *Knoten etc* to tie **3** (≈ *zubinden*) *Schal* to tie; *Krawatte* to knot **4** *fig Menschen* to tie; *Geldmittel* to tie up; *Versprechen, Vertrag, Eid etc* to bind; **mir sind die Hände gebunden** *fig* my hands are tied; → **gebunden 5** *Farbe, Soße* to bind **B** V̱Ī *Mehl, Zement, Soße etc* to bind; *Klebstoff* to bond; *fig Erlebnisse* to create a bond **C** V̱R̄ (≈ *sich verpflichten*) to commit oneself (**an** +*akk* to) **bindend** A̱D̄J̄ binding (**für** on); *Zusage* definite **Bindestrich** M̄ hyphen **Bindewort** N̄ G̱R̄A̱M̄ conjunction, linking word **Bindfaden** M̄ string; **ein (Stück) ~** a piece of string; **es regnet Bindfäden** *umg* it's sheeting down *Br umg*, it's coming down in buckets *US umg* **Bindung** F̄ **1** (≈ *Beziehung*) relationship (**an** +*akk* with); (≈ *Verbundenheit*) tie, bond (**an** +*akk* with); (≈ *Verpflichtung*) commitment (**an** +*akk* to) **2** (≈ *Skibindung*) binding **Bindungsangst** F̄ fear of commitment *kein pl*

Bingo N̄ bingo

binnen P̱R̄ǞP̄ *form* within; **~ Kurzem** shortly **Binnengewässer** N̄ inland water **Binnenhafen** M̄ river port **Binnenhandel** M̄ domestic trade **Binnenmarkt** M̄ home market; **der europäische ~** the single European market **Binnennachfrage** F̄ domestic demand **Binnenschifffahrt** F̄ inland navigation

Binse F̄ rush; **in die ~n gehen** *fig umg* (≈ *misslingen*) to be a washout *umg* **Binsenweisheit** F̄ truism

Bio F̄ S̄C̄H̄U̱L̄Ē *umg* biol *umg*, bio *bes US umg* **Bio-** Z̄S̄S̄ḠN̄ **1** (≈ *das Leben betref-*

▶	Billion ≠ billion	
Billion	=	**trillion**
billion	=	Milliarde

fend) bio-, biological **2** *Bauer, Kost* organic **bio** *umg* ADJ *Nahrungsmittel, Anbau* organic **Bioabfall** M̲ biological waste **bioaktiv** ADJ *Waschmittel* biological **Biobauer** M̲, **Biobäuerin** F̲ organic farmer; **Gemüse vom ~n** organic vegetables *pl* **Biobrot** N̲ organic bread **Biochemie** F̲ biochemistry **biochemisch** A̲ ADJ biochemical **B̲** ADV biochemically **Biodiesel** M̲ biodiesel **Biodiversität** F̲ biodiversity **biodynamisch** A̲ ADJ biodynamic **B̲** ADV biodynamically **Biogas** N̲ methane gas **Biogemüse** N̲ organic vegetables *pl*

Biograf(in) M̲F̲ biographer **Biografie** F̲ biography **biografisch** A̲ ADJ biographical **B̲** ADV biographically

Biokost F̲ organic food **Biokraftstoff** M̲ biofuel **Bioladen** M̲ wholefood shop, health food shop *od* store **Biolebensmittel** P̲L̲ organic food **Biologe** M̲, **Biologin** F̲ biologist **Biologie** F̲ biology **biologisch** A̲ ADJ biological; *Anbau* organic; **die ~e Uhr** the biological clock; **Gemüse aus kontrolliert ~em Anbau** certified organic vegetables *pl* **B̲** ADV biologically; *anbauen* organically **Biomarker** M̲ *messbarer Parameter biologischer Prozesse* biomarker **Biomasse** F̲ CHEM organic substances *pl*, biomass **biometrisch** ADJ biometric **Biomüll** M̲ organic waste **Biophysik** F̲ biophysics **Biopic** N̲ FILM, TV *Filmbiografie* biopic; **ein ~ über j-n** a biopic of sb **Bioprodukt** N̲ *Lebensmittel* organic product

Biopsie F̲ MED biopsy

Biorhythmus M̲ biorhythm **Biosphäre** F̲ biosphere **Biosphärenreservat** N̲ biosphere reserve **Biosprit** M̲ biofuel **Biospritanteil** M̲ biofuel ratio; **die Regierung erhöht den ~ auf 10%** the government is raising the biofuel ratio to 10% **Biosynthese** F̲ biosynthesis **Biotechnik** F̲ bioengineering **Biotechnologie** F̲ biotechnology **Biotonne** F̲ organic waste bin **Biotop** N̲ biotope **Biotreibstoff** M̲ biofuel

BIP A̲B̲K̲ (= Bruttoinlandsprodukt) GDP, gross domestic product

bipolar ADJ MED bipolar; **~e Störung** bipolar disorder

Birke F̲ birch

Birma N̲ Burma **birmanisch** ADJ Bur-

mese

Birnbaum M̲ *Baum* pear tree; *Holz* pear wood **Birne** F̲ **1** pear **2** (≈ *Glühlampe*) (light) bulb

bis A̲ PRÄP **1** *zeitlich* until, till; (≈ *bis spätestens*) by; **bis zu diesem Zeitpunkt** up to this time; **Montag bis Freitag** Monday to Friday, Monday through Friday *US*; **bis einschließlich 5. Mai** up to and including 5th May; **bis bald/später/morgen!** see you soon/later/tomorrow!; **bis dann!** see you then!; **bis wann bleibt ihr hier?** how long are you staying here?; **bis wann ist das fertig?** when will it be finished?; **bis wann können Sie das machen?** when can you do it by?; **bis auf Weiteres** until further notice; **bis dahin** *od* **dann muss die Arbeit fertig sein** the work must be finished by then; **von ... bis ...** from ... to ..., from ... through ... *US*; **mit Uhrzeiten** from ... till ... **2** *räumlich* to; **bis an unsere Mauer** up to our wall; **bis wo/wohin?** how far?; **bis dort** *od* **dorthin** *od* **dahin** (to) there; **bis hierher** this far **3** **Kinder bis sechs Jahre** children up to the age of six **4** **es sind alle gekommen, bis auf Sandra** they all came, except Sandra **B̲** KONJ **1** to; **zehn bis zwanzig Stück** ten to twenty; **bewölkt bis bedeckt** cloudy or overcast **2** *zeitlich* until, till; **ich warte noch, bis es dunkel wird** I'll wait until it gets dark; **bis das einer merkt!** it'll be ages before anyone realizes *umg*

▶ **bis**

Im Sinne von „spätestens um / am" heißt **bis** nicht *till* oder *until*, sondern *by*:

Ich habe heute Unterricht bis 17.00 Uhr.	**I've got lessons till / until 5 pm today.**
Anträge sind (spätestens) bis zum 15. Juni zu stellen.	**Applications must be submitted by 15 June (at the latest).** ◀

Bischof M̲, **Bischöfin** F̲ bishop **bischöflich** ADJ episcopal

Biscuit N̲ (≈ *Keks*) biscuit *Br*, cookie *US*

bisexuell ADJ bisexual

bisher ADV until now, so far; (≈ *und immer noch*) up to now; **~ nicht** not until now **bisherig** ADJ (≈ *vorherig*) previous; (≈ *momentan*) present

▶ **Signalwörter für das present perfect**

Bei Sätzen mit folgenden Ausdrücken wird im Englischen das **present perfect** verwendet:

bisher, bis jetzt	**up to now / until now / till now**
in letzter Zeit	**lately, of late**
noch (nicht); schon	**yet**

Very little has been done till now.
I haven't seen her lately.
She hasn't dared to ask him yet.
Has she called yet? ◀

Biskaya F **die ~** (the) Biscay; **Golf von ~** Bay of Biscay
Biskuit N/M (fatless) sponge **Biskuitgebäck** N sponge cake/cakes **Biskuitteig** M sponge mixture
bislang ADV → bisher
Biss M bite; *fig* vigour *Br*, vigor *US*; **~ haben** *umg* to have punch
bisschen A ADJ **ein ~ Geld/Liebe** a bit of money/love; **kein ~ ...** not one (little) bit; **das ~ Geld** that bit of money B ADV **ein ~** a bit, a little; **ein ~ wenig** not very much; **ein ~ viel** a bit much

▶ **Kleine Mengen**

Im Englischen gibt es verschiedene Möglichkeiten, kleine Mengen zu beschreiben:

Personen, zählbare Gegenstände:

a few	einige, ein paar
few	(nur) wenige

She's got a few books on painting.
Only very few people came to the event.

nicht zählbare Dinge:

a little, *umg* **a bit of**	ein bisschen, etwas
little	wenig, kaum
a bit	etwas

Could I have a little mustard with this?
There's little point in cheating.
Want some? I've got a bit left. ◀

Bissen M mouthful; (≈ *Imbiss*) bite (to eat) **bissfest** ADJ firm; *Nudeln* al dente **bissig** ADJ ① vicious; „**Vorsicht, ~er Hund**" "beware of the dog" ② (≈ *übellaunig*) waspish **Bisswunde** F bite
Bistro N bistro
Bistum N diocese
bisweilen ADV at times, now and then
Bit N IT bit
bitte INT ① please; **~ nicht!** no, please!, please don't!; **ja ~?** yes?; **aber ~!** please do; **na ~!** there you are! ② *Dank erwidernd* **~ sehr** *od* **schön** you're welcome, not at all *Br* ③ *nachfragend* **(wie) ~?** sorry?, (I beg your) pardon? *a. iron* **Bitte** F request; *inständig* plea; **auf seine ~ hin** at his request; **ich habe eine große ~ an dich** I have a (great) favour to ask you *Br*, I have a (great) favor to ask you *US* **bitten** A VT ① *j-n* to ask; *inständig* to beg; **j-n um etw ~** to ask/beg sb for sth; **aber ich bitte dich!** not at all; **wenn ich ~ darf** *form* if you wouldn't mind; **ich muss doch (sehr) ~!** well I must say! ② (≈ *bestellen*) **j-n zu sich ~** to ask sb to come and see one B VI ① (≈ *eine Bitte äußern*) to ask; *inständig* to plead, to beg; **um etw ~** to ask (for) *od* request sth; *inständig* to plead for sth ② (≈ *einladen*) **ich lasse ~** he/she can come in now

▶ **danke – bitte**

Wenn sich im Deutschen jemand für etwas bedankt, sagt der / die andere oft „bitte". Im Englischen gibt es dafür unterschiedliche Entsprechungen, aber niemals **please**.

Bitte, keine Ursache, ist schon gut	**not at all**
Bitte, gern geschehen	**you're welcome** (*oft Gästen gegenüber*)
Bitte, machen Sie sich / mach dir keine Sorgen; schon gut	**that's all right / OK**

Auf „danke" ist im Englischen nicht unbedingt eine Antwort nötig. Es gilt keineswegs als unhöflich, nichts zu sagen. ◀

bitter A ADJ bitter; *Schokolade* plain; *fig Wahrheit, Lehre, Verlust* painful; *Zeit, Schicksal* hard; *Unrecht* grievous; *Ernst,*

B

Feind deadly; *Spott* cruel; **bis zum ~en Ende** to the bitter end **B** ADV (≈ *sehr bereuen*) bitterly; *bezahlen, büßen* dearly; **etw ~ nötig haben** to be in dire need of sth **bitterböse** **A** ADJ furious **B** ADV furiously **bitterernst** ADJ *Situation etc* extremely serious **bitterkalt** ADJ bitterly cold **Bitter Lemon** N̲ bitter lemon

Biwak N̲ bivouac

bizarr **A** ADJ bizarre **B** ADV bizarrely

Bizeps M̲ biceps

blabla *umg* INT blah blah blah *umg*

Black-out N̲/M̲ blackout

blähen **A** V̲T̲ &̲ V̲R̲ to swell; *Nüstern* to flare **B** V̲I̲ to cause flatulence *od* wind **Blähung** F̲ MED wind *kein pl*

blamabel ADJ shameful **Blamage** F̲ disgrace **blamieren** **A** V̲/T̲ to disgrace **B** V̲/R̲ to make a fool of oneself; *durch Benehmen* to disgrace oneself

blanchieren V̲/T̲ GASTR to blanch

blank **A** ADJ **1** shiny **2** (≈ *nackt*) bare; *umg* (≈ *ohne Geld*) broke **3** (≈ *rein*) pure; *Hohn* utter **B** ADV *scheuern, polieren* till it shines; **~ poliert** brightly polished

Blankoscheck M̲ blank cheque *Br,* blank check *US* **Blankovollmacht** F̲ carte blanche

Bläschen N̲ MED small blister **Blase** F̲ **1** (≈ *Seifenblase, Luftblase*) bubble; (≈ *Sprechblase*) balloon; **~n ziehen** *Farbe* to blister **2** MED blister **3** ANAT bladder **4** *wirtschaftlich* bubble **Blasebalg** M̲ (pair of) bellows **blasen** **A** V̲/I̲ to blow **B** V̲/T̲ *Melodie, Posaune etc* to play **Blasenentzündung** F̲ cystitis **Blasenleiden** N̲ bladder trouble *ohne art* **Bläser(in)** M̲/F̲ MUS wind player; **die ~** the wind (section)

blasiert *pej geh* ADJ blasé **Blasiertheit** *pej geh* F̲ blasé attitude

Blasinstrument N̲ wind instrument **Blaskapelle** F̲ brass band **Blasmusik** F̲ brass band music

blass ADJ **1** *Haut, Licht* pale; **~ vor Neid werden** to go green with envy **2** *fig* faint; **ich habe keinen ~en Schimmer** *umg* I haven't a clue *umg* **Blässe** F̲ paleness; *von Haut* pallor

Blatt N̲ **1** BOT leaf **2** *Papier etc* sheet; **ein ~ Papier** a sheet *od* piece of paper **3** (≈ *Seite*) page; **das steht auf einem anderen ~** *fig* that's another story; **vom ~ singen/spielen** to sight-read **4**

(≈ *Zeitung*) paper **5** *von Messer, Ruder* blade **6** KART hand; **das ~ hat sich gewendet** *fig* the tables have been turned **blättern** V̲/I̲ **in etw** (*dat*) **~** to leaf through sth; *schnell* to flick through sth **Blätterteig** M̲ puff pastry **Blattgemüse** N̲ greens *pl form,* leaf vegetables *pl* **Blattgold** N̲ gold leaf **Blattgrün** N̲ chlorophyll **Blattlaus** F̲ greenfly **Blattsalat** M̲ green salad **Blattspinat** M̲ leaf spinach **Blattwerk** N̲ foliage

blau ADJ **1** blue; *Forelle etc* ~ GASTR trout *etc* au bleu; **ein ~es Auge** *umg* a black eye; **mit einem ~en Auge davonkommen** *fig* to get off lightly; **ein ~er Brief** SCHULE *letter informing parents that their child must repeat a year;* *von Hauswirt* notice to quit; **ein ~er Fleck** a bruise **2** *umg* (≈ *betrunken*) drunk **Blau** N̲ blue **blauäugig** ADJ blue-eyed; *fig* naïve **Blaubeere** F̲ bilberry, blueberry *esp US* **blaublütig** ADJ blue-blooded **Blaue(s)** N̲ **1** **das ~ vom Himmel (herunter) lügen** *umg* to tell a pack of lies **2** *ohne Ziel* **ins ~ hinein** *umg* at random; **eine Fahrt ins ~** a mystery tour **blaugrün** ADJ blue-green **Blauhelm(soldat)** M̲ UN soldier, blue helmet **Blaukraut** *österr, südd* N̲ red cabbage **bläulich** ADJ bluish **Blaulicht** N̲ *von Polizei etc* flashing blue light; **mit ~** with its blue light flashing **blaumachen** **A** V̲/I̲ to skip work **B** V̲/T̲ **den Freitag ~** to skip work on Friday **Blaumeise** F̲ bluetit **Blaupause** F̲ blueprint **Blausäure** F̲ prussic acid **Blazer** M̲, **Blazerjacke** F̲ blazer

Blech N̲ **1** (sheet) metal **2** (≈ *Blechstück*) metal plate **3** (≈ *Backblech*) baking sheet **4** *umg* (≈ *Unsinn*) nonsense *ohne art* **Blechblasinstrument** N̲ brass instrument **Blechdose** F̲ tin container; *bes für Konserven* tin *Br,* can **blechen** *umg* V̲/T̲ &̲ V̲/I̲ to cough up *umg* **Blechlawine** F̲ *umg* endless stream of traffic **Blechschaden** M̲ damage to the bodywork **Blechtrommel** F̲ tin drum **Blei** N̲ **1** lead **2** (≈ *Lot*) plumb

Bleibe F̲ **eine/keine ~ haben** to have somewhere/nowhere to stay **bleiben** V̲/I̲ **1** to stay, to remain; **unbeantwortet ~** to be left unanswered; **ruhig/still ~** to keep calm/quiet; **wach ~** to stay awake; **sitzen ~** to remain seated; **wo bleibt er**

B

so lange? *umg* where has he got to?; **das bleibt unter uns** that's (just) between ourselves **2** (≈ *übrig bleiben*) to be left; **es blieb keine andere Wahl** there was no other choice; **und wo bleibe ich?** and what about me?; **sieh zu, wo du bleibst!** you're on your own! *umg* **bleibend** ADJ Erinnerung etc lasting; *Schaden* permanent **bleiben lassen** VT *umg* (≈ *unterlassen*) etw ~ to give sth a miss *umg*; **das wirst du ganz schön ~** you'll do nothing of the sort!

bleich ADJ pale **bleichen** VT to bleach **Bleichgesicht** N paleface **Bleichmittel** N bleach

bleiern ADJ (≈ *aus Blei*) lead; *fig* leaden **bleifrei** ADJ *Benzin etc* unleaded **bleihaltig** ADJ containing lead; *Benzin etc* leaded **Bleikristall** N lead crystal **Bleistift** M pencil **Bleistiftabsatz** M stiletto heel **Bleistift(an)spitzer** M pencil sharpener

Blende F **1** (≈ *Lichtschutz*) shade, screen; AUTO (sun) visor; *an Fenster* blind **2** FOTO (≈ *Öffnung*) aperture **blenden** A VT to dazzle; (≈ *blind machen*) to blind B VI *Licht* to be dazzling; **~d weiß** dazzling white **blendend** A ADJ splendid; *Stimmung* sparkling B ADV splendidly; **es geht mir ~** I feel wonderful **blendfrei** ADJ dazzle-free *bes Br* **Blendschutz** M (≈ *Vorrichtung*) antidazzle device *Br*, antiglare device *US*

Blick M **1** look; (≈ *flüchtiger Blick*) glance; **auf den ersten ~** at first glance; **Liebe auf den ersten ~** love at first sight; **mit einem ~** at a glance; **~e miteinander wechseln** to exchange glances; **einen ~ auf etw** (akk) **tun** *od* **werfen** to throw a glance at sth, to have a look at sth **2** (≈ *Ausblick*) view; **ein Zimmer mit ~ auf den Park** a room overlooking the park; **etw aus dem ~ verlieren** to lose sight of sth **3** (≈ *Verständnis*) **einen (guten) ~ für etw haben** to have an eye *od* a good eye for sth **blicken** VI **1** to look (**auf** +*akk* at); *flüchtig* to glance (**auf** +*akk* at); **sich ~ lassen** to put in an appearance; **lass dich hier ja nicht mehr ~!** don't show your face here again! **2** etw ~ *umg* (≈ *begreifen*) to get sth *umg*; **es ~** to get it **Blickkontakt** M eye contact **Blickpunkt** M **im ~ der Öffentlichkeit stehen** to be in the public eye **Blickwinkel** M

angle of vision; *fig* viewpoint

blind A ADJ **1** blind (**für** to); *Alarm* false; **~ für etw sein** *fig* to be blind to sth; **~ geboren** blind from birth; **ein ~er Passagier** a stowaway **2** (≈ *getrübt*) dull; *Spiegel* clouded B ADV **1** (≈ *wahllos*) at random **2** (≈ *ohne zu überlegen*) blindly **3** (≈ *ohne zu sehen*) ~ **landen** FLUG to make a blind landing **Blindbewerbung** F unsolicited *od* speculative application **Blinddarm** M appendix **Blinddarmentzündung** F appendicitis **Blindenhund** M guide dog **Blindenleitlinie** F tactile path **Blindenschrift** F braille **Blindenstock** M xxx **Blinde(r)** M/F(M) blind person/man/woman *etc*; **die ~n** the blind; **das sieht doch ein ~r** *hum umg* any fool can see that **Blindflug** M blind flight **Blindgänger** M **1** FLUG MIL dud (shot) **Blindheit** F blindness; **mit ~ geschlagen sein** *fig* to be blind **Blindlandung** F blind landing **blindlings** ADV blindly **Blindschleiche** F slow-worm

blinken VI (≈ *funkeln*) to gleam; *Leuchtturm* to flash; AUTO to indicate **Blinker** M turn indicator *bes Br*, blinker *US* **Blinklicht** N flashing light; *umg* (≈ *Blinkleuchte*) indicator *bes Br*, turn signal *US* **Blinkzeichen** N signal **blinzeln** VI to blink; (≈ *zwinkern*) to wink; *geblendet* to squint

Blitz M **1** lightning *kein pl*, *kein unbest art*; (≈ *Blitzstrahl*) flash of lightning; **vom ~ getroffen werden** to be struck by lightning; **wie vom ~ getroffen** *fig* thunderstruck; **wie ein ~ aus heiterem Himmel** *fig* like a bolt from the blue; **wie der ~** *umg* like lightning **2** FOTO *umg* flash **Blitzableiter** M lightning conductor **blitzartig** A ADJ lightning *attr* B ADV *reagieren* like lightning; *verschwinden* in a flash **Blitzbesuch** *umg* M flying *od* lightning visit **Blitzeis** N rapidly-forming ice **blitzen** VI **1** *es* **blitzt** there is lightning; *Radarfalle* **hier wird geblitzt** there's a speed trap here B VI (≈ *strahlen*) to flash; *Gold, Zähne* to sparkle; **vor Sauberkeit ~** to be sparkling clean C VT *umg* *in Radarfalle* to flash **Blitzer** M *umg* (≈ *Radarfalle*) speed camera **Blitzgerät** N FOTO (electronic) flash **Blitzkrieg** M blitz-krieg **Blitzlicht** N FOTO flash(light)

blitzsauber ADJ **1** spick and span **2** österr, südd (≈ bildhübsch) (as) pretty as a picture **Blitzschlag** M flash of lightning; **vom ~ getroffen** struck by lightning **blitzschnell** A ADJ lightning attr B ADV like lightning; verschwinden in a flash **Blitzstrahl** M flash of lightning

Block M **1** block **2** (≈ Papierblock) pad; von Fahrkarten book **3** POL (≈ Staatenblock) bloc **Blockade** F (≈ Absperrung) blockade **Blockbuchstabe** M block capital **Blockflöte** F recorder; **~ spielen** to play the recorder **blockfrei** ADJ nonaligned **Blockhaus** N log cabin **Blockhütte** F log cabin **blockieren** A V/T (≈ sperren) to block; Verkehr to obstruct; Rad, Lenkung to lock B VI to jam; Bremsen, Rad etc to lock **Blocksatz** M justified setting **Blockschrift** F block capitals pl **Blockstunde** F SCHULE double period

blöd umg A ADJ (≈ dumm) stupid; Wetter terrible B ADV (≈ dumm) stupidly; **~ fragen** to ask stupid questions **Blödelei** umg F (≈ Albernheit) messing around umg; (≈ dumme Streiche) pranks pl **blödeln** umg VI to mess around umg; (≈ Witze machen) to make jokes **Blödheit** F (≈ Dummheit) stupidity **Blödmann** umg M stupid fool umg **Blödsinn** M (≈ Unsinn) nonsense; (≈ Unfug) stupid tricks pl; **~ machen** to mess around **blödsinnig** ADJ (≈ dumm) stupid, idiotic

Blog N/M INTERNET blog **bloggen** VI to blog **Blogger(in)** M(F) blogger **Blogosphäre** F blogosphere

blöken VI Schaf to bleat

blond ADJ Frau blonde; Mann blond, fair (-haired) **blondieren** VT to bleach **Blondine** F blonde

bloß A ADJ **1** (≈ unbedeckt) bare; **mit ~en Füßen** barefoot **2** (≈ alleinig) mere; Neid sheer; Gedanke, Anblick very B ADV only; **wie kann so etwas ~ geschehen?** how on earth can something like that happen?; **geh mir ~ aus dem Weg** just get out of my way **Blöße** geh F bareness; (≈ Nacktheit) nakedness; **sich (dat) eine ~ geben** fig to show one's ignorance **bloßstellen** VT j-n to show up; Betrüger to expose

Blouson M/N bomber jacket

Bluejeans F od PL (pair of) (blue) jeans pl

Bluff M bluff **bluffen** VT & VI to bluff

blühen VI Blume to (be in) bloom; Bäume to (be in) blossom; fig (≈ gedeihen) to flourish, to thrive; **das kann mir auch noch ~** umg that may happen to me too **blühend** ADJ blossoming; fig Aussehen radiant; Geschäft, Stadt flourishing, thriving; Fantasie vivid; Unsinn absolute; **~e Landschaften** green pastures

Blume F **1** flower **2** von Wein bouquet **Blumenbeet** N flowerbed **Blumenerde** F potting compost **Blumengeschäft** N florist's **Blumenhändler(in)** M(F) florist **Blumenkohl** M cauliflower **blumenreich** fig ADJ Stil etc flowery **Blumenstrauß** M bouquet od bunch of flowers **Blumentopf** M flowerpot **Blumenzwiebel** F bulb **blumig** ADJ flowery

Bluse F blouse

Blut N blood; **er kann kein ~ sehen** he can't stand the sight of blood; **böses ~** bad blood; **blaues ~ haben** (≈ adelig sein) to have blue blood; **etw im ~ haben** to have sth in one's blood; **(nur) ruhig ~** keep your shirt on umg; **j-n bis aufs ~ reizen** umg to make sb's blood boil; **frisches ~** fig new blood; **~ und Wasser schwitzen** umg to sweat blood; **~ stillend** → blutstillend **Blutalkohol (-gehalt)** M blood alcohol level **Blutarm** ADJ anaemic Br, anemic US **Blutarmut** F anaemia Br, anemia US **Blutbad** N bloodbath **Blutbank** F blood bank **Blutbild** N blood count **Blutdruck** M blood pressure **blutdrucksenkend** ADJ antihypertensive

Blüte F **1** von Blume flower, bloom; von Baum blossom; **in (voller) ~ stehen** to be in (full) bloom; Bäume to be in (full) blossom; Kultur, Geschäft to be flourishing **2** umg (≈ gefälschte Note) dud umg

Blutegel M leech **bluten** VI to bleed (an +dat od aus from); **mir blutet das Herz** my heart bleeds

Blütenblatt N petal **Blütenstaub** M pollen

Bluter M MED haemophiliac Br, hemophiliac US **Bluterguss** M haematoma Br fachspr, hematoma US fachspr; (≈ blauer Fleck) bruise **Bluterkrankheit** F haemophilia Br, hemophilia US

Blütezeit fig F heyday

Blutfleck M bloodstain **Blutgefäß** N blood vessel **Blutgerinnsel** N blood clot **Blutgruppe** F̲ blood group **Bluthochdruck** M̲ high blood pressure **blutig** ADJ **◻** bloody **◻** umg Anfänger absolute; Ernst unrelenting **blutjung** ADJ very young **Blutkonserve** F̲ unit of stored blood **Blutkörperchen** N̲ blood corpuscle **Blutkreislauf** M̲ blood circulation **Blutorange** F̲ blood orange **Blutplasma** N̲ blood plasma **Blutprobe** F̲ blood test; (≈ entnommenes Blut) blood sample **blutrünstig** ADJ bloodthirsty **Blutsauger(in)** M(F) bloodsucker **Blutsbruder** M̲ blood brother **Blutschande** F̲ incest **Blutsenkung** F̲ MED sedimentation of the blood **Blutspende** F̲ blood donation **Blutspender(in)** M(F) blood donor **Blutspur** F̲ trail of blood; **~en** traces of blood **blutstillend** A ADJ styptic **B** ADV **~ wirken** to have a styptic effect **blutsverwandt** ADJ related by blood **Blutsverwandte(r)** M(F/M) blood relation **Bluttat** F̲ bloody deed **Blutübertragung** F̲ blood transfusion **Blutung** F̲ bleeding kein pl; starke haemorrhage Br, hemorrhage US; monatliche period **blutunterlaufen** ADJ suffused with blood; Augen bloodshot **Blutvergießen** N̲ bloodshed kein unbest art **Blutvergiftung** F̲ blood poisoning kein unbest art **Blutverlust** M̲ loss of blood **Blutwurst** F̲ blood sausage **Blutzucker** M̲ blood sugar od glucose **Blutzuckermessgerät** N̲ blood glucose od sugar monitor **Blutzuckerspiegel** M̲ blood glucose od sugar level

BLZ F̲ ABK (≈ Bankleitzahl) (bank) sort code Br

BMI ABK (≈ Body-Mass-Index) BMI

BMX-Rad N̲ BMX bike

BND M̲ ABK (≈ Bundesnachrichtendienst) Federal Intelligence Service

Bö F̲ gust (of wind); stärker, mit Regen squall

boarden V̲I̲ **◻** sl to go snowboarding **◻** FLUG (≈ an Bord gehen) to board

Bob M̲ bob(sleigh) Br, bobsled

Bock¹ M̲ **◻** buck; (≈ Schafsbock) ram; (≈ Ziegenbock) billy goat; **sturer ~** umg stubborn old devil umg **◻** (≈ Gestell) stand; (≈ Sägebock) sawhorse sg **◻** (≈ Lust, Spaß) **null ~!** I don't feel like it; **~ auf etw** (akk) **haben** to fancy sth bes Br umg; **~ haben, etw zu tun** to fancy do-

ing sth bes Br umg

Bock² N̲/M̲ bock (beer) (type of strong beer)

bocken V̲I̲ **◻** Pferd to refuse **◻** umg (≈ trotzen) to act up umg **bockig** ADJ umg awkward **Bockmist** umg M̲ **◻** (≈ dummes Gerede) bullshit sl; **~ machen** to make a big blunder umg **Bockshorn** N̲ **sich von j-m ins ~ jagen lassen** to let sb upset one **Bockspringen** N̲ leapfrog; SPORT vaulting **Bockwurst** F̲ bockwurst (type of sausage)

Boden M̲ **◻** (≈ Erde) ground; (≈ Fußboden) floor; (≈ Grundbesitz) land; (≈ auf spanischem ~ on Spanish soil; **festen ~ unter den Füßen haben** to be on firm ground; **am ~ zerstört sein** umg to be devastated; (an) ~ **gewinnen/verlieren** fig to gain/lose ground; **etw aus dem ~ stampfen** fig to conjure sth up out of nothing; **auf fruchtbaren ~ fallen** fig to fall on fertile ground; **auf dem ~ der Tatsachen bleiben** to stick to the facts **◻** von Behälter bottom **◻** (≈ Dachboden) loft **Bodenbelag** M̲ floor covering **Bodenfrost** M̲ ground frost **bodengestützt** ADJ Flugkörper ground-launched **Bodenhaftung** F̲ AUTO road holding kein unbest art **Bodenhaltung** F̲ AGR **„aus ~"** "free-range" **Bodenkontrolle** F̲ RAUMF ground control **bodenlos** ADJ bottomless; umg (≈ unerhört) incredible **Bodennebel** M̲ ground mist **Bodenpersonal** N̲ FLUG ground personnel pl **Bodenprobe** F̲ soil sample **Bodenschätze** PL mineral resources pl **Bodensee** M̲ **der ~** Lake Constance **bodenständig** ADJ (≈ lang ansässig) long-established; fig (≈ unkompliziert) down-to-earth **Bodenstation** F̲ **◻** FLUG ground control **◻** für Satellit etc tracking od earth station **Bodenturnen** N̲ floor exercises pl

Body M̲ body **Bodybuilding** N̲ bodybuilding; **~ machen** to do bodybuilding exercises **Bodyguard** M̲ (≈ Leibwächter) bodyguard

Body-Mass-Index M̲ body mass index **Bogen** M̲ **◻** (≈ gekrümmte Linie) curve; (≈ Kurve) bend; MATH arc; SKI turn; **einen ~ machen** Fluss etc to curve; **einen großen ~ um j-n/etw machen** (≈ meiden) to keep well clear of sb/sth **◻** ARCH arch **◻** (≈ Waffe, Geigenbogen) bow; **den ~ überspannen** fig to go too far **◻** (≈ Pa-

pierbogen) sheet (of paper) **Bogengang** M ARCH arcade **Bogenschießen** N archery **Bogenschütze** M, **Bogenschützin** F archer

Bohle F (thick) board; BAHN sleeper

Böhmen N Bohemia **böhmisch** ADJ Bohemian; **das sind für mich ~e Dörfer** *umg* that's all Greek to me *umg*

Bohne F bean; **dicke/grüne ~n** broad/ green *od* French *od* runner beans; **weiße ~n** haricot beans Br, string *od* navy beans US; **nicht die ~** *umg* not one little bit **Bohneneintopf** M bean stew **Bohnenkaffee** M real coffee; **gemahlener ~** ground coffee **Bohnenstange** F bean support; *fig umg* beanpole *umg*

bohren A VT to bore; **mit Bohrer** to drill **B** VI **1** to bore **(nach für)**; **in der Nase ~** to pick one's nose **2** *fig* (≈*drängen*) to keep on; *Schmerz, Zweifel etc* to gnaw **C** VR **sich in/durch etw** (*akk*) **~** to bore its way into/through sth **bohrend** *fig* ADJ *Blick* piercing; *Schmerz, Zweifel* gnawing; *Frage* probing **Bohrer** M drill **Bohrinsel** F drilling rig **Bohrloch** N borehole; *in Holz, Metall etc* drill hole **Bohrmaschine** F drill **Bohrturm** M derrick **Bohrung** F **1** (≈*das Bohren*) boring; *mit Bohrer* drilling **2** (≈*Loch*) bore(hole); *in Holz, Metall etc* drill hole

böig ADJ gusty; *stärker, mit Regen* squally

Boiler M (hot-water) tank

Boje F buoy

Bolivien N Bolivia

Bolzen M TECH pin; (≈*Geschoss*) bolt

Bolzplatz M *piece of ground where children play football*

bombardieren VT to bomb; *fig* to bombard **Bombardierung** F bombing; *fig* bombardment

bombastisch A ADJ *Sprache* bombastic; *Aufwand* ostentatious **B** ADV (≈*schwülstig*) bombastically; (≈*pompös*) ostentatiously

Bombe F bomb; **wie eine ~ einschlagen** to come as a (real) bombshell **Bombenalarm** M bomb scare **Bombenangriff** M bomb attack **Bombenanschlag** M bomb attack **Bombenattentat** N bomb attempt **Bombendrohung** F bomb threat *od* scare **Bombenerfolg** *umg* M smash hit *umg* **Bombengeschäft** *umg* N **ein ~ machen** to do a roaring trade (**mit**

in) **Bombenleger(in)** M|F| bomber **bombensicher** ADJ **1** MIL bombproof **2** *umg* dead certain *umg* **Bombenstimmung** F *umg* terrific atmosphere **Bombentrichter** M bomb crater **Bomber** M bomber **Bomberjacke** F bomber jacket

bombig ADJ *umg* terrific, great

Bon M voucher, coupon; (≈*Kassenzettel*) receipt

Bonbon N|M sweet Br, candy US

Bond M FIN bond; **festverzinsliche ~s** *pl* fixed-income bonds *pl* **Bondmarkt** M FIN bond market

Bong M|F *Wasserpfeife* bong

Bonus M bonus **Bonusheft** N MED *book recording regular check-ups which qualify patients for higher insurance payouts for certain dental treatments* **Bonusmeile** F FLUG bonus *od* air mile **Bonuspunkt** M **1** (≈*Pluspunkt*) plus point **2** *bei Rabattsystem* bonus point **Bonuszahlung** F *für Manager* bonus (payment)

Bonze *pej* M bigwig *umg*

Boom M boom **boomen** VI to boom

Boot N boat; **~ fahren** to go boating; **wir sitzen alle in einem ~** *fig* we're all in the same boat

booten VI IT to boot up

Boots PL *Stiefel* ankle boots *pl*

Bootsfahrt F boat trip **Bootsflüchtlinge** PL boat people **Bootshaus** N boathouse **Bootsverleih** M boat hire Br, boat rental US

Bord¹ **an ~** on board; **alle Mann an ~!** all aboard!; **an ~ gehen** to go on board; **Mann über ~!** man overboard!; **über ~ werfen** to throw overboard

Bord² N (≈*Wandbrett*) shelf

Bordbistro N BAHN buffet (car) Br, lounge *od* dinette car US **Bordbuch** N log(book) **Bordcomputer** M on-board computer

Bordell N brothel

Bordfunker(in) M|F| SCHIFF, FLUG radio operator **Bordkante** F kerb Br, curb US **Bordkarte** F boarding pass **Bordpersonal** N FLUG flight crew; **das ~ wartet auf Anweisungen des Kapitäns** the flight crew are *od* (seltener) is waiting for instructions from the captain **Bordrestaurant** N BAHN dining car Br, restaurant car **Bordstein** M kerb Br, curb US

B

borgen V̲T̲ & V̲I̲ **1** (≈ erhalten) to borrow **(von** from) **2** (≈ geben) to lend (**j-m etw** sb sth, **sth to sb**)

Borke F̲ bark

borniert A̲D̲J̲ bigoted

Borreliose F̲ MED Lyme disease

Börse F̲ (≈ Wertpapierhandel) stock market; Ort stock exchange; **an die ~ gehen** to be floated on the stock exchange **Börsenaufsicht** F̲ Behörde stock market regulator **Börsenbericht** M̲ stock market report **Börsengang** M̲ stock market flotation **Börsengeschäft** N̲ (≈ Wertpapierhandel) stockbroking; (≈ Transaktion) stock market transaction **Börsenkrach** M̲ stock market crash **Börsenkurs** M̲ stock market price **Börsenmakler(in)** M̲/F̲ stockbroker **Börsenspekulation** F̲ speculation on the stock market **Börsentendenz** F̲ stock market trend **Börsenverkehr** M̲ stock market dealings pl **Börsianer(in)** umg M̲/F̲ (≈ Makler) broker; (≈ Spekulant) speculator

Borste F̲ bristle **borstig** A̲D̲J̲ bristly; fig snappish

Borte F̲ braid trimming

bösartig A̲D̲J̲ Mensch, Wesen malicious; Tier vicious; MED Geschwür malignant

Böschung F̲ embankment; von Fluss bank

böse A̲ A̲D̲J̲ **1** bad; umg (≈ unartig) naughty; Überraschung nasty; **das war keine ~ Absicht** there was no harm intended; **~ Folgen** dire consequences **2** (≈ verärgert) angry (+dat od **auf** +akk od **mit** with), mad **B** A̲D̲V̲ nastily; verprügeln badly; **es sieht ~ aus** it looks bad **Böse(r)** M̲/F̲(M̲) wicked od evil person; FILM, THEAT villain, baddy umg **Böse(s)** N̲ evil; (≈ Schaden, Leid) harm; **ich habe mir gar nichts ~s dabei gedacht** I didn't mean any harm **Bösewicht** hum M̲ villain **boshaft** A̲ A̲D̲J̲ malicious **B** A̲D̲V̲ grinsen maliciously **Bosheit** F̲ malice; Bemerkung malicious remark

Bosnien N̲ Bosnia; **~ und Herzegowina** Bosnia-Herzegovina **Bosnier(in)** M̲/F̲ Bosnian **bosnisch** A̲D̲J̲ Bosnian

Bosporus M̲ **der ~** the Bosporus

Boss umg M̲ boss umg

böswillig A̲ A̲D̲J̲ malicious; **in ~er Absicht** with malicious intent **B** A̲D̲V̲ maliciously

Botanik F̲ botany **Botaniker(in)** M̲/F̲ botanist **botanisch** A̲D̲J̲ botanic

Bote M̲, **Botin** F̲ messenger; (≈ Kurier) courier **Botschaft** F̲ **1** (≈ Mitteilung) message; (≈ Neuigkeit) (piece of) news **2** POL (≈ Vertretung) embassy **Botschafter(in)** M̲/F̲ ambassador

Botsuana N̲ Botswana

Böttcher M̲ cooper

Bottich M̲ tub

Botulismus M̲ MED botulism

Bougainvillea F̲ BOT bougainvillea

Bouillon F̲ bouillon **Bouillonwürfel** M̲ bouillon cube

Bouldern N̲ SPORT Klettern an Felsblöcken bouldering

Boulevard M̲ boulevard, avenue **Boulevardblatt** umg N̲ a. pej tabloid **Boulevardpresse** umg F̲ popular press **Boulevardtheater** N̲ light theatre Br, light theater US **Boulevardzeitung** F̲ popular daily Br, tabloid a. pej

Boutique F̲ boutique

Bowle F̲ (≈ Getränk) punch

Bowling N̲ (tenpin) bowling **Bowlingbahn** F̲ bowling alley **Bowlingkugel** F̲ bowling ball

Box F̲ **1** (≈ abgeteilter Raum) compartment; für Pferde box; in Großgarage (partitioned-off) parking place; für Rennwagen pit **2** (≈ Behälter) box **3** (≈ Lautsprecherbox) speaker (unit)

boxen A̲ V̲I̲ SPORT to box; **gegen j-n ~** to fight sb **B** V̲T̲ (≈ schlagen) to punch; **sich nach oben ~** fig umg to fight one's way up **Boxen** N̲ SPORT boxing

Boxenstopp M̲ pit stop

Boxer M̲ (≈ Hund) boxer **Boxer(in)** M̲/F̲ (≈ Sportler) boxer **Boxershorts** P̲L̲ boxer shorts pl **Boxhandschuh** M̲ boxing glove **Boxkampf** M̲ fight, bout **Boxring** M̲ boxing ring

Boxspringbett N̲ box spring

Boygroup F̲ boy band, boy group bes US

Boykott M̲ boycott **boykottieren** V̲T̲ to boycott

BPOL F̲ A̲B̲K̲ (= Bundespolizei) Federal Police

Brachland N̲ fallow (land) **brachliegen** V̲I̲ to lie fallow; fig to be left unexploited

Brainstorming N̲ brainstorming; Sitzung brainstorming session

Branche F̲ (≈ *Fach*) field; (≈ *Gewerbe*) trade; (≈ *Geschäftszweig*) area of business; (≈ *Wirtschaftszweig*) (branch of) industry **Branchenbuch** N̲ classified directory, Yellow Pages® *sg* **Branchenführer(in)** M̲F̲ market leader **Branchenverzeichnis** N̲ classified directory, Yellow Pages® *sg*

Brand M̲ **1** (≈ *Feuer*) fire; **in ~ geraten** to catch fire; **etw in ~ setzen** *od* **stecken** to set fire to sth; **einen ~ legen** to set a fire **2** *fig umg* (≈ *großer Durst*) raging thirst **brandaktuell** A̲D̲J̲ latest; **~e Themen** the latest topics **Brandanschlag** M̲ arson attack **Brandblase** F̲ (burn) blister **Brandbombe** F̲ firebomb, incendiary device

branden V̲I̲ *a. fig* to surge; **an** *od* **gegen etw** (*akk*) **~** to break against sth

Brandenburg N̲ Brandenburg

Brandfleck M̲ burn **Brandgefahr** F̲ danger of fire; *fig* source of the fire; *fig* source **brandmarken** V̲T̲ to brand; *fig* to denounce **brandneu** *umg* A̲D̲J̲ brand-new **Brandrodung** F̲ slash-and-burn clearance **Brandschutz** M̲ protection against fire **Brandstifter(in)** M̲F̲ fire raiser *bes Br*; *bes* J̲U̲R̲ arsonist **Brandstiftung** F̲ arson

Brandung F̲ surf

Brandursache F̲ cause of (the) fire **Brandwunde** F̲ burn; *durch Flüssigkeit* scald **Brandzeichen** N̲ brand

Branntwein M̲ spirits *pl* **Branntweinbrennerei** F̲ distillery **Branntweinsteuer** F̲ tax on spirits

Brasilianer(in) M̲F̲ Brazilian **brasilianisch** A̲D̲J̲ Brazilian **Brasilien** N̲ Brazil

Bratapfel M̲ baked apple **braten** A̲ V̲T̲ & V̲I̲ to roast; *im Ofen* to bake; *in der Pfanne* to fry **B** V̲I̲ *umg in der Sonne* to roast *umg* **Braten** M̲ ≈ pot roast meat *kein unbest art, kein pl*; *im Ofen gebraten* joint *Br*, roast; **kalter ~** cold meat; **den ~ riechen** *umg* to smell a rat *umg* **Bratensoße** F̲ gravy **bratfertig** A̲D̲J̲ oven-ready **Bratfisch** M̲ fried fish **Brathähnchen** N̲, **Brathendl** *österr* N̲, *südd* N̲ roast chicken **Brathering** M̲ fried herring (*sold cold*) **Brathuhn** N̲ roast chicken; (≈ *Huhn zum Braten*) roasting chicken **Bratkartoffeln** P̲L̲ sauté potatoes *pl* **Bratofen** M̲ oven **Bratpfanne** F̲ frying pan **Bratröhre** F̲ ov-

en **Bratrost** M̲ grill

Bratsche F̲ (≈ *viola*) viola; **~ spielen** to play the viola

Bratspieß M̲ skewer; (≈ *Teil des Grills*) spit; (≈ *Gericht*) kebab **Bratwurst** F̲, **Bratwürstchen** N̲ (fried) sausage

Brauch M̲ custom, tradition; **etw ist ~** sth is traditional

brauchbar A̲D̲J̲ (≈ *benutzbar*) us(e)able; *Plan* workable; (≈ *nützlich*) useful **brauchen** A̲ V̲T̲ **1** (≈ *nötig haben*) to need (**für, zu** for); **Zeit ~** to need time; **wie lange braucht man, um …?** how long does it take to …? **2** *umg* (≈ *nützlich finden*) **das könnte ich ~** I could do with that **3** (≈ *benutzen*), *a. umg* (≈ *verbrauchen*) to use; → **gebraucht** **B** V̲/A̲U̲X̲ to need; **du brauchst das nicht tun** you don't have *od* need to do that **Brauchtum** N̲ customs *pl*, traditions *pl*

Braue F̲ (eye)brow

brauen V̲T̲ *Bier* to brew **Brauer(in)** M̲F̲ brewer **Brauerei** F̲ brewery

braun A̲D̲J̲ brown; **~ gebrannt** (sun)tanned **Bräune** F̲ (≈ *braune Färbung*) brown(ness); *von Sonne* (sun)tan **bräunen** A̲ V̲T̲ G̲A̲S̲T̲R̲ to brown; *Sonne etc* to tan **B** V̲T̲ **sich in der Sonne ~ lassen** to get a (sun)tan **braungebrannt** A̲D̲J̲ → braun **braunhaarig** A̲D̲J̲ brown-haired; *Frau a.* brunette **Braunkohle** F̲ brown coal **bräunlich** A̲D̲J̲ brownish

Braunschweig N̲ Brunswick

Brause F̲ **1** (≈ *Dusche*) shower **2** *an Gießkanne* rose **3** (≈ *Getränk*) pop, soda *US*; (≈ *Limonade*) (fizzy) lemonade; (≈ *Brausepulver*) sherbet **brausen** V̲I̲ **1** (≈ *tosen*) to roar; *Beifall* to thunder **2** (≈ *rasen*) to race **3** (≈ *duschen*) to (have a) shower **Brausepulver** N̲ sherbet **Brausetablette** F̲ effervescent tablet

Braut F̲ **1** bride **2** *sl* (≈ *Frau*) bird *bes Br umg*, chick *bes US umg* **Bräutigam** M̲ (bride)groom **Brautjungfer** F̲ bridesmaid **Brautkleid** N̲ wedding dress **Brautpaar** N̲ bride and (bride)groom

brav A̲ A̲D̲J̲ **1** (≈ *gehorsam*) good; **sei schön ~!** be a good boy/girl **2** (≈ *bieder*) plain **B** A̲D̲V̲ **~ seine Pflicht tun** to do one's duty without complaining

bravo I̲N̲T̲ well done; *für Künstler* bravo **Bravoruf** M̲ cheer

BRD F̲ A̲B̲K̲ (= Bundesrepublik Deutschland) FRG

Break N̲/M̲ *Tennis* break

B

Brechbohnen P̲L̲ French beans pl **Brecheisen** N̲ crowbar **brechen** Ⓐ V̲/T̲ **1** to break; *Widerstand* to overcome; *Licht* to refract; **sich/j-m den Arm ~** to break one's/sb's arm **2** (≈ *erbrechen*) to bring up Ⓑ V̲/I̲ **1** to break; **mir bricht das Herz** it breaks my heart; **~d voll sein** to be full to bursting **2 mit j-m/etw ~** to break with sb/sth **3** (≈ *sich erbrechen*) to be sick Ⓒ V̲/R̲ *Wellen* to break; *Lichtstrahl* to be refracted **Brechmittel** N̲ emetic; **er/das ist das reinste ~ (für mich)** he/it makes me feel sick **Brechreiz** M̲ nausea **Brechstange** F̲ crowbar

Brei M̲ mush, paste; (≈ *Haferbrei*) porridge; (≈ *Grießbrei*) semolina; **j-n zu ~ schlagen** *umg* to beat sb to a pulp *umg*; **um den heißen ~ herumreden** *umg* to beat about the bush *Br umg*, to beat around the bush *umg*

breit Ⓐ A̲D̲J̲ **1** broad; *Publikum, Angebot* wide; **die ~e Masse** the masses *pl*; **die ~e Öffentlichkeit** the public at large **2** *umg betrunken* high Ⓑ A̲D̲V̲ **~ gebaut** sturdily built; **ein ~ gefächertes Angebot** a wide range **Breitbandanschluss** M̲ broadband (connection); **wir haben zu Hause ~** we have broadband at home **Breitbandkabel** N̲ broadband cable **Breitbandnetz** N̲ TEL broadband (communications) network **breitbeinig** A̲D̲V̲ with one's legs apart **Breite** F̲ **1** breadth; *bes bei Maßangaben* width; *von Angebot* breadth; **in die ~ gehen** *umg* (≈ *dick werden*) to put on weight **2** GEOG latitude; **in südliche~n fahren** *umg* to travel to more southerly climes; **20° nördlicher ~** 20° north **breiten** V̲/T̲ & V̲/R̲ to spread **Breitengrad** M̲ (degree of) latitude **Breitenkreis** M̲ parallel **Breitensport** M̲ popular sport **breitgefächert** A̲D̲J̲ → breit **breitmachen** V̲/R̲ *umg Mensch* to make oneself at home; *Gefühl etc* to spread; **mach dich doch nicht so breit!** don't take up so much room **breitschlagen** *umg* V̲/T̲ **j-n (zu etw) ~** to talk sb round (to sth) *Br*, to talk sb around (to sth) *US*; **sich ~ lassen** to let oneself be talked round *Br*, to let oneself be talked around *US* **breitschult(e)rig** A̲D̲J̲ broad-shouldered **Breitseite** F̲ SCHIFF, *a. fig* broadside **breitspurig** Ⓐ A̲D̲J̲ *Bahn*

broad-gauge *attr*; *Straße* wide-laned Ⓑ A̲D̲V̲ *fig* **~ reden** to speak in a showy manner **breittreten** *umg* V̲/T̲ to go on about *umg* **Breitwandfilm** M̲ wide-screen movie

Bremen N̲ Bremen

Bremsbelag M̲ brake lining **Bremse¹** F̲ *bei Fahrzeugen* brake **Bremse²** F̲ (≈ *Insekt*) horsefly **bremsen** Ⓐ V̲/I̲ **1** to brake **2** *umg* (≈ *zurückstecken*) **mit etw ~** to cut down (on) sth Ⓑ V̲/T̲ **1** *Fahrzeug* to brake **2** *fig* to restrict; *Entwicklung* to slow down; **er ist nicht zu ~** *umg* there's no stopping him **Bremsflüssigkeit** F̲ brake fluid **Bremskraft** F̲ braking power **Bremskraftverstärker** M̲ servo brake **Bremslicht** N̲ brake light **Bremspedal** N̲ brake pedal **Bremsscheibe** F̲ brake disc **Bremsspur** F̲ skid mark *mst pl* **Bremsung** F̲ braking **Bremsweg** M̲ braking distance

brennbar A̲D̲J̲ inflammable **Brennelement** N̲ fuel element **brennen** Ⓐ V̲/I̲ to burn; *Glühbirne etc* to be on; *Zigarette* to be alight; *Stich* to sting; **in den Augen ~** to sting the eyes; **das Licht ~ lassen** to leave the light on; **es brennt!** fire, fire!; **wo brennt's denn?** *umg* what's the panic?; **darauf ~, etw zu tun** to be dying to do sth Ⓑ V̲/T̲ to burn; *Branntwein* to distil *Br*, to distill *US*; *Kaffee* to roast; *Ton* to fire; **eine CD ~** to burn a CD **brennend** Ⓐ A̲D̲J̲ burning; *Zigarette* lighted Ⓑ A̲D̲V̲ *umg* (≈ *sehr*) terribly; *interessieren* really **Brenner** M̲ TECH burner; *für CDs* CD burner **Brennerei** F̲ distillery **Brennholz** N̲ firewood **Brennnessel** F̲ stinging nettle **Brennofen** M̲ kiln **Brennpunkt** M̲ *Optik, a.* MATH focus; **im ~ des Interesses stehen** to be the focal point **Brennpunktschule** F̲ problem school **Brennstab** M̲ fuel rod **Brennstoff** M̲ fuel **Brennstoffzelle** F̲ fuel cell

brenzlig *umg* A̲D̲J̲ *Situation* precarious; **die Sache wurde ihm zu ~** things got too hot for him *umg*

Bretagne F̲ **die ~** Brittany

Brett N̲ **1** board; (≈ *Regalbrett*) shelf; **Schwarzes ~** notice board *Br*, bulletin board *US*; **ich habe heute ein ~ vor dem Kopf** *umg* I can't think straight today **2 ~er** *pl fig* (≈ *Bühne*) stage, boards *pl*; (≈ *Skier*) planks *pl umg* **brettern** *umg*

Ⅶ to race (along) **Bretterzaun** M̄ wooden fence **Brettspiel** N̄ board game

Brexit M̄ _Ausstieg Großbritanniens aus der EU_ Brexit

Brezel F̄ pretzel

Brie M̄ _Käsesorte_ brie

Brief M̄ letter (**an** akk to); BIBEL epistle **Briefbogen** M̄ sheet of writing paper **Briefbombe** F̄ letter bomb **briefen** Ⅶ (≈ _informieren_) to brief **Brieffreund(in)** M/F pen friend; _im Internet_ e-friend **Briefkasten** M̄ _am Haus_ letter box _Br_, mailbox _US_; _der Post_ postbox _Br_, mailbox _US_; **elektronischer ~** IT electronic mailbox **Briefkastenfirma** F̄ _umg_ fictitious company **Briefkopf** M̄ letterhead **brieflich** ADJ & ADV by letter **Briefmarke** F̄ stamp **Briefmarkensammlung** F̄ stamp collection **Brieföffner** M̄ letter opener **Briefpapier** N̄ writing paper **Brieftasche** F̄ 🄵 wallet; _US auch_ billfold, pocketbook 🄶 _österr_ (≈ _Geldbörse_) wallet; _für Frauen_ purse _Br_, wallet _US_ **Brieftaube** F̄ carrier pigeon **Briefträger** M̄ postman _Br_, mail carrier _US_, mailman _US_ **Briefträgerin** F̄ postwoman _Br_, mailwoman _US_, mail carrier _US_ **Briefumschlag** M̄ envelope **Briefwaage** F̄ letter scales _pl_ **Briefwahl** F̄ postal vote **Briefwechsel** M̄ correspondence

▶ **Brieftasche ≠ briefcase**

Brieftasche	=	**wallet, billfold** _US_
briefcase	=	Aktentasche

◀

Brigade F̄ MIL brigade **brillant** 🄰 ADJ brilliant 🄱 ADV brilliantly **Brillant** M̄ diamond **Brillantring** M̄ diamond ring **Brille** F̄ 🄵 _Optik_ glasses _pl_; (≈ _Schutzbrille_) goggles _pl_; **eine ~** a pair of glasses; **~ tragen** to wear glasses 🄶 (≈ _Klosettbrille_) (toilet) seat **Brillenetui** N̄ glasses case **Brillenglas** N̄ lens **bringen** Ⅶ 🄵 (≈ _herbringen_) to bring; **sich** (_dat_) **etw ~ lassen** to have sth brought to one; **j-m etw ~** to get sb sth; **etw an sich** (_akk_) **~** to acquire sth 🄶 (≈ _woanders hinbringen_) to take; **j-n nach Hause ~** to take sb home; **etw**

hinter sich (_akk_) **~** to get sth over and done with 🄷 (≈ _einbringen_) _Gewinn_ to bring in, to make; (_j-m_) **Glück/Unglück ~** to bring (sb) luck/bad luck; **das bringt nichts** _umg_ it's pointless 🄸 **j-n zum Lachen/Weinen ~** to make sb laugh/cry; **j-n dazu ~, etw zu tun** to get sb to do sth, to make sb do sth 🄹 _Zeitung_ to print; (≈ _senden_) _Bericht etc_ to broadcast; (≈ _aufführen_) _Stück_ to do 🄺 (≈ _schaffen, leisten_) **das bringt er nicht** he's not up to it; **das Auto bringt 220 km/h** _umg_ the car can do 220 km/h; **der Motor bringts nicht mehr** the engine has had it _umg_ 🄻 **es zu etwas/nichts ~** to get somewhere/nowhere; **er hat es bis zum Direktor gebracht** he made it to director; **j-n um etw ~** to do sb out of sth; **das bringt mich noch um den Verstand** it's driving me crazy **Bringer** _umg_ M̄ _Sache_ the cat's whiskers _umg_; _Person_ the bee's knees _umg_; **das ist auch nicht gerade der ~** it's not exactly brilliant; **er ist auch nicht der ~** he's the bee's knees (himself)

▶ **bringen: take, bring oder get?**

irgendwohin bringen	**to take**
herbringen	**to bring**
holen, herbringen	**to get, to fetch**
Er wurde ins Krankenhaus gebracht.	**He was taken to (US to the) hospital.**
Bringen Sie mir bitte noch ein Glas Bier.	**Would you bring me another glass of beer, please?**
Würdest du mir bitte die Brille bringen?	**Would you fetch me my glasses, please?**

◀

brisant ADJ explosive **Brisanz** _fig_ F̄ explosive nature; **ein Thema von äußerster ~** an extremely explosive subject **Brise** F̄ breeze

Brite M̄, **Britin** F̄ Briton, Brit _umg_; **er ist ~** he is British; **die ~n** the British **britisch** ADJ British; **die Britischen Inseln** the British Isles

bröckelig ADJ crumbly **bröckeln** Ⅶ _Haus, Fassade_ to crumble; _Preise, Kurse_ to tumble **Brocken** M̄ lump, chunk; _umg Person_ lump _umg_; **ein paar ~ Spanisch** a smattering of Spanish; **ein har-**

B

ter ~ (≈ *Person*) a tough cookie *umg*; (≈ *Sache*) a tough nut to crack
brodeln V̄ī to bubble; *Dämpfe* to swirl; **es brodelt** *fig* there is seething unrest
Broker(in) M̄/F̄ BÖRSE (stock)broker
Brokkoli P̄L̄ broccoli *sg*
Brom N̄ bromine
Brombeere F̄ blackberry, bramble
Bronchialkatarrh M̄ bronchial catarrh **Bronchie** F̄ bronchial tube **Bronchitis** F̄ bronchitis
Bronze F̄ bronze **Bronzemedaille** F̄ bronze medal **Bronzezeit** F̄ Bronze Age
Brosche F̄ brooch
Broschüre F̄ brochure, booklet
Brösel M̄ crumb
Brot N̄ bread *kein pl*; (≈ *Laib*) loaf (of bread); (≈ *Scheibe*) slice (of bread); (≈ *Butterbrot*) (slice of) bread and butter *ohne art, kein pl*; (≈ *Stulle*) sandwich; **belegte ~e** open sandwiches *Br*, open-face sandwiches *US* **Brotaufstrich** M̄ spread **Brotbackautomat** M̄, **Brotbackmaschine** F̄ breadmaker, bread machine **Brotbelag** M̄ topping (*for bread*) **Brötchen** N̄ roll; **(sich dat) seine ~ verdienen** *umg* to earn one's living **Brotkorb** M̄ bread basket **Brotmesser** N̄ bread knife **Brotrinde** F̄ crust **Brotschneidemaschine** F̄ bread slicer **Brotzeit** F̄ *südd* (≈ *Pause*) tea break *Br*, snack break *US*
browsen V̄ī IT to browse **Browser** M̄ IT browser
Bruch M̄ 1 (≈ *Bruchstelle*) break; *in Porzellan etc* crack; **zu ~ gehen** to get broken 2 *fig von Vertrag, Eid etc* breaking; *mit Vergangenheit, Partei* break; *des Vertrauens* breach; **in die Brüche gehen** *Ehe, Freundschaft* to break up 3 MED fracture; (≈ *Eingeweidebruch*) hernia 4 MATH fraction 5 *sl* (≈ *Einbruch*) break-in **Bruchbude** *pej* F̄ hovel **brüchig** A̅D̅J̅ *Material, Knochen* brittle; *Mauerwerk* crumbling; *fig Stimme* cracked **Bruchlandung** F̄ crash-landing; **eine ~ machen** to crash-land **bruchrechnen** V̄ī to do fractions **Bruchrechnung** F̄ fractions *sg od pl* **Bruchstelle** F̄ break **Bruchstrich** M̄ MATH line (of a fraction) **Bruchstück** N̄ fragment **bruchstückhaft** A̅ A̅D̅J̅ fragmentary B̅ A̅D̅V̅ in a fragmentary way **Bruchteil** M̄ fraction; **im ~ einer Sekunde** in a

split second **Bruchzahl** F̄ fraction
Brücke F̄ 1 bridge; **alle ~n hinter sich** (*dat*) **abbrechen** *fig* to burn one's bridges 2 (≈ *Zahnbrücke*) bridge 3 (≈ *Teppich*) rug **Brückenjahr** N̄ gap year **Brückenkopf** M̄ bridgehead **Brückenpfeiler** M̄ (bridge) pier **Brückentag** M̄ extra day off (*taken between two public holidays or a public holiday and a weekend*)
Bruder M̄ 1 brother; **unter Brüdern** *umg* between friends 2 (≈ *Mönch*) friar, brother 3 *umg* (≈ *Mann*) guy *umg* **brüderlich** A̅ A̅D̅J̅ fraternal B̅ A̅D̅V̅ like brothers; **~ teilen** to share and share alike **Brüderschaft** F̄ (≈ *Freundschaft*) close friendship; **mit j-m ~ trinken** to agree over a drink to use the familiar "du"
Brühe F̄ (≈ *Suppe*) (clear) soup; *als Suppengrundlage* stock; *pej* (≈ *schmutzige Flüssigkeit*) sludge; (≈ *Getränk*) muck *umg* **brühwarm** *umg* A̅D̅V̅ **er hat das sofort ~ weitererzählt** he promptly went away and spread it around **Brühwürfel** M̄ stock cube
brüllen A̅ V̄ī to shout, to roar; *pej* (≈ *laut weinen*) to bawl; **er brüllte vor Schmerzen** he screamed with pain; **vor Lachen ~** to roar with laughter; **das ist zum Brüllen** *umg* it's a scream *umg* B̅ V̄/t̄ to shout, to roar **Brüller** *umg* M̄ **ein ~ sein** *Witz, Film etc* to be a scream *umg*, to be a hoot *umg*; *Schlager* to be brilliant *od* wicked *Br sl*
brummen A̅ V̄ī 1 *Insekt* to buzz; *Motor* to drone; **mir brummt der Kopf** my head is throbbing 2 *Wirtschaft, Geschäft* to boom B̅ V̄/t̄ (≈ *brummeln*) to mumble, to mutter **Brummer** M̄ (≈ *Schmeißfliege*) bluebottle **Brummi** M̄ *umg* (≈ *Lastwagen*) lorry *Br*, truck **brummig** A̅D̅J̅ grumpy **Brummschädel** *umg* M̄ thick head *umg*
Brunch M̄ brunch
brünett A̅D̅J̅ dark(-haired); **sie ist ~** she is (a) brunette
Brunft F̄ JAGD rut **Brunftschrei** M̄ mating call
Brunnen M̄ well; (≈ *Springbrunnen*) fountain; **Wasser am ~ holen** to fetch water from the well **Brunnenkresse** F̄ watercress **Brunnenschacht** M̄ well shaft
brünstig A̅D̅J̅ *männliches Tier* rutting;

weibliches Tier on heat *Br*, in heat *bes US*
brüsk Ⓐ ADJ brusque, abrupt Ⓑ ADV brusquely, abruptly **brüskieren** V/T to snub

Brüssel N̄ Brussels
Brust F̄ **1** (≈ *Körperteil*) chest; **sich** (*dat*) **j-n zur ~ nehmen** to have a word with sb; **schwach auf der ~ sein** *umg* to have a weak chest **2** (≈ *weibliche Brust*) breast; **einem Kind die ~ geben** to breast-feed a baby **3** GASTR breast **Brustbeutel** M̄ neck pouch, neck wallet **Brustdrüse** F̄ mammary gland **brüsten** V/R to boast (**mit** about) **Brustfell** N̄ ANAT pleura **Brustfellentzündung** F̄ pleurisy **Brustkasten** *umg* M̄ ANAT thorax **Brustkorb** M̄ chest; ANAT thorax **Brustkrebs** M̄ breast cancer **Brustschwimmen** N̄ breaststroke **Bruststück** N̄ GASTR breast **Brustton** M̄ **im ~ der Überzeugung** in a tone of utter conviction **Brustumfang** M̄ chest measurement; *von Frau* bust measurement **Brüstung** F̄ parapet; (≈ *Fensterbrüstung*) breast **Brustvergrößerung** F̄ breast augmentation **Brustverkleinerung** F̄ breast reduction **Brustwarze** F̄ nipple **Brustweite** F̄ chest measurement; *von Frau* bust measurement

Brut F̄ **1** (≈ *das Brüten*) incubating **2** (≈ *die Jungen*) brood; *pej* mob *umg*
brutal Ⓐ ADJ brutal Ⓑ ADV **zuschlagen** brutally; **behandeln** cruelly **Brutalität** F̄ brutality; (≈ *Gewalttat*) act of brutality **brüten** V/I to incubate; *fig* to ponder (**über** +*dat* over); **~de Hitze** stifling heat **Brüter** M̄ TECH breeder (reactor); **schneller ~** fast-breeder (reactor) **Brutkasten** M̄ MED incubator **Brutstätte** F̄ breeding ground (+*gen* for)
brutto ADV gross **Bruttoeinkommen** N̄ gross income **Bruttogehalt** N̄ gross salary **Bruttogewicht** N̄ gross weight **Bruttoinlandsprodukt** N̄ gross domestic product **Bruttolohn** M̄ gross wage(s) *pl* **Bruttoregistertonne** F̄ register ton **Bruttosozialprodukt** N̄ gross national product, GNP **Bruttoverdienst** M̄ gross earnings *pl*
Brutzeit F̄ incubation (period)
brutzeln *umg* V/I to sizzle (away)
BSE ABK (≈ *bovine spongiforme Enzephalopathie*) BSE **BSE-Krise** F̄ BSE cri-

sis
Bub M̄ *österr, schweiz, südd* boy **Bube** M̄ KART jack
Buch N̄ **1** book; **schlagt eure Bücher auf Seite 35 auf** open your books at page 35; **er redet wie ein ~** *umg* he never stops talking; **ein Tor, wie es im ~ steht** a textbook goal **2** HANDEL books *pl*; **über etw** (*akk*) **~ führen** to keep a record of sth **Buchbesprechung** F̄ book review **Buchdruck** M̄ letterpress (printing) **Buchdrucker(in)** M̄/F̄) printer **Buchdruckerei** F̄ (≈ *Betrieb*) printing works *sg od pl*; (≈ *Handwerk*) printing
Buche F̄ (≈ *Baum*) beech (tree); (≈ *Holz*) beech(wood)
buchen V/T **1** HANDEL to enter; **etw als Erfolg ~** to put sth down as a success **2** (≈ *vorbestellen*) to book
Bücherbord N̄ bookshelf **Bücherbrett** N̄ bookshelf **Bücherbus** M̄ mobile library *Br*, bookmobile *US* **Bücherei** F̄ (lending) library **Bücherregal** N̄ bookshelf **Bücherschrank** M̄ bookcase **Bücherwand** F̄ wall of book shelves; *als Möbelstück* (large) set of book shelves **Bücherwurm** *a. hum* M̄ bookworm
Buchfink M̄ chaffinch
Buchführung F̄ book-keeping, accounting **Buchhalter(in)** M̄/F̄) book-keeper, accountant **Buchhaltung** F̄ **1** book-keeping, accounting **2** *Abteilung einer Firma* accounts department **Buchhandel** M̄ book trade; **im ~ erhältlich** available in bookshops **Buchhändler(in)** M̄/F̄) bookseller **Buchhandlung** F̄ bookshop, bookstore *US* **Buchladen** M̄ bookshop, bookstore *US* **Buchmacher(in)** M̄/F̄) bookmaker, bookie *umg* **Buchmesse** F̄ book fair **Buchprüfer(in)** M̄/F̄) auditor **Buchprüfung** F̄ audit **Buchrücken** M̄ spine
Buchse F̄ ELEK socket; TECH *von Zylinder* liner; *von Lager* bush
Büchse F̄ **1** tin; (≈ *Konservenbüchse*) can; (≈ *Sammelbüchse*) collecting box **2** (≈ *Gewehr*) rifle, (shot)gun **Büchsenfleisch** N̄ canned meat, tinned meat *Br* **Büchsenöffner** M̄ can opener, tin opener *Br*
Buchstabe M̄ letter; **kleiner ~** small letter; **großer ~** capital (letter) **buch-**

stabieren V̄T̄ to spell **buchstäblich** A ADJ literal B ADV literally **Buchstütze** F̄ book end

Bucht F̄ *im Meer* bay; *kleiner cove*

Buchtitel M̄ (book) title **Buchumschlag** M̄ dust jacket

Buchung F̄ HANDEL entry; (≈ *Reservierung*) booking **Buchungsbestätigung** F̄ confirmation (of booking) **Buchungssystem** N̄ booking system

Buchweizen M̄ BOT buckwheat **Buchweizenmehl** N̄ buckwheat flour

Buchwert M̄ HANDEL book value

Buckel M̄ 1 hump(back), hunchback; *umg* (≈ *Rücken*) back; **einen ~ machen** *Katze* to arch its back; *Mensch* to hunch one's shoulders; **seine 80 Jahre auf dem ~ haben** *umg* to be 80 (years old) 2 *von Skipiste* mogul **buckelig** ADJ hunchbacked, humpbacked **Buckelpiste** F̄ mogul field

bücken V̄R̄ to bend (down); **sich nach etw ~** to bend down to pick sth up; → **gebückt**

bucklig ADJ *etc* → **buckelig Bucklige(r)** M̄/F̄(M̄) hunchback

Bückling M̄ GASTR smoked herring

buddeln *umg* V̄Ī to dig

Buddhismus M̄ Buddhism **Buddhist(in)** M̄/F̄(M̄) Buddhist **buddhistisch** ADJ Buddhist(ic)

Bude F̄ 1 (≈ *Bretterbau*) hut; (≈ *Baubude*) (workmen's) hut; (≈ *Verkaufsbude*) stall; (≈ *Zeitungsbude*) kiosk 2 *pej umg* (≈ *Lokal etc*) dump *umg* 3 *umg* (≈ *Zimmer*) room; (≈ *Wohnung*) pad *umg*

Budget N̄ budget

Bufdi M̄ (= *Bundesfreiwilligendienst*) federal volunteer service

Büfett N̄ 1 (≈ *Geschirrschrank*) sideboard 2 **kaltes ~** cold buffet

Büffel M̄ buffalo **büffeln** *umg* A V̄Ī to cram *umg* B V̄T̄ *Lernstoff* to swot up *Br umg*, to bone up on *US umg*

Bug M̄ IT (≈ *Fehler in Hard-/Software*) bug; (≈ *Schiffsbug*) bow *mst pl*; (≈ *Flugzeugbug*) nose

Bügel M̄ 1 (≈ *Kleiderbügel*) (coat) hanger 2 (≈ *Steigbügel*) stirrup 3 (≈ *Brillenbügel*) side piece **Bügel-BH** M̄ underwired bra **Bügelbrett** N̄ ironing board **Bügeleisen** N̄ iron **Bügelfalte** F̄ crease in one's trousers *Br*, crease in one's pants *US* **bügelfrei** ADJ noniron **bügeln** V̄T̄ & V̄Ī *Wäsche* to iron; *Hose* to

press **Bügelschloss** N̄ *für Fahrrad, Motorrad* U-lock

Buggy M̄ buggy

bugsieren *umg* V̄T̄ *Möbelstück etc* to manoeuvre *Br*, to maneuver *US*; **j-n aus dem Zimmer ~** to steer sb out of the room

buh INT boo **buhen** *umg* V̄Ī to boo

buhlen *pej* V̄Ī **um j-n/j-s Gunst ~** to woo sb/sb's favour *Br*, to woo sb/sb's favor *US*

Buhmann *umg* M̄ bogeyman *umg*

Bühne F̄ 1 stage; **über die ~ gehen** *fig umg* to go off; **hinter der ~** behind the scenes 2 (≈ *Theater*) theatre *Br*, theater *US* **Bühnenanweisung** F̄ stage direction **Bühnenautor(in)** M̄/F̄(M̄) playwright **Bühnenbearbeitung** F̄ stage adaptation **Bühnenbild** N̄ set **Bühnenbildner(in)** M̄/F̄(M̄) set designer **bühnenreif** ADJ ready for the stage

Buhruf M̄ boo

Bulette *dial* F̄ meatball; **ran an die ~n** *umg* go right ahead!

Bulgare M̄, **Bulgarin** F̄ Bulgarian **Bulgarien** N̄ Bulgaria **bulgarisch** ADJ Bulgarian

Bulgur M̄ GASTR bulgur (wheat)

Bulimie F̄ MED bulimia

Bullauge N̄ SCHIFF porthole **Bulldogge** F̄ bulldog **Bulldozer** M̄ bulldozer

Bulle M̄ 1 bull 2 *pej sl* (≈ *Polizist*) cop *umg*

Bulletin N̄ bulletin

bullig *umg* ADJ beefy *umg*

Bumerang *wörtl, fig* M̄ boomerang

Bummel M̄ stroll; *durch Lokale* tour (**durch** of); **einen ~ machen** to go for a stroll **Bummelant(in)** *umg* M̄/F̄(M̄) 1 (≈ *Trödler*) dawdler 2 (≈ *Faulenzer*) loafer *umg* **bummeln** V̄Ī 1 (≈ *spazieren gehen*) to stroll 2 (≈ *trödeln*) to dawdle 3 (≈ *faulenzen*) to fritter one's time away **Bummelstreik** M̄ go-slow **Bummelzug** *umg* M̄ slow train

Bums *umg* M̄ (≈ *Schlag*) bang, thump **bumsen** A V̄Ī UNPERS *umg* (≈ *dröhnen*) **...**, **dass es bumste** ... with a bang; **es hat gebumst** *von Fahrzeugen* there's been a crash B V̄Ī 1 (≈ *schlagen*) to thump 2 (≈ *prallen, stoßen*) to bump, to bang 3 *umg* (≈ *koitieren*) to do it *umg* C V̄T̄ *umg* **j-n ~** to lay sb *sl*

Bund¹ M̄ 1 (≈ *Vereinigung*) bond; (≈ *Bündnis*) alliance; **den ~ der Ehe ein-**

gehen to enter (into) the bond of marriage; **den ~ fürs Leben schließen** to take the marriage vows [2] (≈ *Organisation*) association; (≈ *Staatenbund*) league, alliance [3] POL **~ und Länder** the Federal Government and the/its Länder [4] *umg* (≈ *Bundeswehr*) **der ~** the army [5] *an Kleidern* waistband

Bund[2] [N] bundle; *von Radieschen, Spargel etc* bunch

Bündel [N] bundle, sheaf; *von Banknoten* wad; *von Briefen* pile, bundle; *von Karotten etc* bunch **bündeln** [V/T] *Zeitungen etc* to bundle up

Bundesagentur [F] **~ für Arbeit** Federal Employment Agency **Bundesanstalt** [F] **~ für Arbeit** Federal Institute of Labour *Br*, Federal Institute of Labor *US* **Bundesausbildungsförderungsgesetz** [N] *law regarding grants for higher education* **Bundesbahn** [F] Federal Railways *pl Br*, Federal Railroad *US*; **Österreichische/Schweizer ~en** *Austrian/Swiss Railways* **Bundesbank** *D* [F] Federal Bank **Bundesbehörde** [F] Federal authority **Bundesbürger(in)** *D* [M(F)] German, citizen of Germany **bundesdeutsch** [ADJ] German **Bundesebene** [F] **auf ~** at a national level **bundeseinheitlich** [A] [ADJ] Federal, national [B] [ADV] nationally; **etw ~ regeln** to regulate sth at national level **Bundesfreiwilligendienst** [M] federal volunteer service **Bundesfreiwilligendienstleistende(r)** [M/F(M)] *person doing federal volunteer service* **Bundesgebiet** *D* [N] Federal territory **Bundesgenosse** [M], **Bundesgenossin** [F] ally **Bundesgerichtshof** *D* [M] Federal Supreme Court **Bundesgeschäftsführer(in)** [M(F)] *von Partei, Verein* general secretary **Bundeshauptstadt** [F] Federal capital **Bundesheer** [N] *österr* services *pl*, army **Bundeskanzler(in)** [M(F)] [1] *D, österr* Chancellor [2] *schweiz* Head of the Federal Chancellery **Bundesland** [N] state; **die neuen Bundesländer** the former East German states; **die alten Bundesländer** the former West German states **Bundesliga** [F] *D* SPORT national league **Bundesminister(in)** *D, österr* [M(F)] Federal Minister **Bundesministerium** [N] ministry **Bundesmittel** [PL] Federal funds *pl* **Bundesnachrichtendienst** *D* [M] Federal Intelligence Service **Bundespolizei** *D* [F] Federal Police; *Verfassungsschutz federal agency for internal security* **Bundespräsident(in)** [M(F)] *D, österr* (Federal) President; *schweiz* President of the Federal Council **Bundesrat**[1] *D* [M] Bundesrat (*upper house of the German Parliament*); *schweiz* Council of Ministers **Bundesrat**[2] [M], **Bundesrätin** *schweiz* [F] Minister of State **Bundesregierung** [F] *D, österr* Federal Government **Bundesrepublik** [F] Federal Republic; **~ Deutschland** Federal Republic of Germany **Bundesstaat** [M] federal state **Bundesstraße** [F] *etwa* A road; *US* state highway **Bundestag** *D* [M] Bundestag (*lower house of the German Parliament*) **Bundestagsabgeordnete(r)** [M/F(M)] member of the Bundestag **Bundestagsfraktion** [F] group *od* faction in the Bundestag **Bundestagspräsident(in)** [M(F)] President of the Bundestag **Bundestrainer(in)** [M(F)] *D* SPORT national coach **Bundestrojaner** [M] IT federal trojan (*malware used by the German government*) **Bundesverdienstkreuz** *D* [N] order of the Federal Republic of Germany, ≈ OBE *Br* **Bundesverfassungsgericht** *D* [N] Federal Constitutional Court **Bundesversammlung** [F] [1] *D, österr* Federal Convention [2] *schweiz* Federal Assembly **Bundeswehr** *D* [F] services *pl*, army **bundesweit** [ADJ & ADV] nationwide

Bundfaltenhose [F] pleated trousers *pl Br*, pleated pants *pl US*

bündig [ADJ] [1] (≈ *kurz, bestimmt*) succinct [2] (≈ *in gleicher Ebene*) flush *präd*, level

Bündnis [N] alliance; (≈ *Nato*) (NATO) Alliance; **~ für Arbeit** *informal alliance between employers and unions to help create jobs* alliance for jobs; **~ 90/Die Grünen** Alliance '90/The Greens; **~ Zukunft Österreich** Alliance for the future of Austria **Bündnispartner** [M] POL ally

Bundweite [F] waist measurement

Bungalow [M] bungalow

Bungee-Jumping [N] bungee jumping

Bunker [M] [1] MIL bunker; (≈ *Luftschutzbunker*) air-raid shelter [2] *beim Golf* bunker

Bunsenbrenner [M] Bunsen burner

bunt [A] [ADJ] [1] (≈ *farbig*) coloured *Br*, colored *US*; (≈ *mehrfarbig*) colo(u)rful; (≈ *viel-*

farbig) multicolo(u)red 🔢 _fig_ (≈ _abwechslungsreich)_ varied; **ein ~er Abend** a social; RADIO, TV a variety programme _Br,_ a variety program _US_ **Ⓑ** ADV 🔢 (≈_farbig)_ colourfully _Br,_ colorfully _US; bemalt_ in bright colo(u)rs; **~ gemischt** _Programm_ varied; _Team_ diverse 🔢 (≈_ungeordnet)_ **es geht ~ durcheinander** it's all a complete mess 🔢 _umg_ (≈_wild)_ **jetzt wird es mir zu ~** I've had enough of this; **es zu ~ treiben** to overstep the mark **Buntpapier** N̲ coloured paper _Br,_ colored paper _US_ **Buntstift** M̲ coloured pencil _Br,_ colored pencil _US,_ crayon **Buntwäsche** F̲ coloureds _pl Br,_ coloreds _pl US_

Bürde _geh_ F̲ load, weight; _fig_ burden

Burg F̲ castle

Bürge M̲, **Bürgin** F̲ guarantor **bürgen** V̅I̅ **für etw ~** to guarantee sth; **für j-n ~** FIN to stand surety for sb; _fig_ to vouch for sb

Burgenland N̲ Burgenland

Burger M̲ GASTR burger

Bürger(in) M̲F̲ citizen; **die ~ von Ulm** the townsfolk of Ulm **Bürgerbeauftragte(r)** M̲F̲M̲ Europäischer **~r** European Ombudsman **Bürgerbüro** N̲ office for issuing identity cards, driving licences etc, and for registering businesses and changes of residence etc **bürgerfreundlich** ADJ citizen-friendly **Bürgerinitiative** F̲ citizens' action group **Bürgerkrieg** M̲ civil war **bürgerkriegsähnlich** ADJ **~e Zustände** civil war conditions **bürgerlich** ADJ 🔢 _Ehe, Recht etc_ civil; _Pflicht_ civic; **Bürgerliches Gesetzbuch** Civil Code 🔢 (≈_dem Bürgerstand angehörend)_ middle-class **Bürgerliche(r)** M̲F̲M̲ commoner **Bürgermeister(in)** M̲F̲ mayor **Bürgernähe** F̲ populism **Bürgerpflicht** F̲ civic duty **Bürgerrecht** N̲ civil rights _pl;_ **j-m die ~e aberkennen** to strip sb of his/her civil rights **Bürgerrechtler(in)** M̲F̲ civil rights campaigner **Bürgerrechtsbewegung** F̲ civil rights movement **Bürgerschaft** F̲ citizens _pl_ **Bürgersteig** M̲ pavement _Br,_ sidewalk _US_ **Bürgertum** N̲ HIST bourgeoisie

Bürgin F̲ → Bürge **Bürgschaft** F̲ JUR _gegenüber Gläubigern_ surety; (≈_Haftungssumme)_ penalty; **~ für j-n leisten** to act as guarantor for sb

Burgund N̲ Burgundy **burgunderrot**

ADJ burgundy (red)

Burka F̲ REL burqa

Burkina Faso N̲ GEOG Burkina Faso

Burkini M̲ (≈_Ganzkörperbadeanzug)_ burkini

Burma N̲ Burma **burmesisch** ADJ Burmese

Burn-out-Syndrom N̲ burnout syndrome

Büro N̲ office **Büroangestellte(r)** M̲F̲M̲ office worker **Büroarbeit** F̲ office work **Büroartikel** M̲ item of office equipment; _pl_ office supplies _pl_ **Bürobedarf** M̲ office supplies _pl_ **Bürogebäude** N̲ office building **Bürokauffrau** F̲, **Bürokaufmann** M̲ office administrator **Büroklammer** F̲ paper clip **Bürokraft** F̲ (office) clerk **Bürokrat(in)** M̲F̲ bureaucrat **Bürokratie** F̲ bureaucracy **bürokratisch** **Ⓐ** ADJ bureaucratic **Ⓑ** ADV bureaucratically **Büromaterial** N̲ office supplies _pl;_ (≈_Schreibwaren)_ stationery _kein pl_ **Büromöbel** P̲L̲ office furniture **Büroschluss** M̲ **nach ~** after office hours **Bürostunden** P̲L̲ office hours _pl_

Bursche M̲ (≈_Kerl)_ fellow; **ein übler ~** a shady character **burschikos** ADJ 🔢 (≈_jungenhaft)_ (tom)boyish 🔢 (≈_unbekümmert)_ casual

Bürste F̲ brush **bürsten** V̅I̅ to brush **Bürsten(haar)schnitt** M̲ crew cut

Burundi N̲ GEOG Burundi

Bus[1] M̲ 🔢 (≈_Stadtbus)_ bus; **mit dem Bus fahren** to go by bus, to take the bus 🔢 (≈_Reisebus)_ coach _Br,_ bus _US_

Bus[2] M̲ COMPUT bus

Busbahnhof M̲ bus station

Busch M̲ bush; **etwas ist im ~** _umg_ there's something up, there's something in the offing; **mit etw hinter dem ~ halten** _umg_ to keep sth quiet **Büschel** N̲ _von Gras, Haaren_ tuft; _von Heu, Stroh_ bundle **Buschfeuer** _wörtl_ N̲ bush fire; **sich wie ein ~ ausbreiten** to spread like wildfire **buschig** ADJ bushy **Buschmann** M̲ bushman

Busen M̲ _von Frau_ bust **Busenfreund(in)** M̲F̲ _iron_ M̲ bosom friend

Busfahrer(in) M̲F̲ bus driver **Busfahrt** F̲ bus ride **Bushaltestelle** F̲ bus stop

Businessplan M̲ WIRTSCH business plan

Buslinie F̲ bus route **Busreise** F̲

coach trip *od* tour *Br*, bus trip *od* tour *US*

Bussard M buzzard

Buße F ❶ REL (≈ *Reue*) repentance; (≈ *Bußauflage*) penance; ~ **tun** to do penance ❷ JUR (≈ *Schadensatz*) damages *pl*; (≈ *Geldstrafe*) fine; **j-n zu einer ~ verurteilen** to fine sb

busseln, bussen VT & VI *österr, südd* to kiss

büßen A VT to pay for; *Sünden* to atone for; **das wirst du mir ~** I'll make you pay for that B VI **für etw ~** to atone for sth; *für Leichtsinn etc* to pay for sth

busserln VT & VI *österr* to kiss

Bußgeld N fine **Bußgeldbescheid** M notice of payment due (*for traffic violation etc*) **Bußgeldverfahren** N fining system

Bussi N *umg* N kiss

Busspur F bus lane

Buß- und Bettag M day of prayer and repentance

Büste F bust; (≈ *Schneiderbüste*) tailor's dummy **Büstenhalter** M bra

Bustier N *ohne Träger* bustier; *mit Trägern* camisole; (≈ *Top*) halter-top

Busverbindung F bus connection

Butan(gas) N butane (gas)

Butt M flounder, butt

Butter F butter; **alles (ist) in ~** *umg* everything is hunky-dory *umg* **Butterberg** M butter mountain **Butterblume** F buttercup **Butterbrot** N (slice of) bread and butter *ohne art, kein pl; umg* (≈ *Sandwich*) sandwich **Butterbrotpapier** N greaseproof paper **Butterdose** F butter dish

Butterfly(stil) M butterfly (stroke) **Butterkeks** M ≈ rich tea biscuit *Br*, ≈ butter cookie *US* **Buttermilch** F buttermilk **buttern** VT ❶ *Brot* to butter ❷ *umg* (≈ *investieren*) to put (**in** +*akk* into) **Butternusskürbis** M butternut squash **butterweich** A ADJ *Frucht, Landung* beautifully soft; SPORT *umg* gentle B ADV *landen* softly

Button M badge, button *bes US*

b. w. ABK (= *bitte wenden*) pto, PTO

BWL F ABK (= *Betriebswirtschaftslehre*) business management

Bypass M MED bypass **Bypass-Operation** F bypass operation

Byte N byte

bzgl. ABK (= *bezüglich*) re

BZÖ ABK (= *Bündnis Zukunft Österreich*) Alliance for the future of Austria

bzw. ABK → beziehungsweise

C

C

C, c N C, c; **das hohe C** top C

ca. ABK (= *circa*) approx

Cabrio N AUTO *umg* convertible

Cachaça MF *brasilianischer Zuckerrohrschnaps* cachaça

Café N café

Cafeteria F cafeteria

Caffè Latte M (caffè) latte

Caffè macchiato M caffè macchiato

Caipi *umg* M caipirinha **Caipirinha** M caipirinha

Calamari PL, **Calamares** PL GASTR calamari *pl*

Callboy M male prostitute **Callcenter** N call centre *Br*, call center *US* **Callgirl** N call girl

Camcorder M camcorder

Camembert M Camembert

Camion M *schweiz* lorry *Br*, truck

campen VI to camp **Camper(in)** MF camper **Camping** N camping *ohne art* **Campingartikel** PL camping equipment *sg* **Campingbus** M camper **Campinggas** N camping gas **Campingplatz** M camp site

Campus M UNIV campus

canceln VT *Flug, Buchung* to cancel

Candystorm *umg* M IT *positive Unterstützung* overwhelming support

Cannabis M cannabis

Cape N cape

Cappuccino M cappuccino

Caravan M caravan *Br*, trailer *US*

Cargo M cargo **Cargohose** F cargo(e)s *pl*; **eine ~** a pair of cargo(e)s

Carport M carport

Carsharing N car sharing

Cartoon MN cartoon

Cashewnuss F cashew (nut)

Cäsium N caesium *Br*, cesium *US*

Casting N *für Filmrolle etc* casting session **Castingshow** F talent show

Castor® M spent fuel rod container

C

catchen V/I to do catch wrestling, to do all-in wrestling *bes Br* **Catcher(in)** M/F catch(-as-catch-can) wrestler, all-in wrestler *bes Br*

Cayennepfeffer M cayenne (pepper)

CB-Funk M Citizens' Band, CB (radio)

CD F ABK (= Compact Disc) CD **CD-Brenner** M CD burner **CD-Laufwerk** N CD drive **CD-Player** M CD player **CD-Regal** N CD shelves *pl* **CD-Rohling** M blank CD **CD-ROM** F CD-ROM **CD-ROM-Laufwerk** N CD-ROM drive **CD-Spieler** M CD player **CD-Ständer** M CD rack; *Turm* CD tower

CDU F ABK (= Christlich-Demokratische Union) Christian Democratic Union

C-Dur N MUS C major

Cellist(in) M/F cellist **Cello** N cello; ~ **spielen** to play the cello

Cellophanpapier *umg* N cellophane® (paper)

Cellulite F, **Cellulitis** F MED cellulite

Celsius OHNE ARTIKEL Celsius, centigrade

Cembalo N harpsichord; ~ **spielen** to play the harpsichord

Cent M cent

Center N (≈ Einkaufscenter) shopping centre *Br*, shopping center *US*

Ceramid N CHEM ceramide

Chai Latte M chai latte

Chalet N chalet

Chamäleon *wörtl, fig* N chameleon

Champagner M champagne

Champignon M mushroom

Champions League F FUSSBALL Champions League

Chance F **1** chance; *bei Wetten* odds *pl*; **keine ~ haben** not to stand a chance; **die ~n stehen nicht schlecht, dass ...** there's a good chance that ... **2** ~ *pl* (≈ Aussichten) prospects *pl*; **im Beruf ~n haben** to have good career prospects; **(bei j-m) ~n haben** *umg* to stand a chance (with sb) **Chancengleichheit** F equal opportunities *pl* **chancenlos** ADJ **die Mannschaft ist** ~ the team's got no chance

Chanson N (political/satirical) song **Chansonnier** M singer of political/satirical songs

Chaos N chaos; **ein einziges ~ sein** to be in utter chaos **Chaot(in)** M/F POL *pej* anarchist *pej*; (≈ unordentlicher Mensch) scatterbrain **chaotisch** ADJ chaotic; ~**e Zustände** a state of (utter) chaos; **es geht ~ zu** there is utter chaos

Charakter M character; **er ist ein Mann von ~** he is a man of character; **der vertrauliche ~ dieses Gesprächs** the confidential nature of this conversation; ~ **haben** to have strength of character **Charakterdarsteller(in)** M/F character actor/actress **Charaktereigenschaft** F character trait, characteristic **charakterfest** ADJ of strong character; ~ **sein** to have strength of character **charakterisieren** V/T to characterize **Charakteristik** F description; (≈ typische Eigenschaften) characteristics *pl* **charakteristisch** ADJ characteristic (**für** of), typical **charakterlich** A ADJ **~e Stärke** strength of character; ~**e Mängel** character defects **B** ADV in character; **sie hat sich ~ sehr verändert** her character has changed a lot **charakterlos** ADJ **1** (≈ niederträchtig) unprincipled **2** (≈ ohne Prägung) characterless **Charakterschauspieler(in)** M/F character actor/actress **Charakterschwäche** F weakness of character **Charakterstärke** F strength of character **Charakterzug** M characteristic

Charge F **1** MIL, *a. fig* (≈ Dienstgrad, Person) rank; **die unteren ~n** the lower ranks **2** THEAT minor character part

Charisma N REL, *a. fig* charisma **charismatisch** ADJ charismatic

charmant A ADJ charming B ADV charmingly **Charme** M charm

Charta F charter; **Magna ~** Magna Carta

Charterflug M charter flight **Chartergesellschaft** F charter company **Chartermaschine** F charter plane **chartern** V/T to charter

Charts PL *umg* charts *pl*; **in die ~ kommen** to get into the charts

Chassis N chassis, frame

Chat M INTERNET *umg* chat **Chatforum** N chat(room) forum **Chatgroup** F IT chat group **Chatpartner(in)** M/F IT chat partner **Chatroom** M chatroom **chatten** V/I INTERNET *umg* to chat (**mit** to, with)

Chauffeur(in) M/F chauffeur

Chauvi *umg* M male chauvinist pig *pej* *umg* **Chauvinismus** M chauvinism; (≈ männlicher Chauvinismus) male chauvinism **Chauvinist** M (≈ männlicher

Chauvinist) male chauvinist (pig) **chauvinistisch** A̱ḎJ̱ **1** POL chauvinist(ic) **2** (≈ *männlich-chauvinistisch*) male chauvinist(ic)

checken V̱Ṯ **1** (≈ *überprüfen*) to check **2** *umg* (≈ *verstehen*) to get *umg* **3** *umg* (≈ *merken*) to catch on to *umg* **Check-in** Ṉ check-in **Checkliste** F̱ checklist **Check-up** M̱/Ṉ MED checkup

Chef M̱ boss; *von Bande, Delegation etc* leader; *von Organisation etc* head; *der Polizei* chief **Chefarzt** M̱, **Chefärztin** F̱ senior consultant **Chefin** F̱ boss; *von Delegation etc* head **Chefkoch** M̱, **Chefköchin** F̱ chef **Chefredakteur(in)** M̱(F̱) editor in chief; *einer Zeitung* editor **Chefsache** F̱ **das ist ~** it's a matter for the boss **Chefsekretär(in)** M̱(F̱) personal assistant

Chemie F̱ chemistry **Chemiefaser** F̱ synthetic fibre *Br*, synthetic fiber *US* **Chemikalie** F̱ chemical **Chemiker(in)** M̱(F̱) chemist **chemisch** A̱ A̱ḎJ̱ chemical Ḇ A̱ḎV̱ chemically; **etw ~ reinigen** to dry-clean sth **Chemo** *umg* Ṉ MED chemo **Chemotherapie** F̱ chemotherapy

Chia Ṉ BOT, GASTR chia

chic A̱ḎJ̱ smart; *Kleidung* chic, trendy; *umg* (≈ *prima*) great **Chic** M̱ style

Chicorée F̱ chicory

Chiffre F̱ *in Zeitung* box number **Chiffrenanzeige** F̱ advertisement with a box number **chiffrieren** V̱Ṯ & V̱I̱ to encipher; **chiffriert** coded

Chile Ṉ Chile **Chilene** M̱, **Chilenin** F̱ Chilean **chilenisch** A̱ḎJ̱ Chilean

Chili M̱ chilli (pepper) *Br*, chili (pepper) *US* **Chilisoße** F̱ chilli sauce *Br*, chili sauce *US*

chillen V̱I̱ *umg* to chill (out) *umg*; **nach der Schule erst mal ~** to chill out after school **chillig** *sl* A̱ḎJ̱ *sl* chillin' *sl*

Chimar M̱ *Schleier muslimischer Frauen* khimar

China Ṉ China **Chinakohl** M̱ Chinese cabbage **Chinarestaurant** Ṉ Chinese restaurant **Chinese** M̱, **Chinesin** F̱ Chinese **chinesisch** A̱ḎJ̱ Chinese; **die Chinesische Mauer** the Great Wall of China

Chinin Ṉ quinine

Chip M̱ **1** (≈ *Kartoffelchip*) (potato) crisp *Br*, potato chip *US* **2** COMPUT chip **Chipkarte** F̱ smart card

Chirurg(in) M̱(F̱) surgeon **Chirurgie** F̱ surgery; **er liegt in der ~** he's in surgery **chirurgisch** A̱ A̱ḎJ̱ surgical; **ein ~er Eingriff** surgery Ḇ A̱ḎV̱ surgically

Chlor Ṉ chlorine **chlorfrei** A̱ḎJ̱ chlorine-free **Chloroform** Ṉ chloroform **Chlorophyll** Ṉ chlorophyll

Cholera F̱ cholera

Choleriker(in) M̱(F̱) choleric person; *fig* irascible person **cholerisch** A̱ḎJ̱ choleric, short-tempered

Cholesterin Ṉ cholesterol **cholesterinfrei** A̱ḎJ̱ *Lebensmittel* cholesterol-free **cholesterinsenkend** A̱ḎJ̱ cholesterol-reducing, cholesterol-busting *umg*, cholesterol-lowering **Cholesterinspiegel** M̱ cholesterol level

Chor M̱ **1** (≈ *Sängerchor*) choir; **im ~** in chorus **2** THEAT chorus **3** ARCH (≈ *Altarraum*) chancel

Choreograf(in) M̱(F̱), **Choreograph(in)** M̱(F̱) choreographer **Choreografie** F̱, **Choreographie** F̱ choreography

Chorknabe M̱ choirboy

Christ(in) M̱(F̱) Christian **Christbaum** M̱ Christmas tree **Christbaumschmuck** M̱ Christmas tree decorations *pl* **Christdemokrat(in)** M̱(F̱) Christian Democrat **Christentum** Ṉ Christianity **Christkind** Ṉ baby Jesus; *das Geschenke bringt* ≈ Father Christmas; **ans ~ glauben** to believe in Father Christmas **Christkindl** *dial* Ṉ **1** → Christkind **2** *bes österr* (≈ *Geschenk*) Christmas present **christlich** A̱ A̱ḎJ̱ Christian; **Christlicher Verein Junger Männer** Young Men's Christian Association Ḇ A̱ḎV̱ like *od* as a Christian; **~ handeln** to act like a Christian **Christus** M̱ Christ; **vor ~** BC; **vor Christi Geburt** before Christ, BC; **nach ~** AD; **nach Christi Geburt** AD, Anno Domini; **Christi Himmelfahrt** the Ascension of Christ; (≈ *Himmelfahrtstag*) Ascension Day

Chrom Ṉ chrome; CHEM chromium **Chromosom** Ṉ chromosome

Chronik F̱ chronicle **chronisch** A̱ A̱ḎJ̱ chronic; **die Bronchitis ist bei ihm**

▶ **Chips ≠ chips** *Br*

Chips	=	**crisps, potato chips** *US*
chips *Br*	=	Pommes frites

C

~ he has a chronic case of bronchitis B ADV chronically; **ein** ~ **kranker Mensch** a chronically ill person **chronologisch** A ADJ chronological B ADV chronologically

Chrysantheme F chrysanthemum

circa ADV about, approximately

City F city centre Br, city center US

▶ **City**

City bedeutet ganz allgemein „Großstadt“: **London, Birmingham, Glasgow, Manchester** usw. sind **cities**. **The City** (mit großem „C“) bzw. mit vollem Namen **the City of London** beschreibt das Londoner Finanzviertel. Deutsch „City“ für „Innenstadt“ ist also nicht gleichbedeutend mit englisch **city** oder **City!** Deutsch „City“ bedeutet im britischen Englisch **town centre** oder **city centre** bzw. im amerikanischen Englisch **downtown** [ˌdaʊnˈtaʊn]. ◀

clean umg ADJ clean umg
clever A ADJ clever; (≈ raffiniert) sharp; (≈ gerissen) crafty B ADV (≈ raffiniert) sharply; (≈ gerissen) craftily **Cleverness** F cleverness; (≈ Raffiniertheit) sharpness; (≈ Gerissenheit) craftiness
Clinch M Boxen fig clinch; **mit j-m im** ~ **liegen** fig to be at loggerheads with sb
Clique F 1 (≈ Freundeskreis) group, set; **Thomas und seine** ~ Thomas and his mates 2 pej clique
Clou M von Geschichte (whole) point; von Show highlight; (≈ Witz) real laugh umg; (≈ Pointe) punch line
Cloud F IT cloud
Cloud-Computing N IT cloud computing
Clown(in) M(F) clown; **den** ~ **spielen** to play the clown
Club M club **Cluburlaub** M club holiday Br, club vacation US
Clutch F Handtasche clutch bag
cm ABK (= Zentimeter) cm
CMS ABK (= Content-Management-System) IT content management system, CMS
Coach M 1 SPORT coach 2 für Firmen business consultant; privat career coach od consultant; Lebensberater life coach
Cockpit N cockpit
Cocktail M (≈ Getränk) fig cocktail;

(≈ Empfang) reception **Cocktailkleid** N cocktail dress **Cocktailparty** F cocktail party **Cocktailtomate** F cherry tomato
Code M code **codieren** V/T to (en)code **Codierung** F (en)coding
Cognac® M cognac
Coiffeur M, **Coiffeuse** F schweiz hairdresser
Cola F/N umg Coke® umg **Coladose** F Coke® can
Collage F collage
Collier N necklet
Comeback N comeback; **ein** ~ **erleben/feiern** to stage od make a comeback
Comic M comic (strip)
Compact Disc F, **Compact Disk** F compact disc
Computer M computer; **per** ~ by computer **Computerarbeitsplatz** M computer work station **computergesteuert** ADJ controlled by computer **computergestützt** ADJ computer-based; **~es Design** computer-aided design **Computergrafik** F computer graphics pl **computerisieren** V/T to computerize **Computerkriminalität** F 1 computer crime 2 im Netz cybercrime **computerlesbar** ADJ machine-readable **Computerprogramm** N computer program **Computersatz** M computer typesetting **Computerspiel** N computer game **Computersprache** F computer language **Computertisch** M computer desk **Computertomografie** F, **Computertomographie** F computer tomography **computerunterstützt** ADJ Fertigung, Kontrolle computer-aided **Computervirus** N/M computer virus
Conférencier M compère
Container M container; (≈ Bauschuttcontainer) skip Br, Dumpster® US; (≈ Wohncontainer) prefabricated hut **Containerbahnhof** M container depot **Containerhafen** M container port **Containerschiff** N container ship **Containerterminal** N container terminal
Content-Management-System N IT content management system
Contergankind umg neg! N thalidomide victim; thalidomide child

Controller(in) M/F WIRTSCH financial controller

Controlling N financial control

Cookie N IT cookie

cool ADJ cool umg; **die Party war ~** the party was (real) cool umg

Copyright N copyright **Copyshop** M copy shop

Cord M Textilien cord, corduroy **Cordhose** F corduroy trousers pl Br, corduroy pants pl US, cords pl umg **Cordjacke** F cord(uroy) jacket **Cordjeans** F/PL cord(uroy) jeans pl

Corner M österr, schweiz SPORT corner

Cornflakes PL cornflakes pl

Cornichon N gherkin

Corps N → Korps

Costa Rica N Costa Rica

Côte d'Ivoire F Côte d'Ivoire; Ivory Coast

Couch F couch **Couchgarnitur** F three-piece suite **Couchtisch** M coffee table

Countdown M countdown

Coup M coup; **einen ~ landen** to pull off a coup umg

Coupon M 1 (≈ Zettel) coupon 2 FIN (interest) coupon

Cousin M, **Cousine** F cousin

Couvert N bes envelope

Cover N 1 von CD etc. cover Br, sleeve 2 (≈ Titelseite) cover, front page

Cowboy M cowboy

CO₂-Ausstoß M ÖKOL eines Autos etc CO_2 emission **CO₂-Bilanz** F ÖKOL carbon footprint **CO₂-Fußabdruck** M ÖKOL carbon footprint **CO₂-neutral** ADJ ÖKOL carbon-neutral

Crack N 1 (≈ Droge) crack 2 (≈ ausgezeichneter Spieler) ace

Cracker M (≈ Keks) cracker

Cranberry F BOT, GASTR cranberry

Crash M umg (≈ Unfall), a. IT crash **Crashkurs** M crash course **Crashtest** M AUTO crash test

Creme F cream **Cremetorte** F cream gateau **cremig** A ADJ creamy B ADV like cream; **rühren** until creamy

Creutzfeldt-Jakob-Krankheit F Creutzfeldt-Jakob disease

Crew F crew

Croissant N croissant

Cromargan® N stainless steel

Crossstepper M SPORT cross trainer

Crosstrainer M SPORT cross trainer

Croupier M croupier

Crowdfunding N FIN (≈ Schwarmfinanzierung) crowdfunding

Crowdworking N Abwicklung von Aufträgen durch viele Mitarbeiter im Netz crowdworking

Crux F → Krux

C-Schlüssel M alto clef

CSU F ABK (= Christlich-Soziale Union) Christian Social Union

ct ABK (= Cents) ct(s)

CT N ABK (= Computertomografie) CT

Cup M SPORT cup **Cupfinale** N cup final

Curry M/N curry **Currysoße** F curry sauce **Currywurst** F curried sausage

Cursor M IT cursor **Cursortaste** F cursor key

Cutter(in) M/F editor

CVJM M ABK (= Christlicher Verein Junger Menschen) YMCA

CVP F ABK (= Christlichdemokratische Volkspartei) Christian Democratic People's Party

Cybercafé N cybercafé **Cybermobbing** N cyberbullying **Cyberspace** M cyberspace

D

D, d N D, d

da A ADV 1 örtlich (≈ dort) there; (≈ hier) here; **hier und da, da und dort** here and there; **die Frau da** that woman (over) there; **da ist/sind** there is/are; **da bin ich** here I am; **da bist du ja!** there you are!; **da kommt er ja** here he comes; **wir sind gleich da** we'll soon be there; **da hast du dein Geld!** (there you are,) there's your money; **da, nimm schon!** here, take it!; 2 zeitlich (≈ dann, damals) then; **da siehst du, was du angerichtet hast** now see what you've done; 3 umg (≈ in diesem Fall) there; **da haben wir aber Glück gehabt!** we were lucky there!; **was gibts denn da zu lachen?** what's funny about that?; **da kann man nur lachen** you can't help laughing; **da fragt man sich (doch),**

D

ob ... it makes you wonder if ...; **da fällt mir gerade ein** ... it's just occurred to me ... **B** KONJ (≈ *weil*) as, since

DAAD ABK (= Deutscher Akademischer Austauschdienst) German Academic Exchange Service

dabehalten VT 1 *Unterlagen* to hold onto 2 *im Krankenhaus* **sie behielten ihn gleich da** they kept him in

dabei ADV 1 *örtlich* with it; **ein Häuschen mit einem Garten ~** a little house with a garden (attached to it); **nahe ~** nearby 2 (≈ *gleichzeitig*) at the same time; **er aß weiter und blätterte ~ in dem Buch** he went on eating, leafing through the book at the same time 3 (≈ *außerdem*) as well; **sie ist schön und ~ auch noch klug** she's pretty, and clever as well 4 *während man etw tut* in the process; **ertappen** at it; **die ~ entstehenden Kosten** the expenses arising from this/that 5 **~ sein, etw zu tun** to be doing sth; **er war ~, sein Zimmer aufzuräumen** he was tidying his room 6 (≈ *in dieser Angelegenheit*) **das Schwierigste ~ ist** the most difficult part of it; **wichtig ~ ist** ... the important thing here *od* about it is ...; **~ kann man viel Geld verdienen** there's a lot of money in that 7 (≈ *einräumend doch*) (and) yet; **er hat mich geschlagen, ~ hatte ich gar nichts gemacht** he hit me and I hadn't even done anything 8 **ich bleibe ~** I'm not changing my mind; **lassen wir es ~** let's leave it at that!; **was ist schon ~?** so what? *umg*, what of it? *umg*; **ich finde gar nichts ~** I don't see any harm in it; **was hast du dir denn ~ gedacht?** what were you thinking of? **dabeibleiben** VI to stay with it; → dabei 8 **dabeihaben** *umg* VT to have with one **dabei sein** VI 1 (≈ *anwesend sein*) to be there (**bei** at); (≈ *mitmachen*) to be involved (**bei** in); **ich bin dabei!** count me in! 2 (≈ *im Begriff sein*) **~, etw zu tun** to be just doing sth **dabeistehen** VI **er stand dabei und sagte nichts** he stood there and said nothing

dableiben VI to stay (on)

Dach N 1 roof; **mit j-m unter einem ~ wohnen** to live under the same roof as sb; **unter ~ und Fach sein** (≈ *abgeschlossen*) to be all wrapped up 2 *fig umg* **j-m eins aufs ~ geben** (≈ *schlagen*) to smash

sb on the head *umg*; (≈ *ausschimpfen*) to give sb a (good) talking-to **Dachboden** M attic; *von Scheune* loft **Dachbox** F AUTO roof box **Dachdecker(in)** M(F) roofer **Dachfenster** N skylight **Dachfirst** M ridge of the roof **Dachgarten** M roof garden **Dachgepäckträger** M AUTO roof rack **Dachgeschoss** N, **Dachgeschoß** *österr* N attic storey *Br*, attic story *US*, loft; (≈ *oberster Stock*) top floor **Dachluke** F skylight **Dachpappe** F roofing paper **Dachrinne** F gutter

Dachs M ZOOL badger

Dachschaden *umg* M **einen (kleinen) ~ haben** to have a slate loose *umg* **Dachterrasse** F roof terrace **Dachverband** M umbrella organization **Dachwohnung** F attic apartment **Dachziegel** M roofing tile

Dackel M dachshund

daddeln *sl* VI to play the fruit machines; IT to play (computer games)

dadurch ADV 1 *örtlich* through there 2 *kausal* (≈ *auf diese Weise*) in this/that way; **~, dass er das tat, hat er** ... (≈ *durch diesen Umstand, diese Tat*) by doing that he ...; (≈ *deswegen, weil*) because he did that he ...

dafür ADV 1 for that/it; **der Grund ~ ist, dass** ... the reason for that is (that) ...; **~ stimmen** to vote for it 2 *als Ersatz* instead; *bei Tausch* in exchange; *als Gegenleistung* in return; ... **ich mache dir ~ deine Hausaufgaben** ... and I'll do your homework in return; **~, dass er erst drei Jahre ist, ist er sehr klug** considering that he's only three he's very clever 3 **er interessiert sich nicht ~** he's not interested in that/it; **ein Beispiel ~ wäre** ... an example of that would be ... **dafürkönnen** VT **er kann nichts dafür, dass es kaputtgegangen ist** it's not his fault that it broke

dag *österr* ABK (= Dekagramm) decagram(me)

dagegen A ADV 1 against it; **~ sein** to be against it; **etwas ~ haben** to object; **~ lässt sich nichts machen** nothing can be done about it 2 (≈ *verglichen damit*) in comparison **B** KONJ (≈ *im Gegensatz dazu*) on the other hand **dagegenhalten** VT (≈ *vergleichen*) to compare it/them with **dagegensprechen** VI to be against it; **was spricht dagegen?**

D

what is there against it?

daheim ADV *bes österr, schweiz, südd* at home; **bei uns ~** back home (where I/we come from) **Daheim** N̄ *bes österr, schweiz, südd* home

daher Ⓐ ADV **1** (*≈ von dort*) from there; **von ~** from there **2** (*≈ durch diesen Umstand*) that is why; **~ weiß ich das** that's how *od* why I know that; **~ kommt es, dass …** that is (the reason) why … Ⓑ KONJ (*≈ deshalb*) that is why, so **dahergelaufen** ADJ **jeder ~e Kerl** any Tom, Dick or Harry **daherreden** Ⓐ V/i red **doch nicht so (dumm) daher!** don't talk such nonsense! Ⓑ V/t **was er alles daherredet** the things he comes out with! *umg*

dahin Ⓐ ADV **1** *räumlich* there; (*≈ hierhin*) here; **bis ~** as far as there, up to that point; **bis ~ dauert es noch zwei Stunden** it'll take us another two hours to get there **2** *fig* (*≈ so weit*) **~ kommen** to come to that; **es ist ~ gekommen, dass …** things have got to the stage where … **3** (*≈ in dem Sinne*) **er äußerte sich ~ gehend, dass …** he said something to the effect that … **4** *zeitlich* then Ⓑ ADJ **~ sein** to have gone; **das Auto ist ~** *hum umg* the car has had it *umg* **dahingegen** ADV on the other hand **dahingestellt** ADJ **~ sein lassen, ob …** to leave it open whether …; **es bleibt** *od* **sei ~, ob …** it is an open question whether …

dahinten ADV over there; *hinter Sprecher* back there

dahinter ADV behind (it/that/him *etc*); **was sich wohl ~ verbirgt?** I wonder what's behind that? **dahinterklemmen** *umg* V/R to get one's finger out *umg* **dahinterkommen** *umg* V/i to find out; (*≈ langsam verstehen*) to get it *umg* **dahinterstecken** *umg* V/i to be behind it/that

dahinvegetieren V/i to vegetate

Dahlie F̄ dahlia

Dakapo N̄ MUS encore

dalassen V/t to leave (here/there) **daliegen** V/i to lie there

dalli *umg* ADV **~, ~!** on the double! *umg*

Dalmatiner M̄ *Hund* dalmatian

damalig ADJ at that time **damals** ADV at that time; **seit ~** since then

Dame F̄ **1** lady; **meine ~n und Herren!** ladies and gentlemen!; **Sehr geehrte ~n**

und Herren *Briefanrede* Dear Sir or Madam *Br*, To whom it may concern *US*; **"Damen"** (*≈ Toilette*) "Ladies", Ladies' room; **Hundertmeterstaffel der ~n** women's hundred metre relay *Br*, women's hundred meter relay *US* **2** *Spiel* draughts *sg Br*, checkers *sg US*; (*≈ Doppelstein*) king; *Schach, a.* KART queen **Damebrett** N̄ draughtboard *Br*, checkerboard *US* **Damenbart** M̄ facial hair **Damenbinde** F̄ sanitary towel *Br*, sanitary napkin *US* **Damendoppel** N̄ *Tennis etc* ladies' doubles *sg* **Dameneinzel** N̄ *Tennis etc* ladies' singles *sg* **damenhaft** Ⓐ ADJ ladylike Ⓑ ADV in a ladylike way **Damenmannschaft** F̄ SPORT women's team **Damenmode** F̄ ladies' fashions *pl* **Damenschneider(in)** M̄(F̄) dressmaker **Damentoilette** F̄ (*≈ WC*) ladies' toilet *od* restroom *US* **Damenwahl** F̄ ladies' choice **Damespiel** N̄ draughts *sg Br*, checkers *sg US*

damit Ⓐ ADV **1** with it/that; **was will er ~?** what does he want with that?; **was soll ich ~?** what am I meant to do with that?; **ist Ihre Frage ~ beantwortet?** does that answer your question?; **weißt du, was er ~ meint?** do you know what he means by that?; **wie wäre es ~?** how about it?; **das/er hat gar nichts ~ zu tun** that/he has nothing to do with it; **was willst du ~ sagen?** what's that supposed to mean?; **weg ~!** away with it; **Schluss ~!** that's enough (of that)! **2** **~ kommen wir zum Ende des Programms** that brings us to the end of our programmes *Br*, that brings us to the end of our programs *US* Ⓑ KONJ so that; **~ er nicht fällt** so that he does not fall

dämlich *umg* Ⓐ ADJ stupid Ⓑ ADV stupidly; **~ fragen** to ask dumb questions *umg*

Damm M̄ **1** (*≈ Deich*) dyke *Br*, dike *bes US*; (*≈ Staudamm*) dam; (*≈ Uferdamm, Bahndamm*) embankment; *fig* barrier **2** *fig umg* **wieder auf dem ~ sein** to be back to normal; **nicht recht auf dem ~ sein** not to be up to the mark *umg* **dämmen** V/t TECH *Wärme* to keep in; *Schall* to absorb

dämmerig ADJ *Licht* dim; *Zimmer* gloomy **Dämmerlicht** N̄ twilight; (*≈ Halbdunkel*) half-light **dämmern** Ⓐ

$\overline{VIi}$ (≈ *im Halbschlaf sein*) to doze **B** $\overline{VIi}$ **es dämmert** *morgens* dawn is breaking; *abends* dusk is falling; **es dämmerte ihm, dass …** *umg* he began to realize that … **Dämmerung** $\overline{F}$ twilight; (≈ *Halbdunkel*) half-light

Dämmung $\overline{F}$ insulation

Dämon $\overline{M}$ demon **dämonisch** $\overline{ADJ}$ demonic

Dampf $\overline{M}$ vapour *Br*, vapor *US*; (≈ *Wasserdampf*) steam; ~ **ablassen** to let off steam; **j-m** ~ **machen** *umg* to make sb get a move on *umg* **Dampfbad** $\overline{N}$ steam bath **Dampfbügeleisen** $\overline{N}$ steam iron **dampfen** $\overline{VIi}$ **1** to steam **2** (≈ *E-Zigarette rauchen*) to vape

dämpfen $\overline{VIi}$ **1** (≈ *abschwächen*) to muffle; *Farbe* to mute; *Licht* to lower; *Stimmung* to dampen; *Aufprall* to deaden; → **gedämpft 2** $\overline{GASTR}$ to steam

Dampfer $\overline{M}$ steamer; **auf dem falschen** ~ **sein** *od* **sitzen** *fig umg* to have got the wrong idea

Dämpfer $\overline{M}$ **einer Sache** (*dat*) **einen** ~ **aufsetzen** *umg* to put a damper on sth *umg*

Dampfkochtopf $\overline{M}$ pressure cooker **Dampflok** $\overline{F}$ steam engine **Dampfmaschine** $\overline{F}$ steam(-driven) engine **Dampfreiniger** $\overline{M}$ *für Teppiche etc* steam cleaner **Dampfschiff** $\overline{N}$ steamship **Dampfwalze** $\overline{F}$ steamroller

danach $\overline{ADV}$ **1** *zeitlich* after that/it, afterwards; **zehn Minuten** ~ ten minutes later **2** *örtlich* behind (that/it/him/them) *etc* **3** (≈ *dementsprechend*) accordingly; (≈ *laut diesem*) according to that; (≈ *im Einklang damit*) in accordance with that/it; **sie sieht nicht** ~ **aus** she doesn't look (like) it; ~ **zu urteilen** judging by that; **mir war nicht** ~ (**zumute**) I didn't feel like it **4** **sie sehnte sich** ~ she longed for that/it; ~ **kann man nicht gehen** you can't go by that

Däne $\overline{M}$ Dane

daneben $\overline{ADV}$ **1** *räumlich* next to him/her/that/it *etc*; **wir wohnen im Haus** ~ we live in the house next door **2** (≈ *verglichen damit*) in comparison **3** (≈ *außerdem*) besides that; (≈ *gleichzeitig*) at the same time **danebenbenehmen** $\overline{VIR}$ **sich** ~ *umg* to make an exhibition of oneself **danebengehen** $\overline{VIi}$ **1** *Schuss etc* to miss; **der Ball ging daneben** the ball

went just wide **2** *umg* (≈ *scheitern*) to go wrong **danebengreifen** $\overline{VIi}$ **1** *beim Fangen* to miss **2** *fig umg mit Schätzung etc* to be wide of the mark; **im Ton** ~ to strike the wrong note; **im Ausdruck** ~ to put things the wrong way **danebenhalten** $\overline{VIt}$ **j-n/etw** ~ to compare him/her/it *etc* with sb/sth **danebenliegen** $\overline{VIi}$ *umg* (≈ *sich irren*) to be quite wrong **danebenschießen, danebenschlagen** $\overline{VIi}$ to miss **daneben sein** $\overline{VIi}$ *umg* (≈ *unpassend sein*) to be inappropriate **danebentreffen** $\overline{VIi}$ to miss

Dänemark $\overline{N}$ Denmark **Dänin** $\overline{F}$ Dane **dänisch** $\overline{ADJ}$ Danish

dank $\overline{PRÄP}$ thanks to **Dank** $\overline{M}$ ausgedrückt thanks *pl*; (≈ *Gefühl der Dankbarkeit*) gratitude; **vielen** ~ thank you very much, thanks a lot; **als** ~ **für seine Dienste** in grateful recognition of his service; **zum** ~ (**dafür**) as a way of saying thank you **dankbar** $\overline{ADJ}$ **1** (≈ *dankerfüllt*) grateful; (≈ *erleichtert*) thankful; *Publikum* appreciative; **j-m** ~ **sein** to be grateful to sb (**für** for); **sich** ~ **zeigen** to show one's gratitude (**gegenüber** to); **ich wäre dir** ~, **wenn du …** I would appreciate it if you … **2** (≈ *lohnend Aufgabe, Rolle*) rewarding **Dankbarkeit** $\overline{F}$ gratitude **danke** $\overline{INT}$ **1** thank you, thanks *umg*; *ablehnend* no thank you; **nein,** ~ no thank you; ~ **schön** *od* **sehr** thanks very much *umg*; ~ **vielmals** many thanks; *iron* thanks a million *umg* **2** *umg* **mir geht's** ~ I'm OK *umg* **danken** $\overline{A}$ $\overline{VIi}$ **j-m** ~ to thank sb (**für** for); *feierlich danksagen* to give thanks to sb; **nichts zu** ~ don't mention it; **na, ich danke** *iron* no thank you; **etw** ~**d annehmen/ablehnen** to accept/decline sth with thanks **B** $\overline{VIt}$ (≈ *dankbar sein für*) **man wird es dir danken** you won't be thanked for it **dankenswert** $\overline{ADJ}$ *Bemühung* commendable; *Hilfe* kind; (≈ *lohnenswert Aufgabe*) rewarding **Dankeschön** $\overline{N}$ thank you **Dankschreiben** $\overline{N}$ letter of thanks

dann $\overline{ADV}$ **1** then; ~ **und wann** now and then; **gerade** ~, **wenn …** just when … **2** then; **wenn …,** ~ **if …,** (then); **erst** ~, **wenn …** only when …; ~ **eben nicht** well, in that case (there's no more to be said); **also** ~ **bis morgen** see you tomorrow then **3** (≈ *außerdem*) ~ **… noch** on top of that ...

daran ADV **1** *räumlich* on it/that; *lehnen, stellen* against it/that; *legen* next to it/that; *befestigen* to it/that; *nahe od dicht* ~ right up against it; **nahe ~ sein, etw zu tun** to be on the point of doing sth; ~ **vorbei** past it **2** *zeitlich* **im Anschluss ~,** ~ **anschließend** following that/this **3** **ich zweifle nicht ~** I don't doubt it; **wird sich etwas ~ ändern?** will that change at all?; ~ **sieht man, wie ...** there you (can) see how ...; **das Beste** *etc* ~ the best *etc* thing about it; **es ist nichts ~** (≈ *ist nicht wahr*) there's nothing in it; (≈ *ist nichts Besonderes*) it's nothing special; → **dran dar**angehen VI ~, **etw zu tun** to set about doing sth **daranmachen** *umg* VR to get down to it; **sich ~, etw zu tun** to set about doing sth **daransetzen** VT **seine ganzen Kräfte ~, etw zu tun** to spare no effort to do sth

darauf ADV **1** *räumlich* on it/that/them *etc* **2** *Reihenfolge* after that; ~ **folgte ... that** was followed by ...; ~ **folgend** *Tag etc* following; *Wagen etc* behind *präd*; **am Tag ~** the next day **3** (≈ *infolgedessen*) because of that; ~ **antworten** to answer that; **eine Antwort ~** an answer to that; ~ **steht die Todesstrafe** that carries the death penalty; ~ **freuen wir uns schon** we're looking forward to it already **darauffolgend** ADJ → **darauf 2 daraufhin** ADV **1** (≈ *deshalb*) as a result (of that/this); (≈ *danach*) after that **2** (≈ *im Hinblick darauf*) with regard to that/this

daraus ADV **1** *räumlich* out of that/it/them **2** ~ **kann man Wein herstellen** you can make wine from that; ~ **ergibt sich/folgt, dass ...** it follows from that that ...

darbieten *geh* VT **1** (≈ *vorführen*) to perform **2** (≈ *anbieten*) to offer; *Speisen* to serve **Darbietung** F performance

darin ADV **1** *räumlich* in there **2** (≈ *in dieser Beziehung*) in that respect; ~ **ist er ganz groß** *umg* he's very good at that; **der Unterschied liegt ~, dass ...** the difference is that ...

darlegen VT to explain (j-m to sb) **Darlegung** F explanation

Darlehen N loan **Darlehensgeber(in)** M(F) lender **Darlehensnehmer(in)** M(F) borrower

Darm M intestine(s) (*pl*), bowel(s) (*pl*); *für Wurst* (sausage) skin; *für Saiten etc* gut **Darmausgang** M anus **Darmflora** F gut bacteria, gut flora **Darmgrippe** F gastric flu **Darmkrebs** M cancer of the intestine **Darmleiden** N intestinal trouble *ohne art* **Darmsaite** F gut string **Darmspiegelung** F enteroscopy; *des Dickdarms* colonoscopy

darstellen VT **1** (≈ *abbilden*) to show; THEAT to portray; (≈ *beschreiben*) to describe; **die ~den Künste** (≈ *Theater*) the dramatic arts; (≈ *Malerei, Plastik*) the visual arts; **sie stellt nichts dar** *fig* she doesn't have much of an air about her **2** (≈ *bedeuten*) to constitute **Darsteller** M THEAT actor; **der ~ des Hamlet** the actor playing Hamlet **Darstellerin** F THEAT actress **darstellerisch** ADJ dramatic; **eine ~e Höchstleistung** a magnificent piece of acting **Darstellung** F portrayal; *durch Diagramm etc* representation; (≈ *Beschreibung*) description; (≈ *Bericht*) account

darüber ADV **1** *räumlich* over that/it/them; ~ **hinweg sein** *fig* to have got over it; ~ **hinaus** apart from this/that, moreover **2** (≈ *deswegen*) about that/it; **wir wollen nicht ~ streiten, ob ...** we don't want to argue about whether ... **3** (≈ *mehr*) **21 Jahre und ~** 21 years and ~ above; ~ **hinaus** over and above that **darüberliegen** *fig* VI to be higher **darüberstehen** *fig* VI to be above such things

darum ADV **1** *räumlich* (a)round that/it/ him/her/them **2** ~ **es geht ~, das ...** the thing is that ...; ~ **geht es gar nicht** that isn't the point; ~ **geht es mir** that's my point; ~ **geht es mir nicht** that's not the point for me **3** (≈ *deshalb*) that's why, because ...; **ach ~!** so that's why!; **warum willst du nicht mitkommen? — ~!** *umg* why don't you want to come? — (just) 'cos! *umg*

darunter ADV **1** *räumlich* under that/it/ them, below **2** (≈ *weniger*) under that; **Leute im Alter von 35 Jahren und ~** people aged 35 and under **3** (≈ *dabei*) among them **4** **was verstehen Sie ~?** what do you understand by that/it?; → **drunter**

das BEST ART → **der**

da sein VI to be there; **ist Post für mich da?** is there any mail for me?; **war der**

Briefträger schon da? has the postman been yet? *Br,* has the mailman been yet? *US;* **voll ~** *umg* to be all there *umg;* **so etwas ist noch nie da gewesen** it's quite unprecedented

Dasein N̄ existence **Daseinsberechtigung** F̄ right to exist

Dashcam F̄ *Armaturenbrettkamera* dashboard camera, dashcam

dasitzen V̄Ī to sit there; **ohne Hilfe ~** *umg* to be left without any help

dasjenige DĒM PR → derjenige

dass KŌNJ that; **er sagt, ~ ihm das gefällt** he says that he likes it; **das kommt daher, ~ ...** that comes because ...; **das liegt daran, ~ ...** that is because ...

dasselbe DĒM PR → derselbe

dastehen V̄Ī **1** (≈ *da sein*) to stand there; **steh nicht so dumm da!** don't just stand there looking stupid **2** *fig* **gut/schlecht ~** to be in a good/bad position; **allein ~** to be on one's own; **jetzt stehe ich ohne Mittel da** now I'm left with no money

Date N̄ *umg* (≈ *Verabredung, Person*) date; **ein ~ haben** to go out on a date

Datei F̄ ĪT file **Dateianhang** M̄ ĪT file attachment **Dateiformat** N̄ file format **Dateimanager** M̄ file manager **Dateiname** M̄ file name **Dateiverwaltung** F̄ file management

Daten P̄Ḹ ĪT data *sg;* **~ eingeben** *od* **erfassen** to enter data **Datenabgleich** M̄ data comparison; (≈ *Synchronisation*) data synchronization **Datenaustausch** M̄ data exchange **Datenautobahn** F̄ information highway **Datenbank** F̄ database; (≈ *Zentralstelle*) data bank; **relationale/objektorientierte ~** relational/object oriented database **Datenbestand** M̄ database **Datenbrille** F̄ smart glasses *pl* **Dateneingabe** F̄ data input **Datenerfassung** F̄ data capture **Datenhelm** M̄ head-mounted display **Datenkompressionsprogramm** N̄ data compression program **Datenleitung** F̄ data line *or* link **Datenmissbrauch** M̄ misuse of data **Datennetz** N̄ data network **Datensatz** M̄ record **Datenschutz** M̄ data protection **Datenschutzbeauftragte(r)** M̄/F̄(M̄) data protection official **Datenschützer(in)** M̄(F̄) data protectionist **Datenspeicher** M̄ data memory; (≈ *Speicher-*

medium) data storage medium **Datenträger** M̄ data carrier **Datenübertragung** F̄ data transmission **Datenverarbeitung** F̄ data processing

datieren V̄T̄ & V̄Ī to date (**aus** from)

Dativ M̄ GRAM dative (case) **Dativobjekt** N̄ GRAM indirect object

dato ĀDV **bis ~** HANDEL, *a. umg* to date

Dattel F̄ date

Datum N̄ date; **was für ein ~ haben wir heute?** what is the date today?; **das heutige ~** today's date; **~ des Poststempels** date as postmark; **ein Nachschlagewerk neueren/älteren ~s** a recent/an old reference work

Dauer F̄ (≈ *das Andauern*) duration; (≈ *Zeitspanne*) period; (≈ *Länge*) inner length; **für die ~ eines Monats** for a period of one month; **von ~ sein** to be long-lasting; **keine ~ haben** to be short-lived; **von langer ~ sein** to last a long time; **auf die ~** in the long term; **auf ~** permanently **Dauerarbeitslose(r)** M̄/F̄(M̄) **die ~n** the long-term unemployed **Dauerarbeitslosigkeit** F̄ long-term unemployment **Dauerauftrag** M̄ FIN standing order **Dauerbelastung** F̄ continual pressure *kein unbest art;* **von Maschine** constant load **Dauerbetrieb** M̄ continuous operation **Dauerbrenner** *umg* M̄ (≈ *Dauererfolg*) long runner; (≈ *Dauerthema*) long-running issue **Dauerfrost** M̄ freeze-up **Dauergast** M̄ permanent guest; (≈ *häufiger Gast*) regular visitor **dauerhaft** Ā ĀDJ *Zustand* permanent; *Bündnis, Frieden* lasting *attr,* long-lasting **Ḇ** ĀDV (≈ *für immer*) permanently **Dauerkarte** F̄ season ticket **Dauerlauf** M̄ SPORT jog; (≈ *das Laufen*) jogging **Dauerlutscher** M̄ lollipop **dauern** V̄Ī **1** (≈ *andauern*) to last **2** (≈ *Zeit benötigen*) to take (a while); **das dauert noch** *umg* it'll be a while yet; **das dauert mir zu lange** it takes too long for me; **das dauert nicht lang** it doesn't take long **dauernd** Ā ĀDJ *Frieden, Regelung* lasting; *Wohnsitz* permanent; (≈ *fortwährend*) constant **Ḇ** ĀDV **etw ~ tun** to keep doing sth **Dauerregen** M̄ continuous rain **Dauerstellung** F̄ permanent position **Dauerstress** M̄ **im ~ sein** to be in a state of permanent stress **Dauerthema** N̄ long-running issue **Dauerwelle** F̄ perm **Dauerwurst** F̄ German

salami **Dauerzustand** M̱ permanent state of affairs
Daumen M̱ thumb; **am ~ lutschen** to suck one's thumb; **j-m die ~ drücken** to keep one's fingers crossed for sb
Daumenlutscher(in) M̱F̱ thumb-sucker **Daumennagel** M̱ thumbnail
Daumenregister Ṉ thumb index
Daune F̱ down feather; **~n** down sg
Daunendecke F̱ (down-filled) duvet Br, (down-filled) quilt **Daunenjacke** F̱ quilted jacket
davon ADV **1** räumlich from there **2** fig **es unterscheidet sich ~** it differs from it; **... und ~ kommt das hohe Fieber ...** and that's where the high temperature comes from; **das kommt ~!** that's what you get; **~ stirbst du nicht** it won't kill you; **was habe ICH denn ~?** what do I get out of it? **3 ~ betroffen werden** od **sein** to be affected by that/it/them; **nehmen Sie doch noch etwas ~!** do have some more! **4** (≈ darüber hören, sprechen) about that/it/them; **verstehen, halten** of that/it/them; **genug ~!** enough of this!; **nichts ~ halten** not to think much of it; **ich halte viel ~** I think it is quite good **davonfahren** V̱/̱I̱ Fahrer, Fahrzeug to drive away; Zug to pull away **davonfliegen** V̱/̱I̱ to fly away **davonjagen** V̱/̱Ṯ to chase off od away **davonkommen** V̱/̱I̱ (≈ entkommen) to get away; (≈ nicht bestraft werden) to get away with it; **mit dem Schrecken/dem Leben ~** to escape with no more than a shock/with one's life; **mit einer Geldstrafe ~** to get off with a fine **davonlassen** V̱/̱Ṯ **die Hände** od **Finger ~** umg to leave it/them well alone **davonlaufen** V̱/̱I̱ (≈ weglaufen) to run away (j-m/vor j-m from sb); (≈ verlassen) to walk out (j-m on sb) **davonmachen** V̱/̱Ṟ to make off **davontragen** V̱/̱Ṯ Sieg, Ruhm to win; Schaden, Verletzung to suffer
davor ADV **1** räumlich in front (of that/it/them) **2** zeitlich before that **3 ich habe Angst ~, das zu tun** I'm afraid of doing that; **ich warne Sie ~!** I warn you! **davorstehen** V̱/̱I̱ to stand in front of it/them **davorstellen** V̱/̱Ṟ to stand in front of it/them
DAX®, Dax M̱ ABK (= Deutscher Aktienindex) DAX index
dazu ADV **1** (≈ dabei, damit) with it; **noch**

~ as well, too 2 (≈ dahin) to that/it; **er ist auf dem besten Wege ~** he's well on the way to it; **wie konnte es nur ~ kommen?** how could that happen?; **wie komme ich ~?** empört why on earth should I?; **... aber ich bin nicht ~ gekommen ...** but I didn't get (a)round to it **3** (≈ dafür, zu diesem Zweck) for that/it; **ich habe ihm ~ geraten** I advised him to (do that); **~ bereit sein, etw zu tun** to be prepared to do sth; **~ gehört viel Geld** that takes a lot of money; **~ ist er da** that's what he's there for **4** (≈ darüber, zum Thema) about that/it; **was sagst du ~?** what do you say to that? **5 im Gegensatz ~** in contrast to that; **im Vergleich ~** in comparison with that **dazugehören** V̱/̱I̱ to belong (to it/us etc); (≈ eingeschlossen sein) to be included (in it/them); **das gehört mit dazu** it's all part of it; **es gehört schon einiges dazu** that takes a lot **dazugehörig** ADJ which goes/go with it/them, concomitant **dazukommen** V̱/̱I̱ **1** Person to join them/us; **möchtest du nicht ~?** wouldn't you like to join us? **2** Sache, Umstand **dazu kommt noch, dass ...** on top of that ... **dazulernen** V̱/̱Ṯ **viel/nichts ~** to learn a lot more/nothing new; **man kann immer was ~** there's always something to learn **dazusetzen** V̱/̱Ṟ to join him/us etc **dazutun** umg V̱/̱Ṯ to add **Dazutun** Ṉ **ohne dein ~** without your doing/saying anything **dazuverdienen** V̱/̱Ṯ & V̱/̱I̱ to earn something extra
dazwischen ADV räumlich, zeitlich in between **dazwischenkommen** V̱/̱I̱ (≈ störend erscheinen) to get in the way; **... wenn nichts dazwischenkommt! ...** if all goes well; **mir leider etwas dazwischengekommen** something has come up **dazwischenreden** V̱/̱I̱ (≈ unterbrechen) to interrupt (j-m sb)
DB® ABK (= Deutsche Bahn AG) German Railways
DDR F̱ ABK (= Deutsche Demokratische Republik) HIST GDR
deaktivieren V̱/̱Ṯ IT to disable; Kontrollkästchen to uncheck
Deal umg M̱ deal **dealen** umg **A** V̱/̱I̱ **mit etw ~** to deal in sth **B** V̱/̱Ṯ to deal in; Drogen to push **Dealer(in)** M̱F̱ (drug) dealer
Debakel Ṉ debacle

Debatte F̲ debate; *etw* zur **~ stellen** to put sth up for discussion; PARL to put sth up for debate; **das steht hier nicht zur ~** that's not the issue **debattieren** V̲T̲&̲V̲I̲ to debate; **über etw** (akk) **~** to discuss sth

Debet N̲ FIN debits *pl* **Debetseite** F̲ FIN debit side

debil A̲D̲J̲ MED feeble-minded

Debüt N̲ debut; **sein ~ als etw geben** to make one's debut as sth

dechiffrieren V̲T̲ to decode

Deck N̲ deck; **alle Mann an ~!** all hands on deck!

Deckbett N̲ feather quilt **Deckblatt** N̲ *einer Seminararbeit etc* cover page **Deckchen** N̲ mat; *auf Tablett* tray cloth; (≈*Tortendeckchen*) doily **Decke** F̲ **1** cloth; (≈*Wolldecke*) blanket; *kleiner* rug; (≈*Steppdecke*) quilt; (≈*Bettdecke*) cover; **mit j-m unter einer ~ stecken** *fig* to be in league with sb **2** (≈*Zimmerdecke*) ceiling; **an die ~ gehen** *umg* to hit the roof *umg*; **mir fällt die ~ auf den Kopf** *fig umg* I don't like my own company

Deckel M̲ lid; *von Flasche* top; **j-m eins auf den ~ geben** *umg* (≈*schlagen*) to hit sb on the head; (≈*ausschimpfen*) to give sb a (good) talking-to *umg*

decken A̲ V̲T̲ **1** (≈*zudecken*) to cover; **ein Dach mit Ziegeln ~** to roof a building with tiles; → gedeckt **2** *Tisch, Tafel* to set **3** (≈*schützen*) to cover; FUSSB *Spieler* to mark; *Komplizen* to cover up for **4** *Kosten, Bedarf* to cover, to meet; **mein Bedarf ist gedeckt** *fig umg* I've had enough (to last me some time) **5** HANDEL, FIN (≈*absichern*) *Scheck* to cover; *Defizit* to offset **6** (≈*schützen*) FUSSB *Spieler* to mark **B** V̲R̲ *Interessen, Begriffe* to coincide; *Aussagen* to correspond; MATH *Figur* to be congruent **Deckenfluter** M̲ uplighter **Deckfarbe** F̲ opaque watercolour *Br*, opaque watercolor *US* **Deckmantel** *fig* M̲ mask; **unter dem ~ von ...** under the guise of ... **Deckname** M̲ assumed name; MIL code name **Deckung** F̲ **1** (≈*Schutz*) cover; *Schach, a.* FUSSB defence *Br*, defense *US*; *beim Boxen, Fechten* guard; **in ~ gehen** to take cover; **j-m ~ geben** to cover sb **2** HANDEL, FIN *von Scheck* cover; *von Darlehen* security; **zur ~ seiner Schulden** to cover his debts;

eine ~ der Nachfrage ist unmöglich demand cannot possibly be met **3** (≈*Übereinstimmung*) congruence **deckungsgleich** A̲D̲J̲ MATH congruent; **~ sein** *fig* to coincide; *Aussagen* to agree **Deckweiß** N̲ opaque white

Decoder M̲ decoder **decodieren** V̲T̲ to decode

de facto A̲D̲V̲ de facto

Defätismus M̲ defeatism

defekt A̲D̲J̲ *Gerät etc* faulty; *gen* defective **Defekt** M̲ fault; **geistiger ~** mental deficiency

defensiv A̲ A̲D̲J̲ defensive; *Fahrweise* non-aggressive **B** A̲D̲V̲ defensively **Defensive** F̲ defensive; **in der ~ bleiben** to remain on the defensive

Defibrillator M̲ defibrillator

definierbar A̲D̲J̲ definable; **schwer/leicht ~** hard/easy to define **definieren** V̲T̲ to define **Definition** F̲ definition **definitiv A̲** A̲D̲J̲ definite **B** A̲D̲V̲ (≈*bestimmt*) definitely

Defizit N̲ (≈*Fehlbetrag*) deficit; (≈*Mangel*) deficiency (**an** +*dat* of)

Deflation F̲ WIRTSCH deflation

Deformation F̲ deformation; (≈*Missbildung*) deformity **deformieren** V̲T̲ to deform

Defroster M̲ AUTO heated windscreen *Br*, defroster *US*

deftig A̲D̲J̲ *Mahlzeit* substantial; *Humor* ribald; *Lüge* huge; *Ohrfeige* cracking *umg*; *Preis* extortionate

Degen M̲ rapier; SPORT épée

Degeneration F̲ degeneration **degenerieren** V̲I̲ to degenerate (**zu in**to) **degeneriert** A̲D̲J̲ degenerate

degradieren V̲T̲ MIL to demote (**zu** to); *fig* (≈*herabwürdigen*) to degrade **Degradierung** F̲ MIL demotion (**zu** to); *fig* degradation

Degu M̲ ZOOL degu

dehnbar A̲D̲J̲ elastic; *fig* flexible **dehnen** V̲T̲&̲V̲R̲ to stretch; *Laut* to lengthen **Dehnung** F̲ stretching; *von Laut* lengthening

dehydrieren V̲T̲ CHEM to dehydrate

Deich M̲ dyke *Br*, dike *US*

Deichsel F̲ shaft, whiffletree *US* **deichseln** *umg* V̲T̲ to wangle *umg*

dein P̲O̲S̲S̲ P̲R̲ your; **herzliche Grüße, Deine Elke** with best wishes, yours, Elke; *herzlicher* love Elke **deiner** P̲E̲R̲S̲ P̲R̲ of you; **wir werden ~ gedenken** we will remember you **deine(r, s)** POSS PR *substantivisch* yours; **der/die/das Deine** *geh* yours; **die Deinen** *geh* your family, your people; **das Deine** *geh* (≈*Besitz*) what is yours **deinerseits** ADV (≈*auf deiner Seite*) for your part; (≈*von deiner Seite*) on your part **deinesgleichen** PRON people like you **deinetwegen** ADV (≈*wegen dir*) because of you; (≈*dir zuliebe*) for your sake **deinetwillen** ADV **um ~ for** your sake

deinstallieren VT *Programm* to uninstall

Deka *österr* N → Dekagramm

dekadent ADJ decadent **Dekadenz** F decadence

Dekagramm N decagram(me)

Dekan(in) M(F) UNIV, KIRCHE dean **Dekanat** N (≈*Amtssitz*) UNIV office of the dean; KIRCHE deanery

Deklaration F declaration **deklarieren** VT to declare

Deklination F GRAM declension **deklinierbar** ADJ GRAM declinable **deklinieren** VT GRAM to decline

Deko F ABK (≈ Dekoration) *umg* decoration, deco *umg; im Schaufenster* window display; *Einrichtung* décor

dekodieren VT to decode

Dekolleté N, **Dekolletee** N low-cut neckline **dekolletiert** ADJ *Kleid* low-cut

dekomprimieren VT IT to decompress

dekontaminieren VT to decontaminate

Dekor M/N decoration; (≈*Muster*) pattern **Dekorateur(in)** M(F) (≈*Schaufensterdekorateur*) window-dresser; *von Innenräumen* interior designer **Dekoration** F 1 (≈*das Ausschmücken*) decorating 2 (≈*Einrichtung*) décor *kein pl;* (≈*Fensterdekoration*) window-dressing; **zur ~ dienen** to be decorative **dekorativ** A ADJ decorative B ADV decoratively **dekorieren** VT to decorate; *Schaufenster* to dress **Dekostoff** M furnishing fabric

Dekret N decree

Delegation F delegation **delegieren** VT to delegate (**an** +*akk* to) **Delegierte(r)** M(F)M delegate

Delfin[1] M ZOOL dolphin

Delfin[2] N (≈*Delfinschwimmen*) butterfly (stroke)

delikat ADJ 1 (≈*wohlschmeckend*) ex-

quisite, delicious 2 (≈*behutsam, heikel*) delicate **Delikatesse** F 1 (≈*Leckerbissen*), *a. fig* delicacy **Delikatessengeschäft** N delicatessen **Delikatessenf** N (top-)quality mustard

Delikt N JUR offence *Br,* offense *US*

Delinquent(in) *geh* M(F) offender

Delirium N delirium; **im ~ sein** to be delirious; **~ tremens** the DT's

Delle *umg* F dent

Delphin M → Delfin[1]

Delta N GEOG delta

dem A BEST ART to the; **wenn dem so ist** if that is the way it is; **wie dem auch sei** be that as it may B DEM PR to that C REL PR to whom, that *od* who(m) … to; *von Sachen* to which, which *od* that … to

Demagoge M, **Demagogin** F demagogue **Demagogie** F demagoguery **demagogisch** ADJ *Rede etc* demagogic

demaskieren VT to unmask, to expose; **j-n als etw ~** to expose sb as sth

dement ADJ suffering from dementia **Dementi** N denial **dementieren** A VT to deny B VI to deny it

dementsprechend A ADV correspondingly; (≈*demnach*) accordingly B ADJ appropriate; *Gehalt* commensurate

Demenz F MED dementia **demenzkrank** ADJ suffering from dementia **Demenzkranke(r)** M(F)M dementia sufferer

demnach ADV therefore; (≈*dementsprechend*) accordingly **demnächst** ADV soon

Demo *umg* F demo *umg* **Demodiskette** F COMPUT demo disk **Demografie** F demography **demografisch** ADJ demographic **Demokrat(in)** M(F) democrat; *US* POL Democrat **Demokratie** F democracy **Demokratiedefizit** N democratic deficit **demokratisch** A ADJ democratic B ADV democratically

demolieren VT to wreck

Demonstrant(in) M(F) demonstrator **Demonstration** F demonstration **Demonstrationsverbot** N ban on demonstrations **demonstrativ** A ADJ demonstrative; *Beifall* acclamatory; *Protest* pointed B ADV pointedly; **~ Beifall spenden** to make a point of applauding **Demonstrativpronomen** N demonstrative pronoun **demonst-**

rieren V/T & V/I to demonstrate

Demontage F dismantling **demon-tieren** V/T to dismantle; *Räder* to take off

demoralisieren V/T (≈ *entmutigen*) to demoralize

Demoskopie F (public) opinion research **demoskopisch** ADJ *Daten, Erkenntnisse* opinion poll *attr*; **~es Institut** (public) opinion research institute; **eine ~e Untersuchung** a (public) opinion poll

Demoversion F IT demo version

Demut F humility **demütig** A ADJ humble B ADV humbly **demütigen** V/T to humiliate **Demütigung** F humiliation; **j-m eine ~ zufügen** to humiliate sb

demzufolge ADV therefore

Den Haag N The Hague

Denkanstoß M something to start one thinking; **j-m Denkanstöße geben** to give sb something to think about **Denkaufgabe** F brain-teaser **denkbar** A ADJ conceivable; **es ist durchaus ~**, **es kommt** it's very possible that he'll come B ADV extremely; (≈ *ziemlich*) rather; **den ~ schlechtesten Eindruck machen** to make the worst possible impression **denken** A V/I **1** to think; **das gibt einem zu ~** it makes you think; **solange ich ~ kann** (for) as long as I can remember; **wo ~ Sie hin!** what an idea!; **wie ~ Sie darüber?** what do you think about it?; **ich denke genauso** I think the same (way); **ich denke schon** I think so; **ich denke nicht** I don't think so **2 ~ an** (+*akk*) to think of *od* about; **das Erste, woran ich dachte** the first thing I thought of; **daran ist gar nicht zu ~** that's (quite) out of the question; **ich denke nicht daran!** no way! *umg*; **denk daran!** don't forget! B V/T to think; **sagen was man denkt** to say what one thinks; **was denkst du jetzt?** what are you thinking (about)?; **für j-n/etw gedacht sein** (≈ *vorgesehen*) to be intended for sb/sth; **so war das nicht gedacht** that wasn't what I/he *etc* had in mind; **wer hätte das (von ihr) gedacht!** who'd have thought it (of her)!; **ich habe mir nichts Böses dabei gedacht** I meant no harm (by it); **das kann ich mir ~** I can imagine; **das habe ich mir gleich gedacht** I thought that from

the first; **das habe ich mir gedacht** I thought so; **ich denke mir mein Teil** I have my own thoughts on the matter; **sie denkt sich nichts dabei** she thinks nothing of it; → gedacht **Denken** N (≈ *Gedankenwelt*) thought; (≈ *Denkweise*) thinking **Denker(in)** M(F) thinker **Denkfähigkeit** F ability to think **denkfaul** ADJ (mentally) lazy; **sei nicht so ~!** get your brain working! **Denkfehler** M flaw in the/one's reasoning **Denkmal** N (≈ *Gedenkstätte*) monument (**für** to); (≈ *Standbild*) statue **denkmalgeschützt** ADJ *Gebäude, Monument* listed; *Baum etc* protected; **das ist ein ~es Haus** this house is a listed building **Denkmal(s)pflege** F preservation of historical monuments **Denkmal(s)schutz** M **unter ~ stehen** to be listed, to be classified as a historical monument **Denkmodell** N (≈ *Entwurf*) plan for further discussion **Denkpause** F break, adjournment; **eine ~ einlegen** to have a break to think things over **Denkprozess** M thought-process **Denkschrift** F memo *umg* **Denkvermögen** N capacity for thought **Denkweise** F way of thinking **denkwürdig** ADJ memorable **Denkzettel** *umg* M warning; **j-m einen ~ verpassen** to give sb a warning

denn A KONJ **1** *kausal* because **2** *geh vergleichend* than; **schöner ~ je** more beautiful than ever **3** *konzessiv* **es sei ~**, (**dass**) unless B ADV *verstärkend* **wann/wo ~?** when/where?; **warum ~ nicht?** why not?; **was soll das ~?** what's all this then?

dennoch ADV nevertheless, still

Dental(laut) M LING dental

Denunziant(in) N pej M(F) informer **denunzieren** V/T to denounce

Deo N ABK (= Deodorant) deodorant **Deodorant** N deodorant **Deoroller** M roll-on (deodorant) **Deospray** N/M deodorant spray

Departement N *bes* department

deplatziert ADJ out of place

Deponie F dump **deponieren** *geh* V/T to deposit

Deportation F deportation **deportieren** V/T to deport **Deportierte(r)** M(F(M)) deportee

Depot N **1** depot; (≈ *Wertpapierdepot*) depository; (≈ *Schließfach*) safety deposit

D

box **2** (≈ *Pfand*) deposit

Depp *pej* **M** twit *umg*

Depression **F** depression; **~en haben** to suffer from depression **depressiv** **ADJ** depressive; WIRTSCH depressed

deprimieren **VT** to depress **deprimierend** **ADJ** depressing **deprimiert** **ADJ** depressed

der, die, das **A** BEST ART the; **der/die Arme!** the poor man/woman *od* girl; **die Engländer** the English *pl*; **der Hans** *umg* Hans; **der Rhein** the Rhine; **er nimmt den Hut ab** he takes his hat off; **der und der Wissenschaftler** such and such a scientist **B** BEST ART *Genitiv von die* of the; **der Hund der Nachbarin** the neighbour's dog *Br*, the neighbor's dog *US*; **die Eltern der Schüler** the pupils' parents **C** BEST ART *Dativ von die* to the; **gib der Frau das Buch** give the book to the woman, give the woman the book; **sag der Frau, ich komme** tell the woman I'm coming **D** DEM PR *substantivisch* he/she/it; *pl* those, them *umg*; **das bin ich** that's me; **der war es** it was him/her; **der/die mit der großen Nase** the one with the big nose, him/her with the big nose *umg*; **der und schwimmen?** him, swimming?; **hat dir der Film gefallen? - ja, der war gut** did you like the movie? - yes, it was good; **der/die da** *von Menschen* he/she, that man/woman *etc*; *von Gegenständen* that (one); **die hier/da** *von Menschen*; **der/die/das dort** that; *Plural* those; **der/die/das hier** this; *Plural* these; **die so etwas tun, ...** those who do that sort of thing ... **E** REL PR *Mensch* who, that; *Gegenstand, Tier* which, that

derart **ADV** *Art und Weise* in such a way; **er hat sich ~ benommen, dass ...** he behaved so badly that ...; **ein ~ unzuverlässiger Mensch** such an unreliable person **derartig** **A** **ADJ** such; **(etwas) Derartiges** something like that **B** **ADV** → derart

derb **ADJ** **1** (≈ *kräftig*) strong **2** (≈ *grob*) coarse; *Sprache* crude

Derby **N** horse race for three-year-olds, derby *US*

deregulieren **VT** WIRTSCH to deregulate

deren **REL PR 1** *sg* whose **2** *pl* whose, of whom; *von Sachen* of which **derentwegen** **ADV** because of whom; *von Sa-*

chen because of which

dergleichen DEM PR **1** *adjektivisch* of that kind; **~ Dinge** things of that kind **2** *substantivisch* that sort of thing; **nichts ~** nothing of that kind

Derivat **N** derivative

derjenige, diejenige, dasjenige DEM PR *substantivisch* the one; *pl* those

dermaßen **ADV** *mit Adjektiv* so; *mit Verb* so much; **ein ~ dummer Kerl** such a stupid fellow

Dermatologe **M**, **Dermatologin** **F** dermatologist **Dermatologie** **F** dermatology

derselbe, dieselbe, dasselbe DEM PR the same; **noch mal dasselbe, bitte!** *umg* same again, please; **ein und ~ Mensch** one and the same person

derzeit **ADV** (≈ *jetzt*) at present **derzeitig** **ADJ** (≈ *jetzig*) present, current

Desaster **N** disaster

Deserteur(in) **MF** deserter **desertieren** **VI** to desert

desgleichen **ADV** (≈ *ebenso*) likewise

deshalb **ADV & KONJ** therefore, that's why; (≈ *aus diesem Grunde*) because of that; **~ bin ich hergekommen** that is what I came here for; **~ also!** so that's why!; **~ frage ich ja** that's exactly why I'm asking

Design **N** design **designen** **VT** to design **Designer(in)** **MF** designer **Designerbaby** **N** *umg* designer baby **Designerdroge** **F** designer drug **Designermöbel** **PL** designer furniture *sg* **Designermode** **F** designer fashion **designiert** **ADJ** **der ~e Vorsitzende** the chairman elect

Desinfektion **F** disinfection **Desinfektionsmittel** **N** disinfectant **desinfizieren** **VT** *Zimmer, Bett etc* to disinfect; *Spritze, Gefäß etc* to sterilize

Desinformation **F** POL disinformation *kein pl*

Desinteresse **N** lack of interest (**an** +*dat* in) **desinteressiert** **ADJ** uninterested; *Gesicht* bored

deskriptiv **ADJ** descriptive

Desktop-Computer **M** desktop **Desktop-Publishing** **N** desktop publishing

desolat *geh* **ADJ** desolate; *Zustand* desperate

Despot(in) **MF** despot **despotisch** **ADJ** despotic

D

dessen [REL PR] whose; *von Sachen* of which, which ... of
Dessert [N] dessert

▶ **Dessert ≠ desert**

Dessert	=	**dessert**
desert	=	*s* Wüste; *v/t* verlassen

◁

Dessin [N] *Textilien* pattern
Dessous [PL] underwear *kein pl; elegant* lingerie *kein pl*
destabilisieren [VT] to destabilize **Destabilisierung** [F] destabilization
destillieren [VT] to distil *Br,* to distill *US*
desto [KONJ] ~ **mehr/besser** all the more/better; ~ **schneller** all the faster; → **je**
destruktiv [ADJ] destructive
deswegen [ADV] → **deshalb**
Detail [N] detail; **ins ~ gehen** to go into detail(s); **im ~** in detail; **bis ins kleinste** ~ (right) down to the last detail **Detailfrage** [F] question of detail **detailgenau, detailgetreu** [ADJ] accurate in every detail **detailliert** [A] [ADJ] detailed [B] [ADV] in detail; ~**er** in greater detail
Detektiv(in) [M/(F)] private investigator, detective **Detektivroman** [M] detective novel **Detektor** [M] TECH detector
Detonation [F] explosion **detonieren** [VI] to explode
Deut [M] **um keinen ~** not one iota **deuten** [A] [VT] (≈*auslegen*) to interpret; **etw falsch ~** to misinterpret sth [B] [VI] (**mit dem Finger) auf etw** (*akk*) ~ to point (one's finger) at sth; **alles deutet darauf, dass** ... all the indications are that ... **deutlich** [A] [ADJ] clear; ~ **werden** to make oneself clear; **das war ~!** (≈*taktlos*) that was clear enough; **muss ich ~er werden?** have I not made myself clear enough? [B] [ADV] clearly; ~ **zu sehen/hören** easy to see/hear; **j-m ~ zu verstehen geben, dass** ... to make it clear to sb that ... **Deutlichkeit** [F] clarity; **etw mit aller ~ sagen** to make sth perfectly clear
deutsch [ADJ] German; **Deutsche Demokratische Republik** HIST German Democratic Republic; **Deutsche Mark** HIST German mark; **mit j-m ~ reden** *fig umg deutlich* to speak bluntly with sb
Deutsch [N] German; ~ **sprechend** German-speaking; **sich auf ~ unterhalten**

to speak (in) German; **wie sagt man das auf ~?** how do you say that in German?; **auf gut ~ (gesagt)** *fig umg* in plain English **deutsch-englisch** [ADJ] POL Anglo-German; LING German-English **Deutsche(r)** [M/F(M)] **er ist ~r** he is (a) German; **eine ~ wurde verletzt** a German woman was injured; **die ~n** the Germans **deutschfeindlich** [ADJ] anti-German **deutschfreundlich** [ADJ] pro-German **Deutschland** [N] Germany; **warst du schon mal in ~?** have you ever been to Germany? **Deutschlehrer(in)** [M(F)] German teacher **deutschsprachig** [ADJ] *Bevölkerung, Gebiete* German-speaking; *Zeitung* German language; *Literatur, Ausgabe* German **Deutschstunde** [F] German lesson **Deutschunterricht** [M] German lessons *pl;* (≈*das Unterrichten*) teaching German
Deutung [F] interpretation
Devise [F] [1] (≈*Wahlspruch*) motto [2] FIN ~**n** *pl* foreign exchange **Devisenbestimmungen** [PL] foreign exchange control regulations *pl* **Devisenbörse** [F] foreign exchange market **Devisengeschäft** [N] foreign exchange dealing **Devisenhandel** [M] foreign exchange dealings *pl* **Devisenhändler(in)** [M(F)] foreign exchange dealer **Devisenkurs** [M] exchange rate **Devisenmakler(in)** [M(F)] (foreign) exchange broker
Dezember [M] December; → **März**
dezent [A] [ADJ] discreet, unobtrusive; *Kleidung* subtle; *Einrichtung* refined [B] [ADV] *andeuten* discreetly
dezentral [A] [ADJ] decentralized [B] [ADV] *verwalten* decentrally **Dezentralisierung** [F] decentralization
Dezernat [N] ADMIN department
Dezibel [N] decibel **Dezigramm** [N] decigram(me) **Deziliter** [M/N] decilitre *Br,* deciliter *US* **dezimal** [ADJ] decimal **Dezimalbruch** [M] decimal fraction **Dezimalrechnung** [F] decimals *pl* **Dezimalstelle** [F] decimal place **Dezimalsystem** [N] decimal system **Dezimalzahl** [F] decimal number **Dezimeter** [M/N] decimetre *Br,* decimeter *US* **dezimieren** [VT] to decimate
DFB [M ABK] (= **Deutscher Fußball-Bund**) German Football Association
DGB [M ABK] (= **Deutscher Gewerkschaftsbund**) Federation of German

D

▶ **Dezimalzahlen**

Dezimalzahlen werden im Englischen anders geschrieben und gesprochen als im Deutschen. 7,2 (= sieben Komma zwei) wird zu **7.2** (= **seven point two**). Folgerichtig heißt das deutsche Komma bei Dezimalzahlen **decimal point** [ˌdesəml'pɔɪnt]. Eine Null vor dem (deutschen) Komma wird im Englischen häufig gar nicht mitgesprochen: **0.2 = point two**. ◀

Trade Unions

d. h. ᴀʙᴋ (= das heißt) i. e.

Dia N̄ FOTO slide

Diabetes M̄ diabetes **Diabetiker(in)** M̄ꟾꟳ diabetic **diabetisch** ᴀᴅᴊ diabetic

Diagnose F̄ diagnosis; **eine ~ stellen** to make a diagnosis **diagnostisch** ᴀᴅᴊ diagnostic **diagnostizieren** V̄ꟿ & V̄ꟾ MED, a. fig to diagnose

diagonal Ａ ᴀᴅᴊ diagonal Ｂ ᴀᴅᴠ diagonally **Diagonale** F̄ diagonal

Diagramm N̄ diagram, chart

Dialekt M̄ dialect **Dialektik** F̄ Philosophie dialectics sg od pl **dialektisch** ᴀᴅᴊ Philosophie dialectic(al)

Dialog M̄ dialogue Br, dialog US **Dialogmarketing** N̄ dialog(ue) marketing; **Kauffrau/Kaufmann für ~** (qualified) dialog(ue) marketing officer

Dialyse F̄ MED dialysis **Dialysegerät** N̄ dialysis machine

Diamant M̄ diamond **diamanten** ᴀᴅᴊ diamond; **~e Hochzeit** diamond wedding

diametral Ａ ᴀᴅᴊ diametral Ｂ ᴀᴅᴠ **~ entgegengesetzt sein** to be diametrically opposite

Diaphragma N̄ TECH, MED diaphragm

Diapositiv N̄ slide **Diaprojektor** M̄ slide projector

Diät F̄ MED diet; **~ kochen** to cook according to a diet; **~ halten** to keep to a diet; **eine ~ machen** to go on a diet; **j-n auf ~ setzen** umg to put sb on a diet **Diätassistent(in)** M̄ꟾꟳ dietician

Diäten ᴘʟ PARL parliamentary allowance

Diätkost F̄ dietary foods pl

Diavortrag M̄ slide presentation

dich Ａ ᴘᴇʀꜱ ᴘʀ you Ｂ ʀᴇꜰʟ ᴘʀ yourself; **wie fühlst du ~?** how do you feel?

dicht Ａ ᴀᴅᴊ 🞱 Haar, Hecke thick; Wald,

Gewühl dense; Verkehr heavy; Gewebe close; **in ~er Folge** in rapid succession 🞲 (≈ wasserdicht) watertight; (≈ luftdicht) airtight; **~ machen** to seal; **er ist nicht ganz ~** umg he's nuts umg Ｂ ᴀᴅᴠ 🞱 (≈ nahe) closely; **(dicht an) ~ stehen** to stand close together 🞲 (≈ sehr stark bevölkert) densely; **~ behaart** very hairy; **~ bewölkt** heavily overcast; **~ gedrängt** closely packed; Programm packed 🞳 **~ an/bei** close to; **~ dahinter** right behind; **~ daneben** close beside it; **~ hintereinander** close(ly) behind one another **Dichte** F̄ 🞱 von Haar, Hecke thickness; von Verkehr heaviness 🞲 PHYS density

dichten Ａ V̄ꟿ to write Ｂ V̄ꟾ to write poems/a poem **Dichter(in)** M̄ꟾꟳ poet; (≈ Schriftsteller) writer **dichterisch** ᴀᴅᴊ poetic; (≈ schriftstellerisch) literary; **~e Freiheit** poetic licence Br, poetic license US

dichtgedrängt ᴀᴅᴊ → dicht **dichthalten** umg V̄ꟾ to keep one's mouth shut umg **Dichtkunst** F̄ art of poetry; (≈ Schriftstellerei) creative writing **dichtmachen** umg V̄ꟿ & V̄ꟾ Fabrik, Betrieb etc to close down; **(den Laden) ~** to shut up shop (and go home) umg

Dichtung¹ F̄ 🞱 (≈ Dichtkunst) literature; in Versform poetry; **~ und Wahrheit** fig fact and fiction 🞲 (≈ Dichtwerk) poem, literary work

Dichtung² F̄ TECH seal; in Wasserhahn etc washer **Dichtungsring** M̄ seal; in Wasserhahn washer

dick Ａ ᴀᴅᴊ 🞱 thick; Mensch, Buch, Brieftasche fat; **3 m ~e Wände** walls 3 metres thick Br, walls 3 meters thick US; **~ machen** Speisen to be fattening; **~ werden** Mensch (≈ zunehmen) to get fat; **durch und dünn** through thick and thin 🞲 umg Fehler big; **das ist ein ~es Lob** that's high praise; **das ist ein ~er Hund** umg (≈ unerhört) that's a bit much umg 🞳 (≈ geschwollen) swollen 🞴 umg (≈ herzlich) Freundschaft close Ｂ ᴀᴅᴠ 🞱 (≈ reichlich) thickly; **etw ~ mit Butter bestreichen** to spread butter thickly on sth; **er hat es ~(e)** umg (≈ hat es satt) he's had enough of it; (≈ hat viel) he's got enough and to spare 🞲 umg (≈ eng) **mit j-m ~ befreundet sein** to be thick with sb umg **dickbäuchig** ᴀᴅᴊ Mensch potbellied **Dickdarm** M̄

ANAT colon **Dicke** F 🔟 (≈ *Stärke, Durchmesser*) thickness 🔟 *von Menschen, Körperteilen* fatness **Dicke(r)** *umg* M/F(M) fatso *umg* **Dickerchen** *umg* N chubby **dickfellig** *umg* ADJ thick-skinned **dickflüssig** ADJ thick; TECH viscous **Dickhäuter** M pachyderm; *fig* thick-skinned person **Dickicht** N (≈ *Gebüsch*) thicket; *fig* jungle **Dickkopf** M 🔟 (≈ *Starrsinn*) obstinacy; **einen ~ haben** to be obstinate 🔟 (≈ *Mensch*) mule *umg* **dickköpfig** *fig* ADJ stubborn **Dickköpfigkeit** F stubbornness **dicklich** ADJ plump **Dickmilch** F GASTR sour milk **Dickschädel** *umg* M → **Dickkopf**

Didaktik F didactics *sg form*, teaching methods *pl* **didaktisch** A ADJ didactic B ADV didactically

die BEST ART → **der**

Dieb(in) M(F) thief; **haltet den ~!** stop thief! **Diebesbande** F gang of thieves **Diebesgut** N stolen property **diebisch** ADJ 🔟 thieving *attr* 🔟 *umg Freude* mischievous **Diebstahl** M theft; **bewaffneter ~** armed robbery; **geistiger ~** plagiarism **Diebstahlsicherung** F AUTO antitheft device **Diebstahlversicherung** F theft insurance

diejenige DEM PR → **derjenige**

Diele F 🔟 (≈ *Fußbodenbrett*) floorboard 🔟 (≈ *Vorraum*) hall

dienen V/I to serve (**j-m/einer Sache** sb/ sth); (≈ *Militärdienst leisten*) to do (one's) military service; **als/zu etw ~** to serve as/for sth; **es dient einem guten Zweck** it serves a useful purpose; **damit kann ich leider nicht ~** I'm afraid I can't help you there; **damit ist mir wenig gedient** that's no use to me **Diener** M 🔟 (≈ *Mensch*) servant 🔟 *umg* (≈ *Verbeugung*) bow **Dienerin** F maid, servant **dienlich** ADJ useful; **j-m/einer Sache ~ sein** to be of use *od* help to sb/sth **Dienst** M service; **diplomatischer/öffentlicher ~** diplomatic/civil service; **den ~ quittieren, aus dem ~ (aus)scheiden** to resign one's post; MIL to leave the service; **~ mit der Waffe** MIL armed service; **~ haben** *Arzt etc* to be on duty; *Apotheke* to be open; **~ habend** → **diensthabend**; **außer ~** (≈ *im Ruhestand*) retired; **außer ~ sein** (≈ *keinen Dienst haben*) to be off duty; **~ nach Vorschrift** work to rule; **sich in den ~ der Sache stellen** to em-

brace the cause; **j-m einen schlechten ~ erweisen** to do sb a bad turn; **j-m gute ~e leisten** to serve sb well; **~ am Kunden** customer service

Dienstag M Tuesday; **am ~** on Tuesday; **hast du ~ Zeit?** have you time on Tuesday?; **jeden ~** every Tuesday; **ab nächsten ~** from next Tuesday; **~ in einer Woche** a week on Tuesday; **~ vor einer Woche** a week (ago) last Tuesday **Dienstagabend** M Tuesday evening; **am ~** on Tuesday evening **dienstagabends** ADV on Tuesday evenings **Dienstagmorgen** M Tuesday morning; **am ~** on Tuesday morning **Dienstagnachmittag** M Tuesday afternoon **dienstags** ADV (on) Tuesdays, on a Tuesday; **~ abends** (on) Tuesday evenings

Dienstalter N length of service **Dienstauto** N company car **dienstbereit** ADJ *Apotheke* open *präd*; *Arzt* on call *präd* **Dienstbote** M, **Dienstbotin** F servant **Dienstgeheimnis** N official secret **Dienstgrad** M MIL (≈ *Rangstufe*) rank **diensthabend** ADJ *Arzt, Offizier etc* duty *attr*, on duty **Diensthandy** N work *od* company mobile (phone) *Br*, work *od* company cell phone *US* **Dienstherr(in)** M(F) employer **Dienstleister** M (≈ *Firma*) service company **Dienstleistung** F service **Dienstleistungsbetrieb** M service company **Dienstleistungsbranche** F service industry **Dienstleistungsgesellschaft** F service economy **Dienstleistungsgewerbe** N services trade **Dienstleistungssektor** M service sector **Dienstleistungsunternehmen** N service enterprise **dienstlich** A ADJ *Angelegenheiten* business *attr*; *Schreiben* official B ADV on business **Dienstmädchen** N maid **Dienstplan** M duty roster **Dienstreise** F business trip **Dienstschluss** M end of work; **nach ~** after work **Dienststelle** F ADMIN department **Dienststunden** PL office hours *pl* **diensttauglich** ADJ MIL fit for duty **diensttuend** ADJ *Arzt* duty *attr*, on duty **Dienstwagen** M company car **Dienstweg** M duty; **~ einhalten** to go through the proper channels *pl*

dies DEM PR this; *pl* these; **~ sind** these are; **~ und das** this and that **diesbe-**

D

züglich form ADJ regarding this **diese** DEM PR → derselbe

Diesel umg M̱ diesel

dieselbe DEM PR → derselbe

Dieselmotor M̱ diesel engine **Dieselöl** Ṉ diesel oil

dieser, **diese**, **dieses** DEM PR this; pl these; **diese(r, s) hier** this (one); **diese(r, s) da** that (one); **dieses und jenes** this and that; **~ und jener** this person and that; **am 5. dieses Monats** on the 5th of this month; **(nur) dieses eine Mal** just this/that once

diesig ADJ Wetter, Luft hazy

diesjährig ADJ this year's **diesmal** ADV this time **diesseits** PRÄP on this side of

Dietrich M̱ skeleton key

diffamieren V̱Ṯ to defame **Diffamierung** F̱ (≈ das Diffamieren) defamation (of character); (≈ Bemerkung etc) defamatory statement

Differential Ṉ → Differenzial

Differenz F̱ **1** difference **2** (≈ Meinungsverschiedenheit) difference (of opinion) **Differenzial** Ṉ MATH, AUTO differential **differenzieren** V̱I̱ to make distinctions (**bei** in); (≈ den Unterschied verstehen) to differentiate (**bei** in) **differenziert** ADV gestalten in a sophisticated manner; **ich sehe das etwas ~er** I think it's a bit more complex than that

differieren V̱I̱ to differ, to vary (**um** by)

diffus ADJ Gedanken confused; Rechtslage unclear

digital A ADJ digital; **~er Bilderrahmen** digital picture frame; **~er Fotorahmen** digital photo frame B ADV digitally **Digitalanzeige** F̱ digital display **Digitalfernsehen** Ṉ digital television **digitalisieren** V̱Ṯ to digitalize **Digitalisierung** F̱ digitalization **Digitalkamera** F̱ digital camera **Digitalrechner** M̱ COMPUT digital calculator **Digitaltechnik** F̱ IT digital technology **Digitaluhr** F̱ digital clock; (≈ Armbanduhr) digital watch **Digitalzeitalter** Ṉ digital age

Diktat Ṉ dictation; **ein ~ schreiben** SCHULE to do (a) dictation; **etw nach ~ schreiben** to write sth from dictation **Diktator(in)** M̱F̱ dictator **diktatorisch** ADJ dictatorial **Diktatur** F̱ dictatorship **diktieren** V̱Ṯ to dictate

Dilemma Ṉ dilemma

Dilettant(in) M̱F̱ amateur **dilettantisch** A ADJ amateurish B ADV amateurishly

Dill M̱ BOT, GASTR dill

Dimension F̱ dimension

Dimmer M̱ dimmer (switch)

DIN® F̱ ABK = Deutsche Industrie-Norm) German Industrial Standard; **DIN® A4** A4

Ding Ṉ **1** thing; **guter ~e sein** geh to be in good spirits; **berufliche ~e** professional matters; **so wie die ~e liegen** as things are; **vor allen ~en** above all (things) **2** umg **das ist ein ~!** now there's a thing! umg; **ein tolles ~!** umg great! umg; **das war vielleicht ein ~** umg that was quite something umg **Dings** Ṉ, **Dingsbums** umg Ṉ (≈ Sache) whatsit umg

Dinkel M̱ BOT spelt

Dinosaurier M̱ dinosaur

Diode F̱ diode

Dioxid Ṉ dioxide

Dioxin Ṉ dioxin **dioxinhaltig** ADJ dioxinated

Diözese F̱ diocese

Diphtherie F̱ diphtheria

Diphthong M̱ diphthong

Diplom Ṉ diploma **Diplomarbeit** F̱ dissertation (submitted for a diploma)

Diplomat(in) M̱F̱ diplomat **Diplomatie** F̱ diplomacy **diplomatisch** A ADJ POL fig diplomatic B ADV diplomatically; **sie hat sich nicht sehr ~ verhalten** she wasn't very diplomatic

diplomiert ADJ qualified **Diplom-Ingenieur(in)** M̱F̱ qualified engineer **Diplom-Kauffrau** F̱, **Diplom-Kaufmann** M̱ business school graduate

DIP-Schalter M̱ COMPUT dip switch

dir PERS PR to you

direkt A ADJ **1** direct; **~e Rede** direct speech; **eine ~e Verbindung** mit Zug a through train; mit Flugzeug a direct flight **2** (≈ genau) Antwort, Auskunft clear B ADV **1** (≈ unmittelbar) directly; **~ von/zu** straight from/to; **~ neben/unter** right next to/under; **~ übertragen** od **senden** to transmit live **2** (≈ unverblümt) bluntly; **j-m etw ~ ins Gesicht sagen** to tell sb sth (straight) to his face **3** umg (≈ geradezu) really; **nicht ~** not exactly **Direktflug** M̱ direct flight

D

Direktion F̲ (≈ *Leitung*) management
Direktive *geh* F̲ directive
Direktkandidat(in) M̲(F̲) POL candidate seeking a direct mandate
Direktmandat N̲ POL direct mandate
Direktor(in) M̲(F̲) director; *von Schule* headmaster/headmistress *Br*, principal *US* **Direktorium** N̲ board of directors
Direktübertragung F̲ RADIO, TV live transmission **Direktverbindung** F̲ BAHN through train; FLUG direct flight **Direktvertrieb** M̲ direct marketing **Direktwerbung** F̲ direct advertising
Dirigent(in) M̲(F̲) MUS conductor **dirigieren** V̲T̲ 1 MUS to conduct 2 (≈ *leiten*) *Verkehr etc* to direct
Dirndl N̲ 1 (*a.* **~kleid**) dirndl 2 *österr* (≈ *Mädchen*) girl
Dirne F̲ prostitute
Discjockey M̲ disc jockey **Disco** F̲ disco
Discounter M̲ 1 WIRTSCH discount retailer, cut-price retailer, discounter 2 (≈ *Billigfluganbieter*) no-frolls airline **Discountladen** M̲ discount shop
Diskette F̲ disk, diskette, floppy (disk) **Diskettenlaufwerk** N̲ disk drive
Diskjockey M̲ → Discjockey **Disko** F̲ → Disco
Diskont M̲ FIN discount **diskontieren** V̲T̲ FIN to discount **Diskontsatz** M̲ FIN discount rate *Br*, bank rate *US*
Diskothek F̲ discotheque
diskreditieren *geh* V̲T̲ to discredit
Diskrepanz F̲ discrepancy
diskret A̲ A̲D̲J̲ discreet; (≈ *vertraulich*) confidential B̲ A̲D̲V̲ discreetly **Diskretion** F̲ discretion; (≈ *vertrauliche Behandlung*) confidentiality; **~ üben** to be discreet
diskriminieren V̲T̲ to discriminate against **diskriminierend** A̲D̲J̲ discriminatory **Diskriminierung** F̲ discrimination **Diskriminierungsverbot** N̲ non-discrimination principle, ban on discrimination
Diskurs *geh* M̲ discourse
Diskus M̲ discus
Diskussion F̲ discussion; **zur ~ stehen** to be under discussion **Diskussionsleiter(in)** M̲(F̲) moderator **Diskussionsrunde** F̲ round of discussions; (≈ *Personen*) discussion group **Diskussionsteilnehmer(in)** M̲(F̲) participant (in a discussion)

Diskuswerfen N̲ throwing the discus **Diskuswerfer(in)** M̲(F̲) discus thrower
diskutabel A̲D̲J̲ worth discussing **diskutieren** V̲T̲ & V̲I̲ to discuss; **über etw** (*akk*) **~** to discuss sth; **darüber lässt sich ~** that's debatable
Display N̲ display
disponieren *geh* V̲I̲ 1 (≈ *verfügen*) **über j-n ~** to command sb's services *form*; **über etw ~ können** (≈ *zur Verfügung haben*) to have sth at one's disposal 2 (≈ *planen*) to make arrangements *od* plans
Disposition *geh* F̲ **zur ~ stehen** to be up for consideration
Disput *geh* M̲ dispute
Disqualifikation F̲ disqualification **disqualifizieren** V̲T̲ to disqualify
dissen *sl* V̲T̲ to slag off *Br umg*, to diss *bes US umg*
Dissertation F̲ dissertation; (≈ *Doktorarbeit*) (doctoral) thesis
Dissident(in) M̲(F̲) dissident
Dissonanz F̲ MUS dissonance; *fig* (note of) discord
Distanz F̲ distance; (≈ *Zurückhaltung*) reserve; **~ halten** *od* **wahren** to keep one's distance; **auf ~ gehen** *fig* to distance oneself **distanzieren** V̲R̲ **sich von j-m/etw ~** to distance oneself from sb/sth **distanziert** A̲ A̲D̲J̲ *Verhalten* distant B̲ A̲D̲V̲ **~ wirken** to seem distant
Distel F̲ thistle
Disziplin F̲ discipline; **~ halten** *Klasse* to behave in a disciplined manner **disziplinarisch** A̲ A̲D̲J̲ disciplinary B̲ A̲D̲V̲ **~ gegen j-n ~ bestrafen** to take disciplinary action against sb **Disziplinarstrafe** F̲ punishment **Disziplinarverfahren** N̲ disciplinary proceedings *pl* **disziplinieren** V̲T̲ to discipline **diszipliniert** A̲ A̲D̲J̲ disciplined B̲ A̲D̲V̲ in a disciplined manner **disziplinlos** A̲D̲J̲ undisciplined **Disziplinlosigkeit** F̲ lack *kein pl* of discipline
dito A̲D̲V̲ HANDEL *hum* ditto
Diva F̲ star
Divergenz F̲ divergence **divergieren** V̲I̲ to diverge
divers A̲D̲J̲ various; „**Diverses**" "miscellaneous" **diversifizieren** V̲T̲ & V̲I̲ to diversify **Diversifizierung** F̲ diversification
Dividende F̲ FIN dividend **dividieren** V̲T̲ & V̲I̲ to divide (**durch** by) **Division** F̲

MATH, MIL division

DJ M ABK (= Discjockey) DJ

DM ABK (= Deutsche Mark) HIST German mark; **50 DM** 50 German marks, 50 Deutschmarks, 50 marks

DNS F ABK (= Desoxyribonukleinsäure) DNA **DNS-Code** M DNA code

doch A KONJ (≈ aber) but; **und ~ hat er es getan** but he still did it B ADV 1 (≈ trotzdem) anyway; **du weißt es ja besser** you always know better than I do anyway; **und ~, ...** and yet ...; **ja ~!** of course!; **nein ~!** of course not!; **also ~!** so it IS/so he DID! etc 2 als bejahende Antwort yes I do/it does etc; **hat es dir dir nicht gefallen? — (doch,) ~!** didn't you like it? — (oh) yes I did! 3 **komm ~** do come; **lass ihn ~!** just leave him!; **nicht ~!** don't (do that)!; **du hast ~ nicht etwa ...?** you haven't ..., have you?; **hier es ist ~ ganz nett** it's actually quite nice here; **Sie wissen ~, wie das so ist** (well,) you know how it is, don't you?; **das müsstest du ~ wissen** you should know that

Docht M wick

Dock N dock

Dogge F mastiff; **Deutsche ~** Great Dane

Dogma N dogma **Dogmatiker(in)** M(F) dogmatist **dogmatisch** ADJ dogmatic

Dohle F ORN jackdaw

Dojo N SPORT dojo

Doktor(in) M(F) doctor; **sie ist ~** she has a doctorate; **seinen ~ machen** to do a doctorate **Doktorand(in)** M(F) PhD student, graduate student studying for a doctorate **Doktorarbeit** F doctoral od PhD thesis **Doktorprüfung** F examination for a/one's doctorate **Doktortitel** M doctorate **Doktorvater** M UNIV supervisor

Doktrin F doctrine

Dokument N document; fig (≈ Zeugnis) record **Dokumentarfilm** M documentary **dokumentarisch** A ADJ documentary B ADV **etw ~ festhalten** to document sth **Dokumentation** F documentation **dokumentieren** V/T to document **Dokumentvorlage** F IT template **Doku-Soap** F docusoap

Dolch M dagger **Dolchstoß** bes fig M stab a. fig

Dole F (≈ Gully) drain

Dollar M dollar; **hundert ~** a hundred dollars **Dollarkurs** M dollar rate **Dollarzeichen** N dollar sign

dolmetschen V/T & V/I to interpret; **j-m od für j-n ~** to interpret for sb **Dolmetscher(in)** M(F) interpreter

Dolomiten PL GEOG **die ~** the Dolomites pl

Dom M cathedral

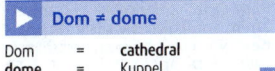

Domain F INTERNET domain

Domäne F domain

dominant ADJ dominant **dominieren** A V/I to be (pre)dominant; Mensch to dominate B V/T to dominate **dominierend** ADJ dominating

dominikanisch ADJ GEOG **die Dominikanische Republik** the Dominican Republic

Domino N (≈ Spiel) dominoes sg **Dominoeffekt** M domino effect **Dominospiel** N dominoes sg **Dominostein** M domino

Domizil N domicile form

Dompfaff M ORN bullfinch

Dompteur(in) M(F) trainer; von Raubtieren tamer

Donau F **die ~** the (river) Danube; **an der ~ liegen** to be on the river Danube

Döner M doner kebab **Dönerbude** F umg doner kebab shop

Donner M thunder kein unbest art, kein pl; (≈ Donnerschlag) clap of thunder; **wie vom ~ gerührt** fig umg thunderstruck **donnern** A V/I to thunder; **es donnerte in der Ferne** there was (the sound of) thunder in the distance B V/I to thunder; **gegen etw ~** (≈ prallen) to crash into sth **donnernd** fig ADJ thunderous **Donnerschlag** M clap of thunder

Donnerstag M Thursday; → Dienstag **donnerstags** ADV (on) Thursdays, on a Thursday; → dienstags

Donnerwetter N fig umg (≈ Schelte) row; **~!** umg anerkennend my word!; **(zum) ~!** umg zornig damn (it)! umg

doof umg ADJ dumb umg; **~ fragen** to ask a dumb question **Doofmann**

umg M blockhead *umg*

dopen A VT SPORT to dope B VI & VR SPORT to take drugs; → gedopt **Doping** N SPORT drug-taking; *bei Pferden* doping **Dopingkontrolle** F SPORT drug(s) test **Dopingtest** M SPORT drug(s) test **Dopingverdacht** M SPORT **bei ihm besteht ~** he is suspected of having taken drugs

Doppel N **1** (≈*Duplikat*) duplicate (copy) **2** *Tennis etc* doubles *sg* **Doppelagent(in)** MF double agent **Doppelbett** N double bed; (≈*zwei Betten*) twin beds *pl* **Doppel-CD** F double CD **Doppeldecker** M **1** FLUG biplane **2** (*a. ~bus*) double-decker (bus) **doppeldeutig** ADJ ambiguous **Doppeldeutigkeit** F *a.* LIT ambiguity **Doppelfehler** M *Tennis* double fault **Doppelfenster** N **~ haben** to have double glazing **Doppelfunktion** F dual function **Doppelgänger(in)** MF double **Doppelhaus** N *semi Br umg*, duplex (house) *US* **Doppelhaushälfte** F semidetached house *Br*, duplex (house) *US* **Doppelkinn** N double chin **Doppelklick** M IT double click (**auf** +*akk* on) **doppelklicken** VI IT to double-click (**auf** +*akk* on) **Doppelleben** N double life **Doppelmoral** F double (moral) standard(s) *pl* **Doppelmord** M double murder **Doppelname** M (≈*Nachname*) double-barrelled name *Br*, double-barreled name *US* **Doppelpack** M **1** FUSSB one-two **2** *für doppelte Staatsbürgerschaft* second passport **Doppelpunkt** M colon **Doppelrolle** F THEAT double role; *fig* dual capacity **doppelseitig** ADJ two-sided; *~e Anzeige* double-page spread; *~e Lähmung* diplegia **Doppelsieg** M double victory **Doppelspiel** N **1** *Tennis* (game of) doubles *sg* **2** *fig* double game **Doppelstecker** M two-way adaptor **doppelstöckig** ADJ *Haus* two-storey *Br*, two-story *US*; *Bus* double-decker *attr*; **ein ~es Bett** bunk beds *pl* **Doppelstunde** F *bes* SCHULE double period **doppelt** A ADJ double; *Staatsbürgerschaft* dual; **die ~e Freude** double the pleasure; **~er Boden** *von Koffer* false bottom; **~e Moral** double standards *pl*; **ein ~es Spiel spielen** *od* **treiben** to play a double game B ADV double; (≈*zweimal*) twice; **~ so viel/viele** twice as much/many; **~ so schön** twice as nice; **die Karte habe ich ~** I have two of these cards; **~ gemoppelt** *umg* saying the same thing twice over; **~ und dreifach** *sich entschuldigen* profusely; *prüfen* thoroughly; **~ (genäht) hält besser** *sprichw ≈* better safe than sorry *sprichw* **Doppelte(s)** N double; **um das ~ größer** twice as large; **das ~ bezahlen** to pay twice as much **Doppelverdiener(in)** MF person with two incomes; (≈*Paar*) *pl* double-income couple **Doppelzentner** M 100 kilos **Doppelzimmer** N double room

Dorf N village; **auf dem ~(e)** (≈*auf dem Land*) in the country **Dorfbewohner(in)** MF villager **Dörfchen** N small village **dörflich** ADJ village *attr*; (≈*ländlich*) rural **Dorfplatz** M village square **Dorftrottel** *umg* M village idiot

Dorn M **1** BOT, *a. fig* thorn; **das ist mir ein ~ im Auge** *fig* that is a thorn in my side *bes Br* **2** (≈*Sporn*) spike; *von Schnalle* tongue **dornenreich** ADJ thorny; *fig* fraught with difficulty **dornig** ADJ thorny **Dornröschen** N Sleeping Beauty **Dornwarze** F MED plantar wart, verruca

dörren VT & VI to dry **Dörrfleisch** N dried meat **Dörrobst** N dried fruit **Dorsch** M (≈*Kabeljau*) cod(fish)

dort ADV there; **~ zu Lande** → dortzulande **dortbehalten** VT to keep there **dortbleiben** VI to stay there **dorther** ADV **von ~** from there **dorthin** ADV there **dorthinaus** ADV **frech bis ~** *umg* really cheeky *Br umg*, really fresh *US umg* **dortig** ADJ there (*nachgestellt*) **dortzulande** ADV in that country

Dose F **1** (≈*Blechdose*) tin; (≈*Konservendose, Bierdose*) can; *für Schmuck, aus Holz* box; **in ~n** *Konserven* canned **2** ELEK socket

dösen *umg* VI to doze

Dosenbier N canned beer **Dosenmilch** F canned milk, tinned milk *Br*, condensed milk **Dosenöffner** M can-opener **Dosenpfand** N deposit on drink cans

dosieren VT *Arznei* to measure into doses; *Menge* to measure out **Dosierung** F (≈*Dosis*) dose **Dosis** F dose; **in kleinen Dosen** in small doses

Dossier N̅ dossier

Dotcom F̲ HANDEL *sl* (≈ *Internetfirma*) dotcom

dotieren V̲T̲ *Posten* to remunerate (**mit** with); *Preis* to endow (**mit** with); **eine gut dotierte Stellung** a remunerative position **Dotierung** F̲ endowment; *von Posten* remuneration

Dotter M̲N̲ yolk **dottergelb** A̲D̲J̲ golden yellow

doubeln A̲ V̲T̲ *j-n* to stand in for; *Szene* to shoot with a stand-in B̲ V̲I̲ to stand in; (≈ *als Double arbeiten*) to work as a stand-in **Double** N̲ FILM *etc* stand-in

down *umg* A̲D̲J̲ ~ **sein** to be (feeling) down

Download N̅ INTERNET download

downloaden V̲T̲ & V̲I̲ INTERNET to download

Downloadshop M̲ INTERNET download store

Downsyndrom N̅ MED Down's syndrome; **ein Kind mit** ~ a Down's (syndrome) child

Dozent(in) M̲F̲ lecturer *US* (**für** in), (assistant) professor (**für** of)

Dr. A̲B̲K̲ (= *Doktor*) Dr *Br*, Dr. *US*

Drache M̲ *Mythologie* dragon **Drachen** M̲ **1** (≈ *Papierdrachen*) kite; SPORT (≈ *Fluggerät*) hang-glider; **einen ~ steigen lassen** to fly a kite **2** *pej* dragon *umg* **Drachenfliegen** N̅ SPORT hang-gliding **Drachenflieger(in)** M̲F̲ SPORT hang-glider **Drachenfrucht** F̲ dragon fruit

Dragee N̅, **Dragée** N̅ dragee; (≈ *Bonbon*) sugar-coated chocolate sweet

Draht M̲ wire; **auf** ~ **sein** *umg* to be on the ball *umg* **Drahtbürste** F̲ wire brush **Drahtgitter** N̅ wire netting **Drahthaardackel** M̲ wire-haired dachshund **drahtig** A̲D̲J̲ *Haar, Mensch* wiry **drahtlos** A̲D̲J̲ wireless; *Telefon* cordless **Drahtschere** F̲ wire cutters *pl* **Drahtseil** N̅ wire cable; **Nerven wie ~e** *umg* nerves of steel **Drahtseilakt** M̲ balancing act **Drahtseilbahn** F̲ cable railway *Br*, cableway *US* **Drahtzieher(in)** *fig* M̲F̲ wirepuller *bes US*

drakonisch A̲D̲J̲ Draconian

drall A̲D̲J̲ *Mädchen, Arme* strapping; *Busen* ample

Drall M̲ *von Kugel, Ball* spin; **einen ~ nach links haben** *Auto* to pull to the left

Drama N̅ drama **Dramatik** F̲ drama

Dramatiker(in) M̲F̲ dramatist, playwright **dramatisch** A̲ A̲D̲J̲ dramatic B̲ A̲D̲V̲ dramatically **dramatisieren** V̲T̲ to dramatize **Dramaturg(in)** M̲F̲ literary manager **dramaturgisch** A̲D̲J̲ dramatic

dran *umg* A̲D̲V̲ **1** (≈ *an der Reihe*) **jetzt bist du** ~ it's your turn now; **(wenn er erwischt wird,) dann ist er** ~ (if he gets caught) he'll be for it *umg* **2** **schlecht** ~ **sein** to be in a bad way; **gut** ~ **sein** to be well off; *gesundheitlich* to be well; **früh/spät** ~ **sein** to be early/late; **an den Gerüchten ist nichts** ~ there's nothing in those rumours; → **daran dranbleiben** V̲I̲ *umg* **am Apparat** to hang on; **an der Arbeit** ~ to stick at one's work

Drang M̲ (≈ *Antrieb*) urge, impulse; (≈ *Sehnsucht*) yearning (**nach** for)

Drängelei *umg* F̲ pushing; *im Verkehr* jostling; (≈ *Bettelei*) pestering **drängeln** *umg* A̲ V̲I̲ to push; *im Verkehr* to jostle B̲ V̲T̲ & V̲I̲ (≈ *betteln*) to pester C̲ V̲R̲ **sich nach vorne** *etc* ~ to push one's way to the front *etc* **drängen** A̲ V̲I̲ to press; **darauf** ~, **eine Antwort zu erhalten, auf Antwort** ~ to press for an answer; **darauf** ~, **dass etw getan wird** to press for sth to be done; **die Zeit drängt** time is pressing; **es drängt nicht** it's not pressing B̲ V̲T̲ **1** to push **2** (≈ *auffordern*) to urge C̲ V̲R̲ *Menge* to throng; **sich nach vorn** ~ to push one's way to the front; → **gedrängt Drängen** N̅ urging; (≈ *Bitten*) requests *pl* **drängend** A̲D̲J̲ pressing **Drängler(in)** M̲F̲ AUTO tailgater **drangsalieren** V̲T̲ (≈ *plagen*) to pester; (≈ *unterdrücken*) to oppress

dranhalten V̲R̲ *umg* (≈ *sich beeilen*) to get a move on *umg* **drankommen** V̲I̲ *umg* (≈ *an die Reihe kommen*) to have one's turn **drankriegen** *umg* V̲T̲ *j-n* ~ to get sb *umg* **drannehmen** *umg* V̲T̲ *Schüler* to ask

drapieren V̲T̲ to drape

drastisch A̲ A̲D̲J̲ (≈ *derb*) drastic; (≈ *deutlich*) graphic B̲ A̲D̲V̲ (≈ *energisch*) *kürzen* drastically; (≈ *deutlich*) explicitly; ~ **vorgehen** to take drastic measures; **sich** ~ **ausdrücken** to use strong language

drauf *umg* A̲D̲V̲ ~ **und dran sein, etw zu tun** to be on the verge of doing sth; → **darauf**; → **drauf sein Draufgän-**

ger(in) M̲F̲ daredevil; (≈ *Mann*) *bei Frauen* predator **draufgängerisch** A̲D̲J̲ daring; *negativ* reckless **draufgehen** *umg* V̲I̲ (≈ *sterben*) to bite the dust *umg*; *Geld* to disappear **draufhaben** *umg* V̲T̲ *Sprüche* to come out with; **zeigen, was man draufhat** to show what one is made of; **schwer was ~** *sl* to know one's stuff *umg* **draufkommen** V̲I̲ **1** *umg* (≈ *gelegt werden*) **das kommt da (oben) drauf** that goes up there **2** *umg* (≈ *sich erinnern*) to remember; (≈ *begreifen*) to catch on; **ich bin einfach nicht draufgekommen** it didn't occur to me; (≈ *konnte mich nicht erinnern*) I just couldn't think of it; **ich komm nicht drauf** I can't think of it **drauflegen** *umg* A̲ V̲T̲ **20 Euro ~** to lay out an extra 20 euros *umg* B̲ V̲I̲ (≈ *mehr bezahlen*) to pay more **drauflos** A̲D̲V̲ **(nur) immer feste** *od* **munter ~!** (just) keep at it! **drauflosgehen** V̲I̲ *auf ein Ziel* to make straight for it; *ohne Ziel* to set off **drauflosreden** *umg* V̲I̲ to talk away **drauflosschlagen** *umg* V̲I̲ to hit out **draufmachen** *umg* V̲T̲ **einen ~** to make a night of it *umg* **drauf sein** *umg* V̲I̲ **schlecht/gut ~** to be in a bad/good mood **draufsetzen** *fig umg* V̲T̲ **eins** *od* **einen ~** to go one step further **draufzahlen** *umg* V̲T̲ & V̲I̲ → drauflegen

draußen A̲D̲V̲ outside; **~ auf dem Lande/im Garten** out in the country/in the garden; **nach ~** outside

Drechselbank F̲ wood(turning) lathe **drechseln** V̲T̲ to turn (*on a wood lathe*) **Drechslerei** F̲ (≈ *Werkstatt*) (wood)turner's workshop

Dreck M̲ dirt; *bes ekelhaft* filth; *fig* (≈ *Schund*) rubbish *Br*, garbage *US*; **mit ~ und Speck** (≈ *ungewaschen*) unwashed; *j-n wie den letzten ~* **behandeln** *umg* to treat sb like dirt; **der letzte ~ sein** *umg Mensch* to be the lowest of the low; **~ am Stecken haben** *fig* to have a skeleton in the cupboard; **etw in den ~ ziehen** *fig* to drag sth through the mud; **sich einen ~ um j-n/etw kümmern** *od* **scheren** to not give a damn about sb/sth *umg* **Dreckarbeit** *umg* F̲ dirty work **Dreckfinger** *umg* P̲L̲ dirty fingers *pl* **dreckig** A̲ A̲D̲J̲ dirty; *stärker* filthy B̲ A̲D̲V̲ *umg* **es geht mir ~** I'm in a bad way; *finanziell* I'm badly off

Dreckloch *pej* N̲ hole *umg*, dump **Drecknest** *pej umg* N̲ dump *pej umg*, hole *pej umg* **Drecksack** *pej umg* M̲ dirty bastard *sl* **Drecksau** *vulg* F̲ filthy swine *umg* **Dreckschwein** N̲ dirty pig *umg* **Dreckskerl** *umg* M̲ dirty swine *umg* **Dreckspatz** *umg* M̲ (≈ *Kind*) grubby kid

Dreh M̲ (≈ *List*) dodge; (≈ *Kunstgriff*) trick; **den ~ heraushaben, etw zu tun** to have got the knack of doing sth **Dreharbeiten** P̲L̲ FILM shooting *sg* **Drehbank** F̲ lathe **Drehbuch** N̲ FILM script **Drehbuchautor(in)** M̲F̲ scriptwriter **drehen** A̲ V̲T̲ to turn; *Zigaretten* to roll; *Film* to shoot; *umg* (≈ *schaffen*) to fix *umg*; **ein Ding ~** *sl* to play a prank; *Verbrecher* to pull a job *umg*; **wie man es auch dreht und wendet** no matter how you look at it B̲ V̲I̲ to turn; *Wind* to change; **an etw** (*dat*) **~** to turn sth; **daran ist nichts zu ~** *fig* there are no two ways about it C̲ V̲R̲ **1** to turn (**um about**); *sehr schnell: Kreisel* to spin; *Wind* to change; **sich um etw ~** to revolve around sth; **mir dreht sich alles im Kopf** my head is spinning; **sich ~ und winden** *fig* to twist and turn **2** (≈ *betreffen*) **sich um etw ~** to concern sth; *um zentrale Frage* to centre on sth *Br*, to center on sth *US*; **es dreht sich darum, dass ...** the point is that ... **Dreher(in)** M̲F̲ lathe operator **Dreherlaubnis** F̲ FILM filming permission **Drehkreuz** N̲ turnstile **Drehmoment** N̲ torque **Drehorgel** F̲ barrel organ **Drehort** M̲ FILM location **Drehschalter** M̲ rotary switch **Drehscheibe** F̲ **1** BAHN turntable **2** (≈ *Töpferscheibe*) potter's wheel **Drehstrom** M̲ three-phase current **Drehstuhl** M̲ swivel chair **Drehtag** M̲ FILM day of shooting **Drehtür** F̲ revolving door **Drehung** F̲ turn; *einer* **~ um 180°** a 180° turn **Drehzahl** F̲ number of revolutions; *pro Minute* revs *pl* per minute **Drehzahlmesser** M̲ rev counter

drei N̲U̲M̲ three; **aller guten Dinge sind ~!** *sprichw* all good things come in threes!; *nach zwei missglückten Versuchen* third time lucky!; **sie sieht aus, als ob sie nicht bis ~ zählen könnte** *umg* she looks pretty empty-headed; → vier **Drei** F̲ three **dreibändig** A̲D̲J̲ three-volume **dreibeinig** A̲D̲J̲ three-legged

Dreibettzimmer N̄ three-bed room **Drei-D-** ZSSGN 3-D **dreidimensional** ADJ three-dimensional, 3D **Dreieck** N̄ triangle **dreieckig** ADJ triangular **Dreiecksverhältnis** N̄ (eternal) triangle **dreieinhalb** NUM three and a half **Dreieinigkeit** F̄ Trinity **Dreierkonferenz** F̄ TEL three-way calling **dreierlei** ADJ three different **Dreierpack** N̄ three-pack **dreifach** A ADJ triple; **die ~e Menge** three times the amount B ADV three times; → **vierfach** **Dreifache(s)** N̄ das **~** three times as much; **auf das ~ steigen** to treble **dreifarbig** ADJ three-coloured Br, three-colored US **Dreifuß** M̄ tripod **Dreigangschaltung** F̄ three-speed gear **dreihundert** NUM three hundred **Dreikäsehoch** umg M̄ tiny tot umg **Dreiklang** M̄ MUS triad **Dreikönigsfest** N̄ (feast of) Epiphany **dreimal** ADV three times **Dreimeterbrett** N̄ three-metre board Br, three-meter board US

dreinblicken V̄ī traurig etc **~** to look sad etc **dreinreden** umg V̄ī (≈ dazwischenreden) to interrupt

Dreirad N̄ tricycle **Dreisatz** M̄ MATH rule of three **Dreisprung** M̄ triple jump **dreispurig** ADJ Fahrbahn three-lane attr **dreißig** NUM thirty; **~ vierzig** **dreißigjährig** ADJ (≈ dreißig Jahre alt) thirty years old, thirty-year-old attr **dreist** ADJ brazen, bold **dreistellig** ADJ three-digit attr, with three digits

Dreistigkeit F̄ boldness **dreistufig** ADJ Rakete three-stage attr, with three stages **Dreitagebart** M̄ designer stubble **dreitägig** ADJ three-day attr, three-day-long **Dreiteiler** M̄ ī Anzug, Kostüm three-piece suit Z̄ TV three-parter **dreiteilig** ADJ Kostüm etc three-piece attr **drei viertel** ADJ & ADV → **viertel**; → **Viertel¹** **Dreiviertel** N̄ three-quarters **Dreivierteljahr** N̄ nine months pl **Dreiviertelstunde** F̄ three-quarters of an hour kein unbest art **Dreivierteltakt** M̄ three-four time **Dreiweg-** ZSSGN ELEK three-way **dreiwöchig** ADJ three-week **dreizehn** NUM thirteen; **jetzt schlägt's aber ~** umg that's a bit much; → **vierzehn** **Dreizimmerwohnung** F̄ three-room flat Br, three-room apartment

Dresche umg F̄ thrashing **dreschen** V̄ī ī Korn to thresh; umg Phrasen to bandy; **Skat ~** umg to play skat Z̄ umg (≈ prügeln) to thrash

Dress M̄ SPORT (sports) kit; für Fußball a. strip

Dresscode M̄ dress code **dressieren** V̄ī to train; **zu etw dressiert sein** to be trained to do sth **Dressing** N̄ GASTR dressing **Dressman** M̄ male model **Dressur** F̄ training; für Dressurreiten dressage

dribbeln V̄ī to dribble

Drill M̄ drill **Drillbohrer** M̄ drill **drillen** V̄ī & V̄ī to drill; **auf etw** (akk) **gedrillt sein** fig umg to be practised at doing sth Br, to be practiced at doing sth US

Drilling M̄ triplet

drin ADV ī umg → **darin** Z̄ (≈ innen drin) in it; **er/es ist da ~** he/it is in there Z̄ umg **bis jetzt ist noch alles ~** everything is still quite open; **das ist doch nicht ~** (≈ geht nicht) that's not on umg **dringen** V̄ī ī to penetrate; fig Nachricht to get through (**an od in** +akk to); **an** od **in die Öffentlichkeit ~** to leak out Z̄ **auf etw** (akk) **~** to insist on sth **dringend** A ADJ (≈ eilig) urgent; (≈ nachdrücklich) strong; Gründe compelling B ADV (≈ unbedingt) urgently; warnen, empfehlen strongly; **~ notwendig** urgently needed; **~ verdächtig** strongly suspected **dringlich** ADJ urgent **Dringlichkeit** F̄ urgency **Dringlichkeitsstufe** F̄ priority; **~ 1** top priority

Drink M̄ drink

drinnen ADV inside; **hier/dort ~** in here/there **drinstecken** V̄ī to be (contained); **da steckt eine Menge Geld/Arbeit** etc **drin** a lot of money/work etc has gone into it; **er steckt bis über die Ohren drin** he's up to his ears in it

dritt ADV **wir kommen zu ~** three of us are coming together **Drittel** N̄ third; → **Viertel¹** **dritteln** V̄ī to divide into three (parts) **drittens** ADV third(ly), in the third place **Dritte(r)** M̄|F̄(M̄) third person/man/woman etc; (≈ Unbeteiligter) third party **drittens** ADV third; **Menschen ~r Klasse** third-class citizens; → **vierter, s Dritte-Welt-** ZSSGN Third World **drittgrößte(r, s)** ADJ third-biggest **dritthöchste(r, s)** $\overline{ADJ}$ third-highest **drittklassig** $\overline{ADJ}$ third-rate pej, third-class **Drittländer** $\overline{PL}$ POL third countries pl; aus EU-Sicht non-member countries pl **drittletzte(r, s)** $\overline{ADJ}$ third from last **Drittmittel** $\overline{PL}$ FIN external funds pl **drittrangig** $\overline{ADJ}$ third-rate

DRK $\overline{ABK}$ (= Deutsches Rotes Kreuz) German Red Cross

Droge $\overline{F}$ drug **drogenabhängig** $\overline{ADJ}$ addicted to drugs; **er ist ~** he's a drug addict **Drogenabhängige(r)** $\overline{M/F(M)}$ drug addict **Drogenabhängigkeit** $\overline{F}$ drug addiction ohne art **Drogenbekämpfung** $\overline{F}$ fight against drugs **Drogenberatung** $\overline{F}$, **Drogenberatungsstelle** $\overline{F}$ drugs advice centre Br, drugs advice center US **Drogenfahnder(in)** $\overline{M(F)}$ drugs squad officer Br, narcotics officer US **Drogenhandel** $\overline{M}$ drug trade od trafficking **Drogenhändler(in)** $\overline{M(F)}$ drug trafficker od dealer **Drogenkonsum** $\overline{M}$ drug consumption **Drogenmissbrauch** $\overline{M}$ drug abuse ohne art **Drogenopfer** $\overline{N}$ drug(s) victim **Drogensucht** $\overline{F}$ drug addiction **drogensüchtig** $\overline{ADJ}$ addicted to drugs; **er ist ~** he's a drug addict **Drogensüchtige(r)** $\overline{M/F(M)}$ drug addict **Drogenszene** $\overline{F}$ drugs scene **Drogentote(r)** $\overline{M/F(M)}$ **200 ~ pro Jahr** 200 drug deaths per year **Drogerie** $\overline{F}$ nondispensing chemist's (shop), drug-store US **Drogist(in)** $\overline{M(F)}$ chemist, druggist US

Drohbrief $\overline{M}$ threatening letter **drohen** $\overline{V/I}$ to threaten (j-m sb); Streik, Krieg to be looming; **(j-m) mit etw ~** to threaten (sb with) sth; **j-m droht etw** sb is being threatened by sth; **es droht Gefahr** there is the threat of danger; **das Schiff drohte zu sinken** the ship was in danger of sinking **drohend** $\overline{ADJ}$ threatening; Gefahr, Krieg imminent **Drohne** $\overline{F}$ ⬛ drone; fig pej a. parasite ⬛ MIL drone **dröhnen** $\overline{V/I}$ ⬛ Motor, Straßenlärm to roar; Donner to rumble; Lautsprecher, Stimme to boom ⬛ Raum etc to resound; **mir dröhnt der Kopf** my head is ringing **dröhnend** $\overline{ADJ}$ Lärm, Applaus resounding; Stimme booming **Drohung** $\overline{F}$ threat **drollig** $\overline{ADJ}$ ⬛ funny ⬛ (≈ seltsam) odd

Dromedar $\overline{N}$ dromedary **Drops** $\overline{M}$ fruit drop **Drossel** $\overline{F}$ ORN thrush **drosseln** $\overline{V/T}$ Motor to throttle; Heizung to turn down; Strom to reduce; Tempo, Produktion etc to cut down **drüben** $\overline{ADV}$ over there; (≈ auf der anderen Seite) on the other side; **nach ~** over there; **von ~** from over there

Druck¹ $\overline{M}$ pressure; **unter ~ stehen** to be under pressure; **j-n unter ~ setzen** fig to put pressure on sb; **~ machen** umg to put the pressure on umg; **durch einen ~ auf den Knopf** by pressing the button

Druck² $\overline{M}$ (≈ das Drucken) printing; (≈ Schriftart, Kunstdruck) print; **das Buch ist im ~** the book is being printed; **etw in ~ geben** to send sth to be printed

Druckabfall $\overline{M}$ drop in pressure **Druckanstieg** $\overline{M}$ increase od rise in pressure **Druckausgleich** $\overline{M}$ pressure balance **Druckbuchstabe** $\overline{M}$ printed character; **in ~n schreiben** to print **Drückeberger(in)** $\overline{M(F)}$ pej umg shirker; (≈ Feigling) coward

drucken $\overline{V/T \& V/I}$ to print; → **gedruckt** **drücken** ⬛ $\overline{V/T}$ ⬛ to press; Obst to squeeze; **j-n** (≈ umarmen) to hug sb; **j-n zur Seite ~** to push sb aside ⬛ Schuhe etc to pinch; **j-n im Magen ~** Essen to lie heavily on sb's stomach ⬛ (≈ verringern) to force down; Leistung, Niveau to lower; umg Stimmung to dampen ⬛ $\overline{V/I}$ to press; Schuhe etc to pinch; **„bitte ~"** "push"; **auf die Stimmung ~** to dampen one's mood; → **gedrückt** ⬛ $\overline{V/R}$ (≈ sich quetschen) to squeeze; Schutz suchend to huddle; (≈ kneifen) to shirk; von Militärdienst to dodge; **sich vor etw** (dat) ~ to shirk sth; **sich (um etw)** ~ to get out of sth **drückend** $\overline{ADJ}$ Last, Steuern heavy; Probleme serious; Hitze, Atmosphäre oppressive

Drucker $\overline{M}$ printer **Drücker** $\overline{M}$ (≈ Knopf) (push) button; von Klingel push; **am ~ sein** od **sitzen** fig umg to be in a key position; **auf den letzten ~** fig umg at the last minute **Druckerei** $\overline{F}$ printing works pl; (≈ Firma) printer's **Druckerschwärze** $\overline{F}$ printer's ink **Druckertreiber** $\overline{M}$ COMPUT printer driver **Druckfehler** $\overline{M}$ misprint, typographical error **Druckkabi-**

ne F̲ pressurized cabin **Druckknopf** M̲ **1** *Handarbeiten* press stud **2** TECH push button **Druckluft** F̲ compressed air **Druckluftbremse** F̲ air brake **Druckmesser** M̲ pressure gauge **Druckmittel** *fig* N̲ means of exerting pressure **druckreif** ADJ ready for printing, passed for press; *fig* polished **Drucksache** F̲ *Post* business letter; (≈ *Werbematerial*) circular; *als Portoklasse* printed matter **Druckschrift** F̲ in ~ **schreiben** to print **Druckstelle** F̲ *auf Pfirsich, Haut* bruise **Drucktaste** F̲ push button **Druckverband** M̲ MED pressure bandage **Druckverlust** M̲ TECH loss of pressure

drum *umg* ADV (a)round; ~ (he)rum all (a)round; **mit allem Drum und Dran** with all the bits and pieces *umg*; *Mahlzeit* with all the trimmings *pl*; → **darum**

drunter ADV under(neath); ~ **und drüber** upside down; **es ging alles ~ und drüber** everything was upside down; → **darunter**

Drüse F̲ gland **Drüsenfieber** N̲ glandular fever **Dschihad** M̲ *heiliger Krieg* jihad

Dschungel M̲ jungle **Dschungelkrieg** M̲ jungle warfare

Dschunke F̲ SCHIFF junk

DTP N̲ ABK (≈ *Desktop-Publishing*) DTP

du PERS PR you; **mit j-m auf Du und Du stehen** to be pals with sb; **mit j-m per du sein** to be on familiar terms with sb; **du bist es** it's you; **du Glücklicher!** lucky you; **du Idiot!** you idiot

dual ADJ dual **Dualsystem** N̲ MATH binary system

Dübel M̲ Rawlplug®; (≈ *Holzdübel*) dowel

dubios *geh* ADJ dubious

Dublette F̲ duplicate

ducken V̲R̲ *Kopf einziehen* to duck; *fig pej* to cringe **Duckmäuser(in)** *pej* M̲/F̲ moral coward

Dudelsack M̲ bagpipes *pl*; ~ **spielen** to play the bagpipes

Duell N̲ duel (**um** over); **j-n zum** ~ **(heraus)fordern** to challenge sb to a duel **Duellant(in)** M̲/F̲ dueller **duellieren** V̲R̲ to (fight a) duel

Duett N̲ MUS, *a. fig* duet; **im** ~ **singen** to sing a duet

Duft M̲ smell, odo(u)r **dufte** *obs umg* ADJ & ADV great *umg* **duften** V̲I̲ to smell;

nach etw ~ to smell of sth; **das duftet!** it smells good **duftend** ADJ *Parfüm, Blumen etc* fragrant **duftig** ADJ *Kleid, Stoff* gossamery **Duftkerze** F̲ scented candle **Duftmarke** F̲ scent mark **Duftnote** F̲ *von Parfüm* scent; *von Mensch* smell **Duftreis** M̲ aromatic *od* fragrant rice **Duftstoff** M̲ scent; *für Parfüm etc* fragrance

dulden V̲T̲ to tolerate; **ich dulde das nicht** I won't tolerate that; **etw stillschweigend** ~ to connive at sth **duldsam** A̲ ADJ tolerant (**gegenüber** of); (≈ *geduldig*) forbearing B̲ ADV tolerantly; (≈ *geduldig*) with forbearance **Duldsamkeit** F̲ tolerance; (≈ *Geduld*) forbearance **Duldung** F̲ toleration

dumm A̲ ADJ **1** stupid; ~**es Zeug (reden)** (to talk) nonsense; **j-n für** ~ **verkaufen** *umg* to think sb is stupid; **das ist gar nicht (so)** ~ that's not a bad idea; **jetzt wirds mir zu** ~ I've had enough **2** (≈ *ärgerlich*) annoying; **es ist zu** ~, **dass er nicht kommen kann** it's too bad that he can't come; **so etwas Dummes** what a nuisance B̲ ADV **sich** ~ **anstellen** to behave stupidly; **sich** ~ **stellen** to act stupid; ~ **fragen** to ask a silly question; **sich** ~ **und dämlich reden** *umg* to talk till one is blue in the face *umg*; **j-m** ~ **kommen** to get funny with sb *umg*; **das ist** ~ **gelaufen** *umg* that hasn't gone to plan; ~ **gelaufen!** *umg* that's life! **Dumme(r)** M̲/F̲(M̲) fool; **der/die** ~ **sein** to be left to carry the can **dummerweise** ADV unfortunately; (≈ *aus Dummheit*) stupidly **Dummheit** F̲ **1** stupidity **2** (≈ *dumme Handlung*) stupid thing; **mach bloß keine** ~**en!** just don't do anything stupid **Dummkopf** *umg* M̲ idiot **Dummschwätzer(in)** M̲/F̲ hot-air merchant, bullshitter *umg*; **ein** ~ **sein** to be full of hot air

dumpf ADJ **1** *Ton* muffled **2** *Geruch etc* musty **3** *Gefühl, Erinnerung* vague; *Schmerz* dull; (≈ *bedrückend*) gloomy **4** (≈ *stumpfsinnig*) dull **Dumpfbacke** *sl* F̲ nerd *umg* **Dumpingpreis** M̲ giveaway price **Düne** F̲ (sand) dune

Dung M̲ dung **Düngemittel** N̲ fertilizer **düngen** V̲T̲ to fertilize **Dünger** M̲ fertilizer

dunkel A̲ ADJ **1** dark; **im Dunkeln** in

the dark; **im Dunkeln tappen** *fig* to grope (around) in the dark **2** (≈*tief*) *Stimme, Ton* deep **3** *pej* (≈*zwielichtig*) shady *umg* **4** PHYS **Dunkle Energie/Materie** dark energy/matter **B** ADV (≈*in dunklen Farben*) in dark colours *Br*, in dark colors *US*; **~ gefärbt sein** to have a dark colo(u)r; **sich ~ erinnern** to remember vaguely **Dunkel** N̄ darkness

Dünkel *pej geh* M̄ conceit

dunkelblau ADJ dark blue **dunkelblond** ADJ light brown **dunkelbraun** ADJ dark brown **dunkelgrau** ADJ dark grey *Br*, dark gray *US* **dunkelgrün** ADJ dark green **dunkelhaarig** ADJ dark-haired **dunkelhäutig** ADJ dark-skinned **Dunkelheit** F̄ darkness; **bei Einbruch der ~** at nightfall **Dunkelkammer** F̄ FOTO darkroom **dunkelrot** ADJ dark red **Dunkelziffer** F̄ estimated number of unreported/undetected cases

dünn **A** ADJ thin; *Kaffee, Tee* weak; *Strümpfe* fine; **sich ~ machen** *hum* to breathe in; → dünnmachen **B** ADV bevölkert sparsely; **~ gesät** *fig* few and far between **Dünndarm** M̄ small intestine **Dünne** F̄ thinness **dünnflüssig** ADJ thin; *Honig* runny **dünnhäutig** ADJ thin-skinned **dünnmachen** VR *umg* (≈*weglaufen*) to make oneself scarce **Dünnpfiff** *umg* M̄ the runs *umg* **Dünnsäure** F̄ dilute acid

Dunst M̄ (≈*leichter Nebel*) haze; (≈*Dampf*) steam; **j-m blauen ~ vormachen** *umg* to throw dust in sb's eyes **Dunstabzugshaube** F̄ extractor hood (*over a cooker*) **dünsten** VT̄ to steam; *Obst* to stew **Dunstglocke** F̄, **Dunsthaube** F̄ (≈*Nebel*) haze; (≈*Smog*) pall of smog **dunstig** ADJ hazy **Dunstkreis** M̄ atmosphere; *von Mensch* society **Dunstwolke** F̄ cloud of smog

Duo N̄ duo

Duplikat N̄ duplicate (copy) **duplizieren** *geh* VT̄ to duplicate

Dur N̄ MUS major; **in G-Dur** in G major **durch A** PRÄP **1** through; **~ den Fluss waten** to wade across the river; **~ die ganze Welt reisen** to travel all over the world **2** (≈*mittels*) by; **Tod ~ Ertrinken** death by drowning; **Tod ~ Herzschlag** *etc* death from a heart attack *etc*; **neun (geteilt) ~ drei** nine divided

by three; **~ Zufall** by chance **3** (≈*aufgrund*) due to **B** ADV **1** (≈*hindurch*) through; **es ist 4 Uhr ~** it's gone 4 o'clock; **~ und ~** through and through; *überzeugt* completely; **~ und ~ nass** wet through **2** GASTR *umg* *Steak* well-done

durcharbeiten A VT̄ *Buch, Stoff etc* to work through **B** VĪ to work through **C** VR̄ **sich durch etw ~** to work one's way through sth

durchatmen VĪ to take deep breaths; *fig* to catch one's breath

durchaus ADV **1** *bekräftigend* quite; *korrekt, möglich* perfectly; *passen* perfectly well; **ich hätte ~ Zeit** I would have time; **es ist ~ anzunehmen, dass sie kommt** it's highly likely that she'll be coming **2** **~ nicht** *als Verstärkung* by no means; *als Antwort* not at all; *stärker* absolutely not; **das ist ~ kein Witz** that's no joke at all

durchbeißen A VT̄ *in zwei Teile* to bite through **B** VR̄ *umg* to struggle through; *mit Erfolg* to win through

durchbekommen *umg* VT̄ to get through

durchblättern VT̄ *Buch etc* to leaf through

Durchblick M̄ (≈*Ausblick*) view (**auf** +akk of); *fig umg* (≈*Überblick*) knowledge; **den ~ haben** *umg* to know what's what *umg* **durchblicken** VĪ **1** *wörtl* to look through **2** *fig* **etw ~ lassen** to hint at sth **3** *fig umg* (≈*verstehen*) to understand; **blickst du da durch?** do you get it? *umg*

durchbluten VT̄ to supply with blood **Durchblutung** F̄ circulation (of the blood) (+gen to) **Durchblutungsstörung** F̄ circulatory disturbance

durchbohren VT̄ *Wand, Brett* to drill through; *Kugel* to go through; **j-n mit Blicken ~** *fig* to look piercingly at sb; *hasserfüllt* to look daggers at sb

durchboxen *fig umg* VR̄ to fight one's way through

durchbrechen[1] **A** VT̄ *in zwei Teile* to break (in two) **B** VĪ *in zwei Teile* to break (in two)

durchbrechen[2] VT̄ *Schallmauer* to break; *Mauer etc* to break through

durchbrennen VĪ *Sicherung, Glühbirne* to blow; *umg* (≈*davonlaufen*) to run away

durchbringen A VT̄ **1** *durch Prüfung*

to get through; *durch Krankheit* to pull through; (≈ *für Unterhalt sorgen*) to provide for **2** *Geld* to get through **B** VR to get by

Durchbruch M (≈) *von Blinddarm etc* perforation; **zum ~ kommen** *fig Gewohnheit etc* to assert itself; *Natur* to reveal itself **2** *fig* breakthrough; **j-m zum ~ verhelfen** to help sb on the road to success **3** (≈ *Öffnung*) opening

durchchecken VT **1** (≈ *überprüfen*) to check through **2** *medizinisch* **sich ~ lassen** to have a complete checkup

durchdacht ADJ **gut/schlecht ~** well/badly thought-out **durchdenken** VT to think through

durchdiskutieren VT to talk through

durchdrehen **A** VT *Fleisch etc* to mince **B** VI *umg nervlich* to crack up *umg*; **ganz durchgedreht sein** *umg* to be really uptight *umg*

durchdringen¹ VI **1** (≈ *hindurchkommen*) to penetrate; *Sonne* to come through; **bis zu j-m** ~ *fig* to get as far as sb **2** (≈ *sich durchsetzen*) to get through; **zu j-m** ~ to get through to sb **durchdringen²** VT *Materie, Dunkelheit etc* to penetrate; *Gefühl, Idee* to pervade; → **durchdringen**

durchdringend ADJ piercing; *Geruch* pungent

durchdrücken VT **1** *fig Reformen etc* to push through **2** *Knie, Ellbogen etc* to straighten

durchdrungen ADJ imbued (**von** with); → **durchdringen²**

durchdürfen VI **1** **sie durfte durch** she was allowed through **2** **darf ich mal durch?** excuse me, please

durcheinander **A** ADV mixed up **B** ADJ **~ sein** *umg Mensch* to be confused; (≈ *aufgeregt*) to be in a state *umg*; *Zimmer, Papier* to be in a mess **Durcheinander** N (≈ *Unordnung*) mess; (≈ *Wirrwarr*) confusion, chaos **durcheinanderbringen** VT to muddle *od* mess up; (≈ *verwirren*) *j-n* to confuse **durcheinanderessen** VT **alles ~** to eat indiscriminately **durcheinandergeraten** VI to get mixed up **durcheinanderliegen** VI **in seinem Zimmer lag alles durcheinander** his room was in a mess **durcheinanderreden** VI to all speak at once **durcheinandertrinken** VT **alles ~** to drink indiscri-

nately **durcheinanderwerfen** VT *fig umg* (≈ *verwechseln*) to mix up

durchfahren¹ VI **1** to go through **2** (≈ *nicht anhalten*) to go straight through; **die Nacht ~** to travel through the night **durchfahren²** VT to travel through; *fig Schreck etc* to shoot through **Durchfahrt** F **1** (≈ *Durchreise*) way through; **auf der ~ sein** to be passing through **2** (≈ *Passage*) thoroughfare

Durchfall M MED *diarrhoea ohne art Br, diarrhea ohne art US* **durchfallen** VI **1** to fall through **2** *umg* (≈ *nicht bestehen*) to fail; **sie ist in der neunten Klasse durchgefallen** she failed the ninth year, she failed ninth grade *US*; **j-n ~ lassen** to fail sb; **beim Publikum ~** to be a flop with the public **Durchfallquote** F SCHULE *etc* failure rate

durchfeiern VI to stay up all night celebrating

durchfinden VI & VR to find one's way through (**durch etw** sth); **ich finde (mich) hier nicht mehr durch** *fig* I am simply lost

durchfliegen¹ VI **1** *mit Flugzeug* to fly through; *ohne Landung* to fly nonstop **2** *umg durch Prüfung* to fail (**durch etw, in etw** *dat* in sth)

durchfliegen² VT *Luft, Wolken* to fly through; *Strecke* to cover; (≈ *flüchtig lesen*) to skim through

durchfließen VI to flow through

durchfluten *geh* VT *Fluss* to flow through; *fig Licht, Sonne* to flood; *Wärme, Gefühl* to flow *od* flood through

durchforschen VT *Gegend* to search **durchforsten** VT *Wald* to thin out; *fig Bücher* to go through

durchfragen VR to ask one's way

Durchfuhr F transit

durchführbar ADJ feasible **Durchführbarkeit** F feasibility

durchführen **A** VT **1** (≈ *durchleiten*) to lead through; **j-n durch ein Haus ~** to show sb (a)round a house **2** (≈ *verwirklichen*) to carry out; *Plan, Befehl* to execute; *Gesetz* to implement; *Test, Kurs* to run; *Reise* to undertake; *Wahl, Prüfung* to hold **B** VI to lead through; **unter etw** (*dat*) **~** to go under sth **Durchführung** F (≈ *das Verwirklichen*) carrying out; *von Plan, Befehl* execution; *von Gesetz* implementation; *von Reise* undertaking; *von Kurs, Test* running; *von Wahl,*

Prüfung holding
durchfüttern *umg* VT to feed
Durchgabe F announcement; *telefonisch* message
Durchgang M 1 (≈ *Weg*) way; *schmal* passage(way); **~ verboten!** no right of way 2 *bei Arbeit, a.* PARL stage 3 *von Wahl, Sport* round; *beim Rennen* heat
durchgängig A ADJ universal B ADV generally **Durchgangslager** N transit camp **Durchgangsstraße** F through road **Durchgangsverkehr** M through traffic
durchgeben VT 1 (≈ *durchreichen*) to pass through 2 RADIO, TV *Nachricht* to announce; **j-m etw telefonisch ~** to let sb know sth by telephone
durchgefroren ADJ *Mensch* frozen stiff
durchgehen A Vi 1 to go through; **bitte ~!** *im Bus* move right down (the bus) please! 2 (≈ *toleriert werden*) to be tolerated; **j-m etw ~ lassen** to let sb get away with sth 3 *Pferd etc* to bolt; *umg* (≈ *sich davonmachen*) to run off; **seine Frau ist ihm durchgegangen** his wife has run off and left him 4 **mit j-m ~** *Temperament, Nerven* to get the better of sb B VT (≈ *durchsprechen etc*) to go through **durchgehend** A ADJ *Straße* straight; *Zug* direct B ADV throughout; **~ geöffnet** open 24 hours
durchgeknallt ADJ *sl* crazy *umg*, whacky *sl*
durchgeschwitzt ADJ *Mensch* bathed in sweat; *Kleidung* soaked in sweat
durchgreifen *fig* Vi to resort to drastic measures **durchgreifend** ADJ *Maßnahme* drastic; (≈ *weitreichend*) *Änderung* far-reaching
durchhaben VT *umg* **hast du das Buch schon durch?** have you finished the book?
durchhalten A VT (≈ *durchstehen*) *Kampf etc* to survive; *Streik* to see through; *Belastung* to (with)stand; SPORT *Strecke* to stay; *Tempo* to keep up B Vi to stick it out *umg*; **eisern ~** to hold out grimly **Durchhalteparole** F rallying call **Durchhaltevermögen** N staying power
durchhängen Vi to sag; *fig umg* (≈ *deprimiert sein*) to be down (in the mouth) *umg* **Durchhänger** M *umg* (≈ *schlechte Phase*) bad patch; *am Nachmittag etc.* low

durchhauen VT (≈ *spalten*) to split
durchkämmen VT (≈ *absuchen*) to comb (through)
durchkämpfen VR to fight one's way through; *fig* to struggle through
durchkauen VT *umg etw* **~** to go over sth again and again
durchkommen Vi 1 to get through; *Sonne etc* to come through; *Charakterzug* to show through 2 (≈ *durchfahren*) to come through 3 (≈ *überleben*) to come through; **mit etw ~** *mit Forderungen etc* to succeed with sth; **damit kommt er bei mir nicht durch** he won't get away with that with me
durchkreuzen *fig* VT *Pläne etc* to thwart
durchkriegen *umg* VT 1 **etw (durch etw) ~** to get sth through (sth) 2 *Kranken* **ich hoffe, wir kriegen ihn durch** I hope we can pull him through
Durchlass M (≈ *Durchgang*) passage; *für Wasser* duct **durchlassen** VT (≈ *passieren lassen*) to allow through; *Licht, Wasser etc* to let through **durchlässig** ADJ *Material* permeable; (≈ *porös*) porous; *Grenze* open; **eine ~e Stelle** *fig* a leak
Durchlauf M 1 (≈ *das Durchlaufen*) flow 2 TV, IT run 3 SPORT heat
durchlaufen¹ A VT *Sohlen* to wear through B Vi *Flüssigkeit* to run through
durchlaufen² VT *Gebiet* to run through; *Strecke* to cover; *Lehrzeit, Schule* to pass *od* go through; **es durchlief mich heiß** I felt hot all over
durchlaufend ADJ continuous **Durchlauferhitzer** M continuous-flow water heater
durchleben VT to go through
durchleiten VT to lead through
durchlesen VT to read through
durchleuchten VT *Patienten* to X-ray; *fig Angelegenheit etc* to investigate
durchliegen VT *Matratze, Bett* to wear down (in the middle)
durchlöchern VT to make holes in; *fig* to undermine completely
durchmachen A VT 1 (≈ *erdulden*) to go through; *Krankheit* to have; *Operation, Entwicklung* to undergo; **sie hat viel durchgemacht** she has been through a lot 2 *umg* **eine ganze Nacht ~** to make a night of it *umg* B Vi *umg* (≈ *durchfeiern*) to keep going all night

Durchmarsch M̲ march(ing) through **durchmarschieren** V̲I̲ to march through

Durchmesser M̲ diameter

durchmogeln _umg_ V̲R̲ to wangle one's way through _umg_

durchmüssen _umg_ V̲I̲ to have to go through

durchnässen V̲T̲ to soak; **völlig durchnässt** soaking wet

durchnehmen V̲T̲ SCHULE to do _umg_

durchnummerieren V̲T̲ to number consecutively

durchorganisiert A̲D̲J̲ well-organized

durchpeitschen V̲T̲ to flog; _fig_ to rush through

durchqueren V̲T̲ to cross

durchrasseln _umg_ V̲I̲ to flunk _umg_

durchrechnen V̲T̲ to calculate

durchregnen V̲I̲ **1** (≈ _durchkommen_) **hier regnet es durch** the rain is coming through here **2 es hat die Nacht durchgeregnet** it rained all night long

Durchreiche F̲ (serving) hatch, pass--through US

Durchreise F̲ journey through; **auf der ~ sein** to be passing through **durchreisen** V̲T̲ to travel through **Durchreisevisum** N̲ transit visa

durchreißen V̲T̲ &̲ V̲I̲ to tear in two

durchringen V̲R̲ **sich zu einem Entschluss ~** to force oneself to make a decision; **sich dazu ~, etw zu tun** to bring oneself to do sth

durchrosten V̲I̲ to rust through

durchrutschen V̲I̲ to slip through

Durchsage F̲ message; _im Radio_ announcement **durchsagen** V̲T̲ RADIO, TV _Nachricht_ to announce; **j-m etw telefonisch ~** to let sb know sth by telephone

durchsägen V̲T̲ to saw through

Durchsatz M̲ IND, IT throughput

durchschaubar _fig_ A̲D̲J̲ _Hintergründe, Plan_ clear; **eine leicht ~e Lüge** a lie that is easy to see through; **schwer ~er Mensch** inscrutable person **durchschauen** V̲T̲ _j-n, Spiel_ to see through; _Sachlage_ to see clearly; **du bist durchschaut!** I've/we've seen through you

durchscheinen V̲I̲ to shine through **durchscheinend** A̲D̲J̲ transparent

durchschieben V̲T̲ to push through

durchschießen V̲T̲ _mit Kugeln_ to shoot through; **ein Gedanke durchschoss**

mich a thought flashed through my mind

durchschimmern V̲I̲ to shimmer through

durchschlafen V̲I̲ to sleep through

Durchschlag M̲ **1** (≈ _Kopie_) carbon (copy) **2** (≈ _Küchengerät_) sieve **durchschlagen** A̲ V̲T̲ _Nagel etc_ (≈ _entzweischlagen_) to chop through sth; GASTR to sieve sth **B** V̲I̲ **1** (≈ _durchkommen_) to come through; **bei ihm schlägt der Vater durch** you can see his father in him **2** (≈ _Wirkung haben_) to catch on; **auf etw** (_akk_) **~** to make one's/its mark on sth; **auf j-n ~** to rub off on sb **C** V̲R̲ to fight one's way through **durchschlagend** A̲D̲J̲ _Sieg, Erfolg_ sweeping; _Maßnahmen_ effective; _Argument, Beweis_ conclusive; **eine ~e Wirkung haben** to be totally effective **Durchschlagpapier** N̲ copy paper; (≈ _Kohlepapier_) carbon paper **Durchschlagskraft** F̲ _von Geschoss_ penetration; _fig von Argument_ decisiveness, conclusiveness

durchschleusen V̲T̲ (≈ _durchschmuggeln_) to smuggle through; **ein Schiff ~** to pass a ship through a lock

durchschlüpfen V̲I̲ to slip through

durchschmuggeln V̲T̲ to smuggle through

durchschneiden V̲T̲ to cut through; **etw mitten ~** to cut sth in two

Durchschnitt M̲ average; **im ~** on average; **im ~ 100 km/h fahren** to average 100 kmph; **über/unter dem ~** above/below average **durchschnittlich** A̲ A̲D̲J̲ average **B** A̲D̲V̲ _on (an)_ average; **~ begabt/groß** _etc_ of average ability/height _etc_ **Durchschnitts-** Z̲S̲S̲G̲N̲ average **Durchschnittsnote** F̲ average mark _Br_, average grade _US_ **Durchschnittswert** M̲ average value

Durchschrift F̲ (carbon) copy

durchschwimmen V̲T̲ to swim through; _Strecke_ to swim

durchschwitzen V̲T̲ **ich habe mein Hemd durchgeschwitzt, mein Hemd ist durchgeschwitzt** my shirt's soaked with sweat

durchsehen A̲ V̲I̲ (≈ _hindurchschauen_) to look through **B** V̲T̲ **1** (≈ _überprüfen_) **etw ~** to look sth through **2** _durch etw hindurch_ to see through

durchsetzen¹ A̲ V̲T̲ _Maßnahmen, Plan_ to carry through; _Forderung_ to push through; *Ziel* to achieve; **etw bei j-m ~** to get sb to agree to sth; **seinen Willen (bei j-m) ~** to get one's (own) way (with sb) **B** V/R **1** *Neuheit* to be (generally) accepted **2** *Mensch* to assert oneself; *Partei etc* to win through; **sich mit etw ~** to be successful with sth

durchsetzen² V/T **etw mit etw ~** to intersperse sth with sth

Durchsetzung F *von Maßnahmen, Plan* carrying through; *von Forderung* pushing through; *von Ziel* achievement **Durchsetzungsvermögen** N ability to assert oneself

Durchseuchung F spread of infection
Durchsicht F examination; **bei ~ der Bücher** on checking the books **durchsichtig** ADJ transparent
durchsickern V/I to trickle through; *fig* to leak out; **Informationen ~ lassen** to leak information
durchspielen V/T *Szene* to play through; *Rolle* to act through; *fig* to go through
durchsprechen V/T *Problem* to talk over
durchstarten **A** V/I AUTO *beim Anfahren* to rev up **B** V/T *Motor, Auto* to rev (up)
durchstechen V/T *Ohren* to pierce
durchstecken V/T to push through
durchstehen V/T *Zeit, Prüfung* to get through; *Krankheit* to pull through; *Qualen* to (with)stand; *Situation* to get through, to survive
durchsteigen V/I **1** (≈ *hindurchsteigen*) to climb through (**durch etw sth**) **2** *umg* (≈ *verstehen*) to get *umg*; **da steigt doch kein Mensch durch** you couldn't expect anyone to get that
durchstellen V/T to put through
durchstöbern V/T to rummage through (**nach for**)
durchstoßen¹ V/T to break through
durchstoßen² V/T **etw (durch etw) ~** to push sth through (sth)
durchstreichen V/T to cross out
durchstreifen *geh* V/T to roam *od* wander through
durchsuchen V/T to search (**nach for**) **Durchsuchung** F search **Durchsuchungsbefehl** M search warrant
durchtrainieren V/T to get fit; **(gut) durchtrainiert** *Sportler* completely fit
durchtrennen V/T *Stoff* to tear

through); (≈ *schneiden*) to cut (through); *Nerv, Sehne* to sever
durchtreten **A** V/T *Pedal* to step on **B** V/I AUTO (≈ *Gas geben*) to step on the accelerator *Br*, to step on the gas *US*; *Radfahrer* to pedal (hard)
durchtrieben ADJ cunning
durchwachsen ADJ **1** *Speck* streaky; *Schinken* with fat running through (it) **2** *hum umg* (≈ *mittelmäßig*) so-so *umg*
Durchwahl F TEL direct dialling **durchwählen** V/I to dial direct; **nach London ~** to dial London direct **Durchwahlnummer** F dialling code *Br*, dial code *US*; *in Firma* extension
durchweg ADV (≈ *ausnahmslos*) without exception; (≈ *in jeder Hinsicht*) in every respect
durchweichen V/T *Kleidung, j-n* to soak; *Boden, Karton* to make soggy
durchwinken V/T to wave through
durchwühlen V/T to rummage through
durchzählen **A** V/I to count *od* number off **B** V/T to count through *od* up
durchziehen¹ **A** V/T **1** to pull through **2** *umg* (≈ *erledigen*) to get through **B** V/I (≈ *durchkommen*) to pass through; *Truppe* to march through **C** V/R to run through (**durch etw sth**)
durchziehen² V/T (≈ *durchwandern*) to pass through; *fig Thema* to run through; *Geruch* to fill
durchzucken V/T *Blitz* to flash across; *fig Gedanke* to flash through
Durchzug M (≈ *Luftzug*) draught *Br*, draft *US*; **~ machen** *zur Lüftung* to get the air moving
durchzwängen V/R to force one's way through
dürfen V/I & V/AUX **1** **etw tun ~** to be allowed to do sth; **darf ich? — ja, Sie ~** may I? — yes, you may; **darf ich jetzt fernsehen?** can *od* may I watch TV now?; **nein, das darfst du nicht** no you can't *od* may not; **hier darf man nicht rauchen** smoking is prohibited here; **die Kinder ~ hier nicht spielen** the children aren't allowed to play here; **das darf doch nicht wahr sein!** that can't be true! **2** **darf ich Sie bitten, das zu tun?** could I ask you to do that?; **was darf es sein?** can I help you?; *vom Gastgeber gesagt* what can I get you?; **ich darf wohl sagen, dass …** I think I

can say that ...; **man darf doch wohl fragen** one can ask, surely?; **das dürfte Emil sein** that must be Emil; **das dürfte reichen** that should be enough

dürftig A ADJ 1 (≈ ärmlich) wretched; *Essen* meagre *Br*, meager *US* 2 *pej* (≈ unzureichend) *Kenntnisse* sketchy; *Ersatz* poor *attr*; *Bekleidung* skimpy B ADV (≈ kümmerlich beleuchtet) poorly; *gekleidet* scantily

Durian F *Frucht* durian

dürr ADJ 1 (≈ trocken) dry; *Boden* arid 2 *pej* (≈ mager) scrawny 3 *fig* (≈ knapp) *Auskunft* meagre *Br*, meager *US* **Dürre** F drought **Dürreperiode** F (period of) drought; *fig* barren period

Durst M thirst (**nach** for); **~ haben** to be thirsty; **~ bekommen** to get thirsty; **das macht ~** that makes you thirsty; **ein Glas über den ~ getrunken haben** *umg* to have had one too many *umg* **dürsten** *geh* V/T & V/I **es dürstet ihn nach ...** he thirsts for ... **durstig** ADJ thirsty **durstlöschend** ADJ thirst-quenching **Durststrecke** F hard times *pl*

Durtonleiter F major scale

Dusche F shower; **unter der ~ sein** *od* **stehen** to be in the shower **duschen** V/I & V/R to have *od* take a shower; (sich) **kalt ~** to have a cold shower **Duschgel** N shower gel **Duschkabine** F shower (cubicle) **Duschvorhang** M shower curtain

Düse F nozzle

Dusel M *umg* (≈ Glück) luck; **~ haben** to be lucky

düsen *umg* V/I to dash; *mit Flugzeug* to jet **Düsenantrieb** M jet propulsion **Düsenflugzeug** N jet **Düsenjäger** M MIL jet fighter **Düsentriebwerk** N jet power-unit

Dussel M *umg* M dope *umg* **duss(e)lig** *umg* ADJ stupid; **sich ~ verdienen** to make a killing *umg*; **sich ~ arbeiten** to work like a horse

düster ADJ gloomy; *Miene, Stimmung* dark

Dutzend N dozen; **zwei/drei ~** two/three dozen; **~(e) Mal** dozens of times **dutzendfach** ADV in dozens of ways **Dutzendware** *pej* F **~n** (cheap) mass-produced goods **dutzendweise** ADV by the dozen

duzen V/T to address with the familiar

"du"-form; **wir ~ uns** we use "du" (to each other)

DV F ABK (= Datenverarbeitung) DP, data processing

DVD F ABK (= Digital Versatile Disc) DVD **DVD-Brenner** M DVD recorder *od* writer **DVD-Laufwerk** N DVD drive **DVD-Player** M DVD player **DVD-Rekorder, DVD-Recorder** M DVD recorder **DVD-Rohling** M blank DVD **DVD-Spieler** M DVD player

Dynamik F PHYS dynamics *sg*; *fig* dynamism **Dynamiker(in)** M(F) go-getter **dynamisch** A ADJ dynamic; *Renten* ≈ index-linked B ADV (≈ schwungvoll) dynamically

Dynamit N dynamite

Dynamo M(F) dynamo

Dynastie F dynasty

E

E, e N E, e

Ebbe F low tide; **~ und Flut** the tides; **es ist ~** it's low tide, the tide is out; **in meinem Geldbeutel ist ~** my finances are at a pretty low ebb at the moment

eben A ADJ (≈ glatt) smooth; (≈ gleichmäßig) even; (≈ gleich hoch) level; (≈ flach) flat B ADV 1 (≈ soeben) just; **ich gehe ~ zur Bank** I'll just pop to the bank *Br umg*, I'll just pop by the bank *US umg* 2 (na) **~!** exactly!; **das ist es ja ~!** that's just it!; **nicht ~ billig/viel** *etc* not exactly cheap/a lot *etc*; **das reicht so ~ aus** it's only just enough 3 (≈ nun einmal, einfach) just; **dann bleibst du ~ zu Hause** then you'll just have to stay at home **Ebenbild** N image; **dein ~** the image of you; **das genaue ~ seines Vaters** the spitting image of his father **ebenbürtig** ADJ (≈ gleichwertig) equal; *Gegner* evenly matched; **j-m an Kraft ~ sein** to be sb's equal in strength; **wir sind einander ~** we are equal(s) **Ebene** F (≈ Tiefebene) plain; (≈ Hochebene) plateau; MATH, PHYS plane; *fig* level; **auf höchs-**

E

ter ~ *fig* at the highest level **ebenerdig** ADJ at ground level **ebenfalls** ADV likewise; *bei Verneinungen* either; **danke, ~!** thank you, the same to you! **Ebenholz** N ebony **ebenso** ADV (≈*genauso*) just as, equally; (≈*auch, ebenfalls*) as well, likewise; **ich mag sie ~ gern** I like her just as much; **~ gut** (just) as well; **~ oft** just as often; **~ sehr** just as much
Eber M boar
Eberesche F rowan
E-Bike N e-bike
ebnen VT to level (off); **j-m den Weg ~** *fig* to smooth the way for sb
Ebola N MED ebola
E-Book-Reader M *Lesegerät für E-Books* e-book reader
EC® M ABK (= Eurocityzug) eurocity (train)
E-Card, e-card F 🔳 (≈*elektronische Grußkarte*) e-card 🔳 *österr* (≈*Europäische Krankenversicherungskarte*) *electronic health insurance card which confirms that the holder has health insurance cover*
Echo N echo; **ein lebhaftes ~ finden** *fig* to meet with a lively *od* positive response **(bei** from) **Echolot** N SCHIFF echo sounder; FLUG sonic altimeter
Echse F ZOOL lizard
echt A ADJ & ADV real; *Unterschrift, Geldschein* genuine; **das Gemälde war nicht ~** the painting was a forgery; **ein ~er Bayer** a real Bavarian B ADV 🔳 (≈*typisch*) typically 🔳 *umg* (≈*wirklich*) really, truly; **der spinnt doch ~** he must be out of his mind; **~ spät** really late *Br*, real late *US umg*; **~ jetzt?** really? **echtgolden** ADJ *Ring* real gold *präd* **Echtheit** F genuineness **echtsilbern** ADJ *Ring* real silver *präd* **Echtzeit** F IT real time
EC-Karte, ec-Karte F ABK (= Eurochequekarte) Eurocheque card
Eckball M SPORT corner; **einen ~ geben** to give a corner **Eckbank** F corner seat **Eckdaten** PL key figures *pl* **Ecke** F 🔳 corner; (≈*Kante*) edge; **Kantstraße ~ Goethestraße** at the corner of Kantstraße and Goethestraße; **er wohnt gleich um die ~** he lives just (a)round the corner; **an allen ~n und Enden sparen** to pinch and scrape *umg*; **j-n um die ~ bringen** *umg* to bump sb off *umg*; **~n und Kanten** *fig*

rough edges 🔳 *umg* (≈*Gegend*) corner; *von Stadt* area; **eine ganze ~ entfernt** quite a (long) way away 🔳 (≈*Eckball*) corner **Eckfahne** F SPORT corner flag **eckig** ADJ angular; *Tisch, Klammer* square; (≈*spitz*) sharp **-eckig** ADJ *fünfund mehreckig* -cornered **Ecklohn** M basic rate of pay **Eckpfeiler** M corner pillar; *fig* cornerstone **Eckpfosten** M corner post **Eckstoß** M SPORT corner **Eckzahn** M canine tooth **Eckzins** M FIN base rate
E-Commerce M e-commerce
Economyklasse F economy class
Ecstasy N (≈*Droge*) ecstasy
Ecuador N Ecuador
Edamer (Käse) M Edam (cheese)
edel ADJ noble; (≈*hochwertig*) precious; *Speisen, Wein* fine **Edelgas** N rare gas **Edelkitsch** *iron* M pretentious nonsense **Edelmetall** N precious metal **Edelstahl** M high-grade steel **Edelstein** M precious stone **Edelweiß** N edelweiss
editieren VT to edit **Editor** M IT editor
Edutainment N edutainment
EDV F ABK (= elektronische Datenverarbeitung) EDP **EDV-Anlage** F EDP system
EEG N ABK (= Elektroenzephalogramm) EEG
Efeu M ivy
Effeff *umg* N *etw aus dem ~ können* to be able to do sth standing on one's head *umg*; **etw aus dem ~ kennen** to know sth inside out
Effekt M effect **Effekten** PL FIN stocks and bonds *pl* **Effektenbörse** F stock exchange **Effektenhandel** M stock dealing **Effektenmakler(in)** M(F) stockbroker **Effektenmarkt** M stock market **Effekthascherei** *umg* F cheap showmanship **effektiv** A ADJ effective; (≈*tatsächlich*) actual B ADV (≈*bestimmt*) actually **Effektivität** F effectiveness **Effektivlohn** M actual wage **effektvoll** ADJ effective
effizient A ADJ efficient B ADV efficiently **Effizienz** F efficiency
EG F ABK (= Europäische Gemeinschaft) HIST EC
egal ADJ & ADV **das ist ~** that doesn't matter; **das ist mir ganz ~** it's all the same to me, it makes no difference to

me; (≈*es kümmert mich nicht*) I don't care; → **ob/wo/wie** no matter whether/ where/how; **ihm ist alles ~** he doesn't care about anything

Egel M ZOOL leech

Egge F AGR harrow

Ego N PSYCH ego **Egoismus** M ego- (t)ism **Egoist(in)** M/F ego(t)ist **egoistisch** A ADJ ego(t)istical, selfish B ADV ego(t)istically **Egotrip** *umg* M ego trip *umg* **egozentrisch** ADJ egocentric

eh A INT hey B KONJ → **ehe** C ADV **1** (≈*früher, damals*) **seit eh und je** for ages *umg*; **wie eh und je** just as before **2** (≈*sowieso*) anyway

ehe KONJ (≈*bevor*) before

Ehe F marriage; **er versprach ihr die Ehe** he promised to marry her; **eine glückliche Ehe führen** to have a happy marriage; **die Ehe brechen** *form* to commit adultery; **sie hat drei Kinder aus erster Ehe** she has three children from her first marriage; **Ehe ohne Trauschein** common-law marriage **eheähnlich** *form* ADJ **in einer ~en Gemeinschaft leben** to cohabit *form*; **in einem ~en Verhältnis leben** to live together as man and wife **Eheberater(in)** M/F marriage guidance counsellor *Br*, marriage guidance counselor *US* **Eheberatung** F (≈*Stelle*) marriage guidance council **Ehebett** N marital bed **ehebrechen** V/I to commit adultery **Ehebrecher** M adulterer **Ehebrecherin** F adulteress **Ehebruch** M adultery; **~ begehen** to commit adultery **Ehefrau** F wife **Ehekrach** M marital row **Ehekrise** F marital crisis **Eheleute** *form* PL married couple **ehelich** ADJ marital; *Kind* legitimate

ehemalig ADJ former; **ein ~er Häftling** an ex-convict; **mein Ehemaliger/meine Ehemalige** *hum umg* my ex *umg* **ehemals** *form* ADV formerly

Ehemann M husband **Ehepaar** N (married) couple **Ehepartner(in)** M/F (≈*Ehemann*) husband; (≈*Ehefrau*) wife; **beide ~** both partners (in the marriage)

eher ADV **1** (≈*früher*) earlier; **je ~, desto lieber** the sooner the better **2** (≈*lieber*) rather; (≈*wahrscheinlicher*) more likely; (≈*leichter*) more easily; **alles ~ als das!** anything but that!; **umso ~, als** (all) the more because **3** (≈*vielmehr*) more;

er ist ~ faul als dumm he's more lazy than stupid

Ehering M wedding ring **Eheschließung** F marriage ceremony **Ehestand** M matrimony

eheste(r, s) ADV **am ~n** (≈*am liebsten*) best of all; (≈*am wahrscheinlichsten*) most likely; (≈*am leichtesten*) the easiest; (≈*zuerst*) first

Ehestreit M marital row **Ehevertrag** M prenuptial agreement

ehrbar ADJ (≈*achtenswert*) respectable; (≈*ehrenhaft*) honourable *Br*, honorable *US*; *Beruf* reputable **Ehre** F honour *Br*, honor *US*; **j-m ~ machen** to do sb credit; **sich** (*dat*) **etw zur ~ anrechnen** to count sth an hono(u)r; **mit wem habe ich die ~?** *iron, form* with whom do I have the pleasure of speaking? *form*; **es ist mir eine besondere ~, ...** *form* it is a great hono(u)r for me ...; **zu ~n** (+*gen*) in hono(u)r of **ehren** V/T to honour *Br*, to honor *US*; **etw ehrt j-n** sth does sb credit; **Ihr Vertrauen ehrt mich** I am hono(u)red by your trust **Ehrenamt** N honorary office **ehrenamtlich** A ADJ honorary; *Helfer, Tätigkeit* voluntary B ADV in an honorary capacity **Ehrenbürger(in)** M/F honorary citizen; **er wurde zum ~ der Stadt ernannt** he was given the freedom of the city **Ehrendoktor(in)** M/F honorary doctor **Ehrengast** M guest of honour *Br*, guest of honor *US* **ehrenhaft** ADJ honourable *Br*, honorable *US* **Ehrenmal** N memorial **Ehrenmann** M man of honour *Br*, man of honor *US* **Ehrenmitglied** N honorary member **Ehrenmord** M honour killing *Br*, honor killing *US*; **einen ~ begehen** to carry out an hono(u)r killing **Ehrenplatz** M place of honour *Br*, place of honor *US* **Ehrenrettung** F retrieval of one's honour *Br*, retrieval of one's honor *US* **Ehrenrunde** F SPORT lap of honour *Br*, lap of honor *US* **Ehrensache** F matter of honour *Br*, matter of honor *US* **Ehrentag** M **1** (≈*Geburtstag*) birthday **2** (≈*großer Tag*) big or great day **Ehrentitel** M honorary title **ehrenwert** ADJ honourable *Br*, honorable *US* **Ehrenwort** N word of honour *Br*, word of honor *US*; **(großes) ~!** *umg* cross my heart (and hope to die)! *umg* **ehrerbietig** ADJ respectful, deferen-

E

tial **Ehrfurcht** F̲ great respect (**vor** +dat for); (≈ fromme Scheu) reverence (**vor** +dat for); **vor j-m ~ haben** to respect/revere sb; **~ gebietend** awe-inspiring **ehrfürchtig** A̲D̲J̲ reverent; Distanz respectful **Ehrgefühl** N̲ sense of honour Br, sense of honor US **Ehrgeiz** M̲ ambition **ehrgeizig** A̲D̲J̲ ambitious **ehrlich** A̲ A̲D̲J̲ honest; Absicht sincere; **ein ~er Mensch** an honest person; **~ während am längsten** sprichw honesty is the best policy sprichw B̲ A̲D̲V̲ 1̲ **~ verdientes Geld** hard-earned money; **~ teilen** to share fairly; **~ gesagt** ... quite frankly ...; **er meint es ~ mit uns** he is being honest with us 2̲ (≈ wirklich) honestly; **ich bin ~ begeistert** I'm really thrilled; **~!** honestly! **Ehrlichkeit** F̲ honesty; von Absicht sincerity **ehrlos** A̲D̲J̲ dishonourable Br, dishonorable US **Ehrung** F̲ honour Br, honor US **ehrwürdig** A̲D̲J̲ venerable

Ei N̲ 1̲ egg; **j-n wie ein rohes Ei behandeln** fig to handle sb with kid gloves; **wie auf Eiern gehen** umg to step gingerly; **sie gleichen sich wie ein Ei dem anderen** they are as alike as two peas (in a pod) 2̲ **Eier** pl sl (≈ Hoden) balls pl sl

Eibe F̲ BOT yew
Eiche F̲ oak
Eichel F̲ 1̲ BOT acorn 2̲ ANAT glans **Eichelhäher** M̲ jay
eichen V̲/T̲ to calibrate
Eichenholz N̲ oak **Eichenlaub** N̲ oak leaves pl
Eichhörnchen N̲ squirrel
Eichstrich M̲ official calibration; an Gläsern line measure **Eichung** F̲ calibration
Eid M̲ oath; **einen Eid ablegen** od **schwören** to take od swear an oath; **unter Eid** under oath
Eidechse F̲ ZOOL lizard
eidesstattlich A̲ A̲D̲J̲ **eine ~e Erklärung abgeben** to make a declaration in lieu of an oath B̲ A̲D̲V̲ **etw ~ erklären** to declare sth in lieu of an oath **Eidgenosse** M̲, **Eidgenossin** F̲ confederate; (≈ Schweizer Eidgenosse) Swiss citizen **Eidgenossenschaft** F̲ confederation; **Schweizerische ~** Swiss Confederation **eidgenössisch** A̲D̲J̲ confederate; (≈ erisch) Swiss **eidlich** A̲ A̲D̲J̲ **~e Erklärung** declaration under oath B̲ A̲D̲V̲ un-

der oath
Eidotter M̲/N̲ egg yolk **Eierbecher** M̲ eggcup **Eierkocher** M̲ egg boiler **Eierkopf** M̲ hum umg (≈ Intellektueller) egghead umg, boffin bes Br umg **Eierkuchen** M̲ pancake **Eierlaufen** N̲ egg and spoon race **Eierlikör** M̲ advocaat **Eierlöffel** M̲ eggspoon **eiern** umg V̲/I̲ to wobble **Eierschale** F̲ eggshell **eierschalenfarben** A̲D̲J̲ off-white **Eierschwamm** M̲, **Eierschwammerl** N̲ österr, schweiz (≈ Pfifferling) chanterelle **Eierspeise** F̲ 1̲ egg dish 2̲ österr scrambled eggs pl **Eierstock** M̲ ANAT ovary **Eieruhr** F̲ egg timer
Eifer M̲ (≈ Begeisterung) enthusiasm; (≈ Eifrigkeit) eagerness; **mit ~** enthusiastically; **im ~ des Gefechts** fig umg in the heat of the moment **Eifersucht** F̲ jealousy (**auf** +akk of); **aus/vor ~** out of/for jealousy **eifersüchtig** A̲D̲J̲ jealous (**auf** +akk of)

eiförmig A̲D̲J̲ egg-shaped
eifrig A̲ A̲D̲J̲ eager; Leser, Sammler keen B̲ A̲D̲V̲ üben religiously; an die Arbeit gehen enthusiastically; **~ bemüht sein** to make a sincere effort

Eigelb N̲ egg yolk
eigen A̲D̲J̲ 1̲ own; (≈ selbstständig) separate; **Zimmer mit ~em Eingang** room with its own entrance; **ich hätte gern ein ~es Zimmer** I'd like a room of my own od my own room; **sich** (dat) **etw zu ~ machen** to adopt sth; (≈ zur Gewohnheit machen) to make a habit of sth 2̲ (≈ typisch) typical; **das ist ihm ~** that is typical of him 3̲ (≈ seltsam) strange 4̲ (≈ übergenau) fussy; **in Gelddingen ist er sehr ~** he is very particular about money matters **Eigenart** F̲ (≈ Besonderheit) peculiarity; (≈ Eigenschaft) characteristic **eigenartig** A̲ A̲D̲J̲ peculiar B̲ A̲D̲V̲ peculiarly; **~ aussehen** to look strange **eigenartigerweise** A̲D̲V̲ strangely od oddly enough **Eigenbedarf** M̲ von Mensch personal use; von Staat domestic requirements pl **Eigenbeteiligung** F̲ Versicherungswesen own share, excess Br **Eigenbrötler(in)** umg M̲(F̲) loner; (≈ komischer Kauz) queer fish umg **Eigengewicht** N̲ von Lkw etc unladen weight; HANDEL net weight; Naturwissenschaft dead weight **eigenhändig** A̲ A̲D̲J̲ Brief, Unterschrift

E

etc in one's own hand; *Übergabe* personal **B** ADV oneself **Eigenheim** N̄ one's own home **Eigenheit** F̄ → Eigenart **Eigeninitiative** F̄ initiative of one's own **Eigeninteresse** N̄ **aus ~** out of self-interest **Eigenkapital** N̄ *von Person* personal capital; *von Firma* company capital **Eigenleben** N̄ one's own life **eigenmächtig** **A** ADJ (≈ *selbstherrlich*) high-handed; (≈ *eigenverantwortlich*) taken/done *etc* on one's own authority; (≈ *unbefugt*) unauthorized **B** ADV high-handedly, (entirely) on one's own authority, without any authorization **Eigenmittel** PL WIRTSCH own resources or funds *pl* **Eigenname** M̄ proper name **Eigennutz** M̄ self-interest **eigennützig** ADJ selfish **eigens** ADV (e)specially **Eigenschaft** F̄ (≈ *Attribut*) quality; CHEM, PHYS *etc* property; (≈ *Merkmal*) characteristic, feature; (≈ *Funktion*) capacity **Eigenschaftswort** N̄ adjective **Eigensinn** M̄ stubbornness **eigensinnig** ADJ stubborn **eigenständig** ADJ original; (≈ *unabhängig*) independent **Eigenständigkeit** F̄ originality; (≈ *Unabhängigkeit*) independence

eigentlich **A** ADJ (≈ *wirklich, tatsächlich*) real; *Wert* true; **im ~en Sinne des Wortes** ... in the original meaning of the word ... **B** ADV actually; (≈ *tatsächlich, wirklich*) really; **was willst du ~ hier?** what do you want here anyway? **~ müsstest du das wissen** you should really know that

Eigentor N̄ SPORT, *a. fig* own goal; **ein ~ schießen** to score an own goal **Eigentum** N̄ property **Eigentümer(in)** M̄(F̄) owner **eigentümlich** ADJ (≈ *sonderbar, seltsam*) strange **Eigentümlichkeit** F̄ **1** (≈ *Besonderheit*) characteristic **2** (≈ *Eigenheit*) peculiarity **Eigentumsdelikt** N̄ JUR *offence against property* **Eigentumsrecht** N̄ right of ownership **Eigentumsverhältnisse** PL distribution *sg* of property **Eigentumswohnung** F̄ owner-occupied flat *Br*, ≈ condominium *US* **eigenverantwortlich** **A** ADJ autonomous **B** ADV on one's own authority **Eigenverantwortung** F̄ autonomy; **in ~ entscheiden** *etc* on one's own responsibility **eigenwillig** ADJ with a mind of one's own; (≈ *eigensinnig*) self-willed;

(≈ *unkonventionell*) unconventional **eignen** V/R to be suitable (**für, zu** for *od* **als** as); **er würde sich nicht zum Lehrer ~** he wouldn't make a good teacher; **→ geeignet** **Eigner(in)** M̄(F̄) owner **Eignung** F̄ suitability; (≈ *Befähigung*) aptitude **Eignungstest** M̄ aptitude test

Eilauftrag M̄ rush order **Eilbrief** M̄ express letter **Eile** F̄ hurry; **in ~ sein** to be in a hurry; **damit hat es keine ~** it's not urgent; **in der ~** in the hurry; **nur keine ~!** don't rush!

Eileiter M̄ ANAT Fallopian tube **eilen** **A** V/I **1** to rush, to hurry; **eile mit Weile** *sprichw* more haste less speed *sprichw* **2** (≈ *dringlich sein*) to be urgent; **eilt!** *auf Briefen etc* urgent **B** V/I **es eilt** it's urgent **eilends** ADV hurriedly **eilig** ADJ **1** (≈ *schnell*) hurried; **es ~ haben** to be in a hurry **2** (≈ *dringend*) urgent **Eilpaket** N̄ express parcel **Eilsendung** F̄ express delivery; **~en** *pl* express mail **Eiltempo** N̄ **etw im ~ machen** to do sth in a real rush

Eimer M̄ bucket; (≈ *Mülleimer*) (rubbish) bin *Br*, garbage can *US*; **ein ~ (voll) Wasser** a bucket(ful) of water; **im ~ sein** *umg* to be up the spout *Br umg*, to be down the drain *US umg* **eimerweise** ADV by the bucket(ful)

ein¹ ADV *an Geräten* **Ein/Aus** on/off; **ein und aus gehen** to come and go; **ich weiß nicht mehr ein noch aus** I'm at my wits' end

ein², **eine**, **ein** **A** NUM one; **ein Uhr** one (o'clock); **ein für alle Mal** once and for all; **ein und derselbe** one and the same; **er ist ihr Ein und Alles** he means everything to her; **→ eins** **B** UNBEST ART a; *vor Vokallauten* an; **ein anderer, eine andere** another; **ein paar** some; **→ einer, s**

Einakter M̄ THEAT one-act play **einander** PRON one another, each other

einarbeiten **A** V/R to get used to the work **B** V/T **1** *j-n* to train **2** (≈ *einfügen*) to incorporate **Einarbeitungszeit** F̄ **1** *in der Ausbildung* training period **2** (≈ *Gewöhnungszeit*) settling-in period **einarmig** ADJ one-armed **einäschern** V/T *Leichnam* to cremate **einatmen** V/T & V/I to breathe in **einäugig** ADJ one-eyed

Einbahnstraße $\bar{F}$ one-way street
einbalsamieren $\overline{VT}$ to embalm
Einband $\bar{M}$ book cover
einbändig $\overline{ADJ}$ one-volume *attr*, in one volume
Einbau $\bar{M}$ (≈ *das Einbauen*) installation
einbauen $\overline{VT}$ to install; *umg* (≈ *einfügen*) *Zitat etc* to work in; **eingebaut** built-in **Einbauküche** $\bar{F}$ (fully-)fitted kitchen **Einbaumöbel** $\overline{PL}$ fitted furniture **Einbauschrank** $\bar{M}$ fitted cupboard
einbehalten $\overline{VT}$ to keep back
einberufen $\overline{VT}$ *Parlament* to summon; *Versammlung* to convene; MIL to call up, to draft US **Einberufung** $\bar{F}$ 1 *einer Versammlung* convention; *des Parlaments* summoning 2 MIL conscription **Einberufungsbescheid** $\bar{M}$, **Einberufungsbefehl** $\bar{M}$ MIL call-up papers *pl*, draft papers *pl* US
einbetonieren $\overline{VT}$ to cement in (in +*akk* -to)
Einbettzimmer $\bar{N}$ single room
einbeziehen $\overline{VT}$ to include (in +*akk* in)
einbiegen $\overline{VI}$ to turn (off) (in +*akk* into); **du musst hier links ~** you have to turn (off to the) left here
einbilden $\overline{VT}$ 1 (≈ *sich vorstellen*) **sich** (*dat*) **etw ~** to imagine sth; **das bildest du dir nur ein** that's just your imagination; **bilde dir (doch) nichts ein!** don't kid yourself! *umg*; **was bildest du dir eigentlich ein?** what's got into you? *Br*, what's gotten into you? US 2 (≈ *stolz sein*) **sich** (*dat*) **viel auf etw** (*akk*) **~** to be conceited about sth; **darauf können Sie sich etwas ~!** that's something to be proud of!; **darauf brauchst du dir nichts einzubilden!** that's nothing to be proud of; → **eingebildet Einbildung** $\bar{F}$ 1 (≈ *Vorstellung*) imagination; (≈ *irrige Vorstellung*) illusion; **das ist alles nur ~** it's all in the mind 2 (≈ *Dünkel*) conceit **Einbildungskraft** $\bar{F}$ (powers *pl* of) imagination
einbinden $\overline{VT}$ *Buch* to bind; *fig* (≈ *einbeziehen*) to integrate
einbläuen *umg* $\overline{VT}$ **j-m etw ~** *durch Schläge* to beat sth into sb; (≈ *einschärfen*) to drum sth into sb
einblenden $\overline{VT}$ FILM, TV, RADIO to insert; *allmählich* to fade in
Einblick $\bar{M}$ *fig* (≈ *Kenntnis*) insight; **~ in etw** (*akk*) **gewinnen** to gain an insight into sth

einbrechen A $\overline{VT}$ *Tür, Wand etc* to break down B $\overline{VI}$ 1 (≈ *einstürzen*) to fall in 2 (≈ *Einbruch verüben*) to break in; **bei mir ist eingebrochen worden** I've had a break-in 3 *Nacht* to fall; *Winter* to set in **Einbrecher(in)** $\overline{M(F)}$ burglar
einbringen $\overline{VT}$ 1 PARL *Gesetz* to introduce 2 (≈ *Ertrag bringen*) *Geld, Nutzen* to bring in; *Ruhm* to bring; *Zinsen* to earn; **das bringt nichts ein** *fig* it's not worth it 3 (≈ *beteiligen*) **sich in etw** (*akk*) **~** to play a part in sth; INTERNET **von den Benutzern eingebracht** user-generated
einbrocken $\overline{VT}$ **j-m/sich etwas ~** *umg* to land sb/oneself in it *umg*
Einbruch $\bar{M}$ 1 (≈ *Einbruchdiebstahl*) burglary (in +*akk* in); **der ~ in die Bank** the bank break-in 2 *von Wasser* penetration 3 **~ der Kurse/der Konjunktur** FIN stock exchange/economic crash 4 *der Nacht* fall; *des Winters* onset; **bei ~ der Nacht/Dämmerung** at nightfall/dusk
einbruchsicher $\overline{ADJ}$ burglar-proof
einbuchten $\overline{VT}$ *sl* to put away *sl*
einbürgern A $\overline{VT}$ *Person* to naturalize B $\overline{V/R}$ *Brauch, Fremdwort* to become established **Einbürgerung** $\bar{F}$ *von Menschen* naturalization **Einbürgerungstest** $\bar{M}$ citizenship test *Br*, naturalization test US
Einbuße $\bar{F}$ loss (**an** +*dat* to) **einbüßen** A $\overline{VT}$ to lose; *durch eigene Schuld* to forfeit B $\overline{VI}$ **an Klarheit** (*dat*) **~** to lose some of its clarity
einchecken $\overline{VT \& VI}$ to check in (**an** +*dat* at)
eincremen $\overline{VT}$ to put cream on
eindämmen $\overline{VT}$ *Fluss* to dam; *fig* (≈ *vermindern*) to check; (≈ *im Zaum halten*) to contain
eindecken A $\overline{V/R}$ **sich (mit etw) ~** to stock up (with sth) B $\overline{VT}$ *umg* (≈ *überhäufen*) to inundate; **mit Arbeit eingedeckt sein** to be snowed under with work
eindeutig A $\overline{ADJ}$ clear; (≈ *nicht zweideutig*) unambiguous; *Witz* explicit B $\overline{ADV}$ (≈ *klar*) clearly; (≈ *unmissverständlich*) unambiguously **Eindeutigkeit** $\bar{F}$ clearness; (≈ *Unzweideutigkeit*) unambiguity
eindeutschen $\overline{VT}$ to Germanize
eindimensional $\overline{ADJ}$ one-dimensional
eindösen *umg* $\overline{VI}$ to doze off

eindringen V̄I̱ **1** (≈ *einbrechen*) **in etw** (*akk*) ~ to force one's way into sth **2** (≈ *hineindringen*) **in etw** (*akk*) ~ to go into sth **3** (≈ *bestürmen*) **auf j-n** ~ to go for sb (**mit with**); *mit Fragen, Bitten etc* to besiege sb **eindringlich** A̱ A̱ḎJ̱ (≈ *nachdrücklich*) insistent; *Schilderung* vivid Ḇ A̱ḎV̱ **warnen** urgently **Eindringling** M̱ intruder

Eindruck M̱ impression; **den ~ erwecken, als ob** *od* **dass ...** to give the impression that ...; **ich habe den ~, dass ...** I have the impression that ...; **großen ~ auf j-n machen** to make a great impression on sb; **er will ~ (bei ihr) machen** he's out to impress (her) **eindrücken** V̄Ṯ *Fenster* to break; *Tür, Mauer* to push down; (≈ *einbeulen*) to dent **eindrucksvoll** A̱ḎJ̱ impressive, grand

eine → ein²; → einer, s

eineiig A̱ḎJ̱ *Zwillinge* identical

eineinhalb ṈU̱M̱ one and a half; → anderthalb

Eineltern(teil)familie F̱ single-parent family

einengen *wörtl* V̄Ṯ to constrict; *fig Begriff, Freiheit* to restrict; **j-n in seiner Freiheit ~** to curb sb's freedom

Einer M̱ **1** MATH unit **2** (≈ *Ruderboot*) single scull

eine(r, s) ĪṈḎE̱F̱ P̱Ṟ **1** one; (≈ *jemand*) somebody; **und das soll ~r glauben!** *umg* and we're/you're meant to believe that! **2** **~s** (*a.* **eins**) one thing; **~s sag ich dir** I'll tell you one thing

einerlei A̱ḎJ̱ (≈ *gleichgültig*) all the same; **das ist mir ganz ~** it's all the same to me **Einerlei** Ṉ monotony

einerseits A̱ḎV̱ ~ ... andererseits ... on the one hand ... on the other hand ...

einfach A̱ A̱ḎJ̱ simple; *Fahrkarte, Fahrt* one-way, single *Br*; *Essen* plain; **das ist nicht so ~ zu verstehen** that is not so easy to understand Ḇ A̱ḎV̱ **1** (≈ *schlicht*) simply **2** (≈ *nicht doppelt*) once **3** *verstärkend* (≈ *geradezu*) simply **4** (≈ *ohne Weiteres*) just; **~ nur** just **Einfachheit** F̱ simplicity; **der ~ halber** for the sake of simplicity

einfädeln A̱ V̄Ṯ **1** *Nadel, Faden* to thread (**in** +*akk* through) **2** *umg Intrige, Plan etc* to set up *umg* Ḇ V̱Ṟ **sich in eine Verkehrskolonne ~** to filter into a stream of traffic

einfahren A̱ V̄I̱ *Zug, Schiff* to come in (**in** +*akk* -to) Ḇ V̄Ṯ **1** *Fahrgestell* to retract **2** (≈ *gewohnen*) to break in; *Wagen* to run in *Br*, to break in *US* **3** *Gewinne, Verluste* to make **Einfahrt** F̱ **1** (≈ *das Einfahren*) entry (**in** +*akk* to); **Vorsicht bei (der) ~ des Zuges!** stand well back, the train is arriving **2** (≈ *Eingang*) entrance; (≈ *Toreinfahrt*) entry; „**Einfahrt frei halten**" "keep clear"

Einfall M̱ **1** (≈ *Gedanke*) idea **2** MIL invasion (**in** +*akk* of) **einfallen** V̄I̱ **1** *Gedanke* **j-m** ~ to occur to sb, to come to sb's mind; **jetzt fällt mir ein, wie/warum ...** I've just thought of how/why ...; **das fällt mir nicht im Traum ein!** I wouldn't dream of it!; **sich** (*dat*) **etw** ~ **lassen** to think of sth; **was fällt Ihnen ein!** what are you thinking of! **2** (≈ *in Erinnerung kommen*) **j-m** ~ to come to sb; **es fällt mir jetzt nicht ein** I can't think of it at the moment **3** (≈ *einstürzen*) to collapse; → **eingefallen 4** (≈ *eindringen*) **in ein Land** ~ to invade a country **5** *Lichtstrahlen* to fall **6** (≈ *mitreden*) to join in **einfallslos** A̱ḎJ̱ unimaginative **Einfallslosigkeit** F̱ unimaginativeness **einfallsreich** A̱ḎJ̱ imaginative **Einfallsreichtum** M̱ imaginativeness **Einfallswinkel** M̱ PHYS angle of incidence

einfältig A̱ḎJ̱ (≈ *arglos*) simple; (≈ *dumm*) simple(-minded) **Einfaltspinsel** *umg* M̱ simpleton

Einfamilienhaus Ṉ single-family house

einfangen V̄Ṯ to catch, to capture

einfarbig A̱ḎJ̱ all one colour *Br*, single colour *Br*, all one color *US*, single color *US*

einfassen V̄Ṯ *Beet, Grab* to border; *Kleid* to trim

einfetten V̄Ṯ to grease; *Haut, Gesicht* to rub cream into

einfinden V̱Ṟ to come; (≈ *eintreffen*) to arrive

einfliegen A̱ V̄Ṯ **1** *Flugzeug* to test-fly **2** *Proviant, Truppen* to fly in (**in** +*akk* -to) Ḇ V̄I̱ to fly in (**in** +*akk* -to)

einfließen V̄I̱ to flow in; **er ließ nebenbei ~, dass ...** he let it drop that ...

einflößen V̄Ṯ **j-m etw** ~ *Medizin* to give sb sth; *Mut etc* to instil sth into sb *Br*, to instill sth into sb *US*

Einflugschneise F̱ FLUG approach path

E

Einfluss M̲ influence; **unter dem ~ von j-m/etw** under the influence of sb/sth; **~ auf j-n ausüben** to exert an influence on sb; **seine Freunde haben einen schlechten ~ auf ihn** his friends are a bad influence on him; **darauf habe ich keinen ~** I can't influence that **Einflussbereich** M̲ sphere of influence **Einflussnahme** F̲ exertion of influence **einflussreich** A̲D̲J̲ influential

einförmig A̲D̲J̲ uniform; (≈ eintönig) monotonous

einfrieren A̲ V̲I̲ to freeze; *Wasserleitung* to freeze up B̲ V̲T̲ to freeze; POL *Beziehungen* to suspend

Einfügemodus M̲ IT insert mode **einfügen** A̲ V̲T̲ to fit (**in** +akk into); IT to insert (**in** +akk in) B̲ V̲R̲ to fit in (**in** +akk -to); (≈ sich anpassen) to adapt (**in** +akk to) **Einfügetaste** F̲ COMPUT insert key

einfühlen V̲R̲ **sich in j-n ~** to empathize with sb; **sich in etw** (akk) **~** to understand sth **einfühlsam** A̲ A̲D̲J̲ sensitive B̲ A̲D̲V̲ sensitively **Einfühlungsvermögen** N̲ capacity for understanding, empathy

Einfuhr F̲ import; (≈ das Einführen) importing **Einfuhrartikel** M̲ import **Einfuhrbeschränkung** F̲ import restriction **einführen** V̲T̲ 1 (≈ hineinstecken) to insert (**in** +akk into) 2 (≈ bekannt machen) to introduce (**in** +akk into); HANDEL *Firma, Artikel* to establish; **j-n in sein Amt ~** to install sb (in office) 3 *als Neuerung* to introduce 4 HANDEL *Waren* to import **Einfuhrgenehmigung** F̲ import permit **Einfuhrland** N̲ importing country **Einfuhrlizenz** F̲ import licence Br, import license US **Einfuhrstopp** M̲ import ban (**für** on) **Einführung** F̲ introduction (**in** +akk to) **Einführungskurs** M̲ introductory course **Einführungspreis** M̲ introductory price **Einfuhrverbot** N̲ ban on imports

einfüllen V̲T̲ to pour in; **etw in Flaschen ~** to put sth into bottles, to bottle sth

Eingabe F̲ 1 form (≈ Gesuch) petition (**an** +akk to) 2 IT input **Eingabedaten** P̲L̲ IT input data pl **Eingabefehler** M̲ IT input error **Eingabegerät** N̲ COMPUT input device **Eingabetaste** F̲ COMPUT enter key

Eingang M̲ 1 entrance (**in** +akk to); (≈ Zutritt, Aufnahme) entry; **„kein ~!"** "no entrance" 2 HANDEL (≈ Wareneingang) delivery; (≈ Erhalt) receipt; **den ~ od die Eingänge bearbeiten** to deal with the incoming mail **eingängig** A̲D̲J̲ *Melodie, Spruch* catchy **eingangs** A̲D̲V̲ at the start **Eingangsdatum** N̲ date of receipt **Eingangshalle** F̲ entrance hall; *von Hotel* foyer, lobby bes US **Eingangsstempel** M̲ HANDEL date stamp **Eingangstür** F̲ entrance

eingeben V̲T̲ 1 (≈ verabreichen) to give 2 IT *Text, Befehl* to enter

eingebildet A̲D̲J̲ 1 (≈ hochmütig) conceited 2 (≈ imaginär) imaginary; → einbilden

eingeboren A̲D̲J̲ (≈ einheimisch) native, indigenous **Eingeborene(r)** M̲/F̲(M̲) native

Eingebung F̲ inspiration

eingefallen A̲D̲J̲ *Wangen* hollow; *Augen* deep-set; → einfallen

eingefleischt A̲D̲J̲ (≈ überzeugt) confirmed; (≈ unverbesserlich) dyed-in-the-wool; **~er Junggeselle** hum confirmed bachelor

eingehen A̲ V̲I̲ 1 *Briefe, Waren etc* to arrive; *Spenden, Bewerbungen* to come in; **~de Post/Waren** incoming mail/goods; **eingegangene Post/Spenden** mail/donations received 2 (≈ sterben) *Tiere, Pflanze* to die (**an** +dat of); umg *Firma etc* to fold 3 **auf etw** (akk) **~** *auf Frage, Punkt etc* to go into sth; **auf j-n/etw ~** (≈ sich widmen) to give (one's) time and attention to sb/sth; **auf einen Vorschlag/Plan ~** (≈ zustimmen) to agree to a suggestion/plan B̲ V̲T̲ (≈ abmachen) to enter into; *Risiko* to take; *Wette* to make **eingehend** A̲ A̲D̲J̲ (≈ ausführlich) detailed; (≈ gründlich) thorough; *Untersuchungen* in-depth attr B̲ A̲D̲V̲ (≈ ausführlich) in detail; (≈ gründlich) thoroughly

eingeklammert A̲D̲J̲ in brackets, in parentheses bes US; → einklammern

eingeklemmt A̲D̲J̲ 1 stuck 2 *Nerv* trapped; → einklemmen

eingelegt A̲D̲J̲ *in Essig* pickled; → einlegen

Eingemachte(s) N̲ bottled fruit/vegetables; (≈ Marmelade) preserves pl; **ans ~ gehen** fig umg to dig deep into one's reserves

eingemeinden V̲T̲ to incorporate (**in**

+*akk* od **nach** into)

eingenommen ADJ **für j-n/etw ~ sein** to be taken with sb/sth; **gegen j-n/etw ~ sein** to be prejudiced against sb/sth; → einnehmen

eingeschaltet ADJ (switched) on; → einschalten

eingeschlossen ADJ **1** (≈ *umgeben*) *Grundstück, Haus etc* enclosed **2** (≈ *umzingelt*) surrounded, encircled **3** **im Preis** included in the price; → einschließen

eingeschnappt *umg* ADJ cross; **~ sein** to be in a huff; → einschnappen

eingeschränkt ADJ (≈ *eingeengt*) restricted; **in ~en Verhältnissen leben** to live in straitened circumstances; → einschränken

eingeschrieben ADJ *Brief* registered; → einschreiben

eingesessen ADJ *Familie etc* old-established; → einsitzen

eingespielt ADJ **aufeinander ~ sein** to be used to one another; → einspielen

Eingeständnis N admission, confession **eingestehen** VT to admit

eingestellt ADJ **links/rechts ~ sein** to have leanings to the left/right; **ich bin im Moment nicht auf Besuch ~** I'm not prepared for visitors; → einstellen

eingetragen ADJ *Warenzeichen, Verein* registered; → eintragen

Eingeweide N entrails *pl* **Eingeweidebruch** M MED hernia

Eingeweihte(r) M(F)M insider

eingewöhnen VR to settle down (**in** +*dat* in)

eingießen VT (≈ *einschenken*) to pour (out)

eingleisig A ADJ single-track B ADV **er denkt sehr ~** he's completely single-minded

eingliedern A VT *Firma, Gebiet* to incorporate (+*dat* into, with); *j-n* to integrate (**in** +*akk* into) B VR to fit in (**in** +*akk* -to, in) **Eingliederung** F *von Firma, Gebiet* incorporation; *von Behinderten, Straffälligen* integration

eingraben A VT *Pfahl, Pflanze* to dig in (**in** +*akk* -to) B VR *a.* MIL to dig oneself in

eingravieren VT to engrave (**in** +*akk* in)

eingreifen VI (≈ *einschreiten*), *a.* MIL to intervene; **in j-s Rechte** (*akk*) **~** to in-

trude (up)on sb's rights; **Eingreifen** intervention **Eingreiftruppe** F strike force; **schnelle ~** rapid response force

eingrenzen *wörtl* VT to enclose; *fig Problem* to delimit

Eingriff M **1** MED operation **2** (≈ *Übergriff*) intervention

einhaken A VT to hook (**in** +*akk* into), fasten B VR **sie hakte sich bei ihm ein** she linked arms with him C VI **hier möchte ich mal ~** if I could just take up that point

Einhalt M **j-m/einer Sache ~ gebieten** to stop sb/sth **einhalten** VT (≈ *beachten*) to keep; *Spielregeln* to follow; *Diät, Vertrag* to keep to; *Verpflichtungen* to carry out **Einhaltung** F (≈ *Beachtung*) keeping (+*gen* of); *von Spielregeln* following (+*gen* of); *von Diät, Vertrag* keeping (+*gen* to); *von Verpflichtungen* carrying out (+*gen* of)

einhämmern VT **j-m etw ~** *fig* to hammer *od* drum sth into sb

einhandeln VT to trade (**gegen, für** for); **sich** (*dat*) **etw ~** *umg* to get sth

einhändig ADJ one-handed

einhängen A VT *Tür* to hang B VR **sich bei j-m ~** to slip one's arm through sb's

einheimisch ADJ *Mensch, Tier, Pflanze* native; *Industrie* local **Einheimische(r)** M(F)M local

einheimsen *umg* VT to collect

Einheit F **1** *von Land etc* unity; **eine geschlossene ~ bilden** to form an integrated whole; **die (deutsche) ~** (German) unity **2** *Naturwissenschaften, a.* MIL, TEL unit **einheitlich** A ADJ (≈ *gleich*) the same *präd*, uniform; (≈ *in sich geschlossen*) unified B ADV uniformly; **~ gekleidet** dressed alike **Einheitlichkeit** F (≈ *Gleichheit*) uniformity; (≈ *innere Geschlossenheit*) unity **Einheitsbrei** *pej umg* M **es ist so ein ~** it's all so samey *umg* **Einheitspreis** M standard price

einheizen VI **j-m (tüchtig) ~** *umg* (≈ *die Meinung sagen*) to haul sb over the coals; (≈ *zu schaffen machen*) to make things hot for sb

einhellig A ADJ unanimous B ADV unanimously

einher- PRÄF (≈ *entlang*) along; (≈ *hin und her*) up and down **einhergehen** VI **mit etw ~** *fig* to be accompanied by sth

einholen V/T ■ (≈ einziehen) Boot, Netz to pull in; Fahne, Segel to lower ■ Erlaubnis to obtain; **bei j-m Rat ~** to obtain advice from sb ■ (≈ erreichen) Laufenden to catch up (with); Vorsprung to make up ■ dial → einkaufen

Einhorn N unicorn

einhüllen V/T to wrap (up); **in Nebel eingehüllt** shrouded in mist

einhundert form NUM → hundert

einig ADJ ■ (≈ geeint) united ■ (≈ einer Meinung) agreed; **sich** (dat) **über etw** (akk) **~ werden** to agree on sth **einigen** A V/T to unite ■ **sich über** (an) agreement (**über** +akk about); **sich auf einen Kompromiss ~** to agree to a compromise

einige(r, s) INDEF PR ■ (≈ etwas) some; (≈ ziemlich viel) (quite) some; **nach ~r Zeit** after a while; **das wird ~s kosten** that will cost something; **dazu gehört schon ~r Mut** that takes some courage ■ some; (≈ mehrere) several; (≈ ein paar) a few, some; **~ Mal(e)** a few times, a couple of times; **an ~n Stellen** in some places; **in ~n Tagen** in a few days **einigermaßen** ADV (≈ ziemlich) rather; vor adj fairly; (≈ ungefähr) to some extent; **wie geht's dir? — ~** how are you? — all right

Einigkeit F (≈ Eintracht) unity; (≈ Übereinstimmung) agreement; **in diesem Punkt herrschte ~** there was agreement on this point **Einigung** F ■ POL unification ■ (≈ Übereinstimmung) agreement; JUR (≈ Vergleich) settlement; **über etw** (akk) **~ erzielen** to come to an agreement on sth

einjagen V/T **j-m einen Schrecken ~** to give sb a fright

einjährig ADJ one-year-old; Pflanze annual; Amtszeit, Studium one-year attr

einkalkulieren V/T to reckon with; Kosten to include

Einkauf M ■ purchase; **Einkäufe machen** to go shopping; **sie packte ihre Einkäufe aus** she unpacked her shopping ■ HANDEL (≈ Abteilung) purchasing (department) **einkaufen** A V/T to buy ■ V/I to shop; HANDEL to buy; **~ gehen** to go shopping, to do the shopping **Einkäufer(in)** M/F HANDEL buyer **Einkaufsabteilung** F purchasing department **Einkaufsbummel** M **einen ~ machen** to go on a shopping trip

Einkaufskorb M shopping basket **Einkaufsliste** F shopping list **Einkaufsmeile** F shopping street **Einkaufspassage** F shopping arcade Br, shopping mall US **Einkaufstasche** F shopping bag **Einkaufstüte** F shopping bag; (≈ Plastiktüte) plastic bag **Einkaufswagen** M shopping trolley Br, shopping cart US **Einkaufszentrum** N shopping centre Br, shopping center US, mall **Einkaufszettel** M shopping list

einkehren V/I ■ in Gasthof to stop off (**in** +dat at) ■ Ruhe to come (**bei** to)

einkeilen V/T to hem in

einkerben V/T to notch; (≈ schnitzen) to cut **Einkerbung** F notch

einkesseln V/T to encircle

einklagen V/T Schulden to sue for (the recovery of)

einklammern V/T to put in brackets

Einklang M ■ MUS unison ■ fig harmony; **in ~ bringen** to bring into line; **im ~ mit etw stehen** to be in accord with sth

einkleben V/T to stick in; **etw in etw** (akk) **~** to stick sth into sth

einkleiden V/T Soldaten to fit out (with a uniform); **sich neu ~** to buy oneself a new wardrobe

einklemmen V/T (≈ quetschen) to jam; Finger etc to catch

einkochen V/T Gemüse to preserve; Marmelade to make

Einkommen N income **Einkommensgrenze** F income limit **Einkommensklasse** F income bracket **einkommensschwach** ADJ low-income attr **einkommensstark** ADJ high-income attr **Einkommen(s)-steuer** F income tax **Einkommen(s)steuerbescheid** M income tax assessment **Einkommen(s)steuererklärung** F income tax return

Einkorn N Getreidesorte einkorn wheat **einkreisen** V/T to surround; fig Problem to consider from all sides; POL to isolate **Einkünfte** PL income sg

einladen V/T ■ Waren to load (**in** +akk into) ■ j-n to invite; **j-n zu einer Party ~** to invite sb to a party; **j-n ins Kino ~** to ask sb to the movies; **lass mal, ich lade dich ein** come on, this one's on me **einladend** ADJ inviting; Speisen appetizing **Einladung** F̲ invitation (**zu** to)

Einlage F̲ **1** (≈ Zahneinlage) temporary filling **2** (≈ Schuheinlage) insole; **zum Stützen** (arch) support **3** (≈ Zwischenspiel) interlude **4** FIN (≈ Kapitaleinlage) investment

einlagern V̲T̲ to store

Einlass M̲ **1** (≈ Zutritt) admission; **j-m ~ gewähren** to admit sb; **sich** (dat) **~ in etw** (akk) **verschaffen** to gain entry to sth **einlassen** A̲ V̲T̲ **1** (≈ eintreten lassen) to let in **2** (≈ einlaufen lassen) Wasser to run (**in** +akk **into**) B̲ V̲R̲ **sich auf etw** (akk) **~** to get involved in sth; **sich auf einen Kompromiss ~** to agree to a compromise; **darauf lasse ich mich nicht ein!** I don't want anything to do with it; **da habe ich mich aber auf etwas eingelassen!** I've let myself in for something there!; **sich mit j-m ~** pej to get involved with sb

Einlauf M̲ **1** SPORT am Ziel finish **2** MED enema **einlaufen** A̲ V̲I̲ **1** (≈ hineinlaufen) to come in (**in** +akk -**to**); **durchs Ziel ~** to finish **2** Wasser to run in (**in** +akk -**to**) **3** Stoff to shrink B̲ V̲T̲ Schuhe to wear in C̲ V̲R̲ SPORT to warm up

einläuten V̲T̲ to ring in; SPORT Runde to sound the bell for

einleben V̲R̲ to settle down (**in** od **an** +dat **in** od **at**)

Einlegearbeit F̲ inlay work kein pl **einlegen** V̲T̲ **1** in Holz etc to inlay **2** (≈ hineintun) to insert (**in** +akk **in**); Film to load (**in** +akk **into**) **3** AUTO Gang to engage **4** Protest to register; **ein gutes Wort für j-n ~** to put in a good word for sb (**bei** with) **5** GASTR Heringe, Gurken etc to pickle **Einlegesohle** F̲ insole

einleiten V̲T̲ **1** (≈ in Gang setzen) to initiate; Schritte to introduce; JUR Verfahren to institute; MED Geburt to induce **2** (≈ beginnen) to start **3** Abwässer etc to discharge (**in** +akk **into**) **einleitend** A̲ ADJ introductory B̲ ADV **er sagte ~, dass ...** he said by way of introduction that ... **Einleitung** F̲ **1** (≈ Vorwort) introduction **2** (≈ das Einleiten) initiation; von Schritten introduction; von Verfahren institution; von Geburt induction **3** von Abwässern discharge (**in** +akk **into**)

einlenken V̲I̲ (≈ nachgeben) to yield **einlesen** A̲ V̲R̲ **sich in ein Gebiet** etc **~**

to get into a subject etc B̲ V̲T̲ Daten to read in (**in** +akk -**to**)

einleuchten V̲I̲ to be clear (**j-m** to sb); **das will mir nicht ~** I just don't understand that **einleuchtend** ADJ reasonable

einliefern V̲T̲ Waren to deliver; **j-n ins Krankenhaus ~** to admit sb to hospital **Einlieferung** F̲ ins Krankenhaus admission (**in** +akk **to**); ins Gefängnis committal (**in** +akk **to**) **Einlieferungsschein** M̲ certificate of posting Br, certificate of mailing bes US

Einliegerwohnung F̲ granny annexe Br, granny flat Br, in-law apartment US

einlochen V̲T̲ **1** beim Golf to putt **2** umg **j-n ~** to send sb away umg, to put sb in the slammer US umg

einloggen V̲R̲ IT to log in od on

einlösen V̲T̲ Pfand to redeem; Scheck to cash (in); fig Versprechen to keep

einmachen V̲T̲ Obst to preserve **Einmachglas** N̲ bottling jar

einmal ADV **1** (≈ ein einziges Mal) once; (≈ erstens) first of all, for a start; **~ sagt er dies, ~ das** sometimes he says one thing, sometimes another; **auf ~** (≈ plötzlich) suddenly; (≈ zugleich) at once; **~ und nie wieder** once and never again; **noch ~** again; **noch ~ so groß wie** as big again as; **~ ist keinmal** sprichw once doesn't count **2** (≈ früher) once; (≈ in Zukunft) one day; **waren Sie schon ~ in Rom?** have you ever been to Rome?; **es war ~ ...** once upon a time there was ...; **besuchen Sie mich doch ~!** come (and) visit me some time! **3** **nicht ~** not even; **auch ~** also, too; **wieder ~** again; **die Frauen sind nun ~ so** that's the way women are **Einmaleins** N̲ (multiplication) tables pl; fig ABC, basics pl; **das kleine/große ~** (multiplication) tables up to/over ten **Einmalhandtuch** N̲ disposable towel **einmalig** ADJ **1** Gelegenheit unique **2** (≈ nur einmal erforderlich) single; Zahlung one-off attr **3** umg (≈ hervorragend) fantastic **Einmalzahlung** F̲ one-off payment

Einmarsch M̲ in ein Land invasion (**in** +akk **of**) **einmarschieren** V̲I̲ to march in (**in** +akk -**to**)

Einmeterbrett N̲ one-metre (diving) board Br, one-meter (diving) board US **einmischen** V̲R̲ to interfere (**in** +akk **in**)

Einmischung F interference (**in** +akk in)

einmotorig ADJ Flugzeug single-engine(d)

einmotten VT to mothball

einmünden VI Fluss to flow in (**in** +akk -to); Straße to run in (**in** +akk -to); **in etw** (akk) ~ fig to lead up to sth

einmütig A ADJ unanimous B ADV unanimously **Einmütigkeit** F unanimity

Einnahme F 1 MIL seizure 2 (≈ Ertrag) receipt; ~**n** pl income sg; (≈ Geschäftseinnahmen) takings pl; eines Staates revenue sg; ~**n und Ausgaben** income and expenditure **Einnahmequelle** F source of income; eines Staates source of revenue **einnehmen** VT 1 Geld to take; Freiberufler to earn; Steuern to collect 2 MIL (≈ erobern) to take 3 Platz etc to take (up) 4 Mahlzeit, Arznei to take 5 **j-n gegen sich** ~ to set sb against oneself; ~ eingenommen

einnicken umg VI to doze od nod off

einnisten wörtl VR to nest; fig to park oneself (**bei** on)

einordnen A VT 1 Bücher etc to (put in) order; Akten to file 2 (≈ klassifizieren) to classify B VR 1 in Gemeinschaft etc to fit in (**in** +akk -to) 2 AUTO **sich links/rechts** ~ to get into the left/right lane

einpacken A VT 1 (≈ einwickeln) to wrap (up) (**in** +akk into) 2 (≈ hineintun) to pack (**in** +akk in) B VI to pack; **dann können wir** ~ umg in that case we may as well pack it all in umg

einparken VT & VI (**in eine Parklücke**) ~ to get into a parking space

einpassen VT to fit in (**in** +akk -to)

Einpeitscher(in) M(F) POL whip Br, floor leader US

einpendeln fig VR to settle down

Einpersonenhaushalt M single-person household

einpflanzen VT to plant (**in** +dat in); MED to implant (**j-m** into sb)

einphasig ADJ single-phase

einplanen VT to plan (on); Verluste to allow for

einpolig ADJ single-pole

einprägen A VT Inschrift to stamp; **sich** (dat) **etw** ~ to remember sth; (≈ auswendig lernen) to memorize sth B VR **sich j-m** ~ to make an impression on sb **einprägsam** ADJ catchy

einprogrammieren VT Daten to feed in

einprügeln umg VI **auf j-n** ~ to lay into sb umg

einquartieren A VT to quarter B VR to be quartered (**bei** with); Gäste to stay (**bei** with), to stop umg (**bei** with) Br

einquetschen VT → einklemmen

einrahmen VT to frame

einrasten VT & VI to engage

einräumen VT 1 Wäsche, Bücher etc to put away; Wohnung, Zimmer to arrange; Spülmaschine to load 2 (≈ zugestehen) to concede; Recht to give

einrechnen VT to include

einreden A VT **j-m etw** ~ to talk sb into believing sth; **er will mir** ~, **dass ...** he wants me to believe that ...; **das redest du dir nur ein!** you're only imagining it B VI **auf j-n** ~ to keep on and on at sb

einreiben VT **er rieb sich** (dat) **das Gesicht mit Creme ein** he rubbed cream into his face

einreichen VT Antrag to submit (**bei** to); JUR Klage to file

einreihen VT **sich in etw** (akk) ~ to join sth **Einreiher** M (≈ Anzug) single-breasted suit

Einreise F entry (**in** +akk into, to); **bei der** ~ **in die Schweiz** when entering Switzerland **Einreiseerlaubnis** F entry permit **Einreisegenehmigung** F entry permit **einreisen** VI to enter the country **Einreiseverbot** N refusal of entry; ~ **haben** to have been refused entry **Einreisevisum** N entry visa

einreißen A VT 1 Papier, Stoff to tear 2 Gebäude, Zaun to tear od break down B VI Papier to tear; fig umg Unsitte etc to catch on umg

einreiten VT Pferd to break in

einrenken A VT Gelenk to put back in place; fig umg to sort out B VR fig umg to sort itself out

einrichten A VT 1 (≈ möblieren) to furnish; (≈ ausstatten) to fit out 2 (≈ eröffnen) to set up; Konto to open 3 fig (≈ arrangieren) to arrange; **das lässt sich** ~ that can be arranged; **auf Tourismus eingerichtet sein** to be geared to tourism B VR 1 (≈ sich möblieren) **sich** ~ to furnish one's house/one's apartment od flat Br 2 (≈ sich einstellen) **sich auf etw** (akk) ~ to prepare oneself for sth **Ein-**

E

-richtung F 1 (≈ Wohnungseinrichtung) furnishings pl; (≈ Geschäftseinrichtung etc) fittings pl; (≈ Laboreinrichtung etc) equipment kein pl 2 (≈ Eröffnung) setting-up; von Konto opening 3 behördlich institution; (≈ Schwimmbäder, Transportmittel etc) facility **Einrichtungsgegenstand** M item of furniture; (≈ Geschäftseinrichtung) fixture

einrollen V/R to roll up

einrosten V/I to rust up; fig Glieder to stiffen up

einrücken A V/T Zeile to indent B V/I 1 MIL in ein Land to move in (in +akk -to) 2 MIL (≈ eingezogen werden) to report for duty

eins NUM one; **~ zu** SPORT one all; **~ mit j-m sein** to be one with sb; (≈ übereinstimmen) to be in agreement with sb; **das ist doch alles ~** umg it's all one; **~ a** umg A 1 umg, first-rate umg; → ein²; → einer, s; → vier **Eins** F one; SCHULE a. A; **eine ~ schreiben/bekommen** to get an A od one

einsacken V/T 1 (≈ in Säcke füllen) to put in sacks 2 umg (≈ erbeuten) to grab umg; Geld to rake in umg

einsam A ADJ 1 (≈ allein) lonely; (≈ einzeln) solitary 2 (≈ abgelegen) Haus, Insel secluded 3 umg **~e Klasse** od **Spitze** absolutely fantastic umg B ADV 1 (≈ allein) lonely 2 (≈ abgelegen) isolated; **~ liegen** to be secluded **Einsamkeit** F (≈ Verlassenheit) loneliness; (≈ das Einzelnsein) solitariness; **er liebt die ~** he likes solitude

einsammeln V/T to collect (in)

Einsatz M 1 (≈ Einsatzteil) inset 2 (≈ Spieleinsatz) stake; **den ~ erhöhen** to raise the stakes 3 MUS entry 4 (≈ Verwendung) use; bes MIL deployment; **im ~ sein** in use; **unter ~ aller Kräfte** by making a supreme effort 5 (≈ Aktion) operation; **im ~** in action 6 (≈ Hingabe) commitment; **etw unter ~ seines Lebens tun** to risk one's life to do sth **Einsatzbefehl** M order to go into action **einsatzbereit** ADJ ready for use; MIL ready for action; Rakete etc operational **Einsatzkommando** N task force **Einsatzleiter(in)** M(F) head of operations **Einsatzort** M place of action; von Diplomat etc posting **Einsatzwagen** M von Polizei police car; von Feuerwehr fire engine

einscannen V/T to scan in

einschalten V/T Licht, Radio, Gerät to switch on; Computer a. to turn on; Sender to tune in to 2 j-n ~ to call sb in B V/R (≈ teilnehmen) to join in **Einschaltquote** F RADIO, TV viewing figures pl

einschärfen V/T j-m etw ~ to impress sth (up)on sb

einschätzen V/T to assess; **falsch ~** to misjudge; **wie ich die Lage einschätze** as I see the situation **Einschätzung** F assessment; **nach meiner ~** in my estimation

einschenken V/T to pour (out)

einschicken V/T to send in (an +akk to)

einschieben V/T (≈ einfügen) to put in; **eine Pause ~** to have a break

einschießen A V/T 1 (≈ zertrümmern) Fenster to shoot in; mit Ball etc to smash (in) 2 Fußball to kick in B V/I SPORT to score; **er schoss zum 1:0 ein** he scored to make it 1-0

einschiffen V/R to embark

einschl. ABK (= einschließlich) incl., including

einschlafen V/I to fall asleep; Bein, Arm to go to sleep; euph (≈ sterben) to pass away; fig Gewohnheit to peter out; **ich kann nicht ~** I can't get to sleep **einschläfern** V/T 1 (≈ zum Schlafen bringen) to send to sleep 2 (≈ narkotisieren) to give a soporific 3 (≈ töten) Tier to put down **einschläfernd** ADJ soporific; (≈ langweilig) monotonous

Einschlag M 1 von Geschoss impact; von Blitz striking 2 AUTO des Lenkrads lock 3 **einen südländischen ~ haben** to have more than a hint of the Mediterranean about it/him etc **einschlagen** A V/T 1 Nagel to hammer in; Pfahl to drive in 2 (≈ zertrümmern) to smash (in); Tür to smash down; Zähne to knock out; **mit eingeschlagenem Schädel** with one's head bashed in umg 3 (≈ einwickeln) Ware to wrap up 4 AUTO Räder to turn 5 Weg to take; Kurs wörtl to follow; fig to pursue B V/I (in etw akk) Geschoss, Blitz to strike (sth); **auf j-n/etw ~** to hit out at sb/sth; **gut ~** umg to be a big hit umg **einschlägig** A ADJ appropriate B ADV **er ist ~ vorbestraft** JUR he has a previous conviction for a similar offence Br, he has a previous conviction for a similar offense US

einschleichen V/R to creep in (**in** +akk -to); **sich in j-s Vertrauen ~** fig to worm one's way into sb's confidence
einschleimen V/R umg **sich bei j-m ~** to suck up to sb umg
einschleusen V/T to smuggle in (**in** +akk od **nach** to)
einschließen V/T **1** (≈ wegschließen) to lock up (**in** +akk in) **2** (≈ umgeben) to surround **3** fig (≈ beinhalten) to include; → eingeschlossen **einschließlich** A PRÄP including B ADV **vom 1. bis 31. Oktober** from 1st to 31st October inclusive Br, October 1st through 31st US
einschmeicheln V/R **sich bei j-m ~** to ingratiate oneself with sb; **~de Stimme** silky voice
einschmieren V/T **mit Fett** to grease; **mit Öl** to oil; **mit Creme** to put cream on
einschmuggeln V/T to smuggle in (**in** +akk -to)
einschnappen V/I **1** Schloss, Tür to click shut **2** umg (≈ beleidigt sein) to go into a huff umg; → eingeschnappt
einschneiden V/T Stoff, Papier to cut **einschneidend** fig ADJ drastic; Folgen far-reaching
einschneien V/I **eingeschneit sein** to be snowed up
Einschnitt M cut; MED incision; (≈ Zäsur) break; im Leben decisive point
einschränken A V/T to reduce; Recht to restrict; Wünsche to moderate; Behauptung to qualify; **~d möchte ich sagen, dass ...** I'd like to qualify that by saying ...; **das Rauchen ~** to cut down on smoking B V/R (≈ sparen) to economize; → eingeschränkt **Einschränkung** F reduction; von Recht restriction; von Behauptung qualification; (≈ Vorbehalt) reservation
Einschreibebrief M registered letter **einschreiben** V/R in Verein etc to enrol Br, to enroll US; UNIV to register; → eingeschrieben **Einschreiben** N recorded letter/parcel Br, registered letter/parcel US; **etw per ~ schicken** to send sth recorded delivery Br, to send sth certified mail US **Einschreibung** F enrolment Br, enrollment US; UNIV registration
einschreiten V/I to take action (**gegen** against); (≈ dazwischentreten) to intervene **Einschreiten** N intervention
Einschub M insertion
einschüchtern V/T to intimidate **Einschüchterung** F intimidation
einschulen V/T **eingeschult werden** Kind to start school **Einschulung** F first day at school
Einschuss M (≈ Einschussstelle) bullet hole
einschweißen V/T TECH to weld in (**in** +akk -to); Buch to shrink-wrap
einschwenken V/I **links ~** MIL to wheel left; **auf etw ~** fig to fall in with sth
einschwören V/T **j-n auf etw** (akk) **~** to swear sb to sth
Einsegnung F **1** (≈ Konfirmation) confirmation **2** (≈ Einweihung) consecration
einsehbar ADJ (≈ verständlich) understandable **einsehen** A V/T to see; **das sehe ich nicht ein** I don't see why; **es ist nicht einzusehen, warum ...** it is incomprehensible why ... B V/I **1** in **etw** (akk) **~** to see sth **2** (≈ prüfen) to look (**in** +akk at) **Einsehen** N **ein ~ haben** to have some understanding (**mit, für** for); (≈ Vernunft) to see reason
einseifen V/T to soap; fig (≈ betrügen) to con umg
einseitig A ADJ **1** on one side; JUR, POL unilateral; **~e Lähmung** paralysis of one side of the body **2** Zuneigung, Ausbildung one-sided; Bericht biased; Ernährung unbalanced B ADV **1** (≈ auf einer Seite) on one side **2** (≈ unausgewogen) **sich ~ ernähren** to have an unbalanced diet; **etw ~ schildern** to portray sth one-sidedly
einsenden V/T to send in (**an** +akk to) **Einsender(in)** M(F) sender; bei Preisausschreiben competitor **Einsendeschluss** M closing date **Einsendung** F (≈ das Einsenden) submission
Einser M SCHULE bes südd umg A (grade), one
einsetzen A V/T **1** (≈ einfügen) to put in (**in** +akk -to) **2** (≈ ernennen) to appoint; Ausschuss to set up; Erben to name **3** (≈ verwenden) to use; Truppen, Polizei to deploy; Sonderzüge to put on **4** beim Glücksspiel to stake B V/I (≈ beginnen) to start; MUS to come in C V/R **sich (voll) ~** to show (complete) commitment (**in** +dat to); **sich für j-n ~** to fight for sb; für Kandidaten to campaign for sb; **sich für etw ~** to support sth
Einsicht F **1** in Akten, Bücher **~ in etw** (akk) **nehmen** to take a look at sth; **sie legte ihm die Akte zur ~ vor** she gave

him the file to look at **2** (≈ *Vernunft*) sense; (≈ *Erkenntnis*) insight; (≈ *Verständnis*) understanding; **zur ~ kommen** to come to one's senses; **j-n zur ~ bringen** to bring sb to his/her senses **einsichtig** ADJ (≈ *vernünftig*) reasonable; (≈ *verständnisvoll*) understanding **Einsichtnahme** form F̲ inspection

Einsiedler(in) M̲/F̲ hermit

einsilbig ADJ **1** monosyllabic **2** fig *Mensch* uncommunicative

einsinken V/I to sink in (**in** +*akk od dat* -to); *Boden etc* to subside

einsitzen form V/I to serve a prison sentence

einspannen V/T **1** *in Schraubstock* to clamp in (**in** +*akk* -to) **2** *Pferde* to harness **3** fig (≈ *arbeiten lassen*) to rope in (**für etw** to do sth)

Einspänner M̲ **1** one-horse carriage **2** österr *black coffee served in a glass with whipped cream*

einsparen V/T to save; *Posten* to dispense with **Einsparung** F̲ economy; (≈ *das Einsparen*) saving (**von** of); *von Posten* elimination

einspeisen V/T to feed in (**in** +*akk* -to)

einsperren V/T to lock in (**in** +*akk od dat* -to); *ins Gefängnis* to lock up

einspielen A̲ V/R MUS, SPORT to warm up; *Regelung* to work out; **sich aufeinander ~** to become attuned to one another; **→ eingespielt** B̲ V/T FILM, THEAT to bring in; *Kosten* to recover

Einsprache schweiz F̲ → Einspruch

einsprachig ADJ monolingual, unilingual

einspringen V/I umg (≈ *aushelfen*) to stand in; *mit Geld etc* to help out

einspritzen V/T AUTO, MED to inject **Einspritzmotor** M̲ AUTO fuel injection engine

Einspruch M̲ a. JUR objection; **~ einlegen** ADMIN to file an objection; **gegen etw ~ erheben** to object to sth; **~ abgelehnt!** JUR objection overruled!

einspurig ADJ BAHN single-track; AUTO single-lane

einst ADV **1** (≈ *früher*) once **2** geh (≈ *in Zukunft*) one day

Einstand M̲ **1 er hat seinen ~ gegeben** he celebrated starting his new job **2** *Tennis* deuce

einstecken V/T **1** (≈ *in etw stecken*) to put in (**in** +*akk* -to); *Gerät* to plug in **2**

in die Tasche etc (**sich** dat) **etw ~** to take sth; **ich habe kein Geld eingesteckt** I haven't any money on me **3** umg *Kritik etc* to take; *Beleidigung* to swallow; *Geld, Profit* to pocket umg

einstehen V/I **für j-n ~** (≈ *sich verbürgen*) to vouch for sb; **für etw ~** (≈ *Ersatz leisten*) to make good sth

Einsteigekarte F̲ FLUG boarding pass **einsteigen** V/I **1** *in ein Fahrzeug etc* to get in (**in** +*akk* -to); *in Bus etc* to get on (**in** +*akk* -to); **~!** BAHN etc all aboard! **2** *in ein Haus etc* to climb in (**in** +*akk* -to) **3** umg **in die Politik ~** to go into politics **Einsteiger(in)** umg M̲/F̲ beginner; **ein Modell für PC-Einsteiger** an entry-level PC

einstellbar ADJ adjustable **einstellen** A̲ V/T **1** (≈ *hineinstellen*) to put in **2** (≈ *anstellen*) *Arbeitskräfte* to take on, to hire, to employ **3** (≈ *beenden*) to stop; *Suche* to call off; MIL *Feuer* to cease; JUR *Verfahren* to abandon; **die Arbeit ~** *Kommission etc* to stop work; (≈ *in den Ausstand treten*) to withdraw one's labour Br, to withdraw one's labor US **4** (≈ *regulieren*) to adjust (**auf** +*akk* to); *Wecker* to set (**auf** +*akk* for); *Radio* to tune (in) (**auf** +*akk* to) **5** SPORT *Rekord* to equal **B̲** V/R **1** *Besucher etc, Folgen* to appear; *Fieber, Regen* to set in **2** **sich auf j-n/etw ~** (≈ *sich richten nach*) to adapt oneself to sb/sth; (≈ *sich vorbereiten auf*) to prepare oneself for sb/sth; **→ eingestellt**

einstellig ADJ *Zahl* single-digit

Einstellknopf M̲ control (knob) **Einstellplatz** M̲ parking space

Einstellung F̲ **1** (≈ *Anstellung*) employment **2** (≈ *Beendigung*) stopping; MIL cessation; JUR abandonment **3** (≈ *Regulierung*) adjustment; *von Wecker* setting; *von Radio* tuning (in); FILM (≈ *Szene*) take **4** (≈ *Gesinnung*) attitude; *politisch etc* views pl; **das ist doch keine ~!** what kind of attitude is that! **Einstellungsgespräch** N̲ interview **Einstellungsstopp** M̲ halt in recruitment

Einstieg M̲ **1** (≈ *das Einsteigen*) getting in; *in Bus* getting on **2** *von Bahn, von Bus* door **Einstiegsdroge** F̲ starter drug

einstig ADJ former

einstimmen V/I *in ein Lied* to join in; fig (≈ *zustimmen*) to agree (**in** +*akk* to)

einstimmig ADJ **1** *Lied* for one voice **2** (≈ *einmütig*) unanimous **Einstimmigkeit** F unanimity

einstöckig ADJ *Haus* one-storey *Br*, one-story *US*

einstöpseln VT ELEK to plug in (*in +akk* -to)

einstreichen *umg* VT *Geld, Gewinn* to pocket *umg*

einstreuen VT to sprinkle in (*in +akk* -to); *fig Bemerkung etc* to slip in (*in +akk* -to)

einströmen VI to pour in (*in +akk* -to); **~de Kaltluft** a stream of cold air

einstudieren VT *Lied, Theaterstück* to rehearse

einstufen VT to classify, to rank **einstufig** ADJ single-stage **Einstufung** F classification; *des Niveaus eines Schülers* placement **Einstufungstest** M SCHULE placement test, entry-level test

einstündig ADJ one-hour

einstürmen VI **auf j-n ~** MIL to storm sb; *fig* to assail sb; **mit Fragen auf j-n ~** to bombard sb with questions

Einsturz M collapse **einstürzen** VI to collapse; **auf j-n ~** *fig* to overwhelm sb **Einsturzgefahr** F danger of collapse

einstweilen ADV in the meantime; (≈ *vorläufig*) temporarily **einstweilig** ADJ temporary; **~e Verfügung** JUR temporary injunction

eintägig ADJ one-day **Eintagsfliege** F ZOOL mayfly; *fig* nine-day wonder

eintauchen A VT to dip (*in +akk* in, in-to); *völlig* to immerse (*in +akk* in) B VI *Schwimmer* to dive in; *U-Boot* to dive

eintauschen VT to exchange (**gegen**, **für** for)

eintausend *form* NUM → **tausend**

einteilen VT **1** (≈ *aufteilen*) to divide (up) (*in +akk* into); *Zeit, Arbeit* to plan (out); *Geld* to budget **2** (≈ *dienstlich verpflichten*) to detail (**zu** for)

einteilig ADJ *Badeanzug* one-piece *attr* **Einteilung** F **1** (≈ *das Aufteilen*) division; *von Zeit, Arbeit* planning; *von Geld* budgeting **2** (≈ *dienstliche Verpflichtung*) assignment

eintippen VT to type in (*in +akk* -to)

eintönig A ADJ monotonous B ADV monotonously **Eintönigkeit** F monotony

Eintopf M stew

Eintracht F harmony **einträchtig** A ADJ peaceable B ADV peaceably

Eintrag M *schriftlich* entry (**in** +*akk* in) **eintragen** A VT to enter; (≈ *amtlich registrieren*) to register; **j-m Hass** ~ to bring sb hatred; → **eingetragen** B VR to sign; (≈ *sich vormerken lassen*) to put one's name down; **er trug sich ins Gästebuch ein** he signed the visitors' book **einträglich** ADJ profitable **Eintragung** F entry (**in** +*akk* in)

eintreffen VI **1** (≈ *ankommen*) to arrive **2** *fig* (≈ *Wirklichkeit werden*) to come true

eintreiben VT to collect; *Schulden* to recover

eintreten A VI **1** *ins Zimmer etc* to go/come in (**in** +*akk* -to), to enter; *in Verein etc* to join (**in etw** *akk* sth); **in eine Firma** ~ to join a firm; **in Verhandlungen** ~ *form* to enter into negotiations; **bitte treten Sie ein!** *form* (please) do come in **2** **auf j-n** ~ to kick sb **3** (≈ *sich ereignen*) *Tod* to occur; *Zeitpunkt* to come; **bei Eintreten der Dunkelheit** at nightfall; **es ist eine Besserung eingetreten** there has been an improvement **4** **für j-n/etw** ~ to stand up for sb/sth B VT (≈ *zertrümmern*) to kick in

eintrichtern *umg* VT **j-m etw** ~ to drum sth into sb

Eintritt M **1** (≈ *das Eintreten*) entry (**in** +*akk* into), entrance; *in Verein etc* joining **kein pl** (**in** +*akk* of); **seit seinem** ~ **in die Armee** since joining the army **2** (≈ *Eintrittsgeld*) admission (**in** +*akk* to); ~ **frei!** admission free; **"Eintritt verboten"** "no admittance", "keep out" **3** *von Winter* onset; **der** ~ **des Todes** the moment when death occurs **Eintrittsgeld** N entrance money **Eintrittskarte** F ticket (of admission) **Eintrittspreis** M admission charge

eintrocknen VI to dry up

eintrüben VR METEO to cloud over

eintrudeln *umg* VI to drift in *umg*

einüben VT to practise *Br*, to practice *US*; *Rolle etc* to rehearse

einverleiben VT *Gebiet, Land* to annex (+*dat* to)

Einvernahme *bes österr, schweiz* F → **Vernehmung einvernehmen** VT *bes österr, schweiz* JUR → **vernehmen Einvernehmen** N (≈ *Eintracht*) harmony; **in beiderseitigem** ~ by mutual agreement **einvernehmlich** *form* A ADJ *Regelung, Lösung* consensual B ADV consensually

einverstanden $\overline{\text{ADJ}}$ ~! agreed!; ~ **sein** to agree; **mit j-m/etw ~ sein** to agree to sb/sth; (≈ *übereinstimmen*) to agree with sb/sth **Einverständnis** $\overline{\text{N}}$ agreement; (≈ *Zustimmung*) consent; **in gegenseitigem ~** by mutual consent

Einwahl $\overline{\text{F}}$ TEL ins Internet dial-up **einwählen** $\overline{\text{V/R}}$ TEL to dial in (**in** +*akk* -to); **sich in ein Telefonnetz ~** to dial into a telephone network **Einwahlknoten** $\overline{\text{M}}$ TEL, IT point of presence, POP

Einwand $\overline{\text{M}}$ objection; **einen ~ erheben** *form* to raise an objection

Einwanderer $\overline{\text{M}}$, **Einwanderin** $\overline{\text{F}}$ immigrant **einwandern** $\overline{\text{V/I}}$ to immigrate **Einwanderung** $\overline{\text{F}}$ immigration (**nach, in** +*akk* to) **Einwanderungsland** $\overline{\text{N}}$ immigration country **Einwanderungspolitik** $\overline{\text{F}}$ immigration policy **einwandfrei** $\overline{\text{A}}$ $\overline{\text{ADJ}}$ 1 (≈ *ohne Fehler*) perfect; *Benehmen* impeccable 2 (≈ *unzweifelhaft*) indisputable $\overline{\text{B}}$ $\overline{\text{ADV}}$ 1 (≈ *fehlerlos*) perfectly; *sich verhalten* impeccably 2 **etw ~ beweisen** to prove sth beyond doubt; **es steht ~ fest, dass ...** it is quite indisputable that ...

einwärts $\overline{\text{ADV}}$ inwards

einwechseln $\overline{\text{V/T}}$ *Geld* to change (**in** +*akk od* **gegen** into)

Einwegflasche $\overline{\text{F}}$ non-returnable bottle **Einwegpfand** $\overline{\text{N}}$ deposit on drink cans and disposable bottles **Einwegspritze** $\overline{\text{F}}$ disposable syringe **Einwegverpackung** $\overline{\text{F}}$ disposable packaging **einweichen** $\overline{\text{V/T}}$ to soak

einweihen $\overline{\text{V/T}}$ 1 (≈ *eröffnen*) to open (officially); *fig* to christen 2 **j-n in etw** (*akk*) **~** to initiate sb into sth; **er ist eingeweiht** he knows all about it **Einweihung** $\overline{\text{F}}$ (official) opening **Einweihungsfeier** $\overline{\text{F}}$ 1 (≈ *Eröffnungsfeier*) opening ceremony 2 *für Haus* housewarming party

einweisen $\overline{\text{V/T}}$ 1 in Krankenhaus etc to admit (**in** +*akk* to) 2 (≈ *in Arbeit unterweisen*) **j-n ~** to introduce sb to his/her job 3 AUTO to guide in (**in** +*akk* -to) **Einweisung** $\overline{\text{F}}$ 1 in Krankenhaus etc admission (**in** +*akk* to) 2 **die ~ der neuen Mitarbeiter** introducing new employees to their jobs

einwenden $\overline{\text{V/T}}$ **nichts gegen etw einzuwenden haben** to have no objection to sth; **dagegen lässt sich ~, dass ...**

one objection to this is that ...

einwerfen $\overline{\text{V/T}}$ 1 *Fensterscheibe etc* to break 2 SPORT *Ball* to throw in 3 *Brief* to post *Br*, to mail *bes US*; *Münze* to insert 4 *fig Bemerkung* to make; **er warf ein, dass ...** he made the point that ...

einwickeln $\overline{\text{V/T}}$ 1 (≈ *einpacken*) to wrap (up) 2 *umg* (≈ *überlisten*) to fool *umg*; *durch Schmeicheleien* to butter up *umg*

einwilligen $\overline{\text{V/I}}$ to consent (**in** +*akk* to) **Einwilligung** $\overline{\text{F}}$ consent (**in** +*akk* to)

einwirken $\overline{\text{V/I}}$ **auf j-n/etw ~** to have an effect on sb/sth; (≈ *beeinflussen*) to influence sb/sth; **etw ~ lassen** MED to let sth take effect **Einwirkung** $\overline{\text{F}}$ influence; **unter (der) ~ von Drogen** *etc* under the influence of drugs *etc*

einwöchig $\overline{\text{ADJ}}$ one-week *attr*

Einwohner(in) $\overline{\text{M(F)}}$ inhabitant **Einwohnermeldeamt** $\overline{\text{N}}$ residents' registration office; **sich beim ~ (an)melden** ≈ to register with the police **Einwohnerschaft** $\overline{\text{F}}$ population **Einwohnerzahl** $\overline{\text{F}}$ population

Einwurf $\overline{\text{M}}$ 1 *von Münze* insertion; *von Brief* posting *Br*, mailing *bes US* 2 SPORT throw-in 3 (≈ *Schlitz*) slot 4 *fig* interjection; (≈ *Einwand*) objection

Einzahl $\overline{\text{F}}$ singular

einzahlen $\overline{\text{V/T}}$ to pay in; **Geld auf ein Konto ~** to pay money into an account **Einzahlung** $\overline{\text{F}}$ payment **Einzahlungsschein** $\overline{\text{M}}$ *schweiz* giro transfer form

einzäunen $\overline{\text{V/T}}$ to fence in

einzeichnen $\overline{\text{V/T}}$ to draw in; **ist der Ort eingezeichnet?** is the place marked?

Einzel $\overline{\text{N}}$ beim Tennis singles *sg* **Einzelbeispiel** $\overline{\text{N}}$ isolated *od* one-off example **Einzelbett** $\overline{\text{N}}$ single bed **Einzelfahrkarte** $\overline{\text{F}}$ single ticket *Br*; one-way ticket **Einzelfahrschein** $\overline{\text{M}}$ single-trip ticket; one-way ticket **Einzelfall** $\overline{\text{M}}$ individual case; (≈ *Sonderfall*) isolated case **Einzelgänger(in)** $\overline{\text{M(F)}}$ loner **Einzelhaft** $\overline{\text{F}}$ solitary confinement **Einzelhandel** $\overline{\text{M}}$ retail trade **Einzelhandelsgeschäft** $\overline{\text{N}}$ retail shop *Br*, retail store *US* **Einzelhandelspreis** $\overline{\text{M}}$ retail price **Einzelhändler(in)** $\overline{\text{M(F)}}$ retailer, retail trader **Einzelhaus** $\overline{\text{N}}$ detached house *Br*, self-contained house *US* **Einzelheit** $\overline{\text{F}}$ detail; **auf ~en eingehen** to go into detail(s); **etw in allen ~en schildern** to describe sth in great detail **Einzelkämpfer(in)** M̄F̄ **1** MIL, SPORT single od solo combatant **2** fig lone wolf, loner **Einzelkind** N̄ only child

Einzeller M̄ BIOL single-cell(ed) od unicellular organism **einzellig** ADJ single-cell(ed) attr

einzeln A̱ ADJ **1** individual; (≈getrennt) separate **2** (≈alleinstehend) Haus single; **~ stehend** solitary **3** eines Paars odd; **ein ~er Strumpf** an odd sock **4** (≈einige) some; METEO Schauer scattered **B** ADV (≈separat) separately; (≈nicht zusammen) individually; **wir kamen ~** we came separately **Einzelne(r)** M̄/F̄M̄ **ein ~r** an individual **Einzelne(s)** N̄ **~s** some; **jedes ~** each one; **etw im ~n besprechen** to discuss sth in detail; **bis ins ~** right down to the last detail **Einzelperson** F̄ single person **Einzelpreis** M̄ price; HANDEL unit price **Einzelstück** N̄ **ein schönes ~** a beautiful piece; **~e verkaufen wir nicht** we don't sell them singly **Einzelteil** N̄ individual part; **etw in seine ~e zerlegen** to take sth to pieces **Einzeltherapie** F̄ individual therapy **Einzelunterricht** M̄ private lessons pl; **sie bekommt ~** she has private lessons **Einzelzelle** F̄ single cell **Einzelzimmer** N̄ single room **Einzelzimmerzuschlag** M̄ single-room supplement **einziehen** A̱ V/T **1** Gummiband to thread; Kopiergerät: Papier to take in **2** (≈zurückziehen) Krallen, Antenne to retract; Bauch to pull in; Periskop to lower; **den Kopf ~** to duck (one's head) **3** MIL Personen to conscript, to draft US; Fahrzeuge etc to requisition **4** (≈kassieren) Steuern to collect; fig Erkundigungen to make (**über** +akk about) **5** (≈aus dem Verkehr ziehen) Banknoten to withdraw (from circulation); Führerschein to take away **B** V/I **1** in Wohnung, Haus to move in; **ins Parlament ~** Abgeordneter to take one's seat (in parliament) **2** (≈einkehren) to come (**in** +dat to); **Ruhe und Ordnung zogen wieder ein** law and order returned

einzig A̱ ADJ **1** only; **ich sehe nur eine ~e Möglichkeit** I can see only one (single) possibility; **kein ~es Mal** not once; **das Einzige** the only thing **2** (≈einzigartig) unique; **es ist ~ in seiner Art** it is quite unique **B** ADV (≈allein) only; **die**

~ mögliche Lösung the only possible solution; **~ und allein** solely; **~ und allein deshalb hat er gewonnen** he owes his victory solely to that **einzigartig** ADJ unique; **die Landschaft war ~ schön** the scenery was astoundingly beautiful **Einzige(r)** M̄/F̄M̄ **der/die ~** the only one; **kein ~r wusste es** not a single person knew

Einzimmerwohnung F̄ one-room apartment od flat Br

Einzug M̄ **1** in Haus etc move (**in** +akk into) **2** (≈Einmarsch) entry (**in** +akk into) **3** von Steuern collection **Einzugsbereich** M̄ catchment area Br, service area US **Einzugsermächtigung** F̄ FIN direct debit instruction **Einzugsverfahren** N̄ FIN direct debit

Eis N̄ **1** ice; (≈Glatteis) black ice; **zu Eis gefrieren** to freeze; **das Eis brechen** fig to break the ice; **etw auf Eis legen** fig umg to put sth on ice **2** (≈Speiseeis) ice (cream); **Eis am Stiel** umg lolly Br, Popsicle® US; → eislaufen **Eisbahn** F̄ ice rink **Eisbär** M̄ polar bear **Eisbecher** M̄ sundae **Eisbein** N̄ GASTR knuckle of pork (boiled and served with sauerkraut) **Eisberg** M̄ iceberg **Eisbergsalat** M̄ iceberg lettuce **Eisbeutel** M̄ ice pack **Eisbombe** F̄ bombe glacée **Eiscafé** N̄ ice-cream parlour Br, ice-cream parlor US

Eischnee M̄ GASTR beaten white of egg **Eiscreme** F̄ ice (cream) **Eisdiele** F̄ ice-cream parlour Br, ice-cream parlor US

Eisen N̄ iron; **~ verarbeitend** iron-processing; **zum alten ~ gehören** fig to be on the scrap heap; **man muss das ~ schmieden, solange es heiß ist** sprichw one must strike while the iron is hot sprichw **Eisenbahn** F̄ railway Br, railroad US; umg (≈Zug) train; **mit der ~ fahren** to go by train **Eisenbahner(in)** M̄/F̄M̄ railway employee Br, railroader US **Eisenbahnnetz** N̄ railway network Br, railroad network US **Eisenbahnschiene** F̄ railway track Br, railroad track US **Eisenbahnstrecke** F̄ railway line Br, railroad US **Eisenbahnüberführung** F̄ (railway) footbridge Br, (railroad) footbridge US **Eisenbahnunterführung** F̄ railway underpass Br, railroad underpass US **Eisenbahnwagen** M̄ railway carriage

Br, railroad car *US* **Eisenerz** N̄ iron ore **eisenhaltig** ADJ **das Wasser ist ~** the water contains iron **Eisenhütte** F̄ ironworks *pl od sg* **Eisenindustrie** F̄ iron industry **Eisenmangel** M̄ iron deficiency **Eisenoxid** N̄ ferric oxide **Eisenspäne** PL iron filings *pl* **Eisenträger** M̄ iron girder **Eisenwaren** PL hardware *sg* **Eisenwarenhandlung** F̄ hardware store **Eisenzeit** F̄ HIST Iron Age **eisern** A ADJ 1 iron; **~e Gesundheit** iron constitution; **in etw** (*dat*) **~ sein/bleiben** to be/remain resolute about sth 2 (≈ *unantastbar*) *Reserve* emergency B ADV resolutely; **er schwieg ~** he remained resolutely silent **Eiseskälte** F̄ icy cold **Eisfach** N̄ freezer compartment **eisfrei** ADJ ice-free *attr*, free of ice *präd* **eisgekühlt** ADJ chilled **Eisglätte** F̄ black ice **Eishockey** N̄ ice hockey, hockey *US* **eisig** A ADJ *Lächeln, Empfang* frosty B ADV (≈ *abweisend*) icily; **~ lächeln** to give a frosty smile **Eiskaffee** M̄ iced coffee **eiskalt** A ADJ 1 icy-cold 2 *fig* icy; (≈ *kalt und berechnend*) cold-blooded; (≈ *dreist*) cool B ADV 1 → **eisig** 2 (≈ *kalt und berechnend*) cold-blooded **Eiskappe** F̄ icecap **Eisklettern** N̄ SPORT ice climbing **Eiskunstlauf** M̄ figure skating **Eiskunstläufer(in)** M(F) figure skater **Eislauf** M̄ ice-skating **eislaufen** V̄/Ī to ice-skate **Eisläufer(in)** M(F) ice-skater **Eismeer** N̄ polar sea; **Nördliches/Südliches ~** Arctic/Antarctic Ocean **Eispickel** M̄ ice axe *Br* **Eisprung** M̄ PHYSIOL ovulation *ohne art* **Eisrevue** F̄ ice show **Eisriegel** M̄ ice-cream bar **Eissalat** M̄ iceberg lettuce **Eisschießen** N̄ curling **Eisschnelllauf** M̄ speed skating **Eisschnellläufer(in)** M(F) speed skater **Eisscholle** F̄ ice floe **Eisschrank** M̄ refrigerator **Eis(sport)stadion** N̄ ice rink **Eisstockschießen** N̄ curling **Eistanz** M̄ ice-dancing **Eistee** M̄ iced tea **Eisverkäufer(in)** M(F) ice-cream seller; *Mann a.* ice-cream man *umg* **Eiswürfel** M̄ ice cube **Eiszapfen** M̄ icicle **Eiszeit** F̄ Ice Age

eitel ADJ *Mensch* vain **Eitelkeit** F̄ *von Mensch* vanity

Eiter M̄ pus **Eiterbeule** F̄ boil; *fig* canker **eitern** V̄/Ī to fester **eitrig** ADJ *Ausfluss* purulent; *Wunde* festering

Eiweiß N̄ (*egg*) white; CHEM protein **eiweißarm** ADJ low in protein; **~e Kost** a low-protein diet **Eiweißbedarf** M̄ protein requirement **Eiweißmangel** M̄ protein deficiency **eiweißreich** ADJ rich in protein; **~e Ernährung** high-protein diet

Eizelle F̄ BIOL egg cell

Ejakulation F̄ ejaculation

Ekel¹ M̄ disgust; (≈ *Übelkeit*) nausea; **diese Heuchelei ist mir ein ~** I find this hypocrisy nauseating

Ekel² *umg* N̄ obnoxious person **ekelerregend** ADJ disgusting **ekelhaft, ekelig** ADJ & ADV disgusting **ekeln** A V̄/Ī **es ekelt mich vor diesem Geruch** this smell is disgusting B V̄/R to be *od* feel disgusted; **sich vor etw** (*dat*) **~** to find sth disgusting

EKG N̄ ABK (= **Elektrokardiogramm**) ECG

Eklat *geh* M̄ (≈ *Aufsehen*) sensation, stir; (≈ *Zusammenstoß*) row; **mit großem ~** causing a great stir *od* sensation **eklatant** ADJ *Fall* sensational; *Verletzung* flagrant

Ekstase F̄ ecstasy; **in ~ geraten** to go into ecstasies

Ekzem N̄ MED eczema

Elan M̄ zest

Elast(h)an F̄ elastane **elastisch** ADJ elastic; *Binde* elasticated **Elastizität** F̄ elasticity

Elbe F̄ (*river*) Elbe; **an der ~ liegen** to be on the river Elbe

Elch M̄ elk, moose *bes US* **Elchtest** *umg* M̄ AUTO high-speed swerve (*to test a car's roadholding*); *fig* (≈ *entscheidender Test*) make-or-break test

Eldorado N̄ eldorado

Elefant M̄ elephant; **wie ein ~ im Porzellanladen** *umg* like a bull in a china shop *sprichw* **Elefantenbaby** *umg* N̄ *a. fig hum* baby elephant **Elefantenhochzeit** F̄ HANDEL *umg* mega-merger *umg*

elegant A ADJ elegant B ADV elegantly **Eleganz** F̄ elegance

elektrifizieren V̄/Ī to electrify **Elektrifizierung** F̄ electrification **Elektrik** F̄ (≈ *Anlagen*) electrical equipment **Elektriker(in)** M(F) electrician **elektrisch** A ADJ electric; *Entladung, Feld* electrical; **~e Geräte** electrical appliances; **~er Strom** electric current; **der ~e Stuhl** the electric chair; **~e Zigarette**

electronic cigarette, e-cigarette B ADV electrically; *kochen, heizen* with electricity **elektrisieren** V/T to electrify **Elektrizität** F electricity **Elektrizitätswerk** N (electric) power station **Elektroantrieb** M electric drive **Elektroartikel** M electrical appliance **Elektroauto** N electric car **Elektrobohrer** M electric *od* power drill **Elektrode** F electrode **Elektroenzephalogramm** N MED electroencephalogram, EEG **Elektrofahrrad** N electric bike, e-bike **Elektrogerät** N electrical appliance **Elektrogeschäft** F electrical shop *Br,* electrical store *US* **Elektroherd** M electric cooker **Elektroingenieur(in)** M(F) electrical engineer **Elektrokardiogramm** N MED electrocardiogram, ECG **Elektrolyse** F electrolysis **Elektromagnet** M electromagnet **elektromagnetisch** ADJ electromagnetic **Elektromobil** N electric vehicle; *für Senioren, Gehbehinderte* mobility scooter **Elektromotor** M electric motor **Elektron** N electron **Elektronenblitzgerät** N FOTO electronic flash **Elektronenmikroskop** N electron microscope **Elektronik** F electronics *sg;* (≈ *elektronische Teile*) electronics *pl* **elektronisch** A ADJ electronic; ~er Briefkasten electronic mailbox; ~e Datenverarbeitung electronic data processing; ~es Papier electronic paper; ~e Tinte electronic ink; ~e Zigarette electronic cigarette, e-cigarette B ADV ~ gesteuert electronically controlled **Elektrofen** M (≈ *Heizofen*) electric heater **Elektrorad** N electric bike, e-bike **Elektrorasierer** M electric shaver **Elektroschock** M MED electric shock **Elektroschockbehandlung** F electric shock treatment **Elektrosmog** M electric smog **elektrostatisch** A ADJ electrostatic; B ADV electrostatically **Elektrotechnik** F electrical engineering **Elektrotechniker(in)** M(F) electrician; (≈ *Ingenieur*) electrical engineer **Elektrotherapie** F MED electrotherapy **Element** N element; ELEK cell, battery; **kriminelle** ~e *pej* criminal elements; **in seinem** ~ **sein** to be in one's element **elementar** ADJ elementary; (≈ *naturhaft*) *Trieb* elemental **Elementarteilchen** N PHYS elementary particle

elend A ADJ (≈ *jämmerlich*), *a. pej* (≈ *gemein*) wretched; **mir ist ganz** ~ I feel really awful *umg;* **mir wird ganz** ~, **wenn ich daran denke** I feel quite ill when I think about it B ADV (≈ *schlecht*) wretchedly; **sich** ~ **fühlen** to feel awful *umg* **Elend** N (≈ *Unglück, Not*) misery; (≈ *Armut*) poverty; **ein Bild des** ~s a picture of misery; **j-n/sich (selbst) ins** ~ **stürzen** to plunge sb/oneself into misery/poverty; **es ist ein** ~ **mit ihm** *umg* he makes you want to weep *umg* **elendig(lich)** *geh* ADV miserably; ~ **zugrunde gehen** to come to a wretched end **Elendsviertel** N slums *pl*
elf NUM eleven; → **vier**
Elf[1] F SPORT team, eleven
Elf[2] M, **Elfe** F elf
Elfenbein N ivory **elfenbeinern** A ADJ ivory B ADV ivory-like **elfenbeinfarben** ADJ ivory-coloured *Br,* ivory-colored *US* **Elfenbeinküste** F Ivory Coast **Elfenbeinturm** *fig* M ivory tower
Elfmeter M FUSSB penalty (kick); **einen** ~ **schießen** to take a penalty **Elfmeterschießen** N FUSSB penalty shoot-out; **durch** ~ **entschieden** decided on penalties
elfte(r, s) ADJ eleventh; → **vierter, s**
eliminieren V/T to eliminate
elitär A ADJ elitist B ADV in an elitist fashion **Elite** F elite **Eliteeinheit** F MIL crack troops *pl,* crack unit **Elitetruppe** F MIL elite troops *pl*
Elixier N tonic
Ellbogen M → **Ellenbogen Elle** F ANAT ulna *fachspr* **Ellenbogen** M elbow; **die** ~ **gebrauchen** *fig* to use one's elbows **Ellenbogenfreiheit** *fig* F elbow room **Ellenbogengesellschaft** F dog-eat-dog society **Ellenbogenschützer** M elbow pad **ellenlang** *fig umg* ADJ incredibly long *umg*
Ellipse F MATH ellipse **elliptisch** ADJ MATH elliptic(al)
eloquent *geh* A ADJ eloquent B ADV eloquently
El Salvador N El Salvador
Elsass N das ~ Alsace **elsässisch** ADJ Alsatian
Elster F magpie; **eine diebische** ~ **sein** *fig* to be a thief
elterlich ADJ parental **Eltern** PL parents *pl;* **nicht von schlechten** ~ **sein**

E

umg to be quite something _umg_ **Elternabend** M̱ SCHULE parents' evening **Elternbeirat** M̱ ≈ PTA, parent-teacher association **Elterngeld** Ṉ parental allowance _od_ benefit **Elternhaus** Ṉ (parental) home; **aus gutem ~ stammen** to come from a good home **elternlos** A̱ ADJ orphaned Ḇ ADV **~ aufwachsen** to grow up an orphan **Elternschaft** F̱ parents _pl_ **Elternsprechtag** M̱ open day (for parents) **Elternteil** M̱ parent **Elternurlaub** M̱ parental leave **Elternvertretung** F̱ ≈ PTA, parent teacher association **Elternzeit** F̱ (extended) parental leave

Email Ṉ enamel

E-Mail F̱ IT email, e-mail; **per ~** by email, by e-mail; **j-m eine ~ schicken** to send sb an email, to e-mail sb **E-Mail-Account** M̱ email _od_ e-mail account **E-Mail-Adresse** F̱ IT email _od_ e-mail address

Emanze _mst pej_ F̱ women's libber _umg_ **Emanzipation** F̱ emancipation **emanzipatorisch** ADJ emancipatory **emanzipieren** A̱ V̱/̱T to emancipate Ḇ V̱/̱R to emancipate oneself **emanzipiert** ADJ emancipated

Embargo Ṉ embargo

Embolie F̱ MED embolism

Embryo _österr a._ M̱/Ṉ embryo **embryonal** ADJ BIOL, _a. fig_ embryonic

emeritieren V̱/̱T UNIV **emeritierter Professor** emeritus professor

Emigrant(in) M̱/F̱ emigrant **Emigration** F̱ emigration; **in die ~ gehen** to emigrate **emigrieren** V̱/̱I to emigrate

eminent _geh_ A̱ ADJ _Person_ eminent; **von ~er Bedeutung** of the utmost significance Ḇ ADV eminently; **~ wichtig** of the utmost importance

Emirat Ṉ emirate

Emission F̱ 1 FIN issue 2 PHYS emission **emissionsarm** ADJ low-emission, low in emissions **Emissionshandel** M̱ emissions trading **Emissionswerte** P̱L emission levels _pl_

Emmentaler M̱ (≈ _Käse_) Emment(h)aler **Emmer** M̱ _Getreidesorte_ emmer wheat, farro

E-Mobil Ṉ electric vehicle; _für Senioren, Gehbehinderte_ mobility scooter

Emoticon Ṉ IT _Zeichenkombination, die eine Gefühlsäußerung wiedergibt_ emoticon **Emotion** F̱ emotion **emotional** A̱ ADJ emotional; _Ausdrucksweise_ emotive Ḇ ADV emotionally **emotionalisieren** V̱/̱T to emotionalize **Emotionalität** F̱ emotionality **emotionell** ADJ emotionally **emotionsfrei** ADJ & ADV → emotionslos **emotionsgeladen** ADJ emotionally charged **emotionslos** A̱ ADJ unemotional Ḇ ADV unemotionally

Empathie F̱ _Mitgefühl_ empathy

Empfang M̱ reception; _von Brief, Ware etc_ receipt; **einen ~ geben** to give _od_ hold a reception; **etw in ~ nehmen** to receive sth; HANDEL to take delivery of sth; **(zahlbar) nach/bei ~** (payable) on receipt (of) **empfangen** V̱/̱T to receive; (≈ _begrüßen_) to greet; _herzlich_ to welcome **Empfänger** M̱ RADIO receiver **Empfänger(in)** M̱/F̱ recipient; (≈ _Adressat_) addressee **empfänglich** ADJ (≈ _aufnahmebereit_) receptive (**für** to); (≈ _anfällig_) susceptible (**für** to) **Empfängnis** F̱ conception **empfängnisverhütend** ADJ contraceptive; **~e Mittel** _pl_ contraceptives _pl_ **Empfängnisverhütung** F̱ contraception **Empfangsbereich** M̱ RADIO, TV reception area **Empfangsbescheinigung** F̱ (acknowledgment of) receipt **Empfangschef(in)** M̱/F̱ _von Hotel_ receptionist; _oberster_ head porter **Empfangsdame** F̱ receptionist **Empfangshalle** F̱ reception hall

empfehlen A̱ ADJ to recommend; **(j-m) etw/j-n ~** to recommend sth/sb (to sb); → **empfohlen** Ḇ V̱/̱R **es empfiehlt sich, das zu tun** it is advisable to do that **empfehlenswert** ADJ to be recommended _präd_, recommendable **Empfehlung** F̱ recommendation; (≈ _Referenz_) reference; **auf ~ von** on the recommendation of **Empfehlungsschreiben** Ṉ letter of recommendation

empfinden V̱/̱T to feel; **etw als kränkend ~** to find sth insulting; **viel/nichts für j-n ~** to feel a lot/nothing for sb **Empfinden** Ṉ feeling; **meinem ~ nach** to my mind **empfindlich** A̱ ADJ 1 sensitive; _Gesundheit, Stoff_ delicate; (≈ _leicht reizbar_) touchy _umg_; **~e Stelle** sensitive spot; **gegen etw ~ sein** to be sensitive to sth 2 (≈ _spürbar_) _Verlust, Strafe, Niederlage_ severe Ḇ ADV 1 (≈ _sensibel_) sensitively; **~ reagieren** to be sensitive (**auf** +akk to) **Z** (≈ spürbar) severely; **deine Kritik hat ihn ~ getroffen** your criticism cut him to the quick bes Br, your criticism cut him to the bone US; **es ist ~ kalt** it is bitterly cold **Empfindlichkeit** F̲ sensitivity; von Gesundheit, Stoff delicateness; (≈ leichte Reizbarkeit) touchiness umg **empfindsam** ADJ Mensch, Seele, Musik sensitive; (≈ gefühlvoll) sentimental **Empfindung** F̲ feeling

empfohlen ADJ recommended; → empfehlen

emphatisch geh **A** ADJ emphatic **B** ADV emphatically

Empiriker(in) MF empiricist **empirisch** ADJ empirical

Empore F̲ ARCH gallery

empören **A** V/T to fill with indignation; stärker to incense; → empört **B** V/R to be indignant (**über** +akk at); stärker to be incensed (**über** +akk at) **empörend** ADJ outrageous

emporkommen geh V/I to rise (up); fig (≈ aufkommen) to come to the fore **Emporkömmling** pej M̲ upstart **emporragen** geh V/I to tower (**über** +akk above)

empört **A** ADJ outraged (**über** +akk at) **B** ADV indignantly; → empören **Empörung** F̲ (≈ Entrüstung) indignation (**über** +akk at)

emsig **A** ADJ busy; (≈ eifrig) eager **B** ADV busily; (≈ eifrig) eagerly

Emu M̲ emu

Emulsion F̲ emulsion

E-Musik F̲ serious music

Endabnehmer(in) MF end buyer **Endabrechnung** F̲ final account **Endbenutzer(in)** MF end user **Endbetrag** M̲ final amount **Ende** N̲ end; (≈ Ausgang) outcome; eines Films etc ending; **~ Mai/der Woche** at the end of May/the week; **~ der Zwanzigerjahre** in the late twenties; **er ist ~ vierzig** he is in his late forties; **das ~ vom Lied** the final outcome; **Probleme ohne ~** endless problems; **letzten ~s** when all is said and done; (≈ am Ende) in the end; **damit muss es jetzt ein ~ haben** this must stop now; **das nimmt gar kein ~** umg there's no end to it; **ein böses ~ nehmen** to come to a bad end; **... und kein ~** ... without end; **es ist noch ein gutes** od **ganzes ~** umg there's still

quite a way to go (yet); **am ~** at the end; (≈ schließlich) in the end; umg (≈ möglicherweise) perhaps; **am ~ sein** fig to be at the end of one's tether Br, to be at the end of one's rope US; **mit etw am ~ sein** to have reached the end of sth; Vorrat to have run out of sth; **meine Geduld ist am ~** my patience is at an end; **zu ~** finished; **etw zu ~ bringen** od **führen** to finish (off) sth, to follow sth through, to complete sth; **zu ~ gehen** to come to an end; Vorräte to run out; **~ gut, alles gut** sprichw all's well that ends well sprichw **Endeffekt** M̲ **im ~** umg in the end **enden** V/I to end, to finish; **es endete damit, dass ... **the outcome was that ...; **er endete im Gefängnis** he ended up in prison; **wie wird das noch mit ihm ~?** what will become of him?; **das wird böse ~!** no good will come of it! **Endergebnis** N̲ final result **Endgehalt** N̲ final salary **endgeil** ADJ sl totally mint Br sl, totally awesome US sl **Endgerät** N̲ TEL etc terminal **endgültig** **A** ADJ final; Antwort definite **B** ADV finally; **damit ist die Sache ~ entschieden** that settles the matter once and for all; **sie haben sich jetzt ~ getrennt** they've separated for good **Endgültigkeit** F̲ finality **Endhaltestelle** F̲ terminus, final stop US

Endivie F̲ endive

Endkunde M̲ end customer od consumer **Endlager** N̲ für Atommüll etc permanent (waste) disposal site **endlagern** V/T Atommüll etc to dispose of permanently **Endlagerung** F̲ ~ **von radioaktivem Material** final disposal of nuclear waste **endlich** **A** ADV finally; **na ~!** at (long) last!; **hör ~ damit auf!** will you stop that!; **~ kam er doch** he eventually came after all **B** ADJ MATH finite **endlos** **A** ADJ endless **B** ADV forever; **ich musste ~ lange warten** I had to wait for ages umg

endogen ADJ endogenous

Endoskop N̲ MED endoscope **Endoskopie** F̲ MED endoscopy

Endphase F̲ final stage(s) (pl) **Endprodukt** N̲ end product **Endrunde** F̲ SPORT finals pl **Endsilbe** F̲ final syllable **Endspiel** N̲ SPORT final; Schach end game **Endspurt** M̲ SPORT, a. fig final spurt **Endstadium** N̲ final stage; MED terminal stage **Endstation** F̲

BAHN *etc* terminus, terminal; *fig* end of the line **F** GRAM ending **Endverbraucher(in)** M(F) end user **Endziel** N final objective, ultimate goal
Energie F energy; **~ sparend** energy--saving; **mit aller** *od* **ganzer ~** with all one's energy **Energiebedarf** M energy requirement **energiebewusst** ADJ energy-conscious **Energieeinsparung** F energy saving **energiegeladen** ADJ full of energy, energetic **Energiekrise** F energy crisis **energielos** ADJ lacking in energy **Energielosigkeit** F lack of energy **Energiemix** M range of energy sources **Energiepolitik** F energy policy **Energiequelle** F energy source **energiesparend** ADJ energy-saving **Energiesparlampe** F energy-saving bulb **Energieverbrauch** M energy consumption **Energieverschwendung** F waste of energy **Energieversorgung** F supply of energy **Energiewirtschaft** F (≈ *Wirtschaftszweig*) energy industry
energisch A ADJ (≈ *voller Energie*) energetic; *Maßnahmen* firm; *Worte* strong; **~ werden** to assert oneself B ADV *dementieren* strongly; *verteidigen* vigorously; **~ durchgreifen** to take firm action
Energydrink M energy drink
eng A ADJ ▯ narrow; *Kleidung* tight; **im engeren Sinne** in the narrow sense ▯ (≈ *nah, dicht*) close; **eine Feier im engsten Kreise** a small party for close friends B ADV **eng anliegend** tight (-fitting); **eng zusammengedrängt sein** to be crowded together; **eng beschrieben** closely written; **eng nebeneinander** close together; **eng befreundet sein** to be close friends; **das darfst du nicht so eng sehen** *fig umg* don't take it so seriously
Engagement N ▯ THEAT engagement ▯ (≈ *politisches Engagement*) commitment (**für** to) **engagieren** A V/T to engage B V/R to be/become committed (**für** to) **engagiert** ADJ committed, dedicated
enganliegend ADJ → **eng**
Enge F ▯ *von Straße etc* narrowness; *von Kleid etc* tightness ▯ (≈ *Meerenge*) strait; (≈ *Engpass*) pass; **j-n in die ~ treiben** *fig* to drive sb into a corner
Engel M angel **Engelsgeduld** F **sie hat eine ~** she has the patience of a

saint
England N England **Engländer** M ▯ Englishman, English boy; **die ~** *pl* the English, the Brits *umg*; **er ist ~** he's English ▯ TECH monkey wrench **Engländerin** F Englishwoman, English girl **englisch** ADJ English; *Steak* rare; → **Deutsch Englisch** N English; **wie sagt man das auf ~?** how do you say that in English?; → **Deutsch Englischlehrer(in)** M(F) English teacher **englischsprachig** ADJ *Gebiet, Person* English-speaking; *Zeitung* English-language *attr*; *Ausgabe* English **Englischunterricht** M ▯ English lessons *pl* ▯ *das Unterrichten* teaching of English; *Privatunterricht* English language tuition
engmaschig ADJ close-meshed; *fig* close **Engpass** M (narrow) pass; *fig* bottleneck
en gros ADV wholesale; *fig* en masse **engstirnig** ADJ narrow-minded **Engstirnigkeit** F narrow-mindedness
Enkel M grandson; **seine ~** his grandchildren **Enkelin** F granddaughter
Enklave F enclave
en masse ADV en masse
enorm A ADJ (≈ *riesig*) enormous; *umg* (≈ *herrlich, kolossal*) tremendous *umg* B ADV (≈ *riesig*) enormously; *umg* (≈ *herrlich, kolossal*) tremendously
en passant ADV en passant
Ensemble N ensemble; (≈ *Besetzung*) cast
entarten V/I to degenerate (**zu** into) **entartet** ADJ degenerate
entbehren V/T (≈ *vermissen*) to miss; (≈ *zur Verfügung stellen*) to spare; (≈ *verzichten*) to do without; **wir können ihn heute nicht ~** we cannot spare him/it today **entbehrlich** ADJ dispensable **Entbehrung** F privation
entbinden A ADJ ▯ *Frau* to deliver ▯ (≈ *befreien*) to release (**von** from) B V/I *Frau* to give birth **Entbindung** F delivery; *von Amt etc* release **Entbindungsklinik** F maternity clinic **Entbindungsstation** F maternity ward
entblöden *geh* V/R **sich nicht ~, etw zu tun** to have the effrontery to do sth
entblößen *form* V/T *Körperteil* to bare; *fig sein Innenleben* to lay bare
entdecken V/T (≈ *finden*) to discover; *in der Ferne, einer Menge* to spot **Entdecker(in)** M(F) discoverer **Entdeckung**

F̲ discovery

Ente F̲ duck; *Presse umg* canard
entehren V̲T̲ to dishonour *Br*, to dishonor *US*; (≈ *entwürdigen*) to degrade;
~d degrading
enteignen V̲T̲ to expropriate; *Besitzer* to dispossess **Enteignung** F̲ expropriation; *von Besitzer* dispossession
enteisen V̲T̲ to de-ice; *Kühlschrank* to defrost
Entenbraten M̲ roast duck **Entenei** N̲ duck's egg
Entente F̲ POL entente
enterben V̲T̲ to disinherit
Enterich M̲ drake
entern V̲T̲ (≈ *stürmen*) *Schiff, Haus* to storm
Entertainer(in) M̲(F̲) entertainer
Entertaste F̲ COMPUT enter key
entfallen V̲I̲ **1** *fig aus dem Gedächtnis* **j-m ~** to slip sb's mind **2** (≈ *wegfallen*) to be dropped **3** **auf j-n/etw ~** *Geld, Kosten* to be allotted to sb/sth
entfalten A̲ V̲T̲ to unfold; *fig Kräfte, Begabung* to develop; *Plan* to set out B̲ V̲R̲ *Blüte* to open; *fig* to develop; **hier kann ich mich nicht ~** I can't make full use of my abilities here **Entfaltung** F̲ unfolding; (≈ *Entwicklung*) development; *eines Planes* setting out; **zur ~ kommen** to develop **Entfaltungsmöglichkeiten** P̲L̲ opportunities *pl* for development
entfernen A̲ V̲T̲ to remove (**von, aus** from); IT to delete; **j-n aus der Schule ~** to expel sb from school B̲ V̲R̲ **1** **sich (von** *od* **aus etw) ~** to go away (from sth); **sich von seinem Posten ~** to leave one's post **2** *fig von j-m* to become estranged; *von Thema* to digress **entfernt** A̲ A̲D̲J̲ *Ort, Verwandter* distant; (≈ *abgelegen*) remote; (≈ *gering*) *Ähnlichkeit* vague; **10 km ~ von** 10 km (away) from; **das Haus liegt 2 km ~** the house is 2 km away B̲ A̲D̲V̲ remotely; **~ verwandt** distantly related; **nicht im Entferntesten!** not in the slightest! **Entfernung** F̲ **1** distance; **aus kurzer ~ (schießen)** (to fire) at *od* from close range; **in einer ~ von zehn Kilometern** at a distance of ten kilometres *Br*, at a distance of ten kilometers *US*; **in acht Kilometern ~** eight kilometres away *Br*, eight kilometers away *US* **2** (≈ *das Entfernen*) removal **Entfernungsmesser** M̲ MIL, FOTO rangefinder

entfesseln *fig* V̲T̲ to unleash **entfesselt** A̲D̲J̲ unleashed; *Leidenschaft* unbridled; *Naturgewalten* raging
entfetten V̲T̲ to remove the grease from
entflammbar A̲D̲J̲ inflammable **entflammen** A̲ V̲T̲ *fig* to (a)rouse; *Begeisterung* to fire B̲ V̲I̲ to burst into flames; *fig Zorn, Streit* to flare up
entflechten V̲T̲ *Konzern, Kartell etc* to break up
entfremden A̲ V̲T̲ to alienate B̲ V̲R̲ to become alienated (**+dat** from) **Entfremdung** F̲ estrangement; SOZIOL alienation
entfreunden A̲ V̲T̲ *auf Facebook®* to unfriend, to defriend B̲ V̲R̲ *auf Facebook®* to unfriend oneself, to defriend oneself
entfrosten V̲T̲ to defrost **Entfroster** M̲ defroster
entführen V̲T̲ *j-n* to kidnap; *Flugzeug* to hijack **Entführer(in)** M̲(F̲) kidnapper; *von Flugzeug* hijacker **Entführung** F̲ kidnapping; *von Flugzeug* hijacking
entgegen A̲ P̲R̲Ä̲P̲ contrary to; **~ allen Erwartungen** contrary to all expectation(s) B̲ A̲D̲V̲ *geh* **neuen Abenteuern ~!** on to new adventures! **entgegenbringen** V̲T̲ *j-m etw ~ fig Freundschaft etc* to show sth for sb **entgegengehen** V̲I̲ to go toward(s); **dem Ende ~** *Leben, Krieg* to draw to a close; **seinem Untergang ~** to be heading for disaster **entgegengesetzt** A̲D̲J̲ opposite; **einander ~e Interessen/Meinungen** *etc* opposing interests/views *etc*; **~** entgegensetzten **entgegenhalten** V̲T̲ **j-m etw ~** *wörtl* to hold sth out toward(s) sb; **einer Sache ~, dass …** *fig* to object to sth that … **entgegenkommen** V̲I̲ to come toward(s); *fig* to accommodate; **j-m auf halbem Wege ~** to meet sb halfway; **das kommt unseren Plänen sehr entgegen** that fits in very well with our plans **Entgegenkommen** N̲ (≈ *Gefälligkeit*) kindness; (≈ *Zugeständnis*) concession **entgegenkommend** A̲D̲J̲ **1** *Fahrzeug* oncoming **2** *fig* obliging **entgegenlaufen** V̲I̲ to run toward(s) *od* up to **entgegennehmen** V̲T̲ (≈ *empfangen*) to receive; (≈ *annehmen*) to accept **entgegensehen** *fig* V̲I̲ **einer Sache** (*dat*) **~** to await sth; *freudig* to look forward to sth; **einer Sache ~**

müssen to have to face sth **entgegensetzen** [VT] etw einer Sache ~ to set sth against sth; **dem habe ich entgegenzusetzen, dass ...** against that I'd like to say that ...; → **entgegensetzen entgegenstellen** [A] [VT] → **entgegensetzen** [B] [VR] **sich j-m/einer Sache** ~ to oppose sb/sth **entgegentreten** [VI] to step up to; *einer Politik* to oppose; *Behauptungen* to counter; *einer Gefahr* to take steps against **entgegenwirken** [VI] to counteract

entgegnen [VT & VI] to reply; *kurz, barsch* to retort (**auf** +*akk* to) **Entgegnung** [F] reply

entgehen [VI] **1** (≈ *entkommen*) *Verfolgern* to elude; *dem Schicksal, der Gefahr, Strafe* to escape **2** *fig* (≈ *nicht bemerkt werden*) **dieser Fehler ist mir entgangen** I failed to notice this mistake; **ihm entgeht nichts** she doesn't miss a thing; **sich** (*dat*) **etw** ~ **lassen** to miss sth

entgeistert [ADJ] thunderstruck

Entgelt *form* [N] **1** (≈ *Bezahlung*) remuneration *form*; (≈ *Anerkennung*) reward **2** (≈ *Gebühr*) fee

entgiften [VT] to decontaminate; MED to detoxicate

entgleisen [VI] **1** BAHN to be derailed **2** *fig Mensch* to make a slip *od* faux-pas **Entgleisung** [F] derailment; *fig* faux pas

entgleiten [VI] to slip; **j-m** ~ to slip from sb's grasp; *fig* to slip away from sb

entgräten [VT] *Fisch* to fillet

enthaaren [VT] to remove unwanted hair from **Enthaarungsmittel** [N] depilatory

enthalten [A] [VT] to contain; (**mit**) ~ **sein** in (+*dat*) to be included in [B] [VR] **sich einer Sache** (*gen*) ~ *geh* to abstain from sth; **sich** (**der Stimme**) ~ to abstain

enthaltsam [A] [ADJ] abstemious; *sexuell* chaste [B] [ADV] ~ **leben** to be abstinent; (≈ *sexuell*) to be celibate **Enthaltsamkeit** [F] abstinence; *sexuell* chastity **Enthaltung** [F] abstinence; (≈ *Stimmenthaltung*) abstention

enthärten [VT] *Wasser* to soften

enthaupten [VT] to decapitate **Enthauptung** [F] decapitation

entheben [VT] **j-n einer Sache** (*gen*) ~ to relieve sb of sth

enthemmen [VT & VI] **j-n** ~ to make sb lose his inhibitions

enthüllen [VT] to uncover; *Denkmal* to unveil; *Geheimnis* to reveal **Enthüllung** [F] uncovering; *von Denkmal* unveiling **Enthüllungsjournalismus** [M] investigative journalism **Enthüllungsplattform** [F] whistleblowing platform

Enthusiasmus [M] enthusiasm **enthusiastisch** [A] [ADJ] enthusiastic [B] [ADV] enthusiastically

entjungfern [VT] to deflower

entkalken [VT] to decalcify **Entkalker** [M] descaler

entkernen [VT] *Kernobst* to core; *Steinobst* to stone

entkoffeiniert [ADJ] decaffeinated

entkommen [VI] to escape (+*dat od* **aus** from) **Entkommen** [N] escape

entkräften [VT] to weaken; (≈ *erschöpfen*) to exhaust; *fig* (≈ *widerlegen*) to refute **Entkräftung** [F] weakening; (≈ *Erschöpfung*) exhaustion; *fig* (≈ *Widerlegung*) refutation

entkrampfen *fig* [VT] to relax; *Lage* to ease

entladen [A] [VT] to unload; *Batterie etc* to discharge [B] [VR] *Gewitter* to break; *Schusswaffe* to go off; *Batterie etc* to discharge; *fig Emotion* to vent itself

entlang [A] [PRÄP] along; **den Fluss** ~ along the river [B] [ADV] along; **hier** ~ this way **entlanggehen** [VT & VI] to walk along

entlarven *fig* [VT] *Spion* to unmask; *Betrug etc* to uncover

entlassen [VT] (≈ *kündigen*) to dismiss; *aus dem Krankenhaus* to discharge; *aus dem Gefängnis* to release **Entlassung** [F] dismissal; *aus dem Krankenhaus* discharge; *aus dem Gefängnis* release

entlasten [VT] to relieve; *Verkehr* to ease; JUR *Angeklagten* to exonerate; HANDEL *Vorstand* to approve the activities of **Entlastung** [F] relief; JUR exoneration; HANDEL *von Vorstand* approval; **zu seiner** ~ **führte der Angeklagte an, dass ...** in his defence the defendant stated that ... *Br*, in his defense the defendant stated that ... *US* **Entlastungsmaterial** [N] JUR evidence for the defence *Br*, evidence for the defense *US* **Entlastungszeuge** [M], **Entlastungszeugin** [F] JUR witness for the defence *Br*, witness for the defense *US* **Entlastungszug** [M] relief train

Entlaubung F̅ defoliation **Entlaubungsmittel** N̅ defoliant

entlaufen V̅I̅ to run away (+*dat od* **von** from); **ein ~es Kind** a runaway child; **ein ~er Sträfling** an escaped convict; „**Hund ~**" "dog missing"

entledigen *form* V̅R̅ **sich j-s/einer Sache ~** to rid oneself of sb/sth; **sich seiner Kleidung ~** to remove one's clothes

entleeren V̅T̅ to empty **Entleerung** F̅ emptying

entlegen A̅D̅J̅ out-of-the-way

entlehnen *fig* V̅T̅ to borrow (+*dat od* **von** from)

Entlein N̅ duckling

entlieben V̅R̅ **sich (von j-m) ~** *umg* to fall out of love (with sb)

entlocken V̅T̅ **j-m/einer Sache etw ~** to elicit sth from sb/sth

entlohnen V̅T̅ to pay; *fig* to reward **Entlohnung** F̅ pay(ment); *fig* reward

entlüften V̅T̅ to ventilate; *Bremsen, Heizung* to bleed **Entlüftung** F̅ ventilation; *von Bremsen, Heizung* bleeding

entmachten V̅T̅ to deprive of power **Entmachtung** F̅ deprivation of power

entmilitarisieren V̅T̅ to demilitarize

entmündigen V̅T̅ J̅U̅R̅ to (legally) incapacitate **Entmündigung** F̅ (legal) incapacitation

entmutigen V̅T̅ to discourage; **sich nicht ~ lassen** not to be discouraged **Entmutigung** F̅ discouragement

Entnahme *form* F̅ removal; *von Blut* extraction; *von Geld* withdrawal

Entnazifizierung F̅ denazification

entnehmen V̅T̅ to take (from); *fig* (≈ *erkennen*) to gather (from)

entnerven V̅T̅ to unnerve; **~d** unnerving; (≈ *nervtötend*) nerve-racking; **entnervt** enervated

entpolitisieren V̅T̅ to depoliticize

entpuppen V̅R̅ **sich als Betrüger** *etc* **~** to turn out to be a cheat *etc*

entrahmen V̅T̅ *Milch* to skim

enträtseln V̅T̅ to solve; *Sinn* to work out; *Schrift* to decipher

entrechten V̅T̅ **j-n ~** to deprive sb of his rights

entreißen V̅T̅ **j-m etw ~** to snatch sth (away) from sb

entrichten *form* V̅T̅ to pay

entriegeln V̅T̅ to unbolt; IT *etc Tastatur* to unlock

entrinnen *geh* V̅I̅ to escape from; **es gibt kein Entrinnen** there is no escape

entrosten V̅T̅ to derust **Entroster** M̅ deruster

entrückt *geh* A̅D̅J̅ (≈ *verzückt*) enraptured; (≈ *versunken*) lost in reverie

entrümpeln V̅T̅ to clear out

entrüsten A̅ V̅T̅ to outrage B̅ V̅R̅ **sich ~ über** (+*akk*) to be outraged at **entrüstet** A̅ A̅D̅J̅ outraged B̅ A̅D̅V̅ indignantly, outraged **Entrüstung** F̅ indignation

entsaften V̅T̅ to extract the juice from **Entsafter** M̅ juice extractor

entsalzen V̅T̅ to desalinate

entschädigen V̅T̅ to compensate (**für** for); *für Dienste etc* to reward; *bes mit Geld* to remunerate; (≈ *Kosten erstatten*) to reimburse **Entschädigung** F̅ compensation; *für Dienste* reward; *mit Geld* remuneration; (≈ *Kostenerstattung*) reimbursement

entschärfen V̅T̅ *Bombe, Krise* to defuse; *Argument* to neutralize

Entscheid *schweiz form* M̅ → Entscheidung **entscheiden** A̅ V̅T̅ to decide; **das Spiel ist entschieden** the game has been decided; **den Kampf für sich ~** to secure victory in the struggle; **es ist noch nichts entschieden** nothing has yet been decided (as) yet; → entscheiden B̅ V̅I̅ to decide (**über** +*akk* on); **darüber habe ich nicht zu ~** that is not for me to decide C̅ V̅R̅ *Mensch* to decide, to make up one's mind; *Angelegenheit* to be decided; **sich für j-n/etw ~** to decide in favour of sb/sth *Br*, to decide in favor of sb/sth *US*; **sich gegen j-n/etw ~** to decide against sb/sth **entscheidend** A̅ A̅D̅J̅ decisive; **die ~e Stimme** *bei Wahlen etc* the deciding vote; **das Entscheidende** the decisive factor B̅ A̅D̅V̅ *schlagen, schwächen* decisively **Entscheidung** F̅ decision **Entscheidungsfreiheit** F̅ freedom to decide **Entscheidungskampf** M̅ decisive encounter; SPORT deciding round/game *etc* **Entscheidungsprozess** M̅ decision-making process **Entscheidungsspiel** N̅ SPORT deciding match, decider; *bei gleichem Rang* play-off **Entscheidungsträger(in)** M̅(F̅) decision-maker **entschieden** A̅ A̅D̅J̅ 1 (≈ *entschlossen*) determined; *Befürworter* staunch; *Ablehnung* firm 2 (≈ *eindeutig*) decided B̅ A̅D̅V̅

1 (≈ *strikt ablehnen*) firmly; *bekämpfen* resolutely; *zurückweisen* staunchly **2** (≈ *eindeutig*) definitely; **das geht ~ zu weit** that's definitely going too far; → **entscheiden Entschiedenheit** F (≈ *Entschlossenheit*) determination; **etw mit aller ~ dementieren** to deny sth categorically

entschlacken VT *Metallurgie* to remove the slag from; MED *Körper* to purify

entschließen VR to decide (**für, zu** on); **sich anders ~** to change one's mind; **zu allem entschlossen sein** to be ready for anything; → **entschlossen Entschließung** F resolution **entschlossen A** ADJ determined; **ich bin fest ~** I am absolutely determined **B** ADV resolutely; **kurz ~** without further ado; → **entschließen Entschlossenheit** F determination **Entschluss** M (≈ *Entscheidung*) decision; **seinen ~ ändern** to change one's mind

entschlüsseln VT to decipher

entschlussfreudig ADJ decisive **Entschlusskraft** F decisiveness

entschuldbar ADJ excusable

entschulden VT to free of debt

entschuldigen A VT to excuse; **das lässt sich nicht ~!** that is inexcusable!; **einen Schüler ~ lassen** *od* to ask for a pupil *od* student to be excused; **ich bitte mich zu ~** I ask to be excused **B** VI **~ Sie (bitte)!** (*do od please*) excuse me!, sorry!; *bei Bitte, Frage etc* excuse me (please), pardon me *US* **C** VR **sich bei j-m ~** (*um Verzeihung bitten*) to apologize (to sb); (≈ *sich abmelden*) to excuse oneself **Entschuldigung** F (≈ *Grund*) excuse; (*Bitte um Entschuldigung*) apology; SCHULE (≈ *Brief*) note; **~!** excuse me!; **~, wie komme ich zum Flughafen?** excuse me, how do I get to the airport?; **~, dass ich zu spät komme** sorry I'm late; **~, könnten Sie das noch einmal sagen?** pardon, could you say that again?; **zu seiner ~ sagte er …** he said in his defence that … *Br*, he said in his defense that … *US*; **(j-n) um ~ bitten** to apologize (to sb)

Entschwefelungsanlage F desulphurization plant

entschwinden VI to vanish (+*dat* from *od* **in** +*akk* into)

entsetzen A VT to horrify **B** VR **sich**

Im englischsprachigen Raum entschuldigt man sich relativ häufig. Wenn man z. B. mit jemandem im Geschäft, auf der Straße usw. aus Versehen in Berührung kommt, passiert es gar nicht so selten, dass sich beide betroffenen Personen gleichzeitig entschuldigen, egal wer am Zusammenstoß schuld war:

Sorry. I'm sorry.
Excuse me. *US*
etwas formeller:
I'm so sorry.
Pardon me.
I (do) beg your pardon.
I do apologize.

bei Schluckauf, Magenknurren *usw.*:

Excuse me.
Pardon me.

Als Auftakt zu einer Frage:

Excuse me, *where's the nearest …?*

Sorry?, I'm sorry?, Pardon?, Pardon me?, förmlicher I beg your pardon? mit fragender Stimmführung heißt „Wie bitte?", wenn man etwas nicht verstanden hat. In den USA sagt man auch Excuse me? ◀

über j-n/etw ~ to be horrified at *od* by sb/sth; → **entsetzt Entsetzen** N horror; (≈ *Erschrecken*) terror; **mit ~ sehen, dass …** to be horrified/terrified to see that … **Entsetzensschrei** M cry of horror **entsetzlich A** ADJ dreadful **B** ADV **1** (≈ *schrecklich*) dreadfully **2** *umg* (≈ *sehr*) awfully **entsetzt A** ADJ horrified (**über** +*akk* at, by), shocked **B** ADV in horror; **j-n ~ anstarren** to give sb a horrified look; → **entsetzen**

entseuchen VT to decontaminate **Entseuchung** F decontamination

entsichern VT **eine Pistole ~** to release the safety catch of a pistol

entsinnen VR to remember (**einer Sache** *gen od* **an etw** *akk* sth); **wenn ich mich recht entsinne** if my memory serves me correctly

entsorgen VT *Abfälle etc* to dispose of **Entsorgung** F waste disposal

entspannen A _VT_ to relax; _fig Lage_ to ease (up) **B** _VR_ to relax; (≈ _ausruhen_) to rest; _Lage etc_ to ease **entspannt** _ADJ_ relaxed **Entspannung** _F_ relaxation; _von Lage, a._ FIN _an der Börse_ easing(-up), POL easing of tension (+_gen_ in), détente **Entspannungspolitik** _F_ policy of détente **Entspannungsübungen** _PL_ MED _etc_ relaxation exercises _pl_

entsperren _VT_ to unlock

entsprechen _VI_ to correspond to; _der Wahrheit_ to be in accordance with; _Anforderungen_ to fulfil _Br_, to fulfill _US_; _Erwartungen_ to live up to; _einer Bitte etc_ to meet **entsprechend A** _ADJ_ corresponding; (≈ _zuständig_) relevant; (≈ _angemessen_) appropriate **B** _ADV_ accordingly; (≈ _ähnlich, gleich_) correspondingly; **er wurde ~ bestraft** he was suitably punished **C** _PRÄP_ in accordance with; **er wird seiner Leistung ~ bezahlt** he is paid according to performance **Entsprechung** _F_ (≈ _Äquivalent_) equivalent; (≈ _Gegenstück_) counterpart

entspringen _VI_ _Fluss_ to rise; (≈ _sich herleiten von_) to arise from

entstammen _VI_ to come from

entstehen _VI_ to come into being; (≈ _seinen Ursprung haben_) to originate; (≈ _sich entwickeln_) to arise (**aus, durch** from); **hier entsteht eine neue Schule** a new school is being built here; **im Entstehen begriffen sein** to be emerging **Entstehen** _N_, **Entstehung** _F_ (≈ _das Werden_) genesis; (≈ _das Hervorkommen_) emergence; (≈ _Ursprung_) origin

entsteinen _VT_ to stone

entstellen _VT_ (≈ _verunstalten_) _Gesicht_ to disfigure; (≈ _verzerren_) to distort **entstellt** _ADJ_ _Gesicht etc_ disfigured **2** _Tatsachen, Wahrheit_ distorted

entstören _VT_ _Radio, Telefon_ to free from interference

enttarnen _VT_ _Spion_ to blow the cover of _umg_; _fig_ (≈ _entlarven_) to expose **Enttarnung** _F_ exposure

enttäuschen A _VT_ to disappoint; **enttäuscht sein über** (+_akk_)/**von** to be disappointed at/by _od_ in **B** _VI_ **unsere Mannschaft hat sehr enttäuscht** our team were very disappointing **enttäuschend** _ADJ_ disappointing **Enttäuschung** _F_ disappointment

entvölkern _VT_ to depopulate

entwaffnen _VT_ to disarm **entwaff-**

nend _fig_ _ADJ_ disarming

entwarnen _VI_ to sound the all-clear **Entwarnung** _F_ sounding of the all--clear; (≈ _Signal_) all-clear

entwässern _VT_ _Keller_ to drain; _Gewebe, Körper_ to dehydrate **Entwässerung** _F_ drainage; CHEM dehydration **Entwässerungsanlage** _F_ drainage system

entweder _KONJ_ **~ ... oder ...** either ... or ...; **~ oder!** yes or no

entweichen _VI_ to escape (+_dat od_ **aus** from)

entwenden _form_ _VT_ **j-m etw/etw aus etw ~** to steal sth from sb/sth

entwerfen _VT_ **1** (≈ _gestalten_) to sketch; _Modell etc_ to design **2** (≈ _ausarbeiten_) _Gesetz_ to draft; _Plan_ to devise **3** _fig_ (≈ _darstellen_) _Bild_ to depict

entwerten _VT_ **1** (≈ _im Wert mindern_) to devalue **2** _Briefmarke, Fahrschein_ to cancel **Entwerter** _M_ (ticket-)cancelling machine _Br_, (ticket-)canceling machine _US_ **Entwertung** _F_ _des Geldes_ devaluation

entwickeln A _VT_ to develop; _Mut, Energie_ to show **B** _VR_ to develop (**zu** into); **sie hat sich ganz schön entwickelt** _umg_ she's turned out really nicely **Entwickler** _M_ FOTO developer **Entwicklung** _F_ development; FOTO developing; **das Flugzeug ist noch in der ~ im** plane is still in the development stage **Entwicklungsdienst** _M_ voluntary service overseas, VSO _Br_, Peace Corps _US_ **entwicklungsfähig** _ADJ_ capable of development **Entwicklungshelfer(in)** _M(F)_ VSO worker _Br_, Peace Corps worker _US_ **Entwicklungshilfe** _F_ foreign aid **Entwicklungskosten** _PL_ development costs _pl_ **Entwicklungsland** _N_ developing country **Entwicklungsprozess** _M_ development process **Entwicklungsstadium** _N_, **Entwicklungsstufe** _F_ stage of development; _der Menschheit etc_ evolutionary stage **entwicklungsverzögert** _ADJ_ PSYCH developmentally delayed **Entwicklungszeit** _F_ period of development; BIOL, PSYCH developmental period; FOTO developing time

entwirren _VT_ to untangle

entwischen _umg_ _VI_ to get away (+_dat od_ **aus** from)

entwöhnen _VT_ to wean (+_dat od_ **von**

from)

entwürdigen V̲T̲ to degrade **entwürdigend** A̲D̲J̲ degrading

Entwurf M̲ **1** (≈ Skizze, Abriss) outline; (≈ Design) design; ARCH, a. fig blueprint **2** von Plan, Gesetz etc draft (version); PARL (≈ Gesetzentwurf) bill

entwurzeln V̲T̲ to uproot

entziehen A̲ V̲T̲ to withdraw (+dat from); CHEM to extract; **j-m die Rente** etc ~ to stop sb's pension etc; **dem Redner das Wort** ~ to ask the speaker to stop B̲ V̲R̲ **sich j-m/einer Sache** ~ to evade sb/sth; **sich seiner Verantwortung** ~ to shirk one's responsibilities; **sich den** od j-s Blicken ~ to be hidden from sight **Entziehung** F̲ withdrawal **Entziehungskur** F̲ rehabilitation program(me), rehab umg

entziffern V̲T̲ to decipher; Geheimschrift, DNS-Struktur to decode

entzücken V̲T̲ to delight **Entzücken** N̲ delight; **in ~ geraten** to go into raptures **entzückend** A̲D̲J̲ delightful

Entzug M̲ withdrawal; **er ist auf ~** MED umg Drogenabhängiger he is being treated for drug addiction; Alkoholiker he is being dried out umg **Entzugserscheinung** F̲ withdrawal symptom

entzünden A̲ V̲T̲ Feuer to light; fig Streit etc to spark off; Hass to inflame B̲ V̲R̲ **1** (≈ zu brennen anfangen) to catch fire; bes TECH to ignite; fig Streit to be sparked off; Hass to be inflamed **2** MED to become inflamed; **entzündet** inflamed **entzündlich** A̲D̲J̲ Gase inflammable **Entzündung** F̲ MED inflammation **entzündungshemmend** A̲D̲J̲ anti-inflammatory **Entzündungsherd** M̲ focus of inflammation

entzwei A̲D̲J̲ in two (pieces); (≈ kaputt) broken **entzweibrechen** V̲T̲ & V̲I̲ to break in two **entzweien** A̲ V̲T̲ to turn against each other B̲ V̲R̲ **sich (mit j-m)** ~ to fall out (with sb)

Enzephalogramm N̲ MED encephalogram

Enzian M̲ gentian

Enzyklopädie F̲ encyclop(a)edia **enzyklopädisch** A̲D̲J̲ encyclop(a)edic

Enzym N̲ enzyme

E-Paper N̲ (≈ elektronische Zeitung) e--newspaper, e-paper

Epidemie F̲ epidemic **Epidemiologe** M̲, **Epidemiologin** F̲ epidemiologist

epidemisch A̲D̲J̲ epidemic

Epik F̲ epic poetry **Epiker(in)** M̲/F̲ epic poet

Epilation F̲ hair removal, epilation

Epilepsie F̲ epilepsy **Epileptiker(in)** M̲/F̲ epileptic **epileptisch** A̲D̲J̲ epileptic

epilieren V̲T̲ to epilate **Epiliergerät** N̲ epilator, depilator

Epilog M̲ epilogue

episch wörtl, fig A̲D̲J̲ epic

Episode F̲ episode

Epizentrum N̲ epicentre Br, epicenter US

epochal A̲D̲J̲ epochal **Epoche** F̲ epoch, era **epochemachend** A̲D̲J̲ epoch-making

Epos N̲ epic (poem)

er P̲E̲R̲S̲ P̲R̲ he; von Dingen it; **wenn ich er wäre** if I were him; **er ist es** it's him

erachten geh V̲T̲ j-n/etw **für** od **als etw** ~ to consider sb/sth (to be) sth **Erachten** N̲ **meines ~s** in my opinion

erarbeiten V̲T̲ Vermögen etc to work for; Wissen etc to acquire **Erarbeitung** F̲ von Wissen acquisition

Erbanlage F̲ hereditary factor(s) (pl)

erbarmen A̲ V̲T̲ j-n ~ to arouse sb's pity; **das ist zum Erbarmen** it's pitiful B̲ V̲R̲ to have pity (on) **Erbarmen** N̲ (≈ Mitleid) pity (**mit** on); (≈ Gnade) mercy (**mit** on); **kein** ~ **kennen** to show no mercy **erbarmenswert** A̲D̲J̲ pitiable **erbärmlich** A̲ A̲D̲J̲ wretched B̲ A̲D̲V̲ sich verhalten abominably; umg (≈ furchtbar) frieren, wehtun terribly **erbarmungslos** A̲ A̲D̲J̲ pitiless B̲ A̲D̲V̲ pitilessly

erbauen V̲T̲ **1** (≈ errichten) to build **2** fig (≈ seelisch bereichern) to uplift; **wir waren von der Nachricht nicht gerade erbaut** umg we weren't exactly delighted by the news **Erbauer(in)** M̲/F̲ builder

Erbe¹ M̲ heir; **j-n zum ~n einsetzen** to appoint sb as one's heir

Erbe² N̲ inheritance; fig heritage **erben** V̲T̲ to inherit (**von** from) **Erbengemeinschaft** F̲ community of heirs

erbetteln V̲T̲ to get by begging

erbeuten V̲T̲ Tier to carry off; Dieb to get away with; im Krieg to capture

Erbfaktor M̲ BIOL (hereditary) factor **Erbfolge** F̲ (line of) succession **Erbgut** N̲ BIOL genetic make-up **Erbin** F̲ heiress; → Erbe¹

E

erbitten V̅T̅ to ask for

erbittert A̲ A̲D̲J̲ *Widerstand, Gegner* bitter B̲ A̲D̲V̲ bitterly

Erbkrankheit F̲ hereditary disease

erblassen V̲I̲ to (turn) pale

Erblasser(in) M̲F̲ person who leaves an inheritance **Erblast** F̲ negative inheritance *od* heritage; (≈ *Probleme*) inherited problems *pl* **erblich** A̲D̲J̲ hereditary; **etw ist ~ bedingt** sth is an inherited condition

erblicken *geh* V̅T̅ to see; (≈ *erspähen*) to spot

erblinden V̲I̲ to go blind **Erblindung** F̲ loss of sight

Erbmasse F̲ estate; BIOL genetic make-up **Erbonkel** *umg* M̲ rich uncle

erbosen *geh* A̲ V̅T̅ **erbost sein über** (+*akk*) to be infuriated at B̲ V̲R̲ **sich ~ über** (+*akk*) to become furious *od* infuriated about

erbrechen V̅T̅ & V̲I̲ & V̲R̲ **(sich) ~** MED to vomit, to be sick; **etw bis zum Erbrechen tun** *fig* to do sth ad nauseam

erbringen V̅T̅ to produce

Erbrochene(s) N̲ vomit

Erbschaft F̲ inheritance; **eine ~ machen** *od* **antreten** to come into an inheritance **Erbschaftssteuer** F̲ death duties *pl*, inheritance tax *Br*

Erbse F̲ pea **Erbsensuppe** F̲ pea soup

Erbstück N̲ heirloom **Erbtante** *umg* F̲ rich aunt **Erbteil** N̲/M̲ JUR (portion of an/the) inheritance

Erdachse F̲ earth's axis

erdacht A̲D̲J̲ *Geschichte* made-up

Erdanziehung F̲ gravitational pull of the earth **Erdanziehungskraft** F̲ (earth's) gravity **Erdapfel** M̲ *bes österr* potato **Erdatmosphäre** F̲ earth's atmosphere **Erdbahn** F̲ earth's orbit **Erdball** M̲ globe **Erdbeben** N̲ earthquake **Erdbebengebiet** N̲ earthquake area **erdbebensicher** A̲D̲J̲ *Gebäude etc* earthquake-proof **Erdbeere** F̲ strawberry **Erdbestattung** F̲ burial **Erdbewohner(in)** M̲F̲ inhabitant of the earth **Erdboden** M̲ ground; **etw dem ~ gleichmachen** to raze sth to the ground, to flatten sth; **vom ~ verschwinden** to disappear off the face of the earth **Erde** F̲ **1** (≈ *Welt*) earth, world; **es gibt viel Armut auf der ~** there's a lot of poverty in the world;

auf der ganzen ~ all over the world; **die ~** (≈ *Planet*) the earth, (the) Earth **2** (≈ *Boden*) ground; **unter der ~** underground; **über der ~** above ground **3** (≈ *Erdreich*) soil, earth; CHEM earth **4** ELEK (≈ *Erdung*) earth, ground *US* **erden** V̅T̅ ELEK to earth, to ground *US*

erdenklich A̲D̲J̲ conceivable; **alles Erdenkliche tun** to do everything conceivable

Erderwärmung F̲ global warming **Erdgas** N̲ natural gas **Erdgeschichte** F̲ geological history **Erdgeschoss** N̲, **Erdgeschoß** *österr* N̲ ground floor *Br*, first floor *US*; **im ~ wohnen** to live on the ground floor *Br*, to live on the first floor *US*

erdichten V̅T̅ to invent

erdig A̲D̲J̲ earthy **Erdinnere(s)** N̲ bowels *pl* of the earth **Erdkreis** M̲ globe **Erdkugel** F̲ globe **Erdkunde** F̲ geography **Erdleitung** F̲ ELEK earth (connection, ground (connection) *US*; (≈ *Kabel*) underground wire **Erdmittelpunkt** M̲ centre of the earth *Br*, center of the earth *US* **Erdnuss** F̲ peanut **Erdnussbutter** F̲ peanut butter **Erdoberfläche** F̲ surface of the earth **Erdöl** N̲ (mineral) oil; **~ exportierend** oil-exporting

erdolchen V̅T̅ to stab (to death)

Erdölleitung F̲ oil pipeline **Erdreich** N̲ soil

erdreisten V̲R̲ **sich ~, etw zu tun** to have the audacity to do sth

erdrosseln V̅T̅ to strangle

erdrücken V̅T̅ to crush (to death); *fig* (≈ *überwältigen*) to overwhelm

Erdrutsch M̲ landslide **Erdrutschsieg** M̲ landslide (victory) **Erdschicht** F̲ layer (of the earth) **Erdstoß** M̲ (seismic) shock **Erdteil** M̲ continent

erdulden V̅T̅ to suffer

Erdumdrehung F̲ rotation of the earth **Erdumkreisung** F̲ *durch Satelliten* orbit(ing) of the earth **Erdumlaufbahn** F̲ earth orbit **Erdumrundung** F̲ *durch Satelliten* orbit(ing) of the earth **Erdung** F̲ ELEK earth(ing), ground(ing) *US* **Erdwärme** F̲ geothermal energy

E-Reader M̲ (≈ *digitales Lesegerät*) e-reader

ereifern V̲R̲ to get excited (**über** +*akk* about)

ereignen V̲R̲ to occur **Ereignis** N̲

event, occurrence; (≈ *Vorfall*) incident; *besonderes* occasion **ereignislos** ADJ uneventful **ereignisreich** ADJ eventful

Erektion F PHYSIOL erection

Eremit M hermit

erfahren¹ A VT 1 *Nachricht etc* to find out; (≈ *hören*) to hear (**von** about, of) 2 (≈ *erleben*) to experience B VI to hear (**von** about, of)

erfahren² ADJ experienced **Erfahrung** F experience; **aus** ~ from experience; **nach meiner** ~ in my experience; **~en sammeln** to gain experience; **etw in** ~ **bringen** to learn sth; **ich habe die** ~ **gemacht, dass** ... I have found that ...; **mit dieser neuen Maschine haben wir nur gute ~en gemacht** we have found this new machine (to be) completely satisfactory; **durch** ~ **wird man klug** *sprichw* one learns by experience **Erfahrungsaustausch** M POL exchange of experiences **erfahrungsgemäß** ADV ~ **ist es** ... experience shows ...

erfassen VT 1 (≈ *mitreißen*) *Auto, Strömung* to catch; **Angst erfasste sie** she was seized by fear 2 (≈ *begreifen*) to grasp 3 (≈ *registrieren*) to record, to register; *Daten* to capture **Erfassung** F registration, recording; *von Daten* capture

erfinden VT to invent; **das hat sie glatt erfunden** she made it all up **Erfinder(in)** M(F) inventor **erfinderisch** ADJ inventive **Erfindung** F invention **erfindungsreich** ADJ → erfinderisch **Erfindungsreichtum** M ingenuity

Erfolg M success; (≈ *Ergebnis, Folge*) result; **mit** ~ successfully; **ohne** ~ unsuccessfully; **viel** ~**!** good luck!; ~ **haben** to be successful, to succeed; **keinen** ~ **haben** to be unsuccessful; ~ **versprechend** promising; **ein voller** ~ a great success

erfolgen VI *form* (≈ *sich ergeben*) to result; (≈ *stattfinden*) to take place; **nach erfolgter Zahlung** after payment has been made

erfolglos A ADJ unsuccessful B ADV unsuccessfully **Erfolglosigkeit** F lack of success **erfolgreich** A ADJ successful B ADV successfully **Erfolgsaussicht** F prospect of success **Erfolgserlebnis** N feeling of success **Er-**

folgsgeheimnis N **ihr** ~ **ist** ... the secret behind her success is ... **Erfolgskurs** M **auf** ~ **liegen** to be on course for success **Erfolgsquote** F success rate **Erfolgsrezept** N recipe for success **Erfolgsstory** F success story, tale of success **erfolgversprechend** ADJ → Erfolg

erforderlich ADJ necessary; **unbedingt** ~ (absolutely) essential **erfordern** VT to require **Erfordernis** N requirement

erforschen VT to explore; *Thema etc* to research **Erforschung** F *von Thema* researching

erfragen VT *Weg* to ask; *Einzelheiten etc* to obtain

erfreuen A VT to please; **über j-n/etw erfreut sein** to be pleased about sb/sth B VR **sich an etw** (*dat*) ~ to enjoy sth **erfreulich** ADJ pleasant; *Besserung etc* welcome; (≈ *befriedigend*) gratifying **erfreulicherweise** ADV happily **erfreut** ADJ pleased (**über** +*akk* at, about), delighted (**über** +*akk* with, at, about); **sehr** ~**!** pleased to meet you, how do you do?

erfrieren A VI to freeze to death; *Pflanzen* to be killed by frost; **erfrorene Glieder** frostbitten limbs B VR **sich** (*dat*) **die Füße** ~ to suffer frostbite in one's feet **Erfrierung** F frostbite *kein pl*

erfrischen A VT to refresh B VI to be refreshing C VR to refresh oneself; (≈ *sich waschen*) to freshen up **erfrischend** A ADJ refreshing B ADV refreshingly **Erfrischung** F refreshment **Erfrischungsgetränk** N refreshment **Erfrischungsraum** M cafeteria **Erfrischungstuch** N refreshing towel

erfüllen A VT 1 *Raum etc* to fill; **Hass erfüllte ihn** he was filled with hate; **ein erfülltes Leben** a full life 2 (≈ *einhalten*) to fulfil *Br*, to fulfill *US*; *Soll* to achieve; *Zweck* to serve B VR *Wunsch* to be fulfilled **Erfüllung** F fulfilment *Br*, fulfillment *US*; **in** ~ **gehen** to be fulfilled

erfunden ADJ fictitious, made-up; **das ist alles** ~**!** he's *etc* made it all up; → erfinden

ergänzen VT to supplement; (≈ *vervollständigen*) to complete; **seine Sammlung** ~ to add to one's collection; **einander** *od* **sich** ~ to complement one an-

E

other **ergänzend** A̲D̲J̲ complementary
Ergänzung F̲ **1** (≈ das Ergänzen) supplementing; (≈ Vervollständigung) completion **2** (≈ Zusatz) zu Buch etc supplement **Ergänzungsspieler(in)** M̲(̲F̲)̲
FUSSB squad player

ergattern umg V̲T̲ to get hold of
ergeben¹ V̲T̲ **1** to yield; (≈ zum Ergebnis haben) to result in; Betrag, Summe to amount to **B** V̲R̲ **1** (≈ kapitulieren) to surrender (+dat to) **2** (≈ sich hingeben) **sich einer Sache** (dat) **~** to give oneself up to sth **3** (≈ folgen) to result (aus from) **4** (≈ sich herausstellen) to come to light
ergeben² A̲D̲J̲ (≈ treu) devoted; (≈ demütig) humble
Ergebnis N̲ result; **zu einem ~ kommen** to come to a conclusion **ergebnislos** A̲ A̲D̲V̲ unsuccessful **B** A̲D̲V̲ **bleiben** to come to nothing **ergebnisoffen** A̲ A̲D̲J̲ Diskussion open and unbiased **B** A̲D̲V̲ diskutieren in an open and unbiased way
ergehen A̲ V̲I̲ **1** form (≈ erlassen werden) to go out; Einladung to be sent **2** (≈ erdulden) **etw über sich** (akk) **~ lassen** to endure sth **B** V̲I̲ **es ist ihm schlecht/ gut ergangen** he fared badly/well **C** V̲R̲ fig **sich in etw** (dat) **~** to indulge in sth
ergiebig A̲D̲J̲ productive; Geschäft lucrative; (≈ sparsam im Verbrauch) economical
ergo K̲O̲N̲J̲ therefore
ergonomisch A̲ A̲D̲J̲ ergonomic **B** A̲D̲V̲ ergonomically
Ergotherapeut(in) M̲(̲F̲)̲ ergotherapist
ergötzen V̲R̲ **sich an etw** (dat) **~** to take delight in sth
ergreifen V̲T̲ **1** (≈ packen) to seize **2** fig Gelegenheit, Macht to seize; Beruf to take up; Maßnahmen to take; **von Furcht ergriffen werden** to be seized with fear **ergreifend** fig A̲D̲J̲ a. iron touching **ergriffen** fig A̲D̲J̲ moved **Ergriffenheit** F̲ emotion
ergründen V̲T̲ Sinn etc to fathom; Ursache to discover
Erguss M̲ effusion; (≈ Samenerguss) ejaculation; fig outpouring
erhaben A̲ A̲D̲J̲ **1** Druck embossed **2** fig Stil lofty; Anblick sublime **3** (≈ überlegen) superior; **über etw** (akk) **~ (sein)** (to be) above sth **B** A̲D̲V̲ **~ lächeln** to smile in a superior way
Erhalt M̲ receipt **erhalten** A̲ V̲T̲ **1**

(≈ bekommen) to get, to receive **2** (≈ bewahren) Gebäude, Natur to preserve; **j-n am Leben ~** to keep sb alive; **er hat sich** (dat) **seinen Optimismus ~** he kept up his optimism; **gut ~** a. hum und well preserved **B** V̲R̲ Brauch etc to be preserved, to remain **erhältlich** A̲D̲J̲ available; **schwer ~** hard to come by **Erhaltung** F̲ (≈ Bewahrung) preservation
erhängen V̲T̲ to hang
erhärten V̲T̲ to harden **B** V̲R̲ fig Verdacht to harden
erhaschen V̲T̲ to catch
erheben A̲ V̲T̲ **1** (≈ hochheben) to raise; **den Blick ~** to look up **2** Gebühren to charge **B** V̲R̲ to rise; Wind etc to arise; (≈ sich auflehnen) to rise (up) (in revolt); **sich über andere ~** to place oneself above others **erhebend** A̲D̲J̲ elevating; (≈ erbaulich) edifying **erheblich** A̲ A̲D̲J̲ considerable; (≈ relevant) relevant **B** A̲D̲V̲ considerably; verletzen severely **Erhebung** F̲ **1** (≈ Bodenerhebung) elevation **2** (≈ Aufstand) uprising **3** von Gebühren levying **4** (≈ Umfrage) survey; **~en machen über** (+akk) to make inquiries about od into
erheitern A̲ V̲T̲ to cheer (up) **Erheiterung** F̲ amusement; **zur allgemeinen ~** to the general amusement
erhellen A̲ V̲T̲ to light up; Geheimnis to shed light on **B** V̲R̲ to brighten
erhitzen A̲ V̲T̲ to heat (up) (**auf** +akk to); **die Gemüter ~** to inflame passions **B** V̲R̲ to get hot; fig (≈ sich erregen) to become heated (**an** +dat over); **die Gemüter erhitzten sich** feelings were running high
erhoffen V̲T̲ to hope for; **sich** (dat) **etw ~** to hope for sth (**von** from)
erhöhen A̲ V̲T̲ to raise; Produktion to increase; Wirkung to heighten; Spannung to increase; **erhöhte Temperatur haben** to have a temperature **B** V̲R̲ to rise, to increase **Erhöhung** F̲ **1** (≈ das Erhöhen) raising; von Preis, Produktion increase; von Wirkung heightening; von Spannung intensification **2** (≈ Lohnerhöhung) rise Br, raise US
erholen V̲R̲ to recover (**von** from); **du siehst sehr erholt aus** you look very rested **erholsam** A̲D̲J̲ restful **Erholung** F̲ recovery; (≈ Entspannung) relaxation; **sie braucht dringend ~** she badly needs a break **erholungsbedürftig**

ADJ in need of a rest **Erholungsgebiet** N̄ recreation area **Erholungsort** M̄ health resort **Erholungspause** F̄ break

erhören V̄/T̄ to hear

erigiert ADJ erect

Erika F̄ BOT heather

erinnern A V̄/T̄ j-n an etw (akk) ~ to remind sb of sth B V̄R̄ sich an j-n/etw ~ to remember sb/sth; **soviel ich mich ~ kann** as far as I remember C V̄/Ī ~ an (+akk) to be reminiscent of **Erinnerung** F̄ memory; (≈ Andenken) memento; **zur ~ an** (+akk) in memory of; an Ereignis in commemoration of; **j-n in guter ~ behalten** to have pleasant memories of sb; **~en** pl LIT memoirs pl; **~en austauschen** to reminisce **Erinnerungsstück** N̄ keepsake (an +akk from)

Eritrea N̄ GEOG Eritrea

erkalten V̄/Ī to cool (down od off), to go cold

erkälten V̄R̄ to catch a cold **erkältet** ADJ **(stark) ~ sein** to have a (bad) cold **Erkältung** F̄ cold

erkämpfen V̄/T̄ to win; **sich** (dat) **etw ~** to win sth; **hart erkämpft** hard-won

erkennbar ADJ recognizable; (≈ sichtbar) visible **erkennen** A V̄/T̄ to recognize (an +akk by); (≈ wahrnehmen) to see; **j-n für schuldig ~** JUR to find sb guilty; **j-m zu ~ geben, dass ...** to give sb to understand that ...; **sich zu ~ geben** to reveal oneself (als to be); **~ lassen** to show B V̄/Ī ~ **auf** (+akk) JUR auf Freispruch to grant; auf Strafe to impose; SPORT auf Freistoß etc to award **erkenntlich** ADJ **sich (für etw) ~ zeigen** to show one's gratitude (for sth) **Erkenntnis** F̄ (≈ Wissen) knowledge kein pl; (≈ das Erkennen) recognition; (≈ Einsicht) insight; **zu der ~ gelangen, dass ...** to come to the realization that ... **Er-**

kennung F̄ recognition **Erkennungsdienst** M̄ police records department **erkennungsdienstlich** ADV **j-n ~ behandeln** to fingerprint and photograph sb **Erkennungszeichen** N̄ identification; MIL (≈ Abzeichen) badge

Erker M̄ bay **Erkerfenster** N̄ bay window

erklärbar ADJ explicable, explainable; **schwer ~** hard to explain; **nicht ~** inexplicable **erklären** A V̄/T̄ 1 (≈ erläutern) to explain (j-m etw sth to sb); **ich kann mir nicht ~, warum ...** I can't understand why ... 2 (≈ äußern) to declare (als to be); Rücktritt to announce; **einem Staat den Krieg ~** to declare war on a country; **j-n für schuldig ~** to pronounce sb guilty B V̄R̄ Sache to be explained; **sich für/gegen j-n ~** to declare oneself for/against sb; → **erklärt erklärend** ADJ explanatory **erklärlich** ADJ 1 → **erklärbar** 2 (≈ verständlich) understandable **erklärt** ADJ professed; → **erklären erklärtermaßen, erklärterweise** ADV avowedly **Erklärung** F̄ 1 explanation 2 (≈ Mitteilung) declaration; **eine ~ abgeben** to make a statement **erklärungsbedürftig** ADJ in need of (an) explanation **Erklärungsversuch** M̄ attempted explanation

erklingen geh V̄/Ī to ring out

erkranken V̄/Ī (≈ krank werden) to be taken ill Br, to get sick bes US (an +dat with); Organ, Pflanze, Tier to become diseased (an with); **erkrankt sein** (≈ krank sein) to be ill **Erkrankung** F̄ illness; von Organ, Pflanze, Tier disease

erkunden V̄/T̄ bes MIL to reconnoitre Br, to reconnoiter US, to explore; (≈ feststellen) to find out

erkundigen V̄R̄ **sich ~** to inquire; **sich nach j-m ~** to ask after sb Br, to ask about sb; **sich bei j-m (nach etw) ~ to**

▶ **erinnern: remind oder remember?**

Bei **remind** sind mindestens zwei Personen beteiligt: A erinnert B an etwas.
Remember ist ein Vorgang, den eine Person oder eine Personengruppe nur selbst tun kann: sich erinnern bzw. an etwas denken.

Bitte erinnere mich an Toms Geburtstag.	Please remind me about Tom's birthday.
Tom erinnert mich an meinen Vater.	Tom reminds me of my father.
Erinnerst du dich an unsere letzten Ferien?	Do you remember our last holiday?

◀

ask sb (about sth); **ich werde mich ~** I'll find out **Erkundigung** F̅ inquiry
Erkundung F̅ MIL reconnaissance
Erlagschein M̅ österr giro transfer form
erlahmen V̅I̅ to tire; *fig Eifer* to flag
erlangen V̅T̅ to achieve
Erlass M̅ ① (≈ *Verfügung*) decree; *der Regierung* enactment ② (≈ *das Erlassen*) remission **erlassen** V̅T̅ ① *Verfügung* to pass; *Gesetz* to enact ② *Strafe, Schulden etc* to remit; *Gebühren* to waive; **j-m etw ~** *Schulden etc* to release sb from sth
erlauben V̅T̅ ① (≈ *gestatten*) to allow; **j-m etw ~** to allow sb (to do) sth; **es ist mir nicht erlaubt** I am not allowed; **~ Sie?** *form* may I?; **~ Sie mal!** do you mind!; **soweit es meine Zeit erlaubt** *form* time permitting ② **sich** (*dat*) **etw ~** (≈ *sich gönnen*) to allow oneself sth; (≈ *sich leisten*) to afford sth; **sich** (*dat*) **Frechheiten ~** to take liberties; **was ~ Sie sich (eigentlich)!** how dare you! **Erlaubnis** F̅ permission; (≈ *Schriftstück*) permit
erläutern V̅T̅ to explain; **etw anhand von Beispielen ~** to illustrate sth with examples **Erläuterung** F̅ explanation
Erle F̅ alder
erleben V̅T̅ to experience; *schwere Zeiten, Sturm* to go through; *Niederlage* to suffer; **im Ausland habe ich viel erlebt** I had an eventful time abroad; **etwas Angenehmes** *etc* **~** to have a pleasant *etc* experience; **das werde ich nicht mehr ~** I won't live to see that; **sie möchte mal etwas ~** she wants to have a good time; **na, der kann was ~!** *umg* he's going to be (in) for it! *umg* **Erlebnis** N̅ experience; (≈ *Abenteuer*) adventure **erlebnisreich** A̅D̅J̅ eventful
erledigen A̅ V̅T̅ ① *Angelegenheit* to deal with; *Auftrag* to carry out; (≈ *beenden*) *Arbeit* to finish off; *Sache* to settle; **ich habe noch einiges zu ~** I've still got a few things to do; **er ist für mich erledigt** I'm finished with him; **das ist (damit) erledigt** that's settled; **schon erledigt!** I've already done it ② *umg* (≈ *ermüden*) to wear out; (≈ *k.o. schlagen*) to knock out B̅ V̅R̅ **das hat sich erledigt** that's all settled; **sich von selbst ~** to take care of itself **erledigt** *umg* A̅D̅J̅ (≈ *erschöpft*) shattered *Br umg*, all in

umg; (≈ *ruiniert*) finished **Erledigung** F̅ *einer Sache* settlement; **einige ~en in der Stadt** a few things to do in town; **die ~ meiner Korrespondenz** dealing with my correspondence
erlegen V̅T̅ *Wild* to shoot
erleichtern V̅T̅ to make easier; *fig* (≈ *beruhigen, lindern*) to relieve; *Gewissen* to unburden; **j-m etw ~** to make sth easier for sb; **j-n um etw ~** *hum* to relieve sb of sth; **erleichtert sein** to be relieved; **erleichtert aufatmen** to breathe a sigh of relief **erleichtert** A̅D̅J̅ relieved **Erleichterung** F̅ (≈ *Beruhigung*) relief
erleiden V̅T̅ to suffer
erlernen V̅T̅ to learn
erlesen A̅D̅J̅ exquisite; **ein ~er Kreis** a select circle
erleuchten V̅T̅ to light (up), to illuminate; *fig* to enlighten; **hell erleuchtet** brightly lit **Erleuchtung** F̅ (≈ *Eingebung*) inspiration
erliegen *wörtl, fig* V̅I̅ to succumb to; *einem Irrtum* to be the victim of; **zum Erliegen kommen** to come to a standstill
erlogen A̅D̅J̅ not true *präd*; (≈ *erfunden*) made-up *attr*, made up *präd*; **das ist erstunken und ~** *umg* that's a rotten lie *umg*
Erlös M̅ proceeds *pl*
erloschen A̅D̅J̅ *Vulkan* extinct
erlöschen V̅I̅ *Feuer* to go out; *Gefühle* to die; *Vulkan* to become extinct; *Garantie* to expire
erlösen V̅T̅ (≈ *retten*) to save (**aus, von** from); REL to redeem **Erlöser(in)** M̅(F̅) ① (≈ *Retter*) rescuer ② (≈ *Befreier*) liberator ③ REL **der ~** the Redeemer **Erlösung** F̅ release; (≈ *Erleichterung*) relief; REL redemption
ermächtigen V̅T̅ to authorize **ermächtigt** A̅D̅J̅ authorized **Ermächtigung** F̅ authorization
ermahnen V̅T̅ to admonish; *warnend* to warn; JUR to caution **Ermahnung** F̅ admonition; *warnend* warning; JUR caution
Ermangelung *geh* F̅ **in ~** +*gen* because of the lack of
ermäßigen V̅T̅ to reduce **ermäßigt** A̅D̅J̅ reduced; **zu ~en Preisen** at reduced prices **Ermäßigung** F̅ reduction
ermessen V̅T̅ (≈ *einschätzen*) to gauge; (≈ *begreifen können*) to appreciate **Ermessen** N̅ (≈ *Urteil*) judgement; (≈ *Gut-*

dünken) discretion; **nach meinem ~** in my estimation; **nach menschlichem ~** as far as anyone can judge **Ermessensfrage** F̲ matter of discretion

ermitteln A̲ V̲T̲ to determine, to ascertain; *Person* to trace; *Tatsache* to establish B̲ V̲I̲ to investigate; **gegen j-n ~** to investigate sb **Ermittler(in)** M̲F̲ investigator **Ermittlung** F̲ *bes* JUR investigation; **~en anstellen** to make inquiries (**über** +*akk* about) **Ermittlungsverfahren** N̲ JUR preliminary proceedings *pl*

ermöglichen V̲T̲ to facilitate; **j-m etw ~** to make sth possible for sb

ermorden V̲T̲ to murder; *bes aus politischen Gründen* to assassinate **Ermordete(r)** M̲F(M̲) (murder) victim **Ermordung** F̲ murder; *bes politisch* assassination

ermüden V̲T̲ & V̲I̲ to tire **ermüdend** A̲D̲J̲ tiring **Ermüdung** F̲ fatigue

ermuntern V̲T̲ (≈ *ermutigen*) to encourage (**j-n zu etw** sb to do sth) **Ermunterung** F̲ 1 (≈ *Ermutigung*) encouragement 2 (≈ *Aufmunterung*) cheering up

ermutigen V̲T̲ (≈ *ermuntern*) to encourage **ermutigend** A̲D̲J̲ encouraging **Ermutigung** F̲ encouragement

ernähren A̲ V̲T̲ to feed; (≈ *unterhalten*) to support; **gut ernährt** well-nourished B̲ V̲R̲ to eat; **sich gesund ~** to have a healthy diet; **sich von etw ~** to live on sth **Ernährer(in)** M̲F̲ breadwinner **Ernährung** F̲ (≈ *das Ernähren*) feeding; (≈ *Nahrung*) food; **falsche ~** the wrong diet **ernährungsbewusst** A̲D̲J̲ nutrition-conscious **Ernährungsweise** F̲ eating habits *pl*

ernennen V̲T̲ to appoint; **j-n zum Vorsitzenden ~** to appoint sb chairman **Ernennung** F̲ appointment (**zu** as)

erneuerbar A̲D̲J̲ renewable **erneuern** V̲T̲ to renew; (≈ *auswechseln*) *Öl* to change; *Maschinenteile* to replace **Erneuerung** F̲ renewal; (≈ *Auswechslung von Öl*) changing; *von Maschinenteil* replacement **erneuerungsbedürftig** A̲D̲J̲ in need of renewal; *Maschinenteil* in need of replacement **erneut** A̲ A̲D̲J̲ renewed B̲ A̲D̲V̲ (once) again

erniedrigen V̲T̲ (≈ *demütigen*) to humiliate; (≈ *herabsetzen*) to degrade **Erniedrigung** F̲ humiliation; (≈ *Herabsetzung*) degradation; MUS flattening

ernst A̲ A̲D̲J̲ serious; (≈ *ernsthaft*) *Mensch* earnest; (≈ *feierlich*) solemn; **~e Absichten haben** *umg* to have honourable intentions *Br*, to have honorable intentions *US*; **es ist nichts Ernstes** it's nothing serious B̲ A̲D̲V̲ seriously; **es (mit etw) ~ meinen** to be serious (about sth); **~ gemeint** serious; **j-n/etw ~ nehmen** to take sb/sth seriously **Ernst** M̲ seriousness; (≈ *Ernsthaftigkeit*) earnestness; **im ~** seriously; **alles ~** es quite serious; **das kann doch nicht dein ~ sein!** you can't be serious!; **mit etw ~ machen** to put sth into action; **damit wird es jetzt ~** now it's serious **Ernstfall** M̲ **im ~** in case of emergency **ernstgemeint** A̲D̲J̲ → **ernst** **ernsthaft** A̲ A̲D̲J̲ serious B̲ A̲D̲V̲ seriously **Ernsthaftigkeit** F̲ seriousness **ernstlich** A̲ A̲D̲J̲ serious B̲ A̲D̲V̲ **~ besorgt um** seriously concerned about

Ernte F̲ 1 (≈ *das Ernten*) harvesting 2 (≈ *Ertrag*) harvest (**an** +*dat* of); *von Äpfeln, a. fig* crop **Ernte(dank)fest** N̲ harvest festival **ernten** V̲T̲ *Getreide* to harvest; *Äpfel* to pick; *fig* to reap; *Undank, Spott* to get **Erntezeit** F̲ harvest (time)

ernüchtern *fig* V̲T̲ to bring down to earth; **~d** sobering **Ernüchterung** *fig* F̲ disillusionment

Eroberer M̲, **Eroberin** F̲ conqueror **erobern** V̲T̲ to conquer; *fig Sympathie etc* to win **Eroberung** F̲ conquest; **eine ~ machen** *fig umg* to make a conquest

eröffnen V̲T̲ 1 (≈ *beginnen*) to open 2 *hum* V̲T̲ to disclose sth to sb **Eröffnung** F̲ 1 (≈ *Beginn*) opening; *von Konkursverfahren* institution 2 *hum* disclosure; **j-m eine ~ machen** to disclose sth to sb **Eröffnungsfeier** F̲ opening ceremony

erogen A̲D̲J̲ erogenous

erörtern V̲T̲ to discuss (in detail)

Erosion F̲ erosion

Erotik F̲ eroticism **erotisch** A̲D̲J̲ erotic

erpicht A̲D̲J̲ **auf etw** (*akk*) **~ sein** to be keen on sth, to be keen to do sth

erpressbar A̲D̲J̲ **~ sein** to be susceptible to blackmail **erpressen** V̲T̲ *Geld etc* to extort (**von** from); *j-n* to blackmail **Erpresser(in)** M̲F̲ blackmailer **Erpressung** F̲ *von Geld* extortion; *eines Menschen* blackmail

erproben V̲T̲ to test **erprobt** A̲D̲J̲ tried

E

and tested; (≈*erfahren*) experienced **Erprobung** F̲ testing

erraten V̲T̲ to guess

errechnen V̲T̲ to work out, to calculate

erregbar A̲D̲J̲ excitable **A** V̲T̲ **1** to excite; (≈*erzürnen*) to infuriate **2** (≈*hervorrufen*) to arouse; *Aufsehen, Heiterkeit* to cause; *Aufmerksamkeit* to attract **B** V̲R̲ to get excited (**über** +*akk* about); (≈*sich ärgern*) to get annoyed (**über** +*akk* at) **Erreger** M̲ MED cause; (≈*Bazillus etc*) pathogene *fachspr* **erregt** A̲D̲J̲ **1** excited **2** *sexuell* aroused **3** (≈*verärgert*) annoyed; → **erregen Erregung** F̲ **1** (≈*Erzeugung*) arousing; *von Aufsehen, Heiterkeit* causing **2** (≈*Zustand*) excitement; (≈*Wut*) rage; **in ~ geraten** to get excited/into a rage

erreichbar A̲D̲J̲ reachable; (≈*nicht weit*) within reach; *Ziel* attainable; **zu Fuß ~** within walking distance; **sind Sie zu Hause ~?** can I get in touch with you at home? **erreichen** V̲T̲ to reach; *Zug* to catch; *Absicht* to achieve; (≈*einholen*) to catch up with; **wann kann ich Sie morgen ~?** when can I get in touch with you tomorrow?; **wir haben nichts erreicht** we achieved nothing

errichten V̲T̲ to put up; *fig* (≈*gründen*) to establish

erringen V̲T̲ to gain; **ein hart errungener Sieg** a hard-won victory

erröten V̲I̲ to flush; *bes aus Verlegenheit* to blush

Errungenschaft F̲ achievement

Ersatz M̲ substitute; *für Altes* replacement; **als ~ für j-n einspringen** to stand in for sb **Ersatzbank** F̲ SPORT substitutes' bench **Ersatzdienst** M̲ MIL alternative service **Ersatzdroge** F̲ substitute drug **Ersatzkasse** F̲ state health insurance scheme **ersatzlos** **A** A̲D̲J̲ **B** A̲D̲V̲ **etw ~ streichen** *Stelle* to abolish sth **Ersatzmann** M̲ replacement; SPORT substitute **Ersatzmine** F̲ *für Kugelschreiber* refill **Ersatzreifen** M̲ AUTO spare tyre *Br*, spare tire *US* **Ersatzspieler(in)** M̲[F̲] SPORT substitute **Ersatzteil** N̲ spare (part)

ersaufen *umg* V̲I̲ (≈*ertrinken*) to drown **ersäufen** V̲T̲ to drown

erschaffen V̲T̲ to create **Erschaffung** F̲ creation

erscheinen V̲I̲ to appear; *Buch* to come

out; **es erscheint (mir) wünschenswert** it seems desirable (to me) **Erscheinen** N̲ appearance; *von Buch* publication **Erscheinung** F̲ **1** (≈*das Erscheinen*) appearance; **in ~ treten** *Merkmale* to appear; *Gefühle* to show themselves **2** (≈*Alterserscheinung*) symptom **3** (≈*Gestalt*) figure; **seiner äußeren ~ nach** judging by his appearance **4** (≈*Geistererscheinung*) apparition **Erscheinungsform** F̲ manifestation

erschießen **A** V̲T̲ to shoot (dead) **B** V̲R̲ to shoot oneself; → **erschossen Erschießung** F̲ shooting; JUR *als Todesstrafe* execution; **Tod durch ~** JUR death by firing squad **Erschießungskommando** N̲ firing squad

erschlaffen V̲I̲ (≈*ermüden*) to tire; (≈*schlaff werden*) to go limp; *Interesse, Eifer* to wane

erschlagen¹ V̲T̲ to kill; **vom Blitz ~ werden** to be struck (dead) by lightning **erschlagen**² A̲D̲J̲ **~ sein** *umg* (≈*todmüde*) to be worn out

erschließen V̲T̲ *Gebiet, Absatzmarkt* to develop **Erschließung** F̲ development; *von Markt* opening up **Erschließungskosten** P̲L̲ development costs *pl*

erschöpfen V̲T̲ to exhaust; **erschöpft** exhausted; **meine Geduld ist (endgültig) erschöpft** I've (finally) run out of patience **erschöpfend** **A** A̲D̲J̲ **1** (≈*ermüdend*) exhausting **2** (≈*ausführlich*) exhaustive **B** A̲D̲V̲ exhaustively **Erschöpfung** F̲ exhaustion; **bis zur ~ arbeiten** to work to the point of exhaustion **Erschöpfungszustand** M̲ state of exhaustion *kein pl*

erschossen *umg* A̲D̲J̲ **(völlig) ~ sein** to be dead beat *Br umg*, to be beat *bes US umg*; → **erschießen**

erschrecken **A** V̲T̲ to frighten, to scare; (≈*bestürzen*) to startle **B** V̲I̲ & V̲R̲ to be frightened (**vor** +*dat* by); (≈*bestürzt sein*) to be startled **erschreckend** A̲D̲J̲ alarming; **~ aussehen** to look dreadful **erschrocken** A̲D̲J̲ frightened; (≈*bestürzt*) startled

erschüttern V̲T̲ *Gebäude, Vertrauen etc* to shake; **j-n in seinem Glauben ~** to shake sb's faith; **über etw** (*akk*) **erschüttert sein** to be shattered by sth *umg*; **ihn kann nichts ~** he always keeps his cool *umg* **erschütternd** A̲D̲J̲ shattering *umg*, upsetting **Erschütterung** F̲ *des Bodens etc* tremor; (≈ *seelische Ergriffenheit*) emotion

erschweren V̲T̲ to make more difficult; **es kommt noch ~d hinzu, dass ...** to compound matters, ...

erschwinglich A̲D̲J̲ **das Haus ist für uns nicht ~** the house is not within our means

ersehen *form* V̲T̲ **etw aus etw ~** to see sth from sth

ersehnt A̲D̲J̲ longed-for

ersetzbar A̲D̲J̲ replaceable **ersetzen** V̲T̲ to replace; **ersetzt das Substantiv durch ein Pronomen** replace the noun with a pronoun

ersichtlich A̲D̲J̲ obvious; **ohne ~en Grund** for no apparent reason

ersinnen V̲T̲ to devise; (≈ *erfinden*) to invent

ersparen V̲T̲ *Kosten, Zeit* to save; **j-m/ sich etw ~** to spare sb/oneself sth; **ihr blieb auch nichts erspart** she was spared nothing; **das Ersparte** the savings *pl* **Ersparnis** F̲ 1̲ *an Zeit etc* saving (**an** +*dat* of) 2̲ savings *pl*

erst A̲D̲V̲ 1̲ first; (≈ *anfänglich*) at first; **mach ~ (ein)mal die Arbeit fertig** finish your work first 2̲ (≈ *bloß*) only; (≈ *nicht früher als*) not until; **eben** *od* **gerade ~** just; **~ gestern** only yesterday; **~ jetzt** only just; **~ morgen** not until *od* before tomorrow; **~ später** not until later; **~ wenn** only if *od* when, not until 3̲ **da fange ich ~ gar nicht an** I simply won't (bother to) begin; **das macht es ~ recht schlimm** that makes it even worse

erstarren V̲I̲ *Finger* to grow stiff; *Flüssigkeit* to solidify; *Zement etc* to set; *Blut, Fett etc* to congeal; *Blut* to run cold; *Lächeln* to freeze; *vor Schrecken etc* to be paralyzed (**vor** +*dat* with)

erstatten V̲T̲ 1̲ *Unkosten* to refund 2̲ *form* (**Straf**)**anzeige gegen j-n ~** to report sb (to the police); **Bericht ~** to (give a) report (**über** +*akk* on) **Erstattung** F̲ *von Unkosten* refund

Erstaufführung F̲ *THEAT* first performance, premiere

Erstaufnahmeeinrichtung F̲, **Erstaufnahmezentrum** N̲ *für Flüchtlinge* reception centre *Br*, reception center *US*

erstaunen V̲T̲ & V̲I̲ to astonish **Erstaunen** N̲ astonishment **erstaunlich** A̲ A̲D̲J̲ astonishing, amazing B̲ A̲D̲V̲ aston

ishingly **erstaunlicherweise** A̲D̲V̲ astonishingly, much to my/his *etc* surprise **erstaunt** A̲ A̲D̲J̲ astonished (**über** +*akk* about), surprised B̲ A̲D̲V̲ in astonishment

Erstausgabe F̲ first edition **erstbeste(r, s)** A̲D̲J̲ **er hat das ~ Auto gekauft** he bought the first car he saw

erstechen V̲T̲ to stab to death

erstehen V̲T̲ *umg* (≈ *kaufen*) to buy

Erste-Hilfe-Kurs M̲ first-aid course **Erste-Hilfe-Leistung** F̲ administering of first aid; **in ~ ausgebildet sein** to be trained in first aid; **jede ~ muss schriftlich festgehalten werden** a written report must be made every time first aid is administered

ersteigen V̲T̲ to climb

ersteigern V̲T̲ to buy at an auction

erstellen V̲T̲ 1̲ (≈ *bauen*) to construct 2̲ *Liste etc* to draw up

erstens A̲D̲V̲ first(ly), in the first place **Erste(r)** M̲/F̲(M̲) first; **die drei ~n** the first three; **der ~ des Monats** the first (day) of the month; **vom nächsten ~n** as of the first of next month; **er kam als ~r** he was the first to come **erste(r, s)** A̲D̲J̲ first; **~r Stock, ~ Etage** first floor, second floor *US*; **zum ~n Mal** for the first time; **~ Qualität** top quality; **Erste Hilfe** first aid; **an ~r Stelle** in the first place; **in ~r Linie** first and foremost; → **vierter, s Erste(s)** N̲ **das ~** the first thing; **als ~s** first of all

ersticken A̲ V̲T̲ *j-n* to suffocate; *Feuer* to smother; *Geräusche* to stifle; *Aufruhr etc* to suppress B̲ V̲I̲ to suffocate; *Feuer* to die; **an einer Gräte ~** to choke (to death) on a fish bone; **in der Arbeit ~** *umg* to be up to one's neck in work *umg* **Erstickung** F̲ suffocation

erstklassig A̲ A̲D̲J̲ first-class B̲ A̲D̲V̲ *spielen* excellently; **~ schmecken** to taste excellent **Erstkläss(l)er(in)** M̲(F̲) first-year pupil *Br*, first-grader *US* **erstmalig** A̲ A̲D̲J̲ first B̲ A̲D̲V̲ for the first time **erstmals** A̲D̲V̲ for the first time **erstrangig** A̲D̲J̲ first-rate; *Problem* top-priority

erstreben V̲T̲ to strive for **erstrebenswert** A̲D̲J̲ desirable

erstrecken V̲R̲ to extend (**auf, über** +*akk* over), to stretch

Erstschlag M̲ *mit Atomwaffen* first strike **Erstsemester** N̲ first-year student **Erststimme** F̅ first vote **Erststudium** N̲ initial course of studies; *vor Zweitstudium* previous course of studies (*when a student has already embarked on a second*)

ersuchen *form* V̅T̅ to request (**j-n um etw** sth of sb)

ertappen V̅T̅ to catch; **ich habe ihn dabei ertappt** I caught him at it

erteilen V̅T̅ to give; *Lizenz* to issue; **Unterricht ~** to teach

ertönen *geh* V̅I̅ to sound, to ring out

Ertrag M̲ *von Acker* yield; (≈ *Einnahmen*) proceeds *pl*; **~ abwerfen** to bring in a return **ertragen** V̅T̅ to bear; **das ist nicht mehr zu ~** it's unbearable **erträglich** A̲D̲J̲ bearable **Ertragslage** F̅ profit situation

ertränken V̅T̅ to drown

erträumen V̅T̅ to dream of; **sich** (*dat*) **etw ~** to dream of sth

ertrinken V̅I̅ to drown **Ertrinken** N̲ drowning

erübrigen A̲ V̅T̅ *Zeit, Geld* to spare B̲ V̅R̅ to be superfluous

eruieren *form* V̅T̅ *Sachverhalt* to investigate

erwachen V̅I̅ to awake; *aus Ohnmacht etc* to come to (**aus** from); *fig Gefühle* to be aroused; **ein böses Erwachen** *fig* a rude awakening

erwachsen V̅I̅ *geh* to arise; *Vorteil, Kosten etc* to result **Erwachsenenbildung** F̅ adult education **Erwachsene(r)** M̲/F̲(M̲) adult, grown-up

erwägen V̅T̅ to consider **Erwägung** F̅ consideration; **etw in ~ ziehen** to consider sth

erwähnen V̅T̅ to mention **erwähnenswert** A̲D̲J̲ worth mentioning **Erwähnung** F̅ mention (**+***gen* of)

erwärmen A̲ V̅T̅ to warm, to heat B̲ V̅R̅ to warm up; **sich für j-n/etw ~** *fig* to take to sb/sth **Erwärmung** F̅ warming; **globale ~, ~ der Erdatmosphäre** global warming

erwarten V̅T̅ *Gäste, Ereignis* to expect; **etw von j-m/etw ~** to expect sth from *od* of sb/sth; **~, dass j-d etw tut** to expect sb to do sth; **ein Kind ~** to be expecting a child; **das war zu ~** that was to be expected; **sie kann den Sommer kaum noch ~** she can hardly wait for the summer; **es steht zu ~, dass ...** *form* it is to be expected that ... **Erwartung**

F̅ expectation; (≈ *Ungeduld*) anticipation; **den ~en gerecht werden** to come up to expectations; (≈ *Voraussetzung erfüllen*) to meet the requirements; **hinter den ~en zurückbleiben** not to come up to expectations **erwartungsgemäß** A̲D̲V̲ as expected **Erwartungshaltung** F̅ expectations *pl* **erwartungsvoll** A̲D̲J̲ expectant

erwecken *fig* V̅T̅ *Hoffnungen, Zweifel* to raise; *Erinnerungen* to bring back

erweichen V̅T̅ to soften; **j-s Herz ~** to touch sb's heart; **sich nicht ~ lassen** to be unmoved

erweisen A̲ V̅T̅ **1** (≈ *nachweisen*) to prove; **eine erwiesene Tatsache** a proven fact **2** **j-m einen Dienst ~** to do sb a service B̲ V̅R̅ **sich als etw ~** to prove to be sth; **es hat sich erwiesen, dass ...** it turned out that ...

erweitern V̅T̅ & V̅R̅ to widen; *Geschäft* to expand; M̅E̅D̅ to dilate; *fig Kenntnisse* to broaden **Erweiterung** F̅ widening; *von Geschäft* expansion; M̅E̅D̅ dilation; *fig von Kenntnissen etc* broadening

Erwerb M̲ acquisition; (≈ *Kauf*) purchase **erwerben** V̅T̅ to acquire; *Vertrauen* to earn; *Titel, Pokal* to win; *käuflich* to purchase; **er hat sich** (*dat*) **große Verdienste um die Firma erworben** he has done great service for the firm **erwerbsfähig** *form* A̲D̲J̲ capable of gainful employment **Erwerbsleben** N̲ working life **erwerbslos** A̲D̲J̲ ≈ arbeitslos **erwerbstätig** A̲D̲J̲ (gainfully) employed **Erwerbstätige(r)** M̲/F̲(M̲) person in gainful employment **Erwerbstätigkeit** F̅ gainful employment **erwerbsunfähig** *form* A̲D̲J̲ incapable of gainful employment **Erwerbszweig** M̲ line of business **Erwerbung** F̅ acquisition

erwidern V̅T̅ **1** (≈ *antworten*) to reply (**auf** +*akk* to); **auf meine Frage erwiderte sie, dass ...** in reply to my question, she said that ... **2** *Feuer, Besuch* to return **Erwiderung** F̅ (≈ *Antwort*) reply

erwirtschaften V̅T̅ **Gewinne ~** to make profits

erwischen *umg* V̅T̅ (≈ *erreichen, ertappen*) to catch; **j-n beim Stehlen ~** to catch sb stealing; **du darfst dich nicht ~ lassen** you mustn't get caught; **erwischt werden** to get caught; **ihn hat's erwischt!** *verliebt* he's got it bad *umg*;

krank he's got it; *gestorben* he's had it *umg*

erwünscht ADJ *Wirkung etc* desired; *Eigenschaft* desirable; **du bist hier nicht ~!** you're not welcome here!

erwürgen VT to strangle

Erz N ore

erzählen A VT 1 to tell; **j-m etw ~** to tell sth to sb; **man erzählt sich, dass ...** people say that ...; **erzähl mal, was/wie ... tell me/us what/how ...; das kannst du einem anderen ~** *umg* tell that to the marines *umg* 2 *LIT* to narrate; **~de Dichtung** narrative fiction B VI 1 to tell (**von** about); **er kann gut ~** he's a good storyteller 2 *LIT* to narrate **Erzähler(in)** M(F) narrator; (≈ *Geschichtenerzähler*) storyteller; (≈ *Schriftsteller*) narrative writer **Erzählung** F *LIT* story; (≈ *Schilderung*) account

Erzbergwerk N ore mine **Erzbischof** M archbishop **Erzengel** M archangel

erzeugen VT *CHEM, ELEK, PHYS* to generate; *HANDEL Produkt* to manufacture; *Wein etc* to produce; *fig* (≈ *bewirken*) to cause **Erzeuger(in)** M(F) *HANDEL* manufacturer; *von Naturprodukten* producer **Erzeugerland** N country of origin **Erzeugerpreis** M manufacturer's price **Erzeugnis** N product; *AGR produce kein unbest art, kein pl* **Erzeugung** F *CHEM, ELEK, PHYS* generation

Erzfeind(in) M(F) arch-enemy **Erzherzog** M archduke

erziehbar ADJ *Kind* educable; *Tier* trainable; **schwer ~** *Kind* difficult; *Hund* difficult to train **erziehen** VT *Kind* to bring up; *Tier* to train; (≈ *ausbilden*) to educate; **ein gut/schlecht erzogenes Kind** a well-brought-up/badly-brought-up child **Erzieher(in)** M(F) educator; *in Kindergarten* nursery school teacher **erzieherisch** ADJ educational **Erziehung** F upbringing; (≈ *Ausbildung*) education; (≈ *das Erziehen*) bringing up; *von Tieren* training; (≈ *Manieren*) (good) breeding **Erziehungsberatung** F educational guidance **erziehungsberechtigt** ADJ having parental authority **Erziehungsberechtigte(r)** M(F)DEKL WIE ADJ parent or (legal) guardian **Erziehungsgeld** N ≈ child benefit **Erziehungsurlaub** M parental leave **Erziehungswissenschaft** F education **Erziehungszeit** F 1 (≈ *Kindererziehungszeit*) paren-

tal leave 2 *zur Rentenberechnung* period of parental leave

erzielen VT *Erfolg, Ergebnis* to achieve; *Einigung* to reach; *Gewinn* to make; *Preis* to fetch; *SPORT Tor, Punkte* to score; *Rekord* to set

erzkonservativ ADJ ultraconservative **erzwingen** VT to force; *gerichtlich* to enforce

es PERS PR it; *auf männliches Wesen bezogen, im Nominativ* he; *im Akkusativ* him; *auf weibliches Wesen bezogen, im Nominativ* she; *im Akkusativ* her; **es ist kalt/8 Uhr/Sonntag** it's cold/8 o'clock/Sunday; **ich hoffe es** I hope so; **es gefällt mir** I like it; **es klopft** somebody's knocking (at the door); **es regnet** it's raining; **es geschah ein Unglück** there was an accident; **es gibt viel Arbeit** there's a lot of work; **es kamen viele Leute** a lot of people came

Escapetaste F *COMPUT* escape key **Esche** F ash-tree; (≈ *Holz*) ash **Esel** M donkey; *umg* (≈ *Dummkopf*) (silly) ass; **ich ~!** silly (old) me!; **störrisch wie ein ~** as stubborn as a mule **Eselsbrücke** F (≈ *Gedächtnishilfe*) mnemonic **Eselsohr** *fig* N dog-ear

Eskalation F escalation **eskalieren** VT & VI to escalate

Eskapade *fig* F escapade

Eskimo M Eskimo

Eskorte F *MIL* escort **eskortieren** VT to escort

ESL-Milch F ABK (≈ extended shelf life) ESL milk

Esoterik F esotericism **Esoteriker(in)** M(F) esoteric **esoterisch** ADJ esoteric

Espe F aspen **Espenlaub** N **zittern wie ~** to shake like a leaf

Esperanto N Esperanto

Espresso M espresso

Esprit M wit; **ein Mann mit ~** a witty man

Essay M/N *LIT* essay

essbar ADJ edible; **nicht ~** inedible **Essbesteck** N cutlery (set) *Br*, flatware *US*, knife, fork and spoon **Essecke** F eating area **essen** VT & VI 1 to eat; **da isst es sich gut** the food is good there; **warm/kalt ~** to have a hot/cold meal; **sich satt ~** to eat one's fill; **~ Sie gern Äpfel?** do you like apples?; **beim Essen sein** to be in the middle of eating; **~ gehen** *auswärts* to eat out; **das Thema ist**

schon lange gegessen *fig umg* the subject is dead and buried **Essen** N̲ (≈ *Mahlzeit*) meal; (≈ *Nahrung*) food; (≈ *Küche*) cooking; (≈ *Mittagessen*) lunch; (≈ *Abendessen*) dinner; **das ~ kochen** *umg* to cook the meal; **j-n zum ~ einladen** to invite sb for a meal **Essen(s)marke** F̲ meal voucher *Br*, meal ticket *US* **Essensrest** M̲, **Essensreste** PL̲ leftovers *pl* **Essen(s)zeit** F̲ mealtime

essentiell ADJ̲ → essenziell

Essenz F̲ essence **essenziell** ADJ̲ essential

Essig M̲ vinegar **Essiggurke** F̲ (pickled) gherkin **Essigsäure** F̲ acetic acid **Esskastanie** F̲ sweet chestnut **Esslöffel** M̲ *für Suppe* soup spoon; *in Rezept* tablespoon **Essstäbchen** PL̲ chopsticks *pl* **Essstörung** F̲ eating disorder **Esstisch** M̲ dining table **Esszimmer** N̲ dining room

Establishment N̲ *Presse, a.* SOZIOL̲ establishment

Este M̲, **Estin** F̲ Estonian **Estland** N̲ Estonia **estnisch** ADJ̲ Estonian

Estragon M̲ tarragon

Estrich M̲ 1 stone floor 2 *schweiz* (≈ *Dachboden*) attic

etablieren V/R̲ to establish oneself **etabliert** ADJ̲ established **Etablissement** N̲ establishment

Etage F̲ floor; **in** *od* **auf der 2. ~** on the 2nd floor, on the 3rd floor *US* **Etagenbett** N̲ bunk bed **Etagenheizung** F̲ heating system which covers one floor of a building

E-Tailer(in) M/F̲ IT̲ e-tailer

Etappe F̲ stage **Etappensieg** M̲ SPORT̲ stage win **etappenweise** ADV̲ stage by stage

Etat M̲ budget **Etatjahr** N̲ financial year **etatmäßig** ADJ̲ ADMIN̲ budgetary **Etatposten** M̲ item in the budget

etepetete *umg* ADJ̲ fussy

Ethik F̲ ethics *pl*; (≈ *Fach*) ethics *sg* **Ethikkommission** F̲ ethics committee **Ethikunterricht** M̲ SCHULE̲ (teaching of) ethics **ethisch** ADJ̲ ethical **ethnisch** ADJ̲ ethnic; **~e Säuberung** *euph* ethnic cleansing **Ethnologe** M̲, **Ethnologin** F̲ ethnologist **Ethnologie** F̲ ethnology

Ethos N̲ ethos; (≈ *Berufsethos*) professional ethics *pl*

E-Ticket N̲ (≈ *elekronisches Ticket*) e-ticket

Etikett N̲ label **Etikette** F̲ etiquette **etikettieren** V/T̲ to label

etliche(r, s) INDEF PR̲ 1 quite a lot of; **~ Mal** quite a few times 2 ~ *pl* quite a few 3 **~s** *sg substantivisch* quite a lot

Etüde F̲ MUS̲ étude

Etui N̲ case

etwa ADV̲ 1 (≈ *ungefähr*) about; **~ so** more or less like this 2 (≈ *zum Beispiel*) for instance; **wie ~** such as 3 *in Fragen* by any chance; **hast du das ~ vergessen?** you haven't forgotten that by any chance, have you?; **du bist doch nicht ~ krank?** surely you're not ill, are you? 4 *empört, vorwurfsvoll* **soll das ~ heißen, dass ...?** is that supposed to mean ...?; **willst du ~ schon gehen?** (surely) you don't want to go already!; **sind Sie ~ nicht einverstanden?** do you mean to say that you don't agree?; **ist das ~ wahr?** (surely) it's not true!; **war sie ~ da?** don't tell me she was there

etwaig ADJ̲ possible; **bei ~en Beschwerden** in the event of (any) complaints

etwas INDEF PR̲ 1 *substantivisch* something; *fragend, verneinend* anything; *Teil einer Menge* some, any; **kannst du mir ~ (davon) leihen?** can you lend me some (of it)?; ~ *anderes* something else; **aus ihm wird nie ~** *umg* he'll never become anything; **da ist ~ Wahres dran** there is some truth in that 2 *adjektivisch* some; **~ Salz?** some salt?; **~ Nettes** something nice **Etwas** N̲ something; **das gewisse ~** that certain something

Etymologie F̲ etymology **etymologisch** ADJ̲ etymological

Et-Zeichen N̲ ampersand

EU F̲ ABK̲ (= *Europäische Union*) EU **EU-Außenbeauftragte(r)** M/F(M)̲ Representative for Foreign Affairs **EU-Außengrenze** F̲ external border of the EU **EU-Beitritt** M̲ EU accession, accession to the EU, entry into the EU **EU-Beitrittsland** N̲ EU accession country **EU-Bestimmung** F̲ EU regulation

euch PERS PR̲ you; *reflexiv* yourselves; **ein Freund von ~** a friend of yours; **setzt ~!** sit down, sit yourselves down *umg*

Eucharistie F̲ KIRCHE̲ Eucharist

euer POSS PR̲ your; **viele Grüße, Euer Hans** best wishes, yours, Hans; **das sind**

eure Bücher those are your books **eure(r, s)** POSS PR → eurer, s

EU-Erweiterung F EU expansion

Eukalyptus M (≈ *Baum*) eucalyptus (tree); (≈ *Öl*) eucalyptus oil

EU-Kommissar(in) M/F EU commissioner **EU-Kommission** F EU commission **EU-Land** N EU country *od* member state

Eule F owl

EU-Mitglied N EU member (state)

Eunuch M eunuch

EU-Organ N EU institution **EU-Osterweiterung** F EU expansion into Eastern Europe

euphemistisch A ADJ euphemistic B ADV euphemistically

Euphorie F euphoria **euphorisch** ADJ euphoric

EUR ABK (= *Euro*) EUR, euro

EURATOM ABK (= *Europäische Atomgemeinschaft*) EURATOM

eure(r, s) POSS PR 1 *substantivisch* yours; **der/die/das ~** *od* **Eure** *geh* yours; **tut ihr das ~** *od* **Eure** *geh* you do your bit *Br*, you do your part *US* 2 *adjektivisch* → eurer **eurerseits** ADV for your part **euresgleichen** PRON people like you **euretwegen** ADV (≈ *wegen euch*) because of you **euretwillen** ADV **um ~** for your sake

EU-Richtlinie F EU directive

Euro¹ M (≈ *Währung*) euro; **das kostet zehn ~** that's ten euros; **mit jedem ~ rechnen müssen** to have to count every penny

Euro² F (≈ *Europameisterschaft*) European championship

Eurocent M euro cent **Eurocityzug** M European Inter-City train **Eurokorps** N Eurocorps, European Corps **Eurokrat(in)** M/F Eurocrat **Euroland** N 1 *umg* (≈ *Eurozone*) Euroland *umg* 2 (≈ *EWU-Mitgliedsstaat*) euro country **Euronorm** F European standard

Europa N Europe **Europaabgeordnete(r)** M/F(M) member of the European Parliament **Europacup** M European cup **Europäer(in)** M/F European **europäisch** ADJ European; **~e Schule** European school; **Europäische Gemeinschaft** HIST European Community; **Europäisches Parlament** European Parliament; **Europäische Union** European Union; **Europäisches Währungssystem** European Monetary System; **Europäische Währungsunion** European Monetary Union; **Europäische Zentralbank** European Central Bank **Europameister(in)** M/F European champion; (≈ *Team, Land*) European champions *pl* **Europameisterschaft** F European championship **Europaminister(in)** M/F Minister for Europe *or* European Affairs, Europe Minister **Europaministerkonferenz** F Conference of Ministers for European Affairs **Europaparlament** N European Parliament **Europapokal** M SPORT European cup **Europapolitik** F policy toward(s) Europe **Europarat** M Council of Europe **Europastraße** F European route, E-route **Europawahlen** PL European elections *pl* **europaweit** A ADJ Europe-wide B ADV throughout Europe

Europol F Europol

Euroskeptiker(in) M/F Eurosceptic **Eurotunnel** M Channel Tunnel **Eurovision** F Eurovision; **~ Song Contest** Eurovision Song Contest **Eurowährung** F eurocurrency **Eurozeichen** N euro symbol **Eurozone** F euro zone

Euter N udder

Euthanasie F euthanasia

EU-Verfassung F EU constitution **EU-Verordnung** F EU regulation **EU-Vertrag** M EU treaty **EU-weit** ADJ, ADV EU-wide, across the EU

evakuieren V/T to evacuate **Evakuierung** F evacuation

evangelisch ADJ Protestant **Evangelist(in)** M/F evangelist **Evangelium** N Gospel; *fig* gospel

Event N (≈ *Veranstaltung*) event

Eventualität F eventuality **eventuell** A ADJ possible B ADV possibly; **~ rufe ich Sie später an** I may possibly call you later

---

▶ **eventuell ≠ eventually**

| eventuell | = | **possibly** |
| eventually | = | **schließlich** | ◀

Evolution F evolution

EWI ABK (= *Europäisches Währungsinstitut*) EMI, European Monetary Institute

ewig A ADJ eternal; *Eis, Schnee* perpetual; *umg Nörgelei etc* never-ending B ADV

E

forever, for ever *Br*; **auf ~** forever, for ever *Br*; **das dauert ja ~, bis ...** it'll take ages until ... *umg* **Ewigkeit** F eternity; *umg* ages; **bis in alle ~** for ever; **es dauert eine ~, bis ...** *umg* it'll take absolutely ages until ... *umg*

EWU F ABK (= **Europäische Währungs-union**) EMU

ex ADV **er trank ex** he emptied his glass in one go; **ex!** bottoms up!

Ex *umg* M/F **ex** *umg*

exakt A ADJ exact B ADV exactly; (≈ *ganz genau*) **~ arbeiten** to work accurately **Exaktheit** F exactness

Examen N exam; UNIV final examinations *pl*; **~ machen** to do one's exams *od* finals **Examensarbeit** F piece of written work submitted as part of an exam

exekutieren V/T to execute **Exekution** F execution **Exekutivagentur** F *der EU* executive agency **Exekutive** F, **Exekutivgewalt** F executive

Exempel *geh* N **die Probe aufs ~ machen** to put it to the test

Exemplar N specimen; (≈ *Buchexemplar*, *Zeitschriftenexemplar*) copy **exemplarisch** ADJ exemplary; **j-n ~ bestrafen** to punish sb as an example (to others)

exerzieren V/T & V/I to drill

Exfrau F ex-wife **Exfreund(in)** M/F ex-boyfriend/girlfriend

Exhibitionist(in) M/F exhibitionist

Exil N exile; **im ~ leben** to live in exile **Exilregierung** F government in exile

existent *geh* ADJ existing **Existenz** F existence; (≈ *Auskommen*) livelihood; **eine gescheiterte ~** *umg* a failure; **sich** (*dat*) **eine (neue) ~ aufbauen** to make a (new) life for oneself **Existenzangst** F *Philosophie* angst; *wirtschaftlich* fear for one's livelihood **Existenzberechtigung** F right to exist **Existenzgründer(in)** M/F founder of a (new) business **Existenzgrundlage** F basis of one's livelihood **Existenzgründung** F **1** establishing one's livelihood; WIRTSCH founding of a new business **2** WIRTSCH (≈ *neu gegründete Firma*) start-up (business) **Existenzialismus** M existentialism **Existenzialist(in)** M/F existentialist **existenziell** *geh* ADJ existential; **von ~er Bedeutung** of vital significance **Existenzkampf** M struggle for survival **Existenzminimum** N subsistence

level; (≈ *Lohn*) minimal living wage **existieren** V/I to exist

exklusiv ADJ exclusive **exklusive** PRÄP excluding **Exklusivität** F exclusiveness

Exkrement *geh* N excrement *kein pl*

Exkursion F (study) trip

Exmann M ex-husband

Exmatrikulation F UNIV being taken off the university register **exmatrikulieren** V/T UNIV to take off the university register

Exodus M BIBEL, *a. fig* exodus

Exorzist(in) M/F exorcist

Exot(in) M/F exotic animal/plant *etc*; *Mensch* exotic foreigner **exotisch** ADJ exotic

Expander M SPORT chest expander **expandieren** V/I to expand **Expansion** F PHYS, POL expansion

Expedition F expedition

Experiment N experiment; **~e machen** to carry out experiments **Experimentalfilm** M experimental movie **experimentell** ADJ experimental **experimentieren** V/I to experiment (**mit** with)

Experte M, **Expertin** F expert (**für** in) **Expertenkommission** F think tank **Expertenmeinung** F expert opinion

explizit *geh* A ADJ explicit B ADV explicitly

explodieren V/I to explode **Explosion** F explosion; **etw zur ~ bringen** to detonate sth **explosionsartig** A ADJ explosive; *Wachstum* phenomenal B ADV **das Gerücht verbreitete sich ~** the rumour spread like wildfire *Br*, the rumor spread like wildfire *US* **Explosionsgefahr** F danger of explosion **explosiv** ADJ explosive

Exponent M MATH exponent **exponieren** V/T to expose

Export M export (**an** +*dat* of); (≈ *Exportwaren*) exports *pl* **Exportabteilung** F export department **Exportartikel** M export **Exporteur(in)** M/F exporter **Exportgeschäft** N export business **Exporthandel** M export business **exportieren** V/T & V/I to export **Exportkauffrau** F, **Exportkaufmann** M export **Exportland** N exporting country **Exportüberschuss** M export surplus **Exportware** F export **Exportzoll** M export duty

Expressgut N̅ express goods *pl*
Expressionismus M̅ expressionism
Expressionist(in) M̅/F̅ expressionist
expressionistisch A̅D̅J̅ expressionist
kein adv, expressionistic **expressiv**
A̅D̅J̅ expressive
extern A̅D̅J̅ external **Externgespräch**
N̅ TEL external call
extra A̅ A̅D̅J̅ *umg* extra B̅ A̅D̅V̅ (e)special-
ly; (≈ *gesondert*) separately; (≈ *zusätzlich*)
extra; *umg* (≈ *absichtlich*) on purpose **Ex-**
tra N̅ extra
extrahieren V̅/T̅ to extract **Extrakt** M̅
extract
Extratour *fig umg* F̅ special favour *Br*,
special favor *US* **extravagant** A̅ A̅D̅J̅
extravagant B̅ A̅D̅V̅ extravagantly **Ext-**
ravaganz F̅ extravagance **extraver-**
tiert A̅D̅J̅ PSYCH extrovert **Extrawurst**
umg F̅ **j-m eine ~ braten** to make an ex-
ception for sb
extrem A̅ A̅D̅J̅ extreme B̅ A̅D̅V̅ extreme-
ly; *sich verbessern, sich verschlechtern* rad-
ically **Extrem** N̅ extreme **Extremfall**
M̅ extreme (case) **Extremismus** M̅ ex-
tremism **Extremist(in)** M̅/F̅ extremist
extremistisch A̅D̅J̅ extremist **Extre-**
mität F̅ extremity **Extremsituation**
F̅ extreme situation **Extremsport** M̅
extreme sport
extrovertiert A̅D̅J̅ PSYCH extrovert
Exzellenz F̅ Excellency
exzentrisch A̅D̅J̅ eccentric
Exzess M̅ excess; **bis zum ~** excessively
exzessiv A̅D̅J̅ excessive
Eyeliner M̅ eyeliner
EZB F̅ A̅B̅K̅ (≈ Europäische Zentralbank)
ECB
E-Zigarette F̅ e-cigarette

F, f N̅ F, f
Fabel F̅ fable **fabelhaft** A̅ A̅D̅J̅ splen-
did, fabulous B̅ A̅D̅V̅ splendidly **Fabel-**
tier N̅ mythical creature **Fabelwesen**
N̅ mythical creature
Fabrik F̅ factory **Fabrikanlage** F̅ fac-
tory premises *pl* **Fabrikant(in)** M̅/F̅
(≈ *Fabrikbesitzer*) industrialist; (≈ *Herstel-*
ler) manufacturer **Fabrikarbeiter(in)**
M̅/F̅ factory worker **Fabrikat** N̅ (≈ *Mar-*
ke) make; (≈ *Produkt*) product; (≈ *Ausfüh-*
rung) model **Fabrikation** F̅ manufac-
ture **Fabrikationsfehler** M̅ manu-
facturing fault **Fabrikbesitzer(in)**
M̅/F̅ factory owner **Fabrikgelände** N̅
factory site **fabrikneu** A̅D̅V̅ brand
new **Fabrikverkauf** M̅ (≈ *Center*) fac-
tory outlet **fabrizieren** *umg* V̅/T̅ to
make; *Alibi, Lügen* to concoct

▶ **Fabrik ≠ fabric**

Fabrik	=	**factory**
fabric	=	Stoff, Gewebe

◀

Facebook® N̅ IT Facebook®; **bei/auf**
~® sein to be on Facebook®
Facette F̅ facet **facettenartig** A̅D̅J̅
facet(t)ed **Facettenauge** N̅ com-
pound eye
Fach N̅ **1** compartment; *in Regal etc*
shelf; *für Briefe etc* pigeonhole **2**
(≈ *Sachgebiet*) subject; (≈ *Gebiet*) field;
(≈ *Handwerk*) trade; **ein Mann vom ~**
an expert **Fachabitur** N̅ *examination*
entitling the successful candidate to
study at a Fachhochschule or certain
subjects at a university **Facharbeit**
F̅ SCHULE extended essay **Facharbei-**
ter(in) M̅/F̅ skilled worker **Facharzt**
M̅, **Fachärztin** F̅ specialist (**für** in)
fachärztlich A̅D̅J̅ specialist *attr*; *Be-*
handlung by a specialist **Fachaus-**
druck M̅, **Fachbegriff** M̅ technical
term **Fachbereich** M̅ (≈ *Fachgebiet*)
(special) field; UNIV faculty **Fachbuch**
N̅ reference book **Fachbuchhand-**

lung F specialist bookshop

Fächer M fan; fig range **fächerförmig** A ADJ fan-shaped B ADV like a fan **fächern** A VT to fan (out); fig to diversify; **gefächert** diverse B VR to fan out

fächerübergreifend A ADJ interdisciplinary B ADV across the disciplines **Fachfrau** F expert **Fachgebiet** N (special) field **fachgerecht** A ADJ expert; Ausbildung specialist B ADV expertly **Fachgeschäft** N specialist shop, specialty store US **Fachhandel** M specialist shops pl, specialty stores pl US **Fachhochschule** F higher education institution **Fachidiot(in)** umg MF person who can think of nothing but his/her subject **Fachjargon** M technical jargon **Fachkenntnisse** PL specialized knowledge **Fachkonferenz** F SCHULE conference held twice a year in a school involving all the teachers of a particular subject along with parent and pupil representatives **Fachkraft** F qualified employee **Fachkräftemangel** M lack of qualified personnel **Fachkreise** PL in ~n among experts **fachkundig** A ADJ informed; (≈fachmännisch) proficient B ADV j-n ~ beraten to give sb informed advice **Fachlehrer(in)** MF specialist subject teacher **fachlich** ADJ technical; Ausbildung specialist attr; (≈beruflich) professional **Fachliteratur** F specialist literature **Fachmann** M expert **fachmännisch** A ADJ expert B ADV expertly; ~ ausgeführt expertly done **Fachoberschule** F College of Further Education **Fachrichtung** F subject area **Fachschule** F technical college **Fachsimpelei** F umg shop talk **fachsimpeln** umg VI to talk shop **Fachsprache** F technical terminology **Fachwelt** F experts pl **Fachwerkhaus** N half-timbered house **Fachwissen** N (specialized) knowledge of the/one's subject **Fachwort** N specialist term **Fachwörterbuch** N specialist dictionary **Fachzeitschrift** F specialist journal; für Berufe trade journal

Fackel F torch **fackeln** umg VI nicht lange gefackelt! no shilly-shallying! bes Br umg **Fackelzug** M einen ~ veranstalten to hold a torchlight procession

fad bes österr, schweiz ADJ 1 → fade 2 (≈langweilig) dull, boring

fade A ADJ 1 Geschmack insipid; Essen tasteless 2 fig (≈langweilig) dull B ADV ~ schmecken to have not much of a taste

Faden M thread, yarn; an Marionetten string; MED stitch; den ~ verlieren fig to lose the thread; er hält alle Fäden (fest) in der Hand he holds the reins; keinen guten ~ an j-m/etw lassen umg to tear sb/sth to shreds umg **Fadenkreuz** N crosshair **Fadennudeln** PL vermicelli pl **fadenscheinig** wörtl ADJ threadbare; fig Argument flimsy; Ausrede transparent

fadisieren österr VR → langweilen

Fagott N bassoon; ~ spielen to play the bassoon

fähig ADJ 1 (≈tüchtig) capable 2 (dazu) ~ sein, etw zu tun to be capable of doing sth, to be able to do sth; zu allem ~ sein to be capable of anything **Fähigkeit** F (≈Begabung) ability; (≈praktisches Können) skill; die ~ haben, etw zu tun to be capable of doing sth

fahl ADJ pale **Fahlheit** F paleness

fahnden VI to search (nach for) **Fahnder(in)** MF investigator **Fahndung** F search **Fahndungsliste** F er steht auf der ~ he's wanted by the police

Fahne F 1 flag; etw auf seine ~ schreiben fig to take up the cause of sth; mit fliegenden ~n untergehen to go down with all flags flying 2 umg eine ~ haben to reek of alcohol 3 TYPO galley (proof) **Fahnenflucht** F desertion **Fahnenmast** M, **Fahnenstange** F flagpole

Fahrassistent M AUTO driving assistant **Fahrassistenzsystem** N AUTO, BAHN advanced driver assistance system **Fahrausweis** M ticket **Fahrbahn** F roadway; (≈Fahrspur) lane **fahrbar** ADJ mobile; ~er Untersatz hum wheels pl hum

Fähre F ferry; mit der ~ fahren to go by ferry

Fahreigenschaft F handling characteristic; der Wagen hat hervorragende ~en the car handles excellently

fahren A VI 1 (≈sich fortbewegen) to go; Autofahrer to drive; Zweiradfahrer to ride; Schiff to sail; (≈reisen) to travel; mit dem Auto/Zug ~ to go by car/train;

mit dem Rad ~ to cycle; **mit dem Aufzug ~** to take the lift *Br*, to ride the elevator *US*; **links/rechts ~** to drive on the left/right; **zweiter Klasse ~** to travel second class; **gegen einen Baum ~** to drive into a tree; **der Wagen fährt sehr ruhig** the car is very quiet **2** (≈ *verkehren*) **~ da keine Züge?** don't any trains go there?; **der Bus fährt alle fünf Minuten** there's a bus every five minutes **3** **was ist (denn) in dich gefahren?** what's got(ten) into you?; **(mit j-m) gut ~** to get on well (with sb); **(bei etw) gut/schlecht ~** to do well/badly (with sth) **4** (≈ *streichen*) **j-m/sich durchs Haar ~** to run one's fingers through sb's/one's hair **5** V/T **1** *Auto, Bus, Zug* etc to drive; *Fahrrad, Motorrad* to ride; **Ski ~** to ski; **Snowboard ~** to go snowboarding; **Rollschuh ~** to rollerskate; **Inliner/Skateboard ~** to skate; **Rad ~** to ride a bike **2** (≈ *benutzen*) *Straße, Strecke* etc to take; **ich fahre lieber Autobahn** I prefer (driving on) motorways *Br*, I prefer (driving on) freeways *US* **3** (≈ *befördern*) to take; (≈ *hierherfahren*) to bring; *Personen* to drive; **ich fahre dich nach Hause** I'll take you home **4** *Geschwindigkeit* to do; **in der Stadt darf man nur Tempo 50 ~** in town the speed limit is 50 km/h **5** V/R **mit diesem Wagen fährt es sich gut** it's good driving this car; **der neue Wagen fährt sich gut** the new car is nice to drive **fahrend** ADJ itinerant; *Zug, Auto* in motion **Fahrenheit** OHNE ARTIKEL Fahrenheit **Fahrer(in)** M(F) driver **Fahrerei** F driving **Fahrerflucht** F hit-and-run driving; **~ begehen** to fail to stop after causing an accident **fahrerflüchtig** *form* ADJ hit-and-run *attr* **Fahrerhaus** N (driver's) cab **Fahrerlaubnis** *form* F driving licence *Br*, driver's license *US* **fahrerlos** **A** ADJ driverless **B** ADV autonomously, without a driver **Fahrersitz** M driver's seat **Fahrgast** M passenger **Fahrgeld** N fare **Fahrgemeinschaft** F carpool **Fahrgestell** N AUTO chassis; FLUG undercarriage *bes Br*

fahrig ADJ nervous; (≈ *unkonzentriert*) distracted

Fahrkarte F ticket **Fahrkartenautomat** M ticket machine **Fahrkartenkontrolle** F ticket inspection **Fahrkartenschalter** M ticket office *od* counter **fahrlässig** **A** ADJ *a.* JUR negligent **B** ADV negligently; **~ handeln** to be guilty of negligence **Fahrlässigkeit** F *a.* JUR negligence **Fahrlehrer(in)** M(F) driving instructor **Fahrplan** M timetable *bes Br*, schedule *US*; *fig* schedule **Fahrplanänderung** F change in (the) timetable *bes Br*, change in (the) schedule *US* **fahrplanmäßig** **A** ADJ scheduled *attr*, *präd* **B** ADV *verkehren* on schedule; **es verlief alles ~** everything went according to schedule **Fahrpraxis** F driving experience **Fahrpreis** M fare **Fahrpreiserhöhung** F fare increase, increase in fares **Fahrpreisermäßigung** F fare reduction **Fahrprüfung** F driving test **Fahrrad** N bicycle, bike *umg* **Fahrradfahrer(in)** M(F) cyclist **Fahrradhelm** M cycle helmet **Fahrradkurier(in)** M(F) cycle courier **Fahrradrikscha** F cycle rikshaw, trishaw, pedicab **Fahrradtaxi** N cycle cab **Fahrradweg** M cycle path **Fahrrinne** F SCHIFF shipping channel **Fahrschein** M ticket **Fahrscheinautomat** M ticket machine **Fahrscheinentwerter** M ticket-cancelling machine *Br*, ticket-canceling machine *US* **Fahrscheinheft** N book of tickets **Fahrschule** F driving school **Fahrschüler(in)** M(F) *bei Fahrschule* learner (driver) *Br*, student (driver) *US* **Fahrschullehrer(in)** M(F) driving instructor **Fahrspur** F, **Fahrstreifen** M lane **Fahrstuhl** M lift *Br*, elevator *US* **Fahrstunde** F driving lesson **Fahrt** F **1** journey; **nach zwei Stunden ~** after travelling for two hours *Br*, after travelling for two hours *US*; **gute ~!** safe journey! **2** **j-n in ~ bringen** to get sb going; **in ~ kommen** to get going **3** (≈ *Ausflug*) trip; **eine ~ machen** to go on a trip **4** SCHIFF voyage; (≈ *Überfahrt*) crossing **Fahrtdauer** F time for the journey **Fährte** F tracks *pl*; (≈ *Witterung*) scent; (≈ *Spuren*) trail; **auf der richtigen/falschen ~ sein** *fig* to be on the right/wrong track **Fahrtenbuch** N (≈ *Kontrollbuch*) driver's log **Fahrtenschreiber** M tachograph *Br*, trip recorder **Fahrtkosten** PL travelling expenses *pl Br*, travel expenses *pl US* **Fahrtrichtung** F direction of travel; **entgegen der ~** facing backwards; **in ~** facing the front **Fahrtrichtungsanzeiger** M̲ AUTO indicator Br, turn signal US **fahrtüchtig** A̲D̲J̲ fit to drive; Wagen etc roadworthy **Fahrtüchtigkeit** F̲ fitness to drive; von Wagen etc roadworthiness **Fahrtunterbrechung** F̲ break in the journey **Fahrtwind** M̲ airstream **Fahrverbot** N̲ driving ban; **j-n mit ~ belegen** to ban sb from driving **Fahrwasser** N̲ **1** SCHIFF shipping channel **2** fig **in ein gefährliches ~ geraten** to get onto dangerous ground **Fahrweise** F̲ **seine ~** his driving **Fahrwerk** N̲ FLUG undercarriage bes Br; AUTO chassis **Fahrzeit** F̲ → Fahrtdauer **Fahrzeug** N̲ vehicle; (≈ Luftfahrzeug) aircraft; (≈ Wasserfahrzeug) vessel **Fahrzeugbrief** M̲ registration document **Fahrzeughalter(in)** M̲(F̲) keeper of the vehicle **Fahrzeugpapiere** P̲L̲ vehicle documents pl **Fahrzeugpark** M̲ fleet **Fahrzeugschein** M̲ vehicle registration document

Faible geh N̲ liking

fair A̲ A̲D̲J̲ fair (**gegen** to); **~er Handel** fair trade; **das ist wahr ~!** that's not fair! B̲ A̲D̲V̲ fairly **Fairness** F̲ fairness

Fäkalien P̲L̲ faeces pl Br, feces pl US

Fake N̲/M̲ (≈ Fälschung) fake **faken** V̲/T̲ umg (≈ fälschen) to fake **Fakir** M̲ fakir

Fakt N̲/M̲ fact **faktisch** A̲ A̲D̲J̲ actual B̲ A̲D̲V̲ in actual fact **Faktor** M̲ factor

Fakultät F̲ UNIV faculty **fakultativ** A̲D̲J̲ optional

Falke M̲ falcon; fig hawk

Falklandinseln P̲L̲ **die ~** the Falkland Islands

Fall¹ M̲ (≈ das Fallen) fall; fig von Regierung downfall; **zu ~ kommen** wörtl geh to fall; **über die Affäre ist er zu ~ gekommen** fig the affair was his downfall; **zu ~ bringen** wörtl geh to trip up; fig Menschen to cause the downfall of; Regierung to bring down

Fall² M̲ **1** (≈ Umstand) **gesetzt den ~ assuming** (that); **für den ~, dass ich ...** in case I ...; **für alle Fälle** just in case; **auf jeden ~** at any rate; **auf keinen ~** on no account; **auf alle Fälle** in any case; **für solche Fälle** for such occasions; **im günstigsten/schlimmsten ~(e)** at best/worst **2** (≈ Sachverhalt), a. JUR, MED,

GRAM case; **klarer ~!** umg you bet! umg; **ein hoffnungsloser ~** a hopeless case; **der erste/zweite/dritte/vierte ~** the nominative/genitive/dative/accusative case; **welcher ~ steht nach „mit"?** which case does "mit" take?

Falle F̲ **1** trap; **~n legen** od **stellen** to set traps; **j-m in die ~ gehen** to walk od fall into sb's trap; **in der ~ sitzen** to be trapped **2** umg (≈ Bett) bed

fallen V̲/I̲ **1** (≈ hinabfallen, umfallen) to fall; Gegenstand to drop; **etw ~ lassen** to drop sth; **über etw** (akk) **~ to** trip over sth; **durch eine Prüfung** etc **~** to fail an exam etc; → **fallen lassen 2** (≈ sinken) to drop; **im Kurs ~** to go down **3** (≈ fallen) **gefallen** killed in action **4** Weihnachten, Datum etc to fall (**auf** +akk on) **5** Entscheidung to be made; Urteil to be passed; Schuss to be fired; SPORT Tor to be scored **6** (≈ sein) **das fällt ihm leicht/schwer** he finds that easy/difficult

fällen V̲/T̲ **1** (≈ umschlagen) to fell, to cut down **2** fig Entscheidung to make; Urteil to pass

fallen lassen V̲/T̲ **1** (≈ aufgeben) Plan to drop **2** (≈ äußern) Bemerkung to let drop; → **fallen**

fällig A̲D̲J̲ due präd; **längst ~** long overdue; **~ werden** to become due

Fallobst N̲ windfalls pl **Fallrückzieher** M̲ FUSSB overhead kick

falls K̲O̲N̲J̲ (≈ wenn) if; (≈ für den Fall, dass) in case; **~ möglich** if possible

Fallschirm M̲ parachute **Fallschirmjäger(in)** M̲(F̲) MIL paratrooper **Fallschirmspringen** N̲ parachuting, skydiving **Fallschirmspringer(in)** M̲(F̲) parachutist **Fallstrick** M̲ fig trap **Fallstudie** F̲ case study **Falltür** F̲ trapdoor

falsch A̲ A̲D̲J̲ **1** wrong; **wahr oder ~** true or false; **~er Alarm** false alarm; **Sie sind hier ~** you're in the wrong place **2** (≈ unecht) Zähne etc false; Pass etc forged; Geld counterfeit **3** **eine ~e Schlange** umg a snake-in-the-grass; **ein ~es Spiel (mit j-m) treiben** to play (sb) false B̲ A̲D̲V̲ (≈ nicht richtig) wrongly; **alles ~ machen** to do everything wrong; **j-n ~ verstehen** to misunderstand sb; **j-n ~ informieren** to misinform sb; **die Uhr geht ~** the clock is wrong; **~ spielen** MUS to play off key; **~ verbunden**

sein to have the wrong number; → falschliegen **Falschaussage** F̲ JUR (**uneidliche**) ~ false statement **fälschen** V̲T̲ to forge; HANDEL *Bücher* to falsify; **gefälscht** forged **Fälscher(in)** M̲|F̲ forger **Falschfahrer(in)** M̲|F̲ wrong-way driver, ghost-driver *bes US* *umg* **Falschgeld** N̲ counterfeit money **fälschlich** A̲ ADJ false B̲ ADV wrongly, falsely **fälschlicherweise** ADV wrongly, falsely **falschliegen** *umg* V̲I̲ to be wrong (**bei, in** *+dat* about *od* **mit** in) **Falschmeldung** F̲ *Presse* false report **Falschparker(in)** M̲|F̲ parking offender **Falschspieler(in)** M̲|F̲ KART cheat; *professionell* cardsharp(er) **Fälschung** F̲ forgery **fälschungssicher** ADJ forgery-proof; *Fahrtenschreiber* tamper-proof

Faltblatt N̲ leaflet **Faltboot** N̲ collapsible boat **Falte** F̲ ▮ *in Stoff, Papier* fold; (≈ *Bügelfalte*) crease ▮ *in Haut* wrinkle **falten** V̲T̲ & V̲R̲ to fold **Faltenrock** M̲ pleated skirt **Falter** M̲ (≈ *Tagfalter*) butterfly; (≈ *Nachtfalter*) moth **faltig** ADJ (≈ *zerknittert*) creased; *Gesicht, Stirn, Haut* wrinkled **Faltkarte** F̲ folding map

Falz M̲ (≈ *Kniff, Faltlinie*) fold **familiär** ADJ ▮ family *attr* ▮ (≈ *zwanglos*) informal; (≈ *freundschaftlich*) close **Familie** F̲ family; ~ **Müller** the Müller family; **eine** ~ **gründen** to start a family; ~ **haben** *umg* to have a family; **das liegt in der** ~ it runs in the family; **zur** ~ **gehören** to be one of the family **Familienangehörige(r)** M̲|F̲(M̲) family member **Familienangelegenheit** F̲ family matter; **dringende ~en** urgent family business *kein pl* **Familienausflug** M̲ family getaway, family outing **Familienbetrieb** M̲ family business **Familienfest** N̲ family party **Familienkalender** M̲ family caledar, family (activity) planner **Familienkreis** M̲ family circle **Familienleben** N̲ family life **Familienmitglied** N̲ member of the family **Familienname** M̲ surname, family name *US* **Familienpackung** F̲ family(-size) pack **Familienplaner** M̲ family caledar, family (activity) planner **Familienplanung** F̲ family planning **Familienstand** M̲ marital status **Familienunternehmen** N̲ family business **Familienva-**

ter M̲ father (of a family) **Familienverhältnisse** P̲L̲ family background *sg* **Familienzusammenführung** F̲ reuniting of families

Fan M̲ fan; FUSSB *a.* supporter **Fanartikel** M̲ piece of fan merchandise; *pl* fan merchandise **Fanatiker(in)** M̲|F̲ fanatic **fanatisch** A̲ ADJ fanatical B̲ ADV fanatically **Fanatismus** M̲ fanaticism **Fanclub** M̲ fan club

Fanfare F̲ MUS fanfare

Fang M̲ ▮ (≈ *das Fangen*) hunting; (≈ *Fischen*) fishing ▮ (≈ *Beute*) catch; **einen guten** ~ **machen** to make a good catch ▮ JAGD (≈ *Kralle*) talon; (≈ *Reißzahn*) fang **Fangarm** M̲ ZOOL tentacle **Fangemeinde** F̲ fan club *od* community

fangen A̲ V̲T̲ to catch B̲ V̲I̲ to catch C̲ V̲R̲ ▮ *in einer Falle* to get caught ▮ (≈ *das Gleichgewicht wiederfinden*) to steady oneself; *seelisch* to get on an even keel again **Fänger(in)** M̲|F̲ SPORT catcher **Fangfrage** F̲ trick question **Fangquote** F̲ (fishing) quota **Fangschaltung** F̲ TEL interception circuit **Fanklub** M̲ fan club **Fanmeile** F̲ supporter area, fanzone

Fantasie F̲ ▮ (≈ *Einbildung*) imagination; **seiner** ~ **freien Lauf lassen** to give free rein to one's imagination ▮ (≈ *Trugbild*) fantasy **fantasielos** ADJ lacking in imagination **fantasiereich** ADJ & ADV → fantasievoll **fantasieren** A̲ V̲I̲ to fantasize (**von** about); MED to be delirious B̲ V̲T̲ *Geschichte* to dream up **fantasievoll** A̲ ADJ highly imaginative B̲ ADV *reden, antworten* imaginatively **Fantast(in)** M̲|F̲ dreamer, visionary **fantastisch** A̲ ADJ fantastic, fabulous B̲ ADV fantastically; ~ **klingen** to sound fantastic **Fantasyfilm** M̲ fantasy movie

Farbaufnahme F̲ colo(u)r photo (-graph) **Farbband** N̲ (typewriter) ribbon **Farbbild** N̲ FOTO colo(u)r photo (-graph) **Farbdisplay** N̲ COMPUT colo(u)r display **Farbdruck** M̲ colo(u)r print **Farbdrucker** M̲ colo(u)r printer **Farbe** F̲ ▮ colour *Br*, color *US*; **welche** ~ **hat euer Auto?** which colo(u)r is your car?; **in** ~ in colo(u)r ▮ (≈ *Malerfarbe*) paint; (≈ *Druckfarbe*) ink ▮ KART suit; ~ **bekennen** *fig* to nail one's colo(u)rs to the mast **farbecht** ADJ colourfast *Br*, colorfast US **färben** Ⓐ V̅/T̅ to colour Br, to color US; Stoff, Haar to dye; → **gefärbt** Ⓑ V̅R̅ to change colo(u)r; **sich grün/blau** etc ~ to turn green/blue etc **farbenblind** A̅D̅J̅ colo(u)r-blind **Farbenblindheit** F̅ colo(u)r-blindness **farbenfreudig** A̅D̅J̅, **farbenfroh** A̅D̅J̅ colourful Br, colorful US **farbenprächtig** A̅D̅J̅ gloriously colo(u)rful **Farbfernsehen** N̅ colo(u)r television **Farbfernseher** umg M̅, **Farbfernsehgerät** colo(u)r television (set) **Farbfilm** M̅ colo(u)r film **Farbfoto** N̅ colo(u)r photo(graph) **farbig** Ⓐ A̅D̅J̅ coloured Br, colored US; fig Schilderung vivid Ⓑ A̅D̅V̅ (≈in Farbe) in a colo(u)r **Farbige(r)** M̅/F̅(M̅) coloured man/woman/person etc Br, colored man/woman/person etc US; **die ~n** colo(u)red people pl **Farbkasten** M̅ paintbox **Farbkombination** F̅ colo(u)r combination; (≈Farbzusammenstellung) colo(u)r scheme **Farbkopie** F̅ colo(u)r copy **Farbkopierer** M̅ colo(u)r copier **farblich** A̅D̅J̅ colo(u)r attr **farblos** A̅D̅J̅ colo(u)rless **Farbmonitor** M̅ colo(u)r monitor od screen **Farbstift** M̅ colo(u)red pen; (≈Buntstift) crayon, colo(u)red pencil **Farbstoff** M̅ (≈Lebensmittelfarbstoff) (artificial) colo(u)ring; (≈Hautfarbstoff) pigment; für Textilien etc dye **Farbton** M̅ shade, hue; (≈Tönung) tint **Färbung** F̅ colouring Br, coloring US; (≈Tönung) tinge; fig slant **Farce** F̅ 1️⃣ THEAT, a. fig farce 2️⃣ GASTR stuffing **Farm** F̅ farm **Farmer(in)** M̅(F̅) farmer **Farn** M̅, **Farnkraut** N̅ fern **Fasan** M̅ pheasant **faschieren** V̅/T̅ österr GASTR to mince Br, to grind US; **Faschiertes** mince, minced meat Br, ground beef US **Fasching** M̅ carnival **Faschingszeit** F̅ carnival period **Faschismus** M̅ fascism **Faschist(in)** M̅(F̅) fascist **faschistisch** A̅D̅J̅ fascist **faseln** pej V̅/I̅ to drivel umg **Faser** F̅ fibre Br, fiber US **faserig** A̅D̅J̅ fibrous; Fleisch, Spargel stringy pej **fasern** V̅/I̅ to fray **Faserschreiber** M̅ (≈Stift) felt-tip pen **Fass** N̅ barrel; (≈kleines Bierfass) keg; zum Gären, Einlegen vat; für Öl, Benzin, Chemikalien drum; **vom ~ Bier** on draught Br, on draft US; **ein ~ ohne Bo-**

den fig a bottomless pit; **das schlägt dem ~ den Boden aus** umg that beats everything; **ein ~ aufmachen** (≈feiern) to have a fling (od a binge umg); (≈ein Thema ansprechen) to start a big debate; (≈ein Problem ansprechen) to open a can of worms **Fassade** F̅ façade **fassbar** A̅D̅J̅ comprehensible; **das ist doch nicht ~!** that's incomprehensible! **Fassbier** N̅ draught beer Br, draft beer US **Fässchen** N̅ cask **fassen** Ⓐ V̅/T̅ 1️⃣ (≈ergreifen) to take hold of; kräftig to grab; (≈festnehmen) Einbrecher etc to apprehend form; **j-n beim** od **am Arm ~** to take/grab sb by the arm; **fass!** seize! 2️⃣ fig Entschluss to make; Mut to take; **den Vorsatz ~, etw zu tun** to make a resolution to do sth 3️⃣ (≈begreifen) to grasp; **es ist nicht zu ~** it's unbelievable 4️⃣ (≈enthalten) to hold 5️⃣ (≈einfassen) Edelsteine to set; Bild to frame; **in Worte ~** to put into words Ⓑ V̅/I̅ 1️⃣ (≈nicht abrutschen) to grip; Zahnrad to bite 2️⃣ (≈greifen) **an/in etw** (akk) ~ to feel sth; (≈berühren) to touch sth Ⓒ V̅R̅ (≈sich beherrschen) to compose oneself; → **gefasst** **Fassette** etc F̅ → Facette **Fasson** F̅ von Kleidung style; von Frisur shape; **aus der ~ geraten** wörtl to go out of shape **Fassung** F̅ 1️⃣ von Juwelen setting; von Bild frame; ELEK holder 2️⃣ (≈Bearbeitung, Wortlaut) version 3️⃣ (≈Besonnenheit) composure; **die ~ bewahren** to maintain one's composure; **die ~ verlieren** to lose one's composure; **j-n aus der ~ bringen** to throw od upset sb umg **fassungslos** Ⓐ A̅D̅J̅ stunned Ⓑ A̅D̅V̅ in bewilderment **Fassungsvermögen** N̅ capacity **fast** A̅D̅V̅ almost, nearly; **~ nie** hardly ever; **~ nichts** hardly anything **fasten** V̅/I̅ to fast **Fastenzeit** F̅ period of fasting; KIRCHE Lent **Fast Food** N̅ fast food **Fastnacht** F̅ (≈Fasching) Shrovetide carnival **Fasttag** M̅ day of fasting **Faszination** F̅ fascination **faszinieren** V̅/T̅ & V̅/I̅ to fascinate (**an** +dat about); **~d** fascinating **fatal** geh A̅D̅J̅ (≈verhängnisvoll) fatal; (≈peinlich) embarrassing **Fata Morgana** F̅ mirage

fauchen V/T & V/I to hiss

faul ADJ 1 (≈verfault) bad; Lebensmittel off präd Br, bad präd; Eier, Obst, Holz rotten; Geschmack, Geruch, Wasser foul 2 (≈verdächtig) fishy ump, suspicious; Ausrede flimsy; Kompromiss uneasy; **hier ist etwas ~** ump there's something fishy here ump 3 (≈träge) lazy **faulen** V/I to rot; Zahn to decay; Lebensmittel to go bad **faulenzen** V/I to laze around **Faulenzer(in)** M/F(F) layabout **Faulheit** F laziness **faulig** ADJ going bad; Wasser stale; Geruch, Geschmack foul **Fäulnis** F rot; von Zahn decay **fäulniserregend** ADJ putrefactive **Faulpelz** ump M lazybones sg ump **Faultier** N sloth; ump (≈Mensch) lazybones sg ump

Fauna F fauna

Faust F fist; **die (Hand zur) ~ ballen** to clench one's fist; **das passt wie die ~ aufs Auge** (≈passt nicht) it's all wrong; (≈passt gut) it's just the thing ump; **auf eigene ~** fig on one's own initiative; reisen under one's own steam **Fäustchen** N sich (dat) ins ~ lachen to laugh up one's sleeve Br, to laugh in one's sleeve US **faustdick** ump ADJ **eine ~e Lüge** a whopping (great) lie ump B ADV **er hat es ~ hinter den Ohren** he's a sly one ump; **~ auftragen** to lay it on thick ump **faustgroß** ADJ the size of a fist **Fausthandschuh** M mitt(en) **Faustregel** F rule of thumb **Faustschlag** M punch

Fauteuil N österr (≈Sessel) armchair

favorisieren V/T to favour Br, to favor US **Favorit** M IT bookmark; INTERNET **als ~en ablegen** to bookmark, to add to favo(u)rites **Favorit(in)** M/F(F) favourite Br, favorite US

Fax N fax; **j-m ein Fax schicken** to send sb a fax, to fax sb; **etw per Fax bestellen** to order sth by fax **Faxabruf** M fax polling **Faxanschluss** M fax connection **faxen** V/T to fax

Faxen PL ump (≈Alberei) fooling around; **~ machen** to fool around

Faxgerät N fax machine **Faxnummer** F fax number

Fazit N das ~ war … on balance the result was …; **das ~ ziehen** to take stock

FC ABK (≈Fußballclub) football club

FCKW M ABK (≈Fluorchlorkohlenwasserstoff) CFC **FCKW-frei** ADJ CFC-free

FDP¹ ABK (≈Freie Demokratische Partei)

D Liberal Democratic Party

FDP² ABK (≈Freisinnig-Demokratische Partei) schweiz Liberal Democratic Party

Feber M österr February; → März **Februar** M February; → März

fechten V/I SPORT to fence; geh (≈kämpfen) to fight **Fechten** N fencing **Fechter(in)** M/F(F) fencer **Fechtsport** M fencing

Feder F 1 feather; (≈lange Hutfeder) plume; **~n lassen müssen** ump not to escape unscathed; **raus aus den ~n!** ump rise and shine! 2 TECH spring **Federball** M (≈Ball) shuttlecock; (≈Spiel) badminton **Federbett** N continental quilt **federführend** ADJ Behörde etc in overall charge (**für of**) **Federgewicht** N SPORT featherweight (class) **Federhalter** M (dip) pen; (≈Füllfederhalter) (fountain) pen **federleicht** ADJ light as a feather **Federlesen** N nicht viel ~s mit j-m/etw machen to make short work of sb/sth **Federmäppchen** N pencil case **federn** A V/I 1 Eigenschaft to be springy 2 (≈zurückfedern) to spring back; Springer, Turner to bounce B V/T to spring; Auto to fit with suspension **Federung** F springs pl; AUTO a. suspension **Federvieh** N poultry **Federweiße(r)** dial M new wine

Fee F fairy

Feedback N, **Feed-back** N feedback **Fegefeuer** N das ~ purgatory **fegen** A V/T to sweep; (≈auffegen) to sweep up B V/I 1 (≈ausfegen) to sweep (up) 2 ump (≈jagen) to sweep

fehl ADJ **~ am Platz(e)** out of place **Fehlanzeige** ump F dead loss ump; **~!** wrong! **fehlbar** ADJ fallible; schweiz guilty **Fehlbesetzung** F miscasting **Fehlbestand** M deficiency **Fehlbetrag** form M deficit **Fehldiagnose** F wrong diagnosis **Fehleinschätzung** F misjudgement **fehlen** A V/I 1 (≈mangeln) to be lacking; (≈nicht vorhanden sein) to be missing; in der Schule etc to be absent (**in** +dat from); **etwas fehlt** there's something missing; **j-m fehlt etw** sb lacks sth; (≈wird schmerzlich vermisst) sb misses sth; **mir ~ 20 Cent am Fahrgeld** I'm 20 cents short for my fare; **mir ~ die Worte** words fail me; **der/das hat mir gerade noch gefehlt!** ump he/that was all I needed iron 2

(≈*los sein*) **fehlt dir (et)was?** is something the matter (with you)?; **was fehlt dir?** *bei Krankheit* what's wrong with you? [B] [VI] **es fehlt etw** *od* **an etw** (*dat*) there is a lack of sth; *völlig* there is no sth; **es fehlt j-m an etw** (*dat*) sb lacks sth; **wo fehlt es?** what's the trouble?; **es fehlte nicht viel, und ich hätte ihn verprügelt** I almost hit him [C] [VT] **weit gefehlt!** *fig* you're way out! *umg*; *ganz im Gegenteil* far from it! **Fehlen** [N] absence (**bei, in** +*dat* from) **Fehlentscheidung** [F] wrong decision **Fehlentwicklung** [F] mistake; **~en vermeiden** to stop things taking a wrong turn **Fehler** [M] [1] mistake; SPORT fault; **einen ~ machen** to make a mistake [2] TYPO, IT error [3] (≈*Defekt*), *a.* TECH fault; **das ist nicht mein ~** that's not my fault **fehlerfrei** [ADJ] perfect; *Rechnung* correct **fehlerhaft** [ADJ] MECH, TECH faulty; *Ware* substandard; *Messung, Rechnung* incorrect **fehlerlos** [ADJ] → fehlerfrei **Fehlermeldung** [F] IT error message **Fehlerquelle** [F] cause of the fault; *in Statistik* source of error **Fehlerquote** [F] error rate **Fehlersuche** [F] troubleshooting **Fehlgeburt** [F] miscarriage **Fehlgriff** [M] mistake; **einen ~ tun** to make a mistake **Fehlinvestition** [F] bad investment **Fehlkonstruktion** [F] bad design; **der Stuhl ist eine ~** this chair is badly designed **Fehlleistung** [F] slip, mistake; **freudsche ~** Freudian slip **Fehlschlag** *fig* [M] failure **fehlschlagen** [VI] to go wrong, to fail **Fehlstart** [M] false start **Fehltritt** *fig* [M] (≈*Vergehen*) slip; (≈*Affäre*) indiscretion **Fehlurteil** [N] miscarriage of justice **Fehlverhalten** [N] inappropriate behaviour *Br*, inappropriate behavior *US* **Fehlzeiten** [PL] working hours *pl* lost **Fehlzündung** [F] misfiring *kein pl*; **eine ~** a backfire

Feier [F] celebration; (≈*Party*) party; (≈*Zeremonie*) ceremony; **zur ~ des Tages** in honour of the occasion *Br*, in honor of the occasion *US* **Feierabend** [M] (≈*Arbeitsschluss*) finishing time; **~ machen** to finish work; **nach ~** after work; **schönen ~!** have a nice evening! **feierlich** [ADJ] (≈*ernsthaft*) solemn; (≈*festlich*) festive; (≈*förmlich*) ceremonial **Feierlichkeit** [F] (≈*Veranstaltungen*) celebrations *pl* **feiern** [A] [VT] [1] *Ereignis* to celebrate; *Party* to hold, to have; **das muss gefeiert werden!** that calls for a celebration [2] (≈*umjubeln*) to fête; → gefeiert [B] [VI] (≈*eine Feier abhalten*) to celebrate **Feierstunde** [F] ceremony **Feiertag** [M] holiday; **schöne ~e!** enjoy the holidays! **feiertags** [ADV] **sonntags und ~** on Sundays and public holidays

feige [ADJ] cowardly

Feige [F] fig **Feigenbaum** [M] fig tree **Feigenblatt** [N] fig leaf

Feigheit [F] cowardice **Feigling** [M] coward

Feile [F] file **feilen** [VT & VI] to file

feilschen *pej* [VI] to haggle (**um** over)

fein [A] [ADJ] [1] (≈*nicht grob*) fine; *Humor* delicate; *Unterschied* subtle [2] (≈*erlesen*) excellent; *Geschmack* delicate; (≈*prima*) great *umg*; *iron* fine; **vom Feinsten sein** to be first-rate [3] (≈*scharf*) *Gehör, Gefühl* acute [4] (≈*vornehm*) refined; **dazu ist sie sich** (*dat*) **zu ~** that's beneath her [B] [ADV] [1] (≈*nicht grob*) finely [2] (≈*gut*) **~ säuberlich** (nice and) neat [3] (≈*elegant*) **sie hat sich ~ gemacht** she's all dolled up *umg*

Feind(in) [M(F)] enemy; **sich** (*dat*) **~e schaffen** to make enemies **Feindbild** [N] concept of an/the enemy **feindlich** [A] [ADJ] [1] MIL enemy [2] (≈*feindselig*) hostile [B] [ADV] **j-m ~ gegenüberstehen** to be hostile to sb **Feindschaft** [F] hostility **feindselig** [ADJ] hostile **Feindseligkeit** [F] hostility

feinfühlig [ADJ] sensitive; (≈*taktvoll*) tactful **Feingefühl** [N] sensitivity; (≈*Takt*) tact(fulness) **Feingold** [N] refined gold **Feinheit** [F] [1] (≈*Zartheit*) fineness [2] (≈*Erlesenheit*) excellence [3] (≈*Schärfe*) keenness [4] (≈*Vornehmheit*) refinement [5] **~en** *pl* niceties *pl*; (≈*Nuancen*) subtleties *pl* **Feinkostgeschäft** [N] delicatessen **Feinmechanik** [F] precision engineering **Feinschmecker(in)** [M(F)] gourmet; *fig* connoisseur **Feinsilber** [N] refined silver **Feinstaub** [M] particulate matter, fine dust, (fine) particulates **Feinstaubbelastung** [F] particulate matter *or* particulates air pollution **Feinstaubplakette** [F] emissions sticker **Feinwäsche** [F] delicates *pl* **Feinwaschmittel** [N] mild(-action) detergent

feist [ADJ] fat

feixen [VI] *umg* to smirk

Feld N̄ field; *auf Spielbrett* square; *an Zielscheibe* ring; **gegen j-n/etw zu ~e ziehen** *fig* to crusade against sb/sth; **das ~ räumen** *fig* to bow out **Feldarbeit** F̄ AGR work in the fields; *Naturwissenschaft, a.* SOZIOL fieldwork **Feldflasche** F̄ water bottle; MIL canteen **Feldforschung** F̄ field work *od* research **Feldhase** M̄ European hare **Feldherr(in)** M(F) commander **Feldmaus** F̄ field mouse **Feldsalat** M̄ lamb's lettuce **Feldstecher** M̄ (pair of) binoculars **Feldversuch** M̄ field test **Feld-Wald-und-Wiesen-** *umg* ZSSGN run-of-the-mill **Feldwebel(in)** M(F) sergeant **Feldweg** M̄ track across the fields **Feldzug** M̄ campaign

Felge F̄ 1️⃣ TECH (wheel) rim 2️⃣ SPORT circle **Felgenbremse** F̄ calliper brake

Fell N̄ 1️⃣ fur; *von Schaf* fleece; *von toten Tieren* skin 2️⃣ *fig umg* (≈ *Menschenhaut*) skin; **ein dickes ~ haben** to be thick-skinned; **j-m das ~ über die Ohren ziehen** to pull the wool over sb's eyes **Fels** M̄ rock; (≈ *Klippe*) cliff **Felsblock** M̄ boulder **Felsen** M̄ rock; (≈ *Klippe*) cliff **felsenfest** A ADJ firm B ADV **~ überzeugt sein** to be absolutely convinced **felsig** ADJ rocky **Felsspalte** F̄ crevice **Felswand** F̄ rock face

feminin ADJ feminine **Feminismus** M̄ feminism **Feminist(in)** M(F) feminist **feministisch** ADJ feminist; **~ orientiert sein** to have feminist tendencies **Fenchel** M̄ fennel

Fenster N̄ *a.* COMPUT window; **weg vom ~** *umg* out of the game *umg*, finished **Fensterbank** F̄, **Fensterbrett** N̄ windowsill, window ledge **Fensterglas** N̄ window glass **Fensterladen** M̄ shutter **Fensterleder** N̄ chamois *od* shammy (leather) **fensterln** V̄I *österr, südd* to climb through one's sweetheart's bedroom window **Fensterplatz** M̄ window seat **Fensterputzer(in)** M(F) window cleaner **Fensterrahmen** M̄ window frame **Fensterscheibe** F̄ window pane **Fensterumschlag** M̄ window envelope

Ferien P̄L holidays *pl Br*, vacation *US*; UNIV vacation *sg*; (≈ *Parlamentsferien*), *a.* JUR recess *sg*; **die großen ~** the summer holidays *Br*, the long vacation *US*; UNIV the long vacation, the summer break; **~ auf dem Bauernhof** farmstay, farmhouse holiday *Br*, farmhouse vacation *US*; **~ haben** to be on holiday *Br*, to be on vacation *US*; **~ machen** to have *od* take a holiday *Br*, to have *od* take a vacation *US*; **in die ~ fahren** to go on holiday *Br*, to go on vacation *US*; **schöne ~!** have a nice holiday *Br*, have a nice vacation *US* **Feriendorf** N̄ holiday village *Br*, vacation village *US* **Ferienhaus** N̄ holiday home *Br*, vacation house *US* **Ferienjob** M̄ holiday job *Br*, vacation job *US* **Ferienkurs** M̄ holiday course *Br*, vacation course *US*; *im Sommer* summer course **Ferienlager** N̄ holiday camp *Br*, vacation camp *US* **Ferienort** M̄ holiday resort *Br*, vacation resort *US* **Ferienwohnung** F̄ holiday flat *Br*, vacation apartment *US* **Ferienzeit** F̄ holiday period *Br*, vacation period *US*

Ferkel N̄ piglet; *fig unsauber* pig, mucky pup *Br umg*; *unanständig* dirty pig *umg* **Fermentation** F̄ fermentation **fermentieren** V̄T to ferment

fern A ADJ 1️⃣ *räumlich* distant, faraway; **~ von hier** far away from here; *der* **Ferne Osten** the Far East 2️⃣ *zeitlich entfernt* far-off; **in nicht (all)zu ~er Zeit** in the not-too-distant future 3️⃣ *fig* far (away) from **fernab** ADV far away **Fernabfrage** F̄ TEL remote control facility **Fernbedienung** F̄ remote control **Fernbeziehung** F̄ long-distance relationship **fernbleiben** V̄I to stay away (+*dat od* **von** from) **Fernbleiben** N̄ absence (**von** from); (≈ *Nichtteilnahme*) non-attendance **Fernblick** M̄ good view **Fernbus** M̄ intercity bus **Ferne** F̄ 1️⃣ *räumlich* distance; **in der ~** in the distance; **aus der ~** from a distance 2️⃣ (≈ *Zukunft*) future; **in weiter ~ liegen** to be a long time off **ferner** A ADJ further B ADV further, moreover; **unter ~ liefen rangieren** *umg* to be among the also-rans **Fernfahrer(in)** M(F) long-distance lorry driver *Br*, long-distance truck driver, trucker *US* **Fernflug** M̄ long-distance *od* long-haul flight **Ferngespräch** N̄ trunk call *Br*, long-distance call **ferngesteuert** ADJ remote-controlled **Fernglas** N̄ (pair of) binoculars *pl* **fernhalten** V̄T & V̄R to keep away **Fernheizung** F̄ municipal heating system, district heating **Fernkurs** M̄, **Fernkursus** *österr* M̄ correspondence course **Fernlaster** M̄ long-distance lorry Br, long-distance truck **Fernlast-verkehr** M̄ long-distance goods traffic **Fernlicht** N̄ AUTO full beam, high beam *bes* US **fernliegen** *fig* V̄T (j-m) ~ to be far from sb's mind; **es liegt mir fern, das zu tun** far be it from me to do that **Fernmeldesatellit** M̄ communications satellite **Fernmelde-technik** F̄ telecommunications engineering; (≈ *Telefontechnik*) telephone engineering **fernmündlich** *form* A ADJ telephone *attr* B ADV by telephone **Fernost** OHNE ARTIKEL **aus/in/nach ~** from/in/to the Far East **Fernreise** F̄ long-haul journey **Fernrohr** N̄ telescope

Fernsehansager(in) M̄F̄ television announcer **Fernsehansprache** F̄ television speech **Fernsehantenne** F̄ television *od* TV aerial *Br*, television *od* TV antenna US **Fernsehapparat** M̄ television *od* TV set **Fernsehduell** N̄ TV duel, TV debate **fernsehen** V̄I to watch television *od* TV **Fernsehen** N̄ television, TV, telly *Br umg*; **vom ~ übertragen werden** to be televised; **im ~** on television *etc* **Fernseher** M̄ *umg Gerät* television, TV, telly *Br umg* **Fernseher(in)** M̄F̄ *umg* (≈ *Zuschauer*) (television) viewer **Fernsehgebühr** F̄ television *od* TV licence fee **Fernsehgerät** N̄ television *od* TV set **Fernsehkamera** F̄ television *od* TV camera **Fernsehprogramm** N̄ ▯ (≈ *Sendung*) programme *Br*, program US ▯ (≈ *Fernsehzeitschrift*) (television) program(me) guide, TV guide **Fernsehpublikum** N̄ viewers *pl*, viewing public **Fernsehsatellit** M̄ TV satellite **Fernsehsender** M̄ television transmitter **Fernsehsendung** F̄ television programme *Br*, television program US **Fernsehspiel** N̄ television play, drama **Fernsehteilnehmer(in)** *form* M̄F̄ television viewer **Fernsehturm** M̄ television tower **Fernsehübertragung** F̄ television broadcast **Fernsehwerbung** F̄ television advertising **Fernsehzeitschrift** F̄ TV guide **Fernsehzuschauer(in)** M̄F̄ (television) viewer

Fernsicht F̄ clear view **Fernsprech-netz** N̄ telephone system **Fernsprechverkehr** M̄ telephone traffic **fernstehen** V̄I **j-m/einer Sache ~** to have no connection with sb/sth **Fern-**

steuerung F̄ remote control **Fernstraße** F̄ trunk *od* major road, highway US **Fernstudium** N̄ correspondence degree course, ≈ Open University course *Br* **Ferntourismus** M̄ long-haul tourism **Fernüberwachung** F̄ remote monitoring **Fernverkehr** M̄ long-distance traffic **Fernwärme** F̄ district heating *fachspr* **Fernweh** N̄ wanderlust **Fernziel** N̄ long-term goal

Ferse F̄ heel; **j-m (dicht) auf den ~ sein** to be hard *od* close on sb's heels **fertig** A ADJ ▯ (≈ *vollendet*) finished; (≈ *ausgebildet*) qualified; (≈ *reif*) Mensch, Charakter mature; **mit der Ausbildung ~ sein** to have completed one's training ▯ (≈ *zu Ende*) finished; **mit etw ~ sein** to have finished sth; **mit j-m ~ sein** *fig* to be finished with sb; **mit j-m/etw ~ werden** to cope with sb/sth ▯ (≈ *bereit*) ready ▯ *umg* (≈ *erschöpft*) shattered *Br umg*, all in *umg*; (≈ *ruiniert*) finished; (≈ *erstaunt*) knocked for six US *umg*, knocked for a loop *Br umg*; **mit den Nerven ~ sein** to be at the end of one's tether *Br*, to be at the end of one's rope US B ADV **etw ~ kaufen** to buy sth ready-made; *Essen* to buy sth ready-prepared; **~ ausgebildet** fully qualified **Fertigbau** M̄ *Hoch- und Tiefbau* prefabricated building, prefab **fertig bringen, fertigbringen** V̄T (≈ *vollenden*) to get done **fertigbringen** V̄T (≈ *imstande sein*) to manage; *iron* to be capable of **fertigen** *form* V̄T to manufacture **Fertiggericht** N̄ ready-to-serve meal, TV dinner US **Fertighaus** N̄ prefabricated house

Fertigkeit F̄ skill

fertig kriegen, fertigkriegen V̄T (≈ *beenden*) to finish off **fertigkriegen** V̄T **sie kriegt es fertig, ihn rauszuschmeißen** she's capable of throwing him out

fertig machen, fertigmachen V̄T ▯ (≈ *vollenden*) to finish *od* make *machen*) to get ready; **sich ~ (für)** to get ready (for) **fertigmachen** *umg* V̄T **j-n ~** (≈ *erledigen*) to do for sb *umg*; (≈ *ermüden*) to take it out of sb; (≈ *deprimieren*) to get sb down; (≈ *abkanzeln*) to lay into sb *umg* **Fertigprodukt** N̄ finished product **fertigstellen, fertig stellen** V̄T to complete; IT *Installation* to finish **Fertigstellung** F̄ completion

Fertigung F̄ production **Fertigungskosten** PL production costs pl

fesch ADJ **1** bes österr umg (≈ modisch) smart; (≈ hübsch) attractive **2** österr (≈ nett) nice; **sei ~!** (≈ sei brav) be good

Fessel F̄ fetter, shackle; (≈ Kette) chain **fesseln** V̄T **1** to tie (up), to bind; mit Handschellen to handcuff; mit Ketten to chain (up); **j-n ans Bett ~** fig to confine sb to (his/her) bed **2** (≈ faszinieren) to grip **fesselnd** ADJ gripping

fest A ADJ **1** (≈ hart) solid **2** (≈ stabil) solid; Schuhe tough, sturdy; HANDEL, FIN stable **3** (≈ entschlossen) firm; Plan firm, definite; **eine ~e Meinung von etw haben** to have definite views on sth **4** (≈ nicht locker) tight; Griff firm; fig Schlaf sound **5** (≈ ständig) regular; Freundin steady; Stellung, Mitarbeiter permanent **B** ADV **1** (≈ kräftig) anpacken firmly; drücken tightly **2** (≈ nicht locker) anziehen, schließen tight; **die Handbremse ~ anziehen** to put the handbrake on firmly; **er hat schon ~ geschlafen** he was sound asleep **3** versprechen faithfully; zusagen definitely; **~ entschlossen sein** to be absolutely determined **4** (≈ dauerhaft) permanently; **~ befreundet sein** to be good friends; **~ angestellt** employed on a regular basis; **Geld ~ anlegen** to tie up money

Fest N̄ **1** (≈ Feier) celebration; (≈ Party) party **2** kirchlich feast, festival; (≈ Weihnachtsfest) Christmas; **frohes ~!** Merry Christmas, Happy Christmas! bes Br **Festakt** M̄ ceremony

festangestellt ADJ → fest

Festbeleuchtung F̄ festive lighting od lights pl; umg im Haus blazing lights pl

festbinden V̄T to tie up; **j-n/etw an etw** (dat) **~** to tie sb/sth to sth

festbleiben V̄I to remain firm **festdrehen** V̄T to tighten

Festessen N̄ banquet

festfahren fig V̄R to get bogged down **festfressen** V̄R to seize up **Festgeld** N̄ FIN time deposit **festhalten** A V̄T **1** mit den Händen to hold on to **2** (≈ inhaftieren) to hold, to detain **3** etw schriftlich **~** to put sth in writing **B** V̄I **an etw** (dat) **~** to hold to sth, to stick to sth umg **C** V̄R to hold on (an +dat to); **halt dich fest!** hold tight! **festhängen** V̄I to be stuck (an +dat on od in

+dat in)

festigen A V̄T to strengthen; → gefestigt **B** V̄R to become stronger **Festiger** M̄ setting lotion **Festigkeit** F̄ von Material strength; fig steadfastness **Festigung** F̄ strengthening

Festival N̄ festival

festklammern A V̄T to clip on (an +dat to) **B** V̄R to cling (an +dat to), to hold on tight **festkleben** V̄T & V̄I to stick (an +dat to) **festklemmen** V̄T to wedge fast; mit Klammer to clip **Festkörper** M̄ PHYS solid **Festland** N̄ nicht Insel mainland; nicht Meer dry land

festlegen A V̄T **1** (≈ festsetzen) to fix (auf +akk od bei for); Regelung, Arbeitszeiten to lay down **2** j-n auf etw (akk) **~** to tie sb (down) to sth **B** V̄R **1** (≈ sich verpflichten) to commit oneself (auf +akk to) **2** (≈ sich entschließen) to decide (auf +akk on)

festlich A ADJ festive; (≈ feierlich) solemn **B** ADV geschmückt festively; **etw ~ begehen** to celebrate sth **Festlichkeiten** PL festivities pl

festliegen V̄I **1** (≈ festgesetzt sein) to have been fixed **2** (≈ nicht weiterkönnen) to be stuck **festmachen** V̄T **1** (≈ befestigen) to fix on (an +dat -to); (≈ festbinden) to fasten (an +dat onto); SCHIFF to moor **2** (≈ vereinbaren) to arrange **festnageln** V̄T **1** Gegenstand to nail (down/up/on) **2** fig umg j-n to tie down (auf +akk to) **Festnahme** F̄ arrest **festnehmen** V̄T to arrest; **vorläufig ~** take into custody; **Sie sind festgenommen** you are under arrest **Festnetz** N̄ TEL fixed-line network; (a. **~anschluss**) landline; **ruf mich auf dem ~ an** call me on the landline **Festnetznummer** F̄ landline number **Festnetztelefon** N̄ landline (telephone) **Festplatte** F̄ COMPUT hard disk; **externe** od **mobile ~** portable hard drive **Festplattenlaufwerk** N̄ hard disk drive **Festplattenrekorder** M̄ digital video recorder **Festpreis** M̄ HANDEL fixed price

Festrede F̄ speech **Festredner(in)** M̄(F̄) (main) speaker **Festsaal** M̄ hall; (≈ Speisesaal) banqueting hall; (≈ Tanzsaal) ballroom

festschrauben V̄T to screw (in/on/down/up) tight

festsetzen A V̄T **1** (≈ bestimmen) to fix

(**bei, auf** +*akk* at) **2** (≈ *inhaftieren*) to detain **B** *VR* *Staub, Schmutz* to collect; *Rost* to get a foothold

Festsetzung F **1** fixing; *von Frist* setting **2** (≈ *Inhaftierung*) detention

festsitzen *VI* **1** (≈ *klemmen, haften*) to be stuck **2** *umg* (≈ *nicht wegkommen*) to be stuck

Festspeicher M COMPUT read-only memory, ROM

Festspiele PL festival *sg*

feststecken **A** *VI* to be stuck **B** *VT* **etw an etw** (*dat*) ~ to pin sth on(to) sth **feststehen** *VI* (≈ *sicher sein*) to be certain; (≈ *unveränderlich sein*) to be definite; **so viel steht fest** this *od* so much is certain **feststehend** *ADJ* (≈ *bestimmt*) definite; *Redewendung* (well-)established **feststellen** *VT* **1** MECH to lock (fast) **2** (≈ *ermitteln*) to ascertain, to find out, to determine; *Personalien, Sachverhalt* to establish; *Schaden* to assess **3** (≈ *erkennen*) to tell (**an** +*dat* from); *Fehler, Unterschied* to find, to detect; (≈ *bemerken*) to discover **4** (≈ *aussprechen*) to stress, to emphasize **Feststelltaste** F *von Tastatur* caps lock **Feststellung** F **1** (≈ *Ermittlung*) ascertainment; *von Personalien, Sachverhalt* establishment; *von Schaden* assessment **2** (≈ *Erkenntnis*) conclusion **3** (≈ *Wahrnehmung*) observation; **die ~ machen, dass ...** to realize that ... **4** (≈ *Bemerkung*) remark, comment

Festtag M **1** (≈ *Ehrentag*) special *od* red-letter day **2** (≈ *Feiertag*) holiday; KIRCHE feast (day)

festtreten *VT* to tread down; **das tritt sich fest** *hum* it's good for the carpet

Festung F fortress **Festungsanlagen** PL fortifications *pl*

festverzinslich *ADJ* fixed-interest *attr* **festwachsen** *VI* **an etw** (*dat*) ~ to grow onto sth **Festwertspeicher** M COMPUT read-only memory

Festwoche F festival week **Festzelt** N carnival marquee

festziehen *VT* to pull tight; *Schraube* to tighten (up) **Festzins** A fixed interest **Festzug** M carnival procession

Feta M *griechischer Käse* feta

Fete F party

Fetisch M fetish **Fetischismus** M fetishism **Fetischist(in)** M(F) fetishist

fett **A** *ADJ* **1** *Speisen* fatty **2** (≈ *dick*) fat;

TYPO bold; **er ist ~ geworden** he's grown fat **3** (≈ *üppig*) *Beute, Gewinn* fat **B** *ADV* **1** ~ **essen** to eat fatty food **2** ~ **gedruckt** TYPO in bold(face) **Fett** N fat; *zum Schmieren* grease; **tierische/ pflanzliche ~e** animal/vegetable fats; **~ ansetzen** to get fat; **sein ~ bekommen** *umg* to get what is coming to one *umg* **Fettabsaugung** F MED liposuction **fettarm** **A** *ADJ* *Speisen* low-fat **B** *ADV* **~ essen** to eat foods which are low in fat **Fettauge** N globule of fat **Fettbauch** M paunch **Fettcreme** F skin cream with oil **Fettdruck** M TYPO bold type **fetten** *VT* to grease **Fettfilm** M greasy film **Fettfleck** M grease spot, greasy mark **fettfrei** fat-free; *Milch* non-fat; *Kost* non-fatty **fettgedruckt** *ADJ* → fett **Fettgehalt** M fat content **fetthaltig** *ADJ* fatty **fettig** *ADJ* greasy **fettleibig** *geh* obese, corpulent **Fettleibigkeit** *geh* F obesity, corpulence **fettlos** *ADJ* fat-free **Fettnäpfchen** *umg* N **ins ~ treten** to put one's foot in it (**bei j-m** with sb) **Fettpolster** *hum umg* N padding *kein pl* **Fettsack** *umg* M fatso *umg* **Fettschicht** F layer of fat **Fettstift** M *für die Lippen* chapstick **Fettsucht** F MED obesity **fettsüchtig** *ADJ* MED obese **Fettwanst** *pej* M potbelly; (≈ *Mensch*) fatso *umg*

Fetzen M *abgerissen* shred; (≈ *Stofffetzen, Papierfetzen*) scrap; (≈ *Kleidung*) rag; **..., dass die ~ fliegen** *umg* ... like crazy *umg*

feucht *ADJ* damp; (≈ *schlüpfrig*) moist; (≈ *feuchtheiß*) *Klima* humid; *Hände* sweaty; *Tinte, Farbe* wet **Feuchtbiotop** N wetland **feuchtfröhlich** *hum ADJ* merry, convivial **feuchtheiß** *ADJ* hot and damp, muggy **Feuchtigkeit** F **1** dampness; *von Klima* humidity **2** (≈ *Flüssigkeit*) moisture; (≈ *Luftfeuchtigkeit*) humidity **Feuchtigkeitscreme** F moisturizer, moisturizing cream

feudal *ADJ* **1** POL, HIST feudal **2** *umg* (≈ *prächtig*) plush *umg*; *Mahlzeit* lavish **Feudalherrschaft** F feudalism **Feudalismus** M feudalism **feudalistisch** *ADJ* feudalistic

Feuer N **1** fire; **~! feuer!**; **~ legen** to start a fire; **~ fangen** to catch fire; **~ machen** to light a fire; **~ frei!** open fire!; **das ~ einstellen** to cease firing; **mit dem ~**

spielen *fig* to play with fire **2** (≈*Funkfeuer*) beacon; *von Leuchtturm* light **3** *für Zigarette etc* light; **haben Sie ~?** do you have a light? **4** (≈*Schwung*) passion; **~ und Flamme sein** *umg* to be very enthusiastic (**für** about) **Feueralarm** M̲ fire alarm **feuerbeständig** A̲D̲J̲ fire-resistant **Feuerbestattung** F̲ cremation **Feuereifer** M̲ zeal; **mit ~ diskutieren** to discuss with zest **feuerfest** A̲D̲J̲ fireproof; *Geschirr* heat-resistant **Feuergefahr** F̲ fire hazard *od* risk **feuergefährlich** A̲D̲J̲ (highly) (in)flammable *od* combustible **Feuergefecht** N̲ gun fight, shoot-out *umg* **Feuerleiter** F̲ *am Haus* fire escape **Feuerlöscher** M̲ fire extinguisher **Feuermelder** M̲ fire alarm **feuern** V̲/T̲ **1** *Ofen* to light **2** *umg* (≈*werfen*) to fling *umg*; FUSSB *Ball* to slam *umg* **3** *umg* (≈*entlassen*) to fire *umg*, to sack *umg* **Feuerpause** F̲ break in the firing; *vereinbart* ceasefire **Feuerprobe** *fig* F̲ **die ~ bestehen** to pass the (acid) test; **das war seine ~** that was the acid test for him **Feuerqualle** F̲ lion's mane jellyfish **feuerrot** A̲D̲J̲ fiery red **Feuerschutz** M̲ **1** (≈*Vorbeugung*) fire prevention **2** MIL (≈*Deckung*) covering fire **Feuerstein** M̲ flint **Feuerstelle** F̲ campfire site; (≈*Herd*) fireplace **Feuertaufe** F̲ baptism of fire **Feuertreppe** F̲ fire escape **Feuertür** F̲ fire door **Feuerversicherung** F̲ fire insurance **Feuerwache** F̲ fire station **Feuerwaffe** F̲ firearm **Feuerwechsel** M̲ exchange of fire **Feuerwehr** F̲ fire brigade *Br*, fire department *US*; **bei der ~ sein** to be in the fire brigade *Br*, to be in the fire department *US*; **~ spielen** *fig* (≈*Schlimmes verhindern*) to act as a troubleshooter **Feuerwehrauto** N̲ fire engine **Feuerwehrfrau** F̲ firefighter, firewoman **Feuerwehrleute** P̲L̲ firemen *pl*, firefighters *pl* **Feuerwehrmann** M̲ firefighter, fireman **Feuerwerk** N̲ fireworks *pl*; *fig* cavalcade **Feuerwerkskörper** M̲ firework **Feuerzange** F̲ fire tongs *pl* **Feuerzangenbowle** F̲ red wine punch **Feuerzeug** N̲ (cigarette) lighter

Feuilleton N̲ *Presse* feature section

feurig A̲D̲J̲ fiery

FH A̲B̲K̲ (= *Fachhochschule*) *higher education institution*

Fiaker *österr* M̲ **1** (≈*Kutsche*) cab **2** (≈*Kutscher*) coachman

Fiasko *umg* N̲ fiasco

Fibel F̲ SCHULE primer

Fiber F̲ fibre *Br*, fiber *US*

Fibromyalgie F̲ MED fibromyalgia

Fichte F̲ BOT spruce **Fichtenzapfen** M̲ spruce cone

ficken *vulg* V̲/T̲ & V̲/I̲ to fuck *vulg*; **mit j-m ~** to fuck sb *vulg*

fidel A̲D̲J̲ jolly, merry

Fidschiinseln P̲L̲ **die ~** the Fiji Islands

Fieber N̲ temperature; *sehr hoch* fever; **~ haben** to have a temperature, to be feverish; **(j-m) das ~ messen** to take sb's temperature **Fieberanfall** M̲ bout of fever **fieberfrei** A̲D̲J̲ free of fever **fieberhaft** A̲ A̲D̲J̲ feverish B̲ A̲D̲V̲ feverishly **Fieberkurve** F̲ temperature curve **Fiebermittel** N̲ anti-fever drug **fiebern** V̲/I̲ **1** *Kranker* to have a temperature; *schwer* to be feverish **2** *fig nach etw ~* to long feverishly for sth; **vor Erregung** (*dat*) **~** to be in a fever of excitement **fiebersenkend** A̲D̲J̲ fever-reducing **Fieberthermometer** N̲ (clinical) thermometer

Fiedel F̲ fiddle

fies *umg* A̲ A̲D̲J̲ nasty, horrible, mean B̲ A̲D̲V̲ (≈*gemein*) in a nasty way; **~ aussehen** to look horrible **Fiesling** *umg* M̲ nasty piece of work; **so ein ~!** what a nasty piece of work

Fifa F̲ (= Fédération Internationale de Football Association) *Weltfußballverband* FIFA

fifty-fifty A̲D̲V̲ **~ machen** to go fifty-fifty; **es steht ~** it's fifty-fifty

Figur F̲ **1** figure; *umg* (≈*Mensch*) character; **auf seine ~ achten** to watch one's figure **2** (≈*Romanfigur etc*) character **figurativ** A̲ A̲D̲J̲ figurative B̲ A̲D̲V̲ figuratively **figürlich** A̲D̲J̲ figurative

Fiktion F̲ fiction **fiktiv** A̲D̲J̲ fictitious

Filet N̲ GASTR fillet; (≈*Rinderfilet*) fillet steak; *zum Braten* piece of sirloin *od* tenderloin *US* **filetieren** V̲/T̲ to fillet **Filetstück** N̲ GASTR piece of sirloin *od* tenderloin *US*

Filiale F̲ branch **Filialfinder** M̲ INTERNET store locator, shop finder **Filialleiter(in)** M̲/F̲ branch manager/manageress **Filialsuche** F̲ INTERNET store locating

Film M̲ *in Kamera* film; (≈ *Spielfilm*) film *Br*, movie; **in einen ~ gehen** to go and see a movie *od* film *Br*; **zum ~ gehen** to go into movies *od* films *Br* **Filmaufnahme** F̲ *Einzelszene* shot, take; **~n** *pl* shooting **Filmbericht** M̲ movie report, film report *Br* **Filmbiografie** F̲ biopic **Filmemacher(in)** M̲(F̲) moviemaker, film-maker *Br* **filmen** V̲/T̲ & V̲/I̲ to film **Filmfestival** N̲, **Filmfestspiele** P̲L̲ movie festival, film festival *Br* **Filmgeschäft** N̲ movie industry, film industry *Br* **Filmindustrie** F̲ movie industry, film industry *Br* **filmisch** A̲ ADJ cinematic B̲ ADV cinematically **Filmkamera** F̲ movie camera, film camera *Br* **Filmkritik** F̲ (≈ *Artikel*) movie review, film review *Br* **Filmkunst** F̲ cinematic art **Filmmusik** F̲ movie soundtrack, film music *Br* **Filmpreis** M̲ movie award, film award *Br* **Filmproduzent(in)** M̲(F̲) movie producer, film producer *Br* **Filmregisseur(in)** M̲(F̲) movie director, film director *Br* **filmreif** A̲DJ̲ **die Situation war ~** the situation could have come straight out of a movie *od* film *Br* **Filmriss** *fig umg* M̲ mental blackout *umg* **Filmschauspieler** M̲ movie actor, film actor *Br* **Filmschauspielerin** F̲ movie actress, film actress *Br* **Filmstar** M̲ movie star, filmstar *Br* **Filmstudio** N̲ movie studio, film studio *Br* **Filmverleih** M̲ movie distributors *pl*, film distributors *pl Br*

Filter N̲/M̲ filter; **eine Zigarette mit ~** a (filter-)tipped cigarette **Filterkaffee** M̲ filter coffee, drip coffee *US* **filtern** V̲/T̲ & V̲/I̲ to filter **Filterpapier** N̲ filter paper **Filtertüte** F̲ filter bag **Filterung** F̲ filtering **Filterzigarette** F̲ tipped *od* filter (-tipped) cigarette **Filtrat** N̲ filtrate **filtrieren** V̲/T̲ to filter **Filz** M̲ 1 *Textilien* felt; **grüner ~** green baize 2 *umg* (≈ *Korruption*) corruption; *POL pej* sleaze *umg* **filzen** A̲ V̲/I̲ *Textilien* to felt, to go felty B̲ V̲/T̲ *umg* (≈ *durchsuchen*) to search; (≈ *berauben*) to do over *umg* **Filzhut** M̲ felt hat **Filzokratie** F̲ *POL pej* web of patronage and nepotism, spoils system *US* **Filzpantoffel** M̲ (carpet) slipper **Filzschreiber** felt-tip (pen) **Filzstift** M̲ felt-tip (pen)

Fimmel *umg* M̲ 1 (≈ *Tick*) mania 2 (≈ *Spleen*) obsession (**mit** about) **Finale** N̲ MUS finale; SPORT final, finals *pl* **Finalgegner** M̲ SPORT opponent in the final

Finanzamt N̲ tax office, taxman *umg* **Finanzausgleich** M̲ financial compensation; POL *zwischen Regionen* redistribution of revenue **Finanzbeamte(r)** M̲, **Finanzbeamtin** F̲ tax official **Finanzbehörde** F̲ tax authority **Finanzbuchhalter(in)** M̲(F̲) financial accountant **Finanzdienste**, **Finanzdienstleistungen** P̲L̲ financial services *pl* **Finanzen** P̲L̲ finances *pl* **Finanzhilfe** F̲ financial assistance **finanziell** A̲ ADJ financial B̲ ADV financially **finanzierbar** A̲DJ̲ **es ist nicht ~** it cannot be funded **finanzieren** V̲/T̲ to finance, to fund **Finanzierung** F̲ financing **Finanzierungsgesellschaft** N̲ finance company **Finanzjahr** N̲ financial year **finanzkräftig** A̲DJ̲ financially strong **Finanzkrise** F̲ financial crisis **Finanzlage** F̲ financial situation **Finanzmärkte** P̲L̲ financial *od* finance markets *pl* **Finanzminister(in)** M̲(F̲) ≈ Chancellor of the Exchequer *Br*, ≈ Secretary of the Treasury *US*, finance minister **Finanzministerium** N̲ Ministry of Finance, Treasury *Br*, Department of the Treasury *US* **Finanzpolitik** F̲ financial policy; (≈ *Wissenschaft, Disziplin*) politics of finance **finanzschwach** A̲DJ̲ financially weak **finanzstark** A̲DJ̲ financially strong **Finanzwelt** F̲ financial world **Finanzwesen** N̲ financial system, finance **finden** A̲ V̲/T̲ 1 to find; **es ließ sich niemand ~** there was nobody to be found; **etwas an j-m ~** to see something in sb; **nichts dabei ~** to think nothing of it; → **gefunden** 2 (≈ *betrachten*) to think; **es kalt ~** to find it cold; **etw gut ~** to think (that) sth is good; **das finde ich gut** I like that; **j-n nett ~** to think (that) sb is nice; **wie findest du das?** what do you think? B̲ V̲/I̲ **er findet nicht nach Hause** he can't find his *od* the way home; **zu sich selbst ~** to sort oneself out C̲ V̲/T̲ & V̲/I̲ (≈ *meinen*) to think; **~ Sie (das)?** do you think so?; **ich finde (das) nicht** I don't think so; **ich finde, das ist Unsinn** I think *od* believe that's nonsense D̲ V̲/R̲ 1 (≈ *zum Vorschein kom-*

men) to be found; **das wird sich (alles) ~** it will (all) turn up; (≈ *sich herausstellen*) it'll all come out *umg* **2** *Mensch* (≈ *zu sich finden*) to sort oneself out **3** (≈ *sich treffen*) *wörtl* to find each other; *fig* to meet **Finder(in)** M(F) finder **Finderlohn** M reward for the finder **findig** ADJ resourceful

Finesse F (≈ *Feinheit*) refinement; (≈ *Kunstfertigkeit*) finesse; **mit allen ~n** with every refinement

Finger M finger; **mit ~n auf j-n zeigen** *fig* to look askance at sb; **j-m eins auf die ~ geben** to give sb a rap across the knuckles; **(nimm/lass die) ~ weg!** (get/keep your) hands off!; **er hat überall seine ~ drin** *umg* he has a finger in every pie *umg*; **die ~ von j-m/etw lassen** *umg* to keep away from sb/sth; **sich** (*dat*) **an etw** (*dat*) **die ~ verbrennen** to get one's fingers burned in sth; **j-m (scharf) auf die ~ sehen** to keep an eye *od* a close eye on sb; **sich** (*dat*) **etw aus den ~n saugen** to dream sth up; **keinen ~ krumm machen** *umg* not to lift a finger *umg*; **j-n um den kleinen ~ wickeln** to twist sb (a)round one's little finger **Fingerabdruck** M fingerprint; **genetischer ~** genetic fingerprint **Fingerfertigkeit** F dexterity **Fingerfood** N, **Finger-Food** N finger food **Fingergelenk** N finger joint **Fingerhakeln** N finger-wrestling **Fingerhandschuh** M glove **Fingerhut** M **1** *Handarbeiten* thimble **2** BOT foxglove **Fingerkuppe** F fingertip **fingern** A V/i an *od* **mit etw** (*dat*) **~** to fiddle with sth; **nach etw ~** to fumble (around) for sth **B** V/T (≈ *manipulieren*) to fiddle *umg* **Fingernagel** M fingernail **Fingerspitze** F fingertip, tip of one's finger **Fingerspitzengefühl** N (≈ *Einfühlungsgabe*) instinctive feel; *im Umgang mit Menschen* tact and sensitivity **Fingerzeig** M hint; **etw als ~ Gottes/des Schicksals empfinden** to regard sth as a sign from God/as meant **fingieren** V/T (≈ *vortäuschen*) to fake; (≈ *erdichten*) to fabricate **fingiert** ADJ (≈ *vorgetäuscht*) bogus; (≈ *erfunden*) fictitious

Finish N **1** (≈ *Endverarbeitung*) finish **2** SPORT (≈ *Endspurt*) final spurt

finit ADJ GRAM finite

Fink M finch

Finne¹ F (≈ *Rückenflosse*) fin

Finne² M Finn, Finnish man/boy **Finnin** F Finn, Finnish woman/girl **finnisch** ADJ Finnish **Finnland** N Finland

Finnwal M finback

finster A ADJ **1** dark; **im Finstern in the dark 2** (≈ *dubios*) shady **3** (≈ *mürrisch, düster*) grim **4** (≈ *unheimlich*) sinister **B** ADV (≈ *mürrisch*) grimly; **es sieht ~ aus** *fig* things look bleak **Finsternis** F **1** darkness **2** ASTRON eclipse

Firewall F IT firewall

Firlefanz *umg* M (≈ *Kram*) frippery **2** (≈ *Albernheit*) clowning *od* fooling around

firm ADJ **in einem Fachgebiet ~ sein** to have a sound knowledge of an area

Firma F company, firm; (≈ *Kleinbetrieb*) business

Firmament *liter* N heavens *pl liter*

Firmenchef(in) M(F) head of the company, (company) president *bes US* **Firmeninhaber(in)** M(F) owner of the company **firmenintern** A ADJ internal; *Kurs, Seminar a.* in-house **B** ADV internally, within the company **Firmenleitung** F (company) management **Firmenname** M company name **Firmensitz** M company headquarters *sg od pl* **Firmenstempel** M company stamp **Firmenwagen** M company car **Firmenzeichen** N trademark; logo **firmieren** V/I **als** *od* **mit … ~** HANDEL, *a. fig* to trade under the name of …

Firmung F REL confirmation

Firn M névé, firn

Firnis M (≈ *Ölfirnis*) oil; (≈ *Lackfirnis*) varnish

First M (≈ *Dachfirst*) (roof) ridge

Fis N, **fis** N MUS F sharp

Fisch M **1** fish; **~e/drei ~e fangen** to catch fish/three fish(es); **ein großer** *od* **dicker ~** *fig umg* a big fish; **ein kleiner ~ one of the small fry; **weder ~ noch Fleisch** neither fish nor fowl **2** ASTROL **~e** *pl* Pisces *pl*; **(ein) ~ sein** to be a (a) Pisces **fischarm** ADJ *Gewässer* low in fish **Fischbecken** N fishpond **Fischbestand** M fish population **fischen** V/T & V/I to fish; **(auf) Heringe ~** to fish for herring **Fischen** N fishing **Fischer(in)** M(F) fisherman/-woman **Fischerboot** N fishing boat **Fischer-**

dorf N̄ fishing village **Fischerei** F̄ 1 (≈ das Fangen) fishing 2 (≈ Fischereigewerbe) fishing industry **Fischereigrenze** F̄ fishing limit **Fischereihafen** M̄ fishing port **Fischereipolitik** F̄ fisheries policy **Fischernetz** N̄ fishing net **Fischfang** M̄ vom ~ leben to live by fishing **Fischfarm** F̄ fish farm **Fischfilet** N̄ fish fillet **Fischfrikadelle** F̄ fishcake **Fischfutter** N̄ fish food **Fischgeruch** M̄ fishy smell, smell of fish **Fischgeschäft** N̄ fishmonger's (shop) Br, fish shop Br, fish dealer US **Fischgräte** F̄ fish bone **Fischgrätenmuster** N̄ herringbone (pattern) **Fischhändler(in)** M̄F̄ fishmonger Br, fish dealer US **Fischkutter** M̄ fishing cutter **Fischmarkt** M̄ fish market **Fischmehl** N̄ fish meal **Fischotter** M̄ otter **fischreich** ADJ Gewässer rich in fish **Fischreiher** M̄ heron **Fischstäbchen** N̄ fish finger Br, fish stick US **Fischsterben** N̄ death of fish **Fischsuppe** F̄ GASTR fish soup **Fischvergiftung** F̄ MED fish poisoning **Fischwirtschaft** F̄ fishing industry **Fischzucht** F̄ fish-farming

fiskalisch ADJ fiscal **Fiskalunion** F̄ POL, FINANZ fiscal union **Fiskus** M̄ fig (≈ Staat) Treasury

Fisolen F̄pl österr green beans pl **Fistelstimme** F̄ falsetto (voice)

fit ADJ fit; **sich fit halten/machen** to keep/get fit; **in Englisch ist sie fit** she's good at English **Fitness** F̄ physical fitness **Fitnessarmband** N̄ fitness band, fitness tracker **Fitnesscenter** N̄ fitness centre Br, fitness center US **Fitnesslehrer(in)** M̄F̄ fitness instructor od trainer, personal trainer **Fitnessraum** M̄ fitness room, gym **Fitnesstrainer(in)** M̄F̄ fitness instructor od trainer, personal trainer **Fitnesstraining** N̄ ~ **machen** to work out in the gym

Fittich M̄ j-n unter seine ~e nehmen hum to take sb under one's wing fig

fix A ADJ 1 umg (≈ flink) quick; (≈ intelligent) bright, smart 2 umg **fix und fertig sein** (≈ nervös) to be at the end of one's tether Br, to be at the end of one's rope US; (≈ erschöpft) to be done in umg, to be all in umg; emotional to be shattered 3 (≈ feststehend) fixed; **fixe Idee** obsession, idée fixe B ADV umg (≈ schnell) quickly;

das geht ganz fix that won't take long at all

fixen V̄I umg (≈ Drogen spritzen) to fix umg, to shoot (up) umg **Fixer(in)** umg M̄F̄ junkie umg **Fixerstube** umg F̄ junkies' centre Br umg, junkies' center US umg

fixieren V̄T 1 (≈ anstarren) j-n/etw (mit seinen Augen) ~ to fix one's eyes on sb/sth 2 (≈ festlegen) to specify, to define; Gehälter etc to set (auf +akk for); (≈ schriftlich niederlegen) to record; **er ist zu stark auf seine Mutter fixiert** PSYCH he has a mother fixation **Fixierung** F̄ PSYCH fixation

Fixing N̄ FIN fixing **Fixkosten** P̄L fixed costs pl **Fixpunkt** M̄ fixed point **Fixstern** M̄ fixed star

Fjord M̄ fiord

FKK ABK (= Freikörperkultur) **FKK-Anhänger(in) sein** to be a nudist od naturist **FKK-Strand** M̄ nudist beach

flach A ADJ 1 flat; Abhang gentle; **auf dem ~en Land** in the middle of the country 2 (≈ untief, oberflächlich) shallow B ADV ~ **atmen** to take shallow breaths; **sich ~ hinlegen** to lie down **Flachbau** M̄ low building **Flachbildschirm** M̄ TV flat screen **flachbrüstig** ADJ flat-chested **Flachdach** N̄ flat roof

Fläche F̄ area; (≈ Oberfläche) surface; in der Geometrie plane surface **Flächenbrand** M̄ extensive fire **flächendeckend** ADJ extensive **Flächeninhalt** M̄ area **Flächenmaß** N̄ unit of square measure **Flächenstilllegung** F̄ setaside

flachfallen umg V̄I not to come off; Regelung to end **Flachheit** F̄ flatness; (≈ Oberflächlichkeit) shallowness **Flachland** N̄ lowland; (≈ Tiefland) plains pl **flachliegen** umg V̄I umg **er liegt seit einer Woche flach** he's been laid up (in bed) for a week **Flachmann** umg M̄ hip flask **Flachpfirsich** M̄ flat peach

Flachs M̄ 1 Textilien, a. BOT flax 2 umg (≈ Witzelei) kidding umg; (≈ Bemerkung) joke **flachsen** umg V̄I to kid around umg

flackern V̄I to flicker

Fladen M̄ 1 GASTR round flat dough-cake 2 umg (≈ Kuhfladen) cowpat Br, cow dung **Fladenbrot** N̄ unleavened bread

F

Flädlisuppe F̲ *schweiz* pancake soup

Flagge F̲ flag **flaggen** V̲I̲ to fly flags/a flag **Flaggschiff** N̲ flagship

Flair *geh* N̲/(selten) M̲ aura; *bes schweiz* (≈ *Gespür*) flair

Flak F̲ 🞑 anti-aircraft gun 🞒 (≈ *Einheit*) anti-aircraft unit

Flakon N̲/M̲ bottle, flacon

flambieren V̲T̲ GASTR to flambé; **flambierte Bananen** bananas flambés, flambéed bananas

Flamingo M̲ flamingo

flämisch ADJ Flemish

Flamme F̲ flame; **in ~n aufgehen** to go up in flames; **in (hellen) ~n stehen** to be ablaze; **etw auf kleiner ~ kochen** to cook sth on a low flame **Flammenmeer** N̲ sea of flames **Flammenwerfer** M̲ flame-thrower

Flanell M̲ flannel

Flanke F̲ 🞑 flank; *von Bus etc* side 🞒 SPORT flank-vault; FUSSB cross **flanken** V̲I̲ FUSSB to centre *Br*, to center *US* **flankieren** V̲T̲ to flank; **~de Maßnahmen** supporting measures

flapsig *umg* ADJ *Benehmen* cheeky *Br*, fresh *US*; *Bemerkung* offhand

Fläschchen N̲ bottle **Flasche** F̲ 🞑 bottle; **mit der ~ aufziehen** to bottle-feed; **eine ~ Wein/Bier** *etc* a bottle of wine/beer *etc*; **aus der ~ trinken** to drink (straight) out *od* from the bottle 🞒 *umg* (≈ *Versager*) complete loser *umg* **Flaschenbier** N̲ bottled beer **Flaschengrün** ADJ bottle-green **Flaschenhals** M̲ neck of a bottle; *fig* bottleneck **Flaschenkind** N̲ bottle-fed baby **Flaschenöffner** M̲ bottle opener **Flaschenpfand** N̲ deposit on bottles **Flaschenpost** F̲ message in a/the bottle **Flaschenwein** M̲ bottled wine **Flaschenzug** M̲ block and tackle

Flashmob M̲ *spontaner Menschenauflauf* flashmob

Flatrate F̲ TEL flat rate **Flatrateparty, Flatrate-Party** F̲ *umg* all-you-can-drink party **Flatratesaufen, Flatrate-Saufen** *umg* N̲, **Flatratetrinken, Flatrate-Trinken** N̲ consumption of unlimited alcohol on payment of cover charge

flatterhaft ADJ fickle **flattern** V̲I̲ to flutter; *Fahne, Segel* to flap; *Haar* to stream **Flattersatz** M̲ ragged right

flau ADJ 🞑 *Wind* slack 🞒 *Geschmack* insipid; *Stimmung* flat 🞓 (≈ *übel*) queasy; *vor Hunger* faint; **mir ist ~ (im Magen)** I feel queasy 🞔 HANDEL *Markt* slack

Flaum M̲ (≈ *Flaumfedern*) *auf Obst* down

flauschig ADJ fleecy; (≈ *weich*) soft

Flausen *umg* PL (≈ *Unsinn*) nonsense; (≈ *Illusionen*) fancy ideas *pl umg*

Flaute F̲ 🞑 METEO calm 🞒 HANDEL, *a. fig* lull, slack period

Flechte F̲ BOT, MED lichen

flechten V̲T̲ *Haar* to plait *Br*, to braid *bes US*; *Kranz, Korb* to weave; *Seil* to make

Fleck M̲ 🞑 (≈ *Schmutzfleck*) stain, mark 🞒 (≈ *Farbfleck*) splotch; *auf Obst* blemish 🞓 (≈ *Stelle*) spot, place; **sich nicht vom ~ rühren** not to move *od* budge *umg*; **nicht vom ~ kommen** not to get any further; **vom ~ weg** right away **Fleckchen** N̲ **ein schönes ~ (Erde)** a lovely little spot **fleckenlos** ADJ spotless **Fleckentferner** M̲ stain-remover **fleckig** ADJ marked; *Obst* blemished

Fledermaus F̲ bat

Fleece N̲, **Fleecejacke** F̲ fleece

Flegel M̲ 🞑 (≈ *Lümmel*) lout, yob *Br umg*; (≈ *Kind*) brat *umg* 🞒 (≈ *Dreschflegel*) flail **Flegelalter** N̲ awkward adolescent phase **flegelhaft** ADJ uncouth **Flegeljahre** PL **er ist in den ~n** he's at an awkward age **flegeln** V̲R̲ to loll, to sprawl

flehen *geh* V̲I̲ to plead (**um** for *od* **zu** with) **flehentlich** 🗛 ADJ imploring, pleading 🗛 ADV imploringly, pleadingly; **j-n ~ bitten** to plead with sb

Fleisch N̲ 🞑 (≈ *Gewebe*) flesh; **sich** (*dat od akk*) **ins eigene ~ schneiden** to cut off one's nose to spite one's face; **sein eigen ~ und Blut** *geh* his own flesh and blood; **j-m in ~ und Blut übergehen** to become second nature to sb 🞒 (≈ *Nahrungsmittel*) meat; (≈ *Fruchtfleisch*) flesh; **~ fressend** → fleischfressend; **~ verarbeitend** meat-processing **Fleischbrühe** F̲ (≈ *Gericht*) bouillon; (≈ *Fond*) meat stock **Fleischer(in)** M̲/F̲ butcher **Fleischerei** F̲ butcher's (shop) *Br*, butcher (shop) *US* **fleischfarben** ADJ flesh-coloured *Br*, flesh-colored *US* **fleischfressend** ADJ carnivorous; **~e Tiere** carnivores, carnivorous animals **Fleischgericht** N̲ meat dish **Fleischhauer(in)** M̲/F̲ *österr* butcher **Fleischhauerei** *österr* F̲ → Fleischerei **fleischig** ADJ fleshy **Fleischkäse** M̲ meat loaf **Fleischkloß** M̲ meatball **Fleischkonserven** P̲L̲ canned meat, tinned meat *Br* **Fleischküchle** *südd* N̲, **Fleischlaiberl** N̲ *österr* (≈ *Frikadelle*) meatball **fleischlich** A̲D̲J̲ *Speisen, Kost* meat **fleischlos** A̲ A̲D̲J̲ (≈ *ohne Fleisch*) meatless; *Kost, Ernährung* vegetarian B̲ A̲D̲V̲ **~ essen** to eat no meat **Fleischpflanzerl** N̲ *südd* (≈ *Frikadelle*) meatball **Fleischsalat** M̲ diced meat salad with mayonnaise **Fleischtomate** F̲ beef tomato **Fleischvergiftung** F̲ food poisoning (*from meat*) **Fleischwaren** P̲L̲ meat products *pl* **Fleischwolf** M̲ mincer *Br*, meat grinder *bes US*; **j-n durch den ~ drehen** *umg* to put sb through the mill **Fleischwunde** F̲ flesh wound **Fleischwurst** F̲ pork sausage

Fleiß M̲ diligence; (≈ *Beharrlichkeit*) application; *als Charaktereigenschaft* industriousness; **mit ~ kann es jeder zu etwas bringen** anybody can succeed if they work hard; **mit ~ bei der Sache sein** to work hard; **ohne ~ kein Preis** *sprichw* no pain, no gain **Fleißarbeit** F̲ hard work **fleißig** A̲ A̲D̲J̲ 1̲ (≈ *arbeitsam*) hard-working *kein adv*, industrious 2̲ (≈ *Fleiß zeigend*) diligent, painstaking B̲ A̲D̲V̲ **~ studieren/arbeiten** to study/work hard

flektieren V̲T̲ to inflect *form*; *Substantiv, Adjektiv* to decline; *Verb* to conjugate
flennen *pej umg* V̲I̲ to blub(ber) *umg*
fletschen V̲T̲ **die Zähne ~** to bare one's teeth
flexibel A̲ A̲D̲J̲ flexible B̲ A̲D̲V̲ flexibly
flexibilisieren V̲T̲ *Bestimmungen, Arbeitszeit* to make more flexible; **die Arbeitszeit ~** to change to (more) flexible working hours **Flexibilität** F̲ flexibility
Flexion F̲ G̲R̲A̲M̲ inflection
flicken V̲T̲ to mend; *mit Flicken* to patch **Flicken** M̲ patch **Flickenteppich** M̲ rag rug
Flickflack M̲ S̲P̲O̲R̲T̲ backflip
Flickwerk N̲ **die Reform war reinstes ~** the reform had been carried out piecemeal **Flickzeug** N̲ *Handarbeiten* sewing kit; *für Reifen* (puncture) repair kit
Flieder M̲ lilac
Fliege F̲ 1̲ fly; **wie die ~n** like flies; **er tut keiner ~ etwas zuleide** *fig* he wouldn't hurt a fly; **zwei ~n mit einer**

Klappe schlagen *sprichw* to kill two birds with one stone *sprichw*; **die ~ machen** *sl* to beat it *umg* 2̲ (≈ *Schlips*) bow tie **fliegen** A̲ V̲I̲ 1̲ to fly; **die Zeit fliegt** time flies; **auf j-n/etw ~** *umg* to be crazy about sb/sth *umg* 2̲ *umg* **von der Leiter ~** to fall off the ladder; **durchs Examen ~** to fail one's exam *umg*; **aus der Firma ~** to get the sack *umg*; **von der Schule ~** to be chucked out of school *umg* 3̲ **geflogen kommen** to come flying; **in den Papierkorb ~** to go into the wastepaper basket B̲ V̲T̲ to fly **Fliegen** N̲ flying **fliegend** A̲D̲J̲ flying; **~er Händler** travelling hawker *Br*, traveling hawker *US*; **~er Teppich** flying carpet; **~e Hitze** hot flushes *pl Br*, hot flashes *pl US* **Fliegenfänger** M̲ (≈ *Klebestreifen*) flypaper **Fliegengewicht** N̲ flyweight **Fliegengitter** N̲ fly screen **Fliegenklatsche** F̲ fly swat **Fliegenpilz** M̲ fly agaric **Flieger** M̲ 1̲ (≈ *Pilot*) airman; M̲I̲L̲ *Rang* aircraftman *Br*, airman basic *US* 2̲ *umg* (≈ *Flugzeug*) plane **Fliegeralarm** M̲ M̲I̲L̲ air-raid warning **Fliegerangriff** M̲ M̲I̲L̲ air raid **Fliegerin** F̲ (≈ *Pilotin*) airwoman **Fliegerjacke** F̲ bomber jacket

fliehen V̲I̲ to flee (**vor** +*dat* from); (≈ *entkommen*) to escape (**aus** from); **vor j-m ~** to flee from sb; **aus dem Lande ~** to flee the country
fliehend A̲D̲J̲ *Kinn* receding; *Stirn* sloping
Fliese F̲ tile; **~n legen** to lay tiles **Fliesenleger(in)** M̲(F̲) tiler
Fließband N̲ conveyor belt; *als Einrichtung* assembly *od* production line; **am ~ arbeiten** to work on the assembly *od* production line **Fließbandfertigung** F̲ assembly-line production **fließen** V̲I̲ to flow; *Tränen* to run; **es ist genug Blut geflossen** enough blood has been shed **fließend** A̲ A̲D̲J̲ flowing; *Leitungswasser* running; *Verkehr* moving; *Rede, Sprache* fluent; *Grenze, Übergang* fluid B̲ A̲D̲V̲ *sprechen* fluently **Fließheck** N̲ fastback **Fließtext** M̲ I̲T̲ continuous text
flimmerfrei A̲D̲J̲ *Optik, a.* F̲O̲T̲O̲ flicker-free **flimmern** V̲I̲ to shimmer; F̲I̲L̲M̲, T̲V̲ to flicker
flink A̲ A̲D̲J̲ (≈ *geschickt*) nimble; (≈ *schnell*) quick B̲ A̲D̲V̲ *arbeiten* quickly;

springen nimbly; **ein bisschen ~!** *umg* get a move on! *umg*

Flinte F (≈ *Schrotflinte*) shotgun; **die ~ ins Korn werfen** *fig* to throw in the towel

Flipchart, Flip Chart F flip chart

Flipflops, Flip-Flops® PL flip-flops *pl Br*, thongs *pl US*

Flipper M pinball machine **flippern** V/I to play pinball

Flirt M (≈ *Flirten*) flirtation **flirten** V/I to flirt

Flittchen *pej umg* N slut

Flitterwochen PL honeymoon *sg*; **in die ~ fahren/in den ~ sein** to go/be on one's honeymoon

flitzen *umg* V/I ▮ (≈ *sich schnell bewegen*) to dash ▮ (≈ *nackt rennen*) to streak; **(das) Flitzen** streaking

floaten V/T & V/I FIN to float; **~ (lassen)** to float

Flocke F flake; (≈ *Schaumflocke*) blob (of foam); (≈ *Staubflocke*) ball (of fluff) **flockig** *wörtl* ADJ fluffy; *fig* lively

Floh M ZOOL flea; **j-m einen ~ ins Ohr setzen** *umg* to put an idea into sb's head; **die Flöhe husten hören** *umg* to imagine things **Flohmarkt** M flea market **Flohzirkus** M flea circus

Flop M flop *umg* **floppen** V/I *umg* scheitern to be* a flop

Floppy F COMPUT floppy (disk)

Flora F flora

Florett N (≈ *Waffe*) foil

florieren V/I to flourish; **ein ~des Geschäft** a flourishing business **Florist(in)** M(F) florist

Floskel F set *od* empty phrase **floskelhaft** ADJ *Stil, Rede* cliché-ridden; *Ausdrucksweise* stereotyped

Floß N raft

Flosse F ▮ (≈ *Fischflosse*) fin; (≈ *Walflosse, Robbenflosse, Taucherflosse*) flipper ▮ FLUG, SCHIFF (≈ *Leitwerk*) fin

Floßfahrt F raft trip

Flöte F ▮ pipe; (≈ *Querflöte, Orgelflöte*) flute; (≈ *Blockflöte*) recorder; **~ spielen** to play the flute/recorder ▮ (≈ *Kelchglas*) flute glass **flöten** A V/I MUS to play the flute; (≈ *Blockflöte spielen*) to play the recorder ▮ V/T & V/I *Vogel, a. fig umg* to warble **flöten gehen** *umg* V/I to go to the dogs *umg* **Flötenkessel** M whistling kettle **Flötist(in)** M(F) piper; *von Querflöte* flautist

flott A ADJ ▮ (≈ *zügig*) *Fahrt* quick; *Tempo* brisk; *Bedienung* speedy ▮ (≈ *schwungvoll*) *Musik* lively ▮ (≈ *chic*) smart ▮ **wieder ~ sein** *Schiff* to be afloat again; *Mensch: finanziell* to be in funds again; *Unternehmen* to be back on its feet B ADV ▮ (≈ *zügig*) quickly, speedily; **ich komme ~ voran** I'm making speedy progress ▮ (≈ *chic*) stylishly

Flotte F SCHIFF, FLUG fleet **Flottenstützpunkt** M naval base

Flöz N *Bergbau* seam

Fluch M curse **fluchen** V/I to curse (and swear); **auf** *od* **über j-n/etw ~** to curse sb/sth

Flucht F ▮ flight (**vor** +*dat* from); **die ~ ergreifen** to take flight; **auf der ~ sein** to be fleeing; *Gesetzesbrecher* to be on the run; **j-m zur ~ verhelfen** to help sb to escape ▮ (≈ *Häuserflucht*) row; (≈ *Fluchtlinie*) alignment **fluchtartig** A ADJ hasty, hurried B ADV hastily, hurriedly **Fluchtauto** N getaway car **flüchten** V/I (≈ *davonlaufen*) to flee (**vor** +*dat* from); **vor der Wirklichkeit ~** to escape reality; **sich in (den) Alkohol ~** to take refuge in alcohol; **sich in Ausreden ~** to resort to excuses **Fluchtfahrzeug** N escape vehicle; *von Gesetzesbrecher* getaway vehicle **Fluchtgefahr** F risk of escape, risk of an escape attempt **Fluchthelfer(in)** M(F) escape helper **flüchtig** A ADJ ▮ (≈ *geflüchtet*) fugitive; **~ sein** to be still at large ▮ (≈ *kurz*) fleeting, brief; *Gruß* brief ▮ (≈ *oberflächlich*) cursory, sketchy B ADV ▮ (≈ *kurz*) fleetingly, briefly; **~ erwähnen** to mention in passing ▮ (≈ *oberflächlich*) cursorily, superficially; **etw ~ lesen** to skim through sth; **j-n ~ kennen** to have met sb briefly **Flüchtigkeitsfehler** M careless mistake **Flüchtling** M refugee **Flüchtlingsboot** N refugee boat, boat carrying refugees **Flüchtlingsdrama** N refugee drama **Flüchtlingslager** N refugee camp **Flüchtlingsstatus** M refugee status **Flüchtlingsunterkunft** F refugee hostel **Fluchtversuch** M escape *od* attempt *od* bid **Fluchtwagen** M getaway car **Fluchtweg** M escape route

Flug M flight; **im ~(e)** in the air; **wie im ~(e)** *fig* in a flash **Flugabwehr** F air defence *Br*, air defense *US* **Flugabwehrrakete** F anti-aircraft missile

F'

Flugangst F̲ fear of flying **Flugbahn** F̲ flight path; (≈ Kreisbahn) orbit **Flugbegleiter(in)** M̲/F̲ flight attendant **flugbereit** ADJ ready for takeoff **Flugblatt** N̲ leaflet, flyer **Flugdatenschreiber** M̲ flight recorder **Flugdauer** F̲ flying time

Flügel M̲ 1 wing; von Hubschrauber, Ventilator, blade; (≈ Fensterflügel) casement form, side; (≈ Lungenflügel) lung; (≈ Nasenflügel) nostril; **einem Vogel/j-m die ~ stutzen** to clip a bird's/sb's wings 2 (≈ Konzertflügel) grand piano, grand umg **Flügelkampf** M̲ POL factional dispute **Flügelspanne** F̲ wing span **Flügelstürmer** M̲ SPORT wing forward **Flügeltür** F̲ leaved door form; mit zwei Flügeln double door

Flugente F̲ GASTR muscovy duck **Fluggast** M̲ (airline) passenger **flügge** ADJ fully-fledged; **~ werden** wörtl to be able to fly; fig to leave the nest

Fluggepäck N̲ baggage **Fluggesellschaft** F̲ airline (company) **Flughafen** M̲ airport; **auf dem ~** at the airport **Flughafenbus** M̲ airport bus **Flughafengebäude** N̲ (air) terminal **Flughafensteuer** F̲ airport tax **Flughöhe** F̲ FLUG altitude **Flugkapitän(in)** M̲/F̲ captain (of an/the aircraft) **Flugkörper** M̲ flying object **Fluglärm** M̲ aircraft noise **Fluglehrer(in)** M̲/F̲ flying instructor **Fluglinie** F̲ (≈ Fluggesellschaft) airline (company) **Fluglotse** M̲, **Fluglotsin** F̲ air traffic od flight controller **Flugmeile** F̲ air mile; **~n sammeln** to collect air miles **Flugnummer** F̲ flight number **Flugobjekt** N̲ **ein unbekanntes ~** an unidentified flying object **Flugpersonal** N̲ flight personnel pl **Flugplan** M̲ flight schedule **Flugplatz** M̲ airfield; größer airport **Flugpreis** M̲ air fare **Flugreise** F̲ flight **Flugrettungsdienst** M̲ air rescue service **Flugroute** F̲ air route **Flugschau** F̲ air show **Flugschein** M̲ 1 pilot's licence Br, pilot's license US 2 (≈ Flugticket) plane od air ticket **Flugschreiber** M̲ flight recorder **Flugschrift** F̲ pamphlet **Flugschüler(in)** M̲/F̲ trainee pilot **Flugsicherheit** F̲ air safety **Flugsicherung** F̲ air traffic control **Flugsimulator** M̲ flight simulator **Flugsteig**

M̲ gate **Flugstrecke** F̲ 1 (≈ Route) (air) route 2 zurückgelegte distance flown **Flugstunde** F̲ 1 flying hour; **zehn ~n entfernt** ten hours away by air 2 (≈ Unterricht) flying lesson **flugtauglich** ADJ Pilot fit to fly; Flugzeug airworthy **Flugticket** N̲ plane od air ticket **flugtüchtig** ADJ airworthy **Flugüberwachung** F̲ air traffic control **fluguntauglich** ADJ Pilot unfit to fly; Flugzeug not airworthy **Flugunterbrechung** F̲ stop **fluguntüchtig** ADJ not airworthy **Flugverbindung** F̲ air connection **Flugverbot** N̲ flying ban **Flugverkehr** M̲ air traffic **Flugzeit** F̲ flying time **Flugzeug** N̲ aircraft, (aero)plane Br, (air)plane US; **im ~ on the plane; mit dem ~** by air od plane **Flugzeugabsturz** M̲ plane crash **Flugzeugbau** M̲ aircraft construction **Flugzeugbesatzung** F̲ air crew, plane crew **Flugzeugentführer(in)** M̲/F̲ hijacker, skyjacker **Flugzeugentführung** F̲ hijacking, skyjacking **Flugzeughalle** F̲ (aircraft) hangar **Flugzeugindustrie** F̲ aircraft industry **Flugzeugkatastrophe** F̲ air(line) disaster **Flugzeugträger** M̲ aircraft carrier **Flugzeugunglück** N̲ plane crash **Flugziel** N̲ destination

Fluktuation F̲ fluctuation (+gen in) **fluktuieren** V̲I̲ to fluctuate

Flunder F̲ flounder

flunkern umg A V̲I̲ to tell stories umg B V̲T̲ to make up

Fluor N̲ fluorine; (≈ Fluorverbindung) fluoride **Fluorchlorkohlenwasserstoff** M̲ chlorofluorocarbon **fluoreszieren** V̲I̲ to be luminous

Flur M̲ corridor; (≈ Hausflur) hall **Flurschaden** M̲ damage to an agricultural area; fig damage

Fluse F̲ bit of fluff; (≈ Wollfluse) bobble

Fluss M̲ 1 (≈ Gewässer) river; **am ~ by the river** 2 (≈ Verlauf) flow; **etw kommt in ~** sth gets underway; **im ~ sein** (≈ sich verändern) to be in a state of flux **flussab(wärts)** ADV downstream, downriver **Flussarm** M̲ arm of a/the river **flussaufwärts** ADV upstream, upriver **Flussbett** N̲ riverbed **Flüsschen** N̲ little river **Flussdiagramm** N̲ flow chart od diagram **flüssig** A ADJ 1 (≈ nicht fest) liquid; Honig, Lack runny; (≈ geschmolzen) Metall molten 2 (≈ fließend) *Stil, Spiel* fluid **3** (≈ *verfügbar*) *Geld* available; **ich bin im Moment nicht ~** *umg* I'm out of funds at the moment **B** ADV **1** **~ ernährt werden** to be fed on liquids **2** (≈ *fließend*) fluently; **~ lesen/schreiben** to read/write fluently **Flüssiggas** N̲ liquid gas **Flüssigkeit** F̲ **1** (≈ *flüssiger Stoff*) liquid **2** *von Metall etc* liquidity; *von Geldern* availability; *von Stil* fluidity **Flüssigkristall** M̲ liquid crystal **Flüssigkristallanzeige** F̲ liquid-crystal display **Flüssigseife** F̲ liquid soap **Flusskrebs** M̲ crayfish *Br*, crawfish *US* **Flusslauf** M̲ course of a/ the river **Flussmündung** F̲ river mouth; *von Gezeitenfluss* estuary **Flusspferd** N̲ hippopotamus **Flussufer** N̲ riverbank; **am ~** on the riverbank

flüstern VT & VI to whisper **Flüsterpropaganda** F̲ underground rumours *pl Br*, underground rumors *pl US*

Flut F̲ **1** (≈ *ansteigender Wasserstand*) incoming *od* flood tide; (≈ *angestiegener Wasserstand*) high tide; **die ~ geht zurück** the tide has turned *od* started to go out **2** (≈ *Wassermasse*) waters *pl* **3** *fig* (≈ *Menge*) flood **fluten** VT *Schleuse, Tank* to flood **Flutkatastrophe** F̲ flood disaster **Flutlicht** N̲ floodlight **Flutwelle** F̲ tidal wave

Föderalismus M̲ federalism **föderalistisch** ADJ federalist **Föderation** F̲ federation **föderativ** ADJ federal

Fohlen N̲ foal

Föhn M̲ **1** (≈ *Wind*) foehn, föhn **2** (≈ *Haartrockner*) hairdryer **föhnen** VT to dry

Föhre F̲ Scots pine (tree)

Folge F̲ **1** (≈ *Reihenfolge*) order; (≈ *Aufeinanderfolge*) succession; MATH sequence; (≈ *Fortsetzung*) instalment *Br*, installment *US*; TV, RADIO episode; (≈ *Serie*) series **2** (≈ *Ergebnis*) result; (≈ *Auswirkung*) effect; **als ~ davon** as a result (of that); **dies hatte zur ~, dass ...** the consequence *od* result of this was that ...; **an den ~n eines Unfalls sterben** to die as a result of an accident **3** *form* **einem Befehl ~ leisten** to comply with an order **Folgeerscheinung** F̲ result, consequence **Folgekosten** PL subsequent costs *pl* **folgen** VI to follow; **auf etw** (*akk*) **~** to follow sth, to come after sth; **~ Sie mir (bitte)!** come with

me please; **wie folgt** as follows; **können Sie mir ~?** (≈ *verstehen*) do you follow (me)?; **was folgt daraus für die Zukunft?** what are the consequences of this for the future? **folgend** ADJ following; **Folgendes** the following; **im Folgenden** in the following; **es handelt sich um Folgendes** it's like this; *schriftlich* it concerns the following **folgendermaßen** ADV like this **folgenlos** ADJ without consequences; (≈ *wirkungslos*) ineffective **folgenreich** ADJ (≈ *bedeutsam*) momentous; (≈ *folgenschwer*) serious **folgenschwer** ADJ serious **folgerichtig** ADJ (logically) consistent **folgern** VT to conclude **Folgerung** F̲ conclusion **Folgeschaden** M̲ consequential damages **Folgezeit** F̲ following period, period following **folglich** ADV & KONJ consequently, therefore **folgsam** ADJ obedient

Folie F̲ (≈ *Plastikfolie*) film; *für Projektor* transparency; *in Power-Point®* slide; (≈ *Metallfolie*), *a.* GASTR foil **Folienkartoffel** F̲ GASTR jacket potato *Br* (*baked in foil*) baked potato **Folienschreiber** M̲ marker pen (*for overhead projector transparencies*)

Folklore F̲ folklore; (≈ *Volksmusik*) traditional music **folkloristisch** ADJ folkloric; **~e Musik** folk music

Follower(in) M̲|F̲ *bei sozialen Netzwerken* follower

Folsäure F̲ CHEM folic acid

Folter F̲ torture; **j-n auf die ~ spannen** *fig* to keep sb on tenterhooks **Folterbank** F̲ rack **Folterer** M̲, **Folterin** F̲ torturer **Folterinstrument** N̲ instrument of torture **Folterkammer** F̲ torture chamber **foltern** **A** VT to torture **B** VI to use torture **Folterung** F̲ torture **Folterwerkzeug** N̲ instrument of torture

Fon N̲ phon

Fön® M̲ hairdryer

Fond M̲ **1** *geh* (≈ *Wagenfond*) back, rear **2** GASTR (≈ *Fleischsaft*) meat juices *pl*

Fonds M̲ **1** (≈ *Geldreserve*) fund **2** FIN (≈ *Schuldverschreibung*) government bond **Fondsmanager(in)** M̲|F̲ FIN fund manager

Fondue N̲ fondue

fönen VT → **föhnen**

Fontäne F̲ jet; *geh* (≈ *Springbrunnen*) fountain

F

foppen *umg* V/T j-n ~ to pull sb's leg *umg*

forcieren V/T to push; *Tempo* to force; *Produktion* to push *od* force up **forciert** ADJ forced

Förderband N conveyor belt **Förderer** M, **Förderin** F sponsor; (≈ *Gönner*) patron **Förderkorb** M mine cage **Förderkurs** M SCHULE special classes *pl* **förderlich** ADJ beneficial (+*dat* to) **Fördermittel** PL aid *sg*

fordern V/T **1** (≈ *verlangen*) to demand **2** *fig* (≈ *kosten*) *Opfer* to claim **3** (≈ *herausfordern*) to challenge

fördern V/T **1** (≈ *unterstützen*) to support; (≈ *propagieren*) to promote; *finanziell: Projekt* to sponsor; *j-s Talent* to encourage, to foster; *Verdauung* to aid; *Appetit* to stimulate **2** (≈ *steigern*) *Wachstum* to promote; *Umsatz* to boost, to increase **3** *Bodenschätze* to extract; *Kohle, Erz* to mine **Förderschule** F special school **Förderschüler(in)** M(F) special-needs pupil **Förderturm** M *Bergbau* winding tower; *auf Bohrstelle* derrick

Forderung F **1** (≈ *Verlangen*) demand (**nach** for); **~en an j-n stellen** to make demands on sb **2** HANDEL (≈ *Anspruch*) claim (**an** +*akk od* **gegen** on, against) **3** (≈ *Herausforderung*) challenge

Förderung F **1** (≈ *Unterstützung*) support; *finanziell* sponsorship; *von Talent* encouragement, fostering; *von Verdauung* (+*gen* to) **2** *umg* (≈ *Förderungsbetrag*) grant **3** (≈ *Gewinnung*) extraction **Förderunterricht** M special instruction *bes* US, remedial classes *pl*, tutoring

Forelle F trout

forensisch ADJ forensic

Form F **1** form; (≈ *Gestalt, Umriss*) shape; **in ~ eines Dreiecks** in the shape of a triangle; **aus der ~ geraten** to lose its shape; **feste ~ annehmen** *fig* to take shape **2** **~en** *pl* (≈ *Umgangsformen*) manners *pl*; **die ~ wahren** to observe the proprieties; **in aller ~** formally **3** (≈ *Kondition*) form; **in ~ bleiben** to keep (oneself) fit *od* in condition; *Sportler* to keep in form; **er war nicht in ~** he wasn't on form **4** (≈ *Gießform*) mould *Br*, mold *US*; (≈ *Kuchenform, Backform*) baking tin *Br*, baking pan *US* **formal** A ADJ formal B ADV formally

Formaldehyd M formaldehyde

Formalie F formality **formalistisch**

ADJ formalistic **Formalität** F formality

Format N **1** size; *von Zeitung, Buch* format; **im ~ DIN A4** in A4 (format) **2** (≈ *Rang*) stature **3** *fig* (≈ *Niveau*) class *umg*, quality **formatieren** V/T IT to format **Formatierung** F IT formatting **Formation** F (≈ *Gruppe*) group **Formatvorlage** F IT style (sheet)

Formblatt N form

Formel F formula; *von Eid etc* wording; (≈ *Floskel*) set phrase **Formel-1-Rennen** N Formula-1 race

formell A ADJ formal B ADV (≈ *offiziell*) formally, officially

formen V/T to form, to shape; *Eisen* to mould *Br*, to mold US **Formfehler** M irregularity **formgerecht** ADJ correct, proper **formieren** V/R to form up **förmlich** A ADJ **1** (≈ *formell*) formal **2** (≈ *regelrecht*) positive B ADV **1** (≈ *formell*) formally **2** (≈ *regelrecht*) positively **Förmlichkeit** F **1** *von Benehmen* formality **2** (≈ *Äußerlichkeit*) social convention **formlos** ADJ **1** (≈ *ohne Form*) shapeless **2** (≈ *zwanglos*) informal, casual **3** ADMIN *Antrag* unaccompanied by a form/any forms **Formsache** F matter of form **formschön** ADJ elegant, elegantly proportioned **Formschwäche** F poor form; **~n zeigen** to be on poor form **Formtief** N loss of form; **sich in einem ~ befinden** to be badly off form

Formular N form **formulieren** V/T to phrase, to formulate **Formulierung** F wording, formulation

forsch A ADJ brash B ADV brashly

forschen V/I **1** (≈ *suchen*) to search (**nach** for) **2** (≈ *Forschung betreiben*) to research; **über etw** (*akk*) to research into sth **forschend** A ADJ *Blick* searching B ADV searchingly; **j-n ~ ansehen** to give sb a searching look **Forscher(in)** M(F) **1** researcher; *in Naturwissenschaften* research scientist **2** (≈ *Forschungsreisender*) explorer

Forschheit F brashness

Forschung F research *kein pl*; **~ und Lehre** research and teaching; **~ und Entwicklung** research and development, R&D **Forschungsauftrag** M research assignment **Forschungsgebiet** N field of research **Forschungsprojekt** N research project **For-**

F

schungsreise F̲ expedition **Forschungsreisende(r)** M̲/F̲ explorer **Forschungssatellit** M̲ research satellite **Forschungszentrum** N̲ research centre Br, research center US

Forst M̲ forest **Forstamt** N̲ forestry office **Förster(in)** M̲/F̲ forest warden **Forsthaus** N̲ forester's lodge **Forstrevier** N̲ forestry district **Forstschaden** M̲ forest damage kein pl **Forstwirtschaft** F̲ forestry

Forsythie F̲ forsythia

fort A̲D̲V̲ **1** (≈ weg) away; (≈ verschwunden) gone; **es war plötzlich ~** it suddenly disappeared; **er ist ~** he has left od gone; **von zu Hause ~** away from home **2** (≈ weiter) on; **und so ~** and so on, and so forth; **das ging immer so weiter und so ~ und so ~** umg that went on and on and on; **in einem ~** incessantly

Fort N̲ fort

Fortbestand M̲ continuance; von Institution continued existence; von Gattung etc survival **fortbestehen** V̲/I̲ to continue; Institution to continue in existence **fortbewegen** A̲ V̲/T̲ to move away B̲ V̲/R̲ to move **Fortbewegung** F̲ locomotion **Fortbewegungsmittel** N̲ means sg of locomotion **fortbilden** V̲/T̲ **j-n/sich ~** to continue sb's/one's education **Fortbildung** F̲ further education; **berufliche ~** further vocational training **Fortbildungskurs** M̲ in-service training course **fortbleiben** V̲/I̲ to stay away **Fortbleiben** N̲ absence **Fortdauer** F̲ continuation **fortdauern** V̲/I̲ to continue **fortdauernd** A̲ A̲D̲J̲ continuing B̲ A̲D̲V̲ constantly, continuously **fortfahren** V̲/I̲ **1** (≈ abfahren) to leave, to go **2** (≈ weitermachen) to continue; **~, etw zu tun** to continue doing sth od to do sth **fortfallen** V̲/I̲ to cease to exist, to be discontinued; (≈ abgeschafft werden) to be abolished **fortführen** V̲/T̲ (≈ fortsetzen) to continue, to carry on **Fortführung** F̲ continuation **Fortgang** M̲ (≈ Verlauf) progress; **seinen ~ nehmen** to progress **fortgehen** V̲/I̲ (≈ weggehen) to leave **fortgeschritten** A̲D̲J̲ advanced **Fortgeschrittene(r)** M̲/F̲/M̲ advanced student **Fortgeschrittenenkurs** M̲ advanced course **fortgesetzt** A̲D̲J̲ continual, constant; Betrug repeated; → fortsetzen **fortjagen** V̲/T̲ Menschen to

throw out (aus, von of); Tier, Kinder to chase out (aus, von of) **fortkommen** V̲/I̲ to get away; **mach, dass du fortkommst** get out of here **fortlaufen** V̲/I̲ to run away **fortlaufend** A̲ A̲D̲J̲ Handlung ongoing; Zahlungen regular; (≈ andauernd) continual B̲ A̲D̲V̲ (≈ andauernd) continually; **~ nummeriert** Geldscheine serially numbered; Seiten consecutively numbered **fortmüssen** V̲/I̲ **ich muss fort** I've got to go, I must be off; **das muss fort** it's got to go **fortpflanzen** V̲/R̲ to reproduce; Schall, Wellen to travel; Gerücht to spread **Fortpflanzung** F̲ reproduction; von Pflanzen propagation **Fortpflanzungsorgan** N̲ reproductive organ **Fortpflanzungstrieb** M̲ reproductive instinct **fortrennen** V̲/I̲ to race off od away **Fortsatz** M̲ A̲N̲A̲T̲ process **fortschaffen** V̲/T̲ to remove, to take off **fortschreiten** V̲/I̲ to progress; (≈ weitergehen) to continue **fortschreitend** A̲D̲J̲ progressive; Alter advancing **Fortschritt** M̲ advance; bes P̲O̲L̲ progress kein pl; **gute ~e machen** to make good progress; **~e in der Medizin** advances in medicine; **dem ~ dienen** to further progress **fortschrittlich** A̲ A̲D̲J̲ progressive B̲ A̲D̲V̲ progressively **fortschrittsfeindlich** A̲D̲J̲ anti-progressive **fortsetzen** A̲ V̲/T̲ to continue; → fortgesetzt B̲ V̲/R̲ zeitlich to continue; räumlich to extend

Fortsetzung F̲ **1** (≈ das Fortsetzen) continuation **2** R̲A̲D̲I̲O̲, T̲V̲ episode; eines Romans instalment Br, installment US; **„Fortsetzung folgt"** "to be continued" **Fortsetzungsroman** M̲ serialized novel

fortwährend A̲ A̲D̲J̲ constant, continual B̲ A̲D̲V̲ constantly, continually **fortziehen** V̲/T̲ to move away

Forum N̲ forum

fossil A̲D̲J̲ fossilized; Brennstoff fossil attr **Fossil** N̲ fossil

Foto N̲ photo(graph); **ein ~ machen** to take a photo(graph) **Fotoalbum** N̲ photograph album **Fotoapparat** M̲ camera **Fotoausrüstung** F̲ photographic equipment **Fotoautomat** M̲ für Passfotos photo booth **Fotobombe** F̲ photobomb **fotobomben** V̲/T̲ & V̲/I̲ to photobomb **Fotobuch** N̲ photobook **Fotodrucker** M̲ photo printer

Fotofinish N̄ SPORT photo finish **fo-togen** Ā ADJ photogenic **Fotograf(in)** M|F| photographer **Fotografie** F̄ photography; (≈ Bild) photo(graph) **fotografieren** Ā V̄T to photograph Ē V̄I to take photos od photographs od pictures **fotografisch** Ā ADJ photographic Ē ADV photographically **Fotohandy** N̄ camera phone **Fotokopie** F̄ photocopy **fotokopieren** V̄T to photocopy **Fotokopierer** M̄ photocopier **Fotomodell** N̄ photographic model **Fotomontage** F̄ photomontage **Fotosoftware** F̄ photographic od photography software **Fotostrecke** F̄ IT photo gallery **Fotosynthese** F̄ photosynthesis **Fototermin** M̄ photo call

Fötus M̄ foetus Br, fetus US

fotzen V̄T österr (≈ ohrfeigen) **j-n** ~ to give sb a smack on the ear

Foul N̄ SPORT foul **Foulelfmeter** M̄ FUSSB penalty (kick) **foulen** V̄T & V̄I SPORT to foul **Foulspiel** N̄ SPORT foul play

Foyer N̄ foyer

FPÖ F̄ ABK (≈ Freiheitliche Partei Österreichs) Freedom Party of Austria

Fracht F̄ freight kein pl **Frachtbrief** M̄ consignment note, waybill **Frachter** M̄ freighter **Frachtflugzeug** N̄ cargo od freight plane **frachtfrei** ADJ & ADV carriage paid od free **Frachtgut** N̄ (ordinary) freight kein pl **Frachtkosten** PL freight charges pl **Frachtraum** M̄ hold; (≈ Ladefähigkeit) cargo space **Frachtschiff** N̄ cargo ship, freighter **Frachtverkehr** M̄ goods traffic

Frack M̄ tails pl, tail coat

Fracking N̄ GEOL Verpressung von Wasser und Chemikalien zum Herauslösen von Erdöl und Erdgas fracking, underground coal gasification, UCG

Frage F̄ question; **drei ~n zum Text** three questions on the text; **j-m eine ~ stellen** to ask sb a question; **j-m stellen** to ask questions; **sind noch ~n?** are there any further questions?; **das steht außer ~** there's no question od doubt about it; **ohne ~** without question od doubt; **eine ~ des Geldes** a question od matter of money; **in ~/kommen/stellen** → infrage **Fragebogen** M̄ questionnaire; (≈ Formular) form **Fragefürwort** N̄ GRAM interrogative (pronoun)

fragen Ā V̄T & V̄I to ask; **nach j-m ~** to ask after sb; in Hotel etc to ask for sb; **nach etw ~** to ask about sth; **nach dem Weg ~** to ask the way; **er fragte nicht danach, ob ...** he didn't bother od care whether ...; **wegen etw ~** to ask about sth; **frag nicht so dumm!** don't ask silly questions; **du fragst zu viel** you ask too many questions; **da fragst du mich zu viel** umg I really couldn't say; **man wird ja wohl noch ~ dürfen** umg I was only asking umg; **wenn ich (mal) ~ darf** if I may od might ask; **ohne lange zu ~** without asking a lot of questions; → gefragt Ē V̄R to wonder; **das frage ich mich** I wonder; **es fragt sich, ob ...** it's debatable od questionable whether od if ...; **ich frage mich, wie/wo ...** I'd like to know how/ where ... **fragend** Ā ADJ Blick questioning Ē ADV **j-n ~ ansehen** to give sb a questioning look **Fragerei** F̄ questions pl **Fragesatz** M̄ GRAM interrogative sentence; (≈ Nebensatz) interrogative clause **Fragestellung** F̄ das ist eine falsche ~ the question is wrongly formulated **Fragestunde** F̄ PARL question time ohne art Br **Fragewort** N̄ interrogative (particle) **Fragezeichen** N̄ question mark **fraglich** ADJ [1] (≈ zweifelhaft) uncertain; (≈ fragwürdig) doubtful, questionable [2] (≈ betreffend) in question; Angelegenheit under discussion **fraglos** ADV undoubtedly, unquestionably

Fragment N̄ fragment **fragmentarisch** ADJ fragmentary

fragwürdig ADJ dubious **Fragwürdigkeit** F̄ dubious nature

Fraktion F̄ [1] POL ≈ parliamentary party, congressional party US; (≈ Sondergruppe) group, faction [2] CHEM fraction **Fraktionsführer(in)** M|F| party whip, floor leader US **fraktionslos** ADJ Abgeordnete independent **Fraktionssitzung** F̄ party meeting **Fraktionsvorsitzende(r)** M|F(M) party whip, floor leader US **Fraktionszwang** M̄ requirement to vote in accordance with party policy

Fraktur F̄ [1] TYPO Gothic print; (mit j-m) ~ reden umg to be blunt (with sb) [2] MED fracture

Franken[1] N̄ Franconia

Franken[2] M̄ (Schweizer) ~ (Swiss) franc

F

frankieren $\overline{VT}$ to stamp; *mit Maschine* to frank

franko $\overline{ADV}$ HANDEL carriage paid

Frankreich $\overline{N}$ France

Franse $\overline{F}$ *lose (loose) thread* **fransen** $\overline{VI}$ to fray (out)

Franzose $\overline{M}$ Frenchman/French boy; **die ~n** the French **Französin** $\overline{F}$ Frenchwoman/French girl **französisch** $\overline{ADJ}$ French; **die ~e Schweiz** French-speaking Switzerland; **~es Bett** double bed; → **deutsch**

Fräse $\overline{F}$ *(≈ Werkzeug)* milling cutter; *für Holz* moulding cutter *Br*, molding cutter *US* **fräsen** $\overline{VT}$ to mill; *Holz* to mould *Br*, to mold *US*

Fraß $\overline{M}$ grub; *pej umg* muck *kein unbest art umg*; **j-n den Kritikern zum ~ vorwerfen** to throw sb to the critics

Fratze $\overline{F}$ **1** grotesque face *(≈ Grimasse)* grimace; *umg (≈ Gesicht)* face

Frau $\overline{F}$ **1** woman **2** *(≈ Ehefrau)* wife **3** *(≈ Anrede)* madam; *mit Namen* Mrs **2**, Mrs. *US; für eine junge unverheiratete Frau* Miss; *für eine unverheiratete Frau* Ms **Frauchen** $\overline{N}$ *von Hund* mistress **Frauenarzt** $\overline{M}$, **Frauenärztin** $\overline{F}$ gynaecologist *Br*, gynecologist *US* **Frauenbeauftragte(r)** $\overline{M/F(M)}$ women's representative **Frauenberuf** $\overline{M}$ career for women **Frauenbewegung** $\overline{F}$ feminist movement; *a.* HIST women's movement **Frauenfeind** $\overline{M}$ misogynist **frauenfeindlich** $\overline{ADJ}$ anti-women *präd* **Frauenfußball** $\overline{M}$ women's football **Frauenhaus** $\overline{N}$ women's refuge **Frauenheilkunde** $\overline{F}$ gynaecology *Br*, gynecology *US* **Frauenheld** $\overline{M}$ lady-killer **Frauenkrankheit** $\overline{F}$, **Frauenleiden** $\overline{N}$ gynaecological disorder *Br*, gynecological disorder *US* **Frauenquote** $\overline{F}$ quota for women **Frauenrechtler(in)** $\overline{M(F)}$ feminist **Frauenzeitschrift** $\overline{F}$ women's magazine **Fräulein** *obs* $\overline{N}$ **1** young lady **2** *(≈ Anrede)* Miss **3** *(≈ Verkäuferin)* assistant; *(≈ Kellnerin)* waitress; **~!** Miss! **fraulich** $\overline{ADJ}$ feminine; *(≈ reif)* womanly *kein adv*; **sie wirkt schon sehr ~** she already comes across like a grown woman

Freak *umg* $\overline{M}$ freak *umg* **freakig** *umg* $\overline{ADJ}$ freaky

frech $\overline{A}$ $\overline{ADJ}$ **1** *(≈ unverschämt)* cheeky *bes Br*, fresh *präd bes US; Lüge* bare-faced *kein adv* **2** *(≈ herausfordernd) Kleidung,*

Texte etc saucy *umg* $\overline{B}$ $\overline{ADV}$ lachen impudently; *anlügen* brazenly **Frechdachs** *umg* $\overline{M}$ cheeky monkey *Br*, smart aleck **Frechheit** $\overline{F}$ impudence; **die ~ haben** *od besitzen, ... zu ...* to have the cheek to ...; *bes Br*, to have the impudence to ...

Fregatte $\overline{F}$ frigate

frei $\overline{A}$ $\overline{ADJ}$ **1** free; **~ von etw** free of sth; **die Straße ~ machen** to clear the road; **ich bin so ~** *form* may I?; **j-m ~e Hand lassen** to give sb free rein; **aus ~en Stücken** of one's own free will; **~er Zutritt** unrestricted access **2** *~er Beruf* independent profession; **~er Mitarbeiter** freelancer; **die ~e Wirtschaft** private enterprise; **Mittwoch ist ~** Wednesday is a holiday; **Eintritt ~** admission free **3** *(≈ unbesetzt) Zimmer, Toilette* vacant; **ist dieser Platz noch ~?** is anyone sitting here?, is this seat free?; **„frei"** *an Taxi* "for hire"; *an Toilettentür* "vacant", **„Zimmer ~"** "vacancies"; **haben Sie noch etwas ~?** *in Hotel* do you have any vacancies?; **einen Platz für j-n ~ lassen** to keep a seat for sb $\overline{B}$ $\overline{ADV}$ **1** *(≈ ungehindert)* freely; *sprechen* openly; **~ beweglich** free-moving; **~ erfunden** purely fictional; **der Verbrecher läuft immer noch ~ herum** the criminal is still at large; **~ laufend** *Hunde, Katzen* feral; *Huhn* free-range; **Eier von ~ laufenden Hühnern** free-range eggs; **~ stehen** *Haus* to stand by itself; *(≈ leer stehen)* to stand empty; **ein ~ stehendes Gebäude** a free-standing building; **~ nach** based on **2** *(≈ ohne Hilfsmittel)* unaided, without help; **~ sprechen** to speak without notes **Freibad** $\overline{N}$ open-air (swimming) pool **freibekommen** $\overline{VT}$ **1** *(≈ befreien)* **j-n ~** to get sb free *od* released **2** **einen Tag ~** to get a day off **Freiberufler(in)** $\overline{M(F)}$ freelancer **freiberuflich** $\overline{A}$ $\overline{ADJ}$ freelance $\overline{B}$ $\overline{ADV}$ **~ arbeiten** to work freelance **Freibetrag** $\overline{M}$ tax allowance **Freibier** $\overline{N}$ free beer

Freiburg $\overline{N}$ *in der Schweiz: Kanton, Stadt* Fribourg

Freier $\overline{M}$ *umg von Dirne* (prostitute's) client, john *US umg*

Freie(s) $\overline{N}$ **im ~n** in the open (air), outdoors; **im ~n übernachten** to sleep out in the open **Freiexemplar** $\overline{N}$ free copy **Freigabe** $\overline{F}$ release; *von Wechsel-*

kursen lifting of control (+*gen* on); *von Straße, Strecke* opening **Freigang** M̄ *von Strafgefangenen* day release **freigeben** A VT̄ to release (**an** +*akk* to); *Wechselkurse* to decontrol; *Straße, Strecke, Flugbahn* to open; *Film* to pass; **j-m den Weg ~** to let sb past *od* by; **j-m zwei Tage ~** to give sb two days off B VĪ **j-m ~** to give sb time off (work) **freigebig** ADJ generous **Freigebigkeit** F̄ generosity **Freigepäck** N̄ baggage allowance, luggage allowance **Freigrenze** F̄ *bei Steuer* tax exemption limit **freihaben** VT̄ to have a holiday *Br*, to be on vacation *US*; **ich habe heute frei** I have today off **Freihafen** M̄ free port **frei halten** VT̄ 1 (≈ *nicht besetzen*) to keep free 2 (≈ *reservieren*) to keep **Freihandelszone** F̄ free trade area **freihändig** ADJ & ADV *Zeichnung* freehand; *Radfahren* (with) no hands **Freiheit** F̄ freedom *kein pl*; (≈ *persönliche Freiheit als politisches Ideal*) liberty; **in ~** (*dat*) **sein** to be free; **in ~ leben** *Tier* to live in the wild; **sich** (*dat*) **zu viele ~en erlauben** to take too many liberties **freiheitlich** ADJ liberal; *Demokratie* free; **die ~demokratische Grundordnung** the free democratic constitutional structure; **Freiheitliche Partei Österreichs** Austrian Freedom Party **Freiheitsberaubung** F̄ JUR wrongful deprivation of personal liberty **Freiheitsentzug** M̄ imprisonment **Freiheitskampf** M̄ fight for freedom **Freiheitskämpfer(in)** M(F) freedom fighter **Freiheitsstatue** F̄ Statue of Liberty **Freiheitsstrafe** F̄ prison sentence **freiheraus** ADV candidly, frankly **Freikarte** F̄ free *od* complimentary ticket **freikaufen** VT̄ **j-n/sich ~** to buy sb's/one's freedom **Freiklettern** N̄ free climbing **freikommen** VT̄ (≈ *entkommen*) to get out (**aus** of) **Freikörperkultur** F̄ nudism, naturism **Freilandhaltung** F̄ *Eier/Hühner aus ~* free-range eggs/chickens **freilassen** VT̄ to set free, to free **Freilassung** F̄ release **freilegen** VT̄ to expose; *Ruinen* to uncover; *fig* to lay bare **freilich** ADV 1 (≈ *allerdings*) admittedly 2 (≈ *selbstverständlich*) of course **Freilichtbühne** F̄ open-air theatre *Br*, open-air theater *US* **frei machen** VR̄ 1 (≈ *freie Zeit einplanen*) to arrange to be free 2 (≈ *sich ent-*

kleiden) to take one's clothes off **freimachen** VT̄ *Brief* to stamp **Freimaurer** M̄ Mason, Freemason **Freimaurerloge** F̄ Masonic Lodge **Freimut** M̄ frankness **freimütig** A ADJ frank B ADV frankly **freinehmen** VT̄ **einen Tag ~** to take a day off **Freiraum** *fig* M̄ freedom *ohne art, kein pl* (**zu** for) **freischaffend** ADJ freelance **Freischaffende(r)** M(F)M Freelancer **Freischaltcode** M̄ unlock(ing) code, connecting *or* enabling code **freischalten** VT̄ TEL *Leitung* to clear; *Handy* to connect, to enable **Freischärler(in)** M(F) guerrilla **freischwimmen** VR̄ SPORT *to pass a test by swimming for 15 minutes* **freisetzen** VT̄ to release, to set free; *euph Arbeitskräfte* to make redundant; *vorübergehend* to lay off **freispielen** A VR̄ SPORT to get into space B VT̄ SPORT **j-n ~** to play sb clear, to create space for sb **Freisprechanlage** F̄ hands-free (headset); *im Auto* hands-free (car kit) **freisprechen** VT̄ *Angeklagten* to acquit; **j-n von einer Schuld ~** to find sb not guilty; **j-n von einem Verdacht ~** to clear sb of suspicion **Freispruch** M̄ acquittal **Freistaat** M̄ free state **freistehen** VĪ (≈ *überlassen sein*) **es steht j-m frei, etw zu tun** sb is free *od* at liberty to do sth; **das steht Ihnen völlig frei** that is completely up to you; → **frei freistellen** VT̄ (≈ *anheimstellen*) **j-m etw ~** to leave sth (up) to sb **Freistellung** F̄ exemption **Freistil** M̄ freestyle **Freistoß** M̄ FUSSB free kick (**für** to, for) **Freistunde** F̄ free hour; SCHULE free period

Freitag M̄ Friday; → Dienstag **freitags** ADV (on) Fridays, on a Friday; → dienstags

Freitod M̄ suicide; **den ~ wählen** to decide to put an end to one's life **Freitreppe** F̄ (flight of) steps (+*gen* leading up to) **Freiumschlag** M̄ stamped addressed envelope, s.a.e. **Freiwild** *fig* N̄ fair game

freiwillig A ADJ voluntary; (≈ *freigestellt*) *Unterricht* optional B ADV voluntarily; **sich ~ melden** to volunteer (**zu**, **für** for) **Freiwillige(r)** M(F)M volunteer **Freiwilligkeit** F̄ voluntary nature, voluntariness

Freizeichen N̄ TEL ringing tone **Freizeit** F̄ spare *od* leisure *od* free time,

time off **Freizeitangebot** N̄ range of leisure activities **Freizeitausgleich** M̄ time off in lieu Br, time off instead of pay US **Freizeitbeschäftigung** F̄ leisure pursuit od activity **Freizeitdroge** F̄ recreational drug **Freizeiteinrichtungen** PL leisure facilities pl **Freizeitgestaltung** F̄ organization of one's leisure time **Freizeitindustrie** F̄ leisure industry **Freizeitkleidung** F̄ leisurewear **Freizeitpark** M̄ amusement park **Freizeitverhalten** N̄ recreational behaviour Br, recreational behavior US, recreational patterns pl **Freizeitzentrum** N̄ leisure centre, leisure center US

freizügig A̅ ADJ **1** (≈ reichlich) liberal **2** in moralischer Hinsicht permissive B̅ ADV **1** (≈ reichlich) freely, liberally **2** (≈ moralisch locker) **~ gekleidet** provocatively dressed **Freizügigkeit** F̄ **1** (≈ Großzügigkeit) liberality **2** in moralischer Hinsicht permissiveness **3** (≈ Beweglichkeit) freedom of movement

fremd ADJ **1** (≈ andern gehörig) someone else's; Bank, Firma different; **ohne ~e Hilfe** without help from anyone else/ outside; **~es Eigentum** someone else's property **2** (≈ fremdländisch) foreign **3** (≈ andersartig, unvertraut) strange; **j-m ~ sein** (≈ unbekannt) to be unknown to sb; (≈ unverständlich) to be alien to sb; **ich bin hier ~** I'm a stranger here; **sich** od **einander** (dat) **~ werden** to grow apart; **sich ~ fühlen** to feel like a stranger; **~ tun** to be reserved **fremdartig** ADJ strange; (≈ exotisch) exotic **fremdenfeindlich** ADJ hostile to strangers; (≈ ausländerfeindlich) hostile to foreigners, xenophobic **Fremdenfeindlichkeit** F̄ xenophobia **Fremdenführer(in)** M̄(F̄) (tourist) guide **Fremdenhass** M̄ xenophobia **Fremdenlegion** F̄ Foreign Legion **Fremdenverkehr** M̄ tourism kein best art **Fremdenverkehrsamt** N̄ tourist office **Fremdenzimmer** N̄ ~ **(zu vermieten)** room(s) to let **Fremde(r)** M̄/F̄/M̄ (≈ Unbekannter) stranger; (≈ Ausländer) foreigner; (≈ Tourist) visitor **Fremdfinanzierung** F̄ outside financing **fremdgehen** umg V̄Ī to be unfaithful **Fremdkörper** M̄ foreign body; fig alien element **fremdschämen** V̄/R̄ to feel embarrassed; **sich für j-n/etw ~** to feel embarrassed for

sb/about sth; **für eine solche Äußerung muss man sich ~** you've got to feel embarrassed for him/her/them saying something like that **Fremdsprache** F̄ foreign language **Fremdsprachenkenntnisse** PL a knowledge of foreign languages **Fremdsprachenkorrespondent(in)** M̄(F̄), **Fremdsprachensekretär(in)** M̄(F̄) bilingual secretary **Fremdsprachenunterricht** M̄ language teaching **fremdsprachig** ADJ in a foreign language **fremdsprachlich** ADJ foreign; **~er Unterricht** language teaching **Fremdwort** N̄ borrowed od foreign word

frenetisch A̅ ADJ frenetic, frenzied; Beifall wild B̅ ADV wildly

frequentieren geh V̄T to frequent **Frequenz** F̄ **1** (≈ Häufigkeit) frequency; MED (pulse) rate **2** (≈ Stärke) numbers pl; (≈ Verkehrsdichte) volume of traffic **Frequenzbereich** M̄ RADIO frequency range

Freske F̄, **Fresko** N̄ fresco

Fressalien umg PL grub sg sl **Fresse** vulg F̄ (≈ Mund) trap umg, gob umg; (≈ Gesicht) mug umg; **die ~ halten** to shut one's trap umg **fressen** A̅ V̄Ī to feed, to eat; sl Menschen to eat; gierig to guzzle umg B̅ V̄T **1** to eat; (≈ sich ernähren von) to feed od live on; **2** (≈ gierig essen) to guzzle umg **2** Kilometer **~** to burn up the kilometres Br, to burn up the kilometers US; **ich habe dich zum Fressen gern** umg you're good enough to eat umg; **j-n/etw gefressen haben** umg to have had one's fill of sb/sth **3** (≈ verbrauchen) to eat od gobble up; Zeit to take up C̅ V̄/R̄ (≈ sich bohren) to eat one's way (in **+akk** into od durch through) **Fressen** N̄ food; sl grub sl; sl (≈ Schmaus) blow-out umg **Fressnapf** M̄ feeding bowl **Fresssucht** umg F̄ gluttony; krankhaft craving for food

Frettchen N̄ ferret

Freude F̄ pleasure; innig joy (**über +akk** at); **~ an etw** (dat) **haben** to get od derive pleasure from sth; **~ am Leben haben** to enjoy life; **vor ~** with joy; **es ist mir eine ~, zu …** it's a real pleasure for me to …; **j-m ~ machen** to give sb pleasure; **j-m eine ~ machen** to make sb happy; **zu meiner großen ~** to my great delight; **aus ~ an der Sache** for the love of it **Freudenfest** N̄ celebration **Freudensprung** M̄ **einen ~ machen** to jump for joy **Freudentränen** PL tears pl of joy **freudestrahlend** ADJ ADJ beaming with delight **freudig** A ADJ 1 (≈ froh gestimmt) joyful; (≈ begeistert) enthusiastic 2 (≈ beglückend) happy; **eine ~e Nachricht** some good news; **ein ~es Ereignis** euph a happy event euph B ADV happily, joyfully; **~ überrascht sein** to be pleasantly surprised **freuen** A V/R 1 (≈ froh sein) to be glad od pleased (**über** +akk about); **er hat sich über die Ergebnisse gefreut** he was pleased about the results; **sie hat sich über das Geschenk/den Sieg gefreut** she was pleased with the present/the victory; **sich riesig ~** umg to be delighted (**über** +akk about); **sich für j-n ~** to be glad od pleased for sb 2 **sich ~ auf** (akk) to look forward to + -ing; **sich auf j-n/etw ~** to look forward to seeing sb/to sth B V/T to please; **es freut mich, dass …** I'm pleased od glad that …; **das freut mich** I'm really pleased

Freund M̄ 1 friend; (≈ Liebhaber) boyfriend 2 fig (≈ Anhänger) lover; **ein ~ der Kunst** an art-lover; **ich bin kein ~ von so etwas** I'm not one for that sort of thing **Freundeskreis** M̄ circle of friends; **etw im engsten ~ feiern** to celebrate sth with one's closest friends **Freundin** F̄ 1 friend; (≈ Liebhaberin) girlfriend 2 fig (≈ Anhängerin) → **Freund** 2 **freundlich** A ADJ 1 (≈ wohlgesinnt) friendly kein adv; **bitte recht ~!** say cheese! umg, smile please!; **mit ~en Grüßen** (with) best wishes, sincerely yours US, yours sincerely Br, yours truly US 2 (≈ liebenswürdig) kind (**zu** to); **würden Sie bitte so ~ sein und das tun?** would you be so kind od good as to do that? 3 (≈ ansprechend) Aussehen, Wetter etc pleasant; Farben cheerful B ADV bitten, fragen nicely; **j-n ~ behandeln** to be friendly toward(s) sb **freundlicherweise** ADV kindly **Freundlichkeit** F̄ 1 (≈ Wohlgesonnenheit) friendliness; (≈ Liebenswürdigkeit) kindness 2 (≈ Gefälligkeit) kindness, favour Br, favor US; (≈ freundliche Bemerkung) kind remark **Freundschaft** F̄ friendship; **mit j-m ~ schließen** to make od become friends with sb; **da hört die**

~ auf umg friendship doesn't go that far **freundschaftlich** A ADJ friendly kein adv B ADV **j-m ~ verbunden sein** to be friends with sb; **j-m ~ gesinnt sein** to feel friendly toward(s) sb **Freundschaftsbesuch** M̄ POL goodwill visit **Freundschaftspreis** M̄ (special) price for a friend **Freundschaftsspiel** N̄ SPORT friendly game od match, friendly umg

▶ **Freund(in)**

Freund(in), gute(r) Bekannte(r) **friend**

Freund, Partner, mit dem man **boyfriend** eine (sexuelle) Beziehung hat

Freundin, Partnerin, mit der man **girlfriend** eine (sexuelle) Beziehung hat

Beim Vorstellen eines Freundes / einer Freundin:

Das ist mein Freund Steve. (Partner/Geliebter)
This is my boyfriend Steve.

Das ist meine Freundin Sarah. (Partnerin/Geliebte)
This is my girlfriend Sarah.

Aber:

Das ist mein Freund David. (ein Bekannter)
This is my friend David.

Das ist meine Freundin Fiona. (eine Bekannte)
This is my friend Fiona.

◀

Friede(n) M̄ peace; **im ~n** in peacetime; **~n schließen** to make one's peace; POL to conclude peace form, to make peace; **sozialer ~n** social harmony; **j-n in ~n lassen** to leave sb in peace; **um des lieben ~ns willen** umg for the sake of peace and quiet **Friedensappell** M̄ call for peace **Friedensbewegung** F̄ peace movement **friedenserhaltend** ADJ peacekeeping **Friedensforschung** F̄ peace research, peace studies pl **Friedensinitiative** F̄ peace initiative **Friedenskonferenz** F̄ peace conference **Friedensnobelpreis** M̄ Nobel peace prize **Friedenspfeife** F̄ peace pipe; **die ~ rauchen** to smoke the pipe of peace **Friedensplan** M̄

POL peace plan; *in der Nachrichtensprache* peace roadmap **Friedenspolitik** F̲ policy of peace **Friedenstaube** F̲ dove of peace **Friedenstruppen** P̲L̲ peacekeeping forces *pl* **Friedensverhandlungen** P̲L̲ peace negotiations *pl* **Friedensvertrag** M̲ peace treaty **friedfertig** A̲D̲J̲ *Mensch* peaceable **Friedhof** M̲ (≈ *Kirchhof*) graveyard; (≈ *Stadtfriedhof etc*) cemetery **friedlich** A̲ A̲D̲J̲ peaceful; (≈ *friedfertig*) *Mensch* peaceable B̲ A̲D̲V̲ (≈ *in Frieden*) peacefully; **~ sterben** to die peacefully **friedliebend** A̲D̲J̲ peace-loving

frieren A̲ V̲/̲I̲ ◻ (≈ *sich kalt fühlen*) to be cold; **ich friere, mich friert** I'm cold ◻ (≈ *gefrieren*) to freeze B̲ V̲/̲I̲ **heute Nacht hat es gefroren** it was below freezing last night

Fries M̲ *Textilien, a.* A̲R̲C̲H̲ frieze

friesisch A̲D̲J̲ Fri(e)sian; → *deutsch*

frigid, frigide A̲D̲J̲ frigid **Frigidität** F̲ frigidity

Frikadelle F̲ G̲A̲S̲T̲R̲ rissole, meatball

Frikassee N̲ G̲A̲S̲T̲R̲ fricassee

Frisbee® F̲ Frisbee®; **~® spielen** to play Frisbee® **Frisbeescheibe** F̲ Frisbee®

frisch A̲ A̲D̲J̲ ◻ (≈ *neu*) fresh; *Kleidung* clean; (≈ *feucht*) *Farbe* wet; **~es Obst** fresh fruit; **~e Eier** new-laid eggs *Br*, freshly-laid eggs; **sich ~ machen** to freshen up; **mit ~en Kräften** with renewed vigour *Br*, with renewed vigor *US*; **~e Luft schöpfen** to get some fresh air ◻ (≈ *munter*) *Wesen, Art* bright, cheery; *Farbe* cheerful; *Gesichtsfarbe* fresh; **~ und munter sein** *umg* to be bright-eyed and bushy-tailed ◻ (≈ *kühl*) cool, chilly; **es weht ein ~er Wind** *wörtl* there's a fresh wind B̲ A̲D̲V̲ (≈ *neu*) freshly; **Bier ~ vom Fass** beer (straight) from the tap; **~ gestrichen** newly *od* freshly painted; *auf Schild* wet paint; **das Bett ~ beziehen** to change the bed **Frische** F̲ *von Wesen* brightness, cheeriness; *von Farbe* cheerfulness; (≈ *gesundes Aussehen*) freshness; **in alter ~** *umg* as always **Frischei** N̲ new-laid egg *Br*, freshly-laid egg **Frischfisch** M̲ fresh fish **Frischfleisch** N̲ fresh meat **frischgebacken** A̲D̲J̲ *umg Ehepaar* newly-wed; *Diplom-Ingenieur etc* newly-qualified **Frischhaltebeutel** M̲ food bag **Frischhaltefolie** F̲ cling-

film *Br*, plastic wrap *US* **Frischkäse** M̲ cream cheese **Frischluft** F̲ fresh air **Frischmilch** F̲ fresh milk **Frischzelle** F̲ M̲E̲D̲ live cell **Frischzellentherapie** F̲ M̲E̲D̲ cellular *od* live-cell therapy **Friseur(in)** M̲/̲F̲ hairdresser; (≈ *Geschäft*) hairdresser's **Friseursalon** M̲ hairdressing salon **Friseuse** F̲ (*female*) hairdresser **frisieren** A̲ V̲/̲T̲ ◻ (≈ *kämmen*) **j-n ~** to do sb's hair ◻ *umg* (≈ *abändern*) *Abrechnung* to fiddle; *Bericht* to doctor *umg*; **die Bilanzen ~** to cook the books *umg* ◻ *umg Auto, Motor* to soup up *umg* B̲ V̲/̲R̲ to do one's hair

Frist F̲ ◻ (≈ *Zeitraum*) period; **innerhalb kürzester ~** without delay ◻ (≈ *Zeitpunkt*) deadline (**zu** for); *bei Rechnung* last date for payment ◻ (≈ *Aufschub*) extension, period of grace **fristen** V̲/̲T̲ **sein Leben** *od* **Dasein ~** to eke out an existence **fristgemäß, fristgerecht** A̲D̲J̲ & A̲D̲V̲ within the period stipulated; **fristgerecht kündigen** to give proper notice **fristlos** A̲D̲J̲ & A̲D̲V̲ without notice

Frisur F̲ hairstyle

Frittatensuppe F̲ *österr* pancake soup **Fritten** *umg* P̲L̲ chips *pl Br*, fries *pl bes US umg* **Frittenbude** F̲ *umg* chip shop *Br*, ≈ hotdog stand **Fritteuse** F̲ chip pan *Br*, deep-fat fryer **frittieren** V̲/̲T̲ to (deep-)fry

frivol A̲D̲J̲ (≈ *leichtfertig*) frivolous; (≈ *anzüglich*) *Witz, Bemerkung* suggestive **Frivolität** F̲ ◻ (≈ *Leichtfertigkeit*) frivolity ◻ (≈ *Bemerkung*) risqué remark

froh A̲D̲J̲ happy; (≈ *dankbar, erfreut*) glad, pleased; (**darüber**) **~ sein, dass ...** to be glad *od* pleased that ... **fröhlich** A̲ A̲D̲J̲ happy, cheerful B̲ A̲D̲V̲ (≈ *unbekümmert*) merrily **Fröhlichkeit** F̲ happiness; (≈ *gesellige Stimmung*) merriment

fromm A̲D̲J̲ (≈ *gläubig*) religious; (≈ *scheinheilig*) pious, sanctimonious; **das ist ja wohl nur ein ~er Wunsch** that's just a pipe dream

frönen *geh* V̲/̲I̲ to indulge in

Fronleichnam M̲, M̲E̲I̲S̲T̲ O̲H̲N̲E̲ A̲R̲T̲I̲K̲E̲L̲ (the Feast of) Corpus Christi

Front F̲ front; **~ gegen j-n/etw machen** to make a stand against sb/sth **frontal** A̲ A̲D̲J̲ *Angriff* frontal; *Zusammenstoß* head-on B̲ A̲D̲V̲ *angreifen* M̲I̲L̲ from the front; *fig* head-on; *zusammenstoßen* head-on **Frontalzusammenstoß** M̲ head-on collision **Frontantrieb** M AUTO front-wheel drive **Frontlader** M (≈ *Waschmaschine*) front loader

Frosch M frog; (≈ *Feuerwerkskörper*) (fire)cracker; **einen ~ in der Kehle haben** *umg* to have a frog in one's throat **Froschlaich** M frogspawn **Froschmann** M frogman **Froschperspektive** F **etw aus der ~ sehen** to have a worm's eye view of sth **Froschschenkel** M frog's leg

Frost M frost; **~ vertragen (können)** to be able to stand (the) frost **frostbeständig** ADJ frost-resistant **Frostbeule** F chilblain **frösteln** A V/I to shiver B V/T **es fröstelte mich** I shivered **frostig** A ADJ frosty B ADV *fig* **~ empfangen** to give sb a frosty reception **Frostschaden** M frost damage **Frostschutzmittel** N AUTO antifreeze

Frottee N/M terry towelling *Br*, terry-cloth toweling *US* **Frotteehandtuch** N (terry) towel *Br*, terry-cloth towel **frottieren** V/T *Haut* to rub; *j-n, sich* to rub down

Frotzelei F teasing; **hör auf mit der ~** stop teasing **frotzeln** V/T to tease, to make fun of

Frucht F fruit; (≈ *Getreide*) crops *pl*; **Früchte** (≈ *Obst*) fruit *sg*; **Früchte tragen** to bear fruit **fruchtbar** ADJ 1 fertile 2 *fig* (≈ *viel schaffend*) prolific 3 *fig* (≈ *nutzbringend*) fruitful **Fruchtbarkeit** F 1 fertility 2 *fig* (≈ *Nutzen*) fruitfulness **Fruchtbecher** M fruit sundae; BOT cupule *fachspr*, cup **Fruchtblase** F *von Embryo* amniotic sac **fruchten** V/I to bear fruit; **nichts ~** to be fruitless **Früchtetee** M fruit tea **Fruchtfleisch** N flesh, pulp **fruchtig** ADJ fruity **Fruchtkapsel** F BOT capsule **fruchtlos** *fig* ADJ fruitless **Fruchtsaft** M fruit juice **Fruchtsalat** M fruit salad **Fruchtwasser** N PHYSIOL amniotic fluid **Fruchtzucker** M fructose

früh A ADJ early; **am ~en Morgen** early in the morning, in the early morning; **der ~e Goethe** the young Goethe B ADV 1 early; (≈ *in jungen Jahren*) young; *in Entwicklung* early on; **von ~ auf** from an early age; **von ~ bis spät** from morning till night; **zu ~ starten** to start too soon 2 **morgen ~** tomorrow morning; **heute ~** this morning **Frühaufsteher(in)** M(F) early riser, early bird *umg*

Frühe F (early) morning; **in aller ~** early in the morning, first thing in the morning **früher** A ADJ 1 earlier 2 (≈ *ehemalig*) former; (≈ *vorherig*) *Besitzer* previous B ADV earlier; **~ oder später** sooner or later; **ich habe ihn ~ mal gekannt** I used to know him; **~ war alles besser** things were better in the old days; **genau wie ~** just as it/he *etc* used to be; **Erinnerungen an ~** memories of times gone by; **ich kenne ihn von ~** I've known him some time; **meine Freunde von ~** my old friends **Früherkennung** F MED early diagnosis **frühestens** ADV at the earliest **früheste(r, s)** ADJ earliest **Frühgeburt** F premature birth; (≈ *Kind*) premature baby **Frühjahr** N spring **Frühjahrsmüdigkeit** F springtime lethargy **Frühjahrsputz** M spring-cleaning **Frühling** M spring; **im ~** in spring; **Arabischer ~** Arab spring **Frühlingsanfang** M first day of spring **frühlingshaft** ADJ springlike **Frühlingsrolle** F GASTR spring roll **Frühlingswetter** N spring weather **Frühlingszwiebel** F spring onion *Br*, green onion *US* **frühmorgens** ADV early in the morning **Frühnebel** M early morning mist **frühreif** ADJ precocious **Frührentner(in)** M(F) person who has retired early **Frühschicht** F early shift **Frühschoppen** M morning drinking; *mittags* lunchtime drinking **Frühsport** M early morning exercise **Frühstück** N breakfast; **was isst du zum ~?** what do you have for breakfast? **frühstücken** A V/I to have breakfast, to breakfast B V/T to breakfast on **Frühstücksbüfett** N breakfast buffet **Frühstücksfernsehen** N breakfast television **Frühstückspause** F morning *od* coffee break **Frühstücksraum** M breakfast room **Frühwarnsystem** N early warning system **frühzeitig** ADJ & ADV early

Frust *umg* M frustration *ohne art* **Frustessen** *umg* N comfort eating **Frustkauf** *umg* M retail therapy *kein pl* **Frustration** F frustration **frustrieren** V/T to frustrate

FU F ABK (≈ *Freie Universität*) Free University

Fuchs M 1 (≈ *Tier*) fox; **er ist ein schlauer ~** *umg* he's a cunning old devil *umg*, he's a cunning old fox *umg* **2** (≈ *Pferd*) chestnut **Fuchsbau** M fox's den **fuchsen** *umg* V/T to annoy

Fuchsie F BOT fuchsia

fuchsig ADJ *umg* (≈ *wütend*) mad *umg* **Füchsin** F vixen **Fuchsjagd** F fox--hunting; (≈ *einzelne Jagd*) fox hunt **Fuchspelz** M fox fur **fuchsrot** ADJ *Fell* red; *Pferd* chestnut; *Haar* ginger **Fuchsschwanz** M **1** fox's tail **2** TECH (≈ *Säge*) handsaw **fuchsteufels-wild** *umg* ADJ hopping mad *umg*

Fuchtel *fig umg* F **unter j-s** (*dat*) ~ under sb's thumb **fuchteln** *umg* V/I (**mit den Händen**) ~ to wave one's hands about *umg*

Fug *geh* M **mit Fug und Recht** with complete justification

Fuge F **1** joint; (≈ *Ritze*) gap, crack; **die Welt ist aus den ~n geraten** *geh* the world is out of joint *liter* **2** MUS fugue **fugen** V/T to joint

fügen A V/T (≈ *einfügen*) to put, to place; **der Zufall fügte es, dass …** fate decreed that … B V/R (≈ *sich unterordnen*) to be obedient, to obey; **sich dem Schicksal ~** to accept one's fate **fügsam** ADJ obedient **Fügung** F (≈ *Bestimmung*) chance, stroke of fate; **eine glückliche ~** a stroke of good fortune

fühlbar ADJ (≈ *spürbar*) perceptible; (≈ *beträchtlich*) marked **fühlen** A V/T & V/I to feel; *Puls* to take B V/R to feel; **sich verantwortlich ~** to feel responsible; **wie ~ Sie sich?** how are you feeling?, how do you feel? **Fühler** M ZOOL feeler, antenna; **seine ~ ausstrecken** *fig umg* to put out feelers (**nach** towards) **Fühlung** F contact; **mit j-m in ~ bleiben** *od* stay in contact *od* touch with sb

Fuhre F (≈ *Ladung*) load

führen A V/T **1** (≈ *geleiten*) to take; (≈ *vorangehen, -fahren*) to lead; **er führte uns durch das Schloss** he showed us (a)round the castle **2** (≈ *leiten*) *Betrieb etc* to run; *Gruppe etc* to lead, to head **3** **was führt Sie zu mir?** *form* what brings you to me?; **ein Land ins Chaos ~** to reduce a country to chaos **4** *Kraftfahrzeug* to drive; *Flugzeug* to fly; *Kran* to operate **5** (≈ *transportieren*) to carry; (≈ *haben*) *Namen, Titel* to have **6** (≈ *im Angebot haben*) to stock; **ein Telefongespräch ~** to make a call B V/I **1** (≈ *in*

Führung liegen) to lead; **die Mannschaft führt mit 10 Punkten Vorsprung** the team has a lead *od* is leading by 10 points **2** (≈ *verlaufen*) *Straße* to go (**nach** to); *Kabel etc* to run; *Spur* to lead **3** (≈ *als Ergebnis haben*) **zu etw ~** to lead to sth, to result in sth; **das führt zu nichts** that will come to nothing **führend** ADJ leading *attr* **Führer** M (≈ *Buch*) guide **Führer(in)** M(F) **1** (≈ *Leiter*) leader; (≈ *Oberhaupt*) head **2** (≈ *Fremdenführer*) guide **3** *form* (≈ *Lenker*) driver; *von Flugzeug* pilot; *von Kran* operator **Führerausweis** *schweiz* N → Führerschein **Führerhaus** N cab **Führerschein** M *für Auto* driving licence *Br*, driver's license *US*; **den ~ machen** AUTO to learn to drive; (≈ *die Prüfung ablegen*) to take one's (driving) test; **j-m den ~ entziehen** to disqualify sb from driving

Fuhrpark M fleet (of vehicles)

Führung F **1** guidance, direction; *von Partei, Expedition etc* leadership; MIL command; *eines Unternehmens etc* management **2** (≈ *die Führer*) leaders *pl*, leadership *sg*; MIL commanders *pl*; *eines Unternehmens etc* directors *pl* **3** (≈ *Besichtigung*) guided tour (**durch of**) **4** (≈ *Vorsprung*) lead; **in ~ gehen/liegen** to go into/be in the lead **5** (≈ *Betragen*) conduct **6** MECH guide, guideway **Führungsaufgabe** F executive duty **Führungskraft** F executive **Führungsriege** F leadership; *von Firma* management team **Führungsschwäche** F weak leadership **Führungsspitze** F *eines Unternehmens etc* top management **Führungsstärke** F strong leadership **Führungsstil** M style of leadership; HANDEL *a.* management style **Führungswechsel** M change in leadership **Führungszeugnis** N → polizeiliches

Fuhrwerk N wagon; (≈ *Pferdefuhrwerk*) horse and cart

Fülle F **1** (≈ *Körpermasse*) portliness **2** (≈ *Stärke*) fullness; **eine ~ von Fragen** a whole host of questions; **in ~** in abundance **füllen** A V/T to fill; GASTR to stuff; **etw in Flaschen ~** to bottle sth; **etw in Säcke ~** to put sth into sacks; → **gefüllt** B V/R to fill up **Füller** M, **Füllfederhalter** M fountain pen **füllig** ADJ *Mensch* portly; *Figur* generous **Füllung** F filling; (≈ *Fleischfüllung etc*) stuffing; *von Pralinen* centre *Br*, center *US* **Füllwort** N̄ filler (word)

fummeln *umg* V̄Ī to fiddle; (≈ *hantieren*) to fumble; *erotisch* to pet, to grope *umg*

Fund M̄ find; (≈ *das Entdecken*) discovery; **einen ~ machen** to make a find

Fundament N̄ foundation (*mst pl*) **fundamental** Ā ĀDJ fundamental B̄ ĀDV fundamentally **Fundamentalismus** M̄ fundamentalism **Fundamentalist(in)** M̄ĪF̄ fundamentalist **fundamentalistisch** ĀDJ fundamentalist **Fundbüro** N̄ lost property office *Br*, lost and found *US* **Fundgrube** *fig* F̄ treasure trove

fundieren *fig* V̄Ī to back up **fundiert** ĀDJ sound; **schlecht ~** unsound

fündig ĀDJ **~ werden** to strike it lucky **Fundort** M̄ **der ~ von etw** (the place) where sth was found **Fundstelle** F̄ site of discovery; *in elektronischem Wörterbuch* hit; **die ~ von etw** the place where sth was found

fünf NŪM five; **seine ~ Sinne beieinander haben** to have all one's wits about one; → **vier Fünf** F̄ five **Fünfeck** N̄ pentagon **fünfeckig** ĀDJ pentagonal, five-cornered **fünffach** ĀDJ fivefold; → **vierfach Fünfgangschaltung** F̄ five-speed gears *pl* **fünfhundert** NŪM five hundred **Fünfjahresplan** M̄ five-year plan **fünfjährig** ĀDJ *Amtszeit etc* five-year; *Kind* five-year-old; → **vierjährig Fünfkampf** M̄ SPORT pentathlon **Fünfling** M̄ quintuplet **fünfmal** ĀDV five times **Fünfprozentklausel** F̄ five-percent rule **Fünftagewoche** F̄ five-day (working) week **fünftägig** ĀDJ five-day *attr* **fünftausend** NŪM five thousand **Fünftel** N̄ fifth; → **Viertel¹ fünftens** ĀDV fifth(ly), in the fifth place **fünfte(r, s)** ĀDJ fifth; → **vierter, s fünfzehn** NŪM fifteen **fünfzig** NŪM fifty; → **vierzig Fünfziger** *umg* M̄ (≈ *Fünfzigeuroschein*) fifty-euro note *Br*, fifty-euro bill *US*; (≈ *Fünfzigcentstück*) fifty-cent piece **fünfzigjährig** ĀDJ *Person* fifty-year-old *attr*

fungieren V̄Ī to function (**als** as a/an) **Funk** M̄ radio; **per ~** by radio **Fünkchen** N̄ **ein ~ Wahrheit** a grain of truth **Funke** M̄ **ein ~** spark; **~n sprühen** to spark, to emit sparks; **arbeiten, dass die ~n fliegen** *od* **sprühen** *umg* to work like crazy *umg* B̄ *von Hoffnung* gleam, glim-

mer **funkeln** V̄Ī to sparkle; *Augen vor Freude* to twinkle; *vor Zorn* to glitter **funkelnagelneu** *umg* ĀDJ brand-new **funken** Ā V̄T̄ *Signal* to radio; **SOS ~** to send out an SOS B̄ V̄Ī **endlich hat es bei ihm gefunkt** *umg* it finally clicked (with him) *umg*

Funken M̄ → **Funke**

Funker(in) M̄ĪF̄ radio *od* wireless operator **Funkfrequenzen** P̄L̄ radio frequencies *pl* **Funkgerät** N̄ (≈ *Sprechfunkgerät*) radio set, walkie-talkie **Funkhaus** N̄ broadcasting centre *Br*, broadcasting center *US* **Funkkontakt** M̄ radio contact **Funkloch** N̄ TEL dead spot **Funkruf** M̄ TEL (radio) paging **Funksprechgerät** N̄ radio telephone; *tragbar* walkie-talkie, two-way radio **Funksprechverkehr** M̄ radiotelephony **Funkspruch** M̄ (≈ *Mitteilung*) radio message **Funkstation** F̄ radio station **Funkstille** F̄ radio silence; *fig* silence **Funkstreife** F̄ police radio patrol **Funktelefon** N̄ radio telephone

Funktion F̄ function; (≈ *Tätigkeit*) functioning; (≈ *Amt*) office; (≈ *Stellung*) position; **in ~ sein** to be in operation **Funktionär(in)** M̄ĪF̄ functionary **funktionell** ĀDJ functional; **~e Lebensmittel** functional food, nutraceuticals *pl* **funktionieren** V̄Ī to work **funktionsfähig** ĀDJ able to work; *Maschine* in working order **Funktionskleidung** F̄ functional clothes *pl*, functional wear **Funktionsleiste** F̄ IT toolbar **Funktionsstörung** F̄ MED malfunction **Funktionstaste** F̄ COMPUT function key

Funkturm M̄ radio tower **Funkuhr** F̄ radio-controlled clock **Funkverbindung** F̄ radio contact **Funkverkehr** M̄ radio communication *od* traffic

für PRĀP for; **für mich** for me; (≈ *meiner Ansicht nach*) in my opinion *od* view; **für zwei arbeiten** *fig* to do the work of two people; **für einen Deutschen ...** for a German ...; **sich für etw entscheiden** to decide in favo(u)r of sth; **das hat was für sich** it's not a bad thing; **für j-n einspringen** to stand in for sb; **was für ein Auto?** what kind of car?; **Tag für Tag** day after day; **Schritt für Schritt** step by step; **etw für sich behalten** to keep sth to oneself **Für** N̄ **das Für**

und Wider the pros and cons *pl*
Furche F̲ furrow; (≈ *Wagenspur*) rut
Furcht F̲ fear; **aus ~ vor j-m/etw** for fear of sb/sth; **~ vor j-m/etw haben** to fear sb/sth; **j-m ~ einflößen** to frighten *od* scare sb; **~ erregend** terrifying, frightening **furchtbar** A̲ A̲D̲J̲ terrible, awful, horrible; **ich habe einen ~ Hunger** I'm terribly hungry *umg* B̲ A̲D̲V̲ terribly *umg*, awfully *umg* **fürchten** A̲ V̲/T̲ j-n/etw ~ to be afraid of sb/sth, to fear sb/sth; **das Schlimmste ~** to fear the worst; → **gefürchtet** B̲ V̲/R̲ to be afraid (**vor** +*dat* of) C̲ V̲/I̲ **um j-s Leben ~** to fear for sb's life; **zum Fürchten aussehen** to look frightening *od* terrifying; **j-n das Fürchten lehren** to put the fear of God into sb **fürchterlich** A̲D̲J̲ & A̲D̲V̲ → **furchtbar furchterregend** A̲D̲J̲ terrifying **furchtlos** A̲D̲J̲ fearless **furchtsam** A̲D̲J̲ timorous
füreinander A̲D̲V̲ for each other, for one another
Furie F̲ *Mythologie* fury; *fig* hellcat *bes* Br, termagant **furios** A̲D̲J̲ high-energy, dynamic
Furnier N̲ veneer
Furore F̲ sensation; **~ machen** *umg* to cause a sensation
Fürsorge F̲ 1̲ (≈ *Betreuung*) care; (≈ *Sozialfürsorge*) welfare 2̲ *umg* (≈ *Sozialamt*) welfare services *pl* 3̲ *umg* (≈ *Sozialunterstützung*) social security Br, social welfare US; **von der ~ leben** to live on social security Br, to live on social welfare US **fürsorglich** A̲D̲J̲ caring **Fürsprache** F̲ recommendation; **auf ~ von j-m** on sb's recommendation **Fürsprecher(in)** M̲/F̲ advocate
Fürst M̲ prince; (≈ *Herrscher*) ruler **Fürstentum** N̲ principality **fürstlich** A̲ A̲D̲J̲ princely *kein adv* B̲ A̲D̲V̲ **j-n ~ bewirten** to entertain sb right royally; **j-n ~ belohnen** to reward sb handsomely; **~ leben** to live like a king *od* lord
Furunkel N̲/M̲ boil
Fürwort N̲ G̲R̲A̲M̲ pronoun
Furz *umg* M̲ fart *umg* **furzen** *umg* V̲/I̲ to fart *umg*
Fusel *pej* M̲ rotgut *umg*, hooch *bes* US *umg*
Fusion F̲ amalgamation; *von Unternehmen* merger; *von Atomkernen, Zellen* fusion **fusionieren** V̲/T̲ & V̲/I̲ to amalgamate; *Unternehmen* to merge

Fuß M̲ 1̲ foot; **zu Fuß** on *od* by foot; **er ist gut/schlecht zu Fuß** he is steady/not so steady on his feet; **das Publikum lag ihr zu Füßen** she had the audience at her feet; **kalte Füße bekommen** to get cold feet; **bei Fuß!** heel!; **j-n mit Füßen treten** *fig* to walk all over sb; **etw mit Füßen treten** *fig* to treat sth with contempt; **(festen) Fuß fassen** to gain a foothold; (≈ *sich niederlassen*) to settle down; **auf eigenen Füßen stehen** *fig* to stand on one's own two feet; **j-n auf freien Fuß setzen** to release sb, to set sb free 2̲ *von Gegenstand* base; (≈ *Tisch-, Stuhlbein*) leg; **auf schwachen Füßen stehen** to be built on sand 3̲ *in der Dichtung* foot 4̲ *Längenmaß* foot; **12 Fuß lang** 12 foot *od* feet long **Fußabdruck** M̲ footprint; **ökologischer ~** *auf CO₂ bezogen* carbon footprint **Fußangel** *wörtl* F̲ mantrap; *fig* catch, trap **Fußbad** N̲ foot bath **Fußball** M̲ 1̲ (≈ *Fußballspiel*) football Br, soccer 2̲ (≈ *Ball*) football Br, soccer ball **Fußballer(in)** *umg* M̲/F̲ footballer Br, soccer player **Fußball-Länderspiel** N̲ international football match Br, international soccer match **Fußballmannschaft** F̲ football team Br, soccer team **Fußballplatz** M̲ football pitch Br, soccer field US **Fußballspieler(in)** M̲/F̲ football player Br, soccer player **Fußballstadion** N̲ football stadium Br, soccer stadium **Fußballverein** M̲ football club Br, soccer club **Fußballweltmeister** M̲ World Cup holders *pl* **Fußballweltmeisterschaft** F̲ World Cup **Fußboden** M̲ floor **Fußbodenbelag** M̲ floor covering **Fußbodenheizung** F̲ (under)floor heating **Fußbremse** F̲ foot brake
Fussel F̲ fluff *kein pl*; **ein(e) ~** a bit of fluff **fusselig** A̲D̲J̲ covered in fluff, linty US; **sich** (*dat*) **den Mund ~ reden** to talk till one is blue in the face **fusseln** V̲/I̲ to give off fluff
fußen V̲/I̲ to rest (**auf** +*dat* on)
Fußende N̲ *von Bett* foot **Fußfessel** F̲ **~n** *pl* shackles *pl*; **elektronische ~** electronic tag **Fußgänger(in)** M̲/F̲ pedestrian **Fußgängerbrücke** F̲ footbridge **Fußgängerüberweg** M̲ pedestrian crossing Br, crosswalk US **Fußgängerunterführung** F̲ underpass, pedestrian subway Br **Fußgängerzo-**

ne $\overline{F}$ pedestrian precinct *od* zone *Br*, pedestrian mall *US* **Fußgeher(in)** $\overline{MF}$ *österr* pedestrian **Fußgelenk** $\overline{N}$ ankle **Fußmarsch** $\overline{M}$ walk; *MIL* march **Fußmatte** $\overline{F}$ doormat **Fußnote** $\overline{F}$ footnote **Fußpflege** $\overline{F}$ chiropody **Fußpfleger(in)** $\overline{MF}$ chiropodist **Fußpilz** $\overline{M}$ *MED* athlete's foot **Fußsohle** $\overline{F}$ sole of the foot **Fußspur** $\overline{F}$ footprint **Fußstapfe** $\overline{F}$, **Fußstapfen** $\overline{M}$ footprint; **in j-s** *(akk)* **~n treten** *fig* to follow in sb's footsteps **Fußstütze** $\overline{F}$ footrest **Fußtritt** $\overline{M}$ footstep; (≈ *Stoß*) kick; **einen ~ bekommen** *fig* to be kicked out *umg* **Fußvolk** $\overline{N}$ *fig* rank and file **Fußweg** $\overline{M}$ 1 (≈ *Pfad*) footpath 2 (≈ *Entfernung*) **es sind nur 15 Minuten ~** it's only 15 minutes' walk
Futon $\overline{M}$ *japanische Matratze* futon
futsch *umg* $\overline{ADJ}$ 1 (≈ *kaputt*) broken 2 (≈ *zerschlagen*) smashed 3 (≈ *weg, verloren*) gone
Futter $\overline{N}$ 1 (animal) food *od* feed; *bes für Kühe, Pferde etc* fodder 2 (≈ *Kleiderfutter*) lining **Futteral** $\overline{N}$ case **futtern** *hum umg* A $\overline{VI}$ to stuff oneself *umg* B $\overline{VT}$ to scoff *Br umg,* to scarf *od* chow *US umg* **füttern** $\overline{VT}$ 1 to feed; **„Füttern verboten"** "do not feed the animals" 2 *Kleidungsstück* to line **Futternapf** $\overline{M}$ bowl **Futterneid** $\overline{M}$ *fig* green-eyed monster *hum,* jealousy **Fütterung** $\overline{F}$ feeding
Futur $\overline{N}$ *GRAM* future (tense) **futuristisch** $\overline{ADJ}$ (≈ *zukunftsweisend*) futuristic **Futurologie** $\overline{F}$ futurology

G

G, g $\overline{N}$ G, g; **G 8** (≈ *Wirtschaftsgipfel*) G 8; *SCHULE high-school education at a Gymnasium lasting eight rather than the traditional nine years;* **G 9** *SCHULE high-school education at a Gymnasium lasting nine years*
g $\overline{ABK}$ (= *Gramm*) gram(me)
Gabe $\overline{F}$ (≈ *Begabung*) gift
Gabel $\overline{F}$ fork; (≈ *Heugabel, Mistgabel*) pitchfork; *TEL* rest, cradle **Gabelflug**

$\overline{M}$ open-jaw flight **gabeln** $\overline{VR}$ to fork **Gabelstapler** $\overline{M}$ fork-lift truck **Gabelung** $\overline{F}$ fork
Gabentisch $\overline{M}$ table for Christmas or birthday presents
Gabun $\overline{N}$ Gabon
gackern $\overline{VI}$ to cackle
gaffen $\overline{VI}$ to gape (**nach** at), to rubberneck *umg* (**nach** at) **Gaffer(in)** $\overline{MF}$ gaper, rubberneck(er)
Gag $\overline{M}$ (≈ *Filmgag*) gag; (≈ *Werbegag*) gimmick; (≈ *Witz*) joke; *umg* (≈ *Spaß*) laugh
Gage $\overline{F}$ *bes THEAT* fee; (≈ *regelmäßige Gage*) salary
gähnen $\overline{VI}$ to yawn; **~de Leere** total emptiness; **ein ~des Loch** a gaping hole
Gala $\overline{F}$ formal *od* evening *od* gala dress; *MIL* full *od* ceremonial *od* gala dress **Galaabend** $\overline{M}$ gala evening **Galaempfang** $\overline{M}$ formal reception
galaktisch $\overline{ADJ}$ galactic
galant *obs* A $\overline{ADJ}$ gallant B $\overline{ADV}$ gallantly
Galauniform $\overline{F}$ *MIL* full dress uniform **Galavorstellung** $\overline{F}$ *THEAT* gala performance
Galaxis $\overline{F}$ *ASTRON* galaxy; (≈ *Milchstraße*) Galaxy, Milky Way
Galeere $\overline{F}$ galley
Galerie $\overline{F}$ gallery; **auf der ~** in the gallery
Galgen $\overline{M}$ gallows *pl,* gibbet; *FILM* boom **Galgenfrist** *umg* $\overline{F}$ reprieve **Galgenhumor** $\overline{M}$ gallows humour *Br,* gallows humor *US* **Galgenmännchen** $\overline{N}$ *Spiel* hangman
Galionsfigur $\overline{F}$ figurehead
gälisch $\overline{ADJ}$ Gaelic
Galle $\overline{F}$ *ANAT* (≈ *Organ*) gall bladder; (≈ *Flüssigkeit*) bile; *Tiermedizin, a. BOT* gall; *fig* (≈ *Bosheit*) virulence; **bitter wie ~** bitter as gall; **j-m kommt die ~ hoch** sb's blood begins to boil **Gallenblase** $\overline{F}$ gall bladder **Gallenkolik** $\overline{F}$ gallstone colic **Gallenstein** $\overline{M}$ gallstone
Gallier(in) $\overline{MF}$ Gaul **gallisch** $\overline{ADJ}$ Gallic
Gallone $\overline{F}$ gallon
Galopp $\overline{M}$ gallop; **im ~** *wörtl* at a gallop; *fig* at top speed; **langsamer ~** canter **galoppieren** $\overline{VI}$ to gallop; **~de Inflation** galloping inflation
Gamasche $\overline{F}$ gaiter; (≈ *Wickelgamasche*) puttee
Gambe $\overline{F}$ viola da gamba

Gambia N̄ Gambia

Gameboy® M̄ Gameboy® **Gameshow** F̄ game show

Gammastrahlen PL gamma rays pl

Gammelfleisch umg N̄ dodgy meat umg

gammelig umg ADJ Lebensmittel old; Kleidung tatty umg **gammeln** V̄/ī to loaf around umg **Gammler(in)** M̄/F̄ long-haired layabout Br, long-haired bum umg

Gamsbart M̄ tuft of hair from a chamois worn as a hat decoration shaving brush hum umg **Gamsbock** M̄ chamois buck **Gämse** F̄ chamois

gang ADJ ~ **und gäbe sein** to be quite usual

Gang M̄ **1** (≈ Gangart) walk, gait **2** (≈ Besorgung) errand; (≈ Spaziergang) walk; **einen ~ zur Bank machen** to pay a visit to the bank **3** (≈ Ablauf) course; **der ~ der Ereignisse/der Dinge** the course of events/things; **seinen (gewohnten) ~ gehen** fig to run its usual course; **etw in ~ bringen** od **setzen** to get od set sth going; **etw in ~ halten** to keep sth going; **in ~ kommen** to get going; **in ~ sein** to be going; fig to be under way; **in vollem ~** in full swing; **es ist etwas im ~(e)** umg something's up umg **4** (≈ Arbeitsgang) operation; eines Essens course; **ein Essen mit vier Gängen** a four-course meal **5** (≈ Verbindungsgang) passage(way); in Gebäuden corridor; (≈ Hausflur) hallway; zwischen Sitzreihen aisle **6** MECH gear; **den ersten ~ einlegen** to engage first (gear); **in die Gänge kommen** fig to get started od going **Gangart** F̄ walk; von Pferd gait, pace; **eine harte ~** fig a tough stance od line **gangbar** wörtl ADJ Weg, Brücke etc passable; fig Lösung, Weg practicable

gängeln V̄/T j-n ~ to treat sb like a child; Mutter to keep sb tied to one's apron strings

gängig ADJ (≈ üblich) common; (≈ aktuell) current

Gangschaltung F̄ gears pl

Gangster(in) M̄/F̄ gangster **Gangsterbande** F̄ gang of criminals **Gangstermethoden** PL strong-arm tactics pl

Gangway F̄ SCHIFF gangway; FLUG steps pl

Ganove umg M̄ crook; hum (≈ listiger Kerl) sly old fox

Gans F̄ goose; **wie die Gänse schnattern** to cackle away **Gänseblümchen** N̄ daisy **Gänsebraten** M̄ roast goose **Gänsefüßchen** umg PL inverted commas pl Br, quotation marks pl **Gänsehaut** fig F̄ goose pimples pl Br od flesh, goose bumps pl; **eine ~ bekommen** od **kriegen** umg to get goose pimples etc **Gänseleberpastete** F̄ pâté de foie gras, goose-liver pâté **Gänsemarsch** M̄ **in** ~ in single od Indian file **Gänserich** M̄ gander **Gänseschmalz** N̄ goose fat

ganz A ADJ **1** whole, entire; (≈ vollständig) complete; ~ **England/London** the whole of England/London Br, all (of) England/London; **die ~e Zeit** all the time, the whole time; **sein ~es Geld** all his money; **seine ~e Kraft** all his strength; **ein ~er Mann** a real man; **im (Großen und) Ganzen** on the whole **2** umg (≈ unbeschädigt) intact; **etw wieder ~ machen** to mend sth **B** ADV (≈ völlig) quite; (≈ vollständig) completely; (≈ ziemlich) quite; (≈ sehr) really; (≈ genau) exactly, just; ~ **hinten/vorn** right at the back/front; **nicht ~** not quite; ~ **schön** pretty; ~ **gewiss** most certainly, absolutely; **ein ~ billiger Trick** a really cheap trick; ~ **allein** all alone; ~ **wie Sie meinen** just as you think (best); ~ **und gar** completely, utterly; ~ **und gar nicht** not at all; **ein ~ klein wenig** just a little od tiny bit; **das mag ich ~ besonders gerne** I'm particularly od especially fond of that **Ganze(s)** N̄ whole; **etw als ~s sehen** to see sth as a whole; **das ~ kostet ... altogether it costs ...**; **aufs ~ gehen** umg to go all out; **es geht ums ~** everything's at stake **Ganzheit** F̄ (≈ Einheit) unity; (≈ Vollständigkeit) entirety; **in seiner ~** in its entirety **ganzheitlich** ADJ (≈ umfassend einheitlich) integral; Lernen integrated; Medizin holistic **ganzjährig** ADJ & ADV all (the) year round **Ganzkörperscanner** M̄ am Flughafen full-body scanner **gänzlich** ADV completely, totally **ganzseitig** ADJ Anzeige etc full-page **ganztägig** ADJ all-day; Arbeit, Stelle full-time; ~ **geöffnet** open all day **ganztags** ADV arbeiten full-time **Ganztagsbeschäftigung** F̄ full-time occupation **Ganztagsbetreuung** F̄ all-day care **Ganztagsschule** F̄ all-day school

G

gar A ADV **gar keines** none at all *od* whatsoever; **gar nichts** nothing at all *od* whatsoever; **gar nicht schlecht** not bad at all B ADJ *Speise* done *präd*, cooked

Garage F garage

Garant(in) M(F) guarantor **Garantie** F guarantee; *auf Auto* warranty; **die Uhr hat ein Jahr ~** the watch is guaranteed for a year; **unter ~** under guarantee **garantieren** A VT to guarantee (j-m etw sb sth) B VI to give a guarantee; **für etw ~** to guarantee sth **garantiert** ADV guaranteed; *umg* I bet *umg*; **er kommt ~ nicht** I bet he won't come *umg* **Garantieschein** M guarantee, certificate of guarantee *form*; *für Auto* warranty

Garbe F (≈ *Korngarbe*) sheaf

Garde F guard; **die alte/junge ~** *fig* the old/young guard

Garderobe F 1 (≈ *Kleiderbestand*) wardrobe 2 (≈ *Kleiderablage*) hall stand; *im Theater, Kino etc* cloakroom *Br*, checkroom *US* 3 THEAT (≈ *Umkleideraum*) dressing room **Garderobenfrau** F cloakroom attendant *Br*, checkroom attendant *US* **Garderobenmarke** F cloakroom ticket *Br*, checkroom ticket *US* **Garderobenständer** M hat stand *Br*, hat tree *US*

Gardine F curtain *Br*, drape *US*; (≈ *Scheibengardine*) net curtain *Br*, café curtain *US* **Gardinenpredigt** *umg* F talking-to *umg*; **j-m eine ~ halten** to give sb a talking-to **Gardinenstange** F curtain rail; *zum Ziehen* curtain rod

garen VT & VI GASTR to cook; *auf kleiner Flamme* to simmer

gären VI to ferment; **in ihm gärt es** he is in a state of inner turmoil

Garn N thread, yarn; **ein ~ spinnen** *fig* to spin a yarn

Garnele F ZOOL prawn; (≈ *Granat*) shrimp

garnieren VT to decorate; *Gericht Reden etc* to garnish

Garnison F MIL garrison

Garnitur F 1 (≈ *Satz*) set; **die erste ~** *fig* the pick of the bunch; **erste/zweite ~ sein** to be first-rate *od* first-class/second-rate 2 (≈ *Besatz*) trimming

garstig ADJ nasty

Garten M garden; (≈ *Obstgarten*) orchard; **botanischer ~** botanic(al) gar-

dens *pl* **Gartenarbeit** F gardening *kein pl*, yard work *US* **Gartenbau** M horticulture **Gartengerät** N gardening tool *od* implement **Gartenhaus** N summer house **Gartenlokal** N beer garden; (≈ *Restaurant*) garden café **Gartenmöbel** PL garden furniture **Gartenschere** F secateurs *pl Br*, pruning shears *pl*; (≈ *Heckenschere*) shears *pl* **Gartenschlauch** M garden hose **Gartenzaun** M garden fence **Gartenzwerg** M garden gnome **Gärtner(in)** M(F) gardener **Gärtnerei** F 1 market garden *Br*, truck farm *US* 2 (≈ *Gartenarbeit*) gardening **gärtnern** VI to garden

Gärung F fermentation

Garzeit F cooking time

Gas N gas; AUTO (≈ *Gaspedal*) accelerator (pedal) *Br*, gas pedal *US*; **Gas geben** AUTO to accelerate, to step on the gas *US*; **auf höhere Touren bringen** to rev up **Gasbehälter** M gas holder, gasometer **Gasexplosion** F gas explosion **Gasfeuerzeug** N gas lighter **Gasflasche** F bottle of gas, gas canister **gasförmig** ADJ gaseous, gasiform **Gashahn** M gas tap **Gasheizung** F gas (central) heating **Gasherd** M gas cooker **Gaskammer** F gas chamber **Gaskocher** M camping stove **Gasleitung** F (≈ *Rohr*) gas pipe; (≈ *Hauptrohr*) gas main **Gasmann** M gasman **Gasmaske** F gas mask **Gasometer** M gasometer **Gaspedal** N AUTO accelerator (pedal) *Br*, gas pedal *US*

Gasse F lane; (≈ *Durchgang*) alley(way) **Gassenjunge** *pej* M street urchin **Gassi** *umg* ADV **~ gehen** to go walkies *Br umg*, to go for a walk

Gast M guest; (≈ *Tourist*) visitor; *in einer Gaststätte* customer; **wir haben heute Abend Gäste** we're having company this evening; **bei j-m zu ~ sein** to be sb's guest(s) **Gastarbeiter(in)** *neg!* M(F) immigrant *od* foreign worker **Gastdozent(in)** M(F) visiting *od* guest lecturer **Gästebett** N spare *od* guest bed **Gästebuch** N visitors' book **Gästehandtuch** N guest towel **Gästehaus** N guest house **Gästeliste** F guest list **Gäste-WC** N guest toilet **Gästezimmer** N guest *od* spare room **Gastfamilie** F host family **gastfreundlich** ADJ hospitable **Gastfreundlichkeit** F hospitality **Gastfreundschaft** F hospitality **gastgebend** ADJ Land, Theater *attr;* Mannschaft home *attr;* **Gastgeber** M̲ host **Gastgeberin** F̲ hostess **Gastgeschenk** N̲ present (given by a guest) **Gasthaus** N̲, **Gasthof** M̲ inn, restaurant **Gasthörer(in)** M̲F̲ UNIV observer, auditor US **gastieren** V̲I̲ to guest **Gastland** N̲ host country **gastlich** ADJ hospitable **Gastlichkeit** F̲ hospitality **Gastmannschaft** F̲ visiting team **Gastrecht** N̲ right to hospitality

▶ **Gasthaus** ≠ **guesthouse**

| Gasthaus | = | **inn, restaurant** |
| guesthouse | = | (zum Übernachten) Pension |

◀

Gastritis F̲ gastritis

Gastronom(in) M̲F̲ (≈ Gastwirt) restaurateur; (≈ Koch) cuisinier, cordon bleu cook *bes Br* **Gastronomie** F̲ *form* (≈ Gaststättengewerbe) catering trade; *geh* (≈ Kochkunst) gastronomy **gastronomisch** ADJ gastronomic

Gastspiel N̲ THEAT guest performance; SPORT away match **Gaststätte** F̲ (≈ Restaurant) restaurant; (≈ Trinklokal) pub Br, bar **Gaststättengewerbe** N̲ catering trade **Gaststube** F̲ lounge

Gasturbine F̲ gas turbine

Gastwirt M̲ Besitzer restaurant owner od proprietor; Pächter landlord Br, bar owner **Gastwirtin** F̲ Besitzerin restaurant owner od proprietress; Pächterin restaurant manageress; von Kneipe landlady Br, bar owner **Gastwirtschaft** F̲ → Gaststätte

Gasuhr F̲ gas meter **Gasvergiftung** F̲ gas poisoning **Gasversorgung** F̲ (≈ System) gas supply (+gen to) **Gaswerk** N̲ gasworks *sg od pl* **Gaszähler** M̲ gas meter

Gatte *form* M̲ husband, spouse *form* **Gatter** N̲ (≈ Tür) gate; (≈ Zaun) fence; (≈ Rost) grating, grid **Gattin** *form* F̲ wife, spouse *form* **Gattung** F̲ BIOL genus; LIT, MUS, KUNST genre; *fig* (≈ Sorte) type, kind **Gattungsbegriff** M̲ generic concept

GAU M̲ ABK (= größter anzunehmender Unfall) MCA, maximum credible accident; *fig umg* worst-case scenario

Gaudi *umg* N̲ fun

Gaul *pej* M̲ nag, hack

Gaumen M̲ palate

Gauner M̲ rogue, scoundrel; (≈ Betrüger) crook; *umg* (≈ gerissener Kerl) cunning devil *umg* **Gaunerin** F̲ rascal; (≈ Betrügerin) crook **Gaunersprache** F̲ underworld jargon

Gazastreifen M̲ Gaza Strip

Gaze F̲ gauze

Gazelle F̲ gazelle

GB¹ ABK (= Großbritannien) GB

GB² ABK (= Gigabyte) GB

geachtet ADJ respected; → achten

geartet ADJ gutmütig ~ sein to be good-natured; freundlich ~ sein to have a friendly nature

Geäst N̲ branches *pl*

geb. ABK (= geboren) born, b.

Gebäck N̲ (≈ Kekse) biscuits *pl Br,* cookies *pl US;* (≈ süße Teilchen) pastries *pl*

Gebälk N̲ timbers *pl*

geballt ADJ (≈ konzentriert) concentrated; die Probleme treten jetzt ~ auf the problems are piling up now; → ballen

gebannt ADJ (wie) ~ fascinated; → bannen

Gebärde F̲ gesture **gebärden** V̲R̲ to behave **Gebärdensprache** F̲ gestures *pl;* (≈ Zeichensprache) sign language

Gebaren N̲ behaviour Br, behavior US; HANDEL (≈ Geschäftsgebaren) conduct

gebären A̲ V̲T̲ to give birth to; **geboren werden** to be born; **wo sind Sie geboren?** where were you born?; ~ geboren B̲ V̲I̲ to give birth **Gebärmutter** F̲ ANAT womb, uterus **Gebärmutterhals** M̲ cervix **Gebärmutterkrebs** M̲ cervical cancer

Gebarung F̲ HANDEL österr (≈ Geschäftsgebaren) conduct

Gebäude N̲ building; *fig* (≈ Gefüge) structure **Gebäudekomplex** M̲ building complex

gebaut ADJ built; **gut ~ sein** to be well-built; → bauen

Gebeine P̲L̲ bones *pl,* (mortal) remains *pl*

Gebell N̲ barking

geben A̲ V̲T̲ 1̲ to give; **was darf ich Ihnen ~?** what can I get you?; **~ Sie mir bitte zwei Flaschen Bier** I'd like two bottles of beer, please; **~ Sie mir bitte**

Herrn Lang TEL can I speak to Mr Lang please?; **ich gäbe viel darum, zu …** I'd give a lot to …; **gibs ihm (tüchtig)!** umg let him have it! umg; **das Buch hat mir viel gegeben** I got a lot out of the book; → **gegeben 2** (≈ übergeben) **ein Auto in Reparatur ~** to have a car repaired; **ein Kind in Pflege ~** to put a child in care **3** (≈ veranstalten) Konzert, Fest to give; **was wird heute im Theater gegeben?** what's on at the theatre today? Br, what's on at the theater today? US **4** (≈ unterrichten) to teach; **er gibt Nachhilfeunterricht** he does tutoring **5** **viel/nicht viel auf etw** (akk) **~** to set great/little store by sth; **ich gebe nicht viel auf seinen Rat** I don't think much of his advice; **etw von sich ~** Laut, Worte, Flüche to utter sth; **Meinung** to express sth **B** **VI 1** KART to deal; **wer gibt?** whose turn is it to deal? **2** SPORT (≈ Aufschlag haben) to serve **C** **VI es gibt** there is; mit Plural there are; **gibt es einen Gott?** is there a God?; **es wird noch Ärger ~** there'll be trouble (yet); **was gibts zum Mittagessen?** what's for lunch?; **es gibt gleich Mittagessen!** it's nearly time for lunch!; **was gibts?** what's the matter?, what is it?; **das gibts doch nicht!** I don't believe it!; **das hat es ja noch nie gegeben!** it's unbelievable!; **so was gibts bei uns nicht!** umg that's just not on! umg; **gleich gibts was!** umg there's going to be trouble! **D** **VR sich ~** (≈ nachlassen) Regen to ease off; Schmerzen to ease; Begeisterung to cool; freches Benehmen to lessen; (≈ sich erledigen) to sort itself out; (≈ aufhören) to stop; **das wird sich schon ~** it'll all work out; **nach außen gab er sich heiter** outwardly he seemed quite cheerful

Geber(in) M(F) giver; KART dealer
Gebet N̄ prayer; **j-n ins ~ nehmen** fig to take sb to task; iron bei Polizeiverhör etc to put pressure on sb **Gebetbuch** N̄ prayer book

gebeugt ADJ Haltung stooped; Kopf bowed; → **beugen**

Gebiet N̄ **1** area, region; (≈ Staatsgebiet) territory **2** fig (≈ Fach) field; (≈ Teilgebiet) branch; **auf diesem ~** in this field **gebieten** geh **A** **V/T** (≈ verlangen) to demand; **j-m etw ~** to command sb to do sth **B** **VI über etw** (akk) **~ über Geld** etc to have sth at one's disposal; → **geboten Gebietsanspruch** M̄ territorial claim **Gebietskörperschaft** F̄ regional authority **gebietsweise** ADV in some areas

Gebilde N̄ (≈ Ding) thing; (≈ Gegenstand) object; (≈ Bauwerk) construction

gebildet ADJ educated; (≈ gelehrt) learned; (≈ kultiviert) cultured; → **bilden**

Gebinde N̄ (≈ Blumengebinde) arrangement; (≈ Blumenkranz) wreath

Gebirge N̄ mountains pl, mountain range **gebirgig** ADJ mountainous **Gebirgskette** F̄ mountain range **Gebirgslandschaft** F̄ (≈ Gegend) mountainous region; (≈ Ausblick) mountain scenery **Gebirgszug** M̄ mountain range

Gebiss N̄ (≈ die Zähne) (set of) teeth pl; (≈ künstliches Gebiss) dentures pl, false teeth pl

Gebläse N̄ blower

geblümt ADJ flowered

Geblüt geh N̄ (≈ Abstammung) descent; fig (≈ Blut) blood; **von edlem ~** of noble blood

gebogen ADJ bent; (≈ geschwungen, rund) curved; → **biegen**

gebongt umg ADJ **das ist ~** okey-doke umg

geboren ADJ born; **er ist blind ~** he was born blind; **~er Engländer sein** to be English by birth; **er ist der ~e Erfinder** he's a born inventor; **Hanna Schmidt ~e Müller** Hanna Schmidt, née Müller; → **gebären**

geborgen ADJ **sich ~ fühlen** to feel secure; → **bergen Geborgenheit** F̄ security

Gebot N̄ **1** (≈ Gesetz) law; (≈ Vorschrift) rule; BIBEL commandment **2** geh (≈ Erfordernis) requirement; **das ~ der Stunde** the needs of the moment **3** HANDEL bei Auktionen bid **geboten** geh ADJ (≈ ratsam) advisable; (≈ notwendig) necessary; (≈ dringend geboten) imperative; → **bieten**; → **gebieten Gebotsschild** N̄ sign giving orders

Gebr. ABK (= Gebrüder) Bros.

gebrannt ADJ **~e Mandeln** pl burnt almonds pl Br, baked almonds pl US; **~er Ton** fired clay; **~es Kind scheut das Feuer** sprichw once bitten, twice shy sprichw; → **brennen**

Gebrauch M̄ (≈ Benutzung) use; eines

Wortes usage; (≈*Anwendung*) application; (≈*Brauch*) custom; **von etw ~ machen** to make use of sth; **in ~ sein** to be in use **gebrauchen** V̲̲T̲ (≈*benutzen*) to use; (≈*anwenden*) to apply; **sich zu etw ~ lassen** to be useful for sth; (≈*missbrauchen*) to be used as sth; **nicht mehr zu ~ sein** to be useless; **er/das ist zu nichts zu ~** he's/that's absolutely useless; **das kann ich gut ~** I can really use that; **ich könnte ein neues Kleid ~** I could use a new dress **gebräuchlich** A̲D̲J̲ (≈*verbreitet*) common; (≈*gewöhnlich*) usual, customary **Gebrauchsanweisung** F̲ *für Arznei* directions *pl; für Geräte etc* instructions *pl* (for use) **Gebrauchsartikel** M̲ article for everyday use; *pl bes* HANDEL basic consumer goods *pl* **gebrauchsfertig** A̲D̲J̲ ready for use **Gebrauchsgegenstand** M̲ commodity; (≈*Werkzeug, Küchengerät*) utensil **Gebrauchsgut** N̲ consumer item **Gebrauchsmuster** N̲ registered pattern *od* design **gebraucht** A̲ A̲D̲J̲ second-hand; *Verpackung* used B̲ A̲D̲V̲ **etw ~ kaufen** to buy sth second-hand; → **brauchen Gebrauchtwagen** M̲ used *od* second-hand car **Gebrauchtwagenhändler(in)** M̲(F̲) used *od* second-hand car dealer **gebräunt** A̲D̲J̲ (≈*braun gebrannt*) (sun-) tanned; → **bräunen**

Gebrechen N̲ *geh* affliction **gebrechlich** A̲D̲J̲ frail; (≈*altersschwach*) infirm **gebrochen** A̲ A̲D̲J̲ broken; **~e Zahl** MATH fraction; **mit ~em Herzen** broken-hearted B̲ A̲D̲V̲ **~ Deutsch sprechen** to speak broken German; → **brechen**

Gebrüder P̲L̲ HANDEL Brothers *pl;* **~ Müller** Müller Brothers

Gebrüll N̲ *von Löwe* roar; *von Mensch* yelling

gebückt A̲ A̲D̲J̲ **eine ~e Haltung** a stoop B̲ A̲D̲V̲ **~ gehen** to stoop; → **bücken**

Gebühr F̲ ◨ charge; (≈*Postgebühr*) postage *kein pl;* (≈*Studiengebühr*) fees *pl;* (≈*Vermittlungsgebühr*) commission; (≈*Straßenbenutzungsgebühr*) toll; **~ erheben** to make a charge; **~ (be)zahlt Empfänger** postage to be paid by addressee ◩ (≈*Angemessenheit*) **nach ~** suitably, properly; **über ~** excessively **gebühren** *geh* A̲ V̲I̲ **das gebührt ihm** (≈*steht ihm zu*) it is his (just) due; (≈*gehört sich für ihn*) it befits him B̲ V̲/R̲ to be proper; **wie es sich gebührt** as is proper **gebührend** A̲ A̲D̲J̲ (≈*verdient*) due; (≈*angemessen*) suitable; (≈*geziemend*) proper B̲ A̲D̲V̲ duly, suitably; **etw ~ feiern** to celebrate sth in a fitting manner **Gebühreneinheit** F̲ TEL (tariff) unit **Gebührenerhöhung** F̲ increase in charges **gebührenfrei** A̲ A̲D̲J̲ free of charge; *Telefonnummer* Freefone® *Br,* toll-free *US* B̲ A̲D̲V̲ free of charge **Gebührenordnung** F̲ scale of charges **gebührenpflichtig** A̲ A̲D̲J̲ subject to a charge; *Autobahnbenutzung* subject to a toll; **~e Verwarnung** JUR fine; **~e Autobahn** toll road *Br,* turnpike *US* B̲ A̲D̲V̲ **j-n ~ verwarnen** to fine sb

gebunden A̲D̲J̲ tied (**an** +*akk* to); *durch Verpflichtungen etc* tied down; *Kapital* tied up; LING, PHYS, CHEM bound; *Buch* cased, hardback; *Wärme* latent; MUS legato; **vertraglich ~ sein** to be bound by contract; → **binden**

Geburt F̲ birth; **von ~** by birth; **von ~ an** from birth; (≈*gebürtig*) natural-born; **bei der ~ sterben** *Mutter* to die in childbirth; *Kind* to die at birth; **das war eine schwere ~!** *fig umg* that took some doing *umg* **Geburtenkontrolle** F̲, **Geburtenregelung** F̲ birth control **Geburtenrate** F̲ birthrate **Geburtenrückgang** M̲ drop in the birthrate **geburtenschwach** A̲D̲J̲ *Jahrgang* with a low birthrate **geburtenstark** A̲D̲J̲ *Jahrgang* with a high birthrate **Geburtenüberschuss** M̲ excess of births over deaths **Geburtenziffer** F̲ birthrate **gebürtig** A̲D̲J̲ **ich bin ~er Londoner** I was born in London **Geburtsanzeige** F̲ birth announcement **Geburtsdatum** N̲ date of birth **Geburtshaus** N̲ *das ~ Kleists* the house where Kleist was born **Geburtshelfer(in)** M̲(F̲) MED (≈*Arzt*) obstetrician; (≈*Hebamme*) midwife **Geburtsjahr** N̲ year of birth **Geburtsland** N̲ native country **Geburtsname** M̲ birth name; *von Frau a.* maiden name **Geburtsort** M̲ birthplace; *im Pass* place of birth **Geburtstag** M̲ birthday; *auf Formularen* date of birth; **j-m zum ~ gratulieren** to wish sb (a) happy birthday; **heute habe ich ~** it's my birthday today; **herzlichen Glückwunsch zum ~, alles Gute**

G

G

zum ~! happy birthday! **Geburts-tagsfeier** F birthday party **Geburts-tagsgeschenk** N birthday present **Geburtstagskind** N birthday boy/girl **Geburtsurkunde** F birth certificate **Gebüsch** N bushes pl; (≈ Unterholz) undergrowth, brush

gedacht ADJ Linie, Fall imaginary; → denken **Gedächtnis** N memory; **etw aus dem ~ hersagen** to recite sth from memory; **j-m im ~ bleiben** to stick in sb's mind; **etw im ~ behalten** to remember sth **Gedächtnisfeier** F commemoration **Gedächtnislücke** F gap in one's memory **Gedächtnis-schwund** M amnesia **Gedächtnis-training** N memory training

gedämpft ADJ 1 (≈ vermindert) Geräusch muffled; Farben, Stimmung muted; Optimismus cautious; Licht, Freude subdued; **mit ~er Stimme** in a low voice 2 GASTR steamed; → dämpfen

Gedanke M thought (**über** +akk on, about); (≈ Idee, Plan) idea; (≈ Konzept) concept; **der bloße ~ an ...** the mere thought of ...; **in ~n vertieft sein** to be deep in thought; **j-n auf andere ~n bringen** to take sb's mind off things; **sich** (dat) **über etw** (akk) **~n machen** to think about sth; (≈ sich sorgen) to worry about sth; **etw ganz in ~n** (dat) tun to do sth (quite) without thinking; **j-s ~n lesen** to read sb's mind od thoughts; **auf dumme ~n kommen** umg to get up to mischief; **mit dem ~n spielen, etw zu tun** to toy with the idea of doing sth **Gedankenaustausch** M POL exchange of ideas **Gedankengang** M train of thought **gedankenlos** ADJ (≈ unüberlegt) unthinking; (≈ zerstreut) absent-minded; (≈ rücksichtslos) thoughtless **Gedankenlosigkeit** F (≈ Unüberlegtheit) lack of thought; (≈ Zerstreutheit) absent-mindedness; (≈ Rücksichtslosigkeit) thoughtlessness **Gedankenspiel** N intellectual game; als psychologische Taktik mind game **Gedankenstrich** M dash **Gedankenübertragung** F telepathy **gedanklich** ADJ intellectual; (≈ vorgestellt) imaginary

Gedärme PL bowels pl, intestines pl **Gedeck** N 1 (≈ Tischgedeck) cover; **ein ~ auflegen** to lay a place Br, to set a place 2 (≈ Menü) set meal, table d'hôte 3 im Nachtklub cover charge **gedeckt** ADJ

Farben muted; Tisch set for a meal, laid for a meal Br; → decken

Gedeih M **auf ~ und Verderb** for better or (for) worse **gedeihen** V/I to thrive; (≈ sich entwickeln) to develop; fig (≈ vorankommen) to make progress

gedenken V/I 1 geh (≈ denken an) to remember 2 (≈ feiern) to commemorate **Gedenken** N memory (**an** +akk of); **zum** od **im ~ an j-n** in memory of sb **Gedenkfeier** F commemoration **Gedenkgottesdienst** M memorial service **Gedenkminute** F minute's silence **Gedenkmünze** F commemorative coin **Gedenkstätte** F memorial **Gedenkstunde** F hour of commemoration **Gedenktafel** F plaque **Gedenktag** M commemoration day

Gedicht N poem; **der Nachtisch ist ein ~** umg the dessert is sheer poetry **Gedichtband** M book of poems od poetry **Gedichtinterpretation** F eines Gedichtes interpretation of a poem; von Dichtung interpretation of poetry

gediegen ADJ 1 Metall pure 2 von guter Qualität high-quality; (≈ geschmackvoll) tasteful; (≈ rechtschaffen) upright; Kenntnisse sound

gedopt ADJ **er war ~** he had taken drugs; → dopen

Gedränge N (≈ Menschenmenge) crowd, crush; (≈ Drängeln) jostling; beim Rugby scrum(mage); **ins ~ kommen** fig to get into a fix umg **Gedrängel** N umg (≈ Drängeln) shoving umg **gedrängt** A ADJ packed; fig Stil terse B ADV **~ voll** packed full; **~ stehen** to be crowded together; → drängen

gedruckt ADJ printed; **lügen wie ~** umg to lie right, left and centre Br umg, to lie right, left and center US umg; → drucken

gedrückt ADJ Stimmung depressed; **~er Stimmung sein** to feel depressed; → drücken

gedrungen ADJ Gestalt stocky **Geduld** F patience; **mit j-m/etw ~ haben** to be patient with sb/sth; **ich verliere die ~** my patience is wearing thin **gedulden** V/R to be patient **geduldig** A ADJ patient B ADV patiently **Geduldspiel** N fig test of patience **Geduldsprobe** F **das war eine harte ~** it was enough to try anyone's patience

geehrt ADJ honoured Br, honored US;

sehr ~e Damen und Herren Ladies and Gentlemen; *in Briefen* Dear Sir or Madam *Br*, To whom it may concern *US*; → **eh-ren**

geeignet ADJ (≈*passend*) suitable; (≈*richtig*) right; **er ist zu dieser Arbeit nicht ~** he's not suited to this work; **er wäre zum Lehrer gut ~** he would make a good teacher; → **eignen**

Gefahr F **1** danger (**für** to, for); (≈*Bedrohung*) threat (**für** to, for); **in ~ sein** to be in danger; (≈*bedroht*) to be threatened; **außer ~** out of danger; **sich einer ~ aussetzen** to put oneself in danger **2** (≈*Risiko*) risk (**für** to, for); **auf eigene ~** at one's own risk; *stärker* at one's own peril; **auf die ~ hin, etw zu tun** at the risk of doing sth; **~ laufen, etw zu tun** to run the risk of doing sth **gefährden** VT (≈*bedrohen*) to endanger; (≈*aufs Spiel setzen*) to put at risk **Gefährder(in)** M/F dangerous militant; (≈*Terrorist a.*) potential terrorist **gefährdet** ADJ *Tierart* endangered; *Ehe, Bevölkerungsgruppe, Gebiet* at risk *präd* **Gefährdung** F **1** (≈*das Gefährden*) endangering; (≈*das Riskieren*) risking **2** (≈*Gefahr*) danger (+*gen* to) **Gefahrenbereich** M danger area **Gefahrenquelle** F safety hazard **Gefahrenstelle** F danger spot **Gefahrenzone** F danger zone **Gefahrenzulage** F danger money **gefährlich** A ADJ dangerously **Gefährlichkeit** F dangerousness **gefahrlos** A ADJ safe; (≈*harmlos*) harmless B ADV safely; (≈*harmlos*) harmlessly **Gefährte** M, **Gefährtin** F *geh* F companion

Gefälle N **1** *von Fluss* drop, fall; *von Land, Straße* slope; (≈*Neigungsgrad*) gradient; **ein ~ von 10%** a gradient of 10% **2** *fig* (≈*Unterschied*) difference; **das Nord-Süd-Gefälle** the north-south divide

gefallen VI to please (**j-m** sb); **es gefällt mir (gut)** I like it (very much *od* a lot); **das gefällt mir gar nicht** I don't like it at all; **das gefällt mir schon besser** *umg* that's more like it *umg*; **er gefällt mir gar nicht** *umg gesundheitlich* I don't like the look of him *umg*; **sich** (*dat*) **etw ~ lassen** (≈*dulden*) to put up with sth **Gefallen**[1] *geh* N pleasure; **an etw** (*dat*) **~ finden** to get pleasure from sth

Gefallen[2] M favour *Br*, favor *US*; **j-n um einen ~ bitten** to ask sb a favo(u)r; **j-m einen ~ tun** to do sb a favo(u)r **Gefallene(r)** M/F(M) soldier killed in action

gefällig ADJ **1** (≈*hilfsbereit*) obliging; **j-m ~ sein** to oblige sb **2** (≈*ansprechend*) pleasing; (≈*freundlich*) pleasant **3** *Zigarette ~?* form would you care for a cigarette? **Gefälligkeit** F **1** (≈*Gefallen*) favour *Br*, favor *US*; **j-m eine ~ erweisen** to do sb a favo(u)r **2** *etw* **aus ~ tun** to do sth out of the kindness of one's heart **gefälligst** *umg* ADV kindly; **sei ~ still!** kindly keep your mouth shut! *umg*

Gefangenenlager N prison camp **Gefangene(r)** M/F(M) captive; (≈*Sträfling*), *a. fig* prisoner **gefangen halten** VT to hold prisoner; *Geiseln* to hold; *Tiere* to keep in captivity; *fig* to captivate **Gefangennahme** F capture; (≈*Verhaftung*) arrest **gefangen nehmen** VT to take captive; (≈*verhaften*) to arrest; MIL to take prisoner; *fig* to captivate **Gefangenschaft** F captivity; **in ~ geraten** to be taken prisoner **Gefängnis** N prison, jail; (≈*Gefängnisstrafe*) imprisonment; **im ~** in prison; **zwei Jahre ~ bekommen** to get two years in prison **Gefängnisstrafe** F prison sentence; **eine ~ von zehn Jahren** ten years' imprisonment **Gefängniswärter(in)** M/F warder *Br*, prison officer *od* guard **Gefängniszelle** F prison cell **gefärbt** ADJ dyed; *Lebensmittel* artificially coloured *Br*, artificially colored *US*; **konservativ ~ sein** to have a conservative bias; → **färben**

Gefasel *pej* N drivel *umg*

Gefäß N *a.* ANAT, BOT vessel; (≈*Behälter*) receptacle

gefasst A ADJ (≈*ruhig*) composed, calm; *Stimme* calm; **sich auf etw** (*akk*) **~ machen** to prepare oneself for sth; **er kann sich auf etwas ~ machen** *umg* I'll give him something to think about *umg* B ADV (≈*beherrscht*) calmly; → **fassen**

Gefecht N battle; **j-n außer ~ setzen** to put sb out of action; **im Eifer des ~s** *fig* in the heat of the moment **gefechtsbereit** ADJ ready for battle; (≈*einsatzfähig*) (fully) operational **Gefechtskopf** M warhead

gefeiert ADJ celebrated, acclaimed; → **feiern**

gefeit ADJ **gegen etw ~ sein** to be immune to sth

gefestigt ADJ established; *Charakter* steady; → **festigen**

Gefieder N plumage **gefiedert** ADJ feathered; *Blatt* pinnate

Geflecht N network; (≈ *Gewebe*) weave; (≈ *Rohrgeflecht*) wickerwork

gefleckt ADJ spotted; *Vogel* speckled; *Haut* blotchy

Geflügel N poultry *kein pl* **Geflügelfleisch** N poultry **Geflügelpest** F bird flu, avian influenza **Geflügelsalat** M chicken salad **Geflügelschere** F poultry shears *pl* **geflügelt** ADJ winged; **~e Worte** standard quotations **Geflügelzucht** F poultry farming

Geflüster N whispering

Gefolge N retinue, entourage; (≈ *Trauergefolge*) cortege; *fig* wake; **im ~** in the wake (+gen of) **Gefolgschaft** F 1 (≈ *die Anhänger*) following 2 (≈ *Treue*) allegiance **Gefolgsmann** M follower

gefragt ADJ *Waren, Sänger etc* popular *attr*, in demand *präd*; → **fragen**

gefräßig ADJ gluttonous; *fig geh* voracious **Gefräßigkeit** F gluttony; *fig geh* voracity

Gefreite(r) M/F(M) MIL private; FLUG aircraftman first class *Br*, airman first class *US*

Gefrierbeutel M freezer bag **gefrieren** V/I to freeze **Gefrierfach** N freezer compartment, icebox *bes US* **gefriergetrocknet** ADJ freeze-dried **Gefrierkost** F frozen food **Gefrierpunkt** M freezing point; *von Thermometer* zero; **auf dem ~ stehen** to be at freezing point/zero **Gefrierschrank** M (upright) freezer **Gefriertruhe** F freezer

gefrustet *umg* ADJ frustrated; **ich bin total ~** I'm totally frustrated, I'm t my wits' end

Gefüge N structure

gefügig ADJ (≈ *willfährig*) submissive; (≈ *gehorsam*) obedient; **j-n ~ machen** to make sb bend to one's will

Gefühl N feeling; (≈ *Emotionalität*) sentiment; **etw im ~ haben** to have a feel for sth; **ich habe das ~, dass …** I have the feeling that …; **j-s ~e verletzen** to hurt sb's feelings; **ein ~ für Gerechtigkeit** a

sense of justice **gefühllos** ADJ insensitive; (≈ *mitleidlos*) callous; *Glieder* numb **Gefühllosigkeit** F insensitivity; (≈ *Mitleidlosigkeit*) callousness; *von Gliedern* numbness **gefühlsarm** ADJ unemotional **Gefühlsausbruch** M emotional outburst **gefühlsbedingt** ADJ emotional **gefühlsbetont** ADJ emotional **Gefühlsduselei** *pej* F mawkishness **Gefühlslage** F emotional state **Gefühlsleben** N emotional life **gefühlsmäßig** A ADJ instinctive B ADV instinctively **Gefühlsmensch** M emotional person **Gefühlssache** F matter of feeling **gefühlvoll** ADJ 1 (≈ *empfindsam*) sensitive; (≈ *ausdrucksvoll*) expressive 2 (≈ *liebevoll*) loving B ADV with feeling; (≈ *ausdrucksvoll*) expressively

gefüllt ADJ *Paprikaschoten etc* stuffed; *Brieftasche* full; **~ Pralinen** chocolates with soft centres *Br*, candies with soft centers *US*; → **füllen**

gefunden ADJ **das war ein ~es Fressen für ihn** that was handing it to him on a plate; → **finden**

gefürchtet ADJ dreaded *mst attr*; → **fürchten**

gegeben ADJ given; **bei der ~en Situation** given this situation; **etw als ~ voraussetzen** to assume sth; **zu ~er Zeit** in due course; → **geben** **gegebenenfalls** ADV should the situation arise; (≈ *wenn nötig*) if need be; (≈ *eventuell*) possibly; ADMIN if applicable **Gegebenheit** F (actual) fact; (≈ *Realität*) actuality; (≈ *Zustand*) condition; **sich mit den ~en abfinden** to come to terms with the facts as they are

gegen PRÄP 1 (≈ *wider*) against; **X ~ Y** SPORT, JUR X versus Y; **haben Sie ein Mittel ~ Schnupfen?** do you have anything for colds?; **etwas/nichts ~ j-n/etw haben** to have something/nothing against sb/sth 2 (≈ *in Richtung auf*) towards, toward *US*; (≈ *nach*) to; **~ einen Baum rennen** to run into a tree 3 (≈ *ungefähr*) round about, around; **~ 5 Uhr** around 5 o'clock 4 (≈ *gegenüber*) towards, to; **sie ist immer fair ~ mich gewesen** she's always been fair to me 5 (≈ *im Austausch für*) for; **~ bar** for cash; **~ Quittung** against a receipt 6 (≈ *verglichen mit*) compared with **Gegenangebot** N counteroffer **Gegenangriff** M counterattack **Gegenanzeige** F MED contraindication **Gegenargument** N̄ counterargument **Gegenbeispiel** N̄ counterexample **Gegenbewegung** F̄ countermovement **Gegenbeweis** M̄ counterevidence *kein unbest art, kein pl*; **den ~ zu etw antreten** to produce evidence to counter sth

Gegend F̄ area; (≈ *geografisches Gebiet*) region; **hier in der ~** (a)round here

Gegendarstellung F̄ reply **Gegendemonstration** F̄ counterdemonstration

gegeneinander ADV against each other *od* one another **gegeneinanderprallen** V/I to collide **gegeneinanderstellen** *fig* V/T to compare

Gegenfahrbahn F̄ oncoming lane **Gegenfrage** F̄ counterquestion **Gegengewicht** N̄ counterbalance **Gegengift** N̄ antidote (**gegen** to) **Gegenkandidat(in)** M̄(F̄) rival candidate **Gegenleistung** F̄ service in return; **als ~ für etw** in return for sth **Gegenlicht** N̄ **bei ~ Auto fahren** to drive with the light in one's eyes; **etw bei** *od* **im ~ aufnehmen** FOTO to take a backlit photo(graph) of sth **Gegenliebe** F̄ *fig* (≈ *Zustimmung*) approval **Gegenmaßnahme** F̄ countermeasure **Gegenmittel** N̄ MED antidote (**gegen** to) **Gegenoffensive** F̄ counteroffensive **Gegenpol** M̄ counterpole; *fig* antithesis (**zu** of, to) **Gegenprobe** F̄ crosscheck **Gegenrichtung** F̄ opposite direction

Gegensatz M̄ contrast; (≈ *Gegenteil*) opposite; (≈ *Unvereinbarkeit*) conflict; **Gegensätze** (≈ *Meinungsverschiedenheiten*) differences *pl*; **im ~ zu** unlike, in contrast to; **einen krassen ~ zu etw** **bilden** to contrast sharply with sth; **im ~ zu etw stehen** to conflict with sth **gegensätzlich** A ADJ (≈ *konträr*) contrasting; (≈ *widersprüchlich*) opposing; (≈ *unterschiedlich*) different; (≈ *unvereinbar*) conflicting B ADV **sie verhalten sich völlig ~** they behave in totally different ways **Gegenschlag** M̄ MIL reprisal; *fig* retaliation *kein pl*; **zum ~ ausholen** to prepare to retaliate **Gegenseite** F̄ other side **gegenseitig** A ADJ mutual B ADV each other, one another; **sich ~ ausschließen** to be mutually exclusive **Gegenseitigkeit** F̄ mutuality; **ein Vertrag auf ~** a reciprocal treaty; **das**

beruht **auf ~** the feeling is mutual **Gegenspieler(in)** M̄(F̄) opponent; LIT antagonist **Gegensprechanlage** F̄ (two-way) intercom

Gegenstand M̄ (≈ *Ding*) object, thing; WIRTSCH (≈ *Artikel*) article; (≈ *Thema*) subject; **~ unseres Gesprächs war** ... the subject of our conversation was ...; **~ des Gespötts** object of ridicule **gegenständlich** ADJ concrete; KUNST representational; (≈ *anschaulich*) graphic(al) **gegenstandslos** ADJ (≈ *überflüssig*) redundant, unnecessary; (≈ *grundlos*) unfounded; (≈ *hinfällig*) irrelevant; KUNST abstract

gegensteuern V/I AUTO to steer in the opposite direction; *fig* to take countermeasures **Gegenstimme** F̄ PARL vote against; **der Antrag wurde ohne ~n angenommen** the motion was carried unanimously **Gegenstück** N̄ opposite; (≈ *passendes Gegenstück*) counterpart

Gegenteil N̄ opposite (**von** of); **im ~!** on the contrary!; **ganz im ~** quite the reverse; **ins ~ umschlagen** to swing to the other extreme **gegenteilig** A ADJ *Ansicht, Wirkung* opposite, contrary; **eine ~e Meinung** a contrary opinion B ADV **sich ~ entscheiden** to come to a different decision

Gegentor N̄ *bes* FUSSB, SPORT **ein ~ hinnehmen müssen** to concede a goal; **ein ~ erzielen** to score

gegenüber A PRÄP **1** *örtlich* opposite; **er saß mir genau ~** he sat directly opposite me **2** (≈ *zu*) to; (≈ *in Bezug auf*) with regard to, as regards; (≈ *angesichts, vor*) in the face of; (≈ *im Vergleich zu*) compared with; **mir ~ hat er das nicht geäußert** he didn't say that to me B ADV opposite; **der Park ~** the park opposite **Gegenüber** N̄ *bei Kampf* opponent; *bei Diskussion* opposite number; **mein ~ am Tisch** the person (sitting) opposite me at the (my) table **gegenüberliegen** V/I to be opposite, to face; **sich** (*dat*) **~** to face each other **gegenüberliegend** ADJ opposite **gegenübersehen** V/R **sich einer Aufgabe ~** to be faced with a task **gegenüberstehen** V/I to be opposite, to face; *j-m* to stand opposite; **j-m feindlich ~** to have a hostile attitude toward(s) sb **gegenüberstellen** V/T (≈ *konfrontieren* *mit*) to confront (+*dat* with); *fig* (≈*vergleichen*) to compare (+*dat* with) **Gegenüberstellung** F̲ confrontation; *fig* (≈*Vergleich*) comparison **gegenübertreten** V̲T̲ j-m ~ to face sb

Gegenverkehr M̲ oncoming traffic

Gegenvorschlag M̲ counterproposal

Gegenwart F̲ **1** present; **die Literatur der ~** contemporary literature; **das Verb steht in der ~** the verb is in the present **2** (≈*Anwesenheit*) presence; **in ~ +gen** in the presence of **gegenwärtig** A̲ ADJ **1** (≈*jetzig*) present; **der ~e Preis** the current price **2** geh (≈*anwesend*) present **präd** B̲ ADV (≈*augenblicklich*) at present **Gegenwartsliteratur** F̲ contemporary literature **gegenwartsnah** ADJ relevant (to the present)

Gegenwehr F̲ resistance **Gegenwert** M̲ equivalent **Gegenwind** M̲ headwind **gegenzeichnen** V̲T̲ to countersign **Gegenzug** M̲ countermove; **im ~ zu etw** as a countermove to sth

gegliedert ADJ jointed; *fig* structured; (≈*organisiert*) organized; → **gliedern**

Gegner(in) M̲(F̲) opponent; (≈*Rivale*) rival; (≈*Feind*) enemy; **ein ~ der Todesstrafe sein** to be against capital punishment **gegnerisch** ADJ opposing; MIL (≈*feindlich*) enemy *attr*

Gehabe *umg* N̲ affected behaviour *Br*, affected behavior *US*

Gehackte(s) N̲ mince *Br*, ground meat *US*

Gehalt[1] M̲ **1** (≈*Anteil*) content **2** *fig* (≈*Inhalt*) content; (≈*Substanz*) substance **Gehalt**[2] *österr* N̲/M̲ salary, pay **gehalten** ADJ ~ **sein, etw zu tun** *form* to be required to do sth; → **halten** **gehaltlos** *fig* ADJ empty; (≈*oberflächlich*) shallow

Gehaltsabrechnung F̲ salary statement **Gehaltsempfänger(in)** M̲(F̲) salary-earner; ~ **sein** to receive a salary **Gehaltserhöhung** F̲ salary increase; *regelmäßig* increment **Gehaltsforderung** F̲ salary claim **Gehaltsfortzahlung** F̲ continued payment of salary **Gehaltsgruppe** F̲ pay *or* salary bracket **Gehaltskonto** N̲ current account, checking account *US* **Gehaltskürzung** F̲ pay cut **Gehaltsliste** F̲ payroll **Gehaltszettel** *umg* M̲ payslip **Gehaltszulage** F̲ (≈*Gehaltserhöhung*) salary increase; (≈*Extrazulage*) salary bo-

nus

gehaltvoll ADJ *Speise* nourishing; *fig* rich in content

gehandicapt ADJ handicapped (**durch** by)

geharnischt ADJ *Brief, Abfuhr etc* strong; *Antwort* sharp, sharply-worded

gehässig ADJ spiteful B̲ ADV spitefully **Gehässigkeit** F̲ spite(fulness); **j-m ~en sagen** to be spiteful to sb

gehäuft A̲ ADJ *Löffel* heaped B̲ ADV in large numbers; → **häufen**

Gehäuse N̲ **1** *von Gerät* case; (≈*Lautsprechergehäuse*) box; (≈*Radiogehäuse*) cabinet **2** (≈*Schneckengehäuse*) shell **3** (≈*Obstgehäuse*) core

gehbehindert ADJ unable to walk properly **Gehbehinderte(r)** M̲/F̲(M̲) person who has difficulty walking **Gehbock** M̲ walking frame

Gehege N̲ reserve; *im Zoo* enclosure; (≈*Wildgehege*) preserve; **j-m ins ~ kommen** *fig umg* to get under sb's feet *umg*

geheim A̲ ADJ secret; **seine ~sten Gedanken** his innermost thoughts; **streng ~** top secret; **Geheime Staatspolizei** HIST secret state police; **im Geheimen** in secret, secretly B̲ ADV secretly; ~ **abstimmen** to vote by secret ballot **Geheimagent(in)** M̲(F̲) secret agent **Geheimakte** F̲ classified document **Geheimdienst** M̲ secret service **Geheimfach** N̲ secret compartment; (≈*Schublade*) secret drawer **geheim halten** V̲T̲ etw (**vor j-m**) ~ to keep sth a secret (**from** sb) **Geheimhaltung** F̲ secrecy **Geheimhaltungspflicht** F̲ obligation to maintain confidentiality **Geheimnis** N̲ secret; *rätselhaft* mystery; **ein offenes ~** an open secret **Geheimniskrämerei** *umg* F̲ secretiveness **Geheimnisträger(in)** M̲(F̲) bearer of secrets **geheimnisvoll** ADJ mysterious; ~ **tun** to be mysterious **Geheimnummer** F̲ a. TEL secret number; (≈*PIN*) PIN (number) **Geheimpolizei** F̲ secret police **Geheimratsecken** P̲L̲ receding hairline; **er hat ~** his hair is receding at the temples **Geheimtipp** M̲ (personal) tip **Geheimtür** F̲ secret door **Geheimzahl** F̲ PIN (number)

gehemmt ADJ *Mensch* inhibited; *Benehmen* self-conscious; → **hemmen**

gehen

A intransitives Verb **B** transitives Verb
C intransitives
unpersönliches
Verb

— **A** intransitives Verb —

1 to go; (≈ *weggehen*) to leave; **~ wir!** let's go; **schwimmen/tanzen/einkaufen ~** to go swimming/dancing/shopping; **schlafen ~, ins Bett ~** to go to bed **2** (≈ *zu Fuß gehen*) to walk; **das Kind lernt ~** the baby is learning to walk; **am Stock ~** to walk with a stick; **er ging im Zimmer auf und ab** he walked up and down the room **3** *mit Präposition* **er ging an den Tisch** he went to the table; **sie gingen auf den Berg** they went up the mountain; **sie ging auf die Straße** she went out into the street; **das Fenster geht auf den Hof** the window overlooks the yard; **diese Tür geht auf den Balkon** this door leads onto the balcony; **das Bier geht auf mich** *umg* the beer's on me; **sie ging aus dem Zimmer** she went out of the room; **das geht gegen meine Überzeugung** it's against my principles; **geh mal in die Küche** go into the kitchen; **in die Industrie/Politik ~** to go into industry/politics; **in diesen Saal ~ 300 Leute** this hall holds 300 people; **in die Tausende ~** to run into (the) thousands; **in sich** (*akk*) **~** to stop and think; **mit j-m ~** to go with sb; (≈ *befreundet sein*) to go out with sb, to date sb; **er ging nach München** he went to Munich; **über die Straße ~** to cross the road; **nichts geht über** (+*akk*) ... there's nothing to beat ...; **unter Menschen ~** to mix with people; **er ging bis zur Straße** he went as far as the street; **zur Post ~** to go to the post office; **zur Schule ~** to go to school; **zum Militär ~** to join the army; **zum Theater ~** to go on the stage **4** (≈ *funktionieren*) to work; *Auto, Uhr* to go; **die Uhr geht falsch/richtig** the clock is wrong/right; **so geht das** this is the way to do it; (≈ *florieren*) *Geschäft* to do well; (≈ *verkauft werden*) to sell; **wie ~ die Geschäfte?** how's business? **5** (≈ *dauern*) to go on; **wie lange geht das denn noch?** how much longer is it going to go on? **7** (≈ *aufgehen*) *Hefeteig* to rise

8 (≈ *betreffen*) **das Buch ging um ...** the book was about ...; **die Wette geht um 100 Euro** the bet is for 100 euros **9** (≈ *möglich, gut sein*) to be all right, to be OK *umg*; **Montag geht** Monday's all right; **das geht doch nicht** that's not on *Br*, that's not OK *umg* **10** **was geht?** *sl/wie geht's/was macht ihr so?* what's up?, what's happening?

— **B** transitives Verb —

er ging eine Meile he walked a mile; **ich gehe immer diesen Weg** I always go this way

— **C** intransitives unpersönliches Verb —

1 (≈ *ergehen*) **wie geht es Ihnen?** how are you?; *zu Patient* how are you feeling?; **wie geht's?** how are things?; *bei Arbeit etc* how's it going?; **danke, es geht** *umg* all right, thanks, not too bad, thanks *umg*; **es geht ihm gut/schlecht** he's fine/not well; **sonst geht's dir gut?** *iron* are you sure you're feeling all right? *iron*; **mir ist es genauso gegangen** it was just the same for me; **lass es dir gut ~** take care of yourself **2** (≈ *möglich sein*) **es geht** it is possible; (≈ *funktioniert*) it works; **geht es?** *ohne Hilfe* can you manage?; **es geht nicht** (≈ *ist nicht möglich*) it's impossible; (≈ *kommt nicht infrage*) it's not on; **so geht es nicht** that's not the way to do it; *entrüstet* it just won't do; **morgen geht es nicht** tomorrow's no good **3** **es geht das Gerücht** the rumour is going (a)round *Br*, the rumor is going (a)round *US*; **es geht auf 9 Uhr** it is approaching 9 o'clock; **worum geht's denn?** what's it about?; **es geht um Leben und Tod** it's a matter of life and death; **es geht um meinen Ruf** my reputation is at stake; **darum geht es mir nicht** (≈ *das habe ich nicht gemeint*) that's not my point; (≈ *das spielt keine Rolle für mich*) that doesn't matter to me; **wenn es nach mir ginge ...** if it were *od* was up to me ...

Gehen N walking **gehen lassen** V/R (≈ *sich nicht beherrschen*) to lose control of oneself **Geher(in)** M/F SPORT walker **gehetzt** ADJ harassed; → hetzen **geheuer** ADJ **nicht ~** (≈ *beängstigend*) scary *umg*; (≈ *spukhaft*) eerie, creepy *umg*; (≈ *verdächtig*) dubious; (≈ *unwohl*) uneasy; **mir ist es hier nicht ~** this

G

place gives me the creeps *umg*

Geheul N̄ howling

Gehhilfe F̄ *Gestell etc* walking aid

Gehilfe M̄, **Gehilfin** F̄ **1** (≈ *kaufmännischer Gehilfe*) trainee **2** JUR accomplice

Gehirn N̄ brain; (≈ *Geist*) mind **Gehirnblutung** F̄ brain haemorrhage *Br*, brain hemorrhage *US* **Gehirnerschütterung** F̄ concussion **Gehirnhautentzündung** F̄ MED meningitis **Gehirnschlag** M̄ stroke **Gehirntod** M̄ MED brain death **Gehirntumor** M̄ MED brain tumour *Br*, brain tumor *US* **Gehirnwäsche** F̄ brainwashing *kein pl*; **j-n einer ~ unterziehen** to brainwash sb

gehoben ADJ *Sprache* elevated; (≈ *anspruchsvoll*) sophisticated; *Stellung* senior; *Stimmung* elated; **~er Dienst** professional and executive levels of the civil service; → **heben**

Gehöft N̄ farm(stead)

Gehör N̄ **1** (≈ *Hörvermögen*) hearing; MUS ear; **nach dem ~ singen/spielen** to sing/play by ear; **absolutes ~** perfect pitch **2** **j-m kein ~ schenken** not to listen to sb; **sich** (*dat*) **~ verschaffen** to obtain a hearing; (≈ *Aufmerksamkeit*) to gain attention

gehorchen V̄/Ī to obey (**j-m** sb)

gehören A V̄/Ī **1** **j-m ~** (≈ *j-s Eigentum sein*) to belong to sb, to be sb's; **das Haus gehört ihm** he owns the house; **das gehört nicht hierher** *Gegenstand* it doesn't go here; *Vorschlag* it is irrelevant here; **das gehört nicht zum Thema** that is off the point; **er gehört ins Bett** he should be in bed **2** **~ zu** (≈ *zählen zu*) to be amongst, to be one of; (≈ *Bestandteil sein von*) to be part of; (≈ *Mitglied sein von*) to belong to; (≈ *passen zu*) to go with; **zur Familie ~** to be one of the family; **dazu gehört Mut** that takes courage; **dazu gehört nicht viel** it doesn't take much **B** V̄/R to be (right and) proper; **das gehört sich einfach nicht** that's just not done

gehörig A ADJ **1** *geh* **j-m/zu etw ~** belonging to sb/sth **2** (≈ *gebührend*) proper; *umg* (≈ *beträchtlich*) good *attr*; **eine ~e Tracht Prügel** a good thrashing **B** ADV *umg* (≈ *ordentlich*) ausschimpfen severely; **j-n ~ verprügeln** to give sb a good beating; **da hast du dich ~ getäuscht!** you're badly mistaken

gehörlos *form* ADJ deaf **Gehörlose(r)** *form* M̄/F̄/M̄ deaf person

gehorsam A ADJ obedient **B** ADV obediently **Gehorsam** M̄ obedience; **j-m den ~ verweigern** to refuse to obey sb

Gehörsturz M̄ (temporary) loss of hearing

Gehsteig M̄ pavement *Br*, sidewalk *US*

Gehtnichtmehr N̄ **bis zum ~** *umg* ad nauseam; *erklären* till you're blue in the face *umg*; *anhören* till you can't stand it any more; *tanzen, trinken* till you drop; **an j-m bis zum ~ festhalten** to cling on to sb till the bitter end; **banal bis zum ~** incredibly banal

Gehversuch M̄ attempt at walking **Gehwagen** M̄ walking frame; *mit Rädern* rollator, wheeled walker **Gehweg** M̄ pavement *Br*, sidewalk *US*

Geier M̄ vulture; **weiß der ~!** *umg* God knows!

geifern V̄/Ī **gegen j-n/etw ~** to revile sb/sth

Geige F̄ violin, fiddle *umg*; **die erste/zweite ~ spielen** *wörtl* to play first/second violin; *fig* to call the tune/play second fiddle **geigen** A V̄/Ī to play the violin, to (play the) fiddle *umg* **B** V̄/T *Lied* to play on a/the violin *od* fiddle *umg* **Geigenbauer(in)** M̄/F̄ violin-maker **Geigenbogen** M̄ violin bow **Geigenkasten** M̄ violin case **Geiger(in)** M̄/F̄ violinist, fiddler *umg*

Geigerzähler M̄ Geiger counter

geil A ADJ **1** *sl* horny; *pej* (≈ *lüstern*) lecherous; **auf j-n ~ sein** to be lusting after sb **2** *sl* (≈ *prima*) brilliant *umg*, wicked *sl* **B** ADV *sl* (≈ *prima*) spielen, tanzen brilliantly; **~ aussehen** to look cool *umg*

Geisel F̄ hostage; **j-n als ~ nehmen** to take sb hostage; **~n stellen** to produce hostages **Geiselbefreiung** F̄ freeing of (the) hostages **Geiseldrama** N̄ hostage crisis **Geiselhaft** F̄ captivity (as a hostage) **Geiselnahme** F̄ hostage-taking **Geiselnehmer(in)** M̄/F̄ hostage-taker

Geiß F̄ *österr, schweiz, südd* (≈ *Ziege*) (nanny-)goat **Geißbock** M̄ *österr, schweiz, südd* (≈ *Ziegenbock*) billy goat

Geißel F̄ scourge; (≈ *Peitsche*) whip **geißeln** V̄/T **1** (≈ *peitschen*) to whip **2** *fig* (≈ *anprangern*) to castigate

Geist M̄ **1** REL (≈ *Seele*) spirit; (≈ *Gespenst*) ghost; **~ und Körper** mind and body;

seinen ~ **aufgeben** to give up the ghost; **der Heilige** ~ the Holy Ghost *od* Spirit; **gute/böse ~er** good/evil spirits; **von allen guten ~ern verlassen sein** *umg* to have taken leave of one's senses *umg*; **j-m auf den ~ gehen** *umg* to get on sb's nerves **2** (≈ *Intellekt*) intellect, mind; *fig* (≈ *Denker, Genie*) mind; **das geht über meinen ~** *umg* that's beyond me *umg*; **hier scheiden sich die ~er** this is the parting of the ways **3** (≈ *Wesen, Sinn, Gesinnung*) spirit; **in j-s** (*dat*) ~ **handeln** to act in the spirit of sb **4** (≈ *Vorstellung*) mind; **etw im ~(e) vor sich** (*dat*) **sehen** to see sth in one's mind's eye; **im ~e bin ich bei euch** I am with you in spirit **Geisterbahn** F ghost train **Geisterfahrer(in)** *umg* M(F) wrong-way driver, ghost-driver *US umg* **geisterhaft** ADJ ghostly *kein adv*; (≈ *übernatürlich*) supernatural; **es war ~ still** it was eerily quiet **Geisterhand** F **wie von** ~ as if by magic **Geisterhaus** N (≈ *Spukhaus*) haunted house **Geisterstadt** F ghost town **Geisterstunde** F witching hour **geistesabwesend** A ADJ absent-minded B ADV absent-mindedly; **j-n ~ ansehen** to give sb an absent-minded look **Geistesabwesenheit** F absent-mindedness **Geistesblitz** M brainwave *Br*, brainstorm *US* **Geistesgegenwart** F presence of mind **geistesgegenwärtig** A ADJ quick-witted B ADV quick-wittedly **geistesgestört** ADJ mentally disturbed; *stärker* metally deranged **Geistesgestörte(r)** M(F(M)) mentally disturbed *od* deranged person **geisteskrank** ADJ mentally ill **Geisteskranke(r)** M(F(M)) mentally ill person **Geisteskrankheit** F mental illness; (≈ *Wahnsinn*) insanity **Geisteswissenschaft** F arts subject; **die ~en** the arts; *als Studium* the humanities **Geisteswissenschaftler(in)** M(F); (≈ *Student*) arts student **geisteswissenschaftlich** ADJ *Fach, Fakultät* arts *attr* **Geisteszustand** M mental condition; **j-n auf seinen ~ untersuchen** to give sb a psychiatric examination **geistig** A ADJ **1** (≈ *unkörperlich*) spiritual **2** (≈ *intellektuell*) intellectual; PSYCH mental; **~er Diebstahl** plagiarism *kein pl*; **~es Eigentum** intellectual property **3** (≈ *imaginär*) **etw vor seinem ~en Auge**

sehen to see sth in one's mind's eye B ADV (≈ *intellektuell*) intellectually; MED mentally; ~ **behindert/zurückgeblieben** *neg!* mentally handicapped/retarded; → **entwicklungsverzögert geistlich** ADJ spiritual; (≈ *religiös*) religious; (≈ *kirchlich*) ecclesiastical **Geistliche** F woman priest; *von Freikirchen* woman minister **Geistliche(r)** M clergyman, (≈ *Priester*) priest; (≈ *Pastor*) *von Freikirchen* minister **Geistlichkeit** F clergy; (≈ *Priester*) priesthood **geistlos** ADJ (≈ *dumm*) stupid; (≈ *einfallslos*) unimaginative; (≈ *trivial*) inane **Geistlosigkeit** F **1** (≈ *Dummheit*) stupidity; (≈ *Einfallslosigkeit*) unimaginativeness; (≈ *Trivialität*) inanity **2** (≈ *geistlose Äußerung*) inane remark **geistreich** ADJ (≈ *witzig*) witty; (≈ *klug*) clever; (≈ *einfallsreich*) ingenious; (≈ *schlagfertig*) quick-witted **geisttötend** ADJ soul-destroying **Geiz** M meanness *bes Br*, stinginess *umg* **geizen** V/I to be mean *bes Br*, to be stingy *umg*; **mit Worten, Zeit** to be sparing; **mit etw** ~ to be mean *etc* with sth **Geizhals** M miser **geizig** ADJ mean *bes Br*, stingy *umg* **Geizkragen** *umg* M skinflint *umg* **Gejammer** N moaning (and groaning) **Gejohle** N *umg* hooting, howling **Gekicher** N giggling; *spöttisch* sniggering, snickering **Gekläff** N *a. fig pej* yapping **Geklapper** N clatter(ing) **Geklimper** N *auf dem Klavier* tinkling **Geklirr** N clinking; *von Fensterscheiben* rattling **geknickt** *umg* ADJ dejected; → **knicken gekonnt** A ADJ masterly B ADV in a masterly fashion; → **können gekränkt** ADJ hurt, offended; **sie war sehr ~** she was very hurt; → **kränken Gekritzel** N scribbling, scrawling **gekühlt** A ADJ *Getränke* chilled B ADV **etw ~ servieren** to serve sth chilled; → **kühlen gekünstelt** A ADJ artificial B ADV affectedly; **er spricht sehr ~** his speech is very affected **Gel** N gel **Gelaber** *umg* N jabbering *umg*, prattling *umg* **Gelächter** N laughter; **in ~ ausbrechen** to burst into laughter **geladen** ADJ **1** loaded; PHYS *fig Atmos-*

phäre charged; *umg* (≈*wütend*) mad, hopping mad *umg*; **mit Spannung ~** charged with tension **2** → **laden¹**

Gelage N feast, banquet; (≈*Zechgelage*) carouse

gelagert ADJ **ähnlich ~** similar; **in anders ~en Fällen** in different cases; **anders ~ sein** to be different; → **lagern**

gelähmt ADJ paralysed; **er ist an beiden Beinen ~** he is paralysed in both legs; **vor Angst wie ~ sein** to be petrified; → **lähmen**

Gelände N **1** (≈*Land*) open country; MIL (≈*Terrain*) ground; **offenes ~** open country; **schwieriges ~** difficult terrain **2** (≈*Gebiet*) area **3** (≈*Schulgelände etc*) grounds *pl*; (≈*Baugelände*) site **Geländefahrzeug** N off-roader **geländegängig** ADJ *Fahrzeug* off-road

Geländer N railing(s) (*pl*); (≈*Treppengeländer*) banister(s) (*pl*)

Geländewagen N off-roader

gelangen V/I (≈*hinkommen*) **an/auf etw** (*akk*)**/zu etw ~** to reach sth; (≈*erwerben*) to acquire sth; **zum Ziel ~** to reach one's goal; **in j-s Besitz** (*akk*) **~** to come into sb's possession; **in die falschen Hände ~** to fall into the wrong hands; **zu Ruhm ~** to acquire fame; **an die Macht ~** to come to power

gelangweilt A ADJ bored B ADV **die Zuschauer saßen ~ da** the audience sat there looking bored; → **langweilen**

gelassen A ADJ calm B ADV calmly **Gelassenheit** F calmness

Gelatine F gelatine

geläufig ADJ (≈*üblich*) common; (≈*vertraut*) familiar; **das ist mir nicht ~** I'm not familiar with that **Geläufigkeit** F (≈*Häufigkeit*) frequency; (≈*Leichtigkeit*) ease

gelaunt ADJ **gut/schlecht ~** in a good/bad mood; **wie ist er ~?** what sort of mood is he in?

gelb ADJ yellow; *bei Verkehrsampel* amber *Br*, yellow *US*; **Gelbe Karte** FUSSB yellow card; **die Gelben Seiten®** the Yellow Pages®; **~ vor Neid** green with envy **Gelb** N yellow; *von Verkehrsampel* amber; **die Ampel stand auf ~** the lights were (at) amber **Gelbe(s)** N *vom Ei* yolk; **das ist nicht gerade das ~ vom Ei** *umg* it's not exactly brilliant **gelblich** ADJ yellowish; *Gesichtsfarbe* sallow **Gelbsucht** F jaundice **gelbsüchtig**

ADJ jaundiced

Geld N **1** money; **bares ~** cash; **zu ~ machen** to sell off; *Aktien* to cash in; **(mit etw) ~ machen** *umg* to make money (from sth); **um ~ spielen** to play for money; **im ~ schwimmen** *umg* to be rolling in it *umg*; **er hat ~ wie Heu** *umg* he's got stacks of money *umg*; **mit ~ um sich werfen** *umg* to chuck one's money around *umg*; **sie/das ist nicht mit ~ zu bezahlen** *umg* she/that is priceless **2** **~er** *pl* (≈*Geldsummen*) money; **öffentliche ~er** public funds *pl* **Geldangelegenheit** F financial matter **Geldanlage** F (financial) investment **Geldautomat** M cash machine, ATM **Geldbetrag** M amount od sum (of money) **Geldbeutel** M wallet; *für Frauen* purse, wallet *US* **Geldbörse** F wallet; *für Frauen* purse, wallet *US* **Geldbuße** F JUR fine; **eine hohe ~ a** heavy fine **Geldeinwurf** M (≈*Schlitz*) slot **Geldentwertung** F (≈*Inflation*) currency depreciation; (≈*Abwertung*) currency devaluation **Geldgeber(in)** M(F) financial backer; *bes* RADIO, TV sponsor **Geldgeschäft** N financial transaction **Geldgeschenk** N gift of money **Geldgier** F avarice **geldgierig** ADJ avaricious **Geldhahn** M **j-m den ~ zudrehen** to cut off sb's money supply **Geldinstitut** N financial institution **Geldkarte** F *pre-paid debit card which can be reloaded with amounts up to 200 euros* **Geldmangel** M lack of money **Geldmarkt** M money market **Geldmenge** F money supply **Geldmittel** PL funds *pl* **Geldnot** F (≈*Geldmangel*) lack of money; (≈*Geldschwierigkeiten*) financial difficulties *pl* **Geldpolitik** F financial policy **Geldprämie** F **1** bonus **2** (≈*Belohnung*) reward **Geldquelle** F source of income **Geldschein** M banknote *bes Br*, bill *US* **Geldschrank** M safe **Geldschwierigkeiten** PL financial difficulties *pl*; **er hat ~** he's in financial difficulty *od* difficulties **Geldsorgen** PL financial *od* money worries *pl* **Geldspende** F donation **Geldspielautomat** M slot machine **Geldstrafe** F fine; **j-n zu einer ~ verurteilen** to fine sb **Geldstück** N coin **Geldumtausch** M currency exchange **Geldverlegenheit** F financial embarrassment *kein pl*; **in ~**

G

sein to be short of money **Geldverschwendung** F̲ waste of money **Geldwaschanlage** F̲ money-laundering outfit **Geldwäsche** F̲ money laundering **Geldwechsel** M̲ exchange of money; „Geldwechsel" "bureau de change" *Br*, "exchange counter" *US* **Geldwechsler** M̲ *Person* money-changer; *Maschine* change machine **Geldwert** M̲ cash value; FIN (≈ *Kaufkraft*) (currency) value

Gelee M̲/N̲ jelly

gelegen A̲ ADJ 1̲ (≈ *befindlich*) *Haus, Ort* situated 2̲ (≈ *passend*) opportune; **zu ~er Zeit** at a convenient time 3̲ (≈ *wichtig*) **mir ist viel daran ~** it matters a great deal to me B̲ ADV **es kommt mir sehr ~** it comes just at the right time; → **liegen Gelegenheit** F̲ 1̲ opportunity; **bei passender ~** when the opportunity arises; **bei der ersten (besten) ~** at the first opportunity 2̲ (≈ *Anlass*) occasion; **bei dieser ~** on this occasion **Gelegenheitsarbeit** F̲ casual work kein *pl* **Gelegenheitsarbeiter(in)** M̲(F̲) casual labourer *Br*, casual laborer *US* **Gelegenheitsjob** M̲ casual job **Gelegenheitskauf** M̲ bargain **gelegentlich** A̲ ADJ occasional B̲ ADV (≈ *manchmal*) occasionally; (≈ *bei Gelegenheit*) some time (or other)

gelehrig ADJ quick and eager to learn **gelehrt** ADJ *Mensch* learned, erudite; → **lehren Gelehrte(r)** M̲/F̲(M̲) scholar

Geleise N̲ *geh österr* → Gleis

Geleit N̲ MIL, SCHIFF escort; **freies** *od* **sicheres ~** safe-conduct; **j-m das ~ geben** to escort sb **Geleitschutz** M̲ escort

Gelenk N̲ joint; (≈ *Kettengelenk*) link **Gelenkbus** M̲ articulated bus **Gelenkentzündung** F̲ arthritis **gelenkig** ADJ agile; (≈ *geschmeidig*) supple **Gelenkigkeit** F̲ agility; (≈ *Geschmeidigkeit*) suppleness

gelernt ADJ trained; *Arbeiter* skilled; → **lernen**

geliebt ADJ dear; → **lieben Geliebte** F̲ sweetheart; (≈ *Mätresse*) mistress **Geliebte(r)** M̲ sweetheart; (≈ *Liebhaber*) lover

geliefert ADJ **~ sein** *umg* to have had it *umg*; **jetzt sind wir ~** that's the end *umg*; → **liefern**

gelieren V̲/I̲ to gel **Geliermittel** N̲ gelling agent **Gelierzucker** M̲ pre-

serving sugar

gelinde ADV **~ gesagt** to put it mildly **gelingen** V̲/I̲ (≈ *glücken*) to succeed; (≈ *erfolgreich sein*) to be successful; **es gelang ihm, das zu tun** he succeeded in doing it; **es gelang ihm nicht, das zu tun** he failed to do it; **das Bild ist ihr gut gelungen** her picture turned out well; → **gelungen Gelingen** N̲ (≈ *Glück*) success

gellend ADJ piercing

geloben *geh* V̲/T̲ to vow, to pledge; **das Gelobte Land** BIBEL the Promised Land **Gelöbnis** *geh* N̲ vow; **ein ~ ablegen** to take a vow

gelt INT *österr, südd* right; **das ist schön, ~?** that's nice, isn't it?

gelten A̲ V̲/I̲ 1̲ (≈ *gültig sein*) to be valid; *Gesetz* to be in force; **die Wette gilt!** the bet's on!; **was ich sage, gilt!** what I say goes!; **das gilt nicht!** that doesn't count!; (≈ *ist nicht erlaubt*) that's not allowed! 2̲ (≈ *bestimmt sein für*) to be meant for 3̲ (≈ *zutreffen*) **das Gleiche gilt auch für ihn** the same goes for him too 4̲ **~ als** *selten* to be regarded as; **es gilt als sicher, dass …** it seems certain that …; (≈ *lassen* to accept; **das lasse ich ~!** I accept that! B̲ V̲/T̲ 6̲ V̲/I̲ *geh* **es gilt, … zu …** it is necessary to … C̲ V̲/T̲ (≈ *wert sein*) to be worth **geltend** ADJ *Preise, Tarife* current; *Gesetz* in force; *Meinung etc* prevailing; **~ machen** *form* to assert; **~es Recht sein** to be the law of the land **Geltung** F̲ (≈ *Gültigkeit*) validity; (≈ *Wert*) value, worth; (≈ *Einfluss*) influence; (≈ *Ansehen*) prestige; **an ~ verlieren** to lose prestige; **einer Sache** (*dat*) **~ verschaffen** to enforce sth; **zur ~ kommen** to show to advantage; *durch Kontrast* to be set off **Geltungsbedürfnis** N̲ need for admiration **geltungsbedürftig** ADJ desperate for admiration **Geltungsdauer** F̲ *einer Fahrkarte etc* period of validity

Gelübde N̲ vow

gelungen ADJ 1̲ (≈ *geglückt*) successful 2̲ *umg* (≈ *drollig*) priceless *umg*; → **gelingen**

Gelüst N̲ desire; (≈ *Sucht*) craving (**auf** +*akk od* **nach** for)

gemächlich A̲ ADJ leisurely; *Mensch* unhurried B̲ ADV leisurely

gemacht ADJ made; **für etw ~ sein** to be made for sth; **ein ~er Mann sein** to be made; → **machen**

Gemahl form M̄ spouse obs, form, husband

gemahlen A͞DJ Kaffee ground; → **mahlen**

Gemahlin form F̄ spouse obs, form, wife

Gemälde N̄ painting **Gemäldegalerie** F̄ picture gallery

gemäß **A** PRÄP in accordance with; ~ § 209 under § 209 **B** A͞DJ appropriate (+dat to)

gemäßigt A͞DJ moderate; Klima temperate; → **mäßigen**

Gemäuer geh N̄ walls pl; (≈ Ruine) ruins pl

Gemecker N̄, **Gemeckere** N̄ **1** von Ziegen bleating **2** (≈ Lachen) cackling **3** umg (≈ Nörgelei) moaning, whinge Br umg

gemein **A** A͞DJ **1** (≈ gemeinsam) etw ~ mit j-m/etw haben to have sth in common with sb/sth; **nichts mit j-m ~ haben wollen** to want nothing to do with sb; **das ist beiden ~** it is common to both of them **2** (≈ üblich) common; **das ~e Volk** the common people **3** (≈ niederträchtig) mean, nasty; Lüge contemptible; **das war ~ von dir!** that was mean of you **B** A͞DV behandeln meanly; betrügen despicably; **das hat ~ wehgetan** it hurt terribly

Gemeinde F̄ **1** (≈ Kommune) municipality; (≈ Gemeindebewohner) community **2** (≈ Pfarrgemeinde) parish; beim Gottesdienst congregation

Gemeinderat[1] M̄ local council

Gemeinderat[2] M̄, **Gemeinderätin** F̄ local councillor Br, councilman/woman US **Gemeindewahl** F̄ local election

gemeingefährlich A͞DJ dangerous to the public; **ein ~er Verbrecher** a dangerous criminal **Gemeingut** N̄ common property

Gemeinheit F̄ **1** (≈ Niedertracht) nastiness **2** (≈ Tat) dirty trick; **das war eine ~** (≈ Bemerkung) that was a mean thing to say

gemeinhin A͞DV generally **Gemeinkosten** P͞L overheads pl **gemeinnützig** A͞DJ of benefit to the public präd, public attr; (≈ nicht gewinnorientiert) non-profit; (≈ wohltätig) charitable **Gemeinplatz** M̄ commonplace **ge-**

meinsam **A** A͞DJ common; Konto, Nutzung joint; Freund mutual; **sie haben vieles ~** they have a great deal in common; **der Gemeinsame Markt** the Common Market; **mit j-m ~e Sache machen** to make common cause with sb **B** A͞DV together; **etw ~ haben** to have sth in common **Gemeinsamkeit** F̄ (≈ gemeinsame Interessen etc) common ground kein pl **Gemeinschaft** F̄ community; (≈ Gruppe) group; ~ **Unabhängiger Staaten** Commonwealth of Independent States; **in ~ mit** jointly od together with **gemeinschaftlich** A͞DJ → **gemeinsam** **Gemeinschaftsarbeit** F̄ teamwork **Gemeinschaftskunde** F̄ social studies or **Gemeinschaftspraxis** F̄ joint practice **Gemeinschaftsproduktion** F̄ RADIO, TV, FILM co-production **Gemeinschaftswährung** F̄ common od single currency; in EU single European currency **Gemeinsinn** M̄ public spirit **Gemeinwesen** N̄ community; (≈ Staat) polity **Gemeinwohl** N̄ public welfare; **das dient dem ~** it is in the public interest

Gemenge N̄ (≈ Gewühl) bustle

Gemetzel N̄ bloodbath

Gemisch N̄ mixture (aus of) **gemischt** A͞DJ mixed; **mit ~en Gefühlen** with mixed feelings; **~es Doppel** SPORT mixed doubles pl; → **mischen**

Gemse F̄ → **Gämse**

Gemurmel N̄ murmuring

Gemüse N̄ vegetables pl; **ein ~** a vegetable **Gemüse(an)bau** M̄ vegetable-growing **Gemüsebanane** F̄ plantain **Gemüsebeilage** F̄ vegetables pl **Gemüsebrühe** F̄ vegetable broth; (≈ Brühwürfel) vegetable stock **Gemüseeintopf** M̄ vegetable stew **Gemüsegarten** M̄ vegetable od kitchen garden **Gemüsehändler(in)** M(F) greengrocer bes Br, vegetable salesman/saleswoman US **Gemüseladen** M̄ greengrocer's bes Br, vegetable store US; **im ~** at the greengrocer's bes Br, at the vegetable store US **Gemüsesuppe** F̄ vegetable soup **Gemüsezwiebel** F̄ Spanish onion

gemustert A͞DJ patterned; → **mustern**

Gemüt N̄ (≈ Geist) mind; (≈ Charakter) nature, disposition; (≈ Seele) soul; (≈ Gefühl) feeling; **sich** (dat) **etw zu ~e führen**

hum umg Glas Wein, Speise, Buch *etc* to indulge in sth **gemütlich** **A** ADJ **1** (≈ *behaglich*) comfortable; (≈ *freundlich*) friendly *kein adv*; (≈ *zwanglos*) informal; *Beisammensein etc* cosy *Br*, cozy *US*; **wir verbrachten einen ~en Abend** we spent a very pleasant evening **2** *Mensch* pleasant; (≈ *gelassen*) easy-going *kein adv* **3** (≈ *gemächlich*) leisurely **B** ADV **1** (≈ *behaglich*) leisurely; *einrichten* comfortably; **es sich ~ machen** to make oneself comfortable **2** (≈ *gemächlich*) leisurely **Gemütlichkeit** F **1** (≈ *Behaglichkeit*) comfort; (≈ *Freundlichkeit*) friendliness; (≈ *Zwanglosigkeit*) informality; (≈ *Intimität*) cosiness *Br*, coziness *US* **2** *von Mensch* pleasantness; (≈ *Gelassenheit*) easy-going nature **3** (≈ *Gemächlichkeit*) leisureliness; **in aller ~** at one's leisure **Gemütsart** F disposition, nature **Gemütsbewegung** F emotion **gemütskrank** ADJ emotionally disturbed **Gemütskrankheit** F emotional disorder **Gemütslage** F mood; **je nach ~** as the mood takes me/him *etc* **Gemütsmensch** M good-natured, phlegmatic person **Gemütsruhe** F calmness; **in aller ~** *umg* (as) cool as a cucumber *umg*; (≈ *gemächlich*) at a leisurely pace; (≈ *aufreizend langsam*) as if there were all the time in the world **Gemütszustand** M frame *od* state of mind

Gen N gene **Gen-** ZSSGN genetic; (≈ *genmanipuliert*) genetically modified *od* engineered

genau **A** ADJ exact; **Genaueres** further details *pl*; **man weiß nichts Genaues über ihn** no-one knows anything definite about him **B** ADV **~!** *umg* exactly!, precisely!; **~ dasselbe** just *od* exactly the same; **~ in der Mitte** right in the middle; **~ hinter dir** right behind you; **~ in dem Moment** just then; **wie du** just like you; **etw ~ wissen** to know sth for certain; **etw ~ nehmen** to take sth seriously; **~ genommen** strictly speaking, in fact; **er nimmt es sehr ~** he's very particular (**mit etw** about sth); **~estens, aufs Genaueste** (right) down to the last (little) detail; **~ entgegengesetzt** diametrically opposed **Genauigkeit** F (≈ *Exaktheit*) exactness; (≈ *Richtigkeit*) accuracy; (≈ *Präzision*) precision; (≈ *Sorgfalt*) meticulousness **ge-**

nauso ADV *vor Adjektiv* just as; *alleinstehend* just *od* exactly the same **Genbank** F gene bank **Gendatei** F DNA profile **genehm** geh ADJ acceptable **genehmigen** VT to approve; (≈ *erlauben*) to sanction; *Aufenthalt* to authorize; (≈ *zugestehen*) to grant; **sich** (*dat*) **etw ~** to indulge in sth **Genehmigung** F (≈ *Erlaubnis*) approval; (≈ *Lizenz*) licence *Br*, license *US*; (≈ *Berechtigungsschein*) permit; **mit freundlicher ~ von** by kind permission of **genehmigungspflichtig** ADJ requiring official approval **geneigt** geh ADJ *Publikum* willing; **~ sein, etw zu tun** to be inclined to do sth; → neigen **General(in)** M(F) general **Generalamnestie** F general amnesty **Generaldirektor(in)** M(F) chairman/-woman, president *US*, CEO, chief executive officer **Generalkonsulat** N consulate general **Generalprobe** F THEAT, *a.* fig dress rehearsal; MUS final rehearsal **Generalsekretär(in)** M(F) secretary-general **Generalstab** M general staff **generalstabsmäßig** ADV *planen* with military precision **Generalstreik** M general strike **generalüberholen** VT *etw* **~** to give sth a general overhaul **Generalvertretung** F sole agency **Generation** F generation **Generationenvertrag** M WIRTSCH *system whereby old people receive a pension from contributions being made by current working population* **Generationskonflikt** M generation gap **Generationsproblem** N generation gap **Generator** M generator **generell** **A** ADJ general **B** ADV in general, generally; (≈ *normalerweise*) normally **generieren** VT to generate **genesen** geh VI to convalesce **Genesung** F convalescence, recovery **Genetik** F genetics *sg* **Genetiker(in)** M(F) geneticist **genetisch** **A** ADJ genetic; *Vater* biological **B** ADV genetically **Genf** N Geneva **Genfer** ADJ Genevan; **der ~ See** Lake Geneva; **~ Konvention** Geneva Convention **Genfood** N GM foods *pl* **Genforscher(in)** M(F) genetic researcher **Genforschung** F genetic research

genial ADJ brilliant; (≈ *erfinderisch*) ingenious; **ein ~es Werk** a work of genius; **das war eine ~e Idee** that idea was a stroke of genius **Genialität** F genius; *von Idee, Lösung etc* brilliance; (≈ *Erfindungsreichtum*) ingenuity

Genick N neck; **sich** (*dat*) **das ~ brechen** to break one's neck; *fig* to kill oneself **Genickschuss** M shot in the neck

Genie N genius

genieren A VR to be embarrassed; ~ **Sie sich nicht!** don't be shy!; **ich geniere mich, das zu sagen** I don't like to say it B VT **j-n ~** (≈ *peinlich berühren*) to embarrass sb; **das geniert mich wenig!** that doesn't bother me

genießbar ADJ (≈ *essbar*) edible; (≈ *trinkbar*) drinkable **genießen** VT 1 (≈ *sich erfreuen an*) to enjoy; **er ist heute nicht zu ~** *umg* he is unbearable today 2 (≈ *essen*) to eat; (≈ *trinken*) to drink; **kaum zu ~** scarcely edible **Genießer(in)** M(F) connoisseur; (≈ *Feinschmecker*) gourmet

Genitalbereich M genital area **Genitalien** PL genitals *pl*, genitalia *pl form* **Genitiv** M genitive; **im ~** in the genitive

Genmais M GM maize **Genmanipulation** F genetic manipulation **genmanipuliert** ADJ genetically engineered *od* modified

Genom N genome

genormt ADJ standardized

Genosse M, **Genossin** F comrade; *pej* (≈ *Kumpan*) pal *umg* **Genossenschaft** F cooperative **genossenschaftlich** ADJ cooperative

genötigt ADJ **sich ~ sehen, etw zu tun** to feel (oneself) obliged to do sth

Genozid *geh* M/N genocide

Genre N genre

Gentechnik F genetic engineering **gentechnikfrei** ADJ *Lebensmittel etc* GM-free **gentechnisch** A ADJ *Fortschritte etc* in genetic engineering B ADV *manipulieren* genetically; *produzieren* by means of genetic engineering; **~ veränderte Organismen** genetically manipulated organisms **Gentechnologie** F genetic engineering **Gentest** M DNA test **Gentherapie** F gene therapy

gentrifizieren VT *Gegend* to gentrify **Gentrifizierung** F gentrification

genug ADV enough; **~ davon** enough of that; **(von etw) ~ haben** to have enough (of sth); (≈ *einer Sache überdrüssig sein*) to have had enough (of sth), to be tired of sth **Genüge** F **zur ~** enough **genügen** VI 1 (≈ *ausreichen*) to be enough *od* sufficient (+*dat* for); **das genügt (mir)** that's enough *od* sufficient (for me) 2 *den Anforderungen* to satisfy; *j-s Wünschen* to fulfil *Br*, to fulfill *US* **genügend** A ADJ 1 (≈ *ausreichend*) enough, sufficient 2 (≈ *befriedigend*) satisfactory B ADV (≈ *reichlich*) enough **genügsam** A ADJ undemanding B ADV *leben* modestly; **sich ~ ernähren** to satisfy, to have a simple diet **Genugtuung** F satisfaction (**über** +*akk* at); **ich hörte mit ~, dass ...** it gave me great satisfaction to hear that ...

Genus N BIOL genus; GRAM gender

Genuss M 1 (≈ *das Zusichnehmen*) consumption; *von Drogen* use; *von Tabak* smoking; **nach dem ~ der Pilze** after eating the mushrooms 2 (≈ *Vergnügen*) pleasure; **etw mit ~ essen** to eat sth with relish 3 (≈ *Nutznießung*) **in den ~ von etw kommen** to enjoy sth; *von Rente etc* to be in receipt of sth **genüsslich** ADV with pleasure **Genussmittel** N semi-luxury foods and tobacco **genusssüchtig** ADJ pleasure-seeking

Geocaching N (≈ *GPS-Schnitzeljagd*) geocaching

Geodreieck® N set square *Br*, triangle *US*

geöffnet ADJ open; **wie lange haben Sie ~?** what time do you close?; → **öffnen**

Geografie, **Geographie** F geography **geografisch**, **geographisch** ADJ geographic(al)

Geologe M, **Geologin** F geologist **Geologie** F geology **geologisch** ADJ geological

Geometrie F geometry **geometrisch** ADJ geometric

Geophysik F geophysics *sg*

geopolitisch ADJ geopolitical

geordnet ADJ *Zustände* well-ordered; **in ~en Verhältnissen leben** to live a well-ordered life; → **ordnen**

Georgien N Georgia

Geothermie F, **Geothermik** F geothermy; (≈ *Erdwärme*) geothermal energy **geothermisch** ADJ geothermal

Gepäck N luggage *kein pl*, baggage *kein pl* **Gepäckabfertigung** F (≈ *Vorgang am Bahnhof*) luggage *etc* processing;

G

am Flughafen checking-in of luggage *etc*; (≈ *Stelle am Bahnhof*) luggage *etc* check-in **Gepäckablage** F̅ luggage *od* baggage rack **Gepäckanhänger** M̅ baggage label *od* tag, luggage label *od* tag **Gepäckannahme** F̅ (≈ *Vorgang*) checking-in of luggage *etc*; (a. **~stelle**) *am Bahnhof, zur Beförderung* luggage office, baggage office; *zur Aufbewahrung* left-luggage office *Br*, baggage checkroom *US*; *am Flughafen* luggage *etc* check-in **Gepäckaufbewahrung** F̅, (a. **Gepäckaufbewahrungsstelle**) left-luggage office *Br*, baggage checkroom *US* **Gepäckausgabe** F̅, (a. **Gepäckausgabestelle**) *am Bahnhof* luggage *etc* office; *am Flughafen* luggage *etc* reclaim **Gepäckermittlung** F̅ baggage tracing **Gepäckfach** N̅ luggage compartment; *im Flugzeug* overhead compartment **Gepäckkontrolle** F̅ luggage *etc* control *od* check **Gepäcknetz** N̅ luggage *etc* rack **Gepäckschalter** M̅ BAHN *Gepäckaufbewahrung* left-luggage office *Br*, baggage room *US*; BAHN *Gepäckaufgabe* luggage *od* baggage office; FLUG luggage *etc* check-in **Gepäckschein** M̅ luggage *etc* ticket **Gepäckschließfach** N̅ luggage locker, baggage locker **Gepäckstück** N̅ piece *od* item of luggage *etc* **Gepäckträger** M̅ *am Fahrrad* carrier **Gepäckträger(in)** M̅/F̅ porter *Br*, baggage handler *Br*, baggage carrier **Gepäckwaage** F̅ luggage scales *pl* **Gepäckwagen** M̅ *für Reisende* trolley; *Waggon* luggage van *Br*, baggage car *US*

Gepard M̅ cheetah

gepfeffert *umg* ADJ (≈ *hoch*) *Preise* steep; (≈ *schwierig*) *Fragen* tough; (≈ *hart*) *Kritik* biting; → **pfeffern**

gepflegt ADJ **1** (≈ *nicht vernachlässigt*) well-looked-after; *Äußeres* well-groomed, neat; → **pflegen 2** (≈ *kultiviert*) civilized; *Atmosphäre* sophisticated; *Sprache, Stil* cultured; *Umgangsformen* refined; (≈ *angenehm*) *Abend* pleasant **3** (≈ *erstklassig*) *Speisen, Weine* excellent **B** ADV (≈ *kultiviert*) **sich ~ unterhalten** to have a civilized conversation; **sehr ~ wohnen** to live in style

Gepflogenheit *geh.* F̅ (≈ *Gewohnheit*) habit; (≈ *Verfahrensweise*) practice; (≈ *Brauch*) custom, tradition

gepierct ADJ pierced; → **piercen**

Geplänkel N̅ skirmish; *fig* squabble

Geplapper N̅ babbling

Gepolter N̅ (≈ *Krach*) din; *an Tür etc* banging

gepunktet ADJ *Linie* dotted; *Stoff, Kleid* spotted; → **punkten**

gequält ADJ *Lächeln* forced; *Miene* pained; *Stimme* strained; → **quälen**

Gequassel *pej umg* N̅ chattering

gerade A̅ ADJ **1** (≈ *aufrecht*) *Haltung* upright B̅ ADV **1** just; **wo Sie ~ da sind** just while you're here; **er wollte ~ aufstehen** he was just about to get up; **~ dann** just then; **jetzt ~ right now; ~ erst** only just; **~ noch** only just; **~ noch zur rechten Zeit** just in time; **~ deshalb** that's just why; **das ist es ja ~!** that's just it! **2** (≈ *speziell*) especially; **~, weil ...** just because ...; **sie ist nicht ~ eine Schönheit** she's not exactly a beauty; **warum ~ das?** why that of all things?; **warum ~ heute?** why today of all days?; **warum ~ ich?** why me of all people? **Gerade** F̅ **1** MATH straight line **2** SPORT *von Rennbahn* straight; *beim Boxen* straight left/right **geradeaus** ADV straight ahead **geradeheraus** *umg* ADV frankly; **~ gesagt** quite frankly

gerädert *umg* ADV **sich wie ~ fühlen** to be *od* feel (absolutely) whacked *umg* **geradestehen** V̅/I̅ **für j-n/etw** ~ *fig* to be answerable for sb/sth **geradewegs** ADV **er ging ~ auf sie zu** he went straight up to her **geradezu** ADV (≈ *beinahe*) virtually; (≈ *wirklich*) really; **das ist ja ~ lächerlich!** that is absolutely ridiculous! **geradlinig** ADJ straight; *Entwicklung etc* linear

gerammelt ADV **~ voll** *umg* chock-a-block *umg*; → **rammeln**

Gerangel N̅ (≈ *Balgerei*) scrapping; *fig* (≈ *zäher Kampf*) wrangling

Geranie F̅ geranium

Gerät N̅ piece of equipment; (≈ *Vorrichtung*) device; (≈ *Apparat*) gadget; (≈ *elektrisches Gerät*) appliance; (≈ *Radiogerät, Fernsehgerät, Telefon*) set; (≈ *Messgerät*) instrument; (≈ *Werkzeug*) tool; (≈ *Turngerät*) piece of apparatus

geraten V̅/I̅ **1** *in j-n/etw* ~ to come across sb; **an etw** *(akk)* ~ to come by sth; **an den Richtigen/Falschen** ~ to come to the right/wrong person; **in Bewegung**

G

~ to begin to move; **ins Stocken** ~ to come to a halt; **in Brand** ~ to catch fire; **in Angst/Schwierigkeiten** ~ to get scared/into difficulties; **aus der Form** ~ to lose one's shape **2** (≈ *sich entwickeln*) to turn out; **ihm gerät einfach alles everything he does turns out well; **nach j-m** ~ to take after sb
Geräteschuppen M tool shed **Geräteturnen** N apparatus gymnastics *kein pl*
Geratewohl N **aufs** ~ on the off chance; *auswählen etc* at random
geraum ADJ **vor** ~**er Zeit** some time ago; **seit** ~**er Zeit** for some time **geräumig** ADJ spacious, roomy
Geräusch N sound; *bes unangenehm* noise **geräuscharm** ADJ quiet **geräuschlos A** ADJ silent **B** ADV silently, without a sound **Geräuschpegel** M sound level **geräuschvoll A** ADJ (≈ *laut*) loud; (≈ *lärmend*) noisy **B** ADV (≈ *laut*) loudly; (≈ *lärmend*) noisily
gerben VT to tan
gerecht A ADJ just, fair; ~ **gegen j-n sein** to be fair *od* just to sb; **j-m/einer Sache** ~ **werden** to do justice to sb/sth **B** ADV fairly; (≈ *rechtgemäß*) justly **gerechterweise** ADV to be fair **gerechtfertigt** ADJ justified **Gerechtigkeit** F justice; (≈ *Unparteilichkeit*) fairness
Gerede N talk; (≈ *Klatsch*) gossip(ing); **ins** ~ **kommen** to get oneself talked about
geregelt ADJ regular; *Leben* well-ordered; → **regeln**
gereizt ADJ (≈ *verärgert*) irritated; (≈ *reizbar*) irritable, touchy; (≈ *nervös*) edgy; → **reizen Gereiztheit** F (≈ *Verärgertheit*) irritation; (≈ *Reizbarkeit*) irritability, touchiness; (≈ *Nervosität*) edginess
Geriatrie F geriatrics *sg*
Gericht¹ N (≈ *Speise*) dish
Gericht² N **1** (≈ *Behörde*) court (of justice); (≈ *Gebäude*) court(house), law courts *pl*; (≈ *die Richter*) court, bench; **vor** ~ **aussagen** to testify in court; **vor** ~ **stehen** to stand trial; **mit etw vor** ~ **gehen** to take legal action about sth **2** **das Jüngste** ~ the Last Judgement; **über j-n zu** ~ **sitzen** *fig* to sit in judgement on sb; **mit j-m (scharf) ins** ~ **gehen** *fig* to judge sb harshly **gerichtlich A** ADJ judicial; ~**e Schritte gegen**

j-n einleiten to initiate legal proceedings against sb **B** ADV ~ **gegen j-n vorgehen** to take legal action against sb; ~ **angeordnet** ordered by the courts **Gerichtsbarkeit** F jurisdiction **Gerichtsbeschluss** M court decision **Gerichtshof** M court (of justice), law court; **Oberster** ~ Supreme Court (of Justice) **Gerichtskosten** PL court costs *pl* **Gerichtsmedizin** F forensic medicine **Gerichtsmediziner(in)** M(F) forensic doctor **Gerichtssaal** M courtroom **Gerichtsschreiber(in)** M(F) clerk of the court *Br,* registrar *US* **Gerichtsstand** *form* M place of jurisdiction **Gerichtsurteil** N verdict **Gerichtsverfahren** N court *od* legal proceedings *pl* **Gerichtsverhandlung** F trial; *zivil* hearing **Gerichtsvollzieher(in)** M(F) bailiff **Gerichtsweg** M **auf dem** ~ through the courts
gerieben ADJ GASTR grated; ~**er Käse** grated cheese; ~**e Zitronenschale** grated lemon peel *Br,* grated lemon zest *US*; ~**e Orangenschale** grated orange peel *Br,* grated orange zest *US*; → **reiben**
gering A ADJ **1** (≈ *niedrig*) low; *Menge, Vorrat, Betrag, Entfernung* small; *Wert* little *attr*; (≈ *kurz*) *Zeit, Entfernung* short **2** (≈ *unerheblich*) slight; *Chance* slim; *Rolle* minor; **das ist meine** ~**ste Sorge** that's the least of my worries; **nicht das Geringste** nothing at all; **nicht im Geringsten** not in the least *od* slightest **3** (≈ *unzulänglich*) *Kenntnisse* poor **B** ADV (≈ *abschätzig*) ~ **von j-m sprechen** to speak badly of sb **geringfügig A** ADJ (≈ *unwichtig*) insignificant; *Unterschied* slight; *Verletzung* minor; *Betrag* small; ~**e Beschäftigung** part-time employment **B** ADV slightly **gering schätzen** VT (≈ *verachten*) to think little of; *Erfolg, menschliches Leben* to place little value on; (≈ *missachten*) *Gefahr* to disregard **geringschätzig A** ADJ contemptuous **B** ADV contemptuously **Geringschätzung** F (≈ *Ablehnung*) disdain; (≈ *schlechte Meinung*) low opinion (**für** *od* +*gen* of) **Geringverdiener(in)** M(F) person on low-income, low-wage earner
gerinnen VI to coagulate; *Blut* to clot; *Milch* to curdle **Gerinnsel** N (≈ *Blutgerinnsel*) clot **Gerinnung** F coagulation
Gerippe N skeleton **gerippt** ADJ

ribbed *kein adv*

gerissen ADJ cunning; → reißen **Gerissenheit** F cunning

Germ MF *österr* baker's yeast

Germane M, **Germanin** F Teuton **germanisch** ADJ Germanic **Germanist(in)** M(F) Germanist **Germanistik** F German (studies *pl*)

Germknödel M *österr, südd* jam-filled dumpling

gern, gerne ADV (≈ *freudig*) with pleasure; (≈ *bereitwillig*) with pleasure, willingly; (aber) ~! of course!; ja, ~! (yes) please; **kommst du mit?** — ja, ~ are you coming too? — oh yes, I'd like to; ~ **geschehen!** you're welcome! *bes US*, not at all!; **etw ~ tun** to like doing sth *od* to do sth *bes US*; **etw ~ sehen** to like sth; **das wird nicht ~ gesehen** that's frowned (up)on; **ein ~ gesehener Gast** a welcome visitor; **das glaube ich ~** I can well believe it; **ich hätte** *od* **~ ...** I would like ...; **wie hätten Sies (denn) ~?** how would you like it?; **ich würde ~ gehen** I'd love to go; **ich würde nicht ~ gehen** I wouldn't like to go; → gernhaben **Gernegroß** *hum* M **er war schon immer ein kleiner ~** he always did like to act big *umg* **gernhaben** V/T to like; **er kann mich mal ~!** *umg* he can go to hell! *umg*, screw him *sl*

Geröll N detritus *kein pl*; **im Gebirge** scree *kein pl*; **größeres** boulders *pl*

Gerste F barley **Gerstenkorn** N 1 barleycorn 2 MED stye

Gerte F switch **gertenschlank** ADJ slim and willowy

Geruch M smell, odour *Br*, odor *US* (**nach of**); *unangenehm* stench (**nach of**); (≈ *Duft*) fragrance, perfume (**nach of**) **geruchlos** ADJ odourless *Br*, odorless *US* **geruchsempfindlich** ADJ sensitive to smell **Geruchsnerv** M olfactory nerve **Geruchssinn** M sense of smell

Gerücht N rumour *Br*, rumor *US*; **es geht das ~, dass ...** there's a rumo(u)r (going (a)round) that ...

gerührt ADJ touched, moved; **zu Tränen ~** moved to tears; → rühren

geruhsam B ADJ peaceful; *Spaziergang etc* leisurely B ADV leisurely

Gerümpel N junk

Gerundium N gerund

Gerüst N scaffolding *kein pl*; (≈ *Gestell*) trestle; *fig* (≈ *Gerippe*) framework (**zu of**)

gerüttelt A ADJ **ein ~es Maß von** *od* **an etw** (*dat*) a fair amount of sth B ADV ~ **voll** jam-packed *umg*; → rütteln

gesalzen *fig umg Preis* steep; → salzen

gesammelt ADJ *Kraft* collective; *Werke* collected; → sammeln

gesamt ADJ whole, entire; **die ~en Kosten** the total costs **Gesamtausgabe** F complete edition **Gesamtbetrag** M total (amount) **Gesamteindruck** M general impression **Gesamteinkommen** N total income **Gesamtergebnis** N overall result **Gesamtgewicht** N total weight **Gesamtgewinn** M total profit **Gesamtheit** F totality; **die ~ der ... all the ...;** (≈ *Summe*) the totality of ...; **die ~ (der Bevölkerung)** the population (as a whole) **Gesamthochschule** F ≈ polytechnic *Br*, ≈ college **Gesamtkosten** PL total costs *pl* **Gesamtnote** F SCHULE overall mark *Br*, overall grade *US* **Gesamtschule** F comprehensive school *Br* **Gesamtsumme** F total amount **Gesamtwerk** N complete works *pl* **Gesamtwert** M total value **Gesamtwertung** F SPORT overall placings *pl* **Gesamtzahl** F total number

Gesandte(r) M, **Gesandtin** F envoy, legate, (≈ *Botschafter*) ambassador **Gesandtschaft** F legation

Gesang M 1 (≈ *Lied*) song 2 (≈ *das Singen*) singing **Gesangbuch** N KIRCHE hymnbook **Gesangunterricht** M singing lessons *pl*, singing classes *pl*

Gesäß N seat, bottom **Gesäßbacke** F buttock, cheek **Gesäßtasche** F back pocket

Geschäft N 1 (≈ *Gewerbe, Handel*) business *kein pl*; (≈ *Geschäftsabschluss*) (business) deal *od* transaction; ~ **ist ~** business is business; **wie geht das ~?** how's business?; **mit j-m ~e machen** to do business with sb; **ein gutes/schlechtes ~ machen** to make a good/bad deal; **dabei hat er ein ~ gemacht** he made a profit by it 2 (≈ *Firma*) business; (≈ *Laden*) shop *Br*, store; *umg* (≈ *Büro*) office; **im ~** at work, in the office; **im ~** (≈ *im Laden*) in the shop **Geschäftemacher(in)** *pej* M(F) profiteer **geschäftig** ADJ (≈ *betriebsam*) busy; **~es Treiben** hustle and

G

bustle **Geschäftigkeit** $\overline{F}$ busyness; (≈ *geschäftiges Treiben*) (hustle and) bustle **geschäftlich** **A** ADJ business *attr* **B** ADV (≈ *in Geschäften*) on business; (≈ *wegen Geschäften*) because of business; **sie hat morgen ~ in Berlin zu tun** she has to be in Berlin on business tomorrow; **~ verreist** away on business **Geschäftsabschluss** $\overline{M}$ business deal **Geschäftsadresse** $\overline{F}$ business address **Geschäftsaufgabe** $\overline{F}$ **Räumungsverkauf wegen ~** closing-down sale **Geschäftsbedingungen** $\overline{PL}$ terms *pl* of business **Geschäftsbereich** $\overline{M}$ PARL responsibilities *pl*; **Minister ohne ~** minister without portfolio **Geschäftsbericht** $\overline{M}$ report; *einer Gesellschaft* company report **Geschäftsbeziehungen** $\overline{PL}$ business connections *pl* (**zu** with) **Geschäftsbrief** $\overline{M}$ business letter **Geschäftsessen** $\overline{N}$ business lunch/dinner **geschäftsfähig** ADJ JUR capable of contracting *form*, competent *form* **Geschäftsfähigkeit** $\overline{F}$ JUR (legal) competence **Geschäftsfrau** $\overline{F}$ businesswoman **Geschäftsfreund(in)** $\overline{M/F}$ business associate **geschäftsführend** ADJ executive; (≈ *stellvertretend*) acting **Geschäftsführer(in)** $\overline{M/F}$ *von Laden* manager/manageress; *von Unternehmen* managing director, CEO; *von Verein* secretary; **leitender ~** chief executive officer, CEO **Geschäftsführung** $\overline{F}$ management **Geschäftsidee** $\overline{F}$ business idea **Geschäftsinhaber(in)** $\overline{M/F}$ owner (of a business); *von Laden, Restaurant* proprietor/proprietress **Geschäftsjahr** $\overline{N}$ financial year; **das laufende ~** the current financial year **Geschäftskosten** $\overline{PL}$ business expenses *pl*; **das geht alles auf ~** it's all on expenses **Geschäftslage** $\overline{F}$ (≈ *Wirtschaftslage*) business situation **Geschäftsleitung** $\overline{F}$ management **Geschäftsmann** $\overline{M}$ businessman **geschäftsmäßig** ADJ & ADV businesslike **Geschäftsordnung** $\overline{F}$ standing orders *pl*; **eine Frage zur ~** a question on a point of order **Geschäftspartner(in)** $\overline{M/F}$ business partner; (≈ *Geschäftsfreund*) business associate **Geschäftsplan** $\overline{M}$ business plan **Geschäftsräume** $\overline{PL}$ business premises *pl* **Geschäftsreise** $\overline{F}$ business trip; **auf ~ sein** to be on a business

trip **geschäftsschädigend** ADJ bad for business **Geschäftsschädigung** $\overline{F}$ conduct *ohne art* injurious to the interests of the company *form* **Geschäftsschluss** $\overline{M}$ close of business; *von Läden* closing time; **nach ~** out of office *od* working hours/after closing time **Geschäftssitz** $\overline{M}$ place of business **Geschäftsstelle** $\overline{F}$ offices *pl* **Geschäftsstraße** $\overline{F}$ shopping street **Geschäftsstunden** $\overline{PL}$ office *od* working hours *pl*; *von Läden* opening hours *pl* **Geschäftsträger** $\overline{M}$ POL chargé d'affaires **geschäftstüchtig** ADJ business-minded, enterprising **Geschäftsverbindung** $\overline{F}$ business connection **Geschäftsverkehr** $\overline{M}$ business *ohne art* **Geschäftszeiten** $\overline{PL}$ business hours *pl*; *von Büros* office hours *pl*

geschätzt ADJ **1** in etwa berechnet estimated **2** *Mensch* respected **3** *Freund* valued; → **schätzen**

geschehen $\overline{V/I}$ to happen (j-m to sb); **es wird ihm nichts ~** nothing will happen to him; **das geschieht ihm (ganz) recht** it serves him right; **er wusste nicht, wie ihm geschah** he didn't know what was going on; **was soll mit ihm/damit ~?** what is to be done with him/it?; **es muss etwas ~** something must be done **Geschehen** $\overline{N}$ *selten* events *pl* **Geschehnis** *geh* $\overline{N}$ event

gescheit ADJ clever; *Mensch, Idee* bright; (≈ *vernünftig*) sensible

Geschenk $\overline{N}$ present, gift; **j-m ein ~ machen** to give sb a present; **j-m etw zum ~ machen** to give sb sth (as a present); **ein ~ seiner Mutter** a present from his mother **Geschenkartikel** $\overline{M}$ gift **Geschenkgutschein** $\overline{M}$ gift voucher **Geschenkpackung** $\overline{F}$ gift pack *od* box **Geschenkpapier** $\overline{N}$ wrapping paper; **etw in ~ einwickeln** to giftwrap sth

Geschichte $\overline{F}$ **1** (≈ *Historie*) history; **~ machen** to make history **2** (≈ *Erzählung*) story, tale; **~n erzählen** to tell stories **3** *umg* (≈ *Sache*) affair, business *kein pl*; **die ganze ~** the whole business; **eine schöne ~!** *iron* a fine how-do-you-do! *umg* **geschichtlich** **A** ADJ (≈ *historisch*) historical; (≈ *bedeutungsvoll*) historic **B** ADV historically **Geschichtsbuch** $\overline{N}$ history book **Geschichtsforscher(in)** $\overline{M/F}$ historian **Geschichtskenntnis** $\overline{F}$

knowledge of history *kein pl* **Geschichtslehrer(in)** M̲F̲ history teacher **Geschichtsschreibung** F̲ historiography **geschichtsträchtig** A̲D̲J̲ *Ort, Stadt* steeped in history; *Ereignis* historic **Geschichtsunterricht** M̲ history lessons *pl*

Geschick¹ *geh* N̲ (≈ *Schicksal*) fate

Geschick² N̲ (≈ *Geschicklichkeit*) skill **Geschicklichkeit** F̲ skill, skilfulness *Br*, skillfulness *US*; (≈ *Beweglichkeit*) agility **geschickt** A̲ A̲D̲J̲ skilful *Br*, skillful *US*; (≈ *beweglich*) agile B̲ A̲D̲V̲ (≈ *clever*) cleverly; **~ agieren** to be clever **Geschicktheit** F̲ → Geschicklichkeit

geschieden A̲D̲J̲ divorced; → scheiden **Geschiedene(r)** M̲F̲M̲ *Mann* divorced man; *Frau* divorced woman

Geschirr N̲ **1** crockery *Br*, tableware; (≈ *Küchengeschirr*) pots and pans *pl*, kitchenware; (≈ *Teller etc*) china; *zu einer Mahlzeit benutzt* dishes *pl*; **(das) ~ (ab)spülen** *od* **abwaschen** to wash up, to do the dishes **2** *von Zugtieren* harness **Geschirrschrank** M̲ china cupboard *Br*, china cabinet *US* **Geschirrspülen** N̲ washing-up **Geschirrspüler** M̲ dishwasher **Geschirrspülmaschine** F̲ dishwasher **Geschirrspülmittel** N̲ washing-up liquid *Br*, dishwashing liquid *US* **Geschirrtuch** N̲ tea towel *Br*, dishtowel *US*

Geschlecht N̲ sex; G̲R̲A̲M̲ gender; **das andere ~** the opposite sex **geschlechtlich** A̲ A̲D̲J̲ sexual B̲ A̲D̲V̲ **mit j-m ~ verkehren** to have sexual intercourse with sb **Geschlechtsakt** M̲ sex(ual) act **Geschlechtsgenosse** M̲, **Geschlechtsgenossin** F̲ person of the same sex; **j-s ~n** those *od* people of the same sex as sb **Geschlechtshormon** N̲ sex hormone **geschlechtskrank** A̲D̲J̲ suffering from a sexually transmitted disease **Geschlechtskrankheit** F̲ sexually transmitted disease **geschlechtslos** A̲D̲J̲ asexual, sexless; B̲I̲O̲L̲ asexual **Geschlechtsmerkmal** N̲ sex(ual) characteristic **Geschlechtsorgan** N̲ sex (-ual) organ **geschlechtsreif** A̲D̲J̲ sexually mature **Geschlechtsteil** N̲ genitals *pl* **Geschlechtstrieb** M̲ sex(ual) drive **Geschlechtsumwandlung** F̲ sex change **Geschlechtsverkehr** M̲ sexual intercourse **Geschlechtswort**

N̲ G̲R̲A̲M̲ article

geschliffen A̲D̲J̲ *Manieren, Ausdrucksweise* polished; → schleifen²

geschlossen A̲ A̲D̲J̲ closed; (≈ *vereint*) united, unified; **in sich** (*dat*) **~** self-contained; *Systeme* closed; **ein ~es Ganzes** a unified whole; **~e Gesellschaft** closed society; (≈ *Fest*) private party B̲ A̲D̲V̲ **für etw sein/stimmen** to be/vote unanimously in favour of sth *Br*, to be/vote unanimously in favor of sth *US*; **~ hinter j-m stehen** to stand solidly behind sb; → schließen **Geschlossenheit** F̲ unity

Geschmack M̲ taste; (≈ *Geschmackssinn*) sense of taste; **je nach ~** to one's own taste; **an etw** (*dat*) **~ finden** to acquire a taste for sth; **auf den ~ kommen** to acquire a taste for it; **sie hat einen guten ~** *fig* she has good taste; **für meinen ~** for my taste; **das ist nicht nach meinem ~** that's not to my taste; **über ~ lässt sich (nicht) streiten** *sprichw* there's no accounting for taste(s) *sprichw* **geschmacklich** A̲D̲J̲ as regards taste **geschmacklos** A̲D̲J̲ tasteless **Geschmacklosigkeit** F̲ **1** tastelessness, lack of taste **2** (≈ *Bemerkung*) remark in bad taste; **das ist eine ~!** that is the most appalling bad taste! **Geschmacksfrage** F̲ question of (good) taste **Geschmacksrichtung** F̲ flavour *Br*, flavor *US* **Geschmackssache** F̲ matter of taste; **das ist ~** it's (all) a matter of taste **Geschmackssinn** M̲ sense of taste **Geschmacksverirrung** F̲ **unter ~ leiden** *iron* to have no taste **Geschmacksverstärker** M̲ C̲H̲E̲M̲, G̲A̲S̲T̲R̲ flavour enhancer *Br*, flavor enhancer *US* **geschmackvoll** A̲ A̲D̲J̲ tasteful B̲ A̲D̲V̲ tastefully

geschmeidig A̲D̲J̲ *Leder, Haut, Bewegung* supple; *Fell* sleek; *Handtuch, Haar* soft

Geschnatter *wörtl* N̲ cackle, cackling; *fig* jabber, jabbering

Geschöpf N̲ (≈ *Lebewesen*) creature

Geschoss N̲, **Geschoß** *österr* N̲ **1** projectile *form*; (≈ *Rakete etc a.*) missile **2** (≈ *Stockwerk*) floor, storey *Br*, story *US*

Geschrei N̲ shouts *pl*, shouting; *von Babys, Popfans* screams *pl*, screaming; **viel ~ um etw machen** to make a big fuss about sth

Geschütz N̲ gun; **schweres ~** heavy ar-

G

tillery; **schweres ~ auffahren** *fig* to bring up one's big guns

geschützt ADJ *Winkel, Ecke* sheltered; *Pflanze, Tier* protected; → schützen

Geschwader N̄ squadron

Geschwafel *umg* N̄ waffle *Br umg*, blather *umg*

Geschwätz *pej* N̄ prattle; (≈*Klatsch*) gossip **geschwätzig** ADJ garrulous; (≈*klatschsüchtig*) gossipy **Geschwätzigkeit** F̄ garrulousness; (≈*Klatschsucht*) constant gossiping

geschweige KONJ **~ (denn)** let alone, never mind

Geschwindigkeit F̄ speed; **mit einer ~ von ...** at a speed of ...; **mit höchster ~** at top speed **Geschwindigkeitsbegrenzung** F̄, **Geschwindigkeitsbeschränkung** F̄ speed limit **Geschwindigkeitsüberschreitung** F̄ speeding

Geschwister PL̄ brothers and sisters *pl*, siblings *pl*; **haben Sie noch ~?** do you have any brothers or sisters? **geschwisterlich** A̲ ADJ brotherly/sisterly B̲ ADV in a brotherly/sisterly way **Geschwisterpaar** N̄ brother and sister *pl*

geschwollen *pej* A̲ ADJ pompous B̲ ADV pompously; → schwellen

Geschworenenbank F̄ jury box; (≈*die Geschworenen*) jury **Geschworenengericht** N̄ → Schwurgericht **Geschworene(r)** M/F(M) juror; **die ~n** the jury *sg od pl*

Geschwulst F̄ growth

geschwungen ADJ curved; **~e Klammer** TYPO curly bracket; → schwingen

Geschwür N̄ ulcer; (≈*Furunkel*) boil

gesegnet *geh* ADJ **mit etw ~ sein** to be blessed with sth; → segnen

Geselchte(s) N̄ *österr, südd salted and smoked meat*

Geselle M̄ (≈*Handwerksgeselle*) journeyman **gesellen** V/R **sich zu j-m ~** to join sb **gesellig** ADJ sociable; *Tier* gregarious; **~es Beisammensein** social gathering **Geselligkeit** F̄ sociability, conviviality; *von Tieren* gregariousness; **die ~ lieben** to be sociable **Gesellin** F̄ (≈*Handwerksgesellin*) journeyman **Gesellschaft** F̄ ■ SOZIOL society; **die ~ verändern** to change society ② (≈*Vereinigung*) society; HANDEL company; **~ mit beschränkter Haftung** limited lia-

bility company ③ (≈*Abendgesellschaft*) party; **eine erlesene ~** a select group of people ④ (≈*Begleitung*) company; **da befindest du dich in guter ~** then you're in good company; **j-m ~ leisten** to keep sb company **Gesellschafter(in)** M(F) HANDEL (≈*Teilhaber*) shareholder, stockholder *US*; (≈*Partner*) partner **gesellschaftlich** ADJ social **Gesellschaftsanzug** M̄ formal dress **gesellschaftsfähig** ADJ socially acceptable **Gesellschaftsform** F̄ social system **Gesellschaftsordnung** F̄ social system **Gesellschaftspolitik** F̄ social policy **gesellschaftspolitisch** ADJ sociopolitical **Gesellschaftsrecht** N̄ company law, corporate law *US* **Gesellschaftsschicht** F̄ social stratum **Gesellschaftsspiel** N̄ party game **Gesellschaftssystem** N̄ social system **Gesellschaftstanz** M̄ ballroom dance

gesettelt ADJ *sl* (≈*sesshaft, etabliert*) settled

Gesetz N̄ law; (≈*Gesetzbuch*) statute book; PARL (≈*Vorlage*) bill; *nach Verabschiedung* act; **nach dem ~** under the law (**über** +*akk* on); **vor dem ~** in (the eyes of) the law; **ein ungeschriebenes ~** an unwritten rule **Gesetzblatt** N̄ law gazette **Gesetzbuch** N̄ statute book **Gesetzentwurf** M̄ (draft) bill **Gesetzesänderung** F̄ change in the law **Gesetzesbrecher(in)** M(F) law-breaker **Gesetzeskraft** F̄ the force of law; **~ erlangen** to become law; **~ haben** to be law **Gesetzeslage** F̄ legal position **gesetzestreu** ADJ *Person* law-abiding **gesetzgebend** ADJ legislative; **die ~e Gewalt** the legislature **Gesetzgeber** M̄ legislative body **Gesetzgebung** F̄ legislation *kein pl* **gesetzlich** A̲ ADJ *Verpflichtung* legal; *Feiertag* statutory B̲ ADV legally **gesetzlos** ADJ lawless **gesetzmäßig** ADJ (≈*gesetzlich*) legal; (≈*rechtmäßig*) lawful **gesetzt** A̲ ADJ (≈*reif*) sedate, sober; **ein Herr im ~en Alter** a man of mature years; → setzen B̲ KONJ **~ den Fall,** ... assuming (that) ...

gesetzwidrig A̲ ADJ illegal; *unrechtmäßig* unlawful B̲ ADV illegally; (≈*unrechtmäßig*) unlawfully

gesichert ADJ *Existenz* secure; *Fakten* definite; → sichern

Gesicht N̄ face; **ein trauriges/wütendes ~ machen** to look sad/angry; **ein langes ~ machen** to make a long face; **j-m ins ~ sehen** to look sb in the face; **den Tatsachen ins ~ sehen** to face facts; **j-m etw ins ~ sagen** to tell sb sth to his face; **sein wahres ~ zeigen** to show (oneself in) one's true colours *Br*, to show (oneself in) one's true colors *US*; **j-m wie aus dem ~ geschnitten sein** to be the spitting image of sb; **das ~ verlieren** to lose face; **das ~ wahren** to save face; **das gibt der Sache ein neues ~** that puts a different complexion on the matter *od* on things; **etw aus dem ~ verlieren** to lose sight of sth; **j-n/etw zu ~ bekommen** to set eyes on sb/sth **Gesichtsausdruck** M̄ (facial) expression **Gesichtscreme** F̄ face cream **Gesichtsfarbe** F̄ complexion **Gesichtskontrolle** F̄ *umg* face check **Gesichtskreis** M̄ **1** *obs* (≈ *Umkreis*) field of vision; **j-n aus dem ~ verlieren** to lose sight of sb **2** *fig* horizons *pl*, outlook **Gesichtsmaske** F̄ face mask **Gesichtsmuskel** M̄ facial muscle **Gesichtspackung** F̄ face pack **Gesichtspunkt** M̄ (≈ *Betrachtungsweise*) point of view, standpoint; (≈ *Einzelheit*) point, aspect **Gesichtsverlust** M̄ loss of face **Gesichtswasser** N̄ (cleansing) toner **Gesichtszüge** P̲L̲ features *pl*

Gesindel *pej* N̄ riffraff *pl*
gesinnt ADJ **j-m freundlich/feindlich ~ sein** to be friendly/hostile to(wards) sb; **sozial ~ sein** to be socially minded **Gesinnung** F̄ (≈ *Charakter*) cast of mind; (≈ *Ansichten*) views *pl*, way of thinking; **eine liberale ~** liberal-mindedness; **seiner ~ treu bleiben** to remain loyal to one's basic convictions **Gesinnungsgenosse** M̄, **Gesinnungsgenossin** F̄ like-minded person **gesinnungslos** ADJ *pej* unprincipled **Gesinnungswandel** M̄, **Gesinnungswechsel** M̄ conversion
gesittet ADJ **1** (≈ *wohlerzogen*) well-mannered **2** (≈ *kultiviert*) civilized
Gesöff *umg* N̄ muck *umg*
gesondert A̲ ADJ separate B̲ ADV separately
gesonnen ADJ **~ sein, etw zu tun** to be of a mind to do sth; → **sinnen**
gespalten ADJ *Bewusstsein* split; *Zunge*

forked; *Gesellschaft* divided; **die Meinungen sind ~** opinions are divided; → **spalten**
Gespann N̄ **1** (≈ *Zugtiere*) team **2** (≈ *Pferdegespann*) horse and cart; **ein gutes ~ abgeben** to make a good team
gespannt A̲ ADJ **1** *Seil* taut **2** *fig* tense; (≈ *neugierig*) curious; **ich bin ~, wie er darauf reagiert** I wonder how he'll react to that; **da bin ich aber ~!** I'm looking forward to that; *iron* (oh really?) that I'd like to see! B̲ ADV intently; **~ zuhören/zusehen** to be engrossed with what's going on; → **spannen Gespanntheit** F̄ tension; (≈ *Neugierde*) eager anticipation
Gespenst N̄ ghost; *fig* (≈ *Gefahr*) spectre *Br*, specter *US* **Gespenstergeschichte** F̄ ghost story **gespensterhaft** ADJ ghostly *kein adv*; *fig* eerie, eery; **es war ~ still** it was eerily quiet **gespenstisch** ADJ & ADV **1** → **gespensterhaft 2** *fig* (≈ *bizarr, unheimlich*) eerie, eery
gesperrt ADJ **1** closed; **für den Verkehr ~ closed** to traffic **2** **einige Wörter sind ~ gedruckt** some of the words are spaced (out); → **sperren**
gespielt ADJ feigned; → **spielen**
Gespött N̄ mockery; (≈ *Gegenstand des Spotts*) laughing stock; **zum ~ werden** to become a laughing stock
Gespräch N̄ **1** (≈ *Unterhaltung*) conversation; (≈ *Diskussion*) discussion; (≈ *Dialog*) dialogue *Br*, dialog *US*; **~e** POL talks; **das ~ auf etw** (*akk*) **bringen** to steer the conversation *etc* (a)round to sth; **im ~ sein** to be being talked about; **mit j-m ins ~ kommen** to get into conversation with sb; *fig* to establish a dialogue with sb *Br*, to establish a dialog with sb *US* **2** TEL (≈ *Anruf*) (telephone) call; **ein ~ für dich** a call for you **gesprächig** ADJ talkative; (≈ *mitteilsam*) communicative **gesprächsbereit** ADJ *bes* POL ready to talk **Gesprächsbereitschaft** F̄ *bes* POL readiness to talk **Gesprächseinheit** F̄ TEL unit **Gesprächsgegenstand** M̄ topic **Gesprächsguthaben** N̄ TEL *von Prepaidhandy* credit, (credit) minutes *pl* **Gesprächspartner(in)** M̲F̲ interlocutor *form*; **mein ~ bei den Verhandlungen** my opposite number at the talks; **wer war dein ~?** who did you talk with? **Gesprächsrunde** F̄ discussion(s) (*pl*); POL round

of talks **Gesprächsstoff** M̲ topics pl
gespreizt fig A̲D̲J̲ affected; → spreizen
gesprenkelt A̲D̲J̲ speckled; → sprenkeln
Gespür N̲ feel(ing)
gest. A̲B̲K̲ (= gestorben) died, d
Gestalt F̲ **1** form; **in ~ von** fig in the form of; **(feste) ~ annehmen** to take shape **2** (≈ Wuchs) build **3** (≈ Person) figure; pej (≈ Mensch) character **gestalten** A̲ V̲/̲T̲ Text, Wohnung to lay out; Programm, Abend to arrange; Freizeit to organize; Zukunft, Gesellschaft, Politik to shape B̲ V̲/̲R̲ (≈ werden) to become; (≈ sich entwickeln) to turn (**zu** into); **sich schwierig ~** Verhandlungen etc to run into difficulties **gestalterisch** A̲D̲J̲ creative **Gestaltung** F̲ (≈ das Gestalten) shaping, forming (**zu** into); von Wohnung layout; von Abend, Programm arrangement; von Freizeit structuring
gestanden A̲D̲J̲ Fachmann etc experienced; **ein ~er Mann** a mature and experienced man; → gestehen; → stehen
geständig A̲D̲J̲ **~ sein** to have confessed **Geständnis** N̲ confession; **ein ~ ablegen** to make a confession; **j-m ein ~ machen** to make a confession to sb
Gestank M̲ stink
Gestapo F̲ A̲B̲K̲ (= Geheime Staatspolizei) H̲I̲S̲T̲ secret state police
gestatten A̲ V̲/̲T̲ to allow; **j-m etw ~ to allow sb sth** B̲ V̲/̲I̲ **~ Sie, dass ich ...?** may I ...?, would you mind if I ...?; **wenn Sie ~ ...** with your permission ...
Geste F̲ gesture; **sich mit ~n verständigen** to communicate by gestures
Gesteck N̲ flower arrangement
gestehen V̲/̲T̲ &̲ V̲/̲I̲ to confess (j-m etw sth to sb); **offen gestanden ...** to be frank ...
Gestein N̲ rock(s) (pl); (≈ Schicht) rock stratum
Gestell N̲ stand; (≈ Regal) shelf; (≈ Ablage) rack; (≈ Rahmen, Brillengestell) frame; auf Böcken trestle
gestelzt A̲D̲J̲ stilted
gestern A̲D̲V̲ yesterday; **ich habe ihn ~ getroffen** I met him yesterday; **~ Abend** yesterday evening; spät last night; **die Zeitung von ~** yesterday's paper; **er ist nicht von ~** umg he wasn't born yesterday
Gestik F̲ gestures pl **gestikulieren** V̲/̲I̲

to gesticulate
gestimmt A̲D̲J̲ **froh ~** in a cheerful mood; → stimmen
Gestirn N̲ heavenly body
Gestöber N̲ leicht snow flurry; stark snowstorm
gestochen A̲ A̲D̲J̲ Handschrift clear, neat B̲ A̲D̲V̲ **~ scharfe Fotos** needle-sharp photographs; **wie ~ schreiben** to write clearly; → stechen
gestohlen A̲D̲J̲ **der/das kann mir ~ bleiben** umg he/it can go hang umg; → stehlen
gestört A̲D̲J̲ disturbed; **geistig ~ sein** to be (mentally) disturbed; → stören
Gestotter N̲ stuttering, stammering
gestreift A̲D̲J̲ striped; → streifen
gestrichen A̲ A̲D̲J̲ **ein ~er Teelöffel voll** a level teaspoon(ful) B̲ A̲D̲V̲ **~ voll** level; (≈ sehr voll) full to the brim; → streichen
gestrig A̲D̲J̲ yesterday's; **unser ~es Gespräch** our conversation (of) yesterday
Gestrüpp N̲ undergrowth; fig jungle
gestuft A̲D̲J̲ (≈ in Stufen) terraced; Haarschnitt layered; zeitlich staggered; → stufen
Gestüt N̲ stud
Gesuch N̲ petition (**auf** +akk od **um** for); (≈ Antrag) application (**auf** +akk od **um** for) **gesucht** A̲D̲J̲ (≈ begehrt) sought after; Verbrecher wanted; **sehr ~** (very) much sought after; → suchen
gesund A̲ A̲D̲J̲ healthy; **wieder ~ werden** to get better; **Äpfel sind ~** apples are good for you; **bleib ~!** look after yourself B̲ A̲D̲V̲ **~ leben** to have a healthy lifestyle; **sich ~ ernähren** to have a healthy diet; **~ essen** to eat healthily; **j-n ~ pflegen** to nurse sb back to health **Gesundheit** F̲ health; (≈ Zuträglichkeit) healthiness; **bei guter ~ in** good health; **~!** bless you; **auf Ihre ~!** your (very good) health **gesundheitlich** A̲ A̲D̲J̲ **~e Schäden** damage to one's health; **sein ~er Zustand** (the state of) his health; **aus ~en Gründen** for health reasons B̲ A̲D̲V̲ **wie geht es Ihnen ~?** how is your health? **Gesundheitsamt** N̲ public health department **Gesundheitsapostel** iron M̲ health freak umg **gesundheitsbewusst** A̲D̲J̲ health-conscious **Gesundheitsdienst** M̲ health service **Gesundheitsfarm** F̲ health farm **gesund-**

heitshalber ADV for health reasons **Gesundheitsminister(in)** M|F health minister, Health Secretary *Br*, Secretary of Health *US* **Gesundheitspolitik** F health policy **Gesundheitsreform** F reform of the health-care system **gesundheitsschädlich** ADJ harmful to (your) health; (≈ *ungesund*) unhealthy **Gesundheitssystem** N health (care) system **Gesundheitswesen** N health service od care **Gesundheitszeugnis** N certificate of health **Gesundheitszustand** M state of health **gesundschreiben** V/T j-n ~ to certify sb (as) fit **gesundschrumpfen** A V/T *fig* to streamline B V/R to be streamlined **gesundstoßen** *sl* V/R to line one's pockets *umg* **Gesundung** F recovery; (≈ *Genesung*) convalescence, recuperation

getan ADJ nach ~er Arbeit when the day's work is done; → **tun**

getigert ADJ mit Streifen striped; ~e Katze tabby (cat)

getönt ADJ Glas, Brille tinted; → **tönen**[2]

Getöse N din; von Auto, Beifall etc roar

Getränk N drink; **die ~e zahle ich** the drinks are on me **Getränkeautomat** M drinks machine *Br*, beverage machine *US* **Getränkekarte** F in *Café* list of beverages; in *Restaurant* wine list **Getränkemarkt** M drinks cash-and-carry *Br*, beverage store *US*

getrauen V/R to dare; **getraust du dich das?** *umg* do you dare do that?

Getreide N grain **Getreide(an)bau** M cultivation of grain od cereals **Getreideflocke** F cereal **Getreidesilo** N/M silo

getrennt A ADJ separate B ADV ~ wohnen not to live together; ~ leben örtlich getrennt to live apart; als Paar getrennt to be separated; → **trennen**

getreu A ADJ (≈ *entsprechend*) faithful, true kein adv B PRÄP true to)

Getriebe N (TECH gears pl; (≈ *Getriebekasten*) gearbox [2] (≈ *lebhaftes Treiben*) bustle **Getriebeschaden** M gearbox trouble kein unbest art

getrost ADV confidently; ... **kann man ~ vergessen** you can forget ...; ~ **behaupten, dass ...** to safely say that ...; **du kannst dich ~ auf ihn verlassen** you need have no fears about relying on him

getrübt ADJ ein ~es Verhältnis zu j-m **haben** to have an unhappy relationship with sb; → **trüben**

Getto N ghetto **Gettoblaster** *umg* M ghetto blaster *umg*, boom box *bes US umg*

Getue *pej* N to-do *umg*

Getümmel N tumult; **sich ins ~ stürzen** to enter the fray

geübt ADJ Auge, Ohr practised *Br*, practiced *US*; Fahrer etc proficient; ~ **sein** to be experienced; → **üben**

Gewächs N [1] (≈ *Pflanze*) plant [2] MED growth **gewachsen** ADJ [1] (≈ *von allein entstanden*) evolved [2] j-m ~ **sein** to be a match for sb; **einer Sache** (dat) ~ **sein** to be up to sth; → **wachsen**[1] **Gewächshaus** N greenhouse; (≈ *Treibhaus*) hothouse

gewagt ADJ [1] (≈ *kühn*) daring; (≈ *gefährlich*) risky [2] (≈ *anzüglich*) risqué; → **wagen**

gewählt A ADJ Sprache elegant B ADV **sich ~ ausdrücken** to express oneself elegantly; → **wählen**

Gewähr F guarantee; **keine ~ für etw bieten** to offer no guarantee for sth; **die Angabe erfolgt ohne ~** this information is supplied without liability; **für etw ~ leisten** to guarantee sth **gewähren** V/T to grant; Rabatt, Schutz to give; **j-n ~ lassen** geh not to stop sb **gewährleisten** V/T (≈ *sicherstellen*) to ensure (j-m etw sb sth); (≈ *garantieren*) to guarantee (j-m etw sb sth)

Gewahrsam M [1] (≈ *Verwahrung*) safekeeping; **etw in ~ nehmen** to take sth into safekeeping [2] (≈ *Haft*) custody

Gewährung F granting; von Rabatt giving; von Schutz affording

Gewalt F [1] (≈ *Macht*) power; **die gesetzgebende/richterliche ~** the legislature/judiciary; **elterliche ~** parental authority; **j-n/etw in seine ~ bringen** to bring sb/sth under one's control; **j-n in seiner ~ haben** to have sb in one's power; **in j-s ~** (dat) **sein** od **stehen** to be in sb's power; **die ~ über etw** (akk) **verlieren** to lose control of sth [2] (≈ *Zwang, Heftigkeit*) force; (≈ *Gewalttätigkeit*) violence; **die ~ an Schulen nimmt zu** violence in schools is on the increase; ~ **anwenden** to use force; **höhere ~** acts/an act of God; **mit ~** by force; **mit aller ~** *umg* for all one is worth **Ge-**

waltanwendung F̲ use of force **gewaltbereit** ADJ ready to use violence **Gewaltbereitschaft** F̲ propensity for violence **Gewaltenteilung** F̲ separation of powers **gewaltfrei** ADJ 6 ADV → gewaltlos **Gewaltherrschaft** F̲ tyranny **gewaltig** A ADJ 1 (≈heftig) Sturm etc violent 2 (≈riesig) colossal; Anblick tremendous; Stimme powerful; Summe huge B ADV umg (≈sehr) enormously; **sich ~ irren** to be very much mistaken **gewaltlos** A ADJ non-violent B ADV (≈ohne Gewaltanwendung) without violence **Gewaltlosigkeit** F̲ non-violence **gewaltsam** A ADJ forcible; Tod violent B ADV forcibly, by force **Gewalttat** F̲ act of violence **Gewalttäter(in)** M̲F̲ violent criminal **gewalttätig** ADJ violent **Gewalttätigkeit** F̲ (≈Brutalität) violence; (≈Handlung) act of violence **Gewaltverbrechen** N̲ crime of violence **gewaltverherrlichend** ADJ ein ~er Film a movie which glorifies violence

Gewand N̲ 1 geh (≈Kleidungsstück) garment; weites, langes robe, gown 2 österr (≈Kleidung) clothes pl

gewandt A ADJ skilful Br, skillful US; körperlich nimble; (≈geschickt) deft; Auftreten, Stil elegant B ADV elegantly **Gewäsch** N̲ umg twaddle umg

Gewässer N̲ stretch of water **Gewässerschutz** M̲ prevention of water pollution

Gewebe N̲ (≈Stoff) fabric, material; (≈Gewebeart) weave; BIOL tissue; fig web **Gewebeprobe** F̲ MED tissue sample

Gewehr N̲ (≈Flinte) rifle; (≈Schrotbüchse) shotgun **Gewehrlauf** M̲ von Flinte rifle barrel; von Schrotbüchse barrel of a shotgun

Geweih N̲ antlers pl; **das ~** the antlers

Gewerbe N̲ trade; **ein ~ ausüben** to practise a trade Br, to practice a trade US **Gewerbeaufsicht** F̲ health and safety control **Gewerbebetrieb** M̲ commercial enterprise **Gewerbefreiheit** F̲ freedom of trade, freedom to conduct business **Gewerbegebiet** N̲ industrial area; eigens angelegt trading estate bes Br **Gewerbepark** M̲ industrial estate, business park US, trading estate US **Gewerbeschein** M̲ trading licence Br, trading license US **Gewerbe-**

steuer F̲ trade tax **Gewerbetreibende(r)** M̲/F̲(M̲) trader **gewerblich** A ADJ commercial; Genossenschaft trade attr; (≈industriell) industrial B ADV ~ **nutzt** used for commercial purposes **gewerbsmäßig** A ADJ professional B ADV professionally, for gain

Gewerkschaft F̲ (trade od trades) union, labor union US **Gewerkschafter(in)** M̲F̲ trade od labor US unionist **gewerkschaftlich** A ADJ (trade od union) union US attr; (labor) union US attr; **~er Vertrauensmann** im Betrieb shop steward bes Br B ADV (labor) union member; **~ tätig sein** to be active in the union **Gewerkschaftsbund** M̲ federation of trade unions, federation of labor unions US, ≈ Trades Union Congress Br, ≈ Federation of Labor US **Gewerkschaftsführer(in)** M̲F̲ trade union leader, labor union leader US

Gewicht N̲ weight; **dieser Stein hat ein ~ von 100 kg** this rock weighs 100 kg; **spezifisches ~** specific gravity; **~ haben** wörtl to be heavy; fig to carry weight; **ins ~ fallen** to be crucial; **nicht ins ~ fallen** to be of no consequence; **auf etw** (akk) **~ legen** to set (great) store by sth **gewichten** V̲T̲ in der Statistik to weight; fig to evaluate **Gewichtheben** N̲ SPORT weightlifting **Gewichtheber(in)** M̲F̲ weightlifter **gewichtig** fig ADJ weighty **Gewichtsklasse** F̲ SPORT weight (category) **Gewichtsverlust** M̲ weight loss **Gewichtszunahme** F̲ increase in weight

gewieft umg ADJ crafty (in +dat at)

gewillt ADJ ~ **sein, etw zu tun** to be willing to do sth

Gewimmel N̲ swarm; (≈Menge) crush **Gewinde** N̲ TECH thread

Gewinn M̲ 1 (≈Ertrag) profit; **~ abwerfen** od **bringen** to make a profit; **gewinn** → gewinnbringend; **etw mit ~ verkaufen** to sell sth at a profit 2 (≈Preis) prize; bei Wetten winnings pl 3 fig (≈Vorteil) gain **Gewinnanteil** M̲ HANDEL dividend **Gewinnausschüttung** F̲ prize draw **Gewinnbeteiligung** F̲ 1 IND profit-sharing 2 (≈Dividende) dividend **gewinnbringend** A ADJ wörtl, fig profitable B ADV profitably **Gewinnchance** F̲ chance of winning; **~n** beim Wetten odds **Gewinnein-**

bruch M̅ slump in profits **gewinnen** A V̅/T̅ 1 (≈ to win) **j-n (für etw)** to win sb over (to sth); **Zeit ~** to gain time; **was ist damit gewonnen?** what good is that? 2 (≈ erzeugen) to produce, to obtain; *Erze etc* to mine, to extract; *aus Altmaterial* to reclaim B V̅/I̅ 1 (≈ Sieger sein) to win (**bei, in** *etw* at) 2 (≈ profitieren) to gain; **an Bedeutung ~** to gain (in) importance; **an Geschwindigkeit ~** to pick up *od* gain speed **gewinnend** *fig* A̅D̅J̅ winning, winsome **Gewinner(in)** M̅/F̅ winner **Gewinnmaximierung** F̅ maximization of profit(s) **Gewinnmitnahme** F̅ profit taking **Gewinnschwelle** F̅ WIRTSCH breakeven point **Gewinnspanne** F̅ profit margin **Gewinnspiel** N̅ competition; TV game show **Gewinn-und-Verlust-Rechnung** F̅ profit and loss account **Gewinnung** F̅ *von Kohle, Öl* extraction; *von Energie, Plutonium* production **Gewinnwarnung** F̅ HANDEL profit warning **Gewinnzahl** F̅ winning number **Gewinnzone** F̅ **in der ~ sein** to be in profit; **in die ~ kommen** to move into profit

Gewirr N̅ tangle; *fig* (≈ Durcheinander) jumble; *von Straßen* maze

gewiss A A̅D̅J̅ certain (+gen of); **ich bin dessen ~** *geh* I'm certain of it; **nichts Gewisses** nothing certain; **in ~em Maße** to some *od* a certain extent; **eins ist (ganz) ~** one thing is certain B A̅D̅V̅ *geh* certainly; **(ja) ~!** certainly, sure *bes US*; **(aber) ~ (doch)!** (but) of course

Gewissen N̅ conscience; **ein schlechtes ~** a guilty conscience; **j-n/etw auf dem ~ haben** to have sb/sth on one's conscience; **j-m ins ~ reden** to have a serious talk with sb **gewissenhaft** A A̅D̅J̅ conscientious B A̅D̅V̅ conscientiously **Gewissenhaftigkeit** F̅ conscientiousness **gewissenlos** A̅D̅J̅ unscrupulous; (≈ verantwortungslos) irresponsible **Gewissenlosigkeit** F̅ unscrupulousness; (≈ Verantwortungslosigkeit) irresponsibility **Gewissensbisse** P̅L̅ pangs *pl* of conscience; **~ bekommen** to get a guilty conscience **Gewissensentscheidung** F̅ question of conscience **Gewissensfrage** F̅ matter of conscience **Gewissensgründe** P̅L̅ **aus ~n** for reasons of conscience **Gewissenskonflikt** M̅ moral conflict

gewissermaßen A̅D̅V̅ (≈ sozusagen) so to speak **Gewissheit** F̅ certainty; **mit ~** with certainty

Gewitter N̅ thunderstorm; *fig* storm **Gewitterfront** F̅ METEO storm front **gewittern** V̅/I̅ **es gewittert** it's thundering **Gewitterschauer** M̅ thundery shower **Gewitterwolke** F̅ thundercloud; *fig umg* storm cloud **gewittrig** A̅D̅J̅ thundery

gewitzt A̅D̅J̅ crafty, cunning

gewogen *geh* A̅D̅J̅ well-disposed (+dat towards)

gewöhnen A V̅/T̅ **j-n an etw** (akk) **~** to accustom sb to sth; **an j-n/etw gewöhnt sein** to be used to sb/sth; **daran gewöhnt sein, etw zu tun** to be used to doing sth; **das bin ich gewöhnt** I'm used to it B V̅/R̅ **sich an j-n/etw ~** to get used to sb/sth **Gewohnheit** F̅ habit; **aus (lauter) ~** from (sheer) force of habit; **die ~ haben, etw zu tun** to have a habit of doing sth; **sich** (dat) **etw zur ~ machen** to make a habit of sth **gewohnheitsmäßig** A̅D̅J̅ habitual **Gewohnheitsmensch** M̅ creature of habit **Gewohnheitssache** F̅ question of habit **Gewohnheitstäter(in)** M̅/F̅ habitual *od* persistent offender **Gewohnheitstier** N̅ **der Mensch ist ein ~** *umg* man is a creature of habit **gewöhnlich** A A̅D̅J̅ 1 (≈ üblich) usual; (≈ normal) normal; (≈ durchschnittlich) ordinary; (≈ alltäglich) everyday 2 *pej* (≈ ordinär) common B A̅D̅V̅ normally, usually; **wie ~** as usual **gewohnt** A̅D̅J̅ usual; **etw ~ sein** to be used to sth **Gewöhnung** F̅ (≈ das Sichgewöhnen) habituation (**an** +akk to); (≈ das Angewöhnen) training (**an** +akk in); (≈ Sucht) habit, addiction **gewöhnungsbedürftig** A̅D̅J̅ **die neue Software ist ~** the new software takes some time to get used to

Gewölbe N̅ vault **gewölbt** A̅D̅J̅ *Stirn* domed; *Decke* vaulted; **~** → **wölben**

gewollt A̅D̅J̅ 1 (≈ gekünstelt) forced 2 (≈ erwünscht) desired; → **wollen²**

Gewühl N̅ (≈ Gedränge) crowd, throng; (≈ Verkehrsgewühl) chaos, snarl-up *Br umg*

gewunden A̅D̅J̅ *Weg, Fluss etc* winding; *Erklärung* tortuous; **~** → **winden**

Gewürz N̅ spice; (≈ Pfeffer, Salz) condiment **Gewürzbord** N̅ spice rack **Gewürzgurke** F̅ pickled gherkin **Ge-**

würzmischung F̲ mixed herbs pl; (≈ Gewürzsalz) herbal salt **Gewürznelke** F̲ clove

Geysir M̲ geyser

gezahnt, gezähnt ADJ a. BOT serrated; TECH cogged; Briefmarke perforated

gezeichnet ADJ marked; **vom Tode ~ sein** to have the mark of death on one; → zeichnen

Gezeiten PL tides pl **Gezeitenenergie** F̲ tidal energy **Gezeitenkraftwerk** N̲ tidal power plant **Gezeitenwechsel** M̲ turn of the tide

gezielt A̲ ADJ purposeful; Schuss well-aimed; Frage, Maßnahme etc specific; Indiskretion deliberate B̲ ADV vorgehen directly; planen specifically; **~ schießen** to shoot to kill; **er hat sehr ~ gefragt** he asked very specific questions; → zielen

geziert A̲ ADJ affected B̲ ADV affectedly; → zieren

Gezwitscher N̲ chirping, twittering

gezwungen A̲ ADJ (≈ nicht entspannt) forced; Atmosphäre strained; Stil, Benehmen stiff B̲ ADV stiffly; **~ lachen** to give a forced od strained laugh; → zwingen

gezwungenermaßen ADV of necessity; **etw ~ tun** to be forced to do sth

Ghana N̲ Ghana

Ghetto N̲ ghetto

Gibraltar N̲ GEOG Gibraltar

Gicht F̲ MED, BOT gout

Giebel M̲ gable **Giebeldach** N̲ gabled roof

Gier F̲ greed (nach for) **gierig** A̲ ADJ greedy; nach Geld avaricious; **~ nach etw sein** to be greedy for sth B̲ ADV greedily

gießen A̲ V/T 1̲ Flüssigkeit to pour; Pflanzen to water; **die Blumen ~** (≈ Topfpflanzen) to water the plants 2̲ Glas to found (zu into); Metall to cast (zu into) B̲ V/I to pour; **es gießt in Strömen** it's pouring down **Gießerei** F̲ (≈ Werkstatt) foundry **Gießkanne** F̲ watering can

Gift N̲ poison; (≈ Bakteriengift) toxin; fig (≈ Bosheit) venom; **darauf kannst du ~ nehmen** umg you can bet your life on that umg **Giftfass** N̲ toxic waste drum **giftfrei** ADJ non-toxic **Giftgas** N̲ poison gas **Giftgaswolke** F̲ cloud of poison gas **giftgrün** ADJ bilious green **giftig** ADJ 1̲ (≈ Gift enthaltend) poisonous; Chemikalien toxic 2̲ fig (≈ boshaft, hasserfüllt) venomous **Giftmischer(in)**

fig M̲F̲ troublemaker, stirrer umg; hum (≈ Apotheker) chemist **Giftmord** M̲ poisoning **Giftmüll** M̲ toxic waste **Giftpilz** M̲ poisonous toadstool **Giftschlange** F̲ poisonous snake **Giftstoff** M̲ poisonous substance **Giftzahn** M̲ fang

▶ **Gift ≠ gift**

| Gift | = | **poison** |
| gift | = | **Geschenk; Gabe** |
◀

Gigabyte N̲ IT gigabyte

Gigaliner M̲ long combination vehicle (LCV), longer heavier vehicle (LHV), road train

Gigant(in) M̲F̲ giant **gigantisch** ADJ gigantic

Gilde F̲ guild

Gin M̲ gin; **Gin Tonic** gin and tonic

Ginseng M̲ BOT ginseng **Ginsengwurzel** F̲ BOT ginseng root

Ginster M̲ BOT broom; (≈ Stechginster) gorse

Gipfel M̲ 1̲ (≈ Bergspitze) peak 2̲ fig (≈ Höhepunkt) height; **das ist der ~!** umg that's the limit 3̲ (≈ Gipfelkonferenz) summit **Gipfelkonferenz** F̲ POL summit conference **gipfeln** V̲/I̲ to culminate (**in** +dat in) **Gipfelpunkt** wörtl M̲ zenith; fig high point **Gipfeltreffen** N̲ POL summit (meeting)

Gips M̲ plaster **Gipsabdruck** M̲ plaster cast **Gipsbein** umg N̲ leg in a cast **gipsen** V̲/T̲ to plaster; Arm, Bein to put in plaster **Gipsverband** M̲ MED plaster cast

Giraffe F̲ giraffe

Girlande F̲ garland (**aus** of)

Girokonto N̲ current account **Giroverkehr** M̲ giro system; (≈ Girogeschäft) giro transfer (business)

Gischt M̲ spray

Gitarre F̲ guitar; **~ spielen** to play the guitar **Gitarrist(in)** M̲F̲ guitarist

Gitter N̲ bars pl; vor Türen, Schaufenstern grille; für Gewächse etc lattice, trellis; (≈ feines Drahtgitter) (wire-)mesh; ELEK, GEOG, IT grid; **hinter ~n** fig umg behind bars **Gitterfenster** N̲ barred window **Gitternetz** N̲ GEOG grid **Gitterrost** M̲ grid, grating **Gitterstab** M̲ bar

Glace schweiz F̲ ice (cream)

Glacéhandschuh M̄ kid glove; **j-n mit ~n anfassen** fig to handle sb with kid gloves
Gladiator M̄ gladiator
Gladiole F̱ BOT gladiolus
Glamour M̄ glamour Br, glamor US
glamourös ADJ glamorous
Glanz M̄ gleam; (≈funkeln) sparkle, glitter; von Haaren, Seide sheen; von Farbe gloss; fig von Ruhm, Erfolg glory; (≈Pracht) splendour Br, splendor US **Glanzabzug** M̄ FOTO glossy print
glänzen V̄/̱ to shine; (≈glitzern) to glisten; (≈funkeln) to sparkle **glänzend** ADJ shining; (≈strahlend) radiant; (≈blendend) dazzling; (≈glitzernd) glistening; (≈funkelnd) sparkling, glittering; Papier glossy, shiny; fig brilliant; (≈erstklassig) marvellous Br, marvelous US Ḇ ADV (≈sehr gut) brilliantly; **wir haben uns ~ amüsiert** we had a great time umg; **mir geht es ~** I'm just fine **Glanzlack** M̄ gloss (paint) **Glanzleistung** F̱ brilliant achievement **Glanzlicht** N̄ KUNST, a. fig highlight **glanzlos** ADJ dull; Lack, Oberfläche matt **Glanznummer** F̱ big number, pièce de résistance **Glanzpapier** N̄ glossy paper **Glanzstück** N̄ pièce de résistance **glanzvoll** fig ADJ brilliant; (≈prachtvoll) glittering **Glanzzeit** F̱ heyday
Glarus N̄ Glarus
Glas N̄ 1 glass; (≈Konservenglas) jar 2 (≈Brillenglas) lens sg **Glasbläser(in)** M(F) glass-blower **Glascontainer** M̄ bottle bank **Glaser(in)** M(F) glazier **Glaserei** F̱ (≈Werkstatt) glazier's workshop **gläsern** ADJ glass; fig (≈durchschaubar) transparent **Glasfaser** F̱ fibreglass Br, fiberglass US **Glasfaserkabel** N̄ optical fibre cable Br, optical fiber cable US **Glasfasernetz** N̄ fibre optic network Br, fiber optic network US **Glasfiber** F̱ glass fibre Br, glass fiber US **Glasfiberstab** M̄ SPORT glass fibre pole Br, glass fiber pole US **Glashaus** N̄ wer (selbst) im ~ sitzt, soll nicht mit Steinen werfen sprichw people who live in glass houses shouldn't throw stones sprichw **glasieren** V̄/̱ to glaze; Kuchen to ice Br, to frost bes US **glasig** ADJ Blick glassy; GASTR Kartoffeln waxy; Speck, Zwiebeln transparent **Glaskeramikkochfeld** N̄ glass hob **glasklar** ADJ wörtl clear as glass; fig crystal-clear **Glasmalerei** F̱ glass painting **Glasnudel** F̱ glass noodle **Glasperle** F̱ glass bead **Glasreiniger** M̄ (≈Reinigungsmittel) glass cleaner **Glasscheibe** F̱ sheet of glass; von Fenster pane of glass **Glasscherbe** F̱ fragment of glass; ~n broken glass **Glassplitter** M̄ splinter of glass **Glasur** F̱ glaze; Metallurgie enamel; (≈Zuckerguss) icing Br, frosting bes US

glatt A̱ ADJ 1 (≈eben) smooth; Haar straight; MED Bruch clean; Stoff (≈faltenlos) uncreased 2 (≈schlüpfrig) slippery 3 fig Landung, Ablauf smooth Ḇ ADV 1 (≈eben) bügeln, hobeln (till) smooth; polieren highly; ~ rasiert Mann, Kinn clean-shaven 2 (≈problemlos) smoothly 3 umg (≈einfach) completely; leugnen, ablehnen flatly; vergessen clean; **das ist doch ~ gelogen** that's a downright lie **Glätte** F̱ 1 (≈Ebenheit) smoothness 2 (≈Schlüpfrigkeit) slipperiness **Glatteis** N̄ ice; „**Vorsicht ~!**" "danger, black ice"; **j-n aufs ~ führen** fig to take sb for a ride **Glatteisgefahr** F̱ danger of black ice **glätten** A̱ V̄/̱ (≈glatt machen) to smooth out; bes schweiz (≈bügeln) to iron; fig (≈stilistisch glätten) to polish up Ḇ V̄/Ṟ to smooth out; Meer, a. fig to subside **glattgehen** V̄/̱ to go smoothly **glattweg** umg ADV simply, just like that umg
Glatze F̱ bald head; **eine ~ bekommen/haben** to go/be bald **Glatzkopf** M̄ bald head; umg (≈Mann mit Glatze) baldie umg **glatzköpfig** ADJ bald (-headed)
Glaube M̄ faith (an +akk in); (≈Überzeugung) belief (an +akk in); **in gutem ~n** in good faith; **den ~n an j-n/etw verlieren** to lose faith in sb/ sth; **j-m ~n schenken** to believe sb **glauben** V̄/̱ & V̄/̱ to believe (an +akk in); (≈meinen, vermuten) to think; **j-m ~** to believe sb; **das glaube ich dir gerne/nicht** I quite/don't believe you; **ich glaube nicht** I don't think so; **d(a)ran ~ müssen** umg (≈sterben) to cop it Br umg, to bite the dust US umg; **das glaubst du doch selbst nicht!** you can't be serious; **wer's glaubt, wird selig** iron a likely story iron; **wer hätte das je geglaubt?** who would have thought it?; **es ist nicht** od **kaum zu ~** it's unbelievable; **ich glaube, ja** I think so; **ich glau-**

be, nein I don't think so **Glaubensbekenntnis** N creed **Glaubensfreiheit** F freedom of worship, religious freedom **Glaubensgemeinschaft** F religious sect; *christliche a.* denomination **Glaubensrichtung** F (religious) persuasion, religious orientation **glaubhaft** A ADJ credible; (≈*einleuchtend*) plausible; (**j-m**) **etw ~ machen** to substantiate sth (to sb) B ADV credibly **gläubig** ADJ *Katholik etc* devout, religious **Gläubige(r)** M|F(M) believer; **die ~n** the faithful **Gläubiger(in)** M|F HANDEL creditor **glaubwürdig** ADJ credible **Glaubwürdigkeit** F credibility

gleich A ADJ 1 (≈*identisch*) same; **der/die/das ~e ... wie** the same ... as; **es ist genau das Gleiche** it's exactly the same; **es ist mir (alles** *od* **ganz) ~** it's all the same to me; **Gleiches mit Gleichem vergelten** to pay sb back in kind; **ganz ~ wer/was** *etc* no matter who/what *etc* 2 (≈*gleichwertig*) equal; **zu ~en Teilen** in equal parts; **zwei mal zwei (ist) ~ vier** two twos are four; **j-m (an etw** *dat*) **~ sein** to be sb's equal (in sth) B ADV 1 (≈*ohne Unterschied*) equally; (≈*auf gleiche Weise*) alike, the same; **~ gekleidet** dressed alike; **sie ist ~ gut wie ich** she is just as good as me; **sie sind ~ groß/alt** they are the same size/age 2 *räumlich* right, just; **~ hinter dem Haus** just behind the house 3 *zeitlich* (≈*sofort*) immediately, straightaway, right away; (≈*bald*) in a minute; **ich komme ~** I'm just coming; **ich komme ~ wieder** I'll be right back; **es muss nicht ~ sein** there's no hurry; **es ist ~ drei Uhr** it's almost three o'clock; **~ danach** straight afterwards; **das habe ich mir ~ gedacht** I thought that straight away; **warum nicht ~ so?** why didn't you say/do that in the first place?; **wann machst du das? — ~!** when are you going to do it? — right away; **bis ~!** see you later **gleichaltrig** ADJ (of) the same age **gleichartig** A ADJ (of) the same kind (*+dat* as); (≈*ähnlich*) similar (*+dat* to) B ADV in the same way, similarly **gleichauf** ADV *bes* SPORT equal **gleichbedeutend** ADJ synonymous (**mit** with); (≈*so gut wie*) tantamount (**mit** to) **Gleichbehandlung** F equal treatment **gleich-**

berechtigt ADJ **~ sein** to have equal rights **Gleichberechtigung** F equal rights *sg od pl*, equality (*+gen* for) **gleich bleiben** V/I to stay the same; **das bleibt sich gleich** it doesn't matter **gleichbleibend** ADJ *Kurs* constant; *Temperatur* steady; **~ gute Qualität** consistent(ly) good quality **gleichen** V/I **j-m/einer Sache ~** to be like sb/sth; **sich ~** to be alike; **j-m an Schönheit ~** to equal sb in beauty **gleichermaßen** ADV equally **gleichfalls** ADV (≈*ebenfalls*) likewise; (≈*auch*) also; **danke ~!** thank you, (and) the same to you; **viel Spaß! — danke ~!** enjoy yourself! — thanks, you too! **gleichfarbig** ADJ (of) the same colour *Br*, (of) the same color *US* **gleichförmig** ADJ uniform **Gleichförmigkeit** F uniformity **gleichgeschlechtlich** ADJ 1 (≈*homosexuell*) same-sex; **~e Ehe** same-sex marriage 2 BIOL, ZOOL of the same sex, same-sex *attr*; BOT homogamous **gleichgesinnt** ADJ like-minded **Gleichgewicht** N balance; (≈*seelisches Gleichgewicht*) equilibrium; **das ~ verlieren, aus dem ~ kommen** *a. fig* to lose one's balance *od* equilibrium; **j-n aus dem ~ bringen** to throw sb off balance; **das ~ der Kräfte** the balance of power **Gleichgewichtsstörung** F impaired balance **gleichgültig** ADJ indifferent (**gegen** to, towards); (≈*uninteressiert*) apathetic (**gegenüber, gegen** towards); (≈*unwesentlich*) unimportant; **~, was er tut** no matter what he does; **es ist mir ~, was er tut** I don't care what he does **Gleichgültigkeit** F indifference (**gegen** to, towards) **Gleichheit** F (≈*gleiche Stellung*) equality; (≈*Übereinstimmung*) correspondence **Gleichheitsgrundsatz** M, **Gleichheitsprinzip** N principle of equality before the law **Gleichheitszeichen** N MATH equals sign **gleichkommen** V/I 1 (≈*die gleiche Leistung etc erreichen*) to equal (**an** *+dat* for), to match (**an** *+dat* for, in) 2 (≈*gleichbedeutend sein mit*) to amount to **gleichlautend** ADJ identical **Gleichmacherei** F *pej* egalitarianism **gleichmäßig** A ADJ regular; *Proportionen* symmetrical B ADV 1 (≈*regelmäßig*) regularly 2 (≈*in gleicher Stärke*) evenly **Gleichmäßigkeit** F regularity; *von Proportionen* symmetry **Gleichmut** M̲ equanimity, serenity, composure **gleichmütig** A̲D̲J̲ serene, composed; *Stimme* calm **gleichnamig** A̲D̲J̲ of the same name **Gleichnis** N̲ LIT simile; (≈ *Allegorie*) allegory; BIBEL parable **gleichrangig** A̲D̲J̲ *Beamte etc* equal in rank (**mit** to); *Probleme etc* equally important **Gleichrichter** M̲ ELEK rectifier **gleichsam** *geh* A̲D̲V̲ as it were **gleichschenklig** A̲D̲J̲ *Dreieck* isosceles **Gleichschritt** M̲ MIL marching in step; **im ~, marsch!** forward march! **gleichsehen** V̲I̲ **das sieht ihr gleich** that's just like her **gleichseitig** A̲D̲J̲ *Dreieck* equilateral **gleichsetzen** V̲T̲ (≈ *als dasselbe ansehen*) to equate (**mit** with); (≈ *als gleichwertig ansehen*) to treat as equivalent (**mit** to) **Gleichsetzung** F̲ **die ~ der Arbeiter mit den Angestellten** treating workers as equivalent to office employees **Gleichstand** M̲ SPORT **den ~ erzielen** to draw level **gleichstellen** V̲T̲ **1** *rechtlich etc* to treat as equal **2** → gleichsetzen **Gleichstellung** F̲ *rechtlich etc* equality (+gen of, for), equal status (+gen of, for); **~ von Frauen und Männern** equal rights for men and women **Gleichstrom** M̲ ELEK direct current, DC **gleichtun** V̲T̲ **es j-m ~** to equal sb **Gleichung** F̲ equation **gleichwertig** A̲D̲J̲ of the same value; *Leistung, Qualität* equal (+dat to); *Gegner* evenly matched **gleichzeitig** A̲ A̲D̲J̲ simultaneous **B** A̲D̲V̲ at the same time **gleichziehen** *umg* V̲I̲ to catch up (**mit** with)

Gleis N̲ BAHN line, track, rails *pl*; (≈ *einzelne Schiene*) rail; (≈ *Bahnsteig*) platform; *fig* rut; **~ 6** platform 6, track 6 *US*; **aus dem ~ kommen** *fig* to go off the rails *Br umg*, to get off the track *US umg* **gleiten** V̲I̲ to glide; *Hand* to slide; **ein Lächeln glitt über ihr Gesicht** a smile flickered across her face; **sein Auge über etw** (*akk*) **~ lassen** to cast an eye over sth **gleitend** A̲D̲J̲ **~e Löhne** *od* **Lohnskala** sliding wage scale; **~e Arbeitszeit** flex(i)time; **~er Übergang** gradual transition **Gleitflug** M̲ glide **Gleitflugzeug** N̲ glider **Gleitkomma** N̲ floating point **Gleitmittel** N̲ MED lubricant **Gleitschirm** M̲ paraglider **Gleitschirmfliegen** N̲ paragliding **Gleitschirmflieger(in)** M̲(̲F̲)̲

paraglider **Gleitsegeln** N̲ hang-gliding **Gleitsichtbrille** F̲ varifocals *pl*, multifocals *pl* **Gleitsichtgläser** P̲L̲ varifocals *pl*, multifocals *pl* **Gleittag** M̲ flexiday **Gleitzeit** F̲ flex(i)time

Gletscher M̲ glacier **Gletscherspalte** F̲ crevasse

Glied N̲ **1** (≈ *Körperteil*) limb; (≈ *Fingerglied, Zehenglied*) joint; **an allen ~ern zittern** to be shaking all over **2** (≈ *Penis*) penis, organ **3** (≈ *Kettenglied*), *a. fig* link **gliedern** A̲ V̲T̲ **1** (≈ *ordnen*) to structure **2** (≈ *unterteilen*) to (sub)divide (**in** +akk into); **~ gegliedert** B̲ V̲R̲ (≈ *zerfallen in*) **sich ~ in** (+akk) to (sub)divide into; (≈ *bestehen aus*) to consist of **Gliederreißen** N̲ rheumatic pains *pl* **Gliederung** F̲ (≈ *Aufbau*) structure; (≈ *Unterteilung*) *von Organisation* subordinate **Gliedmaßen** P̲L̲ limbs *pl* **Gliedsatz** M̲ *österr* subordinate clause **Gliedstaat** M̲ member *od* constituent state

glimmen V̲I̲ to glow **Glimmer** M̲ *Mineral* mica **Glimmstängel** *obs umg* M̲ fag *Br umg*, cigarette, butt *US umg* **glimpflich** A̲ A̲D̲J̲ (≈ *mild*) mild, light; *Folgen* negligible **B** A̲D̲V̲ *bestrafen* mildly; **~ davonkommen** to get off lightly; **mit j-m ~ umgehen** to treat sb leniently; **~ ablaufen** to pass (off) without serious consequences

glitschig *umg* A̲D̲J̲ slippy *umg* **glitzern** V̲I̲ to glitter; *Stern a.* to twinkle **global** A̲ A̲D̲J̲ **1** (≈ *weltweit*) global; **~e Erwärmung** global warming **2** (≈ *pauschal*) general **B** A̲D̲V̲ (≈ *weltweit*) world-wide **globalisieren** V̲T̲ to globalize **Globalisierung** F̲ globalization **Globalisierungsgegner(in)** M̲(̲F̲)̲ anti-globalization protester, antiglobalist; *der sich für eine andere Globalisierung einsetzt* alter-globalization protester, alterglobalist **Globalisierungskritiker(in)** M̲(̲F̲)̲ anti-globalization protester, antiglobalist; *der/die sich für eine andere Globalisierung einsetzt* alter-globalization protester, alterglobalist **Globetrotter(in)** M̲(̲F̲)̲ globetrotter **Globuli** P̲L̲ MED globuli *pl* **Globus** M̲ globe

Glöckchen N̲ (little) bell **Glocke** F̲ bell; **etw an die große ~ hängen** *umg* to shout sth from the rooftops **Glockenblume** F̲ bellflower, campanula

glockenförmig ADJ bell-shaped **Glockengeläut** N (peal of) bells pl **Glockenschlag** M stroke (of a/the bell); **es ist mit dem ~ 6 Uhr** on the stroke it will be 6 o'clock; **auf den ~** on the stroke of eight/nine etc; (≈ genau pünktlich) on the dot **Glockenspiel** N in Turm chimes pl; (≈ Instrument) glockenspiel **Glockenturm** M bell tower **Glöckner(in)** M(F) bell-ringer

Gloria N KIRCHE gloria, Gloria **glorifizieren** VT to glorify **glorios** ADJ glorious **glorreich** A ADJ glorious B ADV **~ siegen** to have a glorious victory

Glossar N glossary

Glosse F Presse etc commentary; **~n** pl umg snide od sneering comments

Glotzauge N umg goggle eye umg; **~n machen** to gawp **Glotze** F umg (≈ Fernseher) gogglebox Br umg, boob tube US umg **glotzen** pej umg VI to gawp (**auf** +akk at)

Glück N **1** luck; **~/kein ~ haben** to be lucky/unlucky; **auf gut ~** (≈ aufs Geratewohl) on the off chance; (≈ unvorbereitet) trusting to luck; (≈ wahllos) at random; **ein ~, dass …** it is/was lucky that …; **du hast ~ im Unglück gehabt** it could have been a great deal worse (for you); **viel ~ (bei …)!** good luck (with …)!; **~ bei Frauen haben** to be successful with women; **j-m zum Geburtstag ~ wünschen** to wish sb (a) happy birthday; **zum ~** luckily; **mehr ~ als Verstand haben** to have more luck than brains; **sein ~ machen** to make one's fortune; **sein ~ versuchen** to try one's luck; **er kann von ~ sagen, dass …** he can count himself lucky that … **2** (≈ Freude) happiness

Glucke F (≈ Bruthenne) broody hen; mit Jungen mother hen **glucken** VI (≈ brüten) to brood; (≈ brüten wollen) to go broody; fig umg to sit around

glücken VI to be a success; **ihm glückt alles/nichts** everything/nothing he does is a success; **geglückt** successful; Überraschung real; **es wollte nicht ~** it wouldn't go right

gluckern VI to glug

glücklich A ADJ **1** (≈ erfolgreich) lucky; **er kann sich ~ schätzen(, dass …)** he can count himself lucky (that …) **2** (≈ froh) happy, glad; **~ machen** to bring happiness; **j-n ~ machen** to make sb happy B ADV **1** (≈ mit Glück) by od

through luck **2** (≈ froh) happily **glücklicherweise** ADV luckily **glücklos** ADJ hapless **Glücksbringer** M lucky charm **glückselig** ADJ blissfully happy, blissful **Glückseligkeit** F bliss **Glücksfall** M stroke of luck **Glücksfee** fig hum F good fairy, fairy godmother **Glücksgefühl** N feeling of happiness **Glücksgöttin** F goddess of luck **Glückspilz** M lucky devil umg **Glückssache** F **das ist ~** it's a matter of luck **Glücksspiel** N game of chance **Glücksspieler(in)** M(F) gambler **Glückssträhne** F lucky streak; **eine ~ haben** to be on a lucky streak **Glückstag** M lucky day **glückstrahlend** ADJ beaming with happiness **Glückstreffer** M stroke of luck; beim Schießen, a. FUSSB fluke umg **Glückszahl** F lucky number **Glückwunsch** M congratulations pl (**zu** on); **herzlichen ~ congratulations; herzlichen ~ zum Geburtstag!** happy birthday **Glückwunschkarte** F greetings card

Glühbirne F (electric) light bulb **glühen** VI to glow **glühend** A ADJ glowing; (≈ heiß glühend) Metall red-hot; Hitze blazing; fig (≈ leidenschaftlich) ardent; Hass burning B ADV **~ heiß** scorching; **j-n ~ verehren** to worship sb **Glühlampe** form F electric light bulb **Glühwein** M mulled wine, glogg US **Glühwürmchen** N glow-worm; fliegend firefly

Glukose F glucose

Glut F (≈ glühende Masse, Kohle) embers pl; (≈ Tabaksglut) burning ash; (≈ Hitze) heat

Gluten N CHEM gluten **glutenfrei** ADJ Lebensmittel gluten-free **glutenhaltig** ADJ Lebensmittel gluten-containing, containing gluten präd **Glutenintoleranz** F, **Glutenunverträglichkeit** F gluten intolerance

Gluthitze F sweltering heat

Glyzerin N CHEM glycerin(e)

GmbH F ABK (= Gesellschaft mit beschränkter Haftung) limited liability company

Gnade F mercy; (≈ Gunst) favour Br, favor US; (≈ Verzeihung) pardon; **um ~ bitten** to ask for mercy; **~ vor Recht ergehen lassen** to temper justice with mercy **Gnadenbrot** N **j-m das ~ geben** to keep sb in his/her old age **Gnaden-**

frist F̅ (temporary) reprieve; **eine ~ von 24 Stunden** a 24 hour('s') reprieve, 24 hours' grace **Gnadengesuch** N̅ plea for clemency **gnadenlos** A̅ A̅D̅J̅ merciless B̅ A̅D̅V̅ mercilessly **Gnadenstoß** M̅ coup de grâce **gnädig** A̅ A̅D̅J̅ (≈ barmherzig) merciful; (≈ gunstvoll, herablassend) gracious; Strafe lenient; **~e Frau** form madam, ma'am B̅ A̅D̅V̅ (≈ milde urteilen) leniently; (≈ herablassend lächeln) graciously; **es ~ machen** to be lenient

Gnom M̅ gnome
Gnu N̅ ZOOL gnu, wildebeest
Gobelin M̅ tapestry, Gobelin
Gokart M̅ go-cart
Golanhöhen P̅L̅ Golan Heights pl
Gold N̅ gold; **nicht mit ~ zu bezahlen sein** to be worth one's weight in gold; **es ist nicht alles ~, was glänzt** sprichw all that glitters is not gold sprichw **Goldader** F̅ vein of gold **Goldbarren** M̅ gold ingot **Goldbarsch** M̅ (≈ Rotbarsch) redfish **golden** A̅ A̅D̅J̅ golden; (≈ aus Gold) gold; **die ~e Mitte wählen** to strike a happy medium; **~e Hochzeit** golden wedding (anniversary) B̅ A̅D̅V̅ like gold **Goldfisch** M̅ goldfish **goldgelb** A̅D̅J̅ golden brown **Goldgräber(in)** M̅F̅ gold-digger **Goldgrube** F̅ gold mine **Goldhamster** M̅ (golden) hamster **goldig** fig umg A̅D̅J̅ sweet **Goldklumpen** M̅ gold nugget **Goldküste** F̅ GEOG Gold Coast **Goldmedaille** F̅ gold medal **Goldmedaillengewinner(in)** M̅F̅ gold medallist Br, gold medalist US **Goldmine** F̅ gold mine **Goldmünze** F̅ gold coin **Goldpreis** M̅ gold price **Goldrand** M̅ gold edge **Goldrausch** M̅ gold fever **Goldregen** M̅ BOT laburnum **Goldreserve** F̅ FIN gold reserves pl **goldrichtig** umg A̅ A̅D̅J̅ absolutely right B̅ A̅D̅V̅ exactly right; **sich verhalten** perfectly **Goldschmied(in)** M̅F̅ goldsmith **Goldschnitt** M̅ gilt edging **Goldstück** N̅ piece of gold; (≈ Münze) gold coin; fig umg treasure **Goldsucher(in)** M̅F̅ gold-hunter **Goldwaage** F̅ **jedes Wort auf die ~ legen** to weigh one's words **Goldwährung** F̅ gold standard **Goldzahn** M̅ gold tooth
Golf¹ M̅ (≈ Meerbusen) gulf; **der (Persische) ~** the (Persian) Gulf
Golf² N̅ SPORT golf **Golfer(in)** umg M̅F̅

golfer **Golfklub** M̅ golf club **Golfkrieg** M̅ Gulf War **Golfplatz** M̅ golf course **Golfschläger** M̅ golf club **Golfspiel** N̅ das ~ golf **Golfspieler(in)** M̅F̅ golfer **Golfstaaten** P̅L̅ die ~ the Gulf States pl **Golfstrom** M̅ GEOG Gulf Stream
Gondel F̅ gondola
Gong M̅ gong; bei Boxkampf etc bell **Gongschlag** M̅ stroke of the gong
gönnen V̅T̅ **j-m etw ~** not to (be)grudge sb sth; **j-m etw nicht ~** to (be)grudge sb sth; **sich** (dat) **etw ~** to allow oneself sth; **das sei ihm gegönnt** I don't (be)grudge him that **Gönner(in)** M̅F̅ patron **gönnerhaft** pej A̅ A̅D̅J̅ patronizing B̅ A̅D̅V̅ patronizingly **Gönnermiene** pej F̅ patronizing air
Gonorrhö(e) F̅ MED gonorrhoea Br, gonorrhea US
googeln® V̅I̅ to google®
Göre F̅ (≈ kleines Mädchen) little miss
Gorgonzola M̅ gorgonzola (cheese)
Gorilla M̅ gorilla
Gosche F̅ gob sl, mouth
Goschen österr, südd pej F̅ → Gosche
Gosse F̅ gutter; **in der ~ landen** to end up in the gutter
Gotik F̅ KUNST Gothic (style); (≈ Epoche) Gothic period **gotisch** A̅D̅J̅ Gothic
Gott M̅ **1** God; als Name God; **der liebe ~** the good Lord; **er ist ihr ~** she worships him like a god; **ein Anblick od Bild für die Götter** hum umg a sight for sore eyes; **das wissen die Götter** umg God (only) knows; **er hat ~ weiß was erzählt** umg he said God knows what umg; **ich bin weiß ~ nicht prüde, aber ...** umg God knows I'm no prude but ...; **dann mach es eben in ~es Namen** just do it then; leider **~es** unfortunately **2** in Ausrufen **grüß ~!** bes österr, südd hello, good morning/afternoon/evening; **ach** (du lieber) **~!** umg oh Lord! umg; **mein ~!** (my) God!; **großer ~!** good Lord!; **um ~es willen!** for God's sake!; **~ sei Dank!** thank God od goodness! **Götterspeise** F̅ GASTR jelly Br, Jell-O® US **Gottesdienst** M̅ KIRCHE service **Gotteshaus** N̅ place of worship **Gotteskrieger(in)** M̅F̅ religious terrorist **Gotteslästerer** M̅, **Gotteslästerin** F̅ blasphemer **gotteslästerlich** A̅ A̅D̅J̅ blasphemous B̅ A̅D̅V̅ blasphemously **Gotteslästerung** F̅ blasphemy **Gottesmutter** F̅

REL Mother of God **Gottheit** F 1
(≈*Göttlichkeit*) divinity 2 *bes heidnisch*
deity **Göttin** F goddess **göttlich** ADJ
divine **gottlob** INT thank God **gottlos**
ADJ godless; (≈*verwerflich*) ungodly
Gottvater M God the Father **gott-
verdammt** *umg* ADJ goddamn(ed)
umg **gottverlassen** ADJ godforsaken
Gottvertrauen N faith in God
Götze M idol **Götzenbild** N idol; BI-
BEL graven image
Gouda M *Käse* gouda
Gourmet M gourmet
Gouverneur(in) M|F governor
GPS¹ ABK (= Global Positioning System)
GPS
GPS² ABK (= Grüne Partei der Schweiz)
Green Party of Switzerland
Grab N grave; (≈*Gruft*) tomb; **er würde
sich im ~e umdrehen, wenn ...** he
would turn in his grave if ...; **du bringst
mich noch ins ~!** you'll be the death of
me yet *umg*; **mit einem Bein im ~e ste-
hen** *fig* to have one foot in the grave;
sich (*dat*) **selbst sein eigenes ~ graben**
fig to dig one's own grave
graben A V/T to dig B V/I to dig; **nach
Gold/Erz ~** to dig for gold/ore C V/R
sich in etw (*akk*) **~ Zähne, Krallen** to sink
into sth; **sich durch etw ~** to dig one's
way through sth **Graben** M ditch; MIL
trench; (≈*Burggraben*) moat **Graben-
krieg** M MIL trench warfare *kein pl, kein
unbest art*
Gräberfeld N cemetery **Grabgewöl-
be** N vault; *von Kirche, Dom* crypt
Grabinschrift F epitaph **Grabkam-
mer** F burial chamber **Grabmal** N
monument; (≈*Grabstein*) gravestone
Grabrede F funeral oration **Grab-
schändung** F defilement of graves
grabschen V/I → grapschen
Grabstätte F grave; (≈*Gruft*) tomb
Grabstein M gravestone
Grabung F *Archäologie* excavation
Gracht F canal
Grad M *Naturwissenschaft, a.* UNIV, *a. fig*
degree; MIL rank; **4 ~ Kälte** 4 degrees
below freezing; **20 ~ Celsius** 20 (de-
grees) centigrade; **heute waren es 30
~** it was 30 degrees today; **ein Ver-
wandter zweiten/dritten ~es** a relative
once/twice removed; **Verbrennungen
ersten/zweiten ~es** MED first-/second-
-degree burns; **bis zu einem gewissen**

~ up to a certain point; in hohem ~
to a great extent; **im höchsten ~** ex-
tremely **Gradeinteilung** F calibra-
tion **Gradmesser** *fig* M gauge (+*gen*
od **für** *of*) **graduell** A ADJ
(≈*allmählich*) gradual; (≈*gering*) slight
B ADV (≈*geringfügig*) slightly; (≈*allmäh-
lich*) gradually **graduieren** A V/T 1
(≈*in Grade einteilen*) to calibrate 2 UNIV
graduierter Ingenieur engineering
graduate B V/I UNIV to graduate **Gra-
duierte(r)** M|F|M graduate
Graf M count; *britischer Graf* earl
Graffiti N graffiti
Grafik F 1 KUNST graphic arts *pl od* de-
sign; (≈*Technik*) graphics *sg* 2 KUNST
(≈*Darstellung*) graphic; (≈*Druck*) print;
(≈*Schaubild*) illustration; (≈*technisches
Schaubild*) diagram **Grafikdesign** N
graphic design **Grafiker(in)** M|F
graphic artist; (≈*Illustrator*) illustrator;
(≈*Gestalter*) (graphic) designer **grafik-
fähig** ADJ IT **~ sein** to be able to do
graphics **Grafikkarte** F COMPUT
graphics card **Grafikmodus** M IT
graphics mode **Grafiksoftware** F
graphics software
Gräfin F countess
grafisch ADJ graphic
Grafit M graphite
Grafschaft F earldom; ADMIN county
Gral M **der Heilige ~** the holy grail
Gram *geh* M grief, sorrow **grämen** V/R
sich über j-n/etw ~ to grieve over sb/
sth
Gramm N gram(me); **100 ~ Mehl** 100
gram(mes) of flour
Grammatik F grammar; **die englische
~** English grammar **grammatika-
lisch, grammatisch** A ADJ gram-
matical B ADV grammatically
Grammel *österr, südd* F → Griebe
Grammofon N gramophone
Granatapfel M pomegranate
Granate F MIL (≈*Geschoss*) shell;
(≈*Handgranate*) grenade **Granatsplit-
ter** M shell/grenade splinter **Granat-
werfer** M mortar
grandios ADJ magnificent; *hum* fantas-
tic *umg*
Granit M granite
Grant M *österr, südd umg* **einen ~ ha-
ben** to be cross (**wegen** about *od* **auf**
j-n at sb) **granteln** *österr, südd umg* V/I
1 (≈*schlechte Laune haben*) to be

grumpy 2 (≈ *meckern*) to grumble
grantig ADJ *umg* grumpy **Grantler(in)** M(F) österr, südd *umg* (old) grouch
Granulat N granules pl
Grapefruit F grapefruit **Grapefruitsaft** N grapefruit juice
Graphik *etc* → Grafik
grapschen V/I 1 (≈ *zugreifen*) to grab **(nach** at) 2 (≈ *fummeln*) to grope
Gras N grass; **ins ~ beißen** *umg* to bite the dust *umg*; **das ~ wachsen hören** to be highly perceptive; (≈ *zu viel hineindeuten*) to read too much into things; **über etw** (*akk*) **~ wachsen lassen** *fig* to let the dust settle on sth **grasbedeckt** ADJ grassy **Grasbüschel** N tuft of grass **grasen** V/I to graze **Grasfläche** F (≈ *Rasen*) patch of grass **grasgrün** ADJ grass-green **Grashalm** M blade of grass **Grashüpfer** *umg* M grasshopper **grasig** ADJ grassy **Grasnarbe** F turf **Grassamen** M grass seed
grassieren V/I to be rife
grässlich A ADJ 1 hideous 2 (≈ *unangenehm*) dreadful, nasty; *Mensch* horrible B ADV 1 (≈ *schrecklich*) horribly 2 *umg* (≈ *äußerst*) dreadfully
Grat M (≈ *Berggrat*) ridge; TECH burr; ARCH hip (of roof)
Gräte F (fish) bone
Gratifikation F bonus
gratinieren V/T GASTR to brown (the top of)
gratis ADV free; HANDEL free (of charge) **Gratisprobe** F free sample
Grätsche F SPORT straddle **grätschen** A V/I to do a straddle (vault) B V/T *Beine* to straddle
Gratulant(in) M(F) well-wisher **Gratulation** F congratulations pl **gratulieren** V/I **j-m (zu etw) ~** to congratulate sb (on sth); **j-m zum Geburtstag ~** to wish sb many happy returns (of the day); **(ich) gratuliere!** congratulations!
Gratwanderung *wörtl* F ridge walk; *fig* tightrope walk
grau A ADJ grey Br, gray US; (≈ *trostlos*) gloomy; **~ werden** *umg* to go grey Br, to go gray US; **er malte die Lage ~ in ~** he painted a gloomy picture of the situation; **der ~e Alltag** the daily grind B ADV anstreichen grey Br, gray US; *sich kleiden* in grey Br, in gray US;

~ meliert *Haar* greying Br, graying US **Graubrot** N bread made from more than one kind of flour
Graubünden N GEOG the Grisons
Gräuel M (≈ *Abscheu*) horror; (≈ *Gräueltat*) atrocity; **es ist mir ein ~** I loathe it; **es ist mir ein ~, das zu tun** I hate doing that **Gräuelmärchen** N horror story **Gräueltat** F atrocity
grauen V/I **es graut mir vor etw** (*dat*) I dread sth; **mir graut vor ihm** I'm terrified of him **Grauen** N horror (**vor** +*dat* of) **grauenerregend**, **grauenvoll** ADJ atrocious, horrible; *Schmerz* terrible
grauhaarig ADJ grey-haired Br, gray-haired US
gräulich¹ ADJ → grässlich
gräulich² ADJ (≈ *Farbe*) greyish Br, grayish US
Graupel F (small) hailstone **graupelig** ADJ *Schauer* of soft hail
Graupen PL pearl barley sg
Graus M horror **grausam** A ADJ 1 (≈ *gefühllos*) cruel (**gegen**, **zu** to) 2 *umg* terrible B ADV 1 (≈ *auf schreckliche Weise*) cruelly; **sich ~ für etw rächen** to take (a) cruel revenge for sth 2 *umg* (≈ *furchtbar*) terribly **Grausamkeit** F 1 cruelty 2 (≈ *grausame Tat*) (act of) cruelty; *stärker* atrocity
Grauschleier M *von Wäsche* grey(ness) Br, gray(ness) US; *fig* veil
grausen V/I **mir graut vor der Prüfung** I am dreading the exam **grausig** ADJ & ADV → grauenhaft
Grauton M grey colour Br, gray color US **Grauwal** M grey whale Br, gray whale US **Grauzone** *fig* F grey area Br, gray area US
Graveur(in) M(F) engraver **gravieren** V/T to engrave **gravierend** ADJ serious **Gravierung** F engraving **Gravitation** F gravitational pull **Gravur** F engraving
graziös A ADJ graceful; (≈ *lieblich*) charming B ADV gracefully
Greencard F, **Green Card** F green card
greifbar ADJ (≈ *konkret*) tangible; (≈ *erhältlich*) available; **~ nahe** within reach **greifen** V/T (≈ *packen*) to take hold of; (≈ *grapschen*) to seize, to grab; **diese Zahl ist zu hoch/zu niedrig gegriffen** *fig* this figure is too high/low; **zum Grei-**

G

fen nahe sein *Sieg* to be within reach; **aus dem Leben gegriffen** taken from life B Vῑ 1 (≈*fassen*) **hinter sich** (*akk*) ~ to reach behind one; **um sich** ~ *fig* to spread; **in etw** (*akk*) ~ to put one's hand into sth; **zu etw** ~ *zu Pistole* to reach for sth; *zu Methoden* to reach for; 2 (≈*einrasten*) to grip; *fig* (≈*wirksam werden*) to take effect; (≈*zum Ziel/Erfolg führen*) to achieve its ends; (≈*zutreffen*) *Gesetz* to apply **Greifer** M̄ TECH grab **Greifvogel** M̄ bird of prey

Greis M̄ old man **Greisenalter** N̄ extreme old age **greisenhaft** ADJ aged *attr* **Greisin** F̄ old lady

grell A ADJ *Schrei, Ton* shrill; *Licht, Sonne* dazzling; *Farbe* garish B ADV (≈*sehr hell*) *scheinen* brightly; (≈*schrill*) shrilly; ~ **erleuchtet** dazzlingly bright

Gremium N̄ body; (≈*Ausschuss*) committee

Grenzbereich M̄ border zone; *fig* limits *pl*; **im** ~ **liegen** *fig* to lie at the limits **Grenzbewohner(in)** M̄(F̄) inhabitant of the/a border zone **Grenze** F̄ border; *zwischen Grundstücken* boundary; *fig zwischen Begriffen* dividing line; *fig* (≈*Schranke*) limits *pl*; **die** ~ **zu Österreich** the Austrian border; **über die** ~ **gehen** to cross the border; **(bis) zur äußersten** ~ **gehen** *fig* to go as far as one can; **einer Sache** (*dat*) ~**n setzen** to set a limit *od* limits to sth; **seine** ~**n kennen** to know one's limitations; **sich in** ~**n halten** *fig* to be limited; **die oberste/unterste** ~ *fig* the upper/lower limit **grenzen** Vῑῑ **an etw** (*akk*) ~ to border on sth **grenzenlos** ADJ boundless **Grenzfall** M̄ borderline case **Grenzfluss** M̄ river forming a/the border *od* frontier **Grenzgänger(in)** M̄(F̄) (≈*Arbeiter*) international commuter (*across a local border*); (≈*heimlicher Grenzgänger*) illegal border crosser **Grenzgebiet** N̄ border zone; *fig* border(ing) area **Grenzkonflikt** M̄ border dispute **Grenzkontrolle** F̄ border control **Grenzlinie** F̄ border; SPORT line **Grenzposten** M̄ border guard **Grenzschutz** M̄ 1 protection of the border(s) 2 (≈*Truppen*) border guard(s) **Grenzsicherung** F̄ border security **Grenzstadt** F̄ border town **Grenzstein** M̄ boundary stone **Grenzübergang** M̄ (≈*Stelle*) border crossing

(-*point*) **grenzüberschreitend** ADJ HANDEL, JUR cross-border **Grenzübertritt** M̄ crossing of the border **Grenzverkehr** M̄ border traffic **Grenzverlauf** M̄ boundary line (*between countries*) **Grenzwert** M̄ limit **grenzwertig** *umg* ADJ dubious; ~ **sein** *Bemerkung, Humor, Darbietung* to border on bad taste; (≈*gefährlich*) *Sportanlage* to border on dangerous **Grenzzaun** M̄ border fence **Grenzzwischenfall** M̄ border incident

Greuel M̄ → Gräuel **greulich** ADJ & ADV → gräulich[1]

Grexit M̄ *Ausstieg Griechenlands aus der Eurozone* Grexit

Griebe F̄ ≈ crackling *kein unbest art, kein pl Br*, ≈ cracklings *pl US*

Grieche M̄, **Griechin** F̄ Greek; **zum** ~**n gehen** to go to a/the Greek restaurant **Griechenland** N̄ Greece **griechisch** ADJ Greek; ~**-römisch** Graeco-Roman, Greco-Roman *bes US*; → deutsch

Griesgram M̄ grouch *umg* **griesgrämig** ADJ grumpy

Grieß M̄ semolina **Grießbrei** M̄ semolina **Grießklößchen** N̄ semolina dumpling **Grießnockerl** N̄ *österr, südd* GASTR semolina dumpling

Griff M̄ 1 **der** ~ **nach etw** reaching for sth; **der** ~ **nach der Macht** the bid for power 2 (≈*Handgriff*) grip, grasp; *beim Ringen* hold; *beim Turnen* grip; **mit festem** ~ firmly; **j-n/etw im** ~ **haben** *fig* to have sb/sth under control; **j-n/etw in den** ~ **bekommen** *fig* to gain control of sb/sth; *geistig* to get a grasp of sth; **einen guten** ~ **tun** to make a wise choice 3 (≈*Stiel, Knauf*) handle; (≈*Pistolengriff*) butt **griffbereit** ADJ handy; **etw** ~ **halten** to keep sth handy

Griffel M̄ slate pencil; BOT style

griffig ADJ *Boden, Fahrbahn etc* that has a good grip; *Rad, Sohle, Profil* that grips well; *fig Slogan* pithy

Grill M̄ grill **Grillabend** M̄ barbecue *od* BBQ night **Grillanzünder** M̄ barbecue lighter

Grille F̄ ZOOL cricket

grillen A Vῑῑ to grill B Vῑ to have a barbecue **Grillfest** N̄ barbecue party **Grillkohle** F̄ charcoal **Grillparty** F̄ barbecue **Grillstube** F̄ grillroom

Grimasse F̄ grimace; ~**n schneiden** to

grimace

grimmig A ADJ 1 (≈ *zornig*) furious; *Gegner* fierce; *Miene, Humor* grim 2 (≈ *heftig*) *Kälte, Spott etc* severe B ADV furiously, grimly; **~ lächeln** to smile grimly

grinsen V/I to grin **Grinsen** N grin

grippal ADJ MED **er Infekt** influenza infection **Grippe** F flu; **die neue ~** swine flu; **die saisonale ~** seasonal flu **Grippeimpfung** F flu vaccination, flu jab *Br* **grippekrank** ADJ **sie ist ~** she's down with flu, she has the flu **Grippekranke(r)** M/F(M) flu sufferer **Grippe(schutz)impfung** F influenza vaccination, flu jab *Br* umg **Grippevirus** N/M flu virus **Grippewelle** F wave of flu

Grips umg M brains *pl* umg

grob ADJ 1 (≈ *nicht fein*) coarse; *Arbeit* dirty *attr* 2 (≈ *ungefähr*) rough; **in ~en Umrissen** roughly 3 (≈ *schlimm, groß*), *a.* JUR gross; **ein ~er Fehler** a bad mistake; **wir sind aus dem Gröbsten heraus** we're out of the woods (now); **~e Fahrlässigkeit** gross negligence 4 (≈ *brutal, derb*) rough; *fig* (≈ *derb*) coarse; *Antwort* rude; (≈ *unhöflich*) ill-mannered; **~ gegen j-n werden** to become offensive (towards sb) B ADV 1 (≈ *nicht fein*) coarsely 2 (≈ *ungefähr*) approximately, roughly; **etw ~ umreißen** to give a rough idea of sth 3 (≈ *schlimm*) **~ fahrlässig handeln** to commit an act of gross negligence 4 (≈ *brutal*) roughly; (≈ *unhöflich*) rudely **Grobheit** F 1 (≈ *Beschimpfung*) foul language *kein pl* 2 *von Material* coarseness **Grobian** M brute **grobkörnig** ADJ coarse-grained **grobmaschig** ADJ large-meshed; (≈ *grob gestrickt*) loose-knit *attr* **grobschlächtig** ADJ coarse; *Mensch* heavily built; *fig* unrefined

Grog M grog

groggy ADJ umg (≈ *erschöpft*) all-in umg

grölen *pej* V/T & V/I to bawl; **~de Menge** raucous crowd

Groll M (≈ *Zorn*) anger; (≈ *Erbitterung*) resentment **grollen** V/I 1 (≈ *dröhnen*) to rumble 2 (≈ *böse sein*) (**j-m**) **~** to be annoyed (with sb)

Grönland N Greenland

grooven V/I MUS *sl* **das groovt** it's grooving

Gros N (≈ *Mehrzahl*) major part

Groschen M 1 *österr* HIST groschen 2 *fig* penny, cent *US*; **der ~ ist gefallen** *hum* umg the penny has dropped umg **Groschenroman** *pej* M cheap novel, dime-store novel *US*

groß A ADJ 1 big; *Fläche, Raum, Packung etc* large; TYPO *Buchstabe* capital; **die Wiese ist 10 Hektar ~** the field measures 10 hectares; **~es Geld** notes *pl Br*, bills *pl US*; **im Großen und Ganzen** by and large 2 (≈ *hochgewachsen*) tall; **wie ~ bist du?** how tall are you?; **du bist ~ geworden** you've grown 3 (≈ *älter*) *Bruder, Schwester* big; **mit etw ~ geworden sein** to have grown up with sth 4 (≈ *wichtig, bedeutend*) great; *Katastrophe* terrible; *Summe* large; *Geschwindigkeit* high; **er hat Großes geleistet** he has achieved great things; **~en Durst haben** to be very thirsty; **ich bin kein ~er Redner** umg I'm no great speaker; **j-s ~e Stunde** sb's big moment; **eine größere Summe** a biggish sum; **~e Worte** big words 5 *in Eigennamen* Great; **Friedrich der Große** Frederick the Great B ADV **~ gewachsen** tall; **~ gemustert** with a large print; **~ daherreden** to talk big umg; **~ einkaufen gehen** to go on a spending spree; **~ feiern** to have a big celebration; **~ aufgemacht** elaborately dressed; **~ angelegt** large-scale; **~ und breit** *fig* umg at great length; **j-n anblicken** to give sb a hard stare; **~ in Mode sein** to be all the rage umg; **ganz ~ rauskommen** umg to make the big time umg **Großabnehmer(in)** M(F) HANDEL bulk purchaser **Großaktionär(in)** M(F) major shareholder, stakeholder *US* **großartig** A ADJ wonderful, fantastic, great; *Erfolg* tremendous B ADV wonderfully **Großaufnahme** F FOTO, FILM close-up **Großbaustelle** F construction site **Großbetrieb** M large concern **Großbildleinwand** F big screen **Großbildschirm** M large screen **Großbrand** M major *od* big fire **Großbrief** M large letter (*weighing up to 500 grams*) **Großbritannien** N (Great) Britain **Großbuchstabe** M capital (letter); TYPO upper case letter **Größe** F 1 size; **er hat ~ 48** he takes *od* is size 48 2 (≈ *Körpergröße*) height 3 MATH, PHYS quantity; **eine unbekannte ~** an unknown quantity 4 (≈ *Ausmaß*) extent;

G

(≈ *Bedeutsamkeit*) significance **5** (≈ *bedeutender Mensch*) important figure **Großeinkauf** M̲ bulk purchase **Großeinsatz** M̲ ~ **der Feuerwehr/Polizei** *etc* large-scale operation by the fire brigade/police *etc* **Großeltern** P̲L̲ grandparents *pl* **Großenkel** M̲ great-grandchild; (≈ *Junge*) great-grandson **Großenkelin** F̲ great-granddaughter **Größenordnung** F̲ scale; (≈ *Größe*) magnitude; MATH order (of magnitude); **in einer ~ von** *in od* on *US* the order of **großenteils** A̲D̲V̲ mostly **Größenunterschied** M̲ difference in size; *im Wuchs* difference in height **Größenverhältnis** N̲ proportions *pl* (+*gen* between); (≈ *Maßstab*) scale; **im ~ 1:100** on the scale 1:100 **Größenwahn(sinn)** M̲ megalomania **größenwahnsinnig** A̲D̲J̲ megalomaniac(al) **Großfahndung** F̲ large-scale manhunt **Großfamilie** F̲ extended family **großflächig** A̲D̲J̲ extensive; *Gemälde, Muster etc* covering a large area **Großformat** N̲ large size **großformatig** A̲D̲J̲ large-size **großgewachsen** A̲D̲J̲ tall **Großgrundbesitzer(in)** M̲|F̲ big landowner **Großhandel** M̲ wholesale trade; **etw im ~ kaufen** to buy sth wholesale **Großhandelskaufmann** M̲ wholesaler **Großhandelspreis** M̲ wholesale price **Großhändler(in)** M̲|F̲ wholesaler **Großhandlung** F̲ wholesale business **großherzig** A̲D̲J̲ generous, magnanimous **Großherzog** M̲ grand duke **Großhirn** N̲ cerebrum **Grossist(in)** M̲|F̲ wholesaler **Großkapitalist(in)** M̲|F̲ big capitalist **Großkaufmann** M̲ wholesale merchant **großkotzig** *pej umg* A̲D̲J̲ swanky *umg* **Großküche** F̲ canteen kitchen **Großkunde** M̲, **Großkundin** F̲ HANDEL major client **Großkundgebung** F̲ mass rally **Großmacht** F̲ POL great power **Großmarkt** M̲ hypermarket *Br*, large supermarket **Großmaul** *pej umg* N̲ bigmouth *umg* **Großmut** F̲ magnanimity **großmütig** A̲ A̲D̲J̲ magnanimous **B** A̲D̲V̲ magnanimously **Großmutter** F̲ grandmother **Großonkel** M̲ great-uncle **Großraum** M̲ *einer Stadt* **der ~ München** the Munich area; **der ~ Manchester** Greater Manchester **Großraumbüro** N̲ open-plan office **Großraumflugzeug** N̲ large-

-capacity aircraft **großräumig** A̲ A̲D̲J̲ **1** (≈ *mit großen Räumen*) with large rooms; **~ sein** to have large rooms **2** (≈ *mit viel Platz, geräumig*) roomy **3** (≈ *über große Flächen*) extensive **B** A̲D̲V̲ **Ortskundige sollten den Bereich ~ umfahren** local drivers should find an alternative route well away from the area **Großrechner** N̲ mainframe (computer) **Großreinemachen** N̲ ~ spring-cleaning **groß schreiben** V̲T̲ **groß geschrieben werden** *fig umg* to be stressed **großschreiben** V̲T̲ **ein Wort ~** to write a word with a capital/in capitals **Großschreibung** F̲ capitalization **großsprecherisch** *pej* A̲D̲J̲ boastful **großspurig** *pej* A̲ A̲D̲J̲ flashy *umg* **B** A̲D̲V̲ **~ reden** to speak flamboyantly; **sich ~ benehmen** to be flashy **Großstadt** F̲ city **Großstädter(in)** M̲|F̲ city dweller **großstädtisch** A̲D̲J̲ big-city *attr* **Großstadtmensch** M̲ city dweller **Großtante** F̲ great-aunt **Großtat** F̲ great feat; **eine medizinische ~** a great medical feat **Großteil** M̲ large part; **zum ~** in the main **größtenteils** A̲D̲V̲ in the main, mostly **größte(r, s)** → groß **größtmöglich** A̲D̲J̲ greatest possible **großtun** *pej* A̲ V̲T̲ to show off **B** V̲R̲ **sich mit etw ~** to boast about sth **Großvater** M̲ grandfather **Großveranstaltung** F̲ big event; (≈ *Großkundgebung*) mass rally **Großverdiener(in)** M̲|F̲ big earner **Großwetterlage** F̲ general weather situation; **die politische ~** the general political climate **Großwild** N̲ big game **großziehen** V̲T̲ to raise, to bring up; *Tier* to rear **großzügig** A̲ A̲D̲J̲ generous; (≈ *weiträumig*) spacious **B** A̲D̲V̲ generously; (≈ *spendabel*) magnanimously; **~ gerechnet** at a generous estimate **Großzügigkeit** F̲ generosity; (≈ *Weiträumigkeit*) spaciousness **grotesk** A̲D̲J̲ grotesque **Grotte** F̲ (≈ *Höhle*) grotto **grottig** *sl* A̲ A̲D̲J̲ (≈ *sehr schlecht*) lousy *umg* **B** A̲D̲V̲ lousily *umg* **Grübchen** N̲ dimple **Grube** F̲ pit; *klein* hole; *Bergbau* mine **Grübelei** F̲ brooding *kein pl* **grübeln** V̲I̲ to brood (**über** +*akk* about, over) **Grubenunglück** N̲ mining accident *od* disaster **Grübler(in)** M̲|F̲ brooder **grüblerisch**

ADJ pensive

grüezi INT *schweiz* hello, hi *umg*

Gruft F tomb, vault; *in Kirchen* crypt

Grufti M **1** *umg* (≈ älterer Mensch) old fogey *umg* **2** *sl* (≈ Okkultist) ≈ goth

grün A ADJ green; ~er Salat lettuce; **ein ~er Junge** *umg* a greenhorn *umg*; **~es Licht (für etw) geben/haben** *fig* to give/have got the green light (for sth); **im ~en Bereich** *fig* all clear; **vom ~en Tisch aus** *from a bureaucratic ivory tower*; **Grüne Alternative Liste** *association of ecology-oriented parties*; **~e Minna** *umg* Black Maria *Br umg*, paddy wagon *US umg*; **Grüner Punkt** *symbol for recyclable packaging*; **~er Tee** green tea; **die ~e Tonne** container for recyclable waste; **~e Welle** phased traffic lights; **auf keinen ~en Zweig kommen** *fig umg* to get nowhere; **die beiden sind sich gar nicht ~** *umg* there's no love lost between them **B** ADV *gekleidet* (in) green; *streichen* green; **sich ~ und gelb ärgern** *umg* to be furious; **j-n ~ und blau schlagen** *umg* to beat sb black and blue **Grün** N green; (≈ Grünflächen) green spaces *pl*; **die Ampel steht auf ~** the light is green, the light is at green *Br*; **das ist dasselbe in ~** *umg* it's (one and) the same (thing) **Grünanlage** F green space **Grünbuch** N POL Green Paper

Grund M **1** (≈ Erdboden) ground; ~ **und Boden** land; **in ~ und Boden** *fig sich blamieren, schämen* utterly; *verdammen* outright **2** *von Gefäßen* bottom; (≈ Meeresgrund) (sea)bed **3** (≈ Fundament) foundation(s) (*pl*); **von ~ auf** completely; *ändern* fundamentally; *neu gebaut* from scratch; **den ~ zu etw legen** to lay the foundations of *od* for sth; **einer Sache** (*dat*) **auf den ~ gehen** *fig* to get to the bottom of sth; **im ~e seines Herzens** in one's heart of hearts; **im ~e (genommen)** basically **4** (≈ Ursache) reason; **aus gesundheitlichen** *etc* **Gründen** for health *etc* reasons; **einen ~ zum Feiern haben** to have good cause for (a) celebration; **der ~ unseres Besuchs** the purpose of our visit; **j-m ~ (zu etw) geben** to give sb good reason (for sth); **aus diesem ~** for this reason; **mit gutem ~** with good reason; **aus Gründen** +*gen* for reasons of; **auf ~** → aufgrund; **zu ~e** → zugrunde

grundanständig ADJ thoroughly decent **Grundanstrich** M first coat **Grundausbildung** F MIL basic training **Grundausstattung** F basic equipment **Grundbedeutung** F LING primary *od* basic meaning **Grundbegriff** M basic concept **Grundbesitz** M land **Grundbesitzer(in)** M(F) landowner **Grundbuch** N land register **grundehrlich** ADJ thoroughly honest **Grundeinkommen** N basic income; **bedingungsloses ~** unconditional basic income **gründen A** V/T to found; *Argument etc* to base (**auf** +*akk* on); *Geschäft* to set up; **gegründet 1857** founded in 1857; **eine Familie ~** to get married (and have a family) **B** V/R **sich auf etw** (*akk*) **~** to be based on sth **Gründer(in)** M(F) founder **grundfalsch** ADJ utterly wrong **Grundfarbe** F primary colour *Br*, primary color *US* **Grundfläche** F **1** *eines Zimmers* (floor) area **2** MATH base **Grundform** F basic form **Grundfreiheiten** PL EU fundamental freedoms *pl* **Grundgebühr** F basic charge **Grundgedanke** M basic idea **Grundgesetz** N **das ~** the (German) Constitution **grundieren** V/T to undercoat **Grundierfarbe** F undercoat **Grundierung** F (≈ Farbe) undercoat **Grundkenntnisse** PL basic knowledge (**in** +*dat* of), basics *pl* **Grundkurs** M SCHULE, UNIV basic course **Grundlage** F basis; **auf der von** *od* +*gen* on the basis of; **jeder ~ entbehren** to be completely unfounded **grundlegend A** ADJ fundamental (**für** to); *Textbuch* standard **B** ADV fundamentally

gründlich A ADJ thorough; *Arbeit* painstaking **B** ADV thoroughly; **j-m ~ die Meinung sagen** to give sb a real piece of one's mind; **da haben Sie sich ~ getäuscht** you're completely mistaken there

Gründlichkeit F thoroughness **Grundlinie** F MATH, SPORT baseline **Grundlohn** M basic pay **grundlos A** ADJ *fig* (≈ unbegründet) unfounded **B** ADV *fig* without reason **Grundmauer** F foundation wall **Grundnahrungsmittel** N basic food (-stuff) **Gründonnerstag** M Maundy Thursday

Grundprinzip N̄ basic principle **Grundrechenart** F̄ basic arithmetical operation **Grundrecht** N̄ basic od fundamental right **Grundregel** F̄ basic rule; *fürs Leben etc* maxim **Grundriss** M̄ *von Gebäude* ground od floor plan; (≈*Abriss*) outline, sketch **Grundsatz** M̄ principle **Grundsatzentscheidung** F̄ decision of general principle **grundsätzlich** Ⓐ ADJ fundamental; *Verbot* absolute; *Frage of* principle Ⓑ ADV (≈*im Prinzip*) in principle; (≈*aus Prinzip*) on principle; **das ist ~ verboten** it is absolutely forbidden **Grundschule** F̄ primary school *Br*, elementary school *US* **Grundschüler(in)** M̄F̄ primary(-school) pupil *Br*, elementary(-school) student *US* **Grundschullehrer(in)** M̄F̄ primary school teacher *Br*, elementary school teacher *US* **Grundsicherung** F̄ POL guaranteed minimum income, basic provision **Grundstein** M̄ foundation stone; **den ~ zu etw legen** *fig* to lay the foundations of *od* for sth **Grundsteuer** F̄ (local) property tax **Grundstock** M̄ basis, foundation **Grundstoff** M̄ basic material; (≈*Rohstoff*) raw material; CHEM element **Grundstück** N̄ plot (of land); *bebaut* property; (≈*Anwesen*) estate **Grundstückspreis** M̄ land price **Grundstudium** N̄ UNIV basic course **Grundstufe** F̄ first stage; SCHULE ≈ junior school *Br*, grade school *US* **Grundton** M̄ MUS *eines Akkords* root; *einer Tonleiter* tonic keynote **Grundübel** N̄ basic od fundamental evil; (≈*Nachteil*) basic problem **Gründung** F̄ founding; *von Geschäft* setting up; **die ~ einer Familie** getting married (and having a family) **grundverkehrt** ADJ completely wrong **grundverschieden** ADJ totally different **Grundwasser** N̄ ground water **Grundwasserspiegel** M̄ water table **Grundwissen** N̄ basic knowledge (in +dat of) **Grundwortschatz** M̄ basic vocabulary **Grundzahl** F̄ cardinal number **Grundzug** M̄ essential feature

Grüne(r) M̄F̄M̄ POL Green; **die ~n** The Greens **Grüne(s)** N̄ (≈*Farbe*) green; (≈*Gemüse*) greens *pl*; **ins ~ fahren** to go to the country **Grünfläche** F̄ green space **Grünfutter** N̄ green fodder

Grüngürtel M̄ green belt **Grünkohl** M̄ (curly) kale **grünlich** ADJ greenish **Grünschnabel** M̄ *umg* M̄ (little) whippersnapper *umg*; (≈*Neuling*) greenhorn *umg* **Grünspan** M̄ verdigris **Grünspecht** M̄ green woodpecker **Grünstreifen** M̄ central reservation *Br*, median (strip) *US*, *Aus*; *am Straßenrand* grass verge

grunzen V̄T̄ & V̄Ī to grunt

Grünzeug N̄ greens *pl*

Gruppe F̄ group; (≈*Musikgruppe*) band **Gruppenarbeit** F̄ teamwork **Gruppenbild** N̄ group portrait **Gruppenführer(in)** M̄F̄ group leader; MIL squad leader **Gruppenreise** F̄ group tour, group travel *kein pl* **Gruppensex** M̄ group sex **Gruppentherapie** F̄ group therapy **Gruppenunterricht** M̄ group learning **gruppenweise** ADV in groups **Gruppenzwang** M̄ peer pressure **gruppieren** Ⓐ V̄T̄ to group Ⓑ V̄R̄ to form a group/groups **Gruppierung** F̄ grouping; (≈*Gruppe*) group; POL faction

Gruselfilm M̄ horror movie **gruselig** ADJ horrifying; *Geschichte, Film* spine-chilling, scary; *Ort* creepy **gruseln** Ⓐ V̄T̄ & V̄Ī **mich** *od* **mir gruselt auf Friedhöfen** cemeteries give me the creeps Ⓑ V̄R̄ **sie gruselt sich vor Schlangen** snakes give her the creeps

Gruß M̄ ▮ greeting; (≈*Grußgeste*), *a.* MIL salute; **viele** *od* **beste Grüße** best wishes (**an** +*akk* to); **sag ihm einen schönen ~** say hello to him (from me) ② *als Briefformel* **mit besten Grüßen** yours; **mit freundlichen Grüßen** *bei Anrede* Mr|Mrs|Miss X Yours sincerely, Yours truly *bes US*; *bei Anrede* Sirs|Madam Yours faithfully, Yours truly *bes US*; **liebe** *od* **herzliche Grüße** love **grüßen** Ⓐ V̄T̄ to greet; MIL to salute; **grüß dich!** *umg* hi! *umg*; **Otto lässt dich (schön) ~** Otto sends his regards; **ich soll Sie von ihm ~** he sends his regards *etc*; **grüß deine Mutter von mir!** give my regards to your mother; **grüß Thomas von mir** say hello to Thomas from me, say hi to Thomas for me Ⓑ V̄Ī to say hello; MIL to salute; **Otto lässt ~** Otto sends his regards; → **Gott Grußformel** F̄ form of greeting; *am Briefanfang* salutation; *am Briefende* complimentary close **Grußwort** N̄ greeting

Grütze F ① (≈ *Brei*) gruel; **rote ~** type of red fruit jelly ② umg (≈ *Verstand*) brains pl umg

gschamig ADJ österr umg bashful

Guatemala N Guatemala

gucken A V/I (≈ *sehen*) to look (**zu** at); (≈ *hervorschauen*) to peep (**aus** out of); **lass mal ~!** let's have a look B V/T umg **Fernsehen ~** to watch television

Guckloch N peephole

Guerilla M (≈ *Guerillakämpfer*) guerilla **Guerillakämpfer(in)** M(F) guerilla **Guerillakrieg** M guerilla war

Gugelhupf österr, südd M, **Gugelhopf** schweiz M GASTR gugelhupf

Guillotine F guillotine

Guinea N GEOG Guinea

Gulasch N/M goulash **Gulaschsuppe** F goulash soup

Gülle F schweiz, südd liquid manure

Gully M/N drain

gültig ADJ valid; **~ werden** to become valid; *Gesetz, Vertrag* to come into force **Gültigkeit** F validity; *von Gesetz* legal force

Gummi N/M (≈ *Material*) rubber; (≈ *Gummiarabikum*) gum; (≈ *Radiergummi*) rubber Br, eraser; (≈ *Gummiband*) rubber band; *in Kleidung etc* elastic; umg (≈ *Kondom*) rubber bes US umg, Durex® **gummiartig** ADJ rubbery B ADV like rubber **Gummiband** N rubber band; *in Kleidung* elastic **Gummibärchen** N gummi bear **Gummibaum** M rubber plant **Gummiboot** N rubber dinghy **Gummierung** F (≈ *gummierte Fläche*) gum **Gummihandschuh** M rubber glove **Gummiknüppel** M rubber truncheon **Gummiparagraf, Gummiparagraph** umg M ambiguous clause **Gummireifen** M rubber tyre Br, rubber tire US **Gummisohle** F rubber sole **Gummistiefel** M rubber boot, wellington (boot) Br **Gummistrumpf** M elastic stocking **Gummizelle** F padded cell **Gummizug** M (piece of) elastic

Gunst F favour Br, favor US; **zu meinen/deinen ~en** in my/your favo(u)r; **zu ~en** → zugunsten **günstig** A ADJ favourable Br, favorable US; *zeitlich* convenient; **bei ~er Witterung** weather permitting; **im ~sten Fall(e)** with luck B ADV **kaufen, verkaufen** for a good price; **die Stadt liegt ~ (für)** the town is well situated

(for) **günstigenfalls** ADV at best **günstigstenfalls** ADV at the very best **Günstling** pej M favourite Br, favorite US

Gurgel F throat; (≈ *Schlund*) gullet; **j-m die ~ zuschnüren** to strangle sb **gurgeln** V/I (≈ *den Rachen spülen*) to gargle

Gurke F cucumber; (≈ *Essiggurke*) gherkin; **saure ~n** pickled gherkins **Gurkensalat** M cucumber salad

gurren V/I to coo

Gurt M belt; (≈ *Riemen*) strap

Gürtel M belt; (≈ *Absperrkette*) cordon; **den ~ enger schnallen** to tighten one's belt **Gürtellinie** F waist; **ein Schlag unter die ~** *wörtl* a blow below the belt **Gürtelreifen** M radial tyre Br, radial tire US **Gürtelrose** F MED shingles sg od pl **Gürtelschnalle** F belt buckle **Gürteltasche** F belt bag **Gürteltier** N armadillo

Gurtpflicht F, **Gurtzwang** M **es besteht ~** the wearing of seat belts is compulsory

Guru M guru

GUS F ABK (= Gemeinschaft Unabhängiger Staaten) CIS, Commonwealth of Independent States

Guss M ① (≈ *das Gießen*) casting; (≈ *Gussstück*) cast; (wie) **aus einem ~** *fig* a unified whole ② (≈ *Strahl*) stream; umg (≈ *Regenguss*) downpour **Gusseisen** N cast iron **gusseisern** ADJ cast-iron **Gussform** F mould Br, mold US

gut A ADJ good; **sie ist gut in Physik** she's good at physics; **das ist gut gegen Husten** it's good for coughs; **wozu ist das gut?** umg what's that for?; **würden Sie so gut sein und ...** would you be good enough to ...; **dafür ist er sich zu gut** he wouldn't stoop to that sort of thing; **sind die Bilder gut geworden?** did the pictures turn out all right?; **es wird alles wieder gut!** everything will be all right; **wie gut, dass ...** it's good that ...; **lass mal gut sein!** (≈ *ist genug*) that's enough; (≈ *ist erledigt*) just leave it; **jetzt ist aber gut!** umg that's enough; **gute Besserung!** get well soon; **guten Morgen!** good morning; **guten Tag** hello; *nachmittags* good afternoon; **schon gut!** (it's) all right; **du bist gut!** umg you're a fine one B ADV well; **gut schmecken/riechen** to taste/smell good; **du hast es gut!** you've got it

G

made; **das kann gut sein** that may well be; **so gut wie nichts** next to nothing; **der Film dauert gut(e) drei Stunden** the film *od* movie lasts a good three hours; **gut aussehend** good-looking; **gut bezahlt** *Person, Job* well-paid; **gut gehend** flourishing; **gut gelaunt** cheerful; **gut gemeint** well-meaning, well-meant; **gut verdienend** with a good salary; **gut und gern** easily; **mach's gut!** *umg* cheers! *Br*, see you *US*; **stärker** take care

Gut N ① (≈ *Eigentum*) property; (≈ *Besitztum*) possession ② (≈ *Ware*) item; **Güter** goods ③ (≈ *Landgut*) estate

Gutachten N report **Gutachter(in)** MF expert; JUR *in Prozess* expert witness

gutartig ADJ *Kind, Hund etc* good-natured; *Geschwulst* benign **gutaussehend** ADJ → **gut gutbürgerlich** ADJ solid middle-class; *Küche* good plain

Gutdünken N discretion; **nach (eigenem) ~** as one sees fit

Güte F ① goodness; **ein Vorschlag zur ~** a suggestion; **ach du liebe ~!** *umg* oh my goodness! ② *einer Ware* quality **Güteklasse** F HANDEL grade

Gutenachtkuss M goodnight kiss **Güterbahnhof** M freight depot **Gütergemeinschaft** F JUR community of property; **in ~ leben** to have joint property *od* community of property **Gütertrennung** F JUR separation of property; **in ~ leben** to have separate property **Güterverkehr** M freight traffic **Güterwagen** M BAHN freight car **Güterzug** M freight train

Gute(s) N **~s tun** to do good; **alles ~!** all the best!; **des ~n zu viel** too much of a good thing; **das ~ daran** the good thing about it; **das ~ im Menschen** the good in man; **im ~n** *sich trennen* amicably

Gütesiegel N HANDEL stamp of quality **Gütezeichen** N mark of quality

gut gehen A VI **es geht ihm gut** he is doing well; (≈ *er ist gesund*) he is well; **lass es dir ~** take care of yourself B VI **to go (off) well; **das ist noch einmal gut gegangen** it turned out all right; **das konnte ja nicht ~** it was bound to go wrong **gutgehend** ADJ → **gut gutgläubig** ADJ trusting **Gutgläubigkeit** F trusting nature **guthaben** VI **du hast noch 10 Euro gut** I still

owe you 10 euros; **du hast bei mir noch ein Essen gut** I still owe you a meal **Guthaben** N FIN (≈ *Bankguthaben*) credit **gutheißen** VI to approve of; (≈ *genehmigen*) to approve **gutherzig** ADJ kind-hearted

gütig ADJ kind; (≈ *edelmütig*) generous **gütlich** A ADJ amicable B ADV amicably; **sich ~ einigen** to come to an amicable agreement

gutmachen VI *Fehler* to put right; *Schaden* to make good **gutmütig** ADJ good-natured **Gutmütigkeit** F good nature

Gutsbesitzer(in) MF lord/lady of the manor; *als Klasse* landowner

Gutschein M voucher **gutschreiben** VI to credit (+*dat* to) **Gutschrift** F (≈ *Bescheinigung*) credit note; (≈ *Betrag*) credit

Gutsherr M squire **Gutsherrin** F lady of the manor **Gutshof** M estate **Gutsverwalter(in)** MF steward

guttun VI **j-m ~** to do sb good; **das tut gut** that's good **gutunterrichtet** ADJ → **unterrichtet gutwillig** ADJ willing; (≈ *entgegenkommend*) obliging; (≈ *wohlwollend*) well-meaning **Gutwilligkeit** F willingness; (≈ *Entgegenkommen*) obliging ways *pl*; (≈ *Wohlwollen*) well-meaningness

Guyana N GEOG Guyana

GVO ABK (= *genetisch veränderte Organismen*) GMO

Gy 8 N SCHULE → **achtjährig gymnasial** ADJ **die ~e Oberstufe** ≈ the sixth form *Br*, ≈ the twelfth grade *US* **Gymnasiallehrer(in)** MF teacher at a 'Gymnasium' **Gymnasiast(in)** MF ≈ grammar school pupil *Br*, ≈ high school student *US* **Gymnasium** N SCHULE ≈ grammar school *Br*, ≈ high school *US* **Gymnastik** F keep-fit exercises *pl*; (≈ *Turnen*) gymnastics *sg* **Gymnastikanzug** M leotard **Gymnastikball** M exercise ball **Gymnastiklehrer(in)** MF gymnastics teacher **gymnastisch** ADJ gymnastic

Gynäkologe M, **Gynäkologin** F gynaecologist *Br*, gynecologist *US* **Gynäkologie** F gynaecology *Br*, gynecology *US* **gynäkologisch** ADJ gynaecological *Br*, gynecological *US*

Gyros N ≈ doner kebab

H, h N̄ H, h

Haar N̄ hair; **sich** (dat) **die ~e schneiden lassen** to get one's hair cut; **j-m kein ~ krümmen** not to harm a hair on sb's head; **darüber lass dir keine grauen ~e wachsen** don't worry your head about it; **sie gleichen sich** (dat) **aufs ~** they are the spitting image of each other; **das ist an den ~en herbeigezogen** that's rather far-fetched; **an j-m/etw kein gutes ~ lassen** to pull sb/sth to pieces; **sich** (dat) **in die ~e geraten** to quarrel; **um kein ~ besser** not a bit better; **um ein ~** very nearly **Haarausfall** M̄ hair loss **Haarbürste** F̄ hairbrush **haaren** V̄/Ī Tier to moult Br, to molt US; Pelz etc to shed (hair) **Haaresbreite** F̄ (nur) **um ~** very nearly; verfehlen by a hair's breadth **Haareschneiden** N̄ haircut **Haarewaschen** N̄ shampoo, wash **Haarfarbe** F̄ hair colour Br, hair color US **Haarfestiger** M̄ (hair) setting lotion **Haargel** N̄ hair gel **haargenau** A ADJ exact; Übereinstimmung total B ADV exactly **Haargummi** N̄ hair band; aus Stoff scrunchie **haarig** ADJ hairy **Haarklammer** F̄ (≈ Klemme) hairgrip Br, bobby pin US; (≈ Spange) hair slide Br, barrette US **haarklein** umg A ADJ Beschreibung detailed B ADV in great detail **Haarklemme** F̄ hairgrip; US bobby pin **Haarkur** F̄ conditioning treatment **Haarnadelkurve** F̄ hairpin bend **Haarpflege** F̄ hair care **Haarriss** M̄ hairline crack **haarscharf** A ADJ Beschreibung exact; Beobachtung very close B ADV treffen exactly; folgern precisely; **der Stein flog ~ an uns vorbei** the stone missed us by a whisker **Haarschleife** F̄ hair ribbon **Haarschnitt** M̄ haircut **Haarspalterei** F̄ splitting hairs kein unbest art, kein pl **Haarspange** F̄ hair slide Br, barrette US **Haarspliss** M̄ split ends pl **Haarspray** N̄/M̄ hairspray **Haarspülung** F̄ (hair) conditioner **haarsträubend** ADJ hair-raising; (≈ empörend) shocking; Frechheit incredible **Haarteil** N̄ hairpiece **Haartönung** F̄ tinting **Haartrockner** M̄ hairdryer **Haarwäsche** F̄ washing one's hair ohne art **Haarwaschmittel** N̄ shampoo **Haarwasser** N̄ hair lotion **Haarwuchs** M̄ growth of hair

Hab N̄ **Hab und Gut** possessions pl, worldly goods pl **Habe** geh F̄ belongings pl

haben

A Hilfsverb	**B** transitives Verb
C unpersönliches Verb	**D** reflexives Verb

— **A** Hilfsverb —

ich habe / hatte gerufen I have/had called; **du hättest den Brief früher schreiben können** you could have written the letter earlier

— **B** transitives Verb —

1 to have (got); **wir ~ ein Haus/Auto** we've got a house/car Br, we have a house/car US; **sie hatte blaue Augen** she had blue eyes; **er hat eine große Nase** he's got a big nose; **was möchten Sie ~?** what would you like?; **ich hätte gern ...** I would like ...; **da hast du 10 Euro** there's 10 euros; **wie hätten Sie es gern?** how would you like it?; **Schule/Unterricht ~** to have school/lessons; **heute ~ wir 10°** it's 10° today; **wie viel Uhr ~ wir?** what's the time?; **was für ein Datum ~ wir heute?** what's today's date?; **Zeit ~, etw zu tun** to have the time to do sth; **was hat er denn?** what's the matter with him?; **hast du was?** is something the matter?; **ich habe nichts** I'm all right; **ein Meter hat 100 cm** there are 100 cm in a metre Br, meter US **2** mit Präposition **das hat er/sie/es so an sich** (dat) that's just the way he/she/it is; **es am Herzen ~** umg to have heart trouble; **das hat etwas für sich** there's something to be said for that; **etwas gegen j-n/etw ~** to have something against sb/sth; **es in den Beinen ~** umg (≈ leiden) to have trouble with one's legs; **das hat es in sich** umg (≈ schwierig) that's a tough one; **etwas mit j-m ~** euph to have a thing with sb umg; **etwas von etw ~** umg to get something out of sth; **das hast du jetzt davon!** now see what's happened!; **das hat er von seinem Leichtsinn** that's what comes of his foolishness; **nichts von etw ~** to get nothing out of sth; **sie hat viel von ihrem Vater** she's very like her father **3** **es gut/bequem ~** to have it good/easy; **es schlecht ~** to have a bad time; **er hat es nicht leicht mit ihr** he has a hard time with her; **nichts mehr zu essen ~** to have nothing left to eat; **du hast zu gehorchen** you have to obey; **etw ist zu ~** (≈ *erhältlich*) sth is to be had; **j-d ist zu ~** (≈ *nicht verheiratet*) sb is single; *sexuell* sb is available; **für etw zu ~ sein** to be ready for sth; **ich hab's!** *umg* I've got it!; **wie gehabt** as before

— C unpersönliches Verb —

damit hat es noch Zeit it can wait; **und damit hat es sich** *umg* and that's that

— D reflexives Verb —

sich ~ *umg* (≈ *sich anstellen*) to make a fuss

Haben N̅ credit **Habenichts** M̅ have--not **Habenseite** F̅ credit side **Habenzinsen** P̅L̅ interest *sg* on deposits **Habgier** F̅ greed **habgierig** ADJ greedy
Habicht M̅ hawk
Habilitation F̅ postdoctoral lecturing qualification **habilitieren** V̅/R̅ to qualify as a professor
Habitat N̅ ZOOL habitat
Habseligkeiten P̅L̅ belongings *pl*
Habsucht F̅ greed, acquisitiveness **habsüchtig** ADJ greedy, acquisitive
Hachse F̅ GASTR leg (joint); *südd umg* (≈ *Fuß*) foot; (≈ *Bein*) leg
Hackbraten M̅ meat loaf
Hacke[1] F̅ MIL *dial* (≈ *Absatz*) heel; **die ~n zusammenschlagen** MIL to click one's heels
Hacke[2] F̅ **1** (≈ *Gartenhacke*) hoe **2** (≈ *Pickel*) pickaxe *Br*, pickax *US* **3** *österr* (≈ *Beil, Axt*) axe *Br*, ax *US* **hacken** A V̅/t̅ **1** (≈ *zerkleinern*) to chop **2** *Erdreich* to hoe **3** *mit spitzem Gegenstand: Loch* to hack; *Vogel* to peck **B** V̅/i̅ **1** *mit dem Schnabel* to peck; *mit spitzem Gegenstand* to hack; **nach j-m/etw ~** to peck at sth/sb **2** IT to hack (**in** +*akk* into)
Hacken M̅ (≈ *Ferse*) heel
Hacker(in) M̅(F̅) IT hacker
Hackfleisch N̅ mince *Br*, ground meat *US*; **aus j-m ~ machen** *umg* to make mincemeat of sb *umg*; (≈ *verprügeln*) to

beat sb up **Hackordnung** F̅ pecking order **Hacksteak** N̅ beefburger, hamburger

Hafen M̅ harbour *Br*, harbor *US*; (≈ *Handelshafen*) port; (≈ *Jachthafen*) marina; (≈ *Hafenanlagen*) docks *pl* **Hafenanlagen** P̅L̅ docks *pl* **Hafenarbeiter(in)** M̅(F̅) dockworker **Hafengebühren** P̅L̅ harbo(u)r dues *pl* **Hafenpolizei** F̅ port police *or* **Hafenrundfahrt** F̅ (boat-)trip round the harbo(u)r **Hafenstadt** F̅ port **Hafenviertel** N̅ docklands *pl Br*, waterfront *US*
Hafer M̅ oats *pl*; **ihn sticht der ~** *umg* he's feeling his oats *umg* **Haferbrei** M̅ porridge **Haferflocken** P̅L̅ rolled oats *pl*
Haferl *österr* N̅, **Häferl** N̅ **1** (≈ *große Tasse*) mug **2** (≈ *Töpfchen für Kinder*) potty
Haferschleim M̅ gruel
Haft F̅ *vor dem Prozess* custody; (≈ *Haftstrafe*) imprisonment; *politisch* detention; **sich in ~ befinden** to be in custody/prison/detention; **in ~ nehmen** to take into custody **Haftanstalt** F̅ detention centre *Br*, detention center *US* **haftbar** ADJ *für j-n* legally responsible; *für etw* (legally) liable; **j-n für etw ~ machen** to make sb liable for sth **Haftbefehl** M̅ warrant; **einen ~ gegen j-n ausstellen** to issue a warrant for sb's arrest
haften[1] V̅/i̅ **für j-n ~** to be (legally) responsible for sb; **für etw ~** to be (legally) liable for sth; (≈ *verantwortlich sein*) to be responsible for sth
haften[2] V̅/i̅ **1** (≈ *kleben*) to stick (**an** +*dat* to); **an j-m ~** *fig Makel etc* to stick to sb **2** *Erinnerung* to stick (**in** one's mind); *Blick* to become fixed **haften bleiben** V̅/i̅ to stick (**an, auf** +*dat* to)
Häftling M̅ prisoner
Haftnotiz F̅ Post-it® **Haftpflicht** F̅ (legal) liability **haftpflichtig** ADJ liable **haftpflichtversichert** ADJ **~ sein** to have personal liability insurance, to have public liability insurance *US; Autofahrer* ≈ to have third-party insurance **Haftpflichtversicherung** F̅ personal liability insurance *kein unbest art*, public liability insurance *kein unbest art US; von Autofahrer* ≈ third-party insurance **Haftstrafe** F̅ prison sentence **Haftung** F̅ **1** JUR (legal) liability; *für Personen* (legal) responsibility; **beschränkte ~**

limited liability **2** TECH, PHYS *von Reifen* adhesion **Hafturlaub** M̲ parole

Hagebutte F̲ rose hip

Hagel M̲ hail; *von Vorwürfen* stream **Hagelkorn** N̲ hailstone **hageln** V̲/I̲ es hagelt it's hailing **Hagelschauer** M̲ hailstorm

hager ADJ gaunt

Häher M̲ jay

Hahn M̲ **1** (≈ *Vogel*) cock, rooster US; ~ **im Korb sein** (≈ *Mann unter Frauen*) to be cock of the walk; **danach kräht kein ~ mehr** *umg* no one cares two hoots about that any more *umg* **2** TECH tap, faucet US **3** (≈ *Abzug*) trigger **Hähnchen** N̲ chicken **Hahnenfuß** M̲ BOT buttercup

Hai M̲, **Haifisch** M̲ shark

Häkchen N̲ **1** *Handarbeiten* (small) hook **2** (≈ *Zeichen*) tick *Br*, check US; *auf Buchstaben* accent

Häkelarbeit F̲ crochet (work) *kein unbest art*; (≈ *Gegenstand*) piece of crochet (work) **häkeln** V̲/T̲ & V̲/I̲ to crochet **Häkelnadel** F̲ crochet hook

haken A̲ V̲/I̲ es hakt *fig* there are sticking points B̲ V̲/T̲ (≈ *befestigen*) to hook (an +akk to); **du kannst du ~!** *umg das ist zu spät, das funktioniert jetzt nicht mehr, das kannst du vergessen* you can forget it! **Haken** M̲ **1** hook; ~ **und Öse** hook and eye **2** *umg* (≈ *Schwierigkeit*) snag; **die Sache hat einen ~** there's a snag **Hakenkreuz** N̲ swastika **Hakennase** F̲ hooked nose

halal ADJ *vom Islam erlaubt* halal

halb A̲ ADJ **1** half; **ein ~er Meter** half a metre *Br*, half a meter US; **eine ~e Stunde** half an hour; **auf ~em Wege, auf ~er Strecke** *fig* halfway; **zum ~en Preis** (at) half price **2** MUS **eine ~e Note** a minim *Br*, a half-note US; **ein ~er Ton** a semitone **3** ~ **zehn** half past nine, half nine *Br*; **um fünf Minuten nach** ~ at twenty-five to; ~ **Deutschland/London** half of Germany/London **4** (≈ *stückhaft*) **~e Arbeit leisten** to do a bad job; **die ~e Wahrheit** part of the truth; **mit ~em Ohr** with half an ear; **keine ~en Sachen machen** not to do things by halves **5** *umg* (≈ *großer Teil*) **die ~e Stadt/Welt** half the town/world; ~ **Deutschland** half of Germany B̲ ADV half; ~ **links** SPORT (at) inside left; ~ **rechts** SPORT (at) inside

right; ~ **voll** half-full; ~ **verdaut** half-digested; ~ **so gut** half as good; **das ist** ~ **so schlimm** it's not as bad as all that; *Zukünftiges* that won't be too bad; ~ **fertig** half-finished; IND semi-finished; ~ **nackt** half-naked; ~ **tot** *wörtl* half dead; ~ **lachend,** ~ **weinend** half laughing, half crying; **mit ↑ m-e** ~**e-halbe machen** *umg* to go 50/50 with sb **halbamtlich** ADJ semi-official **halbbitter** ADJ *Schokolade* semi-sweet **Halbblut** N̲ (≈ *Mensch*) half-caste; (≈ *Tier*) crossbreed **Halbblüter** M̲ crossbreed **Halbbruder** M̲ half-brother **Halbe** *bes südd* → Halber **Halbedelstein** M̲ semi-precious stone **Halbe(r)** M̲ half a litre (of beer) *Br*, half a liter (of beer) US **Halbfabrikat** N̲ semifinished product **halbfertig** ADJ → halb **halbfest** ADJ *Zustand, Materie* semi-solid **halbfett** ADJ **1** TYPO secondary bold **2** *Lebensmittel* medium-fat **Halbfinale** N̲ semi-final **Halbgott** M̲ demigod **halbherzig** A̲ ADJ half-hearted B̲ ADV half-heartedly **halbieren** V̲/T̲ to cut in half; (≈ *in zwei schneiden*) to cut in half; **eine Zahl** ~ to divide a number by two **Halbinsel** F̲ peninsula **Halbjahr** N̲ half-year, six months; **im ersten/zweiten** ~ in the first/last six months of the year **Halbjahresbilanz** F̲ half-yearly figures *pl* **Halbjahreszeugnis** N̲ SCHULE half-yearly report **halbjährig** ADJ *Kind* six-month-old; *Lehrgang etc* six-month **halbjährlich** ADJ half-yearly, six-monthly **Halbkreis** M̲ semicircle **Halbkugel** F̲ hemisphere **halblang** ADJ *Kleid, Rock* mid-calf length; **nun mach mal** ~! *umg* now wait a minute! **Halbleiter** M̲ semiconductor **halbmast** ADV at half-mast; ~ **flaggen** to fly flags/a flag at half-mast **Halbmesser** M̲ radius **Halbmond** M̲ half-moon; (≈ *Symbol*) crescent; **bei** ~ when there is a half-moon **halbnackt** ADJ ~ halb **Halbpension** F̲ half-board **Halbschatten** M̲ half shadow **Halbschlaf** M̲ light sleep; **im** ~ **sein** to be half asleep **Halbschuh** M̲ shoe **Halbschwester** F̲ half-sister **halbseiden** *wörtl* ADJ fifty per cent silk *Br*, fifty percent silk US; *fig Dame* fast; (≈ *zweifelhaft*) dubious; ~**es Milieu,** ~**e Kreise** demimonde **halbseitig** A̲ ADJ *Anzeige etc* half-page; ~**e Lähmung** one-sided paralysis B ADV **~ gelähmt** paralyzed on one side **Halbstarke(r)** M young hooligan **halbstündig** ADJ half-hour *attr*, lasting half an hour **halbstündlich** A ADJ half-hourly B ADV every half an hour, half-hourly **halbtags** ADV (≈ *morgens*) in the mornings; (≈ *nachmittags*) in the afternoons; *in Bezug auf Angestellte* part-time **Halbtagsbeschäftigung** F half-day job **Halbtagskraft** F worker employed for half-days only **Halbton** M MUS semitone **halbtrocken** ADJ *Wein* medium-dry **halbvoll** ADJ **~ halb halbwegs** ADV partly; *gut* reasonably; *annehmbar* halfway **Halbwelt** F demimonde **Halbwert(s)zeit** F PHYS half-life **Halbwissen** *pej* N superficial knowledge **Halbzeit** F SPORT (≈ *Hälfte*) half; (≈ *Pause*) half-time **Halbzeitstand** M half-time score

Halde F (≈ *Abbauhalde*) slag heap; *fig* mountain; *etw auf ~ legen Ware, Vorräte* to stockpile sth; *Pläne etc* to shelve sth; *etw auf ~ produzieren* WIRTSCH to produce sth for stockpiling

Halfpipe F SPORT half-pipe

Hälfte F ∎ half; **die ~ der Kinder** half the children; **Rentner zahlen die ~** pensioners *od* seniors pay half price; **um die ~ mehr** half as much again; **um die ~ steigen** to increase by half; **um die ~ größer** half as big again; **es ist zur ~ fertig** it is half finished; **meine bessere ~** *hum umg* my better half *hum umg* ∎ (≈ *Mitte*) *einer Fläche* middle; **auf der ~ des Weges** halfway

Halfter[1] M N *für Tiere* halter

Halfter[2] F (≈ *Pistolenhalfter*) holster

Hall M echo

Halle F hall; (≈ *Hotelhalle*) lobby; (≈ *Sporthalle*) (sports) hall, gym(nasium); (≈ *Schwimmhalle*) indoor swimming pool

halleluja INT halleluja(h)

hallen VI to echo

Hallenbad N indoor swimming pool **Hallenturnier** N SPORT indoor tournament

hallo INT hello, hi there

Halloumi M *Käse* halloumi

Halluzination F hallucination **halluzinieren** VI to hallucinate

Halm M stalk; (≈ *Grashalm*) blade of grass; (≈ *Strohhalm*) straw

Halogen N halogen **Halogen(glüh)-**

lampe F halogen lamp **Halogenscheinwerfer** M halogen headlamp

Hals M ∎ neck; *j-m um den ~ fallen* to fling one's arms (a)round sb's neck; **sich j-m an den ~ werfen** *fig umg* to throw oneself at sb; **sich** (*dat*) **den ~ brechen** *umg* to break one's neck; **~ über Kopf** in a rush; **~ über Kopf verliebt** head over heels in love; **j-n am ~ haben** *umg* to be saddled with sb *umg* ∎ (≈ *Kehle*) throat; **sie hat es am** *od* **im ~** *umg* she has a sore throat; **aus vollem ~(e)** at the top of one's voice; **aus vollem ~(e) lachen** to roar with laughter; **es hängt mir zum ~ heraus** *umg* I'm sick and tired of it; **sie hat es in den falschen ~ bekommen** *umg* (≈ *falsch verstehen*) she took it wrongly; **er kann den ~ nicht voll (genug) kriegen** *fig umg* he is never satisfied **Halsabschneider(in)** *pej umg* M(F) shark *umg* **Halsband** N (≈ *Hundehalsband*) collar; (≈ *Schmuck*) necklace **halsbrecherisch** ADJ dangerous; *Tempo* breakneck **Halsentzündung** F sore throat **Halskette** F necklace **Hals-Nasen-Ohren-Arzt** M, **Hals-Nasen-Ohren-Ärztin** F ear, nose and throat specialist **Halsschlagader** F carotid (artery) **Halsschmerzen** PL sore throat *sg* **halsstarrig** ADJ obstinate **Halstuch** N scarf **Hals- und Beinbruch** INT good luck **Halsweh** N sore throat

halt[1] INT stop

halt[2] *dial* ADV → **eben B 3**

Halt M ∎ *für Festigkeit* hold; (≈ *Stütze*) support; **j-m/einer Sache ~ geben** to support sb/sth; **keinen ~ haben** to have no hold/support; **ohne inneren ~** insecure ∎ *geh* (≈ *Anhalten*) stop; **~ machen** → **haltmachen**

haltbar ADJ ∎ **~ sein** *Lebensmittel* to keep (well); **etw ~ machen** to preserve sth; **~ bis 6.11.** use by 6 Nov ∎ (≈ *widerstandsfähig*) durable; *Stoff* hard-wearing; *Beziehung* long-lasting ∎ *Behauptung* tenable; *Zustand, Lage* tolerable; **diese Position ist nicht mehr ~** this position can't be maintained any longer ∎ SPORT stoppable **Haltbarkeit** F ∎ *von Lebensmitteln* **eine längere ~ haben** to keep longer ∎ (≈ *Widerstandsfähigkeit*) durability ∎ *von Behauptung* tenability **Haltbarkeitsdatum** N best-before date, use-by date **Haltbarkeitsdau-**

er F̲ *length of time for which food may be kept;* **eine kurze/lange ~ haben** to be/not to be perishable **Haltbarmilch** F̲ österr (≈ H-Milch) long-life milk Br, shelf stable milk US

Haltebucht F̲ Verkehr lay-by, rest stop US **Haltegriff** M̲ **1** handle; *in Bus* strap; *an Badewanne* handrail **2** SPORT hold

halten

A transitives Verb **B** intransitives Verb
C reflexives Verb

— **A** transitives Verb —

1 (≈ festhalten, abhalten) to hold; **etw gegen das Licht ~** to hold sth up to the light **2** (≈ tragen) **die drei Pfeiler ~ die Brücke** the three piers support the bridge **3** (≈ aufhalten) to hold; SPORT to save; **die Wärme/Feuchtigkeit ~** to retain heat/moisture; **ich konnte es gerade noch ~** I just managed to grab hold of it; **haltet den Dieb!** stop thief!; **sie ist nicht zu ~** fig there's no holding her back; **es hält mich hier nichts mehr** there's nothing to keep me here any more **4** (≈ innehaben) Rekord to hold; Position to hold (on to) **5** (≈ besitzen) Haustier to keep; Auto to run; **sich** (dat) **eine Geliebte ~** to keep a mistress **6** (≈ erfüllen) **ein Versprechen ~** to keep a promise **7** (≈ aufrechterhalten) Niveau to keep up; Tempo, Temperatur to maintain; Kurs to keep to; **das Gleichgewicht ~** to keep one's balance; **(mit j-m) Verbindung ~** to keep in touch (with sb); **Abstand ~!** keep your distance!; **etw sauber ~** to keep sth clean; **viel Sport hält schlank** doing a lot of sport keeps you slim **8** (≈ handhaben) **das kannst du (so) ~, wie du willst** that's entirely up to you; **wir ~ es mit den Abrechnungen anders** we deal with invoices in a different way **9** (≈ veranstalten) Fest to give; Rede to make; **Selbstgespräche ~** to talk to oneself; Unterricht ~ to teach; Mittagsschlaf ~ to have an afternoon nap **10** (≈ einschätzen) **j-n/etw für etw ~** to think sb/sth sth; (≈ betrachten als) to consider sb/sth sth; **etw für angebracht ~** to think sth appropriate; **wofür ~ Sie mich?** what do you take me for?; **das**

halte ich nicht für möglich I don't think that is possible; **viel/nicht viel von j-m/etw ~** to think a lot/not to think much of sb/sth; **nicht viel von j-m/etw ~** not to think much of sb/sth; **ich halte nichts davon, das zu tun** I'm not in favour Br od favor US of (doing) that; **viel auf etw** (akk) **~** to consider sth very important

— **B** intransitives Verb —

1 (≈ festhalten) to hold; (≈ haften bleiben) to stick; SPORT to make a save **2** (≈ haltbar sein) to last; Konserven to keep; Frisur to hold; Stoff to be hard-wearing; **Rosen ~ länger, wenn ...** roses last longer if ... **3** (≈ anhalten) to stop; **zum Halten bringen** to bring to a standstill; **auf sich** (akk) **~** (≈ auf sein Äußeres achten) to take a pride in oneself; (≈ selbstbewusst sein) to be self-confident; **an sich** (akk) **~** (≈ sich beherrschen) to control oneself; **zu j-m ~** (≈ beistehen) to stand by sb

— **C** reflexives Verb —

1 (≈ sich festhalten) to hold on (**an** +dat to) (≈ gehen) **(nach) links ~** to keep (to the) left; **sich nach Westen ~** to keep going westwards; **sich an etw** (akk) **~** an Regeln, Gesetz to obey sth; **ich halte mich an die alte Methode** I'll stick to the old method; **sich an ein Versprechen ~** to keep a promise; **sich an die Tatsachen ~** to keep to the facts **3** (≈ sich nicht verändern) Lebensmittel, Blumen to keep; Wetter to last; Geruch, Rauch to linger; Preise to hold **4** (≈ seine Position behaupten) to hold on; in Kampf to hold out; **sich gut ~** in Prüfung, Spiel etc to do well **5** **sich an j-n ~** (≈ sich richten nach) to follow sb; **ich halte mich lieber an den Wein** I'd rather stick to wine; **er hält sich für besonders klug** he thinks he's very clever

Halter M̲ **1** (≈ Halterung) holder **2** (≈ Sockenhalter) garter; (≈ Strumpfhalter, Hüfthalter) suspender belt Br, garter belt US **Halter(in)** M̲F̲ JUR owner **Halterung** F̲ mounting; für Regal etc support **Halteschild** N̲ stop sign **Haltestelle** F̲ stop **Halteverbot** N̲ (≈ Stelle) no-stopping zone; **hier ist ~** there's no stopping here **Halteverbot(s)schild** N̲ no--stopping sign **haltlos** ADJ (≈ schwach) insecure; (≈ hemmungslos) unrestrained; (≈ unbegründet) groundless **haltmachen** V̲I̲ to stop; **vor nichts ~** fig to stop at nothing; **vor niemandem ~** *fig* to spare no-one **Haltung** F **1** (*≈ Körperhaltung*) posture; (*≈ Stellung*) position; **~ annehmen** *bes* MIL to stand to attention **2** *fig* (*≈ Einstellung*) attitude (**gegenüber** to, towards) **3** (*≈ Beherrschtheit*) composure; **~ bewahren** to keep one's composure **4** *von Tieren, Fahrzeugen* keeping

Halunke M scoundrel; *hum* rascal
Hämatom N haematoma *Br*, hematoma *US*
Hamburg N Hamburg
Hamburger M GASTR hamburger
hamburgisch ADJ Hamburg *attr*
hämisch A ADJ malicious B ADV maliciously
Hammel M **1** ZOOL wether **2** GASTR mutton **Hammelfleisch** N mutton **Hammelkeule** F GASTR leg of mutton
Hammer M hammer; **unter den ~ kommen** to come under the hammer; **das ist (echt) der ~** *umg* (*≈ ist toll*) it's the business *umg*; (*≈ ist unmöglich*) it's unbelievable **hämmern** A V/I to hammer; *mit den Fäusten etc* to pound B V/T to hammer; *Blech etc* to beat **Hammerwerfen** N SPORT hammer (-throwing) **Hammerwerfer(in)** M(F) SPORT hammer-thrower
Hammondorgel F electric organ
Hämoglobin N haemoglobin *Br*, hemoglobin *US* **Hämophilie** F haemophilia *Br*, hemophilia *US* **Hämorrhoiden** PL, **Hämorriden** PL piles *pl*, haemorrhoids *pl Br*, hemorrhoids *pl US*
Hampelmann M jumping jack; **j-n zu einem ~ machen** *umg* to walk all over sb
Hamster M hamster **Hamsterkauf** M panic buying *kein pl*; **Hamsterkäufe machen** to buy in order to hoard; *bei Knappheit* to panic-buy **hamstern** V/T & V/I (*≈ ansammeln*) to hoard
Hand F **1** hand; **j-m die ~ geben** to give sb one's hand; **die ~ heben** to put one's hand up; **Hände hoch!** (put your) hands up!; **Hände weg!** hands off!; **~ aufs Herz** hand on heart; **~ breit** → **Handbreit 2** SPORT *umg* (*≈ Handspiel*) handball *mit Adjektiv* **ein Auto aus erster ~** a car which has had one previous owner; **etw aus erster ~ wissen** to have first-hand knowledge of

sth; **in festen Händen sein** *fig* to be spoken for; **bei etw eine glückliche ~ haben** to be lucky with sth; **in guten Händen sein** to be in good hands; **mit leeren Händen** empty-handed; **letzte ~ an etw** (*akk*) **legen** to put the finishing touches to sth; **linker ~, zur linken ~** on the left-hand side; **auf od von privater ~** privately; **das Geld mit vollen Händen ausgeben** to spend money hand over fist *umg* **4** *mit Präposition* **j-n an die** *od* **bei der ~ nehmen** to take sb by the hand; **an ~ von** *od* **+gen an-hand; das liegt auf der ~** *umg* that's obvious; **aus der ~ zeichnen** freehand; **j-m etw aus der ~ nehmen** to take sth from sb; **etw aus der ~ geben** to let sth out of one's hands; **mit etw schnell bei der ~ sein** *umg* to be ready with sth; **~ in ~** hand in hand; **etw in der ~ haben** to have sth; **etw gegen j-n in der ~ haben** to have sth on sb; **etw in die ~ nehmen** to pick sth up; *fig* to take sth in hand; **(bei etw) mit ~ anlegen** to lend a hand (with sth); **sich mit Händen und Füßen gegen etw wehren** to fight sth tooth and nail; **um j-s ~ bitten** *od* **anhalten** to ask for sb's hand (in marriage); **unter der ~** *fig* on the quiet; **von ~ geschrieben** handwritten; **die Arbeit ging ihr leicht von der ~** she found the work easy; **etw lässt sich nicht von der ~ weisen** sth is undeniable; **von der ~ in den Mund leben** to live from hand to mouth; **zur ~ sein** to be at hand; **etw zur ~ haben** to have sth to hand; **j-m zur ~ gehen** to lend sb a (helping) hand; **zu Händen von j-m** for the attention of sb **5** *mit Verb* **darauf geben sich die ~** they shook hands on it; **eine ~ wäscht die andere** you scratch my back, I'll scratch yours; **die Hände überm Kopf zusammenschlagen** to throw up one's hands in horror; **alle Hände voll zu tun haben** to have one's hands full; **~ und Fuß haben** to make sense; **die ~ für j-n ins Feuer legen** to vouch for sb **Handarbeit** F **1** work done by hand; *Gegenstand* handmade article; **etw in ~ herstellen** to produce sth by hand **2** (*≈ Nähen, Sticken etc*) needlework *kein pl*; **diese Tischdecke ist ~** this tablecloth is handmade **3** *kunsthandwerklich* handicraft *kein pl*; **eine ~**

a piece of handicraft work **Handball** M̲ (≈*Spiel*) handball **Handballer(in)** M̲/F̲ handball player **Handbetrieb** M̲ hand operation; **mit ~** hand-operated **Handbewegung** F̲ sweep of the hand; (≈*Geste, Zeichen*) gesture **Handbohrer** M̲ gimlet **Handbohrmaschine** F̲ (hand) drill **Handbreit** F̲ **eine ~** ≈ six inches **Handbremse** F̲ handbrake *Br*, parking brake *US* **Handbuch** N̲ handbook; *technisch* manual **Händchen** N̲ **~ halten** *umg* to hold hands; **für etw un ~ haben** *umg* to be good at sth **Händedruck** M̲ handshake

Handel M̲ **1** (≈*das Handeln*) trade; *bes illegaler Ware* traffic; **~ mit etw** trade in sth **2** (≈*Warenmarkt*) market; **im ~ sein** to be on the market; **etw aus dem ~ ziehen** to take sth off the market; **(mit j-m) ~ (be)treiben** to trade (with sb); **~ treibend** trading **3** (≈*Abmachung*) deal

Handelfmeter M̲ penalty for a handball

handeln A̲ V̲/I̲ **1** (≈*Handel treiben*) to trade; **er handelt mit Gemüse** he's in the vegetable trade; **er handelt mit Drogen** he traffics in drugs **2** (≈*feilschen*) to haggle (**um** over); **ich lasse schon mit mir ~** I'm open to persuasion; *in Bezug auf Preis* I'm open to offers **3** (≈*tätig werden*) to act, to take action **4** (≈*zum Thema haben*) **von etw ~, über etw** (*akk*) ~ to deal with sth, to be about sth **B̲** V̲/R̲ **1** **es handelt sich hier um ein Verbrechen** it's a crime we are dealing with here; **bei dem Festgenommenen handelt es sich um X** the person arrested is X **2** (≈*betreffen*) **sich um etw ~** to be about sth **C̲** V̲/T̲ (≈*verkaufen*) to sell (**für** at, for); *an der Börse* to quote (**mit** at) **Handeln** N̲ **1** (≈*Feilschen*) bargaining, haggling **2** (≈*das Handeltreiben*) trading **3** behaviour *Br*, behavior *US* **4** (≈*das Tätigwerden*) action **Handelsabkommen** N̲ trade agreement **Handelsbank** F̲ merchant bank **Handelsbeziehungen** P̲L̲ trade relations *pl* **Handelsbilanz** F̲ balance of trade; **aktive/passive ~** balance of trade surplus/deficit **Handelsdefizit** N̲ trade deficit **handelseinig** A̲D̲J̲ **~ werden/sein** to agree terms **Handelsembargo** N̲ trade embargo **Handels-**

flotte F̲ merchant fleet **Handelsgesellschaft** F̲ commercial company; **offene ~** general partnership **Handelsgut** N̲ commodity **Handelshafen** M̲ trading port **Handelskammer** F̲ chamber of commerce **Handelsklasse** F̲ grade; **Heringe der ~ 1** grade 1 herring **Handelsmarine** F̲ merchant navy **Handelsmarke** F̲ trade name **Handelsname** M̲ trade name **Handelsniederlassung** F̲ branch (of a trading organization) **Handelspartner(in)** M̲/F̲ trading partner **Handelspolitik** F̲ trade policy **Handelsrecht** N̲ commercial law *kein best art, kein pl* **Handelsregister** N̲ register of companies **Handelsreisende(r)** M̲/F̲(M̲) commercial traveller *Br*, commercial traveler *US* **Handelsschiff** N̲ trading ship **Handelsschifffahrt** F̲ merchant shipping *kein best art* **Handelsschranke** F̲ trade barrier **Handelsschule** F̲ commercial school *od* college **Handelsschüler(in)** M̲/F̲ student at a commercial school *od* college **Handelsspanne** F̲ profit margin **handelsüblich** A̲D̲J̲ usual (in the trade *od* in commerce); *Ware* standard **Handelsverkehr** M̲ trade **Handelsvertreter(in)** M̲/F̲ commercial traveller *Br*, commercial traveler *US* **Handelsvertretung** F̲ trade mission **Handelsware** F̲ commodity; **~n** *pl* merchandise *sg*, commodities *pl*; **„keine ~"** *Post* "no commercial value" **Handelszentrum** N̲ trading centre *Br*, trading center *US* **Handelszweig** M̲ branch **handeltreibend** A̲D̲J̲ trading **händeringend** A̲D̲V̲ wringing one's hands; *fig* **um etw bitten** imploringly **Händetrockner** M̲ hand drier **Handfeger** M̲ hand brush **handfest** A̲D̲J̲ **1** *Essen* substantial **2** *fig Schlägerei* violent; *Skandal* huge; *Argument* well-founded; *Beweis* solid; *Lüge* flagrant, blatant **Handfeuerwaffe** F̲ handgun **Handfläche** F̲ palm (of the/one's hand) **Handfunkgerät** N̲ walkie-talkie **handgearbeitet** A̲D̲J̲ handmade **Handgelenk** N̲ wrist; **aus dem ~** *fig umg* (≈*ohne Mühe*) effortlessly; (≈*improvisiert*) off the cuff **Handgelenkschützer** M̲ wrist guard **Handgelenktasche** F̲ wrist bag **handgemacht** A̲D̲J̲ handmade **Handgemen-**

ge N̄ scuffle **Handgepäck** N̄ hand luggage *kein pl od* baggage *kein pl*; FLUG cabin luggage, carry-on (baggage) *US* **handgeschrieben** ADJ handwritten **handgestrickt** ADJ hand-knitted; *fig* homespun **Handgranate** F̄ hand grenade **handgreiflich** ADJ *Streit* violent; **~ werden** to become violent **Handgreiflichkeit** F̄ violence *kein pl* **Handgriff** M̄ 🔟 (≈ *Bewegung*) movement; **keinen ~ tun** not to lift a finger; **mit einem ~** *öffnen* with one flick of the wrist; **mit ein paar ~en** in next to no time 🔁 (≈ *Gegenstand*) handle **Handhabe** *fig* F̄ **ich habe gegen ihn keine ~** I have no hold on him **handhaben** V̄T̄ to handle; *Gesetz* to implement **Handhabung** F̄ handling; *von Gesetz* implementation

Handheld N̄ 🔟 COMPUT handheld (computer) 🔁 FOTO handheld camera **Handheld-PC** M̄ handheld PC **Handicap, Handikap** N̄ handicap **Handkarren** M̄ handcart, trolley **Handkoffer** M̄ (small) suitcase **Handkuss** M̄ kiss on the hand; **mit ~** *fig umg* with pleasure **Handlanger(in)** *fig* M̄(F̄) dogsbody *Br umg,* drudge *US; pej* (≈ *Gehilfe*) henchman **Händler(in)** M̄(F̄) trader; (≈ *Autohändler*) dealer; (≈ *Ladenbesitzer*) shopkeeper *Br,* store owner *US* **Händlerrabatt** M̄ trade discount

handlich ADJ *Gerät, Format* handy; *Gepäckstück* manageable; *Auto* manoeuvrable *Br,* maneuverable *US* **Handlung** F̄ action; (≈ *Tat, Akt*) act; (≈ *Handlungsablauf*) plot; **der Ort der ~** the scene of the action **Handlungsbedarf** M̄ need for action **Handlungsbevollmächtigte(r)** M̄(F̄)(M̄) authorized agent **handlungsfähig** ADJ *Regierung* capable of acting; *JUR* authorized to act; **eine ~e Mehrheit** a working majority **Handlungsfähigkeit** F̄ *von Regierung* ability to act; *JUR* power to act **Handlungsspielraum** M̄ scope (of action) **handlungsunfähig** ADJ *Regierung* incapable of acting; *JUR* without power to act **Handlungsvollmacht** F̄ proxy **Handlungsweise** F̄ conduct *kein pl*

Handout, Hand-out N̄ handout **Handpflege** F̄ care of one's hands **Handpuppe** F̄ glove puppet *Br,* hand

puppet *US* **Handreichung** F̄ 🔟 (≈ *Hilfe*) helping hand *kein pl* 🔁 *Gedrucktes* handout **Handrücken** M̄ back of the/one's hand **Handschelle** F̄ handcuff; **j-m ~n anlegen** to handcuff sb **Handschlag** M̄ 🔟 (≈ *Händedruck*) handshake; **per ~** with a handshake 🔁 **keinen ~ tun** not to do a stroke (of work) **Handschmeichler** M̄ worry stone, palm stone; *in Form einer Kette* worry beads *pl* **Handschrift** F̄ 🔟 handwriting; **etw trägt j-s ~** sth bears sb's (trade)mark 🔁 (≈ *Text*) manuscript **handschriftlich** 🅰 ADJ handwritten 🅱 ADV *korrigieren* by hand **Handschuh** M̄ glove; (≈ *Fausthandschuh*) mitten, mitt *umg* **Handschuhfach** N̄ AUTO glove compartment **Handspiel** N̄ SPORT handball **Handstand** M̄ SPORT handstand **Handstreich** M̄ **in** *od* **durch einen ~** in a surprise coup **Handtasche** F̄ handbag *Br,* purse *US* **Handtuch** N̄ towel; **das ~ werfen** to throw in the towel **Handtuchautomat** M̄ towel dispenser **Handtuchhalter** M̄ towel rail *Br,* towel rack *US* **Handumdrehen** *fig* N̄ **im ~** in the twinkling of an eye **handverlesen** ADJ *Obst etc* hand-graded; *fig* hand-picked **Handwagen** M̄ handcart **Handwaschbecken** N̄ wash-hand basin **Handwäsche** F̄ washing by hand; (≈ *Wäschestücke*) hand wash

Handwerk N̄ trade; (≈ *Kunsthandwerk*) craft; **sein ~ verstehen** *fig* to know one's job; **j-m ins ~ pfuschen** *fig* to tread on sb's toes; **j-m das ~ legen** *fig* to put a stop to sb's game *umg,* to put a stop to sb **Handwerker(in)** M̄(F̄) tradesman/-woman, (skilled) manual worker; (≈ *Kunsthandwerker*) craftsman/-woman **handwerklich** ADJ *Ausbildung* as a manual worker/craftsman/craftswoman; **~er Beruf** skilled trade; **~es Können** craftsmanship; **~e Fähigkeiten** manual skills **Handwerksberuf** M̄ skilled trade **Handwerksbetrieb** M̄ workshop **Handwerkskammer** F̄ trade corporation **Handwerksmeister(in)** M̄(F̄) master craftsman/-woman **Handwerkszeug** N̄ tools *pl; fig* tools *pl* of the trade, equipment **Handwurzel** F̄ ANAT carpus **Handy** N̄ TEL mobile (phone) *Br,* cell (phone) US **Handy-App** F̲ mobile app **handyfrei** A̲D̲J̲ Zone mobile-free Br, cell phone-free US **Handy-Geldbörse** F̲ mobile wallet **Handykamera** F̲ mobile phone camera Br, cell phone camera US **Handynummer** F̲ TEL mobile (phone) number Br, cell phone number US **Handytarif** M̲ mobile (phone) tariff Br, cell phone tariff US **Handyverbot** N̲ mobile phone ban Br, cell phone ban US; **das ~ am Steuer wird ignoriert** people are ignoring the ban on using mobile phones car phones when driving **Handyvertrag** M̲ mobile phone contract Br, cell phone contract US

▶ **Handy ≠ handy**

Handy	=	**mobile (phone), cell(ular) phone** US, **cell** umg
handy	=	handlich, praktisch

Handzeichen N̲ signal; bei Abstimmung show of hands **Handzettel** M̲ handout, leaflet
hanebüchen geh A̲D̲J̲ outrageous
Hanf M̲ hemp
Hang M̲ 1̲ (≈ Abhang) slope 2̲ (≈ Neigung) tendency; **sie hat einen ~ zum Übertreiben** she has a tendency to exaggerate
Hängebauch M̲ drooping belly umg **Hängebrücke** F̲ suspension bridge **Hängebrust** F̲, **Hängebusen** pej M̲ sagging breasts pl **Hängematte** F̲ hammock **hängen** A̲ V̲/I̲ 1̲ to hang; **die Vorhänge ~ schief** the curtains don't hang straight; **ihre Haare ~ bis auf die Schultern** her hair comes down to her shoulders; **das Bild hängt an der Wand** the picture is hanging on the wall; **mit ~den Schultern** with drooping shoulders; **den Kopf ~ lassen** fig to be downcast; **eine Gefahr hängt über uns** danger is hanging over us 2̲ (≈ festhängen) to be caught (**an** +dat on); (≈ kleben) to be stuck (**an** +dat to); **ihre Blicke hingen an dem Sänger** her eyes were fixed on the singer 3̲ umg (≈ sich aufhalten) to hang around umg; **sie hängt ständig in Discos** she hangs around discos 4̲ gefühlsmäßig **an j-m/etw ~** (≈ lieben) to

be attached to sb/sth; **ich hänge am Leben** I love life; **es hängt an ihm, ob ... it** depends on him whether ... **B̲** V̲/T̲ (≈ aufhängen) to hang; **das Bild an die Wand ~** to hang the picture on the wall **C̲** V̲/R̲ **sich an etw** (akk) ~ (≈ sich festhalten) to hang on to sth; (≈ sich festsetzen) to stick to sth; gefühlsmäßig to be fixated on sth; **sich an j-n ~** (≈ anschließen) to tag on to sb umg; gefühlsmäßig to become attached to sb; (≈ verfolgen) to go after sb **Hängen** N̲ **mit ~ und Würgen** umg by the skin of one's teeth **hängen bleiben** V̲/I̲ (≈ sich verfangen) to get caught (**an** +dat on); (≈ nicht durch-, weiterkommen) not to get through; (≈ sich aufhalten) to stay on; (≈ haften bleiben) to get stuck (**in, an** +dat on); **der Verdacht ist an ihm hängen geblieben** suspicion rested on him **hängen lassen** A̲ V̲/T̲ 1̲ (≈ vergessen) to leave behind 2̲ umg (≈ im Stich lassen) to let down **B̲** V̲/R̲ to let oneself go; **lass dich nicht so hängen!** don't let yourself go like this! **Hängeschrank** M̲ wall cupboard
Hannover N̲ Hanover
Hansaplast® N̲ (sticking) plaster
Hanse F̲ HIST Hanseatic League **hanseatisch** A̲D̲J̲ Hanseatic
hänseln V̲/T̲ to tease
Hansestadt F̲ Hansa od Hanseatic town
Hanswurst M̲ clown
Hantel F̲ SPORT dumbbell
hantieren V̲/I̲ 1̲ (≈ arbeiten) to be busy 2̲ (≈ umgehen mit) **mit etw ~** to handle sth 3̲ (≈ herumhantieren) to tinker about (**an** +dat with, on)
hapern V̲/I̲ **es hapert an etw** (dat) (≈ fehlt) there is a shortage of sth; **es hapert bei j-m mit etw** (≈ fehlt) sb is short of sth
Häppchen N̲ morsel; (≈ Appetithappen) titbit Br, tidbit US **häppchenweise** umg A̲D̲V̲ bit by bit **Happen** umg M̲ mouthful; (≈ kleine Mahlzeit) bite **happig** umg A̲D̲J̲ steep umg
Happy End N̲, **Happyend** N̲ happy ending
Happy Hour F̲ happy hour
Harass M̲ schweiz (≈ Kasten, Kiste) crate
Härchen N̲ little hair
Hardcover N̲, **Hard Cover** N̲ hardcover **Hardliner(in)** M̲F̲ POL hardliner

Hardware F̲ COMPUT hardware
Harem M̲ harem
Harfe F̲ harp; **~ spielen** to play the harp **Harfenist(in)** M̲/F̲ harpist
Harke F̲ rake; **j-m zeigen, was eine ~ ist** fig umg to show sb what's what umg **harken** V̲T̲ & V̲I̲ to rake
harmlos A̲D̲J̲ harmless; Kurve easy **Harmlosigkeit** F̲ harmlessness
Harmonie F̲ harmony **harmonieren** V̲I̲ to harmonize **Harmonika** F̲ harmonica; (≈Ziehharmonika) accordion **harmonisch** A̲D̲J̲ MUS harmonic; (≈wohlklingend) harmonious; **~ verlaufen** to be harmonious; **sie leben ~ zusammen** they live together in harmony **harmonisieren** V̲T̲ to harmonize **Harmonisierung** F̲ harmonization
Harn M̲ urine; **~ lassen** to urinate **Harnblase** F̲ bladder **Harnleiter** M̲ ureter **Harnröhre** F̲ urethra
Harpune F̲ harpoon
harsch A̲D̲J̲ (≈barsch) harsh
hart A̲ A̲D̲J̲ **1** hard; Ei hard-boiled **2** (≈scharf) Konturen, Formen sharp; Klang, Ton harsh; (≈rau) Spiel rough; fig Getränke strong; Droge hard; Porno hard-core **4** (≈streng, robust) tough; Strafe, Kritik severe; **~ bleiben** to stand firm; **es geht ~ auf ~** it's a tough fight **B** A̲D̲V̲ hard; **~ gefroren** frozen solid präd; **~ gekocht** Ei hard-boiled; **~ klingen** Sprache to sound hard; Bemerkung to sound harsh; **etw trifft j-n ~** sth hits sb hard; **~ spielen** SPORT to play rough; **~ durchgreifen** to take tough action; **j-n ~ anfassen** to be hard on sb; **das ist ~ an der Grenze der Legalität** that's on the very limits of legality; **~ am Wind (segeln)** SCHIFF (to sail) close to the wind **Härte** F̲ hardness; von Aufprall violence; (≈Härtegrad) degree (of hardness); von Konturen, Formen sharpness; von Klang, Akzent harshness; von Spiel roughness kein pl; von Währung stability; von Strafe, Kritik severity; **soziale ~n** social hardships; **das ist die ~** sl (≈Zumutung) that's a bit much umg **Härtefall** M̲ case of hardship; umg (≈Mensch) hardship case **härten** V̲T̲ to harden; Stahl to temper **Härtetest** M̲ endurance test; fig acid test **Hartfaserplatte** F̲ hardboard, fiberboard US **Hartgummi** M̲/N̲ hard rubber **hartherzig** A̲D̲J̲ hard-hearted **Hartherzigkeit** F̲

hard-heartedness **Hartholz** N̲ hardwood **hartnäckig** A̲ A̲D̲J̲ stubborn; Lügner, Husten persistent **B** A̲D̲V̲ (≈beharrlich) persistently; (≈stur) stubbornly **Hartnäckigkeit** F̲ stubbornness; (≈Beharrlichkeit) doggedness **Hartweizengrieß** M̲ semolina **Hartwurst** F̲ dry sausage
Hartz-IV-Empfänger(in) M̲/F̲ person receiving long-term unemployment benefit; **die ~** the long-term unemployed
Harz[1] N̲ resin; Geigenharz rosin
Harz[2] M̲ GEOG Harz Mountains pl
harzig A̲D̲J̲ Holz, Geschmack resinous
Hasch umg N̲ hash umg
Haschee N̲ GASTR hash
Häschen N̲ **1** young hare **2** umg (≈Kaninchen) bunny umg **3** (≈Kosename) sweetheart
haschen V̲I̲ umg (≈Haschisch rauchen) to smoke pot umg
Hascherl N̲ österr umg poor soul
Haschisch N̲/M̲ hashish
Hase M̲ hare; (≈Kaninchen) rabbit; **falscher ~** GASTR meat loaf; **sehen, wie der ~ läuft** fig umg to see which way the wind blows; **alter ~** fig umg old hand; **da liegt der ~ im Pfeffer** umg that's the crux of the matter
Haselnuss F̲ hazelnut
Hasenpfeffer M̲ GASTR ≈ jugged hare **hasenrein** A̲D̲J̲ **j-d/etw ist nicht (ganz) ~** umg sb/sth is not (quite) above board **Hasenscharte** F̲ MED harelip
Hashtag M̲/N̲ IT mit Doppelkreuz/Raute markiertes Schlagwort hashtag
Hass M̲ hatred (**auf** +akk od **gegen** of); **Liebe und ~** love and hate; **einen ~ (auf j-n) haben** umg to be really sore (with sb) umg **hassen** V̲T̲ & V̲I̲ to hate **hassenswert** A̲D̲J̲ hateful **hässlich** A̲ A̲D̲J̲ **1** (≈scheußlich) ugly **2** (≈gemein, unerfreulich) nasty **B** A̲D̲V̲ **1** (≈gemein) **sich ~ benehmen** to be nasty **2** (≈nicht schön) hideously **Hässlichkeit** F̲ **1** (≈Scheußlichkeit) ugliness **2** (≈Gemeinheit) nastiness **Hassliebe** F̲ love-hate relationship (**für** with) **Hassprediger** M̲ hate preacher
Hast F̲ haste **hasten** geh V̲I̲ to hasten form **hastig** A̲ A̲D̲J̲ hasty **B** A̲D̲V̲ hastily; **nicht so ~!** not so fast!
hatschen V̲I̲ österr umg (≈mühsam gehen) to trudge along; (≈hinken) to hob-

ble

hatschi INT atishoo Br, achoo

Hattrick M SPORT hat-trick; fig master-stroke

Haube F **1** (≈ Kopfbedeckung) bonnet; von Krankenschwester etc cap; **unter die ~ kommen** hum to get married **2** allgemein (≈ Bedeckung) cover; (≈ Trockenhaube) (hair) dryer, drying hood US; (≈ Motorhaube) bonnet Br, hood US

Hauch M **1** geh (≈ Atem) breath; (≈ Luftzug) breeze **2** (≈ Andeutung) hint

hauchdünn ADJ extremely thin; Scheiben wafer-thin; fig Mehrheit extremely narrow; Sieg extremely close **hauchen** V/T & V/I to breathe

Haue F **1** österr, südd (≈ Pickel) pickaxe Br, pickax US; (≈ Gartenhacke) hoe **2** umg (≈ Prügel) **~ kriegen** to get a good hiding umg **hauen** A V/T **1** umg (≈ schlagen) to hit **2** (≈ meißeln) Statue to carve **3** dial (≈ zerhacken) Holz to chop (up) B V/I umg (≈ schlagen) to hit; **j-m auf die Schulter ~** to slap sb on the shoulder C V/R umg (≈ sich prügeln) to scrap **Hauer** M ZOOL tusk

Häufchen N small heap; **ein ~ Unglück** a picture of misery **Haufen** M **1** heap; **j-n/ein Tier über den ~ fahren** etc umg to knock sb/an animal down; **j-n über den ~ schießen** umg to shoot sb down; **etw** (akk) **über den ~ werfen** umg (≈ verwerfen) to throw sth out, to chuck sth out umg; (≈ durchkreuzen) to mess sth up umg; **der Hund hat da einen ~ gemacht** the dog has made a mess there umg (≈ große Menge) load umg; **ein ~ Unsinn** a load of (old) nonsense; **ein ~ Zeit** loads of time umg; **ich hab noch einen ~ zu tun** I still have loads to do umg **3** (≈ Schar) crowd **häufen** A V/T to pile up; (≈ sammeln) to accumulate; → **gehäuft** B V/R (≈ sich ansammeln) to mount up; (≈ zahlreicher werden) to occur increasingly often **haufenweise** ADV (≈ in Haufen) in heaps; **etw ~ haben** to have heaps of sth umg **Haufenwolke** F cumulus (cloud) **häufig** A ADJ frequent; **ein ~er Fehler** a common mistake B ADV often, frequently **Häufigkeit** F frequency **Häufung** F **1** fig (≈ das Anhäufen) accumulation **2** (≈ das Sichhäufen) increasing number

Haupt N head; **eine Reform an ~ und Gliedern** a total reform **Hauptaktionär(in)** MF main shareholder, stakeholder US **Hauptakzent** M **1** LING primary accent od stress **2** fig main emphasis **hauptamtlich** A ADJ full-time; **~e Tätigkeit** full-time office B ADV (on a) full-time (basis); **~ tätig sein** to work full-time **Hauptanschluss** M TEL main extension **Hauptarbeit** F main (part of the) work **Hauptattraktion** F main attraction **Hauptaufgabe** F main od chief task **Hauptaugenmerk** N **sein ~ auf etw** (akk) **richten** to focus one's attention on sth **Hauptausgang** M main exit **Hauptbahnhof** M main station **hauptberuflich** A ADJ full-time; **~e Tätigkeit** main occupation B ADV full-time; **~ tätig sein** to be employed full-time **Hauptbeschäftigung** F main occupation **Hauptbestandteil** M main ingredient **Hauptbetrieb** M **1** (≈ Zentralbetrieb) headquarters sg od pl **2** (≈ geschäftigste Zeit) peak period; (≈ Hauptverkehrszeit) rush hour **Hauptbuch** N HANDEL ledger **Hauptdarsteller** M leading man **Hauptdarstellerin** F leading woman od lady **Haupteingang** M main entrance **Häuptelsalat** M österr lettuce **Hauptfach** N SCHULE, UNIV main subject, major US; **etw im ~ studieren** to study sth as one's main subject, to major in sth US **Hauptfeld** N bei Rennen (main) pack **Hauptfigur** F central figure **Hauptgang** M, **Hauptgericht** M main course **Hauptgeschäftsstelle** F head office, headquarters sg od pl **Hauptgeschäftszeit** F peak (shopping) period **Hauptgewicht** N fig main emphasis **Hauptgewinn** M first prize **Hauptgrund** M main od principal reason **Haupthahn** M mains cock, mains tap Br **Hauptlast** F main load, major part of the load; fig main burden **Hauptleitung** F mains pl **Häuptling** M chief(tain); fig umg (≈ Boss) chief umg **Hauptmahlzeit** F main meal **Hauptmann** M MIL captain; FLUG flight lieutenant Br, captain US **Hauptmenü** N IT main menu **Hauptmieter(in)** MF main tenant **Hauptnahrungsmittel** N staple food **Hauptperson** F central figure **Hauptpostamt** N main post office **Hauptquar-**

H

tier N̄ headquarters *sg od pl* **Hauptreisezeit** F̄ peak travelling *Br od* traveling *US*, time(s) (*pl*) **Hauptrolle** F̄ FILM, THEAT leading role, lead; **die ~ spielen** *fig* to be all-important; (≈ *wichtigste Person sein*) to play the main role **Hauptsache** F̄ main thing; **in der ~** in the main; **~, du bist glücklich** the main thing is that you're happy **hauptsächlich** A̲ ADV mainly, mostly B̲ ADJ main **Hauptsaison** F̄ peak season; **~ haben** to have its/their peak season **Hauptsatz** M̄ GRAM *übergeordnet* main clause **Hauptschlagader** F̄ aorta **Hauptschulabschluss** M̄ **den ~ haben** ≈ to have completed secondary school *od* junior high (school) *US* **Hauptschuldige(r)** M̲/F̲(M̲) person mainly to blame *od* at fault; *bes jur* main offender **Hauptschule** F̄ ≈ secondary school, ≈ junior high (school) *US* **Hauptschüler(in)** M̲(F̲) ≈ secondary school pupil, junior high (school) pupil *US* **Hauptsendezeit** F̄ TV peak viewing time, prime time **Hauptspeicher** M̄ COMPUT main memory **Hauptstadt** F̄ capital (city) **hauptstädtisch** ADJ metropolitan **Hauptstraße** F̄ main road; *im Stadtzentrum etc* main street **Hauptstudium** N̄ UNIV main course (of studies) **Haupttell** M̄ main part; *einer Präsentation a.* main body **Haupttreffer** M̄ top prize, jackpot *umg* **Haupttribüne** F̄ main stand **Hauptverkehrsstraße** F̄ *in Stadt* main street; (≈ *Durchgangsstraße*) main thoroughfare **Hauptverkehrszeit** F̄ peak traffic times *pl*; *in Stadt* rush hour **Hauptversammlung** F̄ general meeting **Hauptwäsche** F̄, **Hauptwaschgang** M̄ main wash **Hauptwohnsitz** M̄ main place of residence **Hauptwort** N̄ GRAM noun **Hauptzeuge** M̄, **Hauptzeugin** F̄ principal witness

hau ruck INT heave-ho **Hauruckverfahren** N̄ **etw im ~ tun** to do sth in a great hurry

Haus N̄ house; **mit j-m ~ an ~ wohnen** to live next door to sb; **~ und Hof verlieren** to lose the roof over one's head; **aus dem ~ sein** to be away from home; **außer ~ essen** to eat out; **im ~e meiner Schwester** at my sister's (house); **ins ~ stehen** *fig* to be on the way; **nach ~e**

home; **j-n nach ~e bringen** to take sb home; **zu ~e** at home; **bei j-m zu ~e** in sb's house *od* home; **bei uns zu ~e** at home; **sich wie zu ~e fühlen** to feel at home; **fühl dich wie zu ~e!** make yourself at home!; **er ist nicht im ~e** (≈ *in der Firma*) he's not in; **ein Freund des ~es** a friend of the family; **aus gutem/bürgerlichem ~(e)** from a good/middle-class family; **von ~ aus** (≈ *ursprünglich*) originally; (≈ *von Natur aus*) naturally; **das ~ Windsor** the House of Windsor; **vor vollem ~ spielen** THEAT to play to a full house; **Hohes ~!** PARL ≈ honourable members (of the House)! *Br,* ≈ honorable members (of the House)! *US* **Hausapotheke** F̄ medicine cupboard *Br,* medicine chest *US* **Hausarbeit** F̄ 1 housework *kein unbest art, kein pl* 2 SCHULE homework *kein unbest art, kein pl,* piece of homework, assignment *bes US* **Hausarrest** M̄ *im Internat* detention; JUR house arrest; **~ haben** to be in detention/under house arrest; *Kind* to be grounded **Hausarzt** M̄, **Hausärztin** F̄ GP, family doctor; *von Hotel etc* resident doctor **Hausaufgabe** F̄ SCHULE homework *sg, kein unbest art;* **seine ~n machen** to do one's homework **hausbacken** *fig* ADJ homespun, homely *US* **Hausbau** M̄ (≈ *das Bauen*) building of a/the house **Hausbesetzer(in)** M̲(F̲) squatter **Hausbesetzung** F̄ squatting **Hausbesitzer(in)** M̲(F̲) house-owner; (≈ *Hauswirt*) landlord/landlady **Hausbesuch** M̄ home visit **Hausbewohner(in)** M̲(F̲) (house) occupant **Hausboot** N̄ houseboat **Häuschen** *fig umg* N̄ **ganz aus dem ~ sein vor …** to be out of one's mind with … *umg;* **ganz aus dem ~ geraten** to go berserk *umg* **Hausdetektiv(in)** M̲(F̲) house detective; *von Kaufhaus* store detective **Hauseigentümer(in)** M̲(F̲) homeowner **Hauseingang** M̄ (house) entrance **Hauseinweihung** F̄ house-warming (party) **Häusel** N̄ *österr umg* (≈ *Toilette*) smallest room *Br hum umg,* bathroom *US* **hausen** V̲I̲ 1 (≈ *wohnen*) to live 2 (≈ *wüten*) **(übel od schlimm) ~** to wreak havoc **Häuserblock** M̄ block (of houses) **Häuserflucht** F̄ row of houses **Häuserreihe** F̄ row of houses; *aneinandergebaut* terrace **Hausflur** M̄ (en-

trance) hall, hallway **Hausfrau** F̲
housewife **Hausfriedensbruch** M̲
JUR trespass (*in sb's house*) **hausge-
macht** A̲D̲J̲ home-made; *fig Problem
etc* of one's own making **Hausge-
meinschaft** F̲ household (community)
Haushalt M̲ **1** household; (≈*Haus-
haltsführung*) housekeeping; **den ~ füh-
ren** to run the household; **j-m den ~
führen** to keep house for sb **2** (≈*Etat*)
budget **haushalten** V̲I̲ **mit etw ~** *mit
Geld, Zeit* to be economical with sth
Haushälter(in) M̲I̲F̲ housekeeper
Haushaltsartikel M̲ household item
Haushaltsdebatte F̲ PARL budget
debate **Haushaltsdefizit** N̲ POL bud-
get deficit **Haushaltsdisziplin** F̲
budgetary discipline **Haushaltsent-
wurf** M̲ POL draft budget, budget pro-
posals *pl* **Haushaltsführung** F̲
housekeeping **Haushaltsgeld** N̲
housekeeping money **Haushaltshilfe**
F̲ domestic *od* home help **Haushalts-
jahr** N̲ POL, WIRTSCH financial year
Haushaltskonsolidierung F̲ bud-
etary consolidation **Haushaltsloch**
N̲ budget deficit **Haushaltsroboter**
M̲ domestic robot **Haushaltswaren**
P̲L̲ household goods *pl* **Haushal-
tungsvorstand** *form* M̲ head of the
household **Hausherr** M̲ head of the
household; (≈*Gastgeber*), *a.* SPORT host
Hausherrin F̲ lady of the house;
(≈*Gastgeberin*) hostess **haushoch** A̲
A̲D̲J̲ (as) high as a house/houses; *fig Sieg*
crushing; **der haushohe Favorit** the hot
favourite *Br umg*, the hot favorite *US
umg* B̲ A̲D̲V̲ **~ gewinnen** to win hands
down; **j-m ~ überlegen sein** to be head
and shoulders above sb **hausieren** V̲I̲
to hawk (**mit etw** sth); **mit etw ~ gehen**
fig mit Plänen etc to hawk sth about
Hausierer(in) M̲I̲F̲ hawker, peddler
Hauskatze F̲ domestic cat **Haus-
kauf** M̲ house-buying *ohne art*, house
purchase **Häusl** N̲ → **Häusel häus-
lich** A̲ domestic; *Pflege* home *attr*;
(≈*das Zuhause liebend*) home-loving; **~e
Gewalt** domestic violence B̲ A̲D̲V̲ **sich
~ niederlassen** to make oneself at
home; **sich ~ einrichten** to settle in
Häuslichkeit F̲ domesticity **Haus-
macherart** F̲ **Wurst** *etc* **nach ~**
home-made-style sausage *etc* **Haus-
macherkost** F̲ home cooking **Haus-**

mann M̲ househusband **Haus-
mannskost** F̲ plain cooking *od* fare;
fig plain fare **Hausmeister(in)** M̲I̲F̲
caretaker **Hausmittel** N̲ household
remedy **Hausmüll** M̲ domestic refuse
Hausmusik F̲ music at home, family
music **Hausnotruf** M̲ *für ältere Men-
schen* emergency alarm **Hausnum-
mer** F̲ house number **Hausordnung**
F̲ house rules *pl od* regulations *pl*
Hausputz M̲ house cleaning **Haus-
rat** M̲ household equipment **Hausrat-
versicherung** F̲ (household) contents
insurance **Haussammlung** F̲ house-
-to-house *od* door-to-door collection
Hausschlüssel M̲ front-door key
Hausschuh M̲ slipper
Hausse F̲ WIRTSCH boom (**an** +*dat* in)
Haussegen M̲ **bei ihnen hängt der ~
schief** *hum* they're a bit short on do-
mestic bliss *umg* **Hausstand** M̲ house-
hold; **einen ~ gründen** to set up house
Hausstauballergie F̲ house dust al-
lergy **Haussuchung** F̲ house search
Haustausch M̲, **Häusertausch** M̲
während der Ferien house swap **Haus-
tier** N̲ pet **Haustierversicherung**
F̲ pet insurance, animal health insur-
ance **Haustür** F̲ front door **Hausver-
bot** N̲ **j-m ~ erteilen** to ban sb from
the house **Hausverwalter(in)** M̲I̲F̲
(house) supervisor **Hausverwaltung**
F̲ property management **Haus-
wart(in)** M̲I̲F̲ caretaker, janitor **Haus-
wirt** M̲ landlord **Hauswirtin** F̲ land-
lady **Hauswirtschaft** F̲ **1** (≈*Haus-
haltsführung*) housekeeping **2** SCHULE
home economics *sg* **Hauswurfsen-
dung** F̲ (house-to-house) circular
Haut F̲ skin; (≈*Schale von Obst etc*) peel;
nass bis auf die ~ soaked to the skin;
nur ~ und Knochen sein to be nothing
but skin and bone(s); **mit ~ und
Haar(en)** *umg* completely; **in seiner ~
möchte ich nicht stecken** I wouldn't
like to be in his shoes; **ihm ist nicht
wohl in seiner ~** *umg* he feels uneasy;
sich auf die faule ~ legen *umg* to sit
back and do nothing **Hautabschür-
fung** F̲ graze **Hautarzt** M̲, **Hautärz-
tin** F̲ dermatologist **Hautausschlag**
M̲ (skin) rash **Häutchen** N̲ *auf Flüssig-
keit* skin; ANAT, BOT membrane; *an Fin-
gernägeln* cuticle **Hautcreme** F̲ skin
cream **häuten** A̲ V̲I̲ *Tiere* to skin B̲

V/R *Tier* to shed its skin **hauteng** ADJ skintight

Hautevolee F upper crust

Hautfarbe F skin colour *Br,* skin color *US* **hautfarben** ADJ flesh-coloured *Br,* flesh-colored *US* **Hautkrankheit** F skin disease **Hautkrebs** M MED skin cancer **hautnah** A ADJ **1** (≈ *sehr eng*), *a.* SPORT (very) close **2** *fig umg Problem* that affects us/him *etc* directly; *Darstellung* deeply affecting **B** ADV **in Kontakt mit j-m/etw kommen** to come into (very) close contact with sb/ sth; **etw ~ erleben** to experience sth at close quarters **Hautpflege** F skin care **hautschonend** ADJ kind to the skin **Hauttransplantation** F skin graft

Havarie *bes österr* F (≈ *Unfall*) accident; (≈ *Schaden*) damage *kein unbest art, kein pl*

Hawaii N Hawaii

Haxe F → Hachse

Hbf. ABK (= Hauptbahnhof) main station

H-Bombe F H-bomb

he INT hey; *fragend* eh

Hebamme F midwife

Hebebühne F hydraulic ramp

Hebel M (≈ *Griff*) lever; *fig* leverage; **alle ~ in Bewegung setzen** *umg* to move heaven and earth; **am längeren ~ sitzen** *umg* to have the whip hand

heben A V/T **1** to lift, to raise; **er hebt gern einen** *umg* he likes a drink; → **gehoben** **2** (≈ *verbessern*) to heighten; *Ertrag* to increase; *Stimmung* to improve; **j-s Stimmung ~** to cheer sb up **B** V/R to rise; *Nebel, Deckel* to lift; **da hob sich seine Stimmung** that cheered him up **C** V/I SPORT to do weightlifting **Heber** M TECH (hydraulic) jack

hebräisch ADJ Hebrew

Hebriden PL **die ~** the Hebrides *pl;* **die Äußeren/Inneren ~** the Outer/Inner Hebrides

Hebung F **1** *von Schatz, Wrack etc* recovery, raising **2** *fig* (≈ *Verbesserung*) improvement

hecheln V/I (≈ *keuchen*) to pant

Hecht M ZOOL pike; **er ist (wie) ein ~ im Karpfenteich** *fig* (≈ *sorgt für Unruhe*) he's a stirrer *umg* **hechten** *umg* V/I to dive; *beim Turnen* to do a forward dive

Heck N SCHIFF stern; FLUG tail; AUTO

rear **Heckantrieb** M rear-wheel drive

Hecke F hedge **Heckenrose** F dog rose **Heckenschere** F hedge clippers *pl* **Heckenschütze** M, **Heckenschützin** F sniper

Heckklappe F AUTO tailgate **hecklastig** ADJ tail-heavy **Heckmotor** M rear engine **Heckscheibe** F AUTO rear windscreen *Br,* rear windshield *US* **Heckscheibenheizung** F rear windscreen heater *Br,* rear windshield heater *US* **Heckscheibenwischer** M rear windscreen wiper *Br,* rear windshield wiper *US* **Hecktür** F AUTO tailgate

Hedgefonds M FIN hedge fund

Heer N army, armed forces *pl;* (≈ *Bodenstreitkräfte*) ground forces

Hefe F yeast **Hefegebäck** N yeast-risen pastry **Hefeteig** M yeast dough

Heft[1] N **1** (≈ *Schreibheft*) exercise book **2** (≈ *Zeitschrift*) magazine; (≈ *Comicheft*) comic; (≈ *Nummer*) issue

Heft[2] N *von Messer* handle; *von Schwert* hilt; **das ~ in der Hand haben** *fig* to hold the reins; **das ~ aus der Hand geben** *fig* to hand over control

Heftchen N **1** *pej* (≈ *Comicheftchen*) rag *pej umg* **2** (≈ *Briefmarkenheftchen*) book of stamps **heften** A V/T **1** (≈ *nähen*) *Saum, Naht* to tack (up); *Buch* to sew; (≈ *klammern*) to clip (**an** *+akk* to); *mit Heftmaschine* to staple (**an** *+akk* to) **2** (≈ *befestigen*) to pin, to fix **B** V/R **1** *Blick, Augen* **sich auf j-n/etw ~** to fix onto sb/ sth **2** **sich an j-n ~** to latch on to sb; **sich an j-s Fersen ~** *fig* (≈ *verfolgen*) to dog sb's heels **Hefter** M **1** (loose--leaf) file **2** (≈ *Heftapparat*) stapler

heftig A ADJ (≈ *stark*) violent; *Fieber, Frost, Erkältung* severe; *Schmerz, Abneigung, Sehnsucht* intense; *Widerstand* vehement; *Regen* heavy; *Wind, Ton* fierce; *Worte* violent; **~ werden** to fly into a passion **B** ADV *regnen, zuschlagen* hard; *kritisieren* severely; *schütteln* vigorously; *schimpfen* vehemently; *verliebt* passionately; **sich ~ streiten** to have a violent argument **Heftigkeit** F (≈ *Stärke*) violence; *von Frost* severity; *von Schmerz, Abneigung* intensity; *von Widerstand* vehemence; *von Wind* ferocity; *von Regen* heaviness

Heftklammer F staple **Heftmaschine** F stapler **Heftpflaster** N (sticking)

plaster **Heftzwecke** F̲ drawing pin Br,
thumb tack US
Hegemonie F̲ hegemony
hegen V̲/T̲ **1** (≈ pflegen) to care for; **j-n ~
und pflegen** to lavish care and atten-
tion on sb **2** Hass, Verdacht to harbour
Br, to harbor US; Misstrauen to feel; Zwei-
fel to entertain; Wunsch to cherish; **ich
hege den starken Verdacht, dass ...** I
have a strong suspicion that ...
Hehl N̲/M̲ **kein** od **keinen ~ aus etw ma-
chen** to make no secret of sth
Hehler(in) M̲F̲ receiver (of stolen
goods) **Hehlerei** F̲ receiving (stolen
goods)
Heide[1] F̲ moor; (≈ Heideland) moorland
Heide[2] M̲, **Heidin** F̲ heathen
Heidekraut N̲ heather **Heideland** N̲
moorland
Heidelbeere F̲ blueberry, bilberry Br
Heidenangst F̲ **eine ~ vor etw** (dat)
haben umg to be scared stiff of sth
umg **Heidenlärm** umg M̲ unholy din
umg **Heidenspaß** umg M̲ terrific fun
heidnisch A̲D̲J̲ heathen
heikel A̲D̲J̲ **1** (≈ schwierig) tricky **2** dial
in Bezug aufs Essen fussy
heil A̲ A̲D̲J̲ **1** (≈ unverletzt) Mensch un-
hurt; Glieder unbroken; Haut undam-
aged; **wieder ~ werden** (≈ wieder ge-
sund) to get better again; Wunde to heal
up; Knochen to mend; **mit ~er Haut da-
vonkommen** to escape unscathed **2**
umg (≈ ganz) intact; **die ~e Welt** an ideal
world **B** A̲D̲V̲ (≈ unverletzt) all in one
piece **Heil** A̲ N̲ **1** (≈ Wohlergehen) well-
being **2** KIRCHE. a. fig salvation; **sein ~
in etw** (dat) **suchen** to seek one's salva-
tion in sth **B** I̲N̲T̲ **Ski ~!** good skiing!
Heiland M̲ Saviour Br, Savior US
Heilanstalt obs, neg! F̲ nursing home;
für Suchtkranke oder psychisch Gestörte
home **heilbar** A̲D̲J̲ curable
Heilbutt M̲ halibut
heilen A̲ V̲/I̲ Wunde, Bruch to heal (up);
Entzündung to clear up **B** V̲/T̲ Kranke to
cure; Wunde to heal; **j-n von etw ~** to
cure sb of sth
heilfroh umg A̲D̲J̲ really glad
heilig A̲D̲J̲ **1** holy; **j-m ~ sein** to be sa-
cred to sb; **der ~e Augustinus** Saint Au-
gustine; **Heiliger Abend** Christmas Eve;
der Heilige Geist the Holy Spirit; **das
Heilige Land** the Holy Land; **die Heilige
Schrift** the Holy Scriptures pl **2** fig

(≈ ernst) Eid, Pflicht sacred; **~e Kuh** sa-
cred cow **Heiligabend** M̲ Christmas
Eve **Heiligenschein** M̲ halo **Heili-
ge(r)** M̲/F̲(M̲) saint **Heiligkeit** F̲ holi-
ness **heiligsprechen** V̲/T̲ to canonize
Heiligtum N̲ (≈ Stätte) shrine; (≈ Gegen-
stand) (holy) relic; **j-s ~ sein** umg to be
sacrosanct to sb
Heilkraft F̲ healing power **heilkräf-
tig** A̲D̲J̲ Pflanze, Tee medicinal **Heil-
kraut** N̲ medicinal herb **heillos** A̲D̲J̲
unholy umg; Schreck terrible, frightful;
die Partei war ~ zerstritten the party
was hopelessly divided **Heilmethode**
F̲ cure **Heilmittel** N̲ remedy; (≈ Medi-
kament) medicine **Heilpflanze** F̲ me-
dicinal plant **Heilpraktiker(in)** M̲F̲
non-medical practitioner **heilsam** A̲D̲J̲
fig (≈ förderlich) salutary **Heilsarmee**
F̲ Salvation Army **Heilung** F̲ healing;
von Kranken curing; (≈ das Gesundwerden)
cure
heim A̲D̲V̲ home **Heim** N̲ home;
(≈ Obdachlosenheim) hostel, shelter;
(≈ Studentenwohnheim) hall of residence,
dormitory US **Heimarbeit** F̲ IND
homework kein pl, kein unbest art, out-
work kein pl, kein unbest art **Heimar-
beiter(in)** M̲F̲ IND homeworker
Heimat F̲ home **Heimatanschrift** F̲
home address **Heimatfilm** M̲ senti-
mental film in idealized regional setting
Heimathafen M̲ home port **Hei-
matkunde** F̲ SCHULE local history
Heimatland N̲ native country, home
country **heimatlich** A̲D̲J̲ native; Bräu-
che local; Gefühle nostalgic; Klänge of
home **heimatlos** A̲D̲J̲ homeless **Hei-
matlose(r)** M̲/F̲(M̲) homeless person;
die ~n the homeless **Heimatmuse-
um** N̲ museum of local history **Heima-
tort** M̲ Stadt home town; Dorf home
village **Heimatstadt** F̲ home town
Heimatvertriebene(r) M̲/F̲(M̲) dis-
placed person, expellee
Heimbewohner(in) M̲F̲ resident (of
a/the home) **heimbringen** V̲/T̲ (≈ nach
Hause bringen) to bring home; (≈ heimbe-
gleiten) to take home **Heimchen** N̲
ZOOL house cricket; **~ (am Herd)** pej
(≈ Hausfrau) housewife **heimelig** A̲D̲J̲
cosy Br, cozy US **heimfahren** V̲/T̲ & V̲/I̲
to drive home **Heimfahrt** F̲ journey
home; SCHIFF voyage home **heimfin-
den** V̲/I̲ to find one's way home **heim-**

H

gehen <u>V/I</u> **1** (≈ *nach Hause gehen*) to go home; **jetzt geht's heim** it's time to go home **2** *euph* (≈ *sterben*) to pass away **heimisch** <u>ADJ</u> **1** (≈ *einheimisch*) indigenous (**in** +*akk* to); (≈ *national*) domestic; (≈ *regional*) regional **2** (≈ *vertraut*) familiar; **sich ~ fühlen** to feel at home; **~ werden** to settle in (**an, in** +*dat* to) **Heimkehr** <u>F</u> homecoming **heimkehren** <u>V/I</u> to return home (**aus** from) **heimkommen** <u>V/I</u> to come home **Heimleiter(in)** <u>M(F)</u> head of a/the home/hostel

heimlich <u>A</u> <u>ADJ</u> secret; *Bewegungen* furtive <u>B</u> <u>ADV</u> secretly; *lachen* inwardly; **sich ~ entfernen** to steal away; **~, still und leise** *umg* quietly, on the quiet **Heimlichkeit** <u>F</u> secrecy; (≈ *Geheimnis*) secret **Heimlichtuer(in)** <u>M(F)</u> secretive person **Heimlichtuerei** <u>F</u> secretiveness

Heimniederlage <u>F</u> SPORT home defeat **Heimreise** <u>F</u> journey home; SCHIFF voyage home **heimreisen** <u>V/I</u> to travel home **Heimservice** <u>M</u> home delivery service **Heimsieg** <u>M</u> SPORT home win *od* victory **Heimspiel** <u>N</u> SPORT home match *od* game **heimsuchen** <u>V/T</u> to strike; *für längere Zeit* to plague; *Krankheit* to afflict; *Schicksal* to overtake; *umg* (≈ *besuchen*) to descend on *umg*; **von Krieg heimgesucht** war-torn **Heimtrainer** <u>M</u> exercise machine; (≈ *Fahrrad*) exercise bike **Heimtücke** <u>F</u> insidiousness; (≈ *Boshaftigkeit*) maliciousness **heimtückisch** <u>A</u> <u>ADJ</u> insidious; (≈ *boshaft*) malicious <u>B</u> <u>ADV</u> *überfallen, verraten* treacherously **Heimvorteil** <u>M</u> SPORT, *a. fig* home advantage **heimwärts** <u>ADV</u> (≈ *nach Hause zu*) home; **~ ziehen** to go homewards **Heimweg** <u>M</u> way home; **sich auf den ~ machen** to set out for home **Heimweh** <u>N</u> homesickness *ohne art*; **~ haben** to be *od* feel homesick (**nach** for) **Heimwerker(in)** <u>M(F)</u> do-it-yourself *od* DIY enthusiast **Heimwerkermarkt** <u>M</u> DIY store, home improvement center *US* **heimzahlen** <u>V/T</u> **j-m etw ~** to pay sb back for sth

Heini *umg* <u>M</u> guy *umg*; (≈ *Dummkopf*) fool

Heirat <u>F</u> marriage **heiraten** <u>A</u> <u>V/T</u> to marry <u>B</u> <u>V/I</u> to get married **Heiratsantrag** <u>M</u> proposal (of marriage); **j-m ei-**

nen **~ machen** to propose to sb **Heiratsanzeige** <u>F</u> (≈ *Bekanntgabe*) announcement of a forthcoming marriage **Heiratsschwindler(in)** <u>M(F)</u> person who makes a marriage proposal under false pretences **Heiratsurkunde** <u>F</u> marriage certificate

heiser <u>A</u> <u>ADJ</u> hoarse <u>B</u> <u>ADV</u> **sich ~ schreien/reden** to shout/talk oneself hoarse **Heiserkeit** <u>F</u> hoarseness

heiß <u>A</u> <u>ADJ</u> **1** hot; **j-m ist/wird ~** sb is/is getting hot; **etw ~ machen** to heat sth up **2** (≈ *heftig*) heated; *Wunsch* burning **3** (≈ *aufreizend, gefährlich*) **j-n ~ machen** *umg* to turn sb on *umg*; **ein ~es Eisen** a hot potato **4** *umg* **~er Draht** hotline; **~e Spur** firm lead; **~ sein** (≈ *brünstig*) to be on heat <u>B</u> <u>ADV</u> **1** **etw ~ trinken** to drink sth hot; **~ baden** to have a hot bath; **~ duschen** to take a hot shower; **~ laufen** *Motor* to overheat; *Telefonleitungen* to buzz **2** (≈ *heftig*) **~ ersehnt** much longed for; **~ geliebt** dearly beloved; **es ging ~ her** things got heated; **~ umkämpft** fiercely fought over; *Markt* fiercely contested; **~ umstritten** *Frage* hotly debated; *Künstler etc* highly controversial

heißen <u>A</u> <u>V/T</u> (≈ *nennen*) to call; **j-n willkommen ~** to bid sb welcome <u>B</u> <u>V/I</u> **1** to be called *Br*, to be named; **wie ~ Sie?** what are you called?, what's your name?; **ich heiße Müller** I'm called *od* my name is Müller; **er heißt Max** his name is Max, he's (called) Max; **wie heißt das?** what is that called? **2** (≈ *bestimmte Bedeutung haben*) to mean; **was heißt „gut" auf Englisch?** what is the English (word) for "gut"?; **ich weiß, was es heißt, allein zu sein** I know what it means to be alone **3** **das heißt** that is; (≈ *in anderen Worten*) that is to say <u>C</u> <u>V/I</u> **1** **es heißt, dass ...** (≈ *es geht die Rede*) they say that ... **2** (≈ *zu lesen sein*) **in der Bibel heißt es, dass ...** the Bible says that ...; **nun heißt es handeln** now it's time to act

heißgeliebt <u>ADJ</u> → heiß **Heißhunger** <u>M</u> ravenous appetite; **etw mit ~ essen** to eat sth ravenously **Heißkleber** <u>M</u> hot glue **heißlaufen** <u>V/I</u> → heiß **Heißluft** <u>F</u> hot air **Heißluftballon** <u>M</u> hot-air balloon **Heißluftherd** <u>M</u> fan-assisted oven **heißumkämpft** <u>ADJ</u> → heiß

heiter A̲D̲J̲ (≈ *fröhlich*) cheerful; (≈ *amüsant*) amusing; (≈ *hell, klar*) bright; *Wetter* fine; METEO fair; **das kann ja ~ werden!** *iron* that sounds great *iron*; **aus ~em Himmel** *fig* out of the blue **Heiterkeit** F̲ (≈ *Fröhlichkeit*) cheerfulness; (≈ *heitere Stimmung*) merriment; **allgemeine ~ hervorrufen** to cause general amusement

heizen A̲ V̲I̲ (≈ *die Heizung anhaben*) to have the/one's heating on; **mit Strom** *etc* **~** to use electricity *etc* for heating B̲ V̲T̲ (≈ *warm machen*) to heat; (≈ *verbrennen*) to burn **Heizkessel** M̲ boiler **Heizkissen** N̲ electric heat pad **Heizkörper** M̲ (≈ *Gerät*) heater; *von Zentralheizung* radiator; (≈ *Element*) heating element **Heizkosten** P̲L̲ heating costs *pl* **Heizkraft** F̲ heating power **Heizlüfter** M̲ fan heater **Heizöl** N̲ fuel oil **Heizpilz** M̲ (outdoor) patio heater **Heizung** F̲ heating

Hektar N̲/̲M̲ hectare

Hektik F̲ (≈ *Hast*) hectic rush; *von Großstadt etc* hustle and bustle; *von Leben etc* hectic pace; **nur keine ~** take it easy **hektisch** A̲ A̲D̲J̲ hectic; *Arbeiten* frantic B̲ A̲D̲V̲ hectically; **es geht ~ zu** things are hectic; **nur mal nicht so ~** take it easy

Hektoliter M̲/̲N̲ hectolitre *Br*, hectoliter *US*

Held M̲ hero **heldenhaft** A̲ A̲D̲J̲ heroic B̲ A̲D̲V̲ heroically **Heldenmut** M̲ heroic courage **Heldentat** F̲ heroic deed **Heldentum** N̲ heroism **Heldin** F̲ heroine

helfen V̲I̲ to help (*j-m* sb); **j-m bei etw ~** to help sb with sth; **ihm ist nicht zu ~** he is beyond help; **ich kann mir nicht ~, ich muss es tun** I can't help doing it; **kann ich Ihnen ~?** can I help you?; **er weiß sich** (*dat*) **zu ~** he is very resourceful; **man muss sich** (*dat*) **nur zu ~ wissen** *sprichw* you just have to use your head; **er weiß sich** (*dat*) **nicht mehr zu ~** he is at his wits' end; **es hilft nichts** it's no use; **das hilft mir wenig** that's not much help to me; **was hilft's?** what's the use?; **diese Arznei hilft gegen Kopfweh** this medicine helps to relieve headaches **Helfer(in)** M̲(̲F̲)̲ help; (≈ *Mitarbeiter*) assistant; *von Verbrecher* accomplice; **ein ~ in der Not** a friend in need **Helfershelfer(in)** M̲(̲F̲)̲ accomplice

Helgoland N̲ Heligoland **Helikopter** M̲ helicopter **Helium** N̲ helium

hell A̲ A̲D̲J̲ 1 *optisch* light; *Licht* bright; *Kleidungsstück* light-coloured *Br*, light-colored *US*; *Haar, Teint* fair; **es wird ~** it's getting light; **~e Bier** ⇒ *lager bes Br* 2 *akustisch*: *Ton* high(-pitched) 3 *umg* (≈ *klug*) *Junge* bright 4 (≈ *stark, groß*) great; *Verzweiflung, Unsinn* sheer, utter; *Neid* pure; **seine ~e Freude an etw** (*dat*) **haben** to find great joy in sth B̲ A̲D̲V̲ 1 (≈ *licht*) brightly 2 **von etw ~ begeistert sein** to be very enthusiastic about sth **hellauf** A̲D̲V̲ completely; **~ begeistert sein** to be wildly enthusiastic **hellblau** A̲D̲J̲ light blue **hellblond** A̲D̲J̲ very fair, blonde **helle** *umg* A̲D̲J̲ bright

Heller M̲ HIST heller; **das ist keinen ~ wert** that isn't worth a brass farthing *Br*, that's worth nothing; **auf ~ und Pfennig** (down) to the penny *bes Br*

Helle(s) N̲ (≈ *Bier*) ⇒ *lager bes Br* **hellgrün** A̲D̲J̲ light green **hellhörig** A̲D̲J̲ ARCH poorly soundproofed; **~ werden** *fig Mensch* to prick one's ears **Helligkeit** F̲ lightness; *von Licht* brightness; *von Haar, Teint* fairness **Helligkeitsregler** M̲ brightness control **hellicht** A̲D̲J̲ **am ~en Tage** in broad daylight **hellrot** A̲D̲J̲ bright red **hellsehen** V̲I̲ **~ können** to be clairvoyant **Hellseher(in)** M̲(̲F̲)̲ clairvoyant **hellwach** *wörtl* A̲D̲J̲ wide-awake; *fig* alert

Helm M̲ helmet

Helmkamera F̲ activity camera **Hemd** N̲ (≈ *Oberhemd*) shirt; (≈ *Unterhemd*) vest *Br*, undershirt *US*; **j-n bis aufs ~ ausziehen** *fig umg* to fleece sb *umg* **Hemdsärmel** M̲ shirtsleeve; **in ~n** in one's shirtsleeves **hemdsärmelig** A̲D̲J̲ shirt-sleeved; *fig umg* casual

Hemisphäre F̲ hemisphere

hemmen V̲T̲ *Entwicklung* to hinder; (≈ *verlangsamen*) to slow down; *Wasserlauf* to stem; PSYCH to inhibit; → **gehemmt Hemmnis** N̲ hindrance, impediment (**für** to) **Hemmschuh** M̲ brake shoe; *fig* hindrance (**für** to) **Hemmschwelle** F̲ inhibition level; **eine ~ überwinden** to overcome one's inhibitions **Hemmung** F̲ 1 PSYCH inhibition; (≈ *Bedenken*) scruple; **keine**

~en kennen to have no inhibitions; **nur keine ~en** don't feel inhibited [2] *von Entwicklung* hindering **hemmungslos** [A] ADJ (≈ *rückhaltlos*) unrestrained; (≈ *skrupellos*) unscrupulous [B] ADV *jubeln, weinen* without restraint; *sich hingeben* wantonly **Hemmungslosigkeit** F (≈ *Rückhaltlosigkeit*) lack *kein pl* of restraint; (≈ *Skrupellosigkeit*) unscrupulousness *kein pl*

Hendl N *österr, südd* chicken

Hengst M stallion

Henkel M handle

Henker M hangman; (≈ *Scharfrichter*) executioner

Henna F henna

Henne F hen

Hepatitis F hepatitis; **~ A/B/C/D/E** hepatitis **A/B/C/D/E**

her ADV **von der Kirche her** from the church; **her zu mir!** come here (to me); **von weit her** from a long way off *od away*; **her mit dem Geld!** hand over your money!; **her damit!** give me that; **von der Idee her** as for the idea; **vom finanziellen Standpunkt her** from the financial point of view; **ich kenne ihn von früher her** I know him from before

herab ADV down; **die Treppe ~** down the stairs **herabblicken** VI to look down (**auf** *+akk* on) **herablassen** [A] VT to let down [B] ADV to lower oneself; **sich zu etw ~** to deign to do sth **herablassend** [A] ADJ condescending [B] ADV condescendingly **herabmindern** VT (≈ *schlechtmachen*) to belittle **herabsehen** VI to look down (**auf** *+akk* on) **herabsetzen** VT to reduce; *Niveau* to lower; *Fähigkeiten, j-n* to belittle; **zu stark herabgesetzten Preisen** at greatly reduced prices **Herabsetzung** F reduction; *von Niveau* lowering; *von Fähigkeiten* belittling; (≈ *Kränkung*) slight **herabsteigen** VI to descend **herabwürdigen** [A] VT to belittle [B] VR to degrade oneself **Herabwürdigung** F belittling, disparagement

Heraldik F heraldry

heran ADV **bis an etw** (*akk*) **~** close to sth, right by sth; *mit Bewegungsverb* right up to sth **heranbilden** VT to train (up) **heranführen** VT *j-n* to lead up; **j-n an etw** (*akk*) **~** to lead sb up to sth **herangehen** VI **an j-n ~** *wörtl* to go up to sb; *fig an Gegner* to set about

sb; **an etw ~** *fig an Problem, Aufgabe* to tackle *od approach* sth **herankommen** [A] VI [1] *räumlich, zeitlich* to approach (**an etw** *akk* sth) [2] (≈ *erreichen*) **an den Chef kommt man nicht heran** you can't get hold of the boss [3] (≈ *grenzen an*) **an etw** (*akk*) **~** to verge on sth **heranmachen** *umg* VR **sich an etw** (*akk*) **~** to get down to sth; **sich an j-n ~** to approach sb; *an Mädchen* to chat sb up *bes Br umg*, to flirt with sb **herannahen** *geh* VI to approach **heranpirschen** VR **sich an j-n/etw ~** to stalk up on sb/sth **heranreichen** VI **an j-n/etw ~** *wörtl Mensch* to reach sb/sth; *Weg, Gelände etc* to reach (up to) sth; *fig* (≈ *sich messen können mit*) to come near sb/sth **heranreifen** *geh* VI *Obst* to ripen; *fig Jugendliche* to mature; *Plan, Entschluss, Idee* to mature, to ripen **heranrücken** VI (≈ *sich nähern*) to approach (**an etw** *akk* sth); (≈ *dicht aufrücken*) to move nearer (**an** *+akk* to) **heranschleichen** VI & VR to creep up (**an etw** *akk* to sth *od* **an j-n** on sb) **herantragen** VT **etw an j-n ~** *fig* to take sth to sb, to go to sb with sth **herantreten** *wörtl* VI to move up (**an** *+akk* to); **näher ~** to move nearer; **an j-n ~** *fig* to confront sb; **mit etw an j-n ~** (≈ *sich wenden an*) to approach sb with sth **heranwachsen** *geh* VI to grow; *Kind* to grow up **Heranwachsende(r)** M(F)M JUR adolescent **heranwagen** VR **sich an etw** (*akk*) **~** *wörtl* to venture near sth, to dare to go near sth; *fig* to venture to tackle sth **heranziehen** VT [1] (≈ *zu Hilfe holen*) to call in; *Literatur* to consult [2] (≈ *einsetzen*) *Arbeitskräfte* to bring in

herauf [A] ADV up; **von unten ~** up from below [B] PRÄP up; **den Berg/die Treppe ~** up the mountain/stairs **heraufbeschwören** VT [1] (≈ *wachrufen*) to evoke [2] (≈ *herbeiführen*) to cause **heraufbringen** VT to bring up **heraufkommen** VI to come up **heraufsetzen** VT *Preise etc* to increase **heraufsteigen** VI (≈ *heraufklettern*) to climb up **heraufziehen** [A] VT to pull up [B] VI *Gewitter, Unheil etc* to approach

heraus ADV out; **~ da!** *umg* get out of there!; **~ mit ihm** *umg* get him out!; **~ damit!** *umg* (≈ *gib her*) hand it over!; (≈ *heraus mit der Sprache!*) out with it!

umg; **zum Fenster** ~ out of the window **herausarbeiten** _VIT aus Stein, Holz_ to carve (**aus** out of); _fig_ to bring out **herausbekommen** _VIT_ **1** _Fleck, Nagel etc_ to get out (**aus** of) **2** _Ursache, Geheimnis_ to find out (**aus j-m** from sb) **3** _Wechselgeld_ to get back **herausboxen** _umg VIT j-n_ to bail out _umg_ **herausbringen** _VIT_ **1** → herausbekommen **2** _auf den Markt bringen_ to bring out; **j-n/etw ganz groß** ~ to launch sb/sth in a big way **3** (≈ _hervorbringen_) _Worte_ to utter **herausfahren** _VI_ to come out (**aus** of); _Zug_ to pull out **B** _VIT SPORT_ **eine gute Zeit** ~ to make good time **herausfallen** _VI_ to fall out (**aus** of); _fig aus Liste etc_ to drop out (**aus** of) **herausfinden** **A** _VIT_ to find out **B** _VI & VR_ to find one's way out (**aus** of) **Herausforderer** _M_, **Herausforderin** _F_ challenger **herausfordern** **A** _VIT_ to challenge (**zu** to); (≈ _provozieren_) to provoke (**zu etw** to do sth); _Kritik, Protest_ to invite; _Gefahr_ to court; **das Schicksal** ~ to tempt fate **B** _VI_ **zu etw** ~ (≈ _provozieren_) to invite sth **herausfordernd** **A** _ADJ_ provocative; _Haltung, Blick_ challenging **B** _ADV_ (≈ _aggressiv_) provocatively; (≈ _lockend_) invitingly **Herausforderung** _F_ challenge; (≈ _Provokation_) provocation **Herausgabe** _F_ **1** (≈ _Rückgabe_) return **2** _von Buch etc_ publication **herausgeben** **A** _VIT_ **1** (≈ _zurückgeben_) to return, to hand back **2** (≈ _veröffentlichen, erlassen_) to issue; _Buch, Zeitung_ to publish; (≈ _bearbeiten_) to edit **3** (≈ _Wechselgeld geben_) _Betrag_ to give in _od_ as change **B** _VI_ (≈ _Wechselgeld geben_) to give change (**auf** +_akk_ for); **können Sie (mir)** ~? can you give me change? **Herausgeber(in)** _M(F)_ (≈ _Verleger_) publisher; (≈ _Redakteur_) editor **herausgehen** _VI_ to go out (**aus** of); _Fleck_ to come out; **aus sich** ~ _fig_ to come out of one's shell _fig_ **heraushaben** _VIT umg_ (≈ _begriffen haben_) to have got _umg_; (≈ _gelöst haben_) to have solved **heraushalten** **A** _VIT_ (≈ _nicht verwickeln_) to keep out (**aus** of) **B** _VR_ to keep out of it; **sich aus etw** ~ to keep out of sth **herausholen** _VIT_ **1** _wörtl_ to get _od_ take out (**aus** of) **2** _Vorteil_ to gain; _Vorsprung, Sieg_ to achieve; _Gewinn_ to make; _Herstellungskosten_ to recoup; **alles aus sich** ~ to get the best from oneself **3** (≈ _heraus-_

pauken) to get off the hook _umg_ **heraushören** _VIT_ to hear; (≈ _fühlen_) to sense (**aus** in) **herauskommen** _VI_ **1** to come out (**aus** of); **er kam aus dem Staunen nicht heraus** he couldn't get over his astonishment; **er kam aus dem Lachen nicht heraus** he couldn't stop laughing **2** _aus bestimmter Lage_ to get out (**aus** of); **aus seinen Schwierigkeiten** ~ to get over one's difficulties **3** (≈ _auf den Markt kommen_) to come out; _Gesetz_ to come into force; **ganz groß** ~ _umg_ to make a big splash _umg_ **4** (≈ _Resultat haben_) **bei etw** ~ to come of sth; **und was soll dabei ~?** and what is that supposed to achieve?; **es kommt auf dasselbe heraus** it comes (down) to the same thing **herauskriegen** _umg VIT_ → herausbekommen **herauslassen** _VIT_ to let out (**aus** of) **herauslesen** _VIT_ (≈ _erkennen_) to gather (**aus** from) **herauslocken** _VIT_ to entice out (**aus** of); **etw aus j-m** ~ to get sth out of sb; **j-n aus seiner Reserve** ~ to draw sb out of his shell **herausnehmbar** _ADJ_ removable **herausnehmen** _VIT_ (≈ _entfernen_) to take out (**aus** of); **sich** (_dat_) **die Mandeln** ~ **lassen** to have one's tonsils out **2** _umg_ (≈ _sich erlauben_) **es sich** (_dat_) ~, **etw zu tun** to have the nerve to do sth _umg_; **sich** (_dat_) **Freiheiten** ~ to take liberties **herausragen** _VI_ → hervorragen **herausreden** _VR_ to talk one's way out of it _umg_ **herausreißen** _VIT_ **1** _wörtl_ to tear out (**aus** of); **j-n aus etw** ~ _aus Umgebung_ to tear sb away from sth; _aus Schlaf_ to startle sb out of sth **2** _umg aus Schwierigkeiten_ **j-n** ~ to get sb out of it _umg_ **herausrücken** **A** _VIT umg_ (≈ _hergeben_) _Geld_ to cough up _umg_; _Beute, Gegenstand_ to hand over **B** _umg VI_ **1** (≈ _hergeben_) **mit etw** ~ _mit Geld_ to cough sth up _umg_; _mit Beute_ to hand sth over **2** (≈ _aussprechen_) **mit etw** ~ to come out with sth; **mit der Sprache** ~ to come out with it **herausrutschen** _VI_ to slip out (**aus** of); **das ist mir nur so herausgerutscht** it just slipped out somehow **herausschlagen** _VIT_ **1** _wörtl_ to knock out (**aus** of) **2** _umg_ (≈ _erreichen_) _Geld_ to make; _Gewinn, Vorteil_ to get; _Zeit_ to gain **herausschneiden** _VIT_ to cut out (**aus** of) **herausschreien** _VIT_ to shout out **heraus sein** _umg VI_ to be out; (≈ _be-_

kannt sein) to be known; **aus dem Schlimmsten ~** to have got past the worst (part); *bei Krise, Krankheit* to be over the worst

herausspringen V̄ᵢ **1** *wörtl* to jump out (**aus of**) **2** (≈ *sich lösen*) to come out **3** *umg* **dabei springt nichts heraus** there's nothing to be got out of it

herausstellen A V̄ₜ **1** *wörtl* to put outside **2** *fig* (≈ *hervorheben*) to emphasize; *j-n* to give prominence to **B** V̄ᴿ *Wahrheit* to come to light; **sich als falsch ~** to prove (to be) wrong; **es stellte sich heraus, dass …** it emerged *od* turned out that …

herausstrecken V̄ₜ *Zunge, Kopf* to stick out

heraussuchen V̄ₜ to pick out

herauswachsen V̄ᵢ to grow out (**aus of**)

herauswagen V̄ᴿ to dare to come out (**aus of**)

herauswinden *fig* V̄ᴿ to wriggle out of it

herauswirtschaften V̄ₜ to make (**aus out of**)

herausziehen V̄ₜ to pull out (**aus of**)

herb *ADJ* **1** *Geruch, Geschmack* sharp; *Wein* dry **2** *Enttäuschung etc* bitter; *Wahrheit* cruel **3** (≈ *streng*) *Züge, Gesicht* severe, harsh; *Art, Charakter* dour **4** *Worte, Kritik* harsh

Herbarium N̄ herbarium, herbary

herbei *ADV* here **herbeieilen** *geh* V̄ᵢ to hurry *od* rush over **herbeiführen** V̄ₜ (≈ *bewirken*) to bring about; (≈ *verursachen*) to cause **herbeischaffen** V̄ₜ to bring; *Geld* to get; *Beweise* to produce **herbeisehnen** V̄ₜ to long for **herbeiströmen** *geh* V̄ᵢ to come in (their) crowds **herbeiwünschen** V̄ₜ (**sich** *dat*) **etw ~** to long for sth

herbekommen *umg* V̄ₜ to get **herbemühen** *geh* **A** V̄ₜ **j-n ~** to trouble sb to come here **B** V̄ᴿ to take the trouble to come here

Herberge F̄ **1** (≈ *Unterkunft*) lodging *kein unbest art* **2** (≈ *Jugendherberge*) (youth) hostel **Herbergsmutter** F̄, **Herbergsvater** M̄ (youth hostel) warden

herbestellen V̄ₜ to ask to come

Herbheit F̄ **1** *von Geruch, Geschmack* sharpness; *von Wein* dryness **2** *von Enttäuschung* bitterness **3** (≈ *Strenge von*

Gesicht, Zügen) severity, harshness; *von Art, Charakter* dourness **4** *von Worten, Kritik* harshness

Herbizid N̄ herbicide

herbringen V̄ₜ to bring (here); → her-gebracht

Herbst M̄ autumn, fall *US*; **im ~** in autumn, in the fall *US* **Herbstanfang** M̄ beginning of autumn *od* fall *US* **Herbstferien** P̄ᴸ autumn holiday(s) (*pl*) *Br*, autumn vacation *US* **herbstlich** **A** *ADJ* autumn *attr*, fall *US*; (≈ *wie im Herbst*) autumnal; **das Wetter wird schon ~** autumn is in the air, fall is in the air *US* **B** *ADV* **~ kühles Wetter** cool autumn weather, cool fall weather *US* **Herbstzeitlose** F̄ meadow saffron

Herd M̄ **1** (≈ *Küchenherd*) cooker, stove **2** MED focus; GEOL *von Erdbeben* epicentre *Br*, epicenter *US*

Herde *wörtl* F̄ herd; *von Schafen, a. fig geh* (≈ *Gemeinde*) flock **Herdentier** N̄ gregarious animal **Herdentrieb** M̄ herd instinct

Herdplatte F̄ *von Elektroherd* hotplate

herein *ADV* in; **~!** come in!; **hier ~!** in here!; **von (dr)außen ~** from outside **hereinbekommen** *umg* V̄ₜ *Waren* to get in; *Radiosender* to get; *Unkosten etc* to recover **hereinbitten** V̄ₜ to ask (to come) in **hereinbrechen** V̄ᵢ *Wasser, Flut* to gush in; **über j-n/etw ~** to descend upon sb/sth **hereinbringen** V̄ₜ to bring in **2** *umg* (≈ *wettmachen*) to make good **hereinfahren** V̄ₜ & V̄ᵢ to drive in **hereinfallen** *umg* V̄ᵢ to fall for it *umg*; (≈ *betrogen werden*) to be had *umg*; **auf j-n/etw ~** to be taken in by sb/sth **hereinführen** V̄ₜ to show in **hereinholen** V̄ₜ to bring in (**in** +*akk* -**to**) **hereinkommen** V̄ᵢ to come in (**in** +*akk* -**to**) **hereinlassen** V̄ₜ to let in (**in** +*akk* -**to**) **hereinlegen** *umg* V̄ₜ **j-n ~** (≈ *betrügen*) to take sb for a ride *umg*; (≈ *anführen*) to take sb in **hereinplatzen** *umg* V̄ᵢ to burst in (**in** +*akk* -**to**) **hereinregnen** V̄ᵢ **es regnet herein** the rain is coming in **hereinschneien** *umg* V̄ᵢ to drop in *umg* **hereinströmen** V̄ᵢ to pour in (**in** +*akk* -**to**)

herfahren A V̄ₜ to come *od* get here; **hinter j-m ~** to drive (along) behind sb; *mit Rad* to ride (along) behind sb **B** V̄ₜ to drive here **Herfahrt** F̄ journey here; **auf der ~** on the way here **her-**

fallen $\overline{\text{V/i}}$ über j-n ~ to attack sb; (≈ *kritisieren*) to pull sb to pieces; **über etw** (*akk*) ~ über Essbares etc to pounce upon sth **herfinden** $\overline{\text{V/i}}$ to find one's way here **herführen** $\overline{\text{V/t}}$ **was führt Sie her?** what brings you here? **Hergang** $\overline{\text{M}}$ course; **der ~ des Unfalls** the way the accident happened; **j-m den ~ schildern** to tell sb what happened **hergeben** $\overline{\text{A}}$ $\overline{\text{V/t}}$ (≈ *weggeben*) to give away; (≈ *aushändigen*) to hand over; (≈ *zurückgeben*) to give back; **wenig ~** umg not to be much use; **seinen Namen für etw ~** to lend one's name to sth $\overline{\text{B}}$ $\overline{\text{V/r}}$ **sich zu** od **für etw ~** to be (a) party to sth **hergebracht** $\overline{\text{ADJ}}$ (≈ *traditionell*) traditional; → herbringen **hergehen** $\overline{\text{A}}$ $\overline{\text{V/i}}$ neben j-m ~ to walk (along) beside sb $\overline{\text{B}}$ $\overline{\text{V/i}}$ umg (≈ *zugehen*) es ging heiß her things got heated umg; **hier geht es hoch her** there's plenty going on here **hergehören** $\overline{\text{V/i}}$ to belong here **herhaben** umg $\overline{\text{V/t}}$ **wo hat er das her?** where did he get that from? **herhalten** $\overline{\text{V/i}}$ to suffer (for it); **für etw ~** to pay for sth; **als Entschuldigung für etw ~** to be used as an excuse for sth **herholen** umg $\overline{\text{V/t}}$ to fetch; **weit hergeholt sein** fig to be far--fetched **herhören** umg $\overline{\text{V/i}}$ to listen; **alle mal ~!** everybody listen here **Hering** $\overline{\text{M}}$ **1** herring **2** (≈ *Zeltpflock*) (tent) peg **herkommen** $\overline{\text{V/i}}$ to come here; (≈ *sich nähern*) to come; (≈ *herstammen*) to come from; **komm her!** come here!; **von j-m/etw ~** (≈ *stammen*) to come from sb/sth **herkömmlich** $\overline{\text{ADJ}}$ conventional **Herkunft** $\overline{\text{F}}$ origin; *soziale* background; **er ist britischer ~** (*gen*) he is of British descent **Herkunftsbezeichnung** $\overline{\text{F}}$ designation of origin **Herkunftsland** $\overline{\text{N}}$ **1** HANDEL country of origin **2** *von Flüchtling* country of origin; **sicheres ~** safe country of origin **herlaufen** $\overline{\text{V/i}}$ to come running; **hinter j-m ~** to run after sb **herleiten** $\overline{\text{V/t}}$ (≈ *folgern*) to derive (**aus** from) **hermachen** umg $\overline{\text{A}}$ $\overline{\text{V/r}}$ **sich über etw** (*akk*) ~ über Arbeit, Essen to get stuck into sth umg; über Eigentum to pounce (up-)on sth; sich über j-n ~ to lay into sb umg $\overline{\text{B}}$ $\overline{\text{V/t}}$ **viel ~** to look impressive **Hermelin**[1] $\overline{\text{N}}$ ZOOL ermine **Hermelin**[2] $\overline{\text{M}}$ (≈ *Pelz*) ermine

hermetisch $\overline{\text{A}}$ $\overline{\text{ADJ}}$ hermetic $\overline{\text{B}}$ $\overline{\text{ADV}}$ ~ **abgeriegelt** completely sealed off **hernehmen** $\overline{\text{V/t}}$ (≈ *beschaffen*) to get; **wo soll ich das ~?** where am I supposed to get that from? **Heroin** $\overline{\text{N}}$ heroin **heroinabhängig, heroinsüchtig** $\overline{\text{ADJ}}$ addicted to heroin **Heroinabhängige(r), Heroinsüchtige(r)** $\overline{\text{M/F(M)}}$ heroin addict **heroisch** geh $\overline{\text{A}}$ $\overline{\text{ADJ}}$ heroic $\overline{\text{B}}$ $\overline{\text{ADV}}$ heroically **Herpes** $\overline{\text{M}}$ MED herpes **Herr** $\overline{\text{M}}$ **1** (≈ *Gebieter*) lord, master; (≈ *Herrscher*) ruler (**über** +*akk* of); **sein eigener ~ sein** to be one's own master; **~ einer Sache** (*gen*) **werden** to get sth under control; **~ der Lage sein** to be master of the situation **2** (≈ *Gott*) Lord **3** (≈ *Mann*) gentleman; **4x100-m-Staffel der ~en** men's 4 x 100m relay; „**Herren**" (≈ *Toilette*) "gents" Br, "men's room" US **4** *vor Eigennamen* Mr Br, Mr. US; (**mein**) ~! sir!; ~ **Professor Schmidt** Professor Schmidt; ~ **Doktor** doctor; ~ **Präsident** Mr President; **sehr geehrter ~ Bell** in Brief Dear Mr Bell; **sehr geehrte ~en** in Brief Dear Sirs Br, to whom it may concern US **Herrchen** $\overline{\text{N}}$ umg von Hund master **Herreise** $\overline{\text{F}}$ journey here **Herrenausstatter(in)** $\overline{\text{M/F}}$ gents' outfitter **Herrenbekleidung** $\overline{\text{F}}$ menswear **Herrendoppel** $\overline{\text{N}}$ beim Tennis etc men's doubles sg **Herreneinzel** $\overline{\text{N}}$ beim Tennis etc men's singles sg **Herrenfahrrad** $\overline{\text{N}}$ man's bicycle od bike umg **Herrenfriseur(in)** $\overline{\text{M/F}}$ men's hairdresser, barber **herrenlos** $\overline{\text{ADJ}}$ abandoned; Hund etc stray **Herrenmode** $\overline{\text{F}}$ men's fashion **Herrenschneider(in)** $\overline{\text{M/F}}$ gentlemen's tailor **Herrentoilette** $\overline{\text{F}}$ men's toilet od restroom US, gents sg Br **Herrgott** $\overline{\text{M}}$ **der ~** God, the Lord (God); ~ **noch mal!** umg damn it all! umg **Herrgottsfrühe** $\overline{\text{F}}$ **in aller ~** umg at the crack of dawn **herrichten** $\overline{\text{V/t}}$ **1** (≈ *vorbereiten*) to get ready (*dat* od **für** for); Tisch to set **2** (≈ *ausbessern*) to do up umg **herrisch** $\overline{\text{ADJ}}$ imperious **herrlich** $\overline{\text{A}}$ $\overline{\text{ADJ}}$ marvellous Br, marvelous US, superb; Kleid gorgeous, lovely; **das ist ja ~** iron that's great $\overline{\text{B}}$ $\overline{\text{ADV}}$ **wir haben uns ~ amüsiert** we had a

H

marvel(l)ous time; **~ schmecken** to taste absolutely delicious **Herrlichkeit** F̲ (≈ *Pracht*) magnificence

Herrschaft F̲ **1** (≈ *Macht*) power; (≈ *Staatsgewalt*) rule; **unter der ~** under the rule (+*gen* od **von** of) **2** (≈ *Kontrolle*) control **3** **die ~en** (≈ *Damen und Herren*) the ladies and gentlemen; **(meine) ~en!** ladies and gentlemen! **herrschaftlich** ADJ̲ (≈ *vornehm*) grand **herrschen** A̲ V̲I̲ **1** (≈ *Macht haben*) to rule; *König* to reign; *fig Mensch* to dominate **2** (≈ *vorherrschen*) to prevail; *Betriebsamkeit* to be prevalent; *Nebel, Kälte* to be predominant; *Krankheit, Not* to be rampant; *Meinung* to predominate; **überall herrschte Freude** there was joy everywhere; **hier herrscht Ordnung** things are orderly (a)round here B̲ V̲I̲ **es herrschte Schweigen** silence reigned; **es herrscht Ungewissheit darüber, ob …** there is uncertainty about whether … **herrschend** ADJ̲ *Partei, Klasse* ruling; *König* reigning; *Bedingungen* prevailing; *Mode* current **Herrscher(in)** M̲F̲ ruler, monarch **Herrschsucht** F̲ domineeringness **herrschsüchtig** ADJ̲ domineering

herrühren V̲I̲ **von etw ~** to be due to sth **hersagen** V̲T̲ to recite **hersehen** V̲I̲ (≈ *hierhersehen*) to look here; **hinter j-m ~** to follow sb with one's eyes **her sein** V̲I̲ **1** *zeitlich* **das ist schon 5 Jahre her** that was 5 years ago **2** **hinter j-m/etw ~** to be after sb/sth

herstellen V̲T̲ **1** (≈ *erzeugen*) to produce; *bes industriell* to manufacture; **in Deutschland hergestellt** made in Germany **2** (≈ *zustande bringen*) to establish; *TEL Verbindung* to make **Hersteller(in)** M̲F̲ (≈ *Produzent*) producer; *bes industriell* manufacturer **Herstellung** F̲ **1** (≈ *Erzeugung*) production; *bes industriell* manufacture **2** (≈ *das Zustandebringen*) establishment **Herstellungskosten** P̲L̲ manufacturing costs *pl* **Herstellungsland** N̲ country of manufacture

Hertz N̲ *PHYS, RADIO* hertz **herüber** ADV̲ over here; *über Fluss, Grenze etc* across; **da ~** over/across there **herüberbringen** V̲T̲ to bring over/across (**über etw** *akk* sth) **herüberkommen** V̲I̲ to come over/across (**über etw** *akk* sth); *umg zu Nachbarn* to pop

round *Br umg*, to call round **herübersehen** V̲I̲ to look over (**über etw** *akk* sth); **zu j-m ~** to look over/across to sb **herum** ADV̲ **1** **um … ~** (a)round; **links/rechts ~** (a)round to the left/right; **oben/unten ~ fahren** to take the top/lower road **2** (≈ *ungefähr*) **um … ~** *Mengenangabe* about, around; *Zeitangabe* (at) about od around; → **herum sein herumalbern** *umg* V̲I̲ to fool od mess around **herumärgern** *umg* V̲R̲ **sich mit j-m/etw ~** to keep struggling with sb/sth **herumballern** V̲I̲ to fire in all directions od all over the place **herumbekommen** *umg* V̲T̲ *j-n* to talk round *bes Br*, to talk around *bes US* **herumbringen** *umg* V̲T̲ *Zeit* to get through **herumdrehen** A̲ V̲T̲ *Schlüssel* to turn; (≈ *wenden*) to turn (over) B̲ V̲R̲ to turn (a)round; *im Liegen* to turn over **herumerzählen** V̲T̲ *etw ~* to spread sth around; **er erzählte überall herum, dass …** he went around telling everyone that …; **erzähl das nicht herum** don't spread it around, don't tell anyone **herumfahren** V̲I̲ **1** (≈ *umherfahren*) to go (a)round; *mit Auto* to drive (a)round; **in der Stadt ~** to go/drive (a)round the town **2** (≈ *um etw herumfahren*) to go (a)round; *mit Auto* to drive (a)round **herumführen** A̲ V̲T̲ to lead (a)round (**um etw** sth); *bei Besichtigung* to show (a)round; **j-n in einer Stadt ~** to show sb (a)round a town B̲ V̲I̲ **um etw ~** to go (a)round sth **herumgehen** *umg* V̲I̲ **1** (≈ *um etw herumgehen*) to walk (a)round (**um etw** sth) **2** (≈ *ziellos umhergehen*) to wander (a)round (**in etw** *dat* sth); **es ging ihm im Kopf herum** it went round and round in his head **3** (≈ *herumgereicht werden*) to be passed (a)round; (≈ *weitererzählt werden*) to go (a)round (**in etw** *dat* sth); **etw ~ lassen** to circulate sth **4** (≈ *zeitlich vorbeigehen*) to pass **herumgurken** *umg* V̲I̲ to cruise *umg*; *in der Gegend ~* to cruise the area **herumhängen** *umg* V̲I̲ **1** (≈ *sich lümmeln*) to loll around **2** (≈ *ständig zu finden sein*) to hang out *umg* **herumirren** V̲I̲ to wander (a)round **herumkommandieren** *umg* V̲T̲ to order about **herumkommen** *umg* V̲I̲ **1** *um eine Ecke etc* to come (a)round (**um etw** sth) **2** (≈ *herumkönnen*) to get (a)round (**um etw** sth) **3** (≈ *vermeiden* können) **um etw ~** to get out of sth; **wir kommen um die Tatsache nicht herum, dass ...** we cannot get away from the fact that ... **4** (≈*reisen*) to get (a)round **(in etw** *dat* sth) **herumkriegen** *umg* VT → herumbekommen **herumlaufen** *umg* VI to run (a)round **(um etw** sth); **so kannst du doch nicht ~** *fig umg* you can't go (a)round (looking) like that **herumliegen** *umg* VI to lie (a)round **(um etw** sth) **herumlungern** *umg* VI to hang (a)round *umg* **herumreden** *umg* VI to talk away; **um etw ~** *ausweichend* to talk around sth **herumreichen** VT (≈*herumgeben*) to pass (a)round **herumreisen** VI to travel (a)round **herumreiten** *fig umg* VI **auf etw** (*dat*) **~** to keep on about sth **herumschlagen** *umg* VR **sich mit j-m ~** *wörtl* to fight with sb; *fig* to fight a running battle with sb; **sich mit etw ~** *fig* to wrestle with sth **herumschreien** *umg* VI to shout out loud **herum sein** *umg* VI **1** (≈*vorüber sein*) to be past **2** (≈*in j-s Nähe sein*) **um j-n ~** to be around sb **herumsitzen** VI to sit around; *untätig* to sit around doing nothing **herumsprechen** VR to get (a)round **herumstehen** VI **1** *Sachen* to be lying around **2** *Menschen* to stand (a)round **(um j-n/etw** sb/sth) **herumstöbern** *umg* (≈*suchen*) to rummage around **herumstreiten** *umg* VR to squabble **herumtreiben** *umg* VR to hang (a)round *od* out *umg* **(in** +*dat* in) **Herumtreiber(in)** *pej* M(F) tramp; (≈*Streuner*) vagabond **herumwerfen** A VT (≈*achtlos werfen*) to throw around **(in etw** *dat* sth) **B** *umg* **mit Geld** *etc* **~** to throw one's money *etc* around **herumzeigen** VT to show (a)round **herumzicken** *umg* VI schwierig sein to be a pain **herumziehen** VI (≈*von Ort zu Ort ziehen*) to move around

herunter ADV down; **~!** get down!; **da/hier ~** down there/here; **vom Berg ~** down the mountain; **bis ins Tal ~** down into the valley **herunterbekommen** VT → herunterkriegen **herunterdrücken** VT *Hebel, Pedal* to press down **herunterfahren** A VI to go down **B** VT to bring down; IT to shut down **herunterfallen** VI to fall down *od* off; **von etw ~** to fall off sth **heruntergehen**

VI to go down; **von etw ~** *umg* to get off sth; **auf etw** (*akk*) **~** *Preise* to go down to sth; *Geschwindigkeit* to slow down to sth; **mit den Preisen ~** to lower one's prices **heruntergekommen** ADJ *Haus* dilapidated; *Stadt* run-down; *Mensch* down-at-heel **herunterhandeln** *umg* VT *Preis* to beat down; **j-n** (**auf etw** *akk*) **~** to knock sb down (to sth) **herunterhauen** *umg* VT **j-m eine ~** to slap sb on the side of the head **herunterholen** VT to fetch down; *umg Flugzeug* to bring down **herunterklappen** VT to turn down; *Sitz* to fold down **herunterkommen** VI **1** to come down; *umg* (≈*herunterkönnen*) to get down **2** *fig umg* (≈*verfallen*) *Stadt, Firma* to go downhill; *Wirtschaft* to go to rack and ruin; *gesundheitlich* to become run-down **3** *fig umg* (≈*wegkommen*) **vom Alkohol ~** to kick the habit *umg* **herunterkriegen** *umg* VT to get down; (≈*abmachen können*) to get off **herunterladen** VT INTERNET to download **(auf** +*akk* onto) **herunterleiern** *umg* VT to reel off **heruntermachen** *umg* VT **1** (≈*schlechtmachen*) to run down **2** (≈*zurechtweisen*) to tell off *umg* **herunterputzen** *umg* VT **j-n ~** to give sb an earful **herunterreichen** A VT to pass down **B** VI to reach down **herunterschrauben** *fig* VT *Ansprüche* to lower **heruntersehen** VI to look down; **auf j-n ~** *fig* to look down on sb **herunter sein** *umg* VI to be down; **mit den Nerven ~** *umg* to be at the end of one's tether *Br*, to be at the end of one's rope *US* **herunterspielen** VT *umg* (≈*verharmlosen*) to play down **herunterwirtschaften** *umg* VT to bring to the brink of ruin **herunterziehen** VT (≈*nach unten ziehen*) to pull down

hervor ADV **aus etw ~** out of sth; **hinter dem Tisch ~** out from behind the table **hervorbringen** VT (≈*entstehen lassen*) to produce; *Worte* to utter **hervorgehen** VI **1** (≈*sich ergeben*) to follow; **daraus geht hervor, dass ...** from this it follows that ... **2** **als Sieger ~** to emerge victorious; **aus etw ~** to come out of sth **hervorheben** VT to emphasize **hervorholen** VT to bring out **hervorragen** VI **1** *Felsen, Stein etc* to jut out **2** *fig* (≈*sich auszeichnen*) to stand out **hervorragend** A ADJ *fig* (≈*ausgezeichnet*) excellent B ADV excellently; **etw ~ beschreiben** to give an excellent description of sth; **~ schmecken** to taste exquisite **hervorrufen** V̅T (≈*bewirken*) to cause; *Bewunderung* to arouse; *Eindruck* to create **hervorstehen** V̅I to stand out **hervortreten** V̅I 1 (≈*heraustreten*) to step out, to emerge; *Backenknochen* to protrude; *Adern* to bulge 2 (≈*sichtbar werden*) to stand out; *fig* to become evident **hervortun** V̅R to distinguish oneself; *umg* (≈*sich wichtigtun*) to show off (**mit etw** sth)

herwagen V̅R to dare to come **Herweg** M̲ way here; **auf dem ~** on the way here

Herz N̲ heart; (≈*Spielkartenfarbe*) hearts *pl*; *einzelne Karte* heart; **sein ~ schlug höher** his heart leapt; **im ~en der Stadt** in the heart of the city; **im Grund meines ~ens** in my heart of hearts; **ein ~ und eine Seele sein** to be the best of friends; **mit ganzem ~en** wholeheartedly; **j-m von ganzem ~en danken** to thank sb with all one's heart; **ein gutes ~ haben** *fig* to have a good heart; **schweren ~ens** with a heavy heart; **aus tiefstem ~en** from the bottom of one's heart; **es liegt mir am ~en** I am very concerned about it; **dieser Hund ist mir ans ~ gewachsen** I have become attached to this dog; **ich lege es dir ans ~, das zu tun** I would ask you particularly to do that; **etw auf dem ~en haben** to have sth on one's mind; **j-n auf ~ und Nieren prüfen** to examine sb very thoroughly; **er hat sie in sein ~ geschlossen** he has grown fond of her; **ohne ~** heartless; **es wurde ihr leichter ums ~** she felt relieved; **von ~en** with all one's heart; **etw von ~en gern tun** to love doing sth; **j-n von ~en gernhaben** to love sb dearly; **sich** (*dat*) **etw vom ~en reden** to get sth off one's chest; **sich** (*dat*) **etw zu ~en nehmen** to take sth to heart; **alles, was das ~ begehrt** everything one's heart desires; **j-s ~ brechen** to break sb's heart; **hast du denn (gar) kein ~?** how can you be so heartless? **Herzanfall** M̲ heart attack **Herzass** N̲ ace of hearts **Herzbeschwerden** P̲L̲ heart trouble *sg* **Herzchirurg(in)** M̲/F̲ heart surgeon

herzeigen V̅T to show; **zeig (mal) her!** let's see **Herzensbrecher(in)** *fig umg* M̲/F̲ heartbreaker **herzensgut** ADJ good-hearted **Herzenslust** F̲ **nach ~** to one's heart's content **Herzenswunsch** M̲ dearest wish **herzerfrischend** ADJ refreshing **herzergreifend** ADJ heart-rending **herzerweichend** ADJ heart-rending **Herzfehler** M̲ heart defect **Herzflattern** N̲ palpitations *pl* (of the heart) **Herzflimmern** N̲ heart flutter **herzförmig** ADJ heart-shaped **Herzgegend** F̲ cardiac region **herzhaft** ADJ 1 (≈*kräftig*) hearty; *Geschmack* strong 2 (≈*nahrhaft*) *Essen* substantial

herziehen A V̅T **j-n/etw hinter sich** (*dat*) **~** to pull sb/sth (along) behind one B V̅I 1 **vor j-m ~** to march along in front of sb 2 **über j-n/etw ~** *umg* to knock sb/sth *umg*

herzig ADJ sweet **Herzinfarkt** M̲ heart attack **Herzkammer** F̲ ventricle **Herzklappe** F̲ cardiac valve **Herzklappenfehler** M̲ valvular heart defect **Herzklinik** F̲ coronary care unit **Herzklopfen** N̲ **ich hatte/bekam ~** my heart was/started pounding; **mit ~** with a pounding heart **herzkrank** ADJ **~ sein/werden** to have/get a heart condition **Herzkranzgefäß** N̲ coronary (blood) vessel **Herz-Kreislauf-Erkrankung** F̲ cardiovascular disease *od* condition **herzlich** A ADJ *Empfang etc* warm; *Bitte* sincere; **mit ~en Grüßen** kind regards, love; **~en Dank!** many thanks; **~es Beileid!** you have my sincere sympathy; **~en Glückwunsch zum Geburtstag** happy birthday B ADV (≈*freundlich*) warmly; *sich bedanken* sincerely; **j-m ~ gratulieren** to congratulate and wish sb all the best; **~ schlecht** pretty awful; **~ wenig** precious little; **~ gern!** with the greatest of pleasure! **Herzlichkeit** F̲ *von Empfang* warmth **herzlos** ADJ heartless **Herzlosigkeit** F̲ heartlessness *kein pl* **Herz-Lungen-Maschine** F̲ heart-lung machine **Herzmassage** F̲ heart massage **Herzmittel** N̲ cardiac drug **Herzog** M̲ duke **Herzogin** F̲ duchess **Herzogtum** N̲ duchy **Herzoperation** F̲ heart operation **Herzrhythmus** M̲ heart rhythm

Herzrhythmusstörung F palpitations pl **Herzschlag** M 1 einzelner heartbeat 2 (≈ Herzstillstand) heart failure kein unbest art, kein pl **Herzschrittmacher** M pacemaker **Herzschwäche** F a weak heart **Herzstillstand** M cardiac arrest **Herzstück** fig geh N heart **Herztransplantation** F heart transplant **Herzversagen** N heart failure **herzzerreißend** A ADJ heartbreaking B ADV **~ weinen** to weep distressingly

Hesse M, **Hessin** F Hessian **Hessen** N Hesse **hessisch** ADJ Hessian

Hete F sl (≈ Heterosexueller) hetero umg; **er ist eine ~** he's straight umg

hetero ADJ hetero umg, straight umg **heterogen** geh ADJ heterogeneous **Heterosexualität** F heterosexuality **heterosexuell** ADJ heterosexual **Heterosexuelle(r)** M/F(M) heterosexual

Hetz F österr umg laugh umg; **aus** od **zur ~** for a laugh

Hetze F 1 (≈ Hast) (mad) rush 2 pej (≈ Aufreizung) rabble-rousing propaganda **hetzen** A V/T 1 (≈ jagen) to hound; **die Hunde auf j-n/etw ~** to set the dogs on(to) sb/sth 2 umg (≈ antreiben) to rush B V/I 1 (≈ sich beeilen) to rush, to hurry; **hetz nicht so** don't be in such a rush 2 pej (≈ Hass schüren) to agitate; **gegen j-n/etw ~** to stir up hatred against sb/sth; **→ gehetzt Hetzjagd** wörtl, fig F hounding **(auf +akk** od **gegen** j-n/etw) **Hetzkampagne** F malicious campaign

Heu N hay

Heuchelei F hypocrisy **heucheln** A V/I to be a hypocrite B V/T Mitleid etc to feign **Heuchler(in)** M(F) hypocrite **heuchlerisch** ADJ hypocritical

heuer ADV österr, schweiz, südd this year **Heuer** F SCHIFF pay **heuern** V/T to hire

heulen V/I 1 umg (≈ weinen) to bawl umg, to wail; vor Schmerz to scream; vor Wut to howl; **es ist einfach zum Heulen** it's enough to make you weep 2 Motor to whine; Tiere to howl; Sirene to wail **Heulsuse** F crybaby umg

heurig ADJ österr, südd this year's **Heurige(r)** bes österr M 1 (≈ neuer Wein) new wine 2 Lokal Viennese wine tavern

Heuschnupfen M hay fever **Heuschrecke** F 1 grasshopper; in heißen Ländern locust 2 FIN (≈ gieriger Investor) asset stripper

heute ADV today; **~ Morgen** this morning; **~ Abend** this evening, tonight; **bis ~** (≈ bisher) to this day; **~ in einer Woche** a week today, today week; **~ vor acht Tagen** a week ago today; **die Zeitung von ~** today's paper; **von ~ auf morgen** overnight; **die Frau von ~** today's women; **die Jugend von ~** the young people of today **heutig** ADJ today's; (≈ gegenwärtig) contemporary, present-day; **am ~en Abend** this evening; **unser ~es Schreiben** HANDEL our letter of today('s date); **bis zum ~en Tage** to date, to this day **heutzutage** ADV nowadays, these days

Hexe F witch; umg (≈ altes Weib) old hag **hexen** V/I to practise witchcraft Br, to practice witchcraft US; **ich kann doch nicht ~** I can't work miracles **Hexenjagd** F witch-hunt **Hexenkessel** fig M pandemonium ohne art **Hexenmeister** M sorcerer **Hexenprozess** M witch trial **Hexenschuss** M MED lumbago **Hexenverfolgung** F witch-hunt **Hexerei** F witchcraft kein pl; von Zaubertricks magic kein pl

hey umg INT 1 Aufmerksamkeit erregend, erstaunt, empört hey 2 Gruß hey, hi

hi INT umg Gruß hi

Hibiskus M hibiscus

Hickhack M/N squabbling kein pl

Hidschab M Kopfschleier hijab

Hieb M 1 blow; **auf einen ~** umg in one go 2 **~e** pl obs (≈ Prügel) hiding 3 fig dig, cutting remark **hiebfest** ADJ **hieb- und stichfest** fig watertight

hier ADV räumlich here; **das Haus ~** this house; **dieser ~** this one (here); **~ entlang** along here; **~ oben/unten** up/down here; **~ spricht Dr. Müller** TEL this is Dr Müller (speaking); **von ~ aus** from here; **~ und da** zeitlich (every) now and then; **das steht mir bis ~** umg I've had it up to here (with it) umg **hieran** ADV **wenn ich ~ denke** when I think of od about this; **~ erkenne ich es I** recognize it by this

Hierarchie F hierarchy **hierarchisch** A ADJ hierarchic(al) B ADV hierarchically

hierauf ADV on this; (≈ daraufhin) hereupon **hieraus** ADV out of this, from here; **~ folgt, dass ...** from this it follows that ... **hierbehalten** V/T j-n/etw

~ **to keep sb/sth here hierbei** ADV **1** _wörtl_ (≈ _während_dessen_) doing this **2** _fig_ (≈ _bei dieser Gelegenheit_) on this occasion; (≈ _in diesem Zusammenhang_) in this connection **hierbleiben** V/I to stay here **hierdurch** ADV **1** _wörtl_ through here **2** _fig_ through this **hierfür** ADV for this **hierher** ADV here; **(komm) ~!** come here; **bis** ≈ _örtlich_ up to here; _zeitlich_ up to now, so far **hierherbringen** V/T to bring (over) here **hierher gehören** V/I to belong here; _fig_ (≈ _relevant sein_) to be relevant **hierhin** ADV here **hierin** ADV in this **hierlassen** V/T to leave here **hiermit** ADV with this; **~ erkläre ich ...** _form_ I hereby declare ... _form_; **~ wird bescheinigt, dass ...** this is to certify that ...

Hieroglyphe F hieroglyph
Hiersein N **während meines ~s** during my stay **hierüber** ADV **1** _wörtl_ over this _od_ here **2** _fig_ about this; **~ ärgere ich mich** this makes me angry **hierum** ADV **1** _wörtl_ (a)round this _od_ here **2** _fig_ about this **hierunter** ADV **1** _wörtl_ under this _od_ here **2** _fig_ by this _od_ that; **~ fallen auch die Sonntage** this includes Sundays **hiervon** ADV from this; **~ abgesehen** apart from this; **~ habe ich nichts gewusst** I knew nothing about this **hierzu** ADV **1** (≈ _dafür_) for this **2** (≈ _außerdem_) in addition to this; (≈ _zu diesem Punkt_) about this **hierzulande** ADV in these parts

hiesig ADJ local; **meine ~en Verwandten** my relatives here **Hiesige(r)** M/F(M) **ein ~** one of the locals
hieven V/T to heave
Hi-Fi-Anlage F hi-fi system
high _umg_ ADJ high _umg_ **Highlife** N, **High Life** N high _umg_ life; **~ machen** _umg_ to live it up _umg_ **Highlight** N highlight **highlighten** V/T to highlight **High Society** F high society **Hightech** N high tech **Hightechindustrie** F high-tech industry

Hilfe F help; _finanzielle_ aid, assistance; _für Notleidende_ relief; **um ~ rufen** to call for help; **j-m zu ~ kommen** to come to sb's aid; **j-m ~ leisten** to help sb; **~ suchend** _Mensch_ seeking help; _Blick_ imploring; **ohne ~** (≈ _selbstständig_) unaided; **etw zu ~ nehmen** to use sth; **mit ~ → mithilfe Hilfefunktion** F IT help

function **Hilfeleistung** F assistance **Hilferuf** M call for help **Hilfestellung** F support **Hilfetaste** F COMPUT help key **hilflos** A ADJ helpless B ADV helplessly **Hilflosigkeit** F helplessness **hilfreich** ADJ helpful, useful **Hilfsaktion** F relief action **Hilfsarbeiter(in)** M/F(M) labourer _Br_, laborer _US_; _in Fabrik_ unskilled worker **hilfsbedürftig** ADJ in need of help; (≈ _Not leidend_) needy, in need _präd_ **hilfsbereit** ADJ helpful, ready to help _präd_ **Hilfsbereitschaft** F helpfulness, readiness to help **Hilfsdienst** M emergency service; _bei Katastrophenfall_ (emergency) relief service **Hilfsfonds** M relief fund **Hilfskraft** F assistant; (≈ _Aushilfe_) temporary worker; **wissenschaftliche ~** research assistant **Hilfsmittel** N aid **Hilfsorganisation** F relief organization **Hilfsprogramm** N **1** _zur Hungerhilfe etc_ relief programme _Br_, relief program _US_ **2** IT utility program **Hilfssheriff** M deputy sheriff **Hilfsverb** N auxiliary verb, helping verb _US_ **Hilfswerk** N relief organization

Himalaja M **der ~** the Himalayas _pl_
Himbeere F raspberry **Himbeergeist** M (white) raspberry brandy **Himbeersaft** M raspberry juice
Himmel M **1** sky; **am ~** in the sky; **j-n/etw in den ~ loben** to praise sb/sth to the skies **2** REL (≈ _Himmelreich_) heaven; **im ~** in heaven; **in den ~ kommen** to go to heaven; **der ~ auf Erden** heaven on earth; **(das) weiß der ~!** _umg_ God (only) knows; **das schreit zum ~** it's a scandal; **es stinkt zum ~** _umg_ it stinks to high heaven _umg_; **(ach) du lieber ~!** _umg_ good Heavens!; **um(s) ~s willen** _umg_ for Heaven's sake _umg_ **Himmelbett** N four-poster (bed) **himmelblau** ADJ sky-blue **Himmelfahrt** F **1** REL **Christi ~** the Ascension of Christ; **Mariä ~** the Assumption of the Virgin Mary **2** _Feiertag_ Ascension Day **Himmelfahrtskommando** N MIL _umg_ suicide squad; _Unternehmung_ suicide mission **Himmelreich** N REL Kingdom of Heaven **himmelschreiend** ADJ _Unrecht_ scandalous; _Verhältnisse_ appalling **Himmelskörper** M heavenly body **Himmelsrichtung** F direction; **die vier ~en** the four points of the compass **himmelweit** _fig umg_

A ADJ ein ~er Unterschied a world of difference **B** ADV ~ voneinander entfernt *fig* poles apart **himmlisch A** ADJ heavenly **B** ADV schmecken heavenly; *bequem* wonderfully; ~ schön just heavenly

hin ADV **1** *räumlich* bis zum Haus ~ up to the house; geh doch hin zu ihr! go over to her; nach außen hin *fig* outwardly; bis zu diesem Punkt hin up to this point **2** hin und her to and fro; (≈ hin und zurück) there and back; etw hin und her überlegen to weigh sth up; nach langem Hin und Her after a lot of to-ing and fro-ing; hin und zurück there and back; einmal London hin und zurück a return ticket to London, *bes US*; hin und wieder (every) now and then **3** *zeitlich* noch weit hin a long way off; über die Jahre hin over the years **4** *fig* auf meine Bitte hin at my request; auf meinen Anruf hin on account of my phone call; auf seinen Rat hin on his advice; etw auf etw (akk) hin prüfen to check sth for sth; → hin sein

hinab ADV & PRÄF → hinunter

hinarbeiten VII auf etw (akk) ~ *auf ein Ziel* to work toward(s) sth

hinauf ADV up; den Berg ~ up the mountain **hinaufarbeiten** VR to work one's way up **hinaufblicken** VII to look up **hinaufbringen** VT to take up **hinaufgehen** VI to go up **hinaufkommen** VI **1** (≈ *nach oben gehen, fahren*) to come up; die Treppe hoch to come upstairs **2** *können* ich komme nicht hinauf I can't get up there **hinaufsteigen** VII to climb up

hinaus ADV **1** *räumlich* nach ~ (mit dir)! (get) out!; aus dem *od* zum Fenster ~ out of the window **2** *zeitlich* auf Jahre ~ for years to come **3** *fig* über (+akk) ~ over and above; darüber ~ over and above this; → hinaus sein **hinausbegleiten** VT to see out (aus of) **hinausfliegen** VI **1** (≈ *fortfliegen*) to fly out (aus of) **2** (≈ *hinausgeworfen werden*) to get kicked out *umg* (aus of) **hinausgehen** VI **1** (≈ *nach draußen gehen*) to go out(side) **2** auf etw (akk) ~ *Tür, Zimmer* to open onto sth **3** *fig* (≈ *überschreiten*) über etw (akk) ~ to go beyond sth, to exceed sth; über seine Befugnisse ~ to overstep one's authority **hinaus-**

laufen VI **1** *wörtl* to run out (aus of) **2** *fig* auf etw (akk) ~ to amount to sth; es läuft auf dasselbe hinaus it comes to the same thing **hinauslehnen** VR to lean out (aus of); sich zum Fenster ~ to lean out of the window **hinausschieben** VT (≈ *aufschieben*) to put off, to postpone **hinausschmeißen** *umg* VT to kick out *umg* (aus of) **hinaus sein** *fig* VI über etw (akk) ~ to be past sth **hinaussteigen** VI to climb out (aus of) **hinausstürmen** VI to storm out (aus of) **hinausstürzen** VI (≈ *hinauseilen*) to rush out (aus of) **hinauswachsen** VI über etw (akk) ~ *fig* to outgrow sth; er wuchs über sich selbst hinaus he surpassed himself **hinauswagen** VR to venture out (aus of) **hinauswerfen** *umg* VT (≈ *entfernen*) to chuck *od* throw out *umg* (aus of); das ist hinausgeworfenes Geld it's money down the drain **hinauswollen** VI to want to go *od* get out (aus of); worauf willst du hinaus? *fig* what are you getting at?; hoch ~ to aim high **hinauszögern A** VT to delay **B** VR to be delayed

hinbekommen *umg* VT → hinkriegen **hinbiegen** VT *fig umg* (≈ *in Ordnung bringen*) to arrange; (≈ *deichseln*) to wangle *umg*; das werden wir schon ~ we'll sort it out somehow **Hinblick** M im ~ auf (+akk) (≈ *angesichts*) in view of; (≈ *mit Bezug auf*) with regard to **hinbringen** VT **1** *j-n, etw* to take there **2** → hinkriegen **hindenken** VI wo denkst du hin? whatever are you thinking of?

hinderlich ADJ ~ sein to be in the way; einer Sache (dat) ~ sein to be a hindrance to sth **hindern A** VT **1** *Fortschritte* to impede; *j-n* to hinder (bei an) **2** (≈ *abhalten von*) to prevent (an +dat from), to stop; ich konnte ihn nicht daran ~, das zu tun I couldn't prevent him from doing it **B** VI (≈ *stören*) to be a hindrance (bei to) **Hindernis** N **1** obstacle; (≈ *Behinderung*) hindrance; eine Reise mit ~sen a journey full of hitches **2** SPORT (≈ *Hürde*) hurdle **Hindernislauf** M, **Hindernisrennen** N steeplechase **Hinderung** F **1** (≈ *Behinderung*) hindrance **2** (≈ *Störung*) obstruction **Hinderungsgrund** M obstacle

hindeuten VI to point (auf +akk *od* zu

at)

Hindu M̄ Hindu **Hinduismus** M̄ Hinduism **hinduistisch** ADJ Hindu

hindurch ADV through; **dort ~** through there; **mitten ~** straight through; **das ganze Jahr ~** throughout the year, all year round; **den ganzen Tag ~** all day (long)

hinein ADV in; **da ~** in there; **in etw** (akk) **~** into sth; **bis tief in die Nacht ~** far into the night **hineinbekommen** umg V̄/T̄ to get in (in +akk -to) **hineindenken** V̄/R̄ **sich in j-n ~** to put oneself in sb's position **hineingehen** V̄/Ī (≈ hineinpassen) to go in (in +akk -to); **in den Bus gehen 50 Leute hinein** the bus holds 50 people **hineingeraten** V̄/Ī **in etw** (akk) **~** to get into sth **hineinklettern** V̄/Ī to climb in (in +akk -to) **hineinknien** fig umg V̄/R̄ **sich in etw** (akk) **~** to get into sth umg **hineinkriegen** umg V̄/T̄ to get in (in +akk -to) **hineinpassen** V̄/Ī **in etw** (akk) **~** to fit into sth; fig to fit in with sth **hineinplatzen** fig umg V̄/Ī to burst in (in +akk -to) **hineinreden** V̄/Ī wörtl (≈ unterbrechen) to interrupt (j-m sb); **j-m in seine Angelegenheiten ~** to meddle in sb's affairs **hineinregnen** V̄/Ī **es regnet (ins Zimmer) hinein** (the) rain is coming in(to) the room **hineinspielen** V̄/Ī (≈ beeinflussen) to have a part to play (in +akk in) **hineinstecken** V̄/T̄ to put in (in +akk -to); **Geld/Arbeit etc in etw** (akk) **~** to put money/some work etc into sth **hineinsteigern** V̄/R̄ to get worked up; **sich in seine Wut ~** to work oneself up into a rage **hineinströmen** V̄/Ī to flood in (in +akk -to) **hineinstürzen** A̅ V̄/Ī to plunge in (in +akk -to); (≈ hineineilen) to rush in (in +akk -to) B̅ V̄/R̄ **sich in die Arbeit ~** to throw oneself into one's work **hineinversetzen** V̄/R̄ **sich in j-n** od **in j-s Lage ~** to put oneself in sb's position **hineinziehen** V̄/T̄ to pull in (in +akk -to); **j-n in einen Streit ~** to drag sb into a quarrel

hinfahren A̅ V̄/Ī to go there B̅ V̄/T̄ to drive there **Hinfahrt** F̄ journey there; BAHN outward journey **hinfallen** V̄/Ī to fall (down) **hinfällig** ADJ **1** Mensch frail **2** fig (≈ ungültig) invalid **hinfinden** umg V̄/Ī to find one's way there **hinfliegen** V̄/Ī to fly there **Hinflug**

M̄ outward flight **hinführen** A̅ V̄/T̄ **j-n zu etw ~** fig to lead sb to sth B̅ V̄/Ī to lead there; **wo soll das ~?** fig where is this leading to?

Hingabe fig F̄ (≈ Begeisterung) dedication; (≈ Selbstlosigkeit) devotion; **mit ~ singen** to sing with abandon **hingeben** A̅ V̄/T̄ to give up; Leben to sacrifice B̅ V̄/R̄ **sich einer Sache** (dat) **~** der Arbeit to devote oneself to sth; dem Laster, der Verzweiflung to abandon oneself to sth; **sich einer Illusion ~** to labour under an illusion Br, to labour under an illusion US **hingebungsvoll** A̅ ADJ (≈ selbstlos) devoted; (≈ begeistert) abandoned B̅ ADV (≈ selbstlos) devotedly; (≈ begeistert) with abandon; lauschen raptly

hingegen geh KONJ however

hingehen V̄/Ī **1** (≈ dorthin gehen) to go (there); **wo gehst du hin?** where are you going?; **wo geht es hier hin?** where does this go? **2** Zeit to pass **3** fig (≈ tragbar sein) **das geht gerade noch hin** that will just about do **hingehören** V̄/Ī to belong; **wo gehört das hin?** where does this belong? **hingerissen** A̅ ADJ enraptured; **hin- und hergerissen sein** to be torn (zwischen +dat between) B̅ ADV with rapt attention; → **hinreißen Hingucker** umg M̄ (≈ Mensch) looker umg; (≈ Sache) eye-catcher umg **hinhalten** V̄/T̄ **1** (≈ entgegenstrecken) to hold out (j-m to sb) **2** fig j-n to put off **Hinhaltetaktik** F̄ delaying tactics pl **hinhauen** umg A̅ V̄/Ī **1** (≈ nachlässig machen) to knock off umg **2** (≈ hinwerfen) to slam down B̅ V̄/Ī **1** (≈ zuschlagen) to hit hard **2** (≈ gut gehen) **es hat hingehauen** I/we etc just managed it; **das wird schon ~** it will be OK umg **3** (≈ klappen) to work C̅ V̄/R̄ umg (≈ sich schlafen legen) to crash out umg **hinhören** V̄/Ī to listen

hinken V̄/Ī **1** to limp **2** fig Beispiel to be inappropriate; Vergleich to be misleading

hinknien V̄/Ī & V̄/R̄ to kneel (down) **hinkommen** V̄/Ī **1** (≈ an einen Ort hinkommen) **(da) ~** to get (there); **wie komme ich zu dir hin?** how do I get to your place? **2** (≈ an bestimmten Platz gehören) to go; **wo kämen wir denn hin, wenn ... umg** where would we be if ... **3** umg (≈ auskommen) to manage; **wir kommen (damit) hin** we will manage

4 *umg* (≈ *stimmen*) to be right **hinkrie-gen** V/T *umg* (≈ *fertigbringen*) to manage; **das hast du gut hingekriegt** you've made a nice job of it **hinlangen** V/I *umg* (≈ *zupacken*) to grab him/her/it *etc*; (≈ *zuschlagen*) to take a (good) swipe *umg*; (≈ *sich bedienen*) to help oneself to a lot **hinlänglich** A ADJ (≈ *ausreichend*) adequate B ADV (≈ *ausreichend*) adequately; (≈ *zu Genüge*) sufficiently **hinlegen** A V/T **1** (≈ *hintun*) to put down; *Zettel* to leave (j-m for sb); *umg* (≈ *bezahlen müssen*) to fork out *umg* **2** *umg* (≈ *glänzend darbieten*) to perform B V/R to lie down **hinnehmen** V/T (≈ *ertragen*) to take, to accept; *Beleidigung* to swallow; **etw als selbstverständlich ~** to take sth for granted **hinreichend** A ADJ (≈ *ausreichend*) adequate; (≈ *genug*) sufficient; (≈ *reichlich*) ample; **keine ~en Beweise** insufficient evidence B ADV informieren adequately **Hinreise** F outward journey **hinreißen** *fig* V/T **1** (≈ *begeistern*) to thrill; **→ hingerissen 2** (≈ *überwältigen*) j-n **zu etw ~** to force sb into sth; **sich ~ lassen** to let oneself be carried away **hinreißend** ADJ fantastic; *Anblick* enchanting; *Schönheit* captivating; (≈ *wundervoll*) gorgeous **hinrichten** V/T to execute **Hinrichtung** F execution **hinschauen** *dial* V/I → hinsehen **hinschmeißen** *umg* V/T (≈ *hinwerfen*) to fling down *umg*; *fig* (≈ *aufgeben*) *Arbeit etc* to chuck in *umg* **hinschreiben** V/T to write; (≈ *flüchtig niederschreiben*) to scribble down *umg* **hinsehen** V/I to look; **bei genauerem Hinsehen** on looking more carefully **hin sein** *umg* V/I **1** (≈ *kaputt sein*) to have had it **2** (≈ *erschöpft sein*) to be exhausted **3** (≈ *verloren sein*) to be lost **4** (≈ *begeistert sein*) **(von etw) hin (und weg) sein** to be mad about sth *umg* **hinsetzen** A V/T to put *od* set down; *Kind* to sit down B V/R to sit down **Hinsicht** F **in dieser ~** in this respect; **in gewisser ~** in some respects; **in finanzieller ~** financially **hinsichtlich** PRÄP (≈ *bezüglich*) with regard to; (≈ *in Anbetracht*) in view of **Hinspiel** N SPORT first leg **hinstellen** A V/T **1** (≈ *niederstellen*) to put down; *an bestimmte Stelle* to put **2** (≈ *auslegen*) **j-n/etw als j-n/etw ~** (≈ *bezeichnen*) to

make sb/sth out to be sb/sth B V/R to stand; *Fahrer* to park; **sich vor j-n** *od* **j-m ~** to stand in front of sb **hintanstellen** V/T (≈ *zurückstellen*) to put last; (≈ *vernachlässigen*) to neglect **hinten** ADV **1** behind; **von ~** from the back; **~ im Buch** at the back of the book; **~ im Auto/Bus** in the back of the car/bus; **sich ~ anstellen** to join the end of the queue *Br*, to join the end of the line *US*; **von ~ anfangen** to begin from the end; **ein Blick nach ~** a look behind; **nach ~** to the back; *fallen, sitzen* backwards; **das Auto da ~** the car back there **2** *fig* **~ und vorn** *betrügen* left, right and centre *Br*, left, right and center *US*; **das stimmt ~ und vorn nicht** that is absolutely untrue; **das reicht ~ und vorn nicht** that's nowhere near enough **hintenherum** ADV (≈ *von der hinteren Seite*) from the back; (≈ *auf Umwegen*) in a roundabout way; (≈ *illegal*) under the counter **hinter** PRÄP **1** *räumlich* behind; **~ j-m/etw her** behind sb/sth; **~ etw** (*akk*) **kommen** *fig* (≈ *herausfinden*) to get to the bottom of sth; **sich ~ j-n stellen** *wörtl* to stand behind sb; *fig* to support sb; **j-n weit ~ sich** (*dat*) **lassen** to leave sb far behind **2** (≈ *nach*) after; **vier Kilometer ~ der Grenze** four kilometres beyond the border *Br*, four kilometers beyond the border *US* **3** *etw* **~ sich** (*dat*) **haben** (≈ *überstanden haben*) to have got sth over (and done) with; *Krankheit, Zeit* to have been through sth; **sie hat viel ~ sich** she has been through a lot; **das Schlimmste haben wir ~ uns** we are over the worst; *etw* **~ sich** (*akk*) **bringen** to get sth over (and done) with **Hinterachse** F rear axle **Hinterausgang** M back exit **Hinterbänkler(in)** M(F) POL *pej* backbencher **Hinterbein** N hind leg; **sich auf die ~e stellen** *od* **setzen** *fig umg* (≈ *sich anstrengen*) to pull one's socks up *umg* **Hinterbliebene(r)** M/F(M) surviving dependent; **die ~n** the bereaved family **hintereinander** ADV *räumlich* one behind the other; (≈ *in Reihenfolge*) one after the other; **~ hereinkommen** to come in one by one; **zwei Tage ~** two days running; **dreimal ~** three times in a row **Hintereingang** M rear entrance **hintere(r, s)** ADJ back; *von Ge-*

H

bäude a. rear; **die Hinteren** those at the back; **am → n Ende** at the far end **hinterfragen** V/T to question **Hintergedanke** M ulterior motive **hintergehen** V/T to deceive **Hintergrund** M background; **im →** in the background; **im → bleiben/stehen** to stay/be in the background; **in den → treten** *fig* to be pushed into the background **hintergründig** ADJ cryptic **Hintergrundinformation** F background information *kein pl (über +akk* about, on) **Hintergrundprogramm** N IT background program **Hinterhalt** M ambush; **j-n aus dem → überfallen** to ambush sb; **im → lauern** *od* **liegen** to lie in wait; *bes* MIL to lie in ambush **hinterhältig** A ADJ devious B ADV in an underhand way, deviously **hinterher** ADV *räumlich* behind; *zeitlich* afterwards **hinterherfahren** V/I to drive behind (**j-m** sb) **hinterherlaufen** V/I to run behind (**j-m** sb); **j-m →** *fig umg* to run after sb **hinterher sein** *umg* V/I *wörtl* (≈*verfolgen*) to be after (**j-m** sb); **→, dass** ... to see to it that ... **Hinterhof** M back yard **Hinterkopf** M back of one's head; **etw im → haben** *umg* to have sth in the back of one's mind **Hinterland** N hinterland **hinterlassen** V/T to leave **Hinterlassenschaft** F estate; *fig* legacy **hinterlegen** V/T **1** (≈*verwahren lassen*) to deposit **2** (≈*als Pfand hinterlegen*) to deposit **Hinterlegung** F deposit **Hinterlist** F **1** (≈*Tücke*) craftiness **2** (≈*Trick, List*) ruse **hinterlistig** A ADJ (≈*tückisch*) crafty; (≈*betrügerisch*) deceitful B ADV (≈*tückisch*) cunningly; (≈*betrügerisch*) deceitfully **Hintermann** M person behind; (≈*Auto*) car behind; **die Hintermänner des Skandals** the men behind the scandal **Hintern** *umg* M backside *umg*; **sich auf den → setzen** (≈*eifrig arbeiten*) to buckle down to work; **j-m in den → kriechen** to suck up to sb *umg* **Hinterrad** N rear wheel **Hinterradantrieb** M rear wheel drive **hinterrücks** ADV from behind; *fig* (≈*heimtückisch*) behind sb's back **Hinterseite** F back **hinterste(r, s)** ADJ very back; (≈*entlegenste*) remotest; **die Hintersten** those at the very back; **das → Ende** the very end; *von Saal* the very back **Hinterteil** *umg* N backside *umg* **Hintertreffen**

N **im → sein** to be at a disadvantage; **ins → geraten** to fall behind **hintertreiben** *fig* V/T to foil; *Gesetz* to block **Hintertreppe** F back stairs *pl* **Hintertür** F back door; *fig umg* (≈*Ausweg*) loophole; **durch die →** *fig* through the back door **hinterziehen** V/T *Steuern* to evade **Hinterziehung** F *von Steuern* evasion **Hinterzimmer** N back room

hintreten V/I **vor j-n →** to go up to sb **hintun** *umg* V/T to put; **ich weiß nicht, wo ich ihn → soll** *fig* I can't (quite) place him

hinüber ADV over; *über Grenze, Fluss a.* across; **quer →** right across; **→ hinüber sein hinüberführen** V/I (≈*verlaufen*) *Straße, Brücke* to go across (**über etw** *akk* sth) **hinübergehen** V/I *zu jdm* to go across; to go over (**über etw** *akk* sth) **hinüberretten** V/T to bring to safety; *fig* Tradition to keep alive **hinüber sein** V/I *umg* (≈*verdorben sein*) to be off; (≈*kaputt, tot sein*) to have had it *umg*; (≈*ruiniert sein*) to be done for *umg* **hinüberwechseln** V/I to change over (**zu, in** *+akk* to)

hin- und hergehen V/I to walk up and down *od* to and fro; *aufgeregt* to pace up and down; *Sache* to go back and forth; **im Zimmer →** to walk/pace up and down the room **Hin- und Rückfahrt** F return journey **Hin- und Rückflug** M return flight **Hin- und Rückweg** M round trip

hinunter ADV down; **ins Tal → down** into the valley **hinunterfließen** V/I to flow down **hinuntergehen** V/I to go down **hinunterschlucken** V/T to swallow (down) **hinunterstürzen** A V/I **1** (≈*hinunterfallen*) to tumble down **2** (≈*eilig hinunterlaufen*) to rush down B V/T *j-n* to throw down C V/R to throw oneself down **hinunterwerfen** V/T to throw down

hinweg ADV **1** **über j-n/etw →** over sb *od* sb's head/sth **2** *zeitlich* **über eine Zeit →** over a period of time **Hinweg** M way there; **auf dem →** on the way there

hinweggehen V/I **über etw** (*akk*) **→** to pass over sth **hinwegkommen** V/I **über etw** (*akk*) **→** (≈*verwinden*) to get over sth **hinwegsehen** V/I **über j-n/etw →** *wörtl* to see over sb *od* sb's head/sth; *fig* (≈*ignorieren*) to ignore sb/ sth; (≈*unbeachtet lassen*) to overlook sb/sth **hinwegsetzen** *fig* V̅R̅ **sich über etw** (*akk*) **~** (≈*nicht beachten*) to disregard sth; (≈*überwinden*) to overcome sth **hinwegtäuschen** V̅T̅ **j-n über etw** (*akk*) **~** to mislead sb about sth; **darüber ~, dass …** to hide the fact that …

Hinweis M̅ **1** (≈*Rat*) piece of advice; (≈*Bemerkung*) comment; *amtlich* notice; **~e für den Benutzer** notes for the user **2** (≈*Anhaltspunkt*) indication; **bes von Polizei** clue **hinweisen** A̅ V̅T̅ **auf etw** (*akk*) **~** to point sth out to sb **B̅** V̅I̅ **auf j-n/etw~** to point to sb/sth; (≈*verweisen*) to refer to sb/sth; **darauf ~, dass …** to point out that … **Hinweisschild** N̅ sign

hinwerfen V̅T̅ **1** to throw down; (≈*fallen lassen*) to drop; **j-m etw ~** to throw sth to sb; **eine hingeworfene Bemerkung** a casual remark **2** *umg* (≈*aufgeben*) *Arbeit* to give up **hinwirken** V̅I̅ **auf etw** (*akk*) **~** to work toward(s) sth **hinwollen** *umg* V̅I̅ to want to go **hinziehen** A̅ V̅T̅ **1** (≈*zu sich ziehen*) to draw (**zu** towards) **2** *fig* (≈*in die Länge ziehen*) to draw out **B̅** V̅I̅ to move (**über** +*akk* across *od* **zu** towards) **C̅** V̅R̅ **1** (≈*lange dauern*) to drag on; (≈*sich verzögern*) to be delayed **2** (≈*sich erstrecken*) to stretch **hinzielen** V̅I̅ **auf etw** (*akk*) **~** to aim at sth; *Pläne etc* to be aimed at sth

hinzu A̅D̅V̅ **~ kommt noch, dass ich …** moreover I … **hinzufügen** V̅T̅ to add (+*dat* to); (≈*beilegen*) to enclose **hinzukommen** V̅I̅ **zu etw ~** to be added to sth; **es kommt noch hinzu, dass …** there is also the fact that … **hinzutun** *umg* V̅T̅ to add **hinzuzählen** V̅T̅ to add **hinzuziehen** V̅T̅ to consult **Hiobsbotschaft** F̅ bad tidings *pl* **hip** A̅D̅J̅ *sl* hip *sl* **Hip-Hop** M̅ *MUS* hip-hop **Hippie** M̅ hippie **Hipsters** P̅L̅ (≈*Hüfthose*) hipsters *pl*, hip-huggers *pl US* **Hirn** N̅ **1** ANAT brain **2** *umg* (≈*Kopf*) head; (≈*Verstand*) brains *pl*, mind; **sich** (*dat*) **das ~ zermartern** to rack one's brain(s) **3** *GASTR* brains *pl* **Hirngespinst** N̅ fantasy **Hirnhaut** F̅ ANAT meninges *pl* **Hirnhautentzündung**

F̅ MED meningitis **hirnlos** A̅D̅J̅ brainless **hirnrissig** A̅D̅J̅ hare-brained **Hirntod** M̅ MED brain death **hirntot** A̅D̅J̅ brain-dead **Hirntumor** M̅ brain tumour *Br*, brain tumor *US* **hirnverbrannt** A̅D̅J̅ hare-brained

Hirsch M̅ (≈*Rothirsch*) red deer; *männlich* stag; *GASTR* venison **Hirschjagd** F̅ stag hunt **Hirschkalb** N̅ (male) fawn **Hirschkeule** F̅ haunch of venison **Hirschkuh** F̅ hind **Hirschleder** N̅ buckskin

Hirse F̅ millet **Hirt** M̅ herdsman; (≈*Schafhirt*) shepherd **Hirtin** F̅ herdswoman; (≈*Schafhirtin*) shepherdess

hissen V̅T̅ to hoist **Histamin** N̅ histamine **Historiker(in)** M̅F̅ historian **historisch** A̅ A̅D̅J̅ historical; *Gestalt, Ereignis* historic **B̅** A̅D̅V̅ historically; **das ist ~ belegt** there is historical evidence for this **Hit** M̅ MUS, IT *fig umg* hit **Hitliste** F̅ charts *pl* **Hitparade** F̅ hit parade; **in der ~** MUS in the charts **Hitze** F̅ **1** heat **2** *fig* passion; **in der ~ des Gefecht(e)s** *fig* in the heat of the moment **hitzebeständig** A̅D̅J̅ heat-resistant **hitzeempfindlich** A̅D̅J̅ sensitive to heat **Hitzefrei** N̅ **~ haben** to have time off from school on account of excessively hot weather **Hitzeperiode** F̅ hot spell **Hitze(schutz)schild** M̅ heat shield **Hitzewelle** F̅ heat wave **hitzig** A̅D̅J̅ (≈*aufbrausend*) *Mensch* hot-headed; (≈*leidenschaftlich*) passionate; **~ werden** *Debatte* to grow heated **Hitzschlag** M̅ MED heatstroke

HIV-infiziert A̅D̅J̅ HIV-infected *attr*, infected with HIV **präd** HIV-negativ A̅D̅J̅ HIV-negative **HIV-positiv** A̅D̅J̅ HIV-positive **HIV-Test** M̅ HIV test **HIV-Virus** N̅ HIV-virus **H-Milch** F̅ long-life milk *Br*, shelf stable milk *US*

HNO-Arzt M̅, **HNO-Ärztin** F̅ ENT specialist

Hobby N̅ hobby **Hobbyfotograf(in)** M̅F̅ amateur photographer **Hobbyraum** M̅ workroom **Hobel** M̅ TECH plane **Hobelbank** F̅ carpenter's *od* joiner's bench **hobeln** V̅T̅ & V̅I̅ TECH to plane; **wo gehobelt wird, da fallen Späne** *sprichw* you can't make an omelette without breaking

eggs *sprichw* **Hobelspan** M̅ shaving
hoch A̅ ADJ high; *Baum, Mast* tall; *Summe* large; *Strafe* heavy; *Schaden* extensive; **hohe Verluste** heavy losses; **in hohem Maße verdächtig** highly suspicious; **in hohem Maße gefährdet** in grave danger; **mit hoher Wahrscheinlichkeit** in all probability; **das hohe C** MUS top C; **das ist mir zu ~** *fig umg* that's (well) above my head *bes Br*, that's (well) over my head; **ein hohes Tier** *fig umg* a big fish *umg*; **das Hohe Haus** PARL the House B̅ ADV ❶ (≈ *oben*) high; **~ oben** high up; **zwei Treppen ~ wohnen** to live two floors up; **der Schnee lag 60 cm ~** the snow was 60 cm deep; **er sah zu uns ~** *umg* he looked up to us; MATH **7 ~ 3** 7 to the power of 3 ❷ (≈ *sehr angesehen, entwickelt*) highly; *zufrieden, erfreut* very; **~ beglückt** → hochbeglückt ❸ **~ begabt** → hochbegabt; **~ empfindlich** → hochempfindlich; **~ qualifiziert** highly qualified; **das rechne ich ihm ~ an** (I think) that is very much to his credit; **~ gewinnen** to win handsomely; **~ hinauswollen** to be ambitious; **wenn es ~ kommt** *umg* at (the) most; **~ schätzen** (≈ *verehren*) to respect highly; **~ verlieren** to lose heavily; **die Polizei rückte an, 50 Mann ~** *umg* the police arrived, 50 strong; **~! cheers!**; **~ und heilig versprechen** to promise faithfully **Hoch** N̅ ❶ (≈ *Ruf*) **ein (dreifaches) ~ für od auf j-n ausbringen** to give three cheers for sb ❷ METEO, *a. fig* high **Hochachtung** F̅ deep respect; **bei aller ~ vor j-m/etw** with (the greatest) respect for sb/sth **hochachtungsvoll** ADV *Briefschluss bei Anrede mit Sir/Madam* yours faithfully *Br*, sincerely yours *US*; *bei Anrede mit Namen* yours sincerely *Br*, sincerely yours *US* **Hochadel** M̅ high nobility **hochaktuell** ADJ highly topical **Hochaltar** M̅ high altar **hochanständig** ADJ very decent **hocharbeiten** V̅/R̅ to work one's way up **hochauflösend** ADJ IT, TV high-resolution **Hochbahn** F̅ elevated railway *Br*, elevated railroad *US*, el *US umg* **Hochbau** M̅ structural engineering **hochbegabt** ADJ highly gifted *od* talented **Hochbegabte(r)** M̅/F̅(M̅) gifted person *od* child **hochbeglückt** ADJ highly delighted **hochbetagt** ADJ aged *attr*, advanced in years

Hochbetrieb M̅ *in Geschäft etc* peak period; (≈ *Hochsaison*) high season **hochbringen** *umg* V̅/T̅ ❶ (≈ *nach oben bringen*) to bring *od* take up ❷ *umg* (≈ *hochheben können*) to (manage to) get up **Hochburg** *fig* F̅ stronghold **hochdeutsch** ADJ standard *od* High German **Hochdeutsch(e)** N̅ standard *od* High German **Hochdruck** M̅ METEO high pressure; MED high blood pressure; **mit ~ arbeiten** to work at full stretch **Hochdruckgebiet** N̅ METEO high-pressure area **Hochebene** F̅ plateau **hochempfindlich** ADJ TECH highly sensitive; *Film* fast; *Stoff* very delicate **hochfahren** A̅ V̅/I̅ ❶ (≈ *nach oben fahren*) to go up; *in Auto* to drive *od* go up ❷ *erschreckt* to start (up) B̅ V̅/T̅ to take up; TECH to start up; *Computer* to boot up; *fig Produktion* to increase **hochfahrend** ADJ (≈ *überheblich*) arrogant **Hochfinanz** F̅ high finance **hochfliegen** V̅/I̅ to fly up; (≈ *in die Luft geschleudert werden*) to be thrown up **hochfliegend** ADJ *Pläne* ambitious **Hochform** F̅ top form **Hochformat** N̅ vertical format **Hochfrequenz** F̅ ELEK high frequency **Hochgarage** F̅ multistorey car park *Br*, multistory parking garage *US* **Hochgebirge** N̅ high mountains *pl* **hochgehen** V̅/I̅ ❶ (≈ *hinaufgehen*) to go up ❷ *umg* (≈ *explodieren*) to blow up; *Bombe* to go off; **etw ~ lassen** to blow sth up ❸ *umg* (≈ *wütend werden*) to go through the roof ❹ *umg* (≈ *gefasst werden*) to get nabbed *umg*; **j-n ~ lassen** to bust sb *umg* **hochgeistig** ADJ highly intellectual **Hochgenuss** M̅ special treat; (≈ *großes Vergnügen*) great pleasure **Hochgeschwindigkeitszug** M̅ high-speed train **hochgesteckt** *fig* ADJ *Ziele* ambitious **hochgestellt** ADJ *Ziffer* superscript, superior **hochgestochen** *pej umg* ADJ highbrow; *Stil* pompous; (≈ *eingebildet*) stuck-up **hochgewachsen** ADJ tall **hochgezüchtet** *mst pej* ADJ *Motor* souped-up *umg*; *Tiere, Pflanzen* overbred **Hochglanz** M̅ high polish *od* shine; FOTO gloss **Hochglanzpapier** N̅ high gloss paper **hochgradig** A̅ ADJ extreme; *umg Unsinn etc* absolute, utter B̅ ADV extremely **hochhackig** ADJ high-heeled **hochhalten** V̅/T̅ ❶ (≈ *in die Höhe halten*) to hold up ❷

(≈ *in Ehren halten*) to uphold **Hochhaus** N̲ high-rise building **hochheben** V̲T̲ *Hand, Arm* to lift, to raise; *Kind, Last* to lift *od* pick up **hochinteressant** A̲D̲J̲ very *od* most interesting **hochkant** A̲D̲V̲ **1** *wörtl* on end; ~ **stellen** to put on end **2** *fig umg* ~ *od* ~**ig hinausfliegen** to be chucked out *umg* **hochkarätig** A̲D̲J̲ **1** *Gold* high-carat **2** *fig* top-class **hochklappen** V̲T̲ *Tisch, Stuhl* to fold up; *Sitz* to tip up; *Deckel* to lift (up) **hochkommen** V̲I̲ to come up; (≈ *aufstehen können*) to (manage to) get up; *umg beruflich* to come up in the world **Hochkonjunktur** F̲ boom **hochkonzentriert** A̲D̲J̲ *Säure* highly concentrated **hochkrempeln** V̲T̲ to roll up **hochkriegen** V̲T̲ to get up **hochladen** V̲T̲ IT to upload **Hochland** N̲ highland **hochleben** V̲I̲ **j-n** ~ **lassen** to give three cheers for sb; **er lebe hoch!** three cheers for him)! **Hochleistung** F̲ first-class performance **Hochleistungssport** M̲ top-class sport **Hochleistungssportler(in)** M̲(F̲) top athlete **hochmodern** A̲D̲J̲ very modern **Hochmoor** N̲ moor **Hochmut** M̲ arrogance **hochmütig** A̲D̲J̲ arrogant **hochnäsig** *umg* A̲D̲J̲ snooty *umg* **hochnehmen** V̲T̲ **1** (≈ *heben*) to lift; *Kind, Hund* to pick *od* lift up **2** (≈ *necken*) **j-n** ~ to pull sb's leg **3** *umg* (≈ *verhaften*) to pick up *umg* **Hochofen** M̲ blast furnace **hochprozentig** A̲D̲J̲ *alkoholische Getränke* high-proof **hochqualifiziert** A̲D̲J̲ → hochtrainen **hochrechnen** A̲ V̲T̲ to project **B** V̲I̲ to make a projection **Hochrechnung** F̲ projection **Hochruf** M̲ cheer **Hochsaison** F̲ high season **hochschlagen** V̲T̲ *Kragen* to turn up **hochschnellen** V̲I̲ to leap up **Hochschulabschluss** M̲ degree; **den** ~ **machen** to graduate **Hochschulabsolvent(in)** M̲(F̲) graduate **Hochschul(aus)bildung** F̲ university education **Hochschule** F̲ college; (≈ *Universität*) university; **Technische** ~ technical college **Hochschüler(in)** M̲(F̲) student **Hochschullehrer(in)** M̲(F̲) college/university teacher, lecturer *Br* **Hochschulreife** F̲ university entrance qualification; **die allgemeine** ~ **erlangen** to get one's general university entrance qualification **hoch-**

schwanger A̲D̲J̲ well advanced in pregnancy **Hochsee** F̲ high sea **Hochseefischerei** F̲ deep-sea fishing **Hochseeschifffahrt** F̲ deep-sea shipping **hochsehen** V̲I̲ to look up **hochsensibel** A̲D̲J̲ highly sensitive **Hochsicherheitstrakt** M̲ high-security wing **Hochsitz** M̲ JAGD (raised) hide **Hochsommer** M̲ midsummer **hochsommerlich** A̲D̲J̲ *ohne art* very summery **Hochspannung** F̲ ELEK, a. fig high tension; **„Vorsicht ~"** "danger - high voltage" **Hochspannungsleitung** F̲ high-tension line **Hochspannungsmast** M̲ pylon **hochspielen** *fig* V̲T̲ to play up; **etw (künstlich)** ~ to blow sth (up) out of all proportion **Hochsprache** F̲ standard language **hochspringen** V̲I̲ to jump up **Hochspringer(in)** M̲(F̲) high jumper **Hochsprung** M̲ (≈ *Disziplin*) high jump **höchst** A̲D̲V̲ (≈ *überaus*) extremely, most, highly **Höchstalter** N̲ maximum age **Hochstapelei** F̲ JUR fraud **Hochstapler(in)** M̲(F̲) confidence trickster **Höchstbetrag** M̲ maximum amount **höchstenfalls** A̲D̲V̲ at (the) most **höchstens** A̲D̲V̲ not more than; (≈ *bestenfalls*) at the most, at best **höchste(r, s)** A̲ A̲D̲J̲ highest; *Baum, Mast* tallest; *Summe* largest; *Strafe* heaviest; *Not, Gefahr, Wichtigkeit* utmost, greatest; **im ~n Grade/Maße** extremely; **im ~n Fall(e)** at the most; ~ **Zeit** *od* **Eisenbahn** *umg* high time; **aufs Höchste erfreut** *etc* highly *od* greatly pleased, tremendously pleased *etc*; **die** ~ **Instanz** the supreme court of appeal **B** A̲D̲V̲ **am ~n** highest; *verehren* most (of all); *begabt* most; *besteuert* (the) most heavily **Höchstfall** M̲ **im** ~ (≈ *nicht mehr als*) not more than; (≈ *bestenfalls*) at the most, at best **Höchstform** F̲ SPORT top form **Höchstgebot** N̲ highest bid **Höchstgeschwindigkeit** F̲ top *od* maximum speed; **zulässige** ~ speed limit **Höchstgrenze** F̲ upper limit **Höchstleistung** F̲ best performance; *bei Produktion* maximum output **Höchstmaß** N̲ maximum amount (**an** +*dat* of) **höchstpersönlich** A̲D̲V̲ personally **Höchstpreis** M̲ top *od* maximum price **Höchststand** M̲ highest level **Höchststrafe** F̲ maximum penalty

H

Hochstuhl M̲ highchair
höchstwahrscheinlich ADV most
probably od likely **Höchstwert** M̲
maximum value **höchstzulässig** ADJ
maximum (permissible)
Hochtechnologie F̲ high technology
Hochtemperaturreaktor M̲ high
temperature reactor **Hochtour** F̲ auf
~en arbeiten Maschinen to run at full
speed; Fabrik etc to work at full steam;
etw auf ~en bringen Motor to rev sth
up to full speed; Produktion, Kampagne
to get sth into full swing **hochtourig**
A̲ ADJ Motor high-revving B̲ ADV ~ fah-
ren to drive at high revs **hochtra-**
bend pej ADJ pompous **hochtreiben**
V̲T̲ 1 (≈ hinauftreiben) to drive up 2 fig
Preise, Kosten to force up **Hoch- und**
Tiefbau M̲ structural and civil engi-
neering **Hochverrat** M̲ high treason
hochverschuldet ADJ ~ sein to be
deeply in debt **Hochwasser** N̲ 1
(≈ von Flut) high tide 2 (≈ in Flüssen,
Seen) high water; (≈ Überschwemmung)
flood; ~ haben Fluss to be in flood
hochwerfen V̲T̲ to throw up **hoch-**
wertig ADJ high-quality; Nahrungsmittel
highly nutritious **Hochwild** N̲ big
game **Hochzahl** F̲ exponent
Hochzeit F̲ wedding; (≈ Trauung) mar-
riage; etw zur ~ geschenkt bekommen
to get sth as a wedding present; **sil-**
berne ~ silver wedding (anniversary)
Hochzeitsfeier F̲, **Hochzeitsfest**
N̲ wedding celebration; (≈ Empfang) re-
ception **Hochzeitskleid** N̲ wedding
dress **Hochzeitsnacht** F̲ wedding
night **Hochzeitsreise** F̲ honeymoon
Hochzeitstag M̲ wedding day; (≈ Jah-
restag) wedding anniversary
hochziehen A̲ V̲T̲ 1 Gegenstand to
pull up 2 umg (≈ bauen) to throw up
umg B̲ V̲R̲ to pull oneself up
Hocke F̲ squatting position; (≈ Übung)
squat; **in die ~ gehen** to squat (down)
hocken V̲I̲ to squat, to crouch; umg
(≈ sitzen) to sit **Hocker** M̲ (≈ Stuhl) stool;
j-n vom ~ hauen fig umg to bowl sb
over umg
Höcker M̲ hump; auf Schnabel knob
Hockey N̲ hockey Br, field hockey US
Hockeyschläger M̲ hockey stick,
field hockey stick US **Hockeyspie-**
ler(in) M̲(F̲) hockey player, field hockey
player US

Hoden M̲ testicle **Hodensack** M̲ scro-
tum
Hodscha M̲ islamischer Geistlicher hodja
Hof M̲ 1 (≈ Platz) yard; (≈ Innenhof)
courtyard; (≈ Schulhof) playground 2
(≈ Bauernhof) farm 3 (≈ Fürstenhof)
court; **Hof halten** to hold court 4 um
Sonne, Mond halo
hoffen A̲ V̲I̲ to hope; **auf j-n ~** to set
one's hopes on sb; **auf etw** (akk) ~ to
hope for sth; **ich will nicht ~, dass er**
das macht I hope he doesn't do that
B̲ V̲T̲ to hope for; ~ **wir das Beste!** let's
hope for the best!; **ich hoffe es** I hope
so; **das will ich (doch wohl)** ~ I should
hope so **hoffentlich** ADV hopefully;
~! I hope so; ~ **nicht** I/we hope not
Hoffnung F̲ hope; **sich** (dat) ~en ma-
chen to have hopes; **sich** (dat) keine
~en machen not to hold out any hopes;
mach dir keine ~(en)! I wouldn't even
think about it; **j-m ~en machen** to raise
sb's hopes; **j-m auf etw** (akk) ~en ma-
chen to lead sb to expect sth; **die ~ auf-**
geben to abandon hope **hoffnungs-**
los A̲ ADJ hopeless B̲ ADV hopelessly
Hoffnungslosigkeit F̲ hopelessness;
(≈ Verzweiflung) despair **Hoffnungs-**
schimmer M̲ glimmer of hope **Hoff-**
nungsträger(in) M̲(F̲) person on
whom hopes are pinned **hoffnungs-**
voll A̲ ADJ hopeful; (≈ vielversprechend)
promising B̲ ADV full of hope
Hofhund M̲ watchdog
hofieren obs V̲T̲ to court
höflich A̲ ADJ polite; (≈ zuvorkommend)
courteous B̲ ADV politely **Höflichkeit**
F̲ 1 politeness; (≈ Zuvorkommenheit)
courteousness 2 (≈ höfliche Bemerkung)
compliment **Höflichkeitsbesuch** M̲
courtesy visit
hohe ADJ → hoch
Höhe F̲ 1 height; **an ~ gewinnen** FLUG
to gain height, to climb; **in einer ~ von**
at a height of; **in die ~ gehen** fig Preise
etc to go up 2 (≈ Anhöhe) hill; (≈ Gipfel)
top, summit; **sich nicht auf der ~ füh-**
len gesundheitlich to feel below par; leis-
tungsfähig not to be up to scratch; **das**
ist doch die ~! fig umg that's the limit!
3 (≈ Ausmaß, Größe) level; von Summe,
Gewinn, Verlust size, amount; von Scha-
den extent; **ein Betrag in ~ von** an
amount of; **bis zu einer ~ von** up to a
maximum of 4 MUS von Stimme pitch;

RADIO treble *kein pl*

Hoheit F 1 (≈ *Staatshoheit*) sovereignty (**über** +*akk* over) 2 *als Anrede* Highness **hoheitlich** ADJ sovereign **Hoheitsgebiet** N sovereign territory **Hoheitsgewalt** F (national) jurisdiction **Hoheitsgewässer** PL territorial waters *pl* **Hoheitsrecht** N sovereign jurisdiction *od* rights *pl* **Hoheitszeichen** N national emblem

Höhenangst F fear of heights **Höhenflug** M high-altitude flight; **geistiger ~** intellectual flight (of fancy) **Höhenkrankheit** F MED altitude sickness **Höhenlage** F altitude **Höhenmesser** M FLUG altimeter **Höhenregler** M treble control **Höhensonne®** F (≈ *Lampe*) sunray lamp **Höhenunterschied** M difference in altitude **Höhenzug** M mountain range **Höhepunkt** M highest point; *von Tag, Leben* high spot; *von Veranstaltung* highlight; *von Karriere etc* height, peak; *eines Stücks* (≈ *Orgasmus*) climax; **den ~ erreichen** to reach a *od* its/one's climax; *Krankheit* to reach *od* come to a crisis **höher** A ADJ higher; **~e Schule** secondary school, high school *bes US*; **~e Gewalt** an act of God; **in ~em Maße** to a greater extent B ADV higher; **ihre Herzen schlugen ~** their hearts beat faster

hohe(r, s) ADJ → hoch

höhergestellt ADJ higher, more senior **höherschrauben** *fig* V/T to increase; *Preise* to force *od* push up **höherstufen** V/T *Person* to upgrade

hohl ADJ hollow; **in der ~en Hand** in the hollow of one's hand **Höhle** F cave; *fig* (≈ *schlechte Wohnung*) hovel **Höhlenbewohner(in)** M(F) cave dweller, troglodyte **Höhlenforscher(in)** M(F) cave explorer **Höhlenforschung** F speleology **Höhlenmensch** M caveman **Hohlheit** F hollowness **Hohlkörper** M hollow body **Hohlkreuz** N MED hollow back **Hohlmaß** N measure of capacity **Hohlraum** M hollow space; *Hoch- und Tiefbau* cavity **Höhlung** F hollow

Hohn M scorn, derision; **nur ~ und Spott ernten** to get nothing but scorn and derision; **das ist der reine** *od* **reinste ~** it's an utter mockery **höhnen** V/I to jeer, to sneer (**über** +*akk* at) **Hohn-**

gelächter N scornful *od* derisive laughter **höhnisch** A ADJ scornful, sneering B ADV scornfully; **~ grinsen** to sneer

Hokkaido M, **Hokkaidokürbis** M red kuri squash, uchiki kuri squash, onion squash *Br*

Hokuspokus M (≈ *Zauberformel*) hey presto; *fig* (≈ *Täuschung*) hocus-pocus *umg*

Holdinggesellschaft F HANDEL holding company

holen V/T 1 (≈ *holen gehen*) to fetch, to get; **j-n ~ lassen** to send for sb 2 (≈ *abholen*) to fetch, to pick up, to come for 3 (≈ *kaufen*) to get, to pick up *umg* 4 (≈ *sich zuziehen*) *Krankheit* to catch, to get; **sonst wirst du dir etwas ~** or you'll catch something; **sich** (*dat*) **eine Erkältung ~** to catch a cold 5 **sich** (*dat*) **etw ~** to get (oneself) sth; **bei ihm ist nichts zu ~** *umg* you *etc* won't get anything out of him

Holland N Holland, the Netherlands *pl* **Holländer** M Dutchman, Dutch boy; **die ~** the Dutch (people) **Holländerin** F Dutchwoman, Dutch girl **holländisch** ADJ Dutch

Hölle F hell; **in der ~** in hell; **die ~ auf Erden** hell on earth; **zur ~ mit...** to hell with ... *umg*; **in die ~ kommen** to go to hell; **ich werde ihm die ~ heiß machen** *umg* I'll give him hell *umg*; **er machte ihr das Leben zur ~** he made her life (a) hell *umg*; **das war die ~** it was hell; **dort ist die ~ los** all hell has broken loose **Höllenangst** *umg* F terrible fear; **eine ~ haben** to be scared stiff *umg*

Holler *österr* M 1 (≈ *Holunder*) elder 2 (≈ *Holunderbeeren*) elderberries *pl*

höllisch A ADJ 1 (≈ *die Hölle betreffend*) infernal, of hell 2 *umg* (≈ *außerordentlich*) dreadful, hellish *umg*; **eine ~e Angst haben** to be scared stiff *umg* B ADV *umg* like hell *umg*, hellishly *umg*

Holm M *von Barren* bar

Holocaust M holocaust

Holografie F holography **Hologramm** N hologram

holperig ADJ 1 *Weg* bumpy 2 *Rede* stumbling **holpern** V/I to bump, to jolt **Holunder** M elder; (≈ *Früchte*) elderberries *pl* **Holunderbeere** F elderberry

Holz N wood; *bes zum Bauen* timber,

lumber *bes US*; **aus ~** made of wood, wooden; **~ fällen** to fell trees; **~ verarbeitend** wood-processing; **aus hartem** *od* **härterem ~ geschnitzt sein** *fig* to be made of stern *od* sterner stuff; **aus demselben ~ geschnitzt sein** *fig* to be cast in the same mould *Br*, to be cast in the same mold *US* **Holzbearbeitung** F̲ woodworking; *im Sägewerk* timber processing **Holzbein** N̲ wooden leg **Holzbläser(in)** M̲/F̲ woodwind player **Holzboden** M̲ (≈*Fußboden*) wooden floor **hölzern** A̲ *adj* wooden B̲ *adv* *fig* woodenly, stiffly **Holzfäller(in)** M̲/F̲ woodcutter, lumberjack *bes US* **Holzfaserplatte** F̲ (wood) fibreboard *Br*, (wood) fiberboard *US* **holzfrei** *adj Papier* wood-free **Holzhacker(in)** M̲/F̲ *bes österr* woodcutter, lumberjack *bes US* **Holzhammer** M̲ mallet; **j-m etw mit dem ~ beibringen** to hammer sth into sb *umg* **Holzhaus** N̲ wooden *od* timber house **holzig** *adj* woody **Holzklasse** F̲ FLUG *umg* third class **Holzklotz** M̲ block of wood, log **Holzkohle** F̲ charcoal **Holzkopf** M̲ *umg* M̲ blockhead *umg* **Holzpellet** N̲ wood pellet **Holzscheit** N̲ piece of (fire)wood **Holzschnitt** M̲ wood engraving **Holzschnitzer(in)** M̲/F̲ wood carver **Holzschuh** M̲ wooden shoe, clog **Holzschutzmittel** N̲ wood preservative **Holzstich** M̲ wood engraving **Holzstoß** M̲ pile of wood **Holztäfelung** F̲ wood(en) panelling *Br*, wood(en) paneling *US* **Holzweg** M̲ **auf dem ~ sein** *fig umg* to be on the wrong track *umg* **Holzwolle** F̲ wood-wool **Holzwurm** M̲ woodworm **Homebanking** N̲ home banking **Homeoffice** N̲ *Arbeit zu Hause* teleworking, working from home; **morgen habe ich ~** I'll be working from home tomorrow; **im ~ arbeiten** to work from home **Homepage** F̲ IT *im Internet* home page **Homeshopping** N̲ home shopping **Hometrainer** M̲ → Heimtrainer **Homo** *obs umg* M̲ homo *obs umg*, queer *umg* **Homoehe** F̲ gay marriage **homogen** *adj* homogeneous **homogenisieren** V̲T̲ to homogenize **Homöopath(in)** M̲/F̲ homoeopath **Homöopathie** F̲ homoeopathy **homöopathisch** *adj* homoeopathic

Homosexualität F̲ homosexuality **homosexuell** *adj* homosexual **Homosexuelle(r)** M̲/F̲(M̲) homosexual **Honduras** N̲ Honduras **Hongkong** N̲ Hong Kong **Honig** M̲ honey **Honigbiene** F̲ honeybee **Honigkuchen** M̲ honey cake **Honiglecken** N̲ **das ist kein ~** it's no picnic **Honigmelone** F̲ honeydew melon **honigsüß** *adj* as sweet as honey; *fig Worte, Ton* honeyed; *Lächeln* sickly sweet

Honorar N̲ fee; (≈*Autorenhonorar*) royalties *pl* **Honorationen** P̲L̲ dignitaries *pl* **honorieren** V̲T̲ 1̲ (≈*bezahlen*) to pay; FIN *Wechsel, Scheck* to honour *Br*, to honor *US*, to meet 2̲ (≈*belohnen*) *Bemühungen* to reward

honoris causa *adv* Dr. ~ honorary doctor

Hookah F̲ *Wasserpfeife* hookah **Hooligan** M̲ hooligan **Hopfen** M̲ BOT *hop*; *beim Brauen* hops *pl*; **bei** *od* **an ihm ist ~ und Malz verloren** *umg* he's a hopeless case **hopp** *int* quick; **mach mal ein bisschen ~!** *umg* chop, chop! *umg* **hoppeln** V̲I̲ *Hase* to lollop **hoppla** *int* whoops, oops **hops** *umg* *adj* **~ sein** (≈*verloren*) to be lost; *Geld* to be down the drain *umg* **hopsen** *umg* V̲I̲ (≈*hüpfen*) to hop; (≈*springen*) to jump **hopsgehen** V̲I̲ *umg* (≈*verloren gehen*) to get lost; *umg* (≈*sterben*) to croak *umg* **hopsnehmen** V̲T̲ j-n ~ *umg* (≈*verhaften*) to nab sb *umg*

hörbar *adj* audible **hörbehindert** *adj* partially deaf, with impaired hearing **Hörbuch** N̲ talking book **horchen** V̲I̲ to listen (*+dat* *od* **auf** *+akk* to); *heimlich* to eavesdrop **Horcher(in)** M̲/F̲ eavesdropper

Horde F̲ horde

hören V̲T̲ & V̲I̲ 1̲ to hear; **ich höre dich nicht** I can't hear you; **schwer ~** to be hard of hearing; **du hörst wohl schwer!** *umg* you must be deaf!; **hört, hört!** *Zustimmung* hear! hear!; **das lässt sich ~** *fig* that doesn't sound bad; **na – Sie mal!** wait a minute!; **von etw/j-m ~** to hear of sth/from sb; **Sie werden noch von mir ~** *umg Drohung* you'll be hearing from me; **nie gehört!** *umg* never heard of him/it *etc*; **nichts von sich ~ lassen** not to get in touch; **ich lasse**

von mir ~ I'll be in touch **2** (≈ *sich nach etw richten*) to listen, to pay attention; (≈*gehorchen*) to obey, to listen; (≈*zuhören*) to listen; **auf j-n/etw** ~ to listen to *od* heed sb/sth; **hör mal** listen **Hörensagen** N̲ **vom** ~ from *od* by hearsay **Hörer** M̲ TEL receiver **Hörer(in)** M̲(F̲) RADIO listener; UNIV student (attending lectures) **Hörerschaft** F̲ RADIO listeners *pl*, audience; UNIV number of students (attending a lecture) **Hörfehler** M̲ MED hearing defect; **das war ein** ~ I/he *etc* misheard it **Hörgerät** N̲, **Hörhilfe** F̲ hearing aid **hörgeschädigt** A̲D̲J̲ partially deaf, with impaired hearing **hörig** A̲D̲J̲ dependent (+*dat* on); **j-m (sexuell)** ~ **sein** to be (sexually) dependent on sb **Hörigkeit** F̲ dependence; **sexuell** ~ sexual dependence

Horizont M̲ horizon; **am** ~ on the horizon; **das geht über meinen** ~ *fig* that is beyond me **horizontal** A̲ A̲D̲J̲ horizontal **B** A̲D̲V̲ horizontally **Horizontale** F̲ MATH horizontal (line)

Hormon N̲ hormone **hormonal** A̲ A̲D̲J̲ hormone *attr*, hormonal **B** A̲D̲V̲ *behandeln* with hormones; *gesteuert* by hormones; ~ **bedingt sein** to be caused by hormones **Hormonbehandlung** F̲ hormone treatment

Hörmuschel F̲ TEL earpiece

Horn N̲ **1** horn; ~ **spielen** to play the horn; **sich** (*dat*) **die Hörner abstoßen** *umg* to sow one's wild oats; **j-m Hörner aufsetzen** *umg* to cuckold sb **2** MUS horn; MIL bugle; **ins gleiche** ~ **blasen** to chime in **Hornbrille** F̲ horn-rimmed glasses *pl* **Hörnchen** N̲ **1** (≈*Gebäck*) croissant **2** ZOOL squirrel

Hörnerv M̲ auditory nerve

Hornhaut F̲ callus; *des Auges* cornea **Hornhautverkrümmung** F̲ astigmatism

Hornisse F̲ hornet

Hornist(in) M̲(F̲) horn player; MIL bugler **Horoskop** N̲ horoscope **Hörprobe** F̲ (audio) sample **horrend** A̲D̲J̲ horrendous **Hörrohr** N̲ **1** ear trumpet **2** MED stethoscope **Horror** M̲ horror (**vor** +*dat* of) **Horrorfilm** M̲ horror movie **Horrorszenario** N̲ horror scenario **Horrortrip** *umg* M̲ horror trip *umg*

Hörsaal M̲ UNIV lecture theatre *Br*, lec-

ture theater *US* **Hörspiel** N̲ RADIO radio play

Horst M̲ (≈*Nest*) nest; (≈*Adlerhorst*) eyrie **Hörsturz** M̲ hearing loss

Hort M̲ **1** *geh* (≈*Zufluchtsstätte*) refuge, shelter; **ein** ~ **der Freiheit** a stronghold of liberty **2** (≈*Kinderhort*) ≈ after-school club *Br*, ≈ after-school daycare *US* **horten** V̲/T̲ to hoard; *Rohstoffe etc* to stockpile

Hortensie F̲ hydrangea

Hörweite F̲ hearing range; **in/außer** ~ within/out of hearing *od* earshot

Höschen N̲ (≈*Unterhose*) (pair of) panties *pl* **Hose** F̲ trousers *pl Br*, pants *pl US*; **eine** ~ a pair of trousers *etc*; **kurze** ~ shorts *pl*; **die ~n anhaben** *fig umg* to wear the trousers *Br umg*, to wear the pants *US umg*; **sich** (*dat*) **in die ~n machen** *wörtl* to dirty oneself; *fig umg* to shit oneself *sl*; **in die** ~ **gehen** *umg* to be a complete flop *umg*; **tote** ~ *umg* nothing doing *umg* **Hosenanzug** M̲ trouser suit *Br*, pantsuit *US* **Hosenbein** N̲ trouser leg *Br*, pant leg *US* **Hosenboden** M̲ seat (of trousers) *Br*, seat (of pants) *US*; **sich auf den** ~ **setzen** *umg* (≈*arbeiten*) to get stuck in *umg* **Hosenbund** M̲ waistband **Hosenschlitz** M̲ flies *pl Br*, fly *US* **Hosentasche** F̲ trouser pocket *Br*, pants pocket *US* **Hosenträger** P̲L̲ (pair of) braces *pl Br*, (pair of) suspenders *pl US*

▶ **Hose ≠ hose**

Hose	=	**trousers** *pl Br*, **pants** *pl US*
hose	=	Schlauch	◀

Hospiz N̲ hospice

Host M̲ IT host

Hostess F̲ hostess

Hostie F̲ KIRCHE host, consecrated wafer

Hotdog N̲/M̲, **Hot Dog** N̲/M̲ GASTR hot dog

Hotel N̲ hotel **Hotelboy** M̲ bellboy *US*, bellhop *US* **Hotelbuchung** F̲ hotel reservation **Hoteldirektor(in)** M̲(F̲) hotel manager **Hotelfach** N̲ hotel management **Hotelfachschule** F̲ college of hotel management **Hotelführer** M̲ hotel guide **Hotelgewerbe** N̲ hotel industry

H

Hotelier M̲ hotelier
Hotelportier M̲ hotel porter **Hotelreservierung** F̲ hotel reservation
Hotelvermittlung F̲ hotel reservation service, hotel booking agency **Hotelverzeichnis** N̲ list of hotels **Hotelzimmer** N̲ hotel room
Hotkey M̲ COMPUT hot key **Hotline** F̲ helpline, hotline **Hotspot** M̲ hotspot
Hot-Stone-Massage F̲ hot stone massage
Hoverboard N̲ selbstschwebendes Skateboard hoverboard
Hub M̲ **1** TECH (≈ Kolbenhub) (piston) stroke **2** TECH (≈ Leistung) lifting od hoisting capacity
Hubbel umg M̲ bump
Hubraum M̲ AUTO cubic capacity
hübsch A̲ ADJ pretty, neat US; Geschenk lovely, delightful; umg (≈ nett) lovely, nice; **ein ~es Sümmchen** umg a tidy sum B̲ ADV **1** (≈ nett) einrichten, sich kleiden nicely; **~ aussehen** to look pretty **2** umg **~ artig** nice and good; **das wirst du ~ bleiben lassen!** don't you dare
Hubschrauber M̲ helicopter **Hubschrauberlandeplatz** M̲ heliport
Hucke umg F̲ **j-m die ~ vollhauen** to give sb a good thrashing umg; **j-m die ~ volllügen** to tell sb a pack of lies **huckepack** ADV piggy-back **Huckepackverkehr** M̲ BAHN piggy-back transport US, motorail service
hudeln V̲I̲ bes österr, südd umg to work sloppily
Huf M̲ hoof **Hufeisen** N̲ horseshoe **hufeisenförmig** ADJ horseshoe-shaped **Hüferl** N̲ GASTR österr von Rind haunch **Huflattich** M̲ BOT coltsfoot **Hufschmied(in)** M̲/F̲ blacksmith
Hüftbein N̲ hipbone **Hüfte** F̲ hip; von Tieren haunch **Hüftgelenk** N̲ hip joint **Hüfthalter** M̲ girdle **hüfthoch** ADJ Pflanzen etc waist-high; Wasser etc waist-deep; **wir standen ~ im Schlamm** we stood up to the waist in mud **Hüfthose** F̲ hip huggers pl US, hipsters pl Br **Huftier** N̲ hoofed animal **Hüftknochen** M̲ hipbone **Hüftleiden** N̲ hip trouble
Hügel M̲ hill; (≈ Erdhaufen) mound **hügelig** ADJ hilly
Huhn N̲ **1** chicken; **da lachen ja die Hühner** umg what a joke **2** fig umg

ein verrücktes ~ a strange od odd character; **ein dummes ~** a silly goose **Hühnchen** N̲ (young) chicken, pullet; (≈ Brathühnchen) (roast) chicken; **mit j-m ein ~ zu rupfen haben** umg to have a bone to pick with sb umg **Hühnerauge** N̲ MED corn **Hühnerbrühe** F̲ chicken stock; (≈ Suppe) chicken broth **Hühnerbrust** F̲ GASTR chicken breast **Hühnerei** N̲ hen's egg **Hühnerfarm** F̲ chicken farm **Hühnerfrikassee** N̲ chicken fricassee **Hühnerfutter** N̲ chicken feed **Hühnerhof** M̲ chicken run **Hühnerkacke** F̲ umg chicken shit umg; **gequirlte ~** umg Unsinn pile of shit umg **Hühnerklein** N̲ GASTR chicken trimmings pl **Hühnerleiter** F̲ chicken ladder **Hühnerstall** M̲ henhouse, chicken coop **Hühnerzucht** F̲ chicken breeding od farming
hui INT whoosh
huldigen liter V̲I̲ **1** einem Künstler, Lehrmeister etc to pay homage to **2** einer Ansicht to subscribe to; einem Glauben etc to embrace; einem Laster to indulge in **Huldigung** F̲ liter (≈ Verehrung, Beifall) homage; **j-m seine ~ darbringen** to pay homage to sb
Hülle F̲ **1** cover; für Ausweiskarten etc holder, case; **die sterbliche ~** the mortal remains pl **2** in **~ und Fülle** in abundance; **Whisky/Frauen** etc in **~ und Fülle** whisky/women etc galore **hüllen** geh V̲T̲ to wrap; **in Dunkel gehüllt** shrouded in darkness; **sich in Schweigen ~** to remain silent
Hülse F̲ **1** (≈ Schale) hull, husk; (≈ Schote) pod **2** (≈ Etui, Kapsel) case; von Geschoss case **Hülsenfrucht** F̲ pulse
human A̲ ADJ humane B̲ ADV humanely **Humanismus** M̲ humanism **Humanist(in)** M̲/F̲ humanist; (≈ Altsprachler) classicist **humanistisch** ADJ humanist(ic); (≈ altsprachlich) classical; **~e Bildung** classical education **humanitär** ADJ humanitarian **Humanität** F̲ humaneness, humanity **Humankapital** N̲ WIRTSCH human resources pl, human capital **Humanmedizin** F̲ (human) medicine **Humanressourcen** P̲L̲ WIRTSCH human resources pl
Humbug M̲ umg humbug umg
Hummel F̲ bumblebee
Hummer M̲ lobster
Humor M̲ humour Br, humor US; **er hat**

H

keinen (Sinn für) ~ he has no sense of humo(u)r; **sie nahm die Bemerkung mit ~ auf** she took the remark in good humo(u)r **Humorist(in)** M[F] humorist; (≈ *Komiker*) comedian **humoristisch** ADJ humorous **humorlos** ADJ humourless *Br*, humorless *US* **Humorlosigkeit** F humourlessness *Br*, humorlessness *US* **humorvoll** A ADJ humorous, amusing **B** ADV humorously, amusingly **humpeln** V/I to hobble **Humpen** M tankard, mug; *aus Ton* stein **Humus** M humus **Humusboden** M, **Humuserde** F humus soil **Hund** M dog; *bes Jagdhund* hound; **junger ~** puppy, pup; **wie ~ und Katze leben** to live like cat and dog; **er ist bekannt wie ein bunter ~** *umg* everybody knows him; **da liegt der ~ begraben** *umg* (so) that's what is/was behind it all; *Haken, Problem etc* that's the problem; **er ist ein armer ~** he's a poor soul; **auf den ~ kommen** *umg* to go to the dogs *umg*; **vor die ~e gehen** *umg* to go to the dogs *umg*; (≈ *sterben*) to die; **du gemeiner ~** *umg* you rotten bastard *sl*; **du gerissener ~** *umg* you crafty devil *umg*; **kein ~** *umg* not a soul, not a damn soul *umg*; **schlafende ~e soll man nicht wecken** *sprichw* let sleeping dogs lie *sprichw* **hundeelend** *umg* ADJ **mir ist ~** I feel lousy *umg* **Hundeführer(in)** M[F] dog handler **Hundefutter** N dog food **Hundehalsband** N dog collar **Hundehalter(in)** *form* M[F] dog owner **Hundehütte** F (dog) kennel **Hundekuchen** M dog biscuit **Hundeleine** F dog lead *Br*, dog leash **Hundemarke** F dog licence disc *Br*, dog license disc *US*, dog tag *US* **hundemüde** *umg* ADJ & ADV dog-tired **Hunderasse** F breed (of dog)

hundert NUM *a od* one hundred **Hundert** N hundred; **~e von Menschen** hundreds of people; **zu ~en** by the hundred **Hunderter** M **1** *von Zahl* (the) hundred **2** (≈ *Geldschein*) hundred-euro/-pound/-dollar *etc* note *Br od* bill *US* **hundertfach** A ADJ hundredfold **B** ADV a hundred times **Hundertjahrfeier** F centenary *Br*, centennial *US* **hundertjährig** ADJ (one-)hundred-year-old **hundertmal** ADV a hundred times **Hundertmeterlauf** M SPORT **der/ein ~** the/a 100 metres *Br od* meters

US sg **hundertpro** *umg* ADV definitely; **bist du dir sicher? — ~** are you sure? — I'm positive **hundertprozentig** A ADJ (*a od* one) hundred per cent *Br*, (*a od* one) hundred percent *US*; *Alkohol* pure **B** ADV one hundred per cent *Br*, one hundred percent *US*; **Sie haben ~ recht** you're absolutely right; **das weiß ich ~** that's a fact **hundertstel** ADJ hundredth; **eine ~ Sekunde** a hundredth of a second **Hundertstel** N hundredth **Hundertstelsekunde** F hundredth of a second **hundertste(r, s)** ADJ hundredth **hunderttausend** NUM *a od* one hundred thousand

Hundesalon M dog parlour *Br*, dog parlor *US* **Hundeschlitten** M dog sled(ge) *od* sleigh **Hundeschnauze** F nose, snout **Hundesitter(in)** M[F] dog sitter, dog-sitter **Hundestaffel** F dog branch **Hundesteuer** F dog licence fee *Br*, dog license fee *US* **Hündin** F bitch **hündisch** *fig* ADJ sycophantic **hundsgemein** *umg* A ADJ shabby; (≈ *schwierig*) fiendishly difficult **B** ADV **es tut ~ weh** it hurts like hell *umg* **Hundstage** PL dog days *pl*

Hüne M giant

Hunger M hunger (**nach** for); (≈ *Hungersnot*) famine; *nach Sonne etc* yearning; **~ bekommen/haben** to get/be hungry; **~ auf etw** (*akk*) **haben** to feel like (eating) sth; **~ leiden** *geh* to go hungry, to starve; **ich sterbe vor ~** *umg* I'm starving *umg* **Hungerkur** F starvation diet **Hungerlohn** M pittance **hungern** A V/I **1** (≈ *Hunger leiden*) to go hungry, to starve **2** (≈ *fasten*) to go without food **B** V/R **sich zu Tode ~** to starve oneself to death **hungernd** ADJ hungry, starving **Hungersnot** F famine **Hungerstreik** M hunger strike **Hungertod** M death from starvation; **den ~ sterben** to die of hunger *od* starvation **Hungertuch** N **am ~ nagen** *fig* to be starving **hungrig** ADJ hungry (**nach** for); **~ nach etw** *od* **auf etw** (*akk*) **sein** to feel like (eating) sth

Hupe F horn **hupen** V/I to sound *od* hoot the horn

Hüpfburg F bouncy castle® **hüpfen** V/I to hop; *Ball* to bounce

Hupton M sound of a horn **Hupzeichen** N AUTO hoot

Hürde F hurdle; **eine ~ nehmen** to

clear a hurdle **Hürdenlauf** M (≈ *Sportart*) hurdling; (≈ *Wettkampf*) hurdles pl od sg **Hürdenläufer(in)** MF hurdler

Hure F whore **Hurenbock** vulg M whoremonger **Hurensohn** vulg M bastard sl, son of a bitch sl

hurra INT hurray, hurrah, hooray **Hurraruf** M cheer

Hurrikan M hurricane

husch INT **1** *aufscheuchend* shoo **2** (≈ *schnell*) quick; **er macht seine Arbeit immer ~ ~** umg he always whizzes through his work umg **huschen** V/I to dart; *Lächeln* to flash, to flit; *Licht* to flash

hüsteln V/I to cough slightly **husten A** V/I to cough; **auf etw** (akk) **~** umg not to give a damn for sth umg **B** V/T to cough; *Blut* to cough (up); **denen werde ich was ~** umg I'll tell them where they can get off umg **Husten** M cough; **~ haben** to have a cough **Hustenanfall** M coughing fit **Hustenbonbon** M/N cough sweet Br, cough drop **Hustenmittel** N cough medicine **Hustenreiz** M tickle in one's throat **Hustensaft** M cough syrup od mixture **hustenstillend** ADJ cough-relieving **Hustentropfen** PL cough drops pl

Hut¹ M¹ geh in meiner Hut in my keeping; *Kinder* in my care **2** **auf der Hut sein** to be on one's guard (**vor** +dat against) **hüten A** V/T to look after, to mind; **das Bett ~** to stay in bed **B** V/R to (be on one's) guard (**vor** +dat against); **ich werde mich ~!** not likely!; **ich werde mich ~, ihm das zu erzählen** there's no chance of me telling him that **Hüter(in)** MF guardian, custodian; (≈ *Viehhüter*) herdsman; **die ~ der Ordnung**

hum the custodians of the law

Hutmacher(in) MF hat maker **Hutschachtel** F hatbox

Hütte F **1** hut; *hum* (≈ *Haus*) humble abode; (≈ *Holzhütte, Blockhütte*) cabin **2** TECH (≈ *Hüttenwerk*) iron and steel works pl od sg **Hüttenindustrie** F iron and steel industry **Hüttenkäse** M cottage cheese **Hüttenschuhe** PL slipper socks pl

hutzelig ADJ *Mensch* wizened **Hutzelmännchen** N gnome

Hyäne F hyena; *fig* wildcat

Hyazinthe F hyacinth

hybrid ADJ BIOL, LING hybrid **Hybridantrieb** M hybrid powertrain, hybrid drive system **Hybride** F BIOL hybrid **Hybridfahrzeug** N hybrid vehicle **Hybridmotor** M hybrid engine

Hydrant M hydrant **Hydrat** N hydrate **Hydraulik** F hydraulics sg; (≈ *Antrieb*) hydraulics pl **hydraulisch A** ADJ hydraulic **B** ADV hydraulically **Hydrokultur** F BOT hydroponics sg **Hydrolyse** F CHEM hydrolysis **Hydrotherapie** F MED hydrotherapy

Hygiene F hygiene **hygienisch A** ADJ hygienic **B** ADV hygienically

Hymne F hymn; (≈ *Nationalhymne*) (national) anthem

Hype F (≈ *Werbung, Täuschung*) hype kein pl

hyperaktiv ADJ hyperactive **Hyperbel** F MATH hyperbola; *rhetorisch* hyperbole **Hyperlink** M/N IT hyperlink **hypermodern** umg ADJ ultramodern **Hypertext** M IT hypertext

Hypnose F hypnosis; **unter ~ stehen** to be under hypnosis **hypnotisch** ADJ hypnotic **Hypnotiseur(in)** MF hypnotist **hypnotisieren** V/T to hypnotize

Hypochonder M hypochondriac

Hypotenuse F MATH hypotenuse

Hypothek F mortgage; **eine ~ aufnehmen** to raise a mortgage; **etw mit einer ~ belasten** to mortgage sth **Hypothekenbank** F bank specializing in mortgages **Hypothekenbrief** M mortgage deed od certificate **hypothekenfrei** ADJ unmortgaged **Hypothekenschuld** F mortgage debt **Hypothekenschuldner(in)** MF mortgagor, mortgager **Hypothekenzinsen** PL mortgage interest

Hypothese F̄ hypothesis **hypothetisch** A ADJ hypothetical B ADV hypothetically

Hysterie F̄ hysteria **hysterisch** ADJ hysterical; **einen ~en Anfall bekommen** fig to go into od have hysterics

I, i N̄ I, i

i umg INT ugh umg

IBAN F̄ ABK (= International Bank Account Number) IBAN

iberisch ADJ Iberian

IC® M̄ ABK (= Intercityzug) intercity train

ICE® M̄ ABK (= Intercityexpresszug) intercity express (train)

ich PERS PR I; **ich auch** me too; **immer ich!** (it's) always me!; **ich Idiot!** what an idiot I am!; **wer hat den Schlüssel? — ich nicht!** who's got the key? — not me!; **ich selbst** I myself; **wer hat gerufen? — ich!** who called? — (it was) me, I did!; **ich bins!** it's me! **Ich** N̄ self; PSYCH ego; **mein anderes** od **zweites Ich** (≈ selbst) my other self; (≈ andere Person) my alter ego **Icherzähler(in)** M̄F̄ first person narrator **Ichform** F̄ first person

Icon N̄ IT icon

ID ABK (= Identifikationsnummer) ID number; **steuerliche ID** tax ID number **ideal** ADJ ideal **Ideal** N̄ ideal **idealerweise** ADV ideally **Idealfall** M̄ ideal case; **im ~** ideally **idealisieren** V̄T to idealize **Idealismus** M̄ idealism **Idealist(in)** M̄F̄ idealist **idealistisch** ADJ idealistic **Idealvorstellung** F̄ ideal

Idee F̄ 1 idea; **wie kommst du denn auf DIE ~?** whatever gave you that idea?; **ich kam auf die ~, sie zu fragen** I hit on the idea of asking her 2 (≈ ein wenig) shade, trifle; **eine ~ Salz** a hint of salt **ideell** ADJ Wert, Ziele non-material; Unterstützung spiritual **ideenlos** ADJ lacking in ideas, unimaginative **ideenreich** ADJ (≈ einfallsreich) full of ideas; (≈ fantasiereich) imaginative, full of imagination

Identifikation F̄ identification **Identifikationsnummer** F̄ identification number **~ persönliche ~ personal** identification number **identifizieren** A V̄T to identify B V̄R **sich ~ mit** to identify (oneself) with **Identifizierung** F̄ identification

identisch ADJ identical (**mit** with) **Identität** F̄ identity **Identitätsdiebstahl** M̄ JUR, IT identity theft **Identitätskrise** F̄ identity crisis **Identitätsnachweis** M̄ proof of identity

Ideologe M̄, **Ideologin** F̄ ideologist **Ideologie** F̄ ideology **ideologisch** A ADJ ideological B ADV ideologically

Idiom N̄ idiom **idiomatisch** A ADJ idiomatic B ADV idiomatically

Idiot(in) M̄F̄ idiot **Idiotenhügel** hum umg M̄ nursery od beginners' slope **idiotensicher** umg A ADJ foolproof kein adv B ADV **~ gestaltet sein** to be designed to be foolproof **Idiotie** F̄ idiocy; umg lunacy **idiotisch** ADJ idiotic **Idol** N̄ idol

Idyll N̄ idyll; (≈ Gegend) idyllic place od spot **Idylle** F̄ idyll **idyllisch** A ADJ idyllic B ADV idyllically

Igel M̄ ZOOL hedgehog

▶ **Igel ≠ eagle**

Igel	=	**hedgehog**
eagle	=	Adler

◀

igitt(igitt) umg INT ugh! umg

Iglu M̄/N̄ igloo

ignorant ADJ ignorant **Ignoranz** F̄ ignorance **ignorieren** V̄T to ignore

IHK F̄ ABK (= Industrie- und Handelskammer) chamber of commerce

ihm PERS PR bei Personen to him; bei Tieren und Dingen to it; nach Präpositionen him/it; **ich gab es ihm** I gave it (to) him; **ich gab ihm den Brief** I gave him the letter, I gave the letter to him; **ein Freund von ihm** a friend of his, one of his friends **ihn** PERS PR him; bei Tieren und Dingen it **ihnen** PERS PR to them; nach Präpositionen them; → ihm

Ihnen PERS PR to you; nach Präpositionen you; → ihm

ihr A PERS PR 1 you 2 bei Personen to her; bei Tieren und Dingen to it; nach Präpositionen her/it; → ihm B POSS PR 1 einer Person her; eines Tiers, Dinges its 2 *von mehreren* their

Ihr POSS PR your; **Ihr Franz Müller** *Briefschluss* yours, Franz Müller

ihrerseits ADV *bei einer Person* for her part; *bei mehreren* for their part **Ihrerseits** ADV for your part **ihresgleichen** PRON *von einer Person* people like her; *von mehreren* people like them **Ihresgleichen** PRON people like you **ihretwegen, ihretwillen** ADV *sg* because of her; *pl* because of them **Ihretwegen, Ihretwillen** ADV because of you

Ikone *a. fig* F icon

illegal A ADJ illegal B ADV illegally; **sich ~ betätigen** to engage in illegal activities **Illegalität** F illegality **illegitim** ADJ illegitimate

Illusion F illusion; **sich** (*dat*) **~en machen** to delude oneself; **darüber macht er sich keine ~en** he doesn't have any illusions about it **illusorisch** ADJ illusory

Illustration F illustration; **zur ~ von etw** as an illustration of sth **illustrativ** A ADJ (*≈anschaulich*) illustrative B ADV (*≈anschaulich*) vividly **illustrieren** V/T to illustrate (**j-m etw** sth for sb) **Illustrierte** F magazine

Iltis M polecat

im PRÄP in the; **im Bett** in bed; **im letzten/nächsten Jahr** last/next year; **etw im Liegen tun** to do sth lying down

Image N image **Imagekampagne** F image-building campaign **Imagepflege** F image building

imaginär ADJ imaginary

Imam M *islamischer Gelehrter* imam

Imbiss M snack **Imbisshalle** F snack bar **Imbissstube** F snack bar

Imitation F imitation **imitieren** V/T to imitate

Imker(in) M(F) beekeeper **Imkerei** F beekeeping

immateriell ADJ *Vermögenswerte* immaterial

Immatrikulation F matriculation *form* **immatrikulieren** A V/R to matriculate *form* B V/T to register (*at university*)

immens A ADJ immense, huge B ADV immensely

immer ADV ❶ always; **schon ~** always; **für ~** for ever, for always; **~ diese Probleme!** all these problems!; **~, wenn ...**

whenever ..., every time (that) ...; **~ geradeaus gehen** to keep going straight on; **~ (schön) mit der Ruhe** *umg* take it easy; **noch ~** still; **~ noch nicht** still not (yet); **~ wieder** again and again, over and over again; **etw ~ wieder tun** to keep on doing sth; **wie ~** as usual ❷ **~ besser** better and better; **~ häufiger** more and more often; **~ mehr** more and more ❸ **wer (auch) ~** whoever; **wie (auch) ~** however; **wann (auch) ~** whenever; **wo (auch) ~** wherever; **was (auch) ~** whatever **immergrün** ADJ evergreen **immerhin** ADV all the same, anyhow, at any rate; (*≈wenigstens*) at least; (*≈schließlich*) after all **immerzu** ADV all the time, constantly

Immigrant(in) M(F) immigrant **Immigration** F immigration **immigrieren** V/I to immigrate

Immission F (harmful effects *pl* of) noise, pollutants *pl* etc, immission **Immissionsschutz** M protection from noise, pollutants etc **Immissionswert** M pollution count

immobil ADJ immoveable **Immobilie** F ❶ **eine ~** a property ❷ **~n** *pl* real estate *sg; in Zeitungsannoncen* property *sg* **Immobilienmakler(in)** M(F) (real) estate agent *Br,* Realtor® *US* **Immobilienmarkt** M property market

immun ADJ immune (**gegen** to) **immunisieren** *form* V/T to immunize (**gegen** against) **Immunität** F immunity **Immunologe** M, **Immunologin** F immunologist **Immunschwäche** F immunodeficiency **Immunschwächekrankheit** F immune deficiency disease *od* syndrome **Immunsystem** N immune system **Immuntherapie** F MED immunotherapy

Imperativ M imperative

Imperfekt N GRAM imperfect (tense)

Imperialismus M imperialism **imperialistisch** ADJ imperialistic **Imperium** N (*≈Gebiet*) empire

impfen V/T to vaccinate **Impfpass** M vaccination card **Impfschein** M certificate of vaccination **Impfschutz** M protection given by vaccination **Impfstoff** M vaccine, serum **Impfung** F vaccination

Implantat N implant **Implantation** F MED implantation **implantieren** V/T to implant

implementieren _geh_ V̅T̅ to implement

Implikation F̅ implication **implizieren** V̅T̅ to imply **implizit** _geh_ A̅D̅V̅ by implication

implodieren V̅I̅ to implode **Implosion** F̅ implosion

imponieren V̅I̅ to impress (**j-m** sb) **imponierend** A̅D̅J̅ impressive **Imponiergehabe** _fig pej_ N̅ exhibitionism

Import M̅ import **Importbeschränkung** F̅ import quota **Importeur(in)** M̅F̅ import **importieren** V̅T̅ to import **Importland** N̅ importing country **Importlizenz** F̅ import licence _Br_, import license _US_ **Importzoll** M̅ import duty or tariff

imposant A̅D̅J̅ imposing; _Leistung etc._ impressive

impotent A̅D̅J̅ impotent **Impotenz** F̅ impotence

imprägnieren V̅T̅ to impregnate; (≈ _wasserdicht machen_) to (water)proof

Impression F̅ impression (**über** +_akk_ of) **Impressionismus** M̅ impressionism **Impressionist(in)** M̅F̅ impressionist **impressionistisch** A̅D̅J̅ impressionistic **Impressum** N̅ imprint

Improvisation F̅ improvisation **improvisieren** V̅T̅ & V̅I̅ to improvise, to freestyle

Impuls M̅ impulse; **etw aus einem ~ heraus tun** to do sth on impulse **impulsiv** A̅ A̅D̅J̅ impulsive B̅ A̅D̅V̅ impulsively

imstande A̅D̅J̅ **~ sein, etw zu tun** (≈ _fähig_) to be capable of doing sth

in A̅ P̅R̅Ä̅P̅ **1** _räumlich wo?_ **mit Dativ** in; _wohin?_ **mit Akkusativ** in, into; **in Australien** in Australia; **in der Schweiz** in Switzerland; **in die Schweiz** to Switzerland; **in die Schule/Kirche gehen** to go to school/church; **er ist in der Schule/Kirche** he's at _od_ in school/church; **er ging ins Konzert** he went to the concert **2** _zeitlich: wann?_ **mit Dativ** in; **in diesem Jahr** _laufendes Jahr_ this year; **heute in zwei Wochen** two weeks today **3** **das ist in Englisch** it's in English; **ins Englische übersetzen** to translate into English; **sie hat es in sich** (_dat_) _umg_ she's quite a girl; → **im** B̅ A̅D̅J̅ _umg_ **in sein** to be in _umg_

inaktiv A̅D̅J̅ inactive; _Mitglied_ non-active **inakzeptabel** A̅D̅J̅ unacceptable

Inanspruchnahme _form_ F̅ **1** (≈ _Beanspruchung_) demands _pl_, claims _pl_ (+_gen_ on) **2** _von Einrichtungen etc_ utilization

Inbegriff M̅ perfect example, embodiment; **sie war der ~ der Schönheit** she was beauty personified **inbegriffen** A̅D̅V̅ included; **die Mehrwertsteuer ist im Preis ~** the price is inclusive of VAT

Inbetriebnahme F̅ commissioning; _von Gebäude, U-Bahn etc_ inauguration

Inbrunst F̅ fervour _Br_, fervor _US_ **inbrünstig** A̅ A̅D̅J̅ fervent, ardent B̅ A̅D̅V̅ fervently, ardently

Inbusschlüssel® M̅ TECH Allen key®

indem K̅O̅N̅J̅ **1** (≈ _während_) while **2** (≈ _dadurch, dass_) **~ man etw macht** by doing sth

Inder(in) M̅F̅ Indian; **zum ~ gehen** to go to a/the Indian restaurant

indessen A̅D̅V̅ **1** _zeitlich_ meanwhile, (in the) meantime **2** _adversativ_ however

Index M̅ index **indexieren** V̅T̅ & V̅I̅ to index

Indianer(in) M̅F̅ American Indian, Native American; _in Western_ (Red) Indian **indianisch** A̅D̅J̅ American Indian, Native American; _in Western_ (Red) Indian **Indien** N̅ India

Indikation F̅ MED indication **Indikativ** M̅ GRAM indicative **Indikator** M̅ indicator

indirekt A̅ A̅D̅J̅ indirect; **die ~e Rede** indirect _od_ reported speech B̅ A̅D̅V̅ indirectly

indisch A̅D̅J̅ Indian; **der Indische Ozean** the Indian Ocean

indiskret A̅D̅J̅ indiscreet **Indiskretion** F̅ indiscretion

indiskutabel A̅D̅J̅ out of the question; _Leistung_ hopeless, terrible

Individualismus M̅ individualism **Individualist(in)** M̅F̅ individualist **Individualität** F̅ individuality **Individualtourismus** M̅ individual tourism **Individualverkehr** M̅ private transport **individuell** A̅ A̅D̅J̅ individual B̅ A̅D̅V̅ individually; **etw ~ gestalten** to give sth a personal note; **es ist ~ verschieden** it differs from person to person **Individuum** N̅ individual

Indiz N̅ **1** JUR clue; _als Beweismittel_ piece of circumstantial evidence **2** (≈ _Anzeichen_) sign (**für** of) **Indizienbeweis** M̅ circumstantial evidence _kein_

pl **indizieren** _V̲I̲T̲_ MED to indicate; IT to index

Indochina _N̲_ Indochina **Indonesien** _N̲_ Indonesia **Indonesier(in)** _M̲/F̲_ Indonesian **indonesisch** _A̲D̲J̲_ Indonesian

indossieren _V̲I̲T̲_ HANDEL to endorse

Induktion _F̲_ induction **Induktionskochfeld** _N̲_ induction hob, induction stove top *Br*, induction cooktop *US*

industrialisieren _V̲I̲T̲_ to industrialize **Industrialisierung** _F̲_ industrialization **Industrie** _F̲_ industry; **in der ~ arbeiten** to work in industry **Industrieabfälle** _P̲L̲_ industrial waste **Industrieanlage** _F̲_ industrial plant *od* works *pl* **Industriegebiet** _N̲_ industrial area; (≈ *Gewerbegebiet*) industrial estate **Industriegelände** _N̲_ industrial site **Industriegewerkschaft** _F̲_ industrial union **Industriekauffrau** _F̲_, **Industriekaufmann** _M̲_ industrial clerk **Industrieland** _N̲_ industrialized country **industriell** _A̲_ _A̲D̲J̲_ industrial _B̲_ _A̲D̲V̲_ industrially **Industrielle(r)** _M̲/F̲(M̲)_ industrialist **Industriemüll** _M̲_ industrial waste **Industriespionage** _F̲_ industrial espionage **Industriestaat** _M̲_ industrial nation **Industriestadt** _F̲_ industrial town **Industrie- und Handelskammer** _F̲_ chamber of commerce **Industriezweig** _M̲_ branch of industry

ineffektiv _A̲D̲J̲_ ineffective, ineffectual

ineinander _A̲D̲V̲_ *sein, liegen etc* in(side) one another *od* each other; **~ übergehen** to merge (into one another *od* each other); **sich ~ verlieben** to fall in love (with each other) **ineinanderfließen** _V̲I̲_ to merge **ineinandergreifen** _V̲I̲_ to interlock; *fig Ereignisse etc* to overlap **ineinanderschieben** _V̲I̲T̲ ̲&̲ ̲V̲R̲_ to telescope

infam _A̲D̲J̲_ infamous

Infanterie _F̲_ infantry

infantil _A̲D̲J̲_ infantile

Infarkt _M̲_ MED infarct *fachspr*; (≈ *Herzinfarkt*) coronary (thrombosis)

Infektion _F̲_ infection **Infektionsgefahr** _F̲_ danger of infection **Infektionsherd** _M̲_ focus of infection **Infektionskrankheit** _F̲_ infectious disease **Infektionsrisiko** _N̲_ risk of infection **infektiös** _A̲D̲J̲_ infectious

Inferno _N̲_ inferno

Infinitiv _M̲_ infinitive

infizieren _A̲_ _V̲I̲T̲_ to infect; **mit einem**

Virus **infiziert** virus-infected _B̲_ _V̲R̲_ to get infected (**bei** by)

in flagranti _A̲D̲V̲_ in the act

Inflation _F̲_ inflation **inflationär** _A̲D̲J̲_ inflationary; *fig* over-extensive **inflationsbereinigt** _A̲D̲J̲_ inflation-adjusted; after-inflation **Inflationsrate** _F̲_ rate of inflation

inflexibel _A̲D̲J̲_ inflexible

Info _F̲_ *umg* (≈ *Information*) info *umg* **Infoblatt** _N̲_ handout **Infobrief** _M̲_ info letter

infolge _P̲R̲Ä̲P̲_ as a result of **infolgedessen** _A̲D̲V̲_ consequently, as a result

Infomaterial *umg* _N̲_ info *umg* **Informant(in)** _M̲/F̲_ (≈ *Denunziant*) informer **Informatik** _F̲_ computer science, informatics *sg*, IT; (≈ *Schulfach*) computer studies *pl* **Informatiker(in)** _M̲/F̲_ computer *od* information scientist

Information _F̲_ 1 information *kein pl* (**über** +*akk* about, on); **eine ~** (a piece of) information; **~en weitergeben** to pass on information; **zu Ihrer ~** for your information 2 (≈ *Stelle*) information desk **Informationsaustausch** _M̲_ exchange of information **Informationsbroschüre** _F̲_ information booklet; *größer* information brochure **Informationsgesellschaft** _F̲_ information society **Informationsmaterial** _N̲_ information **Informationsquelle** _F̲_ source of information **Informationsschalter** _M̲_ information desk **Informationsstand** _M̲_ 1 information stand 2 (≈ *Wissensstand*) level of information **Informationstechnik** _F̲_ IT, information technology **Informationstechnologie** _F̲_ information technology **Informationszeitalter** _N̲_ information age **Informationszentrum** _N̲_ information centre *Br*, information center *US* **informativ** _A̲D̲J̲_ informative

informell _A̲_ _A̲D̲J̲_ informal _B̲_ _A̲D̲V̲_ informally

informieren _A̲_ _V̲I̲T̲_ to inform (**über** +*akk od* **von** about, of); **da bist du falsch informiert** you've been misinformed _B̲_ _V̲R̲_ to find out, to check out (**über** +*akk* about) **Infostand** *umg* _M̲_ information stand **Infotainment** _N̲_ infotainment **Infotelefon** _N̲_ information line

infrage, in Frage _A̲D̲V̲_ **~ kommen** to be possible; **~ kommend** possible; *Bewerber* worth considering; **das kommt**

(überhaupt) **nicht ~!** that's (quite) out of the question!; **etw ~ stellen** to question sth, to call sth into question
infrarot ADJ infrared **Infraschall** M infrasonic waves pl **Infrastruktur** F infrastructure
Infusion F infusion
Ingenieur(in) M/F engineer
Ingwer M ginger
Inhaber(in) M/F owner; von Konto, Rekord holder; von Scheck, Pass bearer
inhaftieren V/T to take into custody **Inhaftierung** F (≈ das Inhaftieren) arrest; (≈ Haft) imprisonment
Inhalator M MED inhaler
inhalieren V/T & V/I umg MED to inhale
Inhalt M **1** contents pl **2** MATH (≈ Flächeninhalt) area; (≈ Rauminhalt) volume **inhaltlich** ADJ & ADV as regards content **Inhaltsangabe** F summary **inhaltslos** ADJ empty; Buch, Vortrag lacking in content **Inhaltsverzeichnis** N list od table of contents
inhuman ADJ inhuman; (≈ unbarmherzig) inhumane
Initiale geh F initial
initiativ ADJ **~ werden** to take the initiative **Initiativbewerbung** F unsolicited job application **Initiative** F initiative; **aus eigener ~** on one's own initiative; **die ~ ergreifen** to take the initiative; **auf j-s ~** (akk) **hin** on sb's initiative **Initiator(in)** geh M/F initiator **initiieren** geh V/T to initiate
Injektion F injection **Injektionsspritze** F hypodermic (syringe) **injizieren** form V/T to inject (j-m etw sb with sth)
Inkasso N FIN collection
Inkawurzel F GASTR (≈ Yakon) yacon strawberry
inklusive PRÄP inclusive of, including; **alles ~** all inclusive **Inklusivpreis** M all-inclusive price
inkognito ADV incognito
inkompatibel ADJ incompatible
inkompetent ADJ incompetent **Inkompetenz** F incompetence
inkonsequent ADJ inconsistent
inkontinent ADJ MED incontinent **Inkontinenz** F MED incontinence
inkorrekt A ADJ incorrect B ADV incorrectly; gekleidet inappropriately
Inkrafttreten N coming into force, taking effect

Inkubationszeit F incubation period
Inland N **1** als Staatsgebiet home; **im In- und Ausland** at home and abroad **2** (≈ Inneres eines Landes) inland; **im ~** inland **Inlandflug** M domestic od internal flight **inländisch** ADJ domestic; GEOG inland **Inlandsflug** M domestic od internal flight **Inlandsmarkt** M home od domestic market **Inlandsporto** N inland postage
Inliner PL → Inlineskates **inlinern, inlineskaten** V/I to inline-skate **Inlineskater(in)** M/F in-line skater **Inlineskates** PL in-line skates pl
inmitten PRÄP in the middle od midst of
innehaben form V/T to hold **innehalten** V/I to pause
innen ADV inside; **nach ~** inwards; **von ~ from** (the) inside **Innenansicht** F interior view **Innenarchitekt(in)** M/F interior designer **Innenarchitektur** F interior design **Innenaufnahme** F indoor photo(graph); FILM indoor shot od take **Innenausstattung** F interior décor kein pl **Innenbahn** F SPORT inside lane **Innendienst** M office duty; **im ~ sein** to work in the office **Inneneinrichtung** F (interior) furnishings pl **Innenfläche** F (≈ innere Fläche) inside; der Hand palm **Innenhof** M inner courtyard **Innenleben** N umg seelisch inner life **Innenminister(in)** M/F minister of the interior; in GB Home Secretary; in den USA Secretary of the Interior **Innenministerium** N ministry of the interior; in GB Home Office; in den USA Department of the Interior **Innenpolitik** F domestic policy; (≈ innere Angelegenheiten) home od domestic affairs pl **innenpolitisch** ADJ domestic, internal; Sprecher on domestic policy **Innenraum** M **1** **Innenräume** inner rooms pl **2** room inside; von Wagen interior **Innenseite** F inside **Innenspiegel** M AUTO interior mirror **Innenstadt** F town centre Br, city center US; einer Großstadt city centre Br, city center US **Innentasche** F inside pocket **Innentemperatur** F inside temperature; in einem Gebäude indoor temperature **Innenwinkel** M interior angle
innerbetrieblich ADJ in-house **Innereien** PL innards pl **innere(r, s)** ADJ inner; (≈ im Körper befindlich, inländisch) in-

ternal; **die ~n Angelegenheiten eines Landes** the home od domestic affairs of a country; **im innersten Herzen** in one's heart of hearts; **vor meinem ~n Auge** in my mind's eye **Innere(s)** N̄ inside; *von Kirche, Wagen* interior; (≈ *Mitte*) middle, centre *Br*, center *US*; **ins ~ des Landes** into the heart of the country **innerhalb** A PRÄP 1 *örtlich* inside, within 2 *zeitlich* within B ADV inside; *eines Landes* inland **innerlich** A ADJ 1 (≈ *körperlich*) internal 2 (≈ *geistig, seelisch*) inward, inner *kein adv* B ADV 1 (≈ *im Körper*) internally 2 (≈ *gemütsmäßig*) inwardly, inside; **~ lachen** to laugh inwardly *od* to oneself **innerparteilich** ADJ within the party **Innerschweiz** F̄ Central Switzerland **innerstaatlich** ADJ domestic, internal **innerstädtisch** ADJ urban, inner-city *attr* **innerste(r, s)** ADJ innermost, inmost **Innerste(s)** *wörtl* N̄ innermost part, heart; *fig* heart; **bis ins ~ getroffen** deeply hurt **innert** PRÄP *schweiz* within, inside (of) **innewohnen** V/I to be inherent in **innig** A ADJ *Grüße, Beileid* heartfelt; *Freundschaft* intimate; **mein ~ster Wunsch** my dearest wish B ADV deeply, profoundly; **j-n ~ lieben** to love sb dearly **Innovation** F̄ innovation **Innovationsschub** M̄ surge of innovations; innovative impetus **innovativ** A ADJ innovative B ADV innovatively **Innung** F̄ (trade) guild **inoffiziell** A ADJ unofficial, non-official B ADV unofficially **inopportun** ADJ inopportune **in petto** → petto **in puncto** → puncto **Input** M̄/N̄ input **Inquisition** F̄ Inquisition **Insasse** M̄, **Insassin** F̄ *von Fahrzeug* passenger; *von Anstalt* inmate **insbesondere** ADV particularly, in particular **Inschrift** F̄ inscription **Insekt** N̄ insect **Insektenbekämpfungsmittel** N̄ insecticide **Insektenschutzmittel** N̄ insect repellent **Insektenspray** N̄ insect spray *od* repellent **Insektenstich** M̄ insect bite; *von Bienen, Wespen* (insect) sting **Insektizid** *form* N̄ insecticide

Insel F̄ island; **die Britischen ~n** the British Isles **Inselbewohner(in)** M̄/F̄ islander **Inselgruppe** F̄ group of islands **Inselstaat** M̄ island state **Inselvolk** N̄ island nation *od* race *od* people **Inselwelt** F̄ island world **Inserat** N̄ advertisement **Inserent(in)** M̄/F̄ advertiser **inserieren** V/T & V/I to advertise **insgeheim** ADV secretly, in private **insgesamt** ADV altogether; (≈ *im Großen und Ganzen*) all in all; **ein Verdienst von ~ 2.000 Euro** earnings totalling 2,000 euros *Br*, earnings totaling 2,000 euros *US* **Insider(in)** M̄/F̄ insider **Insidergeschäft** N̄ WIRTSCH insider deal **Insiderhandel** M̄ insider trading **Insiderinformation** F̄ inside information **Insidertipp** M̄ inside tip **Insiderwissen** N̄ inside knowledge **insofern** ADV in this respect; **~ als** insofar as **insolvent** ADJ HANDEL insolvent **Insolvenz** F̄ HANDEL insolvency **Insolvenzverfahren** N̄ insolvency proceedings *pl* **Insolvenzverwalter(in)** M̄/F̄ official receiver **insoweit** ADV & KONJ → insofern **in spe** *umg* ADJ to be **Inspekteur(in)** M̄/F̄ MIL Chief of Staff **Inspektion** F̄ inspection; AUTO service **Inspektor(in)** M̄/F̄ inspector **Inspiration** F̄ inspiration **inspirieren** V/T to inspire; **sich von etw ~ lassen** to get one's inspiration from sth **inspizieren** V/T to inspect **instabil** ADJ unstable **Instabilität** F̄ instability **Installateur(in)** M̄/F̄ plumber; (≈ *Elektroinstallateur*) electrician; (≈ *Gasinstallateur*) gas fitter **Installation** F̄ installation **Installationsassistent** M̄ IT installation wizard *od* assistant **installieren** A V/T to install B V/R to install oneself **instand** ADJ **etw ~ halten** to maintain sth; **etw ~ setzen** to get sth into working order **Instandhaltung** F̄ maintenance **Instandsetzung** F̄ *von Gerät* overhaul; *von Gebäude* restoration; (≈ *Reparatur*) repair **Instanz** F̄ 1 (≈ *Behörde*) authority 2 JUR court; **Verhandlung in erster/letzter ~** first/final court case; **er ging durch alle**

~en he went through all the courts **Instinkt** M̲ instinct; **aus ~** instinctively **instinktiv** A̲ A̲D̲J̲ instinctive B̲ A̲D̲V̲ instinctively **instinktlos** A̲D̲J̲ *Bemerkung* insensitive

Institut N̲ institute **Institution** F̲ institution **institutionell** A̲D̲J̲ institutional; *in der EU* **~es Gleichgewicht** institutional balance **institutionsübergreifend** A̲D̲J̲ cross-institutional, trans-institutional, interinstitutional

instruieren V̲T̲ to instruct; *über Plan etc* to brief **Instruktion** F̲ instruction

Instrument N̲ instrument **instrumental** A̲D̲J̲ MUS instrumental **Instrumentarium** *wörtl* N̲ equipment, instruments *pl*; MUS instruments *pl*; *fig* apparatus **Instrumentenbrett** N̲ instrument panel **Instrumententafel** F̲ control panel

Insuffizienz F̲ insufficiency **Insulaner(in)** *mst hum* M̲/F̲ islander **Insulin** N̲ insulin

inszenieren V̲T̲ **1** THEAT to direct; RADIO, TV to produce **2** *fig* to stage-manage; **einen Streit ~** to start an argument **Inszenierung** F̲ production

intakt A̲D̲J̲ intact

integer *geh* A̲D̲J̲ **~ sein** to be full of integrity

integral A̲D̲J̲ integral **Integral** N̲ integral **Integralrechnung** F̲ integral calculus

Integration F̲ integration **Integrationskurs** M̲ German course for immigrants **integrationswillig** A̲D̲J̲ **~ sein** to be willing to integrate **integrieren** V̲T̲ to integrate; **integrierte Gesamtschule** ≈ comprehensive (school) *Br*, ≈ high school *US* **Integrität** *geh* F̲ integrity

Intellekt M̲ intellect **intellektuell** A̲D̲J̲ intellectual **Intellektuelle(r)** M̲/F̲(M̲) intellectual

intelligent A̲ A̲D̲J̲ intelligent B̲ A̲D̲V̲ cleverly; *sich verhalten* intelligently **Intelligenz** F̲ intelligence; *(≈ Personengruppe)* intelligentsia *pl*; **künstliche ~** artificial intelligence **Intelligenzquotient** M̲ intelligence quotient, IQ **Intelligenztest** M̲ intelligence test

Intendant(in) M̲/F̲ director; THEAT theatre manager *Br*, theater manager *US*

Intensität F̲ intensity **intensiv** A̲ A̲D̲J̲ intensive; *Beziehungen* deep, very close;

Farbe, Geruch, Geschmack, Blick intense B̲ A̲D̲V̲ **j-n ~ beobachten** to watch sb intently; **sich ~ bemühen** to try very hard; **~ nach etw schmecken** to taste strongly of sth **intensivieren** V̲T̲ to intensify **Intensivierung** F̲ intensification **Intensivkurs** M̲ intensive course **Intensivstation** F̲ intensive care unit; **auf der ~ liegen** to be in intensive care

Intention F̲ intention, intent

interaktiv A̲ A̲D̲J̲ interactive B̲ A̲D̲V̲ interactively; **~ gestaltet** designed for interactive use

Intercityexpresszug M̲ intercity express (train) **Intercity(zug)** M̲ intercity (train)

interdental A̲D̲J̲ MED, LING interdental **Interdentalbürste** F̲, **Interdentalzahnbürste** F̲ *zur Zahnpflege* interdental (tooth)brush

interdisziplinär A̲D̲J̲ interdisciplinary

interessant A̲ A̲D̲J̲ interesting; *zu diesem Preis ist das nicht ~ für uns* HANDEL we are not interested at that price B̲ A̲D̲V̲ **~ klingen** to sound interesting; **~ erzählen** to tell interesting stories **interessanterweise** A̲D̲V̲ interestingly enough **Interesse** N̲ interest; **~ an j-m/etw haben** to be interested in sb/sth; **kein ~ daran haben, etw zu tun** not to be interested in doing sth; **welche ~n hast du?** what are your interests?; **im ~ +gen** in the interests of; **es liegt in Ihrem eigenen ~** it's in your own interest(s); **die ~n eines Staates wahrnehmen** to look after the interests of a state **interessehalber** A̲D̲V̲ out of interest **interesselos** A̲D̲J̲ indifferent **Interessengebiet** N̲ field of interest **Interessengemeinschaft** F̲ group of people sharing interests; WIRTSCH syndicate **Interessenkonflikt** M̲ conflict of interests **Interessent(in)** M̲/F̲ interested person *od* party *form*; *(≈ Bewerber)* applicant **Interessenvertretung** F̲ representation of interests; *(≈ Personen)* group representing one's interests **interessieren** A̲ V̲T̲ to interest **(für, an +dat** in); **das interessiert mich (gar) nicht!** I'm not (the least *od* slightest bit) interested! B̲ V̲R̲ to be interested **(für** in) **interessiert** A̲ A̲D̲J̲ interested **(an +dat** in); **vielseitig ~ sein** to have a wide range of interests; **politisch ~** interested in politics B̲ A̲D̲V̲ with interest; **sich an etw** (dat) **~ zeigen** to show an interest in sth

Interface N̄ COMPUT interface

Interimsregierung F̄ caretaker od provisional government

Interjektion F̄ interjection **interkontinental** ADJ intercontinental **Interkontinentalrakete** F̄ intercontinental missile **interkulturell** ADJ intercultural **Intermezzo** N̄ MUS intermezzo; fig interlude

intern **A** ADJ internal **B** ADV internally

Internat N̄ boarding school

international **A** ADJ international; **Internationales Olympisches Komitee** International Olympic Committee **B** ADV internationally **Internationale** F̄ Internationale **internationalisieren** V̄/T to internationalize **Internationalisierung** F̄ internationalization

Internatsschüler(in) M(F) boarder

Internet N̄ IT Internet; **im ~** on the Internet; **das mobile ~** the mobile Internet; **etw ins ~ stellen** to post sth; **im ~ surfen** to surf the Internet; **Zugang zum ~ haben** to have access to the Internet, to have Internet access **Internetadresse** F̄ Internet address, web address **Internetanschluss** M̄ Internet connection **Internetauftritt** M̄ website **Internetauktion** F̄ online auction **internetbasiert** ADJ Internet-based; **~e Anwendung** Internet-based application **Internetcafé** N̄ Internet café **internetfähig** ADJ Handy, Computer Internet-ready, web-enabled, Internet-enabled **Internetfirma** F̄ dot-com (company) **Internetforum** N̄ web forum, Internet forum **Internethandel** M̄ Internet trading, e-commerce **Internethändler(in)** M(F) online trader or dealer **Internethandy** N̄ TEL Internet-compatible mobile (phone) Br, Internet-compatible cell (phone) US, web-compatible cell (phone) US **Internetnutzer(in)** M(F) Internet user **Internetplattform** F̄ Internet platform **Internetportal** N̄ web portal **Internetpräsenz** F̄ Internet presence **Internetprovider** M̄ Internet provider **Internetseite** F̄ web page **Internetserver** M̄ od web server **Internetsicherheit** F̄ Internet security **Internetstick** M̄ INTERNET USB modem (stick), wireless USB mo-

dem, USB dongle, (USB) WiFi dongle **Internetsuche** F̄ Internet research **internetsüchtig** ADJ Internet-addicted; **~ sein** to be addicted to the Internet **Internetsurfer(in)** M(F) Internet od web surfer **Internettelefonie** F̄ Internet telephony **Internetwerbung** F̄ Internet advertising **Internetzugang** M̄, **Internetzugriff** M̄ Internet access

internieren V̄/T to intern **Internierung** F̄ internment **Internierungslager** N̄ internment camp

Internist(in) M(F) internist

Interpol F̄ Interpol

Interpret(in) M(F) interpreter (of music, art etc) **Lieder verschiedener ~en** songs by various singers **Interpretation** F̄ interpretation **interpretieren** V̄/T to interpret

Interpunktion F̄ punctuation

Interrail-Karte F̄ inter-rail ticket

Interrogativpronomen N̄ interrogative pronoun

Intervall N̄ a. MUS interval **Intervallschaltung** F̄ interval switch

intervenieren V̄/I to intervene **Intervention** F̄ intervention

Interview N̄ interview **interviewen** V̄/T to interview (j-n zu etw sb about sth) **Interviewer(in)** M(F) interviewer

intim ADJ intimate; **ein ~er Kenner von etw sein** to have an intimate knowledge of sth **Intimbereich** M̄ **1** ANAT genital area **2** fig → Intimsphäre **Intimität** F̄ intimacy; **~en austauschen** to kiss and pet **Intimpartner(in)** M(F) sexual partner **Intimrasur** F̄ bikini-area hair removal **Intimsphäre** F̄ private life; **j-s ~ verletzen** to invade sb's privacy **Intimverkehr** M̄ intimacy; **~ mit j-m haben** to be intimate with sb

intolerant ADJ intolerant **Intoleranz** F̄ intolerance

Intranet N̄ IT Intranet

intransitiv ADJ intransitive

intravenös ADJ intravenous

Intrigant(in) M(F) schemer **Intrige** F̄ scheme **intrigieren** V̄/I to intrigue, to scheme

introvertiert ADJ introverted

Intuition F̄ intuition **intuitiv** **A** ADJ intuitive **B** ADV intuitively

intus umg ADJ **etw ~ haben** (≈wissen) to

get sth into one's head *umg*, to have got sth into one's head *Br umg*; *Essen, Alkohol* to have sth down one *umg*, to have sth inside one *umg*

Invalide M̲, **Invalidin** F̲ *Behinderte(r)* disabled person; *Langzeitkranke(r)* invalid **Invalidenrente** F̲ disability pension **Invalidität** F̲ disability

Invasion F̲ invasion

Inventar N̲ **1** (≈ *Verzeichnis*) inventory; HANDEL assets and liabilities *pl*; **das ~ aufnehmen** to do the inventory **2** (≈ *Einrichtung*) fittings *pl Br*, equipment; (≈ *Maschinen*) equipment *kein pl*, plant *kein pl*; **er gehört schon zum ~** *fig* he's part of the furniture

Inventur F̲ stocktaking; **~ machen** to stocktake

investieren V̲T̲ & V̲I̲ to invest **Investition** F̲ investment **Investment** N̲ investment **Investmentbank** F̲ investment bank **Investmentfonds** M̲ investment fund **Investmentgesellschaft** F̲ investment trust **Investor(in)** M̲I̲F̲ investor

In-vitro-Fertilisation F̲ in vitro fertilization

involvieren *geh* V̲T̲ to involve

inwendig *umg* A̲D̲V̲ **j-n/etw in- und auswendig kennen** to know sb/sth inside out

inwiefern, inwieweit A̲D̲V̲ *im Satz* to what extent; *alleinstehend* in what way

Inzest M̲ incest *kein pl* **inzestuös** A̲D̲J̲ incestuous

Inzucht F̲ inbreeding

inzwischen A̲D̲V̲ (in the) meantime, meanwhile; **er hat sich ~ verändert** he's changed since (then)

IOK A̲B̲K̲ (= Internationales Olympisches Komitee) IOC

Ion N̲ ion

IP N̲ A̲B̲K̲ (= Internet Protocol) IT IP

iPad® N̲ IT iPad®

IP-Adresse F̲ IT IP address

iPhone® N̲ IT, TECH iPhone®

iPod® M̲ IT iPod®

i-Punkt M̲ dot on the i

IQ N̲ A̲B̲K̲ (= Intelligenzquotient) IQ

Irak M̲ **(der)** **~** Iraq **Iraker(in)** M̲I̲F̲ Iraqi **irakisch** A̲D̲J̲ Iraqi

Iran M̲ **(der)** **~** Iran **Iraner(in)** M̲I̲F̲ Iranian **iranisch** A̲D̲J̲ Iranian

irdisch A̲D̲J̲ earthly *kein adv*

Ire M̲ Irishman, Irish boy; **die Iren** the

Irish

irgend A̲D̲V̲ at all; **wenn ~ möglich** if it's at all possible; **~ so ein Tier** some animal **irgendein** I̲N̲D̲E̲F̲ P̲R̲ some; *fragend, verneinend* any; **ich will nicht ~ Buch** I don't want just any book, I don't want just any old book *umg*; **haben Sie noch ~en Wunsch?** is there anything else you would like? **irgendeine(r, s)** I̲N̲D̲E̲F̲ P̲R̲ *nominal bei Personen* somebody, someone; *bei Dingen* something; *fragend, verneinend* anybody, anything **irgendetwas** I̲N̲D̲E̲F̲ P̲R̲ something; *fragend, verneinend* anything **irgendjemand** I̲N̲D̲E̲F̲ P̲R̲ somebody; *fragend, verneinend* anybody; **ich bin nicht ~** I'm not just anybody **irgendwann** A̲D̲V̲ some time **irgendwas** *umg* I̲N̲D̲E̲F̲ P̲R̲ → irgendetwas **irgendwelche(r, s)** I̲N̲D̲E̲F̲ P̲R̲ some; *fragend, verneinend* any **irgendwer** *umg* I̲N̲D̲E̲F̲ P̲R̲ → irgendjemand **irgendwie** A̲D̲V̲ somehow (or other); **ist es ~ möglich?** is it at all possible?; **kannst du dir das ~ vorstellen?** can you possibly imagine it? **irgendwo** A̲D̲V̲ somewhere (or other), someplace *bes US umg*; *fragend, verneinend* anywhere, any place *bes US umg* **irgendwoher** A̲D̲V̲ from somewhere (or other), from someplace *bes US umg*; *fragend, verneinend* from anywhere or any place *bes US umg* **irgendwohin** A̲D̲V̲ somewhere (or other), someplace *bes US umg*; *fragend, verneinend* anywhere, any place *bes US umg*

Irin F̲ Irishwoman, Irish girl; **sie ist ~** she is Irish

Iris F̲ iris

irisch A̲D̲J̲ Irish **Irland** N̲ Ireland; (≈ *Republik Irland*) Eire **irländisch** A̲D̲J̲ Irish

Ironie F̲ irony **ironisch** A̲ A̲D̲J̲ ironic, ironical B̲ A̲D̲V̲ ironically

irrational A̲ A̲D̲J̲ irrational B̲ A̲D̲V̲ irrationally **Irrationalität** F̲ irrationality

irre A̲ A̲D̲J̲ **1** (≈ *geistesgestört*) mad; **~s Zeug reden** *fig* to say crazy things **2** (≈ *verwirrt*) confused **3** *obs umg Party, Hut umg* wild *umg* B̲ A̲D̲V̲ *umg* (≈ *sehr*) incredibly *umg*; **~ gut** brilliant *umg* **Irre** F̲ **j-n in die ~ führen** to lead sb astray

irreal A̲D̲J̲ unreal

irreführen V̲T̲ to mislead; **sich ~ lassen** to be misled **irreführend** A̲D̲J̲ misleading

irrelevant ADJ irrelevant (**für** for, to)
irremachen VT to confuse, to muddle
irren A VI **1** (≈ *sich täuschen*) to be mistaken *od* wrong; **Irren ist menschlich** *sprichw* to err is human *sprichw* **2** (≈ *umherschweifen*) to wander B V/R to be mistaken *od* wrong; **sich in j-m** ~ to be mistaken *od* wrong about sb; **wenn ich mich nicht irre …** if I'm not mistaken … **Irrenhaus** N **hier geht es zu wie im** ~ it's like a madhouse here
irreparabel ADJ irreparable
Irre(r) F/M(F) lunatic
Irrfahrt F wandering **Irrgarten** M maze, labyrinth **Irrglaube(n)** M heresy; (≈ *irrige Ansicht*) mistaken belief **irrig** ADJ incorrect **irrigerweise** ADV wrongly
Irritation F irritation **irritieren** VT (≈ *verwirren*) to confuse; (≈ *ärgern*) to irritate
Irrsinn M madness **irrsinnig** A ADJ *umg* (≈ *stark*) terrific; **wie ein Irrsinniger** like a madman B ADV like crazy *umg*; ~ **viel** a hell of a lot *umg* **Irrtum** M mistake; **ein** ~ **von ihm** a mistake on his part; **im** ~ **sein** to be wrong; ~ **vorbehalten!** HANDEL errors excepted **irrtümlich** A ADJ erroneous B ADV erroneously; (≈ *aus Versehen*) by mistake **irrtümlicherweise** ADV erroneously; (≈ *aus Versehen*) by mistake **Irrweg** *fig* M **auf dem** ~ **sein** to be on the wrong track; **auf** ~**e geraten** to go astray
IS M (= Islamischer Staat) IS
ISBN F ABK (= internationale Standardbuchnummer) ISBN, international standard book number
Ischias M/N sciatica **Ischiasnerv** M sciatic nerve
ISDN ABK (= integrated services digital network) ISDN **ISDN-Anlage** F TEL ISDN connection **ISDN-Anschluss** M ISDN connection *od* access **ISDN-Netz** N TEL ISDN network
ISIS N (= Islamischer Staat) ISIS
Islam M Islam **islamfeindlich** ADJ islamophobic **Islamfeindlichkeit** F islamophobia **islamisch** ADJ Islamic; **Islamischer Staat** Islamic State **islamisieren** VT to islamize **Islamisierung** F Islamization **Islamist(in)** M(F) Islamist **islamistisch** ADJ Islamist, Islamic fundamentalist **islamophob** ADJ islamophobic

Island N Iceland **Isländer(in)** M(F) Icelander **isländisch** ADJ Icelandic
Isolation F **1** isolation **2** ELEK *etc* insulation **Isolationshaft** F solitary confinement **Isolierband** N insulating tape, friction tape *US* **isolieren** A VT **1** to isolate; **völlig isoliert leben** to live in complete isolation **2** *elektrische Leitungen, Fenster* to insulate B V/R to isolate oneself **Isolierkanne** F Thermos® flask, vacuum flask **Isolierstation** F isolation ward **Isoliertheit** F isolatedness **Isolierung** F → Isolation
Isomatte F foam mattress
Isotop N isotope
Israel N Israel **Israeli** M(F) Israeli **israelisch** ADJ Israeli
Istbestand M (≈ *Geld*) cash in hand; (≈ *Waren*) actual stock **Istzustand** M actual state *od* status
IT F ABK (= Informationstechnologie) IT
Italien N Italy **Italiener(in)** M(F) Italian; **zum** ~ **gehen** to go to an/the Italian restaurant **italienisch** ADJ Italian
IT-Dienstleister M IT support company
i-Tüpfelchen N dot (on the/an i); **bis aufs** ~ *fig* (right) down to the last (little) detail
IWF M (= Internationaler Währungsfonds) IMF

J

J, j N J, j
ja ADV yes; *bei Trauung* I do; **ich glaube ja** (yes,) I think so; **wenn ja** if so; **ich habe gekündigt — ja?** I've quit — really?; **ja, bitte?** yes?; **aber ja!** but of course; **ach ja!** oh yes; **sei ja vorsichtig!** be careful; **vergessen Sie es JA nicht!** don't forget, whatever you do!; **sie ist ja erst fünf** (after all) she's only five; **das ist ja richtig, aber …** that's (certainly) right, but …; **da kommt er ja** there he is; **das ist es ja** that's just it; **das sag ich ja!** that's just what I say; **Sie wissen ja, dass …** as you know …; **das ist ja fürchterlich** that's (just) terri-

ble; **du rufst mich doch an, ja?** you'll give me a call, won't you? **Ja** N̲ yes; **mit Ja antworten/stimmen** to answer/vote yes

Jacht F̲ yacht

Jacke F̲ jacket, coat *bes US*; (≈ *Wolljacke*) cardigan; **das ist ~ wie Hose** *umg* it's six of one and half a dozen of the other *umg*

Jacketkrone F̲ jacket crown

Jackett N̲ jacket, coat *bes US*

Jackpot M̲ *im Lotto etc* rollover jackpot

Jade M/F̲ jade

Jagd F̲ hunt; (≈ *das Jagen*) hunting; *fig* chase (**nach** after); **auf die ~ (nach etw) gehen** to go hunting (for sth); **die ~ nach Geld** the pursuit of money **Jagdgebiet** N̲ hunting ground **Jagdgewehr** N̲ hunting rifle **Jagdhund** M̲ hunting dog, hound **Jagdhütte** F̲ hunting lodge **Jagdrevier** N̲ shoot **Jagdschein** M̲ hunting licence *Br*, hunting license *US* **Jagdschloss** N̲ hunting lodge **Jagdverbot** N̲ ban on hunting **Jagdwild** N̲ game **Jagdzeit** F̲ hunting *od* shooting season **jagen** A V/T **1** to hunt **2** (≈ *hetzen, verfolgen*) to chase; **j-n in die Flucht ~** to put sb to flight; **j-n aus dem Haus ~** to drive sb out of the house; **mit diesem Essen kannst du mich ~** *umg* I wouldn't eat this if you paid me B V/I **1** to hunt **2** (≈ *rasen*) to race; **nach etw ~** to chase after sth **Jäger** M̲ **1** hunter, huntsman **2** (≈ *Jagdflugzeug*) fighter (plane) **Jägerei** F̲ hunting **Jägerin** F̲ huntress, huntswoman **Jägerschnitzel** N̲ veal *or* pork cutlet with mushrooms and peppers

Jaguar M̲ jaguar

jäh A ADJ **1** (≈ *plötzlich*) sudden **2** (≈ *steil*) sheer B ADV **1** (≈ *plötzlich*) suddenly; *enden* abruptly **2** (≈ *steil*) steeply

Jahr N̲ year; **ein halbes ~** six months *sg od pl*; **ein drei viertel ~** nine months *sg od pl*; **im ~(e) 1066** in the year 1066; **die sechziger ~e** the sixties *sg od pl*; **alle ~e** every year; **(ein) gutes neues ~!** Happy New Year!; **alle ~e wieder** year after year; **pro ~** a year; **noch nach ~en** years later; **nach ~ und Tag** after (many) years; **mit den ~en** over the years; **zwischen den ~en** *umg* between Christmas and New Year; **er ist zehn ~e (alt)** he is ten years old; **Personen über 18 ~e** peo-

ple over (the age of) 18; **in die ~e kommen** *umg* to be getting on (in years); **in den besten ~en sein** to be in the prime of one's life; **mit den ~en** as one gets older **jahraus** ADV ~, **jahrein** year in, year out **Jahrbuch** N̲ yearbook; (≈ *Kalender*) almanac **jahrelang** A ADJ long-term *attr*, years of *präd* B ADV for years **jähren** V/R **heute jährt sich der Tag, an dem ...** it's a year ago today that ... **Jahresabonnement** N̲ annual *or* yearly subscription **Jahresabschluss** M̲ HANDEL annual accounts *pl* **Jahresanfang** M̲, **Jahresbeginn** M̲ beginning of the year **Jahresbeitrag** M̲ annual subscription **Jahresbericht** M̲ annual report **Jahresbilanz** F̲ WIRTSCH annual balance sheet **Jahresdurchschnitt** M̲ annual *od* yearly average **Jahreseinkommen** N̲ annual income **Jahresende** N̲ end of the year **Jahreshauptversammlung** F̲ HANDEL annual general meeting, AGM **Jahreskarte** F̲ annual season ticket **Jahresring** M̲ *eines Baumes* annual ring **Jahresrückblick** M̲ review of the year's events **Jahrestag** M̲ anniversary **Jahreswechsel** M̲ new year **Jahreszahl** F̲ date, year **Jahreszeit** F̲ season **Jahrgang** M̲ **1** year; **er ist ~ 1980** he was born in 1980; **er ist mein ~** we were born in the same year **2** *von Wein* vintage **Jahrhundert** N̲ century **jahrhundertealt** ADJ centuries-old **jahrhundertelang** A ADJ centuries of B ADV for centuries **Jahrhundertwende** F̲ turn of the century **jährlich** A ADJ annual, yearly B ADV every year; HANDEL per annum, annually; **zweimal ~** twice a year **Jahrmarkt** M̲ (fun-)fair **Jahrtausend** N̲ millennium **Jahrtausendwende** F̲ millennium **Jahrzehnt** N̲ decade **jahrzehntelang** A ADJ decades of; **eine ~e Entwicklung** a development lasting decades B ADV for decades

Jähzorn M̲ violent temper **jähzornig** ADJ irascible; (≈ *erregt*) furious

Jakobsmuschel F̲ scallop

Jalousie F̲ venetian blind *Br*, jalousie *US*

Jalta N̲ Yalta

Jamaika N̲ Jamaica

Jammer M̲ (≈ *Elend*) misery; **es wäre ein**

J

~, wenn … *umg* it would be a crying shame if … *umg* **Jammerlappen** *sl* M̄ wet *umg*, sissy *umg* **jämmerlich** Ⓐ A̲D̲J̲ pitiful; *umg Entschuldigung etc* pathetic *umg*; *Feigling* terrible Ⓑ A̲D̲V̲ *sterben etc* pitifully; *versagen* miserably **jammern** V̲/I̲ (≈*wehklagen*) to wail (**über** +*akk* over); (≈*lamentieren*) to moan; (≈*nörgeln*) to whinge *Br* **jammerscha-de es ist ~** *umg* it's a terrible pity

Janker M̄ *bes österr* Tyrolean jacket; (≈*Strickjacke*) cardigan

Jänner M̄ *österr, schweiz* January; → März

Januar M̄ January; → März

Japan N̄ Japan **Japaner(in)** M̲(F̲) Japanese (man/woman) **japanisch** A̲D̲J̲ Japanese

japsen *umg* V̲/I̲ to pant

Jargon M̄ jargon

Jasager M̄ yes man **Jasagerin** F̄ yes woman

Jasmin M̄ jasmine **Jasminreis** M̄ jasmine rice, Thai fragrant rice

Jastimme F̄ vote in favour (of) *Br*, vote in favor (of) *US*

jäten V̲/T̲ &̲ V̲/I̲ to weed

Jauche F̄ liquid manure **Jauchegru-be** F̄ cesspool; A̲G̲R̲ liquid manure pit

jauchzen *geh* V̲/I̲ to rejoice *liter*

jaulen V̲/I̲ to howl; *wörtl* to yowl

Jause F̄ *österr* break (for a snack); (≈*Proviant*) snack; **eine ~ machen** to have a snack, to have a bite to eat

jausnen V̲/I̲ *österr* to stop for a snack; *auf Arbeit* to have a tea break *Br*, to have a coffee break *US*

Java N̄ Java **javanisch** A̲D̲J̲ Javanese

jawohl A̲D̲V̲ yes; MIL yes, sir; SCHIFF aye, aye, sir

Jawort N̄ **j-m das ~ geben** to say yes to sb; *bei Trauung* to say "I do"

Jazz M̄ jazz **Jazzband** F̄ jazz band **Jazzkeller** M̄ jazz club

je Ⓐ A̲D̲V̲ **1** (≈*jemals*) ever **2** (≈*jeweils*) every, each; **für je drei Stück zahlst du einen Euro** you pay one euro for (every) three; **ich gebe euch je zwei Äpfel** I'll give you two apples each Ⓑ K̲O̲N̲J̲ **1** **je eher, desto besser** the sooner the better; **je länger, je lieber** the longer the better **2** **je nach** according to, depending on; **je nachdem** it all depends **Jeans** P̲L̲ jeans *pl* **Jeansanzug** M̄ denim suit **Jeanshose** F̄ → Jeans **Jeans-**

jacke F̄ denim jacket **Jeansstoff** M̄ denim

jedenfalls A̲D̲V̲ in any case; (≈*sowieso*) anyway; (≈*zumindest*) at least

jede(r, s) I̲N̲D̲E̲F̲ P̲R̲ **1** (≈*einzeln*) each; *bes von zweien* either; (≈*jeder von allen*) every; (≈*jeder beliebige*) any; **~s Mal** every time **2** (≈*einzeln*) each (one); (≈*jeder von allen*) everyone, everybody; (≈*jeder Beliebige*) anyone; **~r von uns** each (one)/every one/any one of us; **~r Zweite** every other *od* second one; **~r für sich** everyone for himself; **das kann ~r** anyone can do that; **das kann nicht ~r** not everyone can do that **jedermann** I̲N̲D̲E̲F̲ P̲R̲ everyone, everybody; (≈*jeder Beliebige a.*) anyone, anybody; **das ist nicht ~s Sache** it's not everyone's cup of tea *umg* **jederzeit** A̲D̲V̲ at any time, anytime

jedoch K̲O̲N̲J̲ &̲ A̲D̲V̲ however

jegliche(r, s) I̲N̲D̲E̲F̲ P̲R̲ *adjektivisch* any; *substantivisch* each (one)

jeher A̲D̲V̲ **von** *od* **seit ~** always

jein *hum* A̲D̲V̲ yes and no

jemals A̲D̲V̲ ever

jemand I̲N̲D̲E̲F̲ P̲R̲ somebody, someone; *bei Fragen, Negation* anybody; **~ Neues** somebody new; **~ anders** somebody else

Jemen M̄ **der ~** Yemen

jene(r, s) *geh* D̲E̲M̲ P̲R̲ **1** *adjektivisch* that; *pl* those; **in ~r Zeit** at that time, in those times **2** *substantivisch* that one; *pl* those (ones)

jenseits Ⓐ P̲R̲Ä̲P̲ on the other side of; **2 km ~ der Grenze** 2 kms beyond the border Ⓑ A̲D̲V̲ **~ von** on the other side of **Jenseits** N̄ hereafter, next world

Jeside M̄ **Jesidin** F̄ Yazidi

jesidisch A̲D̲J̲ Yazidi

Jesuit M̄ Jesuit

Jesus M̄ Jesus; **~ Christus** Jesus Christ

Jet *umg* M̄ jet **Jetlag** M̄ jetlag

Jeton M̄ chip

Jetset *umg* M̄ jet set **jetten** *umg* V̲/I̲ to jet *umg*

jetzig A̲D̲J̲ present *attr*, current; **in der ~en Zeit** in present times **jetzt** A̲D̲V̲ now; **bis ~** so far; **~ gleich** right now; **~ noch?** (what,) now?; **~ oder nie!** (it's) now or never! **Jetzt** *geh* N̄ present

jeweilig A̲D̲J̲ respective; (≈*vorherrschend*) prevailing; **die ~e Regierung** the government of the day **jeweils**

$\overline{\text{ADV}}$ at a time, at any one time; (≈ *jedes Mal*) each time; **~ am Monatsletzten** on the last day of each month
JH $\overline{\text{ABK}}$ (= *Jugendherberge*) Y.H.
jiddisch $\overline{\text{ADJ}}$ Yiddish
Job umg $\overline{\text{M}}$ job **jobben** umg $\overline{\text{VI}}$ to work **Jobbörse** $\overline{\text{F}}$ job exchange **Jobcenter** $\overline{\text{N}}$ job centre, employment office US **Jobkiller** umg $\overline{\text{M}}$ job killer **Jobmaschine** $\overline{\text{F}}$, **Jobmotor** $\overline{\text{M}}$ umg job-creation machine **Jobsharing** $\overline{\text{N}}$ job sharing **Jobsuche** $\overline{\text{F}}$ job hunting; **auf ~ sein** to be looking for a job **Jobverlust** $\overline{\text{M}}$ WIRTSCH redundancy, losing one's job; **~e** job losses
Joch $\overline{\text{N}}$ yoke **Jochbein** $\overline{\text{N}}$ cheekbone
Jockey $\overline{\text{M}}$ jockey
Jod $\overline{\text{N}}$ iodine
jodeln $\overline{\text{VT & VI}}$ to yodel
jodiert $\overline{\text{ADJ}}$ **~es Speisesalz** iodized table salt **Jodsalz** $\overline{\text{N}}$ iodized salt
Joga $\overline{\text{M/N}}$ yoga
joggen $\overline{\text{VI}}$ to jog **Jogger(in)** $\overline{\text{M/F}}$ jogger **Jogging** $\overline{\text{N}}$ jogging **Jogginganzug** $\overline{\text{M}}$ jogging suit **Jogginghose** $\overline{\text{F}}$ jogging pants pl, joggers pl, sweatpants pl
Jog(h)urt $\overline{\text{M/N}}$ yog(h)urt **Jog(h)urtbereiter** $\overline{\text{M}}$ yog(h)urt maker **Jog(h)urtdrink** $\overline{\text{M}}$, **Jog(h)urtgetränk** $\overline{\text{N}}$ yog(h)urt drink
Johannisbeere $\overline{\text{F}}$ **Rote ~** redcurrant; **Schwarze ~** blackcurrant **Johanniskraut** $\overline{\text{N}}$ St. John's wort
johlen $\overline{\text{VI}}$ to howl
Joint umg $\overline{\text{M}}$ joint umg **Joint Venture** $\overline{\text{N}}$ HANDEL joint venture
Jo-Jo $\overline{\text{N}}$ yo-yo **Jo-Jo-Effekt** $\overline{\text{M}}$ yo-yo effect
Joker $\overline{\text{M}}$ KART joker; fig trump card
Jongleur(in) $\overline{\text{M/F}}$ juggler **jonglieren** wörtl, fig $\overline{\text{VI}}$ to juggle
Jordanien $\overline{\text{N}}$ Jordan **Jordanier(in)** $\overline{\text{M/F}}$ Jordanian (man/woman) **jordanisch** $\overline{\text{ADJ}}$ Jordanian
Joule $\overline{\text{N}}$ joule
Journal $\overline{\text{N}}$ HANDEL daybook **Journalismus** $\overline{\text{M}}$ journalism **Journalist(in)** $\overline{\text{M/F}}$ journalist **journalistisch** $\overline{\text{A}}$ $\overline{\text{ADJ}}$ journalistic $\overline{\text{B}}$ $\overline{\text{ADV}}$ **~ arbeiten** to work as a journalist; **etw ~ aufbereiten** to edit sth for journalistic purposes
jovial $\overline{\text{A}}$ $\overline{\text{ADJ}}$ jovial $\overline{\text{B}}$ $\overline{\text{ADV}}$ jovially **Jovialität** $\overline{\text{F}}$ joviality

Joystick $\overline{\text{M}}$ COMPUT joystick
Jubel $\overline{\text{M}}$ jubilation; (≈ *Jubelrufe*) cheering; **~, Trubel, Heiterkeit** laughter and merriment **jubeln** $\overline{\text{VI}}$ to cheer **Jubilar(in)** $\overline{\text{M/F}}$ person celebrating an anniversary **Jubiläum** $\overline{\text{N}}$ jubilee; (≈ *Jahrestag*) anniversary **Jubiläumsfeier** $\overline{\text{F}}$ jubilee/anniversary celebrations pl
jucken $\overline{\text{A}}$ $\overline{\text{VT & VI}}$ to itch; **es juckt mich am Rücken** my back itches; **es juckt mich, das zu tun** umg I'm itching to do it umg; **das juckt mich doch nicht** umg I don't care $\overline{\text{B}}$ $\overline{\text{VR}}$ (≈ *kratzen*) to scratch **Juckreiz** $\overline{\text{M}}$ itching
Jude $\overline{\text{M}}$ Jew, Jewish man, Jewish boy; **er ist ~** he's Jewish; he is a Jew pej; **die ~n** the Jewish people; historisch, politisch the Jews pej **judenfeindlich** $\overline{\text{ADJ}}$ anti-Semitic **Judentum** $\overline{\text{N}}$ $\overline{\text{1}}$ (≈ *Judaismus*) Judaism $\overline{\text{2}}$ (≈ *Gesamtheit der Juden*) Jews pl **Judenverfolgung** $\overline{\text{F}}$ persecution of (the) Jews **Jüdin** $\overline{\text{F}}$ Jew, Jewish woman, Jewish girl; **sie ist ~** she's Jewish; she is a Jew pej **jüdisch** $\overline{\text{ADJ}}$ Jewish
Judo $\overline{\text{N}}$ judo
Jugend $\overline{\text{F}}$ youth; **von ~ an** od **auf** from one's youth; **die ~ von heute** young people od the youth of today **Jugendalter** $\overline{\text{N}}$ adolescence **Jugendamt** $\overline{\text{N}}$ youth welfare department **Jugendarbeit** $\overline{\text{F}}$ (≈ *Jugendamt*) youth work **Jugendarbeitslosigkeit** $\overline{\text{F}}$ youth unemployment **Jugendarrest** $\overline{\text{M}}$ JUR detention **Jugendbande** $\overline{\text{F}}$ gang of youths **Jugendbuch** $\overline{\text{N}}$ book for young people **jugendfrei** $\overline{\text{ADJ}}$ suitable for young people; Film U(-certificate) Br, G US **Jugendfreund(in)** $\overline{\text{M/F}}$ friend of one's youth **jugendgefährdend** $\overline{\text{ADJ}}$ liable to corrupt the young **Jugendgericht** $\overline{\text{N}}$ juvenile court **Jugendgruppe** $\overline{\text{F}}$ youth group **Jugendherberge** $\overline{\text{F}}$ youth hostel **Jugendherbergsausweis** $\overline{\text{M}}$ youth hostelling card Br, youth hostel ID US **Jugendhilfe** $\overline{\text{F}}$ ADMIN help for young people **Jugendjahre** $\overline{\text{PL}}$ days pl of one's youth **Jugendklub** $\overline{\text{M}}$ youth club **Jugendkriminalität** $\overline{\text{F}}$ juvenile delinquency **jugendlich** $\overline{\text{A}}$ $\overline{\text{ADJ}}$ (≈ *jung*) young; (≈ *jung wirkend*) youthful; **ein ~er Täter** a young offender; **~er Leichtsinn** youthful frivolity $\overline{\text{B}}$ $\overline{\text{ADV}}$ youthfully; **sich ~ geben** to appear youthful **Jugendliche(r)** $\overline{\text{M/F(M)}}$ adolescent; männlich a.

youth **Jugendlichkeit** F̲ youthfulness **Jugendliebe** F̲ 1 young love 2 (≈ *Geliebter*) love of one's youth **Jugendmannschaft** F̲ youth team **Jugendmeisterschaft** F̲ junior *od* youth championships *pl* **Jugendpflege** F̲ youth welfare **Jugendrecht** N̲ law relating to young persons **Jugendrichter(in)** M̲F̲ JUR magistrate (*in a juvenile court*) **Jugendschutz** M̲ protection of children and young people **Jugendstil** M̲ KUNST Art Nouveau **Jugendstrafe** F̲ detention *ohne art* in a young offenders' institution, detention *ohne art* in a juvenile correction institution *US* **Jugendsünde** F̲ youthful misdeed **Jugendtraum** M̲ youthful dream **Jugendwahn** M̲ *Gesellschaft* obsession with youth **Jugendzeit** F̲ youth, younger days *pl* **Jugendzentrum** N̲ youth centre *Br*, youth center *US*

Jugoslawien N̲ HIST Yugoslavia **jugoslawisch** ADJ HIST Yugoslav(ian)

juhu INT *Jubel* yippee, hooray; *Zuruf* yoo-hoo

Juli M̲ July; → **März**

Jumbo(jet) M̲ jumbo (jet)

jung ADJ young; **Jung und Alt** (both) young and old; **von ~ auf** from one's youth; **~ aussehen** to look young; **~ sterben** to die young **Junge** M̲ boy; **~, ~!** *umg* boy oh boy *umg*; **alter ~** *umg* my old pal *umg* **jungenhaft** ADJ boyish **Jungenschule** F̲ boys' school **Jungenstreich** M̲ boyish prank **Junge(r)** *umg* M̲F̲M̲ **die ~n** the young ones **jünger** ADJ 1 younger; **Holbein der Jüngere** Holbein the Younger; **sie sieht ~ aus, als sie ist** she looks younger than she is, she doesn't look her age 2 *Geschichte etc* recent

Jünger M̲ BIBEL, *a. fig* disciple **Jüngerin** *fig* F̲ disciple

Junge(s) N̲ ZOOL young one; *von Hund* pup(py); *von Katze* kitten; *von Wolf, Löwe, Bär* cub; *von Vogel* young bird; **die ~n** the young **Jungfer** F̲ **eine alte ~** an old maid **Jungfernfahrt** F̲ maiden voyage **Jungfernflug** M̲ maiden flight **Jungfernhäutchen** N̲ ANAT hymen **Jungfrau** F̲ 1 virgin 2 ASTROL Virgo; **(eine) ~ sein** to be (a) Virgo **jungfräulich** ADJ virgin **Jungfräulichkeit** F̲ virginity **Junggeselle** M̲ bachelor **Junggesellenabschied** M̲

stag night *Br*, stag party *Br*, bachelor party *US* **Junggesellenbude** *umg* F̲ bachelor pad *umg* **Junggesellendasein** N̲ bachelor's life **Junggesellenzeit** F̲ bachelor days *pl* **Junggesellin** F̲ single woman, bachelorette *US* **Junggesellinnenabschied** M̲ hen night *Br*, hen party *Br*, bachelorette party *US* **Junglehrer(in)** M̲F̲ student teacher **Jüngling** *liter, hum* M̲ youth **jüngste(r, s)** ADJ 1 youngest 2 (*a.* **~chef**) latest, (most) recent; *Zeit, Vergangenheit* recent; **in der ~n Zeit** recently; **das Jüngste Gericht** the Last Judgement; **der Jüngste Tag** Doomsday, the Day of Judgement; **sie ist auch nicht mehr die Jüngste** she's no (spring) chicken *umg* **Jungtier** N̲ young animal **Jungunternehmer(in)** M̲F̲ young entrepreneur, young businessman/-woman **Jungverheiratete(r)** M̲F̲M̲ newly-wed **Jungwähler(in)** M̲F̲ young voter

Juni M̲ June; → **März**

junior ADJ **Franz Schulz ~** Franz Schulz, Junior **Junior** M̲ 1 junior 2 (*a.* **~chef**) boss's son, son of the boss **Juniorchef** M̲ boss's son, son of the boss **Juniorin** F̲ SPORT junior **Juniorpass** M̲ BAHN ≈ young person's railcard *Br*, ≈ youth railroad pass *US* **Juniorprofessor(in)** M̲F̲ assistant professor **Juniorprofessur** F̲ assistant professorship

Junkfood *umg* N̲ junk food **Junkie** *umg* M̲ junkie *umg* **Junkmail** F̲ junk mail

Junta F̲ POL junta

Jupe M̲ *schweiz* skirt

Jupiter M̲ ASTRON Jupiter

Jura¹ OHNE ARTIKEL UNIV law

Jura² M̲ **der Kanton ~** the canton of Jura

jurassisch ADJ GEOL Jurassic

Jurist(in) M̲F̲ jurist; (≈ *Student*) law student **Juristendeutsch** N̲ legalese *pej*, legal jargon **juristisch** A ADJ legal; **die ~e Fakultät** the Faculty of Law B ADV legally; **etw ~ betrachten** to consider the legal aspects of sth **Juror(in)** M̲F̲ member of the jury **Jury** F̲ jury *sg od pl*

Jus *bes österr, schweiz* N̲ → **Jura**¹

justieren V̲T̲ to adjust; TYPO, IT to justify **Justierung** F̲ adjustment; TYPO, IT justification

Justiz F̲ *als Prinzip* justice; *als Institution*

judiciary; (≈ *die Gerichte*) courts *pl* **Justizbeamte(r)** M̲, **Justizbeamtin** F̲ judicial officer **Justizbehörde** F̲ legal authority **Justizirrtum** M̲ miscarriage of justice, judicial error *bes US* **Justizminister(in)** M̲F̲ minister of justice, justice minister **Justizministerium** N̲ ministry of justice, ≈ Department of Justice *US*

Jute F̲ jute

Juwel M̲N̲ jewel; **~en** (≈ *Schmuck*) jewellery *Br*, jewelery *US* **Juwelier(in)** M̲F̲ jeweller *Br*, jeweler *US*; (≈ *Geschäft*) jewel(l)er's (shop) **Juweliergeschäft** N̲ jeweller's (shop) *Br*, jeweler's (shop) *US*

Jux *umg* M̲ **etw aus Jux tun** to do sth as a joke; **sich** (*dat*) **einen Jux aus etw machen** to make a joke (out) of sth **juxen** *umg* V̲I̲ to joke

K

K, k N̲ K, k

Kabarett N̲ 🔲 cabaret; (≈ *Darbietung*) cabaret (show); **ein politisches ~** a satirical political revue **Kabarettist(in)** M̲F̲ cabaret artist

kabbeln *umg* V̲I̲ & V̲R̲ to bicker

Kabel N̲ ELEK wire; (≈ *Telefonkabel*) cord; (≈ *Stromleitung*) cable **Kabelanschluss** M̲ TV cable connection **Kabelfernsehen** N̲ cable television **Kabeljau** M̲ cod **Kabelkanal** M̲ TV cable channel **kabellos** A̲D̲J̲ TEL cordless; IT wireless **Kabine** F̲ (≈ *Umkleidekabine, Duschkabine*) cubicle; SCHIFF, FLUG cabin **Kabinett** N̲ 🔲 POL cabinet 🔲 *österr* (≈ *kleines Zimmer*) closet, small room **Kabinettsbeschluss** M̲ cabinet decision **Kabinettsumbildung** F̲ cabinet reshuffle

Kabis *schweiz* M̲ → Kohl

Kabrio(lett) N̲ AUTO convertible

Kachel F̲ (glazed) tile; **etw mit ~n auslegen** to tile sth **kacheln** V̲I̲ to tile **Kachelofen** M̲ tiled stove

Kacke *vulg* F̲ crap *sl*, shit *sl*; **so 'ne ~**

shit *sl* **kacken** *vulg* V̲I̲ to crap *sl*

Kadaver M̲ carcass

Kader M̲ MIL, POL cadre; SPORT squad

Kadett(in) M̲F̲ MIL cadet

Kadi *obs umg* M̲ **j-n vor den ~ schleppen** to take sb to court

Kadmium N̲ cadmium

Käfer M̲ beetle; *allgemeiner* bug

Kaff *umg* N̲ dump *umg*

Kaffee M̲ coffee; **zwei ~, bitte!** two coffees, please; **~ kochen** to make coffee; **das ist kalter ~** *umg* that's old hat *umg*; **~ und Kuchen** coffee and cakes, ≈ afternoon tea *Br* **Kaffeeautomat** M̲ coffee machine *od* dispenser **Kaffeebohne** F̲ coffee bean **Kaffeehaus** N̲ café **Kaffeekanne** F̲ coffeepot **Kaffeekapsel** F̲ coffee capsule, coffee pod **Kaffeeklatsch** *umg* M̲ coffee klatsch *US*, ≈ coffee morning *Br* **Kaffeelöffel** M̲ ≈ coffee spoon **Kaffeemaschine** F̲ coffee machine **Kaffeemühle** F̲ coffee grinder **Kaffeepad** N̲ coffee pod, coffee pad **Kaffeepause** F̲ coffee break **Kaffeesahne** F̲ (coffee) cream **Kaffeesatz** M̲ coffee grounds *pl* **Kaffeeservice** N̲ coffee set **Kaffeetasse** F̲ coffee cup

Käfig M̲ cage

kahl A̲D̲J̲ bald; (≈ *kahl geschoren*) shaved; *Wand, Raum, Baum* bare; *Landschaft* barren; **eine ~e Stelle** a bald patch; **~ werden** *Mensch* to go bald; *Baum* to lose its leaves **Kahlheit** F̲ baldness; *von Wand, Raum, Baum* bareness; *von Landschaft* barrenness **Kahlkopf** M̲ bald head; (≈ *Mensch*) bald person; **ein ~ sein** to be bald **kahlköpfig** A̲D̲J̲ baldheaded **Kahlschlag** M̲ 🔲 deforestation 🔲 *umg* (≈ *Abriss*) demolition

Kahn M̲ 🔲 (small) boat; (≈ *Stechkahn*) punt; **~ fahren** to go boating/punting 🔲 (≈ *Lastschiff*) barge **Kahnfahrt** F̲ row; *in Stechkahn* punt

Kai M̲ quay **Kaimauer** F̲ quay wall

Kairo N̲ Cairo

Kaiser M̲ emperor; **der deutsche ~** the Kaiser **Kaiserin** F̲ empress **Kaiserkrone** F̲ imperial crown **kaiserlich** A̲D̲J̲ imperial **Kaiserreich** N̲ empire **Kaiserschmarren** M̲, **Kaiserschmarrn** *österr, südd* M̲ sugared, cut-up pancake with raisins **Kaiserschnitt** M̲ Caesarean (section)

Kajak M̲N̲ kayak; **~ fahren** to go kayak-

ing **Kajakfahren** N̄ kayaking
Kajalstift M̄ kohl eye pencil
Kajüte F̄ cabin
Kakadu M̄ cockatoo
Kakao M̄ cocoa; **j-n durch den ~ ziehen** *umg* (≈ *veralbern*) to make fun of sb **Kakaobohne** F̄ cocoa bean **Kakaopulver** N̄ cocoa powder
Kakerlak M̄, **Kakerlake** F̄ cockroach
kaki ADJ khaki
Kaktee F̄, **Kaktus** M̄ cactus
Kalauer M̄ corny joke; (≈ *Wortspiel*) corny pun
Kalb N̄ calf **kalben** V̄Ī to calve **Kalbfleisch** N̄ veal **Kalbsbraten** M̄ roast veal **Kalbsfell** N̄ (≈ *Fell*) calfskin **Kalbshaxe** F̄ GASTR knuckle of veal **Kalbsleder** N̄ calfskin **Kalbsschnitzel** N̄ veal cutlet
Kaleidoskop N̄ kaleidoscope
Kalender M̄ calendar; (≈ *Terminkalender*) diary **Kalenderjahr** N̄ calendar year
Kali N̄ potash
Kaliber N̄ calibre *Br*, caliber *US*
Kalifornien N̄ California
Kalium N̄ potassium
Kalk M̄ lime; *zum Tünchen* whitewash; ANAT calcium; **gebrannter ~** quicklime **Kalkboden** M̄ chalky soil **kalken** V̄Ī (≈ *tünchen*) to whitewash **Kalkgrube** F̄ lime pit **kalkhaltig** ADJ *Boden* chalky; *Wasser* hard **Kalkmangel** M̄ MED calcium deficiency **Kalkstein** M̄ limestone
Kalkulation F̄ calculation **kalkulierbar** ADJ calculable **kalkulieren** V̄Ī to calculate
Kalorie F̄ calorie **kalorienarm** A̅ ADJ low-calorie **sich ~ ernähren** to have a low-calorie diet; **~ essen** to eat low-calorie food **Kalorienbombe** *umg* F̄ **das ist eine richtige ~** it's got loads of calories *umg* **kalorienreich** ADJ high-calorie; **sich ~ ernähren** to have a high-calorie diet
kalt A̅ ADJ cold; **mir ist/wird ~** I am/I'm getting cold; **j-m die ~e Schulter zeigen** to give sb the cold shoulder; **~es Grausen überkam mich** my blood ran cold; **der Kalte Krieg** the Cold War B̄ ADV **~ duschen** to take a cold shower; **etw ~ stellen** to put sth to chill; **~ gepresst** *Öl* cold-pressed; **da kann ich nur ~ lächeln** *umg* that makes me

laugh; **j-n ~ erwischen** to shock sb
kaltbleiben *fig* V̄ĪĪ to remain unmoved
Kaltblüter M̄ ZOOL cold-blooded animal **kaltblütig** A̅ ADJ cold-blooded; (≈ *gelassen*) cool B̄ ADV cold-bloodedly **Kaltblütigkeit** *fig* F̄ cold-bloodedness; (≈ *Gelassenheit*) coolness **Kälte** F̄ 1̄ *von Wetter etc* cold; (≈ *Kälteperiode*) cold spell; **fünf Grad ~** five degrees below freezing 2̄ *fig* coldness, coolness **kältebeständig** ADJ cold-resistant **Kälteeinbruch** M̄ (sudden) cold spell; *für kurze Zeit* cold snap **kälteempfindlich** ADJ sensitive to cold **Kältegefühl** N̄ feeling of cold(ness) **Kälteperiode** F̄ cold spell **Kältetechnik** F̄ refrigeration technology **Kältetod** M̄ **den ~ sterben** to freeze to death **kälteunempfindlich** ADJ insensitive to cold **Kältewelle** F̄ cold spell **Kaltfront** F̄ METEO cold front **kaltgepresst** ADJ → **kalt kaltherzig** ADJ cold-hearted **Kaltherzigkeit** F̄ cold--heartedness **kaltlassen** *fig* V̄ĪĪ **j-n ~** to leave sb cold **Kaltluft** F̄ METEO cold air **kaltmachen** *sl* V̄ĪĪ to do in *umg* **Kaltmiete** F̄ rent exclusive of heating **kaltschnäuzig** *umg* A̅ ADJ (≈ *gefühllos*) callous; (≈ *unverschämt*) insolent B̄ ADV (≈ *gefühllos*) callously; (≈ *unverschämt*) insolently **Kaltstart** M̄ AUTO, IT cold start
Kalzium N̄ calcium
Kambodscha N̄ Cambodia **Kambodschaner(in)** M̄F̄ Cambodian (man/woman) **kambodschanisch** ADJ Cambodian
Kamel N̄ camel; **ich ~!** *umg* silly me!
Kamelle *umg* F̄ **das sind doch alte od olle ~n** that's old hat *umg*
Kamera F̄ camera
Kamerad(in) M̄F̄ MIL *etc* comrade; (≈ *Gefährte*) companion; (≈ *Kumpel*) buddy, mate **Kameradschaft** F̄ camaraderie **kameradschaftlich** ADJ comradely
Kamerafrau F̄ camerawoman **Kameraführung** F̄ camera work **Kameramann** M̄ cameraman **Kameraüberwachung** F̄ closed circuit television, CCTV
Kamerun N̄ the Cameroons *pl*
Kamikaze M̄ kamikaze **Kamikazeflieger(in)** M̄F̄ kamikaze pilot
Kamille F̄ camomile **Kamillentee** M̄

camomile tea

Kamin dial M/N **1** (≈ *Schornstein*) chimney; (≈ *Abzugsschacht*) flue **2** (≈ *Feuerstelle*) fireplace; **wir saßen am ~** we sat by od in front of the fire **Kaminsims** M/N mantelpiece

Kamm M **1** comb; **alle/alles über einen ~ scheren** fig to lump everyone/everything together **2** (≈ *Gebirgskamm*) crest **kämmen** A V/T to comb B V/R to comb one's hair

Kammer F **1** PARL chamber; (≈ *Ärztekammer etc*) professional association **2** (≈ *Zimmer*) (small) room **Kammerdiener** M valet **Kammerjäger(in)** M/F (≈ *Schädlingsbekämpfer*) pest controller Br, exterminator US **Kammermusik** F chamber music **Kammerorchester** N chamber orchestra **Kammerzofe** F chambermaid

Kammgarn N worsted **Kammmuschel** F scallop

Kampagne F campaign

Kampf M fight (**um** for); MIL (≈ *Gefecht*) battle; (≈ *Boxkampf*) fight; **j-m/einer Sache den ~ ansagen** fig to declare war on sb/sth; **die Kämpfe einstellen** to stop fighting; **der ~ ums Dasein** the struggle for existence; **der ~ um die Macht** the battle for power; **ein ~ auf Leben und Tod** a fight to the death **Kampfabstimmung** F vote **Kampfansage** F declaration of war **Kampfanzug** M MIL *etc* battle dress ohne art, battle uniform **Kampfausbildung** F MIL combat training **kampfbereit** ADJ ready for battle **Kampfdrohne** F MIL combat drone **kämpfen** A V/I to fight (**um, für** for); **gegen etw ~** to fight (against) sth; **mit dem Tode ~** to fight for one's life; **mit den Tränen ~** to fight back one's tears; **ich hatte mit schweren Problemen zu ~** I had difficult problems to contend with; **ich habe lange mit mir ~ müssen, ehe …** I had a long battle with myself before … B V/T *mst* fig **Kampf** to fight

Kampfer M camphor

Kämpfer(in) M/F fighter **kämpferisch** A ADJ aggressive B ADV aggressively; **sich ~ einsetzen** to fight hard **Kampfflugzeug** N fighter (plane) **Kampfgeist** M fighting spirit **Kampfgruppe** F combat force

Kampfhandlung F clash *mst pl* **Kampfhubschrauber** M helicopter gunship **Kampfhund** M fighting dog **kampflos** A ADJ peacefully; *Sieg* uncontested B ADV peacefully, without a fight; **sich ~ ergeben** to surrender without a fight **kampflustig** ADJ belligerent **Kampfrichter(in)** M/F SPORT referee, judge **Kampfsport** M martial art **Kampfstoff** M weapon **kampfunfähig** ADJ MIL unfit for action; *Boxer* unfit to fight; **einen Panzer ~ machen** to put a tank out of action

kampieren V/I to camp (out)

Kanada N Canada **Kanadier** M SPORT Canadian canoe **Kanadier(in)** M/F Canadian **kanadisch** ADJ Canadian

Kanal M **1** (≈ *Schifffahrtsweg*) canal; (≈ *Wasserlauf*) channel; *für Abwässer* sewer **2** RADIO, TV, *a.* fig channel **Kanaldeckel** M drain cover **Kanalinseln** PL *die* ≈ *im Ärmelkanal* The Channel Islands *pl* **Kanalisation** F **1** *für Abwässer* sewerage system **2** *von Flusslauf* canalization **kanalisieren** V/T *Fluss* to canalize; fig *Energie* to channel; *Gebiet* to install sewers in **Kanaltunnel** M Channel Tunnel

Kanarienvogel M canary **Kanarische Inseln** PL Canary Islands *pl*

Kandare F (curb) bit; **j-n an die ~ nehmen** fig to take sb in hand

Kandidat(in) M/F candidate **Kandidatur** F candidacy **kandidieren** V/I POL to stand, to run (**für** for); **für das Amt des Präsidenten ~** to run for president **kandiert** ADJ *Frucht* candied; **~er Ingwer** stem ginger **Kandis(zucker)** M rock candy

Känguru N kangaroo

Kaninchen N rabbit **Kaninchenstall** M rabbit hutch

Kanister M can; (≈ *Blechkanister*) jerry can

Kännchen N *für Milch* jug; *für Kaffee* pot; **ein ~ Kaffee** a pot of coffee **Kanne** F can; (≈ *Teekanne, Kaffeekanne*) pot; (≈ *Gießkanne*) watering can

Kannibale M, **Kannibalin** F cannibal **Kannibalismus** M cannibalism

Kanon M canon

Kanone F **1** gun; HIST cannon; *sl* (≈ *Pistole*) piece *umg* **2** fig *umg* (≈ *Könner*) ace *umg* **3** *umg* **das ist unter aller ~** that defies description

K

Kantate F̲ MUS cantata

Kante F̲ edge; (≈ *Rand*) border; **Geld auf die hohe ~ legen** *umg* to put money away; **klare ~ zeigen** *entschlossen handeln* to take decisive action **kantig** A̲D̲J̲ *Holz* edged; *Gesicht* angular

Kantine F̲ canteen **Kantinenessen** N̲ canteen food

Kanton M̲ canton **kantonal** A̲D̲J̲ cantonal **Kantonalbank** F̲ Cantonal Bank

Kanu N̲ canoe; **~ fahren** to canoe

Kanüle F̲ MED cannula

Kanute M̲, **Kanutin** F̲ canoeist

Kanzel F̲ **1** pulpit **2** FLUG cockpit

Kanzlei F̲ (≈ *Dienststelle*) office; (≈ *Büro eines Rechtsanwalts, Notars etc*) chambers *pl*

Kanzler(in) M̲F̲ **1** (≈ *Regierungschef*) chancellor **2** UNIV vice chancellor **Kanzleramt** N̲ (≈ *Gebäude*) chancellory; (≈ *Posten*) chancellorship **Kanzlerkandidat(in)** M̲F̲ candidate for the position of chancellor **Kanzlerkandidatur** F̲ POL candidacy for the chancellorship

Kap N̲ cape; **Kap der Guten Hoffnung** Cape of Good Hope; **Kap Hoorn** Cape Horn

Kapazität F̲ capacity; *fig* (≈ *Experte*) expert **Kapazitätsauslastung** F̲ capacity utilization **Kapazitätserweiterung** F̲ increase in capacity

Kapelle F̲ **1** (≈ *kleine Kirche etc*) chapel **2** MUS band

Kaper F̲ BOT, GASTR caper

kapern V̲/T̲ SCHIFF *Schiff* to seize; (≈ *mit Beschlag belegen*) to collar *umg*

kapieren *umg* **A** V̲/T̲ to get *umg* **B** V̲/I̲ to get it *umg*; **kapiert?** got it? *umg*

kapital A̲D̲J̲ **1** JAGD *Hirsch* royal **2** (≈ *grundlegend*) *Missverständnis etc* major

Kapital N̲ **1** FIN capital *kein pl*; (≈ *angelegtes Kapital*) capital investments *pl* **2** *fig* asset; **aus etw ~ schlagen** to capitalize on sth **Kapitalanlage** F̲ capital investment **Kapitalaufwand** M̲ capital expenditure **Kapitalertrag** M̲ capital yield **Kapitalertrag(s)steuer** F̲ capital gains tax **Kapitalflucht** F̲ flight of capital **Kapitalgesellschaft** F̲ joint-stock company, corporation *US* **Kapitalhilfe** F̲ financial aid **kapitalintensiv** A̲D̲J̲ capital-intensive **kapitalisieren** V̲/T̲ to capitalize **Kapitalisierung** F̲ capitalization **Kapitalismus**

M̲ capitalism **Kapitalist(in)** M̲F̲ capitalist **kapitalistisch** A̲D̲J̲ capitalist **kapitalkräftig** A̲D̲J̲ financially strong **Kapitalmarkt** M̲ capital market **Kapitalverbrechen** N̲ serious crime; *mit Todesstrafe* capital crime

Kapitän(in) M̲F̲ captain **Kapitänleutnant** M̲ lieutenant commander

Kapitel N̲ chapter; **das ist ein anderes ~** that's another story

Kapitell N̲ capital

Kapitulation F̲ capitulation (**vor** +*dat* to, in the face of) **kapitulieren** V̲/I̲ (≈ *sich ergeben*) to surrender; *fig* (≈ *aufgeben*) to give up (**vor** +*dat* in the face of)

Kaplan M̲ in *Pfarrei* curate

Kappe F̲ cap; **das geht auf meine ~** *umg* (≈ *ich bezahle*) that's on me; (≈ *ich übernehme die Verantwortung*) that's my responsibility

kappen V̲/T̲ SCHIFF *Leine* to cut; *fig umg Finanzmittel* to cut (back)

Käppi N̲ cap

Kapriole F̲ capriole; *fig* caper

Kapsel F̲ (≈ *Etui*) container; *Pharmazie, a.* BOT, RAUMF capsule

Kapstachelbeere F̲ BOT Cape gooseberry

kaputt *umg* A̲D̲J̲ broken; (≈ *erschöpft*) *Mensch* shattered *Br umg*; *Ehe* broken; *Gesundheit* ruined; *Nerven* shattered; *Firma* bust *präd umg*; **mein ~es Bein** my bad leg; *gebrochen* my broken leg; **ein ~er Typ** a wreck *umg* **kaputt fahren** *umg* V̲/T̲ (≈ *überfahren*) to run over; *Auto* to run into the ground; *durch Unfall* to smash (up) **kaputtgehen** *umg* V̲/I̲ to break; *Ehe* to break up (**an** +*dat* because of); *Gesundheit, Nerven* to be ruined; *Firma* to go bust *umg*; *Kleidung* to come to pieces **kaputtkriegen** *umg* V̲/T̲ **das Auto ist nicht kaputtzukriegen** this car just goes on for ever **kaputtlachen** *umg* V̲/R̲ to die laughing *umg* **kaputt machen** V̲/T̲ *umg* to ruin; *Zerbrechliches* to break, to smash **kaputtmachen** *umg* A̲ V̲/T̲ (≈ *erschöpfen*) *j-n* to wear out; *Gegenstand* to break **B** V̲/R̲ **sich ~** *fig* to wear oneself out

Kapuze F̲ hood; (≈ *Mönchskapuze*) cowl **Kapuzenjacke** F̲ hooded jacket **Kapuzenmantel** M̲ hooded coat **Kapuzenpulli** F̲ hooded jumper *od* sweater **Kapverden** P̲L̲ **die ~** the Cape Verde Islands *pl*

Karabiner M_ **1** (≈ _Gewehr_) carbine **2**
(a. ~**haken**) karabiner
Karacho N_ **mit** ~ _umg_ at full tilt
Karaffe F_ carafe; _mit Stöpsel_ decanter
Karambolage F_ AUTO collision; _beim_
Billard cannon
Karamell M_ caramel _kein pl_ **Karamel-**
le F_ caramel (toffee)
Karaoke N_ karaoke
Karat N_ carat
Karate N_ karate
Karawane F_ caravan
Kardamom N_ cardamom
Kardanwelle F_ prop(eller) shaft
Kardinal M_ KIRCHE cardinal **Kardinal-**
fehler M_ cardinal error **Kardinal-**
zahl F_ cardinal (number)
Kardiologe M_, **Kardiologin** F_ cardi-
ologist **kardiologisch** ADJ_ cardiologi-
cal
Karenztag M_ unpaid day of sick leave
Karenzzeit F_ waiting period
Karfiol M_ _österr_ cauliflower
Karfreitag M_ Good Friday
karg A_ ADJ_ **1** (≈ _spärlich_) meagre _Br_,
meager _US; Boden_ barren **2** (≈ _geizig_)
mean, sparing B_ ADV_ (≈ _knapp_) ~ **ausfal-**
len/bemessen sein to be meagre _Br_, to
be meager _US;_ **etw** ~ **bemessen** to be
stingy with sth _umg_ **Kargheit** F_
meagreness _Br_, meagerness _US; von Bo-_
den barrenness **kärglich** ADJ_ meagre
_Br_, meager _US_, sparse; _Mahl_ frugal
Kargo M_ cargo
Karibik F_ **die** ~ the Caribbean **kari-**
bisch ADJ_ Caribbean; **die Karibischen**
Inseln the Caribbean Islands
kariert ADJ_ _Stoff, Muster_ checked, check-
ered _bes US; Papier_ squared
Karies F_ caries
Karikatur F_ caricature **Karikatu-**
rist(in) MF_ cartoonist **karikieren** V/T_
to caricature
karitativ A_ ADJ_ charitable B_ ADV_ ~ **tä-**
tig sein to do charitable work
Karma N_ karma
Karneval M_ carnival **Karnevalszug**
M_ carnival procession
Kärnten N_ Carinthia
Karo N_ **1** (≈ _Quadrat_) square; _Muster_
check **2** (≈ _Spielkartenfarbe_) diamonds
pl; einzelne Karte diamond **Karoass** N_
ace of diamonds **Karomuster** N_
checked pattern, checkered pattern _bes_
_US_

Karosse F_ _fig_ (≈ _großes Auto_) limousine
Karosserie F_ bodywork, body shell
Karotte F_ carrot
Karpaten PL_ Carpathians _pl_
Karpfen M_ carp
Karre F_ **1** → **Karren** **2** _umg_ (≈ _klappri-_
ges Auto) jalopy _umg_
Karree N_ **1** (≈ _Viereck_) rectangle; (≈ _Qua-_
drat) square **2** (≈ _Häuserblock_) block;
einmal ums ~ gehen to walk round
the block
karren V/T_ to cart **Karren** M_ **1**
(≈ _Wagen_) cart; _bes für Baustelle_ (wheel)-
barrow; **ein ~ voll Obst** a cartload of
fruit **2** _fig umg_ **den ~ in den Dreck fah-**
ren to get things in a mess; **den ~ wie-**
der flottmachen to get things sorted
out
Karriere F_ (≈ _Laufbahn_) career; ~ **ma-**
chen to make a career for oneself **Kar-**
rierefrau F_ career woman **Karriere-**
leiter F_ career ladder; **die ~ erklim-**
men to rise up the ladder **Karriere-**
macher(in) MF_ careerist
Karsamstag M_ Easter Saturday
Karte F_ card; (≈ _Fahrkarte, Eintrittskarte_)
ticket; (≈ _Landkarte_) map; (≈ _Speisekarte_)
menu; (≈ _Weinkarte_) wine list; (≈ _Spielkar-_
_te_) (playing) card; **die Gelbe/Rote/Gelb-**
-Rote ~ the yellow/red/second yellow
and the red card; **alles auf eine ~ set-**
zen _fig_ to put all one's eggs in one bas-
ket _sprichw;_ **gute ~n haben** to have a
good hand; _fig_ to be in a strong position
Kartei F_ card index **Karteikarte** F_ in-
dex card **Karteikasten** M_ file-card
box
Kartell N_ **1** HANDEL cartel **2** (≈ _Interes-_
senvereinigung) alliance; _pej_ cartel **Kar-**
tellamt N_ antitrust commission; _in_
Deutschland Federal Cartel Office; _in GB_
≈ Monopolies and Mergers Commission
_Br_, anti-trust commission _bes US_ **Kar-**
tellgesetz N_ antitrust law **Kartellre-**
geln PL_ antitrust rules _pl_
Kartenhaus N_ house of cards **Kar-**
teninhaber(in) MF_ cardholder **Kar-**
tenspiel N_ **1** (≈ _das Spielen_) card-play-
ing; (≈ _ein Spiel_) card game **2** (≈ _Karten_)
pack (of cards) **Kartenständer** M_
map stand **Kartentelefon** N_ card-
phone **Kartenverkauf** M_ sale of tick-
ets; (≈ _Stelle_) box office **Kartenvorver-**
kauf M_ advance sale of tickets; (≈ _Stelle_)
advance booking office

K

Kartoffel F potato; **j-n fallen lassen wie eine heiße ~** to drop sb like a hot potato **Kartoffelbrei** M mashed potatoes pl **Kartoffelchips** PL potato crisps pl Br, potato chips pl US **Kartoffelgratin** N GASTR gratiné(e) potatoes pl **Kartoffelkäfer** M Colorado beetle **Kartoffelkloß** M, **Kartoffelknödel** bes österr, südd M GASTR potato dumpling **Kartoffelpuffer** M fried grated potato cakes **Kartoffelpüree** N mashed potatoes pl **Kartoffelsalat** M potato salad **Kartoffelschalen** PL abgezählt potato peel sg; GASTR potato skins pl **Kartoffelschäler** M potato peeler **Kartoffelstock** M schweiz GASTR mashed potatoes pl **Kartoffelsuppe** F potato soup

Kartografie F cartography

Karton M 1 (≈ Pappe) cardboard kein pl; **ein ~** a piece of cardboard 2 (≈ Schachtel) cardboard box **kartonieren** V/T Bücher to bind in board; **kartoniert** paperback

---

▶ **Karton ≠ carton**

Karton	=	(cardboard) box
carton of milk	=	Milchtüte
carton of cigarettes	=	Stange Zigaretten

Karussell N merry-go-round, carousel; **~ fahren** to have a ride on the merry-go-round etc

Karwoche F KIRCHE Holy Week

karzinogen ADJ MED carcinogenic

Karzinom N MED carcinoma, malignant growth

Kasachstan N Kazakhstan

kaschieren V/T fig (≈ überdecken) to conceal

Kaschmir M Textilien cashmere

Käse M 1 cheese 2 umg (≈ Unsinn) twaddle umg **Käseauflauf** M GASTR cheese soufflé **Käseblatt** umg N local rag umg **Käsebrot** N bread and cheese **Käsebrötchen** N cheese roll **Käsegebäck** N cheese savouries pl Br, cheese savories pl US **Käseglocke** F cheese cover; fig dome **Käsekuchen** M cheesecake

Kaserne F barracks pl

Käsestange F cheese straw Br, cheese

stick US **käseweiß** umg ADJ white (as a ghost) **käsig** fig umg ADJ Haut pasty; vor Schreck pale

Kasino N 1 (≈ Spielbank) casino 2 (≈ Offizierskasino) (officers') mess

Kaskoversicherung F AUTO (≈ Teilkaskoversicherung) ≈ third party, fire and theft insurance; (≈ Vollkaskoversicherung) fully comprehensive insurance

Kasper M 1 im Puppenspiel Punch bes Br 2 umg clown umg **Kasperletheater** N Punch and Judy (show) bes Br, puppet show

Kaspisches Meer N Caspian Sea

Kassa österr N → **Kasse Kassageschäft** N HANDEL cash transaction; BÖRSE spot transaction

Kasse F 1 (≈ Zahlstelle) cash desk Br, cash point US, cash register; für Eintrittskarten ticket office; THEAT, FILM etc box office; in Bank bank counter; in Supermarkt checkout; **an der ~** in Geschäft at the desk bes Br, at the (checkout) counter bes US 2 (≈ Geldkasten) cash box; in Läden cash register; bei Spielen kitty; in einer Spielbank bank; **die ~n klingeln** the money is really rolling in 3 (≈ Bargeld) cash; **gegen ~** for cash; **bei ~ sein** umg to be in the money umg; **knapp bei ~ sein** umg to be short of cash; **j-n zur ~ bitten** to ask sb to pay up 4 umg (≈ Sparkasse) (savings) bank 5 → **Krankenkasse**

Kasseler N lightly smoked pork loin

Kassenarzt M, **Kassenärztin** F panel doctor, ≈ National Health general practitioner Br **Kassenbeleg** M sales receipt od check US **Kassenbestand** M cash balance, cash in hand **Kassenbon** M sales slip **Kassenbrille** pej umg F NHS specs pl Br umg, standard-issue glasses pl **Kassenerfolg** M box-office success **Kassenpatient(in)** M(F) ≈ National Health patient Br **Kassenprüfung** F audit **Kassenschlager** umg M THEAT etc box-office hit; Ware big seller **Kassensturz** M **~ machen** to check one's finances; HANDEL to cash up Br, to count up the earnings US **Kassenwart(in)** M(F) treasurer **Kassenzettel** M sales slip

Kasserolle F saucepan; mit Henkeln casserole

Kassette F 1 (≈ Kästchen) case 2 für Bücher slipcase; (≈ Tonbandkassette) cassette **Kassettendeck** N̄ cassette deck **Kassettenrekorder** M̄ cassette recorder

kassieren A V̄T̄ **1** *Gelder etc* to collect (up); *umg Abfindung, Finderlohn* to pick up *umg* **2** *umg* (≈ *wegnehmen*) to take away **3** *umg* (≈ *verhaften*) to nab *umg* B V̄Ī **bei j-m ~** to collect money from sb; **darf ich ~, bitte?** would you like to pay now? **Kassierer(in)** M̄F̄ cashier; (≈ *Bankkassierer*) clerk

Kastagnette F̄ castanet

Kastanie F̄ chestnut **Kastanienbaum** M̄ chestnut tree **kastanienbraun** ĀDJ maroon; *Pferd, Haar* chestnut

Kästchen N̄ **1** (≈ *kleiner Kasten*) small box; *für Schmuck* casket **2** *auf kariertem Papier* square

Kaste F̄ caste

Kasten M̄ **1** box; (≈ *Kiste*) crate; (≈ *Truhe*) chest; *österr, schweiz* (≈ *Schrank*) cupboard; (≈ *Briefkasten*) postbox *Br*, letter box *Br*, mailbox *US* **2** *umg* (≈ *alter Wagen*) crate *umg*; (≈ *Fernsehapparat etc*) box *umg* **3** *umg* (≈ *hässliches Gebäude*) barn, box **4** *Turngerät* box **5** *umg* **sie hat viel auf dem ~** she's brainy *umg*

Kastration F̄ castration **kastrieren** *wörtl, fig* V̄T̄ to castrate

Kasus M̄ GRAM case

Kat M̄ ĀBK (= *Katalysator*) AUTO cat

Katalog M̄ catalogue *Br*, catalog *US* **Katalogpreis** M̄ list price

Katalysator M̄ catalyst; AUTO catalytic converter **Katalysatorauto** N̄ car fitted with a catalytic converter

Katamaran M̄ catamaran

Katapult N̄/M̄ catapult **katapultieren** V̄T̄ to catapult

Katar N̄ GEOG Qatar

Katarrh M̄, **Katarr** M̄ catarrh

Kataster N̄ land registry

katastrophal A ĀDJ disastrous B ADV disastrously; **sich ~ auswirken** to have catastrophic effects **Katastrophe** F̄ disaster **Katastrophenabwehr** F̄ disaster prevention **Katastrophenalarm** M̄ emergency alert **Katastrophengebiet** N̄ disaster area **Katastrophenschutz** M̄ disaster control; *im Voraus* disaster prevention

Katechismus M̄ catechism

Kategorie F̄ category **kategorisch** A ĀDJ categorical B ADV categorically;

ich weigerte mich ~ I refused outright **kategorisieren** V̄T̄ to categorize

Kater M̄ **1** tom(cat) **2** *nach Alkoholgenuss* hangover **Katerstimmung** F̄ depression

Kathedrale F̄ cathedral

Katheter M̄ MED catheter

Kathode F̄ PHYS cathode

Katholik(in) M̄F̄ (Roman) Catholic **katholisch** ĀDJ (Roman) Catholic **Katholizismus** M̄ (Roman) Catholicism

katzbuckeln *pej umg* V̄Ī to grovel

Kätzchen N̄ **1** kitten **2** BOT catkin

Katze F̄ cat; **meine Arbeit war für die Katz** *fig* my work was a waste of time; **Katz und Maus mit j-m spielen** to play cat and mouse with sb; **wie die ~ um den heißen Brei herumschleichen** to beat about the bush; **die ~ im Sack kaufen** to buy a pig in a poke *sprichw* **Katzenjammer** *umg* M̄ **1** (≈ *Kater*) hangover **2** (≈ *jämmerliche Stimmung*) depression, the blues *pl umg* **Katzenklo** *umg* N̄ cat litter tray *Br*, cat litter box *US* **Katzensprung** *umg* M̄ stone's throw **Katzenstreu** F̄ cat litter **Katzentür** F̄ cat flap **Katz-und-Maus-Spiel** N̄ cat-and-mouse game

Kauderwelsch *pej* N̄ (≈ *Fachsprache*) jargon; *unverständlich* gibberish

kauen A V̄T̄ to chew; *Nägel* to bite B V̄Ī to chew; **an etw** (*dat*) **~** to chew (on) sth; **an den Nägeln ~** to bite one's nails

kauern V̄Ī to crouch (down); *ängstlich* to cower

Kauf M̄ (≈ *das Kaufen*) purchase; (≈ *das Gekaufte*) buy; **das war ein günstiger ~** that was a good buy; **etw zum ~ anbieten** to offer sth for sale; **etw in ~ nehmen** *fig* to accept sth **Kaufangebot** N̄ WIRTSCH bid **Kaufanreiz** M̄ incentive to buy **kaufen** A V̄T̄ **1 sich** (*dat*) **~** to buy; **dafür kann ich mir nichts ~** *iron* what use is that to me! **2 sich** (*dat*) **j-n ~** *umg* to give sb a piece of one's mind; *tätlich* to fix sb *umg* B V̄Ī to buy; (≈ *Einkäufe machen*) to shop **Käufer(in)** M̄F̄ buyer; (≈ *Kunde*) customer **Käuferverhalten** N̄ buying habits *pl* **Kauffrau** F̄ businesswoman **Kaufhaus** N̄ department store **Kaufkraft** F̄ *von Geld* purchasing power; *vom Käufer* spending power **kaufkräf-**

K

tig ADJ **~e Kunden** customers with money to spend **käuflich** A ADJ 1 (≈ *zu kaufen*) for sale; **~e Liebe** *geh* prostitution; **Freundschaft ist nicht ~** friendship cannot be bought 2 *fig* (≈ *bestechlich*) venal; **ich bin nicht ~** you cannot buy me! B ADV **etw ~ erwerben** *form* to purchase sth **Kaufmann** M 1 (≈ *Geschäftsmann*) businessman; (≈ *Händler*) trader 2 (≈ *Einzelhandelskaufmann*) small shopkeeper, grocer; **zum ~ gehen** to go to the grocer's **kaufmännisch** A ADJ commercial; **~er Angestellter** office worker B ADV **sie ist ~ tätig** she is a businesswoman **Kaufpreis** M purchase price **Kaufverhalten** N consumer behaviour *Br*; consumer behavior *US* **Kaufvertrag** M bill of sale **Kaufzwang** M obligation to buy; **ohne ~** without obligation

Kaugummi M/N chewing gum *kein pl*; **zwei ~s** two pieces of chewing gum

Kaukasus M **der ~** (the) Caucasus

Kaulquappe F tadpole

kaum A ADV 1 (≈ *noch nicht einmal*) hardly, scarcely; **~ jemand** hardly anyone; **es ist ~ zu glauben, wie ...** it's hard to believe how ...; **wohl ~, ich glaube ~** I hardly think so 2 (≈ *selten*) rarely B KONJ hardly, scarcely; **~ dass wir das Meer erreicht hatten** ... no sooner had we reached the sea than ...

kausal ADJ causal **Kausalität** F causality **Kausalsatz** M causal clause **Kausalzusammenhang** M causal connection

Kaution F 1 JUR bail; **~ stellen** to stand bail; **gegen ~** on bail 2 HANDEL security 3 *für Miete* deposit; **zwei Monatsmieten ~** two months' deposit

Kautschuk M (India) rubber

Kauz M 1 screech owl 2 (≈ *Sonderling*) **ein komischer ~** an odd bird **kauzig** ADJ odd

Kavalier M (≈ *galanter Mann*) gentleman **Kavaliersdelikt** N trivial offence *Br*, trivial offense *US*

Kavallerie F MIL cavalry

Kaviar M caviar

KB ABK (= *Kilobyte*) KB

Kebab M kebab

keck ADJ (≈ *frech*) cheeky *Br*, fresh *US* **Keckheit** F (≈ *Frechheit*) cheekiness *Br*, impudence ~

Kefir M kefir (*milk product similar to yoghurt*)

Kegel M 1 (≈ *Spielfigur*) skittle; *bei Bowling* pin 2 *Geometrie* cone **Kegelbahn** F skittle alley; *automatisch* bowling alley **kegelförmig** A ADJ conical B ADV conically **Kegelklub** M skittles club; *für Bowling* bowling club **Kegelkugel** F bowl **kegeln** V/I to play skittles; *bei Bowling* to play bowls **Kegeln** N skittles *sg*, ninepins *sg*; *Bowling* bowling

Kehle F (≈ *Gurgel*) throat; **er hat das in die falsche ~ bekommen** *fig* he took it the wrong way; **aus voller ~** at the top of one's voice **Kehlkopf** M larynx **Kehlkopfentzündung** F laryngitis **Kehlkopfkrebs** M cancer of the throat **Kehllaut** M guttural (sound)

Kehrbesen M broom **Kehrblech** N *südd* shovel

Kehre F 1 (sharp) bend 2 (≈ *Turnübung*) rear vault 3 *beim Skifahren* turn

kehren[1] A V/I 1 (≈ *drehen*) to turn; **in sich** (*akk*) **gekehrt** (≈ *versunken*) pensive; (≈ *verschlossen*) introspective 2 (≈ *kümmern*) to bother; **was kehrt mich das?** what do I care about that? B V/R 1 (≈ *sich drehen*) to turn 2 (≈ *sich kümmern*) **er kehrt sich nicht daran, was die Leute sagen** he doesn't care what people say C V/I to turn (round); *Wind*

kehren[2] V/I & V/I *bes südd* (≈ *fegen*) to sweep **Kehricht** M/N 1 *obs*, *form* sweepings *pl* 2 (≈ *Müll*) rubbish *Br*, trash *US* **Kehrmaschine** F 1 *für Straße* road sweeper 2 *für Teppich* carpet sweeper

Kehrreim M chorus

Kehrschaufel F shovel

Kehrseite F *von Münze* reverse; *fig* (≈ *Nachteil*) drawback; *fig* (≈ *Schattenseite*) other side; **die ~ der Medaille** the other side of the coin **kehrtmachen** V/I to turn round; (≈ *zurückgehen*) to turn back; MIL to about-turn **Kehrtwende** F, **Kehrtwendung** F about-turn

keifen V/I to bicker

Keil M wedge

Keile *umg* PL thrashing; **~ bekommen** to get *od* to be given a thrashing **keilen** V/R *umg* (≈ *sich prügeln*) to fight **Keiler** M wild boar

Keilerei *umg* F punch-up *umg*

keilförmig A ADJ wedge-shaped B ADV **sich ~ zuspitzen** to form a wedge

Keilriemen M̲ drive belt; AUTO fan belt

Keim M̲ **1** (≈ *kleiner Trieb*) shoot **2** (≈ *Embryo*), *a. fig* embryo, germ; (≈ *Krankheitskeim*) germ; **etw im ~ ersticken** to nip sth in the bud **3** *fig* seed *mst pl*; **den ~ zu etw legen** to sow the seeds of sth **keimen** V̲I̲ **1** Saat to germinate; *Pflanzen* to put out shoots **2** *Verdacht* to be aroused **keimfrei** A̲D̲J̲ germ-free, free of germs *präd*; MED sterile; **~ machen** to sterilize **Keimling** M̲ **1** (≈ *Embryo*) embryo **2** (≈ *Keimpflanze*) shoot **keimtötend** A̲D̲J̲ germicidal; **~es Mittel** germicide **Keimzelle** F̲ germ cell; *fig* nucleus

kein, keine, kein I̲N̲D̲E̲F̲ P̲R̲ **1** no, not ... any, not a; **ich sehe da ~en Unterschied** I don't see any difference; **sie hatte ~e Chance** she didn't have a od any chance; **~e schlechte Idee** not a bad idea; **überhaupt ~** no ... at all; **~ bisschen** a bit; **~ einziges Mal** not a single time; **in ~ster Weise** not in the least **2** (≈ *nicht einmal*) less than; **~e Stunde/drei Monate** less than an hour/three months; **~e 5 Euro** under 5 euros **keine(r, s)** I̲N̲D̲E̲F̲ P̲R̲ (≈ *niemand*) nobody, no-one; *von Gegenstand* none; **es war ~r da** there was nobody there; *Gegenstand* there wasn't one there; **ich habe ~s** I haven't got one; **~r von uns** none of us; **~s der (beiden) Kinder** neither of the children; **~s von beidem** not either of them **keinerlei** A̲D̲J̲ no ... what(so)ever od at all; **dafür gibt es ~ Beweise** there is no proof of it what(so)ever **keinesfalls** A̲D̲V̲ under no circumstances; **das bedeutet jedoch ~, dass ...** however, in no way does this mean that ... **keineswegs** A̲D̲V̲ not at all; **als Antwort** not in the least **keinmal** A̲D̲V̲ never once, not once

Keks M̲ biscuit *Br*, cookie *US*; **j-m auf den ~ gehen** *umg* to get on sb's nerves **Kelch** M̲ **1** (≈ *Trinkglas*) goblet; KIRCHE chalice, cup **2** BOT calyx **Kelchglas** N̲ goblet

Kelle F̲ **1** (≈ *Suppenkelle etc*) ladle **2** (≈ *Maurerkelle*) trowel **3** (≈ *Signalstab*) signalling disc *Br*, signaling disc *US*

Keller M̲ cellar; (≈ *Geschoss*) basement; **im ~ sein** *fig* to be at rock-bottom **Kellerassel** F̲ woodlouse **Kellerei** F̲ (≈ *Weinkellerei*) wine producer's; (≈ *Lager-*

raum) cellar(s) *(pl)* **Kellergeschoss** N̲, **Kellergeschoß** *österr* N̲ basement **Kellerlokal** N̲ cellar bar **Kellermeister(in)** M̲(F̲) vintner; *in Kloster* cellarer **Kellerwohnung** F̲ basement apartment od flat *Br*

Kellner M̲ waiter **Kellnerin** F̲ waitress **kellnern** *umg* V̲I̲ to work as a waiter/waitress, to wait on tables *US*

▶ **Kellner / Kellnerin**

Wie in Deutschland versucht man auch im englischsprachigen Raum, einen Kellner oder Kellnerin durch Blickkontakt oder Handzeichen auf sich aufmerksam zu machen. Gelingt das nicht, spricht man ihn oder sie im Vorbeigehen mit **„Excuse me"** an. ◀

Kelte M̲, **Keltin** F̲ Celt **Kelter** F̲ winepress; (≈ *Obstkelter*) press **keltern** V̲T̲ *Trauben, Wein* to press **keltisch** A̲D̲J̲ Celtic **Kenia** N̲ Kenya

kennen V̲T̲ to know; **er kennt keine Müdigkeit** he never gets tired; **so was ~ wir hier nicht!** we don't have that sort of thing here; **~ Sie sich schon?** do you know each other (already)?; **das ~ wir (schon)** *iron* we know all about that; **kennst du mich noch?** do you remember me?; **wie ich ihn kenne ...** if I know him (at all) ...; **da kennt er gar nichts** *umg* (≈ *hat keine Hemmungen*) he has no scruples whatsoever; (≈ *ihm ist alles egal*) he doesn't give a

---

▶ **kein: no statt not any**

Für das deutsche **kein** wird im Englischen anstelle von **not ... any** auch **no** verwendet. Am Satzanfang muss **no ...** stehen:

Wir haben keinen Grund zur Beschwerde.	We don't have any complaints. / We have no complaints.
Kein Schüler wusste die Antwort.	No pupil knew the answer.

△ Beachten Sie die Zusammensetzungen **nobody** (not ... anybody), **nothing** (not ... anything) usw. ◀

K

damn *umg* **kennenlernen** V̲T̲, **kennen lernen** V̲T̲ to get to know; (≈ *zum ersten Mal treffen*) to meet; **als ich ihn kennenlernte** when I first met him; **sich ~** to get to know each other, to meet each other; **ich freue mich, Sie kennenzulernen** *form* (I am) pleased to meet you; **der soll mich noch ~** *umg* he'll have me to reckon with *umg* **Kenner(in)** M̲I̲F̲ 🔢 (≈ *Sachverständiger*) expert (**von** *od* +*gen* on, in), authority (**von** *od* +*gen* on) 🔢 (≈ *Weinkenner etc*) connoisseur **Kennerblick** M̲ expert's eye **kennerhaft** A̲D̲J̲ like a connoisseur; **mit ~em Blick** with the eye of an expert **Kennermiene** F̲ **mit ~ betrachtete er …** he looked at … like a connoisseur **kenntlich** A̲D̲J̲ (≈ *zu erkennen*) recognizable (**an** +*dat* by); (≈ *deutlich*) clear; **etw ~ machen** to identify sth (clearly) **Kenntnis** F̲ 🔢 (≈ *Wissen*) knowledge *kein pl*; **über ~se von etw verfügen** to know about sth 🔢 *form* **etw zur ~ nehmen** to note sth, to take note of sth; **j-n von etw in ~ setzen** to inform sb about sth; **das entzieht sich meiner ~** I have no knowledge of it **Kenntnisnahme** F̲ *form* **zur ~ an … for the attention of … Kennwort** N̲ (≈ *Chiffre*) codename; (≈ *Losungswort*) password, codeword **Kennzeichen** N̲ 🔢 A̲U̲T̲O̲ number plate *Br*, license plate *US*; F̲L̲U̲G̲ markings *pl*; **amtliches ~** registration number *Br*, license number *US* 🔢 (≈ *Markierung*) mark; **unveränderliche ~** distinguishing marks 🔢 (≈ *Eigenart*) (typical) characteristic (**für** *od* +*gen* of); **für Qualität** hallmark; (≈ *Erkennungszeichen*) mark, sign **kennzeichnen** V̲T̲ 🔢 (≈ *markieren*) to mark; **durch Etikett** to label 🔢 (≈ *charakterisieren*) to characterize **Kennziffer** F̲ (code) number; H̲A̲N̲D̲E̲L̲ reference number; *bei Zeitungsinserat* box number

kentern V̲I̲ *Schiff* to capsize
Keramik F̲ 🔢 K̲U̲N̲S̲T̲ ceramics *pl*; *als Gebrauchsgegenstände* pottery 🔢 (≈ *Kunstgegenstand*) ceramic; (≈ *Gebrauchsgegenstand*) piece of pottery **keramisch** A̲D̲J̲ ceramic
Kerbe F̲ notch; *kleiner* nick; **in dieselbe ~ hauen** *fig umg* to take the same line **Kerbel** M̲ chervil
kerben V̲T̲ *Inschrift, Namen* to carve **Kerbholz** *fig umg* N̲ **etwas auf dem**

▶ **kennenlernen**

Wenn man jemandem zum ersten Mal begegnet, sagt man **meet**:

Where did you meet?
Wo habt ihr euch kennengelernt?
Pleased to meet you.
Schön, dich kennenzulernen.

Lernt man jemanden mit der Zeit besser kennen, sagt man **get to know**:

I got to know him while I was working in London.
Ich lernte ihn (näher) kennen, als ich in London arbeitete.
◀

~ haben to have done something wrong
Kerker M̲ 🔢 H̲I̲S̲T̲ dungeon, prison; (≈ *Strafe*) imprisonment 🔢 *österr* → **Zuchthaus**
Kerl *umg* M̲ guy *umg*, bloke *umg Br*; *pej* character; **du gemeiner ~!** you mean thing *umg*; **ein ganzer ~** a real man
Kern M̲ *von Obst* pip; *von Steinobst* stone; *von Traube a., von Birne* seed; (≈ *Nusskern*) kernel; P̲H̲Y̲S̲, B̲I̲O̲L̲ nucleus; *fig von Problem, Sache* heart; *von Gruppe* core; **in ihr steckt ein guter ~** there's some good in her somewhere; **der harte ~** *fig* the hard core **Kernarbeitszeit** F̲ core time **Kernbrennstab** M̲ nuclear fuel rod **Kernbrennstoff** M̲ nuclear fuel **Kernenergie** F̲ nuclear energy **Kerneuropa** N̲ core Europe **Kernexplosion** F̲ nuclear explosion **Kernfach** N̲ S̲C̲H̲U̲L̲E̲ core subject **Kernfamilie** F̲ S̲O̲Z̲I̲O̲L̲ nuclear family **Kernforscher(in)** M̲I̲F̲ nuclear scientist **Kernforschung** F̲ nuclear research **Kernfrage** F̲ central issue **Kernfusion** F̲ nuclear fusion **Kerngedanke** M̲ central idea **Kerngehäuse** N̲ core **Kerngeschäft** N̲ W̲I̲R̲T̲S̲C̲H̲ core (business) activity **kerngesund** A̲D̲J̲ completely fit; *fig Firma, Land* very healthy **kernig** *fig* A̲D̲J̲ *Ausspruch* pithy; (≈ *urwüchsig*) earthy; (≈ *kraftvoll*) robust **Kernkompetenz** F̲ W̲I̲R̲T̲S̲C̲H̲, S̲C̲H̲U̲L̲E̲ core competency **Kernkompetenzfach** N̲ core subject **Kernkraft** F̲ nuclear power **Kernkraftgegner(in)** M̲I̲F̲ opponent of nuclear power **Kern-**

kraftwerk $\overline{\text{N}}$ nuclear power station **kernlos** $\overline{\text{ADJ}}$ seedless **Kernobst** $\overline{\text{N}}$ pomes pl fachspr **Kernphysik** $\overline{\text{F}}$ nuclear physics sg **Kernphysiker(in)** $\overline{\text{M/F}}$ nuclear physicist **Kernpunkt** $\overline{\text{M}}$ central point **Kernreaktor** $\overline{\text{M}}$ nuclear reactor **Kernschmelze** $\overline{\text{F}}$ meltdown **Kernseife** $\overline{\text{F}}$ washing soap **Kernspaltung** $\overline{\text{F}}$ nuclear fission **Kernspintomograf** $\overline{\text{M}}$ MRI scanner **Kernspintomografie** $\overline{\text{F}}$ magnetic resonance imaging **Kernstück** fig $\overline{\text{N}}$ centrepiece Br, centerpiece US; von Theorie etc crucial part **Kerntechnik** $\overline{\text{F}}$ nuclear technology **Kernwaffe** $\overline{\text{F}}$ nuclear weapon **kernwaffenfrei** $\overline{\text{ADJ}}$ nuclear-free **Kernwaffenversuch** $\overline{\text{M}}$ nuclear (weapons) test **Kernzeit** $\overline{\text{F}}$ core time **Kerosin** $\overline{\text{N}}$ kerosene **Kerze** $\overline{\text{F}}$ **1** candle **2** AUTO plug **3** SPORT shoulder-stand **kerzengerade** $\overline{\text{ADJ}}$ perfectly straight **Kerzenhalter** $\overline{\text{M}}$ candlestick **Kerzenleuchter** $\overline{\text{M}}$ candlestick **Kerzenlicht** $\overline{\text{N}}$ candlelight **Kerzenständer** $\overline{\text{M}}$ candlestick; für mehrere Kerzen candelabra **Kescher** $\overline{\text{M}}$ fishing net; (≈Hamen) landing net **kess** $\overline{\text{ADJ}}$ (≈flott) saucy; (≈vorwitzig) cheeky Br, fresh US; (≈frech) impudent **Kessel** $\overline{\text{M}}$ **1** (≈Teekessel) kettle; (≈Kochkessel) pot; für offenes Feuer cauldron; (≈Dampfkessel) boiler **2** MIL encircled area **Kesselpauke** $\overline{\text{F}}$ kettle drum **Kesselstein** $\overline{\text{M}}$ scale **Kesseltreiben** fig $\overline{\text{N}}$ witch-hunt **Ketchup** $\overline{\text{M/N}}$, **Ketschup** $\overline{\text{M/N}}$ ketchup **Kette** $\overline{\text{F}}$ chain; (≈Halskette) necklace; fig line; von Unfällen etc string; **eine ~ von Ereignissen** a chain of events **ketten** $\overline{\text{V/T}}$ to chain (an +akk to); **sich an j-n/etw ~** fig to tie oneself to sb/sth **Kettenbrief** $\overline{\text{M}}$ chain letter **Kettenfahrzeug** $\overline{\text{N}}$ tracked vehicle **Kettenglied** $\overline{\text{N}}$ (chain-)link **Kettenraucher(in)** $\overline{\text{M/F}}$ chain-smoker **Kettenreaktion** $\overline{\text{F}}$ chain reaction **Ketzer(in)** $\overline{\text{M/F}}$ KIRCHE, a. fig heretic **Ketzerei** $\overline{\text{F}}$ heresy **ketzerisch** $\overline{\text{ADJ}}$ heretical **keuchen** $\overline{\text{V/I}}$ (≈schwer atmen) to pant; Asthmatiker etc to wheeze **Keuchhusten** $\overline{\text{M}}$ whooping cough **Keule** $\overline{\text{F}}$ club; SPORT (Indian) club; GASTR leg **keulen** $\overline{\text{V/T}}$ Tiere cull **Keulung** $\overline{\text{F}}$

cull(ing)
keusch $\overline{\text{ADJ}}$ chaste **Keuschheit** $\overline{\text{F}}$ chastity **Keuschheitsgürtel** $\overline{\text{M}}$ chastity belt
Keyboard $\overline{\text{N}}$ MUS keyboard **Keyboardspieler(in)** $\overline{\text{M/F}}$ MUS keyboards player
Kfz form $\overline{\text{N ABK}}$ (= Kraftfahrzeug) motor vehicle **Kfz-Kennzeichen** $\overline{\text{N}}$ (vehicle) registration **Kfz-Steuer** $\overline{\text{F}}$ motor vehicle tax, road tax Br **Kfz-Versicherung** $\overline{\text{F}}$ car insurance **Kfz-Werkstatt** $\overline{\text{F}}$ garage, car repair shop US
kg $\overline{\text{ABK}}$ (= Kilogramm) kilogram(me)
khaki $\overline{\text{ADJ}}$ khaki
KI $\overline{\text{ABK}}$ (= künstliche Intelligenz) AI
Kibbuz $\overline{\text{M}}$ kibbutz
Kiberer $\overline{\text{M}}$ österr umg (≈Polizist) copper umg
Kichererbse $\overline{\text{F}}$ chickpea **kichern** $\overline{\text{V/I}}$ to giggle
Kick $\overline{\text{M}}$ fig umg (≈Nervenkitzel) kick umg **Kickboard®** $\overline{\text{N}}$ micro-scooter **Kickboxen** $\overline{\text{N}}$ kick boxing **kicken** **A** $\overline{\text{V/T}}$ FUSSB umg to kick **B** $\overline{\text{V/I}}$ FUSSB umg to play football Br, to play soccer US **Kicker(in)** $\overline{\text{M/F}}$ FUSSB umg player
Kid $\overline{\text{N}}$ umg (≈Jugendlicher) kid umg
kidnappen $\overline{\text{V/T}}$ to kidnap **Kidnapper(in)** $\overline{\text{M/F}}$ kidnapper
Kidneybohne $\overline{\text{F}}$ GASTR kidney bean
Kiebitz $\overline{\text{M}}$ ORN lapwing; KART umg kibitzer
Kiefer¹ $\overline{\text{F}}$ BOT pine (tree); (≈Holz) pine (-wood)
Kiefer² $\overline{\text{M}}$ jaw; (≈Kieferknochen) jawbone **Kieferbruch** $\overline{\text{M}}$ broken od fractured jaw **Kieferchirurg(in)** $\overline{\text{M/F}}$ oral surgeon **Kieferhöhle** $\overline{\text{F}}$ ANAT maxillary sinus
Kiefernzapfen $\overline{\text{M}}$ pine cone
Kieferorthopäde $\overline{\text{M}}$, **Kieferorthopädin** $\overline{\text{F}}$ orthodontist
Kieker $\overline{\text{M}}$ **j-n auf dem ~ haben** umg to have it in for sb umg
Kiel $\overline{\text{M}}$ (≈Schiffskiel) keel **Kielwasser** $\overline{\text{N}}$ wake; **in j-s ~** (dat) **segeln** fig to follow in sb's wake
Kieme $\overline{\text{F}}$ gill
Kies $\overline{\text{M}}$ gravel
Kiesel $\overline{\text{M}}$ pebble **Kieselerde** $\overline{\text{F}}$ silica **Kieselsäure** $\overline{\text{F}}$ CHEM silicic acid; (≈Siliziumdioxyd) silica **Kieselstein** $\overline{\text{M}}$ pebble **Kieselstrand** $\overline{\text{M}}$ pebble beach **Kiesgrube** $\overline{\text{F}}$ gravel pit

K

Kiez *dial* M **1** (≈ *Stadtgegend*) district **2** *umg* (≈ *Bordellgegend*) red-light district
kiffen *umg* V/I to smoke pot *umg* **Kiffer(in)** *umg* M/F pot-smoker *umg*
killen *sl* A V/T to bump off *umg* B V/I to kill **Killer(in)** *umg* M/F killer; *gedungener* hit man/woman **Killerspiel** *umg* N killer game
Kilo N kilo **Kilobyte** N kilobyte **Kilogramm** N kilogram(me); **ein ~ Orangen** a kilogram of oranges **Kilohertz** N kilohertz **Kilojoule** N kilojoule **Kilokalorie** F kilocalorie **Kilometer** M kilometre *Br*, kilometer *US* **Kilometerbegrenzung** F *bei Mietwagen* mileage limit **Kilometergeld** N mileage (allowance) **kilometerlang** A ADJ miles long **B** ADV for miles (and miles) **Kilometerpauschale** F mileage allowance (against tax) **Kilometerstand** M mileage **Kilometerzähler** M mileage indicator **Kilowatt** N kilowatt **Kilowattstunde** F kilowatt hour
Kimme F *von Gewehr* back sight
Kimono M kimono
Kind N child, kid *umg*; (≈ *Kleinkind*) baby; **ein ~ erwarten** to be expecting a baby; **ein ~ bekommen** to have a baby; **von ~ an hat er ...** since he was a child he has ...; **sich freuen wie ein ~** to be as pleased as Punch; **das weiß doch jedes ~!** any five-year-old would tell you that!; **mit ~ und Kegel** *hum umg* with the whole family; **das ~ mit dem Bade ausschütten** *sprichw* to throw out the baby with the bathwater *sprichw* **Kinderarbeit** F child labour *Br*, child labor *US* **Kinderarmut** F child poverty **Kinderarzt** M, **Kinderärztin** F paediatrician *Br*, pediatrician *US* **Kinderbeihilfe** F *österr* benefit paid for having children **Kinderbekleidung** F children's wear **Kinderbetreuung** F childcare, childminding **Kinderbett** N cot **Kinderbuch** N children's book **Kinderchor** M children's choir **Kinderdorf** N children's village **Kinderei** F childishness *kein pl* **Kinderermäßigung** F reduction for children **Kindererziehung** F bringing up of children; *durch Schule* education of children **Kinderfahrkarte** F child's ticket **Kinderfahrrad** N child's bicycle **kinderfeindlich** ADJ anti-child; **eine**

~e Gesellschaft a society hostile to children **Kinderfernsehen** N children's television **Kinderfest** N children's party **Kinderfreibetrag** M child allowance **kinderfreundlich** ADJ *Mensch* fond of children; *Gesellschaft* child-orientated **Kindergarten** M ≈ nursery school, ≈ kindergarten **Kindergärtner(in)** M/F ≈ nursery-school teacher **Kindergeld** N child benefit **Kinderheilkunde** F paediatrics *sg Br*, pediatrics *sg US* **Kinderheim** N children's home **Kinderhort** M ≈ daycare centre *Br*, daycare center *US* **Kinderkleidung** F children's clothes *pl* **Kinderkram** *umg* M kids' stuff *umg* **Kinderkrankheit** F childhood illness; *fig* teething troubles *pl* **Kinderkrippe** F ≈ **Kinderhort** **Kinderlähmung** F polio **kinderleicht** A ADJ dead easy *umg* B ADV easily **kinderlieb** ADJ fond of children **Kinderlied** N nursery rhyme **kinderlos** ADJ childless **Kindermädchen** N nanny **Kindermord** M child murder; *JUR* infanticide **Kinderpfleger(in)** M/F paediatric nurse *Br*, pediatric nurse *US* **Kinderpornografie** F child pornography **Kinderportion** F children's portion **Kinderprostitution** F child prostitution **kinderreich** ADJ with many children; *Familie* large **Kinderreim** M nursery rhyme **Kinderschänder(in)** M/F child molester **Kinderschar** F swarm of children **Kinderschuh** M child's shoe; **etw steckt noch in den ~en** *fig* sth is still in its infancy **Kinderschutz** M protection of children **Kinderschutzbund** M child protection agency, ≈ NSPCC *Br* **kindersicher** A ADJ childproof B ADV *aufbewahren* out of reach of children **Kindersicherung** F AUTO child lock **Kindersitz** M child's seat; *im Auto* child seat **Kindersoldat** M child soldier **Kinderspiel** N children's game; *fig* child's play *ohne art* **Kinderspielplatz** M children's playground **Kinderspielzeug** N (children's) toys *pl* **Kinderstation** F children's ward **Kindersterblichkeit** F infant mortality **Kinderstube** *fig* F upbringing **Kindertagesstätte** F day nursery *Br*, daycare centre *Br*, daycare center *US* **Kinderteller** M *in Restaurant* chil-

K

dren's portion **Kindervers** M̄ nursery rhyme **Kinderwagen** M̄ pram Br, baby carriage US; (≈ Sportwagen) pushchair Br, stroller US **Kinderzimmer** N̄ child's/children's room **Kindesalter** N̄ childhood **Kindesbeine** P̄L̄ **von ~n an** from childhood **Kindesmissbrauch** M̄, **Kindesmisshandlung** F̄ child abuse **Kindesunterhalt** M̄ child support **kindgemäß** Ā ĀDJ suitable for children/a child B̄ ĀDJ appropriately for children/a child **kindgerecht** ĀDJ suitable for children/a child **Kindheit** F̄ childhood; (≈ früheste Kindheit) infancy **Kindheitstraum** M̄ childhood dream **kindisch** pej Ā ĀDJ childish B̄ ĀDV childishly; **sich ~ über etw** (akk) **freuen** to be as pleased as Punch about sth **kindlich** Ā ĀDJ childlike B̄ ĀDV like a child **Kindskopf** umg M̄ big kid umg **Kindstod** M̄ plötzlicher **~** cot death Br, crib death US

Kinetik F̄ kinetics sg **kinetisch** ĀDJ kinetic

Kinkerlitzchen umg P̄L̄ knick-knacks pl umg

Kinn N̄ chin **Kinnhaken** M̄ hook to the chin **Kinnlade** F̄ jaw(-bone)

Kino N̄ cinema Br, movie theater US; **ins ~ gehen** to go to the cinema Br, to go to the movies; **ganz großes ~** (≈ großartig) awesome umg **Kinobesucher(in)** M̄F̄ cinemagoer Br, moviegoer US **Kinocenter** N̄ cinema complex Br, movie theater complex US **Kinofilm** M̄ film Br, movie **Kinogänger(in)** M̄F̄ cinemagoer Br, moviegoer US **Kinohit** M̄ blockbuster **Kinoprogramm** N̄ film programme Br, movie program US; (≈ Vorschau) cinema guide Br, movie guide **Kinovorstellung** F̄ showing of a film Br; showing of a movie

Kiosk M̄ kiosk

Kipferl N̄ österr, südd croissant

Kippe F̄ 1 SPORT spring 2 **auf der ~ stehen** Gegenstand to be balanced precariously; **es steht auf der ~, ob …** fig it's touch and go whether … 3 umg (≈ Zigarettenstummel) cigarette stub; (≈ Zigarette) fag Br umg, butt US umg 4 (≈ Müllkippe) tip **kippen** Ā V̄T̄ 1 Behälter to tilt; fig (≈ umstoßen) Urteil to overturn; Regierung to topple 2 (≈ schütten) to tip B̄ V̄ī to tip over; Fahrzeug to overturn **Kippfenster** N̄ tilt window

Kippschalter M̄ toggle switch

Kirche F̄ church; **zur ~ gehen, in die ~ gehen** to go to church; **die ~ im Dorf lassen** fig not to get carried away **Kirchenbank** F̄ (church) pew **Kirchenchor** M̄ church choir **Kirchendiener(in)** M̄F̄ sexton **Kirchenglocke** F̄ church bell **Kirchenlied** N̄ hymn **Kirchenmaus** F̄ **arm wie eine ~** poor as a church mouse **Kirchensteuer** F̄ church tax **Kirchentag** M̄ Church congress **Kirchgänger(in)** M̄F̄ churchgoer **Kirchhof** M̄ churchyard; (≈ Friedhof) graveyard **kirchlich** ĀDJ church attr; Zustimmung by the church; Gebot ecclesiastical; **sich ~ trauen lassen** to get married in church **Kirchturm** M̄ church steeple **Kirchturmspitze** F̄ church spire **Kirchweih** F̄ fair

Kirgisien N̄, **Kirgisische Republik** F̄, **Kirgisistan** N̄ Kirghizia, Kirgysian Republic, Kirgyzstan **Kiribati** N̄ GEOG Kiribati

Kirmes dial F̄ fair

Kirschbaum M̄ cherry tree; (≈ Holz) cherry (wood) **Kirsche** F̄ cherry; **mit ihm ist nicht gut ~n essen** fig it's best not to tangle with him **Kirschkern** M̄ cherry stone **Kirschkuchen** M̄ cherry cake **Kirschlikör** M̄ cherry brandy **kirschrot** ĀDJ cherry(-red) **Kirschtomate** F̄ cherry tomato **Kirschtorte** F̄ cherry gateau Br, cherry cake US; **Schwarzwälder ~** Black Forest gateau Br, Black Forest cake US **Kirschwasser** N̄ kirsch

Kirtag M̄ österr fair

Kissen N̄ cushion; (≈ Kopfkissen) pillow **Kissenbezug** M̄ cushion cover; von Kopfkissen pillow case **Kissenschlacht** F̄ pillow fight

Kiste F̄ 1 box; für Wein etc case; (≈ Lattenkiste) crate; (≈ Truhe) chest 2 umg (≈ Auto) crate umg; (≈ Fernsehen) box umg

Kita F̄ → Kindertagesstätte

Kitchenette F̄ kitchenette

Kiteboard N̄ Brett zum Surfen mit Lenkdrachen kiteboard

Kitesurfen N̄ SPORT Surfen mit einem Lenkdrachen kitesurfing

Kitsch M̄ kitsch **kitschig** ĀDJ kitschy

Kitt M̄ (≈ Fensterkitt) putty; für Porzellan etc cement

Kittchen umg N̄ clink umg

Kittel M **1** (≈ *Arbeitskittel*) overall; *von Arzt etc* (white) coat **2** *österr* (≈ *Damenrock*) skirt

kitten V/T to cement; *Fenster* to putty; *fig* to patch up

Kitz N (≈ *Rehkitz*) fawn; (≈ *Ziegenkitz*) kid

Kitzel M tickle; *fig* thrill **kitzelig** ADJ ticklish **kitzeln** A V/T & V/I to tickle **B** V/T to tickle; **es kitzelt mich, das zu tun** I'm itching to do it **Kitzler** M ANAT clitoris

Kiwi[1] F (≈ *Frucht*) kiwi, kiwifruit *US*

Kiwi[2] M ORN kiwi

KKW N ABK (= *Kernkraftwerk*) nuclear power station

Klacks *umg* M **1** *von Kartoffelbrei, Sahne etc* dollop *umg* **2** *fig* **das ist ein ~** (≈ *einfach*) that's a piece of cake *umg*; **500 Euro sind für ihn ein ~** ≈ 500 euros is peanuts to him *umg*

klaffen V/I to gape; **zwischen uns beiden klafft ein Abgrund** *fig* we are poles apart

kläffen V/I to yap

Klage F **1** (≈ *Beschwerde*) complaint; **über j-n/etw ~ führen** to lodge a complaint about sb/sth; **~n (über j-n/etw) vorbringen** to make complaints (about sb/sth) **2** (≈ *Äußerung von Trauer*) lament (-ation) (**um, über** +*akk* for) **3** JUR action; (≈ *Klageschrift*) charge; **eine ~ gegen j-n erheben** to institute proceedings against sb; **eine ~ auf etw** (*akk*) an action for sth **Klagelaut** M plaintive cry **Klagelied** N lament **Klagemauer** F **die ~** the Wailing Wall **klagen** A V/I **1** (≈ *jammern*) to moan **2** (≈ *trauern*) to lament (**um j-n/etw** sb/sth), to wail **3** (≈ *sich beklagen*) to complain; **über etw** (*akk*) **~** to complain about sth; **ich kann nicht ~** *umg* mustn't grumble *umg* **4** JUR to sue (**auf** +*akk* for) **B** V/T **j-m sein Leid ~** to pour out one's sorrow to sb **Kläger(in)** M(F) JUR plaintiff **Klageschrift** F JUR charge; *bei Scheidung* petition **kläglich** A ADJ pitiful; *Niederlage* pathetic; *Rest* miserable **B** ADV *scheitern* miserably; *betteln* pitifully; **~ versagen** to fail miserably **klaglos** ADV **etw ~ hinnehmen** to accept sth without complaint

Klamauk *umg* M (≈ *Albere i*) horseplay; **~ machen** (≈ *albern*) to fool about

klamm ADJ **1** (≈ *steif vor Kälte*) numb **2** (≈ *feucht*) damp **3** (≈ *knapp bei Kasse*) broke *umg*

Klammer F **1** (≈ *Wäscheklammer*) peg, clothes pin *US*; (≈ *Hosenklammer*) clip; (≈ *Büroklammer*) paperclip; (≈ *Heftklammer*) staple **2** (≈ *Zahnklammer*) brace **3** *in Text* bracket, parenthesis *bes US*; **~ auf/zu** open/close brackets; **in ~** in brackets; **runde/spitze ~n** round/pointed brackets; **eckige ~n** square brackets, brackets *US*; **geschweifte ~n** braces **Klammeraffe** M TYPO *umg* at sign, "@" **klammern** A V/T *Wäsche* to peg; *Papier etc* to staple; TECH to clamp **B** V/R **sich an j-n/etw ~** to cling to sb/sth

klammheimlich *umg* A ADJ clandestine **B** ADV on the quiet

Klamotte F **1** **~n** *pl umg* (≈ *Kleider*) gear *sg umg* **2** *pej* (≈ *Theaterstück, Film*) rubbishy old play/movie *etc*

Klang M sound; (≈ *Tonqualität*) tone; **Klänge** *pl* (≈ *Musik*) sounds **Klangfarbe** F tone colour *Br*, tone color *US* **klanglos** ADJ toneless **klangtreu** ADJ *Wiedergabe* faithful; *Ton* true **Klangtreue** F fidelity **klangvoll** ADJ *Stimme* sonorous; *Melodie* tuneful; *fig Name* fine-sounding

Klappbett N folding bed **Klappe** F **1** flap; *an Lastwagen* tailgate; *seitlich* side-gate; (≈ *Klappdeckel*) (hinged) lid; FILM clapperboard **2** (≈ *Hosenklappe*) an Tasche flap; (≈ *Augenklappe*) patch **3** (≈ *Fliegenklappe*) (fly) swat **4** (≈ *Herzklappe*) valve **5** *umg* (≈ *Mund*) trap *umg*; **die ~ halten** to shut one's trap *umg*; **eine große ~ haben** to have a big mouth *umg* **6** *österr* TEL (≈ *Durchwahl*) extension **klappen** A V/T *etw nach oben/ unten* ~ *Sitz, Bett* to fold sth up/down; *Kragen* to turn sth up/down; **etw nach vorn/hinten ~** *Sitz* to tip sth forward/ back **B** V/I *fig umg* (≈ *gelingen*) to work; (≈ *gut gehen*) to work (out); **wenn das mal klappt** if that works out; **hat es mit dem Job geklappt?** did you get the job OK? *umg*; **mit dem Flug hat alles geklappt** the flight went all right

Klappentext M TYPO blurb

Klapper F rattle **klappern** V/I to clatter; *Fenster* to rattle; **er klapperte vor Angst mit den Zähnen** his teeth were chattering with fear **Klapperschlange** F ZOOL rattlesnake; *fig* rattletrap

Klappfahrrad N folding bicycle

Klapphandy N clamshell phone, flip

phone **Klappmesser** N̄ flick knife Br, switchblade US **Klapprad** N̄ folding bicycle od bike umg

klapprig ADJ rickety; fig umg Mensch shaky

Klappsitz M̄ folding seat **Klappstuhl** M̄ folding chair **Klapptisch** M̄ folding table

Klaps M̄ (≈ Schlag) smack **Klapsmühle** F̄ pej umg nut house umg

klar A̱ ADJ clear; (≈ fertig) ready; ~ zum Einsatz MIL ready for action; ein ~er Fall von ... umg a clear case of ...; das ist doch ~! umg of course; alles ~? everything all right od OK? umg; jetzt ist od wird mir alles ~! now I understand; bei ~em Verstand sein to be in full possession of one's faculties; sich (dat) über etw (akk) ~ sein to be aware of sth; sich (dat) darüber im Klaren sein, dass ... to realize that ... Ḇ ADV clearly; ~ denkend clear-thinking; j-m etw ~ und deutlich sagen to tell sb sth straight umg; ~ auf der Hand liegen to be perfectly obvious **Kläranlage** F̄ sewage plant; von Fabrik purification plant **klären** A̱ VT to clear; Wasser to purify; Abwasser to treat; Sachlage to clarify; Frage to settle; Problem to sort out, to solve Ḇ V̄ SPORT to clear (the ball) C̱ VR Wasser to clear; Wetter to clear up; Sachlage to become clear; Frage to be settled **Klare(r)** umg M̄ schnapps **klargehen** umg V̄ to be OK umg **Klärgrube** F̄ cesspit **Klarheit** F̄ clarity; sich (dat) ~ über etw (akk) verschaffen to get clear about sth; über Sachlage to clarify sth

Klarinette F̄ clarinet; ~ spielen to play the clarinet **Klarinettist(in)** M̄F̄ clarinettist

klarkommen umg V̄ to manage, to get on; mit j-m/etw ~ to be able to cope with sb/sth **klarmachen** VT to make clear; Schiff to get ready; Flugzeug to clear; j-m etw ~ to make sth clear to sb **Klärschlamm** M̄ sludge **Klarsichtfolie** F̄ clear film **Klarsichtpackung** F̄ see-through pack **klarspülen** VT & V̄ to rinse **klarstellen** VT (≈ klarmachen) to clear up; (≈ klarmachen) to make clear **Klarstellung** F̄ clarification **Klartext** M̄ im ~ fig umg in plain English; mit j-m ~ reden fig umg to give sb a piece of one's mind **Klärung** F̄

purification; fig clarification **klar werden** V̄ j-m wird etw klar sth becomes clear to sb; sich (dat) (über etw akk) ~ to get (sth) clear in one's mind, to realise sth **Klärwerk** N̄ sewage treatment works pl

klasse umg A̱ ADJ great umg, neat US umg Ḇ ADV brilliantly **Klasse** F̄ class; (≈ Schulklasse) class, grade US; (≈ Spielklasse) league; (≈ Güteklasse) grade; ein Fahrschein zweiter ~ a second-class ticket; das ist große ~! umg that's great! umg **Klassenarbeit** F̄ (written) class test **Klassenbeste(r)** M̄F̄M̄ best pupil (in the class) **Klassenbuch** N̄ (class-)register **Klassenfahrt** F̄ SCHULE class trip **Klassengemeinschaft** F̄ class; (≈ Klassengeist) class spirit **Klassenkamerad(in)** M̄F̄ classmate **Klassenkampf** M̄ class struggle **Klassenlehrer(in)** M̄F̄ class teacher, form teacher **klassenlos** ADJ Gesellschaft classless **Klassensprecher(in)** M̄F̄ SCHULE class representative, ≈ form captain Br **Klassentreffen** N̄ SCHULE class reunion **Klassenunterschied** M̄ class difference **Klassenzimmer** N̄ classroom **klassifizieren** VT to classify **Klassifizierung** F̄ classification

Klassik F̄ classical period; umg (≈ klassische Musik/Literatur) classical music/literature **Klassiker(in)** M̄F̄ classic; ein ~ des Jazz a jazz classic **klassisch** A̱ ADJ 1̄ (≈ die Klassik betreffend) classical 2̄ (≈ typisch, vorbildlich) classic Ḇ ADV classically **Klassizismus** M̄ classicism **klassizistisch** ADJ classical

Klasslehrer(in) M̄F̄ österr, südd M̄F̄ → Klassenlehrerin

Klatsch M̄ 1̄ Geräusch splash 2̄ pej umg (≈ Tratsch) gossip **Klatschbase** F̄ pej umg gossip **klatschen** A̱ V̄ 1̄ (≈ Geräusch machen) to clap; in die Hände ~ to clap one's hands 2̄ (≈ aufschlagen) to go smack; Flüssigkeiten to splash 3̄ pej umg (≈ tratschen) to gossip Ḇ VT 1̄ (≈ schlagen) to clap; j-m Beifall ~ to applaud sb 2̄ (≈ knallen) to smack; (≈ werfen) to throw **Klatschmohn** M̄ (corn) poppy **klatschnass** umg ADJ sopping wet umg **Klatschspalte** F̄ Presse umg gossip column

Klaue F̄ claw; (≈ Hand) talons pl pej umg; (≈ Schrift) scrawl pej; in den ~n der Ver-

brecher *etc* in the clutches of the criminals *etc* **klauen** *umg* **A** *V/T* to pinch *umg* (**j-m etw** sth from sb) **B** *V/I* to steal

Klausel F clause; (≈ *Vorbehalt*) proviso

Klaustrophobie F PSYCH claustrophobia

Klausur F UNIV *a.* **~arbeit** exam

Klaviatur F keyboard

Klavier N̄ piano; **~ spielen** to play the piano **Klavierbegleitung** F piano accompaniment **Klavierkonzert** N̄ (≈ *Musik*) piano concerto; (≈ *Vorstellung*) piano recital **Klavierlehrer(in)** M/F piano teacher **Klavierspieler(in)** M/F pianist **Klavierstimmer(in)** M/F piano tuner **Klavierstunde** F piano lesson **Klavierunterricht** M̄ piano lessons *pl*

Klebeband N̄ adhesive tape **Klebefolie** F adhesive film; **für Lebensmittel** clingfilm *Br*, plastic wrap *US* **kleben** **A** *V/I* (≈ *festkleben*) to stick; **an etw** (*dat*) **~** *wörtl* to stick to sth **B** *V/T* to stick, to glue; **j-m eine ~** *umg* to belt sb (one) *umg* **Kleber** M̄ *umg* (≈ *Klebstoff*) glue **Klebestift** M̄ glue stick **klebrig** ADJ sticky; (≈ *klebfähig*) adhesive **Klebstoff** M̄ adhesive, glue **Klebstreifen** M̄ adhesive tape

kleckern **A** *V/T* to spill **B** *V/I* (≈ *Kleckse machen*) to make a mess; (≈ *tropfen*) to spill; **nicht ~, sondern klotzen** *umg* to do things in a big way *umg* **kleckerweise** ADV in dribs and drabs **Klecks** M̄ (≈ *Tintenklecks*) (ink)blot; (≈ *Farbklecks*) blob; (≈ *Fleck*) stain **klecksen** *V/I* to make blots/a blot

Klee M̄ clover; **j-n über den grünen ~ loben** to praise sb to the skies **Kleeblatt** N̄ cloverleaf; **vierblättriges ~** four-leaf clover

Kleid N̄ **1** (≈ *Damenkleid*) dress **2** **~er** *pl* (≈ *Kleidung*) clothes *pl*; *bes* HANDEL clothing *sg*; **~er machen Leute** *sprichw* fine feathers make fine birds *sprichw* **kleiden** **A** *V/R* to dress; **gut gekleidet sein** to be well dressed **B** *geh* *V/T* **1** (≈ *mit Kleidern versehen*) to clothe, to dress; **etw in schöne Worte ~** to dress sth up in fancy words **2** (≈ *j-m stehen*) **j-n ~** to suit sb **Kleiderbügel** M̄ coat hanger **Kleiderbürste** F clothes brush **Kleiderhaken** M̄ coat hook **Kleiderschrank** M̄ wardrobe *Br*, closet *US* **Kleiderständer** M̄ coat stand

Kleidung F clothes *pl*; *bes* HANDEL clothing **Kleidungsstück** N̄ garment **Kleie** F bran

klein **A** ADJ small; *Finger* little; **die Kleinen Antillen** *etc* the lesser Antilles *etc*; **haben Sie es nicht ~er?** do you not have anything smaller?; **ein ~ bisschen** *od* **wenig** a little (bit); **ein ~es Bier** a small beer, ≈ half a pint *Br*; **~es Geld** small change; **mein ~er Bruder** my little brother; **als ich (noch) ~ war** when I was little; **ganz ~ werden** *umg* to look humiliated *od* deflated; **im Kleinen** in miniature; **bis ins Kleinste** right down to the smallest detail; **von ~ an** *od* **auf** (≈ *von Kindheit an*) from his childhood; **der ~e Mann** the man in the street; **ein ~er Ganove** a petty crook; **sein Vater war (ein) ~er Beamter** his father was a minor civil servant **B** ADV small; **~ gedruckt** in small print; **~ gemustert** small-patterned; **~ kariert** *Stoff* finely checked; **~ anfangen** to start off in a small way; **~ beigeben** *umg* to give in; **etw ~ halten** *Kosten* to keep sth down **Kleinaktionär(in)** M/F small shareholder **Kleinanzeige** F classified advertisement **Kleinarbeit** F detailed work; **in mühseliger ~** with painstaking attention to detail **Kleinasien** N̄ Asia Minor **Kleinauto** N̄ small car **Kleinbetrieb** M̄ small business **Kleinbuchstabe** M̄ small letter **Kleinbürger(in)** M/F petty bourgeois **kleinbürgerlich** ADJ lower middle-class **Kleinbus** M̄ minibus **Kleine(r)** M/F(M) little one *od* child; (≈ *Junge*) little boy; (≈ *Mädchen*) little girl; (≈ *Säugling*) baby; **unser ~r** (≈ *Jüngster*) our youngest (child); **die Katze mit ihren ~n** the cat with its kittens *od* babies *umg* **Kleinfamilie** F SOZIOL nuclear family **Kleingedruckte(s)** N̄ small print **Kleingeist** *pej* M̄ small-minded person **Kleingeld** N̄ (small) change; **das nötige ~ haben** *fig* to have the necessary wherewithal *umg* **Kleingewerbe** N̄ small business **Kleinhirn** N̄ ANAT cerebellum **Kleinholz** N̄ firewood; **~ aus j-m machen** *umg* to make mincemeat out of sb *umg* **Kleinigkeit** F little *od* small thing; (≈ *Bagatelle*) trifle; (≈ *Einzelheit*) minor detail; **eine ~ essen** to have a bite to eat; **j-m eine ~ schenken** to give sb a little something; **wegen jeder ~ for**

the slightest reason; **das wird eine ~ dauern** it will take a little while **kleinkariert** *fig* ADJ small-time *umg*; **~ denken** to think small **Kleinkind** N̄ small child, toddler *umg* **Kleinkram** *umg* M̄ odds and ends *pl*; (≈ *Trivialitäten*) trivialities *pl* **kleinkriegen** *umg* V̄T̄ (≈ *gefügig machen*) to bring into line *umg*; *körperlich* to tire out; **er ist einfach nicht kleinzukriegen** he just won't be beaten; **unser altes Auto ist einfach nicht kleinzukriegen** our old car just goes on for ever **Kleinkunst** F̄ cabaret **Kleinkunstbühne** F̄ cabaret **kleinlaut** A̱ ADJ subdued, meek Ḇ ADV *fragen* meekly; **~ um Verzeihung bitten** to apologize rather sheepishly **kleinlich** ADJ petty; (≈ *knauserig*) mean *bes Br*, stingy *umg*; (≈ *engstirnig*) narrow-minded **klein machen** V̄T̄ (≈ *zerkleinern*) to chop up **kleinmachen** A̱ V̄T̄ *umg* (≈ *Geld wechseln*) to change Ḇ V̄R̄ (≈ *sich ducken*) to make oneself small **Kleinod** N̄ gem **klein schneiden** V̄T̄ to cut up small **kleinschreiben** V̄T̄ **ein Wort ~** to write a word without a capital **Kleinstaat** M̄ small state **Kleinstadt** F̄ small town **kleinstädtisch** ADJ provincial *pej* **Kleinstbetrieb** M̄ micro-enterprise **kleinstmöglich** ADJ smallest possible **Kleintier** N̄ small animal **Kleintierpraxis** F̄ small animal (veterinary) practice **Kleinunternehmen** N̄ small enterprise **Kleinvieh** N̄ **~ macht auch Mist** *sprichw* every little helps **Kleinwagen** M̄ small car **kleinwüchsig** ADJ small **Kleister** M̄ (≈ *Klebstoff*) paste **kleistern** V̄T̄ (≈ *kleben*) to paste

Klementine F̄ clementine **Klemmbrett** N̄ clipboard **Klemme** F̄ ❶ *für Papiere, Haar etc* clip; ELEK crocodile clip ❷ *fig umg* **in der ~ sitzen** *od* **sein** to be in a jam *umg*; **j-m aus der ~ helfen** to help sb out of a jam *umg* **klemmen** A̱ V̄T̄ *Draht etc* to clamp; **sich** (*dat*) **den Finger in etw** (*dat*) **~** to catch one's finger in sth; **sich** (*dat*) **etw unter den Arm ~** to stick sth under one's arm Ḇ V̄R̄ to catch oneself (**in** +*dat* in); **sich hinter etw** (*akk*) **~** *umg* to get stuck into sth *umg* C̱ V̄I̱ *Tür, Schloss etc* to stick **Klemmlampe** F̄ clamp-on lamp

Klempner(in) M̱F̱ plumber **Klemp-**
nerei F̄ (≈ *Werkstatt*) plumber's workshop

Kleptomane M̄, **Kleptomanin** F̄ kleptomaniac

Klerus M̄ clergy

Klette F̄ BOT burdock; (≈ *Blütenkopf*) bur(r); **sich wie eine ~ an j-n hängen** to cling to sb like a limpet

Kletterer M̄, **Kletterin** F̄ climber **Klettergarten** M̄ climbing garden **Klettergerüst** N̄ climbing frame **Kletterhalle** F̄ indoor climbing centre *Br*, indoor climbing center *US* **klettern** V̄I̱ to climb; *mühsam* to clamber; **auf einen Baum ~** to climb a tree **Kletterpflanze** F̄ climbing plant **Kletterrose** F̄ climbing rose **Kletterschuh** M̄ climbing shoe **Kletterstange** F̄ climbing pole **Klettersteig** M̄ SPORT via ferrata **Kletterwand** F̄ climbing wall

Klettverschluss M̄ Velcro® fastener **Klick** M̄ IT click **klicken** V̄I̱ to click; **auf etw** (*akk*) **~** to click on sth

Klient(in) M̱F̱ client **Klientel** F̄ clients *pl*

Kliff N̄ cliff

Klima N̄ climate **Klimaanlage** F̄ air conditioning (system); **mit ~** air-conditioned **Klimaflüchtling** M̄ ÖKOL environmental migrant, climate refugee **Klimaforscher(in)** M̱F̱ climatologist **Klimaforschung** F̄ climatology **klimafreundlich** ADJ climate-friendly **Klimagipfel** *umg* M̄ climate conference *od* summit **Klimakatastrophe** F̄ climatic disaster **Klimakiller** *umg* M̄ **ein ~ sein** to cause serious damage to the climate **Klimakollaps** M̄ climate collapse **klimaneutral** ADJ carbon *od* climate neutral **Klimaschutz** M̄ climate protection **Klimaschutzabkommen** N̄ agreement on climate change **klimatisch** ADJ climatic; **~ bedingt sein** *Wachstum* to be dependent on the climate; *Krankheit* to be caused by climatic conditions **klimatisieren** V̄T̄ to air-condition **klimatisiert** ADJ air-conditioned **Klimaveränderung** F̄, **Klimawandel** M̄, **Klimawechsel** *a. fig* M̄ climate change, change in the climate **Klimawandel** M̄ climate change, change in the climate **Klimazone** F̄ climatic zone

Klimbim *umg* M̄ odds and ends *pl*;

K

(≈*Umstände*) fuss (and bother)

Klimmzug M̲ SPORT pull-up

klimpern V̲I̲ to tinkle; *Schlüssel, Geld to* jingle, to jangle; (≈*stümperhaft spielen*) to plonk away *umg*

Klinge F̲ blade

Klingel F̲ bell **Klingelbeutel** M̲ collection bag **Klingelknopf** M̲ bell button *od* push **klingeln** V̲I̲ to ring; *Pager, Wecker go off;* **es hat geklingelt** *Telefon* the phone just rang; *an Tür* somebody just rang the doorbell **Klingelton** M̲ TEL ringtone

klingen V̲I̲ to sound; *Glocke* to ring; *Glas* to clink; **nach etw ~** to sound like sth

Klinik F̲ clinic **Klinikum** N̲ UNIV medical centre *Br*, medical center *US* **klinisch** A̲D̲J̲ clinical; **~ tot** clinically dead

Klinke F̲ (≈*Türklinke*) (door) handle

Klinker M̲ (≈*Ziegelstein*) clinker brick

klipp A̲D̲V̲ **~ und klar** clearly, plainly; (≈*offen*) frankly

Klippe F̲ (≈*Felsklippe*) cliff; *im Meer* rock; *fig* hurdle **Klippenküste** F̲ rocky coast **klippenreich** A̲D̲J̲ rocky **Klippenspringen** N̲ SPORT cliff diving

klirren V̲I̲ to clink; *Fensterscheiben* to rattle; *brechendes Glas* to tinkle; *Waffen* to clash; *Ketten, Schlüsselbund* to jangle, to jingle; **~de Kälte** crisp cold

Klischee *fig* M̲ *a.* LIT cliché **klischeehaft** A̲ A̲D̲J̲ *fig* stereotyped B̲ A̲D̲V̲ stereotypically **Klischeevorstellung** F̲ cliché, stereotype

Klitoris F̲ clitoris

klitschnass *umg* A̲D̲J̲ drenched

klitzeklein *umg* A̲D̲J̲ tiny

Klo *umg* N̲ loo *Br umg*, john *US umg*

Kloake F̲ sewer; *fig* cesspool

klobig A̲D̲J̲ hefty *umg*, bulky; *Schuhe* clumpy; *Benehmen* boorish

Klobrille *umg* F̲ toilet seat, loo seat *Br umg* **Klobürste** *umg* F̲ toilet brush

Klon M̲ clone **klonen** V̲T̲ & V̲I̲ to clone

klönen *umg* V̲I̲ to (have a) chat

Klonschaf N̲ sheep clone, cloned sheep

Klopapier *umg* N̲ toilet paper, loo paper *Br*

klopfen A̲ V̲T̲ to knock; *Fleisch, Teppich* to beat B̲ V̲I̲ to knock (**an** +*akk* on); *Herz* to beat; *vor Aufregung* to pound; *Puls* to throb; **es hat geklopft** there's someone knocking at the door **Klopfer** M̲ (≈*Türklopfer*) (door) knocker; (≈*Fleischklopfer*)

(*meat*) mallet; (≈*Teppichklopfer*) carpet beater

Klöppel M̲ (≈*Glockenklöppel*) clapper; (≈*Spitzenklöppel*) bobbin **klöppeln** V̲I̲ to make (pillow) lace

Klops M̲ GASTR meatball

Kloschüssel *umg* F̲ loo bowl *Br umg*, toilet bowl **Klosett** N̲ toilet **Klosettbrille** F̲ toilet seat **Klosettpapier** N̲ toilet paper

Kloß M̲ dumpling; (≈*Fleischkloß*) meatball; (≈*Bulette*) rissole; **einen ~ im Hals haben** *fig* to have a lump in one's throat

Kloster N̲ (≈*Mönchskloster*) monastery; (≈*Nonnenkloster*) convent

Klotz M̲ (≈*Holzklotz*) block (of wood); *pej* (≈*Betonklotz*) concrete block; **j-m ein ~ am Bein sein** to be a hindrance to sb **Klötzchen** N̲ (building) block **klotzen** *sl* V̲I̲ (≈*hart arbeiten*) to slog (away) *umg* **klotzig** *umg* A̲ A̲D̲J̲ huge B̲ A̲D̲V̲ (≈*klobig*) massively; **~ wirken** to seem bulky

Klub M̲ club **Klubhaus** N̲ clubhouse **Klubjacke** F̲ blazer **Kluburlaub** M̲ club holiday *Br*, club vacation *US*

Kluft F̲ 1̲ (≈*Erdspalte*) cleft; (≈*Abgrund*) chasm 2̲ *fig* gulf, gap 3̲ *umg* (≈*Kleidung*) gear *umg*

klug A̲D̲J̲ clever, intelligent, smart; (≈*vernünftig*) *Rat* wise, sound; *Überlegung* prudent; **ein ~er Kopf** a capable person; **ich werde daraus nicht ~** I cannot make head or tail of it *Br*, I cannot make heads or tails of it *US*; **aus ihm werde ich nicht ~** I can't make him out; **der Klügere gibt nach** *sprichw* discretion is the better part of valour *Br sprichw*, discretion is the better part of valor *US sprichw* **klugerweise** A̲D̲V̲ (very) wisely **Klugheit** F̲ cleverness; (≈*Vernünftigkeit*) *von Rat* wisdom, soundness **Klugscheißer(in)** *umg* M̲(F̲) smart aleck *umg*, smart-ass *bes US sl*

klumpen V̲I̲ *Sauce* to go lumpy **Klumpen** M̲ lump; (≈*Blutklumpen*) clot; **~ bilden** *Mehl etc* to go lumpy; *Blut* to clot **Klumpfuß** M̲ club foot **klumpig** A̲D̲J̲ lumpy

Klüngel M̲ *umg* (≈*Clique*) clique **Klüngelwirtschaft** *umg* F̲ nepotism *kein pl*

km A̲B̲K̲ (= *Kilometer*) km

km/h, km/st A̲B̲K̲ (= *Kilometer je Stunde*) kilometres per hour *Br*, kilometers per hour *US*, km/h, kph

KMU PL ABK (= kleine und mittlere Unternehmen) SME

knabbern VIT & VII to nibble; **daran wirst du noch zu ~ haben** fig umg it will really give you something to think about

Knabe liter M boy, lad bes Br umg **Knabenchor** M boys' choir **knabenhaft** ADJ boyish

Knackarsch sl M 1 pert bum Br umg, bubble butt US sl 2 Mann hottie umg; Frau hottie umg, babe umg **Knäckebrot** N crispbread **knacken** A VIT 1 Nüsse to crack 2 umg Auto to break into; Geldschrank, Rätsel, Code to crack; Tabu to break; **Software** ~ to jailbreak software umg B VII 1 (= brechen) to crack, to snap; Holz (= knistern) to crackle; brechendes Holz to snap; **an etw** dat **zu ~ haben** umg to have sth to think about 2 umg (= schlafen) to sleep **Knacker** M 1 → Knackwurst 2 pej umg **alter ~** old fog(e)y umg **Knacki** M umg (= Knastbruder) jailbird umg **knackig** ADJ crisp; Salat, Gemüse crunchy; umg Mädchen tasty umg, hot US; Figur sexy **Knackpunkt** umg M crunch umg **Knacks** M 1 crack 2 umg **der Fernseher hat einen ~** there is something wrong with the television; **er hat einen ~ weg** he's a bit screwy umg **Knackwurst** F type of frankfurter

Knall M bang; mit Peitsche crack; bei Tür slam; **~ auf Fall** umg all of a sudden; **einen ~ haben** umg to be crazy umg **Knallbonbon** N (Christmas) cracker **knallbunt** umg ADJ brightly coloured Br, brightly colored US **knallen** A VII 1 (= krachen) to bang; (= explodieren) to explode; Schuss to ring out; Peitsche to crack; Tür etc to slam; **die Korken ~ lassen** fig to pop a cork 2 umg Sonne to beat down B VIT to bang; Tür to slam; Peitsche to crack; **j-m eine ~ umg** to belt sb (one) umg **knalleng** umg ADJ skintight **Knaller** umg M 1 (= Knallkörper) banger Br, firecracker bes US 2 fig (= Sensation) sensation **Knallerbse** F toy torpedo **knallgelb** umg ADJ bright yellow **knallhart** umg A ADJ Film brutal; Job, Wettbewerb really tough; Schlag really hard B ADV brutally **knallig** A ADJ Farben loud B ADV ~ **gelb** gaudy yellow; ~ **bunt** gaudy **Knallkopf** umg M fathead umg **Knallkörper** M fire-

cracker **knallrot** umg ADJ bright red **knallvoll** umg ADJ 1 (= total überfüllt) jam-packed umg 2 (= völlig betrunken) completely plastered umg, paralytic Br umg

knapp A ADJ 1 Vorräte, Geld scarce; Gehalt low 2 Mehrheit, Sieg narrow; Kleidungsstück etc (= eng) tight; Bikini scanty 3 (= nicht ganz) almost; **ein ~es Pfund Mehl** just under a pound of flour; **seit einem ~en Jahr** for almost a year 4 (= kurz und präzis) Stil, Worte concise 5 (= gerade so eben) just; **mit ~er Not** only just B ADV **mein Geld/meine Zeit ist ~ bemessen** I am short of money/time; **wir haben ~ verloren/gewonnen** we only just lost/won; **aber nicht zu ~** umg and how!; **~ zwei Wochen** not quite two weeks **Knappheit** F shortage

knapsen umg VII to scrimp (**mit, an** +dat on); **an etw** dat **zu ~ haben** to have a rough time getting over sth **Knarre** F sl (= Gewehr) shooter umg **knarren** VII to creak

Knast umg M clink umg, can US sl **knatschig** umg ADJ (= verärgert) miffed umg; (= schlecht gelaunt) grumpy umg **knattern** VII Motorrad to roar; Maschinengewehr to rattle

Knäuel MN ball; wirres tangle; von Menschen group

Knauf M (= Türknauf) knob; von Schwert etc pommel

Knauser(in) umg MIF scrooge umg **Knauserei** umg F meanness bes Br **knauserig** umg ADJ mean, stingy umg **knausern** umg VII to be mean bes Br (**mit** with)

knautschen VIT & VII to crumple (up) **Knautschzone** F AUTO crumple zone

Knebel M gag **knebeln** VIT j-n, Presse to gag **Knebelvertrag** M oppressive contract

Knecht M servant; beim Bauern farm worker **Knechtschaft** F slavery

kneifen A VIT to pinch; **j-n in den Arm ~** to pinch sb's arm B VII 1 (= zwicken) to pinch 2 (= ausweichen) to back out (**vor** +dat of) **Kneifzange** F pliers pl; kleine pincers pl; **eine ~** (a pair of) pliers/pincers

Kneipe F umg (= Lokal) pub Br, bar **Kneipenbummel** M pub crawl Br, bar hop *US*

Knete F̲ *obs sl* (≈ *Geld*) dough *umg* **kneten** V̲T̲ *Teig* to knead; *Ton* to work; (≈ *formen*) to form **Knetgummi** M̲N̲ Plasticine® **Knetmasse** F̲ modelling clay *Br*, modeling clay *US*

Knick M̲ 1 (≈ *Falte*) crease; (≈ *Biegung*) (sharp) bend; **einen ~ machen** to bend sharply 2 *fig in Karriere etc* downturn **knicken** A̲ V̲I̲ to snap 2 V̲T̲ to snap; *Papier* to fold; „**nicht ~!**" "do not bend *od* fold"; **das kannst du ~!** *umg* (≈ *das kannst du vergessen*) you can forget it!; → **geknickt**

knickerig *umg* A̲D̲J̲ stingy *umg* **Knickerigkeit** F̲ stinginess *umg*

Knicks M̲ bob; *tiefer* curts(e)y; **einen ~ machen** to curts(e)y (**vor** +*dat* to) **knicksen** V̲I̲ to curts(e)y (**vor** +*dat* to)

Knie N̲ 1 knee; **auf ~n** on one's knees; **j-n auf ~n bitten** to go down on bended knees to sb (and beg); **in die ~ gehen** to kneel; *fig* to be brought to one's knees; **j-n in die ~ zwingen** to bring sb to his/her knees; **j-n übers ~ legen** *umg* to put sb across one's knee; **etw übers ~ brechen** *fig* to rush (at) sth 2 (≈ *Flussknie*) sharp bend; *TECH* elbow **Knieairbag** M̲ knee airbag **Kniebeuge** F̲ *SPORT* knee bend; **in die ~ gehen** to bend one's knees **kniefrei** A̲D̲J̲ *Rock* above the knee **Kniegelenk** N̲ knee joint **Kniekehle** F̲ back of the knee **knielang** A̲D̲J̲ knee-length **knien** A̲ V̲I̲ to kneel; **im Knien** on one's knees, kneeling B̲ V̲R̲ to kneel (down); **sich in die Arbeit ~** *fig* to get down to one's work **Kniescheibe** F̲ kneecap **Knieschoner** M̲, **Knieschützer** M̲ kneeguard **Kniestrumpf** M̲ knee sock **knietief** A̲D̲J̲ knee-deep

Kniff *umg* M̲ trick

knifflig A̲D̲J̲ *umg* tricky

knipsen A̲ V̲T̲ 1 *Fahrschein* to punch 2 *FOTO umg* to snap *umg* B̲ V̲I̲ *FOTO umg* to take pictures

Knirps M̲ (≈ *Junge*) whippersnapper; *pej* squirt

knirschen V̲I̲ to crunch; *Getriebe* to grind; **mit den Zähnen ~** to grind one's teeth

knistern V̲I̲ *Feuer* to crackle; *Papier, Seide* to rustle

Knitterfalte F̲ crease, wrinkle *bes US* **knitterfrei** A̲D̲J̲ *Stoff, Kleid* non-crease

knittern V̲T̲ & V̲I̲ to crease

Knobelbecher M̲ dice cup **knobeln** V̲I̲ 1 (≈ *würfeln*) to play dice 2 (≈ *nachdenken*) to puzzle (**an** +*dat* over)

Knoblauch M̲ garlic **Knoblauchbrot** N̲ garlic bread **Knoblauchbutter** F̲ garlic butter **Knoblauchpresse** F̲ garlic press **Knoblauchzehe** F̲ clove of garlic

Knöchel M̲ (≈ *Fußknöchel*) ankle; (≈ *Fingerknöchel*) knuckle

Knochen M̲ bone; **er ist bis auf die ~ abgemagert** he is just (a bag of) skin and bones; **ihr steckt die Angst in den ~** *umg* she's scared stiff *umg*; **der Schreck fuhr ihr in die ~** she was paralyzed with shock; **nass bis auf die ~** *umg* soaked to the skin **Knochenarbeit** F̲ hard graft *umg* **Knochenbau** M̲ bone structure **Knochenbruch** M̲ fracture **Knochengerüst** N̲ skeleton **knochenhart** *umg* A̲D̲J̲ rock-hard; *fig Job, Kerl* really tough **Knochenmark** N̲ bone marrow **Knochenmehl** N̲ bone meal **knochentrocken** *umg* A̲D̲J̲ bone-dry *umg*; *fig Humor etc* very dry **knöchern** A̲D̲J̲ bone *attr*, of bone **knochig** A̲D̲J̲ bony

Knödel M̲ dumpling

Knöllchen N̲ *umg* (≈ *Strafzettel*) (parking) ticket **Knolle** F̲ *BOT* nodule, tubercule; *von Kartoffel* tuber **Knollen** F̲ (≈ *Klumpen*) lump

Knopf M̲ button; *an Tür* knob **Knopfdruck** M̲ **auf ~** at the touch of a button; *fig* at the flick of a switch **Knopfloch** N̲ buttonhole **Knopfzelle** F̲ round cell battery

Knorpel M̲ *ANAT, ZOOL* cartilage; *GASTR* gristle **knorpelig** A̲D̲J̲ *ANAT* cartilaginous; *Fleisch* gristly

Knorren M̲ *im Holz* knot **knorrig** A̲D̲J̲ *Baum* gnarled; *Holz* knotty

Knospe F̲ bud; **~n treiben** to bud **knoten** V̲T̲ *Seil etc* to (tie into a) knot **Knoten** M̲ 1 knot; *MED* (≈ *Geschwulst*) lump; *PHYS, BOT* node; *fig* (≈ *Verwicklung*) plot 2 *SCHIFF* knot 3 (≈ *Haarknoten*) bun 4 → **Knotenpunkt Knotenpunkt** M̲ *Verkehr, a. BAHN* junction; *fig center Br*, center *US*

Knöterich M̲ knotgrass

knotig A̲D̲J̲ knotty, full of knots; *Äste, Hände* gnarled

Know-how N̲ know-how

Knubbel _umg_ M̄ lump

knuddelig ADJ _umg_ (≈ _niedlich_) cuddly

knuddeln V̅T̅ _dial_ to kiss and cuddle

knülle ADJ _umg_ (≈ _betrunken_) plastered _umg_

knüllen V̅T̅ to crumple **Knüller** _umg_ M̄ sensation; _Presse_ scoop

knüpfen A V̅T̅ _Knoten_ to tie; _Band_ to knot, to tie (up); _Teppich_ to knot; _Netz_ to mesh; _Freundschaft_ to form; **etw an etw** (_akk_) ~ _wörtl_ to tie sth to sth; _fig Bedingungen_ to attach sth to sth; _Hoffnungen_ to pin sth on sth; **Kontakte** ~ (**zu od mit**) to establish contact (with) B V̅R̅ **sich an etw** (_akk_) ~ to be linked to sth

Knüppel M̄ 1 (≈ _Stock_) stick; (≈ _Waffe_) cudgel, club; (≈ _Polizeiknüppel_) truncheon; **j-m (einen) ~ zwischen die Beine werfen** _fig_ to put a spoke in sb's wheel _Br_ 2 FLUG joystick; AUTO gear stick _Br_, gearshift _US_ **knüppeln** A V̅I̅ to use one's truncheon B V̅T̅ to club

knurren V̅I̅ _Hund etc_ to growl; _wütend_ to snarl; _Magen_ to rumble; _fig_ (≈ _sich beklagen_) to groan (**über** +_akk_ about)

knurrig ADJ grumpy

knuspern V̅T̅ & V̅I̅ to crunch; **etwas zum Knuspern** something to nibble

knusprig ADJ crisp; ~ **braun** _Hähnchen_ crispy brown

knutschen _umg_ A V̅T̅ to smooch with _umg_ B V̅I̅ & V̅R̅ to smooch **Knutschfleck** _umg_ M̄ lovebite _umg_

k. o. ADJ SPORT knocked out; _fig umg_ whacked _umg_; **j-n ~ schlagen** to knock sb out **K. o.** M̄ knockout, K.O.; **Sieg durch ~** victory by a knockout

Koala(bär) M̄ koala (bear)

koalieren V̅I̅ _bes_ POL to form a coalition (**mit** with) **Koalition** F̄ _bes_ POL coalition **Koalitionsgespräch** N̄ coalition talks _pl_ **Koalitionspartner(in)** M̄(F̄) coalition partner **Koalitionsregierung** F̄ coalition government **Koalitionsvereinbarung** F̄ coalition agreement

Kobalt N̄ cobalt **kobaltblau** ADJ cobalt blue

Kobold M̄ goblin

Kobra F̄ cobra

Koch M̄, **Köchin** F̄ cook; _von Restaurant etc_ chef; **viele Köche verderben den Brei** _sprichw_ too many cooks spoil the broth _sprichw_ **Kochanleitung** F̄ cooking instructions _pl_ **Kochbeutel**

M̄ **Reis im** ~ boil-in-the-bag rice **Kochbuch** N̄ cookery book, cookbook _US_ **kochecht** ADJ _Stoff_, _Farbe_ fast at 100°; _Wäsche etc_ suitable for boiling **köcheln** V̅I̅ to simmer **kochen** A V̅I̅ 1 _Flüssigkeit_ to boil; **etw zum Kochen bringen** to bring sth to the boil; **er kochte vor Wut** _umg_ he was boiling with rage 2 (≈ _Speisen zubereiten_) to cook; (≈ _als Koch fungieren_) to do the cooking; **er kocht gut** he's a good cook B V̅T̅ 1 _Flüssigkeit_, _Wäsche_ to boil; **etw auf kleiner Flamme** ~ to simmer sth over a low heat 2 (≈ _zubereiten_) _Essen_ to cook; _Kaffee_, _Tee_ to make C V̅I̅ _fig_ to be boiling; **es kocht in ihr** she is boiling with rage **kochend** ADJ boiling; ~ **heiß sein** to be boiling hot; _Suppe etc_ to be piping hot **Kocher** M̄ (≈ _Herd_) cooker; (≈ _Campingkocher_) (Primus®) stove

▶ **kochen: cook, make oder boil?**

kochen oder zubereiten von **to cook**
Speisen allgemein

to cook a meal
to love / hate cooking

eine bestimmte Mahlzeit / ein **to make**
bestimmtes Gericht kochen
oder zubereiten

to make breakfast / Irish stew

Flüssigkeiten zum Kochen **to boil**
bringen oder etwas in
Flüssigkeit kochen

the water / soup is boiling
to boil some potatoes ◀

Köcher M̄ _für Pfeile_ quiver **Kochfeld** N̄ ceramic hob **kochfest** ADJ → kochecht **Kochgelegenheit** F̄ cooking facilities _pl_ **Kochherd** M̄ cooker **Köchin** F̄ → Koch **Kochkunst** F̄ culinary art **Kochlöffel** M̄ cooking spoon **Kochnische** F̄ kitchenette **Kochplatte** F̄ (≈ _Herdplatte_) hotplate **Kochrezept** N̄ recipe **Kochsalz** N̄ CHEM sodium chloride; GASTR cooking salt **Kochtopf** M̄ (cooking) pot; _mit Stiel_ saucepan **Kochwäsche** F̄ washing that can be boiled

K

Kode M̅ code

Köder M̅ bait **ködern** V̅T̅ to lure; *fig* to tempt; **j-n für etw ~** to rope sb into sth *umg*; **sich von j-m/etw nicht ~ lassen** not to be tempted by sb/sth

Kodex M̅ codex; *fig* (moral) code

kodieren *etc* → codieren

Koeffizient M̅ coefficient

Koexistenz F̅ coexistence

Koffein N̅ caffeine **koffeinfrei** A̅D̅J̅ decaffeinated **koffeinhaltig** A̅D̅J̅ caffeinated, containing caffeine

Koffer M̅ **1** (suit)case; (*≈Schrankkoffer*) trunk; **die ~ packen** to pack one's bags **2** *österr umg* (*≈Idiot*) div *Br umg*, jerk *umg* **Kofferanhänger** M̅ luggage label *od* tag, baggage label *od* tag **Kofferkuli** M̅ (luggage) trolley *Br*, cart *US* **Kofferradio** N̅ portable radio **Kofferraum** M̅ AUTO boot *Br*, trunk *US*; (*≈Volumen*) luggage space

Kognak M̅ brandy

Kohl M̅ **1** cabbage; **das macht den ~ auch nicht fett** *umg* that's not much help **2** *umg* (*≈Unsinn*) nonsense **Kohldampf** *umg* M̅ **~ haben** to be starving

Kohle F̅ **1** coal; **glühende ~n** *wörtl* (glowing) embers; **(wie) auf (heißen) ~n sitzen** to be like a cat on a hot tin roof; **die ~n aus dem Feuer holen** *fig* to pull the chestnuts out of the fire **2** (*≈Verkohltes, Holzkohle*) charcoal **3** TECH carbon **4** *umg* (*≈Geld*) dough *umg* **Kohlefilter** M̅ charcoal filter **Kohlehydrat** N̅ carbohydrate **Kohlekraftwerk** N̅ coal-fired power station **Kohlenbergwerk** N̅ coal mine **Kohlendioxid** N̅ carbon dioxide **Kohlenherd** M̅ range **Kohlenmonoxid** N̅ carbon monoxide **Kohlenpott** M̅ *umg* (*≈Ruhrgebiet*) Ruhr (basin *od* valley) **Kohlenrevier** N̅ coal-mining area **Kohlensäure** F̅ **1** CHEM carbonic acid **2** *in Getränken* fizz *umg*; **mit ~** sparkling **kohlensäurehaltig** A̅D̅J̅ *Getränke* carbonated **Kohlenstoff** N̅ carbon **Kohlenwasserstoff** M̅ hydrocarbon **Kohlepapier** N̅ carbon paper **Kohlestift** M̅ KUNST piece of charcoal **Kohletablette** F̅ MED charcoal tablet **Kohlezeichnung** F̅ charcoal drawing **Kohlkopf** M̅ cabbage **Kohlmeise** F̅ great *od* tit **kohlrabenschwarz** A̅D̅J̅ *Haar* jet black; *Nacht* pitch-black **Kohlrabi** M̅ kohlrabi **Kohlroulade** F̅

GASTR stuffed cabbage leaves *pl* **Kohlrübe** F̅ BOT swede *Br*, rutabaga *US* **Kohlsprosse** F̅ *österr* (Brussels) sprout **Kohlweißling** M̅ cabbage white (butterfly)

Koi M̅, **Koikarpfen** M̅ koi (carp)

Koitus M̅ coitus; **~ interruptus** coitus interruptus

Koje F̅ *bes* SCHIFF bunk, berth; **sich in die ~ hauen** *umg* to hit the sack *umg*

Kojote M̅ coyote

Kokain N̅ cocaine **kokainsüchtig** A̅D̅J̅ addicted to cocaine

kokett A̅D̅J̅ coquettish **Koketterie** F̅ coquetry **kokettieren** V̅I̅ to flirt

Kokon M̅ ZOOL cocoon

Kokosfett N̅ coconut oil **Kokosflocken** PL̅ desiccated coconut **Kokosmilch** F̅ coconut milk **Kokosnuss** F̅ coconut **Kokospalme** F̅ coconut palm *od* tree **Kokosraspeln** PL̅ desiccated coconut

Koks¹ M̅ coke

Koks² M̅/N̅ *umg* (*≈Kokain*) coke *umg*

Kolben M̅ **1** (*≈Gewehrkolben*) butt; TECH (*≈Pumpenkolben*) piston; CHEM (*≈Destillierkolben*) retort **2** (*≈Maiskolben*) cob **Kolbenfresser** *umg* M̅ piston seizure **Kolbenhub** M̅ AUTO piston stroke

Kolibakterien PL̅ E.coli *pl*

Kolibri M̅ humming bird

Kolik F̅ colic

kollabieren V̅I̅ to collapse

Kollaborateur(in) M̅(F̅) POL collaborator **Kollaboration** F̅ collaboration **kollaborieren** V̅I̅ to collaborate

Kollagen N̅ MED collagen

Kollaps M̅ collapse; **einen ~ erleiden** to collapse

Kollateralschaden M̅ collateral damage *kein pl*

Kolleg N̅ **1** UNIV (*≈Vorlesung*) lecture **2** SCHULE college

Kollege M̅, **Kollegin** F̅ colleague **kollegial** A̅ A̅D̅J̅ **das war nicht sehr ~ von ihm** that wasn't what you would expect from a colleague B̅ A̅D̅V̅ loyally; **sich ~ verhalten** to be a good colleague **Kollegium** N̅ (*≈Lehrerkollegium etc*) staff; (*≈Ausschuss*) working party

Kollegmappe F̅ document case **Kollegstufe** F̅ final two years of education at a 'Gymnasium' in which pupils can select which subjects they wish to study

Kollekte F̲ KIRCHE collection **Kollektion** F̲ collection; a. Mode range **kollektiv** A̲ A̲D̲J̲ collective; **~e Verteidigung** der EU collective defence B̲ A̲D̲V̲ collectively **Kollektiv** N̲ collective **Kollektivschuld** F̲ collective guilt **Kollektor** M̲ ELEK collector; (≈ Sonnenkollektor) solar collector

Koller umg M̲ (≈ Anfall) funny mood; (≈ Wutanfall) rage; **einen ~ bekommen** to fly into a rage

kollidieren V̲/I̲ geh Fahrzeuge to collide

Kollier N̲ necklet

Kollision geh F̲ (≈ Zusammenstoß) collision; (≈ Streit) conflict, clash **Kollisionskurs** M̲ SCHIFF, FLUG collision course; **auf ~ gehen** fig to be heading for trouble

Kollokation F̲ LING collocation

Kolloquium N̲ ◳ colloqium ◴ SCHULE oral exam(ination)

Köln N̲ Cologne **Kölner** A̲D̲J̲ Cologne; **der ~ Dom** Cologne Cathedral **kölnisch** A̲D̲J̲ Cologne attr; **er spricht Kölnisch** he speaks (the) Cologne dialect **Kölnischwasser** N̲ eau de Cologne

Kolonialherrschaft F̲ colonial rule **Kolonialismus** M̲ colonialism **Kolonialmacht** F̲ colonial power **Kolonialzeit** F̲ colonial times pl **Kolonie** F̲ colony; (≈ Ferienkolonie) camp **Kolonisation** F̲ von Land colonization **kolonisieren** V̲/T̲ Land to colonize

Kolonne F̲ column; bes MIL convoy; (≈ Arbeitskolonne) gang; **~ fahren** to drive in (a) convoy

Koloratur F̲ coloratura

kolorieren V̲/T̲ to colour Br, to color US **Kolorit** N̲ KUNST colouring Br, coloring US; MUS (tone) colour Br, (tone) color US; LIT, a. fig atmosphere

Koloss M̲ colossus **kolossal** A̲ A̲D̲J̲ colossal; Glück tremendous; Dummheit crass B̲ A̲D̲V̲ tremendously, enormously **Kolossalgemälde** umg N̲ spectacular painting **Kolosseum** N̲ **das ~** the Colosseum

kölsch A̲D̲J̲ → kölnisch **Kölsch** N̲ ◳ (≈ Bier) ≈ (strong) lager ◴ (≈ Dialekt) **er spricht ~** he speaks (the) Cologne dialect

kolumbianisch A̲D̲J̲ Colombian **Kolumbien** N̲ Colombia

Kolumne F̲ Presse, a. TYPO column

Koma N̲ MED coma; **im ~ liegen** to be in a coma; **ins ~ fallen** to fall into a coma **Komasaufen** umg N̲ extreme binge drinking

Kombi M̲ AUTO estate (car) Br, station wagon bes US **Kombination** F̲ ◳ combination; SPORT (≈ Zusammenspiel) concerted move, (piece of) teamwork; **nordische ~** SKI Nordic combination ◴ (≈ Schlussfolgerung) deduction ◵ (≈ Kleidung) suit, ensemble **Kombinationsgabe** F̲ powers pl of deduction **kombinieren** A̲ V̲/T̲ to combine B̲ V̲/I̲ (≈ folgern) to deduce; **ich kombiniere: … I** conclude: … **Kombiwagen** M̲ estate (car) Br, station wagon bes US **Kombizange** F̲ combination pliers pl

Kombüse F̲ SCHIFF galley

Komet M̲ comet **kometenhaft** fig A̲D̲J̲ Karriere meteoric; Aufschwung rapid

Komfort M̲ von Hotel etc luxury; von Möbel etc comfort; von Wohnung amenities pl, mod cons pl Br umg; **ein Auto mit allem ~** a luxury car **komfortabel** A̲ A̲D̲J̲ (≈ mit Komfort ausgestattet) luxurious, luxury attr; Wohnung well-appointed; (≈ bequem) Sessel, Bett comfortable; (≈ praktisch) Bedienung convenient B̲ A̲D̲V̲ (≈ bequem) comfortably; (≈ mit viel Komfort) luxuriously **Komfortzone** F̲ comfort zone; **seine ~ verlassen haben** to be out of one's comfort zone

Komik F̲ (≈ das Komische) comic; (≈ komische Wirkung) comic effect **Komiker(in)** M̲(F̲) comedian; fig a. joker umg; **Sie ~** you must be joking **komisch** A̲ A̲D̲J̲ funny; THEAT Rolle, Oper comic; **das Komische daran** the funny thing about it; **mir ist/wird so ~** umg I feel funny; **er war so ~ zu mir** he acted so strangely towards me *Br*, he acted so strangely toward me *US* **B** ADV strangely; *riechen, schmecken, sich fühlen* strange; **j-m ~ vorkommen** to seem strange to sb **komischerweise** ADV funnily enough

Komitee N committee

Komma N comma; MATH decimal point; **fünf ~ drei** five point three **Kommafehler** M punctuation mistake

Kommandant(in) M(F) MIL commanding officer; SCHIFF captain **Kommandeur(in)** M(F) commander **kommandieren** A V/T **1** (≈ befehligen) to command **2** (≈ befehlen) **j-n an einen Ort ~** to order sb to a place; **sich von j-m ~ lassen** to let oneself be ordered about by sb **B** V/I **1** (≈ Befehlsgewalt haben) to be in command; **~der General** commanding general **2** (≈ Befehle geben) to command; **er kommandiert gern** he likes ordering people about

Kommanditgesellschaft F HANDEL ≈ limited partnership

Kommando N command; **der Hund gehorcht auf ~** the dog obeys on command; **das ~ führen** to be in command **(über** +akk of) **Kommandobrücke** F SCHIFF bridge **Kommandokapsel** F RAUMF command module **Kommandoraum** M control room

kommen A V/I **1** to come; **ich komme (schon)** I'm (just) coming; **er wird gleich ~** he'll be right away; **wann soll der Zug ~?** when's the train due?; **wo kommst du her?** where are you from?; **komm!, komm!, komm(t) jetzt!** come on!; **ach komm!** come on!; **na los, komm** come on; **da kann ja jeder ~ und sagen ...** anybody could come along and say ...; **das Baby kam zu früh** the baby arrived prematurely; **nach Hause ~** (≈ ankommen) to get home; (≈ zurückkehren) to come home; **von der Arbeit ~** to get home from work; **ins Gefängnis ~** to go to prison; **in die Schule ~** to start school **2** (≈ hingehören) to go; **das Buch kommt ins oberste Fach** the book goes on the top shelf; **das kommt unter „Sonstiges"** that comes under "miscellaneous"; **das Lied kommt als Nächstes** that song is next; **ich komme zuerst an die Reihe** I'm first; **jetzt muss bald die Grenze ~**

we should soon be at the border; **das Schlimmste kommt noch** the worst is yet to come **3** (≈ gelangen) to get; *mit Hand etc* to reach; **durch den Zoll ~** to get through customs; **in das Alter ~, wo ...** to reach the age when ... **4** TV, RADIO, THEAT etc to be on; **was kommt im Fernsehen?** what's on TV? **5** (≈ geschehen, sich zutragen) to happen; **egal, was kommt** whatever happens; **komme, was da wolle** come what may; **das musste ja so ~** it had to happen; **das kommt davon, dass ...** that's because ...; **das kommt davon!** see what happens? **6** (≈ geraten) **in Bewegung ~** to start moving; **zum Stillstand ~** to come to a halt *od* standstill **7** umg (≈ einen Orgasmus haben) to come sl **8** *mit Dativ* **ihm kamen Zweifel** he started to have doubts; **j-m ~ die Tränen** tears come to sb's eyes; **mir kommt eine Idee** I've just had a thought; **du kommst mir gerade recht** iron you're just what I need; **das kommt mir gerade recht** that's just fine; **j-m frech ~** to be cheeky to sb *Br*, to be fresh to sb *US* **9** *mit Verb* **da kommt ein Vogel geflogen** there's a bird; **j-n besuchen ~** to come and see sb; **j-n ~ sehen** to see sb coming; **ich habe es ja ~ sehen** I saw it coming; **j-n ~ lassen** to send for sb; **ein ~ lassen** *Taxi* to order sth **10** *mit Präposition* **auf etw** (akk) ~ (≈ sich erinnern) to think of sth; **auf eine Idee ~** to get an idea; **wie kommst du darauf?** what makes you think that?; **darauf bin ich nicht gekommen** I didn't think of that; **auf ihn lasse ich nichts ~** umg I won't hear a word against him; **hinter etw** (akk) ~ (≈ herausfinden) to find sth out, to find out sth; **mit einer Frage ~** to have a question; **damit kann ich ihm nicht ~** *mit Entschuldigung* I can't give him that; *mit Bitte* I can't ask him that; **um etw ~** (≈ verlieren) to lose sth; *um Essen, Schlaf* to go without sth; **zu etw ~** (≈ Zeit finden für) to get round to sth; (≈ erhalten) to come by sth; (≈ erben) to come into sth; **zu einem Entschluss ~** to come to a conclusion; **zu nichts ~** zeitlich not to get (a)round to anything; (≈ erreichen) to achieve nothing; **zu sich ~** (≈ Bewusstsein wiedererlangen) to come round; (≈ aufwachen) to come to one's senses **B** V/I so weit kommt es (noch) that'll be the day *umg*; **ich wusste, dass es so ~ würde** I knew that would happen; **wie kommt es, dass du …?** how come you …? *umg*; **es kam zum Streit** there was a quarrel; **und so kam es, dass …** and that is how it came about that … **Kommen** N̄ coming; **etw ist im ~** sth is on the way in; **j-d ist im ~** sb is on his/her way up **kommend** A̱D̲J̲ coming; *Ereignisse* future; **(am) ~en Montag** next Monday; **in den ~en Jahren** in the years to come; **er ist der ~e Mann in der Partei** he is the rising star in the party

Kommentar M̱ comment; *Presse* commentary; **kein ~!** no comment **kommentarlos** A̱D̲V̲ without comment **Kommentator(in)** M̲(F̲)̲ commentator **kommentieren** V̲/T̲ *Presse etc* to comment on

Kommerz *pej* M̱ commercialism; **nur auf ~ aus sein** to have purely commercial interests, to be out for profit **kommerzialisieren** V̲/T̲ to commercialize **Kommerzialisierung** F̱ commercialization **kommerziell** A̱ A̲D̲J̲ commercial Ḇ A̲D̲V̲ commercially

Kommilitone M̱, **Kommilitonin** F̱ fellow student

Kommissar(in) M̲(F̲)̲ A̲D̲M̲I̲N̲ commissioner; (≈ *Polizeikommissar*) inspector **kommissarisch** A̱ A̲D̲J̲ temporary Ḇ A̲D̲V̲ temporarily

Kommission F̱ 1 (≈ *Ausschuss*) committee; *zur Untersuchung* commission; **Europäische ~** European Commission 2 H̲A̲N̲D̲E̲L̲ commission; **etw in ~ nehmen** to take sth on commission

Kommode F̱ chest of drawers

kommunal A̱D̲J̲ local; (≈ *städtisch*) municipal **Kommunalabgaben** P̲L̲ local rates and taxes *pl* **Kommunalpolitik** F̱ local government politics *sg od pl* **Kommunalpolitiker(in)** M̲(F̲)̲ local politician **Kommunalwahlen** P̲L̲ local (government) elections *pl* **Kommune** F̱ 1 local authority district 2 (≈ *Wohngemeinschaft*) commune

Kommunikation F̱ communication **Kommunikationsmittel** N̄ means *sg* of communication **Kommunikationsschwierigkeiten** P̲L̲ communication difficulties *pl* **Kommunikationssystem** N̄ communications system **Kommunikationswissenschaften** P̲L̲ communication studies *pl* kom-

munikativ A̱D̲J̲ communicative **Kommunikee** N̄ communiqué

Kommunion F̱ K̲I̲R̲C̲H̲E̲ (Holy) Communion

Kommuniqué N̄ communiqué

Kommunismus M̱ communism **Kommunist(in)** M̲(F̲)̲ Communist **kommunistisch** A̱D̲J̲ communist

kommunizieren V̲/I̲ to communicate

Komödiant(in) M̲(F̲)̲ 1 *obs* actor/actress 2 *fig* play-actor **Komödie** F̱ comedy; **~ spielen** *fig* to put on an act

Komoren P̲L̲ **die ~** the Comoros

Kompagnon M̱ H̲A̲N̲D̲E̲L̲ partner, associate; *iron pal umg*

kompakt A̱D̲J̲ compact **Kompaktbrief** M̱ standard letter (*weighing up to 50 grams*) **Kompaktkamera** F̱ compact camera

Kompanie F̱ M̲I̲L̲ company

Komparativ M̱ G̲R̲A̲M̲ comparative

Komparse M̱, **Komparsin** F̱ F̲I̲L̲M̲ extra; T̲H̲E̲A̲T̲ supernumerary

Kompass M̱ compass **Kompassnadel** F̱ compass needle

kompatibel A̱D̲J̲ compatible **Kompatibilität** F̱ compatibility

Kompensation F̱ compensation **kompensieren** V̲/T̲ to compensate for

kompetent A̱ A̲D̲J̲ competent Ḇ A̲D̲V̲ competently **Kompetenz** F̱ (area of) competence; **da hat er ganz eindeutig seine ~en überschritten** he has quite clearly exceeded his authority here **Kompetenzbereich** M̱ area of competence **Kompetenzstreitigkeiten** P̲L̲ dispute over respective areas of responsibility **Kompetenzteam** N̄ team of experts **Kompetenzverteilung** F̱ distribution of powers

komplementär A̱D̲J̲ complementary **Komplementärfarbe** F̱ complementary colour *Br*, complementary color *US*

komplett A̱ A̲D̲J̲ complete Ḇ A̲D̲V̲ completely **komplettieren** *geh* V̲/T̲ to complete

komplex A̱D̲J̲ complex **Komplex** M̱ (≈ *Gebäudekomplex*), *a.* P̲S̲Y̲C̲H̲ complex; (≈ *Themenkomplex*) issues; **er hat ~e wegen seiner Figur** he has a complex about his figure **Komplexität** F̱ complexity

Komplikation F̱ complication

Kompliment N̄ compliment; **j-m ~e**

machen to compliment sb (**wegen** on)
Komplize M̲, **Komplizin** F̲ accomplice

komplizieren V̲T̲ to complicate **kompliziert** A̲D̲J̲ complicated; MED *Bruch* compound **Kompliziertheit** F̲ complexity

Komplott N̲ plot, conspiracy; **ein ~ schmieden** to hatch a plot

Komponente F̲ component

komponieren V̲T̲ & V̲I̲ to compose **Komponist(in)** M̲(F̲) composer **Komposition** F̲ composition

Kompost M̲ compost **kompostieren** V̲T̲ to compost

Kompott N̲ stewed fruit, compote

Kompresse F̲ compress **Kompression** F̲ TECH compression **Kompressionsprogramm** N̲ IT compression program **Kompressor** M̲ compressor **komprimieren** V̲T̲ to compress; IT *a.* to pack, to zip; *fig* to condense

Kompromiss M̲ compromise; **einen ~ schließen** to (make a) compromise **kompromissbereit** A̲D̲J̲ willing to compromise **Kompromissbereitschaft** F̲ willingness to compromise **kompromissfähig** A̲D̲J̲ able to compromise **kompromisslos** A̲D̲J̲ uncompromising **Kompromissvorschlag** M̲ compromise proposal **kompromittieren** A̲ V̲T̲ to compromise B̲ V̲R̲ to compromise oneself

Kondensat N̲ condensate; *fig* distillation, condensation **Kondensation** F̲ condensation **Kondensator** M̲ AUTO, CHEM condenser; ELEK *a.* capacitor **kondensieren** V̲T̲ & V̲I̲ to condense **Kondensmilch** F̲ evaporated milk **Kondensstreifen** M̲ FLUG vapour trail *Br*, vapor trail *US* **Kondenswasser** N̲ condensation

Kondition F̲ condition; (≈*Durchhaltevermögen*) stamina; **er hat überhaupt keine ~** he is completely unfit; *fig* he has absolutely no stamina **Konditionalsatz** M̲ conditional clause **konditionieren** V̲T̲ to condition **Konditionsschwäche** F̲ lack *kein pl* of fitness **konditionsstark** A̲D̲J̲ very fit **Konditionstraining** N̲ fitness training

Konditor(in) M̲(F̲) pastry cook *Br*, confectioner *US* **Konditorei** F̲ cake shop *Br*, confectioner's shop *US*; *mit Café* café

Kondolenzbuch N̲ book of condo-

lence **Kondolenzschreiben** N̲ (≈*Kondolenzbrief*) letter of condolence **kondolieren** V̲I̲ (**j-m**) **~** to offer one's condolences (**to** sb)

Kondom M̲/N̲ condom

Kondukteur M̲ *schweiz* conductor **Kondukteurin** F̲ *schweiz* conductress

Konfekt N̲ confectionery

Konfektion F̲ (≈*Bekleidung*) ready-to-wear clothes *pl od* clothing *Br* **Konfektionsgröße** F̲ (clothing) size **Konfektionsware** F̲ ready-to-wear clothing

Konferenz F̲ conference; (≈*Besprechung*) meeting **Konferenzdolmetscher(in)** M̲(F̲) conference interpreter **Konferenzraum** M̲ conference room **Konferenzschaltung** F̲ RADIO, TV (television/radio) linkup **Konferenzteilnehmer(in)** M̲(F̲) person attending a conference/meeting **konferieren** V̲I̲ to confer (**über** +*akk* on, about); to have *od* hold a conference (**über** +*akk* on, about)

Konfession F̲ (religious) denomination **konfessionell** A̲D̲J̲ denominational **konfessionslos** A̲D̲J̲ nondenominational **Konfessionsschule** F̲ denominational school

▶ **Konfession ≠ confession**

| Konfession | = | (religious) denomination, religion |
| confession | = | Beichte; Geständnis ◀ |

Konfetti N̲ confetti

Konfiguration F̲ configuration **konfigurieren** V̲T̲ to configure

Konfirmand(in) M̲(F̲) KIRCHE confirmand **Konfirmation** F̲ KIRCHE confirmation **konfirmieren** V̲T̲ KIRCHE to confirm

Konfiserie F̲ *schweiz* (≈*Konfekt*) confectionery

konfiszieren V̲T̲ to confiscate

Konfitüre F̲ jam *Br*, jelly *US*

Konflikt M̲ conflict; **mit etw in ~ geraten** to come into conflict with sth **konfliktgeladen** A̲D̲J̲ conflict-ridden; *Situation* explosive **konfliktscheu** A̲D̲J̲ **~ sein** to be afraid of conflict **Konfliktstoff** M̲ cause for conflict

konform A̲ A̲D̲J̲ *Ansichten etc* concurring **B** ADV **mit j-m/etw ~ gehen** to agree with sb/sth (**in** +dat about) **Konformismus** M conformism **Konformist(in)** pej M/F conformist **konformistisch** ADJ conformist, conforming

Konfrontation F confrontation **Konfrontationskurs** M **auf ~ gehen** to be heading for a confrontation **konfrontieren** V/T to confront (**mit** with)

konfus ADJ confused **Konfusion** F confusion

Konglomerat N (≈ *Ansammlung*) conglomeration

Kongo M Congo **kongolesisch** ADJ Congolese

Kongress M **1** POL congress; *fachlich* convention **2** *in USA* Congress **Kongresshalle** F congress *od* conference hall **Kongressteilnehmer(in)** M/F person attending a congress *od* conference **Kongresszentrum** N congress *od* conference centre *Br*, congress *od* conference center *US*

kongruent ADJ MATH congruent; *geh* *Ansichten* concurring **Kongruenz** F MATH congruence; *geh von Ansichten* concurrence

Konifere F conifer

König M king **Königin** F *a.* ZOOL queen **Königinmutter** F queen mother **Königinpastete** F vol-au--vent **königlich** **A** ADJ royal; *Gehalt* princely; **Seine Königliche Hoheit** His Royal Highness **B** ADV **1** *umg* **sich ~ amüsieren** to have the time of one's life *umg* **2** (≈ *fürstlich*) *bewirten* like royalty; *belohnen* richly **Königreich** N kingdom **Königshaus** N royal dynasty **Königtum** N **1** kingship **2** (≈ *Reich*) kingdom

Konjugation F conjugation **konjugieren** V/T to conjugate

Konjunktion F conjunction

Konjunktiv M GRAM subjunctive **Konjunktivsatz** M GRAM subjunctive clause

Konjunktur F economic situation, economy; (≈ *Hochkonjunktur*) boom **Konjunkturabschwächung** F, **Konjunkturabschwung** M economic downturn **Konjunkturaufschwung** M economic upturn **konjunkturbedingt** ADJ influenced by *od* due to economic factors **Konjunkturbelebung** F business revival; (≈ *ak-*

tives Beleben der Konjunktur) stimulation of the economy **Konjunktureinbruch** M (economic) slump **konjunkturell** **A** ADJ economic **B** ADV economically; **~ bedingt** caused by economic factors **Konjunkturflaute** F economic slowdown **Konjunkturklima** N economic *od* business climate **Konjunkturpaket** N POL economic package; **ein ~ schnüren** to put together an economic package **Konjunkturpolitik** F economic (stabilization) policy **Konjunkturrückgang** M slowdown in the economy **Konjunkturschwäche** F weakness in the economy

konkav ADJ concave

konkret ADJ concrete; **ich kann dir nichts Konkretes sagen** I can't tell you anything concrete; **drück dich etwas ~er aus** would you put that in rather more concrete terms **konkretisieren** V/T to put in concrete form *od* terms

Konkubine F concubine

Konkurrent(in) M/F rival; HANDEL *a.* competitor **Konkurrenz** F (≈ *Wettbewerb*) competition; (≈ *Konkurrenzbetrieb*) competitors pl; (≈ *Gesamtheit der Konkurrenten*) competition; **j-m ~ machen** to compete with sb; **zur ~ (über)gehen** to go over to the competition **konkurrenzfähig** ADJ competitive **Konkurrenzkampf** M competition **konkurrenzlos** ADJ without competition

konkurrieren V/I to compete

Konkurs M bankruptcy; **in ~ gehen** to go bankrupt; **~ machen** *umg* to go bust *umg* **Konkursmasse** F bankrupt's estate **Konkursverfahren** N bankruptcy proceedings pl **Konkursverwalter(in)** M/F receiver; *von Gläubigern bevollmächtigt* trustee

können V/T & V/I & V/AUX **1** (≈ *vermögen*) to be able to; **ich kann das machen** I can do it, I am able to do it; **ich kann das nicht machen** I cannot *od* can't do it, I am not able to do it; **morgen kann ich nicht** I can't (manage) tomorrow; **das hättest du gleich sagen ~** you could have said that straight away; **könnte(n)** could; might; **kann** *od* **könnte vielleicht may; ich kann nicht mehr** I can't go on; *ertragen* I can't take any more; *essen* I can't manage any more; **so schnell er konnte** as fast as he could *od* was able to ☑ (≈ *beherrschen*) *Sprache* to (be able to) speak; *Schach* to be able to play; *lesen, schwimmen etc* to be able to, to know how to; **was du alles kannst!** the things you can do!; **er kann gut Englisch** he speaks English well; **er kann nicht schwimmen** he can't swim; → **gekonnt** ☑ (≈ *dürfen*) to be allowed to; **kann ich jetzt gehen?** can I go now?; **könnte ich …?** could I …?; **er kann mich (mal)** *umg* he can go to hell *umg* ☑ **Sie könnten recht haben** you could *od* might *od* may be right; **er kann jeden Augenblick kommen** he could *od* might *od* may come any minute; **das kann nicht sein** that can't be true; **es kann sein, dass er dabei war** he could *od* might *od* may have been there; **kann sein** maybe, could be; **ich kann nichts dafür** it's not my fault **Können** N̄ ability, skill **Könner(in)** M̄/F̄ expert

Konsekutivsatz M̄ consecutive clause

Konsens M̄ agreement

konsequent A ADJ consistent B ADV *befolgen* strictly; *ablehnen* emphatically; *eintreten für* rigorously; *argumentieren* consistently; **~ handeln** to be consistent; **wir werden ~ durchgreifen** we will take rigorous action **konsequenterweise** ADV to be consistent **Konsequenz** F̄ consequence; **die ~en tragen** to take the consequences; **~en ziehen** to draw the conclusions; **(aus etw) die ~en ziehen** to take the necessary steps/measures

konservativ A ADJ conservative; *Br* POL Conservative, Tory B ADV conservatively **Konservative(r)** M̄/F̄M̄ conservative; *Br* POL Conservative, Tory

Konservatorium N̄ conservatory

Konserve F̄ preserved food; *in Dosen* tinned food *Br*, canned food; (≈ *Konservendose*) *tin Br*, can; MED (≈ *Blutkonserve etc*) stored blood *etc*, blood bottle; (≈ *Tonkonserve*) recorded music **Konservenbüchse** F̄, **Konservendose** F̄ tin *Br*, can **konservieren** V̄T to preserve **Konservierung** F̄ preservation **Konservierungsmittel** N̄ preservative **Konservierungsstoff** M̄ preservative

konsistent A ADJ ☑ *fest Masse* solid ☑ *Politik* consistent B ADV *behaupten* consistently **Konsistenz** F̄ consistency; *von Gewebe* texture

Konsole F̄ (≈ *Spielekonsole*) console

konsolidieren V̄T & V̄R to consolidate **Konsolidierung** F̄ consolidation

Konsonant M̄ consonant

Konsortium N̄ HANDEL consortium

Konspiration F̄ conspiracy, plot **konspirativ** ADJ conspiratorial; **~e Wohnung** safe house

konstant A ADJ constant B ADV *gut, hoch* consistently **Konstante** F̄ constant

Konstellation F̄ constellation

konstituieren V̄T to constitute, to set up; **~de Versammlung** constituent assembly **Konstituierung** F̄ (≈ *Gründung*) constitution **Konstitution** F̄ constitution **konstitutionell** ADJ constitutional

konstruieren V̄T to construct; **ein konstruierter Fall** a hypothetical case **Konstrukteur(in)** M̄/F̄ designer **Konstruktion** F̄ construction **Konstruktionsbüro** N̄ drawing office **Konstruktionsfehler** M̄ *im Entwurf* design fault; *im Aufbau* structural defect **konstruktiv** A ADJ constructive; POL **~e Enthaltung** constructive *od* positive abstention B ADV constructively

Konsul(in) M̄/F̄ consul **Konsulat** N̄ consulate

Konsultation *form* F̄ consultation **konsultieren** *form* V̄T to consult

Konsum M̄ (≈ *Verbrauch*) consumption **Konsumartikel** M̄ consumer item **Konsument(in)** M̄/F̄ consumer **konsumfreudig** ADJ consumption-oriented, consumerist **Konsumgesellschaft** F̄ consumer society **Konsumgut** N̄ consumer item; **Konsumgüter** *pl* consumer goods *pl* **konsumieren** V̄T to consume **Konsumverzicht** M̄ non-consumption

Kontakt M̄ contact; **ich habe keinen ~ mehr zu ihr** I'm not in contact with her any more *od* anymore *US*; **~ halten, in ~ bleiben** to keep in touch; **mit j-m/etw in ~ kommen** to come into contact with sb/sth; **mit j-m ~ aufnehmen** *od* **in ~ treten** to get in contact *od* touch with sb; **den ~ wieder löschen** *im Internet* to unfriend **Kontaktadresse** F̄ **er hinterließ eine ~** he left behind an address where he could be contacted **Kontaktanzeige** F̄ personal ad **kontaktarm** ADJ **er ist ~** he lacks contact with other people **Kontaktarmut** F lack of human contact **Kontaktdaten** PL contact details **Kontaktfrau** F (≈ *Agentin*) contact **kontaktfreudig** ADJ sociable, outgoing **Kontaktlinse** F contact lens **Kontaktlinsenmittel** N contact lens solution **Kontaktmangel** M lack of contact **Kontaktmann** M (≈ *Agent*) contact **Kontaktperson** F contact **kontaktscheu** ADJ shy **Kontamination** F contamination **kontaminieren** V⁄T to contaminate **Konter** M *Boxen* counter(punch); *Ballspiele* counterattack, break **Konterangriff** M counterattack **Konterfei** *obs, hum* N likeness, portrait **konterkarieren** V⁄T to counteract; *Aussage* to contradict **kontern** V⁄T & V⁄I to counter **Konterrevolution** F counter-revolution

Kontext M context **Kontinent** M continent **kontinental** ADJ continental **Kontinentaleuropa** N the Continent **Kontinentalklima** N continental climate **Kontingent** N contingent; HANDEL quota, share **kontinuierlich** A ADJ continuous B ADV continuously **Kontinuität** F continuity

Konto N account; **auf meinem ~** in my account; **das geht auf mein ~** *umg* (≈ *ich bin schuldig*) I am to blame for this **Kontoauszug** M (bank) statement **Kontobewegung** F transaction **kontoführend** ADJ *Bank* where an account is held **Kontoführungsgebühr** F bank charge **Kontoinhaber(in)** M⁄F account holder **Kontokorrent** N current account, cheque account *Br*, checking account *US* **Kontonummer** F account number **Kontostand** M balance

kontra PRÄP against; JUR versus **Kontra** N KART double; **j-m ~ geben** *fig* to contradict sb **Kontrabass** M double bass; **~ spielen** to play the double bass **Kontrahent(in)** M⁄F (≈ *Gegner*) adversary **Kontraindikation** F MED contraindication

Kontraktion F MED contraction **kontraproduktiv** ADJ counterproductive **Kontrapunkt** M MUS counterpoint **konträr** *geh* ADJ *Meinungen* contrary, opposite

Kontrast M contrast **kontrastarm** ADJ **~ sein** to be lacking in contrast **Kontrastbrei** M MED barium meal **kontrastieren** V⁄I to contrast **Kontrastmittel** N MED contrast medium **Kontrastprogramm** N alternative programme *Br*, alternative program *US* **kontrastreich** ADJ **~ sein** to be full of contrast

Kontrollabschnitt M HANDEL counterfoil, stub **Kontrolle** F 1 control; **über etw** (*akk*) **die ~ verlieren** to lose control of sth; **j-n unter ~ haben** to have sb under control; **der Brand geriet außer ~** the fire got out of control 2 (≈ *Nachprüfung*) check (+*gen on*); (≈ *Aufsicht*) supervision; **j-n/etw einer ~ unterziehen** to check sb/sth; **~n durchführen** to carry out checks 3 (≈ *Stelle*) checkpoint **Kontrolleur(in)** M⁄F inspector **Kontrollfreak** *umg* M control freak *umg* **Kontrollgang** M (inspection) round **kontrollierbar** ADJ controllable **kontrollieren** V⁄T 1 to control 2 (≈ *nachprüfen*) to check; (≈ *Aufsicht haben über*) to supervise; **j-n/etw nach etw ~** to check sb/sth for sth; **Gemüse aus kontrolliert biologischem Anbau** organically grown vegetables; **staatlich kontrolliert** state-controlled **Kontrolllampe** F pilot lamp; AUTO *für Ölstand* warning light **Kontrollpunkt** M checkpoint **Kontrollturm** M control tower **Kontrollzentrum** N control centre *Br*, control center *US*

kontrovers A ADJ controversial B ADV **(etw) ~ diskutieren** to have a controversial discussion (about sth) **Kontroverse** F controversy

Kontur F outline, contour; **~en annehmen** to take shape

Konvent M 1 (≈ *Versammlung*) convention; **Europäischer ~** European Convention 2 (≈ *Kloster*) convent; (≈ *Mönchskonvent*) monastery **Konvention** F convention **Konventionalstrafe** F penalty (for breach of contract) **konventionell** A ADJ conventional B ADV conventionally

Konvergenz F convergence **Konvergenzkriterium** N POL convergence criterion **Konvergenzprogramm** N convergence programme *Br*, convergence program *US*

Konversation F conversation **Kon-**

versationslexikon N̅ encyclopaedia Br, encyclopaedia US
Konversion F̅ conversion **konvertieren** V̅T̅ to convert (**in** +akk to)
konvex A̲ ADJ convex B̲ ADV convexly
Konvoi M̅ convoy
Konzentrat N̅ concentrate **Konzentration** F̅ concentration (**auf** +akk on) **Konzentrationsfähigkeit** F̅ powers pl of concentration **Konzentrationslager** N̅ HIST concentration camp **Konzentrationsschwäche** F̅ weak od poor concentration **konzentrieren** V̅T̅ & V̅R̅ to concentrate (**auf** +akk on) **konzentriert** A̲ ADJ concentrated B̲ ADV arbeiten intently; nachdenken intensely **konzentrisch** A̲ ADJ concentric; POL **~e Kreise** concentric circles B̲ ADV concentrically
Konzept N̅ (≈Rohentwurf) draft; (≈Plan, Programm Plan) plan; (≈Vorstellung) concept; **j-n aus dem ~ bringen** to put sb off bes Br; umg aus dem Gleichgewicht to upset sb; **aus dem ~ geraten** to lose one's thread; **j-m das ~ verderben** to spoil sb's plans **Konzeption** F̅ ◼ MED conception ◾ geh (≈Gedankengang) idea **Konzeptpapier** N̅ rough paper
Konzern M̅ combine, concern US
Konzert N̅ concert **Konzerthalle** F̅ concert hall **konzertiert** ADJ **~e Aktion** FIN, POL concerted action **Konzertsaal** M̅ concert hall, auditorium
Konzession F̅ ◼ (≈Gewerbeerlaubnis) concession, licence Br, license US ◾ (≈Zugeständnis) concession (**an** +akk to) **Konzessivsatz** M̅ GRAM concessive clause
Konzil N̅ council
konziliant A̲ ADJ (≈versöhnlich) conciliatory; (≈entgegenkommend) generous B̲ ADV **sich ~ geben** to be conciliatory
konzipieren V̅T̅ to conceive
Kooperation F̅ cooperation **Kooperationspartner(in)** M̅(F̅) cooperative partner, joint venture partner **kooperativ** A̲ ADJ cooperative B̲ ADV cooperatively **Kooperative** F̅ WIRTSCH cooperative **kooperieren** V̅I̅ to cooperate
Koordinate F̅ MATH coordinate **Koordinatenkreuz** N̅, **Koordinatensystem** N̅ coordinate system **Koordination** F̅ coordination **Koordinator(in)** M̅(F̅) coordinator **koordinieren** V̅T̅ to coordinate **Koordinierung**

F̅ coordination
Kopf M̅ ◼ head; (≈Sinn) head, mind; (≈Denker) thinker; (≈leitende Persönlichkeit) leader; (≈Bandenführer) brains sg; **~ oder Zahl?** heads or tails?; **~ hoch!**, **lass den ~ nicht hängen!** chin up!, cheer up!; **von ~ bis Fuß** from head to foot; **ein kluger ~** an intelligent person; **die besten Köpfe** the best brains; **seinen eigenen ~ haben** umg to have a mind of one's own ◾ mit Präposition **~ an ~** SPORT neck and neck; **j-m Beleidigungen an den ~ werfen** umg to hurl insults at sb; **sich** (dat) **an den ~ fassen** verständnislos to be left speechless; **auf dem ~ stehen** to stand on one's head; **sie ist nicht auf den ~ gefallen** she's no fool; **etw auf den ~ stellen** to turn sth upside down; **j-m etw auf den ~ zusagen** to tell sb sth to his/her face; **der Gedanke will mir nicht aus dem ~** I can't get the thought out of my head; **sich** (dat) **etw aus dem ~ schlagen** to put sth out of one's mind; **sich** (dat) **etw durch den ~ gehen lassen** to think about sth; **etw im ~ haben** to have sth in one's head; **nichts als Fußball im ~ haben** to think of nothing but football; **andere Dinge im ~ haben** to have other things on one's mind; **er ist nicht ganz richtig im ~** umg he is not quite right in the head umg; **das hältst du ja im ~ nicht aus!** umg it's absolutely incredible! umg; **es will mir nicht in den ~** I can't figure it out; **sie hat es sich** (dat) **in den ~ gesetzt, das zu tun** she's dead set on doing it; **mit dem ~ durch die Wand wollen** umg to be hell-bent on getting one's own way(, regardless); **es muss ja nicht immer alles nach deinem ~ gehen** you can't have things your own way all the time; **5 Euro pro ~** 5 euros each; **das Einkommen pro ~** the per capita income; **j-m über den ~ wachsen** wörtl to outgrow sb; fig Sorgen etc to be more than sb can cope with; **ich war wie vor den ~ geschlagen** I was dumbfounded; **(j-m) zu ~e(n) steigen** to go to sb's head ◼ mit Verb **einen kühlen ~ behalten** to keep a cool head; **seinen ~ durchsetzen** to get one's own way; **den ~ hängen lassen** fig to be despondent; **den ~ für j-n/etw hinhalten** umg to take the rap for sb/sth; **für etw ~ und Kragen riskie-**

ren to risk one's neck for sth; **ich weiß schon gar nicht mehr, wo mir der ~ steht** I don't know if I'm coming or going; **j-m den ~ verdrehen** to turn sb's head; **den ~ nicht verlieren** not to lose one's head; **j-m den ~ waschen** *fig umg* to give sb a telling-off; **sich** (*dat*) **über etw** (*akk*) **den ~ zerbrechen** to rack one's brains over sth **Kopf-an-Kopf-Rennen** N̄ neck-and-neck race **Kopfbahnhof** M̄ terminal (station) **Kopfball** M̄ FUSSB header **Kopfballtor** N̄ FUSSB headed goal **Kopfbedeckung** F̄ headgear **Köpfchen** N̄ **~ haben** to be brainy *umg* **köpfen** V̄T̄ 1 *j-n* to behead; *hum Flasche Wein* to crack (open); **ein Ei ~** to cut the top off an egg 2 FUSSB to head **Kopfende** N̄ head **Kopfgeld** N̄ bounty (*on sb's head*) **Kopfgeldjäger** M̄ bounty hunter **kopfgesteuert** ADJ *Person, Handeln etc* rational **Kopfhaut** F̄ scalp **Kopfhörer** M̄ headphone, earphone **Kopfjäger(in)** M̄(F̄) head-hunter **Kopfkissen** N̄ pillow **Kopfkissenbezug** M̄ pillow case *od* slip **kopflastig** ADJ top-heavy **Kopflaus** F̄ head louse **Köpfler** M̄ *österr* (*Kopfsprung, Kopfball*) header; **einen ~ machen** to dive headfirst **kopflos** A ADJ *fig* in a panic; *wörtl* headless B ADV **~ handeln/reagieren** to lose one's head **Kopfprämie** F̄ reward **Kopfrechnen** N̄ mental arithmetic **Kopfsalat** M̄ lettuce **kopfscheu** ADJ timid, shy; **j-n ~ machen** to intimidate sb **Kopfschmerzen** PL headache; **~ haben** to have a headache; **sich** (*dat*) **wegen etw ~ machen** *fig* to worry about sth **Kopfschmerztablette** F̄ headache tablet **Kopfschuss** M̄ shot in the head **Kopfschütteln** N̄ **mit einem ~** with a shake of one's head **kopfschüttelnd** ADJ & ADV shaking one's head **Kopfschutz** M̄ (*≈ Kopfschützer*) headguard **Kopfsprung** M̄ dive; **einen ~ machen** to dive (headfirst) **Kopfstand** M̄ headstand; **einen ~ machen** to stand on one's head **Kopfsteinpflaster** N̄ cobblestones *pl* **Kopfsteuer** F̄ poll tax **Kopfstütze** F̄ headrest; AUTO head restraint **Kopftuch** N̄ (*head*)scarf **kopfüber** ADV headfirst **Kopfverletzung** F̄ head injury **Kopfweh** N̄ headache; **~ haben** to have a headache

Kopfwunde F̄ head wound **Kopfzerbrechen** N̄ **j-m ~ machen** to be a headache for sb *umg*
Kopie F̄ copy; (*≈ Ablichtung*) photocopy; FOTO print; *fig* carbon copy **kopieren** V̄T̄ to copy; (*≈ nachmachen*) to imitate; (*≈ ablichten*) to photocopy **Kopierer** M̄ copier **Kopiergerät** N̄ photocopier **Kopierschutz** M̄ IT copy protection; **mit ~** copy-protected
Kopilot(in) M̄(F̄) copilot
Koppel F̄ 1 (*≈ Weide*) paddock 2 (*≈ Pferdekoppel*) string
koppeln V̄T̄ (*≈ verbinden*) to couple (**etw an etw** *akk* sth to sth); *Raumschiffe* to link up; *Ziele* to combine **Kopp(e)lung** F̄ (*≈ Verbindung*) coupling; *von Raumschiffen* linkup
Koproduktion F̄ coproduction **Koproduzent(in)** M̄(F̄) coproducer
Koralle F̄ coral **Korallenriff** N̄ coral reef **korallenrot** ADJ coral(-red)
Koran M̄ Koran **Koranschule** F̄ Koranic school
Korb M̄ 1 basket 2 (*≈ Korbgeflecht*) wicker 3 *umg* **einen ~ bekommen** to be turned down; **j-m einen ~ geben** to turn sb down **Korbball** M̄ basketball **Korbblütler** M̄ BOT composite (flower) **Körbchen** N̄ 1 *von Hund* basket 2 *von Büstenhalter* cup **Korbflasche** F̄ demijohn **Korbmacher(in)** M̄(F̄) basket maker **Korbsessel** M̄ wicker(work) *od* basket(work) chair
Kord *etc* M̄ → Cord
Kordel F̄ cord, string
Kordhose F̄ corduroy trousers *pl Br*, corduroy pants *pl US*, cords *pl umg* **Kordjacke** F̄ cord(uroy) jacket **Kordjeans** F̄/PL cord(uroy) jeans *pl*
Korea N̄ Korea **Koreaner(in)** M̄(F̄) Korean **koreanisch** ADJ Korean
Korfu N̄ Corfu
Koriander M̄ coriander
Korinthe F̄ currant
Kork M̄ cork **Korkeiche** F̄ cork oak *od* tree **Korken** M̄ cork; *aus Plastik* stopper **Korkenzieher** M̄ corkscrew **korkig** ADJ corky
Kormoran M̄ cormorant
Korn¹ N̄ 1 (*≈ Samenkorn*) seed, grain; (*≈ Pfefferkorn*) corn; (*≈ Salzkorn, Sandkorn*), *a.* TECH grain; (*≈ Hagelkorn*) stone 2 (*≈ Getreide*) grain, cereals *pl*, corn *Br*
Korn² M̄ (*≈ Kornbranntwein*) corn

K

schnapps

Korn³ N̄ *am Gewehr* front sight, bead; **j-n aufs ~ nehmen** *fig* to start keeping tabs on sb

Kornblume F̄ cornflower **Körnchen** N̄ small grain, granule; **ein ~ Wahrheit** a grain of truth **Körnerfresser(in)** *umg* M̄F̄ health food freak *umg* **Körnerfutter** N̄ grain (for animal feeding), corn (for animal feeding) *Br* **Kornfeld** N̄ cornfield *Br*, grain field **körnig** ĀDJ granular, grainy **Kornkammer** F̄ granary

Körper M̄ body; *in der Geometrie* solid; **~ und Geist** mind and body; **am ganzen ~ zittern** to tremble all over **Körperbau** M̄ physique, build **körperbehindert** ĀDJ physically handicapped, disabled **Körperbehinderte(r)** M̄F̄(M̄) physically handicapped person **Körperbehinderung** F̄ (physical) disability *od* handicap **Körperbutter** F̄ body butter **Körperfett** N̄ body fat **Körpergeruch** M̄ body odour *Br*, body odor *US*, BO *umg* **Körpergewicht** N̄ weight **Körpergröße** F̄ height **Körperhaltung** F̄ posture, bearing **Körperkamera** F̄ body cam **Körperkontakt** M̄ physical *od* bodily contact **körperlich** Ā ĀDJ physical; (≈ *stofflich*) material; **~e Arbeit** manual work B̄ ĀDV physically **Körperpeeling** N̄ body scrub **Körperpflege** F̄ personal hygiene **Körperscanner** M̄ *am Flughafen* body scanner **Körperschaft** F̄ corporation, (corporate) body; **gesetzgebende ~** legislative body **Körperschaft(s)steuer** F̄ corporation tax **Körpersprache** F̄ body language **Körperteil** M̄ part of the body **Körpertemperatur** F̄ body temperature **Körperverletzung** F̄ J̄UR physical injury

Korporal(in) M̄F̄ corporal **Korps** N̄ M̄IL corps

korpulent ĀDJ corpulent

Korpus N̄ L̄ING corpus

korrekt Ā ĀDJ correct; **politisch ~** politically correct B̄ ĀDV correctly; *gekleidet* appropriately; *darstellen* accurately **Korrektheit** F̄ correctness; **politische ~** political correctness **Korrektor(in)** M̄F̄ T̄YPO proofreader **Korrektur** F̄ correction; T̄YPO proofreading; **~ lesen** to proofread (**bei etw** sth) **Korrektur-**

fahne F̄ galley (proof) **Korrekturflüssigkeit** F̄ correction fluid, White-Out® *US* **Korrekturzeichen** N̄ proofreader's mark

Korrespondent(in) M̄F̄ correspondent **Korrespondenz** F̄ correspondence **korrespondieren** V̄I to correspond

Korridor M̄ corridor; (≈ *Flur*) hall(way) **korrigieren** V̄T to correct; *Meinung* to change

korrodieren V̄T & V̄I to corrode **Korrosion** F̄ corrosion **korrosionsbeständig** ĀDJ corrosion-resistant **Korrosionsschutz** M̄ corrosion prevention

korrumpieren V̄T to corrupt **korrupt** ĀDJ corrupt **Korruptheit** F̄ corruptness **Korruption** F̄ corruption

Korse M̄, **Korsin** F̄ Corsican

Korsett N̄ corset

Korsika N̄ Corsica **korsisch** ĀDJ Corsican

Korso M̄ (≈ *Umzug*) parade, procession **Kortison** N̄ M̄ED cortisone

Koryphäe F̄ genius; *auf einem Gebiet* eminent authority

koscher ĀDJ kosher

Kosename M̄ pet name **Kosewort** N̄ term of endearment

K.-o.-Sieg M̄ knockout victory

Kosinus M̄ M̄ATH cosine

Kosmetik F̄ beauty culture; (≈ *Kosmetika*), *a. fig* cosmetics *pl* **Kosmetiker(in)** M̄F̄ beautician, cosmetician **Kosmetikkoffer** M̄ vanity case **Kosmetiksalon** M̄, **Kosmetikstudio** N̄ beauty parlour *Br*, beauty parlor *US* **Kosmetiktuch** N̄ paper tissue **kosmetisch** Ā ĀDJ cosmetic B̄ ĀDV *behandeln* cosmetically

kosmisch ĀDJ cosmic **Kosmonaut(in)** M̄F̄ cosmonaut **kosmopolitisch** ĀDJ cosmopolitan **Kosmos** M̄ cosmos

Kosovare M̄ Kosovar **Kosovarin** F̄ Kosovar (woman/girl) **Kosovo** M̄ ḠEOG (**der**) *od* (**das**) **~** Kosovo

Kost F̄ 1̄ (≈ *Nahrung*) fare; **vegetarische ~** vegetarian diet 2̄ **~ und Logis** board and lodging

kostbar ĀDJ (≈ *wertvoll*) valuable, precious; (≈ *luxuriös*) luxurious, sumptuous **Kostbarkeit** F̄ (≈ *Gegenstand*) precious object; (≈ *Leckerbissen*) delicacy

kosten¹ V/T & V/I **1** to cost; **er/sie/es kostet 1 Pfund** it's one pound; **sie ~ 35 Pence** they are 35 pence; **wie viel kostet/kosten …?** how much is/are …?; **was kostet das?** how much *od* what does it cost?; **koste es, was es wolle** whatever the cost; **j-n sein Leben/den Sieg ~** to cost sb his life/the victory **2** (≈ *in Anspruch nehmen*) *Zeit, Geduld etc* to take

kosten² V/T & V/I (≈ *probieren*) to taste; **von etw ~** to taste *od* try sth

Kosten PL cost(s) (*pl*); (≈ *Unkosten*) expenses *pl*; **die ~ tragen** to bear the cost(s) (*pl*); **auf ~ von** (*od* +*gen*) fig at the expense of; **auf seine ~ kommen** to cover one's expenses; *fig* to get one's money's worth **kostenbewusst** ADJ cost-conscious **Kostenbewusstsein** N cost-awareness, cost-awareness **Kostendämpfung** F curbing cost expansion **kostendeckend** A ADJ **~e Preise** prices that cover one's costs **B** ADV cost-effectively; **~ arbeiten** to cover one's costs **Kostendeckung** F cost-effectiveness **Kostenexplosion** F runaway costs *pl* **kostengünstig** A ADJ economical **B** ADV *produzieren* economically **kostenintensiv** ADJ WIRTSCH cost-intensive **kostenlos** ADJ & ADV free (of charge) **Kosten-Nutzen-Analyse** F cost-benefit analysis **kostenpflichtig** ADJ liable to pay costs; **eine Klage ~ abweisen** to dismiss a case with costs **Kostenrechnung** F calculation of costs **Kostensenkung** F reduction in costs **kostensparend** ADJ cost-saving **Kostensteigerung** F increase in costs **Kostenstelle** F cost centre *Br*, cost center *US* **Kostenträger(in)** M(F) (*der*) **~ sein** to bear the cost **Kostentreiber** M WIRTSCH, FIN cost driver **Kostenvoranschlag** M (costs) estimate

köstlich A ADJ **1** *Wein, Speise* exquisite **2** (≈ *amüsant*) priceless **B** ADV **1** (≈ *gut*) *schmecken* delicious **2** **sich ~ amüsieren** to have a great time **Köstlichkeit** F (≈ *köstliche Sache*) treat; **eine kulinarische ~** a culinary delicacy **Kostprobe** F *von Wein, Käse etc* taste; *fig* sample

kostspielig ADJ costly

Kostüm N **1** THEAT costume **2** (≈ *Verkleidung*) fancy dress **3** (≈ *Damenkostüm*) suit **Kostümball** M fancy-dress ball **Kostümbildner(in)** M(F) costume de-

signer **kostümieren** V/R to dress up **Kostümprobe** F THEAT dress rehearsal

▶	Kostüm ist nicht immer costume!

Kostüm	=	(*Damenkostüm*) **suit**
Kostüm	=	(*Verkleidung*) **fancy dress**
Kostüm	=	THEAT **costume**
costume	=	THEAT Kostüm; (*zum Baden*) Badeanzug
◀

Kot form M excrement

Kotelett N chop

Kotelette F sideburn

Köter *pej* M damn dog *umg*

Kotflügel M wing, fender *US*

Kotzbrocken M *sl* (≈ *unausstehlicher Mensch*) bastard **kotzen** *sl* V/I to throw up *umg*, to puke *sl*; **das ist zum Kotzen** it makes you sick *umg* **kotzübel** *umg* ADJ **mir ist ~** I feel like throwing up *umg*

Krabbe F crab; *umg* (≈ *Garnele*) shrimp; *größer* prawn

Krabbeldecke F baby *od* nursery rug **krabbeln** V/I to crawl

Krabbencocktail M prawn cocktail

Krach M **1** (≈ *Lärm*) noise, din; **~ machen** to make a noise *od* din **2** *umg* (≈ *Streit*) row *umg* (**um** about); **mit j-m ~ haben** to have a row with sb *umg*; **~ schlagen** to make a fuss *umg* **krachen** A V/I **1** to crash; *Holz* to creak; *Schuss* to ring out; *Tür beim Zufallen* to bang, to slam; **gleich kracht's** *umg* there's going to be trouble; **es hat gekracht** *umg Zusammenstoß* there's been a crash **2** *umg* (≈ *brechen*) to break; *Eis* to crack **3** *umg ausgelassen feiern* **es ~ lassen** to let one's hair down **B** V/R *umg* to have a row *umg* **Kracher** M banger *Br*, firecracker *US* **Kracherl** N *österr* (≈ *Limonade, Sprudel*) (fizzy) pop **Krachmacher(in)** *umg*: *wörtl* M(F) noisy person; *fig* troublemaker

krächzen V/I to croak

Kräcker M (≈ *Keks*) cracker

kraft form PRÄP **~ meines Amtes** by virtue of my office

Kraft F **1** *körperlich, sittlich* strength *kein pl*; *geistig* powers *pl*; *von Stimme* power; (≈ *Energie*) energy, energies *pl*; **die Kräfte (mit j-m) messen** to try one's strength (against sb); *fig* to pit oneself against sb; **mit letzter ~** with one's last ounce of strength; **das geht über meine Kräfte** it's too much for me; **ich bin am Ende meiner ~** I can't take any more; **mit aller ~** with all one's might; **aus eigener ~** by oneself; **nach (besten) Kräften** to the best of one's ability; **neue Kräfte sammeln** to gather one's strength; **wieder zu Kräften kommen** to regain one's strength; **die treibende ~** *fig* the driving force; **volle ~ voraus!** SCHIFF full speed ahead **2** JUR (≈ *Geltung*) force; **in ~ sein/treten** to be in/come into force; **außer ~ sein** to be no longer in force **3** (≈ *Arbeitskraft*) employee, worker; (≈ *Haushaltskraft*) domestic help **Kraftakt** M strongman act; *fig* show of strength **Kraftanstrengung** F exertion **Kraftaufwand** M effort **Kraftausdruck** M swearword **Kraftbrühe** F beef tea **Kräfteverhältnis** N POL balance of power; *von Mannschaften etc* relative strength **Kraftfahrer(in)** *form* M|F| driver **Kraftfahrzeug** N *form* motor vehicle **Kraftfahrzeugbrief** M (vehicle) registration document **Kraftfahrzeugkennzeichen** N (vehicle) registration **Kraftfahrzeugmechaniker(in)** M|F| motor mechanic **Kraftfahrzeugschein** M (vehicle) registration document **Kraftfahrzeugsteuer** F motor vehicle tax, road tax *Br* **Kraftfahrzeugversicherung** F car insurance **Kraftfeld** N PHYS force field **kräftig** A ADJ strong; *Pflanze* healthy; *Schlag* hard; *Händedruck* firm; *Essen* nourishing; **eine ~e Tracht Prügel** a good beating B ADV *gebaut* strongly, powerfully; *zuschlagen, drücken* hard; *lachen* heartily; *fluchen* violently; **etw ~ schütteln** to give sth a good shake; **j-n ~ verprügeln** to give sb a thorough beating; **die Preise sind ~ gestiegen** prices have really gone up **kräftigen** V/T to strengthen **kraftlos** ADJ (≈ *schwach*) weak; (≈ *machtlos*) powerless **Kraftlosigkeit** F weakness **Kraftprobe** F test of strength **Kraftprotz** *umg* M muscle man *umg* **Kraftstoff** M fuel; (≈ *Benzin*) petrol *Br*, gas *US* **Kraftstoffverbrauch** M fuel consumption **kraftstrotzend** ADJ vigorous **Krafttraining** N power training

kraftvoll A ADJ *Stimme* powerful B ADV powerfully **Kraftwagen** M motor vehicle **Kraftwerk** N power station **Kragen** M collar; **j-n beim ~ packen** to grab sb by the collar; *fig umg* to collar sb; **mir platzte der ~** *umg* I blew my top *umg*; **jetzt geht's ihm an den ~** *umg* he's (in for) it now *umg* **Kragenweite** *wörtl* F collar size; **das ist nicht meine ~** *fig umg* that's not my cup of tea **Krähe** F crow **krähen** V/I to crow **Krähenfüße** PL *an den Augen* crow's feet *pl* **Krake** M octopus; *Mythologie* Kraken **krakeelen** *umg* V/I to make a racket *umg* **Krakel** *umg* M scrawl, scribble **Krakelei** *umg* F scrawl, scribble **krak(e)lig** ADJ scrawly **krakeln** V/T & V/I to scrawl, to scribble **Kralle** F claw; (≈ *Parkkralle*) wheel clamp *Br*, Denver boot *US*; **j-n/etw in seinen ~n haben** *fig umg* to have sb/sth in one's clutches **krallen** V/R **sich an j-n/etw ~** to cling to sb/sth **Kram** *umg* M (≈ *Gerümpel*) junk; (≈ *Zeug*) stuff *umg*; (≈ *Angelegenheit*) business; **das passt mir nicht in den ~** it's a confounded nuisance **kramen** A V/I (≈ *wühlen*) to rummage about (**in** +*dat* in *od* **nach** for) B V/T **etw aus etw ~** to fish sth out of sth **Kramladen** *pej umg* M junk shop **Krampf** M **1** (≈ *Zustand*) cramp; (≈ *Zuckung*) spasm; *wiederholt* convulsion(s) (*pl*); (≈ *Anfall, Lachkrampf*) fit **2** *umg* (≈ *Getue*) palaver *umg*; (≈ *Unsinn*) nonsense **Krampfader** F varicose vein **krampfartig** A ADJ convulsive B ADV convulsively **krampfhaft** A ADJ *Zuckung* convulsive; *umg* (≈ *verzweifelt*) desperate; *Lachen* forced *kein adv* B ADV **sich ~ bemühen** to try desperately hard; **sich ~ an etw** (*dat*) **festhalten** to cling desperately to sth **krampflösend** ADJ antispasmodic *fachspr* **Krampus** M *österr companion of St Nicholas* **Kran** M **1** crane **2** *dial* (≈ *Hahn*) tap *bes Br*, faucet *US* **Kranführer(in)** M|F| crane driver *od* operator **Kranich** M ORN crane **krank** ADJ (≈ *nicht gesund*), *a. fig* ill *mst präd*, sick; (≈ *leidend*) invalid; *Organ dis-*

eased; *Zahn, Bein* bad; **~ werden** to fall ill *od* sick; **schwer** ~ seriously ill; **du machst mich ~!** *umg* you get on my nerves! *umg* **Kranke(r)** M/F(M) sick person; **die ~n** the sick **kränkeln** V/I to be ailing **kranken** V/I to suffer (**an** +*dat* from) **kränken** V/T **j-n ~** to hurt sb('s feelings), to offend sb; (≈*aus der Fassung bringen*) to upset sb; **sie war sehr gekränkt** she was very much hurt **Krankenbesuch** M visit (to a sick person); *von Arzt* (sick) call **Krankenbett** N sickbed **Krankengeld** N sickness benefit; *von Firma* sick pay **Krankengymnast(in)** M(F) physiotherapist **Krankengymnastik** F physiotherapy, physical therapy *US* **Krankenhaus** N hospital; **im ~ sein** to be in hospital **Krankenhausaufenthalt** M stay in hospital **Krankenhausinfektion** F hospital *od* nosocomial infection, hospital bug *umg* **krankenhausreif** ADJ **j-n ~ schlagen** to beat the hell out of sb *umg* **Krankenkasse** F, **Krankenkassa** *österr* F medical insurance company **Krankenpflege** F nursing **Krankenpfleger** M orderly; *mit Schwesternausbildung* male nurse **Krankenschein** M medical insurance record card **Krankenschwester** F nurse **krankenversichert** ADJ **~ sein** to have medical insurance **Krankenversicherung** F medical insurance; **private ~** private medical insurance **Krankenwagen** M ambulance **krankfeiern** *umg* V/I to take a sickie *umg* **krankhaft** ADJ **1** diseased; *Aussehen* sickly; **2** *seelisch* pathological **Krankheit** F illness; *von Pflanzen* disease; **wegen ~** due to illness; **nach langer ~** after a long illness; **während/seit meiner ~** during/since my illness **Krankheitsbild** N symptoms *pl* **Krankheitserreger** M pathogen **kranklachen** *umg* V/R to kill oneself (laughing) *umg* **kränklich** ADJ sickly, unhealthy **krankmelden** V/R *telefonisch* to phone in sick *Br*, to call in sick *US*; *bes* MIL to report sick **Krankmeldung** F notification of illness, sick note **krankschreiben** V/T **j-n ~** to sign sb off sick; *bes* MIL to put sb on the sick list **Kränkung** F insult

Kranz M **1** wreath **2** (≈*kreisförmig Angeordnetes*) ring, circle **Kränzchen** N

fig (≈*Kaffeekränzchen*) coffee circle **Krapfen** M *dial* GASTR ≈ doughnut *Br*, ≈ donut *US*

krass A ADJ **1** (≈*auffallend*) glaring; *Unterschied, Fall* extreme; *Ungerechtigkeit, Lüge* blatant; *Außenseiter* rank **2** *sl* (≈*toll*) wicked *sl*; **voll ~** (≈*sehr gut*) totally wicked *sl*; **2** (≈*schlimm*) totally kronik *sl* B ADV *sich ausdrücken* crudely; *schildern* garishly; *kontrastieren* sharply; **~ gesagt** to put it bluntly

Krater M crater **Kraterlandschaft** F crater(ed) landscape

Kratzbürste F wire brush; *umg* prickly character **kratzbürstig** *umg* ADJ prickly **Krätze** F MED scabies **kratzen** A V/T **1** to scratch; (≈*abkratzen*) to scrape (**von** off) **2** *umg* (≈*stören*) to bother; **das kratzt mich nicht** *umg* I couldn't care less (about that) B V/I to scratch; **es kratzt (mir) im Hals** my throat feels rough; **an etw** (*dat*) ~ *fig* to scratch away at sth C V/R to scratch oneself **Kratzer** M (≈*Schramme*) scratch **kratzfest** ADJ non-scratch *attr*, scratch-proof **kratzig** *umg* ADJ scratchy *umg* **Kratzwunde** F scratch

Kraul N *Schwimmen* crawl **kraulen**[1] A V/I SPORT to do the crawl B V/T SPORT **er hat** *od* **ist 100 m gekrault** he did a 100m crawl **kraulen**[2] V/T to fondle

kraus ADJ crinkly; *Haar* frizzy; *Stirn* wrinkled; *fig* (≈*verworren*) muddled, confused **Krause** F **1** (≈*Halskrause*) ruff; *an Ärmeln etc* ruffle, frill **2** *umg* (≈*Frisur*) frizzy hair **kräuseln** A V/T *Haar* to make frizzy, to curl; *Handarbeiten* to gather; *Stoff* to crimp; *Stirn* to knit; *Nase* to screw up; *Wasseroberfläche* to ruffle B V/R *Haare* to go frizzy, to curl; *Stirn, Nase* to wrinkle up **Krauskopf** M (≈*Mensch*) curly-head **krausziehen** V/T **die Stirn ~** to knit one's brow; *missbilligend* to frown

Kraut N **1** herb; **dagegen ist kein ~ gewachsen** *fig* there is no remedy for that; **wie ~ und Rüben durcheinanderliegen** *umg* to lie (around) all over the place *umg* **2** (≈*Sauerkraut*) sauerkraut; *österr, südd* (≈*Weißkohl*) cabbage **Kräuterbutter** F herb butter **Kräuteressig** M aromatic vinegar **Kräuterkäse** M herb cheese **Kräuterlikör** M herbal liqueur **Kräutertee** M herb(al) tea

Krautkopf M̲ österr, südd cabbage
Krautsalat M̲ ≈ coleslaw **Krautwickel** M̲ österr, südd GASTR stuffed cabbage leaves pl

Krawall M̲ (≈Aufruhr) riot; umg (≈Lärm) racket umg; ~ **machen** umg to make a racket umg; ~ **machen** od **schlagen** (≈sich beschweren) to kick up a fuss **Krawallbruder** umg M̲ hooligan; (≈Krakeeler) rowdy umg

Krawatte F̲ tie, necktie bes US

kraxeln V̲/̲ bes österr, südd to clamber (up)

Kreatin N̲ MED creatine

Kreation F̲ in der Mode etc creation

kreativ A̲ ADJ creative B̲ ADV creatively; ~ **begabt** creative **Kreativität** F̲ creativity **Kreatur** F̲ ◻1 creature ◻2 (≈alle Lebewesen) **die** ~ all creation

Krebs M̲ ◻1 (≈Taschenkrebs) crab; (≈Flusskrebs) crayfish, crawfish US; **rot wie ein** ~ red as a lobster ◻2 ASTROL Cancer; **(ein)** ~ **sein** to be (a) Cancer ◻3 MED cancer; ~ **erregend** od **auslösend** carcinogenic **krebsen** V̲/̲ umg (≈sich abmühen) to struggle **krebserregend** ADJ carcinogenic **krebsfördernd** ADJ cancer-inducing; ~ **wirken** to increase the risk of (getting) cancer **Krebsforschung** F̲ cancer research **Krebsgeschwür** N̲ MED cancerous ulcer; fig cancer **Krebsklinik** F̲ cancer clinic **krebskrank** ADJ suffering from cancer; ~ **sein** to have cancer **Krebskranke(r)** M̲/̲F̲(̲M̲) cancer victim; (≈Patient) cancer patient **krebsrot** ADJ red as a lobster **Krebstiere** P̲L̲ crustaceans pl, crustacea pl **Krebsvorsorgeuntersuchung** F̲ cancer checkup

Kredit M̲ credit kein pl, loan; **auf** ~ on credit; ~ **haben** fig to have standing **Kreditanstalt** F̲ credit institution **Kreditaufnahme** F̲ borrowing **Kreditbrief** M̲ letter of credit **kreditfähig** ADJ creditworthy **Kreditgeber(in)** M̲/̲F̲(̲M̲) creditor **Kreditgeschäft** N̲ credit transaction **Kredithai** umg M̲ loan shark umg **kreditieren** V̲/̲ **j-m einen Betrag** ~ to credit sb with an amount **Kreditinstitut** N̲ bank **Kreditkarte** F̲ credit card; **mit** ~ **zahlen** to pay by credit card **Kreditkartennummer** F̲ credit card number **Kreditknappheit** F̲ WIRTSCH, FIN credit crunch, credit squeeze **Kredit-**

krise F̲ WIRTSCH, FIN credit crunch, credit crisis **Kreditlimit** N̲ credit limit **Kreditnehmer(in)** M̲/̲F̲(̲M̲) borrower **Kreditpolitik** F̲ lending policy **Kreditrahmen** M̲ credit range **Kreditwirtschaft** F̲ banking industry **kreditwürdig** ADJ creditworthy **Kreditwürdigkeit** F̲ creditworthiness

Kreide F̲ chalk; **bei j-m in der** ~ **stehen** to be in debt to sb **kreidebleich** ADJ (as) white as a sheet **Kreidefelsen** M̲ chalk cliff **kreideweiß** ADJ → kreidebleich **Kreidezeichnung** F̲ chalk drawing

kreieren V̲/̲ to create

Kreis M̲ ◻1 circle; **(weite)** ~**e ziehen** fig to have (wide) repercussions; **sich im** ~ **bewegen** fig to go (a)round in circles; **der** ~ **schließt sich** fig we've come full circle; **weite** ~**e der Bevölkerung** wide sections of the population; **im** ~ **seiner Familie** with his family; **eine Feier im kleinen** ~**e** a celebration for a few close friends and relatives; **das kommt in den besten** ~**en vor** that happens even in the best of circles ◻2 ELEK (≈Stromkreis) circuit ◻3 (≈Stadtkreis, Landkreis) district **Kreisbahn** F̲ ASTRON, RAUMF orbit **Kreisbewegung** F̲ rotation, circular motion

kreischen V̲/̲ to screech, to scream **Kreisdiagramm** N̲ pie chart **Kreisel** M̲ (≈Spielzeug) (spinning) top; umg im Verkehr roundabout Br, traffic circle US, rotary US **kreisen** V̲/̲ to circle (um around od über +dat over); Satellit, Planet to orbit (um etw sth); fig Gedanken to revolve (um around); **die Arme** ~ **lassen** to swing one's arms around (in a circle) **kreisförmig** A̲ ADJ circular B̲ ADV **sich** ~ **bewegen** to move in a circle; ~ **angelegt** arranged in a circle **Kreislauf** M̲ circulation; der Natur cycle **Kreislaufkollaps** M̲ circulatory collapse **Kreislaufstörungen** P̲L̲ circulatory trouble sg **Kreissäge** F̲ circular saw

Kreißsaal M̲ delivery room **Kreisstadt** F̲ district town, ≈ county town Br **Kreisumfang** M̲ circumference (of a/the circle) **Kreisverkehr** M̲ roundabout Br, traffic circle US, rotary US **Kreiswehrersatzamt** N̲ district recruiting office

Krematorium N̲ crematorium

Kreml M̲ Kremlin
Krempe F̲ (≈ *Hutkrempe*) brim
Krempel *umg* M̲ (≈ *Sachen*) stuff *umg*; (≈ *wertloses Zeug*) junk
Kren M̲ *österr* horseradish; **seinen ~ zu etw geben** to have one's say about sth
Kreole F̲ *Ohrring* sleeper
krepieren V̲/i̲ ◻ (≈ *platzen*) to explode ◻ *umg* (≈ *sterben*) to croak (it) *umg*
Krepp M̲ crepe **Krepppapier** N̲ crepe paper **Kreppsohle** F̲ crepe sole
Kresse F̲ cress
Kreta N̲ Crete **kretisch** A̲D̲J̲ Cretan
kreuz A̲D̲V̲ **~ und quer** all over; **~ und quer durch die Gegend** all over the place **Kreuz** N̲ ◻ cross; *als Anhänger etc* crucifix; **es ist ein ~ mit ihm/damit** he's/it's an awful problem ◻ *ANAT* small of the back; **ich habe Schmerzen im ~** I've got (a) backache ◻ *MUS* sharp ◻ (≈ *Autobahnkreuz*) intersection ◻ *Spielkartenfarbe* clubs *pl*; *einzelne Karte* club **Kreuzband** N̲ *ANAT* cruciate ligament **Kreuzbein** N̲ *ANAT* sacrum; *von Tieren* rump-bone **kreuzen** A̲ V̲/t̲ to cross B̲ V̲/r̲ to cross; *Interessen* to clash; **die Briefe haben sich gekreuzt** the letters crossed in the mail *od pst Br* **Kreuzer** M̲ *SCHIFF* cruiser **Kreuzfahrt** F̲ *SCHIFF* cruise; **eine ~ machen** to go on a cruise **Kreuzfeuer** N̲ crossfire; **ins ~ (der Kritik) geraten** *fig* to come under fire (from all sides) **Kreuzgang** M̲ cloister **kreuzigen** V̲/t̲ to crucify **Kreuzigung** F̲ crucifixion **Kreuzkümmel** M̲ cumin **Kreuzotter** F̲ *ZOOL* adder, viper **Kreuzschlitzschraubenzieher** M̲ Phillips® screwdriver **Kreuzschlüssel** M̲ wheel brace **Kreuzschmerzen** P̲L̲ backache *sg* **Kreuzung** F̲ ◻ (≈ *Straßenkreuzung*) crossroads *sg* ◻ (≈ *das Kreuzen*) crossing ◻ (≈ *Rasse*) hybrid; (≈ *Tiere*) cross, crossbreed **Kreuzverhör** N̲ cross-examination; **j-n ins ~ nehmen** to cross-examine sb **Kreuzweg** M̲ crossroads *sg* **kreuzweise** A̲D̲V̲ crosswise; **du kannst mich ~!** *umg* (you can) get stuffed! *Br umg*, you can kiss my ass! *US sl* **Kreuzworträtsel** N̲ crossword puzzle **Kreuzzug** M̲ crusade
Krevette F̲ shrimp
kribbelig *umg* A̲D̲J̲ edgy *umg* **kribbeln** A̲ V̲/t̲ (≈ *kitzeln*) to tickle; (≈ *juckeln*) to make itch B̲ V̲/i̲ (≈ *juckeln*) to itch; (≈ *pri-*

ckeln) to tingle; **es kribbelt mir in den Fingern, etw zu tun** *umg* I'm itching to do sth
Kricket N̲ cricket **Kricketspieler(in)** M̲/F̲ cricketer
kriechen V̲/i̲ to creep, to crawl; *fig Zeit* to creep by; *fig* (≈ *unterwürfig sein*) to grovel (**vor** +*dat* before), to crawl (**vor** +*dat* to); **auf allen vieren ~** to crawl on all fours **Kriecher(in)** *umg* M̲/F̲ groveller *Br*, groveler *US*, crawler *Br umg* **kriecherisch** *umg* A̲D̲J̲ grovelling *Br*, groveling *US* **Kriechspur** F̲ crawler lane **Kriechtier** N̲ *ZOOL* reptile
Krieg M̲ war; **einer Partei** *etc* **den ~ erklären** *fig* to declare war on a party *etc*; **~ führen (mit** *od* **gegen)** to wage war (on); **~ führend** warring; **sich im ~ befinden (mit)** to be at war (with)
kriegen *umg* V̲/t̲ to get; *Zug a.* to catch; **sie kriegt ein Kind** she's going to have a baby; **dann kriege ich zu viel** then it gets too much for me
Krieger(in) M̲/F̲ warrior **Kriegerdenkmal** N̲ war memorial **kriegerisch** A̲D̲J̲ warlike *kein adv*; *Haltung* belligerent; **~e Auseinandersetzung** military conflict; **sie haben sich jahrelang ~ bekämpft** they've been fighting each other for years **kriegführend** A̲D̲J̲ warring **Kriegführung** F̲ warfare *ohne art* **Kriegsausbruch** M̲ outbreak of war; **es kam zum ~** war broke out **kriegsbedingt** A̲D̲J̲ caused by (the) war **Kriegsbeginn** M̲ start of the war **Kriegsbeil** N̲ tomahawk; **das ~ begraben** *fig* to bury the hatchet **Kriegsbemalung** F̲ war paint **Kriegsberichterstatter(in)** M̲/F̲ war correspondent **Kriegsbeschädigte(r)** M̲/F̲/M̲ war-disabled person **Kriegsdienst** M̲ military service **Kriegsdienstverweigerer** M̲, **Kriegsdienstverweigerin** F̲ conscientious objector **Kriegsende** N̲ end of the war **Kriegserklärung** F̲ declaration of war **Kriegsfall** M̲ (eventuality of a) war; **dann träte der ~ ein** then war would break out **Kriegsfilm** M̲ war movie **Kriegsfreiwillige(r)** M̲/F̲/M̲ (wartime) volunteer **Kriegsfuß** *umg* M̲ **mit j-m auf ~ stehen** to be at odds with sb **Kriegsgebiet** N̲ war zone **Kriegsgefahr** F̲ danger of war **Kriegsgefangene(r)** M̲/F̲/M̲ prisoner

of war, P.O.W. **Kriegsgefangenschaft** F captivity; **in ~ sein** to be a prisoner of war **Kriegsgegner(in)** M(F) opponent of a/the war; (≈ *Pazifist*) pacifist **Kriegsgericht** N (wartime) court martial; **j-n vor ein ~ stellen** to court-martial sb **Kriegsherr(in)** M(F) warlord **Kriegskamerad(in)** M(F) fellow soldier **Kriegsopfer** N war victim **Kriegsrecht** N conventions of war *pl*; MIL martial law **Kriegsschauplatz** M theatre of war *Br*, theater of war *US* **Kriegsschiff** N warship **Kriegsspiel** N war game **Kriegsspielzeug** N war toy **Kriegstreiber(in)** *pej* M(F) warmonger **Kriegsverbrechen** N war crime **Kriegsverbrecher(in)** M(F) war criminal **Kriegsversehrte(r)** M(F/M) war-disabled person **Kriegszeit** F wartime; **in ~en** in times of war **Kriegszustand** M state of war; **im ~** at war

Krim F **die ~** the Crimea
Krimi *umg* M (crime) thriller; *rätselhaft* whodunnit *umg* **Kriminalbeamte(r)** M, **Kriminalbeamtin** F detective **Kriminalfilm** M crime movie; *rätselhaft* murder mystery **kriminalisieren** V/T to criminalize **Kriminalist(in)** M(F) criminologist **Kriminalistik** F criminology **kriminalistisch** ADJ criminological **Kriminalität** F crime; (≈ *Ziffer*) crime rate; **organisierte ~** organized crime **Kriminalitätsrate** F crime rate **Kriminalkommissar(in)** M(F) detective superintendent **Kriminalpolizei** F criminal investigation department **Kriminalpolizist(in)** M(F) detective **Kriminalroman** M (crime) thriller **kriminell** ADJ criminal; **~ werden** to become a criminal; **~e Energie** criminal resolve **Kriminelle(r)** M(F/M) criminal
Krimskrams *umg* M odds and ends *pl*
Kringel M *der Schrift* squiggle **kringelig** ADJ crinkly
Kripo *umg* F **die ~** the cops *pl umg*
Krippe F **1** (≈ *Futterkrippe*) (hay)rack **2** (≈ *Weihnachtskrippe*) crib; BIBEL crib, manger **3** (≈ *Kinderhort*) crèche *Br*, daycare centre *Br*, daycare center *US* **Krippenspiel** N nativity play **Krippentod** M cot death *Br*, crib death *US*
Krise F crisis; **er hatte eine schwere ~** he was going through a difficult crisis;

die ~ kriegen *umg* to go crazy *umg* **kriseln** *umg* V/I **es kriselt** trouble is brewing **krisenanfällig** ADJ crisis-prone **krisenfest** ADJ stable **Krisengebiet** N crisis area **Krisenherd** M flash point, trouble spot **Krisenmanagement** N crisis management **Krisenplan** M contingency plan **Krisenregion** F trouble spot **krisensicher** ◢ ADJ crisis-proof ◣ ADV in a crisis-proof way **Krisensituation** F crisis (situation) **Krisensitzung** F emergency session **Krisenstab** M crisis committee **Krisenstimmung** F crisis mood, mood of crisis

Kristall[1] M crystal
Kristall[2] N (≈ *Kristallglas*) crystal (glass); (≈ *Kristallwaren*) crystalware **Kristallglas** N crystal glass **kristallisieren** V/I & V/R to crystallize **kristallklar** ADJ crystal-clear **Kristallleuchter** M crystal chandelier

Kriterium N criterion

Kritik F **1** criticism (**an** +*dat* of); **an j-m/etw ~ üben** to criticize sb/sth; **unter aller ~ sein** *umg* to be beneath contempt **2** (≈ *Rezension*) review **Kritiker(in)** M(F) critic **kritikfähig** ADJ **1** *fähig, Kritik zu ertragen* capable of taking criticism; **er ist nicht ~** he can't take criticism **2** *fähig, Kritik zu üben* able to criticize **kritiklos** ADJ uncritical; **etw ~ hinnehmen** to accept sth without criticism **Kritikpunkt** M point of criticism **kritisch** ◢ ADJ critical ◣ ADV *sich äußern* critically; **die Lage ~ beurteilen** to make a critical appraisal of the situation; **j-m ~ gegenüberstehen** to be critical of sb **kritisieren** V/T & V/I to criticize **kritteln** V/I to find fault (**an** +*dat od* **über** +*akk* with)

▶ **Kritik ≠ critic**

Kritik	=	**criticism**
critic	=	Kritiker(in)

Nur als Sammelbegriff für die Kritiker im Allgemeinen übersetzt man **die Kritik** mit **the critics** *pl.* ◀

Kritzelei F scribble **kritzeln** V/T & V/I to scribble, to scrawl
Kroate M, **Kroatin** F Croat, Croatian

Kroatien N̲ Croatia **kroatisch** A̲D̲J̲ Croat, Croatian

Krokant M̲ GASTR cracknel

Krokette F̲ GASTR croquette

Krokodil N̲ crocodile **Krokodilleder** N̲ crocodile skin **Krokodilstränen** P̲L̲ crocodile tears pl

Krokus M̲ crocus

Krone F̲ 1 crown; **die ~ der Schöpfung** the pride of creation; **das setzt doch allem die ~ auf** umg that beats everything; **einen in der ~ haben** umg to be tipsy 2 von Baum top 3 (≈ Währungseinheit) crown; in Dänemark, Norwegen krone; in Schweden, Island krona **krönen** V̲T̲ to crown; **j-n zum König ~** to crown sb king; **von Erfolg gekrönt sein** to be crowned with success **Kronerbe** M̲ heir to the crown **Kronerbin** F̲ heiress to the crown **Kronjuwelen** P̲L̲ crown jewels pl **Kronkolonie** F̲ crown colony **Kronkorken** M̲ crown cap **Kronleuchter** M̲ chandelier **Kronprinz** M̲ crown prince; in Großbritannien a. Prince of Wales **Kronprinzessin** F̲ crown princess **Krönung** F̲ coronation; fig von Veranstaltung high point **Kronzeuge** M̲, **Kronzeugin** F̲ JUR **als ~ auftreten** to turn King's/Queen's evidence Br, to turn State's evidence US; (≈ Hauptzeuge sein) to appear as principal witness

Kropf M̲ 1 von Vogel crop 2 MED goitre Br, goiter US

kross nordd A̲ A̲D̲J̲ crisp B̲ A̲D̲V̲ backen, braten until crisp

Kröte F̲ ZOOL toad; **eine ~ schlucken müssen** Unangenehmes in Kauf nehmen to swallow a bitter pill

Krücke F̲ crutch; **an ~n** (dat) **gehen** to walk on crutches

Krug M̲ (≈ Milchkrug etc) jug; (≈ Bierkrug) (beer) mug

Krümel M̲ (≈ Brotkrümel etc) crumb **krümelig** A̲D̲J̲ crumbly **krümeln** V̲T̲ & V̲I̲ to crumble

krumm A̲ A̲D̲J̲ crooked; Beine bandy; Rücken hunched; **etw ~ biegen** to bend sth; **sich ~ und schief lachen** umg to fall about laughing umg 2 umg (≈ unehrlich) **ein ~es Ding drehen** sl to do something crooked; **etw auf die ~e Tour versuchen** to try to wangle sth umg B̲ A̲D̲V̲ **~ stehen/sitzen** to slouch; **~ gehen** to walk with a stoop; **~ ge-** wachsen crooked; **keinen Finger ~ ma-chen** umg not to lift a finger **krümmen** A̲ V̲T̲ to bend; **gekrümmte Oberfläche** curved surface B̲ V̲R̲ to bend; Fluss to wind; Straße to curve; **sich vor Schmerzen** (dat) **~** to double up with pain **krummlachen** umg V̲R̲ to double up with laughter **krummnehmen** umg V̲T̲ (j-m) **etw ~** to take offence at sth Br, to take offense at sth US **Krümmung** F̲ von Weg, Fluss turn, bend; MATH, MED curvature; Optik curvature

Krüppel M̲ neg! cripple; **j-n zum ~ ma-chen** to cripple sb

Kruste F̲ crust; von Schweinebraten crackling; von Braten crisped outside **Krustentier** N̲ crustacean **krustig** A̲D̲J̲ crusty

Krux F̲ (≈ Schwierigkeit) trouble, problem; **die ~ bei der Sache ist, ...** the trouble od problem (with that) is ...

Kruzifix N̲ crucifix

kryptisch A̲D̲J̲ Bemerkung cryptic **Kryptogramm** N̲ cryptogram

Kuba N̲ Cuba **Kubaner(in)** M̲(F̲) Cuban **kubanisch** A̲D̲J̲ Cuban

Kübel M̲ bucket; für Pflanzen tub; **es regnet wie aus ~n** it's bucketing down Br, it's coming down in buckets US **Kübelpflanze** F̲ container plant

Kubik N̲ AUTO umg (≈ Hubraum) cc **Kubikmeter** M̲/N̲ cubic metre Br, cubic meter US **Kubikwurzel** F̲ cube root **Kubikzahl** F̲ cube number **Kubikzentimeter** M̲/N̲ cubic centimetre Br, cubic centimeter US **kubisch** A̲D̲J̲ cubic(al) **Kubismus** M̲ ART cubism

Küche F̲ 1 kitchen; klein kitchenette 2 (≈ Kochkunst) **die chinesische ~** Chinese cooking 3 (≈ Speisen) dishes pl, food; **warme/kalte ~** hot/cold food

Kuchen M̲ cake; mit Obst gedeckt (fruit) flan

Küchenchef(in) M̲(F̲) chef

Kuchenform F̲ cake tin Br, cake pan US **Kuchengabel** F̲ pastry fork

Küchengerät N̲ kitchen utensil; elektrisch kitchen appliance **Küchenherd** M̲ cooker Br, range US **Küchenhilfe** F̲ kitchen help **Küchenmaschine** F̲ food processor **Küchenmesser** N̲ kitchen knife **Küchenpersonal** N̲ kitchen staff **Küchenschabe** F̲ ZOOL cockroach **Küchenschrank** M̲ (kitchen) cupboard

Kuchenteig M̄ cake mixture; (≈*Hefeteig*) dough **Kuchenteller** M̄ cake plate

Küchentisch M̄ kitchen table **Küchentuch** N̄ kitchen towel

Kuckuck M̄ **1** cuckoo **2** *umg* (≈*Siegel des Gerichtsvollziehers*) bailiff's seal (for distraint of goods) **3** *umg* **zum ~ (noch mal)!** hell's bells! *umg*; **(das) weiß der ~** heaven (only) knows *umg* **Kuckuckskind** N̄ *Kind eines anderen Vaters* cuckoo in the nest **Kuckucksuhr** F̄ cuckoo clock

Kuddelmuddel *umg* M̄/N̄ muddle

Kufe F̄ *von Schlitten etc* runner; *von Flugzeug* skid

Küfer(in) M̄(F̄) cellarman/-woman; *schweiz, südd* (≈*Böttcher*) cooper

Kugel F̄ **1** ball; *geometrische Figur* sphere; (≈*Erdkugel*) globe; (≈*Kegelkugel*) bowl; (≈*Gewehrkugel*) bullet; *für Luftgewehr* pellet; (≈*Kanonenkugel*) (cannon)ball; *SPORT* (≈*Stoßkugel*) shot; **eine ruhige ~ schieben** *umg* to have a cushy number *umg* **Kugelblitz** M̄ *METEO* ball lightning **kugelförmig** ADJ spherical **Kugelhagel** M̄ hail of bullets **Kugelkopf** M̄ golf ball **Kugellager** N̄ ball bearing **kugeln** A V̄ī (≈*rollen, fallen*) to roll B V̄/R̄ to roll (around); **sich (vor Lachen) ~** *umg* to double up (laughing) **kugelrund** ADJ as round as a ball **Kugelschreiber** M̄ ballpoint (pen), Biro® *Br*; **mit ~ schreiben** to write in ballpoint pen **kugelsicher** ADJ bullet-proof **Kugelstoßen** N̄ shot-putting **Kugelstoßer(in)** M̄(F̄) shot-putter

Kuh F̄ cow; **heilige Kuh** sacred cow **Kuhdorf** *pej umg* N̄ one-horse town *umg* **Kuhfladen** M̄ cowpat **Kuhglocke** F̄ cowbell **Kuhhandel** *pej umg* M̄ horse-trading *kein pl umg* **Kuhhaut** F̄ cowhide; **das geht auf keine ~** *umg* that is absolutely staggering

kühl A ADJ cool; **mir wird etwas ~** I'm getting rather chilly; **einen ~en Kopf bewahren** to keep a cool head B ADV **etw ~ lagern** to store sth in a cool place; **„kühl servieren"** "serve chilled" **Kühlaggregat** N̄ refrigeration unit **Kühlanlage** F̄ refrigeration plant **Kühlbecken** N̄ *für Brennelemente* cooling pond **Kühlbox** F̄ cooler

Kuhle *nordd* F̄ hollow; (≈*Grube*) pit

Kühle F̄ coolness **kühlen** A V̄ī to

cool; *auf Eis* to chill; → **gekühlt** B V̄ī to be cooling **Kühler** M̄ *TECH* cooler; *AUTO* radiator; *umg* (≈*Kühlerhaube*) bonnet *Br*, hood *US* **Kühlerfigur** F̄ *AUTO* radiator mascot *Br*, hood ornament *US* **Kühlerhaube** F̄ *AUTO* bonnet *Br*, hood *US* **Kühlfach** N̄ freezer compartment *Br*, deep freeze **Kühlhaus** N̄ cold storage depot **Kühlmittel** N̄ *TECH* coolant **Kühlraum** M̄ cold storage room **Kühlschrank** M̄ fridge *Br*, refrigerator **Kühlschrankmagnet** M̄ fridge magnet *Br* **Kühltasche** F̄ cold bag **Kühltruhe** F̄ (chest) freezer **Kühlturm** M̄ *TECH* cooling tower **Kühlung** F̄ cooling; **zur ~ des Motors** to cool the engine **Kühlwasser** N̄ coolant; *AUTO* radiator water

Kuhmilch F̄ cow's milk **Kuhmist** M̄ cow dung

kühn A ADJ bold B ADV boldly **Kühnheit** F̄ boldness

Kuhstall M̄ cowshed

k. u. k. ABK (≈ *kaiserlich und königlich*) *österr HIST* imperial and royal

Küken N̄ (≈*Huhn*) chick; (≈*Entenküken*) duckling; *umg* (≈*jüngste Person*) baby

Kukuruz M̄ *österr* maize, corn

kulant A ADJ accommodating; *Bedingungen* fair B ADV accommodatingly **Kulanz** F̄ **aus ~ as** a courtesy

Kuli M̄ **1** (≈*Lastträger*) coolie **2** *umg* (≈*Kugelschreiber*) ballpoint (pen), Biro® *Br*; **mit ~ schreiben** to write in Biro

kulinarisch ADJ culinary

Kulisse F̄ scenery *kein pl*; *an den Seiten* wing; (≈*Hintergrund*) backdrop; **hinter den ~n** *fig* behind the scenes

kullern *umg* V̄ī & V̄ī to roll

Kult M̄ cult; (≈*Verehrung*) worship; **einen ~ mit j-m/etw treiben** to make a cult out of sb/sth **Kultfigur** F̄ cult figure **Kultfilm** M̄ cult film **kultig** *sl* ADJ *attr sl*, culty **kultivieren** V̄ī to cultivate **kultiviert** A ADJ cultivated, refined B ADV *speisen, sich einrichten* stylishly; *sich ausdrücken* in a refined manner **Kultstätte** F̄ place of worship **Kultstatus** M̄ cult status; **~ haben** *od* **genießen** to have* *od* to enjoy cult status **Kultur** F̄ **1** culture; **er hat keine ~** he is uncultured **2** (≈*Lebensform*) civilization; **die abendländische ~** western civilization **Kulturangebot** N̄ programme of cultural events *Br*, program of cultural events *US*; **Münchens vielfältiges ~** Munich's rich and varied cultural life **Kulturaustausch** M̲ cultural exchange **Kulturbanause** M̲, **Kulturbanausin** *umg* F̲ philistine **Kulturbetrieb** *umg* M̲ culture industry **Kulturbeutel** M̲ sponge *od* toilet bag *Br*, washbag **kulturell** A̲ A̲D̲J̲ cultural B̲ A̲D̲V̲ culturally **Kulturerbe** N̲ cultural heritage **Kulturgeschichte** F̲ history of civilization **kulturgeschichtlich** A̲D̲J̲ historico-cultural **Kulturhauptstadt** F̲ cultural capital **Kulturhoheit** F̲ independence in matters of education and culture **Kulturkritik** F̲ critique of (our) culture **Kulturlandschaft** F̲ cultural landscape **kulturlos** A̲D̲J̲ lacking culture **Kulturminister(in)** M̲F̲ minister of education and the arts **Kulturpflanze** F̲ cultivated plant **Kulturpolitik** F̲ cultural and educational policy **kulturpolitisch** A̲D̲J̲ politico-cultural **Kulturprogramm** N̲ cultural programme *Br*, cultural program *US* **Kulturrevolution** F̲ cultural revolution **Kulturschock** M̲ culture shock **Kultursprache** F̲ language of the civilized world **Kulturstätte** F̲ place of cultural interest **Kulturvolk** N̲ civilized people *sg* **Kulturzentrum** N̲ 1̲ (≈ *Stadt*) cultural centre *Br*, cultural center *US* 2̲ (≈ *Anlage*) arts centre *Br*, arts center *US* **Kultusminister(in)** M̲F̲ minister of education and the arts **Kultusministerium** N̲ ministry of education and the arts

Kümmel M̲ 1̲ (≈ *Gewürz*) caraway (seed) 2̲ *umg* (≈ *Schnaps*) kümmel

Kummer M̲ (≈ *Betrübtheit*) sorrow; (≈ *Ärger*) problems *pl*; **j-m ~ machen** to cause sb worry; **wir sind (an) ~ gewöhnt** it happens all the time **kümmerlich** A̲ A̲D̲J̲ 1̲ (≈ *armselig*) miserable; *Lohn, Mahlzeit* paltry 2̲ (≈ *schwächlich*) puny; *Vegetation* stunted B̲ A̲D̲V̲ *sich entwickeln* poorly; **sich ~ ernähren** to live on a meagre diet *Br*, to live on a meager diet *US* **kümmern** A̲ V̲T̲ to concern; **was kümmert mich das?** what's that to me? B̲ V̲R̲ **sich um j-n/etw ~** to look after sb/ sth; **sich darum ~, dass ...** to see to it that ...; **er kümmert sich nicht darum, was die Leute denken** he doesn't care

(about) what people think

Kumpan(in) *obs umg* M̲F̲ pal *umg* **Kumpel** M̲ 1̲ (≈ *Bergmann*) miner 2̲ *umg* (≈ *Kamerad*) pal *umg*, buddy *umg*, mate *umg Br* **kumpelhaft** *umg* A̲D̲J̲ pally *umg*

kündbar A̲D̲J̲ *Vertrag* terminable; *Anleihe* redeemable; **Beamte sind nicht ohne Weiteres ~** civil servants cannot be dismissed just like that

Kunde M̲, **Kundin** F̲ customer **Kundenberatung** F̲ customer advisory service **Kundenbewertung** F̲ customer rating **Kundendienst** M̲, **Kundenservice** M̲ customer service, after-sales service; (≈ *Abteilung*) service department **Kundenfang** *pej* M̲ **auf ~ sein** to be touting for customers **kundenfreundlich** A̲ A̲D̲J̲ customer-friendly B̲ A̲D̲V̲ **~ einkaufen** to shop in a customer-friendly environment; **telefonieren Sie ~** use our customer-friendly telephone service **Kundenkarte** F̲ *von Firma, Organisation* charge card; *von Kaufhaus* store card, department store card *US*; *von Bank* bank card **Kundenkreis** M̲ customers *pl*, clientele **kundenorientiert** A̲D̲J̲ customer-oriented **Kundenservice** M̲ customer service

Kundgebung F̲ POL rally

kundig *geh* A̲D̲J̲ knowledgeable; (≈ *sachkundig*) expert

kündigen A̲ V̲T̲ *Abonnement, Mitgliedschaft* to cancel; **j-m die Wohnung ~** to give sb notice to quit his/her flat *Br*, to give sb notice to vacate his/her apartment *US*; **die Stellung ~** to hand in one's notice; **j-m die Stellung ~** to give sb his/her notice; **j-m die Freundschaft ~** to break off a friendship with sb B̲ V̲T̲ *Arbeitnehmer* to hand *od* give in one's notice; *Mieter* to give in one's notice; **j-m ~** *Arbeitgeber* to give sb his/ her notice; *Vermieter* to give sb notice to quit *Br*, to give sb notice to vacate his/her apartment *US* **Kündigung** F̲ (≈ *Mitteilung von Vermieter*) notice to quit *Br*, notice to vacate one's apartment *US*; *von Mieter, Stellung* notice; *von Vertrag* termination; *von Mitgliedschaft, Abonnement* (letter of) cancellation; **ich drohte (dem Chef) mit der ~** I threatened to hand in my notice (to my boss); **Vertrag mit vierteljährlicher ~** contract with three months' notice on either side **Kündigungsfrist** F̲ period of notice **Kündigungsgrund** M̲ grounds pl for giving notice **Kündigungsschreiben** N̲ written notice; von Arbeitgeber letter of dismissal **Kündigungsschutz** M̲ protection against wrongful dismissal

Kundin F̲ → Kunde **Kundschaft** F̲ customers pl

kundschaften V̲I̲ MIL to reconnoitre Br, to reconnoiter US **Kundschafter(in)** M̲(F̲) spy; MIL scout **kundtun** geh V̲T̲ to make known

künftig A̲ ADJ future; **meine ~e Frau** my wife-to-be B̲ ADV in future

Kunst F̲ **1** art; **die schönen Künste** fine art sg, the fine arts **2** (≈ Fertigkeit) art, skill; **die ~ besteht darin, ... the** art is in ...; **ärztliche ~** medical skill; **das ist keine ~!** it's a piece of cake umg; **das ist die ganze ~** that's all there is to it **3** umg **das ist eine brotlose ~** there's no money in that; **was macht die ~?** how are things? **Kunstakademie** F̲ art college **Kunstausstellung** F̲ art exhibition **Kunstbanause** M̲, **Kunstbanausin** pej F̲ philistine **Kunstdruck** M̲ art print **Kunstdünger** M̲ chemical fertilizer **Kunstfaser** F̲ synthetic fibre Br, synthetic fiber US **Kunstfehler** M̲ professional error; weniger ernst slip **kunstfertig** geh A̲ ADJ skilful Br, skillful US B̲ ADV skilfully Br, skillfully US **Kunstflug** M̲ aerobatics sg, stunt flying **Kunstfreund(in)** M̲(F̲) art lover **Kunstgalerie** F̲ art gallery **Kunstgegenstand** M̲ objet d'art; Gemälde work of art **kunstgemäß**, **kunstgerecht** A̲ ADJ (≈ fachmännisch) proficient B̲ ADV proficiently **Kunstgeschichte** F̲ history of art, art history **Kunstgewerbe** N̲ arts and crafts pl **kunstgewerblich** ADJ **~e Gegenstände** craft objects **Kunstgriff** M̲ trick **Kunsthandel** M̲ art trade **Kunsthändler(in)** M̲(F̲) art dealer **Kunsthandwerk** N̲ craft industry **Kunstherz** N̲ artificial heart **Kunsthistoriker(in)** M̲(F̲) art historian **Kunsthochschule** F̲ art college **Kunstleder** N̲ imitation leather, pleather umg US **Künstler(in)** M̲(F̲) **1** artist; (≈ Unterhaltungskünstler) artiste;

bildender ~ visual artist **2** (≈ Könner) genius (**in** +dat at) **künstlerisch** A̲ ADJ artistic B̲ ADV artistically **Künstlername** M̲ pseudonym **Künstlerpech** umg N̲ hard luck **Künstlerviertel** N̲ artists' quarter **künstlich** A̲ ADJ artificial; Zähne, Fingernägel false; Faserstoffe synthetic; **~e Intelligenz** artificial intelligence B̲ ADV **1** artificially **2** j-n ~ ernähren MED to feed sb artificially **Kunstliebhaber(in)** M̲(F̲) art lover **Kunstmaler(in)** M̲(F̲) artist, painter **Kunstpause** F̲ als Spannungsmoment dramatic pause, pause for effect; iron beim Stocken awkward pause **Kunstrasen** M̲ artificial turf **Kunstraub** M̲ art theft **Kunstsammlung** F̲ art collection **Kunstschätze** PL art treasures pl **Kunstseide** F̲ artificial silk **Kunstspringen** N̲ diving **Kunststoff** N̲ man-made material **Kunststofflasche** F̲ plastic bottle **Kunststück** N̲ trick; **das ist kein ~** fig there's nothing to it; (≈ keine große Leistung) that's nothing to write home about **Kunstturnen** N̲ gymnastics sg **kunstvoll** A̲ ADJ artistic; (≈ kompliziert) elaborate B̲ ADV elaborately **Kunstwerk** N̲ work of art

kunterbunt ADJ Sammlung etc motley attr; Programm varied; Leben chequered Br, checkered US; **~ durcheinander** all jumbled up

Kupfer N̲ copper **Kupferdraht** M̲ copper wire **Kupfergeld** N̲ coppers pl **kupferrot** ADJ copper-red; Haare ginger **Kupferstich** M̲ copperplate (engraving)

Kupon M̲ → Coupon

Kuppe F̲ (≈ Bergkuppe) (rounded) hilltop; (≈ Fingerkuppe) tip

Kuppel F̲ dome

Kuppelei F̲ JUR procuring **kuppeln** A̲ V̲T̲ → koppeln B̲ V̲I̲ **1** AUTO to operate the clutch **2** umg Paare (≈ zusammenführen) to match-make **Kuppler(in)** M̲(F̲) matchmaker (+gen for); JUR procurer/procuress **Kupplung** F̲ **1** TECH coupling; AUTO etc clutch **2** (≈ das Koppeln) coupling **Kupplungspedal** N̲ clutch pedal

Kur F̲ in Badeort (health) cure; (≈ Haarkur etc) treatment kein pl; (≈ Schlankheitskur) diet; **in Kur fahren** to go to a spa; **eine Kur machen** to take a cure; (≈ Schlank-

heitskur) to diet

Kür F̲ SPORT free section
Kuraufenthalt M̲ stay at a spa **Kurbad** N̲ spa
Kurbel F̲ crank; *an Rollläden etc* winder
Kurbelwelle F̲ crankshaft
Kürbis M̲ pumpkin, squash
Kurde M̲, **Kurdin** F̲ Kurd **kurdisch** A̲D̲J̲ Kurdish **Kurdistan** N̲ Kurdistan
Kurfürst M̲ Elector, electoral prince
Kurgast M̲ *Patient* patient at a spa; *Tourist* visitor to a spa
Kurie F̲ KIRCHE Curia
Kurier(in) M̲F̲ courier; HIST messenger; *etw per ~ schicken* to send sth by courier **Kurierdienst** M̲ courier service
kurieren V̲T̲ to cure (**von** of)
kurios A̲D̲J̲ (≈ *merkwürdig*) strange, curious **Kuriosität** F̲ **1** (≈ *Gegenstand* curio (-sity) **2** (≈ *Eigenart*) peculiarity
Kurort M̲ spa **Kurpark** M̲ spa gardens *pl* **Kurpfuscher(in)** *pej umg* M̲F̲ quack (doctor)
Kurs M̲ **1** course; POL (≈ *Richtung*) line; *~ nehmen auf* (+*akk*) to set course for; *den ~ ändern* to change (one's) course **2** FIN (≈ *Wechselkurs*) exchange rate; (≈ *Aktienkurs*) price; *zum ~ von* at the rate of; *hoch im ~ stehen* Aktien to be high; *fig* to be popular (**bei** with) **3** (≈ *Lehrgang*) course (**in** +*dat od* **für** in) **Kursabfall** M̲ fall in share prices **Kursänderung** F̲ change of course **Kursangebot** N̲ SCHULE courses *pl* offered **Kursanstieg** M̲ BÖRSE rise in (market) prices **Kursbuch** N̲ BAHN (railway *od* railroad US) timetable **Kürschner(in)** M̲F̲ furrier **Kurseinbruch** M̲ FIN sudden fall in prices **Kurseinbuße** F̲ decrease in value **Kursentwicklung** F̲ FIN price trend **Kurserholung** F̲ FIN rally in prices **Kursgewinn** M̲ profit (on the stock exchange market) **kursieren** V̲I̲ to circulate **Kursindex** M̲ BÖRSE stock exchange index
kursiv A̲ A̲D̲J̲ italic B̲ A̲D̲V̲ in italics **Kurskorrektur** F̲ course correction **Kursleiter(in)** M̲F̲ course tutor *bes Br* **Kursnotierung** F̲ quotation **Kursrückgang** M̲ fall in prices **Kursschwankung** F̲ fluctuation in exchange rates; BÖRSE fluctuation in market rates **Kurssystem** N̲ SCHULE system employed in the final two years

at school before university in which students select their own combination of courses **Kursteilnehmer(in)** M̲F̲ (course) participant **Kursverlust** M̲ FIN loss (on the stock exchange) **Kurswagen** M̲ BAHN through coach **Kurswechsel** M̲ change of direction
Kurtaxe F̲ visitors' tax (at spa)
Kurve F̲ curve; (≈ *Straßenkurve*) bend; *an Kreuzung etc* turn; *die Straße macht eine ~* the road bends; *die ~ kratzen umg* (≈ *schnell weggehen*) to make tracks *umg*; *die ~ kriegen* V̲I̲ to circle; *durch Italien ~ umg* to drive around Italy **Kurvendiagramm** N̲ graph **kurvenreich** A̲D̲J̲ *Strecke* winding; *"kurvenreiche Strecke"* "(series of) bends"
kurz A̲ A̲D̲J̲ short; *Blick, Folge* quick; *etw kürzer machen* to make sth shorter; *ich will es ~ machen* I'll make it brief; *den Kürzeren ziehen fig umg* to come off worst B̲ A̲D̲V̲ short; *eine Sache ~ abtun* to dismiss sth out of hand; *zu ~ kommen* to come off badly, to miss out; *~ entschlossen* without a moment's hesitation; *~ gesagt* in a nutshell; *sich ~ fassen* to be brief; *~ gefasst* concise; *~ und bündig* concisely, tersely *pej*; *~ und gut* in a word; *~ und schmerzlos umg* short and sweet; *etw ~ und klein hauen* to smash sth to pieces **2** (≈ *für eine kurze Zeit*) briefly; *ich bleibe nur ~* I'll only stay for a short while; *ich muss mal ~ weg* I'll just have to go for a moment; *~ bevor/nachdem* shortly before/after; *über ~ oder lang* sooner or later; *(bis) vor Kurzem* (until) recently **Kurzarbeit** F̲ short time **kurzarbeiten** V̲I̲ to be on short time **Kurzarbeiter(in)** M̲F̲ short-time worker **kurzärmelig** A̲D̲J̲ short-sleeved **kurzatmig** A̲D̲J̲ MED short of breath **Kurzbericht** M̲ brief report; (≈ *Zusammenfassung*) summary **Kurzbesuch** M̲ brief *od* flying visit **Kürze** F̲ shortness; *fig* (≈ *Bündigkeit*) brevity, conciseness; *in ~* (≈ *bald*) shortly; *in aller ~* very briefly; *in der ~ liegt die Würze sprichw* brevity is the soul of wit **Kürzel** N̲ (≈ *stenografisches Zeichen*) shorthand symbol; (≈ *Abkürzung*) abbreviation **kürzen** V̲T̲ to shorten; *Gehalt, Ausgaben* to cut (back) **Kurze(r)** *umg* M̲ **1** (≈ *Schnaps*) short **2** (≈ *Kurzschluss*) short (circuit) **kurzerhand** A̲D̲V̲ without further ado; *entlas-*

sen on the spot; **etw ~ ablehnen** reject sth out of hand **kurzfassen** V/R to be brief **Kurzfassung** F abridged version **Kurzfilm** M short **kurzfristig** A ADJ short-term; *Wettervorhersage* short-range B ADV (*≈ auf kurze Sicht*) for the short term; (*≈ für kurze Zeit*) for a short time; **~ seine Pläne ändern** to change one's plans at short notice **Kurzgeschichte** F short story **Kurzhaardackel** M short-haired dachshund **kurzhaarig** ADJ short-haired **kurzhalten** V/T **j-n ~** to keep sb short **Kurzhantel** F dumbbell **Kurzinformation** F information summary *kein pl*; (*≈ Blatt*) information sheet **kurzlebig** ADJ short-lived **kürzlich** A ADV recently; **erst ~** only *od* just recently B ADJ recent **Kurzmeldung** F newsflash **Kurznachricht** F **1** (*≈ Information*) **~en** *pl* the news headlines *pl* **2** (*≈ SMS*) text message **Kurzparker** M **„nur für ~"** "short-stay parking only" *Br*, "short-term parking only" **Kurzparkzone** F short-stay parking zone *Br*, short-term parking zone **kurzschließen** A V/T to short-circuit B V/R (*≈ in Verbindung treten*) to get in contact (**mit with**) **Kurzschluss** M **1** ELEK short circuit **2** *a.* **~handlung** rash action **Kurzschlussreaktion** F knee-jerk reaction **kurzsichtig** A ADJ short-sighted B ADV short-sightedly **Kurzsichtigkeit** F short-sightedness **Kurzstrecke** F short distance; *in Laufwettbewerb* sprint distance **Kurzstreckenflugzeug** N short-haul aircraft **Kurzstreckenrakete** F short-range missile **Kurztrip** *umg* M short trip **kurzum** ADV in short **Kürzung** F shortening; *von Gehältern etc* cut (*+gen* in) **Kurzurlaub** M short holiday *Br*, short vacation *US*; MIL short leave **Kurzwahl** F TEL one-touch dialling *Br*, one-touch dialing *US*, speed dial **Kurzwahlspeicher** M TEL speed-dial number memory **Kurzwahltaste** F TEL speed- *od* quick-dial button **Kurzwaren** PL haberdashery *Br*, notions *pl US* **kurzweilig** ADJ entertaining **Kurzwelle** F RADIO short wave **Kurzzeitgedächtnis** N short-term memory **kurzzeitig** A ADJ (*≈ für kurze Zeit*) short, brief B ADV for a short time, briefly **Kurzzeitparkplatz** M short-stay car park *Br*, short-term parking lot

US **Kurzzeitpflege** F MED short-term care, temporary care **Kurzzeitspeicher** M short-term memory

kuschelig *umg* ADJ cosy *Br*, cozy *US* **kuscheln** A V/I to cuddle (**mit with**) B V/R **sich an j-n ~** to snuggle up to sb; **sich in etw** (*akk*) **~** to snuggle up in sth **Kuschelrock** M MUS *umg* soft rock **Kuschelsex** M loving sex **Kuscheltier** N cuddly toy

kuschen V/I *Hund etc* to get down; *fig* to knuckle under

Kusine F cousin

Kuss M kiss **Küsschen** N little kiss, peck **küssen** A V/T & V/I to kiss B V/R to kiss (each other) **Kusshand** F **j-m eine ~ zuwerfen** to blow sb a kiss

Küste F coast; (*≈ Ufer*) shore **Küstengebiet** N coastal area **Küstengewässer** PL coastal waters *pl* **Küstenschifffahrt** F coastal shipping **Küstenwache** F, **Küstenwacht** F coastguard

Küster(in) M(F) sacristan

Kutsche F coach; *umg* (*≈ Auto*) jalopy *umg* **Kutscher(in)** M(F) driver **kutschieren** A V/I to drive B V/T to drive; **j-n im Auto durch die Gegend ~** to drive sb around

Kutte F habit

Kuttel F *österr, schweiz, südd* tripe

Kutter M SCHIFF cutter

Kuvert N (*≈ Briefkuvert*) envelope

Kuwait N Kuwait **kuwaitisch** ADJ Kuwaiti

Kybernetik F cybernetics *sg* **kybernetisch** ADJ cybernetic

kyrillisch ADJ Cyrillic

KZ N ABK (= *Konzentrationslager*) HIST concentration camp **KZ-Häftling** M HIST concentration camp prisoner

L

L, l N̲ L, l

l A̲B̲K̲ (≈ Liter) litre Br, liter US

Label N̲ label

labern umg A̲ V̲I̲ to prattle (on od away) umg B̲ V̲T̲ to talk

labil A̲D̲J̲ unstable; Gesundheit delicate; Kreislauf poor **Labilität** F̲ instability

Labor N̲ lab(oratory) **Laborant(in)** M̲F̲ lab(oratory) technician

Labrador M̲ ZOOL labrador

Labyrinth N̲ labyrinth

Lachanfall M̲ laughing fit

Lache¹ F̲ (≈ Pfütze) puddle

Lache² umg F̲ laugh **lächeln** to smile; **freundlich ~** to give a friendly smile **Lächeln** N̲ smile **lachen** A̲ V̲I̲ to laugh (**über** +akk at); **laut ~** to laugh out loud; **j-n zum Lachen bringen** to make sb laugh; **zum Lachen sein** (≈ lustig) to be hilarious; (≈ lächerlich) to be laughable; **mir ist nicht zum Lachen (zumute)** I'm in no laughing mood; **dass ich nicht lache!** umg don't make me laugh! umg; **du hast gut ~!** it's all right for you to laugh! umg; **wer zuletzt lacht, lacht am besten** sprichw he who laughs last, laughs longest sprichw; **ihm lachte das Glück** fortune smiled on him B̲ V̲T̲ **da gibt es gar nichts zu ~** that's nothing to laugh about; **was gibt es denn da zu ~?** what's so funny about that?; **er hat bei seiner Frau nichts zu ~** umg he has a hard time of it with his wife; **das wäre doch gelacht** it would be ridiculous **Lachen** N̲ laughter; (≈ Art des Lachens) laugh **Lacher** M̲ 1̲ **die ~ auf seiner Seite haben** to have the last laugh 2̲ umg (≈ Lache) laugh **Lacherfolg** M̲ **ein ~ sein** to make everybody laugh **lächerlich** A̲D̲J̲ 1̲ ridiculous; (≈ komisch) comical; **j-n/etw ~ machen** to make sb/sth look silly; **j-n/sich ~ machen** to make a fool of sb/oneself; **etw ins Lächerliche ziehen** to make fun of sth 2̲ (≈ geringfügig) Anlass trivial; Preis ridiculously low **Lächerlichkeit** F̲ 1̲ absurdity; **j-n der ~ preisgeben** to make a laughing stock

of sb 2̲ (≈ Geringfügigkeit) triviality **Lachgas** N̲ laughing gas **lachhaft** A̲D̲J̲ ridiculous **Lachkrampf** M̲ **einen ~ bekommen** to go (off) into fits of laughter

Lachs M̲ salmon **lachsfarben** A̲D̲J̲ salmon pink **Lachsforelle** F̲ salmon od sea trout **Lachsschinken** M̲ smoked, rolled fillet of ham

Lack M̲ varnish; (≈ Autolack) paint; für Lackarbeiten lacquer **Lackarbeit** F̲ lacquerwork **Lackfarbe** F̲ gloss paint **lackieren** V̲T̲ & V̲I̲ Holz to varnish; Fingernägel a. to paint; Auto to spray **Lackierer(in)** M̲F̲ varnisher, painter; von Autos sprayer **Lackiererei** F̲ (≈ Autolackiererei) paint shop **Lackierung** F̲ von Auto paintwork; (≈ Holzlackierung) varnish; für Lackarbeiten lacquer **Lackleder** N̲ patent leather

Lackmuspapier N̲ litmus paper **ladbar** A̲D̲J̲ IT loadable **Ladefläche** F̲ load area **Ladegerät** N̲ (battery) charger; fürs Handy (phone) charger **Ladehemmung** F̲ **das Gewehr hat ~** the gun is jammed

laden¹ A̲ V̲T̲ to load; (≈ wieder aufladen) Batterie, Akku to recharge; PHYS to charge; **der Lkw hat zu viel geladen** the truck is overloaded; **Verantwortung auf sich** (akk) **~** to saddle oneself with responsibility; → **geladen** B̲ V̲I̲ 1̲ to load (up) 2̲ PHYS to charge

laden² V̲T̲ 1̲ liter (≈ einladen) to invite; **nur für geladene Gäste** by invitation only 2̲ form vor Gericht to summon

Laden¹ M̲ 1̲ (≈ Geschäft) shop bes Br, store US; **der ~ läuft** umg business is good; **den ~ schmeißen** umg to run the show; **den (ganzen) ~ hinschmeißen** umg to chuck the whole thing in umg

Laden² M̲ 1̲ (≈ Fensterladen) shutter **Ladendieb(in)** M̲F̲ shoplifter **Ladendiebstahl** M̲ shoplifting **Ladenhüter** M̲ non-seller **Ladeninhaber(in)** M̲F̲ shopkeeper; bes US storekeeper **Ladenkette** F̲ chain of shops bes Br, chain of stores **Ladenöffnungszeit** F̲ shop opening hours pl bes Br, store opening hours pl US **Ladenpreis** M̲ shop price bes Br, store price US **Ladenschluss** M̲ **um acht Uhr ist ~** the shops shut at eight o'clock bes Br, the stores close at eight o'clock US **Ladenschlussgesetz** N̲ law regulating

L

shop closing times **Ladenschlusszeit** F̲ (shop) closing time *bes Br*, (store) closing time *US* **Ladentisch** M̲ counter; **über den/unter dem ~** over/under the counter

Ladeplatz M̲ loading bay **Laderampe** F̲ loading ramp **Laderaum** M̲ load room; FLUG, SCHIFF hold **Ladestation** F̲ *für Elektroautos etc* charging station, charging point **Ladezeit** F̲ *für Elektrofahrzeug* charging time

lädieren V̲T̲ to damage; *Körperteil* to injure; **sein lädiertes Image** his tarnished image

Ladung F̲ **1** load; *von Sprengstoff* charge; **eine geballte ~ von Schimpfwörtern** a whole torrent of abuse **2** (≈ *Vorladung*) summons *sg*

Lage F̲ **1** (≈ *geografische Lage*) situation; **in günstiger ~** well-situated; **eine gute/ruhige ~ haben** to be in a good/quiet location **2** (≈ *Art des Liegens*) position **3** (≈ *Situation*) situation; **in der ~ sein, etw zu tun** *befähigt sein* to be able to do sth; **dazu bin ich nicht in der ~** I'm not in a position to do that; **nach ~ der Dinge** as things stand **4** (≈ *Schicht*) layer **5** (≈ *Runde*) round **Lagebericht** M̲ report; MIL situation report

Lagenschwimmen N̲ SPORT individual medley **Lagenstaffel** F̲ SPORT medley relay; (≈ *Mannschaft*) medley relay team

Lageplan M̲ ground plan

Lager N̲ **1** (≈ *Unterkunft*) camp; **sein ~ aufschlagen** to set up camp **2** *fig* (≈ *Partei*) camp; **ins andere ~ überwechseln** to change camps **3** (≈ *Vorratsraum*) store(room); *von Laden* stockroom; (≈ *Lagerhalle*) warehouse; **am ~ sein** to be in stock; **etw auf ~ haben** to have sth in stock; *fig Witz etc* to have sth on tap *umg* **4** TECH bearing **Lagerbestand** M̲ stock **Lagerfeuer** N̲ campfire **Lagergebühr** F̲, **Lagergeld** N̲ storage charge **Lagerhalle** F̲ warehouse **Lagerhaus** N̲ warehouse **Lagerleben** N̲ camp life **Lagerleiter(in)** M̲(F̲) camp commander; *in Ferienlager etc* camp leader **lagern** A̲ V̲T̲ **1** (≈ *aufbewahren*) to store; **kühl ~!** keep in a cool place **2** (≈ *hinlegen*) *j-n* to lay down; *Bein etc* to rest; **das Bein hoch ~** to put one's leg up; → **gelagert** B̲ V̲I̲ **1** *Waren etc* to

be stored **2** *Truppen etc* to camp, to be encamped **Lagerstätte** F̲ GEOL deposit **Lagerung** F̲ storage

Lagune F̲ lagoon

lahm A̲D̲J̲ **1** (≈ *gelähmt*) lame; **er ist auf dem linken Bein ~** he is lame in his left leg **2** *umg* (≈ *langweilig*) dreary; *Ausrede lame*; *Geschäftsgang slow* **Lahmarsch** *umg* M̲ slowcoach *Br umg*, slowpoke *US umg* **lahmarschig** *umg* A̲D̲J̲ bloody slow *Br umg*, damn slow *umg* **lahmen** V̲I̲ to be lame (**auf** +*dat* in) **lähmen** V̲T̲ to paralyze; *Verhandlungen*, *Verkehr* to hold up; → **gelähmt lahmlegen** V̲T̲ *Verkehr* to bring to a standstill; *Stromversorgung* to paralyze **Lähmung** F̲ paralysis; *fig* immobilization

Laib M̲ *bes südd* loaf

Laibchen N̲, **Laiberl** N̲ *österr* (≈ *Teiggebäck*) round loaf; (≈ *Fleischspeise*) ≈ (ham)burger

Laich M̲ spawn **laichen** V̲I̲ to spawn

Laie M̲ layman **Laiendarsteller(in)** M̲(F̲) amateur actor/actress **laienhaft** A̲ A̲D̲J̲ *Arbeit* amateurish B̲ A̲D̲V̲ *spielen* amateurishly

Lakai M̲ lackey

Lake F̲ brine

Laken N̲ sheet

lakonisch A̲ A̲D̲J̲ laconic B̲ A̲D̲V̲ laconically

Lakritz *dial* M̲, **Lakritze** F̲ liquorice *Br*, licorice *US*

Laktose F̲ lactose **laktosefrei** A̲D̲J̲ dairy-free, lactose-free **Laktoseintoleranz** F̲, **Laktoseunverträglichkeit** F̲ lactose intolerance

lallen V̲T̲ & V̲I̲ to babble

Lama¹ N̲ ZOOL llama

Lama² N̲ REL lama

Lamelle F̲ **1** BIOL lamella **2** *von Jalousien* slat

lamentieren V̲I̲ to moan, to complain

Lametta N̲ lametta

Laminat N̲ laminate

Lamm N̲ lamb **Lammbraten** M̲ roast lamb **Lammfell** N̲ lambskin **Lammfleisch** N̲ lamb **lammfromm** A̲D̲J̲ *Miene* innocent

Lampe F̲ light; (≈ *Stehlampe*, *Tischlampe*) lamp; (≈ *Glühlampe*) bulb **Lampenfieber** N̲ stage fright **Lampenschirm** M̲ lampshade **Lampion** M̲ Chinese lantern

lancieren V̲T̲ *Produkt* to launch; *Nach-*

richt to put out

Land N▪ **1** (≈ *Gelände, Festland*) land; (≈ *Landschaft*) country, landscape; **an ~ gehen** to go ashore; **etw an ~ ziehen** to pull sth ashore; **einen Auftrag an ~ ziehen** *umg* to land an order; **~ in Sicht!** land ahoy!; **bei uns zu ~e in our country** **2** (≈ *ländliches Gebiet*) country; **auf dem ~(e)** in the country **3** (≈ *Staat*) country; (≈ *Bundesland in BRD*) Land, state; *in Österreich* province **Landammann** M *schweiz* highest official in a Swiss canton **Landarbeiter(in)** MF agricultural worker **Landarzt** M, **Landärztin** F country doctor **Landbesitz** N landholding **Landbesitzer(in)** MF landowner **Landbevölkerung** F rural population **Landeanflug** M approach **Landebahn** F runway **Landebrücke** F jetty **Landeerlaubnis** F permission to land **Landefähre** F RAUMF landing module **landen** A VI to land; *umg* (≈ *enden*) to land *od* end up; **weich ~** to make a soft landing B VT to land **Landenge** F isthmus **Landepiste** F landing strip **Landeplatz** M *für Flugzeuge* landing strip; *für Schiffe* landing place **Ländereien** PL estates *pl* **Ländereinstellungen** PL IT regional settings **Länderkampf** M SPORT international contest; (≈ *Länderspiel*) international (match) **Länderspiel** N international (match) **Ländervorwahl** F country code **Landesebene** F **auf ~** at state level **Landesgrenze** F *von Staat* national boundary; *von Bundesland* state boundary; *österr* provincial boundary **Landeshauptfrau** F, **Landeshauptmann** *österr* M head of the government of a province **Landesinnere(s)** N interior **Landeskunde** F knowledge of the/a country **Landesregierung** F government of a Land; *österr* provincial government **Landessprache** F national language **Landesteil** M region **landesüblich** ADJ customary **Landesverrat** M treason **Landesverteidigung** F national defence *Br*, national defense *US* **Landeswährung** F national *od* local currency **Landeszentralbank** F State Central Bank **Landeverbot** N **~ erhalten** to be re-

fused permission to land **Landflucht** F migration from the land **Landfriedensbruch** M JUR breach of the peace **Landgang** M shore leave **Landgericht** N district court **landgestützt** ADJ *Raketen* land-based **Landgut** N estate **Landhaus** N country house, villa **Landkarte** F map **Landklima** N continental climate **Landkreis** M administrative district **ländläufig** A ADJ popular; **entgegen der ~en Meinung** contrary to popular opinion B ADV commonly **Landleben** N country life **ländlich** ADJ rural; *Tanz* country *attr*, folk *attr* **Landluft** F country air **Landmine** F land mine **Landplage** F plague; *fig umg* pest **Landrat¹** M *schweiz* cantonal parliament **Landrat²** M, **Landrätin** D F head of the administration of a Landkreis **Landratte** *hum* F landlubber **Landregen** M steady rain **Landschaft** F scenery *kein pl*; (≈ *ländliche Gegend*) countryside *kein pl*; *Gemälde, a. fig* landscape; **die politische ~** the political scene **landschaftlich** ADJ *Schönheiten etc* scenic; *Besonderheiten* regional **Landschaftsbild** N view; *Gemälde* landscape (painting); *Fotografie* landscape (photograph) **Landschaftsgärtner(in)** MF landscape gardener **Landschaftspflege** F land management **Landschaftsschutz** M protection of the countryside **Landschaftsschutzgebiet** N nature reserve **Landsitz** M country seat **Landsmann** M, **Landsmännin** F compatriot **Landstraße** F country road **Landstreicher(in)** *pej* MF tramp **Landstreitkräfte** PL land forces *pl* **Landstrich** M area **Landtag** N Landtag (*state parliament*) **Landtagswahlen** PL German regional elections *pl* **Landung** F landing **Landungsbrücke** F jetty **Landungssteg** M pier; *beweglich* landing stage **Landurlaub** M shore leave **Landvermessung** F land surveying **Landweg** M **auf dem ~** by land **Landwein** M homegrown wine **Landwirt(in)** MF farmer **Landwirtschaft** F agriculture; *Betrieb* farm; **~ betreiben** to farm **land-**

L

wirtschaftlich ADJ agricultural **Landzunge** F spit (of land), promontory

lang A ADJ 1 long; **vor ~er Zeit** a long time ago 2 *umg* (≈*groß*) *Mensch* tall B ADV **der ~ erwartete Regen** the long-awaited rain; **~ gehegt** *Wunsch* long-cherished; **~ gestreckt** long; **zwei Stunden ~** for two hours; **mein ganzes Leben ~** all my life **langärmelig** ADJ long-sleeved **langatmig** A ADJ long-winded B ADV in a long-winded way **lange** A ADJ 1 *zeitlich* a long time; **wie ~ bist du schon hier?** how long have you been here (for)?; **es ist noch gar nicht ~ her, dass …** it's not long since …; **je länger, je lieber** the more the better; *zeitlich* the longer the better 2 *umg* (≈*längst*) **noch ~ nicht** not by any means **Länge** F 1 length; *umg von Mensch* height; **eine ~ von 10 Metern haben** to be 10 metres long *Br*, to be 10 meters long *US*; **der ~ nach hinfallen** to fall flat; **in die ~ schießen** to shoot up; **etw in die ~ ziehen** to drag sth out *umg*; **sich in die ~ ziehen** to go on and on; (j-m) **um ~n voraus sein** *fig* to be streets ahead (of sb) 2 GEOG longitude 3 *in Buch* long-drawn-out passage; *in Film* long-drawn-out scene **langen** *dial* A VI 1 (*sich erstrecken, greifen*) to reach (**nach** for *od* **in** +*akk* in, into) 2 (≈*fassen*) to touch (**an** **etw** *akk* sth) 3 (≈*ausreichen*) to be enough; **mir langt es** I've had enough; **das Geld langt nicht** there isn't enough money B VT (≈*reichen*) **j-m etw ~** to give sb sth; **j-m eine ~** to give sb a clip on the ear *umg* **Längengrad** (*a.* **Längenkreis**) M degree of longitude **Längenmaß** N measure of length **längerfristig** A ADJ longer-term B ADV in the longer term **Langeweile** F boredom; **~ haben** to be bored

langfristig A ADJ long-term B ADV in the long term *od* run **langgehen** A VI 1 *Weg etc* wo geht's hier lang? where does this (road *etc*) go? 2 **sie weiß, wo es langgeht** she knows what's what B VT to go along **langgestreckt** ADJ long **langhaarig** ADJ long-haired **Langhantel** F barbell **langjährig** ADJ *Freundschaft, Gewohnheit* long-standing; *Erfahrung* many

years of; *Mitarbeiter* of many years' standing **Langlauf** M SKI cross-country (skiing) **Langläufer(in)** M(F) SKI cross-country skier **langlebig** ADJ long-lasting; *Gerücht* persistent; *Mensch, Tier* long-lived; WIRTSCH durable; **~e Gebrauchsgüter** (*consumer*) durables

länglich ADJ long(ish) **Langmut** F forbearance **langmütig** ADJ forbearing **längs** A ADV lengthways, lengthwise *US*; **~ gestreift** *Stoff* with lengthways stripes B PRÄP along; **~ des Flusses** along the river **Längsachse** F longitudinal axis

langsam A ADJ slow; **~er werden** to slow down B ADV slowly; **~, aber sicher** slowly but surely; **es wird ~ Zeit, dass … it's high time that …; ich muss jetzt ~ gehen** I must be getting on my way; **~ reicht es mir** I've just about had enough **Langsamkeit** F slowness **Langschläfer(in)** M(F) late-riser **längsgestreift** ADJ → längs **Langspielplatte** F long-playing record

längst ADV (≈*schon lange*) for a long time; (≈*vor langer Zeit*) a long time ago; **als wir ankamen, war der Zug ~ weg** when we arrived the train had long since gone **längstens** ADV 1 (≈*höchstens*) at the most 2 (≈*spätestens*) at the latest **längste(r, s)** → lang **Langstrecken-** ZSSGN long-distance; FLUG, MIL long-range **Langstreckenflugzeug** N long-range aircraft **Langstreckenlauf** M *Disziplin* long-distance running; *Wettkampf* long-distance race **Langstreckenrakete** F long-range missile

Languste F crayfish, crawfish *US* **langweilen** A VT to bore B VR to be bored; **sich zu Tode ~** to be bored to death; → gelangweilt **Langweiler(in)** M(F) bore; (≈*langsamer Mensch*) slowcoach *Br umg*, slowpoke *US umg* **langweilig** ADJ boring

Langwelle F long wave **langwierig** A ADJ long B ADV over a long period **Langzeit-** ZSSGN long-term **langzeitarbeitslos** ADJ long-term unemployed **Langzeitarbeitslose(r)** M(F/M) **die ~n** the long-term unemployed **Langzeitarbeitslosigkeit** F long-term unemployment **Langzeitgedächtnis** N long-term memory **Langzeit-**

parkplatz M̲ long-stay car park Br, long-term parking lot US

Lanolin N̲ lanolin

Lanze F̲ (≈ Waffe) lance

La Ola F̲, **La-Ola-Welle** F̲ SPORT Mexican wave

Laos N̲ Laos **laotisch** A̲D̲J̲ Laotian

lapidar A̲ A̲D̲J̲ succinct B̲ A̲D̲V̲ succinctly

Lappalie F̲ trifle

Lappe M̲, **Lappin** F̲ Lapp, Lapplander

Lappen M̲ (≈ Stück Stoff) cloth; (≈ Waschlappen) face cloth Br, washcloth US; **j-m durch die ~ gehen** umg to slip through sb's fingers

läppern umg V̲R̲ **es läppert sich** it (all) mounts up

läppisch A̲D̲J̲ silly

Lappland N̲ Lapland

Lapsus M̲ mistake; gesellschaftlich faux pas

Laptop M̲ COMPUT laptop

Lärche F̲ larch

Lärm M̲ noise; (≈ Aufsehen) fuss; **~ schlagen** fig to kick up a fuss; **viel ~ um j-n/etw machen** to make a big fuss about sb/sth **Lärmbekämpfung** F̲ noise abatement **Lärmbelästigung** F̲ noise pollution **Lärmemission** F̲ noise emission; stärker noise pollution **lärmen** V̲I̲ to make a noise; **~d** noisy **Lärmschutz** M̲ noise prevention **Lärmschutzwall** M̲, **Lärmschutzwand** F̲ sound barrier

Larve F̲ (≈ Tierlarve) larva

Lasagne F̲ lasagne sg

lasch umg A̲ A̲D̲J̲ Gesetz, Kontrolle, Eltern lax; Vorgehen feeble B̲ A̲D̲V̲ (≈ nicht streng) in a lax way; vorgehen feebly

Lasche F̲ (≈ Schlaufe) loop; (≈ Schuhlasche) tongue; TECH splicing plate

Laser M̲ laser **Laserchirurgie** F̲ laser surgery **Laserdrucker** M̲ TYPO laser (printer) **Lasermedizin** F̲ laser medicine **lasern** V̲I̲ MED to laser; **sich** (dat) **die Augen ~ lassen** to have one's eyes lasered **Laserpistole** F̲ laser gun; bei Geschwindigkeitskontrollen radar gun **Laserpointer** M̲ für Präsentationen laser pointer **Lasersensor** M̲ TECH laser sensor **Lasershow** F̲ laser show **Laserstrahl** M̲ laser beam **Lasertechnik** F̲ laser technology **Lasertherapie** F̲ laser therapy **Laserwaffe** F̲ laser weapon

lasieren V̲I̲ Bild, Holz to varnish; Glas to glaze

lassen

A Hilfsverb   **B** transitives Verb

C intransitives Verb

— **A** Hilfsverb —

1 (≈ veranlassen) **etw tun ~** to have sth done; **j-m mitteilen ~, dass …** to let sb know that …; **er lässt Ihnen mitteilen, dass …** he wants you to know that …; **j-n rufen** od **kommen ~** to send for sb **2** (≈ zulassen) to let; to leave; **j-n gehen ~** to let sb go; **warum hast du das Licht brennen ~?** why did you leave the light on?; **j-n warten ~** to keep sb waiting **3** (≈ erlauben) to let; **j-n etw sehen ~** to let sb see sth; **ich lasse mich nicht zwingen** I won't be coerced; **lass mich machen!** let me do it!; **lass das sein!** don't (do it)!; (≈ hör auf) stop it!; **das Fenster lässt sich leicht öffnen** the window opens easily; **das Wort lässt sich nicht übersetzen** the word can't be translated; **das lässt sich machen** that can be done; **daraus lässt sich schließen, dass …** one can conclude from this that … **4** im Imperativ **lass/lasst uns gehen!** let's go!; **lass es dir gut gehen!** take care of yourself!; **lass ihn nur kommen!** just let him come!

— **B** transitives Verb —

1 (≈ unterlassen) to stop; (≈ momentan aufhören) to leave; **lass das!** don't do it!; (≈ hör auf) stop that!; **~ wir das!** let's leave it!; (≈ reden wir nicht mehr darüber) enough of that; **er kann das Trinken/ Lügen nicht ~** he can't stop drinking/ lying; **ich kanns nicht ~** I can't help it **2** (≈ belassen) to leave; **j-n allein ~** to leave sb alone; **lass mich (los)!** let me go!; **lass mich (in Ruhe)!** leave me alone!; **das muss man ihr ~** (≈ zugestehen) you've got to give her that; **etw ~, wie es ist** to leave sth (just) as it is **3** (≈ zulassen) to let; im Passiv oder unpersönlichen Konstruktionen to be allowed to; **lass mich fahren** let me drive; **man ließ uns den Patienten nicht sehen** we weren't allowed to see the patient **4** (≈ zurücklassen) to leave; **etw zu Hause ~** to leave sth at home **5** (≈ veranlassen) to make; to have; **er lässt**

L

uns hart arbeiten he makes us work hard; **ich werde es sie machen ~** I'll have her do it; **ich habe mir die Haare schneiden ~** I had my hair cut; **ich lasse das Auto waschen** I'll get the car washed

— **C** intransitives Verb —

von j-m/etw ~ (≈ *ablassen*) to give sb/sth up; **lass mal, ich mach das schon** leave it, I'll do it

lässig **A** ADJ (≈ *ungezwungen*) casual; (≈ *nachlässig*) careless; *umg* (≈ *gekonnt*) cool *umg* **B** ADV (≈ *ungezwungen*) casually; *umg* (≈ *leicht*) easily

Lasso M/N lasso

Last F **1** load; (≈ *Gewicht*) weight **2** *fig* (≈ *Bürde*) burden; **j-m zur ~ fallen/werden** to be/become a burden on sb; **die ~ des Amtes** the weight of office; **j-m etw zur ~ legen** to accuse sb of sth; **das geht zu ~en der Sicherheit im Lande** that is detrimental to national security **3** **~en** *pl* (≈ *Kosten*) costs; **des Steuerzahlers** charges **lasten** VII to weigh heavily (**auf** +*dat* on); **auf ihm lastet die ganze Verantwortung** all the responsibility rests on him **Lastenaufzug** M hoist

Laster¹ M *umg* (≈ *Lastwagen*) truck

Laster² N (≈ *Untugend*) vice **lasterhaft** ADJ depraved **lästerlich** ADJ malicious; (≈ *gotteslästerlich*) blasphemous **lästern** VII to bitch *umg*; **über j-n/etw ~** to bitch about sb/sth *umg*

lästig ADJ tiresome; *Husten etc* troublesome; **j-m ~ sein** to bother sb; **etw als ~ empfinden** to think sth is annoying **Lastkahn** M barge **Lastkraftwagen** *form* M heavy goods vehicle **Last-Minute-Angebot** N last-minute offer **Last-Minute-Flug** M last-minute flight, late-availability flight **Last-Minute-Reise** F last-minute trip **Last-Minute-Urlaub** M last-minute holiday *Br*, last-minute vacation *US* **Lastschiff** N freighter **Lastschrift** F debit; *Eintrag* debit entry **Lastschriftverfahren** N direct debit **Lastwagen** M truck, lorry *Br* **Lastwagenfahrer(in)** M/F(M) truck driver, trucker **Lastzug** M truck-trailer *US*, juggernaut *Br umg*

Lasur F *auf Holz* varnish; *auf Glas* glaze **Latein** N Latin; **mit seinem ~ am Ende sein** to be stumped *umg* **Lateiname-**

rika N Latin America **Lateinamerikaner(in)** M/F(M) Latin American **lateinamerikanisch** ADJ Latin-American **lateinisch** ADJ Latin

latent ADJ latent

Laterne F lantern; (≈ *Straßenlaterne*) streetlight **Laternenpfahl** M lamp-post

Latino M Latin American, Latino *bes US* **Latinum** N **kleines/großes ~** basic/advanced Latin exam

latschen *umg* VII to wander **Latschen** *umg* M (≈ *Hausschuh*) slipper; *pej* (≈ *Schuh*) worn-out shoe; **aus den ~ kippen** to black out

Latte F **1** (≈ *schmales Brett*) slat **2** SPORT bar; FUSSB (cross)bar **3** *umg* (≈ *Liste*) eine (**ganze**) **~ von Vorstrafen** a whole string of previous convictions

Latte (macchiato) M/F latte (macchiato)

Lattenrost M duckboards *pl*; *in Bett* slatted frame **Lattenschuss** M FUSSB shot against the bar **Lattenzaun** M wooden fence

Latz M (≈ *Lätzchen*) bib; (≈ *Hosenlatz*) (front) flap; **j-m eins vor den ~ knallen** *umg* to sock sb one *umg* **Lätzchen** N bib **Latzhose** F (pair of) dungarees *pl Br*, (pair of) overalls *pl US*

lau **A** ADJ **1** (≈ *mild*) *Wind* mild **2** (≈ *lauwarm*) tepid; *fig* lukewarm **B** ADV (≈ *mild wehen*) gently

Laub N leaves *pl* **Laubbaum** M deciduous tree **Laubbläser** M TECH leaf blower

Laube F **1** (≈ *Gartenhäuschen*) summerhouse **2** (≈ *Gang*) arbour *Br*, arbor *US*, pergola

Laubfrosch M (European) tree frog **Laubsäge** F fret saw **Laubwald** M deciduous wood; *größer* deciduous forest

Lauch M *bes südd* (≈ *Porree*) leek **Lauchzwiebeln** PL spring onions *pl Br*, scallions *pl US*

Laudatio F eulogy

Lauer F **auf der ~ sein** *od* **liegen** to lie in wait **lauern** VII to lurk, to lie in wait (**auf** +*akk* for)

Lauf M **1** (≈ *schneller Schritt*) run; SPORT race **2** (≈ *Verlauf*) course; **im ~e der Zeit** in the course of time, over time; **seiner Fantasie freien ~ lassen** to give free rein to one's imagination; **den Dingen**

ihren ~ **lassen** to let things take their course; **das ist der ~ der Dinge** that's the way things go **3** (≈ *Gang, Arbeit*) running, operation **4** (≈ *Flusslauf*) course **5** (≈ *Gewehrlauf*) barrel **Laufbahn** F career **Laufband** N in Flughafen etc travelator Br, moving sidewalk US; (≈ *Sportgerät*) treadmill **Laufbus** M walking bus **laufen** A VII **1** (≈ *rennen*) to run; umg (≈ *gehen*) to go; (≈ *zu Fuß gehen*) to walk; **das Laufen lernen** to learn to walk **2** (≈ *fließen*) to run **3** Wasserhahn to leak; Wunde to weep **4** (≈ *in Betrieb sein*) to run; Uhr to go; (≈ *funktionieren*) to work; **ein Programm ~ lassen** IT to run a program **5** (≈ *gezeigt werden*) Film, Stück to be on; **etw läuft gut/schlecht** sth is going well/badly; **die Sache ist gelaufen** umg it's in the bag B VIT **1** SPORT Rekordzeit to run; Rekord to set **2** (≈ *zu Fuß gehen*) to walk; schnell to run C VIR **sich warm ~** to warm up; **sich müde ~** to tire oneself out **laufend A** ADJ (≈ *ständig*) regular; (≈ *regelmäßig*) Monat, Jahr current; **~e Nummer** serial number; von Konto number; **j-n auf dem Laufenden** od **am Laufenden** österr **halten** to keep sb up-to-date od informed; **mit etw auf dem Laufenden** od **am Laufenden** österr **sein** to be up-to-date on sth B ADV continually **laufen lassen** umg VIT j-n → to let sb go od off **Läufer** M **1** Schach bishop **2** Teppich rug **Läufer(in)** MIF SPORT runner **Lauferei** F umg F running about kein pl **Lauffeuer** N **sich wie ein ~ verbreiten** to spread like wildfire **läufig** ADJ in heat **Laufkundschaft** F occasional customers pl **Laufmasche** F ladder Br, run **Laufpass** M **j-m den ~ geben** umg to give sb his marching orders umg, to dump sb umg **Laufschritt** M trot; **im ~** MIL at the double **Laufschuh** umg M walking shoe **Laufstall** M playpen; für Tiere pen **Laufsteg** M catwalk **Lauftechnik** F SPORT running technique **Laufwerk** N COMPUT drive **Laufzeit** F **1** von Vertrag term; von Kredit period **2** von Maschine, DVD running time

Lauge F CHEM lye; (≈ *Seifenlauge*) soapy water **Laugenbrezel** F salt pretzel **Lauheit** F von Wind, Abend mildness **Laune** F **1** (≈ *Stimmung*) mood; **(je) nach (Lust und) ~** just as the mood

takes one; **gute/schlechte ~ haben** to be in a good/bad mood **2** (≈ *Grille, Einfall*) whim; **etw aus einer ~ heraus tun** to do sth on a whim **launenhaft**, **launisch** ADJ moody; (≈ *unberechenbar*) capricious; Wetter changeable

Laus F louse; **ihm ist (wohl) eine ~ über die Leber gelaufen** umg something's eating at him umg

Lausbub M bes südd young od little rascal

Lauschangriff M bugging operation **(gegen on) lauschen** VII **1** geh to listen (+dat od auf +akk to) **2** (≈ *heimlich zuhören*) to eavesdrop

lausen VIT to delouse; **ich glaub, mich laust der Affe!** umg well I'll be blowed! Br umg **lausig** umg A ADJ lousy umg; Kälte freezing B ADV awfully

laut¹ A ADJ loud; (≈ *lärmend*) noisy; **er wird immer gleich ~** he always gets obstreperous; **etw ~ werden lassen** (≈ *bekannt*) to make sth known B ADV loudly; **~ (auf)lachen** to laugh out loud; **~ nachdenken** to think aloud; **~er sprechen** to speak up; **das kannst du aber ~ sagen** fig umg you can say that again **laut²** geh PRÄP according to

Laut M sound **lauten** VII to be; Rede to go; Schriftstück to read; **auf den Namen ... ~** Pass to be in the name of ...

läuten VIT & VII to ring; Wecker to go (off); **es hat geläutet** the bell rang; **er hat davon (etwas) ~ hören** umg he has heard something about it

lauter¹ ADJ (≈ *nur*) nothing but; **~ Unsinn** pure nonsense; **vor ~ Rauch kann man nichts sehen** you can't see anything for all the smoke

lauter² ADJ geh (≈ *aufrichtig*) honourable Br, honorable US; **~er Wettbewerb** fair competition

lauthals ADV at the top of one's voice **lautlos** A ADJ silent B ADV silently **Lautmalerei** F onomatopoeia **lautmalerisch** ADJ onomatopoeic **Lautschrift** F phonetics pl **Lautsprecher** M (loud)speaker **Lautsprecheranlage** F öffentliche ~ PA system **lautstark** A ADJ loud; Protest vociferous B ADV loudly; protestieren a. vociferously **Lautstärke** F **1** loudness **2** RADIO, TV etc volume **Lautstärkeregler** M RADIO, TV volume control

lauwarm ADJ slightly warm; Flüssigkeit

lukewarm; *fig* lukewarm
Lava F̲ lava
Lavabo N̲ *schweiz* washbasin
Lavendel M̲ lavender
Lawine F̲ avalanche **lawinenartig** ADJ̲ like an avalanche; **~ anwachsen** to snowball **Lawinengefahr** F̲ danger of avalanches **lawinensicher** ADV̲ *gebaut* to withstand avalanches **Lawinenwarnung** F̲ avalanche warning
lax A̲ ADJ̲ lax B̲ ADV̲ laxly **Laxheit** F̲ laxity
Layout N̲, **Lay-out** N̲ layout **Layouter(in)** M̲F̲ designer
Lazarett N̲ MIL̲ (≈ *Krankenhaus*) hospital
LCD-Anzeige F̲ LCD display
Leadsänger(in) M̲F̲ lead singer
leasen V̲T̲ HANDEL̲ to lease **Leasing** N̲ HANDEL̲ leasing **Leasingvertrag** M̲ lease
leben A̲ V̲I̲ to live; (≈ *am Leben sein*) to be alive; **er lebt noch** he is still alive; **er lebt nicht mehr** he is no longer alive; **von etw ~** to live on sth; **wie geht es dir? — man lebt (so)** *umg* how are you? — surviving; **genug zu ~ haben** to have enough to live on; **~ und ~ lassen** to live and let live; **allein ~** to live alone B̲ V̲T̲ to live **Leben** N̲ life; **das ~ life; am ~ bleiben/sein** to stay/be alive; **solange ich am ~ bin** as long as I live; **j-m das ~ retten** to save sb's life; **es geht um ~ und Tod** it's a matter of life and death; **mit dem ~ davonkommen** to escape with one's life; **etw ins ~ rufen** to bring sth into being, to start sth; **ums ~ kommen** to die; sich (*dat*) **das ~ nehmen** to take one's (own) life; **etw für sein ~ gern tun** to love doing sth; **etw ~ lang** one's whole life (long); **nie im ~!** never!; **ein Film nach dem ~** a film from real life; **das ~ geht weiter** life goes on; **~ in etw** (*akk*) **bringen** *umg* to liven sth up **lebend** ADJ̲ live *attr*, alive *präd*; *Sprache* living **Lebendgewicht** N̲ live weight **lebendig** A̲ ADJ̲ 1̲ (≈ *nicht tot*) live *attr*, alive *präd*; *Wesen* living; **bei ~em Leibe** alive 2̲ *fig* (≈ *lebhaft*) lively *kein adv*; *Darstellung* vivid B̲ ADV̲ (≈ *lebhaft*) alive; *fig* (≈ *lebhaft*) vividly **Lebendigkeit** F̲ liveliness **Lebensabend** M̲ old age **Lebensabschnitt** M̲ phase in *od* of one's life **Lebensalter** N̲ age **Lebensarbeitszeit** F̲ working life **Lebensart** F̲ 1̲

(≈ *Lebensweise*) way of life 2̲ (≈ *Manieren*) manners *pl*; (≈ *Stil*) (life)style **Lebensauffassung** F̲ attitude to life **Lebensaufgabe** F̲ life's work **Lebensbedingungen** P̲L̲ living conditions *pl* **lebensbedrohend**, **lebensbedrohlich** ADJ̲ life-threatening **Lebensberechtigung** F̲ right to exist **Lebensbereich** M̲ area of life **Lebensdauer** F̲ life(span); *von Maschine* life **Lebensende** N̲ end (of sb's/one's life); **bis an ihr ~** till the day she died **Lebenserfahrung** F̲ experience of life **lebenserhaltend** ADJ̲ life-preserving; *Geräte* life-support *attr* **Lebenserinnerungen** P̲L̲ memoirs *pl* **Lebenserwartung** F̲ life expectancy **lebensfähig** ADJ̲ viable **Lebensfähigkeit** F̲ viability **Lebensfreude** F̲ joie de vivre **lebensfroh** ADJ̲ merry **Lebensführung** F̲ lifestyle **Lebensgefahr** F̲ (mortal) danger; **„Lebensgefahr!" "danger!";** **er schwebt in ~** his life is in danger; *Patient* he is in a critical condition; **außer ~ sein** to be out of danger **lebensgefährlich** A̲ ADJ̲ highly dangerous; *Krankheit, Verletzung* critical B̲ ADV̲ *verletzt* critically **Lebensgefährte** M̲, **Lebensgefährtin** F̲ partner **Lebensgefühl** N̲ awareness of life, feeling of being alive; **ein ganz neues ~ haben** to feel (like) a different person **Lebensgemeinschaft** F̲ long-term relationship; **eingetragene ~** registered partnership **lebensgroß** ADJ̲ & ADV̲ life-size **Lebensgröße** F̲ life-size; **etw in ~ malen** to paint sth life-size **Lebensgrundlage** F̲ (basis for one's) livelihood **Lebenshaltung** F̲ 1̲ (≈ *Unterhaltskosten*) cost of living 2̲ (≈ *Lebensführung*) lifestyle **Lebenshaltungsindex** M̲ cost-of-living index **Lebenshaltungskosten** P̲L̲ cost of living *sg* **Lebensjahr** N̲ year of (one's) life; **nach Vollendung des 18. ~es** on attaining the age of 18 **Lebenslage** F̲ situation **lebenslang** ADJ̲ *Freundschaft* lifelong; *Haft* life *attr*, for life **lebenslänglich** A̲ ADJ̲ *Rente, Strafe* for life; **sie hat ~ bekommen** she got life *umg* B̲ ADV̲ for life **Lebenslauf** M̲ life; *bei Bewerbungen* curriculum vitae, CV *Br*, résumé *US* **Lebenslust** F̲ zest for life **lebenslustig** ADJ̲ in love with life **Lebensmittel** P̲L̲ food *sg* **Lebensmit-**

telabteilung F̲ food department **Lebensmittelchemie** F̲ food chemistry **Lebensmittelgeschäft** N̲ grocer's (shop), grocery store US **Lebensmittelkette** F̲ food chain **Lebensmittelsicherheit** F̲ food safety **Lebensmittelskandal** M̲ food scandal **Lebensmittelvergiftung** F̲ food poisoning **lebensmüde** A̲D̲J̲ weary of life; **ich bin doch nicht ~!** umg (≈verrückt) I'm not completely mad! umg **lebensnotwendig** A̲D̲J̲ essential **Lebenspartner(in)** M̲(F̲) long-term partner, domestic partner US **Lebenspartnerschaft** F̲ long-term relationship; **eingetragene ~** civil partnership Br, civil union US **Lebensqualität** F̲ quality of life **Lebensraum** M̲ **1** von Tieren, Pflanzen habitat **2** als Platzproblem living space **Lebensretter(in)** M̲(F̲) rescuer **Lebensstandard** M̲ standard of living **Lebensstellung** F̲ permanent position **Lebensstil** M̲ lifestyle **lebenstüchtig** A̲D̲J̲ **er ist nicht sehr ~** he just can't cope with life **Lebensumstände** P̲L̲ circumstances pl **lebensunfähig** A̲D̲J̲ Lebewesen, System nonviable **Lebensunterhalt** M̲ **seinen ~ verdienen** to earn one's living; **für j-s ~ sorgen** to support sb **lebensverlängernd** A̲D̲J̲ Maßnahme life-prolonging **Lebensversicherung** F̲ life insurance; **eine ~ abschließen** to take out life insurance **Lebenswandel** M̲ way of life **Lebensweise** F̲ way of life **Lebenswerk** N̲ life's work **lebenswert** A̲D̲J̲ worth living **lebenswichtig** A̲D̲J̲ essential, vital; Organ vital **Lebenswille** M̲ will to live **Lebenszeichen** N̲ sign of life; MED vital signs pl **Lebenszeit** F̲ life(time); **auf ~** for life **Leber** F̲ liver; **frei** od **frisch von der ~ weg reden** umg to speak out **Leberfleck** M̲ mole **Leberkäse** M̲ ≈ meat loaf **Leberknödel** M̲ liver dumpling **Leberkrebs** M̲ cancer of the liver **Leberpastete** F̲ liver pâté **Lebertran** M̲ cod-liver oil **Leberwurst** F̲ liver sausage

Lebewesen N̲ living thing, creature **Lebewohl** liter N̲ farewell liter; **j-m ~ sagen** to bid sb farewell **lebhaft** A̲ A̲D̲J̲ lively kein adv; Gespräch animated; HANDEL Geschäfte, Nachfrage brisk; Erinnerung vivid; Farbe bright B̲ A̲D̲V̲ reagie-

ren strongly; **~ diskutieren** to have a lively discussion; **das Geschäft geht ~** business is brisk; **ich kann mir ~ vorstellen, dass ...** I can (very) well imagine that ... **Lebhaftigkeit** F̲ liveliness; von Erinnerung vividness; von Farbe brightness

Lebkuchen M̲ gingerbread **leblos** A̲D̲J̲ lifeless; **~er Gegenstand** inanimate object **Lebzeiten** P̲L̲ **zu j-s ~** in sb's lifetime; (≈Zeit) in sb's day **lechzen** V̲I̲ to pant; **nach etw ~** to thirst for sth

leck A̲D̲J̲ leaky; **~ sein** to leak **Leck** N̲ leak

lecken[1] V̲I̲ (≈undicht sein) to leak **lecken**[2] V̲I̲T̲ &̲ V̲I̲ &̲ V̲R̲ to lick; **an j-m/etw ~** to lick sb/sth

lecker A̲ A̲D̲J̲ Speisen delicious, tasty, yummy umg B̲ A̲D̲V̲ zubereitet deliciously; **~ schmecken** to taste delicious **Leckerbissen** M̲ Speise delicacy, titbit Br, tidbit US **Leckerei** F̲ **1** Speise delicacy, titbit Br, tidbit US **2** (≈Süßigkeit) dainty

Leder N̲ leather; **zäh wie ~** as tough as old boots Br umg, as tough as shoe leather US **Ledergarnitur** F̲ leather-upholstered suite **Lederhose** F̲ leather trousers pl Br, leather pants pl US; kurz lederhosen pl **Lederjacke** F̲ leather jacket **Ledermantel** M̲ leather coat **ledern** A̲D̲J̲ **1** leather **2** (≈zäh) leathery **Lederwaren** P̲L̲ leather goods pl **ledig** A̲D̲J̲ (≈unverheiratet) single **Ledige(r)** M̲/F̲(M̲) single person **lediglich** A̲D̲V̲ merely **LED-Lampe** F̲ LED (light) bulb **leer** A̲ A̲D̲J̲ empty; Blick blank; **mit ~en Händen** fig empty-handed B̲ A̲D̲V̲ **etw ~ machen** to empty sth; **(wie) ~ gefegt** Straßen deserted; **etw ~ trinken** to empty sth; **~ stehen** to stand empty; **~ stehend** empty **Leere** F̲ emptiness **leeren** V̲I̲T̲ &̲ V̲I̲R̲ to empty **Leergewicht** N̲ unladen weight; von Behälter empty weight **Leergut** N̲ empties pl **Leerlauf** M̲ AUTO neutral; von Fahrrad freewheel; im ~ fahren to coast **Leerlaufen** V̲I̲ **1** Fass etc to run dry **2** Motor to idle; Maschine to run idle **Leerstelle** F̲ beim Tippen space, blank **Leertaste** F̲ space-bar **Leerung** F̲ emptying; **nächste ~ 18 Uhr** an Briefkasten next collection p.m. Br, next pickup 6

L

p.m. *US* **Leerzeichen** N̲ IT blank *od* space (character) **Leerzeile** F̲ TYPO blank line; **zwei ~n lassen** *od* to leave two lines free *od* blank, to leave two empty lines

legal A ADJ legal B ADV legally **legalisieren** V/T to legalize **Legalisierung** F̲ legalization **Legalität** F̲ legality; **(etwas) außerhalb der ~** *euph* (slightly) outside the law

Legasthenie F̲ dyslexia **Legastheniker(in)** M/F dyslexic

Legebatterie F̲ hen battery **Legehenne** F̲ laying hen **legen** A V/T 1 (≈*hintun*) to put, to place 2 (≈*lagern*) to lay down; *mit Adverb* to lay 3 (≈*verlegen*) to lay; *Bomben* to plant; **Feuer ~** to start a fire B V/T & V/I *Huhn* to lay C V/R 1 (≈*hinlegen*) to lie down (**auf** +*akk* on); **sich in die Sonne ~** to lie in the sun; **sich auf die Seite ~** to lie on one's side 2 (≈*abnehmen*) *Lärm* to die down; *Rauch, Nebel* to clear; *Zorn, Nervosität* to wear off

legendär ADJ legendary **Legende** F̲ legend

leger A ADJ *Kleidung, Ausdruck, Typ* casual; *Atmosphäre* relaxed B ADV casually; *sich ausdrücken* informally

Leggin(g)s PL leggings pl

legieren V/T *Metall* to alloy **Legierung** F̲ alloy; *Verfahren* alloying

Legion F̲ legion **Legionär** M̲ legionary, legionnaire **Legionärskrankheit** F̲ legionnaire's disease **Legionellen** PL MED Legionella *sg od pl*

Legislative F̲ legislature **Legislaturperiode** F̲ parliamentary term *Br*, legislative period *US*

legitim ADJ legitimate **Legitimation** F̲ identification; (≈*Berechtigung*) authorization **legitimieren** A V/T to legitimize; (≈*berechtigen*) to entitle; (≈*Erlaubnis geben*) to authorize B V/R (≈*sich ausweisen*) to identify oneself **Legitimierung** F̲ legitimization; (≈*Berechtigung*) justification **Legitimität** F̲ legitimacy

Leguan M̲ iguana

Lehm M̲ loam; (≈*Ton*) clay **Lehmboden** M̲ clay soil **lehmig** ADJ loamy; (≈*tonartig*) claylike

Lehne F̲ (≈*Armlehne*) arm(rest); (≈*Rückenlehne*) back (rest) **lehnen** A V/T & V/R to lean (**an** +*akk* against) B V/I to be leaning (**an** +*dat* against) **Lehnstuhl**

M̲ easy chair **Lehnwort** N̲ LING loan word

Lehramt N̲ *das* ~ the teaching profession; (≈*Lehrerposten*) teaching post *bes Br*, teaching position **Lehrauftrag** M̲ UNIV **einen ~ für etw haben** to give lectures on sth **Lehrbeauftragte(r)** M/F(M) UNIV **~ für etw sein** to give lectures on sth **Lehrbuch** N̲ textbook **Lehre** F̲ 1 (≈*das Lehren*) teaching 2 *von Christus etc* teachings *pl*; (≈*Lehrmeinung*) doctrine 3 (≈*negative Erfahrung*) lesson; *einer Fabel* moral; **j-m eine ~ erteilen** to teach sb a lesson; **lass dir das eine ~ sein** let that be a lesson to you! 4 (≈*Berufslehre*) apprenticeship; *in nicht handwerklichem Beruf* training; **eine ~ machen** to train; *in Handwerk* to do an apprenticeship **lehren** V/T & V/I to teach; ~ **gelehrt Lehrer(in)** M/F teacher; (≈*Fahrlehrer etc*) instructor/instructress **Lehrerausbildung** F̲ teacher training **Lehrerkollegium** N̲ (teaching) staff **Lehrerkonferenz** F̲ staff meeting *Br*, faculty meeting *US* **Lehrerzimmer** N̲ staff room *bes Br*, teachers' room **Lehrfach** N̲ subject **Lehrgang** M̲ course (**für** in) **Lehrgeld** N̲ **~ für etw zahlen müssen** *fig* to pay dearly for sth **Lehrjahr** N̲ year as an apprentice **Lehrkörper** *form* M̲ teaching staff **Lehrkraft** *form* F̲ teacher **Lehrling** M̲ apprentice; *in nicht handwerklichem Beruf* trainee **Lehrmeister(in)** M/F master **Lehrmethode** F̲ teaching method **Lehrmittel** N̲ teaching aid **Lehrplan** M̲ (teaching) curriculum; *für ein Schuljahr* syllabus **lehrreich** ADJ (≈*informativ*) instructive; *Erfahrung* educational **Lehrsatz** M̲ *Philosophie, a.* MATH theorem; KIRCHE dogma **Lehrstelle** F̲ position as an apprentice/a trainee **Lehrstoff** M̲ subject; *eines Jahres* syllabus **Lehrstuhl** M̲ UNIV chair (**für** of) **Lehrtochter** F̲ *schweiz* apprentice **Lehrveranstaltung** F̲ UNIV (≈*Vorlesung*) lecture; (≈*Seminar*) seminar **Lehrzeit** F̲ apprenticeship

Leib M̲ (≈*Körper*) body; **mit ~ und Seele** heart and soul; **wünschen** with all one's heart; **mit ~ und Seele dabei sein** to put one's heart and soul into it; **etw am eigenen ~(e) erfahren** to experience sth for oneself; **am ganzen ~(e) zittern** to be shaking all over; **halt ihn**

mir vom ~ keep him away from me **Leibchen** österr, schweiz N̅, **Leiberl** österr N̅ (≈ Unterhemd) vest Br, undershirt US; (≈ T-Shirt) T-shirt; (≈ Trikot) shirt, jersey **Leibeskraft** F̅ **aus Leibeskräften schreien** etc to shout etc with all one's might (and main) **Leibesübung** obs F̅ **~en** Schulfach physical education kein pl **Leibgericht** N̅ favourite meal Br, favorite meal US **leibhaftig** A̅ ADJ personified; **die ~e Güte** etc goodness etc personified B̅ ADV in person **leiblich** ADJ [1] (≈ körperlich) physical, bodily; **für das ~e Wohl sorgen** to take care of our/their etc bodily needs [2] Mutter, Vater natural; Kind by birth; Bruder, Schwester full **Leibwache** F̅ bodyguard **Leibwächter(in)** M̅F̅ bodyguard

Leiche F̅ corpse; **er geht über ~n** umg he'd stop at nothing; **nur über meine ~!** umg over my dead body! **Leichenbestatter(in)** M̅F̅ undertaker, mortician US **Leichenblass** A̅D̅J̅ deathly pale **Leichenhalle** F̅, **Leichenhaus** N̅ mortuary **Leichenschau** F̅ postmortem (examination) **Leichenschauhaus** N̅ mortuary Br, morgue US **Leichenstarre** F̅ rigor mortis ohne art **Leichenwagen** M̅ hearse **Leichnam** form M̅ body

leicht A̅ ADJ (≈ nicht schwer) light; Koffer lightweight; (≈ geringfügig) slight; JUR Vergehen etc petty; (≈ einfach) easy; **mit ~er Hand** fig effortlessly; **mit dem werden wir (ein) ~es Spiel haben** he'll be no problem B̅ ADV [1] (≈ einfach) easily; **es sich** (dat) **(bei etw) ~ machen** not to make much of an effort (with sth); **man hat's nicht ~** umg it's a hard life; **~ zu beantworten** easy to answer; **das ist ~er gesagt als getan** that's easier said than done; **du hast ~ reden** it's all very well for you; **~ leicht machen** [2] (≈ schnell) easily; **er wird ~ böse** etc he is quick to get angry etc; **~ zerbrechlich** very fragile; **~ verderblich** highly perishable; **das ist ~ möglich** that's quite possible; **~ entzündlich** Brennstoff etc highly (in)flammable; **das passiert mir so ~ nicht wieder** I won't let that happen again in a hurry umg [3] (≈ schwach regnen) lightly; **~ bekleidet sein** to be scantily clad; **~ gekleidet sein** to be (dressed) in light clothes; **~ gewürzt/gesalzen** lightly seasoned/salt-

ed **Leichtathlet(in)** M̅F̅ (track and field) athlete **Leichtathletik** F̅ (track and field) athletics sg **leichtfallen** V̅I̅ to be easy (j-m for sb) **leichtfertig** A̅ ADJ thoughtless B̅ ADV thoughtlessly; **~ handeln** to act without thinking **Leichtfertigkeit** F̅ thoughtlessness **Leichtgewicht** N̅ lightweight **leichtgläubig** ADJ credulous; (≈ leicht zu täuschen) gullible **Leichtgläubigkeit** F̅ credulity; (≈ Arglosigkeit) gullibility **leichthin** ADV lightly **Leichtigkeit** F̅ [1] (≈ Mühelosigkeit) ease; **mit ~** with no trouble (at all) [2] (≈ Unbekümmertheit) light-heartedness **leichtlebig** ADJ happy-go-lucky **leicht machen** V̅T̅, **leichtmachen** V̅T̅ **j-m etw ~** to make sth easy for sb; **sich** (dat) **etw ~** to make things easy for oneself with sth; (≈ nicht gewissenhaft sein) to take it easy with sth **Leichtmetall** N̅ light metal **leichtnehmen** V̅T̅ **etw ~** (≈ nicht ernsthaft behandeln) to take sth lightly; (≈ sich keine Sorgen machen) not to worry about sth **Leichtsinn** M̅ (≈ unvorsichtige Haltung) foolishness; (≈ Sorglosigkeit) thoughtlessness; **sträflicher ~** criminal negligence **leichtsinnig** A̅ ADJ foolish; (≈ unüberlegt) thoughtless B̅ ADV **handeln** thoughtlessly; **~ mit etw umgehen** to be careless with sth **Leichtverletzte(r)** M̅/F̅(M̅) **die ~n** the slightly injured **Leichtwasserreaktor** M̅ light water reactor

leid ADJ (≈ überdrüssig) **j-n/etw ~ sein** to be tired of sb/sth **Leid** N̅ [1] (≈ Kummer) sorrow, grief kein unbest art; (≈ Schaden) harm; **viel ~ erfahren** to suffer a great deal; **j-m sein ~ klagen** to tell sb one's troubles; **zu ~e** → zuleide [2] schweiz (≈ Begräbnis) funeral [3] schweiz (≈ Trauerkleidung) mourning **leiden** A̅ V̅T̅ [1] (≈ ertragen müssen) to suffer **j-n/etw ~ können** to like sb/sth B̅ V̅I̅ to suffer (an +dat od unter +dat from) **Leiden** N̅ [1] suffering [2] (≈ Krankheit) illness **leidend** ADJ (≈ kränklich) ailing; umg Miene long-suffering **Leidenschaft** F̅ passion; **ich koche mit großer ~** cooking is a great passion of mine **leidenschaftlich** A̅ ADJ passionate B̅ ADV passionately; **etw ~ gern tun** to be mad about doing sth umg **leidenschaftslos** A̅ ADJ dispassionate B̅ ADV dispassionately **Leidensgefährte**

M, **Leidensgefährtin** F̲ fellow-sufferer **Leidensgeschichte** F̲ tale of woe; **die ~ (Christi)** BIBEL Christ's Passion **Leidensweg** M̲ life of suffering; **seinen ~ gehen** to bear one's cross **leider** ADV unfortunately, I'm afraid **leidgeprüft** ADJ sorely afflicted **leidig** ADJ tiresome **leidlich** A̲ ADJ reasonable B̲ ADV reasonably; **wie geht's? — danke, ~!** how are you? — not too bad, thanks **Leidtragende(r)** M̲/F̲M̲ 1̲ (≈ Hinterbliebener) **die ~n** the bereaved 2̲ (≈ Benachteiligter) **der/die ~** the one to suffer **leidtun** V̲I̲ **etw tut j-m leid** sb is sorry about od for sth; **tut mir leid!** (I'm) sorry!; **es tut uns leid, Ihnen mitteilen zu müssen ...** we regret to have to inform you ...; **er/sie tut mir leid** I'm sorry for him/her, I pity him/her; **das wird dir noch ~** you'll be sorry **Leierkasten** M̲ barrel organ **Leierkastenfrau** F̲, **Leierkastenmann** M̲ organ-grinder **Leiharbeit** F̲ subcontracted work **Leiharbeiter(in)** M̲/F̲ subcontracted worker **Leihbibliothek** F̲, **Leihbücherei** F̲ lending library **leihen** V̲I̲ to lend, to loan; (≈ entleihen) to borrow; (≈ mieten) to hire; **sich** (dat) **etw ~** to borrow sth **Leihgabe** F̲ loan **Leihgebühr** F̲ hire od rental charge; **für Buch** lending charge **Leihhaus** N̲ pawnshop **Leihmutter** F̲ surrogate mother **Leihwagen** M̲ hire(d) car Br, rental (car) US **leihweise** ADV on loan **Leim** M̲ glue; **j-m auf den ~ gehen** od **kriechen** umg to be taken in by sb; **aus dem ~ gehen** umg Sache to fall apart **leimen** V̲I̲ (≈ kleben) to glue (together); **j-n ~** umg to take sb for a ride umg; **der Geleimte** umg the mug umg **Lein** M̲ flax **Leine** F̲ cord; (≈ Schnur) string; (≈ Angelleine, Wäscheleine) line; (≈ Hundeleine) leash **leinen** ADJ linen; grob canvas; Bucheinband cloth **Leinen** N̲ linen; grob canvas; **als Bucheinband** cloth **Leinsamen** M̲ linseed **Leinwand** F̲ canvas; **im Kino** screen **leise** A̲ ADJ 1̲ quiet; Stimme soft; ... **sagte er mit ~r Stimme** ... he said in a low voice 2̲ (≈ gering) slight; Schlaf, Regen, Wind light; **nicht die ~ste Ahnung haben** not to have the slightest idea B̲

ADV (≈ nicht laut) quietly; **das Radio (etwas) ~ stellen** to turn the radio down (slightly); **sprich doch ~r!** keep your voice down a bit **Leiste** F̲ (≈ Holzleiste etc) strip (of wood etc); (≈ Zierleiste) trim; (≈ Umrandung) border **leisten** V̲I̲ 1̲ (≈ erreichen) to achieve; Arbeit to do; Maschine to manage; (≈ ableisten) Wehrdienst etc to complete; **etwas ~ Mensch** (≈ arbeiten) to do something; (≈ vollbringen) to achieve something; Maschine to be quite good; Auto, Motor etc to be quite powerful; **gute Arbeit ~** to do a good job; **j-m Hilfe ~** to give sb some help; **j-m gute Dienste ~** Gegenstand to serve sb well; Mensch to be useful to sb 2̲ (≈ sich erlauben) **sich** (dat) **etw ~** to allow oneself sth; (≈ sich gönnen) to treat oneself to sth; **sich** (dat) **etw ~ können** finanziell to be able to afford sth; **er hat sich tolle Sachen geleistet** he got up to the craziest things **Leistenbruch** M̲ MED hernia **Leistengegend** F̲ groin **Leistung** F̲ 1̲ (≈ Geleistetes) performance; großartige, gute achievement; (≈ Ergebnis) result(s); (≈ geleistete Arbeit) work kein pl; **eine große ~ vollbringen** to achieve a great success; **das ist keine besondere ~** that's nothing special; **seine schulischen ~en haben nachgelassen** his school work has deteriorated; **schwache ~!** that's not very good 2̲ (≈ Leistungsfähigkeit) capacity; von Motor power 3̲ (≈ Zahlung) payment 4̲ (≈ Dienstleistung) service **leistungsbezogen** ADJ performance-oriented **Leistungsbilanz** F̲ WIRTSCH balance on current account **Leistungsdruck** M̲ pressure (to do well) **Leistungsfach** N̲ special od main subject, advanced level subject **leistungsfähig** ADJ (≈ konkurrenzfähig) competitive; (≈ produktiv) efficient; Motor powerful; Maschine productive; FIN solvent **Leistungsfähigkeit** F̲ (≈ Konkurrenzfähigkeit) competitiveness; (≈ Produktivität) efficiency; von Motor power(fulness); von Maschine capacity; FIN ability to pay, solvency; **das übersteigt meine ~** that's beyond my capabilities **leistungsgerecht** ADJ Bezahlung preformance-related **Leistungsgesellschaft** F̲ meritocracy, achievement-orientated society *pej* **Leistungsgrenze** F̲ upper limit **Leistungskontrolle** F̲ SCHULE, UNIV assessment; *in der Fabrik* productivity check **Leistungskurs** M̲ advanced course in specialist subjects **leistungsorientiert** ADJ *Gesellschaft* competitive; *Lohn* performance-related **Leistungsprinzip** N̲ achievement principle **leistungsschwach** ADJ (≈ *nicht konkurrenzfähig*) uncompetitive; (≈ *nicht produktiv*) inefficient, unproductive; *Motor* low-powered; *Maschine* low--performance **Leistungssport** M̲ competitive sport **leistungsstark** ADJ (≈ *konkurrenzfähig*) highly competitive; (≈ *produktiv*) highly efficient *od* productive; *Motor* very powerful; *Maschine* highly productive **Leistungssteigerung** F̲ increase in performance **Leistungstest** M̲ SCHULE achievement test; TECH performance test **Leistungsträger(in)** MF̲ ◼ SPORT *im Beruf, in der Politik* key player ◾ *von Sozialleistungen* service provider **Leistungsvermögen** N̲ capabilities *pl* **Leistungszuschlag** M̲ productivity bonus

Leitartikel M̲ leader *Br,* editorial **Leitartikler(in)** MF̲ leader writer *Br,* editorial writer **Leitbild** N̲ model **leiten** V̲T̲ ◼ to lead; *fig Leser, Schüler etc* to guide; *Verkehr* to route; *Gas, Wasser* to conduct; (≈ *umleiten*) to divert ◾ (≈ *verantwortlich sein für*) to be in charge of; *Partei, Diskussion* to lead; *als Vorsitzender* to chair; *Theater, Orchester* to run ◼ PHYS *Wärme, Licht* to conduct **leitend** ADJ leading; *Idee* central; *Position* managerial; PHYS conductive; **~e(r) Angestellte(r)** executive

Leiter F̲ ladder; (≈ *Stehleiter*) steps *pl* **Leiter(in)** MF̲ leader; *von Hotel, Geschäft* manager/manageress; (≈ *Abteilungsleiter*) *in Firma* head; *von Schule* head *bes Br,* principal *bes US; von Orchester, Chor etc* director **Leiterplatte** F̲ COMPUT circuit board **Leiterwagen** M̲ handcart **Leitfaden** M̲ *Fachbuch* introduction; (≈ *Gebrauchsanleitung*) manual **leitfähig** ADJ PHYS conductive **Leitfigur** F̲ (≈ *Vorbild*) (role) model **Leitgedanke** M̲ central idea **Leitidee** F̲ central idea **Leitlinien** PL̲ POL orientations *pl* **Leitmotiv** N̲ LIT, *a. fig* leitmotif **Leitplanke** F̲ crash barrier **Leitsatz** M̲ basic

principle **Leitspruch** M̲ motto **Leitstelle** F̲ headquarters *pl;* (≈ *Funkleitstelle*) control centre *Br,* control center *US* **Leitung** F̲ ◼ *von Menschen, Organisationen* running; *von Partei, Regierung* leadership; *von Betrieb* management; *von Schule* headship *bes Br,* principalship *bes US;* **unter der ~ von j-m** MUS conducted by sb ◾ (≈ *die Leitenden*) leaders *pl; eines Betriebes etc* management *sg od pl* ◼ *für Gas, Wasser bis zum Haus* main; *im Haus* pipe; (≈ *Draht*) wire; *dicker* cable; TEL (≈ *Verbindung*) line; **eine lange ~ haben** *hum umg* to be slow on the uptake **Leitungsmast** M̲ ELEK (electricity) pylon **Leitungswasser** N̲ tap water **Leitwährung** F̲ key currency **Leitwerk** N̲ FLUG tail unit **Leitzins** M̲ base rate *Br,* prime rate *US*

Lektion F̲ lesson; *im Schulbuch* unit, theme; **j-m eine ~ erteilen** *fig* to teach sb a lesson **Lektor(in)** MF̲ UNIV foreign language assistant; (≈ *Verlagslektor*) editor **Lektüre** F̲ (≈ *das Lesen*) reading; (≈ *Lesestoff*) reading matter

Lemming M̲ lemming

Lende F̲ ANAT, GASTR loin **Lendengegend** F̲ lumbar region **Lendenschurz** M̲ loincloth **Lendenstück** N̲ piece of loin **Lendenwirbel** M̲ lumbar vertebra

lenkbar ADJ TECH steerable; *Rakete* guided **lenken** A V̲T̲ ◼ (≈ *leiten*) to direct; *Sprache, Presse etc* to influence ◾ (≈ *steuern*) *Auto etc* to steer ◼ *fig Schritte, Gedanken, Blick* to direct (**auf** +*akk* to); *j-s Aufmerksamkeit, Blicke* to draw (**auf** +*akk* to); *Gespräch* to steer B V̲I̲ (≈ *steuern*) to steer **Lenker** M̲ (≈ *Fahrradlenker etc*) handlebars *pl* **Lenkrad** N̲ (steering) wheel **Lenksäule** F̲ steering column **Lenkstange** F̲ *von Fahrrad etc* handlebars *pl* **Lenkung** F̲ TECH steering

Lenz M̲ liter (≈ *Frühling*) spring(time) **Leopard** M̲ leopard **Lepra** F̲ leprosy **Lerche** F̲ lark **lernbar** ADJ learnable **lernbehindert** ADJ with learning difficulties **Lernbehinderte(r)** M̲/F̲(M̲) child/person *etc* with learning difficulties **Lerneffekt** M̲ educational benefit **lernen** A V̲T̲ to learn; **lesen/schwimmen** *etc* **~ to** learn to read/swim *etc;* **j-n lieben/schät-**

L

zen ~ to come to love/appreciate sb; **das will gelernt sein** it's a question of practice; → **gelernt** B V/I to learn; (≈ *arbeiten*) to study; **von ihm kannst du noch (was) ~!** he could teach you a thing or two **Lernende(r)** M/F(M), **Lerner(in)** M(F) learner **Lernerfolg** M learning success **lernfähig** ADJ capable of learning **Lernmittel** PL schoolbooks and equipment *pl* **Lernprogramm** N IT *für Computer* tutorial program; *didaktisches Programm* learning program **Lernprozess** M learning process **Lernsoftware** F educational software **lernwillig** ADJ willing to learn **Lernziel** N learning goal

Lesart F version **lesbar** A ADJ (≈ *leserlich*) legible; IT readable B ADV (≈ *leserlich*) legibly

Lesbe F lesbian **Lesbierin** F lesbian **lesbisch** ADJ lesbian

Lese F (≈ *Ernte*) harvest

Lesebrille F reading glasses *pl* **Lesebuch** N reader **Lesekopf** M COMPUT read head **Leselampe** F reading lamp *od* light

lesen¹ V/T & V/I 1 to read; **die Schrift ist kaum zu ~** the writing is scarcely legible; **etw in j-s Augen** (*dat*) ~ to see sth in sb's eyes 2 UNIV to lecture

lesen² V/T *Trauben, Beeren* to pick; *Ähren* to glean; *Erbsen etc* to sort

lesenswert ADJ worth reading **Leser(in)** M(F) reader **Leseratte** *umg* F bookworm *umg* **Leserbrief** M (reader's) letter; **„Leserbriefe"** "letters to the editor" **Lese-Rechtschreib-Schwäche** F dyslexia **leserlich** A ADJ legible B ADV legibly **Leserschaft** F readership **Lesesaal** M reading room **Lesespeicher** M COMPUT read--only memory, ROM **Lesezeichen** N bookmark(er)

Lesotho N GEOG Lesotho

Lesung F reading

Lethargie F lethargy

Lette M, **Lettin** F Lett, Latvian **lettisch** ADJ Lettish, Latvian **Lettland** N Latvia

Letzt F **zu guter ~** in the end **letztendlich** ADV at (long) last; (≈ *letzten Endes*) at the end of the day **letztens** ADV recently; **erst ~** just *od* only recently **Letzte(r)** M/F(M) **der ~ des Monats** the last (day) of the month; **~(r) werden** to

be last; **als ~(r) (an)kommen** to be the last to arrive; **er wäre der ~, dem ich ...** he would be the last person I'd ... **letzte(r, s)** ADJ 1 last; **auf dem ~n Platz liegen** to be (lying) last; **mein ~s Geld** the last of my money; **das ~ Mal** (the) last time; **zum ~n Mal** (for) the last time; **in ~r- Zeit** recently, lately; **der Letzte Wille** the last will and testament 2 (≈ *neueste Mode etc*) latest 3 (≈ *schlechtester*) **das ist der ~ Schund** *od* **Dreck** that's absolute trash; **j-n wie den ~n Dreck behandeln** to treat sb like dirt **Letzte(s)** N 1 last thing; **sein ~s (her)geben** to give one's all; **das ist ja das ~!** *umg* that really is the limit; **bis aufs ~** completely, totally; **bis ins ~** (right) down to the last detail **letztgenannt** ADJ last-named **letztlich** ADV in the end; **das ist ~ egal** it comes down to the same thing in the end **letztmals** ADV for the last time

Leuchtanzeige F illuminated display **Leuchtdiode** F light-emitting diode **Leuchte** F light, lamp; *umg Mensch* genius **leuchten** V/I *Licht* to shine; *Feuer, Zifferblatt* to glow; (≈ *aufleuchten*) to flash; **mit einer Lampe in/auf etw** (*akk*) ~ to shine a lamp into/onto sth **leuchtend** A ADJ shining; *Farbe* bright; **etw in den ~sten Farben schildern** to paint sth in glowing colours *Br*, to paint sth in glowing colors *US*; **ein ~es Vorbild** a shining example B ADV rot, gelb bright **Leuchter** (≈ *Kerzenleuchter*) candlestick; (≈ *Kronleuchter*) chandelier **Leuchtfarbe** F fluorescent colour *Br*, fluorescent color *US*; (≈ *Anstrichfarbe*) fluorescent paint **Leuchtfeuer** N navigational light **Leuchtmarker** M highlighter **Leuchtpistole** F flare pistol **Leuchtrakete** F signal rocket **Leuchtreklame** F neon sign **Leuchtstift** M highlighter **Leuchtturm** M lighthouse

leugnen A V/T to deny; ~, **etw getan zu haben** to deny having done sth; **es ist nicht zu ~, dass ...** it cannot be denied that ... B V/I to deny everything

Leukämie F leukaemia *Br*, leukemia *US*

Leumund M reputation, name **Leumundszeugnis** N character reference

Leute PL people *pl*; *Anrede* folks, guys;

alle ~ everybody; **vor allen ~n** in front of everybody; **was sollen denn die ~ davon denken?** what will people think?; **etw unter die ~ bringen** umg Gerücht to spread sth around; Geld to spend sth; **dafür brauchen wir mehr ~** we need more people for that

Leutnant M̄ second lieutenant; bei der Luftwaffe pilot officer Br, second lieutenant US; **~ zur See** acting sublieutenant Br, ensign US

Level M̄ **1** (≈ Niveau) level; **Gespräche auf hohem ~** high-level talks **2** (≈ Schwierigkeitsgrad bei Computerspielen) level

Leviten PL **j-m die ~ lesen** umg to haul sb over the coals

lexikalisch ADJ lexical **Lexikograf(in)** M̄/F̄ lexicographer **Lexikon** N̄ encyclopedia; (≈ Wörterbuch) dictionary, lexicon

Libanese M̄, **Libanesin** F̄ Lebanese **libanesisch** ADJ Lebanese **Libanon** M̄ **der ~** (the) Lebanon

Libelle F̄ ZOOL dragonfly

liberal ADJ liberal **Liberale(r)** M̄/F̄(M̄) POL Liberal **liberalisieren** V̄T̄ to liberalize **Liberalisierung** F̄ liberalization

Liberia N̄ GEOG Liberia

Libero M̄ FUSSB sweeper

Libido F̄ PSYCH libido

Libretto N̄ libretto

Libyen N̄ Libya **Libyer(in)** M̄/F̄ Libyan **libysch** ADJ Libyan

licht ADJ **1** (≈ hell) light **2** Wald, Haar sparse **Licht** N̄ light; **~ machen** (≈ anschalten) to switch on; put on a light; **etw gegen das ~ halten** to hold sth up to the light; **bei ~e besehen** fig in the cold light of day; **das ~ der Welt erblicken** geh to (first) see the light of day; **etw ans ~ bringen** to bring sth out into the open; **ans ~ kommen** to come to light; **j-n hinters ~ führen** to pull the wool over sb's eyes; **ein schiefes/ schlechtes ~ auf j-n/etw werfen** to show sb/sth in the wrong/a bad light **Lichtbild** N̄ (≈ Dia) slide; form (≈ Foto) photograph **Lichtblick** M̄ fig ray of hope **lichtdurchlässig** ADJ pervious to light; Stoff that lets the light through **lichtecht** ADJ non-fade **lichtempfindlich** ADJ sensitive to light **Lichtempfindlichkeit** F̄ sensitivity to light; FOTO film speed

lichten¹ A̅ V̄T̄ Wald to thin (out) B̅ V̄R̄ to thin (out); Nebel, Wolken to lift; Bestände to go down

lichten² V̄T̄ Anker to weigh

Lichterkette F̄ an Weihnachtsbaum fairy lights pl **lichterloh** ADV **~ brennen** wörtl to be ablaze **Lichtgeschwindigkeit** F̄ the speed of light **Lichthupe** F̄ AUTO flash (of the headlights) **Lichtjahr** N̄ light year **Lichtmangel** M̄ lack of light **Lichtmaschine** F̄ für Gleichstrom dynamo; für Drehstrom alternator **Lichtquelle** F̄ source of light **Lichtschalter** M̄ light switch **Lichtschein** M̄ gleam of light **lichtscheu** ADJ averse to light; fig Gesindel shady **Lichtschranke** F̄ photoelectric barrier **Lichtschutzfaktor** M̄ protection factor **Lichtstrahl** M̄ ray of light; fig ray of sunshine **lichtundurchlässig** ADJ opaque **Lichtung** F̄ clearing **Lichtverhältnisse** PL lighting conditions pl

Lid N̄ eyelid **Lidschatten** M̄ eye shadow **Lidstrich** M̄ eyeliner

lieb A̅ ADJ **1** (≈ liebenswürdig, hilfsbereit) kind; (≈ nett, reizend) nice; (≈ niedlich) sweet; (≈ artig) Kind good; **~e Grüße an deine Eltern** give my best wishes to your parents; **würdest du (bitte) so ~ sein und das Fenster aufmachen?** would you do me a favour and open the window? Br, would you do me a favor and open the window? US; **sich bei j-m ~ Kind machen** pej to suck up to sb umg **2** (≈ angenehm) **es wäre mir ~, wenn ...** I'd like it if ...; **es wäre ihm ~er** he would prefer it; **→ lieber; → liebster**, s **3** (≈ geliebt) in Briefanrede dear; **~e Grüße** Briefschluss love; **der ~e Gott** the Good Lord; **~er Gott** Anrede dear Lord od God; **(mein) Liebes** (my) love; **er ist mir ~ und teuer** he's very dear to me; **~ geworden** well-loved; **den ~en langen Tag** umg the whole livelong day; **das ~e Geld!** the money, the money!; **(ach) du ~er Himmel!** umg good heavens od Lord! **4** **~ste(r, s)** favourite Br, favorite US; **sie ist mir die Liebste von allen** she is my favo(u)rite B̅ ADV **1** (≈ liebenswürdig) danken, grüßen sweetly, nicely; **j-m ~ schreiben** to write a sweet letter to sb; **sich ~ um j-n kümmern** to be very kind to sb **2** (≈ artig) nicely **liebäugeln** V̄Ī **mit etw**

L

~ to have one's eye on sth **Liebe** F̅ **1** love (**zu j-m, für j-n** for sb, of sb od **zu etw** of sth); **aus ~ zu** for the love of; **etw mit viel ~ tun** to do sth with loving care; **bei aller ~** with the best will in the world; **~ macht blind** *sprichw* love is blind *sprichw* **2** (≈ *Sex*) sex; **eine Nacht der ~** a night of love **3** (≈ *Geliebter*) love, darling **Liebelei** *umg* F̅ flirtation, affair **lieben** A̅ V̅T̅ to love; *als Liebesakt* to make love (**j-n** to sb); **etw nicht ~** not to like sth; **sich ~** to love one another *od* each other; *euph* to make love; → **geliebt** B̅ V̅I̅ to love **Liebende(r)** M̅F̅(̅M̅)̅ lover **liebenswert** A̅D̅J̅ lovable **liebenswürdig** A̅D̅J̅ kind; (≈ *liebenswert*) charming **Liebenswürdigkeit** F̅ (≈ *Höflichkeit*) politeness; (≈ *Freundlichkeit*) kindness **lieber** A̅D̅V̅ (≈ *vorzugsweise*) rather, sooner; **das tue ich ~** I would *od* I'd rather do that; **etw ~ mögen** to like sth better; **ich trinke ~ Wein als Bier** I prefer wine to beer; **bleibe ~ im Bett** you had *od* you'd better stay in bed; **sollen wir gehen? — ~ nicht!** should we go? — better not **Liebe(r)** M̅F̅(̅M̅)̅ dear; **meine ~n** my dears **Liebesabenteuer** N̅ amorous adventure **Liebesbeziehung** F̅ (sexual) relationship **Liebesbrief** M̅ love letter **Liebeserklärung** F̅ declaration of love **Liebesgeschichte** F̅ *LIT* love story **Liebesheirat** F̅ love match **Liebeskummer** M̅ lovesickness; **~ haben** to be lovesick **Liebesleben** N̅ love life **Liebeslied** N̅ love song **Liebespaar** N̅ lovers *pl* **Liebesroman** M̅ romantic novel **Liebesschloss** N̅ love lock **Liebesszene** F̅ love scene **liebevoll** A̅ A̅D̅J̅ loving; *Umarmung* affectionate B̅ A̅D̅V̅ lovingly; *umarmen* affectionately **lieb gewinnen** V̅T̅ to grow fond of **liebgeworden** A̅D̅J̅ → lieb **lieb haben** V̅T̅, **liebhaben** to love; *weniger stark* to be (very) fond of **Liebhaber(in)** M̅F̅(̅M̅)̅ **1** lover **2** (≈ *Interessent*) enthusiast; (≈ *Sammler*) collector; **ein ~ von etw** a lover of sth; **das ist ein Wein für ~** that is a wine for connoisseurs **Liebhaberei** F̅ *fig* (≈ *Hobby*) hobby **liebkosen** *liter* V̅T̅ to caress, to fondle **Liebkosung** *liter* F̅ caress **lieblich** A̅D̅J̅ lovely, delightful; *Wein* sweet **Liebling** M̅ darling; (≈ *bevorzugter Mensch*) favourite *Br*, favorite *US* **Lieblings-**

ZSSGN favourite *Br*, favorite *US* **Lieblingsschüler(in)** M̅F̅(̅M̅)̅ teacher's pet **lieblos** A̅D̅J̅ *Eltern* unloving; *Behandlung* unkind; *Benehmen* inconsiderate **Liebschaft** F̅ affair M̅F̅(̅M̅)̅ sweetheart **liebste(r, s)** A̅D̅V̅ **am ~n** best; **am ~n hätte ich …** what I'd like most would be (to have) …; **am ~n gehe ich ins Kino** best of all I like going to the movies; **das würde ich am ~n tun** that's what I'd like to do best **Liechtenstein** N̅ Liechtenstein **Lied** N̅ song; **es ist immer das alte ~** *umg* it's always the same old story *umg*; **davon kann ich ein ~ singen** I could tell you a thing or two about that *umg* **Liederbuch** N̅ songbook **liederlich** A̅ A̅D̅J̅ (≈ *schlampig*) slovenly *attr, präd*; (≈ *unmoralisch*) dissolute B̅ A̅D̅V̅ (≈ *schlampig*) sloppily **Liedermacher(in)** M̅F̅(̅M̅)̅ singer-songwriter **Lieferant(in)** M̅F̅(̅M̅)̅ supplier, provider; (≈ *Auslieferer*) deliveryman/-woman **lieferbar** A̅D̅J̅ (≈ *vorrätig*) available; **die Ware ist sofort ~** the article can be supplied/delivered at once **Lieferbedingungen** P̅L̅ delivery terms *pl* **Lieferfirma** F̅ supplier; (≈ *Zusteller*) delivery firm **Lieferfrist** F̅ delivery period **liefern** A̅ V̅T̅ **1** *Waren* to supply; (≈ *zustellen*) to deliver (**an** *+akk* to) **2** *Beweise, Informationen* to provide; *Ergebnis* to produce; **j-m einen Vorwand ~** to give sb an excuse; → **geliefert** B̅ V̅I̅ to supply; (≈ *zustellen*) to deliver **Lieferschein** M̅ delivery note **Lieferservice** M̅ delivery service **Liefertermin** M̅ delivery date **Lieferung** F̅ (≈ *Versand*) delivery; (≈ *Versorgung*) supply; **bei ~ zu bezahlen** payable on delivery; **~ nach Hause** home delivery **Liefervertrag** M̅ contract of sale **Lieferwagen** M̅ delivery van *od* truck; *offen* pick-up **Lieferzeit** F̅ delivery period; *HANDEL* lead time

Liege F̅ couch; (≈ *Campingliege*) camp bed *Br*, cot *US*; *für Garten* lounger *Br*, lounge chair *US* **liegen** V̅I̅ **1** to lie; **im Bett/Krankenhaus ~** to be in bed/hospital; **die Stadt lag in dichtem Nebel** thick fog hung over the town; **der Schnee bleibt nicht ~** the snow isn't lying *bes Br od* sticking *US*; **etw ~ lassen** to leave sth (there) **2** (≈ *sich befinden*) to be; **die Preise ~ zwischen 60 und 80 Euro** the prices are between 60 and 80 euros; **so, wie die Dinge jetzt ~** as things stand at the moment; **damit liegst du (gold)richtig** *umg* you're right there, you're dead right there *umg*; **nach Süden ~** to face south; **in Führung ~** to be in the lead; **die Verantwortung/ Schuld dafür liegt bei ihm** the responsibility/blame for that lies with him; **das liegt ganz bei dir** that is completely up to you **3** (*≈ passen*) **das liegt mir nicht** it doesn't suit me; *Beruf* it doesn't appeal to me **4** *es liegt mir viel daran* (*≈ ist mir wichtig*) that matters a lot to me; **es liegt mir wenig/nichts daran** that doesn't matter much/at all to me; **es liegt mir viel an ihm** he is very important to me; **woran liegt es?** why is that?; **das liegt daran, dass …** that is because…; → **gelegen liegen bleiben** *VIi* **1** (*≈ nicht aufstehen*) to remain lying (down); **(im Bett)** to stay in bed **2** (*≈ vergessen werden*) to get left behind **3** (*≈ nicht ausgeführt werden*) not to get done **4** *Schnee* to lie, to stick *US* **liegen lassen** *VT* (*≈ nicht erledigen*) to leave; (*≈ vergessen*) to leave (behind) **Liegerad** N recumbent (bicycle) **Liegesitz** M reclining seat; *auf Boot* couchette **Liegestuhl** M *mit Holzgestell* deck chair; *mit Metallgestell* lounger *Br*, lounge chair *US*, sunbed **Liegestütz** M SPORT press-up *Br*, push-up *US* **Liegewagen** M BAHN couchette coach *Br*, couchette car *bes US*

Lift M (*≈ Personenlift*) lift *Br*, elevator *US*; (*≈ Güterlift*) lift *Br*, hoist **Liftboy** M liftboy *Br*, elevator boy *US* **liften** *VT* to lift; **sich** (*dat*) **das Gesicht ~ lassen** to have a face-lift

Liga F league

light ADJ light; **Limo ~** diet lemonade, low-calorie lemonade

liken *umg VT* IT to like

Likör M liqueur

lila ADJ purple

Lilie F lily

Liliputaner(in) M(F) midget

Limette F sweet lime

Limit N WIRTSCH limit

limitieren *VT* to limit

Limo F *umg* fizzy drink *Br*, soda *US*

Limonade F lemonade

Limone F lime

Limousine F saloon *Br*, sedan *US*, limousine

Linde F (*≈ Baum*) linden *od* lime (tree); (*≈ Holz*) limewood **Lindenblütentee** M lime blossom tea

lindern *VT* to ease **Linderung** F easing

lindgrün ADJ lime green

Lineal N ruler

linear ADJ linear

Linguist(in) M(F) linguist **Linguistik** F linguistics *sg* **linguistisch** ADJ linguistic

Linie F **1** line; **sich in einer ~ aufstellen** to line up; **auf der gleichen ~** along the same lines; **auf der ganzen ~** *fig* all along the line; **auf die (schlanke) ~ achten** to watch one's figure **2** (*≈ Verkehrsverbindung*) route; **fahren Sie mit der ~ 2** take the (number) 2 **Linienblatt** N ruled *od* lined sheet (*placed under writing paper*) **Linienbus** M public service bus **Liniendienst** M regular service; FLUG scheduled service **Linienflug** M scheduled flight **Linienmaschine** F scheduled plane; **mit einer ~** on a scheduled flight **Linienrichter(in)** M(F) linesman/-woman; *Tennis* line judge; → **Schiedsrichterassistentin linientreu** ADJ ~ **sein** to follow *od* toe the party line **linieren, liniieren** *VT* to rule *bes Br*, to draw lines on; *Papier* **lini(i)ert** lined

link *umg* ADJ *Typ* underhanded, double-crossing; *Masche, Tour* dirty; **ein ganz ~er Hund** a nasty piece of work *pej umg*

Link M INTERNET link

Linke F **1** *Hand* left hand; *Seite* left (-hand) side; *beim Boxen* left; **zur ~n (des Königs) saß …** to the left (of the king) sat … **2** POL **die ~** The Left

linken *VT* *umg* (*≈ hereinlegen*) to con *umg*

Linke(r) M(F/M) POL left-winger **linke(r, s)** ADJ *Rand, Spur etc* left(-hand); POL left-wing; **die ~ Seite** the left (-hand) side; *von Stoff* the wrong side; **auf der ~n Seite** on the left; **zwei ~ Hände haben** *umg* to have two left hands *umg*

linkisch A ADJ clumsy B ADV clumsily

links A ADV **1** on the left; *abbiegen* (to the) left; **nach ~** (to the) left; **von ~** from the left; **~ von etw** (to the *od* on the) left of sth; **~ von j-m** *od* on sb's left; **weiter ~** further to the left; **j-n ~ liegen lassen** *fig umg* to ignore sb; **mit ~** *umg* just like that ② (≈ *verkehrt tragen*) inside out; **~ stricken** to purl ⓑ PRÄP *on od* to the left of the **Linksabbieger** M̄ motorist/car *etc* turning left **Linksaußen** M̄ FUSSB outside left **linksbündig** Ⓐ ADJ TYPO ranged left ⓑ ADV flush left **Linksextremist(in)** M̄/F̄ left-wing extremist **Linkshänder(in)** M̄/F̄ left-hander, left-handed person; **~ sein** to be left-handed **linkshändig** ADJ & ADV left-handed **Linkskurve** F̄ left-hand bend **linksradikal** ADJ & ADV POL radically left-wing **linksrheinisch** ADJ & ADV to *od* on the left of the Rhine **Linkssteuerung** F̄ AUTO left-hand drive **Linksverkehr** M̄ driving on the left *kein best art;* **in Großbritannien ist ~** they drive on the left in Britain **Linoleum** N̄ linoleum, lino **Linolschnitt** M̄ KUNST linocut **Linse** F̄ ① BOT, GASTR lentil ② *Optik* **Lipgloss** M̄ lip gloss **Lippe** F̄ lip; **das bringe ich nicht über die ~!** I can't bring myself to say it; **er brachte kein Wort über die ~n** he couldn't say a word **Lippenbalsam** M̄ lip salve *od* balm **Lippenbekenntnis** N̄ lip service **Lippenstift** M̄ lipstick **Liquidation** F̄ ① liquidation ② (≈ *Rechnung*) account **liquide** ADJ WIRTSCH *Geld, Mittel* liquid; *Firma* solvent **liquidieren** V̄/T̄ ① *Geschäft* to put into liquidation; *Betrag* to charge ② *Firma* to liquidate; *j-n* to eliminate **Liquidität** F̄ liquidity **lispeln** V̄/T̄ & V̄/Ī to lisp; (≈ *flüstern*) to whisper **Lissabon** N̄ Lisbon **List** F̄ (≈ *Täuschung*) cunning; (≈ *trickreicher Plan*) ruse **Liste** F̄ list; (≈ *Wählerliste*) register; **auf der ~ stehen** to be on the list **Listenpreis** M̄ list price **listig** Ⓐ ADJ cunning ⓑ ADV cunningly **Litauen** N̄ Lithuania **Litauer(in)** M̄/F̄ Lithuanian **litauisch** ADJ Lithuanian **Liter** M̄/N̄ litre *Br*, liter *US* **literarisch** ADJ literary; **~ interessiert** interested in literature **Literatur** F̄ literature; **die moderne ~** modern literature **Literaturangabe** F̄ bibliographical reference; **~n** (≈ *Bibliografie*) bibliog-

raphy **Literaturgeschichte** F̄ history of literature **Literaturkritik** F̄ literary criticism **Literaturkritiker(in)** M̄/F̄ literary critic **Literaturverzeichnis** N̄ bibliography **Literaturwissenschaft** F̄ literary studies *pl* **Literaturwissenschaftler(in)** M̄/F̄ literature specialist **Literflasche** F̄ litre bottle *Br*, liter bottle *US* **literweise** *wörtl* ADV by the litre *Br*, by the liter *US* **Litfaßsäule** F̄ advertisement pillar **Lithografie** F̄ ① *Verfahren* lithography ② *Druck* lithograph **Litschi** F̄ lychee, litchi **Liturgie** F̄ liturgy **Litze** F̄ braid; ELEK flex **live** ADV & ADJ RADIO, TV live **Livemitschnitt** M̄ live recording **Livemusik** F̄ live music **Livesendung** F̄ live broadcast **Livestream** M̄ (≈ *Echtzeitübertragung*) livestream **Liveübertragung** F̄ live transmission **Lizenz** F̄ licence *Br*, license *US*; **etw in ~ herstellen**, to manufacture sth under licence *Br*, to manufacture sth under license *US* **Lizenzausgabe** F̄ licensed edition **Lizenzgeber(in)** M̄/F̄ licenser; *Behörde* licensing authority **Lizenzgebühr** F̄ licence fee *Br*, license fee *US*; *im Verlagswesen* royalty **Lizenzinhaber(in)** M̄/F̄ licensee **Lizenznehmer(in)** M̄/F̄ licensee **LK** ABK (≈ *Leistungskurs*) SCHULE *advanced course in specialist subjects* **Lkw** M̄, **LKW** M̄ → Lastkraftwagen **Lkw-Fahrer(in)** M̄/F̄ lorry driver *Br*, truck driver **Lkw-Maut** F̄ lorry toll *Br*, truck toll **Lob** N̄ praise; **(viel) Lob für etw bekommen** to be (highly) praised for sth **Lobby** F̄ lobby **Lobbyist(in)** M̄/F̄ lobbyist **loben** V̄/T̄ to praise; **j-n/etw ~d erwähnen** to commend sb/sth; **das lob ich mir** that's what I like to see/hear *etc*) **lobenswert** ADJ laudable **löblich** ADJ commendable **Loblied** N̄ song of praise; **ein ~ auf j-n/etw anstimmen** *od* **singen** *fig* to sing sb's praises/the praises of sth **Lobrede** F̄ eulogy; **eine ~ auf j-n halten** *wörtl* to make a speech in sb's honour *Br*, to make a speech in sb's honor *US*; *fig* to eulogize sb **Location** F̄ *Veranstaltungsort* FILM location

Loch N̄ hole; *in Reifen* puncture; *fig umg* (≈ *elende Wohnung*) dump *umg*; *umg* (≈ *Gefängnis*) clink *umg*; **j-m ein ~** *od* **Löcher in den Bauch fragen** *umg* to pester sb to death (with all one's questions) *umg*; **ein großes ~ in j-s (Geld)beutel** *(akk)* **reißen** *umg* to make a big hole in sb's pocket **lochen** V̄T̄ to punch holes/a hole in; (≈ *perforieren*) to perforate; *Fahrkarte* to punch **Locher** M̄ (≈ *Gerät*) punch **löcherig** ADJ full of holes **löchern** *umg* V̄T̄ to pester (to death) with questions *umg* **Lochung** F̄ punching; (≈ *Perforation*) perforation

Locke F̄ *Haar* curl; **~n haben** to have curly hair

locken[1] V̄T̄ & V̄/R̄ *Haar* to curl; **gelockt** *Haar* curly; *Mensch* curly-haired

locken[2] V̄T̄ **1** *Tier* to lure **2** *j-n* to tempt; **das Angebot lockt mich sehr** I'm very tempted by the offer **lockend** ADJ tempting

Lockenkopf M̄ curly hairstyle; *Mensch* curly-head **Lockenstab** M̄ (electric) curling tongs *pl Br*, (electric) curling iron *US* **Lockenwickler** M̄ (hair) curler

locker A ADJ loose; *Kuchen* light; (≈ *nicht gespannt*) slack; *Haltung* relaxed; *umg* (≈ *unkompliziert*) laid-back *umg*; **eine ~e Hand haben** *fig* (≈ *schnell zuschlagen*) to be quick to hit out B ADV (≈ *nicht stramm*) loosely; **bei ihm sitzt das Messer ~** he'd pull a knife at the slightest excuse; **etw ~ sehen** to be relaxed about sth; **das mache ich ganz ~** *umg* I can do it just like that *umg* **lockerlassen** *umg* V̄Ī̄ **nicht ~** not to let up **lockermachen** *umg* V̄T̄ *Geld* to shell out *umg* **lockern** V̄T̄ **1** (≈ *locker machen*) to loosen; *Boden* to break up; *Griff* to relax; *Seil* to slacken **2** (≈ *entspannen*) *Muskeln* to loosen up; *fig Vorschriften, Atmosphäre* to relax B V̄/R̄ to work itself loose; *Verkrampfung* to ease off; *Atmosphäre* to become more relaxed **Lockerung** F̄ **1** loosening; *von Griff* relaxation, loosening; *von Seil* slackening **2** *von Muskeln* loosening up; *von Atmosphäre* relaxation **Lockerungsübung** F̄ loosening-up exercise

lockig ADJ *Haar* curly

Lockmittel N̄ lure **Lockruf** M̄ call **Lockung** F̄ lure; (≈ *Versuchung*) temptation **Lockvogel** M̄ decoy (bird); *fig*

decoy **Lockvogelangebot** N̄ inducement

Lodde F̄ ZOOL capelin

Lodenmantel M̄ loden (coat)

lodern V̄Ī̄ to blaze, to flare

Löffel M̄ spoon; *als Maßangabe* spoonful; **den ~ abgeben** *umg* to kick the bucket *umg*; **ein paar hinter die ~ kriegen** *umg* to get a clip (a)round the ear **Löffelbagger** M̄ excavator **Löffelbiskuit** M̄/N̄ sponge finger, ladyfinger *US* **löffeln** V̄T̄ to spoon **löffelweise** ADV by the spoonful

Logarithmentafel F̄ log table **Logarithmus** M̄ logarithm, log

Logbuch N̄ log(book)

Loge F̄ **1** THEAT box **2** (≈ *Freimaurerloge*) lodge

Logik F̄ logic **logisch** A ADJ logical; **gehst du auch hin?** — **~ are you going too?** — **of course** B ADV logically; **~ denken** to think logically **logischerweise** ADV logically **Logistik** F̄ logistics *sg* **Logistikzentrum** N̄ logistics centre *Br*, logistics center *US* **logistisch** ADJ logistical

Logo N̄ (≈ *Firmenlogo*) logo

Logopäde M̄, **Logopädin** F̄ speech therapist **Logopädie** F̄ speech therapy

Lohn M̄ **1** wage(s) (*pl*), pay *kein pl, kein unbest art*; **2% mehr ~ verlangen** to demand a 2% pay rise *Br od* pay raise *US* **2** *fig* (≈ *Belohnung*) reward; (≈ *Strafe*) punishment; **als** *od* **zum ~ für ... as a** reward/punishment for ... **Lohnabhängige(r)** M̄/F̄(M̄) wage earner **Lohnabschluss** M̄ wage *od* pay agreement **Lohnarbeit** F̄ labour *Br*, labor *US* **Lohnausgleich** M̄ **bei vollem ~** with full pay **Lohnbuchhalter(in)** M̄/F̄ wages clerk *Br*, pay clerk **Lohnbuchhaltung** F̄ wages accounting; (≈ *Büro*) wages office *Br*, pay(roll) office **Lohnbüro** N̄ wages office *Br*, pay(roll) office **Lohndumping** N̄ wage dumping **Lohnempfänger(in)** M̄/F̄ wage earner **lohnen** A V̄Ī̄ & V̄/R̄ to be worth it *od* worthwhile; **es lohnt (sich), etw zu tun** it is worth(while) doing sth; **die Mühe lohnt sich** it is worth the effort; **das lohnt sich nicht für mich** it's not worth my while B V̄T̄ **1** (≈ *es wert sein*) to be worth **2** (≈ *danken*) **j-m etw ~** to reward sb for sth

löhnen _umg_ V̲T̲ ̲&̲ ̲V̲I̲ to shell out _umg_

lohnend A̲D̲J̲ rewarding; (≈ _nutzbringend_)
worthwhile; (≈ _einträglich_) profitable

lohnenswert A̲D̲J̲ worthwhile **Lohn-
erhöhung** F̲ (wage _od_ pay) rise _Br_,
(wage _od_ pay) raise _US_ **Lohnforde-
rung** F̲ wage demand _od_ claim **Lohn-
fortzahlung** F̲ continued payment of
wages **Lohngruppe** F̲ wage group
lohnintensiv A̲D̲J̲ wage-intensive
Lohnkosten P̲L̲ wage costs _pl Br_, labor
costs _pl US_ **Lohnkürzung** F̲ wage _od_
pay cut **Lohnliste** F̲ payroll **Lohnne-
benkosten** P̲L̲ additional wage costs _pl_
_Br_, additional labor costs _pl US_ **Lohnni-
veau** N̲ wage level **Lohnpolitik** F̲
pay policy **Lohn-Preis-Spirale** F̲
wage-price spiral **Lohnrunde** F̲ pay
round **Lohnsteuer** F̲ income tax (_paid
on earned income_) **Lohnsteuerjah-
resausgleich** M̲ annual adjustment
of income tax **Lohnsteuerkarte** F̲
(income) tax card **Lohnstopp** M̲ wage
freeze **Lohnstreifen** M̲ pay slip
Lohntüte F̲ pay packet **Lohnver-
zicht** M̲ ~ **üben** to take a cut in wages
_od_ pay

Loipe F̲ cross-country ski run

Lok F̲ engine

lokal A̲D̲J̲ (≈ _örtlich_) local **Lokal** N̲
(≈ _Gaststätte_) pub _Br_, bar; (≈ _Restaurant_)
restaurant **Lokalfernsehen** N̲ local
television **lokalisieren** V̲T̲ 1̲ (≈ _Ort
feststellen_) to locate 2̲ M̲E̲D̲ to localize
Lokalkolorit N̲ local colour _Br_, local
color _US_ **Lokalmatador(in)** M̲/F̲ local
hero/heroine **Lokalnachrichten** P̲L̲
local news _sg_ **Lokalpatriotismus** M̲
local patriotism **Lokalsender** M̲ local
radio/TV station **Lokalteil** M̲ local sec-
tion **Lokaltermin** M̲ J̲U̲R̲ visit to the
scene of the crime **Lokalverbot** N̲
ban; ~ **haben** to be barred from a bar
_od_ pub _Br_ **Lokalzeitung** F̲ local
(news)paper

Lokführer(in) M̲/F̲ engine driver **Lo-
komotive** F̲ locomotive, engine **Lo-
komotivführer(in)** M̲/F̲ engine driver
Lolli _umg_ M̲ lollipop, lolly _bes Br_

Lombard M̲/N̲ F̲I̲N̲ loan on security
Lombardsatz M̲ rate for loans on se-
curity

London N̲ London **Londoner** A̲D̲J̲
London

Longboard N̲ _fürs Skaten, Surfen_ long-
board

Loopschal M̲ _Rundschal_ infinity _od_
loop scarf

Lorbeer M̲ 1̲ _wörtl Gewächs_ laurel; _als
Gewürz_ bay leaf 2̲ _fig_ **sich auf seinen
~en ausruhen** _umg_ to rest on one's
laurels; **damit kannst du keine ~en
ernten** that's no great achievement
Lorbeerblatt N̲ bay leaf **Lorbeer-
kranz** M̲ laurel wreath

Lore F̲ B̲A̲H̲N̲ truck; (≈ _Kipplore_) tipper

los A̲ A̲D̲J̲ 1̲ (≈ _nicht befestigt_) loose 2̲
(≈ _frei_) **j-n/etw los sein** _umg_ to be rid
of sb/sth; **ich bin mein ganzes Geld
los** _umg_ I'm cleaned out _umg_ 3̲ _umg_
es ist nichts los (≈ _geschieht_) there's
nothing going on; **mit j-m ist nichts
(mehr) los** _umg_ sb isn't up to much
(any more _od_ anymore _US_); **was ist denn
hier/da los?** what's going on here/there
(then)?; **was ist los?** what's up?; **wo ist
denn hier was los?** where's the action
here? _umg_ B̲ A̲D̲V̲ 1̲ _Aufforderung_ **los!**
come on!; **los geht's!** let's go!; **nichts
wie los!** let's get going 2̲ (≈ _weg_) **wir
wollen früh los** we want to leave early

Los N̲ 1̲ _für Entscheidung_ lot; _in der Lot-
terie, auf Jahrmarkt etc_ ticket; **das große
Los gewinnen** _od_ **ziehen** _wörtl, fig_ to hit
the jackpot; **etw durch das Los ent-
scheiden** to decide sth by drawing lots
2̲ (≈ _Schicksal_) lot

lösbar A̲D̲J̲ soluble

losbinden V̲T̲ to untie (**von** from) **los-
brechen** A̲ V̲T̲ to break off B̲ V̲I̲ _Ge-
lächter etc_ to break out; _Sturm, Gewitter_
to break

Löschblatt N̲ sheet of blotting paper
löschen A̲ V̲T̲ 1̲ _Feuer, Kerze_ to put
out; _Licht_ to turn out _od_ off; _Durst_ to
quench; _Tonband etc_ to erase; I̲T̲ _Speicher_
to clear; _Festplatte_ to wipe; _Daten, Infor-
mation, Text_ to delete 2̲ S̲C̲H̲I̲F̲F̲ _Ladung_
to unload B̲ V̲I̲ _Feuerwehr etc_ to put
out a/the fire **Löschfahrzeug** N̲ fire
engine **Löschmannschaft** F̲ team
of firefighters **Löschpapier** N̲ (piece
of) blotting paper **Löschtaste** F̲
C̲O̲M̲P̲U̲T̲ delete key **Löschung** F̲ 1̲ I̲T̲
von Daten deletion 2̲ S̲C̲H̲I̲F̲F̲ _von Ladung_
unloading

lose A̲D̲J̲ loose; _Seil_ slack; **etw ~ verkau-
fen** to sell sth loose

Lösegeld N̲ ransom (money)

loseisen _umg_ A̲ V̲T̲ to get _od_ prise

away (**bei** from) **B** V̲R̲ to get away (**bei** from); *von Verpflichtung etc* to get out (**von** of)

losen V̲I̲ to draw lots (**um** for)

lösen **A** V̲T̲ **1** (≈ *abtrennen*) to remove (**von** from); *Knoten, Fesseln* to undo; *Handbremse* to release; *Husten, Krampf* to ease; *Muskeln* to loosen up; (≈ *klären*) *Aufgabe, Problem* to solve; *Konflikt* to resolve **3** (≈ *annullieren*) *Vertrag* to cancel; *Verlobung* to break off; *Ehe* to dissolve **4** (≈ *kaufen*) *Karte* to buy **B** V̲R̲ **1** (≈ *sich losmachen*) to detach oneself (**von** from); (≈ *sich ablösen*) to come off (**von etw** sth); *Knoten* to come undone; *Schuss* to go off; *Husten, Krampf, Spannung* to ease; *Atmosphäre* to relax; *Muskeln* to loosen up; (≈ *sich lockern*) to (be)come loose; **sich von j-m ~** *a.* SPORT to break away from sb **2** (≈ *sich aufklären*) to be solved **3** (≈ *zergehen*) to dissolve

Losentscheid M̲ drawing (of) lots; **durch ~** by drawing lots

losfahren V̲I̲ (≈ *abfahren*) to set off; *Auto* to drive off **losgehen** V̲I̲ **1** (≈ *weggehen*) to set off; *Schuss, Bombe, Alarm etc* to go off; (**mit dem Messer**) **auf j-n ~** to go for sb (with a knife) **2** *umg* (≈ *anfangen*) to start; **gleich geht's los** it's just about to start; **jetzt geht's los** here we go; *Vorstellung* it's starting; *Rennen* they're off **loshaben** *umg* V̲T̲ **etwas/nichts ~** to be pretty clever/stupid *umg* **loskaufen** V̲T̲ to buy out; *Entführten* to ransom **loskommen** V̲I̲ to get away (**von** from); (≈ *sich befreien*) to free oneself; **von einer Sucht ~** to get free of an addiction **loslachen** V̲I̲ to burst out laughing **loslassen** V̲T̲ to let go of; **der Gedanke lässt mich nicht mehr los** I can't get the thought out of my mind; **die Hunde auf j-n ~** to put od set the dogs on(to) sb **loslegen** *umg* V̲I̲ to get going

löslich A̲D̲J̲ soluble; **~er Kaffee** instant coffee

loslösen **A** V̲T̲ to remove (**von** from); (≈ *lockern*) to loosen **B** V̲R̲ to detach oneself (**von** from); **sich von j-m ~** to break away from sb **losmachen** V̲T̲ (≈ *befreien*) to free; (≈ *losbinden*) to untie **losmüssen** V̲I̲ *umg* **jetzt müssen wir aber los** we have to be off, we must be going

Losnummer F̲ ticket number

losreißen V̲R̲ **sich (von etw) ~** *Hund etc* to break loose (from sth); *fig* to tear oneself away (from sth) **lossagen** V̲R̲ **sich von etw ~** to renounce sth; **sich von j-m ~** to dissociate oneself from od break with sb **losschießen** V̲I̲ (≈ *zu schießen anfangen*) to open fire; **schieß los!** *fig umg* fire away! *umg* **losschlagen** **A** V̲I̲ to hit out; MIL to (launch one's) attack; **aufeinander ~** to go for one another od each other **B** V̲T̲ *umg* (≈ *verkaufen*) to get rid of **losschnallen** V̲T̲ to unbuckle; **sich ~** AUTO, FLUG to unfasten one's seatbelt **losschrauben** V̲T̲ to unscrew

Losung F̲ **1** (≈ *Devise*) motto **2** (≈ *Kennwort*) password

Lösung F̲ **1** (≈ *Devise*) solving; *eines Konfliktes* resolving; *einer Verlobung* breaking off; *einer Verbindung* severance; *einer Ehe* dissolving **Lösungsmittel** N̲ solvent

loswerden V̲T̲ to get rid of; *Geld beim Spiel etc* to lose; (≈ *ausgeben*) to spend **losziehen** V̲I̲ **1** (≈ *aufbrechen*) to set out od off (**in** +*akk* od **nach** to) **2** **gegen j-n/etw ~** *umg* to lay into sb/sth *umg*

Lot N̲ (≈ *Senkblei*) plumb line; SCHIFF sounding line; MATH perpendicular; **die Sache ist wieder im Lot** things have been straightened out

löten V̲T̲ & V̲I̲ to solder

Lothringen N̲ Lorraine **lothringisch** A̲D̲J̲ of Lorraine, Lorrainese

Lotion F̲ lotion

Lötkolben M̲ soldering iron **Lötlampe** F̲ blowlamp **Lötmetall** N̲ solder **lotrecht** A̲D̲J̲ perpendicular

Lotse M̲, **Lotsin** F̲ SCHIFF pilot; (≈ *Fluglotse*) air-traffic od flight controller; *fig* guide **lotsen** V̲T̲ to guide; **j-n irgendwohin ~** *umg* to drag sb somewhere *umg* **Lotsendienst** M̲ AUTO driver-guide service

Lotterie F̲ lottery; (≈ *Tombola*) raffle **Lotteriegewinn** M̲ lottery/raffle prize; *Geld* lottery/raffle winnings *pl* **Lotterielos** N̲ lottery/raffle ticket **Lotto** N̲ lottery, ≈ National Lottery *Br*; (**im**) **~ spielen** to do the lottery *Br*, to play the lottery **Lottogewinn** M̲ lottery win; *Geld* lottery winnings *pl* **Lottoschein** M̲ lottery coupon **Lottozahlen** P̲L̲ winning lottery numbers *pl*

Löwe M̲ **1** lion **2** ASTROL Leo; (**ein**) **~**

L

sein to be (a) Leo **Löwenanteil** umg M̲ lion's share **Löwenmähne** fig F̲ flowing mane **Löwenmaul** N̲, **Löwenmäulchen** N̲ snapdragon, antirrhinum **Löwenzahn** M̲ dandelion **Löwin** F̲ lioness

loyal A̲ A̲D̲J̲ loyal B̲ A̲D̲V̲ loyally; **sich j-m gegenüber ~ verhalten** to be loyal to(wards) sb **Loyalität** F̲ loyalty (**j-m gegenüber** to sb)

LP F̲ A̲B̲K̲ (≈ Langspielplatte) LP

LRS A̲B̲K̲ (≈ Lese-Rechtschreib-Schwäche) dyslexia

LSF M̲ A̲B̲K̲ (≈ Lichtschutzfaktor) SPF, sun protection factor

Luchs M̲ lynx; **Augen wie ein ~ haben** umg to have eyes like a hawk

Lücke F̲ gap; auf Formularen etc space; **~n (im Wissen) haben** to have gaps in one's knowledge **Lückenbüßer(in)** umg M̲(F̲) stopgap **lückenhaft** A̲ A̲D̲J̲ full of gaps; Versorgung deficient B̲ A̲D̲V̲ sich erinnern vaguely; informieren sketchily **lückenlos** A̲ A̲D̲J̲ complete; Überwachung thorough; Kenntnisse perfect B̲ A̲D̲V̲ completely **Lückentest** M̲, **Lückentext** M̲ S̲C̲H̲U̲L̲E̲ completion test Br, fill-in-the-gaps test

Luder umg N̲ minx; **armes/dummes ~** poor/stupid creature

Luft F̲ ⓵ air kein pl; **dicke ~** umg a bad atmosphere; **an** od **in die/der (frischen) ~ in the fresh air; (frische) ~ schnappen** umg to get some fresh air; **die ~ ist rein** umg the coast is clear; **aus der ~** from the air; **die ~ ist raus** fig umg the fizz has gone; **j-n an die (frische) ~ setzen** umg to show sb the door; **etw in die ~ jagen** umg to blow sth up; **er geht gleich in die ~** fig he's about to blow his top; **es liegt etwas in der ~** there's something in the air; **in der ~ hängen** Sache be (very much) up in the air; **die Behauptung ist aus der ~ gegriffen** this statement is (a) pure invention; **j-n wie ~ behandeln** to treat sb as though he/she just didn't exist; **er ist ~ für mich** I'm not speaking to him ⓶ (≈ Atem) breath; **nach ~ schnappen** to gasp for breath; **die ~ anhalten** wörtl to hold one's breath; **nun halt mal die ~ an!** umg (≈ rede nicht) hold your tongue!; (≈ übertreib nicht) come on! umg; **keine ~ mehr kriegen** not to be able to breathe; **tief ~ holen** to take a deep

breath; **mir blieb vor Schreck/Schmerz die ~ weg** I was breathless with shock/pain; **seinem Herzen ~ machen** fig to get everything off one's chest; **seinem Zorn ~ machen** to give vent to one's anger ⓷ fig (≈ Spielraum, Platz) space, room **Luftabwehr** F̲ M̲I̲L̲ anti-aircraft defence Br, anti-aircraft defense US **Luftabwehrrakete** F̲ anti-aircraft missile **Luftangriff** M̲ air raid (**auf** +akk on) **Luftaufnahme** F̲ aerial photo(graph) **Luftballon** M̲ balloon **Luftbild** N̲ aerial picture **Luftblase** F̲ air bubble **Luftbrücke** F̲ airlift **Lüftchen** N̲ breeze **luftdicht** A̲ A̲D̲J̲ airtight kein adv B̲ A̲D̲V̲ **die Ware ist ~ verpackt** the article is in airtight packaging **Luftdruck** M̲ air pressure **lüften** A̲ V̲/̲T̲ ⓵ to air; systematisch to ventilate ⓶ (≈ hochheben) to raise; **das Geheimnis war gelüftet** the secret was out B̲ V̲/̲I̲ (≈ Luft hereinlassen) to let some air in **Luftfahrt** F̲ aeronautics sg; mit Flugzeugen aviation ohne art **Luftfahrtgesellschaft** F̲ airline (company) **Luftfeuchtigkeit** F̲ (atmospheric) humidity **Luftfilter** N̲/̲M̲ air filter **Luftflotte** F̲ air fleet **Luftfracht** F̲ air freight **Luftfrost** M̲ M̲E̲T̲E̲O̲ air frost **luftgekühlt** A̲D̲J̲ air-cooled **luftgestützt** A̲D̲J̲ Flugkörper air-launched **lufttrocknet** A̲D̲J̲ air-dried **Luftgewehr** N̲ air rifle, air gun **Luftgitarre** F̲ air guitar **Lufthoheit** F̲ air sovereignty **luftig** A̲D̲J̲ Zimmer airy; Kleidung light **Luftkampf** M̲ air battle **Luftkissenboot** N̲, **Luftkissenfahrzeug** N̲ hovercraft **Luftkrieg** M̲ aerial warfare **Luftkühlung** F̲ air-cooling **Luftkurort** M̲ (climatic) health resort **Luftlandetruppe** F̲ airborne troops pl **luftleer** A̲D̲J̲ **(völlig) ~ sein** to be a vacuum; **~er Raum** vacuum **Luftlinie** F̲ **200 km** etc **~** 200 km etc as the crow flies **Luftloch** N̲ air hole; F̲L̲U̲G̲ air pocket **Luftmatratze** F̲ air bed Br, Lilo® Br, air mattress **Luftpirat(in)** M̲(F̲) (aircraft) hijacker, skyjacker bes US **Luftpolster** N̲ air cushion **Luftpost** F̲ airmail; **mit ~** by airmail **Luftpumpe** F̲ pneumatic pump; für Fahrrad (bicycle) pump **Luftraum** M̲ airspace **Luftreinhaltung** F̲ air pollution control **Luftrettungsdienst** M̲ air rescue service **Luftröhre** F̲ A̲N̲A̲T̲ windpipe, trachea **Luft-**

schacht M̲ ventilation shaft **Luftschiff** N̲ airship **Luftschlacht** F̲ air battle **Luftschlange** F̲ (paper) streamer **Luftschloss** fig N̲ castle in the air **Luftschutzbunker** M̲, **Luftschutzkeller** M̲ air-raid shelter **Luftspiegelung** F̲ mirage **Luftsprung** M̲ **vor Freude einen ~ machen** to jump for joy **Luftstreitkräfte** PL air force sg **Luftstrom** M̲ stream of air **Luftstützpunkt** M̲ air base **Lüftung** F̲ airing; systematisch ventilation **Lüftungsschacht** M̲ ventilation shaft **Luftveränderung** F̲ change of air **Luftverkehr** M̲ air traffic **Luftverschmutzung** F̲ air pollution **Luftwaffe** F̲ MIL air force; **die (deutsche) ~** the Luftwaffe **Luftwaffenstützpunkt** M̲ air-force base **Luftweg** M̲ (≈ Flugweg) air route; (≈ Atemweg) respiratory tract; **etw auf dem ~ befördern** to transport sth by air; **auf dem ~** (mild) breeze; in Gebäude draught Br, draft US **Lüge** F̲ lie, falsehood; **das ist alles ~** that's all lies; **j-n/etw ~ strafen** to give the lie to sb/sth **lügen** A̲ V̲I̲ to lie; **wie gedruckt ~** umg to lie like mad umg B̲ V̲T̲ **das ist gelogen!** that's a lie! **Lügendetektor** M̲ lie detector **Lügengeschichte** F̲ pack of lies **Lügenmärchen** N̲ tall story **Lügenpresse** F̲ neg! lying media **Lügner(in)** M̲F̲ liar **lügnerisch** A̲D̲J̲ Mensch, Worte untruthful

Luke F̲ hatch; (≈ Dachluke) skylight **lukrativ** A̲D̲J̲ lucrative **Lümmel** M̲ oaf; **du ~, du** you rogue you **lümmelhaft** pej A̲D̲J̲ ill-mannered **lümmeln** umg V̲R̲ to sprawl; (≈ sich hinlümmeln) to flop down

Lump pej M̲ rogue **lumpen** umg V̲T̲ **sich nicht ~ lassen** to splash out umg **Lumpen** M̲ rag **Lumpenpack** pej umg N̲ riffraff pl pej **Lumpensammler** M̲ (≈ Lumpenhändler) rag-and-bone man **lumpig** A̲D̲J̲ 1̲ Kleidung ragged, tattered 2̲ Gesinnung, Tat shabby 3̲ umg (≈ geringfügig) measly umg **Lunchpaket** N̲ lunchbox, packed lunch

Lunge F̲ lungs pl; (≈ Lungenflügel) lung; **sich** (dat) **die ~ aus dem Hals schreien** umg to yell till one is blue in the face umg **Lungenbraten** M̲ österr loin roast Br, porterhouse (steak) **Lungen-**

entzündung F̲ pneumonia **Lungenflügel** M̲ lung **lungenkrank** A̲D̲J̲ **~ sein** to have a lung disease **Lungenkrebs** M̲ lung cancer **Lungenzug** M̲ deep drag umg

Lunte F̲ **~ riechen** (≈ Verdacht schöpfen) to smell a rat umg

Lupe F̲ magnifying glass; **j-n/etw unter die ~ nehmen** umg (≈ prüfen) to examine sb/sth closely **lupenrein** A̲D̲J̲ flawless; Englisch perfect; **das Geschäft war nicht ganz ~** the deal wouldn't stand close scrutiny od wasn't quite all above board

Lupine F̲ lupin

Lurch M̲ amphibian

Lust F̲ 1̲ (≈ Freude) pleasure, joy; **da kann einem die (ganze)** od **alle ~ vergehen, da vergeht einem die ganze ~** it puts you off; **j-m die ~ an etw** (dat) **nehmen** to take all the fun out of sth for sb 2̲ (≈ Neigung) inclination; **zu etw ~ haben** to feel like sth; **ich habe ~, das zu tun** I'd like to do that; (≈ bin dazu aufgelegt) I feel like doing that; **ich habe jetzt keine ~** I'm not in the mood just now; **hast du ~?** how about it?; **auf etw** (akk) **~ haben** to feel like sth; **ganz** od **je nach ~ und Laune** umg just depending on how I/you etc feel 3̲ (≈ sinnliche Begierde) desire **lustbetont** A̲D̲J̲ pleasure-orientated; Beziehung, Mensch sensual

Lüsterklemme F̲ ELEK connector

Lustgewinn M̲ pleasure **lustig** A̲D̲J̲ (≈ munter) merry; (≈ humorvoll) funny, amusing; **das kann ja ~ werden!** iron that's going to be fun iron; **sich über j-n/etw ~ machen** to make fun of sb/sth **Lustigkeit** F̲ (≈ Munterkeit) merriness obs; von Mensch joviality; von Geschichte funniness **Lüstling** M̲ lecher **lustlos** A̲D̲J̲ unenthusiastic; FIN Börse slack B̲ A̲D̲V̲ unenthusiastically **Lustmörder(in)** M̲F̲ sex killer **Lustobjekt** N̲ sex object **Lustprinzip** N̲ PSYCH pleasure principle **Lustspiel** N̲ comedy **lustvoll** A̲ A̲D̲J̲ full of relish B̲ A̲D̲V̲ with relish

lutschen V̲T̲ & V̲I̲ to suck (**an etw** dat sth) **Lutscher** M̲ lollipop **Lutschtablette** F̲ lozenge

Luxemburg N̲ Luxembourg **Luxemburger(in)** M̲F̲ Luxembourger; **er ist ~** he's from Luxembourg; **sie ist ~in**

she's from Luxembourg **luxembur-gisch** ADJ Luxembourgian, from Luxembourg

luxuriös A ADJ luxurious; **ein ~es Leben** a life of luxury B ADV luxuriously **Luxus** M luxury; pej (≈ Überfluss) extravagance; **den ~ lieben** to love luxury **Luxusartikel** M luxury article; pl luxury goods pl **Luxusausführung** F de luxe model **Luxusdampfer** M luxury cruise ship **Luxushotel** N luxury hotel **Luxusklasse** F **der ~** de luxe attr, luxury attr

Luzern N Lucerne

Lychee F lychee, litchi

Lymphdrainage F MED lymph(atic) drainage **Lymphdrüse** F lymph(atic) gland **Lymphe** F lymph **Lymphknoten** M lymph node

lynchen wörtl VT to lynch; fig to kill **Lynchjustiz** F lynch law **Lynchmord** M lynching

Lyrik F lyric poetry od verse **Lyriker(in)** MF lyric poet **lyrisch** A ADJ lyrical; Dichtung lyric B ADV lyrically

---

M

M, m N M, m

m ABK (= Meter) metre Br, meter US

M.A. ABK (= Magister Artium) UNIV MA, M.A. US

Machart F make; (≈ Stil) style **machbar** ADJ feasible **Machbarkeitsstudie** F feasibility study **Mache** umg F 1 (≈ Vortäuschung) sham 2 **etw in der ~ haben** umg to be working on sth; **in der ~ sein** umg to be in the making

---

machen

A transitives Verb   **B** intransitives Verb
C reflexives Verb

— **A** transitives Verb —

1 (≈ tun) to do; **ich mache das schon** (≈ bringe das in Ordnung) I'll see to that; (≈ erledige das) I'll do that; **er macht, was er will** he does what he likes; **das**

lässt sich ~ that can be done; **(da ist) nichts zu ~** (≈ geht nicht) (there's) nothing to be done; (≈ kommt nicht infrage) nothing doing; **das lässt er nicht mit sich ~** he won't stand for that; **was machst du da?** what are you doing (there)?; **was macht die Arbeit?** how's the work going?; **was macht den Bruder (beruflich)?** what does your brother do (for a living)?; **was macht dein Bruder?** (≈ wie geht es ihm?) how's your brother doing?; **mach's gut!** umg cheers! Br, see you US; **stärker** take care; → **gemacht** 2 (≈ anfertigen) to make; **aus Holz gemacht** made of wood; **sich/j-m etw ~ lassen** to have sth made for oneself/sb 3 (≈ verursachen) Schwierigkeiten to make (j-m for sb); Mühe, Schmerzen to cause (j-m for sb); **j-m Angst ~** to make sb afraid; **j-m Hoffnung ~** to give sb hope; **mach, dass du gesund wirst!** make him better!; **etw leer ~** to empty sth; **etw kürzer ~** to shorten sth; **j-n alt/jung ~** (≈ aussehen lassen) to make sb look old/young; **er macht es sich** (dat) **nicht leicht** he doesn't make it easy for himself 4 umg (≈ ergeben) Summe, Preis to be; **drei und fünf macht acht** three and five makes eight; **was macht das (alles zusammen)?** how much is that altogether? 5 (≈ ordnen, säubern) to do; **die Küche muss mal wieder gemacht werden** (≈ gereinigt, gestrichen) the kitchen needs doing again; **das Bett ~** to make the bed 6 **etwas aus sich ~** to make something of oneself; **j-n/etw zu etw ~** (≈ verwandeln in) to turn sb/sth into sth; **j-n zum Wortführer ~** to make sb spokesman; **macht nichts!** it doesn't matter!; **der Regen macht mir nichts** I don't mind the rain; **die Kälte macht dem Motor nichts** the cold doesn't hurt the engine; **sich** (dat) **viel aus j-m/etw ~** to like sb/sth; **sich** (dat) **wenig aus j-m/etw ~** not to be very keen on sb/sth bes Br, not to be thrilled with sb/ sth bes US; **mach dir nichts draus!** don't let it bother you!

— **B** intransitives Verb —

1 **lass ihn nur ~** (≈ hindre ihn nicht) just let him do it; (≈ verlass dich auf ihn) just leave it to him; **lass mich mal ~** let me do it; (≈ ich bringe das in Ordnung) let me see to that; **das Kleid macht schlank**

that dress makes you look slim **2** *umg* (≈ *sich beeilen*) to get a move on *umg*; **ich mach ja schon!** I'm being as quick as I can!; **mach, dass du hier verschwindest!** (you just) get out of here! **3** *umg* **jetzt macht sie auf große Dame** she's playing the grand lady now; **sie macht auf gebildet** she's doing her cultured bit *umg*; **er macht in Politik** he's in politics

— C reflexives Verb —

1 (≈ *sich entwickeln*) to come on **2** **sich an etw** (*akk*) **~** to get down to sth; **sich zum Fürsprecher ~** to make oneself spokesman; **sich bei j-m beliebt ~** *umg* to make oneself popular with sb

Machenschaften PL wheelings and dealings *pl*, machinations *pl* **Macher(in)** *umg* MF man/woman of action

Machete F machete
Macho M macho *umg*
Macht F power; **die ~ der Gewohnheit** the force of habit; **alles, was in unserer ~ steht** everything (with)in our power; **mit aller ~** with all one's might; **die ~ ergreifen/erringen** to seize/gain power; **an die ~ kommen** to come to power; **j-n an die ~ bringen** to bring sb to power; **an der ~ sein/bleiben** to be/remain in power; **die ~ übernehmen** to assume power **Machtbereich** M sphere of control **machtbesessen** ADJ power-crazed **Machtergreifung** F seizure of power **Machterhalt** M retention of power **Machthaber(in)** MF ruler; *pej* dictator **mächtig** A ADJ (≈*einflussreich*) powerful; (≈*sehr groß*) mighty; *umg* (≈*enorm*) *Hunger, Durst* terrific *umg*; **~e Angst haben** *umg* to be scared stiff *umg* B ADV *umg* (≈*sehr*) terrifically *umg*; **sich beeilen** like mad *umg*; **sich ~ anstrengen** to make a terrific effort *umg*; **darüber hat sie sich ~ geärgert** she got really angry about it **Machtkampf** M power struggle **machtlos** ADJ powerless; (≈*hilflos*) helpless **Machtlosigkeit** F powerlessness; (≈*Hilflosigkeit*) helplessness **Machtmissbrauch** M abuse of power **Machtpolitik** F power politics *pl* **Machtprobe** F trial of strength **Machtübernahme** F takeover (**durch** by) **Machtverhältnisse** PL balance *sg* of power **Machtverlust**

M loss of power **machtvoll** A ADJ powerful B ADV powerfully; *eingreifen* decisively **Machtwechsel** M change-over of power **Machtwort** N **ein ~ sprechen** to exercise one's authority **Machtzentrum** N powerhouse **Machwerk** *pej* N sorry effort; **das ist ein ~ des Teufels** that is the work of the devil

Macke *umg* F **1** (≈*Tick, Knall*) quirk; **eine ~ haben** *umg* to be cracked *umg* **2** (≈*Fehler, Schadstelle*) fault **Macker** *umg* M **1** (≈*Freund, Typ*) guy *umg*, bloke *Br umg* **2** **er spielt den großen ~** he's acting the tough guy **Madagaskar** N Madagascar **Mädchen** N girl; **ein ~ für alles** *umg* a dogsbody *Br umg*, a gofer **mädchenhaft** A ADJ girlish B ADV aussehen like a (young) girl **Mädchenname** M **1** *Vorname* girl's name **2** *von verheirateter Frau* maiden name

Made F maggot; **wie die ~ im Speck leben** *umg* to live in clover **Mädel** N *dial* lass *dial*, girl **madig** ADJ maggoty **madigmachen** *umg* VT j-m etw madig machen to put sb off sth **Madl** N *österr* lass *dial*, girl; → Mädchen

Madonna F Madonna **Mafia** F Mafia **Mafioso** M mafioso **Magazin** N **1** (≈*Lager*) storeroom; (≈*Bibliotheksmagazin*) stockroom **2** *am Gewehr* magazine **3** (≈*Zeitschrift*) magazine **Magd** *obs* F (≈*Dienstmagd*) maid; (≈*Landarbeiterin*) farm girl **Magen** M stomach; **auf nüchternen ~** on an empty stomach; **etw liegt j-m (schwer) im ~** *umg* sth lies heavily on sb's stomach; *fig* sth preys on sb's mind; **sich** (*dat*) **den ~ verderben** to get an upset stomach **Magenband** N MED gastric band **Magenbeschwerden** PL stomach trouble *sg*, tummy trouble *sg umg* **Magenbitter** M bitters *pl* **Magen-Darm-Grippe** F, **Magen-Darm-Katarr** M gastroenteritis, gastric flu **Magengegend** F stomach region **Magengeschwür** N stomach ulcer **Magengrube** F pit of the stomach **Magenkrampf** M stomach cramp **Magenkrebs** M cancer of the stomach **Magenleiden** N stomach disorder **Magenschleimhaut** F

M

stomach lining **Magenschleimhautentzündung** F̲ gastritis **Magenschmerzen** P̲L̲ stomachache *sg* **Magensonde** F̲ stomach probe **Magenverstimmung** F̲ upset stomach, stomach upset

mager A̲ A̲D̲J̲ 1 (≈ *fettarm*) *Fleisch* lean; *Kost* low-fat 2 (≈ *dünn*) thin, skinny *umg*; (≈ *abgemagert*) emaciated; TYPO *Druck* roman 3 (≈ *dürftig*) meagre *Br*, meager *US*; *Ergebnis* poor B̲ A̲D̲V̲ (≈ *fettarm*) ~ **essen** to be on a low-fat diet; ~ **kochen** to cook low-fat meals **Magermilch** F̲ skimmed milk *Br*, skim milk *US* **Magermodel** N̲ skinny model **Magerquark** M̲ low-fat cottage cheese *US*, low-fat curd cheese **Magersucht** F̲ MED anorexia **magersüchtig** A̲D̲J̲ MED anorexic **Magersüchtige(r)** M̲/F̲(M̲) anorexic

Magie F̲ magic **Magier(in)** M̲(F̲) magician **magisch** A̲D̲J̲ magic(al); **von j-m/etw ~ angezogen werden** to be attracted to sb/sth as if by magic

Magister M̲ ~ (**Artium**) UNIV M.A., Master of Arts

Magistrat M̲ municipal authorities *pl*

Magnesium N̲ magnesium

Magnet M̲ magnet **Magnetbahn** F̲ magnetic railway *Br*, magnetic railroad *US* **Magnetband** N̲ magnetic tape **magnetisch** A̲D̲J̲ magnetic; **von etw ~ angezogen werden** *fig* to be drawn to sth like a magnet **Magnetismus** M̲ magnetism **Magnetkarte** F̲ magnetic card **Magnetnadel** F̲ magnetic needle **Magnetstreifen** M̲ magnetic strip

Magnolie F̲ magnolia

Mahagoni N̲ mahogany

Mähdrescher M̲ combine (harvester) **mähen** V̲T̲ *Gras* to cut; *Getreide* to reap; *Rasen* to mow

Mahl *liter* N̲ meal, repast *form*; (≈ *Gastmahl*) banquet

mahlen V̲T̲ & V̲I̲ to grind

Mahlzeit F̲ meal; (**prost**) ~! *iron umg* that's just great *umg*

Mahnbescheid M̲ JUR default summons

Mähne F̲ mane

mahnen V̲T̲ 1 (≈ *erinnern*) to remind (**wegen, an** +*akk* of); *warnend* to admonish (**wegen, an** +*akk* on account of) 2 (≈ *auffordern*) **j-n zur Eile/Geduld ~ to**

urge sb to hurry/be patient B̲ V̲I̲ 1 *wegen Schulden etc* to send a reminder 2 **zur Eile/Geduld ~** to urge haste/patience **Mahngebühr** F̲ reminder fee **Mahnmal** N̲ memorial **Mahnschreiben** N̲ reminder **Mahnung** F̲ 1 (≈ *Ermahnung*) exhortation; *warnend* admonition 2 (≈ *warnende Erinnerung, Mahnbrief*) reminder **Mahnverfahren** N̲ collection proceedings *pl*

Mai M̲ May; **der Erste Mai** May Day; → März **Maibaum** M̲ maypole **Maifeiertag** *form* M̲ May Day *ohne art* **Maiglöckchen** N̲ lily of the valley **Maikäfer** M̲ cockchafer

Mail F̲/N̲ IT e-mail, email; **eine ~ an j-n schicken** to e-mail sb, to email sb **Mailbox** F̲ IT mailbox; **j-m auf die ~ sprechen** to leave sb a voicemail (message) **mailen** V̲T̲ & V̲I̲ IT to e-mail, to email **Mailing** N̲ mailing

Mais M̲ maize, (Indian) corn *bes US* **Maisflocken** P̲L̲ cornflakes *pl* **Maiskolben** M̲ corn cob; *Gericht* corn on the cob **Maismehl** N̲ maize meal, corn meal *bes US*

Maisonette(-Wohnung) F̲ maisonette, duplex (apartment) *bes US*

Majestät F̲ *Titel* Majesty; **Seine/Ihre ~** His/Her Majesty **majestätisch** A̲ A̲D̲J̲ majestic B̲ A̲D̲V̲ majestically

Majo F̲ *umg* (≈ *Mayonnaise*) mayo *umg* **Majonäse** F̲ mayonnaise

Major(in) M̲(F̲) MIL major

Majoran M̲ marjoram

Majorität F̲ majority

makaber A̲D̲J̲ macabre; *Witz, Geschichte* sick

Makel M̲ 1 (≈ *Schandfleck*) stigma 2 (≈ *Fehler*) blemish; *von Charakter, bei Waren* flaw **makellos** A̲ A̲D̲J̲ *Reinheit* spotless; *Charakter* unimpeachable; *Figur* perfect; *Kleidung, Haare* immaculate; *Alibi* watertight; *Englisch, Deutsch* flawless B̲ A̲D̲V̲ *rein* spotlessly; ~ **gekleidet sein** to be impeccably dressed; ~ **weiß** spotless white **mäkeln** *umg* V̲I̲ (≈ *nörgeln*) to carp (**an** +*dat* at)

Make-up N̲ make-up **Make-up-Entferner** M̲ make-up remover

Makkaroni P̲L̲ macaroni *sg*

Makler(in) M̲(F̲) broker; (≈ *Grundstücksmakler*) estate agent *Br*, real-estate agent *US* **Maklergebühr** F̲ broker's fee

Makrele F̲ mackerel

Makro N̲ IT macro **makrobiotisch** A̲D̲J̲ macrobiotic **Makrokosmos** M̲ macrocosm

mal[1] A̲D̲V̲ MATH times; **zwei mal zwei** MATH two times two

mal[2] umg A̲D̲V̲ → **einmal**

Mal[1] N̲ 1 (≈ Fleck) mark 2 SPORT base; (≈ Malfeld) touch

Mal[2] N̲ time; **nur das eine Mal** just (the) once; **das eine oder andere Mal** now and then od again; **kein einziges Mal** not once; **ein für alle Mal(e)** once and for all; **das vorige Mal** the time before; **beim ersten Mal(e)** the first time; **zum ersten/letzten** etc **Mal** for the first/last etc time; **das wiederholten Malen** time and again; **von Mal zu Mal** each od every time; **für dieses Mal** for now; **mit einem Mal(e)** all at once

Malaise schweiz F̲I̲N̲ malaise

Malaria F̲ malaria

Malawi N̲ GEOG Malawi

Malaysia N̲ GEOG Malaysia **malaysisch** A̲D̲J̲ Malaysian

Malbuch N̲ colouring book Br, coloring book US

Malediven P̲L̲ Maldives pl, Maldive Islands pl

malen V̲/̲T̲ ̲&̲ ̲V̲/̲I̲ to paint; (≈ zeichnen) to draw; **ein rosig/schwarz** etc ~ fig to paint a rosy/black etc picture of sth **Maler(in)** M̲/̲F̲ painter; (≈ Kunstmaler a.) artist **Malerei** F̲ 1 (≈ Malkunst) art 2 (≈ Bild) painting **Malerfarbe** F̲ paint **malerisch** A̲D̲J̲ 1 Talent as a painter 2 (≈ pittoresk) picturesque

Malheur N̲ mishap

Mali N̲ GEOG Mali

Malkasten M̲ paintbox

Mallorca N̲ Majorca, Mallorca

malnehmen V̲/̲T̲ ̲&̲ ̲V̲/̲I̲ to multiply (**mit** by)

Maloche umg F̲ hard work **malochen** umg V̲/̲I̲ to work hard

Malstift M̲ crayon

Malta N̲ Malta

malträtieren V̲/̲T̲ to ill-treat, to maltreat

Malve F̲ BOT mallow; (≈ Stockrose) hollyhock

Malz N̲ malt **Malzbier** N̲ malt beer, ≈ stout Br **Malzbonbon** N̲/̲M̲ malt lozenge **Malzkaffee** M̲ coffee substitute made from barley malt

Mama umg F̲ mum(my) Br umg, mom(my) US umg

Mammografie F̲ mammography

Mammut N̲ mammoth **Mammutbaum** M̲ sequoia, giant redwood **Mammutprogramm** N̲ huge programme Br, huge program US; lange dauernd marathon programme Br, marathon program US **Mammutprozess** M̲ marathon trial

mampfen umg V̲/̲T̲ ̲&̲ ̲V̲/̲I̲ to munch

man I̲N̲D̲E̲F̲ ̲P̲R̲ 1 you, one; (≈ ich) one; (≈ wir) we; **man kann nie wissen** you od one can never tell; **das tut man nicht** that's not done 2 (≈ jemand) somebody, someone; **man hat mir erklärt, dass …** it was explained to me that … 3 (≈ die Leute) they pl, people pl; **früher glaubte man, dass …** people used to believe that …

Management N̲ management **managen** umg V̲/̲T̲ to manage **Manager(in)** M̲/̲F̲ manager **Managertyp** M̲ management od executive type

manch I̲N̲D̲E̲F̲ ̲P̲R̲ 1 many a; ~ **eine(r)** many a person 2 ~**e(r, s)** quite a few +pl, many a +sg; im Plural (≈ einige) some +pl; ~**er, der …** many a person who … 3 ~**e(r)** a good many people pl; im Plural (≈ einige) some (people); ~**er lernts nie** some people never learn; **in** ~**em hat er recht** he's right about a lot of/ some things **mancherlei** A̲D̲J̲ adjektivisch various, a number of; substantivisch various things pl, a number of things **manchmal** A̲D̲V̲ sometimes

Mandant(in) M̲/̲F̲ JUR client

Mandarine F̲ mandarin (orange), tangerine

Mandat N̲ mandate; von Anwalt brief; PARL (≈ Abgeordnetensitz) seat; **sein** ~ **niederlegen** PARL to resign one's seat **Mandatar(in)** M̲/̲F̲ österr member of parliament, representative

Mandel F̲ 1 almond 2 ANAT tonsil **Mandelbaum** M̲ almond tree **Mandelentzündung** F̲ tonsillitis

Mandoline F̲ mandolin

Manege F̲ ring, arena

Mangan N̲ manganese

Mangel[1] F̲ mangle; (≈ Heißmangel) rotary iron; **durch die** ~ **drehen** fig umg to put through it umg; **j-n in die** ~ **nehmen** fig umg to give sb a going-over umg

M

Mangel² M ❶ (≈ *Fehler*) fault; (≈ *Unzulänglichkeit*) shortcoming; (≈ *Charaktermangel*) flaw ❷ (≈ *das Fehlen*) lack (**an** +*dat* of); (≈ *Knappheit*) shortage (**an** +*dat* of); MED deficiency (**an** +*dat* of); **wegen ~s an Beweisen** for lack of evidence; **~ an etw** (*dat*) **haben** to lack sth **Mangelberuf** M understaffed occupation **Mangelerscheinung** F MED deficiency symptom; **eine ~ sein** *fig* to be in short supply (**bei** with) **mangelhaft** **A** ADJ (≈ *schlecht*) poor; *Informationen, Interesse* insufficient; (≈ *fehlerhaft*) *Sprachkenntnisse, Ware* faulty; *Schulnote* poor **B** ADV poorly; **er spricht nur ~ Englisch** he doesn't speak English very well **Mängelhaftung** F JUR liability for faults

mangeln¹ VT *Wäsche* (≈ to put through the) mangle; (≈ *heiß mangeln*) to iron

mangeln² **A** V/I **es mangelt an etw** (*dat*) there is a lack of sth; **es mangelt j-m an etw** (*dat*) sb lacks sth; **~des Selbstvertrauen** *etc* a lack of self-confidence *etc* **B** V/I **etw mangelt j-m/einer Sache** sb/sth lacks sth **Mängelrüge** F JUR notice of defects **mangels** *form* PRÄP for lack of **Mangelware** F scarce commodity; **~ sein** *fig* to be a rare thing; *Ärzte, gute Lehrer etc* not to grow on trees

Mango F mango

Mangostan F, **Mangostanfrucht** F mangosteen

Manie F mania

Manier F ❶ (≈ *Art und Weise*) manner; *eines Künstlers etc* style ❷ **~en** *pl* (≈ *Umgangsformen*) manners; **was sind das für ~en?** *umg* that's no way to behave **manierlich** ADJ ❶ *Kind* well-mannered; *Benehmen* good ❷ *umg* (≈ *einigermaßen gut*) reasonable

Manifest N manifesto

Maniküre F (≈ *Handpflege*) manicure **maniküren** VT to manicure

Manipulation F manipulation **manipulieren** VT to manipulate

manisch ADJ manic; **~-depressiv** manic-depressive

Manko N ❶ HANDEL (≈ *Fehlbetrag*) deficit; **~ machen** *umg bei Verkauf* to make a loss ❷ *fig* (≈ *Nachteil*) shortcoming

Mann M ❶ M man; **etw an den ~ bringen** *umg* to get rid of sth; **seinen ~ stehen** to hold one's own; **pro ~** per head;

ein Gespräch von ~ zu ~ a man-to-man talk ❷ (≈ *Ehemann*) husband; **~ und Frau werden** to become man and wife ❸ *umg als Interjektion* (my) God *umg, cor umg*; **mach schnell, ~!** hurry up, man!; **~, oh ~!** oh boy! *umg* **Männchen** N ❶ little man; (≈ *Zwerg*) man(n)ikin; **~ malen** ≈ to doodle ❷ BIOL male; (≈ *Vogelmännchen*) male, cock ❸ **~ machen** *Hund* to (sit up and) beg **Manndeckung** F SPORT man-to-man marking, one-on-one defense *US* **Mannequin** N (fashion) model **Männerberuf** M male profession **Männerchor** M male-voice choir **Männerfang** M **auf ~ ausgehen** to go looking for a man **Männerfreundschaft** F friendship between men **Männersache** F *Angelegenheit* man's business; *Arbeit* job for a man; **Fußball war früher ~** football used to be a male preserve **Mannesalter** N manhood *ohne art*; **im besten ~ sein** to be in one's prime

mannigfach ADJ manifold **mannigfaltig** ADJ diverse, various **männlich** ADJ male; *Wort, Auftreten* masculine **Männlichkeit** F *fig* manliness; *von Auftreten* masculinity **Mannloch** N TECH manhole **Mannschaft** F team; SCHIFF, FLUG crew **Mannschaftsaufstellung** F lineup **Mannschaftsgeist** M team spirit **Mannschaftskapitän** M SPORT (team) captain, skipper *umg* **Mannschaftsraum** M SPORT team quarters *pl*; SCHIFF crew's quarters *pl* **Mannschaftsspiel** N team game **mannshoch** ADJ as high as a man; **der Schnee liegt ~** the snow is six feet deep **mannstoll** ADJ man-mad *bes Br umg* **Mannweib** *pej* N mannish woman **Manometer** N TECH pressure gauge; **~!** *umg* wow! *umg*

Manöver N manoeuvre *Br*, maneuver *US* **Manöverkritik** *fig* F postmortem **manövrieren** VT & V/I to manoeuvre *Br*, to maneuver *US* **manövrierfähig** ADJ manoeuvrable *Br*, maneuverable *US*; *fig* flexible **manövrierunfähig** ADJ disabled

Mansarde F garret; *Boden* attic **Mansardenfenster** N dormer window **Mansardenwohnung** F attic flat *Br*, attic apartment

Manschette $\overline{F}$ **1** (≈ *Ärmelaufschlag*) cuff **2** **~n haben** *umg* to be scared stupid *umg* **Manschettenknopf** $\overline{M}$ cufflink

Mantel $\overline{M}$ coat; (≈ *Umhang*) cloak **Manteltarif** $\overline{M}$ WIRTSCH terms *pl* of the framework agreement on pay and conditions **Manteltarifvertrag** $\overline{M}$ IND framework agreement on pay and conditions

Mantra $\overline{N}$ mantra

manuell $\overline{A}$ $\overline{ADJ}$ manual $\overline{B}$ $\overline{ADV}$ manually **Manuskript** $\overline{N}$ manuscript; RADIO, FILM, TV script

Mäppchen $\overline{N}$ (≈ *Federmäppchen*) pencil case

Mappe $\overline{F}$ (≈ *Aktenhefter*) folder; (≈ *Aktentasche*) briefcase; (≈ *Schultasche*) (school) bag; (≈ *Federmäppchen*) pencil case

Maracuja $\overline{F}$ passion fruit

Marathonlauf $\overline{M}$ marathon **Marathonläufer(in)** $\overline{MF}$ marathon runner

Märchen $\overline{N}$ fairy tale; *umg* tall story **Märchenbuch** $\overline{N}$ book of fairy tales **Märchenerzähler(in)** $\overline{MF}$ teller of fairy tales; *fig* storyteller **märchenhaft** $\overline{A}$ $\overline{ADJ}$ fairy-tale *attr*, fabulous; *fig* fabulous $\overline{B}$ $\overline{ADV}$ *reich* fabulously; *singen* beautifully; **~ schön** incredibly beautiful **Märchenprinz** $\overline{M}$ Prince Charming **Märchenprinzessin** $\overline{F}$ fairy-tale princess

Marder $\overline{M}$ marten

Margarine $\overline{F}$ margarine

Marge $\overline{F}$ HANDEL margin

Mariä Himmelfahrt $\overline{F}$ Assumption **Marienkäfer** $\overline{M}$ ladybird *Br*, ladybug *US*

Marihuana $\overline{N}$ marijuana

Marille $\overline{F}$ *österr* apricot

Marinade $\overline{F}$ GASTR marinade

Marine $\overline{F}$ navy **marineblau** $\overline{ADJ}$ navy--blue **Marineoffizier** $\overline{M}$ naval officer **marinieren** $\overline{VT}$ *Fisch, Fleisch* to marinate

Marionette $\overline{F}$ marionette; *fig* puppet **Marionettenregierung** $\overline{F}$ puppet government **Marionettenspieler(in)** $\overline{MF}$ puppeteer **Marionettentheater** $\overline{N}$ puppet theatre *Br*, puppet theater *US*

maritim $\overline{ADJ}$ maritime

Mark[1] $\overline{N}$ (≈ *Knochenmark*) marrow; (≈ *Fruchtfleisch*) purée; **bis ins ~** *fig* to the core; **es geht mir durch ~ und Bein**

umg it goes right through me

Mark[2] $\overline{F}$ HIST mark; **Deutsche ~** Deutschmark

markant $\overline{ADJ}$ (≈ *ausgeprägt*) clear-cut; *Schriftzüge* clearly defined; *Persönlichkeit* striking

Marke $\overline{F}$ **1** *bei Genussmitteln* brand; *bei Industriegütern* make **2** (≈ *Briefmarke*) stamp; (≈ *Essenmarke*) voucher; (≈ *Rabattmarke*) (trading) stamp; (≈ *Lebensmittelmarke*) coupon **3** (≈ *Markenzeichen*) trademark **4** (≈ *Rekordmarke*) record; (≈ *Wasserstandsmarke*) watermark; (≈ *Stand, Niveau*) level **Markenartikel** $\overline{M}$ branded *od* proprietary product **markenbewusst** $\overline{ADJ}$ brand conscious **Markenbewusstsein** $\overline{N}$ brand awareness **Markenbutter** $\overline{F}$ nonblended butter, best quality butter **Markenerzeugnis** $\overline{N}$ branded *od* proprietary product **Markenimage** $\overline{N}$ brand image **Markenname** $\overline{M}$ brand *od* proprietary name **Markenpiraterie** $\overline{F}$ brand name piracy **Markenschutz** $\overline{M}$ protection of trademarks **Markentreue** $\overline{F}$ brand loyalty **Markenware** $\overline{F}$ branded *od* proprietary goods *pl*

Marker $\overline{M}$ **1** (≈ *Markierstift*) marker pen **2** **molekularer ~** genetic marker

Markergen $\overline{N}$ genetic marker

Marketing $\overline{N}$ marketing **Marketingstrategie** $\overline{F}$ marketing strategy

markieren $\overline{VT}$ to mark; *umg* (≈ *vortäuschen*) to play; **den starken Mann ~** to play the strong man **Markierstift** $\overline{M}$ marker pen **Markierung** $\overline{F}$ marking; (≈ *Zeichen*) mark **markig** $\overline{ADJ}$ *Spruch, Worte* pithy

Markise $\overline{F}$ awning

Markklößchen $\overline{N}$ GASTR bone marrow dumpling **Markknochen** $\overline{M}$ GASTR marrowbone

Markt $\overline{M}$ **1** market; (≈ *Jahrmarkt*) fair; (≈ *Warenverkehr*) trade; **auf dem** *od* **am ~ on the market; auf den ~ kommen** to come on the market **2** (≈ *Marktplatz*) marketplace **Marktanalyse** $\overline{F}$ market analysis **Marktanteil** $\overline{M}$ market share **marktbeherrschend** $\overline{ADJ}$ **~ sein** to control *od* dominate the market **Marktbude** $\overline{F}$ market stall **Marktchance** $\overline{F}$ sales opportunity **Markteinführung** $\overline{F}$ launch **Marktforscher(in)** $\overline{MF}$ market researcher

M

Marktforschung F̲ market research **Marktfrau** F̲ (woman) stallholder **Marktführer(in)** M̲F̲ market leader **marktgerecht** A̲D̲J̲ in line with _od_ geared to market requirements **Markthalle** F̲ covered market **Marktlage** F̲ state of the market **Marktlücke** F̲ gap in the market; **in eine ~ stoßen** to fill a gap in the market **Marktnische** F̲ market niche; **eine ~ besetzen** to fill a gap in the market **marktorientiert** A̲D̲J̲ market-oriented **Marktplatz** M̲ market square **Marktpotenzial** N̲ market potential **Marktsegment** N̲ market segment _od_ sector **Marktstudie** F̲ market survey **Markttag** M̲ market day **marktüblich** A̲D̲J̲ _Preis_ current; **zu ~en Konditionen** at usual market terms **Marktwert** M̲ market value **Marktwirtschaft** F̲ market economy

Marmelade F̲ jam _Br_, jelly _US_; (≈ _Orangenmarmelade_) marmalade

▶ **Marmelade ≠ marmalade**

Marmelade	=	**jam** _Br_, **jelly** _US_
marmalade	=	Orangen-, Zitronen-marmelade

◀

Marmor M̲ marble **marmorieren** V̲T̲ to marble **Marmorkuchen** M̲ marble cake **marmorn** A̲D̲J̲ marble **Marokkaner(in)** M̲F̲ Moroccan **marokkanisch** A̲D̲J̲ Moroccan **Marokko** N̲ Morocco **Marone¹** F̲, **Maroni** F̲ (sweet _od_ Spanish) chestnut **Marone²** F̲ (≈ _Pilz_) chestnut boletus **Marotte** F̲ quirk **Mars** M̲ ASTRON Mars **marsch** I̲N̲T̲ **1** MIL march **2** **~ ins Bett!** _umg_ off to bed with you at the double! _umg_ **Marsch** M̲ march; (≈ _Wanderung_) hike; **einen ~ machen** to go on a march/hike; **j-m den ~ blasen** _umg_ to give sb a rocket _umg_ **Marschbefehl** M̲ MIL marching orders _pl_ **marschbereit** A̲D̲J̲ ready to move **Marschflugkörper** M̲ cruise missile **Marschgepäck** N̲ pack **marschieren** V̲I̲ to march; _fig_ to march off **Marschkolonne** F̲ column **Marschmusik** F̲ military marches _pl_ **Marschrichtung**

F̲, **Marschroute** _wörtl_ F̲ route of march; _fig_ line of approach **Marschverpflegung** F̲ rations _pl_; MIL field rations _pl_

Marsmensch M̲ Martian **martern** _liter_ V̲T̲ to torture, to torment **Marterpfahl** M̲ stake **Martinshorn** N̲ siren **Märtyrer(in)** M̲F̲ martyr **Marxismus** M̲ Marxism **Marxist(in)** M̲F̲ Marxist **marxistisch** A̲D̲J̲ Marxist **März** M̲ March; **im ~** in March; **im Monat ~** in the month of March; **heute ist der zweite ~** today is March the second _od_ March second US; _geschrieben_ today is 2nd March _od_ March 2nd; **Berlin, den 4. ~ 2013** _in Brief_ Berlin, March 4th, 2013, Berlin, 4th March 2013; **am Mittwoch, dem _od_ den 4. ~** on Wednesday the 4th of March; **im Laufe des ~** during March; **Anfang/Ende ~** at the beginning/end of March

Marzipan N̲ marzipan **Mascarpone** M̲ GASTR mascarpone **Masche** F̲ **1** (≈ _Strickmasche_) stitch; **die ~n eines Netzes** the mesh _sg_ of a net; **durch die ~n des Gesetzes schlüpfen** to slip through a loophole in the law **2** _umg_ (≈ _Trick_) trick; (≈ _Eigenart_) fad; **die ~ raushaben** to know how to do it; **das ist seine neueste ~** that's his latest (fad _od_ craze) **Maschendraht** M̲ wire netting

Maschine F̲ machine; (≈ _Motor_) engine; (≈ _Flugzeug_) plane; (≈ _Schreibmaschine_) typewriter; _umg_ (≈ _Motorrad_) bike; **etw in der ~ waschen** to machine-wash sth; **etw auf** _od_ **mit der ~ schreiben** to type sth; **~ schreiben** to type **maschinell** A̲ A̲D̲J̲ _Herstellung_ mechanical, machine _attr_; _Anlage, Übersetzung_ machine _attr_ B̲ A̲D̲V̲ mechanically **Maschinenbau** M̲ mechanical engineering **Maschinenbauer(in)** M̲F̲, **Maschinenbauingenieur(in)** mechanical engineer **Maschinenfabrik** F̲ engineering works _sg od pl_ **maschinengeschrieben** A̲D̲J̲ typewritten **Maschinengewehr** N̲ machine gun **maschinenlesbar** A̲D̲J̲ machine-readable **Maschinenöl** N̲ lubricating oil **Maschinenpark** M̲ plant **Maschinenpistole** F̲ submachine gun **Maschinenraum** M̲ plant room; SCHIFF engine room **Maschinenschaden**

M̲ mechanical fault; FLUG etc engine fault **Maschinenschlosser(in)** M̲F̲ machine fitter

Maser F̲ vein **maserig** A̲D̲J̲ grained **Masern** P̲L̲ measles sg; **die ~ haben** to have (the) measles

Maserung F̲ grain

Maske F̲ 1 mask; **die ~ fallen lassen** fig to throw off one's mask 2 THEAT (≈ Aufmachung) make-up **Maskenball** M̲ masked ball **Maskenbildner(in)** M̲F̲ make-up artist **Maskerade** F̲ costume **maskieren** V̲/̲T̲ 1 (≈ verkleiden) to dress up 2 (≈ verbergen) to disguise B̲ V̲/̲R̲ to dress up; (≈ sich unkenntlich machen) to disguise oneself **maskiert** A̲D̲J̲ masked **Maskierung** F̲ (≈ Verkleidung) fancy-dress costume; von Spion etc disguise

Maskottchen N̲ (lucky) mascot

maskulin A̲D̲J̲ masculine **Maskulinum** N̲ masculine noun

Masochismus M̲ masochism **Masochist(in)** M̲F̲ masochist **masochistisch** A̲D̲J̲ masochistic

Maß¹ N̲ 1 (≈ Maßeinheit) measure (**für** of); (≈ Zollstock) rule; (≈ Bandmaß) tape measure; **Maße und Gewichte** weights and measures; **das Maß aller Dinge** fig the measure of all things; **mit zweierlei Maß messen** fig to operate a double standard; **das Maß ist voll** fig enough's enough; **in reichem Maß(e)** abundantly 2 (≈ Abmessung) measurement; **sich** (dat) **etw nach Maß anfertigen lassen** to have sth made to measure; **bei j-m Maß nehmen** to take sb's measurements; **Hemden nach Maß** shirts made to measure, custom-made shirts 3 (≈ Ausmaß) extent; **ein gewisses Maß an …** a certain degree of …; **in hohem Maß(e)** to a high degree; **in vollem Maße** to a high degree; **in höchstem Maße** extremely 4 (≈ Mäßigung) moderation; **Maß halten →** **maßhalten**; **in** od **mit Maßen** in moderation; **ohne Maß und Ziel** immoderately

Maß² F̲ österr, südd litre (tankard) of beer Br, liter (tankard) of beer US

Massage F̲ massage **Massageöl** N̲ massage oil **Massagesalon** euph M̲ massage parlour Br, massage parlor US

Massaker N̲ massacre **massakrieren** obs umg V̲/̲T̲ to massacre

Maßangabe F̲ measurement **Maßan-**

zug M̲ made-to-measure od custom-made suit **Maßarbeit** umg F̲ **das war ~** that was a neat bit of work **Maßband** N̲ tape measure

Masse F̲ 1 (≈ Stoff) mass; GASTR mixture 2 (≈ große Menge) heaps pl umg; von Besuchern etc host; **die (breite) ~ der Bevölkerung** the bulk of the population; **eine ganze ~** umg a lot 3 (≈ Menschenmenge) crowd

Maßeinheit F̲ unit of measurement

Massenabsatz M̲ mass sale **Massenandrang** M̲ crush **Massenarbeitslosigkeit** F̲ mass unemployment **Massenartikel** M̲ mass-produced article **Massendemonstration** F̲ mass demonstration **Massenentlassung** F̲ mass redundancy **Massenfabrikation** F̲, **Massenfertigung** F̲ mass production **Massenflucht** F̲ mass exodus **Massengrab** N̲ mass grave **massenhaft** A̲D̲J̲ on a huge scale; **kommen, austreten** in droves **Massenkarambolage** F̲ pile-up umg **Massenmedien** P̲L̲ mass media pl **Massenmord** M̲ mass murder **Massenmörder(in)** M̲F̲ mass murderer **Massenproduktion** F̲ mass production **Massentierhaltung** F̲ factory farming **Massenvernichtungswaffe** F̲ weapon of mass destruction **Massenware** F̲ mass-produced article **massenweise** A̲D̲V̲ → **massenhaft**

Masseur M̲ masseur **Masseurin** F̲ masseuse **Masseuse** F̲ masseuse

Maßgabe form F̲ stipulation; **mit der ~, dass …** with the proviso that …; on (the) condition that …; **nach ~** (+gen) according to **maßgebend** A̲D̲J̲ Einfluss decisive; Meinung definitive; Fachmann authoritative; (≈ zuständig) competent **maßgeblich** A̲ A̲D̲J̲ Einfluss decisive; Person leading; **~en Anteil an etw** (dat) **haben** to make a major contribution to sth B̲ A̲D̲V̲ decisively; **~ an etw** (dat) **beteiligt sein** to play a substantial role in sth **maßgeschneidert** A̲D̲J̲ Anzug made-to-measure, custom-made; fig Lösung, Produkte tailor-made **Maßhalteappell** M̲ appeal for moderation

maßhalten V̲/̲I̲ to be moderate

massieren¹ V̲/̲T̲ Körper, Haut to massage; **j-n ~** to give sb a massage

massieren² V̄T̄ *Truppen* to mass

massig A ADJ massive, huge B ADV *umg* ~ **Arbeit/Geld** *etc* masses of work/ money *etc umg*

mäßig A ADJ (≈ *bescheiden*) moderate; *Schulnote etc* mediocre B ADV (≈ *nicht viel*) moderately; ~ **essen** to eat with moderation **mäßigen** A V̄T̄ *Anforderungen* to moderate; *Zorn* to curb; → **gemäßigt** B V̄/R̄ to restrain oneself; **sich im Ton** ~ to moderate one's tone **Mäßigung** F̄ restraint

massiv A ADJ 1 (≈ *stabil*) solid 2 (≈ *heftig*) *Beleidigung* gross; *Drohung, Kritik* serious; *Anschuldigung* severe; *Protest* strong B ADV (≈ *gebaut*) massively; *protestieren* strongly; *verstärken* greatly; *behindern* severely; **sich** ~ **verschlechtern** to deteriorate sharply **Massiv** N̄ GEOL massif

Maßkrug M̄ litre beer mug *Br*, liter beer mug *US*; (≈ *Steinkrug*) stein **maßlos** A ADJ extreme; *im Essen etc* immoderate B ADV (≈ *äußerst*) extremely; *übertreiben* grossly; **er raucht/trinkt** ~ he smokes/drinks to excess **Maßlosigkeit** F̄ extremeness; *im Essen etc* lack of moderation **Maßnahme** F̄ measure; ~**n gegen j-n/etw treffen** od **ergreifen** to take measures against sb/ sth **Maßnahmenkatalog** M̄ catalog(ue) of measures **maßregeln** V̄T̄ (≈ *zurechtweisen*) to reprimand, to rebuke; (≈ *bestrafen*) to discipline **Maßregelung** F̄ (≈ *Rüge*) reprimand, rebuke; *von Beamten* disciplinary action **Maßschneider(in)** M̄/F̄ bespoke tailor, custom tailor *US* **Maßstab** M̄ 1 (≈ *Kartenmaßstab, Ausmaß*) scale; **im** ~ **1:1000** on a scale of 1:1000; **Klimaverschiebungen im großen** ~ large-scale climate changes 2 *fig* (≈ *Kriterium*) standard; **für j-n als** ~ **dienen** to serve as a model for sb **maßstab(s)gerecht** ADJ & ADV (true) to scale **maßvoll** A ADJ moderate B ADV moderately

Mast¹ M̄ mast; (≈ *Stange*) pole; ELEK pylon

Mast² F̄ (≈ *das Mästen*) fattening; (≈ *Futter*) feed **mästen** A V̄T̄ to fatten B V̄/R̄ *umg* to stuff oneself *umg*

Master M̄ master's (degree) **Masterabschluss** M̄ master's (degree) **Masterarbeit** F̄ master's thesis **Masterplan** M̄ *übergeordneter Plan* master plan

Masterstudiengang M̄ master's (degree)

Masturbation F̄ masturbation **masturbieren** V̄T̄ & V̄Ī to masturbate

Match *schweiz* N̄/M̄ match **Matchball** M̄ *Tennis* match point

Material N̄ material; (≈ *Baumaterial, Gerät*) materials *pl* **Materialfehler** M̄ material defect **Materialismus** M̄ materialism **Materialist(in)** M̄/F̄ materialist **materialistisch** ADJ materialistic **Materialkosten** PL cost of materials *sg* **Materie** F̄ matter *ohne art*; (≈ *Stoff, Thema*) subject matter *kein unbest art* **materiell** A ADJ material; (≈ *gewinnsüchtig*) materialistic B ADV (≈ *finanziell*) financially; ~ **eingestellt sein** *pej* to be materialistic

Mathe F̄ SCHULE *umg* maths *sg Br umg*, math *US* **Mathematik** F̄ mathematics *sg, ohne art* **Mathematiker(in)** M̄/F̄ mathematician **mathematisch** ADJ mathematical

Matinee F̄ matinée

Matjeshering M̄ matjes herring

Matratze F̄ mattress

Matriarchat N̄ matriarchy

Matrix F̄ matrix

Matrose M̄, **Matrosin** F̄ sailor; *als Rang* ordinary seaman **Matrosenanzug** M̄ sailor suit

Matsch *umg* M̄ mush; (≈ *Schlamm*) mud; (≈ *Schneematsch*) slush **matschig** *umg* ADJ *Obst* mushy; *Weg* muddy; *Schnee* slushy

matt A ADJ 1 (≈ *schwach*) *Kranker* weak; *Glieder* weary 2 (≈ *glanzlos*) *Metall, Farbe* dull; *Foto* mat(t); (≈ *trübe*) *Licht* dim; *Glühbirne* pearl 3 *Schach* (check)mate; **j-n** ~ **setzen** to checkmate sb B ADV 1 (≈ *schwach*) weakly 2 ~ **glänzend** dull **Matt** N̄ *Schach* (check)mate

Matte¹ F̄ mat; **auf der** ~ **stehen** *umg* (≈ *bereit sein*) to be there and ready for action

Matte² F̄ *schweiz* alpine meadow

Mattheit F̄ (≈ *Schwäche*) weakness; *von Gliedern* weariness **Mattlack** M̄ dull od mat(t) lacquer **Mattscheibe** F̄ 1 *umg* (≈ *Fernseher*) telly *Br umg*, tube *US umg* 2 *umg eine* ~ **haben/kriegen** (≈ *nicht klar denken können*) to have/get a mental block

Matura *österr, schweiz* F̄ → **Abitur Maturand(in)** *schweiz* M̄/F̄, **Matu-**

rant(in) österr M/F → Abiturientin
maturieren V/I österr (≈ Abitur machen) to take one's school-leaving exam Br, to graduate (from high school) US
Mätzchen umg ADJ antic; **~ machen** to fool around umg
Mauer F wall **mauern** A V/I 1 (≈ Maurerarbeit machen) to build, to lay bricks 2 KART to hold back; fig to stonewall B V/T to build **Mauerwerk** N (≈ Steinmauer) stonework (≈ Ziegelmauer) brickwork
Maul N mouth; umg von Menschen gob Br umg, trap bes US sl; **ein großes ~ haben** umg to be a bigmouth umg; **den Leuten aufs ~ schauen** to listen to what people really say; **halts ~!** vulg shut your face sl **maulen** umg V/I to moan **Maulesel** M mule **maulfaul** umg ADJ uncommunicative **Maulheld(in)** pej M/F show-off **Maulkorb** M muzzle; **j-m einen ~ umhängen** to muzzle sb **Maultier** N mule **Maulund Klauenseuche** F foot-and-mouth disease Br, hoof-and-mouth disease US **Maulwurf** M mole **Maulwurfshaufen** M molehill
Maurer(in) M/F bricklayer
Mauretanien N Mauritania
Mauritius N Mauritius
Maus F a. COMPUT mouse; **eine graue ~** fig umg a mouse umg
Mauschelei F umg (≈ Korruption) swindle **mauscheln** V/T & V/I (≈ manipulieren) to fiddle umg
mäuschenstill ADJ dead quiet **Mausefalle** F mousetrap **Mauseloch** N mousehole **mausen** V/I to catch mice
Mauser F ORN moult Br, molt US; **in der ~ sein** to be moulting Br, to be molting US **mausern** V/R ORN to moult Br, to molt US
mausetot umg ADJ stone-dead **Mausklick** M IT mouse click; **per ~** by clicking the mouse **Mausmatte** F, **Mauspad** N COMPUT mouse mat od pad **Maustaste** F COMPUT mouse button **Mauszeiger** M mouse pointer
Maut F toll **Mautschranke** F toll barrier Br, turnpike US **Mautstelle** F toll gate **Mautstraße** F toll road, turnpike US **Mautsystem** N toll system
Maxibrief M large letter (weighing up to 1 kilo)
maximal A ADJ maximum B ADV

(≈ höchstens) at most **Maxime** F Philosophie, a. LIT maxim **maximieren** V/T to maximize **Maximierung** F maximization **Maximum** N maximum (**an** +dat of)
Mayonnaise F mayonnaise
Mazedonien N Macedonia
Mäzen(in) M/F patron
MB ABK (≈ Megabyte) MB
Mechanik F PHYS mechanics sg **Mechaniker(in)** M/F mechanic **mechanisch** A ADJ mechanical B ADV mechanically **Mechanismus** M mechanism

▶ **mechanisch ≠ mechanic**

mechanisch	=	**mechanical**
mechanic	=	Mechaniker(in)	◀

Meckerei umg F grumbling **Meckerer** M, **Meckerin** umg F grumbler **meckern** V/I Ziege to bleat; umg Mensch to moan; **über j-n/etw** (akk) **~** umg to moan about sb/sth
Mecklenburg-Vorpommern N Mecklenburg-West Pomerania
Medaille F medal **Medaillengewinner(in)** M/F medallist
Medaillon N 1 (≈ Bildchen) medallion; (≈ Schmuckkapsel) locket 2 GASTR médaillon
medial ADJ in den Medien (in the) media **Mediathek** F multimedia centre Br, multimedia center US **Mediator(in)** M/F mediator **Medien** PL media pl; **soziale ~** social media **Medienberater(in)** M/F press adviser **Medienbericht** M media report, report in the media; **~en zufolge** according to media reports, according to reports in the media **Medienereignis** N media event **Mediengesellschaft** F media society **Medienindustrie** F media industry, media business **Medienkauffrau** F, **Medienkaufmann** M media manager **Medienkompetenz** F media literacy **Medienlandschaft** F media landscape **Medienpolitik** F (mass) media policy **Medienspektakel** N media spectacle **medienübergreifend** ADJ cross-media **medienwirksam** A ADJ **eine ~e Kampagne** a campaign geared toward(s) the media B

M

ᴀᴅᴠ etw ~ präsentieren to gear sth toward(s) the media
Medikament N̄ medicine, drug **medikamentenabhängig** ᴀᴅᴊ ~ **sein** to be addicted to medical drugs **Medikamentenmissbrauch** M̄ drug abuse
Mediothek F̄ multimedia centre *Br*, multimedia center *US*
Meditation F̄ meditation **meditieren** V̄/Ī to meditate
Medium N̄ medium
Medizin F̄ medicine **Medizinball** M̄ ꜱᴘᴏʀᴛ medicine ball **Mediziner(in)** M̄(Ḟ) doctor; ᴜɴɪᴠ medic *umg* **medizinisch** ᴀ ᴀᴅᴊ 1 (≈ ärztlich) medical; ~**e Fakultät** faculty of medicine; ᴍᴇᴅ, ᴀᴜᴛᴏ ~**-psychologische Untersuchung** medical and psychological examination (*for people convicted of speeding or drunk-driving*); ~**-technische Assistentin**, ~**-technischer Assistent** medical technician 2 *Kräuter, Bäder* medicinal; *Shampoo* medicated ᴮ ᴀᴅᴠ medically; **j-n ~ behandeln** to treat sb (medically); ~ **wirksame Kräuter** medicinal herbs
Medizinmann M̄ medicine man **Medizintourismus** M̄ medical tourism
Meer N̄ sea; (≈ Weltmeer) ocean; **am ~(e)** by the sea; **ans ~ fahren** to go to the sea(side) **Meerbusen** M̄ gulf, bay **Meerenge** F̄ straits *pl*, strait
Meeresboden M̄ seabed **Meeresfisch** M̄ saltwater fish **Meeresfrüchte** ᴘʟ seafood *sg* **Meeresgrund** M̄ seabed, bottom of the sea **Meereshöhe** F̄ sea level; **10 Meter über ~** 10 metres above sea level *Br*, 10 meters above sea level *US* **Meeresklima** N̄ maritime climate **Meereskunde** F̄ oceanography **Meeresspiegel** M̄ sea level; **über/unter dem ~** above/below sea level **Meeresufer** N̄ coast **Meereswindpark** M̄ offshore wind farm
Meerjungfrau F̄ mermaid **Meerrettich** M̄ horseradish **Meersalz** N̄ sea salt **Meerschweinchen** N̄ guinea pig **Meerwasser** N̄ sea water
Meeting N̄ meeting
Megabit N̄ megabit **Megabyte** N̄ megabyte **Megadeal** M̄ ᴡɪʀᴛꜱᴄʜ mega deal, megadeal **Megafon** N̄ megaphone **Megahertz** N̄ megahertz **Megahit** M̄ huge hit, smash hit *umg*,

megahit **Megaphon** N̄ → Megafon **Megatonne** F̄ megaton **Megawatt** N̄ megawatt
Mehl N̄ flour; *gröber* meal; (≈ Pulver) powder **mehlig** ᴀᴅᴊ *Äpfel, Kartoffeln* mealy **Mehlschwitze** F̄ ɢᴀꜱᴛʀ roux **Mehlspeise** F̄ 1 (≈ Gericht) flummery 2 *österr* (≈ Nachspeise) dessert; (≈ Kuchen) pastry **Mehltau** M̄ ʙᴏᴛ mildew
mehr ᴀ ɪɴᴅᴇꜰ ᴘʀ more ᴮ ᴀᴅᴠ 1 more; **immer ~** more and more; ~ **oder weniger** more or less 2 **ich habe kein Geld ~** I haven't *od* I don't have any more money; **du bist doch kein Kind ~!** you're no longer a child!; **es besteht keine Hoffnung ~** there's no hope left; **kein Wort ~!** not another word!; **es war niemand ~ da** there was no-one left; **nicht ~** not any longer, no longer, not any more *od* anymore *US*; **nicht ~ lange** not much longer; **nichts ~** nothing more; **nie ~** never again **Mehrarbeit** F̄ extra work **Mehraufwand** M̄ additional expenditure **Mehrausgabe** F̄ additional expense(s) (*pl*) **mehrbändig** ᴀᴅᴊ in several volumes **Mehrbedarf** M̄ greater need (**an** +*dat* of, for); ʜᴀɴᴅᴇʟ increased demand (**an** +*dat* for) **Mehrbelastung** F̄ excess load; *fig* additional burden **Mehrbereichsöl** N̄ ᴀᴜᴛᴏ multigrade oil **Mehrbettzimmer** N̄ room with multiple beds **mehrdeutig** ᴀ ᴀᴅᴊ ambiguous ᴮ ᴀᴅᴠ ambiguously **Mehrdeutigkeit** F̄ ambiguity **Mehreinnahme** F̄ additional revenue **mehrere** ɪɴᴅᴇꜰ ᴘʀ several **mehrfach** ᴀ ᴀᴅᴊ multiple; (≈ wiederholt) repeated; **ein ~er Millionär** a multimillionaire ᴮ ᴀᴅᴠ (≈ öfter) many times; (≈ wiederholt) repeatedly **Mehrfache(s)** N̄ **das ~** *od* **ein ~s des Kostenvoranschlags** several times the estimated cost **Mehrfachsteckdose** F̄ ᴇʟᴇᴋ multiple socket **Mehrfachstecker** M̄ ᴇʟᴇᴋ multiple adaptor **Mehrfahrtenkarte** F̄ multi-journey ticket **Mehrfamilienhaus** N̄ house for several families **mehrfarbig** ᴀᴅᴊ multicoloured *Br*, multicolored *US* **Mehrgenerationenhaus** N̄ multigenerational house **Mehrheit** F̄ majority; **die absolute ~** an absolute majority; **die ~ haben/gewinnen** to have/win *od* gain a majority; **mit zwei Stimmen ~** with a majority of two (votes) **mehrheitlich**

M

A̲D̲V̲ **wir sind ~ der Ansicht, dass ...** the majority of us think(s) that ... **Mehrheitsbeschluss** M̲ majority decision **mehrheitsfähig** A̲D̲J̲ capable of winning a majority **Mehrheitswahlrecht** N̲ majority voting system, first-past-the-post system **mehrjährig** A̲D̲J̲ of several years **Mehrkosten** P̲L̲ additional costs *pl* **mehrmalig** A̲D̲J̲ repeated **mehrmals** A̲D̲V̲ several times **Mehrparteiensystem** N̲ multiparty system **Mehrplatzrechner** M̲ C̲O̲M̲P̲U̲T̲ multi-user system **mehrsilbig** A̲D̲J̲ polysyllabic **mehrsprachig** A̲D̲J̲ *Person, Wörterbuch* multilingual; **~ aufwachsen** to grow up multilingual **mehrstellig** A̲D̲J̲ *Zahl, Betrag* multidigit **mehrstimmig** A̲D̲J̲ M̲U̲S̲ for several voices; **~ singen** to sing in harmony **mehrstöckig** A̲D̲J̲ multistorey *Br*, multistory *US* **mehrstufig** A̲D̲J̲ multistage **mehrstündig** A̲D̲J̲ *Verhandlungen* lasting several hours **mehrtägig** A̲D̲J̲ *Konferenz* lasting several days; **nach ~er Abwesenheit** after several days' absence **Mehrverbrauch** M̲ additional consumption **Mehrwegflasche** F̲ returnable bottle **Mehrwegverpackung** F̲ reusable packaging **Mehrwert** M̲ W̲I̲R̲T̲S̲C̲H̲ added value **Mehrwertsteuer** F̲ value added tax **mehrwöchig** A̲D̲J̲ lasting several weeks; *Abwesenheit* of several weeks **Mehrzahl** F̲ **1** G̲R̲A̲M̲ plural **2** (≈*Mehrheit*) majority **Mehrzweckhalle** F̲ multipurpose room

meiden V̲T̲ to avoid

Meile F̲ mile **Meilenstein** M̲ milestone **meilenweit** A̲D̲V̲ for miles; **~ entfernt** miles away

Meiler M̲ (≈*Kohlenmeiler*) charcoal kiln; (≈*Atommeiler*) (atomic) pile

mein P̲O̲S̲S̲ P̲R̲ my

Meineid M̲ perjury *kein unbest art*; **einen ~ leisten** to perjure oneself

meinen A̲ V̲I̲ (≈*denken*) to think; **wie Sie ~!** as you wish; **wenn du meinst!** if you like B̲ V̲T̲ **1** (≈*der Ansicht sein*) to think; **was ~ Sie dazu?** what do you think *od* say? **~ Sie das im Ernst?** are you serious about that?; **das will ich ~!** I quite agree! **2** (≈*beabsichtigen, sagen wollen*) to mean; *umg* (≈*sagen*) to say; **wie ~ Sie das?** what do you mean?; *drohend* (just) what do you mean by

that?; **so war es nicht gemeint** it wasn't meant like that; **sie meint es gut** she means well

meine(r, s) P̲O̲S̲S̲ P̲R̲ *substantivisch* mine; **das Meine** *geh* mine; (≈*Besitz*) what is mine; **die Meinen** *geh* (≈*Familie*) my people, my family **meinerseits** A̲D̲V̲ as far as I'm concerned; **ganz ~!** the pleasure's (all) mine **meinesgleichen** P̲R̲O̲N̲ (≈*meiner Art*) people like me *od* myself; (≈*gleichrangig*) my own kind **meinetwegen** A̲D̲V̲ **1** (≈*wegen mir*) because of me; (≈*mir zuliebe*) for my sake **2** (≈*von mir aus*) as far as I'm concerned; **~!** if you like **meinetwillen** A̲D̲V̲ **um ~** (≈*mir zuliebe*) for my sake; (≈*wegen mir*) on my account **meins** P̲O̲S̲S̲ P̲R̲ mine

Meinung F̲ opinion; **nach meiner ~, meiner ~ nach** in my opinion; **ich bin der ~, dass ...** I'm of the opinion that ...; **eine hohe ~ von sb/etw haben** to think highly of sb/sth; **einer ~ sein** to share the same opinion, to agree; **ganz meine ~!** I completely agree!; **j-m die ~ sagen** *umg* to give sb a piece of one's mind *umg* **Meinungsaustausch** M̲ exchange of views (*über* +*akk* on, about) **Meinungsbildung** F̲ formation of opinion **Meinungsforscher(in)** M̲(F̲) (opinion) pollster **Meinungsforschung** F̲ (public) opinion polling **Meinungsforschungsinstitut** N̲ polling institute **Meinungsfreiheit** F̲ freedom of speech **Meinungsumfrage** F̲ (public) opinion poll **Meinungsumschwung** M̲ swing of opinion **Meinungsverschiedenheit** F̲ difference of opinion

M

▶ 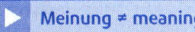 **Meinung ≠ meaning**

Meinung	=	**opinion**
meaning	=	Bedeutung

Meise F̲ tit **Meisenknödel** M̲ *für Vögel* fat ball

Meißel M̲ chisel **meißeln** V̲T̲ & V̲I̲ to chisel

Meißener A̲D̲J̲ **~ Porzellan** Dresden *od* Meissen china

meist A̲D̲V̲ → meistens **Meistbegünstigungsklausel** F̲ W̲I̲R̲T̲S̲C̲H̲, P̲O̲L̲ most-favo(u)red-nation clause **meist-**

bietend ADJ highest bidding; **~ versteigern** to sell to the highest bidder **Meistbietende(r)** M/F(M) highest bidder **meisten am ~** adv the most; **am ~ bekannt** best known **meistens** ADV mostly, usually

Meister M (≈Handwerksmeister) master (craftsman); in Fabrik foreman; SPORT champion; Mannschaft champions pl; **seinen ~ machen** to take one's master craftsman's diploma

meiste(r, s) INDEF PR **1** adjektivisch **die ~n Leute** most people **2** substantivisch **die ~n** most people; **die ~n (von ihnen)** most (of them); **die ~n wissen das** most people know that; **die ~n hier haben einen Computer** most of the people here have a computer; **das ~** most of it; **am ~n habe ich mich über die CD gefreut** I was most pleased about the CD

Meisterbrief M master craftsman's diploma **meisterhaft** A ADJ masterly **B** ADV brilliantly **Meisterin** F (≈Handwerksmeisterin) master craftswoman; in Fabrik forewoman; SPORT champion **Meisterleistung** F masterly performance; iron brilliant achievement **meistern** V/T to master; Schwierigkeiten to overcome **Meisterprüfung** F examination for master craftsman's diploma **Meisterschaft** F **1** SPORT championship; Veranstaltung championships pl **2** (≈Können) mastery **Meisterstück** N von Handwerker work done to qualify as master craftsman; fig masterpiece; (≈geniale Tat) master stroke **Meisterwerk** N masterpiece

Meistgebot N highest bid **meistgefragt** ADJ most in demand **meistgekauft** ADJ best-selling **meistverkauft** ADJ top-selling

Mekka N Mecca

Melancholie F melancholy **melancholisch** ADJ melancholy

Melange F österr (≈Milchkaffee) latte (comprising 50% coffee and 50% milk)

Melanom N MED melanoma

Melanzani F österr aubergine Br, eggplant US

Melasse F molasses

Meldeamt N registration office **Meldebehörde** F registration authorities pl **Meldefrist** F registration period **melden** A V/T **1** (≈anzeigen, berichten)

eine Geburt (der Behörde dat) **~** to notify the authorities of a birth; **etw bei der Polizei ~** to report sth to the police; **wie soeben gemeldet wird** RADIO, TV according to reports just coming in; **(bei j-m) nichts zu ~ haben** umg to have no say **2** (≈ankündigen) to announce; **wen darf ich ~?** who(m) shall I say (is here)? **B** V/R **1** (≈antreten) to report (**zu** for); **sich zum Dienst ~** to report for work; **sich zu** od **für etw ~** bes MIL to volunteer for sth; **für Arbeitsplatz** to apply for sth; **sich auf eine Anzeige ~** to answer an advertisement **2** durch Handaufheben to put one's hand up **3** bes TEL (≈antworten) to answer; **es meldet sich niemand** there's no answer **4** (≈von sich hören lassen) to get in touch (**bei** with); **melde dich wieder** keep in touch **Meldepflicht** F **1** beim Ordnungsamt compulsory registration (when moving house); polizeiliche **~** obligation to register with the police **2** **~ des Arztes** the doctor's obligation to notify the authorities (of people with certain contagious diseases) **meldepflichtig** ADJ **1** subject to registration **2** Krankheit notifiable **Meldezettel** M registration form **Meldung** F **1** (≈Mitteilung) announcement **2** Presse, a. RADIO, TV report (**über** +akk on, about); **eine ~ im Radio** an announcement on the radio; **~en vom Sport** sports news sg **3** dienstlich, bei Polizei report; (eine) **~ machen** to make a report

meliert ADJ Haar greying Br, graying US

melken V/T **1** Kuh, Ziege etc to milk **2** fig umg to fleece umg

Melodie F melody, tune **melodiös** geh ADJ melodious **melodisch** ADJ melodic

melodramatisch ADJ a. fig melodramatic

Melone F **1** melon **2** Hut bowler Br, derby US

Membran(e) F **1** ANAT membrane **2** PHYS, TECH diaphragm

Memme umg F sissy umg

Memo N memo **Memoiren** PL memoirs pl **Memorystick** M COMPUT memory stick

Menge F **1** (≈Quantum) quantity, amount **2** umg **eine ~** a lot, lots umg; **eine ~ Zeit/Häuser** a lot of time/houses; **jede** od **eine ~** loads pl umg; **eine**

ganze ~ quite a lot **3** (≈ *Menschenmenge*) crowd; *pej* (≈ *Pöbel*) mob **4** MATH set **mengen** A V/T *geh* to mix (**unter** +*akk* with) B V/R to mingle (**unter** +*akk* with) **Mengenangabe** F quantity **Mengenlehre** F MATH set theory **Mengenrabatt** M bulk discount **Menora** F REL menorah **Menorca** N Minorca **Mensa** F UNIV canteen, refectory *Br* **Mensch** M **1** (≈ *Person*) person, man/woman; **es war kein ~ da** there was nobody there; **als ~** as a person; **das konnte kein ~ ahnen!** no-one (on earth) could have foreseen that!; (≈ *Leute*) **~en** people **2** *als Gattung* **der ~** man; **die ~en** man *sg*, human beings *pl*; **~ bleiben** *umg* to stay human; **ich bin auch nur ein ~!** I'm only human **3** (≈ *die Menschheit*) **die ~en** mankind, man; **alle ~en** everyone **4** *umg als Interjektion* hey; **~, da habe ich mich aber getäuscht** boy, was I wrong! *umg* **Menschenaffe** M ape **Menschenauflauf** M crowd (of people) **menschenfeindlich** ADJ *Mensch* misanthropic; *Landschaft etc* inhospitable; *Politik, Gesellschaft* inhumane **Menschenfresser(in)** *umg* M/F (≈ *Kannibale*) cannibal; (≈ *Raubtier*) man-eater **menschenfreundlich** ADJ *Mensch* philanthropic, benevolent; *Gegend* hospitable; *Politik, Gesellschaft* humane **Menschenführung** F leadership **Menschengedenken** N **der kälteste Winter seit ~** the coldest winter in living memory **Menschenhand** F human hand; **von ~ geschaffen** fashioned by the hand of man **Menschenhandel** M slave trade; JUR trafficking (in human beings), human trafficking **Menschenjagd** F **eine ~ a** manhunt **Menschenkenner(in)** M/F judge of character **Menschenkenntnis** F knowledge of human nature **Menschenkette** F human chain **Menschenleben** N human life; **Verluste an ~** loss of human life **menschenleer** ADJ deserted **Menschenmenge** F crowd (of people) **menschenmöglich** ADJ humanly possible; **das Menschenmögliche tun** to do all that is humanly possible **Menschenrechte** PL human rights **Menschenrechtler(in)** M/F human rights activist **Men-**

schenrechtskonvention F convention on human rights **Menschenrechtsverletzung** F human rights violation, violation of human rights **menschenscheu** ADJ afraid of people **Menschenseele** F human soul; **keine ~** *fig* not a (living) soul **Menschenskind** INT heavens above **menschenunwürdig** A ADJ beneath human dignity; *Behausung* unfit for human habitation B ADV *behandeln* inhumanely; *hausen, unterbringen* under inhuman conditions **menschenverachtend** ADJ inhuman **Menschenverstand** M **gesunder ~** common sense **Menschenwürde** F human dignity *ohne art* **menschenwürdig** A ADJ *Behandlung* humane; *Lebensbedingungen* fit for human beings; *Unterkunft* fit for human habitation B ADV *behandeln* humanely; *wohnen* in decent conditions **Menschheit** F **die ~** mankind, humanity **menschlich** A ADJ **1** human **2** (≈ *human*) *Behandlung etc* humane B ADV **1** (≈ *human*) humanely **2** *umg* (≈ *zivilisiert*) decently **Menschlichkeit** F humanity *ohne art*; **aus reiner ~** on purely humanitarian grounds; **Verbrechen gegen die ~** crimes against humanity

Menstruation F menstruation **menstruieren** V/I to menstruate **Mentalität** F mentality **Menthol** N menthol **Mentor(in)** M/F **1** *obs* mentor **2** SCHULE ≈ tutor **Menü** N **1** (≈ *Tagesmenü*) set meal, table d'hôte *form* **2** IT menu **Menübefehl** M IT menu command **Menüführung** F IT menu assistance **menügesteuert** ADJ menu-driven

▶ **Menü ≠ menu**

Menü (*Speisenfolge*)	=	set meal, set lunch
menu	=	Speisekarte; IT Menü ◀

MENUK, MeNuK ABK (≈ Mensch, Natur und Kultur) SCHULE school subject taught in some German states incorporating social studies, nature and the arts

Menüleiste F menu bar **Menüzeile**

F̄ menu line

Meridian M̱ ASTRON, GEOG meridian

merkbar A ADJ (≈*wahrnehmbar*) noticeable B ADJ noticeable **Merkblatt** N̄ leaflet **merken** V̄T̄ (≈*wahrnehmen*) to notice; (≈*spüren*) to feel; (≈*erkennen*) to realize; **davon habe ich nichts gemerkt** I didn't notice anything; **du merkst auch alles!** iron nothing escapes you, does it? 2 (≈*im Gedächtnis behalten*) to remember; **sich** (*dat*) **j-n/etw ~** to remember sb/sth; **das werde ich mir ~!** I won't forget that; **merk dir das!** mark my words! **merklich** A ADJ noticeable B ADV noticeably **Merkmal** N̄ characteristic **Merkspruch** M̱ mnemonic *form*

Merkur M̱ ASTRON Mercury

merkwürdig A ADJ strange B ADV strangely; **~ riechen** to have a strange smell **merkwürdigerweise** ADV strangely enough **Merkwürdigkeit** F̄ 1 (≈*Seltsamkeit*) strangeness 2 (≈*Eigentümlichkeit*) peculiarity **Merkzettel** M̱ (reminder) note

messbar A ADJ measurable B ADV measurably **Messbecher** M̱ GASTR measuring jug **Messdaten** P̱Ḻ readings *pl*

Messe[1] F̄ KIRCHE, MUS mass; **zur ~ gehen, die ~ besuchen** to go to mass

Messe[2] F̄ (trade) fair

Messe[3] F̄ SCHIFF, MIL mess

Messeausweis M̱ fair pass **Messebesucher(in)** M̱F̱ visitor to the fair **Messegelände** N̄ exhibition centre *Br*, exhibition center *US* **Messehalle** F̄ exhibition hall

messen A V̄T̄ to measure; **j-s Blutdruck ~** to take sb's blood pressure; **er misst 1,90 m** he is 1.90 m tall; **seine Kräfte mit j-m ~** to match one's strength against sb's B V̄I̱ to measure C V̱Ṟ **sich mit j-m ~** *geh* im Wettkampf to compete with sb; **sich mit j-m/etw nicht ~ können** to be no match for sb/sth

Messer N̄ knife; **unters ~ kommen** MED *umg* to go under the knife; **j-m das ~ an die Kehle setzen** to hold a knife to sb's throat; **damit würden wir ihm ans ~ liefern** *fig* that would be putting his head on the block; **ein Kampf bis aufs ~** *fig* a fight to the finish; **auf des ~s Schneide stehen** *fig* to be on a razor's edge **Mes-**

serblock M̱ knife block *od* holder **messerscharf** ADJ razor-sharp; *Folgerung* clear-cut **Messerstecherei** F̄ stabbing, knife fight **Messerstich** M̱ ▪ Wunde stab wound

Messfühler M̱ probe; METEO gauge **Messgerät** N̄ für Öl, Druck etc measuring instrument

Messias M̱ Messiah

Messie *umg* M̱F̱ messy person

Messing N̄ brass **Messingschild** N̄ brass plate

Messinstrument N̄ gauge **Messlatte** F̄ measuring stick; *fig* (≈*Maßstab*) threshold **Messstab** M̱ AUTO (≈*Ölmessstab etc*) dipstick **Messtechnik** F̄ measurement technology **Messtblatt** N̄ ordnance survey map **Messung** F̄ 1 (≈*das Messen*) measuring 2 (≈*Messergebnis*) measurement **Messwert** M̱ measurement

Metall N̄ metal; **~ verarbeitend** metal-processing *attr*, metal-working *attr* **Metallarbeiter(in)** M̱F̱ metalworker **metallen** A ADJ metal; *geh Klang, Stimme* metallic B ADV glänzen metallically; **~ klingen** to sound tinny **metallhaltig** ADJ metalliferous **metallic** ADJ metallic **Metallindustrie** F̄ metal industry **Metallurgie** F̄ metallurgy **metallverarbeitend** ADJ → **Metall Metallverarbeitung** F̄ metal processing **Metamorphose** F̄ metamorphosis **Metapher** F̄ LIT metaphor **Metastase** F̄ metastasis **Meteor** M̱/N̄ meteor **Meteorit** M̱ meteorite **Meteorologe** M̱, **Meteorologin** F̄ meteorologist; *im Wetterdienst* weather forecaster **Meteorologie** F̄ meteorology **meteorologisch** ADJ meteorological

Meter M̱/N̄ metre *Br*, meter *US* **meterhoch** ADJ metres high *Br*, meters high *US* **meterlang** ADJ metres long *Br*, meters long *US* **Metermaß** N̄ (≈*Bandmaß*) tape measure **Meterstab** M̱ metre rule *Br*, meter rule *US* **Meterware** F̄ *Stoffe* piece goods **meterweise** ADV by the metre *Br*, by the meter *US*

Methadon N̄ methadone

Methangas N̄ methane

Methode F̄ 1 method 2 **~n** *pl* (≈*Sitten*) behaviour *Br*, behavior *US* **methodisch** A ADJ methodical B ADV methodically

Methodist(in) M/F Methodist
Methylalkohol M methyl alcohol
Metier N job, profession; **sich auf sein ~ verstehen** to be good at one's job
Metrik F *Dichtung, a.* MUS metrics *sg* **metrisch** ADJ metric
Metronom N MUS metronome
Metropole F metropolis; (≈ *Zentrum*) centre *Br*, center *US*
metrosexuell ADJ metrosexual
Mettwurst F (smoked) pork/beef sausage
Metzelei F butchery **metzeln** VT to slaughter **Metzger(in)** M/F butcher **Metzgerei** F butcher's (shop)
Meute F pack (of hounds); *fig pej* mob **Meuterei** F mutiny **meutern** VI to mutiny
Mexikaner(in) M/F Mexican **mexikanisch** ADJ Mexican **Mexiko** N Mexico
MG N ABK (= *Maschinengewehr*) machine gun
miau INT miaow *Br*, meow **miauen** VI to meow
mich A PERS PR me B REFL PR myself
mick(e)rig *umg* ADJ pathetic
Miederhöschen N panty girdle **Miederwaren** PL corsetry *sg*
Mief *umg* M fug; *muffig* stale air; (≈ *Gestank*) stink
Miene F expression; **eine finstere ~ machen** to look grim
mies *umg* A ADJ rotten *umg*; Qualität poor B ADV badly **Miesepeter** *umg* M grouch *umg* **miesmachen** *umg* VT to run down **Miesmacher(in)** *umg* M/F killjoy
Miesmuschel F mussel
Mietauto N hire(d) car **Miete** F *für Wohnung* rent; *für Gegenstände* rental; **zur ~ wohnen** to live in rented accommodation **mieten** VT to rent; *Boot, Auto* to rent, to hire *bes Br* **Mieter(in)** M/F tenant; (≈ *Untermieter*) lodger **Mieterhöhung** F rent increase **Mieterschaft** F tenants *pl* **Mieterschutz** M rent control **mietfrei** ADJ & ADV rent-free **Mietpreis** M rent; *für Sachen* rental (fee), rental (rate) *US* **Mietrückstände** PL rent arrears *pl* **Mietshaus** N block of (rented) flats *Br*, apartment house *US* **Mietverhältnis** N tenancy **Mietvertrag** M lease; *von Auto* rental agreement **Mietwagen** M hire(d) car *Br*, rental (car) *US* **Mietwohnung** F

Mieze F *umg* (≈ *Katze*) pussy(-cat) *umg*
Migräne F migraine
Migrant(in) M/F migrant; *Soziologie* immigrant **Migration** F migration **Migrationshintergrund** M immigrant background; **mit ~** from an immigrant background
Mikrobe F microbe
Mikrochip M microchip **Mikroelektronik** F microelectronics *sg* **Mikrofaser** F microfibre *Br*, microfiber *US* **Mikrofon** N microphone **Mikroklima** N microclimate **mikroklimatisch** A ADJ microclimatic B ADV microclimatically **Mikrokosmos** M microcosm **Mikroorganismus** M microorganism **Mikrophon** N → Mikrofon **Mikroprozessor** M microprocessor **Mikrosekunde** F microsecond **Mikroskop** N microscope **mikroskopisch** A ADJ microscopic B ADV **etw ~ untersuchen** to examine sth under the microscope; **~ klein** *fig* microscopically small **Mikrowelle** F microwave **mikrowellengeeignet** ADJ microwave-safe **Mikrowellenherd** M microwave (oven)
Milbe F mite
Milch F milk **Milchaufschäumer** M (milk) frother **Milchdrüse** F mammary gland **Milchflasche** F milk bottle **milchfrei** ADJ *Lebensmittel* dairy-free **Milchgeschäft** N dairy **Milchglas** N frosted glass **milchig** ADJ milky; **~ trüb** opaque **Milchkaffee** M milky coffee **Milchkanne** F milk can; *größer* (milk) churn **Milchkuh** F milk cow **Milchladen** M dairy **Milchmädchenrechnung** *umg* F naïve fallacy **Milchmixgetränk** N milk shake **Milchprodukt** N milk product, dairy food **Milchpulver** N powdered milk **Milchreis** M round-grain rice; *als Gericht* rice pudding **Milchschäumer** M (milk) frother **Milchsee** M milk lake **Milchshake** M milkshake, milk shake **Milchstraße** F Milky Way **Milchtüte** F milk carton **Milchzahn** M milk tooth **Milchzuckerunverträglichkeit** F lactose intolerance
mild, milde A ADJ *Wetter, Käse, Zigarette* mild; (≈ *nachsichtig*) lenient B ADV mildly; (≈ *nachsichtig*) leniently; **~e gesagt** to put it mildly; **~ schmecken** to

M

M

taste mild **Milde** F mildness; (≈*Nach-sichtigkeit*) leniency; **~ walten lassen** to be lenient **mildern** A V/T *geh Schmerz* to soothe; *Kälte* to alleviate; *Angst* to calm; *Strafe, Urteil* to mitigate; *Konflikt, Problem* to reduce; *Ausdrucksweise* to moderate; **~de Umstände** B V/R *Wetter* to become milder; *Schmerz* to ease **Milderung** F *von Schmerz* easing, soothing; *von Ausdruck, Strafe* moderation

Milieu N ▯ (≈*Umwelt*) environment; (≈*Lokalkolorit*) atmosphere ▮ *soziales Umfeld* social background **milieuge-schädigt, milieugestört** ADJ maladjusted (*due to adverse social factors*)

militant ADJ militant **Militanz** F militancy

Militär N military *pl;* **beim ~ sein** *umg* to be in the forces; **zum ~ gehen** to join the army **Militärdienst** M military service; **(seinen) ~ ableisten** to do national service **Militärdiktatur** F military dictatorship **Militärgericht** N military court **militärisch** ADJ military **Militarismus** M militarism **militaristisch** ADJ militaristic **Military** F SPORT three-day event **Militärzeit** F army days *pl* **Miliz** F militia

Milliardär(in) M/F(IN) billionaire **Milliarde** F billion; **fünf ~n** five billion **Milliardengrab** *fig* N money burner, white elephant

Millibar N millibar **Milligramm** N milligram(me) **Milliliter** M millilitre *Br,* milliliter *US* **Millimeter** M/N millimetre *Br,* millimeter *US* **Millimeterpapier** N graph paper

Million F million; **zwei ~en** Einwohner two million inhabitants; **~en Mal** a million times **Millionär(in)** M/F(IN) millionaire **Millionärin** F millionairess **millionenfach** ADJ millionfold **Millionengeschäft** N multi-million-pound/dollar *etc* industry **Millionenhöhe** F **ein Schaden in ~** damage amounting to millions of euros *etc* **Millionenstadt** F town with over a million inhabitants **Millionstel** N millionth part

Millisekunde F millisecond

Milz F spleen **Milzbrand** M *Tiermedizin, a.* MED anthrax

mimen V/T **er mimt den Kranken** *umg* he's pretending to be sick

Mimose F mimosa; **empfindlich wie eine ~ sein** to be oversensitive **mimosenhaft** *fig* ADJ oversensitive

Minarett N minaret

minder ADV less; **mehr oder ~** more or less **minderbegabt** ADJ less gifted **Mindereinnahmen** PL decrease *sg* in receipts **mindere(r, s)** ADJ lesser; *Güte, Qualität* inferior **Minderheit** F minority **Minderheitsregierung** F minority government **minderjährig** ADJ who is (still) a minor **Minderjährige(r)** M/F(M) minor **Minderjährigkeit** F minority **mindern** A V/T *Ansehen* to diminish; *Rechte* to erode; *Vergnügen* to lessen; *Risiko, Chancen* to reduce B V/R *Ansehen, Wert* to diminish; *Vergnügen* to lessen **Minderung** F (≈*Herabsetzung*) diminishing *kein unbest art;* von Wert reduction (+*gen* in); *von Vergnügen* lessening **minderwertig** ADJ inferior **Minderwertigkeit** F inferiority **Minderwertigkeitskomplex** M inferiority complex **Minderzahl** F minority; **in der ~ sein** to be in the minority

Mindestalter N minimum age **mindestens** ADV at least **mindeste(r, s)** ADJ least, slightest; **nicht die ~ Angst** not the slightest trace of fear; **das Mindeste** the (very) least; **nicht im Mindesten** not in the least **Mindestgebot** N *bei Auktionen* reserve price **Mindesthaltbarkeitsdatum** N best-before *od* use-by date *Br,* expiration date *US* **Mindestkapital** N minimum (subscribed) capital **Mindestlohn** F minimum wage **Mindestmaß** N minimum **Mindestumtausch** M minimum currency exchange

Mine F ▯ MIL *Bergbau* mine ▮ (≈*Bleistiftmine*) lead; (≈*Kugelschreibermine*) refill **Minenfeld** N MIL minefield **Minensuchboot** N minesweeper

Mineral N ▯ mineral ▮ *österr, schweiz* mineral water **Mineralbad** N mineral bath; (≈*Ort*) spa; (≈*Schwimmbad*) swimming pool fed from a mineral spring **Mineralöl** N (mineral) oil **Mineralölsteuer** F mineral oil tax **Mineralquelle** F mineral spring **Mineralwasser** N mineral water

Mini M *umg* (≈*Minirock*) mini **Miniatur** F miniature **Minibar** F *im Hotel etc* minibar **Minibus** M minibus **Minidisc, Minidisk** F (≈*Tonträger*) Minidisc®; COMPUT minidisk **Minigolf** F crazy golf Br, putt-putt golf US **Minijob** M minijob **minimal** A ADJ minimal; Gewinn, Chance very small; Gehalt very low; **mit ~er Anstrengung** with a minimum of effort B ADV (≈ wenigstens) at least **minimieren** VT to minimize **Minimum** N minimum (**an** +dat of) **Minirock** M miniskirt

Minister(in) MF POL minister Br (**für** of), secretary (**für** for) **Ministerium** N ministry Br, department **Ministerkonferenz** F conference of ministers **Ministerpräsident(in)** MF prime minister; eines Bundeslandes leader of a Federal German state **Ministerrat** M council of ministers

Ministrant(in) MF KIRCHE server

Minnesang M minnesong **Minnesänger** M minnesinger

minus A PRÄP minus B ADV minus; **~ 10 Grad** minus 10 degrees; **~ machen** umg to make a loss **Minus** N (≈ Fehlbetrag) deficit; auf Konto overdraft; fig (≈ Nachteil) bad point **Minusbetrag** M deficit **Minuspol** M negative pole **Minuspunkt** M minus point; **ein ~ für j-n sein** to count against sb **Minustemperatur** F temperature below freezing **Minuszeichen** N minus sign

Minute F minute; **auf die ~ (genau)** (right) on the dot; **in letzter ~** at the last minute **minutenlang** A ADJ several minutes of B ADV for several minutes **Minutenzeiger** M minute hand

minutiös, minuziös geh A ADJ meticulous; Fragen detailed B ADV meticulously; erklären in great detail

Minze F BOT mint

Mio. ABK (≈ Millionen) million

mir PERS PR to me; nach Präpositionen me; **ein Freund von mir** a friend of mine; **von mir aus!** umg I don't mind; **du bist mir vielleicht einer!** umg you're a right one, you are! umg

Mirabelle F mirabelle

Mirakelfrucht F BOT miracle berry, miracle fruit

Mischbatterie F mixer tap **Mischehe** F mixed marriage **mischen** A VT/V to mix; Karten to shuffle; → **mischen** B VR (≈ sich vermengen) to mix; **sich unter j-n/etw ~** to mix with sb/sth; **sich in etw** (akk) **~** to meddle in sth C VI KART to shuffle **Mischgemüse** N mixed

vegetables pl **Mischling** M 1 Mensch mixed race person 2 ZOOL half-breed **Mischmasch** umg F mishmash (**aus** of) **Mischmaschine** F cement-mixer **Mischpult** N RADIO, TV mixing desk; von Band sound mixer **Mischung** F 1 (≈ das Mischen) mixing 2 (≈ Gemischtes) mixture; von Tee etc blend **Mischungsverhältnis** N ratio (of a mixture) **Mischwald** M mixed (deciduous and coniferous) woodland

miserabel umg A ADJ lousy umg; Gesundheit miserable; Gefühl ghastly; Benehmen dreadful; Qualität poor B ADV dreadfully; **~ schmecken** to taste lousy umg **Misere** F von Wirtschaft etc plight; **j-n aus einer ~ herausholen** to get sb out of trouble

Mispel F medlar (tree)

missachten VT 1 (≈ ignorieren) Warnung to ignore; Gesetz to flout 2 (≈ geringschätzen) j-n to despise **Missachtung** F 1 (≈ Ignorieren) disregard (+gen for); von Gesetz flouting (+gen of) 2 (≈ Geringschätzung) disrespect (+gen for) **Missbildung** F deformity **missbilligen** VT to disapprove of **missbilligend** A ADJ disapproving, critical B ADV disapprovingly **Missbilligung** F disapproval **Missbrauch** M abuse; von Notbremse, Kreditkarte improper use **missbrauchen** VT Vertrauen to abuse; geh (≈ vergewaltigen) to assault; **j-n für od zu etw ~** to use sb for sth **missbräuchlich** A ADJ incorrect B ADV incorrectly **missdeuten** VT to misinterpret

missen geh VT to do without; Erfahrung to miss

Misserfolg M failure **Missernte** F crop failure **missfallen** VI to displease; **es missfällt mir, wie er ...** I dislike the way he ... **Missfallen** N displeasure (**über** +akk at) **Missfallensäußerung** F expression of disapproval **Missfallenskundgebung** F demonstration of disapproval **missgebildet** ADJ deformed **Missgeburt** F neg! deformed person/animal; fig umg failure **Missgeschick** N mishap; (≈ Unglück) misfortune **missglücken** VI to fail; **das ist ihr missglückt** she failed; **der Kuchen ist (mir) missglückt** the cake didn't turn out **missgönnen** VT j-m etw **~** to (be)grudge sb sth **Missgriff**

M

M̲ mistake **Missgunst** F̲ enviousness (**gegenüber** of) **missgünstig** A̲ ADJ envious (**auf** +akk of) B̲ ADV enviously **misshandeln** VT̲ to ill-treat **Misshandlung** F̲ ill-treatment

Mission F̲ mission; (≈ Gruppe) delegation **Missionar(in)** MF̲ missionary **missionarisch** ADJ missionary

Missklang M̲ discord **Misskredit** M̲ discredit; (≈ Gruppe) delegation in ~ **bringen** to discredit sb/sth **misslich** geh ADJ Lage awkward **missliebig** ADJ unpopular **misslingen** irr → missglücken **missmutig** A̲ ADJ sullen, morose; (≈ unzufrieden) discontented; Äußerung disgruntled B̲ ADV sullenly, morosely; (≈ unzufrieden) discontentedly; sagen disgruntledly

missraten[1] VI̲ to go wrong; Kind to become wayward; **der Kuchen ist (mir)** ~ the cake didn't turn out

missraten[2] ADJ Kind wayward **Missstand** M̲ disgrace kein pl, deplorable state of affairs kein pl; (≈ Ungerechtigkeit) abuse **Missstimmung** F̲ 1̲ (≈ Uneinigkeit) discord 2̲ (≈ Missmut) ill feeling kein unbest art **misstrauen** VI̲ to mistrust **Misstrauen** N̲ mistrust, distrust (**gegenüber** of); **einer Sache** ~ **entgegenbringen** to mistrust sth **Misstrauensantrag** M̲ PARL motion of no confidence **Misstrauensvotum** N̲ PARL vote of no confidence **misstrauisch** A̲ ADJ mistrustful; (≈ argwöhnisch) suspicious B̲ ADV sceptically Br, skeptically US **Missverhältnis** N̲ discrepancy **missverständlich** A̲ ADJ unclear; ~e **Ausdrücke** expressions which could be misunderstood B̲ ADV unclearly; **ich habe mich** ~ **ausgedrückt** I didn't express myself clearly **Missverständnis** N̲ misunderstanding **missverstehen** VT̲ to misunderstand; **Sie dürfen mich nicht** ~ please do not misunderstand me

Misswahl F̲ beauty contest **Misswirtschaft** F̲ mismanagement **Mist** M̲ 1̲ (≈ Kuhmist etc) dung; (≈ Dünger) manure; umg (≈ Unsinn) nonsense; (**so ein**) ~! blast! umg, what a bummer! umg; **da hat er** ~ **gebaut** he really messed that up umg; **mach keinen** ~! don't be a fool 2̲ österr rubbish Br, garbage, trash US

Mistel F̲ mistletoe kein pl **Mistel-**

zweig M̲ (sprig of) mistletoe **Mistgabel** F̲ pitchfork (used for shifting manure) **Misthaufen** M̲ manure heap **Mistkäfer** M̲ dung beetle **Mistkerl** umg M̲ dirty od rotten pig umg **Mistkübel** M̲ österr rubbish bin Br, garbage can US **Miststück** N̲, **Mistvieh** umg N̲ (≈ Mann) bastard sl; (≈ Frau) bitch sl **Mistwetter** umg N̲ lousy weather umg

mit A̲ PRÄP with; **mit der Bahn/dem Bus** by train/bus; **mit Bleistift schreiben** to write in pencil; **mit dem nächsten Bus kommen** to come on the next bus; **mit achtzehn Jahren** at (the age of) eighteen; **mit 1 Sekunde Vorsprung gewinnen** to win by 1 second; **mit 80 km/h** at 80 km/h; **mit 4:2 gewinnen** to win 4-2; **du mit deinen dummen Ideen** umg you and your stupid ideas B̲ ADV **er war mit dabei** he went od came too; **er ist mit der Beste der Gruppe** he is one of the best in the group; **etw mit in Betracht ziehen** to consider sth as well

Mitarbeit F̲ cooperation; **mündliche** ~ SCHULE participation (**in, an** +dat in); ~ **bei** od an **etw** (dat) work on sth; **unter** ~ **von** in collaboration with **mitarbeiten** VI̲ to cooperate (**bei** on); bei Projekt etc to collaborate; **an** od **bei etw** ~ to work on sth **Mitarbeiter(in)** MF̲ (≈ Betriebsangehöriger) employee; (≈ Kollege) colleague; an Projekt etc collaborator; **freier** ~ freelance **Mitarbeiterstab** M̲ staff

mitbekommen umg VT̲ (≈ verstehen) to get umg; (≈ bemerken) to realize; **hast du das noch nicht** ~? (≈ erfahren) you mean you didn't know that?

mitbenutzen VT̲ to share (the use of) **Mitbesitzer(in)** MF̲ co-owner **mitbestimmen** VI̲ to have a say (**bei** in) **Mitbestimmung** F̲ co-determination, participation (**bei** in); ~ **am Arbeitsplatz** worker participation

Mitbewerber(in) MF̲ (fellow) competitor; für Stelle (fellow) applicant

▶	**Mist** ≠ **mist**	
Mist	=	Kuhmist **dung**; Dünger **manure**; Unsinn **nonsense**
mist	=	Nebel

Mitbewohner(in) M/F/ (fellow) occupant; *in WG* flatmate *Br*, roommate *US*

mitbringen V/T **1** *Geschenk etc* to bring; *Freund, Begleiter* to bring along; **j-m etw ~** to bring sth for sb; **j-m etw von od aus der Stadt ~** to bring sb sth back from town; **was sollen wir der Gastgeberin ~?** what should we take our hostess?; **etw in die Ehe ~** to have sth when one gets married **2** *fig Befähigung etc* to have **Mitbringsel** N *Geschenk* small present; *Andenken* souvenir

Mitbürger(in) M/F/ fellow citizen

mitdenken V/I (≈ *mitkommen*) to follow the argument; (≈ *mit Überlegung vorgehen*) to think things through

mitdürfen V/I **wir durften nicht mit** we weren't allowed to go along

Miteigentümer(in) M/F/ joint owner

miteinander ADV with each other; (≈ *gemeinsam*) together; **alle ~!** all together **Miteinander** N cooperation

miterleben V/T to experience; *im Fernsehen* to watch

Mitesser M blackhead

mitfahren V/I to go (with sb); **sie fährt mit** she is going too; **(mit j-m) ~** to go with sb; **kann ich (mit Ihnen) ~** can you give me a lift od a ride *bes US*, ? **Mitfahrer(in)** M/F/ fellow passenger **Mitfahrgelegenheit** F lift, ride **Mitfahrzentrale** F car pool(ing) service

mitfühlen V/I **mit j-m ~** to feel for sb **mitfühlend** A ADJ sympathetic B ADV sympathetically

mitführen V/T *Papiere, Waffen etc* to carry (with one)

mitgeben V/T **j-m etw ~** to give sb sth to take with them

Mitgefühl N sympathy

mitgehen V/I **1** (≈ *mit anderen gehen*) to go too; **mit j-m ~** to go with sb; **gehen Sie mit?** are you going (too)? **2** *fig Publikum etc* to respond favourably *Br od* favourably *US* (**mit** to) **3** *umg* **etw ~ lassen** to steal sth

mitgenommen ADJ *umg* worn out, exhausted; **~ aussehen** to look the worse for wear *umg*; → **mitnehmen**

Mitgift F dowry **Mitgiftjäger** *umg* M dowry-hunter *Br*, fortune-hunter

Mitglied N member (+*gen od* **bei, in** +*dat of*); **~ des Europäischen Parlaments** Member of the European Parliament **Mitgliederversammlung** F general meeting **Mitgliedsausweis** M membership card **Mitgliedsbeitrag** M membership fee, membership dues *pl* **Mitgliedschaft** F membership **Mitgliedsland** N POL member country **Mitgliedsstaat** M member state

mithaben V/T **ich habe den Ausweis nicht mit** I haven't got my ID (card) with me *Br*, I don't have my ID (card) with me *US*

mithalten V/I *bei Tempo etc* to keep up (**mit** with); *bei Versteigerung* to stay in the bidding

mithelfen V/I to help **mithilfe, mit Hilfe** PRÄP with the help (+*gen of*) **Mithilfe** F assistance, aid

mithören V/T to listen to (too); *Gespräch* to overhear; *heimlich* to listen in on; **ich habe alles mitgehört** I heard everything

Mitinhaber(in) M/F/ joint owner

mitkommen V/I **1** to come along (**mit** with); **kommst du auch mit?** are you coming too? **2** *umg* (≈ *mithalten*) to keep up; (≈ *verstehen*) to follow; **da komme ich nicht mit** that's beyond me

mitkriegen *umg* V/T → **mitbekommen**

Mitläufer(in) M/F/ POL *pej* fellow traveller *Br od* traveler *US*

Mitlaut M consonant

Mitleid N pity (**mit** for); (≈ *Mitgefühl*) sympathy (**mit** with, for); **~ mit j-m haben** to feel sorry for sb; **~ erregend** pitiful, pathetic **Mitleidenschaft** F **j-n/etw in ~ ziehen** to affect sb/sth (detrimentally) **mitleiderregend** ADJ pitiful **mitleidig** ADJ pitying; (≈ *mitfühlend*) sympathetic

mitlesen V/I **ich spiele euch den Text vor, und ihr lest mit** I'll play the text to you, and you can read along with it

mitmachen V/T & V/I **1** (≈ *teilnehmen*) *Spiel* to join in; *Reise* to go on; *Kurs* to do; *Mode* to follow; *Wettbewerb* to take part in; **(bei) etw ~** to join in sth; **er macht alles mit** he always joins in (all the fun); **da mache ich nicht mit** (≈ *ohne mich*) count me out!; **das mache ich nicht mehr mit** *umg* I've had quite enough (of that) **2** (≈ *erleben*) to live through; (≈ *erleiden*) to go through; **sie hat viel mitgemacht** she has been through a lot in her time

Mitmensch M̄ fellow man *od* creature
mitmischen *umg* V̄ī (≈ *sich beteiligen*)
to be involved (**in** +*dat od* **bei** in)
mitnehmen V̄ī **1** to take (with one);
(≈ *ausleihen*) to borrow; (≈ *kaufen*) to
take; **j-n** (**im Auto**) ~ to give sb a lift
od ride *bes US*; **zum Mitnehmen** to go
2 (≈ *erschöpfen*) *j-n* to exhaust; **mitge-
nommen aussehen** to look the worse
for wear **3** *umg Sehenswürdigkeit* to take in

mitreden A̅ V̄ī (≈ *mitbestimmen*) to
have a say (**bei** in); **da kann er nicht** ~
he wouldn't know anything about that
B V̄ī **Sie haben hier nichts mitzureden**
this is none of your concern
Mitreisende(r) M̄/F̄M̄ fellow passenger
mitreißen V̄ī *Fluss, Lawine* to sweep
away; *Fahrzeug* to carry along; **sich** ~
lassen *fig* to allow oneself to be carried
away **mitreißend** A̅D̅J *Rhythmus, En-
thusiasmus* infectious; *Reden, Musik* rous-
ing; *Film, Fußballspiel* thrilling
mitsamt P̄R̄Ā̄P̄ together with
mitschicken V̄ī *in Brief etc* to enclose
mitschneiden V̄ī to record **Mit-
schnitt** M̄ recording
mitschreiben V̄ī to take notes
Mitschuld F̄ **ihn trifft eine** ~ a share
of the blame falls on him; *an Verbrechen*
he is implicated (**an** in) **mitschul-
dig** A̅D̅J *an Verbrechen* implicated (**an**
+*dat* in); *an Unfall* partly responsible
(**an** +*dat* for) **Mitschuldige(r)** M̄/F̄M̄
accomplice; (≈ *Helfershelfer*) accessory
Mitschüler(in) M̄F̄ school-friend; *in
derselben Klasse* classmate, fellow stu-
dent
mitsingen A̅ V̄ī to join in (singing) **B**
V̄ī to join in the singing, to sing along
mitspielen V̄ī **1** (≈ *a. spielen*) to play
too; *in Mannschaft etc* to play (**bei** in);
in einem Film ~ to be in a movie **2**
fig umg (≈ *mitmachen*) to play along
umg; (≈ *sich beteiligen*) to be involved
in; **wenn das Wetter mitspielt** if the
weather's OK *umg* **3** (≈ *Schaden zufügen*)
er hat ihr übel *od* **hart mitgespielt** he
has treated her badly **Mitspieler(in)**
M̄F̄ S̄P̄Ō̄R̄T̄ player; T̄H̄Ē̄Ā̄T̄ member of
the cast
Mitsprache F̄ a say **Mitsprache-
recht** N̄ **j-m ein** ~ **einräumen** to allow
od grant sb a say (**bei** in)
Mittag M̄ **1** midday; **gestern/heute** ~

at midday yesterday/today; **zu** ~ **essen**
to have lunch *od* dinner **2** *umg Pause*
lunch hour, lunch-break; ~ **machen** to
take one's lunch hour *od* lunch-break
Mittagessen N̄ lunch, dinner; **zum**
~ for lunch **mittags** A̅D̅V̄ at lunchtime;
(**um**) **12 Uhr** ~ at 12 noon, at 12 o'clock
midday **Mittagspause** F̄ lunch hour
od break **Mittagsruhe** F̄ period of
quiet (after lunch) **Mittagsschlaf** M̄
afternoon nap **Mittagszeit** F̄ lunch-
time; **in der** ~ at lunchtime
Mittäter(in) M̄F̄ accomplice **Mittä-
terschaft** F̄ complicity
Mitte F̄ **1** middle; *von Kreis, Stadt* centre
Br, center *US*; ~ **August** in the middle of
August; **er ist** ~ **vierzig** he's in his mid-
-forties **2** P̄Ō̄L̄ centre *Br*, center *US*;
rechts/links von der ~ right/left of cen-
tre *Br*, right/left of center *US* **3** *von
Gruppe* **einer aus unserer** ~ one of us;
in unserer ~ in our midst
mitteilen V̄ī **j-m etw** ~ to tell sb sth;
(≈ *bekannt geben*) to announce sth to sb
mitteilsam A̅D̅J communicative **Mit-
teilung** F̄ (≈ *Bekanntgabe*) announce-
ment; (≈ *Benachrichtigung*) notification;
an Mitarbeiter etc memo
Mittel N̄ **1** (≈ *Durchschnitt*) average **2**
(≈ *Mittel zum Zweck, Transportmittel etc*)
means *sg*; (≈ *Methode*) way; ~ **und Wege
finden** to find ways and means; **ein** ~
zum Zweck a means to an end; **als letz-
tes** *od* **äußerstes** ~ as a last resort; **ihm
ist jedes** ~ **recht** he will do anything to
achieve his ends; **etw mit allen** ~**n ver-
hindern** to do one's utmost to prevent
sth **3** (≈ *Geldmittel*) resources *pl*; **öffent-
liche** ~ public funds *pl* **4** (≈ *Medizin*)
medicine; (≈ *Putzmittel*) cleaning agent;
welches ~ **nimmst du?** what do you
use?; **das beste** ~ **gegen etw** the best
cure for sth **Mittelalter** N̄ Middle Ag-
es *pl* **mittelalterlich** A̅D̅J medieval
Mittelamerika N̄ Central America
(and the Caribbean) **mittelamerika-
nisch** A̅D̅J Central American **mittel-
bar** A̅ A̅D̅J indirect **B** A̅D̅V̄ indirectly
mitteldeutsch A̅D̅J ḠĒ̄Ō̄Ḡ, L̄Ī̄N̄Ḡ Cen-
tral German **Mittelding** N̄ (≈ *Mi-
schung*) cross (**zwischen** +*dat od* **aus** be-
tween) **Mitteleuropa** N̄ Central Eu-
rope **Mitteleuropäer(in)** M̄F̄ Central
European **mitteleuropäisch** A̅D̅J
Central European; ~**e Zeit** Central Euro-

M

pean Time **Mittelfeld** N̄ SPORT midfield **Mittelfeldspieler(in)** M̄(F̄) midfielder **Mittelfinger** M̄ middle finger **mittelfristig** A ADJ *Finanzplanung, Kredite* medium-term B ADV in the medium term **Mittelgebirge** N̄ low mountain range **Mittelgewicht** N̄ middleweight **mittelgroß** ADJ medium-sized **Mittelklasse** F̄ 1 HANDEL middle of the market; **ein Wagen der ~** a mid-range car 2 SOZIOL middle classes *pl* **Mittelklassewagen** *pl* mid-range car **Mittellinie** F̄ centre line *Br*, center line *US* **mittellos** ADJ without means; (≈*arm*) impoverished **Mittelmaß** N̄ mediocrity *ohne art*; **~ sein** to be average **mittelmäßig** A ADJ mediocre B ADV *begabt, gebildet* moderately; *ausgestattet* modestly **Mittelmäßigkeit** F̄ mediocrity **Mittelmeer** N̄ Mediterranean (Sea) **Mittelmeerländer** P̄L̄ Mediterranean countries *pl* **Mittelmeerraum** M̄ Mediterranean (region), Med *umg* **Mittelmeerunion** F̄ Union for the Mediterranean **Mittelohrentzündung** F̄ inflammation of the middle ear **Mittelpunkt** M̄ centre *Br*, center *US*; *fig visuell* focal point; **er muss immer im ~ stehen** he always has to be the centre of attention *Br*, he always has to be the center of attention *US* **mittels** *geh* PRÄP by means of **Mittelschicht** F̄ SOZIOL middle class **Mittelschule** F̄ *schweiz* (≈*Fachoberschule*) ≈ College of Further Education; **die (neue) ~** *in Deutschland* secondary school, junior high school *US*; *österr type of secondary school for pupils aged from 10-14 of mixed ability* **Mittelsmann** M̄ intermediary **Mittelstand** M̄ middle classes *pl* **mittelständisch** ADJ middle-class; *Betrieb* medium-sized **Mittelstreckenrakete** F̄ intermediate-range *od* medium-range missile **Mittelstreifen** M̄ central reservation *Br*, median (strip) *US* **Mittelstufe** F̄ SCHULE middle school *Br*, junior high *US* **Mittelstürmer(in)** M̄(F̄) SPORT centre-forward *Br*, center-forward *US* **Mittelweg** M̄ middle course; **der goldene ~** the happy medium; **einen ~ gehen** to steer a middle course **Mittelwelle** F̄ RADIO medium wave (-band) **Mittelwert** M̄ mean (value) **Mittelwort** N̄ participle **mitten** ADV

~ an etw (*dat*)/**in etw** (*dat*) (right) in the middle of sth; **~ am Tag** in the middle of the day; **~ in der Nacht** in the middle of the night; **~ in der Stadt** in the middle of the town; **~ durch etw** (right) through the middle of sth; **~ in der Luft** in mid-air; **~ im Leben** in the middle of life; **~ unter uns** (right) in our midst **mittendrin** ADV (right) in the middle of it **mittendurch** ADV (right) through the middle **Mitternacht** F̄ midnight *ohne art* **mitternächtlich** ADJ midnight **mittlere(r, s)** ADJ 1 middle; **der Mittlere Osten** the Middle East 2 (≈*den Mittelwert bildend*) medium; (≈*durchschnittlich*) average; MATH mean; (≈*von mittlerer Größe*) *Betrieb* medium-sized; **~n Alters** middle-aged; **~ Reife** SCHULE *first public examination in secondary school* ≈ GCSEs *pl Br* **mittlerweile** ADV in the meantime, meanwhile **Mittsommer** M̄ midsummer **Mittsommernacht** F̄ Midsummer's Night **Mittwoch** M̄ Wednesday; → Dienstag **mittwochs** ADV (on) Wednesdays, on a Wednesday; → dienstags **Mittwochsziehung** F̄ *beim Lotto* Wednesday draw

mitunter ADV from time to time **mitverantwortlich** ADJ jointly responsible *präd* **Mitverantwortung** F̄ share of the responsibility **mitverdienen** V̄/Ī to (go out to) work as well

mitwirken V̄/Ī to play a part (**an** +*dat od* **bei** in); (≈*beteiligt sein*) to be involved (**an** +*dat od* **bei** in); *Schauspieler, Diskussionsteilnehmer* to take part (**an** +*dat od* **bei** in); *in Film* to appear (**an** +*dat* in) **Mitwirkende(r)** M̄/F̄(M̄) participant (**an** +*dat od* **bei** in); (≈*Mitspieler*) performer (**an** +*dat od* **bei** in); (≈*Schauspieler*) actor (**an** +*dat od* **bei** in); **die ~n** THEAT the cast *pl* **Mitwirkung** F̄ (≈*Beteiligung*) involvement (**an** +*dat od* **bei** in); *an Buch, Film* collaboration (**an** +*dat od* **bei** on); *an Projekt* participation (**an** +*dat od* **bei** in); *von Schauspieler* appearance (**an** +*dat od* **bei** in); **unter ~ von** with the assistance of

Mitwisser(in) M̄(F̄) JUR accessory (+*gen* to); **~ sein** to know about it **mitzählen** V̄/T̄ & V̄/Ī to count; *Betrag* to count in

Mix M̄ mixture **Mixbecher** M̄ (cock-

M

tail) shaker **mixen** V̅T̅ to mix **Mixer** M̅ (≈Küchenmixer) blender; (≈Rührmaschine) mixer **Mixer(in)** M̅F̅ 1 (≈Barmixer) cocktail waiter/waitress 2 FILM, RADIO, TV MIXER **Mixtur** F̅ mixture

mm A̅B̅K̅ (= Millimeter) mm

MMS M̅ A̅B̅K̅ (= Multimedia Messaging Service) MMS, picture messaging **MMS-Handy** N̅ TEL MMS-enabled mobile od cell phone US

Mob pej M̅ mob **mobben** V̅T̅ to bully **Mobbing** N̅ bullying; am Arbeitsplatz a. bullying in the workplace

Möbel N̅ (≈Möbelstück) piece of furniture; ~ pl furniture sg **Möbelgeschäft** N̅ furniture store od shop bes Br **Möbelpacker(in)** M̅F̅ furniture packer **Möbelschreiner(in)** M̅F̅ cabinet-maker **Möbelspedition** F̅ removal firm Br, moving company US **Möbelstück** N̅ piece of furniture **Möbelwagen** M̅ removal van Br, moving van US

mobil A̅D̅J̅ 1 mobile; (≈mitnehmbar) portable; IT ~es Internet mobile Internet; ~ telefonieren to make mobile calls Br, to make calls from one's cell (phone) US 2 umg (≈munter) lively **Mobilfunk** M̅ mobile communications pl Br, cellular communications pl US **Mobilfunknetz** N̅ mobile network Br, cellular network US

Mobiliar N̅ furnishings pl

mobilisieren V̅T̅ to mobilize; HANDEL Kapital to make liquid **Mobilität** F̅ mobility; berufliche ~ occupational mobility

Mobilnetz N̅ TEL mobile network, cellular network US **Mobiltelefon** N̅ mobile phone, cell phone US

möblieren V̅T̅ to furnish; neu ~ to refurnish; **möbliert wohnen** to live in furnished accommodation

Möchtegern- iron Z̅S̅S̅G̅N̅ would-be

modal A̅D̅J̅ GRAM modal **Modalität** F̅ von Vertrag etc arrangement; von Verfahren procedure **Modalverb** N̅ modal verb

Mode F̅ fashion; ~ sein to be fashionable; in ~/aus der ~ kommen to come into/go out of fashion **modebewusst** A̅D̅J̅ fashion-conscious **Modedesigner(in)** M̅F̅ fashion designer **Modekrankheit** F̅ fashionable complaint

Model N̅ model **Modell** N̅ model; zu etw ~ stehen to be the model for sth;

j-m ~ stehen/sitzen to sit for sb **Modelleisenbahn** F̅ model railway Br, model railroad US; als Spielzeug train set **Modellflugzeug** N̅ model aeroplane Br, model airplane US **modellieren** V̅T̅ & V̅I̅ to model **modeln** V̅I̅ bei Modeschau to model

Modem N̅ modem

Modemarke F̅ fashion label **Modenschau** F̅ fashion show

moderat A̅ A̅D̅J̅ moderate, reasonable B̅ A̅D̅V̅ moderately **Moderation** F̅ RADIO, TV presentation **Moderator(in)** M̅F̅ presenter **moderieren** V̅T̅ & V̅I̅ RADIO, TV to present

moderig A̅D̅J̅ Geruch musty

modern¹ V̅I̅ to rot

modern² A̅ A̅D̅J̅ modern kein adv; (≈modisch) fashionable; ~ werden to come into fashion B̅ A̅D̅V̅ sich kleiden fashionably; denken open-mindedly; ~ wohnen to live in modern housing **Moderne** F̅ modern age **modernisieren** V̅T̅ to modernize **Modernisierung** F̅ modernization **Modesalon** M̅ fashion house **Modeschmuck** M̅ costume jewellery Br, costume jewelry US **Modeschöpfer(in)** M̅F̅ fashion designer **Modewort** N̅ in-word, buzz word **Modezeichner(in)** M̅F̅ fashion illustrator **Modezeitschrift** F̅ fashion magazine

Modifikation F̅ modification **modifizieren** V̅T̅ to modify

modisch A̅ A̅D̅J̅ stylish, trendy B̅ A̅D̅V̅ fashionably, stylishly **Modistin** F̅ milliner

Modul N̅ COMPUT module **modular** A̅ A̅D̅J̅ modular B̅ A̅D̅V̅ of modules **Modulation** F̅ modulation

Modus M̅ 1 way; ~ Vivendi geh modus vivendi 2 GRAM mood 3 IT mode

Mofa N̅ small moped

mogeln V̅I̅ to cheat; beim Kartenspielen ~ to cheat at card games **Mogelpackung** F̅ misleading packaging; fig sham

mögen A̅ V̅T̅ to like; sie mag das (gern) she (really) likes that; ich mag Fußball lieber als Tennis I prefer football to tennis; möchtest du/möchten Sie ...? would you like ...?; was möchten Sie, bitte? what would you like?; Verkäufer what can I do for you? B̅ V̅I̅ (≈etw tun mögen) to like to; ich mag

nicht mehr I've had enough; (≈ *bin am Ende*) I can't take any more; **ich möchte lieber in die Stadt** I would prefer to go into town **C** V/AUX **1** *Wunsch* to like to *+inf*; **möchten Sie etwas essen?** would you like something to eat?; **wir möchten (gern) etwas trinken** we would like something to drink; **ich möchte dazu nichts sagen** I don't want to say anything about that **2** *einschränkend* **man möchte meinen, dass …** you would think that …; **ich möchte fast sagen …** I would almost say … **3** *geh Einräumung* **es mag wohl sein, dass er recht hat, aber …** he may well be right, but …; **mag kommen was da will** come what may **4** *Vermutung* **sie möchte etwa zwanzig sein** she must be/have been about twenty

Mogler(in) M/F cheat

möglich ADJ **1** possible; **alle ~en …** all kinds of …; you can think of; **er tat sein Möglichstes** he did his utmost; **so bald wie ~** as soon as possible; **das ist doch nicht ~!** that's impossible **2** (≈ *eventuell*) *Kunden* potential, possible **möglicherweise** ADV possibly, maybe **Möglichkeit** F **1** possibility; **es besteht die ~, dass …** there is a possibility that …; **ist denn das die ~?** *umg* it's impossible! **2** (≈ *Aussicht*) chance; (≈ *Gelegenheit*) opportunity; **das Land der unbegrenzten ~en** the land of unlimited opportunity **3** (≈ *Alternative*) option; **unsere einzige ~ war wegzulaufen** our only option was to run **möglichst** ADV **~ genau/schnell/oft** as accurately/quickly/often as possible

Mohammedaner(in) *obs, neg!* M/F Mohammedan *obs* **mohammedanisch** *obs, neg!* ADJ Mohammedan *obs*

Mohn M poppy; (≈ *Mohnsamen*) poppy seed **Mohnblume** F poppy

Möhre F, **Mohrrübe** F carrot

Mojito M *Cocktail* mojito

mokieren V/R to sneer (**über** *+akk* at)

Mokka M mocha

Molch M salamander; (≈ *Wassermolch*) newt

Moldau F Moldova

Molekül N molecule **molekular** ADJ molecular **Molekularküche** F GASTR molecular gastronomy

Molke F *dial* whey **Molkerei** F dairy

Molkereibutter F blended butter **Molkereiprodukt** N dairy product

Moll N MUS minor (key); **a-Moll** A minor

mollig *umg* ADJ **1** cosy *Br*, cozy *US*; (≈ *warm, behaglich*) snug **2** (≈ *rundlich*) plump

Molltonleiter F minor scale

Moloch M *geh* Moloch; **ein alles verschlingender ~** an insatiable monster

Molotowcocktail M Molotov cocktail

Moment¹ M moment; *jeden* ~ any time *od* minute; **einen ~, bitte** one moment please; **~ mal!** just a minute!, hang on!; **im ~** at the moment

Moment² N **1** (≈ *Bestandteil*) element **2** (≈ *Umstand*) fact; (≈ *Faktor*) factor **3** PHYS momentum

momentan **A** ADJ **1** (≈ *vorübergehend*) momentary **2** (≈ *augenblicklich*) present *attr* **B** ADV **1** (≈ *vorübergehend*) for a moment **2** (≈ *augenblicklich*) at the moment

Monaco N Monaco

Monarch(in) M/F monarch **Monarchie** F monarchy

Monat M month; **der ~ Mai** the month of May; **sie ist im sechsten ~ (schwanger)** she's five months pregnant; **was verdient er im ~?** how much does he earn a month?; **am 12. dieses ~s** on the 12th (of this month); **auf ~e hinaus** months ahead **monatelang** **A** ADJ *Verhandlungen, Kämpfe* which go on for months; **nach ~em Warten** after waiting for months; **mit ~er Verspätung** months late **B** ADV for months **monatlich** **A** ADJ monthly **B** ADV every month **Monatsanfang** M beginning of the month **Monatsblutung** F menstrual *od* monthly period **Monatseinkommen** N monthly income **Monatsende** N end of the month **Monatsgehalt** N monthly salary; **ein ~** one month's salary **Monatskarte** F monthly season ticket **Monatsrate** F monthly instalment *Br*, monthly installment *US*

Mönch M monk

Mond M moon; **auf dem ~ leben** *umg* to be behind the times

mondän ADJ chic

Mondaufgang M moonrise **Mondfinsternis** F eclipse of the moon, lunar eclipse **mondhell** ADJ moonlit **Mondlandefähre** F RAUMF lunar module **Mondlandschaft** F lunar

M

landscape **Mondlandung** F̲ moon landing **Mondlicht** N̲ moonlight **Mondschein** M̲ moonlight **Mondsichel** F̲ crescent moon **Mondsonde** F̲ RAUMF lunar probe **Mondumlaufbahn** F̲ RAUMF lunar orbit **Monduntergang** M̲ moonset

monetär A̲D̲J̲ monetary **Monetarismus** M̲ WIRTSCH monetarism

Mongole M̲, **Mongolin** F̲ Mongolian **Mongolei** F̲ die ~ Mongolia; **die Innere/Äußere ~** Inner/Outer Mongolia **mongolisch** A̲D̲J̲ Mongolian **Mongolismus** neg! M̲ mongolism **mongoloid** neg! A̲D̲J̲ Mongol; MED mongoloid

monieren V̲T̲ to complain about

Monitor M̲ monitor

monochrom A̲D̲J̲ monochrome **monogam** A̲ A̲D̲J̲ monogamous B̲ A̲D̲V̲ leben monogamously **Monogamie** F̲ monogamy **Monografie** F̲ monograph **Monogramm** N̲ monogram **Monolog** M̲ monologue; (≈ Selbstgespräch) soliloquy **Monopol** N̲ monopoly (auf +akk od für on) **monopolisieren** wörtl, fig V̲T̲ to monopolize **Monopolstellung** F̲ monopoly **monoton** A̲ A̲D̲J̲ monotonous B̲ A̲D̲V̲ monotonously **Monotonie** F̲ monotony

Monster, **Monstrum** N̲ (≈ Ungeheuer) monster; umg (≈ schweres Möbel) hulking great piece of furniture umg

Monsun M̲ monsoon **Monsunzeit** F̲ monsoon season

Montag M̲ Monday; → Dienstag

Montage F̲ 1 TECH (≈ Aufstellung) installation; von Gerüst erection; (≈ Zusammenbau) assembly; **auf ~** (dat) sein to be away on a job 2 KUNST montage; FILM editing **Montageband** N̲ assembly line **Montagehalle** F̲ assembly shop

montags A̲D̲V̲ (on) Mondays, on a Monday; → dienstags

Montenegriner(in) M̲(F̲) Montenegrin **montenegrinisch** A̲D̲J̲ Montenegrin **Montenegro** N̲ GEOG Montenegro **Monteur(in)** M̲(F̲) TECH fitter **montieren** V̲T̲ TECH to install; (≈ zusammenbauen) to assemble; (≈ befestigen) Bauteil to fit (auf +akk od an +akk to); Dachantenne to put up

Monument N̲ monument **monumental** A̲D̲J̲ monumental

Moor N̲ bog; (≈ Hochmoor) moor **Moorbad** N̲ mud bath **Moorboden** M̲ marshy soil **Moorhuhn** N̲ grouse **moorig** A̲D̲J̲ boggy

Moos N̲ moss

Moosbeere F̲ österr (≈ Heidelbeere) blueberry, bilberry Br

Moped N̲ moped

Mopp M̲ mop

Mops M̲ 1 Hund pug (dog) 2 **Möpse** pl sl (≈ Busen) tits pl sl

Moral F̲ 1 (≈ Sittlichkeit) morals pl; **die ~ sinkt** moral standards are declining; **eine doppelte ~** double standards pl; **~ predigen** to moralize (j-m to sb) 2 (≈ Lehre) moral; **und die ~ von der Geschicht':** ... and the moral of this story is ... 3 (≈ Ethik) ethics pl 4 (≈ Disziplin) morale **moralisch** A̲ A̲D̲J̲ moral B̲ A̲D̲V̲ morally **Moralist(in)** M̲(F̲) moralist **Moralpredigt** F̲ sermon; **j-m eine ~ halten** to give sb a sermon

Moräne F̲ GEOL moraine

Morast M̲ mire

Moratorium N̲ moratorium

Morchel F̲ BOT morel

Mord M̲ murder, homicide US (an +dat of); an Politiker etc assassination (an) **Mordanschlag** M̲ assassination attempt (auf +akk on); **einen ~ auf j-n verüben** to try to assassinate sb; erfolgreich to assassinate sb **Morddrohung** F̲ murder od death threat **morden** liter V̲T̲ & V̲I̲ to murder, to kill **Mörder(in)** M̲(F̲) killer; a. JUR murderer; (≈ Attentäter) assassin **mörderisch** A̲ A̲D̲J̲ An schlag murderous; fig (≈ schrecklich) dreadful; Konkurrenzkampf cutthroat B̲ A̲D̲V̲ umg (≈ entsetzlich) dreadfully; stinken like hell umg; wehtun like crazy umg **Mordfall** M̲ murder case, homicide (case) US **Mordinstrument** N̲ murder weapon **Mordkommission** F̲ murder squad, homicide squad US **Mordopfer** umg N̲ murder victim **Mordsärger** umg M̲ das gibt einen ~ there's going to be hell to pay umg; **du bekommst einen ~ mit ihnen** you're going to get into massive trouble with them umg; **einen ~ im Büro haben** to be having massive problems at work umg **Mordsgeld** umg N̲ fantastic amount of money **Mordshunger** umg M̲ ich habe einen ~ I could eat a horse umg **Mordskerl** umg M̲ hell of a guy umg **mordsmäßig** umg A̲D̲J̲ incredible; **ich habe einen ~en Hunger** I could eat a horse *umg* **Mordswut** *umg* F̲ eine ~ im Bauch haben to be in a hell of a temper *umg* **Mordverdacht** M̲ suspicion of murder; **unter ~** *(dat)* **stehen** to be suspected of murder **Mordversuch** M̲ attempted murder **Mordwaffe** F̲ murder weapon

morgen A̲D̲V̲ tomorrow; **~ früh/Abend** tomorrow morning/evening; **~ in einer Woche** a week (from) tomorrow; **~ um diese** *od* **dieselbe Zeit** this time tomorrow; **bis ~!** see you tomorrow

Morgen[1] M̲ morning; **am ~** in the morning; **gestern ~** yesterday morning; **heute ~** this morning; **guten ~!** good morning

Morgen[2] M̲ *Land* ≈ acre

Morgendämmerung F̲ dawn, daybreak **morgendlich** A̲ A̲D̲J̲ morning *attr*; **die ~e Stille** the quiet of the early morning B̲ A̲D̲V̲ **es war ~ kühl** it was cool as it often is in the morning **Morgenessen** N̲ *schweiz* (≈ *Frühstück*) breakfast **Morgengrauen** N̲ dawn **Morgenmantel** M̲ dressing gown **Morgenmuffel** *umg* M̲ **ich bin ein ~** I'm not a morning person **Morgenrock** M̲ dressing gown **Morgenrot** N̲ sunrise; *fig* dawn(ing) **morgens** A̲D̲V̲ in the morning; **hinter Uhrzeit am** *Br*, a.m. *US*; **(um) drei Uhr ~** at three o'clock in the morning; **von ~ bis abends** from morning to night **Morgenstunde** F̲ morning hour; **bis in die frühen ~n** into the early hours **morgig** A̲D̲J̲ tomorrow's; **der ~e Tag** tomorrow

Mormone M̲, **Mormonin** F̲ Mormon **Morphium** N̲ morphine

morsch A̲D̲J̲ rotten; *Knochen* brittle

Morsealphabet N̲ Morse (code); **im ~** in Morse (code)

Mörser M̲ *a.* M̲I̲L̲ mortar

Morsezeichen N̲ Morse signal

Mörtel M̲ *zum Mauern* mortar; (≈ *Putz*) stucco

Mosaik *wörtl, fig* N̲ mosaic

Mosambik N̲ G̲E̲O̲G̲ Mozambique

Moschee F̲ mosque

Moschus M̲ musk

Mosel F̲ G̲E̲O̲G̲ Moselle

mosern *umg* V̲I̲ to gripe *umg*

Moskau N̲ Moscow

Moskito M̲ mosquito **Moskitonetz** N̲ mosquito net

Moslem(in) M̲(̲F̲)̲ Moslem **mosle-**

misch A̲D̲J̲ Moslem

Most M̲ (unfermented) fruit juice; *für Wein* must

Motel N̲ motel

Motiv N̲ 1 motive; **aus welchem ~ heraus?** for what motive? 2 K̲U̲N̲S̲T̲, L̲I̲T̲ subject; (≈ *Leitmotiv*), *a.* M̲U̲S̲ motif **Motivation** F̲ motivation **motivationsfördernd** A̲D̲J̲ motivational; **~e Maßnahmen** incentives **Motivationsschreiben** N̲ *zur Bewerbung* motivation letter **motivieren** V̲/̲T̲ 1 *Mitarbeiter* to motivate; **politisch motiviert** politically motivated 2 (≈ *begründen*) **etw (j-m gegenüber) ~** to give (sb) reasons for sth

Motor M̲ motor; *von Fahrzeug* engine **Motorboot** N̲ motorboat **Motorenöl** N̲ engine oil **Motorhaube** F̲ bonnet *Br*, hood *US* **motorisieren** V̲/̲T̲ to motorize **Motoröl** N̲ engine oil **Motorrad** N̲ motorbike **Motorradfahrer(in)** M̲(̲F̲)̲ motorcyclist **Motorroller** M̲ (motor) scooter **Motorsäge** F̲ power saw **Motorschaden** M̲ engine trouble *kein pl* **Motorsport** M̲ motor sport

Motte F̲ moth **Mottenkugel** F̲ mothball

Motto N̲ (≈ *Wahlspruch*) motto

motzen *umg* V̲I̲ to beef *umg*

Mountainbike N̲ mountain bike **mountainbiken** V̲I̲ to go mountain biking

Mousepad N̲ C̲O̲M̲P̲U̲T̲ mouse mat, mouse pad

Möwe F̲ seagull

Mozzarella M̲ *Käse* mozzarella

MP F̲ A̲B̲K̲ (= *Maschinenpistole*) submachine gun

MP3 N̲ A̲B̲K̲ C̲O̲M̲P̲U̲T̲ MP3 **MP3-Player** M̲, **MP3-Spieler** M̲ MP3 player

MPU F̲ A̲B̲K̲ (= *medizinisch-psychologische Untersuchung*) A̲D̲M̲I̲N̲, A̲U̲T̲O̲ medical and psychological examination (*for people convicted of speeding or drunk-driving*)

MS F̲ (= *Multiple Sklerose*) M̲E̲D̲ MS

Mucke F̲ *umg für Musik* sounds *pl umg*; **geile ~** wicked sounds

Mücke F̲ (≈ *Insekt*) mosquito, midge *Br*; **aus einer ~ einen Elefanten machen** *umg* to make a mountain out of a molehill

Mucken *umg* P̲L̲ moods *pl*; **(seine) ~ ha-**

ben to be moody; *Sache* to be temperamental

Mückenstich M̲ mosquito bite, midge bite *Br*

Mucks *umg* M̲ sound; **keinen ~ sagen** not to make a sound; **ohne einen ~** (≈ *widerspruchslos*) without a murmur **mucksmäuschenstill** *umg* A̲D̲J̲ & A̲D̲V̲ (as) quiet as a mouse

müde A̲ A̲D̲J̲ tired; **~ machen** to be tiring; *einer Sache* (*gen*) ~ **sein** to be tired of sth B̲ A̲D̲V̲ 1̲ (≈ *erschöpft*) **sich ~ reden** to tire oneself out talking 2̲ (≈ *gelangweilt*) **~ lächeln** to give a weary smile **Müdigkeit** F̲ (≈ *Schlafbedürfnis*) tiredness; (≈ *Schläfrigkeit*) sleepiness; **nur keine ~ vorschützen!** *umg* don't (you) tell me you're tired

Muezzin M̲ *muslimischer Ausrufer* muezzin

Muffe F̲ T̲E̲C̲H̲ sleeve

Muffel M̲ *umg* (≈ *Mensch*) grouch *umg*, griper *umg* **muffelig** *umg* A̲D̲J̲ grumpy **Muffensausen** *umg* N̲ **~ kriegen/haben** to get/be scared stiff *umg* **muffig** A̲D̲J̲ 1̲ *Geruch, Zimmer* musty 2̲ *umg Gesicht* grumpy

Mühe F̲ trouble; **nur mit ~** only just; **mit Müh und Not** *umg* with great difficulty; **mit j-m/etw seine ~ haben** to have a great deal of trouble with sb/ sth; **er hat sich** (*dat*) **große ~ gegeben** he took a lot of trouble; **gib dir keine ~!** (≈ *hör auf*) don't bother; **sich** (*dat*) **die ~ machen, etw zu tun** to take the trouble to do sth; **wenn es Ihnen keine ~ macht** if it isn't too much trouble; **verlorene ~** a waste of effort **mühelos** A̲D̲J̲ effortless B̲ A̲D̲V̲ effortlessly **mühevoll** A̲ A̲D̲J̲ laborious; *Leben* arduous B̲ A̲D̲V̲ with difficulty; **~ verdientes Geld** hard-earned money

Mühle F̲ 1̲ mill 2̲ *fig* (≈ *Routine*) treadmill; **die ~n der Justiz** the wheels of justice 3̲ (≈ *Mühlespiel*) nine men's morris *bes Br* **Mühlrad** N̲ millwheel **Mühlstein** M̲ millstone

mühsam A̲ A̲D̲J̲ arduous B̲ A̲D̲V̲ with difficulty; **~ verdientes Geld** hard-earned money **mühselig** A̲D̲J̲ arduous

Mulch M̲ A̲G̲R̲ mulch

Mulde F̲ (≈ *Geländesenkung*) hollow

Mull M̲ (≈ *Gewebe*) muslin; M̲E̲D̲ gauze

Müll M̲ rubbish *Br*, garbage *US*, trash *US*; (≈ *Industriemüll*) waste **Müllabfuhr** F̲

refuse collection, garbage collection *US* **Müllabladeplatz** M̲ dump **Müllbeutel** M̲ bin liner *Br*, garbage bag *US* **Mullbinde** F̲ gauze bandage

Müllcontainer M̲ rubbish container *Br*, dumpster® *US* **Mülldeponie** F̲ waste disposal site *form*, landfill *US form* **Mülleimer** M̲ rubbish bin *Br*, garbage can *US* **Mülleimerbeutel** M̲ bin bag *od* liner *Br*, garbage *od* trash bag *US* **Müllentsorgung** F̲ waste disposal **Müller** M̲ miller

Müllkippe F̲ rubbish dump *Br*, garbage dump *US* **Müllmann** *umg* M̲ dustbinman *Br*, garbage man *US* **Müllschlucker** M̲ refuse chute *Br*, waste disposal (unit) *US* **Mülltonne** F̲ dustbin *Br*, trash can *US* **Mülltrennung** F̲ waste separation **Mülltüte** F̲ bin liner *Br*, trash-can liner *US* **Müllverbrennungsanlage** F̲ incinerating plant **Müllverwertung** F̲ refuse utilization **Müllwagen** M̲ dustbin lorry *Br*, garbage truck *US*

mulmig A̲D̲J̲ *umg* (≈ *bedenklich*) uncomfortable; **mir war ~ zumute** *wörtl* I felt queasy; *fig* I had butterflies (in my tummy) *umg*

Multi *umg* M̲ multinational (organization) **multifunktional** A̲D̲J̲ multifunctional **Multigenerationenhaus** N̲ multigenerational house **multikulturell** A̲D̲J̲ multicultural **multilateral** A̲ A̲D̲J̲ multilateral B̲ A̲D̲V̲ multilaterally **Multimedia** P̲L̲ multimedia *pl* **multimediafähig** A̲D̲J̲ PC capable of multimedia **multimedial** A̲D̲J̲ multimedia *attr* **Multimillionär(in)** M̲F̲ multimillionaire **multinational** A̲D̲J̲ multinational **multipel** A̲D̲J̲ multiple; **multiple Sklerose** multiple sclerosis **Multiplex-Kino** N̲ multiplex **Multiplikation** F̲ multiplication

Multiplikator M̲ M̲A̲T̲H̲ multiplier **Multiplikator(in)** *fig* M̲F̲ disseminator **multiplizieren** V̲T̲ to multiply (**mit** by) **Multivitaminsaft** M̲ multivitamin juice

Mumie F̲ mummy **mumifizieren** V̲T̲ to mummify

Mumm *umg* M̲ 1̲ (≈ *Kraft*) strength 2̲ (≈ *Mut*) guts *pl umg*

Mumps *umg* M̲F̲ (the) mumps *sg*

München N̲ Munich

Mund M̲ mouth; **den ~ aufmachen** to

open one's mouth; *fig* (≈ *seine Meinung sagen*) to speak up; **j-m den ~ verbieten** to order sb to be quiet; **halt den ~!** shut up! *umg*; **j-m den ~ stopfen** *umg* to shut sb up *umg*; **in aller ~e sein** to be on everyone's lips; **Sie nehmen mir das Wort aus dem ~(e)** you've taken the (very) words out of my mouth; **sie ist nicht auf den ~ gefallen** *umg* she's never at a loss for words; **den ~ (zu) voll nehmen** *umg* to talk (too) big *umg* **Mundart** F̲ dialect **mundartlich** A̲D̲J̲ dialect(al) **Munddusche** F̲ dental water jet *bes US*, waterpick

Mündel N̲ ward **mündelsicher** A̲ A̲D̲J̲ BÖRSE ≈ gilt-edged *kein adv* B̲ A̲D̲V̲ BÖRSE *anlegen* in secure gilt-edged investments

münden V̲I̲ *Fluss* to flow (**in** +*akk* into); *Straße, Gang* to lead (**in** +*akk od* **auf** +*akk* into)

mundfaul *umg* A̲D̲J̲ too lazy to say much **Mundgeruch** M̲ bad breath **Mundharmonika** F̲ mouth organ; ~ **spielen** to play the mouth organ

mündig A̲D̲J̲ of age; *fig* mature; ~ **werden** to come of age

mündlich A̲ A̲D̲J̲ verbal; *Prüfung, Leistung* oral; *~e Verhandlung* JUR hearing B̲ A̲D̲V̲ *testen* orally; *besprechen* personally; **alles Weitere ~!** I'll tell you the rest when I see you **Mundpflege** F̲ oral hygiene *ohne art* **Mundpropaganda** F̲ verbal propaganda **Mundschutz** M̲ mask (over one's mouth) **Mundspray** M̲N̲ mouth spray, oral spray **Mundspülung** F̲ mouthwash **Mundstück** N̲ *von Pfeife, Blasinstrument* mouthpiece; *von Zigarette* tip **mundtot** *umg* A̲D̲J̲ **j-n ~ machen** to silence sb

Mündung F̲ *von Fluss, Rohr* mouth; (≈ *Trichtermündung*) estuary; (≈ *Gewehrmündung*) muzzle

Mundwasser N̲ mouthwash **Mundwerk** *umg* N̲ **ein böses ~ haben** to have a vicious tongue (in one's head); **ein loses ~ haben** to have a big mouth *umg*; **ein großes ~ haben** to talk big *umg* **Mundwinkel** M̲ corner of one's mouth **Mund-zu-Mund-Beatmung** F̲ mouth-to-mouth (resuscitation)

Munition F̲ ammunition

munkeln V̲T̲ & V̲I̲ **es wird gemunkelt, dass ...** it's rumoured that ... *Br*, it's ru-

mored that ... *US*

Münster N̲ minster, cathedral

munter A̲ A̲D̲J̲ 1̲ (≈ *lebhaft*) lively *kein adv*; *Farben* bright; (≈ *fröhlich*) cheerful; ~ **werden** to liven up 2̲ (≈ *wach*) awake B̲ A̲D̲V̲ (≈ *unbekümmert*) blithely; ~ **drauflosreden** to prattle away merrily **Munterkeit** F̲ (≈ *Lebhaftigkeit*) liveliness; (≈ *Fröhlichkeit*) cheerfulness **Muntermacher** M̲ MED *umg* pick-me-up *umg*

Münzanstalt F̲ mint **Münzautomat** M̲ slot machine **Münze** F̲ 1̲ (≈ *Geldstück*) coin 2̲ (≈ *Münzanstalt*) mint **münzen** V̲T̲ to mint; **das war auf ihn gemünzt** *fig* that was aimed at him **Münzfernsprecher** *form* M̲ pay phone **Münzsammlung** F̲ coin collection **Münzspielautomat** M̲ slot machine **Münztankstelle** F̲ coin-operated petrol station *Br*, coin-operated gas station *US* **Münztelefon** N̲ pay phone **Münzwechsler** M̲ change machine

mürbe A̲D̲J̲ crumbly; (≈ *zerbröckelnd*) crumbling; *Holz* rotten; **j-n ~ machen** to wear sb down **Mürbeteig** M̲ short (-crust) pastry

Murks *umg* M̲ ~ **machen** to bungle things *umg*; **das ist ~!** that's a botch-up *umg*

Murmel F̲ marble **murmeln** V̲T̲ & V̲I̲ to murmur; *undeutlich* to mumble; (≈ *brummen*) to mutter **Murmeltier** N̲ marmot

murren V̲I̲ to grumble (**über** +*akk* about) **mürrisch** A̲D̲J̲ (≈ *abweisend*) sullen; (≈ *schlecht gelaunt*) grumpy

Mus N̲/M̲ mush; (≈ *Apfelmus*) puree

Muschel F̲ 1̲ *a.* GASTR mussel; *Schale* shell 2̲ TEL (≈ *Sprechmuschel*) mouthpiece; (≈ *Hörmuschel*) ear piece

Muscleshirt N̲ muscle shirt

Museum N̲ museum

Musical N̲ musical

Musik F̲ music; **die ~ lieben** to love music **musikalisch** A̲ A̲D̲J̲ musical B̲ A̲D̲V̲ *begabt* musically **Musikant(in)** M̲/F̲ musician **Musikautomat** M̲ (≈ *Musikbox*) jukebox **Musikbegleitung** F̲ musical accompaniment **Musikbox** F̲ jukebox **Musiker(in)** M̲/F̲ musician **Musikhochschule** F̲ college of music **Musikinstrument** N̲ musical instrument **Musikkapelle** F̲

M

band **Musikkassette** F̲ music cassette **Musikliebhaber(in)** M̲F̲ music-lover **Musikrichtung** F̲ kind of music, musical genre **Musiksaal** M̲ music room **Musikschule** F̲ music school **Musiksendung** F̲ music programme Br, music program US **Musikstück** F̲ piece of music **Musikstunde** F̲ music lesson **Musikunterricht** M̲ music lessons pl; SCHULE music

musisch A̲ A̲D̲J̲ Fächer (fine) arts attr; Begabung for the arts; Veranlagung artistic B̲ A̲D̲V̲ ~ **begabt/interessiert** gifted/interested in the (fine) arts; ~ **veranlagt** artistically inclined

musizieren V̲I̲ to play a musical instrument

Muskat M̲ nutmeg **Muskatnuss** F̲ nutmeg

Muskel M̲ muscle; **seine ~n spielen lassen** to flex one's muscles **Muskelfaser** F̲ muscle fibre Br, muscle fiber US **Muskelkater** M̲ aching muscles pl; ~ **haben** to be stiff **Muskelkraft** F̲ physical strength **Muskelkrampf** M̲ muscle cramp kein unbest art **Muskelprotz** umg M̲ muscleman **Muskelriss** M̲ torn muscle **Muskelschwund** M̲ muscular atrophy **Muskelzerrung** F̲ pulled muscle **Muskulatur** F̲ muscular system **muskulös** A̲D̲J̲ muscular; ~ **gebaut sein** to have a muscular build

Müsli N̲ muesli

Muslim M̲ Moslem **Muslima** F̲ Moslem woman od girl **Muslimbruder** M̲ POL, REL Muslim Brother **Muslimbruderschaft** F̲ POL, REL Muslim Brotherhood **Muslime** F̲ Moslem **muslimisch** A̲D̲J̲ Muslim

Muss N̲ **es ist ein/kein ~** it's/it's not a must

Muße F̲ leisure

Mussehe umg F̲ shotgun wedding umg

müssen A̲ V̲/A̲U̲X̲ 1̲ Zwang to have to; Notwendigkeit to need to; **muss er?** does he have to?; **ich muss jetzt gehen** I must be going now; **du musst nicht auf mich warten** you don't have to wait for me; **muss das (denn) sein?** is that (really) necessary?; **das musste (ja so) kommen** that had to happen 2̲ (≈ sollen) **das müsstest du eigentlich wissen** you ought to know that, you should know that 3̲ Vermutung **es muss geregnet haben** it must have rained; **er müss-** te schon da sein he should be there by now; **so muss es gewesen sein** that's how it must have been 4̲ Wunsch (viel) **Geld müsste man haben!** if only I were rich! B̲ V̲/I̲ umg (≈ austreten müssen) **ich muss mal** I need to go to the loo Br umg od the bathroom bes US

Mußestunde F̲ hour of leisure **müßig** A̲D̲J̲ (≈ untätig) idle; Leben of leisure; (≈ unnütz) futile

Muster N̲ 1̲ (≈ Vorlage) pattern; für Brief, Bewerbung etc specimen 2̲ (≈ Probestück) sample; ~ **ohne Wert** sample of no commercial value 3̲ fig (≈ Vorbild) model (**an** +dat **of**) **Musterbeispiel** N̲ classic example **Musterexemplar** N̲ fine specimen **mustergültig** A̲D̲J̲ exemplary; **sich ~ benehmen** to be a model of good behaviour Br, to be a model of good behavior US **musterhaft** A̲ A̲D̲J̲ exemplary B̲ A̲D̲V̲ exemplarily **Musterhaus** N̲ showhouse **Musterkollektion** F̲ WIRTSCH sample collection **mustern** V̲/T̲ 1̲ (≈ betrachten) to scrutinize; **j-n von oben bis unten ~** to look sb up and down 2̲ MIL für Wehrdienst **j-n ~** to give sb his/her medical 3̲ Textilien → **gemustert Musterpackung** F̲ sample pack **Musterprozess** M̲ test case **Musterschüler(in)** M̲F̲ model pupil; fig star pupil **Musterung** F̲ 1̲ (≈ Muster) pattern 2̲ MIL von Rekruten medical examination for military service

Mut M̲ courage (**zu** for); (≈ Zuversicht) heart; **Mut fassen** to pluck up courage; **nur Mut!** cheer up!; **den Mut verlieren** to lose heart; **wieder Mut bekommen** to take heart; **j-m Mut machen** to encourage sb; **mit dem Mut der Verzweiflung** with the courage born of desperation; **zu Mute** → zumute

Mutation F̲ mutation **mutieren** V̲/I̲ to mutate

mutig A̲ A̲D̲J̲ courageous, brave B̲ A̲D̲V̲ courageously **mutlos** A̲D̲J̲ (≈ niedergeschlagen) discouraged kein adv, disheartened kein adv; (≈ bedrückt) despondent, dejected; **er ging ~ nach Hause** he went home feeling disheartened **Mutlosigkeit** F̲ (≈ Niedergeschlagenheit) discouragement; (≈ Bedrücktheit) despondency, dejection

mutmaßen V̲/T̲ & V̲/I̲ to conjecture **mutmaßlich** A̲D̲J̲ Vater presumed; Täter, Terrorist suspected **Mutmaßung** F̲

conjecture

Mutprobe F̲ test of courage
Mutter¹ F̲ mother; **sie ist ~ von drei Kindern** she's a mother of three
Mutter² F̲ TECH nut
Muttererde F̲ topsoil **Muttergesellschaft** F̲ HANDEL parent company
Muttergottes F̲ Mother of God; *Abbild* Madonna **Mutterinstinkt** M̲ maternal instinct **Mutterkuchen** M̲ ANAT placenta **Mutterland** N̲ mother country **mütterlich** A̲ ADJ maternal; **die ~en Pflichten** one's duties as a mother B̲ ADV like a mother; **j-n ~ umsorgen** to mother sb **mütterlicherseits** ADV on his/her *etc* mother's side; **sein Großvater ~** his maternal grandfather **Mutterliebe** F̲ motherly love
Muttermal N̲ birthmark **Muttermilch** F̲ mother's milk **Muttermund** M̲ ANAT cervix **Mutterschaft** F̲ motherhood; *nach Entbindung* maternity
Mutterschaftsgeld N̲ maternity pay *bes Br* **Mutterschaftsurlaub** M̲ maternity leave **Mutterschiff** N̲ RAUMF mother ship **Mutterschutz** M̲ legal protection of expectant and nursing mothers **Mutterschutzurlaub** M̲ umg *inkorrekte Bezeichnung* maternity leave **mutterseelenallein** A̲D̲J̲ ̲&̲ ̲A̲D̲V̲ all alone **Muttersöhnchen** *pej* N̲ mummy's boy *Br*, mommy's boy *US* **Muttersprache** F̲ native language, mother tongue, first language **Muttersprachler(in)** M̲F̲ native speaker **Muttertag** M̲ Mother's Day **Mutti** umg F̲ mum(my) *Br* umg, mom(my) *US* umg
mutwillig A̲ ADJ (≈ böswillig) malicious B̲ ADV **zerstören** wilfully
Mütze F̲ cap; (≈ Pudelmütze) hat
MwSt. A̲B̲K̲ (= Mehrwertsteuer) VAT
Myanmar N̲ GEOG Myanmar
Myrrhe F̲, **Myrre** F̲ myrrh
mysteriös A̲ ADJ mysterious B̲ ADV mysteriously **Mystik** F̲ mysticism *ohne art* **mystisch** ADJ mystic(al); *fig* (≈ geheimnisvoll) mysterious
mythisch ADJ mythical **Mythologie** F̲ mythology **mythologisch** ADJ mythologic(al) **Mythos** M̲ myth

N, n N̲ N, n; **n-te** nth
na umg INT **na, kommst du mit?** well, are you coming?; **na du?** hey, you!; **na gut** all right!; **na ja, na gut** oh well; **na also!, na eben!** (well,) there you are (then)!; **na, endlich!** about time!; **na (na)!** now, now!; **na warte!** just you wait!; **na so was!** well, I never!; **na und?, na wennschon!** so what?
Nabe F̲ hub
Nabel M̲ ANAT navel; **der ~ der Welt** *fig* the hub of the universe **nabelfrei** A̲ ADJ **~es T-Shirt** crop top B̲ ADV **~ gehen** to wear a crop top **Nabelschnur** F̲ ANAT umbilical cord
nach A̲ PRÄP ▌1▐ *örtlich* to; **ich nahm den Zug ~ Mailand** (≈ bis) I took the train to Milan; (≈ in Richtung) I took the Milan train; **er ist schon ~ London abgefahren** he has already left for London; **~ Osten** eastward(s), east; **~ draußen** outside; **~ drinnen** inside; **~ links/rechts** (to the) left/right; **~ hinten/vorn** to the back/front; **~ Hause** home ▌2▐ *zeitlich, Reihenfolge* after; **fünf (Minuten) ~ drei** five (minutes) past three, five (minutes) after three *US*; **~ zehn Minuten war sie wieder da** she was back ten minutes later; **die dritte Straße ~ dem Rathaus** the third road after the town hall; (**bitte**) **~ Ihnen!** after you! ▌3▐ (≈ laut, entsprechend) according to; (≈ im Einklang mit) in accordance with; **~ Artikel 142c** under article 142c; **etw ~ Gewicht kaufen** to buy sth by weight; **die Uhr ~ dem Radio stellen** to put a clock right by the radio; **ihrer Sprache ~ (zu urteilen)** judging by her language; **~ allem, was ich gehört habe** from what I've heard B̲ ADV *zeitlich* **~ und ~** little by little; **~ wie vor** still
nachäffen V̲/̲T̲ **j-n ~** to ape sb
nachahmen V̲/̲T̲ to imitate; (≈ kopieren) to copy **Nachahmung** F̲ imitation; (≈ Kopie) copy
Nachbar(in) M̲F̲ neighbour *Br*, neighbor *US* **Nachbarhaus** N̲ house next door **Nachbarland** N̲ neighbouring

country *Br*, neighboring country *US*
nachbarlich A̲D̲J̲ (≈ *freundlich*) neighbourly *kein adv Br*, neighborly *kein adv US*; (≈ *benachbart*) neighbo(u)ring *kein adv*; **sie kommen ~ gut miteinander aus** they get on well as neighbo(u)rs
Nachbarschaft F̲ (≈ *Gegend*) neighbourhood *Br*, neighborhood *US*; (≈ *Nachbarn*) neighbo(u)rs *pl*; (≈ *Nähe*) vicinity
Nachbarschaftspolitik F̲ neighbourhood policy *Br*, neighborhood policy *US*
nachbauen V̲T̲ *Gebäude, Gerät* to copy
Nachbeben N̲ aftershock
nachbehandeln V̲T̲ MED *j-n ~* to give sb follow-up treatment **Nachbehandlung** F̲ MED follow-up treatment *kein unbest art*
nachbessern A̲ V̲T̲ *Lackierung* to retouch; *Gesetz* to amend; *Angebot* to improve B̲ V̲I̲ to make improvements **Nachbesserung** F̲ *von Gesetz* amendment; **~en vornehmen** to make improvements
nachbestellen V̲T̲ to reorder some more; HANDEL to reorder **Nachbestellung** F̲ repeat order (+*gen* for)
nachbeten *umg* V̲T̲ to repeat parrot-fashion
nachbezahlen V̲T̲ to pay; *später* to pay later; **Steuern ~** to pay back-tax
Nachbildung F̲ copy; *exakt* reproduction
nachdatieren V̲T̲ to postdate
nachdem K̲O̲N̲J̲ 1 *zeitlich* after 2 *südd* (≈ *da, weil*) since
nachdenken V̲I̲ to think (**über** +*akk* about); **denk mal scharf nach!** think carefully! **Nachdenken** N̲ thought; **nach langem ~** after (giving the matter) considerable thought **nachdenklich** A̲D̲J̲ *Mensch, Miene* thoughtful; *Worte* thought-provoking; **j-n ~ stimmen** *od* **machen** to set sb thinking
Nachdruck M̲ 1 (≈ *Betonung*) stress; **einer Sache** (*dat*) **~ verleihen** to lend weight to sth; **mit ~** vigorously; **etw mit ~ sagen** to say sth emphatically 2 (≈ *das Nachgedruckte*) reprint **nachdrucken** V̲T̲ to reprint **nachdrücklich** A̲ A̲D̲J̲ emphatic B̲ A̲D̲V̲ firmly; **j-n ~ warnen** to give sb a firm warning
nacheifern V̲I̲ *j-m/einer Sache ~* to emulate sb/sth
nacheinander A̲D̲V̲ one after another;

zweimal **~** twice in a row; **kurz ~** shortly after each other
nachempfinden V̲T̲ *Stimmung* to feel; (≈ *nachvollziehen*) to understand; **das kann ich ihr ~** I can understand how she feels
nacherzählen V̲T̲ to retell **Nacherzählung** F̲ retelling; SCHULE (story) reproduction
nachfahren V̲I̲ *j-m ~* to follow sb
nachfeiern V̲T̲ & V̲I̲ (≈ *später feiern*) to celebrate later
Nachfolge F̲ succession; **j-s ~ antreten** to succeed sb **nachfolgen** V̲I̲ *j-m ~* to follow sb; **j-m im Amt ~** to succeed sb in office **nachfolgend** A̲D̲J̲ following **Nachfolgeorganisation** F̲ successor organization **Nachfolger(in)** M̲(F̲) *im Amt etc* successor
nachforschen V̲I̲ to try to find out; *polizeilich* to investigate, to carry out an investigation (+*dat* into) **Nachforschung** F̲ enquiry; *polizeilich etc* investigation; **~en anstellen** to make inquiries
Nachfrage F̲ 1 HANDEL demand (**nach, in** +*dat* for); **danach besteht keine ~** there is no demand for it 2 (≈ *Erkundigung*) inquiry; **danke der ~** *umg* nice of you to ask **nachfragen** V̲I̲ to ask, to inquire
nachfühlen V̲T̲ → nachempfinden
nachfüllen V̲T̲ *leeres Glas etc* to refill; *halb leeres Glas* to top up *Br*, to top off *US* **Nachfüllpack** M̲ refill (pack) **Nachfüllpackung** F̲ refill (pack)
nachgeben V̲I̲ 1 *Boden* to give way (+*dat* to); (≈ *federn*) to give; *fig Mensch* to give in (+*dat* to) 2 HANDEL *Preise, Kurse* to drop
Nachgebühr F̲ excess (postage)
nachgehen V̲I̲ 1 (≈ *hinterhergehen*) to follow; *j-m* to go after 2 *Uhr* to be slow 3 (≈ *ausüben*) *Beruf* to practise *Br*, to practice *US*; *Studium, Interesse etc* to pursue; *Geschäften* to go about; **seiner Arbeit ~** to do one's job 4 (≈ *erforschen*) to investigate
nachgemacht A̲D̲J̲ *Gold, Leder etc* imitation; *Geld* counterfeit; → nachmachen
Nachgeschmack M̲ aftertaste
nachgiebig A̲D̲J̲ *Material* pliable; *Boden, Mensch, Haltung* soft; (≈ *entgegenkommend*) accommodating; **sie behandelt**

die Kinder zu ~ she's too soft with the children **Nachgiebigkeit** F̲ *von Material* pliability; *von Boden, Mensch, Haltung* softness; (≈ *Entgegenkommen*) compliance

nachgießen V̲/T̲ & V̲/I̲ to top up; **darf ich ~?** may I top up your glass?, may I fill up your glass? *US,* may I top you up?, may I fill you up? *US*

nachhaken *umg* V̲/I̲ to dig deeper

nachhallen V̲/I̲ to reverberate

nachhaltig A̲ A̲D̲J̲ lasting; *Wachstum* sustained; **~e Nutzung** *von Energie, Rohstoffen etc* sustainable use B̲ A̲D̲V̲ 1̲ (≈ *mit langer Wirkung*) with lasting effect; **etw ~ beeinflussen** to have a profound effect on sth 2̲ (≈ *ökologisch bewusst*) with a view to sustainability **Nachhaltigkeit** F̲ sustainability

nach Hause, nachhause A̲D̲V̲ → Haus **Nachhauseweg** M̲ way home

nachhelfen V̲/I̲ to help; **j-m ~** to help sb; **sie hat ihrer Schönheit etwas nachgeholfen** she has given nature a helping hand; **j-s Gedächtnis** (*dat*) **~** to jog sb's memory

nachher A̲D̲V̲ (≈ *danach*) afterwards; (≈ *später*) later; **bis ~** see you later!

Nachhilfe F̲ S̲C̲H̲U̲L̲E̲ private coaching *od* tutoring *US* **Nachhilfelehrer(in)** M̲/F̲ private tutor **Nachhilfestunde** F̲ private lesson **Nachhilfeunterricht** M̲ private tuition *od* tutoring *US*

Nachhinein A̲D̲V̲ **im ~** afterwards; *rückblickend* in retrospect

Nachholbedarf M̲ **einen ~ an etw** (*dat*) **haben** to have a lot to catch up on in the way of sth **nachholen** V̲/T̲ 1̲ (≈ *aufholen*) Versäumtes to make up; **den Schulabschluss ~** to sit one's school exams as an adult 2̲ **j-n ~** (≈ *nachkommen lassen*) to get sb to join one

nachjagen V̲/I̲ to chase (after)

nachkaufen V̲/T̲ to buy later; **kann man diese Knöpfe auch ~?** is it possible to buy replacements for these buttons?

nachklingen V̲/I̲ *Ton, Echo* to go on sounding; *Worte, Erinnerung* to linger

Nachkomme M̲ descendant **nachkommen** V̲/I̲ 1̲ (≈ *später kommen*) to come (on) later; **j-m ~** to follow sb;

wir kommen gleich nach we'll follow in just a couple of minutes 2̲ (≈ *Schritt halten*) to keep up 3̲ (≈ *erfüllen*) *seiner Pflicht* to carry out; *einer Anordnung, einem Wunsch* to comply with

Nachkriegsdeutschland N̲ post-war Germany

nachladen V̲/T̲ & V̲/I̲ to reload

Nachlass M̲ 1̲ (≈ *Preisnachlass*) discount (**auf** +*akk* **on**) 2̲ (≈ *Erbschaft*) estate **nachlassen** A̲ V̲/T̲ *Preis, Summe* to reduce; **10% vom Preis ~** to give a 10% discount B̲ V̲/I̲ to decrease; *Regen, Hitze* to ease off; *Leistung, Geschäfte* to drop off; *Preise* to fall; **nicht ~!** keep it up!; **er hat in letzter Zeit sehr nachgelassen** he hasn't been nearly as good recently; **sobald die Kälte nachlässt** as soon as it gets a bit warmer **nachlässig** A̲ A̲D̲J̲ careless; (≈ *unachtsam*) thoughtless B̲ A̲D̲V̲ carelessly; (≈ *unachtsam*) thoughtlessly **Nachlässigkeit** F̲ carelessness; (≈ *Unachtsamkeit*) thoughtlessness

Nachlassverwalter(in) M̲/F̲ J̲U̲R̲ executor

nachlaufen V̲/I̲ **j-m/einer Sache ~** to run after sb/sth

nachlesen V̲/T̲ *in einem Buch* to read; (≈ *nachschlagen*) to look up; (≈ *nachprüfen*) to check up; **man kann das in der Bibel ~** it says so in the Bible

nachliefern V̲/T̲ (≈ *später liefern*) to deliver at a later date; *fig Begründung etc* to give later; **könnten Sie noch 25 Stück ~?** could you deliver another 25?

nachlösen A̲ V̲/I̲ to pay on the train; *zur Weiterfahrt* to pay the extra B̲ V̲/T̲ *Fahrkarte* to buy on the train

nachmachen V̲/T̲ 1̲ (≈ *nachahmen*) to copy, to imitate; (≈ *nachäffen*) to mimic; **sie macht mir alles nach** she copies everything I do; **das soll erst mal einer ~!** I'd like to see anyone else do that! 2̲ (≈ *fälschen*) to forge; (≈ *imitieren*) to copy; → nachgemacht

nachmessen A̲ V̲/T̲ to measure again; (≈ *prüfen*) to check B̲ V̲/I̲ to check

Nachmieter(in) M̲/F̲ next tenant; **wir müssen einen ~ finden** we have to find someone to take over the apartment *etc* **Nachmittag** M̲ afternoon; **am ~** in the afternoon; **gestern/heute ~** yesterday/this afternoon **nachmittags** A̲D̲V̲ in the afternoon; *hinter Uhrzeit* pm *Br,* p.m. *US*; **dienstags ~** every Tuesday afternoon **Nachmittagsvorstellung** F̲ im Kino etc matinée (performance)

Nachnahme F̲ cash on delivery, collect on delivery *US*, COD; **etw per ~ schicken** to send sth COD

Nachname M̲ surname, last name *US*; **wie heißt du mit ~n?** what is your surname?

Nachporto N̲ excess (postage)

nachprüfbar ADJ verifiable **nachprüfen** A V/T Tatsachen to verify B V/I to check **Nachprüfung** F̲ **1** von Tatsachen (≈ check on) **2** (≈ nochmalige Prüfung) re-examination; Termin resit

nachrechnen V/T & V/I to check

Nachrede F̲ **üble ~** JUR defamation of character

nachreichen V/T to hand in later

nachreisen V/I **j-m ~** to follow sb

Nachricht F̲ (≈ Mitteilung) message; (≈ Meldung) (piece of) news sg; **die ~en** the news sg; **j-m eine ~ hinterlassen** to leave sb a message; **das sind aber schlechte ~en** that's bad news; **ich habe eine gute ~ für dich** I've got (some) good news for you; **~ erhalten, dass ...** to receive (the) news that ...; **wir geben Ihnen ~** we'll let you know **Nachrichtenagentur** F̲ news agency **Nachrichtendienst** M̲ **1** RADIO, TV news service **2** POL, MIL intelligence (service) **Nachrichtenmagazin** N̲ news magazine **Nachrichtensatellit** M̲ communications satellite **Nachrichtensender** M̲ news station; TV a. news channel **Nachrichtensperre** F̲ news blackout **Nachrichtensprecher(in)** M̲(F̲) newsreader **Nachrichtentechnik** F̲ telecommunications sg

nachrücken VI to move up; auf Posten to succeed (**auf** +akk to); MIL to advance **Nachrücker(in)** M̲(F̲) successor

Nachruf M̲ obituary **nachrufen** VT & VI to shout after

nachrüsten A VI MIL to deploy new arms; (≈ modernisieren) to modernize B VT Kraftwerk etc to modernize **Nachrüstung** F̲ **1** MIL deployment of new arms **2** TECH modernization

nachsagen VT **1** (≈ wiederholen) to repeat; **j-m alles ~** to repeat everything sb says **2** (≈ behaupten) **j-m etw ~** to attribute sth to sb; **man kann ihr nichts ~** you can't say anything against her; **ihm** wird nachgesagt, dass ... it's said that he ...

Nachsaison F̲ off season

nachsalzen VI to add more salt

Nachsatz M̲ (≈ Nachschrift) postscript; (≈ Nachtrag) afterthought

nachschauen bes dial VT & VI → nachsehen

nachschenken VT & VI **j-m etw ~** to top sb up with sth *Br*, to top sb off with sth *US*

nachschicken VT to forward

Nachschlag umg M̲ second helping **nachschlagen** A VT Zitat, Wort to look up B VI in Lexikon to look **Nachschlagewerk** N̲ reference book

Nachschlüssel M̲ duplicate key; (≈ Dietrich) skeleton key

nachschreiben VT **eine Arbeit (später) ~** to do od sit a test later

Nachschub M̲ MIL supplies pl (**an** +dat of); Material reinforcements pl

Nachschulung F̲ AUTO bei bestimmten Verkehrsvergehen driver awareness course

nachsehen A VI **1** **j-m ~** to follow sb with one's eyes; (≈ hinterherschauen) to gaze after sb/sth **2** (≈ gucken) to look and see; (≈ nachschlagen) to have a look B VT **1** to (have a) look at; (≈ prüfen) to check; (≈ nachschlagen) to look up **2** (≈ verzeihen) **j-m etw ~** to forgive sb (for) sth **Nachsehen** N̲ **das ~ haben** to be left standing; (≈ nichts bekommen) to be left empty-handed

Nachsendeantrag M̲ forwarding request, application to redirect mail

nachsenden VT to forward

Nachsicht F̲ (≈ Milde) leniency; (≈ Geduld) forbearance; **er kennt keine ~** he knows no mercy; **~ üben** to be lenient; **mit j-m keine ~ haben** to make no allowances for sb **nachsichtig, nachsichtsvoll** A ADJ (≈ milde) lenient; (≈ geduldig) forbearing (**gegen, mit** with) B ADV leniently; **j-n ~ behandeln** to be lenient with sb

Nachsilbe F̲ suffix

nachsitzen VI SCHULE **~ (müssen)** to be kept in; **j-n ~ lassen** to keep sb in

Nachsommer M̲ Indian summer

Nachsorge F̲ MED aftercare

Nachspann M̲ credits pl

Nachspeise F̲ dessert, pudding *Br*; **als ~** for dessert od pudding *Br*

Nachspiel N̄ THEAT epilogue Br, epilog US; fig sequel; **das wird noch ein (unangenehmes) ~ haben** that will have (unpleasant) consequences; **ein gerichtliches ~ haben** to have legal repercussions **nachspielen** A V̄/T̄ to play, to act out B V̄/Ī SPORT to play stoppage time Br, to play overtime US; wegen Verletzungen to play injury time Br, to play injury overtime US; **der Schiedsrichter ließ ~** the referee allowed stoppage time/injury time Br, the referee allowed (injury) overtime US **Nachspielzeit** F̄ SPORT stoppage time; wegen Verletzungen injury time

nachspionieren umg V̄/Ī **j-m ~** to spy on sb

nachsprechen V̄/T̄ to repeat; **j-m etw ~** to repeat sth after sb

nächstbeste(r, s) ADJ **der ~ Zug/Job** the first train/job that comes along

nachstehen V̄/Ī **keinem ~** to be second to none (**in** +dat in); **j-m in nichts ~** to be sb's equal in every way **nachstehend** A ADJ following; **im Nachstehenden** below, in the following B ADV (≈ weiter unten) below

nachstellen A V̄/T̄ 1 TECH (≈ neu einstellen) to adjust 2 **eine Szene ~** to recreate a scene B V̄/Ī **j-m ~** to follow sb; (≈ aufdringlich umwerben) to pester sb

Nächstenliebe F̄ brotherly love; (≈ Barmherzigkeit) compassion **nächstens** ADV (≈ das nächste Mal) (the) next time; (≈ bald einmal) some time soon **Nächste(r)** M̄/F̄/M̄ 1 next one; **der ~, bitte** next please 2 fig (≈ Mitmensch) neighbour Br, neighbor US; **jeder ist sich selbst der ~** sprichw charity begins at home sprichw **nächste(r, s)** ADJ 1 (≈ nächstgelegen) nearest; **in ~r Nähe** in the immediate vicinity; **aus ~r Nähe** from close by; sehen, betrachten at close quarters; schießen at close range 2 zeitlich, räumlich in einer Reihe next; **~s Mal** next time; **am ~n Morgen/Tag(e)** the next morning/day; **bei ~r Gelegenheit** at the earliest opportunity; **in den ~n Jahren** in the next few years; **in ~r Zeit** some time soon 3 Angehörige closest; **die ~n Verwandten** the immediate family; **der ~ Angehörige** the next of kin **Nächste(s)** N̄ **das ~** the next thing; (≈ das Erste) the first thing; **als ~s** next/first **nächstgelegen** ADJ nearest

nächstliegend wörtl ADJ nearest; fig most obvious; **das Nächstliegende** the most obvious thing (to do)

Nacht F̄ night; **heute ~** tonight; (≈ letzte Nacht) last night; **in der ~** at night; **in der ~ zum Dienstag** during Monday night; **über ~** overnight; **die ~ zum Tage machen** to stay up all night (working etc); **eines ~s** one night; **letzte ~** last night; **die ganze ~ (lang)** all night long; **gute ~!** good night!; **bei ~ und Nebel** umg at dead of night **Nachtarbeit** F̄ night-work **nachtblind** ADJ nightblind **Nachtcreme** F̄ night cream **Nachtdienst** M̄ von Person night duty; von Apotheke all-night service

Nachteil M̄ disadvantage; **im ~ sein** to be at a disadvantage (**j-m gegenüber** with sb); **er hat sich zu seinem ~ verändert** he has changed for the worse; **das soll nicht Ihr ~ sein** you won't lose by it; **zu j-s ~** to sb's disadvantage **nachteilig** A ADJ (≈ ungünstig) disadvantageous; (≈ schädlich) detrimental B ADV behandeln unfavourably Br, unfavorably US; **sich ~ auf etw** (akk) **auswirken** to have a detrimental effect on sth

nächtelang ADV for nights (on end) **Nachtessen** N̄ schweiz, südd supper **Nachteule** F̄ fig umg night owl **Nachtfahrverbot** N̄ ban on nighttime driving **Nachtfalter** M̄ moth **Nachtflug** M̄ night flight **Nachtflugverbot** N̄ ban on nighttime flying **Nachtfrost** M̄ night frost **Nachthemd** N̄ für Damen nightdress; für Herren nightshirt

Nachtigall F̄ nightingale

Nachtisch M̄ dessert, pudding Br

Nachtklub M̄ night club **Nachtleben** N̄ night life **nächtlich** ADJ (≈ jede Nacht) nightly; **zu ~er Stunde** at a late hour **Nachtlokal** N̄ night club **Nachtmahl** N̄ österr, südd supper, dinner **Nachtmensch** M̄ night person **Nachtportier** M̄ night porter **Nachtquartier** N̄ **ein ~** a place to sleep

Nachtrag M̄ postscript; zu einem Buch supplement **nachtragen** V̄/T̄ 1 **j-m etw ~** fig to hold sth against sb 2 (≈ hinzufügen) to add **nachtragend** ADJ unforgiving; **er war nicht ~** he didn't bear a grudge **nachträglich** A ADJ (≈ zusätzlich) additional; (≈ später) later; (≈ ver-

N

spätet) belated **B** ADV (≈*zusätzlich*) additionally; (≈*später*) later; (≈*verspätet*) belatedly **Nachtragshaushalt** M̲ POL supplementary budget

nachtrauern V̲I̲ to mourn

Nachtruhe F̲ night's rest **nachts** A̲D̲V̲ at night; **dienstags ~** (on) Tuesday nights **Nachtschicht** F̲ night shift **nachtschlafend** ADJ **bei** *od* **zu ~er Zeit** in the middle of the night **Nachtschwärmer(in)** M̲ hum M̲F̲ night owl **Nachtschwester** F̲ night nurse **Nachtsichtgerät** N̲ night vision device **Nachtspeicherofen** M̲ storage heater **nachtsüber** A̲D̲V̲ by night **Nachttisch** M̲ bedside table **Nachttischlampe** F̲ bedside lamp **Nachttopf** M̲ chamber pot **Nacht-und-Nebel-Aktion** F̲ cloak-and-dagger operation **Nachtvogel** M̲ nocturnal bird **Nachtwache** F̲ night watch; *im Krankenhaus* night duty **Nachtwächter(in)** M̲F̲ *in Betrieben etc* night watchman **Nachtzeit** F̲ night-time **Nachtzug** M̲ night train

Nachuntersuchung F̲ follow-up check

nachvollziehen V̲I̲ to understand

nachwachsen V̲I̲ to grow again; **die neue Generation, die jetzt nachwächst** the young generation who are now taking their place in society **nachwachsend** A̲D̲J̲ **1** *Rohstoffe* renewable **2** *Generation* up-and-coming, younger **Nachwahl** F̲ POL ≈ by-election **Nachwehen** P̲L̲ after-pains *pl*; *fig* painful aftermath *sg*

Nachweis M̲ (≈*Beweis*) proof (+*gen od* **für, über** +*akk* of); (≈*Zeugnis*) certificate; **als** *od* **zum ~** as proof; **den ~ für etw erbringen** to furnish proof of sth **nachweisbar** A̲D̲J̲ (≈*beweisbar*) provable; *Fehler* demonstrable; TECH, CHEM detectable **nachweisen** V̲I̲ (≈*beweisen*) to prove; TECH, MED to detect; **die Polizei konnte ihm nichts ~** the police could not prove anything against him **nachweislich** **A** A̲D̲J̲ provable; *Fehler* demonstrable **B** A̲D̲V̲ *falsch* demonstrably; **er war ~ in London** it can be proved that he was in London *Br*, it can be proven that he was in London **Nachwelt** F̲ **die ~** posterity

nachwirken V̲I̲ to continue to have an effect **Nachwirkung** F̲ aftereffect; *fig*

consequence

Nachwort N̲ epilogue *Br*, epilog *US* **Nachwuchs** M̲ **1** *fig* (≈*junge Kräfte*) young people *pl*; **es mangelt an ~** there's a lack of young blood; **der wissenschaftliche ~** the new generation of academics **2** *hum* (≈*Nachkommen*) offspring *pl* **Nachwuchstalent** N̲ promising young talent

nachzahlen V̲I̲ & V̲I̲ to pay extra; (≈*später zahlen*) to pay later

nachzählen V̲I̲ & V̲I̲ to check

Nachzahlung F̲ additional payment

nachzeichnen V̲I̲ *Linie, Umriss* to go over

nachziehen **A** V̲I̲ **1** *Linie, Umriss* to go over; *Lippen* to paint in; *Augenbrauen* to pencil in **2** *Schraube* to tighten (up) **B** V̲I̲ **1** (≈*folgen*) to follow **2** *umg* (≈*gleichtun*) to follow suit

Nachzügler(in) M̲F̲ latecomer, late arrival *a. fig*

Nacken M̲ (nape of the) neck; **j-n im ~ haben** *umg* to have sb after one; **j-m im ~ sitzen** *umg* to breathe down sb's neck **Nackenkissen** N̲ neck pillow; *zum Reisen* travel pillow **Nackenrolle** F̲ bolster **Nackenstütze** F̲ headrest

nackt **A** A̲D̲J̲ naked; *bes* KUNST nude; *Haut, Wand, Tatsachen, Zahlen* bare **B** A̲D̲V̲ *baden, schlafen* in the nude **Nacktbaden** N̲ nude bathing **Nacktbadestrand** M̲ nudist beach **Nacktheit** F̲ nakedness; (≈*Kahlheit*) bareness **Nacktkultur** F̲ nudism **Nacktscanner** M̲ *umg an Flughäfen* strip scanner *umg* **Nacktschnecke** F̲ slug

Nadel F̲ needle; *von Plattenspieler* stylus; (≈*Stecknadel, Haarnadel*) pin; **nach einer ~ im Heuhaufen suchen** *fig* to look for a needle in a haystack **Nadelbaum** M̲ conifer **Nadeldrucker** M̲ dot-matrix printer **nadeln** V̲I̲ *Baum* to shed (its needles) **Nadelöhr** N̲ eye of a needle; *fig* narrow passage **Nadelstich** M̲ prick **Nadelstreifen** P̲L̲ pinstripes *pl* **Nadelstreifenanzug** M̲ pinstripe(d) suit **Nadelwald** M̲ coniferous forest

Nagel M̲ nail; **sich** (*dat*) **etw unter den ~ reißen** *umg* to swipe sth *umg*; **etw an den ~ hängen** *fig* to chuck sth in *umg*; **den ~ auf den Kopf treffen** *fig* to hit the nail on the head; **Nägel mit Köpfen machen** *umg* to do the job properly **Nagelbürste** F̲ nailbrush **Nagelfei-**

le F̲ nailfile **Nagelhaut** F̲ cuticle **Nagellack** M̲ nail varnish *kein pl* **Nagellackentferner** M̲ nail varnish remover **nageln** V̲T̲ to nail (**an** *+akk* od **auf** *+akk* onto) **nagelneu** *umg* ADJ̲ brand new **Nagelprobe** *fig* F̲ acid test **Nagelschere** F̲ (pair of) nail scissors *pl* **Nagelstudio** N̲ nail salon, nail bar **nagen** A̲ V̲I̲ to gnaw (**an** *+dat* at); (≈ *knabbern*) to nibble (**an** *+dat* at) B̲ V̲T̲ to gnaw **nagend** ADJ̲ *Hunger* gnawing; *Zweifel* nagging **Nager** M̲, **Nagetier** N̲ rodent

nah A̲D̲J̲ & A̲D̲V̲ → nahe **Nahaufnahme** F̲ FOTO close-up **nahe** A̲ ADJ̲ 1̲ near *präd*, close *präd*, nearby; **in ~r Zukunft** in the near future; **der Nahe Osten** the Middle East; **von Nahem** at close quarters 2̲ (≈ *eng*) *Freund, Beziehung etc* close; **~ Verwandte** close relatives B̲ A̲D̲V̲ 1̲ near, close; **~ an** near to; **~ beieinander** close together; **~ vor** right in front of; **von nah und fern** from near and far; **j-m zu ~ treten** *fig* to offend sb; **~ bevorstehend** approaching 2̲ (≈ *eng*) closely; **~ verwandt** closely-related 3̲ *fig* → **naheliegend** C̲ P̲R̲Ä̲P̲ near (to), close to; **dem Wahnsinn ~ sein** to be on the verge of madness **Nähe** F̲ 1̲ *örtlich* nearness, closeness; (≈ *Umgebung*) vicinity, neighbourhood *Br*, neighborhood *US*; **in der ~** nearby; **in der ~ von** near; **in unmittelbarer ~** (*+gen*) right next to; **in der ~ des Parks** near the park; **aus der ~** from close to 2̲ *zeitlich, emotional etc* closeness **nahebringen** *fig* V̲T̲ **j-m etw ~** to bring sth home to sb **nahegehen** *fig* V̲I̲ to upset sb **nahekommen** *fig* V̲I̲ **j-m/einer Sache ~** (≈ *fast gleichen*) to come close to sb/sth; **sich ~** to become close **nahelegen** *fig* V̲T̲ **j-m etw ~** to suggest sth to sb; **j-m ~, etw zu tun** to advise sb to do sth **naheliegen** *fig* V̲I̲ to suggest itself; **der Verdacht liegt nahe, dass ...** it seems reasonable to suspect that ... **naheliegend** ADJ̲ *Gedanke, Lösung* which suggests itself *präd*, obvious *attr*; *Vermutung* natural **nahen** *liter* V̲I̲ & V̲R̲ to approach (**j-m/einer Sache** sb/sth) **nähen** A̲ V̲T̲ to sew; *Kleid* to make; *Wunde* to stitch (up) B̲ V̲I̲ to sew **näher** A̲ ADJ̲ 1̲ closer; **j-m/einer Sache ~** closer to sb/sth; **die ~e Umgebung** the immediate vicinity 2̲ (≈ *genauer*)

Einzelheiten further *attr* B̲ A̲D̲V̲ 1̲ closer; **bitte treten Sie ~** just step up! 2̲ (≈ *genauer*) more closely; *besprechen* in more detail; **j-n/etw ~ kennenlernen** to get to know sb/sth better; **ich kenne ihn nicht ~** I don't know him well **Nähere(s)** N̲ details *pl*; **~s erfahren Sie von ...** further details from ... **Naherholungsgebiet** N̲ recreational area (*close to a town*) **näherkommen** *fig* V̲I̲ **j-m ~** to get closer to **sich nähern** V̲R̲ **sich (j-m/einer Sache) ~** to approach (sb/sth); *von hinten* to come up behind sb **nahestehen** *fig* V̲I̲ to be close to; POL to sympathize with; **sich ~** to be close **nahezu** A̲D̲V̲ nearly **Nähgarn** N̲ (sewing) thread **Nahkampf** M̲ MIL close combat **Nähkästchen** N̲ sewing box; **aus dem ~ plaudern** *umg* to give away private details **Nähmaschine** F̲ sewing machine **Nähnadel** F̲ needle **Nahost** M̲ in/aus ~ in/from the Middle East **nahöstlich** ADJ̲ Middle East(ern) **Nährboden** *wörtl* M̲ fertile soil; *fig* breeding-ground **nähren** A̲ V̲T̲ to feed; *fig* (≈ *haben*) *Hoffnungen, Zweifel* to nurture; **er sieht gut genährt aus** he looks well-fed B̲ V̲R̲ to feed oneself; *Tiere* to feed **nahrhaft** ADJ̲ *Kost* nourishing **Nährstoff** M̲ nutrient **Nahrung** F̲ food; *geistige* ~ intellectual stimulation; **einer Sache** (*dat*) **(neue) ~ geben** to help to nourish sth **Nahrungsaufnahme** F̲ eating, ingestion (of food) *form*; **die ~ verweigern** to refuse food *od* sustenance **Nahrungsergänzung** F̲, **Nahrungsergänzungsmittel** N̲ food supplement; nutritional supplement, dietary supplement **Nahrungskette** F̲ BIOL food chain **Nahrungsmittel** N̲ food(stuff) **Nahrungsquelle** F̲ source of food **Nährwert** M̲ nutritional value **Nähseide** F̲ silk thread **Naht** F̲ seam; MED stitches *pl*; **aus allen Nähten platzen** to be bursting at the seams **nahtlos** *wörtl* ADJ̲ seamless; *fig* *Übergang* smooth; **sich ~ in etw** (*akk*) **einfügen** to fit right in with sth **Nahverkehr** M̲ local traffic; **der öffentliche ~** local public transport **Nahverkehrsmittel** P̲L̲ means *pl* of local transport **Nahverkehrszug** M̲ local train

N

Nähzeug N̄ sewing kit
naiv Ⓐ N̄ naive Ⓑ ADV naively **Naivität** F̄ naivety
Name M̄ name; **dem ~n nach** by name; **auf j-s ~n** (akk) in sb's name; **er nannte seinen ~n** he gave his name; **einen ~n haben** fig to have a name; **sich** (dat) **(mit etw) einen ~n machen** to make a name for oneself (with sth); **die Sache beim ~n nennen** fig to call a spade a spade; **im ~n** (+gen) on behalf of; **im ~n des Volkes** in the name of the people **namens** ADV (≈ mit Namen) by the name of, called **Namensschild** N̄ nameplate **Namensschwester** F̄ namesake **Namenstag** M̄ Saint's day **Namensvetter** M̄ namesake **namentlich** Ⓐ ADJ by name; **~e Abstimmung** roll call vote Ⓑ ADV ◼ (≈ insbesondere) (e)specially ◼ (≈ mit Namen) by name **namhaft** ADJ ◼ (≈ bekannt) famous; **~ machen** form to identify ◼ (≈ beträchtlich) considerable
Namibia N̄ Namibia **Namibier(in)** M(F) Namibian **namibisch** ADJ Namibian
nämlich ADV (≈ und zwar) namely; geschrieben viz; (≈ genauer gesagt) to be exact
Nanobot M̄ Roboter im Kleinstformat nanobot **Nanopartikel** N̄ nanoparticle **Nanoroboter** M̄ Roboter im Kleinstformat nanobot **Nanoskala** F̄ PHYS nanoscale **Nanotechnologie** F̄ nanotechnology
nanu INT well I never; **~, wer ist das denn?** hello (hello), who's this?
Napf M̄ bowl
Nappa(leder) N̄ nappa leather
Narbe F̄ scar **narbig** ADJ scarred
Nargile F̄ Wasserpfeife nargile
Narkose F̄ anaesthesia Br, anesthesia US; **unter ~** under an(a)esthetic **Narkosearzt** M̄, **Narkoseärztin** F̄ anaesthetist Br, anesthesiologist US **narkotisch** ADJ narcotic **narkotisieren** V̄T to drug
Narr M̄, **Närrin** F̄ fool; (≈ Teilnehmer am Karneval) carnival reveller Br, carnival reveler US; **j-n zum ~en halten** to make a fool of sb **Narrenfreiheit** F̄ **hier hat er ~** here he can do just as he pleases **Narrenhaus** N̄ madhouse **narrensicher** ADJ & ADV foolproof **Narrheit** F̄ ◼ folly ◼ (≈ dumme Tat)

stupid thing to do **närrisch** ADJ foolish; (≈ verrückt) mad; **die ~en Tage** Fasching and the period leading up to it; **ganz ~ auf j-n/etw sein** umg to be crazy about sb/sth umg
Narzisse F̄ narcissus **Narzissmus** M̄ narcissism **narzisstisch** ADJ narcissistic
nasal ADJ nasal **Nasallaut** M̄ nasal (sound)
naschen Ⓐ V̄T to eat sweet things; **an etw** (dat) **~** to pinch a bit of sth Br, to snitch a bit of sth des US Ⓑ V̄T to nibble; **hast du was zum Naschen?** have you got something for my sweet tooth? **naschhaft** ADJ fond of sweet things **Naschkatze** umg F̄ guzzler umg
Nase F̄ nose; **sich** (dat) **die ~ putzen** (≈ sich schnäuzen) to blow one's nose; **(immer) der ~ nachgehen** umg to follow one's nose; **eine gute ~ für etw haben** umg to have a good nose for sth; **j-m etw unter die ~ reiben** umg to rub sb's nose in sth umg; **die ~ rümpfen** to turn up one's nose (über +akk at); **j-m auf der ~ herumtanzen** umg to act up with sb umg; **ich sah es ihm an der ~ an** umg I could see it written all over his face umg; **der Zug fuhr ihm vor der ~ weg** umg he missed the train by seconds; **die ~ vollhaben** umg to be fed up umg; **j-n an der ~ herumführen** umg to give sb the runaround umg; als Scherz to pull sb's leg; **j-m etw auf die Nase binden** umg to tell sb all about sth **näselnd** ADJ Stimme, Ton nasal **Nasenbluten** N̄ **~ haben** to have a nosebleed **Nasenflügel** M̄ side of the nose **Nasenhöhle** F̄ nasal cavity **Nasenloch** N̄ nostril **Nasenring** M̄ nose ring **Nasenschleimhaut** F̄ mucous membrane (of the nose) **Nasenspitze** F̄ tip of the/sb's nose **Nasenspray** M/N nasal spray **Nasentropfen** PL nose drops pl **naseweis** ADJ cheeky Br, fresh US; (≈ vorlaut) forward; (≈ neugierig) nosy umg
Nashi F̄, **Nashibirne** F̄ nashi (pear), Asian pear
Nashorn N̄ rhinoceros
nass ADJ wet; **etw ~ machen** to wet sth; **durch und durch ~** wet through **Nässe** F̄ wetness; **bei ~ in** wet weather; „**vor ~ schützen**" "keep dry"; **vor ~ triefen** to be dripping wet **nässen** V̄T Wunde to

weep **nasskalt** <u>ADJ</u> cold and damp **Nassrasur** <u>F</u> **eine ~** a wet shave **Nasszelle** <u>F</u> wet cell **Nastuch** <u>N</u> *bes schweiz* handkerchief **Natel®** <u>N</u> *schweiz* mobile (phone) **Nation** <u>F</u> nation **national** <u>ADJ</u> national **Nationalelf** <u>F</u> national (football) team **Nationalfeiertag** <u>M</u> national holiday **Nationalflagge** <u>F</u> national flag **Nationalgericht** <u>N</u> national dish **Nationalheld** <u>M</u> national hero **Nationalheldin** <u>F</u> national heroine **Nationalhymne** <u>F</u> national anthem **Nationalismus** <u>M</u> nationalism **Nationalist(in)** <u>M(F)</u> nationalist **nationalistisch** <u>ADJ</u> nationalist, nationalistic *mst pej* **Nationalität** <u>F</u> nationality **Nationalitätskennzeichen** <u>N</u> nationality sticker; *aus Metall* nationality plate **Nationalmannschaft** <u>F</u> national team **Nationalpark** <u>M</u> national park **Nationalrat**[1] <u>M</u> *Gremium schweiz* National Council; *österr* National Assembly **Nationalrat**[2] <u>M</u>, **Nationalrätin** <u>F</u> *schweiz* member of the National Council, ≈ MP; *österr* deputy of the National Assembly, ≈ MP **Nationalsozialismus** <u>M</u> National Socialism **Nationalsozialist(in)** <u>M(F)</u> National Socialist **nationalsozialistisch** <u>ADJ</u> National Socialist; *terroristische Vereinigung* **Nationalsozialistischer Untergrund** National Socialist Underground **Nationalspieler(in)** <u>M(F)</u> international (footballer *etc*) **NATO** <u>F</u>, **Nato** <u>F</u> **die ~** NATO **Natrium** <u>N</u> sodium **Natron** <u>N</u> bicarbonate of soda **Natter** <u>F</u> adder; *fig* snake **Natur** <u>F</u> nature; **die ~ lieben** to love nature; **in der freien ~** in the open countryside, outdoors; **sie sind von ~ so gewachsen** they grew that way naturally; **ich bin von ~ (aus) schüchtern** I am shy by nature; **sein Haar ist von ~ aus blond** his hair is naturally blond; **nach der ~ zeichnen/malen** to draw/paint from nature; **die menschliche ~** human nature; **es liegt in der ~ der Sache** it is

---

▶ **Nationalitäten**

Englische Nationalitätenbezeichnungen, die mit dem unbestimmten Artikel **a, an** verwendet werden, beziehen sich in der Regel ausschließlich auf männliche Personen. Ist nichts Näheres über die Person bekannt, nimmt man in einem Satz wie dem folgenden an, dass ein Mann gemeint ist:

An American asked me the way to the station.	Ein Amerikaner fragte mich nach dem Weg zum Bahnhof.

Wenn es sich um eine Frau gehandelt hätte, hätte es im Englischen geheißen:

An American woman/lady/girl asked me the way to the station.	Eine Amerikanerin fragte mich nach dem Weg zum Bahnhof.

Wird durch das Personalpronomen **he** bzw. **she** klar, dass es sich um einen Mann bzw. eine Frau handelt, genügt die Bezeichnung **American, German** usw. Sie können dann sagen:

She's an American (a German).	Sie ist Amerikanerin (Deutsche).
oder	
She's American (German).	Sie ist Amerikanerin (Deutsche).

Verschiedene Nationalitätenbezeichnungen gelten im Englischen als unschön, wenn sie nur mit dem unbestimmten Artikel **a, an** verwendet werden. Das gilt insbesondere für solche Wörter, die auf **-ese** enden. So würde man heute statt **a Japanese** oder **a Chinese** eher **a Japanese man** bzw. **woman**, **a Chinese man** bzw. **woman** sagen.
Andererseits sagt man auch heute im modernen Englisch **the Chinese** für „die Chinesen", **the Japanese** für „die Japaner" usw.
Insgesamt geht die Tendenz in Richtung Adjektiv + Personenbezeichnung:

an Italian lady	*statt*	an Italian
a Spanish guy	*statt*	a Spaniard

◀

in the nature of things; **das geht gegen meine ~** it goes against the grain **Na-turalien** PL natural produce; **in ~ be-zahlen** to pay in kind **naturalisieren** VT JUR to naturalize **Naturalismus** M naturalism **naturalistisch** ADJ naturalistic **naturbelassen** ADJ *Lebensmittel, Material* natural **Naturell** N temperament **Naturereignis** N (impressive) natural phenomenon **Naturfaser** F natural fibre *Br*, natural fiber *US* **Na-turforscher(in)** MF natural scientist **Naturfreund(in)** MF nature-lover **naturgegeben** ADJ natural **natur-gemäß** ADV naturally **Naturgesetz** N law of nature **naturgetreu** ADJ *Darstellung* lifelike; (≈ *in Lebensgröße*) life-size; **etw ~ wiedergeben** to reproduce sth true to life **Naturgewalt** F element **Naturheilkunde** F nature healing **Naturheilverfahren** N natural cure **Naturkatastrophe** F natural disaster **Naturkost** F health food(s) (*pl*) **Naturkostladen** M health-food shop **Naturlandschaft** F natural landscape **Naturlehrpfad** M nature trail **natürlich** A ADJ natural; *eines* ~**en Todes sterben** to die of natural causes B ADV of course, naturally; ~! naturally!, of course! **Natürlich-keit** F naturalness **Naturpark** M nature reserve **Naturprodukt** N natural product; ~**e** *pl* natural produce *sg* **na-turrein** ADJ natural **Naturschutz** M conservation; **unter (strengem) ~ ste-hen** *Pflanze, Tier* to be a protected species **Naturschützer(in)** MF conservationist **Naturschutzgebiet** N conservation area **Naturtalent** N **sie ist ein ~** she is a natural **naturtrüb** ADJ *Saft* (naturally) cloudy **naturverbun-den** ADJ nature-loving **Naturvolk** N primitive people **Naturwissen-schaft** F natural sciences *pl*; *Zweig* natural science **Naturwissenschaft-ler(in)** MF (natural) scientist **natur-wissenschaftlich** A ADJ scientific B ADV scientifically **Naturwunder** N miracle of nature **Naturzustand** M natural state

Nauru N GEOG Nauru

nautisch ADJ navigational

Navelorange F navel orange

Navi *umg* N sat nav *Br*, GPS **Navigati-on** F navigation **Navigationsgerät** N navigation system **Navigations-system** N navigation system **Naviga-tor(in)** MF FLUG navigator **navigie-ren** VT & VI SCHIFF, INTERNET to navigate

Nazi M Nazi **Naziregime** N Nazi regime **Nazismus** M *pej* (≈ *Nationalsozialismus*) Nazism **nazistisch** ADJ *pej* Nazi **Naziverbrechen** N Nazi crime

n. Chr. ABK (= **nach Christus**) AD

Neandertaler M Neanderthal man

Nebel M mist; *dichter* fog; *fig* mist, haze **Nebelbank** F fog bank **nebelhaft** *fig* ADJ vague **Nebelhorn** N SCHIFF foghorn **nebelig** ADJ misty; *bei dichterem Nebel* foggy **Nebelleuchte** F AUTO rear fog light **Nebelschein-werfer** M AUTO fog lamp **Nebel-schlussleuchte** F AUTO rear fog light **neben** PRÄP **1** *örtlich* beside, next to; **er ging ~ ihr** he walked beside her **2** (≈ *außer*) apart from, aside from *bes US*; **~ anderen Dingen** along with *od* amongst other things **3** (≈ *verglichen mit*) compared with **nebenamtlich** A ADJ *Tätigkeit* secondary B ADV as a second job **nebenan** ADV next door **Nebenanschluss** M TEL extension **Nebenausgabe** F incidental expense; ~**n** incidentals *pl* **Nebenaus-gang** M side exit **nebenbei** ADV **1** (≈ *außerdem*) in addition **2** (≈ *beiläufig*) incidentally; ~ **bemerkt** by the way **Ne-benbemerkung** F aside **Nebenbe-ruf** M second job, sideline **nebenbe-ruflich** A ADJ extra B ADV as a second job **Nebenbeschäftigung** F (≈ *Zweitberuf*) second job, sideline **Ne-benbuhler(in)** MF rival **Nebendar-steller(in)** MF supporting actor/actress **Nebeneffekt** M side effect **ne-beneinander** ADV **1** *räumlich* side by side **2** *zeitlich* simultaneously **neben-einandersitzen** VI to sit side by side **nebeneinanderstellen** VT to place *od* put side by side; *fig* (≈ *vergleichen*) to compare **Nebeneingang** M side entrance **Nebeneinkünfte** PL, **Ne-beneinnahmen** PL additional income **Nebenerscheinung** F *von Medikament* side effect; *von Tourismus etc* knock-on effect **Nebenfach** N SCHULE, UNIV subsidiary (subject), minor *US* **Nebenfigur** F minor character **Ne-benfluss** M tributary **Nebengebäu-**

de N̄ (≈ *Zusatzgebäude*) annex, outbuilding; (≈ *Nachbargebäude*) neighbouring building *Br*, neighboring building *US* **Nebengeräusch** N̄ RADIO, TEL interference **Nebenhaus** N̄ house next door **nebenher** ADV **1** (≈ *zusätzlich*) in addition **2** (≈ *gleichzeitig*) at the same time **Nebenjob** *umg* M̄ second job, sideline **Nebenkosten** PL additional costs *pl* **Nebenprodukt** N̄ by-product, spin-off **Nebenraum** M̄ *benachbart* adjoining room **Nebenrolle** F̄ supporting role; *fig* minor role **Nebensache** F̄ minor matter; **das ist (für mich) ~** that's not the point (as far as I'm concerned) **nebensächlich** ADJ minor, trivial **Nebensaison** F̄ low season **Nebensatz** M̄ GRAM subordinate clause **Nebenstelle** F̄ TEL extension; HANDEL branch **Nebenstraße** F̄ *in der Stadt* side street; (≈ *Landstraße*) minor road **Nebentisch** M̄ next table; **am ~** at the next table **Nebenverdienst** M̄ secondary income **Nebenwirkung** F̄ side effect **Nebenzimmer** N̄ next room

neblig ADJ → nebelig

nebulös ADJ vague

Necessaire N̄ (≈ *Kulturbeutel*) toilet bag *Br*, washbag *US*; *zur Nagelpflege* manicure case

necken VT̄ to tease **Neckholder-BH** M̄ neckholder bra, halterneck bra **neckisch** ADJ (≈ *scherzhaft*) teasing; *Einfall* amusing; *Spielchen* mischievous

nee *umg* ADV no, nope *umg*

Neffe M̄ nephew

Negation F̄ negation **negativ** A ADJ negative B ADV (≈ *ablehnend*) antworten negatively; **ich beurteile seine Arbeit sehr ~** I have a very negative view of his work; **die Untersuchung verlief ~** the examination proved negative; **sich ~ auf etw** (*akk*) **auswirken** to be detrimental to sth **Negativ** N̄ FOTO negative **Negativbeispiel** N̄ negative example **Negativliste** F̄ **1** black list **2** *Pharmazie* drug exclusion list

Neger *neg!* M̄ Negro *pej* **Negerin** *neg!* F̄ Negro woman *pej* **Negerkuss** *neg!* M̄ chocolate marshmallow with biscuit base

negieren VT̄ (≈ *verneinen*) *Satz* to negate; (≈ *bestreiten*) *Tatsache* to deny

Negligé N̄, **Negligee** N̄ negligee

nehmen VT̄ & VĪ to take; *Schmerz* to take away; (≈ *versperren*) *Blick*, *Sicht* to block; (≈ *berechnen*) to charge; (≈ *auswählen*) *Essen* to have; **etw aus etw ~** to take sth out of sth; **etw an sich** (*akk*) **~** (≈ *aufbewahren*) to take care *od* charge of sth; (≈ *sich aneignen*) to take sth (for oneself); **j-m etw ~** to take sth (away) from sb; **er ließ es sich** (*dat*) **nicht ~, mich persönlich hinauszubegleiten** he insisted on showing me out himself; **diesen Erfolg lasse ich mir nicht ~** I won't be robbed of this success; **sie ~ sich** (*dat*) **nichts** *umg* one's as good as the other; **~ Sie sich doch bitte!** please help yourself; **man nehme …** GASTR take …; **sich** (*dat*) **einen Anwalt ~** to get a lawyer; **wie viel ~ Sie dafür?** how much will you take for it?; **j-n zu sich ~** to take sb in; **j-n ~, wie er ist** to take sb as he is; **etw auf sich** (*akk*) **~** to take sth upon oneself; **etw zu sich ~** to take *od* have sth; **wie mans nimmt** *umg* depending on your point of view

Neid M̄ envy (**auf** +*akk* of); **aus ~** out of envy; **nur kein ~!** don't be envious!; **grün (und gelb) vor ~** *umg* green with envy; **das muss ihm der ~ lassen** *umg* you have to say that much for him; **vor ~ platzen** *umg* to die of envy **neiden** VT̄ **j-m etw ~** to envy sb (for) sth **neiderfüllt** ADJ *Blick* filled with envy **Neidhammel** *umg* M̄ envious person **neidisch** A ADJ jealous, envious; **auf j-n/etw ~ sein** to be jealous of sb/sth B ADV enviously **neidlos** A ADJ ungrudging, without envy B ADV graciously

Neige F̄ *geh* (≈ *Ende*) **zur ~ gehen** to draw to an end **neigen** A VT̄ (≈ *beugen*) *Kopf*, *Körper* to bend; *zum Gruß* to bow; (≈ *kippen*) *Glas* to tip B VĪ to bend; *Ebene* to slope; *Gebäude etc* to lean; *Schiff* to list C VĪ **zu etw ~** to tend toward(s) sth; (≈ *für etw anfällig sein*) to be susceptible to sth; **zu der Ansicht ~, dass …** to tend toward(s) the view that …; → **geneigt Neigetechnik** F̄ BAHN tilting technology **Neigung** F̄ **1** (≈ *Gefälle*) incline; (≈ *Schräglage*) tilt; *von Schiff* list **2** (≈ *Tendenz*), *a.* MED (≈ *Anfälligkeit*) proneness, tendency; (≈ *Veranlagung*) leaning *mst pl*; (≈ *Hang*, *Lust*) inclination **3** (≈ *Zuneigung*) affection

N

nein ADV no; **da sage ich nicht Nein** I wouldn't say no to that; **~, so was!** well I never! **Nein** N no; **bei seinem ~ bleiben** to stick to one's refusal **Neinstimme** F no, nay US

Nektar M nectar **Nektarine** F nectarine

Nelke F **1** pink; (≈ Zuchtnelke) carnation **2** Gewürz clove

nennen A V/T **1** (≈ bezeichnen) to call; **j-n nach j-m ~** to name sb after sb Br, to name sb for sb US; **das nennst du schön?** you call that beautiful? **2** (≈ angeben) to name; Beispiel, Grund to give; (≈ erwähnen) to mention B V/R to call oneself; **und so was nennt sich Liebe** umg and they call that love **nennenswert** ADJ considerable, not inconsiderable; **nicht ~** not worth mentioning **Nenner** M MATH denominator; **kleinster gemeinsamer ~** lowest common denominator; **etw auf einen (gemeinsamen) ~ bringen** to reduce sth to a common denominator **Nennung** F (≈ das Nennen) naming **Nennwert** M FIN nominal value; **zum ~** at par; **über/unter dem ~** above/below par

Neofaschismus M neo-fascism

Neon N neon

Neonazi M neo-Nazi

Neonleuchte F strip light **Neonlicht** N neon light **Neonröhre** F neon tube

Neopren® N neoprene® **Neoprenanzug** M wetsuit

Nepal N Nepal

Nepp M umg daylight robbery umg; **das ist der reinste ~** it's a complete rip-off umg **neppen** umg V/T to rip off umg **Nepplokal** umg N clip joint umg

Neptun M ASTRON Neptune

Nerv M nerve; (leicht) **die ~en verlieren** to lose one's nerve easily; **er hat trotz allem die ~en behalten** in spite of everything he kept his cool umg; **die ~en sind (mit) ihm durchgegangen** he lost his cool umg; **der hat (vielleicht) ~en!** umg he's got a nerve! umg; **er hat ~en wie Drahtseile** he has nerves of steel; **es geht** od **fällt mir auf die ~en** umg it gets on my nerves; **das kostet ~en** it's a strain on the nerves **nerven** umg A V/T **j-n (mit etw) ~** to get on sb's nerves (with sth); **genervt sein** (≈ nervös sein) to be worked up (≈ gereizt sein) to be irritated B V/I **das nervt** it gets on

your nerves; **du nervst!** umg you're bugging me! umg **Nervenarzt** M, **Nervenärztin** F neurologist **nervenaufreibend** ADJ nerve-racking **Nervenbelastung** F strain on the nerves **Nervenbündel** fig umg N bag of nerves umg **Nervengas** N MIL nerve gas **Nervengift** N neurotoxin **Nervenheilanstalt** F psychiatric hospital **Nervenheilkunde** F neurology **Nervenkitzel** fig M thrill **Nervenklinik** F psychiatric clinic **nervenkrank** ADJ geistig mentally ill; körperlich suffering from a nervous disease **Nervenkrankheit** F geistig mental illness; körperlich nervous disease **Nervenkrieg** fig M war of nerves **Nervenprobe** F trial **Nervensache** umg F question of nerves **Nervensäge** umg F pain (in the neck) umg **Nervenstark** ADJ Mensch with strong nerves; **er ist ~** he has strong nerves **Nervenstärke** F strong nerves pl **Nervensystem** N nervous system **Nervenzentrum** a. fig N nerve centre Br, nerve center US **Nervenzusammenbruch** M nervous breakdown **nervig** ADJ umg (≈ irritierend) irritating **nervlich** ADJ Belastung nervous; **~ bedingt** nervous **nervös** ADJ nervous; **j-n ~ machen** to make sb nervous; (≈ ärgern) to get on sb's nerves **Nervosität** F nervousness **nervtötend** umg ADJ nerve-racking; Arbeit soul-destroying

Nerz M mink **Nerzmantel** M mink coat

Nessel F BOT nettle; **sich in die ~n setzen** umg to put oneself in a spot umg **Nessessär** N → Necessaire

Nest N **1** nest; **da hat er sich ins gemachte ~ gesetzt** umg he's got it made umg **2** fig umg (≈ Bett) bed **3** pej umg (≈ Ort) schäbig dump umg; klein little place **Nestbeschmutzer(in)** pej MIF denigrator of one's family/country **Nesthäkchen** N baby of the family **Nestwärme** fig F happy home life

Netbook N COMPUT netbook **Netiquette** F INTERNET netiquette

nett A ADJ nice; **sei so ~ und räum auf!** would you mind clearing up?; **~, dass Sie gekommen sind!** nice of you to come B ADV nicely, nice; **wir haben uns ~ unterhalten** we had a nice chat; **~ aussehen** to be nice-looking **netter-**

weise ADV kindly **Nettigkeit** F 1 (≈ *nette Art*) kindness 2 ~**en** pl (≈ *nette Worte*) kind words, nice things

netto ADV HANDEL net **Nettoeinkommen** N net income **Nettogehalt** N net salary **Nettogewicht** N net weight **Nettolohn** M take-home pay **Nettopreis** M net price **Nettoverdienst** M net income sg **Nettozahler** M Land net contributor

networken VII to network **Networking** N networking

Netz N 1 net; (≈ *Spinnennetz*) web; (≈ *Gepäcknetz*) (luggage) rack Br, (baggage) rack US; **ins ~ gehen** FUSSB to go into the (back of the) net; **j-m ins ~ gehen** fig to fall into sb's trap 2 (≈ *System*) network; (≈ *Stromnetz*) mains sg od pl; (≈ *Überlandnetz*) (national) grid; IT network; (≈ *Mobilfunknetz*) network; **ich habe kein ~** mit Handy I can't get a signal; **das soziale ~** the social security net; **ans ~ gehen** Kraftwerk to be connected to the grid 3 (≈ *Internet*) **das ~** the Net, the web **Netzanschluss** M ELEK mains connection **Netzball** M Tennis etc net ball **Netzbetreiber** M TEL network operator **Netzhaut** F retina **Netzhautentzündung** F retinitis **Netzhemd** N string vest Br, mesh undershirt US **Netzkarte** F für Verkehrsmittel runaround ticket Br, (unlimited) pass US **Netzroller** F Tennis, Volleyball etc net cord **Netzspannung** F mains voltage **Netzstecker** M mains plug **Netzstrümpfe** PL fishnet stockings pl **Netzteil** N mains adaptor **Netzwerk** N network; **soziales ~** im Internet social networking site **netzwerken** VII to network **Netzwerker(in)** gesellschaftlich networker; IT network user **Netzwerkkarte** F COMPUT network card **Netzzugang** N IT, TEL network access

neu A ADJ new; (≈ *frisch gewaschen*) clean; **die neu(e)ste Mode** the latest fashion; **die neuesten Nachrichten** the latest news; **die neueren Sprachen** modern languages; **ein ganz neuer Wagen** a brand-new car; **das ist mir neu!** that's new(s) to me; **seit Neu(e)stem** recently; **aufs Neue** geh afresh, anew; **der/die Neue** the newcomer; **weißt du schon das Neu(e)ste?** have you heard the latest (news)?; **was gibts Neues?** umg what's new?; **von Neuem** (≈ *von*

vorn*) afresh; (≈ *wieder*) again B ADV **neu anfangen** to start all over (again); **sich/j-n neu einkleiden** to buy oneself/sb a new set of clothes; **neu geschaffen** newly created; **Mitarbeiter neu einstellen** to hire new employees; **neu bearbeiten** to revise; **ein Zimmer neu einrichten** to refurnish a room; **neu ordnen** to reorganize; **die Rollen neu besetzen** to recast the roles; **neu gewählt** newly elected; **neu eröffnet** newly-opened; **neu vermählt** newly married **Neuanfang** M new beginning **Neuankömmling** M newcomer **neuartig** ADJ new; **ein ~es Wörterbuch** a new type of dictionary **Neuauflage** F reprint; mit Verbesserungen new edition; mit Verbesserungen new edition **Neubau** M new house/building **Neubaugebiet** N development area **Neubausiedlung** F new housing estate **Neubauwohnung** F newly-built apartment **Neubearbeitung** F revised edition; (≈ *das Neubearbeiten*) revision **Neubeginn** M new beginning(s) (pl)

Neuenburg N Neuchâtel **Neuentdeckung** F rediscovery **Neuentwicklung** F new development **neuerdings** ADV recently **Neuerscheinung** F Buch new od recent publication; CD new release **Neuerung** F innovation; (≈ *Reform*) reform **neuestens** ADV lately **Neufundland** N Newfoundland **neugeboren** ADJ newborn; **sich wie ~ fühlen** to feel (like) a new man/woman **Neugeborene(s)** N newborn child **neugeschaffen** ADJ → neu **Neugier(de)** F curiosity (**auf** +akk about) **neugierig** ADJ curious (**auf** +akk about); pej nosy umg; (≈ *gespannt*) curious to know; Blick inquisitive; **j-n ~ machen** to excite od arouse sb's curiosity; **ich bin ~, ob** I wonder if **Neugierige** PL inquisitive people pl; (≈ *Gaffer bei Unfall*) rubberneckers pl **neugriechisch** ADJ Modern Greek **Neuguinea** N New Guinea **Neuheit** F 1 (≈ *das Neusein*) novelty 2 (≈ *neue Sache*) innovation, new thing/idea **Neuigkeit** F 1 (piece of) news; **gibt es irgendwelche ~en?** is there any news?; **ich habe eine ~ für dich** I have some news for you 2 (≈ *das Neusein*) novelty **Neujahr** N New Year **Neujahrstag** M New Year's

Day **Neukunde** M̄, **Neukundin** F̱ new customer **Neuland** fig N̄ new ground; ~ **betreten** to break new ground **neulich** ADV the other day, recently; ~ **abends** the other evening **Neuling** M̄ newcomer **neumodisch** pej ADJ new-fangled pej; **sich ~ ausdrücken** to use new-fangled words **Neumond** M̄ new moon

neun NUM nine; **alle ~(e)!** beim Kegeln strike!; → **vier Neun** F̱ nine **neunhundert** NUM nine hundred **neunmal** ADV nine times **Neuntel** N̄ ninth; → Viertel[1] **neuntens** ADV ninth(ly), in the ninth place **neunte(r, s)** ADJ ninth; → vierter, s **neunzehn** NUM nineteen **neunzehnte(r, s)** ADJ nineteenth; → vierter, s **neunzig** NUM ninety; → vierzig **Neunziger(in)** M̱|F̱ Mensch ninety-year-old

Neuordnung F̱ reorganization; (≈ Reform) reform **Neuphilologie** F̱ modern languages sg od pl

Neuralgie F̱ neuralgia **neuralgisch** ADJ neuralgic; **ein ~er Punkt** a trouble area

Neuregelung F̱ revision **neureich** ADJ nouveau riche **Neureiche(r)** M̱|F(M) nouveau riche

Neurochirurgie F̱ neurosurgery **Neurodermitis** F̱ neurodermatitis **Neurologe** M̱, **Neurologin** F̱ neurologist **Neurologie** F̱ neurology **neurologisch** ADJ neurological **Neurose** F̱ neurosis **Neurotiker(in)** M̱|F(M) neurotic **neurotisch** ADJ neurotic

Neuschnee M̄ fresh snow **Neuseeland** N̄ New Zealand **Neuseeländer(in)** M̱|F(M) New Zealander **neuseeländisch** ADJ New Zealand **neusprachlich** ADJ modern language attr; **~es Gymnasium** ≈ grammar school Br, ≈ high school bes US, schott (stressing modern languages) **Neustart** M̄ IT restart, reboot

neutral ADJ neutral **neutralisieren** V̱T to neutralize **Neutralität** F̱ neutrality

Neutron N̄ neutron **Neutronenbombe** F̱ neutron bomb

Neutrum N̄ GRAM, a. fig neuter **neuvermählt** ADJ newly married **Neuwagen** M̄ new car **Neuwahl** F̱ POL new election; **es gab vorgezogene ~en** the elections were brought forward

Neuwert M̄ value when new **neuwertig** ADJ as new **Neuzeit** F̱ modern era, modern times pl **neuzeitlich** ADJ modern

Nicaragua N̄ Nicaragua

nicht ADV not; **auch ~** not … either; ~ **leitend** non-conducting; ~ **rostend** rustproof; Stahl stainless; ~ **amtlich** unofficial; ~ **öffentlich** not open to the public, private; **er raucht ~** augenblicklich he isn't smoking; gewöhnlich he doesn't smoke; ~ **(ein)mal** not even; ~ **mehr** not any more Br, not anymore US; **noch ~** not … yet; ~ **berühren!** do not touch; ~ **rauchen!** no smoking; ~**!** don't!, no!; ~ **doch!** stop it!, don't!; **bitte ~!** please don't; **er kommt, ~ wahr?** he's coming, isn't he od is he not bes Br, ?; **er kommt ~, ~ wahr?** he isn't coming, is he?; **was ich ~ alles durchmachen muss!** the things I have to go through! **nichtamtlich** ADJ → nicht **Nichtangriffspakt** M̄ non-aggression pact **Nichtbeachtung** F̱ non--observance

Nichte F̱ niece

Nichteinhaltung F̱ non-compliance (+gen with) **Nichteinmischung** F̱ POL non-intervention **Nichtgefallen** N̄ **bei ~ (zurück)** if not satisfied (return) **nichtig** ADJ **1** JUR (≈ ungültig) invalid; **etw für ~ erklären** to declare sth invalid **2** (≈ unbedeutend) trifling; Versuch vain; Drohung empty **Nichtigkeit** F̱ JUR (≈ Ungültigkeit) invalidity **Nichtmitglied** N̄ non-member **nichtöffentlich** ADJ → nicht **Nichtraucher(in)** M̱|F(M) non-smoker; **ich bin ~** I don't smoke **Nichtraucherabteil** N̄ non-smoking compartment, non-smoker **Nichtrauchergesetz** N̄ Gesetz anti--smoking law; Gesetzgebung anti-smoking legislation **Nichtraucherschutz** M̄ protection against the dangers of passive smoking; **ein Gesetz zum ~** a law to protect against the dangers of passive smoking **Nichtraucherzone** F̱ no-smoking area **Nichtregierungsorganisation** F̱ non-governmental organisation **nichts** INDEF PR nothing; **ich weiß ~** I know nothing, I don't know anything; ~ **als** nothing but; ~ **anderes als** not … anything but od except; ~ **ahnend** unsuspecting; ~ **sagend** meaningless; ~ **zu danken!** don't mention it, you're welcome; **das ist ~ für mich** that's not my thing _umg_; **~ zu machen** nothing doing _umg_; **ich weiß ~ Genaues** I don't know any details; **er ist zu ~ zu gebrauchen** he's useless **Nichts** N̄ _Philosophie_ nothingness; (≈ _Leere_) emptiness; (≈ _Kleinigkeit_) trifle; **vor dem ~ stehen to be left with nothing nichtsahnend** ADJ → **nichts Nichtschwimmer(in)** M̄F̄ non-swimmer **Nichtschwimmerbecken** N̄ pool for non-swimmers **nichtsdestotrotz** ADV nonetheless **nichtsdestoweniger** ADV nevertheless **Nichtsesshafte(r)** _form_ M̄F̄/M̄ person of no fixed abode _form_ **Nichtskönner(in)** M̄F̄ washout _umg_ **Nichtsnutz** M̄ good-for-nothing **nichtsnutzig** ADJ useless; (≈ _unartig_) good-for-nothing **nichtssagend** ADJ meaningless **nichtstaatlich** ADJ non-governmental **Nichtstuer(in)** M̄F̄ idler, loafer **Nichtstun** N̄ idleness; (≈ _Muße_) leisure **Nichtverbreitung** F̄ _von Kernwaffen etc_ non-proliferation **Nichtvorhandensein** N̄ absence **Nichtwissen** N̄ ignorance **(um etw)** absence **Nichtzutreffende(s)** N̄ **~s (bitte) streichen!** (please) delete as applicable

Nickel N̄ nickel **Nickelbrille** F̄ metal-rimmed glasses _pl_

nicken V̄/ī to nod; **mit dem Kopf ~** to nod one's head **Nickerchen** _umg_ N̄ snooze _umg_

Nickituch N̄ bandana (_worn round the neck_)

Nidel M̄F̄ _schweiz_ (≈ _Sahne_) cream

Nidwalden N̄ Nidwalden

nie ADV never; **nie und nimmer** never ever; **nie wieder** never again

nieder A ADJ 1 _Instinkt, Motiv_ low, base; _Arbeit_ menial; _Kulturstufe_ primitive 2 (≈ _weniger bedeutend_) lower; _Geburt, Herkunft_ lowly B ADV down; **auf und ~** up and down; **~ mit dem Kaiser!** down with the Kaiser! **niederbrennen** V̄/̄ī & V̄/ī to burn down **niederbrüllen** V̄/̄ī _Redner_ to shout down **niederdeutsch** ADJ 1 GEOG North German 2 LING Low German **Niedergang** M̄ _fig_ (≈ _Verfall_) decline, fall **niedergehen** V̄/ī to descend; _Bomben, Regen_ to fall; _Gewitter_ to break **niedergeschlagen** ADJ dejected; → **niederschlagen niederknien** V̄/ī to kneel down **Niederlage** F̄

defeat **Niederlande** PL̄ die ~ the Netherlands _sg od pl_ **Niederländer** M̄ Dutchman, Dutch boy; **die ~** the Dutch **Niederländerin** F̄ Dutchwoman, Dutch girl **niederländisch** ADJ Dutch, Netherlands **niederlassen** V̄/̄R̄ 1 (≈ _sich setzen_) to sit down; (≈ _sich niederlegen_) to lie down; _Vögel_ to land 2 (≈ _Wohnsitz nehmen_) to settle (down); **sich als Arzt/Rechtsanwalt ~** to set up (a practice) as a doctor/lawyer **Niederlassung** F̄ 1 (≈ _das Niederlassen_) settling, settlement; _eines Arztes etc_ establishment 2 (≈ _Siedlung_) settlement 3 HANDEL registered office; (≈ _Zweigstelle_) branch **niederlegen** A V̄/̄ī 1 (≈ _hinlegen_) to lay _od_ put down; _Blumen_ to lay; _Waffen_ to lay down 2 (≈ _aufgeben_) _Amt_ to resign (from); **die Arbeit ~** (≈ _streiken_) to down tools 3 (≈ _schriftlich festlegen_) to write down B V̄/̄R̄ to lie down **Niederlegung** F̄ 1 _von Waffen_ laying down 2 _von Amt_ resignation (from) **niedermachen** V̄/̄ī 1 (≈ _töten_) to massacre 2 _fig_ (≈ _heftig kritisieren_) to run down **Niederösterreich** N̄ Lower Austria **niederreißen** V̄/̄ī to pull down; _fig Schranken_ to tear down **Niederrhein** M̄ Lower Rhine **niederrheinisch** ADJ lower Rhine **Niedersachsen** N̄ Lower Saxony **niedersächsisch** ADJ of Lower Saxony **Niederschlag** M̄ METEO precipitation _form_; CHEM (≈ _Bodensatz_) sediment, dregs _pl_; **radioaktiver ~** (radioactive) fallout; **für morgen sind heftige Niederschläge gemeldet** tomorrow there will be heavy rain/hail/snow **niederschlagen** A V̄/̄ī _j-n_ to knock down; _Aufstand_ to suppress; _Augen, Blick_ to lower; → **niedergeschlagen** B V̄/̄R̄ _Flüssigkeit_ to condense; CHEM to precipitate; **sich in etw** (_dat_) **~ _Erfahrungen etc_** to find expression in sth **niederschlagsarm** ADJ _Wetter_ not very rainy/snowy; **eine ~e Region** a region with low levels of precipitation **niederschlagsreich** ADJ _Wetter_ very rainy/snowy; **eine ~e Region** a region with high levels of precipitation **niederschmetternd** ADJ shattering **niederschreiben** V̄/̄ī to write down **Niederschrift** F̄ notes _pl_; (≈ _Protokoll_) minutes _pl_; JUR record **Niederspannung** F̄ ELEK low voltage **niederstechen** V̄/̄ī

N

to stab **Niedertracht** F despicableness; *als Rache* malice; (*≈ niederträchtige Tat*) despicable act **niederträchtig** ADJ despicable; (*≈ rachsüchtig*) malicious **Niederträchtigkeit** F → Niedertracht **niederwerfen** A V/T to throw down; *Aufstand* to suppress B V/R to throw oneself down

niedlich ADJ cute

niedrig A ADJ low; *Herkunft, Geburt* low(ly) B ADV low; **etw ~er berechnen** to charge less for sth; **etw ~ einstufen** to give sth a low classification; **j-n ~ einschätzen** to have a low opinion of sb **Niedrigenergiehaus** N low-energy house **Niedriglohn** M low-wage *pl* **Niedriglohnland** N low-wage country **Niedriglohnsektor** M low-wage sector **Niedrigwasser** N SCHIFF low tide

niemals ADV never

niemand INDEF PR nobody, no one, not anybody; **~ anders kam** nobody else came; **herein kam ~ anders als der Kanzler selbst** in came none other than the Chancellor himself; **er hat es ~(em) gesagt** he hasn't told anyone, he has told no-one **Niemand** M **er ist ein ~** he's a nobody **Niemandsland** N no--man's-land

Niere F kidney; **künstliche ~** kidney machine; **es geht mir an die ~n** *umg* it gets me down *umg* **Nierenbecken** N pelvis of the kidney **Nierenentzündung** F nephritis *fachspr* **nierenförmig** ADJ kidney-shaped **nierenkrank** ADJ **sie ist ~** she's got kidney trouble, she's got kidney disease **Nierenkrankheit** F, **Nierenleiden** N kidney disease **Nierenschale** F kidney dish **Nierenschützer** M kidney belt **Nierenspender(in)** M(F) kidney donor **Nierenstein** M kidney stone **Nierentransplantation** F kidney transplant

Niesanfall M sneezing fit **nieseln** V/I to drizzle **Nieselregen** M drizzle

niesen V/I to sneeze **Niespulver** N sneezing powder

Niet M, **Niete** F rivet; *auf Kleidung* stud

Niete F (*≈ Los*) blank; *umg* (*≈ Mensch*) loser *umg*, dead loss *umg*

nieten V/T to rivet **Nietenhose** F (pair of) studded jeans *pl* **niet- und nagelfest** *umg* ADJ nailed *od* screwed down

nigelnagelneu *umg* ADJ brand spanking new *umg*

Niger N GEOG Niger

Nigeria N Nigeria **nigerianisch** ADJ Nigerian

Nihilismus M nihilism **Nihilist(in)** M(F) nihilist **nihilistisch** ADJ nihilistic

Nikab M *Schleier muslimischer Frauen* niqab

Nikolaus M St Nicholas; (*≈ Nikolaustag*) St Nicholas' Day

Nikotin N nicotine **nikotinarm** ADJ low-nicotine **nikotinfrei** ADJ nicotine-free **Nikotinpflaster** N nicotine patch

Nil M Nile **Nilpferd** N hippopotamus

Nimbus M (*≈ Heiligenschein*) halo; *fig* aura

Nimmersatt M glutton; **ein ~ sein** to be insatiable **Nimmerwiedersehen** *umg* N **auf ~!** I never want to see you again; **auf ~ verschwinden** to disappear never to be seen again

Nippel M **1** TECH nipple **2** *umg* (*≈ Brustwarze*) nipple

nippen V/T & V/I **am** *od* **vom Wein ~** to sip (at) the wine

Nippes PL ornaments *pl*, knick-knacks *pl*

nirgends, **nirgendwo** ADV nowhere, not ... anywhere **nirgendwohin** ADV nowhere, not ... anywhere

Nische F niche; (*≈ Kochnische etc*) recess

nisten V/I to nest **Nistkasten** M nest (-ing) box **Nistplatz** M nesting place

Nitrat N nitrate **Nitroglyzerin** N nitroglycerine

Niveau N level; **diese Schule hat ein hohes ~** this school has high standards; **unter ~** below par; **unter meinem ~** beneath me; **~/kein ~ haben** to be of a high/low standard; *Mensch* to be cultured/not at all cultured; **ein Hotel mit ~** a hotel with class; **auf hohem ~ jammern/klagen** to moan when one has nothing to moan about **niveaulos** ADJ *Film etc* mediocre; *Unterhaltung* mindless

Nixe F water nymph

nobel A ADJ (*≈ edelmütig*) noble; *umg* (*≈ großzügig*) lavish; (*≈ elegant*) posh *umg* B ADV (*≈ edelmütig*) nobly; (*≈ großzügig*) generously; **~ wohnen** to live in posh surroundings **Nobelherberge** *umg*

N

Ⓕ posh hotel *umg*

Nobelpreis Ⓜ Nobel prize; **der ~ für ...** the Nobel prize for ... **Nobelpreisträger(in)** Ⓜ︎Ⓕ︎ Nobel laureate, Nobel prize winner

Nobelviertel *umg, mst iron* Ⓝ posh area *umg*, upmarket area *US*

noch Ⓐ ADV **1** still; **~ nicht** not yet; **~ einmal nicht** not even; **~ nie** never; **ich möchte gerne ~ bleiben** I'd like to stay on longer; **das kann ~ passieren** that might still happen; **er wird ~ kommen** he'll come (yet); **ich habe ihn vor zwei Tagen gesehen** I saw him only two days ago; **er ist ~ am selben Tag gestorben** he died the very same day; **ich tue das ~ heute** *od* **heute** I'll do it today; **gerade ~** (only) just **2** (*≈ außerdem, zusätzlich*) **wer war ~ da?** who else was there?; **(gibt es) ~ etwas?** (is there) anything else?; **~ etwas Fleisch** some more meat; **~ ein Bier** another beer; **~ einmal** *od* **mal** (once) again, once more **3** *bei Vergleichen* even, still; **das ist ~ viel wichtiger als ...** that is far more important still than ...; **und wenn du auch ~ so bittest ...** however much you ask ... Ⓑ KONJ **weder ... noch ...** nor **nochmalig** ADJ renewed **nochmals** ADV again

Nockenwelle Ⓕ camshaft

Nockerl Ⓝ *österr* GASTR dumpling; **Salzburger ~n** *type of sweet whipped pudding eaten hot*

No-Go Ⓝ *unmöglich sein* **ein ~ sein** to be a no-go

nölen Ⓥ︎Ⓘ to whine

Nomade Ⓜ, **Nomadin** Ⓕ nomad **Nomadenvolk** Ⓝ nomadic tribe *od* people **nomadisch** ADJ nomadic

Nominaleinkommen Ⓝ nominal income **Nominallohn** Ⓜ nominal wages *pl* **Nominalwert** Ⓜ nominal *od* face value

Nominativ Ⓜ nominative **nominell** ADJ & ADV in name only **nominieren** Ⓥ︎Ⓣ to nominate **Nominierung** Ⓕ nomination

No-Name-Produkt Ⓝ WIRTSCH own-label product, house-brand product *US*

Nonne Ⓕ nun **Nonnenkloster** Ⓝ convent

Nonsens Ⓜ nonsense

nonstop ADV non-stop **Nonstop-Flug** Ⓜ, **Nonstopflug** Ⓜ non-stop

flight

Noppe Ⓕ (*≈ Gumminoppe*) nipple, knob **Nordafrika** Ⓝ North Africa **Nordamerika** Ⓝ North America **Nordatlantik** Ⓜ North Atlantic **Nordatlantikpakt** Ⓜ North Atlantic Treaty **norddeutsch** ADJ North German **Norddeutschland** Ⓝ North(ern) Germany **Norden** Ⓜ north; *von Land* North; **aus dem ~** from the north; **im ~ des Landes** in the north of the country **Nordeuropa** Ⓝ Northern Europe **Nordfriesische Inseln** ⓅⓁ die **Nordfriesischen Inseln** the North Frisians *pl* **Nordic Walking** Ⓝ Nordic Walking **nordirisch** ADJ Northern Irish **Nordirland** Ⓝ Northern Ireland **nordisch** ADJ *Wälder* northern; *Völker, Sprache* Nordic; SKI nordic; **~e Kombination** SKI nordic combined **Nordkap** Ⓝ North Cape **Nordkorea** Ⓝ North Korea **nördlich** Ⓐ ADJ northern; *Wind, Richtung* northerly Ⓑ ADV to the north; **von Köln (gelegen)** north of Cologne Ⓒ PRÄP (to the) north of **Nordlicht** Ⓝ northern lights *pl*, aurora borealis; *fig hum* (*≈ Mensch*) Northerner **Nordosten** Ⓜ north-east; *von Land* North East **nordöstlich** Ⓐ ADJ *Gegend* northeastern; *Wind* northeast(erly) Ⓑ ADV (to the) north-east **Nord-Ostsee-Kanal** Ⓜ Kiel Canal **Nordpol** Ⓜ North Pole **Nordpolarmeer** Ⓝ Arctic Ocean **Nordrhein-Westfalen** Ⓝ North Rhine-Westphalia **Nordsee** Ⓕ North Sea **Nordstaaten** ⓅⓁ *der USA* Northern States *pl* **Nord-Süd-Gefälle** Ⓕ north-south divide **Nordwand** Ⓕ *von Berg* north face **nordwärts** ADV north(wards) **Nordwesten** Ⓜ north-west; *von Land* North West **nordwestlich** Ⓐ ADJ *Gegend* north-western; *Wind* north-west(erly) Ⓑ ADV (to the) north-west **Nordwind** Ⓜ north wind

Nörgelei Ⓕ moaning; (*≈ Krittelei*) nit-picking *umg* **nörgeln** Ⓥ︎Ⓘ to moan, to grumble; (*≈ kritteln*) to niggle (**an** +*dat od* **über** +*akk* about) **Nörgler(in)** Ⓜ︎Ⓕ︎ grumbler, moaner; (*≈ Krittler*) niggler, nit-picker *umg*

Norm Ⓕ norm; **die ~ sein** to be (considered) normal **normal** Ⓐ ADJ normal; *Format, Maß* standard; **bist du noch ~?** *umg* have you gone mad? Ⓑ ADV normally; **er ist ~ groß** his height is nor-

N

mal; **benimm dich ganz ~** act naturally **Normalbenzin** N̲ regular petrol *Br od* gas *US* **Normalbürger(in)** M̲F̲ average citizen **normalerweise** A̲D̲V̲ normally, usually **Normalfall** M̲ im **~** normally, usually **Normalgewicht** N̲ normal weight; *genormt* standard weight **normalisieren** A̲ V̲/T̲ to normalize **B** V̲R̲ to get back to normal **Normalisierung** F̲ normalization **Normalität** F̲ normality **Normalo** M̲ *umg* Mr. Average; *weiblich* Mrs. *od* Miss Average **Normalverbraucher(in)** M̲F̲ average consumer; **Otto ~** *umg* the man in the street **Normalzustand** M̲ normal state **normen** V̲/T̲ to standardize **Normung** F̲ standardization

Norovirus M̲N̲ MED norovirus **Norwegen** N̲ Norway **Norweger(in)** M̲F̲ Norwegian **norwegisch** A̲D̲J̲ Norwegian

Nostalgie F̲ nostalgia **nostalgisch** A̲D̲J̲ nostalgic

Not F̲ **1** (≈*Elend*) need(iness), poverty; **aus Not** out of poverty; **Not leiden** to suffer deprivation; **Not leidend** needy; *Bevölkerung, Land* impoverished; *Wirtschaft* ailing; **Not macht erfinderisch** *sprichw* necessity is the mother of invention *sprichw* **2** (≈*Bedrängnis*) distress *kein pl*, affliction; (≈*Problem*) problem; **in seiner Not** in his hour of need; **in Not sein** to be in distress; **wenn Not am Mann ist** in an emergency; **in höchster Not sein** to be in dire straits **3** (≈*Sorge, Mühe*) difficulty; **er hat seine liebe Not mit ihr** he really has problems with her **4** (≈*Notwendigkeit*) necessity; **ohne Not** without good cause; **zur Not** if necessary; (≈*gerade noch*) just about; **aus der Not eine Tugend machen** to make a virtue (out) of necessity

Notar(in) M̲F̲ notary public **Notariat** N̲ notary's office **notariell** A̲ A̲D̲J̲ JUR notarial **B** A̲D̲V̲ JUR **~ beglaubigt** legally certified

Notarzt M̲, **Notärztin** F̲ emergency doctor **Notarztwagen** M̲ emergency doctor's car **Notaufnahme** F̲ casualty (unit) *Br*, emergency room *US* **Notausgang** M̲ emergency exit **Nothilfe** M̲ stopgap (measure) **Notbremse** F̲ emergency brake; **die ~ ziehen** *wörtl* to pull the emergency brake; *fig*

to put the brakes on **Notbremsung** F̲ emergency stop **Notdienst** M̲ **~ haben** *Apotheke* to be open 24 hours; *Arzt etc* to be on call **notdürftig** A̲ A̲D̲J̲ (≈*behelfsmäßig*) makeshift *kein adj; Kleidung* scanty **B** A̲D̲V̲ *bekleidet* scantily; *repariert* in a makeshift way; *versorgen* poorly

Note F̲ **1** MUS, POL note **2** SCHULE mark, grade *US*; SPORT mark **3** (≈*Banknote*) (bank)note, bill *US* **4** (≈*Eignetart*) note; *in Bezug auf Atmosphäre* tone, character; *in Bezug auf Einrichtung, Kleidung* touch

Notebook M̲N̲ notebook (computer) **Notenbank** F̲ issuing bank **Notenblatt** N̲ sheet of music **Notendurchschnitt** M̲ SCHULE average mark *od* grade *bes US* **Notenständer** M̲ music stand

Notepad N̲ COMPUT notepad

Notfall M̲ emergency; **im ~** if necessary; **bei einem ~** in case of emergency **notfalls** A̲D̲V̲ if necessary **notgedrungen** A̲D̲V̲ of necessity; **ich muss mich ~ dazu bereit erklären** I'm forced to agree **Notgroschen** M̲ nest egg

notieren A̲ V̲/T̲ & V̲/I̲ (≈*Notizen machen*) to note down; **ich notiere (mir) den Namen** I'll make a note of the name **2** BÖRSE (≈*festlegen*) to quote (**mit at**) **B** V̲/I̲ BÖRSE (≈*wert sein*) to be quoted (**auf** +*akk* at) **Notierung** F̲ BÖRSE quotation

nötig A̲ A̲D̲J̲ necessary; **wenn ~** if necessary; **etw ~ haben** to need sth; **er hat das natürlich nicht ~** *iron* but, of course, he's different; **das habe ich nicht ~!** I don't need that; **das Nötigste** the (bare) necessities **B** A̲D̲V̲ (≈*dringend*) **etwas ~ brauchen** to need something urgently **nötigen** V̲/T̲ (≈*zwingen*) to force, to compel; *jur* to coerce; (≈*auffordern*) to urge; **sich ~ lassen** to need prompting **Nötigung** F̲ (≈*Zwang*) compulsion; JUR coercion; AUTO *zu dicht auffahren* tailgating; **sexuelle ~** sexual assault

Notiz F̲ **1** (≈*Vermerk*) note; (≈*Zeitungsnotiz*) item; **sich** (*dat*) **~en machen** to make *od* take notes **2** **~ nehmen von** to take notice of; **keine ~ nehmen von** to ignore **Notizblock** M̲ notepad, memo pad *bes US* **Notizbuch** N̲ notebook

Notlage F̲ crisis; (≈ *Elend*) plight **notlanden** V̲ī̲ to make an emergency landing **Notlandung** F̲ emergency landing **notleidend** A̲D̲J̲ 1 → Not 2 *Kredit* unsecured; *Wechsel, Wertpapier* dishonoured *Br*, dishonored *US* **Notlösung** F̲ compromise solution; *provisorisch* temporary solution **Notlüge** F̲ white lie **Notoperation** F̲ emergency operation

notorisch A̲D̲J̲ 1 (≈ *gewohnheitsmäßig*) habitual 2 (≈ *allbekannt*) notorious

Notruf M̲ TEL *Nummer* emergency number **Notrufnummer** F̲ emergency number **Notrufsäule** F̲ emergency telephone **Notrutsche** F̲ FLUG escape chute **notschlachten** V̲ī̲ to put down **Notsitz** M̲ foldaway *od* tip-up seat **Notstand** M̲ crisis; POL state of emergency; JUR emergency; **den ~ ausrufen** to declare a state of emergency **Notstandsgebiet** N̲ *wirtschaftlich* deprived area; *bei Katastrophen* disaster area **Notstandsgesetze** P̲L̲ POL emergency laws *pl* **Notstromaggregat** N̲ emergency power generator **Notunterkunft** F̲ emergency accommodation *od* shelter **Notwehr** F̲ self-defence *Br*, self-defense *US*; **in** *od* **aus ~** in self-defence *Br*, in self-defense *US* **notwendig** A̲D̲J̲ necessary; **ich habe alles Notwendige erledigt** I've done everything (that's) necessary **notwendigerweise** A̲D̲V̲ of necessity, necessarily **Notwendigkeit** F̲ necessity

▶ **Notrufnummer**

Die Notrufnummer in Großbritannien lässt sich leicht merken: **999** (nine, nine, nine). Wer sie wählt, wird mit der gewünschten Notdienststelle verbunden: **police** (Polizei), **ambulance** (Krankenwagen/Notarzt) oder **fire brigade** (Feuerwehr). Die entsprechende einheitliche Notrufnummer in den USA ist **911** (nine, one, one).　◀

Nougat M̲/N̲ nougat
Novelle F̲ 1 novella 2 POL amendment
November M̲ November; → März
Novize M̲, **Novizin** F̲ novice
Novum N̲ novelty
NPD F̲ ABK (≈ Nationaldemokratische

Partei Deutschlands) National Democratic Party of Germany
Nr. ABK (= *Nummer*) No., no.
NRW ABK (≈ *Nordrhein-Westfalen*) North Rhine-Westphalia
NS-Verbrechen N̲ Nazi crime
Nu M̲ **im Nu** in no time
Nuance F̲ (≈ *kleiner Unterschied*) nuance; (≈ *Kleinigkeit*) shade; **um eine ~ zu laut** a shade too loud
Nubuk N̲, **Nubukleder** N̲ nubuk
nüchtern A̲ A̲D̲J̲ 1 *ohne Essen* **mit ~em/auf ~en Magen** with/on an empty stomach 2 (≈ *nicht betrunken*) sober; **wieder ~ werden** to sober up 3 (≈ *sachlich, vernünftig*) down-to-earth *kein adv*, rational; *Tatsachen* bare, plain B̲ A̲D̲V̲ (≈ *sachlich*) unemotionally
nuckeln V̲ī̲ to suck (**an** +*dat* at); **er nuckelt immer am Daumen** he's always sucking his thumb
Nudel F̲ 1 *als Beilage* pasta *kein pl*; *als Suppeneinlage* noodle; **~n** pasta 2 *umg* (≈ *dicker Mensch*) dumpling *umg*; *komisch character* **Nudelsalat** M̲ pasta salad **Nudelsuppe** F̲ noodle soup
Nudist(in) M̲/F̲ nudist
Nugat M̲/N̲ nougat
nuklear A̲D̲J̲ nuclear
null N̲U̲M̲ zero; *umg* (≈ *kein*) zero *umg*; TEL O *Br*, zero; SPORT nil, zero *US*; *Tennis* love; **~ Komma eins** (nought) point one *Br*, zero point one *US*; **es steht ~ zu ~** there's no score; **das Spiel wurde ~ zu ~ beendet** the game was a goalless draw *Br*, the game was a no-score draw; **eins zu ~** one-nil; **~ und nichtig** JUR null and void; **Temperaturen unter ~** sub-zero temperatures; **in ~ Komma nichts** *umg* in less than no time **Null** F̲ 1 *Zahl* nought, naught *US*, zero 2 *umg* (≈ *Mensch*) loser *umg*, dead loss *umg* **nullachtfünfzehn** *umg* A̲D̲J̲ run-of-the-mill *umg* **Nullchecker(in)** M̲/F̲ *sl* dumbo *umg*, dumbass *US sl* **Nulldiät** F̲ starvation diet **Nullerjahr** *umg* N̲ *jedes Jahr des ersten Jahrzehnts eines Jahrtausends*, 00-09 noughtie *Br umg*, aught *US* **Nulllösung** F̲ POL zero option **Nullnummer** F̲ 1 *von Zeitung etc* pilot 2 *umg fig* Fehlschlag, sinnlose Aktion washout, waste of time; *Person* waste of space **Nullpunkt** M̲ zero; **auf den ~ sinken, den ~ erreichen** to hit rock-bottom **Nullrunde** F̲ **in diesem Jahr**

N

gab es eine ~ für Beamte there has been no pay increase this year for civil servants **Nullsummenspiel** N̅ zero-sum game **Nulltarif** M̅ *für Verkehrsmittel* free travel; (≈ *freier Eintritt*) free admission; **zum ~** *hum* free of charge **Nullwachstum** N̅ POL zero growth

▶ **Null**

„Null" wird im Englischen so ausgedrückt:

beim Rechnen:	**zero**, *Br auch* **nought** [nɔːt]
beim Sport:	*Br* **nil**, *US* **zero**; *Tennis:* **love**
in Telefonnummern:	*Br* **O** [əʊ], *US* **zero** ◀

numerisch A̅D̅J̅ numeric(al) **Nummer** F̅ number; (≈ *Größe*) size; *umg* (≈ *Mensch*) character; *umg* (≈ *Koitus*) screw *sl*; **er hat** *od* **schiebt eine ruhige ~** *umg* he's onto a cushy number *umg*; **auf ~ sicher gehen** *umg* to play (it) safe; **dieses Geschäft ist eine ~ zu groß für ihn** this business is out of his league **nummerieren** V̅/T̅ to number **Nummerierung** F̅ numbering **Nummernblock** M̅ *auf Tastatur* numeric keypad **Nummerngirl** N̅ ring card girl **Nummernkonto** N̅ FIN numbered account **Nummernschild** N̅ AUTO number plate *Br*, license plate *US* **Nummernspeicher** M̅ TEL memory **nun** A̅D̅V̅ 1̅ (≈ *jetzt*) now; **was nun?** what now?; **er will nun mal nicht** he simply doesn't want to; **das ist nun (ein)mal so** that's just the way things are; **nun ja** well yes; **nun gut** (well) all right; **nun erst recht!** just for that (I'll do it)! 2̅ *Aufforderung* come on 3̅ *bei Fragen* well; **nun? well? nur** A̅D̅V̅ only; **alle, nur ich nicht** everyone except me; **nicht nur …, sondern auch** not only … but also; **alles, nur das nicht!** anything but that!; **ich hab das nur so gesagt** I was just talking; **was hat er nur?** what on earth is the matter with him? *umg*; **wenn er nur (erst) käme** if only he would come; **geh nur!** just go; **nur zu!** go on; **Sie brauchen es nur zu sagen** just say (the word) **Nürnberg** N̅ Nuremberg

nuscheln *umg* V̅/T̅ & V̅/I̅ to mutter **Nuss** F̅ 1̅ nut; **eine harte ~ zu knacken haben** *fig* to have a tough nut to crack 2̅ *umg* (≈ *Mensch*) **eine doofe ~** a stupid clown *umg* **Nussbaum** M̅ *Baum* walnut tree; *Holz* walnut **Nussknacker** M̅ nutcracker **Nussschale** F̅ nutshell; *fig* (≈ *Boot*) cockleshell **Nüster** F̅ nostril **Nut** F̅, **Nute** F̅ groove **Nutte** *umg* F̅ tart *umg* **nutzbar** A̅D̅J̅ us(e)able; *Boden* productive; *Bodenschätze* exploitable; **~ machen** to make us(e)able; *Sonnenenergie* to harness; *Bodenschätze* to exploit **nutzbringend** A̅ A̅D̅J̅ profitable B̅ A̅D̅V̅ profitably; **etw ~ anwenden** to use sth profitably **nütze** A̅D̅J̅ **zu etw ~ sein** to be useful for sth; **zu nichts ~ sein** to be no use for anything **nutzen** A̅ V̅/I̅ to be of use, to be useful (**j-m zu etw** to sb for sth); **es nutzt nichts** it's no use; **da nutzt alles nichts** there's nothing to be done; **das nutzt (mir/dir) nichts** that won't help (me/you) B̅ V̅/T̅ to make use of, to use; *Gelegenheit* to take advantage of; *Bodenschätze, Energien* to use **Nutzen** M̅ 1̅ use; (≈ *Nützlichkeit*) usefulness; **j-m von ~ sein** to be useful to sb 2̅ (≈ *Vorteil*) advantage, benefit; (≈ *Gewinn*) profit; **aus etw ~ ziehen** to reap the benefits of sth **nützen** V̅/T̅ & V̅/I̅ → nutzen **Nutzer(in)** M̅F̅ user **nutzergeneriert** A̅D̅J̅ IT user-generated; *von Webinhalten etc* **~er Inhalt, ~er Content** user-generated content **Nutzfahrzeug** N̅ farm/military *etc* vehicle; HANDEL commercial vehicle **Nutzfläche** F̅ us(e)able floor space; **(landwirtschaftliche) ~** AGR (agriculturally) productive land **Nutzholz** N̅ (utilizable) timber **Nutzlast** F̅ payload **nützlich** A̅D̅J̅ useful; **sich ~ machen** to make oneself useful **Nützlichkeit** F̅ usefulness **nutzlos** A̅D̅J̅ 1̅ useless; (≈ *vergeblich*) futile *attr*, in vain *präd* 2̅ (≈ *unnötig*) needless **Nutzlosigkeit** F̅ uselessness; (≈ *Vergeblichkeit*) futility **Nutznießer(in)** M̅F̅ beneficiary; JUR usufructuary **Nutzung** F̅ use; (≈ *das Ausnutzen*) exploitation; **j-m etw zur ~ überlassen** to give sb the use of sth **Nutzungsbedingungen** P̅L̅ terms and conditions of use *pl*

Nylon® N̅ nylon
Nymphe F̅ *Mythologie* nymph; *fig* sylph
Nymphomanin F̅ nymphomaniac

O, o N̅ O, o
o int̅ oh
Oase F̅ oasis; *fig* haven
ob KONJ **1** *indirekte Frage* if, whether; **ich habe ihn gefragt, ob er mitkommen will** I asked him if he wanted to come; **ich frage mich, ob ich das tun soll** I wonder whether I should do it; **ob reich, ob arm** whether rich or poor; **ob er (wohl) morgen kommt?** I wonder if he'll come tomorrow? **2 und ob** *umg* you bet *umg*; **als ob** as if; **(so) tun, als ob** *umg* to pretend
OB M̅ ABK (= Oberbürgermeister) Lord Mayor
Obacht F̅ **~ geben auf** (+akk) (≈ *aufmerken*) to pay attention to; (≈ *bewachen*) to keep an eye on
ÖBB ABK (= Österreichische Bundesbahnen) Austrian Railways
Obdach *geh* N̅ shelter **obdachlos** ADJ homeless; **~ werden** to be made homeless **Obdachlosenasyl** N̅ hostel for the homeless **Obdachlose(r)** M/F(M) homeless person; **die ~n** the homeless **Obdachlosigkeit** F̅ homelessness
Obduktion F̅ postmortem (examination) **obduzieren** V/T to carry out a postmortem on
O-Beine *umg* PL bow legs *pl* **o-beinig** ADJ bow-legged
Obelisk M̅ obelisk
oben ADV **1** (≈ *am oberen Ende*) at the top; *im Haus* upstairs; (≈ *in der Höhe*) up; **rechts ~ (in der Ecke)** in the top right-hand corner; **der ist ~ nicht ganz richtig** *umg* he's not quite right up top *umg*; **~ ohne gehen** *umg* to be topless; **ganz ~** right at the top; **hier/dort ~** up here/there; **hoch ~** high (up) above; **auf dem Berg** on top of the mountain; **~ am Himmel** up in the sky; **~ im Norden** up (in the) north; **nach ~** up, up-

wards; *im Hause* upstairs; **der Weg nach ~** *fig* the road to the top; **von ~ bis unten** from top to bottom; *von Mensch* from top to toe; **j-n von ~ bis unten mustern** to look sb up and down; **j-n von ~ herab behandeln** to be condescending to sb; **weiter ~** further up; **der Befehl kommt von ~** it's orders from above **2** (≈ *vorher*) above; **siehe ~** see above; **~ erwähnt** *attr* above-mentioned **obenauf** ADV on (the) top; *auf der Oberfläche* on the surface; **~ sein** *fig* to be* feeling great **Oben-ohne-** ZSSGN topless
Ober M̅ (≈ *Kellner*) waiter; **Herr ~!** waiter!
Oberarm M̅ upper arm **Oberarzt** M̅, **Oberärztin** F̅ senior physician; (≈ *Vertreter des Chefarztes*) assistant medical director **Oberaufsicht** F̅ supervision; **die ~ führen** to be in *od* have overall control (**über** +akk of) **Oberbefehl** M̅ MIL supreme command **Oberbegriff** M̅ generic term **Oberbürgermeister** M̅ mayor, Lord Mayor **Oberbürgermeisterin** F̅ mayoress **obercool** *umg* ADJ **1** (≈ *äußerst gelassen*) super cool *umg*; **~ sein** to be well cool **2** (≈ *äußerst toll*) totally cool *umg* **Oberdeck** N̅ upper deck **obere(r, s)** ADJ upper; → **oberster, s Oberfläche** F̅ surface; TECH, MATH surface area; **an der ~ schwimmen** to float **oberflächlich** A ADJ superficial; *Verletzung* surface wound; **bei ~er Betrachtung** at a quick glance; **nach ~er Schätzung** at a rough estimate **B** ADV superficially; **etw (nur) ~ kennen** to have (only) a superficial knowledge of sth **Obergeschoss** N̅, **Obergeschoß** *österr* N̅ upper floor; *bei zwei Stockwerken* top floor **Obergrenze** F̅ upper limit **oberhalb** A PRÄP above **B** ADV above; **~ von** over; **weiter ~** further up **Oberhand** *fig* F̅ upper hand; **die ~ über j-n/etw gewinnen** to gain the upper hand over sb/sth, to get the better of sb/sth **Oberhaupt** N̅ (≈ *Repräsentant*) head; (≈ *Anführer*) leader **Oberhaus** N̅ POL upper house; *in GB* House of Lords **Oberhemd** N̅ shirt
Oberin F̅ **1** *im Krankenhaus* matron **2** KIRCHE Mother Superior
oberirdisch ADJ & ADV above ground **Oberkellner(in)** M(F) head waiter/

waitress **Oberkiefer** M̅ upper jaw **Oberkommando** N̅ (≈ *Oberbefehl*) Supreme Command **Oberkörper** M̅ upper part of the body; **den ~ frei machen** to strip to the waist **Oberlauf** M̅ upper reaches pl **Oberleder** N̅ (leather) uppers pl **Oberleitung** F̅ **1** (≈*Führung*) direction **2** ELEK overhead cable **Oberlippe** F̅ upper lip **Oberösterreich** N̅ Upper Austria **oberrheinisch** A̅D̅J̅ upper Rhine **Obers** N̅ österr cream **Oberschenkel** M̅ thigh **Oberschenkelhalsbruch** M̅ femoral neck fracture **Oberschicht** F̅ top layer; SOZIOL upper strata (of society) pl **Oberschwester** F̅ senior nursing officer **Oberseite** F̅ top (side) **Oberst** M̅ **1** Heer colonel **2** Luftwaffe group captain Br, colonel US **Oberstaatsanwalt** M̅, **Oberstaatsanwältin** F̅ public prosecutor, procurator fiscal schott, district attorney US **oberste(r, s)** A̅D̅J̅ **1** Stockwerk, Schicht uppermost, very top **2** Gebot, Prinzip supreme; Dienstgrad highest, most senior; **Oberster Gerichtshof** supreme court **Oberstufe** F̅ upper school **Oberteil** N̅ top **Oberwasser** fig umg N̅ **~ haben** to feel better **Oberweite** F̅ bust measurement **obgleich** K̅O̅N̅J̅ although **Obhut** geh N̅ (≈*Aufsicht*) care; (≈*Verwahrung*) keeping; **j-n in ~ nehmen** to take care of sb; **unter j-s ~** (*dat*) **sein** to be in sb's care

obige(r, s) A̅D̅J̅ above **Objekt** N̅ object; HANDEL (≈*Grundstück etc*) property; FOTO subject **objektiv** A̅ A̅D̅J̅ objective B̅ A̅D̅V̅ objectively **Objektiv** N̅ (object) lens **Objektivität** F̅ objectivity **Objektschutz** M̅ protection of property **Objektträger** M̅ slide

Oblate F̅ wafer; KIRCHE host **Obligation** F̅ obligation; FIN bond, debenture **obligatorisch** A̅D̅J̅ obligatory; Fächer compulsory

Oboe F̅ oboe; **~ spielen** to play the oboe **Oboist(in)** M̅(F̅) oboist

Obrigkeit F̅ authority; **die ~** the authorities pl

Observatorium N̅ observatory **observieren** form V̅/T̅ to observe

obskur A̅D̅J̅ obscure; (≈*verdächtig*) suspect

Obst N̅ fruit **Obstbau** M̅ fruit-growing **Obstbaum** M̅ fruit tree **Obstgarten** M̅ orchard **Obstkuchen** M̅ fruit flan; gedeckt fruit tart, pie **Obstler** M̅ dial fruit schnapps **Obstplantage** F̅ fruit plantation

Obstruktion F̅ obstruction **Obstsaft** M̅ fruit juice **Obstsalat** M̅ fruit salad **Obsttorte** F̅ fruit flan; gedeckt fruit tart **Obstwasser** N̅ fruit schnapps

obszön A̅D̅J̅ obscene **Obszönität** F̅ obscenity

Obwalden N̅ Obwalden **obwohl** K̅O̅N̅J̅ although, even though **Occasion** F̅ schweiz (≈*Gelegenheitskauf*) (second-hand) bargain; (≈*Gebrauchtwagen*) second-hand car

Ochs M̅, **Ochse** M̅ **1** ox **2** umg (≈*Dummkopf*) dope umg **Ochsenschwanzsuppe** F̅ oxtail soup **Ocker** M̅/N̅ ochre Br, ocher US **Ode** F̅ ode

öde A̅D̅J̅ **1** (≈*verlassen*) deserted; (≈*unbewohnt*) desolate; (≈*unbebaut*) waste **2** fig (≈*fade*) dull; Dasein dreary; umg (≈*langweilig*) grim umg **Ödem** N̅ oedema, edema

oder K̅O̅N̅J̅ or; **~ so** am Satzende or something; **so war's doch, ~ (etwa) nicht?** that was what happened, wasn't it?; **lassen wir es so, ~?** let's leave it at that, OK?

Ödipuskomplex M̅ Oedipus complex **OECD** F̅ A̅B̅K̅ (= Organization for Economic Cooperation and Development) Organisation für wirtschaftliche Zusammenarbeit und Entwicklung OECD **Ofen** M̅ **1** (≈*Heizofen*) heater; (≈*Kohleofen*) stove; **jetzt ist der ~ aus** umg that's it umg **2** (≈*Herd, Backofen*) oven **3** TECH furnace; (≈*Brennofen*) kiln **Ofenkartoffel** F̅ baked potato **Ofenrohr** N̅ stovepipe

offen A̅ A̅D̅J̅ **1** open; Flamme, Licht naked; Haare loose; Rechnung outstanding; **~ haben** Geschäft to be open; **~er Wein** wine by the carafe/glass; **auf ~er Strecke** Straße on the open road; **Tag der ~en Tür** open day; **ein ~es Wort mit j-m reden** to have a frank talk with sb **2** (≈*frei*) Stelle vacant; **~e Stellen** vacancies B̅ A̅D̅V̅ openly; (≈*freimütig*) candidly; (≈*deutlich*) clearly; **~ gestanden** od gesagt quite honestly; **seine Meinung ~**

sagen to speak one's mind; **die Haare ~ tragen** to wear one's hair loose *od* down **offenbar** **A** ADJ obvious; **~ werden** **B** ADV (≈ *vermutlich*) apparently; **da haben Sie sich ~ geirrt** you seem to have made a mistake **offenbaren** **A** VT to reveal **B** VR (≈ *erweisen*) to show *od* reveal itself/oneself **Offenbarung** F revelation **Offenbarungseid** M JUR oath of disclosure; **den ~ leisten** *wörtl* to swear an oath of disclosure; *fig* to admit defeat **offen bleiben**, **offenbleiben** *fig* VI **alle offengebliebenen Probleme** all remaining problems **offen halten**, **offenhalten** *fig* VT to keep open **Offenheit** F openness, candour *Br*, candor *US* (**gegenüber** about); **in aller od schöner ~** quite openly **offenkundig** **A** ADJ obvious; *Beweise* clear **B** ADV blatantly **offen lassen**, **offenlassen** VT to leave open **offenlegen** *fig* VT to disclose **offensichtlich** **A** ADJ obvious **B** ADV obviously **offensiv** **A** ADJ offensive **B** ADV offensively **Offensive** F **1** offensive; **in die ~ gehen** to take the offensive **2** SPORT forward line; *beim Football* offense **offen stehen** VI *Tür, Fenster* to be open **offenstehen** *fig* VI **1** HANDEL *Rechnung* to be outstanding **2** **j-m ~** (≈ *zugänglich sein*) to be open to sb; **es steht ihr offen, sich uns anzuschließen** she's free to join us **öffentlich** **A** ADJ public; **die ~e Meinung/Moral** public opinion/morality; **die ~e Ordnung** law and order; **~es Recht** JUR public law; **~e Schule** state school, public school *US*; **der ~e Dienst** the civil service **B** ADV publicly; **sich ~ äußern** to voice one's opinion in public; **etw ~ bekannt machen** to make sth public **Öffentlichkeit** F (≈ *Allgemeinheit*) (general) public; **die ~ erfährt vieles nicht** the public don't *od* doesn't find out about a lot of things; **in der ~** in public; **in od vor aller ~** in public; **unter Ausschluss der ~** in secret *od* private; JUR in camera; **mit etw an die ~ treten** to bring sth to public attention; **im Licht der ~ stehen** to be in the public eye **Öffentlichkeitsarbeit** F public relations work **öffentlich-rechtlich** ADJ (under) public law; **~er Rund-**

funk ≈ public-service broadcasting **Offerte** F HANDEL offer **offiziell** **A** ADJ official **B** ADV officially **Offizier(in)** M(F) officer **offiziös** ADJ semiofficial **offline** ADV IT offline, off-line **Offlinebetrieb** M IT off-line mode **öffnen** **A** VT & VI to open **B** VR to open; (≈ *weiter werden*) to open out; **sich j-m ~** to confide in sb **Öffner** M opener **Öffnung** F opening **Öffnungszeiten** PL hours *pl* of business, opening times *pl* **Offsetdruck** M offset (printing) **oft** ADV often; (≈ *in kurzen Abständen*) frequently; **des Öfteren** quite often **öfter(s)** ADV (every) once in a while; (≈ *wiederholt*) from time to time **OG** ABK (= *Obergeschoss*) upper floor **oh** INT oh **Ohm** N ohm **ohne** **A** PRÄP without; **~ mich!** count me out!; **er ist nicht ~** *umg* he's not bad *umg*; **~ Mehrwertsteuer** excluding VAT; **ich hätte das ~ Weiteres getan** I'd have done it without a second thought; **er hat den Brief ~ Weiteres unterschrieben** he signed the letter just like that; **das lässt sich ~ Weiteres arrangieren** that can easily be arranged **B** KONJ **~ zu zögern** without hesitating **ohnegleichen** ADJ unparalleled; **seine Frechheit ist ~** I've never known anybody have such a nerve **ohnehin** ADV anyway; **es ist ~ schon spät** it's late enough as it is **Ohnmacht** F **1** MED faint; **in ~ fallen** to faint **2** (≈ *Machtlosigkeit*) powerlessness **ohnmächtig** **A** ADJ **1** (≈ *bewusstlos*) unconscious; **~ werden** to faint **2** (≈ *machtlos*) powerless; **~e Wut** impotent rage **B** ADV (≈ *hilflos*) helplessly; **~ zusehen** to look on helplessly **Ohr** N ear; **gute Ohren haben** to have good hearing; **auf taube/offene Ohren stoßen** to fall on deaf/sympathetic ears; **ein offenes Ohr für j-n haben** to be ready to listen to sb; **mir klingen die Ohren** my ears are burning; **j-m die Ohren volljammern** *umg* to keep (going) on at sb; **ganz Ohr sein** *hum* to be all ears; **sich aufs Ohr legen** *od* hauen *umg* to turn in *umg*; **j-m die Ohren lang ziehen** *umg* to tweak sb's ear(s); **ein paar hinter die Ohren kriegen** *umg* to

O

get a smack on the ear; **schreib es dir hinter die Ohren** *umg* has that sunk in? *umg*; **j-m (mit etw) in den Ohren liegen** to badger sb (about sth); **j-n übers Ohr hauen** to take sb for a ride *umg*; **bis über beide Ohren verliebt sein** to be head over heels in love; **viel um die Ohren haben** *umg* to have a lot on (one's plate) *umg*; **es ist mir zu Ohren gekommen** it has come to my ears form

Öhr N̄ eye

Ohrenarzt M̄, **Ohrenärztin** F̄ ear specialist **ohrenbetäubend** *fig* ADJ deafening **Ohrensausen** N̄ MED buzzing in one's ears **Ohrenschmalz** N̄ earwax **Ohrenschmerzen** PL earache **Ohrenschützer** PL earmuffs *pl* **Ohrenzeuge** M̄, **Ohrenzeugin** F̄ earwitness **Ohrfeige** F̄ slap on the face, slap round the face *Br*; *als Strafe* smack on the ear; **eine ~ bekommen** to get a slap round the face *Br*, in the face *US* **ohrfeigen** V̄T̄ **j-n ~** to slap *od* hit sb; *als Strafe* to give sb a smack on the ear **Ohrhörer** M̄ earphone, earbud **Ohrläppchen** N̄ (ear)lobe **Ohrlöffelchen** N̄, **Ohrreiniger** M̄ ear pick, ear scoop **Ohrmuschel** F̄ (outer) ear **Ohrring** M̄ earring **Ohrstecker** M̄ stud earring **Ohrstöpsel** M̄ earplug **Ohrwurm** M̄ ZOOL earwig; **der Schlager ist ein richtiger ~** *umg* that's a really catchy record *umg*

oje INT oh dear

Okkupation F̄ occupation

Ökobauer M̄, **Ökobäuerin** *umg* F̄ ecologically-minded farmer **Ökobewegung** F̄ ecological movement **Ökobilanz** F̄ life-cycle analysis **Ökofonds** M̄ eco fund, green fund **Ökolabel** M̄ ecolabel **Ökoladen** M̄ wholefood shop **Ökologe** M̄, **Ökologin** F̄ ecologist **Ökologie** F̄ ecology **ökologisch** A ADJ ecological, environmental; **Gemüse aus kontrolliert ~em Anbau** certified organic vegetables B ADV ecologically; *anbauen* organically **Ökonom(in)** M̄F̄ economist **Ökonomie** F̄ 1 economy 2 (≈ *Wirtschaftswissenschaft*) economics *sg* **ökonomisch** A ADJ 1 economic 2 (≈ *sparsam*) economic(al) B ADV economically; **~ wirtschaften** to be economical **Ökosiegel** N̄ eco-label **Ökosphäre** F̄ ecosphere

Ökosteuer F̄ ecotax, green tax *umg* **Ökostrom** M̄ green electricity **Ökosystem** N̄ ecosystem **Ökotourismus** M̄ ecotourism **Ökotoxikologie** F̄ environmental toxicology, ecotoxicology

Oktaeder N̄ octahedron

Oktanzahl F̄ octane number

Oktave F̄ octave

Oktober M̄ October; → März **Oktoberfest** N̄ Munich beer festival

ökumenisch ADJ ecumenical

Öl N̄ oil; **in Öl malen** to paint in oils; **Öl auf die Wogen gießen** *sprichw* to pour oil on troubled waters **Ölberg** M̄ Mount of Olives **Ölbild** N̄ oil painting **Oldie** M̄ *umg* (≈ *Schlager*) (golden) oldie *umg* **Oldtimer** M̄ (≈ *Auto*) veteran car, vintage car

Oleander M̄ oleander

Ölembargo N̄ oil embargo **ölen** VĪT̄ to oil; **wie geölt** *umg* like clockwork *umg* **Ölexport** M̄ oil exports *pl* **Ölfarbe** F̄ oil-based paint; KUNST oil (paint), oil colour *Br od* color *US* **Ölfeld** N̄ oil field **Ölfilm** M̄ film of oil **Ölfilter** M̄ *od* N̄ AUTO oil filter **Ölförderland** N̄ oil-producing country **Ölförderung** F̄ oil production **Ölgemälde** N̄ oil painting **Ölheizung** F̄ oil-fired central heating **ölig** ADJ oily

oliv ADJ olive(-green) **Olive** F̄ olive **Olivenbaum** M̄ olive tree **Olivenhain** M̄ olive grove **Olivenöl** N̄ olive oil **olivgrün** ADJ olive-green

Ölkanne F̄, **Ölkännchen** N̄ oil can **Ölkrise** F̄ oil crisis **Öllampe** F̄ oil lamp **Öllieferant(in)** M̄F̄ oil producer **Ölmessstab** M̄ AUTO dipstick **Ölmühle** F̄ oil mill **Ölofen** M̄ oil heater **Ölpest** F̄ oil spill **Ölplattform** F̄ oil rig **Ölpreis** M̄ oil price **Ölquelle** F̄ oil well **Ölsardine** F̄ sardine **Ölschicht** F̄ layer of oil **Ölstand** M̄ oil level **Ölstandsanzeiger** M̄ oil pressure gauge **Öltanker** M̄ oil tanker **Ölteppich** M̄ oil slick **Ölverbrauch** M̄ oil consumption **Ölvorkommen** N̄ oil deposit **Ölwanne** F̄ AUTO sump *Br*, oil pan *US* **Ölwechsel** M̄ oil change

Olymp M̄ *Berg* Mount Olympus **Olympiade** F̄ (≈ *Olympische Spiele*) Olympic Games *pl* **Olympiamannschaft** F̄ Olympic team **Olympiasieger(in)** M̄F̄ Olympic champion **Olympiasta-**

dion N̄ Olympic stadium **Olympia-teilnehmer(in)** M̄F̄ participant in the Olympic Games **olympisch** ADJ ❶ (≈ den Olymp betreffend) Olympian a. fig ❷ (≈ die Olympiade betreffend) Olympic; **die Olympischen Spiele** the Olympic Games

Ölzeug N̄ oilskins pl

Oma umg F̄ grandma, granny umg

Oman N̄ GEOG Oman

Ombudsfrau F̄ ombudswoman **Om-budsmann** M̄ ombudsman

Omega N̄ griechischer Buchstabe omega

Omega-3-Fettsäuren P̄L̄ omega-3 fatty acids pl

Omelett N̄ omelette

Omen N̄ omen

ominös geh A ADJ ominous, sinister B ADV ominously

Omnibus M̄ ❶ bus ❷ (≈ Reisebus) bus, coach Br

Omnibusbahnhof M̄ bus station; **zentraler Omnibusbahnhof** main bus station

onanieren V̄Ī̄ to masturbate

Onkel M̄ uncle

Onkologe M̄, **Onkologin** F̄ oncologist **Onkologie** F̄ MED oncology

online A ADJ IT online B ADV IT online; **~ gehen** to go online; **ich habe das ~ gekauft** I bought it online **Onlinean-bieter** M̄ online (service) provider **On-lineangebot** N̄ Warenangebot online products pl; Dienste online services pl **Onlineauktion** F̄ Internet auction **Onlinebanking** N̄ online od Internet banking **Onlinebetrieb** M̄ online mode **Online-Check-in** M̄ FLUG online check-in **Onlinedatenbank** F̄ online database **Onlinedating** N̄ Partnersuche im Internet online dating **Onlinedienst** M̄, **Onlineservice** M̄ online service **Onlineforum** N̄ IT online od Internet forum **Onlinehilfe** F̄ IT online support **Onlinekatalog** M̄ IT online catalogue Br, online catalog US **Onlineportal** N̄ IT online portal, web od Internet portal **Onlinepubli-shing** N̄ online od web publishing **On-linereservierung** F̄ IT online reservation od booking **Onlineshop** F̄ online shop Br, online store US **Onlineshop-ping** N̄ online od Internet shopping **Onlinesuche** F̄ Internetsuche internet research, online research **Onlineti-**

cket N̄ e-ticket

OP A̱ḆḴ (= Operationssaal) operating theatre Br, operating room US

Opa umg M̄ grandad, grandpa umg; fig old grandpa umg

Open Air N̄, **Open-Air-Festival** N̄ open-air festival **Open-Air-Konzert** N̄ open-air concert

Oper F̄ opera

Operation F̄ operation **Operations-saal** M̄ operating theatre Br, operating room US **Operationsschwester** F̄ theatre sister Br, operating room nurse US **operativ** A ADJ MED operative, surgical; MIL, WIRTSCH strategic, operational B ADV MED surgically **Operator(in)** M̄F̄ (computer) operator

Operette F̄ operetta

operieren A V̄Ī̄ to operate on; **j-n am Magen ~** to operate on sb's stomach; **sie muss operiert werden** she needs to have an operation B V̄Ī̄ to operate; **sich ~ lassen** to have an operation

Opernball M̄ opera ball **Opernfüh-rer** M̄ (≈ Buch) opera guide **Opern-glas** N̄ opera glasses pl **Opernhaus** N̄ opera house **Opernsänger(in)** M̄F̄ opera singer

Opfer N̄ ❶ (≈ Opfergabe) sacrifice; **j-m etw als ~ darbringen** to offer sth as a sacrifice to sb; **ein ~ bringen** to make a sacrifice ❷ (≈ Geschädigte) victim; **j-m/einer Sache zum ~ fallen** to be (the) victim of sb/sth; **das Erdbeben forderte viele ~** the earthquake claimed many victims ❸ sl (≈ Verlierer) loser **Op-fergabe** F̄ offering **opfern** A V̄Ī̄ ❶ (≈ als Opfer darbringen) to sacrifice ❷ fig (≈ aufgeben) to give up B V̄Ī̄ to make a sacrifice C V̄R̄ **sich** od **sein Leben für j-n/etw ~** to sacrifice oneself od one's life for sb/sth **Opferstock** M̄ offertory box **Opferung** F̄ (≈ das Opfern) sacrifice

Opium N̄ opium

Opponent(in) M̄F̄ opponent **oppo-nieren** V̄Ī̄ to oppose (**gegen j-n/etw** sb/sth)

opportun geh ADJ opportune **Oppor-tunismus** M̄ opportunism **Opportu-nist(in)** M̄F̄ opportunist **opportunis-tisch** ADJ opportunistic, opportunist

Opposition F̄ opposition; **in die ~ ge-hen** POL to go into opposition **opposi-tionell** ADJ oppositional **Oppositi-**

onsführer(in) M̲F̲ POL opposition leader **Oppositionspartei** F̲ POL opposition, opposition party

optieren form V̲I̲ **~ für** to opt for

Optik F̲ 1 PHYS optics 2 (≈ *Linsensystem*) lens system 3 (≈ *Sehweise*) point of view; **das ist eine Frage der ~** fig it depends on your point of view **Optiker(in)** M̲F̲ optician

optimal A̲ ADJ optimal, optimum attr B̲ ADV perfectly; **etw ~ nutzen** to put sth to the best possible use; **etw ~ lösen** to solve sth in the best possible way **optimieren** V̲T̲ to optimize **Optimismus** M̲ optimism **Optimist(in)** M̲F̲ optimist **optimistisch** A̲ ADJ optimistic; **da bin ich ~** I'm optimistic about it B̲ ADV optimistically; **etw ~ sehen** to be optimistic about sth **Optimum** N̲ optimum

Option F̲ option **Optionshandel** M̲ options trading

optisch A̲ ADJ visual; **~e Täuschung** optical illusion B̲ ADV (≈ *vom Eindruck her*) optically, visually

Opus N̲ work; MUS opus; (≈ *Gesamtwerk*) (complete) works pl

Orakel N̲ oracle **orakeln** V̲I̲ *über die Zukunft* to prophesy

oral A̲ ADJ oral B̲ ADV orally **Oralsex** M̲ oral sex

orange ADJ orange **Orange** F̲ Frucht orange **Orangeade** F̲ orangeade bes Br, orange juice **Orangeat** N̲ candied (orange) peel **Orangenhaut** F̲ MED orange-peel skin **Orangensaft** M̲ orange juice

Orang-Utan M̲ orang-utan

Orchester N̲ orchestra **Orchestergraben** M̲ orchestra pit

Orchidee F̲ orchid

Orden M̲ 1 *Gemeinschaft* (holy) order 2 (≈ *Ehrenzeichen*) decoration; MIL medal; **einen ~ bekommen** to be decorated **Ordensbruder** M̲ KIRCHE monk **Ordensschwester** F̲ nun; (≈ *Krankenschwester*) (nursing) sister

ordentlich A̲ ADJ 1 *Mensch, Zimmer* tidy 2 (≈ *ordnungsgemäß*) ≈ Gericht court of law; **~es Mitglied** full member 3 (≈ *anständig*) respectable; **etwas Ordentliches lernen** to learn a proper trade 4 umg (≈ *tüchtig*) **ein ~es Frühstück** a proper breakfast, a decent breakfast; **eine ~e Tracht Prügel** a good

thrashing, a proper hiding Br 5 (≈ *annehmbar*) *Preis, Leistung* reasonable B̲ ADV 1 (≈ *geordnet*) neatly 2 (≈ *ordnungsgemäß*) regeln correctly; (≈ *anständig*) *sich benehmen* appropriately; *aufhängen* properly 3 umg (≈ *tüchtig*) **~ essen** to eat (really) well; **j-n ~ verprügeln** to give sb a real beating; **es hat ~ geregnet** it really rained; **~ Geld verdienen** to make a pile of money umg

Order F̲ order **ordern** V̲T̲ HANDEL to order

Ordinalzahl F̲ ordinal number

ordinär A̲ ADJ 1 (≈ *gemein*) vulgar 2 (≈ *alltäglich*) ordinary

Ordinariat N̲ UNIV chair **Ordinarius** M̲ UNIV professor (**für** of) **Ordination** F̲ 1 KIRCHE ordination 2 österr (≈ *Arztpraxis*) (doctor's) practice; (≈ *Sprechstunde*) consultation (hour), surgery Br, office hours pl US

ordnen V̲T̲ *Gedanken, Material* to organize; *Sammlung* to sort out; *Finanzen, Privatleben* to put in order; (≈ *sortieren*) to order; **etw alphabetisch ~** to put sth into alphabetical order; → geordnet **Ordner** M̲ (≈ *Aktenordner*), a. IT folder **Ordner(in)** M̲F̲ steward **Ordnung** F̲ order; **~ halten** to keep things tidy; **~ machen** to tidy up; **für ~ sorgen** to put things in order; **etw in ~ halten** to keep sth in order; **etw in ~ bringen** (≈ *reparieren*) to fix sth; (≈ *herrichten*) to put sth in order; (≈ *bereinigen*) to clear sth up; **(das ist) in ~!** umg (that's) OK od all right! umg, all right!; **geht in ~** umg sure umg; **der ist in ~** he's OK umg; **da ist etwas nicht in ~** there's something wrong there; **j-n zur ~ rufen** to call sb to order; **j-n zur ~ anhalten** to tell sb to be tidy; **~ muss sein!** we must have order!; **ich frage nur der ~ halber** I'm only asking as a matter of form; **das war ein Skandal erster ~** umg that was a scandal of first order **Ordnungsamt** N̲ ≈ town clerk's office **ordnungsgemäß** A̲ ADJ according to the regulations, proper B̲ ADV correctly **ordnungshalber** ADV as a matter of form **Ordnungshüter(in)** hum M̲F̲ custodian of the law hum **ordnungsliebend** ADJ tidy, tidy-minded **Ordnungsstrafe** F̲ fine; **j-n mit einer ~ belegen** to fine sb **ordnungswidrig** A̲ ADJ irregular; *Parken* illegal B̲ ADV

O

parken illegally **Ordnungswidrigkeit** F̲ infringement **Ordnungszahl** F̲ MATH ordinal number

Oregano M̲ BOT oregano

Organ N̲ **1** organ; *umg (≈ Stimme)* voice **2** **die ausführenden ~e** the executors **Organbank** F̲ MED organ bank **Organempfänger(in)** M̲/F̲ MED organ recipient **Organentnahme** F̲ MED organ removal **Organhandel** M̲ trade in transplant organs

Organigramm N̲ diagram of the company's organisational structure

Organisation F̲ organization **Organisationstalent** N̲ talent for organization; **er ist ein ~** he has a talent for organization **Organisator(in)** M̲/F̲ organizer **organisatorisch** A̲D̲J̲ organizational; **er ist ein ~es Talent** he has a talent for organization

organisch A̲ A̲D̲J̲ organic; *Leiden* physical B̲ A̲D̲V̲ organically, physically **organisieren** A̲ V̲/T̲ & V̲/I̲ to organize; **etw neu ~** to reorganize sth B̲ V̲/R̲ to organize

Organismus M̲ organism

Organist(in) M̲/F̲ MUS organist

Organizer M̲ COMPUT organizer

Organspende F̲ organ donation **Organspender(in)** M̲/F̲ donor *(of an organ)* **Organspenderausweis** M̲ donor card **Organverpflanzung** F̲ transplant(ation) *(of organs)*

Orgasmus M̲ orgasm

Orgel F̲ MUS organ; **~ spielen** to play the organ **Orgelmusik** F̲ organ music

Orgie F̲ orgy

Orient M̲ **1** *liter (≈ der Osten)* Orient **2** *(≈ arabische Welt)* ≈ Middle East; **der Vordere ~** the Near East **orientalisch** A̲D̲J̲ Middle Eastern

orientieren A̲ V̲/T̲ **1** *(≈ unterrichten)* j-n **~** to put sb in the picture **(über** +*akk* about) **2** *(≈ ausrichten)* to orientate **(nach, auf** +*akk* to, towards); **links orientiert sein** to tend to the left B̲ V̲/R̲ **1** *(≈ sich unterrichten)* to inform oneself **(über** +*akk* about, on) **2** *(≈ sich zurechtfinden)* to orientate oneself **(an** +*dat od* **nach** by) **3** *(≈ sich ausrichten)* to be orientated **(nach, an** +*dat* towards); **sich nach Norden ~** to bear north **Orientierung** F̲ **1** *(≈ Unterrichtung)* information; **zu Ihrer ~** for your information **2** *(≈ das Zurechtfinden, Ausrichtung)* orien-

tation; **die ~ verlieren** to lose one's bearings; **sexuelle ~** PSYCH sexual orientation **orientierungslos** A̲D̲J̲ disoriented; **~ herumirren** to wander around in a disoriented state; **~e Jugendliche** young people lacking in direction **Orientierungssinn** M̲ sense of direction **Orientteppich** M̲ Oriental carpet

Origano M̲ BOT oregano

original A̲D̲J̲ original **Original** N̲ **1** original **2** *Mensch* character **Originalfassung** F̲ original (version); **in der englischen ~** in the original English **originalgetreu** A̲D̲J̲ true to the original **Originalität** F̲ **1** *(≈ Echtheit)* authenticity **2** *(≈ Urtümlichkeit)* originality **Originalton** M̲ *(m)* ~ **Merkel** *fig* in Merkel's own words **Originalverpackung** F̲ original packaging

originell A̲D̲J̲ *Idee* original; *(≈ geistreich)* witty

Orkan M̲ **1** hurricane **2** *fig* storm **orkanartig** A̲D̲J̲ *Wind* gale-force **Orkanstärke** F̲ hurricane force **Orkantief** N̲ hurricane-force depression *od* cyclone *od* low

Orkneyinseln P̲L̲ **die ~** the Orkney Islands

Ornament N̲ decoration, ornament **ornamental** A̲D̲J̲ ornamental

Ornithologe M̲, **Ornithologin** F̲ ornithologist

Ort¹ M̲ **1** *(≈ Stelle)* place; *(≈ Standort)* location; **Ort der Handlung** THEAT scene of the action; **an Ort und Stelle** on the spot **2** *(≈ Ortschaft)* place; *(≈ Dorf)* village; *(≈ Stadt)* town, city *Br* US; **er ist im ganzen Ort bekannt** the whole village/town *etc* knows him; **das beste Hotel am Ort** the best hotel in town **Ort²** M̲ *Bergbau* coal face; **vor Ort** at the (coal) face; *fig* on the spot

Örtchen N̲ *(≈ kleiner Ort)* small place; **das (stille) ~** *umg* the smallest room *umg* **orten** V̲/T̲ to locate

orthodox A̲ A̲D̲J̲ orthodox B̲ A̲D̲V̲ *(≈ starr)* denken conventionally

Orthografie F̲ orthography **orthografisch** A̲ A̲D̲J̲ orthographic(al) B̲ A̲D̲V̲ orthographically; **er schreibt immer ~ richtig** his spelling is not always correct

Orthopäde M̲, **Orthopädin** F̲ orthopaedic specialist *Br*, orthopedic specialist *US* **Orthopädie** F̲ **1** *(≈ Wissenschaft)*

orthopaedics *pl Br*, orthopedics *pl US* **2** *umg* (≈*Abteilung*) orthopaedic department *Br*, orthopedic department *US* **orthopädisch** ADJ orthopaedic *Br*, orthopedic *US*

örtlich A ADJ local B ADV locally; **das ist ~ verschieden** it varies from place to place; **j-n ~ betäuben** to give sb a local anaesthetic *Br*, to give sb a local anesthetic *US* **Örtlichkeit** F locality; **sich mit den ~en vertraut machen** to get to know the place **ortsansässig** ADJ local **Ortsausgang** M way out of the village/town **Ortsbus** M local bus **Ortschaft** F village; *größer* town, city *Bes US*; **geschlossene ~** built-up area **Ortseingang** M way into the village/town **ortsfremd** ADJ non-local; **ich bin hier ~** I'm a stranger here **Ortsgespräch** N̄ TEL local call **ortskundig** ADJ **nehmen Sie sich einen ~en Führer** get a guide who knows his way around **Ortsname** M place name **Ortsnetz** N̄ TEL local (telephone) exchange area **Ortsnetzkennzahl** F̄ TEL dialling code *Br*, area code *US* **Ortsschild** N̄ place name sign **ortsüblich** ADJ local; **~e Mieten** standard local rents; **das ist hier ~** it is usual here **Ortsverkehr** M local traffic **Ortszeit** F̄ local time **Ortung** F̄ locating

O-Saft *umg* M orange juice, O-J *US umg* **Oscar** M Oscar, Academy Award **Oscar-Verleihung** F̄ Academy Awards *pl*, Oscars *pl* **Öse** F̄ loop; *an Kleidung* eye **Osmose** F̄ osmosis **Ossi** *umg* M East German **Ost-** ZSSGN East **Ostalgie** *umg* F̄ nostalgia for the former GDR **ostdeutsch** ADJ East German **Ostdeutsche(r)** M/F(M) East German **Ostdeutschland** N̄ GEOG Germany **Osten** M east; *von Land* East; **der Ferne ~** the Far East; **der Nahe** *od* **Mittlere ~** the Middle East; **aus dem ~** from the east; **im ~ des Landes** in the east of the country

Osteoporose F̄ MED osteoporosis **Osterei** N̄ Easter egg **Osterferien** PL Easter holidays *pl Br*, Easter vacation *US* **Osterfest** N̄ Easter **Osterglocke** F̄ daffodil **Osterhase** M Easter bunny **österlich** ADJ Easter **Ostermontag** M Easter Monday **Ostern** N̄ Easter; **fro-**

he *od* **fröhliche ~!** Happy Easter!; **zu ~** at Easter **Österreich** N̄ Austria **Österreicher(in)** M(F) Austrian **österreichisch** ADJ Austrian; **Österreichische Volkspartei** Austrian People's Party **Ostersonntag** M Easter Sunday **Osterweiterung** F̄ *von NATO, EU* eastward expansion **Osterwoche** F̄ Easter week **Osteuropa** N̄ East(ern) Europe **Osteuropäer(in)** M(F) East(ern) European **osteuropäisch** ADJ East(ern) European **Ostfriesische Inseln** PL die Ostfriesischen Inseln the East Frisians *pl* **östlich** A ADJ *Richtung, Winde* easterly; *Gebiete* eastern B ADV **~ von Hamburg** (to the) east of Hamburg C PRÄP (to the) east of **Östrogen** N̄ oestrogen *Br*, estrogen *US* **Ostschweiz** F̄ Eastern Switzerland **Ostsee** F̄ **die ~** the Baltic (Sea) **ostwärts** ADV east(wards) **Ostwind** M east wind **Oszillograf** M oscillograph **Otter¹** M otter **Otter²** F̄ viper **outen** *umg* A VT *als Homosexuellen* to out *umg*; *als Trinker, Spitzel etc* to expose B VR *als Homosexueller* to come out *umg*; **sich als etwas ~** *fig* to come out as sth **Outfit** N̄ outfit **outsourcen** VT & VI to outsource **Outsourcing** N̄ outsourcing **Ouvertüre** F̄ overture **oval** ADJ oval **Ovation** F̄ ovation (**für j-n/etw** for sb/ sth); **stehende ~en** standing ovations **Overall** M 1 *Kleidungsstück* jumpsuit 2 (≈*Arbeitsanzug*) overalls *pl Br*, overall *US* **Overheadfolie** F̄ transparency **Overheadprojektor** M overhead projector **ÖVP** F̄ ABK (= Österreichische Volkspartei) Austrian People's Party **Ovulation** F̄ ovulation **Oxid** N̄, **Oxyd** N̄ oxide **Oxidation** F̄, **Oxydation** F̄ oxidation **oxidieren**, **oxydieren** VT & VI to oxidize **Ozean** M ocean **ozeanisch** ADJ *Klima* oceanic **Ozeanografie** F̄ oceanography **Ozelot** M ocelot **Ozon** *umg* N/M ozone

O

Ozonalarm M̲ ozone warning **Ozonbelastung** F̲ ozone level; **eine hohe ~** high ozone levels pl **Ozongehalt** M̲ ozone content **ozonhaltig** ADJ̲ ozonic **Ozonhülle** F̲ ozone layer **Ozonkiller** M̲ ozone killer; **ein ~ sein** to be damaging to the ozone layer **Ozonkonzentration** F̲ ozone concentration **Ozonloch** N̲ hole in the ozone layer **Ozonschicht** F̲ ozone layer **Ozonschild** M̲ ozone shield **Ozonwert** M̲ ozone level

P

P, p N̲ P, p
paar ADJ̲ **ein ~** a few, some; (≈ zwei oder drei a.) a couple of Br, a couple (of) US; **ein ~ Mal(e)** a few times, a couple of times **Paar** N̲ pair; (≈ Mann und Frau a.) couple; **ein ~ Schuhe** a pair of shoes **Paarbeziehung** F̲ relationship, partnership **paaren** V/R̲ Tiere to mate; fig to be combined **Paarhufer** M̲ ZOOL cloven-hoofed animal **Paarlauf** M̲ pairs pl **Paartherapeut(in)** M(F) couples therapist **Paartherapie** F̲ couples therapy **Paarung** F̲ (≈ Kopulation) mating **paarweise** ADV̲ in pairs
Pacht F̲ lease; Entgelt rent; **etw zur ~ haben** to have sth on lease **pachten** V/T̲ to lease; **du hast das Sofa doch nicht für dich gepachtet** umg don't hog the sofa umg **Pächter(in)** M(F) tenant, leaseholder **Pachtvertrag** M̲ lease
Pack[1] M̲ von Zeitungen, Büchern stack; zusammengeschnürt bundle
Pack[2] pej N̲ rabble pl pej
Päckchen N̲ package; (≈ Geschenk) parcel; Postpäckchen small parcel; (≈ Packung) packet, pack, package US; (≈ Stapel) pack; (≈ Portionspackung, Tütchen) sachet, packet US **Packeis** N̲ pack ice **packen** A̲ V/T̲ 1 Koffer to pack; Paket to make up; **Sachen in ein Paket ~** to make things up into a parcel 2 (≈ fassen) to grab (hold of); Gefühle to grip; **von der Leidenschaft gepackt** in the grip of passion 3 umg (≈ schaffen) to manage; **du packst das schon** you'll manage it OK B̲ V/I̲ 1 (≈ den Koffer packen) to pack 2 fig (≈ mitreißen) to thrill C̲ V/R̲ umg (≈ abhauen) to clear out umg **Packen** M̲ heap, stack; zusammengeschnürt bundle **packend** A̲ ADJ̲ (≈ mitreißend) gripping, riveting B̲ ADV̲ **der Roman ist ~ erzählt** the novel is od makes exciting reading **Packerl** N̲ österr (≈ Schachtel, Paket) packet; für flüssige Lebensmittel carton **Packesel** M̲ packmule; fig packhorse **Packpapier** N̲ brown paper **Packstation** F̲ self-service parcel delivery and dispatch station **Packung** F̲ 1 (≈ Schachtel) packet; von Pralinen box; **eine ~ Zigaretten** a packet of cigarettes, a pack of cigarettes bes US 2 MED compress; Kosmetik face pack **Packungsbeilage** F̲ package insert; bei Medikamenten patient information leaflet
Pädagoge M̲, **Pädagogin** F̲ educationalist **Pädagogik** F̲ educational theory, education **pädagogisch** A̲ ADJ̲ educational; **~e Hochschule** college of education; **seine ~en Fähigkeiten** his teaching ability B̲ ADV̲ educationally; **~ falsch** wrong from an educational point of view
Paddel N̲ paddle **Paddelboot** N̲ canoe **paddeln** V/I̲ to paddle; als Sport to canoe
Pädiatrie F̲ paediatrics sg Br, pediatrics sg US **Pädophile(r)** M(F(M)) paedophile Br, pedophile US
paffen umg A̲ V/I̲ 1 (≈ heftig rauchen) to puff away 2 (≈ nicht inhalieren) to puff B̲ V/T̲ to puff (away) at
Page M̲ (≈ Hotelpage) bellboy, bellhop US **Pagenkopf** M̲ page-boy (hairstyle od haircut)
Pager M̲ für Nachrichten pager
Paket N̲ (≈ Bündel) pile; zusammengeschnürt bundle; (≈ Packung) packet; Postpaket parcel; fig von Angeboten package **Paketannahme** F̲ parcels office; (≈ Schalter) parcels counter **Paketbombe** F̲ parcel bomb **Paketdrohne** F̲ Postwesen delivery drone **Paketkarte** F̲ dispatch form **Paketpost** F̲ parcel post **Paketschalter** M̲ parcels counter **Paketzusteller** M̲ parcel delivery service
Pakistan N̲ Pakistan **Pakistaner(in)**

M̲(F̲), **Pakistani** M̲ Pakistani **pakista-nisch** A̲D̲J̲ Pakistani

Pakt M̲ pact

Palais N̲ palace

Palast N̲ palace

Palästina N̲ Palestine **Palästinen-ser(in)** M̲(F̲) Palestinian **palästinen-sisch** A̲D̲J̲ Palestinian

Palatschinke F̲ österr stuffed pancake

Palaver N̲ palaver umg **palavern** umg V̲/I̲ to palaver umg

Palette F̲ 1 KUNST palette; fig range 2 (≈ Stapelplatte) pallet

paletti umg A̲D̲V̲ OK umg

Palisade F̲ palisade

Palliativmedizin F̲ palliative medi-cine **Palliativpflege** F̲ palliative care

Palme F̲ palm; **j-n auf die ~ bringen** umg to make sb see red umg; **die Gol-dene ~** Filmpreis the Palme d'Or

Palmsonntag M̲ Palm Sunday

Palmtop® M̲ kleiner Computer, den man in einer Hand halten kann palmtop®

Pampe F̲ paste; pej mush umg

Pampelmuse F̲ grapefruit

Pampers® P̲L̲ (disposable) nappies pl Br, (disposable) diapers pl US

Pamphlet N̲ lampoon

pampig umg A̲D̲J̲ 1 (≈ breiig) gooey umg; Kartoffeln soggy 2 (≈ frech) stroppy Br umg, bad-tempered; **j-m ~ kommen** to be stroppy with sb Br umg, to be bad-tempered with sb

Panama N̲ Panama **Panamakanal** M̲ Panama Canal

Panda M̲, **Pandabär** M̲ panda

Pandemie F̲ MED pandemic **pande-misch** A̲D̲J̲ pandemic

Paneel form N̲ einzeln panel; (≈ Täfelung) panelling Br, paneling US

Panflöte F̲ panpipes pl, Pan's pipes pl **panieren** V̲/T̲ to bread **Paniermehl** N̲ breadcrumbs pl

Panik F̲ panic; **(eine) ~ brach aus** panic broke out od spread; **in ~ geraten** to panic; **j-n in ~ versetzen** to throw sb in-to a state of panic; **nur keine ~!** don't panic! **Panikanfall** M̲, **Panikatta-cke** F̲ panic attack **Panikkäufe** P̲L̲ HANDEL panic buying sg **Panikmache** umg F̲ panicmongering Br, inciting pan-ic **Panikstimmung** F̲ state of panic **panisch** A̲ A̲D̲J̲ panic-stricken; **~e Angst** terror; **sie hat ~e Angst vor Schlangen** she's terrified of snakes B̲

A̲D̲V̲ in panic, frantically; **~ reagieren** to panic

Panne F̲ 1 (≈ technische Störung) hitch umg, breakdown; (≈ Reifenpanne) punc-ture (tyre) Br, flat (tire) US; **mein Au-to hatte eine ~** my car broke down 2 fig umg slip (**bei etw** with sth); **mit j-m/etw eine ~ erleben** to have (a bit of) trouble with sb/sth; **uns ist eine ~ passiert** we've slipped up **Pannen-dienst** M̲, **Pannenhilfe** F̲ break-down service

Panorama N̲ panorama

panschen V̲/T̲ to adulterate; (≈ verdün-nen) to water down

Panther M̲, **Panter** M̲ panther

Pantoffel M̲ slipper; **unterm ~ stehen** umg to be henpecked umg

Pantomime[1] F̲ mime

Pantomime[2] M̲, **Pantomimin** F̲ mime **pantomimisch** A̲D̲J̲ & A̲D̲V̲ in mime; **~ darstellen** to mime

pantschen V̲/T̲ & V̲/I̲ → panschen

Panzer M̲ 1 MIL tank 2 HIST (≈ Rüstung) armour kein unbest art Br, armor kein unbest art US, suit of armo(u)r 3 von Schildkröte, Insekt shell 4 fig shield **Panzerabwehr** F̲ anti-tank defence Br, anti-tank defense US; Truppe anti--tank unit **Panzerfaust** F̲ bazooka **Panzerglas** N̲ bulletproof glass **pan-zern** V̲/T̲ to armour-plate Br, to armor--plate US; **gepanzerte Fahrzeuge** ar-moured vehicles Br, armored vehicles US **Panzerschrank** M̲ safe

Papa umg M̲ dad(dy) umg

Papagei M̲ parrot **Papageientau-cher** M̲ puffin

Papamobil umg N̲ popemobile umg

Paparazzo umg M̲ paparazzo

Papaya F̲ papaya

Papier N̲ 1 paper; **ein Blatt ~** a sheet of paper; **etw zu ~ bringen** to put sth down on paper 2 **~e** pl (identity) papers pl; (≈ Urkunden) documents pl; **er hatte keine ~e bei sich** he had no means of identification on him; **seine ~e bekom-men** (≈ entlassen werden) to get one's cards 3 FIN (≈ Wertpapier) security **Pa-piereinzug** M̲ paper feed **Papierfa-brik** F̲ paper mill **Papierflieger** M̲ paper plane **Papiergeld** N̲ paper money **Papierkorb** M̲ (waste)paper basket **Papierkram** M̲ umg (annoying) paperwork **Papierkrieg** umg M̲ einen

~ **(mit j-m) führen** to go through a lot of red tape (with sb) **Papierstau** M̲ paper jam **Papiertaschentuch** N̲ paper hankie *Br*, tissue **Papiertiger** *fig* M̲ paper tiger **Papiertonne** F̲ paper recycling bin **Papiertüte** F̲ paper bag **Papiervorschub** M̲ paper feed **Papierwaren** P̲L̲ stationery *kein pl* **Papierwarengeschäft** N̲ stationer's (shop) **Papierzufuhr** F̲ *von Drucker* paper tray

Pappbecher M̲ paper cup **Pappdeckel** M̲ (thin) cardboard **Pappe** F̲ (≈ *Pappdeckel*) cardboard; **dieser linke Haken war nicht von ~** *umg* that was a mean left hook

Pappel F̲ poplar

päppeln *umg* V̲T̲ to nourish

papperlapapp I̲N̲T̲ nonsense, rubbish *Br*

pappig *umg* A̲D̲J̲ sticky; *Brot* doughy **Pappkarton** M̲ (≈ *Schachtel*) cardboard box **Pappmaschee** N̲, **Papp-maché** N̲ papier-mâché **Pappnase** F̲ false nose **pappsatt** *umg* A̲D̲J̲ stuffed *umg*; **ich bin ~!** I'm stuffed! **Papp-schachtel** F̲ cardboard box **Papp-teller** M̲ paper plate

Paprika M̲ (≈ *Gewürz*) paprika **Paprika-schote** F̲ pepper; **gefüllte ~n** stuffed peppers

Papst M̲ pope; **~ Benedikt** Pope Benedict **päpstlich** A̲D̲J̲ papal

Papua M̲ Papuan **Papua-Neugui-nea** N̲ Papua New Guinea

Parabel F̲ **1** L̲I̲T̲ parable **2** M̲A̲T̲H̲ parabola

Paraben N̲ C̲H̲E̲M̲ paraben

Parabolantenne F̲ satellite dish **Pa-rabolspiegel** M̲ parabolic reflector

Parade F̲ parade **Paradebeispiel** N̲ prime example

Paradeiser M̲ *österr* tomato

Paradies N̲ paradise; **das ~ auf Erden** heaven on earth **paradiesisch** *fig* A̲D̲J̲ heavenly

paradox A̲D̲J̲ paradoxical **Paradox** N̲ paradox **paradoxerweise** A̲D̲V̲ paradoxically

Paraffin N̲ (≈ *Paraffinöl*) (liquid) paraffin **Paragraf** M̲ J̲U̲R̲ section; (≈ *Abschnitt*) paragraph

Paraguay N̲ Paraguay

parallel A̲D̲J̲ parallel; **~ schalten** E̲L̲E̲K̲ to connect in parallel **Parallele** *wört* F̲

parallel (line); *fig* parallel; **eine ~ zu etw ziehen** *wört* to draw a line parallel to sth; *fig* to draw a parallel to sth **Par-allelgesellschaft** F̲ S̲O̲Z̲I̲O̲L̲ parallel society **Parallelogramm** N̲ parallelogram **Parallelwelt** F̲ **1** *im Universum* parallel world **2** *gesellschaftlich* parallel world; **in einer ~ leben** to live in a parallel world

Paralympics P̲L̲, **Paralympische Spiele** P̲L̲ Paralympics *pl* **Paralyti-ker(in)** M̲|F̲ M̲E̲D̲ paralytic **paralytisch** A̲D̲J̲ paralytic

Parameter M̲ parameter

paramilitärisch A̲D̲J̲ paramilitary

paranoid A̲D̲J̲ paranoid

Paranuss F̲ B̲O̲T̲ Brazil nut

paraphieren V̲T̲ P̲O̲L̲ to initial

Parapsychologie F̲ parapsychology

Parasit M̲ B̲I̲O̲L̲, *a. fig* parasite **parasi-tär, parasitisch** A̲D̲J̲ parasitic(al)

parat A̲D̲J̲ *Antwort, Beispiel etc* ready; *Werkzeug etc* handy; **halte dich ~** be ready; **er hatte immer eine Ausrede ~** he always had an excuse ready

Pärchen N̲ (courting) couple **pär-chenweise** A̲D̲V̲ in pairs

Parcours M̲ *beim Reiten* showjumping course; *Sportart* showjumping; (≈ *Renn-strecke*) course

pardon I̲N̲T̲ sorry **Pardon** M̲|N̲ **1** pardon; **j-n um ~ bitten** to ask sb's pardon **2** *umg* **kein ~ kennen** to be ruthless

Parfüm N̲ perfume **parfümieren** V̲T̲ to perfume

parieren A̲ V̲T̲ *beim Fechten, a. fig* to parry B̲ V̲I̲ to obey; **aufs Wort ~** to jump to it

Pariser M̲ **1** Parisian **2** *umg* (≈ *Kondom*) French letter *umg* **Pariserin** F̲ Parisienne

Parität F̲ parity **paritätisch** A̲ A̲D̲J̲ equal; **~e Mitbestimmung** equal representation B̲ A̲D̲V̲ equally

Park M̲ park

Parka M̲ parka

Parkanlage F̲ park **Parkausweis** M̲ parking permit **Parkbank** F̲ park bench **Parkbucht** F̲ parking bay **Parkdeck** N̲ parking level **parken** V̲T̲ & V̲I̲ to park; **ein ~des Auto** a parked car; **„Parken verboten!"** "No Parking"

Parkett N̲ **1** (≈ *Fußboden*) parquet (flooring); **ein Zimmer mit ~ auslegen** to lay parquet (flooring) in a room; **auf**

dem internationalen ~ in international circles ② (≈ *Tanzfläche*) (dance) floor; **eine tolle Nummer aufs ~ legen** *umg* to put on a great show ❸ THEAT stalls *pl Br*, orchestra *US* **Parkett(fuß)boden** M̲ parquet floor **Parketthandel** M̲ *Börse* floor trade

Parkgebühr F̲ parking fee **Parkhaus** N̲ multi-storey car park *Br*, parking garage *US* **parkieren** *schweiz* VT & VI → **parken**

parkinsonsche Krankheit F̲ Parkinson's disease

Parkkralle F̲ wheel clamp *Br*, Denver boot *US* **Parklicht** N̲ parking light **Parklücke** F̲ parking space **Parkmöglichkeit** F̲ place to park; **es besteht keine ~ mehr** there's nowhere to park anymore *od* any more *US*; **kostenlose ~** free parking **Parkplatz** M̲ car park *Br*, parking lot *US*; *für Einzelwagen* (parking) space **Parkscheibe** F̲ parking disc **Parkschein** M̲ car-parking ticket *Br*, parking slip *US* **Parkscheinautomat** M̲ ticket machine (for *parking*) **Parksünder(in)** M̲(F̲) parking offender *Br*, illegal parker **Parkuhr** F̲ parking meter **Parkverbot** N̲ parking ban; **im ~ stehen** to be parked illegally **Parkwächter(in)** M̲(F̲) *auf Parkplatz* car-park attendant *Br*, parking-lot attendant *US*; *von Anlagen* park keeper

Parlament N̲ parliament **Parlamentarier(in)** M̲(F̲) parliamentarian **parlamentarisch** ADJ parliamentary; **~ vertreten sein** to be represented in parliament **Parlamentsausschuss** M̲ parliamentary committee **Parlamentsbeschluss** M̲ vote of parliament **Parlamentsferien** PL̲ recess **Parlamentsmitglied** N̲ member of parliament **Parlamentswahl** F̲ parliamentary election(s) (*pl*)

Parmaschinken M̲ Parma ham **Parmesan(käse)** M̲ Parmesan (cheese) **Parodie** F̲ parody (**auf** +*akk od* **zu** of) **parodieren** VT̲ to parody **Parodontose** F̲ periodontosis *fachspr* **Parole** F̲ ❶ MIL password ② *fig* (≈ *Wahlspruch*) motto; POL slogan **Paroli** N̲ **j-m ~ bieten** *geh* to defy sb **Parsing** N̲ IT parsing **Partei** F̲ ❶ POL, JUR party ② *fig* **für j-n ~ ergreifen** to take sb's side; **gegen**

j-n ~ ergreifen to take sides against sb ❸ *im Mietshaus* tenant **Parteibasis** F̲ (party) rank and file, grassroots (members) *pl* **Parteibuch** N̲ party membership book **Parteichef(in)** M̲(F̲) party leader **Parteiführer(in)** M̲(F̲) party leader **Parteiführung** F̲ leadership of a party; *Vorstand* party leaders *pl* **Parteigenosse** M̲, **Parteigenossin** F̲ party member **parteiisch** A̲ ADJ biased B̲ ADV **~ urteilen** to be biased in one's judgement *od* judgment *US*) **Parteilichkeit** F̲ partiality **Parteilinie** F̲ party line **parteilos** ADJ *Abgeordneter* independent **Parteilose(r)** M̲(F̲)M̲ independent **Parteimitglied** N̲ party member **Parteinahme** F̲ partisanship **parteipolitisch** ADJ party political **Parteiprogramm** N̲ (party) manifesto, (party) program *US* **Parteitag** M̲ party conference *od* convention *US* **Parteivorsitzende(r)** M̲(F̲)M̲ party leader **Parteivorstand** M̲ party executive

parterre ADV on the ground floor *bes Br*, on the first floor *US* **Parterre** N̲ *von Gebäude* ground floor *bes Br*, first floor *US*

Partie F̲ ❶ (≈ *Teil*), *a*. THEAT, MUS part ② SPORT game; **eine ~ Schach spielen** to play a game of chess; **eine gute/ schlechte ~ liefern** to give a good/bad performance ❸ HANDEL lot ❹ *umg* **eine gute ~ (für j-n) sein** to be a good catch (for sb) *umg*; **eine gute ~ machen** to marry (into) money ❺ **mit von der ~ sein** to be in on it; **da bin ich mit von der ~** count me in

partiell ADJ partial **Partikel** F̲ GRAM, PHYS particle **Partisan(in)** M̲(F̲) partisan **Partitur** F̲ MUS score **Partizip** N̲ GRAM participle; **~ Präsens** present participle; **~ Perfekt** past participle

Partner(in) M̲(F̲) partner **Partnerbörse** F̲ INTERNET dating site **Partnerlook** M̲ matching clothes *pl* **Partnerschaft** F̲ partnership **partnerschaftlich** A̲ ADJ **~es Verhältnis** (relationship based on) partnership; **~e Zusammenarbeit** working together as partners B̲ ADV **~ zusammenarbeiten** to work in partnership **Partnerstadt** F̲ twin town *Br*, sister city *US* **Partner-**

suche F̲ finding the right partner; **auf ~ sein** to be looking for a partner **Partnervermittlung** F̲ dating agency

Party F̲ party; **auf einer ~** at a party; **auf eine ~ gehen** to go to a party; **eine ~ machen** *od* **feiern** to have a party

Partymeile F̲ nightlife district; *bei einmaliger Gelegenheit* party zone **Partyservice** M̲ party catering service **Partyzelt** N̲ party tent, marquee

Parzelle F̲ plot

Pascha M̲ pasha

Pass M̲ **1** passport **2** *im Gebirge etc* pass **3** SPORT pass; **öffender ~** through pass

passabel A̲ A̲D̲J̲ passable B̲ A̲D̲V̲ reasonably well; *schmecken* passable; **mir geht's ganz ~** I'm all right

Passage F̲ passage; (≈ *Ladenstraße*) arcade

Passagier(in) M̲(F̲) passenger **Passagierdampfer** M̲ passenger steamer **Passagierflugzeug** N̲ passenger aircraft, airliner **Passagierliste** F̲ passenger list

Passamt N̲ passport office

Passant(in) M̲(F̲) passer-by

Passat(wind) M̲ trade wind

Passbild N̲ passport photo(graph) **Passbildautomat** M̲ photo booth

passé, **passee** A̲D̲J̲ passé; **die Sache ist längst ~** that's all in the past

passen[1] V̲/̲I̲ **1** to fit **2** (≈ *harmonieren*) **zu etw ~** to go with sth; *im Ton* to match sth; **zu j-m ~** *Mensch* to suit sb; **das Rot passt da nicht** the red is all wrong there; **ins Bild ~** to fit the picture **3** (≈ *genehm sein*) to suit; **er passt mir (einfach) nicht** I (just) don't like him; **Sonntag passt uns nicht/gut** Sunday is no good for us/suits us fine; **das passt mir gar nicht** (≈ *gefällt mir nicht*) I don't like that at all; **das könnte dir so ~!** *umg* you'd like that, wouldn't you?

passen[2] V̲/̲I̲ KART, *a. fig* to pass; **(ich) passe!** I pass!

passend A̲D̲J̲ **1** *in Größe, Form* **gut/schlecht ~** well-/ill-fitting **2** *in Farbe, Stil* matching **3** (≈ *genehm*) *Zeit, Termin* convenient **4** (≈ *angemessen*) *Benehmen, Kleidung* suitable, appropriate; *Wort* right, proper; **bei jeder ~en und unpassenden Gelegenheit** at every opportunity, whether appropriate or not **5** *Geld* exact; **haben Sie es ~?** have you got the

right money?

Passepartout M̲/̲N̲ passe-partout

Passform F̲ fit

Passfoto N̲ passport photo(graph)

passierbar A̲D̲J̲ *Brücke* passable; *Fluss* negotiable **passieren** A̲ V̲/̲I̲ **1** (≈ *sich ereignen*) to happen (**mit** to); **was ist denn passiert?** what's the matter?; **es wird dir schon nichts ~** nothing is going to happen to you; **es ist ein Unfall passiert** there has been an accident; **so was ist mir noch nie passiert!** that's never happened to me before!; *empört* I've never known anything like it! **2** (≈ *durchgehen*) to pass; *Gesetz* to be passed B̲ V̲/̲T̲ **1** (≈ *vorbeigehen an*) to pass; **die Grenze ~** to cross (over) **2** GASTR to strain **Passierschein** M̲ pass

Passion F̲ passion; *religiös* Passion **passioniert** A̲D̲J̲ enthusiastic **Passionsfrucht** F̲ passion fruit **Passionsspiel** N̲ Passion play

passiv A̲D̲J̲ passive; **~es Mitglied** non-active member; **~es Rauchen** passive smoking **Passiv** N̲ GRAM passive (voice) **Passiva** P̲L̲, **Passiven** P̲L̲ HANDEL liabilities *pl* **Passivität** F̲ passivity **Passivposten** M̲ HANDEL debit entry **Passivrauchen** N̲ passive smoking

Passkontrolle F̲ passport control; **~!** (your) passports please! **Passstraße** F̲ (mountain) pass

Passus M̲ passage

Passwort N̲ IT password **Passwortschutz** M̲ password protection

Pasta F̲ GASTR pasta

Paste F̲ paste

Pastell N̲ pastel **Pastellfarbe** F̲ pastel (crayon); *Farbton* pastel (shade) **Pastellstift** M̲ pastel (crayon) **Pastellton** M̲ pastel shade

Pastetchen N̲ vol-au-vent **Pastete** F̲ **1** (≈ *Schüsselpastete*) pie **2** (≈ *Leberpastete etc*) pâté

pasteurisieren V̲/̲T̲ to pasteurize

Pastille F̲ pastille

Pastor(in) M̲(F̲) → Pfarrerin

Patchworkfamilie F̲ patchwork family

Pate M̲ (≈ *Taufzeuge*) godfather; (≈ *Mafiaboss*) godfather; **bei etw ~ gestanden haben** *fig* to be the force behind sth **Patenkind** N̲ godchild **Patenonkel** M̲ godfather **Patenschaft** F̲ godpar-

P

enthood **Patensohn** M̲ godson **Patenstadt** F̲ twin(ned) town Br, sister city US

patent A̲D̲J̲ ingenious; **ein ~er Kerl** a great guy/girl umg

Patent N̲ patent (**für etw** for sth od **auf etw** +akk on sth); **etw zum ~ anmelden** to apply for a patent on sth for sth **Patentamt** N̲ Patent Office

Patentante F̲ godmother

patentgeschützt A̲D̲J̲ patented

patentieren V̲T̲ to patent; **sich** (dat) **etw ~ lassen** to have sth patented **Patentlösung** fig F̲ easy answer **Patenttochter** F̲ goddaughter

Patentrezept fig N̲ → Patentlösung **Patentschutz** M̲ protection by (letters) patent

Pater M̲ KIRCHE Father

pathetisch A̲ A̲D̲J̲ emotional B̲ A̲D̲V̲ dramatically

Pathologe M̲, **Pathologin** F̲ pathologist **Pathologie** F̲ pathology **pathologisch** A̲D̲J̲ MED, a. fig pathological **Pathos** N̲ emotiveness; **mit viel ~ in der Stimme** in a voice charged with emotion

Patience F̲ patience kein pl; **~n legen** to play patience

Patient(in) M̲/F̲ patient

Patin F̲ godmother

Patina F̲ patina

Patriarch M̲ patriarch **patriarchalisch** A̲D̲J̲ patriarchal **Patriarchat** F̲ patriarchy

Patriot(in) M̲/F̲ patriot **patriotisch** A̲ A̲D̲J̲ patriotic B̲ A̲D̲V̲ reden, denken patriotically **Patriotismus** M̲ patriotism

Patrone F̲ von Füller, von Drucker, a. MIL cartridge

Patrouille F̲ patrol; **(auf) ~ gehen** to patrol **patrouillieren** V̲I̲ to patrol

Patsche F̲ **in der ~ sitzen** od **stecken** to be in a jam umg; **j-m aus der ~ helfen** to get sb out of a jam umg **patschen** V̲I̲ mit Flüssigkeit to splash **patschnass** umg A̲D̲J̲ soaking wet

Patt N̲ stalemate

patzen umg V̲I̲ to slip up **Patzer** M̲ umg (≈ Fehler) slip **patzig** umg A̲D̲J̲ snotty umg

Pauke F̲ MUS kettledrum; **mit ~n und Trompeten durchfallen** umg to fail miserably; **auf die ~ hauen** umg (≈ angeben) to brag; (≈ feiern) to paint the town red

pauken A̲ V̲I̲ umg (≈ lernen) to swot Br umg, to cram umg B̲ V̲T̲ to study up on **Paukenschlag** M̲ drum beat; **wie ein ~** fig like a thunderbolt **Pauker(in)** M̲/F̲ 1̲ umg (≈ Paukenspieler) timpanist 2̲ SCHULE umg (≈ Lehrer) teacher **Paukerei** F̲ SCHULE umg swotting Br umg, cramming umg **Paukist(in)** M̲/F̲ timpanist

pausbäckig A̲D̲J̲ chubby-cheeked

pauschal A̲ A̲D̲J̲ 1̲ (≈ einheitlich) flat-rate nur attr 2̲ fig Urteil sweeping B̲ A̲D̲V̲ 1̲ (≈ nicht spezifiziert) at a flat rate; **die Gebühren werden ~ bezahlt** the charges are paid in a lump sum 2̲ (≈ nicht differenziert) abwerten classically **Pauschalangebot** N̲ all-inclusive offer **Pauschalbetrag** M̲ lump sum; (≈ Preis) inclusive price **Pauschale** F̲ (≈ Einheitspreis) flat rate; (≈ vorläufig geschätzter Betrag) estimated amount; (≈ Pauschalbetrag) lump sum **Pauschalgebühr** F̲ (≈ Einheitsgebühr) flat rate (charge) **Pauschalreise** F̲ package holiday Br, package tour **Pauschalsumme** F̲ lump sum **Pauschaltarif** M̲ flat rate **Pauschalurlaub** M̲ package holiday Br, package tour **Pauschalurteil** N̲ sweeping statement **Pauschbetrag** M̲ flat rate

Pause F̲ (≈ Unterbrechung) break; (≈ Rast) rest; (≈ das Innehalten) pause; THEAT interval; SCHULE break, recess US; **in der ~** SCHULE during break Br, during recess US; SPORT at half-time; **(eine) ~ machen** (≈ sich entspannen) to have a break; (≈ rasten) to rest; (≈ innehalten) to pause; **ohne ~ arbeiten** to work nonstop; **die große ~** SCHULE (the) break Br, recess US; in Grundschule playtime **Pausenbrot** N̲ something to eat at break **Pausenclown** umg M̲ **ich bin doch hier nicht der ~!** I'm not going to play the clown **Pausenfüller** M̲ stopgap **pausenlos** A̲ A̲D̲J̲ nonstop B̲ A̲D̲V̲ continuously; **er arbeitet ~** he works nonstop **pausieren** V̲I̲ to (take a) rest

Pavian M̲ baboon

Pavillon M̲ pavilion

Paybackkarte F̲ loyalty card

Pay-TV N̲ pay TV **Paywall** F̲ Bezahlschranke im Web paywall

Pazifik M̲ Pacific **pazifisch** A̲D̲J̲ Pacific; **der Pazifische Ozean** the Pacific (Ocean) **Pazifismus** M̲ pacifism **Pazi-**

fist(in) M̲/F̲ pacifist **pazifistisch** A̲D̲J̲ pacifist

PC M̲ PC **PC-Arbeitsplatz** M̲ computer workplace **PC-Benutzer(in)** M̲/F̲ PC user

PDF N̲ ABK (= Portable Document Format) PDF, pdf **PDF-Datei** F̲ IT PDF file, pdf file

PDS F̲ ABK (= Partei des Demokratischen Sozialismus) HIST Party of Democratic Socialism

Pech N̲ **1** Stoff pitch; **die beiden halten zusammen wie ~ und Schwefel** umg the two are as thick as thieves Br, the two are inseparable **2** umg (≈ Missgeschick) bad luck; **bei etw ~ haben** to be unlucky in od with sth; **~ gehabt!** tough! umg; **sie ist vom ~ verfolgt** bad luck follows her around **pech(raben)schwarz** umg A̲D̲J̲ pitch-black; Haar jet-black **Pechsträhne** umg F̲ run of bad luck **Pechvogel** umg M̲ unlucky person

Pedal N̲ pedal

Pedant(in) M̲/F̲ pedant **Pedanterie** F̲ pedantry **pedantisch** A̲ A̲D̲J̲ pedantic B̲ A̲D̲V̲ pedantically

Peddigrohr N̲ cane

Pedibus M̲ walking bus

Pediküre F̲ **1** (≈ Fußpflege) pedicure **2** (≈ Fußpflegerin) chiropodist

Peeling N̲ (≈ Hautpflege) exfoliation, peeling; (≈ Mittel) für Gesicht facial scrub, face scrub; für Körper body scrub **Peelingcreme** F̲ body scrub; für Gesicht face scrub

Peepshow F̲ peep show

Pegel M̲ in Flüssen, Meer water depth gauge **Pegelstand** M̲ water level

Pegida F̲ (= Patriotische Europäer gegen die Islamisierung des Abendlandes) Pegida (German anti-Islamic movement)

peilen V̲/T̲ **1** Wassertiefe to sound; U-Boot, Sender to get a fix on; (≈ entdecken) to detect; **die Lage ~** umg to see how the land lies; **über den Daumen gepeilt** umg at a rough estimate **2** umg (≈ verstehen) **etw ~** to get sth umg; **es nicht ~** to be out of it umg

peinigen V̲/T̲ to torture; fig to torment **peinlich** A̲ A̲D̲J̲ **1** (≈ unangenehm) (painfully) embarrassing; Überraschung nasty; **es war ihm ~(, dass ...)** he was embarrassed (because ...); **es ist mir**

sehr ~, **aber ich muss es Ihnen einmal sagen** I don't know how to put it, but you really ought to know; **das ist mir ja so ~** I feel awful about it **2** (≈ gewissenhaft) meticulous; Sparsamkeit careful B̲ A̲D̲V̲ **1** (≈ unangenehm) **~ berührt sein** hum to be profoundly shocked iron; **~ wirken** to be embarrassing **2** (≈ gründlich) painstakingly; sauber meticulously; **der Koffer wurde ~ genau untersucht** the case was gone through very thoroughly **Peinlichkeit** F̲ (≈ Unangenehmheit) awkwardness

Peitsche F̲ whip **peitschen** V̲/T̲ & V̲/I̲ to whip; fig to lash

Pekinese M̲ pekinese

Pelikan M̲ pelican

Pelle umg F̲ skin; abgeschält peel; **er geht mir nicht von der ~** umg he won't stop pestering me **pellen** umg A̲ V̲/T̲ Kartoffeln, Wurst to skin, to peel; Ei to take the shell off B̲ V̲/R̲ Körperhaut to peel **Pellkartoffeln** P̲L̲ potatoes pl boiled in their jackets

Pelz M̲ fur **pelzig** A̲D̲J̲ furry **Pelzmantel** M̲ fur coat **Pelztierzucht** F̲ fur farming **Pelzwaren** P̲L̲ furs pl

Penalty M̲ österr, schweiz SPORT penalty

Pendant N̲ counterpart

Pendel N̲ pendulum **Pendelbus** M̲ shuttle bus **pendeln** V̲/I̲ **1** (≈ schwingen) to swing (to and fro) **2** Zug, Fähre etc to shuttle; Mensch to commute **Pendeltür** F̲ swing door **Pendelverkehr** M̲ shuttle service; (≈ Berufsverkehr) commuter traffic **Pendler(in)** M̲/F̲ commuter

penetrant A̲D̲J̲ **1** Gestank penetrating, overpowering; **das schmeckt ~ nach Knoblauch** you can't taste anything for garlic **2** fig (≈ aufdringlich) insistent; **ein ~er Kerl** a nuisance **Penetranz** F̲ von Geruch pungency; fig (≈ Aufdringlichkeit) pushiness **Penetration** F̲ penetration **penetrieren** V̲/T̲ to penetrate **penibel** A̲D̲J̲ (≈ gründlich, genau) precise **Penis** M̲ penis

Penizillin N̲ penicillin

Pennbruder umg M̲ tramp **Penne** F̲ SCHULE umg school **pennen** V̲/I̲ (≈ schlafen) to sleep **Penner(in)** umg M̲/F̲ **1** tramp, bum umg **2** (≈ Blödmann) plonker umg

Pension F̲ **1** zum Übernachten guesthouse, B&B **2** (≈ Verpflegung) board; **hal-**

P

be/volle ~ half/full board **3** (≈ *Ruhegehalt*) pension **4** (≈ *Ruhestand*) retirement; **in ~ gehen** to retire; **in ~ sein** to be retired **Pensionär(in)** M|F| *Pension beziehend* pensioner; *im Ruhestand befindlich* retired person, senior **pensionieren** V|T| to pension off; **sich ~ lassen** to retire; **pensioniert** in retirement, retired **Pensionierung** F| pensioning-off; (≈ *Ruhestand*) retirement **Pensionsalter** N| retirement age **Pensionsanspruch** M| right to a pension **pensionsberechtigt** ADJ| entitled to a pension **Pensionsgast** M| paying guest

Pensum N| workload; **tägliches ~** daily quota

Pep M| (≈ *Schwung*) pep *umg*, oomph *umg*; **Pep haben** to be dynamic, to be full of zip *umg*; **ihm fehlt der Pep** he doesn't have any oomph *umg*

Peperoni P|L| chillies *pl Br*, chilies *pl* **peppig** *umg* ADJ| *Musik, Show* lively

per PRÄP| (≈ *mittels, durch*) by; **mit j-m per du sein** *umg* to be on first-name terms with sb

Percussion F| MUS percussion **Perestroika** F| POL perestroika **perfekt** A| ADJ| **1** (≈ *vollkommen*) perfect **2** (≈ *abgemacht*) settled; **etw ~ machen** to settle sth; **der Vertrag ist ~** the contract is all settled **B** ADV| (≈ *sehr gut*) perfectly; **~ Englisch sprechen** to speak perfect English **Perfekt** N| perfect (tense) **Perfektion** F| perfection; **etw (bis) zur ~ entwickeln** *Ausreden etc* to get sth down to a fine art **perfektionieren** V|T| to perfect **Perfektionist(in)** M|F| perfectionist **perforieren** V|T| to perforate **Performance** F| WIRTSCH performance **Pergament** N| **1** parchment **2** (*a.* **~papier**) greaseproof paper **Pergola** F| arbour *Br*, arbor *US* **Periduralanästhesie** F| epidural *od* peridural anaesthesia *Br*, epidural *od* peridural anesthesia *US* **Periode** F| period; ELEK cycle; **0,33 ~** 0.33 recurring **periodisch** A| ADJ| periodic(al); (≈ *regelmäßig*) regular **B** ADV| periodically **Peripherie** F| periphery; *von Stadt* outskirts *pl* **Peripheriegerät** N| peripheral **Periskop** N| periscope

Perle F| pearl; (≈ *Glasperle, Wasserperle, Schweißperle*) bead **perlen** V|I| (≈ *sprudeln*) to bubble; *Champagner* to fizz; (≈ *fallen, rollen*) to trickle; **der Schweiß perlte ihm von der Stirn** beads of sweat were running down his forehead **Perlenkette** F| string of pearls **Perlentaucher(in)** M|F| pearl diver **Perlhuhn** N| guinea fowl **Perlmutt** N|, **Perlmutter** F| mother-of-pearl **Permalink** M|N| IT *dauerhafter Indikator* permalink

permanent A| ADJ| permanent **B** ADV| constantly

perplex ADJ| dumbfounded

Perron M| *schweiz* BAHN platform

Perser M| (≈ *Teppich*) Persian carpet; (≈ *Brücke*) Persian rug **Perser(in)** M|F| Persian **Persianer** M| Persian lamb **Persilschein** *hum umg* M| clean bill of health *umg*; **j-m einen ~ ausstellen** to absolve sb of all responsibility *hum umg* **persisch** ADJ| Persian; **Persischer Golf** Persian Gulf

Perso M| *umg* (≈ *Personalausweis*) ID card **Person** F| person; LIT, THEAT character; **~en** people; **pro ~** per person; **ich für meine ~ ...** I for my part ...; **j-n zur ~ vernehmen** JUR to question sb concerning his identity; **Angaben zur ~ machen** to give one's personal details; **sie ist die Geduld in ~** she's patience personified; **das Verb steht in der ersten ~ Plural** the verb is in the first person plural **Personal** N| personnel, staff **Personalabbau** M| staff cuts *pl* **Personalabteilung** F| personnel (department), human resources *pl* **Personalakte** F| personnel file **Personalausweis** M| identity card **Personalberater(in)** M|F| personnel consultant **Personalbestand** M| number of staff **Personalchef(in)** M|F| personnel manager **Personal Computer** M| personal computer **Personalentwicklung** F| human resource development **Personalien** P|L| particulars *pl*, personal data *pl* **Personalkosten** P|L| personnel costs *pl* **Personalleiter(in)** M|F| personnel manager **Personalmangel** M| shortage of staff; **an ~ leiden** to be understaffed **Personalplanung** F| staff planning **Personalpronomen** N| personal pronoun **personell** A| ADJ| staff *attr*, personnel *attr*; *Konsequenzen* for staff **B** ADV **die Abteilung wird ~ aufgestockt** more staff will be taken on in the department **Personenaufzug** M (passenger) lift Br, (passenger) elevator US **Personenbeschreibung** F (personal) description **personenbezogen** ADJ Daten personal **Personengesellschaft** F partnership **Personenkreis** M group of people **Personenkult** M personality cult **Personenschaden** M injury to persons; **es gab keine Personenschäden** no-one was injured **Personenschutz** M personal security **Personenverkehr** M passenger services pl **Personenwaage** F scales pl **Personenwagen** M AUTO car, automobile US Gegensatz: Schnellzug slow train; Gegensatz: Güterzug passenger train **personifizieren** VT to personify **Personifizierung** F personification **persönlich** **A** ADJ personal; At-mosphäre friendly; **~es Fürwort** personal pronoun **B** ADV personally; auf Briefen private (and confidential); **etw ~ nehmen** to take sth personally **Persönlichkeit** F personality; **~en des öffentlichen Lebens** public figures

Perspektive F Optik, a. KUNST perspective; (≈ Blickpunkt) angle; (≈ Gesichtspunkt) point of view; fig (≈ Zukunftsausblick) prospects pl; **das eröffnet ganz neue ~n für uns** that opens new horizons for us **perspektivisch** ADJ perspective attr; **die Zeichnung ist nicht ~** the drawing is not in perspective **perspektivlos** ADJ without prospects

Peru N Peru **Peruaner(in)** M(F) Peruvian **peruanisch** ADJ Peruvian

Perücke F wig

pervers ADJ perverted **Perversion** F perversion **Perversität** F perversion **pervertieren** VT to pervert

Peschmerga PL kurdische Kämpfer Peshmerga

Pessar N pessary; zur Empfängnisverhütung diaphragm

Pessimismus M pessimism **Pessimist(in)** M(F) pessimist **pessimistisch** ADJ pessimistic; **da bin ich ~** I'm pessimistic about it

Pest F plague; **j-n/etw wie die ~ hassen** umg to loathe (and detest) sb/sth; **j-n wie die ~ meiden** umg to avoid sb like the plague; **wie die ~ stinken** umg to

stink to high heaven umg

Pestizid N pesticide

Pesto N/M GASTR pesto

Petersilie F parsley

PET-Flasche F PET bottle

Petition F petition **Petitionsausschuss** M committee on petitions

Petrochemie F petrochemistry **petrochemisch** ADJ petrochemical **Petrodollar** M petrodollar **Petroleum** N paraffin (oil) Br, kerosene bes US **Petroleumlampe** F paraffin lamp Br, kerosene lamp bes US

Petting N petting

petto ADV **etw in ~ haben** umg to have sth up one's sleeve umg

petzen umg **A** VT **der petzt alles** he always tells **B** VI to tell (tales) (**bei** to) **Petzer(in)** M(F) SCHULE umg snitch umg, sneak umg

Pfad M a. IT path **Pfadfinder** M (Boy) Scout; **bei den ~n sein** to be in the Boy Scouts **Pfadfinderin** F Girl Guide Br, Girl Scout US

Pfahl M post; (≈ Brückenpfahl) pile; (≈ Marterpfahl) stake **Pfahlbau** M Bauweise building on stilts

Pfalz F **1** (≈ Rheinpfalz) Rhineland od Lower Palatinate **2** (≈ Oberpfalz) Upper Palatinate **pfälzisch** ADJ Palatine

Pfand N security; beim Pfänderspiel forfeit; (≈ Verpackungspfand) deposit; **ich gebe mein Wort als ~** I pledge my word; **auf dem Glas ist ~** there's a deposit on the glass **pfändbar** ADJ JUR distrainable form **Pfandbrief** M von Bank, Regierung bond **pfänden** VT JUR to impound; Konto, Gehalt to seize; **j-n ~** to impound some of sb's possessions **Pfänderspiel** N (game of) forfeits **Pfandflasche** F returnable bottle **Pfandleihe** F (≈ Pfandhaus) pawnshop **Pfandleiher(in)** M(F) pawnbroker **Pfandschein** M pawn ticket **Pfändung** F seizure

Pfanne F GASTR pan; (≈ Bratpfanne) frying pan Br, skillet US; ANAT socket; **j-n in die ~ hauen** umg to do the dirty on sb umg; (≈ vernichtend schlagen) to wipe the floor with sb umg; **etwas auf der ~ haben** umg geistig to have it up there umg **Pfannengericht** N GASTR fry-up **Pfannkuchen** M (≈ Eierpfannkuchen) pancake; (≈ Berliner) (jam) doughnut Br, (jam) donut US

Pfarrei F (≈ Gemeinde) parish **Pfarrer(in)** M(F) (parish) priest; von Freikirchen minister **Pfarrgemeinde** F parish **Pfarrhaus** N **1** katholisch presbytery **2** bes evangelisch rectory, vicarage **3** in Schottland manse **4** andere Kirchen in USA parsonage **Pfarrkirche** F parish church

Pfau M peacock

Pfeffer M pepper **Pfeffergurke** F gherkin **Pfefferkorn** N peppercorn **Pfefferkuchen** M gingerbread **Pfefferminz** N, **Pfefferminzbonbon** N/M (pepper)mint **Pfefferminze** F peppermint **Pfefferminztee** M (pepper)mint tea **Pfeffermühle** F pepper mill **pfeffern** V/T **1** GASTR to season with pepper; fig to pepper; → gepfeffert **2** umg **j-m eine ~** to clout sb one Br umg **Pfefferstreuer** M pepper pot

Pfeife F **1** whistle; (≈ Orgelpfeife) pipe; **nach j-s ~ tanzen** to dance to sb's tune **2** zum Rauchen pipe **3** umg (≈ Versager) wash-out umg **pfeifen** A V/I to whistle; **ich pfeife auf seine Meinung** umg I couldn't care less about what he thinks **B** V/T to whistle; MUS to pipe; SPORT umg Spiel to ref umg; Abseits, Foul to give **Pfeifer(in)** M(F) piper **Pfeifkessel** M whistling kettle **Pfeifkonzert** N barrage od hail of catcalls od whistles **Pfeil** M arrow; (≈ Wurfpfeil) dart; **~ und Bogen** bow and arrow

Pfeiler M pillar; von Hängebrücke pylon; (≈ Stützpfeiler) buttress

pfeilförmig ADJ V-shaped **pfeilgerade** ADJ as straight as a die; **eine ~ Linie** a dead straight line **Pfeilspitze** F arrowhead **Pfeiltaste** F COMPUT arrow key

Pfennig M HIST pfennig (one hundredth of a deutschmark); **er hat keinen ~ (Geld)** he hasn't got a penny to his name; **es ist keinen ~ wert** fig it's not worth a thing od a red cent US; **mit dem od jedem ~ rechnen müssen** fig to have to watch every penny **Pfennigabsatz** M stiletto heel **Pfennigfuchser(in)** M(F) umg miser

Pferch N fold **pferchen** V/T to cram

Pferd N horse; Schach knight; **zu ~(e)** on horseback; **aufs falsche ~ setzen** to back the wrong horse; **wie ein ~ arbeiten** od **schuften** umg to work like a Trojan; **keine zehn ~e brächten mich dahin** umg wild horses couldn't drag me there; **mit ihm kann man ~e stehlen** umg he's a great sport umg; **er ist unser bestes ~ im Stall** he's our best man **Pferdefuhrwerk** N horse and cart **Pferdegebiss** N horsey teeth **Pferdekoppel** F paddock **Pferderennbahn** F race course **Pferderennen** N Sportart (horse) racing; einzelnes Rennen (horse) race **Pferdeschwanz** M horse's tail; Frisur ponytail **Pferdesport** M equestrian sport **Pferdestall** M stable **Pferdestärke** F horse power kein pl, hp

Pfiff M **1** whistle **2** (≈ Reiz) style; **der Soße fehlt noch der letzte ~** the sauce still needs that extra something; **eine Inneneinrichtung mit ~** a stylish interior or

Pfifferling M chanterelle; **keinen ~ wert** umg not worth a thing

pfiffig A ADJ smart B ADV cleverly

Pfingsten N Whitsun Br, Pentecost US **Pfingstmontag** M Whit Monday Br, Pentecost Monday US **Pfingstrose** F peony **Pfingstsonntag** M Whit Sunday Br, Pentecost US **Pfingstwoche** F Whit week Br, the week of the Pentecost holiday US

Pfirsich M peach **Pfirsichblüte** F peach blossom

Pflanz M österr umg (≈ Betrug) con umg **Pflanze** F **1** (≈ Gewächs) plant; **~n fressend** herbivorous **2** umg (≈ Mensch) **sie ist eine seltsame ~** she is a strange fish umg **pflanzen** V/T **1** to plant **2** österr umg (≈ auf den Arm nehmen) **j-n ~** to take the mickey out of sb Br umg, to put sb on US **Pflanzenfaser** F plant fibre Br, plant fiber US **Pflanzenfett** N vegetable fat **pflanzenfressend** ADJ herbivorous **Pflanzenfresser** M herbivore **Pflanzenkunde** F, **Pflanzenlehre** F botany **Pflanzenmargarine** F vegetable margarine **Pflanzenöl** N vegetable oil **Pflanzenschutzmittel** N pesticide **pflanzlich** A ADJ Fette, Nahrung vegetable attr; Organismen plant attr B ADV **sich rein ~ ernähren** to eat no animal products; Tier to be a herbivore **Pflanzung** F (≈ Plantage) plantation

Pflaster N **1** (≈ Heftpflaster) (sticking) plaster Br, adhesive tape US **2** (≈ Straßenpflaster) (road) surface; **ein gefährli-**

ches ~ *umg* a dangerous place **pflastern** V/T *Straße, Hof* to surface; *mit Steinplatten* to pave; **eine Straße neu ~** to resurface a road **Pflasterstein** M̅ paving stone

Pflaume F̅ **1** plum; **getrocknete ~** prune **2** *umg* (≈ *Mensch*) dope *umg* **Pflaumenbaum** M̅ plum tree **Pflaumenmus** N̅ plum jam

Pflege F̅ care; *von Beziehungen* cultivation; *von Maschinen, Gebäuden* maintenance; **j-n/etw in ~ nehmen** to look after sb/sth; **j-n/etw in ~ geben** to have sb/sth looked after; **ein Kind in ~ nehmen** to foster a child; **ein Kind in ~ geben** to have a child fostered; **der Garten braucht viel ~** the garden needs a lot of care and attention **pflegebedürftig** A̅D̅J̅ in need of care (and attention) **Pflegeberuf** M̅ caring profession **Pflegedienst** M̅ home nursing service **Pflegeeltern** P̅L̅ foster parents *pl* **Pflegefall** M̅ **sie ist ein ~** she needs constant care **Pflegegeld** N̅ *für Pflegekinder* boarding-out allowance; *für Kranke* attendance allowance **Pflegeheim** N̅ nursing home **Pflegekind** N̅ foster child **Pflegekosten** P̅L̅ nursing fees *pl* **Pflegekostenversicherung** F̅ private nursing insurance **pflegeleicht** A̅D̅J̅ easy-care; **er ist ~** he's easy to get along with **Pflegemutter** F̅ foster mother **pflegen** A̅ V/T to look after; *Beziehungen* to cultivate; *Maschinen, Gebäude* to maintain; → **gepflegt** B̅ V/I (≈ *gewöhnlich tun*) to be in the habit (**zu** of); **sie pflegte zu sagen** she used to say; **wie man zu sagen pflegt** as they say C̅ V/R (≈ *sein Äußeres pflegen*) to care about one's appearance **Pflegepersonal** N̅ M̅ED̅ nursing staff **Pfleger** M̅ *im Krankenhaus* orderly; *voll qualifiziert* (male) nurse **Pflegerin** F̅ nurse **Pflegesohn** M̅ foster son **Pflegestation** F̅ nursing ward **Pflegetochter** F̅ foster daughter **Pflegevater** M̅ foster father **Pflegeversicherung** F̅ nursing care insurance **pfleglich** A̅ A̅D̅J̅ careful B̅ A̅D̅V̅ *behandeln* carefully, with care

Pflicht F̅ **1** (≈ *Verpflichtung*) duty (**zu** to); **Rechte und ~en** rights and responsibilities; **j-n in die ~ nehmen** to remind sb of his duty; **die ~ ruft** duty calls; **ich habe es mir zur ~ gemacht** I've taken it

upon myself; **das ist ~** you have to do that, it's compulsory **2** S̅PO̅RT̅ compulsory section **pflichtbewusst** A̅D̅J̅ conscientious **Pflichtbewusstsein** N̅ sense of duty **Pflichterfüllung** F̅ fulfilment of one's duty *Br*, fulfillment of one's duty *US* **Pflichtfach** N̅ compulsory subject **Pflichtfeld** N̅ *auf Formular* required field **Pflichtgefühl** N̅ sense of duty **pflichtgemäß** A̅ A̅D̅J̅ dutiful B̅ A̅D̅V̅ dutifully **Pflichtübung** F̅ compulsory exercise **pflichtversichert** A̅D̅J̅ compulsorily insured **Pflichtversicherte(r)** M̅/F̅(M̅) compulsorily insured person **Pflichtversicherung** F̅ compulsory insurance

Pflock M̅ peg; *für Tiere* stake

pflücken V̅/T̅ to pick **Pflücker(in)** M̅(F̅) picker

Pflug M̅ plough *Br*, plow *US* **pflügen** V̅/T̅ & V̅/I̅ to plough *Br*, to plow *US*

Pforte F̅ (≈ *Tor*) gate **Pförtner(in)** M̅(F̅) porter; *von Fabrik* gateman/woman; *von Behörde* doorman/woman

Pfosten M̅ post; (≈ *Fensterpfosten*) (window) jamb; (≈ *Türpfosten*) doorpost; F̅US̅SB̅ (goal)post

Pfote F̅ paw; *sich* (*dat*) **die ~n verbrennen** to burn one's fingers

Pfropf M̅ (≈ *Stöpsel*) stopper; (≈ *Kork*) cork; *von Fass* bung; M̅ED̅ (≈ *Blutpfropf*) (blood) clot; *verstopfend* blockage **pfropfen** V̅/T̅ **1** *Flasche* to bung, to stop up **2** *umg* (≈ *hineinzwängen*) to cram; **gepfropft voll** jam-packed *umg* **Pfropfen** M̅ → Pfropf

pfui I̅N̅T̅ *Ekel* ugh; *zu Hunden* oy; *Buhruf* boo; **~ Teufel** *umg* ugh

Pfund N̅ **1** (≈ *Gewicht*) pound; **drei ~ Äpfel** three pounds of apples; **ein halbes ~** half a pound **2** (≈ *Währungseinheit*) pound; **in ~** in pounds **Pfundskerl** M̅ *umg* great guy *umg* **pfundweise** A̅D̅V̅ by the pound

Pfusch M̅ **1** *umg* → Pfuscherei **2** *österr* (≈ *Schwarzarbeit*) moonlighting *umg* **pfuschen** V̅/I̅ **1** (≈ *schlecht arbeiten*) to bungle; (≈ *einen Fehler machen*) to slip up **2** S̅CH̅UL̅E̅ to cheat **3** *österr* (≈ *schwarzarbeiten*) to moonlight *umg* **Pfuscher(in)** *umg* M̅(F̅) bungler **Pfuscherei** F̅ (≈ *das Pfuschen*) bungling *kein pl*; (≈ *gepfuschte Arbeit*) botch-up *umg*

Pfütze F̅ puddle

PH F̅ A̅B̅K̅ (= Pädagogische Hochschule)

college of education

Phablet N̄ IT *(≈ internetfähiges Mobiltelefon)* phablet

Phallus M̄ phallus **Phallussymbol** N̄ phallic symbol

Phänomen N̄ phenomenon **phänomenal** A ADJ phenomenal B ADV phenomenally (well)

Phantasie F̄ → Fantasie **phantastisch** ADJ & ADV → fantastisch

Phantom N̄ *(≈ Trugbild)* phantom **Phantombild** N̄ Identikit® (picture), Photofit® (picture)

Pharao M̄ Pharaoh

Pharmaindustrie F̄ pharmaceuticals industry **Pharmakologe** M̄, **Pharmakologin** F̄ pharmacologist **Pharmakologie** F̄ pharmacology **pharmakologisch** ADJ pharmacological **Pharmaunternehmen** N̄ pharmaceuticals company **Pharmazeut(in)** M̄(F̄) pharmacist, druggist US **pharmazeutisch** ADJ pharmaceutical **Pharmazie** F̄ pharmacy, pharmaceutics sg

Phase F̄ phase

Philatelie F̄ philately **Philatelist(in)** M̄(F̄) philatelist

Philharmonie F̄ *(≈ Orchester)* philharmonic (orchestra); *(≈ Konzertsaal)* philharmonic hall **Philharmoniker(in)** M̄(F̄) *(≈ Musiker)* member of a philharmonic orchestra

Philippinen PL Philippines pl **philippinisch** ADJ Filipino

Philologe M̄, **Philologin** F̄ philologist **Philologie** F̄ philology **philologisch** ADJ philological

Philosoph(in) M̄(F̄) philosopher **Philosophie** F̄ philosophy **philosophieren** V̄I to philosophize (**über** +akk about) **philosophisch** A ADJ philosophical B ADV philosophically

Phlegma N̄ apathy **Phlegmatiker(in)** M̄(F̄) apathetic person **phlegmatisch** A ADJ apathetic B ADV apathetically

pH-neutral ADJ pH-balanced

Phobie F̄ phobia (**vor** +dat about)

Phon N̄ phon **Phonetik** F̄ phonetics sg **phonetisch** ADJ phonetic; **~e Schrift** phonetic transcription

Phonotypist(in) M̄(F̄) audiotypist **Phonstärke** F̄ decibel

Phosphat N̄ phosphate **phosphatfrei** ADJ phosphate-free **phosphat-**

haltig ADJ containing phosphates **Phosphor** M̄ phosphorus **phosphoreszieren** V̄I to phosphoresce

Photo etc N̄ → Foto

Phrase F̄ phrase; *pej* empty phrase; **abgedroschene ~** cliché, hackneyed phrase Br; **~n dreschen** umg to churn out one cliché after another **Phrasendrescher(in)** pej M̄(F̄) windbag umg

pH-Wert M̄ pH value

Physik F̄ physics sg **physikalisch** A ADJ physical B ADV physically **Physiker(in)** M̄(F̄) physicist **Physiksaal** M̄ physics lab **Physikum** N̄ UNIV preliminary examination in medicine **physiologisch** A ADJ physiological B ADV physiologically **Physiotape** N̄ MED, SPORT physio tape **Physiotherapeut(in)** M̄(F̄) physiotherapist **Physiotherapie** F̄ physiotherapy **physisch** A ADJ physical B ADV physically

Pi N̄ MATH pi; **die Zahl Pi** the number represented by pi

Pianist(in) M̄(F̄) pianist

Piccolo M̄ 1 *(a. ~flasche)* quarter bottle of champagne 2 *(a. ~flöte)* piccolo; **~ spielen** to play the piccolo

picheln umg V̄I to booze umg

Pichelsteiner M̄, **Pichelsteiner Topf** M̄ GASTR meat and vegetable stew

Pick M̄ österr *(≈ Klebstoff)* glue

Pickel M̄ 1 *(≈ Spitzhacke)* pick(axe) Br, pick(ax) US; *(≈ Eispickel)* ice axe Br, ice ax US **pick(e)lig** ADJ spotty

picken V̄T & V̄I 1 to peck (**nach at**) 2 österr *(≈ kleben)* to stick

Pickerl österr N̄ 1 *(≈ Aufkleber)* sticker 2 *(≈ Autobahnvignette)* motorway permit sticker Br, turnpike permit sticker US

Picknick N̄ picnic; **~ machen** to have a picnic **picknicken** V̄I to (have a) picnic **Picknickkorb** M̄ picnic basket; größer picnic hamper

picobello umg ADV **~ gekleidet** immaculately dressed; **~ sauber** absolutely spotless

Piefke M̄ österr pej *(≈ Deutscher)* Kraut pej

pieken umg V̄T & V̄I to prick **piekfein** umg ADJ posh umg; **~ eingerichtet sein** to have classy furnishings

piepen V̄I Vogel to cheep; Maus to squeak; Funkgerät etc to bleep; **bei dir piept's wohl!** umg are you off your rocker? *umg*; **es war zum Piepen!** *umg* it was a scream! *umg* **Piepser** M̲ TEL *umg* bleeper **Piepton** M̲ bleep

Pier M̲ jetty, pier

piercen V̲T̲ to pierce; **sich** (*dat*) **die Zunge ~ lassen** to get one's tongue pierced; **gepierct sein** to have a piercing; *mehrfach* to have some piercings

Piercing N̲ ◼◼ (body) piercing ◼◻ *Körperschmuck* piece of body jewellery *Br*, piece of body jewelry *US*

piesacken V̲T̲ *umg* (≈*quälen*) to torment

Pietät F̲ (≈*Ehrfurcht*) reverence *kein pl*; (≈*Achtung*) respect **pietätlos** A̲D̲J̲ irreverent; (≈*ohne Achtung*) lacking in respect

Pigment N̲ pigment

Pik N̲ *Spielkartenfarbe* spades *pl*; *einzelne Karte* spade

pikant A̲D̲J̲ piquant; **~ gewürzt** well-seasoned, spicy

Pike F̲ pike; **etw von der ~ auf lernen** *fig* to learn sth starting from the bottom

pikiert *umg* A̲D̲J̲ put out; **sie machte ein ~es Gesicht** she looked put out

Pikkolo M̲ → Piccolo

Piktogramm N̲ pictogram

Pilates N̲ pilates

Pilger(in) M̲F̲ pilgrim **Pilgerfahrt** F̲ pilgrimage **pilgern** V̲I̲ to make a pilgrimage; *umg* (≈*gehen*) to make one's way

Pille F̲ pill; **sie nimmt die ~** she's on the pill; **die ~ danach** the morning-after pill; **das war eine bittere ~ für ihn** *fig* that was a bitter pill for him (to swallow)

Pilot(in) M̲F̲ pilot **Pilotfilm** M̲ pilot movie **Pilotprojekt** N̲ pilot scheme

Pils N̲, **Pilsner** N̲ Pils

Pilz M̲ ◼◼ fungus; *giftig* toadstool; *essbar* mushroom; **~e sammeln** to go mushroom-picking; **wie ~e aus dem Boden schießen** to spring up like mushrooms ◼◻ (≈*Hautpilz*) fungal skin infection **Pilzkrankheit** F̲ fungal disease **Pilzvergiftung** F̲ fungus poisoning

Piment N̲M̲ allspice, pimento

Pimmel M̲ *umg* willy *Br umg*, weenie *US umg*

pimpen V̲T̲ *umg* aufpeppen to pimp up *umg*

Pin M̲ *von Stecker* pin

PIN F̲A̲B̲K̲ (≈ *persönliche Identifikationsnummer*), **PIN-Nummer** F̲ PIN (number)

pingelig *umg* A̲D̲J̲ finicky *umg*

Pinguin M̲ penguin

Pinie F̲ pine

pink A̲D̲J̲ shocking pink

Pinkel *umg* M̲ **ein feiner ~** a swell, His Highness *umg* **pinkeln** *umg* V̲I̲ to pee *umg*

Pinnwand F̲ (notice) board

Pinscher M̲ pinscher

Pinsel M̲ brush **pinseln** V̲T̲ & V̲I̲ *umg* (≈*streichen*), *a.* MED to paint; *pej* (≈*malen*) to daub

Pinzette F̲ (pair of) tweezers *pl*

Pionier(in) M̲F̲ ◼◼ MIL sapper ◼◻ *fig* pioneer **Pionierarbeit** F̲ pioneering work **Pioniergeist** M̲ pioneering spirit

Pipeline F̲ pipeline

Pipette F̲ pipette

Pipi *kinderspr* N̲M̲ wee(-wee) *kinderspr*; **~ machen** to do a wee(-wee)

Pipifax *umg* M̲ (≈*Unsinn*) nonsense, rubbish *Br*; (≈*Lappalie*) trivial stuff

Pirat(in) M̲F̲ ◼◼ pirate ◼◻ *Mitglied der Piratenpartei* member of the Pirate Party **Piratenschiff** N̲ pirate ship **Piratensender** M̲ pirate radio station **Piraterie** *wörtl, fig* F̲ piracy

Pirsch F̲ stalk; **auf (die) ~ gehen** to go stalking

PISA-Studie F̲ SCHULE PISA study

pissen *vulg* V̲I̲ to (take a) piss *sl*; *sl* (≈*regnen*) to pour down *umg*

Pistazie F̲ pistachio

Piste F̲ SKI piste; (≈*Rennbahn*) track; FLUG runway; **auf die ~ gehen** *umg* to go on a pub crawl *umg*

Pistole F̲ pistol; **j-m die ~ auf die Brust setzen** *fig* to hold a pistol to sb's head; **wie aus der ~ geschossen** *fig* like a shot *umg*

Pitahaya F̲ *Frucht* dragon fruit, pitahaya, pitaya

Pit-Bull-Terrier M̲ pit bull terrier

pittoresk A̲D̲J̲ picturesque

Pixel N̲ IT pixel

Pizza F̲ pizza **Pizzabäcker(in)** M̲F̲ pizza chef **Pizzagewürz** N̲ pizza spice **Pizzaservice** M̲ pizza delivery service **Pizzeria** F̲ pizzeria

Pjöngjang N̲ Pyongyang

Pkw M̲ car

PKW-Maut F̲ toll charge for cars

Placebo N̲ placebo

P

Plackerei _umg_ F̲ grind _umg_
plädieren V̲I̲ to plead (**für, auf** +_akk_ for)
Plädoyer N̲ JUR summation _US_, summing up; _fig_ plea
Plafond M̲ _bes schweiz, südd, a. fig_ ceiling
Plage F̲ ① plague ② _fig_ (≈ _Mühe_) nuisance; **sie hat ihre ~ mit ihm** he's a trial for her **plagen** A̲ V̲/T̲ to plague; **ein geplagter Mann** a harassed man B̲ V̲R̲ ① (≈ _leiden_) to be troubled (**mit** by) ② (≈ _sich abrackern_) to slave away _umg_
Plagiat N̲ ① (≈ _geistiger Diebstahl_) plagiarism ② _Buch, Film etc_ book/film _etc_ resulting from plagiarism; **dieses Buch ist ein ~** this book is plagiarism **plagiieren** V̲/T̲ & V̲/I̲ to plagiarize
Plakat N̲ _an Litfaßsäulen etc_ poster; _aus Pappe_ placard **plakatieren** V̲/T̲ to placard; _fig_ to broadcast **Plakatwerbung** F̲ poster advertising
Plakette F̲ (≈ _Abzeichen_) badge
Plan¹ M̲ ① **–** B̲ _Alternativplan_ plan B; **wir haben den ~, …** we're planning to …; **es verlief alles nach ~** everything went according to plan ② (≈ _Stadtplan_) (street) map; (≈ _Bauplan_) plan; (≈ _Zeittafel, Fahrplan_) schedule
Plan² M̲ **auf den ~ treten** _fig_ to arrive _od_ come on the scene; **j-n auf den ~ rufen** _fig_ to bring sb into the arena
Plane F̲ tarpaulin; (≈ _Schutzdach_) canopy
planen V̲/T̲ & V̲/I̲ to plan **Planer(in)** M̲(F̲) planner
Planet M̲ planet **planetarisch** A̲D̲J̲ planetary **Planetarium** N̲ planetarium
Planfeststellungsverfahren N̲ _Hoch- und Tiefbau_ planning permission hearings _pl_
planieren V̲/T̲ _Boden_ to level (off); _Werkstück_ to planish **Planierraupe** F̲ bulldozer
Planke F̲ plank; (≈ _Leitplanke_) crash barrier
Plänkelei _fig_ F̲ squabble **plänkeln** _fig_ V̲/I̲ to squabble
Plankton N̲ plankton
planlos A̲ A̲D̲J̲ unmethodical; (≈ _ziellos_) random B̲ A̲D̲V̲ _umherirren_ aimlessly; _vorgehen_ without any clear direction **Planlosigkeit** F̲ lack of planning **planmäßig** A̲ A̲D̲J̲ (≈ _wie geplant_) as planned; (≈ _pünktlich_) on schedule; **~e Ankunft/ Abfahrt** scheduled time of arrival/de-

parture B̲ A̲D̲V̲ ① (≈ _systematisch_) systematically ② (≈ _fahrplanmäßig_) on schedule
Planschbecken N̲ paddling pool _Br_, wading pool _US_ **planschen** V̲/I̲ to splash around
Planspiel N̲ experimental game; MIL map exercise
Planstelle F̲ post
Plantage F̲ plantation
Planung F̲ planning; **diese Straße ist noch in ~** this road is still being planned **Planungssicherheit** F̲ planning security **Planwagen** M̲ covered wagon **Planwirtschaft** F̲ planned economy
Plappermaul _umg_ N̲ (≈ _Mund_) big mouth _umg_; (≈ _Schwätzer_) windbag _umg_ **plappern** V̲/I̲ to chatter; (≈ _Geheimnis verraten_) to blab _umg_
plärren V̲/T̲ & V̲/I̲ _umg_ (≈ _weinen_) to howl; _Radio_ to blare (out); (≈ _schreien_) to yell
Plasma N̲ plasma
Plastik¹ N̲ (≈ _Kunststoff_) plastic
Plastik² F̲ (≈ _Skulptur_) sculpture
Plastikbeutel M̲ plastic bag **Plastikflasche** F̲ plastic bottle **Plastikfolie** F̲ plastic film **Plastikgeld** _umg_ N̲ plastic money **Plastiksack** M̲ (large) plastic bag **Plastiksprengstoff** M̲ plastic explosive **Plastiktüte** F̲ plastic bag **plastisch** A̲ A̲D̲J̲ ① (≈ _dreidimensional_) three-dimensional, 3-D; _fig_ (≈ _anschaulich_) vivid ② KUNST plastic; **die ~e Kunst** plastic art ③ MED _Chirurgie_ plastic B̲ A̲D̲V̲ ① _räumlich_ three-dimensionally ② _fig_ (≈ _anschaulich_) **etw ~ schildern** to give a graphic description of sth; **das kann ich mir ~ vorstellen** I can just imagine it
Platane F̲ plane tree
Plateau N̲ ① plateau ② _von Schuh_ platform **Plateausohle** F̲ platform sole
Platin N̲ platinum
Platine F̲ COMPUT circuit board
platonisch A̲D̲J̲ ① Platonic; (≈ _nicht sexuell_) platonic
platschen _umg_ V̲/I̲ to splash
plätschern V̲/I̲ _Bach_ to babble; _Brunnen_ to splash; _Regen_ to patter
platt A̲ A̲D̲J̲ ① (≈ _flach_) flat; **einen Platten haben** _umg_ to have a flat tire _Br_, to have a flat tire _US_ ② _umg_ (≈ _verblüfft_) **~ sein** to be flabbergasted _umg_ B̲ A̲D̲V̲ _walzen_ flat; **etw ~ drücken** to press sth flat **Platt** _umg_ N̲ Low German, Platt-

deutsch **plattdeutsch** ADJ Low German **Platte** F **1** (≈ *Holzplatte*) piece of wood, board; *zur Wandverkleidung* panel; (≈ *Glasplatte/Metallplatte/Plastikplatte*) piece of glass/metal/plastic; (≈ *Steinplatte*) slab; (≈ *Kachel, Fliese*) tile; (≈ *Grabplatte*) gravestone; (≈ *Herdplatte*) hotplate; (≈ *Tischplatte*) (table) top; FOTO plate; (≈ *Gedenktafel*) plaque; COMPUT disk **2** (≈ *Schallplatte*) record **3** GEOG **Eurasische** ~ Eurasian Plate **4** *umg* (≈ *Glatze*) bald head **plätten** VT *dial* to iron **Plattenbau** M plattenbau, large panel system building **Plattenlaufwerk** N COMPUT disk drive **Plattensammlung** F record collection **Plattensee** M **der** ~ Lake Balaton **Plattenspieler** M record player **Plattenteller** M turntable **Plattfisch** M flatfish **Plattform** F platform; *fig* (≈ *Grundlage*) basis **plattformübergreifend** ADJ IT cross-platform **Plattfuß** M **1** MED **Plattfüße haben** to have flat feet **2** *umg Reifenpanne* flat foot *umg* **Plattheit** F **1** (≈ *Flachheit*) flatness **2** (≈ *Redensart etc*) platitude, cliché **Plättli** N *schweiz* (≈ *Fliese, Kachel*) tile **plattmachen** *umg* VT (≈ *töten*) to level; (≈ *töten*) to do in *umg*

Platz M **1** (≈ *freier Raum*) room, space; (≈ *Leerraum*) space; ~ **für j-n/etw schaffen** to make room for sb/sth; ~ **einnehmen** to take up room; ~ **raubend** → platzraubend; ~ **sparend** → platzsparend; **j-m den (ganzen) ~ wegnehmen** to take up all the room; **j-m ~ machen** to make room for sb; (≈ *vorbeigehen lassen*) to make way for sb *a. fig*; ~ **machen** to get out of the way *umg*; **mach mal ein bisschen ~** make a bit of room **2** (≈ *Sitzplatz*) seat; ~ **nehmen** to take a seat; **ist hier noch ein ~ frei?** is it okay to sit here?; **dieser ~ ist belegt** *od* **besetzt** this seat's taken; ~**! zum Hund** (lie) down! **3** (≈ *Stelle, Standort*) place; **das Buch steht nicht an seinem** ~ the book isn't in (its) place; **etw (wieder) an seinen ~ stellen** to put sth (back) in (its) place; **fehl** *od* **nicht am** ~(**e**) **sein** to be out of place; **auf die Plätze, fertig, los!** *beim Sport* on your marks, get set, go!; **den ersten** ~ **einnehmen** *fig* to take first place; **auf** ~ **zwei** in second place **4** (≈ *umbaute Fläche*) square **5** (≈ *Sportplatz*) playing field;

FUSSB pitch; (≈ *Tennisplatz*) court; (≈ *Golfplatz*) (golf) course; **einen Spieler vom** ~ **verweisen** to send a player off *Br*, to eject a player *US*; **auf gegnerischem** ~ away; **auf eigenem** ~ at home **6** (≈ *Ort*) town, place; **das erste Hotel am** ~(**e**) the best hotel in town **Platzangst** F *umg* (≈ *Beklemmung*) claustrophobia **Platzanweiser** M usher **Platzanweiserin** F usher(ette) **Plätzchen** N *Gebäck* biscuit *Br*, cookie *US*

platzen VI **1** (≈ *aufreißen*) to burst; *Naht, Haut* to split; (≈ *explodieren*) to explode; (≈ *einen Riss bekommen*) to crack; **mir ist unterwegs ein Reifen geplatzt** I had a blowout on the way *umg*; **ins Zimmer** ~ *umg* to burst into the room; **j-m ins Haus** ~ *umg* to descend on sb; (**vor Wut/Ungeduld**) ~ *umg* to be bursting (with rage/impatience) **2** *umg* (≈ *scheitern*) *Plan, Vertrag* to fall through; *Freundschaft, Koalition* to break up; *Wechsel* to bounce *umg*; **die Verlobung ist geplatzt** the engagement is (all) off; **etw** ~ **lassen** *Plan, Vertrag* to make sth fall through; *Verlobung* to break sth off; *Koalition* to break sth up **Platzhalter** M place marker **Platzhirsch** M dominant male **platzieren** A VT **1** (≈ *tun, setzen*) to put; *Tennis* to seed **2** (≈ *zielen*) *Ball* to place; *Schlag* to land **B** V/R **1** *umg* (≈ *sich setzen etc*) to plant oneself *umg* **2** SPORT to be placed; **der Läufer konnte sich gut** ~ the runner was well-placed **Platzierung** F *bei Rennen etc*; *Tennis* seeding; (≈ *Platz*) place **Platzkarte** F BAHN seat reservation (ticket) **Platzmangel** M shortage of space **Platzpatrone** F blank (cartridge) **platzraubend** ADJ space-consuming **Platzregen** M cloudburst **Platzreservierung** F seat reservation **platzsparend** ADJ space-saving *attr*; *bauen, unterbringen* (in order) to save space **Platzverweis** M sending-off *Br*, ejection *US* **Platzwahl** F seat selection; **freie** ~ no set seating **Platzwart(in)** M(F) SPORT groundsman **Platzwunde** F cut

Plauderei F chat **Plauderer** M **Plauderin** F conversationalist **plaudern** VI to chat (**über** +*akk od* **von** about); (≈ *verraten*) to talk

plausibel A ADJ *Erklärung* plausible **B**

$\overline{\text{ADV}}$ plausibly; **j-m etw ~ machen** to explain sth to sb

Play-back $\overline{\text{N}}$, **Playback** $\overline{\text{N}}$ (≈ Band) bei Musikaufnahme backing track; **~ singen** to mime **Playboy** $\overline{\text{M}}$ playboy

Playgirl $\overline{\text{N}}$ playgirl

Plazenta $\overline{\text{F}}$ placenta

plazieren $\overline{\text{V/T}}$ → platzieren

Plebiszit $\overline{\text{N}}$ plebiscite

pleite umg $\overline{\text{ADJ \& ADV}}$ Mensch broke umg **Pleite** umg $\overline{\text{F}}$ bankruptcy; fig flop umg; **~ machen** to go bankrupt **pleitegehen** umg $\overline{\text{V/I}}$ to go bust

Plenarsaal $\overline{\text{M}}$ chamber **Plenarsitzung** $\overline{\text{F}}$ plenary session **Plenum** $\overline{\text{N}}$ plenum

Pleuelstange $\overline{\text{F}}$ connecting rod

Plissee $\overline{\text{N}}$ pleats pl **Plisseerock** $\overline{\text{M}}$ pleated skirt **plissieren** $\overline{\text{V/T}}$ to pleat

PLO $\overline{\text{F ABK}}$ (= palästinensische Befreiungsorganisation) PLO, Palestine Liberation Organization

Plombe $\overline{\text{F}}$ **1** (≈ Siegel) lead seal **2** (≈ Zahnplombe) filling **plombieren** $\overline{\text{V/T}}$ **1** (≈ versiegeln) to seal **2** Zahn to fill

Plotter $\overline{\text{M}}$ $\overline{\text{IT}}$ plotter

plötzlich $\overline{\text{A}}$ $\overline{\text{ADJ}}$ sudden **B** $\overline{\text{ADV}}$ suddenly; **aber ein bisschen ~!** umg (and) make it snappy! umg **Plötzlichkeit** $\overline{\text{F}}$ suddenness

plump $\overline{\text{A}}$ $\overline{\text{ADJ}}$ Figur ungainly kein adv; Ausdruck clumsy; Benehmen crass; Lüge, Trick obvious **B** $\overline{\text{ADV}}$ sich bewegen awkwardly; sich ausdrücken clumsily; **in der Kleidung sieht sie ~ aus** she looks ungainly dressed like that **Plumpheit** $\overline{\text{F}}$ von Figur ungainliness; von Ausdruck clumsiness; von Benehmen crassness; von Lüge, Trick obviousness

plumps $\overline{\text{INT}}$ bang; lauter crash **Plumps** umg $\overline{\text{M}}$ (≈ Fall) fall; Geräusch bump **plumpsen** umg $\overline{\text{V/I}}$ (≈ fallen) to tumble **plumpvertraulich** $\overline{\text{ADJ}}$ overly chummy umg

Plunder umg $\overline{\text{M}}$ junk

Plünderer $\overline{\text{M}}$, **Plünderin** $\overline{\text{F}}$ looter, plunderer **plündern** $\overline{\text{V/T \& V/I}}$ to loot; (≈ ausrauben) to raid **Plünderung** $\overline{\text{F}}$ looting

Plural $\overline{\text{M}}$ plural; **im ~ stehen** to be (in the) plural **Pluralismus** $\overline{\text{M}}$ pluralism **pluralistisch** $\overline{\text{ADJ}}$ pluralistic form

plus $\overline{\text{A}}$ $\overline{\text{PRÄP}}$ plus **B** $\overline{\text{ADV}}$ plus; **bei ~ 5 Grad** at 5 degrees (above freezing); **~ minus 10** plus or minus 10 **Plus** $\overline{\text{N}}$ **1**

(≈ Pluszeichen) plus (sign) **2** bes HANDEL (≈ Zuwachs) increase; (≈ Gewinn) profit; (≈ Überschuss) surplus **3** fig (≈ Vorteil) advantage; **das ist ein ~ für dich** that's a point in your favour Br, that's a point in your favor US **Plusbetrag** $\overline{\text{M}}$ profit

Plüsch $\overline{\text{M}}$ plush **Plüschtier** $\overline{\text{N}}$ ≈ soft toy

Pluspol $\overline{\text{M}}$ ELEK positive pole **Pluspunkt** $\overline{\text{M}}$ SPORT point; fig advantage **Plusquamperfekt** $\overline{\text{N}}$ pluperfect, past perfect **Pluszeichen** $\overline{\text{N}}$ plus sign

Pluto $\overline{\text{M}}$ ASTRON Pluto

Plutonium $\overline{\text{N}}$ plutonium

PLZ $\overline{\text{ABK}}$ (= Postleitzahl) post(al) code Br, zip code US

Pneu $\overline{\text{M}}$ bes schweiz tyre Br, tire US **pneumatisch** $\overline{\text{A}}$ $\overline{\text{ADJ}}$ pneumatic **B** $\overline{\text{ADV}}$ pneumatically

Po umg $\overline{\text{M}}$ bottom

Pöbel $\overline{\text{M}}$ rabble **pöbelhaft** $\overline{\text{ADJ}}$ uncouth, vulgar **pöbeln** $\overline{\text{V/I}}$ to swear

pochen $\overline{\text{V/I}}$ to knock; Herz to pound; **auf etw** (akk) **~** fig to insist on sth

Pocke $\overline{\text{F}}$ **1** pock **2 ~n** pl smallpox **Pockennarbe** $\overline{\text{F}}$ pockmark **Pocken(schutz)impfung** $\overline{\text{F}}$ smallpox vaccination

Podcast $\overline{\text{M}}$ $\overline{\text{IT}}$ podcast

podcasten $\overline{\text{V/I}}$ to podcast

Podest $\overline{\text{N/M}}$ pedestal; (≈ Podium) platform

Podium $\overline{\text{N}}$ platform; des Dirigenten podium **Podiumsdiskussion** $\overline{\text{F}}$ panel discussion

Poesie $\overline{\text{F}}$ poetry **Poesiealbum** $\overline{\text{N}}$ autograph book **Poetik** $\overline{\text{F}}$ poetics sg **poetisch** $\overline{\text{A}}$ $\overline{\text{ADJ}}$ poetic **B** $\overline{\text{ADV}}$ poetically

Pogrom $\overline{\text{N/M}}$ pogrom

Pointe $\overline{\text{F}}$ eines Witzes punch line, punchline; einer Geschichte point **pointiert** $\overline{\text{A}}$ $\overline{\text{ADJ}}$ pithy **B** $\overline{\text{ADV}}$ pithily

Pokal $\overline{\text{M}}$ zum Trinken goblet; SPORT cup **Pokalfinale** $\overline{\text{N}}$ cup final **Pokalrunde** $\overline{\text{F}}$ round (of the cup) **Pokalsieger(in)** $\overline{\text{M/F}}$ cup winners pl **Pokalspiel** $\overline{\text{N}}$ cup tie

Pökelfleisch $\overline{\text{N}}$ salt meat **pökeln** $\overline{\text{V/T}}$ Fleisch to salt

Poker $\overline{\text{N}}$ poker **pokern** $\overline{\text{V/I}}$ to play poker; fig to gamble; **hoch ~** fig to take a big risk

Pol $\overline{\text{M}}$ pole; **der ruhende Pol** fig the calming influence **polar** $\overline{\text{ADJ}}$ polar **Po-**

lareis N̄ polar ice **polarisieren** V̄T̄ & V̄R̄ to polarize **Polarisierung** F̄ polarization **Polarkreis** M̄ nördlicher/südlicher ~ Arctic/Antarctic circle **Polarmeer** N̄ Nördliches/Südliches ~ Arctic/Antarctic Ocean

Polaroidkamera® F̄ Polaroid® camera

Polarstern M̄ Pole Star

Pole M̄ Pole

Polemik F̄ polemics sg (**gegen** against) **Polemiker(in)** M̄F̄ controversialist, polemicist **polemisch** ĀD̄J̄ polemic(al) **polemisieren** V̄ī to polemicize; ~ **gegen** to inveigh against

Polen N̄ Poland

Polenta F̄ GASTR polenta

Police F̄ (insurance) policy

polieren V̄T̄ to polish

Poliklinik F̄ clinic (for outpatients only)

Polin F̄ Pole

Polio F̄ polio

Politbüro N̄ Politburo

Politesse F̄ (woman) traffic warden

Politik F̄ **1** politics sg; (≈ politischer Standpunkt) politics pl; **in die ~ gehen** to go into politics **2** (≈ bestimmte Politik) policy; **eine ~ verfolgen** to pursue a policy **Politiker(in)** M̄F̄ politician **politisch** Ā ĀD̄J̄ political B̄ ĀD̄V̄ politically; **sich ~ betätigen** to be involved in politics; **~ interessiert sein** to be interested in politics **politisieren** B̄ V̄ī to politicize B̄ V̄T̄ to politicize; **j-n** to make politically aware **Politologe** M̄, **Politologin** F̄ political scientist **Politologie** F̄ political science

▶ **Politik: politics oder policy?**

Politics ist der abstrakte Begriff, **a policy** die konkrete Politik, z. B. Außen- oder Sozialpolitik.

Sie hat sich schon immer für Politik interessiert.	She has always been interested in politics.
die Außenpolitik der Bundesregierung	the Federal Government's foreign policy

◀

Politur F̄ polish

Polizei F̄ police pl; **die ~ war sofort da** the police were there immediately; **zur ~ gehen** to go to the police; **er ist bei der ~** he's in the police (force) **Polizeiaufgebot** N̄ police presence **Polizeiauto** N̄ police car **Polizeibeamte(r)** M̄, **Polizeibeamtin** F̄ police official; (≈ Polizist) police officer **Polizeidienststelle** form F̄ police station **Polizeieinsatz** M̄ police action od intervention **Polizeifunk** M̄ police radio **Polizeikette** F̄ police cordon **Polizeiknüppel** M̄ truncheon **Polizeikontrolle** F̄ police check; (≈ Kontrollpunkt) police checkpoint **polizeilich** Ā ĀD̄J̄ police attr; **~es Führungszeugnis** certificate issued by the police, stating that the holder has no criminal record B̄ ĀD̄V̄ **ermittelt werden** by the police; **~ überwacht werden** to be under police surveillance; **sie wird ~ gesucht** the police are looking for her; **sich ~ melden** to register with the police **Polizeirevier** N̄ **1** (≈ Polizeiwache) police station **2** Bezirk (police) district, precinct US **Polizeischutz** M̄ police protection **Polizeistaat** M̄ police state **Polizeistreife** F̄ police patrol **Polizeistunde** F̄ closing time **Polizeiwache** F̄ police station **Polizist** M̄ policeman, police officer **Polizistin** F̄ policewoman, police officer, cop umg

Pollen M̄ pollen **Pollenflug** M̄ pollen count **Pollenwarnung** F̄ pollen warning

polnisch ĀD̄J̄ Polish

Polo N̄ polo **Polohemd** N̄, **Poloshirt** N̄ sports shirt

Polster österr N̄/M̄ **1** cushion; (≈ Polsterung) upholstery kein pl **2** fig (≈ Fettpolster) flab kein pl umg; (≈ Reserve) reserve **Polstergarnitur** F̄ three-piece suite **Polstermöbel** P̄L̄ upholstered furniture sg **polstern** V̄T̄ to upholster; Kleidung to pad; **sie ist gut gepolstert** she's well-padded **Polstersessel** M̄ armchair, easy chair **Polsterung** F̄ (≈ Polster) upholstery

Polterabend M̄ party on the eve of a wedding, at which old crockery is smashed to bring good luck **Poltergeist** M̄ poltergeist **poltern** V̄ī **1** (≈ Krach machen) to crash about; **es fiel ~d zu Boden** it crashed to the floor **2** umg (≈ schimpfen) to rant (and rave) **3** umg (≈ Polterabend feiern) to celebrate

P

on the eve of a wedding

Polyacryl N **1** CHEM polyacrylics *sg* **2** *Textilien* acrylics *sg* **Polyamid®** N polyamide **Polyester** M polyester **polygam** ADJ polygamous **Polygamie** F polygamy

Polynesien N Polynesia **polynesisch** ADJ Polynesian

Polyp M **1** ZOOL polyp **2** MED **~en** adenoids

Polytechnikum N polytechnic

Pomade F hair cream

Pommern N Pomerania

Pommes *umg* PL chips *pl Br*, (French) fries *pl bes US* **Pommesbude** *umg* F fast food stand **Pommes frites** PL chips *pl Br*, French fries *pl bes US*

Pomp M pomp **pompös** A ADJ grandiose B ADV grandiosely

Pontius M **von ~ zu Pilatus** from one place to another

Pony[1] N *Pferd* pony

Pony[2] M *Frisur* fringe *Br*, bangs *pl US*

Pool M **1** (≈ *Swimmingpool*) pool **2** WIRTSCH pool

Pool(billard) N pool

Pop M MUS pop; KUNST pop art

Popcorn N popcorn **Popcornmaschine** F popcorn maker *od* machine, popcorn popper *US*

Popel *umg* M (≈ *Nasenpopel*) bogey *Br umg*, booger *US umg* **popelig** *umg* ADJ **1** (≈ *knauserig*) stingy *umg*; **~e zwei Euro** a lousy two euros *umg* **2** (≈ *dürftig*) crummy *umg*

Popeline F poplin

popeln *umg* VII **(in der Nase) ~** to pick one's nose

Popgruppe F pop group **Popkonzert** N pop concert **Popmusik** F pop music

Popo *umg* M bottom

poppig *umg* ADJ *Kleidung* loud and trendy; *Farben* bright and cheerful **Popsänger(in)** M|F pop singer **Popstar** M pop star **Popszene** F pop scene

populär ADJ popular **(bei** with) **Popularität** F popularity **populistisch** A ADJ populist B ADV in a populist way

Pop-up-Fenster N pop-up window

Pop-up-Menü N pop-up menu

Pore F pore

Porno *umg* M *Pornofilm* porn movie *umg*; *Pornoroman* porn novel *umg* **Pornofilm** M porn movie **Pornografie** F

F pornography **pornografisch** ADJ pornographic **Pornoheft** N porn magazine

porös ADJ (≈ *durchlässig*) porous; (≈ *brüchig*) *Leder* perished

Porree M leek

Port M COMPUT port

Portal N portal

Portemonnaie N wallet; *für Frauen* purse *Br*, wallet *US*

Portier M → Pförtnerin

Portion F *beim Essen* portion, helping; **eine halbe ~** *fig umg* a half pint *umg*; **er besitzt eine gehörige ~ Mut** he's got a fair amount of courage

Portmonee N purse *Br*, wallet *US*

Porto N postage *kein pl* **(für** on, for) **portofrei** ADJ & ADV postage paid **Portokasse** F ≈ petty cash (*for postal expenses*)

Porträt N portrait **porträtieren** *fig* VIT to portray; **j-n ~** to paint sb's portrait

Portugal N Portugal **Portugiese** M, **Portugiesin** F Portuguese **portugiesisch** ADJ Portuguese

Portwein M port

Porzellan N china

Posaune F trombone; *fig* trumpet; **~ spielen** to play the trombone **Posaunist(in)** M|F trombonist

Pose F pose **posieren** VII to pose **Position** F position; HANDEL (≈ *Posten einer Liste*) item **positionieren** VIT to position **Positionierung** F positioning

positiv A ADJ positive; **eine ~e Antwort** an affirmative (answer) B ADV positively; **~ denken** to think positively; **~ zu etw stehen** to be in favour of sth *Br*, to be in favor of sth *US*

Positur F posture; **sich in ~ setzen/ stellen** to take up a posture

Posse F farce

possessiv ADJ possessive **Possessivpronomen** N possessive pronoun

possierlich ADJ comical

Post F post *Br*, mail; **die ~®** the Post Office; **elektronische ~** electronic mail; **etw mit der ~ schicken** to send sth by mail; **mit gleicher ~** by the same post *Br*, in the same mail *US*; **mit getrennter ~** under separate cover **postalisch** A ADJ postal B ADV by mail, by post *Br* **Postamt** N post office **Postanschrift** F postal address **Postanwei-**

sung F̅ ≈ money order Br **Postausgang** M̅ outgoing mail; INTERNET out mail **Postbank** F̅ Post Office Savings Bank **Postbeamte(r)** M̅, **Postbeamtin** F̅ post office official **Postbote** M̅ postman, mailman US **Postbotin** F̅ postwoman Br, mailwoman US **Posteingang** M̅ incoming mail

posten V/T IT *auf Blogs, im sozialen Netzwerk* to post; **ich habe das auf Facebook® gepostet** I posted this on Facebook®

Posten M̅ **1** (≈ Anstellung) position **2** MIL (≈ Wachmann) guard; (≈ Stelle) post; **~ stehen** to stand guard **3** fig *auf dem ~ sein* (≈ aufpassen) to be awake; (≈ gesund sein) to be fit; **nicht ganz auf dem ~ sein** to be (a bit) under the weather **4** (≈ Streikposten) picket **5** HANDEL (≈ Warenmenge) quantity **6** HANDEL *im Etat* item

Poster N̅ poster

Postfach N̅ PO box **Postfachnummer** F̅ (PO *od* post office) box number **postfrisch** ADJ *Briefmarke* mint **Postgeheimnis** N̅ secrecy of the post Br, secrecy of the mail **Postgirokonto** N̅ Post Office Giro account Br, state-owned bank account US **Posthorn** N̅ post horn

posthum ADJ & ADV → posthum

postieren A V/T to post, to station B V/R to position oneself

Posting N̅ IT post, posting

Postkarte F̅ postcard **postlagernd** ADJ & ADV poste restante Br, general delivery US **Postleitzahl** F̅ post(al) code Br, zip code US **Postler(in)** M̅/F̅, **Pöstler(in)** *schweiz umg* M̅/F̅ post office worker

postmodern ADJ postmodern **Postomat** M̅ *schweiz* cash machine, ATM **Postskript** N̅ postscript, PS **Postsparbuch** N̅ Post Office savings book **Poststempel** M̅ postmark; **Datum des ~s** date as postmark

posttraumatisch ADJ post-traumatic; **~e Belastungsstörung** post-traumatic stress disorder

Postulat N̅ (≈ Annahme) postulate **postulieren** V/T to postulate

postum A ADJ posthumous B ADV posthumously

postwendend ADV by return mail; fig straight away **Postwertzeichen** form

N̅ postage stamp form **Postwurfsendung** F̅ bulk mail consignment; pl a. bulk mail sg

potent ADJ **1** sexuell potent **2** (≈ stark) Gegner, Waffe powerful **3** (≈ zahlungskräftig) financially powerful **Potential** N̅ → Potenzial **potentiell** ADJ & ADV → potenziell **Potenz** F̅ **1** MED potency; fig ability **2** MATH power; **zweite ~** square; **dritte ~** cube **Potenzial** N̅ potential **potenziell** ADJ A potential B ADV potentially **Potenzschwäche** F̅ potency problems pl **potenzsteigernd** ADJ potency enhancing

Potpourri N̅ potpourri (**aus** of)

Pott umg M̅ pot; (≈ Schiff) ship **potthässlich** umg ADJ ugly as sin **Pottwal** M̅ sperm whale

Poulet N̅ schweiz chicken

Power F̅ umg power; **ihm fehlt die richtige ~** he's got no oomph umg; **sie hat ~** she's dynamic, she's got oomph umg **Powerfrau** umg F̅ high-powered career woman **powern** V/I umg to go hard at it umg

Powidl M̅ österr (≈ Pflaumenmus) plum jam

PR F̅ ABK (= Public Relations) PR

Präambel F̅ preamble (+gen to)

Pracht F̅ splendour Br, splendor US; **es ist eine wahre ~** it's (really) fantastic **Prachtbau** M̅ magnificent building **Prachtexemplar** N̅ prime specimen; fig (≈ Mensch) fine specimen **prächtig** A ADJ (≈ prunkvoll) splendid; (≈ großartig) marvellous bes Br, marvelous US B ADV **1** (≈ prunkvoll) magnificently **2** (≈ großartig) marvellously bes Br, marvelously US **Prachtkerl** umg M̅ great guy umg **Prachtstraße** F̅ boulevard **Prachtstück** N̅ → Prachtexemplar **prachtvoll** ADJ & ADV → prächtig

prädestinieren V/T to predestine (**für** for)

Prädikat N̅ **1** GRAM predicate **2** (≈ Bewertung) **Wein mit ~** special quality wine **Prädikatswein** M̅ top quality wine

Präfix N̅ prefix

Prag N̅ Prague

prägen V/T **1** Münzen to mint; Leder, Papier, Metall to emboss; (≈ erfinden) Wörter to coin **2** (≈ formen) Charakter to shape; Erfahrungen: j-n to leave its/their mark on; **ein vom Leid geprägtes Ge-**

sicht a face marked by suffering **3** (≈ *kennzeichnen*) to characterize
PR-Agentur F̄ PR agency
Pragmatiker(in) M̄(F̄) pragmatist **pragmatisch A** ADJ pragmatic **B** ADV pragmatically
prägnant A ADJ *Worte* succinct; *Beispiel* striking **B** ADV succinctly **Prägnanz** F̄ succinctness
Prägung F̄ **1** *auf Münzen* strike; *auf Leder, Metall, Papier* embossing **2** (≈ *Eigenart*) character; **Kommunismus sowjetischer** ~ soviet-style communism
prähistorisch ADJ prehistoric
prahlen V̄/Ī to boast (**mit** about), to show off **Prahlerei** F̄ (≈ *Großsprecherei*) boasting *kein pl*; (≈ *das Zurschaustellen*) showing-off; ~**en** boasts **prahlerisch A** ADJ (≈ *großsprecherisch*) boastful, bragging *attr* (≈ *großtuerisch*) flashy *umg* **B** ADV boastfully; ~ **reden** to brag
Praktik F̄ (≈ *Methode*) procedure; *mst pl* (≈ *Kniff*) practice **praktikabel** ADJ practicable **Praktikant(in)** M̄(F̄) *student doing a period of practical training; trainee Br, intern US* **Praktikum** N̄ (period of) practical training, work experience, internship US **Praktikumsplatz** M̄, **Praktikumsstelle** F̄ placement *Br*, internship US **praktisch A** ADJ practical; ~**er Arzt** general practitioner; ~**es Beispiel** concrete example **B** ADV (≈ *in der Praxis*) in practice; (≈ *so gut wie*) practically, virtually **praktizieren** V̄/Ī to practise *Br*, to practice US; **sie praktiziert als Ärztin** she is a practising doctor *Br*, she is a practicing doctor US
Praline F̄ chocolate, chocolate candy US
prall A ADJ *Sack, Brieftasche* bulging; *Segel* full; *Tomaten* firm; *Euter* swollen; *Brüste, Hintern* well-rounded; *Arme, Schenkel* big strong *attr*; *Sonne* blazing **B** ADV ~ **gefüllt** *Tasche, Kasse etc* full to bursting **Prall** M̄ collision (**gegen** with) **prallen** V̄/Ī **gegen etw** ~ to collide with sth; *Ball* to bounce against sth; **die Sonne prallte auf die Fenster** the sun beat down on the windows **prallvoll** ADJ full to bursting; *Brieftasche* bulging
Prämie F̄ premium; (≈ *Belohnung*) bonus; (≈ *Preis*) prize **prämienbegünstigt** ADJ carrying a premium **prämieren** V̄/Ī (≈ *auszeichnen*) to give an award;

(≈ *belohnen*) to give a bonus; **der prämierte Film** the award-winning movie
Prämisse F̄ premise
pränatal ADJ *Diagnostik* prenatal; *Untersuchung* antenatal, prenatal *bes US*
Pranger M̄ stocks *pl*; **j-n/etw an den ~ stellen** *fig* to pillory sb/sth
Pranke F̄ paw
Präparat N̄ preparation; *für Mikroskop* slide preparation **präparieren** V̄/Ī **1** (≈ *konservieren*) to preserve; *Tier* to prepare **2** MED (≈ *zerlegen*) to dissect **3** *geh* (≈ *vorbereiten*) to prepare
Präposition F̄ preposition
Prärie F̄ prairie
Präsens N̄ present (tense) **präsent** ADJ (≈ *anwesend*) present; (≈ *geistig rege*) alert; **etw ~ haben** to have sth at hand **präsentabel** ADJ presentable **Präsentation** F̄ presentation **präsentieren** V̄/Ī to present; **j-m etw ~** to present sb with sth **Präsentkorb** M̄ gift basket; *mit Lebensmitteln* (food) hamper **Präsenz** *geh* F̄ presence **Präsenzdiener(in)** M̄(F̄) *österr* conscript *Br*, draftee US **Präsenzdienst** M̄ *österr* military service
Präservativ N̄ condom
Präsident(in) M̄(F̄) president **Präsidentschaft** F̄ presidency **Präsidentschaftskandidat(in)** M̄(F̄) presidential candidate
Präsidium N̄ (≈ *Vorsitz*) presidency; (≈ *Führungsgruppe*) committee; (≈ *Polizeipräsidium*) (police) headquarters *pl*
prasseln V̄/Ī **1** to clatter; *Regen* to drum; *fig Vorwürfe* to rain down **2** *Feuer* to crackle
prassen V̄/Ī (≈ *schlemmen*) to feast; (≈ *in Luxus leben*) to live the high life
Präteritum N̄ preterite
Prävention F̄ prevention (**gegen** of) **präventiv A** ADJ prevent(at)ive **B** ADV prevent(at)ively; **etw ~ bekämpfen** to use prevent(at)ive measures against sth **Präventivkrieg** M̄ prevent(at)ive war **Präventivmedizin** F̄ prevent(at)ive medicine **Präventivschlag** M̄ MIL pre-emptive strike
Praxis F̄ **1** practice; (≈ *Erfahrung*) experience; **in der ~** in practice; **etw in die ~ umsetzen** to put sth into practice; **ein Beispiel aus der ~** an example from real life **2** *eines Arztes, Rechtsanwalts* practice; (≈ *Behandlungsräume*) surgery

Br, doctor's office *US*; (≈ *Anwaltsbüro*) office **3** (≈ *Sprechstunde*) consultation (hour), surgery *Br* **praxisorientiert** ADJ *Ausbildung* practically orientated **Präzedenzfall** M precedent

präzis(e) A ADJ precise B ADV precisely; **sie arbeitet sehr ~** her work is very precise **Präzision** F precision

predigen A V/T REL to preach B V/I to give a sermon **Prediger(in)** M(F) preacher **Predigt** F sermon

Preis M **1** price (**für** of); **etw unter ~ verkaufen** to sell sth off cheap; **zum halben ~** half-price; **um jeden ~** *fig* at all costs; **ich gehe um keinen ~ hier weg** *fig* I'm not leaving here at any price **2** *bei Wettbewerben* prize; (≈ *Auszeichnung*) award **3** (≈ *Belohnung*) reward; **einen ~ auf j-s Kopf aussetzen** to put a price on sb's head **Preisabsprache** F price-fixing *kein pl* **Preisänderung** F price change **Preisanstieg** M rise in prices **Preisausschreiben** N competition **preisbewusst** ADJ price-conscious; **~ einkaufen** to shop around **Preisbindung** F price fixing **Preiselbeere** F cranberry

preisen *geh* V/T to extol, to praise; **sich glücklich ~** to consider *od* count oneself lucky

Preisentwicklung F price trend **Preiserhöhung** F price increase **Preisfrage** F **1** question of price **2** *beim Preisausschreiben* prize question; *umg* (≈ *schwierige Frage*) big question

preisgeben *geh* V/T **1** (≈ *ausliefern*) to expose **2** (≈ *aufgeben*) to abandon **3** (≈ *verraten*) to betray

Preisgefälle N price gap **Preisgefüge** N price structure **preisgekrönt** ADJ award-winning **Preisgericht** N jury **preisgünstig** ADJ inexpensive; **etw ~ bekommen** to get sth at a low price **Preisklasse** F price range **Preislage** F price range; **in der mittleren ~** in the medium-priced range **Preis-Leistungs-Verhältnis** N cost-effectiveness **preislich** ADJ price *attr*, in price; **~ vergleichbar** similarly priced **Preisliste** F price list **Preisnachlass** M price reduction **Preisrichter(in)** M(F) judge (*in a competition*) **Preisschild** N price tag **Preissenkung** F price cut **Preissturz** M sudden drop in prices **Preisträger(in)** M(F) prizewinner

Preistreiberei F forcing up of prices; (≈ *Wucher*) profiteering **Preisvergleich** M price comparison; **einen ~ machen** to shop around **Preisverleihung** F presentation of prizes **preiswert** A ADJ good value *präd*, cheap; **ein (sehr) ~es Angebot** a (real) bargain; **ein ~es Kleid** a dress which is good value (for money) B ADV inexpensively

prekär ADJ (≈ *peinlich*) awkward; (≈ *schwierig*) precarious

prellen A V/T **1** *Körperteil* to bruise; (≈ *anschlagen*) to hit **2** *fig umg* (≈ *betrügen*) to swindle B V/R to bruise oneself **Prellung** F bruise

Premier M premier **Premiere** F premiere **Premierminister(in)** M(F) prime minister

Prepaidhandy N prepaid mobile (phone) *Br*, prepaid cell phone *US* **Prepaidkarte** F *im Handy* prepaid card, pay-as-you-go card

preschen *umg* V/I to tear

Presse F **1** (≈ *Druckmaschine*) press; **frisch aus der ~** hot from the press **2** (≈ *Zeitungen*) press; **eine gute/schlechte ~ haben** to get a good/bad press; **von der ~ sein** to be (a member of the) press **Presseagentur** F press agency **Presseausweis** M press card **Pressebericht** M press report **Presseerklärung** F statement to the press; *schriftlich* press release **Pressefotograf(in)** M(F) press photographer **Pressefreiheit** F freedom of the press **Pressekonferenz** F press conference **Pressemeldung** F press report **Pressemitteilung** F press release **pressen** V/T to press; *Obst, Saft* to squeeze; *fig* (≈ *zwingen*) to force (**in** +*akk od* **zu** into); **frisch gepresster Orangensaft** freshly squeezed orange juice **Pressesprecher(in)** M(F) press officer

pressieren *österr, schweiz, südd* A V/I to be in a hurry B V/I **es pressiert** it's urgent

Pressluft F compressed air **Pressluftbohrer** M pneumatic drill **Presslufthammer** M pneumatic hammer **Prestige** N prestige

Preuße M, **Preußin** F Prussian **Preußen** N Prussia **preußisch** ADJ Prussian

prickeln V/I (≈ *kribbeln*) to tingle; (≈ *kitzeln*) to tickle **prickelnd** ADJ (≈ *krib-*

P

belnd) tingling; (≈ *kitzelnd*) tickling; *fig* (≈ *erregend*) *Gefühl* tingling

Priester M̱ priest **Priesterin** F̱ (woman) priest; HIST *heidnisch* priestess **Priesterschaft** F̱ priesthood **Priesterweihe** F̱ ordination (to the priesthood)

prima A̱ A̱DJ̱ **1** *umg* fantastic *umg*, great *kein adv umg*, brilliant **2** HANDEL first-class Ḇ A̱DV̱ *umg* (≈ *sehr gut*) fantastically **Primadonna** F̱ prima donna **Primar** M̱, **Primarius** M̱, **Primaria** F̱ *österr* (≈*Chefarzt*) senior consultant *Br*, medical director *US* **primär** A̱ A̱DJ̱ primary Ḇ A̱DV̱ primarily **Primararzt** M̱, **Primarärztin** *österr* F̱ → Primar **Primärenergie** F̱ primary energy **Primarschule** F̱ *schweiz* primary *od* junior school **Primat** M̱ ZOOL primate **Primel** F̱ (≈*Waldprimel*) (wild) primrose; (≈*farbige Gartenprimel*) primula

primitiv A̱ A̱DJ̱ primitive Ḇ A̱DV̱ primitively **Primitivität** F̱ primitiveness **Primzahl** F̱ prime (number)

Printmedium Ṉ printed medium

Prinz M̱ prince **Prinzessin** F̱ princess **Prinzgemahl** M̱ prince consort

Prinzip Ṉ principle; **aus ~** on principle; **im ~** in principle; **er ist ein Mann mit ~ien** he is a man of principle **prinzipiell** A̱ A̱DJ̱ (≈*im Prinzip*) in principle; (≈*aus Prinzip*) on principle Ḇ A̱DV̱ *möglich* theoretically; *dafür|dagegen sein* basically; **~ bin ich einverstanden** I agree in principle; **das tue ich ~ nicht** I won't do that on principle **Prinzipienfrage** F̱ matter of principle **Prinzipienreiter(in)** *pej* M̱F̱ stickler for one's principles

priorisieren V̱/Ṯ to prioritize **Priorität** F̱ priority; **~en setzen** to establish one's priorities **Prioritätenliste** F̱ list of priorities; **auf der ~ ganz oben stehen** to be top of the list of priorities, to be top priority

Prise F̱ **1** (≈*kleine Menge*) pinch; **eine ~ Salz** a pinch of salt; **eine ~ Humor** a touch of humour *Br*, a touch of humor *US* **2** SCHIFF prize

Prisma Ṉ prism

privat A̱ A̱DJ̱ private; **aus ~er Hand** from private individuals Ḇ A̱DV̱ privately; **~ ist der Chef sehr freundlich** the boss is very friendly out(side) of work; **~ ist er ganz anders** he's quite different

socially; **ich sagte es ihm ganz ~** I told him in private; **~ versichert sein** to be privately insured; **~ behandelt werden** to have private treatment **Privatadresse** F̱ private *od* home address **Privatangelegenheit** F̱ private matter **Privatbesitz** M̱ private property; **viele Gemälde sind in ~** many paintings are privately owned **Privatdetektiv(in)** M̱F̱ private investigator **Privateigentum** Ṉ private property **Privatfernsehen** Ṉ commercial television **Privatgespräch** Ṉ private conversation *od* talk; *am Telefon* private call **privatisieren** V̱/Ṯ to privatize **Privatisierung** F̱ privatization **Privatleben** Ṉ private life **Privatpatient(in)** M̱F̱ private patient **Privatsache** F̱ private matter; **das ist meine ~** that's my own business **Privatschule** F̱ private school, public school *Br* **Privatsphäre** F̱ privacy **Privatunterricht** M̱ private tuition **Privatvorsorge** F̱ *für das Alter* private pension scheme; *für die Gesundheit* private health insurance scheme **Privatwirtschaft** F̱ private industry

Privileg Ṉ privilege **privilegieren** V̱/Ṯ to favour *Br*, to favor *US*; *steuerlich* **privilegiert sein** to enjoy tax privileges **privilegiert** A̱DJ̱ privileged; **~e Partnerschaft** *in der EU* privileged partnership

pro P̱ṞÄ̱P̱ per; **pro Tag/Stunde** a *od* per day/hour; **pro Jahr** a *od* per year; **pro Person** per person; **pro Stück** each **Pro** Ṉ **(das) Pro und (das) Kontra** the pros and cons *pl*

proaktiv A̱DJ̱ proactive; **~ handeln** to be proactive

Probe F̱ **1** (≈*Prüfung*) test; **er ist auf ~ angestellt** he's employed for a probationary period; **ein Auto ~ fahren** to test-drive a car; **j-n/etw auf die ~ stellen** to put sb/sth to the test; **zur ~** to try out **2** THEAT, MUS rehearsal **3** (≈*Teststück, Beispiel*) sample **Probealarm** M̱ fire drill **Probebohrung** F̱ test drill, probe **Probeexemplar** Ṉ specimen (copy) **Probefahrt** F̱ test drive **probehalber** A̱DV̱ for a test **Probejahr** Ṉ probationary year **proben** V̱/Ṯ & V̱/I̱ to rehearse **Probenummer** F̱ trial copy **Probestück** Ṉ sample, specimen **probeweise** A̱DV̱ on a trial basis **Probezeit** F̱ probationary *od* trial period **probieren** Ⓐ V̲T̲ to try; **lass (es) mich mal ~!** let me have a try! *Br* Ⓑ V̲I̲ **1** (≈ *versuchen*) to try; **Probieren geht über Studieren** *sprichw* the proof of the pudding is in the eating *sprichw* **2** (≈ *kosten*) to have a taste; **probier mal** try some

Problem N̲ problem; **kein ~!** no problem! **Problematik** F̲ **1** (≈ *Schwierigkeit*) problem (+*gen* with) **2** (≈ *Fragwürdigkeit*) problematic nature **problematisch** A̲D̲J̲ problematic; (≈ *fragwürdig*) questionable **Problembewusstsein** N̲ appreciation of the difficulties **Problemkind** N̲ problem child **problemlos** Ⓐ A̲D̲J̲ trouble-free, problem-free Ⓑ A̲D̲V̲ without any problems; **~ ablaufen** to go smoothly **Problemzone** F̲ problem area

Produkt N̲ product; **landwirtschaftliche ~e** agricultural produce *kein pl;* **ein ~ seiner Fantasie** a figment of his imagination **Produktdesign** N̲ product design **Produktentwicklung** F̲ product development **Produktion** F̲ production **Produktionsanlagen** P̲L̲ production plant **Produktionsausfall** M̲ loss of production **Produktionskosten** P̲L̲ production costs *pl* **Produktionsmittel** P̲L̲ means of production *pl* **Produktionsrückgang** M̲ drop in production **Produktionsstätte** F̲ production centre, production center *US* **Produktionssteigerung** F̲ increase in production **produktiv** A̲D̲J̲ productive **Produktivität** F̲ productivity **Produktlinie** F̲ HANDEL product line **Produktmanager(in)** M̲(F̲) product manager **Produktpalette** F̲ product spectrum **Produzent(in)** M̲(F̲) producer **produzieren** Ⓐ V̲T̲ **1** to produce **2** *umg* (≈ *hervorbringen*) Lärm to make; *Entschuldigung* to come up with *umg* Ⓑ V̲R̲ *pej* to show off **proeuropäisch** A̲D̲J̲ pro-European **profan** A̲D̲J̲ (≈ *weltlich*) secular; (≈ *gewöhnlich*) mundane **Professionalität** F̲ professionalism **professionell** Ⓐ A̲D̲J̲ professional Ⓑ A̲D̲V̲ professionally **Professor(in)** M̲(F̲) **1** (≈ *Hochschulprofessor*) professor **2** *österr, südd* (≈ *Gymnasiallehrer*) teacher **Professur** F̲ chair (**für** in, of) **Profi** *umg* M̲ pro *umg*

Profil N̲ **1** profile; *fig* (≈ *Ansehen*) image;

im ~ in profile; **~ haben** *fig* to have a (distinctive) image **2** *von Reifen* tread **Profilfoto** N̲ profile photo *od* picture **profilieren** V̲R̲ (≈ *sich ein Image geben*) to create a distinctive image for oneself; (≈ *Besonderes leisten*) to distinguish oneself **profiliert** *fig* (≈ *scharf umrissen*) clear-cut *kein adv; fig* (≈ *hervorstechend*) distinctive; **ein ~er Politiker** a politician who has made his mark **Profilneurose** *hum* F̲ image neurosis **Profilsohle** F̲ treaded sole

Profisport M̲ professional sport *Br,* professional sports *pl US*

Profit M̲ profit; **~ aus etw schlagen** *wörtl* to make a profit from sth; *fig* to profit from sth; **~ machen** to make a profit; **ohne/mit ~ arbeiten** to work unprofitably/profitably **profitabel** A̲D̲J̲ profitable **profitieren** V̲T̲ & V̲I̲ to profit (**von** from, by); **dabei kann ich nur ~** I only stand to gain from it **Profitmaximierung** F̲ maximization of profit(s)

pro forma A̲D̲V̲ as a matter of form **Pro-forma-Rechnung** F̲ pro forma invoice

profund A̲D̲J̲ *geh* profound, deep **Prognose** F̲ prognosis; (≈ *Wetterprognose*) forecast **prognostizieren** V̲T̲ to predict, to prognosticate *form*

Programm N̲ **1** programme *Br,* program *US;* (≈ *Tagesordnung*) agenda; TV (≈ *Sender*) channel; (≈ *Sendefolge*) program(me)s *pl;* (≈ *gedrucktes TV-Programm*) TV guide; (≈ *Sortiment*) range; **auf dem ~ stehen** to be on the program(me)/agenda; **ein volles ~ haben** to have a full schedule **2** IT program **programmatisch** A̲D̲J̲ programmatic **programmgemäß** A̲D̲J̲ & A̲D̲V̲ according to plan *od* programme *Br,* according to program *US* **Programmhinweis** M̲ RADIO, TV programme announcement *Br,* program announcement *US* **programmierbar** A̲D̲J̲ programmable **programmieren** V̲T̲ to programme *Br,* to program *US;* IT to program; *fig* **auf etw** (*akk*) **programmiert sein** to be conditioned to sth **Programmierer(in)** M̲(F̲) programmer **Programmierfehler** M̲ bug **Programmiersprache** F̲ programming language **Programmierung** F̲ programming **Programmkino** N̲ arthouse cinema *Br,* art-house movie thea-

P

ter *US* **Programmzeitschrift** F̲ TV guide

Progression F̲ progression; **kalte ~** *steuerlich* cold progression, bracket creep **progressiv** A̲ ADJ progressive B̲ ADV (≈*fortschrittlich*) progressively

Progymnasium N̲ *schweiz* secondary school (*for pupils up to 16*)

Projekt N̲ project (**über** *akk* **zu** on, about) **projektieren** V̲T̲ (≈*entwerfen, planen*) to project **Projektion** F̲ projection **Projektleiter(in)** M̲F̲ project manager **Projektmanagement** N̲ project management **Projektor** M̲ projector **Projektziel** N̲ project goal, goal (of the project) **projizieren** V̲T̲ to project

Proklamation F̲ proclamation **proklamieren** V̲T̲ to proclaim

Pro-Kopf-Einkommen N̲ per capita income **Pro-Kopf-Verbrauch** M̲ per capita consumption

Prokura *form* F̲ procuration *form* **Prokurist(in)** M̲F̲ holder of a general power of attorney

Prolet(in) *pej* M̲F̲ prole *bes Br pej umg* **Proletariat** N̲ proletariat **Proletarier(in)** M̲F̲ proletarian **proletarisch** ADJ proletarian **proletenhaft** *pej* ADJ plebeian *pej*

Prolog M̲ prologue *Br*, prolog *US* **prolongieren** V̲T̲ to prolong

Promenade F̲ (≈*Spazierweg*) promenade **Promenadenmischung** F̲ mongrel

Promi *umg* M̲ celeb *umg*

Promille N̲ *umg* (≈*Alkoholspiegel*) alcohol level; **er hat zu viel ~ (im Blut)** he has too much alcohol in his blood **Promillegrenze** F̲ legal (alcohol) limit

prominent ADJ prominent **Prominente(r)** M̲/F̲(M̲) prominent figure, VIP, celebrity **Prominenz** F̲ VIPs *pl*, prominent figures *pl*

promisk ADJ promiscuous **Promiskuität** F̲ promiscuity

Promotion F̲ UNIV doctorate **promovieren** V̲T̲ to do a doctorate (**über** *+akk* in)

prompt A̲ ADJ prompt B̲ ADV promptly **Pronomen** N̲ pronoun

Propaganda F̲ propaganda **Propagandafeldzug** M̲ propaganda campaign; (≈*Werbefeldzug*) publicity campaign **propagandistisch** ADJ propa-

gandist(ic); **etw ~ ausnutzen** to use sth as propaganda **propagieren** V̲T̲ to propagate

Propangas N̲ propane gas

Propeller M̲ propeller **Propellermaschine** F̲ propeller-driven plane

Prophet M̲ prophet **Prophetin** F̲ prophetess **prophetisch** ADJ prophetic **prophezeien** V̲T̲ to prophesy **Prophezeiung** F̲ prophecy

prophylaktisch A̲ ADJ preventative B̲ ADV as a preventative measure **Prophylaxe** F̲ prophylaxis

Proportion F̲ proportion **proportional** A̲ ADJ proportional; **umgekehrt ~** MATH in inverse proportion B̲ ADV proportionally **Proportionalschrift** F̲ proportionally spaced font **proportioniert** ADJ proportioned **Proporz** M̲ proportional representation *ohne art*

Prorektor(in) M̲F̲ UNIV deputy vice chancellor

Prosa F̲ prose **prosaisch** A̲ ADJ prosaic B̲ ADV (≈*nüchtern*) prosaically

prosit INT your health; **~ Neujahr!** Happy New Year! **Prosit** toast; **auf j-n ein ~ ausbringen** to toast sb

Prospekt M̲ (≈*Reklameschrift*) brochure (*+gen* about); (≈*Werbezettel*) leaflet; (≈*Verzeichnis*) catalogue *Br*, catalog *US*

▶ **Prospekt ≠ prospect**

Prospekt	=	**brochure**
prospect	=	*Zukunft:* Aussicht ◀

prost INT cheers; **na denn ~!** *iron umg* that's just great *umg*; **~ Neujahr!** *umg* Happy New Year!

Prostata F̲ prostate gland

prostituieren V̲R̲ to prostitute oneself **Prostituierte(r)** M̲/F̲(M̲) prostitute **Prostitution** F̲ prostitution

Protagonist(in) M̲F̲ protagonist

Protein N̲ protein

Protektion F̲ (≈*Schutz*) protection; (≈*Begünstigung*) patronage **Protektionismus** M̲ WIRTSCH protectionism **protektionistisch** ADJ protectionist **Protektorat** N̲ (≈*Schirmherrschaft*) patronage; (≈*Schutzgebiet*) protectorate

Protest M̲ protest; **(gegen etw) ~ einlegen** to register a protest (about sth); **unter ~** protesting; *gezwungen* under pro-

test **Protestant(in)** M̲F̲ Protestant
protestantisch A̲D̲J̲ Protestant **pro-
testieren** V̲I̲ to protest (**gegen** against)
Protestkundgebung F̲ (protest) ral-
ly **Protestmarsch** M̲ protest march
Protestwähler(in) M̲F̲ protest voter

Prothese F̲ artificial limb; *Gelenk* artifi-
cial joint; (≈ *Gebiss*) set of dentures

Protokoll N̲ **1** (≈ *Niederschrift*) record;
(≈ *Bericht*) report; *von Sitzung* minutes
pl; *bei Polizei* statement; *bei Gericht* tran-
script; (**das**) **~ führen** *bei Sitzung* to take
the minutes; **etw zu ~ geben** to have
sth put on record; *bei Polizei* to say sth
in one's statement; **etw zu ~ nehmen**
to take sth down **2** *diplomatisch* proto-
col **3** (≈ *Strafzettel*) ticket **protokolla-
risch** A̲D̲J̲ **1** (≈ *protokolliert*) on record;
in Sitzung minuted **2** (≈ *zeremoniell*) **~e
Vorschriften** rules of protocol **Proto-
kollführer(in)** M̲F̲ minute-taker; J̲U̲R̲
clerk of the court **protokollieren** A̲
V̲I̲ *bei Sitzung* to take the minutes
(down); *bei Polizei* to take a/the state-
ment (down) B̲ V̲T̲ to take down; *Sitzung*
to minute; *Unfall, Verbrechen* to take
(down) statements about; *Vorgang* to
keep a record of

Proton N̲ proton

Prototyp M̲ prototype

protzen *umg* V̲I̲ to show off; **mit etw ~**
to show sth off **protzig** *umg* A̲D̲J̲ showy
umg

Proviant M̲ provisions *pl*; (≈ *Reiseprovi-
ant*) food for the journey

Provider M̲ I̲T̲ provider

Provinz F̲ province; *im Gegensatz zur
Stadt* provinces *pl a. pej*; **das ist finsters-
te ~** *pej* it's so provincial **provinziell**
A̲D̲J̲ provincial **Provinzler(in)** *pej* M̲F̲
provincial **Provinznest** *pej umg* N̲
provincial backwater, hick town *US umg*

Provision F̲ commission; **auf ~** on
commission **Provisionsbasis** F̲ com-
mission basis

provisorisch A̲ A̲D̲J̲ provisional; **~e
Regierung** caretaker government; **Stra-
ßen mit ~em Belag** roads with a tem-
porary surface B̲ A̲D̲V̲ temporarily; **ich
habe den Stuhl ~ repariert** I've fixed
the chair up for the time being **Provi-
sorium** N̲ stopgap; *für Zahn* temporary
filling

Provokateur(in) M̲F̲ troublemaker;
P̲O̲L̲ agent provocateur **Provokation**

F̲ provocation **provozieren** V̲T̲ & V̲I̲
to provoke

Prozedur F̲ **1** (≈ *Vorgang*) procedure **2**
pej carry-on *umg*; **die ~ beim Zahnarzt**
the ordeal at the dentist's

Prozent N̲ *nach Zahlenangaben* per cent
kein pl Br, percent *kein pl US*; **wie viel ~?**
what percentage?; **zu zehn ~** at ten per
cent *Br*, at ten percent *US*; **zu hohen
~en** at a high percentage; **~e bekom-
men** (≈ *Rabatt*) to get a discount **Pro-
zentpunkt** M̲ point **Prozentrech-
nung** F̲ percentage calculation **Pro-
zentsatz** M̲ percentage **prozentual**
A̲ A̲D̲J̲ percentage *attr*; **~er Anteil** per-
centage B̲ A̲D̲V̲ **sich an einem Geschäft
~ beteiligen** to have a percentage
(share) in a business; **~ gut abschnei-
den** to get a good percentage **Pro-
zentzeichen** N̲ percent sign

Prozess M̲ **1** (≈ *Strafprozess*) trial (**we-
gen** *or* **um** in the matter of); **einen
~ gewinnen/verlieren** to win/lose a
case; **gegen j-n einen ~ anstrengen** to
institute legal proceedings against sb;
j-m den ~ machen *umg* to take sb to
court; **mit j-m/etw kurzen ~ machen**
fig umg to make short work of sb/sth
umg **2** (≈ *Vorgang, Verfahren*) process
prozessieren V̲I̲ to go to court; **ge-
gen j-n ~** to bring an action against
sb **Prozession** F̲ procession **Pro-
zesskosten** P̲L̲ legal costs *pl*

Prozessor M̲ C̲O̲M̲P̲U̲T̲ processor

prüde A̲D̲J̲ prudish **Prüderie** F̲ prud-
ishness

prüfen V̲T̲ **1** S̲C̲H̲U̲L̲E̲, U̲N̲I̲V̲ to examine,
to test; **j-n in etw** (*dat*) **~** to examine sb
in sth; **schriftlich geprüft werden** to
have a written examination; **ein staat-
lich geprüfter Dolmetscher** a state-cer-
tified interpreter **2** (≈ *überprüfen*) to
check (**auf** +*akk* for); *Lebensmittel* to in-
spect; **wir werden die Beschwerde ~**
we'll look into the complaint **3** (≈ *erwä-
gen*) to consider; **etw nochmals ~** to re-
consider sth **4** (≈ *mustern*) to scrutinize;
ein ~der Blick a searching look **Prü-
fer(in)** M̲F̲ examiner; (≈ *Wirtschaftsprü-
fer*) inspector **Prüfling** M̲ examinee
Prüfstand M̲ test bed; **auf dem ~ ste-
hen** to be being tested **Prüfung** F̲ **1**
S̲C̲H̲U̲L̲E̲, U̲N̲I̲V̲ exam; **eine ~ machen**
od ablegen to take *od* do an exam **2**
(≈ *Überprüfung*) checking *kein unbest*

P

art; (≈ *Untersuchung*) examination; *von Geschäftsbüchern* audit; *von Lebensmitteln, Wein* testing *kein unbest art*; **j-n/etw einer ~ unterziehen** to subject sb/sth to an examination; **nach ~ Ihrer Beschwerde** after looking into your complaint **3** (≈ *Erwägung*) consideration **Prüfungsangst** F̄ exam nerves *pl* **Prüfungsaufgabe** F̄ exam(ination) question **Prüfungsausschuss** M̄ board of examiners **Prüfungskommission** F̄ board of examiners **Prüfverfahren** N̄ test procedure

Prügel M̄ **1** (≈ *Stock*) club **2** *umg* (≈ *Schläge*) beating; **~ bekommen** to get a beating **Prügelei** *umg* F̄ fight **Prügelknabe** *fig* M̄ whipping boy **prügeln** A V̄T & V̄I to beat B V̄R to fight; **sich mit j-m ~** to fight sb; **sich um etw** (*akk*) **~** to fight over sth **Prügelstrafe** F̄ corporal punishment

Prunk M̄ (≈ *Pracht*) splendour *Br*, splendor *US* **Prunkbau** M̄ magnificent building **Prunksaal** M̄ sumptuous room **Prunkstück** N̄ showpiece **prunkvoll** ADJ splendid

prusten *umg* V̄I to snort; **vor Lachen ~** to snort with laughter

PS ABK (= *Pferdestärke*) hp, horsepower **Psalm** M̄ psalm

pseudo— Z̄SSGN pseudo **Pseudonym** N̄ pseudonym

pst ĪNT psst; (≈ *Ruhe!*) sh

Psyche F̄ psyche **Psychiater(in)** M̄/F̄ psychiatrist **Psychiatrie** F̄ psychiatry **psychiatrisch** ADJ psychiatric; **~ behandelt werden** to be under psychiatric treatment **psychisch** A ADJ *Belastung* emotional; *Phänomen, Erscheinung* psychic; *Vorgänge* psychological; *gestört* mentally; **~ belastet sein** to be under psychological pressure **Psychoanalyse** F̄ psychoanalysis **Psychoanalytiker(in)** M̄/F̄ psychoanalyst **Psychodrama** F̄ psychodrama **Psychogramm** N̄ *a. fig* profile **Psychologe** M̄, **Psychologin** F̄ psychologist **Psychologie** F̄ psychology **psychologisch** A ADJ psychological B ADV psychologically **Psychopath(in)** M̄/F̄ psychopath **Psychopharmakon** N̄ psychiatric drug **Psychose** F̄ psychosis **psychosomatisch** A ADJ psychosomatic B ADV

psychosomatically **Psychoterror** M̄ psychological terror **Psychotherapeut(in)** M̄/F̄ psychotherapist **Psychotherapie** F̄ psychotherapy **Psychothriller** M̄ psychological thriller **psychotisch** ADJ psychotic

pubertär ADJ adolescent **Pubertät** F̄ puberty **pubertieren** V̄I to reach puberty

Publicity F̄ publicity **Public Viewing** N̄ big-screen broadcast **publik** ADJ **werden** to become public knowledge; **etw ~ machen** to make sth public **Publikation** F̄ publication **Publikum** N̄ public; (≈ *Zuschauer, Zuhörer*) audience; (≈ *Leser*) readers *pl*; SPORT crowd **Publikumserfolg** M̄ success with the public **Publikumsliebling** M̄ darling of the public **Publikumsmagnet** M̄ crowd puller **publikumswirksam** A ADJ **~ sein** to have public appeal B ADV **ein Stück ~ inszenieren** to produce a play with a view to public appeal **publizieren** V̄T & V̄I **1** (≈ *veröffentlichen*) to publish **2** (≈ *publik machen*) to publicize **Publizist(in)** M̄/F̄ publicist; (≈ *Journalist*) journalist **Publizistik** F̄ journalism

Pudding M̄ thick custard-based dessert often flavoured with vanilla, chocolate etc **Puddingpulver** N̄ custard powder

Pudel M̄ poodle **Pudelmütze** F̄ bobble cap **pudelwohl** *umg* ADJ **sich ~ fühlen** to feel completely contented

Puder *umg* M̄/N̄ powder **Puderdose** F̄ *für Gesichtspuder* compact **pudern** A V̄T to powder B V̄R (≈ *Puder auftragen*) to powder oneself **Puderzucker** M̄ icing sugar

Puerto Rico N̄ Puerto Rico

Puff¹ M̄ **1** (≈ *Stoß*) thump; *in die Seite* prod; *in die Rippen* poke **2** *Geräusch* phut *umg*

Puff² M̄/N̄ *umg Bordell* brothel **Puffärmel** M̄ puff(ed) sleeve **puffen** V̄T to hit; *in die Seite* to prod **Puffer** M̄ **1** BAHN, COMPUT buffer **2** *zeitlich* leeway **3** GASTR (≈ *Kartoffelpuffer*) potato fritter **Pufferstaat** M̄ buffer state **Pufferzone** F̄ buffer zone **Puffreis** M̄ puffed rice

Pull-down-Menü N̄ pull-down menu **Pulle** *umg* F̄ bottle; **volle ~ fahren/arbeiten** *umg* to drive/work flat out *bes Br*

Pulli _umg_ M̲, **Pullover** M̲ jumper _Br_, sweater, pullover **Pullunder** M̲ tank top

Puls M̲ pulse; **j-m den ~ fühlen** to feel sb's pulse; **j-m den ~ messen** to take sb's pulse **Pulsader** F̲ artery; **sich** (_dat_) **die ~(n) aufschneiden** to slash one's wrists **pulsieren** V̲I̲ to pulsate **Pulsschlag** M̲ pulse beat; _fig_ pulse; (≈ _das Pulsieren_) throbbing, pulsation

Pult N̲ desk

Pulver N̲ powder; **sein ~ verschossen haben** _fig_ to have shot one's bolt **Pulverfass** N̲ powder keg; **(wie) auf einem ~ sitzen** _fig_ to be sitting on (top of) a volcano **pulverig** A̲D̲J̲ powdery _kein adv_ **pulverisieren** V̲T̲ to pulverize **Pulverkaffee** M̲ instant coffee **Pulverschnee** M̲ powder snow

Puma M̲ puma, cougar

pummelig _umg_ A̲D̲J̲ chubby

Pump _umg_ M̲ credit; **etw auf ~ kaufen** to buy sth on credit

Pumpe F̲ **1** pump **2** _umg_ (≈ _Herz_) ticker _umg_ **pumpen** V̲T̲ **1** _mit Pumpe_ to pump **2** _umg_ (≈ _entleihen_) to borrow; (≈ _verleihen_) to lend

Pumpernickel M̲ pumpernickel

Pumps M̲ court shoe, pump _US_

puncto P̲R̲Ä̲P̲ **in ~** with regard to

Punk M̲ punk **Punker(in)** M̲(F̲) punk

Punkt M̲ **1** point; **~ 12 Uhr** at 12 o'clock on the dot; **bis zu einem gewissen ~** up to a certain point; **nach ~en siegen/ führen** to win/lead on points; **in diesem ~** on this point; **etw auf den ~ bringen** to get to the heart of sth **2** (≈ _Satzzeichen_) full stop _Br_, period _bes US_; **auf dem i**, _von Punktlinie, a._ I̲T̲ dot; **~e pro Zoll** I̲T̲ dots per inch; _nun mach aber mal einen ~!_ _umg_ come off it! _umg_ **3** A̲U̲T̲O̲ _bei Verkehrsvergehen_ penalty point; **er hat drei ~e in Flensburg bekommen** he was given three (penalty) points on his licence **Pünktchen** N̲ little dot **punkten** V̲I̲ S̲P̲O̲R̲T̲ to score (points); _fig_ (≈ _Erfolg haben_) to score a hit; → **gepunktet** **punktgleich** A̲D̲J̲ S̲P̲O̲R̲T̲ level (**mit** with) **B** A̲D̲V̲ **die beiden Mannschaften liegen ~** the two teams are even; **der Boxkampf ging ~ aus** the fight ended in a draw _od_ was a draw **punktieren** V̲T̲ **1** M̲E̲D̲ to aspirate **2** (≈ _mit Punkten versehen_) to dot; **punktierte Linie** dotted line **Punktlan-**

dung F̲ precision landing **pünktlich** A̲ A̲D̲J̲ punctual **B** A̲D̲V̲ on time **Pünktlichkeit** F̲ punctuality **Punktniederlage** F̲ defeat on points **Punktrichter(in)** M̲(F̲) judge **Punktsieg** M̲ win on points **Punktspiel** N̲ league game, game decided on points **Punktstrahler** M̲ spot, spotlight **punktuell** A̲ A̲D̲J̲ _Streik_ selective; _Zusammenarbeit_ on certain points; **~e Verkehrskontrollen** spot checks on traffic **B** A̲D̲V̲ _kritisieren_ in a few points **Punktzahl** F̲ number of points; _im Sport, Wettbewerb_ score

Punsch M̲ (hot) punch

Pupille F̲ pupil

Puppe F̲ **1** doll; (≈ _Marionette_) puppet; (≈ _Schaufensterpuppe_) dummy; _umg_ (≈ _Mädchen_) doll _umg_; **die ~n tanzen lassen** _umg_ to live it up _umg_; **bis in die ~n schlafen** _umg_ to sleep to all hours **2** Z̲O̲O̲L̲ pupa **Puppenhaus** N̲ doll's house _Br_, dollhouse _US_ **Puppenspiel** N̲ puppet show **Puppenspieler(in)** M̲(F̲) puppeteer **Puppenstube** F̲ doll's house _Br_, dollhouse _US_ **Puppentheater** N̲ puppet theatre _Br_, puppet theater _US_ **Puppenwagen** M̲ doll's pram _Br_, toy baby carriage _US_

pur A̲ A̲D̲J̲ (≈ _rein_) pure; (≈ _unverdünnt_) neat; (≈ _bloß, völlig_) sheer; **purer Unsinn** absolute nonsense; **purer Zufall** sheer coincidence; **Whisky pur** straight whisky **B** A̲D̲V̲ _anwenden_ pure; _trinken_ straight

Püree N̲ puree **pürieren** V̲T̲ to puree **Pürierstab** M̲ masher

Puritaner(in) M̲(F̲) Puritan **puritanisch** A̲D̲J̲ H̲I̲S̲T̲ Puritan; _pej_ puritanical

Purpur M̲ crimson

purpurrot A̲D̲J̲ crimson (red)

Purzelbaum M̲ somersault; **einen ~ schlagen** to turn a somersault **purzeln** V̲I̲ to tumble

puschen, pushen _umg_ V̲T̲ to push **Push-up-BH** M̲ push-up bra

Puste _umg_ F̲ puff _umg_; **außer ~ geraten** to get out of breath; **außer ~ sein** to be out of puff _umg_ **Pusteblume** _umg_ F̲ dandelion clock **Pustekuchen** _umg_ I̲N̲T̲ fiddlesticks _obs umg_; **(ja) ~!** no chance! _umg_

Pustel F̲ (≈ _Pickel_) spot; M̲E̲D̲ pustule **pusten** _umg_ V̲I̲ to puff, to blow

P

Pute F̲ turkey (hen); **dumme ~** umg silly goose umg **Putenschnitzel** N̲ GASTR turkey breast in breadcrumbs **Puter** M̲ turkey (cock) **puterrot** A̲D̲J̲ scarlet, bright red; **~ werden** to go bright red
Putsch M̲ putsch **putschen** V̲/̲I̲ to rebel **Putschist(in)** M̲/̲F̲ rebel **Putschversuch** M̲ attempted coup (d'état)
Putte F̲ KUNST cherub
Putz M̲ **1** von Haus plaster; (≈ Rauputz) roughcast **2** **auf den ~ hauen** umg (≈ angeben) to show off; (≈ ausgelassen feiern) to have a rave-up umg **Putzdienst** M̲ cleaning duty; (≈ Dienstleistung) cleaning service; **~ haben** to be on cleaning duty **putzen** V̲/̲T̲ (≈ säubern) to clean; (≈ polieren) to polish; (≈ wischen) to wipe; **Fenster ~** to clean the windows; **sich** (dat) **die Nase ~** to blow one's nose; **die Zähne ~** to brush od clean one's teeth; **~ gehen** to work as a cleaner **B** V̲R̲ (≈ sich säubern) to wash oneself **Putzfimmel** umg M̲ **einen ~ haben** to be a cleaning maniac **Putzfrau** F̲ cleaner **putzig** umg A̲D̲J̲ (≈ komisch) funny; (≈ niedlich) cute umg **Putzkolonne** F̲ team of cleaners **Putzlappen** M̲ cloth **Putzmittel** N̲ zum Scheuern cleanser; zum Polieren polish **putzmunter** umg A̲D̲J̲ full of beans Br umg, lively **Putztuch** N̲ (≈ Staubtuch) duster; (≈ Wischlappen) cloth **Putzzeug** N̲ cleaning things pl
Puzzle N̲ jigsaw (puzzle)
Pygmäe M̲, **Pygmäin** F̲ Pygmy
Pyjama M̲ pair of pyjamas Br od pajamas US
Pyramide F̲ pyramid **pyramidenförmig** A̲D̲J̲ pyramid-shaped kein adv; **etw ~ anordnen** to arrange sth in a pyramid **Pyrenäen** P̲L̲ **die ~** the Pyrenees pl **Pyrenäenhalbinsel** F̲ Iberian Peninsula
Pyromane M̲, **Pyromanin** F̲ pyromaniac **Pyrotechnik** F̲ pyrotechnics sg **pyrotechnisch** A̲D̲J̲ pyrotechnic
Python M̲ python

Q, q N̲ Q, q
Qigong N̲ qigong
QR-Code® N̲ (= Quick Response Code) IT QR code®
Quacksalber(in) pej M̲/̲F̲ quack (doctor) **Quacksalberei** F̲ quackery
Quad N̲ vierrädriges Motorrad quad bike Br, four-wheeler US
Quadrat N̲ **1** Fläche square; **drei Meter im ~** three metres square Br, three metres square US **2** Potenz square; **vier zum ~** four squared **quadratisch** A̲D̲J̲ Form square; MATH Gleichung quadratic **Quadratkilometer** M̲ square kilometre Br, square kilometer US **Quadratmeter** M̲/̲N̲ square metre Br, square meter US **Quadratur** F̲ quadrature; **die ~ des Kreises** the squaring of the circle **Quadratwurzel** F̲ square root **Quadratzahl** F̲ square number **quadrieren** V̲/̲T̲ Zahl to square
Quai M̲/̲N̲ **1** quay **2** schweiz an Fluss riverside road; an See lakeside road
quaken V̲/̲I̲ Frosch to croak; Ente to quack
quäken umg V̲/̲T̲ & V̲/̲I̲ to screech
Quäker(in) M̲/̲F̲ Quaker
Qual F̲ (≈ Pein) agony; (≈ qualvolles Erlebnis) ordeal; (≈ Quälerei) struggle; **~en leiden** to suffer agonies; **unter großen ~en sterben** to die in agony; **die letzten Monate waren für mich eine (einzige) ~** the last few months have been sheer agony for me; **er machte ihr das Leben zur ~** he made her life a misery **quälen** A̲ V̲/̲T̲ to torment; mit Bitten etc to pester; **j-n zu Tode ~** to torture sb to death; → **gequält B** V̲/̲R̲ **1** seelisch to torture oneself; (≈ leiden) to suffer **2** (≈ sich abmühen) to struggle **quälend** A̲D̲J̲ agonizing **Quälerei** F̲ (≈ Grausamkeit) torture kein pl; (≈ seelische Belastung) agony; **das ist doch eine ~ für das Tier** that is cruel to the animal **Quälgeist** umg M̲ pest umg
Quali F̲ A̲B̲K̲ (= Qualifikation) SPORT umg qualification; (≈ Runde) qualifying round **Qualifikation** F̲ qualification; (≈ Aus-

scheidungswettkampf) qualifying round **qualifizieren** V̄R̄ to qualify **qualifiziert** ADJ **1** *Arbeiter* qualified; *Arbeit* expert **2** POL *Mehrheit* requisite **Qualifizierung** F **1** qualification **2** (≈ *Einordnung)* classification

Qualität F quality **qualitativ** A ADJ qualitative B ADV qualitatively; ~ **hochwertige Produkte** high-quality products **Qualitätsarbeit** F quality work **Qualitätserzeugnis** N̄ quality product **Qualitätskontrolle** F quality control **Qualitätsmanagement** N̄ quality management **qualitätsorientiert** ADJ quality-oriented **Qualitätssicherung** F quality assurance **Qualitätsstandard** M̄ quality standard **Qualitätsware** F quality goods *pl* **Qualitätswein** M̄ *wine of certified origin and quality*

Qualle F jellyfish

Qualm M̄ (thick *od* dense) smoke **qualmen** V̄I̲ **1** *Feuer* to give off smoke; **es qualmt aus dem Schornstein** clouds of smoke are coming from the chimney **2** *umg Mensch* to smoke **qualmig** ADJ smoky

qualvoll A ADJ painful; *Gedanke* agonizing; *Anblick* harrowing B ADV ~ **sterben** to die an agonizing death

Quantenphysik F quantum physics **2** **Quantensprung** M̄ quantum leap **Quantentheorie** F quantum theory **quantifizieren** V̄T̄ to quantify **Quantität** F quantity **quantitativ** A ADJ quantitative B ADV quantitatively **Quantum** N̄ (≈ *Menge)* quantum; (≈ *Anteil)* quota (**an** +*dat of*)

Quarantäne F quarantine; **unter ~ stellen** to put in quarantine; **unter ~ stehen** to be in quarantine

Quark M̄ **1** (≈ *Käse)* quark **2** *umg* (≈ *Unsinn)* rubbish *Br,* nonsense

Quartal N̄ quarter **Quartal(s)säufer(in)** *umg* M̲F̲ periodic heavy drinker **quartal(s)weise** A ADJ quarterly B ADV quarterly **Quartett** N̄ **1** MUS quartet **2** KART (≈ *Spiel)* ≈ happy families; (≈ *Karten)* set of four cards

Quartier N̄ **1** (≈ *Unterkunft)* accommodation *kein pl Br,* accommodations *pl US* **2** MIL quarters *pl*

Quarz M̄ quartz **Quarzuhr** F quartz clock; (≈ *Armbanduhr)* quartz watch

quasi A ADV virtually B PRÄF quasi

Quasselei *umg* F gabbing *umg* **quasseln** V̄T̄ & V̄I̲ *umg* to blather *umg*

Quaste F (≈ *Troddel)* tassel; *von Pinsel* bristles *pl*

Quatsch *umg* M̄ nonsense; **ohne ~!** (≈ *ehrlich)* no kidding! *umg;* **so ein ~!** what (a load of) nonsense *Br;* **lass den ~ cut it out!** *umg;* ~ **machen** to mess about *umg;* **mach damit keinen ~** don't do anything stupid with it **quatschen** *umg* V̄T̄ & V̄I̲ **1** (≈ *dummes Zeug reden)* to gab (away) *umg,* to blather *umg* B V̄I̲ **1** (≈ *plaudern)* to blather *umg* **2** (≈ *etw ausplaudern)* to squeal *umg* **Quatschkopf** *pej umg* M̄ (≈ *Schwätzer)* windbag *umg;* (≈ *Dummkopf)* fool

Quecksilber N̄ mercury

Quellcode M̄ IT source code **Quelldatei** F IT source file

Quelle F **1** spring; (≈ *Erdölquelle)* well **2** *fig* (≈ *Ursprung, Informant)* source; *für Waren* supplier; **die ~ allen Übels** the root of all evil; **aus zuverlässiger ~** from a reliable source; **an der ~ sitzen** *fig* to be well-placed **quellen** V̄I̲ **1** (≈ *herausfließen)* to pour (**aus** out of) **2** *Erbsen* to swell; **lassen Sie die Bohnen über Nacht ~** leave the beans to soak overnight **Quellenangabe** F reference **Quellensteuer** F WIRTSCH tax at source **Quellwasser** N̄ spring water

Quengelei *umg* F whining **quengelig** ADJ whining **quengeln** *umg* V̄I̲ to whine **Quengelzone** F *umg* pester zone *umg*

quer ADV (≈ *schräg)* crossways, diagonally; (≈ *rechtwinklig)* at right angles; ~ **gestreift** horizontally striped; **er legte sich ~ aufs Bett** he lay down across the bed; ~ **über etw** *(akk)* **gehen** to cross sth **Querdenker(in)** M̲F̲ open-minded thinker **Quere** F **j-m in die ~ kommen** (≈ *begegnen)* to cross sb's path; *a. fig* (≈ *in den Weg geraten)* to get in sb's way

Querele F dispute

querfeldein ADV across country **Querfeldeinrennen** N̄ cross-country; *Motorradrennen* motocross **Querflöte** F (transverse) flute; ~ **spielen** to play the flute **Querformat** N̄ landscape format **quergestreift** ADJ → quer **Querlatte** F crossbar **querlegen** *fig umg* V̄R̄ to be awkward **Querpass** M̄ cross **Querschläger** M̄ ricochet (shot)

Q

Querschnitt M̅ cross section **querschnitt(s)gelähmt** A̲D̲J̲ paraplegic **Querschnitt(s)gelähmte(r)** M̲/F̲(M̲) paraplegic **Querschnitt(s)lähmung** F̅ paraplegia **querstellen** fig umg V̲/R̲ to be awkward **Querstraße** F̅ (≈Nebenstraße) side street; (≈Abzweigung) turning **Querstreifen** M̅ horizontal stripe **Quersumme** F̅ MATH sum of digits (of a number) **Quertreiber(in)** umg M̲(F̲) troublemaker **Querulant(in)** M̲(F̲) grumbler; stärker troublemaker **Querverweis** M̅ cross-reference

quetschen A̲ V̲/T̲ (≈drücken) to squash; aus einer Tube to squeeze; **etw in etw** (akk) ~ to squeeze sth into sth B̲ V̲/R̲ (≈sich zwängen) to squeeze (oneself) **Quetschung** F̅, **Quetschwunde** F̅ MED bruise **Quiche** F̅ GASTR quiche **quicklebendig** umg A̲D̲J̲ lively **quieken** V̲/I̲ to squeal **quietschen** V̲/I̲ to squeak; Reifen, Mensch to squeal; Bremsen to screech **quietschvergnügt** umg A̲D̲J̲ happy as a sandboy **Quintett** N̅ quintet **Quirl** M̅ GASTR whisk, beater **quirlig** A̲D̲J̲ Mensch, Stadt lively, exuberant **quitt** A̲D̲J̲ ~ **sein (mit j-m)** to be quits (with sb); **j-n/etw** ~ **sein** dial to be rid of sb/sth **Quitte** F̅ quince **quittieren** A̲ V̲/T̲ ▯ (≈bestätigen) to give a receipt for; **lassen Sie sich** (dat) **die Rechnung** ~ get a receipt for the bill Br od invoice ▮ (≈beantworten) to counter (**with**) ▯ (≈verlassen) Dienst to quit B̲ V̲/I̲ (≈bestätigen) to sign **Quittung** F̅ ▯ receipt; **gegen** ~ on production of a receipt; **j-m eine** ~ **für etw ausstellen** to give sb a receipt for sth ▮ fig **die** ~ **für etw bekommen** od **erhalten** to pay the penalty for sth **Quittungsblock** M̅ receipt book **Quiz** N̅ quiz **Quizfrage** F̅ quiz question **Quizmaster(in)** M̲(F̲) quizmaster **Quizsendung** F̅ quiz show; mit Spielen gameshow **Quote** F̅ (≈Anteilsziffer) proportion; (≈Kontingent) quota; (≈Rate) rate; TV etc ratings pl **Quotenregelung** F̅ quota system **Quotient** M̅ quotient

R

R, r N̅ R, r **Rabatt** M̅ discount (**auf** +akk on) **Rabattaktion** N̅ discount promotion **Rabauke** umg M̅ hooligan **Rabbi** M̅ rabbi **Rabbiner(in)** M̲(F̲) rabbi

Rabe M̅ raven **Rabeneltern** umg P̲L̲ bad parents pl **Rabenmutter** umg F̅ bad mother **rabenschwarz** A̲D̲J̲ Nacht pitch-black; Haare jet-black; fig Humor black **Rabenvater** umg M̅ bad father **rabiat** A̲ A̲D̲J̲ Kerl violent; Umgangston aggressive; Methoden, Konkurrenz ruthless B̲ A̲D̲V̲ (≈rücksichtslos) roughly; vorgehen ruthlessly; (≈aggressiv) violently **Rache** F̅ revenge; ~ **schwören** to swear vengeance; (**an j-m**) ~ **nehmen** od **üben** to take revenge (on od upon sb); **etw aus** ~ **tun** to do sth in revenge; ~ **ist süß** sprichw revenge is sweet sprichw **Racheakt** M̅ act of revenge od vengeance **Rachen** M̅ throat; von großen Tieren jaws pl; fig jaws pl, abyss; **j-m etw in den** ~ **werfen** umg to shove sth down sb's throat umg **rächen** A̲ V̲/T̲ j-n, Untat to avenge (**etw an j-m** sth on sb) B̲ V̲/R̲ Mensch to get one's revenge (**an j-m für etw** on sb for sth); **deine Faulheit wird sich** ~ you'll pay for being so lazy **Rachitis** F̅ rickets **rachitisch** A̲D̲J̲ Kind with rickets **Rachsucht** F̅ vindictiveness **rachsüchtig** A̲D̲J̲ vindictive **Racker** M̅ (≈Kind) rascal umg **rackern** umg V̲/I̲ & V̲/R̲ to slave (away) umg **Rad** N̅ ▯ wheel; **ein Rad schlagen** SPORT to do a cartwheel; **nur ein Rad im Getriebe sein** fig to be only a cog in the works; **unter die Räder kommen** umg to get into bad ways; **das fünfte Rad am Wagen sein** umg to be in the way ▮ (≈Fahrrad) bicycle, bike umg; **Rad fahren** to cycle, to ride a bike; pej umg (≈kriechen) to suck up umg, to brownnose US sl pej **Radar** M̲/N̲ radar **Radarfalle** F̅ speed trap **Radarkontrolle** F̲ speed trap **Radarschirm** M̲ radar screen, radarscope **Radarstation** F̲ radar station **Radarüberwachung** F̲ radar monitoring

Radau umg M̲ racket umg; **~ machen** to kick up a row; (≈ *Unruhe stiften*) to cause trouble; (≈ *Lärm machen*) to make a racket

Raddampfer M̲ paddle steamer **radebrechen** V̲T̲ **Englisch/Deutsch ~** to speak broken English/German **radeln** umg V̲I̲ to cycle **Rädelsführer(in)** M̲F̲ ringleader **radfahren** V̲I̲ → **Rad** **Radfahrer(in)** M̲F̲ **1** cyclist **2** *pej* umg crawler *Br* umg, brown-noser *bes US sl* **Radfahrweg** M̲ cycleway; *in der Stadt* cycle lane **Radhelm** M̲ cycle helmet **Radi** M̲ *österr, südd* white radish **radial** A̲ A̲D̲J̲ radial B̲ A̲D̲V̲ radially **Radiator** M̲ radiator **radieren** V̲T̲ & V̲I̲ **1** *mit Radiergummi* to erase **2** KUNST to etch **Radiergummi** M̲ rubber *Br*, eraser **Radierung** F̲ KUNST etching **Radieschen** N̲ radish **radikal** A̲ A̲D̲J̲ radical B̲ A̲D̲V̲ radically; *verneinen* categorically; **etw ~ ablehnen** to refuse sth flatly; **~ gegen etw vorgehen** to take radical steps against sth **Radikale(r)** M̲F̲M̲ radical **radikalisieren** V̲T̲ to radicalize **Radikalisierung** F̲ radicalization **Radikalismus** M̲ POL radicalism **Radikalkur** umg F̲ drastic remedy **Radio** M̲ *schweiz, südd* radio; **~ hören** to listen to the radio; **im ~** on the radio **radioaktiv** A̲D̲J̲ radioactive; **~er Niederschlag** (radioactive) fallout; **~ verseucht** contaminated with radioactivity **Radioaktivität** F̲ radioactivity **Radioapparat** M̲ radio (set) **Radiografie** F̲ radiography **Radiologe** M̲, **Radiologin** F̲ MED radiologist **Radiologie** F̲ MED radiology **radiologisch** A̲D̲J̲ radiological **Radiorekorder** M̲ radio recorder **Radiosender** M̲ (≈ *Rundfunkanstalt*) radio station **Radiotherapie** F̲ radiotherapy **Radiowecker** M̲ radio alarm (clock) **Radium** N̲ radium **Radius** M̲ radius **Radkappe** F̲ hubcap **Radlager** N̲ wheel bearing **Radler(in)** umg M̲F̲ cy-

clist **Radlerhose** F̲ cycling shorts *pl* **Radrennbahn** F̲ cycle (racing) track **Radrennen** N̲ cycle race **Radrennsport** M̲ cycle racing **Radsport** M̲ cycling **Radsportler(in)** M̲F̲ cyclist **Radtour** F̲ bike ride; *länger* cycling *od* bike tour; **eine ~ machen** to go on a cycling tour **Radwandern** N̲ cycling tours *pl* **Radwechsel** M̲ wheel change **Radweg** M̲ cycleway, cycle path

raffen V̲T̲ **1** **er will immer nur (Geld) ~** he's always after money; **etw an sich** (*akk*) **~** to grab sth **2** *Stoff* to gather **3** *zeitlich* to shorten **4** *sl* (≈ *verstehen*) to get umg **Raffgier** F̲ greed, avarice **Raffinade** F̲ *Zucker* refined sugar **Raffinerie** F̲ refinery **Raffinesse** F̲ **1** (≈ *Feinheit*) refinement **2** (≈ *Schlauheit*) cunning *kein pl* **raffinieren** V̲T̲ to refine **raffiniert** A̲D̲J̲ **1** *Zucker, Öl* refined **2** *Methoden* sophisticated; umg *Kleidung* stylish **3** (≈ *schlau*) clever; (≈ *durchtrieben*) crafty

Rafting N̲ SPORT (white-water) rafting **Rage** F̲ (≈ *Wut*) rage; **j-n in ~ bringen** to infuriate sb

ragen V̲I̲ to rise, to loom

Ragout N̲ ragout

Rahm M̲ *österr, südd* cream

rahmen V̲T̲ to frame; *Dias* to mount **Rahmen** M̲ **1** frame **2** *fig* framework; (≈ *Atmosphäre*) setting; (≈ *Größe*) scale; **den ~ für etw bilden** to provide a backdrop for sth; **im ~** within the framework (*+gen* of); **im ~ des Möglichen** within the bounds of possibility; **sich im ~ halten** to keep within the limits; **aus dem ~ fallen** to be strikingly different; **musst du denn immer aus dem ~ fallen?** do you always have to show yourself up?; **den ~ von etw sprengen** to go beyond the scope of sth; **in größerem/kleinerem ~** on a large/small scale **Rahmenbedingung** F̲ basic condition *mst pl* **Rahmenvertrag** M̲ IND general agreement

rahmig A̲D̲J̲ *dial* creamy **Rahmspinat** M̲ creamed spinach (*with sour cream*) **räkeln** V̲R̲ → **rekeln**

Rakete F̲ rocket; MIL *a.* missile **Raketenabschussbasis** F̲ MIL missile base; RAUMF launch site *Br* **Raketenabwehr** F̲ antimissile defence *Br*, antimissile defense *US* **Raketenstützpunkt** M̲ missile base **Raketenwer-**

R

fer M̅ rocket launcher
Rallye F̅ rally **Rallyefahrer(in)** M̅F̅ rally driver
RAM N̅ COMPUT RAM
Ramadan M̅ Ramadan
Rambutan F̅ *Frucht* rambutan
rammeln A V̅T̅ → gerammelt B V̅I̅ JAGD to mate; *sl* to do it *umg*
rammen V̅T̅ to ram
Rampe F̅ 1 ramp 2 THEAT forestage
Rampenlicht N̅ THEAT footlights *pl*; *fig* limelight **Rampensau** F̅ *umg* scene stealer
ramponieren *umg* V̅T̅ to ruin; *Möbel* to bash about *umg*
Ramsch *umg* M̅ junk
ran *umg* INT come on *umg*; **ran an die Arbeit!** down to work; → **heran**
Rand M̅ 1 edge; *von Gefäß, Tasse* top, rim; *von Abgrund* brink; **voll bis zum ~** full to the brim; **am ~e erwähnen** in passing; *interessieren* marginally; *miterleben* from the sidelines; **am ~e des Wahnsinns** on the verge of madness; **am ~e eines Krieges** on the brink of war; **am ~e der Gesellschaft** on the fringes of society 2 (≈ *Umrandung*) border; (≈ *Brillenrand*) rim; *von Hut* brim; (≈ *Buchrand*) margin; **etw an den ~ schreiben** to write sth in the margin 3 (≈ *Schmutzrand*) ring; *um Augen* circle 4 *fig* **sie waren außer ~ und Band** they were going wild; **zu ~e** → **zurande**
Randale F̅ rioting; **~ machen** to riot **randalieren** V̅I̅ to rampage (about); **~de Studenten** rioting students **Randalierer(in)** M̅F̅ hooligan
Randbemerkung F̅ *schriftlich: auf Seite* note in the margin; *mündlich, fig (passing)* comment **Randerscheinung** F̅ marginal matter **Randfigur** F̅ minor figure **Randgruppe** F̅ fringe group **randlos** A ADJ *Brille* rimless B ADV IT *drucken* without margins **Randstein** M̅ curb US, kerb Br **randvoll** ADJ *Glas* full to the brim; *Behälter* full to the top; *fig Programm* packed
Rang M̅ 1 MIL rank; *in Firma, gesellschaftlich, in Wettbewerb* place; **alles, was ~ und Namen hat** everybody who is anybody; **j-m den ~ streitig machen** *fig* to challenge sb's position; **j-m den ~ ablaufen** *fig* to outstrip sb; **ein Künstler/Wissenschaftler von ~** an artist/scientist of standing; **von hohem ~** high-

-class 2 THEAT circle; **erster/zweiter ~** dress/upper circle, first/second circle US 3 **Ränge** *pl* SPORT (≈ *Tribünenränge*) stands *pl*
rangehen *umg* V̅I̅ to get stuck in *umg*; **geh ran!** go on!
Rangelei *umg* F̅ → **Gerangel rangeln** *umg* V̅I̅ to scrap; *um Posten* to wrangle (**um** for)
Rangfolge F̅ order of standing; *bes* MIL order of rank; *in Sport, Wettbewerb* order of placing; *von Prioritäten etc* order of importance **ranghoch** ADJ senior; MIL high-ranking **Rangierbahnhof** M̅ marshalling yard Br, marshalling yard US **rangieren** A V̅T̅ RAIL to shunt Br, to switch US B V̅I̅ *umg* (≈ *Rang einnehmen*) to rank; **an erster/letzter Stelle ~** to come first/last **Rangliste** F̅ SPORT, *a. fig* (results) table **rangmäßig** A ADJ according to rank B ADV *höher* in rank **Rangordnung** F̅ hierarchy; MIL (order of) ranks
ranhalten *umg* V̅R̅ 1 (≈ *sich beeilen*) to get a move on *umg* 2 (≈ *schnell zugreifen*) to get stuck in *umg*
Ranke F̅ tendril; *von Erdbeeren* stalk **ranken** V̅R̅ **sich um etw ~** to entwine itself around sth
ranklotzen V̅I̅ *umg beim Arbeiten* to work like mad *umg*
rankommen *umg* V̅I̅ **an etw** (*akk*) **~** to get at sth; → **herankommen ranlassen** *umg* V̅T̅ **j-n ~** *an Aufgabe etc* to let sb have a try **rannehmen** *umg* V̅T̅ 1 (≈ *fordern*) **j-n ~** to put sb through his/her paces 2 (≈ *aufrufen*) *Schüler* to pick on
Ranzen M̅ (≈ *Schulranzen*) satchel **ranzig** ADJ rancid
Rap M̅ MUS rap
rapid(e) A ADJ rapid B ADV rapidly **Rappe** M̅ black horse
Rappel M̅ *umg* (≈ *Fimmel*) craze; **einen ~ kriegen** to go completely crazy; (≈ *Wutanfall*) to throw a fit
rappen V̅I̅ MUS to rap
Rappen M̅ *schweiz* centime **Rapper(in)** M̅F̅ MUS rapper
Rapport M̅ report; **sich zum ~ melden** to report
Raps M̅ BOT rape **Rapsöl** N̅ rape(seed) oil
rar ADJ rare; **sich rar machen** → **rarmachen Rarität** F̅ rarity **rarmachen**

R

umg V/R to make oneself scarce

rasant A ADJ *Tempo* terrific, lightning *attr umg*; *Auto* fast; *Karriere* meteoric; *Wachstum* rapid B ADV 1 (≈ *sehr schnell*) fast 2 (≈ *stürmisch*) dramatically

rasch A ADJ 1 (≈ *schnell*) quick, rapid; *Tempo* great 2 (≈ *übereilt*) rash B ADV (≈ *schnell*) quickly; **~ machen** to hurry (up)

rascheln V/I to rustle

rasen V/I 1 (≈ *wüten*) to rave; *Sturm* to rage; **er raste vor Wut** he was mad with rage 2 (≈ *sich schnell bewegen*) to race; **ras doch nicht so!** *umg* don't go so fast!

Rasen M lawn, grass *kein unbest art, kein pl*; *von Sportplatz* turf

rasend A ADJ 1 (≈ *enorm*) terrific; *Beifall* rapturous; *Eifersucht* burning; **~e Kopfschmerzen** a splitting headache 2 (≈ *wütend*) furious; **er macht mich noch ~** he'll drive me crazy *umg* B ADV (≈ *sehr*) terrifically; *schnell* incredibly; *wehtun* like mad *umg*; *verliebt sein* madly *umg*

Rasenmäher M lawn mower **Rasenmähroboter** M robotic lawn mower **Rasenplatz** M FUSSB *etc* field; *Tennis* grass court **Rasensprenger** M (lawn) sprinkler

Raser(in) *umg* M(F) speed maniac *bes Br umg*, speed demon *US umg* **Raserei** F 1 (≈ *Wut*) fury 2 *umg* (≈ *schnelles Fahren, Gehen*) mad rush

Rasierapparat M razor; *elektrisch a.* shaver **Rasiercreme** F shaving cream **rasieren** A V/T *Haare* to shave; **sich ~ lassen** to get a shave; **sie rasiert sich** (*dat*) **die Beine** she shaves her legs B V/R to (have a) shave **Rasierer** *umg* M (electric) razor *od* shaver **Rasierklinge** F razor blade **Rasiermesser** N (open) razor **Rasierpinsel** M shaving brush **Rasierschaum** M shaving foam **Rasierseife** F shaving soap **Rasierwasser** N aftershave (lotion) **Rasierzeug** N shaving things *pl*

Räson F **j-n zur ~ bringen** to make sb listen to reason; **zur ~ kommen** to see reason

Raspel F GASTR grater **raspeln** V/T to grate; *Holz* to rasp

Rasse F (≈ *Menschenrasse*) race; (≈ *Tierrasse*) breed **Rassehund** M pedigree dog

Rassel F rattle **rasseln** V/I 1 (≈ *Geräusch erzeugen*) to rattle 2 *umg*

durch eine Prüfung ~ to flunk an exam *umg*

Rassendiskriminierung F racial discrimination **Rassenhass** M race hatred **Rassenkonflikt** M racial conflict **Rassenkrawall** M race riot **Rassenpolitik** F racial policy **Rassenschranke** F racial barrier; *Farbige betreffend* colour bar *Br*, color bar *US* **Rassentrennung** F racial segregation **Rassenunruhen** *pl*, race riots *pl* **rassig** ADJ *Pferd, Auto* sleek; *Gesichtszüge* striking; *Südländer* fiery **rassisch** ADJ racial **Rassismus** M racism **Rassist(in)** M(F) racist **rassistisch** ADJ racist

Rast F rest; **~ machen** to stop (for a rest)

Rastalocken PL dreadlocks *pl*

Raste F notch

rasten V/I to rest

Raster N FOTO (≈ *Gitter*) screen; TV raster; *fig* framework **Rasterfahndung** F computer search

Rasthaus N (travellers') inn *Br*, (travelers') inn *US*; *an Autobahn a.* **Rasthof** service area (*including motel*) **rastlos** A ADJ (≈ *unruhig*) restless; (≈ *unermüdlich*) tireless B ADV tirelessly **Rastplatz** M resting place; *an Autostraßen* picnic area, rest area **Raststätte** F *Verkehr* service area

Rasur F shave; (≈ *das Rasieren*) shaving

Rat[1] M 1 (≈ *Empfehlung*) advice *kein pl*; **j-m einen Rat geben** to give sb a piece of advice; **j-m den Rat geben, etw zu tun** to advise sb to do sth; **j-n um Rat fragen** to ask sb's advice; **sich Rat suchend an j-n wenden** to turn to sb for advice; **auf j-s Rat** (*akk*) **(hin)** on *od* following sb's advice; **zu Rate** → *zurate* 2 (≈ *Abhilfe*) **Rat (für etw) wissen** to know what to do (about sth); **sie wusste sich** (*dat*) **keinen Rat mehr** she was at her wits' end 3 (≈ *Körperschaft*) council

Rat[2] M, **Rätin** F (≈ *Titel*) Councillor *Br*, Councilor *US*

Rate F 1 (≈ *Geldbetrag*) instalment *Br*, installment *US*; **auf ~n kaufen** to buy on hire purchase *Br*, to buy on the installment plan *US*; **in ~n zahlen** to pay in instal(l)ments 2 (≈ *Verhältnis*) rate

raten V/T & V/I 1 (≈ *Ratschläge geben*) to advise; **j-m ~** to advise sb; (**j-m**) **zu etw ~** to recommend sth (to sb); **das**

R

würde ich dir nicht ~ I wouldn't advise it; **was** *od* **wozu ~ Sie mir?** what do you advise? **2** (≈ *erraten*) to guess, to have a guess; *Kreuzworträtsel etc* to solve; **rate mal!** (have a) guess, guess what!; **dreimal darfst du ~** *a. iron* I'll give you three guesses

Ratenkauf M̲ (≈ *Kaufart*) HP *Br umg,* the installment plan *US* **ratenweise** A̲D̲V̲ in instalments *Br,* in installments *US* **Ratenzahlung** F̲ payment by instalments *Br,* payment by installments *US*

Ratespiel N̲ guessing game; *TV* quiz

Ratgeber M̲ *Buch etc* guide **Rathaus** N̲ town hall *Br,* city hall *US; einer Großstadt* city hall *Br*

ratifizieren V̲T̲ to ratify **Ratifizierung** F̲ ratification

Ratingagentur F̲ FIN rating agency

Ration F̲ ration **rational** A̲ A̲D̲J̲ rational **B̲** A̲D̲V̲ rationally **rationalisieren** V̲T̲ & V̲I̲ to rationalize **Rationalisierung** F̲ rationalization **Rationalisierungsmaßnahme** F̲ rationalization measure **rationell** A̲ A̲D̲J̲ *Methode etc* efficient **B̲** A̲D̲V̲ efficiently **rationieren** V̲T̲ to ration

ratlos A̲ A̲D̲J̲ helpless; **ich bin völlig ~(, was ich tun soll)** I just don't know what to do **B̲** A̲D̲V̲ helplessly; **einer Sache** (*dat*) **~ gegenüberstehen** to be at a loss when faced with sth **Ratlosigkeit** F̲ helplessness

rätoromanisch A̲D̲J̲ Rhaetian; *Sprache* Rhaeto-Romanic

ratsam A̲D̲J̲ advisable **Ratschlag** M̲ piece of advice; **Ratschläge** advice; **drei Ratschläge** three pieces of advice

Rätsel N̲ riddle; (≈ *Kreuzworträtsel*) crossword (puzzle); (≈ *Silbenrätsel, Bilderrätsel etc*) puzzle; **vor einem ~ stehen** to be baffled; **es ist mir ein ~, wie …** it's a mystery to me how … **rätselhaft** A̲D̲J̲ mysterious; **auf ~e Weise** mysteriously **Rätselheft** N̲ puzzle book **rätseln** V̲I̲ to puzzle (over sth) **Rätselraten** N̲ guessing game; (≈ *Rätseln*) guessing **Ratspräsidentschaft** F̲ EU presidency

Ratte F̲ rat **Rattenfänger(in)** M̲F̲ rat-catcher; **der ~ von Hameln** the Pied Piper of Hamelin **Rattengift** N̲ rat poison

rattern V̲I̲ to rattle; *Maschinengewehr* to chatter

ratzfatz A̲D̲V̲ *umg* (≈ *sehr schnell*) in no time, in a flash

rau A̲D̲J̲ **1** rough; *Ton, Behandlung* harsh, tough; **er ist rau, aber herzlich** he's a rough diamond **2** *Hals, Kehle* sore; *Stimme* husky; (≈ *heiser*) hoarse **3** (≈ *streng*) *Wetter* inclement; *Wind, Luft* raw; *Meer, See* rough; *Klima, Winter* harsh; **(die) raue Wirklichkeit** harsh reality **4** *umg* **in rauen Mengen** galore *umg*

Raub M̲ **1** (≈ *das Rauben*) robbery; (≈ *Diebstahl*) theft **2** (≈ *Entführung*) abduction **3** (≈ *Beute*) booty, spoils *pl* **Raubbau** M̲ overexploitation (of natural resources); **~ an etw** (*dat*) **treiben** to overexploit sth; **mit seiner Gesundheit ~ treiben** to ruin one's health **Raubdruck** M̲ pirate(d) copy **rauben** V̲T̲ (≈ *wegnehmen*) to steal; (≈ *entführen*) to abduct; **j-m etw ~** to rob sb of sth; **j-m den Schlaf ~** to rob sb of his/her sleep; **j-m den Atem ~** to take sb's breath away **Räuber(in)** M̲F̲ robber; (≈ *Wegelagerer*) highwayman **räuberisch** A̲D̲J̲ rapacious; **~ Erpressung** JUR armed robbery; **in ~er Absicht** with intent to rob **Raubfisch** M̲ predatory fish **Raubkatze** F̲ (predatory) big cat **Raubkopie** F̲ pirate(d) copy **Raubmord** M̲ robbery with murder *Br,* robbery homicide *US* **Raubmörder(in)** M̲F̲ robber and murderer **Raubtier** N̲ predator, beast of prey **Raubüberfall** M̲ robbery **Raubvogel** M̲ bird of prey **Raubzug** M̲ series *sg* of robberies; (≈ *Plünderung*) raid (**auf** +*akk* on)

Rauch M̲ smoke; **sich in ~ auflösen** *fig* to go up in smoke **Rauchbombe** F̲ smoke bomb **rauchen** V̲T̲ & V̲I̲ to smoke; **"Rauchen verboten"** "no smoking"; **sich** (*dat*) **das Rauchen abgewöhnen** to give up smoking; **viel** *od* **stark ~** to be a heavy smoker **Raucher(in)** M̲F̲ smoker **Raucherabteil** N̲ smoking compartment **Raucherecke** F̲ smokers' corner **Raucherhusten** M̲ smoker's cough **Räucherkerze** F̲ incense cone **Raucherkneipe** F̲ *umg* smoking pub *Br,* smoking bar *US* **Räucherlachs** M̲ smoked salmon **Raucherlokal** N̲ smoking pub *Br,* smoking bar *US* **räuchern** V̲T̲ to smoke **Räucherschinken** M̲ smoked ham **Räucherstäbchen** N̲ joss stick **Raucherzone** F̲ smoking area **Rauch-**

fahne F̱ trail of smoke **Rauchfleisch** N̄ smoked meat **rauchfrei** ADJ Zone smokeless **rauchig** ADJ smoky **rauchlos** ADJ smokeless **Rauchmelder** M̱ smoke alarm **Rauchschwaden** PL drifts pl of smoke **Rauchsignal** N̄ smoke signal **Rauchverbot** N̄ smoking ban; **hier herrscht ~** smoking is not allowed here **Rauchvergiftung** F̱ fume poisoning **Rauchwaren¹** PL tobacco (products pl) **Rauchwaren²** PL (≈ Pelze) furs pl **Rauchwolke** F̱ cloud of smoke **Rauchzeichen** N̄ smoke signal

Räude F̱ Tiermedizin mange **räudig** ADJ mangy

rauf umg ADV → herauf; → hinauf

Raufasertapete F̱ woodchip paper

Raufbold obs M̱ ruffian, roughneck **raufen** A VT sich (dat) **die Haare ~** to tear (at) one's hair B VI & VR to scrap; **sich um etw ~** to fight over sth **Rauferei** F̱ scrap

rauh ADJ → rau

Rauhaardackel M̱ wire-haired dachshund **rauhaarig** ADJ coarse-haired **Rauheit** F̱ roughness; von Hals, Kehle soreness; von Stimme huskiness; (≈ Heiserkeit) hoarseness; von Wind, Luft rawness; von Klima, Winter harshness

Raum M̱ 1 (≈ Platz) room, space; **~ sparend** space-saving attr; bauen to save space; **auf engstem ~ leben** to live in a very confined space 2 (≈ Spielraum) scope 3 (≈ Zimmer) room 4 (≈ Gebiet, Bereich) area; größer region; fig sphere 5 PHYS, RAUMF space ohne art **Raumanzug** M̱ spacesuit

räumen VT 1 (≈ verlassen) Gebäude, Posten to vacate; MIL Truppen to withdraw from 2 (≈ leeren) Gebäude, Straße to clear (**von** of) 3 (≈ woanders hinbringen) to shift; (≈ entfernen) Schnee, Schutt to clear (away); Minen to clear

Raumfähre F̱ space shuttle **Raumfahrt** F̱ space travel ohne art od flight ohne art **Raumfahrttechnik** F̱ space technology **Raumfahrtzentrum** N̄ space centre od center US

Räumfahrzeug N̄ bulldozer; für Schnee snow-clearer

Raumflug M̱ space flight **Raumforschung** F̱ space research **Raumgestaltung** F̱ interior design **Rauminhalt** M̱ volume **Raumkapsel** F̱ space

capsule **Raumklima** N̄ indoor climate, room temperature and air quality **räumlich** A ADJ 1 (≈ den Raum betreffend) spatial; **~e Verhältnisse** physical conditions; **~e Entfernung** physical distance 2 (≈ dreidimensional) three-dimensional B ADV 1 (≈ platzmäßig) **~ beschränkt sein** to have very little room 2 (≈ dreidimensional) **~ sehen** to see in three dimensions **Räumlichkeit** F̱ (≈ Zimmer) room; **~en** pl premises pl **Raummaß** N̄ unit of volume **Raumpfleger(in)** M̱/F̱ cleaner **Raumschiff** N̄ spaceship **Raumsonde** F̱ space probe **raumsparend** ADJ → Raum **Raumstation** F̱ space station

Räumung F̱ clearing; von Gebäude, Posten vacation; von Lager clearance **Räumungsklage** F̱ action for eviction **Räumungsverkauf** M̱ clearance sale

raunzen VI österr (≈ nörgeln) to moan

Raupe F̱ caterpillar **Raupenfahrzeug** N̄ caterpillar® (vehicle) **Raupenkette** F̱ caterpillar® track

Rauputz M̱ roughcast **Raureif** M̱ hoarfrost

raus umg ADV **~!** (get) out!; → heraus; → hinaus

Rausch M̱ (≈ Trunkenheit) intoxication; (≈ Drogenrausch) high umg; **sich** (dat) **einen ~ antrinken** to get drunk; **seinen ~ ausschlafen** to sleep it off **rauschen** VI Wasser to roar; sanft to murmur; Baum, Wald to rustle; Wind to murmur; Lautsprecher etc to hiss **rauschend** ADJ Fest grand; Beifall, Erfolg resounding **Rauschgift** N̄ drug, narcotic; (≈ Drogen) drugs pl; **~ nehmen** to take drugs **Rauschgiftdezernat** N̄ narcotics od drug squad **Rauschgifthandel** M̱ drug trafficking **Rauschgifthändler(in)** M̱/F̱ drug trafficker **rauschgiftsüchtig** ADJ drug-addicted; **er ist ~** he's addicted to drugs **Rauschgiftsüchtige(r)** M̱/F̱(M̱) drug addict

rausfliegen umg VI to be chucked out umg

räuspern VR to clear one's throat

rausreißen umg VT **j-n ~** to save sb **rausschmeißen** umg VT to chuck out umg, to fire; Geld to chuck away umg **Rausschmeißer(in)** umg M̱/F̱ bouncer **Rausschmiss** umg M̱ booting out umg

Raute F̱ MATH rhombus **rautenför-**

R

mig ADJ rhomboid

Ravioli PL ravioli sg

Razzia F raid (**gegen** on)

Re N KART redouble

Reagenzglas N CHEM test tube

reagieren V/I to react (**auf** +akk to od **mit** with) **Reaktion** F reaction (**auf** +akk to) **reaktionär** ADJ POL pej reactionary **Reaktionsfähigkeit** F ability to react; CHEM; PHYSIOL reactivity **reaktionsschnell** ADJ with fast reactions; ~ **sein** to have fast reactions **Reaktionszeit** F reaction time

reaktivieren V/T Naturwissenschaft to reactivate; fig to revive

Reaktor M reactor **Reaktorblock** M reactor block **Reaktorkern** M reactor core **Reaktorsicherheit** F reactor safety **Reaktorunglück** N nuclear disaster

real A ADJ real; (≈ wirklichkeitsbezogen) realistic B ADV sinken, steigen actually **Realeinkommen** N real income

realisierbar ADJ Idee, Projekt feasible **realisieren** V/T 1 Pläne, Ideen to carry out 2 (≈ erkennen) to realize **Realismus** M realism **Realist(in)** M(F) realist **realistisch** A ADJ realistic B ADV realistically **Realität** F reality; **erweiterte ~** IT augmented reality **Realitätssinn** M sense of realism **Reality-TV** N reality TV **Reallohn** M real wages pl **Realpolitik** F political realism, Realpolitik **realpolitisch** ADJ pragmatic **Realsatire** F real-life satire **Realschulabschluss** M leaving certificate from a Realschule **Realschule** F ≈ secondary school **Realschüler(in)** M(F) secondary-school pupil

reanimieren V/T MED to resuscitate

Rebe F (≈ Ranke) shoot; (≈ Weinstock) vine

Rebell(in) M(F) rebel **rebellieren** V/I to rebel **Rebellion** F rebellion **rebellisch** ADJ rebellious

Rebhuhn N (common) partridge **Rebstock** M vine

Rechaud M/N hotplate; für Fondue spirit burner Br, ethanol burner US

Rechen M (≈ Harke) rake

Rechenart F **die vier ~en** the four arithmetical operations **Rechenaufgabe** F sum bes Br, (arithmetical) problem **Rechenfehler** M miscalculation **Rechenmaschine** F adding machine

Rechenschaft F account; **j-m über etw** (akk) **~ ablegen** to account to sb for sth; **j-m ~ schuldig sein** to have to account to sb; **j-n (für etw) zur ~ ziehen** to call sb to account (for od over sth) **Rechenschaftsbericht** M report **Rechenschieber** M slide rule **Rechenzentrum** N computer centre Br, computer center US

Recherche F investigation **recherchieren** V/T & V/I to investigate

rechnen A V/T 1 (≈ addieren etc) to work out; **rund gerechnet** in round figures 2 (≈ einstufen) to count; **j-n zu etw ~** to count sb among sth 3 (≈ veranschlagen) to estimate; **wir hatten nur drei Tage gerechnet** we were only reckoning on three days; **das ist zu hoch/niedrig gerechnet** that's too high/low (an estimate) B V/I 1 (≈ addieren etc) to do a calculation/calculations; bes SCHULE to do sums bes Br, to do adding; **falsch ~** to make a mistake (in one's calculations); **gut/schlecht ~ können** to be good/bad at arithmetic; bes SCHULE to be good/bad at sums bes Br, to be good/bad at adding; **mit Variablen/Zahlen ~** to do (the) calculations using variables/numbers 2 (≈ sich verlassen) **auf j-n/etw ~** to count on sb/sth 3 **mit j-m/etw ~** to reckon with sb/sth; **es wird damit gerechnet, dass ...** it is reckoned that ...; **damit hatte ich nicht gerechnet** I wasn't expecting that; **mit dem Schlimmsten ~** to be prepared for the worst C V/R to pay off; **etw rechnet sich nicht** sth is not economical **Rechnen** N arithmetic **Rechner** M (≈ Elektronenrechner) computer; (≈ Taschenrechner) calculator **rechnergesteuert** ADJ computer-controlled **rechnergestützt** ADJ computer-aided **rechnerisch** ADJ arithmetical; POL Mehrheit numerical **Rechnung** F 1 (≈ Berechnung) calculation; als Aufgabe sum; **die ~ geht nicht auf** wörtl the sum doesn't work out; fig it won't work (out) 2 (≈ schriftliche Kostenforderung) bill Br, check US; bes von Firma invoice; **das geht auf meine ~** this one's on me; **auf ~ kaufen** to buy on account; **auf eigene ~** on one's own account; **(j-m) etw in ~ stellen** to charge (sb) for sth; **aber er hatte die ~ ohne den Wirt gemacht** umg but there was one thing he hadn't reckoned with **Rechnungsbetrag** M̲ (total) amount of a bill/an invoice/account *Br*, (total) amount of a check/an invoice/account *US* **Rechnungshof** M̲ Auditor General's office, audit division *US*; **Europäischer ~** European Court of Auditors **Rechnungsjahr** N̲ financial *od* fiscal year **Rechnungsprüfung** F̲ audit

recht A̲ A̲D̲J̲ **1** (≈ *richtig*) right; **j-m ~ sein** to suit sb; **es soll mir ~ sein, mir soll's ~ sein** *umg* it's OK by me *umg*; **ganz ~!** quite right; **alles, was ~ ist** *empört* there is a limit; **hier geht es nicht mit ~en Dingen zu** there's something not right here; **nach dem Rechten sehen** to see that everything's OK *umg* **2** **~ haben** to be right; **er hat ~ bekommen** he was right; **~ behalten** to be right; **j-m ~ geben** to agree with sb, to admit that sb is right B̲ A̲D̲V̲ **1** (≈ *richtig*) properly; (≈ *wirklich*) really; **verstehen Sie mich ~** don't get me wrong *umg*; **wenn ich Sie ~ verstehe** if I understand you rightly; **das geschieht ihm ~** it serves him right; **jetzt mache ich es erst ~** now I'm definitely going to do it; **gehe ich ~ in der Annahme, dass …?** am I right in assuming that …?; **man kann ihm nichts ~ machen** you can't do anything right for him; **~ daran tun, zu …** to be right to … **2** (≈ *ziemlich, ganz*) quite; **~ viel** quite a lot **Recht** N̲ **1** (≈ *Rechtsordnung*) law; (≈ *Gerechtigkeit*) justice; **~ sprechen** to administer justice; **nach geltendem ~** in law; **nach englischem ~** under *od* according to English law; **von ~s wegen** legally; *umg* (≈ *eigentlich*) by rights *umg* **2** (≈ *Anspruch*) right (**auf** +*akk* to *od* zu to); **zu seinem ~ kommen** *wörtl* to gain one's rights; *fig* to come into one's own; **gleiches ~ für alle!** equal rights for all!; **mit** *od* **zu ~** rightly; **im ~ sein** to be in the right; **das ist mein gutes ~** it's my right; **mit welchem ~?** by what right? **3** → **recht A 2**

Rechte F̲ **1** *Hand* right hand; *Seite* right (-hand) side; *beim Boxen* right **2** *POL* **die ~** the Right **Rechteck** N̲ rectangle **rechteckig** A̲D̲J̲ rectangular **rechte(r, s)** A̲D̲J̲ **1** right; **auf der ~n Seite** on the right-hand side **2** **ein ~r Winkel** a right angle **3** (≈ *konservativ*) right-wing, rightist

rechtfertigen A̲ V̲/T̲ to justify B̲ V̲/R̲ to justify oneself; → **gerechtfertigt** **Rechtfertigung** F̲ justification; **etw zur ~ vorbringen** to say sth to justify oneself **rechthaberisch** A̲D̲J̲ know-all *attr Br umg*, know-it-all *attr US umg* **rechtlich** A̲ A̲D̲J̲ (≈ *gesetzlich*) legal B̲ A̲D̲V̲ (≈ *gesetzlich*) legally; **~ zulässig** permissible in law; **j-n ~ belangen** to take legal action against sb **rechtlos** A̲D̲J̲ **1** without rights **2** *Zustand* lawless **rechtmäßig** A̲ A̲D̲J̲ (≈ *legitim*) legitimate; (≈ *dem Gesetz entsprechend*) legal B̲ A̲D̲V̲ legally; **j-m ~ zustehen** to belong to sb legally **Rechtmäßigkeit** F̲ (≈ *Legitimität*) legitimacy; (≈ *Legalität*) legality

rechts A̲ A̲D̲V̲ on the right; **~ abbiegen** to turn right; **nach ~** (to the) right; **von ~** from the right; **~ von etw** (on *od* to the) right of sth; **~ von j-m** to sb's right; **~ stricken** to knit (plain) B̲ P̲R̲Ä̲P̲ on the right of **Rechtsabbieger(in)** M̲(F̲) motorist/car *etc* turning right

Rechtsanspruch M̲ legal right (**auf etw** *akk* to sth) **Rechtsanwalt** M̲, **Rechtsanwältin** F̲ lawyer, attorney *US*

Rechtsaußen M̲ *FUSSB* outside-right; *POL umg* extreme right-winger **Rechtsbehelf** M̲ legal remedy **Rechtsbeistand** M̲ legal advice; *Mensch* legal adviser **Rechtsberater(in)** M̲(F̲) legal adviser **Rechtsberatung** F̲ **1** legal advice **2** (*a.* **~sstelle**) ≈ citizens' advice bureau, ≈ ACLU *US* **Rechtsbrecher(in)** M̲(F̲) lawbreaker **Rechtsbruch** M̲ breach *od* infringement of the law

rechtsbündig A̲ A̲D̲J̲ *TYPO* right-aligned B̲ A̲D̲V̲ *TYPO* aligned right **rechtschaffen** A̲D̲J̲ (≈ *ehrlich*) honest **Rechtschaffenheit** F̲ honesty, uprightness **rechtschreiben** V̲/I̲ to spell **Rechtschreibfehler** M̲ spelling mistake **Rechtschreibkontrolle** F̲, **Rechtschreibprüfung** F̲ *IT* spell check; (≈ *Programm*) spellchecker **Rechtschreibprogramm** N̲ *IT* spellchecker **Rechtschreibreform** F̲ spelling reform **Rechtschreibung** F̲ spelling; **die deutsche ~** German spelling; **die ~ prüfen** to check the spelling; *IT* to spellcheck

Rechtsextremismus M̲ right-wing extremism **Rechtsextremist(in)** M̲(F̲)

R

right-wing extremist **rechtsextremistisch** Ⓐ ADJ right-wing extremist *attr* **Rechtsfrage** F Ⓛ legal question *od* issue **Rechtsgeschäft** N legal transaction **rechtsgültig** ADJ legally valid, legal **Rechtshänder(in)** MF right-handed person, right-hander; **~ sein** to be right-handed **rechtshändig** ADJ & ADV right-handed

Rechtskraft F *von Gesetz, Urteil* legal force, force of law; *von Vertrag etc* legal validity **rechtskräftig** Ⓐ ADJ having the force of law; *Urteil* final; *Vertrag* legally valid Ⓑ ADV **~ verurteilt sein** to be issued with a final sentence

Rechtskurve F right-hand bend **Rechtslage** F legal position **Rechtsmittel** N means *sg* of legal redress; **~ einlegen** to lodge an appeal **Rechtsordnung** F **die ~** the law **Rechtspflege** F administration of justice **Rechtsprechung** F (≈ *Rechtspflege*) administration of justice; (≈ *Gerichtsbarkeit*) jurisdiction

rechtsradikal ADJ radical right-wing **rechtsrheinisch** ADJ on the right of the Rhine

Rechtssache F legal matter; (≈ *Fall*) case **Rechtsschutz** M legal protection **Rechtsschutzversicherung** F legal costs insurance **Rechtssicherheit** F legal certainty; **~ schaffen** to create legal certainty **Rechtsspruch** M verdict **Rechtsstaat** M constitutional state, state under the rule of law **rechtsstaatlich** ADJ of a constitutional state *od* state under the rule of law **Rechtsstaatlichkeit** F rule of law **Rechtsstreit** M lawsuit **Rechtssystem** N judicial system **Rechtsunsicherheit** F legal uncertainty

Rechtsverkehr M driving on the right *kein best art*; **in Deutschland ist ~** in Germany they drive on the right

Rechtsweg M legal action; **den ~ beschreiten** to take legal action; **der ~ ist ausgeschlossen** ≈ the judges' decision is final **rechtswidrig** Ⓐ ADJ illegal Ⓑ ADV illegally **Rechtswidrigkeit** F Ⓛ illegality Ⓛ *Handlung* illegal act **rechtwinklig** ADJ right-angled; **~ auf etw** (*akk*) perpendicular to sth

rechtzeitig Ⓐ ADJ (≈ *früh genug*) timely; (≈ *pünktlich*) punctual Ⓑ ADV (≈ *früh genug*) in (good) time; (≈ *pünktlich*) on

time

Reck N SPORT horizontal bar **recken** Ⓐ V/T **den Kopf** *od* **Hals ~** to crane one's neck; **die Arme in die Höhe ~** to raise one's arms in the air Ⓑ V/R to stretch (oneself)

Recorder M → Rekorder

recyclebar, recyclebar ADJ recyclable **recyceln** V/T to recycle **Recycling** N recycling **Recyclinghof** M transfer facility for recyclable waste **Recyclingpapier** N recycled paper

Redakteur(in) MF editor **Redaktion** F Ⓛ (= *das Redigieren*) editing Ⓛ (= *Personal*) editorial staff Ⓛ (= *Büro*) editorial office(s) **redaktionell** Ⓐ ADJ editorial Ⓑ ADV *überarbeiten* editorially; **etw ~ bearbeiten** to edit sth

Rede F Ⓛ speech; (≈ *Ansprache*) address; **eine ~ halten** to make *od* deliver a speech, to give a talk; **die direkte/indirekte ~** direct/indirect speech *od* discourse US Ⓛ (≈ *Äußerungen, Worte*) words *pl*, language *kein pl*; **große ~n führen** to talk big *umg*; **das ist nicht der ~ wert** it's not worth mentioning Ⓛ (≈ *Gespräch*) conversation; **aber davon war doch nie die ~** but no-one was ever talking about that; **davon kann keine ~ sein** it's out of the question Ⓛ (≈ *Rechenschaft*) **(j-m) ~ (und Antwort) stehen** to justify oneself (to sb); **j-n zur ~ stellen** to take sb to task **Redefreiheit** F freedom of speech **redegewandt** ADJ eloquent **Redegewandtheit** F eloquence **reden** Ⓐ V/I (≈ *sprechen*) to talk, to speak; **wir haben gerade über dich geredet** we were just talking about you; **ich werde mit deinen Eltern ~** I'm going to speak to your parents; **so lasse ich nicht mit mir ~!** I won't be spoken to like that!; **mit j-m über j-n/etw ~** to talk to sb about sb/ sth, to speak with sb about sb/sth US; **(viel) von sich ~ machen** to become (very much) a talking point; **du hast gut ~!** it's all very well for you (to talk); **ich habe mit Ihnen zu ~!** I would like a word with you; **darüber lässt sich ~** that's a possibility; **er lässt mit sich ~** (≈ *gesprächsbereit*) he's open to discussion; **schlecht von j-m ~** to speak ill of sb Ⓑ V/T (≈ *sagen*) to talk; *Worte* to say; **sich** (*dat*) **etw vom Herzen ~** to get sth off one's chest; **Schlechtes über**

j-n ~ to say bad things about sb **C** V̅R̅ **sich heiser** ~ to talk oneself hoarse; **sich in Wut** ~ to talk oneself into a fury **Redensart** F̲ (≈ *Phrase*) cliché; (≈ *Redewendung*) expression, idiom; (≈ *Sprichwort*) saying **Redeverbot** N̅ ban on speaking; **j-m** ~ **erteilen** to ban sb from speaking **Redewendung** F̲ idiom, phrase

redigieren V̅T̅ to edit

redlich **A** A̅D̅J̅ honest **B** A̅D̅V̅ (≈ *ehrlich*) honestly; ~ **(mit j-m) teilen** to share (things) equally (with sb) **Redlichkeit** F̲ honesty

Redner(in) M̅F̅ speaker; (≈ *Rhetoriker*) orator **Rednerpult** N̅ lectern **redselig** A̅D̅J̅ talkative

reduzieren **A** V̅T̅ to reduce (**auf** +*akk* to), to cut down; **reduziert sein** *Ware* to be on sale **B** V̅R̅ to decrease **Reduzierung** F̲ reduction

Reede F̲ SCHIFF roads *pl* **Reeder(in)** M̅F̅ shipowner **Reederei** F̲ shipping company

reell A̅D̅J̅ **1** (≈ *ehrlich*) honest, on the level *umg*; HANDEL *Geschäft, Firma* sound; *Preis* fair **2** (≈ *echt*) *Chance* real

Reetdach N̅ thatched roof

Referat N̅ **1** UNIV seminar paper; SCHULE project; (≈ *Vortrag*) paper, talk **2** ADMIN (≈ *Ressort*) department **Referendar(in)** M̅F̅ trainee (in civil service); (≈ *Studienreferendar*) student teacher; (≈ *Gerichtsreferendar*) articled clerk *Br*, legal intern *US* **Referendariat** N̅ probationary training period **Referendum** N̅ referendum **Referent(in)** M̅F̅ (≈ *Sachbearbeiter*) expert; (≈ *Redner*) speaker **Referenz** F̲ reference; **j-n als** ~ **angeben** to give sb as a referee **Referenzkurs** M̅ WIRTSCH reference rate **referieren** V̅I̅ to (give a) report (**über** +*akk* on)

reflektieren **A** V̅T̅ **1** *widerspiegeln* to reflect **2** *überdenken* to reflect on **B** V̅I̅ **1** PHYS to reflect **2** (≈ *nachdenken*) to reflect (**über** +*akk* upon) **Reflektor** M̅ reflector **Reflex** M̅ **1** PHYS reflection **2** PHYSIOL reflex **Reflexbewegung** F̲ reflex action **reflexiv** A̅D̅J̅ GRAM reflexive **Reflexivpronomen** N̅ reflexive pronoun **Reflexzonenmassage** F̲ reflexology

Reform F̲ reform **reformbedürftig** A̅D̅J̅ in need of reform **Reformhaus**

N̅ health-food shop **reformieren** V̅T̅ to reform **reformiert** A̅D̅J̅ KIRCHE Reformed; *schweiz* Protestant; **Reformierte Oberstufe** SCHULE *final two years of education at a 'gymnasium' in which pupils can select which subjects they wish to study* **Reformkurs** M̅ policy of reform **Reformstau** M̅ POL reform bottleneck

Refrain M̅ MUS chorus, refrain

Regal N̅ (≈ *Bord*) shelves *pl* **Regalwand** F̲ wall unit; (≈ *Regale*) wall-to-wall shelving

Regatta F̲ regatta

rege A̅D̅J̅ **1** (≈ *betriebsam*) busy; *Handel* flourishing; **ein ~s Treiben** a hustle and bustle **2** (≈ *lebhaft*) lively; *Fantasie* vivid

Regel F̲ **1** (≈ *Norm*) rule; (≈ *Verordnung*) regulation; **nach allen ~n der Kunst** *fig* thoroughly **2** (≈ *Gewohnheit*) habit; **sich** (*dat*) **etw zur ~ machen** to make a habit of sth; **zur ~ werden** to become a habit **3** (≈ *Monatsblutung*) period **Regelarbeitszeit** F̲ core working hours *pl* **regelbar** A̅D̅J̅ (≈ *steuerbar*) adjustable **Regelblutung** F̲ (monthly) period **Regelfall** M̅ rule; **im** ~ as a rule **regelmäßig** **A** A̅D̅J̅ regular **B** A̅D̅V̅ regularly; **das Herz schlägt** ~ the heartbeat is normal; ~ **spazieren gehen** to take regular walks; **er kommt** ~ **zu spät** he's always late **Regelmäßigkeit** F̲ regularity **regeln** **A** V̅T̅ **1** (≈ *regulieren*) *Prozess, Temperatur* to regulate; *Verkehr* to control; → **geregelt 2** (≈ *erledigen*) to see to; *Problem etc* to sort out; *Nachlass* to settle; *Finanzen* to put in order; **das werde ich schon** ~ I'll see to it; **gesetzlich geregelt sein** to be laid down by law **B** V̅R̅ to sort itself out **regelrecht** **A** A̅D̅J̅ real; *Betrug etc* downright **B** A̅D̅V̅ really; *unverschämt* downright; (≈ *buchstäblich*) literally **Regelung** F̲ **1** (≈ *Regulierung*) regulation **2** (≈ *Erledigung*) settling **3** (≈ *Abmachung*) arrangement; (≈ *Bestimmung*) ruling; **gesetzliche ~en** legal *od* statutory regulations **Regelwerk** N̅ rules (and regulations) *pl*, set of rules **regelwidrig** A̅D̅J̅ against the rules; ~**es Verhalten im Verkehr** breaking the traffic regulations **Regelwidrigkeit** F̲ irregularity

regen **A** V̅T̅ (≈ *bewegen*) to move; **keinen Finger (mehr)** ~ *fig* not to lift a fin-

R

ger (any more) **B** V/R to stir; **er kann sich kaum ~** he is hardly able to move

Regen M rain; *fig von Schimpfwörtern etc* shower; **ein warmer ~** *fig* a windfall; **j-n im ~ stehen lassen** *fig* to leave sb out in the cold; **vom ~ in die Traufe kommen** *sprichw* to jump out of the frying pan into the fire *sprichw* **regenarm** ADJ *Jahreszeit, Gegend* dry **Regenbogen** M rainbow **Regenbogenfarben** PL colours *pl* of the rainbow *Br*, colors *pl* of the rainbow *US* **Regenbogenforelle** F rainbow trout **Regenbogenpresse** F trashy magazines *pl umg*

Regeneration F regeneration **regenerieren** A V/R BIOL to regenerate; *fig* to revitalize oneself/itself **B** V/T to regenerate

Regenfall M (fall of) rain; **heftige Regenfälle** heavy rain **Regenguss** M downpour; *schwächer* shower **Regenmantel** M raincoat, mac *Br umg* **regenreich** ADJ *Jahreszeit, Region* rainy, wet **Regenrinne** F gutter **Regenschauer** M shower (of rain) **Regenschirm** M umbrella

Regent(in) M/F sovereign; (≈ *Stellvertreter*) regent

Regentag M rainy day **Regentonne** F rain barrel **Regentropfen** M raindrop **Regenwald** M GEOG rainforest **Regenwasser** N rainwater **Regenwetter** N rainy weather **Regenwolke** F rain cloud **Regenwurm** M earthworm **Regenzeit** F rainy season

Reggae M reggae

Regie F [1] (≈ *künstlerische Leitung*) direction; THEAT, RADIO, TV production; **die ~ bei etw führen** to direct/produce sth; *fig* to be in charge of sth; **unter der ~ von** directed/produced by [2] (≈ *Verwaltung*) management; **unter j-s ~** (*dat*) under sb's control **Regieanweisung** F (stage) direction **Regieassistent(in)** M/F assistant director; THEAT, RADIO, TV a. assistant producer

regieren A V/I (≈ *herrschen*) to rule; *fig* to reign **B** V/T *Staat* to rule (over); GRAM to govern; **SPD-regierte Länder** states governed by the SPD **Regierung** F government; *von Monarch* reign; **an die ~ kommen** to come to power; **j-n an die ~ bringen** to put sb into power **Regierungsbezirk** M ≈ region *Br*, ≈ county *US* **Regierungschef(in)** M/F

head of a/the government **Regierungserklärung** F inaugural speech; *in GB* King's/Queen's Speech **regierungsfeindlich** ADJ anti-government *kein adv*; **~ eingestellt sein** to be anti-government **Regierungsform** F form of government **Regierungskrise** F government(al) crisis **Regierungssitz** M seat of government **Regierungssprecher(in)** M/F government spokesperson **Regierungsumbildung** F cabinet reshuffle **Regierungswechsel** M change of government

Regime *pej* N regime **Regimegegner(in)** M/F opponent of the regime **Regimekritiker(in)** M/F critic of the regime

Regiment N MIL regiment

Region F region **regional** A ADJ regional **B** ADV regionally; **~ verschieden sein** to vary from one region to another **Regionalbahn** F BAHN local railway *Br*, local railroad *US* **Regionalverkehr** M regional transport *od* transportation *bes US* **Regionalzug** M local train

Regisseur(in) M/F director; THEAT, TV producer

Register N [1] (≈ *amtliche Liste*) register [2] (≈ *Stichwortverzeichnis*) index [3] MUS register; *von Orgel* stop; **alle ~ ziehen** *fig* to pull out all the stops **Registertonne** F SCHIFF register ton **registrieren** V/T [1] (≈ *erfassen*) to register [2] (≈ *feststellen*) to note **Registrierkasse** F cash register **Registrierung** F registration

reglementieren V/T to regulate; **staatlich reglementiert** state-regulated

Regler M regulator; *an Fernseher etc* control; *von Fernsteuerung* control(ler)

reglos ADJ & ADV motionless

regnen V/T & V/I to rain; **es regnet Proteste** protests are pouring in; **es regnete Vorwürfe** reproaches hailed down **regnerisch** ADJ rainy; **bei ~em Wetter** in rainy weather

Regress M JUR recourse; **~ anmelden** to seek recourse **Regressanspruch** M claim of recourse **regresspflichtig** ADJ liable to recourse, liable for compensation

regsam ADJ active; **geistig ~** mentally active

R

regulär ADJ (≈ üblich) normal; (≈ vorschriftsmäßig) proper, regular; **Arbeitszeit** normal, regular; **die ~e Spielzeit** SPORT normal time **regulierbar** ADJ regul(at)able, adjustable **regulieren** A V/T (≈ einstellen) to regulate; (≈ nachstellen) to adjust **Regulierung** F regulation; (≈ Nachstellung) adjustment **Regulierungsbehörde** F regulatory body

Regung F (≈ Bewegung) movement; **des Gewissens etc** stirring; **ohne jede ~** without a flicker (of emotion) **regungslos** ADJ & ADV motionless

Reh N deer; **im Gegensatz zu Hirsch etc** roe deer

Reha umg F rehab; **auf ~ sein** to be in rehab; **auf ~ gehen** to go into rehab **Rehabilitation** F rehabilitation; **von Ruf, Ehre** vindication **Rehabilitationsklinik** F rehabilitation clinic **rehabilitieren** A VT to rehabilitate B VR to rehabilitate oneself **Rehaklinik** F umg rehab clinic

Rehbock M roebuck **Rehbraten** M roast venison **Rehkeule** F GASTR haunch of venison **Rehrücken** M GASTR saddle of venison

Reibach umg M **einen ~ machen** to make a killing umg

Reibe F GASTR grater **Reibekuchen** M dial GASTR ≈ potato fritter **reiben** A VT 1 (≈ frottieren) to rub; **sich** (dat) **die Augen ~** to rub one's eyes 2 (≈ zerkleinern) to grate B VR 1 **sich an etw** (dat) **~** to rub sth 2 (≈ zerkleinern) to grate C VR to rub oneself (**an** +dat on, against); (≈ sich verletzen) to scrape oneself (**an** +dat on) **Reiberei** umg F friction kein pl; (**kleinere**) **~en** (short) periods of friction **Reibung** F 1 (≈ das Reiben) rubbing; PHYS friction 2 fig friction kein pl **reibungslos** A ADJ frictionless; fig umg trouble-free B ADV (≈ problemlos) smoothly; **~ verlaufen** to go off smoothly

reich A ADJ rich; (≈ vielfältig) copious; **Auswahl** wide; **in ~em Maße vorhanden sein** to abound B ADV **~ heiraten** umg to marry (into) money; **j-n ~ belohnen** to reward sb well; **~ illustriert** richly illustrated **Reich** N 1 (≈ Imperium) empire; (≈ Königreich) realm; **das Dritte ~** the Third Reich 2 (≈ Gebiet) realm; **das ~ der Tiere** the animal kingdom; **das ist mein ~** fig that is my domain **rei-**

chen A VI 1 (≈ sich erstrecken) to reach (**bis zu etw** sth); **der Garten reicht bis ans Ufer** the garden stretches right down to the riverbank; **so weit ~ meine Fähigkeiten nicht** my skills are not that wide-ranging 2 (≈ langen) to be enough; **der Zucker reicht nicht** there won't be enough sugar; **reicht das Licht zum Lesen?** is there enough light to read by?; **mir reicht's** umg (≈ ich habe die Nase voll) I've had enough umg; **jetzt reicht's (mir aber)!** that's the last straw B VT (≈ entgegenhalten) to hand; (≈ anbieten) to serve; **j-m die Hand ~** to hold out one's hand to sb **reichhaltig** ADJ extensive; **Auswahl** wide, large; **Essen** rich; **Programm** varied **reichlich** A ADJ ample, large, abundant; **Vorrat** plentiful; **Portion** generous; **Zeit, Geld, Platz** plenty of; **Belohnung** ample B ADV 1 **belohnen** amply; **verdienen** richly; **j-n ~ beschenken** to give sb lots of presents; **~ Trinkgeld geben** to tip generously; **~ Zeit/ Geld haben** to have plenty of od ample time/money; **~ vorhanden sein** to abound 2 umg (≈ ziemlich) pretty **Reichstag** M Parliament **Reichtum** M 1 wealth kein pl; (≈ Besitz) riches pl; **zu ~ kommen** to become rich 2 fig (≈ Fülle) wealth (**an** +dat of); **der ~ an Fischen** the abundance of fish **Reichweite** F range; (≈ greifbare Nähe) reach; fig (≈ Einflussbereich) scope; **außer ~** out of range; fig out of reach

reif ADJ **Früchte** ripe; **Mensch** mature; **in ~(er)em Alter** in one's mature(r) years; **die Zeit ist ~** the time is ripe; **eine ~e Leistung** umg a brilliant achievement; **für etw ~ sein** umg to be ready for sth **Reif**[1] M (≈ Raureif) hoarfrost **Reif**[2] M (≈ Stirnreif) circlet; (≈ Armreif) bangle **Reife** F (≈ das Reifen) ripening; (≈ das Reifsein) ripeness; fig maturity **reifen** VII Obst to ripen; **Mensch** to mature **Reifen** M tyre Br, tire US; **von Fass** hoop **Reifendruck** M tyre pressure Br, tire pressure US **Reifenpanne** F puncture Br, flat umg; geplatzt a. blowout umg **Reifenwechsel** M tyre change Br, tire change US

Reifeprüfung F SCHULE → Abitur **Reifezeugnis** N SCHULE Abitur certificate ≈ A Level certificate Br, ≈ high school diploma US

Reifglätte F *Verkehr* slippery frost
reiflich A ADJ thorough; **nach ~er Überlegung** after careful consideration B ADV **sich** (*dat*) **etw ~ überlegen** to consider sth carefully
Reigen M round dance; *fig geh* round; **den ~ eröffnen** *fig geh* to lead off; **ein bunter ~ von Melodien** a varied selection of melodies
Reihe F 1 row; **sich in einer ~ aufstellen** to line up; **aus der ~ tanzen** *fig umg* to be different; (≈*gegen Konventionen verstoßen*) to step out of line; **in den eigenen ~n** within our/their *etc* own ranks; **er ist an der ~** it's his turn; **der ~ nach** in order, in turn; **außer der ~** out of order; (≈*zusätzlich*) out of the usual way of things 2 (≈*Serie*) series *sg* 3 (≈*unbestimmte Anzahl*) number; **eine ganze ~ (von)** a whole lot (of) 4 *umg* (≈*Ordnung*) **aus der ~ kommen** (≈*in Unordnung geraten*) to get out of order; **j-n aus der ~ bringen** to confuse sb; **die ~ bringen** to put in order; **etw auf die ~ kriegen** *umg* to get sth sorted out; (≈*schaffen*) to get sth done; **er kriegt nichts auf die ~** he's useless **reihen** A VT **Perlen auf eine Schnur ~** to string beads (on a thread) B VR **etw reiht sich an etw** (*akk*) sth follows (after) sth **Reihenfolge** F order; (≈*notwendige Aufeinanderfolge*) sequence; **alphabetische ~** alphabetical order **Reihenhaus** N terraced house *Br*, row house *bes US* **Reihenuntersuchung** F mass screening **reihenweise** ADV 1 (≈*in Reihen*) in rows 2 *fig* (≈*in großer Anzahl*) by the dozen
Reiher M heron
reihum ADV round; **etw ~ gehen lassen** to pass sth round
Reim M rhyme; **sich** (*dat*) **einen ~ auf etw** (*akk*) **machen** *umg* to make sense of sth **reimen** A VT to rhyme (**auf** +*akk od* **mit** with) B VI to make up rhymes C VR to rhyme (**auf** +*akk od* **mit** with)
rein¹ *umg* ADV → **herein**; → **hinein**
rein² A ADJ 1 pure; (≈*völlig*) sheer; *Wahrheit* plain; *Gewissen* clear; **das ist die ~ste Freude/der ~ste Hohn** *etc* it's sheer joy/mockery *etc*; **er ist der ~ste Künstler** he's a real artist 2 (≈*sauber*) clean; *Haut* clear; **etw ~ machen** to clean sth; **etw ins Reine schreiben** to

write out a fair copy of sth; **etw ins Reine bringen** to clear sth up; **mit etw im Reinen sein** to have got sth straightened out B ADV 1 (≈*ausschließlich*) purely 2 *umg* (≈*völlig*) absolutely; **~ gar nichts** absolutely nothing
Rein F *österr, südd* casserole (dish)
reinbeißen *umg* VT to bite into (**in** +*akk*); **zum Reinbeißen aussehen** to look scrumptious
Reindl N *österr, südd* (small) casserole (dish)
Reineclaude F greengage
Reinemachefrau F cleaner
Reinerlös M net profit(s) (*pl*)
Reinfall *umg* M disaster
reinfeiern *umg* VI **Vincent will in seinen Geburtstag ~** Vincent wants to see in his birthday with a party
Reingewicht N net(t) weight **Reingewinn** M net profit **Reinhaltung** F keeping clean **Reinheit** F purity; (≈*Sauberkeit*) cleanness; *von Haut* clearness **reinigen** VT to clean; **etw chemisch ~** to dry-clean sth; **ein ~des Gewitter** *fig umg* a row which clears the air **Reiniger** M cleaner **Reinigung** F 1 cleaning 2 (≈*chemische Reinigung, Anstalt*) (dry) cleaner's **Reinigungsmilch** F cleansing milk **Reinigungsmittel** N cleansing agent
Reinkarnation F reincarnation
Reinkultur F BIOL pure culture; **Kitsch in ~** *umg* pure unadulterated kitsch
reinlegen *umg* VT → **hereinlegen**
reinlich ADJ 1 cleanly 2 (≈*ordentlich*) tidy **Reinlichkeit** F cleanliness; (≈*Ordentlichkeit*) tidiness **reinrassig** ADJ pure-blooded; *Tier* thoroughbred **Reinschrift** F *Geschriebenes* fair copy; **etw in ~ schreiben** to write out a fair copy of sth **reinseiden** ADJ pure silk **reinziehen** VT *sl* **sich etw ~** *Film, Musik etc* to take* sth in
Reis M rice
Reise F journey, trip; (≈*Schiffsreise*) RAUMF voyage; (≈*Geschäftsreise*) trip; **eine ~ machen** to go on a journey *od* trip; **auf ~n sein** to be away (travelling) *Br*, to be traveling *US*; **er ist viel auf ~n** he does a lot of travelling *Br od* traveling *US*; **wohin geht die ~?** where are you off to?; **gute ~!** have a good journey! **Reiseandenken** N souvenir **Reiseapotheke** F first-aid kit **Reisebe-**

gleiter(in) M̲F̲ travelling companion *Br*, traveling companion *US*; (≈ *Reiseleiter*) courier **Reisebekanntschaft** F̲ acquaintance made while travelling *Br*, acquaintance made while traveling *US* **Reisebericht** M̲ report *od* account of one's journey; *Buch* travel story; *Film* travelogue *Br*, travelog *US* **Reisebeschreibung** F̲ description of one's travels; FILM travelogue *Br*, travelog *US* **Reisebüro** N̲ travel agency **Reisebus** M̲ coach *Br*, bus *US* **reisefertig** A̲D̲J̲ ready (to go *od* leave) **Reisefieber** *fig* N̲ travel nerves *pl* **Reiseführer** M̲ *Buch* guidebook **Reiseführer(in)** M̲F̲ tour guide **Reisegepäck** N̲ luggage *kein pl Br*, baggage *kein Pl US* **Reisegepäckversicherung** F̲ baggage insurance **Reisegeschwindigkeit** F̲ cruising speed **Reisegesellschaft** F̲ (tourist) party; *umg* (≈ *Veranstalter*) tour operator **Reisegruppe** F̲ party of tourists **Reisehinweis** M̲ travel information **Reisekosten** P̲L̲ travelling expenses *pl Br*, travel expenses *pl US* **Reisekrankheit** F̲ travel sickness **Reiseleiter(in)** M̲F̲ tour guide **Reiselektüre** F̲ reading matter (for a trip); **etw als ~ mitnehmen** to take* sth to read on the trip **Reiselust** F̲ wanderlust **reiselustig** A̲D̲J̲ fond of travel *od* travelling *Br*, fond of traveling *US* **reisen** V̲I̲ to travel; **in den Urlaub ~** to go away on holiday *Br*, to go away on vacation *US* **Reisende(r)** M̲/F̲(M̲) traveller *Br*, traveler *US*; (≈ *Fahrgast*) passenger **Reisepass** M̲ passport **Reiseprospekt** M̲ travel brochure **Reiseproviant** M̲ food for the journey **Reiseroute** F̲ route, itinerary **Reiserücktrittskostenversicherung** F̲ travel cancellation insurance **Reiseruf** M̲ personal message **Reisespesen** P̲L̲ travel expenses *pl* **Reisetasche** F̲ holdall **Reisethrombose** F̲ MED deep vein thrombosis; DVT; *umg* economy class syndrome **Reiseunterlagen** P̲L̲ travel documents *pl* **Reiseveranstalter(in)** M̲F̲ tour operator **Reiseverkehr** M̲ holiday traffic *bes Br*, vacation traffic *US* **Reiseversicherung** F̲ travel insurance **Reisewarnung** F̲ *des Auswärtigen Amtes* travel warning; **eine ~ herausgeben** to issue a travel warning **Reisewecker** M̲ travelling alarm clock *Br*, traveling alarm clock *US* **Reisewetterbericht** M̲ holiday weather forecast *Br*, travel weather forecast *US* **Reisezeit** F̲ (≈ *Saison*) holiday season *Br*, vacation season *US*; (≈ *Fahrzeit*) travel time **Reiseziel** N̲ destination

Reisfeld N̲ paddy field **Reisig** N̲ brushwood **Reiskocher** M̲ rice cooker *od* steamer **Reiskorn** N̲ grain of rice **Reispapier** N̲ KUNST, GASTR rice paper

Reißaus M̲ **~ nehmen** *umg* to clear off *od* out *umg* **Reißbrett** N̲ drawing board **reißen** V̲T̲ 1 to tear, to rip; (≈ *mitreißen, zerren*) to pull, to drag; **j-n zu Boden ~** to pull *od* drag sb to the ground; **j-m etw aus der Hand ~** to snatch sth out of sb's hand; **j-n aus dem Schlaf/seinen Träumen ~** to wake sb from his sleep/dreams; **j-n in den Tod ~** to claim sb's life; *Flutwelle, Lawine* to sweep sb to his/her death; **hin und her gerissen werden/sein** *fig* to be torn; **etw an sich** (*akk*) **~** to seize sth 2 SPORT *Gewichtheben* to snatch; *Hochsprung* to knock down 3 (≈ *töten*) to kill 4 → gerissen B V̲I̲ 1 to tear; (≈ *Risse bekommen*) to crack; **mir ist die Kette gerissen** my chain has broken; **da riss mir die Geduld** then my patience gave out; **wenn alle Stricke ~** *fig umg* if all else fails 2 (≈ *zerren*) to pull, to tug (**an** +*dat* at) 3 *Hochsprung* to knock the bar off C V̲R̲ *umg* **sich um j-n/etw ~** to scramble to get sb/sth **reißend** A̲D̲J̲ *Fluss* raging; *Schmerzen* searing; *Verkauf, Absatz* massive **Reißer** *umg* M̲ *Film, Buch, a.* THEAT thriller; *Ware* big seller **reißerisch** A̲D̲J̲ *Bericht, Titel* sensational **reißfest** A̲D̲J̲ tear-proof **Reißleine** F̲ ripcord **Reißnagel** M̲ drawing pin *Br*, thumbtack *US* **Reißverschluss** M̲ zip (fastener) *Br*, zipper *US*; **den ~ an etw** (*dat*) **zumachen** to zip sth up; **den ~ an etw** (*dat*) **aufmachen** to unzip sth **Reißwolf** M̲ shredder **Reißzahn** M̲ fang **Reißzwecke** F̲ drawing pin *Br*, thumbtack *US*

Reiswaffel F̲ GASTR rice wafer *od* cake **reiten** A V̲I̲ to ride; **auf etw** (*dat*) **~** to ride (on) sth B V̲T̲ to ride; **Schritt/Trab/Galopp ~** to ride at a walk/trot/gallop **Reiten** N̲ (horseback) riding **Reiter(in)** M̲F̲ rider **Reithose** F̲ riding breeches *pl*; JAGD, SPORT jodhpurs

R

pl **Reitkunst** F̄ horsemanship **Reitpeitsche** F̄ riding whip **Reitpferd** N̄ mount **Reitsattel** M̄ (riding) saddle **Reitschule** F̄ riding school **Reitsport** M̄ (horse-)riding **Reitstall** M̄ riding stable **Reitstiefel** M̄ riding boot **Reitturnier** N̄ horse show; *Geländereiten* point-to-point **Reitunterricht** M̄ riding lessons *pl* **Reitweg** M̄ bridle path

Reiz M̄ **1** PHYSIOL stimulus; **ein ~ auf der Haut** irritation of the skin **2** (*≈Verlockung*) attraction, appeal; (*≈Zauber*) charm; **(auf j-n) einen ~ ausüben** to have great attraction (for sb); **diese Idee hat auch ihren ~** this idea also has its attractions; **den ~ verlieren** to lose all one's/its charm; **weibliche ~e** feminine charms **reizbar** ADJ (*≈empfindlich*) touchy *umg*; (*≈erregbar*) irritable **Reizbarkeit** F̄ (*≈Empfindlichkeit*) touchiness *umg*; (*≈Erregbarkeit*) irritability **reizen** A VT̄ **1** PHYSIOL to irritate; (*≈stimulieren*) to stimulate **2** (*≈verlocken*) to appeal to; **es würde mich ja sehr ~, ...** I'd love to ...; **Ihr Angebot reizt mich sehr** I find your offer very tempting; **was reizt Sie daran?** what do you like about it? **3** (*≈ärgern*) to annoy; *Tier* to tease; (*≈herausfordern*) to provoke; **j-n bis aufs Blut ~** to push sb to breaking point; **→ gereizt** B VT̄ **1** MED to irritate; (*≈stimulieren*) to stimulate **2** KART to bid; **hoch ~** to make a high bid **reizend** A ADJ charming; **das ist ja ~** *iron* (that's) charming B ADV **einrichten** attractively; **~ aussehen** to look charming **Reizhusten** M̄ chesty cough *Br*, deep cough *US*; *nervös* nervous cough **Reizklima** N̄ bracing climate; *fig* charged atmosphere **reizlos** ADJ dull, uninspiring **Reizschwelle** F̄ PHYSIOL stimulus *od* absolute threshold **Reizthema** N̄ controversial issue **Reizung** F̄ MED stimulation; *krankhaft* irritation **reizvoll** ADJ delightful; *Aufgabe* attractive **Reizwäsche** F̄ *umg* sexy underwear **Reizwort** N̄ emotive word **rekapitulieren** VT̄ to recapitulate **rekeln** *umg* VR̄ (*≈sich herumlümmeln*) to loll around; (*≈sich strecken*) to stretch **Reklamation** F̄ (*≈Beschwerde*) complaint **Reklame** F̄ **1** advertising; **~ für j-n/etw machen** to advertise sb/ sth **2** (*≈Einzelwerbung*) advertisement;

bes TV, RADIO commercial **Reklameschild** N̄ advertising sign **reklamieren** A VT̄ (*≈Einspruch erheben*) to complain; **bei j-m wegen etw ~** to complain to sb about sth B VT̄ (*≈bemängeln*) to complain about (**etw bei j-m** sth to sb) **2** (*≈in Anspruch nehmen*) to claim; **j-n/etw für sich ~** to lay claim to sb/sth

rekonstruieren VT̄ to reconstruct **Rekonstruktion** F̄ reconstruction **Rekord** M̄ record; **einen ~ aufstellen** to set a record **Rekorder** M̄ (cassette) recorder **Rekordgewinn** M̄ HANDEL record profit **Rekordinhaber(in)** M̄F̄ record holder **Rekordverlust** M̄ HANDEL record losses *pl* **Rekordzeit** F̄ record time

Rekrut(in) M̄F̄ MIL recruit **rekrutieren** A VT̄ to recruit B VR̄ *fig* **sich ~ aus** to be recruited from

Rektor(in) M̄F̄ SCHULE head teacher *Br*, principal *US*; UNIV vice chancellor *Br*, rector *US*; *von Fachhochschule* principal **Rektorat** N̄ SCHULE (*≈Amt, Amtszeit*) headship *Br*, principalship *US*; (*≈Zimmer*) head teacher's office *Br*, principal's room *US*; UNIV vice chancellorship *Br*, rectorship *US*; vice chancellor's office *Br*, rector's office *US*

Relais N̄ ELEK relay **Relation** F̄ relation; **in einer/keiner ~ zu etw stehen** to bear some/no relation to sth **relational** ADJ IT relational **relativ** A ADJ relative B ADV relatively **relativieren** VT̄ *etc* to qualify **Relativität** F̄ relativity **Relativitätstheorie** F̄ theory of relativity **Relativpronomen** N̄ relative pronoun **Relativsatz** M̄ relative clause

Relaunch M̄ *od* N̄ WIRTSCH relaunch **relaunchen** VT̄ WIRTSCH to relaunch **relaxen** *umg* VT̄ to take it easy *umg* **relaxt** *umg* ADJ laid-back *umg*

relevant ADJ relevant **Relevanz** F̄ relevance

Relief N̄ relief

Religion F̄ religion; *Schulfach* religious instruction *od* education, RE *Br* **Religionsfreiheit** F̄ freedom of worship *od* religion **Religionsunterricht** M̄ religious education *od* instruction; SCHULE RE *od* RI lesson **Religionszugehörigkeit** F̄ religious affiliation, religion

religiös ADJ religious
Relikt N̄ relic
Reling F̄ SCHIFF (deck) rail
Reliquie F̄ relic
Remake N̄ remake
Reminiszenz F̄ geh (≈ Erinnerung) memory (**an** +akk of)
remis, F̄ drawn; **~ spielen** to draw **Remis** N̄ Schach, a. SPORT draw
Remittende F̄ HANDEL return
Remmidemmi umg N̄ (≈ Krach) rumpus umg; (≈ Trubel) to-do umg
Remoulade F̄, **Remouladensoße** F̄ GASTR remoulade
rempeln umg V̄T̄ to barge (**j-n** into sb) umg; (≈ foulen) to push
Ren N̄ reindeer
Renaissance F̄ **1** HIST renaissance **2** fig a. revival
Rendezvous N̄ rendezvous, date umg; RAUMF rendezvous
Rendite F̄ FIN yield, return on capital
Reneklode F̄ greengage
renitent ADJ defiant **Renitenz** F̄ defiance
Rennbahn F̄ (race)track **Rennboot** N̄ powerboat **rennen** A V̄ı̄ to run; **um die Wette ~** to have a race; **er rannte mit dem Kopf gegen …** he bumped his head against … **B** V̄T̄ SPORT to run; **j-n zu Boden ~** to knock sb over **Rennen** N̄ race; **totes ~** dead heat; **gut im ~ liegen** to be well-placed; **das ~ machen** to win (the race) **Renner** M̄ umg (≈ Verkaufsschlager) winner **Rennerei** umg F̄ running around; (≈ Hetze) mad chase umg **Rennfahrer(in)** M̄F̄ (≈ Radrennfahrer) racing cyclist; (≈ Motorradrennfahrer) racing motorcyclist; (≈ Autorennfahrer) racing driver **Rennpferd** N̄ racehorse **Rennrad** N̄ racing bicycle **Rennsport** M̄ racing **Rennstall** M̄ Tiere, Zucht stable **Rennstrecke** F̄ (≈ Rennbahn) (race)track; (≈ zu laufende Strecke) course, distance **Rennwagen** M̄ racing car
Renommee N̄ reputation, name **renommiert** ADJ famous (**wegen** for)
renovieren V̄T̄ to renovate; (≈ tapezieren etc) to redecorate **Renovierung** F̄ renovation
rentabel A ADJ profitable **B** ADV profitably; **~ wirtschaften** to show a profit **Rentabilität** F̄ profitability
Rente F̄ pension; aus Versicherung annu-

ity; aus Vermögen income; **in ~ gehen** to retire, to go into retirement **Rentenalter** N̄ retirement age **Rentenanspruch** M̄ pension entitlement **Rentenbeitrag** M̄ pension contribution **Rentenempfänger(in)** M̄F̄ pensioner **Rentenfonds** M̄ fixed-income fund **Rentenmarkt** M̄ market in fixed-interest securities **Rentenreform** F̄ reform of pensions **Rentenversicherung** F̄ pension scheme Br, retirement plan US
Rentier N̄ ZOOL reindeer
rentieren V̄R̄ to be worthwhile; **das rentiert sich nicht** it's not worth it
Rentner(in) M̄F̄ pensioner
Reorganisation F̄ reorganization **reorganisieren** V̄T̄ to reorganize
reparabel ADJ repairable **Reparatur** F̄ repair; **~en am Auto** car repairs; **in ~ being** repaired; **etw in ~ geben** to have sth repaired **reparaturanfällig** ADJ prone to break down **Reparaturarbeiten** PL repairs pl, repair work kein pl **reparaturbedürftig** ADJ in need of repair **Reparaturkosten** PL repair costs pl **Reparaturwerkstatt** F̄ workshop; (≈ Autowerkstatt) garage Br, auto repair shop US **reparieren** V̄T̄ to repair, to fix
repatriieren V̄T̄ to repatriate
Repertoire N̄ repertoire
Report M̄ report **Reportage** F̄ report (**über** akk on) **Reporter(in)** M̄F̄ reporter
Repräsentant(in) M̄F̄ representative **Repräsentantenhaus** N̄ US POL House of Representatives **Repräsentation** F̄ (≈ Vertretung) representation **repräsentativ** A ADJ **1** (≈ typisch) representative (**für** of) **2** Haus, Auto prestigious; Erscheinung presentable **B** ADV bauen prestigiously **repräsentieren** V̄T̄ to represent
Repressalie F̄ reprisal **Repression** F̄ repression
reprivatisieren V̄T̄ WIRTSCH to denationalize
Reproduktion F̄ reproduction **reproduzieren** V̄T̄ to reproduce
Reptil N̄ reptile
Republik F̄ republic; **die ~ Österreich** the Republic of Austria **Republikaner(in)** M̄F̄ republican; POL Republican; **die ~** POL The Republican Party **repub-**

R

likanisch ADJ republican
Reputation F (good) reputation
Requiem N requiem
Requisit N equipment *kein pl*; **~en**
THEAT props
resch ADJ österr (≈ knusprig) Brötchen etc
crispy; *fig* (≈ lebhaft) Frau dynamic
Reservat N **1** (≈ Naturschutzgebiet) re-
serve **2** für Indianer, Ureinwohner etc res-
ervation **Reserve** F **1** (≈ Vorrat) re-
serve(s) (pl) (an +dat of); (≈ angespartes
Geld) savings pl; MIL, SPORT reserves pl;
(noch) etw/j-n in ~ haben to have sth/
sb (still) in reserve **2** (≈ Zurückhaltung)
reserve; (≈ Bedenken) reservation; **j-n
aus der ~ locken** to bring sb out of
his/her shell **Reservebank** F SPORT
substitutes od reserves bench **Reser-
vekanister** M spare can **Reserve-
rad** N spare (wheel) **Reservespie-
ler(in)** M(F) SPORT reserve **reservieren**
A VT to reserve B VI to make a reser-
vation **reserviert** ADJ Platz, Mensch re-
served **Reservierung** F reservation
Reservierungsnummer F reserva-
tion number **Reservierungsschal-
ter** M reservation desk **Reservist(in)**
M(F) reservist **Reservoir** N reservoir
Reset-Taste F COMPUT reset key
Residenz F (≈ Wohnung) residence **re-
sidieren** VI to reside
Resignation F geh resignation **resig-
nieren** VI to give up; **resigniert** re-
signed
resistent ADJ resistant (**gegen** to) **Re-
sistenz** F resistance (**gegen** to)
resolut ADJ resolute B ADV resolute-
ly **Resolution** F POL (≈ Beschluss) reso-
lution; (≈ Bittschrift) petition
Resonanz F **1** resonance **2** fig re-
sponse (**auf** +akk to), reaction; **große ~
finden** to get a good response
Resort N Hotelanlage complex
resozialisieren VT to rehabilitate
Respekt M (≈ Achtung) respect; **j-m ~
einflößen** to command respect from
sb; **bei allem ~** with all due respect;
vor j-m/etw ~ haben Achtung to have
respect for sb/sth; Angst to be afraid of
sb/sth; **sich** (dat) **~ verschaffen** to make
oneself respected **respektabel** ADJ re-
spectable **respektieren** VT to respect
respektlos ADJ disrespectful **Res-
pektsperson** F figure of authority **re-
spektvoll** A ADJ respectful B ADV re-

spectfully
Ressentiment N resentment *kein pl*
(**gegen** towards)
Ressort N department
Ressource F resource
Rest M **1** rest; **die ~e einer Kirche** the
remains of a church; **der letzte ~** the
last bit; **der ~ ist für Sie** beim Bezahlen
keep the change; **j-m/einer Sache den
~ geben** umg to finish sb/sth off **2 ~e**
pl (≈ Essensreste) leftovers pl **3** (≈ Stoff-
rest) remnant **Restalkohol** M residual
alcohol
Restaurant N restaurant
restaurieren VT to restore **Restau-
rierung** F restoration
Restbestand M remaining stock; fig
remnant **Restbetrag** M balance **rest-
lich** ADJ remaining, rest of the …; **die
~e Welt** the rest of the world **restlos**
A ADJ complete B ADV completely; **ich
war ~ begeistert** I was completely
bowled over umg **Restmüll** M non-re-
cyclable waste **Restposten** M HANDEL
remaining stock
restriktiv geh A ADJ restrictive B ADV
restrictively
Restrisiko N residual risk **Restur-
laub** M unused holiday Br od vacation
US
Resultat N result **resultieren** geh VI
to result (**in** +dat in); **aus etw ~** to result
from sth
Resümee geh N résumé **resümieren**
geh VT & VI to summarize
Retorte F CHEM retort; **aus der ~** fig
umg synthetic **Retortenbaby** N test-
-tube baby
Retoure F HANDEL return
Retourkutsche umg F Worte retort;
Handlung retribution
retro ADJ retro **Retrospektive** F ret-
rospective **Retrovirus** N(M) retrovirus
retten A VT to save; (≈ befreien) to res-
cue; **j-n vor** (dat) **etw ~** to save sb from
sth; **j-m das Leben ~** to save sb's life;
ein ~der Gedanke a bright idea that
saved the situation; **bist du noch zu
~?** umg are you out of your mind?
B VR **sich vor j-m/etw ~** to escape
(from) sb/sth; **sich vor etw nicht mehr
~ können** fig to be swamped with sth;
rette sich, wer kann! (it's) every man
for himself! **Retter(in)** M(F) aus Notlage
rescuer; **der ~ des Unternehmens** the

saviour of the business *Br*, the savior of the business *US*
Rettich M̲ radish
Rettung F̲ **1** *aus Notlage* rescue; (≈ *Erhaltung*) saving; **das war meine ~** that saved me; **das war meine letzte ~** that was my last hope; (≈ *hat mich gerettet*) that was my salvation **2** *österr* (≈ *Rettungsdienst*) rescue service; (≈ *Krankenwagen*) ambulance **Rettungsaktion** F̲ rescue operation **Rettungsanker** M̲ sheet anchor; *fig* anchor **Rettungsboot** N̲ lifeboat **Rettungsdienst** M̲ rescue service **Rettungshubschrauber** M̲ rescue helicopter **rettungslos** A̲ A̲D̲J̲ beyond saving; *Lage* irretrievable; *Verlust* irrecoverable B̲ A̲D̲V̲ verloren irretrievably **Rettungsmannschaft** F̲ rescue party **Rettungspaket** N̲ *Pol für Wirtschaft* rescue package, bail-out package **Rettungsring** M̲ life belt; *hum* (≈ *Bauch*) spare tyre *Br hum*, spare tire *US hum* **Rettungssanitäter(in)** M̲F̲ paramedic **Rettungsschirm** M̲ **1** *Pol* rescue package **2** *Aviat* emergency parachute **Rettungsschwimmer(in)** M̲F̲ lifesaver; *an Strand, Pool* lifeguard **Rettungswagen** M̲ ambulance
Return-Taste F̲ *Comput* return key **retuschieren** V̲T̲ *Foto* to retouch
Reue F̲ *a. Rel* remorse (**über** +*akk* at, about), repentance (**über** +*akk* of) **reuevoll, reumütig** A̲ A̲D̲J̲ (≈ *voller Reue*) remorseful, repentant; *Sünder* contrite, penitent B̲ A̲D̲V̲ *gestehen, bekennen* full of remorse
Reuse F̲ fish trap
Revanche F̲ revenge (**für** for); (≈ *Revanchepartie*) return match *Br*, rematch *US* **revanchieren** V̲R̲ **1** (≈ *sich rächen*) to get one's revenge (**bei j-m für etw** on sb for sth) **2** (≈ *sich erkenntlich zeigen*) to reciprocate; **sich bei j-m für eine Einladung ~** to return sb's invitation **Revanchismus** M̲ revanchism **Revanchist(in)** M̲F̲ revanchist **revanchistisch** A̲D̲J̲ revanchist
Revers *österr* N̲/M̲ *an Kleidung* lapel **revidieren** V̲T̲ to revise
Revier N̲ **1** (≈ *Polizeidienststelle*) (police) station; (≈ *Dienstbereich*) beat, district; *von Prostituierter* patch *umg* **2** *Zool* (≈ *Gebiet*) territory **3** *Jagd* (≈ *Jagdrevier*) hunting ground **4** (≈ *Kohlenrevier*) coal-

fields *pl*
Revision F̲ **1** *von Meinung etc* revision **2** *Handel* (≈ *Prüfung*) audit **3** *Jur* (≈ *Urteilsanfechtung*) appeal (**an** +*akk* to); **~ einlegen** to lodge an appeal **revisionistisch** A̲D̲J̲ *Pol* revisionist **Revisor(in)** M̲F̲ *Handel* auditor
Revolte F̲ revolt **revoltieren** V̲I̲ to revolt, to rebel (**gegen** against); *fig Magen* to rebel
Revolution F̲ revolution **revolutionär** A̲D̲J̲ revolutionary **Revolutionär(in)** M̲F̲ revolutionary **revolutionieren** V̲T̲ to revolutionize **Revoluzzer(in)** *pej* M̲F̲ would-be revolutionary
Revolver M̲ revolver **Revolverheld(in)** *pej* M̲F̲ gunslinger
Revue F̲ *Theat* revue; **etw ~ passieren lassen** *fig* to let sth parade before one
Rezensent(in) M̲F̲ reviewer **rezensieren** V̲T̲ to review **Rezension** F̲ review
Rezept N̲ **1** *Med* prescription; **auf ~** on prescription **2** *Gastr, a. fig* (≈ *Anleitung*) recipe (**zu** for) **rezeptfrei** A̲ A̲D̲J̲ available without prescription B̲ A̲D̲V̲ without a prescription **Rezeptgebühr** F̲ prescription charge
Rezeption F̲ *von Hotel:* (≈ *Empfang*) reception
Rezeptpflicht F̲ **der ~ unterliegen** to be available only on prescription **rezeptpflichtig** A̲D̲J̲ available only on prescription
Rezession F̲ *Wirtsch* recession
reziprok A̲D̲J̲ reciprocal
rezitieren V̲T̲ & V̲I̲ to recite
R-Gespräch N̲ reverse charge call *Br*, collect call *US*
Rhabarber M̲ rhubarb
Rhein M̲ Rhine; **am ~ liegen** to be on the river Rhine **rheinab(wärts)** A̲D̲V̲ down the Rhine **rheinauf(wärts)** A̲D̲V̲ up the Rhine **rheinisch** A̲D̲J̲ Rhenish **Rheinländer(in)** M̲F̲ Rhinelander **rheinländisch** A̲D̲J̲ Rhineland **Rheinland-Pfalz** N̲ Rhineland-Palatinate **Rheinwein** M̲ Rhine wine; *weißer a.* hock
Rhesusaffe M̲ rhesus monkey **Rhesusfaktor** M̲ *Med* rhesus *od* Rh factor
Rhetorik F̲ rhetoric **rhetorisch** A̲D̲J̲ rhetorical
Rheuma N̲ rheumatism **rheumatisch** A̲D̲J̲ rheumatic; **~ bedingte**

R

Schmerzen rheumatic pains **Rheumatismus** M̄ rheumatism

Rhinozeros N̄ rhinoceros, rhino *umg*

Rhododendron M/N rhododendron

Rhodus N̄ GEOG Rhodes

Rhombus M̄ rhombus

rhythmisch ADJ rhythmic(al) **Rhythmus** M̄ rhythm

Ribisel F̄ *österr* (≈*Rote Johannisbeere*) redcurrant; (≈*Schwarze Johannisbeere*) blackcurrant

Ribonukleinsäure F̄ ribonucleic acid

richten A V̄/T̄ 1 (≈*lenken*) to direct (**auf** +*akk* towards) 2 (≈*ausrichten*) **etw nach j-m/etw ~** to suit *od* fit sth to sb/sth; *Verhalten* to orientate sth to sb/sth 3 (≈*adressieren*) to address (**an** +*akk* to); *Kritik, Vorwurf* to direct (**gegen** at, against) 4 (≈*reparieren*) to fix; (≈*einstellen*) to set B V̄/R̄ 1 (≈*sich hinwenden*) to be directed (**auf** +*akk* towards *od* **gegen** at) 2 (≈*sich wenden*) to consult (**an** j-n sb); *Vorwurf etc* to be directed (**gegen** at) 3 (≈*zielen auf*) to aim (**an** j-n at sb) 4 (≈*sich anpassen*) to follow (**nach** j-m/etw sb/sth); **sich nach den Vorschriften ~** to go by the rules; **sich nach j-s Wünschen ~** to comply with sb's wishes; **ich richte mich nach dir** I'll fit in with you; **sich nach der Wettervorhersage ~** to go by the weather forecast 5 (≈*abhängen von*) to depend (**nach** on) 6 *bes südd* (≈*sich zurechtmachen*) to get ready C V̄/Ī *liter* (≈*urteilen*) to pass judgement (**über** +*akk* on) **Richter(in)** M/F̄ judge

richterlich ADJ judicial

Richterskala F̄ GEOL Richter scale

Richterspruch M̄ 1 JUR 2 judgement 2 SPORT judges' decision

Richtfest N̄ topping-out ceremony

Richtfunk M̄ directional radio **Richtgeschwindigkeit** F̄ recommended speed

richtig A ADJ 1 right *kein komp*; (≈*zutreffend*) correct, right; **nicht ganz ~ (im Kopf) sein** *umg* to be not quite right (in the head) *umg*; **bin ich hier ~ bei Müller?** *umg* is this right for the Müllers? 2 (≈*wirklich, echt*) real; **der ~e Vater** the real father B ADV (≈*korrekt*) right; *passen, funktionieren* properly, correctly; **~ gehend** *Uhr, Waage* accurate; **die Uhr geht ~** the clock is right *od* correct; **das ist doch Paul! — ach ja, ~** that's Paul — oh yes, so it is **Richti-**

ge(r) M/F/M right person, right man/woman *etc*; **du bist mir der ~!** *iron* you're a fine one *umg*; **sechs ~ im Lotto** six right in the lottery **Richtige(s)** N̄ right thing; **das ist das ~** that's right; **ich habe nichts ~s gegessen** I haven't had a proper meal; **ich habe noch nicht das ~ gefunden** I haven't found anything suitable **richtiggehend** ADJ *umg* (≈*regelrecht*) real, proper; →**richtig**

Richtigkeit F̄ correctness **richtigstellen** V̄/T̄ to correct **Richtigstellung** F̄ correction

Richtlinie F̄ guideline **Richtpreis** M̄ (**unverbindlicher**) **~** recommended price

Richtung F̄ 1 direction; **in ~ Hamburg** towards Hamburg *Br*, toward Hamburg *US*; **in ~ Süden** in a southerly direction, south-bound; **der Zug ~ Hamburg** the Hamburg train; **eine neue ~ bekommen** to take a new turn; **ein Schritt in die richtige ~** a step in the right direction; **irgendetwas in dieser ~** something along those lines 2 (≈*Tendenz*) trend; (≈*die Vertreter einer Richtung*) movement; (≈*Denkrichtung*) school of thought **Richtungskampf** M̄ POL factional dispute **richtungslos** ADJ lacking a sense of direction **Richtungsstreit** M̄ POL factional dispute **Richtungswechsel** M̄ change of direction **richtung(s)weisend** ADJ **sein** to point the way (ahead)

riechen A V̄/T̄ to smell; **ich kann das nicht ~** *umg* I can't stand the smell of it; *fig* (≈*nicht leiden*) I can't stand it; **j-n nicht ~ können** *umg* not to be able to stand sb; **das konnte ich doch nicht ~!** *umg* how was I (supposed to) know? B V̄/Ī 1 (≈*Geruchssinn haben*) **Hunde können gut ~** dogs have a good sense of smell 2 (≈*bestimmten Geruch haben*) to smell; **gut/schlecht ~** to smell good/bad; **nach etw ~** to smell of sth; **aus dem Mund ~** to have bad breath; **das riecht nach Betrug/Verrat** *fig umg* that smacks of deceit/treachery 3 (≈*schnüffeln*) to sniff; **an j-m/etw ~** to sniff (at) sb/sth C V̄/Ī to smell; **es riecht nach Gas** there's a smell of gas **Riecher** *umg* M̄ **einen ~ (für etw) haben** to have a nose (for sth)

Ried N̄ (≈*Schilf*) reeds *pl*

Riege F̄ team

Riegel M **1** (≈ *Verschluss*) bolt; **einer Sache** (*dat*) **einen ~ vorschieben** *fig* to put a stop to sth **2** (≈ *Schokoladenriegel, Seifenstück*) bar

Riemen¹ M (≈ *Treibriemen, Gürtel*) belt; *an Gepäck* strap; **den ~ enger schnallen** *fig* to tighten one's belt; **sich am ~ reißen** *fig* umg to get a grip on oneself

Riemen² M SPORT oar; **sich in die ~ legen** to put one's back into it

Riese M giant; *sl* (≈ *Geldschein*) big one umg

rieseln V/I *Wasser, Sand* to trickle; *Regen* to drizzle; *Schnee* to flutter down; *Staub* to fall down; **der Kalk rieselt von der Wand** lime is crumbling off the wall

Riesenärger umg M **das gibt einen ~** there's going to be hell to pay umg; **du bekommst einen ~ mit ihnen** you're going to get into massive trouble with them umg; **einen ~ im Büro haben** to be having massive problems at work umg **Riesenerfolg** M gigantic success; THEAT, FILM smash hit **Riesengebirge** N GEOG Sudeten Mountains *pl* **riesengroß, riesenhaft** ADJ → riesig **Riesenhunger** umg M enormous appetite **Riesenrad** N big wheel, Ferris wheel **Riesenschlange** F boa **Riesenschritt** M giant step **Riesenslalom** M giant slalom **riesig** ADJ **1** enormous, huge, giant; *Spaß* tremendous **2** umg (≈ *toll*) fantastic umg **B** ADV umg (≈ *sehr, überaus*) incredibly

Riff¹ N (≈ *Felsklippe*) reef

Riff² M MUS riff

rigoros A ADJ rigorous **B** ADV *ablehnen* rigorously; *kürzen* drastically

Rigorosum N UNIV (doctoral *od* PhD) viva *Br*, (doctoral *od* PhD) oral

Rikscha F rickshaw

Rille F groove; *in Säule* flute

Rind N umg (≈ *Tier*) cow; (≈ *Bulle*) bull; **~er** cattle *pl* **2** umg (≈ *Rindfleisch*) beef

Rinde F (≈ *Baumrinde*) bark; (≈ *Brotrinde*) crust; (≈ *Käserinde*) rind

Rinderbraten M *roh* joint of beef; *gebraten* roast beef *kein unbest art* **Rinderfilet** N fillet of beef **Rinderherde** F herd of cattle **Rinderlende** F beef tenderloin **Rinderseuche** F epidemic cattle disease; (≈ *BSE*) mad cow disease **Rinderwahn(sinn)** M mad cow disease **Rinderzucht** F cattle farming **Rindfleisch** N beef **Rinds-**

leder N cowhide **Rindsuppe** F *österr consommé* **Rindvieh** N umg (≈ *Idiot*) *ass* umg

Ring M ring; *von Menschen* circle; (≈ *Ringstraße*) ring road; **~e** *Turnen* rings **Ringbuch** N ring binder **Ringbucheinlage** F loose-leaf pad **Ringelblume** F marigold **Ringeln** A V/T *Pflanze* to (en)twine **B** V/R to curl **Ringelnatter** F grass snake **Ringelschwanz** umg M curly tail **Ringelspiel** N *österr* merry-go-round

ringen A V/T **die Hände ~** to wring one's hands **B** V/I **1** (≈ *kämpfen*) to wrestle (**mit** with); **mit den Tränen ~** to struggle to keep back one's tears **2** (≈ *streben*) **nach** *od* **um etw ~** to struggle for sth **Ringen** N SPORT wrestling; *fig* struggle **Ringer(in)** M(F) wrestler

Ringfahndung F dragnet **Ringfinger** M ring finger **ringförmig** A ADJ ring-like **B** ADV *in a ring od* circle **Ringhefter** M ring binder **Ringkampf** M fight; SPORT wrestling match **Ringkämpfer(in)** M(F) wrestler **Ringordner** M ring binder **Ringrichter(in)** M(F) SPORT referee **rings** ADV (all) around **ringsherum** ADV all (the way) around **Ringstraße** F ring road **ringsum** ADV (all) around **ringsumher** ADV around

Rinne F (≈ *Rille*) groove; (≈ *Furche, Abflussrinne*) channel; (≈ *Dachrinne, Rinnstein*) gutter **rinnen** V/I (≈ *fließen*) to run **Rinnsal** N rivulet, trickle **Rinnstein** M (≈ *Gosse*) gutter

Rippchen N GASTR slightly cured pork rib **Rippe** F **1** rib; **er hat nichts auf den ~n** umg he's just skin and bone(s) **2** *von Heizkörper etc* fin

rippen V/T umg *Daten, Musik* to rip **Rippenbruch** M broken *od* fractured rib **Rippenfell** N pleura **Rippenfellentzündung** F pleurisy **Rippenshirt** N ribbed shirt **Rippenstück** N GASTR *joint of meat including ribs*

Risiko N risk; **auf eigenes ~** at one's own risk; **die Sache ist ohne ~** there's no risk involved; **wir sollten kein ~ eingehen** we shouldn't take any risks **Risikoanalyse** F analysis of risks **Risikobereitschaft** F readiness to take risks **Risikofaktor** M risk factor **risikofreudig** ADJ prepared to take risks, adventurous **Risikogeburt** F MED high-

R

risk birth **Risikogruppe** F̲ (high-)risk group **Risikokapital** N̲ FIN risk od venture capital **Risikomanagement** N̲ risk management **risikoreich** A̲D̲J̲ risky, high-risk attr **Risikoschwangerschaft** F̲ high-risk pregnancy **Risikostaat** M̲ state of concern

riskant A̲D̲J̲ risky **riskieren** V̲T̲ to risk; **etwas/nichts** ~ to take risks/no risks; **sein Geld** ~ to put one's money at risk

Risotto M̲ risotto

Rispe F̲ BOT panicle

Riss M̲ in Stoff, Papier etc tear, rip; in Erde fissure; (≈ Sprung) in Wand, Behälter etc crack; (≈ Hautriss) chap; fig (≈ Kluft) rift, split **rissig** A̲D̲J̲ Boden, Leder cracked; Haut, Lippen chapped

Ritt M̲ ride

Ritter M̲ im Mittelalter knight; fig hum (≈ Kämpfer) champion; **j-n zum** ~ **schlagen** to knight sb **ritterlich** A̲D̲J̲ chivalrous; HIST knightly liter **Ritterorden** M̲ order of knights **Ritterrüstung** F̲ knight's armour Br, knight's armor US **Rittersporn** M̲ BOT larkspur, delphinium **Ritterstand** M̲ knighthood

rittlings A̲D̲V̲ astride (**auf etw** dat sth)

Ritual N̲ ritual **rituell** A̲D̲J̲ ritual **Ritus** M̲ rite; fig ritual

Ritze F̲ crack; (≈ Fuge) gap

Ritzel N̲ TECH pinion

ritzen V̲T̲ to scratch

Rivale M̲, **Rivalin** F̲ rival **rivalisieren** V̲I̲ **mit j-m** (**um etw**) ~ to compete with sb (for sth) **Rivalität** F̲ rivalry

Rizinus M̲, (a. **Rizinusöl**) castor oil

RNS A̲B̲K̲ (≈ Ribonukleinsäure) RNA

Roadmap F̲ POL, TECH (≈ Strategie) roadmap

Roaming N̲ TEL roaming **Roaminggebühren** P̲L̲ roaming charges pl

Robbe F̲ seal **robben** V̲I̲ MIL to crawl **Robbenjagd** F̲ sealing, seal hunting

Robe F̲ 1 (≈ Abendkleid) evening gown 2 (≈ Amtstracht) robes pl

Roboter M̲ robot **Robotertechnik** F̲ robotics sg od pl

robust A̲D̲J̲ robust; Material tough **Robustheit** F̲ robustness; von Material toughness

röcheln V̲I̲ to groan; Sterbender to give the death rattle

Rochen M̲ ray

Rock¹ M̲ (≈ Damenrock) skirt; schweiz (≈ Kleid) dress

Rock² M̲ MUS rock **Rockband** F̲ rock band **rocken** V̲I̲ MUS to rock **rockig** A̲D̲J̲ Musik which sounds like (hard) rock **Rockkonzert** N̲ rock concert **Rockmusik** F̲ rock music

Rocksaum M̲ hem of a/the skirt

Rockstar M̲ rock star

Rodel M̲F̲ österr, südd toboggan **Rodelbahn** F̲ toboggan run **rodeln** V̲I̲ to toboggan **Rodelschlitten** M̲ toboggan **roden** V̲T̲ Wald, Land to clear

Rodler(in) M̲F̲ tobogganer; bes SPORT tobogganist

Rodung F̲ clearing

Rogen M̲ roe

Roggen M̲ rye **Roggenbrot** N̲ rye bread

roh A̲ A̲D̲J̲ 1 (≈ ungekocht) raw 2 (≈ unbearbeitet) Bretter, Stein etc rough; Diamant uncut; Metall crude 3 (≈ brutal) rough; **rohe Gewalt** brute force B̲ A̲D̲V̲ 1 (≈ ungekocht) raw 2 (≈ grob) roughly 3 (≈ brutal) brutally **Rohbau** M̲ shell (of a/the building) **Rohdiamant** M̲ rough od uncut diamond **Roheisen** N̲ pig iron **Rohentwurf** M̲ rough draft **Rohgewinn** M̲ gross profit **Rohheit** F̲ 1 Eigenschaft roughness; (≈ Brutalität) brutality 2 Tat brutality **Rohkost** F̲ raw fruit and vegetables pl **Rohling** M̲ 1 (≈ Grobian) brute 2 TECH blank; **CD-Rohling** blank CD **Rohmaterial** N̲ raw material **Rohmilch** F̲ untreated od unpasteurized milk **Rohmilchkäse** M̲ unpasteurized cheese **Rohöl** N̲ crude oil

Rohr N̲ 1 (≈ Schilfrohr) reed; für Stühle etc cane, wicker kein pl 2 TECH pipe; (≈ Geschützrohr) (gun) barrel; **aus allen ~en feuern** wörtl to fire with all its guns; fig to use all one's fire power; **volles** ~ umg flat out Br, at full speed 3 österr, südd (≈ Backröhre) oven **Rohrbruch** M̲ burst pipe **Röhrchen** N̲ tube; umg zur Alkoholkontrolle Breathalyzer®; **ins** ~ **blasen** umg to be breathalyzed **Röhre** F̲ 1 (≈ Backröhre) oven; **in die** ~ **gucken** umg to be left out 2 (≈ Neonröhre) tube; (≈ Elektronenröhre) valve Br, tube US 3 (≈ Hohlkörper) tube **röhren** V̲I̲ JAGD to bell; Motorrad to roar **röhrenförmig** A̲D̲J̲ tubular **Röhrenjeans** F̲ drainpipe jeans pl; unten ganz eng skinny jeans pl **Rohrgeflecht** N̲ wickerwork, basketwork

Rohrleitung F̲ conduit, pipe **Rohrmöbel** P̲L̲ cane furniture *sg bes Br*, wicker furniture *sg* **Rohrpost** F̲ pneumatic dispatch system **Rohrstock** M̲ cane **Rohrzange** F̲ pipe wrench **Rohrzucker** M̲ cane sugar

Rohseide F̲ wild silk **Rohstoff** M̲ raw material **rohstoffarm** A̲D̲J̲ *Land* lacking in raw materials **rohstoffreich** A̲D̲J̲ *Land* rich in raw materials **Rohzustand** M̲ natural state *od* condition

Rollator M̲ rolling walker

Rollbahn F̲ FLUG taxiway; (≈ *Start-, Landebahn*) runway **Rolle** F̲ **1** (≈ *Zusammengerolltes*) roll; (≈ *Garnrolle*) reel; **eine ~ Toilettenpapier** a toilet roll **2** (≈ *Walze*) roller; *an Möbeln* caster, castor; **von der ~ sein** *fig umg* to have lost it *umg* **3** SPORT roll **4** THEAT, FILM, *a. fig* role, part; SOZIOL role; **bei** *od* **in etw** (*dat*) **eine ~ spielen** to play a part in sth; **es spielt keine ~, (ob) ...** it doesn't matter (whether) ...; **bei ihm spielt Geld keine ~** with him money is no object; **aus der ~ fallen** *fig* to do/say the wrong thing **rollen** A̲ V̲/I̲ to roll; *Flugzeug* to taxi; **etw ins Rollen bringen** *fig* to set *od* start sth rolling B̲ V̲/T̲ to roll; *Teig* to roll out **Rollenbesetzung** F̲ THEAT, FILM casting **Rollenlager** N̲ roller bearings *pl* **Rollenspiel** N̲ role play **Rollentausch** M̲ exchange of roles **Roller** M̲ *Motorroller, Roller für Kinder* scooter **Rollfeld** N̲ runway **rollig** *umg* A̲D̲J̲ *Katze* on heat *Br*, in heat **Rollkoffer** M̲ trolley case *Br*, rolling suitcase, roller *US* **Rollkommando** N̲ raiding party **Rollkragen** M̲ polo neck, turtleneck *US* **Rollkragenpullover** M̲ polo-neck sweater, turtleneck sweater *US* **Rollladen** M̲ *an Fenster, Tür etc* (roller) shutters *pl* **Rollmops** M̲ rollmops **Rollo** N̲ (roller) blind **Rollschuh** M̲ roller skate; **~ laufen** to roller-skate **Rollschuhlaufen** N̲ roller-skating **Rollschuhläufer(in)** M̲(F̲) roller skater **Rollsplitt** M̲ loose chippings *pl* **Rollstuhl** M̲ wheelchair **Rollstuhlfahrer(in)** M̲(F̲) wheelchair user **Rolltreppe** F̲ escalator

Rom N̲ Rome

ROM N̲ COMPUT ROM

Roma P̲L̲ Romanies *pl*

Roman M̲ novel **Romanheld** M̲ hero of a/the novel **Romanheldin** F̲ hero-

ine of a/the novel

Romanik F̲ ARCH, KUNST Romanesque period **romanisch** A̲D̲J̲ *Volk, Sprache* Romance; KUNST, ARCH Romanesque **Romanist(in)** M̲(F̲) UNIV student of Romance languages and literature; *Wissenschaftler* expert on Romance languages and literature **Romanistik** F̲ UNIV Romance languages and literature

Romantik F̲ **1** LIT, KUNST, MUS Romanticism; *Epoche* Romantic period **2** *fig* romance **Romantiker(in)** M̲(F̲) LIT, KUNST, MUS Romantic; *fig* romantic **romantisch** A̲ A̲D̲J̲ romantic; LIT *etc* Romantic B̲ A̲D̲V̲ romantically **Romanze** F̲ romance

Römer(in) M̲(F̲) Roman **Römertopf®** M̲ GASTR earthenware casserole **römisch** A̲D̲J̲ Roman **römisch-katholisch** A̲D̲J̲ Roman Catholic

Rommé N̲, **Rommee** N̲ rummy

röntgen V̲/T̲ to X-ray **Röntgenaufnahme** F̲ X-ray **Röntgenbild** N̲ X-ray **Röntgenologe** M̲, **Röntgenologin** F̲ radiologist **Röntgenologie** F̲ radiology **Röntgenstrahlen** P̲L̲ X-rays *pl* **Röntgenuntersuchung** F̲ X-ray examination

rosa A̲D̲J̲ pink; **in ~(rotem) Licht** in a rosy light

Röschen N̲ (little) rose; *von Brokkoli, Blumenkohl* floret; *von Rosenkohl* sprout **Rose** F̲ *Blume* rose

rosé A̲D̲J̲ pink **Rosé** M̲ rosé (wine) **Rosengarten** M̲ rose garden **Rosenholz** N̲ rosewood **Rosenkohl** M̲ Brussel(s) sprouts *pl* **Rosenkranz** M̲ KIRCHE rosary **Rosenmontag** M̲ *Monday preceding Ash Wednesday* **Rosenstrauch** M̲ rosebush

Rosette F̲ rosette

Roséwein M̲ rosé wine

rosig A̲D̲J̲ rosy

Rosine F̲ raisin; **(große) ~n im Kopf haben** *umg* to have big ideas; **sich** (*dat*) **die ~n (aus dem Kuchen) herauspicken** *umg* to take the pick of the bunch

Rosmarin M̲ rosemary

Ross N̲ *österr, schweiz, südd* horse; **~ und Reiter nennen** *fig geh* to name names; **auf dem hohen ~ sitzen** *fig* to be on one's high horse **Rosshaar** N̲ horsehair **Rosskastanie** F̲ horse chestnut **Rosskur** *hum* F̲ kill-or-cure remedy

R

Rost[1] M̱ rust; **~ ansetzen** to start to rust
Rost[2] M̱ (≈ *Ofenrost*) grill; (≈ *Gitterrost*) grating, grille **Rostbraten** M̱ GASTR ≈ roast **Rostbratwurst** F̱ barbecue sausage **rostbraun** ADJ russet; *Haar* auburn

rosten V̱/I to rust
rösten V̱/T to roast; *Brot* to toast
Rostfleck M̱ patch of rust **rostfrei** ADJ *Stahl* stainless
röstfrisch ADJ *Kaffee* freshly roasted **Rösti** P̱L *fried grated potatoes*
rostig ADJ rusty
Röstkartoffeln P̱L sauté potatoes *pl*
Rostschutz M̱ antirust protection **Rostschutzfarbe** F̱ antirust paint **Rostschutzmittel** Ṉ rustproofer
rot A ADJ red; **Rote Karte** FUSSB red card; **das Rote Kreuz** the Red Cross; **der Rote Halbmond** the Red Crescent; **die/eine rote Linie überschreiten** to cross the/a line; **das Rote Meer** the Red Sea; **rote Zahlen schreiben** to be in the red; **rot werden** to blush, to go red B ADV 1 *anmalen* red; *anstreichen* in red; **sich** (*dat*) **etw rot (im Kalender) anstreichen** *umg* to make sth a red-letter day 2 *glühen, leuchten* a bright red; **rot glühend** *Metall* red-hot **Rot** Ṉ red; **bei Rot** at red; **die Ampel stand auf Rot** the lights were (at) red
Rotation F̱ rotation
Rotbarsch M̱ rosefish **rotblond** ADJ *Haar* sandy; *Mann* sandy-haired; *Frau* strawberry blonde **rotbraun** ADJ reddish brown; *Haare* auburn **Röte** F̱ redness, red **Röteln** P̱L German measles *sg* **röten** A V̱/T to make red; **gerötete Augen** red eyes B V̱/R to turn *od* become red **rotglühend** ADJ → **rot rotgrün** ADJ red-green; **die ~e Koalition** the Red-Green coalition **rothaarig** ADJ red-haired **Rothaarige(r)** M̱/F(M) redhead
rotieren V̱/I to rotate; **am Rotieren sein** *umg* to be in a flap *umg*
Rotkäppchen Ṉ LIT Little Red Riding Hood **Rotkehlchen** Ṉ robin **Rotkohl** M̱, **Rotkraut** *österr, südd* Ṉ red cabbage **rötlich** ADJ reddish; *Haare* ginger **Rotlicht** Ṉ red light **Rotlichtviertel** Ṉ red-light district **rotsehen** *umg* V̱/I to see red *umg* **Rotstift** M̱ red pencil; **den ~ ansetzen** *fig* to cut back (drastically)

Rottweiler M̱ Rottweiler
Rötung F̱ reddening **Rotwein** M̱ red wine **Rotwild** Ṉ red deer
Rotz *umg* M̱ snot *umg* **rotzfrech** *umg* ADJ cocky *umg* **Rotznase** F̱ 1 *umg* snotty nose *umg* 2 *umg* (≈ *Kind*) snotty-nosed brat *umg*
Rouge Ṉ blusher
Roulade F̱ GASTR ≈ beef olive
Rouleau Ṉ (roller) blind
Roulette Ṉ, **Roulett** Ṉ roulette
Route F̱ route
Routenplaner M̱ route planner
Routine F̱ (≈ *Erfahrung*) experience; (≈ *Gewohnheit*) routine **Routineangelegenheit** F̱ routine matter **Routinecheck** M̱ routine check **Routinekontrolle** F̱ routine check **routinemäßig** ADJ routine; **das wird ~ überprüft** it's checked as a matter of routine **Routinesache** F̱ routine matter **routiniert** A ADJ experienced B ADV expertly
Rowdy M̱ hooligan; *zerstörerisch* vandal; *lärmend* rowdy (type)
Ruanda Ṉ GEOG Rwanda
Rubbelkarte F̱, **Rubbellos** Ṉ scratch card **rubbeln** V̱/T & V̱/I to rub; *Los* to scratch
Rübe F̱ 1 turnip; **Gelbe ~** carrot; **Rote ~** beetroot *Br*, beet *US* 2 *umg* (≈ *Kopf*) nut *umg* **Rübensaft** M̱, **Rübenkraut** Ṉ sugar beet syrup **Rübenzucker** M̱ beet sugar
rüber- *umg* Z̄S̄SḠN → **herüber**; → **hinüber rüberbringen** V̱/T *umg* **etw gut ~ put*** sth across well
Rubin Ṉ ruby
Rubrik F̱ 1 (≈ *Kategorie*) category 2 (≈ *Zeitungsrubrik*) section
ruck, zuck ADV in a flash; **das geht ~** it won't take a second **Ruck** M̱ jerk; POL swing; **auf einen** *od* **mit einem ~** in one go; **sich** (*dat*) **einen ~ geben** *umg* to make an effort
Rückantwort F̱ reply, answer
ruckartig A ADJ jerky B ADV jerkily; **er stand ~ auf** he shot to his feet
Rückbank F̱ back seat **rückbestätigen** V̱/T to reconfirm **Rückblende** F̱ flashback **Rückblick** M̱ look back (**auf** *+akk* at); **im ~ auf etw** (*akk*) looking back on sth **rückblickend** ADV in retrospect **rückdatieren** V̱/T to backdate
rücken A V̱/I to move; (≈ *Platz machen*)

to move up; *zur Seite a.* to move over; **näher ~** to move closer; **an j-s Stelle** (*akk*) **~** to take sb's place; **in weite Ferne ~** to recede into the distance **B** *V/I* to move

Rücken M̄ back; (≈ *Nasenrücken*) ridge; (≈ *Bergrücken*) crest; (≈ *Buchrücken*) spine; **mit dem ~ zur Wand stehen** *fig* to have one's back to the wall; **hinter j-s ~** (*dat*) *fig* behind sb's back; **j-m/einer Sache den ~ kehren** to turn one's back on sb/sth; **j-m in den ~ fallen** *fig* to stab sb in the back; **j-m den ~ decken** *fig umg* to back sb up *umg*; **j-m den ~ stärken** *fig umg* to give sb encouragement **Rückendeckung** *fig* F̄ backing **Rückenflosse** F̄ dorsal fin **rückenfrei** ADJ *Kleid* backless, low-backed **Rückenlage** F̄ supine position; **er schläft in ~** he sleeps on his back **Rückenlehne** F̄ back (rest) **Rückenmark** N̄ spinal cord **Rückenschmerzen** PL backache, back pain **rückenschwimmen** *V/I* to swim on one's back **Rückenschwimmen** N̄ backstroke **Rückenwind** M̄ tailwind **Rückenwirbel** M̄ dorsal vertebra

Körperteile und wem sie gehören

Im Gegensatz zum Deutschen steht im Englischen bei Körperteilen meistens das Possessivpronomen.

Mir tut der Rücken weh.	**My** back hurts.
Sie hat sich den Knöchel verstaucht.	**She's sprained her** ankle.

Nach Präpositionen folgt allerdings der Artikel, wenn man die betroffene Person schon erwähnt worden ist:

Er schlug mir mit der Faust auf die Nase.	**He punched me on the** nose.

◄

rückerstatten *V/T* to refund; *Ausgaben* to reimburse **Rückerstattung** F̄ refund; *von Ausgaben* reimbursement **Rückfahrkamera** F̄ reversing camera **Rückfahrkarte** F̄ return ticket *Br*, round-trip ticket *US* **Rückfahrt** F̄ return journey; **auf der ~** on the way back **Rückfall** M̄ relapse; JUR repetition of an/the offence *Br*, repetition of an/the offense *US* **rückfällig** ADJ **~ werden** MED to have a relapse; *fig* to relapse; JUR to lapse back into crime **Rückflug** M̄ return flight **Rückfrage** F̄ question; **auf ~ wurde uns erklärt ...** when we queried this, we were told ... **rückfragen** *V/I* to check **Rückführung** F̄ *von Menschen* repatriation, return **Rückgabe** F̄ return **Rückgang** M̄ fall, drop (+*gen* in) **rückgängig** ADJ **~ machen** (≈ *widerrufen*) to undo; *Bestellung, Termin* to cancel; *Entscheidung* to go back on; *Verlobung* to call off; *Prozess* to reverse **Rückgewinnung** F̄ recovery; *von Land, Gebäuden* reclamation **Rückgrat** N̄ spine, backbone **Rückhalt** M̄ **1** (≈ *Unterstützung*) support **2** (≈ *Einschränkung*) reservation **rückhaltlos** **A** ADJ complete **B** ADV completely; **sich ~ zu etw bekennen** to proclaim one's total allegiance to sth **Rückhand** F̄ SPORT backhand **Rückkauf** M̄ repurchase **Rückkaufsrecht** N̄ right of repurchase **Rückkehr** F̄ return; **bei seiner ~** on his return **Rücklage** F̄ FIN (≈ *Reserve*) reserve, reserves *pl* **rückläufig** ADJ declining; *Tendenz* downward **Rücklicht** N̄ tail-light, rear light **rücklings** ADV (≈ *rückwärts*) backwards; (≈ *von hinten*) from behind; (≈ *auf dem Rücken*) on one's back **Rückmeldung** F̄ UNIV re-registration; (≈ *Feedback*) feedback; *in E-Mail etc* **danke für die ~** thanks for getting back to me **Rücknahme** F̄ taking back **Rückporto** N̄ return postage **Rückreise** F̄ return journey **Rückreiseverkehr** M̄ homebound traffic **Rückruf** M̄ **1** *am Telefon* **Herr X hat angerufen und bittet um ~** Mr X called and asked you to call (him) back **2** *von Botschafter, Waren* recall **Rucksack** M̄ rucksack **Rucksacktourist(in)** M(F) backpacker **Rückschau** F̄ **~ halten** to reminisce, to reflect **Rückschein** M̄ ≈ recorded delivery slip **Rückschlag** M̄ setback; *bei Patient* relapse **Rückschluss** M̄ conclusion; **Rückschlüsse ziehen** to draw one's own conclusions (*aus* from) **Rückschritt** *fig* M̄ step backwards **rückschrittlich** ADJ reactionary; *Entwicklung* retrograde **Rückseite** F̄ back; *von Buchseite, Münze* reverse; *von Platte*

R

flip side; *von Zeitung* back page; **siehe ~** see over(leaf) **Rücksendung** F̲ return

▶ **Rückseite ≠ backside** Br

Rückseite	=	**back, reverse**
backside Br	=	Hintern
◀

Rücksicht F̲ (≈*Nachsicht*) consideration; **aus** *od* **mit ~ auf j-n/etw** out of consideration for sb/sth; **ohne ~ auf j-n/etw** with no consideration for sb/sth; **ohne ~ auf Verluste** *umg* regardless; **auf j-n/etw ~ nehmen** to show consideration for sb/sth **Rücksichtnahme** F̲ consideration **rücksichtslos** A̲ ADJ 1 inconsiderate; *im Verkehr* reckless 2 (≈*unbarmherzig*) ruthless B̲ ADV 1 (≈*ohne Nachsicht*) inconsiderately 2 (≈*schonungslos*) ruthlessly **Rücksichtslosigkeit** F̲ 1 lack of consideration; (≈*Unbarmherzigkeit*) ruthlessness **rücksichtsvoll** A̲ ADJ considerate, thoughtful (**gegenüber, gegen** towards) B̲ ADV considerately, thoughtfully **Rücksitz** M̲ *von Fahrrad, Motorrad* pillion; *von Auto* back seat **Rückspiegel** M̲ AUTO rear-(view) mirror; *außen* outside mirror **Rückspiel** N̲ SPORT return match Br, rematch US **Rücksprache** F̲ consultation; **nach ~ mit Herrn Müller … after** consulting Mr Müller … **Rückstand** M̲ 1 (≈*Überrest*) remains *pl*; (≈*Bodensatz*) residue 2 (≈*Verzug*) delay; *bei Aufträgen* backlog; **im ~ sein** to be behind; **mit 0:2 (Toren) im ~ sein** to be 2-0 down; **seinen ~ aufholen** to catch up **rückständig** ADJ 1 (≈*überfällig*) *Betrag* overdue 2 (≈*zurückgeblieben*) backward **Rückständigkeit** F̲ backwardness **Rückstau** M̲ *von Wasser* backwater; *von Autos* tailback **Rückstrahler** M̲ reflector **Rücktaste** F̲ *an Tastatur* backspace key **Rücktritt** M̲ 1 (≈*Amtsniederlegung*) resignation; *von König* abdication 2 JUR *von Vertrag* withdrawal (**von** from) **Rücktrittbremse** F̲ backpedal brake **Rücktrittsdrohung** F̲ threat to resign; *von König* threat to abdicate **Rücktrittsrecht** N̲ right of withdrawal **rückübersetzen** V̲T̲ to translate back into the original language **Rückumschlag** M̲ reply-paid envelope, business reply enve-

lope US; **adressierter und frankierter ~** stamped addressed envelope **Rückvergütung** F̲ refund **rückversichern** A̲ V̲T̲ & V̲I̲ to reinsure B̲ V̲R̲ to check (up *od* back) **Rückversicherung** F̲ reinsurance **Rückwand** F̲ back wall; *von Möbelstück etc* back **rückwärtig** ADJ back **rückwärts** ADV backwards; **Rolle ~** backward roll; **Salto ~** back somersault; **~ einparken** to reverse into a parking space **Rückwärtsgang** M̲ AUTO reverse gear; **den ~ einlegen** to change into reverse Br, to shift into reverse US **Rückweg** M̲ way back; **den ~ antreten** to set off back

ruckweise ADV jerkily **rückwirkend** ADJ JUR retrospective; *Lohnerhöhung* backdated **Rückwirkung** F̲ repercussion **rückzahlbar** ADJ repayable **Rückzahlung** F̲ repayment **Rückzieher** *umg* M̲ **einen ~ machen** to back down **Rückzug** M̲ MIL retreat; *fig* withdrawal **Rucola(salat)** M̲ rocket Br, arugula US **rüde** A̲ ADJ impolite; *Antwort* curt; *Methoden* crude B̲ ADV rudely **Rüde** M̲ (≈*Männchen*) male **Rudel** N̲ *von Hunden, Wölfen* pack; *von Hirschen* herd **Ruder** N̲ *von Ruderboot* oar; SCHIFF, FLUG (≈*Steuerruder*) rudder; *fig* (≈*Führung*) helm; **das ~ fest in der Hand haben** *fig* to be in control of the situation; **am ~ sein** to be at the helm; **ans ~ kommen** to take over (at) the helm; **das ~ herumreißen** *fig* to change tack **Ruderboot** N̲ rowing boat Br, rowboat US **Ruderer** M̲ oarsman **Ruderin** F̲ oarswoman **rudern** V̲T̲ & V̲I̲ to row **Rudern** N̲ rowing **Ruderregatta** F̲ rowing regatta **Rudersport** M̲ rowing *kein best art* **rudimentär** ADJ rudimentary **Ruf** M̲ 1 call (**nach** for); *lauter* shout; (≈*Schrei*) cry 2 (≈*Ansehen*) reputation; **einen guten Ruf haben** to have a good reputation; **eine Firma von Ruf** a firm with a good reputation; **j-n/etw in schlechten Ruf bringen** to give sb/sth a bad name 3 UNIV (≈*Berufung*) offer of a chair 4 (≈*Fernruf*) telephone number; **„Ruf: 2785"** "Tel 2785" **rufen** A̲ V̲I̲ to call; (≈*laut rufen*) to shout; **um Hilfe ~** to call for help; **die Arbeit ruft** my/

R

your etc work is waiting; **nach j-m/etw ~** to call for sb/sth **B** V/T **1** (≈ laut sagen) to call; (≈ ausrufen) to cry; (≈ laut rufen) to shout; **sich** (dat) **in Erinnerung ~** to recall sth **2** (≈ kommen lassen) to send for; Arzt, Polizei, Taxi to call; **j-n zu sich ~** to send for sb; **j-n zu Hilfe ~** to call on sb to help; **du kommst wie gerufen** you're just the man/woman I wanted

Rüffel umg M̱ telling-off umg
Rufmord M̱ character assassination
Rufmordkampagne F̱ smear campaign **Rufname** M̱ forename (by which one is generally known) **Rufnummer** F̱ telephone number **Rufnummernanzeige** F̱ TEL caller ID display **Rufnummernspeicher** M̱ von Telefon memory **Rufumleitung** F̱ TEL call diversion **Rufweite** F̱ **in ~** within earshot; **außer ~** out of earshot **Rufzeichen** Ṉ **1** TEL call sign; von Telefon ringing tone **2** österr (≈ Ausrufezeichen) exclamation mark Br, exclamation point US

Rugby Ṉ rugby
Rüge F̱ **1** (≈ Verweis) reprimand; **j-m eine ~ erteilen** to reprimand sb **(für, wegen** for) **rügen** form V/T j-n to reprimand **(wegen, für** for); etw to reprehend
Ruhe F̱ **1** (≈ Stille) quiet; **~! quiet!**, silence!; **sich** (dat) **~ verschaffen** to get quiet; **~ halten** to keep quiet; **~ und Frieden** peace and quiet; **die ~ vor dem Sturm** fig the calm before the storm **2** (≈ Frieden) peace; **in ~ und Frieden leben** to live a quiet life; **~ und Ordnung** law and order; **lass mich in ~!** leave me in peace!; **j-m keine ~ lassen** od **gönnen** Mensch not to give sb any peace; **keine ~ geben** to keep on and on; **das lässt ihm keine ~** he can't stop thinking about it; **zur ~ kommen** to get some peace; **zur ~ kommen** to settle down **3** (≈ Erholung) rest; **angenehme ~!** sleep well!; **sich zur ~ setzen** to retire **4** (≈ Gelassenheit) calm(ness); **die ~ weghaben** umg to be unflappable umg; **~ bewahren** to keep calm; **j-n aus der ~ bringen** to throw sb umg; **sich nicht aus der ~ bringen lassen** not to (let oneself) get worked up; **in aller ~** calmly; **immer mit der ~** umg don't panic **ruhelos** ADJ restless **ruhen** V/I **1** (≈ ausruhen) to rest; **nicht (eher) ~,**

bis ... fig not to rest until ... **2** (≈ stillstehen) to stop; Maschinen to stand idle; Verkehr to be at a standstill; (≈ unterbrochen sein) Verfahren, Verhandlung to be suspended **3** (≈ tot und begraben sein) to be buried; **„hier ruht ..."** "here lies ..."; **„ruhe in Frieden!"** "Rest in Peace" **ruhend** ADJ resting; Verkehr stationary **ruhen lassen** V/T Vergangenheit, Angelegenheit to let rest **Ruhepause** F̱ **eine ~ einlegen** to take a break **Ruhestand** M̱ retirement; **im ~ sein** od **leben** to be retired; **in den ~ treten** to retire; **j-n in den ~ versetzen** to retire sb **Ruhestandsalter** Ṉ retirement age **Ruhestätte** F̱ resting place **Ruhestörer(in)** M̱/F̱ disturber of the peace **Ruhestörung** F̱ JUR disturbance of the peace **Ruhetag** M̱ day off; von Geschäft etc closing day; **„Mittwoch ~"** "closed (on) Wednesdays" **ruhig** A ADJ (≈ still) quiet; Wetter, Meer calm; (≈ leise, geruhsam) quiet; (≈ ohne Störung) Verlauf smooth; (≈ gelassen) calm; (≈ sicher) Hand steady; **sei ~!** be quiet; **nur ~ (Blut!)** keep calm **B** ADV **1** (≈ still) sitzen, dastehen still **2** umg **du kannst ~ hier bleiben** feel free to stay here; **ihr könnt ~ gehen**, I passe schon auf you just go and I'll look after things; **wir können ~ darüber sprechen** we can talk about it if you want **3** (≈ beruhigt) schlafen peacefully; **du kannst ~ ins Kino gehen** go ahead, go to the movies

Ruhm M̱ glory; (≈ Berühmtheit) fame; (≈ Lob) praise **rühmen** A V/T (≈ preisen) to praise **B** V/R **sich einer Sache** (gen) **~** (≈ prahlen) to boast about sth; (≈ stolz sein) to pride oneself on sth **rühmlich** ADJ praiseworthy; Ausnahme notable **Ruhr** F̱ Krankheit dysentery **Rührei** Ṉ scrambled egg **rühren** A V/I **1** (≈ umrühren) to stir; **in der Suppe ~** to stir the soup **2** **von etw ~** to stem from sth; **das rührt daher, dass ...** that is because ... **B** V/T **1** (≈ umrühren) to stir **2** (≈ bewegen) to move; **er rührte keinen Finger, um mir zu helfen** umg he didn't lift a finger to help me umg; **das kann mich nicht ~!** that leaves me cold; (≈ stört mich nicht) that doesn't bother me; **sie war äußerst gerührt** she was extremely moved **C** V/R (≈ sich bewegen) to stir; Körperteil to move; **kein Lüftchen**

R

rührte sich the air was still **rührend** **A** _ADJ_ touching **B** _ADV_ **sie kümmert sich ~ um das Kind** it's touching how she looks after the child

Ruhrgebiet _N_ Ruhr (area)

ruhrig _ADJ_ active

Rührkuchen _M_ stirred cake

Ruhrpott _umg M_ Ruhr (Basin _od_ Valley)

rührselig _pej ADJ_ tear-jerking _pej umg; Person_ weepy; _Stimmung_ sentimental **Rührseligkeit** _F_ sentimentality **Rührteig** _M_ sponge mixture **Rührung** _F_ emotion

Ruin _M_ ruin; **j-n in den ~ treiben** to ruin sb **Ruine** _F_ ruin **ruinieren** _VT_ to ruin

rülpsen _VI_ to belch; **das Rülpsen** belching **Rülpser** _umg M_ belch

Rum _M_ rum

Rumäne _M_, **Rumänin** _F_ Romanian **Rumänien** _N_ Romania **rumänisch** _ADJ_ Romanian

rumhängen _umg VI_ to hang around _od_ out _umg_ (**in** +_dat_ in) **rumkriegen** _VT_ j-n ~ to talk sb round; _sexuell_ to get sb into bed; **die Zeit ~** to manage to pass the time **rummachen** _umg VI_ **an etw** (_dat_) ~ to mess around with sth _umg;_ **mit j-m ~** to mess around with sb _umg_

Rummel _M_ **1** _umg_ (≈ _Betrieb_) (hustle and) bustle; (≈ _Getöse_) racket _umg;_ (≈ _Aufheben_) fuss _umg;_ **großen ~ um j-n/etw machen** _od_ **veranstalten** to make a great fuss about sb/sth _umg_ **2** (≈ _Rummelplatz_) fair **Rummelplatz** _umg M_ fairground

rumoren **A** _VI_ to make a noise; _Magen_ to rumble **B** _VI_ **es rumort in meinem Magen** _od_ **Bauch** my stomach's rumbling

Rumpelkammer _umg F_ junk room _umg_ **rumpeln** _VI_ (≈ _Geräusch machen_) to rumble

Rumpf _M_ trunk; _von Statue_ torso; _von Schiff_ hull; _von Flugzeug_ fuselage

rümpfen _VT_ **die Nase ~** to turn up one's nose (**über** +_akk_ at)

Rumpsteak _N_ rump steak

Rumtopf _M_ rumpot (_soft fruit in rum_)

rund **A** _ADJ_ round; **~e 50 Jahre/500 Euro** a good 50 years/500 euros; **~er Tisch** round table **B** _ADV_ **1** (≈ _herum_) (a)round; **~ um** right (a)round; **~ um die Uhr** right (a)round the clock **2** (≈ _ungefähr_)

(round) about; **~ gerechnet 200** call it 200 **Rundblick** _M_ panorama **Rundbrief** _M_ circular **Runde** _F_ **1** (≈ _Gesellschaft_) company; _von Teilnehmern_ circle **2** (≈ _Rundgang_) walk; _von Briefträger etc_ round; **die/seine ~ machen** to do the/one's rounds; **das Gerücht machte die ~** the rumour went around _Br_, the rumor went around _US;_ **eine ~ machen** to go for a walk **3** _SPORT_ round; _bei Rennen_ lap; **über die ~n kommen** to pull through **4** _von Getränken_ round; **eine ~ spendieren** _od_ **schmeißen** _umg_ to buy a round _Br_ **runden** **A** _VT_ _Lippen_ to round; **nach oben/unten ~** _MATH_ to round up/down **B** _VR_ _wörtl_ (≈ _rund werden_) to become round; _fig_ (≈ _konkrete Formen annehmen_) to take shape **runderneuern** _VT_ to remould _Br_, to remold _US;_ **runderneuerte Reifen** remo(u)lds **Rundfahrt** _F_ tour; **eine ~ machen** to go on a tour **Rundfrage** _F_ survey (**an** +_akk_ _od_ **unter** +_dat_ of) **Rundfunk** _M_ broadcasting; (≈ _Hörfunk_) radio; **im ~** on the radio **Rundfunkanstalt** _form F_ broadcasting corporation **Rundfunkgebühr** _F_ radio licence fee _Br_, radio license fee _US_ **Rundfunkgerät** _N_ radio **Rundfunksender** _M_ **1** (≈ _Sendeanlage_) radio transmitter **2** (≈ _Sendeanstalt_) radio station **Rundfunksendung** _F_ radio programme _Br_, radio program _US_ **Rundfunksprecher(in)** _M(F)_ radio announcer **Rundgang** _M_ (≈ _Spaziergang_) walk; _zur Besichtigung_ tour (**durch** of) **rundgehen** _umg VI_ **jetzt geht's rund** this is where the fun starts _umg;_ **es geht rund im Büro** there's a lot (going) on at the office **rundherum** _ADV_ all around; _fig umg_ (≈ _völlig_) totally **rundlich** _ADJ_ _Mensch_ plump; _Form_ roundish **Rundreise** _F_ tour (**durch** of) **Rundschreiben** _N_ circular **rundum** _ADV_ all around; _fig_ completely **Rundung** _F_ curve

Rune _F_ rune

runter _umg ADV_ → herunter; → hinunter **runterhauen** _VT_ _umg_ **j-m eine ~** to give sb a clip round the ear _Br_, to give sb a clip on the ear _US_ **runterkommen** _VI_ **1** _von oben nach unten kommen_ to come down **2** _umg_ **komm mal wieder runter** (≈ _beruhige dich_) just take it easy

Runzel F̲ wrinkle; *auf Stirn a.* line **run-zelig** A̲D̲J̲ wrinkled **runzeln** V̲T̲ *Stirn to* wrinkle; *Brauen to knit*

Rüpel M̲ lout **rüpelhaft** A̲D̲J̲ loutish

rupfen V̲T̲ *Geflügel to pluck; Unkraut to* pull up

ruppig A̲ A̲D̲J̲ (≈ grob) rough; *Antwort* gruff B̲ A̲D̲V̲ *behandeln gruffly;* ~ **ant-worten** to give a gruff answer

Rüsche F̲ ruche

Ruß M̲ soot; *von Kerze smoke*

Russe M̲ Russian

Rüssel M̲ snout; *von Elefant trunk*

rußen V̲I̲ *Öllampe, Kerze to smoke; Ofen* to produce soot **Rußflocke** F̲ soot particle **rußig** A̲D̲J̲ sooty

Russin F̲ Russian **russisch** A̲D̲J̲ Russian; ~**es Roulette** Russian roulette; ~**e Eier** GASTR egg(s) mayonnaise **Russland** N̲ Russia

Rußpartikelfilter M̲ AUTO (diesel) particulate filter

rüsten A̲ V̲I̲ MIL to arm; **zum Krieg/ Kampf** ~ to arm for war/battle; **gut/ schlecht gerüstet sein** to be well/badly armed; *fig* to be well/badly prepared B̲ V̲R̲ to prepare (**zu** for)

rüstig A̲D̲J̲ sprightly

rustikal A̲D̲J̲ *Möbel rustic; Speisen* country-style

Rüstung F̲ ❶ (≈ das Rüsten) armament; (≈ Waffen) arms *pl*, weapons *pl* ❷ (≈ Ritterrüstung) (suit of) armour *Br*, armor *US* **Rüstungsausgaben** P̲L̲ defence spending *sg Br*, defense spending *sg US* **Rüstungsbegrenzung** F̲ arms limitation **Rüstungsindustrie** F̲ armaments industry **Rüstungskontrol-le** F̲ arms control

Rüstzeug N̲ ❶ (≈ Handwerkszeug) tools *pl* ❷ *fig* skills *pl*

Rute F̲ ❶ (≈ Gerte) switch; *zum Züchtigen* rod ❷ (≈ Wünschelrute) divining rod; (≈ Angelrute) fishing rod

Rutsch M̲ slip, fall; (≈ Erdrutsch) landslide; POL shift, swing; FIN slide, fall; **guten** ~! *umg* have a good New Year!; **in einem** ~ in one go **Rutschbahn** F̲, **Rutsche** F̲ MECH chute; (≈ Kinderrutschbahn) slide **rutschen** V̲I̲ ❶ (≈ gleiten) to slide; (≈ ausrutschen) to slip; AUTO to skid; **ins Rutschen kommen** to start to slip ❷ *umg* (≈ rücken) to move up *umg* **rutschfest** A̲D̲J̲ nonslip **rutschig** A̲D̲J̲ slippery

rütteln A̲ V̲T̲ to shake; → **gerüttelt** B̲ V̲I̲ to shake; *Fahrzeug to jolt;* **an etw** (*dat*) ~ **an Tür, Fenster** *etc* to rattle (at) sth; *fig an Grundsätzen etc* to call sth into question; **daran ist nicht zu** ~ *umg* there's no doubt about that

S

S, s N̲ S, s

SA F̲ A̲B̲K̲ (= Sturmabteilung) HIST storm troops *pl*, storm troopers *pl*

Saal M̲ hall

Saar F̲ Saar **Saarland** N̲ Saarland **saarländisch** A̲D̲J̲ (of the) Saarland

Saat F̲ ❶ (≈ das Säen) sowing ❷ (≈ Samen) seed(s) (*pl*) **Saatgut** N̲ seed(s) (*pl*) **Saatkartoffel** F̲ seed potato

Sabbat M̲ Sabbath

sabbern *umg* V̲I̲ to slobber

Säbel M̲ sabre *Br*, saber *US* **Säbelras-seln** N̲ sabre-rattling *Br*, saber-rattling *US*

Sabotage F̲ sabotage (**an** +*dat* of) **Sa-botageakt** M̲ act of sabotage **Sabo-teur(in)** M̲(F̲) saboteur **sabotieren** V̲T̲ to sabotage

Sa(c)charin N̲ saccharin

Sachbearbeiter(in) M̲(F̲) specialist; (≈ Beamter) official in charge (**für** of) **Sachbereich** M̲ (specialist) area **Sachbeschädigung** F̲ damage to property, vandalism **sachbezogen** A̲D̲J̲ *Fragen, Angaben* relevant **Sach-buch** N̲ nonfiction book **sachdien-lich** A̲D̲J̲ *Hinweise* relevant, pertinent **Sache** F̲ ❶ thing; (≈ Gegenstand) object ❷ ~**n** *pl umg* (≈ Zeug) things *pl*; JUR property; **seine ~n packen** to pack one's bags ❸ (≈ Angelegenheit) matter; (≈ Fall) case; (≈ Vorfall) business; (≈ Anliegen) cause; (≈ Aufgabe) job; **es ist** ~ **der Polizei, das zu tun** it's up to the police to do that; **das ist eine ganz tolle** ~ it's really fantastic; **ich habe mir die** ~ **anders vorgestellt** I had imagined things differently; **das ist meine/seine** ~ that's my/his affair; **er macht seine** ~ **gut** he's doing very well; *beruflich* he's doing a

S

good job; **das ist so eine ~** *umg* it's a bit tricky; **solche ~n liegen mir nicht** I don't like things like that; **mach keine ~n!** *umg* don't be silly!; **was machst du bloß für ~n!** *umg* the things you do!; **zur ~ kommen** to come to the point; **das tut nichts zur ~** that doesn't matter; **bei der ~ sein** to be on the ball *umg*; **sie war nicht bei der ~** her mind was elsewhere; **j-m sagen, was ~ ist** *umg* to tell sb what's what **4** (≈ *Tempo*) **mit 60/100 ~n** *umg* at 60/100 **Sachgebiet** N̄ subject area **sachgemäß, sachgerecht** A̱ ADJ proper; **bei ~er Anwendung** if used properly Ḇ ADV properly **Sachkenntnis** F̱ *in Bezug auf Wissensgebiet* knowledge of the/one's subject; *in Bezug auf Sachlage* knowledge of the facts **Sachkunde** F̱ expert knowledge; SCHULE general knowledge **sachkundig** ADJ (well-)informed; *Beratung* expert **Sachlage** F̱ situation **sachlich** A̱ ADJ (≈ *faktisch*) factual; *Grund* practical; (≈ *sachbezogen*) *Frage, Wissen* relevant; (≈ *objektiv*) *Kritik* objective; (≈ *nüchtern*) matter-of-fact Ḇ ADV (≈ *faktisch unzutreffend*) factually; (≈ *objektiv*) objectively **sächlich** ADJ GRAM neuter **Sachregister** N̄ subject index **Sachschaden** M̱ damage (to property); **es entstand ~ in Höhe von … there was damage amounting to …** **Sachse** M̱, **Sächsin** F̱ Saxon **Sachsen** N̄ Saxony **Sachsen-Anhalt** N̄ Saxony-Anhalt **sächsisch** ADJ Saxon

sacht(e) A̱ ADJ (≈ *leise*) soft; (≈ *sanft*) gentle; (≈ *vorsichtig*) careful; (≈ *allmählich*) gentle Ḇ ADV softly, gently; (≈ *vorsichtig*) carefully **Sachverhalt** M̱ facts *pl* (of the case) **Sachverstand** M̱ expertise **Sachverständige(r)** M/F(M) expert; JUR expert witness **Sachwert** M̱ real od intrinsic value; **~e** *pl* material assets *pl* **Sachzwang** M̱ practical constraint **Sack** M̱ **1** sack; *aus Papier, Plastik* bag; **mit ~ und Pack** *umg* bag and baggage **2** *österr* (≈ *Hosentasche, Manteltasche*) pocket **3** *österr* (≈ *Tüte*) bag **4** *umg* (≈ *Hoden*) balls *pl sl* **5** *umg* (≈ *Kerl, Bursche*) bastard *sl*; **alter ~** old codger; **blöder ~** stupid jerk *umg* **Sackbahnhof** M̱ terminus **sacken** V̱/I̱ to sink; (≈ *durchhängen*) to sag **Sackgasse** F̱ dead end, cul-de-sac *bes Br*; *fig* dead

end; **in einer ~ stecken** *fig* to be (stuck) up a blind alley; **mit Bemühungen etc** to have come to a dead end **Sackgesicht** *vulg* N̄ minger *Br umg*, butterface *US umg* **Sackhüpfen** N̄ sack race **Sackkarre** F̱ barrow

Sadismus M̱ sadism **Sadist(in)** M/F(M) sadist **sadistisch** A̱ ADJ sadistic Ḇ ADV sadistically **Sadomaso** *umg* M̱ sadomasochism

säen V̱/I̱ & V̱/I̱ to sow; **dünn gesät** *fig* thin on the ground

Safari F̱ safari **Safaripark** M̱ safari park

Safe M/N̄ safe **Safer Sex** M̱ safe sex

Safran M̱ saffron

Saft M̱ juice; (≈ *Pflanzensaft*) sap; (≈ *Flüssigkeit*) liquid; **ohne ~ und Kraft** *fig* wishy-washy **saftig** ADJ **1** *Obst, Fleisch* juicy; *Wiese, Grün* lush **2** *umg Rechnung, Strafe, Ohrfeige* hefty *umg* **Saftladen** *pej umg* M̱ dump *pej umg* **Saftsack** *umg* M̱ stupid bastard *sl*

Saga F̱ saga

Sage F̱ legend

Säge F̱ **1** *Werkzeug* saw **2** *österr* (≈ *Sägewerk*) sawmill **Sägeblatt** N̄ saw blade **Sägefisch** M̱ sawfish **Sägemehl** N̄ sawdust **Sägemesser** N̄ serrated knife

sagen V̱/I̱ **1** to say; (≈ *erzählen, berichten, ausrichten*) to tell; **er hat mir gesagt, dass er ein neues Auto hat** he told me he had a new car; **~ Sie ihm, ich möchte ihn sprechen** tell him I want to talk to him; **wie gesagt** as I say; **was ~ Sie dazu?** what do you think about it?; **was Sie nicht ~!** you don't say!; **das kann man wohl ~!** you can say that again!; **wie man so sagt** as the saying goes; **das ist nicht gesagt** that's by no means certain; **leichter gesagt als getan** easier said than done; **gesagt, getan** no sooner said than done; **j-m etw ~** to say sth to sb, to tell sb sth; **wem ~ Sie das!** you don't need to tell ME that! **2** (≈ *bedeuten*) to mean; **das hat nichts zu ~** that doesn't mean anything; **sagt dir der Name etwas?** does the name mean anything to you?; **ich will damit nicht ~, dass … I** don't mean to imply that …; **sein Gesicht sagte alles** it was written all over his face **3** (≈ *befehlen*) to tell; **j-m ~, er solle etw tun** to tell sb to do sth; **du**

hast hier (gar) nichts zu ~ you're not the boss; hat er im Betrieb etwas zu ~? does he have a say in the firm?; **das Sagen haben** to be the boss **4** **ich habe mir ~ lassen, ...** (*≈ausrichten lassen*) I've been told ...; **lass dir von mir gesagt sein, ...** let me tell you ...; **er lässt sich** (*dat*) **nichts ~** he won't be told; **im Vertrauen gesagt** in confidence; **unter uns gesagt** between you and me; **genauer gesagt** to put it more precisely; **sag das nicht!** *umg* don't you be so sure!; **sage und schreibe 800 Euro** 800 euros, would you believe it; **sag mal, willst du nicht endlich Schluss machen?** come on, isn't it time to stop?

sägen V/T & V/I to saw

sagenhaft ADJ legendary; *Summe* fabulous; *umg* (*≈ hervorragend*) fantastic *umg*

Sägespäne PL wood shavings *pl* **Sägewerk** N sawmill

Sahara F Sahara (Desert)

Sahne F cream; **(aller)erste ~ sein** *umg* to be top-notch *umg* **Sahnebonbon** M/N toffee **Sahnequark** M creamy quark **Sahnetorte** F cream gateau **sahnig** ADJ creamy; **etw ~ schlagen** to beat sth until creamy

Saison F season **saisonabhängig** ADJ seasonal **Saisonarbeit** F seasonal work **Saisonarbeiter(in)** M/F(M) seasonal worker **saisonbedingt** ADJ seasonal **saisonbereinigt** ADJ *Zahlen etc* seasonally adjusted

Saite F MUS string; **andere ~n aufziehen** *umg* to get tough **Saiteninstrument** N string(ed) instrument

Sakko M/N sports jacket *bes Br*, sport coat *US*

sakral ADJ sacred **Sakrament** N sacrament **Sakrileg** *geh* N sacrilege **Sakristei** F sacristy

säkular ADJ (*≈weltlich*) secular

Salafismus M Salafism

Salafist(in) M/F(M) Salafist

salafistisch ADJ Salafist

Salamander M salamander

Salami F salami **Salamitaktik** *umg* F policy of small steps

Salär N *österr, schweiz* salary

Salat M **1** (*≈ Kopfsalat*) lettuce **2** (*≈ Gericht*) salad; **da haben wir den ~!** *umg* now we're in a fine mess **Salatbesteck** N salad servers *pl* **Salatgurke** F cucumber **Salatkopf** M (head of) lettuce **Salatöl** N salad oil **Salatplatte** F salad **Salatschüssel** F salad bowl **Salatsoße** F salad dressing

Salbe F ointment

Salbei M sage

salbungsvoll ADJ *Worte, Ton* unctuous *pej*

Saldo M FIN balance; **per saldo** on balance **Saldoübertrag** M balance carried forward

Salmiak M/N sal ammoniac **Salmiakgeist** M (liquid) ammonia

Salmonellen PL salmonellae *pl* **Salmonellenvergiftung** F salmonella (poisoning)

Salon M **1** (*≈ Gesellschaftszimmer*) drawing room; SCHIFF saloon **2** (*≈ Friseursalon, Modesalon etc*) salon **salonfähig** *iron* ADJ socially acceptable; *Aussehen* presentable

salopp **A** ADJ **1** (*≈ nachlässig*) sloppy, slovenly; *Manieren* slovenly; *Sprache* slangy **2** (*≈ ungezwungen*) casual **B** ADV *sich kleiden, sich ausdrücken* casually

Salpeter M saltpetre *Br*, saltpeter *US*, nitre *Br*, niter *US* **Salpetersäure** F nitric acid

Salsa F *Musik, Tanz* salsa

Salto M somersault

Salut M MIL salute; **~ schießen** to fire a salute **salutieren** V/T & V/I MIL to salute **Salve** F salvo, volley; (*≈ Ehrensalve*) salute

Salz N salt **salzarm** **A** ADJ GASTR low--salt; **~ sein** to be low in salt **B** ADV **~ essen** to eat low-salt food; **~ kochen** to use very little salt in one's cooking **Salzbergwerk** N salt mine

Salzburg N Salzburg

salzen V/T to salt; → gesalzen **salzfrei** ADJ salt-free **Salzgebäck** N savoury biscuits *pl Br*, savory biscuits *pl US* **Salzgurke** F pickled gherkin, pickle *US* **salzhaltig** ADJ *Luft, Wasser* salty **Salzhering** M salted herring **salzig** ADJ *Speise, Wasser* salty **Salzkartoffeln** PL boiled potatoes *pl* **Salzkorn** N grain of salt **salzlos** ADJ salt-free **Salzlösung** F saline solution **Salzsäule** F **zur ~ erstarren** *fig* to stand as though rooted to the spot **Salzsäure** F hydrochloric acid **Salzsee** M salt lake **Salzstange** F pretzel stick **Salzstreuer** M salt shaker, saltcellar *bes Br* **Salzwasser** N salt water

S

Samariter M BIBEL Samaritan

Sambia N Zambia **sambisch** ADJ Zambian

Samen M **1** BOT, *a. fig* seed **2** (≈ Menschensamen, Tiersamen) sperm **Samenbank** F sperm bank **Samenerguss** M ejaculation **Samenkorn** N seed **Samenspender** M sperm donor

sämig ADJ Soße thick

Sammelalbum N (collector's) album **Sammelband** M anthology **Sammelbecken** N collecting tank; *fig* melting pot (**von** for) **Sammelbestellung** F joint order **Sammelbüchse** F collecting tin **Sammelfahrschein** M, **Sammelkarte** F *für mehrere Fahrten* multi-journey ticket; *für mehrere Personen* group ticket **Sammelmappe** F folder **sammeln** A VT to collect; *Pilze etc* to pick; *Truppen* to assemble **B** VR **1** (≈ zusammenkommen) to gather; (≈ sich anhäufen) Wasser etc to accumulate **2** (≈ sich konzentrieren) to collect oneself; → **gesammelt** C VI to collect (**für** for) **Sammelsurium** N conglomeration **Sammler(in)** M(F) collector **Sammlung** F **1** collection **2** *fig* (≈ Konzentration) composure

Samoa N GEOG Samoa

Samstag M Saturday; → Dienstag **samstags** ADV (on) Saturdays, on a Saturday; → dienstags **Samstagsziehung** F *beim Lotto* Saturday draw

samt A PRÄP along *od* together with **B** ADV ~ **und sonders** the whole lot (of them/us/you), the whole bunch *umg*

Samt M velvet **samtartig** ADJ velvety **Samthandschuh** M velvet glove; **j-n mit ~en anfassen** *umg* to handle sb with kid gloves *umg*

sämtlich A ADJ (≈ alle) all; (≈ vollständig) complete; **Schillers ~e Werke** the complete works of Schiller; **~e Anwesenden** all those present **B** ADV all

Sanatorium N sanatorium *Br*, sanitarium *US*

Sand M sand; **das/die gibts wie ~ am Meer** *umg* there are heaps of them *umg*; **j-m ~ in die Augen streuen** *fig* to throw dust in sb's eyes *Br*, to throw dirt in sb's eyes *US*; **im ~e verlaufen** *umg* to come to nothing; **etw in den ~ setzen** *umg* Projekt to blow sth *umg*; Geld to squander sth

Sandale F sandal

Sandbank F sandbank **Sanddorn** M BOT sea buckthorn **Sandgrube** F sandpit *bes Br*, sandbox *US*; *beim Golf* bunker **sandig** ADJ sandy **Sandkasten** M sandpit *bes Br*, sandbox *US*; MIL sand table **Sandkorn** N grain of sand **Sandpapier** N sandpaper **Sandplatz** M *Tennis* clay court **Sandsack** M sandbag; *Boxen* punchbag, punching bag *US* **Sandstein** M sandstone **Sandstrahl** M jet of sand **sandstrahlen** VT & VI to sandblast **Sandstrahlgebläse** N sandblasting equipment *kein unbest art, kein pl* **Sandstrand** M sandy beach **Sandsturm** M sandstorm **Sanduhr** F hourglass; (≈ Eieruhr) egg timer

sanft A ADJ gentle; *Haut* soft; *Tod* peaceful; **mit ~er Gewalt** gently but firmly; **mit ~er Hand** with a gentle hand **B** ADV softly; *hinweisen* gently; **~ mit j-m umgehen** to be gentle with sb; **er ist ~ entschlafen** he passed away peacefully **Sanftheit** F gentleness; *von Haut* softness **sanftmütig** ADJ gentle

Sang M **mit ~ und Klang** *fig iron durchfallen* catastrophically **Sänger(in)** M(F) singer

Sangria F sangria

sang- und klanglos *umg* ADV without any ado; **sie ist ~ verschwunden** she just simply disappeared

sanieren A VT **1** Gebäude to renovate; Stadtteil to redevelop; Fluss to clean up **2** WIRTSCH to put (back) on its feet, to rehabilitate; Haushalt to turn (a)round **B** VR Industrie to turn itself (a)round **Sanierung** F **1** von Gebäude renovation; von Stadtteil redevelopment; von Fluss cleaning-up **2** WIRTSCH rehabilitation **Sanierungsgebiet** N redevelopment area **Sanierungskosten** PL redevelopment costs *pl*

sanitär ADJ sanitary; **~e Anlagen** sanitation (facilities), sanitary facilities

Sanitäter(in) M(F) first-aid attendant; MIL (medical) orderly; *in Krankenwagen* paramedic, ambulanceman/-woman

Sankt ADJ saint; REL St *od* Saint

Sankt Gallen N St Gall

Sanktion F sanction; **gegen einen Staat ~en verhängen** to impose sanctions on a state **sanktionieren** VT to sanction

San Marino N̄ GEOG San Marino

Saphir M̄ sapphire

Sardelle F̄ anchovy

Sardine F̄ sardine **Sardinenbüchse** F̄ sardine tin; **wie in einer ~** fig umg like sardines umg

Sardinien N̄ Sardinia

Sarg M̄ coffin, casket US **Sargdeckel** M̄ coffin lid, casket lid US

Sarin N̄ CHEM sarin

Sarkasmus M̄ sarcasm **sarkastisch** **A** ADJ sarcastic **B** ADV sarcastically

Sarkom N̄ MED sarcoma

Sarkophag M̄ sarcophagus

SARS N̄ ABK (≈ severe acute respiratory syndrome) SARS

Sashimi N̄ GASTR sashimi

Satan M̄ Satan **satanisch** ADJ satanic

Satanismus M̄ Satanism

Satellit M̄ satellite **Satellitenantenne** F̄ TV satellite dish **Satellitenbild** N̄ TV satellite picture **Satellitenfernsehen** N̄ satellite television **Satellitenfoto** N̄ satellite picture **Satellitenfunk** M̄ satellite communications pl **Satellitennavigationssystem** N̄ satellite radio navigation system **Satellitenschüssel** F̄ TV umg satellite dish **Satellitensender** M̄ satellite (TV) station **Satellitenstadt** F̄ satellite town **Satellitenübertragung** F̄ RADIO, TV satellite transmission

Satin M̄ satin

Satire F̄ satire (**auf** +akk on) **Satiriker(in)** M̄(F̄) satirist **satirisch** **A** ADJ satirical **B** ADV satirically

satt ADJ **1** (≈ gesättigt) Mensch full (up); **~ sein** to have had enough (to eat), to be full (up) umg; **~ werden** to have enough to eat; **sich (an etw** dat) **~ essen** to eat one's fill (of sth) **2** (≈ kräftig, voll) Farben, Klang rich; umg Mehrheit comfortable **3** umg (≈ im Überfluss) ... **~** ... galore

Sattel M̄ saddle; **fest im ~ sitzen** fig to be firmly in the saddle **Satteldach** N̄ saddle roof **sattelfest** ADJ sein Reiter to have a good seat; **in etw** (dat) **~ sein** fig to have a firm grasp of sth **satteln** V̄T Pferd to saddle (up) **Sattelschlepper** M̄ articulated lorry Br, semitrailer US **Satteltasche** F̄ saddlebag

satthaben V̄T j-n/etw **~** to be fed up with sb/sth umg, to be tired of sb/sth umg **Sattheit** F̄ **1** Gefühl full feeling **2** von Farben, Klang richness **satthören**

V̄R **sie konnte sich an der Musik nicht ~** she could not get enough of the music **sättigen** **A** V̄T **1** Hunger, Neugier to satisfy; j-n to make replete; (≈ ernähren) to feed **2** HANDEL, CHEM to saturate **B** V̄I to be filling **sättigend** ADJ Essen filling **Sättigung** F̄ **1** geh (≈ Sattsein) repletion **2** CHEM saturation **Sättigungsgrad** M̄ degree of saturation **Sättigungspunkt** M̄ saturation point

Sattler(in) M̄(F̄) saddler; (≈ Polsterer) upholsterer

sattsam ADV amply; bekannt sufficiently

sattsehen V̄R **er konnte sich an ihr nicht ~** he could not see enough of her

Saturn M̄ ASTRON Saturn

Satz M̄ **1** sentence; (≈ Teilsatz) clause; (≈ Lehrsatz) proposition; MATH theorem; **mitten im ~** in mid-sentence **2** TYPO (≈ das Setzen) setting; (≈ das Gesetzte) type kein pl; **in ~ gehen** to go for setting **3** MUS (≈ Abschnitt) movement **4** (≈ Bodensatz) dregs pl; (≈ Kaffeesatz) grounds pl; (≈ Teesatz) leaves pl **5** (≈ Zusammengehöriges) set; (≈ Tarifsatz) charge; (≈ Zinssatz) rate **6** (≈ Sprung) leap; **einen ~ machen** to leap **Satzball** M̄ SPORT set point **Satzbau** M̄ sentence construction **Satzgefüge** N̄ complex sentence **Satzteil** M̄ part of a/the sentence **Satzung** F̄ constitution; von Verein rules pl

Satzzeichen N̄ punctuation mark

Sau F̄ **1** sow; umg (≈ Schwein) pig **2** umg **du Sau!** you dirty swine! umg; **dumme Sau** stupid cow umg; **die Sau rauslassen** to let it all hang out umg; **wie eine gesengte Sau** like a maniac umg; **j-n zur Sau machen** to bawl sb out umg; **unter aller Sau** bloody awful Br umg, goddamn awful umg

sauber **A** ADJ **1** clean; **~ sein** Hund etc to be house-trained; Kind to be (potty-)trained **2** (≈ ordentlich) neat, tidy **B** ADV **1** (≈ rein) **etw ~ putzen** to clean sth **2** (≈ sorgfältig) very thoroughly **Sauberkeit** F̄ **1** (≈ Hygiene, Ordentlichkeit) cleanliness; (≈ Reinheit) von Wasser, Luft etc cleanness; von Tönen accuracy **2** (≈ Anständigkeit) honesty; im Sport fair play **säuberlich** **A** ADJ neat and tidy **B** ADV neatly; **trennen** clearly **sauber machen** V̄T to clean **Saubermann** M̄ fig umg in Politik etc squeaky-clean

S

man *umg;* **die Saubermänner** the squeaky-clean brigade *umg* **säubern** V/T **1** (≈ *reinigen*) to clean **2** *fig euph Partei* to purge (**von** of); MIL *Gegend* to clear (**von** of) **Säuberung** F **1** (≈ *Reinigung*) cleaning **2** *fig von Partei* purging; *von Gegend* clearing; POL *Aktion* purge

saublöd *umg* ADJ bloody stupid *Br umg,* damn stupid *umg* **Saubohne** F broad bean

Sauce F sauce; (≈ *Bratensoße*) gravy

Saudi M Saudi **Saudi-Arabien** N Saudi Arabia **saudi-arabisch** ADJ Saudi *attr,* Saudi Arabian **saudisch** ADJ Saudi *attr,* Saudi Arabian

saudumm *umg* ADJ damn stupid *umg* **sauer** A ADJ **1** (≈ *nicht süß*) sour; *Wein* acid(ic); *Gurke, Hering* pickled; *Sahne* soured **2** (≈ *verdorben*) off *präd Br,* bad; *Milch* sour; **~ werden** to go off *Br,* to go sour **3** CHEM acid(ic); **saurer Regen** acid rain **4** *umg* (≈ *schlecht gelaunt*) mad umg, cross; **eine saure Miene machen** to look annoyed B ADV **1** (≈ *mühselig*) **das habe ich mir ~ erworben** I got that the hard way; **mein ~ erspartes Geld** money I had painstakingly saved **2** *umg* (≈ *übel gelaunt*) **~ reagieren** to get annoyed **Sauerampfer** M sorrel **Sauerbraten** M braised beef (marinaded in vinegar), sauerbraten *US* **Sauerei** *umg* F **1** (≈ *Gemeinheit*) **das ist eine ~!, so eine ~!** it's a downright disgrace **2** (≈ *Dreck, Unordnung*) mess **Sauerkirsche** F sour cherry **Sauerkraut** N sauerkraut **säuerlich** ADJ sour **Sauermilch** F sour milk **Sauerrahm** M thick sour(ed) cream **Sauerstoff** M oxygen **Sauerstoffflasche** F oxygen cylinder; *kleiner* oxygen bottle **Sauerstoffgerät** N breathing apparatus; MED *für künstliche Beatmung* respirator; *für Erste Hilfe* resuscitator **Sauerstoffmangel** M lack of oxygen; *akut* oxygen deficiency **Sauerstoffmaske** F oxygen mask **Sauerstoffzelt** N oxygen tent **Sauerteig** M sour dough

saufen V/T & V/I **1** *Tiere* to drink **2** *umg Mensch* to booze *umg* **Säufer(in)** M/F boozer *umg* **Sauferei** *umg* F **1** (≈ *Trinkgelage*) booze-up *umg* **2** (≈ *Trunksucht*) boozing *umg* **Saufgelage** *pej umg* N drinking bout *od* binge, booze--up *umg*

saugen V/T & V/I to suck; **an etw** (*dat*) **~**

to suck sth **säugen** V/T to suckle **Sauger** M *auf Flasche* teat *Br,* nipple *US* **Säugetier** N mammal **saugfähig** ADJ absorbent **Säugling** M baby, infant **Säuglingsalter** N babyhood **Säuglingsnahrung** F baby food(s) (*pl*) **Säuglingspflege** F babycare **Säuglingssterblichkeit** F infant mortality

saugut *umg* ADJ damn good *umg,* bloody good *Br umg* **Sauhaufen** M bunch of slobs *umg* **saukalt** *umg* ADJ damn cold *umg* **Saukerl** M bastard *sl*

Säule F column; *fig* (≈ *Stütze*) pillar **Säulendiagramm** N bar chart, histogram **Säulengang** M colonnade **Säulenhalle** F columned hall

Saum M (≈ *Stoffumschlag*) hem; (≈ *Naht*) seam

saumäßig *umg* ADJ lousy *umg;* *zur Verstärkung* hell of a *umg*

säumen V/T *Handarbeiten* to hem; *fig geh* to line

säumig *geh* ADJ *Schuldner* defaulting

Sauna F sauna

Säure F acid; (≈ *saurer Geschmack*) sourness; *von Wein, Bonbons* acidity **Saure-Gurken-Zeit** F bad time; *in den Medien* silly season *Br,* off season *US* **säurehaltig** ADJ acidic

Saurier M dinosaur

Saus M **in ~ und Braus leben** to live like a king **säuseln** V/I *Wind* to murmur; *Mensch* to purr; **mit ~der Stimme** in a purring voice **sausen** V/I **1** *Ohren* to buzz; *Wind* to whistle; *Sturm* to roar **2** *Geschoss* to whistle **3** *umg Mensch* to tear *umg; Fahrzeug* to roar; **durch eine Prüfung ~** to fail an exam, to flunk an exam *umg*

Saustall *umg* M unordentlich pigsty *bes Br umg; chaotisch* mess **Sauwetter** *umg* N damn awful weather *umg* **sauwohl** *umg* ADJ **ich fühle mich ~** I feel really good

Savanne F savanna(h)

Saxofon N saxophone, sax *umg;* **~ spielen** to play the saxophone **Saxofonist(in)** M/F saxophonist

S-Bahn® F ABK (= *Schnellbahn*) suburban railway *Br,* city railroad *US* **S-Bahnhof** M, **S-Bahn-Station** F suburban train station

SBB F ABK (= *Schweizerische Bundes-*

bahnen) *Swiss Railways*

Scampi pʟ scampi *pl*

scannen v̄ʈ to scan **Scanner** m̄ scanner

Schabe f̄ cockroach **schaben** v̄ʈ to scrape **Schaber** m̄ scraper

Schabernack m̄ practical joke

schäbig █ aᴅᴊ **1** (≈ *unansehnlich*) shabby **2** (≈ *niederträchtig*) mean; (≈ *geizig*) stingy *umg* █ aᴅᴠ **1** ~ **aussehen** to look shabby **2** (≈ *gemein*) **j-n** ~ **behandeln** to treat sb shabbily

Schablone f̄ stencil; (≈ *Muster*) template; **in** ~**n denken** to think in a stereotyped way

Schach n̄ chess; (≈ *Stellung im Spiel*) check; ~ **(und) matt** checkmate; **im** ~ **stehen** *od* **sein** to be in check; **j-n in** ~ **halten** to keep sb in check; *mit Pistole etc* to cover sb **Schachbrett** n̄ chessboard **schachbrettartig** aᴅᴊ chequered *Br*, checkered *US*

schachern *pej* v̄ɪ **um etw** ~ to haggle over sth

Schachfigur f̄ chesspiece; *fig* pawn **schachmatt** *wörtl* aᴅᴊ (check)mated; *fig* (≈ *erschöpft*) exhausted; **j-n** ~ **setzen** *wörtl* to (check)mate sb; *fig* to snooker sb *umg* **Schachspiel** n̄ (≈ *Spiel*) game of chess; (≈ *Brett und Figuren*) chess set **Schachspieler(in)** m̄(f̄) chess player

Schacht m̄ shaft; (≈ *Kanalisationsschacht*) drain

Schachtel f̄ **1** box; (≈ *Zigarettenschachtel*) packet *Br*, package *US*; **eine** ~ **Pralinen** a box of chocolates **2** *umg* (≈ *Frau*) **alte** ~ old bag *umg*

schächten v̄ʈ to slaughter according to religious rites

Schachzug *fig* m̄ move

schade aᴅᴊ **(das ist aber)** ~! what a pity *od* shame; **es ist** ~ **um j-n/etw** it's a pity *od* shame about sb/sth; **sich** (*dat*) **für etw zu** ~ **sein** to consider oneself too good for sth

Schädel m̄ skull; **j-m den** ~ **einschlagen** to beat sb's skull in **Schädelbruch** m̄ fractured skull

schaden v̄ɪ to damage; *einem Menschen* to harm, to hurt; *j-s Ruf* to damage; **das/Rauchen schadet Ihrer Gesundheit/Ihnen** that/smoking is bad for your health/you; **das schadet nichts** it does no harm; (≈ *macht nichts*) that doesn't matter; **das kann nicht(s)** ~ that won't

do any harm

Schaden m̄ **1** (≈ *Beschädigung*) damage (**an** +*dat* to); (≈ *Personenschaden*) injury; (≈ *Verlust*) loss; (≈ *Unheil, Leid*) harm; **einen** ~ **verursachen** to cause damage; **zu** ~ **kommen** to suffer; *physisch* to be hurt *od* injured; **j-m** ~ **zufügen** to harm sb; **einer Sache** (*dat*) ~ **zufügen** to damage sth **2** (≈ *Defekt*) fault; (≈ *körperlicher Mangel*) defect; **Schäden aufweisen** to be defective; *Organ* to be damaged **Schadenersatz** m̄ → Schadensersatz **Schadenfreiheitsrabatt** m̄ no-claims bonus **Schadenfreude** f̄ gloating **schadenfroh** █ aᴅᴊ gloating █ aᴅᴠ with malicious delight; *sagen* gloatingly

Schadensersatz m̄ damages *pl*, compensation; **j-n auf** ~ **verklagen** to sue sb for damages *etc*; ~ **leisten** to pay damages *etc* **schadensersatzpflichtig** aᴅᴊ liable for damages *etc* **Schadensfall** m̄ **im** ~ in the event of damage **Schadensregulierung** f̄ claims settlement

schadhaft aᴅᴊ faulty, defective; (≈ *beschädigt*) damaged

schädigen v̄ʈ to damage; *j-n* to hurt, to harm

Schädigung f̄ damage; *von Menschen* hurt, harm

schädlich aᴅᴊ harmful; *Wirkung* damaging; ~ **für etw sein** to be damaging to sth

Schädlichkeit f̄ harmfulness

Schädling m̄ pest

Schädlingsbekämpfung f̄ pest control *ohne art*

Schädlingsbekämpfungsmittel n̄ pesticide

schadlos aᴅᴊ **1** **sich an j-m/etw** ~ **halten** to take advantage of sb/sth **2** **etw** ~ **überstehen** to survive sth unharmed

Schadsoftware f̄ ɪᴛ malicious software

Schadstoff m̄ harmful substance **schadstoffarm** aᴅᴊ ~ **sein** to contain a low level of harmful substances; **ein** ~**es Auto** a clean-air car **Schadstoffausstoß** m̄ noxious emission; *von Auto* exhaust emission **schadstoffbelastet** aᴅᴊ polluted **Schadstoffbelastung** f̄ *von Umwelt* pollution **schadstofffrei** aᴅᴊ ~ **sein** to contain no harmful substances **Schadstoffpla-**

S

kette F̲ AUTO emissions sticker
Schaf N̲ sheep; *umg* (≈ *Dummkopf*) dope *umg*; **drei ~e** three sheep **Schafbock** M̲ ram **Schäfchen** N̲ lamb, little sheep; **sein ~ ins Trockene bringen** *sprichw* to look after number one *umg* **Schäfchenwolken** PL cotton wool clouds *pl* **Schäfer** M̲ shepherd **Schäferhund** M̲ Alsatian (dog) *Br*, German shepherd (dog) **Schäferin** F̲ shepherdess **Schaffell** N̲ sheepskin
schaffen¹ V̲T̲ 1 (≈ *hervorbringen*) to create; **dafür ist er wie geschaffen** he's just made for it 2 (≈ *bewirken, bereiten*) cause; **Probleme ~** to create problems; **Klarheit ~** to provide clarification
schaffen² A V̲T̲ 1 (≈ *bewältigen*) *Aufgabe, Hürde, Portion etc* to manage; *Prüfung* to pass; **wir haben's geschafft** we've managed it; (≈ *Arbeit erledigt*) we've done it; (≈ *gut angekommen*) we've made it 2 *umg* (≈ *überwältigen*) *j-n* to see off *umg*; **das hat mich geschafft** it took it out of me; *nervlich* it got on top of me; **geschafft sein** to be exhausted 3 (≈ *bringen*) **etw in etw** (*akk*) **~** to put sth in sth; **wie sollen wir das in den Keller ~?** how will we manage to get that into the cellar *Br od* basement *US* ? B V̲I̲ 1 (≈ *tun*) to do; **sich** (*dat*) **an etw** (*dat*) **zu ~ machen** to fiddle about with sth 2 (≈ *zusetzen*) **j-m (schwer) zu ~ machen** to cause sb (a lot of) trouble 3 *südd* (≈ *arbeiten*) to work
Schaffen N̲ **sein künstlerisches ~** his artistic creations *pl* **Schaffenskraft** F̲ creativity
Schaffhausen N̲ Schaffhausen
Schaffleisch N̲ mutton
Schaffner(in) M̲F̲ *im Bus* conductor/ conductress; *im Zug* guard *Br*, conductor *US*; (≈ *Fahrkartenkontrolleur*) ticket inspector
Schaffung F̲ creation
Schafherde F̲ flock of sheep
Schafott N̲ scaffold
Schafskäse M̲ sheep's milk cheese **Schafsmilch** F̲ sheep's milk
Schaft M̲ shaft; *von Stiefel* leg **Schaftstiefel** PL high boots *pl*; MIL jackboots *pl*
Schafwolle F̲ sheep's wool **Schafzucht** F̲ sheep breeding *ohne art*
Schakal M̲ jackal

schäkern V̲I̲ to flirt; (≈ *necken*) to play around
schal ADJ *Getränk* flat; *Geschmack* stale
Schal M̲ scarf; (≈ *Umschlagtuch*) shawl
Schale¹ F̲ 1 bowl; *flach, zum Servieren etc* dish; *von Waage* pan
Schale² PL *von Obst* skin; *allg* abgepellt *kein pl*; *von Nuss, Ei, Muschel* shell; *von Getreide* husk, hull; **sich in ~ werfen** *umg* to get dressed up
schälen A V̲T̲ to peel; *Tomate, Mandel* to skin; *Erbsen, Eier, Nüsse* to shell; *Getreide* to husk B V̲R̲ to peel
Schalk M̲ joker; **ihm sitzt der ~ im Nacken** he's in a devilish mood
Schall M̲ sound **Schalldämmung** F̲ soundproofing **schalldämpfend** ADJ *Wirkung* sound-muffling; *Material* soundproofing **Schalldämpfer** M̲ sound absorber; *von Auto* silencer *Br*, muffler *US*; *von Gewehr etc* silencer **schalldicht** A ADJ soundproof B ADV **~ abgeschlossen** fully soundproofed **schallen** V̲I̲ to sound; *Stimme, Glocke* to ring (out); (≈ *widerhallen*) to resound **schallend** ADJ *Beifall, Ohrfeige* resounding; *Gelächter* ringing; **~ lachen** to roar with laughter **Schallgeschwindigkeit** F̲ speed of sound **Schallgrenze** F̲ sound barrier **Schallmauer** F̲ sound barrier **Schallplatte** F̲ record
Schalotte F̲ shallot
Schaltbild N̲ circuit *od* wiring diagram **schalten** A V̲T̲ 1 *Gerät* to switch, to turn; **etw auf „2" ~** to turn *od* switch sth to "2" 2 *Anzeige* to place B V̲I̲ 1 *Gerät, Ampel* to switch (**auf** *+akk* to); AUTO to change gear *bes Br*, to shift gear *US*; **in den 2. Gang ~** to change into 2nd gear *bes Br*, to shift into 2nd gear *US* 2 *fig* (≈ *handeln*) **~ und walten** to bustle around; **j-n frei ~ und walten lassen** to give sb a free hand 3 *umg* (≈ *begreifen*) to get it *umg* **Schalter** M̲ 1 ELEK *etc* switch 2 *in Post, Bank, Amt* counter, desk; *im Bahnhof* ticket window **Schalterdienst** M̲ counter duty **Schalterhalle** F̲ *in Post* hall; *im Bahnhof* ticket hall **Schalterstunden** PL hours *pl* of business **Schaltfläche** F̲ IT button **Schaltgetriebe** N̲ manual transmission, stick shift *US* **Schalthebel** M̲ switch lever; AUTO gear lever *Br*, gear shift *US*; **an den ~n der Macht sitzen** to hold the reins of power **Schaltjahr**

N̄ leap year **Schaltknüppel** M̄ AUTO gear lever Br, gear shift US; FLUG joystick
Schaltkreis M̄ TECH (switching) circuit
Schaltplan M̄ circuit od wiring diagram **Schaltpult** N̄ control desk
Schalttag M̄ leap day **Schaltung** F switching; ELEK wiring; AUTO gear change Br, gearshift US

Scham F shame; **aus falscher ~** from a false sense of shame; **ohne ~** unashamedly **schämen** V̄R to be ashamed; **du solltest dich ~!** you ought to be ashamed of yourself!; **sich einer Sache** (gen) od für etw **~** to be ashamed of sth; **sich für j-n ~** to be ashamed for sb; **schäme dich!** shame on you!
Schamfrist F decent interval
Schamhaar N̄ pubic hair **Schamlippen** PL labia pl **schamlos** ADJ shameless; Lüge brazen **Schamlosigkeit** F shamelessness **Schamröte** F flush of shame; **die ~ stieg ihr ins Gesicht** her face flushed with shame

Schande F disgrace; **das ist eine (wahre) ~!** this is a(n absolute) disgrace!; **j-m ~ machen** to be a disgrace to sb **schänden** V̄T to violate; Sabbat etc to desecrate; Ansehen to dishonour Br, to dishonor US **Schandfleck** M̄ blot (**in** +dat on) **schändlich** A ADJ shameful B ADV shamefully; behandeln disgracefully **Schandtat** F scandalous deed; hum escapade; **zu jeder ~ bereit sein** umg to be always ready for mischief **Schändung** F violation; von Sabbat desecration; von Ansehen dishonouring Br, dishonoring US

Schänke F inn **Schankkonzession** F licence Br (of publican) excise license US **Schankstube** F (public) bar Br, saloon US obs **Schanktisch** M̄ bar

Schanze F SPORT (ski) jump

Schar F crowd; von Vögeln flock; **die Fans verließen das Stadion in (hellen) ~en** the fans left the stadium in droves **scharen** A V̄R Menschen um sich **~** to gather people around one B V̄R **sich um j-n/etw ~** to gather around sb/sth **scharenweise** ADV in Bezug auf Menschen in droves

scharf A ADJ 1 sharp; Wind, Kälte biting; Luft, Frost keen; **ein Messer ~ machen** to sharpen a knife; **mit ~em Blick** fig with penetrating insight 2 (≈ stark gewürzt) hot, spicy; Geruch, Geschmack

pungent; (≈ ätzend) Waschmittel, Lösung caustic 3 (≈ streng) Maßnahmen severe; umg Prüfung, Lehrer tough; Bewachung close; Hund fierce; Kritik harsh; Protest strong; Auseinandersetzung bitter 4 (≈ echt) Munition, Schuss live 5 umg (≈ geil) randy Br umg, horny umg; **auf jdn total ~ sein** umg to have the hots for sb umg, to fancy sb rotten Br umg B ADV 1 (≈ intensiv) **~ nach etw riechen** to smell strongly of sth; **~ würzen** to season highly 2 (≈ heftig) kritisieren sharply; ablehnen adamantly; protestieren emphatically 3 (≈ präzise) bewachen, zuhören closely; **~ beobachten** to be very observant; **~ aufpassen** to pay close attention; **~ nachdenken** to have a good think 4 (≈ genau) **etw ~ einstellen** Bild etc to bring sth into focus; Sender to tune sth in (properly); **~ sehen/hören** to have sharp eyes/ears 5 (≈ abrupt) bremsen hard 6 (≈ hart) **durchgreifen** to take decisive action; **etw ~ bekämpfen** to take strong measures against sth 7 MIL **~ schießen** to shoot with live ammunition **Scharfblick** M̄ fig keen insight **Schärfe** F 1 sharpness; von Wind, Frost keenness 2 von Essen spiciness; von Geruch, Geschmack pungency 3 (≈ Strenge) severity; von Kritik harshness; von Protest strength; von Auseinandersetzung bitterness **schärfen** V̄T to sharpen **scharfmachen** umg V̄T (≈ aufstacheln) to incite, to agitate; (≈ aufreizen) to turn on umg **Scharfmacher(in)** umg M̄|F̄ rabble-rouser **Scharfrichter** M̄ executioner **Scharfschütze** M̄ marksman **Scharfschützin** F markswoman **Scharfsinn** M̄ astuteness **scharfsinnig** A ADJ astute B ADV astutely
Scharlach M̄ 1 Farbe scarlet 2 (≈ Scharlachfieber) scarlet fever **scharlachrot** ADJ scarlet (red)
Scharlatan M̄ charlatan
Scharnier N̄ hinge
Schärpe F sash
scharren V̄T & V̄I to scrape; Pferd, Hund to paw; Huhn to scratch; **mit den Füßen ~** to shuffle one's feet
Scharte F nick
Schaschlik N̄ (shish) kebab
schassen umg V̄T to chuck out umg
Schatten M̄ shadow; (≈ schattige Stelle) shade; **40 Grad im ~** 40 degrees in the shade; **in j-s ~** (dat) **stehen** fig to be in

sb's shadow; **j-n/etw in den ~ stellen** *fig* to put sb/sth in the shade; **nur noch ein ~ (seiner selbst) sein** to be (only) a shadow of one's former self **Schattenboxen** N shadow-boxing **Schattendasein** N shadowy existence **schattenhaft** A ADJ shadowy B ADV *erkennen* vaguely; *sichtbar* barely **Schattenkabinett** N POL shadow cabinet **Schattenmorelle** F morello cherry **schattenreich** ADJ shady **Schattenriss** M silhouette **Schattenseite** F shady side; *fig* (≈*Nachteil*) drawback **Schattenwirtschaft** F black economy **schattieren** V/T to shade **Schattierung** F shade; (≈*das Schattieren*) shading; **in allen ~en** *fig* of every shade **schattig** ADJ shady **Schatulle** F casket

Schatz M **1** treasure; **du bist ein ~!** *umg* you're a (real) treasure *od* gem! **2** *Anrede* darling, dear **3** (≈*Liebling*) sweetheart **Schatzamt** N Treasury **schätzbar** ADJ assessable; **schwer ~** difficult to estimate

Schätzchen N darling

schätzen V/T **1** (≈*veranschlagen*) to estimate; *Gemälde etc* to value, to appraise; (≈*annehmen*) to reckon; **wie alt ~ Sie mich denn?** how old do you reckon I am then? **2** (≈*würdigen*) to value; **j-n ~** to think highly of sb; **etw zu ~ wissen** to appreciate sth; **sich glücklich ~** to consider oneself lucky **Schatzsuche** F treasure hunt; **auf ~ gehen** to go on a treasure hunt **Schätzung** F estimate; *von Wertgegenstand* valuation **schätzungsweise** ADV (≈*ungefähr*) approximately; (≈*so schätze ich*) I reckon **Schätzwert** M estimated value

Schau F **1** (≈*Vorführung*) show; (≈*Ausstellung*) display, exhibition; **etw zur ~ stellen** (≈*ausstellen*) to put sth on show; *fig* to make a show of sth; (≈*protzen mit*) to show off sth **2** *umg* **eine ~ abziehen** to put on a schlager; **das ist nur ~** it's only show; **j-m die ~ stehlen** to steal the show from sb **Schaubild** N diagram; (≈*Kurve*) graph

Schauder M shudder **schauderhaft** ADJ terrible **schaudern** VI to shudder; **mit Schaudern** with a shudder

schauen VI to look; **auf etw** (*akk*) to look at sth; **um sich ~** to look around (one); **da schaust du aber!** there, see!;

da schau her! *südd umg* well, well!; **schau, dass du … ** see *od* mind (that) you …

Schauer M **1** (≈*Regenschauer*) shower **2** → Schauder **Schauergeschichte** F horror story **schauerlich** ADJ horrible; (≈*gruselig*) eerie **schauern** V/I (≈*schaudern*) to shudder

Schaufel F shovel; *kleiner: für Mehl, Zucker* scoop; *von Wasserrad, Turbine* vane **schaufeln** V/T & V/I to shovel; *Grab, Grube* to dig

Schaufenster N shop window **Schaufensterauslage** F window display **Schaufensterbummel** M window-shopping expedition; **einen ~ machen** to go window-shopping **Schaufensterpuppe** F display dummy

Schaugeschäft N show business **Schaukampf** M exhibition fight **Schaukasten** M showcase

Schaukel F swing **schaukeln** A V/I **1** *mit Schaukel* to swing; *im Schaukelstuhl* to rock **2** (≈*sich hin und her bewegen*) to sway (back and forth); *Schiff* to pitch and toss **3** V/T to push back and forth; **wir werden die Sache schon ~** *umg* we'll manage it **Schaukelpferd** N rocking horse **Schaukelstuhl** M rocking chair

Schaulaufen N exhibition skating; *Veranstaltung* skating display **schaulustig** ADJ curious **Schaulustige** PL (curious) onlookers *pl*

Schaum M foam, froth; (≈*Seifenschaum*) lather; *zum Feuerlöschen* foam; *von Bier* head, froth; **~ vor dem Mund haben** to foam at the mouth **Schaumbad** N bubble *od* foam bath **schäumen** VI to foam, to froth; *Seife, Waschmittel* to lather (up); *Limonade, Wein* to bubble **Schaumfestiger** M mousse **Schaumgummi** N/M foam rubber **schaumig** ADJ foamy, frothy; **ein Ei ~ schlagen** to beat an egg until frothy **Schaumkrone** F whitecap **Schaumkuss** M → Schokokuss **Schaumschläger(in)** M(F) fig *umg* man/woman full of hot air *umg* **Schaumstoff** M foam material **Schaumwein** M sparkling wine

Schauplatz M scene; **am ~ sein** to be at the scene **Schauprozess** M show trial

schaurig ADJ gruesome, spooky
Schauspiel N THEAT drama, play; *fig* spectacle **Schauspieler** M actor; *fig* (play-)actor **Schauspielerin** F actress; *fig* (play-)actress **schauspielerisch** ADJ acting *attr*; *Talent* for acting **schauspielern** V/I to act; *fig* to (play-)act **Schauspielhaus** N playhouse **Schauspielschule** F drama school
Schausteller(in) M/F fairground worker, carny *US*
Scheck M cheque *Br*, check *US*; **mit (einem)** *od* **per ~ bezahlen** to pay by cheque *od* check **Scheckbetrug** M cheque fraud *Br*, check fraud *US* **Scheckbetrüger(in)** M/F cheque fraudster *Br*, check fraudster *US*, cheque bouncer *Br*, check bouncer *US* **Scheckheft** N chequebook *Br*, checkbook *US*
scheckig ADJ spotted; *Pferd* dappled
Scheckkarte F cheque card *Br*, check card *US*
scheel A ADJ (≈ *abschätzig*) disparaging; **ein ~er Blick** a dirty look B ADV **j-n ~ ansehen** to give sb a dirty look; (≈ *abschätzig*) to look askance at sb
Scheffel M **sein Licht unter den ~ stellen** *umg* to hide one's light under a bushel **scheffeln** V/T *Geld* to rake in *umg*
Scheibe F ◀1▶ disc *bes Br*, disk; (≈ *Schießscheibe*) target; *Eishockey* puck; (≈ *Wählscheibe*) dial; (≈ *Töpferscheibe*) wheel ◀2▶ (≈ *abgeschnittene Scheibe*) slice; **etw in ~n schneiden** to slice sth (up) ◀3▶ (≈ *Glasscheibe*) (window)pane; (≈ *Fenster*) window **Scheibenbremse** F disc brake *bes Br*, disk brake *US* **Scheibenwaschanlage** F windscreen washers *pl Br*, windshield washers *pl US* **Scheibenwischer** M windscreen wiper *Br*, windshield wiper *US*
Scheich M sheik(h) **Scheichtum** N sheik(h)dom
Scheide F sheath; (≈ *Vagina*) vagina **scheiden** A V/I ◀1▶ (≈ *auflösen*) to dissolve; *Eheleute* to divorce; **sich ~ lassen** to get divorced; → **geschieden** ◀2▶ *geh* (≈ *trennen*) to separate B V/R *Wege* to divide; *Meinungen* to diverge **Scheideweg** *fig* M **am ~ stehen** to be at a crossroads **Scheidung** F ◀1▶ (≈ *das Scheiden*) separation ◀2▶ (≈ *Ehescheidung*) divorce; **in ~ leben** to be in the middle of divorce proceedings; **die ~ einrei-**

chen to file (a petition) for divorce **Scheidungsgrund** M grounds *pl* for divorce
Schein[1] M ◀1▶ (≈ *Licht*) light; *matt glow* ◀2▶ (≈ *Anschein*) appearances *pl*; *~ und Sein* appearance and reality; **der ~ trügt** appearances are deceptive; **den ~ wahren** to keep up appearances; **etw nur zum ~ tun** only to pretend to do sth
Schein[2] M ◀1▶ (≈ *Geldschein*) note, bill *US*; (≈ *Bescheinigung*) certificate; (≈ *Formular*) form; **~e machen** UNIV to get credits
Scheinasylant(in) *oft neg!* M/F bogus asylum-seeker **scheinbar** A ADJ apparent, seeming *attr* B ADV apparently, seemingly **Scheinehe** F sham marriage **scheinen** V/I ◀1▶ (≈ *leuchten*) to shine ◀2▶ (≈ *den Anschein geben*) to seem, to appear; **mir scheint, (dass) … it** seems to me that … **Scheinfirma** F dummy company **Scheingefecht** N sham fight **Scheingeschäft** N fictitious *od* artificial transaction **scheinheilig** ADJ hypocritical **Scheinheiligkeit** F hypocrisy; (≈ *vorgetäuschte Arglosigkeit*) feigned innocence **scheintot** ADJ seemingly dead; *fig Mensch, Partei* on one's/its last legs **Scheinwerfer** M *zum Beleuchten* floodlight; *im Theater* spotlight; *pl* lights *pl*; (≈ *Suchscheinwerfer*) searchlight; AUTO (head)light **Scheinwerferlicht** N floodlight(ing); *im Theater* spotlight; *fig* limelight
Scheiß *sl* M shit *sl*, crap *sl*; **~ machen** (≈ *herumalbern*) to mess around *umg* **Scheißdreck** M *vulg* (≈ *Kot*) shit *sl*, crap *sl*; **wegen jedem ~** about every effing little thing *sl*, about every bloody little thing *Br umg*; **das geht dich einen ~ an** it's none of your effing business *sl*, it's none of your bloody business *Br umg* **Scheiße** *vulg* F shit *sl*; **in der ~ sitzen** *umg* to be up shit creek *sl*; **~ bauen** *umg* to screw up *sl* **scheißegal** *umg* ADJ **das ist mir doch ~!** I don't give a shit *sl*, I don't give a damn *umg* **scheißen** *vulg* V/I to shit *sl*, to crap *sl*; **auf j-n/etw** (*akk*) **~** *fig sl* not to give a shit about sb/ sth *sl* **Scheißhaus** *sl* N shithouse *sl* **Scheißkerl** *umg* M bastard *sl*
Scheit M piece of wood
Scheitel M (≈ *Haarscheitel*) parting *Br*, part *US*; **vom ~ bis zur Sohle** *fig* through and through **scheiteln** V/T to part **Scheitelpunkt** M vertex

Scheiterhaufen M (funeral) pyre; HIST zur Hinrichtung stake

scheitern V∥ to fail; *Verhandlungen, Ehe* to break down **Scheitern** N failure; *von Verhandlungen, Ehe* breakdown; **zum ~ verurteilt** doomed to failure

Schelle F **1** bell **2** TECH clamp **3** (≈*Handschelle*) handcuff

Schellfisch M haddock

schelmisch ADJ *Blick, Lächeln* mischievous

Schelte F scolding; (≈*Kritik*) attack **schelten** V∥ to scold

Schema N scheme; (≈*Darstellung*) diagram; (≈*Vorlage*) plan; (≈*Muster*) pattern; **nach ~ F** in the same (old) way

schematisch A ADJ schematic B ADV **etw ~ darstellen** to show sth schematically; **~ vorgehen** to work methodically

Schemel M stool

schemenhaft ADJ shadowy; *Erinnerungen* hazy

Schengen-Abkommen, Schengener Abkommen N Schengen Agreement

Schenke F inn, tavern

Schenkel M **1** ANAT (≈*Oberschenkel*) thigh; (≈*Unterschenkel*) lower leg **2** MATH *von Winkel* side **Schenkelhalsbruch** M fracture of the neck of the femur

schenken V∥ **1** (≈*Geschenk geben*) **j-m etw ~** to give sb sth *od* give sth to sb (as a present *od* gift); **etw geschenkt bekommen** to get sth as a present *od* gift; **das ist (fast) geschenkt!** umg (≈*billig*) that's a real bargain umg; **j-m seine Aufmerksamkeit ~** to give sb one's attention **2** (≈*erlassen*) **j-m etw ~** to let sb off sth; **diese Komplimente kannst du dir ~!** you can keep your compliments umg **Schenkung** F JUR gift **Schenkungsurkunde** F deed of gift

Scherbe F fragment; (≈*Glasscherbe*) broken piece of glass; **in ~n gehen** to shatter; *fig* to go to pieces

Schere F **1** *Werkzeug: klein* scissors *pl*; *groß* shears *pl*; **eine ~** a pair of scissors/shears **2** ZOOL pincer

scheren[1] V∥ to clip; *Schaf* to shear

scheren[2] V∥ & V∥R (≈*kümmern*) **sich nicht um j-n/etw ~** not to care about sb/sth; **was schert mich das?** what do I care (about that)?

Scherenschnitt M silhouette

Schererei umg F trouble *kein pl*

Scherflein N **sein ~ (zu etw) beitragen** *Geld* to pay one's bit (towards sth); *fig* to do one's bit (for sth) umg

Schermaus F *österr, schweiz* (≈*Maulwurf*) mole

Scherz M joke; **aus** *od* **zum ~** as a joke; **im ~** in jest; **mach keine ~e!** *umg* you're joking!; **~ beiseite!** joking aside

Scherzartikel M joke (article) **scherzen** V∥ to joke, to jest; **mit j-m/etw ist nicht zu ~** one can't trifle with sb/sth

Scherzfrage F riddle **scherzhaft** ADJ jocular; *Angelegenheit* joking; **etw ~ meinen** to mean sth as a joke

scheu ADJ (≈*schüchtern*) shy; (≈*zaghaft*) *Versuche* cautious **Scheu** F fear (**vor** +*dat* of); (≈*Schüchternheit*) shyness; *von Reh, Tier* timidity; (≈*Hemmung*) inhibition **scheuchen** V∥ to shoo (away); (≈*verscheuchen*) to scare off **scheuen** A V∥ *Kosten, Arbeit* to shy away from; *Menschen, Licht* to shun; **weder Mühe noch Kosten ~** to spare neither trouble nor expense B V∥R **sich vor etw** (*dat*) ~ (≈*Angst haben*) to be afraid of sth; (≈*zurückschrecken*) to shy away from sth C V∥ *Pferd etc* to shy (**vor** +*dat* at)

Scheuerlappen M floorcloth **Scheuermittel** N *cremeförmig* scouring cream; *pulverförmig* scouring powder **scheuern** A V∥ & V∥ **1** (≈*putzen*) to scour; *mit Bürste* to scrub **2** (≈*reiben*) to chafe B V∥ umg **j-m eine ~** to smack sb (one) umg

Scheuklappe F blinker *Br*, blinder *US*

Scheune F barn

Scheusal N monster

scheußlich ADJ dreadful, horrible; (≈*abstoßend hässlich*) hideous; **~ schmecken** to taste terrible

Schi M → Ski

Schicht F **1** (≈*Lage*) layer; (≈*dünne Schicht*) film; (≈*Farbschicht*) coat; **breite ~en der Bevölkerung** large sections of the population **2** (≈*Arbeitsabschnitt*) shift; **er muss ~ arbeiten** he has to work shifts **Schichtarbeit** F shiftwork **Schichtarbeiter(in)** M|F shiftworker **schichten** V∥ to layer; *Holz* to stack **Schichtwechsel** M change of shifts

schick ADJ & ADV → chic **Schick** M style

schicken A V∥ & V∥ to send; (**j-m**) **etw ~** to send sth (to sb), to send (sb) sth

B V̄R̄ (≈ *sich ziemen*) to be fitting
Schickeria N iron F̄ in-crowd *umg*
Schickimicki M̄ *umg* trendy *umg*
Schicksal N̄ fate; **(das ist)** ~ *umg* that's life; **j-n seinem ~ überlassen** to abandon sb to his fate **schicksalhaft** ADJ fateful **Schicksalsschlag** M̄ great misfortune
Schiebedach N̄ sunroof **Schiebefenster** N̄ sliding window **schieben** **A** V̄T̄ **1** (≈ *bewegen*) to push; **etw von sich ~** *fig Schuld* to reject sth; **etw vor sich** (*dat*) **her ~** *fig* to put sth off; **die Schuld auf j-n ~** to put the blame on sb; **die Verantwortung auf j-n ~** to place the responsibility at sb's door **2** *umg* (≈ *handeln mit*) to traffic in; *Drogen* to push *umg* **B** V̄Ī **1** (≈ *schubsen*) to push **2** *umg* **mit etw ~** to traffic in sth; **mit Drogen** ~ to push drugs *umg* **Schiebetür** F̄ sliding door **Schiebung** F̄ (≈ *Begünstigung*) string-pulling *kein pl*; SPORT rigging; **das war doch ~** that was a fix
schiech ADJ *österr* (≈ *hässlich*) ugly
Schiedsgericht N̄ court of arbitration **Schiedsrichter(in)** M̄F̄ arbitrator, arbiter; *Fußball, Rugby, Basketball, Hockey, Ringen, Boxen* referee; *Tennis, Baseball, Volleyball, Badminton, Cricket* umpire; (≈ *Preisrichter*) judge **Schiedsrichterassistent(in)** M̄F̄ referee's assistant **schiedsrichtern** *umg* V̄Ī to arbitrate/referee/umpire/judge **Schiedsspruch** M̄ (arbitral) award **Schiedsstelle** F̄ arbitration service **Schiedsverfahren** N̄ JUR arbitration proceedings *pl*
schief **A** ADJ crooked, not straight *präd*; *Winkel* oblique; *Bild* distorted; **~e Ebene** PHYS inclined plane **B** ADV (≈ *schräg*) *halten, wachsen* crooked; **das Bild hängt ~** the picture is crooked *od* isn't straight; **j-n ~ ansehen** *fig* to look askance at sb
Schiefer M̄ *Gesteinsart* slate **Schieferdach** N̄ slate roof **schiefergrau** ADJ slate-grey *Br*, slate-gray *US* **Schiefertafel** F̄ slate
schiefgehen V̄Ī to go wrong **schiefgewickelt** *umg* ADJ on the wrong track; **da bist du ~** you're in for a surprise there *umg* **schieflachen** *umg* V̄R̄ to kill oneself (laughing) *umg* **schiefliegen** *umg* V̄Ī to be wrong

schielen V̄Ī to squint, to be cross-eyed; **auf einem Auge ~** to have a squint in one eye; **nach j-m/etw ~** *umg* to look at sb/sth out of the corner of one's eye; *begehrlich* to look sb/sth up and down; *heimlich* to sneak a look at sb/sth
Schienbein N̄ shin; (≈ *Schienbeinknochen*) shinbone **Schiene** F̄ **1** rail; MED splint **2** **~n** *pl* BAHN track *sg*, rails *pl*; **aus den ~n springen** to leave the rails **schienen** V̄T̄ to splint **Schienenersatzverkehr** M̄ BAHN replacement bus service **Schienenfahrzeug** N̄ track vehicle **Schienennetz** N̄ BAHN rail network **Schienenverkehr** M̄ rail traffic
schier ADJ (≈ *rein*) pure; *fig* sheer
Schießbefehl M̄ order to fire *od* shoot **Schießbude** F̄ shooting gallery **schießen** **A** V̄T̄ to shoot; *Kugel, Rakete* to fire; FUSSB *etc* to kick; *Tor* to score **B** V̄Ī **1** *mit Waffe, Ball* to shoot; **auf j-n/etw ~** to shoot at sb/sth; **aufs Tor ~** to shoot at goal; **das ist zum Schießen** *umg* that's a scream *umg* **2** (≈ *in die Höhe schießen*) to shoot up; *Flüssigkeit* to shoot; (≈ *spritzen*) to spurt; **er ist** *od* **kam um die Ecke geschossen** he shot (a)round the corner **Schießerei** F̄ shoot-out; (≈ *das Schießen*) shooting **Schießplatz** M̄ (shooting *od* firing) range **Schießpulver** N̄ gunpowder **Schießscheibe** F̄ target **Schießspiel** N̄ IT shooting game **Schießstand** M̄ shooting range; (≈ *Schießbude*) shooting gallery
Schiff N̄ **1** ship; **auf dem ~** on board ship **2** ARCH (≈ *Mittelschiff*) nave; (≈ *Seitenschiff*) aisle **schiffbar** ADJ *Gewässer* navigable **Schiffbau** M̄ shipbuilding **Schiffbruch** M̄ **~ erleiden** *wörtl* to be shipwrecked; *fig* to fail **schiffbrüchig** ADJ shipwrecked **Schiffchen** N̄ **1** little boat **2** MIL forage cap **Schiffeversenken** N̄ (≈ *Spiel*) battleships *sg* **Schifffahrt** F̄ shipping; (≈ *Schifffahrtskunde*) navigation **Schifffahrtsgesellschaft** F̄ shipping company **Schifffahrtsstraße** F̄, **Schifffahrtsweg** M̄ (≈ *Kanal*) waterway; (≈ *Schifffahrtslinie*) shipping route **Schiffschaukel** F̄ swingboat **Schiffsjunge** M̄ ship's boy **Schiffsladung** F̄ shipload **Schiffsrumpf** M̄ hull **Schiffsverkehr** M̄ shipping

S

Schiit(in) M(F) Shiite **schiitisch** ADJ Shi-
ite
Schikane F **1** harassment *kein pl; von
Mitschülern* bullying *kein pl* **2 mit allen
~n** *umg* with all the trimmings **schika-
nieren** V/T to harass; *Mitschüler* to bully
Schikoree F chicory
Schild¹ M shield; *von Schildkröte* shell;
etwas im ~e führen *fig* to be up to
something
Schild² N sign; (≈ *Wegweiser*) signpost;
(≈ *Namensschild*) nameplate; (≈ *Preis-
schild*) ticket; (≈ *Etikett*) label; (≈ *Plakette*)
badge; (≈ *Plakat*) placard *an Haus* plaque
Schildbürgerstreich M foolish act
Schilddrüse F thyroid gland
schildern V/T *Ereignisse* to describe;
(≈ *skizzieren*) to outline **Schilderung**
F (≈ *Beschreibung*) description; (≈ *Bericht*)
account
Schildkröte F (≈ *Landschildkröte*) tor-
toise; (≈ *Wasserschildkröte*) turtle
Schildlaus F scale insect
Schilf N reed; (≈ *mit Schilf bewachsene
Fläche*) reeds *pl*
schillern V/I to shimmer **schillernd**
ADJ *Farben* shimmering; *fig Charakter*
enigmatic
Schilling M HIST *österr* shilling
Schimmel¹ M (≈ *Pferd*) grey *Br*, gray *US*
Schimmel² M *auf Nahrungsmitteln*
mould *Br*, mold *US; auf Leder etc* mildew
schimmelig ADJ *Nahrungsmittel*
mouldy *Br*, moldy *US; Leder etc* mildewy
Schimmelkäse M blue cheese
schimmeln V/I *Nahrungsmittel* to go
mouldy *Br*, to go moldy *US; Leder etc* to
go mildewy **Schimmelpilz** M mould
Br, mold *US*
Schimmer M glimmer; *von Metall*
gleam; *im Haar* sheen; **keinen (blassen)
~ von etw haben** *umg* not to have the
faintest idea about sth *umg* **schim-
mern** V/I to glimmer; *Metall* to gleam
Schimpanse M, **Schimpansin** F
chimpanzee, chimp *umg*
schimpfen V/I to get angry; (≈ *sich be-
klagen*) to moan; (≈ *fluchen*) to curse;
mit j-m ~ to tell sb off; **auf** *od* **über
j-n/etw ~** to bitch (at *od* about) sb/sth
Schimpfwort N swearword
Schindel F shingle
schinden A V/T **1** (≈ *quälen*) to mal-
treat; (≈ *ausbeuten*) to overwork, to drive
hard; **j-n zu Tode ~** to work sb to death

2 *umg* (≈ *herausschlagen*) *Arbeitsstunden*
to pile up; **Zeit ~** to play for time; **(bei
j-m) Eindruck ~** to make a good impres-
sion (on sb) **B** V/R (≈ *hart arbeiten*) to
slave away; (≈ *sich quälen*) to strain
Schindluder *umg* N **mit etw ~ trei-
ben** to misuse sth; **mit Gesundheit** to
abuse sth
Schinken M **1** ham **2** *pej umg* (≈ *großes
Buch*) tome; (≈ *großes Bild*) great daub *pej
umg* **Schinkenspeck** M bacon
Schinkenwurst F ham sausage
Schippe F shovel; **j-n auf die ~ neh-
men** *fig umg* to pull sb's leg *umg*
Schiri M *umg* ref *umg*
Schirm M **1** (≈ *Regenschirm*) umbrella;
(≈ *Sonnenschirm*) sunshade; *von Pilz* cap
2 (≈ *Mützenschirm*) peak **3** (≈ *Lampen-
schirm*) shade **4** *Bildschirm, Radarschirm*
screen; *umg* **etw auf dem ~ haben** to
be on the case **Schirmherr(in)** M(F)
patron **Schirmherrschaft** F patron-
age; **unter der ~ von etw** under the
auspices of sth **Schirmmütze** F
peaked cap **Schirmständer** M um-
brella stand
Schiss *sl* M (*fürchterlichen*) **~ haben** to
be scared to death (**vor** *+dat of*) *umg*; **~
kriegen** to get scared
schizophren ADJ MED schizophrenic
Schizophrenie F MED schizophrenia
Schlacht F battle **schlachten** V/T to
slaughter **Schlachtenbummler(in)**
M(F) SPORT *umg* away supporter
Schlachter(in) *bes nordd* M(F),
Schlächter(in) M(F) *dial* butcher
Schlachterei *bes nordd* F butcher's
(shop) **Schlachtfeld** N battlefield
Schlachtfest N country feast to eat
up meat from freshly slaughtered pigs
Schlachthaus N, **Schlachthof** M
slaughterhouse **Schlachtplan** M bat-
tle plan; *für Feldzug* campaign plan; *fig*
plan of action **Schlachtvieh** N ani-
mals *pl* for slaughter
Schlacke F (≈ *Verbrennungsrückstand*)
clinker *kein pl*
schlackern *umg* V/I to tremble; *Klei-
dung* to hang loosely
Schlaf M sleep; **einen leichten/tiefen ~
haben** to be a light/deep sleeper; **j-n
um seinen ~ bringen** to keep sb awake;
im ~ reden to talk in one's sleep; **es
fällt mir nicht im ~(e) ein, das zu tun**
I wouldn't dream of doing that; **das**

kann er (wie) im ~ *fig umg* he can do that in his sleep **Schlafanzug** M̲ pyjamas *pl* Br, pajamas *pl* US **Schlafcouch** F̲ sofa bed **Schlafdefizit** N̲ sleep deficit

Schläfe F̲ temple

schlafen V̲I̲ to sleep; (≈ *nicht wach sein*) to be asleep; *umg* (≈ *nicht aufpassen*) to sleep; **~ gehen** to go to bed; **schläfst du schon?** are you asleep?; **schlaf gut** sleep well; **bei j-m ~** to stay overnight with sb, to sleep at sb's; **mit j-m ~** to sleep with sb

Schläfenlocke F̲ sidelock

Schlafenszeit F̲ bedtime **Schläfer(in)** M̲F̲ ❶ sleeper; *fig* dozy person *umg* ❷ (≈ *Terrorist in Wartestellung*) sleeper

schlaff A̲D̲J̲ limp; (≈ *locker*) *Seil* slack; *Haut, Muskeln* flabby; (≈ *energielos*) listless

Schlafgelegenheit F̲ place to sleep **Schlaflied** N̲ lullaby **schlaflos** A̲D̲J̲ sleepless; **~ liegen** to lie awake **Schlaflosigkeit** F̲ sleeplessness, insomnia **Schlafmaske** F̲ eye mask **Schlafmittel** N̲ sleeping pill; *fig iron* soporific; *beim Arzt* **ich habe ihr ein ~ gegeben** I gave her sth to help her sleep **Schlafmütze** F̲ *umg* sleepyhead *umg*; (≈ *träger Mensch*) dope *umg*; **he, du ~!** hey, dopey! *umg* **Schlafraum** M̲ dormitory, dorm *umg* **schläfrig** A̲D̲J̲ sleepy **Schläfrigkeit** F̲ sleepiness **Schlafsaal** M̲ dormitory **Schlafsack** M̲ sleeping bag **Schlafstadt** F̲ dormitory town **Schlafstörung** F̲ sleeplessness, insomnia **Schlaftablette** F̲ sleeping pill **schlaftrunken** *geh* A̲D̲J̲ drowsy **Schlafwagen** M̲ sleeping car **schlafwandeln** V̲I̲ to sleepwalk **Schlafwandler(in)** M̲F̲ sleepwalker **Schlafzimmer** N̲ bedroom

Schlag M̲ ❶ blow (**gegen** against); *mit der Handfläche* smack, slap; (≈ *Handkantenschlag*) chop *umg*; (≈ *Ohrfeige*) cuff; (≈ *Glockenschlag*) chime; (≈ *Gehirnschlag, Schlaganfall*) stroke; (≈ *Herzschlag, Pulsschlag*) beat; (≈ *Donnerschlag*) clap; (≈ *Stromschlag*) shock; (≈ *Militärschlag*) strike; **zum entscheidenden ~ ausholen** *fig* to strike the decisive blow; **~ auf ~** *fig* one after the other; **j-m einen schweren ~ versetzen** *fig* to deal a severe blow to sb; **ein ~ ins Gesicht** a slap

in the face; **ein ~ ins Wasser** *umg* a letdown *umg*; **auf einen ~** *umg* all at once; **wie vom ~ gerührt** *od* **getroffen sein** to be flabbergasted *umg* ❷ *umg* (≈ *Wesensart*) type (of person *etc*); **vom alten ~** of the old school ❸ *österr* (≈ *Schlagsahne*) cream ❹ (≈ *Hosenschlag*) flare; **eine Hose mit ~** flares *pl umg* **Schlagabtausch** M̲ *Boxen* exchange of blows; *fig* (verbal) exchange **Schlagader** F̲ artery **Schlaganfall** M̲ stroke **schlagartig** A̲ A̲D̲J̲ sudden B̲ A̲D̲V̲ suddenly **Schlagbaum** M̲ barrier **Schlagbohrer** M̲ hammer drill

schlagen A̲ V̲T̲ & V̲I̲ ❶ to hit; (≈ *hauen*) to beat; *mit der flachen Hand* to slap, to smack; *mit der Faust* to punch; *mit Hammer, Pickel etc*: *Loch* to knock; **j-n bewusstlos ~** to knock sb out; *mit vielen Schlägen* to beat sb unconscious; **j-m ins Gesicht ~** to hit/slap/punch sb in the face; **na ja, ehe ich mich ~ lasse!** *hum umg* I suppose you could twist my arm *hum umg* ❷ (≈ *läuten*) to chime; *Stunde* to strike; **eine geschlagene Stunde** a full hour B̲ V̲T̲ ❶ (≈ *besiegen*) to beat; **sich geschlagen geben** to admit defeat ❷ G̲A̲S̲T̲R̲ to beat; *mit Schneebesen* to whisk; *Sahne* to whip C̲ V̲I̲ ❶ *Herz, Puls* to beat; *heftig* to pound ❷ (≈ *auftreffen*) **mit dem Kopf auf/gegen etw** (*akk*) **~** to hit one's head on/against sth ❸ *Regen* to beat; *Wellen* to pound; *Blitz* to strike (**in etw** *akk* sth) ❹ *Flammen* to shoot out (**aus** *of*); *Rauch* to pour out (**aus** *of*) ❺ *umg* (≈ *ähneln*) **er schlägt sehr nach seinem Vater** he takes after his father a lot D̲ V̲R̲ (≈ *sich prügeln*) to fight; **sich um etw ~** to fight over sth; **sich auf j-s Seite** (*akk*) **~** to side with sb; (≈ *die Fronten wechseln*) to go over to sb **Schlager** M̲ ❶ M̲U̲S̲ pop song; *erfolgreich* hit (song) ❷ *umg* (≈ *Erfolg*) hit; (≈ *Verkaufsschlager*) bestseller **Schläger** M̲ (≈ *Tennisschläger, Federballschläger*) racquet Br, racket US; (≈ *Hockeyschläger, Eishockeyschläger*) stick; (≈ *Golfschläger*) club; (≈ *Baseballschläger, Tischtennisschläger*) bat **Schläger(in)** M̲F̲ (≈ *Raufbold*) thug **Schlägerei** F̲ brawl **Schlagermusik** F̲ pop music **Schlagersänger(in)** M̲F̲ pop singer **schlagfertig** A̲ A̲D̲J̲ *Antwort* quick and clever; **er ist ein ~er Mensch** he is always ready with a quick(-witted) reply **B** ADV **~ antworten** to be quick with an answer **Schlagfertigkeit** F *von Mensch* quick-wittedness; *von Antwort* cleverness **Schlaghose** F flares *pl* umg **Schlaginstrument** N percussion instrument **schlagkräftig** ADJ *Boxer, Argumente* powerful **Schlagloch** N pothole **Schlagmann** M *Rudern* stroke; *Baseball* batter **Schlagobers** N *österr* (whipping) cream; *geschlagen* whipped cream **Schlagring** M **1** knuckle-duster **2** MUS plectrum **Schlagsahne** F (whipping) cream; *geschlagen* whipped cream **Schlagseite** F SCHIFF list; **~ haben** SCHIFF to be listing; *hum* umg (≈ *betrunken sein*) to be three sheets to the wind umg **Schlagstock** *form* M baton **Schlagwort** N **1** (≈ *Stichwort*) headword **2** (≈ *Parole*) slogan **Schlagzeile** F headline; **~n machen** umg to hit the headlines **Schlagzeug** N drums *pl*; *in Orchester* percussion *kein pl*; **~ spielen** to play the drums/the percussion **Schlagzeuger(in)** M(F) drummer; *in Orchester* percussionist

Schlamassel umg M(N) (≈ *Durcheinander*) mix-up; (≈ *missliche Lage*) mess umg **Schlamm** M mud **schlammig** ADJ muddy **Schlammschlacht** umg F mud bath

Schlampe *pej* umg F slut umg, tart *sl* **schlampen** umg V/I to be sloppy (in one's work) **Schlamperei** umg F sloppiness; (≈ *schlechte Arbeit*) sloppy work **schlampig** **A** ADJ sloppy; (≈ *unordentlich*) untidy **B** ADV (≈ *nachlässig*) carelessly; (≈ *ungepflegt*) slovenly

Schlange F **1** snake; **eine falsche ~** a snake in the grass **2** (≈ *Menschenschlange, Autoschlange*) queue *Br*, line *US*; **~ stehen** to queue (up) *Br*, to stand in line *US* **3** TECH coil **schlängeln** V/R *Weg, Menschenmenge* to wind (its way); *Fluss a.* to meander; **eine geschlängelte Linie** a wavy line **Schlangenbiss** M snakebite **Schlangengift** N snake venom **Schlangenhaut** F snake's skin; (≈ *Leder*) snakeskin **Schlangenleder** N snakeskin **Schlangenlinie** F wavy line; **(in) ~n fahren** to swerve about

schlank ADJ **1** slim; **~ werden** to slim; **ihr Kleid macht sie ~** her dress makes her look slim **2** *fig* (≈ *effektiv*) lean

Schlankheit F slimness **Schlankheitskur** F diet; MED course of slimming treatment; **eine ~ machen** to be on a diet

schlapp umg ADJ (≈ *erschöpft*) worn-out; (≈ *energielos*) listless; *nach Krankheit etc* run-down **Schlappe** umg F setback; *bes* SPORT defeat; **eine ~ einstecken (müssen)** to suffer a setback/defeat **schlappmachen** umg V/I to wilt; (≈ *ohnmächtig werden*) to collapse **Schlappschwanz** *pej* umg M wimp

schlau **A** ADJ smart, clever; (≈ *gerissen*) cunning; **ein ~er Bursche** a crafty devil umg; **ich werde nicht ~ aus ihm/dieser Sache** I can't figure him/it out **B** ADV cleverly

Schlauch M hose; MED tube; (≈ *Fahrradschlauch, Autoschlauch*) (inner) tube; **auf dem ~ stehen** umg (≈ *nicht begreifen*) not to have a clue umg; (≈ *nicht weiterkommen*) to be stuck umg **Schlauchboot** N rubber dinghy **schlauchen** umg **A** V/T *j-n: Reise, Arbeit etc* to wear out **B** V/I umg (≈ *Kraft kosten*) to take it out of you/one *etc* umg; **das schlaucht echt!** it really takes it out of you umg **Schlaufe** F loop; (≈ *Aufhänger*) hanger **Schlauheit** F **1** cleverness; *von Mensch, Idee a.* shrewdness; (≈ *Gerissenheit*) cunning **2** (≈ *Bemerkung*) clever remark **schlaumachen** umg V/R **sich über etw** *(akk)* **~** to inform oneself about sth **Schlaumeier** M smart aleck umg

schlecht **A** ADJ **1** bad; *Gesundheit, Qualität* poor; **in Sport ist Julia ~er als ich** Julia is worse at sport than I am; **sich zum Schlechten wenden** to take a turn for the worse; **nur Schlechtes von j-m** *od* **über j-n sagen** not to have a good word to say for sb; **j-m ist (es) ~** sb feels ill *od* sick; **~ aussehen** to look bad; **mit j-m/etw sieht es ~ aus** sb/sth looks in a bad way **2** (≈ *ungenießbar*) off *präd Br*, bad; **~ werden** to go off *Br*, to go bad **B** ADV badly; *lernen* with difficulty; **~ über j-n sprechen/von j-m denken** to speak/think ill of sb; **~ gelaunt** bad-tempered; **heute geht es ~** today is not very convenient; **er ist ~ zu verstehen** he is hard to understand; **ich kann sie ~ sehen** I can't see her very well; **ich kann jetzt ~ absagen** I can hardly cancel now; **auf j-n/etw ~ zu sprechen sein** not to have a good word to say for sb/ sth **schlechterdings** ADV (≈ völlig) absolutely; (≈ nahezu) virtually **schlecht gehen** Vi, **schlechtgehen** Vi **es geht j-m schlecht** sb is in a bad way; finanziell sb is doing badly **schlechthin** ADV (≈ vollkommen) quite; (≈ als solches, in seiner Gesamtheit) per se **Schlechtigkeit** F ■ badness ② (≈ schlechte Tat) misdeed **schlechtmachen** Vt (≈ herabsetzen) to denigrate **Schlechtwettergeld** N bad-weather pay **Schlechtwetterperiode** F spell of bad weather

schlecken österr, südd Vt & Vi → **lecken²**

Schlehe F sloe

schleichen A Vi to creep; Fahrzeug, Zeit to crawl B Vr ■ (≈ leise gehen) to creep; **sich in j-s Vertrauen** (akk) ~ to worm one's way into sb's confidence ② österr, südd (≈ weggehen) to go away; **schleich dich!** get lost! umg **schleichend** ADJ creeping; Krankheit, Gift insidious **Schleichweg** M secret path; **auf ~en** fig on the quiet **Schleichwerbung** F plug umg; **für etw ~ machen** to plug sth

Schleie F ZOOL tench

Schleier M veil **Schleiereule** F barn owl **schleierhaft** umg ADJ baffling; **es ist mir völlig ~** it's a complete mystery to me

Schleife F ■ loop; (≈ Straßenschleife) twisty bend ② von Band bow; (≈ Fliege) bow tie; (≈ Kranzschleife) ribbon

schleifen¹ A Vt to drag; **j-n vor Gericht ~** fig to drag sb into court B Vi ■ to trail, to drag ② (≈ reiben) to rub; **die Kupplung ~ lassen** AUTO to slip the clutch; **die Zügel ~ lassen** to slacken the reins

schleifen² Vt Messer to sharpen; Werkstück, Linse to grind; Parkett to sand; Glas to cut; → **geschliffen Schleifmaschine** F grinding machine **Schleifpapier** N abrasive paper **Schleifstein** M grinding stone, grindstone

Schleim M ■ slime; MED mucus; in Atemorganen phlegm ② GASTR gruel **Schleimer(in)** umg MF crawler umg **Schleimhaut** F mucous membrane **schleimig** ADJ slimy; MED mucous **schleimlösend** ADJ expectorant

schlemmen Vi (≈ üppig essen) to feast; (≈ üppig leben) to live it up **Schlemmer(in)** MF bon vivant

schlendern Vi to stroll **Schlendrian** umg M casualness; (≈ Trott) rut

schlenkern Vt & Vi to swing, to dangle; **mit den Armen ~** to swing od dangle one's arms

Schleppe F von Kleid train **schleppen** A Vt (≈ tragen) Gepäck to lug; (≈ zerren) to drag; Auto to tow; Flüchtlinge to smuggle B Vr to drag oneself; Verhandlungen etc to drag on **schleppend** ADJ Gang shuffling; Bedienung, Geschäft sluggish; **nur ~ vorankommen** to progress very slowly **Schlepper(in)** MF ■ sl für Lokal tout ② (≈ Fluchthelfer) people smuggler **Schleppkahn** M (canal) barge **Schlepplift** M ski tow **Schleppnetz** N trawl (net) **Schlepptau** N SCHIFF tow rope; **j-n ins ~ nehmen** to take sb in tow

Schlesien N Silesia **Schlesier(in)** MF Silesian **schlesisch** ADJ Silesian

Schleswig-Holstein N Schleswig-Holstein

Schleuder F ■ Waffe sling; (≈ Wurfmaschine) catapult ② (≈ Zentrifuge) centrifuge; für Honig extractor; (≈ Wäscheschleuder) spin-dryer **Schleudergefahr** F risk of skidding; „Achtung ~" "slippery road ahead" **schleudern** A Vt & Vi ■ (≈ werfen) to hurl ② TECH to centrifuge; Honig to extract; Wäsche to spin-dry B Vi AUTO to skid; **ins Schleudern geraten** to go into a skid; fig umg to run into trouble **Schleuderpreis** M giveaway price **Schleudersitz** M FLUG ejector seat; fig hot seat

schleunigst ADV straight away; **verschwinde, aber ~!** beat it, on the double!

Schleuse F für Schiffe lock; zur Regulierung des Wasserlaufs sluice; **die ~n öffnen** fig to open the floodgates **schleusen** Vt Schiffe to pass through a lock; Wasser to channel; langsam: Menschen to filter; Antrag to channel; fig heimlich, Flüchtlinge to smuggle **Schleuser(in)** MF people smuggler od trafficker **Schleusung** F **die ~ von Migranten** the smuggling of migrants

Schlich M ruse; **j-m auf die ~e kommen** to catch on to sb

schlicht A ADJ simple; **~ und einfach**

S

plain and simple **B** ADV **1** (≈ *einfach*) simply **2** (≈ *glattweg*) erfunden simply; *vergessen* completely

schlichten A V/T *Streit* (≈ *beilegen*) to settle **B** V/I to mediate; *bes* IND to arbitrate **Schlichter(in)** M/F(M) mediator; IND arbitrator

Schlichtheit F simplicity

Schlichtung F (≈ *Vermittlung*) mediation; *bes* IND arbitration; (≈ *Beilegung*) settlement

schlichtweg ADV → schlechthin

Schlick M silt, ooze; (≈ *Ölschlick*) slick

Schliere F streak

Schließe F fastening **schließen A** V/T **1** (≈ *zumachen, beenden*) to close; *Betrieb* (≈ *einstellen*) to close down **2** (≈ *eingehen*) *Vertrag* to conclude; *Frieden* to make; *Bündnis* to enter into; *Freundschaft* to form **B** V/R (≈ *zugehen*) to close **C** V/I **1** (≈ *zugehen, enden*) to close; (≈ *Betrieb einstellen*) to close down; „*geschlossen*" "closed" **2** (≈ *schlussfolgern*) to infer; **auf etw** (*akk*) **~ lassen** to indicate sth; → geschlossen **Schließfach** N locker; (≈ *Bankschließfach*) safe-deposit box **schließlich** ADV (≈ *endlich*) in the end, eventually, at last; (≈ *immerhin*) after all **Schließung** F (≈ *das Schließen*) closing; (≈ *Betriebseinstellung*) closure

Schliff M *von Glas, Edelstein* cut; *fig* (≈ *Umgangsformen*) polish; **j-m den letzten ~ geben** *fig* to perfect sb

schlimm A ADJ bad; *Krankheit, Wunde* nasty; *Nachricht* awful, upsetting; **es gibt Schlimmere als ihn** there are worse than him; **das finde ich nicht ~** I don't find that so bad; **eine ~e Zeit** bad times *pl*; **das ist halb so ~!** that's not so bad!; **~er wird's** worse; **wenn es nichts Schlimmeres ist!** if that's all it is!; **es gibt Schlimmeres** it could be worse; **~ste(r, s)** worst; **im ~sten Fall** if (the) worst comes to (the) worst **B** ADV zu-richten horribly; **wenn es ganz ~ kommt** if things get really bad; **es steht ~ (um ihn)** things aren't looking too good (for him) **schlimmstenfalls** ADV at (the) worst

Schlinge F loop; *an Galgen* noose; MED (≈ *Armbinde*) sling; (≈ *Falle*) snare

Schlingel M rascal

schlingen[1] *geh* **A** V/T (≈ *binden*) *Knoten* to tie; (≈ *umbinden*) *Schal etc* to wrap **(um around) B** V/R **sich um etw ~** to coil

(itself) around sth

schlingen[2] V/I *beim Essen* to gobble

schlingern V/I *Schiff* to roll; **ins Schlingern geraten** AUTO *etc* to go into a skid

Schlips M tie, necktie US

schlitteln V/I *schweiz* to toboggan **Schlitten** M **1** sledge, sled; (≈ *Pferdeschlitten*) sleigh; (≈ *Rodelschlitten*) toboggan; (≈ *Rennschlitten*) bobsleigh; **mit j-m ~ fahren** *umg* to bawl sb out *umg* **2** *umg* (≈ *Auto*) big car **Schlittenfahrt** F sledge ride; *mit Rodelschlitten* toboggan ride; *mit Pferdeschlitten etc* sleigh ride **schlittern** V/I (≈ *ausrutschen*) to slip; *Wagen* to skid; *fig* to slide, to stumble; **in den Konkurs ~** to slide into bankruptcy **Schlittschuh** M (ice-) skate; **~ laufen** to (ice-)skate **Schlittschuhlaufen** N (ice-)skating **Schlittschuhläufer(in)** M/F(M) (ice-)skater

Schlitz M slit; (≈ *Einwurfschlitz*) slot; (≈ *Hosenschlitz*) fly, flies *pl Br* **Schlitzauge** N slant eye **schlitzäugig** ADJ slant-eyed **schlitzen** V/T to slit **Schlitzohr** *fig* N sly fox

Schlögel M GASTR *österr, südd* (≈ *Keule*) leg

Schloss N (≈ *Gebäude*) castle; (≈ *Palast*) palace; (≈ *großes Herrschaftshaus*) mansion

Schlosser(in) M/F(M) locksmith; (≈ *Maschinenschlosser*) fitter

Schlot M (≈ *Schornstein*) chimney (stack); **rauchen wie ein ~** *umg* to smoke like a chimney *umg*

schlottern V/I **1** (≈ *zittern*) to shiver (**vor** +*dat* with); *vor Angst* to tremble (**vor** +*dat* with); **ihm schlotterten die Knie** his knees were knocking **2** *Kleider* to hang loose

Schlucht F gorge, canyon

schluchzen V/T & V/I to sob

Schluck M drink; (≈ *ein bisschen*) drop; (≈ *das Schlucken*) swallow; *großer* gulp; *kleiner* sip; **einen ~ aus der Flasche nehmen** to take a drink from the bottle **Schluckauf** M hiccups *pl*; **einen ~ haben** to have (the) hiccups **schlucken A** V/T **1** to swallow; *Pillen* ~ *sl* to pop pills *umg* **2** HANDEL *umg* (≈ *absorbieren*) to swallow up; *Benzin, Öl* to guzzle **B** V/I to swallow; **daran hatte er schwer zu ~** *fig* he found that difficult to swallow **Schlucker** *umg* M **armer ~** poor devil **Schluckimpfung** F oral vaccination

schlud(e)rig umg **A** ADJ Arbeit sloppy **B** ADV sloppily **schludern** umg **A** V/T to skimp **B** VI to do sloppy work **Schludrigkeit** umg F sloppiness

schlummern geh VI to slumber liter **Schlund** M ANAT pharynx; fig liter maw liter

schlüpfen VI to slip; Küken to hatch (out) **Schlüpfer** M panties pl Br, knickers pl **Schlupflid** N MED hooded eye **Schlupfloch** N hole, gap; (≈ Versteck) hideout; fig loophole **schlüpfrig** ADJ **1** slippery **2** fig Bemerkung suggestive

schlurfen VI to shuffle, to shamble **schlürfen** VT & VI to slurp, to sip

Schluss M **1** (≈ Ende) end; einer Geschichte, eines Films ending; ~ **damit!** stop it!; **nun ist aber ~!** that's enough now!; **zum ~** in the end; **bis zum ~ bleiben** to stay to the end; **~ machen** (≈ aufhören) to finish; (≈ zumachen) to close; (≈ Selbstmord begehen) to end it all; (≈ Freundschaft beenden) to break it off; **ich muss ~ machen** am Telefon I'll have to go now **2** (≈ Folgerung) conclusion; **zu dem ~ kommen, dass ...** to come to the conclusion that ... **Schlussabrechnung** F final statement **Schlussakkord** M final chord **Schlussakte** F EU final act **Schlüssel** M key (zu to); TECH spanner Br, wrench; (≈ Verteilungsschlüssel) ratio (of distribution); MUS clef **Schlüsselbein** N collarbone **Schlüsselblume** F cowslip **Schlüsselbund** M/N bunch of keys **Schlüsseldienst** M key cutting service **Schlüsselerlebnis** N PSYCH crucial experience **Schlüsselfigur** F key figure **Schlüsselkind** umg N latchkey kid umg **Schlüsselloch** N keyhole **Schlüsselposition** F key position **Schlüsselqualifikation** F key competency

schlussfolgern VI to conclude **Schlussfolgerung** F conclusion **Schlussformel** F in Brief complimentary close **schlüssig** **A** ADJ Beweis conclusive; Konzept logical **B** ADV begründen conclusively **Schlusslicht** N tail light; umg bei Rennen etc back marker; **~ der Tabelle sein** to be bottom of the table **Schlussnotierung** F BÖRSE closing quotation **Schlusspfiff** M final whistle **Schlussphase** F final stage(s pl) **Schlussstrich** fig M einen **~ unter**

etw (akk) **ziehen** to consider sth finished **Schlussverkauf** M (end-of-season) sale Br, season close-out sale US

Schmach geh F disgrace **schmachten** geh VI (≈ leiden) to languish **schmächtig** ADJ slight

schmackhaft ADJ (≈ wohlschmeckend) tasty; **j-m etw ~ machen** fig to make sth palatable to sb

schmähen geh VT to abuse **schmählich** geh **A** ADJ ignominious; (≈ demütigend) humiliating **B** ADV shamefully; versagen miserably

schmal ADJ **1** narrow; Hüfte, Taille slender, narrow; Lippen thin **2** fig (≈ karg) meagre Br, meager US **schmälern** VT to diminish **Schmalfilm** M cine film Br, movie film US **Schmalspur** F BAHN narrow gauge **Schmalspur-** pej ZSSGN small-time

Schmalz¹ N **1** fat; (≈ Schweineschmalz) lard; (≈ Bratenschmalz) dripping Br, drippings pl US **2** (≈ Ohrenschmalz) earwax **Schmalz²** pej umg M schmaltz **schmalzig** pej umg ADJ schmaltzy umg **Schmankerl** N österr, südd (≈ Speise) delicacy

schmarotzen VI to sponge, to scrounge (**bei** off); BIOL to be parasitic (**bei** on) **Schmarotzer** M BIOL auch fig parasite **Schmarotzer(in)** fig M(F) sponger

Schmarr(e)n M **1** österr, südd GASTR pancake cut up into small pieces **2** umg (≈ Quatsch) nonsense **3** österr umg **das geht dich einen Schmarrn an** that's none of your business

schmatzen VI beim Essen to eat noisily, to smack US

schmecken **A** VI to taste (**nach** of); (≈ gut schmecken) to be good, to taste good; **ihm schmeckt es** (≈ gut finden) he likes it; (≈ Appetit haben) he likes his food; **das schmeckt ihm nicht** he doesn't like it; **nach etw ~** fig to smack of sth; **das schmeckt mir nicht** it's tasteless; **schmeckt es (Ihnen)?** do you like it?; **es sich** (dat) **~ lassen** to tuck in; **sich** (dat) **etw ~ lassen** to tuck into sth **B** VT to taste

Schmeichelei F flattery **schmeichelhaft** ADJ flattering **schmeicheln** VI **1** j-m ~ to flatter sb **2** (≈ verschönen) to flatter; **das Bild ist aber geschmeichelt!** the picture is very flattering **Schmeichler(in)** M(F) flatterer; (≈ *Kriecher*) sycophant **schmeichlerisch** ADJ flattering

schmeißen umg **A** V/T **1** (≈ *werfen*) to sling umg, to chuck umg **2** umg **eine Party ~** to throw a party; **den Laden ~** to run the (whole) show **3** (≈ *aufgeben*) to chuck in umg **B** V/T to throw; **mit Steinen ~** to throw stones **Schmeißfliege** F bluebottle

Schmelze F **1** *Metallurgie, a.* GEOL melt **2** (≈ *Schmelzen*) melting **3** (≈ *Schmelzhütte*) smelting plant **schmelzen** **A** V/I to melt; *Reaktorkern* to melt down **B** V/T to melt; *Erz* to smelt **Schmelzkäse** M cheese spread **Schmelzofen** M melting furnace; *für Erze* smelting furnace **Schmelzpunkt** M melting point **Schmelztiegel** M melting pot **Schmelzwasser** N melted snow and ice; GEOG, PHYS meltwater

Schmerz M pain *pl selten*; (≈ *Kummer*) grief *kein pl*; **~en haben** to be in pain; **wo haben Sie ~en?** where does it hurt?; **j-m ~en bereiten** to cause sb pain; **unter ~en** while in pain; *fig* regretfully **schmerzempfindlich** ADJ *Mensch* sensitive to pain **schmerzen** V/T & V/I to hurt, to ache; **es schmerzt** it hurts; **eine ~de Stelle** a painful spot **Schmerzensgeld** N JUR damages *pl* **schmerzfrei** ADJ free of pain; *Operation* painless **Schmerzgrenze** F pain barrier **schmerzhaft** ADJ painful, sore **schmerzlindernd** ADJ pain-relieving, analgesic *fachspr* **schmerzlos** ADJ painless **Schmerzmittel** N painkiller **schmerzstillend** ADJ pain-killing, analgesic *fachspr*; **~es Mittel** painkiller **Schmerztablette** F painkiller **schmerzverzerrt** ADJ *Gesicht* distorted with pain

Schmetterball M smash **Schmetterling** M butterfly **schmettern** V/T **1** (≈ *schleudern*) to smash **2** *Lied, Arie* to bellow out

Schmied(in) M(F) (black)smith **Schmiede** F forge **Schmiedeeisen** N wrought iron **schmiedeeisern** ADJ wrought-iron **schmieden** V/T to forge (**zu** into); (≈ *ersinnen*) *Plan, Komplott* to hatch

schmiegen V/R **sich an j-n ~** to cuddle up to sb **schmiegsam** ADJ supple; *Stoff* soft; *fig* (≈ *anpassungsfähig*) adapta-

ble

Schmiere F **1** umg grease; (≈ *Salbe*) ointment **2** umg **~ stehen** to be the look-out **schmieren** V/T **1** (≈ *streichen*) to smear; *Butter, Aufstrich* to spread; *Brot mit Butter* to butter; *Salbe* to rub in (**in** +*akk* -to); (≈ *einfetten*) to grease; TECH to lubricate; **sie schmierte sich ein Brot** she made herself a sandwich; **es geht** *od* **läuft wie geschmiert** it's going like clockwork; **j-m eine ~** umg to smack sb one umg **2** *pej* (≈ *schreiben*) to scrawl; (≈ *malen*) to daub **3** umg (≈ *bestechen*) **j-n ~** to grease sb's palm umg **Schmiererei** *pej* umg F (≈ *Geschriebenes*) scrawl; (≈ *Parolen etc*) graffiti *pl*; (≈ *Malerei*) daubing **Schmierfett** N (*lubricating*) grease **Schmierfink** *pej* M **1** (≈ *Autor, Journalist*) hack; (≈ *Skandaljournalist*) muckraker umg **2** (≈ *Schüler*) messy writer **Schmiergeld** N bribe **Schmierheft** N notebook **schmierig** ADJ greasy; *fig* (≈ *unanständig*) filthy; (≈ *schleimig*) smarmy *Br* umg **Schmiermittel** N lubricant **Schmieröl** N lubricating oil **Schmierpapier** N jotting paper *Br*, scratch paper *US* **Schmierseife** F soft soap **Schmierzettel** M piece of scrap paper

Schminke F make-up **schminken** **A** V/T to make up; **sich** (*dat*) **die Lippen/Augen ~** to put on lipstick/eye make-up **B** V/R to put on make-up; **sie schminkt sich nie** she never wears make-up

schmirgeln V/T & V/I to sand **Schmirgelpapier** N sandpaper

Schmöker M book (*of light literature*); *dick* tome **schmökern** umg V/I to bury oneself in a book/magazine *etc*

schmollen V/I to pout; (≈ *gekränkt sein*) to sulk **Schmollmund** M pout; **einen ~ machen** to pout

Schmorbraten M pot roast **schmoren** **A** V/T to braise **B** V/I GASTR to braise; umg (≈ *schwitzen*) to roast; **j-n (im eigenen Saft) ~ lassen** to leave sb to stew in his/her own juice)

Schmuck M **1** (≈ *Schmuckstücke*) jewellery *Br kein pl*, jewelry *US kein pl* **2** (≈ *Verzierung*) decoration; *fig* embellishment **schmücken** **A** V/T to decorate; *Rede* to embellish **B** V/R **sich mit etw ~** to adorn oneself with sth **schmucklos** ADJ plain; *Einrichtung, Stil* simple **Schmuckstück** N (≈ *Ring etc*) piece

of jewellery; *fig* (≈ *Prachtstück*) gem
schmuddelig ADJ messy; (≈ *schmierig*)
filthy
Schmuggel M smuggling; **~ treiben** to
smuggle **Schmuggelei** F smuggling
kein pl **schmuggeln** *wörtl*, *fig* VTI & VII
to smuggle; **mit etw ~** to smuggle sth
Schmuggelware F smuggled goods
pl **Schmuggler(in)** MF smuggler
schmunzeln VII to smile **Schmun-
zeln** N smile
schmusen *umg* VII (≈ *zärtlich sein*) to
cuddle; **mit j-m ~** to cuddle sb **schmu-
sig** *umg* ADJ smoochy *umg*
Schmutz M 1 dirt 2 *fig* filth; **j-n/etw
in den ~ ziehen** to drag sb/sth through
the mud **schmutzen** VII to get dirty
Schmutzfink *umg* M (≈ *unsauberer
Mensch*) dirty slob *umg*; (≈ *Kind*) mucky
pup *Br umg*, messy thing *bes US umg*;
fig (≈ *Mann*) dirty old man **Schmutz-
fleck** M dirty mark **Schmutzfracht**
F dirty cargo **schmutzig** ADJ dirty;
sich ~ machen to get oneself dirty
Schnabel M 1 (≈ *Vogelschnabel*) beak,
bill 2 *von Kanne* spout 3 *umg* (≈ *Mund*)
mouth; **halt den ~!** shut your mouth!
umg
schnacken *nordd* VII to chat
Schnake F 1 *umg* (≈ *Stechmücke*) gnat,
midge *Br* 2 (≈ *Weberknecht*) daddy-long-
legs
Schnalle F 1 (≈ *Schuhschnalle*, *Gürtel-
schnalle*) buckle 2 *an Handtasche* clasp
3 *österr* (≈ *Türklinke*) doorhandle 4 *pej
Schimpfwort für Frau* bitch; **so eine ~!**
what a bitch! **schnallen** VTI 1 (≈ *befes-
tigen*) to strap; *Gürtel* to fasten 2 *umg*
(≈ *begreifen*) **etw ~** to catch on to sth
Schnäppchen N bargain; **ein ~ ma-
chen** to get a bargain **Schnäppchen-
preis** *umg* M bargain price **schnap-
pen** A VI **nach j-m/etw ~** to snap at
sb/sth; (≈ *greifen*) to snatch at sb/sth, to
grab sb/sth; **die Tür schnappt ins
Schloss** the door clicks shut B *umg* VTI
1 (≈ *ergreifen*) to grab; **sich** (*dat*) **j-n/etw
~** to grab sb/sth *umg* 2 (≈ *fangen*) to
catch **Schnappschuss** M (≈ *Foto*)
snap(shot)
Schnaps M (≈ *klarer Schnaps*) schnapps;
umg (≈ *Branntwein*) spirits *pl* **Schnaps-
brennerei** F *Gebäude* distillery
Schnapsglas N shot glass **Schnaps-
idee** *umg* F crazy idea

schnarchen VII to snore
schnattern VII *Gans* to gabble; *Ente* to
quack; *umg* (≈ *schwatzen*) to natter *umg*
schnauben VII 1 *Tier* to snort 2 **vor
Wut ~** to snort with rage
schnaufen VII (≈ *schwer atmen*) to
wheeze; (≈ *keuchen*) to puff **Schnau-
ferl** N *hum* (≈ *Oldtimer*) veteran car
Schnauz *schweiz* M, **Schnauzbart** M
moustache *Br*, mustache *US* **Schnauze**
F 1 *von Tier* snout 2 *umg* (≈ *Mund*) gob
Br umg, trap *umg*; (**halt die**) **~!** shut
your trap! *umg*; **j-m die ~ einschlagen**
od **polieren** to smash sb's face in *sl*;
die ~ (**gestrichen**) **vollhaben** to be fed
up (to the back teeth) *umg*; **eine große
~ haben** to have a big mouth **schnäu-
zen** VTI & VIR **sich ~**, (**sich**) **die Nase ~**
to blow one's nose **Schnauzer** M
(≈ *Hundeart*) schnauzer
Schnecke F 1 ZOOL, *a. fig* snail;
(≈ *Nacktschnecke*) slug; GASTR escargot;
j-n zur ~ machen *umg* to bawl sb out
umg 2 GASTR *Gebäck* ≈ Chelsea bun
Schneckenhaus N snail shell
Schneckenpost *umg* F snail mail
umg **Schneckentempo** *umg* N **im
~ at** a snail's pace
Schnee M 1 snow; **das ist ~ von ges-
tern** *umg* that's old hat 2 (≈ *Eischnee*)
whisked egg white; **Eiweiß zu ~ schla-
gen** to whisk the egg white(s) till stiff
3 *umg* (≈ *Heroin*, *Kokain*) snow *sl*
Schneeball M snowball **Schnee-
ballprinzip** N snowball effect
Schneeballschlacht F snowball
fight **Schneeballsystem** N Ponzi
scheme **schneebedeckt** ADJ snow-
-covered **Schneebesen** M GASTR
whisk **schneeblind** ADJ snow-blind
Schneebrille F snow goggles *pl*
Schneedecke F blanket *od* covering
of snow **Schneefall** M snowfall, fall
of snow **Schneeflocke** F snowflake
Schneefräse F snowblower **schnee-
frei** ADJ *Gebiet* free of snow **Schnee-
gestöber** N *leicht* snow flurry; *stark*
snowstorm **Schneeglätte** F hard-
-packed snow *kein pl* **Schneeglöck-
chen** N snowdrop **Schneegrenze** F
snow line **Schneekette** F AUTO snow
chain **Schneemann** M snowman
Schneematsch M slush **Schnee-
pflug** M TECH, SKI snowplough *Br*,
snowplow *US* **Schneeregen** M sleet

Schneeschaufel F̲ snow shovel, snowpusher US **Schneeschmelze** F̲ thaw **Schneeschuh** M̲ snowshoe; *obs* SKI ski **Schneesturm** M̲ snowstorm; *stärker* blizzard **Schneetreiben** N̲ driving snow **Schneeverhältnisse** PL snow conditions *pl* **Schneeverwehung** F̲ snowdrift **Schneewehe** F̲ snowdrift **schneeweiß** ADJ snow-white; *Hände* lily-white **Schneewittchen** N̲ Snow White

Schneid *umg* M̲ guts *pl* **Schneidbrenner** M̲ TECH cutting torch **Schneide** F̲ (sharp *od* cutting) edge; *von Messer* blade **schneiden** A̲ V/T to cut B̲ V/T I̲ to cut; (≈ *klein schneiden*) *Gemüse etc* to chop; SPORT *Ball* to slice; MATH to intersect with; *Weg* to cross; **j-n ~** *beim Überholen* to cut in on sb; (≈ *ignorieren*) to cut sb dead *Br*, to cut sb off ₂ *Film, Tonband* to edit ₃ *fig* (≈ *meiden*) to cut C̲ V/R I̲ *Mensch* to cut oneself; **sich in den Finger ~** to cut one's finger ₂ *umg* (≈ *sich täuschen*) **da hat er sich aber geschnitten!** he's made a big mistake ₃ *Linien, Straßen etc* to intersect **Schneider** M̲ *Gerät* cutter; **aus dem ~ sein** *fig* to be out of the woods **Schneider(in)** M̲/F̲ tailor **Schneiderei** F̲ (≈ *Werkstatt*) tailor's **schneidern** A̲ V/I beruflich to be a tailor; *als Hobby* to do dressmaking B̲ V/T to make **Schneidersitz** M̲ **im ~ sitzen** to sit cross-legged **Schneidezahn** M̲ incisor **schneidig** ADJ *Mensch* dashing; *Musik, Rede* rousing; *Tempo* fast **schneien** A̲ V/I to snow B̲ V/T **es schneite Konfetti** confetti rained down C̲ V/I *fig* to rain down; **j-m ins Haus ~** *umg Besuch* to drop in on sb; *Rechnung, Brief* to arrive in the post

Schneise F̲ break; (≈ *Waldschneise*) lane **schnell** A̲ ADJ *Auto, Zug, Strecke* fast; *Hilfe* speedy B̲ ADV quickly; *arbeiten, handeln* fast; **nicht so ~!** not so fast!; **das geht ~** *grundsätzlich* it doesn't take long; **das ging ~** that was quick; **mach ~/schneller!** hurry up!; **das ging alles viel zu ~** it all happened much too quickly *od* fast; **das werden wir ~ erledigt haben** we'll soon have that finished; **sie wird ~ böse** she loses her temper quickly; **das werde ich so ~ nicht wieder tun** I won't do that again in a hurry **Schnellbahn** F̲ suburban

railway *Br*; city railroad US **Schnellboot** N̲ speedboat **Schnelle** F̲ I̲ (≈ *Schnelligkeit*) speed; **etw auf die ~ machen** to do sth quickly *od* in a rush ₂ (≈ *Stromschnelle*) rapids *pl* **schnellen** V/I to shoot; **in die Höhe ~** to shoot up **Schnellgaststätte** F̲ fast-food restaurant **Schnellgericht** N̲ GASTR quick meal; *Fertiggericht* ready meal; **~e** *ungesund* junk food **Schnellhefter** M̲ spring folder **Schnelligkeit** F̲ speed; *von Hilfe* speediness **Schnellimbiss** M̲ I̲ *Essen* (quick) snack ₂ *Raum* snack bar **Schnellkochtopf** M̲ (≈ *Dampfkochtopf*) pressure cooker **Schnellkurs** M̲ crash course **schnelllebig** ADJ *Zeit* fast-moving **Schnellreinigung** F̲ express cleaning service **schnellstens** ADV as quickly as possible **Schnellstraße** F̲ expressway

Schnepfe F̲ snipe; *pej umg* silly cow *umg*

schneuzen V/T & V/R → schnäuzen **Schnickschnack** M̲ *umg* frills *pl* **Schnippchen** *umg* N̲ **j-m ein ~ schlagen** to play a trick on sb **schnippen** V/I **mit den Fingern ~** to snap one's fingers **schnippisch** A̲ ADJ saucy B̲ ADV saucily **Schnipsel** *umg* M̲/N̲ scrap; (≈ *Papierschnipsel*) scrap of paper

Schnitt M̲ I̲ cut; *von Gesicht* shape; MED incision; (≈ *Schnittmuster*) pattern ₂ FILM editing *kein pl* ₃ MATH (≈ *Schnittpunkt*) (point of) intersection; (≈ *Schnittfläche*) section; *umg* (≈ *Durchschnitt*) average; **im ~** on average **Schnittblumen** PL cut flowers *pl* **Schnitte** F̲ slice; *belegt* open sandwich; *zusammengeklappt* sandwich **schnittig** ADJ smart **Schnittlauch** M̲ chives *pl*, chive US **Schnittmengendiagramm** N̲ Venn diagram **Schnittmuster** N̲ *Handarbeiten* (paper) pattern **Schnittpunkt** M̲ intersection **Schnittstelle** F̲ cut; IT, *a. fig* interface **Schnittwinkel** M̲ angle of intersection **Schnittwunde** F̲ cut; *tief* gash

Schnitzel¹ N̲/M̲ (≈ *Papierschnitzel*) bit of paper; (≈ *Holzschnitzel*) shaving **Schnitzel²** N̲ GASTR veal/pork cutlet; *Wiener ~* schnitzel

Schnitzeljagd F̲ paper chase **schnitzeln** V/T *Gemüse* to shred

schnitzen V/T & V/I to carve **Schnitzer**

umg M̲ in Benehmen blunder; (≈ Fehler) howler Br umg, blooper US umg **Schnitzer(in)** M̲F̲ woodcarver **Schnitzerei** F̲ (wood)carving

schnodd(e)rig umg A̲D̲J̲ Mensch, Bemerkung brash

schnöde A̲D̲J̲ (≈ niederträchtig) despicable; Ton contemptuous; **~s Geld** filthy lucre

Schnorchel M̲ snorkel **schnorcheln** V̲i̲ to go snorkelling Br, to go snorkeling US

Schnörkel M̲ flourish; an Möbeln, Säulen scroll; fig (≈ Unterschrift) squiggle hum

schnorren V̲T̲ & V̲i̲ umg to scrounge umg (**bei** from) **Schnorrer(in)** M̲F̲ scrounger umg

Schnösel umg M̲ snotty(-nosed) little upstart umg **schnöselig** umg A̲D̲J̲ Benehmen snotty umg

schnuckelig A̲D̲J̲ umg (≈ gemütlich) snug, cosy; (≈ niedlich) cute

schnüffeln A̲ V̲i̲ **1** to sniff; **an etw** (dat) ~ to sniff (at) sth **2** fig umg (≈ spionieren) to snoop around **B** V̲T̲ to sniff **Schnüffler(in)** fig umg M̲F̲ snooper umg; (≈ Detektiv) private eye umg

Schnuller umg M̲ dummy Br, pacifier US

Schnulze umg F̲ schmaltzy movie/book/song umg **schnulzig** umg A̲D̲J̲ slushy umg

Schnupfen M̲ cold; (einen) ~ bekommen to catch a cold **Schnupftabak** M̲ snuff

schnuppe umg A̲D̲J̲ j-m ~ sein to be all the same to sb

Schnupperkurs umg M̲ taster course **schnuppern** A̲ V̲i̲ to sniff; **an etw** (dat) ~ to sniff (at) sth **B** V̲T̲ to sniff; fig Atmosphäre etc to sample

Schnur F̲ (≈ Bindfaden) string; (≈ Kordel) cord **Schnürchen** N̲ **es läuft alles wie am** ~ everything's going like clockwork **schnüren** V̲T̲ Paket to tie up; Schuhe to lace (up) **schnurgerade** A̲D̲J̲ (dead) straight **Schnürl** N̲ österr (piece of) string **schnurlos** A̲D̲J̲ cordless **Schnürlregen** M̲ österr pouring rain **Schnürlsamt** M̲ österr corduroy

Schnurrbart M̲ moustache Br, mustache US **schnurren** V̲i̲ Katze to purr; Spinnrad etc to hum

Schnürschuh M̲ lace-up shoe **Schnürsenkel** M̲ shoelace **schnurstracks** A̲D̲V̲ straight

schnurz(egal) umg A̲D̲J̲ **das ist ihm** ~ he couldn't give a damn (about it) umg

Schock M̲ shock; **unter** ~ **stehen** to be in (a state of) shock **schocken** umg V̲T̲ to shock **schockieren** V̲T̲ & V̲i̲ to shock; **stärker** to scandalize; **~d** shocking; **schockiert sein** to be shocked (**über** +akk at)

schofel, **schofelig** umg A̲D̲J̲ Behandlung rotten kein adv umg; Geschenk miserable; **j-n** ~ **behandeln** to treat sb shabbily

Schöffe M̲, **Schöffin** F̲ ≈ juror **Schöffengericht** N̲ court (with jury)

Schokobrunnen M̲ umg chocolate fountain **Schokokuss** M̲ chocolate marshmallow on a biscuit base **Schokolade** F̲ chocolate **Schokoladenbrunnen** M̲ chocolate fountain **Schokoladenfondue** N̲ chocolate fondue **Schokoriegel** M̲ chocolate bar Br, candy bar US **Schokosoße** F̲ umg chocolate sauce, choccy sauce Br umg

Scholle¹ F̲ Fisch plaice

Scholle² F̲ (≈ Eisscholle) (ice) floe; (≈ Erdscholle) clod (of earth)

schon A̲D̲V̲ **1** already; **er ist** ~ **hier!** he's (already) here!; **es ist** ~ **11 Uhr** it's (already) 11 o'clock; **das habe ich dir doch** ~ **hundertmal gesagt** I've told you that a hundred times; ~ **damals** even then; ~ **im 13. Jahrhundert** as early as the 13th century; ~ **am nächsten Tag** the very next day; **ich bin** ~ **lange fertig** I've been ready for ages; ~ **immer** always; **ich habe das** ~ **mal gehört** I've heard that before **2** (≈ bereits) ever; **warst du** ~ **dort?** have you been there (yet)?; (≈ je) have you (ever) been there?; **warst du** ~ **(ein)mal dort?** have you ever been there?; **ist er** ~ **hier?** is he here yet?; **musst du** ~ **gehen?** must you go so soon?; **wie lange wartest du** ~**?** how long have you been waiting? **3** (≈ bloß) just; **allein** ~ **der Gedanke, dass ...** just the thought that ...; **wenn ich das** ~ **sehe!** if I even see that! **4** (≈ bestimmt) all right; **du wirst** ~ **sehen** you'll see (all right); **das wirst du** ~ **noch lernen** you'll learn that one day **5** **das ist** ~ **möglich** that's quite possible; **hör** ~

auf damit! will you stop that!; **nun sag ~!** come on, tell me/us *etc* !, tell me already! *US*; **mach ~!** get a move on! *umg*; **ja ~, aber ...** *umg* yes (well), but ...; **was macht das ~, wenn ...** what does it matter if ...; **~ gut!** okay! *umg*; **ich verstehe ~** I understand; **ich weiß ~** I know

schön Ⓐ Ⓐ**DJ** 🔟 beautiful; *Mann* handsome 🔟 (≈ *nett, angenehm*) good; *Gelegenheit* great; *umg* (≈ *gut*) **die ~en Künste** the fine arts; **eines ~en Tages** one fine day; **~ Ferien!** have a good holiday *Br*, have a good vacation *US*; **zu ~, um wahr zu sein** *umg* too good to be true; **na ~** fine, okay; **~ und gut, aber ...** that's all very well but ... 🔟 *iron Unordnung* fine; *Überraschung* lovely; **du bist mir ein ~er Freund** a fine friend you are; **das wäre ja noch ~er** *umg* that's (just) too much! 🔟 (≈ *beträchtlich*) *Erfolg* great; *Gewinn* handsome; **eine ganz ~e Leistung** quite an achievement; **eine ganz ~e Menge** quite a lot Ⓑ Ⓐ**DV** 🔟 (≈ *gut*) well; *schreiben* beautifully; **sich ~ anziehen** to get dressed up; **~ weich/warm/stark** nice and soft/warm/strong; **schlaf ~** sleep well; **erhole dich ~** have a good rest 🔟 *umg* (≈ *brav, lieb*) nicely; (≈ *sehr, ziemlich*) really; **sei ~ brav** be a good boy/girl; **ganz ~ teuer/kalt** pretty expensive/cold; **ganz ~ lange** quite a while

Schonbezug Ⓜ *für Matratzen* mattress cover; *für Möbel* loose cover; *für Autositz* seat cover

Schöne Ⓕ liter, hum (≈ *Mädchen*) beauty

schönen V̅/T̅ *Zahlen* to dress up

schonen Ⓐ V̅/T̅ *Gesundheit* to look after; *Ressourcen* to conserve; *Umwelt* to protect; *j-s Nerven* to spare; *Gegner* to be easy on; *Bremsen, Batterie* to go easy on; **er muss den Arm noch ~** he still has to be careful with his arm Ⓑ V̅/R̅ to look after oneself; **er schont sich für das nächste Rennen** he's saving himself for the next race **schonend** Ⓐ Ⓐ**DJ** (≈ *rücksichtsvoll*) considerate; *Waschmittel* mild Ⓑ Ⓐ**DV** **j-m etw ~ beibringen** to break sth to sb gently; **etw ~ behandeln** to treat sth with care **Schönfärberei** *fig* glossing things over **Schöngeist** Ⓜ aesthete **schöngeistig** Ⓐ**DJ** aesthetic; **~e Literatur** belletristic literature **Schönheit** Ⓕ beauty

Schönheitschirurgie Ⓕ cosmetic surgery **Schönheitsfarm** Ⓕ beauty farm **Schönheitsfehler** Ⓜ blemish; *von Gegenstand* flaw **Schönheitskönigin** Ⓕ beauty queen **Schönheitsoperation** Ⓕ cosmetic surgery **Schönheitspflege** Ⓕ beauty care **Schönheitswettbewerb** Ⓜ beauty contest

Schonkost Ⓕ light diet; (≈ *Spezialdiät*) special diet

schön machen, schönmachen Ⓐ V̅/T̅ *Kind* to dress up; *Wohnung* to decorate Ⓑ V̅/R̅ to get dressed up; (≈ *sich schminken*) to make (oneself) up **Schönschrift** Ⓕ **in ~** in one's best (hand)writing

Schonung Ⓕ 🔟 (≈ *Waldbestand*) (protected) forest plantation area 🔟 (≈ *das Schonen von Ressourcen*) saving; *von Umwelt* protection; **zur ~ meiner Gefühle** to spare my feelings 🔟 (≈ *Nachsicht*) mercy **schonungslos** Ⓐ Ⓐ**DJ** ruthless; *Wahrheit* blunt; *Offenheit* brutal; *Kritik* savage Ⓑ Ⓐ**DV** ruthlessly **Schonzeit** Ⓕ close season; *fig* honeymoon period

Schopf Ⓜ 🔟 (shock of) hair; **eine Gelegenheit beim ~ ergreifen** to seize an opportunity with both hands 🔟 *österr* (≈ *Schuppen*) shed

schöpfen V̅/T̅ 🔟 *Wasser* to scoop (**aus** from); *Suppe* to ladle (**aus** from) 🔟 *Kraft* to summon up; *Hoffnung* to find; **Hoffnung etc aus etw ~** to draw hope *etc* from sth 🔟 (≈ *schaffen*) *Kunstwerk* to create; *neuen Ausdruck* to coin **Schöpfer(in)** Ⓜ/F̅ creator; (≈ *Gott*) Creator **schöpferisch** Ⓐ Ⓐ**DJ** creative Ⓑ Ⓐ**DV** creatively; **sie ist ~ veranlagt** she is creative; (≈ *künstlerisch*) she is artistic **Schöpfkelle** Ⓕ, **Schöpflöffel** Ⓜ ladle **Schöpfung** Ⓕ creation

Schorf Ⓜ crust; (≈ *Wundschorf*) scab

Schorle Ⓕ/N̅ **mit Wein** spritzer; *mit Saft* drink made from mineral water and fruit juice

Schornstein Ⓜ chimney; *von Schiff, Lokomotive* funnel, (smoke)stack **Schornsteinfeger(in)** Ⓜ/F̅ chimney sweep

Schoß Ⓜ 🔟 lap; **die Hände in den ~ legen** *fig* to sit back (and take it easy) 🔟 *liter* (≈ *Mutterleib*) womb; **im ~e der Familie** in the bosom of one's family **Schoßhund** Ⓜ lapdog

Schössling Ⓜ BOT shoot

Schote F̲ BOT pod
Schotte M̲ Scot **Schottenmuster** N̲
tartan **Schottenrock** M̲ (≈ *Kilt*) kilt
Schotter M̲ gravel; *im Straßenbau* (road)
metal; BAHN ballast
Schottin F̲ Scot **schottisch** ADJ Scot-
tish **Schottland** N̲ Scotland
schraffieren VT̲ to hatch **Schraffie-**
rung F̲ hatching
schräg A̲ ADJ 1̲ (≈ *schief, geneigt*) slop-
ing; *Kante* bevelled Br, beveled US 2̲
umg (≈ *verdächtig*) fishy umg B̲ ADV
(≈ *geneigt*) at an angle; (≈ *krumm*) slant-
ing; *gestreift* diagonally; ~ **gegenüber**
diagonally opposite; **den Kopf ~ halten**
to hold one's head at an angle; **j-n ~**
ansehen *fig* to look askance at sb
Schrägbank F̲ SPORT incline bench
Schräge F̲ (≈ *schräge Fläche*) slope;
(≈ *schräge Kante*) bevel; *im Zimmer* slop-
ing ceiling **Schrägkante** F̲ bevelled
edge Br, beveled edge US **Schräg-**
strich M̲ oblique, slash
Schramme F̲ scratch **schrammen**
VT̲ to scratch
Schrank M̲ cupboard; (≈ *Kleiderschrank*)
wardrobe Br, closet US; (≈ *Besenschrank*)
cupboard Br, closet; (≈ *Spind*) locker
Schranke F̲ barrier; *fig* (≈ *Grenze*) limit;
sich in ~n halten to keep within reas-
onable limits **schrankenlos** *fig* ADJ
unbounded, boundless; *Forderungen* un-
restrained **Schrankenwärter(in)** M̲F̲
attendant (*at level crossing*)
schrankfertig ADJ *Wäsche* washed and
ironed **Schrankkoffer** M̲ clothes
trunk **Schrankwand** F̲ wall unit
Schraubdeckel M̲ screw(-on) lid
Schraube F̲ screw; **bei ihr ist eine ~**
locker umg she's got a screw loose
umg **schrauben** VT̲ & VI̲ to screw;
etw in die Höhe ~ *fig Preise* to push
sth up; *Ansprüche* to raise **Schrauben-**
dreher M̲ screwdriver **Schrauben-**
mutter F̲ nut **Schraubenschlüssel**
M̲ spanner Br, wrench US **Schrauben-**
zieher M̲ screwdriver **Schraubstock**
M̲ vice Br, vise US **Schraubver-**
schluss M̲ screw top
Schrebergarten M̲ allotment Br, gar-
den plot
Schreck M̲ fright; **vor ~** in fright; *zittern*
with fright; **einen ~(en) bekommen** to
get a fright; **mit dem ~(en) davonkom-**
men to get off with no more than a

fright; **j-m einen ~en einjagen** to scare
sb; **ach du ~!** umg blast! umg **schre-**
cken A̲ VT̲ (≈ *ängstigen*) to frighten;
stärker to terrify; **j-n aus dem Schlaf ~**
to startle sb out of his sleep B̲ VR̲ österr
to get a fright **Schrecken** M̲ 1̲
→ Schreck 2̲ (≈ *Entsetzen*) terror; **j-n in**
Angst und ~ versetzen to frighten
and terrify sb **schreckensblass**,
schreckensbleich ADJ as white as a
sheet **Schreckensnachricht** F̲ terri-
ble news *kein pl* **Schreckgespenst** N̲
nightmare **schreckhaft** ADJ easily
startled **schrecklich** ADJ 1̲ terrible,
horrible B̲ ADV 1̲ (≈ *entsetzlich*) horribly;
~ **schimpfen** to swear dreadfully 2̲ umg
(≈ *sehr*) terribly; ~ **viel** an awful lot (of);
~ **wenig** very little **Schreckschuss**
M̲ warning shot **Schrecksekunde** F̲
moment of shock
Schredder M̲ shredder
Schrei M̲ cry; *brüllender* yell; *gellender*
scream; *kreischender* shriek; **ein ~ der**
Entrüstung an (indignant) outcry; **der**
letzte ~ *umg* the latest thing
Schreibblock M̲ (writing) pad **schrei-**
ben A̲ VT̲ 1̲ to write; *Klassenarbeit* to
do; **etw zu ~** to e-mail, to email;
schwarze/rote Zahlen → HANDEL to be
in the black/red; **wo steht das geschrie-**
ben? where does it say that? 2̲ *ortho-*
grafisch to spell; **wie schreibt man**
das? how do you spell that? B̲ VI̲ to
write; **j-m ~,** an **j-n ~** to write to sb,
to write sb US; **an einem Roman** *etc* ~
to be working on *od* writing a novel *etc*
C̲ VR̲ 1̲ (≈ *korrespondieren*) to write (to
each other) 2̲ (≈ *geschrieben werden*) to
be spelt *bes* Br, to be spelled; **wie**
schreibt er sich? how does he spell
his name? **Schreiben** N̲ (≈ *Mitteilung*)
communication form; (≈ *Brief*) letter
Schreiber M̲ umg (≈ *Schreibgerät*) **kei-**
nen ~ haben to have nothing to write
with **Schreiber(in)** M̲F̲ writer; (≈ *Ge-*
richtsschreiber) clerk/clerkess; *pej*
(≈ *Schriftsteller*) scribbler **schreibfaul**
ADJ lazy (about letter writing) **Schreib-**
fehler M̲ (spelling) mistake; *aus Flüch-*
tigkeit slip of the pen **schreibge-**
schützt ADJ IT write-protected
Schreibheft N̲ exercise book
Schreibkraft F̲ typist **Schreibma-**
schine F̲ typewriter; **mit der ~ ge-**
schrieben typewritten **Schreibma-**

S

...schinenpapier N̄ typing paper
Schreibschutz M̄ IT write protection
Schreibtisch M̄ desk **Schreibtisch-**
lampe F̄ desk lamp **Schreibtischtä-**
ter(in) M̄/F̄ mastermind behind the
scenes (of a/the crime) **Schreibung**
F̄ spelling; **falsche ~** misspelling
Schreibwaren PL stationery *sg*
Schreibwarengeschäft N̄ sta-
tioner's, stationery shop **Schreibwa-**
renhändler(in) M̄/F̄ stationer
Schreibwarenhandlung F̄ sta-
tioner's (shop) **Schreibweise** F̄ (≈ *Stil*)
style; (≈ *Rechtschreibung*) spelling
schreien A Vī to shout, to cry; *gellend*
to scream; *kreischend* to shriek; (≈ *brül-*
len) to yell; (≈ *weinen*) *Kind* to cry; **es**
war zum Schreien *umg* it was a scream
umg B V̄R sich heiser ~ to shout one-
self hoarse **Schreihals** *umg* M̄ (≈ *Baby*)
bawler *umg*; (≈ *Unruhestifter*) noisy trou-
blemaker
Schrein *geh* M̄ shrine
Schreiner(in) M̄/F̄ *bes südd* carpenter
schreiten *geh* Vī (≈ *schnell gehen*) to
stride; (≈ *feierlich gehen*) to walk; (≈ *stol-*
zieren) to strut; **zu etw ~** *fig* to get down
to sth; **zur Abstimmung ~** to proceed to
a vote
Schrift F̄ 1 writing *kein pl*; TYPO type;
sie hat eine schöne ~ she has beautiful
handwriting 2 (≈ *Schriftstück*) document
3 (≈ *Broschüre*) leaflet; (≈ *kürzere Abhand-*
lung) paper; **die (Heilige) ~** the (Holy)
Scriptures *pl* **Schriftart** F̄ TYPO type-
face, font **Schriftbild** N̄ script
Schriftdeutsch N̄ written German;
nicht Dialekt standard German **Schrift-**
führer(in) M̄/F̄ secretary **Schriftgrad**
M̄ type size **schriftlich** A ADJ written;
in ~er Form in writing; **die ~e Prüfung**
the written exam B ADV in writing; **etw**
~ festhalten to put sth down in writing;
das kann ich Ihnen ~ geben *fig umg* I
can tell you that for free *umg* **Schrift-**
satz M̄ 1 JUR legal document 2 TYPO
form(e) **Schriftsprache** F̄ written lan-
guage; (≈ *nicht Dialekt*) standard lan-
guage **Schriftsteller(in)** M̄/F̄ writer,
author **schriftstellerisch** A ADJ *Ar-*
beit, Talent literary B ADV **~ tätig sein**
to write; **er ist ~ begabt** he has talent
as a writer **Schriftstück** N̄ paper;
JUR document **Schriftverkehr** M̄,
Schriftwechsel M̄ correspondence

Schriftzeichen N̄ character, letter
schrill A ADJ *Ton, Stimme* shrill; *Farbe,*
Outfit garish B ADV shrilly; *gekleidet*
loudly
Schritt M̄ 1 step (**zu** towards); *weit aus-*
holend stride; *hörbar* footstep; (≈ *Gang*)
walk; (≈ *Tempo*) pace; **einen ~ machen**
to take a step; **den ersten ~ tun** *fig* to
make the first move; **~e gegen j-n/etw**
unternehmen to take steps against sb/
sth; **auf ~ und Tritt** wherever one goes;
~ für ~ step by step; **~ halten** to keep
up 2 (≈ *Schrittgeschwindigkeit*) walking
pace; **„Schritt fahren"** "dead slow" 3,
"slow" 3 (≈ *Hosenschritt*) crotch
Schrittmacher M̄ MED pacemaker
Schrittmacher(in) M̄/F̄ SPORT pace-
maker *bes Br*, pacer **Schritttempo** N̄
walking speed **schrittweise** A ADV
gradually B ADJ gradual
schroff A ADJ (≈ *barsch*) curt, harsh;
(≈ *krass*) abrupt; (≈ *steil, jäh*) precipitous
B ADV 1 (≈ *barsch*) curtly 2 (≈ *steil*)
steeply
schröpfen Vī **j-n ~** *fig* to rip sb off
umg
Schrot M̄/N̄ 1 grain; (≈ *Weizenschrot*) ≈
wholemeal *Br*, ≈ whole-wheat *US*; **vom**
alten ~ und Korn *fig* of the old school
2 JAGD shot **Schrotflinte** F̄ shotgun
Schrotkugel F̄ pellet **Schrotla-**
dung F̄ round of shot
Schrott M̄ scrap metal; *fig* rubbish *Br*,
garbage **schrotten** Vī *umg* to wreck;
er hat ihr Auto geschrottet he wrecked
her car **Schrotthändler(in)** M̄/F̄ scrap
dealer *od* merchant **Schrotthaufen**
wörtl M̄ scrap heap; *fig* (≈ *Auto*) pile of
scrap **Schrottplatz** M̄ scrap yard
schrottreif ADJ ready for the scrap
heap **Schrottwert** M̄ scrap value
schrubben Vī T & Vī to scrub **Schrub-**
ber M̄ (long-handled) scrubbing brush
Br, (long-handled) scrub brush *US*
Schrulle F̄ quirk **schrullig** ADJ odd
schrump(e)lig *umg* ADJ wrinkled
schrumpfen Vī to shrink; *Leber, Niere*
to atrophy; *Muskeln* to waste, to atro-
phy; *Exporte, Interesse* to dwindle; *Indus-*
triezweig to decline **Schrumpfung** F̄
shrinking; (≈ *Raumverlust*) shrinkage;
MED atrophy(ing); *von Exporten* dwin-
dling, diminution; *von Industriezweig etc*
decline
Schub M̄ 1 (≈ *Stoß*) push, shove 2 PHYS

thrust; *fig* (≈ *Impuls*) impetus **3** (≈ *Anzahl*) batch **Schubfach** N drawer **Schubkarre** F wheelbarrow **Schubkraft** F PHYS thrust **Schublade** F drawer; *fig* pigeonhole, compartment **Schubs** *umg* M shove *umg*, push **schubsen** *umg* VT & VI to shove *umg*, to push **schubweise** ADV in batches **schüchtern** A ADJ shy B ADV shyly **Schüchternheit** F shyness **Schuft** M heel *umg* **schuften** *umg* VI to slave away **Schufterei** *umg* F graft *umg*

Schuh M shoe; **j-m etw in die ~e schieben** *umg* to put the blame for sth on sb; **den ~ ziehe ich mir nicht an** *umg* (≈ *ich fühle mich nicht verantwortlich*) it's not my fault **Schuhbürste** F shoe brush **Schuhcreme** F shoe polish **Schuhgeschäft** N shoe shop **Schuhgröße** F shoe size **Schuhlöffel** M shoehorn **Schuhmacher(in)** MF shoemaker; (≈ *Flickschuster*) cobbler **Schuhnummer** *umg* F shoe size **Schuhputzer(in)** MF bootblack, shoeshine boy/girl *US* **Schuhsohle** F sole (of a/one's shoe) **Schuhwerk** N footwear

Schulabgänger(in) MF school-leaver *Br*, graduate *US* **Schulabschluss** M school-leaving qualification, ≈ high school diploma *US*; **ohne ~** with no qualifications **Schulalter** N school age; **im ~ of** school age **Schulanfang** M **1** *in der Grundschule* first day at school **2** *nach den Ferien* beginning of term **3** *morgens* start of school; **~ ist um acht Uhr** school starts at eight o'clock **Schularbeit** F **1** *a.* **Schulaufgaben** homework *kein pl* **2** *a.* **Schulaufgabe** *österr, südd* (≈ *Klassenarbeit*) (written) class test **Schulausflug** M school trip, field trip *US* **Schulbank** F school desk; **die ~ drücken** *umg* to go to school **Schulbeispiel** *fig* N classic example (**für** of) **Schulbesuch** M school attendance **Schulbildung** F (school) education **Schulbuch** N schoolbook, textbook **Schulbus** M school bus **Schulchor** M school choir

schuld ADJ **~ sein** to be to blame (**an** +*dat* for); **er war ~ an dem Streit** the argument was his fault; **du bist selbst ~** that's your own fault **Schuld** F **1** (≈ *Verantwortlichkeit*) **~ haben** to be to blame (**an** +*dat* for); **du hast selbst ~**

that's your own fault; **die ~ auf sich** (*akk*) **nehmen** to take the blame; **j-m die ~ geben** to blame sb; **das ist meine/deine ~** that is my/your fault; **durch meine/deine ~** because of me/you; **j-m ~ geben** to blame sb **2** (≈ *Schuldgefühl*) guilt; (≈ *Unrecht*) wrong; **ich bin mir keiner ~ bewusst** I'm not aware of having done anything wrong **3** (≈ *Zahlungsverpflichtung*) debt; **~en machen** to run up debts, to get into debt; **~en haben** to be in debt **schuldbewusst** ADJ *Mensch* feeling guilty; *Gesicht* guilty **schulden** VT to owe; **das schulde ich ihm** I owe it to him; **j-m Dank ~** to owe sb a debt of gratitude **Schuldenberg** M mountain of debts **Schuldenfalle** F debt trap **schuldenfrei** ADJ free of debt(s); *Besitz* unmortgaged **Schuldenlast** F debts *pl* **Schuldenschnitt** *umg* M FIN debt relief **schuldfähig** ADJ JUR criminally responsible **Schuldfrage** F question of guilt **Schuldgefühl** N sense *kein pl od* feeling of guilt **schuldhaft** A ADJ JUR culpable B ADV JUR culpably **Schuldienst** M (school)teaching *ohne art*; **im ~ (tätig) sein** to be a teacher **schuldig** ADJ **1** guilty; (≈ *verantwortlich*) to blame **präd** (**an** +*dat* for); **einer Sache** (*gen*) **~ sein** to be guilty of sth; **j-n ~ sprechen** to find sb guilty; **sich ~ bekennen** to admit one's guilt; JUR to plead guilty **2** (≈ *verpflichtet*) **j-m etw** (*akk*) **~ sein** to owe sb sth; **was bin ich Ihnen ~?** how much do I owe you? **Schuldige(r)** MF/M guilty person; *zivilrechtlich* guilty party **schuldlos** ADJ *an Verbrechen* innocent (**an** +*dat* of); *an Unglück etc* blameless **Schuldner(in)** MF debtor **Schuldschein** M IOU **Schuldspruch** M verdict of guilty **schuldunfähig** ADJ JUR not criminally responsible

Schule F school; **in die** *od* **zur ~ gehen** to go to school; **in der ~** at school; **die ~ ist aus** school is over; **~ machen** to become the accepted thing; **aus der ~ plaudern** to tell tales **Schulempfehlung** F recommendation by primary school regarding what type of secondary school a child should attend **schulen** VT to train **Schulenglisch** N **mein ~** the English I learned at school **Schüler(in)** MF schoolboy/-girl, stu-

S

dent *US; einer bestimmten Schule* pupil; (≈*Jünger*) follower; **~ bekommen Ermä-ßigung** there is a reduction for school children **Schüleraustausch** M school exchange **Schülerausweis** M (school) student card **Schülerheim** N (school) boarding house **Schüler-hort** M day home for schoolchildren **Schülerlotse** M, **Schülerlotsin** F lollipop man/lady *Br umg*, crossing guard *US* **Schülermitverwaltung** F **1** (≈*Schülerbeteiligung*) pupil participa-tion in school administration **2** (≈*Gre-mium*) school council, student council *US* **Schülerrat** M pupils' council *bes Br*, student council *US* **Schülerschaft** F pupils *pl* **Schülersprecher(in)** M(F) → Schulsprecherin **Schülervertre-tung** F **1** (≈*Vertreten der Schüler*) pu-pils' representation *bes Br*, student rep-resentation *US* **2** (≈*Gremium*) pupils' representative committee *bes Br*, stu-dent representative committee *US* **Schülerzahl** F number of pupils *bes Br*, number of students *US* **Schülerzei-tung** F school magazine **Schulfach** N school subject **Schulferien** PL school holidays *pl Br* school vacation *US* **Schulfest** N **1** (≈*Schulfeier*) school function, school party **2** (≈*offener Tag*) school open day **schulfrei** ADJ **die Kin-der haben morgen ~** the children don't have to go to school tomorrow **Schul-freund(in)** M(F) schoolfriend **Schul-gelände** N school grounds *pl* **Schul-geld** N school fees *pl* **Schulheft** N exercise book, notebook *US* **Schulhof** M school playground, schoolyard **schulisch** ADJ *Leistungen* at school; *Bil-dung* school *attr* **Schuljahr** N school year; (≈*Klasse*) year **Schuljahresbe-ginn** M beginning of the school year **Schuljahresende** N end of the school year **Schuljunge** M schoolboy **Schulkamerad(in)** M(F) schoolfriend **Schulkenntnisse** PL **~ in Französisch** school(-level) French **Schulkind** N schoolchild **Schulklasse** F (school) class **Schullandheim** N *hostel in countryside used as accommodation and educational facility for school visits* **Schulleiter** M headmaster *mst Br*, principal, head teacher **Schulleiterin** F headmistress *mst Br*, principal, head teacher **Schulleitung** F school man-

agement **Schulmädchen** N school-girl **Schulmappe** F schoolbag **Schulmedizin** F orthodox medicine **Schulnote** F mark *Br*, grade *US* **Schulorchester** N school orchestra **Schulpartnerschaft** F school twin-ning **Schulpflicht** F **es besteht ~** school attendance is compulsory **schulpflichtig** ADJ *Kind* required to attend school; **im ~en Alter** of school age **Schulpolitik** F education policy **Schulpsychologe** M, **Schulpsy-chologin** F educational psychologist **Schulranzen** M (school) satchel, schoolbag **Schulrat** M, **Schulrätin** F schools inspector *Br*, ≈ school board superintendent *US* **Schulsachen** PL school things *pl*; **pack deine ~** get your things ready for school **Schulschiff** N training ship **Schulschluss** M end of school; *vor den Ferien* end of term; **kurz nach ~** just after school finishes **Schul-schwänzer(in)** M(F) truant **Schul-speisung** F school meals *pl* **Schul-sprecher(in)** M(F) pupils' representa-tive *bes Br*, student representative *US* **Schulstress** M stress at school, pres-sures *pl* of school; **im ~ sein** to be under stress at school **Schulstunde** F (school) period **Schulsystem** N school system **Schultasche** F school-bag

Schulter F shoulder; **j-m auf die ~ klopfen** to give sb a slap on the back; *lobend* to pat sb on the back; **~ an ~** (≈*dicht gedrängt*) shoulder to shoulder; (≈*solidarisch*) side by side; **die** *od* **mit den ~n zucken** to shrug one's shoul-ders; **etw auf die leichte ~ nehmen** to take sth lightly **Schulterblatt** N shoulder blade **schulterfrei** ADJ strap-less **Schultergelenk** N shoulder joint **schulterlang** ADJ shoulder-length **schultern** V/T to shoulder **Schulter-schluss** M solidarity

Schulträger M *authority responsible for the maintenance of a school*; **~ ist der Staat** the school is supported *od* maintained by the State **Schultüte** F *cardboard cone filled with presents and sweets and given to children on their first day at school* **Schultyp** M type of school

Schulung F (≈*Ausbildung*) training; POL political instruction **Schulungspro-**

gramm N̄ training programme *Br*, training program *US* **Schuluniform** F̄ school uniform **Schulunterricht** M̄ school lessons *pl* **Schulversa-ger(in)** M̄F̄ failure at school **Schulweg** M̄ way to school **Schulwesen** N̄ school system **Schulzeit** F̄ (≈ *Schuljahre*) school days *pl* **Schulzeitung** F̄ school newspaper **Schulzentrum** N̄ school complex **Schulzeugnis** N̄ school report

schummeln *umg* V̄ī to cheat
schumm(e)rig ADJ *Beleuchtung* dim
Schund *pej* M̄ rubbish *Br*, trash *US*
schunkeln V̄ī to link arms and sway from side to side
Schuppe F̄ ◨ scale; **es fiel mir wie ~n von den Augen** the scales fell from my eyes ◧ **~n** *pl* (≈ *Kopfschuppen*) dandruff *sg* **schuppen** Ā V̄/T̄ *Fische* to scale ◩ V̄/R̄ to flake
Schuppen M̄ ◨ shed ◧ *umg* (≈ *übles Lokal*) dive *umg*
Schur F̄ (≈ *das Scheren*) shearing
schüren V̄/T̄ ◨ *Feuer, Glut* to rake ◧ *fig* to stir up; *Zorn, Hass* to fan the flames of
schürfen Ā V̄ī *Bergbau* to prospect (**nach** *for*); **tief** → *fig* to dig deep ◧ V̄/T̄ *Bodenschätze* to mine ◪ V̄/R̄ to graze oneself; **sich am Knie ~** to graze one's knee **Schürfwunde** F̄ graze
Schürhaken M̄ poker
Schurke M̄, **Schurkin** *obs* F̄ villain **Schurkenstaat** M̄ POL rogue state *od* nation
Schurwolle F̄ virgin wool
Schürze F̄ apron; (≈ *Kittelschürze*) overall **Schürzenjäger** *umg* M̄ philanderer
Schuss M̄ ◨ (gun)shot; (≈ *Schuss Munition*) round; **einen ~ auf j-n/etw abgeben** to fire a shot at sb/sth; **weit (ab) vom ~ sein** *fig umg* to be miles from where the action is *umg*; **der ~ ging nach hinten los** it backfired ◧ FUSSB kick; **bes zum Tor** shot ◩ (≈ *Spritzer*) dash; *von Humor etc* touch ◪ *umg mit Rauschgift* shot; (**sich** *dat*) **einen ~ setzen** to shoot up *umg* ◫ *umg* **in ~ sein/kommen** to be in/get into (good) shape **Schussbereich** M̄ (firing) range
Schussel *umg* M̄ dolt *umg*; *zerstreut* scatterbrain *umg*
Schüssel F̄ bowl; (≈ *Satellitenschüssel*) dish; (≈ *Waschschüssel*) basin
schusselig ADJ (≈ *zerstreut*) scatter-

brained *umg*
Schusslinie F̄ firing line **Schussverletzung** F̄ bullet wound **Schusswaffe** F̄ firearm, gun **Schusswechsel** M̄ exchange of shots **Schussweite** F̄ range (of fire); **in/außer ~** within/out of range **Schusswunde** F̄ bullet wound
Schuster(in) M̄F̄ shoemaker; (≈ *Flickschuster*) cobbler
Schutt M̄ (≈ *Trümmer*) rubble; GEOL debris; „**Schutt abladen verboten**" "no tipping" *Br*, "no dumping" *US*; **in ~ und Asche liegen** to be in ruins **Schuttabladeplatz** M̄ dump
Schüttelfrost M̄ MED shivering fit **schütteln** Ā V̄/T̄ to shake; (≈ *rütteln*) to shake about; **den Kopf ~** to shake one's head ◧ V̄/R̄ *vor Kälte* to shiver (**vor** +*dat* with); *vor Ekel* to shudder (**vor** +*dat* with, in) **Schütteltrauma** N̄ MED shaken baby syndrome
schütten Ā V̄/T̄ to tip; *Flüssigkeiten* to pour; (≈ *verschütten*) to spill ◧ V̄ī *umg* **es schüttet** it's pouring (with rain)
schütter ADJ *Haar* thin
Schutthaufen M̄ pile of rubble
Schüttstein M̄ *schweiz* (≈ *Spülbecken*) sink
Schutz M̄ protection (**vor** +*dat od* **gegen** against, from); *bes* MIL (≈ *Deckung*) cover; **im ~(e) der Nacht** under cover of night; **j-n in ~ nehmen** *fig* to take sb's part **Schutzanzug** M̄ protective clothing *kein unbest art, kein pl* **schutzbedürftig** ADJ in need of protection **Schutzblech** N̄ mudguard **Schutzbrief** M̄ AUTO travel insurance certificate **Schutzbrille** F̄ protective goggles *pl*
Schütze M̄ ◨ SPORT marksman; rifleman; FUSSB (≈ *Torschütze*) scorer; (≈ *Bewaffneter*) gunman, shooter ◧ ASTROL Sagittarius; (**ein) ~ sein** to be (a) Sagittarius
schützen Ā V̄/T̄ to protect (**vor** +*dat od* **gegen** from, against); *bes* MIL (≈ *Deckung geben*) to cover; **vor Hitze/Sonnenlicht ~!** keep away from heat/sunlight; **vor Nässe ~!** keep dry; → *geschützt* ◧ V̄/R̄ to protect oneself (**vor** +*dat od* **gegen** from, against) **schützend** Ā ADJ protective; **ein ~es Dach** *gegen Wetter* a shelter; **seine ~e Hand über j-n halten** to take sb under one's wing ◧ ADV protectively **Schutzengel** M̄ guardian an-

S

gel **Schützenhilfe** *fig* F support; **j-m ~ geben** to back sb up
Schützenverein M shooting club
Schutzfilm M protective layer *od* coating **Schutzfolie** F protective film
Schutzgebiet N POL protectorate
Schutzgebühr F (token) fee **Schutzgeld** N protection money **Schutzhaft** F JUR protective custody; POL preventive detention **Schutzheilige(r)** M/F(M) patron saint **Schutzhelm** M safety helmet *Br*, hard hat *US* **Schutzherr** M patron **Schutzherrin** F patron, patroness **Schutzhülle** F protective cover; (≈ *Buchumschlag*) dust cover
Schutzimpfung F vaccination, inoculation
Schützin F markswoman; (≈ *Schießsportlerin*) riflewoman; (≈ *Torschützin*) scorer
Schutzkleidung F protective clothing
Schützling M protégé; *bes Kind* charge **schutzlos** A ADJ (≈ *wehrlos*) defenceless *Br*, defenseless *US* B ADV **j-m ~ ausgeliefert sein** to be at the mercy of sb **Schutzmacht** F POL protecting power **Schutzmann** M policeman
Schutzmaske F (protective) mask
Schutzmaßnahme F precaution; *vorbeugend* preventive measure
Schutzpatron(in) M(F) patron saint
Schutzraum M shelter **Schutzschicht** F protective layer; (≈ *Überzug*) protective coating **Schutztruppe** F protection force; HIST colonial army
Schutzumschlag M dust cover
Schutzwall M protective wall (**gegen** to keep out)
schwabbelig *umg* ADJ *Körperteil* flabby; *Gelee* wobbly
Schwabe M, **Schwäbin** F Swabian **Schwaben** N Swabia **schwäbisch** ADJ Swabian; **die Schwäbische Alb** the Swabian mountains *pl*
schwach A ADJ weak; *Gesundheit, Gehör* poor; *Hoffnung* faint; *Licht* dim; *Wind* light; *Handel Nachfrage* slack; **in Englisch ist er ~** he's quite poor at English; **das ist ein ~es Bild** *od* **eine ~e Leistung** *umg* that's a poor show *umg*; **ein ~er Trost** cold comfort; **auf ~en Beinen** *od* **Füßen stehen** *fig* to be on shaky ground; *Theorie* to be shaky; **schwächer werden** to grow weaker; *Stimme* to grow fainter; *Licht* to (grow) dim; *Ton* to fade B ADV weakly; (≈ *spärlich*) besucht poorly;

~ **bevölkert** sparsely populated; ~ **radioaktiv** with low-level radioactivity
Schwäche F weakness; *von Stimme* feebleness; *von Licht* dimness; *von Wind* lightness **Schwächeanfall** M sudden feeling of weakness **schwächeln** *umg* V/I to weaken slightly; **der Dollar schwächelt** the dollar is showing signs of weakness **schwächen** V/T to weaken **Schwachkopf** *umg* M dimwit *umg* **schwächlich** ADJ weakly **Schwächling** M weakling **schwachmachen** *umg* V/T **j-n ~** to soften sb up; **mach mich nicht schwach!** don't say that! **Schwachpunkt** M weak point
Schwachsinn M MED mental deficiency; *fig umg* (≈ *unsinnige Tat*) idiocy *kein unbest art*; (≈ *Quatsch*) rubbish *Br umg*, garbage **schwachsinnig** ADJ MED mentally deficient; *fig umg* idiotic
Schwachstelle F weak point, down point **Schwachstrom** M ELEK low-voltage current **Schwächung** F weakening
Schwaden M (≈ *Dunst*) cloud
schwafeln *pej umg* A V/I to drivel (on) *umg*; *in einer Prüfung* to waffle *umg* B V/T **dummes Zeug ~** to talk drivel *umg* **Schwafler(in)** *pej umg* M(F) windbag *umg*
Schwager M brother-in-law **Schwägerin** F sister-in-law
Schwalbe F swallow; **eine ~ machen** FUSSB *sl* to take a dive; **eine ~ macht noch keinen Sommer** *sprichw* one swallow doesn't make a summer *sprichw*
Schwall M flood
Schwamm M 1 sponge; **~ drüber!** *umg* (let's) forget it! 2 *dial* (≈ *Pilz*) fungus; *essbar* mushroom; *giftig* toadstool 3 (≈ *Hausschwamm*) dry rot **Schwammerl** N *österr* (≈ *Pilz*) fungus; *essbar* mushroom; *giftig* toadstool **schwammig** A ADJ 1 *wörtl* spongy 2 *fig Gesicht, Hände* puffy; (≈ *vage*) *Begriff* woolly B ADV (≈ *vage*) vaguely
Schwan M swan; (≈ *junger Schwan*) cygnet **schwanen** V/I **ihm schwante etwas** he sensed something might happen; **mir schwant nichts Gutes** I don't like it **Schwanengesang** *fig* M swan song
schwanger ADJ pregnant; **sie ist im sechsten Monat ~** she is five months pregnant **Schwangere** F pregnant

woman **schwängern** V̲T̲ to make pregnant **Schwangerschaft** F̲ pregnancy **Schwangerschaftsabbruch** M̲ termination of pregnancy **Schwangerschaftstest** M̲ pregnancy test **Schwank** M̲ THEAT farce; **ein ~ aus der Jugendzeit** hum a tale of one's youthful exploits **schwanken** V̲I̲ **1** (≈wanken) to sway; Schiff auf und ab to pitch; seitwärts to roll; Angaben to vary; PHYS, MATH to fluctuate; **ins Schwanken kommen** Preise, Kurs, Temperatur etc to start to fluctuate; Überzeugung etc to begin to waver **2** (≈wechseln) to alternate; (≈zögern) to hesitate; **~, ob** to hesitate as to whether **schwankend** A̲D̲J̲ **1** (≈wankend) swaying; Gang rolling; Schritt unsteady **2** (≈unschlüssig) uncertain; (≈zögernd) hesitant; (≈wankend) unsteady **Schwankung** F̲ von Preisen, Temperatur etc fluctuation (+gen in); **seelische ~en** mental ups and downs umg **Schwankungsbereich** M̲ range **Schwanz** M̲ **1** tail; umg von Zug (tail) end; **das Pferd** od **den Gaul beim** od **am ~ aufzäumen** to do things back to front **2** sl (≈Penis) prick sl **schwänzen** umg **A** **1** Stunde, Vorlesung to skip umg; Schule to play truant from bes Br, to play hooky from bes US umg **B** V̲I̲ to play truant bes Br, to play hooky bes US umg **Schwanzflosse** F̲ tail fin **schwappen** V̲I̲ **1** Flüssigkeit to slosh around **2** (≈überschwappen) to splash; fig to spill **Schwarm** M̲ **1** swarm **2** umg (≈Angebeteter) idol; (≈Vorliebe) passion **schwärmen** V̲I̲ **1** (≈begeistert reden) to enthuse (**von** about); **für j-n/etw ~** to be crazy about sb/sth umg; **sie schwärmt total für David** she's got a crush on David umg, she's crushing on David US umg; **ins Schwärmen geraten** to go into raptures **Schwärmer(in)** M̲F̲ (≈Begeisterter) enthusiast; (≈Fantast) dreamer **Schwärmerei** F̲ (≈Begeisterung) enthusiasm; (≈Leidenschaft) passion; (≈Verzückung) rapture **schwärmerisch** A̲D̲J̲ (≈begeistert) enthusiastic; (≈verliebt) infatuated **Schwarte** F̲ **1** (≈Speckschwarte) rind **2** umg (≈Buch) tome hum; (≈Gemälde) daub(ing) pej **schwarz** **A** A̲D̲J̲ **1** black; **~er Humor** black humour Br, black humor US; **~e**

Liste blacklist; **~e Magie** black magic; **das Schwarze Meer** the Black Sea; **das ~e Schaf (in der Familie)** the black sheep (of the family); **~er Tee** black tea; **etw ~ auf weiß haben** to have sth in black and white; **in den ~en Zahlen sein, ~e Zahlen schreiben** HANDEL to be in the black; **da kannst du warten, bis du ~ wirst** umg you can wait till the cows come home umg **2** umg (≈ungesetzlich) illicit; **der ~e Markt** the black market; **~es Konto** secret account **B** A̲D̲V̲ **1** black; einrichten, sich kleiden in black **2** (≈illegal) erwerben illegally; **etw ~ verdienen** to earn sth on the side **Schwarz** N̲ black; **in ~ gehen** to wear black **Schwarzarbeit** F̲ illicit work; nach Feierabend moonlighting umg **schwarzarbeiten** V̲I̲ to do illicit work; nach Feierabend to moonlight umg **Schwarzarbeiter(in)** M̲F̲ person doing illicit work; nach Feierabend moonlighter umg **schwarzärgern** V̲R̲ to get extremely annoyed **schwarzbraun** A̲D̲J̲ dark brown **Schwarzbrot** N̲ braun brown rye bread; schwarz, wie Pumpernickel black bread **Schwärze** F̲ **1** (≈Dunkelheit) blackness **2** (≈Druckerschwärze) printer's ink **schwärzen** V̲T̲ & V̲R̲ to blacken **Schwarze(r)** M̲ **1** black **2** österr Kaffee black mocha **Schwarze(s)** N̲ black; **auf Zielscheibe** bull's-eye; **das kleine ~** umg one's/a little black dress; **ins ~ treffen** to score a bull's-eye **schwarzfahren** V̲I̲ ohne zu zahlen to travel without paying **Schwarzfahrer(in)** M̲F̲ fare dodger umg **Schwarzgeld** N̲ illegal earnings pl **schwarzhaarig** A̲D̲J̲ black-haired **Schwarzhandel** M̲ black market; (≈Tätigkeit) black marketeering; **im ~** on the black market **Schwarzhändler(in)** M̲F̲ black marketeer **schwärzlich** A̲D̲J̲ blackish; Haut dusky **schwarzmalen** V̲I̲ to be pessimistic **Schwarzmalerei** F̲ pessimism **Schwarzmarkt** M̲ black market **Schwarzmarktpreis** M̲ black-market price **Schwarzpulver** N̲ black (gun)powder **schwarzsehen** V̲I̲ **1** TV to watch TV without a licence Br, to watch TV without a license US **2** (≈pessimistisch sein) to be pessimistic; **da sehe ich schwarz** that's not going to work

S

Schwarztee M̲ black tea **Schwarz-wald** M̲ Black Forest **Schwarzwälder** ADJ Black Forest; **~ Kirschtorte** Black Forest gateau *Br*, Black Forest cake *US* **schwarz-weiß**, **schwarzweiß** ADJ black and white **Schwarz-Weiß--Foto** N̲ black-and-white (photo) **Schwarzwurzel** F̲ GASTR salsify

Schwatz *umg* M̲ chat **schwatzen** A V/I to talk; *pej unaufhörlich* to chatter; *(≈ klatschen)* to gossip B V/T to talk; **dummes Zeug ~** to talk a lot of garbage *umg* **schwätzen** *österr, südd* V/T & V/I → schwatzen **Schwätzer(in)** *pej* M̲F̲ chatterbox *umg*; *(≈ Schwafler)* windbag *umg*; *(≈ Klatschmaul)* gossip **Schwätzerei** *pej* F̲ *(≈ Gerede)* chatter; *(≈ Klatsch)* gossip **schwatzhaft** ADJ *(≈ geschwätzig)* talkative, garrulous; *(≈ klatschsüchtig)* gossipy

Schwebe F̲ **in der ~ sein** *fig* to be in the balance; JUR to be pending **Schwebebahn** F̲ suspension railway, aerial monorail **Schwebebalken** M̲ SPORT beam **schweben** V/I **1** *Nebel, Rauch* to hang; *Wolke* to float; **etw schwebt j-m vor Augen** *fig* sb has sth in mind; **in großer Gefahr ~** to be in great danger **2** *(≈ durch die Luft gleiten)* to float; *(≈ hochschweben)* to soar; *(≈ niederschweben)* to float down; *(≈ sich leichtfüßig bewegen)* to glide **schwebend** ADJ TECH, CHEM suspended; *fig Fragen etc* unresolved; JUR *Verfahren* pending

Schwede M̲, **Schwedin** F̲ Swede **Schweden** N̲ Sweden **schwedisch** ADJ Swedish; **hinter ~en Gardinen** *umg* behind bars

Schwefel M̲ sulphur *Br*, sulfur *US* **schwefelhaltig** ADJ containing sulphur *Br*, containing sulfur *US* **Schwefelsäure** F̲ sulphuric acid *Br*, sulfuric acid *US* **schweflig** ADJ sulphurous *Br*, sulfurous *US*

Schweif M̲ *a.* ASTRON tail **schweifen** V/I to roam; **seinen Blick ~ lassen** to let one's eyes wander *(über etw akk over sth)*

Schweigegeld N̲ hush money **Schweigemarsch** M̲ silent march (of protest) **Schweigeminute** F̲ one minute('s) silence **schweigen** V/I to be silent; **kannst du ~?** can you keep a secret?; **zu etw ~** to make no reply to sth; **ganz zu ~ von …** to say nothing

of … **Schweigen** N̲ silence; **j-n zum ~ bringen** *a. euph* to silence sb **schweigend** A ADJ silent B ADV in silence; **~ über etw** *(akk)* **hinweggehen** to pass over sth in silence **Schweigepflicht** F̲ pledge of secrecy; **die ärztliche ~** medical confidentiality **schweigsam** ADJ silent; *als Charaktereigenschaft* taciturn; *(≈ verschwiegen)* discreet

Schwein N̲ **1** pig, hog *US; Fleisch* pork **2** *umg (≈ Mensch)* pig *umg*, swine; **ein armes/faules ~** a poor/lazy bastard *sl*; **kein ~** nobody **3** *umg (≈ Glück)* **~ haben** to be lucky **Schweinebauch** M̲ GASTR belly of pork **Schweinebraten** M̲ joint of pork; *gekocht* roast pork **Schweinefleisch** N̲ pork **Schweinegeld** *umg* N̲ **ein ~** a packet *Br umg*, a fistful *US umg* **Schweinegrippe** F̲ swine flu **Schweinehund** *umg* M̲ bastard *sl* **Schweinepest** F̲ *Tiermedizin* swine fever **Schweinerei** *umg* F̲ **1** mess **2** *(≈ Skandal)* scandal; *(≈ Gemeinheit)* dirty trick *umg*; *(≈ unzüchtige Handlung)* indecent act; **(so eine) ~!** what a dirty trick! *umg;* **~en machen** to do dirty things **Schweineschmalz** N̲ dripping **Schweinestall** M̲ pigsty, pigpen *bes US* **Schweinezucht** F̲ pig-breeding; *Hof* pig farm **schweinisch** *umg* ADJ *Benehmen* piggish *umg; Witz* dirty **Schweinkram** *umg* M̲ dirt, filth **Schweinshaxe** F̲ *südd* GASTR knuckle of pork **Schweinsleder** N̲ pigskin

Schweiß M̲ sweat **Schweißausbruch** M̲ sweating *kein unbest art, kein pl* **schweißbedeckt** ADJ covered in sweat **Schweißbrenner** M̲ TECH welding torch **Schweißdrüse** F̲ ANAT sweat gland **schweißen** V/T & V/I TECH to weld **Schweißer(in)** M̲F̲ TECH welder **Schweißfüße** PL smelly feet *pl* **schweißgebadet** ADJ bathed in sweat **Schweißgeruch** M̲ smell of sweat **schweißig** ADJ sweaty **Schweißnaht** F̲ TECH weld **schweißnass** ADJ sweaty **Schweißperle** F̲ bead of perspiration **Schweißstelle** F̲ weld **schweißtreibend** ADJ *Tätigkeit* that makes one sweat **Schweißtropfen** M̲ drop of sweat **schweißüberströmt** ADJ streaming with sweat

Schweiz F̲ **die ~** Switzerland; **die deut-**

sche/französische/italienische ~ German/French/Italian-speaking Switzerland **Schweizer** ADJ Swiss; ~ **Franken** Swiss franc; ~ **Käse** Swiss cheese **schweizerdeutsch** ADJ Swiss-German **Schweizer(in)** M|F Swiss **schweizerisch** ADJ Swiss **Schweizermesser** N Swiss army knife

Schwelbrand M smouldering fire Br, smoldering fire US **schwelen** V|I to smoulder Br, to smolder US

schwelgen V|I to indulge oneself (**in** +dat in); **in Erinnerungen** ~ to indulge in reminiscences

Schwelle F 1 threshold; **an der** ~ **des Todes** at death's door 2 BAHN sleeper Br, cross-tie US **schwellen** A V|I to swell; → **geschwollen** B V|T geh **Segel** to swell (out) **Schwellenangst** F PSYCH fear of entering a place; fig fear of embarking on something new **Schwellenland** N newly industrialized country, emerging economy **Schwellung** F swelling

Schwemme F 1 für Tiere watering place 2 (≈ Überfluss) glut (**an** +dat of) 3 (≈ Kneipe) bar **schwemmen** V|T (≈ treiben) Sand etc to wash; **etw an(s) Land** ~ to wash sth ashore

Schwengel M (≈ Glockenschwengel) clapper; (≈ Pumpenschwengel) handle

Schwenk M (≈ Drehung) wheel; FILM pan; fig about-turn **Schwenkarm** M swivel arm **schwenkbar** ADJ swivelling Br, swiveling US **schwenken** A V|T 1 (≈ schwingen) to wave; (≈ herumfuchteln mit) to brandish 2 Lampe etc to swivel; Kran to swing; Kamera etc to pan 3 GASTR Kartoffeln, Nudeln to toss B V|I to swing; Kolonne von Soldaten, Autos etc to wheel; Geschütz to traverse; Kamera to pan **Schwenkung** F swing; MIL wheel; von Kran swing; von Kamera pan (-ning)

schwer A ADJ 1 heavy; (≈ massiv) Fahrzeug, Maschine powerful; **ein 10 kg ~er Sack** a sack weighing 10 kgs 2 (≈ ernst) serious, grave; Zeit, Schicksal hard; Leiden, Strafe severe; ~**e Verluste** heavy losses; **das war ein ~er Schlag für ihn** it was a hard blow for him 3 (≈ anstrengend, schwierig) hard; Geburt difficult B ADV 1 beladen, bewaffnet heavily; ~ **auf j-m/etw liegen/lasten** to lie/weigh heavily on sb/sth 2 arbeiten hard; be-

strafen severely; ~ **verdientes Geld** hard-earned money; **es mit j-m** ~ **haben** to have a hard time with sb 3 (≈ ernstlich) seriously; behindert severely; kränken deeply; ~ **beschädigt** severely disabled; ~ **erkältet sein** to have a bad cold; ~ **verunglücken** to have a serious accident 4 (≈ nicht einfach) ~ **zu sehen/sagen** hard to see/say; ~ **hören** to be hard of hearing; **ein** ~ **erziehbares Kind** a maladjusted child; ~ **verdaulich** indigestible; ~ **verständlich** difficult to understand 5 umg (≈ sehr) really; **da musste ich** ~ **aufpassen** I really had to watch out **Schwerarbeit** F heavy labour Br, heavy labor US **Schwerarbeiter(in)** M|F labourer Br, laborer US **Schwerathletik** F weightlifting sports, boxing, wrestling etc **schwerbehindert** ADJ severely disabled **Schwerbehinderte(r)** M|F|M severely disabled person **schwerbeschädigt** ADJ severely disabled **Schwere** F 1 heaviness 2 (≈ Ernsthaftigkeit) von Krankheit seriousness 3 (≈ Schwierigkeit) difficulty **schwerelos** ADJ weightless **Schwerelosigkeit** F weightlessness **schwererziehbar** ADJ → **schwer schwerfallen** V|I to be difficult (**j-m** for sb); **Englisch fällt ihm schwer** he finds English difficult **schwerfällig** A ADJ (≈ unbeholfen) Gang heavy (in one's movements); (≈ langsam) Verstand slow; Stil ponderous B ADV heavily; sprechen ponderously; sich bewegen with difficulty **Schwergewicht** N 1 SPORT, a. fig heavyweight 2 (≈ Nachdruck) stress **schwerhörig** ADJ hard of hearing **Schwerhörigkeit** F hardness of hearing **Schwerindustrie** F heavy industry **Schwerkraft** F gravity **schwerlich** ADV hardly **schwer machen** V|T 1 j-m das Leben ~ to make life difficult for sb 2 **es j-m/sich** ~ to make it od things difficult for sb/oneself **Schwermetall** N heavy metal **Schwermut** F melancholy **schwermütig** ADJ melancholy **schwernehmen** V|T **etw** ~ to take sth hard **Schwerpunkt** M PHYS centre of gravity Br, center of gravity US; fig (≈ Zentrum) centre Br, center US; (≈ Hauptgewicht) main emphasis od stress; ~**e setzen** to set priorities **Schwerpunktstreik** M WIRTSCH pinpoint strike

S

schwerreich *umg* ADJ stinking rich *umg*

Schwert N sword **Schwertfisch** M swordfish **Schwertlilie** F BOT iris

schwertun *umg* VR **sich** (*dat*) **mit** *od* **bei etw** ~ to have difficulties with sth **Schwerverbrecher(in)** M/F serious offender; *bes* JUR felon **schwerverdaulich** ADJ → schwer **Schwerverkehr** M heavy goods traffic **Schwerverletzte(r)** M/F/M serious casualty **schwerwiegend** *fig* ADJ Fehler, Mängel, Folgen serious

Schwester F sister; (≈ Krankenschwester) nurse; (≈ Ordensschwester) nun **Schwesterfirma** F sister company **schwesterlich** ADJ sisterly **Schwesternheim** N nurses' home **Schwesternhelfer(in)** M/F nursing auxiliary *Br*, nursing assistant *US* **Schwesterschiff** N sister ship

Schwiegereltern PL parents-in-law *pl* **Schwiegermutter** F mother-in-law **Schwiegersohn** M son-in-law **Schwiegertochter** F daughter-in-law **Schwiegervater** M father-in-law **Schwiele** F callus; (≈ Vernarbung) welt **schwielig** ADJ Hände callused

schwierig A ADJ difficult B ADV ~ **zu übersetzen** difficult to translate **Schwierigkeit** F difficulty; **in ~en geraten** to get into difficulties; **j-m ~en machen** to make trouble for sb; **j-n in ~en** (*akk*) **bringen** to create difficulties for sb **Schwierigkeitsgrad** M degree of difficulty

Schwimmbad N swimming pool; (≈ Hallenbad) swimming baths *pl* **Schwimmbecken** N (swimming) pool **schwimmen** A VI 1 to swim; **in Fett** (*dat*) ~ to be swimming in fat; **im Geld** ~ to be rolling in it *umg* 2 *fig* (≈ unsicher sein) to be at sea B VI SPORT to swim **Schwimmen** N swimming; **ins ~ geraten** *fig* to begin to flounder **Schwimmer** M Angeln, a. TECH float **Schwimmer(in)** M/F swimmer **Schwimmflosse** F fin **Schwimmhaut** F ORN web **Schwimmlehrer(in)** M/F swimming instructor **Schwimmvogel** M water bird **Schwimmweste** F life jacket

Schwindel M 1 (≈ Gleichgewichtsstörung) dizziness; ~ **erregend** → schwindelerregend 2 (≈ Lüge) lie; (≈ Betrug)

swindle, fraud 3 *umg* (≈ Kram) **der ganze** ~ the whole (kit and) caboodle *umg* **Schwindelanfall** M dizzy turn **Schwindelei** F *umg* (≈ leichte Lüge) fib *umg*; (≈ leichter Betrug) swindle **schwindelerregend** ADJ Höhe dizzy; Tempo dizzying; *umg* Preise astronomical **schwindelfrei** ADJ **Wendy ist nicht ~** Wendy can't stand heights; **sie ist völlig** ~ she has a good head for heights **schwindelig** ADJ dizzy; **mir ist** *od* **ich bin** ~ I feel dizzy **schwindeln** A VI *umg* (≈ lügen) to fib *umg* B VI *umg* **das ist alles geschwindelt** it's all lies

schwinden VI (≈ abnehmen) to dwindle; Schönheit to fade; Ton to fade (away); Erinnerung to fade away; Kräfte to fail; **sein Mut schwand** his courage failed him

Schwindler(in) M/F swindler; (≈ Hochstapler) con man; (≈ Lügner) liar, fraud **schwindlerisch** ADJ fraudulent **schwindlig** ADJ → schwindelig

schwingen A VI Schläger to swing; drohend: Stock etc to brandish; Fahne to wave; ~ **geschwungen** B VR **sich auf etw** (akk) ~ to leap onto sth; **sich über etw** (akk) ~ to vault across sth C VI to swing; (≈ vibrieren) Saite to vibrate **Schwingtür** F swing door **Schwingung** F vibration

Schwips *umg* M **einen (kleinen)** ~ **haben** to be (slightly) tipsy

schwirren VI to whizz *Br*, to whiz; Fliegen etc to buzz; **mir schwirrt der Kopf** my head is buzzing

Schwitze F GASTR roux **schwitzen** A VI to sweat B VR **sich nass** ~ to get drenched in sweat **Schwitzen** N sweating; **ins ~ kommen** to break out in a sweat; *fig* to get into a sweat **schwofen** *umg* VI to dance

schwören A VI to swear; **ich hätte geschworen, dass …** I could have sworn that …; **j-m/sich etw** ~ to swear sth to sb/oneself B VI to swear; **auf j-n/etw** ~ *fig* to swear by sb/sth

schwul *umg* ADJ gay **schwül** ADJ Wetter, Tag etc sultry, muggy **Schwüle** F sultriness **Schwule(r)** M/F/M gay **schwulenfreundlich** ADJ gay-friendly **Schwulenszene** F gay scene **schwulen- und lesbenfreundlich** ADJ gay-friendly

Schwulität *umg* F trouble *kein* unbest

S

art, difficulty; **in ~en geraten** to get in a fix *umg*

Schwulst *pej* M̅ bombast **schwülstig** *pej* ADJ bombastic

Schwund M̅ **1** (≈ *Abnahme*) decrease (+*gen* in) **2** *von Material* shrinkage **3** MED atrophy

Schwung M̅ **1** swing; (≈ *Sprung*) leap **2** *wörtl* (≈ *Antrieb*) momentum; *fig* (≈ *Elan*) verve; **in ~ kommen** *wörtl* to gain momentum; *fig* to get going; **j-n/etw in ~ bringen** to get sb/sth going; **in ~ sein** *wörtl* to be going at full speed; *fig* to be in full swing **3** *umg* (≈ *Menge*) stack **schwunghaft** **A** ADJ *Handel* flourishing **B** ADV **sich ~ entwickeln** to grow hand over fist **schwungvoll** **A** ADJ **1** *Linie, Handschrift* sweeping **2** (≈ *mitreißend*) *Rede* lively **B** ADV (≈ *mit Schwung*) energetically; *werfen* powerfully

Schwur M̅ (≈ *Eid*) oath; (≈ *Gelübde*) vow **Schwurgericht** N̅ court with a jury

Schwyz N̅ Schwyz

Science-Fiction, Sciencefiction F̅ science fiction, sci-fi *umg*

Screenshot M̅ IT screen shot, screen-shot, screen dump *umg*

scrollen V̅/T̅ & V̅/I̅ IT to scroll

SE ABK (= *Societas Europaea*) *Europäische Gesellschaft* SE

sechs NUM six; **~ vier Sechseck** N̅ hexagon **sechseckig** ADJ hexagonal **Sechserpack** M̅ six-pack **sechshundert** NUM six hundred **sechsmal** ADV six times **Sechstagerennen** N̅ six-day (bicycle) race **sechstägig** ADJ six-day **sechstausend** NUM six thousand **Sechstel** N̅ sixth; → *Viertel*[1] **sechste(r, s)** ADJ sixth; **den ~n Sinn haben** to have a sixth sense (for sth); → *vierter*, s **sechzehn** NUM sixteen **sechzig** NUM sixty; → *vierzig*

Secondhandladen M̅ second-hand shop

See[1] F̅ sea; **an der See** by the sea; **an die See fahren** to go to the sea(side); **auf hoher See** on the high seas; **auf See** at sea; **in See stechen** to put to sea; **zur See fahren** to be a sailor

See[2] M̅ lake

Seeaal M̅ ZOOL conger (eel) **Seebad** N̅ (≈ *Kurort*) seaside resort **Seebär** *hum umg* M̅ seadog *umg* **Seebeben** N̅ seaquake **See-Elefant** M̅ sea ele-

phant **Seefahrer(in)** M̅F̅ seafarer **Seefahrt** F̅ **1** (≈ *Fahrt*) (sea) voyage; (≈ *Vergnügungsseefahrt*) cruise **2** (≈ *Schifffahrt*) seafaring *ohne art* **Seefisch** M̅ saltwater fish **Seefischerei** F̅ sea fishing **Seefrachtbrief** M̅ HANDEL bill of lading **Seegang** M̅ swell; **starker** *od* **hoher ~** heavy *od* rough seas **seegestützt** ADJ MIL sea-based **Seehafen** M̅ seaport **Seehund** M̅ seal **Seeigel** M̅ sea urchin **seekrank** ADJ seasick; **Paul wird leicht ~** Paul is a bad sailor **Seekrankheit** F̅ seasickness **Seekrieg** M̅ naval war **Seelachs** M̅ GASTR pollack

Seele F̅ soul; (≈ *Herzstück*) life and soul; **von ganzer ~** with all one's heart (and soul); **j-m aus der ~ sprechen** to express exactly what sb feels; **das liegt mir auf der ~** it weighs heavily on my mind; **sich** (*dat*) **etw von der ~ reden** to get sth off one's chest; **das tut mir in der ~ weh** I am deeply distressed; **eine ~ von Mensch** an absolute dear **Seelenheil** N̅ spiritual salvation; *fig* spiritual welfare **Seelenleben** N̅ inner life **seelenlos** ADJ soulless **Seelenruhe** F̅ calmness; **in aller ~** calmly; (≈ *kaltblütig*) as cool as ice **seelenruhig** **A** ADJ calm; (≈ *kaltblütig*) as cool as ice **B** ADV calmly; (≈ *kaltblütig*) callously **seelenverwandt** ADJ congenial *liter*; **sie waren ~** they were kindred spirits **Seelenzustand** M̅ psychological state

Seelilie F̅ sea lily

seelisch ADJ REL spiritual; (≈ *geistig*) *Gleichgewicht* mental; *Schaden* psychological; *Erschütterung* emotional **B** ADV psychologically; **~ krank** mentally ill

Seelöwe M̅ sea lion

Seelsorge F̅ spiritual welfare **Seelsorger(in)** M̅F̅ pastor

Seeluft F̅ sea air **Seemacht** F̅ naval *od* maritime power **Seemann** M̅ sailor **seemännisch** ADJ nautical **Seemannsgarn** *umg* N̅ sailor's yarn **Seemeile** F̅ sea mile **Seemöwe** F̅ seagull **Seengebiet** N̅ lakeland district **Seenot** F̅ distress; **in ~ geraten** to get into distress **Seeotter** M̅ sea otter **Seepferd(chen)** N̅ sea horse **Seeräuber(in)** M̅F̅ pirate **Seeräuberei** F̅ piracy **Seereise** F̅ (sea) voyage; (≈ *Kreuzfahrt*) cruise **Seerose** F̅ water

S

lily **Seeschifffahrt** F̲ maritime shipping **Seeschlacht** F̲ sea battle **Seestern** M̲ ZOOL starfish **Seestreitkräfte** P̲L̲ naval forces *pl* **Seetang** M̲ BOT, GASTR seaweed **Seeteufel** M̲ ZOOL monkfish **seetüchtig** A̲D̲J̲ seaworthy **seeuntüchtig** A̲D̲J̲ unseaworthy **Seeverkehr** M̲ maritime traffic **Seevogel** M̲ sea bird **Seeweg** M̲ sea route; **auf dem ~ reisen** to go by sea **Seezunge** F̲ sole

Segel N̲ sail; **die ~ setzen** to set the sails **Segelboot** N̲ sailing boat *Br,* sailboat *US* **segelfliegen** V̲I̲ to glide **Segelfliegen** N̲ gliding **Segelflieger(in)** M̲(F̲) glider pilot **Segelflug** M̲ (≈ *Segelfliegerei*) gliding; (≈ *Flug*) glider flight **Segelflugzeug** N̲ glider **Segeljacht** F̲ (sailing) yacht, sailboat *US* **Segelklub** M̲ sailing club **segeln** A̲ V̲/̲T̲ & V̲/̲I̲ to sail; **~ gehen** to go for a sail B̲ V̲/̲I̲ *umg* **durch eine Prüfung ~** to fail an exam **Segeln** N̲ sailing **Segelregatta** F̲ sailing *od* yachting regatta **Segelschiff** N̲ sailing ship **Segelsport** M̲ sailing *ohne art* **Segeltuch** N̲ canvas

Segen M̲ blessing; **es ist ein ~, dass ...** it is a blessing that ...; **er hat meinen ~** he has my blessing; **~ bringend** beneficent

Segler(in) M̲(F̲) (≈ *Segelsportler*) yachtsman/-woman, sailor

Segment N̲ segment

segnen V̲/̲T̲ REL to bless; → gesegnet **Segnung** F̲ REL blessing

Segway® M̲ *einachsiger Einpersonentransporter* Segway®

sehbehindert A̲D̲J̲ partially sighted

---

sehen

A transitives Verb   **B** reflexives Verb
C intransitives Verb

— **A** transitives Verb —

to see; (≈ *ansehen*) to look at; **gut zu ~ sein** to be clearly visible; **schlecht zu ~ sein** to be difficult to see; **da gibt es nichts zu ~** there is nothing to see; **darf ich das mal ~?** can I have a look at that?; **j-n/etw zu ~ bekommen** to get to see sb/sth; **etw in j-m ~** to see sb as sth; **ich kann den Mantel nicht mehr ~** (≈ *nicht mehr ertragen*) I can't stand the

sight of that coat any more; **sich ~ lassen** to put in an appearance; **er lässt sich kaum noch bei uns ~** he hardly ever comes to see us now; **also, wir ~ uns morgen** right, I'll see you tomorrow; **da sieht man es mal wieder!** that's typical!; **du siehst das/ihn nicht richtig** you've got it/him wrong; **rein menschlich gesehen** from a purely personal point of view

— **B** reflexives Verb —

sich getäuscht ~ to see oneself deceived; **sich gezwungen ~, zu ...** to find oneself obliged to ...

— **C** intransitives Verb —

to see; **er sieht gut/schlecht** he can/cannot see very well; **siehe oben/unten** see above/below; **siehst du (wohl)!**, **siehste!** *umg* you see!; **~ Sie mal!** look!; **lass mal ~** let me see, let me have a look; **Sie sind beschäftigt, wie ich sehe** I see you're busy; **mal ~!** *umg* we'll see; **auf etw** (*akk*) **~** (≈ *hinsehen*) to look at sth; (≈ *achten*) to consider sth important; **darauf ~, dass ...** to make sure (that) ...; **nach j-m ~** (≈ *betreuen*) to look after sb; (≈ *besuchen*) to go to see sb; **nach der Post ~** to see if there are any letters

Sehen N̲ seeing; (≈ *Sehkraft*) sight; **ich kenne ihn nur vom ~** I only know him by sight **sehenswert** A̲D̲J̲ worth seeing **Sehenswürdigkeit** F̲ sight, attraction; **das Anschauen von ~en** sightseeing **Sehfehler** M̲ visual defect **Sehkraft** F̲ (eye)sight

Sehne F̲ 1̲ ANAT tendon 2̲ (≈ *Bogensehne*) string

sehnen V̲/̲R̲ **sich nach j-m/etw ~** to long for sb/sth

Sehnenzerrung F̲ pulled tendon **Sehnerv** M̲ optic nerve

sehnlich A̲ A̲D̲J̲ Wunsch ardent; *Erwartung* eager B̲ A̲D̲V̲ hoffen, wünschen ardently **Sehnsucht** F̲ longing (**nach** for) **sehnsüchtig** A̲ A̲D̲J̲ longing; *Wunsch etc* ardent B̲ A̲D̲V̲ hoffen ardently; **~ auf etw** (*akk*) **warten** to long for sth

sehr A̲D̲V̲ 1̲ *mit Adjektiv/Adverb* very; **er ist ~ dagegen** he is very much against it; **es geht ihm ~ viel besser** he is very much better 2̲ *mit Verb* very much, a lot; **so ~** so much; **wie ~** how much; **sich ~ anstrengen** to try very hard; **reg-**

net es ~? is it raining a lot?; **freust du dich darauf?** — **ja, ~** are you looking forward to it? — yes, very much; **zu** ~ too much

Sehschwäche F̲ poor eyesight **Sehstörung** F̲ visual defect **Sehtest** M̲ eye test **Sehvermögen** N̲ powers pl of vision

seicht ADJ shallow

Seide F̲ silk **seiden** ADJ (≈ aus Seide) silk **Seidenpapier** N̲ tissue paper **Seidenraupe** F̲ silkworm **seidenweich** ADJ soft as silk **seidig** ADJ (≈ wie Seide) silky

Seife F̲ soap **Seifenblase** F̲ soap bubble; fig bubble **Seifenlauge** F̲ (soap)suds pl **Seifenoper** F̲ soap (opera) **Seifenpulver** N̲ soap powder **Seifenschale** F̲ soap dish **Seifenschaum** M̲ lather **seifig** ADJ soapy

seihen V̲T̲ (≈ sieben) to sieve

Seil N̲ rope; (≈ Hochseil) tightrope, high wire **Seilbahn** F̲ cable railway Br, cableway US **seilspringen** V̲I̲ to skip **Seilspringen** N̲ skipping Br, jumping rope US **Seiltanz** M̲ tightrope act **Seiltänzer(in)** M̲(F̲) tightrope walker

sein[1] A̲ V̲I̲ **1** to be; **sei/seid so nett und ... be so kind as to ...; das wäre gut that would be a good thing; es wäre schön gewesen it would have been nice; er ist Lehrer he is a teacher; wenn ich Sie wäre if I were od was you; er war es nicht it wasn't him; das kann schon ~ that may well be; ist da jemand? is (there) anybody there?; er ist aus Genf he comes from Geneva; wo warst du so lange? where have you been all this time? **2 was ist?** what's the matter?, what's up umg; **das kann nicht ~ that can't be (true); wie wäre es mit ...?** how about ...?; **mir ist kalt** I'm cold **B̲** V̲A̲U̲X̲ to have; **er ist geschlagen worden** he has been beaten

sein[2] POSS PR adjektivisch, bei Männern his; bei Dingen, Abstrakta its; bei Mädchen her; bei Tieren its, his/her; bei Ländern, Städten its, her; auf „man" bezüglich one's, his US, your; **jeder hat ~e Probleme** everybody has their problems

Sein N̲ being ohne art; (≈ Existenz a.) existence ohne art; **~ und Schein** appearance and reality

seine(r, s) POSS PR substantivisch his; **er hat das Seine getan** geh he did his bit; **jedem das Seine** each to his own Br, to each his own; die Seinen pl his family **seinerseits** ADV (≈ von ihm) on his part; (≈ er selbst) for his part **seinerzeit** ADV at that time **seinesgleichen** PRON gleichgestellt his equals pl; auf „man" bezüglich one's equals, his equals US; gleichartig his kind pl, of one's own kind; pej the likes of him pl **seinetwegen** ADV **1** (≈ wegen ihm) because of him; (≈ ihm zuliebe) for his sake; (≈ für ihn) on his behalf **2** (≈ von ihm aus) as far as he is concerned **seinetwillen** ADV **um** ~ for his sake

sein lassen V̲T̲ etw ~ (≈ aufhören) to stop sth/doing sth; (≈ nicht tun) to leave sth; **lass das sein!** stop that!

seismisch ADJ seismic **Seismograf** M̲ seismograph **Seismologe** M̲, **Seismologin** F̲ seismologist

seit A̲ PRÄP since; in Bezug auf Zeitdauer for, in bes US; ~ **wann?** since when?; ~ **Jahren** for years; **wir warten schon** ~ **zwei Stunden** we've been waiting (for) two hours; ~ **etwa einer Woche** since about a week ago, for about a week **B̲** KONJ since **seitdem** A̲ ADV since then **B̲** KONJ since

Seite F̲ **1** side; **auf der linken/rechten** ~ on the left/right; ~ **an** ~ side by side; **zur** ~ **gehen** od **treten** to step aside; **j-m zur** ~ **stehen** fig to stand by sb's side; **das Recht ist auf ihrer** ~ she has right on her side; **etw auf die** ~ **legen** to put sth aside; **j-n zur** ~ **nehmen** to take sb aside; **auf der einen** ~ ..., **auf der anderen (Seite)** ... on the one hand ..., on the other (hand) ...; **sich von seiner besten** ~ **zeigen** to show oneself at one's best; **von allen** ~**n** from all sides; **auf** ~**n** +gen → **aufseiten; von** ~**n** +gen → **vonseiten 2** (≈ Buchseite etc) page **Seitenairbag** M̲ AUTO side-impact airbag **Seitenansicht** F̲ **1** side view; TECH side elevation **2** IT print view **Seitenaufprallschutz** M̲ AUTO side impact protection system **Seitenausgang** M̲ side exit **Seitenblick** M̲ sidelong glance; **mit einem** ~ **auf** (+akk) fig with one eye on **Seiteneingang** M̲ side entrance **Seitenflügel** M̲ side wing; von Altar wing **Seitenhieb** M̲ fig sideswipe **seitenlang** ADJ several pages long **Seitenlinie** F̲ **1** BAHN branch line **2** FUSSB etc touchline Br,

S

sideline **seitens** form PRÄP on the part of **Seitenspiegel** M AUTO wing mirror **Seitensprung** M fig bit on the side *kein pl umg* **Seitenstechen** N stitch; **~ haben/bekommen** to have/get a stitch **Seitenstraße** F side street **Seitenstreifen** M verge; *der Autobahn* hard shoulder *Br,* shoulder *US* **seitenverkehrt** ADJ & ADV the wrong way round **Seitenwechsel** M SPORT changeover; **vor dem ~** in the first half; **nach dem ~** in the second half **Seitenwind** M crosswind **Seitenzahl** F 1 page number 2 (≈*Gesamtzahl*) number of pages

seither ADV since then

seitlich A ADJ side attr; *bes* TECH *Naturwissenschaft* lateral B ADV at the side; (≈*von der Seite*) from the side; **~ von** at the side of

Sekret N PHYSIOL secretion

Sekretär M (≈*Schreibschrank*) bureau *Br,* secretary desk *US*

Sekretär(in) MIF secretary **Sekretariat** N office

Sekt M sparkling wine

Sekte F sect

Sektierer(in) MIF sectarian **sektiererisch** ADJ sectarian

Sektion F section; (≈*Abteilung*) department **Sektor** M sector; (≈*Sachgebiet*) field

Sektschale F champagne glass

sekundär ADJ secondary **Sekundärliteratur** F secondary literature **Sekundarschule** F *schweiz* secondary school **Sekundarstufe** F secondary school level, high school level *bes US*

Sekunde F second; **auf die ~ genau** to the second **Sekundenkleber** M superglue®, instant glue **sekundenschnell** ADJ *Reaktion, Entscheidung* split-second attr; *Antwort* quick-fire attr **Sekundenzeiger** M second hand

selber DEM PR → selbst A **Selbermachen** N *Möbel zum ~* do-it-yourself furniture **selbst** A DEM PR 1 **ich ~** I myself; **er ~** he himself; **sie ist die Güte/Tugend ~** she's kindness/virtue itself 2 (≈*ohne Hilfe*) by oneself/himself/yourself etc; **das regelt sich alles von ~** it'll sort itself out (by itself); **er kam ganz von ~** he came of his own accord B ADV 1 (≈*eigen*) **~ ernannt** self-appointed; *in Bezug auf Titel* self-styled; **~ geba-**

cken home-baked, home-made; **~ gebaut** home-made; *Haus* self-built; **~ gemacht** home-made; **~ verdientes Geld** money one has earned oneself 2 (≈*sogar*) even; **~ Gott** even God (himself); **~ wenn** even if *od* though **Selbstachtung** F self-respect, self-worth **selbständig** etc ADJ & ADV → selbstständig **Selbstanzeige** F 1 *steuerlich* voluntary declaration 2 **~ erstatten** to come forward oneself **Selbstauslöser** M FOTO self-timer **Selbstbedienung** F self-service **Selbstbedienungsladen** M self-service shop *od* store *US* **Selbstbedienungsrestaurant** N self-service restaurant **Selbstbefriedigung** F masturbation **Selbstbeherrschung** F self-control; **die ~ wahren/verlieren** to keep/lose one's self-control **Selbstbestätigung** F self-affirmation **Selbstbestimmungsrecht** N right of self-determination **Selbstbeteiligung** F *Versicherungswesen* (percentage) excess **Selbstbetrug** M self-deception **selbstbewusst** A ADJ (≈*selbstsicher*) self-assured, confident B ADV self-confidently **Selbstbewusstsein** N self-confidence **Selbstbildnis** N self-portrait **Selbstdisziplin** F self-discipline **Selbsterhaltungstrieb** M survival instinct **Selbsterkenntnis** F self--knowledge **selbstgebacken** ADJ → selbst **selbstgefällig** A ADJ self--satisfied B ADV smugly **Selbstgefälligkeit** F smugness, complacency **selbstgemacht** ADJ home-made **selbstgerecht** A ADJ self-righteous B ADV self-righteously **Selbstgerechtigkeit** F self-righteousness **Selbstgespräch** N **~e führen** to talk to oneself **selbstherrlich** pej A ADJ (≈*eigenwillig*) high-handed; (≈*selbstgefällig*) arrogant B ADV (≈*eigenwillig*) high-handedly; (≈*selbstgefällig*) arrogantly **Selbsthilfe** F self-help; **zur ~ greifen** to take matters into one's own hands **Selbsthilfegruppe** F self-help group **selbstklebend** ADJ self-adhesive **Selbstkosten** PL WIRTSCH prime costs pl **Selbstkostenpreis** M cost price; **zum ~** at cost **Selbstkritik** F self-criticism **selbstkritisch** A ADJ self-critical B ADV self-critically **Selbstläufer** M *umg* (≈*eigenständiger Erfolg*) sure-fire success *umg* **Selbstlaut** M̲ vowel **selbstlos** A̲ A̲D̲J̲ selfless, unselfish B̲ A̲D̲V̲ selflessly **Selbstlosigkeit** F̲ selflessness **Selbstmitleid** N̲ self-pity **Selbstmord** M̲ suicide **Selbstmordanschlag** M̲ suicide attack **Selbstmordattentäter(in)** M̲(F̲) suicide attacker *od* bomber **Selbstmörder(in)** M̲(F̲) suicide murderer **selbstmörderisch** A̲D̲J̲ suicidal; **in ~er Absicht** intending to commit suicide **selbstmordgefährdet** A̲D̲J̲ suicidal **Selbstmordversuch** M̲ attempted suicide **Selbstporträt** N̲ self-portrait **Selbstschutz** M̲ self-protection **selbstsicher** A̲ A̲D̲J̲ self-assured, confident B̲ A̲D̲V̲ self-confidently **Selbstsicherheit** F̲ self-assurance **selbstständig** A̲D̲J̲ A̲ A̲D̲J̲ independent; **~ sein** *beruflich* to be self-employed; **sich ~ machen** *beruflich* to set up on one's own; *hum* to go off on its own B̲ A̲D̲V̲ independently; **das entscheidet er ~** he decides that on his own **Selbstständige(r)** M̲/F̲(M̲) self-employed person **Selbstständigkeit** F̲ independence; *beruflich* self-employment **Selbststudium** N̲ self-study **Selbstsucht** F̲ egoism **selbstsüchtig** A̲D̲J̲ egoistic, selfish **selbsttätig** A̲ A̲D̲J̲ 1 (≈ *automatisch*) automatic 2 (≈ *eigenständig*) independent B̲ A̲D̲V̲ (≈ *automatisch*) automatically **Selbsttäuschung** F̲ self-deception **Selbsttest** M̲ *von Maschine* self-test **selbstverdient** A̲D̲J̲ → selbst **selbstvergessen** A̲D̲J̲ absent-minded; *Blick* faraway **Selbstverpfleger(in)** M̲(F̲) self-caterer **Selbstverpflegung** F̲ self-catering **selbstverschuldet** A̲D̲J̲ *Unfälle, Notlagen* for which one is oneself responsible; **der Unfall war ~** the accident was his/her own fault **Selbstversorger(in)** M̲(F̲) 1 **~ sein** to be self-sufficient 2 *im Urlaub etc* sb who is self-catering *Br*; **Appartements für ~** self-catering apartments *Br*, condominiums *US* **selbstverständlich** A̲ A̲D̲J̲ *Freundlichkeit* natural; *Wahrheit* self-evident; **das ist doch ~!** that goes without saying; **das ist keineswegs ~** it cannot be taken for granted B̲ A̲D̲V̲ of course **Selbstverständlichkeit** F̲ **das war doch eine ~, dass wir …** it was only natural that we …; **etw für eine ~ halten** to take sth as a matter of course

Selbstverteidigung F̲ self-defence *Br*, self-defense *US* **Selbstvertrauen** N̲ self-confidence **Selbstverwaltung** F̲ self-administration **Selbstwahrnehmung** F̲ self-perception **Selbstwertgefühl** N̲ self-esteem, self-worth **selbstzufrieden** A̲ A̲D̲J̲ self-satisfied B̲ A̲D̲V̲ complacently, smugly **Selbstzweck** M̲ end in itself **selchen** V̲/T̲ & V̲/I̲ *österr, südd Fleisch* to smoke **Selektion** F̲ selection **selektiv** A̲ A̲D̲J̲ selective B̲ A̲D̲V̲ selectively **Selfie** N̲ (≈ *Eigenfoto*) **Selfiestange** F̲, **Selfiestick** M̲ selfie stick **selig** A̲D̲J̲ 1 R̲E̲L̲ blessed 2 (≈ *überglücklich*) overjoyed; *Lächeln* blissful **Seligkeit** F̲ 1 R̲E̲L̲ salvation 2 (≈ *Glück*) (supreme) happiness, bliss **Sellerie** M̲ celeriac; (≈ *Stangensellerie*) celery

---

Sellerie ist nicht immer celery

(Knollen)sellerie	=	**celeriac**
celery	=	(Stangen)sellerie ◄

---

selten A̲ A̲D̲J̲ rare B̲ A̲D̲V̲ (≈ *nicht oft*) rarely, seldom **Seltenheit** F̲ rarity **Seltenheitswert** M̲ rarity value **Selter(s)wasser** N̲ soda (water) **seltsam** A̲D̲J̲ strange **seltsamerweise** A̲D̲V̲ strangely enough **Semantik** F̲ semantics *sg* **semantisch** A̲D̲J̲ semantic **Semester** N̲ U̲N̲I̲V̲ semester, term (*of a half-year's duration*); **im 7./8. ~ sein** to be in one's 4th year **Semesterferien** P̲L̲ vacation *sg* **Semifinale** N̲ S̲P̲O̲R̲T̲ semifinal(s) **Semikolon** N̲ semicolon **Seminar** N̲ 1 U̲N̲I̲V̲ department; (≈ *Seminarübung*) seminar 2 (≈ *Priesterseminar*) seminary 3 (≈ *Lehrerseminar*) teacher training college **Seminarraum** M̲ meeting room **Semit(in)** M̲(F̲) Semite **semitisch** A̲D̲J̲ Semitic **Semmel** F̲ *dial* roll **Semmelbrösel** P̲L̲ breadcrumbs *pl* **Semmelknödel** M̲ *österr, südd* bread dumpling **sempern** V̲/I̲ *österr* (≈ *nörgeln*) to moan

Senat M ¶ POL, UNIV senate ② JUR Supreme Court **Senator(in)** MF senator
Sendebereich M transmission range
Sendefolge F ¶ (≈ Sendung in Fortsetzungen) series sg ② (≈ Programmfolge) programmes pl Br, programs pl US **Sendemast** M radio od transmitter mast, broadcasting tower US

senden[1] A VT to send (**an** +akk to) B VI **nach j-m ~** to send for sb

senden[2] VT & VI RADIO, TV to broadcast; Signal etc to transmit **Sendepause** F interval **Sender** M transmitter; RADIO station; TV channel bes Br, station bes US **Senderaum** M studio **Senderreihe** F (radio/television) series **Sendersuchlauf** M RADIO, TV channel search **Sendeschluss** M RADIO, TV closedown **Sendezeit** F broadcasting time; **in der besten ~** in prime time **Sendung** F ¶ (≈ das Senden) sending ② (≈ Postsendung) letter; (≈ Paket) parcel; HANDEL consignment ③ TV programme Br, program US; RADIO broadcast; **auf ~ sein** to be on the air

Senegal N/M Senegal **Senegalese** M, **Senegalesin** F Senegalese
Senf M mustard; **seinen ~ dazugeben** umg to have one's say **Senfgas** N CHEM mustard gas **Senfgurke** F gherkin pickled with mustard seeds **Senfkorn** N mustard seed

sengen A VT to singe B VI to scorch
senil pej ADJ senile **Senilität** F senility
Senior(in) MF ¶ (a. **~chef(in)**) boss ② SPORT senior player; **die ~en** the seniors ③ **~en** pl senior citizens pl **seniorengerecht** ADJ (suitable) for the elderly; **~e Wohnungen** housing for the elderly **Seniorenheim** N retirement home, old people's home Br **Seniorenpass** M senior citizen's travel pass **Seniorenwohnheim** N old people's home
Senkblei N plumb line; (≈ Gewicht) plummet **senken** A VT to lower; Kopf to bow; **den Blick ~** to lower one's gaze B VR to sink; Haus, Boden to subside; Stimme to drop **senkrecht** A ADJ vertical; MATH perpendicular; in Kreuzworträtsel down B ADV vertically, perpendicularly; aufsteigen straight up **Senkrechte** F vertical; MATH perpendicular **Senkrechtstarter** M FLUG vertical takeoff aircraft **Senkrechtstarter(in)** fig umg MF whiz(z) kid umg **Senkung**

F ¶ lowering ② (≈ Vertiefung) hollow ③ MED → **Blutsenkung**
Sennerei F österr, südd Alpine dairy
Sensation F sensation **sensationell** ADJ sensational **Sensationsblatt** N sensational paper **Sensationslust** F desire for sensation **sensationslüstern** ADJ sensation-seeking **Sensationsnachricht** F sensational news sg **Sensationspresse** F sensational papers pl
Sense F ¶ scythe ② umg **jetzt/dann ist ~!** that's the end!
sensibel A ADJ sensitive B ADV sensitively **sensibilisieren** VT to sensitize **Sensibilität** F sensitivity **Sensor** M sensor

▶ sensibel ≠ sensible

| sensibel | = | **sensitive** |
| sensible | = | vernünftig |

◀

sentimental ADJ sentimental **Sentimentalität** F sentimentality
separat A ADJ separate; Wohnung self-contained B ADV separately
September M September; → **März**
Sequenz F sequence
Serbe M, **Serbin** F Serb, Serbian **Serbien** N Serbia **serbisch** ADJ Serb, Serbian
Serenade F serenade
Serie F series sg; (≈ Fernsehserie mit Fortsetzungen) serial; **13 Siege in ~** 13 wins in a row; **in ~ gehen** to go into production; **in ~ hergestellt werden** to be mass-produced **seriell** ADJ Herstellung series attr; IT serial **Serienbrief** M IT mail-merge letter **serienmäßig** A ADJ Autos production attr; Ausstattung standard; Herstellung series attr B ADV herstellen in series **Serienmörder(in)** MF serial killer **Serienwagen** M AUTO standard-type car **serienweise** ADV produzieren in series; umg (≈ in Mengen) wholesale
seriös ADJ serious; (≈ anständig) respectable; Firma reputable; **~ auftreten** to appear respectable **Seriosität** F seriousness; (≈ Anständigkeit) respectability; von Firma integrity
Serpentine F winding road, zigzag
Serum N serum

Server M̲ INTERNET server

Service[1] N̲ (≈ Essgeschirr) dinner service; (≈ Kaffee-/Teeservice) coffee/tea service; (≈ Gläserservice) set

Service[2] M̲ HANDEL service; SPORT service, serve **Servicecenter** N̲ information centre Br, information center US, help desk **Servicewerkstatt** F̲ service centre Br, service center US **servieren** A̲ V/T to serve; umg (≈ anbieten) to serve up umg (j-m for sb) B̲ V/I to serve **Serviererin** F̲ waitress **Serviertochter** F̲ schweiz waitress **Serviette** F̲ napkin

Servobremse F̲ power brake **Servolenkung** F̲ power steering

servus INT̲ österr, südd beim Treffen hello; beim Abschied cheerio Br umg, see ya bes US umg

Sesam M̲ sesame

Sessel M̲ easy chair; (≈ Polstersessel) armchair; österr (≈ Stuhl) chair **Sessellift** M̲ chairlift **sesshaft** A̲D̲J̲ settled; (≈ ansässig) resident; ~ **werden** to settle down

Set[1] M̲/N̲ 1 SPORT (≈ Satz) set 2 (≈ Deckchen) place mat

Set[2] M̲ TV, FILM set

Setter M̲ setter

Setup N̲ IT setup **Setupprogramm** N̲ IT setup program

setzen A̲ V/T 1 (= hintun) to put, to set; (≈ sitzen lassen) to sit, to place, to put; **j-n an Land ~** to put sb ashore; **etw in die Zeitung ~** to put sth in the paper; **sich** (dat) **etw in den Kopf ~** umg to take sth into one's head; **seine Hoffnung in j-n/etw ~** to put one's hopes in sb/sth 2 SCHIFF Segel to set 3 TYPO to set 4 Preis, Summe to put (**auf** +akk on); **Geld auf ein Pferd ~** to put money on a horse 5 (≈ schreiben) Komma, Punkt to put 6 (≈ bestimmen) Ziel, Preis etc to set; **j-m eine Frist ~** to set sb a deadline 7 (≈ einstufen) Sportler to place; Tennis to seed; **der an Nummer eins gesetzte Spieler** Tennis the top seed 8 **~ gesetzt** B̲ V/R 1 (= Platz nehmen) to sit down; **sich ins Auto ~** to get into the car; **sich zu j-m ~** to sit with sb; **bitte ~ Sie sich** please take a seat 2 Kaffee, Tee, Lösung to settle C̲ V/I bei Wetten to bet; **auf ein Pferd ~** to bet on a horse **Setzer(in)** M̲/F̲ TYPO typesetter **Setzerei** F̲ (≈ Firma) typesetter's

Seuche F̲ epidemic; fig pej scourge, plague **Seuchenbekämpfung** F̲ epidemic control **Seuchengebiet** N̲ epidemic area **Seuchengefahr** F̲ danger of epidemic

seufzen V/T & V/I to sigh **Seufzer** M̲ sigh

Sex M̲ sex **Sex-Appeal** M̲ sex appeal **Sexbombe** umg F̲ sex bomb umg **Sexfilm** M̲ sex movie **Sexismus** M̲ sexism **Sexist(in)** M̲/F̲ sexist **sexistisch** A̲D̲J̲ sexist **Sexspielzeug** N̲ sex toy

Sextett N̲ MUS sextet(te)

Sextourismus M̲ sex tourism **Sexualerziehung** F̲ sex education **Sexualität** F̲ sexuality **Sexualkunde** F̲ SCHULE sex education **Sexualleben** N̲ sex life **Sexualpartner(in)** M̲/F̲ sexual partner **Sexualstraftäter(in)** M̲/F̲ sex offender **Sexualverbrechen** N̲ sex crime, sex(ual) offence Br, sex(ual) offense US **sexuell** A̲ A̲D̲J̲ sexual B̲ A̲D̲V̲ sexually; **~ übertragbare Krankheit** sexually transmitted disease **sexy** umg A̲D̲J̲ sexy umg

Seychellen P̲L̲ GEOG Seychelles pl

sezieren wörtl, fig V/T & V/I to dissect

s-förmig, S-förmig A̲D̲J̲ S-shaped

sfr A̲B̲K̲ (= Schweizer Franken) sfr

Shampoo N̲ shampoo

Shareware F̲ IT shareware

Sharon F̲, **Sharonfrucht** F̲ sharon fruit

Sherry M̲ sherry

Shetlandinseln P̲L̲ Shetland Islands pl

Shift-Taste F̲ COMPUT shift key

Shisha F̲ Wasserpfeife shisha

Shitstorm umg M̲ INTERNET massive Kritik im Internet shitstorm

shoppen umg V/I to shop; **~ gehen** to go shopping **Shopping** N̲ shopping **Shoppingcenter** N̲ shopping centre Br, shopping center US **Shoppingtour** F̲ shopping expedition; **auf ~ gehen** to go on a shopping expedition

Shorts P̲L̲ (pair of) shorts pl

Show F̲ show; **eine ~ abziehen** umg to put on a show umg **Showeinlage** F̲ entertainment section **Showgeschäft** N̲ show business **Showmaster(in)** M̲/F̲ compère, emcee US

Shuttlebus M̲ shuttle bus

siamesisch A̲D̲J̲ **~e Zwillinge** Siamese twins

Sibirien N̲ Siberia **sibirisch** A̲D̲J̲ Siberi-

S

an

sich REFL PR **1** _akk_ oneself; _3. Person sg_ himself, herself, itself; _Höflichkeitsform sg_ yourself; _Höflichkeitsform pl_ yourselves; _3. Person pl_ themselves; **nur an ~** _(akk)_ **denken** to think only of oneself **2** _dat_ to oneself; _3. Person sg_ to himself, to herself, to itself; _Höflichkeitsform sg_ to yourself; _Höflichkeitsform pl_ to yourselves; _3. Person pl_ to themselves; **~ die Haare waschen** to wash one's hair **3** _(≈einander)_ each other

Sichel F sickle; _(≈Mondsichel)_ crescent

sicher **A** ADJ **1** _(≈gewiss)_ certain; **(sich** _dat)_ **einer Sache** _(gen)_ **~ sein** to be sure of sth **2** _(≈gefahrlos)_ safe; _(≈geborgen)_ secure; **vor j-m/etw ~ sein** to be safe from sb/sth; **~ ist ~** you can't be too sure **3** _(≈zuverlässig)_ reliable; _(≈fest)_ Gefühl, Zusage definite; _Einkommen_ steady; _Stellung_ secure **4** _(≈selbstbewusst)_ (self-)confident **B** ADV **1** _fahren, aufbewahren etc_ safely **2** _(≈selbstbewusst)_ **~ auftreten** to give an impression of (self-)confidence **3** _(≈natürlich)_ of course; **~!** sure _bes US_ **4** _(≈bestimmt)_ **das wolltest du ~ nicht sagen** surely you didn't mean that; **du hast dich ~ verrechnet** you must have counted wrong; **das ist ganz ~ das Beste** it's quite certainly the best; **das hat er ~ vergessen** I'm sure he's forgotten it **sichergehen** VI to be _od_ make sure **Sicherheit** F **1** _(≈Gewissheit)_ certainty; **das ist mit ~ richtig** that is definitely right; **das lässt sich nicht mit ~ sagen** that cannot be said with any degree of certainty **2** _(≈Schutz)_ safety; _als Aufgabe von Sicherheitsbeamten etc_ security; **die öffentliche ~** public safety; **die innere ~** internal security; **j-n/etw in ~ bringen** to get sb/sth to safety; **~ im Straßenverkehr** road safety; **in ~ sein** to be safe **3** _(≈Selbstsicherheit)_ (self-)confidence **4** HANDEL, FIN security; _(≈Pfand)_ surety; **~ leisten** HANDEL, FIN to offer security; JUR to stand bail **Sicherheitsabstand** M safe distance **Sicherheitsbeamte(r)** M, **Sicherheitsbeamtin** F security officer **Sicherheitsbestimmungen** PL safety regulations _pl_ **Sicherheitsdienst** M **1** _Dienstleistung_ security **2** _Dienstleister_ security company **3** _staatlich_ security service **Sicherheitsglas** N safety glass **Sicher-**

heitsgurt M seat belt **sicherheitshalber** ADV to be on the safe side **Sicherheitshinweis** M _auf Produkt_ safety advice; _auf Gefahren in bestimmten Ländern_ security advice **Sicherheitskontrolle** F security check **Sicherheitskopie** F IT backup copy **Sicherheitskräfte** PL security forces _pl_ **Sicherheitslücke** F security gap **Sicherheitsmaßnahme** F safety precaution; POL _etc_ security measure **Sicherheitsnadel** F safety pin **Sicherheitspolitik** F security policy **Sicherheitsrat** M security council **Sicherheitsrisiko** N security risk **Sicherheitsschloss** N safety _od_ security lock **Sicherheitsstandard** M standard of security **sicherlich** ADV → sicher **sichern** **A** VT **1** to safeguard; _(≈absichern)_ to protect; _(≈sicher machen)_ Wagen, Unfallstelle to secure; IT Daten to save; **eine Feuerwaffe ~** to put the safety catch of a firearm on **2** **j-m/sich etw ~** to secure sth for sb/oneself **B** V/R to protect oneself **sicherstellen** VT **1** Waffen, Drogen to take possession of; _Beweismittel_ to secure **2** _(≈garantieren)_ to guarantee, to assure **Sicherung** F **1** _(≈das Sichern)_ safeguarding; _(≈Absicherung)_ protection **2** _(≈Schutz)_ safeguard **3** ELEK fuse; _von Waffe_ safety catch **Sicherungskopie** F IT backup copy **Sicherungsverwahrung** F JUR preventive detention **Sicht** F **1** _(≈Sehweite)_ visibility; **in ~ sein/kommen** to be in/come into sight; **aus meiner ~** _fig_ as I see it, from my point of view; **aus heutiger ~** from today's perspective; **auf lange/kurze ~** _fig_ in the long/short term **2** _(≈Ausblick)_ view **3** HANDEL **auf** _od_ **bei ~** at sight **sichtbar** **A** ADJ visible; **~ werden** _fig_ to become apparent **B** ADV _altern_ visibly; _sich verändern_ noticeably **sichten** V/T **1** _(≈erblicken)_ to sight **2** _(≈durchsehen)_ to look through **Sichtgerät** N monitor; COMPUT VDU **sichtlich** **A** ADJ obvious **B** ADV obviously; _beeindruckt_ visibly **Sichtverhältnisse** PL visibility _sg_ **Sichtvermerk** M endorsement; _im Pass_ visa stamp **Sichtweite** F visibility _ohne art;_ **außer ~** out of sight **sickern** V/I to seep; _fig_ to leak out **sie** PERS PR **1** _sg, nom_ she; _akk_ her; _von Dingen_ it; **sie ist es** it's her; **wer hat**

das gemacht? — sie who did that? — she did od her! **2** nom they; akk them; **sie sind es** it's them

Sie Ⓐ PERS PR you; **Sie selbst** yourself; yourselves Ⓑ Ⓝ polite od "Sie" form of address; **j-n mit Sie anreden** to use the polite form of address to sb

Sieb Ⓝ sieve; (≈ Teesieb) strainer; (≈ Gemüsesieb) colander; **ein Gedächtnis wie ein ~ haben** to have a memory like a sieve

sieben¹ VT to pass through a sieve; GASTR to sieve

sieben² NUM seven; → vier **Sieben** Ⓕ seven **siebenhundert** NUM seven hundred **siebenjährig** ADJ seven-year-old **Siebensachen** pl belongings pl, things pl **siebentausend** NUM seven thousand **Siebtel** Ⓝ seventh **siebte(r, s)** ADJ seventh; → vierter, s **siebzehn** NUM seventeen; **Siebzehn und Vier** KART pontoon **siebzig** NUM seventy; → vierzig

Siechtum liter Ⓝ infirmity; fig von Wirtschaft etc ailing state

sieden VT to boil; **~d heiß** boiling hot **Siedepunkt** Ⓜ PHYS, a. fig boiling point

Siedler(in) MF settler **Siedlung** Ⓕ **1** (≈ Ansiedlung) settlement **2** (≈ Wohnsiedlung) housing estate Br, housing development US

Sieg Ⓜ victory (über +akk over)

Siegel Ⓝ **1** seal; **unter dem ~ der Verschwiegenheit** under the seal of secrecy **2** (≈ Gütesiegel, Umweltsiegel) label **Siegellack** Ⓜ sealing wax **Siegelring** Ⓜ signet ring

siegen VI to be victorious; in Wettkampf to win; **über j-n/etw ~** fig to triumph over sb/sth; in Wettkampf to beat sb/ sth **Sieger(in)** MF victor; in Wettkampf winner; **als ~ hervorgehen** to emerge victorious **Siegerehrung** Ⓕ SPORT presentation ceremony **Siegermacht** Ⓕ POL victorious power **Siegerpodest** Ⓝ SPORT winners' podium od rostrum **Siegertreppchen** Ⓝ SPORT podium **siegesbewusst** ADJ confident of victory **Siegesrede** Ⓕ nach Wahl victory speech **siegessicher** Ⓐ ADJ certain of victory Ⓑ ADV confidently **Siegeszug** Ⓜ triumphal march **siegreich** ADJ triumphant; in Wettkampf winning attr, successful

siehe INT see; **~ oben/unten** see above/ below

Sierra Leone Ⓕ GEOG Sierra Leone

siezen VT j-n/sich **~** to address sb/each other as "Sie"

Siff sl Ⓜ (≈ Dreck) filth; (≈ Zustand) mess

Signal Ⓝ signal **Signalanlage** Ⓕ signals pl **signalisieren** VT to signal

Signatur Ⓕ **1** signature; **elektronische ~** electronic signature; **digitale ~** digital signature **2** (≈ Bibliothekssignatur) shelf mark **signieren** VT to sign

Silbe Ⓕ syllable; **er hat es mit keiner ~ erwähnt** he didn't say a word about it **Silbentrennung** Ⓕ syllabification; TYPO, IT hyphenation

Silber Ⓝ silver **Silberbesteck** Ⓝ silver(-ware) **Silberblick** umg Ⓜ squint **Silberfischchen** Ⓝ silverfish **Silbergeld** Ⓝ silver **Silberhochzeit** Ⓕ silver wedding (anniversary) **Silbermedaille** Ⓕ silver medal **Silbermedaillengewinner(in)** MF silver medallist Br, silver medalist US **silbern** ADJ silver; liter Stimme, Haare silvery liter; **~e Hochzeit** silver wedding (anniversary) **Silberstreifen** fig Ⓜ **es zeichnete sich ein Silberstreif(en) am Horizont ab** you/they etc could see light at the end of the tunnel **Silbertanne** Ⓕ noble fir **silbrig** Ⓐ ADJ silvery Ⓑ ADV **~ schimmern/glänzen** to shimmer/gleam like silver

Silhouette Ⓕ silhouette

Silikon Ⓝ silicone

Silizium Ⓝ silicon

Silo Ⓜ silo

Silvester MN New Year's Eve, Hogmanay bes schott

Simbabwe Ⓝ Zimbabwe

SIM-Karte Ⓕ TEL SIM card

simpel ADJ simple; (≈ vereinfacht) simplistic

Sims MN (≈ Fenstersims) (window)sill; (≈ Gesims) ledge; (≈ Kaminsims) mantlepiece

simsen VT & VI TEL umg to text

Simulant(in) MF malingerer **Simulation** Ⓕ simulation **Simulator** Ⓜ Naturwissenschaft simulator **simulieren** Ⓐ VI (≈ sich krank stellen) to feign illness Ⓑ VT **1** Naturwissenschaft, a. TECH to simulate **2** (≈ vorgeben) Krankheit to feign

simultan Ⓐ ADJ simultaneous Ⓑ ADV

simultaneously **Simultandolmetscher(in)** MF|F simultaneous translator

Sinfonie F symphony **Sinfonieorchester** N symphony orchestra **sinfonisch** ADJ symphonic

Singapur N Singapore

singen A V/I 1 wörtl, fig to sing 2 umg (≈ gestehen) to squeal umg B V/T to sing

Single¹ F (≈ CD) single

Single² M (≈ Alleinlebender) single

Singlebörse F im Internet dating site

Singular M GRAM singular

Singvogel M songbird

sinken V/I 1 to sink; **den Kopf ~ lassen** to let one's head drop 2 Boden to subside 3 Wasserspiegel, Temperatur, Preise etc to fall 4 (≈ schwinden) to diminish; **den Mut ~ lassen** to lose courage; **in j-s Achtung** (dat) **~** to go down in sb's estimation **Sinkflug** M FLUG descent

Sinn M 1 (≈ Wahrnehmungsfähigkeit) sense 2 ~e pl (≈ Bewusstsein) senses pl; **er war von ~en** he was out of his mind; **wie von ~en** like one demented; **bist du noch bei ~en?** have you taken leave of your senses? 3 (≈ Gedanken) mind; **das will mir einfach nicht in den ~** I just can't understand it; **j-m durch den ~ gehen** to occur to sb; **etw im ~ haben** to have sth in mind; **mit etw nichts im ~ haben** to want nothing to do with sth 4 (≈ Verständnis) feeling; **~ für Gerechtigkeit** etc **haben** to have a sense of justice etc; **~ für Humor** sense of humour 5 (≈ Geist) spirit; **im ~e des Gesetzes** according to the spirit of the law; **das ist nicht in seinem ~e** that is not what he himself would have wished; **das wäre nicht im ~e unserer Kunden** it would not be in the interests of our customers 6 (≈ Zweck) point; **das ist nicht der ~ der Sache** that is not the point; **der ~ des Lebens** the meaning of life; **das hat keinen ~** there is no point in that 7 (≈ Bedeutung) meaning; **im übertragenen ~** in the figurative sense; **das macht keinen/wenig ~** that makes no/little sense **Sinnbild** N symbol **sinnbildlich** ADJ symbolic(al) **sinnen** V/I (≈ planen) **auf etw** (akk) **~** to think of sth; **auf Abhilfe ~** to think up a remedy; → **gesonnen sinnentstellend** ADJ **~ sein** to distort the meaning **Sinnesorgan** N sense organ **Sinnestäuschung** F hallucination **Sinnes-**

wandel M change of mind **sinnfällig** ADJ Beispiel, Symbol manifest, obvious **sinngemäß** ADV **etw ~ wiedergeben** to give the gist of sth **sinnieren** V/I to brood (über +akk over) **sinnlich** ADJ 1 Empfindung, Eindrücke sensory 2 (≈ sinnenfroh) sensuous; (≈ erotisch) sensual **Sinnlichkeit** F (≈ Erotik) sensuality **sinnlos** A ADJ 1 (≈ unsinnig) meaningless; Verhalten, Töten senseless 2 (≈ zwecklos) futile, useless; **das ist völlig ~** there's no sense in that B ADV 1 zerstören, morden senselessly 2 (≈ äußerst) **~ betrunken** blind drunk **Sinnlosigkeit** F (≈ Unsinnigkeit) meaninglessness; von Verhalten senselessness; (≈ Zwecklosigkeit) futility **sinnvoll** A ADJ 1 Satz meaningful 2 fig (≈ vernünftig) sensible; (≈ nützlich) useful B ADV **sein Geld ~ anlegen** to invest one's money sensibly

Sintflut F BIBEL Flood **sintflutartig** ADJ **~e Regenfälle** torrential rain

Sinto M Sinto (gypsy); **Sinti und Roma** Sinti and Romanies

Sinus M 1 MATH sine 2 ANAT sinus

Siphon M siphon

Sippe F (extended) family; umg (≈ Verwandtschaft) clan umg **Sippschaft** pej umg F tribe umg

Sirene F siren

Sirup M syrup

Sitte F 1 (≈ Brauch) custom; (≈ Mode) practice; **~n und Gebräuche** customs and traditions 2 (≈ gutes Benehmen) manners pl; (≈ Sittlichkeit) morals pl **Sittenpolizei** F vice squad **sittenwidrig** form ADJ immoral

Sittich M parakeet

sittlich ADJ moral **Sittlichkeit** F morality **Sittlichkeitsverbrechen** obs N sex crime **Sittlichkeitsverbrecher(in)** obs MF|F sex offender

Situation F situation **Situationskomik** F situation comedy, sitcom umg **situiert** ADJ **gut ~** well-off

Sitz M 1 seat; von Firma headquarters pl 2 von Kleidungsstück sit; **einen guten ~ haben** to sit well **Sitzbank** F bench **Sitzblockade** F sit-in **Sitzecke** F corner seating unit **sitzen** V/I 1 to sit; **hier sitzt man sehr bequem** it's very comfortable sitting here; **etw im Sitzen tun** to do sth sitting down; **beim Frühstück ~** to be having breakfast; **über einer Arbeit ~**

to sit over a piece of work; **locker ~** to be loose; **deine Krawatte sitzt nicht richtig** your tie isn't straight **2** (≈*seinen Sitz haben*) to sit; *Firma* to have its headquarters **3** *umg* (≈*im Gefängnis sitzen*) to do time *umg*, to be inside *umg* **4** (≈*im Gedächtnis sitzen*) to have sunk in **5** *umg* (≈*treffen*) to hit home; **das saß!** that hit home **sitzen bleiben** *umg* **Vi** **1** (≈*nicht aufstehen*) to remain seated **2** SCHULE to have to repeat a year **3 auf einer Ware ~** to be left with a product **sitzen lassen** *umg* **VT** **j-n ~** (≈*im Stich lassen*) to leave sb in the lurch *umg* **Sitzgelegenheit** F̅ seats *pl* **Sitzheizung** F̅ AUTO seat heating **Sitzkissen** N̅ (floor) cushion **Sitzordnung** F̅ seating plan **Sitzplatz** M̅ seat **Sitzsack** M̅ beanbag **Sitzung** F̅ (≈*Konferenz*) meeting; (≈*Gerichtsverhandlung*) session; (≈*Parlamentssitzung*) sitting; IT session; **eine ~ beenden** to end a session **Sitzungsperiode** F̅ PARL session **Sitzungsprotokoll** N̅ minutes *pl* **Sitzungssaal** M̅ conference hall

Sizilien N̅ Sicily

Skala F̅ scale

Skalpell N̅ scalpel **skalpieren** V̅T̅ to scalp

Skandal M̅ scandal **skandalös** ADJ scandalous

Skandinavien N̅ Scandinavia **Skandinavier(in)** M̅F̅ Scandinavian **skandinavisch** ADJ Scandinavian

Skateboard N̅ skateboard; **~ fahren** to go skateboarding, to skate **Skateboarden** N̅ skateboarding **Skateboarder(in)** M̅F̅ skateboarder **skaten** V̅i̅ *mit Inlineskates* to skate; (≈*Skateboard fahren*) to skateboard **Skatepark** M̅ skatepark **Skater(in)** M̅F̅ *mit Inlineskates* skater; *mit Skateboard* skateboarder

Skelett N̅ skeleton

Skepsis F̅ scepticism *Br*, skepticism *US* **Skeptiker(in)** M̅F̅ sceptic *Br*, skeptic *US* **skeptisch** A̅ ADJ sceptical *Br*, skeptical *US* **B̅** ADV sceptically *Br*, skeptically *US*

Sketch M̅ KUNST, THEAT sketch

Ski M̅ ski; **Ski fahren** *od* **laufen** to ski **Skianzug** M̅ ski suit **Skiausrüstung** F̅ skiing gear **Skibrille** F̅ ski goggles *pl* **Skifahren** N̅ skiing **Skifahrer(in)** M̅F̅ skier **Skigebiet** N̅ ski(ing) area

Skigymnastik F̅ skiing exercises *pl* **Skihose** F̅ (pair of) ski pants *pl* **Skikurs** M̅ skiing course **Skilauf** M̅ skiing **Skilaufen** N̅ skiing **Skiläufer(in)** M̅F̅ skier **Skilehrer(in)** M̅F̅ ski instructor **Skilift** M̅ ski lift

Skin(head) M̅ skinhead

Skipass M̅ ski pass **Skipiste** F̅ ski run, slope **Skischanze** F̅ ski jump **Skischuh** M̅ ski boot **Skischule** F̅ ski school **Skisport** M̅ skiing **Skispringen** N̅ ski jumping **Skistiefel** M̅ ski boot **Skistock** M̅ ski pole **Skiurlaub** M̅ skiing holiday *Br*, skiing vacation *US* **Skizze** F̅ sketch; *fig* (≈*Grundriss*) outline **skizzieren** V̅T̅ to sketch; *fig Plan etc* to outline

Sklave M̅, **Sklavin** F̅ slave **Sklavenhandel** M̅ slave trade **Sklaventreiber(in)** M̅F̅ slave-driver **Sklaverei** F̅ slavery *ohne art* **sklavisch** A̅ ADJ slavish **B̅** ADV slavishly

Sklerose F̅ sclerosis

Skonto N̅/M̅ cash discount

Skorpion M̅ **1** ZOOL scorpion **2** ASTROL Scorpio; **(ein) ~ sein** to be (a) Scorpio

Skrupel M̅ scruple; **keine ~ kennen** to have no scruples **skrupellos** A̅ ADJ unscrupulous **B̅** ADV unscrupulously **Skrupellosigkeit** F̅ unscrupulousness

Skulptur F̅ sculpture

S-Kurve F̅ S-bend

skypen V̅i̅ (≈*den Internetdienst Skype® nutzen*) to skype

Slacklining N̅ SPORT *Balancieren auf einem Gurtband* slacklining

Slalom M̅ slalom

Slang M̅ slang

Slawe M̅, **Slawin** F̅ Slav **slawisch** ADJ Slavonic, Slavic

Slip M̅ (pair of) briefs *pl* **Slipeinlage** F̅ panty liner

Slipper M̅ slip-on shoe *Br*, loafer *US*

Slogan M̅ slogan

Slowake M̅, **Slowakin** F̅ Slovak **Slowakei** F̅ **die ~** Slovakia **slowakisch** ADJ Slovakian, Slovak

Slowene M̅, **Slowenin** F̅ Slovene **Slowenien** N̅ Slovenia **slowenisch** ADJ Slovenian, Slovene

Slum M̅ slum

Small Talk M̅ small talk; **~ machen** to make small talk

S

Smaragd M̲ emerald
Smartphone N̲ IT smartphone
Smartwatch F̲ smartwatch
Smiley M̲ IT smiley
Smog M̲ smog **Smogalarm** M̲ smog alert
Smoking M̲ dinner jacket *bes Br*, tuxedo *bes US*
Smoothie M̲ (≈*Mixgetränk*) smoothie
SMS F̲ A̲B̲K̲ (= *Short Message Service*) text (message); **j-m eine SMS schicken** to send sb a text message, to text sb **SMS-Nachricht** F̲ text message
SMV A̲B̲K̲ (= *Schülermitverwaltung*) school council
Snack M̲ snack (meal)
Snob M̲ snob **Snobismus** M̲ snobbishness **snobistisch** A̲D̲J̲ snobbish
Snowboard N̲ snowboard; **~ fahren** to go snowboarding **Snowboarder(in)** M̲F̲ snowboarder **Snowkiten** N̲ *Skifahren mit einem Lenkdrachen* snowkiting
so A̲ A̲D̲V̲ **1** *mit Adjektiv/Adverb* so; *mit Verb* (≈*so sehr*) so much; *mit Adjektiv/Substantiv* such; **so ... wie ...** as ... as ...; **so groß** *etc* so big *etc*; **nicht so schlimm** not that bad; **so groß** *etc* **wie ...** as big *etc* as ...; **so nette Leute** such nice people **2** (≈*auf diese Weise*) like this/that, this/that way; **mach es nicht so, sondern so** don't do it like this but like that; **so ist sie nun einmal** that's the way she is; **sei doch nicht so** don't be like that; **so ist es nicht gewesen** that's not how it was; **so oder so** either way; **das habe ich nur so gesagt** I didn't really mean it; **so genannt →** sogenannt **3** *umg* (≈*umsonst*) for nothing **4** **so mancher** quite a few people *pl*; **so ein Idiot!** what an idiot!; **na so was!** well I never!; **so einer wie ich/er** somebody like me/him B̲ K̲O̲N̲J̲ **so dass** so that C̲ I̲N̲T̲ so; (≈*wirklich*) oh, really; *abschließend* well, right; **so, so!** well, well

s. o. A̲B̲K̲ (= *siehe oben*) see above
sobald K̲O̲N̲J̲ as soon as; **ich komme, ~ ich kann** I'll come as soon as I can
Social Freezing N̲ *Einfrieren von Eizellen* egg freezing
Social Media P̲L̲ IT social media *pl*
Socke F̲ sock; **sich auf die ~n machen** *umg* to get going *umg*
Sockel M̲ base; *von Statue* plinth, pedestal; E̲L̲E̲K̲ socket
Soda F̲ soda

sodass K̲O̲N̲J̲ so that
Sodawasser N̲ soda water
Sodbrennen N̲ heartburn
soeben A̲D̲V̲ just (this moment); **~ erschienen** just published
Sofa N̲ sofa, settee
sofern K̲O̲N̲J̲ provided (that); **~ ... nicht** if ... not
sofort A̲D̲V̲ immediately, at once; (≈*auf der Stelle*) at once, straightaway; **(ich) komme ~!** (I'm) just coming!; *Kellner etc* I'll be right with you **Sofortbildkamera** F̲ Polaroid® camera **sofortig** A̲D̲J̲ immediate **Sofortmaßnahme** F̲ immediate measure
Softeis N̲ soft ice cream **Softie** *umg* M̲ caring type **Software** F̲ IT software **Softwareentwickler(in)** M̲F̲ software developer **Softwarepaket** N̲ software package
Sog M̲ suction; *von Strudel* vortex
sogar A̲D̲V̲ even
sogenannt A̲D̲J̲ (≈*angeblich*) so-called
sogleich A̲D̲V̲ at once, immediately
Sohle F̲ **1** (≈*Fußsohle etc*) sole; (≈*Einlage*) insole **2** (≈*Boden*) bottom **sohlen** V̲T̲ to sole
Sohn M̲ son
Soja F̲ soya *bes Br*, soy **Sojabohne** F̲ B̲O̲T̲, G̲A̲S̲T̲R̲ soya bean *bes Br*, soybean **Sojabohnenkeime** P̲L̲ bean sprouts *pl* **Sojamilch** F̲ soya milk *Br*, soy milk *US* **Sojasoße** F̲ soya sauce *bes Br*, soy sauce **Sojasprossen** P̲L̲ bean sprouts *pl*
solange K̲O̲N̲J̲ as *od* so long as
Solaranlage F̲ (≈*Kraftwerk*) solar power plant **Solarenergie** F̲ solar energy **Solarium** N̲ solarium **Solarstrom** M̲ solar electricity **Solarzelle** F̲ solar cell
solch A̲D̲J̲, **solche(r, s)** A̲D̲J̲ such; **~es Glück** such luck; **wir haben ~e Angst** we're so afraid; **~ nette Leute** such nice people; **mein Vater hat auch ein ~es Auto** my dad has a car like that too; **ich habe ~en Hunger** I am so hungry; **der Mensch als ~er** man as such
Sold M̲ M̲I̲L̲ pay **Soldat(in)** M̲F̲ soldier **Söldner(in)** M̲F̲ mercenary
Solei N̲ pickled egg
Solidargemeinschaft F̲ (mutually) supportive society; (≈*Beitragszahler*) contributors *pl* **solidarisch** A̲ A̲D̲J̲ showing solidarity; **sich mit j-m ~ erklä-**

ren to declare one's solidarity with sb **B** ADV **~ mit j-m handeln** to act in solidarity with sb **solidarisieren** VR sich **~ mit** to show (one's) solidarity with **Solidarität** F̲ solidarity; **~ zeigen** to show solidarity **Solidaritätszuschlag** M̲ FIN solidarity surcharge on income tax *(for the reconstruction of eastern Germany)*

solide A̲ ADJ solid; *Arbeit, Wissen* sound; *Mensch, Leben* respectable; *Preise* reasonable **B** ADV **1** (≈*stabil*) **~ gebaut** solidly built **2** (≈*gründlich*) **arbeiten** thoroughly

Solist(in) MF̲ MUS soloist

Soll N̲ **1** WIRTSCH (≈*Schuld*) debit; **~ und Haben** debit and credit **2** WIRTSCH (≈*Ziel, Produktionsnorm*) target; **sein ~ erfüllen** to reach *od* meet one's target

sollen A̲ V̲AUX **1** *Verpflichtung* **was soll ich/er tun?** what should I/he do?; **soll ich es ihm sagen?** shall I tell him?; **du weißt, dass du das nicht tun sollst** you know that you're not supposed to do that; **er weiß nicht, was er tun soll** he doesn't know what to do; **sie sagte ihm, er solle draußen warten** she told him (that he was) to wait outside; **es soll nicht wieder vorkommen** it won't happen again; **wir sollten einen Schirm kaufen** we ought to buy an umbrella; **er soll reinkommen** tell him to come in; **der soll nur kommen!** just let him come!; **niemand soll sagen, dass ...** let no-one say that ...; **ich soll Ihnen sagen, dass ...** I've been asked to tell you that ... **2** *konjunktivisch* **das hättest du nicht tun ~** you shouldn't have done that **3** *konditional* **sollte das passieren, ...** if that should happen, ..., should that happen ... **4** *Vermutung* to be supposed *od* meant to; **sie soll krank sein** apparently she's ill **5** *mit bestimmtem Ziel, bestimmter Absicht* to be intended *od* meant to; **das soll das Lernen leichter machen** this is intended to make learning easier **6** (≈*können*) **so etwas soll es geben** these things happen; **man sollte glauben, dass ...** you would think that ... **B** V̲I **was soll das?** what's all this?; (≈*warum denn das*) what's that for?; (≈*welchen Sinn hat das*) what's the point?; **was solls!** *umg* what the hell! *umg*; **was soll ich dort?** what would I do there? **C** V̲T

das sollst/solltest du nicht you shouldn't do that **Sollseite** F̲ FIN debit side **Sollzinsen** PL̲ WIRTSCH debtor interest *sg*

solo ADV MUS solo; *fig umg* on one's own **Solo** N̲ solo **Solotänzer(in)** MF̲ solo dancer; *im Ballett* principal dancer **Solothurn** N̲ Solothurn

solvent ADJ FIN solvent **Solvenz** F̲ solvency

Somalia N̲ Somalia **somalisch** ADJ Somali

somit ADV consequently, therefore

Sommer M̲ summer; **im ~** in (the) summer; **im nächsten ~** next summer **Sommeranfang** M̲ beginning of summer **Sommerfahrplan** M̲ summer timetable *Br*, summer schedule *US* **Sommerferien** PL̲ summer holidays *pl Br*, summer vacation *US*; JUR, PARL summer recess **Sommerfest** N̲ summer party *od* fair **Sommerkleid** N̲ **1** *Kleidungsstück* summer dress **2** (≈*Sommerfell*) summer coat **Sommerkleidung** F̲ summer clothing; *bes* HANDEL summerwear **sommerlich** A̲ ADJ summery **B** ADV **es ist ~ warm** it's as warm as it is in summer; **~ gekleidet sein** to be in summer clothes **Sommerloch** *umg* N̲ silly season *Br*, off season *US* **Sommerolympiade** F̲ Summer Olympics *pl* **Sommerpause** F̲ summer break; JUR, PARL summer recess **Sommerreifen** M̲ normal tyre *Br*, normal tire *US* **Sommerschlussverkauf** M̲ summer sale **Sommersemester** N̲ UNIV summer semester, ≈ summer term *Br* **Sommersonnenwende** F̲ summer solstice **Sommerspiele** PL̲ **die Olympischen ~** the Summer Olympics, the Summer Olympic Games **Sommersprosse** F̲ freckle **Sommerzeit** F̲ **1** *Jahreszeit* summertime; **zur ~** in (the) summertime **2** *Uhrzeit* summer time *Br*, daylight saving time *US*; **wann fängt die ~ an?** when does summer time begin? *Br*, when does daylight saving time begin? *US*

Sonate F̲ sonata

Sonde F̲ RAUMF, MED probe; METEO sonde

Sonderangebot N̲ special offer; **im ~ sein** to be on special offer **Sonderausgabe** F̲ **1** special edition **2** **~n** *pl* FIN additional *od* extra expenses *pl*

sonderbar ADJ strange **sonderbarerweise** ADV strangely enough **Sonderbeauftragte(r)** M/F(M) POL special emissary **Sonderfall** M special case; (≈ *Ausnahme*) exception **sondergleichen** ADJ **eine Geschmacklosigkeit ~** the height of bad taste; **mit einer Arroganz ~** with unparalleled arrogance **sonderlich** A ADJ particular, especial B ADV particularly, especially **Sondermarke** F special issue stamp **Sondermüll** M hazardous waste **sondern** KONJ but; **nimm nicht den roten Ball, ~ den gelben** don't take the red ball. Take the yellow one; **nicht nur ..., ~ auch** not only ... but also **Sonderpreis** M special price **Sonderschicht** F special shift; *zusätzlich* extra shift **Sondersendung** F special **Sonderwünsche** PL special requests *pl* **Sonderzeichen** N IT special character **Sonderzug** M special train

sondieren A V/T to sound out; **die Lage ~** to find out how the land lies B V/I **~, ob ...** to try to sound out whether ... **Sondierungsgespräch** N exploratory talk

Sonett N sonnet

Sonnabend M Saturday; → Dienstag **sonnabends** ADV on Saturdays, on a Saturday; → dienstags

Sonne F sun; **an** *od* **in die ~ gehen** to go out in the sun(shine) **sonnen** V/R to sun oneself; **sich in etw** (*dat*) **~** *fig* to bask in sth **Sonnenanbeter(in)** M(F) sun worshipper **Sonnenaufgang** M sunrise **Sonnenbad** N sunbathing *kein pl;* **ein ~ nehmen** to sunbathe **sonnenbaden** V/I to sunbathe **Sonnenbank** F sun bed **Sonnenblume** F sunflower **Sonnenblumenöl** N sunflower oil **Sonnenbrand** M sunburn *ohne art* **Sonnenbrille** F (pair of) sunglasses *pl* **Sonnencreme** F suntan cream *od* lotion, sunscreen **Sonnenenergie** F solar energy **Sonnenfinsternis** F solar eclipse **Sonnenhut** M sunhat **Sonnenkollektor** M solar panel **Sonnenkraftwerk** N solar power station **Sonnenlicht** N sunlight **Sonnenmilch** F suntan lotion **Sonnenöl** N suntan oil **Sonnenrollo** N sun blind **Sonnenschein** M sunshine; **bei ~** in the sunshine **Sonnenschirm** M sunshade **Sonnenschutz-**

faktor M protection factor **Sonnenschutzmittel** N sunscreen **Sonnenstich** M sunstroke *ohne art* **Sonnenstrahl** M ray of sunshine, sunbeam; *bes* ASTRON, PHYS sun ray **Sonnenstudio** N tanning salon *bes* US, tanning studio **Sonnensystem** N solar system **Sonnenuhr** F sundial **Sonnenuntergang** M sunset **Sonnenwende** F solstice **sonnig** ADJ sunny

Sonntag M Sunday; → Dienstag **sonntäglich** ADJ Sunday *attr* **sonntags** ADV (on) Sundays, on a Sunday; → dienstags **Sonntagsarbeit** F Sunday working **Sonntagsfahrer(in)** *pej* M(F) Sunday driver **Sonntagszeitung** F Sunday paper **sonn- und feiertags** ADV on Sundays and public holidays

sonst A ADV 1 (≈ *außerdem*) else; mit *Substantiv* other; **~ noch Fragen?** any other questions?; **wer/wie** *etc* **(denn) ~?** who/how *etc* else?; **~ niemand** nobody else; **er und ~ keiner** nobody else but he; **~ wann** *umg* some other time; **er denkt, er ist ~ wer** *umg* he thinks he's somebody special; **~ noch etwas?** is that all?, anything else?; **~ wie** *umg* (in) some other way; **~ wo** *umg* somewhere else; **~ wohin** *umg* somewhere else 2 (≈ *andernfalls, im Übrigen*) otherwise; **wie geht's ~?** how are things otherwise? 3 (≈ *gewöhnlich*) usually; **genau wie ~** the same as usual; **alles war wie ~** everything was as it always used to be B KONJ otherwise, or (else) **sonstig** ADJ other

sooft KONJ whenever

Sopran M soprano **Sopranistin** F soprano

Sorbet M/N GASTR sorbet

Sorge F worry; (≈ *Ärger*) trouble; **keine ~!** *umg* don't (you) worry!; **~n haben** to have problems; **deine ~ möchte ich haben!** *umg* you think you've got problems!; **j-m ~n machen** *od* **bereiten** (≈ *Kummer bereiten*) to cause sb a lot of worry; (≈ *beunruhigen*) to worry sb; **es macht mir ~n, dass ...** it worries me that ...; **sich** (*dat*) **~n machen (wegen)** to worry (about), to be concerned (about); **lassen Sie das meine ~ sein** let me worry about that; **das ist nicht meine ~** that's not my problem **Sorgeberechtigte(r)** M/F(M) person having custody **sorgen** A V/R to worry; **sich**

~ um to be worried about **B** _VI_ **~ für** (≈ _sich kümmern um_) to take care of; (≈ _vorsorgen für_) to provide for; (≈ _herbeischaffen_) to provide; **für Aufsehen ~** to cause a sensation; **dafür ist gesorgt** that's taken care of **sorgenfrei** _ADJ_ carefree; **~ leben** to live a carefree life **Sorgenkind** _umg_ _N_ problem child; _fig_ biggest problem **Sorgerecht** _N_ JUR custody **Sorgfalt** _F_ care; **ohne ~ arbeiten** to work carelessly **sorgfältig** **A** _ADJ_ careful **B** _ADV_ carefully **sorglos** **A** _ADJ_ (≈ _unbekümmert_) carefree; (≈ _nachlässig_) careless **B** _ADV_ in a carefree way, carelessly **Sorglosigkeit** _F_ (≈ _Unbekümmertheit_) carefreeness; (≈ _Leichtfertigkeit_) carelessness **sorgsam** **A** _ADJ_ careful **B** _ADV_ carefully

Sorte _F_ **1** sort, type; (≈ _Klasse_) grade; (≈ _Marke_) brand; **diese ~ Äpfel** this sort of apple **2** FIN foreign currency **sortieren** _VIT_ to sort **Sortiment** _N_ **1** assortment; (≈ _Sammlung_) collection **2** (≈ _Buchhandel_) retail book trade

SOS _N_ SOS; **SOS funken** to put out an SOS

sosehr _KONJ_ however much

Soße _F_ sauce; (≈ _Bratensoße_) gravy _kein pl_

Souffleur _M_, **Souffleuse** _F_ THEAT prompter **soufflieren** _VIT & VI_ THEAT to prompt

Soundkarte _F_ COMPUT sound card **soundso** _ADV_ **~ lange** for such and such a time; **~ groß** of such and such a size; **~ viele** so and so many

Soundtrack _umg_ _M_ soundtrack

Souvenir _N_ souvenir

souverän **A** _ADJ_ sovereign _kein adv_; (≈ _überlegen_) (most) superior _kein adv_; **Sieg** commanding **B** _ADV_ (≈ _überlegen_) _handhaben_ supremely well; **etw ~ meistern** to resolve sth masterfully **Souveränität** _F_ sovereignty; _fig_ (≈ _Überlegenheit_) superiority

soviel **A** _ADV_ → **viel** **B** _KONJ_ as _od_ so far as; **~ ich weiß, nicht!** not as _od_ so far as I know

soweit **A** _ADV_ → **weit** **B** _KONJ_ as _od_ so far as; (≈ _insofern_) in so far as

sowenig _KONJ_ however little; **~ ich auch …** however little I …

sowie _KONJ_ **1** (≈ _sobald_) as soon as **2** (≈ _und auch_) as well as **sowieso** _ADV_ anyway, anyhow

sowjetisch _ADJ_ HIST Soviet **Sowjetunion** _F_ HIST Soviet Union

sowohl _KONJ_ **~ … als** _od_ **wie (auch)** both … and, … as well as

sozial **A** _ADJ_ social; **die ~en Berufe** the caring professions; **~er Wohnungsbau** ≈ council housing _Br_, public housing _US_; **~e Marktwirtschaft** social market economy; **~es Netzwerk** social network; **~es Netzwerken** social networking **B** _ADV_ **~ eingestellt sein** to be public-spirited; **~ denken** to be socially minded **Sozialabbau** _M_ cuts _pl_ in social services **Sozialabgaben** _PL_ social security contributions _pl Br_, social welfare contributions _pl US_ **Sozialamt** _N_ social security office _Br_, social welfare office _US_ **Sozialarbeit** _F_ social work **Sozialarbeiter(in)** _M/F_ social worker **Sozialdemokrat(in)** _M/F_ social democrat **sozialdemokratisch** _ADJ_ social democratic **Sozialdumping** _N_ social dumping **Sozialeinrichtungen** _PL_ social facilities _pl_ **Sozialexperte** _M_, **Sozialexpertin** _F_ social affairs expert **Sozialfall** _M_ hardship case **Sozialhilfe** _F_ income support _Br_, welfare (aid) _US_ **Sozialhilfeempfänger(in)** _M/F_ person receiving income support _Br_, person receiving welfare (aid) _US_ **sozialisieren** _VIT_ to socialize; POL (≈ _verstaatlichen_) to nationalize **Sozialismus** _M_ socialism **Sozialist(in)** _M/F_ socialist **sozialistisch** _ADJ_ socialist **Sozialkompetenz** _F_ social skills _pl_ **Sozialkunde** _F_ SCHULE social studies _pl_ **Sozialleistungen** _PL_ employers' contribution (_sometimes including pension scheme payments_) **Sozialpädagoge** _M_, **Sozialpädagogin** _F_ social education worker **Sozialpartner** _PL_ unions and management _pl_ **Sozialplan** _M_ redundancy payments scheme **Sozialpolitik** _F_ social policy **sozialpolitisch** _ADJ_ socio-political **Sozialstaat** _M_ welfare state **Sozialtourismus** _M_ benefits tourism **Sozialversicherung** _F_ national insurance _Br_, social security _US_ **Sozialwohnung** _F_ state-subsidized apartment, ≈ council flat _Br_ **Soziologe** _M_, **Soziologin** _F_ sociologist **Soziologie** _F_ sociology **soziologisch** _ADJ_ sociological

Soziussitz _M_ pillion (seat)

sozusagen _ADV_ so to speak

S

SP F̲ ̲A̲B̲K̲ (≈ Sozialdemokratische Partei der Schweiz) Social Democratic Party of Switzerland

Spa N̲/M̲ Wellnessbad spa

Spachtel M̲ Werkzeug spatula **spachteln** A̲ V̲/T̲ Mauerfugen, Ritzen to fill (in), to smooth over B̲ V̲/I̲ umg (≈ essen) to tuck in umg, to dig in US umg

Spacko M̲ pej sl dummer und unkontrollierter Mensch retard pej sl, spacko Br pej sl

Spagat wörtl M̲/N̲ splits pl; fig balancing act; ~ **machen** to do the splits

Spaghetti P̲L̲, **Spagetti** P̲L̲ spaghetti sg

spähen V̲/I̲ to peer; **nach j-m/etw ~** to look out for sb/sth **Spähsoftware** F̲ spyware

Spalier N̲ 1 trellis 2 von Menschen row; zur Ehrenbezeigung guard of honour Br, honor guard US; **~ stehen** to form a guard of honour Br, to form a honor guard US

Spalt M̲ 1 (≈ Öffnung) gap; (≈ Riss) crack 2 fig (≈ Kluft) split **spaltbar** A̲D̲J̲ PHYS Material fissile **Spalte** F̲ 1 bes GEOL fissure; (≈ Felsspalte) crevice; (≈ Gletscherspalte) crevasse 2 Presse, a. TYPO column **spalten** V̲/T̲ to split; → **gespalten** **Spaltung** F̲ splitting; in Partei etc split; WIRTSCH demerger

Spam M̲ IT spam **Spamfilter** M̲ spam filter **spammen** V̲/I̲ to spam **Spamming** N̲ spamming

Span M̲ shaving; (≈ Metallspan) filing **Spanferkel** N̲ sucking pig

Spange F̲ clasp; (≈ Haarspange) hair slide Br, barrette US; (≈ Schuhspange) strap; (≈ Schnalle) buckle; (≈ Armspange) bracelet

Spaniel M̲ spaniel

Spanien N̲ Spain **Spanier(in)** M̲(F̲) Spaniard **spanisch** A̲D̲J̲ Spanish; **~e Wand** (folding) screen; **das kommt mir ~ vor** umg that seems odd to me

Spann M̲ instep **Spannbetttuch** N̲ fitted sheet **Spanne** F̲ geh (≈ Zeitspanne) while; (≈ Verdienstspanne) margin **spannen** A̲ V̲/T̲ Saite, Seil to tighten; Bogen to draw; Muskeln to tense, to flex; Gewehr to cock; Werkstück to clamp; Wäscheleine to put up; Netz to stretch; → **gespannt** B̲ V̲/R̲ Haut to become taut; Muskeln to tense; **sich über etw** (akk) ~ Brücke to span sth C̲ V̲/I̲ Kleidung

to be (too) tight; Haut to be taut **spannend** A̲D̲J̲ exciting; stärker thrilling; **mach's nicht so ~!** umg don't keep me/us in suspense **Spanner** M̲ umg (≈ Voyeur) Peeping Tom **Spannkraft** F̲ von Muskel tone; fig vigour Br, vigor US **Spannung** F̲ 1 von Seil, Muskel etc tautness; MECH stress 2 ELEK voltage; **unter ~ stehen** to be live 3 fig excitement; (≈ Spannungsgeladenheit) suspense; **etw mit ~ erwarten** to await sth full of suspense 4 nervlich tension 5 (≈ Feindseligkeit) tension kein pl **Spannungsgebiet** N̲ POL flash point **Spannungsmesser** M̲ ELEK voltmeter **Spannungsprüfer** M̲ voltage detector **Spannweite** F̲ MATH range; ARCH span; von Vogelflügeln, a. FLUG (wing)span

Spanplatte F̲ chipboard

Sparbuch N̲ savings book **Spardose** F̲ (≈ Piggy bank **Spareinlage** F̲ savings deposit **sparen** A̲ V̲/T̲ to save; **keine Kosten/Mühe ~** to spare no expense/effort; **spar dir deine guten Ratschläge!** umg you can keep your advice! B̲ V̲/I̲ to save; (≈ sparsam sein) to economize; **an etw** (dat) ~ to be sparing with sth; (≈ mit etw Haus halten) to economize on sth; **bei etw ~** to save on sth; **auf etw** (akk) ~ to save up for sth **Sparer(in)** M̲(F̲) bei Bank etc saver **Sparflamme** F̲ **auf ~** fig umg just ticking over Br umg, just coming along US

Spargel M̲ asparagus **Spargelcremesuppe** F̲ cream of asparagus soup

Sparguthaben N̲ savings account **Sparkasse** F̲ savings bank **Sparkonto** N̲ savings account **Sparkurs** M̲ economy drive Br, budget US; **einen strikten ~ einhalten** to be on a strict economy drive Br, to be on a strict budget US

spärlich A̲ A̲D̲J̲ sparse; Einkünfte, Kenntnisse sketchy; Beleuchtung poor; Kleidung scanty; Mahl meagre Br, meager US B̲ A̲D̲V̲ bevölkert, eingerichtet sparsely; beleuchtet poorly; **~ bekleidet** scantily clad or dressed

Sparmaßnahme F̲ economy measure Br, budgeting measure US **Sparpaket** N̲ savings package; POL package of austerity measures **Sparprämie** F̲ savings premium

Sparring N̲ Boxen sparring

sparsam **A** ADJ *Mensch* thrifty; (≈*wirtschaftlich*) *Motor, Verbraucher* economical **B** ADV *leben, essen* economically; *verwenden* sparingly; **mit etw ~ umgehen** to be economical with sth **Sparsamkeit** F thrift; (≈*sparsames Haushalten*) economizing **Sparschwein** N piggy bank

spartanisch ADJ spartan; **~ leben** to lead a spartan life

Sparte F (≈*Branche*) line of business; (≈*Teilgebiet*) area

Sparzins M WIRTSCH interest on savings

Spass *österr* M → Spaß

Spaß M, **Spass** *österr* M (≈*Vergnügen*) fun; (≈*Scherz*) joke; (≈*Streich*) prank; **~ beiseite** joking apart; **viel ~!** have fun *a. iron;* **an etw** (*dat*) **~ haben** to enjoy sth; **~ machen** to be fun; (≈*Witze machen*) to be joking; **wenn's dir ~ macht** if it turns you on *umg;* **~/keinen ~ machen** to be fun/no fun; (**nur so,**) **aus ~, nur zum ~** (just) for fun; **etw im ~ sagen** to say sth as a joke; **da hört der ~ auf** that's going beyond a joke; **er versteht keinen ~** he has no sense of humour *Br,* he has no sense of humor *US;* **da verstehe ich keinen ~!** I won't stand for any nonsense; **das war ein teurer ~** *umg* that was an expensive business *umg* **Spaßbad** N leisure pool **Spaßbremse** F *umg* party pooper *umg,* spoilsport *umg,* killjoy *umg;* **voll die ~ sein** to be a real party pooper *od* spoilsport; **du bist heute wieder voll die ~** you're being a real killjoy again today **spaßeshalber** ADV for fun **spaßhaft, spaßig** ADJ funny **Spaßverderber(in)** M(F) spoilsport **Spaßvogel** M joker

Spastiker(in) M(F) spastic **spastisch** ADJ spastic; **~ gelähmt** suffering from spastic paralysis

spät **A** ADJ late; **am ~en Nachmittag** in the late afternoon **B** ADV late; **~ in der Nacht** late at night; **wie ~ ist es?** what's the time?; **zu ~** too late; **sie kam fünf Minuten zu ~** she was five minutes late; **wir sind ~ dran** we're late

Spaten M spade

später **A** ADJ later; (≈*zukünftig*) future **B** ADV later (on); **~ als** later than; **an ~ denken** to think of the future; **bis ~!** see you later! **spätestens** ADV at the latest **Spätfolge** F late effect

Spätherbst M late autumn, late fall *US* **Spätlese** F late vintage **Spätschaden** M long-term damage **Spätschicht** F late shift **Spätsommer** M late summer **Spätvorstellung** F late-night performance

Spatz M sparrow **Spatzenhirn** *pej* N birdbrain *umg*

spazieren VI to stroll; **wir waren ~** we went for a stroll **spazieren fahren** **A** VI to go for a ride **B** VT **j-n ~** to take sb for a drive **spazieren gehen** VI to go for a walk **Spazierfahrt** F ride; **eine ~ machen** to go for a ride **Spaziergang** M walk; **einen ~ machen** to go for a walk **Spaziergänger(in)** M(F) stroller **Spazierstock** M walking stick

SPD F ABK (≈ *Sozialdemokratische Partei Deutschlands*) Social Democratic Party of Germany

Specht M woodpecker

Speck M bacon; *umg bei Mensch* flab *umg;* **mit ~ fängt man Mäuse** *sprichw* you have to use a sprat to catch a mackerel *sprichw* **speckig** ADJ *Kleidung, Haar* greasy **Speckscheibe** F (bacon) rasher **Speckschwarte** F bacon rind

Spediteur(in) M(F) haulier *Br,* hauler *US;* (≈*Umzugsfirma*) furniture remover **Spedition** F (≈*Firma*) haulier *Br,* hauler *US;* (≈*Umzugsfirma*) furniture remover

Speeddating N speed dating

Speer M spear; SPORT javelin **Speerwerfen** N SPORT *das* ~ the javelin **Speiche** F **1** spoke **2** ANAT radius **Speichel** M saliva

Speicher M (≈*Lagerhaus*) storehouse; *im Haus* loft, attic; (≈*Wasserspeicher*) tank; COMPUT memory, store **Speicherchip** M COMPUT memory chip **Speicherdichte** F COMPUT storage density **Speicherkapazität** F storage capacity; COMPUT memory capacity **Speicherkarte** F COMPUT, TEL memory card **speichern** VT to store; (≈*abspeichern*) to save **Speicherofen** M storage heater **Speicherplatte** F COMPUT storage disk **Speicherplatz** M COMPUT storage space **Speicherung** F storage **Speicherverwaltung** F IT memory management

speien **A** VT to spit; *Lava, Feuer* to spew (forth); *Wasser* to spout; (≈*erbrechen*) to vomit **B** VI (≈ *sich übergeben*) to vomit

Speise F (≈*Gericht*) dish; **~n und Ge-**

S

tränke meals and beverages; **kalte und warme ~** hot and cold meals **Speiseeis** N̄ ice cream **Speisekammer** F̄ pantry **Speisekarte** F̄ menu **speisen** Ā V̄ī geh to eat B̄ V̄ī geh (≈ essen) to eat ☑ TECH to feed **Speiseplan** M̄ menu plan; **auf dem ~ stehen** to be on the menu **Speiseröhre** F̄ ANAT gullet **Speisesaal** M̄ dining hall; in Hotel etc dining room **Speisewagen** M̄ BAHN obs dining or restaurant car

Spektakel umg M̄ rumpus umg; (≈ Aufregung) palaver umg **spektakulär** ADJ spectacular

Spektrum N̄ spectrum

Spekulant(in) M̄F̄ī speculator **Spekulation** F̄ speculation; **~en anstellen** to speculate **Spekulationsgewinn** M̄ speculative profit **Spekulationsobjekt** N̄ object of speculation

Spekulatius M̄ spiced biscuit Br, spiced cookie US

spekulativ ADJ speculative **spekulieren** V̄ī to speculate; **auf etw** (akk) **~** umg to have hopes of sth

Spelunke pej umg F̄ dive umg

spendabel umg ADJ generous **Spende** F̄ donation; (≈ Beitrag) contribution **spenden** V̄ī to donate, to give; (≈ beitragen) Geld to contribute; Schatten to offer; Trost to give **Spendenaffäre** F̄ donations scandal **Spendenbescheinigung** F̄ donation receipt **Spendenkonto** N̄ donations account **Spender** M̄ (≈ Seifenspender etc) dispenser **Spender(in)** M̄F̄ī donator; (≈ Beitragsleistender) contributor; MED donor **Spenderausweis** M̄ donor card **Spenderherz** N̄ donor heart **spendieren** V̄ī to buy (j-m etw sth, sth for sb)

Spengler(in) M̄F̄ī österr, südd (≈ Klempner) plumber

Sperling M̄ sparrow

Sperma N̄ sperm

sperrangelweit umg ADV **~ offen** wide open **Sperre** F̄ ▯ barrier; (≈ Polizeisperre) roadblock; TECH locking device ▮ (≈ Verbot) ban; (≈ Blockierung) blockade; HANDEL embargo ▰ PSYCH mental block **sperren** Ā V̄ī ▯ (≈ schließen) to close; TECH to lock ▮ HANDEL Konto, Gelder to block; Scheck, Kreditkarte to stop; IT Daten, Zugriff to lock; **j-m den Strom/das Telefon ~** to disconnect sb's

electricity/telephone ▰ SPORT (≈ ausschließen) to ban ▱ (≈ einschließen) **j-n in etw** (akk) **~** to shut sb in sth ▲ TYPO to space out B̄ V̄R **sich (gegen etw) ~** to ba(u)lk (at sth) **Sperrfrist** F̄ a. JUR waiting period **Sperrgebiet** N̄ prohibited area od zone **Sperrholz** N̄ plywood **sperrig** ADJ bulky; (≈ unhandlich) unwieldy **Sperrkonto** N̄ blocked account **Sperrmüll** M̄ bulky refuse Br, bulky garbage US **Sperrstunde** F̄ closing time **Sperrung** F̄ (≈ Schließung) closing; TECH locking; von Konto blocking

Spesen PL̄ expenses pl; **auf ~ reisen** to travel on expenses **Spesenkonto** N̄ expense account

Spezi[1] österr, südd umg M̄ pal umg

Spezi®[2] N̄ Getränk cola and orangeade

Spezialausbildung F̄ specialized training **Spezialeffekt** M̄ special effect **Spezialfall** M̄ special case **Spezialgebiet** N̄ special field **spezialisieren** V̄R **sich (auf etw** akk) **~** to specialize (in sth) **Spezialisierung** F̄ specialization **Spezialist(in)** M̄F̄ī specialist (**für** in) **Spezialität** F̄ speciality Br, specialty US **speziell** ADJ special B̄ ADV (e)specially **Spezifikation** F̄ specification **spezifisch** ADJ specific B̄ ADV specifically **spezifizieren** V̄ī to specify

Sphäre wörtl, fig F̄ sphere

spicken Ā V̄ī GASTR Braten to baste; **mit Zitaten gespickt** peppered with quotations bes Br B̄ V̄ī SCHULE umg to copy (**bei** off, from) **Spickzettel** M̄ crib Br, cheat sheet US

Spiegel M̄ ▯ mirror ▮ (≈ Wasserspiegel etc) level **Spiegelbild** N̄ wörtl, fig N̄ reflection; (≈ seitenverkehrtes Bild) mirror image **Spiegelei** N̄ fried egg Br, fried egg, sunny side up US **spiegelfrei** ADJ Brille, Bildschirm etc nonreflecting **spiegelglatt** ADJ Weg slippery; umg **die Fahrbahn ist ~** the road's really icy, the road's as icy as hell umg **spiegeln** Ā V̄ī (≈ reflektieren) to reflect (the light); (≈ glitzern) to shine B̄ V̄ī to reflect C̄ V̄R to be reflected **Spiegelreflexkamera** F̄ reflex camera; **digitale ~** digital single-lens reflex camera, digital SLR, DSLR **Spiegelschrift** F̄ mirror writing **Spiegelung** F̄ reflection; (≈ Luftspiegelung) mirage **spiegelver-**

kehrt ADJ back-to-front; **eine ~e Abbildung** a mirror image; **etw ~ abbilden** to reproduce sth as a mirror image
Spiel N **1** game; (≈ *Wettkampfspiel*) match; THEAT (≈ *Stück*) play; **ein ~ spielen** to play a game **2** KART deck, pack; *Satz* set **3** TECH (free) play; (≈ *Spielraum*) clearance **4** *fig* **leichtes ~ haben** to have an easy job of it; **das ~ ist aus** the game's up; **die Finger im ~ haben** to have a hand in it; **j-n/etw aus dem ~ lassen** to leave sb/sth out of it; **etw aufs ~ setzen** to put sth at stake; **auf dem ~(e) stehen** to be at stake; **sein ~ mit j-m treiben** to play games with sb **Spielautomat** M gambling *od* gaming machine; *zum Geldgewinnen* fruit machine **Spielball** M *Tennis* game point; *Billard* cue ball; *fig* plaything **Spielbank** F casino **Spielbrett** N board **Spieldecke** F play blanket **Spielekonsole** F game(s) *od* gaming console **spielen** A VT to play; *Karten ~* to play cards; *Fußball/Tennis ~* to play football/tennis; *Klavier/Flöte ~* to play the piano/the flute; **den Beleidigten ~** to act all offended; **was wird hier gespielt?** *umg* what's going on here? **B** VI to play; *Schauspieler* to act; *beim Glücksspiel* to gamble; **das Stück spielt in Venedig** the play is set in Venice; **seine Beziehungen ~ lassen** to bring one's connections into play; → **gespielt spielend** A ADJ playing **B** ADV easily **Spieler(in)** M(F) player; (≈ *Glücksspieler*) gambler **Spielerei** F (≈ *das Spielen*) playing; *beim Glücksspiel* gambling; (≈ *das Herumspielen*) playing around; (≈ *Kinderspiel*) child's play *ohne art* **Spielerfrauen** PL WAGs *pl* (≈ *wives and girlfriends*) **spielerisch** ADJ **1** (≈ *verspielt*) playful **2** SPORT playing; THEAT acting; **~es Können** playing/acting ability **Spielfeld** N field, pitch *Br*; *Tennis, Basketball* court **Spielfigur** F piece **Spielfilm** M feature, feature film *Br* **Spielgeld** N (≈ *unechtes Geld*) play money **Spielhalle** F amusement arcade *Br*, arcade **Spielhölle** F gambling den **Spielkamerad(in)** M(F) playmate **Spielkarte** F playing card **Spielkasino** N (gambling) casino **Spielklasse** F division **Spielkonsole** F game(s) console **Spielleiter(in)** M(F) (≈ *Regisseur*) director **Spielmacher(in)** M(F) key player

Spielplan M THEAT, FILM programme *Br*, program *US* **Spielplatz** M für Kinder playground **Spielraum** M room to move; *fig* scope; *zeitlich* time; *bei Planung etc* leeway; TECH (free) play **Spielregel** F rule of the game **Spielsachen** PL toys *pl* **Spielschuld** F gambling debt **Spielshow** F game show **Spielstand** M score **Spieltisch** M games table; *beim Glücksspiel* gaming *od* gambling table **Spieluhr** F music box **Spielverderber(in)** M(F) spoilsport **Spielverlängerung** F SPORT extra time *Br*, overtime *US* **Spielverlauf** M play **Spielwaren** PL toys *pl* **Spielwarengeschäft** N, **Spielwarenhandlung** F toy shop *bes Br*, toy store *bes US* **Spielzeit** F **1** (≈ *Saison*) season **2** (≈ *Spieldauer*) playing time **Spielzeug** N toys *pl*; *einzelnes* toy **Spielzeugeisenbahn** F (toy) train set

Spieß M (≈ *Stich- und Wurfwaffe*) spear; (≈ *Bratspieß*) spit; *kleiner* skewer; **den ~ umdrehen** *fig* to turn the tables **Spießbürger(in)** M(F) *pej* (petit) bourgeois **spießbürgerlich** *pej* ADJ (petit) bourgeois **spießen** VT **etw auf etw** (*akk*) **~** *auf Pfahl etc* to impale sth on sth; *auf Gabel etc* to skewer sth on sth; *auf Nadel* to pin sth on sth **Spießer(in)** *pej* M(F) → Spießbürger(in) **spießig** *pej* ADJ & ADV → spießbürgerlich **Spießrute** F **~n laufen** *fig* to run the gauntlet

Spikes PL spikes *pl*
Spinat M spinach
Spind M/N MIL, SPORT locker
Spindel F spindle
Spinne F *spider* **spinnen** A VT to spin **B** VI *umg* (≈ *leicht verrückt sein*) to be crazy; (≈ *Unsinn reden*) to talk garbage *umg*; **spinnst du?** you must be crazy! **Spinnennetz** N cobweb, spider's web **Spinner(in)** M(F) **1** *pej* spinner **2** *umg* nutcase *umg* **Spinnerei** F **1** (≈ *Spinnwerkstatt*) spinning mill **2** *umg* crazy behaviour *Br od* behavior *US kein pl*; (≈ *Unsinn*) garbage *umg* **Spinngewebe** N cobweb, spider's web **Spinnrad** N spinning wheel

Spion *umg* M (≈ *Guckloch*) spyhole **Spion(in)** M(F) spy **Spionage** F spying, espionage **Spionageabwehr** F counterintelligence *od* counterespionage (service) **Spionagesatellit** M spy satellite **spionieren** VI to spy; *fig umg*

S

(≈ *nachforschen*) to snoop around *umg*

Spirale F̲ spiral; MED coil

Spiritismus M̲ spiritualism **spiritistisch** A̲D̲J̲ **~e Sitzung** seance

Spirituosen P̲L̲ spirits *pl*

Spiritus M̲ (≈ *Alkohol*) spirit

Spital N̲ *österr, schweiz* (≈ *Krankenhaus*) hospital

spitz A̲ A̲D̲J̲ **1** pointed; (≈ *nicht stumpf*) *Bleistift, Nadel etc* sharp; MATH *Winkel* acute; **~e Klammern** angle brackets **2** (≈ *gehässig*) barbed; *Zunge* sharp B̲ A̲D̲V̲ (≈ *spitzzüngig*) kontern, antworten sharply

Spitz M̲ *Hunderasse* spitz; (≈ *Zwergspitz*) pomeranian **Spitzbart** M̲ goatee **Spitze** F̲ **1** top; *von Kinn* point; (≈ *Schuhspitze*) toe; (≈ *Fingerspitze, Nasenspitze*) tip; (≈ *Haarspitze*) end; **etw auf die ~ treiben** to carry sth to extremes **2** (≈ *vorderes Ende*) front; (≈ *Tabellenspitze*) top; **an der ~ stehen** to be at the head; *auf Tabelle* to be (at the) top (of the table); **an der ~ liegen** SPORT, *a. fig* to be in the lead **3** *fig* (≈ *Stichelei*) dig *bes Br, cut US* **4** *Gewebe* lace **5** *umg* (≈ *prima*) great *umg*; **das war einsame ~!** that was really great! *umg*

Spitzel M̲ (≈ *Informant*) informer; (≈ *Spion*) spy; (≈ *Schnüffler*) snooper; (≈ *Polizeispitzel*) police informer

spitzen V̲/̲T̲ *Bleistift* to sharpen; *Lippen* to purse; *zum Küssen* to pucker (up); *Ohren* to prick up **Spitzengehalt** N̲ top salary **Spitzengeschwindigkeit** F̲ top speed **Spitzenhöschen** N̲ lace panties *pl* **Spitzenkandidat(in)** M̲(̲F̲)̲ top candidate **Spitzenklasse** F̲ top class; **ein Auto** *etc* **der ~ a** top-class car *etc* **Spitzenleistung** F̲ top performance; *fig* (≈ *ausgezeichnete Leistung*) top-class performance **Spitzenlohn** M̲ top wage(s) (*pl*) **Spitzenposition** F̲ leading *od* top position **Spitzenreiter** M̲ number one; *Ware* top seller; *Film, Stück etc* hit **Spitzensportler(in)** M̲(̲F̲)̲ top (-class) sportsman/-woman **Spitzenstellung** F̲ leading position **Spitzentechnologie** F̲ state-of-the-art technology **Spitzenverdiener(in)** M̲(̲F̲)̲ top earner **Spitzenverkehrszeit** F̲ peak period **Spitzer** *umg* M̲ (pencil) sharpener **spitzfindig** A̲D̲J̲ over(ly)- -subtle **Spitzfindigkeit** F̲ over-subtlety; (≈ *Haarspalterei*) nit-picking *kein pl umg* **Spitzhacke** F̲ pickaxe *Br, pickax*

US **spitzkriegen** V̲/̲T̲ *umg* **~, dass ...** to get wise to the fact that ... *umg*

Spitzname M̲ nickname **spitzwinklig** A̲D̲J̲ MATH *Dreieck* acute-angled

Spleen *umg* M̲ (≈ *Idee*) crazy idea *umg*; (≈ *Fimmel*) obsession

Spliss M̲ **1** *dial* (≈ *Splitter*) splinter **2** (≈ *gespaltene Haarspitzen*) split ends *pl*

Splitt M̲ stone chippings *pl*; (≈ *Streumittel*) grit **Splitter** M̲ splinter **Splittergruppe** F̲ POL splinter group **splitternackt** A̲D̲J̲, **splitterfasernackt** A̲D̲J̲ stark naked, stark-naked

SPÖ F̲ A̲B̲K̲ (= *Sozialdemokratische Partei Österreichs*) Social Democratic Party of Austria

Spoiler M̲ spoiler

sponsern V̲/̲T̲ to sponsor **Sponsor(in)** M̲(̲F̲)̲ sponsor

spontan A̲ A̲D̲J̲ spontaneous B̲ A̲D̲V̲ spontaneously **Spontaneität** F̲ spontaneity

sporadisch A̲ A̲D̲J̲ sporadic B̲ A̲D̲V̲ sporadically

Sport M̲ sport; *Schulfach* physical education, PE; **treiben Sie ~?** do you do any sport? **Sportart** F̲ (kind of) sport **Sportarzt** M̲, **Sportärztin** F̲ sports physician **sportbegeistert** A̲D̲J̲ keen on sport, sports-mad *Br umg*, crazy about sports *US umg* **Sportfest** N̲ sports festival **Sportgeschäft** N̲ sports shop, sports store *US* **Sporthalle** F̲ sports hall, gym **Sportkleidung** F̲ sportswear **Sportlehrer(in)** M̲(̲F̲)̲ **1** *in der Schule* PE teacher **2** *im Verein* sports instructor **Sportler** M̲ sportsman, athlete **Sportlerin** F̲ sportswoman, athlete **sportlich** A̲ A̲D̲J̲ **1** sporting; *Mensch, Auto* sporty; (≈ *durchtrainiert*) athletic **2** *Kleidung* casual; (≈ *sportlich-schick*) smart but casual B̲ A̲D̲V̲ **1** **sich ~ betätigen** to do sport **2** (≈ *leger*) casually; **~ gekleidet** casually dressed **Sportmedizin** F̲ sports medicine **Sportnachrichten** P̲L̲ sports news *sg* **Sportplatz** M̲ sports field; *in der Schule* playing field(s) (*pl*) **Sportreporter(in)** M̲(̲F̲)̲ sports reporter **Sportschuh** M̲ casual shoe **Sportsfreund(in)** M̲(̲F̲)̲ *fig umg* pal *umg* **Sportskanone** F̲ *umg* sporting ace *umg* **Sportunfall** M̲ sporting accident **Sportunterricht** M̲ sports lesson *od* lessons *pl*; SCHULE physical education,

PE **Sportveranstaltung** F̲ sporting event **Sportverein** M̲ sports club **Sportwagen** M̲ sports car; *für Kind* pushchair *Br*, stroller *US*

Spott M̲ mockery; **seinen ~ mit j-m treiben** to make fun of sb **spottbillig** *umg* A̲D̲J̲ dirt-cheap *umg* **Spötteleі** F̲ (≈ *das Spotten*) mocking; (≈ *ironische Bemerkung*) mocking remark **spötteln** V̲I̲ to mock (**über j-n/etw** sb/sth/) **spotten** V̲I̲ (≈ *sich lustig machen*) to mock; **über j-n/etw ~** to mock sb/sth; **das spottet jeder Beschreibung** that simply defies description **Spötter(in)** M̲(F̲) mocker; (≈ *satirischer Mensch*) satirist **spöttisch** A̲ A̲D̲J̲ mocking B̲ A̲D̲V̲ mockingly **Spottpreis** M̲ ridiculously low price

sprachbegabt A̲D̲J̲ linguistically talented **Sprache** F̲ language; (≈ *das Sprechen*) speech; (≈ *Fähigkeit, zu sprechen*) power of speech; **in französischer** *etc* **~** in French *etc*; **mit der ~ herausrücken** to come out with it; **die ~ auf etw** (*akk*) **bringen** to bring the conversation (a)round to sth; **zur ~ kommen** to be brought up; **etw zur ~ bringen** to bring sth up; **mir blieb die ~ weg** I was speechless **Sprachenschule** F̲ language school **Spracherkennung** F̲ IT speech recognition **Sprachfehler** M̲ speech impediment **Sprachführer** M̲ phrase book **Sprachgebrauch** M̲ (linguistic) usage **Sprachgefühl** N̲ feeling for language **sprachgesteuert** A̲D̲J̲ IT voice-activated **sprachgewandt** A̲D̲J̲ articulate, fluent **Sprachkenntnisse** P̲L̲ knowledge *sg* of languages/the language/a language; **mit englischen ~n** with a knowledge of English **Sprachkompetenz** F̲ language skills *pl* **Sprachkurs** M̲ language course **Sprachlabor** N̲ language laboratory **Sprachlehre** F̲ grammar **sprachlich** A̲ A̲D̲J̲ linguistic; *Schwierigkeiten* language *attr*; *Fehler* grammatical B̲ A̲D̲V̲ linguistically; **falsch/richtig** grammatically incorrect/correct **sprachlos** A̲D̲J̲ speechless **Sprachlosigkeit** F̲ speechlessness **Sprachrohr** *fig* N̲ mouthpiece **Sprachsteuerung** F̲ TECH voice control **Sprachunterricht** M̲ language teaching; *einzelne Stunde* language class; *einzelne Stunden* language classes

Sprachwissenschaft F̲ linguistics *sg*; (≈ *Philologie*) philology; **vergleichende ~en** comparative linguistics/philology **Sprachwissenschaftler(in)** M̲(F̲) linguist; (≈ *Philologe*) philologist **sprachwissenschaftlich** A̲ A̲D̲J̲ linguistic B̲ A̲D̲V̲ linguistically

Spray M̲/N̲ spray **Spraydose** F̲ aerosol (can) **sprayen** V̲T̲ & V̲I̲ to spray **Sprayer(in)** M̲(F̲) sprayer

Sprechanlage F̲ intercom **Sprechblase** F̲ balloon, speech bubble **sprechen** V̲I̲ to speak; (≈ *reden, sich unterhalten*) to talk; **wir haben gerade von dir gesprochen** we were just talking about you; **kann ich dich mal ~?** can I have a word with you?; **viel ~** to talk a lot; **nicht gut auf j-n/etw zu ~ sein** not to have a good thing to say about sb/sth; **mit j-m ~** to speak *od* talk to sb; **mit wem spreche ich?** to whom am I speaking, please?; **hier spricht Isabel** *am Telefon* this is Isabel; **auf j-n/etw zu ~ kommen** to get to talking about sb/sth; **es spricht für j-n/etw(, dass ...)** it says something for sb/sth (that ...); **das spricht für sich (selbst)** that speaks for itself; **es spricht vieles dafür/dagegen** there's a lot to be said for/against it; **ganz allgemein gesprochen** generally speaking B̲ V̲T̲ 1̲ *Sprache* to speak; (≈ *aufsagen*) *Gebet* to say; **~ Sie Japanisch?** do you speak Japanese? 2̲ *Urteil* to pronounce 3̲ **kann ich bitte Herrn Kurz ~?** may I speak to Mr Kurz, please?; **er ist nicht zu ~** he can't see anybody; **kann ich Sie kurz ~?** can I have a quick word?; **wir ~ uns noch!** you haven't heard the last of this! **sprechend** A̲D̲J̲ *Augen, Gebärde* eloquent **Sprecher(in)** M̲(F̲) speaker; (≈ *Nachrichtensprecher*) newscaster; (≈ *Ansager*) announcer; (≈ *Wortführer*) spokesperson **Sprechfunk** M̲ radiotelephone system **Sprechfunkgerät** N̲ radiotelephone; *tragbar a.* walkie-talkie **Sprechstunde** F̲ consultation (hour); *von Arzt* surgery *Br*, consultation *US* **Sprechstundenhilfe** F̲ (doctor's) receptionist **Sprechtaste** F̲ "talk" button **Sprechweise** F̲ way of speaking **Sprechzimmer** N̲ consulting room

spreizen A̲ V̲T̲ to spread; → **gespreizt** B̲ V̲R̲ (≈ *sich sträuben*) to kick up *umg*

Spreizfuß M̲ splayfoot
sprengen V̲T̲ 1 mit Sprengstoff to blow up; Fels to blast; **etw in die Luft ~** to blow sth up 2 Tresor to break open; Fesseln to burst; Versammlung to break up; Spielbank to break 3 (≈ bespritzen) to sprinkle; Beete, Rasen to water **Sprengkopf** M̲ warhead **Sprengkörper** M̲ explosive device **Sprengkraft** F̲ explosive force **Sprengladung** F̲ explosive charge **Sprengsatz** M̲ explosive device **Sprengstoff** M̲ explosive; fig dynamite **Sprengstoffanschlag** M̲ bomb attack **Sprengung** F̲ blowing--up; von Felsen blasting
sprenkeln V̲T̲ Farbe to sprinkle spots of; → **gesprenkelt**
Spreu F̲ chaff; **die ~ vom Weizen trennen** od **sondern** fig to separate the wheat from the chaff
Sprichwort N̲ proverb **sprichwörtlich** wörtl, fig A̲D̲J̲ proverbial
sprießen V̲I̲ aus der Erde to come up; Knospen, Blätter to shoot
Springbrunnen M̲ fountain **springen** V̲I̲ 1 to jump; bes mit Schwung to leap; beim Stabhochsprung to vault 2 **etw ~ lassen** umg to fork out for sth umg; Runde to stand sth; Geld to fork out sth 3 Glas, Porzellan to break; (≈ Risse bekommen) to crack **springend** A̲D̲J̲ **der ~e Punkt** the crucial point
Springer M̲ Schach knight **Springer(in)** M̲/F̲ 1 jumper; (≈ Stabhochspringer) vaulter 2 IND stand-in **Springerstiefel** P̲L̲ Doc Martens® (boots) pl
Springflut F̲ spring tide **Springreiten** N̲ show jumping **Springrollo** N̲ roller blind **Springseil** N̲ skipping--rope Br, jump rope US
Sprinkler M̲ sprinkler **Sprinkleranlage** F̲ sprinkler system
Sprint M̲ sprint **sprinten** V̲T̲ & V̲I̲ to sprint
Sprit M̲ umg (≈ Benzin) gas umg, fuel
Spritze F̲ syringe; (≈ Injektion) injection; **eine ~ bekommen** to have an injection **spritzen** A̲ V̲T̲ 1 to spray; (≈ verspritzen) Wasser etc to splash 2 (≈ injizieren) to inject; (≈ eine Injektion geben) to give injections/an injection; **sich** (dat) **Heroin ~** to inject (oneself with) heroin B̲ V̲I̲ to spray; heißes Fett to spit **Spritzer** M̲ splash **Spritzfahrt** umg F̲ spin umg; **eine ~ machen** to go for a spin umg

spritzig A̲D̲J̲ Wein tangy; Auto, Aufführung lively; (≈ witzig) witty **Spritzpistole** F̲ spray gun **Spritztour** F̲ umg spin umg, jaunt; **eine ~ machen** to go for a spin umg, to take a ride
spröde A̲D̲J̲ brittle; Haut rough; (≈ abweisend) Mensch aloof; Worte offhand; Charme austere
Sprosse F̲ rung **Sprossenfenster** N̲ lattice window **Sprossenwand** F̲ SPORT wall bars pl **Sprössling** M̲ shoot; fig hum offspring pl
Sprotte F̲ sprat
Spruch M̲ 1 saying; (≈ Wahlspruch) motto; **Sprüche klopfen** umg to talk posh umg; (≈ angeben) to talk big umg 2 (≈ Richterspruch) judgement; (≈ Schiedsspruch) ruling **Spruchband** N̲ banner **spruchreif** umg A̲D̲J̲ **die Sache ist noch nicht ~** it's not definite yet so we'd better not talk about it
Sprudel M̲ mineral water; (≈ süßer Sprudel) fizzy drink **Sprudelbad** N̲ whirlpool (bath) **sprudeln** V̲I̲ to bubble; Sekt, Limonade to fizz **sprudelnd** wörtl A̲D̲J̲ Getränke fizzy; Quelle bubbling; fig Witz bubbly
Sprühdose F̲ spray (can) **sprühen** A̲ V̲I̲ 1 to spray; Funken to fly 2 fig vor Witz, Ideen etc to bubble over (**vor** +dat with); Augen vor Freude etc to sparkle (**vor** +dat with); vor Zorn etc to flash (**vor** +dat with) B̲ V̲T̲ to spray **Sprühregen** N̲ fine rain
Sprung M̲ 1 jump; schwungvoll leap; (≈ Satz) bound; von Raubtier pounce; (≈ Stabhochsprung) vault; Wassersport dive; **einen ~ machen** to jump; **damit kann man keine großen Sprünge machen** you can't exactly live it up on that umg; **j-m auf die Sprünge helfen** to give sb a (helping) hand 2 umg (≈ kurze Strecke) stone's throw umg; **auf einen ~ bei j-m vorbeikommen** to drop in to see sb umg 3 (≈ Riss) crack; **einen ~ haben** to be cracked **Sprungbrett** wörtl, fig N̲ springboard **Sprungfeder** F̲ spring **sprunghaft** A̲ A̲D̲J̲ 1 Mensch volatile 2 (≈ rapide) rapid B̲ A̲D̲V̲ ansteigen by leaps and bounds **Sprungschanze** F̲ SKI ski jump **Sprungturm** M̲ diving platform
SPS, SP Schweiz F̲ (≈ Sozialdemokratische Partei der Schweiz) Social Democratic Party of Switzerland

Spucke umg F̱ spit; **da bleibt einem die ~ weg!** umg it's flabbergasting umg **spucken** A V̱Ṯ to spit; umg (≈ *erbrechen*) to throw up umg; *Lava to spew (out)* B V̱ı̱ to spit; umg (≈ *erbrechen*) to be sick, to throw up umg; **in die Hände ~** wörtl to spit on one's hands; fig to roll up one's sleeves

spuken V̱ı̱ to haunt; **hier spukt es** this place is haunted

Spülbecken Ṉ sink

Spule F̱ spool; IND bobbin; ELEK coil

Spüle F̱ sink

spulen V̱Ṯ a. COMPUT to spool

spülen A V̱Ṯ 1 (≈ *ausspülen*) Mund to rinse; *Wunde* to wash; *Darm* to irrigate; (≈ *abwaschen*) Geschirr to wash up 2 *Wellen etc* to wash; **etw an Land ~** to wash sth ashore B V̱ı̱ Waschmaschine to rinse; (≈ *Geschirr spülen*) to wash up; *auf der Toilette* to flush; **du spülst und ich trockne ab** you wash and I'll dry **Spüllappen** Ṃ dishcloth **Spülmaschine** F̱ (automatic) dishwasher **spülmaschinenfest** A̱ḎJ̱ dishwasher-proof **Spülmittel** Ṉ washing-up liquid **Spülschüssel** F̱ washing-up bowl **Spülung** F̱ rinsing; (≈ *Wasserspülung*) flush; (≈ *Haarspülung*) conditioner; MED (≈ *Darmspülung*) irrigation

Spund Ṃ stopper; *Holztechnik* tongue

Spur F̱ 1 (≈ *Abdruck im Boden etc*) track; (≈ *hinterlassenes Zeichen*) trace; (≈ *Bremsspur*) skidmarks pl; (≈ *Blutspur etc, Fährte*) trail; **von den Tätern fehlt jede ~** there is no clue as to the whereabouts of the perpetrators; **auf der richtigen/falschen ~ sein** to be on the right/wrong track; **j-m auf die ~ kommen** to get on to sb; **~en hinterlassen** fig to leave one's/its mark 2 fig (≈ *kleine Menge*) trace; *von Talent etc* scrap; **von Anstand keine ~** umg no decency at all; **keine ~!** umg not at all 3 (≈ *Fahrbahn*) lane 4 COMPUT track

spürbar A A̱ḎJ̱ noticeable, perceptible B A̱ḎV̱ noticeably, perceptibly

spuren umg V̱ı̱ to obey; (≈ *sich fügen*) to toe the line

spüren V̱Ṯ to feel; **davon ist nichts zu ~** there is no sign of it; **etw zu ~ bekommen** wörtl to feel sth; fig to feel the (full) force of sth

Spurenelement Ṉ trace element **Spurensicherung** F̱ securing of evidence

Spürhund Ṃ tracker dog; umg *Mensch* sleuth

spurlos A̱ḎJ̱ & A̱ḎV̱ without trace; **das ist nicht ~ an ihm vorübergegangen** it left its mark on him **Spurrille** F̱ Verkehr rut

Spürsinn Ṃ JAGD, a. fig nose; fig (≈ *Gefühl*) feel

Spurt Ṃ spurt; **zum ~ ansetzen** to make a final spurt **spurten** V̱ı̱ SPORT to spurt; umg (≈ *rennen*) to sprint, to dash **Spurwechsel** Ṃ Verkehr lane change **Spurweite** F̱ BAHN gauge; AUTO track

Squash Ṉ squash **Squashschläger** Ṃ squash racket

Sri Lanka Ṉ Sri Lanka

Staat Ṃ 1 state; (≈ *Land*) country; **die ~en** umg the States umg; **von ~s wegen** on a governmental level 2 (≈ *Ameisenstaat etc*) colony 3 fig (≈ *Pracht*) pomp; (≈ *Kleidung, Schmuck*) finery; **~ machen (mit etw)** to make a show (of sth); **damit ist kein ~ zu machen** that's nothing to write home about umg **Staatenbund** Ṃ confederation (of states) **Staatengemeinschaft** F̱ community of states **staatenlos** A̱ḎJ̱ stateless **Staatenlose(r)** F̱(M̱) stateless person **staatlich** A A̱ḎJ̱ state attr; (≈ *staatlich geführt*) state-run B A̱ḎV̱ by the state; **~ geprüft** state-certified **Staatsakt** Ṃ state occasion **Staatsaktion** F̱ major operation **Staatsangehörige(r)** M̱/F̱(M̱) national **Staatsangehörigkeit** F̱ nationality; **doppelte ~** dual nationality; **welche ~ hat sie?** which nationality is she? **Staatsanleihe** F̱ government bond **Staatsanwalt** Ṃ, **Staatsanwältin** F̱ district attorney US, public prosecutor bes Br **Staatsausgaben** P̱ı̱ public expenditure sg **Staatsbeamte(r)** Ṃ, **Staatsbeamtin** F̱ public servant **Staatsbegräbnis** Ṉ state funeral **Staatsbesuch** Ṃ state visit **Staatsbürger(in)** M̱(F̱) citizen **staatsbürgerlich** A̱ḎJ̱ Pflicht civic; Rechte civil **Staatsbürgerschaft** F̱ nationality; **doppelte ~** dual nationality **Staatschef(in)** M̱(F̱) head of state **Staatsdienst** Ṃ civil service **staatseigen** A̱ḎJ̱ state-owned **Staatsempfang** Ṃ state reception **Staatsexamen** Ṉ *university degree required for e.g. the teaching profession* **Staatsfeiertag** Ṃ national holiday **Staatsfeind(in)**

M̲F̲ enemy of the state **staatsfeind-lich** A̲D̲J̲ hostile to the state **Staats-form** F̲ type of state **Staatsgeheim-nis** N̲ state secret **Staatsgrenze** F̲ state frontier *od* border **Staatshaus-halt** M̲ national budget **Staatsho-heit** F̲ sovereignty **Staatskosten** P̲L̲ public expenses *pl*; **auf ~** at the public expense **Staatsmann** M̲ statesman **staatsmännisch** A̲ A̲D̲J̲ statesman-like B̲ A̲D̲V̲ in a statesmanlike manner **Staatsoberhaupt** N̲ head of state **Staatspräsident(in)** M̲F̲ president **Staatsschuld** F̲ F̲I̲N̲ national debt **Staatssekretär(in)** M̲F̲ (≈*Beamter*) ≈ permanent secretary *Br*, ≈ undersecretary *US* **Staatsstreich** M̲ coup (d'état) **Staatstrauer** F̲ national mourning **Staatsverbrechen** N̲ political crime; *fig* major crime **Staatsverschul-dung** F̲ national debt **Staatsvertrag** M̲ (international) treaty

Stab M̲ 1 rod; (≈*Gitterstab*) bar; *des Diri-genten, für Staffellauf etc* baton; *für Stab-hochsprung* pole; (≈*Zauberstab*) wand; **den ~ über j-n brechen** *fig* to condemn sb 2 (≈*Mitarbeiterstab*), *a.* M̲I̲L̲ staff; *von Experten* panel; M̲I̲L̲ (≈*Hauptquartier*) headquarters *sg od pl* **Stäbchen** N̲ (≈*Essstäbchen*) chopstick **Stabhoch-springer(in)** M̲F̲ pole-vaulter **Stab-hochsprung** M̲ pole vault

stabil A̲D̲J̲ *Möbel* sturdy; *Währung, Bezie-hung* stable; *Gesundheit* sound **stabili-sieren** V̲T̲ & V̲R̲ to stabilize **Stabilisie-rungsprozess** M̲ P̲O̲L̲ stabilisation process **Stabilität** F̲ stability **Stabili-tätspolitik** F̲ policy of stability **Stabili-tätsprogramm** N̲ stability pro-gramme *Br*, stability program *US* **Stabi-litäts- und Wachstumspakt** M̲ E̲U̲ Stability and Growth Pact

Stablampe F̲ (electric) torch *Br*, flash-light

Stachel M̲ *von Rosen etc* thorn; *von Kak-teen, Igel* spine; *auf Stacheldraht* barb; (≈*Giftstachel*) *von Bienen etc* sting **Sta-chelbeere** F̲ gooseberry **Stachel-draht** M̲ barbed wire **Stacheldraht-zaun** M̲ barbed-wire fence **stachelig** A̲D̲J̲ *Rosen etc* thorny; *Kaktus etc* spiny; (≈*sich stachelig anfühlend*) prickly; *Kinn, Bart* bristly **Stachelschwein** N̲ porcu-pine

Stadel *österr, schweiz, südd* M̲ barn

Stadion N̲ stadium, arena **Stadium** N̲ stage

Stadt F̲ 1 town; (≈*Großstadt*) city; **die ~ Paris** the city of Paris; **in der ~** in town; **in die ~ gehen** to go into town 2 (≈*Stadtverwaltung*) council **stadtaus-wärts** A̲D̲V̲ out of town **Stadtauto-bahn** F̲ urban motorway *Br*, urban freeway *US* **Stadtbad** N̲ municipal swimming pool **Stadtbahn** F̲ subur-ban railway *Br*, city railroad *US* **Stadt-bild** N̲ townscape, cityscape **Stadtbü-cherei** F̲ public library **Stadtbum-mel** M̲ stroll through town **Städt-chen** N̲ small town **Städtebau** M̲ ur-ban development **stadteinwärts** A̲D̲V̲ into town **Städtepartnerschaft** F̲ town twinning *Br*, sister city agreement *US* **Städter(in)** M̲F̲ town resident *Br*; (≈*Großstädter*) city resident *Br*, city resi-dent *US* **Stadtführer** M̲ town guide *Br*; *für Großstadt* city guide *Br*, city guide *US* **städtisch** A̲D̲J̲ municipal, town *attr Br*; (≈*einer Großstadt a.*) city *attr Br*, city *attr US*; (≈*nach Art einer Stadt*) urban **Stadtkern** M̲ town/city centre *Br*, town/city center *US* **Stadtmauer** F̲ city wall **Stadtmitte** F̲ town/city cen-tre *Br*, town/city center *US* **Stadtplan** M̲ (street) map (of a/the town/city) **Stadtplanung** F̲ town planning **Stadtpolizei** F̲ *österr, schweiz* ≈ urban police (force) **Stadtpräsident(in)** M̲F̲ *schweiz* (≈*Bürgermeister*) mayor/may-oress **Stadtrand** M̲ outskirts *pl* (of a/the town/city)

Stadtrat[1] M̲ (town/city) council **Stadtrat**[2] M̲, **Stadträtin** F̲ (town/city) councillor *Br*, (city) councilor *US* **Stadt-rundfahrt** F̲ **eine ~ machen** to go on a (sightseeing) tour of a/the town/city **Stadtstreicher(in)** M̲F̲ tramp **Stadt-teil** M̲ district, borough **Stadtver-waltung** F̲ (town/city) council **Stadt-viertel** N̲ district, part of town/city **Stadtzentrum** N̲ town/city centre *Br*, city center *US*, downtown *US*

Staffel F̲ 1 (≈*Formation*) echelon; F̲L̲U̲G̲ (≈*Einheit*) squadron 2 S̲P̲O̲R̲T̲ relay (race); (≈*Mannschaft*) relay team; *fig* re-lay; **~ laufen** to run in a relay (race) 3 *einer Fernsehserie* season, series **Staffe-lei** F̲ easel **Staffellauf** M̲ relay (race) **staffeln** V̲T̲ *Gehälter, Tarife* to grade; *Anfangszeiten* to stagger **Staffelung**

F̲ *von Gehältern, Tarifen* grading; *von Zeiten* staggering

Stagflation F̲ stagflation

Stagnation F̲ stagnation **stagnieren** V̲/I̲ to stagnate

Stahl M̲ steel; **Nerven wie ~** nerves of steel **Stahlbeton** M̲ reinforced concrete **stahlblau** A̲D̲J̲ steel-blue **stählern** A̲D̲J̲ steel; *fig Wille* of iron, iron *attr*; *Nerven* of steel; *Blick* steely **Stahlhelm** M̲ MIL steel helmet **Stahlrohr** N̲ tubular steel; *Stück* steel tube **Stahlträger** M̲ steel girder **Stahlwolle** F̲ steel wool

Stalagmit M̲ stalagmite **Stalaktit** M̲ stalactite

stalinistisch A̲D̲J̲ Stalinist

Stalker(in) M̲/F̲ stalker

Stall M̲ stable; (≈ *Kuhstall*) cowshed; (≈ *Schweinestall*) (pig)sty, (pig)pen US; *für Kaninchen* hutch

Stamm M̲ **1** (≈ *Baumstamm*) trunk **2** LING stem **3** (≈ *Volksstamm*) tribe **4** (≈ *Kunden*) regular customers *pl*; *von Mannschaft* regular team members *pl*; (≈ *Arbeiter*) permanent workforce; (≈ *Angestellte*) permanent staff *pl*; **ein fester ~ von Kunden** regular customers **Stammaktie** F̲ BÖRSE ordinary share **Stammbaum** M̲ family tree; *von Zuchttieren* pedigree **Stammbuch** N̲ book recording family events with some legal documents

stammeln V̲/T̲ & V̲/I̲ to stammer

stammen V̲/I̲ to come (**von, aus** from); *zeitlich* to date (**von, aus** from) **Stammform** F̲ base form **Stammgast** M̲ regular **Stammhalter** M̲ son and heir **stämmig** A̲D̲J̲ (≈ *gedrungen*) stocky; (≈ *kräftig*) sturdy, big-boned **Stammkapital** N̲ FIN ordinary share capital *Br*, common stock capital *US* **Stammkneipe** *umg* F̲ local *Br umg*, local bar **Stammkunde** M̲, **Stammkundin** F̲ regular (customer) **Stammkundschaft** F̲ regulars *pl* **Stammplatz** M̲ usual seat **Stammsitz** M̲ *von Firma* headquarters *sg od pl*; *von Geschlecht* ancestral seat; *im Theater etc* regular seat **Stammtisch** M̲ (≈ *Tisch in Gasthaus*) table reserved for the regulars; (≈ *Stammtischrunde*) group of regulars **Stammwähler(in)** M̲/F̲ POL staunch supporter **Stammzelle** F̲ stem cell; **embryonale ~n** embryonic stem cells **Stammzel-**

lenforschung F̲ stem-cell research

stampfen A̲ V̲/I̲ **1** (≈ *laut auftreten*) to stamp; **mit dem Fuß ~** to stamp one's foot **2** *Schiff* to pitch, to toss B̲ V̲/T̲ **1** (≈ *festtrampeln*) *Lehm, Sand* to stamp; *Trauben* to press **2** *mit Stampfer* to mash

Stand M̲ **1** (≈ *das Stehen*) standing position; **aus dem ~** *im Stehen* from a standing position; *fig* off the cuff; **ein Sprung aus dem ~** a standing jump; **bei j-m einen schweren ~ haben** *fig* to have a hard time with sb **2** (≈ *Marktstand etc*) stand, stall; (≈ *Taxistand*) rank **3** (≈ *Lage*) state; (≈ *Zählerstand etc*) reading; (≈ *Kontostand*) balance; SPORT (≈ *Spielstand*) score; **beim jetzigen ~ der Dinge** the way things stand at the moment; **der neueste ~ der Forschung** the latest developments in research; **auf dem neuesten ~ der Technik sein** *Gerät* to be state-of-the-art technology; **außer ~e → außerstande**; **im ~e → imstande**; **in ~ ~** instand; **zu ~e** zustande **4** (≈ *soziale Stellung*) status; (≈ *Klasse*) class; (≈ *Beruf*) profession **5** *österr* **auf j-n einen ~ haben** to like sb, to fancy sb *Br*

Standard M̲ standard **standardisieren** V̲/T̲ to standardize **Standardisierung** F̲ standardization **Standardwerk** N̲ standard textbook

Stand-by-Betrieb M̲ IT stand-by **Stand-by-Ticket** N̲ FLUG stand-by ticket

Ständer M̲ stand; *umg* (≈ *Erektion*) hard-on *sl*

Ständerat M̲ *schweiz* PARL upper chamber

Standesamt N̲ registry office *Br* **standesamtlich** A̲ A̲D̲J̲ **~e Trauung** civil wedding B̲ A̲D̲V̲ **sich ~ trauen lassen** to get married in a registry office *Br*, to have a civil wedding **Standesbeamte(r)** M̲, **Standesbeamtin** F̲ registrar **standesgemäß** A̲ A̲D̲J̲ befitting one's rank B̲ A̲D̲V̲ in a manner befitting one's rank **Standesunterschied** M̲ class difference **standfest** A̲D̲J̲ stable; *fig* steadfast **standhaft** A̲ A̲D̲J̲ steadfast B̲ A̲D̲V̲ **er weigerte sich ~** he steadfastly refused **Standhaftigkeit** F̲ steadfastness **standhalten** V̲/I̲ *Mensch* to stand firm; *Brücke etc* to hold; **j-m ~** to stand up to sb; **einer Prüfung ~** to stand up to close examination **ständig** A̲ A̲D̲J̲ **1** (≈ *dauernd*) permanent **2** (≈ *un-*

S

aufhörlich) constant **B** ADV (≈ *andauernd*) constantly; **etw ~ tun** to keep (on) doing sth; **sie beklagt sich ~** she's always complaining; **sie ist ~ krank** she's always ill **Standl** N̄ österr (≈ *Verkaufsstand*) stand **Standlicht** N̄ sidelights *pl*; **mit ~ fahren** to drive on sidelights **Standort** M̄ location; *von Schiff etc* position; *von Industriebetrieb* site **Standpauke** F̄ j-m eine ~ halten to give sb a lecture **Standpunkt** M̄ (≈ *Meinung*) point of view; **auf dem ~ stehen, dass** ... to take the view that ... **Standspur** F̄ AUTO hard shoulder *Br*, shoulder *US* **Standuhr** F̄ grandfather clock

Stange F̄ ■ pole; (≈ *Querstab*) bar; (≈ *Gardinenstange*) rod; (≈ *Vogelstange*) perch ■ **ein Anzug von der ~** a suit off the peg *Br*, a suit off the rack *US*; **j-n bei der ~ halten** *umg* to keep sb; **bei der ~ bleiben** *umg* to stick at it *umg*; **j-m die ~ halten** *umg* to stand up for sb; **eine (schöne) ~ Geld** *umg* a tidy sum *umg* **Stängel** M̄ stem **Stangenbohne** F̄ runner bean *Br*, pole bean *US* **Stangenbrot** N̄ French bread; (≈ *Laib*) French loaf **Stangensellerie** MF̄ celery

stänkern V̄ī *umg* (≈ *Unfrieden stiften*) to stir things up *umg*

Stanniolpapier N̄ silver paper

Stanze F̄ *für Prägestempel* die; (≈ *Lochstanze*) punch **stanzen** V̄T to press; (≈ *prägen*) to stamp; *Löcher* to punch

Stapel M̄ ■ (≈ *Haufen*) stack, pile ■ SCHIFF stocks *pl*; **vom ~ laufen** to be launched; **vom ~ lassen** to launch; *fig* to come out with *umg* **Stapelbox** F̄ stacking box **Stapellauf** M̄ SCHIFF launching **stapeln** V̄T to stack; (≈ *lagern*) to store **B** V̄R to pile up **Stapelverarbeitung** F̄ IT batch processing **stapelweise** ADV in piles

stapfen V̄ī to trudge

Star[1] M̄ ORN starling

Star[2] M̄ MED **grauer ~** cataract; **grüner ~** glaucoma

Star[3] M̄ FILM *etc* star **Starbesetzung** F̄ star cast

Starenkasten M̄ AUTO *umg* (≈ *Überwachungsanlage*) police camera

Stargage F̄ top fee **Stargast** M̄ star guest

stark **A** ADJ ■ strong; **sich für etw ~ machen** *umg* to stand up for sth; **das**

ist seine ~e Seite that is his strong point; **das ist ~** *od* **ein ~es Stück!** *umg* that's a bit much! ■ (≈ *dick*) thick ■ (≈ *heftig*) *Schmerzen, Kälte* intense; *Frost* severe; *Regen, Verkehr, Raucher, Trinker* heavy; *Sturm* violent; *Erkältung* bad; *Wind, Eindruck* strong; *Beifall* loud; *Fieber* high ■ (≈ *leistungsfähig*) *Motor* powerful ■ (≈ *zahlreich*) *Nachfrage* great; **zehn Mann ~** ten strong; **300 Seiten ~** 300 pages long ■ *umg* (≈ *hervorragend*) *Leistung* great *umg* **B** ADV **mit Verb** a lot; *mit Adjektiv/Partizip Perfekt* very; *applaudieren* loudly; *pressen* hard; *regnen* heavily; *vergrößert, verkleinert* greatly; *beschädigt, entzündet etc* badly; *bluten* profusely; **~ wirkend** *Medikament* potent; **~ gewürzt** highly spiced **Starkbier** N̄ strong beer

Stärke[1] F̄ ■ strength ■ (≈ *Dicke*) thickness ■ (≈ *Heftigkeit*) *von Strömung, Wind* strength; *von Schmerzen* intensity; *von Regen, Verkehr* heaviness; *von Sturm* violence ■ (≈ *Leistungsfähigkeit*) *von Motor* power ■ (≈ *Anzahl*) size; *von Nachfrage* level

Stärke[2] F̄ CHEM starch **Stärkemehl** N̄ GASTR ≈ cornflour *Br*, ≈ cornstarch *US* **stärken** **A** V̄T ■ (≈ *kräftigen*) to strengthen; *Gesundheit* to improve ■ *Wäsche* to starch **B** V̄ī to be fortifying; **~des Mittel** tonic **C** V̄R to fortify oneself

Starkoch M̄, **Starköchin** F̄ celebrity chef

Starkstrom M̄ ELEK heavy current **Stärkung** F̄ ■ strengthening ■ (≈ *Erfrischung*) refreshment **Stärkungsmittel** N̄ MED tonic

starr **A** ADJ ■ stiff; (≈ *unbeweglich*) rigid; **~ vor Frost** stiff with frost ■ (≈ *unbewegt*) *Blick* fixed ■ (≈ *regungslos*) paralyzed; **~ vor Schrecken** paralyzed with fear ■ (≈ *nicht flexibel*) inflexible **B** ADV **j-n ~ ansehen** to stare at sb; **~ an etw** (*dat*) **festhalten** to cling to sth **Starre** F̄ stiffness **starren** V̄ī ■ (≈ *starr blicken*) to stare (**auf** +*akk* at); **vor sich** (*akk*) **hin ~** to stare straight ahead ■ **vor Dreck ~** to be covered with dirt; *Kleidung* to be stiff with dirt **Starrheit** F̄ ■ *von Gegenstand* rigidity ■ (≈ *Sturheit*) inflexibility **starrköpfig** **A** ADJ stubborn **B** ADV stubbornly **Starrsinn** M̄ stubbornness **starrsinnig** **A** ADJ stubborn **B**

ADV stubbornly

Start M ◼1 start ◼2 (≈ *Startlinie*) start(ing line); *bei Autorennen* (starting) grid ◼3 FLUG takeoff; (≈ *Raketenstart*) launch **Startbahn** F FLUG runway **startbereit** ADJ *Flugzeug* ready for takeoff; **ich bin ~** I'm ready to go **Startblock** M SPORT starting block **starten** A VI to start; FLUG to take off; (≈ *zum Start antreten*) to take part B VIT to start; *Satelliten, Rakete* to launch; **den Computer neu ~** to restart the computer **Starter** M AUTO starter **Starterlaubnis** F FLUG clearance for takeoff **Startguthaben** N *bei Prepaidhandy* initial (free) credit **Starthilfe** *fig* F initial aid; **j-m ~ geben** to help sb get off the ground **Starthilfekabel** N jump leads *pl Br*, jumper cables *pl US* **Startkapital** N starting capital **startklar** ADJ FLUG clear(ed) for takeoff; SPORT, *a. fig* ready to start **Startschuss** M SPORT starting signal; *fig* signal (**zu** for); **den ~ geben** to fire the (starting) pistol; *fig* to give the go-ahead **Startseite** F *im Internet* start page

Start-up-Unternehmen N start-up **Startverbot** N FLUG ban on takeoff; SPORT ban

Stasi F HIST (East German) secret police *pl*

Statik F ◼1 *Naturwissenschaft* statics *sg* ◼2 *Hoch- und Tiefbau* structural engineering **Statiker(in)** M(F) TECH structural engineer

Station F ◼1 station; (≈ *Haltestelle*) stop; *fig von Leben* phase; **~ machen** to stop off ◼2 (≈ *Krankenstation*) ward **stationär** A ADJ stationary; MED *Behandlung* inpatient *attr*; **~er Patient** inpatient B ADV **j-n ~ behandeln** to treat sb in hospital *od* as an inpatient *Br*, to treat sb in the hospital *od* as an inpatient *US* **stationieren** VIT *Truppen* to station; *Atomwaffen etc* to deploy **Stationierung** F *von Truppen* stationing; *von Atomwaffen etc* deployment **Stationsarzt** M, **Stationsärztin** F ward doctor **Stationsschwester** F senior nurse (*in a ward*) **statisch** A ADJ static B ADV **meine Haare haben sich ~ aufgeladen** my hair is full of static electricity

Statist(in) M(F) FILM extra; *fig* cipher **Statistik** F statistics *sg* **Statistiker(in)** M(F) statistician **statistisch** ADJ statisti-

cal; **~ gesehen** statistically

Stativ N tripod

statt A PRÄP instead of; **an Kindes ~ annehmen** JUR to adopt B KONJ instead of **stattdessen** ADV instead

Stätte F place

stattfinden VI to take place **stattgeben** *form* VI to grant **statthaft** ADJ permitted **stattlich** ADJ ◼1 (≈ *ansehnlich*) *Gebäude, Anwesen* magnificent; *Bursche* strapping; *Erscheinung* imposing ◼2 (≈ *umfangreich*) *Sammlung* impressive; *Familie* large; (≈ *beträchtlich*) handsome

Statue F statue

Statur F build

Status M status; **~ quo** status quo **Statusleiste** F IT status bar **Statussymbol** N status symbol **Statuszeile** F IT status bar

Stau M (≈ *Wasserstauung*) build-up; (≈ *Verkehrsstauung*) traffic jam; **ein ~ von 3 km** a 3km tailback *Br*, a 3km backup (of traffic) *US*; **im ~ stecken** to be stuck in a traffic jam **Staub** M dust; BOT pollen; **~ saugen** to vacuum, to hoover® *Br*; **~ wischen** to dust; **sich aus dem ~(e) machen** *umg* to clear off *umg* **Staubecken** N reservoir **staubig** ADJ dusty **Staublappen** M duster **staubsaugen** VI to vacuum, to hoover® *Br* **Staubsauger** M vacuum cleaner, Hoover® *Br* **Staubschicht** F layer of dust **Staubtuch** N duster **Staubwolke** F cloud of dust **Staudamm** M dam

Staude F *Gartenbau* herbaceous perennial (plant); (≈ *Busch*) shrub

stauen A VIT *Wasser, Fluss* to dam (up); *Blut* to stop the flow of B VR (≈ *sich anhäufen*) to pile up; *Verkehr, Wasser, a. fig* to build up; *Blut* to accumulate

staunen VI to be amazed (**über** +*akk* at); **ich habe gestaunt, wie gut er Deutsch kann** I was amazed at how well he speaks German; **da kann man nur noch ~** it's just amazing; **da staunst du, was?** *umg* you didn't expect that, did you! **Staunen** VI astonishment (**über** +*akk* at); **j-n in ~ versetzen** to amaze sb **staunenswert** ADJ astonishing

Stausee M reservoir **Stauung** F ◼1 (≈ *Stockung*) pile-up; *in Lieferungen, Post etc* hold-up; *von Menschen* jam; *von Verkehr* tailback *Br*, backup *US* ◼2 *von Wasser*

S

build-up (of water) **Stauwarnung** F̲ warning of traffic congestion
Steak N̲ steak
stechen A V̲/I̲ **1** *Dorn, Stachel etc* to prick; *Wespe, Biene* to sting; *Mücken, Moskitos* to bite; *mit Messer etc* to (make a) stab (**nach** at); *Sonne* to beat down; *mit Stechkarte: bei Ankunft* to clock in; *bei Weggang* to clock out **2** K̲A̲R̲T̲ to trump **B** V̲/T̲ **1** *Dorn, Stachel etc* to prick; *Wespe, Biene* to sting; *Mücken, Moskitos* to bite; *mit Messer etc* to stab; *Löcher* to pierce **2** K̲A̲R̲T̲ to trump **3** *Spargel, Torf, Rasen* to cut **4** (≈ *gravieren*) to engrave; → **gestochen C** V̲/R̲ to prick oneself (**an** +*dat* on *od* **mit** with); **sich** (*akk od dat*) **in den Finger ~** to prick one's finger **Stechen** N̲ **1** S̲P̲O̲R̲T̲ play-off; *bei Springreiten* jump-off **2** (≈ *Schmerz*) sharp pain **stechend** A̲D̲J̲ piercing; *Sonne* scorching; *Schmerz* sharp; *Geruch* pungent **Stechkarte** F̲ clocking-in card **Stechmücke** F̲ gnat, midge *Br* **Stechpalme** F̲ holly **Stechuhr** F̲ time clock
Steckbrief M̲ "wanted" poster; *fig* personal description, profile **steckbrieflich** A̲D̲V̲ **~ gesucht werden** to be wanted **Steckdose** F̲ E̲L̲E̲K̲ (wall) socket **stecken A** V̲/I̲ **1** (≈ *festsitzen*) to be stuck; *Nadel, Splitter etc* to be (sticking); **der Stecker steckt in der Dose** the plug is in the socket; **der Schlüssel steckt** the key is in the lock **2** (≈ *verborgen sein*) to be (hiding); **wo steckst du?** where are you?; **darin steckt viel Mühe** a lot of work has gone into that; **zeigen, was in einem steckt** to show what one is made of **3** (≈ *strotzen vor*) **voll** *od* **voller Fehler/Nadeln ~** to be full of mistakes/pins **4** (≈ *verwickelt sein in*) **in Schwierigkeiten ~** to be in difficulties; **in einer Krise ~** to be in the throes of a crisis **B** V̲/T̲ **1** (≈ *hineinstecken*) to put; **j-n ins Bett ~** *umg* to put sb to bed *umg* **2** *Handarbeiten* to pin **3** *umg* (≈ *investieren*) *Geld, Mühe* to put (**in** +*akk* into); *Zeit* to devote (**in** +*akk* to) **4** *sl* (≈ *aufgeben*) to jack in *Br umg*, to chuck *umg* **5** **j-m etw ~** *umg* to tell sb sth **Stecken** M̲ stick **stecken bleiben** V̲/I̲ to stick fast; *Kugel* to be lodged; *in der Rede* to falter **stecken lassen** V̲/T̲ to leave; **den Schlüssel ~** to leave the key in the lock **Steckenpferd** N̲ hobbyhorse **Ste-**

cker M̲ E̲L̲E̲K̲ plug **Steckkarte** F̲ C̲O̲M̲P̲U̲T̲ expansion card **Stecknadel** F̲ pin; **etw mit ~n befestigen** to pin sth (**an** +*dat* to); **eine ~ im Heuhaufen suchen** *fig* to look for a needle in a haystack **Steckplatz** M̲ C̲O̲M̲P̲U̲T̲ (expansion) slot **Steckrübe** F̲ swede *Br*, rutabaga *US* **Steckschloss** N̲ bicycle lock **Steg** M̲ **1** (≈ *Brücke*) footbridge; (≈ *Landungssteg*) landing stage **2** (≈ *Brillensteg*) bridge
Stegreif M̲ **aus dem ~ spielen** T̲H̲E̲A̲T̲ to improvise; **eine Rede aus dem ~ halten** to make an impromptu speech
Stehaufmännchen N̲ *Spielzeug* tumbler; **er ist ein richtiges ~** he always bounces back

stehen

A intransitives Verb	B transitives Verb
C reflexives Verb	D unpersönliches Verb

— **A** intransitives Verb —

1 to stand; (≈ *warten*) to wait; **fest/sicher ~** to stand firm(ly)/securely; *Mensch* to have a firm/safe foothold; **vor der Tür stand ein Fremder** there was a stranger (standing) at the door; **ich kann nicht mehr ~** I can't stay on my feet any longer; **mit j-m/etw ~ und fallen** to depend on sb/sth; **sein Hemd steht vor Dreck** *umg* his shirt is stiff with dirt **2** (≈ *sich befinden*) to be; **die Vase steht auf dem Tisch** the vase is on the table; **meine alte Schule steht noch** my old school is still standing; **unter Schock ~** to be in a state of shock; **unter Drogen/Alkohol ~** to be under the influence of drugs/alcohol; **vor einer Entscheidung ~** to be faced with a decision; **ich tue, was in meinen Kräften steht** I'll do everything I can **3** (≈ *geschrieben, gedruckt sein*) to be; **was steht da/in dem Brief?** what does it/the letter say?; **es stand im "Kurier"** it was in the "Courier" **4** (≈ *angehalten haben*) to have stopped; **meine Uhr steht** my watch has stopped; **der ganze Verkehr steht** traffic is at a complete standstill **5** (≈ *bewertet werden*) *Währung* to be (**auf** +*dat* at); **wie steht das Pfund?** what's the exchange rate for the pound?; **das Pfund steht auf EUR 1,27** the pound

S

stands at EUR 1.27 **6** (≈ *in bestimmter Position sein*) *Rekord* to stand (**auf** +*dat* at); **der Zeiger steht auf 4 Uhr** the clock says 4 (o'clock); **wie steht das Spiel?** what's the score?; **es steht 2:1 für München** the score is *od* it is 2-1 to Munich **7** (≈ *passen zu*) **j-m ~** to suit sb **8** *grammatikalisch* **nach "in" steht der Akkusativ oder der Dativ** "in" takes the accusative or the dative **9** → **gestanden 10 die Sache steht** *umg* the whole business is settled; **es steht mir bis hier** *umg* I've had it up to here with it *umg*; **für etw ~** to stand for sth; **auf j-n/etw ~** *umg* to be into sb/sth *umg*; **zu j-m ~** to stand by sb; **zu seinem Versprechen ~** to stand by one's promise; **wie ~ Sie dazu?** what are your views on that?

— B *transitives Verb* —

Posten **~** to stand guard; *Wache* **~** to mount watch

— C *reflexives Verb* —

sich gut/schlecht ~ to be well/badly off; **sich mit j-m gut/schlecht ~** to get on well/badly with sb

— D *unpersönliches Verb* —

wie steht's? how are *od* how's things?; **wie steht's damit?** how about it?; **es steht schlecht/gut um j-n** *gesundheitlich, finanziell* sb is doing badly/well

Stehen N̅ **1** standing; **etw im ~ tun** to do sth standing up **2** (≈ *Halt*) stop, standstill; **zum ~ kommen** to stop **stehen bleiben** V̅/̅ī **1** (≈ *anhalten*) to stop; (≈ *nicht weitergehen*) to stay; *Zeit* to stand still; **~!** stop!; MIL halt! **2** (≈ *unverändert bleiben*) to be left (in); **soll das so ~?** should that stay as it is? **stehend** A̅D̅J̅ *Fahrzeug* stationary; *Gewässer* stagnant; **~e Redensart** stock phrase **stehen lassen** V̅/̅ī to leave; **alles stehen und liegen lassen** to drop everything; *Flüchtlinge etc* to leave everything behind; **j-n einfach ~** to leave sb standing (there); **sich** (*dat*) **einen Bart ~** to grow a beard **Stehimbiss** M̅ stand-up snack bar **Stehkneipe** F̅ stand-up bar **Stehlampe** F̅ standard lamp

stehlen A̅ V̅/̅ī & ̅V̅/̅ī to steal; **j-m die Zeit ~** to waste sb's time **B** V̅/̅R̅ to steal; **sich aus der Verantwortung ~** to evade one's responsibility; → **gestohlen**

Stehpaddeln N̅ paddleboarding **Stehparty** F̅ buffet party **Stehplatz** M̅ **ich bekam nur noch einen ~** I had

to stand; **Stehplätze** standing room *sg* **Stehvermögen** N̅ staying power **Steiermark** F̅ Styria

steif A̅ A̅D̅J̅ **1** stiff; *Penis* hard; **sich ~ (wie ein Brett) machen** to go rigid **2** (≈ *förmlich*) stiff; *Empfang, Begrüßung, Abend* formal **B** A̅D̅V̅ **das Eiweiß ~ schlagen** to beat the egg white until stiff; **sie behauptete ~ und fest, dass …** she insisted that …; **etw ~ und fest glauben** to be convinced of sth **steifen** V̅/̅ī to stiffen; *Wäsche* to starch **Steifheit** F̅ stiffness

Steigbügel M̅ stirrup **Steigeisen** N̅ climbing iron *mst pl*; *Bergsteigen* crampon **steigen** A̅ V̅/̅ī **1** (≈ *klettern*) to climb; **auf einen Berg ~** to climb (up) a mountain; **aufs Pferd ~** to get on(to) the/one's horse; **aus dem Zug/Bus ~** to get off the train/bus **2** (≈ *sich aufwärtsbewegen*) to rise; *Flugzeug, Straße* to climb; (≈ *sich erhöhen*) *Preis, Fieber* to go up; (≈ *zunehmen*) *Chancen etc* to increase; *Drachen* **~ lassen** to fly kites; **in j-s Achtung** (*dat*) **~** to rise in sb's estimation **3** *österr* (≈ *treten*) to step **4** *umg* (≈ *stattfinden*) **steigt die Demo oder nicht?** is the demo on or not? **B** V̅/̅ī *Treppen, Stufen* to climb (up)

steigern A̅ V̅/̅ī (≈ *erhöhen*) to increase (**auf** +*akk* **to od um** by); *Übel, Zorn* to aggravate; *Leistung* to improve **2** GRAM *Adjektiv* to compare **B** V̅/̅ī to bid (**um** for) **C** V̅/̅R̅ (≈ *sich erhöhen*) to increase; (≈ *sich verbessern*) to improve **Steigerung** F̅ **1** (≈ *das Steigern*) increase (+*gen* in); (≈ *Verbesserung*) improvement **2** GRAM comparative; (≈ *das Steigern*) comparison **steigerungsfähig** A̅D̅J̅ improvable **Steigung** F̅ (≈ *Hang*) slope; *von Hang, Straße, a.* MATH gradient *Br*, grade *bes US*

steil A̅ A̅D̅J̅ **1** *Abhang, Treppe, Anstieg* steep; **eine ~e Karriere** *fig* a rapid rise **2** SPORT **~e Vorlage, ~er Pass** through ball **B** A̅D̅V̅ steeply **Steilhang** M̅ steep slope **Steilheit** F̅ steepness **Steilküste** F̅ steep coast; (≈ *Klippen*) cliffs *pl* **Steilpass** M̅ SPORT through ball **Steilwand** F̅ steep face

Stein M̅ stone; *in Uhr* jewel; (≈ *Spielstein*) piece; (≈ *Ziegelstein*) brick; **mir fällt ein ~ vom Herzen!** *fig* that's a load off my mind!; **bei j-m einen ~ im Brett haben** *fig umg* to be well in with sb *umg*; **ein Herz aus ~** *fig* a heart of stone; **~ und**

Bein schwören fig umg to swear to God umg. **Steinadler** M golden eagle **Steinbock** M ▮ ZOOL ibex ▮ ASTROL Capricorn; **(ein) ~ sein** to be (a) Capricorn **Steinbruch** M quarry **steinern** ADJ stone; fig stony **Steinfrucht** F stone fruit **Steingarten** M rockery **Steingut** N stoneware **steinhart** ADJ (as) hard as a rock **steinig** ADJ stony **steinigen** VT to stone **Steinkohle** F hard coal **Steinkrug** M (≈ Kanne) stoneware jug **Steinmetz(in)** M(F) stonemason **Steinobst** N stone fruit **Steinpilz** M boletus edulis fachspr **steinreich** umg ADJ stinking rich Br umg **Steinschlag** M rockfall; „**Achtung ~**" "danger falling stones" **Steinwurf** fig M stone's throw **Steinzeit** F Stone Age **steinzeitlich** ADJ Stone Age attr

Steiß M ANAT coccyx; hum umg tail umg **Steißbein** N ANAT coccyx **Steißlage** F MED breech presentation

Stellage F (≈ Gestell) rack, frame **Stelle** F ▮ place; in Tabelle, Hierarchie position; in Text, Musikstück passage; **an erster ~** in the first place; **eine schwache ~** a weak spot; **auf der ~ treten** wörtl to mark time; fig not to make any progress; **auf der ~** fig (≈ sofort) on the spot; kommen, gehen straight away; **nicht von der ~ kommen** not to make any progress; **sich nicht von der ~ rühren** od **bewegen** to refuse to budge umg; **zur ~ sein** to be on the spot; (≈ am Ort) to be on the scene; (≈ bereit, etw zu tun) to be at hand ▮ (≈ Zeitpunkt) point; **an passender ~** at an appropriate moment ▮ MATH figure; hinter Komma place ▮ **an ~ von** in place of; **ich möchte jetzt nicht an seiner ~ sein** I wouldn't like to be in his position now; **an deiner ~ würde ich** ... if I were you I would ...; → **anstelle** ▮ (≈ Posten) job; **eine freie** od **offene ~** a vacancy ▮ (≈ Dienststelle) office; (≈ Behörde) authority; **da bist du bei mir/uns an der richtigen ~!** umg you've come to the right place

stellen

A transitives Verb **B** reflexives Verb

— A transitives Verb **—**

▮ (≈ hinstellen) to put; (≈ an bestimmten Platz legen) to place; **auf sich** (akk) **selbst** od **allein gestellt sein** fig to have to fend for oneself ▮ (≈ anordnen, arrangieren) to arrange; **gestellt** Bild, Foto posed; **die Szene war gestellt** they posed for the scene; **eine gestellte Pose** a pose ▮ (≈ erstellen) **(j-m) eine Diagnose ~** to make a diagnosis (for sb) ▮ (≈ einstellen) to set **(auf +akk** at); **das Radio lauter/leiser ~** to turn the radio up/down ▮ finanziell **gut/besser/schlecht gestellt sein** to be well/better/badly off ▮ (≈ erwischen) to catch ▮ Aufgabe, Thema to set (j-m sb); Frage to put (j-m, an j-n to sb); Antrag, Forderung to make; **j-n vor ein Problem/eine Aufgabe** etc ~ to confront sb with a problem/task etc

— B reflexives Verb **—**

▮ (≈ sich hinstellen) to (go and) stand (**an** +akk at, by); (≈ sich aufstellen, sich einordnen) to position oneself; (≈ sich aufrecht hinstellen) to stand up; **sich auf den Standpunkt ~**, ... to take the view ...; **sich gegen j-n/etw ~** fig to oppose sb/sth; **sich hinter j-n/etw ~** fig to support od back sb/sth ▮ fig (≈ sich verhalten) **sich positiv/anders zu etw ~** to have a positive/different attitude toward(s) sth; **wie stellst du dich zu ...?** what do you think of ...?; **sich gut mit j-m ~** to put oneself on good terms with sb ▮ umg finanziell **sich gut/schlecht ~** to be well/badly off ▮ (≈ sich ausliefern) to give oneself up (j-m to sb); **sich den Fragen der Journalisten ~** to be prepared to answer reporters' questions; **sich einer Herausforderung ~** to take up a challenge ▮ (≈ sich verstellen) **sich krank/schlafend** etc ~ to pretend to be ill/asleep etc ▮ fig (≈ entstehen) to arise (**für** for); **es stellt sich die Frage, ob** ... the question arises whether ...

Stellenabbau M job cuts pl; (≈ Rationalisierung) downsizing **Stellenangebot** N job offer; „**Stellenangebote**" "vacancies" **Stellenanzeige** F, **Stellenausschreibung** F job advertisement **Stellenbeschreibung** F job description **Stelleneinsparung** F job cut **Stellengesuch** N advertisement seeking employment; „**Stellengesuche**" "situations wanted" Br, "employment wanted" **Stellenmarkt** M job market;

in Zeitung appointments section **Stellensuche** F̲ **auf ~ sein** to be looking for a job **Stellenvermittlung** F̲ employment bureau **stellenweise** A̲D̲V̲ in places **Stellenwert** M̲ MATH place value; *fig* status; **einen hohen ~ haben** to play an important role **Stellplatz** M̲ *für Auto* parking space **Stellschraube** F̲ TECH adjusting screw **Stellung** F̲ position; **die ~ halten** MIL to hold one's position; *hum* to hold the fort; **~ beziehen** *fig* to declare one's position; **zu etw ~ nehmen** *od* **beziehen** to comment on sth; **gesellschaftliche ~** social status; **bei j-m in ~ sein** to be in sb's employment **Stellungnahme** F̲ statement (**zu** on); **eine ~ zu etw abgeben** to make a statement on sth **Stellungssuche** F̲ search for employment; **auf ~ sein** to be looking for employment **Stellungswechsel** M̲ change of job **stellvertretend** A̲ A̲D̲J̲ *von Amts wegen* deputy *attr*; (≈*vorübergehend*) acting *attr* B̲ A̲D̲V̲ **~ für j-n** for sb; *Rechtsanwalt* on behalf of sb; **~ für j-n handeln** to deputize for sb **Stellvertreter(in)** M̲F̲(̲i̲n̲)̲ (acting) representative; *von Amts wegen* deputy; *von Arzt* locum **Stellvertretung** F̲ (≈*Stellvertreter*) representative; *von Amts wegen* deputy; *von Arzt* locum; **die ~ für j-n übernehmen** to represent sb; *von Amts wegen* to stand in for sb **Stellwerk** N̲ BAHN signal box *Br*, signal *od* switch tower *US*

Stelze F̲ 1̲ stilt 2̲ ORN wagtail 3̲ *österr* GASTR pickled knuckle of pork

Stemmbogen M̲ SKI stem turn **Stemmeisen** N̲ crowbar **stemmen** A̲ V̲T̲ 1̲ (≈*stützen*) to press 2̲ (≈*hochstemmen*) to lift (above one's head) 3̲ *schaffen* to manage B̲ V̲R̲ **sich gegen etw ~** to brace oneself against sth; *fig* to oppose sth

Stempel M̲ 1̲ stamp; (≈*Poststempel*) postmark; (≈*Viehstempel*) brand; *auf Silber, Gold* hallmark; **einer Sache** (*dat*) **seinen ~ aufdrücken** *fig* to make one's mark on sth 2̲ TECH (≈*Prägestempel*) die 3̲ BOT pistil **Stempelkarte** F̲ punch card **Stempelkissen** N̲ ink pad **stempeln** A̲ V̲T̲ to stamp; *Brief* to postmark; *Briefmarke* to frank; **j-n zum Lügner/Verbrecher ~** to brand sb (as) a liar/criminal B̲ *umg* V̲i̲ 1̲ **~ gehen** (≈*arbeitslos sein*) to be on the dole *Br*

umg, to be on welfare *US* 2̲ (≈*Stempeluhr betätigen*) *beim Hereinkommen* to clock in; *beim Hinausgehen* to clock out **Stempeluhr** F̲ time clock

Stengel M̲ → **Stängel**

Steno *umg* F̲ shorthand **Stenografie** F̲ shorthand **stenografieren** A̲ V̲T̲ to take down in shorthand B̲ V̲i̲ to take shorthand; **können Sie ~?** can you take shorthand? **Stenogramm** N̲ text in shorthand; **ein ~ aufnehmen** to take shorthand **Stenotypist(in)** M̲F̲(̲i̲n̲)̲ shorthand typist

Stent M̲ MED stent

Steppdecke F̲ quilt

Steppe F̲ steppe

steppen¹ V̲T̲ &̲ V̲i̲ to (machine-)stitch; *wattierten Stoff* to quilt

steppen² V̲i̲ to tap-dance

Stepper M̲ SPORT step machine **Steppjacke** F̲ quilted jacket **Stepptanz** M̲ tap dance

Sterbebett N̲ deathbed; **auf dem ~ liegen** to be on one's deathbed **Sterbefall** M̲ death **Sterbehilfe** F̲ (≈*Euthanasie*) euthanasia **sterben** V̲T̲ &̲ V̲i̲ to die; **eines natürlichen/gewaltsamen Todes ~** to die a natural/violent death; **an einer Krankheit/Verletzung ~** to die of an illness/from an injury; **daran wirst du nicht ~!** *hum* it won't kill you!; **vor Angst/Durst/Hunger ~** to die of fright/thirst/hunger; **gestorben sein** to be dead; *fig Projekt* to be over and done with; **er ist für mich gestorben** *fig umg* he doesn't exist as far as I'm concerned **Sterben** N̲ death; **im ~ liegen** to be dying **sterbenskrank** A̲D̲J̲ **ich fühle mich ~** I feel like death warmed up *Br*, I feel like death warmed over *US* **Sterbeurkunde** F̲ death certificate **sterblich** A̲D̲J̲ mortal; **j-s ~e Hülle** sb's mortal remains *pl* **Sterbliche(r)** M̲F̲(̲M̲)̲ mortal **Sterblichkeit** F̲ mortality **Sterblichkeitsrate** F̲ mortality rate

stereo A̲D̲V̲ (in) stereo **Stereoanlage** F̲ stereo *umg* **Stereogerät** N̲ stereo unit **stereotyp** *fig* A̲D̲J̲ stereotyped, stereotypical

steril A̲D̲J̲ sterile **Sterilisation** F̲ sterilization **sterilisieren** V̲T̲ to sterilize

Stern M̲ star; **in den ~en (geschrieben) stehen** *fig* to be (written) in the stars; **das steht (noch) in den ~en** *fig* it's in

S

the lap of the gods; **unter einem guten** *od* **glücklichen ~ stehen** to be blessed with good fortune; **unter einem unglücklichen ~ stehen** to be ill-fated; **ein Hotel mit drei ~en** a three-star hotel **Sternbild** N̅ ASTRON constellation; ASTROL sign (of the zodiac) **Sternchen** N̅ 1 TYPO asterisk 2 **Sternenbanner** N̅ Stars and Stripes *sg* **sternenbedeckt** ADJ starry **Sternenhimmel** N̅ starry sky **Sternfrucht** F̅ star fruit **sternhagelvoll** *umg* ADJ roaring drunk *umg* **sternklar** ADJ *Himmel, Nacht* starry *attr,* starlit **Sternkunde** F̅ astronomy **Sternmarsch** M̅ POL *protest march with marchers converging on assembly point from different directions* **Sternschnuppe** F̅ shooting star **Sternsinger** F̅ carol singers *pl* **Sternstunde** F̅ great moment; **das war meine ~** that was a great moment in my life **Sternwarte** F̅ observatory **Sternzeichen** N̅ ASTROL sign of the zodiac; **im ~ der Jungfrau** under the sign of Virgo; **was hast du für ein ~?** what star sign are you?

Steroid N̅ steroid

stet ADJ constant; **~er Tropfen höhlt den Stein** *sprichw* constant dripping wears away the stone

Stethoskop N̅ stethoscope

stetig A̅ ADJ steady; **~es Meckern** constant moaning B̅ ADV steadily **stets** ADV always

Steuer[1] N̅ SCHIFF helm; AUTO (steering) wheel; FLUG controls *pl*; **am ~ sein** *fig* to be at the helm; **am ~ sitzen** *od* **sein** AUTO to be at the wheel, to drive; FLUG to be at the controls; **das ~ übernehmen** to take over; **das ~ fest in der Hand haben** *fig* to be firmly in control **Steuer**[2] F̅ (≈ *Abgabe*) tax; *an Gemeinde* council tax *Br,* local tax *US; von Firmen* rates *pl Br,* corporate property tax *US;* **~n tax; ~n zahlen** to pay tax; *Gewinn* **vor/nach ~n** pre-/after-tax profit **Steueraufkommen** N̅ tax yield **steuerbar** ADJ (≈ *versteuerbar*) taxable **Steuerbeamte(r)** M̅, **Steuerbeamtin** F̅ tax officer **Steuerbefreiung** F̅ tax exemption **steuerbegünstigt** ADJ tax-deductible; *Waren* taxed at a lower rate **Steuerbelastung** F̅ tax burden **Steuerberater(in)** M̅F̅ tax consultant

Steuerbescheid M̅ tax assessment **Steuerbord** N̅ SCHIFF starboard **Steuereinnahmen** PL revenue from taxation **Steuerentlastung** F̅, **Steuerermäßigung** F̅ tax relief **Steuererhöhung** F̅ tax increase **Steuererklärung** F̅ tax return **Steuerflucht** F̅ tax evasion (*by leaving the country*) **Steuerflüchtling** M̅ tax exile **Steuerfrau** F̅ *Rudersport* cox(swain) **steuerfrei** ADJ tax-free **Steuerfreibetrag** M̅ tax-exempt income **Steuergelder** PL taxes *pl* **Steuergerät** N̅ tuner-amplifier **Steuerharmonisierung** F̅ tax harmonisation **Steuerhinterziehung** F̅ tax evasion **Steuerjahr** N̅ tax year **Steuerklasse** F̅ tax bracket **Steuerknüppel** M̅ joystick, control lever *od* column **steuerlich** A̅ ADJ *attr;* **~e Belastung** tax burden B̅ ADV **es ist ~ günstiger …** for tax purposes it is better …; **~ abzugsfähig** tax-deductible **Steuermann** M̅ helmsman; *als Rang* (first) mate; *Rudersport* cox (-swain); **Zweier mit/ohne ~** coxed/coxless pairs **Steuermarke** F̅ revenue stamp **steuermindernd** A̅ ADJ tax-reducing B̅ ADV **sich ~ auswirken** to have the effect of reducing tax **Steuermittel** PL tax revenue(s) (*pl*) **steuern** A̅ V/T 1 to steer; *Flugzeug* to pilot; *fig Wirtschaft, Politik* to run; IT to control 2 (≈ *regulieren*) to control B̅ V/I to head; AUTO to drive; SCHIFF to make for, to steer **Steueroase** F̅, **Steuerparadies** N̅ tax haven **Steuerpflicht** F̅ liability to tax; **der ~ unterliegen** to be liable to tax **steuerpflichtig** ADJ taxable **Steuerpflichtige(r)** M̅F̅/M̅ taxpayer **Steuerpolitik** F̅ *od* taxation policy **Steuerprüfer(in)** M̅F̅ tax inspector, tax auditor *bes US* **Steuerrad** N̅ FLUG control wheel; AUTO (steering) wheel **Steuerreform** F̅ tax reform **Steuersatz** M̅ rate of taxation **Steuerschuld** F̅ tax(es *pl*) owing *kein unbest art* **Steuersenkung** F̅ tax cut **Steuersünder(in)** M̅F̅ tax evader **Steuerung** F̅ 1 (≈ *das Steuern*) steering; *von Flugzeug* piloting; *fig von Politik, Wirtschaft* running; IT control; (≈ *Regulierung*) regulation; (≈ *Bekämpfung*) control 2 (≈ *Steuervorrichtung*) FLUG controls *pl;* TECH steering apparatus; *elektronisch* control **Steuerungstaste** F̅ COMPUT control key **Steuerveranlagung** F̲ tax assessment **Steuervergünstigung** F̲ tax relief **Steuervorauszahlung** F̲ advance tax payment **Steuerzahler(in)** M̲/F̲ taxpayer **Steuerzeichen** N̲ IT control character

Stevia F̲ BOT stevia

Steward M̲ SCHIFF, FLUG steward **Stewardess** F̲ stewardess

St. Gallen N̲ St. Gall

stibitzen V̲T̲ umg to pinch umg

Stich M̲ **1** (≈ Insektenstich) sting; (≈ Mückenstich) bite; (≈ Nadelstich) prick; (≈ Messerstich) stab **2** (≈ Stichwunde) im Messer etc stab wound **3** (≈ stechender Schmerz) stabbing pain; (≈ Seitenstich) stitch **4** Handarbeiten stitch **5** (≈ Kupferstich, Stahlstich) engraving **6** (≈ Schattierung) tinge (**in** +akk of); (≈ Tendenz) hint (**in** +akk of); **ein ~ ins Rote** a tinge of red **7** KART trick **8** **j-n im ~ lassen** to let sb down; (≈ verlassen) to abandon sb; **etw im ~ lassen** to abandon sth **Stichel** M̲ KUNST gouge **Stichelei** pej umg F̲ snide remark umg, sneering remark **sticheln** pej umg V̲I̲ to make snide remarks umg; **gegen j-n ~** to make digs at sb Br, to make pokes at sb US **Stichflamme** F̲ tongue of flame **stichhaltig** A̲ ADJ valid; Beweis conclusive; **sein Alibi ist nicht ~** his alibi doesn't hold water B̲ ADV conclusively **Stichling** M̲ ZOOL stickleback **Stichprobe** F̲ spot check; SOZIOL (random) sample survey; **~n machen** to carry out spot checks; SOZIOL to carry out a (random) sample survey **Stichsäge** F̲ fret saw **Stichtag** M̲ qualifying date **Stichwaffe** F̲ stabbing weapon **Stichwahl** F̲ POL final ballot, runoff US **Stichwort** N̲ **1** in Nachschlagewerken headword **2** THEAT, a. fig cue **Stichwortkatalog** M̲ classified catalogue Br, classified catalog US **Stichwortverzeichnis** N̲ index **Stichwunde** F̲ stab wound

Stick M̲ (≈ USB-Stick) stick; **etw auf ~ speichern** to save sth to (od on) a stick **sticken** V̲T̲ & V̲I̲ to embroider **Sticker** M̲ umg (≈ Aufkleber) sticker **Stickerei** F̲ embroidery **Stickgarn** N̲ embroidery thread **stickig** ADJ Luft, Zimmer stuffy; Klima sticky; fig Atmosphäre oppressive **Sticknadel** F̲ embroidery needle **Stickoxid** N̲ nitrogen oxide **Stickstoff** M̲ nitrogen

Stiefbruder M̲ stepbrother

Stiefel M̲ boot **Stiefelette** F̲ (≈ Frauenstiefelette) bootee; (≈ Männerstiefelette) half-boot **Stiefelknecht** M̲ bootjack

Stiefeltern PL step-parents pl **Stiefkind** N̲ stepchild; fig poor cousin **Stiefmutter** F̲ stepmother **Stiefmütterchen** N̲ BOT pansy **stiefmütterlich** fig ADV **j-n/etw ~ behandeln** to pay little attention to sb/sth **Stiefschwester** F̲ stepsister **Stiefsohn** M̲ stepson **Stieftochter** F̲ stepdaughter **Stiefvater** M̲ stepfather

Stiege F̲ bes österr (≈ Treppe) stairs pl

Stieglitz M̲ goldfinch

Stiel M̲ (≈ Griff) handle; (≈ Pfeifenstiel, Glasstiel, Blütenstiel) stem; (≈ Stängel) stalk; (≈ Blattstiel) leafstalk **Stielaugen** fig umg PL **~ machen** to gawp **Stielglas** N̲ stemmed glass

stier A̲ ADJ Blick vacant B̲ ADV starren vacantly

Stier M̲ **1** bull; (≈ junger Stier) bullock; **den ~ bei den Hörnern packen** od **fassen** sprichw to take the bull by the horns sprichw **2** ASTROL Taurus; **(ein) ~ sein** to be (a) Taurus

stieren V̲I̲ to stare (**auf** +akk at)

Stierkampf M̲ bullfight **Stierkampfarena** F̲ bullring **Stierkämpfer(in)** M̲/F̲ bullfighter

Stift¹ M̲ **1** (≈ Metallstift) pin; (≈ Holzstift) peg; (≈ Nagel) tack **2** zum Schreiben pen; (≈ Bleistift) pencil; (≈ Buntstift) crayon; (≈ Filzstift) felt-tipped pen; (≈ Kugelschreiber) ballpoint (pen) **3** umg (≈ Lehrling) apprentice (boy)

Stift² N̲ (≈ Domstift) cathedral chapter; (≈ Theologiestift) seminary

stiften V̲T̲ **1** (≈ gründen) to found; (≈ spenden, spendieren) to donate; Preis, Stipendium etc to endow **2** Verwirrung, Unfrieden, Unheil to cause; Frieden to bring about **Stifter(in)** M̲/F̲ (≈ Gründer) founder; (≈ Spender) donator **Stiftung** F̲ foundation; (≈ Schenkung) donation; Stipendium etc endowment

Stiftzahn M̲ post crown

Stigma N̲ stigma

Stil M̲ style; (≈ Eigenart) way; **im großen ~** in a big way; **… alten ~s** old-style …; **das ist schlechter ~** fig that is bad form **Stilblüte** hum F̲ stylistic howler Br umg, stylistic blooper US umg **Stil-**

S

bruch M̲ stylistic incongruity; *in Roman etc* abrupt change in style **Stilebene** F̲ style level **stilisieren** V̲T̲ to stylize **Stilistik** F̲ LIT stylistics *sg;* (*≈Handbuch*) guide to good style **stilistisch** A̲D̲J̲ stylistic; **etw ~ ändern/verbessern** to change/improve the style of sth

still A̲ A̲D̲J̲ ▮ (*≈ruhig*) quiet; *Gebet, Vorwurf, Beobachter* silent; **~ werden** to go quiet; **um ihn/darum ist es ~ geworden** you don't hear anything about him/it any more; **in ~em Gedenken** in silent tribute; **im Stillen** without saying anything, secretly; **ich dachte mir im Stillen** I thought to myself; **sei doch ~!** be quiet ▮ (*≈unbewegt*) *Luft* still; *See* calm; (*≈ohne Kohlensäure*) *Mineralwasser* still; **der Stille Ozean** the Pacific (Ocean); **~e Wasser sind tief** *sprichw* still waters run deep *sprichw* ▮ (*≈heimlich*) secret; **im Stillen** in secret ▮ HANDEL *Teilhaber* sleeping *Br,* silent *US; Reserven, Rücklagen* secret ▮ A̲D̲V̲ ▮ (*≈leise*) quietly; *leiden* in silence; *auseinandergehen, weggehen* silently; **~ lächeln** to give a quiet smile; **ganz ~ und leise** *erledigen* discreetly ▮ (*≈unbewegt*) still; **~ halten** to keep still; **~ sitzen** to sit still **Stille** F̲ ▮ (*≈Ruhe*) quiet(ness); (*≈Schweigen*) silence; **in aller ~** quietly ▮ (*≈Unbewegtheit*) calm(ness); *der Luft* stillness ▮ (*≈Heimlichkeit*) secrecy; **in aller ~** secretly **stillen** A̲ V̲T̲ ▮ (*≈zum Stillstand bringen*) *Tränen* to stop; *Schmerzen* to ease; *Blutung* to staunch ▮ (*≈befriedigen*) to satisfy; *Durst* to quench ▮ *Säugling* to breast-feed ▮ V̲I̲ to breast-feed **Stillhalteabkommen** N̲ FIN, *a. fig* moratorium **stillhalten** *fig* V̲I̲ to keep quiet **Stillkissen** N̲ support cushion (*for breast-feeding*) **Stillleben** N̲ still life **stilllegen** V̲T̲ to close down **Stilllegung** F̲ closure

stillos A̲D̲J̲ lacking in style; (*≈fehl am Platze*) incongruous **Stillosigkeit** F̲ lack of style *kein pl*

stillschweigen V̲I̲ to remain silent **Stillschweigen** N̲ silence; **j-m ~ auferlegen** to swear sb to silence; **beide Seiten haben ~ vereinbart** both sides have agreed not to say anything **stillschweigend** A̲ A̲D̲J̲ silent; *Einverständnis* tacit ▮ A̲D̲V̲ tacitly; **über etw** (*akk*) **~ hinweggehen** to pass over sth in silence; **etw ~ hinnehmen** to accept

sth silently **stillsitzen** V̲I̲ to sit still **Stillstand** M̲ (*≈zeitweilig*) interruption; *in Entwicklung* halt; **zum ~ kommen** to come to a standstill; *Maschine, Motor, Herz, Blutung* to stop; *Entwicklung* to come to a halt; **etw zum ~ bringen** to bring sth to a standstill; *Maschine, Motor, Blutung* to stop sth; *Entwicklung* to bring sth to a halt **stillstehen** V̲I̲ ▮ to be at a standstill; *Fabrik, Maschine* to be idle; *Herz* to have stopped ▮ (*≈stehen bleiben*) to stop; *Maschine* to stop working

Stilmittel N̲ stylistic device **Stilmöbel** P̲L̲ period furniture *sg* **Stilrichtung** F̲ style **stilvoll** A̲ A̲D̲J̲ stylish ▮ A̲D̲V̲ stylishly **Stilwörterbuch** N̲ dictionary of correct usage

Stimmabgabe F̲ voting **Stimmband** N̲ vocal chord **stimmberechtigt** A̲D̲J̲ entitled to vote **Stimmbruch** M̲ → **Stimmwechsel** **Stimmbürger(in)** M̲(̲F̲)̲ *schweiz* voter **Stimme** F̲ ▮ *wörtl, fig* voice; MUS (*≈Part*) part; **mit leiser/lauter ~** in a soft/loud voice; **die ~n mehren sich, die ...** there is a growing number of people calling for ...; **der ~ des Gewissens folgen** to act according to one's conscience ▮ (*≈Wahlstimme*) vote; **eine ~ haben** to have the vote; (*≈Mitspracherecht*) to have a say; **keine ~ haben** not to be entitled to vote; (*≈Mitspracherecht*) to have no say; **seine ~ abgeben** to cast one's vote **stimmen** A̲ V̲I̲ ▮ (*≈richtig sein*) to be right; **stimmt es, dass ...?** is it true that ...?; **das stimmt** that's right; **das stimmt nicht** that's not right, that's wrong; **hier stimmt was nicht!** there's something wrong here; **stimmt so!** keep the change ▮ (*≈zusammenpassen*) to go (together) ▮ (*≈wählen*) to vote; **für/gegen j-n/etw ~** to vote for/against sb/sth ▮ V̲T̲ *Instrument* to tune; **j-n froh/traurig ~** to make sb (feel) cheerful/sad; **→ gestimmt Stimmenanteil** M̲ share of the vote; **ein ~ von 3%** three per cent of the votes **Stimmenfang** *umg* M̲ canvassing; **auf ~ sein/gehen** to be/go canvassing **Stimmengewichtung** F̲ weighting of votes **Stimmengleichheit** F̲ tie **Stimmenmehrheit** F̲ majority (of votes) **Stimmenthaltung** F̲ abstention **Stimmgabel** F̲ tuning fork **stimmhaft** A̲ A̲D̲J̲ LING voiced ▮ A̲D̲V̲

LING ~ **ausgesprochen werden** to be voiced **stimmig** ADJ *Argumente* coherent **Stimmlage** F̲ MUS voice, register **stimmlos** A̲ ADJ LING voiceless B̲ A̲D̲V̲ LING ~ **ausgesprochen werden** not to be voiced **Stimmrecht** N̲ right to vote **Stimmung** F̲ 1 mood; (≈ *Atmosphäre*) atmosphere; *unter den Arbeitern* morale; **in (guter) ~** in a good mood; **in schlechter ~** in a bad mood; **in ~ kommen** to liven up; **für ~ sorgen** to make sure there is a good atmosphere 2 (≈ *Meinung*) opinion; ~ **gegen/für j-n/etw machen** to stir up (public) opinion against/in favour of sb/sth *Br*, to stir up (public) opinion against/in favor of sb/sth *US* **Stimmungskanone** F̲ **sie ist eine richtige ~** she's always the life and soul of the party **Stimmungsmache** pej F̲ cheap propaganda **stimmungsvoll** ADJ *Bild* idyllic; *Atmosphäre* tremendous; *Beschreibung* atmospheric **Stimmungswandel** M̲ change of atmosphere; POL change in (public) opinion **Stimmwechsel** M̲ **er ist im ~** his voice is breaking **Stimmzettel** M̲ ballot paper **Stimulation** F̲ stimulation **stimulieren** V̲/T̲ to stimulate **stinkbesoffen** ADJ *umg* plastered *umg* **Stinkbombe** F̲ *umg* stink bomb **Stinkefinger** *umg* M̲ **j-m den ~ zeigen** to give sb the finger *umg*, to give sb the bird *US umg* **stinken** V̲/I̲ 1 to stink, to smell (**nach** of); **wie die Pest** ~ *umg* to stink to high heaven *umg* 2 *fig umg* **er stinkt nach Geld** he's stinking rich *umg*; **das stinkt zum Himmel** it's an absolute scandal; **an der Sache stinkt etwas** there's something fishy about it *umg*; **mir stinkts (gewaltig)!** *umg* I'm fed up to the back teeth (with it) *Br umg*, I'm fed up to the back of my throat (with it) *US umg* **stinkfaul** *umg* ADJ bone idle *Br umg* **stinkig** *umg* ADJ stinking *umg*; (≈ *verärgert*) pissed off *sl* **stinklangweilig** ADJ deadly boring **stinknormal** *umg* ADJ boringly normal **stinkreich** *umg* ADJ stinking rich *Br umg*, rolling in it *umg* **stinksauer** *sl* ADJ pissed off *sl* **Stinkstiefel** M̲ *umg* (≈ *unangenehmer Mensch*) cocky bastard **Stinktier** N̲ skunk **stinkvornehm** ADJ *umg* dead posh *umg* **Stinkwut** *umg* F̲ **eine ~**

(auf j-n) haben to be livid (with sb) **Stipendiat(in)** M̲(F̲) scholarship holder **Stipendium** N̲ *als Auszeichnung etc* erhalten scholarship; *zur allgemeinen Unterstützung als Studium* grant **Stippvisite** *umg* F̲ flying visit **Stirn** F̲ forehead; **die ~ runzeln** to wrinkle one's brow, to frown; **es steht ihm auf der ~ geschrieben** it is written all over his face; **die ~ haben, zu …** to have the effrontery to …; **j-m/einer Sache die ~ bieten** *geh* to defy sb/sth **Stirnband** N̲ headband **Stirnhöhle** F̲ frontal sinus **Stirnhöhlenkatarrh** M̲ sinusitis **Stirnrunzeln** N̲ frown **stöbern** V̲/I̲ to rummage (**in** +dat in *od* **durch** through) **stochern** V̲/I̲ to poke (**in** +dat at); *im Essen* to pick (**in** +dat at); **sich** (dat) **in den Zähnen ~** to pick one's teeth **Stock** M̲ 1 stick; (≈ *Rohrstock*) cane; (≈ *Taktstock*) baton; (≈ *Zeigestock*) pointer; (≈ *Billardstock*) cue; **am ~ gehen** to walk with (the aid of) a stick; *fig umg* to be in a bad way 2 *Pflanze* (≈ *Rebstock*) vine; (≈ *Blumenstock*) pot plant 3 (≈ *Stockwerk*) floor; **im ersten ~** on the first floor *Br*, on the second floor *US* **stockbesoffen** *umg* ADJ dead drunk *umg* **Stockbett** N̲ bunk bed **stockdunkel** *umg* ADJ pitch-dark **stocken** V̲/I̲ *Herz, Puls* to skip a beat; *Worte* to falter; (≈ *nicht vorangehen*) *Arbeit, Entwicklung* to make no progress; *Unterhaltung* to flag; *Verhandlungen* to grind to a halt; *Geschäfte* to stagnate; *Verkehr* to be held up; **ihm stockte der Atem** he caught his breath; **ihre Stimme stockte** she *od* her voice faltered **stockend** ADJ faltering; *Verkehr* stop-go *Br*, stop-and-go *US*; **der Verkehr kam nur ~ voran** traffic was stop and go **Stockente** F̲ mallard **Stockerl** N̲ *österr* (≈ *Hocker*) stool **Stockfisch** M̲ dried cod; *pej Mensch* stick-in-the-mud *pej umg* **stockkonservativ** *umg* ADJ archconservative **stocknüchtern** *umg* ADJ stone-cold sober *umg* **stocksauer** *umg* ADJ pissed off *sl* **Stockschirm** M̲ stick umbrella **stocktaub** *umg* ADJ as deaf as a post **Stockung** F̲ 1 (≈ *vorübergehender Stillstand*) interruption (+gen *od* **in** +dat in); (≈ *Verkehrsstockung*) congestion 2 *von Verhandlungen* breakdown (+gen of, in); *von Geschäften* slackening off (+gen in)

S

Stockwerk N̄ floor; **im 5. ~** on the 5th floor *Br*, on the 6th floor *US* **Stockzahn** M̄ *österr, schweiz* molar (tooth)
Stoff M̄ **1** material; *als Materialart* cloth **2** (≈ *Materie*) matter **3** (≈ *Substanz*), *a.* CHEM substance; **tierische ~e** animal substance; **pflanzliche ~e** vegetable matter **4** (≈ *Thema*) subject (matter); (≈ *Diskussionsstoff*) topic; **~ für ein** *od* **zu einem Buch sammeln** to collect material for a book **5** *umg* (≈ *Rauschgift*) dope *umg*
Stoffel *pej umg* M̄ lout *umg*
stofflich ADJ **1** *Philosophie, a.* CHEM material **2** (≈ *den Inhalt betreffend*) as regards subject matter **Stoffpuppe** F̄ rag doll **Stoffrest** M̄ remnant **Stofftier** N̄ soft toy **Stoffwechsel** M̄ metabolism **Stoffwechselkrankheit** F̄ metabolic disease
stöhnen V̄Ī to groan; **~d** with a groan
stoisch ADJ *Philosophie* Stoic; *fig* stoic(al)
Stollen M̄ **1** *Bergbau, a.* MIL gallery **2** GASTR stollen **3** (≈ *Schuhstollen*) stud
stolpern V̄Ī to stumble (**über** +akk over); *fig* (≈ *zu Fall kommen*) to come unstuck *bes Br umg*; **j-n zum Stolpern bringen** *wörtl* to trip sb up; *fig* to be sb's downfall **Stolperstein** *fig* M̄ stumbling block
stolz A ADJ **1** proud (**auf** +akk of); **darauf kannst du ~ sein** that's something to be proud of **2** (≈ *imposant*) *Bauwerk, Schiff* majestic; *iron* (≈ *stattlich*) *Preis* princely B ADV proudly **Stolz** M̄ pride; **sein Garten ist sein ganzer ~** his garden is his pride and joy **stolzieren** V̄Ī to strut; *hochmütig* to stalk
stopfen A V̄/Ī **1** (≈ *ausstopfen, füllen*) to stuff; *Pfeife, Loch* to fill; **j-m den Mund ~** *umg* to silence sb **2** (≈ *ausbessern*) to mend; *fig Haushaltslöcher etc* to plug B V̄Ī **1** *Speisen* (≈ *verstopfen*) to cause constipation; (≈ *sättigen*) to be filling **2** (≈ *flicken*) to darn **Stopfgarn** N̄ darning cotton *od* thread
stopp ĪNT stop **Stopp** M̄ stop; (≈ *Lohnstopp*) freeze
Stoppel F̄ stubble **Stoppelbart** M̄ stubbly beard **Stoppelfeld** N̄ stubble field **stopp(e)lig** ADJ stubbly
stoppen A V̄/Ī **1** (≈ *anhalten*) to stop **2** (≈ *Zeit abnehmen*) to time B V̄Ī (≈ *anhalten*) to stop **Stoppschild** N̄ stop sign **Stoppstraße** F̄ road with stop signs

stop street *US* **Stopptaste** F̄ stop button **Stoppuhr** F̄ stopwatch
Stöpsel M̄ plug; (≈ *Pfropfen*) stopper; (≈ *Korken*) cork
Stör M̄ ZOOL sturgeon
Störaktion F̄ disruptive action *kein pl*
störanfällig ADJ *Technik, Kraftwerk* susceptible to faults; *Gerät, Verkehrsmittel* liable to break down; *fig Verhältnis* shaky
Storch M̄ stork
stören A V̄/Ī (≈ *beeinträchtigen*) to disturb; *Verhältnis, Harmonie* to spoil; *Rundfunkempfang* to interfere with; *absichtlich* to jam; **j-s Pläne ~** to interfere with sb's plans; → **gestört 2** *Prozess, Feier* to disrupt **3** (≈ *unangenehm berühren*) to disturb; **was mich an ihm/daran stört** what I don't like about him/it; **entschuldigen Sie, wenn ich Sie störe** I'm sorry if I'm disturbing you; **stört es Sie, wenn ich rauche?** do you mind if I smoke?; **das stört mich nicht** that doesn't bother me, I don't mind; **sie lässt sich durch nichts ~** she doesn't let anything bother her B V̄R **sich an etw** (*dat*) ~ to be bothered about sth C V̄Ī (≈ *lästig sein*) to get in the way; (≈ *unterbrechen*) to interrupt; (≈ *Belästigung darstellen*) to be disturbing; **bitte nicht ~!** please do not disturb!; **störe ich?** am I disturbing you?; **etw als ~d empfinden** to find sth bothersome; **eine ~de Begleiterscheinung** a troublesome side effect **Störenfried** M̄, **Störer(in)** M̄/F̄ troublemaker **Störfaktor** M̄ source of friction, disruptive factor **Störfall** M̄ *in Kernkraftwerk etc* malfunction, accident **Störmanöver** N̄ disruptive action
stornieren V̄/Ī & V̄Ī HANDEL *Auftrag, Flug* to cancel; *Buchungsfehler* to reverse **Stornierung** F̄ HANDEL *von Auftrag* cancellation; *von Buchung* reversal **Stornierungsgebühr** F̄ cancellation fee **Storno** M̄/N̄ HANDEL *von Buchungsfehler* reversal; *von Auftrag* cancellation
störrisch ADJ obstinate; *Kind, Haare* unmanageable; *Pferd* refractory; **sich ~ verhalten** to act stubborn
Störsender M̄ RADIO jamming transmitter **Störung** F̄ **1** disturbance **2** *von Ablauf, Verhandlungen etc* disruption **3** (≈ *Verkehrsstörung*) holdup **4** TECH fault **5** RADIO interference; *absichtlich* jamming; **atmosphärische ~en** atmospherics *pl* **6** MED disorder **störungs-**

frei ADJ trouble-free; RADIO free from interference **Störungsstelle** F TEL faults service

Story F story

Stoß M 1 push; *leicht* poke; *mit Faust* punch; *mit Fuß* kick; *mit Ellbogen* nudge; (≈ *Dolchstoß etc*) stab; *Fechten* thrust; (≈ *Schwimmstoß*) stroke; (≈ *Atemstoß*) gasp; **sich** (*dat*) **einen ~ geben** to pluck up courage 2 (≈ *Anprall*) impact; (≈ *Erdstoß*) tremor 3 (≈ *Stapel*) pile, stack **Stoßdämpfer** M AUTO shock absorber **stoßen** A V/T 1 (≈ *einen Stoß versetzen*) to push; *leicht* to poke; *mit Faust* to punch; *mit Fuß* to kick; *mit Ellbogen* to nudge; (≈ *stechen*) *Dolch* to thrust; **j-n von sich ~** to push sb away; *fig* to cast sb aside 2 (≈ *werfen*) to push; SPORT *Kugel* to put 3 (≈ *zerkleinern*) *Zimt, Pfeffer* to pound B V/R to bump od bang oneself; **sich an etw** (*dat*) ~ *wörtl* to bump *etc* oneself on sth; *fig* to take exception to sth C V/I 1 (≈ *treffen, prallen*) to run into *a. fig*; **gegen etw ~** to run into sth, to hit sth; **zu j-m ~** to meet up with sb; **auf j-n ~** to bump into sb; **auf etw** (*akk*) ~ *Straße* to lead into *od* onto sth; *Schiff* to hit sth; *fig* (≈ *entdecken*) to come upon sth; **auf Erdöl ~** to strike oil; **auf Widerstand ~** to meet with resistance 2 (≈ *werfen*) to jerk **stoßfest** ADJ shockproof **Stoßseufzer** M deep sigh **Stoßstange** F AUTO bumper **Stoßzahn** M tusk **Stoßzeit** F *im Verkehr* rush hour; *in Geschäft etc* peak period **Stotterer** M, **Stotterin** F stutterer **stottern** V/T & V/I to stutter; *Motor* to splutter; **ins Stottern kommen** to start stuttering

Stövchen N (teapot *etc*) warmer

Str. ABK (= *Straße*) St.; Rd

Strafanstalt F prison **Strafantrag** M action, legal proceedings *pl*; ~ **stellen** to institute legal proceedings **Strafanzeige** F ~ **gegen j-n erstatten** to bring a charge against sb **Strafarbeit** F SCHULE extra work *kein pl; schriftlich* lines *pl* **Strafbank** F SPORT penalty bench **strafbar** ADJ *Vergehen* punishable; ~**e Handlung** punishable offence *Br*, punishable offense *US;* **sich ~ machen** to commit an offence *Br*, to commit an offense *US* **Strafbefehl** M JUR order of summary punishment **Strafe** F punishment; JUR, SPORT penalty;

(≈ *Geldstrafe*) fine; (≈ *Gefängnisstrafe*) sentence; **es ist bei ~ verboten, ...** it is a punishable offence ... *Br*, it is a punishable offense ... *US;* **unter ~ stehen** to be a punishable offence *Br*, to be a punishable offense *US;* **eine ~ von drei Jahren Gefängnis** a three-year prison sentence; **100 Dollar ~ zahlen** to pay a 100 dollar fine; **zur ~ as** a punishment; **seine gerechte ~ bekommen** to get one's just deserts **strafen** V/T to punish; **mit etw gestraft sein** to be cursed with sth **strafend** ADJ punitive; *Blick, Worte* reproachful; **j-n ~ ansehen** to give sb a reproachful look **Straferlass** M remission (of sentence)

straff A ADJ *Seil* taut; *Haut* smooth; *Busen* firm; (≈ *straff sitzend*) *Hose etc* tight; *fig* (≈ *streng*) *Disziplin, Politik* strict B ADV (≈ *stramm*) tightly; (≈ *streng*) *reglementieren* strictly; ~ **sitzen** to fit tightly **straffällig** ADJ ~ **werden** to commit a criminal offence *Br*, to commit a criminal offense *US* **Straffällige(r)** M(F)M offender

straffen A V/T to tighten; (≈ *raffen*) *Handlung, Darstellung* to tighten up; **die Zügel ~** *fig* to tighten the reins B V/R to tighten; *Haut* to become smooth **straffrei** ADJ & ADV not subject to prosecution; ~ **bleiben** *od* **ausgehen** to go unpunished **Straffreiheit** F immunity from prosecution **Strafgebühr** F surcharge **Strafgefangene(r)** M(F)M detainee, prisoner **Strafgericht** N criminal court; **ein ~ abhalten** to hold a trial **Strafgesetz** N criminal law **Strafgesetzbuch** N Penal Code **Strafkammer** F division for criminal matters (of a court) **sträflich** A ADJ criminal B ADV *vernachlässigen etc* criminally **Sträfling** *obs* M prisoner, convict **Strafmandat** N ticket **Strafmaß** N sentence **strafmildernd** ADJ extenuating **Strafminute** F SPORT **er erhielt zwei ~n** he was sent off for two minutes **Strafpredigt** F **j-m eine ~ halten** to give sb a lecture **Strafprozess** M criminal proceedings *pl* **Strafprozessordnung** F code of criminal procedure **Strafpunkt** M SPORT penalty point **Strafraum** M SPORT penalty area; FUSSB *a.* penalty box **Strafrecht** N criminal law **strafrechtlich** A ADJ criminal B ADV **j-n/etw ~ verfolgen** to

S

prosecute sb/sth **Strafregister** N̲ police records pl; hum umg record; **er hat ein langes ~** he has a long (criminal) record **Strafsache** F̲ JUR criminal matter **Strafschuss** M̲ SPORT penalty (shot) **Strafstoß** M̲ FUSSB etc penalty (kick) **Straftat** F̲ criminal offence Br, criminal offense US **Straftäter(in)** M̲F̲ offender **Strafverfahren** N̲ criminal proceedings pl **strafversetzen** V̲T̲ Beamte to transfer for disciplinary reasons **Strafverteidiger(in)** M̲F̲ defence counsel od lawyer Br, defense counsel od lawyer US **Strafvollzug** M̲ penal system; **offener ~** non-confinement **Strafvollzugsanstalt** form F̲ penal institution **Strafzettel** M̲ JUR ticket

Strahl M̲ 1 ray; (≈ Sonnenstrahl) shaft of light; (≈ Radiostrahl, Laserstrahl etc) beam 2 (≈ Wasserstrahl) jet **Strahlemann** M̲ umg smiley **strahlen** V̲/̲I̲ 1 Sonne, Licht etc to shine; Sender to beam; (≈ glühen) to glow (**vor** +dat with); radioaktiv to give off radioactivity 2 (≈ leuchten) to gleam; fig Gesicht to beam; Augen to shine; **das ganze Haus strahlte vor Sauberkeit** the whole house was sparkling clean; **er strahlte vor Freude** he was beaming with happiness **Strahlenbehandlung** F̲ MED ray treatment **Strahlenbelastung** F̲ radiation **strahlend** A̲D̲J̲ radiant; Wetter, Tag glorious; Sonnenschein bright; Farben brilliant; **mit ~em Gesicht** with a beaming face; **es war ein ~ schöner Tag** it was a glorious day **Strahlendosis** F̲ dose of radiation; **maximal zulässige ~** NUKL maximum permissible dose of radiation, maximum permissible exposure to radiation **strahlenförmig** A̲D̲J̲ radial; **sich ~ ausbreiten** to radiate out **strahlengeschädigt** A̲D̲J̲ suffering from radiation damage **Strahlenkrankheit** F̲ radiation sickness **Strahlenschäden** P̲L̲ radiation injuries pl **Strahlenschutz** M̲ radiation protection **Strahlentherapie** F̲ radiotherapy **Strahlentod** M̲ death through radiation **strahlenverseucht** A̲D̲J̲ contaminated (with radiation) **Strahlung** F̲ radiation **strahlungsarm** A̲D̲J̲ Monitor low-radiation

Strähnchen P̲L̲ highlights pl **Strähne** F̲ (≈ Haarsträhne) strand **strähnig** A̲D̲J̲

Haar straggly

stramm A̲ A̲D̲J̲ (≈ straff) tight; Haltung erect; Mädchen, Junge strapping; Beine sturdy; Brust firm; umg Tempo brisk; (≈ überzeugt) staunch; **~e Haltung annehmen** to stand to attention B̲ A̲D̲V̲ binden tightly; **~ sitzen** to be tight; **~ arbeiten** umg to work hard; **~ marschieren** umg to march hard; **~ konservativ** umg staunchly conservative **strammstehen** V̲/̲I̲ MIL umg to stand to attention

Strampelhöschen N̲ rompers pl **strampeln** V̲/̲I̲ 1 mit Beinen to flail about; Baby to thrash about 2 umg (≈ Rad fahren) to pedal 3 umg (≈ sich abrackern) to (sweat and) slave

Strand M̲ (≈ Meeresstrand) beach; (≈ Seeufer) shore; **am ~** (≈ am Meer) on the beach; (≈ am Seeufer) on the shore **Strandbad** N̲ (seawater) swimming pool; (≈ Badeort) bathing resort **stranden** V̲/̲I̲ to be stranded; fig to fail **Strandgut** wörtl, fig N̲ flotsam and jetsam **Strandkorb** M̲ wicker beach chair with a hood **Strandlaken** N̲ beach towel **Strandläufer** M̲ ORN sandpiper **Strandnähe** F̲ in ~ near the beach **Strandpromenade** F̲ promenade

Strang M̲ (≈ Nervenstrang, Muskelstrang) cord; (≈ DNA-Strang) strand; (≈ Wollstrang) hank; **der Tod durch den ~** death by hanging; **am gleichen ~ ziehen** fig to pull together; **über die Stränge schlagen** umg to run wild umg **strangulieren** V̲T̲ to strangle **Strapaze** F̲ strain **strapazieren** A̲ V̲T̲ to be a strain on; Schuhe, Kleidung to be hard on; Nerven to strain; Geduld to try B̲ V̲/̲R̲ to tax oneself **strapazierfähig** A̲D̲J̲ Schuhe, Kleidung, Material hard-wearing; fig umg Nerven strong **strapaziös** A̲D̲J̲ exhausting

Straps M̲ suspender belt Br, garter belt US

Straßburg N̲ Strasbourg

Straße F̲ 1 road; in Stadt, Dorf street; (≈ kleine Landstraße) lane; **auf der ~** in the street; **an der ~** by the roadside; **auf die ~ gehen** wörtl to go out on the street; als Demonstrant to take to the streets; als Prostituierte to go on the streets; **auf die ~ gesetzt werden** umg to be turned out (onto the streets);

als Arbeiter to be sacked Br umg; **über die ~ gehen** to cross (the road/street); **etw über die ~ verkaufen** to sell sth to take away Br od to take out US; **das Geld liegt nicht auf der ~** money doesn't grow on trees; **der Mann auf der ~** fig the man in the street **2** (≈ Meerenge) strait(s) (pl); **die ~ von Dover** etc the Straits of Dover etc **3** TECH (≈ Fertigungsstraße) (production) line **Straßenarbeiten** PL roadworks pl Br, roadwork sg US **Straßenbahn** F (≈ Wagen) tram Br, streetcar US; (≈ Netz) tramway(s) pl Br, streetcar system US; **mit der ~** by tram Br, by streetcar US **Straßenbahnhaltestelle** F tram stop Br, streetcar stop US **Straßenbahnlinie** F tramline Br, streetcar line US **Straßenbahnwagen** M tram Br, streetcar US **Straßenbau** M road construction **Straßenbauarbeiten** PL roadworks pl Br, roadwork sg US **Straßenbelag** M road surface **Straßenbeleuchtung** F street lighting **Straßenbenutzungsgebühr** F (road) toll **Straßencafé** N pavement café Br, sidewalk café US **Straßenfeger(in)** MF road sweeper **Straßenfest** N street party **Straßenführung** F route **Straßenglätte** F slippery road surface **Straßengraben** M ditch **Straßenjunge** pej M street urchin **Straßenkampf** M street fighting kein pl; **ein ~** a street fight od battle **Straßenkarte** F road map **Straßenkehrer(in)** MF road sweeper **Straßenkreuzer** umg M limo umg **Straßenkreuzung** F crossroads sg od pl, intersection US **Straßenlage** F AUTO road holding **Straßenlaterne** F streetlamp **Straßenmusikant(in)** MF street musician, busker **Straßennetz** N road network **Straßenrand** M roadside **Straßenschild** N street sign **Straßenschlacht** F street battle **Straßensperre** F roadblock **Straßenstrich** umg M walking the streets; Gegend red-light district **Straßentransport** M road transport od haulage; **im ~** by road **Straßenverhältnisse** PL road conditions pl **Straßenverkauf** M street trading; (≈ Außerhausverkauf) takeaway sales pl Br, takeout sales pl US **Straßenverkehr** M traffic **Straßenverkehrsordnung** F ≈ Highway Code

Br, traffic rules and regulations pl **Straßenverzeichnis** N street directory **Straßenzustand** M road conditions pl **Straßenzustandsbericht** M road report

Stratege M, **Strategin** F strategist **Strategie** F strategy **Strategiespiel** N IT strategy game **strategisch** A ADJ strategic B ADV strategically **Stratosphäre** F stratosphere **sträuben** A V/R **1** Haare, Fell to stand on end; Gefieder to become ruffled; **da ~ sich einem die Haare** it's enough to make your hair stand on end **2** fig to resist (**gegen etw** sth) B V/T Gefieder to ruffle

Strauch M bush **Strauchtomate** F vine-ripened tomato **Strauchwerk** N (≈ Gebüsch) bushes pl; (≈ Gestrüpp) undergrowth

Strauß¹ M ostrich; **wie der Vogel ~** like an ostrich

Strauß² M bunch; (≈ Blumenstrauß) bunch of flowers

strawanzen V/I österr (≈ sich herumtreiben) to hang around umg

streamen V/T IT to stream

Streamer M COMPUT streamer

Streaming N IT streaming

Strebe F brace; (≈ Deckenstrebe) joist **streben** geh V/I **1** (≈ sich bemühen) to strive (**nach, an** +akk od **zu** for); SCHULE pej to swot umg; **danach ~, etw zu tun** to strive to do sth; **in die Ferne ~** to be drawn to distant parts **2** (≈ sich bewegen) **nach** od **zu etw ~** to make one's way to sth **Streben** N (≈ Drängen) striving (**nach** for); nach Ruhm, Geld aspiration (**nach** to); (≈ Bemühen) efforts pl **Strebepfeiler** M buttress **Streber(in)** pej umg MF eager beaver umg; SCHULE swot Br umg, grind US umg **strebsam** ADJ assiduous

Strecke F **1** (≈ Entfernung zwischen zwei Punkten), a. SPORT distance; MATH line (between two points); **eine ~ zurücklegen** to cover a distance **2** (≈ Abschnitt von Straße, Fluss) stretch; von Bahnlinie section **3** (≈ Weg, Route, Flugstrecke) route; (≈ Straße) road; (≈ Bahnlinie) track; fig (≈ Passage) passage; **auf** od **an der ~ Paris-Brüssel** on the way from Paris to Brussels; **auf freier** od **offener ~** bes BAHN on the open line; **auf weite ~n (hin)** for long stretches; **auf der ~ blei-**

ben *bei Rennen* to drop out of the running; *in Konkurrenzkampf* to fall by the wayside **4** JAGD (≈ *Jagdbeute*) kill; **zur ~ bringen** to kill; *fig Verbrecher* to hunt down **strecken A** *V/T* **1** *Arme, Beine* to stretch; *Hals* to crane **2** *umg Vorräte, Geld* to eke out; *Arbeit* to drag out *umg*; *Essen, Suppe* to make go further, to eke out; (≈ *verdünnen*) to thin down, to dilute **B** *V/R* **1** (≈ *sich recken*) to stretch **2** (≈ *sich hinziehen*) to drag on **Streckenabschnitt** *M* BAHN track section **Streckenführung** *F* BAHN route **Streckennetz** *N* rail network **streckenweise** *ADV* in parts **Streckverband** *M* MED bandage used in traction **Streetball** *N* streetball **Streetworker(in)** *M/F* outreach worker

Streich *M* (≈ *Schabernack*) prank, trick; **j-m einen ~ spielen** *wörtl* to play a trick on sb; *fig Gedächtnis etc* to play tricks on sb

Streicheleinheiten *PL* (≈ *Zärtlichkeit*) tender loving care *sg* **streicheln** *V/T* & *V/I* to stroke; (≈ *liebkosen*) to caress **Streichelzoo** *M* petting zoo **streichen A** *V/T* **1** *mit der Hand* to stroke; **frisch glatt ~** to smooth sth (out) **2** (≈ *auftragen*) *Butter, Marmelade etc* to spread; *Salbe, Farbe etc* to apply **3** (≈ *anstreichen*) *mit Farbe* to paint; **frisch gestrichen!** wet paint *Br*, fresh paint *US* **4** (≈ *tilgen*) *Zeile, Satz* to delete; *Auftrag, Plan etc* to cancel; *Schulden* to write off; *Zuschuss, Gelder, Arbeitsplätze etc* to cut; **j-n/etw von** *od* **aus der Liste ~** to take sb/sth off the list **5** SCHIFF *Segel, Flagge, Ruder* to strike **6** → **gestrichen B** *V/I* **1** (≈ *über etw hinfahren*) to stroke; **mit der Hand über etw** (*akk*) **~** to stroke sth (with one's hand) (≈ *streifen*) to brush past (**an** +*dat* sth); *Wind* to waft; **um/ durch etw ~** (≈ *herumstreichen*) to prowl around/through sth **3** (≈ *malen*) to paint **Streicher** *PL* MUS strings *pl* **Streichholz** *N* match **Streichholzschachtel** *F* matchbox **Streichinstrument** *N* string(ed) instrument; **die ~e** the strings **Streichkäse** *M* cheese spread **Streichorchester** *N* string orchestra **Streichquartett** *N* string quartet **Streichquintett** *N* string quintet **Streichung** *F* *von Zeile, Satz* deletion; (≈ *Kürzung*) cut; *von Auftrag, Plan etc* cancellation; *von Schulden* writing off; *von*

Zuschüssen, Arbeitsplätzen etc cutting **Streichwurst** *F* ≈ meat paste

Streife *F* (≈ *Patrouille*) patrol; **auf ~ gehen/sein** to go/be on patrol **streifen A** *V/T* **1** (≈ *flüchtig berühren*) to touch, to brush (against); *Kugel* to graze; *Auto* to scrape; **j-n mit einem Blick ~** to glance fleetingly at sb **2** *fig* (≈ *flüchtig erwähnen*) to touch (up)on **3** **die Butter vom Messer ~** to scrape the butter off the knife; **den Ring vom Finger ~** to slip the ring off one's finger; **sich** (*dat*) **die Handschuhe über die Finger ~** to pull on one's gloves **B** *geh* *V/I* **1** (≈ *wandern*) to roam **2** **sie ließ ihren Blick über die Menge ~** she scanned the crowd **Streifen** *M* **1** strip; (≈ *Speckstreifen*) rasher **2** (≈ *Strich*) stripe; (≈ *Farbstreifen*) streak; (≈ *Klebestreifen etc*) tape **3** FILM film **Streifendienst** *M* patrol duty **Streifenpolizist(in)** *M/F* policeman *od* policewoman on patrol, patrolman *od* patrolwoman *US* **Streifenwagen** *M* patrol car **Streifschuss** *M* graze **Streifzug** *M* raid; (≈ *Bummel*) expedition

Streik *M* strike; **zum ~ aufrufen** to call a strike; **in (den) ~ treten** to go on strike **Streikaufruf** *M* strike call **Streikbrecher(in)** *M/F* strikebreaker, scab *pej* **streiken** *V/I* to strike; *hum umg* (≈ *nicht funktionieren*) to pack up *umg*; *Magen* to protest; *Gedächtnis* to fail; **da streike ich** *umg* I refuse! **Streikende(r)** *M/F(M)* striker **Streikgeld** *N* strike pay **Streikkasse** *F* strike fund **Streikposten** *M* picket **Streikrecht** *N* right to strike

Streit *M* argument (**um**, **über** +*akk* about, over); *leichter* quarrel, squabble; (≈ *Auseinandersetzung*) dispute; **~ haben** to be arguing; **wegen einer Sache ~ bekommen** to get into an argument over sth **streitbar** *ADJ* (≈ *streitlustig*) pugnacious **streiten A** *V/I* (≈ *eine Auseinandersetzung haben*) to argue (**um**, **über** +*akk* about, over); *leichter* to quarrel, to fight; **darüber lässt sich ~** that's a debatable point **B** *V/R* to argue, to have an argument; *leichter* to quarrel; **wir wollen uns deswegen nicht ~!** don't let's fall out over this! **Streiterei** *umg* *F* arguing *kein pl*; **eine ~** an argument **Streitfall** *M* dispute, conflict; JUR case **Streitfrage** *F* dispute

Streitgespräch N̅ debate **streitig** ADJ **j-m das Recht auf etw** (akk) **~ machen** to dispute sb's right to sth **Streitigkeiten** PL quarrels pl **Streitkräfte** PL (armed) forces pl **Streitmacht** F̅ armed forces pl **Streitpunkt** M̅ contentious issue **streitsüchtig** ADJ quarrelsome **Streitwert** M̅ JUR amount in dispute

Strelitzie F̅ BOT bird of paradise (flower), strelizia

streng A̅ ADJ **1** strict; Maßnahmen stringent; Bestrafung, Richter severe; Anforderungen rigorous; Ausdruck, Blick, Gesicht stern; Stillschweigen absolute; Kritik, Urteil harsh **2** Geruch, Geschmack pungent; Frost, Winter severe **3** Katholik, Moslem etc strict B̅ ADV **1** (≈ unnachgiebig) befolgen, einhalten strictly; tadeln, bestrafen severely; vertraulich strictly; **~genommen** strictly speaking; (≈ eigentlich) actually; **~ gegen j-n/etw vorgehen** to deal severely with sb/sth; **~ geheim** top secret; **~(stens) verboten!** strictly prohibited **2** (≈ intensiv) **~ riechen/schmecken** to have a pungent smell/taste **Strenge** F̅ **1** strictness; von Regel, Maßnahmen stringency; von Bestrafung, Richter severity; von Ausdruck, Blick sternness; von Kritik, Urteil harshness **2** von Geruch, Geschmack pungency; von Frost, Winter severity **strenggenommen** ADV → streng **strenggläubig** ADJ strict

Stress M̅ stress; **(voll) im ~ sein** to be under (a lot of) stress **Stressball** M̅ stress ball **stressen** V̅/T̅ to put under stress; **gestresst sein** to be under stress, to be stressed **stressfrei** ADJ stress-free **stressgeplagt** ADJ under stress; **~e Manager** highly stressed executives **stressig** umg ADJ stressful **Stresstest** M̅ stress test

Stretchhose F̅ stretch trousers pl, stretch pants pl US **Stretchlimousine** F̅ stretch limousine

Streu F̅ straw; aus Sägespänen sawdust **streuen** A̅ V̅/T̅ to scatter; Dünger, Sand to spread; Gewürze, Zucker etc to sprinkle; Straße etc mit Sand to grit; mit Salz to salt B̅ V̅/I̅ (≈ Streumittel anwenden) to grit, to put down salt **Streuer** M̅ shaker; (≈ Salzstreuer) cellar; (≈ Pfefferstreuer) pot **Streufahrzeug** N̅ gritter **streunen** V̅/I̅ to roam about; Hund, Katze

to stray; **durch etw/in etw** (dat) **~** to roam through/around sth **Streusalz** N̅ salt (for icy roads) **Streusand** M̅ sand; für Straße grit **Streuselkuchen** M̅ thin sponge cake with crumble topping

Strich M̅ **1** line; (≈ Querstrich) dash; (≈ Schrägstrich) oblique; (≈ Pinselstrich) stroke; von Land stretch; **j-m einen ~ durch die Rechnung machen** to thwart sb's plans; **einen ~ (unter etw** akk) **ziehen** fig to forget sth; **unterm ~** at the final count **2** von Teppich, Samt pile; von Gewebe nap; von Fell, Haar direction of growth; **es geht (mir) gegen den ~** umg it goes against the grain; **nach ~ und Faden** umg thoroughly **3** MUS (≈ Bogenstrich) stroke **4** umg (≈ Prostitution) prostitution ohne art; (≈ Bordellgegend) red-light district; **auf den ~ gehen** to be on the game Br umg, to turn tricks US umg; **~ sein** to be a prostitute **Strichcode** M̅ bar code, barcode **stricheln** V̅/T̅ to sketch in; (≈ schraffieren) to hatch; **eine gestrichelte Linie** a broken line **Strichjunge** umg M̅ rent boy Br, boy prostitute **Strichkode** M̅ → Strichcode **Strichliste** F̅ tally; **eine ~ führen** to keep a tally **Strichmädchen** umg N̅ hooker bes US umg **Strichmännchen** N̅ stick figure **Strichpunkt** M̅ semicolon **strichweise** ADV a. METEO here and there; **~ Regen** rain in places

Strick M̅ rope; **j-m aus etw einen ~ drehen** to use sth against sb; **am gleichen** od **an einem ~ ziehen** fig to pull together **stricken** V̅/T̅ & V̅/I̅ to knit; fig to construct; **an etw** (dat) **~** to work on sth **Strickjacke** F̅ cardigan **Strickkleid** N̅ knitted dress **Strickleiter** F̅ rope ladder **Strickmaschine** F̅ knitting machine **Strickmuster** wörtl N̅ knitting pattern; fig pattern **Stricknadel** F̅ knitting needle **Strickwaren** PL knitwear sg **Strickzeug** N̅ knitting **striegeln** V̅/T̅ Tier to curry(comb) **Strieme** F̅, **Striemen** M̅ weal **strikt** A̅ ADJ strict; Ablehnung categorical B̅ ADV strictly; ablehnen categorically; **~ gegen etw sein** to be totally opposed to sth

String M̅, **Stringtanga** M̅ G-string, thong

Strip umg M̄ strip(tease)

Strippe umg F̱ **1** (≈ Bindfaden) string; **die ~n ziehen** fig to pull the strings **2** (≈ Telefonleitung) phone; **an der ~ hängen** to be on the phone; **j-n an der ~ haben** to have sb on the line

strippen V̱/I̱ to strip

Strippenzieher(in) umg M̱/F̱ **er war der ~** he was the one pulling the strings

Stripper(in) umg M̱/F̱ stripper **Striptease** umg M̱/Ṉ striptease **Stripteasetänzer(in)** M̱/F̱ stripper

strittig ADJ contentious; **noch ~** still in dispute

Stroboskoplampe F̱ strobe light

Stroh Ṉ straw; (≈ Dachstroh) thatch **Strohballen** M̱ bale of straw **strohblond** ADJ Mensch flaxen-haired; Haare flaxen **Strohblume** F̱ strawflower **Strohdach** Ṉ thatched roof **strohdumm** ADJ thick umg **Strohfeuer** Ṉ **ein ~ sein** fig to be a passing fancy **Strohfrau** F̱ ⇑ front woman **Strohhalm** M̱ straw; **sich an einen ~ klammern** to clutch at straws **Strohhut** M̱ straw hat **Strohmann** M̱ fig ⇑ front man **Strohwitwe** F̱ grass widow **Strohwitwer** M̱ grass widower

Strolch obs M̱ rascal **Strolchenfahrt** F̱ schweiz joyride

Strom M̱ **1** (large) river; (≈ Strömung) current; von Schweiß, Blut river; von Besuchern, Flüchen etc stream; **ein reißender ~** a raging torrent; **es regnet in Strömen** it's pouring (with rain); **der Wein floss in Strömen** the wine flowed like water; **mit dem/gegen den ~ schwimmen** fig to swim od go with/against the tide **2** ELEK current; (≈ Elektrizität) electricity; **unter ~ stehen** wörtl to be live; fig to be high umg **stromabwärts** ADV downstream **Stromanschluss** M̱ **~ haben** to be connected to the electricity mains **stromauf(-wärts)** ADV upstream **Stromausfall** M̱ power failure, power outage US **strömen** V̱/I̱ to stream; Gas to flow; Menschen to pour (**in** +akk into od **aus** out of); **bei ~dem Regen** in (the) pouring rain **Stromkabel** Ṉ electric cable **Stromkreis** M̱ (electrical) circuit **Stromleitung** F̱ electric cables pl **stromlinienförmig** ADJ streamlined **Stromnetz** Ṉ electricity supply system **Strompreis** M̱ electricity price

Stromschnelle F̱ rapids pl **Stromsperre** F̱ power cut **Stromstärke** F̱ strength of the/an electric current **Strömung** F̱ current **Stromverbrauch** M̱ electricity consumption **Stromversorger(in)** M̱/F̱ electricity supplier **Stromversorgung** F̱ electricity supply **Stromzähler** M̱ electricity meter

Strontium Ṉ strontium

Strophe F̱ verse

strotzen V̱/I̱ to be full (**von, vor** +dat of); von Kraft, Gesundheit to be bursting (**von** with); **von Schmutz ~** to be covered with dirt

Strudel M̱ **1** whirlpool **2** GASTR strudel

Struktur F̱ structure; von Stoff etc texture; (≈ Webart) weave **Strukturanalyse** F̱ structural analysis **strukturell** A̱ ADJ structural Ḇ ADV -bedingt structurally **Strukturfonds** M̱ POL structural fund **strukturieren** V̱/Ṯ to structure **Strukturierung** F̱ structuring **Strukturkrise** F̱ structural crisis **strukturschwach** ADJ lacking in infrastructure **Strukturschwäche** F̱ lack of infrastructure **Strukturwandel** M̱ structural change (+gen in)

Strumpf M̱ sock; (≈ Damenstrumpf) stocking; **ein Paar Strümpfe** a pair of socks/stockings **Strumpfband** Ṉ garter **Strumpfhalter** M̱ suspender Br, garter US **Strumpfhose** F̱ tights pl Br, pantyhose pl US; **eine ~** a pair of tights Br, a pair of pantyhose US **Strumpfmaske** F̱ stocking mask **Strumpfwaren** PḺ hosiery sg

Strunk M̱ stalk

struppig ADJ unkempt; Tier shaggy

Stube obs F̱ room; dial (≈ Wohnzimmer) lounge; in Kaserne barrack room Br, quarters **Stubenfliege** F̱ (common) housefly **Stubenhocker(in)** pej umg M̱/F̱ stay-at-home, couch potato **stubenrein** ADJ Katze, Hund house--trained; hum Witz clean

Stuck M̱ stucco; zur Zimmerverzierung moulding Br, molding US

Stück Ṉ **1** piece; von Vieh, Wild head; von Zucker lump; (≈ Seifenstück) bar; (≈ abgegrenztes Land) plot; von Rasen patch; **ich nehme fünf ~** I'll take five; **drei Euro das ~** three euros each; **im** od **am ~** in one piece; **aus einem ~** in one piece **2** von Buch, Rede, Reise etc part; *von Straße etc* stretch; **~ für ~** (*≈ einen Teil um den andern*) bit by bit; **etw in ~e schlagen** to smash sth to pieces; **ich komme ein ~ (des Weges) mit** I'll come part of the way with you **3** **ein gutes ~ weiterkommen** to make considerable progress; **das ist (doch) ein starkes ~!** *umg* that's a bit much *umg*; **große ~e auf etw** (*akk*) **halten** to be very proud of sth; **aus freien ~en** of one's own free will **4** (*≈Bühnenstück*) play; (*≈Musikstück*) piece **Stückarbeit** F̅ piecework **Stuckdecke** F̅ stucco(ed) ceiling **stückeln** V̅T̅ to patch **Stückelung** F̅ (*≈Aufteilung*) splitting up; *von Geld, Aktien* denomination **Stückgut** N̅ **etw als ~ schicken** to send sth as a parcel *Br*, to send sth as a package **Stücklohn** M̅ piece(work) rate **Stückpreis** M̅ unit price **Stückwerk** N̅ unfinished work; **~ sein/bleiben** to be/remain unfinished **Stückzahl** F̅ number of pieces **Student** M̅ student; *österr* (*≈Schüler*) schoolboy; *einer bestimmten Schule* pupil, student **Studentenausschuss** M̅ **Allgemeiner ~** students' committee **Studentenausweis** M̅ student (ID) card **Studentenfutter** N̅ nuts and raisins *pl* **Studentenheim** N̅ hall of residence *Br*, dormitory *US* **Studentenschaft** F̅ students *pl* **Studentenwerk** N̅ student administration **Studentenwohnheim** N̅ hall of residence *Br*, dormitory *US* **Studentin** F̅ student; *österr* (*≈Schülerin*) schoolgirl; *einer bestimmten Schule* pupil, student **studentisch** ADJ student *attr*; **~e Hilfskraft** student assistant **Studie** F̅ study (**über** +*akk* of); (*≈Abhandlung*) essay (**über** +*akk* on) **Studienabbrecher(in)** M̅F̅ dropout **Studienabschluss** M̅ degree, graduation **Studienanfänger(in)** M̅F̅ first year (student), freshman *US*, fresher *Br* **Studienberatung** F̅ course guidance service **Studiendarlehen** N̅ student loan **Studienfach** N̅ subject **Studienfahrt** F̅ study trip; SCHULE educational trip **Studiengang** M̅ course of studies **Studiengebühren** PL tuition fees *pl* **Studienjahr** N̅ academic year **Studienkredit** M̅ student loan **Studienplatz** M̅ university/college place **Studienrat** M̅, **Studienrätin** F̅ teacher at a secondary school **Studi-**

enreferendar(in) M̅F̅ student teacher **Studienreise** F̅ study trip; SCHULE educational trip **Studienzeit** F̅ **1** student days *pl* **2** (*≈Dauer*) duration of a/one's course of studies **studieren** V̅I̅ to study; (*≈Student sein*) to be a student; **er studiert in München** he goes to university/college in Munich; **ich studiere an der Universität Bonn** I am (a student) at Bonn University; **wo haben Sie studiert?** what university/college did you go to? **B** V̅T̅ to study; (*≈genau betrachten*) to scrutinize **Studierende(r)** M̅F̅M̅ student **Studio** N̅ studio **Studium** N̅ study; (*≈Hochschulstudium*) studies *pl*; **das ~ hat fünf Jahre gedauert** the course (of study) lasted five years; **während seines ~s** while he is/was *etc* a student; **er ist noch im ~** he is still a student; **seine Studien zu etw machen** to study sth **Stufe** F̅ **1** step; *im Haar* layer; *von Rakete* stage **2** *fig* (*≈Phase*) stage; (*≈Niveau*) level; (*≈Rang*) grade; GRAM (*≈Steigerungsstufe*) degree; **eine ~ höher als … a** step up from …; **mit j-m auf gleicher ~ stehen** to be on a level with sb **stufen** V̅T̅ *Schüler, Preise, Gehälter* to grade; *Haare* to layer; *Land etc* to terrace; **→ gestuft** **Stufenbarren** M̅ asymmetric bar **stufenförmig** **A** ADJ *wörtl* stepped; *Landschaft* terraced; *fig* gradual **B** ADV *wörtl* in steps; *fig* in terraces; *fig* in stages **Stufenheck** N̅ **ein Auto mit ~** a saloon car **Stufenleiter** *fig* F̅ ladder (+*gen* to) **stufenlos** ADJ *Schaltung, Regelung* infinitely variable; *fig* (*≈gleitend*) smooth **stufenweise** **A** ADV step by step **B** ADJ gradual **Stuhl** M̅ **1** chair; **zwischen zwei Stühlen sitzen** *fig* to fall between two stools; **ich wäre fast vom ~ gefallen** *umg* I nearly fell off my chair *umg*; **der Heilige** *od* **Päpstliche ~** the Holy *od* Papal See **2** (*≈Stuhlgang*) bowel movement; (*≈Kot*) stool **Stuhlgang** M̅ bowel movement; **regelmäßig ~ haben** to have regular bowels **Stuhlkreis** M̅ circle (of chairs); **alle sitzen im ~** everyone sits in a circle **Stuhllehne** F̅ back of a chair **Stulle** *nordd* F̅ slice of bread and butter; (*≈Doppelstulle*) sandwich **stülpen** V̅T̅ **etw auf/über etw** (*akk*) **~ to**

put sth on/over sth; **etw nach innen/außen ~** to turn sth to the inside/outside; **sich** (*dat*) **den Hut auf den Kopf ~** to put on one's hat

stumm **A** ADJ **1** dumb **2** (≈ *schweigend*) mute; *Anklage, Blick, Gebet* silent **3** GRAM mute; *Buchstabe* silent **B** ADV (≈ *schweigend*) silently

Stummel M (≈ *Zigarettenstummel*) end; (≈ *Kerzenstummel*) stub; *von Gliedmaßen, Zahn* stump

Stummfilm M silent movie

Stümper(in) *pej* M(F) **1** amateur **2** (≈ *Pfuscher*) bungler **Stümperei** *pej* F **1** amateur work **2** (≈ *Pfuscherei*) bungling; (≈ *stümperhafte Arbeit*) botched job *umg* **stümperhaft** *pej* **A** ADJ (≈ *nicht fachmännisch*) amateurish **B** ADV *ausführen, malen* crudely; *arbeiten* poorly

stumpf **A** ADJ **1** *Messer* blunt **2** *fig Haar, Farbe, Mensch* dull; *Blick, Sinne* dulled **3** MATH *Winkel* obtuse; *Kegel etc* truncated **B** ADV *ansehen* dully **Stumpf** M stump; (≈ *Bleistiftstumpf*) stub; **etw mit ~ und Stiel ausrotten** to eradicate sth root and branch **Stumpfheit** F bluntness; *fig* dullness **Stumpfsinn** M mindlessness; (≈ *Langweiligkeit*) monotony **stumpfsinnig** ADJ mindless; (≈ *langweilig*) monotonous **stumpfwinklig** ADJ MATH obtuse(-angled)

Stunde F **1** hour; **eine halbe ~** half an hour; **von ~ zu ~** hourly; **130 Kilometer in der ~** 130 kilometres per *od* an hour *Br*, 130 kilometers per *od* an hour *US* **2** (≈ *Augenblick, Zeitpunkt*) time; **zu später ~** at a late hour; **zur ~** at present; **bis zur ~** as yet; **seine ~ hat geschlagen** *fig* his hour has come; **die ~ der Entscheidung/Wahrheit** the moment of decision/truth **3** (≈ *Unterricht*) lesson; **~n geben/nehmen** to give/have *od* take lessons **stunden** VT j-m etw ~ to give sb time to pay sth **Stundengeschwindigkeit** F speed per hour **Stundenkilometer** PL kilometres *pl* per *od* an hour *Br*, kilometers *pl* per *od* an hour *US* **stundenlang A** ADJ lasting several hours; **nach ~em Warten** after hours of waiting **B** ADV for hours **Stundenlohn** M hourly wage **Stundenplan** M SCHULE timetable, curriculum, schedule *US* **stundenweise** ADV (≈ *pro Stunde*) by the hour; (≈ *stündlich*)

every hour **Stundenzeiger** M hour hand **stündlich A** ADJ hourly **B** ADV every hour

Stundung F deferment of payment

Stunk *umg* M stink *umg*; **~ machen** to kick up a stink *umg*

Stunt M stunt **Stuntman** M stunt man, stunt performer **Stuntwoman** F stunt woman, stunt performer

stupid, stupide *geh* ADJ mindless

Stups M nudge **stupsen** VT to nudge **Stupsnase** F snub nose

stur **A** ADJ pig-headed, stubborn; **sich ~ stellen** *umg* to dig one's heels in **B** ADV *beharren, bestehen* stubbornly; **er fuhr ~ geradeaus** he just carried straight on **Sturheit** F pig-headedness

Sturm M **1** storm; **ein ~ im Wasserglas** *fig* a storm in a teacup *Br*, a tempest in a teapot *US*; **~ läuten** to keep one's finger on the doorbell; (≈ *Alarm schlagen*) to ring the alarm bell; **ein ~ der Begeisterung/Entrüstung** a wave of enthusiasm/ indignation **2** (≈ *Angriff*) attack (**auf** +*akk* on); SPORT (≈ *Stürmerreihe*) forward line; **etw im ~ nehmen** to take sth by storm; **gegen etw ~ laufen** *fig* to be up in arms against sth **stürmen A** VI **1** *Meer* to rage; *Wind a.* to blow; MIL to attack (**gegen etw** sth) **2** SPORT (≈ *als Stürmer spielen*) to play forward; (≈ *angreifen*) to attack **3** (≈ *rennen*) to storm, to charge **B** VT to be blowing a gale **C** VT to storm; *Bank etc* to make a run on **Stürmer(in)** M(F) SPORT forward; FUSSB *a.* striker **Sturmflut** F storm tide **sturmfrei** ADJ **heute Abend habe ich ~e Bude** I've got the place to myself tonight **stürmisch** ADJ **1** *Meer, Überfahrt* rough; *Wetter, Tag* blustery; *mit Regen* stormy **2** *fig* tempestuous; (≈ *aufregend*) *Zeit* stormy; *Entwicklung* rapid; *Liebhaber* passionate; *Jubel, Beifall* tumultuous; **nicht so ~** take it easy **Sturmschaden** M storm damage *kein pl* **Sturmtief** N METEO deep depression **Sturmwarnung** F gale warning, severe weather alerts *pl US*

Sturz M **1** fall **2** *in Temperatur, Preis* drop; *von Börsenkurs* slump **3** *von Regierung, Minister* fall; *durch Coup, von König* overthrow **4** ARCH lintel **stürzen A** VI **1** (≈ *fallen, abgesetzt werden*) to fall; **ins Wasser ~** to plunge into the water; **er ist schwer gestürzt** he had a heavy fall **2** (≈*rennen*) to rush; **sie kam ins Zimmer gestürzt** she burst into the room **B** V/T **1** (≈*werfen*) to fling; **j-n ins Unglück ~** to bring disaster to sb; **j-n/etw in eine Krise ~** to plunge sth into a crisis **2** (≈*kippen*) to turn upside down; *Pudding* to turn out; „**nicht ~!**" "this side up" **3** (≈*absetzen*) *Regierung, Minister* to bring down; *durch Coup* to overthrow; *König* to depose **C** V/R **sich auf j-n/etw ~** to pounce on sb/sth; *auf Essen* to fall on sth; *auf den Feind* to attack sb/sth; **sich in Wasser ~** to fling oneself into the water; **sich in Schulden ~** to plunge into debt; **sich ins Unglück ~** to plunge headlong into disaster; **sich ins Vergnügen ~** to fling oneself into a round of pleasure; **sich in Unkosten ~** to go to great expense **Sturzflug** M (nose) dive **Sturzhelm** M crash helmet

Stuss *umg* M nonsense

Stute F mare

Stutz *schweiz* M **1** *umg* (≈*Franken*) (Swiss) franc **2** (≈*Abhang*) slope

Stützbalken M beam; *in Decke* joist; *quer* crossbeam **Stütze** F **1** support; (≈*Pfeiler*) pillar **2** *fig* (≈*Hilfe*) help (*für* to); **die ~n der Gesellschaft** the pillars of society **3** *umg* (≈*Arbeitslosengeld*) dole *Br umg*, welfare *US*; **~ bekommen** to be on the dole *Br umg*, to be on welfare *US*

stutzen[1] V/I (≈*zögern*) to hesitate

stutzen[2] V/T to trim; *Flügel, Ohren, Hecke* to clip; *Schwanz* to dock

Stutzen M (≈*Rohrstück*) connecting piece; (≈*Endstück*) nozzle

stützen **A** V/T to support; *Gebäude, Mauer* to shore up; **einen Verdacht auf etw** (*akk*) **~** to found a suspicion on sth; **die Ellbogen auf den Tisch ~** to prop one's elbows on the table; **den Kopf in die Hände ~** to hold one's head in one's hands **B** V/R **sich auf j-n/etw ~** *wörtl* to lean on sb/sth; *fig* to count on sth; *Beweise, Theorie etc* to be based on sb/sth

stutzig ADJ **~ werden** (≈*argwöhnisch*) to become suspicious; (≈*verwundert*) to begin to wonder; **j-n ~ machen** to make sb suspicious

Stützpunkt M base

stylen V/T *Wagen, Wohnung* to design; *Frisur* to style **Styling** N styling

Styropor® N polystyrene

Subjekt N **1** subject **2** *pej* (≈*Mensch*) customer *umg* **subjektiv** **A** ADJ subjective **B** ADV subjectively **Subjektivität** F subjectivity

Subkontinent M subcontinent **Subkultur** F subculture **suboptimal** *umg* ADJ less than ideal; **das ist ~** it leaves something to be desired

Subsidiarität F POL subsidiarity **Subsidiaritätsprinzip** N POL subsidiarity principle

Subskription F subscription (+*gen od* **auf** +*akk* to)

Substantiv N noun **substantivieren** V/T to nominalize **substantivisch** **A** ADJ nominal **B** ADV verwenden nominally

Substanz F **1** (≈*Wesen*) essence; **etw in seiner ~ treffen** to affect the substance of sth **2** FIN capital assets *pl*; **von der ~ zehren** to live on one's capital **substanziell** **A** ADJ **1** (≈*bedeutsam*) fundamental **2** (≈*nahrhaft*) substantial, solid **B** ADV (≈*wesentlich*) substantially

subtil *geh* **A** ADJ subtle **B** ADV subtly **subtrahieren** V/T & V/I to subtract **Subtraktion** F subtraction **Subtraktionszeichen** N subtraction sign **Subtropen** PL subtropics *pl* **subtropisch** ADJ subtropical

Subunternehmer(in) M(F) subcontractor

Subvention F subsidy **subventionieren** V/T to subsidize

subversiv **A** ADJ subversive **B** ADV **sich ~ betätigen** to engage in subversive activities

Suchaktion F search operation **Suchanfrage** F IT search enquiry **Suchbefehl** M IT search command **Suchdauer** F IT search time **Suche** F search (**nach** for); **sich auf die ~ nach j-m/etw machen** to go in search of sb/sth; **auf der ~ nach j-m/etw sein** to be looking for sth **suchen** **A** V/T **1** *um zu finden* to look for; *stärker, intensiv, a.* COMPUT to search for; **Verkäufer(in) gesucht** sales person wanted; **Streit/Ärger (mit j-m) ~** to be looking for trouble/a quarrel (with sb); **Schutz vor etw** (*dat*) **~** to seek shelter from sth; **Zuflucht ~ bei j-m** to seek refuge with sb; **du hast hier nichts zu ~** you have no business being here;

→ **gesucht** ② (≈ *streben nach*) to seek; (≈ *versuchen*) to strive; **ein Gespräch ~** to try to have a talk **B** *V/I* to search; **nach etw ~** to look for sth; *stärker* to search for sth; **nach Worten ~** to search for words; (≈ *sprachlos sein*) to be at a loss for words; **Suchen und Ersetzen** IT search and replace **Sucher** M̲ FOTO viewfinder **Suchergebnis** N̲ IT search result **Suchfunktion** F̲ IT search function **Suchlauf** M̲ *bei Hi-Fi-Geräten* search **Suchmannschaft** F̲ search party **Suchmaschine** F̲ IT search engine **Suchscheinwerfer** M̲ searchlight **Suchstrategie** F̲ IT search strategy

Sucht F̲ addiction (**nach** to); *fig* obsession (**nach** with); **~ erzeugend** addictive; **an einer ~ leiden** to be an addict **Suchtdroge** F̲ addictive drug **Suchtgefahr** F̲ danger of addiction **süchtig** ADJ addicted (**nach** to), hooked *umg* (**nach** on); **von** *od* **nach etw ~ werden/ sein** to get/be addicted to sth; **~ machen** *Droge* to be addictive **Süchtige(r)** M̲/F̲(M̲) addict **Suchtkranke(r)** M̲/F̲(M̲) addict **Suchtkrankheit** F̲ addictive illness **Suchtmittel** N̲ addictive drug

Suchtrupp M̲ search party

Südafrika N̲ South Africa **Südafrikaner(in)** M̲(F̲) South African **südafrikanisch** ADJ South African **Südamerika** N̲ South America **Südamerikaner(in)** M̲(F̲) South American **südamerikanisch** ADJ South American

Sudan M̲ *der* **~** the Sudan **Sudanese** M̲, **Sudanesin** F̲ Sudanese **sudanesisch** ADJ Sudanese

süddeutsch ADJ South German **Süddeutschland** N̲ South(ern) Germany **Süden** M̲ south; *von Land* South; **aus dem ~** from the south; **im ~ des Landes** in the south of the country **Südfrüchte** PL citrus and tropical fruit(s) (*pl*) **Südkorea** N̲ South Korea **Südländer(in)** M̲(F̲) southerner; (≈ *Italiener, Spanier etc*) Mediterranean type **südländisch** ADJ southern; (≈ *italienisch, spanisch etc*) Mediterranean; *Temperament* Latin **südlich** **A** ADJ ① southern; *Kurs, Wind, Richtung* southerly ② (≈ *mediterran*) Mediterranean; *Temperament* Latin **B** ADV (to the) south; **~ von Wien (gelegen)** (to the) south of Vienna **C** PRÄP (to

the) south of **Südlicht** N̲ southern lights *pl*; *fig hum* (≈ *Mensch*) Southerner **Sudoku** N̲ sudoku

Südosten M̲ southeast; *von Land* South East **südöstlich** **A** ADJ southeastern; *Wind* southeast(erly) **B** ADV (to the) southeast (**von** *of*) **Südpol** M̲ South Pole **Südpolarmeer** N̲ Antarctic Ocean **Südsee** F̲ South Pacific **Südstaaten** PL *der USA* Southern States *pl* **Südtirol** N̲ South(ern) Tyrol **Südwand** F̲ *von Berg* south face **südwärts** ADV south(wards) **Südwesten** M̲ southwest; *von Land* South West **südwestlich** **A** ADJ *Gegend* southwestern; *Wind* southwest(erly) **B** ADV (to the) southwest (**von** *of*) **Südwind** M̲ south wind

Sueskanal M̲ Suez Canal

Suff *umg* M̲ **dem ~ verfallen sein** to be on the bottle *umg*; **im ~** while under the influence **süffig** ADJ *Wein* drinkable **süffisant** **A** ADJ smug **B** ADV smugly

Suffix N̲ suffix

suggerieren V̲/T̲ to suggest; **j-m ~, dass ...** to get sb to believe that ... **Suggestion** F̲ suggestion **suggestiv** **A** ADJ suggestive **B** ADV suggestively **Suggestivfrage** F̲ leading question

suhlen V̲/R̲ to wallow

Sühne F̲ atonement **sühnen** V̲/T̲ *Unrecht* to atone for

Suite F̲ suite; (≈ *Gefolge*) retinue

Suizid *form* M̲/N̲ suicide

Sulfat N̲ sulphate *Br*, sulfate *US*

Sultan M̲ sultan

Sultanine F̲ (≈ *Rosine*) sultana

Sülze F̲ brawn

summarisch ADJ *a.* JUR summary **Summe** F̲ sum; *fig* sum total

summen **A** V̲/T̲ *Melodie etc* to hum **B** V̲/I̲ to buzz; *Mensch, Motor* to hum **Summer** M̲ buzzer

summieren **A** V̲/T̲ to sum up **B** V̲/R̲ to mount up; **das summiert sich** it (all) adds up

Sumpf M̲ marsh; (≈ *Morast*) mud; *in tropischen Ländern* swamp; *fig* morass **sumpfig** ADJ marshy **Sumpfpflanze** F̲ marsh plant

Sünde F̲ sin **Sündenbock** *umg* M̲ scapegoat **Sündenregister** *fig* N̲ list of sins **Sünder(in)** M̲(F̲) sinner **sündhaft** **A** ADJ *wörtl* sinful; *fig umg Preise* wicked **B** ADV *umg* **~ teuer** wickedly ex-

pensive **sündigen** V/I to sin (**an** +*dat* against); *hum* to indulge
Sunnit(in) M/F Sunni
sunnitisch ADJ Sunni
super ADJ *umg* super *umg*, great *umg* **Super** N (≈ *Benzin*) ≈ four-star (petrol) *Br*, ≈ premium *US* **Superfrau** F superwoman **Superlativ** M superlative **Supermacht** F superpower **Supermann** M superman **Supermarkt** M supermarket **Supermodel** N supermodel **Superstar** *umg* M superstar **Superzahl** F *Lotto* additional number
Suppe F soup; **klare ~** consommé; **j-m ein schöne ~ einbrocken** *fig umg* to get sb into a pickle *umg*; **du musst die ~ auslöffeln, die du dir eingebrockt hast** *umg* you've made your bed, now you must lie on it *sprichw* **Suppengrün** N herbs and vegetables *pl* for making soup **Suppenhuhn** N boiling fowl **Suppenkelle** F soup ladle **Suppenlöffel** M soup spoon **Suppenschüssel** F tureen **Suppenteller** M soup plate **Suppenwürfel** M stock cube
Surfbrett N surfboard **surfen** V/I to surf; **im Internet ~** to surf the Internet **Surfer(in)** M/F surfer **Surfing** N SPORT surfing **Surfstick** M INTERNET USB modem (stick), wireless USB modem, (USB) WiFi dongle
Suriname N GEOG Suriname
Surrealismus M surrealism **surrealistisch** ADJ surrealist(ic)
surren V/I *Projektor, Computer* to hum; *Ventilator, Kamera* to whir(r); *Insekt* to buzz
Sushi N sushi
suspekt ADJ suspicious
suspendieren V/T to suspend
süß A ADJ sweet; (≈ *niedlich*) cute; **das süße Leben** the good life B ADV *sagen* sweetly; **gern süß essen** to have a sweet tooth; **süß aussehen** to look sweet **Süße** F sweetness **süßen** V/T to sweeten; **mit Zucker ~** to sugar **Süßigkeit** F 1 sweetness 2 **~en** *pl* sweets *pl Br*, candy *US* **Süßkartoffel** F sweet potato **süßlich** ADJ 1 (≈ *leicht süß*) slightly sweet; (≈ *unangenehm süß*) sickly (sweet) 2 *fig Worte* sweet; *Lächeln* sugary; (≈ *kitschig*) mawkish, tacky **süßsauer** ADJ sweet-and-sour; *Gurken etc* pickled; *fig Lächeln* forced **Süßspeise** F *Nachtisch* dessert,

pudding *Br* **Süßstoff** M sweetener **Süßwasser** N fresh water **Süßwasser-** ZSSGN freshwater **Süßwasserfisch** M freshwater fish
SUV M/N (= *sport utility vehicle*) AUTO SUV
SV F ABK → *Schülervertretung* **SV-Lehrer(in)** M/F liaison teacher *between pupils and staff*
SVP[1] F ABK (= *Schweizerische Volkspartei*) Swiss People's Party
SVP[2] ABK (= *Südtiroler Volkspartei*) South Tyrolean People's Party
SV-Wahl F *pupils'* representative committee election *bes Br*, student representative committee election *US*
Swasiland N Swaziland
Sweatshirt N sweatshirt
Swimmingpool M swimming pool
Swing M MUS, FIN swing
Symbiose F symbiosis
Symbol N symbol **Symbolfigur** F symbolic figure **Symbolik** F symbolism **symbolisch** A ADJ symbolic(al) (**für** *of*) B ADV symbolically **symbolisieren** V/T to symbolize **Symbolleiste** F IT toolbar **symbolträchtig** ADJ heavily symbolic
Symmetrie F symmetry **Symmetrieachse** F axis of symmetry **symmetrisch** A ADJ symmetric(al) B ADV symmetrically
Sympathie F (≈ *Zuneigung*) liking; (≈ *Mitgefühl*) sympathy; **diese Maßnahmen haben meine volle ~** I sympathize completely with these measures; **~n gewinnen** to win favour *Br*, to win favor *US* **Sympathisant(in)** M/F sympathizer **sympathisch** ADJ 1 nice; **er/es ist mir ~** I like him/it 2 ANAT, PHYSIOL sympathetic **sympathisieren** V/I to sympathize
symphonisch ADJ → *sinfonisch*
Symptom N symptom **symptomatisch** ADJ symptomatic (**für** *of*)
Synagoge F synagogue
synchron ADJ synchronous **Synchrongetriebe** N AUTO synchromesh gearbox **Synchronisation** F synchronization; (≈ *Übersetzung*) dubbing **synchronisieren** V/T to synchronize; (≈ *übersetzen*) *Film* to dub **Synchronsprecher(in)** M/F dubber **Synchronstimme** F dubbing voice
Syndrom N syndrome

Synergie F synergy **Synergieeffekt** M CHEM, PHYS synergistic effect; *fig* synergy effect

Synode F KIRCHE synod

synonym ADJ synonymous **Synonym** N synonym

syntaktisch A ADJ syntactic(al) B ADV **das ist ~ falsch** the syntax (of this) is wrong **Syntax** F syntax

Synthese F synthesis **Synthesizer** M synthesizer **Synthetik** F synthetic (fibre) *Br*, synthetic (fiber) *US* **synthetisch** A ADJ synthetic B ADV **etw ~ herstellen** to make sth synthetically

Syphilis F syphilis

Syrer(in) M(F) Syrian **Syrien** N Syria **Syrer(in)** M(F) Syrian **syrisch** ADJ Syrian

System N system; **etw mit ~ machen** to do sth systematically; **hinter dieser Sache steckt ~** there's method behind it **Systemabsturz** M IT system crash **Systemanalyse** F systems analysis **Systemanalytiker(in)** M(F) systems analyst **Systematik** F system **systematisch** A ADJ systematic B ADV systematically **systembedingt** ADJ determined by the system **Systemfehler** M IT system error **Systemkritiker(in)** M(F) critic of the system **systemkritisch** ADJ critical of the system **Systemsoftware** F systems software **Systemsteuerung** F IT control panel **Systemzwang** M obligation to conform to the system

Szenario N scenario **Szene** F scene; (≈ *Bühnenausstattung*) set; **etw in ~ setzen** to stage sth; **sich in ~ setzen** *fig* to play to the gallery; **j-m eine ~ machen** to make a scene in front of sb **Szenekneipe** F *umg* hip bar *umg* **Szenerie** F scenery

Szintigramm N scintigram

T

T, t N T, t

Tabak M tobacco **Tabakladen** N tobacconist's **Tabaksteuer** F duty on tobacco

tabellarisch A ADJ tabular B ADV in tabular form **Tabelle** F table; (≈ *Diagramm*) chart; SPORT (league) table **Tabellenführer(in)** M(F) SPORT league leaders *pl*; **~ sein** to be at the top of the (league) table **Tabellenkalkulation** F IT spreadsheet **Tabellenletzte(r)** M(F(M)) **~r sein** to be bottom of the league **Tabellenplatz** M SPORT position in the league **Tabellenstand** M SPORT league situation

Tablett N tray

Tablette F tablet **Tablettenmissbrauch** M pill abuse **tablettensüchtig** ADJ addicted to pills

tabu ADJ taboo **Tabu** N taboo **tabuisieren** V/T to make taboo

Tabulator M tabulator **Tabulatortaste** F tab key

Tacho *umg* M speedo *Br umg* **Tachometer** M/N speedometer

Tacker *umg* M stapler

Tadel M (≈ *Verweis*) reprimand; (≈ *Vorwurf*) reproach; (≈ *Kritik*) criticism **tadellos** A ADJ perfect; *umg* splendid B ADV perfectly; *gekleidet* immaculately **tadeln** V/T *j-n* to rebuke; *j-s Benehmen* to criticize

Tadschikistan N Tajikistan

Tafel M (≈ *Platte*) slab; (≈ *Holztafel*) panel; (≈ *Tafel Schokolade etc*) bar; (≈ *Gedenktafel*) plaque; (≈ *Wandtafel*) (black)board; (≈ *Schiefertafel*) slate; ELEK (≈ *Schalttafel*) control panel; (≈ *Anzeigetafel*) board; **eine ~ Schokolade** a bar of chocolate **2** (≈ *Speisetisch*) table; (≈ *Festmahl*) meal **Tafelgeschirr** N tableware **Tafelland** N plateau **täfeln** V/T *Wand* to wainscot; *Decke, Raum* to panel **Tafelobst** N (dessert) fruit **Tafelsalz** N table salt **Tafelsilber** N silver **Täfelung** F *von Wand* wainscoting; *von Decke* (wooden) panelling *Br*, (wooden) paneling *US* **Tafelwasser** N mineral

water **Tafelwein** M̲ table wine
taff ADJ umg (≈ zäh) tough
Taft M̲ taffeta
Tag M̲ **1** day; **am Tag** during the day; **auf den Tag (genau)** on the dot; **auf ein paar Tage** for a few days; **bei Tag und Nacht** night and day; **bis die Tage!** umg so long umg; **den ganzen Tag (lang)** all day long; **eines Tages** one day; **einen schönen Tag (noch)** have a nice day; **eines schönen Tages** one fine day; **Tag für Tag** day by day; **von Tag zu Tag** from day to day; **guten Tag!** hello umg; nachmittags good afternoon; bes bei Vorstellung how do you do Br; **Tag!** umg hi umg; **zweimal pro Tag** twice a day; **von einem Tag auf den anderen** overnight; **in den Tag hinein leben** to live from day to day; **bei Tag(e)** ankommen while it's light; arbeiten, reisen during the day; **es wird schon Tag** it's getting light already; **an den Tag kommen** fig to come to light; **etw an den Tag bringen** to bring sth to light; **zu Tage** → zutage **2** umg (≈ Menstruation) **meine/ihre Tage** my/her period **3** Bergbau **über Tage arbeiten** to work above ground; **unter Tage arbeiten** to work underground **Tagebau** M̲ Bergbau opencast mining **Tagebuch** N̲ diary; **(über etw akk) ~ führen** to keep a diary (of sth) **Tagegeld** N̲ daily allowance **tagein** ADV **~, tagaus** day in, day out **tagelang** A̲ ADJ lasting for days B̲ ADV for days **tagen** V/I Parlament, Gericht to sit **Tagesablauf** M̲ day **Tagesanbruch** M̲ daybreak, dawn **Tagesausflug** M̲ day trip **Tagescreme** F̲ day cream **Tagesdecke** F̲ bedspread **Tagesfahrt** F̲ day trip **Tagesgeschehen** N̲ events pl of the day **Tageskarte** F̲ **1** (≈ Speisekarte) menu of the day Br, specialties pl of the day US **2** (≈ Fahr-, Eintrittskarte) day ticket **Tageskurs** M̲ BÖRSE current price; von Devisen current rate **Tageslicht** N̲ daylight; **ans ~ kommen** fig to come to light **Tageslichtprojektor** M̲ overhead projector **Tagesmutter** F̲ child minder Br, nanny **Tagesordnung** F̲ agenda; **auf der ~ stehen** to be on the agenda; **zur ~ übergehen** (≈ wie üblich weitermachen) to carry on as usual; **an der ~ sein** fig to be the order of the day **Tagesordnungspunkt** M̲

item on the agenda **Tagesrückfahrkarte** F̲ day return (ticket), one-day round-trip ticket US **Tagessatz** M̲ daily rate **Tagesschau** F̲ (television) news **Tageszeit** F̲ time (of day); **zu jeder Tages- und Nachtzeit** at all hours of the day and night **Tageszeitung** F̲ daily (paper) **tageweise** ADV for a few days at a time
taggen V/T IT to tag
taghell A̲ ADJ (as) bright as day B̲ ADV **etw ~ erleuchten** to light sth up very brightly **täglich** A̲ ADJ daily; attr (≈ gewöhnlich) everyday B̲ ADV every day; **einmal ~** once a day **tags** ADV **~ zuvor** the day before; **~ darauf** the next day **Tagschicht** F̲ day shift; **~ haben** to be on day shift **tagsüber** ADV during the day **tagtäglich** A̲ ADJ daily B̲ ADV every (single) day **Tagtraum** M̲ daydream **Tagung** F̲ conference, congress; von Ausschuss sitting **Tagungsausstattung** F̲ von Hotel conference equipment **Tagungsort** M̲ conference venue
Tai-Chi N̲ t'ai chi
Taifun M̲ typhoon
Taille F̲ waist; **auf seine ~ achten** to watch one's waistline **Taillenweite** F̲ waist measurement **tailliert** ADJ waisted, fitted
Taiwan N̲ Taiwan **taiwanesisch** ADJ Taiwan(ese)
Takelage F̲ SCHIFF rigging
Takt M̲ **1** MUS bar; (≈ Rhythmus) time; **im ~ singen/tanzen** to sing/dance in time (with the music); **den ~ angeben** wörtl to give the beat; fig to call the tune **2** AUTO stroke **3** IND phase **4** (≈ Taktgefühl) tact **5** (≈ Taktverkehr) **im ~ fahren** to go at regular intervals **takten** V/T IT to clock **Taktgefühl** N̲ sense of tact **taktieren** V/I (≈ Taktiken anwenden) to manoeuvre Br, to maneuver US **Taktik** F̲ tactics pl; **man muss mit ~ vorgehen** you have to use tactics **Taktiker(in)** M̲/F̲ tactician **taktisch** A̲ ADJ tactical B̲ ADV tactically; **~ vorgehen** to take a tactical approach; **~ klug** good tactics **taktlos** A̲ ADJ tactless B̲ ADV tactlessly **Taktlosigkeit** F̲ tactlessness **Taktstock** M̲ baton **taktvoll** A̲ ADJ tactful B̲ ADV tactfully
Tal N̲ valley **talab(wärts)** ADV down into the valley **talauf(wärts)** ADV up the

T

valley

Talent N̄ **1** (≈ *Begabung*) talent (**zu** for); **ein großes ~ haben** to be very talented **2** (≈ *begabter Mensch*) talented person; **junge ~e** young talent **talentiert** ADJ talented **talentlos** ADJ untalented **Talentsuche** F̄ search for talent

Talfahrt F̄ descent

Talg M̄ tallow; GASTR suet; (≈ *Hautabsonderung*) sebum **Talgdrüse** F̄ PHYSIOL sebaceous gland

Talisman M̄ talisman; (≈ *Maskottchen*) mascot

talken *umg* V̄ī to talk **Talkmaster(in)** M(F) talk show host **Talkshow** F̄ TV talk show, chat show

Talsohle F̄ bottom of a/the valley; *fig* rock bottom **Talsperre** F̄ dam

Tamburin N̄ tambourine; **~ spielen** to play the tambourine

Tampon M̄ tampon **tamponieren** V̄T to plug

Tamtam *umg* N̄ (≈ *Wirbel*) fuss; (≈ *Lärm*) row

TAN ABK (= *Transaktionsnummer*) TAN

Tandem N̄ tandem

Tandler(in) *österr* M(F) (≈ *Trödler*) second-hand dealer

Tang M̄ seaweed

Tanga M̄ thong

Tangente F̄ MATH tangent; (≈ *Straße*) ring road *Br*, expressway **tangieren** V̄T **1** MATH to be tangent to **2** (≈ *berühren*) *Problem* to touch on **3** (≈ *betreffen*) to affect

Tango M̄ tango

Tank M̄ tank **Tankdeckel** M̄ filler cap *Br*, gas cap *US* **Tanke** F̄ *umg* petrol staion *Br*, gas staion *US* **tanken** Ā V̄ī *Autofahrer* to get petrol *Br*, to get gas *US*; *Rennfahrer, Flugzeug* to refuel; **hier kann man billig ~** you can get cheap petrol here *Br*, you can get cheap gas here *US* B̄ V̄T *Super, Diesel* to get; **ich tanke bleifrei** I use unleaded; **er hat einiges getankt** *umg* he's had a few **Tanker** M̄ SCHIFF tanker **Tankfahrzeug** N̄ AUTO tanker

Tankini M̄ *zweiteiliger Badeanzug* tankini **Tanklaster** M̄, **Tanklastzug** M̄ tanker **Tanksäule** F̄ petrol pump *Br*, gas (-oline) pump *US* **Tankschiff** N̄ tanker **Tankstelle** F̄ petrol station *Br*, gas station *US* **Tankuhr** F̄ fuel gauge **Tankverschluss** M̄ petrol cap *Br*, gas cap

US **Tankwagen** M̄ tanker; BAHN tank wagon **Tankwart(in)** M(F) petrol pump attendant *Br*, gas station attendant *US*

Tanne F̄ fir; *Holz* pine **Tannenbaum** M̄ **1** fir tree **2** (≈ *Weihnachtsbaum*) Christmas tree **Tannennadel** F̄ fir needle **Tannenzapfen** M̄ fir cone

Tansania N̄ Tanzania

Tante F̄ **1** *Verwandte* aunt **2** *kinderspr* **~ Monika** aunty Monika **Tante-Emma-Laden** *umg* M̄ corner shop

Tantieme F̄ percentage (of the profits); *für Künstler* royalty

Tanz M̄ dance **Tanzabend** M̄ dance **tanzen** Ā V̄ī to dance; **~ gehen** to go dancing B̄ V̄T to dance; **kannst du Walzer ~?** can you do the waltz? **Tänzer(in)** M(F) dancer **Tanzfläche** F̄ dance floor **Tanzkapelle** F̄ dance band **Tanzkurs** M̄ dancing course **Tanzlokal** N̄ café with dancing **Tanzmusik** F̄ dance music **Tanzorchester** N̄ dance orchestra **Tanzpartner(in)** M(F) dancing partner **Tanzschule** F̄ dancing school **Tanzsport** M̄ competitive dancing **Tanzstunde** F̄ dancing lesson **Tanztheater** N̄ dance theatre *Br*, dance theater *US* **Tanzturnier** N̄ dancing *od* dance contest

Tapet *umg* N̄ **etw aufs ~ bringen** to bring sth up

Tapete F̄ wallpaper **Tapetenbordüre** F̄, **Tapetenborte** F̄ wallpaper border **Tapetenwechsel** *umg* M̄ change of scenery **tapezieren** V̄T to (wall)paper; **neu ~** to repaper **Tapezierer(in)** M(F) paperhanger, decorator *Br* **Tapeziertisch** M̄ trestle table

tapfer Ā ADJ brave B̄ ADV bravely; **sich ~ schlagen** *umg* to put on a brave show **Tapferkeit** F̄ bravery

tapsen *umg* V̄ī *Kind* to toddle; *Kleintier* to waddle **tapsig** *umg* ADJ awkward

Tara F̄ WIRTSCH tare

Tarantel F̄ tarantula; **wie von der ~ gestochen** as if stung by a bee

Tarif M̄ rate; (≈ *Fahrpreis*) fare; **über/unter ~ bezahlen** to pay above/below the (union) rate(s) **Tarifabschluss** M̄ wage settlement **Tarifautonomie** F̄ (right to) free collective bargaining **Tarifgehalt** N̄ union rates *pl* **Tarifgruppe** F̄ grade **Tarifkonflikt** M̄ pay dispute **tariflich** Ā ADJ *Arbeitszeit*

T

agreed **B** ADV **die Gehälter sind ~ fest-
gelegt** there are fixed rates for salaries
Tariflohn M̲ standard wage **Tarif-
partner(in)** M̲F̲ party to the wage
agreement; *für Gehälter* party to the sal-
ary agreement; **die ~** union and man-
agement **Tarifrunde** F̲ pay round **Ta-
rifverhandlungen** P̲L̲ negotiations *pl*
on pay **Tarifvertrag** M̲ pay agree-
ment

tarnen A̲ V̲T̲ to camouflage; *fig Absich-
ten etc* to disguise; **als Polizist getarnt**
disguised as a policeman **B** V̲R̲ *Tier* to
camouflage itself; *Mensch* to disguise
oneself **Tarnfarbe** F̲ camouflage col-
our *Br*, camouflage color *US* **Tarnkap-
pe** F̲ magic hat **Tarnung** F̲ camou-
flage; *von Agent etc* disguise

Tasche F̲ **1** (*≈ Handtasche, Einkaufsta-
sche*) bag *Br*, purse *US*; (*≈ Reisetasche
etc*) bag; (*≈ Aktentasche*) case **2** *bei Klei-
dungsstücken* pocket; **etw in der ~ ha-
ben** *umg* to have sth in the bag *umg*;
j-m das Geld aus der ~ ziehen to get
sb to part with his money; **etw aus
der eigenen ~ bezahlen** to pay for sth
out of one's own pocket; **j-m auf der
~ liegen** *umg* to live off sb; **j-n in die
~ stecken** *umg* to put sb in the shade
umg **Taschenausgabe** F̲ pocket edi-
tion **Taschenbuch** N̲ paperback
(book) **Taschendieb(in)** M̲F̲ pick-
pocket **Taschendiebstahl** M̲ pick-
pocketing **Taschenformat** N̲ pocket
size **Taschengeld** N̲ pocket money
Taschenlampe F̲ torch *Br*, flashlight
US **Taschenmesser** N̲ penknife,
pocketknife **Taschenrechner** M̲
pocket calculator **Taschentuch** N̲
handkerchief, hanky *umg* **Taschen-
uhr** F̲ pocket watch

Tasmanien N̲ GEOG Tasmania

Tasse F̲ cup; (*≈ Henkeltasse*) mug; **eine ~
Kaffee** a cup of coffee

Tastatur F̲ keyboard **Taste** F̲ key;
(*≈ Knopf*) button; **„Taste drücken"** "push
button" **tasten** A̲ V̲I̲ to feel; **nach etw
~** to feel for sth; **~de Schritte** tentative
steps **B** V̲R̲ to feel one's way **Tasten-
feld** N̲ COMPUT keypad **Tasteninst-
rument** N̲ MUS keyboard instrument
Tastenkombination F̲ COMPUT hot
key **Tastentelefon** N̲ push-button
telephone

Tat F̲ action; (*≈ Einzeltat a.*) act;

(*≈ Leistung*) feat; (*≈ Verbrechen*) crime;
ein Mann der Tat a man of action; **eine
gute/böse Tat** a good/wicked deed; **etw
in die Tat umsetzen** to put sth into ac-
tion; **in der Tat** indeed

Tatar(beefsteak) N̲ steak tartare

Tatbestand M̲ JUR facts *pl* (of the case);
(*≈ Sachlage*) facts *pl* (of the matter) **Ta-
tendrang** M̲ thirst for action **taten-
los** A̲ A̲D̲J̲ idle **B** A̲D̲V̲ **wir mussten ~
zusehen** we could only stand and watch
Tatenlosigkeit F̲ inaction **Täter(in)**
M̲F̲ culprit; JUR perpetrator *form*; **ju-
gendliche ~** young offenders **Täter-
schaft** F̲ guilt; **die ~ leugnen** to deny
one's guilt **tätig** A̲ **1** active; **in einer
Sache ~ werden** *form* to take action in a
matter **2** (*≈ arbeitend*) **als was sind Sie
~?** what do you do?; **er ist im Bankwe-
sen ~** he's in banking **tätigen** V̲T̲
HANDEL to conclude; *geh Einkäufe* to
carry out **Tätigkeit** F̲ activity; (*≈ Be-
schäftigung*) occupation; (*≈ Arbeit*) work;
(*≈ Beruf*) job **Tätigkeitsbereich** M̲
field of activity **Tatkraft** F̲ energy,
drive **tatkräftig** A̲ A̲D̲J̲ energetic; *Hilfe*
active **B** A̲D̲V̲ actively; **etw/j-n ~ unter-
stützen** to actively support sth/sb **tät-
lich** A̲ A̲D̲J̲ violent; **gegen j-n ~ werden**
to assault sb **B** A̲D̲V̲ **j-n ~ angreifen** to
attack sb physically **Tätlichkeit** F̲ act
of violence; **~en** violence *sg*; **es kam
zu ~en** there was violence **Tatmotiv**
N̲ motive (for the crime) **Tatort** M̲
scene of the crime

tätowieren V̲T̲ to tattoo; **sich ~ lassen**
to have oneself tattooed **Tätowie-
rung** F̲ tattoo

Tatsache F̲ fact; **das ist ~** *umg* that's a
fact; **j-n vor vollendete ~n stellen** to
present sb with a fait accompli **tat-
sächlich** A̲ A̲D̲J̲ real **B** A̲D̲V̲ actually,
in fact; **~?** really?

tätscheln V̲T̲ to pat

Tattoo M̲N̲ (*≈ Tätowierung*) tattoo

Tatverdacht M̲ suspicion (*of having
committed a crime*); **unter ~ stehen** to
be under suspicion **Tatverdächti-
ge(r)** M̲F̲M̲ suspect **Tatwaffe** F̲ weap-
on (used in the crime); (*≈ bei Mord*) mur-
der weapon

Tatze F̲ paw

Tau[1] M̲ *Wasser* dew

Tau[2] N̲ (*≈ Seil*) rope

taub A̲D̲J̲ deaf; *Glieder* numb; *Nuss* emp-

T

ty; **für etw ~ sein** *fig* to be deaf to sth **Taube** F̱ ZOOL pigeon; *fig* dove **Taubenschlag** M̱, **Taubenkobel** *österr* M̱ 1 pigeon loft 2 **hier geht es zu wie im ~** *fig* it's mobbed here *fig, umg* **Taube(r)** M/F(M) deaf person *od* man/woman *etc*; **die ~n** the deaf **Taubheit** F̱ 1 deafness 2 *von Körperteil* numbness **taubstumm** ADJ deaf-mute **Taubstumme(r)** M/F(M) deaf-mute

Tauchboot Ṉ submersible **tauchen** A̱ V/I to dive (**nach** for); (≈ *kurz tauchen*) to duck under; *U-Boot* to dive Ḇ V/T (≈ *kurz tauchen*) to dip; *Menschen, Kopf* to duck; (≈ *eintauchen*) to immerse **Taucher** Ṉ diving **Taucher(in)** M(F) diver **Taucheranzug** M̱ diving suit *Br*, dive suit *US*, wetsuit **Taucherbrille** F̱ diving goggles *pl* (diving) goggles *pl US* **Taucherflosse** F̱ (diving) flipper *Br*, (dive) flipper *US* **Taucherglocke** F̱ diving bell *Br*, dive bell *US* **Tauchsieder** M̱ immersion coil (*for boiling water*) **Tauchsport** M̱ (skin) diving **Tauchstation** F̱ **auf ~ gehen** *U-Boot* to dive; *fig* (≈ *sich verstecken*) to make oneself scarce

tauen V/T & V/I V/I to melt, to thaw; **es taut** it is thawing

Taufbecken Ṉ font **Taufe** F̱ baptism; *bes von Kindern* christening; **etw aus der ~ heben** *Firma* to start sth up; *Projekt* to launch sth **taufen** V/T to baptize; (≈ *nennen*) *Kind, Schiff* to christen; **sich ~ lassen** to be baptized **Täufling** Ṉ child/person to be baptized **Taufpate** M̱ godfather **Taufpatin** F̱ godmother **taufrisch** *fig* ADJ fresh

taugen V/I 1 (≈ *geeignet sein*) to be suitable (**zu, für** for); **er taugt zu gar nichts** he is useless 2 (≈ *wert sein*) **etwas ~** to be good *od* all right; **nicht viel ~** to be not much good *od* no good 3 *österr* (≈ *gefallen*) **das taugt mir** I like it; **wenn's dir nicht taugt** if you don't like it **tauglich** ADJ suitable (**zu** for); MIL fit (**zu** for) **Tauglichkeit** F̱ suitability; MIL fitness (for service)

taumeln V/I to stagger; *zur Seite* to sway **Tausch** M̱ exchange, swap; **im ~ gegen** *od* **für etw** in exchange for sth; **einen guten/schlechten ~ machen** to get a good/bad deal **Tauschbörse** F̱ barter exchange **tauschen** A̱ V/T to exchange; *Güter* to barter; *Münzen etc* to

swap; *Geld* to change (**in** +*akk* into); *umg* (≈ *umtauschen*) *Gekauftes* to change; **die Rollen ~** to swap roles Ḇ V/I to swap; *in Handel* to barter; **wollen wir ~?** shall we swap?; **ich möchte nicht mit ihm ~** I wouldn't like to change places with him

täuschen A̱ V/T to deceive; **wenn mich nicht alles täuscht** unless I'm completely mistaken; **sie lässt sich leicht ~** she is easily fooled (**durch** by) Ḇ V/R to be wrong (**in** +*dat od* **über** +*akk* about); **dann hast du dich getäuscht!** then you are mistaken C̱ V/I (≈ *irreführen*) *Aussehen etc* to be deceptive; **der Eindruck täuscht** things are not what they seem **täuschend** A̱ ADJ *Ähnlichkeit* remarkable Ḇ ADV **j-m ~ ähnlich sehen** to look remarkably like sb; **eine ~ echte Fälschung** a remarkably convincing fake **Tauschgeschäft** Ṉ exchange; (≈ *Handel*) barter (deal) **Tauschhandel** M̱ barter

Täuschung F̱ 1 (≈ *das Täuschen*) deception 2 (≈ *Irrtum*) mistake; (≈ *Irreführung*) deceit; (≈ *falsche Wahrnehmung*) illusion; (≈ *Selbsttäuschung*) delusion

tausend NUM a thousand; ~ **Dank** a thousand thanks **Tausender** M̱ (≈ *Geldschein*) thousand (euro/dollar *etc* note *od* bill) **Tausendfüßler** M̱ centipede **tausendjährig** ADJ thousand-year-old; (≈ *tausend Jahre lang*) thousand-year(-long) **tausendmal** ADV a thousand times **Tausendstel** Ṉ thousandth **tausendste(r, s)** ADJ thousandth

Tautropfen M̱ dewdrop **Tauwetter** Ṉ thaw **Tauziehen** Ṉ tug-of-war **Taxameter** M/N taximeter **Taxe** F̱ 1 (≈ *Gebühr*) charge; (≈ *Kurtaxe etc*) tax 2 *dial* → Taxi **Taxi** Ṉ taxi

taxieren V/T 1 *Preis, Wert* to estimate (**auf** +*akk* at); *Haus etc* to value (**auf** +*akk* at) 2 *geh* (≈ *einschätzen*) *Situation* to assess

Taxifahrer(in) M(F) taxi *od* cab driver **Taxistand** M̱ taxi rank *Br*, taxi stand **Tb(c)** F̱ TB

Teakholz Ṉ teak

Team Ṉ team **Teamarbeit** F̱ teamwork **Teamfähigkeit** F̱ ability to work in a team **Teamgeist** M̱ team spirit

Technik F **1** (≈ *Technologie*) technology; *bes als Studienfach* engineering **2** (≈ *Verfahren*) technique **3** *von Auto, Motor etc* mechanics *pl* **Techniker(in)** M(F) engineer; (≈ *Labortechniker*) technician **technisch** A ADJ technical; (≈ *technologisch*) technological; (≈ *mechanisch*) mechanical; **~e Hochschule** *od* **Universität** technological university; **~er Leiter** technical director; **~e Daten** specifications B ADV technically; **er ist ~ begabt** he is technically minded **technisieren** V/T to mechanize **Techno** M MUS techno **Technokrat(in)** M(F) technocrat **technokratisch** ADJ technocratic **Technologie** F technology **Technologietransfer** M technology transfer **technologisch** A ADJ technological B ADV technologically

Technik

„Technik" übersetzt man nur dann mit **technique**, wenn es um ein Verfahren oder eine Methode / Vorgehensweise geht, mit der etwas ausgeführt wird:

a good skiing / selling technique

Tee M tea **Teebeutel** M tea bag **Teeblatt** N tea leaf **Tee-Ei** N (tea) infuser *bes Br,* tea ball *bes US* **Teefilter** M tea filter **Teeglas** N tea glass **Teekanne** F teapot **Teekessel** M kettle **Teeküche** F kitchenette **Teelicht** N nightlight **Teelöffel** M teaspoon; *Menge* teaspoonful
Teenager M teen(ager)
Teenie M *umg* teeny (bopper), teenie *umg*
Teer M tar **teeren** V/T to tar
Teeservice N tea set **Teesieb** N tea strainer **Teestube** F tearoom **Teetasse** F teacup **Teewagen** M tea trolley
Teflon® N Teflon®
Teheran N Teh(e)ran
Teich M pond
Teig M dough; (≈ *Pfannkuchenteig*) batter **Teigschaber** M dough scraper; *mit Handgriff* spatula **Teigwaren** PL (≈ *Nudeln*) pasta *sg*
Teil¹ M N **1** part; **ein ~ davon** part of it; **zum größten ~** for the most part; **der dritte/vierte/fünfte** *etc* **~** a third/quar-

ter/fifth *etc* (**von** of) **2** (≈ *Anteil*) share; **er hat sein(en) ~** he did his bit; **sich** (*dat*) **sein(en) ~ denken** *umg* to draw one's own conclusions
Teil² N (≈ *Bestandteil*) component; **etw in seine ~e zerlegen** *Motor, Möbel etc* to take sth apart **teilbar** ADJ divisible (**durch** by) **Teilbereich** M part; *in Abteilung* section **Teilbetrag** M part (of an amount); *auf Rechnung* item **Teilchen** N particle; *dial* (≈ *Gebäckstück*) cake **teilen** A V/T **1** (≈ *zerlegen*) to divide; **27 geteilt durch 9** 27 divided by 9; **darüber sind die Meinungen geteilt** opinions differ on that **2** (≈ *aufteilen*) to share (out); **etw mit j-m ~** to share sth with sb; **sich** (*dat*) **etw ~** to share sth; **sie teilten das Zimmer mit ihm** they shared the room with him B V/R **1** *in Gruppen* to split up **2** *Straße, Fluss* to fork; *Vorhang* to part; **in diesem Punkt ~ sich die Meinungen** opinion is divided on this **Teiler** M MATH factor **Teilerfolg** M partial success **Teilgebiet** N area **teilhaben** V/I *geh* (≈ *mitwirken*) to participate (**an** +*dat* in) **Teilhaber(in)** M(F) HANDEL partner **Teilkaskoversicherung** F third party, fire and theft (insurance) **Teilnahme** F **1** (≈ *Anwesenheit*) attendance (**an** +*dat* at); (≈ *Beteiligung*) participation (**an** +*dat* in); **seine ~ absagen** to withdraw **2** (≈ *Interesse*) interest (**an** +*dat* in); (≈ *Mitgefühl*) sympathy **teilnahmslos** A ADJ (≈ *gleichgültig*) indifferent B ADV indifferently; (≈ *stumm leidend*) listlessly **Teilnahmslosigkeit** F indifference **teilnahmsvoll** ADV compassionate **teilnehmen** V/I **an etw** (*dat*) **~** to take part in sth; (≈ *anwesend sein*) to attend sth; (≈ *sich beteiligen*) to participate in sth; *an Wettkampf* to compete in sth; **am Unterricht ~** to attend classes; **an einem Kurs ~** to do a course **Teilnehmer(in)** M(F) **1** participant; *bei Wettbewerb etc* competitor, contestant; (≈ *Kursteilnehmer*) student; **alle ~ an dem Ausflug** all those going on the outing **2** TEL subscriber **teils** ADV partly; **~ ... ~ ...** partly ... partly ...; *umg* (≈ *sowohl ... als auch*) both ... and ...; **~ heiter, ~ wolkig** cloudy with sunny periods **Teilung** F division **teilweise** A ADV partly; **der Film war ~ gut** the movie was good in parts; **~ bewölkt** cloudy in parts

T

B ADJ partial **Teilzahlung** F hire-purchase *Br*, installment plan *US*; **auf ~** on hire-purchase *Br*, on (an) installment plan *US* **Teilzeit** F part-time; **~ arbeiten** to work part-time, to do part-time work **Teilzeitarbeit** F part-time work **Teilzeitarbeitsplatz** M part-time job **teilzeitbeschäftigt** ADJ employed part time **Teilzeitbeschäftigte(r)** M|F|M employee **Teilzeitbeschäftigung** F part-time work **Teilzeitjob** *umg* M part-time job **Teilzeitkraft** F part-time worker **Teint** M complexion

Telearbeit F telecommuting; **~ machen** to telecommute **Telearbeiter(in)** M|F telecommuter **Telearbeitsplatz** M job for telecommuters **Telebanking** N telebanking **Telefax** N (≈ *Kopie, Gerät*) fax **Telefon** N (tele)phone; **~ haben** to be on the phone; **am ~** on the phone; **ans ~ gehen** to answer the phone **Telefonanbieter** M (tele)phone company **Telefonat** N (tele)phone call **Telefonbanking** N telephone banking **Telefonbuch** N (tele)phone book **Telefongebühr** F call charge; (≈ *Grundgebühr*) (tele)phone rental **Telefongesellschaft** F (tele)phone company **Telefongespräch** N (tele)phone call; (≈ *Unterhaltung*) (tele)phone conversation **Telefonhörer** M (telephone) receiver **telefonieren** V|I to make a (tele)phone call, to phone; **mit j-m ~** to speak to sb on the phone; **bei j-m ~** to use sb's phone; **ins Ausland ~** to make an international call; **er telefoniert den ganzen Tag** he is on the phone all day long **telefonisch** A ADJ telephonic; **eine ~e Mitteilung** a (tele)phone message **B** ADV *Auskunft geben* over the phone; **j-m etw ~ mitteilen** to tell sb sth over the phone; **ich bin ~ erreichbar** I can be contacted by phone **Telefonkabine** *schweiz* F (tele)phone box *Br*, (tele)phone booth **Telefonkonferenz** F telephone conference **Telefonleitung** F (tele)phone line **Telefonnetz** N (tele)phone network **Telefonnummer** F (tele)phone number **Telefonrechnung** F (tele)phone bill **Telefonseelsorge** F ≈ Samaritans *pl Br*, ≈ advice hotline *US* **Telefonsex** M telephone

sex **Telefonterror** M *umg* malicious phone calls *pl* **Telefonverbindung** F (tele)phone line; *zwischen Orten* (tele)phone link **Telefonzelle** F (tele)phone box *Br*, (tele)phone booth **Telefonzentrale** F (telephone) switchboard **telegen** ADJ telegenic **Telegramm** N telegram **Telekom** F **die ~** German telecommunications service **Telekommunikation** F telecommunications *pl od* (*als Fachgebiet*) *sg* **Telenovela** F telenovela **Teleobjektiv** N FOTO telephoto lens **Telepathie** F telepathy **telepathisch** ADJ telepathic **Teleshopping** N teleshopping **Teleskop** N telescope

Teller M plate; **ein ~ Suppe** a plate of soup **Tellerwäscher(in)** M|F dishwasher

Tempel M temple

Temperament N **1** (≈ *Wesensart*) temperament; **ein hitziges ~ haben** to be hot-tempered **2** (≈ *Lebhaftigkeit*) vitality; **sein ~ ist mit ihm durchgegangen** he lost his temper **temperamentlos** ADJ lifeless **Temperamentlosigkeit** F lifelessness **temperamentvoll** A ADJ lively, vivacious **B** ADV exuberantly **Temperatur** F temperature; **erhöhte ~ haben** to have a temperature; **bei ~en von bis zu 42 Grad Celsius** in temperatures of up to 42°C **Temperaturanstieg** M rise in temperature **Temperaturregler** M thermostat **Temperaturrückgang** M fall in temperature **Temperaturschwankung** F variation in temperature **Temperatursturz** M sudden drop in temperature

Tempo N **1** speed; **~!** *umg* hurry up!; **bei j-m ~ machen** *umg* to make sb get a move on *umg*; **~ 100** speed limit (of) 100 km/h; **aufs ~ drücken** *umg* to step on the gas *umg* **2** MUS tempo; **das ~ angeben** to set the tempo; *fig* to set the pace **Tempolimit** N speed limit **temporär** *geh* ADJ temporary **Temposünder(in)** M|F person caught for speeding **Tempus** N GRAM tense **Tendenz** F trend; (≈ *Neigung*) tendency; (≈ *Absicht*) intention; **die ~ haben, zu ...** to have a tendency to ... **tendenziös** ADJ tendentious **tendieren** V|I **1** **dazu ~, etw zu tun** (≈ *neigen*) to tend to do sth; (≈ *beabsichtigen*) to be moving to-

▶ **Telefonieren und Anrufbeantworter**

Telefonieren

Wenn man in Großbritannien das Telefon abnimmt, sagt man nicht unbedingt seinen Namen. Es ist üblich, sich einfach mit **Hello?** zu melden.

Bei einer Firma ist es anders – hier sagt man eher den Namen der Firma bzw. auch seinen eigenen Namen:

Good morning, Hutchinson Cleaning Services, Clare speaking, how can I help you?

Wenn man die Person am Apparat nicht kennt, ist es nicht so unhöflich wie in Deutschland, einfach nach dem gewünschten Gesprächspartner zu fragen:

Hello, could I speak to John, please?

Hat der Gesprächspartner seinen eigenen Namen nicht genannt, kann man herausfinden, mit wem man spricht, indem man fragt:

Who am I speaking to?

Am Ende des Gesprächs kann man sich als Anrufer mit **Goodbye** verabschieden. Eine freundliche Erwiderung darauf wäre dann **Thanks for calling**.

Anrufbeantworter

Oft erreicht man nicht den gewünschten Gesprächspartner, sondern nur seinen Anrufbeantworter oder die Voicemail:

Hi, this is Jim. I'm not at home right now, but leave a message after the beep and I'll get back to you.

Thank you for calling Anglia Banking. For account queries, please press 1. To make a transfer, please press 2. ◀

---

ward(s) doing sth **2** FIN, BÖRSE to tend; **fester/schwächer ~** to show a stronger/ weaker tendency
Teneriffa N̄ Tenerife
Tennis N̄ tennis **Tennisball** M̄ tennis ball **Tennisplatz** M̄ tennis court **Tennisschläger** M̄ tennis racket **Tennisspieler(in)** M̄/F̄ tennis player
Tenor¹ M̄ tenor
Tenor² M̄ MUS tenor
Teppich M̄ carpet; **etw unter den ~ kehren** to sweep sth under the carpet; **bleib auf dem ~!** umg be reasonable! **Teppichboden** M̄ carpet(ing); **das Zimmer hat mit ~ ausgelegt** the room has a fitted carpet **Teppichklopfer** M̄ carpet-beater
Termin M̄ date; für Fertigstellung deadline; bei Arzt, Besprechung etc appointment; SPORT fixture; JUR (≈ Verhandlung) hearing; **sich** (dat) **einen ~ geben lassen, einen ~ vereinbaren** to make an

appointment **Terminabsprache** F̄ scheduling of a meeting
Terminal N̄/M̄ terminal
Terminbestätigung F̄ confirmation of a meeting **Terminbörse** F̄ futures market **Termingeld** N̄ fixed-term deposit **termingemäß**, **termingerecht** ADJ & ADV on schedule **Terminhandel** M̄ BÖRSE forward od futures trading **Terminkalender** M̄ (appointments) diary **terminlich** ADJ **aus ~en Gründen absagen** to cancel because of problems with one's schedule **Terminmarkt** M̄ BÖRSE futures market
Terminologie F̄ terminology **terminologisch** A ADJ terminological B ADV terminologically
Terminplan M̄ (≈ Kalender) appointments list; (≈ Programm) agenda **Terminplaner** M̄ appointments calendar
Terminus M̄ term; **~ technicus** technical term

Termite F termite

Terpentin _österr_ N/M turpentine; _umg_ (≈ _Terpentinöl_) turps _umg_

Terrain N terrain; _fig_ territory; **das ~ sondieren** _fig_ to see how the land lies

Terrarium N terrarium

Terrasse F **1** GEOG terrace **2** (≈ _Veranda_) patio; (≈ _Dachterrasse_) roof garden **terrassenartig**, **terrassenförmig** A ADJ terraced B ADV in terraces

terrestrisch ADJ terrestrial

Terrier M terrier

Terror M terror; (≈ _Terrorismus_) terrorism; (≈ _Terrorherrschaft_) reign of terror; **~ machen** _umg_ to raise hell _umg_ **Terrorakt** M act of terrorism **Terrorangriff** M terrorist raid **Terroranschlag** M terrorist attack **terrorisieren** V/T to terrorize **Terrorismus** M terrorism **Terrorismusbekämpfung** F counterterrorism **Terrorismusexperte** M, **Terrorismusexpertin** F expert on terrorism **Terrorist(in)** M/F terrorist **terroristisch** ADJ terrorist _attr_ **Terrormiliz** F terror militia **Terrorwarnung** F warning of a terrorist attack **Terrorzelle** F terrorist cell

tertiär ADJ tertiary **Terz** F MUS third; _Fechten_ tierce

Tesafilm® M adhesive tape, sticky tape _Br_

Tessin N **das ~** Ticino

Test M test

Testament N **1** JUR will; _fig_ legacy; **das ~ eröffnen** to read the will; **sein ~ machen** to make one's will **2** BIBEL **Altes/Neues ~** Old/New Testament **testamentarisch** A ADJ testamentary; **eine ~e Verfügung** an instruction in the will B ADV in one's will; **etw ~ festlegen** to write sth in one's will **Testamentseröffnung** F reading of the will **Testamentsvollstrecker(in)** M/F executor; _Frau a._ executrix

Testbild N TV test card **testen** V/T to test (**auf** +_akk_ for) **Tester(in)** M/F tester **Testlauf** M TECH trial run **Testperson** F subject (of a test) **Testpilot(in)** M/F test pilot **Testreihe** F, **Testserie** F series of tests **Testsieger** M HANDEL top performer, best buy **Teststopp** M test ban **Teststoppabkommen** N test ban treaty

Tetanus M tetanus

teuer A ADJ expensive; _fig_ dear; **teurer werden** to go up (in price) B ADV expensively; **etw ~ kaufen/verkaufen** to buy/sell sth for a high price; **das wird ihn ~ zu stehen kommen** _fig_ that will cost him dear; **etw ~ bezahlen** _fig_ to pay a high price for sth **Teuerung** F rise in prices **Teuerungsrate** F rate of price increases **Teuerungszulage** F cost of living bonus

Teufel M **1** devil **2** _umg_ **scher dich zum ~** go to hell! _umg_; **der ~ soll ihn holen!** to hell with him _umg_; **j-n zum ~ jagen** to send sb packing _umg_; **wer zum ~?** who the devil? _umg_; **zum ~ mit dem Ding!** to hell with the thing! _umg_; **den ~ an die Wand malen** to tempt fate; **wenn man vom ~ spricht** _sprichw_ talk of the devil _Br_, speak of the devil; **dann kommst du in ~s Küche** then you'll be in a hell of a mess _umg_; **wie der ~** like hell; **auf ~ komm raus** like crazy _umg_; **da ist der ~ los** all hell's been let loose _umg_; **der ~ steckt im Detail** the devil is in the detail **Teufelsaustreibung** F exorcism **Teufelskreis** M vicious circle **teuflisch** ADJ fiendish

Text M text; _eines Gesetzes_ wording; _von Lied_ words _pl_; _von Schlager_ lyrics _pl_; _von Film_ script; _unter Bild_ caption; **weiter im ~** _umg_ (let's) get on with it **Textbaustein** M IT template **texten** V/T & V/I to write; _mit Handy_ to text **Texter(in)** M/F _für Schlager_ songwriter; _für Werbesprüche_ copywriter **Texterfasser(in)** M/F keyboarder

Textilarbeiter(in) M/F textile worker **Textilfabrik** F textile factory **Textilien** PL textiles _pl_ **Textilindustrie** F textile industry

Textmarker M highlighter **Textnachricht** F TEL text message; **eine ~ schicken** to text **Textstelle** F passage **Textverarbeitung** F word processing **Textverarbeitungsprogramm** N word processor, word processing program **Textverarbeitungssystem** N word processor

TH ABK (= technische Hochschule) technological university

Thai M/F(M) Thai **Thailand** N Thailand **thailändisch** ADJ Thai

Theater N **1** theatre _Br_, theater _bes US_; **zum ~ gehen** to go on the stage; **ins ~**

gehen to go to the theatre _Br_, to go to the theater _bes US_; **~ spielen** _wörtl_ to act; _fig_ to put on an act; **das ist doch alles nur ~** _fig_ it's all just play-acting ② _fig_ to-do _umg_, fuss; **(ein) ~ machen** to make a (big) fuss **Theaterbesuch** M̲ visit to the theatre **Theaterbesucher(in)** M̲F̲ theatregoer _Br_, theatergoer _US_ **Theaterfestival** N̲ drama festival **Theaterkarte** F̲ theatre ticket _Br_, theater ticket _bes US_ **Theaterkasse** F̲ theatre box office _Br_, theater box office _bes US_ **Theaterstück** N̲ (stage) play **theatralisch** A̲ ADJ theatrical B̲ ADV theatrically

Theke F̲ (≈ _Schanktisch_) bar; (≈ _Ladentisch_) counter

Thema N̲ (≈ _Gegenstand_) subject, topic; (≈ _Leitgedanke_), _a._ MUS theme; (≈ _Frage_) issue; **beim ~ bleiben** to stick to the subject; **das ~ wechseln** to change the subject; **kein ~ sein** not to be an issue; **j-n vom ~ abbringen** to get sb off the subject **Thematik** F̲ topic **thematisch** ADJ thematic; **~ geordnet** arranged according to subject **Themenabend** M̲ TV _etc_ theme evening **Themenbereich** M̲, **Themenkreis** M̲ topic **Themenpark** M̲ theme park

Themse F̲ **die ~** the Thames; **an der ~ liegen** to be on the river Thames

Theologe M̲, **Theologin** F̲ theologian **Theologie** F̲ theology **theologisch** ADJ theological

Theoretiker(in) M̲F̲ theoretician **theoretisch** A̲ ADJ theoretical B̲ ADV theoretically; **~ gesehen** theoretically **Theorie** F̲ theory

Theraband N̲ MED, SPORT physio _od_ kinesio(logy) tape **Therapeut(in)** M̲F̲ therapist **therapeutisch** ADJ therapeutic(al) **Therapie** F̲ therapy; (≈ _Behandlungsmethode_) (method of) treatment **(gegen** for) **therapieren** V̲T̲ to give therapy to

Thermalbad N̲ thermal bath; _Gebäude_ thermal baths _pl_; (≈ _Badeort_) spa **Thermalquelle** F̲ thermal spring **thermisch** A̲ PHYS thermal **Thermodrucker** M̲ thermal printer **Thermodynamik** F̲ thermodynamics _sg_ **thermodynamisch** ADJ thermodynamic **Thermometer** N̲ thermometer **Thermopapier** N̲ thermal paper **Thermosflasche®** F̲ vacuum flask

Thermostat M̲ thermostat

These F̲ hypothesis; _umg_ (≈ _Theorie_) theory

Thon M̲ _schweiz_ tuna

Thriller M̲ thriller

Thrombose F̲ thrombosis

Thron M̲ throne **thronen** _wörtl_ V̲I̲ to sit enthroned; _fig_ to sit in state **Thronfolge** F̲ line of succession; **die ~ antreten** to succeed to the throne **Thronfolger(in)** M̲F̲ heir to the throne

Thunfisch M̲ tuna (fish)

Thurgau M̲ Thurgau

Thüringen N̲ Thuringia

Thymian M̲ thyme

Tibet N̲ Tibet **tibetanisch, tibetisch** ADJ Tibetan

Tick M̲ _umg_ (≈ _Schrulle_) quirk _umg_; **einen ~ haben** _umg_ to be crazy **ticken** V̲I̲ to tick (away); **du tickst ja nicht richtig** _umg_ you're off your rocker! _umg_

Ticket N̲ ticket

Tiebreak M̲, **Tie-Break** M̲ _Tennis_ tie-break _bes Br_, tie-breaker

tief A̲ ADJ deep; _Ton, Temperatur_ low; **~er Teller** soup plate; **aus ~stem Herzen** from the bottom of one's heart; **im ~en Wald** deep in the forest; **im ~en Winter** in the depths of winter; **in der ~en Nacht** at dead of night; **im ~sten Innern** in one's heart of hearts B̲ ADV ① deep; _sich bücken_ low; _untersuchen_ in depth; **3 m ~ fallen** to fall 3 metres _Br_, to fall 3 meters _US_; _sinken fig_ to sink low; **bis ~ in etw** (_akk_) **hinein** _örtlich_ a long way down/deep into sth; **~ verschneit** deep with snow; **~ in Gedanken (versunken)** deep in thought; **j-m ~ in die Augen sehen** to look deep into sb's eyes ② (≈ _sehr stark_) deeply; **~ greifend** _Veränderung_ far-reaching; _sich verändern_ significantly; _reformieren_ thoroughly; **~ schürfend** profound ③ (≈ _niedrig_) low; **ein Stockwerk ~er** on the floor below; **~ liegend** _Gegend, Häuser_ low-lying **Tief** N̲ METEO depression; _fig_ low **Tiefbau** M̲ civil engineering **tiefblau** ADJ deep blue **Tiefdruck** M̲ METEO low pressure **Tiefdruckgebiet** N̲ METEO area of low pressure, depression **Tiefe** F̲ ① depth; **unten in der ~** far below ② (≈ _Intensität_) deepness ③ (≈ _Tiefgründigkeit_) profundity ④ _von Ton_ lowness **Tiefebene** F̲ lowland plain **Tiefenpsychologie** F̲ depth psychology **Tiefenschärfe** F̅ FOTO depth of field **Tiefflieger** M̲ low-flying aircraft **Tiefflug** M̲ low-altitude flight **Tiefgang** M̲ SCHIFF draught Br, draft US; fig umg depth **Tiefgarage** F̅ underground car park Br, underground parking garage bes US **tiefgefrieren** V̲T̲ to (deep-)freeze **tiefgekühlt** A̲D̲J̲ (≈ gefroren) frozen; (≈ sehr kalt) chilled **Tiefgeschoss** N̲, **Tiefgeschoß** österr basement **tiefgreifend** A̲D̲J̲ → tief **tiefgründig** A̲D̲J̲ profound; (≈ durchdacht) well-grounded **Tiefkühlfach** N̲ freezer compartment **Tiefkühlkost** F̅ frozen food **Tiefkühlschrank** M̲ upright freezer **Tiefkühltruhe** F̅ (chest) freezer **Tiefland** N̲ lowlands pl **tiefliegend** A̲D̲J̲ → tief **Tiefpunkt** M̲ low **Tiefschlag** M̲ Boxen, a. fig hit below the belt **Tiefschnee** M̲ deep (powder) snow **Tiefschneefahren** N̲ deep powder skiing, off-piste skiing **Tiefsee** F̅ deep sea **Tiefstand** M̲ low **Tiefstpreis** M̲ lowest price **Tiefsttemperatur** F̅ lowest temperature (um around) **tieftraurig** A̲D̲J̲ very sad

Tiegel M̲ zum Kochen (sauce)pan; in der Chemie crucible

Tier N̲ animal; (≈ Haustier) pet; umg (≈ Mensch) brute; **hohes ~** umg big shot umg **Tierarzt** M̲, **Tierärztin** F̅ vet **Tierfreund(in)** M̲(F̅) animal lover **Tierfutter** N̲ animal food; für Haustiere pet food **Tiergarten** M̲ zoo **Tierhandlung** F̅ pet shop **Tierheim** N̲ animal shelter, animal rescue centre Br **tierisch** A̲ A̲D̲J̲ animal attr; fig Grausamkeit bestial; **~er Ernst** umg deadly seriousness B̲ A̲D̲V̲ umg (≈ ungeheuer) horribly umg; wehtun like hell umg; ernst deadly **Tierkreis** M̲ zodiac **Tierkreiszeichen** N̲ sign of the zodiac **Tierkunde** F̅ zoology **tierlieb** A̲D̲J̲ (very) fond of animals **Tiermedizin** F̅ veterinary medicine **Tierpark** M̲ zoo **Tierpfleger(in)** M̲(F̅) zoo keeper **Tierquälerei** F̅ cruelty to animals **Tierschutz** M̲ protection of animals **Tierschützer(in)** M̲(F̅) animal conservationist **Tierschutzverein** M̲ society for the prevention of cruelty to animals **Tierversicherung** F̅ animal health insurance; für Haustier pet insurance **Tierversuch** M̲ animal experiment

Tiger M̲ tiger **Tigerin** F̅ tigress **Tigerstaat** M̲ WIRTSCH tiger economy

Tilde F̅ tilde

tilgen geh V̲T̲ **1** Schulden to pay off **2** (≈ beseitigen) Unrecht, Spuren to wipe out; Erinnerung to erase; Strafe to remove **Tilgung** F̅ von Schulden repayment

timen V̲T̲ to time

Tinktur F̅ tincture

Tinnitus M̲ MED tinnitus

Tinte F̅ ink; **mit roter ~ schreiben** to write in red ink; **in der ~ sitzen** umg to be in the soup umg **Tintenfisch** M̲ cuttlefish; (≈ Kalmar) squid; achtarmig octopus **Tintenkiller** M̲ correction pen **Tintenklecks** M̲ ink blot **Tintenpatrone** F̅ von Füller, Drucker ink cartridge **Tintenroller** M̲ rollerball pen **Tintenstrahldrucker** M̲ ink-jet (printer)

Tipp M̲ tip; an Polizei tip-off **Tippen** A̲ V̲T̲ umg (≈ schreiben) to type B̲ V̲I̲ **1** (≈ klopfen) **an/auf etw** (akk) **~** to tap sth **2** umg am Computer to type **3** (≈ wetten) to fill in one's coupon; **im Lotto ~** to play the lottery **4** umg (≈ raten) to guess; **ich tippe darauf, dass ...** I bet (that) ... **Tippfehler** M̲ typing mistake

tipptopp umg A̲ A̲D̲J̲ immaculate; (≈ prima) first-class B̲ A̲D̲V̲ (≈ prima) really well; **~ sauber** spotless

Tippzettel M̲ im Lotto lottery coupon

Tipse F̅ umg typist

Tirol N̲ Tyrol **Tiroler(in)** M̲(F̅) Tyrolese, Tyrolean

Tisch M̲ table; (≈ Schreibtisch) desk; **bei ~** at (the) table; **den ~ decken** to set od lay Br the table; **etw auf den ~ bringen** umg to serve sth (up); **vom ~ sein** fig to be cleared out of the way; **j-n über den ~ ziehen** fig umg to take sb to the cleaners umg **Tischdecke** F̅ tablecloth **Tischfußball** M̲ table football Br, foosball US **Tischgebet** N̲ grace **Tischlampe** F̅ table lamp **Tischler(in)** M̲(F̅) joiner bes Br, carpenter; (≈ Möbeltischler) cabinet-maker **Tischlerei** F̅ **1** Werkstatt carpenter's workshop; (≈ Möbeltischlerei) cabinet-maker's workshop **2** umg (≈ Handwerk) carpentry; von Möbeltischler cabinet-making **tischlern** umg V̲I̲ to do woodwork **Tischplatte** F̅ tabletop **Tischrechner** M̲ desk calculator **Tischre-**

de F̲ after-dinner speech **Tischtennis** N̲ table tennis **Tischtennisschläger** M̲ table tennis bat *Br*, table tennis paddle *US* **Tischtuch** N̲ tablecloth

Titel M̲ title; *auf einer CD track* **Titelbild** N̲ cover (picture) **Titelmelodie** F̲ *von Film* theme tune **Titelmusik** F̲ theme music **Titelrolle** F̲ title role **Titelseite** F̲ cover, front page **Titelsong** M̲ title song, title track **Titelstory** F̲ cover story **Titelverteidiger(in)** M̲/F̲ title holder

Titte *sl* F̲ tit *sl*

Toast M̲ **1** (≈ *Brot*) toast; **ein ~** a slice of toast **2** (≈ *Trinkspruch*) toast; **einen ~ auf j-n ausbringen** to propose a toast to sb **Toastbrot** N̲ *sliced white bread for toasting* **toasten** V̲T̲ *Brot* to toast **Toaster** M̲ toaster

Tobel F̲ *schweiz* (≈ *Schlucht*) gorge, ravine

toben V̲/I̲ **1** (≈ *wüten*) to rage; *Mensch* to throw a fit **2** (≈ *ausgelassen spielen*) to rollick (about) **Tobsucht** F̲ *bei Tieren* madness; *bei Menschen* maniacal rage **tobsüchtig** A̲D̲J̲ mad **Tobsuchtsanfall** *umg* M̲ fit of rage; **einen ~ bekommen** to blow one's top *umg*

Tochter F̲ daughter; (≈ *Tochterfirma*) subsidiary **Tochterfirma** F̲ subsidiary (firm)

Tod M̲ death; *eines natürlichen/gewaltsamen Todes sterben* to die of natural causes/a violent death; **sich** (*dat*) **den Tod holen** to catch one's death (of cold); **zu Tode kommen** to die; **j-n/etw auf den Tod nicht leiden können** *umg* to be unable to stand sb/sth; **sich zu Tod(e) langweilen** to be bored to death; **zu Tode betrübt sein** to be in the depths of despair **todernst** *umg* A̲D̲J̲ deadly serious **Todesangst** F̲ mortal agony; **Todesängste ausstehen** *umg* to be scared to death *umg* **Todesanzeige** F̲ *als Brief* letter announcing sb's death; (≈ *Annonce*) obituary (notice) **Todesfall** M̲ death **Todesgefahr** F̲ mortal danger **Todeskampf** M̲ death throes *pl* **Todesopfer** N̲ death, casualty **Todesstrafe** F̲ death penalty **Todesursache** F̲ cause of death **Todesurteil** N̲ death sentence **Todfeind(in)** M̲/F̲ deadly enemy **todgeweiht** A̲D̲J̲ *Mensch, Patient* doomed **todkrank** A̲D̲J̲ (≈ *sterbenskrank*) critical-

ly ill; (≈ *unheilbar krank*) terminally ill **todlangweilig** *umg* A̲D̲J̲ deadly boring **tödlich** A̲ A̲D̲J̲ fatal; *Gefahr* mortal; *Waffe, Dosis* lethal; *umg Langeweile* deadly B̲ A̲D̲V̲ **1** *mit Todesfolge* **~ verunglücken** to be killed in an accident **2** *umg* (≈ *äußerst*) horribly *umg*; *langweilen* to death **todmüde** *umg* A̲D̲J̲ dead tired *umg*

To-do-Liste F̲ to-do list

todschick *umg* A̲ A̲D̲J̲ dead smart *umg* B̲ A̲D̲V̲ *gekleidet* ravishingly; *eingerichtet* exquisitely **todsicher** *umg* A̲D̲J̲ dead certain *umg*; *Tipp* sure-fire *umg* **Todsünde** F̲ mortal sin **todunglücklich** *umg* A̲D̲J̲ desperately unhappy

Töff M̲ *schweiz* (≈ *Motorad*) motorbike

Tofu N̲ tofu

Togo N̲ G̲E̲O̲G̲ Togo

Toilette F̲ toilet, lavatory, bathroom *US*, washroom *US*; **wo ist die ~?** where is the toilet *etc* ?; **auf die ~ gehen** to go to the toilet *etc* **Toilettenartikel** M̲ toiletry **Toilettenpapier** N̲ toilet paper → *s. Info-Fenster nächste Seite*

toi, toi, toi *umg* I̲N̲T̲ *vor Prüfung etc* good luck; *unberufen* touch wood *Br*, knock on wood *US*

Tokio N̲ Tokyo

tolerant A̲D̲J̲ tolerant (**gegen** of) **Toleranz** F̲ tolerance (**gegen** of) **tolerieren** V̲T̲ to tolerate

toll A̲ A̲D̲J̲ **1 die (drei) ~en Tage** (the last three days of) Fasching **2** *umg* (≈ *großartig*) fantastic *umg*, great, brilliant *Br umg* B̲ A̲D̲V̲ *umg* (≈ *großartig*) fantastically; *schmecken* fantastic **Tollkirsche** F̲ deadly nightshade **tollkühn** A̲D̲J̲ *Person, Fahrt* daredevil *attr*, daring **Tollpatsch** *umg* M̲ clumsy creature, klutz *US* **tollpatschig** A̲D̲J̲ clumsy **Tollwut** F̲ rabies *sg* **tollwütig** A̲D̲J̲ rabid

Tölpel *umg* M̲ fool

Tomate F̲ tomato **Tomatenmark** N̲, **Tomatenpüree** N̲ tomato puree **Tomatensaft** M̲ tomato juice

Tombola F̲ tombola *Br*, raffle *US*

Tomograf M̲ M̲E̲D̲ tomograph **Tomografie** F̲ tomography **Tomogramm** N̲ M̲E̲D̲ tomogram

Ton¹ M̲ (≈ *Erdart*) clay

Ton² M̲ **1** sound; M̲U̲S̲, L̲I̲T̲ tone; (≈ *Note*) note; **formeller/informeller/witziger Ton** L̲I̲T̲ formal/informal/jocular tone;

Toilette

Nach wie vor gehört die Toilette zu den Tabubereichen der Sprache. Im britischen Englisch gibt es folgende Ausdrucksmöglichkeiten:

neutral:	**toilet** [ˈtɔɪlət]
umgangssprachlich:	**loo** [luː]
förmlich:	**lavatory** [ˈlævətrɪ]

Wer zu Besuch ist und mal verschwinden möchte, sagt am besten:

Could I use your toilet, please? Dürfte ich bitte eure Toilette benutzen?

Wer den Weg zur Toilette schon kennt, entschuldigt sich folgendermaßen:

Excuse me for a moment. Entschuldigung, ich bin gleich wieder da.

In einem Lokal usw. heißen die Toiletten **gents** bzw. **ladies**:

Where's the gents? bzw. Wo ist die Herrentoilette?
Where's the ladies? Wo ist die Damentoilette?

Wenn man draußen unterwegs ist, fragt man etwa:

Could you tell me where the nearest public toilets are? Können Sie mir sagen, wo die nächste öffentliche Toilette ist?

Im amerikanischen Englisch drückt man sich bei diesem Thema etwas indirekter aus. Da heißt das WC **bathroom** oder **restroom**. ◄

---

keinen Ton sagen not to make a sound; **große Töne spucken** *umg* to talk big; **j-n in (den) höchsten Tönen loben** *umg* to praise sb to the skies **2** (≈ *Betonung*) stress; (≈ *Tonfall*) intonation **3** (≈ *Redeweise*) tone; **ich verbitte mir diesen Ton** I will not be spoken to like that; **der gute Ton** good form **4** (≈ *Farbton*) tone; (≈ *Nuance*) shade **Tonabnehmer** M̲ pick-up **tonangebend** A̲D̲J̲ ~ **sein** to set the tone **Tonarm** M̲ pick-up arm **Tonart** F̲ MUS key; *fig* (≈ *Tonfall*) tone **Tonband** N̲ tape **Tonbandgerät** N̲ tape recorder **tönen**¹ V̲/I̲ (≈ *klingen*) to sound; (≈ *großspurig reden*) to boast; → **getönt** **tönen**² V̲/T̲ to tint; **sich** (*dat*) **die Haare ~** to tint one's hair **Toner** M̲ toner **Tonerkassette** F̲ toner cartridge **tönern** A̲D̲J̲ clay **Tonfall** M̲ tone of voice; (≈ *Intonation*) intonation **Tonfilm** M̲ sound film, talkie **tonhaltig** A̲D̲J̲ clayey **Tonhöhe** F̲ pitch **Toningenieur(in)** M̲F̲ sound engineer **Tonlage** F̲ pitch (level); (≈ *Tonumfang*) register **Tonlei-**

ter F̲ scale **tonlos** A̲D̲J̲ toneless **Tonnage** F̲ SCHIFF tonnage **Tonne** F̲ **1** (≈ *Behälter*) barrel; *aus Metall* drum; (≈ *Mülltonne*) bin *Br*, trash can *US* **2** (≈ *Gewicht*) metric ton(ne) **3** (≈ *Registertonne*) (register) ton **Tonspur** F̲ soundtrack **Tonstörung** F̲ sound interference **Tonstudio** N̲ recording studio **Tontaube** F̲ clay pigeon **Tontaubenschießen** N̲ clay pigeon shooting **Tontechniker(in)** M̲F̲ sound technician **Tönung** F̲ (≈ *Haartönung*) hair colour *Br*, hair color *US*; (≈ *Farbton*) shade, tone **Top** N̲ *Kleidungsstück* top **topaktuell** A̲D̲J̲ up-to-the-minute **Topas** M̲ topaz **Topf** M̲ pot; (≈ *Kochtopf*) (sauce)pan; **alles in einen ~ werfen** *fig* to lump everything together **Topfen** M̲ *österr, südd* quark **Töpfer(in)** M̲F̲ potter **Töpferei** F̲ pottery **töpfern** V̲/I̲ to do pottery **Töpferscheibe** F̲ potter's wheel **topfit** A̲D̲J̲ in top form; *gesundheitlich* as fit as a fiddle **Topflappen** M̲ oven cloth **Topfpflanze** F̲ potted plant

Topmodel N̄ top model
Topografie F̄ topography **topografisch** ADJ topographic(al)
toppen V̄T̄ to top, to beat; **schwer zu ~** hard to top od beat
Tor N̄ **1** gate; fig gateway; (≈ Torbogen) archway; von Garage door **2** SPORT goal; **ein Tor schießen** to score (a goal); **im Tor stehen** to be in goal **Torbogen** M̄ arch **Torchance** F̄ chance to score
Toresschluss M̄ → Torschluss
Torf M̄ peat **torfig** ADJ peaty **Torfmoor** N̄ peat bog; trocken peat moor **Torfmull** M̄ peat dust
Torfrau F̄ goalkeeper **Torhüter(in)** M̄F̄ goalkeeper
töricht ADJ geh foolish; Hoffnung idle
Torjäger(in) M̄F̄ (goal)scorer
torkeln V̄Ī to stagger, to reel
Torlatte F̄ crossbar **Torlinie** F̄ goal line **torlos** ADJ **das Spiel endete ~** the game ended in a goalless draw **Tormann** M̄ goalkeeper
Tornado M̄ tornado, twister
torpedieren V̄T̄ to torpedo **Torpedo** M̄ torpedo
Torpfosten M̄ gatepost; SPORT goalpost **Torraum** M̄ box, goal area **Torschluss** fig M̄ **kurz vor ~** at the last minute **Torschlusspanik** umg F̄ last minute panic **Torschuss** M̄ shot (at goal) **Torschütze** M̄, **Torschützin** F̄ (goal)scorer
Torte F̄ cake; (≈ Sahnetorte) gâteau; (≈ Obsttorte) flan **Tortenboden** M̄ flan case; ohne Seiten flan base **Tortendiagramm** N̄ pie chart **Tortengrafik** F̄ pie chart **Tortenguss** M̄ glaze **Tortenheber** M̄ cake slice
Tortur F̄ torture; fig ordeal
Torverhältnis N̄ score **Torwart(in)** M̄F̄ goalkeeper
tosen V̄Ī Wellen to thunder; Sturm to rage; **~der Beifall** thunderous applause
Toskana F̄ GEOG **die ~** Tuscany
tot ADJ dead; umg (≈ erschöpft) beat umg; Stadt deserted; **tot geboren** stillborn; **tot umfallen** to drop dead; **er war auf der Stelle tot** he died instantly; **ein toter Mann sein** fig umg to be a goner umg; **toter Winkel** blind spot; MIL dead angle; **das Tote Meer** the Dead Sea; **toter Punkt** (≈ Stillstand) standstill, halt; in Verhandlungen deadlock; (≈ körperliche Ermüdung) low point

total A ADJ total B ADV totally **Totalausverkauf** M̄ clearance sale; wegen Geschäftsaufgabe a. closing-down sale **Totalisator** M̄ totalizator **totalitär** A ADJ totalitarian B ADV in a totalitarian way **Totaloperation** F̄ von Gebärmutter hysterectomy **Totalschaden** M̄ write-off Br; **er hatte einen ~** US he totaled the car
totarbeiten umg V̄R̄ to work oneself to death **töten** V̄T̄ & V̄Ī to kill **Totenbett** N̄ deathbed **totenblass** ADJ deathly pale **Totengräber(in)** M̄F̄ gravedigger **Totenkopf** M̄ skull; auf Piratenfahne etc skull and crossbones **Totenschein** M̄ death certificate **Totenstarre** F̄ rigor mortis **Totenstille** F̄ deathly silence **Tote(r)** M̄F̄M̄ dead person; bei Unfall, a. MIL casualty; **die ~n** the dead; **es gab 3 ~** 3 people died od were killed **totgeboren** ADJ → tot **Totgeburt** F̄ stillbirth **totkriegen** umg V̄T̄ **nicht totzukriegen sein** to go on for ever **totlachen** umg V̄R̄ to kill oneself (laughing) Br umg; **es ist zum Totlachen** it is hilarious
Toto österr, schweiz N̄/M̄/N̄ (football) pools pl Br; **(im) ~ spielen** to do the pools Br **Totoschein** M̄ pools coupon Br
Totschlag M̄ JUR manslaughter **totschlagen** V̄T̄ to kill; **du kannst mich ~, ich weiß es nicht** umg for the life of me I don't know **totschweigen** V̄T̄ to hush up umg **tot stellen** V̄R̄ to pretend to be dead **Tötung** F̄ killing
Touchpad N̄ COMPUT touchpad
Touchscreen F̄ touchscreen
Toupet N̄ toupée **toupieren** V̄T̄ to backcomb
Tour F̄ **1** (≈ Fahrt) trip; (≈ Tournee, Fahrradtour) tour; (≈ Wanderung) walk; (≈ Bergtour) climb **2** (≈ Umdrehung) revolution; **auf ~en kommen** Auto to reach top speed; fig umg to get into top gear; **j-n/etw auf ~en bringen** fig to get sb/ sth going; **in einer ~** umg incessantly **3** umg **auf die krumme ~** by dishonest means; **j-m die ~ vermasseln** umg to put paid to sb's plans **Tourenrad** N̄ tourer **Tourenwagen** M̄ touring car **Tourismus** M̄ tourism **Tourismusindustrie** F̄ tourist industry **Tourist(in)** M̄F̄ tourist **Touristeninformation** F̄ tourist (information) office **Touristenklasse** F̄ tourist class **Tou-**

ristik F̲ tourism **touristisch** A̲D̲J̲ tourist attr **Tournee** F̲ tour; **auf ~ sein** to be on tour

Tower M̲ FLUG (control) tower

Toxikologe M̲, **Toxikologin** F̲ toxicologist **toxikologisch** A̲D̲J̲ toxicological **toxisch** A̲D̲J̲ toxic

Trab M̲ trot; **im ~** at a trot; **auf ~ sein** umg to be on the go umg; **j-n in ~ halten** umg to keep sb on the go umg

Trabant M̲ satellite **Trabantenstadt** F̲ satellite town, satellite US

traben V̲I̲ to trot **Trabrennbahn** F̲ trotting course **Trabrennen** N̲ trotting race

Tracht F̲ ▪ (≈ Kleidung) dress; (≈ Volkstracht etc) costume; (≈ Schwesterntracht) uniform umg ▪ **j-m eine ~ Prügel verabreichen** umg to give sb a beating **trachten** geh V̲I̲ to strive (**nach** for, after); **j-m nach dem Leben ~** to be after sb's blood

trächtig A̲D̲J̲ Tier pregnant

Trackball M̲ COMPUT trackball

Tradition F̲ tradition; **(bei j-m) ~ haben** to be a tradition (for sb) **traditionell** A̲ A̲D̲J̲ traditional B̲ A̲D̲V̲ traditionally **traditionsbewusst** A̲D̲J̲ tradition-conscious **traditionsgemäß** A̲D̲V̲ traditionally

Trafik österr F̲ tobacconist's (shop) Br, cigar store US **Trafikant(in)** österr M̲F̲ tobacconist

Trafo umg M̲ transformer

Tragbahre F̲ stretcher **tragbar** A̲D̲J̲ ▪ Gerät portable ▪ (≈ annehmbar) acceptable (**für** to); (≈ erträglich) bearable **Trage** F̲ (≈ Bahre) stretcher

träge A̲D̲J̲ ▪ sluggish; Mensch lethargic; (≈ faul) lazy ▪ PHYS Masse inert

tragen A̲ V̲T̲ ▪ (≈ befördern) to carry; **den Brief zur Post ~** to take the letter to the post office ▪ (≈ am Körper tragen) to wear; **getragene Kleider** second-hand clothes ▪ (≈ stützen) to support ▪ (≈ hervorbringen) Zinsen, Ernte to yield; Früchte to bear ▪ (≈ trächtig sein) to be carrying ▪ (≈ ertragen) Schicksal to bear ▪ (≈ übernehmen) Verluste to defray; Kosten to bear, to carry; Risiko to take ▪ (≈ haben) Titel, Namen to bear ▪ Eis to take one's weight ▪ **schwer an etw** (dat) **~** to have a job carrying sth; fig to find sth hard to bear; **zum Tragen kommen** to come to fruition; (≈ nützlich

werden) to come in useful C̲ V̲R̲ Kleid, Stoff to wear **tragend** A̲D̲J̲ ▪ (≈ stützend) Säule, Bauteil load-bearing ▪ THEAT Rolle major **Träger** M̲ ▪ an Kleidung strap; (≈ Hosenträger) braces pl Br, suspenders pl US ▪ Hoch- und Tiefbau (supporting) beam; (≈ Stahlträger, Eisenträger) girder ▪ (≈ Kostenträger) funding provider **Träger(in)** M̲F̲ von Lasten, Namen, Titel bearer; von Kleidung wearer; eines Preises winner; von Krankheit carrier **trägerlos** A̲D̲J̲ Kleid strapless **Trägerrakete** F̲ carrier rocket **Tragetasche** F̲ carrier bag **tragfähig** A̲D̲J̲ able to take a weight; fig Konzept, Lösung workable **Tragfläche** F̲ wing **Tragflächenboot** N̲, **Tragflügelboot** N̲ hydrofoil

Trägheit F̲ sluggishness; von Mensch lethargy; (≈ Faulheit) laziness; PHYS inertia

Tragik F̲ tragedy **Tragikomik** F̲ tragicomedy **tragikomisch** A̲D̲J̲ tragicomical **Tragikomödie** F̲ tragicomedy **tragisch** A̲ A̲D̲J̲ tragic; **das ist nicht so ~** umg it's not the end of the world B̲ A̲D̲V̲ tragically **Tragödie** F̲ LIT, a. fig tragedy

Tragweite F̲ von Geschütz etc range; **von großer ~ sein** to have far-reaching consequences

Trainer(in) M̲F̲ trainer; von Tennisspieler coach; bei Fußball manager **trainieren** A̲ V̲T̲ to train; Übung, Sportart to practise Br, to practice US; Muskel to exercise B̲ V̲I̲ Sportler to train; (≈ Übungen machen) to exercise; (≈ üben) to practise Br, to practice US **Training** N̲ training kein pl; (≈ Fitnesstraining) workout; fig (≈ Übung) practice; **das ~ ist heute ausgefallen** training was cancelled today **Trainingsanzug** M̲ tracksuit **Trainingshose** F̲ tracksuit trousers pl Br, tracksuit pants pl US **Trainingsjacke** F̲ tracksuit top Br, sweat-jacket US **Trainingsschuh** M̲ training shoe

Trakt M̲ (≈ Gebäudeteil) section; (≈ Flügel) wing **traktieren** umg V̲T̲ (≈ schlecht behandeln) to maltreat; (≈ quälen) to torment **Traktor** M̲ tractor

trällern V̲T̲ & V̲I̲ to warble

Tram südd F̲/N̲T̲ schweiz, **Trambahn** südd F̲ → Straßenbahn

Trampel M̲/N̲ clumsy clot umg **trampeln** A̲ V̲I̲ (≈ mit den Füßen stampfen)

to stamp **B** V/T **j-n zu Tode ~** to trample sb to death **Trampelpfad** M̄ track
trampen V/I to hitchhike **Tramper(in)** M/F hitchhiker
Trampolin N̄ trampoline
Tran M̄ **1** *von Fischen* train oil **2** *umg* **im ~** dop(e)y *umg*; (≈*leicht betrunken*) tipsy
Trance F̄ trance
tranchieren V/T to carve
Träne F̄ tear; **ihm kamen die ~n** tears welled (up) in his eyes; **~n lachen** to laugh till one cries; **bittere ~n weinen** to shed bitter tears **tränen** V/I to water
Tränendrüse F̄ lachrymal gland **Tränengas** N̄ tear gas
Tränke F̄ drinking trough **tränken** V/T **1** *Tiere* to water **2** (≈*durchnässen*) to soak
Transaktion F̄ WIRTSCH transaction **Transaktionsnummer** F̄ FIN transaction number
transatlantisch ADJ transatlantic
transeuropäisch ADJ trans-European; **~e Netze** TEL trans-European networks
Transfer M̄ transfer
Transformation F̄ transformation **Transformator** M̄ transformer
Transfrau F̄ *Mann, der sich als Frau fühlt* trans woman
Transfusion F̄ transfusion
transgen ADJ transgenic
Transgender M/F *Mensch, der sich mit seinem Geschlecht nicht identifizieren kann* transgender person
Transistor M̄ transistor **Transistorradio** N̄ transistor (radio)
Transit M̄ transit **Transitabkommen** N̄ transit agreement **Transithalle** F̄ FLUG transit lounge
transitiv ADJ GRAM transitive
Transitpassagier(in) M/F, **Transitreisende(r)** M/F(M) transit passenger **Transitverkehr** M̄ transit traffic **Transitvisum** N̄ transit visa
Transmann M̄ *Frau, die sich als Mann fühlt* trans man
transparent ADJ transparent **Transparent** N̄ banner; (≈*Reklameschild etc*) neon sign; (≈*Durchscheinbild*) transparency **Transparenz** F̄ transparency
Transplantat N̄ *Haut* graft; *Organ* transplant **Transplantation** F̄ MED transplant; *von Haut* graft; *Vorgang* transplantation; *von Haut* grafting

transplantieren V/T & V/I MED *Organ* to transplant; *Haut* to graft
Transport M̄ transport **transportabel** ADJ *Computer etc* portable **Transportband** N̄ conveyor belt **Transporter** M̄ *Schiff* cargo ship; *Flugzeug* transport plane; *Auto* van **transportfähig** ADJ *Patient* moveable **Transportflugzeug** N̄ transport plane **transportieren** V/T to transport **Transportkosten** PL carriage *sg* **Transportmittel** N̄ means *sg* of transport **Transportunternehmen** N̄ haulier *Br*, hauler *US*
Transsexuelle(r) M/F(M) transsexual **Transvestit** M̄ transvestite
Trapez N̄ **1** MATH trapezium **2** *von Artisten* trapeze **Trapezakt** M̄ trapeze act **Trapezkünstler(in)** M/F trapeze artist
trappeln V/I to clatter; *Pony* to clip-clop
Trara N̄ *fig umg* hullabaloo *umg* (**um** about)
Trasse F̄ *Landvermessung* marked-out route
Tratsch *umg* M̄ gossip **tratschen** *umg* V/I to gossip
Tratte F̄ FIN draft
Traualtar M̄ altar
Traube F̄ *einzelne Beere* grape; *ganze Frucht* bunch of grapes; (≈*Menschentraube*) bunch **Traubensaft** M̄ grape juice **Traubenzucker** M̄ dextrose
trauen **A** V/I to trust; *einer Sache* (*dat*) **nicht ~** to be wary of sth; **ich traute meinen Augen/Ohren nicht** I couldn't believe my eyes/ears **B** V/R to dare; **sich ~, etw zu tun** to dare (to) do sth; **ich trau mich nicht** I daren't; **sich auf die Straße ~** to dare to go out **C** V/T to marry
Trauer F̄ mourning; (≈*Leid*) sorrow, grief **Trauerfall** M̄ bereavement **Trauerfeier** F̄ funeral service **trauern** V/I to mourn (**um j-n** for sb *od* **um etw** sth) **Trauerspiel** N̄ tragedy; *fig umg* fiasco **Trauerweide** F̄ weeping willow
Traufe F̄ eaves *pl* **träufeln** V/T to dribble
Traum *wörtl, fig* M̄ dream; **aus der ~!** it's all over **Trauma** N̄ trauma; *fig a.* nightmare **traumatisch** ADJ traumatic **Traumberuf** M̄ dream job **träumen** **A** V/I to dream; **von j-m/etw ~** to dream

about sb/sth; (≈ *sich ausmalen*) to dream of sb/sth; **das hätte ich mir nicht ~ lassen** I'd never have thought it possible **B** V/T to dream; *Traum* to have; **etwas Schönes ~** to have a pleasant dream **Träumer(in)** M/F dreamer **Träumerei** F 1 (≈ *das Träumen*) dreaming 2 (≈ *Vorstellung*) daydream **träumerisch** ADJ (≈ *schwärmerisch*) wistful **Traumfabrik** *pej* F dream factory **Traumfrau** *umg* F dream woman **traumhaft** A ADJ (≈ *fantastisch*) fantastic; (≈ *wie im Traum*) dreamlike B ADV (≈ *fantastisch*) fantastically; **~ schönes Wetter** fantastic weather **Traummann** *umg* M dream man **Traumpaar** N perfect couple **Traumtänzer(in)** M/F dreamer **Traumwelt** F dream world

traurig A ADJ sad; *Leistung, Rekord* pathetic; *Wetter* miserable; **die ~e Bilanz** the tragic toll B ADV sadly; **um meine Zukunft sieht es ~ aus** my future doesn't look too bright **Traurigkeit** F sadness

Trauring M wedding ring **Trauschein** M marriage certificate **Trauung** F wedding **Trauzeuge** M, **Trauzeugin** F witness (*at marriage ceremony*)

Treck M trek; (≈ *Leute*) train; (≈ *Wagen etc*) wagon train **Trecking** N trekking **Treff** *umg* M (≈ *Treffen*) meeting; (≈ *Treffpunkt*) haunt, meeting place **treffen** A V/T 1 *durch Schlag, Schuss etc* to hit (**an, in** +*dat* on); *Unglück* to strike; **tödlich getroffen** *von Schuss etc* fatally wounded; **auf dem Foto bist du gut getroffen** *umg* that's a good photo of you 2 *fig* (≈ *kränken*) to hurt 3 (≈ *betreffen*) **es trifft immer die Falschen** it's always the wrong people who are affected; **ihn trifft keine Schuld** he's not to blame 4 (≈ *j-m begegnen*) to meet 5 **es gut/schlecht ~** to be fortunate/unlucky (**mit** with) 6 *Vorbereitungen* to make; *Vereinbarung* to reach; *Entscheidung, Maßnahmen* to take B V/I 1 *Schlag, Schuss etc* to hit; **nicht ~** to miss 2 (≈ *stoßen*) **auf j-n/etw ~** to meet sb/sth C V/R (≈ *zusammentreffen*) to meet (up); **~ wir uns morgen?** *als Vorschlag* shall we meet (up) tomorrow?; *wenn man es nicht mehr weiß* are we meeting (up) tomorrow? D V/R **es trifft sich, dass ... it**

(*just*) *happens that ...*; **das trifft sich gut/schlecht, dass ...** it is convenient/inconvenient that ... **Treffen** N meeting; SPORT encounter **treffend** ADJ *Beispiel* apt; **etw ~ darstellen** to describe sth perfectly **Treffer** M hit; (≈ *Tor*) goal; **einen ~ landen** *od* **erzielen** *umg* to score a hit; (≈ *Tor*) to score a goal **Treffpunkt** M meeting place **treffsicher** ADJ *Stürmer etc* accurate; *fig Bemerkung* apt

Treibeis N drift ice **treiben** A V/T 1 to drive; (≈ *antreiben*) to push; **j-n in den Wahnsinn ~** to drive sb mad; **j-n zum Äußersten ~** to push sb too far; **die Preise (in die Höhe) ~** to push prices up; **die ~de Kraft bei etw sein** to be the driving force behind sth 2 *Handel, Sport* to do; *Studien* to pursue; *Gewerbe* to carry on; *Unfug* to be up to; **was treibst du?** what are you up to?; **es toll ~** to have a wild time; **es zu toll ~** to overdo it; **es zu weit ~** to go too far; **es mit j-m ~** *umg* to have sex with sb 3 *Blüten, Knospen* to sprout B V/I (≈ *sich fortbewegen*) to drift; **sich ~ lassen** to drift; **die Dinge ~ lassen** to let things go **Treiben** N (≈ *Getriebe*) hustle and bustle **Treiber** M COMPUT driver **Treiber(in)** M/F (≈ *Viehtreiber*) drover; JAGD beater **Treibgas** N *bei Sprühdosen* propellant **Treibhaus** N hothouse **Treibhauseffekt** M METEO greenhouse effect **Treibhausgas** N greenhouse gas **Treibjagd** F battue *fachspr* **Treibsand** M quicksand **Treibstoff** M fuel

Trekking N trekking **Trekkingbike** N trekking bike **Trekkingrad** N trekking bike **Trekkingschuh** M trekking boot *od* shoe

Trend M trend; **voll im ~ liegen** to follow the trend **Trendwende** F reversal of the trend **trendy** *umg* ADJ trendy **trennbar** ADJ separable **trennen** A V/T 1 to separate (**von** from); (≈ *abmachen*) to detach (**von** from); *nach Rasse etc* to segregate; **voneinander getrennt werden** to be separated; **→ getrennt** 2 LING *Wort* to divide B V/R 1 (≈ *auseinandergehen*) to separate; (≈ *Abschied nehmen*) to part; **sich von etw ~** to part with sth 2 (≈ *sich teilen*) *Wege* to divide C V/I *zwischen Begriffen* to draw a distinction **Trennschärfe** F selectivity **Trennstrich** M hyphen **Tren-**

nung F **1** (≈ *Abschied*) parting **2**
(≈ *Getrenntsein*) separation; *von Wort* division; *von Begriffen* distinction; (≈ *Rassentrennung etc*) segregation; **in ~ leben**
to be separated **Trennungszeichen**
N̲ hyphen **Trennwand** F̲ partition
(wall)

Treppe F̲ (≈ *Aufgang*) (flight of) stairs *pl*;
im Freien (flight of) steps *pl*; **eine ~ a**
staircase; **~ steigen** to climb stairs
Treppenabsatz M̲ half landing
Treppengeländer N̲ banister **Treppenhaus** N̲ stairwell; **im ~ on the**
stairs

Tresen M̲ (≈ *Theke*) bar; (≈ *Ladentisch*)
counter
Tresor M̲ (≈ *Raum*) strongroom;
(≈ *Schrank*) safe
Tretboot N̲ pedal boat, pedalo *Br*
Treteimer M̲ pedal bin **treten** A̲ V̲I̲
1 *mit Fuß* to kick (**gegen etw** sth *od*
nach out at) **2** *mit Raumangabe* to step
(**auf** *akk* on); **in den Hintergrund ~** *fig* to
recede into the background; **an j-s Stelle** (*akk*) **~** to take sb's place **3** (≈ *Fußtritt geben*) **in die Pedale ~** to pedal hard; **aufs**
Gas(pedal) ~ (≈ *Pedal betätigen*) to press
the accelerator *Br*, to step on the gas *US*;
(≈ *schnell fahren*) to step on it, to put
one's foot down *Br umg*; **auf die Bremse**
~ to brake B̲ der Schweiß trat ihm auf**
die Stirn sweat appeared on his forehead; **Tränen traten ihr in die Augen**
tears came to her eyes B̲ V̲T̲ **1** (≈ *Fußtritt geben*) to kick; SPORT **Ecke, Freistoß**
to take; **j-n mit dem Fuß ~** to kick sb
2 (≈ *trampeln*) *Pfad, Weg* to tread **3** *fig*
j-n ~ *umg* (≈ *antreiben*) to get at sb
Tretmine F̲ MIL (antipersonnel) mine
Tretroller M̲ scooter
treu A̲ ADJ *Freund, Kunde etc* loyal;
Hund, Gatte etc faithful; **j-m ~ sein/bleiben** to be/remain faithful to sb; **sich**
(*dat*) **selbst ~ bleiben** to be true to oneself; **seinen Grundsätzen ~ bleiben** to
stick to one's principles B̲ ADV faithfully; (≈ *treuherzig*) trustingly; *ansehen* innocently; **j-m ~ ergeben sein** to be loyally
devoted to sb; **~ sorgend** devoted
Treue F̲ *von Freund, Kunde etc* loyalty;
von Hund faithfulness; (≈ *eheliche Treue*)
fidelity; **j-m die ~ halten** to keep faith
with sb; *Ehegatten etc* to remain faithful
to sb **Treuepunkt** M̲ loyalty point
treuergeben ADJ → **treu** **Treuhand**

F̲ trust **Treuhänder(in)** M̲(F̲) trustee
Treuhandgesellschaft F̲ trust company **treuherzig** A̲ ADJ innocent,
trusting B̲ ADV innocently, trustingly
treulos ADJ disloyal **Treulosigkeit**
F̲ disloyalty **treusorgend** ADJ devoted
Triangel *österr* M̲(N̲) triangle
Triathlon M̲ triathlon
Tribunal N̲ tribunal
Tribüne F̲ (≈ *Rednertribüne*) platform;
(≈ *Zuschauertribüne*) stand; (≈ *Haupttribüne*) grandstand **Tribünenplatz** M̲
seat in the stand, stand seat
Trichine F̲ trichina
Trichter M̲ funnel; (≈ *Bombentrichter*)
crater **trichterförmig** ADJ funnel-
-shaped
Trick M̲ trick; *raffiniert* ploy **Trickbetrüger(in)** M̲(F̲), **Trickdieb(in)** M̲(F̲)
confidence trickster **Trickfilm** M̲
(≈ *Zeichentrickfilm*) cartoon **Trickfilmzeichner(in)** M̲(F̲) cartoonist **Trickkiste** F̲ box of tricks **trickreich** *umg* A̲
ADJ tricky; (≈ *raffiniert*) clever B̲ ADV *erschwindeln* through various tricks **tricksen** A̲ V̲I̲ SPORT swerve B̲ V̲T̲ *umg* **das**
werden wir schon ~ we'll fix it somehow; *durch Mogeln* we'll wangle it somehow *umg* **Trickskilauf** M̲ freestyle skiing, hotdogging
Trieb M̲ **1** (≈ *Naturtrieb*) drive; (≈ *Drang*)
urge; (≈ *Verlangen*) desire; (≈ *Neigung*) inclination; (≈ *Selbsterhaltungstrieb, Fortpflanzungstrieb*) instinct **2** BOT shoot
Triebfeder *fig* F̲ motivating force
(**+**gen behind) **Triebkraft** F̲ MECH motive power; *fig* driving force **Triebrad**
N̲ driving wheel *Br*, gear wheel **Triebtäter(in)** M̲(F̲) sexual offender **Triebwagen** M̲ BAHN railcar **Triebwerk**
N̲ *Flugzeug* engine; *in Uhr* mechanism
triefen V̲I̲ to be dripping wet; *Nase* to
run; *Auge* to water; **~d nass** dripping
wet
triftig ADJ convincing
Trigonometrie F̲ trigonometry **trigonometrisch** ADJ trigonometric(al)
Trikot N̲ (≈ *Hemd*) shirt; **das Gelbe ~** *bei*
Tour de France the yellow jersey
trillern V̲T̲&V̲I̲ to warble **Trillerpfeife**
F̲ (pea) whistle
Trillion F̲ quintillion
Trimester N̲ term
Trimm-dich-Pfad M̲ fitness trail
trimmen A̲ V̲T̲ to trim; *umg Mensch,*

T

Tier to teach, to train; **auf alt getrimmt** done up to look old **B** V/R to do keep-fit (exercises)

trinkbar ADJ drinkable **trinken** A V/T to drink; **(schnell) einen ~ gehen** *umg* to go for a (quick) drink **B** V/I to drink; **j-m zu ~ geben** to give sb something to drink; **auf j-s Wohl ~** to drink sb's health; **er trinkt** (≈ *ist Alkoholiker*) he's a drinker **Trinker(in)** M(F) drinker; (≈*Alkoholiker*) alcoholic **trinkfest** ADJ **so ~ bin ich nicht** I can't hold my drink very well *Br*, I can't hold my liquor very well *US* **Trinkgeld** N tip; **j-m ~ geben** to tip sb **Trinkwasser** N drinking water

Trio N trio

Trip *umg* M trip

trippeln V/I to trip *bes Br*, to skip; *Boxer* to dance around; *Pferd* to prance

Tripper M gonorrhoea *ohne art Br*, gonorrhea *ohne art US*

trist ADJ dismal; *Farbe* dull

Tritt M **1** (≈ *Schritt*) step **2** (≈ *Fußtritt*) kick; **j-m einen ~ geben** to give sb a kick; *umg* (≈*antreiben*) to give sb a kick in the pants *umg* **Trittbrett** N step **Trittbrettfahrer(in)** *umg* M(F) *fig* copycat *umg* **Trittleiter** F stepladder

Triumph M triumph; **~e feiern** to be very successful **Triumphbogen** M triumphal arch **triumphieren** V/I (≈*froh-locken*) to rejoice **triumphierend** A ADJ triumphant **B** ADV triumphantly

trivial ADJ trivial **Trivialliteratur** *pej* F light fiction

Trizeps M triceps

trocken A ADJ dry; **~ werden** to dry; *Brot* to go *od* get dry; **auf dem Trocke-nen sitzen** *umg* to be in a tight spot *umg* **B** ADV *aufbewahren* in a dry place **Trockenblume** F dried flower **Tro-ckendock** N dry dock **Trockenfut-ter** N dried food **Trockengebiet** N arid region **Trockenhaube** F (salon) hairdryer **Trockenheit** F dryness; (≈*Trockenperiode*) drought **trockenle-gen** V/T **1** *Sumpf* to drain **2** *Baby* to change **Trockenmilch** F dried milk **Trockenobst** N dried fruit **Trocken-rasierer** M electric razor **Trocken-zeit** F (≈*Jahreszeit*) dry season **trock-nen** V/T & V/I to dry **Trockner** M (≈*Wä-schetrockner*) drier

Trödel *umg* M junk **Trödelei** *umg* F

dawdling **Trödelmarkt** M flea market **trödeln** V/I to dawdle **Trödler(in)** M(F) **1** (≈*Händler*) junk dealer **2** *umg* (≈*lang-samer Mensch*) slowcoach *Br umg*, slow-poke *US umg*

Trog M trough

Troika F POL troika

Trojaner *umg* M, **trojanisches Pferd** N IT Trojan (horse)

trollen *umg* V/R to push off *umg*

Trommel F MUS, TECH drum; **~ spielen** to play the drum **Trommelbremse** F drum brake **Trommelfell** N eardrum **trommeln** A V/I to drum; **gegen die Tür ~** to bang on the door **B** V/T *Rhyth-mus* to beat out **Trommler(in)** M(F) drummer

Trompete F trumpet; **~ spielen** to play the trumpet **trompeten** V/I to trumpet **Trompeter(in)** M(F) trumpeter

Tropen PL tropics *pl* **Tropenanzug** M tropical suit **Tropenhelm** M pith hel-met **Tropenkoller** M tropical mad-ness **Tropenkrankheit** F tropical dis-ease

Tropf M (≈*Infusion*) drip *umg*; **am ~ hängen** to be on a drip **tröpfchen-weise** ADV in dribs and drabs **tröp-feln** V/T & V/I to drip **tropfen** V/I to drip **Tropfen** M **1** drop; (≈*einzelner Tropfen*) *an Kanne etc* drip; *von Farbe* blob; **ein edler ~** *umg* a good wine; **bis auf den letzten ~** to the last drop; **ein ~ auf den heißen Stein** *fig* umg a drop in the ocean **2** ~ *pl* (≈*Medizin*) drops *pl* **tropfenweise** ADV drop by drop **tropfnass** ADJ dripping wet **Tropf-stein** M dripstone; *an der Decke* stalac-tite; *am Boden* stalagmite **Tropfstein-höhle** F dripstone cave

Trophäe F trophy

tropisch ADJ tropical

Trost M consolation; **das ist ein schwa-cher ~** that's pretty cold comfort; **du bist wohl nicht ganz bei ~!** *umg* you must be out of your mind! **trösten** V/T to comfort; **j-n/sich mit etw ~** to console sb/oneself with sth; **~ Sie sich!** never mind **tröstlich** ADJ comforting **trostlos** ADJ hopeless; *Verhältnisse* mis-erable; (≈*verzweifelt*) inconsolable; (≈*öde, trist*) dreary **Trostpflaster** N consolation **Trostpreis** M consolation prize

Trott M (slow) trot; *fig* routine **Trottel**

umg M̲ idiot, jerk *umg* **trottelig** *umg* A̲D̲J̲ stupid **trotten** V̲I̲ to trot along, to shamble **Trottinett** N̲ *schweiz* scooter **Trottoir** N̲ *schweiz, südd* pavement

trotz P̲R̲Ä̲P̲ in spite of, despite; **~ allem** in spite of everything, after all **Trotz** M̲ defiance; (≈ *trotziges Verhalten*) contrariness; **j-m/einer Sache zum ~** in defiance of sb/sth **trotzdem** A̲ A̲D̲V̲ nevertheless; **er ist ~ gegangen** he went there anyway; **ich denke ~ …** I still think; **(und) ich mache das ~!** I'll do it all the same B̲ K̲O̲N̲J̲ even though **trotzen** V̲I̲ 1̲ to defy; *der Kälte, dem Klima etc* to withstand 2̲ (≈ *trotzig sein*) to be awkward **trotzig** A̲ A̲D̲J̲ defiant; *Kind etc* difficult; (≈ *widerspenstig*) contrary B̲ A̲D̲V̲ defiantly **trotzköpfig** A̲D̲J̲ contrary **Trotzreaktion** F̲ act of defiance

trüb A̲D̲J̲ *Flüssigkeit* cloudy; *Augen, Tag* dull; *Licht* dim; **im Trüben fischen** to fish in troubled waters 2̲ *fig* (≈ *bedrückend*) cheerless; *Zukunft* bleak; *Stimmung, Aussichten, Miene* gloomy **Trubel** M̲ hustle and bustle **trüben** A̲ V̲T̲ 1̲ *Flüssigkeit* to make cloudy; *Augen, Blick* to dull 2̲ *fig Glück* to spoil; *Beziehungen* to strain; *Laune* to dampen; *Bewusstsein* to dull; *Urteilsvermögen* to dim B̲ V̲R̲ 1̲ *Flüssigkeit* to go cloudy; *Augen* to dim; *Himmel* to cloud over; *fig Stimmung* to be dampened; *Verhältnis* to become strained; *Glück, Freude* to be marred; → **getrübt Trübsal** F̲ (≈ *Stimmung*) sorrow; **~ blasen** *umg* to mope **trübselig** A̲D̲J̲ gloomy; *Gegend* bleak **Trübsinn** M̲ gloom **trübsinnig** A̲D̲J̲ gloomy

trudeln V̲I̲ F̲L̲U̲G̲ to spin **Trüffel** F̲ (≈ *Pilz, Praline*) truffle **trügen** A̲ V̲T̲ to deceive; **wenn mich nicht alles trügt** unless I am very much mistaken B̲ V̲I̲ to be deceptive **Trugschluss** M̲ fallacy, misapprehension **Truhe** F̲ chest **Trümmer** P̲L̲ rubble *sg*; (≈ *Ruinen*) ruins *pl*; *von Schiff, Flugzeug etc* wreckage *sg*; **in ~n liegen** to be in ruins **Trumpf** M̲ K̲A̲R̲T̲ (≈ *Trumpfkarte*) trump (card); (≈ *Farbe*) trumps *pl*; *fig* trump card; **noch einen ~ in der Hand haben** *fig* to have an ace up one's sleeve **Trunkenheit** F̲ intoxication; **~ am Steuer** drunk driving, DUI *US* (≈ *driving*

under the influence) **Trunksucht** F̲ alcoholism **trunksüchtig** A̲D̲J̲ alcoholic

Trupp M̲ (≈ *Einheit*) group; M̲I̲L̲ squad **Truppe** F̲ 1̲ M̲I̲L̲ army; (≈ *Panzertruppe etc*) corps *sg* 2̲ **~n** *pl* troops 3̲ (≈ *Künstlertruppe*) troupe **Truppenabzug** M̲ withdrawal of troops **Truppengattung** F̲ corps *sg* **Truppenübungsplatz** M̲ military training area **Trust** M̲ trust

Truthahn M̲ turkey (cock) **Truthenne** F̲ turkey (hen)

Tschad M̲ **der ~** Chad

Tscheche M̲, **Tschechin** F̲ Czech **Tschechien** N̲ the Czech Republic **tschechisch** A̲D̲J̲ Czech; **die Tschechische Republik** the Czech Republic **Tschetschenien** N̲ Chechnya **tschüs(s)** *umg* I̲N̲T̲ bye *umg*, see you *umg*

T-Shirt N̲ T-shirt **T-Shirt-BH** M̲ T-shirt bra

Tube F̲ tube **Tuberkulose** F̲ tuberculosis **Tuch** N̲ (≈ *Stück Stoff*) cloth; (≈ *Halstuch, Kopftuch*) scarf; (≈ *Schultertuch*) shawl; (≈ *Handtuch, Geschirrtuch*) towel **tüchtig** A̲ A̲D̲J̲ 1̲ (≈ *fähig*) capable (**in** +*dat* at); (≈ *fleißig*) efficient; *Arbeiter* good 2̲ *umg* (≈ *groß*) *Portion* big B̲ A̲D̲V̲ 1̲ (≈ *fleißig, fest*) hard 2̲ *essen* heartily 3̲ *umg* (≈ *sehr*) **j-m ~ die Meinung sagen** to give sb a piece of one's mind; **~ zulangen** to tuck in *umg* **Tüchtigkeit** F̲ (≈ *Fähigkeit*) competence; *von Arbeiter etc* efficiency

Tücke F̲ 1̲ (≈ *Bosheit*) malice 2̲ (≈ *Gefahr*) danger; **voller ~n stecken** to be difficult; (≈ *gefährlich*) to be dangerous; **seine ~n haben** *Maschine etc* to be temperamental **tückisch** A̲D̲J̲ malicious; *Strom etc* treacherous; *Krankheit* pernicious

tüfteln *umg* V̲I̲ to puzzle; (≈ *basteln*) to fiddle about *umg*; **an etw** (*dat*) **~** to fiddle about with sth; *geistig* to puzzle over sth

Tugend F̲ virtue **tugendhaft** A̲D̲J̲ virtuous **Tugendhaftigkeit** F̲ virtuousness

Tüll M̲ tulle; *für Gardinen* net **Tulpe** F̲ B̲O̲T̲ tulip **Tulpenzwiebel** F̲ tulip bulb

tummeln V̲R̲ *Hunde, Kinder etc* to romp (about) **Tummelplatz** M̲ play area; *fig*

T

hotbed

Tümmler M (bottlenose) dolphin

Tumor M tumour *Br*, tumor *US*

Tümpel M pond

Tumult M commotion; *der Gefühle* tumult

tun A V/T (≈ *machen*) to do; **so etwas tut man nicht!** that is just not done!; **was tun?** what can be done?; **was kann ich für Sie tun?** what can I do for you?; **etw aus Liebe/Bosheit** *etc* tun to do sth out of love/malice *etc*; **tu, was du nicht lassen kannst** well, if you have to; **j-m etwas tun** to do something to sb; *stärker* to hurt sb; **der Hund tut dir schon nichts** the dog won't hurt you; **das hat nichts damit zu tun** that's nothing to do with it; **mit ihm will ich nichts zu tun haben** I want nothing to do with him; **es mit j-m zu tun bekommen** to get into trouble with sb; → **getan** B V/R **es tut sich etwas/nichts** there is something/nothing happening; **hier hat sich einiges getan** there have been some changes here; **sich mit etw schwer tun** to have problems with sth C V/I (≈ *vorgeben*) **so tun, als ob … to** pretend that …; **tu doch nicht so** stop pretending; **sie tut nur so** she's only pretending; **zu tun haben** (≈ *beschäftigt sein*) to have things to do; **mit j-m zu tun haben** to have dealings with sb

Tünche F whitewash; *fig* veneer **tünchen** V/T to whitewash

Tundra F tundra

Tuner M tuner

Tunesien N Tunisia **Tunesier(in)** M(F) Tunisian **tunesisch** ADJ Tunisian

Tunfisch M tuna (fish)

Tunke F sauce **tunken** V/T to dip

tunlichst ADV (≈ *möglichst*) if possible; **~ bald** as soon as possible

Tunnel M tunnel

Tunte *pej umg* F fairy *pej umg*

Tüpfelchen N dot **tupfen** V/T to dab; **getupft** spotted **Tupfen** M spot; *klein* dot **Tupfer** M swab

Tür F door; **Tür an Tür mit j-m wohnen** to live next door to sb; **Weihnachten steht vor der Tür** Christmas is just (a)round the corner; **j-n vor die Tür setzen** *umg* to throw sb out; **mit der Tür ins Haus fallen** *umg* to blurt it out; **zwischen Tür und Angel** in passing; **einer Sache** (*dat*) **Tür und Tor öffnen** *fig* to open the way to sth

Turban M turban

Turbine F turbine

Turbolader M AUTO turbocharger **Turbomotor** M turbo-engine

turbulent ADJ turbulent **Turbulenz** F turbulence

Türfalle F *schweiz* (≈ *Klinke*) door handle **Türgriff** M door handle

Türke M Turk, Turkish man/boy **Türkei** F **die ~** Turkey **türken** *umg* V/T *etw* to fiddle *umg*; **die Statistik ~** to massage the figures **Türkin** F Turk, Turkish woman/girl

türkis ADJ turquoise

türkisch ADJ Turkish

Türklinke F door handle

Turkmenistan N Turkmenistan

Turm M **1** tower; (≈ *spitzer Kirchturm*) spire; *im Schwimmbad* diving tower *Br*, dive tower *US* **2** *Schach* rook, castle **türmen** A V/T to pile (up) B V/I to pile up; *Wellen* to tower up C V/I *umg* (≈ *davonlaufen*) to run off **Turmfalke** M kestrel **turmhoch** ADJ towering **Turmspringen** N high diving **Turmuhr** F *von Kirche* church clock

Turnanzug M leotard **Turnbeutel** M gym *od* PE bag **turnen** V/I *an Geräten* to do gymnastics; **sie kann gut ~** she is good at gym **Turnen** N gymnastics *sg*; *umg* (≈ *Leibeserziehung*) gym, PE *umg* **Turner(in)** M(F) gymnast **Turngerät** N (≈ *Reck, Barren etc*) (piece of) gymnastic apparatus **Turnhalle** F gym (-nasium) **Turnhemd** N gym shirt **Turnhose** F gym shorts *pl*

Turnier N tournament; (≈ *Tanzturnier*) competition; (≈ *Reitturnier*) show

Turnlehrer(in) M(F) gym teacher **Turnschuh** M **1** *aus Leder* trainer *Br*, sneaker *US*, tennis shoe *US* **2** *aus Segeltuch* pump *Br*, sneaker *US* **Turnstunde** F gym lesson; *im Verein* gymnastics lesson **Turnübung** F gymnastic exercise

Turnus M rota *Br*, roster

Turnverein M gymnastics club **Turnzeug** N gym kit *Br*, gym gear *US*

Türöffner M elektrischer ~ buzzer (for *opening the door*) **Türrahmen** M doorframe **Türschild** N doorplate **Türschloss** N door lock **Türschnalle** F *österr* (≈ *Klinke*) door handle **Türsprechanlage** F entryphone **Türsteher(in)** M(F) bouncer **Türstopper** M

door stopper
turteln V̲I̲ to bill and coo
Tusche F̲ (≈ *Ausziehtusche*) Indian ink; (≈ *Tuschfarbe*) watercolour *Br*, watercolor *US*; (≈ *Wimperntusche*) mascara
tuscheln V̲T̲ & V̲I̲ to whisper
Tuschkasten M̲ paintbox
Tussi *umg* F̲, **Tuss** *sl* F̲ female *umg*
Tüte F̲ bag; (≈ *Eistüte*) cone; *von Suppenpulver etc* packet
tuten V̲I̲ to toot
Tütensuppe F̲ instant soup
Tutor(in) M̲F̲ tutor
TÜV-Plakette F̲ ≈ MOT certificate *Br*, ≈ inspection certificate *US*
TV-Programm N̲ TV programmes *pl Br*, TV programs *pl US*
Tweet N̲/M̲ IT tweet
Twen M̲ person in his/her twenties
Twitter® M̲ INTERNET Internetdienst zum Versand von Textnachrichten Twitter®
twittern V̲T̲ & V̲I̲ INTERNET to tweet
Typ M̲ **1** (≈ *Modell*) model **2** (≈ *Menschenart*) type **3** *umg* (≈ *Mensch*) person, character; *sl* (≈ *Mann, Freund*) guy *umg*
Typhus M̲ typhoid (fever)
typisch A̲D̲J̲ typical (**für** of) B̲ A̲D̲V̲ ~ **deutsch/Mann/Frau** typically German/male/female
typisieren V̲T̲ MED to type
Typografie F̲ typography **typografisch** A̲D̲J̲ typographic(al)
Tyrann(in) M̲F̲ tyrant; (≈ *Mobber*) bully
Tyrannei F̲ tyranny **tyrannisch** A̲D̲J̲ tyrannical **tyrannisieren** V̲T̲ to tyrannize

U

U, u N̲ U, u
U-Bahn F̲ underground *Br*, subway *US*; **mit der ~ fahren** to go on the underground *Br*, to go on the subway *US* **U-Bahnhof** M̲ underground station *Br*, subway station *US*; *in London* tube station **U-Bahn-Netz** N̲ underground system *Br*, subway system *US*; *in London* tube system

übel A̲ A̲D̲J̲ **1** (≈ *schlimm*) bad; **das ist gar nicht so ~** that's not so bad at all **2** (≈ *moralisch, charakterlich schlecht*) wicked; *Tat* evil **3** (≈ *eklig*) *Geschmack, Geruch* nasty; **j-m ist ~** sb feels sick; **mir wird ~** I feel ill *od* queasy B̲ A̲D̲V̲ badly; **~ dran sein** to be in a bad way; **~ gelaunt** ill-humoured *Br*, ill-humored *US*; **~ riechend** foul-smelling; **das schmeckt gar nicht so ~** it doesn't taste so bad; **~ beleumdet** disreputable
Übel N̲ *geh* (≈ *Krankheit*) illness; (≈ *Missstand*) evil; **ein notwendiges/das kleinere ~** a necessary/the lesser evil; **zu allem ~ ...** to make matters worse **... Übelkeit** F̲ nausea; **~ erregen** to cause nausea **übel nehmen** V̲T̲ to take badly; **j-m etw ~** to hold sth against sb **Übeltäter(in)** *geh* M̲F̲ wrongdoer
üben A̲ V̲T̲ **1** (≈ *erlernen*) to practise *Br*, to practice *US*; MIL to drill; **Klavier ~** to practise the piano *Br*, to practice the piano *US* **2** (≈ *trainieren*) to exercise; → geübt **3 Kritik an etw** (*dat*) **~** to criticize sth; **Geduld ~** to be patient B̲ V̲I̲ to practise *Br*, to practice *US*
über A̲ P̲R̲Ä̲P̲ **1** *räumlich* over; (≈ *quer über*) across **2** *räumlich* over, above; **zwei Grad ~ null** two degrees (above zero); **~ j-m stehen** *von sth fig* to be over sb **3** *zeitlich* over; **etw ~ einem Glas Wein besprechen** to discuss sth over a glass of wine; **~ Mittag geht er meist nach Hause** he usually goes home at lunch **4** (≈ *mehr als*) over **5** *Thema* about; **was wissen Sie ~ ihn?** what do you know about him?; **~ j-n/etw lachen** to laugh about *od* at sb/sth; **sich ~ etw freuen** to be pleased about sth **6** **es kam plötzlich ~ ihn** it suddenly came over him; **wir sind ~ die Autobahn gekommen** we came by the autobahn; **~ Weihnachten** over Christmas, over the holidays *US*; **den ganzen Sommer ~** all summer long; **die ganze Zeit ~** all the time; **das ganze Jahr ~** all through the year; **Kinder ~ 14 Jahre** children over 14 years B̲ A̲D̲V̲ **und ~** all over; **ich stecke ~ und ~ in Schulden** I am up to my ears in debt
überaktiv A̲D̲J̲ hyperactive, overactive
überall A̲D̲V̲ everywhere; **~ herumliegen** to be lying all over the place; **~ wo** wherever; **es ist ~ dasselbe** it's the

same wherever you go **überallher** ADV from all over **überallhin** ADV everywhere

Überalterung F̲ **das Problem der ~ der Bevölkerung** the problem of an ageing population **Überangebot** N̲ surplus (**an** +dat of)

überängstlich ADJ overanxious

überanstrengen A VT̲ to overstrain, to overexert; *Augen* to strain B V/R to overstrain oneself **Überanstrengung** F̲ overexertion

überarbeiten VT̲ to rework V/R to overwork **Überarbeitung** F̲ *Vorgang* reworking; *Ergebnis* revision

überaus ADV extremely

überbacken VT̲ *im Backofen* to put in the oven; *im Grill* to put under the grill; **mit Käse** ~ au gratin

überbelegen VT̲ to overcrowd; *Kursus, Fach etc* to oversubscribe

überbelichten VT̲ FOTO to overexpose

überbesetzt ADJ *Behörde* overstaffed

überbewerten VT̲ to overvalue

überbieten A VT̲ *bei Auktion* to outbid (**um** by); *fig* to outdo; *Leistung, Rekord* to beat B V/R **sich in etw** (*dat*) (**gegenseitig**) ~ to vie with one another in sth

Überbleibsel N̲ remnant; (≈ *Speiserest*) leftover *mst pl*

Überblick M̲ **1** (≈ *freie Sicht*) view **2** (≈ *Einblick*) perspective, overview; **ihm fehlt der ~** he doesn't see *od* get the big picture; **den ~ verlieren** to lose track (of things) **überblicken** VT̲ **1** *Stadt* to overlook **2** *fig* to see

überbringen VT̲ **j-m etw** ~ to bring sb sth **Überbringer(in)** M(F) bringer; *von Scheck etc* bearer

überbrücken *fig* VT̲ to bridge; *Gegensätze* to reconcile **Überbrückungskredit** M̲ bridging loan

überbuchen VT̲ to overbook

überdachen VT̲ to cover over; **überdachte Bushaltestelle** covered bus shelter

überdauern VT̲ to survive

überdenken VT̲ to think over; **etw noch einmal** ~ to reconsider sth

überdeutlich ADJ all too obvious

überdies ADV *geh* (≈ *außerdem*) moreover

Überdosis F̲ overdose; **sich** (*dat*) **eine ~ Heroin spritzen** to overdose on heroin

Überdruck M̲ TECH excess pressure *kein pl* **Überdruckventil** N̲ pressure relief valve

Überdruss M̲ (≈ *Übersättigung*) surfeit (**an** +dat of); (≈ *Widerwille*) aversion (**an** +dat to); **bis zum** ~ ad nauseam **überdrüssig** ADJ **j-s/einer Sache ~ sein** to be weary of sb/sth

überdurchschnittlich A ADJ above-average B ADV exceptionally; **sie verdient ~ gut** she earns more than the average

Übereifer M̲ overzealousness; *pej* (≈ *Wichtigtuerei*) officiousness **übereifrig** ADJ overzealous; *pej* (≈ *wichtigtuerisch*) officious

übereilen VT̲ to rush **übereilt** ADJ overhasty

übereinander ADV **1** *räumlich* on top of each other, one on top of the other **2** *reden etc* about each other **übereinanderlegen** VT̲ to put one on top of the other **übereinanderschlagen** VT̲ **die Beine** ~ to cross one's legs

übereinkommen VT̲ to agree **Übereinkommen** N̲ agreement; (≈ *Abmachung*) deal **übereinstimmen** VI̲ to agree; *Meinungen* to tally; **mit j-m in etw** (*dat*) ~ to agree with sb on sth **übereinstimmend** ADJ corresponding; *Meinungen* concurring; **nach ~en Angaben** according to all accounts; **wir sind ~ der Meinung, dass ...** we unanimously agree that ...; ~ **mit** in agreement with **Übereinstimmung** F̲ **1** (≈ *Einklang*) correspondence; **zwei Dinge in ~ bringen** to bring two things into line **2** *von Meinung* agreement; **in ~ mit j-m** in agreement with sb; **in ~ mit etw** in accordance with sth

überempfindlich ADJ *a.* MED oversensitive, hypersensitive (**gegen** to) **Überempfindlichkeit** F̲ *a.* MED oversensitivity, hypersensitivity (**gegen** to)

übererfüllen VT̲ *Norm, Soll* to exceed (**um** by)

überessen V/R to overeat

überfahren VT̲ **1** *j-n, Tier* to run over **2** (≈ *übersehen*) *Ampel etc* to go through **3** *umg* (≈ *übertölpeln*) **j-n** ~ to railroad sb into it **Überfahrt** F̲ crossing

Überfall M̲ (≈ *Angriff*) attack (**auf** +akk on); *bes auf offener Straße* mugging (**auf** +akk of); *auf Bank etc* raid (**auf** +akk on); *auf Land* invasion (**auf** +akk of) **überfal-**

len V/T **1** (≈ *angreifen*) to attack; *bes auf offener Straße* to mug; *Bank etc* to raid, to hold up; *Land* to invade **2** *fig umg* (≈ *überraschend besuchen*) to descend (up)on; **j-n mit Fragen ~** to bombard sb with questions

überfällig ADJ overdue *mst präd*

überfliegen *wörtl* VT to fly over; (≈ *flüchtig ansehen*) *Buch etc* to glance through **Überflieger(in)** M(F) high-flier, high flyer

überflügeln VT to outdistance; *in Leistung* to outdo

Überfluss M **1** (super)abundance (**an** +*dat* of); (≈ *Luxus*) affluence; **im ~ leben** to live in luxury; **im ~ vorhanden sein** to be in plentiful supply **2** **zu allem ~** (≈ *obendrein*) into the bargain **Überflussgesellschaft** F affluent society **überflüssig** ADJ superfluous; (≈ *unnötig*) unnecessary; (≈ *zwecklos*) useless

überfluten V/I (≈ *überschwemmen*) to overflow **Überflutung** *wörtl* F flood; (≈ *das Überfluten*), *a. fig* flooding *kein pl*

überfordern VT to overtax; **damit ist er überfordert** that's asking too much of him

überfragt ADJ stumped (for an answer); **da bin ich ~** there you've got me

Überfremdung *neg!* F foreign infiltration

überfressen V/R *umg* to eat too much, to overeat; **überfriss dich nicht!** don't stuff yourself *umg*

überfrieren V/I to freeze over

überführen VT **1** to transfer; *Wagen* to drive **2** *Täter* to convict (+*gen* of) **Überführung** F **1** transportation **2** JUR conviction **3** (≈ *Brücke*) bridge; (≈ *Fußgängerüberführung*) footbridge

überfüllt ADJ overcrowded; *Lager* overstocked

Überfunktion F hyperactivity

Übergabe F handing over *kein pl*; MIL surrender

Übergang M **1** crossing; (≈ *Bahnübergang*) level crossing *Br*, grade crossing *US* **2** (≈ *Grenzübergangsstelle*) checkpoint **3** *fig* (≈ *Wechsel*) transition **Übergangsfrist** F transition period **übergangslos** ADJ & ADV without a transition **Übergangslösung** F interim solution **Übergangsphase** F transitional phase **Übergangsregierung** F caretaker government **Übergangs-**

zeit F transitional period

übergeben A VT (≈ *überreichen*) to hand over; *Dokument* to hand (**j-m** sb) B V/R (≈ *sich erbrechen*) to vomit, to throw up; **ich muss mich ~** I'm going to be sick

übergehen¹ V/I **1** **in etw** (*akk*) **~** *in einen anderen Zustand* to turn into sth; **in j-s Besitz** (*akk*) **~** to become sb's property; **in andere Hände ~** to pass into other hands **2** **auf j-n ~** (≈ *übernommen werden*) to pass to sb **3** **zu etw ~** to go over to sth

übergehen² VT to pass over; **sich übergangen fühlen** to feel left out, to feel ignored

übergenau ADJ over-meticulous, pernickety *umg*

übergeordnet ADJ **1** *Behörde* higher **2** GRAM *Satz* superordinate **3** *fig* **von ~er Bedeutung sein** to be of overriding importance

Übergepäck N FLUG excess baggage

übergeschnappt *umg* ADJ crazy; → überschnappen

Übergewicht N overweight; **~ haben** *Paket, Mensch* to be overweight

überglücklich ADJ overjoyed

übergreifen V/I *Feuer, Streik etc* to spread (**auf** +*akk* to) **Übergriff** M (≈ *Einmischung*) infringement (**auf** +*akk* of); MIL attack (**auf** +*akk* upon) **übergriffig** ADJ interfering

übergroß ADJ oversize(d) **Übergröße** F *bei Kleidung etc* outsize

überhaben *umg* VT **1** (≈ *satthaben*) to be sick (and tired) of *umg* **2** (≈ *übrig haben*) to have left (over)

überhandnehmen V/I to get out of hand

Überhang M **1** (≈ *Felsüberhang*) overhang **2** (≈ *Überschuss*) surplus (**an** +*dat* of) **überhängen** V/I **sich** (*dat*) **einen Mantel ~** to put a coat round one's shoulders

überhäufen VT *j-n* to overwhelm; **j-n mit Geschenken ~** to heap presents (up)on sb; **ich bin völlig mit Arbeit überhäuft** I'm completely snowed under (with work)

überhaupt ADV **1** (≈ *im Allgemeinen*) in general; (≈ *überdies*) anyway; **und ~, warum nicht?** and after all, why not? **2** *in Fragen, Verneinungen* at all; **~ nicht** not at all; **~ nichts** nothing at all; **~ nie** never (ever); **~ kein Grund** no reason whatsoever **3** (≈*eigentlich*) **wie ist das ~ möglich?** how is that possible?; **was wollen Sie ~ von mir?** *herausfordernd* what do you want from me?; **wer sind Sie ~?** who do you think you are?

überheblich ADJ arrogant **Überheblichkeit** F arrogance

überheizen V/T to overheat **überhitzt** *fig* ADJ *Konjunktur* overheated; *Gemüter* very heated *präd*

überhöht ADJ *Preise, Geschwindigkeit* excessive

überholen A V/T **1** *Fahrzeug* to overtake *bes Br*, to pass **2** TECH *Maschine etc* to overhaul B V/I to overtake **Überholmanöver** N AUTO overtaking manoeuvre *Br*, passing maneuver *US* **Überholspur** F AUTO overtaking lane *bes Br*, fast lane **überholt** ADJ out-dated, out of date **Überholverbot** N restriction on overtaking *bes Br*; *als Schild etc* no overtaking *bes Br*

überhören V/T not to hear; (≈ *nicht hören wollen*) to ignore; **das will ich überhört haben!** I didn't hear that!

überirdisch ADJ above ground

überkandidelt ADJ over the top, over-the-top *attr*

Überkapazität F overcapacity

überkleben V/T **etw mit Papier ~** to stick paper over sth

überkochen V/I to boil over

überkommen V/T (≈ *überfallen*) to come over; **Furcht** *etc* **überkam ihn** he was overcome with fear *etc*

überkreuzen A V/T **1** (≈ *überqueren*) to cross **2 die Beine ~** to cross one's legs B V/R *Linien* to intersect, to cross

überladen¹ V/T to overload

überladen² ADJ *Wagen* overloaded; *fig Stil* over-ornate

überlagern A V/T *Thema, Problem etc* to eclipse B V/R (≈ *sich überschneiden*) to overlap

überlang ADJ *Oper etc* overlength **Überlänge** F excessive length

überlappen V/I & V/R to overlap

überlassen V/T **1** (≈ *haben lassen*) **j-m etw ~** to let sb have sth **2** (≈ *anheimstellen*) **es j-m ~, etw zu tun** to leave it (up) to sb to do sth; **das bleibt (ganz) Ihnen ~** that's (entirely) up to you **3** (≈ *in Obhut geben*) **j-m etw ~** to leave sth with sb; **sich** (*dat*) **selbst ~ sein** to be left

to one's own devices; **j-n seinem Schicksal ~** to leave sb to his fate

überlasten V/T *j-n* to overtax; *Telefonnetz, Brücke* to overload; **überlastet sein** to be under too great a strain; (≈ *überfordert sein*) to be overtaxed; ELEK *etc* to be overloaded **Überlastung** F *von Mensch* overtaxing; (≈ *Überlastetsein*) strain; *durch Gewicht, a.* ELEK overloading

überlaufen¹ V/I **1** *Gefäß* to overflow **2** MIL, *a. fig* (≈ *überwechseln*) to desert; **zum Feind ~** to go over to the enemy **überlaufen²** ADJ overcrowded; *mit Touristen* overrun

Überläufer(in) M(F) turncoat

überleben V/T & V/I to survive **Überlebende(r)** M/F(M) survivor **Überlebenschance** F chance of survival **überlebensgroß** ADJ larger-than-life **Überlebenstraining** N survival training

überlegen¹ A V/T (≈ *nachdenken*) to think; **ohne zu ~** without thinking; (≈ *ohne zu zögern*) without thinking twice B V/T (≈ *durchdenken*) to think about, to consider; **das werde ich mir ~** I'll think about it; **ich habe es mir anders überlegt** I've changed my mind (about it); **das hätten Sie sich** (*dat*) **vorher ~ müssen** you should have thought about that before *od* sooner

überlegen² A ADJ superior; **j-m ~ sein** to be superior to sb B ADV in a superior manner **Überlegenheit** F superiority **überlegt** ADJ (well-)considered **Überlegung** F (≈ *Nachdenken*) consideration, thought; **bei näherer ~** on closer examination

überleiten V/I **zu etw ~** to lead up to sth

überlesen V/T (≈ *übersehen*) to miss

überliefern V/T *Tradition* to hand down; **etw der Nachwelt ~** to preserve sth for posterity **Überlieferung** F tradition

überlisten V/T to outwit

Übermacht F superiority *kein pl*, superior strength; **in der ~ sein** to be superior in number, to have the greater strength **übermächtig** ADJ *Stärke* superior; *Feind* (overwhelmingly) powerful; *fig Institution* all-powerful

Übermaß N excessive amount (**an** +*akk* of); **im ~ to** *od* in excess **übermäßig** A ADJ excessive B ADV excessively

übermenschlich ADJ superhuman

U

übermitteln V̄T̄ to convey (**j-m** sth); *Daten, Meldung* to transmit **Übermittlung** F̄ conveyance; *von Meldung* transmission

übermorgen ĀDV̄ the day after tomorrow

übermüden V̄T̄ to overtire **übermüdet** ĀDJ̄ overtired **Übermüdung** F̄ overtiredness; *Erschöpfung a.* fatigue

Übermut M̄ high spirits *pl* **übermütig** Ā (≈ *ausgelassen*) boisterous B̄ ĀDV̄ (≈ *ausgelassen*) boisterously

übernächst(r, s) ĀDJ̄ next ... but one; **die ~ Woche** the week after next

übernachten V̄Ī to sleep; *eine Nacht* to spend the night **übernächtig, übernächtig** *bes österr* ĀDJ̄ bleary-eyed **Übernachtung** F̄ overnight stay; **~ und** *od* **mit Frühstück** bed and breakfast **Übernachtungsmöglichkeit** F̄ overnight accommodation *kein pl*

Übernahme F̄ ▮1▮ takeover; (≈ *das Übernehmen*) taking over; *von Ansicht* adoption; **freundliche/feindliche ~** HANDEL friendly/hostile takeover ▮2▮ *von Amt* assumption **Übernahmeangebot** N̄ takeover bid

übernatürlich ĀDJ̄ supernatural

übernehmen Ā V̄T̄ ▮1▮ (≈ *annehmen*) to take; *Aufgabe, Verantwortung, Funktion* to take on; *Kosten* to agree to pay; **es ~, etw zu tun** to undertake to do sth ▮2▮ *ablösend od* **von** (**von** from); *Ansicht* to adopt B̄ V̄R̄ to take on too much; (≈ *sich überanstrengen*) to overdo it; **~ Sie sich nur nicht!** *iron* don't strain yourself! *iron*

überparteilich ĀDJ̄ nonparty *attr*; (≈ *unvoreingenommen*) nonpartisan; PARL *Problem* all-party *attr*

Überproduktion F̄ overproduction

überprüfbar ĀDJ̄ checkable **überprüfen** V̄T̄ to check; *Maschine, a.* FIN *Bücher* to inspect, to examine; *Lage, Frage* to review; *Ergebnisse etc* to scrutinize; POL *j-n* to screen **Überprüfung** F̄ ▮1▮ checking, check; *von Maschinen, a.* FIN *von Büchern* inspection, examination; POL screening ▮2▮ (≈ *Kontrolle*) inspection

überqualifiziert ĀDJ̄ overqualified

überqueren V̄T̄ to cross

überragend *fig* ĀDJ̄ outstanding

überraschen V̄T̄ to surprise; **j-n bei etw ~** to catch sb doing sth; **von einem**

Gewitter überrascht werden to be caught in a storm **überraschend** Ā ĀDJ̄ surprising; *Besuch* surprise *attr*; *Tod* unexpected B̄ ĀDV̄ unexpectedly **überrascht** ĀDJ̄ surprised (**über** +*akk* at) **Überraschung** F̄ surprise; **für eine ~ sorgen** to have a surprise in store

überreagieren V̄Ī to overreact **Überreaktion** F̄ overreaction

überreden V̄T̄ to persuade; **j-n zu etw ~** to talk sb into sth **Überredungskunst** F̄ persuasiveness

überregional ĀDJ̄ (≈ *national*) national

überreichen V̄T̄ (**j-m**) **etw ~** to hand sth over (to sb); *feierlich* to present sth (to sb) **Überreichung** F̄ presentation

Überrest M̄ remains *pl*

überrumpeln *umg* V̄T̄ to take by surprise; (≈ *überwältigen*) to overpower

überrunden V̄T̄ SPORT to lap; *fig* to outstrip

übersättigen V̄T̄ to satiate; *Markt* to oversaturate **Übersättigung** F̄ satiety; *des Marktes* oversaturation

Überschallflugzeug N̄ supersonic aircraft, SST *bes US* **Überschallgeschwindigkeit** F̄ supersonic speed; **mit ~ fliegen** to fly supersonic **Überschallknall** M̄ sonic boom

überschatten V̄T̄ to overshadow

überschätzen Ā V̄T̄ to overestimate B̄ V̄R̄ to overestimate oneself **Überschätzung** F̄ overestimation

überschaubar ĀDJ̄ *Plan etc* easily understandable; *Zeitraum* reasonable; **die Folgen sind noch nicht ~** the consequences cannot yet be clearly seen

überschauen V̄T̄ → überblicken

überschäumen V̄Ī to froth over; *fig* to bubble (over) (**vor** +*dat* with); *vor Wut* to seethe

überschlafen V̄T̄ *Problem etc* to sleep on

Überschlag M̄ ▮1▮ (≈ *Berechnung*) (rough) estimate ▮2▮ (≈ *Drehung*), *a.* SPORT somersault

überschlagen¹ Ā V̄T̄ ▮1▮ (≈ *auslassen*) to skip ▮2▮ (≈ *berechnen*) *Kosten etc* to estimate (roughly) B̄ V̄R̄ *Auto* to turn over; *fig Ereignisse* to come thick and fast; **sich vor Hilfsbereitschaft** (*dat*) **~** to fall over oneself to be helpful

überschlagen² V̄Ī *Stimmung etc* **in etw** (*akk*) **~** to turn into sth

überschnappen V̄Ī *Stimme* to crack;

umg Mensch to crack up *umg*; → **übergeschnappt**

überschneiden V/R *Linien* to intersect; *fig Interessen, Ereignisse etc* to overlap; *völlig* to coincide; *unerwünscht* to clash

Überschreibemodus M IT overwrite *od* overstrike mode **überschreiben** V/T **1** (≈ *betiteln*) to head **2** (≈ *übertragen*) **etw auf j-n ~** to sign sth over to sb **3** IT *Daten* to overwrite; *Text* to type over

überschreiten V/T to cross; *fig* to exceed

Überschrift F heading; (≈ *Schlagzeile*) headline

Überschuss M surplus (**an** +*dat* of) **überschüssig** ADJ surplus

überschütten V/T **1** (≈ *bedecken*) **j-n/etw mit etw ~** to cover sb/sth with sth; *mit Flüssigkeit* to pour sth onto sb/ sth **2** (≈ *überhäufen*) **j-n mit etw ~** to heap sth on sb

überschwänglich A ADJ effusive B ADV effusively

überschwappen V/I to splash over **überschwemmen** V/T to flood **Überschwemmung** F flood; *fig* inundation **Überschwemmungsgefahr** F danger of flooding

überschwenglich ADJ & ADV → **überschwänglich**

Übersee OHNE ARTIKEL **in/nach ~** overseas; **aus/von ~** from overseas

übersehbar ADJ **1** *wörtl Gegend etc* visible **2** (≈ *erkennbar*) clear; (≈ *abschätzbar*) *Kosten etc* assessable; **der Schaden ist noch gar nicht ~** the damage cannot be assessed yet **übersehen** V/T **1** *wörtl Gegend etc* to have a view of **2** (≈ *erkennen*) *Folgen, Sachlage* to see clearly; (≈ *abschätzen*) *Kosten* to assess **3** (≈ *nicht erkennen*) to overlook; (≈ *nicht bemerken*) to miss; **~, dass ...** to overlook the fact that ...

übersenden V/T to send

übersetzen[1] V/T *in andere Sprachen* to translate (**aus ... in** *akk* from ... into); **etw falsch ~** to mistranslate sth; **sich schwer ~ lassen** to be hard to translate

übersetzen[2] A V/T *mit Fähre* to ferry across B V/I to cross (over)

Übersetzer(in) M(F) translator **Übersetzung** F **1** translation **2** TECH (≈ *Übertragung*) transmission **Übersetzungsbüro** N, **Übersetzungsdienst** M translation agency **Über-**

setzungsprogramm N IT translation program **Übersetzungssoftware** F IT translation software

Übersicht F **1** (≈ *Überblick*) overview, overall view; **die ~ verlieren** to lose track of things **2** (≈ *Tabelle*) table **übersichtlich** A ADJ *Gelände etc* open; *Darstellung etc* clear B ADV clearly; **~ angelegt** clearly laid out **Übersichtlichkeit** F *von Gelände etc* openness; *von Darstellung etc* clarity

übersiedeln V/I to move (**von** from *od* **nach, in** +*akk* to)

überspannt ADJ *Ideen* extravagant; (≈ *exaltiert*) eccentric

überspielen V/T **1** (≈ *verbergen*) to cover (up) **2** (≈ *übertragen*) *Aufnahme* to transfer

überspitzt ADJ (≈ *zu spitzfindig*) over(ly) subtle, fiddly *Br umg*; (≈ *übertrieben*) exaggerated

überspringen[1] V/T **1** *Hindernis* to clear **2** (≈ *auslassen*) *Klasse, Kapitel, Lektion* to skip

überspringen[2] V/I (≈ *sich übertragen*) to jump (**auf** +*akk* to); *Begeisterung* to spread quickly (**auf** +*akk* to)

überstehen[1] V/T (≈ *durchstehen*) to get through; (≈ *überleben*) to survive; *Krankheit* to get over; **das Schlimmste ist jetzt überstanden** the worst is over now

überstehen[2] V/I (≈ *hervorstehen*) to jut *od* stick out

übersteigen V/T **1** (≈ *klettern über*) to climb over **2** (≈ *hinausgehen über*) to exceed **übersteigert** ADJ excessive

überstimmen V/T to outvote

überstrapazieren V/R to wear oneself out

Überstunde F hour of overtime; **~n** overtime *sg*; **zwei ~n machen** to do two hours overtime **Überstundenvergütung** F overtime pay **Überstundenzuschlag** M overtime premium

überstürzen A V/T to rush into B V/R *Ereignisse etc* to happen in a rush **überstürzt** A ADJ overhasty B ADV rashly

übertariflich ADJ & ADV above the agreed rate

überteuert ADJ overexpensive; *Preise* inflated

übertönen V/T to drown (out)

Übertrag M amount carried forward *bes Br*, amount carried over *bes US*

U

übertragbar ADJ transferable; *Krankheit* communicable *form* (**auf** +*akk* to), infectious; *durch Berührung* contagious

übertragen¹ A VT 1 (≈ *übergeben*) to transfer; *Krankheit* to pass on (**auf** +*akk* to); TECH *Kraft* to transmit 2 (≈ *kopieren*) to copy (out); (≈ *transkribieren*) to transcribe 3 TV, RADIO to transmit; **etw im Fernsehen ~** to televise sth 4 (≈ *übersetzen*) *Text* to render (**in** +*akk* into) 5 *Methode* to apply (**auf** +*akk* to) 6 (≈ *verleihen*) *Würde* to confer (**j-m** sb); *Vollmacht, Amt* to give (**j-m** sb) 7 (≈ *auftragen*) *Aufgabe* to assign (**j-m** sb) B VR *Krankheit etc* to be passed on (**auf** +*akk* to); TECH to be transmitted (**auf** +*akk* to); *Heiterkeit etc* to spread (**auf** +*akk* to)

übertragen² A ADJ *Bedeutung etc* figurative B ADV (≈ *figurativ*) figuratively

Übertragung F 1 (≈ *Transport*) transfer; *von Krankheit* passing on 2 TV, RADIO transmission 3 (≈ *Übersetzung*) rendering 4 (≈ *Anwendung*) application **Übertragungsgeschwindigkeit** F IT transfer rate **Übertragungsrate** F IT transmission rate

übertreffen A VT to surpass (**an** +*dat* in); *Rekord* to break; **er ist nicht zu ~** he is unsurpassable B VR **sich selbst ~** to excel oneself

übertreiben A VT 1 (≈ *aufbauschen*) to exaggerate 2 (≈ *zu weit treiben*) to overdo; → übertrieben **Übertreibung** F *a.* LIT exaggeration

übertreten VT *Grenze etc* to cross; *fig Gesetz, Verbot* to break **Übertretung** F *von Gesetz etc* violation

übertrieben A ADJ exaggerated; *Vorsicht* excessive B ADV (≈ *übermäßig*) excessively; → übertreiben

Übertritt M *über Grenze* crossing (**über** +*akk* of); *zu anderem Glauben* conversion; *zu anderer Partei* defection

übervölkern VT to overpopulate **Übervölkerung** F overpopulation

übervoll ADJ too full; *Glas* full to the brim

übervorsichtig ADJ overcautious

übervorteilen VT to cheat, to do down *umg*

überwachen VT (≈ *kontrollieren*) to supervise; (≈ *beobachten*) to observe; *Verdächtigen* to keep under surveillance; *mit Radar, a. fig* to monitor **Überwa-**

chung F supervision; (≈ *Beobachtung*) observation; *von Verdächtigen* surveillance; *mit Radar, a. fig* monitoring **Überwachungsanlage** F closed-circuit television, CCTV **Überwachungskamera** F surveillance *od* security camera **Überwachungsstaat** M Big Brother state

überwältigen VT to overpower; *zahlenmäßig* to overwhelm; (≈ *bezwingen*) to overcome **überwältigend** ADJ overwhelming; *Schönheit* stunning; *Erfolg* phenomenal

überwechseln VI to move (**in** +*akk* to); *zu Partei etc* to go over (**zu** to)

Überweg M **~ für Fußgänger** pedestrian crossing

überweisen VT *Geld* to transfer (**an** +*akk od* **auf** +*akk* to); *Patienten* to refer (**an** +*akk* to) **Überweisung** F (≈ *Geldüberweisung*) (credit) transfer; *von Patient* referral **Überweisungsformular** N transfer form **Überweisungsschein** M referral slip

überwerfen VR (≈ *zerstreiten*) **sich (mit j-m) ~** to fall out (with sb)

überwiegen VI to be predominant **überwiegend** A ADJ predominant; *Mehrheit* vast; **der ~e Teil** (+*gen*) the majority (of) B ADV predominantly, mostly

überwinden A VT to overcome B VR **sich ~, etw zu tun** to force oneself to do sth; **ich konnte mich nicht dazu ~** I couldn't bring myself to do it **Überwindung** F overcoming; (≈ *Selbstüberwindung*) will power; **das hat mich viel ~ gekostet** that took me a lot of will power

überwintern VI 1 to spend the winter (**in** +*dat* in, at) 2 *Tier* to hibernate

Überzahl F **in der ~ sein** to be in the majority **überzählig** ADJ (≈ *überschüssig*) surplus; (≈ *überflüssig*) superfluous

überzeugen A VT to convince; **überzeugt** convinced; (≈ *zuversichtlich*) confident; **ich bin davon überzeugt, dass ...** I am convinced that ... B VI to be convincing C VR **sich (selbst) ~** *mit eigenen Augen* to see for oneself; **~ Sie sich selbst!** see for yourself! **überzeugend** A ADJ convincing B ADV convincingly **Überzeugung** F conviction; (≈ *Prinzipien*) convictions *pl*, beliefs *pl*; **aus ~** out of principle; **ich bin der festen ~, dass ...** I am firmly convinced

U

that ...; **zu der ~ gelangen, dass** ... to become convinced that ... **Überzeugungskraft** F̲ persuasiveness
überziehen¹ Ⓐ V̲/T̲ **1** (≈ *bedecken*) to cover; **mit Schicht** to coat; **die Betten frisch ~** to change the beds **2** *Konto* to overdraw **3** *Redezeit etc* to overrun **4** (≈ *übertreiben*) to overdo; → **überziehen** Ⓑ V̲/I̲ *Redner* to overrun
überziehen² V̲/T̲ (≈ *anziehen*) (**sich** *dat*) **etw ~** to put sth on
Überziehungskredit M̲ overdraft
provision überzogen A̲D̲J̲ (≈ *übertrieben*) excessive; → **überziehen¹** **Überzug** M̲ cover
üblich A̲D̲J̲ usual; (≈ *herkömmlich*) customary; (≈ *normal*) normal; **wie ~** as usual; **das ist bei ihm so ~** that's usual for him; **allgemein ~ sein** to be common practice **üblicherweise** A̲D̲V̲ normally
U-Boot N̲ submarine, sub *umg*
übrig A̲D̲J̲ **1** (≈ *verbleibend*) (the) rest of, remaining; (≈ *andere*) other; **alle ~en Bücher** all the remaining *od* all the rest of the books **2** left (over); (≈ *zu entbehren*) spare; **etw ~ haben** to have sth left (over)/to spare; → **übrighaben 3 das Übrige** the rest, the remainder; **im Übrigen** incidentally, by the way **übrig bleiben** V̲/I̲ to be left (over); **da wird ihm gar nichts anderes ~** he won't have any choice **übrigens** A̲D̲V̲ incidentally, by the way, as a matter of fact **übrighaben** V̲/T̲ (≈ *mögen*) **für j-n/etw nichts ~** to have no time for sb/sth; **für j-n/etw viel ~** to be very fond of sb/sth
Übung F̲ **1** practice; **aus der ~ kommen** to get out of practice; **in ~ bleiben** to keep in practice; **zur ~** as practice; **~ macht den Meister** *sprichw* practice makes perfect *sprichw* **2** MIL, SPORT, SCHULE exercise **Übungsbuch** N̲ book of exercises **Übungssache** F̲ **das ist reine ~** it's all a matter of practice
Ufer N̲ (≈ *Flussufer*) bank; (≈ *Seeufer*) shore; **etw ans ~ spülen** to wash sth ashore; **der Fluss trat über die ~** the river burst its banks **uferlos** A̲D̲J̲ (≈ *endlos*) endless; (≈ *grenzenlos*) boundless; **ins Uferlose gehen** *Debatte etc* to go on forever; *Kosten* to go up and up
UFO, Ufo N̲ UFO, Ufo
UG A̲B̲K̲ (= *Untergeschoss*) basement

Uganda N̲ Uganda **ugandisch** A̲D̲J̲ Ugandan
U-Haft *umg* F̲ custody
Uhr F̲ **1** clock; (≈ *Armbanduhr, Taschenuhr*) watch; (≈ *Wanduhr, Gasuhr*) meter; **jds biologische Uhr** sb's biological clock; **jds innere Uhr** sb's body clock; **nach meiner Uhr** by my watch; **rund um die Uhr** round the clock; **ein Rennen gegen die Uhr** a race against the clock **2** *bei Zeitangaben* **um drei Uhr** at three (o'clock); **um 15 Uhr** at 3 o'clock, at 3pm; **um 8 Uhr 45** at 8.45; **wie viel Uhr ist es?** what time is it?, what's the time?; **um wie viel Uhr?** (at) what time? **Uhr(arm)band** N̲ watch strap; *aus Metall* watch bracelet **Uhrmacher(in)** M̲/F̲ clockmaker, watchmaker **Uhrwerk** N̲ clockwork mechanism; **wie ein ~** like clockwork **Uhrzeiger** M̲ (clock/watch) hand **Uhrzeigersinn** M̲ **im ~** clockwise; **entgegen dem ~** anticlockwise *Br*, counterclockwise *US* **Uhrzeit** F̲ time (of day)
Uhu M̲ eagle owl
Ukraine F̲ **die ~** the Ukraine **ukrainisch** A̲D̲J̲ Ukrainian
UKW A̲B̲K̲ (= *Ultrakurzwelle*) RADIO ≈ FM
Ulk *umg* M̲ lark *Br umg*, hoax *US umg*; (≈ *Streich*) trick; **Ulk machen** to clown *od* play around **ulkig** *umg* A̲D̲J̲ funny
Ulme F̲ elm
ultimativ A̲D̲J̲ **1** *Forderung etc* given as an ultimatum **2** *umg* (≈ *beste*) *Film, Buch* ultimate *umg* **Ultimatum** N̲ ultimatum; **j-m ein ~ stellen** to give sb an ultimatum
ultramodern A̲D̲J̲ ultramodern **Ultraschall** M̲ PHYS ultrasound; **einen ~ machen** to do an ultrasound **Ultraschallgerät** N̲ ultrasound scanner **Ultraschalluntersuchung** F̲ scan *Br*, ultrasound **ultraviolett** A̲D̲J̲ ultraviolet
um Ⓐ P̲R̲Ä̲P̲ **1** **um ... (herum)** around; **um sich schauen** to look around one **2** *zur Zeitangabe* at; **(genau) um acht** at eight (sharp); **um Weihnachten** around Christmas **3** (≈ *betreffend*) about; **es geht um das Prinzip** it's a question of principles **4** (≈ *für*) **der Kampf um die Stadt** the battle for the town; **um Geld spielen** to play for money; **sich um etw sorgen** to worry about sth **5** *bei Differenzangaben* by; **um 10% teurer**

10% more expensive; **um vieles besser** far better; **um nichts besser** no better; **etw um 4 cm verkürzen** to shorten sth by 4 cm **B** PRÄP **um ... willen** for the sake of **C** KONJ **um ... zu** (in order) to **D** ADV (≈ *ungefähr*) **um (die) 30 Schüler** *etc* about *od* (a)round about 30 pupils *etc*

umändern VT to alter

umarbeiten VT to alter; *Buch etc* to rewrite, to rework

umarmen VT to embrace, to hug **Umarmung** F embrace *a.* euph, hug

Umbau M rebuilding, renovation; *zu etwas anderem* conversion (**zu** into); (≈ *Umänderung*) alterations *pl*; **das Gebäude befindet sich im ~** the building is being renovated **umbauen** VT to rebuild, to renovate; *zu etwas anderem* to convert (**zu** into); (≈ *umändern*) to alter

umbenennen VT to rename (**in** +*akk* sth)

umbesetzen VT THEAT to recast; *Mannschaft* to reorganize

umbilden fig VT to reorganize; POL *Kabinett* to reshuffle Br, to shake up US **Umbildung** F reorganization; POL reshuffle Br, shake up US

umbinden VT to put on; **sich** (*dat*) **einen Schal ~** to put a scarf on

umblättern VT & VI to turn over

umbringen **A** VT to kill **B** VR to kill oneself; **er bringt sich fast um vor Höflichkeit** umg he falls over himself to be polite

Umbruch M **1** radical change **2** TYPO make-up

umbuchen VT **1** *Flug, Termin* to alter one's booking for **2** FIN *Betrag* to transfer **Umbuchung** F change in booking

umdenken VI to change one's ideas; **darin müssen wir ~** we'll have to rethink that

umdisponieren VI to change one's plans

umdrehen **A** VT to turn over; *um die Achse* to turn (a)round; *Schlüssel* to turn **B** VR to turn (a)round (**nach** to look at); *im Bett etc* to turn over **Umdrehung** F turn; PHYS revolution, rotation; AUTO revolution, rev

umeinander ADV about each other *od* one another; *räumlich* (a)round each other

umfahren[1] VT (≈ *überfahren*) to run

over

umfahren[2] VT (≈ *fahren um*) to go (a)round; *mit dem Auto* to drive (a)round; *auf Umgehungsstraße* to bypass **Umfahrung** österr F (≈ *Umgehungsstraße*) bypass, beltway US; (≈ *Umleitung*) diversion Br, detour US

umfallen VI to fall over; *Gegenstand* to fall (down); *umg* (≈ *ohnmächtig werden*) to pass out; *fig umg* (≈ *nachgeben*) to give in; **zum Umfallen müde sein** to be ready to drop; **wir arbeiteten bis zum Umfallen** we worked until we were ready to drop

Umfang M **1** *von Kreis etc* circumference; (≈ *Bauchumfang*) girth **2** fig (≈ *Ausmaß*) extent; (≈ *Reichweite*) range; *von Untersuchung etc* scope; *von Verkauf etc* volume; **in großem ~** on a large scale; **in vollem ~** fully, entirely **umfangreich** ADJ extensive; (≈ *geräumig*) spacious

umfassen VT **1** to grasp; (≈ *umarmen*) to embrace **2** fig (≈ *einschließen*) *Zeitperiode* to cover; (≈ *enthalten*) to contain **umfassend** **A** ADJ extensive; (≈ *vieles enthaltend*) comprehensive; *Geständnis* full, complete **B** ADV comprehensively

Umfeld N surroundings *pl*; fig sphere

umformatieren VT IT to reformat

umformen VT **1** to reshape (**in** +*akk* into) **2** ELEK to convert

umformulieren VT to reword, to rephrase

Umfrage F SOZIOL survey; *bes* POL (opinion) poll **Umfrageergebnis** N survey/poll result(s) (*pl*)

umfüllen VT to transfer into another bottle/container *etc*

umfunktionieren VT to change the function of; **etw zu etw ~** to turn sth into sth

Umgang M **1** (≈ *gesellschaftlicher Verkehr*) dealings *pl*; (≈ *Bekanntenkreis*) acquaintances *pl*; **schlechten ~ haben** to keep bad company; **~ mit j-m pflegen** to associate with sb; **er ist kein ~ für dich** he's not fit company for you **2** **im ~ mit Tieren muss man ...** in dealing with animals one must ...; **der ~ mit Kindern muss gelernt sein** you have to learn how to handle children **umgänglich** ADJ affable **Umgangsformen** PL manners *pl* **Umgangssprache** F colloquial language **um-**

U

gangssprachlich ADJ colloquial

umgeben Ⓐ V⁄T to surround Ⓑ V⁄R **sich mit j-m/etw ~** to surround oneself with sb/sth **Umgebung** F (≈ *Umwelt*) surroundings *pl*; (≈ *Nachbarschaft*) neighbourhood *Br*, neighborhood *US*; (≈ *gesellschaftlicher Hintergrund*) background

umgehen¹ V⁄I **1** *Gerücht etc* to go (a)round; *Grippe* to be going round **2 mit j-m/etw ~ können** to know how to handle sb/sth; **mit j-m grob/behutsam ~** to treat sb roughly/gently; **sorgsam mit etw ~** to be careful with sth

umgehen² *fig* V⁄T to avoid; *Gesetz* to get (a)round

umgehend Ⓐ ADJ immediate Ⓑ ADV immediately

Umgehung F (≈ *Vermeidung*) avoidance; *von Gesetz* circumvention; *von Frage* evasion **Umgehungsstraße** F bypass, beltway *US*

umgekehrt Ⓐ ADJ *Reihenfolge* reverse; (≈ *gegenteilig*) opposite, contrary; (≈ *andersherum*) the other way (a)round; **in die ~e Richtung fahren** to go in the opposite direction; **genau ~!** quite the contrary!; → **umkehren** Ⓑ ADV (≈ *andersherum*) the other way (a)round; **... und/oder ~** ... and/or vice versa

umgestalten V⁄T to alter; (≈ *reorganisieren*) to reorganize; (≈ *umordnen*) to rearrange **Umgestaltung** F alteration; (≈ *Reorganisation*) reorganization; (≈ *Umordnung*) rearrangement

umgewöhnen V⁄R to readapt

umgraben V⁄T to dig over; *Erde* to turn (over)

umgucken V⁄R *umg* → **umsehen**

umhaben *umg* V⁄T to have on

Umhang M cape; *länger* cloak; (≈ *Umhängetuch*) shawl **umhängen** V⁄T **1** *Rucksack etc* to put on; *Jacke, Schal etc* to drape (a)round; *Gewehr* to sling on; **sich** (*dat*) **etw ~** to put sth on, to drape sth (a)round one **2** *Bild* to rehang **Umhängetasche** F shoulder bag

umhauen V⁄T *umg* **1** *Baum* to chop *od* cut down **2** *umg* (≈ *umwerfen*) to knock over **3** *umg* (≈ *erstaunen*) to bowl over *umg*

umher ADV around, about *Br* **umherlaufen** V⁄I to walk around; (≈ *rennen*) to run around **umherziehen** V⁄I to move around (**in etw** *akk* sth)

umhinkönnen V⁄I **ich kann nicht umhin, das zu tun** I can't avoid doing it; *ei-*

nem Zwang folgend I can't help doing it

umhören V⁄R to ask around

umhüllen V⁄T to wrap (up) (**mit** in)

umjubeln V⁄T to cheer

umkämpfen V⁄T *Stadt* to fight over; *Wahlkreis* to contest

Umkehr F **1** *wörtl* turning back; **j-n zur ~ zwingen** to force sb to turn back **2** *fig geh* (≈ *Änderung*) change **umkehrbar** ADJ reversible **umkehren** Ⓐ V⁄I to turn back Ⓑ V⁄T *Reihenfolge, Trend* to reverse; *Verhältnisse* to overturn; GRAM, MATH to invert; → **umgekehrt** Ⓒ V⁄R *Verhältnisse* to become reversed

umkippen Ⓐ V⁄T to tip over; *Auto* to overturn; *Vase* to knock over Ⓑ V⁄I **1** to tip over; *Auto* to overturn **2** *umg* (≈ *ohnmächtig werden*) to pass out **3** *umg* (≈ *aufgeben*) to back down **4** *Fluss, See* to become ecologically dead

umklappen V⁄T to fold down

Umkleidekabine F changing cubicle *od* room **Umkleideraum** M changing room

umknicken Ⓐ V⁄T *Ast, Mast* to snap; *Baum* to break; *Strohhalm* to bend over Ⓑ V⁄I *Ast* to snap; *Strohhalm* to get bent over; **mit dem Fuß ~** to twist one's ankle

umkommen V⁄I (≈ *sterben*) to be killed; **vor Langeweile ~** *umg* to be bored to death *umg*

Umkreis M (≈ *Umgebung*) surroundings *pl*; (≈ *Gebiet*) area; (≈ *Nähe*) vicinity; **im näheren ~** in the vicinity **umkreisen** V⁄T to circle (around); RAUMF to orbit

umkrempeln V⁄T **1** *Ärmel, Hosenbein* to turn up; *mehrmals* to roll up **2** (≈ *umwenden*) to turn inside out; *umg Betrieb, System* to shake up *umg*

umladen V⁄T to transfer

Umlage F **eine ~ machen** to split the cost

umlagern V⁄T (≈ *einkreisen*) to surround

Umland N surrounding area

Umlauf M (≈ *das Kursieren*) circulation *a. fig*; **im ~ sein** to be in circulation **Umlaufbahn** F orbit

Umlaut M **1** umlaut **2** *Laut* vowel with umlaut

umlegen V⁄T **1** (≈ *umhängen*) to put round **2** (≈ *umklappen*) *Hebel* to turn **3** (≈ *verlegen*) *Kranke* to move; *Termin* to change (**auf** +*akk* to) **4** (≈ *verteilen*) **die 200 Euro wurden auf uns fünf umge-**

U

legt we divided up the 200 euros costs among the five of us **5** *umg* (≈ *ermorden*) to bump off *umg*

umleiten V/T to divert **Umleitung** F diversion; *Strecke a.* detour

umlernen V/I to retrain; *fig* change one's ideas

umliegend ADJ surrounding

Umluftherd M fan-assisted oven

ummelden V/R to register one's change of address

Umnachtung F **geistige ~** mental derangement

umordnen V/T to rearrange

umorganisieren V/T to reorganize

umpflanzen V/T (≈ *woanders pflanzen*) to transplant; *Topfpflanze* to repot

umpflügen V/T to plough up *Br*, to plow up *US*

umquartieren V/T to move

umrahmen V/T to frame

umranden V/T to edge

umräumen A V/T to rearrange; (≈ *an anderen Platz bringen*) to shift B V/I to rearrange the furniture

umrechnen V/T to convert (**in** +*akk* into) **Umrechnung** F conversion **Umrechnungskurs** M exchange rate **Umrechnungstabelle** F conversion table

umreißen V/T (≈ *skizzieren*) to outline

umrennen V/T to (run into and) knock down

umringen V/T to surround

Umriss M outline; (≈ *Kontur*) contour(s) (*pl*); **etw in ~en zeichnen/erzählen** to outline sth

umrühren V/T to stir

umrüsten V/T TECH to adapt; **etw auf etw** (*akk*) **~** to convert sth to sth

umsatteln *umg* V/I *beruflich* to change jobs; **von etw auf etw** (*akk*) **~** to switch from sth to sth

Umsatz M HANDEL turnover **Umsatzbeteiligung** F share of the turnover; (≈ *Provision*) sales commission **Umsatzplus** N HANDEL increase in turnover **Umsatzrückgang** M drop in turnover **Umsatzsteigerung** F increase in turnover **Umsatzsteuer** F VAT *Br*, sales tax *US* **Umsatzziel** N sales target

umschalten V/I to flick the/a switch; *auf anderen Sender* to turn over (**auf** +*akk* to); *Ampel* to change **Umschalttaste** F COMPUT shift key

Umschau F **~ halten** to look around (**nach for**) **umschauen** *bes dial* V/R → umsehen

umschiffen V/T to sail (a)round

Umschlag M **1** (≈ *Hülle*) cover; (≈ *Briefumschlag*) envelope; (≈ *Buchumschlag*) jacket **2** MED compress **3** (≈ *Ärmelumschlag*) cuff; (≈ *Hosenumschlag*) turn-up *Br*, cuff *US* **umschlagen** A V/T **1** *Ärmel, Hosenbein* to turn up; *Kragen* to turn down **2** (≈ *umladen*) *Güter* to transship B V/I (≈ *sich ändern*) to change (suddenly); *Wind* to veer; **ins Gegenteil ~** to become the opposite **Umschlaghafen** M port of transshipment **Umschlagplatz** M trade centre *Br*, trade center *US*

umschlungen ADJ **eng ~** with their *etc* arms tightly (a)round each other

umschmeißen V/T (≈ *umwerfen*) to knock over

umschreiben[1] V/T **1** *Text etc* to rewrite **2** *Hypothek* to transfer

umschreiben[2] V/T (≈ *mit anderen Worten ausdrücken*) to paraphrase; (≈ *darlegen*) to describe **Umschreibung** F (≈ *das Umschriebene*) paraphrase; (≈ *Darlegung*) description

umschulden V/T HANDEL *Kredit* to convert, to fund

umschulen V/T **1** *beruflich* to retrain **2** *auf andere Schule* to transfer (to another school) **Umschulung** F retraining; *auf andere Schule* transfer

umschwärmen V/T to swarm (a)round; (≈ *verehren*) to idolize

Umschweife PL **ohne ~** straight out

umschwenken V/I **1** *Anhänger, Kran* to swing out; *fig* to do an about-turn *Br*, to do an about-face *US* **2** *Wind* to veer

Umschwung *fig* M (≈ *Veränderung*) drastic change; *ins Gegenteil* about-turn *Br*, about-face *US*

umsegeln V/T to sail (a)round

umsehen V/R to look around (**nach for**); *rückwärts* to look back; **sich in der Stadt ~** to have a look (a)round the town; **ich möchte mich nur mal ~** *in Geschäft* I'm just looking

um sein V/I *Frist, Zeit* to be up

umseitig ADJ & ADV overleaf

umsetzen V/T **1** *Waren, Geld* to turn over **2** **etw in die Tat ~** to translate sth into action **Umsetzung** F *Realisierung* realization; *eines Plans* implemen-

U

tation; *eines Gesetzes* transposition; *Umwandlung* conversion (**in** *akk* into)

Umsicht F circumspection, prudence **umsichtig** A ADJ circumspect, prudent B ADV circumspectly, prudently

umsiedeln VT & VI to resettle **Umsiedlung** F resettlement

umso KONJ (≈*desto*) ~ **besser/schlimmer!** so much the better/worse!; ~ **mehr, als …** all the more considering *od* as

umsonst ADV 1 (≈*unentgeltlich*) free; *bes* HANDEL free of charge 2 (≈*vergebens*) in vain; (≈*erfolglos*) without success

umsorgen VT to look after

umspringen VI **mit j-m grob** *etc* ~ *umg* to treat sb roughly *etc*

Umstand M 1 circumstance; (≈*Tatsache*) fact; **den Umständen entsprechend** much as one would expect (under the circumstances); **nähere Umstände** further details; **in anderen Umständen sein** to be expecting; **unter keinen Umständen** under no circumstances; **unter Umständen** possibly 2 **Umstände** *pl* (≈*Mühe*) bother *sg*; (≈*Förmlichkeit*) fuss *sg*; **machen Sie bloß keine Umstände!** please don't go to any bother **umständehalber** ADV owing to circumstances **umständlich** A ADJ *Methode* (awkward and) involved; *Vorbereitung* elaborate; *Erklärung* long-winded; *Abfertigung* laborious; **sei doch nicht so** ~! don't make everything twice as hard as it really is!; **das ist mir zu** ~ that's too much bother B ADV *erklären* in a roundabout way; *vorgehen* awkwardly **Umständlichkeit** F *von Methode* involvedness; *von Erklärung etc* long-windedness **Umstandskleid** N maternity dress **Umstandskleidung** F maternity wear **Umstandskrämer(in)** *umg* MF(F) fusspot *Br umg*, fussbudget *US* **Umstandswort** N adverb

umstehend A ADJ 1 (≈*in der Nähe stehend*) standing nearby 2 (≈*umseitig*) overleaf B ADV overleaf

umsteigen VI 1 *in Bus, Zug etc* to change (buses/trains *etc*) 2 *fig umg* to switch (over) (**auf** *+akk* to)

umstellen[1] A VT to change (a)round; *Hebel, Betrieb* to switch over; *Uhr* to change; *Währung* to change over B VI **auf etw** (*akk*) ~ *Betrieb* to switch over

to sth C VR **sich auf etw** (*akk*) ~ to adjust to sth

umstellen[2] VT (≈*einkreisen*) to surround

Umstellung F 1 changing (a)round 2 *von Hebel, Betrieb* switch-over; *von Währung* changeover; ~ **auf Erdgas** conversion to natural gas 3 *fig* (≈*das Sichumstellen*) adjustment (**auf** *+akk* to); **das wird eine große** ~ **für ihn sein** it will be a big change for him

umstimmen VT **j-n** ~ to change sb's mind; **er ließ sich nicht** ~ he was not to be persuaded

umstoßen VT *Gegenstand* to knock over; *fig* to change; *Umstände etc: Plan, Berechnung* to upset

umstritten ADJ controversial

umstrukturieren VT to restructure

Umsturz M coup (d'état) **umstürzen** A VT to overturn; *fig Regierung* to overthrow B VI to fall

umtaufen VT to rebaptize; (≈*umbenennen*) to rechristen

Umtausch M exchange; **diese Waren sind vom** ~ **ausgeschlossen** these goods cannot be exchanged **umtauschen** VT to (ex)change; *Geld* to change (**in** *+akk* into) **Umtauschkurs** M exchange rate

umtopfen VT *Blumen etc* to repot

Umtriebe PL machinations *pl*; **umstürzlerische** ~ subversive activities

Umtrunk M drink

umtun *umg* VR to look around (**nach** for)

umverteilen VT to redistribute **Umverteilung** F redistribution

umwandeln VT to change (**in** *+akk* into); *Naturwissenschaft, a.* HANDEL to convert (**in** *+akk* to); *JUR Strafe* to commute (**in** *+akk* to); *fig* to transform (**in** *+akk* into) **Umwandlung** F *Naturwissenschaft, a.* HANDEL conversion; *fig* transformation

umwechseln VT *Geld* to exchange (**in** *+akk* for), to change (**in** *+akk* into)

Umweg M detour; *fig* roundabout way; **wenn das für Sie kein** ~ **ist** if it doesn't take you out of your way; **etw auf ~en erfahren** *fig* to find sth out indirectly

Umwelt F environment **umweltbedingt** ADJ determined by the environment, environmental **Umweltbedingungen** PL environmental conditions

U

pl **Umweltbehörde** F̲ environmental authority **umweltbelastend** A̲D̲J̲ causing environmental pollution **Umweltbelastung** F̲ (environmental) pollution **umweltbewusst** A̲D̲J̲ *Person* environmentally aware **Umweltbewusstsein** N̲ environmental awareness **Umweltexperte** M̲, **Umweltexpertin** F̲ environmental expert **umweltfreundlich** A̲D̲J̲ environmentally friendly, eco-friendly **Umweltfreundlichkeit** F̲ environmental friendliness **umweltgefährdend** A̲D̲J̲ harmful to the environment **Umweltgift** N̲ environmental pollutant **Umwelthaftung** F̲ environmental liability **Umweltkatastrophe** F̲ ecological disaster **Umweltkriminalität** F̲ environmental crimes *pl* **Umweltminister(in)** M̲I̲F̲ environment minister, minister for the environment **Umweltpapier** N̲ recycled paper **Umweltpolitik** F̲ environmental policy **Umweltprämie** F̲ environmental premium; (≈ *Abwrackprämie*) scrappage allowance *Br*, car allowance rebate scheme *od* CARS voucher *US*, cash for clunkers voucher *umg* **Umweltschaden** M̲ damage to the environment **umweltschädlich** A̲D̲J̲ harmful to the environment **umweltschonend** A̲D̲J̲ environmentally friendly **Umweltschutz** M̲ conservation **Umweltschutzbeauftragte(r)** M̲/F̲(M̲) environmental protection officer **Umweltschützer(in)** M̲I̲F̲ conservationist, environmentalist **Umweltschutzorganisation** F̲ environmentalist group **Umweltsteuer** F̲ ecology tax **Umweltsünder(in)** *umg* M̲I̲F̲ polluter **Umwelttoxikologie** F̲ environmental toxicology, ecotoxicology **Umweltverschmutzung** F̲ pollution (of the environment) **umweltverträglich** A̲D̲J̲ *Produkte, Stoffe* not harmful to the environment **Umweltverträglichkeit** F̲ environmental friendliness **Umweltzerstörung** F̲ destruction of the environment **Umweltzone** F̲ low--emission zone

umwenden A̲ V̲/T̲ to turn over B̲ V̲/R̲ to turn ((a)round (**nach** to)

umwerben V̲/T̲ to court

umwerfen V̲/T̲ ◾ *Gegenstand* to knock over; *Möbelstück etc* to overturn ◾ *fig*

(≈ *ändern*) to upset; *Vorstellungen* to throw over ◾ *fig umg* to stun **umwerfend** A̲D̲J̲ fantastic

umwickeln V̲/T̲ to wrap (a)round

umzäunen V̲/T̲ to fence (a)round

umziehen A̲ V̲/i̲ to move; **nach Köln ~** to move to Cologne B̲ V̲/R̲ to change, to get changed

umzingeln V̲/T̲ to surround, to encircle

Umzug M̲ ◾ (≈ *Wohnungsumzug*) move, removal *bes Br* ◾ (≈ *Festzug*) procession; (≈ *Demonstrationszug*) parade **Umzugskarton** M̲, **Umzugskiste** F̲ (cardboard) removal box

UN F̲ A̲B̲K̲ (= United Nations) UN

unabänderlich A̲D̲J̲ (≈ *unwiderruflich*) unalterable; *Entschluss* irrevocable; **~ feststehen** to be absolutely certain

unabdingbar A̲D̲J̲ indispensable; *Notwendigkeit* absolute

unabhängig A̲D̲J̲ independent (**von** of); **~ davon, was Sie meinen** irrespective of what you think **Unabhängigkeit** F̲ independence **Unabhängigkeitserklärung** F̲ declaration of independence **Unabhängigkeitstag** M̲ *in USA* Independence Day, Fourth of July

unabkömmlich *geh* A̲D̲J̲ busy; (≈ *unverzichtbar*) indispensable

unablässig A̲ A̲D̲J̲ continual B̲ A̲D̲V̲ continually

unabsehbar *fig* A̲D̲J̲ *Folgen etc* unforeseeable; *Schaden* immeasurable; **auf ~e Zeit** for an indefinite period

unabsichtlich A̲ A̲D̲J̲ unintentional B̲ A̲D̲V̲ unintentionally

unabwendbar A̲D̲J̲ inevitable

unachtsam A̲D̲J̲ (≈ *unaufmerksam*) inattentive; (≈ *nicht sorgsam*) careless; (≈ *unbedacht*) thoughtless

unähnlich A̲D̲J̲ dissimilar

unanfechtbar A̲D̲J̲ incontestable; *Beweis* irrefutable

unangebracht A̲D̲J̲ uncalled-for; *für Kinder etc* unsuitable; (≈ *unzweckmäßig*) *Maßnahmen* inappropriate

unangefochten A̲D̲J̲ unchallenged; *Urteil, Testament* uncontested

unangemeldet A̲ A̲D̲J̲ unannounced *kein adv*; *Besucher* unexpected B̲ A̲D̲V̲ unannounced; *besuchen* without letting sb know

unangemessen A̲ A̲D̲J̲ (≈ *zu hoch*) unreasonable; (≈ *unzulänglich*) inadequate; **einer Sache** (*dat*) **~ sein** to be inappro-

priate to sth **B** ADV hoch, teuer unreasonably; *sich verhalten* inappropriately
unangenehm ADJ unpleasant; *Frage* awkward; **er kann ~ werden** he can get quite nasty
unannehmbar ADJ unacceptable **Unannehmlichkeit** F trouble *kein pl;* **~en bekommen** to get into trouble
unansehnlich ADJ unsightly; *Tapete, Möbel* shabby
unanständig ADJ 1 (≈ *unerzogen*) bad-mannered 2 (≈ *anstößig*) dirty; *Wörter* rude; *Kleidung* indecent **Unanständigkeit** F 1 (≈ *Unerzogenheit*) bad manners *pl* 2 (≈ *Obszönität*) obscenity
unantastbar ADJ sacrosanct; *Rechte* inviolable
unappetitlich ADJ unappetizing
Unart F bad habit **unartig** ADJ naughty
unaufdringlich ADJ unobtrusive
unauffällig ADJ inconspicuous; (≈ *schlicht*) unobtrusive
unauffindbar ADJ nowhere to be found; *vermisste Person* untraceable
unaufgefordert **A** ADJ *bes* HANDEL unsolicited **B** ADV without being asked
unaufgeklärt ADJ unexplained; *Verbrechen* unsolved
unaufhaltsam ADJ unstoppable
unaufhörlich **A** ADJ incessant **B** ADV incessantly
unaufmerksam ADJ inattentive
unaufrichtig ADJ insincere
unausbleiblich ADJ inevitable
unausgefüllt ADJ *Leben, Mensch* unfulfilled
unausgeglichen ADJ unbalanced **Unausgeglichenheit** F imbalance
unausgegoren ADJ immature; *fig Plan, Idee* half-baked
unausgesprochen ADJ unspoken
unausgewogen ADJ unbalanced **Unausgewogenheit** F imbalance
unaussprechlich ADJ 1 *Wort* unpronounceable 2 *Leid etc* inexpressible
unausstehlich ADJ intolerable
unausweichlich ADJ unavoidable
unbändig ADJ 1 *Kind* boisterous 2 *Freude, Hass, Zorn* unrestrained *kein adv; Ehrgeiz* boundless; **sich ~ freuen** to be absolutely thrilled
unbarmherzig **A** ADJ merciless **B** ADV mercilessly
unbeabsichtigt **A** ADJ unintentional

B ADV unintentionally
unbeachtet ADJ unnoticed; *Warnung* unheeded; **~ bleiben** to go unnoticed/ unheeded; **j-n/etw ~ lassen** not to take any notice of sb/sth
unbeantwortet ADJ & ADV unanswered
unbebaut ADJ *Land* undeveloped; *Grundstück* vacant; *Feld* uncultivated
unbedacht **A** ADJ (≈ *hastig*) rash; (≈ *unüberlegt*) thoughtless **B** ADV rashly
unbedarft *umg* ADJ simple-minded
unbedenklich **A** ADJ (≈ *ungefährlich*) quite safe **B** ADV (≈ *ungefährlich*) quite safely; (≈ *ohne zu zögern*) without thinking, without thinking twice *umg*
unbedeutend ADJ insignificant, unimportant; (≈ *geringfügig*) *Änderung etc* minor
unbedingt **A** ADJ 1 absolute 2 *österr, schweiz Gefängnisstrafe* unconditional **B** ADV 1 (≈ *auf jeden Fall*) really; *nötig* absolutely; **ich musste sie ~ sprechen** I really had to speak to her; *nicht ~* not necessarily 2 *österr* **er wurde zu zwei Jahren ~ verurteilt** he was sentenced to two years in prison
unbeeindruckt ADJ & ADV unimpressed **(von** by**)**
unbefahrbar ADJ *Straße, Weg* impassable
unbefangen **A** ADJ 1 (≈ *unvoreingenommen*) impartial 2 (≈ *ungehemmt*) uninhibited **B** ADV 1 (≈ *unvoreingenommen*) impartially 2 (≈ *ungehemmt*) without inhibition **Unbefangenheit** F 1 (≈ *unparteiische Haltung*) impartiality 2 (≈ *Ungehemmtheit*) uninhibitedness
unbefriedigend ADJ unsatisfactory **unbefriedigt** ADJ unsatisfied; (≈ *unzufrieden*) dissatisfied
unbefristet **A** ADJ *Arbeitsverhältnis* permanent; *Visum* permanent **B** ADV for an indefinite period; **etw ~ verlängern** to extend sth indefinitely
unbefugt ADJ unauthorized; **Eintritt für Unbefugte verboten** no admittance to unauthorized persons
unbegabt ADJ untalented
unbegreiflich ADJ (≈ *unverständlich*) incomprehensible; *Dummheit* inconceivable
unbegrenzt **A** ADJ unlimited; *Frist* indefinite; **auf ~e Zeit** indefinitely; **in ~er Höhe** of an unlimited amount **B** ADV indefinitely

unbegründet ADJ unfounded; **eine Klage als ~ abweisen** to dismiss a case

Unbehagen N uneasy feeling; (≈ *Unzufriedenheit*) discontent (**an** +dat with); körperlich discomfort **unbehaglich** ADJ uncomfortable

unbehandelt ADJ Wunde, Obst untreated

unbehelligt A ADJ (≈ *unbelästigt*) unmolested; (≈ *unkontrolliert*) unchecked B ADV (≈ *unkontrolliert*) unchecked; (≈ *ungestört*) in peace, without interruption

unbeherrscht ADJ Reaktion uncontrolled; Mensch lacking self-control **Unbeherrschtheit** F von Mensch lack of self-control

unbeholfen A ADJ clumsy; MATH, a. helpless B ADV clumsily **Unbeholfenheit** F clumsiness; (≈ *Hilflosigkeit*) helplessness

unbeirrbar, unbeirrt A ADJ unwavering B ADV festhalten unwaveringly; weitermachen undeterred

unbekannt ADJ unknown; **das war mir ~** I didn't know that; **~e Größe** MATH, a. fig unknown quantity; **Strafanzeige gegen ~** charge against person or persons unknown **Unbekannte** F MATH unknown **Unbekannte(r)** M/F(M) stranger **unbekannterweise** ADV **grüß ihn von mir ~** say hello to him from me, even though we haven't met

unbekleidet ADJ bare; **sie war ~** she had nothing on

unbekümmert A ADJ 1 (≈ *unbesorgt*) unconcerned 2 (≈ *sorgenfrei*) carefree B ADV 1 (≈ *unbesorgt*) without worrying; (≈ *sorglos*) without a care in the world

unbelastet ADJ 1 (≈ *ohne Last*) unladen 2 (≈ *ohne Schulden*) unencumbered 3 (≈ *ohne Sorgen*) free from worries 4 (≈ *schadstofffrei*) unpolluted

unbelehrbar ADJ fixed in one's views; Rassist etc dyed-in-the-wool attr; **er ist ~** you can't tell him anything

unbeleuchtet ADJ Straße, Weg unlit

unbeliebt ADJ unpopular (**bei** with); **sich ~ machen** to make oneself unpopular

unbemannt ADJ unmanned

unbemerkt ADJ & ADV unnoticed; **~ bleiben** to go unnoticed

unbenommen form ADJ **es bleibt Ihnen ~, zu ...** you are (quite) at liberty to ...

unbenutzt ADJ & ADV unused

unbeobachtet ADJ unnoticed

unbequem ADJ (≈ *ungemütlich*) uncomfortable; (≈ *lästig*) Frage, Situation awkward; (≈ *mühevoll*) difficult; **diese Schuhe sind mir zu ~** these shoes are too uncomfortable; **der Regierung ~ sein** to be an embarrassment to the government **Unbequemlichkeit** F 1 (≈ *Ungemütlichkeit*) lack of comfort; von Situation awkwardness 2 inconvenience

unberechenbar ADJ unpredictable

unberechtigt ADJ Sorge etc unfounded; Kritik unjustified; (≈ *unbefugt*) unauthorized

unberührt ADJ 1 untouched; fig Natur unspoiled; **~ sein** Mädchen to be a virgin 2 (≈ *unbetroffen*) unaffected

unbeschädigt ADJ & ADV undamaged; Siegel unbroken

unbescheiden ADJ Mensch, Plan presumptuous

unbeschnitten ADJ Mann uncircumcised, uncut

unbescholten geh ADJ respectable; Ruf spotless JUR with no previous convictions

unbeschrankt ADJ unguarded

unbeschränkt ADJ unrestricted; Macht absolute; Geldmittel, Zeit unlimited

unbeschreiblich A ADJ indescribable; Frechheit enormous B ADV schön, gut etc indescribably

unbeschwert A ADJ (≈ *sorgenfrei*) carefree; Unterhaltung light-hearted B ADV (≈ *sorgenfrei*) carefree

unbesehen ADV indiscriminately; (≈ *ohne es anzusehen*) without looking at it/ them; **das glaube ich dir ~** I believe it if you say so

unbesetzt ADJ vacant; Schalter closed

unbesiegbar ADJ invincible **unbesiegt** ADJ undefeated

unbesonnen A ADJ rash B ADV rashly **Unbesonnenheit** F rashness

unbesorgt ADJ unconcerned; **Sie können ganz ~ sein** you can set your mind at rest B ADV without worrying

unbeständig ADJ Wetter changeable; Mensch unsteady; in Leistungen erratic **Unbeständigkeit** F von Wetter changeability; von Mensch unsteadiness; in Leistungen erratic behaviour Br, erratic behavior US

U

unbestechlich ADJ [1] *Mensch* incorruptible [2] *Urteil* unerring

unbestellt ADJ **~e Ware** unsolicited goods pl

unbestimmt ADJ [1] (≈*ungewiss*) uncertain [2] (≈*undeutlich*) *Gefühl etc* vague; **auf ~e Zeit** for an indefinite period [3] GRAM indefinite

unbestreitbar ADJ *Tatsache* indisputable; *Verdienste* unquestionable **unbestritten** [A] ADJ indisputable

unbeteiligt ADJ [1] (≈*uninteressiert*) indifferent [2] (≈*nicht teilnehmend*) uninvolved *kein adv* (**bei, an** +*dat* in)

unbetont ADJ unstressed

unbewacht ADJ & ADV unguarded; *Parkplatz* unattended

unbewaffnet ADJ unarmed

unbeweglich [A] ADJ [1] (≈*nicht zu bewegen*) immovable; (≈*steif*) stiff; *geistig* rigid [2] (≈*bewegungslos*) motionless [B] ADV *dastehen* motionless

unbewohnbar ADJ uninhabitable **unbewohnt** ADJ uninhabited; *Haus* unoccupied

unbewusst [A] ADJ unconscious [B] ADV unconsciously

unbezahlbar ADJ [1] (≈*zu teuer*) prohibitively expensive [2] *fig* (≈*nützlich*) invaluable; (≈*komisch*) priceless

unblutig ADJ *Sieg, Umsturz etc* bloodless

unbrauchbar ADJ (≈*nutzlos*) useless; (≈*nicht zu verwenden*) unusable

unbürokratisch ADJ unbureaucratic

unchristlich ADJ unchristian

uncool *umg* ADJ uncool *umg*; **das ist ja völlig ~** that's totally uncool

und KONJ and; **und?** well?; (**na**) **und?** so (what)?; **..., und wenn ich selbst bezahlen muss** ... even if I have to pay myself

Undank M ingratitude; **~ ernten** to get little thanks **undankbar** ADJ *Mensch* ungrateful

undatiert ADJ undated

undefinierbar ADJ indefinable

undemokratisch ADJ undemocratic

undenkbar ADJ inconceivable

undeutlich [A] ADJ indistinct; *Schrift* illegible; *Bild* blurred; *Erklärung* unclear [B] ADV **~ sprechen** to speak indistinctly; **ich konnte es nur ~ verstehen** I couldn't understand it very clearly

undicht ADJ (≈*luftdurchlässig*) not airtight; (≈*wasserdurchlässig*) not watertight; *Dach* leaky, leaking; **das Rohr ist**

~ the pipe leaks; das Fenster ist ~ the window lets in a draught *Br*, the window lets in a draft *US*

Unding N absurdity; **es ist ein ~, zu ...** it is preposterous *od* absurd to ...

undiplomatisch ADJ undiplomatic

undiszipliniert [A] ADJ undisciplined [B] ADV in an undisciplined way

undurchlässig ADJ impervious (**gegen** to); *Grenze* closed

undurchschaubar ADJ unfathomable

undurchsichtig ADJ [1] *Fenster, Stoff* opaque [2] *fig pej Mensch, Methoden* devious; *Motive* obscure

uneben ADJ uneven; *Gelände* rough **Unebenheit** F unevenness; *von Gelände* roughness

unecht ADJ false; (≈*vorgetäuscht*) fake; *Schmuck, Edelstein, Blumen etc* artificial

unehelich ADJ illegitimate; **~ geboren sein** to be illegitimate

unehrlich [A] ADJ dishonest [B] ADV dishonestly **Unehrlichkeit** F dishonesty

uneigennützig [A] ADJ unselfish [B] ADV unselfishly **Uneigennützigkeit** F unselfishness

uneingeschränkt [A] ADJ absolute, total; *Freiheit* unlimited; *Zustimmung* unqualified; *Vertrauen* absolute; *Lob* unreserved [B] ADV absolutely, totally; *zustimmen* without qualification; *loben, vertrauen* unreservedly

uneingeweiht ADJ uninitiated

uneinheitlich ADJ nonuniform; *Arbeitszeiten* varied; *Qualität* inconsistent

uneinig [A] ADJ [1] (≈*verschiedener Meinung*) **über etw** (*akk*) **~ sein** to disagree about sth [2] (≈*zerstritten*) divided **Uneinigkeit** F disagreement (+*gen* between)

uneinnehmbar ADJ impregnable

uneins ADJ (≈*zerstritten*) divided; (**mit j-m**) **~ sein/werden** to disagree with sb

unempfänglich ADJ unsusceptible (**für** to); *für Atmosphäre* insensitive

unempfindlich ADJ insensitive (**gegen** to); *gegen Krankheiten etc* immune; *Teppich* hard-wearing and stain-resistant **Unempfindlichkeit** F insensitivity (**gegen** to); *gegen Krankheiten etc* immunity

unendlich [A] ADJ infinite; *zeitlich* endless; (**bis**) **ins Unendliche** to infinity [B] ADV infinitely; *fig* (≈*sehr*) terribly; **~ lange diskutieren** to argue endlessly **Unendlichkeit** F infinity; *zeitlich* endless-

ness; *von Universum* boundlessness
unentbehrlich ADJ indispensable
unentdeckt ADJ undiscovered
unentgeltlich ADJ & ADV free of charge
unentschieden A ADJ undecided;
(≈*entschlusslos*) indecisive; SPORT drawn;
ein ~es Rennen a dead heat B ADV ~
enden to end in a draw *od* tie; **sich ~
trennen** to draw, to tie **Unentschieden** N SPORT draw
unentschlossen ADJ (≈*nicht entschieden*) undecided; *Mensch* indecisive
unentschuldigt A ADJ unexcused;
~es Fehlen absenteeism; SCHULE truancy B ADV without an excuse
unentwegt A ADJ *mit Ausdauer* constant B ADV constantly; **~ weitermachen** to continue unceasingly
unerbittlich A ADJ *Kampf* relentless;
Härte unyielding; *Mensch* pitiless B ADV
(≈*hartnäckig*) stubbornly; (≈*gnadenlos*)
ruthlessly
unerfahren ADJ inexperienced **Unerfahrenheit** F inexperience
unerfindlich ADJ incomprehensible;
aus ~en Gründen for some obscure reason
unerfreulich ADJ unpleasant
unerfüllbar ADJ unrealizable **unerfüllt** ADJ unfulfilled
unergiebig ADJ *Quelle, Thema* unproductive; *Ernte* poor
unergründlich ADJ unfathomable
unerheblich ADJ insignificant
unerhört¹ ADJ (≈*ungeheuer*) enormous;
(≈*empörend*) outrageous; *Frechheit* incredible
unerhört² ADJ *Bitte, Gebet* unanswered
unerkannt A ADJ unrecognized B
ADV without being recognized
unerklärbar ADJ inexplicable; **das ist
mir ~** I can't understand it **unerklärlich** ADJ inexplicable; **es ist mir ~** it's
a mystery to me
unerlässlich ADJ essential, vital
unerlaubt A ADJ forbidden; *Parken* unauthorized; (≈*ungesetzlich*) illegal B ADV
betreten, verlassen without permission
unerlaubterweise ADV without permission
unerledigt ADJ unfinished; *Post* unanswered; *Rechnung* outstanding; **etw ~
lassen** not to deal with sth
unermesslich A ADJ *Reichtum, Leid*
immense; *Weite, Ozean* vast B ADV *reich,*

groß immensely
unermüdlich A ADJ tireless B ADV
tirelessly
unerreichbar ADJ unreachable; *Ziel*
unattainable; *Ort* inaccessible **unerreicht** ADJ unequalled, unequaled *US*
unersättlich ADJ insatiable
unerschöpflich ADJ inexhaustible
unerschrocken A ADJ courageous,
brave B ADV courageously
unerschütterlich ADJ unshakeable;
Ruhe imperturbable
unerschwinglich ADJ prohibitive; **für
j-n ~ sein** to be beyond sb's means
unersetzlich ADJ irreplaceable
unerträglich A ADJ unbearable B
ADV *heiß, laut* unbearably
unerwähnt ADJ unmentioned; **~ bleiben** not to be mentioned
unerwartet A ADJ unexpected B ADV
unexpectedly
unerwünscht ADJ *Kind* unwanted; *Besuch, Effekt* unwelcome; *Eigenschaften*
undesirable; **du bist hier ~** you're not
welcome here
unerzogen ADJ ill-mannered
unfachgemäß A ADJ unprofessional
B ADV unprofessionally
unfähig ADJ 🔢 incompetent, useless 🔢
~ sein, etw zu tun to be incapable of
doing sth; *vorübergehend* to be unable
to do sth **Unfähigkeit** F 🔢 (≈*Untüchtigkeit*) incompetence 🔢 (≈*Nichtkönnen*)
inability
unfair A ADJ unfair (**gegenüber** to) B
ADV unfairly
Unfall M accident **Unfallflucht** F failure to stop after an accident; **~ begehen** to fail to stop after causing an accident **Unfallfolge** F result of an/the
accident **unfallfrei** ADJ accident-free
Unfallopfer N casualty **Unfallort**
M scene of an/the accident **Unfallrisiko** N accident risk **Unfallschaden**
M damages *pl* **Unfallstation** F casualty (ward) *Br*, emergency room *US*, ER *US*
Unfallstelle F scene of an/the accident **Unfalltod** M accidental death
Unfallursache F cause of an/the accident **Unfallverhütung** F accident
prevention **Unfallversicherung** F
accident insurance **Unfallwagen** M
car involved in an/the accident **Unfallzeuge** M, **Unfallzeugin** F witness
to an/the accident

U

unfassbar ADJ incomprehensible
unfehlbar A ADJ infallible B ADV without fail **Unfehlbarkeit** F infallibility
unfein A ADJ unrefined *kein adv*; **das ist ~** that's bad manners B ADV *sich ausdrücken* in an unrefined way; *sich benehmen* in an ill-mannered way
unflätig ADJ offensive
unfolgsam ADJ disobedient
unformatiert ADJ IT unformatted
unförmig ADJ (≈*formlos*) shapeless; (≈*groß*) cumbersome; *Füße, Gesicht* unshapely
unfrankiert ADJ & ADV unfranked
unfreiwillig ADJ ① (≈*gezwungen*) compulsory; **ich war ~er Zeuge** I was an unwilling witness ② (≈*unbeabsichtigt*) *Witz, Fehler* unintentional
unfreundlich A ADJ unfriendly (**zu, gegen** to); *Wetter* inclement; *Landschaft* cheerless B ADV in an unfriendly way; **~ reagieren** to react in an unfriendly way **Unfreundlichkeit** F unfriendliness; *von Wetter* inclemency
unfruchtbar ADJ infertile; *fig* sterile; **~ machen** to sterilize **Unfruchtbarkeit** F infertility; *fig* sterility
Unfug M nonsense; **~ treiben** to get up to mischief; **grober ~** JUR public nuisance
Ungar(in) M(F) Hungarian **ungarisch** ADJ Hungarian **Ungarn** N Hungary
ungastlich ADJ inhospitable
ungeachtet PRÄP in spite of, despite; **~ aller Ermahnungen** despite all warnings
ungeahnt ADJ undreamt-of
ungebeten ADJ uninvited
ungebildet ADJ uncultured; (≈*ohne Bildung*) uneducated
ungeboren ADJ unborn
ungebräuchlich ADJ uncommon
ungebraucht ADJ & ADV unused
ungebrochen *fig* ADJ *Rekord, Wille* unbroken
ungebunden ADJ (≈*unabhängig*) *Leben* (fancy-)free; (≈*unverheiratet*) unattached; **parteipolitisch ~** (politically) independent
ungedeckt ADJ ① SPORT *Tor* undefended; *Spieler* unmarked; *Scheck, Kredit* uncovered ② *Tisch* unlaid *Br*
Ungeduld F impatience; **vor ~** with impatience; **voller ~** impatiently **ungeduldig** A ADJ impatient B ADV impatiently

ungeeignet ADJ unsuitable
ungefähr A ADJ approximate, rough B ADV roughly; *bei Zahlenangaben* about, around; **das kommt nicht von ~** it's no accident; **so ~!** more or less; **~ (so) wie** a bit like; **dann weiß ich ~ Bescheid** then I've got a rough idea; **das hat sich ~ so abgespielt** it happened something like this
ungefährlich ADJ safe; *Tier, Krankheit* harmless **Ungefährlichkeit** F safeness; *von Tier, Krankheit* harmlessness
ungefragt ADV **sie tat es ~** she did it without being asked
ungehalten A ADJ indignant (**über** +*akk* about) B ADV indignantly
ungeheizt ADJ unheated
ungehemmt ADJ unrestrained
ungeheuer A ADJ ① = **ungeheuerlich** ② (≈*riesig*) enormous; *in Bezug auf Länge, Weite* vast ③ (≈*genial, kühn*) tremendous B ADV (≈*sehr*) enormously; *negativ* terribly, awfully **Ungeheuer** N monster **ungeheuerlich** ADJ monstrous; *Leichtsinn* outrageous; *Verdacht, Dummheit* dreadful **Ungeheuerlichkeit** F *von Tat* atrociousness; *von Verleumdung* outrageousness
ungehindert A ADJ unhindered B ADV without hindrance
ungehobelt ADJ *Benehmen* boorish
ungehörig ADJ impertinent
ungehorsam ADJ disobedient **Ungehorsam** M disobedience; MIL insubordination; **ziviler ~** civil disobedience
ungeklärt ADJ *Frage, Verbrechen* unsolved; *Ursache* unknown; **unter ~en Umständen** in mysterious circumstances
ungekündigt ADJ **in ~er Stellung** not under notice
ungekürzt A ADJ not shortened; *Buch* unabridged; *Film* uncut B ADV *veröffentlichen* unabridged; *Film* uncut; **der Artikel wurde ~ abgedruckt** the article was printed in full
ungeladen ADJ *Gäste etc* uninvited
ungelegen A ADJ inconvenient B ADV **komme ich (Ihnen) ~?** is this an inconvenient time for you?; **etw kommt j-m ~** sth is inconvenient for sb **Ungelegenheiten** PL inconvenience *sg*; **j-m ~ bereiten** *od* **machen** to inconvenience sb
ungelernt ADJ unskilled

ungelogen ADV honestly

ungemein ADJ tremendous; **das freut mich ~** I'm really really pleased

ungemütlich ADJ uncomfortable; *Wohnung* not very cosy; *Mensch* awkward; *Wetter* unpleasant; **mir wird es hier ~** I'm getting a bit uncomfortable; **er kann ~ werden** he can get nasty

ungenannt ADJ **1** *Mensch* anonymous **2** *Summe* unspecified

ungenau A ADJ inaccurate; (≈ *nicht wahrheitsgetreu*) inexact; (≈ *vage*) vague B ADV inaccurately **Ungenauigkeit** F inaccuracy

ungeniert A ADJ (≈ *ungehemmt*) unembarrassed; (≈ *taktlos*) uninhibited B ADV openly; (≈ *taktlos*) without any inhibition

ungenießbar ADJ (≈ *nicht zu essen*) inedible; (≈ *nicht zu trinken*) undrinkable; *umg Mensch* unbearable

ungenügend A ADJ inadequate, insufficient; SCHULE unsatisfactory, failure B ADV inadequately, insufficiently

ungenutzt ADJ unused; *Energien* unexploited; **eine Chance ~ lassen** to miss an opportunity

ungepflegt ADJ *Mensch* unkempt; *Rasen, Hände* neglected

ungeprüft A ADJ untested; *Vorwürfe* unchecked B ADV without testing, without checking

ungerade ADJ odd

ungerecht A ADJ unjust, unfair B ADV unjustly, unfairly **ungerechtfertigt** ADJ unjustified **Ungerechtigkeit** F injustice

ungeregelt ADJ *Zeiten* irregular; *Leben* disordered

Ungereimtheit F inconsistency

ungern ADV reluctantly

ungerührt ADJ & ADV unmoved

ungesagt ADJ unsaid

ungesalzen ADJ unsalted

ungeschehen ADJ **etw ~ machen** to undo sth

Ungeschicklichkeit F clumsiness **ungeschickt** A ADJ clumsy; (≈ *unbedacht*) careless B ADV clumsily

ungeschminkt ADJ without make-up; *fig Wahrheit* unvarnished

ungeschoren ADJ unshorn; **j-n ~ lassen** *umg* to spare sb; **~ davonkommen** *umg* to escape unscathed; *Verbrecher* to get off (scot-free)

ungeschrieben ADJ unwritten

ungeschützt ADJ unprotected

ungesellig ADJ unsociable

ungesetzlich ADJ unlawful, illegal

ungestört A ADJ undisturbed; **hier sind wir ~** we won't be disturbed here B ADV *arbeiten, sprechen* without being interrupted

ungestraft ADV with impunity

ungestüm A ADJ impetuous B ADV impetuously **Ungestüm** N impetuousness

ungesund ADJ unhealthy; (≈ *schädlich*) harmful

ungesüßt ADJ unsweetened

ungeteilt ADJ undivided; *Beifall* universal

ungetrübt ADJ clear; *Glück* perfect

Ungetüm N monster

ungewiss ADJ uncertain; (≈ *vage*) vague; **eine Reise ins Ungewisse** *fig* a journey into the unknown; **j-n (über etw** *akk*) **im Ungewissen lassen** to leave sb in the dark (about sth) **Ungewissheit** F uncertainty

ungewöhnlich ADJ unusual **ungewohnt** ADJ (≈ *fremdartig*) unfamiliar; (≈ *unüblich*) unusual

ungewollt A ADJ unintentional B ADV unintentionally

Ungeziefer N pests *pl*

ungezogen ADJ ill-mannered

ungezwungen A ADJ casual; *Benehmen* natural B ADV casually; **sich benehmen** naturally

ungläubig ADJ unbelieving; REL infidel; (≈ *zweifelnd*) doubting **Ungläubige(r)** M/F(M) unbeliever **unglaublich** ADJ unbelievable, incredible **unglaubwürdig** ADJ implausible; *Dokument* dubious; *Mensch* unreliable

ungleich A ADJ dissimilar, unalike *präd; Größe, Farbe* different; *Mittel, Kampf* unequal; MATH not equal B ADV **1** *vor Komparativ* much **2** *vor Komparativ* unterschiedlich unequally **2** *vor Komparativ* much **Ungleichgewicht** *fig* N imbalance **Ungleichheit** F dissimilarity; *von Größe, Farbe* difference; *von Mitteln, Kampf* inequality **ungleichmäßig** A ADJ uneven; *Gesichtszüge, Puls* irregular B ADV unevenly

Unglück N (≈ *Unfall*) accident; (≈ *Schicksalsschlag*) disaster; (≈ *Unheil*) misfortune; (≈ *Pech*) bad luck; **in sein ~ rennen** to head for disaster; **das bringt ~** that brings bad luck; **zu allem ~** to make matters worse; **ein ~ kommt selten allein** *sprichw* it never rains but it pours *Br sprichw*, when it rains, it pours *US sprichw* **unglücklich** A ADJ 1 (≈ *traurig*) *Liebe* unhappy; *Liebe* unrequited 2 (≈ *bedauerlich*) unfortunate B ADV 1 *traurig* unhappily; **~ verliebt sein** to be crossed in love 2 *ungünstig* unfortunately; **~ enden** to turn out badly 3 *stürzen, fallen* awkwardly **unglücklicherweise** ADV unfortunately **Unglücksfall** M accident

Ungnade F disgrace; **bei j-m in ~ fallen** to fall out of favour with sb *Br*, to fall out of favor with sb *US* **ungnädig** ADJ ungracious; *hum* unkind

ungrammatisch ADJ ungrammatical

ungültig ADJ invalid; (≈ *nichtig*) void; *Stimmzettel* spoiled; SPORT *Tor* disallowed

ungünstig ADJ unfavourable *Br*, unfavorable *US*; *Entwicklung* undesirable; *Termin* inconvenient; *Augenblick, Wetter* bad

ungut ADJ bad; **nichts für ~!** no offence *Br od* offense *US* !

unhaltbar ADJ *Zustand* intolerable; *Vorwurf etc* untenable; *Torschuss* unstoppable

unhandlich ADJ unwieldy

Unheil N disaster; **~ stiften** to do damage; **~ bringend** fateful **unheilbar** ADJ incurable; **~ krank sein** to be terminally ill

unheimlich A ADJ 1 (≈ *angsterregend*) frightening; **das/er ist mir ~** it/he gives me the creeps *umg* 2 *umg* tremendous *umg* B ADV *umg* (≈ *sehr*) incredibly *umg*; **~ viel Geld** a tremendous amount of money *umg*

unhöflich A ADJ impolite, rude B ADV impolitely **Unhöflichkeit** F impoliteness

unhygienisch ADJ unhygienic

uni ADJ self-coloured *Br*, self-colored *US*, plain

Uni F *umg* F uni *umg*, U *US umg*

Uniform F uniform **uniformiert** ADJ uniformed **Uniformierte(r)** M/F(M) person/man/woman in uniform

Unikum N 1 unique thing *etc* 2 *umg* real character

unilateral A ADJ unilateral B ADV unilaterally

unintelligent ADJ unintelligent

uninteressant ADJ uninteresting; **das**

ist doch völlig ~ that's of absolutely no interest

Union F union; **die ~** POL the CDU and CSU; **die Europäische ~** the European Union

universal A ADJ universal B ADV universally **Universalgenie** N universal genius **universell** A ADJ universal B ADV universally **Universität** F university; **auf die ~ gehen** to go to university **Universitätsbibliothek** F university library **Universitätsgelände** N university campus **Universitätsklinik** F university clinic **Universitätsstadt** F university town **Universitätsstudium** N *Ausbildung* university training **Universum** N universe

unken *umg* V/I to foretell gloom

unkenntlich ADJ unrecognizable; *Inschrift etc* indecipherable **Unkenntlichkeit** F **bis zur ~** beyond recognition **Unkenntnis** F ignorance; **aus ~** out of ignorance

unklar A ADJ unclear; (≈ *undeutlich*) blurred; **es ist mir völlig ~, wie das geschehen konnte** I (just) can't understand how that could happen; **über etw** (*akk*) **völlig im Unklaren sein** to be completely in the dark about sth B ADV unclearly **Unklarheit** F lack of clarity; *über Tatsachen* uncertainty; **darüber herrscht noch ~** this is still uncertain *od* unclear

unklug A ADJ unwise B ADV unwisely

unkompliziert ADJ uncomplicated

unkontrollierbar ADJ uncontrollable

unkontrolliert ADJ & ADV unchecked

unkonventionell A ADJ unconventional B ADV unconventionally

unkonzentriert ADJ **er ist ~** he lacks concentration

Unkosten PL costs *pl*; (≈ *Ausgaben*) expenses *pl*; **sich in ~ stürzen** *umg* to go to a lot of expense **Unkostenbeitrag** M contribution toward(s) costs/expenses

Unkraut N weed; *Unkräuter* weeds; **~ vergeht nicht** *sprichw* it would take more than that to finish me/him *etc* off! *hum* **Unkrautbekämpfung** F weed control **Unkrautbekämpfungsmittel** N weed killer

unkritisch A ADJ uncritical B ADV uncritically

unkündbar ADJ *Anstellung* permanent; *Vertrag* binding; **in ~er Stellung** in a permanent position

unkundig ADJ ignorant (+gen of)

unlauter ADJ dishonest; *Wettbewerb* unfair

unleserlich ADJ illegible

unliebsam ADJ unpleasant; *Konkurrent* irksome

unlogisch ADJ illogical

unlösbar fig ADJ *Problem etc* insoluble; *Widerspruch* irreconcilable **unlöslich** ADJ CHEM insoluble

Unlust F **1** (≈ *Widerwille*) reluctance **2** (≈ *Lustlosigkeit*) listlessness

Unmasse F *load umg;* ~n von Büchern loads *od* masses of books *umg*

unmaßgeblich A ADJ (≈ *nicht entscheidend*) *Urteil* not authoritative; (≈ *unwichtig*) *Äußerung* inconsequential; **nach meiner ~en Meinung** *hum* in my humble opinion *hum* B ADV insignificantly

unmäßig A ADJ excessive B ADV *essen, trinken* to excess; *rauchen* excessively

Unmenge F vast number; *bei unzählbaren Mengenbegriffen* vast amount; ~ n **essen** to eat an enormous amount

Unmensch M monster; **ich bin ja kein** ~ I'm not an ogre **unmenschlich** A ADJ **1** inhuman **2** *umg* (≈ *unerträglich*) terrible B ADV *behandeln* in an inhuman way **Unmenschlichkeit** F inhumanity; ~ en inhumanity

unmerklich A ADJ imperceptible B ADV imperceptibly

unmissverständlich A ADJ unequivocal B ADV unequivocally; **j-m etw** ~ **zu verstehen geben** to tell sb sth in no uncertain terms

unmittelbar A ADJ *Nähe* immediate; (≈ *direkt*) direct; **aus ~er Nähe schießen** to fire at close range B ADV immediately; (≈ *ohne Umweg*) directly; ~ **vor** (+dat) *zeitlich* immediately before; *räumlich* right in front of

unmöbliert ADJ *Zimmer* unfurnished; ~ **wohnen** to live in unfurnished accommodation

unmodern A ADJ old-fashioned B ADV *gekleidet* in an old-fashioned way

unmöglich A ADJ impossible; **sich** ~ **machen** to make oneself look ridiculous B ADV (≈ *keinesfalls*) not possibly; **ich kann es** ~ **tun** I cannot possibly do it; ~ **aussehen** *umg* to look ridiculous **Unmöglichkeit** F impossibility; **das ist ein Ding der** ~! that's quite impossible!

unmoralisch ADJ immoral

unmündig ADJ underage **Unmündigkeit** F minority

unmusikalisch ADJ unmusical

unnachgiebig ADJ inflexible

unnachsichtig A ADJ severe; *stärker* merciless B ADV *verfolgen* mercilessly; *bestrafen* severely

unnahbar ADJ *Mensch* unapproachable

unnatürlich ADJ unnatural; *Tod* violent

unnötig A ADJ unnecessary B ADV unnecessarily **unnötigerweise** ADV unnecessarily

unnütz ADJ useless; (≈ *umsonst*) pointless

unökonomisch ADJ uneconomic; *Fahrweise* uneconomical

unordentlich ADJ untidy, messy; *Lebenswandel* disorderly **Unordnung** F disorder; *kein unbest art;* (≈ *Durcheinander*) mess; **etw in** ~ **bringen** to mess sth up

unorganisch ADJ inorganic

unorthodox ADJ unorthodox

unparteiisch A ADJ impartial B ADV impartially **Unparteiische(r)** M/F(M) **der** ~ SPORT the referee

unpassend ADJ inappropriate; *Augenblick* inconvenient

unpässlich ADJ ~ **sein, sich** ~ **fühlen** to be* indisposed, to feel* unwell; **sie ist** ~ *euph* it's that time of the month

unpersönlich ADJ impersonal

unpolitisch ADJ unpolitical

unpopulär ADJ unpopular

unpraktisch ADJ *Mensch* unpractical; *Lösung* impractical

unproblematisch ADJ unproblematic

unproduktiv ADJ unproductive

unpünktlich ADJ *Mensch* unpunctual; *Zug* not on time **Unpünktlichkeit** F unpunctuality

unqualifiziert ADJ *Arbeitskraft* unqualified; *Arbeiten, Jobs* unskilled; *Äußerung* incompetent

unrasiert ADJ unshaven

unrealistisch ADJ unrealistic

unrecht ADJ wrong; **das ist mir gar nicht so** ~ I don't really mind; ~ **haben** to be wrong; ~ **tun** to do wrong **Unrecht** N wrong, injustice; **zu** ~ *verdächtigt* unjustly; **im** ~ **sein** to be wrong; **j-m ein** ~ **tun** to do sb an injustice **unrechtmäßig** ADJ unlawful, illegal **Unrechtsregime** N POL tyrannical re-

U

gime

unregelmäßig Ⓐ ADJ irregular Ⓑ ADV irregularly **Unregelmäßigkeit** F irregularity

unreif ADJ *Obst* unripe; *Mensch, Verhalten* immature

unrentabel ADJ unprofitable

unrichtig ADJ incorrect; *Vorwurf, Angaben etc* false

Unruhe F **1** restlessness; (≈ *Nervosität*) agitation; **in ~ sein** to be restless; (≈ *besorgt*) to be agitated **2** (≈ *Unfrieden*) unrest *kein pl*; **~ stiften** to create unrest **3** (**politische**) **~n** (political) disturbances; (≈ *Ausschreitungen*) riots **Unruhestifter(in)** M(F) troublemaker **unruhig** ADJ restless; (≈ *laut*) noisy; *Schlaf, Meer* troubled

unrühmlich ADJ inglorious

uns Ⓐ PERS PR us; *dat a.* to us; **bei uns** (≈ *zu Hause, im Betrieb etc*) at our place; (≈ *in unserem Land*) in our country; **bei uns zu Hause** at our house; **ein Freund von uns** a friend of ours; **das gehört uns** that is ours Ⓑ REFL PR ourselves; (≈ *einander*) each other

unsachgemäß Ⓐ ADJ improper Ⓑ ADV improperly

unsachlich ADJ unobjective; **~ werden** to lose one's objectivity

unsanft ADJ rough; (≈ *unhöflich*) rude

unsauber ADJ **1** (≈ *schmutzig*) dirty **2** *Handschrift* untidy; *Schuss, Schnitt* inaccurate; *Ton* impure

unschädlich ADJ harmless; **eine Bombe ~ machen** (≈ *entschärfen*) to defuse a bomb; **j-n ~ machen** *umg* to take care of sb *umg*

unscharf ADJ *Erinnerung* hazy; **der Sender ist ~ eingestellt** the station is not tuned clearly

unschätzbar ADJ *Wert, Verlust* incalculable; **von ~em Wert** invaluable

unscheinbar ADJ inconspicuous; (≈ *unattraktiv*) *Aussehen* unprepossessing

unschlagbar ADJ unbeatable

unschlüssig ADJ undecided; (≈ *zögernd*) irresolute

unschön ADJ (≈ *hässlich*) unsightly; *stärker* ugly; (≈ *unangenehm*) unpleasant; *Szenen* ugly

Unschuld F **1** innocence **2** (≈ *Jungfräulichkeit*) virginity **unschuldig** Ⓐ ADJ **1** innocent; **an etw** (*dat*) **~ sein** not to be guilty of sth; **er war völlig ~**

an dem Unfall he was in no way responsible for the accident **2** (≈ *jungfräulich*) virginal Ⓑ ADV **1** JUR **j-n ~ verurteilen** to convict sb when he is innocent **2** (≈ *arglos*) *fragen* innocently

unselbstständig Ⓐ ADJ lacking in independence; **eine ~e Tätigkeit ausüben** to work as an employee Ⓑ ADV (≈ *mit fremder Hilfe*) not independently **Unselbstständigkeit** F lack of independence

unser POSS PR our **unsereiner, unsereins** *umg* INDEF PR the likes of us *umg* **unsere(r, s)** POSS PR *substantivisch* ours; **der/die/das Unsere** *geh* ours; **wir tun das Unsere** *geh* we are doing our bit; **die Unseren** *geh* our family **unsererseits** ADV (≈ *auf unserer Seite*) for our part; (≈ *von unserer Seite*) on our part **unseresgleichen** INDEF PR people like us

unseriös ADJ *Mensch* slippery; *Auftreten, Bemerkung* frivolous; *Methoden, Firma* shady; *Angebot* not serious

unsertwegen ADV (≈ *wegen uns*) because of us; (≈ *um uns*) about us; (≈ *für uns*) on our behalf

unsicher Ⓐ ADJ **1** (≈ *gefährlich*) dangerous; **die Gegend ~ machen** *fig umg* to raise hell *umg* (≈ *verunsichert*) insecure, unsure (of oneself) **3** (≈ *ungewiss*) unsure; (≈ *unstabil*) uncertain, unstable; *Kenntnisse* shaky Ⓑ ADV (≈ *schwankend*) unsteadily; (≈ *nicht selbstsicher*) uncertainly **Unsicherheit** F (≈ *Gefahr*) danger; (≈ *mangelndes Selbstbewusstsein*) insecurity; (≈ *Ungewissheit*) uncertainty

UN-Sicherheitsrat M UN Security Council

unsichtbar ADJ invisible

Unsinn M nonsense *kein unbest art*, rubbish; **~ machen** to do silly things; **lass den ~!** stop fooling about! **unsinnig** ADJ (≈ *sinnlos*) foolish; (≈ *ungerechtfertigt*) unreasonable; *stärker* absurd

Unsitte F bad habit **unsittlich** Ⓐ ADJ immoral; *in sexueller Hinsicht* indecent Ⓑ ADV indecently; **er hat sich ihr ~ genähert** he made indecent advances to her **unsolide** ADJ *Mensch* free-living; (≈ *unredlich*) *Firma, Angebot* unreliable; **ein ~s Leben führen** to be free-living **unsozial** ADJ antisocial

unsportlich ADJ **1** (≈ *ungelenkig*) unsporty **2** (≈ *unfair*) unsporting

unsterblich A ADJ immortal; *Liebe* undying; **j-n ~ machen** to immortalize sb B ADV *umg* **sich ~ blamieren** to make a complete idiot of oneself; **~ verliebt sein** to be madly in love *umg*

unstimmig ADJ *Aussagen etc* at variance, differing *attr* **Unstimmigkeit** F (≈ *Ungenauigkeit*) discrepancy; (≈ *Streit*) difference

Unsumme F vast sum

unsympathisch ADJ unpleasant; **er ist mir ~** I don't like him

unsystematisch A ADJ unsystematic B ADV unsystematically

Untat F atrocity

untätig A ADJ (≈ *müßig*) idle; (≈ *nicht handelnd*) passive B ADV idly; **sie sah ~ zu, wie er verblutete** she stood idly by as he bled to death **Untätigkeit** F (≈ *Müßiggang*) idleness; (≈ *Passivität*) passivity

untauglich ADJ unsuitable (**zu, für** for); **für Wehrdienst** unfit

unteilbar ADJ indivisible

unten ADV (≈ *am unteren Ende*) at the bottom; (≈ *tiefer, drunten*) (down) below; (≈ *an der Unterseite*) underneath; *in Gebäude* downstairs; **von ~** from below; **nach ~** down; *im Haus* downstairs; **~ am Berg** at the bottom of the hill; **~ im Glas** at the bottom of the glass; **weiter ~** further down; **~ erwähnt**; **~ genannt** mentioned below; **er ist bei mir ~ durch** *umg* I'm through with him *umg*; **~ stehend** following; *wörtl* standing below; **~ wohnen** to live downstairs

unter PRÄP under; (≈ *drunter*) underneath, below; (≈ *zwischen, innerhalb*) among(st); **~ 18 Jahren** under 18 years (of age); **Temperaturen ~ 25 Grad** temperatures below 25 degrees; **~ $ 50** *od* less than $50; **der Boden ~ ihren Füßen** the ground beneath her feet; **~ sich** (*dat*) **sein** to be by themselves; **~ etw leiden** to suffer from sth; **~ anderem** among other things

Unterabteilung F subdivision

Unterarm M forearm

unterbelichtet ADJ FOTO underexposed

untersetzt ADJ understaffed

unterbewusst A ADJ subconscious; **das Unterbewusste** the subconscious B ADV subconsciously **Unterbewusstsein** N subconscious; **im ~** subconsciously

unterbezahlt ADJ underpaid

unterbieten V/T *Konkurrenten, Preis* to undercut; *fig* to surpass

unterbinden V/T to stop; MED *Blutung* to ligature

unterbleiben V/I 1 (≈ *aufhören*) to cease 2 (≈ *nicht geschehen*) not to happen

Unterbodenschutz M AUTO protective undercoating

unterbrechen V/T to interrupt; *Stille* to break; *Telefonverbindung* to disconnect; *Spiel* to suspend; *Schwangerschaft* to terminate; **entschuldigen Sie bitte, wenn ich Sie unterbreche** forgive me for interrupting **Unterbrechung** F interruption; *von Stille* break (+*gen* in); *von Spiel* stoppage; **ohne ~** without a break, non-stop

unterbreiten V/T *Plan* to present; (**j-m**) **ein Angebot ~** to make an offer (to sb)

unterbringen V/T 1 (≈ *verstauen*) to put; *in Heim etc* to put; **etw bei j-m ~** to leave sth with sb 2 (≈ *Unterkunft geben*) *Menschen* to accommodate; *Sammlung* to house; **gut/schlecht untergebracht sein** to have good/bad accommodation; (≈ *versorgt werden*) to be well/badly looked after **Unterbringung** F accommodation *Br*, accommodations *pl US*

unterbuttern V/T *umg* (≈ *unterdrücken*) to ride roughshod over; **lass dich nicht ~!** don't let them push you around

Unterdeck N SCHIFF lower deck

unterdessen ADV meanwhile, in the meantime

unterdrücken V/T 1 (≈ *beherrschen*) *Volk* to oppress; *Freiheit, Meinung* to suppress 2 (≈ *zurückhalten*) *Neugier, Gähnen, Gefühle* to suppress; *Tränen, Bemerkung* to hold back **Unterdrücker(in)** M(F) oppressor **Unterdrückung** F 1 *von Volk* oppression; *von Freiheit* suppression 2 *von Neugier, Gähnen, Gefühlen* suppression; *von Tränen, Bemerkung* holding back

unterdurchschnittlich ADJ below average

untereinander ADV 1 (≈ *gegenseitig*) each other; (≈ *miteinander*) among yourselves/themselves *etc* 2 *räumlich* one below the other

untere(r, s) ADJ lower; **am ~n Ende**

(von) at the bottom (of)
unterernährt ADJ undernourished
Unterernährung F malnutrition
Unterfangen geh N venture, undertaking

unterfordert ADJ **ich fühle mich ~** I'm not being challenged (enough)
Unterführung F underpass
Untergang M **1** von Schiff sinking **2** von Gestirn setting **3** (≈ das Zugrundegehen) decline; von Individuum downfall; **dem ~ geweiht sein** to be doomed
untergeben ADJ subordinate **Untergebene(r)** M(F)M subordinate
untergehen V/I **1** (≈ versinken) to go down; Schiff to sink; fig im Lärm etc to be submerged od drowned **2** Gestirn to set **3** (≈ zugrunde gehen) to decline; Individuum to perish
untergeordnet ADJ subordinate; Bedeutung secondary; → unterordnen
Untergeschoss, **Untergeschoß** österr N basement
Untergewicht N underweight; **~ haben** to be underweight
untergliedern V/T to subdivide
untergraben V/T (≈ zerstören) to undermine
Untergrund M **1** GEOL subsoil **2** (≈ Farbschicht) undercoat; (≈ Hintergrund) background **3** POL etc underground **Untergrundbahn** F underground Br, subway US, schott
unterhalb ADV & PRÄP below; **~ von** below
Unterhalt M **1** (≈ Lebensunterhalt) alimony; bes Br JUR maintenance; **seinen ~ verdienen** to earn one's living **2** (≈ Instandhaltung) upkeep **unterhalten** A V/T **1** (≈ versorgen) to support **2** (≈ betreiben) Geschäft, Kfz to run **3** (≈ instand halten) Gebäude, Kontakte, Beziehungen to maintain **4** Gäste, Publikum to entertain B V/R **1** (≈ sprechen) to talk (**mit** to, with, **über** akk about); **sich mit j-m (über etw** akk) **unterhalten** od chat with sb (about sth) **2** (≈ sich vergnügen) to have a good time **Unterhalter(in)** M(F) entertainer **unterhaltsam** ADJ entertaining **Unterhaltsanspruch** M maintenance claim, claim for maintenance, claim for alimony US **Unterhaltsbeihilfe** F maintenance grant **unterhaltsberechtigt** ADJ entitled to maintenance Br, entitled to al-

imony **Unterhaltsgeld** N maintenance Br, alimony **Unterhaltskosten** PL von Gebäude maintenance (costs) Br; Kinder alimony (costs); von Kfz running costs pl **Unterhaltspflicht** F obligation to pay maintenance Br, obligation to pay alimony **unterhaltspflichtig** ADJ under obligation to pay maintenance Br, under obligation to pay alimony **Unterhaltszahlung** F maintenance payment, alimony US **Unterhaltung** F **1** (≈ Gespräch) talk, conversation **2** (≈ Amüsement) entertainment; **wir wünschen gute ~** we hope you enjoy the programme Br, we hope you enjoy the program US **Unterhaltungselektronik** F (≈ Industrie) consumer electronics sg; (≈ Geräte) audio systems pl **Unterhaltungsmusik** F light music
Unterhändler(in) M(F) negotiator
Unterhaus N Lower House, House of Commons Br
unterheben V/T GASTR to stir in (lightly)
Unterhemd N vest Br, undershirt US
Unterholz N undergrowth
Unterhose F (≈ Herrenunterhose) (pair of) underpants pl, briefs pl; (≈ Damenunterhose) (pair of) pants pl Br, (pair of) panties pl US
unterirdisch ADJ & ADV **1** underground **2** umg (≈ sehr schlecht) kronik umg; **~ spielen** to play crappily umg
unterjochen V/T to subjugate
unterjubeln V/T umg (≈ andrehen) **j-m etw ~** to palm sth off on sb umg
Unterkiefer M lower jaw
unterkommen V/I **1** (≈ Unterkunft finden) to find accommodation; umg (≈ Stelle finden) to find a job (**als** as od **bei** with, at); **bei j-m ~** to stay at sb's (place)
Unterkörper M lower part of the body
unterkriegen umg V/T to bring down; (≈ deprimieren) to get down; **lass dich von ihnen nicht ~** don't let them get you down
unterkühlt ADJ Körper affected by hypothermia; fig Atmosphäre chilly **Unterkühlung** F MED hypothermia **Unterkunft** F accommodation kein pl Br, accommodations pl US, lodging; **~ und Verpflegung** board and lodging **Unterlage** F **1** für Teppich underlay; im Bett draw sheet **2** (≈ Beleg) document

unterlassen V̲T̲ (≈ nicht tun) to refrain from; (≈ nicht durchführen) not to carry out; **~ Sie das!** don't do that!; **er hat es ~, mich zu benachrichtigen** he failed to notify me; **~e Hilfeleistung** J̲U̲R̲ failure to give assistance **Unterlassungsklage** F̲ J̲U̲R̲ action for injunction

Unterlauf M̲ lower reaches pl (of a river) **unterlaufen** Ⓐ V̲I̲ Irrtum to occur; **mir ist ein Fehler ~** I made a mistake Ⓑ V̲T̲ Bestimmungen to get (a)round; (≈ umgehen) to circumvent

unterlegen A̲D̲J̲ inferior; (≈ besiegt) defeated; **j-m ~ sein** to be inferior to sb **Unterlegscheibe** F̲ T̲E̲C̲H̲ washer

Unterleib M̲ abdomen **Unterleibchen** N̲ österr (≈ Unterhemd) vest Br, undershirt US **Unterleibskrebs** M̲ cancer of the abdomen; bei Frau cancer of the womb **Unterleibsschmerzen** P̲L̲ abdominal pains pl

unterliegen V̲I̲ ◨ (≈ besiegt werden) to be defeated (+dat by) ◪ (≈ unterworfen sein) to be subject to; einer Steuer to be liable to; **es unterliegt keinem Zweifel, dass …** it is not open to any doubt that …

Unterlippe F̲ bottom lip

untermauern V̲T̲ to underpin

Untermenü N̲ I̲T̲ submenu

Untermiete F̲ subtenancy; **bei j-m zur ~ wohnen** to be sb's tenant **Untermieter(in)** M̲F̲ lodger bes Br, roomer US

unterminieren V̲T̲ to undermine

unternehmen V̲T̲ to do; Versuch, Reise to make; **Schritte ~** to take steps **Unternehmen** N̲ ◨ (≈ Firma) business, concern, enterprise; **kleine und mittlere ~** small and medium-sized enterprises ◪ (≈ Aktion) undertaking, enterprise, venture; M̲I̲L̲ operation **Unternehmensberater(in)** M̲F̲ management consultant **Unternehmensgründung** F̲ founding of a od the company **Unternehmenspolitik** F̲ der EU enterprise policy **Unternehmensstrategie** F̲ business od corporate strategy **Unternehmenszusammenschluss** M̲ concentration **Unternehmer(in)** M̲F̲ Arbeitgeber employer; Selbstständiger entrepreneur; (≈ Industrieller) industrialist; **die ~** the employers **unternehmerisch** A̲D̲J̲ en-

trepreneurial **Unternehmung** F̲ ◨ → Unternehmen ◪ (≈ Transaktion) undertaking **unternehmungslustig** A̲D̲J̲ enterprising

Unteroffizier(in) M̲F̲ ◨ (≈ Rang) noncommissioned officer ◪ (≈ Dienstgrad bei der Armee) sergeant Br, corporal US; bei der Luftwaffe corporal Br, airman first class US

unterordnen Ⓐ V̲T̲ to subordinate (+dat to); (≈ unterordnet) B̲ V̲R̲ to subordinate oneself (+dat to)

unterprivilegiert A̲D̲J̲ underprivileged

Unterredung F̲ discussion

Unterricht M̲ classes pl, lessons pl; **während des ~s** during class; **~ in Fremdsprachen** foreign language teaching; **(j-m) ~ geben** od **erteilen** to teach (sb) **in etw** dat etw sth); **am ~ teilnehmen** to attend classes **unterrichten** Ⓐ V̲T̲ ◨ (≈ Unterricht geben) Schüler, Fach to teach; **in etw** dat **~** to teach sth ◪ (≈ informieren) to inform (von, über +akk about) Ⓑ V̲I̲ to teach Ⓒ V̲R̲ **sich über etw** (akk) **~** to inform oneself about sth **unterrichtet** A̲D̲J̲ informed; **gut ~e Kreise** well-informed circles **Unterrichtsfach** N̲ subject **unterrichtsfrei** A̲D̲J̲ **~e Stunde** free period; **morgen haben wir ~** there are no lessons tomorrow **Unterrichtsstoff** M̲ subject matter **Unterrichtsstunde** F̲ lesson, period **Unterrichtszeit** F̲ teaching time **Unterrichtung** F̲ (≈ Belehrung) instruction; (≈ Informierung) information

Unterrock M̲ underskirt

untersagen V̲T̲ to forbid; **(das) Rauchen (ist hier) strengstens untersagt** smoking (is) strictly prohibited (here)

unterschätzen V̲T̲ to underestimate

unterscheiden Ⓐ V̲T̲ to distinguish; **A nicht von B ~ können** to be unable to tell the difference between A and B; **zwei Personen (voneinander) ~** to tell two people apart Ⓑ V̲I̲ to differentiate Ⓒ V̲R̲ **sich von etw/j-m ~** to differ from sth/sb **Unterscheidung** F̲ differentiation; (≈ Unterschied) difference

Unterschenkel M̲ lower leg

Unterschicht F̲ lower class, lower classes pl

unterschieben fig V̲I̲ **j-m etw ~** (≈ anlasten) to palm sth off on sb

Unterschied M̲ difference; **es ist ein**

(großer) ~, ob ... it makes a (big) difference whether ...; **im ~ zu (j-m/etw)** in contrast to (sb/sth) **unterschiedlich** A ADJ different; (≈ *veränderlich*) variable; (≈ *gemischt*) varied B ADV differently; **~ gut/lang** of varying quality/length **unterschiedslos** A ADJ indiscriminate B ADV (≈ *undifferenziert*) indiscriminately; (≈ *gleichberechtigt*) equally

unterschlagen V/T *Geld* to embezzle; *Beweise etc* to withhold; *umg Neuigkeit etc* to keep quiet about **Unterschlagung** F *von Geld* embezzlement; *von Beweisen etc* withholding

Unterschlupf M (≈ *Obdach, Schutz*) shelter; (≈ *Versteck*) hiding place **unterschlüpfen** *umg* V/I (≈ *Obdach finden*) to take shelter; (≈ *Versteck finden*) to hide out *umg* (**bei j-m** at sb's)

unterschreiben V/T to sign **Unterschrift** F 1 signature; **seine ~ unter etw** (*akk*) **setzen** to sign sth 2 (≈ *Bildunterschrift*) caption **Unterschriftensammlung** F petition **unterschriftsberechtigt** ADJ authorized to sign **Unterschriftsberechtigte(r)** M/F(M) authorized signatory **unterschriftsreif** ADJ *Vertrag* ready to be signed

unterschwellig A ADJ subliminal B ADV subliminally

Unterseeboot N submarine

Unterseite F underside, bottom

untersetzt ADJ stocky

unterstehen A V/I (≈ *unterstellt sein*) to be under (the control of); *j-m* to be subordinate to; *in Firma* to report to B V/R (≈ *wagen*) to dare; **untersteh dich (ja nicht)!** (don't) you dare!

unterstellen[1] V/T 1 (≈ *unterordnen*) to (make) subordinate (+*dat* to); **j-m unterstellt sein** to be under sb; *in Firma* to report to sb 2 (≈ *annehmen*) to assume, to suppose 3 (≈ *unterschieben*) **j-m etw ~** to insinuate that sb has done/said sth

unterstellen[2] A V/T (≈ *unterbringen*) to keep; *Möbel* to store B V/R to take shelter

Unterstellung F (≈ *falsche Behauptung*) misrepresentation; (≈ *Andeutung*) insinuation

unterste(r, s) ADJ lowest; (≈ *letzte*) last

unterstreichen V/T to underline

Unterstufe F SCHULE lower school, lower grade *US*

unterstützen V/T to support **Unterstützung** F 1 support 2 (≈ *Zuschuss*) assistance; **staatliche ~** state aid

untersuchen V/T 1 (≈ *prüfen*) to examine (**auf** +*akk* for), to check; (≈ *erforschen*) to look into, to explore; *chemisch, technisch etc* to test (**auf** +*akk* for); **sich ärztlich ~ lassen** to have a medical (examination) 2 (≈ *nachprüfen*) to check **Untersuchung** F 1 (≈ *das Untersuchen*) examination (**auf** +*akk* for); (≈ *Erforschung*) investigation (+*gen od* **über** +*akk* into); (≈ *Umfrage*) survey (**über** *akk* on); *chemisch, technisch* test (**auf** +*akk* for); *ärztlich* examination 2 (≈ *Nachprüfung*) check **Untersuchungsausschuss** M investigating committee; *nach Unfall etc* committee of inquiry **Untersuchungsergebnis** N JUR findings *pl*; MED result of an/the examination; *Naturwissenschaft* test result **Untersuchungsgefangene(r)** M/F(M) prisoner on remand **Untersuchungsgefängnis** N prison (*for people awaiting trial*) **Untersuchungshaft** F **in ~ sitzen** *umg* to be in prison awaiting trial **Untersuchungskommission** F investigating committee; *nach schwerem Unfall etc* board of inquiry **Untersuchungsrichter(in)** M(F) examining magistrate

untertags ADV during the day

Untertan(in) M(F) *obs* (≈ *Staatsbürger*) subject; *pej* underling *pej*

Untertasse F saucer; **fliegende ~** flying saucer

untertauchen V/I to dive (under); *fig* to disappear

Unterteil N bottom part

unterteilen V/T to subdivide (**in** +*akk* into) **Unterteilung** F subdivision (**in** +*akk* into)

Unterteller M saucer

Untertitel M subtitle; *für Bild* caption

Unterton M undertone

untertourig ADV **~ fahren** to drive with low revs

untertreiben A V/T to understate B V/I to play things down **Untertreibung** F understatement

untertunneln V/T to tunnel under

untervermieten V/T & V/I to sublet

Unterversorgung F inadequate provision

unterwandern V/T to infiltrate

U

Unterwäsche F̲ underwear *kein pl*

Unterwasserkamera F̲ underwater camera

unterwegs A̲D̲V̲ on the *od* one's/its way (**nach, zu** to); (≈ *auf Reisen*) away *Br*, on the road *US*

unterweisen V̲T̲ to instruct (**in** +*dat* in)

Unterweisung F̲ instruction

Unterwelt F̲ underworld

unterwerfen A̲ V̲T̲ **1** *Volk, Land* to conquer **2** (≈ *unterziehen*) to subject (+*dat* to) **B̲** V̲R̲ **sich j-m/einer Sache ~** to submit to sb/sth **unterwürfig** *pej* A̲D̲J̲ obsequious

unterzeichnen *form* V̲T̲ to sign **Unterzeichner(in)** M̲(̲F̲)̲ signatory **Unterzeichnete(r)** *form* M̲/̲F̲(̲M̲)̲ **der/die ~** the undersigned

unterziehen A̲ V̲R̲ (≈ *unterwerfen*) **sich einer Sache** (*dat*) ~ (**müssen**) to (have to) undergo sth; **sich einer Prüfung** (*dat*) ~ to take an examination **B̲** V̲T̲ to subject (+*dat* to)

Unterzucker M̲ *umg* hypoglycaemia *Br*, hypoglycemia *US*, low blood sugar *od* glucose; ~ **haben** to be hypoglyc(a)emic, to have low blood sugar *od* glucose (levels)

Untiefe F̲ shallow

Untier N̲ monster

untragbar A̲D̲J̲ *Zustände* intolerable; *Risiko* unacceptable

untrennbar A̲ A̲D̲J̲ inseparable **B̲** A̲D̲V̲ **mit etw ~ verbunden sein** *fig* to be inextricably linked with sth

untreu A̲D̲J̲ *Liebhaber etc* unfaithful **Untreue** F̲ *von Liebhaber etc* unfaithfulness

untröstlich A̲D̲J̲ inconsolable

untrüglich A̲D̲J̲ *Gedächtnis, Gespür* infallible; *Zeichen* unmistakable

Untugend F̲ (≈ *Laster*) vice; (≈ *schlechte Angewohnheit*) bad habit

untypisch A̲D̲J̲ untypical (**für** of); **das ist ~ für sie** that's not like her

unübel A̲D̲J̲ (**gar**) **nicht (so)** ~ not bad (at all)

unüberbietbar A̲D̲J̲ *Preis, Rekord etc* unbeatable; *Leistung* unsurpassable; *Frechheit* unparalleled

unüberlegt A̲ A̲D̲J̲ rash **B̲** A̲D̲V̲ rashly

unübersehbar A̲D̲J̲ *Schaden, Folgen* incalculable; *Menge* vast

unübersetzbar A̲D̲J̲ untranslatable

unübersichtlich A̲D̲J̲ **1** *Gelände* bro-

ken; *Kurve, Stelle* blind **2** (≈ *durcheinander*) *System* confused

unübertrefflich A̲D̲J̲ unsurpassable

unübertroffen A̲D̲J̲ unsurpassed

unüblich A̲D̲J̲ not usual

unumgänglich A̲D̲J̲ essential; (≈ *unvermeidlich*) inevitable

unumschränkt A̲D̲J̲ unlimited; *Herrscher* absolute

unumstößlich A̲ A̲D̲J̲ *Tatsache* irrefutable; *Entschluss* irrevocable **B̲** A̲D̲J̲ ~ **feststehen** to be absolutely definite

unumstritten A̲ A̲D̲J̲ indisputable **B̲** A̲D̲V̲ indisputably

unumwunden A̲D̲V̲ frankly

ununterbrochen A̲D̲J̲ uninterrupted; (≈ *ständig*) continuous; **es regnete ~** it wouldn't stop raining; **er redet ~** he never stops talking

unveränderlich A̲D̲J̲ (≈ *gleichbleibend*) unchanging; (≈ *unwandelbar*) unchangeable; **eine ~e Größe** MATH an invariable

unverändert A̲ A̲D̲J̲ unchanged **B̲** A̲D̲V̲ always

unverantwortlich A̲D̲J̲ irresponsible

unveräußerlich A̲D̲J̲ *Rechte* inalienable

unverbesserlich A̲D̲J̲ incorrigible

unverbindlich A̲D̲J̲ **1** (≈ *nicht bindend*) *Angebot, Richtlinie* not binding; ~**er Verkaufspreis** recommended retail price *Br*, manufacturer's suggested retail price *US* **2** (≈ *vage*) noncommittal; **sich** (*dat*) **etw ~ schicken lassen** to have sth sent without obligation

unverdächtig A̲D̲J̲ unsuspicious; **sich möglichst ~ benehmen** to arouse as little suspicion as possible

unverdaulich A̲D̲J̲ indigestible

unverdorben A̲D̲J̲ unspoilt

unverdrossen A̲ A̲D̲J̲ (≈ *nicht entmutigt*) undeterred; (≈ *unermüdlich*) indefatigable; (≈ *unverzagt*) undaunted **B̲** A̲D̲V̲ (≈ *unverzagt*) undauntedly

unverdünnt A̲D̲J̲ undiluted

unvereinbar A̲D̲J̲ incompatible

unverfänglich A̲D̲J̲ harmless

unverfroren A̲D̲J̲ brazen

unvergessen A̲D̲J̲ unforgotten **unvergesslich** A̲D̲J̲ unforgettable

unvergleichlich A̲D̲J̲ unique, incomparable

unverhältnismäßig A̲D̲V̲ disproportionately; (≈ *übermäßig*) excessively

unverheiratet A̲D̲J̲ unmarried

unverhofft **A** ADJ unexpected **B** ADV unexpectedly; **~es Muster** to get an unexpected visit

unverkäuflich ADJ unsaleable, unsellable US; ≈ Muster free sample

unverkennbar ADJ unmistak(e)able

unverletzlich fig ADJ Rechte, Grenze inviolable **unverletzt** ADJ uninjured, unhurt, unharmed

unvermeidlich ADJ inevitable; (≈ nicht zu umgehen) unavoidable

unvermindert ADJ & ADV undiminished

unvermittelt **A** ADJ (≈ plötzlich) sudden **B** ADV suddenly

unvermutet **A** ADJ unexpected **B** ADV unexpectedly

Unvernunft F (≈ Uneinsichtigkeit) unreasonableness **unvernünftig** ADJ (≈ uneinsichtig) unreasonable

unverrichtet ADJ **~er Dinge** without having achieved anything

unverschämt **A** ADJ outrageous; Frage, Benehmen etc impudent; **~es Glück** unbelievable luck **B** ADV 1 (≈ dreist) grinsen impudently; lügen blatantly 2 umg (≈ unerhört) teuer outrageously **Unverschämtheit** F 1 outrageousness; von Frage, Benehmen etc impudence; **die ~ besitzen, etw zu tun** to have the impudence to do sth 2 Bemerkung impertinence; Tat outrageous thing

unverschuldet **A** ADJ **ein ~er Unfall** an accident which was not his/her etc fault **B** ADV **~ in eine Notlage geraten** to get into difficulties through no fault of one's own

unversehens ADV all of a sudden; (≈ überraschend) unexpectedly

unversehrt ADJ Mensch unscathed; (≈ unbeschädigt) intact präd

unversöhnlich ADJ Standpunkte etc irreconcilable

Unverstand M lack of judgement **unverständlich** ADJ (≈ nicht zu hören) inaudible; (≈ unbegreifbar) incomprehensible **Unverständnis** N lack of understanding

unversucht ADJ **nichts ~ lassen** to try everything

unverträglich ADJ (≈ unverdaulich) indigestible; mit anderer Substanz etc incompatible

unverwechselbar ADJ unmistak(e)able

unverwundbar ADJ invulnerable **unverwüstlich** ADJ indestructible; Humor, Mensch irrepressible

unverzeihlich ADJ unforgivable **unverzichtbar** ADJ Recht inalienable; Bedingung, Bestandteil indispensable

unverzinslich ADJ interest-free **unverzüglich** **A** ADJ immediate **B** ADV immediately

unvollendet ADJ unfinished

unvollkommen ADJ (≈ unvollständig) incomplete; (≈ fehlerhaft) imperfect

unvollständig ADJ incomplete

unvorbereitet **A** ADJ & ADV unprepared

unvoreingenommen **A** ADJ impartial **B** ADV impartially **Unvoreingenommenheit** F impartiality

unvorhergesehen ADJ unforeseen; Besuch unexpected **unvorhersehbar** ADJ unforeseeable

unvorsichtig **A** ADJ careless; (≈ voreilig) rash **B** ADV carelessly; (≈ unbedacht) rashly

unvorstellbar ADJ inconceivable **unvorteilhaft** ADJ unfavourable Br, unfavorable US; Kleid, Frisur etc unbecoming

unwahr ADJ untrue **Unwahrheit** F von Äußerung untruthfulness; **die ~ sagen** not to tell the truth

unwahrscheinlich **A** ADJ unlikely; (≈ unglaubhaft) implausible; umg (≈ groß) incredible umg **B** ADV umg incredibly umg **Unwahrscheinlichkeit** F unlikeliness

unwegsam ADJ Gelände etc rough **unweigerlich** **A** ADJ Folge inevitable **B** ADV inevitably

unweit ADV & PRÄP not far from

Unwesen N **sein ~ treiben** to be up to mischief; Landstreicher etc to make trouble

unwesentlich **A** ADJ irrelevant; (≈ unwichtig) unimportant **B** ADV erhöhen insignificantly; verändern only slightly; jünger, besser just slightly

Unwetter N (thunder)storm

unwichtig ADJ unimportant; (≈ belanglos) irrelevant

unwiderruflich **A** ADJ irrevocable **B** ADV definitely

unwiderstehlich ADJ irresistible **Unwille(n)** M displeasure (**über** +akk at) **unwillkürlich** **A** ADJ spontaneous; (≈ instinktiv) instinctive **B** ADV zusam-

menzucken instinctively; **ich musste ~ lachen** I couldn't help laughing
unwirklich ADJ unreal
unwirksam ADJ ineffective; (≈ *nichtig*) null, void
unwirsch ADJ *Mensch, Benehmen* surly, gruff; *Bewegung* brusque
unwirtlich ADJ inhospitable
unwirtschaftlich ADJ uneconomic
Unwissen N ignorance **unwissend** ADJ ignorant **Unwissenheit** F ignorance **unwissentlich** ADV unwittingly
unwohl ADJ (≈ *unpässlich*) unwell; (≈ *unbehaglich*) uneasy; **ich fühle mich ~** I don't feel well **Unwohlsein** N indisposition; (≈ *unangenehmes Gefühl*) unease
Unwort N taboo word, non-word
unwürdig ADJ unworthy (+*gen* of); (≈ *schmachvoll*) degrading
Unzahl F **eine ~ von** a host of **unzählbar** ADJ **1** *sehr viele* countless **2** GRAM uncountable **unzählig** ADJ innumerable; **~e Mal(e)** countless times; **~ viele Bücher** innumerable books
Unze F ounce
unzeitgemäß ADJ (≈ *altmodisch*) old--fashioned
unzerbrechlich ADJ unbreakable
unzertrennlich ADJ inseparable
unzivilisiert *wörtl, fig* ADJ uncivilized
Unzucht F *bes* JUR sexual offence *Br*, sexual offense *US*; **~ treiben** to fornicate **unzüchtig** ADJ *bes* JUR indecent; *Schriften* obscene
unzufrieden ADJ dissatisfied; (≈ *missmutig*) unhappy **Unzufriedenheit** F dissatisfaction, discontent; (≈ *Missmut*) unhappiness
unzulänglich A ADJ (≈ *nicht ausreichend*) insufficient; (≈ *mangelhaft*) inadequate B ADV inadequately
unzulässig ADJ inadmissible; *Gebrauch* improper
unzumutbar ADJ *Bedingungen* unreasonable
unzurechnungsfähig ADJ of unsound mind **Unzurechnungsfähigkeit** F unsoundness of mind
unzusammenhängend ADJ incoherent
unzustellbar ADJ *falls* **~ bitte zurück an Absender** if undelivered please return to sender
unzutreffend ADJ inappropriate, inapplicable; (≈ *unwahr*) incorrect; **Unzutreffendes bitte streichen** delete as applicable
unzuverlässig ADJ unreliable
unzweckmäßig ADJ (≈ *nicht ratsam*) inexpedient; (≈ *ungeeignet*) unsuitable
unzweideutig ADJ unambiguous
unzweifelhaft A ADJ undoubted, unquestionable B ADV without doubt, undoubtedly
Update N IT update **updaten** VT & VI IT to update **Upgrade** N IT, FLUG upgrade **upgraden** VT IT, FLUG to upgrade
üppig ADJ *Wachstum* luxuriant; *Haar* thick; *Mahl, Ausstattung* sumptuous; *Figur* voluptuous; *Fantasie* rich; **~ leben** to live in style
Urabstimmung F ballot
Ural M *Gebirge* **der ~** the Urals *pl*
uralt ADJ ancient
Uran N uranium
Uranus M ASTRON Uranus
uraufführen VT to give the first performance (of), to play for the first time; *Film* to premiere *mst passiv* **Uraufführung** F premiere
urbar ADJ **die Wüste ~ machen** to reclaim the desert; **Land ~ machen** to cultivate land
Urbevölkerung F natives *pl*; *in Australien* Aborigines *pl*
urchig *schweiz* ADJ → *urwüchsig*
ureigen ADJ very own; **es liegt in seinem ~sten Interesse** it's in his own best interests **Ureinwohner(in)** M(F) native; *in Australien* Aborigine **Urenkel** M great-grandchild, great-grandson **Urenkelin** F great-granddaughter **urgemütlich** *umg* ADJ really cosy *Br*, really cozy *US* **Urgeschichte** F prehistory **Urgewalt** F elemental force **Urgroßeltern** PL great-grandparents *pl* **Urgroßmutter** F great-grandmother **Urgroßvater** M great-grandfather **Urheber(in)** M(F) originator; JUR (≈ *Verfasser*) author **Urheberrecht** N copyright (**an** +*dat* on) **urheberrechtlich** ADJ & ADV on copyright *attr*; **~ geschützt** copyright(ed) **Urheberschaft** F authorship **Urheberschutz** M copyright protection
Uri N Uri
urig *umg* ADJ *Mensch* earthy; *Lokal etc* ethnic

U

Urin M̲ urine **urinieren** V̲/̲I̲ to urinate
Urinprobe F̲ urine sample
Urknall M̲ ASTRON big bang **urkomisch** umg A̲D̲J̲ screamingly funny umg
Urkunde F̲ document; (≈ Siegerurkunde, Bescheinigung etc) certificate **Urkundenfälschung** F̲ falsification of documents
Urlaub M̲ (≈ Ferien) holiday(s) (pl) Br, vacation US; bes MIL leave (of absence), furlough US; **im ~ sein**, **~ haben** to be on holiday Br od vacation US; to be on leave; **in ~ fahren** to go on holiday Br od vacation US; to go on leave; (**sich** dat) **einen Tag ~ nehmen** to take a day off; **bezahlter/unbezahlter ~** paid/unpaid leave; **~ auf dem Bauernhof** farmstay, farmhouse holiday Br, farmhouse vacation US; **~ zu Hause** staycation; **schönen ~!** have a nice holiday Br od vacation US **Urlauber(in)** M̲(̲F̲) holiday-maker Br, vacationist US **Urlaubsanschrift** F̲ holiday address Br, vacation address US **Urlaubsfoto** N̲ holiday photo Br, vacation photo US **Urlaubsgeld** N̲ holiday pay od money Br, vacation pay od money US **Urlaubsort** M̲ holiday resort Br, vacation resort US **Urlaubspläne** P̲L̲ holiday plans pl Br, vacation plans pl US **urlaubsreif** umg A̲D̲J̲ ready for a holiday Br, ready for a vacation US **Urlaubsreise** F̲ holiday trip Br, vacation trip US **Urlaubsresort** N̲ holiday resort od complex Br, vacation resort od complex US **Urlaubsstimmung** F̲ holiday mood Br, vacation mood US **Urlaubszeit** F̲ (one day of) holiday Br, (one day of) vacation US **Urlaubsvertretung** F̲ von extern temporary replacement; intern **ich mache ~ für ...** I'm filling in for ... while they're/ he's/ she's on holiday Br od vacation US **Urlaubszeit** F̲ holiday period od season Br, vacation period od season US
Urne F̲ urn; (≈ Losurne) box; (≈ Wahlurne) ballot box
Urologe M̲, **Urologin** F̲ urologist **Urologie** F̲ urology **urologisch** A̲D̲J̲ urological
urplötzlich umg A̲ A̲D̲J̲ very sudden B̲ A̲D̲V̲ all of a sudden **Ursache** F̲ cause; (≈ Grund) reason; (≈ Anlass) occasion; **~ und Wirkung** cause and effect; **keine ~!** auf Dank don't mention it!; auf Entschuldigung that's all right; **aus unge-**

klärter **~** for reasons unknown **Ursprung** M̲ origin; (≈ Abstammung) extraction; **seinen ~ in etw** (dat) **haben** to originate in sth **ursprünglich** A̲ A̲D̲J̲ original; (≈ anfänglich) initial B̲ A̲D̲V̲ originally; (≈ anfänglich) initially
Urteil N̲ ◻ judg(e)ment; (≈ Entscheidung) decision; (≈ Meinung) opinion; **ein ~ über j-n/etw fällen** to pass judg(e)ment on sb/sth; **sich** (dat) **kein ~ über etw** (akk) **erlauben können** to be in no position to judge sth; **sich** (dat) **ein ~ über j-n/etw bilden** to form an opinion about sb/sth ◻ JUR (≈ Gerichtsurteil) verdict; (≈ Strafmaß) sentence; **das ~ über j-n sprechen** JUR to pass judg(e)ment on sb **urteilen** V̲/̲I̲ to judge (**nach** by); **über etw** (akk) **~** to judge sth; (≈ seine Meinung äußern) to give one's opinion on sth; **nach seinem Aussehen zu ~** judging by his appearance **Urteilsbegründung** F̲ JUR opinion **Urteilskraft** F̲ power of judgement; (≈ Umsichtigkeit) discernment **Urteilsspruch** M̲ judgement; von Geschworenen verdict; von Strafgericht sentence **Urteilsverkündung** F̲ JUR pronouncement of judgement **Urteilsvermögen** N̲ faculty of judgement
Uruguay N̲ Uruguay
Urur- Z̲S̲S̲G̲N̲ great-great- **Urvater** M̲ forefather **Urwald** M̲ primeval forest; in den Tropen jungle **urwüchsig** A̲D̲J̲ (≈ naturhaft) natural; Natur unspoilt; (≈ derb, kräftig) sturdy; Mensch rugged; Humor earthy **Urzeit** F̲ primeval times pl; **seit ~en** since primeval times; umg for aeons Br umg, for eons US umg; **vor ~en** in primeval times; umg ages ago **urzeitlich** A̲D̲J̲ primeval **Urzustand** M̲ original state
USA P̲L̲ **die USA** the USA sg **US-Amerikaner(in)** M̲(̲F̲) American
USB M̲ A̲B̲K̲ (= universal serial bus) IT USB **USB-Anschluss** M̲ COMPUT am Kabel USB connector; am Computer USB port; Verbindung USB connection
Usbekistan N̲ Uzbekistan
USB-Kabel N̲ COMPUT USB cable **USB-Stick** M̲ COMPUT pen drive, USB stick
User(in) M̲(̲F̲) IT user
Utensil N̲ utensil
Uterus M̲ uterus
Utopie F̲ utopia; (≈ Wunschtraum) utopian dream **utopisch** A̲D̲J̲ utopian **uto-**

U

…**pistisch** *pej* ADJ utopian
UV-Schutz M UV protection
UV-Strahlen PL ultraviolet rays *pl*

V

V, v N V, v
Vagabund(in) M(F) vagabond
vage A ADJ vague B ADV vaguely; **etw ~ andeuten** to give a vague indication of sth
Vagina F vagina
Vakuum N vacuum **vakuumverpackt** ADJ vacuum-packed
Valentinstag M (St) Valentine's Day
Valenz F valency
Valuta F (≈ *Währung*) foreign currency
Vamp M vamp **Vampir** M vampire
Van M minibus, people carrier
Vandale ADJ **Vandalin** F vandal **Vandalismus** M vandalism
Vanille F vanilla **Vanilleeis** N vanilla ice cream **Vanilleextrakt** M/N vanilla extract; *künstlich* vanilla essence **Vanillegeschmack** M vanilla flavour *Br*, vanilla flavor *US* **Vanillesoße** F custard **Vanillinzucker** M vanilla sugar
variabel ADJ variable **Variable** F variable **Variante** F variant (**zu** on) **Variation** F variation **Varieté** N, **Varietee** N 1 variety (entertainment), vaudeville *bes US* 2 (≈ *Theater*) music hall *Br*, vaudeville theater *US* **variieren** V/T & V/I to vary
Vase F vase
Vaseline F Vaseline®
Vater M father; **~ von zwei Kindern sein** to be the father of two children; **er ist ganz der ~** he's very like his father; **~ Staat** *hum* the State **Vaterfigur** F father figure **Vaterland** N native country; *bes Deutschland* Fatherland **vaterländisch** ADJ (≈ *national*) national; (≈ *patriotisch*) patriotic **Vaterlandsliebe** F patriotism **väterlich** A ADJ paternal B ADV like a father **väterlicherseits** ADV on one's father's side; **meine Großeltern ~** my paternal grandparents **Vaterliebe** F paternal

love **Vätermonat** M paternity leave (lasting one month) **Vaterschaft** F fatherhood *ohne art*; *bes JUR* paternity **Vaterschaftsklage** F paternity suit **Vaterschaftsnachweis** M proof of paternity **Vaterschaftstest** M paternity test **Vatertag** M Father's Day **Vaterunser** N Lord's Prayer **Vati** *umg* M dad(dy) *umg*
Vatikan M Vatican **Vatikanstadt** F Vatican City
V-Ausschnitt M V-neck; **ein Pullover mit ~** a V-neck pullover
v. Chr. ABK (= *vor Christus*) BC, before Christ
vegan ADJ vegan **Veganer(in)** M(F) vegan **Vegetarier(in)** M(F) vegetarian **vegetarisch** A ADJ vegetarian B ADV **~ leben** to be a vegetarian; **sich ~ ernähren** to live on a vegetarian diet **Vegetarismus** M vegetarianism **Vegetation** F vegetation **vegetativ** ADJ vegetative; *Nervensystem* autonomic **vegetieren** V/I to vegetate; (≈ *kärglich leben*) to eke out a bare existence
Veilchen N violet **veilchenblau** ADJ violet
Vektor M vector
Velo N *schweiz* bike *umg*
Velours N, (*a.* **Veloursleder**) suede
Vene F vein
Venedig N Venice
Venenentzündung F phlebitis
Venezolaner(in) M(F) Venezuelan **venezolanisch** ADJ Venezuelan **Venezuela** N Venezuela
Ventil N valve; *fig* outlet **Ventilation** F ventilation; *Anlage* ventilation system **Ventilator** M ventilator
Venus F ASTRON Venus
verabreden A V/T to arrange; **zum verabredeten Zeitpunkt** at the agreed time; **schon verabredet sein** to have something else on *umg*; **mit j-m verabredet sein** to have an appointment with sb; *bes mit Freund/Freundin* to have a date with sb B V/R **sich mit j-m ~** to arrange to meet sb; *geschäftlich* to arrange an appointment with sb; *bes mit Freund/Freundin* to make a date with sb, to ask sb out **Verabredung** F (≈ *Vereinbarung*) arrangement; (≈ *Treffen*) engagement *form*; *geschäftlich* appointment; *bes mit Freund/Freundin* date

V

verabreichen V̲T̲ to give; *Arznei a.* to administer *form* (**j-m** to sb)
verabscheuen V̲T̲ to detest **verab-scheuenswert** A̲D̲J̲ detestable
verabschieden A̲ V̲T̲ to say goodbye to; (≈ *entlassen*) *Beamte* to discharge; POL *Haushaltsplan* to adopt; *Gesetz* to pass B̲ V̲R̲ **sich** (**von j-m**) **~** to say good-bye (to sb) **Verabschiedung** F̲ von *Beamten etc* discharge; POL *von Gesetz* passing; *von Haushaltsplan* adoption
verachten V̲T̲ to despise; **nicht zu ~** *umg* not to be sneezed at *umg* **verach-tenswert** A̲D̲J̲ despicable **verächt-lich** A̲ A̲D̲J̲ contemptuous; (≈ *verach-tenswert*) despicable B̲ A̲D̲V̲ contemptu-ously **Verachtung** F̲ contempt (**von** for); **j-n mit ~ strafen** to treat sb with contempt
veralbern *umg* V̲T̲ to make fun of
verallgemeinern V̲T̲ &̲ V̲I̲ to generalize **Verallgemeinerung** F̲ generaliza-tion
veralten V̲I̲ to become obsolete; *An-sichten, Methoden* to become antiquated **veraltet** A̲D̲J̲ obsolete; *Ansichten* anti-quated
Veranda F̲ veranda
veränderbar A̲D̲J̲ changeable **verän-derlich** A̲D̲J̲ variable; *Wetter* changea-ble **Veränderlichkeit** F̲ variability **verändern** A̲ V̲T̲ to change B̲ V̲R̲ to change; (≈ *Stellung wechseln*) to change one's job; **sich zu seinem Vorteil/Nach-teil ~** *im Aussehen* to look better/worse; *charakterlich* to change for the better/ worse **Veränderung** F̲ change
verängstigen V̲T̲ (≈ *erschrecken*) to frighten; (≈ *einschüchtern*) to intimidate
veranlagen V̲T̲ to assess (**mit at**) **ver-anlagt** A̲D̲J̲ **melancholisch ~ sein** to have a melancholy disposition; **prak-tisch ~ sein** to be practically minded; **künstlerisch ~ sein** to have an artistic bent **Veranlagung** F̲ 1 *körperlich* pre-disposition; *charakterlich* nature; (≈ *Hang*) tendency; (≈ *Talent*) bent 2 *von Steuern* assessment
veranlassen V̲T̲ **etw ~** (≈ *in die Wege leiten*) to arrange for sth; (≈ *befehlen*) to order sth; **wir werden alles Weitere ~** we will take care of everything else **Veranlassung** F̲ cause; **auf ~ von** *od* **+gen** at the instigation of; **~ zu etw geben** to give cause for sth

veranschaulichen V̲T̲ to illustrate **Veranschaulichung** F̲ illustration
veranschlagen V̲T̲ to estimate (**auf +akk** at); **etw zu hoch ~** to overestimate sth; **etw zu niedrig ~** to underestimate sth
veranstalten V̲T̲ to organize; *Wahlen, Wettbewerb* to hold; *Umfrage* to hold; *Party etc* to hold **Veranstalter(in)** M̲(̲F̲)̲ or-ganizer; *von Konzerten etc* promoter **Veranstaltung** F̲ 1 event (**von** or-ganized by); *feierlich* function 2 (≈ *das Veranstalten*) organization **Veranstal-tungskalender** M̲ calendar of events **Veranstaltungsort** M̲ venue
verantworten A̲ V̲T̲ to accept (the) responsibility for; **wie könnte ich es denn ~, …?** it would be most irrespon-sible of me …; **ein weiterer Streik wäre nicht zu ~** another strike would be irre-sponsible B̲ V̲R̲ **sich für** *od* **wegen etw ~** to justify sth (**vor +dat** to); **für Misseta-ten etc** to answer for sth (**vor +dat** be-fore) **verantwortlich** A̲D̲J̲ responsible (**für** for); (≈ *haftbar*) liable; **j-n für etw ~ machen** to hold sb responsible for sth; (≈ *vorwerfen*) to blame sb for sth **Ver-antwortliche(r)** M̲/̲F̲(̲M̲)̲ person respon-sible **Verantwortung** F̲ responsibili-ty; **auf eigene ~** on one's own responsi-bility; **auf deine ~!** on your own head be it! *Br*, it's your ass! *US umg*; **die ~ (für etw) tragen** to take responsibility (for sth) **verantwortungsbewusst** A̲ A̲D̲J̲ responsible B̲ A̲D̲V̲ responsibly **Verantwortungsbewusstsein** N̲ sense of responsibility **verantwor-tungslos** A̲ A̲D̲J̲ irresponsible B̲ A̲D̲V̲ irresponsibly **verantwortungsvoll** A̲D̲J̲ responsible
veräppeln V̲T̲ *umg* **j-n ~** to pull sb's leg; (≈ *verspotten*) to make fun of sb
verarbeiten V̲T̲ to use (**zu etw** to make sth); TECH, BIOL *etc* to process; *Daten* to process; (≈ *bewältigen*) to overcome; **~de Industrie** processing industries *pl* **Verarbeitung** F̲ 1 use, using; TECH, BIOL, IT processing; (≈ *Bewältigung*) over-coming 2 (≈ *Aussehen*) finish
verärgern V̲T̲ **j-n ~** to annoy sb; *stärker* to anger sb **verärgert** A̲ A̲D̲J̲ annoyed; *stärker* angry B̲ A̲D̲V̲ *reagieren* angrily
verarmen V̲I̲ to become impoverished
verarschen *umg* V̲T̲ to take the piss out of *Br sl*, to make fun of; (≈ *für dumm*

V

verkaufen) to mess around *umg*

verarzten *umg* VT to fix up *umg*; *mit Verband* to patch up *umg*

verausgaben VR to overexert oneself

veräußern VT *form* (≈*verkaufen*) to dispose of; *Rechte, Land* to alienate *form*

Verb N verb **verbal** A ADJ verbal B ADV verbally

Verband M 1 MED dressing; *mit Binden* bandage 2 (≈*Bund*) association **Verband(s)kasten** M first-aid box **Verband(s)material** N dressing material **Verband(s)zeug** N dressing material

verbannen VT to banish *a. fig*, to exile (**aus** from *od* **auf** +*akk* to), to ban **Verbannung** F banishment

verbarrikadieren VR to barricade oneself in (**in etw** *akk* sth)

verbauen VT (≈*versperren*) to obstruct

verbeißen A VT *fig umg* **sich** (*dat*) **etw ~** *Bemerkung* to bite back sth; *Schmerz* to hide sth; **sich** (*dat*) **das Lachen ~** to keep a straight face B VR **sich in etw** (*akk*) **~** *fig* to become fixed on sth; → **verbissen**

verbergen A VT to hide; **j-m etw ~** (≈*verheimlichen*) to keep sth from sb B VR to hide (oneself); → **verborgen**

verbessern A VT 1 (≈*besser machen*) to improve; *Leistung, Bestzeit* to improve (up)on 2 (≈*korrigieren*) to correct B VR 1 to improve; *beruflich* to better oneself 2 (≈*sich korrigieren*) to correct oneself **Verbesserung** F 1 improvement (**von** in); (≈*berufliche Verbesserung*) betterment 2 (≈*Berichtigung*) correction **Verbesserungsvorschlag** M suggestion for improvement

verbeugen VR to bow (**vor** +*dat* to) **Verbeugung** F bow

verbeulen VT to dent

verbiegen A VT to bend (out of shape); **verbogen** bent B VR to bend; *Holz* to warp

verbieten VT to forbid; *Zeitung, Partei etc* to ban; **j-m ~, etw zu tun** to forbid sb to do sth; → **verboten**

verbilligen VT to reduce the cost of; *Preis* to reduce; **verbilligte Waren** reduced goods

verbinden A VT 1 MED to dress; *mit Binden* to bandage; **j-m die Augen ~** to blindfold sb 2 (≈*verknüpfen*) to connect, to link 3 TEL (**Sie sind hier leider**)

falsch verbunden! (I'm sorry, you've got the) wrong number!; **mit wem bin ich verbunden?** who am I speaking to? 4 (≈*gleichzeitig tun*) to combine 5 (≈*assoziieren*) to associate 6 (≈*mit sich bringen*) **mit etw verbunden sein** to involve sth B VR (≈*zusammenkommen*) to combine; (≈*sich zusammentun*) to join forces **verbindlich** A ADJ 1 obliging 2 (≈*verpflichtend*) obligatory; *Zusage* binding B ADV 1 (≈*bindend*) **etw ~ vereinbart haben** to have a binding agreement (regarding sth); **~ zusagen** to accept definitely 2 (≈*freundlich*) **~ lächeln** to give a friendly smile **Verbindlichkeit** F 1 (≈*Entgegenkommen*) obliging ways 2 *von Zusage* binding nature 3 **~en** *pl* HANDEL, JUR obligations *pl* **Verbindung** F 1 connection, link; (≈*Kontakt*) contact (**zu, mit** with); **in ~ mit** (≈*zusammen mit*) in conjunction with; (≈*im Zusammenhang mit*) in connection with; **j-n mit etw in ~ bringen** to connect sb with sth; (≈*assoziieren*) to associate sb with sth; **~ mit j-m aufnehmen, sich mit j-m in ~ setzen** to contact sb; **mit j-m in ~ bleiben** to stay in touch with sb; **sich (mit j-m) in ~ setzen** to get in touch (with sb), to contact (sb) 2 TEL (≈*Anschluss*) line 3 (≈*Kombination*) combination 4 (≈*Bündnis*) association UNIV society

verbissen A ADJ *Arbeiter* determined; *Kampf* dogged; *Miene* determined, grim B ADV determinedly; *kämpfen* doggedly; → **verbeißen Verbissenheit** F *von Kampf* doggedness; *von Miene* determination

verbitten VT **sich** (*dat*) **etw ~** to refuse to tolerate sth; **das verbitte ich mir!** I won't have it!

verbittern VT to embitter **verbittert** ADJ embittered, bitter

verblassen VI to fade

Verbleib *form* M whereabouts *pl* **verbleiben** VI to remain; **... verbleibe ich Ihr ...** *form* ... I remain, Yours sincerely ... *Br*, ... I remain, Sincerely (yours) ... *US*; **wir sind so verblieben, dass wir ...** we agreed to ...

verbleit ADJ *Benzin* leaded

verblöden *umg* VI to become a zombi(e) *umg*

verblüffen VT (≈*erstaunen*) to stun; (≈*verwirren*) to baffle **verblüfft** A ADJ amazed **B** ADV *aufsehen* perplexed; *sich umdrehen* in surprise **Verblüffung** F (≈ *Erstaunen*) amazement; (≈ *Verwirrung*) bafflement

verbluten V/I to bleed to death

verbohrt ADJ stubborn; *Meinung* inflexible

verborgen ADJ hidden; **etw ~ halten** to hide sth; **sich ~ halten** to hide; → **verbergen**

Verbot N ban (+gen on); **trotz des ärztlichen ~es** against doctor's orders **verboten** V/T forbidden; *amtlich* prohibited; (≈ *gesetzeswidrig*) *Handel* illegal; *Zeitung, Partei etc* banned; **Rauchen/Parken ~** no smoking/parking; **er sah ~ aus** *umg* he was a real sight *umg*; → **verbieten Verbotsschild** N notice (*prohibiting something*); *im Verkehr* prohibition sign

Verbrauch M consumption (**von, an** +dat of); *von Geld* expenditure; **zum baldigen ~ bestimmt** to be used immediately **verbrauchen** **A** V/T **1** to use; *Energie etc* to consume; *Vorräte* to use up **2** (≈ *abnützen*) *Kräfte etc* to exhaust **B** V/R to wear oneself out **Verbraucher(in)** M(F) consumer **Verbraucherberatung** F consumer advice centre *Br*, consumer advice center *US* **Verbrauchermarkt** M large supermarket **Verbraucherschutz** M consumer protection **Verbraucherzentrale** F consumer advice centre *Br*, consumer advice center *US* **Verbrauchsgüter** PL consumer goods *pl*

verbrechen VT **1** *Straftat* to commit **2** *umg* (≈ *anstellen*) **was habe ich denn jetzt schon wieder verbrochen?** what on earth have I done now? **Verbrechen** N crime **Verbrechensbekämpfung** F combating crime *ohne art* **Verbrecher(in)** M(F) criminal **verbrecherisch** ADJ criminal; **in ~er Absicht** with criminal intent **Verbrechertum** N criminality

verbreiten **A** V/T to spread; (≈ *ausstrahlen*) *Wärme, Ruhe* to radiate; **eine (weit) verbreitete Ansicht** a widely held opinion **B** V/R (≈ *sich ausbreiten*) to spread **verbreitern** **A** V/T to widen **B** V/R to get wider **Verbreitung** F spreading **verbrennen** **A** V/I to burn; (≈ *einäschern*) *Tote* to cremate; (≈ *versengen*) to scorch; *Haar* to singe; **sich** (*dat*) **die**

Zunge ~ to burn one's tongue; **sich** (*dat*) **den Mund ~** *fig* to open one's big mouth *umg* **B** V/R to burn oneself **C** V/I to burn; *Haus etc* to burn down; *durch Sonne, Hitze* to be scorched **Verbrennung** F **1** (≈ *das Verbrennen*) burning; *von Leiche* cremation **2** (≈ *Brandwunde*) burn **Verbrennungsmotor** M internal combustion engine **Verbrennungsofen** M furnace; *für Müll* incinerator

verbringen VT *Zeit etc* to spend **verbrühen** **A** V/T to scald **B** V/R to scald oneself **Verbrühung** F scalding; (≈ *Wunde*) scald

verbuchen V/T **1** to enter (up) (in a/the book); **einen Betrag auf ein Konto ~** to credit a sum to an account; **einen Erfolg (für sich) ~** to notch up a success *umg*

verbummeln V/T *umg* (≈ *verlieren*) to lose; (≈ *vertrödeln*) *Nachmittag* to waste **Verbund** M WIRTSCH combine; **im ~ arbeiten** to cooperate **verbünden** V/R to ally oneself (**mit** to); *Staaten* to form an alliance; **verbündet sein** to be allies **Verbundenheit** F *mit Menschen, Natur* closeness (**mit** to); *mit Land, Tradition* attachment (**mit** to) **Verbündete(r)** M(F/M) ally **Verbundglas** N laminated glass **Verbundstoff** M composite (material)

verbürgen **A** V/R **sich für j-n/etw ~** to vouch for sb/sth **B** V/T **1** (≈ *gewährleisten*) *Recht* to guarantee **2** FIN *Kredit* to guarantee **3** (≈ *dokumentieren*) **historisch verbürgt sein** to be historically documented

verbüßen V/T to serve **verchromen** V/T to chromium-plate **Verdacht** M suspicion; **j-n in ~ haben** to suspect sb; **im ~ stehen, etw getan zu haben** to be suspected of having done sth; **(gegen j-n) ~ schöpfen** to become suspicious (of sb); **~ erregen** to arouse suspicion; **etw auf ~ tun** *umg* to do sth on spec *umg* **verdächtig** ADJ suspicious; **sich ~ machen** to arouse suspicion; **die drei ~en Personen** the three suspects **verdächtigen** V/T to suspect (+gen of); **er wird des Diebstahls verdächtigt** he is suspected of theft **Verdächtige(r)** M(F/M) suspect **verdammen** V/T (≈ *verfluchen*) to damn; (≈ *verurteilen*) to condemn **verdammt**

V

umg **A** ADJ damned umg **B** ADV damn umg; **das tut ~ weh** that hurts like hell umg; **~ viel Geld** a hell of a lot of money umg **C** INT **~!** damn (it) umg; **~ noch mal!** damn it all umg

verdampfen VT & VI to vaporize, to evaporate

verdanken VT **j-m etw ~** to owe sth to sb; **das verdanke ich dir** iron I've got you to thank for that

verdattert ADJ & ADV umg (≈ verwirrt) flabbergasted umg

verdauen VT to digest **verdaulich** ADJ digestible **Verdauung** F digestion **Verdauungsbeschwerden** PL digestive trouble sg **Verdauungsspaziergang** M constitutional **Verdauungsstörung** F indigestion kein pl

Verdeck N von Kinderwagen hood Br, canopy; von Auto soft top **verdecken** VT to hide; (≈ zudecken) to cover (up); Sicht to block; fig to conceal **verdeckt** ADJ concealed; Ermittler, Einsatz undercover

verdenken VT **j-m etw ~** to hold sth against sb; **ich kann es ihm nicht ~** I can't blame him

verderben A VT to spoil; stärker to ruin; moralisch to corrupt; (≈ verwöhnen) to spoil; **j-m etw ~** to spoil sth for sb; **es (sich** dat**) mit j-m ~** to fall foul of sb **B** VI Material to become spoiled/ruined; Nahrungsmittel to go off Br, to go bad; → verdorben **Verderben** N (≈ Unglück) undoing; **in sein ~ rennen** to be heading for disaster **verderblich** ADJ pernicious; Lebensmittel perishable

verdeutlichen VT to show clearly; (≈ deutlicher machen) to clarify; (≈ erklären) to explain

ver.di ABK (= Vereinigte Dienstleistungsgewerkschaft) German service sector union

verdichten A VT PHYS to compress; fig (≈ komprimieren) to condense **B** VR to thicken; Schneetreiben to worsen; fig (≈ häufen) to increase; Verdacht to deepen; **es ~ sich die Hinweise, dass ...** there is growing evidence that ...

verdienen A VT **1** (≈ einnehmen) to earn; (≈ Gewinn machen) to make; **sich (**dat**) etw ~** to earn the money for sth **2** fig Lob, Strafe to deserve; **er verdient es nicht anders/besser** he doesn't deserve anything else/any better; → ver-

dient **B** VI to earn; (≈ Gewinn machen) to make (a profit) (an +dat on); **er verdient gut** he earns a lot; **er verdient schlecht** he doesn't earn much; **am Krieg ~** to profit from war **Verdiener(in)** M(F) wage earner

Verdienst[1] M (≈ Einkommen) income; (≈ Profit) profit

Verdienst[2] N **1** merit; (≈ Dank) credit; **es ist sein ~(, dass ...)** it is thanks to him (that ...) **2** (≈ Leistung) contribution; **ihre ~e um die Wissenschaft** her services to science

Verdienstausfall M loss of earnings **Verdienstorden** M order of merit **verdienstvoll** ADJ commendable **verdient A** ADJ Lohn, Strafe rightful; Lob well-deserved **2** Künstler, Politiker of outstanding merit **B** ADV gewinnen deservedly; → verdienen **verdientermaßen** ADV deservedly

verdonnern VT umg zu Haft etc to sentence (**zu** to); **j-n zu etw ~** to order sb to do sth as a punishment

verdoppeln A VT to double; fig Anstrengung etc to redouble **B** VR to double **Verdopp(e)lung** F doubling; von Anstrengung redoubling

verdorben ADJ **1** Lebensmittel bad; Magen upset **2** Stimmung spoiled **3** moralisch corrupt; (≈ verzogen) Kind spoiled; → verderben

verdorren VI to wither

verdrahten VT **fest ~** COMPUT to hardwire

verdrängen VT **j-n** to drive out; (≈ ersetzen) to replace; PHYS Wasser, Luft to displace; fig Sorgen to dispel; PSYCH to repress; **j-n aus dem Amt ~** to oust sb (from office) **Verdrängung** F driving out; (≈ Ersetzung) replacing; PHYS displacement; von Sorgen dispelling; PSYCH repression

verdrecken umg VT & VI to get dirty; **verdreckt** filthy (dirty)

verdrehen VT to twist; (≈ verknacksen) to sprain; Hals to crick; Augen to roll; Tatsachen to distort

verdreifachen VT & VR to triple

verdreschen umg VT to beat up

verdrießlich ADJ morose **verdrossen** ADJ (≈ schlecht gelaunt) morose; (≈ unlustig) Gesicht unwilling **Verdrossenheit** F (≈ schlechte Laune) moroseness; (≈ Lustlosigkeit) unwillingness; über

Politik etc dissatisfaction (**über** +*akk* with)
verdrücken 🅰 *V/T umg Essen* to polish off *umg* 🅱 *V/R umg* to beat it *umg*
Verdruss M̲ frustration; **zu j-s** ~ to sb's annoyance
verduften V̲/I̲ (≈ *seinen Duft verlieren*) to lose its smell; *Tee, Kaffee* to lose its aroma 🄸 *umg* (≈ *verschwinden*) to beat it *umg*
verdummen 🅰 *V/T* **j-n** ~ (≈ *dumm machen*) to dull sb's mind 🅱 *V/I* to stultify
verdunkeln 🅰 *V/T* to darken; *im Krieg* to black out; *fig Motive etc* to obscure 🅱 *V/R* to darken **Verdunkelung** F̲ 🄸 darkening; *im Krieg* blacking out; *fig* obscuring 🄸 *JUR* suppression of evidence **Verdunkelungsgefahr** F̲ *JUR* danger of suppression of evidence
verdünnen *V/T* to thin (down); *mit Wasser* to water down; *Lösung* to dilute **Verdünner** M̲ thinner **Verdünnung** F̲ thinning; *von Lösung* dilution; *mit Wasser* watering down
verdunsten V̲/I̲ to evaporate **Verdunstung** F̲ evaporation
verdursten V̲/I̲ to die of thirst
verdüstern V̲/T̲ & V̲/R̲ to darken
verdutzt *umg* V̲ *ADJ & ADV* taken aback; (≈ *verwirrt*) baffled
veredeln V̲/T̲ *Metalle, Erdöl* to refine; *BOT* to graft; *Geschmack* to improve; **beim Recycling** ~ to upcycle
verehren V̲/T̲ 🄸 (≈ *hoch achten*) to admire; *Gott, Heiligen* to honour *Br*, to honor *US*; (≈ *ehrerbietig lieben*) to worship, to adore 🄸 (≈ *schenken*) **j-m etw** ~ to give sb sth **Verehrer(in)** M̲/F̲ admirer **verehrt** *ADJ in Anrede* (**sehr**) ~**e Anwesende/verehrtes Publikum** Ladies and Gentlemen
vereidigen V̲/T̲ to swear in; **j-n** ~ to swear sb in **Vereidigung** F̲ swearing in
Verein M̲ organization; (≈ *Sportverein*) club; **ein wohltätiger** ~ a charity
vereinbar *ADJ* compatible; **nicht (miteinander)** ~ incompatible; *Aussagen* inconsistent **vereinbaren** V̲/T̲ 🄸 to agree; *Zeit, Treffen, Tag* to arrange 🄸 **mit etw zu** ~ **sein** to be compatible with sth; *Aussagen* to be consistent with sth; *Ziele, Ideale* to be reconcilable with sth **Vereinbarung** F̲ (≈ *Abmachung*) agreement; **laut** ~ as agreed; **nach** ~ by arrangement

vereinbarungsgemäß *ADV* as agreed
vereinen 🅰 *V/T* to unite; → **vereint** 🅱 *V/R* to join together
vereinfachen V̲/T̲ to simplify
vereinheitlichen V̲/T̲ to standardize **Vereinheitlichung** F̲ standardization
vereinigen 🅰 *V/T* to unite; *Eigenschaften* to bring together; *HANDEL Firmen* to merge (**zu** into); **alle Stimmen auf sich** (*akk*) ~ to collect all the votes 🅱 *V/R* to unite; *Firmen* to merge **vereinigt** *ADJ* united; **Vereinigtes Königreich** United Kingdom, UK; **Vereinigte Staaten (von Amerika)** United States (of America); **Vereinigte Arabische Emirate** United Arab Emirates **Vereinigung** F̲ 🄸 (≈ *das Vereinigen*) uniting; *von Eigenschaften* bringing together; *von Firmen* merging 🄸 (≈ *Organisation*) organization
vereinsamen V̲/I̲ to become lonely *od* isolated **Vereinsamung** F̲ loneliness
Vereinshaus N̲ clubhouse **Vereinsmitglied** N̲ club member
vereint 🅰 *ADJ* united; **Vereinte Nationen** United Nations *sg* 🅱 *ADV* together, in unison; → **vereinen**
vereinzelt 🅰 *ADJ* occasional 🅱 *ADV* occasionally; … ~ **bewölkt** … with cloudy patches
vereisen V̲/I̲ to freeze; *Straße* to freeze over; *Fensterscheibe* to ice over **vereist** *ADJ Straßen, Fenster* icy; *Bäche* frozen; *Piste* iced-up
vereiteln V̲/T̲ to foil
vereitern V̲/I̲ to go septic
verenden V̲/I̲ to perish
verengen 🅰 *V/R* to narrow; *Gefäße, Pupille* to contract 🅱 *V/T* to make narrower **Verengung** F̲ 🄸 narrowing; *von Pupille, Gefäß* contraction 🄸 (≈ *verengte Stelle*) narrow part (**in** +*akk* of)
vererben 🅰 *V/T* 🄸 *Besitz* to leave, to bequeath (+*dat od* **an** +*akk* to); *hum* to hand on (**j-m** to sb) 🄸 *Eigenschaften* to pass on (+*dat od* **auf** +*akk* to); *Krankheit* to transmit 🅱 *V/R* to be passed on/transmitted (**auf** +*akk* to) **vererblich** *ADJ Krankheit* hereditary **Vererbungslehre** F̲ genetics *sg*
verewigen 🅰 *V/T* to immortalize 🅱 *V/R* to immortalize oneself
Verfahren N̲ (≈ *Vorgehen*) actions *pl*; (≈ *Verfahrensweise*) procedure; *TECH* pro-

cess; (≈ *Methode*) method; JUR proceedings *pl*; **ein ~ gegen j-n einleiten** to take *od* initiate legal proceedings against sb

verfahren[1] V/I (≈ *vorgehen*) to act; **mit j-m streng ~** to deal strictly with sb

verfahren[2] V/T (≈ *verbrauchen*) *Geld, Zeit* to spend in travelling Br, to spend in traveling US; *Benzin* to use up B V/R (≈ *sich verirren*) to lose one's way

verfahren[3] ADJ *Situation* muddled, tricky

Verfahrenstechnik F process engineering **Verfahrensweise** F procedure

Verfall M (≈ *Zerfall*) decay; *von Gebäude* dilapidation; *gesundheitlich, von Kultur etc* decline; *von Scheck, Karte* expiry

verfallen[1] V/I **1** (≈ *zerfallen*) to decay; *Bauwerk* to fall into disrepair; *körperlich* to deteriorate; *Kultur etc* to decline **2** (≈ *ungültig werden*) to become invalid; *Fahrkarte* to expire; *Termin, Anspruch* to lapse **3** (≈ *abhängig werden*) **einer Sache ~ sein** to be a slave to sth; **dem Alkohol etc ~** to be addicted to sth; **j-m völlig ~ sein** to be completely under sb's spell **4 auf etw** (*akk*) **~** to think of sth; **in etw** (*akk*) **~** to sink into sth; **in einen tiefen Schlaf ~** to fall into a deep sleep

verfallen[2] ADJ *Gebäude* dilapidated; (≈ *abgelaufen*) invalid; *Strafe* lapsed

Verfallsdatum N expiry date; *der Haltbarkeit* best-before date

verfälschen V/T to distort; *Daten* to falsify; *Geschmack* to adulterate

verfänglich ADJ *Situation* awkward; *Beweismaterial* incriminating; (≈ *gefährlich*) dangerous; *Frage* tricky

verfärben A V/T to discolour Br, to discolor US B V/R to change colour Br, to change color US; *Metall, Stoff* to discolour Br, to discolor US; **sich grün/rot ~** to turn green/red

verfassen V/T to write; *Urkunde* to draw up **Verfasser(in)** M(F) writer; *von Buch etc a.* author **Verfassung** F **1** POL constitution **2** (≈ *Zustand*) state; *seelisch* state of mind; **sie ist in guter/schlechter ~** she is in good/bad shape **Verfassungsänderung** F constitutional amendment **verfassungsfeindlich** ADJ anticonstitutional **verfassungsmäßig** ADJ constitutional **Verfassungsschutz** M *Aufgabe* defence of

the constitution Br, defense of the constitution US; *Organ, Amt office responsible for defending the constitution* **verfassungswidrig** ADJ unconstitutional

verfaulen V/I to decay; *Körper, organische Stoffe* to decompose **verfault** ADJ decayed; *Fleisch, Obst etc* rotten

verfechten V/T to defend; *Lehre* to advocate **Verfechter(in)** M(F) advocate

verfehlen V/T (≈ *verpassen*) to miss; **den Zweck ~** not to achieve its purpose; **das Thema ~** to be completely off the subject **verfehlt** ADJ (≈ *unangebracht*) inappropriate; (≈ *misslungen*) unsuccessful **Verfehlung** F (≈ *Vergehen*) misdemeanour Br, misdemeanor US; (≈ *Sünde*) transgression

verfeinern V/T & V/R to improve **verfeinert** ADJ sophisticated **Verfeinerung** F improvement

verfestigen V/T to harden; (≈ *verstärken*) to strengthen

Verfettung F MED *von Körper* obesity

verfilmen V/T *Buch* to make a movie of **Verfilmung** F filming; (≈ *Film*) movie (version)

verfilzt ADJ felted; *Haare* matted

verfinstern A V/T to darken; *Sonne, Mond* to eclipse B V/R to darken **Verfinsterung** F darkening; *von Sonne etc* eclipse

verflachen V/I to flatten out; *fig Diskussion* to become superficial

verflechten V/T to interweave; *Methoden* to combine **Verflechtung** F interconnection (+*gen* between); POL, WIRTSCH integration

verfliegen V/I *Stimmung, Zorn etc* to blow over umg, to pass; *Kummer etc* to vanish; *Alkohol* to evaporate; *Zeit* to fly

verflixt A ADJ blessed umg, darned umg; (≈ *kompliziert*) tricky B INT **~!** blow! Br umg, darn! US umg

verflossen ADJ **1** *Jahre, Tage* bygone **2** umg (≈ *ehemalig*) one-time *attr* umg; **ihr Verflossener** her ex umg

verfluchen V/T to curse **verflucht** umg ADJ damn umg

verflüchtigen V/R *Alkohol etc* to evaporate; *fig Ärger* to be dispelled

verflüssigen V/T & V/R to liquefy **Verflüssigung** F liquefaction

verfolgen V/T to pursue; (≈ *j-s Spuren folgen*) *j-n* to trail; *Tier* to track; *Entwicklung, Spur* to follow; *politisch, religiös* to persecute; *Gedanke etc: j-n* to haunt; **vom Unglück verfolgt werden** to be dogged by ill fortune; **j-n gerichtlich ~** to prosecute sb **Verfolger(in)** M̲F̲ **1** pursuer **2** *politisch etc* persecutor **Verfolgung** F̲ pursuit; (≈ *politische Verfolgung*) persecution *kein pl;* **die ~ aufnehmen** to take up the chase **Verfolgungsjagd** F̲ wild chase; *im Auto* car chase **Verfolgungswahn** M̲ persecution complex

verformen V̲R̲ to go out of shape
verfrachten V̲T̲ HANDEL to transport; *umg j-n* to bundle off *umg*
verfremden V̲T̲ *Thema, Stoff* to make unfamiliar **Verfremdung** F̲ defamiliarization; THEAT, LIT alienation
verfressen *umg* A̲D̲J̲ greedy
verfroren A̲D̲J̲ (≈ *durchgefroren*) frozen
verfrüht A̲D̲J̲ (≈ *zu früh*) premature; (≈ *früh*) early
verfügbar A̲D̲J̲ available; *Einkommen* disposable **Verfügbarkeit** F̲ availability **verfügen** A̲ V̲I̲ **über etw** *(akk)* **~** to have sth at one's disposal; (≈ *besitzen*) to have sth; **über etw** *(akk)* **frei ~ können** to be able to do as one wants with sth **B** V̲T̲ to order; *gesetzlich* to decree **Verfügung** F̲ **1 j-m etw zur ~ stellen** to put sth at sb's disposal; (≈ *leihen*) to lend sb sth; **(j-m) zur ~ stehen** (≈ *verfügbar sein*) to be available (to sb); **etw zur ~ haben** to have sth at one's disposal **2** *behördlich* order; *von Gesetzgeber* decree; (≈ *Anweisung*) instruction
verführen V̲T̲ to tempt; *bes sexuell* to seduce; *das Volk etc* to lead astray; **j-n zu etw ~** to encourage sb to do sth **Verführer** M̲ seducer **Verführerin** F̲ seductress **verführerisch** A̲D̲J̲ seductive; (≈ *verlockend*) tempting **Verführung** F̲ seduction; (≈ *Verlockung*) enticement **Verführungskunst** F̲ seductive manner; **Verführungskünste** seductive charms

verfüttern V̲T̲ to feed (**an +***akk* to); **etw an die Vögel ~** to feed sth to the birds
Vergabe F̲ *von Arbeiten* allocation; *von Auftrag etc* award
vergammeln *umg* V̲I̲ **1** (≈ *verderben*) to get spoiled; *Speisen* to go bad **2** (≈ *verlottern*) to go to the dogs *umg; Gebäude* to become run down; **vergammelt aussehen** to look scruffy *umg*
vergangen A̲D̲J̲ **1** (≈ *letzte*) last **2** *Jahre*

past; *Zeiten* bygone; → **vergehen Vergangenheit** F̲ past; GRAM past (tense); **der ~ angehören** to be a thing of the past **Vergangenheitsbewältigung** F̲ process of coming to terms with the past **Vergangenheitsform** F̲ past tense **vergänglich** A̲D̲J̲ transitory **Vergänglichkeit** F̲ transitoriness

vergasen V̲T̲ TECH *in Motor* to carburet; *Kohle* to gasify; (≈ *durch Gas töten*) to gas **Vergaser** M̲ AUTO carburettor *Br*, carburetor *US* **Vergasung** F̲ TECH carburation; *von Kohle* gasification; (≈ *Tötung*) gassing

vergeben A̲ V̲T̲ **1** (≈ *weggeben*) *Auftrag, Preis* to award (**an +***akk* to); *Stellen* to allocate; *Kredit* to give out; *Arbeit* to assign; *fig Chance* to throw away; **er/sie ist schon ~** *umg* he/she is already spoken for *umg* **2** (≈ *verzeihen*) to forgive; **j-m etw ~** to forgive sb (for) sth **B** KART to misdeal **vergebens** A̲D̲V̲ & A̲D̲J̲ in vain **vergeblich** A̲ A̲D̲J̲ futile; **alle Versuche waren ~** all attempts were in vain **B** A̲D̲V̲ in vain **Vergeblichkeit** F̲ futility **Vergebung** F̲ forgiveness

vergehen A̲ V̲I̲ **1** to pass; *Liebe* to die; *Schönheit* to fade; **wie doch die Zeit vergeht** how time flies; **mir ist die Lust dazu vergangen** I don't feel like it any more *Br od anymore US*; **mir ist der Appetit vergangen** I have lost my appetite; **es werden noch Monate ~, ehe … it** will be months before …; → **vergangen 2** *vor etw* *(dat)* **~** to be dying of sth; **vor Angst ~** to be scared to death **B** V̲R̲ **sich an j-m ~** to do sb wrong; *unsittlich* to assault sb indecently **Vergehen** N̲ (≈ *Verstoß*) offence *Br*, offense *US*

vergelten A̲ V̲T̲ **j-m etw ~** to repay sb for sth **Vergeltung** F̲ (≈ *Rache*) retaliation; **~ üben** to take revenge (**an j-m** on sb) **Vergeltungsschlag** M̲ act of reprisal

vergessen A̲ V̲T̲ to forget; (≈ *liegen lassen*) to leave (behind); **das werde ich dir nie ~** I will never forget that; **das kannst du (voll) ~!** *umg* forget it! **B** V̲R̲ *Mensch* to forget oneself **Vergessenheit** F̲ oblivion; **in ~ geraten** to vanish into oblivion **vergesslich** A̲D̲J̲ forgetful **Vergesslichkeit** F̲ forgetfulness

vergeuden V̲T̲ to waste **Vergeudung** F̲ wasting

vergewaltigen V̲T̲ to rape; *fig Sprache etc* to murder **Vergewaltiger** M̲ rapist **Vergewaltigung** F̲ rape

vergewissern V̲R̲ **sich einer Sache** (*gen*) ~ to make sure of sth

vergießen V̲T̲ *Kaffee, Wasser* to spill; *Tränen* to shed

vergiften A̲ V̲T̲ to poison B̲ V̲R̲ to poison oneself **Vergiftung** F̲ poisoning *kein pl; der Luft* pollution

Vergissmeinnicht N̲ forget-me-not

verglasen V̲T̲ to glaze

Vergleich M̲ **1** comparison; **im ~ zu** in comparison with, compared with *od* to; **in keinem ~ zu etw stehen** to be out of all proportion to sth; *Leistungen* sein to compare with sth **2** J̲U̲R̲ settlement; **einen gütlichen ~ schließen** to reach an amicable settlement **vergleichbar** A̲D̲J̲ comparable **vergleichen** A̲ V̲T̲ to compare; **verglichen mit** compared with; **sie sind nicht (miteinander) zu ~** they cannot be compared (to one another) B̲ V̲R̲ **1 sich mit j-m ~** to compare oneself with sth **2** J̲U̲R̲ to reach a settlement (**mit** with) **vergleichend** A̲D̲J̲ comparative **vergleichsweise** A̲D̲V̲ comparatively

verglühen V̲I̲ *Feuer* to die away; *Raumkapsel, Meteor etc* to burn up

vergnügen A̲ V̲T̲ to amuse B̲ V̲R̲ to enjoy oneself; **sich mit j-m/etw ~** to amuse oneself with sb/sth **Vergnügen** N̲ pleasure; (≈ *Spaß*) fun *kein unbest art*; (≈ *Erheiterung*) amusement; **sich** (*dat*) **ein ~ aus etw machen** to get pleasure from (doing) sth; **das war ein teures ~** *umg* that was an expensive bit of fun; **mit ~** with pleasure; **mit wem habe ich das ~?** *form* with whom do I have the pleasure of speaking? *form* **vergnügt** A̲ A̲D̲J̲ *Abend, Stunden* enjoyable; *Mensch, Stimmung* cheerful; **über etw** (*akk*) **~ sein** to be pleased about sth B̲ A̲D̲V̲ happily **Vergnügung** F̲ pleasure; (≈ *Veranstaltung*) entertainment **Vergnügungsindustrie** F̲ entertainment industry **Vergnügungspark** M̲ amusement park **vergnügungssüchtig** A̲D̲J̲ pleasure-loving **Vergnügungsviertel** N̲ entertainments district; *mit Bordellen* red-light district

vergolden V̲T̲ *Statue, Buchkante* to gild; *Schmuck* to gold-plate **vergoldet** A̲D̲J̲ *Buchseiten* gilt; *Schmuck* gold-plated

vergöttern V̲T̲ to idolize

vergraben A̲ V̲T̲ to bury B̲ V̲R̲ to bury oneself

vergraulen *umg* V̲T̲ to put off; (≈ *vertreiben*) to scare off

vergreifen V̲R̲ **1** (≈ *danebengreifen*) to make a mistake; **sich im Ton ~** *fig* to adopt the wrong tone; **sich im Ausdruck ~** *fig* to use the wrong expression; → **vergriffen** **2** **sich an etw** (*dat*) **~** *an fremdem Eigentum* to misappropriate sth; (*euph* ≈ *stehlen*) to help oneself to sth *euph*; **sich an j-m ~** (≈ *missbrauchen*) to assault sb (sexually)

vergreisen V̲I̲ *Bevölkerung* to age; *Mensch* to become senile; **vergreist** aged, senile **Vergreisung** F̲ *von Bevölkerung* ageing; *von Mensch* senile

vergriffen A̲D̲J̲ unavailable; *Buch* out of print, sold out; → **vergreifen**

vergrößern A̲ V̲T̲ *räumlich: Fläche, Gebiet* to extend; *Vorsprung, Produktion* to increase; *Maßstab, Foto* to enlarge; *Absatzmarkt* to expand; *Lupe, Brille* to magnify B̲ V̲R̲ to increase; *räumlich* to be extended; *Absatzmarkt* to expand; *Pupille, Gefäße* to dilate; *Organ* to become enlarged; **wir wollen uns ~** *umg* we want to move to a bigger place **Vergrößerung** F̲ **1** *räumlich* extension; *umfangmäßig, zahlenmäßig* increase; *von Maßstab, Fotografie* enlargement; *von Absatzmarkt* expansion; *mit Lupe, Brille* magnification **2** (≈ *vergrößertes Bild*) enlargement **Vergrößerungsglas** N̲ magnifying glass

Vergünstigung F̲ (≈ *Vorteil*) privilege

vergüten V̲T̲ **j-m etw ~** *Unkosten* to reimburse sb for sth; *Preis* to refund sb sth; *Arbeit* to pay sb for sth **Vergütung** F̲ *von Unkosten* reimbursement; *von Preis* refunding; *für Arbeit* payment

verhaften V̲T̲ to arrest; **Sie sind verhaftet!** you are under arrest! **Verhaftung** F̲ arrest

Verhalten N̲ (≈ *Benehmen*) behaviour *Br*, behavior *US*; (≈ *Vorgehen*) conduct **verhalten**[1] V̲R̲ (≈ *sich benehmen*) to behave; (≈ *handeln*) to act; **sich ruhig ~** to keep quiet; (≈ *sich nicht bewegen*) to keep still; **wie verhält sich die Sache?**

how do things stand?; **wenn sich das so verhält, …** if that is the case …

verhalten² **A** _ADJ_ restrained; _Stimme_ muted; _Atem_ bated; _Optimismus_ guarded; _Tempo_ measured **B** _ADV_ sprechen in a restrained manner; _sich äußern_ with restraint

verhaltensauffällig _ADJ_ PSYCH displaying behavioural problems _Br_, displaying behavioral problems _US_ **Verhaltensforscher(in)** _M/F_ behavioural scientist _Br_, behavioral scientist _US_ **Verhaltensforschung** _F_ behavioural research _Br_, behavioral research _US_ **verhaltensgestört** _ADJ_ disturbed **Verhaltensstörung** _F_ behavioural disturbance _Br_, behavioral disturbance _US_ **Verhaltensweise** _F_ behaviour _Br_, behavior _US_ **Verhältnis** _N_ **1** (≈ _Proportion_) proportion; MATH ratio; **im ~ zu** in relation to; **im ~ zu früher** (≈ _verglichen mit_) in comparison with earlier times; **in keinem ~ zu etw stehen** to be out of all proportion to sth **2** (≈ _Beziehung_) relationship; (≈ _Liebesverhältnis_) affair **3** **~se** _pl_ (≈ _Umstände_) conditions _pl_; _finanzielle_ circumstances _pl_; (≈ _Herkunft_) background; _unter od_ **bei normalen ~sen** under normal circumstances; **über seine ~se leben** to live beyond one's means; **klare ~se schaffen** to get things straight **verhältnismäßig** **A** _ADJ_ **1** (≈ _proportional_) proportional; _bes_ JUR (≈ _angemessen_) commensurate **2** (≈ _relativ_) comparative **B** _ADV_ **1** (≈ _proportional_) proportionally **2** (≈ _relativ_), _a. umg_ (≈ _ziemlich_) relatively **Verhältniswahlrecht** _N_ (system of) proportional representation

verhandeln **A** _V/T_ **1** (≈ _aushandeln_) to negotiate **2** JUR _Fall_ to hear **B** _V/I_ **1** to negotiate (**über** +_akk_ about); _umg_ (≈ _diskutieren_) to argue **2** JUR _in einem_ **Fall ~** to hear a case **Verhandlung** _F_ **1** negotiations _pl_; (≈ _das Verhandeln_) negotiation; (**mit j-m**) **in ~(en) treten** to enter into negotiations (with sb) **2** JUR hearing; (≈ _Strafverhandlung_) trial **Verhandlungsbasis** _F_ basis for negotiation(s); **~ EUR 2.500** (price) EUR 2,500 or near(est) offer **Verhandlungspartner(in)** _M/F_ negotiating party **verhandlungssicher** _ADJ_ _Sprachkenntnisse_ business fluent; **sein Englisch ist ~** his English is business fluent

verhängen _V/T_ **1** _Strafe etc_ to impose (**über** +_akk_ on); _Notstand_ to declare (**über** +_akk_ in); _Sport: Elfmeter etc_ to award **2** (≈ _zuhängen_) to cover (**mit** with) **Verhängnis** _N_ (≈ _Katastrophe_) disaster; **j-m zum ~ werden** to be sb's undoing **verhängnisvoll** _ADJ_ disastrous; _Tag_ fateful

verharmlosen _V/T_ to play down **verharren** _V/I_ to pause; _in einer bestimmten Stellung_ to remain **verhärten** _V/T & V/R_ to harden **verhasst** _ADJ_ hated; **das ist ihm ~** he hates that

verhätscheln _V/T_ to pamper **Verhau** _M_ (≈ _Käfig_) coop **verhauen** _umg_ **A** _V/T_ **1** (≈ _verprügeln_) to beat up; _zur Strafe_ to beat **2** _Prüfung etc_ to make a mess of _umg_ **B** _V/R_ **1** (≈ _sich verprügeln_) to have a fight **2** (≈ _sich irren_) to slip up _umg_ **verheddern** _umg_ _V/R_ to get tangled up; _beim Sprechen_ to get in a muddle **verheerend** _ADJ_ **1** _Sturm, Katastrophe_ devastating; _Anblick_ ghastly **2** _umg_ (≈ _schrecklich_) ghastly _umg_ **Verheerung** _F_ devastation _kein pl_ **verhehlen** _V/T_ **j-m etw ~** to conceal sth from sb

verheilen _V/I_ to heal **verheimlichen** _V/T_ to keep secret (**j-m** from sb); **ich habe nichts zu ~** I have nothing to hide

verheiraten **A** _V/T_ to marry (**mit, an** +_akk_ to) **B** _V/R_ to get married **verheiratet** _ADJ_ married (**mit** to); **glücklich ~ sein** to be happily married

verheizen _V/T_ to burn, to use as fuel; _fig umg Sportler_ to burn out; _Minister, Untergebene_ to crucify; **Soldaten im Kriege ~** _umg_ to send soldiers to the slaughter

verhelfen _V/I_ **j-m zu etw ~** to help sb to get sth

verherrlichen _V/T_ to glorify; _Gott_ to praise **Verherrlichung** _F_ glorification; _von Gott_ praising

verheult _ADJ_ _Augen_ puffy, swollen from crying

verhexen _V/T_ to bewitch; _umg Maschine etc_ to put a jinx on _umg_; **heute ist alles wie verhext** there's a jinx on everything today _umg_

verhindern _V/T_ to prevent; _Plan_ to foil; **das lässt sich nicht ~** it can't be helped;

er war an diesem Abend verhindert he was unable to come that evening **Verhinderung** F prevention; *von Plan* foiling, stopping

verhöhnen VT to mock, to deride

verhökern VT *umg* to flog (off) *umg*

Verhör N questioning; *bei Gericht* examination **verhören** A VT to question, to interrogate; *bei Gericht* to examine; *umg* to quiz *umg* B VR to mishear

verhüllen VT to veil; *Körperteil* to cover; *fig* to mask

verhungern VI to starve, to die of starvation; **ich bin am Verhungern** *umg* I'm starving *umg*

verhunzen *umg* VT to ruin

verhüten VT to prevent; **~de Maßnahmen** preventive measures **Verhütung** F prevention; (≈ *Empfängnisverhütung*) contraception **Verhütungsmittel** N contraceptive

verinnerlichen VT to internalize

verirren VR to get lost, to lose one's way; *fig* to go astray; *Tier, Kugel* to stray **Verirrung** F losing one's way *ohne art*; *fig* aberration

verjagen VT to chase away

verjähren VI to come under the statute of limitations; *Anspruch* to be in lapse; **verjährtes Verbrechen** statute-barred crime; **das ist schon längst verjährt** *umg* that's all over and done with **Verjährung** F limitation; *von Anspruch* lapse **Verjährungsfrist** F limitation period

verjüngen A VT to rejuvenate; (≈ *jünger aussehen lassen*) to make younger; **das Personal ~** to build up a younger staff B VR 1 (≈ *jünger werden*) to become younger; *Haut* to become rejuvenated 2 (≈ *dünner werden*) to taper; *Rohr* to narrow

verkabeln VT TEL to link up to the cable network **Verkabelung** F TEL linking up to the cable network

verkacken *sl* VT to fuck up *vulg*; **er hat die Englischprüfung total verkackt** he totally fucked up (on) the English test

verkalken VI *Arterien* to harden; *Kessel etc* to fur up; *umg Mensch* to become senile **verkalkt** *umg* ADJ senile

verkalkulieren VR to miscalculate

Verkalkung F *von Arterien* hardening; *umg* senility

verkannt ADJ unrecognized; → verkannen

verkappt ADJ hidden

Verkauf M 1 sale; (≈ *das Verkaufen*) selling; **beim ~ des Hauses** when selling the house 2 (≈ *Abteilung*) sales *sg, ohne art* **verkaufen** A VT & VI to sell (**für, um** for); **„zu ~"** "for sale"; **etw an j-n ~** to sell sb sth, to sell sth to sb B **Ware** to sell; *Mensch* to sell oneself **Verkäufer(in)** M(F) seller; *in Geschäft* sales *od* shop assistant *Br*, sales clerk *US*; *im Außendienst* salesman/saleswoman/salesperson; JUR *von Grundbesitz etc* vendor **verkäuflich** ADJ sal(e)able; (≈ *zu verkaufen*) for sale; **leicht/schwer ~** easy/hard to sell **Verkaufsabteilung** F sales department **Verkaufsförderung** F sales promotion **verkaufsoffen** ADJ open for business; **~er Sonntag** Sunday on which the shops/stores are open **Verkaufspreis** M retail price **Verkaufsschlager** M big seller **Verkaufswert** M market value *od* price **Verkaufszahlen** PL sales figures *pl*

Verkehr M 1 traffic; **dem ~ übergeben** *Straße etc* to open to traffic 2 (≈ *Verbindung*) contact; (≈ *Umgang*) company; (≈ *Geschlechtsverkehr*) intercourse 3 (≈ *Handelsverkehr*) trade; (≈ *Zahlungsverkehr*) business; (≈ *Umlauf*) circulation; **etw aus dem ~ ziehen** *Banknoten* to take sth out of circulation; *Produkte* to withdraw sth **verkehren** A VI 1 (≈ *fahren*) to run; *Flugzeug* to fly 2 (≈ *Kontakt pflegen*) **bei j-m ~** to frequent sb's house; **mit j-m ~** to associate with sb; **in einem Lokal ~** to frequent a pub; **in Künstlerkreisen ~** to move in artistic circles B VR to turn (**in** +*akk* into); **sich ins Gegenteil ~** to become reversed **Verkehrsampel** F traffic lights *pl Br*, traffic light *US* **Verkehrsanbindung** F transport links *pl* **verkehrsarm** ADJ *Zeit, Straße* quiet **Verkehrsaufkommen** N volume of traffic **Verkehrsbehinderung** F JUR obstruction (of traffic) **verkehrsberuhigt** ADJ traffic-calmed **Verkehrsberuhigung** F traffic calming **Verkehrsbetriebe** PL transport services *pl* **Verkehrsbüro** N tourist information office **Verkehrschaos** N chaos on the roads **Verkehrsdelikt** N traffic offence *Br*, traffic offense *US* **Verkehrsführung** F traffic management system **Verkehrsfunk** M̲ radio traffic service **verkehrsgünstig** A̲D̲J̲ *Lage* convenient **Verkehrshinweis** M̲ traffic announcement **Verkehrslärm** M̲ traffic noise **Verkehrsleitsystem** N̲ traffic guidance system, active traffic management system **Verkehrsmanagementsysteme** P̲L̲ transport management systems *pl* **Verkehrsmeldung** F̲ traffic report **Verkehrsmittel** N̲ means *sg* of transport; **öffentliche ~** public transport *Br*, public transportation *US* **Verkehrsnetz** N̲ traffic network **Verkehrsopfer** N̲ road casualty **Verkehrsordnung** F̲ ≈ Highway Code *Br*, traffic rules and regulations *pl* **Verkehrspolizei** F̲ traffic police *pl* **Verkehrspolizist(in)** M̲(̲F̲)̲ traffic policeman/-woman **Verkehrsregel** F̲ traffic regulation **Verkehrsregelung** F̲ traffic control **verkehrsreich** A̲D̲J̲ *Gegend* busy; **~e Zeit** peak (traffic) time **Verkehrsschild** N̲ road sign **verkehrssicher** A̲D̲J̲ *Fahrzeug* roadworthy **Verkehrsstau** M̲, **Verkehrsstauung** F̲ traffic jam **Verkehrssünder(in)** *umg* M̲F̲ traffic offender *Br*, traffic violator *US* **Verkehrsteilnehmer(in)** M̲F̲ road user **Verkehrstote(r)** M̲/̲F̲(̲M̲)̲ road casualty **verkehrstüchtig** A̲D̲J̲ *Fahrzeug* roadworthy; *Mensch* fit to drive **Verkehrsunfall** M̲ road accident **Verkehrsunterricht** M̲ traffic instruction **Verkehrsverbindung** F̲ link; (≈ *Anschluss*) connection **Verkehrsverbund** M̲ integrated transport system **Verkehrsverein** M̲ *local organization concerned with upkeep of tourist attractions, facilities etc* **Verkehrsverhältnisse** P̲L̲ traffic situation *sg* **Verkehrswacht** F̲ traffic patrol **Verkehrsweg** M̲ highway **verkehrswidrig** A̲D̲J̲ contrary to road traffic regulations **Verkehrszeichen** N̲ road sign

verkehrt A̲ A̲D̲J̲ wrong; **das Verkehrte** the wrong thing; **der/die Verkehrte** the wrong person B̲ A̲D̲V̲ wrongly; **etw ~ (herum) anhaben** (≈ *linke Seite nach außen*) to have sth on inside out; (≈ *vorne nach hinten*) to have sth on back to front

verkennen V̲T̲ to misjudge; **es ist nicht zu ~, dass ...** it is undeniable that ...; → **verkannt**

Verkettung *fig* F̲ interconnection

verklagen V̲T̲ to sue (**wegen** for); **j-n auf etw** (*akk*) **~** to take sb to court for sth

verklappen V̲T̲ *Abfallstoffe* to dump **Verklappung** F̲ dumping

verkleben V̲I̲ *Wunde* to close; *Augen* to get gummed up; **mit etw ~** to stick to sth

verkleiden A̲ V̲T̲ **1** *j-n* to disguise; (≈ *kostümieren*) to dress up; **alle waren verkleidet** everyone was in fancy dress **2** *Wand* to line; (≈ *vertäfeln*) to panel; (≈ *bedecken*) to cover B̲ V̲R̲ to disguise oneself; (≈ *sich kostümieren*) to dress (oneself) up **Verkleidung** F̲ (≈ *Kostümierung*) dressing up; (≈ *Kleidung*) disguise; (≈ *Kostüm*) fancy dress, costume

verkleinern A̲ V̲T̲ to reduce; *Raum, Firma* to make smaller; *Maßstab* to scale down; *Abstand* to decrease B̲ V̲R̲ to be reduced; *Raum, Firma* to become smaller; *Abstand* to decrease; *Not* to become less **Verkleinerung** F̲ reduction; *von Firma* making smaller; *von Maßstab* scaling down **Verkleinerungsform** F̲ diminutive form

verklemmt *umg* A̲D̲J̲ *Mensch* inhibited **Verklemmtheit** *umg* F̲, **Verklemmung** F̲ inhibitions *pl*

verklingen V̲I̲ to fade away; *fig* to fade

verknacksen V̲T̲ (**sich** *dat*) **den Knöchel** *od* **Fuß ~** to twist one's ankle

verknallen *umg* V̲R̲ **sich** (**in j-n**) **~** to fall for sb *umg*, to go soft on sb; **sie ist in ihn verknallt** she's got a crush on him *umg*

verknappen V̲T̲ to cut back; *Rationen* to cut down (on)

verkneifen *umg* V̲T̲ **sich** (*dat*) **etw ~** *Lächeln* to keep back sth; *Bemerkung* to bite back sth; **ich konnte mir das Lachen nicht ~** I couldn't help laughing

verkniffen A̲D̲J̲ *Miene* strained; (≈ *verbittert*) pinched

verknoten V̲T̲ to tie, to knot

verknüpfen V̲T̲ **1** (≈ *verknoten*) to knot (together); *IT* to integrate **2** *fig* to combine; (*im Zusammenhang bringen*) to link; **etw mit Bedingungen ~** to attach conditions to sth

verkochen V̲I̲ *Flüssigkeit* to boil away; *Kartoffeln* to overcook

verkohlen A̲ V̲I̲ to become charred B̲ V̲T̲ **1** *Holz* to char **2** *umg* **j-n ~** to pull

sb's leg *umg*

verkommen¹ *V̲T̲* **1** *Mensch* to go to pieces; *moralisch* to become dissolute **2** *Gebäude* to fall to pieces; *Stadt* to become run-down **3** (≈ *nicht genutzt werden) Lebensmittel, Fähigkeiten etc* to go to waste

verkommen² *ADJ Mensch* depraved; *Gebäude* dilapidated; *Garten* wild

verkomplizieren *V̲T̲* **das verkompliziert die Sache nur** that just makes things more complicated

verkorksen *umg V̲T̲* to screw up *umg*; **sich** *(dat)* **den Magen ~** to upset one's stomach **verkorkst** *umg ADJ Mensch* screwed up *umg*

verkörpern *V̲T̲* to embody; THEAT to play (the part of); *versinnbildlichen* to epitomize

verköstigen *V̲T̲* to feed

verkrachen *umg V̲R̲* **sich (mit j-m)** to fall out (with sb)

verkraften *V̲T̲* to cope with; *finanziell* to afford

verkrampfen *V̲R̲* to become cramped; *Hände* to clench up; **verkrampft** *fig* tense

verkriechen *V̲R̲* to creep away; *fig* to hide (oneself away)

verkrümeln *umg V̲R̲* to disappear

verkrümmen *A̲ V̲T̲* to bend *B̲ V̲R̲* to bend; *Rückgrat* to become curved; *Holz* to warp **verkrümmt** *ADJ* bent; *Wirbelsäule* curved **Verkrümmung** *F̲* bend (+*gen* in); *bes* TECH distortion; *von Holz* warp; **~ der Wirbelsäule** curvature of the spine

verkrüppeln *A̲ V̲T̲* to cripple *B̲ V̲I̲* to become crippled; *Baum etc* to grow stunted

verkrusten *V̲I̲ & V̲R̲* to become encrusted **verkrustet** *ADJ Wunde* scabby; *Ansichten* decrepit

verkühlen *V̲R̲ umg* to get a chill

verkümmern *V̲I̲ Organ* to atrophy; (≈ *eingehen) Pflanze* to die; *Talent* to go to waste; *Mensch* to waste away; **geistig ~** to become intellectually stunted

verkünden *V̲T̲* to announce; *Urteil* to pronounce; *neue Zeit* to herald

verkuppeln *pej V̲T̲* to pair off; **j-n an j-n ~** *Zuhälter* to procure sb for sb

verkürzen *V̲T̲* to shorten; *Abstand* to narrow; *Aufenthalt* to cut short; **sich** *(dat)* **die Zeit ~** to pass the time; **ver-**

kürzte **Arbeitszeit** shorter working hours; **auf 3:2 ~** FUSSB to pull back to 3-2 **Verkürzung** *F̲* shortening; *von Abstand* narrowing

verladen *V̲T̲* **1** *Güter, Menschen* to load **2** *fig umg* to con *umg*

Verlag *M̲* publishing house; **einen ~ finden** to find a publisher

verlagern *V̲T̲ & V̲R̲* to shift **Verlagerung** *F̲* shift

Verlagskauffrau *F̲*, **Verlagskaufmann** *M̲* publishing manager **Verlagsleiter(in)** *M̲F̲* publishing director **Verlagsprogramm** *N̲* list

verlangen *A̲ V̲T̲* **1** (≈ *fordern*) to demand; *Preis* to ask; *Erfahrung* to require; **das ist nicht zu viel verlangt** it's not asking too much **2** (≈ *fragen nach*) to ask for; **Sie werden am Telefon verlangt** you are wanted on the phone *B̲ V̲I̲* **~ nach** to ask for; (≈ *sich sehnen nach*) to long for **Verlangen** *N̲* desire (**nach** for); (≈ *Sehnsucht*) yearning; (≈ *Begierde*) craving; **auf ~** on demand; **auf ~ der Eltern** at the request of the parents

verlängern *A̲ V̲T̲* to extend; *Leben, Schmerzen* to prolong; *Ärmel etc* to lengthen; *Pass etc* to renew; **ein verlängertes Wochenende** a long weekend *B̲ V̲R̲* to be extended; *Leiden etc* to be prolonged **Verlängerung** *F̲* **1** extension; *von Pass etc* renewal **2** SPORT *von Spielzeit* extra time *Br*, over time *US*; (≈ *nachgespielte Zeit*) injury time *Br*, over time *US*; **das Spiel geht in die ~** they're going to play extra time *etc* **Verlängerungskabel** *N̲* **1** ELEK extension lead, extension cord *US* **Verlängerungskabel²** *N̲*, **Verlängerungsschnur** *F̲* ELEK extension lead, extension cord *US*

verlangsamen *V̲T̲ & V̲R̲* to slow down

Verlass *M̲* **auf j-n/etw ist kein ~** there is no relying on sb/sth

verlassen¹ *A̲ V̲T̲* to leave; *fig Mut, Hoffnung, j-n* to desert; IT *Programm* to exit *B̲ V̲R̲* **sich auf j-n/etw ~** to rely on sb/sth; **darauf können Sie sich ~** you can be sure of that

verlassen² *ADJ* deserted; (≈ *einsam*) lonely; *Auto* abandoned

verlässlich *ADJ* reliable **Verlässlichkeit** *F̲* reliability

Verlauf *M̲* course; (≈ *Ausgang*) end; **im ~ der Jahre** over the (course of the) years; **einen guten/schlechten ~ neh-**

men to go well/badly **verlaufen** Ⓐ V/I (≈ablaufen) to go; *Feier* to go off; *Untersuchung* to proceed; (≈sich erstrecken) to run; **die Spur verlief im Sand** the track disappeared in the sand Ⓑ V/R (≈sich verirren) to get lost; (≈verschwinden) *Menschenmenge* to disperse **Verlaufsform** F GRAM progressive form

verlautbaren V/T & V/I *form* to announce; **etw ~ lassen** to let sth be announced **Verlautbarung** F announcement **verlauten** V/I **er hat ~ lassen, dass ...** he indicated that ... Ⓑ V/I **es verlautet, dass ...** it is reported that ...

verleben V/T to spend; **eine schöne Zeit ~** to have a nice time

verlegen¹ Ⓐ V/T 1 *an anderen Ort* to move, to transfer 2 (≈verschieben) to postpone (**auf** +akk until); (≈vorverlegen) to bring forward (**auf** +akk to) 3 (≈an falschen Platz legen) to mislay 4 (≈anbringen) *Kabel, Fliesen etc* to lay 5 (≈drucken lassen) to publish Ⓑ V/R **sich auf etw** (akk) **~** to resort to sth; **er hat sich neuerdings auf Golf verlegt** he has taken to golf recently

verlegen² Ⓐ ADJ 1 embarrassed *kein adv*, confused 2 **um eine Antwort ~ sein** to be lost for an answer Ⓑ ADV in embarrassment **Verlegenheit** F 1 (≈Betretenheit) embarrassment; **j-n in ~ bringen** to embarrass sb 2 (≈unangenehme Lage) embarrassing situation; **wenn er in finanzieller ~ ist** when he's in financial difficulties **Verlegenheitslösung** F stopgap **Verleger(in)** M/F publisher; (≈Händler) distributor **Verlegung** F 1 *räumlich* transfer 2 *zeitlich* postponement (**auf** +akk until); (≈Vorverlegung) bringing forward (**auf** +akk to) 3 *von Kabeln etc* laying **Verleih** M 1 (≈Unternehmen) rental company; (≈Filmverleih) distributor(s) (pl) 2 (≈das Verleihen) renting (out), hiring (out) *Br*; (≈Filmverleih) distribution **verleihen** V/T 1 (≈ausleihen) to lend, to loan (**an j-n** to sb); *gegen Gebühr* to rent (out), to hire (out) *Br* 2 (≈zuerkennen) to award (**j-m** to sb); *Titel* to confer (**j-m** on sb) 3 (≈geben, verschaffen) to give **Verleihung** F 1 (≈das Ausleihen) lending; *gegen Gebühr* renting, rental 2 *von Preis etc* award(ing); *von Titel* conferment

verleiten V/T (≈verlocken) to tempt; (≈verführen) to lead astray; **j-n zum Stehlen ~** to lead sb to steal

verlernen V/T to forget; **das Tanzen ~** to forget how to dance

verlesen Ⓐ V/T 1 (≈vorlesen) to read (out) 2 *Gemüse etc* to sort Ⓑ V/R **ich habe mich wohl ~** I must have misread it

verletzbar ADJ vulnerable **verletzen** Ⓐ V/T 1 to injure; *in Kampf etc* to wound; *fig j-n, j-s Gefühle* to hurt 2 *Gesetz* to break; *Rechte* to violate Ⓑ V/R to injure oneself **verletzend** ADJ *Bemerkung* hurtful **Verletzte(r)** M/F(M) injured person; *bei Kampf* wounded man; **es gab drei ~** three people were injured **Verletzung** F (≈Wunde) injury

verleugnen V/T to deny; **es lässt sich nicht ~, dass ...** there is no denying that ...

verleumden V/T to slander; *schriftlich* to libel **Verleumder(in)** M/F slanderer; *durch Geschriebenes* libeller *bes Br*, libeler *US* **verleumderisch** ADJ slanderous; *in Schriftform* libellous *bes Br*, libelous *US* **Verleumdung** F slandering; *schriftlich* libelling *bes Br*, libeling *US*; (≈Bemerkung) slander; (≈Bericht) libel **Verleumdungskampagne** F smear campaign

verlieben V/R to fall in love (**in** +akk with) **verliebt** Ⓐ ADJ *Blicke, Worte* amorous; (**in j-n/etw**) **~ sein** to be in love (with sb/sth) Ⓑ ADV *ansehen* lovingly **verlieren** Ⓐ V/T to lose; **er hat hier nichts verloren** *umg* he has no business to be here Ⓑ V/I to lose; **sie hat an Schönheit verloren** she has lost some of her beauty Ⓒ V/R (≈verschwinden) to disappear; → verloren **Verlierer(in)** M/F loser

Verlies N dungeon

verlinken V/T to hyperlink; **auf etwas ~** to hyperlink to sth

verloben V/R to get engaged (**mit** to) **Verlobte(r)** M/F(M) **mein ~** my fiancé; **meine ~** my fiancée **Verlobung** F engagement

verlocken V/T & V/I to entice **verlockend** ADJ tempting, attractive **Verlockung** F enticement; (≈Reiz) allure

verlogen ADJ *Mensch* lying; *Versprechungen* false; *Moral* hypocritical **Verlogenheit** F *von Mensch* mendacity *form*; *von Versprechungen* falseness; *von Moral*

hypocrisy

verloren ADJ lost; GASTR *Eier* poached; **j-n/etw ~ geben** to give sb/sth up for lost; **auf ~em Posten stehen** to be fighting a losing battle; → **verlieren**

verloren gehen VI to get lost

verlosen VT to raffle (off) **Verlosung** F (≈*Lotterie*) raffle; (≈*Ziehung*) draw

Verlust M ① loss; **~ bringend** lossmaking; **mit ~ verkaufen** to sell at a loss ② **~e** pl losses pl; **schwere ~e haben** to sustain heavy losses **Verlustgeschäft** N (≈*Firma*) lossmaking business Br, business operating in the red **verlustreich** ADJ ① HANDEL *Firma* heavily loss-making ② MIL *Schlacht* involving heavy losses

vermachen VT **j-m etw ~** to bequeath sth to sb **Vermächtnis** N bequest; *fig* legacy

vermählen *form* A VT to marry B VR **sich (mit j-m) ~** to marry (sb) **Vermählung** F marriage

vermarkten VT to market; *fig* to commercialize **Vermarktung** F marketing; *fig* commercialization

vermasseln *umg* VT to mess up *umg*; *Prüfung* to make a mess of

vermehren A VT to increase B VR to increase; (≈*sich fortpflanzen*) to reproduce; *Bakterien* to multiply **Vermehrung** F increase; (≈*Fortpflanzung*) reproduction; *von Bakterien* multiplying

vermeidbar ADJ avoidable **vermeiden** VT to avoid; **es lässt sich nicht ~** it is inevitable *od* unavoidable

vermeintlich ADJ supposed

vermengen VT to mix; *fig umg Begriffe etc* to mix up

Vermerk M remark; (≈*Stempel*) stamp **vermerken** VT (≈*aufschreiben*) to note (down)

vermessen[1] VT to measure; *Gelände* to survey

vermessen[2] ADJ (≈*anmaßend*) presumptuous **Vermessenheit** F (≈*Anmaßung*) presumption

Vermessung F measurement; *von Gelände* survey

vermiesen *umg* VT **j-m etw ~** to spoil sth for sb

vermieten VT to rent (out), to lease; JUR to lease; **Zimmer zu ~** room for rent **Vermieter** M lessor; *von Wohnung etc* landlord **Vermieterin** F les-

sor; *von Wohnung etc* landlady **Vermietung** F renting (out); *von Auto* rental, hiring (out) Br

vermindern A VT to reduce; *Zorn* to lessen; **verminderte Zurechnungsfähigkeit** JUR diminished responsibility B VR to decrease; *Zorn* to lessen; *Reaktionsfähigkeit* to diminish **Verminderung** F reduction (+*gen* of); *von Reaktionsfähigkeit* diminishing

verminen VT to mine

vermischen A VT to mix; „*Vermischtes*" "miscellaneous" B VR to mix

vermissen VT to miss; **vermisst werden** to be missing; **etw an j-m/etw ~** to find sb/sth lacking in sth; **wir haben dich bei der Party vermisst** we didn't see you at the party; **etw ~ lassen** to be lacking in sth **vermisst** ADJ missing; **j-n als ~ melden** to report sb missing **Vermisste(r)** M/F(M) missing person

vermitteln A VT to arrange (j-m for sb); *Stelle, Partner* to find (j-m for sb); *Gefühl, Einblick* to convey, to give (j-m to sb); *Wissen* to impart (j-m to sb); **wir ~ Geschäftsräume** we are agents for business premises B VT to mediate; **~d eingreifen** to intervene **Vermittler(in)** M(F) ① mediator ② HANDEL agent **Vermittlung** F ① arranging; *von Stelle, Partner* finding; *in Streitigkeiten* mediation; *von Gefühl, Einblick* conveying; *von Wissen* imparting ② (≈*Stelle, Agentur*) agency ③ TEL (≈*Amt*) exchange; *in Firma etc* switchboard **Vermittlungsausschuss** M POL conciliation committee **Vermittlungsgebühr** F commission **Vermittlungsversuch** M attempt at mediation

vermöbeln *umg* VT to beat up

vermodern VI to moulder Br, to molder US

Vermögen N ① (≈*Reichtum*) fortune ② (≈*Besitz*) property **vermögend** ADJ (≈*reich*) wealthy **Vermögensberater(in)** M(F) investment analyst **Vermögensberatung** F investment consultancy **Vermögensbildung** F creation of wealth **Vermögenssteuer** F wealth tax **Vermögensverhältnisse** PL financial circumstances *pl* **Vermögensverwaltung** F asset management **vermögenswirksam** ADJ **~e Leistungen** employer's contributions to tax-deductible savings scheme

vermummen V/R (≈ sich verkleiden) to disguise oneself; **vermummte Demonstranten** masked demonstrators

vermuten V/T to suspect; **ich vermute es nur** that's only an assumption; **wir haben ihn dort nicht vermutet** we did not expect him to be there **vermutlich** A ADJ presumable; Täter suspected B ADV presumably **Vermutung** F (≈ Annahme) assumption; (≈ Mutmaßung) conjecture; (≈ Verdacht) hunch; **die ~ liegt nahe, dass …** there are grounds for the assumption that …

vernachlässigen V/T to neglect

vernarren umg V/R **sich in etw ~** to fall for sth; **in j-n vernarrt sein** to be crazy about sb umg

vernehmbar A ADJ (≈ hörbar) audible B ADV audibly **vernehmen** V/T 1 (≈ hören, erfahren) to hear 2 JUR Zeugen to examine; Polizei to question **vernehmlich** A ADJ clear B ADV audibly **Vernehmung** F JUR von Zeugen examination; durch Polizei questioning

verneigen V/R to bow; **sich vor j-m/etw ~** wörtl to bow to sb/sth; fig to bow down before sb/sth **Verneigung** F bow (**vor** +dat before)

verneinen V/T & V/I Frage to answer in the negative; (≈ leugnen) Tatsache to deny; These to dispute; GRAM to negate; **die verneinte Form** the negative (form) **verneinend** ADJ negative **Verneinung** F (≈ Leugnung) denial; von These etc disputing; GRAM negation; (≈ verneinte Form) negative

vernetzen V/T to link up; IT to network; **gut vernetzt sein** fig to have a lot of contacts **Vernetzung** F linking-up; IT networking

vernichten V/T to destroy **vernichtend** A ADJ devastating; Niederlage crushing B ADV **j-n ~ schlagen** MIL, SPORT to annihilate sb **Vernichtung** F destruction **Vernichtungsschlag** M devastating blow; **zum ~ ausholen** to prepare to deliver the final blow

verniedlichen V/T to trivialize

vernieten V/T to rivet

Vernissage F opening (at art gallery)

Vernunft F reason; **zur ~ kommen** to come to one's senses; ~ **annehmen** to see reason; **j-n zur ~ bringen** to make sb see sense **vernünftig** A ADJ sensible; (≈ logisch denkend) rational; umg

(≈ anständig) decent; (≈ annehmbar) reasonable B ADV sensibly; (≈ logisch) rationally; umg (≈ anständig) decently; (≈ annehmbar) reasonably

veröden V/I to become desolate

veröffentlichen V/T & V/I to publish **Veröffentlichung** F publication

verordnen V/T (≈ verschreiben) to prescribe (**j-m etw** sth for sb) **Verordnung** F 1 MED prescription 2 form (≈ Verfügung) decree

verorten V/T to place

verpachten V/T to lease (**an** +akk to)

verpacken V/T to pack; (≈ einwickeln) to wrap **Verpackung** F 1 (≈ Material) packaging kein pl (≈ das Verpacken) packing; (≈ das Einwickeln) wrapping **Verpackungskosten** PL packing od packaging costs pl **Verpackungsmaterial** N packaging (material) **Verpackungsmüll** M packaging waste

verpassen V/T 1 (≈ versäumen) to miss 2 umg (≈ zuteilen) **j-m etw ~** to give sb sth; (≈ aufzwingen) to make sb have sth; **j-m eins** od **eine Ohrfeige ~** to smack sb one umg

verpatzen umg V/T to spoil

verpeilt V/T – **sein** umg (≈ keine Ahnung haben) to be out of it umg

verpennen umg A V/T (≈ verschlafen) Termin, Zeit to miss by oversleeping; (≈ verpassen) Einsatz to miss B V/I & V/R to oversleep

verpesten V/T to pollute

verpetzen umg V/T to tell od sneak on umg (**bei** to)

verpfänden V/T to pawn

verpfeifen umg V/T to grass on (**bei** to) umg, to shop

verpflanzen V/T to transplant; Haut to graft **Verpflanzung** F transplant; von Haut grafting

verpflegen A V/T to feed B V/R **sich (selbst) ~** to feed oneself; (≈ selbst kochen) to cater for oneself **Verpflegung** F 1 (≈ das Verpflegen) catering; MIL rationing 2 (≈ Essen) food; MIL provisions pl; **mit voller ~** (≈ mit Vollpension) with full board

verpflichten A V/T 1 to oblige; **sich verpflichtet fühlen, etw zu tun** to feel obliged to do sth; **j-m verpflichtet sein** to be under an obligation to sb 2 (≈ binden) to commit; vertraglich etc to bind; durch Gesetz to oblige; **~d** binding 3 (≈ einstellen) to engage; Sportler to sign on; MIL to enlist **B** *V/i* (≈ *bindend sein*) to be binding; **das verpflichtet zu nichts** there is no obligation involved **C** *V/R* **sich zu etw ~** to undertake to do sth; *vertraglich* to commit oneself to doing sth **Verpflichtung** F **1** obligation (**zu etw** to do sth); *finanziell* commitment (**zu etw** to do sth); *von Aufgabe:* duty **2** (≈ *Einstellung*) engaging; *von Sportlern* signing (on); MIL enlistment

verpfuschen *umg V/t Arbeit etc* to bungle; *Leben, Erziehung* to screw up *sl*, to ruin

verpissen *sl V/R* to clear out *umg*

verplanen *V/t Zeit* to book up; *Geld* to budget

verplappern *umg V/R* to open one's mouth too wide *umg*

verplempern *umg V/t* to waste

verpönt ADJ frowned (up)on (**bei** by)

verprügeln *V/t* to beat up

verpulvern *umg V/t* to fritter away

Verputz M plaster; (≈ *Rauputz*) roughcast **verputzen** *V/t* **1** *Wand* to plaster; *mit Rauputz* to roughcast **2** *umg* (≈ *aufessen*) to polish off *umg*

verrammeln *V/t* to barricade

verramschen *V/t* HANDEL to sell off cheap; *umg a.* to flog *Br umg*

Verrat M betrayal (**an** +*dat* of); JUR treason (**an** +*dat* against) **verraten** **A** *V/t Geheimnis, j-n* to betray; (≈ *ausplaudern*) to tell; *fig* (≈ *erkennen lassen*) to reveal; **nichts ~!** don't say a word! **B** *V/R* to give oneself away **Verräter(in)** M/F(M) traitor (+*gen* to) **verräterisch** ADJ treacherous; JUR treasonable; (≈ *verdächtig*) *Blick, Lächeln etc* telltale *attr*

verrauchen *V/i fig Zorn, Enttäuschung* to subside **verräuchern** *V/t* to fill with smoke

verrechnen **A** *V/t* (≈ *begleichen*) to settle; *Scheck* to clear; *Gutschein* to redeem; **etw mit etw ~** (≈ *gegeneinander aufrechnen*) to balance sth with sth **B** *V/R* to miscalculate; **sich um zwei Euro ~** to be out by two euros **Verrechnung** F settlement; *von Scheck* clearing; **„nur zur ~"** "A/C payee only" **Verrechnungsscheck** M crossed cheque *Br*, voucher check *US*

verrecken *vulg V/i* to croak *umg*; *sl* (≈ *kaputtgehen*) to give up the ghost *umg*

verregnet ADJ rainy

verreisen *V/i* to go away (on a trip *od*

journey); **er ist geschäftlich verreist** he's away on business *Br*, he's traveling on business *US*; **mit der Bahn ~** to go on a train journey

verreißen *V/t* (≈ *kritisieren*) to tear to pieces

verrenken *V/t* to dislocate; *Hals* to crick **Verrenkung** F contortion; MED dislocation

verrichten *V/t Arbeit* to perform; *Andacht* to perform; *Gebet* to say

verriegeln *V/t* to bolt

verringern **A** *V/t* to reduce **B** *V/R* to decrease **Verringerung** F (≈ *das Verringern*) reduction; (≈ *Abnahme*) decrease; *von Abstand* lessening

verrinnen *V/i Wasser* to trickle away (**in** +*dat* into); *Zeit* to elapse

Verriss M slating review

verrohen **A** *V/t* to brutalize **B** *V/i* to become brutalized; *Sitten* to coarsen **Verrohung** F brutalization

verrosten *V/i* to rust; **verrostet** rusty

verrotten *V/i* to rot; (≈ *sich organisch zersetzen*) to decompose

verrücken *V/t* to move **verrückt** ADJ **1** (≈ *geisteskrank*) mad **2** *umg* crazy; **~ auf** (+*akk*) *nach* crazy about *umg*, nuts about *umg*; **wie ~** like crazy *umg*; **j-n ~ machen** to drive sb crazy *od* wild *umg*; **~ werden** to go crazy; **du bist wohl ~!** you must be crazy! **Verrückte(r)** *umg* M/F(M) lunatic **Verrücktheit** *umg* F madness, craziness; *Handlung* crazy thing **verrücktspielen** *umg V/i* to play up **Verrücktwerden** N **zum ~** enough to drive one mad *od* crazy

Verruf M **in ~ geraten** to fall into disrepute; **j-n/etw in ~ bringen** to bring sb/sth into disrepute **verrufen** ADJ disreputable

verrühren *V/t* to mix

verrutschen *V/i* to slip

Vers M verse; (≈ *Zeile*) line

versagen **A** *V/t* **j-m/sich etw ~** to deny sb/oneself sth; **etw bleibt** *od* **ist j-m versagt** sb is denied sth **B** *V/i* to fail; *Maschine* to break down; **die Beine/Nerven versagten ihm** his legs gave way/he lost his nerve **Versagen** N failure; *von Maschine* breakdown; **menschliches ~** human error **Versager(in)** M/F(M) failure

versalzen *V/t* to put too much salt in/on; *umg* (≈ *verderben*) to spoil; **~es Essen** oversalty food

versammeln **A** V̲T̲ to assemble; **Leute um sich ~** to gather people around one **B** V̲R̲ to assemble, to gather; *Ausschuss* to meet **Versammlung** F̲ (≈*Veranstaltung*) meeting; (≈*versammelte Menschen*) assembly **Versammlungsfreiheit** F̲ freedom of assembly

Versand M̲ (≈*das Versenden*) dispatch *bes Br*, shipment **Versandabteilung** F̲ shipping department **versandfertig** A̲D̲J̲ ready for dispatch **Versandgeschäft** N̲ (≈*Firma*) mail-order firm **Versandhandel** M̲ mail-order business **Versandhaus** N̲ mail-order firm **Versandhauskatalog** M̲ mail-order catalogue *Br*, mail-order catalog *US* **Versandkosten** P̲L̲ shipping costs *pl*

versauen *umg* V̲T̲ **1** (≈*verschmutzen*) to make a mess of **2** (≈*ruinieren*) to ruin

versaufen *umg* V̲T̲ *Geld* to spend on booze *umg*; → **versoffen**

versäumen V̲T̲ to miss; *Zeit* to lose; *Pflicht* to neglect; **(es) ~, etw zu tun** to fail to do sth **Versäumnis** N̲ (≈*Nachlässigkeit*) failing; (≈*Unterlassung*) omission

verschachtelt A̲D̲J̲ *Satz* complex; **ineinander ~** interlocking

verschaffen V̲T̲ **1** **j-m etw ~** *Geld, Alibi* to provide sb with sth **2** **sich** (*dat*) **etw ~** to obtain sth; *Kenntnisse* to acquire sth; *Ansehen, Vorteil* to gain sth; *Respekt* to get sth

verschandeln V̲T̲ to ruin

verschanzen V̲R̲ to entrench oneself (**hinter** +*dat* behind); (≈*sich verbarrikadieren*) *in etw* to barricade oneself in (**in etw** *dat* sth)

verschärfen **A** V̲T̲ *Tempo* to increase; *Gegensätze* to intensify; *Lage* to aggravate; *Spannungen* to heighten; (≈*strenger machen*) to tighten **B** V̲R̲ *Tempo* to increase; *Wettbewerb, Gegensätze* to intensify; *Lage* to become aggravated; *Spannungen* to heighten **verschärft** **A** A̲D̲J̲ *Tempo, Wettbewerb* increased; *Lage* aggravated; *Spannungen* heightened; *Kontrollen* tightened **B** A̲D̲V̲ ~ **aufpassen** to keep a closer watch; ~ **kontrollieren** to keep a tighter control

verscharren V̲T̲ to bury

verschätzen V̲R̲ to misjudge, to miscalculate (**in etw** *dat* sth); **sich um zwei Monate ~** to be out by two months

verschenken V̲T̲ to give away

verscherzen V̲T̲ **sich** (*dat*) **etw ~** to lose sth; **es sich** (*dat*) **mit j-m ~** to spoil things (for oneself) with sb

verscheuchen V̲T̲ to scare away

verscheuern *umg* V̲T̲ to sell off

verschicken V̲T̲ **1** (≈*versenden*) to send off **2** *zur Kur etc* to send away **3** (≈*deportieren*) to deport

verschieben **A** V̲T̲ **1** (≈*verrücken*) to move **2** (≈*aufschieben*) to change; *auf später* to postpone (**um for**) **3** *umg Waren* to traffic in **B** V̲R̲ **1** (≈*verrutschen*) to move out of place; *fig Schwerpunkt* to shift **2** *zeitlich* to be postponed **Verschiebung** F̲ **1** (≈*das Verschieben*) moving **2** *von Termin* postponement

verschieden **A** A̲D̲J̲ **1** (≈*unterschiedlich*) different; **das ist ganz ~** (≈*wird verschieden gehandhabt*) that varies **2** (≈*mehrere, einige*) several **3** **Verschiedenes** different things; *in Zeitungen, Listen* miscellaneous **4** A̲D̲V̲ differently; **die Häuser sind ~ hoch** the houses vary in height **verschiedenartig** A̲D̲J̲ different; (≈*mannigfaltig*) diverse **Verschiedenheit** F̲ difference (+*gen* of, in); (≈*Vielfalt*) variety **verschiedentlich** A̲D̲V̲ (≈*mehrmals*) several times; (≈*vereinzelt*) occasionally

verschießen **A** V̲T̲ **1** *Munition* to use up **2** *Sport* to miss **B** V̲R̲ **sich in j-n verschossen sein** to be crazy about sb *umg*

verschimmeln V̲I̲ to go mouldy *Br*, to go moldy *US*; **verschimmelt** *wörtl* mouldy *Br*, moldy *US*

verschlafen¹ **A** V̲I̲ & V̲R̲ to oversleep **B** V̲T̲ *Termin* to miss by oversleeping; (≈*schlafend verbringen*) *Tag, Morgen* to sleep through; (≈*verpassen*) *Einsatz* to miss

verschlafen² A̲D̲J̲ sleepy

Verschlag M̲ (≈*abgetrennter Raum*) partitioned area; (≈*Schuppen*) shed **verschlagen** V̲T̲ **1** **etw mit Brettern ~** to board sth up **2** (≈*nehmen*) *Atem* to take away; **das hat mir die Sprache ~** it left me speechless **3** (≈*geraten lassen*) to bring; **an einen Ort ~ werden** to end up somewhere **Verschlagwortung** F̲ *in Datenbanken* indexing; *durch Stichwörter* keywording

verschlampen V̲T̲ *umg* (≈*verlieren*) to go and lose sth

verschlechtern **A** V̲T̲ to make worse; *Qualität* to impair **B** V̲R̲ to get worse;

V

sich finanziell ~ to be worse off financially; **sich beruflich ~** to take a worse job **Verschlechterung** F̄ worsening; *von Leistung* decline; **eine finanzielle ~** a financial setback

verschleiern A V̄T̄ to veil; *Blick* to blur B V̄R̄ *Frau* to veil oneself

Verschleiß M̄ wear and tear; (≈ *Verluste*) loss **verschleißen** A V̄T̄ (≈ *kaputt machen*) to wear out; (≈ *verbrauchen*) to use up B V̄Ī to wear out; → **verschlissen** C V̄R̄ to wear out; *Menschen* to wear oneself out **Verschleißteil** N̄ wearing part

verschleppen V̄T̄ 1 (≈ *entführen*) j-n to abduct; *Gefangene, Kriegsopfer* to displace 2 (≈ *hinauszögern*) *Prozess* to draw out; POL to delay; *Krankheit* to protract **Verschleppte(r)** M̄|F̄M̄ displaced person **Verschleppung** F̄ 1 *von Menschen* abduction 2 (≈ *Verzögerung*) *von Krankheit* protraction; *von Gesetzesänderung* delay **Verschleppungstaktik** F̄ delaying tactics *pl*

verschleudern V̄T̄ 1 HANDEL to dump; (≈ *vergeuden*) *Vermögen, Ressourcen* to squander

verschließbar ADJ *Dosen, Gläser etc* sealable; *Tür, Schublade* lockable **verschließen** A V̄T̄ 1 (≈ *abschließen*) to lock (up); (≈ *zumachen*) to close; (≈ *versperren*) to bar; *mit Riegel* to bolt; → **verschlossen** 2 (≈ *zumachen*) to close; *Brief* to seal; *mit Pfropfen: Flasche* to cork; **die Augen/Ohren (vor etw** *dat*) **~** to shut one's eyes/ears (to sth) B V̄R̄ *Mensch* (≈ *reserviert sein*) to shut oneself off (+dat from); **ich kann mich der Tatsache nicht ~, dass …** I can't close my eyes to the fact that …

verschlimmbessern *hum* V̄T̄ to make worse **verschlimmern** A V̄T̄ to make worse B V̄R̄ to get worse **Verschlimmerung** F̄ worsening

verschlingen A V̄T̄ (≈ *gierig essen*) to devour; *fig Welle, Dunkelheit* to engulf; (≈ *verbrauchen*) *Geld, Strom etc* to eat up; **j-n mit Blicken ~** to devour sb with one's eyes B V̄R̄ to become intertwined

verschlissen ADJ worn (out); *fig Politiker etc* burned-out *umg*; → **verschleißen**

verschlossen ADJ closed; *mit Schlüssel* locked; *mit Riegel* bolted; *Briefumschlag* sealed; **hinter ~en Türen** behind closed doors; → **verschließen Verschlos-**

senheit F̄ *von Mensch* reserve

verschlucken A V̄T̄ to swallow B V̄R̄ to swallow the wrong way

Verschluss M̄ 1 (≈ *Schloss*) lock; (≈ *Pfropfen*) stopper; *an Kleidung* fastener; *an Schmuck* catch; *an Tasche, Buch, Schuh* clasp; **etw unter ~ halten** to keep sth under lock and key 2 FOTO shutter

verschlüsseln V̄T̄ to (put into) code **Verschlüsselung** F̄ coding; code

verschmähen V̄T̄ to spurn

verschmelzen V̄Ī to melt together; *Metalle* to fuse; *Farben* to blend; *fig* to blend (**zu** into) **Verschmelzung** F̄ 1 (≈ *Verbindung*) fusion; *von Farben* blending 2 HANDEL merger

verschmerzen V̄T̄ to get over

verschmieren A V̄T̄ 1 (≈ *verstreichen*) to spread (**in** +dat over) 2 *Gesicht* to smear; *Geschriebenes* to smudge B V̄Ī to smudge **verschmiert** ADJ *Gesicht* smeary

verschmitzt ADJ mischievous

verschmutzen A V̄T̄ to dirty; *Luft, Umwelt* to pollute B V̄Ī to get dirty; *Luft, Wasser, Umwelt* to become polluted **verschmutzt** ADJ dirty, soiled; *Luft etc* polluted **Verschmutzung** F̄ 1 (≈ *das Verschmutzen*) dirtying; *von Luft, Umwelt* pollution; *von Fahrbahn* muddying 2 (≈ *das Verschmutztsein*) dirtiness *kein pl*; *von Luft etc* pollution

verschnaufen *umg* V̄Ī & V̄R̄ to take a breather *umg* **Verschnaufpause** F̄ breather

verschneit ADJ snow-covered, snowy **verschnupft** *umg* ADJ 1 (≈ *erkältet*) *Mensch* with a cold 2 (≈ *beleidigt*) peeved *umg*

verschnüren V̄T̄ to tie up

verschollen ADJ *Flugzeug, Mensch etc* missing; **ein lange ~er Freund** a long-lost friend; **er ist ~** *im Krieg* he is missing, presumed dead

verschonen V̄T̄ to spare (**j-n von etw** sb sth); **verschone mich damit!** spare me that!; **von etw verschont bleiben** to escape sth

verschönern V̄T̄ to improve (the appearance of); *Wohnung* to brighten (up) **Verschönerung** F̄ improvement; *von Wohnung, Zimmer* brightening up **verschränken** V̄T̄ to cross over; *Arme* to fold

verschrecken V̄T̄ to frighten off

verschreiben Ⓐ *VT* (≈ *verordnen*) to prescribe Ⓑ *V/R* **1** (≈ *falsch schreiben*) to make a slip (of the pen) **2 sich einer Sache** (*dat*) **~** to devote oneself to sth
verschreibungspflichtig *ADJ* only available on prescription
verschrie(e)n *ADJ* **als etw verschrieen** notorious for being sth
verschroben *ADJ* strange
verschrotten *VT* to scrap **Verschrottungsprämie** *F* scrapping premium
verschrumpeln *VI* to shrivel
verschüchtern *VT* to intimidate
verschulden Ⓐ *VT* to be to blame for; *Unfall* to cause Ⓑ *V/R* to get into debt **Verschulden** *N* fault; **ohne sein/mein ~** through no fault of his (own)/of my own *od* of mine
Verschuldung *F* debts *pl*
verschütten *VT* **1** *Flüssigkeit* to spill **2** (≈ *begraben*) **verschüttet werden** *Mensch* to be buried (alive) **verschüttet** buried (alive) **verschüttgehen** *umg* *VI* to get lost
verschweigen *VT* to withhold (**j-m etw** sth from sb); → **verschwiegen**
verschwenden *VT* to waste (**auf** +*akk* on) **Verschwender(in)** *M(F)* spendthrift **verschwenderisch** Ⓐ *ADJ* wasteful; *Leben* extravagant; (≈ *üppig*) lavish; *Fülle* lavish Ⓑ *ADV* wastefully; **mit etw ~ umgehen** to be lavish with sth **Verschwendung** *F* **~ von Geld/Zeit** waste of money/time
verschwiegen *ADJ* *Mensch* discreet; *Ort* secluded; → **verschweigen** **Verschwiegenheit** *F* von *Mensch* discretion; **zur ~ verpflichtet** bound to secrecy
verschwimmen *VI* to become blurred *od* indistinct; **ineinander ~** to melt *od* merge into one another; → **verschwommen**
verschwinden *VI* to disappear, to vanish; **verschwinde!** clear out! *umg*; **(mal) ~ müssen** *euph umg* to have to go to the bathroom; → **verschwunden** **Verschwinden** *N* disappearance **verschwindend** *ADV* **~ wenig** very, very few; **~ klein** *od* **gering** minute
verschwitzen *VT* *umg* (≈ *vergessen*) to forget; **ich hab's total verschwitzt** I clean forgot
verschwitzt *ADJ* *Kleidungsstück* sweat-stained; (≈ *feucht*) sweaty

verschwommen Ⓐ *ADJ* *Foto* fuzzy; *Erinnerung* vague Ⓑ *ADV* *sehen* blurred; *sich erinnern* vaguely; → **verschwimmen**
verschwören *V/R* **1** (≈ *ein Komplott schmieden*) to plot (**mit** with *od* **gegen** against) **2** (≈ *sich versprechen*) **sich einer Sache** (*dat*) **~** to give oneself over to sth **Verschwörer(in)** *M(F)* conspirator **Verschwörung** *F* conspiracy, plot
verschwunden *ADJ* missing; → **verschwinden**
versehen Ⓐ *VT* **1** (≈ *ausüben*) *Amt etc* to occupy; *Pflichten* to perform; *Dienst* to provide **2** (≈ *ausstatten*) **j-n mit etw ~** to provide sb with sth; **mit etw ~ sein** to have sth **3** (≈ *geben*) to give Ⓑ *V/R* **1** (≈ *sich irren*) to be mistaken **2 sich mit etw ~** (≈ *sich ausstatten*) to equip oneself with sth **3 ehe man sichs versieht** before you could turn (a)round **Versehen** *N* (≈ *Irrtum*) mistake; (≈ *Unachtsamkeit*) oversight; **aus ~** by mistake **versehentlich** Ⓐ *ADJ* inadvertent; (≈ *irrtümlich*) erroneous Ⓑ *ADV* inadvertently, by mistake
Versehrte(r) *M(F)M* disabled person/man/woman *etc*
versenden *VT* to send **Versendung** *F* sending
versengen *VT* *Sonne, mit Bügeleisen* to scorch; *Feuer* to singe
versenken Ⓐ *VT* to sink; *das eigene Schiff* to scuttle Ⓑ *V/R* **sich in etw** (*akk*) **~** to become immersed in sth **Versenkung** *F* **1** (≈ *das Versenken*) sinking; *von eigenem Schiff* scuttling **2 umg in der ~ verschwinden** to vanish; **aus der ~ auftauchen** to reappear
versessen *fig ADJ* **auf etw** (*akk*) **~ sein** to be very keen on sth **Versessenheit** *F* keenness (**auf** +*akk* on)
versetzen Ⓐ *VT* **1** to move; SCHULE *in höhere Klasse* to move up **2** *umg* (≈ *verkaufen*) to sell; (≈ *verpfänden*) to pawn **3** *umg* (≈ *nicht erscheinen*) **j-n ~** to stand sb up *umg* **4 j-n in fröhliche Stimmung ~** to put sb in a cheerful mood; **j-n in die Lage ~, etw zu tun** to put sb in a position to do sth **5** (≈ *geben*) *Stoß, Tritt etc* to give Ⓑ *V/R* **sich in j-s Lage ~** to put oneself in sb's place *od* position **Versetzung** *F* *beruflich* transfer; SCHULE moving up
verseuchen *VT* *mit Bakterien, Viren* to

infect; *mit Giftstoffen, a. fig* to contaminate **verseucht** ADJ *mit Bakterien, Viren* infected; *mit Gas, Giftstoffen* contaminated; **radioaktiv ~** contaminated by radiation *od* radioactivity **Verseuchung** F *mit Bakterien, Viren* infection; *mit Giftstoffen, a. fig auslösen kein pl*

Versicherer M insurer; *bei Schiffen* underwriter **versichern** A VT 1 (≈ *bestätigen*) to assure; (≈ *beteuern*) to protest; **j-m ~, dass …** to assure sb that … 2 *Versicherungswesen* to insure; **gegen etw versichert sein** to be insured against sth B VR 1 (≈ *Versicherung abschließen*) to insure oneself; **sich gegen Unfall ~** to take out accident insurance 2 (≈ *sich vergewissern*) to make sure *od* certain **Versicherte(r)** M/F(M) insured (party) **Versicherung** F 1 (≈ *Bestätigung*) assurance 2 (≈ *Feuerversicherung etc*) insurance 3 (≈ *Gesellschaft*) insurance company **Versicherungsbeitrag** M *bei Haftpflichtversicherung etc* insurance premium **Versicherungsbetrug** M insurance fraud **Versicherungsfall** M **im ~** in the event of making a claim **Versicherungskarte** F insurance card; **die grüne ~** AUTO the green card Br (*insurance document for driving abroad*) **Versicherungsmakler(in)** M(F) insurance broker **Versicherungsnehmer(in)** form M(F) policy holder **Versicherungspolice** F insurance policy **Versicherungsschein** M insurance policy **Versicherungsschutz** M insurance cover **Versicherungssumme** F sum insured **Versicherungsvertrag** M insurance contract

versickern VI to seep away; *fig Interesse* to peter out; *Geld* to trickle away

versiegeln VT to seal

versiegen VI *Fluss* to dry up; *Interesse* to peter out; *Kräfte* to fail

versiert ADJ **in etw** (dat) **~ sein** to be experienced in sth; *in Bezug auf Wissen* to be (well) versed in sth

versifft sl ADJ yucky umg

versilbern VT (≈ *mit Silber überziehen*) to silver(-plate); *fig umg* (≈ *verkaufen*) to sell

versinken VI to sink; **in etw** (akk) **~** *fig in Trauer, Chaos* to sink into sth; *in Anblick, Gedanken* to lose oneself in sth; **→ versunken**

Version F version

versklaven *wörtl, fig* VT to enslave

Versmaß N metre Br, meter US

versoffen umg ADJ boozy umg; **→ versaufen**

versohlen umg VT to belt umg

versöhnen A VT to reconcile; **~de Worte** conciliatory words B VR to be (-come) reconciled; *Streitende* to make it up; **sich mit etw ~** to reconcile oneself to sth **versöhnlich** ADJ conciliatory; (≈ *nicht nachtragend*) forgiving **Versöhnung** F reconciliation

versonnen ADJ *Gesichtsausdruck* pensive; (≈ *träumerisch*) *Blick* dreamy

versorgen VT (≈ *sich kümmern um*) to look after, to take care of; (≈ *beliefern*) to supply; (≈ *unterhalten*) *Familie* to provide for **Versorgung** F (≈ *Pflege*) care; (≈ *Belieferung*) supply; **die ~ mit Strom** the supply of electricity; **die ~ im Alter** providing for one's old age **Versorgungsschwierigkeiten** PL supply problems pl **Versorgungsstaat** M all-providing state

verspannt ADJ *Muskeln* tense

verspäten VR to be late **verspätet** A ADJ late; *Zug, Flugzeug* delayed B ADV late; *gratulieren* belatedly **Verspätung** F delay; **(10 Minuten) ~ haben** to be (10 minutes) late; **mit ~ ankommen** to arrive late

verspekulieren A VT to lose on the stock market B VR to make a bad speculation; **wenn du Gnade erwartest, hast du dich verspekuliert** if you're expecting mercy, you're sorely mistaken

versperren VT *Weg etc* to block

verspielen A VT *Geld, Zukunft* to gamble away; *Vertrauen* to lose; **er hatte bei ihr verspielt** he had had it as far as she was concerned umg **verspielt** ADJ playful; *Verzierung* dainty

verspotten VT to mock

versprechen VT to promise (**j-m etw** sb sth); **das verspricht interessant zu werden** it promises to be interesting; **sich** (dat) **viel/wenig von etw ~** to have high hopes/no great hopes of sth; **was versprichst du dir davon?** what do you expect to achieve (by that)? **Versprechen** N promise **Versprecher** umg M slip (of the tongue) **Versprechung** F promise

versprühen VT to spray; *Charme* to exude

verspüren V̲T̲ to feel

verstaatlichen V̲T̲ to nationalize **Verstaatlichung** F̲ nationalization

Verstand M̲ (≈Fähigkeit zu denken) reason; (≈Intellekt) mind; (≈Vernunft) (common) sense; (≈Urteilskraft) (powers pl of) judgement; **den ~ verlieren** to lose one's mind; **hast du denn den ~ verloren?** are you out of your mind? umg; **j-n um den ~ bringen** to drive sb out of his/her mind umg; **nicht ganz bei ~ sein** not to be in one's right mind; **das geht über meinen ~** it's beyond me

verständigen A̲ V̲T̲ to notify (**von** of, about) B̲ V̲/R̲ to communicate (with each other); (≈sich einigen) to come to an understanding **Verständigung** F̲ 1 (≈Benachrichtigung) notification 2 (≈das Sichverständigen) communication kein unbest art 3 (≈Einigung) understanding **Verständigungsschwierigkeiten** P̲L̲ difficulty communicating

verständlich A̲ A̲D̲J̲ (≈begreiflich) understandable; (≈intellektuell erfassbar) comprehensible; (≈hörbar) audible; (≈klar) Erklärung intelligible; **j-m etw ~ machen** to get sb to put sth across to sb; **sich ~ machen** to make oneself understood B̲ A̲D̲V̲ clearly **verständlicherweise** A̲D̲V̲ understandably (enough) **Verständnis** N̲ 1 (≈das Begreifen) understanding (**für** of); (≈Mitgefühl) sympathy (**für** for); **für so was habe ich kein ~** I have no time for that kind of thing; **dafür hast du mein vollstes ~** you have my fullest sympathy 2 (≈Kunstverständnis etc) appreciation (**für** of) **verständnislos** A̲ A̲D̲J̲ uncomprehending; (≈ohne Mitgefühl) unsympathetic; für Kunst unappreciative B̲ A̲D̲V̲ uncomprehendingly; (≈ohne Mitgefühl) unsympathetically; gegenüber Kunst unappreciatively **verständnisvoll** A̲D̲J̲ understanding; Blick knowing nur attr

verstärken A̲ V̲T̲ to reinforce; Spannung to intensify; Signal, Musik to amplify B̲ V̲/R̲ fig to intensify **Verstärker** M̲ RADIO, ELEK amplifier **Verstärkung** F̲ reinforcement; von Spannung intensification; ELEK, MUS amplification

verstauben V̲I̲ to get dusty; fig to gather dust; **verstaubt** covered in dust; fig Ideen fuddy-duddy umg

verstauchen V̲T̲ to sprain; **sich** (dat)

den Fuß etc **~** to sprain one's foot etc

verstauen V̲T̲ Gepäck to load; SCHIFF to stow; hum Menschen to pile

Versteck N̲ hiding place; von Verbrechern hide-out; **~ spielen** to play hide-and-seek Br, to play hide-and-go-seek US **verstecken** A̲ V̲T̲ to hide (**vor** +dat from) B̲ V̲/R̲ to hide; **sich vor j-m ~** to hide from sb; **sich hinter etw** (dat) **~** to hide behind sth; **Verstecken spielen** to play hide-and-seek Br, to play hide-and-go-seek US **Versteckspiel** N̲ hide-and-seek Br, hide-and-go-seek US **versteckt** A̲D̲J̲ hidden; Eingang concealed; Andeutung veiled

verstehen A̲ V̲T̲ & V̲I̲ to understand; **j-n falsch ~** to misunderstand sb; **das verstehe ich nicht** I don't get it; **versteh mich recht** don't get me wrong; **wenn ich recht verstehe …** if I understand correctly …; **j-m zu ~ geben, dass …** to give sb to understand that … B̲ V̲/R̲ 1 (≈können) to know; **es ~, etw zu tun** to know how to do sth; **etwas/ nichts von etw ~** to know something/ nothing about sth 2 (≈auslegen) to understand, to see; **etw unter etw** (dat) **~** to understand sth by sth C̲ V̲/R̲ 1 (≈kommunizieren können) to understand each other 2 (≈miteinander auskommen) **sich mit j-m ~** to get on with sb Br, to get along with sb 3 (≈klar sein) to go without saying; **versteht sich!** umg of course! 4 **sich auf etw** (akk) **~** to be (an) expert at sth; **die Preise ~ sich einschließlich Lieferung** prices are inclusive of delivery

versteigern V̲T̲ to auction (off) **Versteigerung** F̲ (sale by) auction

versteinern A̲ V̲I̲ GEOL to fossilize; Holz to petrify B̲ V̲/R̲ fig Miene, Gesicht to harden **Versteinerung** F̲ Vorgang fossilization; von Holz petrification; (≈versteinertes Tier etc) fossil

verstellbar A̲D̲J̲ adjustable **verstellen** A̲ V̲T̲ 1 (≈anders einstellen) to adjust; Möbel to move (out of position); (≈falsch einstellen) to adjust wrongly; Uhr to set wrong 2 Stimme to disguise 3 (≈versperren) to block B̲ V̲/R̲ **er kann sich gut ~** he's good at playing a part

versteuern V̲T̲ to pay tax on; **versteuerte Waren** taxed goods; **das zu ~de Einkommen** taxable income

verstimmen V̲T̲ wörtl to put out of

tune; *fig* to put out **verstimmt** ADJ *Klavier etc* out of tune; *fig* (≈ *verdorben*) *Magen* upset; (≈ *verärgert*) put out **Verstimmung** F disgruntlement; *zwischen Parteien* ill will

verstohlen A ADJ furtive B ADV furtively

verstopfen VT to stop up; *Straße, Blutgefäß* to block **verstopft** ADJ blocked; *Nase* stuffed up, blocked (up); *Mensch* constipated **Verstopfung** F blockage; MED constipation

verstorben ADJ deceased; **mein ~er Mann** my late husband **Verstorbene(r)** M(F)M deceased

verstört ADJ disturbed; *vor Angst* distraught

Verstoß M violation (**gegen** of) **verstoßen** A VT *j-n* to disown; *aus einer geminschaft* ausschließen to cast out, to cast away B VI **gegen etw ~** to offend against sth; **gegen eine Regel ~** to break a rule

verstrahlt ADJ contaminated (by radiation) **Verstrahlung** F radiation

verstreichen A VT *Salbe, Farbe* to apply (**auf** +*dat* to) B VI *Zeit* to elapse; *Frist* to expire

verstreuen VT to scatter; *versehentlich* to spill

verstricken *fig* A VT to involve, to embroil B VR to become entangled, to get tangled up

verströmen VT to exude

verstümmeln VT to mutilate; *Nachricht* to garble **Verstümmelung** F mutilation; *von Nachricht* garbling *kein pl*

verstummen *von* A VI *Mensch* to go *od* fall silent; *Gespräch, Musik* to stop; (≈ *langsam verklingen*) to die away

Versuch M attempt (**zu tun** at doing, to do); *wissenschaftlich* experiment; (≈ *Test*) trial, test; **einen ~ machen** to make an attempt, to carry out an experiment/a trial; **das käme auf einen ~ an** we'll have to (have a) try **versuchen** VT 1 to try; **es mit etw ~** to try sth; **es mit j-m ~** to give sb a try; **versuchter Diebstahl** attempted theft 2 (≈ *in Versuchung führen*) to tempt **Versuchsballon** M **einen ~ steigen lassen** *fig* to fly a kite **Versuchskaninchen** N guinea pig **Versuchsobjekt** N test object; *fig Mensch* guinea pig **Versuchsperson** F test *od* experimental

subject **Versuchsstadium** N experimental stage; **es ist noch im ~** it's still at the experimental stage **versuchsweise** ADV on a trial basis; *einstellen* on trial **Versuchung** F temptation; **j-n in ~ führen** to lead sb into temptation; **in ~ kommen** to be tempted

versumpfen VI 1 *Gebiet* to become marshy *od* boggy 2 *fig umg* (≈ *lange zechen*) to get involved in a booze-up *umg*

versunken ADJ sunken; *fig* engrossed; **in Gedanken ~** immersed in thought; → versinken

versüßen *fig* VT to sweeten

vertagen VT & VI to adjourn; (≈ *verschieben*) to postpone (**auf** +*akk* until, till) **Vertagung** F adjournment; (≈ *Verschiebung*) postponement

vertauschen VT 1 (≈ *austauschen*) to exchange (**gegen, mit** for); **vertauschte Rollen** reversed roles 2 (≈ *verwechseln*) to mix up

verteidigen A VT to defend B VR to defend oneself **Verteidiger(in)** M(F) defender; (≈ *Anwalt*) defence lawyer *Br*, defense lawyer *US* **Verteidigung** F 1 defence *Br*, defense *US* 2 *von Masterarbeit, Doktorarbeit* viva **Verteidigungsfall** M **wenn der ~ eintritt** if defence should be necessary **Verteidigungsminister(in)** M(F) Minister of Defence *Br*, Secretary of Defense *US* **Verteidigungsministerium** N Ministry of Defence *Br*, Department of Defense *US*

verteilen A VT (≈ *austeilen*) to distribute; *Süßigkeiten etc* to share out; *Essen* to dish out; THEAT *Rollen* to allocate; *Farbe* to spread; (≈ *verstreuen*) to spread out, to scatter B VR *Bevölkerung, Farbe* to spread (itself) out; *Reichtum etc* to be distributed; *zeitlich* to be spread (**über** +*akk* over) **Verteiler** M 1 TECH distributor 2 (≈ *Verteilerschlüssel*) distribution list 3 *für Post* mailing list; **j-n in den ~ aufnehmen** *od* **zum ~ hinzufügen** to add sb to the mailing list; **„Verteiler:"** cc:, carbon copy for: **Verteilernetz** N ELEK distribution system; HANDEL distribution network **Verteilerschlüssel** M distribution list **Verteilung** F distribution; (≈ *Zuteilung*) allocation

vertelefonieren *umg* VT *Geld, Zeit* to spend on the phone

verteuern A VT to make more expensive B VR to become more expensive **Verteuerung** F increase in price
verteufeln VT to condemn
vertiefen A VT to deepen; *Kontakte* to strengthen B VR to deepen; **in etw** (*akk*) **vertieft sein** *fig* to be engrossed in sth **Vertiefung** F 1 (≈ *das Vertiefen*) deepening 2 *in Oberfläche* depression
vertikal A ADJ vertical B ADV vertically **Vertikale** F vertical line
vertilgen VT 1 *Unkraut etc* to destroy 2 *umg* (≈ *aufessen*) to demolish *umg*
vertippen VR *umg beim Schreiben* to make a typing error
vertonen VT to set to music
vertrackt *umg* ADJ awkward, tricky; (≈ *verwickelt*) complicated, complex
Vertrag M contract; (≈ *Abkommen*) agreement; POL treaty
vertragen A VT to take; (≈ *aushalten*) to stand; **Eier kann ich nicht ~** eggs don't agree with me; **Patienten, die kein Penizillin ~** patients who are allergic to penicillin; **so etwas kann ich nicht ~** I can't stand that kind of thing; **viel ~ können** *umg Alkohol* to be able to hold one's drink *Br*, to be able to hold one's liquor *US*; **j-d könnte etw ~** *umg* sb could do with sth B VR **sich (mit j-m) ~** to get on (with sb) *Br*, to get along (with sb); **sich wieder ~** to be friends again; **sich mit etw ~** *Farbe* to go with sth; *Verhalten* to be consistent with sth
vertraglich A ADJ contractual B ADV by contract; *festgelegt* in the/a contract
verträglich A ADJ (≈ *umgänglich*) good-natured; *Speise* digestible; (≈ *bekömmlich*) wholesome; **ökologisch/sozial ~** ecologically/socially acceptable
Vertragsabschluss M conclusion of a/the contract **Vertragsbruch** M breach of contract **vertragsbrüchig** ADJ **~ werden** to be in breach of contract **Vertragsentwurf** M draft contract **vertragsgemäß** ADJ & ADV as stipulated in the contract **vertragsschließend** ADJ contracting **Vertragsspieler(in)** M(F) player under contract **Vertragsstrafe** F penalty for breach of contract
vertrauen VI **j-m/einer Sache ~** to trust sb/sth; **auf j-n/etw ~** to trust in sb/sth; → vertraut **Vertrauen** N trust,

confidence (**zu, in** +*akk od* **auf** +*akk* in); **im ~ (gesagt)** strictly in confidence; **im ~ auf etw** (*akk*) trusting in sth; **j-n ins ~ ziehen** to take sb into one's confidence; **j-m das ~ aussprechen** PARL to pass a vote of confidence in sb **vertrauenerweckend** ADJ **einen ~en Eindruck machen** to inspire confidence **vertrauensbildend** ADJ confidence-building **Vertrauensfrage** F question *od* matter of trust; **die ~ stellen** PARL to ask for a vote of confidence **Vertrauensfrau** F intermediary agent; *in Gewerkschaft* (union) negotiator *od* representative **Vertrauenslehrer(in)** M(F) liaison teacher (*between pupils and staff*) guidance teacher *US* **Vertrauensmann** M intermediary agent; *in Gewerkschaft* (union) negotiator *od* representative **Vertrauenssache** F confidential matter; (≈ *Frage des Vertrauens*) question *od* matter of trust **vertrauensvoll** A ADJ trusting B ADV trustingly **Vertrauensvotum** N PARL vote of confidence **vertrauenswürdig** ADJ trustworthy, reliable **vertraulich** A ADJ 1 (≈ *geheim*) confidential 2 (≈ *freundschaftlich*) friendly; (≈ *plumpvertraulich*) familiar B ADV confidentially, in confidence **Vertraulichkeit** F confidentiality; (≈ *Aufdringlichkeit*) familiarity
verträumt ADJ dreamy
vertraut ADJ intimate; *Umgebung* familiar; **sich mit etw ~ machen** to familiarize oneself with sth; **mit etw ~ sein** to be familiar with sth; → vertrauen **Vertraute(r)** M(F)M close friend **Vertrautheit** F intimacy; *von Umgebung* familiarity
vertreiben VT to drive away; *aus Land* to expel (**aus** from); *aus Amt* to oust; *Feind* to repulse; *fig Sorgen* to banish; HANDEL *Waren* to sell, to market; **sich** (*dat*) **die Zeit mit etw ~** to pass (away) the time with sth **Vertreibung** F expulsion (**aus** from); *aus Amt etc* ousting
vertretbar ADJ justifiable; *Argument* tenable **vertreten** VT 1 (≈ *j-s Stelle übernehmen*) to replace, to stand in for 2 *j-s Interessen, Wahlkreis* to represent; **~ sein** to be represented 3 (≈ *verfechten*) *Standpunkt, Theorie* to support; *Meinung* to hold; (≈ *rechtfertigen*) to justify (**vor** +*dat* to) 4 **sich** (*dat*) **die Beine** *od*

Füße ~ *umg* to stretch one's legs **Vertreter(in)** [M(F)] [1] representative; HANDEL agent [2] (≈*Ersatz*) replacement; *im Amt* deputy [3] *von Doktrin* supporter; *von Meinung* holder **Vertretung** [F] [1] *von Menschen* stand-in; **die ~ (für j-n) übernehmen** to stand in for sb; **in ~** *in Briefen* on behalf of [2] *von Interessen, Wahlkreis* representation; **die ~ meiner Interessen** representing my interests [3] (≈*das Verfechten*) supporting; *von Meinung* holding [4] HANDEL (≈*Firma*) agency [5] (≈*Botschaft*) **diplomatische ~** embassy **Vertretungsstunde** [F] *lesson in which a teacher stands in for a colleague*; **eine ~ haben** to be covering a lesson

Vertrieb [M] [1] sales *pl* [2] (≈*Abteilung*) sales department

Vertriebene(r) [M/F(M)] exile

Vertriebsabteilung [F] sales department **Vertriebskosten** [PL] marketing costs *pl* **Vertriebsleiter(in)** [M(F)] sales manager **Vertriebssystem** [N] distribution system **Vertriebsweg** [M] channel of distribution

vertrocknen [V/I] to dry out; *Esswaren* to go dry; *Pflanzen* to wither, to shrivel; *Quelle* to dry up

vertrödeln *umg* [V/T] to fritter away, to squander

vertrösten [V/T] to put off; **j-n auf später ~** to put sb off

vertun [A] [V/T] to waste [B] [V/R] *umg* to slip up *umg*

vertuschen [V/T] to hush up

verübeln [V/T] **j-m etw ~** to take sth amiss; **das kann ich dir nicht ~** I can't blame you for that

verüben [V/T] to commit

verulken *umg* [V/T] to make fun of

verunglimpfen [V/T] to disparage

verunglücken [V/I] to have an accident; *fig umg* (≈*misslingen*) to go wrong; **mit dem Auto ~** to be in a car crash **Verunglückte(r)** [M/F(M)] casualty

verunreinigen [V/T] *Luft, Wasser* to pollute; (≈*beschmutzen*) to dirty **Verunreinigung** [F] *von Fluss, Wasser* pollution; (≈*Beschmutzung*) dirtying

verunsichern [V/T] to make unsure (**in** *+dat* of); **verunsichert sein** to be uncertain

veruntreuen [V/T] to embezzle **Veruntreuung** [F] embezzlement

verursachen [V/T] to cause **Verursacher(in)** [M(F)] **der ~ kommt für den Schaden auf** the party responsible is liable for the damage **Verursacherprinzip** [N] originator principle; *bei Umweltschäden a.* polluter pays principle **Verursachung** [F] causing

verurteilen [V/T] to condemn; JUR to convict (**für** of); *zu Strafe* to sentence; **j-n zu einer Gefängnisstrafe ~** to give sb a prison sentence **Verurteilte(r)** [M/F(M)] convicted man/woman; JUR convict **Verurteilung** [F] condemnation; (≈*das Schuldigsprechen*) conviction; *zu einer Strafe* sentencing

vervielfachen [V/T & V/R] to multiply

vervielfältigen [V/T] to copy; (≈*fotokopieren*) to photocopy **Vervielfältigung** [F] [1] (≈*das Vervielfältigen*) duplication [2] (≈*Abzug*) copy

vervierfachen [V/T & V/R] to quadruple

vervollständigen [V/T] to complete **Vervollständigung** [F] completion

verwackeln [V/T] to blur

verwählen [V/R] to misdial

verwahren [A] [V/T] (≈*aufbewahren*) to keep (safe) [B] [V/R] **sich gegen etw ~** to protest against sth

verwahrlosen [V/I] to go to seed; *Park* to become neglected **verwahrlost** [ADJ] neglected **Verwahrlosung** [F] neglect

Verwahrung [F] *von Geld etc* keeping; *von Täter* detention; **j-m etw in ~ geben** to give sth to sb for safekeeping; **j-n in ~ nehmen** to take sb into custody

verwalten [V/T] to manage; *Amt* to hold; POL *Provinz etc* to govern **Verwalter(in)** [M(F)] administrator **Verwaltung** [F] [1] (≈*das Verwalten*) management; *von Amt* holding; *von Provinz* government [2] (≈*Behörde*) administration; **städtische ~** municipal authorities *pl* **Verwaltungsbehörde** [F] administration **Verwaltungsbezirk** [M] administrative district, borough **Verwaltungsgebühr** [F] administrative charge **Verwaltungskosten** [PL] administrative costs *pl*

verwandeln [A] [V/T] (≈*umformen*) to change, to transform; JUR *Strafe* to commute; **j-n/etw in etw** (*akk*) **~** to turn sb/sth into sth; **einen Strafstoß ~** to score (from) a penalty; **er ist wie verwandelt** he's a changed man [B] [V/I] SPORT *sl*

zum 1:0 ~ to make it 1-0 **C** V̱Ṟ to change; **sich in etw** (akk) ~ to change od turn into sth **Verwandlung** F̱ change, transformation

verwandt ADJ related (**mit** to); Denker, Geister kindred attr; ~**e Seelen** fig kindred spirits **Verwandte(r)** M̱/F̱(M̱) relation, relative **Verwandtschaft** F̱ relationship; (≈ die Verwandten) relations pl, relatives pl; fig affinity **verwandtschaftlich** ADJ family attr **Verwandtschaftsgrad** M̱ degree of relationship

verwanzt ADJ Kleider bug-infested; umg mit Abhörgeräten bugged

verwarnen V̱Ṯ to caution **Verwarnung** F̱ caution **Verwarnungsgeld** Ṉ exemplary fine

verwaschen ADJ faded (in the wash); (≈verwässert) Farbe watery; fig wishy--washy umg

verwässern V̱Ṯ to water down

verwechseln V̱Ṯ to mix up; **j-n** (**mit j-m**) ~ to confuse sb with sb; **zum Verwechseln ähnlich sein** to be the spitting image of each other **Verwechslung** F̱ confusion; (≈ Irrtum) mistake

verwegen ADJ daring, bold; (≈tollkühn) foolhardy, rash; (≈keck) cheeky Br, saucy **Verwehung** F̱ (≈Schneeverwehung) (snow)drift; (≈Sandverwehung) (sand)drift

verweichlichen V̱Ṯ **j-n** ~ to make sb soft; **ein verweichlichter Mensch** a weakling **Verweichlichung** F̱ softness

Verweigerer M̱, **Verweigerin** F̱ refusenik umg; (≈Kriegsdienstverweigerer) conscientious objector **verweigern** V̱Ṯ to refuse; Befehl to refuse to obey; Kriegsdienst to refuse to do; **j-m etw** ~ to refuse od deny sb sth **Verweigerung** F̱ refusal

verweint ADJ Augen tear-swollen; Gesicht tear-stained

Verweis M̱ **1** (≈Rüge) reprimand, admonishment; **j-m einen** ~ **erteilen** to reprimand od admonish sb **2** (≈Hinweis) reference (**auf** +akk to) **verweisen** V̱Ṯ **1** (≈hinweisen) **j-n auf etw** (akk)/**an j-n** ~ to refer sb to sth/sb **2** von Schule to expel; **j-n vom Platz** od des Spielfeldes ~ to send sb off **3** JUR to refer (**an** +akk to)

verwelken V̱I̱ Blumen to wilt; fig to fade

verwenden **A** V̱Ṯ to use; **Mühe auf**

etw (akk) ~ to put effort into sth; **Zeit auf etw** (akk) ~ to spend time on sth **B** V̱Ṟ **sich (bei j-m) für j-n** ~ to intercede (with sb) on sb's behalf **Verwendung** F̱ use; von Zeit, Geld expenditure (**auf** +akk on); **keine** ~ **für etw haben** to have no use for sth; **für j-n/etw** ~ **finden** to find a use for sb/sth

verwerfen V̱Ṯ (≈ablehnen) to reject; Ansicht to discard; JUR Klage, Antrag to dismiss; Urteil to quash **verwerflich** ADJ reprehensible **Verwerfung** F̱ **1** (≈Ablehnung) rejection; JUR dismissal; von Urteil quashing **2** GEOL fault

verwertbar ADJ usable **verwerten** V̱Ṯ (≈verwenden) to make use of; Reste to use; Kenntnisse to utilize, to put to good use; kommerziell to exploit; Körper: Nahrung to process **Verwertung** F̱ utilization; von Resten using; kommerziell exploitation

verwesen V̱I̱ to decay; Fleisch to rot **Verwesung** F̱ decay

verwetten V̱Ṯ to gamble away

verwickeln **A** V̱Ṯ Fäden etc to tangle (up); **j-n in etw** (akk) ~ to involve sb in sth **B** V̱Ṟ Fäden etc to become tangled; **sich in etw** (akk) ~ fig in Widersprüche to get oneself tangled up in sth; in Skandal to get mixed up in sth **verwickelt** fig umg (≈schwierig) complicated **Verwick(e)lung** F̱ involvement (**in** +akk in); (≈Komplikation) complication

verwildern V̱I̱ Garten to become overgrown; Haustier to become wild **verwildert** ADJ wild; Garten overgrown; Aussehen unkempt

verwinkelt ADJ Straße, Gasse winding

verwirklichen **A** V̱Ṯ to realize **B** V̱Ṟ to be realized **Verwirklichung** F̱ realization

verwirren **A** V̱Ṯ **1** Fäden etc to tangle (up) **2** (≈durcheinanderbringen) to confuse **B** V̱Ṟ Fäden etc to become tangled (up); fig to become confused **verwirrend** ADJ confusing **verwirrt** ADJ fig confused **Verwirrung** F̱ confusion

verwischen V̱Ṯ to blur; Spuren to cover over

verwittern V̱I̱ to weather

verwitwet ADJ widowed

verwöhnen **A** V̱Ṯ to spoil **B** V̱Ṟ to spoil oneself **verwöhnt** ADJ spoiled; Geschmack discriminating

verworren ADJ confused; (≈verwickelt)

V

intricate
verwundbar A͟D͟J vulnerable **Verwundbarkeit** F vulnerability **verwunden** V͟T to wound
verwunderlich A͟D͟J surprising; *stärker* astonishing, amazing; (≈ *sonderbar*) strange, odd **verwundern** V͟T to astonish, to amaze **verwundert** A͟D͟J astonished, amazed B͟ A͟D͟V in astonishment, in amazement **Verwunderung** F astonishment, amazement
Verwundete(r) M͟/F͟(M͟) casualty **Verwundung** F wound
verwunschen A͟D͟J enchanted
verwünschen V͟T 1 (≈ *verfluchen*) to curse 2 *in Märchen* (≈ *verhexen*) to bewitch **Verwünschung** F (≈ *Fluch*) curse
verwüsten V͟T to devastate **Verwüstung** F devastation *kein pl*; **~en anrichten** to inflict devastation
verzagen *geh* V͟I to become disheartened; **nicht ~!** don't despair **verzagt** A͟ A͟D͟J despondent B͟ A͟D͟V despondently
verzählen V͟R to miscount
verzahnen V͟T *Zahnräder* to cut teeth *od* cogs in, to gear *Br; fig* to (inter)link
verzapfen *umg* V͟T *Unsinn* to come out with; *pej Artikel* to concoct
verzaubern V͟T to put a spell on
verzehnfachen V͟T & V͟R to increase tenfold
Verzehr M͟ consumption **verzehren** V͟T to consume
verzeichnen V͟T (≈ *notieren*) to record; *bes in Liste* to enter; **Todesfälle waren nicht zu ~** there were no fatalities; **einen Erfolg zu ~ haben** to have scored a success **Verzeichnis** N͟ index; (≈ *Tabelle*) table; *amtlich* register; IT directory
verzeihen V͟T & V͟I (≈ *vergeben*) to forgive; (≈ *entschuldigen*) to excuse; **j-m (etw) ~** to forgive sb (for sth); **das ist nicht zu ~** that's unforgivable; **~ Sie!** excuse me!; **~ Sie die Störung** excuse me for disturbing you **verzeihlich** A͟D͟J forgivable **Verzeihung** F forgiveness; (≈ *Entschuldigung*) pardon; **~!** excuse me!; (≈ *tut mir leid*) sorry!; **(j-n) um ~ bitten** to apologize (to sb)
verzerren V͟T to distort; *Gesicht etc* to contort
verzetteln A͟ V͟R to waste a lot of time; *bei Diskussion* to get bogged down B͟ V͟T

(≈ *verschwenden*) to waste
Verzicht M͟ renunciation (**auf** +*akk* of); *auf Anspruch* abandonment (**auf** +*akk* of); (≈ *Opfer*) sacrifice; *auf Recht, Amt* relinquishment (**auf** +*akk* of) **verzichten** V͟I to do without *Br*, to go without; **auf j-n/etw ~** (≈ *ohne auskommen müssen*) to do without sb/sth *Br*, to go without sb/sth; (≈ *aufgeben*) to give up sb/sth; *auf Erbschaft* to renounce sth; *auf Anspruch* to waive sth; *auf Recht* to relinquish sth; *von etw absehen: auf Kommentar* to abstain from sth; **auf j-n/etw ~ können** to be able to do without sb/sth *Br*, to go without sb/sth
verziehen A͟ V͟T 1 *Mund etc* to twist (**zu** into); **das Gesicht ~** to pull a face *Br*, to make a face 2 *Kinder* (≈ *verwöhnen*) to spoil; → **verzogen** B͟ V͟R 1 *Stoff* to go out of shape; *Holz* to warp 2 *Mund, Gesicht etc* to contort 3 (≈ *verschwinden*) to disappear; *Wolken* to disperse C͟ V͟I to move (**nach** to)
verzieren V͟T to decorate **Verzierung** F decoration
verzinsen V͟T to pay interest on **verzinslich** A͟D͟J **nicht ~** free of interest
verzocken *umg* V͟T to gamble away
verzogen A͟D͟J *Kind* (≈ *verwöhnt*) spoiled; → **verziehen**
verzögern A͟ V͟T to delay; (≈ *verlangsamen*) to slow down B͟ V͟R to be delayed **Verzögerung** F delay, hold-up **Verzögerungstaktik** F delaying tactics *pl*
verzollen V͟T to pay duty on; **haben Sie etwas zu ~?** have you anything to declare?
verzückt A͟ A͟D͟J enraptured, ecstatic B͟ A͟D͟V *ansehen* adoringly **Verzückung** F rapture, ecstasy; **in ~ geraten** to go into raptures *od* ecstasies (**wegen** over)
Verzug M͟ 1 delay; **mit etw in ~ geraten** to fall behind with sth; *mit Zahlungen* to fall into arrears with sth *bes Br*, to fall behind with sth 2 **es ist Gefahr im ~** there's danger ahead **Verzugszinsen** P͟L interest *sg* payable, interest payable on arrears *bes Br*
verzweifeln V͟I to despair (**an** +*dat* of); **es ist zum Verzweifeln!** it drives you to despair! **verzweifelt** A͟ A͟D͟J *Stimme etc* despairing *attr*, full of despair; *Lage, Versuch* desperate; **ich bin (völlig) ~** I'm in (the depths of) despair; (≈ *ratlos*)

V

I'm at my wits' end **B** ADV desperately
Verzweiflung F despair; (≈ Ratlosigkeit) desperation; **etw aus ~ tun** to do sth in desperation
verzweigt ADJ Baum, Familie branched
verzwickt umg ADJ tricky
Veteran(in) M(F) veteran
Veterinärmedizin F veterinary medicine
Veto N veto **Vetorecht** N power of veto
Vetter M cousin **Vetternwirtschaft** F nepotism
VHS ABK (= Volkshochschule) adult education centre Br, adult education center US
Viadukt M viaduct
Vibration F vibration **Vibrator** M a. TEL vibrator **vibrieren** VI to vibrate; Stimme to quiver; Ton to vary
Video N video **Videoaufzeichnung** F video recording **Videoblog** M video blog **Videobotschaft** F video message **Videoclip** M video clip **Videofilm** M video (film) **Videogalerie** F video gallery **Videogerät** N video (recorder) **Videointerview** N video interview **Videokamera** F video camera **Videokassette** F video cassette **Videokonferenz** F video conference **Videorekorder** M video recorder **Videospiel** N video game **Videotext** M Teletext® **Videothek** F video (tape) library **Videoüberwacht** ADJ ~ sein to have CCTV **Videoüberwachung** F video surveillance; Anlage closed circuit TV, CCTV
Vieh N (≈ Nutztiere) livestock; (≈ bes Rinder) cattle pl **Viehbestand** M livestock **Viehfutter** N (animal) fodder od feed **viehisch** ADJ brutish; Benehmen swinish; **~ wehtun** to be unbearably painful **Viehzucht** F (live)stock breeding; (≈ Rinderzucht a.) cattle breeding
viel INDEF PR & ADJ **1** adjektivisch a lot of, a great deal of; substantivisch a lot, a great deal; bes fragend, verneint much; **~es** a lot of things; **um ~es besser** etc a lot od much od a great deal better etc; **so ~** so much; **halb/doppelt so ~** half/twice as much; **so ~ (Arbeit** etc) so much od such a lot (of work etc); **~ Glück!** good luck!; **wie ~** how much; bei Mehrzahl how many; **zu ~** too much;

einer/zwei etc **zu ~** one/two etc too many; **was zu ~ ist, ist zu ~** that's just too much; **ein bisschen ~ (Regen** etc) a bit too much (rain etc); **~ zu tun haben** to have a lot to do **2** **~** pl adjektivisch many, a lot of; substantivisch many, a lot; **seine ~en Fehler** his many mistakes; **~e glauben, ...** many (people) od a lot of people believe ... **3** adverbial a lot, a great deal; bes fragend, verneint much; **er arbeitet ~** he works a lot; **er arbeitet nicht ~** he doesn't work much; **sich ~ einbilden** to think a lot of oneself; **~ größer** etc much od a lot bigger etc; **~ beschäftigt** very busy; **~ diskutiert** much discussed; **~ geliebt** much-loved; **~ zu ~** much od far too much; **~ zu ~e** far too many **vieldeutig** ADJ ambiguous **Vieldeutigkeit** F ambiguity **Vieleck** N polygon **vielerlei** **1** various, all sorts of **2** substantivisch all kinds od sorts of things **vielfach** **A** ADJ multiple attr, manifold; **auf ~e Weise** in many ways; **auf ~en Wunsch** at the request of many people **B** ADV many times; (≈ in vielen Fällen) in many cases **Vielfache(s)** N MATH multiple; **um ein ~s besser** etc many times better etc **Vielfalt** F (great) variety; **biologische ~** biodiversity **vielfältig** ADJ varied, diverse **vielfarbig** ADJ multicoloured Br, multicolored US **Vielflieger(in)** M(F) frequent flier **Vielfliegerprogramm** N FLUG frequent flyer programme Br, frequent flyer program US **Vielfraß** fig M glutton **vielköpfig** umg ADJ Familie large
vielleicht ADV **1** perhaps; **hat er sich ~ verirrt?** maybe he has got lost **2** (≈ wirklich) really; **willst du mir ~ erzählen, dass ...?!** do you really mean to tell me that ...?; **du bist ~ ein Idiot!** you really are an idiot!; **ich war ~ nervös!** was I nervous! **3** (≈ ungefähr) perhaps, about
vielmals ADV **danke ~!** thank you very much!, many thanks!; **er lässt ~ grüßen** he sends his best regards **vielmehr** ADV rather; (≈ sondern, nur) just **vielsagend** A ADJ meaningful B ADV meaningfully **vielschichtig** fig ADJ complex **vielseitig** A ADJ Mensch, Gerät versatile; Interessen varied; **auf ~en Wunsch** by popular request B ADV ~ **interessiert sein** to have varied interests **Vielseitigkeit** F von Mensch, Gerät versatility;

von *Interessen* multiplicity **vielspra-chig** ADJ multilingual **vielverhei-ßend** ADJ promising **vielverspre-chend** ADJ promising **Vielvölker-staat** M multinational *od* multiracial state **Vielzahl** F multitude **Vielz-weck-** ZSSGN multipurpose

vier NUM **1** four; **sie ist ~ (Jahre)** she's four (years old); **mit ~ (Jahren)** at the age of four; **~ Millionen** four million; **es ist ~ (Uhr)** it's four (o'clock); **um/ge-gen ~ (Uhr)** *od* **~e** *umg* at/around four (o'clock); **halb ~** half past three; **zu ~t sein** to be a party of four; **wir waren ~** *od* **zu ~t** there were four of us; **sie ka-men zu ~t** four of them came **2** **j-n un-ter ~ Augen sprechen** to speak to sb in private; **ein Gespräch unter ~ Augen** a private conversation; **auf allen ~en** *umg* on all fours **Vier** F four **Vierbeiner** *hum* M four-legged friend *hum* **vier-beinig** ADJ four-legged **vierblätt(e)-rig** ADJ four-leaved **vierdimensional** ADJ four-dimensional **Viereck** N (*≈Rechteck*) rectangle **viereckig** ADJ square; (*≈rechteckig*) rectangular **Vie-rer** M *Rudern etc* four; *österr, südd* Ziffer four **Viererbob** M four-man bob *Br*, four-man bobsled *US* **vierfach** ADJ fourfold; *bes* MATH quadruple; **die ~e Menge** four times the amount **vierfü-ßig** ADJ four-legged **vierhändig** ADJ MUS four-handed; **~ spielen** to play something for four hands **vierhun-dert** NUM four hundred **vierjährig** ADJ (*≈4 Jahre alt*) four-year-old *attr*; (*≈4 Jahre dauernd*) four-year *attr*; **ein ~es Kind** a four-year-old child **Vierjähri-ge(r)** M/F(M) four-year-old **vierköpfig** ADJ **eine ~e Familie** a family of four **Vierling** M quadruplet, quad *umg* **viermal** ADV four times **viermalig** ADJ *Weltmeister etc* four times *attr* **Vier-radantrieb** M four-wheel drive **vierräd(e)rig** ADJ four-wheeled **vier-seitig** ADJ four-sided; *Brief, Broschüre* four-page *attr* **Viersitzer** M four-seat-er **vierspurig** ADJ four-lane *attr* **vier-stellig** ADJ four-figure *attr* **vierstim-mig** **A** ADJ four-part *attr*, for four voic-es **B** ADV **~ singen** to sing a song for four voices **vierstöckig** ADJ *Haus* four-storeyed *Br*, four-storied *US* **vier-stufig** ADJ four-stage *attr* **vierstün-dig** ADJ *Reise, Vortrag* four-hour **viert**

zu ~ vier **viertägig** ADJ (*≈4 Tage dauernd*) four-day **viertäglich** ADJ & ADV every four days **Viertakter** *umg* M, **Viertaktmotor** M four-stroke (en-gine) **viertausend** NUM four thousand **vierte** ADJ → **vierter**, s **vierteilig** ADJ four-piece *attr*; *Roman* four-part *attr*, in four parts

viertel ADJ quarter; **eine ~ Stunde** a quarter of an hour; **ein ~ Liter** a quarter (of a) litre *Br*, a quarter (of a) liter *US*; **drei ~ voll** three-quarters full **Viertel¹** *schweiz a.* N **1** *Bruchteil* quar-ter; *umg* (*≈Viertelpfund*) ≈ quarter; (*≈Viertelliter*) quarter litre *Br*, quarter li-ter *US*; **drei ~ der Bevölkerung** three quarters of the population **2** *Uhrzeit* **(ein) ~ nach/vor sechs** (a) quarter past/to six **Viertel²** N (*≈Stadtbezirk*) quarter, dis-trict **Viertelfinale** N quarterfinals *pl* **Vierteljahr** N three months *pl*; HAN-DEL, FIN quarter **vierteljährig** ADJ *Frist* three months' **vierteljährlich** **A** ADJ quarterly; *Kündigungsfrist* three months' *attr* **B** ADV quarterly **Vierteli-ter** M/N quarter of a litre *Br*, quarter of a liter *US* **vierteln** V/T (*≈ in vier Teile teilen*) to divide into four **Viertelnote** F crotchet *Br*, quarter note *US* **Viertel-pfund** N ≈ quarter (of a pound) **Vier-telstunde** F quarter of an hour **vier-telstündig** ADJ *Vortrag* lasting quarter of an hour **viertelstündlich** **A** ADJ *Abstand* quarter-hour **B** ADV every quar-ter of an hour **Viertelton** M quarter tone

viertens ADV fourth(ly), in the fourth place **Vierte(r)** M/F(M) fourth; **~r wer-den** to be *od* come fourth; **am ~n (des Monats)** on the fourth (of the month) **vierte(r, s)** ADJ fourth; **der ~ Oktober** the fourth of October; **den 4. Oktober** October 4th, October the fourth; **am ~n Oktober** on the fourth of October; **der ~ Stock** the fourth floor *Br*, the fifth floor *US*; **im ~n Kapitel/Akt** in chapter/ act four **viertürig** ADJ four-door *attr* **Vierwaldstättersee** M **der ~** Lake Lucerne **vierwöchig** ADJ four-week *attr*, four weeks long **vierzehn** NUM fourteen; **~ Tage** two weeks, a fortnight *sg Br* **vierzehntägig** ADJ two-week *attr*, lasting a fortnight *Br*, lasting two weeks **vierzig** NUM forty; **(mit) ~**

V

(km/h) fahren to drive at forty (km/h); **etwa ~ (Jahre alt)** about forty (years old); *Mensch a.* fortyish *umg*; **mit ~ (Jahren)** at forty (years of age); **Mitte ~** in one's mid-forties; **über ~** over forty **Vierzig** F forty **vierziger** ADJ → Vierzigerjahre **Vierziger** M **die ~** pl (≈ *Vierzigerjahre*) one's forties; **er ist in den ~n** he is in his forties; **er ist Mitte der ~** he is in his mid-forties **Vierziger(in)** M|F|FF forty-year-old; **die ~** pl people in their forties **Vierzigerjahre** PL **die ~** one's forties; (≈ *Jahrzehnt*) the forties *sg od pl* **vierzigjährig** ADJ (≈ *40 Jahre alt*) forty-year-old; (≈ *40 Jahre dauernd*) forty-year **Vierzigstundenwoche** F forty-hour week **Vierzimmerwohnung** F four-room apartment *od* flat *Br* **Vierzylindermotor** M four-cylinder engine

Vietnam N Vietnam **Vietnamese** M, **Vietnamesin** F Vietnamese **vietnamesisch** ADJ Vietnamese

Vignette F vignette; AUTO motorway permit sticker *Br*, turnpike permit sticker *US*

Villa F villa **Villenviertel** N exclusive residential area

Viola F MUS viola

violett ADJ purple; *heller* violet

Violine F violin; **~ spielen** to play the violin

VIP M ABK (≈ *very important person*) VIP **Virenschutzprogramm** N IT virus program **virensicher** ADJ virus-protected **Virensuchprogramm** N IT virus checker *Br*, virus scanner

virtuell ADJ *Realität etc* virtual

virtuos A ADJ virtuoso *attr* B ADV beherrschen like a virtuoso **Virtuose** M, **Virtuosin** F virtuoso

Virus N|M virus; **sich wie ein ~ verbreiten** to go viral **Virusinfektion** F viral *od* virus infection **Virusprogramm** N IT virus (program)

Visage *umg* F face **Visagist(in)** M|FF make-up artist

vis-à-vis, vis-a-vis A ADV opposite **(von to)** B PRÄP opposite

Visier N **1** *am Helm* visor **2** *an Gewehren* sight; **j-n/etw im ~ haben** *fig* to have sb/sth in one's sights

visieren *schweiz* VT (≈ *beglaubigen*) to certify; (≈ *abzeichnen*) to sign

Vision F vision

Visite F MED *im Krankenhaus* round **Visitenkarte** F, **Visitkarte** *österr* F visiting card, calling card *US*, business card **visualisieren** VT to visualize **visuell** ADJ visual

Visum N **1** visa **2** *schweiz* (≈ *Unterschrift*) signature

vital ADJ vigorous; (≈ *lebenswichtig*) vital **Vitalität** F vitality

Vitamin N vitamin **vitaminarm** ADJ poor in vitamins **Vitaminbombe** *umg* F **eine richtige ~ sein** to be chock-full of vitamins *umg* **vitaminhaltig** ADJ containing vitamins **Vitaminmangel** M vitamin deficiency **vitaminreich** ADJ rich in vitamins **Vitamintablette** F vitamin pill

Vitrine F (≈ *Schrank*) glass cabinet; (≈ *Schaukasten*) display case

Vize *umg* M number two *umg* **Vizemeister(in)** M|FF runner-up **Vizepräsident(in)** M|FF vice president **Vizeweltmeister(in)** M|FF runner-up in the world championship

Vogel M bird; **ein seltsamer ~** *umg* a strange bird *umg*; **den ~ abschießen** *umg* to surpass everyone *iron*; **einen ~ haben** *umg* to be crazy *umg* **Vogelbauer** N birdcage **Vogelbeere** F, (*a.* **Vogelbeerbaum**) rowan (tree); (≈ *Frucht*) rowan(berry) **Vogelfutter** N bird food; (≈ *Samen*) birdseed **Vogelgrippe** F bird flu **Vogelhäuschen** N (≈ *Futterhäuschen*) birdhouse **Vogelkäfig** M birdcage **Vogelkunde** F ornithology **vögeln** *umg* VT & VI to screw *sl* **Vogelnest** N bird's nest **Vogelperspektive** F bird's-eye view **Vogelscheuche** F scarecrow **Vogel-Strauß-Politik** F head-in-the-sand policy **Vogelsalat** *österr* M corn salad

Vogesen PL Vosges *pl*

Voicemail F TEL voice mail

Vokabel F word; **~n** pl SCHULE vocabulary *sg*, vocab *sg umg* **Vokabelheft** N vocabulary book **Vokabeltest** M vocabulary test **Vokabular** N vocabulary

Vokal M vowel **Vokalmusik** F vocal music

Volk N **1** people *pl*; (≈ *Nation*) nation; *pej* (≈ *Pack*) rabble *pl*; **etw unters ~ bringen** *Nachricht* to spread sth; *Geld* to spend sth **2** (≈ *ethnische Gemeinschaft*)

people *sg*; **die Völker Afrikas** the peoples of Africa **3** ZOOL colony **Völkerkunde** F̲ ethnology **völkerkundlich** A̲D̲J̲ ethnological **Völkermord** M̲ genocide **Völkerrecht** N̲ international law **völkerrechtlich** A̲ A̲D̲J̲ under international law; *Thema, Frage* of international law; *Anspruch, Haftung* international; **~er Vertrag** international treaty **B** A̲D̲V̲ *regeln, entscheiden* by international law; *klären* according to international law; *bindend sein* under international law **Völkerverständigung** F̲ international understanding **Völkerwanderung** F̲ HIST migration of the peoples; *hum* mass exodus **Volksabstimmung** F̲ plebiscite **Volksaufstand** M̲ national uprising **Volksbefragung** F̲ public opinion poll **Volksbegehren** N̲ petition for a referendum **Volksentscheid** M̲ referendum **Volksfest** N̲ public festival; (≈*Jahrmarkt*) funfair *Br*, carnival *US* **Volksgruppe** F̲ ethnic group **Volksheld(in)** M̲/F̲ popular hero/heroine **Volkshochschule** F̲ adult education centre *Br*, adult education center *US* **Volkslauf** M̲ SPORT open cross-country race **Volkslied** N̲ folk song **Volksmund** M̲ vernacular **Volksmusik** F̲ folk music **volksnah** A̲D̲J̲ popular, in touch with the people; POL grass-roots *attr* **Volksrepublik** F̲ people's republic **Volksschule** *österr* F̲ primary school *Br*, elementary *od* grade school *US* **Volksstamm** M̲ tribe **Volkstanz** M̲ folk dance **Volkstrauertag** M̲ national day of mourning, ≈ Remembrance Day *Br*, ≈ Veterans' Day *US* **volkstümlich** A̲D̲J̲ folk *attr*, folksy; (≈*traditionell*) traditional; (≈*beliebt*) popular **Volksversammlung** F̲ people's assembly; (≈*Kundgebung*) public gathering **Volksvertreter(in)** M̲/F̲ representative of the people **Volksvertretung** F̲ representative body (of the people) **Volkswirt(in)** M̲/F̲ economist **Volkswirtschaft** F̲ national economy; *Fach* economics *sg*, political economy **volkswirtschaftlich** A̲D̲J̲ *Schaden, Nutzen* economic **Volkswirtschaftslehre** F̲ economics *sg*, political economy **Volkszählung** F̲ (national) census **voll** A̲ A̲D̲J̲ **1** full; *Erfolg* complete; *Jahr, Wahrheit* whole; *Haar* thick; **~er ...** full

of ...; **~ (von** *od* **mit)** *etw* full of sth; **j-n nicht für ~ nehmen** not to take sb seriously **2** **~ sein** *umg* (≈*satt*) to be full, to be full up *Br*; (≈*betrunken*) to be tight *Br umg*, to be wasted *US umg* **B** A̲D̲V̲ fully; (≈*vollkommen a.*) completely; *sl* (≈*total*) dead *Br umg*, real *US umg*; **~ süß** *sl* really cute *Br*, real cute *US*; **das war ~ die süße Karte** *sl* it was just the cutest card; **~ und ganz** completely, wholly; **~ hinter j-m/etw stehen** to be fully behind sb/sth; **~ zuschlagen** *umg* to hit out; **~ dabei sein** *umg* to be totally involved **vollauf** A̲D̲V̲ fully, completely; **das genügt ~** that's quite enough **vollautomatisch** A̲D̲J̲ fully automatic **Vollbart** M̲ (full) beard **Vollbeschäftigung** F̲ full employment **Vollbesitz** M̲ *+gen* in full possession of **Vollblut** N̲ thoroughbred **Vollbremsung** F̲ emergency stop **vollbringen** V̲/T̲ (≈*ausführen*) to achieve; *Wunder* to work **vollbusig** A̲D̲J̲ full-bosomed **Volldampf** M̲ SCHIFF full steam; **mit ~** at full steam; *umg* flat out *bes Br* **vollenden** V̲/T̲ (≈*abschließen*) to complete; (≈*vervollkommnen*) to make complete **vollendet** A̲ A̲D̲J̲ completed; *Schönheit* perfect **B** A̲D̲V̲ perfectly **vollends** A̲D̲V̲ (≈*völlig*) completely **Vollendung** F̲ completion; (≈*Vollkommenheit*) perfection **voller** A̲D̲J̲ → **voll** **vollessen** *umg* V̲/R̲ to gorge oneself

Volleyball M̲ volleyball

Vollgas N̲ full throttle; **~ geben** to open it right up; **mit ~** *fig umg* full tilt **vollgießen** V̲/T̲ (≈*auffüllen*) to fill (up) **Vollidiot(in)** *umg* M̲/F̲ complete idiot **völlig** A̲ A̲D̲J̲ complete; **das ist mein ~er Ernst** I'm completely *od* absolutely serious **B** A̲D̲V̲ completely; **er hat ~ recht** he's absolutely *od* quite right **volljährig** A̲D̲J̲ of age; **~ werden/sein** to come/be of age **Volljährigkeit** F̲ majority *ohne art* **Vollkaskoversicherung** F̲ fully comprehensive insurance **Vollkoffer** *österr umg* M̲ (≈*Vollidiot*) complete idiot, total div *Br umg*, total jerk *US umg* **vollkommen** A̲ A̲D̲J̲ perfect; (≈*völlig*) complete, absolute **B** A̲D̲V̲ completely **Vollkommenheit** F̲ perfection; (≈*Vollständigkeit*) completeness, absoluteness **Vollkornbrot** N̲ coarse wholemeal bread *Br*,

V

wholegrain bread **vollkotzen** _VT_ _umg_ **etw ~** to spew all over sth _umg_ **volllabern** _VT_ _umg_ **j-n ~** to bend sb's ear _umg_ **volllaufen** _VI_ to fill up; **etw ~ lassen** to fill sth (up); **sich ~ lassen** _umg_ to get tanked up _umg_ **vollmachen** _VT_ _umg_ **1** _Gefäß_ to fill (up); _Dutzend_ to make up; _Sammlung, Set_ to complete **2** _umg_ _Windeln_ to fill _Br_, to dirty _US_ **Vollmacht** _F_ (legal) power od authority _kein pl, kein unbest art_; _Urkunde_ power of attorney; **j-m eine ~ erteilen** to grant sb power of attorney **Vollmilch** _F_ full-cream milk **Vollmilchschokolade** _F_ full-cream milk chocolate **Vollmond** _M_ full moon; **heute ist ~** there's a full moon today **vollmundig** _ADJ_ _Wein_ full-bodied **Vollnarkose** _F_ general anaesthetic _Br_, general anesthetic _US_ **Vollpension** _F_ full board **Vollpfosten** _umg_ _M_ (≈ _Vollidiot_) complete idiot, total div _Br_, total jerk _US_ _umg_ **vollquatschen** _umg_ _VT_ **j-n ~** to bend sb's ear _umg_ **vollschlagen** _umg_ _VT_ **sich** (_dat_) **den Bauch ~** to stuff oneself (with food) _umg_ **vollschlank** _ADJ_ plump, stout; **Mode für ~e Damen** fashion for ladies with a fuller figure **vollschreiben** _VT_ _Heft, Seite_ to fill (with writing) **vollständig** _A_ _ADJ_ complete; _Adresse_ full _attr_; **nicht ~** incomplete _B_ _ADV_ completely **Vollständigkeit** _F_ completeness **vollstopfen** _VT_ to cram full **vollstrecken** _VT_ _Urteil_ to execute; _von Todesurteil_ carrying out; **~ einer Forderung** enforcement of a claim **Vollstreckungsbescheid** _M_ writ of execution **volltanken** _VT & VI_ to fill up **Volltext** _M_ _IT_ full text **Volltextsuche** _F_ full text search **Volltreffer** _M_ bull's eye **volltrunken** _ADJ_ completely drunk **Vollversammlung** _F_ general assembly; _von Stadtrat etc_ full meeting **Vollwaschmittel** _N_ detergent **Vollwertig** _ADJ_ _Mitglied_ full _attr_; _Ersatz_ (fully) adequate **Vollwertkost** _F_ wholefoods _pl_ **vollzählig** _A_ _ADJ_ _Anzahl_ complete; **um ~es Erscheinen wird gebeten** everyone is requested to attend _B_ _ADV_ **sie sind ~ erschienen** everyone came **Vollzeit** _F_ full-time work od employment; **auf ~ gehen** to go full-time **vollzeitbeschäftigt** _ADJ_ full-time **Vollzeitstelle** _F_ full-time posi-

tion **vollziehen** _A_ _VT_ to carry out; _Trauung_ to perform _B_ _VR_ to take place **Vollzug** _M_ (≈ _Strafvollzug_) penal system **Vollzugsanstalt** _form_ _F_ penal institution **Vollzugsbeamte(r)** _M_, **Vollzugsbeamtin** _form_ _F_ warder **Volontär(in)** _M(F)_ trainee **Volontariat** _N_ _Zeit_ practical training **volontieren** _VI_ to be training (**bei** with) **Volt** _N_ volt **Voltmeter** _N_ voltmeter **Voltzahl** _F_ voltage **Volumen** _N_ _wörtl, fig_ (≈ _Inhalt_) volume **von** _PRÄP_ **1** _from_; **nördlich von** to the north of; **von heute ab** od **an** from today; **von dort aus** from there; **von … bis** from … to; **von morgens bis abends** from morning till night **2** _Urheberschaft ausdrückend_ by; **das Gedicht ist von Schiller** the poem is by Schiller; **das Kind ist von ihm** the child is his; **von etw begeistert** enthusiastic about sth **3** **ein Riese von einem Mann** _umg_ a giant of a man; **dieser Dummkopf von Gärtner!** _umg_ that idiot of a gardener!; **im Alter von 50 Jahren** at the age of 50 **voneinander** _ADV_ of each other, of one another; **sich ~ trennen** to part od separate (from each other od one another)

vonseiten _PRÄP_ on the part of

vor _A_ _PRÄP_ **1** _räumlich_ in front of; (≈ _außerhalb von_) outside; _bei Reihenfolge_ before; **die Stadt lag vor uns** the town lay before us; **vor allen Dingen, vor allem** above all; **vor dem Fernseher sitzen** to sit in front of the TV **2** _Richtung angebend_ in front of **3** _zeitlich_ before; **zwanzig (Minuten) vor drei** twenty (minutes) to three; **heute vor acht Tagen** a week ago today; **vor einigen Tagen** a few days ago; **vor Hunger sterben** to die of hunger; **vor Kälte zittern** to tremble with cold **4** **vor j-m/etw sicher sein** to be safe from sb/sth; **Achtung vor j-m/etw haben** to have respect for sb/sth **B** _ADV_ **vor und zurück** backwards and forwards

vorab _ADV_ to begin od start with **Vorabend** _M_ evening before; **das war am ~** that was the evening before **Vorahnung** _F_ presentiment, premonition

voran _ADV_ **1** (≈ _vorn_) first **2** (≈ _vorwärts_) forwards **voranbringen** _VT_ to make progress with; _Entwicklung_ to further

vorangehen V/i **1** (≈ an der Spitze gehen) to go first od in front; (≈ anführen) to lead the way **2** zeitlich **einer Sache** (dat) **~** to precede sth **3** (≈ Fortschritte machen) to come along **vorankommen** V/i to make progress; **beruflich ~** to get on in one's job

Voranmeldung F appointment; (≈ Reservierung) booking, reservation

Voranschlag M estimate

Vorarbeit F groundwork **vorarbeiten** V/t & V/i to work in advance **Vorarbeiter** M foreman **Vorarbeiterin** F forewoman

Vorarlberg N Vorarlberg

voraus ADV (≈ voran) in front (+dat of); fig **etwas** (+dat of); **im Voraus** in advance **vorausahnen** V/t to anticipate **vorausbezahlt** ADJ prepaid **vorausfahren** V/i to go in front (+dat of); Fahrer to drive in front (+dat of) **vorausgehen** V/i → vorangehen **vorausgesetzt** ADJ **~, (dass)** ... provided (that) ... **voraushaben** V/t **j-m etw ~** to have the advantage of sth over sb **Vorauskasse** F WIRTSCH cash in advance **vorausplanen** V/t & V/i to plan ahead **Voraussage** F prediction; (≈ Wettervoraussage) forecast **voraussagen** V/t to predict (j-m for sb); Wetter to forecast **vorausschicken** V/t to send on ahead or in advance (+dat of); fig (≈ vorher sagen) to say in advance (+dat of) **voraussehen** V/t to foresee; **das war vorauszusehen!** that was (only) to be expected! **voraussetzen** V/t to presuppose; Zustimmung, Verständnis to take for granted; (≈ erfordern) to require; **wenn wir einmal ~, dass ...** let us assume that ... **Voraussetzung** F prerequisite, precondition; (≈ Erfordernis) requirement; (≈ Annahme) assumption; **unter der ~, dass ...** on condition that ... **voraussichtlich** A ADJ expected B ADV probably **Vorauszahlung** F advance payment

Vorbehalt M reservation; **unter dem ~, dass ...** with the reservation that ... **vorbehalten** V/t sich (dat) **etw ~** to reserve sth (for oneself); Recht to reserve sth; **alle Rechte ~** all rights reserved; **Änderungen (sind) ~** subject to alterations **vorbehaltlos** A ADJ unconditional B ADV without reservations

vorbei ADV **1** räumlich past, by; **an ~**

(+dat) past **2** zeitlich **~ sein** to be past; (≈ beendet) to be over; **es ist schon 8 Uhr ~** it's already past od after 8 o'clock; **damit ist es nun ~** that's all over now; **aus und ~** over and done **vorbeibringen** umg V/t to drop by od in, to bring round **vorbeifahren** V/i to go/drive past (an j-m sb); **bei j-m ~** umg to drop in on sb **vorbeigehen** V/i **1** to pass, to go past od by (an j-m/etw sb/sth); bei j-m **~** umg to drop in on sb; **im Vorbeigehen** in passing **2** (≈ vergehen) to pass **vorbeikommen** V/i to pass, to go past (an j-m/etw sb/sth); an einem Hindernis to get past; **an einer Aufgabe nicht ~** to be unable to avoid a task **vorbeilassen** V/t to let past (an j-m/etw sb/sth) **vorbeireden** V/i **an etw** (dat) **~** to talk round sth; **aneinander ~** to talk at cross purposes

vorbelastet ADJ handicapped

Vorbemerkung F introductory od preliminary remark

vorbereiten A V/t to prepare B V/r to prepare (oneself) (**auf** +akk for), to get ready (**auf** +akk for) **Vorbereitung** F preparation; **~en treffen** to make preparations

vorbestellen V/t to order in advance **Vorbestellung** F advance order; von Zimmer (advance) booking

vorbestraft ADJ previously convicted

vorbeugen A V/i to prevent (**einer Sache** dat sth) B V/r to bend forward od over **vorbeugend** ADJ preventive **Vorbeugung** F prevention (**gegen, von** of)

Vorbild N model; (≈ Beispiel) example; **nach amerikanischem ~** following the American example; **sich** (dat) **j-n zum ~ nehmen** to model oneself on sb **vorbildlich** A ADJ exemplary B ADV exemplarily

Vorbote M, **Vorbotin** fig F harbinger, herald

vorbringen V/t **1** umg (≈ nach vorn bringen) to take up od forward **2** (≈ äußern) to say; Wunsch, Forderung to state; Klage to lodge; Kritik to make; Bedenken to express; Argument to produce

Vordach N canopy

vordatieren V/t to postdate; Ereignis to predate

Vordenker(in) M(F) mentor

Vorderachse F front axle **Vorderan-**

sicht F̲ front view **Vorderbein** N̲ foreleg **vordere(r, s)** A̲D̲J̲ front **Vordergrund** M̲ foreground; **im ~ stehen** fig to be to the fore; **etw in den ~ rücken** od **stellen** fig to give priority to sth; **in den ~ treten** fig to come to the fore **vordergründig** fig A̲D̲J̲ (≈ oberflächlich) superficial **Vordermann** M̲ person in front; **sein ~** the person in front of him; **etw auf ~ bringen** fig umg Kenntnisse to brush sth up; (≈ auf neuesten Stand bringen) to bring sth up-to-date **Vorderrad** N̲ front wheel **Vorderradantrieb** M̲ front--wheel drive **Vorderseite** F̲ front **Vordersitz** M̲ front seat **vorderste(r, s)** A̲D̲J̲ front(most) **Vorderteil** N̲ front part **Vordertür** F̲ front door

vordrängeln V̲/̲R̲ **1** nach vorn to push (forward) **2** in einer Schlange to push in, to cut in line US

vordrängen V̲/̲R̲ to push to the front **vordringen** V̲/̲i̲ to advance; **bis zu etw ~** to get as far as sth **vordringlich** A̲D̲J̲ urgent

Vordruck M̲ form

vorehelich A̲D̲J̲ premarital

voreilig A̲D̲J̲ rash; **~e Schlüsse ziehen** to jump to conclusions

voreinander A̲D̲V̲ räumlich in front of one another; **wir haben keine Geheimnisse ~** we have no secrets from each other

voreingenommen A̲D̲J̲ prejudiced, biased **Voreingenommenheit** F̲ prejudice, bias

voreingestellt A̲D̲J̲ bes IT preset **Voreinstellung** F̲ bes IT presetting

vorenthalten V̲/̲t̲ j-m etw ~ to withhold sth from sb

Vorentscheidung F̲ preliminary decision; SPORT preliminary round od heat; SPORT **das war die ~** that more or less settles it

vorerst A̲D̲V̲ for the time being

Vorfahr M̲, **Vorfahre** M̲, **Vorfahrin** F̲ ancestor

vorfahren V̲/̲i̲ **1** (≈ nach vorn fahren) to drive od move forward **2** (≈ ankommen) to drive up **3** (≈ früher fahren) **wir fahren schon mal vor** we'll go on ahead **Vorfahrt** F̲ right of way; „**Vorfahrt (be)achten**" "give way" Br, "yield" US; **j-m die ~ nehmen** to ignore sb's right of way **Vorfahrtsschild** N̲ give way

sign Br, yield sign US **Vorfahrtsstraße** F̲ major road

Vorfall M̲ incident **vorfallen** V̲/̲i̲ (≈ sich ereignen) to happen

vorfeiern V̲/̲t̲ &̲ V̲/̲i̲ to celebrate early

Vorfeld fig N̲ run-up (+gen to); **im ~ der Wahlen** in the run-up to the elections

vorfinden V̲/̲t̲ to find, to discover

Vorfreude F̲ anticipation

vorfühlen fig V̲/̲i̲ **bei j-m ~** to sound sb out, to feel sb out US

vorführen V̲/̲t̲ **1** den Gefangenen dem Haftrichter ~ to bring the prisoner up before the magistrate **2** (≈ zeigen) to present; Kunststücke to perform (+dat to); Film to show; Gerät to demonstrate (+dat to) **Vorführung** F̲ presentation; von Filmen showing; von Geräten demonstration; von Kunststücken performance

Vorgang M̲ **1** (≈ Ereignis) event **2** TECH etc process

Vorgänger(in) M̲(̲F̲) predecessor

Vorgarten M̲ front garden

vorgeben V̲/̲t̲ **1** (≈ vortäuschen) to pretend; (≈ fälschlich beteuern) to profess **2** SPORT to give (a start of)

vorgefasst A̲D̲J̲ Meinung preconceived

vorgefertigt A̲D̲J̲ prefabricated; Meinung preconceived

Vorgefühl N̲ anticipation; (≈ böse Ahnung) presentiment, foreboding

vorgehen V̲/̲i̲ **1** (≈ handeln) to act; **gerichtlich gegen j-n ~** to take legal action against sb **2** (≈ geschehen) to go on **3** Uhr to be fast **4** (≈ nach vorn gehen) to go forward; (≈ früher gehen) to go on ahead **5** (≈ den Vorrang haben) to come first **Vorgehen** N̲ action

Vorgeschichte F̲ **1** eines Falles past history **2** (≈ Urgeschichte) prehistoric times pl **vorgeschichtlich** A̲D̲J̲ prehistoric

Vorgeschmack M̲ foretaste

Vorgesetzte(r) M̲/̲F̲(̲M̲) superior

vorgestern A̲D̲V̲ the day before yesterday; von ~ fig antiquated

vorglühen V̲/̲i̲ umg Alkohol konsumieren to pre-game US; **bevor sie in die Disko gehen, glühen die Jugendlichen ordentlich vor** the young people have plenty to drink before they go to the disco; **er kam schon gut vorgeglüht zur Party** he'd already had plenty to drink before he got to the party

vorgreifen V̲/̲i̲ j-m ~ to forestall sb; einer Sache (dat) ~ to anticipate sth **Vorgriff** M̅ anticipation (**auf** +akk of); **im ~ auf** (+akk) in anticipation of

vorhaben V̅T̅ to intend; (≈ geplant haben) to have planned; **was haben Sie heute vor?** what are your plans for today?; **hast du heute Abend schon etwas vor?** have you already got something planned this evening? **Vorhaben** N̅ plan

vorhalten A̅ V̅T̅ **1** → vorwerfen **2** als Beispiel **j-m j-n/etw ~** to hold sb/sth up to sb **3** (≈ vor den Körper halten) to hold up **B** V̅I̅ (≈ anhalten) to last **Vorhaltung** F̅ reproach; **j-m (wegen etw) ~en machen** to reproach sb (with od for sth)

Vorhand F̅ SPORT forehand

vorhanden A̅D̅J̅ (≈ verfügbar) available; (≈ existierend) in existence; **davon ist genügend ~** there's plenty of that **Vorhandensein** A̅D̅J̅ existence

Vorhang M̅ curtain

Vorhängeschloss N̅ padlock

Vorhaut F̅ foreskin

vorher A̅D̅V̅ before **vorherbestimmen** V̅T̅ Schicksal to predetermine; Gott to preordain **vorhergehend** A̅D̅J̅ Tag, Ereignisse preceding **vorherig** A̅D̅J̅ previous; Vereinbarung prior

Vorherrschaft F̅ predominance, supremacy; (≈ Hegemonie) hegemony **vorherrschen** V̅I̅ to predominate **vorherrschend** A̅D̅J̅ predominant; (≈ weitverbreitet) prevalent

Vorhersage F̅ forecast **vorhersagen** V̅T̅ → voraussagen

vorhersehbar A̅D̅J̅ foreseeable **vorhersehen** V̅T̅ to foresee

vorhin A̅D̅V̅ just now

Vorhinein A̅D̅V̅ **im ~** in advance

Vorhut F̅ MIL vanguard, advance guard

vorig A̅D̅J̅ (≈ früher) previous; (≈ vergangen) Jahr etc last

vorinstalliert A̅D̅J̅ pre-installed

Vorjahr N̅ previous year

Vorkämpfer(in) M̅F̅ pioneer (**für** of)

Vorkasse F̅ „Zahlung nur gegen ~" "advance payment only"

vorkauen V̅T̅ Nahrung to chew; **j-m etw** (akk) **~** fig umg to spoon-feed sth to sb umg

Vorkaufsrecht N̅ right of first refusal

Vorkehrung F̅ precaution; **~en treffen** to take precautions

Vorkenntnis F̅ previous knowledge kein pl

vorknöpfen fig umg V̅T̅ **sich** (dat) **j-n ~** to take sb to task

vorkommen V̅I̅ **1** (≈ sich ereignen) to happen; **so etwas ist mir noch nie vorgekommen** such a thing has never happened to me before **2** (≈ vorhanden sein) to occur; Pflanzen, Tiere to be found **3** (≈ erscheinen) to seem; **das kommt mir merkwürdig vor** that seems strange to me; **sich** (dat) **überflüssig ~** to feel superfluous **4** (≈ nach vorn kommen) to come forward **Vorkommnis** N̅ incident

Vorkriegszeit F̅ prewar period

vorladen V̅T̅ JUR to summons **Vorladung** F̅ summons

Vorlage F̅ **1** (≈ das Vorlegen) presentation; von Beweismaterial submission; **gegen ~ einer Sache** (gen) (up)on production od presentation of sth **2** (≈ Muster) pattern; (≈ Entwurf) draft

vorlassen V̅T̅ **1** umg **j-n ~** (≈ vorbeigehen lassen) to let sb pass; **ein Auto ~** (≈ überholen lassen) to let a car pass **2** (≈ Empfang gewähren) to allow in

Vorlauf M̅ SPORT qualifying od preliminary heat **Vorläufer(in)** M̅F̅ forerunner **vorläufig** A̅ A̅D̅J̅ temporary; Urteil preliminary **B** A̅D̅V̅ (≈ fürs Erste) for the time being

vorlaut A̅D̅J̅ cheeky Br, impertinent

Vorleben N̅ past (life)

vorlegen V̅T̅ **1** (≈ präsentieren) to present; Pass to show; Beweismaterial to submit **2** Riegel to put across; Schloss to put on **3** (≈ vorstrecken) Geld to advance **Vorleger** M̅ mat

vorlehnen V̅R̅ to lean forward

Vorleistung F̅ WIRTSCH (≈ Vorausbezahlung) advance (payment)

vorlesen V̅T̅ & V̅I̅ **j-m** (etw) **~** to read (sth) to sb; **laut ~** to read out **Vorlesung** F̅ UNIV lecture; **über etw** (akk) **~en halten** to give (a course of) lectures on sth **Vorlesungsverzeichnis** N̅ lecture timetable

vorletzte(r, s) A̅D̅J̅ next to last, penultimate; **im ~n Jahr** the year before last

Vorliebe F̅ preference

vorliebnehmen V̅I̅ **mit j-m/etw ~** to make do with sb/sth

vorliegen A̅ V̅I̅ (≈ zur Verfügung stehen) to be available; (≈ vorhanden sein) Irrtum,

Schuld etc to be; *Gründe, Voraussetzungen* to exist; **j-m** ~ *Unterlagen etc* to be with sb; **etw liegt gegen j-n vor** sth is against sb; *gegen Angeklagten* sb is charged with sth Ⓑ V/I to be; **es muss ein Irrtum** ~ there must be some mistake

vorlügen V/T **j-m etwas** ~ to lie to sb

vormachen V/T **j-m etw** ~ (≈ *zeigen*) to show sb how to do sth; *fig* (≈ *täuschen*) to fool sb; **ich lasse mir so leicht nichts** ~ you/he *etc* can't fool me so easily; **sich** (*dat*) (**selbst**) **etwas** ~ to fool oneself

Vormacht(stellung) F̲ supremacy; (**gegenüber** over)

Vormarsch M̲ MIL advance; **im** ~ **sein** *fig* to be gaining ground

vormerken V/T to note down; *Plätze* to reserve; **ich werde Sie für Mittwoch** ~ I'll put you down for Wednesday

Vormieter(in) M(F) previous tenant

Vormittag M̲ morning; **am** ~ in the morning; **heute** ~ this morning **vormittags** ADV in the morning; (≈ *jeden Morgen*) in the morning(s); *hinter Uhrzeit* am *Br*, a.m. *US*

Vormund M̲ guardian **Vormundschaft** F̲ guardianship

vorn ADV 1 in front, at the front; **nach** ~ (≈ *ganz nach vorn*) to the front; (≈ *weiter nach vorn*) forwards; ~ **im Bild** in the front of the picture; **sie waren ziemlich weit** ~ they were quite far ahead 2 (≈ *am Anfang*) **von** ~ from the beginning; **von** ~ **anfangen** to begin at the beginning; *neues Leben* to start afresh 3 (≈ *am vorderen Ende*) at the front; ~ **im Auto** in the front of the car; **er betrügt sie von** ~ **bis hinten** he deceives her right, left and centre *Br*, he deceives her right, left and center *US*

Vorname M̲ first name

vornehm Ⓐ ADJ 1 *kultiviert* distinguished; *Benehmen* genteel; **die** ~**e Gesellschaft** high society 2 (≈ *elegant*) *Wohngegend, Haus* posh *umg*; *Geschäft* exclusive; *Kleid* elegant; *Auto* smart; *Geschmack* refined Ⓑ ADV **wohnen** grandly; ~ **tun** *pej umg* to act posh *umg*

vornehmen V/T (≈ *ausführen*) to carry out; *Änderungen* to do; *Messungen* to take; (**sich** *dat*) **etw** ~ (≈ *in Angriff nehmen*) to get to work on sth; (≈ *planen*) to intend to do sth; **ich habe mir zu viel vorgenommen** I've taken on too much;

sich (*dat*) **j-n** ~ *umg* to have a word with sb

vornherein ADV **von** ~ from the start

vornüber ADV forwards

Vorort M̲ (≈ *Vorstadt*) suburb **Vorortzug** M̲ suburban train

Vorplatz M̲ forecourt

Vorposten M̲ MIL outpost

Vorprogramm N̲ supporting bill, warm-up act *US* **vorprogrammieren** V/T to preprogram **vorprogrammiert** ADJ *Erfolg etc* inevitable; *Verhaltensweise* preprogrammed

Vorrang M̲ 1 ~ **haben** to have priority; **j-m den** ~ **geben** to give sb priority 2 *österr* (≈ *Vorfahrt*) right of way **vorrangig** ADJ priority *attr*; ~ **sein** to have (top) priority; **eine Angelegenheit** ~ **behandeln** to give a matter priority treatment

Vorrat M̲ stock, supply; *bes* HANDEL stocks *pl*; (≈ *Geldvorrat*) reserves *pl*; *an Atomwaffen* stockpile; **solange der** ~ **reicht** HANDEL while stocks last **vorrätig** ADJ in stock; (≈ *verfügbar*) available **Vorratskammer** F̲ pantry

vorrechnen V/T **j-m etw** ~ to calculate sth for sb; **j-m seine Fehler** ~ *fig* to enumerate sb's mistakes

Vorrecht N̲ prerogative; (≈ *Vergünstigung*) privilege

Vorredner(in) M(F) (≈ *vorheriger Redner*) previous speaker

Vorrichtung F̲ device

vorrücken Ⓐ V/T to move forward; *Schachfigur* to advance Ⓑ V/I to move forward; MIL to advance; *im Beruf etc* to move up; **in vorgerücktem Alter** in later life; **zu vorgerückter Stunde** at a late hour

Vorruhestand M̲ early retirement; **in den** ~ **gehen** *od* **treten** to take early retirement

Vorrunde F̲ SPORT preliminary *od* qualifying round

vorsagen Ⓐ V/T **j-m etw** ~ *Antwort, Lösung* to tell sb sth Ⓑ V/I SCHULE **j-m** ~ to tell sb the answer

Vorsaison F̲ low season

Vorsatz M̲ (firm) intention; **mit** ~ JUR with intent **vorsätzlich** Ⓐ ADJ deliberate; JUR *Mord* premeditated Ⓑ ADV deliberately

Vorschau F̲ preview; *für Film* trailer

Vorschein M̲ **zum** ~ **bringen** *wörtl*

(≈ *zeigen*) to produce; *fig* (≈ *deutlich machen*) to bring to light; **zum ~ kommen** *wörtl* (≈ *sichtbar werden*) to appear; *fig* (≈ *entdeckt werden*) to come to light

vorschieben V̲T̲ 1 (≈ *davorschieben*) to push in front; *Riegel* to put across 2 *fig* (≈ *vorschützen*) to put forward as an excuse

vorschießen V̲T̲ **j-m Geld ~** to advance sb money

Vorschlag M̲ suggestion; (≈ *Rat*) advice; (≈ *Angebot*) proposition; **auf ~ von** *od* **+gen at** *od* **on the suggestion of vorschlagen** V̲T̲ to suggest; **j-n für ein Amt ~** to propose sb for a position

vorschnell A̲D̲J̲ & A̲D̲V̲ → **voreilig**

vorschreiben V̲T̲ 1 (≈ *befehlen*) to stipulate; MED *Dosis* to prescribe; **j-m ~, wie/was ...** to dictate to sb how/what ...; **gesetzlich vorgeschrieben** stipulated by law **Vorschrift** F̲ (≈ *Bestimmung*) regulation, rule; (≈ *Anweisung*) instruction; **j-m ~en machen** to give sb orders; **sich an die ~en halten** to observe the regulations; **Arbeit nach ~** work to rule **vorschriftsmäßig** A̲ A̲D̲V̲ regulation *attr*; *Verhalten* correct, proper *attr* B̲ A̲D̲V̲ (≈ *laut Anordnung*) according to (the) regulations

Vorschub M̲ **j-m/einer Sache ~ leisten** to encourage sb/sth

Vorschule F̲ nursery school

Vorschuss M̲ advance **Vorschusslorbeeren** P̲L̲ premature praise *sg*

vorschützen V̲T̲ to plead as an excuse; *Unwissenheit* to plead

vorschwärmen V̲I̲ **j-m von etw ~** to rave (on) about sth to sb

vorschweben V̲I̲ **j-m schwebt etw vor** sb has sth in mind

vorsehen A̲ V̲T̲ 1 (≈ *planen*) to plan; (≈ *einplanen*) *Kosten* to allow for; *Zeit* to allow; *im Gesetz* to provide for; **j-n für etw ~** (≈ *beabsichtigen*) to have sb in mind for sth B̲ V̲R̲ (≈ *sich in Acht nehmen*) to watch out; **sich vor j-m/etw ~** to beware of sb/sth **Vorsehung** F̲ **die (göttliche) ~** (divine) Providence

vorsetzen V̲T̲ 1 *Fuß* to put forward 2 **j-m etw ~** (≈ *geben*) to give sb sth; (≈ *anbieten*) to offer sb sth

Vorsicht F̲ care; *bei Gefahr* caution; **~ walten lassen** to be careful; *bei Gefahr* to exercise caution; (≈ *behutsam vorgehen*) to be wary; **zur ~ mahnen** to advise caution; **~! watch out!**; **„Vorsicht feuergefährlich"** "danger - inflammable"; **„Vorsicht Stufe"** "mind the step"; **mit ~** carefully; *bei Gefahr* cautiously; **was er sagt ist mit ~ zu genießen** *hum umg* you have to take what he says with a pinch of salt *umg*; **~ ist besser als Nachsicht** *sprichw* better safe than sorry **vorsichtig** A̲ A̲D̲J̲ careful; (≈ *besonnen*) cautious; (≈ *misstrauisch*) wary; *Schätzung* cautious; **sei ~, dass du nicht fällst** be careful you don't fall B̲ A̲D̲V̲ 1 *umsichtig* carefully 2 *zurückhaltend* **sich ~** to be very careful what one says **vorsichtshalber** A̲D̲V̲ as a precaution **Vorsichtsmaßnahme** F̲ precaution

Vorsilbe F̲ prefix

vorsingen V̲T̲ & V̲I̲ *vor Zuhörern* **j-m (etw) ~** to sing (sth) to sb

vorsintflutlich *umg* A̲D̲J̲ antiquated

Vorsitz M̲ chairmanship; **den ~ haben** to be chairman; **den ~ führen** to hold the chair; **den ~ übernehmen** to take the chair **Vorsitzende(r)** M̲/F̲(M̲) chairman; *Frau a.* chairwoman; *von Verein* president

Vorsorge F̲ (≈ *Vorsichtsmaßnahme*) precaution; **~ treffen** to take precautions; *fürs Alter* to make provision **vorsorgen** V̲I̲ to make provision; **für etw ~** to provide for sth **Vorsorgeuntersuchung** F̲ MED medical checkup **vorsorglich** A̲D̲J̲ precautionary

Vorspann M̲ FILM, TV *Titel und Namen* opening credits *pl*

Vorspeise F̲ hors d'œuvre, starter *Br*

Vorspiegelung F̲ pretence *Br*, pretense *US*; **das ist nur (eine) ~ falscher Tatsachen** *hum* it's all sham

Vorspiel N̲ (≈ *Einleitung*) prelude; THEAT prologue *Br*, prolog *US*; *bei Geschlechtsverkehr* foreplay **vorspielen** V̲T̲ **j-m etw ~** MUS to play sth to sb; *pantomimisch darstellen* to mime sth; *fig* to act out a sham of sth in front of sb; **spiel mir doch nichts vor** don't try and pretend to me B̲ V̲I̲ *vor Zuhörern* to play; **j-n ~ lassen** *bei Einstellung* to audition sb

vorsprechen A̲ V̲T̲ (≈ *vortragen*) to recite B̲ V̲I̲ 1 *form* (≈ *j-n aufsuchen*) to call (**bei j-m** on sb) 2 THEAT to audition

vorspringen V̲I̲ to jump *od* leap forward; (≈ *herausragen*) to jut out, to project; *Nase, Kinn* to be prominent **Vorsprung** M 1 ARCH projection; *von Küste* promontory 2 SPORT, *a. fig* (≈*Abstand*) lead (**vor** +*dat* over); (≈*Vorgabe*) start; **j-m 10 Minuten ~ geben** to give sb a 10-minute start; **einen ~ vor j-m haben** to be ahead of sb

vorspulen V/T to wind forward

Vorstadt F suburb

Vorstand M (≈*leitendes Gremium*) board; *von Verein* committee; *von Partei* executive **Vorstandsetage** F executive floor **Vorstandsvorsitzende(r)** M/F(M) chairperson of the board of directors **vorstehen** V/I 1 (≈*hervorragen*) to jut out; *Zähne* to protrude; *Kinn, Nase* to be prominent 2 *einer Sache ~ einer Firma, einer Partei* to be the chairperson of sth; *der Regierung* to be the head of sth; *einer Abteilung, einer Behörde* to be in charge of sth **Vorsteherdrüse** F prostate (gland)

vorstellbar ADJ conceivable **vorstellen** A V/T 1 *nach vorn* to move forward; *Uhr* to put forward (**um** by) 2 (≈*darstellen*) to represent; (≈*bedeuten*) to mean; **etwas ~** *fig* (≈*Ansehen haben*) to count for something 3 (≈*vorführen*) to present (**j-m** to sb); **j-n j-m ~** to introduce sb to sb 4 **sich** (*dat*) **etw ~** to imagine sth; **das kann ich mir gut ~** I can imagine that (well); **sich** (*dat*) **etw unter etw** (*dat*) **~** *Begriff, Wort* to understand sth by sth; **darunter kann ich mir nichts ~** it doesn't mean anything to me; **was haben Sie sich (als Gehalt) vorgestellt?** what (salary) did you have in mind?; **stell dir das nicht so einfach vor** don't think it's so easy B V/R (≈*sich bekannt machen*) to introduce oneself (**j-m** to sb) **vorstellig** ADJ **bei j-m ~ werden** to go to sb; *wegen Beschwerde* to complain to sb **Vorstellung** F 1 (≈*Gedanke*) idea; *bildlich* picture; (≈*Einbildung*) illusion; (≈*Vorstellungskraft*) imagination; **du hast falsche ~en** you are wrong (in your ideas); **das entspricht ganz meiner ~** that is just how I imagined it; **sich** (*dat*) **eine ~ von etw machen** to form an idea of sth; *Bild* to form a picture of sth 2 THEAT *etc* performance **Vorstellungsgespräch** N (job) interview **Vorstellungskraft** F imagination **Vorstellungsvermögen** N powers *pl* of im-agination

Vorsteuer F (≈*Mehrwertsteuer*) input tax **Vorsteuerabzug** M input tax deduction

Vorstopper(in) M(F) central defender

Vorstoß M (≈*Vordringen*) venture; MIL advance; *fig* (≈*Versuch*) attempt **vorstoßen** A V/T to push forward B V/I to venture; SPORT to attack; MIL to advance; **ins Viertelfinale ~** to advance into the quarterfinal

Vorstrafe F previous conviction **Vorstrafenregister** N criminal record

vorstrecken V/T to stretch forward; *Arme, Hand* to stretch out; *Geld* to advance (**j-m** sb)

Vorstufe F preliminary stage

Vortag M day before, eve; **am ~ der Konferenz** (on) the day before the conference

vortäuschen V/T *Krankheit* to feign; *Straftat, Orgasmus* to fake

Vorteil M advantage; **die Vor- und Nachteile** the pros and cons; (**j-m gegenüber**) **im ~ sein** to have an advantage (over sb); **von ~ sein** to be advantageous; **"Vorteil Federer"** *Tennis* "advantage Federer" **vorteilhaft** ADJ advantageous; *Kleid, Frisur* flattering; *Geschäft* lucrative; **~ aussehen** to look one's best

Vortrag M 1 (≈*Vorlesung*) lecture; (≈*Bericht*) talk; **einen ~ halten** to give a lecture/talk 2 (≈*Art des Vortragens*) performance 3 FIN balance carried forward **vortragen** V/T 1 (≈*berichten*) to report; *Fall, Forderungen* to present; *Bedenken, Wunsch* to express 2 (≈*vorsprechen*) *Gedicht* to recite; *Rede* to give; MUS to perform; *Lied* to sing 3 FIN to carry forward

vortrefflich ADJ excellent

vortreten V/I 1 *wörtl* to step forward 2 (≈*hervorragen*) to project; *Augen* to protrude **Vortritt** M precedence; *schweiz* (≈*Vorfahrt*) right of way; **j-m den ~ lassen** to let sb go first

vorüber ADV 1 **~ sein** to be past; *Gewitter, Winter* to be over; *Schmerz* to have gone 2 **~ an** (+*dat*) past **vorübergehen** V/I 1 *räumlich* to go past (**an etw** *dat* sth); **an j-m/etw ~** *fig* (≈*ignorieren*) to ignore sb/sth 2 *zeitlich* to pass; *Gewitter* to blow over **vorübergehend** A ADJ (≈*flüchtig*) passing *attr*; (≈*zeitweilig*)

temporary **B** ADV temporarily
Vorurteil N prejudice (**gegenüber** against); **~e haben** to be prejudiced
vorurteilsfrei, vorurteilslos A ADJ unprejudiced **B** ADV without prejudice
Vorvergangenheit F GRAM pluperfect, past perfect
Vorverkauf M THEAT, SPORT advance booking **Vorverkaufsstelle** F advance booking office
vorverlegen VT Termin to bring forward
Vorverurteilung F prejudgement
vorvorgestern umg ADV three days ago
vorvorletzte(r, s) ADJ last but two
vorwagen VR to venture forward
Vorwahl F ⏹1 preliminary election; US primary ⏹2 TEL dialling code Br, area code US **vorwählen** VT TEL to dial first
Vorwahlnummer F dialling code Br, area code US
Vorwand M pretext; **unter dem ~, dass …** under the pretext that …
vorwarnen VT j-n ~ to warn sb (in advance) **Vorwarnung** F (prior od advance) warning
vorwärts ADV forwards, forward; **~!** umg let's go umg; **~ und rückwärts** backwards and forwards **vorwärtskommen** VI to make progress (**in** +dat od **mit** with); beruflich to get on; **wir kamen nur langsam ~** we made slow progress
Vorwäsche F prewash
vorweg ADV (≈ an der Spitze) at the front; (≈ vorher) before(hand); (≈ von vornherein) at the outset **Vorwegnahme** F anticipation **vorwegnehmen** VT to anticipate
Vorweihnachtszeit F pre-Christmas period
vorweisen VT to produce
vorwerfen fig VT j-m etw ~ (≈ anklagen) to reproach sb for sth; (≈ beschuldigen) to accuse sb of sth; **das wirft er mir heute noch vor** he still holds it against me; **ich habe mir nichts vorzuwerfen** my conscience is clear
vorwiegend A ADJ predominant **B** ADV predominantly
Vorwort N foreword; bes von Autor preface
Vorwurf M reproach; (≈ Beschuldigung)

accusation; **j-m (wegen etw)** Vorwürfe **machen** to reproach sb (for sth), to blame sb (for sth) **vorwurfsvoll** A ADJ reproachful **B** ADV reproachfully
Vorzeichen N (≈ Omen) omen; MED early symptom; MATH sign; **unter umgekehrtem ~** fig under different circumstances
vorzeigbar ADJ presentable **vorzeigen** VT to show; Zeugnisse to produce
Vorzeit F **in der ~** in prehistoric times
vorzeitig A ADJ early; Altern etc premature **B** ADV early, prematurely
vorziehen VT ⏹1 (≈ hervorziehen) to pull out; (≈ zuziehen) Vorhänge to draw ⏹2 fig (≈ lieber mögen) to prefer; (≈ bevorzugen) j-n to favour Br, to favor US; **es ~, etw zu tun** to prefer to do sth ⏹3 Wahlen, Termin to bring forward **Vorzimmer** N anteroom; (≈ Büro) outer office; österr (≈ Diele) hall **Vorzug** M preference; (≈ gute Eigenschaft) merit; (≈ Vorteil) asset, advantage; **einer Sache** (dat) **den ~ geben** form to give sth preference **vorzüglich** ADJ excellent **Vorzugsaktie** F BÖRSE preference share **Vorzugspreis** M special discount price **vorzugsweise** ADV preferably; (≈ hauptsächlich) mainly
Votum geh N vote
Voyeur(in) M(F) voyeur
vulgär ADJ vulgar; **drück dich nicht so ~ aus** don't be so vulgar **Vulgarität** F vulgarity
Vulkan M volcano **Vulkanausbruch** M volcanic eruption **vulkanisch** ADJ volcanic **Vulkanwolke** F nach Vulkanausbruch volcanic ash cloud, volcano cloud

W, w N̄ W, w

Waadt F̄ Vaud

Waage F̄ **1** *Gerät* scales *pl*; **eine ~** a pair of scales; **sich** (*dat*) **die ~ halten** *fig* to balance one another **2** ASTROL Libra; **(eine) ~ sein** to be (a) Libra **waagerecht** A ADJ horizontal; *im Kreuzworträtsel* across B ADV levelly **Waagschale** F̄ scale; **jedes Wort auf die ~ legen** to weigh every word (carefully); **seinen Einfluss in die ~ werfen** *fig* to bring one's influence to bear

wabbelig ADJ *Pudding* wobbly

Wabe F̄ honeycomb

wach ADJ awake *präd*; **in ~em Zustand** in the waking state; **sich ~ halten** to stay awake; **~ werden** to wake up; **~ liegen** to lie awake **Wache** F̄ **1** (≈ *Wachdienst*) guard (duty); **(bei j-m) ~ halten** to keep guard (over sb); **~ stehen** to be on guard (duty) **2** MIL (≈ *Wachposten*) guard **3** (≈ *Polizeiwache*) (police) station **wachen** V̄/ī (≈ *Wache halten*) to keep watch; **bei j-m ~** to sit up with sb; **über etw** (*akk*) **~** to (keep) watch over sth **wach halten** *fig* V̄/T̄ *Erinnerung* to keep alive; *Interesse* to keep up **Wachhund** M̄ watchdog **Wachmann** M̄ watchman; *österr* policeman **Wacholder** M̄ **1** BOT juniper (tree) **2** → Wacholderschnaps **Wacholderbeere** F̄ juniper berry **Wacholderschnaps** M̄ alcohol made from juniper berries, ≈ gin

Wachposten M̄ sentry, guard **wachrufen** *fig* V̄/T̄ *Erinnerung etc* to call to mind, to evoke

Wachs N̄ wax

wachsam ADJ vigilant; (≈ *vorsichtig*) on one's guard **Wachsamkeit** F̄ vigilance

wachsen[1] V̄/ī to grow; **sich** (*dat*) **einen Bart ~ lassen** to grow a beard; → gewachsen

wachsen[2] V̄/T̄ *mit Wachs* to wax **Wachsfigur** F̄ wax figure **Wachsfigurenkabinett** N̄ waxworks *pl* **Wachsmalstift** M̄ wax crayon

Wachstuch N̄ oilcloth

Wachstum N̄ growth **Wachstumsbranche** F̄ growth industry **wachstumsfördernd** ADJ growth-promoting **wachstumshemmend** ADJ growth-inhibiting **Wachstumshormon** N̄ growth hormone **Wachstumsmarkt** M̄ growth market **Wachstumsrate** F̄ growth rate

wachsweich ADJ (as) soft as butter **Wachtel** F̄ quail

Wächter(in) M̄(F̄) guardian; (≈ *Nachtwächter*) watchman; (≈ *Museumswächter*) attendant **Wach(t)turm** M̄ watchtower **Wachzimmer** N̄ *österr von Polizei* police station

Wackeldackel M̄ nodding dog *Br*, bobble-head *US* **wack(e)lig** ADJ wobbly; *fig Firma, Kompromiss* shaky; **auf wackeligen Füßen stehen** *fig* to have no sound basis **Wackelkontakt** M̄ loose connection **wackeln** V̄/ī to wobble; (≈ *zittern*) to shake; *Schraube* to be loose; *fig Position* to be shaky **Wackelpeter** *umg* M̄ jelly *Br*, Jell-O® *US*

wacker A ADJ (≈ *tapfer*) brave B ADV (≈ *tapfer*) bravely; **sich ~ schlagen** *umg* to put up a brave fight

Wade F̄ calf **Wadenbein** N̄ fibula

Waffe F̄ weapon; (≈ *Schusswaffe*) gun; **~n** MIL arms; **die ~n strecken** to surrender

Waffel F̄ waffle; (≈ *Keks, Eiswaffel*) wafer **Waffeleisen** N̄ waffle iron

waffenfähig ADJ *Uran* weapons-grade **Waffengewalt** F̄ **mit ~** by force of arms **Waffenhandel** M̄ arms trade **Waffenhändler(in)** M̄(F̄) arms dealer **Waffenlager** N̄ *von Armee* ordnance depot **Waffenruhe** F̄ ceasefire **Waffenschein** M̄ firearms licence *Br*, firearms license *US* **Waffenstillstand** M̄ armistice

wagemutig ADJ daring, bold **wagen** A V̄/T̄ to venture; (≈ *riskieren*) to risk; (≈ *sich getrauen*) to dare; **ich wags** I'll risk it; **wer nicht wagt, der nicht gewinnt** *sprichw* nothing ventured, nothing gained *sprichw* B V̄/ī to dare; **sich ~, etw zu tun** to dare (to) do sth; **ich wage mich nicht daran** I dare not do it; → gewagt

Wagen M̄ **1** (≈ *Personenwagen*) car; (≈ *Lieferwagen*) van; (≈ *Planwagen*) wagon; (≈ *Handwagen*) (hand)cart **2** ASTRON **der**

Große **~** the Big Dipper **Wagenheber** M jack **Wagenladung** F *von Lastwagen* truckload; *von Eisenbahn* wagonload **Wagenpark** M fleet of cars **Waggon** M (goods) wagon **waghalsig** ADJ daredevil *attr*, daring *präd* **Wagnis** N hazardous business; (≈ *Risiko*) risk **Wagniskapital** N venture capital **Wagon** M → Waggon **Wähe** *schweiz* F GASTR flan **Wahl** F 1 (≈ *Auswahl*) choice; **die ~ fiel auf ihn** he was chosen; **wir hatten keine (andere) ~, als)** we had no alternative (but); **drei Kandidaten stehen zur ~** there is a choice of three candidates; **seine ~ treffen** to make one's choice *od* selection; **du hast die ~** take your pick; **wer die ~ hat, hat die Qual** *sprichw* he is/you are *etc* spoiled for choice 2 POL *etc* election; (≈ *Abstimmung*) vote; *geheim* ballot; **(die) ~en** (the) elections; **die ~ gewinnen** to win the election; **zur ~ gehen** to go to the polls; **sich zur ~ stellen** to stand (as a candidate) 3 (≈ *Qualität*) quality; **erste ~** top quality **wählbar** ADJ eligible (for office) **Wahlbeobachter(in)** M(F) election observer **wahlberechtigt** ADJ entitled to vote **Wahlberechtigte(r)** M/F(M) person entitled to vote **Wahlbeteiligung** F turnout; **eine hohe ~** a high turnout, a heavy poll *Br*; **eine niedrige/geringe ~** a low turnout **Wahlbezirk** M ward **Wahlcomputer** M electronic voting machine **wählen** A VT 1 to choose (**von** from, out of); (≈ *auswählen*) to select (**von** from, out of) 2 TEL *Nummer* to dial 3 (≈ *durch Wahl ermitteln*) *Regierung etc* to elect; (≈ *sich entscheiden für*) *Partei, Kandidaten* to vote for; **j-n zum Präsidenten ~** to elect sb president 4 → **gewählt** B VI 1 (≈ *auswählen*) to choose 2 TEL to dial 3 (≈ *Wahlen abhalten*) to hold elections; (≈ *Stimme abgeben*) to vote; **~ gehen** to go to the polls **Wahlentscheidung** F decision who/what to vote for **Wähler(in)** M(F) POL voter; **die ~** the electorate *sg od pl* **wählerisch** ADJ particular; **sei nicht so ~!** don't be so choosy **Wählerschaft** F electorate *sg od pl* **Wählerstimme** F vote **wählerwirksam** ADJ *Politik, Parole* vote-win-

ning **Wahlfach** N SCHULE option, elective **Wahlfrei** ADJ SCHULE optional; **~er Zugriff** IT random access **Wahlgang** M ballot **Wahlheimat** F adopted country **Wahlhelfer(in)** M(F) *im Wahlkampf* electoral assistant; *bei der Wahl* polling officer **Wahlkabine** F polling booth **Wahlkampf** M election campaign **Wahlkreis** M constituency **Wahlleiter(in)** M(F) returning officer *Br*, chief election official *US* **Wahllokal** N polling station **wahllos** A ADJ indiscriminate B ADV at random **Wahlmöglichkeit** F choice **Wahlniederlage** F election defeat **Wahlplakat** N election poster **Wahlrecht** N (right to) vote; **allgemeines ~** universal suffrage; **das aktive ~** the right to vote; **das passive ~** eligibility (for political office) **Wahlrede** F election speech

Wählscheibe F TEL dial **Wahlsieg** M election victory **Wahlspruch** M (≈ *Motto*) motto **Wahlsystem** N electoral system **Wahltag** M election day **Wahlurne** F ballot box **Wahlversprechungen** PL election promises *pl* **Wahlvolk** N **das ~** the electorate **wahlweise** ADV alternatively; **~ Kartoffeln oder Reis** a) choice of potatoes or rice **Wahlwiederholung** F TEL **(automatische)** ~ (automatic) redial **Wahlzelle** F polling booth **Wahn** M 1 illusion, delusion 2 (≈ *Manie*) mania **wähnen** *geh* VR **sich sicher ~** to imagine oneself (to be) safe **Wahnidee** F delusion **Wahnsinn** M madness; **j-n in den ~ treiben** to drive sb mad; **einfach ~!** *umg* (≈ *prima*) way out *umg*, wicked! *Br sl* **wahnsinnig** A ADJ mad, crazy; (≈ *toll, super*) brilliant *umg*; *attr* (≈ *sehr groß, viel*) terrible; **wie ~** *umg* like mad; **das macht mich ~** *umg* it's driving me crazy *umg*; **~ werden** to go crazy *umg* B ADV *umg* incredibly *umg*; **~ viel** an incredible amount *umg* **Wahnsinnige(r)** M/F(M) madman/-woman **Wahnsinnsidee** F *umg* crazy idea *umg* **Wahnvorstellung** F delusion **wahr** ADJ true; *attr* (≈ *wirklich*) real; **im ~sten Sinne des Wortes** in the true sense of the word; **etw ~ machen** *Pläne* to make sth a reality; *Drohung* to carry sth out; **~ werden** to come true; **so ~**

mir Gott helfe! so help me God!; **so ~ ich hier stehe** as sure as I'm standing here; **das darf doch nicht ~ sein!** *umg* it can't be true!; **das ist nicht das Wahre** *umg* it's no great shakes *umg*

wahren V/T **1** (≈*wahrnehmen*) Interessen to look after **2** (≈*erhalten*) Ruf to preserve; Geheimnis to keep

während A PRÄP during; **~ der ganzen Nacht** all night long **B** KONJ while, as

wahrhaben V/T **etw nicht ~ wollen** not to want to admit sth, not to want to accept sth **wahrhaft A** ADJ (≈*ehrlich*) truthful; (≈*echt*) Freund true; *attr* (≈*wirklich*) real **B** ADV really **wahrhaftig A** ADJ *geh* (≈*aufrichtig*) truthful **B** ADV really **Wahrheit** F truth; **in ~** in reality; **die ~ sagen** to tell the truth **wahrheitsgemäß, wahrheitsgetreu A** ADJ Bericht truthful; Darstellung faithful **B** ADV truthfully **Wahrheitsliebe** F love of truth **wahrlich** ADV really, indeed **wahrnehmbar** ADJ perceptible; **nicht ~** imperceptible **wahrnehmen** V/T **1** to perceive; Veränderungen etc to be aware of; Geräusch to hear; Licht to see **2** Frist, Termin to observe; Gelegenheit to take; Interessen to look after **Wahrnehmung** F **1** mit den Sinnen perception **2** von Interessen looking after **Wahrnehmungsvermögen** N perceptive faculty **wahrsagen** V/I to tell fortunes; **j-m ~** to tell sb's fortune **Wahrsager(in)** M(F) fortune-teller **Wahrsagung** F prediction **währschaft** ADJ schweiz (≈*gediegen*) Ware, Arbeit reliable; (≈*reichhaltig*) Essen wholesome

wahrscheinlich A ADJ probable, likely **B** ADV probably **Wahrscheinlichkeit** F probability; **mit großer ~, aller ~ nach** in all probability

Wahrung F **1** (≈*Wahrnehmung*) safeguarding **2** (≈*Erhaltung*) preservation; von Geheimnis keeping

Währung F currency **Währungseinheit** F monetary unit **Währungsfonds** M Monetary Fund; **Internationaler ~** International Monetary Fund **Währungspolitik** F monetary policy **Währungsraum** M currency area **Währungsreform** F currency reform **Währungsreserve** F currency reserve **Währungssystem** N monetary system **Währungsumstellung** F currency changeover od conversion **Währungsunion** F monetary union; **Europäische ~** European Monetary Union

Wahrzeichen N emblem

Waise F orphan **Waisenhaus** N orphanage **Waisenkind** N orphan **Waisenknabe** liter M orphan (boy); **gegen dich ist er ein ~** *umg* he's no match for you, you would run rings round him *umg*

Wal M whale

Wald M wood(s) (pl); großer forest **Waldbestand** M forest land **Waldbrand** M forest fire, wildfire **Waldhorn** N MUS French horn; **~ spielen** to play the French horn **waldig** ADJ wooded **Waldland** N woodland(s) (pl) **Waldlehrpfad** M nature trail **Waldmeister** M BOT woodruff **Waldorfschule** F ≈ Rudolf Steiner School

Waldrand M **am ~** at od on the edge of the forest **waldreich** ADJ densely wooded **Waldsterben** N forest dieback (due to pollution) **Wald-und-Wiesen-** *umg* ZSSGN common-or-garden Br *umg*, garden-variety US *umg*

Wales N Wales

Walfang M whaling **Walfisch** *umg* M whale

Waliser M Welshman **Waliserin** F Welshwoman **walisisch** ADJ Welsh

Walking N power walking **Walkman®** M RADIO Walkman®

Wall M embankment; fig bulwark **Wallfahrer(in)** M(F) pilgrim **Wallfahrt** F pilgrimage **Wallfahrtsort** M place of pilgrimage

Wallis N das ~ Valais

Wallone M, **Wallonin** F Walloon

Wallung F **1** geh **in ~ geraten** See, Meer to begin to surge; Mensch vor Leidenschaft to be in a turmoil; vor Wut to fly into a rage **2** MED (hot) flush Br od flash US mst pl

Walnuss F walnut

Walross N walrus

walten geh V/I to prevail (**in** +dat over); (≈*wirken*) to be at work; **Vorsicht/Milde ~ lassen** to exercise caution/leniency; **Gnade ~ lassen** to show mercy

Walze F roller **walzen** V/T to roll **wälzen A** V/T **1** (≈*rollen*) to roll **2** *umg* Akten, Bücher to pore over; Probleme to turn over in one's mind; **die Schuld auf j-n ~** to shift the blame onto sb B̄ V̄R̄ to roll; *schlaflos im Bett* to toss and turn

Walzer M̄ waltz; **Wiener ~** Viennese waltz

Wälzer *umg* M̄ heavy tome *hum*

Wand F̄ wall; *von Behälter* side; (≈*Felswand*) rock; *fig* barrier; **in seinen vier Wänden** *fig* within one's own four walls; **mit dem Kopf gegen die ~ rennen** *fig* to bang one's head against a brick wall; **j-n an die ~ spielen** *fig* to outdo sb; THEAT to steal the show from sb; **die ~ *od* Wände hochgehen** *umg* to go up the wall *umg*

Wandale M̄, **Wandalin** F̄ → Vandale

Wandbrett N̄ (wall) shelf

Wandel M̄ change; **im ~ der Zeiten** throughout the ages **wandeln** V̄/T̄ & V̄R̄ (≈*ändern*) to change, to alter

Wanderarbeiter(in) M̄(F̄) migrant worker **Wanderausstellung** F̄ touring exhibition **Wanderer** M̄, **Wanderin** F̄ hiker **Wanderkarte** F̄ map of walks **Wanderlust** F̄ wanderlust **wandern** V̄/Ī 🕮 (≈*gehen*) to wander 🕮 (≈*sich bewegen*) to move; *Blick, Gedanken* to wander 🕮 *Vögel, Völker* to migrate 🕮 *zur Freizeitgestaltung* to hike 🕮 *umg ins Bett, in den Papierkorb* to go **Wanderpokal** M̄ challenge cup **Wanderschaft** F̄ travels *pl*; **auf ~ gehen** to go off on one's travels **Wanderschuhe** P̄L̄ walking shoes *pl* **Wanderung** F̄ 🕮 (≈*Ausflug*) walk; **eine ~ machen** to go on a walk *od* hike 🕮 *von Vögeln, Völkern* migration **Wanderverein** M̄ hiking club **Wanderweg** M̄ walk, (foot)path **Wandgemälde** N̄ mural **Wandkalender** M̄ wall calendar **Wandkarte** F̄ wall map **Wandlampe** F̄ wall lamp **Wandlung** F̄ change; (≈*völlige Umwandlung*) transformation **wandlungsfähig** ADJ adaptable; *Schauspieler etc* versatile

Wandmalerei F̄ *Bild* mural, wall painting **Wandschirm** M̄ screen **Wandschrank** M̄ wall cupboard **Wandtafel** F̄ (black)board **Wandteppich** M̄ tapestry **Wanduhr** F̄ wall clock **Wange** F̄ *geh* cheek

wanken V̄/Ī (≈*schwanken*) to sway; *fig Regierung* to totter; (≈*unsicher sein*) to waver; **ins Wanken geraten** *fig* to begin to

totter/waver

wann ADV when; **bis ~ ist das fertig?** when will that be ready (by)?; **bis ~ gilt der Ausweis?** until when is the pass valid?

Wanne F̄ bath; (≈*Badewanne a.*) (bath)tub

Wanze F̄ bug

WAP N̄ ABK (= Wireless Application Protocol) IT WAP **WAP-Handy** N̄ WAP phone

Wappen N̄ coat of arms **Wappenkunde** F̄ heraldry

wappnen V̄R̄ **sich (gegen etw) ~** to prepare (oneself) (for sth)

Ware F̄ 🕮 product; *einzelne Ware* article 🕮 **~n** *pl* goods **Warenangebot** N̄ range of goods for sale **Warenaufzug** M̄ goods hoist **Warenbestand** M̄ stocks *pl* of goods **Warenhaus** N̄ (department) store **Warenlager** N̄ warehouse; (≈*Bestand*) stocks *pl* **Warenprobe** F̄ trade sample **Warensendung** F̄ consignment of goods; *Post* trade sample **Warentest** M̄ product test **Warenwert** M̄ goods *od* commodity value **Warenzeichen** N̄ *obs* V̄R̄ trademark

---

▶ **Warenhaus** ≠ **warehouse**

Warenhaus	=	**(department) store**
warehouse	=	Lager, Lagerhaus

◀

---

warm Ā ADJ warm; *Getränk, Speise* hot; **mir ist ~** I'm warm; **das hält ~** it keeps you warm; **das Essen ~ stellen** to keep the food hot; **~ werden** to warm up; *fig umg* to thaw out *umg*; **mit j-m ~ werden** *umg* to get close to sb B̄ ADV *sitzen in a warm place*; *schlafen* in a warm room; **sich ~ anziehen** to dress up warmly; **j-n wärmstens empfehlen** to recommend sb warmly **Warmblüter** M̄ ZOOL warm-blooded animal **warmblütig** ADJ warm-blooded **Warmduscher** M̄ *sl* (≈*Weichling*) wimp *umg* **Wärme** F̄ warmth; *von Wetter etc, a.* PHYS heat **wärmebeständig** ADJ heat-resistant **Wärmebildkamera** F̄ FOTO thermal imaging camera **Wärmedämmung** F̄ (heat) insulation **Wärmeenergie** F̄ thermal energy **Wärmekraftwerk** N̄ thermal power station **wärmen** A V/T to warm; *Essen* to warm up B V/R to warm oneself (up), to warm up **Wärmepumpe** F heat pump **Wärmeschutz** M heat shield **Wärmetechnik** F heat technology **Wärmflasche** F hot-water bottle **Warmhalteplatte** F hot plate **warmherzig** ADJ warm-hearted **warm laufen** V/I & V/R to warm up **Warmluft** F warm air **Warmmiete** F rent including heating **Warmstart** M AUTO, IT warm start **Warmwasserbereiter** M water heater **Warmwasserheizung** F hot-water central heating **Warmwasserspeicher** M hot-water tank

Warnanlage F warning system **Warnblinkanlage** F AUTO hazard warning lights *pl* **Warnblinklicht** N flashing warning light; *an Auto* hazard warning light **Warndreieck** N warning triangle **warnen** V/T & V/I to warn (*vor +dat* of); **j-n (davor) ~, etw zu tun** to warn sb against doing sth **Warnhinweis** M (≈ *Aufdruck*) warning **Warnschild** N warning sign **Warnschuss** M warning shot **Warnsignal** N warning signal **Warnstreik** M token strike **Warnung** F warning **Warnweste** F high-visibility vest

Warschau N Warsaw

Wartehalle F waiting room **Wartehäuschen** N shelter; *für Bus* bus shelter **Warteliste** F waiting list

warten[1] V/I to wait (**auf** +akk for); **warte mal!** hold on, hang on, wait a minute; **na warte!** *umg* just you wait!; **da(rauf) kannst du lange ~** *iron* you can wait till the cows come home; **mit dem Essen auf j-n ~** to wait for sb (to come) before eating; **lange auf sich ~ lassen** *Sache* to be a long time (in) coming; *Mensch* to take one's time

warten[2] V/T *Auto* to service

Wärter(in) M(F) attendant; (≈ *Tierwärter*) keeper; (≈ *Gefängniswärter*) warder *Br*, guard

Wartesaal M waiting room **Warteschlange** F queue *Br*, line *US*; IT queue **Warteschleife** F 1 FLUG holding pattern 2 *am Telefon* queue **Wartezeit** F waiting period; *an Grenze etc* wait **Wartezimmer** N waiting room

Wartung F *von Auto* servicing **wartungsfrei** ADJ maintenance-free

warum ADV why; **~ nicht?** why not?

Warze F wart; (≈ *Brustwarze*) nipple

was A INTPR what; (≈ *wie viel*) how much; **was ist (los)?** what is it?, what's up?; **was ist denn?** what's the matter?; **was ist, kommst du mit?** well, are you coming?; **was ist mit …?** what about …?; **was denn?** *ungehalten* what (is it)?; *um Vorschlag bittend* but what?; **das ist gut, was?** *umg* that's good, isn't it?; **was für …** what sort of kind of …; **was für ein schönes Haus!** what a lovely house! B REL PR *auf ganzen Satz bezogen* which; **das, was …** that which …, what …; **was auch (immer)** whatever; **alles, was …** everything (that) …; C INDEF PR *umg* something; *verneint* anything; *unbestimmter Teil einer Menge* some, any; **(na,) so was!** well I never!; **ist (mit dir) was?** is something the matter (with you)?; → *etwas*

Wasabi N GASTR wasabi

Waschanlage F *für Autos* car wash **waschbar** ADJ washable **Waschbär** M raccoon **Waschbecken** N washbasin, sink *US* **Waschbrett** N washboard **Waschbrettbauch** *umg* M washboard abs *pl umg*, sixpack *umg* **Wäsche** F 1 washing; (≈ *Schmutzwäsche*) *bei Wäscherei* laundry; **in der ~ sein** to be in the wash 2 (≈ *Bettwäsche, Tischwäsche*) linen; (≈ *Unterwäsche*) underwear; **dumm aus der ~ gucken** *umg* to look stupid **waschecht** ADJ fast; *fig* genuine **Wäscheklammer** F clothes peg *Br*, clothes pin *US* **Wäschekorb** M dirty clothes basket **Wäscheleine** F (clothes)line **waschen** A V/T to wash; *fig umg Geld* to launder; (**Wäsche**) **~** to do the washing; **sich** (*dat*) **die Hände ~** to wash one's hands; **Waschen und Legen** *beim Friseur* shampoo and set B V/R to wash; **eine Geldbuße, die sich gewaschen hat** *umg* a really heavy fine **Wäscherei** F laundry **Wäscheschleuder** F spin-drier **Wäscheständer** M clotheshorse **Wäschetrockner** M (≈ *Trockenautomat*) (tumble) drier **Waschgang** M stage of the washing programme *Br*, stage of the washing program *US* **Waschgelegenheit** F washing facilities *pl* **Waschküche** F washroom, laundry **Waschlappen** M flannel; *umg* (≈ *Feigling*) sissy *umg* **Waschmaschine** F washing machine **waschmaschinenfest** ADJ machine-washable **Waschmittel** N detergent **Waschpulver** N washing powder **Waschraum** M washroom **Waschsalon** M laundrette Br, Laundromat® US **Waschstraße** F zur Autowäsche car wash **Waschzettel** M TYPO blurb **Waschzeug** N toilet things pl **Wasser** N water; **~ abstoßend** water-repellent; **das ist ~ auf seine Mühle** fig this is all grist for his mill; **dort wird auch nur mit ~ gekocht** fig they're no different from anybody else (there); **ihr kann er nicht das ~ reichen** fig he's not a patch on her Br; **~ lassen** MED to pass water; **unter ~ stehen** to be flooded; **ein Boot zu ~ lassen** to launch a boat; **ins ~ fallen** fig to fall through; **sich über ~ halten** fig to keep one's head above water; **er ist mit allen ~n gewaschen** he knows all the tricks; **dabei läuft mir das ~ im Mund(e) zusammen** it makes my mouth water **wasserabstoßend** ADJ → **Wasser Wasseranschluss** M mains water supply **wasserarm** ADJ Gegend arid **Wasserball** M Spiel water polo **Wasserbett** N water bed **Wässerchen** N er sieht aus, als ob er kein **~ trüben könnte** he looks as if butter wouldn't melt in his mouth **Wasserdampf** M steam **wasserdicht** ADJ watertight; Uhr, Stoff etc waterproof **Wassereis** N water ice **Wasserenthärter** M water softener **Wasserfahrzeug** N watercraft **Wasserfall** M waterfall; **wie ein ~ reden** umg to talk nineteen to the dozen Br umg, to talk a blue streak US umg **Wasserfarbe** F watercolour Br, watercolor US **wassergekühlt** ADJ water-cooled **Wasserglas** N (≈ Trinkglas) water glass, tumbler **Wassergraben** M SPORT water jump; um Burg moat **Wasserhahn** M water tap bes Br, faucet US **wässrig** ADJ watery; CHEM aqueous; **j-m den Mund ~ machen** umg to make sb's mouth water **Wasserkessel** M kettle; TECH boiler **Wasserkocher** M electric kettle **Wasserkraft** F water power **Wasserkraftwerk** N hydroelectric power station **Wasserkühlung** F AUTO water-cooling **Wasserlassen** N MED passing water, urination **Wasserleitung** F (≈ Rohr) water pipe

wasserlöslich ADJ water-soluble **Wassermangel** M water shortage **Wassermann** M ASTROL Aquarius; **(ein) ~ sein** to be (an) Aquarius **Wassermelone** F watermelon **wassern** VI FLUG to land on water **wässern** VT Erbsen etc to soak; Felder, Rasen to water **Wasserpflanze** F aquatic plant **Wasserpistole** F water pistol **Wasserratte** F water rat; umg Kind water baby **Wasserrohr** N water pipe **Wasserschaden** M water damage **wasserscheu** ADJ scared of water **Wasserschildkröte** F turtle **Wasserski** ▲ M water-ski ▣ N water-skiing **Wasserspender** M water cooler od dispenser **Wasserspiegel** M (≈ Wasserstand) water level **Wassersport** M der **~ water sports** pl **Wasserspülung** F flush **Wasserstand** M water level **Wasserstoff** M hydrogen **Wasserstoffbombe** F hydrogen bomb **Wasserstrahl** M jet of water **Wasserstraße** F waterway **Wassertier** N aquatic animal **Wasserturm** M water tower **Wasseruhr** F (≈ Wasserzähler) water meter **Wasserung** F water landing; RAUMF splashdown **Wasserversorgung** F water supply **Wasserverunreinigung** F water pollution **Wasservogel** M waterfowl **Wasserwaage** F spirit level Br, (water) level US **Wasserweg** M waterway; **auf dem ~** by water **Wasserwerfer** M water cannon **Wasserwerk** N waterworks sg od pl **Wasserzähler** M water meter **Wasserzeichen** N watermark **waten** VI to wade **Watsche** F österr, südd umg → Ohrfeige **watscheln** VI to waddle **watschen** VT österr, südd umg → ohrfeigen **Watschen** F österr, südd umg → Ohrfeige **Watt**[1] N ELEK watt **Watt**[2] N GEOG mud flats pl **Watte** F cotton wool Br, cotton US **Wattebausch** M cotton-wool ball Br, cotton ball US **Wattenmeer** N mud flats pl **Wattestäbchen** N cotton bud **wattieren** VT to pad; (≈ füttern) to line with padding; **wattierte Umschläge** padded envelopes **Wattierung** F padding **Wattmeter** N wattmeter **Wattzahl** F wattage

WC N̄ toilet, bathroom *US*, restroom *US*

Web N̄ Web; **im Web** on the Web **Web-adresse** F̄ website address **webba-siert** ADJ web-based **Webcam** F̄ webcam **Webdesigner(in)** M̄F̄ web designer

weben V̄T̄ & V̄Ī to weave; *Spinnennetz* to spin **Weber(in)** M̄F̄ weaver **Weberei** F̄ (≈ *Betrieb*) weaving mill

Weberknecht M̄ ZOOL harvestman

Webinar N̄ IT webinar **Webkamera** F̄ web camera **Weblog** N̄/M̄ weblog, blog **Webmaster** M̄ (≈ *Änderung*) **Webportal** N̄ web portal **Webseite** F̄ web page **Webserver** M̄ Internet server **Webshop** M̄ online *od* Web shop *Br*, online *od* Web *US* **Website** F̄ website

Webstuhl M̄ loom

Websurfer(in) M̄F̄ web surfer

Wechsel M̄ **1** (≈ *Änderung*) change; *ab-wechselnd* alternation; **im ~** (≈ *Staffelwechsel*) in turn **2** SPORT (≈ *Staffelwechsel*) (baton) change **Wechselbeziehung** F̄ correlation **Wechselgeld** N̄ change **wechselhaft** ADJ changeable **Wech-seljahre** P̄L̄ menopause *sg*; **in den ~n sein** to be suffering from the menopause **Wechselkurs** M̄ rate of exchange **wechseln** Ā V̄T̄ to change (**in** +*akk* into); (≈ *austauschen*) to exchange; **den Platz mit j-m ~** to exchange one's seat with sb; **die Woh-nung ~** to move B̄ V̄Ī to change; SPORT to change (over) **wechselnd** ADJ changing; (≈ *abwechselnd*) alternating; *Launen* changeable; **mit ~em Erfolg** with varying (degrees of) success; **~ be-wölkt** cloudy with sunny intervals **wechselseitig** ADJ reciprocal **Wech-selstrom** M̄ alternating current **Wechselstube** F̄ bureau de change *Br*, exchange **Wechselwähler(in)** M̄F̄ floating voter **wechselweise** ADV in turn, alternately **Wechselwirkung** F̄ interaction

Weckdienst M̄ wake-up call service **wecken** V̄T̄ to wake (up); *fig* to arouse; *Bedarf* to create; *Erinnerungen* to bring back **Wecken** *dial* M̄ **1** (≈ *Brötchen*) (bread) roll **2** *österr Gebäck* (≈ *längliches Brot*) loaf **3** *österr Gebäck* Viennese roll **We-cker** M̄ alarm clock; **den ~ auf 7 Uhr stellen** to set the alarm clock for 7

o'clock; **j-m auf den ~ fallen** *umg* to get on sb's nerves

Weckglas® N̄ preserving jar **Weck-ring®** M̄ rubber ring (*for preserving jars*)

Weckruf M̄ *im Hotel etc* wake-up call; MIL reveille; *fig* clarion call, wake-up call **Wedel** M̄ (≈ *Fächer*) fan; (≈ *Staubwedel*) feather duster **wedeln** Ā V̄Ī **1** (**mit dem Schwanz**) ~ *Hund* to wag its tail **2** SKI to wedel B̄ V̄T̄ to waft

weder K̄Ō̄N̄J̄ ~ **... noch ...** neither ... nor ...

weg ADV **weg sein** (≈ *fortgegangen etc*) to have gone; (≈ *nicht hier*) to be away; (≈ *nicht zu Hause*) to be out; *umg* (≈ *geistesabwesend*) to be not quite with it *umg*; (≈ *begeistert*) to be bowled over (**von** by); **weit weg von hier** far (away) from here; **weg mit euch!** away with you!; **nichts wie weg von hier!** let's scram *umg*; **weg da!** (get) out of the way!; **Hände weg!** hands off!

Weg M̄ **1** (≈ *Pfad*), *a. fig* path; (≈ *Straße*) road; **j-m in den Weg treten** to block sb's way; **j-m/einer Sache im Weg ste-hen** *fig* to stand in the way of sb/sth; **für etw den Weg ebnen** to pave the way for sth **2** (≈ *Route*) way; (≈ *Entfer-nung*) distance; (≈ *Reise*) journey; **zu Fuß** walk; **j-n nach dem Weg fragen** to ask sb the way *od* for directions; **auf dem Weg nach London** on the way to Lon-don; **sich auf den Weg machen** to set off; **j-m aus dem Weg gehen** *wörtl* to get out of sb's way; *fig* to avoid sb; **j-m über den Weg laufen** *fig* to run into sb; **etw in die Wege leiten** to arrange sth; **auf dem besten Weg sein, etw zu tun** to be well on the way to doing sth; **auf diesem Wege** this way; **auf di-plomatischem Wege** through diplomat-ic channels; **zu Wege** ~ zuwege

wegbekommen V̄T̄ (≈ *loswerden*) to get rid of (**von** from); *Fleck etc* to remove (**von** from); *von bestimmtem Ort* to get away (**von** from)

Wegbeschreibung F̄ (written) direc-tions *pl*

wegbleiben V̄Ī to stay *od* keep away; (≈ *nicht mehr kommen*) to stop coming **wegbringen** V̄T̄ to take away *od* off **wegen** P̄R̄Ā̄P̄ because of; **j-n ~ einer Sa-che bestrafen** *etc* to punish *etc* sb for sth; **von ~!** *umg* you've got to be kid-

ding! *umg*
wegfahren VI (≈ *abfahren*) to leave; *Fahrer* to drive off; (≈ *verreisen*) to go away **Wegfahrsperre** F AUTO (**elektronische**) **~** (electronic) immobilizer **wegfallen** VI to be discontinued; *Bestimmung* to cease to apply; **~ lassen** (≈ *auslassen*) to be omitted **wegfliegen** VI to fly away; *mit Flugzeug* to fly out **Weggang** M departure **weggeben** VT (≈ *verschenken*) to give away **weggehen** VI to go, to leave; (≈ *umziehen etc*) to go away; (≈ *ausgehen*) to go out; *umg Ware* to sell; **über etw** (*akk*) **~** *umg* to ignore sth; **von zu Hause ~** to leave home **weghaben** *umg* VT **j-n/etw ~ wollen** to want to get rid of sb/sth; **du hast deine Strafe weg** you have had your punishment **weghören** VI not to listen **wegjagen** VT to chase away **wegkommen** *umg* VI (≈ *abhandenkommen*) to disappear; (≈ *weggehen können*) to get away; **mach, dass du wegkommst!** hop it! *umg*; **ich komme nicht darüber weg, dass …** *umg* I can't get over the fact that … **weglasern** VT MED to remove by laser **weglassen** VT (≈ *auslassen*) to leave out; *umg* (≈ *gehen lassen*) to let go **weglaufen** VI to run away (**vor** +*dat* from) **weglegen** VT *in Schublade etc* to put away; *zur Seite* to put aside **wegmüssen** VI to have to go **wegnehmen** VT to take; (≈ *entfernen*) to take away; (≈ *verdecken*) *Sonne* to block out; *Sicht* to block; (≈ *beanspruchen*) *Zeit, Platz* to take up **Wegrand** M wayside **wegräumen** VT to clear away; *in Schrank* to put away **wegrennen** *umg* VI to run away **wegschaffen** VT (≈ *beseitigen*) to get rid of; (≈ *wegräumen*) to clear away **wegschicken** VT *j-n* to send away **wegschließen** VT to lock away **wegschmeißen** *umg* VT to chuck away *umg* **wegschnappen** *umg* **j-m etw ~** to snatch sth (away) from sb **wegsehen** VI to look away **wegstecken** *wörtl* VT to put away; *umg Niederlage, Kritik* to take **wegtreten** VI **~!** MIL dismiss!, dismissed!; **er ist (geistig) weggetreten** *umg* (≈ *schwachsinnig*) he's not all there *umg* **wegtun** VT to put away; (≈ *wegwerfen*) to throw away

wegweisend ADJ pioneering *attr*, revolutionary **Wegweiser** M sign; *fig Buch etc* guide
wegwerfen VT to throw away **wegwerfend** ADJ dismissive **Wegwerfflasche** F non-returnable bottle **Wegwerfgesellschaft** F throwaway society **Wegwerfverpackung** F disposable packaging **wegwischen** VT to wipe off **wegwollen** VI (≈ *verreisen*) to want to go away **wegziehen** VT to pull away (**j-m** from sb) **B** VI to move away

weh **A** ADJ (≈ *wund*) sore **B** INT o **weh!** oh dear! **wehe** INT **~ (dir), wenn du das tust** you'll be sorry if you do that **Wehe** F **1** (≈ *Schneewehe etc*) drift **2** **~n** *pl* (≈ *Geburtswehen*) (labour) pains *Br*, (labor) pains *US pl*; **in den ~n liegen** to be in labo(u)r; **die ~n setzten an** the contractions started, she went into labour *Br od* labor *US* **wehen** VI **1** *Wind* to blow; *Fahne* to wave **2** *Duft* to waft **Wehklage** *liter* F lament(ation) **wehleidig** ADJ (≈ *jammernd*) whining *attr*; **~ sein** to be a whinger **Wehmut** F melancholy; (≈ *Sehnsucht*) wistfulness; *nach Vergangenem* nostalgia **wehmütig** ADJ melancholy; (≈ *sehnsuchtsvoll*) wistful; (≈ *nostalgisch*) nostalgic
Wehr¹ F **sich zur ~ setzen** to defend oneself
Wehr² N *Stauanlage* weir
Wehrbeauftragte(r) M|F(M) commissioner for the armed forces **Wehrdienst** M military service; **seinen ~ (ab)leisten** to do one's military service **Wehrdienstverweigerer** M, **Wehrdienstverweigerin** F conscientious objector **wehren** VR to defend oneself; (≈ *sich aktiv widersetzen*) to (put up a) fight; **sich gegen einen Plan** *etc* **~** to fight (against) a plan *etc* **wehrlos** ADJ defenceless *Br*, defenseless *US*; *fig* helpless; **j-m ~ ausgeliefert sein** to be at sb's mercy **Wehrlosigkeit** F defencelessness *Br*, defenselessness *US*; *fig* helplessness **Wehrpflicht** F (**allgemeine**) **~** (universal) conscription **wehrpflichtig** ADJ liable for military service **Wehrpflichtige(r)** M|F(M) person liable for military service; *Eingezogener* conscript *Br*, draftee *US*
wehtun VT to hurt; **mir tut der Rücken weh** my back hurts; **sich/j-m ~** to hurt

oneself/sb

Weib N̄ woman **Weibchen** N̄ ZOOL female **Weiberheld** pej M̄ lady-killer **weibisch** ADJ effeminate **weiblich** ADJ female; (≈ fraulich), a. GRAM feminine **Weib(s)stück** pej N̄ bitch umg

weich A ADJ soft; Ei soft-boiled; Fleisch tender; (≈ mitleidig) soft-hearted; **~e Drogen** soft drugs; **~ werden** to soften; **~e Währung** soft currency B ADV softly; **~ gekocht** Ei soft-boiled; **~ landen** to land softly

Weiche F̄ BAHN points pl Br, switch US; **die ~n stellen** fig to set the course **Weichei** pej sl N̄ wimp umg, softy umg **weichen**[1] VT & VI to soak **weichen**[2] VI (≈ weggehen) to move; (≈ zurückweichen) to retreat (+dat od **vor** +dat from); fig (≈ nachgeben) to give way (+dat to); **nicht von j-s Seite ~** not to leave sb's side

Weichheit F̄ softness; von Fleisch tenderness **weichherzig** ADJ soft-hearted **Weichkäse** M̄ soft cheese **weichlich** fig ADJ weak; (≈ verhätschelt) soft **Weichling** pej M̄ weakling **weichmachen** fig VT to soften up **Weichmacher** M̄ CHEM softener **weich spülen, weichspülen** VT to condition; Wäsche to use (fabric) conditioner on **Weichspüler** M̄ conditioner **Weichteile** PL soft parts pl; umg (≈ Geschlechtsteile) private parts pl **Weichtier** N̄ mollusc

Weide[1] F̄ BOT willow **Weide**[2] F̄ AGR pasture; (≈ Wiese) meadow **Weideland** N̄ AGR pasture(land) **weiden** A VI to graze B VT to (put out to) graze C VR **sich an etw** (dat) **~** fig to revel in sth **Weidenkätzchen** N̄ pussy willow **Weidenkorb** M̄ wicker basket

weidmännisch A ADJ huntsman's attr B ADV in a huntsman's manner

weigern VR to refuse **Weigerung** F̄ refusal

Weihe F̄ KIRCHE consecration; (≈ Priesterweihe) ordination; **höhere ~n** fig greater glory **weihen** VT 1 KIRCHE to consecrate; Priester to ordain 2 (≈ widmen) **dem Tod(e)/Untergang geweiht** doomed to die/fall)

Weiher M̄ pond

Weihnachten N̄ Christmas; **fröhliche** od **frohe ~!** happy Christmas! bes Br, merry Christmas!; **(zu** od **an) ~** at Christmas; **etw zu ~ bekommen** to get sth for Christmas **weihnachtlich** A ADJ Christmassy umg, festive B ADV geschmückt festively **Weihnachtsabend** M̄ Christmas Eve **Weihnachtsbaum** M̄ Christmas tree **Weihnachtsfeiertag** M̄ erster Christmas Day; zweiter Boxing Day **Weihnachtsferien** PL Christmas holidays pl Br, holidays pl US **Weihnachtsfest** N̄ Christmas **Weihnachtsgans** F̄ Christmas goose; **j-n ausnehmen wie eine ~** umg to fleece sb umg **Weihnachtsgeld** N̄ Christmas bonus **Weihnachtsgeschenk** N̄ Christmas present **Weihnachtskarte** F̄ Christmas card **Weihnachtslied** N̄ (Christmas) carol **Weihnachtsmann** M̄ Father Christmas Br, Santa Claus **Weihnachtsmarkt** M̄ Christmas fair **Weihnachtstag** M̄ → Weihnachtsfeiertag **Weihnachtstisch** M̄ table for Christmas presents **Weihnachtszeit** F̄ Christmas (time)

Weihrauch M̄ incense **Weihwasser** N̄ holy water

weil KONJ because

Weilchen N̄ **ein ~** a (little) while **Weile** F̄ while; **vor einer (ganzen) ~** quite a while ago

Wein M̄ wine; (≈ Weinstöcke) vines pl; (≈ Weintrauben) grapes pl; **j-m reinen ~ einschenken** to tell sb the truth **Weinbau** M̄ wine growing **Weinbauer** M̄, **Weinbäuerin** F̄ wine grower **Weinbeere** F̄ grape **Weinberg** M̄ vineyard **Weinbergschnecke** F̄ snail; auf Speisekarte escargot **Weinbrand** M̄ brandy

weinen VT & VI to cry; **es ist zum Weinen!** it's enough to make you weep! bes Br **weinerlich** ADJ whining; **~ reden** to whine

Weinernte F̄ grape harvest **Weinessig** M̄ wine vinegar **Weinflasche** F̄ wine bottle **Weingegend** F̄ winegrowing area **Weinglas** N̄ wine glass **Weingummi** N/M wine gum **Weingut** N̄ wine-growing estate **Weinhändler(in)** M(F) wine dealer **Weinhandlung** F̄ wine shop bes Br, wine store **Weinhauer(in)** bes österr M(F) wine grower **Weinkarte** F̄ wine list **Weinkeller** M̄ wine cellar, winery US;

(≈ *Lokal*) wine bar **Weinkenner(in)** M(F) connoisseur of wine

Weinkrampf M crying fit; MED uncontrollable fit of crying

Weinkraut N sauerkraut **Weinlese** F grape harvest **Weinlokal** N wine bar **Weinprobe** F wine tasting **Weinrebe** F (grape)vine **weinrot** ADJ claret **Weinstein** M tartar **Weinstock** M vine **Weinstube** F wine tavern **Weintraube** F grape

weise ADJ wise

Weise F (≈ *Verfahren etc*) way; **auf diese ~** in this way; **in keiner ~** in no way

weisen geh A VT j-m etw ~ to show sb sth; **j-n vom Feld ~** SPORT to order sb off (the field); **etw von sich ~** to reject sth B VI to point (**nach** towards *od* **auf** +*akk* at)

Weise(r) M(F)M wise man/woman **Weisheit** F 1 wisdom 2 (≈ *weiser Spruch*) wise saying, pearl of wisdom *mst iron* **Weisheitszahn** M wisdom tooth

weismachen VT j-m etw ~ to make sb believe sth; **das kannst du mir nicht ~!** you can't expect me to believe that

weiß A ADJ white; **das Weiße Haus** the White House; **das Weiße vom Ei** egg white; **~er Tee** white tea B ADV *anstreichen* white; *sich kleiden* in white; **~ glühend** white-hot

weissagen VT to prophesy **Weissagung** F prophecy

Weißbier N ≈ wheat beer (*light, fizzy beer made using top-fermentation yeast*) **Weißblech** N tinplate **Weißbrot** N white bread *kein pl*; (≈ *Laib*) loaf of white bread **Weißbuch** N POL White Paper **weißen** VT to whiten; (≈ *weiß tünchen*) to whitewash **Weiße(r)** M(F)M white, white man/woman **Weißglut** F white heat; **j-n zur ~ bringen** to make sb livid (with rage) **Weißgold** N white gold **weißhaarig** ADJ white-haired **Weißherbst** M ≈ rosé **Weißkohl** M, **Weißkraut** N *österr, südd* N white cabbage **weißlich** ADJ whitish **Weißmacher** M *in Waschmittel* brightening agent; *in Papier* whitener **Weißrusse** M, **Weißrussin** F White Russian **Weißrussland** N White Russia **Weißwein** M white wine **Weißwurst** F veal sausage

Weisung F directive; **auf ~ on** instructions **weisungsberechtigt** ADJ JUR

authorized to issue directives

weit A ADJ 1 (≈ *breit*) wide; *Meer* open; *Begriff* broad; *Unterschied* big; **~e Kreise der Bevölkerung** large sections of the population 2 (≈ *lang*) *Weg, Reise* long; **in ~er Ferne** a long way away; **so ~ sein** (≈ *bereit*) to be ready; **es ist bald so ~** the time has nearly come B ADV 1 *Entfernung* far; **~er** farther, further; **am ~esten** farthest, (the) furthest; **es ist noch ~ bis Bremen** it's still a long way to Bremen; **~ gereist** widely travelled *Br*, widely traveled *US*; **~ hergeholt** far-fetched; **~ und breit** for miles around; **~ ab** *od* **weg (von)** far away (from); **ziemlich ~ am Ende** fairly near the end; **von Weitem** from a long way away; **von ~ her** from a long way away; **~ blickend** far-sighted; **~ entfernt** a long way away; **~ entfernt** *od* **gefehlt!** far from it! 2 (≈ *breit offen*) wide; **10 cm ~** 10cm wide; **~ verbreitet** = weitverbreitet 3 *in Entwicklung* = **fortgeschritten** far advanced; **wie ~ bist du?** how far have you got?; **so ~, so gut** so far so good; **sie sind nicht ~ gekommen** they didn't get far; **j-n so ~ bringen, dass …** to bring sb to the point where …; **er wird es ~ bringen, er wird ~ kommen** he will go far; **es so ~ bringen, dass …** to bring it about that … 4 *zeitlich* (**bis**) **~ in die Nacht** (till) far into the night; **~ nach Mitternacht** well after midnight 5 (≈ *erheblich*) far; **~ über 60** well over 60 6 **zu ~ gehen** to go too far; **das geht zu ~!** that's going too far!; **so ~** (≈ *im Großen und Ganzen*) by and large; (≈ *bis jetzt*) up to now; (≈ *bis zu diesem Punkt*) thus far; **so ~ wie möglich** as far as possible; **bei Weitem besser** *etc* **als** far better *etc* than; **bei Weitem der Beste** by far the best; **bei Weitem nicht so gut** *etc* (**wie…**) not nearly as good *etc* (as …) **weitab** ADV **~ von** far (away) from **weitaus** ADV far **Weitblick** M *fig* vision

weitblickend ADJ far-sighted

Weite¹ F (≈ *Ferne*) distance; (≈ *Länge*) length; (≈ *Größe*) expanse; (≈ *Durchmesser, Breite*) width

Weite² N distance; **das ~ suchen** to take to one's heels

weiten A VT to widen B VR to broaden

weiter A ADJ *fig* further; (≈ *andere*) other; **~e Auskünfte** further information; **~ 70 Meter** another 70 metres ADV (≈ *noch hinzu*) further; (≈ *sonst*) otherwise; **etw ~ tun** to keep doing sth; **nichts ~ als** ... nothing more than ..., nothing but ...; **ich brauche nichts ~ als** ... all I need is ...; **wenn es ~ nichts ist,** ... well, if that's all (it is), ...; **das hat ~ nichts zu sagen** that doesn't really matter; **immer ~** on and on; **und ~?** and then?; **und so ~** and so on; → Weiteres **weiterarbeiten** V/I to carry on working **weiter bestehen** V/I to continue to exist **weiterbilden** V/R to continue one's education **Weiterbildung** F continuation of one's education; *an Hochschule* further education **Weiterbildungskolleg** N college of continuing education **weiterbringen** V/T **das bringt uns auch nicht weiter** that doesn't get us any further **weiterempfehlen** V/T to recommend (to one's friends *etc*) **weiterentwickeln** V/T & V/R to develop **weitererzählen** V/T *Geheimnis etc* to repeat, to pass on **Weitere(s)** N further details *pl*; **das ~** the rest; **alles ~** everything else; **bis auf ~s** for the time being; *auf Schildern etc* until further notice; **ohne ~s** easily **weiterfahren** V/I (≈ *Fahrt fortsetzen*) to go on; (≈ *durchfahren*) to drive on **Weiterfahrt** F continuation of the/one's journey **Weiterflug** M continuation of the/one's flight; *Passagiere zum ~ nach* ... passengers continuing their flight to ... **weiterführen** V/T & V/I to continue; **das führt nicht weiter** *fig* that doesn't get us anywhere **weiterführend** ADJ *Schule* secondary; *Qualifikation* higher **weitergeben** V/T to pass on **weitergehen** V/I to go on, to continue; **so kann es nicht ~** *fig* things can't go on like this **weiterhelfen** V/I to help (along) (j-m sb) **weiterhin** ADV **etw ~ tun** to carry *od* keep on doing sth **weiterkommen** V/I to get further *od* on; *fig a.* to make progress; **nicht ~** *fig* to be stuck **weiterleiten** V/T to pass on (**an** +*akk* to); (≈ *weitersenden*) to forward **weiterlesen** V/I to carry on reading; **lies weiter!** go on! **weitermachen** V/T & V/I to carry *od* go on (**etw** with sth), to continue; **~!** carry on! **Weiterreise** F continuation of the/one's journey; **auf der ~ nach** ...

when I *etc* was travelling on to ... *Br*, when I *etc* was travelling on to ... *US* **weiters** *österr* ADV furthermore **weitersagen** V/T to repeat; **nicht ~!** don't tell anyone! **weiterschlafen** V/I **1** *den Schlaf fortsetzen* to carry on sleeping; *nach Störung* to get back to sleep **2** *schlaf weiter!* *fig du bist naiv* dream on! **weiterverarbeiten** V/T to process **Weiterverarbeitung** F reprocessing **Weiterverkauf** M resale **weitervermieten** V/T to sublet **weitgehend, weit gehend** ADJ *Vollmachten etc* far-reaching; *Übereinstimmung etc* a large degree of ADV **~ to a great extent weitgereist** ADJ **→ weit weiter** ADV, (*a.* **von weit her**) from a long way away **weithin** ADV for a long way; *fig bekannt* widely **weitläufig** ADJ **1** *Park, Gebäude* spacious; (≈ *verzweigt*) rambling **2** *Verwandte* distant ADV **sie sind ~ verwandt** they are distant relatives **weiträumig** ADJ wide-ranging ADV **die Unfallstelle ~ umfahren** to keep well away from the scene of the accident **weitreichend, weit reichend** *fig* ADJ far-reaching **weitschweifig** ADJ long-winded **Weitsicht** *fig* F far-sightedness **weitsichtig** ADJ MED long-sighted *Br*, far-sighted *bes US*; *fig* far-sighted **Weitsichtigkeit** F MED long-sightedness *Br*, far-sightedness *bes US* **Weitspringen** N SPORT long jump **Weitspringer(in)** M(F) SPORT long jumper **Weitsprung** M SPORT long jump **weitverbreitet, weit verbreitet** ADJ widespread **Weitwinkelobjektiv** N wide-angle lens **Weizen** M wheat **Weizenbier** N ≈ wheat beer (*light, fizzy beer made using top-fermentation yeast*) **Weizenmehl** N wheat flour

welch INT PR **~ (ein)** what **welche(r, s)** INT PR **1** *adjektivisch* what; *bei Wahl aus einer begrenzten Menge* which **2** *substantivisch* which (one) **3** *in Ausrufen* **~ Freude!** what joy! INDEF PR some; *verneint any*; **ich habe keine Äpfel, haben Sie ~?** I don't have any apples, do you have any?

welk ADJ *Blume* wilted; *Blatt* dead; *fig Schönheit* fading; *Haut* tired-looking; (≈ *schlaff*) flaccid **welken** V/I to wilt; *Haut* to grow tired-looking

Wellblech N̄ corrugated iron **Welle** F̄
1 wave; RADIO (≈ *Frequenz*) wavelength;
(hohe) ~n schlagen *fig* to create (quite)
a stir **2** *fig* (≈ *Mode*) craze **3** TECH shaft
wellen A V̄/T̄ *Haar* to wave; *Blech etc* to
corrugate B V̄/R̄ to become wavy; **ge-
welltes Haar** wavy hair **Wellenbad**
N̄ *swimming pool with wave machine*
Wellenbereich M̄ PHYS, TEL frequen-
cy range; RADIO waveband **wellenför-
mig** ADJ wave-like; *Linie* wavy **Wellen-
gang** M̄ waves *pl*, swell **Wellenlän-
ge** F̄ PHYS, TEL wavelength; *fig* **auf der
gleichen ~ sein** *od* **liegen** *umg* to be
on the same wavelength *umg* **Wellen-
linie** F̄ wavy line **Wellenreiten** N̄
surfing **Wellensittich** M̄ budgerigar,
budgie *umg* **wellig** ADJ *Haar etc* wavy
Wellness F̄ wellness **Wellnessbe-
reich** M̄ wellness centre *Br*, wellness
center *US* **Wellnesscenter** N̄ health
spa, wellness centre *Br*, wellness center
US **Wellnesshotel** N̄ spa *od* wellness
hotel **Wellnessurlaub** M̄ spa holiday
Br, spa vacation *US*; *kurz* spa break
Wellpappe F̄ corrugated cardboard
Welpe M̄ pup; *von Wolf, Fuchs* cub
Wels M̄ catfish
welsch M̄ ADJ **1** (≈ *welschsprachig*) Ro-
mance-speaking **2** *schweiz* (Swiss-)
French; **die ~e Schweiz** French Switzer-
land
Welt F̄ world; **die Dritte ~** the Third
World; **alle ~** everybody; **deswegen
geht die ~ nicht unter** *umg* it isn't
the end of the world; **das kostet doch
nicht die ~** it won't cost a fortune;
uns/sie trennen ~en *fig* we/they are
worlds apart; **auf der ~** in the world;
aus aller ~, aus der ganzen ~ from
all over the world; **aus der ~ schaffen**
to eliminate; **in aller ~** all over the
world; **warum in aller ~ ...?** why on
earth ...?; **um nichts in der ~, nicht
um alles in der ~** not for all the tea
in China *umg*; **ein Mann/eine Frau von
~** a man/woman of the world; **vor aller
~** in front of everybody; **zur ~ kommen**
to come into the world **Weltall** N̄ uni-
verse, outer space **Weltanschauung**
F̄ philosophy of life; *Philosophie, a.* POL
world view **Weltbank** F̄ World Bank
weltbekannt, weltberühmt ADJ
world's best **Weltbevölkerung** F̄

world population **weltbewegend**
ADJ world-shattering **Weltbild** N̄ con-
ception of the world **Weltenbumm-
ler(in)** M̄/F̄ globetrotter **Welterfolg**
M̄ global *od* worldwide success
Weltergewicht N̄ *Boxen* welterweight
welterschütternd ADJ world-shatter-
ing **weltfremd** ADJ unworldly **Welt-
geltung** F̄ international standing,
worldwide recognition **Weltge-
schichte** F̄ world history **Weltge-
sundheitsorganisation** F̄ World
Health Organization **weltgewandt**
ADJ sophisticated **Welthandel** M̄
world trade **Welthandelsorganisa-
tion** F̄ World Trade Organisation
Weltherrschaft F̄ world domination
Weltkarte F̄ map of the world **Welt-
klasse** F̄ **~ sein** to be world class; *umg*
to be fantastic *umg* **Weltkrieg** M̄
world war; **der Erste/Zweite ~** the
First/Second World War **Weltkultur-
erbe** N̄ world cultural heritage; (≈ *ein-
zelnes Kulturgut*) World Heritage Site
weltläufig ADJ cosmopolitan **welt-
lich** ADJ worldly; (≈ *nicht kirchlich*) secu-
lar **Weltliteratur** F̄ world literature
Weltmacht F̄ world power **Welt-
markt** M̄ world market **Weltmeer**
N̄ ocean; **die sieben ~e** the seven seas
Weltmeister(in) M̄/F̄ world champion
Weltmeisterschaft F̄ world champi-
onship; FUSSB World Cup **weltoffen**
ADJ cosmopolitan **Weltöffentlich-
keit** F̄ general public **Weltpolitik** F̄
world politics *pl* **Weltrang** M̄ **von ~**
world-famous **Weltrangliste** F̄ world
rankings *pl* **Weltraum** M̄ (outer) space
Weltraumforschung F̄ space re-
search **weltraumgestützt** ADJ
space-based **Weltraumstation** F̄
space station **Weltreich** N̄ empire
Weltreise F̄ world tour **Weltrekord**
M̄ world record **Weltrekordinha-
ber(in)** M̄/F̄ world record holder,
world's record holder *US* **Weltreligi-
on** F̄ world religion **Weltschmerz**
M̄ world-weariness **Weltsicherheits-
rat** M̄ POL (United Nations) Security
Council **Weltstadt** F̄ cosmopolitan
city **Weltuntergang** M̄ end of the
world **Weltuntergangsstimmung**
F̄ apocalyptic mood **weltweit** ADJ &
ADV worldwide, global **Weltwirt-
schaft** F̄ world economy **Weltwirt-**

schaftsforum N world economic forum **Weltwirtschaftskrise** F world economic crisis **Weltwunder** F **die sieben ~** the Seven Wonders of the World

wem A INT PR who ... to, to whom; **mit wem hat sie geredet?** who did she talk to?; **wem gehören diese?** whose are these? B REL PR (≈ *derjenige, dem*) the person (who ...) to C INDEF PR *umg* (≈ *jemandem*) to somebody

wen A INT PR who, whom B REL PR (≈ *derjenige, den*) the person (who) C INDEF PR *umg* (≈ *jemanden*) somebody

Wende F turn; (≈ *Veränderung*) change; (≈ *Wendepunkt*) turning point; POL (political) watershed **Wendehals** M ORN wryneck; *fig umg* turncoat *pej* **Wendekreis** M **1** tropic; **der nördliche ~** the Tropic of Cancer; **der südliche ~** the Tropic of Capricorn **2** AUTO turning circle **Wendeltreppe** F spiral staircase **wenden** A V/T (≈ *umdrehen*), *a. Schneiderhandwerk* to turn; GASTR *Eierpfannkuchen* to toss; *Schnitzel etc* to turn (over); **bitte ~!** please turn over B V/R **1** (≈ *sich umdrehen*) to turn (around); *Wetter, Glück* to change; **sich zu j-m/etw ~** to turn toward(s) sb/sth; **sich zum Guten ~** to take a turn for the better **2** **sich an j-n ~** *um Auskunft* to consult sb; *um Hilfe* to turn to sb; *Buch etc* to be directed at sb C V/I to turn; (≈ *umkehren*) to turn (a)round; **"wenden verboten"** "no U-turns" **Wendepunkt** M turning point

wendig ADJ agile; *Auto* manoeuvrable *Br*, maneuverable *US*; *fig Politiker etc* agile **Wendigkeit** F agility; *von Auto etc* manoeuvrability *Br*, maneuverability *US*; *fig von Politiker etc* agility

Wendung F **1** turn; **eine unerwartete ~ nehmen** *fig* to take an unexpected turn; **eine ~ zum Guten nehmen** to change for the better **2** (≈ *Redewendung*) expression, phrase

wenig A ADJ & INDEF PR **1** little; **das ist ~** that isn't much; **ich habe ~ Zeit** I don't have much time; **so ~ wie** *od* **als möglich** as little as possible; **mein ~es Geld** what little money I have; **sie hat zu ~ Geld** *etc* she doesn't have enough money *etc* **2** **~e** *pl* (≈ *ein paar*) a few; **in ~en Tagen** in (just) a few days; **einige ~e Leute** a few people **3** *a. adv* **ein ~** a little, a bit; **ein ~ Salz** a little salt

ADV little; **~ besser** little better; **~ bekannt** little known *attr*, little known *präd*; **~ erfreulich** not very pleasant; **zu ~** not enough; **einer/zwei** *etc* **zu ~** one/two *etc* too few **weniger** A ADJ & INDEF PR less; *mit Plural* fewer; **~ werden** to get less and less; **~ Geld** less money; **~ Unfälle** fewer accidents B ADV less; **das finde ich ~ schön!** that's not so nice! C KONJ & PRÄP less; **sieben ~ drei ist vier** seven less three is four **wenigstens** ADV at least **wenigste(r, s)** ADJ & INDEF PR & ADV **er hat die ~n Fehler gemacht** he made the fewest mistakes; **sie hat das ~ Geld** she has the least money; **am ~n** least; *pl* fewest; **das ist noch das ~!** *umg* that's the least of it!; **das am ~n!** that least of all!

wenn KONJ **1** *konditional* if; **passt es dir, ~ ich morgen komme?** would it suit you if I came tomorrow?; **~ er nicht gewesen wäre, ...** if it had not been for him, ...; **selbst** *od* **und ~** even if; **~ ... auch ...** even though *od* if ...; **~ man bedenkt, dass ...** when you consider that ...; **~ ich doch** *od* **nur** *od* **bloß ...** if only I ...; **~ er nur da wäre!** if only he were here!; **außer ~** except if **2** *zeitlich* when; **jedes Mal** *od* **immer ~** whenever; **außer ~** except when **Wenn** N **ohne ~ und Aber** without any ifs and buts **wennschon** *umg* ADV (**na** *od* **und**) **~!** so what? *umg*; **~, dennschon!** in for a penny, in for a pound! *bes Br sprichw*

wer A INT PR who; **wer von ... which** (one) of ... B REL PR (≈ *derjenige, der*) the person who C INDEF PR *umg* (≈ *jemand*) somebody

Werbeabteilung F publicity department **Werbeagentur** F advertising agency **Werbebanner** N banner; IN-TERNET banner ad **Werbeblock** M TV commercial break **Werbeclip** M TV commercial, advert *Br* **Werbefachfrau** F advertising woman **Werbefachmann** M advertising man **Werbefernsehen** N commercial television; *Sendung* TV advertisements *pl* **Werbefilm** M advertising *od* promotional film **Werbegag** M publicity stunt **Werbegeschenk** M (promotional) giveaway **Werbegrafiker(in)** M(F) commercial artist **Werbekampagne** F publicity campaign; *für Ver-*

brauchsgüter advertising campaign **Werbekosten** PL advertising *od* promotional costs *pl* **Werbeleiter(in)** MF advertising manager **werben** A V/T *Mitglieder, Mitarbeiter* to recruit; *Kunden* to attract B V/I to advertise; **für etw ~** to advertise sth, to promote sth; **um etw ~** to solicit sth; **um Verständnis ~** to try to enlist understanding; **um ein Mädchen ~** to court a girl **Werbeslogan** M publicity slogan; *für Verbrauchsgüter* advertising slogan **Werbespot** M commercial, ad(vert) **Werbetext** M advertising copy *kein pl* **Werbetexter(in)** MF (advertising) copywriter **Werbetrommel** F **die ~ (für etw) rühren** *umg* to push sth *umg* **werbewirksam** ADJ effective (for advertising purposes) **Werbung** F *bes* HANDEL advertising; POL (≈ *Propaganda*) pre-election publicity; *von Kunden, Stimmen* winning; *von Mitgliedern* recruitment; (≈ *Reklame*) advert; **~ für etw machen** to advertise sth **Werbungskosten** PL *von Mensch* professional outlay *sg; von Firma* business expenses *pl*

Werdegang M development; *beruflich* career **werden** A V/AUX 1 *zur Bildung des Futurs* **ich werde es tun** I'll do it; **ich werde das nicht tun** I won't do that; **es wird gleich regnen** it's going to rain 2 *zur Bildung des Konjunktivs* **das würde ich gerne tun** I'd like to do that; **das würde ich nicht gerne tun** I wouldn't like to do that; **er würde kommen, wenn …** he would come if …; **würden Sie mir bitte das Buch geben?** would you give me the book, please? 3 *zur Bildung des Passivs* **geschlagen ~** to be beaten; **mir wurde gesagt, dass …** I was told that … 4 *bei Vermutung* **sie wird wohl in der Küche sein** she'll probably be in the kitchen; **das wird etwa 20 Euro kosten** it will cost roughly 20 euros B V/I 1 *mit Adjektiv* to get; **mir wird kalt/warm** I'm getting cold/warm; **blass/kalt ~** to go pale/cold; **mir wird schlecht/besser** I feel bad/better; **die Fotos sind gut geworden** the photos have come out well 2 *mit Substantiv/Pronomen* to become; **Lehrer ~** to become a teacher; **was willst du einmal ~?** what do you want to be when you grow up?; **Präsident ~** to become president; **Erster ~** to come first; **das**

ist nichts geworden it came to nothing 3 *bei Altersangaben* **er ist gerade 40 geworden** he has just turned 40 4 **es wird Zeit, dass er kommt** it's time (that) he came; **es wird kalt/spät** it's getting cold/late; **es wird Winter** winter is coming; **was ist aus ihm geworden?** what has become of him?; **aus ihm wird noch einmal was!** he'll make something of himself yet!; **daraus wird nichts** nothing will come of that; (≈ *das kommt nicht infrage*) that's out of the question; **zu etw ~** to turn into sth; **was soll nun ~?** so what's going to happen now? **werdend** ADJ nascent; **~e Mutter** expectant mother

werfen A V/T to throw (**nach** at); **Bomben ~** *von Flugzeug* to drop bombs; **eine Münze ~** to toss a coin; **„nicht ~"** "handle with care"; **etw auf den Boden ~** to throw sth to the ground; **j-n aus dem Haus** *etc* **~** to throw sb out (of the house *etc*) B V/I (≈ *schleudern*) to throw; **mit etw (auf j-n/etw) ~** to throw sth (at sb/sth) C V/R to throw oneself (**auf** +*akk* upon, at) **Werfer(in)** MF thrower; *beim Baseball* pitcher

Werft F shipyard; *für Flugzeuge* hangar **Werftarbeiter(in)** MF shipyard worker

Werk N 1 (≈ *Arbeit, Buch etc*) work; *geh* (≈ *Tat*) deed; (≈ *Gesamtwerk*) works *pl*; **das ist sein ~** this is his doing; **ans ~ gehen** to set to work; **am ~ sein** to be at work 2 (≈ *Betrieb*) works *sg od pl Br*, factory; **ab ~** HANDEL ex works *Br*, ex factory 3 (≈ *Triebwerk*) mechanism **Werkbank** F workbench **werken** V/I to work; *handwerklich* to do handicrafts; **Werken** SCHULE handicrafts **Werkschutz** M factory security service **werkseigen** ADJ company *attr* **Werksgelände** N factory premises *pl* **Werksleitung** F factory management **Werkstatt** F, **Werkstätte** F workshop; *für Autoreparaturen* garage *Br*, repair shop *US* **Werkstoff** M material **Werkstück** N TECH workpiece **Werktag** M working day **werktags** ADV on working days **Werkzeug** N tool; *Gesamtheit* tools *pl* **Werkzeugkasten** M toolbox

Wermut M (≈ *Wermutwein*) vermouth **Wermutstropfen** *fig geh* M drop of bitterness

W

wert ADJ **1** etw **~** sein to be worth sth; **nichts ~** sein to be worthless; (≈ *untauglich*) to be no good; **Glasgow ist eine Reise ~** Glasgow is worth a visit; **einer Sache** (*gen*) **~** sein *geh* to be worthy of sth **2** (≈ *nützlich*) useful **Wert** M **1** value; *bes menschlicher* worth; **einen ~ von Euro haben** to be worth five euros; **im ~(e) von** to the value of; **sie hat innere ~e** she has certain inner qualities; **~ auf etw** (*akk*) **legen** *fig* to set great store by sth *bes Br*; **das hat keinen ~** *umg* there's no point **2** *von Test, Analyse* result **Wertarbeit** F craftsmanship **werten** V/T & V/I (≈ *einstufen*) to rate (**als** as); *Klassenarbeit etc* to grade; (≈ *beurteilen*) to judge (**als** to be); **Tor nicht ~** FUSSB *etc* to disallow a goal **Wertesystem** N system of values **wertfrei** A ADJ neutral B ADV in a neutral way **Wertgegenstand** M object of value; **Wertgegenstände** *pl* valuables *pl* **Wertigkeit** F **1** CHEM valency **2** (≈ *Wert*) importance **wertlos** ADJ worthless **Wertlosigkeit** F worthlessness **Wertminderung** F reduction in value **Wertpapier** N security; **~e** *pl* stocks and shares *pl* **Wertsache** F object of value; **~n** valuables **Wertschätzung** *liter* F esteem, high regard **Wertsteigerung** F increase in value **Wertstoff** M reusable material **Wertstoffhof** M recycling centre *Br*, recycling center *US* **Wertung** F **1** (≈ *Bewertung*) evaluation; (≈ *Punkte*) score **2** (≈ *das Werten*) rating; *von Klassenarbeit* grading; (≈ *das Beurteilen*) judging **Werturteil** N value judgement **wertvoll** ADJ valuable

Werwolf M werewolf

Wesen N **1** nature; (≈ *Wesentliches*) essence; **es liegt im ~ einer Sache ...** it's in the nature of a thing ... **2** (≈ *Geschöpf*) being; (≈ *tierisches Wesen*) creature; (≈ *Mensch*) person; **ein menschliches ~** a human being **Wesensart** F nature, character **wesentlich** A ADJ essential; (≈ *erheblich*) substantial; (≈ *wichtig*) important; **das Wesentliche** the essential part; *von dem, was gesagt wurde* the gist; **im Wesentlichen** basically; (≈ *im Großen und Ganzen*) in the main B ADV (≈ *grundlegend*) fundamentally; (≈ *erheblich*) considerably; **es ist mir ~ lieber, wenn wir ...** I would much rather we ...

weshalb A ADV *interrogativ* why B ADV *relativ* which is why; **der Grund, ~ ...** the reason why ...

Wespe F *wasp* **Wespennest** N wasp's nest; **in ein ~ stechen** *fig* to stir up a hornets' nest **Wespenstich** M wasp sting

wessen PRON whose; *form* **~ hat man dich angeklagt?** *form* of what have you been accused?

Wessi *umg* M Westerner, West German **westdeutsch** ADJ GEOG Western German; HIST West German **Westdeutsche(r)** M/F(M) West German

Weste F waistcoat *Br*, vest *US*; **eine reine ~ haben** *fig* to have a clean slate **Westen** M west; *von Land* West; **der ~** POL the West; **aus dem ~, von ~ (her)** from the west; **nach ~ (hin)** to the west; **im ~ der Stadt/des Landes** in the west of the town/country; **weiter im ~** further west; **im ~ Frankreichs** in the west of France

Westentasche F waistcoat pocket *Br*, vest pocket *US*; **etw wie seine ~ kennen** *umg* to know sth like the back of one's hand *umg*

Western M western

Westeuropa N Western Europe **westeuropäisch** ADJ West(ern) European; **Westeuropäische Union** Western European Union

Westfale M, **Westfälin** F Westphalian **Westfalen** N Westphalia **westfälisch** ADJ Westphalian

Westjordanland N **das ~** the West Bank **Westküste** F west coast **westlich** A ADJ western; *Kurs, Wind, Richtung* westerly; POL Western B ADV (to the) west; **~ von ...** (to the) west of ... C PRÄP (to the) west of **Westmächte** PL POL **die ~** the western powers *pl* **westöstlich** ADJ west-to-east; **in ~er Richtung** from west to east **westwärts** ADV westward(s), west **Westwind** M west wind

weswegen ADV why

wett ADJ **~ sein** to be quits **Wettbewerb** M competition **Wettbewerber(in)** M(F) competitor **Wettbewerbsbehörde** F competition authority **wettbewerbsfähig** ADJ competitive **Wettbewerbsnachteil** M competitive disadvantage **wettbe-**

werbswidrig ADJ anticompetitive; **~e Vereinbarungen** anticompetitive od concerted agreements; **~ handeln** to violate fair trade practices; *ungesetzlich* to violate competition lae od antitrust law US

Wettbüro N betting office **Wette** F bet; **darauf gehe ich jede ~** ein I'll bet you anything you like; **die ~ gilt!** done!; **mit j-m um die ~ laufen** od **rennen** to race sb **wetteifern** Vi **mit j-m um etw ~** to compete with sb for sth **wetten** VT & Vi to bet; **auf etw** (akk) **~** to bet on sth; **mit j-m ~** to bet with sb; **ich wette 100 gegen 1(, dass …)** I'll bet (you) 100 to 1 (that …)

Wetter N ◼ weather *kein unbest art*; **bei so einem ~** in such weather; **was haben wir heute für ~?** what's the weather like today? ◼ (≈ Unwetter) storm ◼ Bergbau air; **schlagende ~** pl firedamp sg

Wetter(in) M(F) better

Wetteraussichten PL weather outlook sg **Wetterbericht** M weather report **wetterbeständig** ADJ weatherproof **wetterempfindlich** ADJ sensitive to (changes in) the weather **wetterfest** ADJ weatherproof **Wetterfrosch** hum umg M weatherman umg **wetterfühlig** ADJ sensitive to (changes in) the weather **Wetterhahn** M weathercock bes Br, weather vane **Wetterkarte** F weather map **Wetterkunde** F meteorology **Wetterlage** F weather situation **Wetterleuchten** N sheet lightning; *fig* storm clouds pl

wettern Vi to curse and swear; **gegen** od **auf etw** (akk) **~** to rail against sth **Wetterstation** F weather station **Wettersturz** M sudden fall in temperature and atmospheric pressure **Wetterumschwung** M sudden change in the weather **Wettervorhersage** F weather forecast **Wetterwarte** F weather station **wetterwendisch** fig ADJ changeable

Wettfahrt F race **Wettkampf** M competition; match **Wettkämpfer(in)** M(F) competitor **Wettlauf** M race; **ein ~ gegen die Zeit** a race against time

wettmachen VT to make up for; *Verlust etc* to make good; *Rückstand* to make up

Wettrennen N race **Wettrüsten** N arms race **Wettschein** M betting slip **Wettstreit** M competition; **mit j-m im ~ liegen** to compete with sb

wetzen VT to whet **Wetzstein** M whetstone

WG F ABK → Wohngemeinschaft

whatsappen Vi *den Nachrichtendienst WhatsApp® benutzen* to use WhatsApp®

Whirlpool® M whirlpool bathtub

Whisky M whisky, whiskey US; *irischer* whiskey

Whiteboard N whiteboard; **interaktives ~** interactive whiteboard, smartboard

wichsen Vi *sl* (≈ onanieren) to jerk off *sl* **Wichser** *sl* M wanker Br *sl*, jerk-off US *sl*

Wicht M (≈ Kobold) goblin; *fig* (≈ verachtenswerter Mensch) scoundrel

wichtig A ADJ important; **alles Wichtige** everything of importance; **Wichtigeres zu tun haben** to have more important things to do; **das Wichtigste** the most important thing B ADV **sich selbst/etw (zu) ~ nehmen** to take oneself/sth (too) seriously **Wichtigkeit** F importance **wichtigmachen** umg VR to be full of one's own importance **Wichtigtuer(in)** pej M(F) busybody **wichtigtun** VR umg (≈ sich aufspielen) to be full of one's own importance

Wicke F BOT vetch; (≈ Gartenwicke) sweet pea

Wickel M MED compress **wickeln** A VT ◼ (≈ schlingen) to wind (**um** round); *Verband etc* to bind ◼ (≈ einwickeln) to wrap (**in** +akk in); **einen Säugling ~** to change a baby's nappy Br, to change a baby's diaper US B VR to wrap oneself (**in** +akk in) **Wickelraum** M in Kaufhaus etc baby changing room **Wickelrock** M wraparound skirt **Wickeltisch** M baby's changing table

Widder M ◼ ZOOL ram ◼ ASTROL Aries; **(ein) ~ sein** to be (an) Aries

wider geh PRÄP against; **~ Erwarten** contrary to expectations **widerfahren** geh Vi to happen (j-m to sb) **Widerhaken** M barb **Widerhall** M echo; **keinen ~ finden** Interesse Vi to meet with no response **widerlegen** VT Behauptung etc to refute; j-n to prove wrong **Widerlegung** F refutation, disproving **widerlich** A ADJ disgusting; *Mensch* repulsive **B** ADV *sich benehmen* disgustingly; ~ **riechen/schmecken** to smell/taste disgusting **Widerling** *umg* **A** creep *umg* **widernatürlich** ADJ unnatural **widerrechtlich** ADJ **A** illegal **B** ADV illegally; **sich** (*dat*) *etw* ~ **aneignen** to misappropriate sth **Widerrede** F̲ (≈ *Widerspruch*) contradiction; **keine** ~! don't argue!; **ohne** ~ without protest **Widerruf** M̲ revocation; *von Aussage* retraction **widerrufen** V̲T̲ *Erlaubnis, Anordnung etc* to revoke, to withdraw; *Aussage* to retract **Widersacher(in)** M̲(F̲) adversary **widersetzen** V̲R̲ **sich j-m/einer Sache** ~ to oppose sb/sth; *der Festnahme* to resist sth; *einem Befehl* to refuse to comply with sth **widersinnig** ADJ absurd **widerspenstig** ADJ stubborn; *Kind, Haar* unruly **widerspiegeln** **A** V̲T̲ to reflect **B** V̲R̲ to be reflected **widersprechen** **A** V̲I̲ **j-m/einer Sache** ~ to contradict sb/sth **B** V̲R̲ **einander** to contradict each other **Widerspruch** M̲ **1** contradiction; **ein** ~ **in sich selbst** a contradiction in terms; **in** *od* **im** ~ **zu** contrary to; **in** *od* **im** ~ **zu etw stehen** to be contrary to sth **2** (≈ *Protest*) protest; (≈ *Ablehnung*) opposition; JUR appeal; **kein** ~! don't argue!; ~ **erheben** to protest; ~ **einlegen** JUR to appeal **widersprüchlich** ADJ contradictory; *Verhalten* inconsistent **Widerspruchsgeist** M̲ spirit of opposition **widerspruchslos** **A** ADJ (≈ *unangefochten*) unopposed; (≈ *ohne Einwände*) without contradiction **B** ADV (≈ *unangefochten*) without opposition; (≈ *ohne Einwände*) without contradiction **Widerstand** M̲ resistance; (≈ *Ablehnung*) opposition; ELEK *Bauelement* resistor; **gegen j-n/etw** ~ **leisten** to resist sb/sth **Widerstandsbewegung** F̲ resistance movement **widerstandsfähig** ADJ robust; *Pflanze* hardy; MED, TECH *etc* resistant (**gegen** to) **Widerstandsfähigkeit** F̲ robustness; *von Pflanze* hardiness; MED, TECH *etc* resistance (**gegen** to) **Widerstandskämpfer(in)** M̲(F̲) member of the resistance **widerstandslos** ADJ & ADV without resistance **widerstehen** V̲I̲ (≈ *nicht nachgeben*) to resist; (≈ *standhalten*) to withstand **widerstreben** V̲I̲ **es widerstrebt mir, so etwas zu tun** it goes against the grain to do anything like

that *Br*, it goes against my grain to do anything like that *US* **widerstrebend** **A** ADJ (≈ *widerwillig*) reluctant **B** ADV *widerwillig* unwillingly **widerwärtig** **A** ADJ (≈ *ekelhaft*) disgusting **B** ADV ~ **schmecken/stinken** to taste/smell disgusting **Widerwille** M̲ (≈ *Ekel*) disgust (**gegen** for); (≈ *Abneigung*) distaste (**gegen** for); (≈ *Widerstreben*) reluctance **widerwillig** **A** ADJ reluctant **B** ADV reluctantly **Widerworte** PL̲ *only* ~ **geben** to answer back; **ohne** ~ without protest

Widescreen M̲ widescreen **widmen** V̲T̲ **j-m etw** ~ to dedicate sth to sb **B** V̲R̲ to devote oneself to; *den Gästen etc* to attend to; *einer Aufgabe* to apply oneself to **Widmung** F̲ *in Buch etc* dedication (**an** +*akk* to) **widrig** ADJ adverse **wie** **A** ADV **1** *interrogativ* how; **wie viele?** how many?; **wie viel kosten ...?** how much are ...?; **wie wär's mit einem Whisky?** *umg* how about a whisky? **2** (≈ *welcher Art*) **wie war's auf der Party?** what was the party like?; **wie ist er (denn)?** what's he like? **3** (≈ *was*) **wie heißt er/das?** what's he/it called?; **wie? what?; wie bitte?** sorry? *Br*, excuse me? *US*; *entrüstet* I beg your pardon! **4** *in Ausrufen* how; **und wie!, aber wie!** and how! *umg*; **wie groß er ist!** how big he is; **das macht dir Spaß, wie?** you like that, don't you? **B** ADV *relativ* **die Art, wie sie geht** the way (in which) she walks; **wie stark du auch sein magst** however strong you may be; **wie sehr ... auch** however much **C** KONJ **1** *vergleichend bezüglich Adjektiv oder Adverb* as; *vergleichend bezüglich Substantiv* like; **so ... wie** as ... as; **so lang wie breit** as long as *etc* is wide; **weiß wie Schnee** (as) white as snow; **eine Nase wie eine Kartoffel** a nose like a potato; **wie gewöhnlich, wie immer** as usual, as always, as ever; **wie du weißt** as you know **2** (≈ *als*) **größer wie** bigger than; **nichts wie Ärger** *etc* nothing but trouble *etc* **3** *umg* **wie wenn** as if **4** **er sah, wie es geschah** he saw it happen; **sie spürte, wie es kalt wurde** she felt it getting cold **Wiedehopf** M̲ hoopoe **wieder** ADV again; **immer** ~ again and again; ~ **mal** (once) again; ~ **ist ein Jahr**

vorbei another year has passed; **wie, schon** ~? what, again?; **~ da** back (again) **Wiederaufbau** M̲ reconstruction **wiederaufbauen** V̲T̲ & V̲I̲ to reconstruct, to rebuild **wiederaufbereiten** V̲T̲ to recycle; *Atommüll, Abwasser* to reprocess **Wiederaufbereitung** F̲ recycling; *von Atommüll* reprocessing **Wiederaufbereitungsanlage** F̲ recycling plant; *für Atommüll* reprocessing plant **wieder aufleben** V̲I̲ to revive **Wiederaufnahme** F̲ 1 *von Tätigkeit, Gespräch etc* resumption 2 *im Verein etc* readmittance **wiederaufnehmen** V̲T̲ 1 (≈ *wieder beginnen*) to resume 2 *Vereinsmitglied* to readmit **Wiederbeginn** M̲ recommencement; *von Schule* reopening **wiederbekommen** V̲T̲ to get back **wiederbeleben** V̲T̲ to revive **Wiederbelebung** F̲ revival **Wiederbelebungsversuch** M̲ attempt at resuscitation; *fig* attempt at revival **wiederbringen** V̲T̲ to bring back **wiedereinführen** V̲T̲ to reintroduce; HANDEL *Waren* to reimport **Wiedereingliederung** F̲ reintegration **wiedereinstellen** V̲T̲ to re-employ **Wiedereintritt** M̲ reentry (**in** +*akk* into) **wiederentdecken** V̲T̲ to rediscover **Wiederentdeckung** F̲ rediscovery **wiedererkennen** V̲T̲ to recognize; *das/er war nicht wiederzuerkennen* it/he was unrecognizable **wiedererlangen** V̲T̲ to regain; *Eigentum* to recover **wiedereröffnen** V̲T̲ & V̲I̲ to reopen **Wiedereröffnung** F̲ reopening **wiedererstatten** V̲T̲ *Unkosten etc* to refund (**j-m etw** sb for sth) **Wiedererstattung** F̲ refund(ing) **wiederfinden** V̲T̲ to find again; *fig Mut etc* to regain **Wiedergabe** F̲ 1 *von Rede, Ereignis* account 2 (≈ *Darbietung*) *von Stück etc* rendition 3 (≈ *Übersetzung*) translation 4 (≈ *Reproduktion*) reproduction 5 (≈ *Rückgabe*) return **wiedergeben** V̲T̲ 1 to give back 2 (≈ *erzählen*) to give an account of 3 (≈ *übersetzen*) to translate 4 (≈ *reproduzieren*) to reproduce **wiedergeboren** A̲D̲J̲ reborn **Wiedergeburt** F̲ rebirth **wiedergewinnen** V̲T̲ to regain; *j-n* to win back; *Land* to reclaim; *Selbstvertrauen* to recover **wiedergutmachen** V̲T̲ *Schaden* to compensate for; *Fehler* to rectify; POL to make repara-

tions for; *das ist nie wiedergutzumachen* that can never be put right **Wiedergutmachung** F̲ compensation; POL reparations *pl* **wiederhaben** *umg* V̲T̲ *etw* ~ **wollen** to want sth back **wiederherstellen** V̲T̲ *Gebäude, Ordnung, Gesundheit* to restore; *Beziehungen* to re-establish **Wiederherstellung** F̲ restoration

wiederholen[1] A̲ V̲T̲ & V̲I̲ to repeat; *zusammenfassend* to recapitulate; *Lernstoff* to revise, to review *US*; *Prüfung, Elfmeter* to retake B̲ V̲R̲ *Mensch* to repeat oneself; *Thema, Ereignis* to recur **wiederholen**[2] V̲T̲ (≈ *zurückholen*) to get back **wiederholt** A̲ A̲D̲J̲ repeated; **zum** ~**en Male** once again B̲ A̲D̲V̲ repeatedly **Wiederholung** F̲ *a.* LIT repetition; *von Prüfung, Elfmeter* retaking; *von Sendung* repeat; *von Lernstoff* revision **Wiederholungsspiel** N̲ SPORT replay **Wiederhören** N̲ (**auf**) ~! goodbye! **wiederkäuen** V̲T̲ to ruminate; *fig umg* to go over again and again B̲ V̲I̲ to ruminate **Wiederkäuer** M̲ ruminant **Wiederkehr** F̲ (≈ *Rückkehr*) return; (≈ *ständiges Vorkommen*) recurrence **wiederkehren** V̲I̲ (≈ *zurückkehren*) to return; (≈ *sich wiederholen*) to recur **wiederkehrend** A̲D̲J̲ recurring **wiederkommen** V̲I̲ to come back again **wiedersehen** V̲T̲ to see again; *wann sehen wir uns wieder?* when will we see each other again? **Wiedersehen** N̲ *nach längerer Zeit* reunion; (**auf**) ~! goodbye! **wiederum** A̲D̲V̲ (≈ *andererseits*) on the other hand; (≈ *allerdings*) though 2 *geh* (≈ *nochmals*) again **wiedervereinigen** A̲ V̲T̲ to reunite; *Land* to reunify B̲ V̲R̲ to reunite **Wiedervereinigung** F̲ reunification **Wiederverkaufswert** M̲ resale value **wiederverschließbar** A̲D̲J̲ resealable **wiederverwendbar** A̲D̲J̲ reusable **wiederverwenden** V̲T̲ to reuse **wiederverwertbar** A̲D̲J̲ recyclable **wiederverwerten** V̲T̲ to recycle **Wiederverwertung** F̲ recycling **Wiege** F̲ cradle **wiegen**[1] A̲ V̲T̲ 1 (≈ *hin und her bewegen*) to rock; *Hüften* to sway 2 (≈ *zerkleinern*) to chop up B̲ V̲I̲ *Boot etc* to rock (gently); *Mensch, Äste etc* to sway **wiegen**[2] V̲T̲ & V̲I̲ (≈ *abwiegen*) to weigh; *wie viel wiegst du?* how heavy are you?; **schwer ~** *fig* to carry a lot of weight; **→ gewogen**

Wiegenlied N̄ lullaby

wiehern V̄/Ī to neigh

Wien N̄ Vienna **Wiener** ADJ Viennese; **~ Würstchen** frankfurter; **~ Schnitzel** Wiener schnitzel **wienerisch** ADJ Viennese

wienern V̄/T̄ to polish

Wiese F̄ meadow; *umg* (≈ *Rasen*) grass

Wiesel N̄ weasel

wieso ADV why; **~ nicht** why not; **~ weißt du das?** how do you know that?

wie viel ADV → **viel wievielmal** ADV how many times **Wievielte(r)** M̄ *bei Datum* **der ~ ist heute?** what's the date today? **wievielte(r, s)** ADJ **das ~ Kind ist das jetzt?** how many children is that now?; **zum ~n Mal bist du schon in England?** how often have you been to England?; **am ~n September hast du Geburtstag?** what date in September is your birthday?

wieweit KŌNJ to what extent

Wikinger(in) M̄(F̄) Viking

wild Ā ADJ wild; *Stamm* savage; (≈ *laut, ausgelassen*) boisterous; (≈ *ungesetzlich*) *Parken, Zelten etc* illegal; *Streik* wildcat *attr*, unofficial; **seid nicht so ~!** calm down a bit!; **j-n ~ machen** to make sb furious, to drive sb crazy; **~ auf j-n/etw sein** *umg* to be mad about sb/sth *umg*; **das ist halb so ~** *umg* never mind B̄ ADV 1̄ (≈ *unordentlich*) **~ durcheinanderliegen** to be strewn all over the place 2̄ (≈ *hemmungslos*) like crazy; *um sich schlagen* wildly; **wie ~ arbeiten** etc to work *etc* like mad 3̄ (≈ *in der freien Natur*) **~ leben** to live in the wild; **~ wachsen** to grow wild **Wild** N̄ (≈ *Tiere, Fleisch*) game; (≈ *Rotwild*) deer; (≈ *Fleisch von Rotwild*) venison **Wildbach** M̄ torrent **Wildbahn** F̄ **auf od in freier ~** in the wild **Wilddieb(in)** M̄(F̄) poacher **Wilde(r)** M̄/F(M̄) savage; *fig* madman **Wilderei** F̄ poaching **Wilderer**, **Wilderin** F̄ poacher **wildern** V̄/Ī to poach **Wildfleisch** N̄ game; *von Rotwild* venison **wildfremd** *umg* ADJ completely strange; **~e Leute** complete strangers **Wildgans** F̄ wild goose **Wildheit** F̄ wildness **Wildhüter(in)** M̄(F̄) gamekeeper; *in Nationalpark* ranger **Wildkatze** F̄ wildcat **Wildleder** N̄ suede **wildledern** ADJ suede **Wildnis**

F̄ wilderness; **in der ~ leben** to live in the wild **Wildpark** M̄ game park; *für Rotwild* deer park **Wildsau** F̄ wild sow; *fig sl* pig *umg* **Wildschwein** N̄ wild boar **Wildwasser** N̄ whitewater **Wildwechsel** M̄ *bei Rotwild* deer path; „Wildwechsel" "wild animals" **Wildwestfilm** M̄ western

Wille M̄ will; (≈ *Absicht*) intention; **wenn es nach ihrem ~n ginge** if she had her way; **er musste wider ~n** *od* **gegen seinen ~n lachen** he couldn't help laughing; **seinen ~n durchsetzen** to get one's (own) way; **j-m seinen ~n lassen** to let sb have his own way; **beim besten ~n nicht** not with the best will in the world; **wo ein ~ ist, ist auch ein Weg** *sprichw* where there's a will there's a way *sprichw* **willenlos** Ā ADJ weak-willed B̄ ADV **j-m ~ ergeben sein** to be totally submissive to sb **willens** *geh* ADJ **~ sein** to be willing **Willenskraft** F̄ willpower **willensschwach** ADJ weak-willed **Willensschwäche** F̄ weak will **willensstark** ADJ strong-willed **Willensstärke** F̄ willpower **willentlich** Ā ADJ wilful B̄ ADV deliberately **willig** Ā ADJ willing B̄ ADV willingly

willkommen ADJ welcome; **du bist (mir) immer ~** you are always welcome; **j-n ~ heißen** to welcome sb; **es ist mir ganz ~, dass …** I quite welcome the fact that … **Willkommensgruß** M̄ greeting

Willkür F̄ *politisch* despotism; *bei Handlungen* arbitrariness; **ein Akt der ~** a despotic/an arbitrary act **willkürlich** Ā ADJ arbitrary; *Herrscher* autocratic B̄ ADV *handeln* arbitrarily

wimmeln V̄/Ī **der See wimmelt von Fischen** the lake is teeming with fish; **hier wimmelt es von Fliegen** this place is swarming with flies; **dieses Buch wimmelt von Fehlern** this book is riddled with mistakes

Wimmerl N̄ *österr* (≈ *Pickel*) pimple

wimmern V̄/Ī to whimper

Wimper F̄ (eye)lash; **ohne mit der ~ zu zucken** *fig* without batting an eyelid *Br*, without batting an eyelash *US* **Wimperntusche** F̄ mascara **Wimpernzange** F̄ eyelash curlers *od* tongs *pl*

Wind M̄ wind; **bei ~ und Wetter** in all weathers; **~ und Wetter ausgesetzt**

sein to be exposed to the elements; **daher weht der ~!** fig so that's the way the wind is blowing; **viel ~ um etw machen** umg to make a lot of fuss about sth; **gegen den ~ segeln** wörtl to sail into the wind; fig to swim against the stream, to run against the wind US; **j-m den ~ aus den Segeln nehmen** fig to take the wind out of sb's sails; **etw in den ~ schlagen** Warnungen, Rat to turn a deaf ear to sth; Vorsicht, Vernunft to throw sth to the winds; **in alle (vier) ~e zerstreut sein** fig to be scattered to the four corners of the earth; **von etw ~ bekommen** fig umg to get wind of sth
Windbeutel M̱ cream puff **Windbluse** F̱ windcheater **Windbö(e)** F̱ gust of wind
Winde¹ F̱ TECH winch
Winde² F̱ BOT bindweed
Windel F̱ nappy Br, diaper US **Windeleinlage** F̱ nappy liner Br, diaper liner US **windelweich** ADV **j-n ~ schlagen** od **hauen** umg to beat sb black and blue
winden A̱ V̱/Ṯ to wind; Kranz to bind; (≈ hochwinden) Last to winch Ḇ V̱/Ṟ to wind; vor Schmerzen to writhe (**vor** +dat with, in); vor Verlegenheit to squirm (**vor** +dat with, in); fig (≈ ausweichen) to try to wriggle out; → **gewunden**
Windenergie F̱ wind energy **Windeseile** F̱ **etw in** od **mit ~ tun** to do sth in no time (at all); **sich in** od **mit ~ verbreiten** to spread like wildfire **Windfarm** F̱ wind farm **windgeschützt** ADJ sheltered (from the wind) **Windhund** M̱ 1️⃣ greyhound Br, fig pej rake **windig** ADJ windy; fig dubious **Windjacke** F̱ windcheater Br, windproof jacket, anorak **Windkraft** F̱ wind power **Windkraftanlage** F̱ wind power station **Windlicht** Ṉ lantern **Windmühle** F̱ windmill **Windpocken** P̱Ḻ chickenpox sg **Windrichtung** F̱ wind direction **Windrose** F̱ SCHIFF compass card; METEO wind rose **Windschatten** M̱ lee; von Fahrzeugen slipstream **windschief** ADJ crooked **Windschutzscheibe** F̱ windscreen Br, windshield US **Windstärke** F̱ strength of the wind **windstill** ADJ still; Platz, Ecke etc sheltered **Windstille** F̱ calm **Windstoß** M̱ gust of wind **Windsurfbrett** Ṉ windsurfer **windsurfen** V̱/I̱ to windsurf; **~ gehen** to go

windsurfing **Windsurfen** Ṉ windsurfing **Windsurfer(in)** M̱(F̱) windsurfer **Windturbine** F̱ wind turbine
Windung F̱ von Weg, Fluss etc meander; TECH von Schraube thread; ELEK von Spule coil

Wink M̱ (≈ Zeichen) sign; (≈ Hinweis, Tipp) hint
Winkel M̱ 1️⃣ MATH angle 2️⃣ TECH square 3️⃣ fig (≈ Stelle, Ecke) corner; (≈ Plätzchen) spot **Winkeleisen** Ṉ angle iron **winkelförmig** A̱ ADJ angled Ḇ ADV **~ gebogen** bent at an angle **winkelig** ADJ → winklig **Winkelmesser** M̱ protractor
winken A̱ V̱/I̱ to wave (**j-m** to sb); **dem Kellner ~** to signal to the waiter; **j-m winkt etw** fig (≈ steht in Aussicht) sb can expect sth; **dem Sieger winkt eine Reise nach Italien** the winner will receive a trip to Italy Ḇ V̱/Ṯ to wave; **j-n zu sich ~** to beckon sb to one

▶ **winken** ≠ **to wink**

winken	=	**to wave**
to wink	=	zwinkern

winklig ADJ Haus, Altstadt full of nooks and crannies; Gasse twisty
winseln V̱/I̱ to whine
Winter M̱ winter; **im ~** in (the) winter **Winteranfang** M̱ beginning of winter **Winterdienst** M̱ Verkehr winter road treatment **Winterfahrplan** M̱ winter timetable Br, winter schedule bes US **Wintergarten** M̱ winter garden **Winterlandschaft** F̱ winter landscape **winterlich** A̱ ADJ wintry, winter attr Ḇ ADV **es ist ~ kalt** it's as cold as it is in winter; **~ gekleidet** dressed for winter **Winterolympiade** F̱ Winter Olympics pl **Winterreifen** M̱ winter tyre Br, winter tire US **Winterschlaf** M̱ ZOOL hibernation; **(den) ~ halten** to hibernate **Winterschlussverkauf** M̱ winter (clearance) sale **Wintersemester** Ṉ winter semester **Winterspiele** P̱Ḻ **(Olympische) ~** Winter Olympics pl **Wintersport** M̱ winter sports pl; (≈ Wintersportart) winter sport **Winterurlaub** M̱ winter holidays pl Br, winter vacation sg US **Winterzeit** F̱ 1️⃣ Jahreszeit wintertime; **zur ~** in (the)

W

wintertime 2 _Uhrzeit_ winter time, standard time _US_; **wann fängt die ~ an?** when does winter time begin? _Br_, when does standard time begin? _US_

Winzer(in) M(F) wine grower, winemaker

winzig ADJ tiny; **~ klein** minute, tiny little _attr_ **Winzling** _umg_ M mite

Wipfel M treetop

Wippe F _zum Schaukeln_ seesaw **wippen** V/I (~ _mit Wippe schaukeln_) to seesaw; **mit dem Fuß ~** to jiggle one's foot

wir PERS PR we; **wir alle** all of us; **wir beide** both of us; **wir drei** the three of us; **wer war das? — wir nicht** who was that? — it wasn't us

Wirbel M 1 whirl; _in Fluss etc_ whirlpool; (~ _Aufsehen_) to-do, fuss; **(viel/großen) ~ machen/verursachen** to make/cause (a lot of/a big) commotion 2 (~ _Haarwirbel_) crown 3 (~ _Trommelwirbel_) (drum) roll 4 ANAT vertebra **wirbellos** ADJ ZOOL invertebrate **wirbeln** V/I to whirl; _Laub, Rauch_ to swirl **Wirbelsäule** F ANAT spinal column, spine **Wirbelsturm** M whirlwind, cyclone **Wirbeltier** N vertebrate **Wirbelwind** M whirlwind

wirken V/I 1 (~ _tätig sein_) _Mensch_ to work; _Kräfte etc_ to be at work; (~ _Wirkung haben_) to have an effect; (~ _erfolgreich sein_) to work; **als Katalysator ~** to act as a catalyst; **abführend ~** to have a laxative effect; **etw auf sich** _(akk)_ **~ lassen** to take sth in 2 (~ _erscheinen_) to seem **wirklich** A ADJ real; **im ~en Leben** in real life B ADV really; **nicht ~** not really; **ich war das ~** nicht it really was not me; **~?** _als Antwort_ really? **Wirklichkeit** F reality; **~ werden** to come true; **in ~** in reality **wirklichkeitsfremd** ADJ unrealistic **wirklichkeitsgetreu** A ADJ realistic B ADV realistically

wirksam A ADJ effective; **am 1. Januar ~ werden** _form Gesetz_ to take effect on January 1st B ADV effectively; _verbessern_ significantly **Wirksamkeit** F effectiveness **Wirkstoff** M _bes_ PHYSIOL active substance **Wirkung** F effect (**bei** on); **zur ~ kommen** to take effect; **mit ~ vom 1. Januar** _form_ with effect from January 1st **Wirkungsgrad** M (degree of) effectiveness **wirkungslos** ADJ ineffective **wirkungsvoll** A ADJ effective B ADV effectively **Wirkungsweise** F _von Medikament_ action

wirr ADJ confused; _Blick_ crazed; _Haare, Fäden_ tangled; _Gedanken_ weird; (~ _unrealistisch_) wild; **~es Zeug reden** to talk gibberish **Wirren** PL confusion _sg_ **Wirrwarr** M confusion; _von Verkehr_ chaos _kein unbest art_

Wirsing M savoy cabbage

Wirt M (~ _Vermieter_) landlord; _von Kneipe_ landlord _Br_, bar owner; _selten_ (~ _Gastgeber_), _a._ BIOL host **Wirtin** F (~ _Vermieterin_) landlady; _von Kneipe_ landlady _Br_, bar owner; (~ _Gastgeberin_) hostess **Wirtschaft** F 1 (~ _Volkswirtschaft_) economy; (~ _Handel_) industry and commerce 2 (~ _Gastwirtschaft_) ≈ pub _Br_, ≈ bar _US_ 3 _umg_ (~ _Zustände_) **eine schöne** _od_ **saubere ~** _iron_ a fine state of affairs **wirtschaften** V/I 1 (**sparsam**) to economize; **gut ~ können** to be economical 2 (~ _den Haushalt führen_) to keep house **wirtschaftlich** A ADJ 1 economic 2 (~ _sparsam_) economical B ADV (~ _finanziell_) financially **Wirtschaftlichkeit** F 1 (~ _Rentabilität_) profitability 2 (~ _ökonomischer Betrieb_) economy **Wirtschaftsaufschwung** M economic upturn **Wirtschaftsbeziehungen** PL economic _od_ trade relations _pl_ **Wirtschaftsflüchtling** _neg!_ M economic refugee **Wirtschaftsführer(in)** M(F) leading industrialist **Wirtschaftsgeld** N housekeeping (money) _Br_, household allowance _US_ **Wirtschaftsgemeinschaft** F economic community **Wirtschaftsgipfel** M economic summit **Wirtschaftsgüter** PL economic goods _pl_ **Wirtschaftsjahr** N financial year, fiscal year **Wirtschaftskriminalität** F white collar crime **Wirtschaftskrise** F economic crisis **Wirtschaftslage** F economic situation **Wirtschaftsminister(in)** M(F) minister of trade and industry _Br_, secretary of commerce _US_ **Wirtschaftsministerium** N ministry of trade and industry _Br_, department of commerce _US_ **Wirtschaftsplan** M economic plan **Wirtschaftspolitik** F economic policy **wirtschaftspolitisch** ADJ _Maßnahmen etc_ economic policy _attr_; **~er Sprecher** spokesman on economic policy **Wirtschaftsprüfer(in)** M(F) accountant; _zum Überprüfen der Bücher_ auditor **Wirtschaftsraum** M WIRTSCH economic area **Wirt-**

schaftsstandort M̲ business location **Wirtschaftsteil** M̲ *einer Zeitung* business section **Wirtschafts- und Währungsunion** F̲ *der EU* Economic and Monetary Union **Wirtschaftsunion** F̲ economic union **Wirtschaftswachstum** N̲ economic growth **Wirtschaftsweise(r)** M̲|F̲|M̲ **die fünf ~** *familiar name for The German Council of Economic Experts which advises the German government* **Wirtschaftswissenschaft** F̲ economics *sg* **Wirtschaftswissenschaftler(in)** M̲|F̲ economist **Wirtschaftswunder** N̲ economic miracle **Wirtshaus** N̲ ≈ pub *Br*, ≈ bar; *bes auf dem Land* inn **Wirtsleute** PL̲ landlord and landlady **Wirtsstube** F̲ lounge

Wisch *pej umg* M̲ piece of paper **wischen** A̲ V̲T̲ & V̲I̲ to wipe; *schweiz* (≈*fegen*) to sweep; **Einwände (einfach) vom Tisch ~** *fig* to sweep aside objections **B** V̲T̲ *umg* **j-m eine ~** to clout sb one *Br umg*, to clobber sb *umg*; **einen gewischt bekommen** ELEK to get a shock **Wischer** M̲ AUTO (windscreen) wiper *Br*, (windshield) wiper *US* **Wischerblatt** N̲ AUTO wiper blade **Wischtuch** N̲ cloth

Wisent M̲ bison

wispern V̲T̲ & V̲I̲ to whisper **Wissbegier(de)** F̲ thirst for knowledge **wissbegierig** ADJ *Kind* eager to learn **wissen** V̲T̲ & V̲I̲ to know (*über* +*akk od* von about); **ich weiß (es) (schon)** I know; **ich weiß (es) nicht** I don't know; **weißt du schon das Neueste?** have you heard the latest?; **von j-m/etw nichts ~ wollen** not to be interested in sb/sth; **das musst du (selbst)** ~ it's your decision; **das hättest du ja ~ müssen!** you ought to have realized that; **man kann nie ~** you never know; **weiß Gott** *umg* God knows *umg*; **(ja) wenn ich das wüsste!** goodness knows!; **nicht, dass ich wüsste** not as far as I know; **dass du es (nur) (gleich) weißt** just so you know; **weißt du noch, wie schön es damals war?** do you remember how great things were then?; **j-n etw ~ lassen** to let sb know sth; **von etw ~** to know of *od* about sth; **er weiß von nichts** he doesn't know anything about it **Wissen** N̲ knowledge; **meines ~s** to my knowledge; **nach bestem ~ und Gewis-** sen to the best of one's knowledge and belief **wissend** ADJ *Blick etc* knowing **Wissenschaft** F̲ science **Wissenschaftler(in)** M̲|F̲ scientist; (≈*Geisteswissenschaftler*) academic **wissenschaftlich** A̲ ADJ scientific; (≈*geisteswissenschaftlich*) academic **B** ADV scientifically **Wissensdrang** M̲, **Wissensdurst** *geh* M̲ thirst for knowledge **Wissensgebiet** N̲ field (of knowledge) **Wissenslücke** F̲ gap in one's knowledge **Wissensstand** M̲ state of knowledge **wissenswert** ADJ worth knowing **wissentlich** A̲ ADJ deliberate **B** ADV deliberately

Witterung F̲ (≈*Wetter*) weather; **bei guter ~** if the weather is good **Witterungsverhältnisse** PL̲ weather conditions *pl*

Witwe F̲ widow **Witwer** M̲ widower **Witz** M̲ **1** (≈*Geist*) wit **2** *Äußerung* joke (**über** +*akk* about); **einen ~ machen** to make a joke; **mach keine ~e!** don't be funny; **das ist doch wohl ein ~** he/you *etc* must be joking **3** **der ~ an der Sache ist, dass ...** the great thing about it is that ... **Witzbold** M̲ joker **witzeln** V̲I̲ to joke (**über** +*akk* about) **witzig** ADJ funny **witzlos** ADJ *umg* (≈*unsinnig*) pointless

WLAN N̲ ABK (≈ wireless local area network) IT WiFi, wireless network, wireless LAN **WLAN-Hotspot** M̲ IT WiFi hotspot, wireless hotspot

WM F̲ ABK → **Weltmeisterschaft**

wo A̲ ADV where; **überall, wo** wherever; **wo immer ...** wherever ...; **ach od i wo!** *umg* nonsense! **B** KONJ **wo möglich** where possible **woanders** ADV somewhere else **wobei** ADV **~ ist das passiert?** how did that happen?; **~ hast du ihn erwischt?** what did you catch him doing?; **~ mir gerade einfällt** which reminds me

Woche F̲ week; **zweimal in der** *od* **pro ~** twice a week; **in dieser ~** this week **Wochenarbeitszeit** F̲ working week **Wochenend-** ZSSGN weekend **Wochenendbeilage** F̲ weekend supplement **Wochenendbeziehung** F̲ long-distance relationship **Wochenende** N̲ weekend; **was machst du am ~?** what are you doing at the weekend?; **schönes ~!** have a nice weekend **Wochenendtrip** M̲ weekend trip **Wo-**

W

chenendurlaub M weekend holiday *Br,* weekend vacation *US* **Wochenkarte** F weekly season ticket **wochenlang** ADJ & ADV for weeks; **nach ~em Warten** after weeks of waiting **Wochenlohn** M weekly wage **Wochenmarkt** M weekly market **Wochentag** M weekday *(including Saturday)* **wochentags** ADV on weekdays **wöchentlich** ADJ weekly

Wodka M vodka

wodurch ADV **1** how; **~ unterscheiden sie sich?** what's the difference between them?; **~ hast du es gemerkt?** how did you notice? **2** *relativ* which **wofür** ADV **1** for what, what … for; (≈ *warum*) why **2** for which, which … for

Woge F wave; **wenn sich die ~n geglättet haben** *fig* when things have calmed down

wogegen ADV **1** *in Fragen* against what, what … against **2** *relativ* against which, which … against **woher** ADV where … from; **~ weißt du das?** how do you (come to) know that? **wohin** ADV where; **~ damit?** where shall I/we put it?; **~ man auch schaut** wherever you look **wohingegen** KONJ whereas

wohl A ADJ & ADV **1** well; **sich ~ fühlen** → wohlfühlen; **bei dem Gedanken ist mir nicht ~** I'm not very happy at the thought; **~ oder übel** whether one likes it or not **2** (≈ *wahrscheinlich*) probably; *iron* (≈ *bestimmt*) surely; **es ist ~ anzunehmen, dass …** it is to be expected that …; **du bist ~ verrückt** you must be crazy!; **das ist doch ~ nicht dein Ernst!** you can't be serious! **3** (≈ *vielleicht*) perhaps; (≈ *etwa*) about; **ob ~ noch jemand kommt?** I wonder if anybody else is coming?; **das mag ~ sein** that may well be **B** KONJ (≈ *zwar*) **~, aber …** that may well be, but … **Wohl** N welfare; **zum ~!** cheers!; **auf dein ~!** your health!; **auf j-s ~ trinken** to drink sb's health **wohlauf** ADJ well, in good health **Wohlbefinden** N wellbeing **Wohlbehagen** N feeling of wellbeing **wohlbehalten** ADV ankommen safe and sound **Wohlergehen** N welfare **Wohlfahrt** F (≈ *Fürsorge*) welfare **Wohlfahrtsorganisation** F charitable organization **Wohlfahrtsstaat** M welfare state **wohlfühlen** VR to feel happy; *wie zu Hause* to feel at home; *be-*

quem to feel comfortable; *gesundheitlich* to feel well **Wohlfühlfaktor** M feel-good factor **Wohlfühlgewicht** N comfortable weight **wohlgeformt** ADJ well-shaped; *Körperteil* shapely **wohlgemerkt** ADV mind (you) **wohlhabend** ADJ well-to-do, prosperous **wohlig** ADJ pleasant **Wohlklang** *geh* M melodious sound **wohlmeinend** ADJ well-meaning **Wohlsein** N **zum ~!, auf Ihr ~!** your health! **Wohlstand** M affluence, wealth **Wohltat** F **1** (≈ *Genuss*) relief **2** (≈ *gute Tat*) good deed **Wohltäter** M benefactor **Wohltäterin** F benefactress **wohltätig** ADJ charitable **Wohltätigkeit** F charity **Wohltätigkeitsbasar** M charity bazaar, jumble sale **wohltuend** ADJ (most) agreeable **wohltun** VI (≈ *angenehm sein*) to do good (j-m sb); **das tut wohl** that's good **wohlüberlegt** ADJ well-thought-out; **etw ~ machen** to do sth after careful consideration **wohlverdient** ADJ well-deserved **wohlweislich** ADV very wisely **Wohlwollen** N goodwill **wohlwollend** A ADJ benevolent **B** ADV favourably *Br,* favorably *US*; **einer Sache** (*dat*) **~ gegenüberstehen** to approve of sth

Wohnblock M block of flats *Br,* apartment house *US* **wohnen** VI to live; *vorübergehend* to stay (**bei** with); **wo ~ Sie?** where do you live/are you staying? **Wohnfläche** F living space **Wohngebäude** N residential building **Wohngebiet** N, **Wohngegend** F residential area **Wohngeld** N housing benefit *Br,* housing subsidy *US* **Wohngemeinschaft** F *Menschen* people sharing a house/an apartment od a flat *Br;* **in einer ~ leben** to share a flat *etc* **wohnhaft** *form* ADJ resident **Wohnhaus** N residential building **Wohnheim** N *bes für Arbeiter* hostel; *für Studenten* hall (of residence), dormitory *US;* *für alte Menschen* home **Wohnküche** F kitchen-cum-living room *Br,* combined kitchen and living room *US* **wohnlich** ADJ homely **Wohnmobil** N camper, RV *US* **Wohnort** M place of residence **Wohnraum** M living room; (≈ *Wohnfläche*) living space **Wohnsitz** M domicile; **ohne festen ~** of no fixed abode **Wohnung** F flat *Br,* apartment; (≈ *Unterkunft*) lodging

Wohnungsbau M̲ house building; *kein best art* **Wohnungsinhaber(in)** M̲F̲ householder; (≈*Eigentümer a.*) owner-occupier **wohnungslos** A̲D̲J̲ homeless **Wohnungslose(r)** M̲/F̲(M̲) homeless person **Wohnungsmakler(in)** M̲F̲ estate agent *Br*, real estate agent *US* **Wohnungsmarkt** M̲ housing market **Wohnungsnot** F̲ (serious) housing shortage **Wohnungsschlüssel** M̲ key (to the apartment *od* flat *Br*) **Wohnungssuche** F̲ **auf ~ sein** to be flat-hunting *Br*, to be apartment-hunting **Wohnungstür** F̲ door (to the flat *Br*), door (to the apartment), front door **Wohnungswechsel** M̲ change of address **Wohnviertel** N̲ residential area **Wohnwagen** M̲ caravan *Br*, trailer *US* **Wohnzimmer** N̲ living room

Wok M̲ GASTR wok

wölben A̲ V̲/T̲ to curve; *Blech etc* to bend B̲ V̲/R̲ to curve; *Asphalt* to bend; *Tapete* to bulge out; *Decke, Brücke* to arch; → *gewölbt* **Wölbung** F̲ curvature; *bogenförmig* arch

Wolf M̲ 1̲ wolf; **ein ~ im Schafspelz** a wolf in sheep's clothing 2̲ TECH shredder; (≈*Fleischwolf*) mincer *Br*, grinder *US* **Wölfin** F̲ she-wolf

Wolfram N̲ tungsten

Wolfsmilch F̲ BOT spurge

Wolga F̲ GEOG Volga

Wolke F̲ cloud; **aus allen ~n fallen** *fig* to be flabbergasted *umg* **Wolkenbruch** M̲ cloudburst **Wolkenkratzer** M̲ skyscraper **wolkenlos** A̲D̲J̲ cloudless **wolkig** A̲D̲J̲ cloudy; *fig* obscure

Wolldecke F̲ (woollen) blanket *Br*, (woolen) blanket *US* **Wolle** F̲ wool; **sich mit j-m in der ~ haben** *fig umg* to be at loggerheads with sb

wollen[1] A̲D̲J̲ woollen *Br*, woolen *US*

wollen[2] A̲ V̲/A̲U̲X̲ to want; **ich will gehen** I want to go; **etw haben ~** to want (to have) sth; **etw gerade tun ~** to be going to do sth; **keiner wollte etwas gehört haben** nobody would admit to hearing anything; **~ wir uns nicht setzen?** why don't we sit down?; **na, ~ wir gehen?** well, shall we go?; **komme, was da wolle** come what may B̲ V̲/T̲ to want; **was ~ sie?** what do they want?; **ohne es zu ~** without wanting to; **das wollte ich nicht** (≈*war unbeabsichtigt*) I didn't mean to (do that); **was willst du**

(noch) mehr! what more do you want!; **er hat gar nichts zu ~** he has no say at all; → *gewollt* C̲ V̲I̲ **man muss nur ~** you just have to want to; **da ist nichts zu ~** there is nothing we/you can do (about it); **so Gott will** God willing; **~, dass j-d etw tut** to want sb to do sth; **ich wollte, ich wäre ...** I wish I were ...; **ob du willst oder nicht** whether you like it or not; **wenn du willst** if you like; **ich will nach Hause** I want to go home; **zu wem ~ Sie?** whom do you want to see?

Wolljacke F̲ cardigan **Wollmütze** F̲ woolly hat *Br*, knit cap *US* **Wollsachen** P̲L̲ woollens *pl Br*, woolens *pl US* **wollüstig** A̲D̲J̲ *geh* (≈*lüstern*) sensual; lascivious; (≈*verzückt, ekstatisch*) ecstatic **Wollwaren** P̲L̲ woollens *pl Br*, woolens *pl US*

womit A̲D̲V̲ 1̲ *in Fragen* with what, what ... with 2̲ *relativ* with which **womöglich** A̲D̲V̲ 1̲ *in Fragen* after what, what ... after; **~ riecht das?** what does it smell of? 2̲ *relativ* **das Land, ~ du dich sehnst** the land (which) you are longing for

Wonne *geh* F̲ (≈*Glückseligkeit*) bliss *kein pl*; (≈*Vergnügen*) joy; **es ist eine wahre ~** it's a sheer delight **wonnig** A̲D̲J̲ delightful; *Gefühl* blissful

woran A̲D̲V̲ 1̲ *in Fragen* **~ denkst du?** what are you thinking about?; **~ liegt das?** what's the reason for it?; **~ ist er gestorben?** what did he die of? 2̲ *relativ* **das, ~ ich mich gerne erinnere** what I like to recall; **..., ~ ich schon gedacht hatte** ... which I'd already thought of; **~ er auch immer gestorben ist ...** whatever he died of ... **worauf** A̲D̲V̲ 1̲ *in Fragen, räumlich* on what, what ... on; **~ wartest du?** what are you waiting for? 2̲ *relativ, zeitlich* whereupon; **das ist etwas, ~ ich mich freue** that's something I'm looking forward to **woraufhin** A̲D̲V̲ whereupon **woraus** A̲D̲V̲ 1̲ *in Fragen* out of what, what ... out of 2̲ *relativ* out of which, which ... out of; **das Buch, ~ ich gestern vorgelesen habe** the book I was reading from yesterday **worin** A̲D̲V̲ 1̲ *in Fragen* in what, what ... in 2̲ *relativ* in which, which ... in

Workshop M̲ workshop **Workstation** F̲ COMPUT work station

Wort N̲ 1̲ (≈*Vokabel*) word; **~ für ~**

[W]

word for word **2** (≈ *Äußerung*) word; **genug der ~e!** enough talk!; **das ist ein ~!** wonderful!; **mit einem ~** in a word; **mit anderen ~en** in other words; **kein ~ mehr** not another word; **keine ~e für etw finden** to find no words for sth; **ich verstehe kein ~!** I don't understand a word (of it); (≈ *kann nichts hören*) I can't hear a word (that's being said); **ein ernstes ~ mit j-m reden** to have a serious talk with sb; **ein ~ gab das andere** one thing led to another; **j-m aufs ~ glauben** to believe sb implicitly **3** (≈ *Rede*) **das ~ nehmen** to speak; **einer Sache** (*dat*) **das ~ reden** to put the case for sth; **j-m ins ~ fallen** to interrupt sb; **zu ~ kommen** to get a chance to speak; **sich zu ~ melden** to ask to speak; **j-m das ~ erteilen** to allow sb to speak **4** (≈ *Ausspruch*) saying; (≈ *Zitat*) quotation; (≈ *Text, Sprache*) words *pl*; **in ~en** in words; **das geschriebene/gesprochene ~** the written/spoken word; **j-m aufs ~ gehorchen** to obey sb's every word; **das letzte ~ haben** to have the last word **5** (≈ *Versprechen*) word; **auf mein ~** I give (you) my word; **j-n beim ~ nehmen** to take sb at his word; **sein ~ halten** to keep one's word **Wortart** F̱ GRAM part of speech **wortbrüchig** ADJ **~ werden** to break one's word **Wörtchen** Ṉ **mit ihm habe ich noch ein ~ zu reden** *umg* I want a word with him **Wörterbuch** Ṉ dictionary **Wortführer** M̱ spokesman **Wortführerin** F̱ spokeswoman **wortgetreu** ADJ & ADV verbatim **wortgewandt** ADJ eloquent **wortkarg** ADJ taciturn **Wortlaut** M̱ wording; **im ~** verbatim **wörtlich** A ADJ literal; *Rede* direct B ADV *wiedergeben, zitieren, abschreiben* verbatim; *übersetzen* literally; **das darf man nicht so ~ nehmen** you mustn't take it literally **wortlos** A ADJ silent B ADV without saying a word **Wortmeldung** F̱ request to speak **Wortschatz** M̱ vocabulary **Wortschöpfung** F̱ neologism **Wortschwall** M̱ torrent of words **Wortspiel** Ṉ pun **Wortwahl** F̱ choice of words **Wortwechsel** M̱ exchange (of words) **wortwörtlich** A ADJ word-for-word B ADV word for word

worüber ADV **1** *in Fragen* about what, what ... about; *örtlich* over what, what

... over **2** *relativ* about which, which ... about; *örtlich* over which, which ... over **worum** ADV **1** *in Fragen* about what, what ... about; **~ handelt es sich?** what's it about? **2** *relativ* about which, which ... about **worunter** ADV **1** *in Fragen* under what **2** *relativ* under which **wovon** ADV **1** *in Fragen* from what, what ... from; **~ redest du?** what are you talking about? **2** *relativ* from which, which ... from; **das ist ein Gebiet, ~ er viel versteht** that is a subject he knows a lot about **wovor** ADV **1** *in Fragen, örtlich* before what, what ... before; **~ fürchtest du dich?** what are you afraid of? **2** *relativ* before which, which ... before; **~ du dich auch fürchtest, ...** whatever you're afraid of **wozu** ADV **1** *in Fragen* to what, what ... to; (≈ *warum*) why; **~ soll das gut sein?** what's the point of that? **2** *relativ* to which, which ... to; **~ du dich auch entschließt, ...** whatever you decide (on) ...

Wrack Ṉ wreck
Wrap M̱/Ṉ wrap
wringen V̱/Ṯ & V̱/I̱ to wring
Wucher M̱ profiteering; *bei Geldverleih* usury **Wucherer** M̱, **Wucherin** F̱ profiteer; (≈ *Geldverleiher*) usurer **wuchern** V̱/I̱ **1** *Pflanzen* to grow rampant; *Geschwür* to grow rapidly **2** *Kaufmann etc* to profiteer; *Geldverleiher* to practise usury *Br*, to practice usury *US* **Wucherpreis** M̱ exorbitant price **Wucherung** F̱ MED growth **Wucherzins** M̱ exorbitant interest
Wuchs M̱ (≈ *Wachstum*) growth; (≈ *Gestalt, Form*) stature; *von Mensch* build **Wucht** F̱ **1** force; **mit voller ~** with full force **2** *umg* **das ist eine ~!** that's smashing *Br umg*, that's a hit *US umg*; **sie ist eine ~** she's a stunner **wuchten** V̱/Ṯ *Paket* to heave, to drag; *Gewicht* to heave
wühlen A V̱/I̱ **1** to dig (**nach** for); *Maulwurf etc* to burrow (**nach** for); *Schwein* to root (**nach** for); **im Schmutz** *od* **Dreck ~** *fig* to wallow in the mire *od* mud **2** (≈ *suchen*) to rummage (**nach etw** for sth) B V̱/Ṟ **sich durch die Menge/die Akten ~** to burrow one's way through the crowd/the files **Wühlmaus** F̱ vole **Wühltisch** *umg* M̱ bargain counter
Wulst M̱ bulge; *an Reifen* bead; **ein ~**

von Fett a roll of fat **wulstig** A̲D̲J̲ bulging; *Rand, Lippen* thick

wund A̲ A̲D̲J̲ sore; **ein ~er Punkt** a sore point B̲ A̲D̲V̲ **etw ~ kratzen/scheuern** to scratch/chafe sth until it's raw; **sich** (*dat*) **die Füße ~ laufen** *wörtl* to walk until one's feet are raw; *fig* to walk one's legs off; **sich** (*dat*) **die Finger ~ schreiben** *fig* to write one's fingers to the bone; **eine ~ gelegene Stelle** a bedsore **Wundbrand** M̲ gangrene **Wunde** F̲ wound; **alte ~n wieder aufreißen** *fig* to open up old wounds

Wunder N̲ miracle; **wie durch ein ~** as if by a miracle; **er glaubt, ~ wer zu sein** he thinks he's marvellous *Br*, he thinks he's marvelous *US*; **~ tun** *od* **wirken** to do wonders; **diese Medizin wirkt ~** this medicine works wonders; **kein ~** no wonder **wunderbar** A̲ A̲D̲J̲ 1 (≈ *schön*) wonderful B̲ (≈ *übernatürlich*) miraculous B̲ A̲D̲V̲ (≈ *herrlich*) wonderfully **Wunderkerze** F̲ sparkler **Wunderkind** N̲ child prodigy **wunderlich** A̲D̲J̲ (≈ *merkwürdig*) strange **Wundermittel** N̲ miracle cure **wundern** A̲ V̲T̲ to surprise; **das wundert mich nicht** I'm not surprised B̲ V̲R̲ to be surprised (**über** +*akk* at); **ich wundere mich immer wieder, wie viel er weiß** I'm always surprised at how much he knows; **du wirst dich ~!** you'll be amazed!; **da wirst du dich aber ~!** you're in for a surprise **wunderschön** A̲D̲J̲ beautiful **wundervoll** A̲ A̲D̲J̲ wonderful B̲ A̲D̲V̲ wonderfully **Wunderwerk** N̲ miracle

---

► **wundern ≠ to wonder**

sich wundern	=	to be surprised
to wonder	=	sich fragen

Wundheit F̲ soreness **Wundpflaster** N̲ adhesive plaster **Wundsalbe** F̲ ointment **Wundstarrkrampf** M̲ tetanus

Wunsch M̲ wish; (≈ *sehnliches Verlangen*) desire; (≈ *Bitte*) request; **nach ~** just as he/she *etc* wants/wanted; (≈ *wie geplant*) according to plan; (≈ *nach Bedarf*) as required; **geht nach ~** everything is going smoothly; **haben Sie** (**sonst**) **noch einen ~?** *beim Einkauf etc* is there anything else you would like?; **auf j-s ~**

hin at sb's request; **auf allgemeinen ~ hin** by popular request **Wunschdenken** N̲ wishful thinking **Wünschelrute** F̲ divining rod **wünschen** A̲ V̲T̲ 1 **sich** (*dat*) **etw ~** to want sth; (≈ *den Wunsch äußern*) to ask for sth; (≈ *bitten um*) to request sth; **ich wünsche mir, dass du …** I would like you to …; **was wünscht du dir?** what do you want?; **du darfst dir etwas ~** you can make a wish; **j-m etw ~** to wish sb sth; **wir ~ dir gute Besserung/eine gute Reise** we hope you get well soon/have a pleasant journey 2 (≈ *ersehnen, hoffen*) to wish; **ich wünschte, ich hätte dich nie gesehen** I wish I'd never seen you 3 (≈ *verlangen*) to want; **was ~ Sie?** *in Geschäft* can I help you?; *in Restaurant* what would you like? B̲ V̲I̲ (≈ *begehren*) to wish; **ganz wie Sie ~** (just) as you wish; **zu ~/viel zu ~ übrig lassen** to leave something/a great deal to be desired **wünschenswert** A̲D̲J̲ desirable **wunschgemäß** A̲D̲V̲ as desired; (≈ *wie erbeten*) as requested; (≈ *wie geplant*) as planned **Wunschkind** N̲ planned child **Wunschkonzert** N̲ RADIO musical request programme *Br*, musical request program *US* **Wunschliste** F̲ wish list **wunschlos** A̲D̲V̲ **~ glücklich** perfectly happy **Wunschtraum** M̲ dream; (≈ *Illusion*) illusion **Wunschzettel** M̲ wish list

wuppen *umg* V̲T̲ (≈ *schaffen*) to sort *umg*; *Prüfung, Deal* to nail *umg*; **es ~** to sort it *umg*

Würde F̲ 1 dignity; **unter j-s ~ sein** to be beneath sb 2 (≈ *Auszeichnung*) honour *Br*, honor *US*; (≈ *Titel*) title; (≈ *Amt*) rank **würdelos** A̲D̲J̲ undignified **Würdenträger(in)** M̲(F̲) dignitary **würdevoll** A̲D̲J̲ dignified **würdig** A̲ A̲D̲J̲ 1 (≈ *würdevoll*) dignified 2 (≈ *wert*) worthy; **j-s/einer Sache ~/nicht ~ sein** to be worthy/unworthy of sb/sth B̲ A̲D̲V̲ *sich verhalten* with dignity; *j-n behandeln* with respect; *vertreten* worthily **würdigen** V̲T̲ (≈ *anerkennen*) to appreciate; (≈ *lobend erwähnen*) to acknowledge; (≈ *respektieren*) to respect; (≈ *ehren*) to pay tribute to; **etw zu ~ wissen** to appreciate sth **Wurf** M̲ 1 throw; *beim Kegeln etc* bowl; **mit dem Film ist ihm ein großer ~ gelungen** this movie is a great success for him 2 ZOOL litter

Würfel M **1** cube; **etw in ~ schneiden** to dice sth **2** (≈ *Spielwürfel*) dice; **die ~ sind gefallen** *fig* the die is cast **Würfelbecher** M shaker **würfeln** A V/I to throw; (≈ *Würfel spielen*) to play at dice; **um etw ~** to throw dice for sth B V/T **1** *Zahl* to throw **2** (≈ *in Würfel schneiden*) to dice **Würfelzucker** M cube sugar

Wurfgeschoss N, **Wurfgeschoß** *österr* N projectile **Wurfpfeil** M dart **Wurfsendung** F circular

würgen A VT *j-n* to strangle B VI (≈ *mühsam schlucken*) to choke; **an etw** (*dat*) **~** *wörtl* to choke on sth

Wurm M worm; **da ist der ~ drin** *fig umg* there's something wrong somewhere; (≈ *verdächtig*) there's something fishy about it *umg* **wurmen** *umg* VT to rankle **Wurmfortsatz** M ANAT vermiform appendix **Wurmkur** F worming treatment **wurmstichig** ADJ *Holz* full of wormholes

Wurst F sausage; **jetzt geht es um die ~** *fig umg* the moment of truth has come *umg*; **das ist mir (vollkommen) ~** *umg* it's all the same to me **Würstchen** N **1** sausage; **heiße** *od* **warme ~** hot sausages; **Frankfurter/Wiener ~** frankfurters/wienies **2** *pej Mensch* squirt *umg*; **ein armes ~** *fig* a poor soul **Würstchenbude** F ≈ hot-dog stand **wursteln** *umg* VI to muddle along; **sich durchs Leben ~** to muddle (one's way) through life **Wurstfinger** *pej umg* PL pudgy fingers *pl* **Wurstsalat** M sausage salad **Wurstwaren** PL sausages *pl*

Würze F (≈ *Gewürz*) seasoning, spice; (≈ *Aroma*) aroma; *fig* (≈ *Reiz*) spice; *von Bier* wort

Wurzel F **1** root; **~n schlagen** *wörtl* to root; *fig* to put down roots **2** MATH root; **die ~ aus einer Zahl ziehen** to find the root of a number; **(die) ~ aus 4 ist 2** the square root of 4 is 2 **Wurzelbehandlung** F *von Zahn* root treatment **Wurzelzeichen** N MATH radical sign **Wurzelziehen** N MATH root extraction

würzen VT to season; *fig* to add spice to **würzig** A ADJ *Speise* tasty; (≈ *scharf*) spicy; *Geruch etc* aromatic; *Luft* fragrant B ADV **~ schmecken** to be spicy; *Käse* to have a sharp taste; **~ rie-**chen to smell spicy

Wuschelkopf M (≈ *Haare*) mop of curly hair

Wust *umg* M (≈ *Durcheinander*) jumble; (≈ *Menge*) pile; (≈ *Kram, Gerümpel*) junk *umg*

wüst A ADJ **1** (≈ *öde*) desolate **2** (≈ *unordentlich*) chaotic; (≈ *ausschweifend*) wild **3** (≈ *rüde*) *Beschimpfung etc* vile; (≈ *arg*) terrible B ADV **~ aussehen** to look a real mess; **j-n ~ beschimpfen** to use vile language to sb

Wüste F GEOG desert; *fig* waste(land); **j-n in die ~ schicken** *fig* to send sb packing *umg* **Wüstenklima** N desert climate **Wüstensand** M desert sand

Wut F **1** (≈ *Zorn, Raserei*) rage; **(auf j-n/etw) eine Wut haben** to be furious (with sb/sth); **j-n in Wut bringen** to infuriate sb **2** (≈ *Verbissenheit*) frenzy **Wutanfall** M fit of rage; *bes von Kind* tantrum **Wutbürger(in)** M(F) irate citizen **wüten** VI (≈ *toben*) to rage; (≈ *zerstörerisch hausen*) to cause havoc; *verbal* to storm (**gegen** at); *Menge* to riot **wütend** ADJ furious; *Proteste* angry; *Kampf* raging; **auf j-n/etw** (*akk*) **~ sein** to be mad at sb/sth **wutentbrannt** ADJ furious **wutverzerrt** ADJ distorted with rage

WWW N ABK (= World Wide Web) IT WWW

X, x N X, x; **Herr X** Mr X; **er lässt sich kein X für ein U vormachen** he's not easily fooled

x-Achse F x-axis

X-Beine PL knock-knees *pl*; **~ haben** to be knock-kneed **x-beinig** ADJ knock-kneed

x-beliebig ADJ any old *umg*; **wir können uns an einem ~en Ort treffen** we can meet anywhere you like

X-Chromosom N X-chromosome

x-fach A ADJ **die ~e Menge** MATH n times the amount B ADV so many times

x-förmig, X-förmig ADJ X-shaped

x-mal *umg* `ADV` umpteen times *umg*
x-te(r, s) `ADJ` MATH nth; *umg* nth *umg*, umpteenth *umg*; **zum ~n Mal(e)** for the umpteenth time *umg*
Xylofon `N` xylophone; **~ spielen** to play the xylophone

Y, y `N` Y, y
y-Achse `F` y-axis
Yacht `F` yacht
Yakon `F` (≈ *Inkawurzel*) yacon strawberry
Y-Chromosom `N` Y-chromosome
Yen `M` yen
Yeti `M` yeti
Yoga `M/N` yoga
Yogi `M` yogi
youtuben `VI` über YouTube® kommunizieren to go on YouTube®
Youtuber(in) `M/F` jemand, der Beiträge über Youtube® verbreitet YouTuber
Ypsilon `N` the letter Y
Yucca `F` yucca
Yuppie `M` yuppie

Z, z `N` Z, z
zack *umg* `INT` pow **Zack** *umg* `M` **auf ~ bringen** to knock into shape *umg*; **auf ~ sein** to be on the ball *umg* **Zacke** `F`, **Zacken** `M` point; *von Gabel* prong; *von Kamm* tooth **zackig** `ADJ` **1** (≈ *gezackt*) jagged **2** *umg Soldat* smart; *Tempo, Musik* brisk
zaghaft `A` `ADJ` timid **B** `ADV` timidly **Zaghaftigkeit** `F` timidity
zäh `A` `ADJ` tough; (≈ *dickflüssig*) glutinous; (≈ *schleppend*) Verkehr etc slow-moving; (≈ *ausdauernd*) dogged **B** `ADV` verhandeln tenaciously; *sich widersetzen* doggedly **zähflüssig** `ADJ` thick; *Verkehr*

slow-moving **Zähigkeit** `F` toughness; (≈ *Ausdauer*) doggedness
Zahl `F` number; (≈ *Ziffer*) *bei Geldmengen etc a.* figure; **~en nennen** to give figures; **eine fünfstellige ~** a five-figure number; **in großer ~** in large numbers
zahlbar `ADJ` payable (**an** +*akk* to)
zahlen `VT & VI` to pay; **Herr Ober, (bitte) ~!** waiter, the bill please *bes Br*, waiter, the check please *US*; **was habe ich (Ihnen) zu ~?** what do I owe you?
zählen `A` `VI` **1** to count; **auf j-n/etw ~** to count on sb/sth **2** (≈ *gehören*) **er zählt zu den besten Schriftstellern unserer Zeit** he ranks as one of the best authors of our time **3** (≈ *wichtig sein*) to matter **B** `VT` to count; **seine Tage sind gezählt** his days are numbered **Zahlenangabe** `F` figure **zahlenmäßig** `A` `ADJ` numerical **B** `ADV` **1** **~ überlegen sein** to be greater in number; **~ stark** large in number **2** (≈ *in Zahlen*) in figures **Zahlenmaterial** `N` figures *pl* **Zahlenschloss** `N` combination lock **Zahlenverhältnis** `N` (numerical) ratio **Zahler(in)** `M/F` payer
Zähler `M` **1** MATH numerator **2** (≈ *Messgerät*) meter **Zählerstand** `M` meter reading
zahllos `ADJ` countless **zahlreich** `ADJ` numerous **Zahltag** `M` payday **Zahlung** `F` payment; **in ~ nehmen** to take in part exchange; **in ~ geben** to trade in **Zählung** `F` count; (≈ *Volkszählung*) census
Zahlungsanweisung `F` giro transfer order *Br*, money transfer order *US* **Zahlungsart** `F` payment method, method *od* mode of payment **Zahlungsaufforderung** `F` request for payment **Zahlungsaufschub** `M` extension (of credit) **Zahlungsbedingungen** `PL` terms *pl* (of payment) **Zahlungsempfänger(in)** `M/F` payee **zahlungsfähig** `ADJ` able to pay; *Firma* solvent **Zahlungsfähigkeit** `F` ability to pay; *von Firma* solvency **Zahlungsfrist** `F` time allowed for payment **zahlungskräftig** `ADJ` wealthy **Zahlungsmittel** `N` means *sg* of payment; (≈ *Münzen, Banknoten*) currency; **gesetzliches ~** legal tender **Zahlungsschwierigkeiten** `PL` financial difficulties *pl* **zahlungsunfähig** `ADJ` unable to pay; *Firma* insolvent **Zahlungsunfähigkeit** `F` in-

ability to pay; *von Firma* insolvency **Zahlungsverkehr** M̲ payments *pl*; **elektronischer ~** electronic funds transfer, EFT **Zahlungsweise** F̲ method of payment

Zählwerk N̲ counter

Zahlwort N̲ numeral

zahm A̲D̲J̲ tame **zähmen** V̲/T̲ to tame; *fig* to control **Zähmung** F̲ taming

Zahn M̲ **1** tooth; *von Briefmarke* perforation; (≈ *Radzahn*) cog; **Zähne bekommen** *od* **kriegen** *umg* to cut one's teeth; **der ~ der Zeit** the ravages *pl* of time; **ich muss mir einen ~ ziehen lassen** I've got to have a tooth out; **j-m auf den ~ fühlen** to sound sb out **2** *umg* (≈ *Geschwindigkeit*) **einen ~ draufhaben to be going like the clappers** *umg* **Zahnarzt** M̲, **Zahnärztin** F̲ dentist **Zahnarzthelfer(in)** M̲(̲F̲)̲ dental nurse **zahnärztlich** A̲D̲J̲ dental; **sich ~ behandeln lassen** to go to the dentist **Zahnbehandlung** F̲ dental treatment **Zahnbelag** M̲ plaque **Zahnbürste** F̲ toothbrush **Zahncreme** F̲ toothpaste **zähneknirschend** *fig* A̲D̲J̲ &̲ A̲D̲V̲ gnashing one's teeth **zahnen** V̲/I̲ to teethe; → **gezahnt Zahnersatz** M̲ dentures *pl* **Zahnfäule** F̲ tooth decay **Zahnfleisch** N̲ gum(s) (*pl*) **Zahnfleischbluten** N̲ bleeding of the gums **Zahnfüllung** F̲ filling **Zahnklammer** F̲ brace **Zahnkranz** M̲ TECH gear rim **zahnlos** A̲D̲J̲ toothless **Zahnlücke** F̲ gap between one's teeth **Zahnmedizin** F̲ dentistry **Zahnpasta** F̲ toothpaste **Zahnpflege** F̲ dental hygiene **Zahnrad** N̲ cogwheel **Zahnradbahn** F̲ rack railway *Br*, rack railroad *US* **Zahnschmelz** M̲ (tooth) enamel **Zahnschmerzen** P̲L̲ toothache *kein pl* **Zahnseide** F̲ dental floss **Zahnspange** F̲ brace *Br*, braces *pl US* **Zahnstein** M̲ tartar **Zahnstocher** M̲ toothpick **Zahntechniker(in)** M̲(̲F̲)̲ dental technician **Zahnweh** N̲ toothache

Zander M̲ ZOOL pikeperch

Zange F̲ (pair of) pliers *pl*; (≈ *Beißzange*) (pair of) pincers *pl*; (≈ *Greifzange, Zuckerzange*) (pair of) tongs *pl*; MED forceps *pl*; **ihn/das möchte ich nicht mit der ~ anfassen** *umg* I wouldn't touch him/it with a bargepole *Br umg*, I wouldn't touch him/it with a ten foot pole *US umg*

Zangengeburt F̲ forceps delivery

Zankapfel M̲ bone of contention **zanken** V̲/I̲ &̲ V̲/R̲ to quarrel, to argue; **(sich) um etw ~** to quarrel over sth **Zankerei** F̲ quarrelling *Br*, quarreling *US* **zänkisch** A̲D̲J̲ quarrelsome

Zäpfchen N̲ (≈ *Gaumenzäpfchen*) uvula; (≈ *Suppositorium*) suppository **zapfen** V̲/T̲ to tap **Zapfen** M̲ (≈ *Spund*) bung, spigot; (≈ *Pfropfen*) stopper; (≈ *Tannenzapfen etc*) cone; (≈ *Holzverbindung*) tenon **Zapfenstreich** M̲ MIL tattoo, last post *Br*, taps *sg US* **Zapfhahn** M̲ tap **Zapfpistole** F̲ AUTO nozzle **Zapfsäule** F̲ petrol pump *Br*, gas pump *US* **zappelig** A̲D̲J̲ wriggly; (≈ *unruhig*) fidgety **zappeln** V̲/I̲ to wriggle; (≈ *unruhig sein*) to fidget; **j-n ~ lassen** *fig umg* to keep sb in suspense **Zappelphilipp** M̲ fidget(er)

zappen V̲/I̲ TV *umg* to zap *umg*

zappenduster *umg* A̲D̲J̲ pitch-black

Zar M̲ tsar **Zarin** F̲ tsarina

zart A̲ A̲D̲J̲ (≈ *sanft*) soft; *Braten* tender; (≈ *fein*) delicate; **im ~en Alter von ...** at the tender age of ...; **das ~e Geschlecht** the gentle sex B̲ A̲D̲V̲ *umgehen, berühren* gently **zartbesaitet** A̲D̲J̲ highly sensitive **zartbitter** A̲D̲J̲ *Schokolade* plain **Zartbitterschokolade** F̲ dark chocolate, plein chocolate *Br* **zartfühlend** A̲D̲J̲ sensitive **Zartgefühl** N̲ sensitivity **zartgrün** A̲D̲J̲ pale green **Zartheit** F̲ *von Haut* softness; *von Braten* tenderness; *von Farben, Teint* delicateness **zärtlich** A̲ A̲D̲J̲ tender, affectionate B̲ A̲D̲V̲ tenderly **Zärtlichkeit** F̲ **1** affection **2** (≈ *Liebkosung*) caress; **~en** (≈ *Worte*) tender words

Zäsium N̲ ≈ Cäsium

Zauber M̲ (≈ *Magie*) magic; (≈ *Zauberbann*) (magic) spell; *fig* (≈ *Reiz*) magic; **der ganze ~** *umg* the whole lot *umg* **Zauberei** F̲ (≈ *das Zaubern*) magic **Zauberer** M̲ magician; *in Märchen etc a.* sorcerer; *wohlwollender a.* wizard **zauberhaft** A̲D̲J̲ enchanting **Zauberin** F̲ (female) magician; *in Märchen etc a.* sorceress **Zauberkünstler(in)** M̲(̲F̲)̲ conjurer **Zauberkunststück** N̲ conjuring trick **zaubern** A̲ V̲/I̲ to do magic; (≈ *Kunststücke vorführen*) to do conjuring tricks B̲ V̲/T̲ **etw aus etw ~** to conjure sth out of sth **Zauberspruch** M̲ (magic) spell **Zauberstab** M̲ (magic) wand **Zaubertrank** M̲ magic potion **Zaubertrick** M̲ conjuring *od* magic trick **Zauberwort** N̲ magic word **zaudern** V̲I̲ to hesitate

Zaum M̲ bridle; **j-n/etw im ~(e) halten** *fig* to keep a tight rein on sb/sth **zäumen** V̲T̲ to bridle **Zaumzeug** N̲ bridle

Zaun M̲ fence **zaundürr** A̲D̲J̲ *öster* thin as a rake **Zaunkönig** M̲ O̲R̲N̲ wren **Zaunpfahl** M̲ (fencing) post; **j-m einen Wink mit dem ~ geben** to give sb a broad hint

z. B. A̲B̲K̲ (= zum Beispiel) eg *Br*, e. g. *US*

Zebra N̲ zebra **Zebrastreifen** M̲ zebra crossing *Br*, crosswalk *US*

Zeche F̲ 1̲ (≈ Rechnung) bill *bes Br*, check *US*; **die ~ zahlen** to foot the bill *etc* 2̲ (≈ Bergwerk) (coal) mine **zechen** V̲I̲ to booze *umg* **Zechprellerei** F̲ leaving without paying the bill at a restaurant *etc*

Zecke F̲ tick
Zeder F̲ cedar

Zeh M̲, **Zehe** F̲ toe; (≈ Knoblauchzehe) clove; **auf (den) Zehen gehen** to tiptoe; **j-m auf die Zehen treten** *fig umg* to tread on sb's toes **Zehennagel** M̲ toenail **Zehenspitze** F̲ tip of the toe

zehn N̲U̲M̲ ten; → **vier Zehn** F̲ ten **Zehncentstück** N̲ ten-cent piece **Zehner** M̲ 1̲ M̲A̲T̲H̲ ten *umg* (≈ Münze) ten; (≈ Geldschein) tenner *umg* **Zehnerkarte** F̲ für Bus etc 10-journey ticket; *für Schwimmbad etc* 10-visit ticket **Zehnerpackung** F̲ packet of ten **Zehneuroschein** M̲ ten-euro note *Br*, ten-euro bill *US* **Zehnfingersystem** N̲ touch-typing method **Zehnkampf** M̲ S̲P̲O̲R̲T̲ decathlon **Zehnkämpfer** M̲ decathlete **zehnmal** A̲D̲V̲ ten times **zehntausend** N̲U̲M̲ ten thousand; **Zehntausende von Menschen** tens of thousands of people **Zehntel** N̲ tenth **zehntens** A̲D̲V̲ tenth(ly), in the tenth place **zehnte(r, s)** A̲D̲J̲ tenth; → **vierter, s**

zehren V̲I̲ 1̲ **von etw ~** *wörtl* to live off sth; *fig* to feed on sth 2̲ **j-m/etw ~** to wear sth/sb out; **an Nerven** to ruin sth; **an Gesundheit** to undermine sth

Zeichen N̲ sign; *Naturwissenschaft, auf Landkarte* symbol; I̲T̲ (≈ Schriftzeichen) character; (≈ Hinweis, Signal) signal; (≈ Vermerk) mark; **auf Briefköpfen** reference; **ein ~ setzen** to set an example; **als od zum ~ as a sign; j-m ein ~ geben** to give sb a signal *od* sign; **unser/Ihr ~** *form* our/your reference; **er ist im ~ od unter dem ~ des Widders geboren** he was born under the sign of Aries **Zeichenblock** M̲ sketch pad **Zeichenbrett** N̲ drawing board **Zeichendreieck** N̲ set square **Zeichenerklärung** F̲ *auf Fahrplänen etc* key (to the symbols); *auf Landkarte* legend **Zeichensetzung** F̲ punctuation **Zeichensprache** F̲ sign language **Zeichentrickfilm** M̲ (animated) cartoon

zeichnen A̲ V̲I̲ **a** to draw; *form* (≈ unterzeichnen) to sign **B** V̲T̲ 1̲ (≈ abzeichnen) to draw; (≈ entwerfen) Plan, Grundriss to draw up; *fig* (≈ porträtieren) to portray 2̲ (≈ kennzeichnen) to mark; → **gezeichnet** 3̲ F̲I̲N̲ *Aktie* to subscribe (for); **gezeichnet** *Kapital* subscribed **Zeichner(in)** M̲(F̲) 1̲ artist 2̲ F̲I̲N̲ subscriber (von to) **zeichnerisch** A̲ A̲D̲J̲ graphic; **sein ~es Können** his drawing ability **B** A̲D̲V̲ **~ begabt sein** to have a talent for drawing; **etw ~ darstellen** to represent sth in a drawing **Zeichnung** F̲ 1̲ drawing; (≈ Entwurf) draft; *fig* (≈ Schilderung) portrayal 2̲ (≈ Muster) patterning; *von Gefieder, Fell* markings *pl* 3̲ F̲I̲N̲ subscription **zeichnungsberechtigt** A̲D̲J̲ authorized to sign

Zeigefinger M̲ index finger **zeigen** A̲ V̲I̲ to point; **auf j-n/etw ~** to point at sb/sth **B** V̲T̲ to show; **j-m etw ~** to show sb sth; **dem werd ichs (aber) ~!** *umg* I'll show him! **C** V̲R̲ to appear; *Gefühle* to show; **das wird sich ~** we'll see; **es zeigt sich, dass ...** it turns out that ...; **es wird sich ~, wer recht hat** we shall see who's right **Zeiger** M̲ indicator; (≈ Uhrzeiger) hand; **der große/kleine ~** the big/little hand **Zeigestock** M̲ pointer

Zeile F̲ line; **zwischen den ~n lesen** to read between the lines **Zeilenabstand** M̲ line spacing **Zeilenumbruch** F̲ (automatischer) ~ IT wordwrap **Zeilenvorschub** M̲ IT line feed **zeilenweise** A̲D̲V̲ in lines; (≈ nach Zeilen) by the line

Zeisig M̲ O̲R̲N̲ siskin

zeit P̲R̲Ä̲P̲ **~ meines/seines Lebens** in my/his lifetime **Zeit** F̲ time; (≈ Epoche) age; G̲R̲A̲M̲ tense; **die gute alte ~** the good old days; **das waren noch ~en!** those were the days; **die ~en haben sich geändert** times have changed; **die ~ Goethes** the age of Goethe; **für alle ~en** for ever; **mit der ~ gehen** to move with the times; **eine Stunde ~ haben** to have an hour (to spare); **sich** (*dat*) **für j-n/etw ~ nehmen** to devote time for sb/sth; **du hast dir aber reichlich ~ gelassen** you certainly took your time; **keine ~ verlieren** to lose no time; **damit hat es noch ~** there's plenty of time; **das hat ~ bis morgen** that can wait until tomorrow; **lass dir ~** take your time; **es wird höchste ~, dass er anruft** it's high time he rang; **du liebe ~!** good grief!; **in letzter ~** recently; **die ganze ~ über** the whole time; **eine ~ lang** (for) a while; **mit der ~** gradually; **es wird langsam ~, dass ...** it's about time that ...; **in der ~ von 10 bis 12** between 10 and 12 (o'clock); **seit dieser ~** since then; **zu der ~, als ...** (at the time) when ...; **alles zu seiner ~** *sprichw* all in good time; **von ~ zu ~** from time to time; → **zurzeit Zeitabschnitt** M̲ period (of time) **Zeitalter** N̲ age, era; **in unserem ~** in this day and age **Zeitangabe** F̲ (≈*Datum*) date; (≈*Uhrzeit*) time (of day) **Zeitarbeit** F̲ temporary work **Zeitarbeiter(in)** M̲|F̲ temporary worker **Zeitarbeitsfirma** F̲ temping agency **Zeitarbeitskraft** F̲ temp **Zeitaufwand** M̲ **mit großem ~ verbunden sein** to be extremely time-consuming **Zeitbombe** F̲ time bomb **Zeitdruck** M̲ pressure of time; **unter ~** under pressure **Zeiteinheit** F̲ time unit **Zeitenfolge** F̲ GRAM sequence of tenses **Zeitersparnis** F̲ saving of time **Zeitfenster** N̲ time slot **Zeitfrage** F̲ question of time **Zeitgeist** M̲ Zeitgeist **zeitgemäß** ADJ up-to-date **Zeitgenosse** M̲, **Zeitgenossin** F̲ contemporary **zeitgenössisch** ADJ contemporary **Zeitgewinn** M̲ gain in time **zeitgleich** ADV at the same time (**mit** as) **zeitig** ADJ & ADV early **Zeitkarte** F̲ season ticket **Zeitlang** F̲ → **Zeit** **zeitlebens** ADV all one's life **zeitlich** A̲ ADJ temporal; *Verzögerungen* time-related; *Reihenfolge* chronological; **aus ~en Gründen** for reasons of time; **einen hohen ~en Aufwand erfordern** to require a great deal of time B̲ ADV time-

wise *umg*; **~ befristet sein** to have a time limit **zeitlos** A̲DJ timeless **Zeitlupe** F̲ slow motion *ohne art* **Zeitlupentempo** N̲ **im ~** *wörtl* in slow motion; *fig* **at a** snail's pace **Zeitmanagement** N̲ time management **Zeitmangel** M̲ lack of time; **aus ~** for lack of time **Zeitmessung** F̲ timekeeping **zeitnah** A̲ ADJ 1̲ (≈*baldig*) immediate, prompt, within a short period 2̲ (≈*zeitgenössisch*) contemporary B̲ ADV (≈*bald*) immediately, instantly; **~ reagieren** to react promptly *od* immediately; **die Ware wird ~ zum Versand bereitstehen** the goods will be ready for shipment when needed **Zeitnot** F̲ shortage of time; **in ~ sein** to be pressed for time **Zeitplan** M̲ schedule **Zeitpunkt** M̲ time; (≈*Augenblick*) moment; **zu diesem ~** at that time **Zeitraffer** M̲ **im ~ Film im ~ zeigen** to show a time-lapse film **zeitraubend** A̲DJ time-consuming **Zeitraum** M̲ period of time; **in einem ~ von ...** over a period of ... **Zeitrechnung** F̲ calendar; **nach christlicher ~** according to the Christian calendar **Zeitschaltuhr** F̲ timer **Zeitschrift** F̲ (≈*Illustrierte*) magazine; *wissenschaftlich* periodical **Zeitspanne** F̲ period of time **zeitsparend** A̲ ADJ time-saving B̲ ADV expeditiously; **möglichst ~ vorgehen** to save as much time as possible **Zeittafel** F̲ chronological table **Zeitumstellung** F̲ (≈*Zeitänderung*) changing the clocks

---

▶ ■ **Es ist/wird Zeit, dass ...**

Nach folgenden Zeitausdrücken folgt, im Gegensatz zum Deutschen, die Vergangenheitsform:

Es ist Zeit, dass du gehst.	**It's time you went.** (= It's time for you to go.)
Es wird Zeit, dass du gehst.	**It's about time you went.** (= It's about time for you to go.) ◀

Zeitung F̲ (news)paper **Zeitungsabonnement** N̲ subscription to a newspaper **Zeitungsanzeige** F̲ newspaper advertisement **Zeitungsartikel** M̲ newspaper article **Zei-**

tungsausschnitt M̲ newspaper cutting **Zeitungshändler(in)** M̲F̲ newsagent, newsdealer US **Zeitungskiosk** M̲ newsstand **Zeitungsleser(in)** M̲F̲ newspaper reader **Zeitungspapier** N̲ newsprint; *als Altpapier* newspaper **Zeitungsredakteur(in)** M̲F̲ newspaper editor **Zeitungsstand** M̲ newsstand

Zeitunterschied M̲ time difference **Zeitverschiebung** F̲ **1** time shift; (≈ *Zeitunterschied*) time difference; **unter der ~ leiden** to be jetlagged **2** *von Termin* rescheduling **Zeitverschwendung** F̲ waste of time **Zeitvertrag** M̲ temporary contract **Zeitvertreib** M̲ way of passing the time; (≈ *Hobby*) pastime; **zum ~** to pass the time **zeitweilig** A̲ A̲D̲J̲ temporary B̲ A̲D̲V̲ for a while; (≈ *kurzzeitig*) temporarily **zeitweise** A̲D̲V̲ at times **Zeitwert** M̲ W̲I̲R̲T̲S̲C̲H̲ current value **Zeitwort** N̲ verb **Zeitzeichen** N̲ time signal **Zeitzeuge** M̲, **Zeitzeugin** F̲ contemporary witness **Zeitzone** F̲ time zone **Zeitzünder** M̲ time fuse

Zelle F̲ cell; (≈ *Kabine*) cabin; (≈ *Telefonzelle*) (phone) booth **Zellgewebe** N̲ cell tissue **Zellkern** M̲ nucleus (of a/the cell) **Zellstoff** M̲ cellulose **Zellteilung** F̲ cell division **Zellulose** F̲ cellulose

Zelt N̲ tent; (≈ *Zirkuszelt*) big top **Zeltbahn** F̲ strip of canvas **zelten** V̲/I̲ to camp; **Zelten verboten** no camping **Zelter(in)** M̲F̲ camper **Zelthering** M̲ tent peg **Zeltlager** N̲ camp **Zeltpflock** M̲ tent peg **Zeltplane** F̲ tarpaulin **Zeltplatz** M̲ campsite Br̲, campground US

Zement M̲ cement **zementieren** V̲/T̲ to cement; (≈ *verputzen*) to cement over; *fig* to reinforce **Zement(misch)maschine** F̲ cement mixer

Zenit M̲ zenith

zensieren V̲/T̲ **1** (≈ *benoten*) to mark **2** *Bücher etc* to censor **Zensur** F̲ **1** (≈ *Kontrolle*) censorship *kein unbest art*; (≈ *Prüfstelle*) censors *pl* **2** (≈ *Note*) mark Br̲, grade US

Zentiliter M̲N̲ centilitre Br̲, centiliter US **Zentimeter** M̲N̲ centimetre Br̲, centimeter US **Zentimetermaß** N̲ (metric) tape measure

Zentner M̲ (metric) hundredweight, 50

kg; *österr, schweiz* 100 kg

zentral A̲ A̲D̲J̲ central B̲ A̲D̲V̲ centrally **Zentralabitur** N̲ school-leaving qualification based on a centralized system within a federal state **Zentralafrikanische Republik** F̲ Central African Republic **Zentralbank** F̲ central bank; **Europäische ~** European Central Bank **Zentralbankpräsident(in)** M̲F̲ President of the Central Bank **Zentrale** F̲ *von Firma etc* head office; *für Taxis, a.* M̲I̲L̲ headquarters *sg od pl*; (≈ *Schaltzentrale*) central control (office); (≈ *Telefonzentrale*) exchange; *von Firma etc* switchboard **Zentraleinheit** F̲ C̲O̲M̲P̲U̲T̲ central processing unit **Zentralheizung** F̲ central heating **zentralisieren** V̲/T̲ to centralize **Zentralismus** M̲ centralism **zentralistisch** A̲D̲J̲ centralist **Zentralnervensystem** N̲ central nervous system **Zentralrechner** M̲ C̲O̲M̲P̲U̲T̲ mainframe **Zentralschweiz** F̲ Central Switzerland **Zentralverriegelung** F̲ A̲U̲T̲O̲ central (door) locking **zentrieren** V̲/T̲ to centre Br̲, to center US **Zentrifugalkraft** F̲ centrifugal force **Zentrifuge** F̲ centrifuge **Zentrum** N̲ centre Br̲, center US

Zeppelin M̲ zeppelin

Zepter N̲ sceptre Br̲, scepter US

zerbeißen V̲/T̲ to chew; *Knochen, Keks etc* to crunch

zerbeulen V̲/T̲ to dent; **zerbeult** battered

zerbomben V̲/T̲ to flatten with bombs; **zerbombt** *Stadt, Gebäude* bombed out **zerbrechen** A̲ V̲/T̲ to break into pieces B̲ V̲/I̲ to break into pieces; *Glas, Porzellan etc* to smash; *fig* to be destroyed (**an** +*dat* by); *Ehe* to fall apart **zerbrechlich** A̲D̲J̲ fragile; *alter Mensch* frail **Zerbrechlichkeit** F̲ fragility; *von altem Menschen* frailness

zerbröckeln V̲/T̲ & V̲/I̲ to crumble **zerdrücken** V̲/T̲ to squash; *Gemüse etc* to mash; (≈ *zerknittern*) to crush, to crease **Zeremonie** F̲ ceremony

Zerfall M̲ disintegration; *von Atom* decay; *von Land, Kultur* decline; *von Gesundheit* decline

zerfallen V̲/I̲ (≈ *sich auflösen*) to disintegrate; *Gebäude* to fall into ruin; *Atomkern* to decay; (≈ *auseinanderfallen*) to fall apart; *Kultur* to decline

Z

zerfallen² ADJ *Haus* tumbledown; *Gemäuer* crumbling **Zerfallserscheinung** F sign of decay
zerfetzen VT to tear to pieces; *Brief etc* to rip up
zerfleischen VT to tear to pieces; **einander ~** *fig* to tear each other apart
zerfließen VI *Tinte, Make-up etc* to run; *Eis etc, a. fig Reichtum etc* to melt away; **in Tränen ~** to dissolve into tears; **vor Mitleid ~** to be overcome with pity
zergehen VI to dissolve; (≈ *schmelzen*) to melt; **auf der Zunge ~** *Gebäck etc* to melt in the mouth
zerhacken VT to chop up
zerkauen VT to chew
zerkleinern VT to cut up; (≈ *zerhacken*) to chop (up); (≈ *zermahlen*) to crush
zerklüftet ADJ *Tal etc* rugged; *Ufer* indented
zerknautschen umg VT to crease
zerknirscht ADJ remorseful **Zerknirschung** F remorse
zerknittern VT to crease
zerknüllen VT & VI to crumple up
zerkochen VT & VI to cook to a pulp
zerkratzen VT to scratch
zerlassen VT to melt
zerlaufen VI to melt
zerlegbar ADJ **die Möbel waren leicht ~** the furniture could easily be taken apart **zerlegen** VT (≈ *auseinandernehmen*) to take apart; *Argumente* to break down; (≈ *zerschneiden*) to cut up; BIOL to dissect; CHEM to break down **Zerlegung** F taking apart; MATH reduction; BIOL dissection
zerlesen ADJ *Buch* well-thumbed
zerlumpt ADJ ragged
zermahlen VT to grind
zermalmen VT to crush
zermartern VT **sich** (*dat*) **den Kopf** *od* **das Hirn ~** to rack one's brains
zermürben *fig* **j-n ~** to wear sb down
zerpflücken VT to pick to pieces
zerquetschen VT to squash **Zerquetschte** umg PL **zehn Euro und ein paar ~** ten euros something (or other)
Zerrbild N distorted picture
zerreden VT to beat to death umg
zerreiben VT to crumble; *fig* to crush
zerreißen A VT 1 to tear; *in Stücke* to tear to pieces; *Brief etc* to tear up; *Land*

to tear apart; → **zerrissen** 2 (≈ *kritisieren*) *Stück, Film* to tear apart B VI *Stoff* to tear **Zerreißprobe** *wörtl* F pull test; *fig* real test
zerren A VT to drag B VR **sich einen Muskel/eine Sehne ~** to pull a muscle/a tendon C VI **an etw** (*dat*) **~** to tug at sth; **an den Nerven ~** to be nerve-racking
zerrinnen VI to melt (away); *fig Träume, Pläne* to fade away; *Geld* to disappear
zerrissen *fig* ADJ *Volk, Partei* strife-torn; *Mensch* (inwardly) torn; → **zerreißen** **Zerrissenheit** *fig* F von Volk, Partei disunity *kein pl*; *von Mensch* (inner) conflict
Zerrung F von Sehne pulled ligament; *von Muskel* pulled muscle
zerrütten VT to destroy; *Nerven* to shatter; **eine zerrüttete Ehe/Familie** a broken marriage/home **Zerrüttung** F destruction; *von Ehe* breakdown; *von Nerven* shattering
zersägen VT to saw up
zerschlagen¹ A VT 1 to smash (to pieces); *Glas etc* to shatter 2 *fig Widerstand* to crush; *Hoffnungen, Pläne* to shatter; *Verbrecherring etc* to break; *Staat* to smash B VR (≈ *nicht zustande kommen*) to fall through; *Hoffnung* to be shattered
zerschlagen² ADJ washed out umg
zerschmettern VT to shatter; *Feind* to crush
zerschneiden VT to cut; *in Stücke* to cut up
zersetzen A VT to decompose; *Säure* to corrode; *fig* to undermine B VR to decompose; *durch Säure* to corrode; *fig* to become undermined *od* subverted **Zersetzung** F CHEM decomposition; *durch Säure* corrosion; *fig* (≈ *Untergrabung*) undermining
zersplittern A VT to shatter; *Holz* to splinter; *Gruppe, Partei* to fragment B VI to shatter; *Holz, Knochen* to splinter; *fig* to split up
zerspringen VI to shatter; (≈ *einen Sprung bekommen*) to crack
zerstampfen VT (≈ *zertreten*) to stamp on; (≈ *zerkleinern*) to crush; *Kartoffeln etc* to mash
zerstäuben VT to spray **Zerstäuber** M spray
zerstechen VT 1 *Mücken* to bite (all

over); *Bienen etc* to sting (all over) **2** *Haut, Reifen* to puncture

zerstörbar ADJ destructible; **nicht ~ in**destructible **zerstören** A VT to destroy; *Rowdys* to vandalize; *Gesundheit* to wreck **B** VI to destroy **zerstöre**risch A ADJ destructive **B** ADV destructively **Zerstörung** F destruction; *durch Rowdys* vandalizing **Zerstörungstrieb** M destructive urge **Zerstörungswut** F destructive mania

zerstreuen A VT **1** (≈ *verstreuen*) to scatter (**in** +*dat* over); *Volksmenge etc* to disperse; *fig* to dispel **2** (≈ *ablenken*) **j-n ~** to take sb's mind off things **B** VR **1** (≈ *sich verteilen*) to scatter; *Menge* to disperse; *fig* to be dispelled **2** (≈ *sich amüsieren*) to take one's mind off things; (≈ *sich amüsieren*) to amuse oneself **zerstreut** *fig* ADJ *Mensch* absent-minded **Zerstreutheit** F absent-mindedness **Zerstreuung** F **1** (≈ *Ablenkung*) diversion; **zur ~** as a diversion **2** (≈ *Zerstreutheit*) absent-mindedness

zerstritten ADJ **~ sein** *Paar, Geschäftspartner* to have fallen out; *Partei* to be disunited

zerstückeln VT to cut up; *Leiche* to dismember

Zertifikat N certificate

zertrampeln VT to trample on

zertreten VT to crush (underfoot); *Rasen* to ruin

zertrümmern VT to smash; *Einrichtung* to smash up; *Hoffnungen* to destroy

Zervelatwurst F cervelat

Zerwürfnis N row

zerzausen VT to ruffle; *Haar* to tousle **zerzaust** ADJ windswept

Zettel M **1** piece of paper; (≈ *Notizzettel*) note; (≈ *Anhängezettel*) label; (≈ *Handzettel*) leaflet, handbill *bes US*, flyer; (≈ *Formular*) form

Zeug N **1** *umg* stuff *kein unbest art, kein pl*; (≈ *Ausrüstung*) gear *umg*; (≈ *Kleidung*) things *pl umg* **2** *umg* (≈ *Unsinn*) nonsense; **dummes ~ reden** to talk a lot of nonsense **3** (≈ *Fähigkeit*) **das ~ zu etw haben** to have (got) what it takes to be sth *umg* **4** **was das ~ hält** *umg* for all one is worth; *laufen, fahren* like mad; **sich für j-n ins ~ legen** *umg* to stand up for sb; **sich ins ~ legen** to go flat out *bes Br*, to go all out *US*

Zeuge M, **Zeugin** F JUR, *a. fig* witness

(+*gen* to); **vor** *od* **unter ~n** in front of witnesses

zeugen[1] VT *Kind* to father

zeugen[2] VI **1** (≈ *aussagen*) to testify; *bes vor Gericht* to give evidence **2** **von etw ~** to show sth **Zeugenaussage** F testimony **Zeugenbank** F witness box *Br*, witness stand *US* **Zeugenstand** M witness box *Br*, witness stand *US* **Zeugin** F witness **Zeugnis** N **1** (≈ *Zeugenaussage, Beweis*) evidence; **für/gegen j-n ~ ablegen** to testify for/against sb **2** (≈ *Schulzeugnis*) report **3** (≈ *Bescheinigung*) certificate; *von Arbeitgeber* reference **Zeugnisheft** N SCHULE report card **Zeugnisverweigerungsrecht** N right of a witness to refuse to give evidence

Zeugung F fathering **zeugungsfähig** ADJ fertile **Zeugungsfähigkeit** F fertility **zeugungsunfähig** ADJ sterile **Zeugungsunfähigkeit** F sterility

Zicke F **1** nanny goat **2** *pej umg* (≈ *Frau*) silly cow *umg* **Zicken** *umg* PL **mach bloß keine ~!** no nonsense now!; **~ machen** to make trouble **Zickenalarm** *umg* M bitch alert *umg*; **Vorsicht, ~!** warning! bitch approaching **Zickenkrieg** *umg* M battle of the bitches *umg*; **da herrscht ~** it's handbags at dawn (time) *Br umg* **zickig** *umg* ADJ **1** uptight; (≈ *aggressiv*) bitchy *umg* **2** (≈ *prüde*) prudish

Zickzack M zigzag; **im ~ laufen** to zigzag

Ziege F **1** goat; *weiblich* (nanny) goat **2** *pej umg* (≈ *Frau*) cow *umg*

Ziegel M **1** (≈ *Backstein*) brick; (≈ *Dachziegel*) tile **Ziegelstein** M brick

Ziegenbock M billy goat **Ziegenkäse** M goat's milk cheese **Ziegenleder** N kid (leather) **Ziegenmilch** F goat's milk **Ziegenpeter** M mumps *sg*

ziehen A VT **1** to pull; **etw durch etw ~** to pull sth through sth; **es zog ihn in die weite Welt** he felt drawn toward/s the big wide world; **unangenehme Folgen nach sich ~** to have unpleasant consequences **2** (≈ *herausziehen*) to pull out (**aus** of); *Zahn, Fäden* to take out; *Los* to draw; *Zigaretten* (**aus dem Automaten**) **~** to get cigarettes from the machine **3** (≈ *zeichnen*) *Kreis, Linie* to draw **4** (≈ *verlegen*) *Graben* to dig; *Mauer* to build; *Zaun* to put up; *Grenze* to draw [5] (≈*züchten*) *Blumen* to grow; *Tiere* to breed [B] VI [1] (≈*zerren*) to pull; **an etw** (*dat*) **~** to pull (on *od* at) sth [2] (≈*umziehen*) to move; **nach Bayern ~** to move to Bavaria [3] *Soldaten, Volksmassen* to march; (≈*durchstreifen*) to wander; *Wolken* to drift; *Vögel* to fly; **durch die Stadt ~** to wander about the town; **in den Krieg ~** to go to war [4] (≈*Zug haben*) *Ofen* to draw; **an der Pfeife/Zigarette ~** to take a drag on one's pipe/cigarette [5] *umg* (≈*Eindruck machen*) **so was zieht beim Publikum/bei mir nicht** the public/I don't like that sort of thing; **so was zieht immer** that sort of thing always goes down well [6] (≈*sieden*) *Tee* to draw [C] VI **es zieht** there's a draught *Br od* draft *US* [D] VR [1] **sich ~** (≈*sich erstrecken*) to extend; **dieses Treffen zieht sich!** this meeting is dragging on! [2] (≈*sich dehnen*) to stretch; *Holz* to warp **Ziehharmonika** F concertina; *mit Tastatur* accordion

Ziehung F draw

Ziel N [1] (≈*Reiseziel*) destination; (≈*Absicht*) goal; **mit dem ~ ...** with the aim ...; **etw zum ~ haben** to have sth as one's goal; **sich** (*dat*) **ein ~ setzen** to set oneself a goal; **am ~ sein** to be at one's destination; *fig* to have reached *od* achieved one's goal [2] SPORT finish; **durchs ~ gehen** to cross the finishing line [3] MIL, *a. fig* target; **über das ~ hinausschießen** *fig* to overshoot the mark **zielen** VI *Mensch* to aim (**auf** *+akk od* **nach** at); *fig Kritik etc* to be aimed (**auf** *+akk* at); → gezielt **Zielfernrohr** N telescopic sight **Zielflughafen** M destination airport **zielführend** ADJ *Maßnahme* carefully targeted; (≈*Erfolg versprechend*) productive; (≈*sinnvoll*) useful; **die Diskussion ist nicht ~** the discussion is getting (us) nowhere **Zielgerade** F home straight **Zielgruppe** F target group **Ziellinie** F SPORT finishing line **ziellos** [A] ADJ aimless [B] ADV aimlessly **Zielscheibe** F target **Zielsetzung** F target **zielsicher** [A] ADJ unerring; *Handeln* purposeful [B] ADV unerringly **zielstrebig** ADJ determined **Zielstrebigkeit** F determination

ziemlich [A] ADJ *Strecke* considerable; *Vermögen* sizable; **das ist eine ~e Frechheit** that's a real cheek *Br*, that's real fresh *US*; **eine ~e Anstrengung** quite an effort; **mit ~er Sicherheit** fairly certainly [B] ADV [1] quite, pretty, rather; *sicher, genau* reasonably; **wir haben uns ~ beeilt** we hurried quite a bit; **~ lange** quite a long time; **~ viel** quite a lot; **~ gut/cool** pretty good/cool [2] *umg* (≈*beinahe*) almost; **so ~ alles** just about everything; **so ~ dasselbe** pretty much the same

Zierde F ornament; (≈*Schmuckstück*) adornment; **zur ~** for decoration **zieren** [A] VT to adorn; *Speisen* to garnish; *Kuchen* to decorate; *fig* (≈*auszeichnen*) to grace [B] VR (≈*sich bitten lassen*) to make a fuss; **ohne sich zu ~** without having to be pressed; **zier dich nicht!** don't be shy; → geziert **Zierfisch** M ornamental fish **Ziergarten** M ornamental garden **Zierleiste** F border; *an Auto* trim **zierlich** ADJ dainty; *Porzellanfigur etc* delicate

Ziffer F [1] (≈*Zahlzeichen*) digit; (≈*Zahl*) figure, number; **römische/arabische ~n** roman/arabic numerals; **eine Zahl mit drei ~n** a three-figure number [2] *eines Paragrafen* clause **Zifferblatt** N *an Uhr* dial; *von Armbanduhr* (watch) face

zig *umg* ADJ umpteen *umg*

Zigarette F cigarette **Zigarettenanzünder** M *in Auto* cigar lighter **Zigarettenautomat** M cigarette machine **Zigarettenpapier** N cigarette paper **Zigarettenpause** F cigarette break

Zigarillo M/N cigarillo

Zigarre F [1] cigar [2] *umg* **j-m eine ~ verpassen** to give sb a dressing-down

Zigeuner(in) *neg!* M(F) gypsy **zigeunern** *umg* VI to rove

zigmal *umg* ADV umpteen times *umg*

Zika-Virus N MED Zika virus

Zimbabwe N Zimbabwe

Zimmer N room; **sie ist auf ihrem ~** she's in her room; **„Zimmer frei"** "vacancies" **Zimmerantenne** F indoor aerial *Br*, indoor antenna **Zimmerdecke** F ceiling **Zimmereinrichtung** F furniture **Zimmerhandwerk** N carpentry **Zimmerkellner** M room waiter **Zimmerkellnerin** F room waitress **Zimmerlautstärke** F low volume **Zimmermädchen** N chambermaid **Zimmermann** M carpenter **zimmern** [A] VT to make from wood [B] VI **an etw** (*dat*) **~** *wörtl* to make sth

Z

from wood; *fig* to work on sth **Zimmernachweis** M̲ hotel reservation service, hotel booking agency **Zimmernummer** F̲ room number **Zimmerpflanze** F̲ house plant **Zimmerservice** M̲ room service **Zimmersuche** F̲ **auf ~ sein** to be looking for rooms/a room **Zimmervermittlung** F̲ accommodation service *Br*, accommodations service *US*

zimperlich ADJ̲ (≈ *überempfindlich*) soft (**gegen** about); *beim Anblick von Blut etc* squeamish; (≈ *prüde*) prissy; (≈ *wehleidig*) soft; **da darf man nicht so ~ sein** you can't afford to be soft; **sei nicht so ~** don't be such a sissie, don't be such a wuss

Zimt M̲ cinnamon

Zink N̲ zinc

Zinke F̲ *von Gabel* prong; *von Kamm, Rechen* tooth

zinken V̲T̲ *Karten* to mark

Zinn N̲ 1 tin 2 (≈ *Legierung, Zinnprodukte*) pewter **Zinnbecher** M̲ pewter tankard **zinnen** ADJ̲ pewter **Zinnfigur** F̲ pewter figure

zinnoberrot ADJ̲ vermilion

Zinnsoldat M̲ tin soldier

Zins¹ M̲ *österr, schweiz, südd* (≈ *Mietzins*) rent

Zins² M̲ (≈ *Geldzins*) interest *kein pl*; **~en bringen** to earn interest; **~en tragen** *wörtl* to earn interest; *fig* to pay dividends; **mit ~en** with interest **Zinsabschlagsteuer** F̲ tax on interest payments **Zinseinkünfte** PL̲ interest income *kein pl* **Zinseszins** M̲ compound interest **zinsfrei** A̲ ADJ̲ 1 (≈ *frei von Abgaben*) tax-free; *österr, schweiz, südd* (≈ *mietfrei*) rent-free 2 *Darlehen* interest-free B̲ ADV̲ *Geld leihen* interest-free **Zinsfuß** M̲ interest rate **zinslos** ADJ̲ & ADV̲ interest-free **Zinsniveau** N̲ level of interest rates **Zinssatz** M̲ interest rate; *bei Darlehen* lending rate **Zinssenkung** F̲ reduction in the interest rate **Zinssteuer** F̲ tax on interest

Zionismus M̲ Zionism **zionistisch** ADJ̲ Zionist

Zipfel M̲ *von Tuch, Decke* corner; *von Mütze* point; *von Hemd, Jacke* tail; *von Wurst* end; *von Land* tip **Zipfelmütze** F̲ pointed cap

Zipp® M̲ *österr* zip

zippen V̲T̲ & V̲I̲ IT to zip

Zippverschluss® M̲ *österr* zip *Br*, zipper *US*

Zirbeldrüse F̲ pineal body

Zirbelkiefer F̲ Swiss *od* stone pine

zirka ADV̲ about, around

Zirkel M̲ 1 (≈ *Gerät*) pair of compasses; (≈ *Stechzirkel*) pair of dividers 2 (≈ *Kreis*) circle **Zirkelschluss** M̲ circular argument

Zirkulation F̲ circulation **zirkulieren** V̲I̲ to circulate

Zirkumflex M̲ LING circumflex

Zirkus M̲ circus; (≈ *Getue*) fuss **Zirkuszelt** N̲ big top

Zirrhose F̲ cirrhosis

Zirruswolke F̲ cirrus (cloud)

zischeln V̲I̲ to whisper

zischen A̲ V̲I̲ to hiss; *Limonade* to fizz; *Fett, Wasser* to sizzle B̲ V̲T̲ (≈ *zischend sagen*) to hiss

Zisterne F̲ well

Zitat N̲ quotation

Zither F̲ zither

zitieren V̲T̲ 1 *Textstelle* to quote; *Beispiel* to cite 2 (≈ *vorladen, rufen*) to summon (**vor** +*akk* before *od* an +*akk od* **zu** to)

Zitronat N̲ candied lemon peel **Zitrone** F̲ lemon; **j-n wie eine ~ auspressen** to squeeze sb dry **zitronengelb** ADJ̲ lemon yellow **Zitronenlimonade** F̲ lemonade **Zitronenpresse** F̲ lemon squeezer **Zitronensaft** M̲ lemon juice **Zitronensäure** F̲ citric acid **Zitronenschale** F̲ lemon peel **Zitrusfrucht** F̲ citrus fruit

zitt(e)rig ADJ̲ shaky **zittern** V̲I̲ to tremble; (≈ *erschüttert werden*) to shake; **mir ~ die Knie** my knees are shaking; **vor Kälte ~** to shiver with cold; **vor j-m ~** to be terrified of sb **Zittern** N̲ 1 (≈ *Beben*) shaking; *vor Kälte* shivering; *von Stimme* quavering 2 (≈ *Erschütterung*) shaking **Zitterpappel** F̲ aspen (tree) **Zitterpartie** *fig* F̲ nail-biter *umg*

Zitze F̲ teat

Zivi M̲ *umg* (≈ *Zivildienstleistender*) person doing community service (*instead of military service*)

zivil ADJ̲ 1 (≈ *nicht militärisch*) civilian; *Schaden* nonmilitary; **im ~en Leben** in civilian life; **~er Ersatzdienst** community service (*as alternative to military service*) 2 *umg* (≈ *anständig*) civil; *Preise* reasonable **Zivil** N̲ *nicht Uniform* civilian clothes *pl*; **Polizist in ~** plain-clothes

Z

policeman **Zivilbevölkerung** F̲ civilian population **Zivilcourage** F̲ courage (*to stand up for one's beliefs*) **Zivildienst** M̲ community service (*as alternative to military service*) **Zivildienstleistende(r)** M̲/F̲(M̲) person doing community service (*instead of military service*) **Zivilfahnder(in)** M̲(F̲) plain-clothes policeman/-woman **Zivilisation** F̲ civilization **Zivilisationskrankheit** F̲ illness caused by today's lifestyle **zivilisieren** V̲/T̲ to civilize **zivilisiert** ◯A ADJ civilized ◯B ADV **sich ~ benehmen** to behave in a civilized manner **Zivilist(in)** M̲(F̲) civilian **Zivilkammer** F̲ civil division **Zivilperson** F̲ civilian **Zivilprozess** M̲ civil action **Zivilprozessordnung** F̲ JUR code of civil procedure **Zivilrecht** N̲ civil law **zivilrechtlich** ADJ civil law *attr*; civil law; *Prozess* civil *attr*; **j-n ~ verfolgen** to bring a civil action against sb **Zivilschutz** M̲ civil defence *Br*, civil defense *US*

Znüni M̲ *schweiz* morning break

zocken *umg* V̲/I̲ to gamble; (≈ *Computerspiele spielen*) *umg* to play (computer games) **Zocker(in)** *umg* M̲(F̲) gambler

Zoff M̲ *umg* (≈ *Ärger*) trouble

zögerlich ADJ hesitant **zögern** V̲/I̲ to hesitate; **er zögerte lange mit der Antwort** he hesitated (for) a long time before replying **Zögern** N̲ hesitation **zögernd** ◯A ADJ hesitant ◯B ADV hesitantly

Zölibat N̲/M̲ celibacy

Zoll¹ M̲ (≈ *Längenmaß*) inch

Zoll² M̲ ◯1 (≈ *Warenzoll*) customs duty; (≈ *Straßenzoll*) toll; **einem ~ unterliegen** to carry duty ◯2 (≈ *Stelle*) **der ~** customs *pl*; **durch den ~ kommen** to get through customs **Zollabfertigung** F̲ (≈ *Vorgang*) customs clearance **Zollamt** N̲ customs house **Zollbeamte(r)** M̲, **Zollbeamtin** F̲ customs officer **zollen** V̲/T̲ **j-m Anerkennung/Achtung/Beifall ~** to acknowledge/respect/applaud sb **Zollerklärung** F̲ customs declaration **Zollfahnder(in)** M̲(F̲) customs investigator **Zollfahndung** F̲ customs investigation department **zollfrei** ADJ & ADV duty-free **Zollgebühr** F̲ (customs) duty **Zollkontrolle** F̲ customs check **Zolllager** N̲ bonded warehouse **Zöll-**

ner(in) M̲(F̲) *umg* (≈ *Zollbeamter*) customs officer **Zollpapiere** P̲L̲ customs documents *pl* **zollpflichtig** ADJ dutiable **Zollschranke** F̲ customs barrier **Zollstock** M̲ ruler **Zolltarif** M̲ customs tariff **Zollunion** F̲ customs union

Zombie M̲ zombie

Zone F̲ zone; *von Fahrkarte* fare stage

Zoo M̲ zoo **Zoohandlung** F̲ pet shop *Br*, pet store *US* **Zoologe** M̲, **Zoologin** F̲ zoologist **Zoologie** F̲ zoology **zoologisch** ADJ zoological

Zoom N̲ zoom shot; (≈ *Objektiv*) zoom lens **Zoomobjektiv** N̲ zoom lens

Zopf M̲ ◯1 (≈ *Haartracht*) pigtail, plait; **Zöpfe tragen** to wear one's hair in pigtails; **ein alter ~** *fig* an antiquated custom ◯2 (≈ *Gebäck*) plaited loaf

Zorn M̲ anger; **in ~ geraten** to fly into a rage; **im ~** in a rage; **einen ~ auf j-n haben** to be furious with sb **Zornausbruch** M̲ fit of anger **zornig** ◯A ADJ angry; **~ werden** to lose one's temper; **auf j-n ~ sein** to be angry with sb ◯B ADV angrily

Zote F̲ dirty joke

zottelig *umg* ADJ *Haar, Fell* shaggy **zottig** ADJ *Fell, Tier* shaggy

zu

A Präposition	**B Adverb**
C Adjektiv	**D Konjunktion**

— **A Präposition** —

◯1 *örtlich* **zum Bahnhof** to the station; **bis zu** as far as; **zum Meer hin** toward(s) the sea; **sie sah zu ihm hin** she looked toward(s) him; **die Tür zum Keller** the door to the cellar; **sich zu j-m setzen** to sit down next to sb; **setz dich doch zu uns** come and sit with us ◯2 *zeitlich* at; **zu Mittag** (≈ *am Mittag*) at midday; **die Zahlung ist zum 15. April fällig** the payment is due on 15th April; **zum 31. Mai kündigen** to give in *Br od* turn in *US* one's notice for 31st May ◯3 *Zusatz* **Wein zum Essen trinken** to drink wine with one's meal; **nehmen Sie Milch zum Kaffee?** do you take milk in your coffee?; **etw zu etw tragen** *Kleidung* to wear sth with sth ◯4 *Zweck* for; **Wasser zum Waschen** water for washing; **Papier zum Schreiben** paper to write on; **das Zeichen zum Aufbruch** the signal to leave; **zur Erklärung** by way of explanation ▪ *Anlass* **etw zum Geburtstag bekommen** to get sth for one's birthday; **zu Ihrem 60. Geburtstag** on your 60th birthday; **j-m zu etw gratulieren** to congratulate sb on sth; **zum Frühstück/Mittagessen/Abendbrot** for breakfast/lunch/dinner; **j-n zum Essen einladen** to invite sb for a meal; **j-n zu etw vernehmen** to question sb about sth ▪ *Veränderung* into; **zu etw werden** to turn into sth; **j-n/etw zu etw machen** to make sb/sth (into) sth; **j-n zum König wählen** to choose sb as king; **j-n zu etw ernennen** to nominate sb sth ▪ *Verhältnis* **Liebe zu j-m** love for sb; **meine Beziehung zu ihm** my relationship with him; **im Vergleich zu** in comparison with; **im Verhältnis drei zu zwei** MATH in the ratio (of) three to two; **das Spiel steht 3:2** the score is 3-2 ▪ *bei Zahlenangaben* **zu zwei Prozent** at two per cent *Br od* percent *US;* **fünf (Stück) zu 80 Cent** five for 80 cents; **zum halben Preis** at half price

— **B** *Adverb* —

▪ *(≈allzu)* **zu viel** too much; **zu sehr** too much ▪ *(≈geschlossen)* shut; **auf/zu** *an Hähnen etc* on/off; **die Geschäfte haben jetzt zu** the shops are shut now ▪ *umg (≈los, weiter)* **immer** *od* **nur zu!** just keep on!; **mach zu!** get a move on! ▪ *örtlich* toward(s); **nach hinten zu** toward(s) the back; **auf den Wald zu** toward(s) the forest

— **C** *Adjektiv* —

▪ *umg (≈geschlossen)* shut, closed ▪ → **zu sein**

— **D** *Konjunktion* —

to; **etw zu essen** sth to eat; **er hat zu gehorchen** he has to do as he's told; **nicht mehr zu gebrauchen** no longer usable; **ich habe noch zu arbeiten** I still have some work to do; **ohne es zu wissen** without knowing it; **um zu** to; **um besser sehen zu können** in order to see better; **der zu prüfende Kandidat** the candidate to be examined

zuallererst ADV first of all **zuallerletzt** ADV last of all
zubauen V/T *Lücke* to fill in; *Platz, Gelände* to build up; *Blick* to block with buildings/a building

Zubehör N/M equipment *kein pl; (≈ Kleidung)* accessories *pl;* **Küche mit allem ~** fully equipped kitchen
zubeißen V/I to bite
zubekommen *umg* V/T *Kleidung* to get done up; *Tür, Fenster* to get shut
zubereiten V/T to prepare **Zubereitung** F preparation
zubilligen V/T **j-m etw ~** to grant sb sth
zubinden V/T to tie up; **j-m die Augen ~** to blindfold sb
zubleiben *umg* V/I to stay shut
zubringen V/T *(≈verbringen)* to spend **Zubringer** M ▪ TECH conveyor ▪ *(≈ Straße)* feeder road ▪ *(a. ~bus)* shuttle (bus) **Zubringerdienst** M shuttle service **Zubringerstraße** F feeder road
Zubrot N extra income
Zucchini F courgette *Br,* zucchini *US*
Zucht F ▪ *(≈Disziplin)* **~ (und Ordnung)** discipline ▪ *von Tieren* breeding; *von Pflanzen* growing; *von Bakterien, Perlen* culture; **die ~ von Pferden** horse breeding; **die ~ von Bienen** beekeeping
züchten V/T *Tiere* to breed; *Bienen* to keep; *Pflanzen* to grow; *Perlen, Bakterien* to cultivate **Züchter(in)** M(F) *von Tieren* breeder; *von Pflanzen* grower; *von Bienen* keeper **Zuchthaus** N *Strafanstalt* prison *(for serious offenders)* penitentiary *US* **Züchtigung** F beating; **körperliche ~** corporal punishment **Zuchtperle** F cultured pearl **Zuchttier** N breeding animal **Züchtung** F *von Tieren* breeding; *von Bienen* keeping; *von Pflanzen* growing **Zuchtvieh** N breeding cattle
zuckeln *umg* V/I to jog
zucken V/I ▪ *nervös* to twitch; *vor Schreck* to start; *vor Schmerzen* to flinch; **mit den Achseln ~** to shrug (one's shoulders) ▪ *Blitz* to flash; *Flammen* to flare up
zücken V/T *Messer, Pistole* to pull out; *umg Notizbuch, Brieftasche* to pull out
Zucker M ▪ sugar; **ein Stück ~** a lump of sugar ▪ MED *(≈Zuckergehalt)* sugar; *(≈ Krankheit)* diabetes *sg;* **~ haben** *umg* to be a diabetic **Zuckerdose** F sugar bowl **Zuckererbse** F mangetout (pea) *Br,* sweet pea *US,* snow pea *US,* sugar pea *US* **zuckerfrei** ADJ sugar-free **Zuckergehalt** M sugar content **Zuckerguss** M icing, frosting *bes US*

Z

zuckerkrank ADJ diabetic **Zuckerkranke(r)** M/F(M) diabetic **Zuckerkrankheit** F diabetes sg **Zuckerl** österr, südd N 1 sweet Br, candy US 2 (≈zusätzliches Gebotenes) goody **Zuckerlecken** N **das ist kein** ~ umg it's no picnic umg **Zuckermais** M sweet corn **zuckern** VT to put sugar in **Zuckerrohr** N sugar cane **Zuckerrübe** F sugar beet **Zuckerspiegel** M MED (blood) sugar level **zuckersüß** ADJ as sweet as sugar **Zuckerwatte** F candy floss Br, cotton candy US **Zuckerzange** F sugar tongs pl

Zuckung F twitch; stärker: krampfhaft convulsion

zudecken VT to cover; im Bett to tuck up od in

zudem geh ADV moreover

zudrehen VT Wasserhahn etc to turn off; (≈zuwenden) to turn (+dat to)

zudringlich ADJ Art pushy umg; Nachbarn intrusive; ~ **werden** zu j-m to make advances (**zu** to)

zueinander ADV (≈gegenseitig) to each other; Vertrauen haben in each other **zueinanderpassen** VI to go together; Menschen to suit each other.

zuerkennen VT to award (j-m to sb); Recht to grant (j-m etw sb sth)

zuerst ADV 1 first; **ich kam ~ an** I was (the) first to arrive; **das muss ich morgen früh ~ machen** I must do that first thing tomorrow (morning) 2 (≈anfangs) at first; ~ **muss man ... first** (of all) you have to ...

zufahren VI **auf j-n** ~ mit Kfz to drive toward(s) sb; mit Fahrrad to ride toward(s) sb **Zufahrt** F approach (road); (≈Einfahrt) entrance; zu einem Haus drive(way) **Zufahrtsstraße** F access road; zur Autobahn approach road

Zufall M chance, accident; (≈Zusammentreffen) coincidence; **das ist ~** it's pure chance; **durch ~** (quite) by chance; **es ist kein ~, dass ...** it's no accident that ...; **es war ein glücklicher ~, dass ... it** was lucky that ...; **wie es der ~ so will** as chance would have it; **etw dem ~ überlassen** to leave sth to chance

zufallen VI 1 (≈sich schließen) Fenster etc to close; **ihm fielen beinahe die Augen zu** he could hardly keep his eyes open 2 **j-m** ~ Erbe to pass to sb; Preis etc to go to sb; Aufgabe to fall to sb

zufällig A ADJ chance attr; **das war rein** ~ it was pure chance; **es ist nicht** ~, **dass er ...** it's no accident that he ... B ADV by chance, by accident; bes bei Zusammentreffen von Ereignissen coincidentally; **er ging ~ vorüber** he happened to be passing **Zufallsgenerator** M random generator; für Zahlen random-number generator **Zufallstreffer** M fluke

zufassen VI (≈zugreifen) to take hold of it/them; Hund to make a grab; fig (≈schnell handeln) to seize an/the opportunity

zufaxen VI **j-m etw** ~ to fax sb sth, to fax sth to sb

zufliegen VI 1 **auf etw** (akk) ~ to fly toward(s) sth; direkt to fly into sth 2 to fly to; **der Vogel ist uns zugeflogen** the bird flew into our house; **ihm fliegt alles nur so zu** fig everything comes so easily to him

Zuflucht F a. fig refuge; shelter (vor +dat from); ~ **suchen** to seek refuge; **zu etw** ~ **nehmen** fig to resort to sth; **du bist meine letzte** ~ fig you are my last hope

Zufluss M influx, inflow; MECH (≈Zufuhr) supply

zufolge form PRÄP (≈gemäß) according to

zufrieden A ADJ contented, content präd; **ein ~es Gesicht machen** to look pleased; **mit j-m/etw** ~ **sein** to be satisfied od pleased or happy with sb/sth; **er ist nie** ~ he's never satisfied B ADV contentedly; ~ **lächeln** to smile contentedly **zufriedengeben** VR **sich mit etw** ~ to be content with sth **Zufriedenheit** F contentedness; (≈Befriedigtsein) satisfaction **zufriedenlassen** VT to leave alone **zufriedenstellen** VT to satisfy, to please; **eine wenig ~de Antwort** a less than satisfactory answer

zufrieren VI to freeze (over)

zufügen VT Leid, Schmerz to cause; Niederlage to inflict; **j-m Schaden** ~ to harm sb 2 (≈hinzufügen) to add

Zufuhr F (≈Versorgung) supply (in +akk od nach to); METEO von Luftstrom influx **zuführen** A VT 1 (≈versorgen mit) to supply; IT Papier to feed 2 (≈bringen) to bring; **einem Geschäft Kunden** ~ to bring customers to a business B VI **auf etw** (akk) ~ to lead to sth

Z

Zug¹ M **1** (≈ *Ziehen*) pull (**an** +*dat* on, at); (≈ *Zugkraft, Spannung*) tension **2** (≈ *Luftzug*) draught *Br*, draft *US*; (≈ *Atemzug*) breath; **an** Zigarette puff; (≈ *Schluck*) gulp; **das Glas in einem Zug leeren** to empty the glass with one gulp; **etw in vollen Zügen genießen** to enjoy sth to the full; **in den letzten Zügen liegen** *umg* to be on one's last legs *umg* **3** *beim Schwimmen* stroke; *beim Rudern* pull (**mit** at); *bei Brettspiel* move; **Zug um Zug** step by step; **nicht zum Zuge kommen** *umg* not to get a look-in *umg*; **du bist am Zug** it's your move; **etw in großen Zügen darstellen** to outline sth

Zug² M (≈ *Eisenbahnzug*) train; **im Zug** on the train; **mit dem Zug fahren** to go by train

Zug³ M (≈ *Gesichtszug*) feature; (≈ *Charakterzug*) characteristic; (≈ *Anflug*) touch; **das ist kein schöner Zug von ihm** that's not one of his nicer characteristics

Zug⁴ M *Kanton und Stadt* Zug

Zugabe F extra; MUS, THEAT encore

Zugabteil N train compartment

Zugang M **1** (≈ *Eingang*) entrance; (≈ *Zutritt*) admittance; *fig* access; **"kein ~"** "no entry" **2** *von Patienten* admission; *von Waren* receipt **zugänglich** ADJ accessible; *Mensch* approachable; **der Öffentlichkeit ~** open to the public; **für etw nicht ~ sein** not to respond to sth **Zugangsberechtigung** F IT access (authorization) **Zugangscode** M IT access code

Zuganschluss M connecting train, connection **Zugbegleiter(in)** M(F) BAHN *guard Br*, conductor *US* **Zugbrücke** F drawbridge

zugeben VT **1** (≈ *zusätzlich geben*) **j-m etw ~** to give sb sth extra **2** GASTR to add **3** (≈ *zugestehen*) to admit; **j-m gegenüber etw ~** to confess sth to sb; **zugegeben** admittedly; **gib's zu!** admit it! **zugegebenermaßen** ADV admittedly

zugehen A VI **1** *Tür, Deckel* to shut **2** **auf j-n/etw ~** to approach sb/sth, to walk up to sb/sth; **aufeinander ~** to approach one another; *fig* a. to compromise; **es geht nun auf den Winter zu** winter is drawing in; **er geht schon auf die siebzig zu** he's getting on for

seventy; **dem Ende ~** to near its end **3** *Nachricht, Brief etc* to reach B VI **1** **dort geht es ... zu** things are ... there; **es ging sehr lustig zu** *umg* we/they *etc* had a great time *umg* **2** (≈ *geschehen*) to happen

Zugehörigkeit F *zu Land, Glauben* affiliation; (≈ *Mitgliedschaft*) membership (**zu** of)

zugeknöpft *fig umg* ADJ *Mensch* reserved; → zuknöpfen

Zügel M *rein*; **die ~ fest in der Hand haben** *fig* to have things firmly in hand; **die ~ locker lassen** *fig* to give free rein (**bei** to) **zügeln** A VT *Pferd* to rein in; *fig* to curb B VR to restrain oneself C VI *schweiz* (≈ *umziehen*) to move (house)

Zugeständnis N concession (+*dat od* **an** +*akk* to) **zugestehen** VT (≈ *einräumen*) to concede; (≈ *zugeben*) to admit; **j-m etw ~** (≈ *einräumen*) to grant sb sth

zugetan ADJ **j-m/einer Sache ~ sein** to be fond of sb/sth

Zugezogene(r) M(F(M)) newcomer

Zugführer(in) M(F) BAHN *chief guard Br*, chief conductor *US*

zugießen VT **1** (≈ *hinzugießen*) to add **2** *mit Beton etc* to fill (in)

zugig ADJ *draughty Br*, drafty *US*

zügig A ADJ *swift* B ADV quickly

zugleich ADV at the same time

Zugluft F *draught Br*, draft *US* **Zugpferd** N carthorse; *fig* crowd puller

zugreifen VI **1** (≈ *schnell nehmen*) to grab it/them; *fig* to get in quickly *umg*; *bei Tisch* to help oneself; **greifen Sie bitte zu!** please help yourself! **2** IT **auf etw** (*akk*) **~** to access sth **Zugriff** M **1** **durch raschen ~** by stepping in quickly; **sich dem ~ der Polizei/Gerichte entziehen** to evade justice **2** IT access (**auf** +*akk* to) **Zugriffszeit** F access time

zugrunde ADV **1** **~ gehen** to perish; **j-n/etw ~ richten** to destroy sb/sth; *finanziell* to ruin sb/sth **2** **einer Sache** (*dat*) **~ liegen** to underlie sth; **~ liegend** underlying

Zugtier N *draught animal Br*, draft animal *US*

zugucken VI → zusehen 1

Zugunglück N train accident

zugunsten PRÄP **~ (von)** in favour of *Br*, in favor of *US*

Z

zugutehalten V̲T̲ j-m etw ~ to grant sb sth **zugutekommen** V̲I̲ j-m ~ to be of benefit to sb; *Geld, Erlös* to benefit sb; **j-m etw ~ lassen** to let sb have sth

Zugverbindung F̲ train connection **Zugvogel** M̲ migratory bird **Zugzwang** M̲ *Schach* zugzwang; *fig* tight spot; **die Gegenseite steht jetzt unter ~** the other side is now forced to move

zuhaben V̲I̲ *umg Geschäft etc* to be closed

zuhalten A̲ V̲T̲ to hold shut; **sich** *(dat)* **die Nase ~** to hold one's nose; **sich** *(dat)* **die Augen/Ohren ~** to put one's hands over one's eyes/ears B̲ V̲I̲ **auf etw** *(akk)* **~** to head straight for sth

Zuhälter(in) M̲F̲ pimp

zu Hause, zuhause A̲D̲V̲ → Haus **Zuhause** N̲ home

zuheilen V̲I̲ to heal up

Zuhilfenahme F̲ **unter ~ von** *od +gen* with the aid of

zuhören V̲I̲ to listen (*+dat* to); **hör mal zu!** *drohend* now (just) listen (to me)!

Zuhörer(in) M̲F̲ listener; **die ~** (≈ *das Publikum*) the audience *sg*

zujubeln V̲I̲ j-m ~ to cheer sb

zukleben V̲T̲ *Briefumschlag* to seal; *mit Klebstoff* to stick up

zuknallen *umg* V̲T̲ ̲&̲ ̲V̲I̲ to slam

zuknöpfen V̲T̲ to button (up); → **zugeknöpft**

zukommen V̲I̲ **1** **auf j-n/etw ~** to come toward(s) sb/sth; *direkt* to come up to sb/sth; **die Aufgabe, die nun auf uns zukommt** the task which is now in store for us; **die Dinge auf sich** *(akk)* **~ lassen** to take things as they come **2** **j-m etw ~ lassen** *Brief etc* to send sb sth

Zukunft F̲ **1** **die ~** the future; **in ~** in future; **ein Beruf mit ~** a career with prospects; **das hat keine ~** there's no future in it **2** G̲R̲A̲M̲ future (tense) **zukünftig** A̲ A̲D̲J̲ future; **der ~e Präsident** the president elect B̲ A̲D̲V̲ in future **Zukunftsangst** F̲ *vor der Zukunft* fear of the future; *um die Zukunft* fear for the future **Zukunftsaussichten** P̲L̲ future prospects *pl* **Zukunftsforschung** F̲ futurology **Zukunftsindustrie** F̲ sunrise industry **Zukunftsmusik** *fig umg* F̲ pie in the sky *umg* **Zukunftspläne** P̲L̲ plans *pl* for the future **Zukunftsroman** M̲ science fiction novel **zukunftsträchtig** A̲D̲J̲ with

a promising future

zulächeln V̲I̲ j-m ~ to smile at sb

Zulage F̲ **1** (≈ *Geldzulage*) extra pay *kein unbest art*; (≈ *Sonderzulage*) bonus (payment) **2** (≈ *Gehaltserhöhung*) rise *Br*, raise *US*

zulangen *umg* V̲I̲ to help oneself; **kräftig ~ beim Essen** to tuck in *umg*

zulassen V̲T̲ **1** (≈ *Zugang gewähren*) to admit **2** *amtlich* to authorize; *Arzt* to register; *Arzneimittel* to approve; *Kraftfahrzeug* to license; *Prüfling* to admit; **amtlich zugelassen sein** to be authorized; **staatlich zugelassen sein** to be state-registered; **eine zugelassene Partei** an illegal party **3** (≈ *gestatten*) to allow; **~, dass j-d etw tut** to let sb do sth **4** (≈ *geschlossen lassen*) to keep shut **zulässig** A̲D̲J̲ permissible; *Beweis, Klage* admissible; **~e Höchstgeschwindigkeit** (upper) speed limit **Zulassung** F̲ **1** (≈ *Gewährung von Zugang*) admittance, admission; *amtlich* authorization; *von Kfz* licensing; *als praktizierender Arzt* registration **2** *Dokument* papers *pl*; *bes von Kfz* vehicle registration document; (≈ *Lizenz*) licence *Br*, license *US* **Zulassungsausschuss** M̲ P̲O̲L̲ accreditation board **Zulassungsbehörde** F̲ accreditation office *od* board **Zulassungsbeschränkung** F̲ *bes* U̲N̲I̲V̲ restriction on admissions **Zulassungsstelle** F̲ registration office

zulasten A̲D̲V̲ → Last

Zulauf M̲ **großen ~ haben** to be very popular **zulaufen** V̲I̲ **1** **auf j-n/etw ~** to run toward(s) sb/sth **2** *Wasser etc* to add; **lass noch etwas kaltes Wasser ~** add some more cold water **3** *Hund etc* **j-m ~** to stray into sb's house; **eine zugelaufene Katze** a stray (cat)

zulegen A̲ V̲T̲ **1** (≈ *dazulegen*) to put on; *Geld* to add; *bei Verlustgeschäft* to lose; **etwas Tempo ~** *umg* to get a move on *umg* **2** **umg an Gewicht** to put on; **die SPD konnte 5 % ~** the SPD managed to gain 5% **3** (≈ *anschaffen*) **sich** *(dat)* **etw ~** *umg* to get oneself sth B̲ V̲I̲ *umg an Gewicht* to put on weight; *Umsatz* to increase

zuleide A̲D̲V̲ j-m etwas ~ **tun** to do sb harm

zuletzt A̲D̲V̲ **1** (≈ *schließlich*) in the end; **~ kam sie doch** she came in the end; **ganz ~** right at the last moment **2**

(≈ *an letzter Stelle*) last; **ich kam ~ I** came last; **wann haben Sie ihn ~ gesehen?** when did you last see him?; **nicht ~ wegen** not least because of

zuliebe ADV **etw j-m ~ tun** to do sth for sb's sake *od* for sb; **das geschah nur ihr ~** it was done just for her

Zulieferer M, **Zulieferin** F WIRTSCH supplier

zum geht es hier zum Bahnhof? is this the way to the station?; **zum Essen gehen** to go and eat; **es ist zum Weinen** it's enough to make you cry; → **zu**

zumachen A VT (≈ *schließen*) to shut; *Flasche* to close; **die Augen ~** to close one's eyes B *umg* VI **1** (≈ *den Laden zumachen*) to close (down) **2** *umg* (≈ *sich beeilen*) to get a move on *umg*

zumailen VT to e-mail

zumal KONJ ~ (**da**) particularly *od* since

zumauern VT to brick up

Zumba® N SPORT *Tanzfitnessprogramm* zumba®

zumeist ADV mostly

zumindest ADV at least

zumüllen VT **1** *umg* mit *Junkmail, Spam* to bombard *umg* **2** **j-n mit etw ~** *umg j-n mit etw volllabern* to bend sb's ear about sth *umg*

zumutbar ADJ reasonable; **j-m** *od* **für j-n ~ sein** to be reasonable for sb; **nicht ~ sein** to be unreasonable **Zumutbarkeit** F reasonableness

zumute ADV **wie ist Ihnen ~?** how do you feel?; **mir ist traurig ~** I feel sad; **mir war dabei gar nicht wohl ~** I felt uneasy about it

zumuten VT **j-m etw ~** to expect sth of sb; **das können Sie niemandem ~** you can't expect that of anyone; **sich** (*dat*) **zu viel ~** to take on too much **Zumutung** F unreasonable demand; (≈ *Unverschämtheit*) nerve *umg*; **das ist eine ~!** that's a bit much!

zunächst ADV **1** (≈ *zuerst*) first (of all); ~ **einmal** first of all **2** (≈ *vorläufig*) for the time being

zunageln VT *Fenster etc* to nail up; *mit Brettern* to board up; *Kiste etc* to nail down

zunähen VT to sew up

Zunahme F increase (+*gen od* **an** +*dat* in)

Zuname M surname

zündeln VI to play (about) with fire

zünden A VI to catch fire; *Streichholz* to light; *Motor* to fire; *Sprengkörper* to go off; *fig* to kindle enthusiasm B VT to ignite; *Sprengkörper* to set off; *Feuerwerkskörper* to let off **zündend** *fig* stirring; *Vorschlag* exciting **Zünder** M **1** *für Sprengstoff* fuse; *für Mine* detonator **2** ~ *pl* österr (≈ *Streichhölzer*) matches *pl* **Zündflamme** F pilot light **Zündholz** N match(stick) **Zünderze** F AUTO spark(ing) plug **Zündschlüssel** M AUTO ignition key **Zündschnur** F fuse **Zündstoff** M (≈ *Sprengstoff*) explosives *pl*; *fig* explosive stuff **Zündung** F ignition; **die ~ einstellen** AUTO to adjust the timing

zunehmen A VI to increase; *an Erfahrung etc* to gain (**an** +*dat* in); *Mensch: an Gewicht* to put on weight, to gain weight; *Mond* to wax B VT *Mensch: an Gewicht* to gain **zunehmend** A ADJ increasing; *Mond* crescent; **bei** *od* **mit ~em Alter** with advancing age; **in ~em Maße** to an increasing degree B ADV increasingly

Zuneigung F affection

zünftig ADJ (≈ *regelrecht*) proper; (≈ *gut, prima*) great

Zunge F tongue; *von Waage* pointer; **eine böse/spitze ~ haben** to have an evil/ a sharp tongue; **böse ~n behaupten, ...** malicious gossip has it ...; **das Wort liegt mir auf der ~** the word is on the tip of my tongue; **sich** *dat* **auf die ~ beißen** to bite one's tongue **züngeln** VI *Flamme, Feuer* to lick **Zungenbrecher** M tongue twister **Zungenkuss** M French kiss **Zungenreiniger** M tongue cleaner, tongue scraper **Zungenspitze** F tip of the tongue **Zünglein** N **das ~ an der Waage sein** *fig* to tip the scales

zunichtemachen VT to ruin

zunutze ADV **sich** (*dat*) **etw ~ machen** (≈ *ausnutzen*) to capitalize on sth

zuoberst ADV *on* od at the (very) top

zuordnen VT to assign to; **j-n/etw j-m ~** to assign sth to sb

zupacken *umg* VI **1** (≈ *zugreifen*) to make a grab for it *etc* **2** (≈ *helfen*) **mit ~** to give me/them *etc* a hand

Zupfinstrument N MUS plucked string instrument

zuprosten VI **j-m ~** to drink sb's health

zur zur Schule gehen to go to school; zur Orientierung for orientation; zur Abschreckung as a deterrent; → zu

zurande ADV mit etw/j-m ~ kommen (to be able) to cope with sth/sb

zurate ADV j-n/etw ~ ziehen to consult sb/sth zuraten V/I j-m ~, etw zu tun to advise sb to do sth; auf sein Zuraten (hin) on his advice

zurechnungsfähig ADJ of sound mind Zurechnungsfähigkeit F soundness of mind; verminderte ~ diminished responsibility

zurechtbiegen V/T to bend into shape; fig to twist zurechtfinden V/R to find one's way (in +dat around); sich mit etw ~ to get the hang of sth umg; durch Gewöhnung to get used to sth zurechtkommen VI 1 fig to get on; (≈ bewältigen) to cope; (≈ genug haben) to have enough; kommen Sie ohne das zurecht? umg can you manage without it? 2 finanziell to manage zurechtlegen VI sich (dat) etw ~ to lay sth out ready; fig to work sth out zurechtmachen umg A VI Zimmer, Essen etc to prepare; Bett to make up B VIR to get dressed; (≈ sich schminken) to put on one's make-up zurechtweisen VI to rebuke; Schüler etc to reprimand Zurechtweisung F rebuke; von Schüler reprimand

zureden VI j-m ~ (≈ ermutigen) to encourage sb; (≈ überreden) to persuade sb; auf mein Zureden (hin) with my encouragement; Überreden with my persuasion

zureiten A VI Pferd to break in B VI auf j-n/etw ~ to ride toward(s) sb/sth

Zürich N Zurich Zürichsee M der ~ Lake Zurich

zurichten VI (≈ beschädigen) to make a mess of; (≈ verletzen) to injure; j-n übel ~ to beat sb up

zurück ADV back (nach to); mit Zahlungen behind; fig (≈ zurückgeblieben) von Kind backward; fünf Punkte ~ SPORT five points behind; ~! get back!; einmal München und ~ a return ticket to Munich bes Br, a round-trip ticket to Munich US; ich bin in zehn Minuten wieder ~ I will be back (again) in 10 minutes zurückbehalten VI to keep (back); er hat Schäden ~ he suffered lasting damage zurückbekommen VI (≈ zu-

rückerhalten) to get back zurückbilden VR Geschwür to recede; BIOL to regress zurückbleiben VI 1 an einem Ort to stay behind 2 (≈ übrig bleiben) to be left; Schaden, Behinderung to remain 3 (≈ nicht Schritt halten) to fall behind; in Entwicklung to be retarded; → zurückgeblieben zurückblicken VI to look back (auf +akk at); fig to look back (auf +akk on) zurückbringen VI (≈ wieder herbringen) to bring back; (≈ wieder wegbringen) to take back zurückdatieren VI to backdate zurückdenken VI to think back (an +akk to) zurückdrehen VI to turn back; die Zeit ~ to put back the clock Br, to turn back the clock US zurückerstatten VI to refund; Ausgaben to reimburse zurückerwarten VI j-n ~ to expect sb back zurückblicken A VI an einen Ort to go back; bes als Fahrer to drive back B VI 1 mit Fahrzeug to drive back 2 (≈ drosseln) Produktion to cut back zurückfallen VI to fall back; SPORT to drop back; fig Umsätze etc to fall; in Leistungen to fall behind; in alte Gewohnheiten ~ to fall back into old habits zurückfinden VI to find the way back zurückfliegen VI & VI to fly back zurückfordern VI etw ~ to demand sth back zurückführen VI 1 (≈ zurückbringen) to lead back 2 (≈ ableiten aus) to put down to; das ist darauf zurückzuführen, dass … that can be put down to the fact that … zurückgeben VI to give back; Ball, Kompliment, Beleidigung etc to return; (≈ erwidern) to retort zurückgeblieben ADJ geistig/körperlich ~ mentally/physically retarded; → zurückbleiben zurückgehen VI 1 to go back (nach, in +akk od auf +akk to); Waren/Essen etc ~ lassen to send back goods/food etc 2 fig (≈ abnehmen) to go down; Geschäft, Produktion to fall off; Schmerz, Sturm to die down zurückgezogen A ADJ Mensch withdrawn, retiring; Lebensweise secluded B ADV in seclusion; er lebt sehr ~ he lives a very secluded life; → zurückziehen zurückgreifen fig VI to fall back (auf +akk upon) zurückhalten A VI to hold back; (≈ aufhalten) to hold up; (≈ nicht freigeben) Informationen to withhold; Ärger etc to restrain; j-n von etw (dat) ~ to keep sb from sth B VR

(≈ *sich beherrschen*) to control oneself; (≈ *reserviert sein*) to be retiring; (≈ *im Hintergrund bleiben*) to keep in the background; **sich mit seiner Kritik ~** to be restrained in one's criticism; **ich musste mich schwer ~** I had to take a firm grip on myself **C** $\overline{\text{V/I}}$ **mit etw ~** (≈ *verheimlichen*) to hold sth back **zurückhaltend** **A** $\overline{\text{ADJ}}$ (≈ *beherrscht*) restrained; (≈ *reserviert*) reserved; (≈ *vorsichtig*) cautious; **mit Kritik nicht ~ sein** to be unsparing in one's criticism **B** $\overline{\text{ADV}}$ with restraint **zurückkaufen** $\overline{\text{V/T}}$ to buy back **zurückkehren** $\overline{\text{V/I}}$ to return **zurückkommen** $\overline{\text{V/I}}$ to come *od* get back; (≈ *Bezug nehmen*) to refer (**auf** *+akk* to) **zurückkönnen** *umg* $\overline{\text{V/I}}$ to be able to go back; **ich kann nicht mehr zurück** *fig* there's no going back! **zurücklassen** $\overline{\text{V/T}}$ (≈ *hinterlassen*) to leave; (≈ *liegen lassen*) to leave behind **zurücklegen** **A** $\overline{\text{V/T}}$ **1** *an seinen Platz* to put back **2** (≈ *reservieren*) to put aside; (≈ *sparen*) to put away **3** *Strecke* to cover **B** $\overline{\text{V/R}}$ to lie back **zurücklehnen** $\overline{\text{V/T \&}}$ $\overline{\text{V/R}}$ to lean *od* sit back **zurückliegen** $\overline{\text{V/I}}$ *örtlich* to be behind; **der Unfall liegt etwa eine Woche zurück** the accident was about a week ago **zurückmüssen** *umg* $\overline{\text{V/I}}$ to have to go back **zurücknehmen** $\overline{\text{V/T}}$ to take back; *Angebot* to reverse; *Entscheidung* to reverse; *Angebot* to withdraw; **sein Wort ~** to break one's word **zurückreichen** $\overline{\text{V/T}}$ *Tradition etc* to go back (**in** *+akk* to) **zurückreisen** $\overline{\text{V/I}}$ to travel back **zurückrufen** **A** $\overline{\text{V/T}}$ to call back; *Botschafter, Produkte* to recall; **j-m etw ins Gedächtnis ~** to conjure sth up for sb **B** $\overline{\text{V/I}}$ to call back **zurückscheuen** $\overline{\text{V/I}}$ to shy back (**vor** *+dat* from) **zurückschicken** $\overline{\text{V/T}}$ to send back **zurückschlagen** **A** $\overline{\text{V/T}}$ *Ball* to return; *Angriff etc* to beat back **B** $\overline{\text{V/I}}$ to hit back; MIL to retaliate **zurückschrauben** *fig umg* $\overline{\text{V/T}}$ *Erwartungen* to lower; *Subventionen* to cut back **zurückschrecken** $\overline{\text{V/I}}$ to start back; *fig* to shy away (**vor** *+dat* from); **vor nichts ~** to stop at nothing **zurücksehen** $\overline{\text{V/I}}$ to look back **zurücksehnen** $\overline{\text{V/R}}$ to long to return (**nach** to) **zurücksenden** $\overline{\text{V/T}}$ to send back **zurücksetzen** **A** $\overline{\text{V/T}}$ **1** *nach hinten* to move back; *Auto* to reverse **2** *an früheren Platz* to put back **B** $\overline{\text{V/R}}$ to sit back **C** $\overline{\text{V/I}}$ *mit Fahrzeug*

to reverse **zurückspringen** $\overline{\text{V/I}}$ to leap *od* jump back **zurückspulen** $\overline{\text{V/T}}$ to rewind **zurückstecken** $\overline{\text{V/I}}$ (≈ *weniger Ansprüche stellen*) to lower one's expectations **2** (≈ *nachgeben*) to backtrack **zurückstehen** $\overline{\text{V/I}}$ **hinter etw** (*dat*) ~ to take second place to sth **zurückstellen** $\overline{\text{V/T}}$ **1** *an seinen Platz* to put back; *nach hinten* to move back **2** *fig* (≈ *verschieben*) to defer; *Pläne* to postpone; *Bedenken etc* to put aside **zurückstufen** $\overline{\text{V/T}}$ to downgrade **zurücktreten** $\overline{\text{V/I}}$ **1** (≈ *zurückgehen*) to step back; **bitte ~!** stand back, please!; **einen Schritt ~** to take a step back **2** *von Amt* to resign **3** *von Vertrag etc* to withdraw (**von** from) **4** *fig* (≈ *im Hintergrund bleiben*) to come second (**hinter j-m/etw** to sb/sth) **zurücktun** *umg* $\overline{\text{V/T}}$ to put back **zurückverfolgen** *fig* $\overline{\text{V/T}}$ to trace back **zurückversetzen** **A** $\overline{\text{V/T}}$ *in seinen alten Zustand* to restore (**in** *+akk* to); *in eine andere Zeit* to take back (**in** *+akk* to) **B** $\overline{\text{V/R}}$ to think oneself back (**in** *+akk* to) **zurückweichen** $\overline{\text{V/I}}$ *erschrocken* to shrink back; *ehrfürchtig* to stand back; MIL to withdraw; *Hochwasser* to subside **zurückweisen** $\overline{\text{V/T}}$ to reject; *Bittsteller* to turn away; *Vorwurf, Klage* to dismiss; *Angriff* to repel; *an der Grenze* to turn back **zurückwollen** *umg* $\overline{\text{V/I}}$ to want to go back **zurückzahlen** $\overline{\text{V/T}}$ to repay **zurückziehen** **A** $\overline{\text{V/T}}$ to pull back; *Antrag, Klage etc* to withdraw **B** $\overline{\text{V/R}}$ to retire; MIL to withdraw; → zurückgezogen **C** $\overline{\text{V/I}}$ to move back **zurückzucken** $\overline{\text{V/I}}$ to recoil

Zuruf $\overline{\text{M}}$ shout; *aufmunternd* cheer **zurufen** $\overline{\text{V/T \& V/I}}$ **j-m etw ~** to shout sth to sb

zurzeit $\overline{\text{ADV}}$ at present, at the moment **Zusage** $\overline{\text{F}}$ **1** (≈ *Zustimmung*) consent **2** (≈ *Annahme*) acceptance **3** (≈ *Versprechen*) promise **zusagen** **A** $\overline{\text{V/T}}$ (≈ *versprechen*) to promise **B** $\overline{\text{V/I}}$ **1** (≈ *annehmen*) (**j-m**) ~ to accept **2** (≈ *gefallen*) **j-m ~** to appeal to sb

zusammen $\overline{\text{ADV}}$ together; **alle/alles ~** all together **Zusammenarbeit** $\overline{\text{F}}$ co-operation; *mit dem Feind* collaboration; **in ~ mit** in co-operation with **zusammenarbeiten** $\overline{\text{V/I}}$ to co-operate; *mit dem Feind* to collaborate **zusammenbauen** $\overline{\text{V/T}}$ to assemble **zusammenbeißen** $\overline{\text{V/T}}$ **die Zähne ~** *wörtl* to clench

one's teeth; *fig* to grit one's teeth **zu-
sammenbekommen** V/T to get to-
gether; *Geld* to collect **zusammen-
binden** V/T to tie together **zusam-
menbleiben** V/I to stay together **zu-
sammenbrechen** V/I to break down;
Gebäude to cave in; *Wirtschaft* to col-
lapse; *Verkehr etc* to come to a standstill
zusammenbringen V/T ▮ to bring
together; *Geld* to raise ▮ *umg* (≈ *zustan-
de bringen*) to manage; *Worte* to put to-
gether **Zusammenbruch** M break-
down; *fig* collapse **zusammenfahren**
V/I ▮ (≈ *zusammenstoßen*) to collide ▮
(≈ *erschrecken*) to start **zusammenfal-
len** V/I ▮ (≈ *einstürzen*) to collapse ▮
durch Krankheit etc to waste away ▮ *Er-
eignisse* to coincide **zusammenfal-
ten** V/T to fold up **zusammenfassen**
A V/T ▮ (≈ *verbinden*) to combine (**zu** in)
▮ *Bericht etc* to summarize; **etw in ei-
nem Satz ~** to sum sth up in one sen-
tence B V/I (≈ *das Fazit ziehen*) to sum-
marize; **wenn ich kurz ~ darf** just to
sum up **Zusammenfassung** F ▮
combination ▮ (≈ *Überblick*) summary
zusammenfließen V/I to flow to-
gether **Zusammenfluss** M conflu-
ence **zusammenfügen** V/T to join to-
gether; TECH to fit together **zusam-
mengehören** V/I to belong together;
als Paar to form a pair **zusammenge-
hörig** ADJ *Kleidungsstücke etc* matching;
(≈ *verwandt*) related **Zusammenge-
hörigkeit** F common bond **Zusam-
mengehörigkeitsgefühl** N *in Ge-
meinschaft* communal spirit; *bes* POL
feeling of solidarity **zusammenge-
setzt** ADJ **aus etw ~ sein** to consist of
sth; **~es Wort/Verb** compound (word)/
verb **zusammengewürfelt** ADJ mot-
ley; *Mannschaft* scratch *attr* **Zusam-
menhalt** M *fig in einer Gruppe* cohe-
sion; *bes* POL solidarity; *einer Mannschaft*
team spirit; **wirtschaftlicher, sozialer
und territorialer** ~ *in der EU* economi-
cal, social and territorial cohesion **zu-
sammenhalten** A V/T (≈ *verbinden*)
to hold together; *umg Geld etc* to hold
on to B V/I to hold together; *fig Gruppe
etc* to stick together **Zusammen-
hang** M (≈ *Beziehung*) connection
(**von, zwischen** +*dat* between); (≈ *Wech-
selbeziehung*) correlation (**von, zwischen**
+*dat* between); *im Text* context; **j-n mit**

etw in ~ bringen to connect sb with
sth; **im** *od* **in ~ mit etw stehen** to be
connected with sth; **in diesem ~** in this
context **zusammenhängen** V/I to be
joined (together); *fig* to be connected;
~d *Rede, Erzählung* coherent; **das hängt
damit zusammen, dass …** that is con-
nected with the fact that …
zusammenhang(s)los ADJ incoher-
ent **zusammenklappen** V/T *Messer,
Tisch etc* to fold up; *Schirm* to shut **zu-
sammenkleben** V/T & V/I to stick to-
gether **zusammenkneifen** V/T *Lippen
etc* to press together; *Augen* to screw up
zusammenknüllen V/T to crumple
up **zusammenkommen** V/I to meet
(together), to come *od* get together;
Umstände to combine; *fig Schulden etc*
to mount up; *Geld bei einer Sammlung*
to be collected; **er kommt viel mit
Menschen zusammen** he meets a lot
of people **Zusammenkunft** F meet-
ing; *zwanglos* get-together **zusam-
menläppern** *umg* V/R to add up **zu-
sammenlaufen** V/I ▮ (≈ *an eine Stelle
laufen*) to gather; *Flüssigkeit* to collect
▮ *Straßen* to converge **zusammenle-
ben** V/I to live together **Zusammen-
leben** N living together *ohne art* **zu-
sammenlegen** A V/T ▮ (≈ *falten*) to
fold (up) ▮ (≈ *vereinigen*) to combine; *Pa-
tienten* to put together; (≈ *zentralisieren*)
to centralize B V/I (≈ *Geld gemeinsam
aufbringen*) to club together *Br*, to pitch
in together *US* **zusammennehmen**
A V/T to gather up; *Mut* to summon up
B V/R (≈ *sich zusammenreißen*) to pull
oneself together (≈ *sich beherrschen*) to
control oneself **zusammenpassen**
V/I *Menschen* to suit each other; *Farben,
Stile* to go together, to match; **gut ~**
to go well together **zusammenpfer-
chen** V/T to herd together; *fig* to pack
together **zusammenprallen** V/I to
collide; *fig* to clash **zusammenrau-
fen** V/R to achieve a viable working re-
lationship **zusammenrechnen** A V/T
to add up **zusammenreimen** A V/T
umg **sich** (*dat*) **etw ~** to figure sth out
(for oneself) B V/R to make sense **zu-
sammenreißen** V/R to pull oneself
together **zusammenrollen** A V/T to
roll up B V/R to curl up **zusammen-
rücken** V/T *Möbel etc* to move closer to-
gether **zusammenscheißen** V/T *vulg*

Z

j-n ~ to give sb a rocket *Br umg,* to chew sb's ass out *US vulg* **zusammenschlagen** VT 1 Hände to clap 2 (≈ *verprügeln*) to beat up **zusammenschließen** VR to join together; HANDEL to merge **Zusammenschluss** M joining together; HANDEL merger; *von politischen Gruppen* amalgamation **zusammenschreiben** VT Wörter to write in one word **zusammenschrumpfen** VI to shrivel up; *fig* to dwindle (**auf** +*akk* to) **zusammen sein** VI **mit j-m ~** to be with sb; *umg* (≈ *befreundet*) to be going out with sb **Zusammensein** N being together *ohne art; von Gruppe* get-together **zusammensetzen** A VT 1 Gäste etc to put together 2 Gerät to assemble (**zu** to make) B VR 1 to sit together; **sich auf ein Glas Wein ~** to get together over a glass of wine 2 **sich ~ aus** to consist of **Zusammensetzung** F (≈ *Struktur*) composition; (≈ *Mischung*) mixture (**aus** of) **zusammenstauchen** *umg* VT to give a dressing-down *umg,* to chew out *US umg* **zusammenstecken** A VT Einzelteile to fit together B VI *umg* to be together **zusammenstellen** VT to put together; *nach einem Muster* to arrange; Daten to compile; Liste, Fahrplan to draw up; SPORT Mannschaft to pick **Zusammenstellung** F (≈ *Kombination nach Muster*) arrangement; *von Daten* compilation; (≈ *Liste*) list; (≈ *Zusammensetzung*) composition; (≈ *Übersicht*) survey **Zusammenstoß** M collision; *fig* (≈ *Streit*) clash **zusammenstoßen** VI (≈ *zusammenprallen*) to collide; *fig* (≈ *sich streiten*) to clash; **mit j-m ~** to collide with sb; *fig* to clash with sb **zusammenstreichen** VT to cut (down) (**auf** +*akk* to) **zusammensuchen** VT to collect (together) **zusammentragen** VT to collect **zusammentreffen** VI Menschen to meet; Ereignisse to coincide **Zusammentreffen** N meeting; *bes zufällig* encounter; *zeitlich* coincidence **zusammentrommeln** *umg* VT to round up *umg* **zusammentun** A VT *umg* to put together B VR to get together **zusammenwachsen** VI to grow together; *fig* to grow close **zusammenzählen** VT to add up **zusammenziehen** A VT 1 Muskel to draw together;

(≈ *verengen*) to narrow; Schlinge to tighten 2 *fig* Truppen, Polizei to assemble B VR to contract; (≈ *enger werden*) to narrow; Gewitter, Unheil to be brewing C VI to move in together; **mit j-m ~** to move in with sb **zusammenzucken** VI to start

Zusatz M addition **Zusatzgerät** N attachment; COMPUT add-on **Zusatzkosten** PL additional costs *pl* **zusätzlich** A ADJ additional, extra B ADV in addition **Zusatzstoff** M additive **Zusatzzahl** F Lotto additional number, bonus number *Br*

zuschauen *bes dial* VI → zusehen **Zuschauer(in)** M(F) *a.* SPORT spectator; TV viewer; *theat* member of the audience; (≈ *Beistehender*) onlooker **Zuschauerraum** M auditorium

zuschicken VT **j-m etw ~** to send sth to sb

zuschieben VT **j-m etw ~** to push sth over to sb; *heimlich* to slip sb sth; **j-m die Verantwortung/Schuld ~** to put the responsibility/blame on sb

Zuschlag M 1 (≈ *Erhöhung*) extra charge; *bes* HANDEL, WIRTSCH surcharge; *auf Fahrpreis* supplement 2 *bei Versteigerung* acceptance of a bid; (≈ *Auftragserteilung*) acceptance of a/the tender; **er erhielt den ~** the lot went to him; *nach Ausschreibung* he was awarded the contract **zuschlagen** A VT 1 Tür, Fenster to slam (shut), to bang shut 2 *bei Versteigerung* **j-m etw ~** to knock sth down to sb B VI 1 (≈ *kräftig schlagen*), *a. fig* to strike; (≈ *losschlagen*) to hit out 2 Tür to slam (shut) 3 *fig umg* (≈ *zugreifen*) *bei Angebot* to go for it; *beim Essen* to get stuck in *umg*; Polizei to pounce **zuschlag(s)pflichtig** ADJ Zug, Service subject to a supplement

zuschließen VT to lock; Laden to lock up

zuschnappen VI 1 (≈ *zubeißen*) **der Hund schnappte zu** the dog snapped at me/him etc 2 *fig* Polizei to pounce 3 Schloss to snap shut

zuschneiden VT to cut to size; Handarbeiten to cut out; **auf j-n/etw genau zugeschnitten sein** to be tailor-made for sb/sth **Zuschnitt** M 1 (≈ *Zuschneiden*) cutting 2 (≈ *Form*) cut

zuschreiben *fig* VT to attribute (+*dat* to); **das hast du dir selbst zuzuschrei-**

ben you've only got yourself to blame
Zuschrift F letter; *auf Anzeige* reply
zuschulden ADV **sich** (*dat*) **etwas ~ kommen lassen** to do something wrong
Zuschuss M subsidy; *nicht amtlich* contribution **Zuschussbetrieb** M loss--making business *Br*, losing concern *US*
zuschütten VT to fill in
zusehen VI **1** to watch; (≈ *unbeteiligter Zuschauer sein*) to look on; (≈ *etw dulden*) to sit back by (and watch); **j-m ~** to watch sb; **j-m bei der Arbeit ~** to watch sb working **2** (≈ *dafür sorgen*) **~, dass ...** to see to it that ..., to make sure (that) ... **zusehends** ADV visibly; (≈ *rasch*) rapidly
zu sein VI to be shut; *umg* (≈ *betrunken, high sein*) to be stoned *umg*
zusenden VT to send
zusetzen VI **j-m ~** (≈ *unter Druck setzen*) to lean on sb *umg*; (≈ *drängen*) to pester sb; (≈ *schwer treffen*) to hit sb hard
zusichern VT **j-m etw ~** to assure sb of sth **Zusicherung** F assurance
zusperren VT *österr, schweiz, südd* to lock
zuspielen VT **j-m etw ~** *fig* to pass sth on to sb; *der Presse* to leak sth to sb
zuspitzen VR to be pointed; *fig Lage, Konflikt* to intensify
zusprechen A VT *Gewinn etc* to award; **das Kind wurde dem Vater zugesprochen** the father was granted custody (of the child); **j-m Mut ~** *fig* to encourage sb B VI **j-m (gut) ~** to talk *or* speak (nicely) to sb **Zuspruch** M (≈ *Anklang*) (**großen**) **~ finden** to be (very) popular; *Stück, Film* to meet with general acclaim
Zustand M state; *von Haus, Auto, a.* MED condition; (≈ *Lage*) state of affairs; **in gutem/schlechtem ~** in good/poor condition; **in angetrunkenem ~** under the influence of alcohol; **Zustände kriegen** *umg* to have a fit *umg*; **das sind ja schöne Zustände!** *iron* that's a fine state of affairs! *iron*
zustande ADV **~ bringen** to manage; *Arbeit* to get done; (≈ *erreichen*) to achieve **2 ~ kommen** (≈ *erreicht werden*) to be achieved; (≈ *geschehen*) to come about; (≈ *stattfinden*) to take place
zuständig ADJ (≈ *verantwortlich*) responsible; *Amt etc* appropriate; **dafür ist er ~** that's his responsibility; **~ sein** JUR to have jurisdiction **Zuständigkeit** F

(≈ *Kompetenz*) competence; JUR jurisdiction; (≈ *Verantwortlichkeit*) responsibility **Zuständigkeitsbereich** M area of responsibility; JUR jurisdiction
zustecken VT **j-m etw ~** to slip sb sth
zustehen VI **etw steht j-m zu** sb is entitled to sth; **es steht ihr nicht zu, das zu tun** it's not for her to do that
zusteigen VI to get* on
zustellen VT **1** *Brief, Paket etc* to deliver; JUR to serve (**j-m etw sb with sth**) **2** *Tür etc* to block **Zusteller(in)** M(F) deliverer; (≈ *Briefträger*) postman/woman *Br*, mailman/-woman *US* **Zustellgebühr** F delivery charge **Zustellung** F delivery; JUR service (of a writ)
zustimmen VI (**einer Sache** *dat*) **~** to agree (to sth); (≈ *einwilligen*) to consent (to sth); **j-m ~** to agree with sb; **eine ~de Antwort** an affirmative answer **Zustimmung** F (≈ *Einverständnis*) agreement; (≈ *Einwilligung*) consent; (≈ *Beifall*) approval; **allgemeine ~ finden** to meet with general approval; **mit ~** (+*gen*) with the agreement of
zustoßen A VT *Tür etc* to push shut B VI **1** *mit Messer etc* to plunge a/the knife etc in **2** (≈ *passieren*) **j-m ~** to happen to sb
zustürzen VI **auf j-n/etw ~** to rush up to sb/sth
zutage ADV **etw ~ bringen** *fig* to bring sth to light; **~ kommen** to come to light
Zutaten PL GASTR ingredients *pl*
zuteilen VT to allocate (**j-m** to sb); *Arbeitskraft* to assign
zutexten VT **j-n ~** *umg* (≈ *volllabern*) to chatter away to sb; **um mit j-m anzubandeln oder j-m etwas zu verkaufen** to chat sb up *umg*
zutiefst ADV deeply
zutrauen VT **j-m etw ~** to think sb (is) capable of (doing) sth; **sich** (*dat*) **zu viel ~** to overrate one's own abilities; (≈ *sich übernehmen*) to take on too much; **ich traue ihnen alles zu** *Negatives* I wouldn't put anything past them; **das ist ihm zuzutrauen!** *iron* I wouldn't put it past him! **zutraulich** ADJ *Kind* trusting; *Tier* friendly
zutreffen VI (≈ *gelten*) to apply (**auf** +*akk od* **für** to); (≈ *richtig sein*) to be accurate; (≈ *wahr sein*) to be true; **seine Beschreibung traf überhaupt nicht zu** his description was completely inaccu-

rate **zutreffend** A ADJ (≈ *richtig*) accurate; (≈ *auf etw zutreffend*) applicable; **Zutreffendes bitte unterstreichen** underline where applicable B ADV accurately

Zutritt M (≈ *Einlass*) entry; (≈ *Zugang*) access; **kein ~, ~ verboten** no entry

Zutun N assistance; **es geschah ohne mein ~** I did not have a hand in the matter

zuunterst ADV right at the bottom

zuverlässig ADJ reliable; **aus ~er Quelle** from a reliable source **Zuverlässigkeit** F reliability

Zuversicht F confidence; **in der festen ~, dass …** confident that … **zuversichtlich** ADJ confident, optimistic

zuviel ADJ & ADV → **viel**

zuvor ADV before; (≈ *zuerst*) beforehand; **am Tage ~** the day before **zuvorkommen** V/I to anticipate; **j-m ~** to beat sb to it **zuvorkommend** A ADJ obliging **(zu** towards) B ADV obligingly

Zuwachs M 1 (≈ *Wachstum*) growth **(an** +dat **of)** 2 (≈ *Höhe des Wachstums*) increase **(an** +dat **in) zuwachsen** V/I *Loch* to grow over; *Garten etc* to become overgrown; *Wunde* to heal

Zuwanderer M, **Zuwanderin** F *aus dem Ausland* immigrant; *aus anderer Gegend* incomer Br, in-migrant US **Zuwanderung** F immigration

zuwege ADV **etw ~ bringen** to manage sth; (≈ *erreichen*) to achieve sth; **gut/schlecht ~ sein** umg to be in good/poor health

zuweisen V/T 1 to assign **(j-m etw** sth to sb) 2 IT *Tastenkombination, Speicheradresse* to assign

zuwenden A V/T 1 to turn (+dat to, towards); 2 **j-m das Gesicht ~** to turn to face sb 2 **j-m Geld** etc **~** to give sb money etc B V/R **sich j-m/einer Sache ~** to turn to sb/sth; (≈ *sich widmen*) to devote oneself to sb/sth **Zuwendung** F 1 (≈ *Liebe*) care 2 (≈ *Geldsumme*) sum (of money); (≈ *Schenkung*) donation

zuwenig ADJ & ADV → **wenig**

zuwerfen VT 1 (≈ *schließen*) *Tür* to slam (shut) 2 **j-m etw ~** to throw sth to sb; **j-m einen Blick ~** to cast a glance at sb

zuwider ADV **er/das ist mir ~** I detest *od* loathe him/that

zuwinken VI **j-m ~** to wave to sb

zuzahlen A VT **zehn Euro ~** to pay an additional ten euros B VI **~** to pay extra

zuzeln VI österr (≈ *lutschen*) to suck; (≈ *langsam trinken*) to sip away **(an** +dat **at)**

zuziehen VT 1 *Vorhang* to draw; *Tür* to pull shut; *Schlinge* to pull tight 2 **sich** (dat) **eine Verletzung ~** form to sustain an injury **Zuzug** M (≈ *Zustrom*) influx; *von Familie etc* arrival **(nach in),** move **(nach to) Zuzüger(in)** M/F schweiz (≈ *Neuling*) newcomer; (≈ *Zuwanderer*) immigrant **zuzüglich** PRÄP plus

zuzwinkern VI **j-m ~** to wink at sb

Zvieri M/N schweiz afternoon snack

Zwang M (≈ *Notwendigkeit*) compulsion; (≈ *Gewalt*) force; (≈ *Verpflichtung*) obligation; **gesellschaftliche Zwänge** social constraints; **tu dir keinen ~ an** iron don't force yourself **zwängen** VT to force; **sich in/durch etw** (akk) **~** to squeeze into/through sth **zwanghaft** ADJ PSYCH compulsive **zwanglos** A ADJ (≈ *ohne Förmlichkeit*) informal; (≈ *locker*) casual B ADV informally; **da geht es recht ~ zu** things are very informal there **Zwanglosigkeit** F informality; (≈ *Lockerheit*) casualness **Zwangsabgabe** F WIRTSCH compulsory levy **Zwangsarbeit** F hard labour Br, hard labor US; *von Kriegsgefangenen* forced labo(u)r **Zwangsarbeiter(in)** M/F forced labourer Br, forced laborer US **Zwangsehe** F forced marriage **zwangsernähren** VT to force-feed **Zwangsernährung** F force-feeding **Zwangsheirat** M forced marriage **Zwangsjacke** F straitjacket **Zwangslage** F predicament **zwangsläufig** A ADJ inevitable B ADV inevitably **Zwangspause** F *beruflich* **eine ~ machen müssen** to have to stop work temporarily **Zwangsverheiratung** F forced marriage **Zwangsversteigerung** F compulsory auction **Zwangsvollstreckung** F compulsory execution **Zwangsvorstellung** F PSYCH obsession **zwangsweise** A ADV compulsorily B ADJ compulsory

zwanzig NUM twenty; → **vierzig Zwanzig** F twenty **Zwanziger** M umg (≈ *Geldschein*) twenty-euro etc note Br, twenty-euro etc bill US **Zwanzigeuroschein** M twenty-euro note Br, twenty-euro bill US **zwanzigste(r, s)** ADJ twentieth

zwar ADV **1** (≈wohl) **sie ist ~ sehr schön, aber …** it's true she's very beautiful but …; **ich weiß ~, dass es schädlich ist, aber …** I do know it's harmful but … **2** erklärend **und ~** in fact, actually; **ich werde ihm schreiben, und ~ noch heute** I'll write to him and I'll do it today

Zweck M **1** (≈Ziel) purpose; **einem guten ~ dienen** to be for a good cause; **seinen ~ erfüllen** to serve its/one's purpose **2** (≈Sinn) point; **das hat keinen ~** it's pointless **3** (≈Absicht) aim; **zu diesem ~** to this end **Zweckbau** M functional building **zweckdienlich** ADJ appropriate; **~e Hinweise** (any) relevant information

Zwecke F tack; (≈Reißzwecke) drawing pin Br, thumbtack US

zweckgebunden ADJ Steuern etc for a specific purpose **zwecklos** ADJ pointless, useless; Versuch futile **Zwecklosigkeit** F pointlessness; von Versuch futility **zweckmäßig** ADJ (≈nützlich) useful; Kleidung etc suitable **Zweckmäßigkeit** F (≈Nützlichkeit) usefulness; von Kleidung etc suitability **Zweckoptimismus** M calculated optimism **zwecks** form PRÄP for the purpose of

zwei NUM two; **wir ~** the two of us; **→ vier Zwei** F two **Zweibeiner(in)** hum umg M(F) human being **zweibeinig** ADJ two-legged **Zweibettzimmer** N twin room **zweideutig** A ADJ ambiguous; (≈schlüpfrig) suggestive B ADV ambiguously **Zweideutigkeit** F **1** ambiguity; (≈Schlüpfrigkeit) suggestiveness **2** (≈Bemerkung) ambiguous remark; (≈Witz) risqué joke **zweidimensional** ADJ two-dimensional **Zweidrittelmehrheit** F PARL two-thirds majority **zweieiig** ADJ Zwillinge nonidentical **Zweierbeziehung** F relationship **zweierlei** ADJ two kinds of; **auf ~ Art** in two different ways; **~ Meinung sein** to be of (two) different opinions **zweifach** ADJ double; (≈zweimal) twice; **in ~er Ausfertigung** in duplicate **Zweifamilienhaus** N two-family house **zweifarbig** ADJ two-colour Br, two-color US

Zweifel M doubt; **im ~** in doubt; **ohne ~** without doubt; **außer ~ stehen** to be beyond doubt; **es besteht kein ~, dass**

… there is no doubt that …; **etw in ~ ziehen** to call sth into question **zweifelhaft** ADJ doubtful **zweifellos** ADV undoubtedly, certainly **zweifeln** V/I to doubt; **an etw/j-m ~** to doubt sth/sb; **daran ist nicht zu ~** there's no doubt about it **Zweifelsfall** M borderline case; **im ~** when in doubt **zweifelsfrei** A ADJ unequivocal B ADV beyond (all) doubt **zweifelsohne** ADV undoubtedly

Zweig M branch; dünner, kleiner twig **Zweiggeschäft** N branch

zweigleisig ADJ double-tracked, double-track attr; **~ argumentieren** to argue along two different lines

Zweigniederlassung F subsidiary **Zweigstelle** F branch (office)

zweihändig A ADJ with two hands, two-handed B ADV MUS with two hands **zweihundert** NUM two hundred **zweijährig** ADJ **1** Kind etc two-year-old attr, two years old; Dauer two-year attr, of two years; **mit ~er Verspätung** two years late **2** BOT Pflanze biennial **Zweikampf** M (≈Duell) duel **zweimal** ADV twice; **~ täglich** twice daily od a day; **sich** (dat) **etw ~ überlegen** to think twice about sth; **das lasse ich mir nicht ~ sagen** I don't have to be told twice **zweimalig** ADJ twice repeated; Weltmeister etc two-times attr **zweimonatig** ADJ **1** Dauer two-month attr, of two months **2** Säugling etc two-month-old attr **zweimonatlich** ADJ & ADV bes HANDEL, ADMIN bimonthly **zweimotorig** ADJ twin-engined **Zweiparteiensystem** N two-party system **zweiräd(e)rig** ADJ two-wheeled **Zweireiher** M double-breasted suit etc **zweireihig** ADJ double-row attr, in two rows; Anzug double-breasted **zweischneidig** ADJ double-edged; **das ist ein ~es Schwert** fig it cuts both ways **zweiseitig** ADJ Brief, Erklärung etc two-page attr; Vertrag etc bilateral **Zweisitzer** M AUTO, FLUG two-seater **zweispaltig** ADJ double-columned **zweisprachig** A ADJ bilingual; Dokument in two languages B ADV in two languages; **~ aufwachsen** to grow up bilingual **Zweisprachigkeit** F bilingualism **zweispurig** ADJ double-tracked, double-track attr; Autobahn two-laned, two-lane attr **zweistellig**

ADJ *Zahl* two-digit *attr*, with two digits **zweistöckig** A ADJ two-storey *Br*, two-story *attr US* B ADV ~ **bauen** to build buildings with two storeys *Br*, to build buildings with two stories *US* **zweistündig** ADJ two-hour *attr*, of two hours **zweistündlich** ADJ & ADV every two hours **zweit** ADV *zu* ~ (≈ *in Paaren*) in twos; **wir gingen zu ~ spazieren** the two of us went for a walk; **das Leben zu ~** living with someone; → *vier* **zweitägig** ADJ two-day *attr*, of two days **Zweitaktmotor** M two-stroke engine **zweitälteste(r, s)** ADJ second oldest **zweitausend** NUM two thousand **Zweitauto** N second car **zweitbeste(r, s)** ADJ second best **Zweiteiler** M 1 TV two-parter *umg* 2 *Kostüm, Hosenanzug* two-piece suit; *Badeanzug, Kleid* two-piece **zweiteilig** ADJ *Roman, Fernsehfilm* two-part *attr*, in two parts; *Kleidungsstück* two-piece **zweitens** ADV second(ly), in the second place **Zweite(r)** M|F|M second; SPORT *etc* runner-up; **wie kein ~r** like nobody else **zweite(r, s)** ADJ second; **~r Klasse fahren** to travel second (class); **jeden ~n Tag** every other day; **in ~r Linie** second(ly); → *vierter, s* **zweitgrößte(r, s)** ADJ second largest **zweithöchste(r, s)** ADJ second highest **zweitklassig** *fig* ADJ second-class **zweitletzte(r, s)** ADJ last but one *attr, präd* **zweitrangig** ADJ → *zweitklassig* **Zweitschlüssel** M duplicate key **Zweitstimme** F second vote **Zweitstudium** N second course of studies **zweitürig** ADJ AUTO two-door **zweiwöchig** ADJ two-week *attr*, of two weeks **zweizeilig** ADJ two-line *attr*; TYPO *Abstand* double-spaced **Zweizimmerwohnung** F two-room(ed) apartment **Zweizylindermotor** M two-cylinder engine **Zwerchfell** N ANAT diaphragm **Zwerg(in)** M|F dwarf; (≈ *Gartenzwerg*) gnome; *fig* (≈ *Knirps*) midget **Zwergpudel** M toy poodle **Zwergstaat** M miniature state **Zwergwuchs** M dwarfism **Zwetschge** F, **Zwetschke** *österr* F plum **zwicken** V|T 1 *österr, a. umg* (≈ *kneifen*) to pinch 2 *österr* (≈ *Fahrschein entwerten*) to cancel **Zwickmühle** F **in der ~ sitzen** *fig* to be in a catch-22 situation *umg*

Zwieback M rusk **Zwiebel** F 1 onion; (≈ *Blumenzwiebel*) bulb **zwiebelförmig** ADJ onion-shaped **Zwiebelkuchen** M onion tart **Zwiebelring** M onion ring **Zwiebelschale** F onion skin **Zwiebelsuppe** F onion soup **Zwiebelturm** M onion dome **Zwielicht** N twilight; **ins ~ geraten sein** *fig* to appear in an unfavourable light *Br*, to appear in an unfavorable light *US* **zwielichtig** *fig* ADJ shady **zwiespältig** ADJ *Gefühle* mixed **Zwietracht** F discord **Zwilling** M 1 twin 2 ASTROL **~e** *pl* Gemini; **(ein) ~ sein** to be (a) Gemini **Zwillingsbruder** M twin brother **Zwillingspaar** N twins *pl* **Zwillingsschwester** F twin sister **Zwinge** F TECH (screw) clamp **zwingen** A V|T to force; **j-n zu etw ~** to force sb to do sth; **ich lasse mich nicht (dazu) ~** I won't be forced (to do it *od* into it); **j-n zum Handeln ~** to force sb into action; → *gezwungen* B V|R to force oneself **zwingend** B ADJ *Notwendigkeit* urgent; *Beweis* conclusive; *Argument* cogent; *Gründe* compelling B ADV **etw ist ~ vorgeschrieben** sth is mandatory **Zwinger** M (≈ *Käfig*) cage; (≈ *Hundezwinger*) kennels *pl*; *von Burg* (outer) ward **zwinkern** V|I to blink; **um j-m etw zu bedeuten** to wink **Zwirn** M (strong) thread **zwischen** PRÄP between; *in Bezug auf mehrere a.* among; **mitten ~** right in the middle of **Zwischenablage** F IT clipboard **Zwischenaufenthalt** M stopover **Zwischenbemerkung** F interjection **Zwischenbericht** M interim report **Zwischenbilanz** F HANDEL interim balance; *fig* provisional appraisal **Zwischending** N cross (between the two) **zwischendurch** ADV *zeitlich* in between times; (≈ *inzwischen*) (in the) meantime; **das mache ich so ~** I'll do that on the side; **Schokolade für ~** chocolate for between meals **Zwischenergebnis** N interim result; SPORT latest score **Zwischenfall** M incident; **ohne ~** without incident **Zwischenfrage** F question **Zwischenhandel** M intermediate trade **Zwischenhändler(in)** M|F middleman

Zwischenlager N̄ temporary store **zwischenlagern** V̄T to store (temporarily) **Zwischenlagerung** F̄ temporary storage **zwischenlanden** V̄i FLUG to stop over **Zwischenlandung** F̄ FLUG stopover **Zwischenmahlzeit** F̄ snack (between meals) **zwischenmenschlich** ADJ interpersonal; **~e Beziehungen** interpersonal relations **Zwischenprüfung** F̄ intermediate examination **Zwischenraum** M̄ gap; (≈ Zeilenabstand) space; zeitlich interval **Zwischenruf** M̄ interruption; **~e** heckling **Zwischenspeicher** M̄ IT cache (memory) **zwischenstaatlich** ADJ international; zwischen Bundesstaaten interstate **Zwischenstadium** N̄ intermediate stage **Zwischenstation** F̄ (intermediate) stop; **in London machten wir ~** we stopped off in London **Zwischenstecker** M̄ ELEK adapter **Zwischenstufe** fig F̄ intermediate stage **Zwischenwand** F̄ dividing wall; (≈ Stellwand) partition **Zwischenzeit** F̄ (≈ Zeitraum) interval; **in der ~** (in the) meantime, meanwhile **Zwischenzeugnis** N̄ SCHULE end of term report

Zwist geh M̄ discord; (≈ Fehde, Streit) dispute

zwitschern V̄T & V̄i to twitter; Lerche to warble; **einen ~** umg to have a drink **Zwitter** M̄ hermaphrodite; fig cross (**aus** between)

zwölf NUM twelve; **~ Uhr mittags/ nachts** (12 o'clock) midday/midnight; **fünf Minuten vor ~** fig at the eleventh hour; → **vier Zwölffingerdarm** M̄ duodenum **zwölfte(r, s)** ADJ twelfth; → **vierter, s**

Zyankali N̄ CHEM potassium cyanide **zyklisch** A ADJ cyclic(al) B ADV cyclically

Zyklon M̄ cyclone

Zyklus M̄ cycle

Zylinder M̄ 1 MATH, TECH cylinder 2 (≈ Hut) top hat **zylinderförmig** ADJ → zylindrisch **Zylinderkopf** M̄ AUTO cylinder head **Zylinderkopfdichtung** F̄ cylinder head gasket **zylindrisch** ADJ cylindrical

Zyniker(in) M̄(F̄) cynic **zynisch** A ADJ cynical B ADV cynically **Zynismus** M̄ cynicism

Zypern N̄ Cyprus

Zypresse F̄ BOT cypress

Zypriot(in) M̄(F̄) Cypriot **zyprisch** ADJ Cypriot

Zyste F̄ cyst

Z

Extras

Allgemeines

Zahlen

Kardinalzahlen

0	null **zero, nought**	80	achtzig **eighty**
1	eins **one**	90	neunzig **ninety**
2	zwei **two**	100	hundert
3	drei **three**		**a** *od* **one hundred**
4	vier **four**	101	hundert(und)eins
5	fünf **five**		**a hundred and one**
6	sechs **six**	200	zweihundert
7	sieben **seven**		**two hundred**
8	acht **eight**	300	dreihundert
9	neun **nine**		**three hundred**
10	zehn **ten**	471	vierhundert(und)-
11	elf **eleven**		einundsiebzig
12	zwölf **twelve**		**four hundred and**
13	dreizehn **thirteen**		**seventy-one**
14	vierzehn **fourteen**	1000	(ein)tausend
15	fünfzehn **fifteen**		**a** *od* **one thousand**
16	sechzehn **sixteen**	1002	(ein)tausend(und)zwei
17	siebzehn **seventeen**		**a** *od* **one thousand**
18	achtzehn **eighteen**		**and two**
19	neunzehn **nineteen**	1,000,000	**a** *od* **one million**
20	zwanzig **twenty**		**1 000 000** eine Million
21	einundzwanzig	2,000,000	**two million**
	twenty-one		**2 000 000** zwei Millionen
22	zweiundzwanzig	1,000,000,000	**a** *od* **one billion**
	twenty-two		**1 000 000 000**
30	dreißig **thirty**		eine Milliarde
31	einunddreißig	1,000,000,000,000	**a** *od* **one trillion**
	thirty-one		**10^{12}** eine Billion
40	vierzig **forty**		
50	fünfzig **fifty**	**NB:** Das *and* in Zahlen über hundert kann	
60	sechzig **sixty**	im amerikanischen Englisch entfallen:	
70	siebzig **seventy**	**five hundred (and) twenty**.	

Jahreszahlen

1066	tausendsechsundsechzig	ten sixty-six
2000	zweitausend	two thousand
2016	zweitausend(und)sechzehn	two thousand and sixteen

Ordinalzahlen

1st	erste	first
2nd	zweite	second
3rd	dritte	third
4th	vierte	fourth
5th	fünfte	fifth
6th	sechste	sixth
7th	siebte	seventh
8th	achte	eighth
9th	neunte	ninth
10th	zehnte	tenth
11th	elfte	eleventh
12th	zwölfte	twelfth
13th	dreizehnte	thirteenth
14th	vierzehnte	fourteenth
15th	fünfzehnte	fifteenth
16th	sechzehnte	sixteenth
17th	siebzehnte	seventeenth
18th	achtzehnte	eighteenth
19th	neunzehnte	nineteenth
20th	zwanzigste	twentieth
21st	einundzwanzigste	twenty-first
22nd	zweiundzwanzigste	twenty-second
23rd	dreiundzwanzigste	twenty-third

30th	dreißigste	thirtieth
31st	einunddreißigste	thirty-first
40th	vierzigste	fortieth
50th	fünfzigste	fiftieth
60th	sechzigste	sixtieth
70th	siebzigste	seventieth
80th	achtzigste	eightieth
90th	neunzigste	ninetieth
100th	hundertste	(one) hundredth
101st	hundertunderste	hundred and first
200th	zweihundertste	two hundredth
300th	dreihundertste	three hundredth
1000th	tausendste	(one) thousandth
1950th	(ein)tausendneunhundertfünfzigste	nineteen hundred and fiftieth
2000th	zweitausendste	two thousandth

Bruchzahlen und Rechenvorgänge

½	ein halb	**one** *od* **a half**
1 ½	eineinhalb	**one and a half**
2 ½	zweieinhalb	**two and a half**
⅓	ein Drittel	**one** *od* **a third**
⅔	zwei Drittel	**two thirds**
¼	ein Viertel	**one** *od* **a quarter, one fourth**
¾	drei Viertel	**three quarters, three fourths**
⅕	ein Fünftel	**one** *od* **a fifth**
3 ⅘	drei vier Fünftel	**three and four fifths**
⅝	fünf Achtel	**five eighths**

75%	fünfundsiebzig Prozent	**seventy-five per cent,** *US* **percent**
0.45	null Komma vier fünf	**(nought** [nɔːt]**) point four five**
2.5	zwei Komma fünf	**two point five**

7 + 8 = 15	sieben und *od* plus acht ist fünfzehn	
	seven and *od* **plus eight are fifteen**	
9 − 4 = 5	neun minus *od* weniger vier ist fünf	
	nine minus *od* **less four is five**	
2 × 3 = 6	zwei mal drei ist sechs	
	twice three is *od* **makes six**	
20 : 5 = 4	zwanzig dividiert *od* geteilt durch fünf ist vier	
	twenty divided by five is four	

Temperaturumrechnung

Celsius – Fahrenheit		Fahrenheit – Celsius	
°C	°F	°F	°C
220	428	430	221
200	392	390	199
180	356	360	182
100	212	200	93
60	140	140	60
40	104	100	38
30	86	80	27
20	68	60	16
10	50	50	10
0	32	32	0
-10	14	0	-18
-15	5	-4	-20
-20	-4	-15	-26

Die Umrechnungswerte sind gerundet. Die exakte Umrechnungsformel lautet:

von Fahrenheit nach Celsius: $(°F - 32) \times \frac{5}{9} = °C$
von Celsius nach Fahrenheit: $(\frac{9}{5} \times °C) + 32 = °F$

Britische und amerikanische Maße und Gewichte

Längenmaße

1 inch	= 2,54 cm
1 foot	= 12 inches = 30,48 cm
1 yard	= 3 feet = 91,44 cm
1 (statute) mile	= 1760 yards = 1,609 km

Flächenmaße

1 square inch	= 6,452 cm²	
1 square foot	= 144 square inches	= 929,029 cm²
1 square yard	= 9 square feet	= 8361,26 cm²
1 acre	= 4840 square yards	= 4046,8 m²
1 square mile	= 640 acres	= 259 ha = 2,59 km²

Handelsgewichte

1 ounce	= 28,35 g	
1 pound	= 16 ounces	= 453,59 g
1 stone	= 14 pounds	= 6,35 kg
1 hundredweight	*Br* = 1 quintal	
	= 112 pounds	= 50,802 kg
	US = 100 pounds	= 45,359 kg
1 long ton	= 20 hundredweights	*Br* = 1016,05 kg
1 short ton	= 20 hundredweights	*US* = 907,185 kg
1 metric ton		= 1000 kg

Raummaße

1 cubic inch	= 16,387 cm³	
1 cubic foot	= 1728 cubic inches	= 0,02832 m³
1 cubic yard	= 27 cubic feet	= 0,7646 m³

Flüssigkeitsmaße

Britische Maße		Amerikanische Maße	
1 pint	= 0,568 l	1 pint	= 0,4732 l
1 quart	= 2 pints	1 quart	= 2 pints
	= 1,136 l		= 0,9464 l
1 gallon	= 4 quarts	1 gallon	= 4 quarts
	= 4,5459 l		= 3,7853 l
		1 barrel petroleum	= 42 gallons
			= 158,97 l
			= 1 Barrel Rohöl

Uhrzeit

Es ist …	It's …
12.00 Uhr. zwölf Uhr. Mittag.	12 pm. twelve o'clock / twelve pm. midday / noon.
24.00 Uhr / 0.00 Uhr. vierundzwanzig Uhr. / null Uhr. Mitternacht. zwölf Uhr.	12 am / 24:00 / 00:00. twelve am / twenty-four hundred hours / zero hundred hours. midnight. twelve o'clock / twelve am.
9.25 Uhr. neun Uhr fünfundzwanzig. fünf vor halb zehn.	9.25 am. nine twenty-five am. twenty-five past nine.
13.00 Uhr. dreizehn Uhr. ein Uhr.	13:00 / 1 pm. thirteen hundred hours / one pm. one o'clock.
14.45 Uhr. vierzehn Uhr fünfundvierzig. Viertel vor drei.	14:45 / 2.45 pm. fourteen forty-five / two forty-five pm. (a) quarter to three.
15.15 Uhr. fünfzehn Uhr fünfzehn. Viertel nach drei.	15:15 / 3.15 pm. fifteen fifteen / three fifteen pm. (a) quarter past three.
16.40 Uhr. sechzehn Uhr vierzig. zwanzig vor fünf.	16:40 / 4.40 pm. sixteen forty / four forty pm. twenty to five.
17.55 Uhr. siebzehn Uhr fünfundfünfzig. fünf vor sechs.	17:55 / 5.55 pm. seventeen fifty-five / five fifty-five pm. five to six.
18.05 Uhr. achtzehn Uhr fünf. fünf nach sechs.	18:05 / 6.05 pm. eighteen oh five / six oh five pm. five past six.
19.30 Uhr. neunzehn Uhr dreißig. halb acht.	19:30 / 7.30 pm. nineteen thirty / seven thirty pm. half past seven.

Es ist …	It's …
22.00 Uhr. zweiundzwanzig Uhr. zehn.	**22:00 / 10.00 pm.** twenty-two hundred hours / ten pm. ten o'clock.
23.35 Uhr. dreiundzwanzig Uhr fünfunddreißig. fünf nach halb zwölf.	**23:35 / 11.35 pm.** twenty-three thirty-five / eleven thirty-five pm. twenty-five to twelve.

Uhrzeiten im Alltag

Ich komme **um** 10 Uhr an.	I arrive at 10 o'clock.
Kann ich Sie **gegen** 11.00 Uhr erreichen?	Will I be able to get hold of you about / around 11 am?
Der Entwurf muss **bis** 14.00 Uhr fertig sein.	The draft has to be finished by 2 pm.
Wir treffen uns **um** 16.30 Uhr.	We're meeting at 4.30 pm.
Ich bin **zwischen** 13.00 Uhr und 17.00 Uhr im Büro.	I'm in the office between 1 and 5 pm.
Ab 18.00 Uhr habe ich Zeit.	I'm free from six o'clock.
Er steht nie **vor** 10.00 Uhr auf.	He never gets up before ten am.
Nach 17.00 Uhr ist das Büro nicht besetzt.	There's nobody in the office after 5 pm.
Sie muss **kurz nach drei** los.	She has to go just after three.
Von sechs **bis** acht ist Happy Hour.	It's Happy Hour from six to / till eight.
Bleib doch noch, es ist **erst** vier.	Stay for a bit longer. It's only four.
Das Café öffnet **erst um** 10.00 Uhr.	The café doesn't open until ten o'clock.

Grammatik

Unregelmäßige englische Verben

infinitive	simple past	past participle	Deutsch
arise	arose	arisen	sich ergeben; aufkommen
awake	awoke	awoken, awaked	erwachen; wecken
be	was, were	been	sein
bear	bore	born(e)	(er)tragen; gebären
beat	beat	beaten	schlagen
become	became	become	werden
begin	began	begun	beginnen, anfangen
behold	beheld	beheld	erblicken
bend	bent	bent	(sich) biegen; (sich) beugen
beset	beset	beset	heimsuchen
bet	bet, betted	bet, betted	wetten
bid	bad(e)	bidden	bitten, sagen
bid	bid	bid	bieten (*Auktion*); reizen (*Karten*)
bind	bound	bound	binden; verbinden
bite	bit	bitten	beißen; stechen (*Insekt*)
bleed	bled	bled	bluten
blow	blew	blown	blasen; wehen (*Wind*)
break	broke	broken	(zer)brechen; kaputt machen
breed	bred	bred	brüten; züchten
bring	brought	brought	bringen
broadcast	broadcast, broadcasted	broadcast, broadcasted	senden (*Radio, TV*); übertragen; verbreiten
build	built	built	bauen
burn	burnt, burned	burnt, burned	brennen; verbrennen; anbrennen
burst	burst	burst	platzen; sprengen (*Rohr*)
buy	bought	bought	kaufen
can	could	(been able)	können
cast	cast	cast	werfen
catch	caught	caught	fangen; erwischen
choose	chose	chosen	(aus)wählen
cling	clung	clung	sich klammern; sich anschmiegen (*Kleidung*)
clothe	clothed, clad	clothed, clad	bekleiden
come	came	come	kommen
cost	cost	cost	kosten
cost	costed	costed	veranschlagen
creep	crept	crept	kriechen, schleichen
cut	cut	cut	schneiden
deal	dealt	dealt	verteilen; dealen
dig	dug	dug	graben; bohren
dive	dived, dove	dived	springen; tauchen
do	did	done	machen, tun

infinitive	simple past	past participle	Deutsch
draw	drew	drawn	zeichnen; ziehen
dream	dreamed, dreamt (Br)	dreamed, dreamt (Br)	träumen
drink	drank	drunk	trinken
drive	drove	driven	fahren; treiben
dwell	dwelt	dwelt	weilen
eat	ate	eaten	essen
fall	fell	fallen	fallen
feed	fed	fed	füttern; ernähren
feel	felt	felt	(sich) fühlen
fight	fought	fought	kämpfen
find	found	found	finden
flee	fled	fled	fliehen
fling	flung	flung	schleudern, werfen
fly	flew	flown	fliegen
forbid	forbad(e)	forbidden	verbieten
forego	forewent	foregone	verzichten auf
foresee	foresaw	foreseen	vorhersehen
foretell	foretold	foretold	vorhersagen
forget	forgot	forgotten	vergessen
forgive	forgave	forgiven	verzeihen
forgo	forwent	forgone	verzichten auf
forsake	forsook	forsaken	verlassen
forswear	forswore	forsworn	abschwören
freeze	froze	frozen	(ge)frieren; erstarren
get	got	got, gotten (US)	bekommen
give	gave	given	geben
go	went	gone	gehen, fahren
grind	ground	ground	mahlen; schleifen (Messer)
grow	grew	grown	wachsen
hang	hung	hung	hängen
hang	hanged	hanged	(er)hängen
have	had	had	haben
hear	heard	heard	hören
hew	hewed	hewn, hewed	hauen
hide	hid	hid, hidden	verbergen, verstecken
hit	hit	hit	schlagen; treffen
hold	held	held	halten
hurt	hurt	hurt	verletzen, wehtun
keep	kept	kept	(be)halten
kneel	knelt, kneeled	knelt, kneeled	knien
knit	knitted, knit	knitted, knit	stricken
know	knew	known	wissen; kennen
lay	laid	laid	legen
lead	led	led	(an)führen
lean	leant (Br), leaned	leant (Br), leaned	lehnen; sich neigen
leap	leapt (Br), leaped	leapt (Br), leaped	springen
learn	learnt (Br),	learnt (Br),	lernen; erfahren

infinitive	simple past	past participle	Deutsch
	learned	learned	
leave	left	left	(ver)lassen
lend	lent	lent	(ver)leihen
let	let	let	(zu)lassen
lie	lay	lain	liegen
light	lit, lighted	lit, lighted	(be)leuchten; anzünden
lose	lost	lost	verlieren
make	made	made	machen
mean	meant	meant	bedeuten, meinen
meet	met	met	treffen; kennenlernen
mishear	misheard	misheard	verhören
mislay	mislaid	mislaid	verlegen
mislead	misled	misled	irreführen
misread	misread	misread	falsch lesen/verstehen
misspell	misspelt, misspelled	misspelt, misspelled	falsch schreiben
mistake	mistook	mistaken	falsch verstehen, sich irren
misunderstand	misunderstood	misunderstood	missverstehen
mow	mowed	mown, mowed	mähen
offset	offset	offset	ausgleichen
outbid	outbid	outbid	überbieten
outdo	outdid	outdone	übertreffen
outgrow	outgrew	outgrown	herauswachsen; entwachsen
outrun	outran	outrun	davonlaufen
outshine	outshone	outshone	in den Schatten stellen
overcome	overcame	overcome	überwinden; überwältigen
overdo	overdid	overdone	übertreiben
overeat	overate	overeaten	sich überessen
overfeed	overfed	overfed	überfüttern
overhang	overhung	overhung	hängen; hinausragen über
overhear	overheard	overheard	zufällig mit anhören
overlay	overlaid	overlaid	überziehen
overpay	overpaid	overpaid	überbezahlen
override	overrode	overridden	aufheben
overrun	overran	overrun	einfallen (*Truppen*); überziehen (*Zeit*)
oversee	oversaw	overseen	beaufsichtigen
overshoot	overshot	overshot	hinausschießen über
oversleep	overslept	overslept	verschlafen
overspend	overspent	overspent	zu viel ausgeben
overtake	overtook	overtaken	einholen; überholen
overthrow	overthrew	overthrown	stürzen (*Diktator*)
pay	paid	paid	(be)zahlen
put	put	put	setzen, stellen, legen
quit	quit, quitted	quit, quitted	aufgeben; aufhören mit; verlassen
read	read	read	lesen
remake	remade	remade	neu machen
repay	repaid	repaid	zurückzahlen
reread	reread	reread	nochmals lesen

infinitive	simple past	past participle	Deutsch
reset	reset	reset	rücksetzen, neu stellen
retell	retold	retold	wiederholen
rethink	rethought	rethought	überdenken
rid	rid, ridded	rid, ridded	befreien; loswerden
ride	rode	ridden	reiten; fahren (*Fahrrad*)
ring	rang	rung	klingeln; läuten
rise	rose	risen	steigen
run	ran	run	laufen, rennen; führen (*Geschäft*)
saw	sawed	sawed, sawn	sägen
say	said	said	sagen
see	saw	seen	sehen
seek	sought	sought	suchen; streben nach
sell	sold	sold	verkaufen
send	sent	sent	schicken; senden
set	set	set	setzen, stellen, legen
sew	sewed	sewn	nähen
shake	shook	shaken	schütteln; wackeln; zittern
shave	shaved	shaved, shaven	rasieren
shear	sheared	shorn, sheared	scheren
shed	shed	shed	verlieren (*Haare*); vergießen (*Tränen*); verbreiten (*Licht*)
shine	shone	shone	leuchten; scheinen
shit	shit, shat	shit, shat	scheißen
shoe	shoed, shod	shoed, shod	beschlagen (*Pferd*)
shoot	shot	shot	schießen
show	showed	shown	zeigen
shrink	shrank	shrunk	schrumpfen; einlaufen (*Kleidung*)
shut	shut	shut	schließen
sing	sang	sung	singen
sink	sank	sunk	(ver)senken; (ver)sinken (*Sonne*)
sit	sat	sat	sitzen
slay	slew	slain	erschlagen
sleep	slept	slept	schlafen
slide	slid	slid	rutschen
sling	slung	slung	schleudern
slink	slunk	slunk	schleichen
slit	slit	slit	(auf)schlitzen
smell	smelt, smelled	smelt, smelled	riechen
sow	sowed	sown, sowed	säen
speak	spoke	spoken	sprechen
speed	sped, speeded	sped, speeded	flitzen
spell	spelt, spelled	spelt, spelled	schreiben; buchstabieren
spend	spent	spent	ausgeben (*Geld*); verbringen (*Zeit*)
spill	spilt, spilled	spilt, spilled	verschütten
spin	spun, *obs* span	spun	spinnen; drehen, wirbeln
spit	spat	spat	spucken
split	split	split	(zer)teilen

infinitive	simple past	past participle	Deutsch
spoil	spoiled, spoilt	spoiled, spoilt	verderben
spread	spread	spread	ausbreiten; verteilen
spring	sprang, sprung	sprung	springen; entstehen
stand	stood	stood	stehen
steal	stole	stolen	stehlen
stick	stuck	stuck	kleben; stecken
sting	stung	stung	stechen, brennen
stink	stank	stunk	stinken
strew	strewed	strewed, strewn	verstreuen; bestreuen
stride	strode	stridden	schreiten
strike	struck	struck	schlagen; stoßen; treffen
strive	strove	striven	bemüht sein; nach etw. streben
swear	swore	sworn	schwören; fluchen
sweep	swept	swept	fegen; kehren
swell	swelled	swollen, swelled	blähen; (an)schwellen
swim	swam	swum	schwimmen
swing	swung	swung	schwingen; schaukeln
take	took	taken	nehmen
teach	taught	taught	lehren, unterrichten
tear	tore	torn	(zer)reißen
tell	told	told	erzählen, sagen
think	thought	thought	denken; glauben; meinen
throw	threw	thrown	werfen
thrust	thrust	thrust	stoßen
tread	trod	trodden	treten, gehen
typecast	typecast	typecast	auf eine Rolle festlegen
undercut	undercut	undercut	unterbieten (*Preis*)
undergo	underwent	undergone	durchmachen (*Entwicklung*)
underlie	underlay	underlain	zugrunde liegen
understand	understood	understood	verstehen
undertake	undertook	undertaken	übernehmen (*Aufgabe*)
underwrite	underwrote	underwritten	bürgen für; versichern
undo	undid	undone	öffnen; rückgängig machen
unwind	unwound	unwound	abwickeln; abschalten
uphold	upheld	upheld	wahren (*Tradition*); hüten (*Gesetz*)
upset	upset	upset	umstoßen; ärgern
wake	woke, waked	woken, waked	(auf)wecken; aufwachen
wear	wore	worn	tragen (*Kleidung*)
weave	wove	woven	weben
wed	wedded, wed	wedded, wed	heiraten
weep	wept	wept	weinen
wet	wetted, wet	wetted, wet	nass machen; befeuchten
win	won	won	gewinnen
wind	wound	wound	wickeln; kurbeln
withdraw	withdrew	withdrawn	zurückziehen; abheben (*Geld*)
withhold	withheld	withheld	verweigern, vorenthalten
withstand	withstood	withstood	standhalten
wring	wrung	wrung	auswringen
write	wrote	written	schreiben

Kommunikation

E-Mails und Briefe

Anrede

Freunde und Familie

- Lieber Martin,
- Liebe Anna, lieber Robin,
- Hallo Cathy!

- Dear Martin,
- Dear Anna and Robin,
- Hello Cathy!

Bekannte

- Lieber Herr Reynolds,
- Liebe Frau Jackson,
- Liebe Frau Koch, lieber Herr Koch,
- Liebe Familie Miller,

- Dear Mr Reynolds,
- Dear Mrs / Ms / Miss Jackson,
- Dear Mr and Mrs Koch,
- Dear Miller family,

Geschäftskontakte

- Sehr geehrter Herr Parker,
- Sehr geehrte Frau Robertson,
- Sehr geehrte Frau Dr. Tate,
- Sehr geehrte Damen und Herren,

- Dear Mr Parker,
- Dear Mrs / Ms / Miss Robertson,
- Dear Dr Tate,
- Dear Sir or Madam,

Einleitung

Freunde, Familie und Bekannte

- Vielen Dank für Deine E-Mail.
- Wie geht es Dir und Deiner Familie?
- Über Ihren Brief habe ich mich sehr gefreut.

- Thanks a lot for your e-mail.
- How are you and how's the family?
- It was really lovely to hear from you.

Geschäftskontakte

- Vielen Dank für Ihren Anruf vom ...
- Vielen Dank für Ihre E-Mail.
- In Bezug auf Ihr Schreiben vom ...

- Many thanks for your call on ...
- Many thanks for your e-mail.
- With reference to your letter of ...

Konkrete Anlässe

Freunde, Familie und Bekannte

▪ Entschuldige, dass ich mich so lange nicht gemeldet habe.	▪ Sorry for not having been in touch for so long.
▪ Endlich komme ich dazu, Dir zu antworten.	▪ I've finally got round to replying.
▪ Bei uns gibt es Neuigkeiten: ...	▪ We've got some news for you. ...

Geschäftskontakte

▪ Wir freuen uns, Ihnen mitteilen zu können, dass ...	▪ We are pleased to be able to tell you that ...
▪ Wir bedauern sehr, nicht ... zu können.	▪ We very much regret that we cannot ...
▪ Gerne bestätigen wir Ihren Auftrag (vom ...).	▪ We are pleased to confirm your order (of ...).
▪ Wir wären Ihnen dankbar, wenn Sie ... könnten.	▪ We would be grateful if you could ...

Anlagen

▪ Angehängt / Im Attachment finden Sie ...	▪ In the attachment, you will find ...
▪ Anbei / In der Anlage erhalten Sie ...	▪ Please find enclosed ...

Schlussformulierungen

Freunde und Familie

▪ Lasst mal wieder von Euch hören!	▪ I'd / We'd love to hear from you again.
▪ Einen herzlichen Gruß auch an Pam!	▪ Give my / our love to Pam, too.
▪ Liebe Grüße / LG / Alles Liebe	▪ Love
▪ Ganz liebe Grüße / GLG	▪ Lots of love
▪ Gruß und Kuss, ...	▪ Love and kisses, ...
▪ Herzlichst, ...	▪ Love, ...
▪ Dein Tom / Deine Anke	▪ Tom / Anke

Bekannte

- Mit herzlichen Grüßen
- Freundliche Grüße
- Viele Grüße
- Alles Gute!

- Best wishes
- Kind regards
- Best wishes
- All the best.

Geschäftskontakte

- Ich würde mich freuen, bald von Ihnen zu hören.
- Mit bestem Dank im Voraus
- Mit freundlichen Grüßen
- Beste Grüße

- I look forward to hearing from you soon.
- Thanking you in advance
- Yours sincerely / faithfully
- Kind regards

Automatische Abwesenheitsnotiz

- Ich bin vom 04.07. bis einschließlich 19.07. nicht im Haus, melde mich jedoch nach meiner Rückkehr umgehend bei Ihnen.
- In dringenden Fällen wenden Sie sich bitte an meine Kollegin Frau Schneider (schneider@orgakings. de), die Ihnen gerne weiterhilft.
- Ihre E-Mail wird automatisch an meinen Kollegen Herrn Fischer (fischer@orgakings.de) weitergeleitet.
- Ihre E-Mail wird nicht weitergeleitet.

- I will be out of the office from 04.07. until 19.07. (inclusive), but I'll get back to you as soon as possible on my return.
- In an emergency, please contact my colleague, Ms Schneider (schneider@orgakings.de), for assistance.
- Your e-mail will automatically be forwarded to my colleague, Mr Fischer (fischer@orgakings.de).

- Your e-mail will not be forwarded.

Einladung

- Habt Ihr Lust, nächsten Samstag zum Abendessen zu kommen?
- Darf ich Sie und Ihre Frau morgen zum Mittagessen einladen?
- Würden Sie uns bitte bis …Bescheid geben, ob Sie kommen können?

- Would you like to come over for dinner next Saturday?
- Can I take you and your wife out to lunch tomorrow?
- Could you please let us know by … if you'll be able to come?

Zusage / Absage

- Herzlichen Dank für die Einladung. Ich komme sehr gerne!
- Thank you very much for inviting me. I'd love to come.
- Leider bin ich an diesem Abend schon verplant.
- Unfortunately, I've already got something on that evening.
- Leider haben wir an diesem Abend schon etwas vor.
- Unfortunately, we're already doing something that evening.

Glückwünsche / Festtagsgrüße

- Alles Gute zum Geburtstag!
- Happy Birthday!
- Herzlichen Glückwunsch (zu …)!
- Congratulations (on …)!
- Viel Glück! / Toi, toi, toi!
- Good luck!
- Alles Gute!
- All the best.
- Gute Besserung!
- Get well soon.
- Ein gesegnetes Weihnachtsfest und ein glückliches neues Jahr!
- Merry Christmas and a Happy New Year!
- Schöne Feiertage!
- Enjoy the holidays!

Telefonieren

Sich vorstellen

- Guten Tag. Mein Name ist Eva Meier.
- Good morning / afternoon. My name is Eva Meier.
- Ich rufe im Namen von Herrn Tietze an.
- I'm calling on behalf of Mr Tietze.

Sich verbinden lassen

- Spreche ich mit …?
- Am I speaking to …?
- Ich würde gerne Herrn Smith sprechen.
- I'd like to speak to Mr Smith.
- Könnten Sie mich bitte mit der Personalabteilung verbinden?
- Could you put me through to the human resources department, please?
- Es geht um Folgendes: …
- I'm calling about …

Gespräch verschieben

- Dürfte ich später noch mal anrufen?
- Wann würde es Ihnen passen?

- Could I call back later?
- When would be a suitable time?

Rückruf

- Sie hatten mich um Rückruf gebeten.
- Könnten Sie mich bitte zurückrufen?
- Richten Sie Herrn Smith bitte aus, er möchte mich zurückrufen.

- You asked me to call back.
- Could you call me back, please?
- Could you ask if Mr Smith could call me back, please?

Telefonnummer

- Meine Telefonnummer lautet: +49 89 71596-225 / vier neun für Deutschland, acht neun für München, (und dann) sieben eins fünf neun sechs, Durchwahl zwei zwei fünf.

- My phone number is: +49 89 71596-225 / four nine for Germany, eight nine for Munich, (and then) seven one five nine six, extension two two five.

Mobil telefonieren

- Die Verbindung ist leider sehr schlecht.
- Mein Akku ist leider fast aufgebraucht.

- I'm afraid it's a very bad connection.
- I'm afraid my battery is running low.

Gespräch beenden

- Herzlichen Dank für Ihren Anruf.
- Ich muss leider aufhören. Ich habe gleich eine Sitzung.
- Ich melde mich bei Ihnen, sobald ich mehr weiß.
- Auf Wiederhören!

- Thanks very much for your call.
- I'm afraid I'll have to go. I've got a meeting right now.
- I'll be in touch as soon as I know any more.
- Goodbye!

Anmeldung zum Sprachkurs

An: mail@top-lingua.co.uk

Betreff: zweiwöchiger Sprachkurs

Sehr geehrte Damen und Herren,

ich interessiere mich für einen zweiwöchigen Sprachkurs Anfang August 2017.

Meine Englischkenntnisse habe ich in fünf Schuljahren erworben und im Rahmen eines viersemestrigen Kurses à drei Wochenstunden an der Universität Darmstadt aufgefrischt. Ich möchte diese nun besonders im Hinblick auf Grammatik und Konversation vertiefen.

Ich wäre Ihnen sehr dankbar, wenn Sie mir Ihre Kursübersicht und Preisinformationen zukommen lassen würden.

Mit freundlichen Grüßen
Rolf Maas

Enrolment on a language course

To: mail@top-lingua.co.uk

Subject: two-week language course

Dear Sir or Madam,

I am interested in enrolling on a two-week language course at the beginning of August 2017.

I studied English for five years at school and have been brushing up my language skills by attending English classes at the University of Darmstadt for three hours a week over the last two years. I would now like to improve my English even further, especially in grammar and conversation.

I would be very grateful if you could send me a course description and information regarding prices.

Yours,
Rolf Maas

Informationen anfordern

An:	info@london-tower.co.uk
Betreff:	Besichtigung

Sehr geehrte Damen und Herren,

wir beabsichtigen, im kommenden Monat Ihr Museum zu besuchen.

Dazu haben wir noch folgende Fragen:

• Besteht die Möglichkeit, die Eintrittskarten vorab zu erwerben, um lange Wartezeiten am Eingang zu vermeiden?

• Bieten Sie Führungen durch die Ausstellung an?

• Ist die Besichtigung der Kronjuwelen im Eintrittspreis inbegriffen?

Vielen Dank im Voraus für Ihre Informationen.

Mit freundlichen Grüßen

Karin Ressel

Requesting information

To:	info@london-tower.co.uk
Subject:	Visit

Dear Sir or Madam,

We are planning to visit your museum next month and would like to ask the following:

• Is it possible to buy admission tickets in advance in order to avoid lengthy queuing to get in?

• Do you run guided tours of the exhibits?

• Does the admission price include seeing the crown jewels?

Thank you very much in advance for your reply.

Yours,

Karin Ressel

Requesting information – reply

To: karinressel@googlemail.com

Subject: Re: Visit

Dear Ms Ressel,

Many thanks for your enquiry. I am pleased to be able to inform you that admission tickets to the Tower are available for booking and printing in advance via our website at www.london-tower.co.uk/tickets. The ticket includes admission to all the exhibits in the Tower, including the crown jewels. Guided tours in English leave from the main entrance every twenty minutes and last for one hour. Guided tours in German are also available every hour starting from 9.15 am.

If you have any further questions, please do not hesitate to contact me.

I hope you enjoy your visit to the Tower.

Yours,
Sarah Townsend
Tower of London Information Office

Informationen anfordern – Antwort

An: karinressel@googlemail.com

Betreff: Re: Visit

Liebe Frau Ressel,

vielen Dank für Ihre Anfrage. Tickets für den Tower können jederzeit über unsere Website auf www.london-tower.co.uk/tickets vorab gebucht und auch ausgedruckt werden. Das Ticket beinhaltet den Zutritt zu allen Ausstellungsbereichen des Towers inklusive der Kronjuwelen. Führungen auf Englisch finden alle zwanzig Minuten statt und dauern jeweils eine Stunde. Treffpunkt ist am Haupteingang. Ab 9.15 Uhr werden einmal stündlich auch Führungen auf Deutsch angeboten.

Sollten Sie weitere Fragen haben, können Sie sich jederzeit gerne an mich wenden.

Viel Spaß bei der Besichtigung des Towers!

Mit freundlichen Grüßen
Sarah Townsend
Tower of London Information Office

Termin vereinbaren

An: p.brooks@brookspartners.co.uk

Betreff: Unsere Besprechung vom Dienstag

Hallo Peter,

danke, dass Du zu unserer sehr angenehmen und produktiven Besprechung nach München gekommen bist. Das Protokoll folgt noch diese Woche.

Für unser nächstes Treffen in Manchester schlage ich folgende Terminalternativen vor: Donnerstag, 21.02., Mittwoch, 27.02., oder Dienstag, 05.03. Ich kann jeweils ab 10.30 Uhr vor Ort sein.

Welcher Termin passt Dir am besten? Danke für eine kurze Rückmeldung!

Beste Grüße aus München!
Ulrich

Setting a date for a meeting

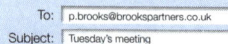

To: p.brooks@brookspartners.co.uk

Subject: Tuesday's meeting

Hello Peter,

Thank you for attending our very enjoyable and productive meeting in Munich. The minutes will be sent out to you this week.

I suggest the following possible dates for our next meeting in Manchester: Thursday, 21 February, Wednesday, 27 February, or Tuesday, 5 March. I can be there from 10.30 am on any of these dates.

Which date would suit you best? Please send me a quick e-mail to let me know.

Best wishes from Munich,
Ulrich

Termin bestätigen

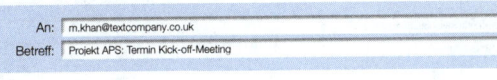

An: m.khan@textcompany.co.uk

Betreff: Projekt APS: Termin Kick-off-Meeting

Sehr geehrter Herr Khan,

vielen Dank für Ihre Terminvorschläge.

Mittwoch, der 7. Dezember 2016, passt uns sehr gut. Wir freuen uns, Sie ab 15 Uhr in unseren Räumen in der Südstadt begrüßen zu dürfen.

Parkmöglichkeiten gibt es im Parkhaus an der Adenauerallee.

Mit freundlichen Grüßen
Alexandra Kluge
Grafikdesignerin
Grafik AG Bonn

Confirming the date of a meeting

To: m.khan@textcompany.co.uk

Subject: APS Project: date for kick-off meeting

Dear Mr Khan,

Many thanks for your suggested dates for a meeting.

Wednesday, 7 December 2016, would suit us perfectly. We look forward to being able to welcome you to our offices in the south of the city from 3 pm onwards.

Parking is available in the multi-storey car park in Adenauerallee.

Yours,
Alexandra Kluge
Graphic Designer
Grafik AG Bonn

Buchungsanfrage

An:	booking@crownhotelglasgow.co.uk
Betreff:	Buchungsanfrage

Sehr geehrte Damen und Herren,

gerne würde ich vom 10. bis 16. November 2016 ein ruhiges Doppelzimmer mit Bad in Ihrem Hotel buchen. Gibt es die Möglichkeit, ein Kinderbett hinzuzustellen? Bitte teilen Sie mir die Preisalternativen für Übernachtung mit Frühstück bzw. mit Halbpension mit.

Bitte senden Sie mir auch Informationen über die Parkmöglichkeiten.

Vielen Dank für Ihre Rückmeldung, ob noch Kapazitäten bestehen.

Mit freundlichen Grüßen
Linda Kunze

Booking enquiry

To:	booking@crownhotelglasgow.co.uk
Subject:	Booking enquiry

Dear Sir or Madam,

I would like to book a quiet double room with ensuite facilities at your hotel from 10th to 16th November 2016. Would it also be possible for you to provide us with a cot? Please could you let me have a list of prices for bed and breakfast and for half-board.

Could you also please send me some information about parking.

Many thanks for letting me know if you have rooms available.

Yours,
Linda Kunze

Booking enquiry – reply

To:	lindakunze@web.de
Subject:	Re: Booking enquiry

Dear Ms Kunze,

Many thanks for your enquiry. I am pleased to be able to confirm that we have an ensuite family room available from 10th to 16th March. This contains a double bed, a child's bed and a child's cot, and is situated overlooking the quiet hotel courtyard away from the main road. Our rates for this room are £165 per night for bed and breakfast and £210 per night for half-board.

We have a secure underground car park at the hotel. Spaces can be booked in advance and cost £15 per night. On-street parking around the hotel is also available but rather limited.

If you would like to make a reservation, please contact me via e-mail or phone our reception desk on 0141 884 2091. Bookings can also be made via our website at www.crownhotelglasgow.co.uk.

If you have any further questions, please do not hesitate to contact me.

I hope we will soon have the pleasure of welcoming you to our hotel.

Yours,
Andrew Bolton
Reservations manager

Buchungsanfrage – Antwort

An: lindakunze@web.de

Betreff: AW: Buchungsanfrage

Liebe Frau Kunze,

vielen Dank für Ihre Anfrage. Ich freue mich, Ihnen mitteilen zu können, dass wir vom 10. bis 16. März noch ein Familienzimmer mit Bad und WC frei haben. In diesem stehen Ihnen dann ein Doppelbett, ein Kinderbett sowie ein Babybett zur Verfügung. Vom Zimmer aus blickt man auf den ruhigen Hinterhof des Hotels abseits der Hauptstraße. Die Kosten für dieses Zimmer belaufen sich auf £ 165 pro Nacht mit Frühstück bzw. £ 210 pro Nacht mit Halbpension.

Wir haben eine bewachte Tiefgarage in unserem Hotel. Parkplätze können vorab gebucht werden und kosten £ 15 pro Nacht. Man kann auch in der Nähe des Hotels auf der Straße parken. Allerdings stehen meist nur wenige Parkplätze zur Verfügung.

Um zu reservieren, können Sie mich entweder per E-Mail kontaktieren oder an unserer Rezeption unter der 0141 884 2091 anrufen. Sie können gerne auch direkt über unsere Website auf www.crownhotelglasgow.co.uk buchen.

Wenn Sie weitere Fragen haben, stehe ich Ihnen jederzeit gerne zur Verfügung.

Wir freuen uns darauf, Sie hoffentlich bald in unserem Hotel begrüßen zu dürfen.

Mit freundlichen Grüßen
Andrew Bolton
Reservierung & Rezeption

Bewerbungsschreiben

Markus Kampe
Kaiserstraße 15
97070 Würzburg
Tel.: +49 160 172 49 95
E-Mail: MarkusKampe@net.de

Frau
Elisabeth Pollmer
Electronic Design Ltd.
15 Cherry Tree Walk
Leeds LS2 7EB
United Kingdom

17.01.2017

Bewerbung als Assistent der Geschäftsführung

Sehr geehrte Frau Pollmer,

für Ihre Niederlassung in Leeds suchen Sie eine Assistenz der Geschäftsführung. Ich möchte mich hiermit auf diese Stelle bewerben.

Voraussichtlich nächsten Monat werde ich mein Studium der Betriebswirtschaftslehre erfolgreich beenden. Im Rahmen von drei Praktika bei Unternehmen der Automobilbranche habe ich erste Berufserfahrung im Vertrieb erworben. Zudem bot mir ein Auslandspraktikum im Managementbereich der britischen Niederlassung eines Elektronikkonzerns Einblicke in ein international operierendes Unternehmen. Dabei habe ich erfolgreich in verschiedenen Projektteams mitgearbeitet und meine interkulturellen Kenntnisse vertieft. Meine Englischkenntnisse konnte ich in diesem Rahmen anwenden und fachbezogen verbessern.

Ihre Firma ist mir durch einschlägige Marktbeobachtung bereits bekannt. Ich betrachte es als attraktive Herausforderung, Ihre Geschäftsführung in allen Belangen zu unterstützen. Mein frühestmöglicher Eintrittstermin wäre der 01.03.2017.

Auf eine Einladung zu einem persönlichen Gespräch freue ich mich. Für Rückfragen stehe ich jederzeit gern zur Verfügung.

Mit freundlichen Grüßen
Markus Kampe

Letter of application

Markus Kampe
Kaiserstraße 15
97070 Würzburg
Tel.: +49 160 172 49 95
E-Mail: MarkusKampe@net.de

Ms Elisabeth Pollmer
Electronic Design Ltd.
15 Cherry Tree Walk
Leeds LS2 7EB
United Kingdom

17 January 2017

Application for position of management assistant

Dear Ms Pollmer,

I would hereby like to apply for the position of management assistant at your Leeds branch.

I am on course to complete my studies in business management next month. I gained my initial work experience in the sales departments of a number of automotive companies over three periods of practical training. I was also able to get an insight into the workings of a multinational company thanks to work experience spent abroad in the management section of the British branch of an electronics company. During this time, I was a successful member of various project teams and expanded my knowledge of other cultures. I was also able to use my English language skills and improve my knowledge of specialized terminology.

I am already familiar with your company as a result of relevant market analysis. I would consider it an exciting challenge to assist your management team in any way I can. The earliest date on which I could take up a position would be 1 March 2017.

I would be happy to attend an interview and I am available to answer any questions you may have at any time.

Yours sincerely,
Markus Kampe

Lebenslauf

Lebenslauf

Persönliche Daten

Name	Carla Brauer
Geburtsdatum, -ort	28.08.1989, Stuttgart
Staatsangehörigkeit	deutsch
Anschrift	Perlbergstraße 5, 10323 Berlin
Telefon	+49 130 456 77 88
E-Mail	CarlaBrauer@web.de

Berufserfahrung

08/2015 – heute	Assistentin der Vertriebsleitung bei der Bartok GmbH, Berlin
09/2011 – 07/2015	Sekretärin der Bereichsleitung Europa bei der ITC GmbH, Berlin

Aus- und Weiterbildung

09/2008 – 07/2011	Ausbildung zur Staatlich geprüften Europasekretärin am Institut für Sprachen und Wirtschaft, Stuttgart
02/2009 – 09/2009	Seminar „Professionelles Office Management" an der ALB Akademie, Stuttgart
09/2005 – 06/2008	Fachoberschule für Wirtschaft, Stuttgart Abschluss: Fachhochschulreife

Zusatzqualifikationen

Englisch	verhandlungssicher
Französisch	gut in Wort und Schrift
Spanisch	Grundkenntnisse
EDV-Kenntnisse	MS-Office, XML, Datenbanken
Interessen	Judo (Übungsleiterin), Klettern, Yoga

Berlin, 15.01.2017
Carla Brauer

Curriculum vitae

Curriculum vitae

Personal information

Name	Carla Brauer
Date and place of birth	28 August 1989, Stuttgart
Nationality	German
Address	Perlbergstraße 5, 10323 Berlin
Telephone	+49 130 456 77 88
E-mail	CarlaBrauer@web.de

Work experience

08/2015 – present	Management assistant in the sales department of Bartok GmbH, Berlin
09/2011 – 07/2015	Management secretary in the European Division at ITC GmbH, Berlin

Education and further training

09/2008 – 07/2011	Training to qualify as a state-certified multilingual management assistant at the Institut für Sprachen und Wirtschaft (Institute for Languages and Business), Stuttgart
02/2009 – 09/2009	Participation in "Professional Office Management" seminar at the ALB Akademie, Stuttgart
09/2005 – 06/2008	Fachoberschule für Wirtschaft (Business College), Stuttgart Qualifications: entitlement to study at a College of Higher Education

Additional skills

English	business fluent
French	good command of the written and spoken language
Spanish	basic knowledge

Computing skills	knowledge of MS Office, XML, databases
Interests	Judo (trainer), climbing, yoga

Berlin, 15 January 2017
Carla Brauer

Tipps für die Benutzung

Stichwörter in Blau

Handy N̄ TEL mobile (phone) *Br*, cell (phone) *US* **Handy-App** F̄ mobile app **handyfrei** ADJ *Zone* mobile-free

Sternchen ★ markieren den englischen Grundwortschatz

★sky [skaɪ] S̲ Himmel *m*; **in the sky** am Himmel **sky-blue** ADJ himmelblau

Wendungen und mehrgliedrige Ausdrücke in **fetter Schrift**

★cake [keɪk] **A** S̲ Kuchen *m*, Torte *f*, Gebäckstück *n*; **a piece of ~** *fig umg* ein Kinderspiel *n*; **to sell like hot ~s** weggehen wie warme Semmeln *umg*; **you can't have your ~ and eat it** *sprichw* beides auf einmal geht nicht **B** V̄T̄ my

Die Tilde ~ ersetzt das vorausgehende Stichwort

★text [tekst] **A** S̲ **1** Text *m* **2** Textnachricht *f*, SMS *f*; **to send sb a ~** j-m eine Textnachricht *od* eine SMS schicken **B**

Übersetzungen in Normalschrift: Wunder, Wunder vollbringen

miracle [ˈmɪrəkəl] S̲ Wunder *n*; **to work** *od* **perform ~s** *wörtl* Wunder vollbringen; **I can't work ~s** ich kann nicht he-

Wortartangaben bei Stichwörtern: S̲, ADJ

cinnamon [ˈsɪnəmən] **A** S̲ Zimt *m* **B** ADJ ⟨*attr*⟩ Zimt-

Genus- und Pluralangaben bei Übersetzungen: *n, f, kein pl*

mountaineering [ˌmaʊntɪˈnɪərɪŋ] S̲ Bergsteigen *n* **mountain hike** Bergtour *f*, Bergwanderung *f* **moun-**

Information F̄ **1** information *kein pl* (**über** +*akk* about, on); **eine ~** (a piece

Aussprache in internationaler Lautschrift: [θæŋks]

★thanks [θæŋks] **A** PL Dank *m*; **to accep** sth with ~ etw dankend *od* mit Dan

Die Raute ♦ markiert englische phrasal verbs: **♦feel for, ♦feel up to**

fühl *n* für etw bekommen **♦feel for** ⟨+*obj*⟩ **1** Mitgefühl haben mit; **I feel for you** Sie tun mir leid **2** (≈ *suchend*) tasten nach; *in Tasche etc* kramen nach **♦feel up to** ⟨+*obj*⟩ sich gewachsen fühlen

Unregelmäßige Formen in spitzen Klammern, z.B.: ⟨*pl* geese⟩

★goose [guːs] S̲ ⟨*pl* geese⟩ Gans